Sdu Wettenbundel

Deel B Burgerlijk (proces)recht

De reeks educatieve wettenverzamelingen van *Sdu* bevat zes titels:

- *Sdu Wettenbundel (Verzameling Nederlandse Wetgeving)* in drie delen. De delen zijn ook 'los' verkrijgbaar
- *Sdu Wettenbundel Intellectuele Eigendom*
- *Sdu Wettenbundel MBO*
- *Sdu Wettenbundel SJD (Sociaal Juridische Dienstverlening)*
- *VNW Socialezekerheidsrecht*
- *Wetgeving Makelaardij, Taxatie en Vastgoed*

Elk deel bevat een selectie van wet- en regelgeving die van belang is voor het onderwijs op universitair, hbo- of mbo-niveau. De wettenverzamelingen zijn toegankelijk door een handig zoeksysteem, de margeteksten en het trefwoordenregister. Elk deel wordt jaarlijks geactualiseerd.

De educatieve wettenverzamelingen zijn een uitgave van Sdu, dé uitgever op elk rechtsgebied voor zowel de praktijk als educatie.

Sdu Wettenbundel Editie 2021-2022 Deel B

Onder redactie van:

Prof. mr. B. Barentsen, hoogleraar Sociaal Recht en bijzonder hoogleraar Arbeidsverhoudingen in de publieke sector aan de Universiteit Leiden

Prof. dr. L.F.M. Besselink, hoogleraar Constitutioneel Recht aan de Universiteit van Amsterdam

Mr. dr. M.L. van Emmerik, universitair hoofddocent Staats- en Bestuursrecht aan de Universiteit Leiden en rechter-plaatsvervanger bij de Rechtbank Midden-Nederland

Prof. mr. M.S. Groenhuijsen, hoogleraar Straf(proces)recht en Victimologie aan de Universiteit van Tilburg

Prof. mr. A.L.M. Keirse, hoogleraar Privaatrecht aan de Universiteit Utrecht en raadsheer aan het Gerechtshof Amsterdam

Mr. H.J. de Kloe, docent Ondernemings- en Insolventierecht aan de Erasmus School of Law

Mr. B. Kratsborn, docent Publiekrecht aan de Juridische Hogeschool Avans-Fontys te Den Bosch

Prof. mr. A.I.M. van Mierlo, hoogleraar Burgerlijk recht en Burgerlijk procesrecht Erasmus School of Law (Rotterdam), hoogleraar Privaatrecht aan de Rijksuniversiteit Groningen en advocaat te Rotterdam

Prof. mr. B.A. Schuijling, hoogleraar Burgerlijk recht en directeur Onderzoekcentrum Onderneming en Recht, Radboud Universiteit Nijmegen

Prof. dr. mr. G.K. Sluiter, hoogleraar Straf(proces)recht aan de Open Universiteit, hoogleraar Internationaal strafrecht aan de Universiteit van Amsterdam en advocaat bij Prakken d'Oliveira

Prof. mr. E. Steyger, hoogleraar Europees Bestuursrecht aan de Vrije Universiteit Amsterdam en advocaat bij Advocaatpraktijk E. Steyger B.V.

Prof. mr. J.M.H.F. Teunissen, emeritus-hoogleraar Staats- en Bestuursrecht en Algemene Staatsleer aan de Open Universiteit

Mr. C.Wisse, hoofddocent Staats- en Bestuursrecht aan de Hogeschool van Arnhem en Nijmegen

Mr. dr. M. Zilinsky, universitair docent Internationaal Privaatrecht aan de Vrije Universiteit Amsterdam, en adviseur bij Houthoff

Sdu
Den Haag, 2021

Meer informatie over deze en andere uitgaven kunt u verkrijgen bij:
Sdu Klantenservice
Postbus 20025
2500 EA Den Haag
tel.: (070) 37 89 880
www.sdu.nl/service

© Sdu Uitgevers, Den Haag, 2021

Ontwerp omslag: De Handlangers, Utrecht

ISBN Sdu Wettenbundel set (A, B en C): 978 901240 7007
ISBN Sdu Wettenbundel A: 978 901240 7212
ISBN Sdu Wettenbundel B: 978 901240 7229
ISBN Sdu Wettenbundel C: 978 901240 7236
NUR: 820

Alle rechten voorbehouden. Alle auteursrechten en databankrechten ten aanzien van deze uitgave worden uitdrukkelijk voorbehouden. Deze rechten berusten bij Sdu Uitgevers bv.

Behoudens de in of krachtens de Auteurswet gestelde uitzonderingen, mag niets uit deze uitgave worden verveelvoudigd, opgeslagen in een geautomatiseerd gegevensbestand of openbaar gemaakt in enige vorm of op enige wijze, hetzij elektronisch, mechanisch, door fotokopieën, opnamen of enige andere manier, zonder voorafgaande schriftelijke toestemming van de uitgever.

Voorzover het maken van reprografische verveelvoudigingen uit deze uitgave is toegestaan op grond van artikel 16 h Auteurswet, dient men de daarvoor wettelijk verschuldigde vergoedingen te voldoen aan de Stichting Reprorecht (Postbus 3060, 2130 KB Hoofddorp, www.reprorecht.nl). Voor het overnemen van gedeelte(n) uit deze uitgave in bloemlezingen, readers en andere compilatiewerken (artikel 16 Auteurswet) dient men zich te wenden tot de Stichting PRO (Stichting Publicatie- en Reproductierechten Organisatie, postbus 3060, 2130 KB Hoofddorp, www.stichtingpro.nl). Voor het overnemen van een gedeelte van deze uitgave ten behoeve van commerciële doeleinden dient men zich te wenden tot de uitgever.

Vanwege de aard van de uitgave gaat Sdu uit van een zakelijke overeenkomst; deze overeenkomst valt onder het algemene verbintenissenrecht. Uw persoonlijke gegevens worden door ons zorgvuldig behandeld en beveiligd. Wij verwerken uw gegevens voor de uitvoering van de (abonnements)overeenkomst en om u op uw vakgebied van informatie te voorzien over gelijksoortige producten en diensten van Sdu. Voor het toesturen van informatie over (nieuwe) producten en diensten gebruiken wij uw e-mailadres alleen als u daarvoor toestemming heeft gegeven. Uw toestemming kunt u altijd intrekken door gebruik te maken van de afmeldlink in het toegezonden e-mailbericht. Als u in het geheel geen informatie wenst te ontvangen over producten en/of diensten, dan kunt u dit laten weten aan Sdu Klantenservice: informatie@sdu.nl. Abonnementen gelden voor minimaal één jaar en hebben een opzegtermijn van twee maanden. Onze uitgaven zijn ook verkrijgbaar in de boekhandel. Voor informatie over onze leveringsvoorwaarden kunt u terecht op www.sdu.nl.

Hoewel aan de totstandkoming van deze uitgave de uiterste zorg is besteed, kan voor de aanwezigheid van eventuele (druk)fouten en onvolledigheden niet worden ingestaan en aanvaarden de auteur(s), redacteur(en) en uitgever deswege geen aansprakelijkheid voor de gevolgen van eventueel voorkomende fouten en onvolledigheden. Vanwege de aard van de uitgave, gaat Sdu uit van een zakelijke overeenkomst; deze overeenkomst valt onder het algemene verbintenissenrecht.

All rights reserved. No part of this publication may be reproduced, stored in a retrieval system, or transmitted in any form or by any means, electronic, mechanical, photocopying, recording or otherwise, without the publisher's prior consent.

While every effort has been made to ensure the reliability of the information presented in this publication, Sdu Uitgevers neither guarantees the accuracy of the data contained herein nor accepts responsibility for errors or omissions or their consequences.

Voorwoord

In de *Sdu Wettenbundel 2021-2022* is die wet- en regelgeving opgenomen die in de opleiding van de studie rechten op universitair en hbo-niveau onmisbaar is.

Inhoud

Bij de selectie van de opgenomen wet- en regelgeving heeft de redactie voor ogen gehad om de gebruiker in drie handzame delen een zo compleet mogelijke verzameling van wetten en andere regelgeving te bieden op het gebied van materieel en formeel recht.

Thematische indeling

De *Sdu Wettenbundel 2021-2022* bestaat uit drie thematische delen:
– Deel A Staats- en bestuursrecht;
– Deel B Burgerlijk (proces)recht; en
– Deel C Straf(proces)recht.
Deel A, B en C zijn ook 'los' verkrijgbaar (met een eigen ISBN).

Online versie: wettenbundel.sdu.nl

Bij aankoop van de drie delen heeft men gratis toegang tot de online versie van de *SduWettenbundel*: wettenbundel.sdu.nl. Op deze website is, naast de inhoud van dezebundel, ook extra wet- en regelgeving opgenomen. Hier vindt u ook COVID-wetgeving. Voorin deel A vindt men de persoonlijkeinlogcode voor de site.

Geldende, toekomstige en vervallen wetgeving

De kern van de uitgave betreft het positieve in Nederland geldende recht. Daarnaast is – daar waar de redactie van mening was dat het voor de gebruiker van belang was om daarvan kennis te nemen – ook toekomstig recht opgenomen; wetgeving waarvan de inwerkringtredingsdatum op de kopijsluitingsdatum van 1 juni 2021 nog niet bekend was of wetgeving die na 1 juli 2021 (de verschijningsdatum van de bundels) in werking treedt. Deze wetgeving wordt met een vette lijn in de marge herkenbaar aangegeven. Ook in de kopregel wordt aangegeven dat het hierbij om toekomstig recht gaat. Op deze wijze kan tijdens de studie ook een perspectief op toekomstige bepalingen worden verkregen.

In een enkel geval bevat deze bundel ook reeds vervallen regelgeving omdat de regels voor het onderwijs van nut zijn of nog steeds effecten in de rechtspraktijk hebben.

Zoeken

De *Sdu Wettenbundel 2021-2022* biedt de mogelijkheid om via diverse ingangen de content te ontsluiten. In de Ten Geleide vindt u een uitleg over de diverse zoekmogelijkheden en -methoden.

De redactie

De *Sdu Wettenbundel 2021-2022* staat onder redactie van:
Prof. mr. B. Barentsen (Universiteit Leiden)
Prof. dr. L.F.M. Besselink (Universiteit van Amsterdam)
Mr. dr. M.L. van Emmerik (Universiteit Leiden)
Prof. mr. M.S. Groenhuijsen (Universiteit van Tilburg)
Mr. H.J. de Kloe (Erasmus School of Law)

Prof. mr. A.L.M. Keirse (Universiteit Utrecht)
Mr. B. Kratsborn (Juridische Hogeschool Avans-Fontys)
Prof. mr. A.I.M. van Mierlo (Erasmus Universiteit Rotterdam en Rijksuniversiteit Groningen)
Prof. mr. B.A. Schuijling (Radboud Universiteit Nijmegen)
Prof. dr. mr. G.K. Sluiter (Open Universiteit Nederland en Universiteit van Amsterdam)
Prof. mr. E. Steyger (Vrije Universiteit Amsterdam)
Prof. mr. J.M.H.F. Teunissen (Open Universiteit Nederland)
Prof. mr. dr. L.C.A. Verstappen (Rijksuniversiteit Groningen)
Mr. C. Wisse (Hogeschool Arnhem/Nijmegen)
Mr. dr. M. Zilinsky (Vrije Universiteit Amsterdam)

Redactie en uitgever
Mei 2021

Algemene inhoudsopgave

Deel A Staats- en bestuursrecht

Voorwoord

Ten geleide

Algemene inhoudsopgave

Alfabetische inhoudsopgave

Afkortingenlijst

Staatsrecht centrale overheid
Statuut voor het Koninkrijk der Nederlanden / A1
Grondwet / A2
Tweedelezing wetsvoorstellen / A2
Regentschapswet 2013 / A3
Wet algemene bepalingen / A4
Bekendmakingswet / A5
Rijkswet goedkeuring en bekendmaking verdragen / A6
Wet ministeriële verantwoordelijkheid / A7
Wet lidmaatschap koninklijk huis / A8
Kieswet / A9
Reglement van Orde van de Tweede Kamer der Staten-Generaal / A10
Reglement van Orde van de Eerste Kamer der Staten-Generaal / A11
Reglement van Orde voor de ministerraad / A12
Wet op de parlementaire enquête 2008 / A13
Wet op de Raad van State / A14
Comptabiliteitswet 2016 / A15
Wet Nationale ombudsman / A16
Ambtenarenwet / A17
Wet openbare manifestaties / A18
Algemene verordening gegevensbescherming / A19
Uitvoeringswet Algemene verordening gegevensbescherming / A20
Algemene wet gelijke behandeling / A21
Wet College voor de rechten van de mens / A22
Wet gelijke behandeling op grond van handicap of chronische ziekte / A23
Wet gelijke behandeling op grond van leeftijd bij de arbeid / A24
Wet gelijke behandeling van mannen en vrouwen / A25
Kaderwet zelfstandige bestuursorganen / A26

Decentralisatie
Provinciewet / A27
Ambtsinstructie commissaris van de Koning / A28
Gemeentewet / A29
Wet Naleving Europese regelgeving publieke entiteiten / A30
Wet tijdelijk huisverbod / A31
Besluit tijdelijk huisverbod / A32
Wet gemeenschappelijke regelingen / A33
Financiële-verhoudingswet / A34
Waterschapswet / A35
Wet op de Sociaal-Economische Raad / A36
Europees Handvest inzake lokale autonomie / A37

Nederlanderschap c.a.
Rijkswet op het Nederlanderschap / A38

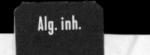

Algemene inhoudsopgave

Europees Verdrag inzake nationaliteit / A39
Vreemdelingenwet 2000 / A40
Vreemdelingenbesluit 2000 / A41
Verdrag betreffende de status van vluchtelingen / A42
Protocol betreffende de status van vluchtelingen / A43
Wet inburgering / A44

Algemeen bestuursrecht
Algemene wet bestuursrecht / A45
Wet nadeelcompensatie en schadevergoeding bij onrechtmatige besluiten (deels toekomstig) / A46
Procesreglement bestuursrecht 2017 / A47
Procesregeling bestuursrechtelijke colleges 2014 / A48
Wet openbaarheid van bestuur / A49
Beroepswet / A50
Wet bestuursrechtspraak bedrijfsorganisatie / A51
Besluit proceskosten bestuursrecht / A52
Wet bevordering integriteitsbeoordelingen door het openbaar bestuur / A53
Dienstenrichtlijn / A54
Burgerlijk Wetboek Boek 2 (uittreksel) / A55

Bijzonder bestuursrecht
Algemene wet inzake rijksbelastingen / A56
Wet ruimtelijke ordening / A57
Besluit ruimtelijke ordening / A58
Woningwet / A59
Huisvestingswet 2014 / A60
Onteigeningswet / A61
Wet voorkeursrecht gemeenten / A62
Crisis- en herstelwet / A63
Belemmeringenwet Privaatrecht / A64
Wet milieubeheer / A65
Activiteitenbesluit milieubeheer / A66
Wet algemene bepalingen omgevingsrecht / A67
Besluit omgevingsrecht / A68
Regeling omgevingsrecht / A69
Waterwet / A70
Besluit milieueffectrapportage / A71
Omgevingswet (toekomstig) / A72
Wegenwet / A73
Wet verplichte GGZ / A74
Wet zorg en dwang / A75
Drank- en Horecawet / A76

Socialezekerheidsrecht
Participatiewet / A77
Wet maatschappelijke ondersteuning 2015 / A78
Wet langdurige zorg / A79
Jeugdwet / A80
Wet arbeid vreemdelingen / A81

Mededingingsrecht
Aanbestedingswet 2012 / A82
Mededingingswet / A83
EG-mededingingsverordening / A84

EU-/EG-recht
Goedkeuringswet Verdrag betreffende de Europese Unie / A85
Handvest van de grondrechten van de Europese Unie / A86
Verdrag betreffende de Europese Unie 1992 / A87
Verdrag betreffende de werking van de Europese Unie / A88

Mensenrechten
Europees verdrag tot bescherming van de rechten van de mens / A89
Protocol bij het EVRM / A90

Ten geleide

Kopijsluitingsdatum
In de *Sdu Wettenbundel 2021-2022* treft u een op het onderwijs afgestemde selectie aan van in Nederland geldende wet- en regelgeving en andere voor het onderwijs relevante documenten. Alle opgenomen teksten zijn bijgewerkt tot en met 1 juni 2021. Wetgeving waarvan bij het ter perse gaan van deze bundel bekend was dat deze voor of op 1 juli 2021 in werking zou treden, is eveneens verwerkt.

Bron
In de voetnoot bij de titel van elk onderdeel kunt u broninformatie aantreffen voorafgegaan door de zinsnede 'zoals laatstelijk gewijzigd bij'. Hier vindt u de bron die heeft geleid tot de meest recent in werking getreden wijziging van de tekst. Dit hoeft niet per se de laatste bron uit de wijzigingshistorie van de tekst te zijn. Het gaat immers om de bron van de wijziging die laatstelijk in werking is getreden.

Toekomstige wet- en regelgeving
De kern van de uitgaven van de *Sdu Wettenbundel 2021-2022* betreft het in Nederland geldend recht. Wetgeving waarvan bij het ter perse gaan van deze bundel bekend was dat deze voor of op 1 juli 2021 in werking zou treden, is verwerkt. Daarnaast is in sommige gevallen ook wetgeving opgenomen waarvan de inwerkingtreding bij het ter per se gaan nog niet bekend was of die na 1 juli 2021 in werking treedt. Het gaat in zulke gevallen om toekomstig recht dat door de redactie als onmisbaar voor de gebruiker wordt geacht. Deze wetgeving wordt herkenbaar aangegeven met een vette lijn in de marge. Ook in de kopregel en in de inhoudsopgaven wordt vermeld dat het om toekomstig recht gaat doordat de tekst '(toekomstig)' is toegevoegd.

Om productietechnische redenen kan het voorkomen dat, hoewel de redactie een wetsvoorstel wil opnemen, dit niet meer mogelijk is omdat het betreffende wetsvoorstel te kort voor de sluitingsdatum van de kopij is ingediend bij de Tweede Kamer. Bij wetsvoorstellen zijn de geconsolideerde versies opgenomen waarbij, met uitzondering van de amendementen, de relevante parlementaire stukken zijn verwerkt in het oorspronkelijke dan wel gewijzigde voorstel van wet. Wanneer de toekomstige wetgeving reeds in het Staatsblad is geplaatst, wordt uiteraard de betreffende tekst gepubliceerd. Wanneer een regeling op 1 juni 2021 gedeeltelijk in werking is getreden, wordt de betreffende regeling als geldend recht opgenomen. Uitzonderingen hierop vormen bepalingen waarvan de inwerkingtreding op een latere datum is voorzien. Deze zijn voorzien van de opmerking 'Treedt in werking op nader te bepalen tijdstip' in een voetnoot bij de titel. Voor het raadplegen van de meest recente versies van de geselecteerde regelingen verwijzen wij u graag naar www.wetten.nl. Houdt u er hierbij rekening mee dat een klein deel van de opgenomen regelingen nog niet via deze website geraadpleegd kan worden.

Online versie: wettenbundel.sdu.nl
Bij aankoop van de drie delen heeft men gratis toegang tot de online versie van de *Sdu Wettenbundel*: wettenbundel.sdu.nl. Op deze website is, naast de inhoud van deze bundel, ook extra wet- en regelgeving opgenomen. Voorin deel A vindt u de persoonlijke inlogcode voor de website.

Ten geleide

Een deel van de wet- en regelgeving die vorig jaar in de bundels was opgenomen, is verplaatst naar de online versie. Deze wet- en regelgeving is nog wel opgenomen in beide inhoudsopgaven met een verwijzing naar de website. In de algemene inhoudsopgave is per deel ook aangegeven welke wet- en regelgeving er verder in de online is opgenomen. Indien nodig wordt de online door het jaar heen aangevuld.

KEI-wetgeving

In deze bundel vindt u de tekst van het Wetboek van Burgerlijke Rechtsvordering, zoals die luidt voor de procedures in de feitelijke instanties (rechtbanken en gerechtshoven) waarop KEI-Rv niet van toepassing is.

Ten behoeve van de vorderingsprocedure in cassatie wordt na art. 1077 een selectie opgenomen met daarin de integrale tekst van (i) Afdeling 3A van de Eerste Titel van het Eerste Boek (art. 30a-30q KEI-Rv) en (ii) de Vierde Afdeling van de Tweede Titel van het Eerste Boek (art. 111-124 KEI-Rv).

Meer informatie over het wetgevingsprogramma Kwaliteit en Innovatie rechtspraak (KEI) is te vinden op www.rechtspraak.nl.

Vervallen wet- en regelgeving

In de *Sdu Wettenbundel 2021-2022* komt het incidenteel voor dat vervallen wet- en regelgeving is opgenomen omdat deze nog relevantie heeft in verband met overgangsbepalingen. Deze onderdelen zijn herkenbaar aan de toevoeging '(vervallen)' in de kopregel en de inhoudsopgaven.

Selecties

In beginsel zijn de wet- en regelgeving en overige documenten integraal opgenomen, tenzij anders aangegeven. Selecties zijn herkenbaar door de toevoeging '(uittreksel)' in de kopregel en de inhoudsopgaven.

Redactionele toevoegingen

Daar waar de wetgever zelf bepaalde informatie niet heeft gegeven die voor de interpretatie wel noodzakelijk is, is deze tekst tussen vierkante haken toegevoegd. Bijvoorbeeld '[vervallen]' bij vervallen artikelen, of '[1]' wanneer het lidnummer oorspronkelijk niet wordt genoemd.

Gebruiksgemak

Aan alle wetten en regelingen in de uitgave *Sdu Wettenbundel 2021-2022* is een onderdeelnummer toegekend. Dit nummer vindt u terug in de kopregel op elke pagina. In de inhoudsopgaven, de afkortingenlijst en het trefwoordenregister wordt naar deze onderdeelnummers verwezen. Iedere uitgave bevat een uitgebreid trefwoordenregister. Met behulp hiervan kunt u eenvoudig en doeltreffend de door u gewenste wetgeving opzoeken. Om het artikel waarnaar verwezen wordt snel te vinden op de betreffende pagina, kijkt u naar de artikelnummers in de kopregels. Op een linkerpagina wordt het eerstgenoemde artikel van de betreffende pagina in de kopregel vermeld, op een rechterpagina het laatstgenoemde artikel van die pagina.

Daarnaast zijn veel artikelen voorzien van margewoorden: aantekeningen in de marge met een kernachtige aanduiding, die u snel naar het juiste artikel leiden.

Hoe vindt u wat u zoekt?

Als u een bepaalde regeling zoekt, kunt u kijken in de algemene of in de alfabetische inhoudsopgave. Beide inhoudsopgaven verwijzen naar het onderdeelnummer, dat u terugvindt in de kopregel van elke pagina.

Zoekt u niet een bepaalde regeling of artikel, maar bepalingen die betrekking hebben op een specifiek onderwerp, dan vindt u deze het snelst met behulp van het trefwoordenregister. Dit verwijst naar het onderdeelnummer, gevolgd door een verwijzing naar een artikel. Via de onderdeelnummers en artikelvermeldingen in de kopregels vindt u eenvoudig het artikel dat u zoekt.

Overige bronnen

Nederlandse beleidsregels, in de zin van richtlijnen voor strafvordering en aanwijzingen van het Openbaar Ministerie, zijn te vinden op de website van het OM: www.om.nl > 'organisatie' > 'beleidsregels'. Deze richtlijnen worden bij inwerkingtreding gepubliceerd in de Staatscourant en zijn ook te vinden op www.overheid.nl (gratis toegankelijk). Bij het zoeken naar een richtlijn op overheid.nl gaat u naar 'overheidsinformatie' en vervolgens naar 'wet- en regelgeving'. Hier selecteert u de soort regeling; in het geval van richtlijnen gaat het om 'Beleidsregels rijksdienst'. Als u de exacte titel van de richtlijn weet, vult u die in bij 'in de titel'. Als u de titel niet precies weet of als u wilt weten welke richtlijnen er zijn over een bepaald onderwerp, vult u een trefwoord in bij het vakje 'in de tekst'.

Arresten van het Hof van Justitie en het Gerecht alsmede teksten van verdragen, verordeningen, richtlijnen en andere wetgeving en besluiten van de Europese Unie vindt u via de websites Curia en EUR-lex. Jurisprudentie van het EHRM is te vinden op de website Hudoc.

Uw reacties

Redactie en uitgever streven ernaar om de inhoud zo goed mogelijk aan te passen aan de wensen van de gebruiker en zo adequaat mogelijk in te spelen op de voor het onderwijs gewenste actualiteit. Ondanks de zorg die de redactie en de uitgever aan deze uitgave hebben besteed, is het mogelijk dat relevante regelgeving niet is opgenomen of dat er fouten zijn geslopen in de samenstelling. Wij stellen het dan ook zeer op prijs als u eventuele op- of aanmerkingen met betrekking tot de inhoud en de uitvoering aan ons doorgeeft. Dat kunt u doen door een e-mail te sturen naar: wettenbundel@sdu.nl. Via sdu.nl/wettenbundel kunt u tevens de volgende editie bestellen of zich opgeven als abonnee op deze uitgave. Als abonnee ontvangt u toekomstige edities automatisch met 15% korting.

Vierde Protocol bij het EVRM / A91
Zesde protocol bij het EVRM / A92
Zevende protocol bij het EVRM (toekomstig) / A93
Protocol nr. 12 bij EVRM / A94
Protocol nr. 13 bij EVRM / A95
Protocol nr. 15 bij EVRM (toekomstig) / A96
Protocol nr. 16 bij EVRM / A97
Europees Sociaal Handvest (herzien) / A98
Protocol tot wijziging van het Europees Sociaal Handvest (toekomstig) / A99
Handvest van de Verenigde Naties / A100
Statuut van het Internationaal Gerechtshof / A101
Universele verklaring van de rechten van de mens / A102
Internationaal Verdrag inzake economische, sociale en culturele rechten / A103
Internationaal Verdrag inzake burgerrechten en politieke rechten / A104
Facultatief Protocol behorend bij het Internationaal Verdrag inzake burgerrechten en politieke rechten / A105
Tweede Facultatieve Protocol bij het Internationaal Verdrag inzake burgerrechten en politieke rechten, gericht op de afschaffing van de doodstraf / A106
Internationaal Verdrag inzake de uitbanning van alle vormen van rassendiscriminatie / A107
Verdrag inzake de uitbanning van alle vormen van discriminatie van vrouwen / A108
Facultatief Protocol bij het Verdrag inzake de uitbanning van alle vormen van discriminatie van vrouwen / A109
Verdrag inzake de rechten van het kind / A110
Facultatief Protocol inzake de verkoop van kinderen, kinderprostitutie en kinderpornografie bij het Verdrag inzake de rechten van het kind / A111
Tweede Facultatieve Protocol bij het Verdrag inzake de rechten van het kind inzake de betrokkenheid van kinderen bij gewapende conflicten / A112
Gehandicaptenverdrag / A113
Verdrag van Wenen inzake het verdragenrecht / A114
Responsibility of States for internationally wrongful acts / A115

Trefwoordenregister

Voor de meest actuele extra wet- en regelgeving staats- en bestuursrecht deel A zie wettenbundel.sdu.nl.

Deel B Burgerlijk (proces)recht

Voorwoord

Ten geleide

Algemene inhoudsopgave

Alfabetische inhoudsopgave

Afkortingenlijst

Burgerlijk Wetboek
Burgerlijk Wetboek Boek 1 / B1
Burgerlijk Wetboek Boek 2 / B2
Burgerlijk Wetboek Boek 3 / B3
Burgerlijk Wetboek Boek 4 / B4
Burgerlijk Wetboek Boek 5 / B5
Burgerlijk Wetboek Boek 6 / B6
Burgerlijk Wetboek Boek 7 / B7
Burgerlijk Wetboek Boek 7A / B7a
Burgerlijk Wetboek Boek 8 / B8
Burgerlijk Wetboek Boek 10 / B10
Overgangswet nieuw Burgerlijk Wetboek (uittreksel) / B11

Wetboek van Burgerlijke Rechtsvordering en Wetboek van Koophandel c.a.
Wetboek van Koophandel / B12
Faillissementswet / B13
Redactionele ten geleide bij het Wetboek van Burgerlijke Rechtsvordering / B14

Algemene inhoudsopgave

Wetboek van Burgerlijke Rechtsvordering / B14
Uittreksel bepalingen digitaal procederen (KEI-Rv) / B15

Aanvullende wetgeving bij Burgerlijk Wetboek en Wetboek van Koophandel
Wet verevening pensioenrechten bij scheiding / B16
Wet op de ondernemingsraden / B17
Wet op de Europese ondernemingsraden / B18
Handelsregisterwet 2007 / B19
Handelsregisterbesluit 2008 / B20
Handelsnaamwet / B21
Wet giraal effectenverkeer / B22
Wet op het financieel toezicht (uittreksel) / B23
Besluit openbare biedingen Wft / B24
Besluit artikel 10 overnamerichtlijn / B25
Besluit inhoud bestuursverslag / B26
SER-Fusiegedragsregels 2015 / B27
Kadasterwet / B28
Wet aansprakelijkheidsverzekering motorrijtuigen / B29
Uitvoeringswet huurprijzen woonruimte / B30
Wet op het consumentenkrediet / B31
Wet op het algemeen verbindend en het onverbindend verklaren van bepalingen van collectieve arbeidsovereenkomsten / B32
Wet op de collectieve arbeidsovereenkomst / B33
Wet melding collectief ontslag / B34
Wet op de loonvorming / B35
Auteurswet / B36
Databankenwet / B37
Wet op de naburige rechten / B38
Rijksoctrooiwet 1995 / B39
Invorderingswet 1990 / B40
Nederlandse Corporate Governance Code / B41

Aanvullende regelingen bij Wetboek van Burgerlijke Rechtsvordering
Wet op de rechterlijke organisatie / B42
Besluit zittingsplaatsen gerechten / B43
Algemene termijnenwet / B44
Advocatenwet / B45
Gerechtsdeurwaarderswet / B46
Wet op het notarisambt / B47
Besluit op het notarisambt / B48
Wet griffierechten burgerlijke zaken / B49

Relevante fiscale regelgeving
Wet op belastingen van rechtsverkeer / B50
Uitvoeringsbesluit belastingen van rechtsverkeer / B51
Successiewet 1956 / B52
Uitvoeringsbesluit Successiewet 1956 / B53
Wet op de omzetbelasting 1968 / B54
Uitvoeringsbesluit omzetbelasting 1968 / B55

Aanvullende wetten inzake internationaal privaatrecht
Wet op de formeel buitenlandse vennootschappen / B56

Verdragen en uitvoeringswetten
Verdrag inzake het recht dat van toepassing is op het huwelijksvermogensregime / B57
Verdrag inzake de internationale inning van levensonderhoud voor kinderen en andere familieleden / B58
Uitvoeringswet internationale inning levensonderhoud / B59
Haags Alimentatie-Executieverdrag / B60
Haags Alimentatieprotocol / B61
Haags Adoptieverdrag 1993 / B62
Haags Kinderbeschermingsverdrag 1996 / B63
Haags Kinderontvoeringsverdrag 1980 / B64
Uitvoeringswet internationale kinderontvoering / B65
Verdrag inzake wetsconflicten betreffende vorm van testamentaire beschikkingen / B66

Uitvoeringswet internationale kinderbescherming / B67
Verdrag inzake recht dat toepasselijk is op trusts en inzake erkenning van trusts / B68
Verdrag betreffende het toepasselijke recht op vertegenwoordiging / B69
Weens koopverdrag / B70
Haags verkeersongevallenverdrag / B71
Haags productenaansprakelijkheidsverdrag / B72
Verdrag betreffende overeenkomst tot internationaal vervoer van goederen over de weg / B73
Verdrag inzake de verlening van Europese octrooien / B74
Beneluxverdrag inzake de intellectuele eigendom / B75
Verdrag inzake de verkrijging van bewijs in het buitenland in burgerlijke en in handelszaken / B76
Uitvoeringswet Bewijsverdrag / B77
Haags betekeningsverdrag / B78
Verdrag van Lugano (EVEX) / B79
Verdrag inzake bedingen van forumkeuze 2005 / B80

Verordeningen en uitvoeringswetten
Brussel I-bis / B81
Uitvoeringswet EU-executieverordening / B82
Erfrechtverordening / B83
Uitvoeringswet Verordening erfrecht / B84
Brussel II-bis / B85
EG-betekeningsverordening / B86
Uitvoeringswet EG-betekeningsverordening / B87
Verordening (EU) 2015/848 betreffende insolventieprocedures (herschikking) / B88
EG-Bewijsverordening / B89
Uitvoeringswet EG-bewijsverordening / B90
Verordening statuut Europese Vennootschap (SE) / B91
Rome I / B92
Rome II / B93
EET-verordening / B94
Uitvoeringswet verordening Europese executoriale titel / B95
Europese Betalings Bevel Verordening / B96
Uitvoeringswet verordening Europese betalingsbevelprocedure / B97
Alimentatieverordening / B98
Verordening wederzijdse erkenning beschermingsmaatregelen in burgerlijke zaken / B99
Uitvoeringswet verordening wederzijdse erkenning van beschermingsmaatregelen in burgerlijke zaken / B100
Verordening geringe vorderingen / B101
Uitvoeringswet verordening Europese procedure voor geringe vorderingen / B102
Verordening EAPO / B103
Uitvoeringswet EAPO / B104
Verordening Huwelijksvermogensstelsels / B105
Verordening Partnerschapsvermogens / B106
Uitvoeringswet Verordening Huwelijksvermogensstelsels en Verordening Partnerschapsvermogens / B107

Trefwoordenregister

Voor de meest actuele extra wet- en regelgeving staats- en bestuursrecht deel B zie wettenbundel.sdu.nl.

Deel C Straf(proces)recht

Voorwoord

Ten geleide

Algemene inhoudsopgave

Alfabetische inhoudsopgave

Afkortingenlijst

Algemene inhoudsopgave

Strafrecht
Wetboek van Strafrecht / C1

Strafvordering c.s.
Wetboek van Strafvordering / C2
Wet DNA-onderzoek bij veroordeelden / C3
Regeling hulpofficieren van justitie 2008 / C4
Politiewet 2012 / C5
Ambtsinstructie voor de politie, de Koninklijke marechaussee en andere opsporingsambtenaren / C6
Wet op de identificatieplicht / C7
Algemene wet op het binnentreden / C8
Wet justitiële en strafvorderlijke gegevens / C9
Besluit justitiële en strafvorderlijke gegevens / C10
Wet politiegegevens / C11
Besluit politiegegevens / C12
Besluit OM-afdoening / C13

Bijzondere wetten
Wegenverkeerswet 1994 / C14
Reglement verkeersregels en verkeerstekens 1990 (RVV 1990) / C15
Besluit alcohol, drugs en geneesmiddelen in het verkeer / C16
Regeling alcohol, drugs en geneesmiddelen in het verkeer / C17
Wet administratiefrechtelijke handhaving verkeersvoorschriften / C18
Wet op de economische delicten / C19
Wet op de bijzondere opsporingsdiensten / C20
Besluit buitengewoon opsporingsambtenaar / C21
Opiumwet / C22
Wet wapens en munitie / C23
Wet toetsing levensbeëindiging op verzoek en hulp bij zelfdoding / C24
Wet ter voorkoming van witwassen en financieren van terrorisme / C25

Tenuitvoerlegging
Penitentiaire beginselenwet / C26
Penitentiaire maatregel / C27
Besluit Adviescollege levenslanggestraften / C28
European Prison Rules / C29
Beginselenwet verpleging ter beschikking gestelden / C30
Beginselenwet justitiële jeugdinrichtingen / C31
Gratiewet / C32

Internationaal
Wet internationale misdrijven / C33
Uitvoeringswet Internationaal Strafhof / C34
Wet overdracht tenuitvoerlegging strafvonnissen / C35
Uitleveringswet / C36
Wet wederzijdse erkenning en tenuitvoerlegging vrijheidsbenemende en voorwaardelijke sancties / C37
Wet wederzijdse erkenning en tenuitvoerlegging geldelijke sancties en beslissingen tot confiscatie / C38
Overleveringswet / C39
Europees aanhoudingsbevel / C40
Richtlijn 2014/41/EU van het Europees Parlement en de Raad van 3 april 2014 betreffende het Europees onderzoeksbevel in strafzaken / C41
Europees Verdrag ter voorkoming van foltering en onmenselijke of vernederende behandeling of bestraffing (CPT) / C42
Verdrag tegen foltering en andere wrede, onmenselijke of onterende behandeling of bestraffing (CAT) / C43
Facultatief Protocol bij het Verdrag tegen foltering en andere wrede, onmenselijke of onterende behandeling of bestraffing / C44
Verdrag inzake de voorkoming en de bestraffing van genocide / C45
Europees Rechtshulpverdrag / C46
Europees Verdrag betreffende uitlevering / C47
EU Rechtshulpovereenkomst / C48

Protocol EU Rechtshulpovereenkomst / C49
Europees Verdrag betreffende de overdracht van strafvervolging / C50
Verdrag inzake de overbrenging van gevonniste personen / C51
Europees Verdrag inzake de internationale geldigheid van strafvonnissen / C52
Statuut van Rome inzake het Internationaal Strafhof / C53
Elements of crimes / C54
Schengen-uitvoeringsovereenkomst (uittreksel) / C55
Richtlijn toegang advocaat tot politieverhoren / C56
Besluit inrichting en orde politieverhoor / C57
Europees verdrag tot bescherming van de rechten van de mens / C58
Richtlijn slachtoffers / C59

Trefwoordenregister

Voor de meest actuele wet- en regelgeving straf(proces)recht deel C: zie wettenbundel.sdu.nl.

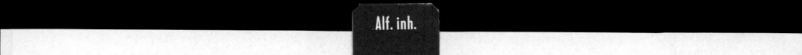

Alfabetische inhoudsopgave

A

Aanbestedingswet 2012 / A82
Aanhoudingsbevel en procedures van overlevering tussen lidstaten, Kaderbesluit betreffende Europees - / C40
Aansprakelijkheidsverzekering motorrijtuigen, Wet - / B29
Aanvaring, Verdrag tot het vaststellen van enige eenvormige regelen betreffende - / zie wettenbundel.sdu.nl
Aanwijzingen voor de regelgeving / zie wettenbundel.sdu.nl
Activiteitenbesluit milieubeheer / A66
Administratiefrechtelijke handhaving verkeersvoorschriften, Wet - / C18
Adoptie, Wet opneming buitenlandse kinderen ter - / zie wettenbundel.sdu.nl
Adoptieverdrag 1993, Haags - / B62
Advocatenwet / B45
Afschaffing van de doodstraf, Tweede Facultatieve Protocol bij het Internationaal Verdrag inzake burgerrechten en politieke rechten, gericht op de - / A106
Afschaffing van de doodstraf, Zesde protocol bij het Verdrag tot bescherming van de rechten van de mens en de fundamentele vrijheden, inzake de - / A92
Alcohol, drugs en geneesmiddelen in het verkeer, Besluit - / C16
Alcohol, drugs en geneesmiddelen in het verkeer, Regeling - / C17
Algemene bepalingen omgevingsrecht, Wet - / A67
Algemene bepalingen, Wet - / A4
Algemene termijnenwet / B44
Algemene verordening gegevensbescherming / A19
Algemene verordening gegevensbescherming, Uitvoeringswet - / A20
Algemene wet bestuursrecht / A45
Algemene wet gelijke behandeling / A21
Algemene wet inzake rijksbelastingen / A56
Algemene wet op het binnentreden / C8
Alimentatie-Executieverdrag, Haags - / B60
Alimentatieprotocol, Haags - / B61
Alimentatieverdrag, Haags - / zie wettenbundel.sdu.nl
Alimentatieverordening / B98
Alimentatieverplichtingen jegens kinderen, Verdrag nopens wet op - / zie wettenbundel.sdu.nl
Ambtenarenwet / A17
Ambtsinstructie commissaris van de Koning / A28
Ambtsinstructie voor de politie, de Koninklijke marechaussee en andere opsporingsambtenaren / C6
Arbeidsovereenkomst, Wet op de collectieve - / B33
Arbitrageverdrag 1958 / zie wettenbundel.sdu.nl
Auteurswet / B36
Autonomie, Europees Handvest inzake lokale - / A37

B

Bedrijfsorganisatie, Wet bestuursrechtspraak - / A51
Beginselenwet justitiële jeugdinrichtingen / C31
Beginselenwet verpleging ter beschikking gestelden / C30
Beginselenwet, Penitentiaire - / C26
Bekendmaking verdragen, Rijkswet goedkeuring en - / A6
Bekendmakingsbesluit / zie wettenbundel.sdu.nl
Bekendmakingswet / A5
Belastingen van rechtsverkeer, Uitvoeringsbesluit - / B51
Belastingen van rechtsverkeer, Wet op - / B50
Belemmeringenwet Privaatrecht / A64
Beneluxverdrag inzake de intellectuele eigendom / B75
Bepalingen digitaal procederen (KEI-Rv), Uittreksel - / B15
Beroepswet / A50

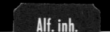

Alfabetische inhoudsopgave

Bescherming van de rechten van de mens en de fundamentele vrijheden, inzake de afschaffing van de doodstraf, Zesde protocol bij het Verdrag tot - / A92

Bescherming van de rechten van de mens en de fundamentele vrijheden, Protocol bij het Verdrag tot - / A90

Bescherming van de rechten van de mens en de fundamentele vrijheden, Protocol nr. 12 bij het Verdrag tot - / A94

Bescherming van de rechten van de mens en de fundamentele vrijheden, Protocol nr. 13 bij het Verdrag tot - / A95

Bescherming van de rechten van de mens en de fundamentele vrijheden, Protocol nr. 15 bij het Verdrag tot - (toekomstig) / A96

Bescherming van de rechten van de mens en de fundamentele vrijheden, Protocol nr. 16 bij het Verdrag tot - / A97

Bescherming van de rechten van de mens en de fundamentele vrijheden, tot het waarborgen van bepaalde rechten en vrijheden die niet reeds in het Verdrag en in het eerste Protocol daarbij zijn opgenomen, Vierde Protocol bij het Verdrag tot - / A91

Bescherming van de rechten van de mens en de fundamentele vrijheden, Verdrag tot - / A89, C58

Bescherming van de rechten van de mens en de fundamentele vrijheden, Zevende protocol bij het Verdrag tot - (toekomstig) / A93

Beschermingsmaatregelen in burgerlijke zaken, Uitvoeringswet verordening wederzijdse erkenning van - / B100

Besluit Adviescollege levenslanggestraften / C28

Besluit alcohol, drugs en geneesmiddelen in het verkeer / C16

Besluit artikel 10 overnamerichtlijn / B25

Besluit bestuurlijke boete overlast in de openbare ruimte / zie wettenbundel.sdu.nl

Besluit buitengewoon opsporingsambtenaar / C21

Besluit griffierechten burgerlijke zaken / zie wettenbundel.sdu.nl

Besluit inhoud bestuursverslag / B26

Besluit inrichting en orde politieverhoor / C57

Besluit justitiële en strafvorderlijke gegevens / C10

Besluit milieueffectrapportage / A71

Besluit OM-afdoening / C13

Besluit omgevingsrecht / A68

Besluit op het notarisambt / B48

Besluit openbare biedingen Wft / B24

Besluit politiegegevens / C12

Besluit proceskosten bestuursrecht / A52

Besluit rechtsbijstand- en toevoegcriteria / zie wettenbundel.sdu.nl

Besluit ruimtelijke ordening / A57

Besluit tijdelijk huisverbod / A32

Besluit zittingsplaatsen gerechten / B43

Bestraffing, Europees Verdrag ter voorkoming van foltering en onmenselijke of vernederende behandeling of - (CPT) / C42

Bestraffing, Facultatief Protocol bij het Verdrag tegen foltering en andere wrede, onmenselijke of onterende behandeling of - / C44

Bestraffing, Verdrag tegen foltering en andere wrede, onmenselijke of onterende behandeling of - (CAT) / C43

Bestuur, Wet bevordering integriteitsbeoordelingen door het openbaar - / A53

Bestuurlijke boete, Besluit - overlast in de openbare ruimte / zie wettenbundel.sdu.nl

Bestuursorganen, Kaderwet zelfstandige - / A26

Bestuursrecht 2017, Procesreglement - / A47

Bestuursrecht, Algemene wet - / A45

Bestuursrecht, Besluit proceskosten - / A52

Bestuursrechtelijke colleges 2014, Procesregeling - / A48

Bestuursrechtspraak bedrijfsorganisatie, Wet - / A51

Betalings Bevel Verordening, Europese - / B96

Betekenisverdrag, Haags - / B78

Bevordering integriteitsbeoordelingen door het openbaar bestuur, Wet - / A53

Bewijs in het buitenland in burgerlijke en in handelszaken, Verdrag inzake de verkrijging van - / B76

Bewijsverdrag, Uitvoeringswet - / B77

Bewijsverkrijging in burgerlijke en handelszaken, Verordening 1206/2001/EG betreffende de samenwerking tussen de gerechten van de lidstaten op het gebied van - (EG-Bewijsverordening) / B89

BIBOB, Wet - / A53

Alfabetische inhoudsopgave

Bijzondere opsporingsdiensten, Wet op de - / C20
Binnentreden, Algemene wet op het - / C8
Brussel I-bis (Verordening (EU) Nr. 1215/2012 betreffende de rechterlijke bevoegdheid, de erkenning en de tenuitvoerlegging van beslissingen in burgerlijke en handelszaken (herschikking) / B81
Brussel II-bis (Verordening 2201/2003/EG betreffende de bevoegdheid en de erkenning en tenuitvoerlegging van beslissingen in huwelijkszaken en inzake de ouderlijke verantwoordelijkheid, en tot intrekking van Verordening 1347/2000/EG) / B85
Buitengewoon opsporingsambtenaar, Besluit - / C21
Buitenlandse kinderen ter adoptie, Wet opneming - / zie wettenbundel.sdu.nl
Buitenlandse vennootschappen, Wet op de formeel - / B56
Burgerlijk Wetboek Boek 1 / B1
Burgerlijk Wetboek Boek 10 / B10
Burgerlijk Wetboek Boek 2 / A55 (uittreksel) / B2
Burgerlijk Wetboek Boek 3 / B3
Burgerlijk Wetboek Boek 4 / B4
Burgerlijk Wetboek Boek 5 / B5
Burgerlijk Wetboek Boek 6 / B6
Burgerlijk Wetboek Boek 7 / B7
Burgerlijk Wetboek Boek 7A / B7a
Burgerlijk Wetboek Boek 8 / B8
Burgerlijk Wetboek, Overgangswet nieuw - (uittreksel) / B11
Burgerlijke Rechtsvordering, Wetboek van - / B14
Burgerrechten en politieke rechten, Facultatief Protocol behorend bij het Internationaal Verdrag inzake - / A105
Burgerrechten en politieke rechten, gericht op de afschaffing van de doodstraf, Tweede Facultatieve Protocol bij het Internationaal Verdrag inzake - / A106
Burgerrechten en politieke rechten, Internationaal Verdrag inzake - / A104
Business Rescue Recommendations, ELI / zie wettenbundel.sdu.nl

C

Chronische ziekte, Wet gelijke behandeling op grond van handicap of - / A23
Civil Procedure, Principles of Transnational - / zie wettenbundel.sdu.nl
CMR (Verdrag betreffende overeenkomst tot internationaal vervoer van goederen over de weg / B73
Cognossementsverdrag (Verdrag ter vaststelling van enige eenvormige regelen betreffende het cognossement / zie wettenbundel.sdu.nl
Cognossementsverdrag, Wijzigingsprotocol 1968 / zie wettenbundel.sdu.nl
Cognossementsverdrag, Wijzigingsprotocol 1979 / zie wettenbundel.sdu.nl
Collectief ontslag, Wet melding - / B34
Collectieve arbeidsovereenkomst, Wet op de - / B33
Collectieve arbeidsovereenkomsten, Wet op het algemeen verbindend en het onverbindend verklaren van bepalingen van - / B32
College voor de rechten van de mens, Wet - / A22
Commercial Contracts 2010, Principles of International - / zie wettenbundel.sdu.nl
Commissaris van de Koning, Ambtsinstructie - / A28
Comptabiliteitswet 2016 / A15
Conflictenrecht met betrekking tot verevening pensioenrechten bij scheiding, Wet tot regeling van het - / zie wettenbundel.sdu.nl
Consumentenkrediet, Wet op het - / B31
Contract Law, Principles of European - / zie wettenbundel.sdu.nl
Coöperatieve vennootschap, Uitvoeringswet verordening Europese - / zie wettenbundel.sdu.nl
Coöperatieve Vennootschap, Verordening 1435/2003/EG betreffende het statuut voor een Europese - (SCE / zie wettenbundel.sdu.nl
Corporate Governance Code, Nederlandse - / B41
Crimes, Elements of - / C54
Crisis- en herstelwet / A63
Culturele rechten, Internationaal Verdrag inzake economische, sociale en - / A103

D

Databankenwet / B37
Derde landen, Wet vrijwillige zetelverplaatsing - / zie wettenbundel.sdu.nl
Dienstenrichtlijn / A54

Alfabetische inhoudsopgave

Discriminatie van vrouwen, Facultatief Protocol bij het Verdrag inzake de uitbanning van alle vormen van - / A109

Discriminatie van vrouwen, Verdrag inzake de uitbanning van alle vormen van - / A108

DNA-onderzoek bij veroordeelden, Wet - / C3

Doodstraf, Tweede Facultatieve Protocol bij het Internationaal Verdrag inzake burgerrechten en politieke rechten, gericht op de afschaffing van de - / A106

Doodstraf, Zesde protocol bij het Verdrag tot bescherming van de rechten van de mens en de fundamentele vrijheden, inzake de afschaffing van de - / A92

Drank- en Horecawet / A76

Drugs en geneesmiddelen in het verkeer, Besluit alcohol, - / C16

Drugs en geneesmiddelen in het verkeer, Regeling alcohol, - / C17

E

E.E.S.V.-Verordening (Verordening 2137/85/EEG tot instelling van Europese economische samenwerkingsverbanden) / zie wettenbundel.sdu.nl

E.E.S.V.-Verordening, Uitvoeringswet / zie wettenbundel.sdu.nl

EAPO, Uitvoeringswet - / B104

EAPO, Verordening - / B103

Economische delicten, Wet op de - / C19

Economische, sociale en culturele rechten, Internationaal Verdrag inzake - / A103

Eerste Kamer der Staten-Generaal, Reglement van Orde van de - / A11

EET-verordening (Verordening (EG) nr. 805/2004 tot invoering van een Europese executoriale titel voor niet-betwiste schuldvorderingen) / B94

Effectenverkeer, Wet giraal - / B22

EG-betekeningsverordening / B86

EG-betekeningsverordening, Uitvoeringswet - / B87

EG-Bewijsverordening / B89

EG-Bewijsvordering, Uitvoeringswet - / B90

EG-mededingingsverordening / A84

Elements of crimes / C54

ELI Business Rescue Recommendations / zie wettenbundel.sdu.nl

Erfopvolging 1989, Haags verdrag - / zie wettenbundel.sdu.nl

Erfrecht, Uitvoeringswet Verordening - / B84

Erfrechtverordening / B83

EU-executieverordening en Verdrag van Lugano, Uitvoeringswet - / B82

EU-Handvest voor de grondrechten / A86

European Contract Law, Principles of - / zie wettenbundel.sdu.nl

European Insolvency Law, Principles of - / zie wettenbundel.sdu.nl

European Law on Services Contracts (PELSC), Principles of - / zie wettenbundel.sdu.nl

European Law: Sales, Principles of - / zie wettenbundel.sdu.nl

European Prison Rules / C29

European Tort Law, Principles of - / zie wettenbundel.sdu.nl

European Trust Law, Principles of - / zie wettenbundel.sdu.nl

Europees aanhoudingsbevel en procedures van overlevering tussen lidstaten, Kaderbesluitbetreffende - / C40

Europees Handvest inzake lokale autonomie / A37

Europees Octrooiverdrag (Verdrag inzake de verlening van Europese octrooien) / B74

Europees Sociaal Handvest (herzien) / A98

Europees Sociaal Handvest, Turijn, 21 oktober 1991 (toekomstig), Protocol tot wijziging van het - / A99

Europees Verdrag aangaande de wederzijdse rechtshulp in strafzaken / C48

Europees Verdrag betreffende de overdracht van strafvervolging / C50

Europees Verdrag betreffende uitlevering / C47

Europees Verdrag inzake de internationale geldigheid van strafvonnissen, 's-Gravenhage , 28 mei 1970 / C52

Europees Verdrag inzake nationaliteit / A39

Europees Verdrag ter voorkoming van foltering en onmenselijke of vernederende behandeling of bestraffing (CPT) / C42

Europees verdrag tot bescherming van de rechten van de mens / C58

Europees Verdrag tot bescherming van de rechten van de mens en de fundamentele vrijheden / A89

Europese Betalings Bevel Verordening (Verordening (EG) nr. 1896/2006 tot invoering van een Europese betalingsbevelprocedure / B96

Europese betalingsbevelprocedure, Uitvoeringswet verordening - / B97

Europese coöperatieve vennootschap, Uitvoeringswet verordening - / zie wettenbundel.sdu.nl

Europese coöperatieve vennootschap, Verordening 1435/2003/EG betreffende het statuut voor een - (SCE) / zie wettenbundel.sdu.nl
Europese executoriale titel, Uitvoeringswet verordening - / B95
Europese ondernemingsraden, Wet op de - / B18
Europese regelgeving publieke entiteiten (Wet Nerpe), Wet Naleving - / A30
Europese Unie, Goedkeuringswet Verdrag betreffende de - / A85
Europese Unie, Handvest van de grondrechten van de - / A86
Europese Unie, Verdrag betreffende de - / A87
Europese Unie, Verdrag betreffende de werking van de - / A88
Europese vennootschap, Uitvoeringswet verordening - / zie wettenbundel.sdu.nl
Europese vennootschap, Verordening 2157/2001/EG betreffende het statuut van de - (SE) / B91
EVEX (Verdrag betreffende de rechterlijke bevoegdheid, de erkenning en de tenuitvoerlegging van beslissingen in burgerlijke en handelszaken; Verdrag van Lugano) / B77
Evidence, Rules of Procedure and - / zie wettenbundel.sdu.nl
EVRM (Verdrag tot bescherming van de rechten van de mens en de fundamentele vrijheden) / A89, C58
EVRM, Protocol bij het - / A90
Executoriale titel voor niet-betwiste schuldvorderingen (EET-verordening), Verordening 805/2004/EG tot invoering van een Europese - / B94
Executoriale titel, Uitvoeringswet verordening Europese - / B95

F

Facultatief Protocol behorend bij het Internationaal Verdrag inzake burgerrechten en politieke rechten / A105
Facultatief Protocol bij het Verdrag inzake de uitbanning van alle vormen van discriminatie van vrouwen / A109
Facultatief Protocol bij het Verdrag tegen foltering en andere wrede, onmenselijke of onterende behandeling of bestraffing / C44
Facultatief Protocol inzake de verkoop van kinderen, kinderprostitutie en kinderpornografie bij het Verdrag inzake de rechten van het kind / A111
Facultatieve Protocol bij het Verdrag inzake de rechten van het kind inzake de betrokkenheid van kinderen bij gewapende conflicten, Tweede / A112
Faillissementswet / B13
Financieel toezicht, Wet op het - / zie wettenbundel.sdu.nl
Financiële-verhoudingswet / A34
Foltering en andere wrede, onmenselijke of onterende behandeling of bestraffing, Facultatief Protocol bij het Verdrag tegen - / C44
Foltering en andere wrede, onmenselijke of onterende behandeling of bestraffing, Verdrag tegen - (CAT) / C43
Foltering en onmenselijke of vernederende behandeling of bestraffing, Europees Verdrag ter voorkoming van - (CPT) / C42
Fundamentele vrijheden, inzake de afschaffing van de doodstraf, Zesde protocol bij het Verdrag tot bescherming van de rechten van de mens en de - / A92
Fundamentele vrijheden, Protocol bij het Verdrag tot bescherming van de rechten van de mens en de - / A90
Fundamentele vrijheden, Protocol nr. 12 bij het Verdrag tot bescherming van de rechten van de mens en de - / A94
Fundamentele vrijheden, Protocol nr. 13 bij het Verdrag tot bescherming van de rechten van de mens en de - / A95
Fundamentele vrijheden, Protocol nr. 15 bij het Verdrag tot bescherming van de rechten van de mens en de - (toekomstig) / A96
Fundamentele vrijheden, Protocol nr. 16 bij het Verdrag tot bescherming van de rechten van de mens en de - / A97
Fundamentele vrijheden, tot het waarborgen van bepaalde rechten en vrijheden die niet reeds in het Verdrag en in het eerste Protocol daarbij zijn opgenomen, Vierde Protocol bij het Verdrag tot bescherming van de rechten van de mens en de - / A91
Fundamentele vrijheden, Verdrag tot bescherming van de rechten van de mens en de - / A89, C58
Fundamentele vrijheden, Zevende protocol bij het Verdrag tot bescherming van de rechten van de mens en de - (toekomstig) / A93
Fusiegedragsregels 2015, SER - / B27

G

Gegevensbescherming, Algemene verordening - / A19

Alfabetische inhoudsopgave

Gegevensbescherming, Uitvoeringswet Algemene verordening - / A20
Gehandicaptenverdrag / A113
Gelijke behandeling op grond van handicap of chronische ziekte, Wet - / A23
Gelijke behandeling op grond van leeftijd bij de arbeid, Wet - / A24
Gelijke behandeling van mannen en vrouwen, Wet - / A25
Gelijke behandeling, Algemene wet - / A21
Gemeenschappelijke grenzen, Overeenkomst ter uitvoering van het tussen de Regeringen van de Staten van de Benelux Economische Unie, de Bondsrepubliek Duitsland, en de Franse Republiek op 14 juni 1985 te Schengen gesloten akkoord betreffende de geleidelijke afschaffing van de controles aan de - / C55
Gemeenschappelijke regelingen, Wet - / A33
Gemeenten, Wet voorkeursrecht - / A62
Gemeentewet / A29
Geneesmiddelen in het verkeer, Besluit alcohol, drugs, en - / C16
Geneesmiddelen in het verkeer, Regeling alcohol, drugs, en - / C17
Genocide, Verdrag inzake de voorkoming en de bestraffing van - / C45
Gerechtsdeurwaarderswet / B46
Gerechtshof, Statuut van het Internationaal - / A101
Geringe vorderingen, Uitvoeringswet verordening Europese procedure voor - / B102
Geringe vorderingen, Verordening - / B101
Gevonniste personen, Verdrag inzake de overbrenging van - / C51
Gewapende conflicten, Tweede facultatief protocol bij het Verdrag inzake de rechten van het kind inzake de betrokkenheid van kinderen bij / A112
Giraal effectenverkeer, Wet - / B22
Goedkeuring en bekendmaking verdragen, Rijkswet - / A6
Goedkeuringswet Verdrag betreffende de Europese Unie / A85
Governance Code, Nederlandse Corporate - / B41
Gratiewet / C32
Griffierechten burgerlijke zaken, Besluit - / zie wettenbundel.sdu.nl
Griffierechten burgerlijke zaken, Regeling - / zie wettenbundel.sdu.nl
Griffierechten burgerlijke zaken, Wet - / B49
Grondrechten van de Europese Unie, Handvest van de - / A86
Grondwet / A2

H

Haags Adoptieverdrag 1993 (Verdrag inzake de bescherming van kinderen en de samenwerking op het gebied van de interlandelijke adoptie) / B62
Haags Alimentatie-Executieverdrag (Verdrag inzake de erkenning en de tenuitvoerlegging van beslissingen over onderhoudsverplichtingen) / B60
Haags Alimentatieprotocol (Protocol inzake het recht dat van toepassing is op onderhoudsverplichtingen) / B61
Haags Alimentatieverdrag (Verdrag inzake de wet die van toepassing is op onderhoudsverplichtingen) / zie wettenbundel.sdu.nl
Haags betekeningsverdrag (Verdrag inzake de betekening en de kennisgeving in het buitenland van gerechtelijke en buitengerechtelijke stukken in burgerlijke en in handelszaken) / B78
Haags Forumkeuzeverdrag / B80
Haags Kinderalimentatie-Executieverdrag (Verdrag nopens de erkenning en de tenuitvoerlegging van beslissingen over onderhoudsverplichtingen jegens kinderen) / zie wettenbundel.sdu.nl
Haags Kinderbeschermingsverdrag 1996 (Verdrag inzake de bevoegdheid, het toepasselijke recht, de erkenning, de tenuitvoerlegging en de samenwerking op het gebied van ouderlijke verantwoordelijkheid en maatregelen ter bescherming van kinderen) / B63
Haags Kinderontvoeringsverdrag 1980 (Verdrag betreffende de burgerrechtelijke aspecten van internationale ontvoering van kinderen) / B64
Haags productenaansprakelijkheidsverdrag (Verdrag inzake de wet welke van toepassing is op de aansprakelijkheid wegens produkten) / B72
Haags Verdrag erfopvolging 1989 (Verdrag inzake het recht dat vantoepassing is op erfopvolging) / zie wettenbundel.sdu.nl
Haags verkeersongevallenverdrag (Verdrag inzake de wet welke van toepassing is op verkeersongevallen op de weg) / B71
Handelsnaamwet / B21
Handelsregisterbesluit 2008 / B20
Handelsregisterwet 2007 / B19
Handelszaken, Verdrag inzake de verkrijging van bewijs in het buitenland in burgerlijke en in - / B76
Handhaving verkeersvoorschriften, Wet administratiefrechtelijke - / C18

Handicap of chronische ziekte, Wet gelijke behandeling op grond van - / A23
Handicap, VN-Verdrag inzake de rechten van personen met een - / A113
Handvest (herzien), Europees Sociaal - / A98
Handvest inzake lokale autonomie, Europees - / A37
Handvest lokaal bestuur / A37
Handvest van de grondrechten van de Europese Unie / A86
Handvest van de Verenigde Naties / A100
Handvest, Turijn, 21 oktober 1991 (toekomstig), Protocol tot wijziging van het Europees Sociaal - / A99
Herstelwet, Crisis- en / A63
Horecawet, Drank- en - / A76
Huisvestingswet 2014 / A60
Hulp bij zelfdoding, Wet toetsing levensbeëindiging op verzoek en - / C24
Hulpofficieren van justitie 2008, Regeling - / C4
Huurprijzen woonruimte, Uitvoeringswet - / B30
Huwelijksvermogensregime, Verdrag inzake het recht dat van toepassing is op het - / B57
Huwelijksvermogensstelsels, Uitvoeringswet Verordening - en Verordening vermogensrechtelijke gevolgen geregistreerde partnerschappen / B107
Huwelijksvermogensstelsels, Verordening / B105

I
Identificatieplicht, Wet op de - / C7
Inburgering, Wet - / A44
Insolvency Law, Principles of European - / zie wettenbundel.sdu.nl
Insolventieprocedures (herschikking), Verordening (EU) nr. 2015/848 / B88
Insolventieprocedures, Verordening 1346/2000/EG betreffende - / zie wettenbundel.sdu.nl
Intellectuele eigendom, Beneluxverdrag inzake de - / B75
Intensivering van de grensoverschrijdende samenwerking, in het bijzonder ter bestrijding van het terrorisme, de grensoverschrijdende criminaliteit en de illegale migratie (Verdrag van Prüm), Verdrag tussen het Koninkrijk België, de Bondsrepubliek Duitsland, het Koninkrijk Spanje, de Republiek Frankrijk, het Groothertogdom Luxemburg, het Koninkrijk der Nederlanden en de Republiek Oostenrijk inzake de - / zie wettenbundel.sdu.nl
Internationaal Gerechtshof, Statuut van het - / A101
Internationaal Strafhof, Statuut van Rome inzake het - / C53
Internationaal Strafhof, Uitvoeringswet - / C34
Internationaal Verdrag inzake burgerrechten en politieke rechten (IVBPR) / A104
Internationaal Verdrag inzake burgerrechten en politieke rechten, Facultatief Protocol behorend bij het - / A105
Internationaal Verdrag inzake burgerrechten en politieke rechten, gericht op de afschaffing van de doodstraf, Tweede Facultatieve Protocol bij het - / A106
Internationaal Verdrag inzake de uitbanning van alle vormen van rassendiscriminatie / A107
Internationaal Verdrag inzake economische, sociale en culturele rechten (IVESC) / A103
Internationaal vervoer van goederen over de weg, Verdrag betreffende overeenkomst tot - (CMR) / B73
International Commercial Contracts 2010, Principles of - / zie wettenbundel.sdu.nl
Internationale kinderbescherming, Uitvoeringswet - / B67
Internationale kinderontvoering, Uitvoeringswet - / B65
Internationale misdrijven, Wet - / C33
Internationally wrongful acts, Responsibility of States for - / A115
Invorderingswet 1990 / B40
IVBPR (Internationaal Verdrag inzake burgerrechten en politieke rechten) / A104
IVESC (Internationaal Verdrag inzake economische, sociale en culturele rechten) / A103

J
Jeugdinrichtingen, Beginselenwet justitiële - / C31
Jeugdinrichtingen, Reglement justitiële - / zie wettenbundel.sdu.nl
Jeugdwet / A80
Justitiële en strafvorderlijke gegevens, Besluit - / C10
Justitiële en strafvorderlijke gegevens, Wet - / C9
Justitiële jeugdinrichtingen, Beginselenwet - / C31

K
Kadasterwet / B28
Kaderbesluit betreffende Europees aanhoudingsbevel en procedures van overlevering tussen lidstaten / C40

Alfabetische inhoudsopgave

Kaderwet zelfstandige bestuursorganen / A26
Kieswet / A9
Kind inzake de betrokkenheid van kinderen bij gewapende conflicten, Tweede Facultatieve Protocol bij het Verdrag inzake de rechten van het - / A112
Kind, Facultatief Protocol inzake de verkoop van kinderen, kinderprostitutie en kinderpornografie bij het Verdrag inzake de rechten van het - / A111
Kind, Verdrag inzake de rechten van het - / A110
Kinderalimentatie-Executieverdrag, Haags - / zie wettenbundel.sdu.nl
Kinderbescherming, Uitvoeringswet internationale - / B65
Kinderbeschermingsverdrag 1996, Haags - / B63
Kinderen, kinderprostitutie en kinderpornografie bij het Verdrag inzake de rechten van het kind, Facultatief Protocol inzake de verkoop van - / A111
Kinderen, Verdrag nopens wet op alimentatieverplichtingen jegens - / zie wettenbundel.sdu.nl
Kinderontvoering, Uitvoeringswet internationale - / B65
Kinderontvoeringsverdrag 1980, Haags - / B64
Kinderpornografie bij het Verdrag inzake de rechten van het kind, Facultatief Protocol inzake de verkoop van kinderen, kinderprostitutie en - / A111
Kinderprostitutie en kinderpornografie bij het Verdrag inzake de rechten van het kind, Facultatief Protocol inzake de verkoop van kinderen, - / A111
Koninklijke marechaussee en andere opsporingsambtenaren, Ambtsinstructie voor de politie, de - / C6
Koophandel, Wetboek van - / B12
Koopverdrag, Weens - / B70

L

Langdurige zorg, Wet - / A79
Leeftijd bij de arbeid, Wet gelijke behandeling op grond van / A24
Levensbeëindiging, Wet toetsing - op verzoek en hulp bij zelfdoding / C24
Lokaal bestuur, Handvest - / A37
Lokale autonomie, Europees Handvest inzake - / A37
Loonvorming, Wet op de - / B35

M

Maatregel, Penitentiaire - / C27
Maatschappelijke ondersteuning 2015, Wet - / A78
Manifestaties, Wet openbare - / A18
Mannen en vrouwen, Wet gelijke behandeling van - / A25
Mededingingsregels van de artikelen 81 en 82 van het Verdrag, Verordening 1/2003/EG betreffende de uitvoering van de - (EG-mededingingsverordening) / A84
Mededingingswet / A83
Melding collectief ontslag, Wet - / B34
Milieubeheer, Activiteitenbesluit / A66
Milieubeheer, Wet - / A65
Milieueffectrapportage, Besluit - / A71
Ministeriële verantwoordelijkheid, Wet - / A7
Ministerraad, Reglement van Orde voor de - / A12
Misdrijven, Wet internationale - / C33
Motorrijtuigen, Wet aansprakelijkheidsverzekering - / B29
Munitie, Wet wapens en - / C23

N

Naburige rechten, Wet op de - / B38
Nadeelcompensatie en schadevergoeding bij onrechtmatige besluiten (deels toekomstig), Wet - / A46
Naleving Europese regelgeving publieke entiteiten (Wet Nerpe), Wet - / A30
Nationale ombudsman, Wet - / A16
Nationaliteit, Europees Verdrag inzake - / A39
Nederlanderschap, Rijkswet op het - / A38
Nederlanderschap, Wijzigingswet Rijkswet op het - (verkrijging, verlening en verlies van het Nederlanderschap) / zie wettenbundel.sdu.nl
Nederlandse Corporate Governance Code / B41
Nerpe, Wet - / A30
Nieuw Wetboek van Strafvordering (voorstel van wet Boek 1 t/m 6) / Zie wettenbundel.sdu.nl
Normalisering rechtspositie ambtenaren, Wet - / zie wettenbundel.sdu.nl
Notarisambt, Besluit op het - / B48

Notarisambt, Wet op het - / B47

O

OM-afdoening, Besluit - / C13
Ombudsman, Wet Nationale - / A16
Omgevingsrecht, Besluit - / A68
Omgevingsrecht, Regeling - / A69
Omgevingsrecht, Wet algemene bepalingen - / A67
Omgevingswet (toekomstig) / A72
Omzetbelasting 1968, Wet op de - / B54
Ondernemingsraden, Wet op de - / B17
Ondernemingsraden, Wet op de Europese - / B18
Ondersteuning 2015, Wet maatschappelijke - / A78
Onderzoeksbevel in strafzaken, Richtlijn 2014/41/EU van het Europees Parlement en de Raad van 3 april 2014 betreffende het Europees - / C41
Onmenselijke of onterende behandeling of bestraffing, Facultatief Protocol bij het Verdrag tegen foltering en andere wrede, - / C44
Onmenselijke of onterende behandeling of bestraffing, Verdrag tegen foltering en andere wrede, - (CAT) / C43
Onmenselijke of vernederende behandeling of bestraffing, Europees Verdrag ter voorkoming van foltering en - (CPT) / C42
Onteigeningswet / A61
Onterende behandeling of bestraffing, Facultatief Protocol bij het Verdrag tegen foltering en andere wrede, onmenselijke of - / C44
Onterende behandeling of bestraffing, Verdrag tegen foltering en andere wrede, onmenselijke of - (CAT) / C43
Ontslag, Wet melding collectief - / B34
Ontslagregeling / zie wettenbundel.sdu.nl
Ontvoering, Uitvoeringswet internationale kinder- / B65
Openbaar bestuur (Wet BIBOB), Wet bevordering integriteitsbeoordelingen door het - / A53
Openbaarheid van bestuur, Wet - / A49
Openbare manifestaties, Wet - / A18
Opiumwet / C22
Opneming buitenlandse kinderen ter adoptie, Wet - / zie wettenbundel.sdu.nl
Opsporingsambtenaar, Besluit buitengewoon - / C21
Opsporingsambtenaren, Ambtsinstructie voor politie, marechaussee en andere - / C6
Opsporingsdiensten, Wet op de bijzondere - / C20
Overbrenging van gevonniste personen, Verdrag inzake de - / C51
Overeenkomst ter uitvoering van het tussen de Regeringen van de Staten van de Benelux Economische Unie, de Bondsrepubliek Duitsland, en de Franse Republiek op 14 juni 1985 te Schengen gesloten akkoord betreffende de geleidelijke afschaffing van de controles aan de gemeenschappelijke grenzen (uittreksel) / C55
Overeenkomst, door de Raad vastgesteld overeenkomstig artikel 34 van het Verdrag betreffende de Europese Unie, betreffende de wederzijdse rechtshulp in strafzaken tussen de lidstaten van de Europese Unie / C48
Overlast, Besluit bestuurlijke boete - in de openbare ruimte / zie wettenbundel.sdu.nl
Overleveringswet / C39

P

Parlementaire Enquête 2008, Wet op de - / A13
Participatiewet / A77
Partnerschapsvermogens, Verordening / B106
Penitentiaire beginselenwet / C26
Penitentiaire maatregel / C27
Pensioenrechten bij scheiding, Wet tot regeling van het conflictenrecht met betrekking tot verevening - / zie wettenbundel.sdu.nl
Pensioenrechten bij scheiding, Wet verevening - / B16
Politie, de Koninklijke marechaussee en andere opsporingsambtenaren, Ambtsinstructie voor de - / C6
Politiegegevens, Besluit / C12
Politiegegevens, Wet / C11
Politieke rechten, Facultatief Protocol behorend bij het Internationaal Verdrag inzake burgerrechten en - / A105
Politieke rechten, gericht op de afschaffing van de doodstraf, Tweede Facultatieve Protocol bij het Internationaal Verdrag inzake burgerrechten en - / A106

Alfabetische inhoudsopgave

Politieke rechten, Internationaal Verdrag inzake burgerrechten en - (IVBPR) / A104
Politiewet 2012 / C5
Principles of European Contract Law / zie wettenbundel.sdu.nl
Principles of European Insolvency Law / zie wettenbundel.sdu.nl
Principles of European Law on Services Contracts (PELSC) / zie wettenbundel.sdu.nl
Principles of European Law: Sales / zie wettenbundel.sdu.nl
Principles of European Tort Law / zie wettenbundel.sdu.nl
Principles of European Trust Law / zie wettenbundel.sdu.nl
Principles of International Commercial Contracts 2010 / zie wettenbundel.sdu.nl
Principles of Transnational Civil Procedure / zie wettenbundel.sdu.nl
Prison Rules, European - / C29
Privaatrecht, Belemmeringenwet - / A64
Procedure and Evidence, Rules of - / zie wettenbundel.sdu.nl
Proceskosten bestuursrecht, Besluit - / A52
Procesregeling bestuursrechtelijke colleges 2014 / A48
Procesreglement bestuursrecht 2017 / A47
Productenaansprakelijkheidsverdrag, Haags - / B72
Protocol behorend bij het Internationaal Verdrag inzake burgerrechten en politieke rechten, Facultatief - / A105
Protocol betreffende de status van vluchtelingen / A43
Protocol bij het Verdrag tot bescherming van de rechten van de mens en de fundamentele vrijheden / A89
Protocol nr. 12 bij het Verdrag tot bescherming van de rechten van de mens en de fundamentele vrijheden / A94
Protocol nr. 13 bij het Verdrag tot bescherming van de rechten van de mens en de fundamentele vrijheden, inzake de afschaffing van de doodstraf onder alle omstandigheden / A95
Protocol nr. 15 bij het Verdrag tot bescherming van de rechten van de mens en de fundamentele vrijheden (toekomstig) / A96
Protocol nr. 16 bij het Verdrag tot bescherming van de rechten van de mens en de fundamentele vrijheden / A97
Protocol tot wijziging van het Europees Sociaal Handvest, Turijn, 21 oktober 1991 (toekomstig) / A99
Protocol vastgesteld door de Raad overeenkomstig artikel 34 van het Verdrag betreffende de Europese Unie, bij de Overeenkomst betreffende de wederzijdse rechtshulp in strafzaken tussen de lidstaten van de Europese Unie / C49
Provinciewet / A27
Prüm, Verdrag van - / zie wettenbundel.sdu.nl

R

Raad van State, Wet op de - / A14
Rassendiscriminatie, Internationaal Verdrag inzake de uitbanning van alle vormen van - / A107
Rechten van de mens en de fundamentele vrijheden, inzake de afschaffing van de doodstraf, Zesde protocol bij het Verdrag tot bescherming van de - / A92
Rechten van de mens en de fundamentele vrijheden, Protocol bij het Verdrag tot bescherming van de - / A90
Rechten van de mens en de fundamentele vrijheden, Protocol nr. 12 bij het Verdrag tot bescherming van de - / A94
Rechten van de mens en de fundamentele vrijheden, Protocol nr. 13 bij het Verdrag tot bescherming van de - / A95
Rechten van de mens en de fundamentele vrijheden, Protocol nr. 15 bij het Verdrag tot bescherming van de - (toekomstig) / A96
Rechten van de mens en de fundamentele vrijheden, Protocol nr. 16 bij het Verdrag tot - / A97
Rechten van de mens en de fundamentele vrijheden, tot het waarborgen van bepaalde rechten en vrijheden die niet reeds in het Verdrag en in het eerste Protocol daarbij zijn opgenomen, Vierde Protocol bij het Verdrag tot bescherming van de - / A91
Rechten van de mens en de fundamentele vrijheden, Verdrag tot bescherming van de - (EVRM) / A89, C58
Rechten van de mens en de fundamentele vrijheden, Zesde protocol bij het Verdrag tot bescherming van de - / A92
Rechten van de mens en de fundamentele vrijheden, Zevende protocol bij het Verdrag tot bescherming van de - (toekomstig) / A93
Rechten van de mens, Universele verklaring van de - / A102
Rechten van het kind inzake de betrokkenheid van kinderen bij gewapende conflicten, Tweede Facultatieve Protocol bij het Verdrag inzake de - / A112

Alfabetische inhoudsopgave

Rechten van het kind, Facultatief Protocol inzake de verkoop van kinderen, kinderprostitutie en kinderpornografie bij het Verdrag inzake de - / A111
Rechten van het kind, Verdrag inzake de - / A110
Rechten van personen met een handicap, VN-Verdrag inzake de - (toekomstig) / A113
Rechterlijke organisatie, Wet op de - / B42
Rechtsbijstand- en toevoegcriteria, Besluit - / zie wettenbundel.sdu.nl
Rechtshulp in strafzaken tussen de lidstaten van de Europese Unie, Overeenkomst, door de Raad vastgesteld overeenkomstig artikel 34 van het Verdrag betreffende de Europese Unie, betreffende de wederzijdse - / C48
Rechtshulp in strafzaken tussen de lidstaten van de Europese Unie, Protocol vastgesteld door de Raad overeenkomstig artikel 34 van het Verdrag betreffende de Europese Unie, bij de Overeenkomst betreffende de wederzijdse - / C49
Rechtshulp in strafzaken tussen het Koninkrijk België, het Groothertogdom Luxemburg en het Koninkrijk der Nederlanden, Verdrag aangaande de uitlevering en de - / zie wettenbundel.sdu.nl
Rechtshulp in strafzaken, Europees Verdrag aangaande de wederzijdse - / C46
Rechtspositie ambtenaren, Wet normalisering - / zie wettenbundel.sdu.nl
Rechtsverkeer, Wet op belastingen van - / B50
Redactionele ten geleide bij het Wetboek van Burgerlijke Rechtsvordering / B14
Regeling alcohol, drugs en geneesmiddelen in het verkeer / C17
Regeling griffierechten burgerlijke zaken / zie wettenbundel.sdu.nl
Regeling hulpofficieren van justitie 2008 / C4
Regeling omgevingsrecht / A69
Regelingen, Wet gemeenschappelijke - / A33
Regentschapswet 2013 / A3
Reglement justitiële jeugdinrichtingen / zie wettenbundel.sdu.nl
Reglement van Orde van de Eerste Kamer der Staten-Generaal / A11
Reglement van Orde van de Tweede Kamer der Staten-Generaal / A10
Reglement van Orde voor de ministerraad / A12
Reglement verkeersregels en verkeerstekens 1990 (RVV 1990) / C15
Reglement verpleging ter beschikking gestelden / zie wettenbundel.sdu.nl
Responsibility of States for internationally wrongful acts / A115
Richtlijn 2006/123/EG betreffende diensten op de interne markt / zie wettenbundel.sdu.nl
Richtlijn 2012/29/EU van het Europees Parlement en de Raad van 25 oktober 2012 tot vaststelling van minimumnormen voor de rechten, de ondersteuning en de bescherming van slachtoffers van strafbare feiten, en ter vervanging van Kaderbesluit 2001/220/JBZ (Richtlijn slachtoffers) / C59
Richtlijn 2013/48/EU van het Europees Parlement en de Raad van 22 oktober 2013 betreffende het recht op toegang tot een advocaat in strafprocedures en in procedures ter uitvoering van een Europees Aanhoudingsbevel en het recht om een derde op de hoogte te laten brengen vanaf de vrijheidsbeneming en om met derden en consulaire autoriteiten te communiceren tijdens de vrijheidsbeneming (Richtlijn toegang advocaat tot politieverhoren) / C56
Richtlijn 2014/41/EU van het Europees Parlement en de Raad van 3 april 2014 betreffende het Europees onderzoeksbevel in strafzaken / C41
Richtlijn toegang advocaat tot politieverhoren / C56
Rijksbelastingen, Algemene wet inzake - / A56
Rijksoctrooiwet 1995 / B39
Rijkswet goedkeuring en bekendmaking verdragen / A6
Rijkswet op het Nederlanderschap / A38
Rijkswet op het Nederlanderschap, Wijzigingswet - (verkrijging, verlening en verlies van het Nederlanderschap) / zie wettenbundel.sdu.nl
Rome I, (Verordening (EG) nr. 593/2008 inzake het recht dat van toepassing is op verbintenissen uit overeenkomst) / B92
Rome II, (Verordening (EG) nr. 864/2007 betreffende het recht dat van toepassing is op niet-contractuele verbintenissen) / B93
Ruimtelijke ordening, Besluit - / A58
Ruimtelijke ordening, Wet - / A57
Rules of Procedure and Evidence / zie wettenbundel.sdu.nl
RVV 1990 (Reglement verkeersregels en verkeerstekens 1990) / C15

S

Sales, Principles of European Law: - / zie wettenbundel.sdu.nl
Scheiding, Wet tot regeling van het conflictenrecht met betrekking tot vereveningpensioenrechten bij - / zie wettenbundel.sdu.nl
Scheiding, Wet verevening pensioenrechten bij - / B16

Alfabetische inhoudsopgave

Schengen gesloten akkoord betreffende de geleidelijke afschaffing van de controles aan de gemeenschappelijke grenzen, Overeenkomst ter uitvoering van het tussen de Regeringen van de Staten van de Benelux Economische Unie, de Bondsrepubliek Duitsland, en de Franse Republiek op 14 juni 1985 te - (uittreksel) / C55

SE (Verordening 2157/2001/EG betreffende het statuut van de Europese vennootschap) / B91

SER-Fusiegedragsregels 2015 / B27

Services Contracts, Principles of European Law on - / zie wettenbundel.sdu.nl

Slachtoffers, Richtlijn / C59

Sociaal Handvest (herzien), Europees - / A98

Sociaal Handvest, Turijn, 21 oktober 1991 (toekomstig), Protocol tot wijziging van het Europees - / A99

Sociaal-Economische Raad, Wet op de - / A36

Sociale en culturele rechten, Internationaal Verdrag inzake economische, - (IVESC) / A103

Statuut Europese Coöperatieve Vennootschap / zie wettenbundel.sdu.nl

Statuut van het Internationaal Gerechtshof / A101

Statuut van Rome inzake het Internationaal Strafhof / C53

Statuut voor het Koninkrijk der Nederlanden / A1

Strafrecht, Wetboek van - / C1

Strafvervolging, Europees Verdrag betreffende de overdracht van / C50

Strafvonnissen, Europees Verdrag inzake de internationale geldigheid van / C52

Strafvonnissen, Wet overdracht tenuitvoerlegging - / C35

Strafvordering, Wetboek van - / C2

Strafvorderlijke gegevens, Wet justitiële en - / C9

Strafzaken tussen de lidstaten van de Europese Unie, Overeenkomst, door de Raad vastgesteld overeenkomstig artikel 34 van het Verdrag betreffende de Europese Unie, betreffende de wederzijdse rechtshulp in - / C48

Strafzaken tussen de lidstaten van de Europese Unie, Protocol vastgesteld door de Raad overeenkomstig artikel 34 van het Verdrag betreffende de Europese Unie, bij de Overeenkomst betreffende de wederzijdse rechtshulp in - / C49

Strafzaken tussen het Koninkrijk België, het Groothertogdom Luxemburg en het Koninkrijk der Nederlanden, Verdrag aangaande de uitlevering en de rechtshulp in - / zie wettenbundel.sdu.nl

Strafzaken, Europees Verdrag aangaande de wederzijdse rechtshulp in - / C46

Strafzaken, Wet tarieven in - / zie wettenbundel.sdu.nl

Successiewet 1956 / B52

Successiewet 1956, Uitvoeringsbesluit - / B53

T

Tarieven in strafzaken, Wet - / zie wettenbundel.sdu.nl

Tenuitvoerlegging strafvonnissen, Wet overdracht - / C35

Ter beschikking gestelden, Beginselenwet verpleging - / C30

Ter beschikking gestelden, Reglement verpleging - / zie wettenbundel.sdu.nl

Termijnenwet, Algemene - / B44

Testamentaire beschikkingen, Verdrag inzake de wetsconflicten betreffende de vorm van - / B66

Tijdelijk huisverbod, Besluit - / A32

Tijdelijk huisverbod, Wet - / A31

Toezicht, Wet op het financieel / zie wettenbundel.sdu.nl

Tort Law, Principles of European - / zie wettenbundel.sdu.nl

Transnational Civil Procedure, Principles of - / zie wettenbundel.sdu.nl

Trust Law, Principles of European / zie wettenbundel.sdu.nl

Trusts en inzake de erkenning van trusts, Verdrag inzake het recht dat toepasselijk is op - / B68

Tweede Facultatieve Protocol bij het Internationaal Verdrag inzake burgerrechten en politieke rechten, gericht op de afschaffing van de doodstraf / A106

Tweede Kamer der Staten-Generaal, Reglement van Orde van de - / A10

U

Uitbanning van alle vormen van discriminatie van vrouwen, Facultatief Protocol bij het Verdrag inzake de - / A109

Uitbanning van alle vormen van discriminatie van vrouwen, Verdrag inzake de - / A108

Uitbanning van alle vormen van rassendiscriminatie, Internationaal Verdrag inzake de - / A107

Uitlevering en de rechtshulp in strafzaken tussen het Koninkrijk België, het Groothertogdom Luxemburg en het Koninkrijk der Nederlanden, Verdrag aangaande de - / zie wettenbundel.sdu.nl

Uitlevering, Europees Verdrag betreffende - / C47

Uittreksel bepalingen digitaal procederen (KEI-Rv) / B15
Uitleveringswet / C36
Uitvoeringsbesluit belastingen van rechtsverkeer / B51
Uitvoeringsbesluit omzetbelasting 1968 (uittreksel) / B55
Uitvoeringsbesluit Successiewet 1956 / B53
Uitvoeringswet Algemene verordening gegevensbescherming / A20
Uitvoeringswet Bewijsverdrag / B77
Uitvoeringswet EAPO (Uitvoeringswet verordening Europees bevel tot conservatoir beslag op bankrekeningen) / B104
Uitvoeringswet EG-betekeningsverordening / B87
Uitvoeringswet EG-bewijsverordening / B90
Uitvoeringswet EU-executieverordening / B82
Uitvoeringswet huurprijzen woonruimte / B30
Uitvoeringswet Internationaal Strafhof / C34
Uitvoeringswet internationale inning levensonderhoud / B59
Uitvoeringswet internationale kinderbescherming / B67
Uitvoeringswet internationale kinderontvoering / B65
Uitvoeringswet verordening Europese betalingsbevelprocedure / B97
Uitvoeringswet verordening Europese coöperatieve vennootschap / zie wettenbundel.sdu.nl
Uitvoeringswet verordening Europese executoriale titel / B95
Uitvoeringswet verordening Europese procedure voor geringe vorderingen / B102
Uitvoeringswet verordening Europese vennootschap / zie wettenbundel.sdu.nl
Uitvoeringswet Verordening huwelijksvermogensstelsels en Verordening vermogensrechtelijke gevolgen geregistreerde partnerschappen / B107
Uitvoeringswet Verordening tot instelling van Europese economische samenwerkingsverbanden (Uitvoeringswet EESV-Verordening) / zie wettenbundel.sdu.nl
Uitvoeringswet verordening wederzijdse erkenning van beschermingsmaatregelen in burgerlijke zaken / B100
Universele verklaring van de rechten van de mens / A102

V

Vennootschap, Uitvoeringswet verordening Europese - / zie wettenbundel.sdu.nl
Vennootschap, Uitvoeringswet verordening Europese coöperatieve - / zie wettenbundel.sdu.nl
Vennootschap, Verordening 1435/2003/EG betreffende het statuut voor een Europese Coöperatieve - (SCE) / zie wettenbundel.sdu.nl
Vennootschap, Verordening 2157/2001/EG betreffende het statuut van de Europese - (SE) / B91
Vennootschappen, Wet op de formeel buitenlandse - / B56
Verdag tot bescherming van de rechten van de mens en de fundamentele vrijheden, Rome, 4 november 1950 / C58
Verdrag aangaande de uitlevering en de rechtshulp in strafzaken tussen het Koninkrijk België, het Groothertogdom Luxemburg en het Koninkrijk der Nederlanden / zie wettenbundel.sdu.nl
Verdrag aangaande de wederzijdse rechtshulp in strafzaken, Europees - / C48
Verdrag betreffende de burgerrechtelijke aspecten van internationale ontvoering van kinderen (Haags Kinderontvoeringsverdrag 1980) / B64
Verdrag betreffende de Europese Unie / A87
Verdrag betreffende de Europese Unie, Goedkeuringswet - / A85
Verdrag betreffende de overdracht van strafvervolging, Europees - / C50
Verdrag betreffende de rechterlijke bevoegdheid, de erkenning en de ten uitvoerlegging van beslissingen in burgerlijke en handelszaken (Verdrag van Lugano; EVEX) / B79 Verdrag betreffende de status van vluchtelingen / A42
Verdrag betreffende de werking van de Europese Unie / A88
Verdrag betreffende het toepasselijke recht op vertegenwoordiging / B69
Verdrag betreffende overeenkomst tot internationaal vervoer van goederen over de weg (CMR) / B73
Verdrag betreffende uitlevering, Europees - / C47
Verdrag der Verenigde Naties inzake internationale koopovereenkomsten betreffende roerende zaken (Weens koopverdrag) / B70
Verdrag inzake bedingen van forumkeuze / B80
Verdrag inzake burgerrechten en politieke rechten, Internationaal (IVBPR) / A104 Verdrag inzake de bescherming van kinderen en de samenwerking op het gebied van de interlandelijke adoptie (Haags Adoptieverdrag 1993) / B62
Verdrag inzake de betekening en de kennisgeving in het buitenland van gerechtelijke en buitengerechtelijke stukken in burgerlijke en in handelszaken (Haags betekeningsverdrag) / B78

Alfabetische inhoudsopgave

Verdrag inzake de bevoegdheid, het toepasselijke recht, de erkenning, de tenuitvoerlegging en de samenwerking op het gebied van ouderlijke verantwoordelijkheid en maatregelen ter bescherming van kinderen (Haags Kinderbeschermingsverdrag 1996) / B63

Verdrag inzake de erkenning en de tenuitvoerlegging van beslissingen over onderhoudsverplichtingen (Haags Alimentatie-Executieverdrag) / B60

Verdrag inzake de internationale geldigheid van strafvonnissen, Europees / C52

Verdrag inzake de internationale inning van levensonderhoud voor kinderen / B58

Verdrag inzake de overbrenging van gevonniste personen / C51

Verdrag inzake de rechten van het kind / A110

Verdrag inzake de rechten van het kind inzake de betrokkenheid van kinderen bij gewapende conflicten, Tweede Facultatieve Protocol bij het - / A112

Verdrag inzake de rechten van het kind, Facultatief Protocol inzake de verkoop van kinderen, kinderprostitutie en kinderpornografie bij het - / A111

Verdrag inzake de uitbanning van alle vormen van discriminatie van vrouwen / A108

Verdrag inzake de uitbanning van alle vormen van discriminatie van vrouwen, Facultatief Protocol bij het - / A109

Verdrag inzake de uitbanning van alle vormen van rassendiscriminatie, Internationaal - / A107

Verdrag inzake de verkrijging van bewijs in het buitenland in burgerlijke en in handelszaken / B76

Verdrag inzake de verlening van Europese octrooien (Europees Octrooiverdrag) / B74

Verdrag inzake de voorkoming en de bestraffing van genocide / C45

Verdrag inzake de wet die van toepassing is op onderhoudsverplichtingen (Haags Alimentatieverdrag) / zie wettenbundel.sdu.nl

Verdrag inzake de wet welke van toepassing is op de aansprakelijkheid wegens produkten (Haags productenaansprakelijkheidsverdrag) / B72

Verdrag inzake de wet welke van toepassing is op verkeersongevallen op de weg (Haags verkeersongevallenverdrag) / B71

Verdrag inzake de wetsconflicten betreffende de vorm van testamentaire beschikkingen / B66

Verdrag inzake economische, sociale en culturele rechten, Internationaal - (IVESC) / A103

Verdrag inzake het recht dat toepasselijk is op trusts en inzake erkenning van trusts / B68

Verdrag inzake het recht dat van toepassing is op erfopvolging (Haags Verdrag erfopvolging 1989) / zie wettenbundel.sdu.nl

Verdrag inzake het recht dat van toepassing is op het huwelijksvermogensregime / B57

Verdrag inzake nationaliteit, Europees - / A39

Verdrag nopens de erkenning en de tenuitvoerlegging van beslissingen over onderhoudsverplichtingen jegens kinderen (Haags Kinderalimentatie-Executieverdrag) / zie wettenbundel.sdu.nl

Verdrag nopens wet op alimentatieverplichtingen jegens kinderen / zie wettenbundel.sdu.nl

Verdrag over de erkenning en tenuitvoerlegging van buitenlandse scheidsrechterlijke uitspraken / zie wettenbundel.sdu.nl

Verdrag tegen foltering en andere wrede, onmenselijke of onterende behandeling of bestraffing / C43

Verdrag tegen foltering en andere wrede, onmenselijke of onterende behandeling of bestraffing, Facultatief Protocol bij het - / C44

Verdrag ter vaststelling van enige eenvormige regelen betreffende het cognossement / zie wettenbundel.sdu.nl

Verdrag ter vaststelling van enige eenvormige regelen betreffende het cognossement van 25 augustus 1924, Protocol 1968 tot wijziging van het Internationale - / zie wettenbundel.sdu.nl

Verdrag ter vaststelling van enige eenvormige regelen betreffende het cognossement van 25 augustus 1924, Protocol 1979 tot wijziging van het Internationale - / zie wettenbundel.sdu.nl

Verdrag tot bescherming van de rechten van de mens en de fundamentele vrijheden, (EVRM) / A89, C58

Verdrag tot bescherming van de rechten van de mens en de fundamentele vrijheden, inzake de afschaffing van de doodstraf onder alle omstandigheden, Protocol nr. 13 bij het - / A95

Verdrag tot bescherming van de rechten van de mens en de fundamentele vrijheden, inzake de afschaffing van de doodstraf, Zesde protocol bij het - / A92

Verdrag tot bescherming van de rechten van de mens en de fundamentele vrijheden, Protocol bij het - / A90

Verdrag tot bescherming van de rechten van de mens en de fundamentele vrijheden, Protocol nr. 12 bij het - / A94

Verdrag tot bescherming van de rechten van de mens en de fundamentele vrijheden, Protocol nr. 15 bij het - (toekomstig) / A96

Verdrag tot bescherming van de rechten van de mens en de fundamentele vrijheden, Protocol nr. 16 bij het - / A97

Verdrag tot bescherming van de rechten van de mens en de fundamentele vrijheden, tot het waarborgen van bepaalde rechten en vrijheden die niet reeds in het Verdrag en in het eerste Protocol daarbij zijn opgenomen, Vierde Protocol bij het - / A91

Verdrag tot bescherming van de rechten van de mens en de fundamentele vrijheden, Zevende protocol bij het - (toekomstig) / A93

Verdrag tot het vaststellen van enige eenvormige regelen betreffende aanvaring / zie wettenbundel.sdu.nl

Verdrag tussen het Koninkrijk België, de bondsrepubliek Duitsland, het Koninkrijk Spanje, de Republiek Frankrijk, het Groothertogdom Luxemburg, het Koninkrijk der Nederlanden en de Republiek Oostenrijk inzake de intensivering van de grensoverschrijdende samenwerking, in het bijzonder ter bestrijding van het terrorisme, de grensoverschrijdende criminaliteit en de illegale migratie / zie wettenbundel.sdu.nl

Verdrag van Lugano (Verdrag betreffende de rechterlijke bevoegdheid, de erkenning en de tenuitvoerlegging van beslissingen in burgerlijke en handelszaken; EVEX) / B79

Verdrag van Prüm / zie wettenbundel.sdu.nl

Verdrag van Wenen inzake het verdragenrecht / A114

Verdragen, Rijkswet goedkeuring en bekendmaking - / A6

Verdragenrecht, Verdrag van Wenen inzake het - / A114

Verenigde Naties, Handvest van de - / A100

Verevening pensioenrechten bij scheiding, Wet - / B16

Verevening pensioenrechten bij scheiding, Wet tot regeling van het conflictenrecht met betrekking tot - / zie wettenbundel.sdu.nl

Verkeersongevallenverdrag, Haags - / B69

Verkeersregels en verkeerstekens 1990 (RVV 1990), Reglement - / C15

Verkeersvoorschriften, Wet administratiefrechtelijke handhaving - / C18

Verkrijging van bewijs in het buitenland in burgerlijke en in handelszaken, Verdrag inzake de - / B76

Verlening en verlies van het Nederlanderschap (Wijzigingswet Rijkswet op het Nederlanderschap verkrijging, -) / zie wettenbundel.sdu.nl

Vernederende behandeling of bestraffing, Europees Verdrag ter voorkoming van folteringen onmenselijke of - / C42

Veroordeelden, Wet DNA-onderzoek bij - / C3

Verordening (EG) nr. 593/2008 inzake het recht dat van toepassing is op de verbintenissen uit overeenkomst (Rome I) / B92

Verordening (EG) nr. 1393/2007 van het Europees Parlement en de Raad van 13 november 2007 inzake de betekening en de kennisgeving in de lidstaten van gerechtelijke en buitengerechtelijke stukken in burgerlijke of in handelszaken (de betekening en de kennisgeving van stukken), en tot intrekking van Verordening (EG) nr. 1348/2000 van de Raad (EG-betekeningsverordening) / B86

Verordening (EG) nr. 1896/2006 tot invoering van een Europese betalingsbevelprocedure / B96

Verordening (EG) nr. 861/2007 tot vaststelling van een Europese procedure voor geringe vorderingen / B101

Verordening (EG) nr. 864/2007 betreffende het recht dat van toepassing is op niet-contractuele verbintenissen (Rome II) / B93

Verordening (EU) 2016/1103 tot uitvoering van de nauwere samenwerking op het gebied van de bevoegdheid, het toepasselijke recht en de erkenning en tenuitvoerlegging van beslissingen op het gebied van huwelijksvermogensstelsels / B105

Verordening (EU) 2016/1104 tot uitvoering van de nauwere samenwerking op het gebied van de bevoegdheid, het toepasselijke recht en de erkenning en tenuitvoerlegging van beslissingen op het gebied van de vermogensrechtelijke gevolgen van geregistreerde partnerschappen / B106

Verordening (EU) Nr. 1215/2012 betreffende de rechterlijke bevoegdheid, de erkenning en de tenuitvoerlegging van beslissingen in burgerlijke en handelszaken (herschikking)(Brussel I-bis) / B81

Verordening (EU) nr. 2015/848 van het Europees Parlement en de Raad van 20 mei 2015 betreffende insolventieprocedures (herschikking) / B88

Verordening (EU) nr. 650/2012 van het Europees Parlement en de Raad van 4 juli 2012 betreffende de bevoegdheid, het toepasselijke recht, de erkenning en de tenuitvoerlegging van beslissingen en de aanvaarding en de tenuitvoerlegging van authentieke akten op het gebied van erfopvolging, alsmede betreffende de instelling van een Europese erfrechtverklaring (Erfrechtverordening) / B83

Verordening 1/2003/EG betreffende de uitvoering van de mededingingsregels van de artikelen 81 en 82 van het Verdrag (EG Mededeingsverordening) / A84

Alfabetische inhoudsopgave

Verordening 1206/2001/EG betreffende de samenwerking tussen de gerechten van de lidstaten op het gebied van bewijsverkrijging in burgerlijke en handelszaken (EG-Bewijsverordening) / B89

Verordening 1346/2000/EG betreffende insolventieprocedures / zie wettenbundel.sdu.nl

Verordening 1435/2003/EG betreffende het statuut voor een Europese Coöperatieve Vennootschap (SCE) / zie wettenbundel.sdu.nl

Verordening 2137/85/EEG tot instelling van Europese economische samenwerkingsverbanden (EESV-verordening) / zie wettenbundel.sdu.nl

Verordening 2157/2001/EG betreffende het statuut van de Europese vennootschap (SE) / B91

Verordening 2201/2003/EG betreffende de bevoegdheid en de erkenning en tenuitvoerlegging van beslissingen in huwelijkszaken en inzake de ouderlijke verantwoordelijkheid, en tot intrekking van Verordening 1347/2000/EG (Brussel II-bis) / B85

Verordening 805/2004/EG tot invoering van een Europese executoriale titel voor niet-betwiste schuldvorderingen (EET-verordening) / B94

Verordening betreffende de wederzijdse erkenning van beschermingsmaatregelen in burgerlijke zaken (Verordening (EU) nr. 606/2013) / B99

Verordening EAPO (Verordening (EU) Nr. 655/2014 vaststelling van een procedure betreffende het Europees bevel tot conservatoir beslag op bankrekeningen om de grensoverschrijdende inning van schuldvorderingen) / B103

Verordening Europese coöperatieve vennootschap, Uitvoeringswet - / zie wettenbundel.sdu.nl

Verordening Europese executoriale titel, Uitvoeringswet - / B95

Verordening Europese procedure voor geringe vorderingen, Uitvoeringswet - / B102

Verordening Europese vennootschap, Uitvoeringswet - / zie wettenbundel.sdu.nl

Verordening gegevensbescherming, Algemene - / A19

Verordening tot instelling van Europese economische samenwerkingsverbanden, Uitvoeringswet - (Uitvoeringswet EESV-verordening) / zie wettenbundel.sdu.nl

Verordening wederzijdse erkenning van beschermingsmaatregelen in burgerlijke zaken, Uitvoeringswet - / B99

Verordening, Uitvoeringswet - Erfrecht / B84

Verordening statuut Europese Vennootschap (SE) / B91

Verpleging ter beschikking gestelden, Beginselenwet - / C30

Verpleging ter beschikking gestelden, Reglement - / zie wettenbundel.sdu.nl

Vertegenwoordiging, Verdrag betreffende het toepasselijke recht op - / B69

Vierde Protocol bij het Verdrag tot bescherming van de rechten van de mens en de fundamentele vrijheden, tot het waarborgen van bepaalde rechten en vrijheden die niet reeds in het Verdrag en in het eerste Protocol daarbij zijn opgenomen / A91

Vluchtelingen, Protocol betreffende de status van - / A43

Vluchtelingen, Verdrag betreffende de status van - / A42

VN-Verdrag inzake de rechten van personen met een handicap / A113

Voorkeursrecht gemeenten, Wet - / A62

Voorkoming van witwassen en financieren van terrorisme, Wet ter - / C25

Vreemdelingen, Wet arbeid - / A81

Vreemdelingenbesluit 2000 / A41

Vreemdelingenwet 2000 / A40

Vrijheidsbenemende en voorwaardelijke sancties, Wet wederzijdse erkenning en tenuitvoerlegging - / C37

Vrouwen, Facultatief Protocol bij het Verdrag inzake de uitbanning van alle vormen van discriminatie van - / A109

Vrouwen, Verdrag inzake de uitbanning van alle vormen van discriminatie van - / A108

Vrouwen, Wet gelijke behandeling van mannen en - / A25

W

Wapens en munitie, Wet - / C23

Waterbesluit / zie wettenbundel.sdu.nl

Waterschapswet / A35

Waterwet / A70

Wederzijdse rechtshulp in strafzaken tussen de lidstaten van de Europese Unie, Brussel, 29 mei 2000, Overeenkomst, door de Raad vastgesteld overeenkomstig artikel 34 van het Verdrag betreffende de Europese Unie, betreffende de / C48

Weens koopverdrag (Verdrag der Verenigde Naties inzake internationale koopovereenkomsten betreffende roerende zaken) / B70

Wegenverkeerswet 1994 / C14

Wegenwet / A73

Werking, Verdrag betreffende de - van de Europese Unie / A88

Wet aansprakelijkheidsverzekering motorrijtuigen / B29

Alfabetische inhoudsopgave

Wet administratiefrechtelijke handhaving verkeersvoorschriften / C18
Wet algemene bepalingen / A4
Wet algemene bepalingen omgevingsrecht / A67
Wet arbeid vreemdelingen / A81
Wet bestuursrecht, Algemene - / A45
Wet bestuursrechtspraak bedrijfsorganisatie / A51
Wet bevordering integriteitsbeoordelingen door het openbaar bestuur / A53
Wet College voor de rechten van de mens / A22
Wet DNA-onderzoek bij veroordeelden / C3
Wet gelijke behandeling op grond van handicap of chronische ziekte / A23
Wet gelijke behandeling op grond van leeftijd bij de arbeid / A24
Wet gelijke behandeling van mannen en vrouwen / A25
Wet gelijke behandeling, Algemene - / A21
Wet gemeenschappelijke regelingen / A33
Wet giraal effectenverkeer / B22
Wet griffierechten burgerlijke zaken / B49
Wet inburgering / A44
Wet internationale misdrijven / C33
Wet inzake rijksbelastingen, Algemene - / A56
Wet justitiële en strafvorderlijke gegevens / C9
Wet kenbaarheid publiekrechtelijke beperkingen onroerende zaken / zie wettenbundel.sdu.nl
Wet langdurige zorg / A79
Wet lidmaatschap koninklijk huis / A8
Wet maatschappelijke ondersteuning 2015 / A78
Wet melding collectief ontslag / B34
Wet milieubeheer / A65
Wet ministeriële verantwoordelijkheid / A7
Wet nadeelcompensatie en schadevergoeding bij onrechtmatige besluiten (deels toekomstig) / A46
Wet Naleving Europese regelgeving publieke entiteiten / A30
Wet Nationale ombudsman / A16
Wet normalisering rechtspositie ambtenaren / zie wettenbundel.sdu.nl
Wet op belastingen van rechtsverkeer / B50
Wet op de bijzondere opsporingsdiensten / C20
Wet op de collectieve arbeidsovereenkomst / B33
Wet op de economische delicten / C19
Wet op de Europese ondernemingsraden / B18
Wet op de formeel buitenlandse vennootschappen / B56
Wet op de identificatieplicht / C7
Wet op de loonvorming / B35
Wet op de naburige rechten / B38
Wet op de omzetbelasting 1968 (uittreksel) / B54
Wet op de ondernemingsraden / B17
Wet op de Parlementaire Enquête 2008 / A13
Wet op de Raad van State / A14
Wet op de rechterlijke organisatie / B42
Wet op de Sociaal-Economische Raad / A36
Wet op het algemeen verbindend en het onverbindend verklaren van bepalingen van collectieve arbeidsovereenkomsten / B32
Wet op het consumentenkrediet / B31
Wet op het financieel toezicht / zie wettenbundel.sdu.nl
Wet op het financieel toezicht (uittreksel) / B23
Wet op het notarisambt / B47
Wet openbaarheid van bestuur / A49
Wet openbare manifestaties / A18
Wet opneming buitenlandse kinderen ter adoptie / zie wettenbundel.sdu.nl
Wet overdracht tenuitvoerlegging strafvonnissen / C35
Wet politiegegevens / C11
Wet rechtspositie rechterlijke ambtenaren / zie wettenbundel.sdu.nl
Wet ruimtelijke ordening / A57
Wet tarieven in strafzaken / zie wettenbundel.sdu.nl
Wet ter voorkoming van witwassen en financieren van terrorisme / C25
Wet tijdelijk huisverbod / A31
Wet toetsing levensbeëindiging op verzoek en hulp bij zelfdoding / C24

Alfabetische inhoudsopgave

Wet tot regeling van het conflictenrecht met betrekking tot verevening pensioenrechten bij scheiding / zie wettenbundel.sdu.nl
Wet verevening pensioenrechten bij scheiding / B16
Wet verplichte GGZ / A74
Wet voorkeursrecht gemeenten / A62
Wet vrijwillige zetelverplaatsing derde landen / zie wettenbundel.sdu.nl
Wet wapens en munitie / C23
Wet wederzijdse erkenning en tenuitvoerlegging geldelijke sancties en beslissingen tot confiscatie / C38
Wet wederzijdse erkenning en tenuitvoerlegging vrijheidsbenemende en voorwaardelijke sancties / C37
Wet zorg en dwang / A75
Wetboek van Burgerlijke Rechtsvordering / B14
Wetboek van Burgerlijke Rechtsvordering, Redactionele ten geleide bij het - / B14
Wetboek van Koophandel / B12
Wetboek van Strafrecht / C1
Wetboek van Strafvordering / C2
Wijzigingsprotocol 1968 Cognossementsverdrag (Protocol tot wijziging van het Internationale Verdrag ter vaststelling van enige eenvormige regelen betreffende het cognossement) / zie wettenbundel.sdu.nl
Wijzigingsprotocol 1979 Cognossementsverdrag (Protocol tot wijziging van het Internationale Verdrag ter vaststelling van enige eenvormige regelen betreffende het cognossement) / zie wettenbundel.sdu.nl
Wijzigingswet Rijkswet op het Nederlanderschap (verkrijging, verlening en verlies van het Nederlanderschap) / zie wettenbundel.sdu.nl
Woningwet / A59
Woonruimte, Uitvoeringswet huurprijzen - / B30
Wrongful acts, Responsibility of States for internationally - / A115

Z

Zelfdoding, Wet toetsing levensbeëindiging op verzoek en hulp bij - / C24
Zelfstandige bestuursorganen, Kaderwet - / A26
Zesde protocol bij het Verdrag tot bescherming van de rechten van de mens en de fundamentele vrijheden, inzake de afschaffing van de doodstraf / A92
Zetelverplaatsing derde landen, Wet vrijwillige - / zie wettenbundel.sdu.nl
Zevende protocol bij het Verdrag tot bescherming van de rechten van de mens en de fundamentele vrijheden (toekomstig) / A93
Zittingsplaatsen gerechten, Besluit - / B43

Afkortingenlijst

Abbreviation	Full text
Advw	Advocatenwet
AlimVo	Verordening (EG) nr. 805/2004 tot invoering van een Europese executoriale titel voor niet-betwiste schuldvorderingen
Atw	Algemene termijnenwet
Aw	Auteurswet
BetVo	Verordening (EG) Nr. 1393/2007 inzake de betekening en de kennisgeving in de lidstaten van gerechtelijke en buitengerechtelijke stukken in burgerlijke of in handelszaken („de betekening en de kennisgeving van stukken"), en tot intrekking van Verordening (EG) nr. 1348/2000 van de Raad
BewVo	Verordening 1206/2001/EG betreffende de samenwerking tussen de gerechten van de lidstaten op het gebied van bewijsverkrijging in burgerlijke en handelszaken
Bnot	Besluit op het notarisambt
Bob Wft	Besluit openbare biedingen Wft
Brussel I-bis	Verordening (EU) Nr. 1215/2012 betreffende de rechterlijke bevoegdheid, de erkenning en de tenuitvoerlegging van beslissingen in burgerlijke en handelszaken (herschikking)
Brussel II-bis	Verordening (EG) nr. 2201/2003 betreffende de bevoegdheid en de erkenning en tenuitvoerlegging van beslissingen in huwelijkszaken en inzake de ouderlijke verantwoordelijkheid, en tot intrekking van Verordening (EG) nr. 1347/2000
BVIE	Benelux-verdrag inzake de intellectuele eigendom
BW Boek 1	Burgerlijk Wetboek Boek 1
BW boek 10	Burgerlijk Wetboek Boek 10
BW Boek 2	Burgerlijk Wetboek Boek 2
BW Boek 3	Burgerlijk Wetboek Boek 3
BW Boek 4	Burgerlijk Wetboek Boek 4
BW Boek 5	Burgerlijk Wetboek Boek 5
BW Boek 6	Burgerlijk Wetboek Boek 6
BW Boek 7	Burgerlijk Wetboek Boek 7
BW Boek 7A	Burgerlijk Wetboek Boek 7A
BW Boek 8	Burgerlijk Wetboek Boek 8
Bzg	Besluit zittingsplaatsen gerechten
CMR	Verdrag betreffende overeenkomst tot internationaal vervoer van goederen over de weg (CMR)
Dbw	Databankenwet
EAPO	Verordening (EU) Nr. 655/2014 vaststelling van een procedure betreffende het Europees bevel tot conservatoir beslag op bankrekeningen om de grensoverschrijdende inning van schuldvorderingen in burgerlijke en handelszaken te vergemakkelijken
EBB	Verordening (EG) nr. 1896/2006 tot invoering van een Europese betalingsbevelprocedure
EGV 4/2009	Verordening (EG) nr. 4/2009 betreffende de bevoegdheid, het toepasselijke recht, de erkenning en de tenuitvoerlegging van beslissingen, en de samenwerking op het gebied van onderhoudsverplichtingen
EOV	Verdrag inzake de verlening van Europese octrooien (Europees Octrooiverdrag)
EPGV	Verordening (EG) nr. 861/2007 tot vaststelling van een Europese procedure voor geringe vorderingen
ErfVo	Verordening (EU) Nr. 650/2012 betreffende de bevoegdheid, het toepasselijke recht, de erkenning en de tenuitvoerlegging van beslissingen en de aanvaarding en de tenuitvoerlegging van authentieke akten op het gebied van erfopvolging, alsmede betreffende de instelling van een Europese erfrechtverklaring

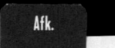

Afkortingenlijst

Afkorting	Beschrijving
EUV 606/2013	Verordening (EU) nr. 606/2013 betreffende de wederzijdse erkenning van beschermingsmaatregelen in burgerlijke zaken
EVEX	Verdrag betreffende de rechterlijke bevoegdheid, de erkenning en de tenuitvoerlegging van beslissingen in burgerlijke en handelszaken, Lugano, 30 oktober 2007
Fw	Faillissementswet
GDW	Gerechtsdeurwaarderswet
GPVo	Verordening (EU) 2016/1104 tot uitvoering van de nauwere samenwerking op het gebied van de bevoegdheid, het toepasselijke recht en de erkenning en tenuitvoerlegging van beslissingen op het gebied van de vermogensrechtelijke gevolgen van geregistreerde partnerschappen
HAdV	Verdrag inzake de bescherming van kinderen en de samenwerking op het gebied van de interlandelijke adoptie
HAEV 1973	Verdrag inzake de erkenning en de tenuitvoerlegging van beslissingen over onderhoudsverplichtingen
HAP 2007	Protocol inzake het recht dat van toepassing is op onderhoudsverplichtingen
HBetV	Verdrag inzake de betekening en de kennisgeving in het buitenland van gerechtelijke en buitengerechtelijke stukken in burgerlijke en in handelszaken
HBewV	Verdrag inzake de verkrijging van bewijs in het buitenland in burgerlijke en in handelszaken
HHVV 1978	Verdrag inzake het recht dat van toepassing is op het huwelijksvermogensregime
HKOV 1980	Verdrag betreffende de burgerrechtelijke aspecten van internationale ontvoering van kinderen
HKV 1996	Verdrag inzake de bevoegdheid, het toepasselijke recht, de erkenning, de tenuitvoerlegging en de samenwerking op het gebied van ouderlijke verantwoordelijkheid en maatregelen ter bescherming van kinderen
Hnw	Handelsnaamwet
HPAV	Verdrag inzake de wet welke van toepassing is op de aansprakelijkheid wegens produkten
Hrb 2008	Handelsregisterbesluit 2008
Hrw 2007	Handelsregisterwet 2007
HTestV	Verdrag inzake de wetsconflicten betreffende de vorm van testamentaire beschikkingen
HTV	Verdrag inzake het recht dat toepasselijk is op trusts en inzake de erkenning van trusts
HuwVermVo	Verordening (EU) 2016/1103 tot uitvoering van de nauwere samenwerking op het gebied van de bevoegdheid, het toepasselijke recht en de erkenning en tenuitvoerlegging van beslissingen op het gebied van huwelijksvermogensstelsels
HVIA 2007	Verdrag inzake de internationale inning van levensonderhoud voor kinderen en andere familieleden
HVOV	Verdrag inzake de wet welke van toepassing is op verkeersongevallen op de weg
HVV	Verdrag betreffende het toepasselijke recht op vertegenwoordiging
IVO	Verordening (EU) 2015/848 betreffende insolventieprocedures (herschikking)
Iw 1990	Invorderingswet 1990
Kadw	Kadasterwet
NBW	Overgangswet nieuw Burgerlijk Wetboek
NCG	Nederlandse Corporate Governance Code
Rome I	Verordening (EG) nr. 593/2008 inzake het recht dat van toepassing is op verbintenissen uit overeenkomst (Rome I)
Rome II	Verordening (EG) nr. 864/2007 betreffende het recht dat van toepassing is op niet-contractuele verbintenissen (Rome II)
ROW 1995	Rijksoctrooiwet 1995
Rv	Wetboek van Burgerlijke Rechtsvordering
Sb fgr 2015	SER-Fusiegedragsregels 2015
SE	Verordening (EG) nr. 2157/2001 betreffende het statuut van de Europese vennootschap (SE)
SW	Successiewet 1956

Afkortingenlijst

Abbreviation	Full text
Uitv besl RV	Uitvoeringsbesluit belastingen van rechtsverkeer
Uitv besl SW	Uitvoeringsbesluit Successiewet 1956
Uitv. Besl. OB 1968	Uitvoeringsbesluit omzetbelasting 1968
Uw besch	Uitvoeringswet verordening wederzijdse erkenning van beschermingsmaatregelen in burgerlijke zaken
Uw Bv	Uitvoeringswet EG-betekeningsverordening
Uw Erf	Uitvoeringswet Verordening erfrecht
Uw Exv	Uitvoeringswet EU-executieverordening en Verdrag van Lugano
Uw HW	Uitvoeringswet huurprijzen woonruimte
Uw Int.Alim.	Uitvoeringswet internationale inning levensonderhoud
Uw Vext	Uitvoeringswet verordening Europese executoriale titel
UWBewVo	Uitvoeringswet EG-bewijsverordening
UWBV	Uitvoeringswet Bewijsverdrag
UWEAPO	Uitvoeringswet verordening Europees bevel tot conservatoir beslag op bankrekeningen
UWEBB	Uitvoeringswet Verordening Europese betalingsbevelprocedure
UWHuwVerm	Uitvoeringswet Verordening huwelijksvermogensstelsels en Verordening vermogensrechtelijke gevolgen geregistreerde partnerschappen
UWIK	Uitvoeringswet internationale kinderontvoering
UWIKB	Uitvoeringswet internationale kinderbescherming
Vbnvij	Besluit inhoud bestuursverslag
WAM	Wet aansprakelijkheidsverzekering motorrijtuigen
WBRV	Wet op belastingen van rechtsverkeer
WCK	Wet op het consumentenkrediet
Wet AVV	Wet op het algemeen verbindend en het onverbindend verklaren van bepalingen van collectieve arbeidsovereenkomsten
Wet CAO	Wet op de collectieve arbeidsovereenkomst
Wet EOR	Wet op de Europese ondernemingsraden
Wet LV	Wet op de loonvorming
Wet OB 1968	Wet op de omzetbelasting 1968
Wet RO	Wet op de rechterlijke organisatie
Wet vps	Wet verevening pensioenrechten bij scheiding
Wfbv	Wet op de formeel buitenlandse vennootschappen
Wft	Wet op het financieel toezicht
Wgbz	Wet griffierechten burgerlijke zaken
Wge	Wet giraal effectenverkeer
WKV	Verdrag der Verenigde Naties inzake internationale koopovereenkomsten betreffende roerende zaken
WMCO	Wet melding collectief ontslag
WNA	Wet op het notarisambt
WNR	Wet op de naburige rechten
WOR	Wet op de ondernemingsraden
WvK	Wetboek van Koophandel
WWEPGV	Uitvoeringswet verordening Europese procedure voor geringe vorderingen

Burgerlijk Wetboek

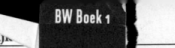

Burgerlijk

Inhoudsopgave

Boek 1	Personen- en familierecht	Art. 1
Titel 1	Algemene bepalingen	Art. 1
Titel 2	Het recht op de naam	Art. 4
Titel 3	Woonplaats	Art. 10
Titel 4	Burgerlijke stand	Art. 16
Afdeling 1	De ambtenaar van de burgerlijke stand	Art. 16
Afdeling 2	De registers van de burgerlijke stand en de bewaring daarvan	Art. 17
Afdeling 3	Akten van de burgerlijke stand en partijen bij deze akten	Art. 18
Afdeling 4	De akten van geboorte, van overlijden en de akten houdende attestaties de vita	Art. 19
Afdeling 5	Latere vermeldingen	Art. 20
Afdeling 6	Akten van inschrijving van bepaalde rechterlijke uitspraken	Art. 21
Afdeling 7	De bewijskracht van akten van de burgerlijke stand alsmede van afschriften en uittreksels	Art. 22
Afdeling 8	De openbaarheid van de akten van de burgerlijke stand	Art. 23
Afdeling 9	De aanvulling van de registers van de burgerlijke stand en de verbetering van de daarin voorkomende akten en latere vermeldingen	Art. 24
Afdeling 10	Inschrijving van buitenlandse akten en de rechterlijke last tot het opmaken van een vervangende akte van geboorte	Art. 25
Afdeling 11	De verklaring voor recht omtrent de rechtsgeldigheid in Nederland van een buitenlandse akte of uitspraak	Art. 26
Afdeling 12	Voorziening tegen de weigering tot het opmaken van een akte van de burgerlijke stand of tot een andere verrichting	Art. 27
Afdeling 13	Wijziging van de vermelding van het geslacht in de akte van geboorte	Art. 28
Afdeling 14	De Commissie van advies voor de zaken betreffende de burgerlijke staat en de nationaliteit	Art. 29
Titel 5	Het huwelijk	Art. 30
	Algemene bepaling	Art. 30
Afdeling 1	Vereisten tot het aangaan van een huwelijk	Art. 31
Afdeling 2	Formaliteiten die aan de voltrekking van het huwelijk moeten voorafgaan	Art. 43
Afdeling 3	Stuiting van het huwelijk	Art. 50
Afdeling 4	De voltrekking van het huwelijk	Art. 58
Afdeling 5	Nietigverklaring van een huwelijk	Art. 69
Afdeling 5A	[Vervallen]	Art. 77a
Afdeling 6	Bewijs van het bestaan van het huwelijk	Art. 78
Titel 5A	Het geregistreerd partnerschap	Art. 80a
Titel 6	Rechten en verplichtingen van echtgenoten	Art. 81
Titel 7	De wettelijke gemeenschap van goederen	Art. 93
Afdeling 1	Algemene bepalingen	Art. 93
Afdeling 2	Het bestuur van de gemeenschap	Art. 97
Afdeling 3	Ontbinding van de gemeenschap	Art. 99
Afdeling 4	Opheffing van de gemeenschap bij beschikking	Art. 109
Titel 8	Huwelijkse voorwaarden	Art. 114
Afdeling 1	Huwelijkse voorwaarden in het algemeen	Art. 114
Afdeling 2	Verrekenbedingen	Art. 132
Paragraaf 1	Algemene regels voor verrekenbedingen	Art. 132
Paragraaf 2	Periodieke verrekenbedingen	Art. 141
Paragraaf 3	Finale verrekenbedingen	Art. 142
Afdeling 3	[Vervallen]	Art. 146-148
Titel 9	Ontbinding van het huwelijk	Art. 149
Afdeling 1	Ontbinding van het huwelijk in het algemeen	Art. 149
Afdeling 2	Echtscheiding	Art. 150
Titel 10	Scheiding van tafel en bed en ontbinding van het huwelijk na scheiding van tafel en bed	Art. 168

B1

		Art.
Afdeling 1	Scheiding van tafel en bed	Art. 168
Afdeling 2	Ontbinding van het huwelijk na scheiding van tafel en bed	Art. 179
Titel 11	Afstamming	Art. 197
Afdeling 1	Algemeen	Art. 197
Afdeling 2	Ontkenning van het door huwelijk of geregistreerd partnerschap ontstane vaderschap	Art. 200
Afdeling 2a	Ontkenning van het door huwelijk of geregistreerd partnerschap ontstane moederschap	Art. 202a
Afdeling 3	Erkenning	Art. 203
Afdeling 4	Gerechtelijke vaststelling van het ouderschap	Art. 207
Afdeling 5	Inroeping of betwisting van staat	Art. 209
Afdeling 6	De bijzondere curator	Art. 212
Titel 12	Adoptie	Art. 227
Titel 13	Minderjarigheid	Art. 233
Afdeling 1	Algemene bepalingen	Art. 233
Afdeling 2	Handlichting	Art. 235
Afdeling 3	De raad voor de kinderbescherming	Art. 238
Afdeling 4	Registers betreffende het over minderjarigen uitgeoefende gezag	Art. 244
Titel 14	Het gezag over minderjarige kinderen	Art. 245
Afdeling 1	Algemeen	Art. 245
Afdeling 2	Ouderlijk gezag	Art. 251
§ 1	Het gezamenlijk gezag van ouders binnen en buiten huwelijk en het gezag van één ouder na scheiding	Art. 251
Paragraaf 1a	Het gezamenlijk gezag van ouders binnen een geregistreerd partnerschap	Art. 253aa
§ 2	Het gezag van ouders anders dan na scheiding	Art. 253b
§ 2a	Gezag na meerderjarigverklaring	Art. 253ha
§ 3	Het bewind van de ouders	Art. 253i
Afdeling 3	Gemeenschappelijke bepalingen betreffende de gezagsuitoefening door de ouders en de gezagsuitoefening door één van hen	Art. 253n
Afdeling 3A	Gezamenlijk gezag van een ouder tezamen met een ander dan een ouder	Art. 253sa
Paragraaf 1	Het gezamenlijk gezag van rechtswege van een ouder tezamen met een ander dan een ouder	Art. 253sa
Paragraaf 2	Het gezamenlijk gezag van een ouder tezamen met een ander dan een ouder krachtens rechterlijke beslissing	Art. 253t
Paragraaf 3	Gemeenschappelijke bepalingen inzake het gezamenlijk gezag van een ouder tezamen met een ander dan een ouder	Art. 253w
Afdeling 3B	Maatregel van opgroeiondersteuning	Art. 253z
Afdeling 4	Ondertoezichtstelling van minderjarigen	Art. 254
Afdeling 5	Beëindiging van het ouderlijk gezag	Art. 266
Afdeling 6	Voogdij	Art. 279
§ 1	Voogdij in het algemeen	Art. 279
§ 2	Voogdij door een der ouders opgedragen	Art. 292
§ 3	Voogdij door de rechter opgedragen	Art. 295
§ 4	Voogdij van rechtspersonen	Art. 302
§ 5	Ontslag van de voogdij	Art. 320-321
§ 6	Onbevoegdheid tot de voogdij	Art. 324
§ 7	Ondertoezichtstelling van onder voogdij staande minderjarigen	Art. 326
§ 8	Beëindiging van voogdij	Art. 327
§ 9	Het toezicht van de voogd over de persoon van de minderjarige	Art. 336
§ 10	Het bewind van de voogd	Art. 337
§ 11	De rekening en verantwoording bij het einde van de voogdij	Art. 372
Titel 15	Omgang en informatie	Art. 377a
Titel 16	Curatele	Art. 378

Burgerlijk Wetboek Boek 1

Titel 17	Levensonderhoud	Art. 392
Afdeling 1	Algemene bepalingen	Art. 392
Afdeling 2	Voorziening in de kosten van verzorging en opvoeding van minderjarige kinderen en stiefkinderen	Art. 404
Titel 18	Afwezigheid, vermissing en vaststelling van overlijden in bepaalde gevallen	Art. 409
Afdeling 1	Onderbewindstelling in geval van afwezigheid	Art. 409
Afdeling 2	Personen wier bestaan onzeker is	Art. 412
Afdeling 3	Vaststelling van overlijden in bepaalde gevallen	Art. 426
Titel 19	Onderbewindstelling ter bescherming van meerderjarigen	Art. 431
Titel 20	Mentorschap ten behoeve van meerderjarigen	Art. 450

Burgerlijk Wetboek Boek 1^1

Burgerlijk Wetboek Boek 1, Personen- en familierecht

Boek 1
Personen- en familierecht

Titel 1
Algemene bepalingen

Art. 1

Burgerlijke rechten

1. Allen die zich in Nederland bevinden, zijn vrij en bevoegd tot het genot van de burgerlijke rechten.

2. Persoonlijke dienstbaarheden, van welke aard of onder welke benaming ook, worden niet geduld.

(Zie ook: artt. 1, 2, 3, 17 Gw)

Art. 2

Ongeboren kind

Het kind waarvan een vrouw zwanger is wordt als reeds geboren aangemerkt, zo dikwijls zijn belang dit vordert. Komt het dood ter wereld, dan wordt het geacht nooit te hebben bestaan. *(Zie ook: art. 19i BW Boek 1)*

Art. 3

Bloed- en aanverwantschap

1. De graad van bloedverwantschap wordt bepaald door het getal der geboorten, die de bloedverwantschap hebben veroorzaakt. Hierbij telt een erkenning, een gerechtelijke vaststelling van het ouderschap of een adoptie als een geboorte.

2. Door huwelijk of door geregistreerd partnerschap ontstaat tussen de ene echtgenoot dan wel de ene geregistreerde partner en een bloedverwant van de andere echtgenoot dan wel de andere geregistreerde partner aanverwantschap in dezelfde graad als er bloedverwantschap bestaat tussen de andere echtgenoot dan wel de andere geregistreerde partner en diens bloedverwant.

3. Door het eindigen van het huwelijk of geregistreerd partnerschap wordt de aanverwantschap niet opgeheven.

(Zie ook: artt. 197, 229, 232, 392 BW Boek 1 ; art. 12 Wet RO)

Titel 2
Het recht op de naam

Art. 4

Voornamen

1. Een ieder heeft de voornamen die hem in zijn geboorteakte zijn gegeven.

2. De ambtenaar van de burgerlijke stand weigert in de geboorteakte voornamen op te nemen die ongepast zijn, of overeenstemmen met bestaande geslachtsnamen tenzij deze tevens gebruikelijke voornamen zijn.

3. Geeft de aangever geen voornamen op, of worden deze alle geweigerd zonder dat de aangever ze door een of meer andere vervangt, dan geeft de ambtenaar ambtshalve het kind een of meer voornamen, en vermeldt hij uitdrukkelijk in de akte dat die voornamen ambtshalve zijn gegeven.

Wijziging voornamen

4. Wijziging van de voornamen kan op verzoek van de betrokken persoon of zijn wettelijke vertegenwoordiger worden gelast door de rechtbank. De wijziging geschiedt doordat van de beschikking een latere vermelding aan de akte van geboorte wordt toegevoegd, overeenkomstig artikel 20a, eerste lid. In geval van wijziging van de voornamen van een buiten Nederland geboren persoon geeft de rechtbank die de beschikking geeft, voor zoveel nodig ambtshalve hetzij een last tot inschrijving van de akte van geboorte dan wel van de akte of de uitspraak, bedoeld in artikel 25g, eerste lid, hetzij de in artikel 25c bedoelde beschikking.

(Zie ook: artt. 17, 19 BW Boek 1)

Art. 5

Geslachtsnaam

1. Indien een kind alleen in familierechtelijke betrekking tot de moeder staat, heeft het haar geslachtsnaam. Indien een kind door adoptie alleen in familierechtelijke betrekking tot de vader staat, heeft het zijn geslachtsnaam.

2. Indien een kind door erkenning in familierechtelijke betrekking tot de vader komt te staan, houdt het de geslachtsnaam van de moeder, tenzij de moeder en de erkenner ter gelegenheid van de erkenning gezamenlijk verklaren dat het kind de geslachtsnaam van de vader zal hebben.

---

1 Inwerkingtredingsdatum: 01-01-1970; zoals laatstelijk gewijzigd bij: Stb. 2020, 389.

Burgerlijk Wetboek Boek 1

B1 art. 5

Van deze verklaring wordt melding gemaakt in de akte van erkenning. De eerste twee volzinnen zijn van overeenkomstige toepassing bij erkenning van een ongeboren kind. De ouders kunnen evenwel ter gelegenheid van de voltrekking van hun huwelijk of van de registratie van hun partnerschap alsnog gezamenlijk verklaren, dat hun kind voortaan de geslachtsnaam van de andere ouder zal hebben. Van deze verklaring wordt een akte van naamskeuze opgemaakt.

Indien een kind door gerechtelijke vaststelling van het vaderschap in familierechtelijke betrekking tot de vader komt te staan, houdt het de geslachtsnaam van de moeder, tenzij de moeder en de man, wiens vaderschap is vastgesteld, ter gelegenheid van de vaststelling gezamenlijk verklaren dat het kind de geslachtsnaam van de vader zal hebben. De rechterlijke uitspraak inzake de vaststelling van het vaderschap vermeldt de verklaring van de ouders hieromtrent.

3. Indien een kind door adoptie in familierechtelijke betrekking komt te staan tot beide adoptanten van verschillend geslacht, die met elkaar zijn gehuwd, heeft het kind de geslachtsnaam van de vader, tenzij de adoptanten ter gelegenheid van de adoptie gezamenlijk verklaren dat het kind de geslachtsnaam van de moeder zal hebben. Indien de adoptanten niet met elkaar gehuwd zijn of indien beide adoptanten van hetzelfde geslacht zijn en met elkaar gehuwd zijn, houdt het kind de geslachtsnaam die het heeft, tenzij de adoptanten ter gelegenheid van de adoptie gezamenlijk verklaren dat het een van hun beider geslachtsnamen zal hebben. Indien een kind door adoptie in familierechtelijke betrekking tot de echtgenoot, geregistreerde partner of andere levensgezel van een ouder komt te staan, houdt het zijn geslachtsnaam, tenzij de ouder en diens echtgenoot, geregistreerde partner of andere levensgezel gezamenlijk verklaren dat het kind de geslachtsnaam zal hebben van de echtgenoot, geregistreerde partner of andere levensgezel, dan wel de geslachtsnaam van die ouder. De rechterlijke uitspraak inzake de adoptie vermeldt de verklaring van de adoptanten hieromtrent.

4. Indien een kind door geboorte in familierechtelijke betrekking tot beide ouders komt te staan, verklaren de ouders gezamenlijk voor of ter gelegenheid van de aangifte van de geboorte welke van hun beider geslachtsnamen het kind zal hebben. Van de verklaring van de ouders die voor de aangifte van de geboorte wordt afgelegd, wordt een akte van naamskeuze opgemaakt. Van de verklaring van de ouders die ter gelegenheid van de aangifte van de geboorte wordt afgelegd, wordt melding gemaakt in de akte van geboorte. De eerste drie volzinnen zijn van overeenkomstige toepassing indien een ouder en zijn echtgenoot of geregistreerde partner die niet de ouder is, van rechtswege gezamenlijk het gezag als bedoeld in artikel 253sa over het kind zullen uitoefenen of uitoefenen. De verklaring die niet ter gelegenheid van de aangifte van de geboorte wordt afgelegd, kan ten overstaan van iedere ambtenaar van de burgerlijke stand worden afgelegd.

Keuze geslachtsnaam

5. Wordt een verklaring houdende naamskeuze, bedoeld in het vierde lid, voor of ter gelegenheid van de aangifte van de geboorte afgelegd, dan heeft het kind de gekozen naam vanaf de geboorte. Geschiedt de naamskeuze niet uiterlijk ter gelegenheid van de aangifte van de geboorte, dan neemt de ambtenaar van de burgerlijke stand als geslachtsnaam van het kind in de geboorteakte op:

a. de geslachtsnaam van de vader in geval het kind door geboorte in familierechtelijke betrekking tot beide ouders komt te staan;

b. de geslachtsnaam van de moeder in geval een ouder en zijn echtgenoot of geregistreerde partner die niet de ouder is, van rechtswege gezamenlijk het gezag als bedoeld in artikel 253sa over het kind uitoefenen.

6. Indien de moeder na de geboorte van het kind op grond van artikel 199, onderdeel b, het vaderschap van de overleden echtgenoot of geregistreerde partner ontkent of op grond van artikel 198, tweede lid, het moederschap van de overleden echtgenote of geregistreerde parnter ontkent en zij ten tijde van de geboorte en van de ontkenning is hertrouwd of een nieuw partnerschap heeft laten registreren, kunnen de moeder en haar echtgenoot of geregistreerde partner gezamenlijk ter gelegenheid van de ontkenning verklaren welke van hun beider geslachtsnamen het kind zal hebben. Van de verklaring van de ouders wordt een akte van naamskeuze opgemaakt. Bij gebreke van een verklaring heeft het kind de geslachtsnaam van de echtgenoot of geregistreerde partner.

7. Indien een kind op het tijdstip van het ontstaan van de familierechtelijke betrekking met beide ouders zestien jaar of ouder is, verklaart het zelf ten overstaan van de ambtenaar van de burgerlijke stand of van de notaris of, in geval van adoptie of gerechtelijke vaststelling van het vaderschap, ten overstaan van de rechter of het de geslachtsnaam van de ene of de andere ouder zal hebben. Van deze verklaring wordt melding gemaakt in de akte van erkenning of in de rechterlijke uitspraak inzake adoptie of gerechtelijke vaststelling van het vaderschap.

8. Een verklaring van de ouders als bedoeld in het tweede, derde, vierde of zesde lid, kan slechts ten aanzien van de geslachtsnaam van hun eerste kind worden afgelegd. De eerste volzin is van overeenkomstige toepassing ten aanzien van het eerste kind over wie de ouder en zijn echtgenoot of geregistreerde partner die niet de ouder is, van rechtswege gezamenlijk het gezag als bedoeld in artikel 253sa zullen uitoefenen of uitoefenen. Onverminderd het zevende lid, hebben volgende kinderen van dezelfde ouders dan wel kinderen over wie dezelfde ouder en dezelfde echtgenoot

B1 art. 6 — Burgerlijk Wetboek Boek 1

of geregistreerde partner die niet de ouder is, van rechtswege het gezag gezamenlijk zullen uitoefenen, dezelfde geslachtsnaam als het eerste kind, met dien verstande dat in het geval dat volgende kinderen blijkens de geboorteakte of krachtens toepasselijk recht een naam hebben die afwijkt van de naam van het eerste kind, de ouders kunnen verklaren dat het desbetreffende kind dezelfde geslachtsnaam zal hebben als het eerste kind. Indien voor de geboorte of ter gelegenheid van de aangifte naamskeuze is gedaan ten aanzien van een kind dat levenloos ter wereld komt of is gekomen, wordt deze keuze opgenomen in de akte, bedoeld in artikel 19i, eerste lid, en geldt zij alleen ten aanzien van dit kind.

9. Is één van de ouders voorafgaand aan het tijdstip waarop de naamskeuze uiterlijk moet zijn gedaan overleden en is de naamskeuze niet gedaan, dan legt de andere ouder een verklaring omtrent de naamskeuze af. Hetzelfde geldt indien één van de ouders wegens diens lichamelijke of geestelijke toestand onder curatele staat dan wel indien ten aanzien van hem of haar een mentorschap bestaat.

10. Zijn de vader en moeder onbekend, dan neemt de ambtenaar van de burgerlijke stand in de geboorteakte een voorlopige voornaam en geslachtsnaam op, in afwachting van het koninklijk besluit waarbij de voornamen en de geslachtsnaam van het kind worden vastgesteld.

11. Indien op grond van het tweede tot en met negende lid een kind, wiens vader van adel is, niet zijn geslachtsnaam verkrijgt, gaat de adeldom niet over op dat kind.

12. De geslachtsnaam van kinderen geboren uit een huwelijk met een lid van het koninklijk huis wordt bij koninklijk besluit bepaald.

(Zie ook: artt. 17, 19, 197, 206 BW Boek 1)

13. In het tweede, vijfde en zesde lid wordt onder «moeder» verstaan de vrouw uit wie het kind is geboren. In deze leden wordt met «de vader» van het kind en zijn «vaderschap» gelijkgesteld de moeder die niet de vrouw is uit wie het kind is geboren onderscheidenlijk haar moederschap.

Art. 6

Bewijs geslachtsnaam De geslachtsnaam wordt ten aanzien van een ieder dwingend bewezen door de akte van geboorte. *(Zie ook: artt. 26, 205 BW Boek 1)*

Art. 7

Wijziging geslachtsnaam **1.** De geslachtsnaam van een persoon kan op zijn verzoek, of op verzoek van zijn wettelijke vertegenwoordiger, door de Koning worden gewijzigd.

2. Hij wiens geslachtsnaam of voornamen niet bekend zijn, kan de Koning verzoeken voor hem een geslachtsnaam of voornamen vast te stellen.

3. Een wijziging of vaststelling van de geslachtsnaam door de Koning heeft geen invloed op de geslachtsnaam van de kinderen van de betrokken persoon die voor de datum van het besluit meerderjarig zijn geworden of die niet onder zijn gezag staan.

4. Een wijziging of vaststelling van de geslachtsnaam door de Koning blijft in stand niettegenstaande een latere erkenning of een gerechtelijke vaststelling van het ouderschap.

5. Bij algemene maatregel van bestuur worden regelen gesteld betreffende de gronden waarop de geslachtsnaamwijziging kan worden verleend, de wijze van indiening en behandeling van verzoeken als in het eerste en het tweede lid bedoeld en betreffende het voor wijziging van de geslachtsnaam verschuldigde recht.

6. Indien Onze Minister van Justitie voornemens is een voordracht te doen voor een koninklijk besluit strekkende tot inwilliging van een verzoek als bedoeld in het eerste of tweede lid, deelt hij dit voornemen schriftelijk mee aan de verzoeker en degene wiens geslachtsnaam is verzocht, alsmede, indien het verzoek op de geslachtsnaam van een minderjarige betrekking heeft, zijn ouders en degene aan wie de minderjarige de geslachtsnaam, waarvan wijziging is verzocht, rechtstreeks ontleent. De schriftelijke mededeling van het voornemen geldt als een beschikking.

(Zie ook: Rvnwv; Bgnw; Wbesl. Gnw)

7. Onze Minister van Justitie doet de schriftelijke mededeling van het voornemen binnen twintig weken.

Art. 8

Onrechtmatig gebruik geslachtsnaam Hij die de naam van een ander zonder diens toestemming voert, handelt jegens die persoon onrechtmatig, wanneer hij daardoor de schijn wekt die ander te zijn of tot diens geslacht of gezin te behoren.

(Zie ook: art. 162 t/m 166 BW Boek 6)

Art. 9

Geslachtsnaam gebruikt door ex-partner of -echtgenote **1.** Een vrouw die gehuwd is of die gehuwd is geweest dan wel wier partnerschap geregistreerd is of is geweest en die niet is getrouwd na beëindiging van de registratie of is hertrouwd dan wel niet een geregistreerd partnerschap is aangegaan na beëindiging van het huwelijk of opnieuw is aangegaan, is steeds bevoegd de geslachtsnaam van haar echtgenoot of van haar geregistreerde partner te voeren of aan de hare te doen voorafgaan dan wel die te doen volgen op haar eigen geslachtsnaam.

2. Indien het huwelijk door echtscheiding is ontbonden en daaruit geen afstammelingen in leven zijn dan wel indien het geregistreerd partnerschap op de wijze bedoeld in artikel 80c, onder c of d, is beëindigd, kan de rechtbank, wanneer daartoe gegronde redenen bestaan, op verzoek van de gewezen echtgenoot of de gewezen geregistreerde partner aan de vrouw de haar in het eerste lid toegekende bevoegdheid ontnemen.

3. Het eerste en tweede lid zijn van overeenkomstige toepassing ten aanzien van de man die gehuwd is of gehuwd is geweest dan wel wiens partnerschap geregistreerd is of is geweest en die niet is getrouwd na beëindiging van de registratie of is hertrouwd dan wel niet een geregistreerd partnerschap is aangegaan na beëindiging van het huwelijk of opnieuw is aangegaan. *(Zie ook: art. 150 BW Boek 1)*

Titel 3

Woonplaats

Art. 10

1. De woonplaats van een natuurlijk persoon bevindt zich te zijner woonstede, en bij gebreke van woonstede ter plaatse van zijn werkelijk verblijf.

2. Een rechtspersoon heeft zijn woonplaats ter plaatse waar hij volgens wettelijk voorschrift of volgens zijn statuten of reglementen zijn zetel heeft.

(Zie ook: artt. 186, 287 BW Boek 2; artt. 1, 4, 126 Rv)

Woonplaats van een natuurlijk persoon Woonplaats van een rechtspersoon

Art. 11

1. Een natuurlijk persoon verliest zijn woonstede door daden, waaruit zijn wil blijkt om haar prijs te geven.

2. Een natuurlijk persoon wordt vermoed zijn woonstede te hebben verplaatst, wanneer hij daarvan op de wettelijk voorgeschreven wijze aan de betrokken colleges van burgemeester en wethouders heeft kennis gegeven.

Verlies woonplaats

Art. 12

1. Een minderjarige volgt de woonplaats van hem die het gezag over hem uitoefent, de onder curatele gestelde die van zijn curator. Oefenen beide ouders tezamen het gezag over hun minderjarige kind uit, doch hebben zij niet dezelfde woonplaats, dan volgt het kind de woonplaats van de ouder bij wie het feitelijk verblijft dan wel laatstelijk heeft verbleven. *(Zie ook: art. 268 Rv)*

2. Wanneer iemands goederen onder bewind staan, volgt hij voor alles wat de uitoefening van dit bewind betreft, de woonplaats van de bewindvoerder.

3. Wanneer ten behoeve van een persoon een mentorschap is ingesteld, volgt hij voor alles wat de uitoefening van dit mentorschap betreft, de woonplaats van de mentor.

4. Het eerste, tweede en derde lid zijn niet van toepassing voor zover het betreft de relatieve bevoegdheid van de rechter gedurende een curatele, een bewind als bedoeld in titel 19 en een mentorschap. Hetzelfde geldt indien ten aanzien van een persoon een curatele, een mentorschap of een bewind als bedoeld in titel 19 en tevens een bewind als bedoeld in afdeling 7 van titel 5 van Boek 4 of een bewind als bedoeld in artikel 182 van Boek 7 van kracht zijn en de bevoegde kantonrechter de andere kantonrechter als uitsluitend bevoegde heeft aangewezen.

5. Wanneer de persoon, van wie de woonplaats wordt afgeleid, overlijdt of zijn gezag of zijn hoedanigheid verliest, duurt de afgeleide woonplaats voort, totdat een nieuwe woonplaats is verkregen.

Woonplaats van minderjarige en onder curatele gestelde

Woonplaats van onderbewindgestelde Woonplaats bij mentorschap

Art. 13

Het sterfhuis van een overledene is daar, waar hij zijn laatste woonplaats heeft gehad. *(Zie ook: artt. 4, 126 Rv; art. 126 FW)*

Sterfhuis

Art. 14

Een persoon die een kantoor of een filiaal houdt, heeft ten aanzien van aangelegenheden die dit kantoor of dit filiaal betreffen mede aldaar woonplaats.

Woonplaats van kantoor- of filiaalhouder

Art. 15

Een persoon kan een andere woonplaats dan zijn werkelijke slechts kiezen, wanneer de wet hem daartoe verplicht, of wanneer de keuze bij schriftelijk of langs elektronische weg aangegane overeenkomst voor een of meer bepaalde rechtshandelingen of rechtsbetrekkingen geschiedt en voor de gekozen woonplaats een redelijk belang aanwezig is. Indien de keuze bij langs elektronische weg aangegane overeenkomst geschiedt, is artikel 227a lid 1 van Boek 6 van overeenkomstige toepassing.

(Zie ook: artt. 236, 260 BW Boek 6)

Keuze van woonplaats

Titel 4
Burgerlijke stand

Afdeling 1
De ambtenaar van de burgerlijke stand

Art. 16

Ambtenaar van de burgerlijke stand

1. In elke gemeente zijn twee, of, naar goedvinden van burgemeester en wethouders, meer ambtenaren van de burgerlijke stand. Daarenboven kunnen een of meer ambtenaren van de burgerlijke stand worden belast met het verrichten van bepaalde taken. Deze dragen de titel van buitengewoon ambtenaar van de burgerlijke stand. Een ambtenaar van de burgerlijke stand, die niet voldoet aan het in het tweede lid bedoelde vereiste van aanwijsbaarheid, wordt niet in aanmerking genomen voor de berekening van het in de eerste zin genoemde aantal.

Benoeming, schorsing of ontslag

2. De in het eerste lid bedoelde ambtenaren worden door burgemeester en wethouders aangewezen. Een aanwijzing kan voor een bepaalde tijdsduur geschieden. De aanwijzing eindigt van rechtswege met ingang van de datum waarop de uitoefening van de functie van ambtenaar van de burgerlijke stand of buitengewoon ambtenaar van de burgerlijke stand eindigt. Als ambtenaar of buitengewoon ambtenaar van de burgerlijke stand is slechts aanwijsbaar de persoon die in de uitoefening van zijn ambt geen onderscheid maakt als bedoeld in artikel 1 van de Algemene wet gelijke behandeling, tenzij het onderscheid is gebaseerd op een wettelijk voorschrift.

3. Ambtenaar van de burgerlijke stand van een gemeente kan slechts zijn een ambtenaar in dienst van die gemeente of een andere gemeente. Buitengewoon ambtenaar van de burgerlijke stand kan mede zijn een persoon die geen ambtenaar in gemeentelijke dienst is.

Eed of belofte van ambtenaar burgerlijke stand

4. De ambtenaar of buitengewoon ambtenaar van de burgerlijke stand wordt tot zijn betrekking niet toegelaten dan na voor de rechtbank tot wier rechtsgebied de gemeente behoort waar hij voor het eerst wordt benoemd de navolgende eed dan wel belofte te hebben afgelegd:
"Ik zweer (beloof) dat ik de betrekking van ambtenaar van de burgerlijke stand met eerlijkheid en nauwkeurigheid zal vervullen en dat ik de wettelijke voorschriften, de burgerlijke stand betreffende, met de meeste nauwgezetheid zal opvolgen; dat ik voorts, tot het verkrijgen van mijn aanstelling, middellijk noch onmiddellijk, onder enige naam of voorwendsel, aan iemand iets heb gegeven of beloofd, en dat ik, om iets in deze betrekking te doen of te laten, van niemand enige beloften of geschenken zal aannemen, middellijk of onmiddellijk. Zo waarlijk helpe mij God almachtig". ("Dat verklaar en beloof ik").
(Zie ook: art. 16a BW Boek 1; art. 24 BW Boek 3; art. 20 Rv)

5. Wanneer de eed dan wel belofte, bedoeld in het vierde lid, in de Friese taal wordt afgelegd, luidt de tekst van de eed dan wel belofte als volgt:
«Ik swar (ûnthjit) dat ik de funksje fan amtner fan de boargerlike stân mei earlikheid en soarchfâldichheld útoefenje sil en dat ik de wetlike foarskriften oangeande de boargerlike stân op 'en sekuersten neikomme sil; dat ik fierders, foar it krijen fan myn oanstelling, streekrjocht noch midlik, ûnder hokker namme of útwynsel dan ek, oan immen eat jûn of tasein haw, en dat ik, om eat yn dizze funksje te dwaan of te litten, fan gjinien tasizzingen of geskinken, likefolle hokker, oannimme sil, midlik of streekrjocht. Sa wier helpe my God almachtich». («Dat ferklearje en ûnthjit ik»).

Art. 16a

Taken van ambtenaar burgerlijke stand

1. De ambtenaar van de burgerlijke stand is belast met het opnemen in de onder hem berustende registers van de burgerlijke stand van akten en de daaraan toe te voegen latere vermeldingen, alsmede al datgene wat de instandhouding van de registers en de zorg voor de toegankelijkheid van de daarin neergelegde gegevens betreft.

2. De buitengewoon ambtenaar van de burgerlijke stand kan uitsluitend worden belast met de taken omschreven in de artikelen 45, 45a, 58, 63, 64, 65, 67, 80a, derde lid, en 80g.

Art. 16b

Optreden in rechte door ambtenaar burgerlijke stand

Wanneer de ambtenaar van de burgerlijke stand in de uitoefening van zijn ambt op grond van enige bepaling van deze titel of van enige andere titel van dit boek in rechte optreedt, kan hij dit zonder advocaat doen.
(Zie ook: art. 243 lid 4 BW Boek 1)

Art. 16c

Openingstijden van bureau van de burgerlijke stand

Burgemeester en wethouders bepalen de uren, waarop elk bureau van de burgerlijke stand dagelijks voor het publiek geopend zal zijn. Daarbij wordt, ten einde de werkzaamheden van de ambtenaren van de burgerlijke stand op die dagen zoveel mogelijk te beperken, een afzonderlijke regeling getroffen voor de zaterdag, de zondag, de algemeen erkende feestdagen en de overige daarvoor door burgemeester en wethouders aan te wijzen dagen, waarop gemeentelijke diensten niet of slechts gedeeltelijk zijn geopend.

Art. 16d

Nadere regels

Bij algemene maatregel van bestuur worden regels gesteld ten aanzien van de door het college van burgemeester en wethouders te treffen voorzieningen ten behoeve van de taakuitoefening

door de ambtenaar van de burgerlijke stand, en voorts ten aanzien van al wat verder de taak van de ambtenaar van de burgerlijke stand betreft.
(Zie ook: BBS)

Afdeling 2
De registers van de burgerlijke stand en de bewaring daarvan

Art. 17

1. Er bestaan voor iedere gemeente registers van geboorten, van huwelijken, van geregistreerde partnerschappen en van overlijden.

2. Er bestaat in de gemeente 's-Gravenhage, naast de in het eerste lid genoemde registers, een register voor de inschrijving van de in afdeling 6 bedoelde rechterlijke uitspraken.

Registers van de burgerlijke stand

Art. 17a

1. De registers van de burgerlijke stand worden in het gemeentehuis bewaard totdat zij naar een gemeentelijke archiefbewaarplaats in de zin van de Archiefwet 1995 (*Stb.* 276) worden overgebracht.

2. De overbrenging naar de gemeentelijke archiefbewaarplaats van de in het gemeentehuis berustende registers van geboorten, van huwelijken, dan wel geregistreerde partnerschappen en van overlijden vindt eerst plaats onderscheidenlijk honderd jaar, vijfenzeventig jaar en vijftig jaar na de afsluiting van deze registers.

Bewaring van registers van de burgerlijke stand

Art. 17b

De beheerder van een archiefbewaarplaats als bedoeld in artikel 17a is belast met het bewaren van de onder hem berustende registers, met het toevoegen van latere vermeldingen aan de daarin opgenomen akten en met de afgifte van afschriften en uittreksels van deze akten.

Beheerder van een archiefbewaarplaats

Art. 17c

Bij algemene maatregel van bestuur wordt geregeld alles wat verder betreft de inrichting van de registers, alsmede de in artikel 17b genoemde handelingen ten aanzien van die registers.
(Zie ook: BBS)

Nadere regels

Afdeling 3
Akten van de burgerlijke stand en partijen bij deze akten

Art. 18

1. De ambtenaar van de burgerlijke stand mag in de akten alleen opnemen hetgeen ingevolge het bij of krachtens de wet bepaalde moet worden verklaard of opgenomen.

2. Alvorens tot het opmaken van een akte over te gaan, verifieert de ambtenaar van de burgerlijke stand de door partijen bij de akte verstrekte gegevens door raadpleging van de basisregistratie personen en, zonodig, andere daartoe bestemde registers of bevoegde autoriteiten, zonder daarvoor leges verschuldigd te zijn.

3. De ambtenaar van de burgerlijke stand is voorts bevoegd zich, al dan niet in persoon, alle bescheiden te doen vertonen die hij voor het opmaken van de akte of voor de vaststelling van de in de akte op te nemen gegevens noodzakelijk acht.

4. [Dit lid is nog niet in werking getreden.]

5. Bij algemene maatregel van bestuur wordt geregeld al hetgeen het opmaken van de akten betreft.
(Zie ook: BBS)

Burgerlijke stand, opmaken akten

Nadere regels

Art. 18a

1. Partijen bij een akte van de burgerlijke stand zijn degenen die aan de ambtenaar van de burgerlijke stand een aangifte doen of te zijnen overstaan een verklaring afleggen betreffende een feit, waarvan de akte bestemd is te doen blijken.

2. Belanghebbende partijen zijn partijen die met hun verklaring enig rechtsgevolg teweeg brengen voor henzelf of voor medepartijen, dan wel voor henzelf en medepartijen.

3. De belanghebbende partijen kunnen zich door een daartoe bij authentieke akte gevolmachtigde doen vertegenwoordigen.

4. Wanneer een gevolmachtigde een verklaring aflegt, geldt hij zowel als de door hem vertegenwoordigde persoon als partij bij de akte.

5. De ambtenaar van de burgerlijke stand mag geen akte verlijden waarin hijzelf als partij of belanghebbende partij voorkomt.

Partijen bij een akte van de burgerlijke stand

Art. 18b

1. Voor de betrouwbaarheid en vertrouwelijkheid van de elektronische aangifte alsmede het opmaken en de opslag van een akte in elektronische vorm wordt een systeem van gegevensverwerking gebruikt dat:

a. de ambtenaar van de burgerlijke stand in staat stelt de juistheid van de identiteit van de aangever vast te stellen;

b. de vertrouwelijkheid van de door de aangever verstrekte gegevens waarborgt;

Elektronische akte burgerlijke stand

B1 art. 18c **Burgerlijk Wetboek Boek 1**

c. waarborgt dat elektronische akten als bedoeld in artikel 18, vierde lid, zodanig blijven opgeslagen dat de inhoud toegankelijk is voor toekomstig gebruik en een ongewijzigde reproductie van de inhoud van de akten gewaarborgd is;

d. waarborgt dat een bericht, elektronisch afschrift of uittreksel volledig is en niet onbevoegdelijk is of kan worden gewijzigd.

2. Bij algemene maatregel van bestuur kunnen over het in het eerste lid bepaalde nadere regels worden gesteld.

Art. 18c

Akte burgerlijke stand, weigering opmaken

1. Blijft een partij bij een akte van de burgerlijke stand of een belanghebbende partij in gebreke de in artikel 18, derde lid, bedoelde bescheiden over te leggen, of acht de ambtenaar van de burgerlijke stand de overgelegde bescheiden ongenoegzaam, dan weigert deze tot het opmaken van de akte over te gaan.

2. De ambtenaar van de burgerlijke stand weigert eveneens tot het opmaken van de akte over te gaan, indien hij van oordeel is dat de Nederlandse openbare orde zich hiertegen verzet.

3. Van een weigering als bedoeld in het eerste of het tweede lid doet de ambtenaar van de burgerlijke stand een schriftelijke, met redenen omklede mededeling aan de partijen bij de akte en de belanghebbende partijen toekomen, onder vermelding van de tegen die weigering openstaande voorziening van afdeling 12 van deze titel. Een afschrift van deze mededeling doet hij aan de Immigratie- en Naturalisatiedienst toekomen.

Art. 18d

Akte burgerlijke stand, dubbel of afschrift Nadere regels

1. Van alle in registers opgenomen akten van de burgerlijke stand wordt een dubbel of een afschrift gehouden, volgens regels, bij algemene maatregel van bestuur te stellen.

2. Bij algemene maatregel van bestuur wordt geregeld alles wat betreft de bewaring van de dubbelen of de afschriften alsmede van de daarop betrekking hebbende latere vermeldingen.

Akte burgerlijke stand, vervanging

3. Wanneer akten van de burgerlijke stand verloren zijn gegaan of verminkt zijn, wordt ter vervanging van deze akten van de dubbelen van de akten een afschrift gemaakt door een of meer door Onze Minister van Justitie aan te wijzen Centrale Bewaarplaatsen waar de dubbelen bewaard worden. De afschriften treden in de plaats van de verloren gegane of verminkte akten.

4. Er wordt een lijst opgesteld van de akten die vervangen worden, die in de Staatscourant wordt gepubliceerd.

5. De kosten voor de vervanging van akten van de burgerlijke stand komen ten laste van de Staat, tenzij het de vervanging van akten betreft die bewaard worden door een gemeente. In het laatstgenoemde geval komen de kosten van vervanging voor rekening van de gemeente.

Nadere regels

6. Onze Minister van Justitie kan nadere regels stellen omtrent de wijze waarop de vervanging van de akten dient te worden uitgevoerd.

(Zie ook: BBS; Vv10)

Afdeling 4

De akten van geboorte, van overlijden en de akten houdende attestaties de vita

Art. 19

Geboorteakte

1. Een akte van geboorte wordt opgemaakt door de ambtenaar van de burgerlijke stand van de gemeente waar het kind is geboren.

2. Indien de plaats van de geboorte van het kind niet bekend is, wordt de akte opgemaakt door de ambtenaar van de burgerlijke stand van de gemeente waar het kind is aangetroffen. Die gemeente geldt als gemeente waar het kind is geboren.

(Zie ook: artt. 4, 20, 24, 26, 301 BW Boek 1)

Art. 19a

Geboorte in voertuig, schip of vliegtuig

1. In geval van geboorte op Nederlands grondgebied in een rijdend voertuig of op een varend schip of tijdens een binnenlandse luchtreis met een luchtvaartuig, wordt de akte van geboorte opgemaakt door de ambtenaar van de burgerlijke stand van de gemeente waar dat kind het voertuig, het schip of het luchtvaartuig verlaat, dan wel waar het schip ligplaats kiest. Die gemeente geldt als gemeente waar het kind is geboren.

Geboorte op in Nederland geregistreerd schip of vliegtuig

2. In geval van geboorte tijdens een zeereis met een in Nederland geregistreerd vaartuig, dan wel tijdens een internationale luchtreis met een in Nederland geregistreerd luchtvaartuig, is de gezagvoerder van het vaartuig of het luchtvaartuig verplicht een voorlopige akte van geboorte binnen vierentwintig uur in het journaal in te schrijven in tegenwoordigheid van twee getuigen en zo mogelijk van de vader. De gezagvoerder zendt een afschrift van de akte zo spoedig mogelijk aan de ambtenaar van de burgerlijke stand van de gemeente 's-Gravenhage. Deze maakt de akte van geboorte op aan de hand van het ontvangen afschrift, met dien verstande dat hij gegevens die ontbreken of hem blijken onjuist te zijn, zoveel mogelijk aanvult of verbetert. Aan de personen op wie de akte betrekking heeft, wordt een uittreksel van de akte toegezonden.

Art. 19b

Geboorteplaats of naam niet bekend

Indien de plaats of de dag van de geboorte van het kind niet bekend is dan wel indien de naam, met inbegrip van de voornamen, van de moeder uit wie het kind is geboren niet bekend is,

Art. 19c

Zijn krachtens artikel 5, tiende lid, van dit boek in de akte een voorlopige voornaam en geslachtsnaam opgenomen, dan zendt de ambtenaar van de burgerlijke stand onverwijld een volledig afschrift van de akte aan Onze Minister van Justitie.

Art. 19d

1. Indien het geslacht van het kind twijfelachtig is, wordt een geboorteakte opgemaakt, waarin wordt vermeld dat het geslacht van het kind niet is kunnen worden vastgesteld.

2. Binnen drie maanden na de geboorte, of, bij overlijden binnen die termijn, ter gelegenheid van de aangifte van het overlijden, wordt onder doorhaling van de in het eerste lid bedoelde akte een nieuwe geboorteakte opgemaakt, waarin het geslacht, indien dit inmiddels is vastgesteld, wordt vermeld aan de hand van een ter zake overgelegde medische verklaring.

3. Is binnen de in het tweede lid genoemde termijn geen medische verklaring overgelegd, of blijkt uit de overgelegde medische verklaring dat het geslacht niet is kunnen worden vastgesteld, dan vermeldt de nieuwe geboorteakte dat het geslacht van het kind niet is kunnen worden vastgesteld.

Art. 19e

1. De aangifte van een geboorte kan in persoon of, als deze weg is geopend, elektronisch worden gedaan. Tot elektronische aangifte zijn uitsluitend bevoegd de moeder uit wie het kind is geboren en de vader van het kind.

2. Tot de aangifte in persoon van een geboorte is bevoegd de moeder uit wie het kind is geboren.

3. Tot de aangifte in persoon is verplicht de vader of de moeder uit wie het kind niet is geboren.

4. Wanneer de persoon genoemd in het tweede lid ontbreekt of verhinderd is de aangifte te doen, is tot aangifte verplicht:

a. ieder die bij het ter wereld komen van het kind tegenwoordig is geweest;

b. de bewoner van het huis waar de geboorte heeft plaats gehad, of indien zulks is geschied in een inrichting tot verpleging of verzorging bestemd, in een gevangenis of in een soortgelijke inrichting, het hoofd van die inrichting of een door hem bij onderhandse akte bijzonderlijk tot het doen van de aangifte aangewezen ondergeschikte.

5. Voor een in het vierde lid, onder b, genoemde persoon bestaat de verplichting alleen indien een onder a genoemde persoon ontbreekt of verhinderd is.

6. Wanneer tot de aangifte bevoegde of verplichte personen ontbreken of nalaten de aangifte te doen, geschiedt deze door of vanwege de burgemeester van de gemeente alwaar de geboorteakte moet worden opgemaakt.

7. De verplichting tot aangifte moet worden vervuld binnen drie dagen na de dag der bevalling. Van een aangifte later dan de derde dag, bedoeld in de eerste zin van dit lid, wordt door de ambtenaar van de burgerlijke stand mededeling gedaan aan het openbaar ministerie.

8. De ambtenaar van de burgerlijke stand stelt de identiteit van de aangever vast aan de hand van een document als bedoeld in artikel 1 van de Wet op de identificatieplicht, dan wel op bij algemene maatregel van bestuur te bepalen andere wijze.

9. De aangever verstrekt in ieder geval de volgende gegevens:

a. de dag, de plaats en het tijdstip van de geboorte;

b. het geslacht van het kind;

c. de voornamen van het kind;

d. de geslachtsnaam, de voornamen, de dag van geboorte, de woonplaats, het woonadres en

e. zo mogelijk, het burgerservicenummer van de moeder uit wie het kind is geboren.

10. Bij elektronische aangifte dient de moeder uit wie het kind is geboren haar burgerservicenummer op te geven en dient de vader zowel zijn burgerservicenummer als dat van de moeder uit wie het kind is geboren op te geven. Tevens dient de moeder uit wie het kind is geboren of de vader de juistheid van de in het negende lid, onder a, b en d genoemde gegevens te laten bevestigen door de betrokken arts of verloskundige.

11. Bij de aangifte kan de ambtenaar van de burgerlijke stand zich doen overleggen een door de arts of de verloskundige die bij het ter wereld komen van het kind tegenwoordig was, opgemaakte verklaring dat het kind uit de als moeder opgegeven persoon is geboren. Is het kind buiten de tegenwoordigheid van een arts of verloskundige ter wereld gekomen, dan kan hij zich een door een zodanige hulpverlener nadien opgemaakte verklaring doen overleggen.

12. Wordt geen gevolg gegeven aan het verzoek van de ambtenaar van de burgerlijke stand om overlegging van een verklaring als bedoeld in het elfde lid of is in de verklaring vermeld dat de identiteit van de moeder uit wie het kind is geboren onbekend is, dan is artikel 19b van toepassing.

13. In het derde en vierde lid wordt met «de vader» gelijkgesteld de moeder die niet de vrouw is uit wie het kind is geboren.

14. Voor de elektronische aangifte, geregeld in het eerste en tiende lid, wordt met «de vader» gelijkgesteld de moeder die niet de vrouw is uit wie het kind is geboren.

B1 art. 19f **Burgerlijk Wetboek Boek 1**

Art. 19f

Overlijdensakte

1. Een akte van overlijden wordt opgemaakt door de ambtenaar van de burgerlijke stand van de gemeente waar het overlijden heeft plaatsgevonden.

2. Indien een lijk is gevonden en de plaats of de dag van overlijden niet met voldoende nauwkeurigheid kan worden vastgesteld, wordt de akte van overlijden opgemaakt door de ambtenaar van de burgerlijke stand van de gemeente waarin het lijk is gevonden of aan land gebracht.

3. Ongeacht het in het eerste lid bepaalde is het tweede lid van overeenkomstige toepassing indien het overlijden heeft plaatsgevonden op een op zee gestationeerde installatie en het lijk in Nederland aan land wordt gebracht.

Art. 19g

Overlijden in voertuig, schip of vliegtuig

1. In geval van overlijden op Nederlands grondgebied in een rijdend voertuig of op een varend schip of tijdens een binnenlandse luchtreis met een luchtvaartuig, wordt de akte van overlijden opgemaakt door de ambtenaar van de burgerlijke stand van de gemeente waar het lijk het voertuig, het schip of het luchtvaartuig verlaat, dan wel waar het schip ligplaats kiest. Die gemeente geldt als gemeente waar het overlijden heeft plaatsgevonden.

2. In geval van overlijden tijdens een zeereis met een in Nederland geregistreerd voertuig, dan wel tijdens een internationale luchtreis met een in Nederland geregistreerd luchtvaartuig, is de gezagvoerder van het vaartuig of het luchtvaartuig verplicht een voorlopige akte van overlijden binnen vierentwintig uur in het journaal in te schrijven in tegenwoordigheid van twee getuigen. De gezagvoerder zendt een afschrift van die akte zo spoedig mogelijk naar de ambtenaar van de burgerlijke stand van de gemeente 's-Gravenhage . Deze maakt de akte van overlijden op aan de hand van het ontvangen afschrift, met dien verstande dat hij gegevens die ontbreken of hem blijken onjuist te zijn, zoveel mogelijk aanvult of verbetert. Aan de personen op wie de akte betrekking heeft, wordt een uittreksel van de akte toegezonden.

Art. 19h

Overlijden, aangifte

1. Tot de aangifte van een overlijden is bevoegd wie daarvan uit eigen wetenschap kennis draagt.

2. Binnen de in artikel 16 van de Wet op de lijkbezorging gestelde termijn voor de begraving of crematie, kan de persoon die in de lijkbezorging voorziet, door een in het eerste lid bedoelde persoon worden gemachtigd tot het doen van de aangifte. In dit geval kan de aangifte door de gemachtigde ook elektronisch worden gedaan, als deze weg is geopend.

3. De identiteit van de aangever wordt vastgesteld aan de hand van een document als bedoeld in artikel 1 van de Wet op de identificatieplicht, dan wel op bij algemene maatregel van bestuur te bepalen andere wijze.

4. De aangever verstrekt ten minste de volgende gegevens van de overledene:

a. geslachtsnaam, voornamen en geslacht van de overledene;

b. voor zover bekend, plaats en dag van geboorte;

c. plaats, dag en, zo mogelijk, het tijdstip van overlijden en

d. diens burgerlijke staat en

e. diens laatst bekende woonadres of woonplaats.

5. Wanneer tot de aangifte bevoegde personen ontbreken of nalaten binnen de in de Wet op de lijkbezorging gestelde termijn voor de begraving of crematie de aangifte te doen, geschiedt deze door of vanwege de burgemeester van de gemeente alwaar de akte van overlijden moet worden opgemaakt.

6. In de gevallen bedoeld in artikel 19f, tweede en derde lid, geschiedt de aangifte door de hulpofficier van justitie.

Art. 19i

Overlijdensakte bij levenloos geboren kind

Overlijden voor aangifte van de geboorte

1. Wanneer een kind levenloos ter wereld is gekomen, wordt een akte opgemaakt, die in het register van overlijden wordt opgenomen.

2. Wanneer een kind binnen de in artikel 19e, zesde lid, bepaalde termijn is overleden voordat aangifte van de geboorte is geschied, wordt zowel een akte van geboorte als een akte van overlijden opgemaakt.

Aangifte van levenloos geboren of overleden kind

3. In de in de vorige leden bedoelde gevallen is ten aanzien van de aangifte het bepaalde in artikel 19h van overeenkomstige toepassing. In het in het tweede lid bedoelde geval blijft artikel 19e buiten toepassing.

4. In het geval, bedoeld in het eerste lid, verstrekt de ambtenaar van de burgerlijke stand aan het Centraal Bureau voor de Statistiek zo spoedig mogelijk de gegevens betreffende dat kind, die zijn vermeld in het daartoe door hem te gebruiken formulier dat door Onze Minister van Veiligheid en Justitie is vastgesteld.

Art. 19j

Nadere regels

1. Bij algemene maatregel van bestuur wordt geregeld al wat betreft de aan de ambtenaar over te leggen stukken, het opmaken van de akten, onderscheidenlijk de voorlopige akten van geboorte en van overlijden, en de inhoud daarvan.

2. Bij algemene maatregel van bestuur wordt tevens geregeld:

B1 art. 20

a. op welke wijze en waar de akten van geboorte en van overlijden zullen worden opgemaakt en ingeschreven wanneer dit ten gevolge van een verbod van verkeer of ten gevolge van andere buitengewone omstandigheden niet op de gewone wijze kan geschieden; en
b. op welke wijze en waar overlijdensakten zullen worden opgemaakt van militairen en van andere personen, die tot de krijgsmacht behoren en die te velde, in de slag, of in 's Rijks dienst buiten Nederland zijn overleden.
(Zie ook: Bba; BBS)

Art. 19k

1. Een ieder die zijn gewone verblijfplaats in Nederland heeft, kan de ambtenaar van de burgerlijke stand van zijn woonplaats verzoeken om afgifte van een attestatie de vita opgesteld overeenkomstig bijlage 1 van de op 10 september 1998 te Parijs tot stand gekomen Overeenkomst betreffende de afgifte van een attestatie de vita (Trb. 2004, 283).

2. De verzoeker verschijnt in persoon voor de ambtenaar van de burgerlijke stand van zijn woonplaats, dan wel voor de daartoe in Nederland bevoegde diplomatieke of consulaire autoriteit, tenzij hij in de onmogelijkheid hiertoe verkeert. Hij toont zijn identiteit aan aan de hand van een document als bedoeld in artikel 1 van de Wet op de identificatieplicht.

3. De attestatie de vita is gedurende zes maanden geldig, te rekenen vanaf de datum van afgifte. Zij is vrijgesteld van de vereisten van vertaling en van legalisatie dan wel van enig soortgelijk formeel vereiste.

4. De attestatie de vita wordt afgegeven in de Nederlandse taal en in de Franse taal. Op verzoek wordt daarbij tevens afgegeven:
a. de lijst van coderingen en de vertaling ervan in de officiële taal of in één van de officiële talen van het land waar de attestatie overgelegd zal worden, of
b. de vertaling in de officiële taal of in één van de officiële talen van de landen die bij de in het eerste lid genoemde Overeenkomst partij zijn. De vertaling wordt uitgevoerd overeenkomstig de in de bijlage bij de Overeenkomst vastgestelde termen.

5. Iedere belanghebbende kan met betrekking tot een attestatie de vita die is afgegeven in een ander land dat partij is bij de in het eerste lid genoemde Overeenkomst, de ambtenaar van de burgerlijke stand in zijn woonplaats dan wel de daartoe in Nederland bevoegde diplomatieke of consulaire autoriteit verzoeken om afgifte van:
a. een vertaling van de coderingen in het Nederlands, of
b. een vertaling van de attestatie de vita in het Nederlands.

Afdeling 5
Latere vermeldingen

Art. 20

1. De ambtenaar van de burgerlijke stand voegt aan de onder hem berustende akten van de burgerlijke stand latere vermeldingen toe van akten van de burgerlijke stand en andere authentieke akten houdende naamskeuze, erkenning, ontkenning van het vaderschap of moederschap door de moeder, van besluiten houdende wijziging of vaststelling van namen, van bevestigingen van opties mede houdende vaststelling van namen en naturalisatiebesluiten mede houdende wijziging of vaststelling van namen alsmede van besluiten tot intrekking van zulke bevestigingen of besluiten, van de opgave van afwijkende namen die een persoon die meer dan één nationaliteit bezit, voert in overeenstemming met het recht van het land waarvan hij mede de nationaliteit bezit, van akten houdende beëindiging van een geregistreerd partnerschap, van akten van omzetting van een geregistreerd partnerschap, wijziging van de vermelding van het geslacht na een aangifte als bedoeld in artikel 28, alsmede van rechterlijke uitspraken waarvan de dagtekening ten minste drie maanden oud is en die inhouden:
a. een last tot wijziging van de voornamen of van de geslachtsnaam, een adoptie, een herroeping van een adoptie, een vernietiging van een erkenning, een gerechtelijke vaststelling van het ouderschap, een gegrondverklaring van een ontkenning van het vaderschap of moederschap of, of een vernietiging van zulk een uitspraak;
b. de nietigverklaring van een huwelijk of van een geregistreerd partnerschap of de vernietiging van zulk een uitspraak tussen echtlieden of geregistreerde partners wier huwelijksakte onderscheidenlijk akte van een geregistreerd partnerschap, dan wel akte van omzetting van een geregistreerd partnerschap of huwelijk in de Nederlandse registers van de burgerlijke stand is opgenomen.

2. De ambtenaar van de burgerlijke stand voegt eveneens aan de onder hem berustende akten van de burgerlijke stand latere vermeldingen toe van in kracht van gewijsde gegane rechterlijke uitspraken die een echtscheiding of een ontbinding van een geregistreerd partnerschap, een ontbinding van een huwelijk na scheiding van tafel en bed of de vernietiging van zulk een uitspraak tussen echtlieden wier huwelijksakte, akte van registratie van een partnerschap of akte

Bewijs van in leven zijn

Latere vermeldingen toevoegen aan akte van de burgerlijke stand

B1 art. 20a Burgerlijk Wetboek Boek 1

van omzetting van een geregistreerd partnerschap of huwelijk in de Nederlandse registers van de burgerlijke stand is opgenomen, inhouden.
(Zie ook: art. 19 BW Boek 1)

Art. 20a

Latere vermelding, geboorteakte

1. De in artikel 20 bedoelde latere vermeldingen, met uitzondering van de vermeldingen bedoeld in het eerste lid, onder b, alsmede van de vermeldingen houdende beëindiging van een geregistreerd partnerschap en van de vermeldingen van een omzetting van een geregistreerd partnerschap, worden toegevoegd aan de geboorteakte van de betrokken persoon. Van een wijziging of vaststelling van de geslachtsnaam wordt tevens een latere vermelding toegevoegd aan de geboorteakten van de kinderen van de betrokken persoon, voor zover de wijziging of vaststelling zich tot hen uitstrekt.

Latere vermelding, beëindiging huwelijk/geregistreerd partnerschap

2. De in artikel 20, eerste lid, onder b, en tweede lid, bedoelde latere vermeldingen alsmede de in de aanhef van artikel 20, eerste lid, bedoelde beëindiging van een geregistreerd partnerschap en de daar bedoelde omzetting, worden toegevoegd aan de huwelijksakte dan wel aan de akte van registratie van een partnerschap van de betrokken persoon.

Latere vermelding, wijziging geslachtsnaam

3. Wanneer als gevolg van het huwelijk of van de echtscheiding een verandering intreedt in de geslachtsnaam van een persoon, wordt hiervan, voorzover zij niet in de huwelijksakte is vermeld, aan deze akte een latere vermelding toegevoegd. Tevens wordt daarvan een latere vermelding toegevoegd aan de geboorteakte van de betrokkene en de geboortenakten van diens kinderen, voor zover hun naam eveneens verandert.

Art. 20b

Latere vermelding van akten en uitspraken buiten Nederland opgemaakt

1. Van akten en uitspraken die buiten Nederland overeenkomstig de plaatselijke voorschriften door een bevoegde instantie zijn opgemaakt of gedaan en een overeenkomstige uitwerking hebben als de akten en rechterlijke uitspraken, bedoeld in artikel 20, wordt, tenzij de Nederlandse openbare orde zich hiertegen verzet, op verzoek van een belanghebbende dan wel ambtshalve, door de ambtenaar van de burgerlijke stand een latere vermelding toegevoegd aan de desbetreffende in de registers van de burgerlijke stand hier te lande voorkomende huwelijksakte, akte van registratie van een partnerschap, akte van omzetting van een geregistreerd partnerschap of huwelijk of geboorteakte. Van een verandering van de geslachtsnaam wordt op verzoek van een belanghebbende tevens een latere vermelding gevoegd bij de geboorteakte van de kinderen van de betrokken persoon, voor zover hun naam eveneens verandert.

Verzending van latere vermelding aan betrokkene na ambtshalve toevoeging

2. Indien een latere vermelding ambtshalve aan een akte is toegevoegd, zendt de ambtenaar van de burgerlijke stand een afschrift van de akte en de latere vermelding aan de persoon of personen op wie de akte betrekking heeft.

Art. 20c

Schakelbepaling

De artikelen 18 en 18c zijn van overeenkomstige toepassing.

Art. 20d

Nadere regels

Bij algemene maatregel van bestuur wordt geregeld al wat betreft de aan de ambtenaar over te leggen stukken, het opmaken van de latere vermeldingen en de inhoud daarvan.
(Zie ook: BBS)

Art. 20e

Verzending van afschrift rechterlijke uitspraak voor latere vermelding

1. Van de in artikel 20, eerste lid, genoemde uitspraken zendt de griffier van het college waarvoor de zaak laatstelijk aanhangig was niet eerder dan drie maanden na de dag van de beschikking een afschrift aan de ambtenaar van de burgerlijke stand.

Verzending van besluit naamswijziging of naturalisatie voor latere vermelding

2. Van besluiten houdende wijziging of vaststelling van namen en van naturalisatiebesluiten mede houdende wijziging of vaststelling van namen zendt Onze Minister van Justitie onverwijld een afschrift aan de ambtenaar van de burgerlijke stand onder wie de akte van geboorte van de betrokken persoon berust.

Verzending van akte van erkenning voor latere vermelding

3. De notaris die een akte van erkenning heeft opgemaakt, zendt onverwijld een afschrift of een uittreksel daarvan aan de ambtenaar van de burgerlijke stand onder wie de akte van geboorte van het kind berust.
(Zie ook: art. 23 BW Boek 1)

Art. 20f

Verzending van de akte van naamskeuze

1. De ambtenaar van de burgerlijke stand die de gegevens van een akte van naamskeuze opneemt in de akte van geboorte van het kind, zendt een afschrift van die akte aan de ambtenaar van de burgerlijke stand die de akte van naamskeuze heeft opgemaakt. Deze akte wordt bewaard totdat achttien maanden zijn verstreken na de ontvangst van dat afschrift.

2. De ambtenaar van de burgerlijke stand die een latere vermelding van de naamskeuze, de erkenning toevoegt aan de akte van geboorte van het kind, zendt een afschrift van die akte en de latere vermelding aan de personen op wie de akte betrekking heeft. Hij zendt een afschrift aan de ambtenaar van de burgerlijke stand die de akte van naamskeuze, van erkenning heeft opgemaakt. Laatstgenoemde akte wordt bewaard totdat achttien maanden zijn verstreken na de ontvangst van laatstgenoemd afschrift dan wel, indien geen zodanig afschrift wordt ontvangen, totdat achttien maanden zijn verstreken na het opmaken van de akte.

Art. 20g

De ambtenaar van de burgerlijke stand die aan de geboorteakte van een minderjarige een latere vermelding toevoegt, waaruit blijkt dat de minderjarige is erkend, of dat een naam van hem is gewijzigd, geeft van dit feit kennis aan de bewaarder van het in artikel 244 van dit boek bedoelde openbare register waarin rechtsfeiten omtrent die minderjarige zijn opgenomen.

Art. 20h

[Vervallen]

Afdeling 6
Akten van inschrijving van bepaalde rechterlijke uitspraken

Art. 21

1. De ambtenaar van de burgerlijke stand te 's-Gravenhage maakt akten van inschrijving op van in kracht van gewijsde gegane rechterlijke uitspraken betreffende huwelijken of registraties van een partnerschap, waarvan de akten niet in de Nederlandse registers van de burgerlijke stand zijn opgenomen, welke inhouden de nietigverklaring van een huwelijk of van een geregistreerd partnerschap, een echtscheiding, de ontbinding van een geregistreerd partnerschap, de ontbinding van een huwelijk na scheiding van tafel en bed of de vernietiging van zulk een ingeschreven uitspraak, dan wel de beëindiging van een geregistreerd partnerschap, bedoeld in artikel 80c, onder c, of de vernietiging daarvan.

2. De in het eerste lid bedoelde akten worden ingeschreven in het daartoe bestemde register van de burgerlijke stand te 's-Gravenhage.

3. Bij algemene maatregel van bestuur wordt geregeld al wat betreft de aan de ambtenaar over te leggen stukken, het opmaken van de akten van inschrijving en de inhoud daarvan.

(Zie ook: BBS)

Afdeling 7
De bewijskracht van akten van de burgerlijke stand alsmede van afschriften en uittreksels

Art. 22

1. De akte van geboorte bewijst ten aanzien van een ieder dat op de in de akte vermelde plaats, dag en uur uit de daarin genoemde moeder een kind van het daarin vermelde geslacht is geboren. Vermeldt de akte dat de plaats van de geboorte van het kind niet bekend is, dan komt dezelfde bewijskracht toe aan de vermelding van de plaats waar het is aangetroffen.

2. De akte van overlijden bewijst ten aanzien van een ieder, dat op de plaats, de dag en het uur, in de akte vermeld, de daarin genoemde persoon is overleden of, indien de akte krachtens artikel 19f, tweede lid, van dit boek is opgemaakt, dat het lijk van de daarin genoemde persoon op de plaats, de dag en het uur, in de akte vermeld, is gevonden.

3. Voor het overige hebben akten van de burgerlijke stand dezelfde bewijskracht als andere authentieke akten.

(Zie ook: artt. 21, 29, 21 BW Boek 1)

Art. 22a

Authentieke afschriften of uittreksels, in de wettige vorm opgemaakt en afgegeven door de daartoe bevoegde bewaarder van het register, hebben dezelfde bewijskracht als het origineel, tenzij bewezen wordt dat zij daarmede niet overeenstemmen.

Afdeling 8
De openbaarheid van de akten van de burgerlijke stand

Art. 23

De akten van de burgerlijke stand, daaronder begrepen de dubbelen van deze akten, zijn openbaar voor zover te dien aanzien in deze afdeling geen nadere voorziening is gegeven.

(Zie ook: artt. 20c, 20d, 28, 29, 23l BW Boek 1)

Art. 23a

Van de akten van de burgerlijke stand mogen slechts de bewaarders en het openbaar ministerie inzage nemen. Voorts kunnen de rechter en het openbaar ministerie overlegging van akten bevelen.

Art. 23b

1. Een ieder is bevoegd zich door de ambtenaar die met de afgifte van afschriften en uittreksels van akten van de burgerlijke stand is belast, een uittreksel van een onder deze ambtenaar berustende akte van geboorte, van huwelijk, van registratie van een partnerschap, van omzetting van een huwelijk in een registratie van een partnerschap, van omzetting van een registratie van een partnerschap in een huwelijk of van overlijden te doen afgeven. Het uittreksel bevat de bij alge-

Latere vermelding toevoegen aan de geboorteakte van een minderjarige

Inschrijving van bepaalde rechterlijke uitspraken

Nadere regels

Bewijskracht van akten van de burgerlijke stand

Bewijskracht van authentieke afschriften of uittreksels

Openbaarheid van akten van de burgerlijke stand

Inzage in akten van de burgerlijke stand

Afschrift of uittreksel van akte van de burgerlijke stand

B1 art. 23c **Burgerlijk Wetboek Boek 1**

mene maatregel van bestuur te vermelden gegevens, waaruit de afstamming van de persoon of personen op wie de akte betrekking heeft, niet blijkt.

2. Van de in het eerste lid bedoelde akten alsmede van de akten van erkenning of ontkenning van het vaderschap of moederschap door de moeder wordt een afschrift slechts afgegeven indien de verzoeker aantoont dat hij bij de verkrijging een gerechtvaardigd belang heeft. Van andere akten die de in het eerste lid bedoelde ambtenaar onder zijn berusting heeft, wordt steeds een afschrift afgegeven. Dit afschrift bevat de bij algemene maatregel van bestuur te vermelden gegevens.

3. Een verzoek om afgifte van een uittreksel of een afschrift dient op een bepaalde persoon of bepaalde personen betrekking te hebben.

Nadere regels **4.** Bij algemene maatregel van bestuur wordt geregeld al hetgeen overigens het opmaken en het verstrekken van afschriften en uittreksels betreft. Daarbij worden tevens regels gegeven voor het opmaken van uittreksels van akten die voor de inwerkingtreding van deze wet zijn opgemaakt.

Weigering van afgifte **5.** Weigert de in het eerste lid bedoelde ambtenaar een afschrift of een uittreksel af te geven, dan verstrekt hij aan de aanvrager een schriftelijke opgave van de gronden voor zijn weigering.

Art. 23c

Openbaarheid van dubbelen De dubbelen van de akten van de burgerlijke stand zijn openbaar zolang zij onder de ambtenaar van de burgerlijke stand berusten.

Afdeling 9
De aanvulling van de registers van de burgerlijke stand en de verbetering van de daarin voorkomende akten en latere vermeldingen

Art. 24

Aanvulling of verbetering van het register van de burgerlijke stand **1.** Aanvulling van een register van de burgerlijke stand met een daarin ontbrekende akte of latere vermelding, doorhaling van een daarin ten onrechte voorkomende akte of latere vermelding, of verbetering van een daarin voorkomende akte of latere vermelding die onvolledig is of een misslag bevat, kan op verzoek van belanghebbenden of van het openbaar ministerie worden gelast door de rechtbank. De rechtbank kan bij haar beschikking tot verbetering van een akte of latere vermelding die onvolledig is of een misslag bevat, eveneens dezelfde verbetering gelasten ten aanzien van een akte of latere vermelding betreffende dezelfde persoon of zijn afstammelingen, die buiten haar rechtsgebied in de registers van de burgerlijke stand is opgenomen. De in de tweede zin bedoelde bevoegdheid kan mede worden uitgeoefend ten aanzien van een akte of latere vermelding betreffende dezelfde persoon of zijn afstammelingen die in de registers van de burgerlijke stand van de openbare lichamen Bonaire, Sint Eustatius en Saba is opgenomen.

2. De griffier van het college waarvoor de zaak laatstelijk aanhangig was, zendt niet eerder dan drie maanden na de dag van de beschikking een afschrift daarvan aan de ambtenaar van de burgerlijke stand van de gemeente, in welker registers de akte of latere vermelding is of had moeten zijn opgenomen. Is deze gemeente opgeheven, dan zendt hij het afschrift aan de ambtenaar van de gemeente in wier archieven de registers van de burgerlijk stand van de opgeheven gemeente berusten.

(Zie ook: artt. 4, 16, 43, 65, 66 BW Boek 1; art. 39 BW Boek 3)

Art. 24a

Register burgerlijke stand, verbetering kennelijke misslagen Kennelijke schrijf- of spelfouten en kennelijke misslagen kunnen ambtshalve door de ambtenaar van de burgerlijke stand worden verbeterd. Indien in een andere gemeente een akte betreffende dezelfde persoon of diens afstammelingen wordt gehouden, die eveneens verbetering behoeft, stelt de ambtenaar van de burgerlijke stand die de verbetering in de akte heeft aangebracht de ambtenaar van de burgerlijke stand in de andere gemeente daarvan op de hoogte.

Art. 24b

Aanvulling van het register van de burgerlijke stand **1.** Aanvulling van een register van de burgerlijke stand op grond van artikel 24 geschiedt door het opmaken van een nieuwe akte in dat register.

Latere vermelding in het register van de burgerlijke stand **2.** Van een verbetering of een doorhaling op grond van deze afdeling wordt een latere vermelding toegevoegd aan de desbetreffende akte, volgens regels, bij algemene maatregel van bestuur te stellen.

Afdeling 10
Inschrijving van buitenlandse akten en de rechterlijke last tot het opmaken van een vervangende akte van geboorte

Art. 25

Buitenlandse akte, inschrijving in Haagse registers **1.** Buiten Nederland overeenkomstig de plaatselijke voorschriften door een bevoegde instantie opgemaakte akten van geboorte, huwelijksakten, akten van registratie van een partnerschap

B1 art. 25c

en akten van overlijden worden op bevel van het openbaar ministerie of op verzoek van een belanghebbende ingeschreven in de registers onderscheidenlijk van geboorten, van huwelijken, van geregistreerde partnerschappen en van overlijden van de gemeente 's-Gravenhage , indien:

a. de akte een persoon betreft die op het ogenblik van het verzoek Nederlander is of te eniger tijd Nederlander dan wel Nederlands onderdaan niet-Nederlander is geweest;

b. de akte een persoon betreft die rechtmatig verblijft op grond van artikel 8, onder c en d, van de Vreemdelingenwet 2000.

(Zie ook: Vfebra)

2. Buiten Nederland overeenkomstig de plaatselijke voorschriften door een bevoegde instantie opgemaakte akten van geboorte worden op bevel van het openbaar ministerie of op verzoek van een belanghebbende ingeschreven in het register van geboorten van de gemeente 's-Gravenhage , indien de akte een persoon van vreemde nationaliteit betreft en op grond van enige bepaling van dit boek een latere vermelding aan de akte van geboorte moet worden toegevoegd.

3. De ambtenaar van de burgerlijke stand van de gemeente 's-Gravenhage kan ook ambtshalve de in de vorige leden bedoelde akten inschrijven.

4. Indien de inschrijving van een huwelijksakte of van een akte van registratie van een partnerschap op grond van het eerste lid wordt verzocht door een belanghebbende en betrekking heeft op een huwelijk of een geregistreerd partnerschap tussen personen van wie er een niet de Nederlandse nationaliteit bezit of rechtmatig in Nederland verblijft als bedoeld in artikel 8, onder b, d of e, van de Vreemdelingenwet 2000, dienen de echtgenoten of geregistreerde partners ten behoeve van de ambtenaar van de burgerlijke stand van de gemeente 's-Gravenhage een verklaring af te leggen inzake het verblijfsrecht van de echtgenoot of geregistreerde partner die niet de Nederlandse nationaliteit bezit alsmede inhoudende dat hun huwelijk of geregistreerd partnerschap niet is aangegaan met het oogmerk om verblijfsrecht in Nederland te verkrijgen. De verklaring is niet vereist indien:

a. sinds de voltrekking van het huwelijk of de registratie van het partnerschap ten minste tien jaren zijn verstreken, of

b. het huwelijk of geregistreerd partnerschap inmiddels is geëindigd.

5. In geval van adoptie gelast de rechtbank, die de adoptie uitspreekt, ambtshalve afzonderlijk de inschrijving van de in het eerste en het tweede lid bedoelde akte van geboorte.

6. De akte van inschrijving vermeldt de bij algemene maatregel van bestuur vast te stellen gegevens.

7. Kennelijke misslagen of schrijf- of spelfouten, die de ambtenaar van de burgerlijke stand in de in te schrijven akte vaststelt op grond van een hier te lande in de registers van de burgerlijke stand opgenomen akte of op grond van een rechterlijke uitspraak, kunnen ambtshalve door hem worden verbeterd. De verbeteringen worden afzonderlijk in de akte vermeld.

8. Indien een akte ambtshalve is ingeschreven, wordt een afschrift van de akte van inschrijving toegezonden aan de persoon of de personen op wie de akte betrekking heeft.

(Zie ook: art. 44k BW Boek 1)

Art. 25a

1. Indien na de inschrijving kennelijke misslagen in de buiten Nederland opgemaakte akte overeenkomstig de plaatselijke voorschriften door een bevoegde instantie zijn verbeterd, wordt de verbetering in de akte van inschrijving aangebracht doordat de ambtenaar van de burgerlijke stand van de gemeente 's-Gravenhage , aan wie een afschrift van de beslissing tot verbetering en een afschrift van de verbeterde akte zijn overgelegd, een latere vermelding van de verbetering aan de akte van inschrijving toevoegt.

2. Kennelijke schrijf- en spelfouten, die in de buiten Nederland opgemaakte akte overeenkomstig de plaatselijke voorschriften door een bevoegde instantie zijn verbeterd, kunnen ook zonder toestemming van de officier van justitie, ambtshalve door de ambtenaar van de burgerlijke stand van de gemeente 's-Gravenhage aan de hand van een afschrift van de verbeterde akte worden verbeterd op de in het eerste lid aangegeven wijze.

Art. 25b

Aan de akte van inschrijving, bedoeld in artikel 25, worden de latere vermeldingen toegevoegd die op grond van dit boek aan een in Nederland opgemaakte akte van geboorte, huwelijksakte of akte van overlijden moeten worden toegevoegd.

Art. 25c

1. Indien ten aanzien van een buiten Nederland geboren persoon geen akte van geboorte overeenkomstig de plaatselijke voorschriften door een bevoegde instantie is opgemaakt of kan worden overgelegd, kan op verzoek van het openbaar ministerie, van een belanghebbende of van de ambtenaar van de burgerlijke stand van de gemeente 's-Gravenhage de rechtbank Den Haag de voor het opmaken van een geboorteakte noodzakelijke gegevens vaststellen, indien:

a. die persoon Nederlander is of te eniger tijd Nederlander dan wel Nederlands onderdaan niet-Nederlander is geweest;

b. die persoon rechtmatig verblijft op grond van artikel 8, onder c en d, van de Vreemdelingenwet 2000;

Nadere regels

Buitenlandse akte, verbetering kennelijke misslagen

Buitenlandse akte, verbetering schrijf- of spelfouten

Toevoeging van latere vermelding in buitenlandse akten

Ambtshalve vaststellen van gegevens bij ontbreken van buitenlandse geboorteakte

B1 art. 25d **Burgerlijk Wetboek Boek 1**

c. op grond van dit boek een latere vermelding aan de akte van geboorte moet worden toegevoegd.

2. De rechtbank houdt rekening met alle bewijzen en aanwijzingen omtrent de omstandigheden waaronder, en het tijdstip waarop de geboorte moet hebben plaatsgehad. De geslachtsnaam, de voornamen, alsmede de plaats en de dag van de geboorte van de vader en van de moeder worden vastgesteld, voor zover daarvoor aanwijzingen zijn verkregen.

Adoptie

3. In geval van adoptie geeft de rechtbank die de adoptie uitspreekt, ambtshalve afzonderlijk de in het eerste lid bedoelde beschikking.

Art. 25d

Wijziging van ambtshalve opgemaakte geboorteakte

De rechtbank Den Haag kan op verzoek van het openbaar ministerie, van een belanghebbende of van de ambtenaar van de burgerlijke stand van de gemeente 's-Gravenhage de krachtens artikel 25c gegeven beschikking wijzigen op grond dat de vastgestelde gegevens onjuist of onvolledig zijn.

Art. 25e

[Vervallen]

Art. 25f

Toezending van ambtshalve opgemaakte geboorteakte

1. De griffier van het college waarvoor de zaak laatstelijk aanhangig was, zendt niet eerder dan drie maanden na de dag van de beschikking een afschrift daarvan, aan de ambtenaar van de burgerlijke stand van de gemeente 's-Gravenhage.

2. Deze ambtenaar maakt van de beschikking, bedoeld in artikel 25c een akte van inschrijving op, die geldt als een akte van geboorte in de zin van artikel 19 van dit boek. Deze akte is in overeenstemming met de beschikking en vermeldt dit uitdrukkelijk.

Latere vermelding van ambtshalve opgemaakte gegevens

3. Van de beschikking, bedoeld in artikel 25d, wordt een latere vermelding toegevoegd aan de akte als bedoeld in het vorige lid.

Art. 25g

Schakelbepaling

1. Op akten en uitspraken die buiten Nederland overeenkomstig de plaatselijke voorschriften door een bevoegde instantie zijn opgemaakt of gedaan en een overeenkomstige uitwerking hebben als de in artikel 25c van dit boek bedoelde beschikkingen, zijn de artikelen 25 tot en met 25b van overeenkomstige toepassing. De inschrijving als bedoeld in artikel 25 vindt niet plaats indien de Nederlandse openbare orde zich hiertegen verzet.

Inschrijving van ambtshalve opgemaakte geboorteakte bij adoptie

2. In geval van adoptie van een buiten Nederland geboren kind ten aanzien waarvan een akte of uitspraak als bedoeld in het vorige lid is opgemaakt of gedaan, geeft de rechtbank die de adoptie uitspreekt, ambtshalve afzonderlijk last tot inschrijving van die akte of uitspraak.

Afdeling 11
De verklaring voor recht omtrent de rechtsgeldigheid in Nederland van een buitenlandse akte of uitspraak

Art. 26

Verklaring voor recht van buitenlandse akte of uitspraak

1. Een ieder die daarbij een gerechtvaardigd belang heeft, kan de rechtbank verzoeken een verklaring voor recht af te geven dat een op hem betrekking hebbende, buiten Nederland opgemaakte akte of gedane uitspraak overeenkomstig de plaatselijke voorschriften door een bevoegde instantie is opgemaakt of gedaan en naar zijn aard vatbaar is voor opneming in een Nederlands register van de burgerlijke stand.

2. De in het eerste lid bedoelde verklaring voor recht kan eveneens op verzoek van de ambtenaar van de burgerlijke stand of van het openbaar ministerie worden afgegeven.

(Zie ook: artt. 4, 6, 29a, 78, 205, 207, 417, 430 BW Boek 1; artt. 178, 183 Rv)

Art. 26a

Latere vermelding toevoegen bij verklaring voor recht

De rechtbank kan, op verzoek of ambtshalve, bij de in het eerste lid van artikel 26 bedoelde verklaring voor recht tevens de toevoeging van een latere vermelding, op grond van artikel 24, eerste lid, aan een in de Nederlandse registers van de burgerlijke stand voorkomende akte gelasten.

Art. 26b

Inschrijving van buitenlandse geboorteakte naast verklaring voor recht

Is met betrekking tot de verzoeker geen akte in de Nederlandse registers van de burgerlijke stand opgenomen, dan kan de rechtbank Den Haag, op verzoek of ambtshalve, bij haar beschikking tevens de inschrijving, overeenkomstig artikel 25, van een daarvoor in aanmerking komende in het buitenland opgemaakte akte in de registers van de burgerlijke stand te 's-Gravenhage gelasten, alsmede de verbetering van de akte van inschrijving op grond van artikel 24, eerste lid. Ook kan zij bij haar beschikking een last als bedoeld in artikel 25c geven alsmede een last tot verbetering, overeenkomstig artikel 24, eerste lid, van de door de ambtenaar van de burgerlijke stand te 's-Gravenhage op te maken akte.

Art. 26c

[Vervallen]

Art. 26d

De overlegging van een authentiek afschrift van de buitenlandse akte of uitspraak waarop het verzoek betrekking heeft, kan worden verlangd. Artikel 986, derde en vierde lid, van het Wetboek van Burgerlijke Rechtsvordering is van overeenkomstige toepassing.

Buitenlandse akte of uitspraak overleggen bij verklaring voor recht

Art. 26e

De griffier van het college, waarbij de zaak laatstelijk aanhangig was, zendt een afschrift van de beschikking aan de ambtenaar van de burgerlijke stand in wiens registers een op de belanghebbende betrekking hebbende akte is opgenomen, waaraan een latere vermelding van de beschikking moet worden toegevoegd. Is bij de beschikking een last tot inschrijving van een in het buitenland opgemaakte akte gegeven, dan zendt de griffier een afschrift van de beschikking aan de ambtenaar van de burgerlijke stand te 's-Gravenhage.

Toezending van afschrift van beschikking bij verklaring van recht

Art. 26f

[Vervallen]

Afdeling 12
Voorziening tegen de weigering tot het opmaken van een akte van de burgerlijke stand of tot een andere verrichting

Art. 27

Naar aanleiding van een besluit van een ambtenaar van de burgerlijke stand om op grond van artikel 18c of 20c te weigeren een akte van de burgerlijke stand op te maken, een latere vermelding aan een akte toe te voegen of, buiten het geval van stuiting van het huwelijk of het geregistreerd partnerschap en dat van afgifte van een afschrift of een uittreksel, aan een verrichting mee te werken, kunnen belanghebbende partijen binnen zes weken na de verzending van dat besluit een verzoek indienen bij de rechtbank binnen het rechtsgebied waar de standplaats van de ambtenaar van de burgerlijke stand is gelegen.

Beroep tegen weigering van opmaken akte van de burgerlijke stand

Art. 27a

De rechtbank kan, op verzoek van een belanghebbende partij of ambtshalve, bij haar beschikking tevens een verklaring als bedoeld in artikel 26 afgeven, alsmede een last als bedoeld in artikel 26a, onderscheidenlijk artikel 26b.

Verklaring voor recht door de rechtbank

Art. 27b

De griffier zendt een afschrift van de beschikking aan de belanghebbende partijen en aan de ambtenaar van de burgerlijke stand.

Toezending van afschrift van verklaring voor recht

Art. 27c

[Vervallen]

Afdeling 13
Wijziging van de vermelding van het geslacht in de akte van geboorte

Art. 28

1. Iedere Nederlander van zestien jaar of ouder die de overtuiging heeft tot het andere geslacht te behoren dan is vermeld in de akte van geboorte, kan van die overtuiging aangifte doen bij de ambtenaar van de burgerlijke stand onder wie de desbetreffende akte berust. Indien de akte van geboorte niet hier te lande in de registers van de burgerlijke stand is ingeschreven, geschiedt de aangifte bij de ambtenaar van de burgerlijke stand van de gemeente 's-Gravenhage.

Geslachtsvermelding, wijziging geboorteakte

2. Voor de toepassing van het eerste lid en het derde lid alsmede de artikelen 28a en 28b wordt onder akte van geboorte mede verstaan een akte van inschrijving van een buiten Nederland opgemaakte akte van geboorte of van een beschikking als bedoeld in artikel 25c.

3. Degene die de Nederlandse nationaliteit niet bezit kan een aangifte als bedoeld in het eerste lid doen, indien hij gedurende een tijdvak van ten minste één jaar, onmiddellijk voorafgaande aan de aangifte, woonplaats in Nederland heeft en een rechtsgeldige verblijfstitel heeft. In dat geval wordt tevens een afschrift van de akte van geboorte overgelegd.

4. De minderjarige van zestien jaar of ouder is bekwaam tot het doen van de in het eerste lid bedoelde aangifte ten behoeve van zichzelf, alsmede om ter zake in en buiten rechte op te treden.

Art. 28a

1. Bij de aangifte wordt overgelegd een verklaring van een bij of krachtens algemene maatregel van bestuur aangewezen deskundige, afgegeven ten hoogste zes maanden voor de datum van de aangifte.

Geslachtsvermelding, deskundigenverklaring

2. De deskundigenverklaring vermeldt dat degene op wie de aangifte betrekking heeft jegens de deskundige heeft verklaard de overtuiging te hebben tot het andere geslacht te behoren dan is vermeld in zijn akte van geboorte en jegens de deskundige er blijk van heeft gegeven diens voorlichting omtrent de reikwijdte en de betekenis van deze staat te hebben begrepen en de wijziging van de vermelding van het geslacht in de akte van geboorte weloverwogen te blijven wensen. De deskundige geeft de verklaring niet af indien hij gegronde reden heeft om aan de gegrondheid van bedoelde overtuiging te twijfelen.

B1 art. 28b **Burgerlijk Wetboek Boek 1**

Art. 28b

Geslachtsvermelding, toevoeging latere vermelding

1. Indien aan artikel 28a is voldaan voegt de ambtenaar van de burgerlijke stand aan de akte van geboorte een latere vermelding toe van wijziging van het geslacht. Artikel 27 is van overeenkomstige toepassing.

2. In het in de eerste zin van het eerste lid bedoelde geval kan de ambtenaar van de burgerlijke stand desverzocht tevens overgaan tot wijziging van de voornamen van degene op wie de aangifte betrekking heeft.

3. In het geval bedoeld in artikel 28, eerste lid, tweede zin, schrijft de ambtenaar van de burgerlijke stand van de gemeente 's-Gravenhage de akte van geboorte tevens in het register van geboorten van die gemeente in.

Art. 28c

Geslachtsvermelding, tijdstip ingaan rechtsgevolgen

1. De wijziging van de vermelding van het geslacht in de akte van geboorte heeft haar gevolgen, die uit dit boek voortvloeien, vanaf de dag waarop de ambtenaar van de burgerlijke stand aan de akte van geboorte een latere vermelding van wijziging van het geslacht toevoegt. Dit tijdstip geldt eveneens voor de wijziging van de voornamen, bedoeld in artikel 28b, tweede lid.

2. De wijziging van de vermelding van het geslacht laat de op het in het eerste lid genoemde tijdstip bestaande familierechtelijke betrekkingen en de daaruit voortvloeiende op dit boek gegronde rechten, bevoegdheden en verplichtingen onverlet.

Geslachtsvermelding, geboorte/adoptie van een kind

3. Indien de betrokkene na de wijziging van de vermelding van het geslacht een kind baart, wordt voor de toepassing van titel 11 en hetgeen daaruit voortvloeit uitgegaan van het geslacht dat deze voor de wijziging had. In geval van adoptie van een kind op verzoek van degene die dit na de wijziging van de vermelding van het geslacht heeft verwekt of heeft ingestemd met een daad die de verwekking van het kind met eigen zaad tot gevolg heeft gehad, en het kind is of wordt geboren binnen de relatie van de adoptant en de ouder, is de maatstaf van het vierde lid van artikel 227 van toepassing.

Afdeling 14
De Commissie van advies voor de zaken betreffende de burgerlijke staat en de nationaliteit

Art. 29

Commissie van advies burgerlijke staat en nationaliteit

Er is een Commissie van advies voor de zaken betreffende de burgerlijke staat en de nationaliteit.

Art. 29a

Samenstelling van de Commissie van advies burgerlijke staat en nationaliteit

1. De Commissie bestaat uit ten minste negen en ten hoogste vijftien leden.

2. De Commissie bestaat uit ten minste een lid van de rechterlijke macht, ten minste een lid uit de kring van het wetenschappelijk onderzoek, ten minste twee leden uit de kring van de ambtenaren van de burgerlijke stand en ten minste twee leden uit de kring van de basisregistratie personen.

3. Onze Minister van Justitie benoemt en ontslaat de in het voorgaande lid bedoelde leden in overeenstemming met Onze Minister van Binnenlandse Zaken. Voorts wijst hij een voorzitter en een secretaris aan.

Art. 29b

Taken van de Commissie van advies burgerlijke staat en nationaliteit

1. De Commissie brengt op verzoek van een ambtenaar van de burgerlijke stand of een ander bestuursorgaan advies uit over vragen betreffende de rechtstoepassing in zaken van burgerlijke staat of nationaliteit.

2. Indien een advies van algemeen belang is, wordt het openbaar gemaakt. De Commissie bepaalt de wijze van openbaarmaking.

(Zie ook: Besl.art. 29b BW Boek 1)

Art. 29c

Inwinnen van advies bij de Commissie van advies burgerlijke staat en nationaliteit

Indien een ambtenaar van de burgerlijke stand gerede twijfel heeft over de vraag of een aan een buiten Nederland opgemaakte akte van de burgerlijke stand of ander geschrift te ontlenen gegeven in aanmerking komt om in een akte van de burgerlijke stand te worden opgenomen, is hij gehouden het advies van de Commissie in te winnen.

Art. 29d

Opvolgen advies van de Commissie van advies burgerlijke staat en nationaliteit

Indien een ambtenaar van de burgerlijke stand een door de Commissie gegeven advies niet opvolgt, stelt hij de Commissie en de officier van justitie hiervan in kennis.

Art. 29e

Onze Minister van Justitie kan nadere regels stellen omtrent de taak en de werkwijze van de Commissie.

Art. 29f

Telkens binnen een termijn van vier jaren brengt de Commissie een rapport uit aan Onze Minister van Justitie, waarin de taakvervulling van de Commissie aan een onderzoek wordt onderworpen en voorstellen kunnen worden gedaan voor gewenste veranderingen.

Titel 5 Het huwelijk

Algemene bepaling

Art. 30

1. Een huwelijk kan worden aangegaan door twee personen van verschillend of van gelijk geslacht.

2. De wet beschouwt het huwelijk alleen in zijn burgerlijke betrekkingen.

Afdeling 1 Vereisten tot het aangaan van een huwelijk

Art. 31

Om een huwelijk te mogen aangaan moeten een man en een vrouw de leeftijd van achttien jaren hebben bereikt.

Art. 32

Een huwelijk mag niet worden aangegaan, wanneer de geestvermogens van een partij zodanig zijn gestoord, dat deze niet in staat is haar wil te bepalen of de betekenis van haar verklaring te begrijpen.

(Zie ook: artt. 37, 50, 57, 69, 73 BW Boek 1; art. 34 BW Boek 3)

Art. 33

Een persoon kan tegelijkertijd slechts met één andere persoon door het huwelijk verbonden zijn.

(Zie ook: artt. 50, 57, 58, 69, 424 BW Boek 1)

Art. 34-36

[Vervallen]

Art. 37

1. Hij die wegens gewoonte van drank- of drugsmisbruik onder curatele staat, mag geen huwelijk aangaan zonder de toestemming van zijn curator.

2. Voor zover die toestemming niet wordt verkregen, kan zij op verzoek van de onder curatele gestelde door toestemming van de kantonrechter worden vervangen.

(Zie ook: artt. 51, 58, 75, 378, 382 BW Boek 1)

Art. 38

Hij die wegens een zijn lichamelijke of geestelijke toestand onder curatele staat, mag geen huwelijk aangaan zonder toestemming van de kantonrechter.

(Zie ook: artt. 51, 58, 75, 117, 378 BW Boek 1)

Art. 39

1. Heeft de rechter de toestemming verleend, dan is de termijn van beroep veertien dagen en kan gedurende die termijn de beschikking niet worden ten uitvoer gelegd.

2. Hij die tegen een verleende toestemming opkomt, is verplicht dit binnen de termijn van beroep bij deurwaardersexploit te doen aanzeggen aan de ambtenaar of ambtenaren van de burgerlijke stand ten overstaan van wie het huwelijk kan worden voltrokken. Door dit te verzuimen verliest hij het recht om de nietigverklaring van het huwelijk op grond van het ontbreken van zijn toestemming te vragen, indien het gerechtshof de in het eerste lid bedoelde beschikking vernietigt en het huwelijk reeds is voltrokken.

(Zie ook: artt. 12, 58, 75, 117 BW Boek 1)

Art. 40

[Vervallen]

Art. 41

1. Een huwelijk mag niet worden gesloten tussen hen die elkander, hetzij van nature hetzij familierechtelijk, bestaan in de opgaande en in de nederdalende lijn of als broeders, zusters of broeder en zuster.

B1 art. 41a — Burgerlijk Wetboek Boek 1

2. Onze Minister van Justitie kan om gewichtige redenen ontheffing van het verbod verlenen aan hen die broeders, zusters of broeder en zuster door adoptie zijn.

(Zie ook: artt. 50, 57, 58, 69, 227 BW Boek 1)

Art. 41a

Huwelijksverbod bloedverwanten in derde en vierde graad en uitzondering op dit verbod

Een huwelijk mag niet worden gesloten tussen hen die elkander, hetzij van nature hetzij familierechtelijk, als bloedverwanten bestaan in de derde of vierde graad in de zijlinie, tenzij de aanstaande echtgenoten bij de ambtenaar van de burgerlijke stand ieder een beëdigde verklaring hebben afgelegd, inhoudende dat zij hun vrije toestemming tot het huwelijk geven.

Art. 42

Huwelijk onverenigbaar met geregistreerd partnerschap

Zij die met elkander een huwelijk willen aangaan, mogen niet tegelijkertijd een geregistreerd partnerschap zijn aangegaan.

Afdeling 2

Formaliteiten die aan de voltrekking van het huwelijk moeten voorafgaan

Art. 43

[Vervallen]

Art. 44

Documenten bij huwelijksaangifte

1. Ten behoeve van het kenbaar maken van hun voornemen om in het huwelijk te treden verstrekken de aanstaande echtgenoten van wie ten minste één uitsluitend of mede de Nederlandse nationaliteit bezit of in Nederland zijn gewone verblijfplaats heeft aan de ambtenaar van de burgerlijke stand:

a. hun geslachtsnaam, voornamen, woonplaats en geboortegegevens, alsmede een verklaring dat zij elkaar niet als bloedverwanten bestaan in de derde of vierde graad in de zijlinie, dan wel een beëdigde verklaring als bedoeld in artikel 41a;

b. indien toestemming tot het aangaan van een huwelijk is vereist, de gegevens van degenen wier toestemming noodzakelijk is, dan wel het bewijs dat deze hun toestemming hebben verleend. De toestemming kan ook ter gelegenheid van de huwelijksvoltrekking worden gegeven. Is de toestemming door de rechter verleend, dan verifieert de ambtenaar het bestaan daarvan bij de betrokken griffie;

c. de overlijdensgegevens van allen wier toestemming voor het huwelijk was vereist, als zij in leven waren geweest;

d. de gegevens inzake ontbinding van eventuele eerdere huwelijken of geregistreerde partnerschappen;

e. in geval van stuiting, de gegevens inzake de opheffing daarvan;

f. de ontheffing of de vergunning van Onze Minister van Justitie, ingeval deze is vereist;

g. een vrijstelling krachtens artikel 62, indien deze is verkregen;

h. de namen en adressen van de personen die als getuigen bij de voltrekking van het huwelijk aanwezig zullen zijn;

i. ingeval een aanstaande echtgenoot niet de Nederlandse nationaliteit bezit of rechtmatig in Nederland verblijft als bedoeld in artikel 8, onder b, d of e, van de Vreemdelingenwet 2000, een verklaring dat het voornemen om in het huwelijk te treden niet wordt aangegaan met het oogmerk om verblijfsrecht in Nederland te verkrijgen, alsmede een verklaring omtrent het verblijfsrecht van de aanstaande echtgenoot die niet de Nederlandse nationaliteit bezit;

j. de naam van de gemeente in Nederland waar het huwelijk zal worden voltrokken.

2. Wanneer de aanstaande echtgenoten, van wie ten minste één de Nederlandse nationaliteit bezit, buiten Nederland hun woonplaats hebben, kunnen zij zich ten behoeve van hun voornemen om in het huwelijk te treden uitsluitend tot de ambtenaar van de burgerlijke stand van de gemeente 's-Gravenhage wenden.

Art. 45

Ontbreken geboorteakte bij huwelijksaangifte

1. Indien de geboortegegevens van een aanstaande echtgenoot niet kunnen worden geverifieerd en deze niet in staat is om een geboorteakte over te leggen, kan de betrokkene jegens de ambtenaar van de burgerlijke stand ten overstaan van wie het huwelijk zal worden voltrokken een beëdigde verklaring afleggen inhoudende: het geslacht, de plaats, het land en, zo nauwkeurig mogelijk, de datum van geboorte alsmede de persoonsgegevens van de ouders.

2. In de huwelijksakte wordt van de afgelegde verklaring melding gemaakt.

Art. 45a

Ontbreken overlijdensakten bij huwelijksaangifte

Indien de gegevens betreffende overlijden als bedoeld in artikel 44, eerste lid, onder c, niet kunnen worden geverifieerd en de aanstaande echtgenoten niet in staat zijn om de akte of akten van overlijden over te leggen, kunnen zij terzake een beëdigde verklaring afleggen jegens de ambtenaar van de burgerlijke stand ten overstaan van wie het huwelijk zal worden voltrokken. Deze maakt daarvan melding in de huwelijksakte.

(Zie ook: art. 62 BW Boek 1)

Burgerlijk Wetboek Boek 1

B1 *art. 52*

Art. 46

Wanneer het huwelijk binnen een jaar, te rekenen vanaf de datum waarop het voornemen daartoe is kenbaar gemaakt, niet is voltrokken, mag het niet worden voltrokken dan nadat het voornemen daartoe opnieuw kenbaar is gemaakt.

Art. 47

[Vervallen]

Art. 48

Indien hij die wil hertrouwen het gezag heeft over kinderen uit een vorig huwelijk, geeft de ambtenaar van de burgerlijke stand van dit voornemen onverwijld kennis aan de rechtbank van de woonplaats van de bedoelde ouder.

(Zie ook: art. 355 BW Boek 1)

Art. 49

1. Trouwbeloften geven geen rechtsvordering tot het aangaan van een huwelijk, noch tot schadevergoeding wegens de niet-vervulling van de beloften; alle afwijkende bedingen zijn nietig.

2. Indien het voornemen tot het aangaan van een huwelijk aan een ambtenaar van de burgerlijke stand kenbaar is gemaakt, kan dit grond opleveren tot een vordering tot vergoeding der werkelijke vermogensverliezen, zonder dat daarbij enige winstderving in aanmerking komt. De vordering vervalt door verloop van achttien maanden, te rekenen vanaf de datum waarop het voornemen kenbaar is gemaakt.

(Zie ook: art. 43, 306 BW Boek 1; art. 40 t/m 42 BW Boek 3; artt. 81, 229 t/m 230 BW Boek 6)

Art. 49a

1. Indien een Nederlander buiten Nederland een huwelijk wenst aan te gaan, wordt op zijn verzoek aan hem een verklaring van huwelijksbevoegdheid overeenkomstig de bijlage van de Overeenkomst van München van 5 september 1980 (Trb. 1981, 71, en 1982, 116) afgegeven.

2. Deze verklaring wordt afgegeven:

a. aan degene die binnen Nederland woonplaats heeft, door de ambtenaar van de burgerlijke stand van zijn woonplaats;

b. aan degene die binnen Nederland geen woonplaats heeft, maar wel heeft gehad, door de ambtenaar van de burgerlijke stand van de laatste woonplaats aldaar;

c. aan degene die binnen Nederland geen woonplaats heeft of heeft gehad, door het hoofd van de diplomatieke of consulaire vertegenwoordiging van het Koninkrijk der Nederlanden in het ressort waar het huwelijk wordt voltrokken.

3. De verklaring wordt door de bevoegde autoriteit niet afgegeven alvorens deze, door verificatie van de gegevens, vermeld in artikel 44, eerste lid, onder a, b, c, d en f, en zo nodig van die, vermeld in de artikelen 45 en 45a, alsmede in artikel 27b, zich ervan heeft overtuigd dat naar Nederlands recht geen beletselen tegen het huwelijk bestaan.

4. De verklaring van huwelijksbevoegdheid is, te rekenen van het tijdstip van afgifte, gedurende zes maanden geldig.

Afdeling 3

Stuiting van het huwelijk

Art. 50

Een huwelijk kan worden gestuit, wanneer partijen niet de vereisten in zich verenigen om een huwelijk aan te gaan, of wanneer partijen niet beiden hun vrije toestemming tot het huwelijk zullen geven dan wel wanneer het oogmerk van de aanstaande echtgenoten, of één hunner, niet is gericht op de vervulling van de door de wet aan de huwelijkse staat verbonden plichten, doch op het verkrijgen van toelating tot Nederland.

(Zie ook: artt. 20a, 27, 69 BW Boek 1)

Art. 51

1. Bevoegd tot stuiting, wanneer partijen niet de vereisten in zich verenigen om een huwelijk aan te gaan, zijn bloedverwanten in de rechte lijn, broeders, zusters, voogden en curatoren van een der aanstaande echtgenoten.

2. De in het vorige lid genoemde personen zijn ook bevoegd een huwelijk te stuiten, wanneer de andere aanstaande echtgenoot onder curatele staat, en het huwelijk klaarblijkelijk het ongeluk zou veroorzaken van de partij, waarvan zij bloedverwant, voogd of curator zijn.

(Zie ook: artt. 37, 38, 72, 378 BW Boek 1)

Art. 52

Hij die met een der partijen door huwelijk verbonden is dan wel met een der partijen een geregistreerd partnerschap is aangegaan, kan op grond van het bestaan van dat huwelijk of dat geregistreerd partnerschap een nieuw aan te gaan huwelijk stuiten.

(Zie ook: art. 33 BW Boek 1)

Geldigheidsduur van de huwelijksaangifte

Huwelijksaangifte van ouder met gezag over kinderen

Rechtsgevolgen van huwelijksaangifte

Verklaring van huwelijksbevoegdheid bij buitenlands huwelijk

Stuiting van huwelijk

Bevoegd tot stuiting van huwelijk

Stuiting van huwelijk door wettige echtgeno(o)t(e)

Art. 53

Stuiting van huwelijk door OM

1. Het openbaar ministerie is verplicht een voorgenomen huwelijk te stuiten, indien het met een der in de artikelen 31 tot en met 33, 41 en 42 omschreven huwelijksbeletselen bekend is.

2. Het openbaar ministerie is bevoegd het huwelijk als schijnhandeling wegens strijd met de Nederlandse openbare orde te stuiten indien het oogmerk van de aanstaande echtgenoten, of één hunner, niet is gericht op de vervulling van de door de wet aan de huwelijkse staat verbonden plichten, doch op het verkrijgen van toelating tot Nederland.

(Zie ook: artt. 47, 244, 254, 271, 326, 331 BW Boek 1; art. 4 Wet RO)

3. Het openbaar ministerie is voorts bevoegd het huwelijk te stuiten indien genoegzaam is gebleken dat de aanstaande echtgenoten, of één hunner, het huwelijk onder invloed van dwang zullen aangaan.

4. Voor de uitoefening van de in de leden 2 en 3 bedoelde bevoegdheid door het openbaar ministerie is voorafgaande machtiging van de rechtbank vereist.

Art. 54

Akte van stuiting bij huwelijk

1. De stuiting geschiedt door betekening van een akte aan de ambtenaar van de burgerlijke stand van de gemeente waar het huwelijk zal worden voltrokken.

2. De akte houdt de keus van een woonplaats in de gemeente en de gronden van de stuiting in en vermeldt de hoedanigheid die aan de opposant de bevoegdheid geeft om het huwelijk te stuiten; alles op straffe van nietigheid.

3. De opposant zal afschrift der akte van stuiting onverwijld doen betekenen aan de partij, tegen welke de stuiting is gericht.

(Zie ook: artt. 15, 23 BW Boek 1; art. 802 Rv)

Art. 55

Stuiting van huwelijk opheffen

Een stuiting kan worden opgeheven:

a. op dezelfde wijze als waarop zij is geschied;

b. door een verklaring, in persoon afgelegd ten overstaan van de ambtenaar van de burgerlijke stand, genoemd in het vorige artikel;

c. door een verklaring, afgelegd ten overstaan van een notaris;

d. door een in kracht van gewijsde gegane beschikking, gegeven op verzoek van een belanghebbende.

(Zie ook: art. 23 BW Boek 1; art. 802 Rv)

Art. 56

Huwelijksvoltrekking vóór opheffing van stuiting

Het huwelijk mag niet worden voltrokken, voordat de stuiting is opgeheven. Mocht het desniettemin voltrokken zijn hangende een geding tot opheffing van de stuiting, dan kan dit geding op verlangen van de opposant worden voortgezet en wordt het huwelijk nietig verklaard, indien de rechter de gegrondheld van de stuiting aanvaardt.

(Zie ook: artt. 69, 78 BW Boek 1)

Art. 57

Verbod tot meewerken aan huwelijk bij kennis van huwelijksbeletselen

Een ambtenaar van de burgerlijke stand aan wie het bestaan van een der in de artikelen 31 tot en met 33, 41, 41a en 42 omschreven huwelijksbeletselen bekend is, mag geen medewerking verlenen aan een huwelijksvoltrekking of aan de vervulling van daaraan voorafgaande formaliteiten, ook al zou geen stuiting hebben plaatsgehad.

Afdeling 4
De voltrekking van het huwelijk

Art. 58

Verifiëren rechtmatig verblijf bij huwelijksvoltrekking

1. De ambtenaar van de burgerlijke stand verifieert, alvorens tot de voltrekking van het huwelijk over te gaan, opnieuw de rechtmatigheid van het verblijf in Nederland van de aanstaande echtgenoot die niet de Nederlandse nationaliteit bezit.

2. Is de ambtenaar van de burgerlijke stand, in het geval geen rechtmatig verblijf bestaat op grond van artikel 8, onder b, d of e van de Vreemdelingenwet 2000, van oordeel dat het oogmerk van de aanstaande echtgenoten, of één hunner, niet is gericht op de vervulling van de door de wet aan de huwelijkse staat verbonden plichten, maar op het verkrijgen van toelating tot Nederland, dan weigert hij de huwelijksakte op te maken overeenkomstig artikel 18c, tweede lid.

Art. 59-61

[Vervallen]

Art. 62

Wachttijd tot huwelijksvoltrekking na huwelijksaangifte

1. Het huwelijk mag niet worden voltrokken vóór de veertiende dag na de datum waarop het voornemen om in het huwelijk te treden aan de ambtenaar van de burgerlijke stand kenbaar is gemaakt.

2. Het openbaar ministerie bij de rechtbank, binnen wier rechtsgebied de het voornemen om in het huwelijk te treden kenbaar is gemaakt, is bevoegd uit hoofde van gewichtige redenen vrijstelling te verlenen van de voorgeschreven wachttijd.

(Zie ook: art. 43 BW Boek 1)

Art. 63

1. Een huwelijk wordt in het openbaar in het gemeentehuis voltrokken ten overstaan van de ambtenaar van de burgerlijke stand van de door de aanstaande echtgenoten aangewezen gemeente in tegenwoordigheid van ten minste twee en ten hoogste vier meerderjarige getuigen.

2. In het geval dat de melding van een voornemen om in het huwelijk te treden op elektronische wijze heeft plaatsgevonden, dienen de aanstaande echtgenoten uiterlijk ter gelegenheid van de huwelijksvoltrekking hun identiteit aan te tonen door overlegging van een document als bedoeld in artikel 1 van de Wet op de identificatieplicht.

Art. 64

Indien een der partijen uit hoofde van een behoorlijk bewezen wettig beletsel verhinderd wordt zich naar het gemeentehuis te begeven, kan het huwelijk worden voltrokken in een bijzonder huis binnen dezelfde gemeente, mits dit in tegenwoordigheid van zes meerderjarige getuigen geschiedt.

Art. 65

De aanstaande echtgenoten zijn verplicht bij de voltrekking van hun huwelijk in persoon voor de ambtenaar van de burgerlijke stand te verschijnen.

(Zie ook: art. 24 BW Boek 1)

Art. 66

Het staat Onze Minister van Justitie vrij, uit hoofde van gewichtige redenen aan partijen te vergunnen het huwelijk door een bijzondere bij authentieke akte gevolmachtigde te voltrekken.

(Zie ook: art. 24 BW Boek 1; artt. 39, 60 BW Boek 3)

Art. 67

1. De aanstaande echtgenoten moeten ten overstaan van de ambtenaar van de burgerlijke stand en in tegenwoordigheid van de getuigen verklaren, dat zij elkander aannemen tot echtgenoten en dat zij getrouw alle plichten zullen vervullen, die door de wet aan de huwelijkse staat worden verbonden.

2. Terstond nadat deze verklaring is afgelegd, verklaart de ambtenaar van de burgerlijke stand, dat partijen door de echt aan elkander zijn verbonden, en maakt hij daarvan in het daartoe bestemde register een akte op.

(Zie ook: artt. 16, 32, 81 BW Boek 1)

Art. 68

Geen godsdienstige plechtigheden zullen mogen plaats hebben, voordat de partijen aan de bedienaar van de eredienst zullen hebben doen blijken, dat het huwelijk ten overstaan van de ambtenaar van de burgerlijke stand is voltrokken.

(Zie ook: art. 30 BW Boek 1; art. 465 Sr)

Afdeling 5
Nietigverklaring van een huwelijk

Art. 69

1. Voor zover hieronder niet anders is bepaald, kan op grond dat de echtgenoten niet de vereisten in zich verenigden om tezamen een huwelijk aan te gaan, de nietigverklaring van het huwelijk worden verzocht door:

a. de bloedverwanten in de rechte lijn van een der echtgenoten;

b. ieder der echtgenoten;

c. alle overige personen, die daarbij een onmiddellijk rechtsbelang hebben, echter deze alleen na de ontbinding van het huwelijk;

d. het openbaar ministerie, echter alleen zolang het huwelijk niet is ontbonden.

2. Hij die met een der echtgenoten nog door een vroeger huwelijk dan wel door een eerder geregistreerd partnerschap is verbonden, is eveneens bevoegd op grond van het bestaan van dat huwelijk of die registratie de nietigverklaring van het daarna gesloten huwelijk te verzoeken.

(Zie ook: artt. 31, 50, 56, 424, 425 BW Boek 1)

Art. 70

1. Op verzoek van de ouders, de echtgenoten en het openbaar ministerie kan een huwelijk worden nietig verklaard, wanneer het ten overstaan van een niet bevoegde ambtenaar van de burgerlijke stand of niet in tegenwoordigheid van het vereiste aantal getuigen is voltrokken.

2. De bevoegdheid van een echtgenoot om uit dien hoofde de nietigverklaring van het huwelijk te verzoeken vervalt, indien er uiterlijk bezit van de huwelijkse staat en een akte van huwelijksvoltrekking ten overstaan van een ambtenaar van de burgerlijke stand verleden, aanwezig zijn.

(Zie ook: artt. 31, 50, 56, 424, 425 BW Boek 1)

Art. 71

1. Een echtgenoot kan de nietigverklaring van zijn huwelijk verzoeken, wanneer hij dit onder invloed van dwang heeft gesloten. Tevens is het openbaar ministerie, na de echtgenoten in de gelegenheid te hebben gesteld hun mening omtrent de wenselijkheid van het indienen van het

B1 art. 71a **Burgerlijk Wetboek Boek 1**

verzoek tot nietigverklaring kenbaar te maken, althans na deze daartoe behoorlijk te hebben opgeroepen, bevoegd tot het doen van het verzoek.

2. Voorts kan de echtgenoot, die bij de huwelijksvoltrekking gedwaald heeft hetzij in de persoon van de andere echtgenoot, hetzij omtrent de betekenis van de door hem afgelegde verklaring de nietigverklaring van zijn huwelijk verzoeken.

3. De bevoegdheid de nietigverklaring wegens dwaling te verzoeken vervalt, wanneer de echtgenoten zes maanden hebben samengewoond sedert de ontdekking van de dwaling zonder dat het verzoek is gedaan. De bevoegdheid de nietigverklaring wegens dwang te verzoeken vervalt, wanneer de echtgenoten drie jaar hebben samengewoond zonder dwang gericht op instandhouding van het huwelijk, zonder dat het verzoek is gedaan.

Art. 71a

Schijnhuwelijk

Op verzoek van het openbaar ministerie kan een huwelijk als schijnhandeling wegens strijd met de Nederlandse openbare orde worden nietig verklaard indien het oogmerk van de echtgenoten, of één hunner, niet was gericht op de vervulling van de door de wet aan de huwelijkse staat verbonden plichten, doch op het verkrijgen van toelating tot Nederland.

Art. 72

Nietigverklaring huwelijk van een onder curatele gestelde

Een huwelijk kan niet nietig worden verklaard uit hoofde dat op het tijdstip van de huwelijksvoltrekking een der echtgenoten onder curatele stond, en het huwelijk klaarblijkelijk het ongeluk van de andere echtgenoot zou veroorzaken.

(Zie ook: artt. 51, 56, 378 BW Boek 1)

Art. 73

Nietigverklaring huwelijk van een geestelijk gestoorde

De nietigverklaring van een huwelijk uit hoofde van een geestelijke stoornis kan na het ophouden van de stoornis alleen worden verzocht door de echtgenoot die geestelijk gestoord was. Het verzoek vervalt door een samenwoning van ten minste zes maanden na het ophouden van de stoornis.

(Zie ook: art. 32 BW Boek 1; art. 34 BW Boek 3)

Art. 74

Nietigverklaring huwelijk van een minderjarige

De nietigverklaring van een huwelijk, dat aangegaan is door iemand die de vereiste leeftijd miste, kan niet worden verzocht wanneer deze op de dag van het verzoek de vereiste ouderdom heeft.

(Zie ook: artt. 31, 50 BW Boek 1)

Art. 75

Nietigverklaring van een huwelijk bij het ontbreken van toestemming

1. Wegens het ontbreken van een vereiste toestemming van een derde kan de nietigverklaring van het huwelijk alleen door die derde of, in het geval van artikel 38 van dit boek, door de curator worden verzocht. Dit verzoek vervalt, wanneer hij die bevoegd is de nietigverklaring te verzoeken, het huwelijk uitdrukkelijk of stilzwijgend heeft goedgekeurd, of wanneer drie maanden verlopen zijn nadat hij met de huwelijksvoltrekking bekend is geworden.

2. Hij die bevoegd is de nietigverklaring te verzoeken, wordt vermoed met het huwelijk bekend te zijn geworden, wanneer het hier te lande is voltrokken, of wanneer het, buiten Nederland aangegaan, hier te lande in de registers van de burgerlijke stand is ingeschreven.

(Zie ook: art. 35 BW Boek 1)

Art. 76

Nietigverklaring huwelijk alleen op wettelijke gronden

Behoudens het in artikel 56 van dit boek bepaalde, verklaart de rechter een huwelijk alleen nietig op grond van een verzoek overeenkomstig de bepalingen van deze afdeling.

Art. 77

Rechtsgevolg van nietigverklaring huwelijk

1. De nietigverklaring van het huwelijk werkt, zodra de beschikking in kracht van gewijsde is gegaan; zij werkt terug tot het tijdstip van de huwelijksvoltrekking.

2. Nochtans mist de beschikking terugwerkende kracht en heeft zij hetzelfde gevolg als een echtscheiding:

a. ten aanzien van de kinderen der echtgenoten;

b. ten aanzien van de te goeder trouw zijnde echtgenoot; deze kan echter niet op een gemeenschap van goederen aanspraak maken, wanneer het huwelijk wegens het bestaan van een vroeger huwelijk of een eerder geregistreerd partnerschap is nietig verklaard;

c. ten aanzien van andere personen dan de echtgenoten en hun kinderen, voor zover zij te goeder trouw vóór de inschrijving der nietigverklaring rechten hebben verkregen.

(Zie ook: artt. 2, 18, 150, 197 BW Boek 1; artt. 11, 15, 53 BW Boek 3; art. 269 BW Boek 6)

Afdeling 5A
[Vervallen]

Art. 77a

[Vervallen]

Afdeling 6
Bewijs van het bestaan van het huwelijk

Art. 78
Het bestaan van een in Nederland gesloten huwelijk kan niet anders worden bewezen dan door de huwelijksakte dan wel door de akte van omzetting, bedoeld in artikel 80g, behoudens in de gevallen bij de volgende artikelen voorzien.
(Zie ook: art. 27 BW Boek 1; art. 187 Rv)

Bewijs van een huwelijk

Art. 79
Heeft het huwelijksregister niet bestaan of is het verloren gegaan of ontbreekt daaraan de huwelijksakte, dan wel de akte van omzetting, bedoeld in artikel 80g, dan kan het huwelijk door getuigen of bescheiden worden bewezen, mits er een uiterlijk bezit van de huwelijkse staat aanwezig is.
(Zie ook: artt. 29, 205 BW Boek 1)

Bewijs van een huwelijk bij ontbreken van register

Art. 80
Wordt in een geding betwist dat een kind, dat uiterlijk bezit van staat heeft, uit een huwelijk is geboren, dan levert het feit dat de ouders openlijk als man en vrouw hebben geleefd, voldoende bewijs op.
(Zie ook: artt. 197, 205 BW Boek 1)

Bewijs van huwelijk door openlijk samenleven

Titel 5A
Het geregistreerd partnerschap

Art. 80a
1. Een persoon kan tegelijkertijd slechts met één andere persoon van hetzelfde of andere geslacht een geregistreerd partnerschap aangaan.
2. Zij die een geregistreerd partnerschap aangaan, mogen niet tegelijkertijd gehuwd zijn.
3. Registratie van partnerschap geschiedt bij een akte van registratie van partnerschap opgemaakt door een ambtenaar van de burgerlijke stand.
4. Een partnerschapsregistratie kan worden gestuit, indien partijen niet de vereisten in zich verenigen om de registratie aan te gaan, of wanneer partijen niet beiden hun toestemming tot het geregistreerd partnerschap vrijelijk zullen geven, dan wel wanneer het oogmerk van de aanstaande geregistreerde partners, of één hunner, niet is gericht op de vervulling van de door de wet aan de partnerschapsregistratie verbonden plichten, doch op het verkrijgen van toelating tot Nederland. Op een stuiting zijn de artikelen 51, 52, 53, tweede tot en met vierde lid, en 54 tot en met 56 van overeenkomstige toepassing. Het openbaar ministerie is verplicht een partnerschapsregistratie te stuiten, indien het met een van de in de artikelen 31, 32, 41 en in het eerste en tweede lid van dit artikel omschreven beletselen bekend is. Indien aan de ambtenaar van de burgerlijke stand een van de in de vorige zin genoemde beletselen bekend is, of wanneer partijen niet beiden hun toestemming tot het geregistreerd partnerschap vrijelijk zullen geven, mag hij niet meewerken aan een registratie of daaraan voorafgaande formaliteiten verrichten, ook al zou geen stuiting hebben plaatsgehad.
5. Ter zake van de partnerschapsregistratie zijn de artikelen 31, 32, 37 tot en met 39, 41, 41a, 44 tot en met 49, 58, en 62 tot en met 66 van overeenkomstige toepassing.
6. Op de nietigverklaring van een partnerschapsregistratie zijn van overeenkomstige toepassing de artikelen 69 tot en met 73, 74, 75 tot en met 77, eerste lid en tweede lid.
7. Op het bewijs van het bestaan van de partnerschapsregistratie zijn de artikelen 78, 79 en 80 van overeenkomstige toepassing.

Geregistreerd partnerschap

Registratie partnerschap

Stuiting partnerregistratie

Schakelbepaling

Art. 80b
Op een geregistreerd partnerschap zijn de titels 6, 7 en 8 van overeenkomstige toepassing met uitzondering van het omtrent scheiding van tafel en bed bepaalde.

Schakelbepaling

Art. 80c
1. Het geregistreerd partnerschap eindigt:
a. door de dood;
b. indien de vermiste, die overeenkomstig de bepalingen van de tweede of derde afdeling van de achttiende titel van dit boek vermoedelijk overleden dan wel overleden is verklaard, nog in leven is op de dag waarop de achtergebleven geregistreerde partner een nieuw geregistreerd partnerschap of huwelijk is aangegaan: door de voltrekking van dit geregistreerd partnerschap of huwelijk;
c. met wederzijds goedvinden door inschrijving door de ambtenaar van de burgerlijke stand van een door beide partners en een of meer advocaten of notarissen ondertekende en gedateerde verklaring waaruit blijkt dat en op welk tijdstip de partners omtrent de beëindiging van het geregistreerd partnerschap een overeenkomst hebben gesloten.
d. door ontbinding op verzoek van de partners of een van hen;
e. door omzetting van een geregistreerd partnerschap in een huwelijk.

Einde van geregistreerd partnerschap

B1 art. 80d — Burgerlijk Wetboek Boek 1

2. Tot inschrijving van verklaringen als bedoeld in het eerste lid, onder c, is de ambtenaar van de burgerlijke stand steeds bevoegd indien het geregistreerd partnerschap in Nederland is aangegaan. Indien het partnerschap buiten Nederland is aangegaan, is de ambtenaar van de burgerlijke stand tot inschrijving van verklaringen als bedoeld in het eerste lid, onder c, bevoegd indien voldaan is aan de voorwaarden van artikel 4, vierde lid, van het Wetboek van Burgerlijke Rechtsvordering voor de bevoegdheid van de rechter in geval van de ontbinding van het geregistreerd partnerschap.

3. Een geregistreerd partnerschap kan niet met wederzijds goedvinden als bedoeld in het eerste lid, onder c, worden beëindigd indien de partners:

a. al dan niet gezamenlijk het gezag uitoefenen over een of meer van hun gezamenlijke kinderen;

b. ingevolge artikel 253sa of 253t het gezag gezamenlijk uitoefenen over een of meer kinderen.

Art. 80d

Einde van geregistreerd partnerschap met wederzijds goedvinden

1. De in artikel 80c, onder c, bedoelde overeenkomst betreft ten minste de verklaring van beide partners dat hun geregistreerd partnerschap duurzaam ontwricht is en dat zij het willen beëindigen. Voorts betreft de overeenkomst, evenwel niet op straffe van nietigheid:

a. de uitkering tot levensonderhoud ten behoeve van de geregistreerde partner die niet voldoende inkomsten tot zijn levensonderhoud heeft, noch zich in redelijkheid kan verwerven;

b. wie van de geregistreerde partners huurder van de woonruimte die hen tot hoofdverblijf dient, zal zijn of wie van de geregistreerde partners gedurende een bij de overeenkomst te bepalen termijn het gebruik zal hebben van de woning en de inboedel die een van hen of hen beiden toebehoren dan wel ten gebruike toekomen;

c. de verdeling van enige gemeenschap waarin de partners de registratie zijn aangegaan dan wel de verrekening die bij voorwaarden als bedoeld in titel 8 is overeengekomen;

d. de verrevening of verrekening van pensioenrechten.

Schakelbepaling

2. Op een beëindiging van het geregistreerd partnerschap met wederzijds goedvinden zijn de artikelen 155, 157, eerste tot en met zesde lid, 158, 159, eerste en derde lid, 159a, 160 en 164 van overeenkomstige toepassing.

3. De verklaring, bedoeld in artikel 80c, onder c, wordt slechts ingeschreven in de registers van de burgerlijke stand, indien zij de ambtenaar van de burgerlijke stand uiterlijk drie maanden na het sluiten van de overeenkomst heeft bereikt.

Art. 80e

Schakelbepaling

1. Op een ontbinding van een geregistreerd partnerschap als bedoeld in artikel 80c, onder d, zijn de artikelen 151, 153, 155, 156 tot en met 160, 164 en 165 van overeenkomstige toepassing.

2. De ontbinding komt tot stand door inschrijving van een rechterlijke uitspraak op verzoek van partijen of van één van hen in de registers van de burgerlijke stand. Artikel 163, derde lid, is van overeenkomstige toepassing.

Art. 80f

Herleving van geregistreerd partnerschap

Indien de partijen wier geregistreerd partnerschap is beëindigd, opnieuw een geregistreerd partnerschap met elkaar aangaan dan wel met elkaar in het huwelijk treden, herleven alle gevolgen van het geregistreerd partnerschap van rechtswege alsof er geen beëindiging heeft plaats gehad. Nochtans wordt de geldigheid van rechtshandelingen die tussen de inschrijving van de beëindiging en de nieuwe registratie of het huwelijk zijn verricht, beoordeeld naar het tijdstip van de handeling.

Art. 80g

Omzetting geregistreerd partnerschap in huwelijk

1. Indien twee personen aan de ambtenaar van de burgerlijke stand kenbaar maken dat zij het geregistreerd partnerschap dat zij zijn aangegaan, omgezet wensen te zien in een huwelijk, kan de ambtenaar van de burgerlijke stand ter zake een akte van omzetting opmaken. Indien de geregistreerde partners van wie ten minste één de Nederlandse nationaliteit bezit, buiten Nederland woonplaats hebben en in Nederland hun geregistreerd partnerschap in een huwelijk willen omzetten, geschiedt de omzetting bij de ambtenaar van de burgerlijke stand te 's-Gravenhage.

Schakelbepaling

2. De artikelen 65 en 66 zijn van overeenkomstige toepassing.

3. Een omzetting doet het geregistreerd partnerschap eindigen en het huwelijk aanvangen op het tijdstip dat de akte van omzetting in het register van huwelijken is opgemaakt. De omzetting brengt geen wijziging in de al dan niet bestaande familierechtelijke betrekkingen met kinderen die voor de omzetting zijn geboren.

Titel 6

Rechten en verplichtingen van echtgenoten

Art. 81

Zorgplicht van echtgenoten

Echtgenoten zijn elkander getrouwheid, hulp en bijstand verschuldigd. Zij zijn verplicht elkander het nodige te verschaffen.

(Zie ook: artt. 67, 92a, 157, 169, 182, 392, 400 BW Boek 1; art. 108 BW Boek 6)

Art. 82

Echtgenoten zijn jegens elkaar verplicht de tot het gezin behorende minderjarige kinderen te verzorgen en op te voeden en de kosten van die verzorging en opvoeding te dragen.
(Zie ook: artt. 92a, 392, 245, 404 BW Boek 1)

Zorgplicht van echtgenoten voor minderjarige kinderen

Art. 83

Echtgenoten verschaffen elkaar desgevraagd inlichtingen over het door hen gevoerde bestuur alsmede over de stand van hun goederen en schulden.

Inlichtingenplicht van echtgenoten

Art. 84

1. De kosten der huishouding, daaronder begrepen de kosten van verzorging en opvoeding van de kinderen, komen ten laste van het gemene inkomen van de echtgenoten en, voor zover dit ontoereikend is, ten laste van hun eigen inkomens in evenredigheid daarvan; voor zover de inkomens ontoereikend zijn, komen deze kosten ten laste van het gemene vermogen en, voor zover ook dit ontoereikend is, ten laste van de eigen vermogens naar evenredigheid daarvan. Een en ander geldt niet voor zover bijzondere omstandigheden zich er tegen verzetten.

Onderhoudsplicht van echtgenoten

2. De echtgenoten zijn jegens elkaar dienovereenkomstig te bestrijding van de in het eerste lid bedoelde uitgaven voldoende gelden ter beschikking te stellen uit de onder hun bestuur staande goederen, voor zover bijzondere omstandigheden zich daartegen niet verzetten.

3. Bij schriftelijke overeenkomst kan een van het eerste en tweede lid afwijkende regeling worden getroffen.

4. Geschillen tussen de echtgenoten omtrent de toepassing van het eerste tot en met derde lid worden door de rechtbank op verzoek van beiden of een van hen beslist.

5. Op verzoek van beide of van een van de echtgenoten kan de rechtbank een gegeven beschikking of een onderling getroffen regeling wijzigen op grond van veranderde omstandigheden.
(Zie ook: artt. 114, 400 BW Boek 1)

Art. 85

De ene echtgenoot is naast de andere voor het geheel aansprakelijk voor de door deze ten behoeve van de gewone gang van de huishouding aangegane verbintenissen, met inbegrip van die welke voortvloeien uit de door hem als werkgever ten behoeve van de huishouding aangegane arbeidsovereenkomsten.
(Zie ook: artt. 95, 102, 103 BW Boek 1)

Aansprakelijkheid van echtgenoten

Art. 86

1. De rechtbank kan, wanneer daartoe gegronde redenen bestaan, op verzoek van een echtgenoot bepalen dat deze niet aansprakelijk zal zijn voor de door de andere echtgenoot in het vervolg aangegane verbintenissen als bedoeld in het vorige artikel.

Vrijwaring van aansprakelijkheid van echtgenoten

2. Een overeenkomstig dit artikel gegeven rechterlijke beschikking kan bij veranderde omstandigheden op gelijke wijze als zij is tot stand gekomen, worden gewijzigd of opgeheven.

3. De beschikking kan aan derden die van haar bestaan onkundig waren, slechts worden tegengeworpen, indien zij ingeschreven was in het huwelijksgoederenregister, aangewezen in artikel 116 van dit boek, en na de inschrijving veertien dagen waren verlopen.

4. In de beschikking kan worden bepaald dat zij bovendien moet worden bekend gemaakt in een of meer door de rechter aangewezen dagbladen. In dat geval werkt de beschikking ten nadele van derden die daarvan onkundig waren, ook niet vóór deze bekendmaking.
(Zie ook: Bhgr)

Art. 87

1. Indien een echtgenoot ten laste van het vermogen van de andere echtgenoot een goed dat tot zijn eigen vermogen zal behoren, verkrijgt of indien ten laste van het vermogen van de andere echtgenoot een schuld ter zake van een tot zijn eigen vermogen behorend goed wordt voldaan of afgelost, ontstaat voor de eerstgenoemde echtgenoot een plicht tot vergoeding.

Vergoedingsplicht van echtgenoten

2. De vergoeding beloopt een gedeelte van de waarde van het goed op het tijdstip waarop de vergoeding wordt voldaan. Dit gedeelte:
a. is in het geval van een verkrijging ten laste van het vermogen van de andere echtgenoot evenredig aan het uit diens vermogen afkomstige aandeel in de tegenprestatie voor het goed;
b. komt in het geval van een voldoening of aflossing ten laste van het vermogen van de andere echtgenoot overeen met de verhouding tussen het uit diens vermogen voldane of afgeloste bedrag ten opzichte van de waarde van het goed op het tijdstip van die voldoening of aflossing.

3. Ten aanzien van de vergoeding gelden voorts de volgende regels:
a. tenzij de echtgenoot het vermogen van de andere echtgenoot met diens toestemming heeft aangewend op de wijze als bedoeld in het eerste lid, beloopt de vergoeding ten minste het nominale bedrag dat ten laste van het vermogen van de andere echtgenoot is gekomen;
b. ter zake van goederen die naar hun aard bestemd zijn om te worden verbruikt, beloopt de vergoeding steeds het nominale bedrag dat ten laste van het vermogen van de andere echtgenoot is gekomen;
c. ter zake van goederen die inmiddels zijn vervreemd zonder dat daarvoor andere goederen in de plaats zijn gekomen, wordt in plaats van de waarde, bedoeld in de aanhef van het tweede lid, uitgegaan van de waarde ten tijde van de vervreemding. Met een vervreemding wordt ge-

B1 *art. 88* **Burgerlijk Wetboek Boek 1**

lijkgesteld het onherroepelijk worden van een begunstiging bij een sommenverzekering of een andere begunstiging bij een beding ten behoeve van een derde.

4. Echtgenoten kunnen bij overeenkomst afwijken van het eerste lid tot en met het derde lid. Geen vergoeding is verschuldigd voorzover door de verkrijging, voldoening of aflossing ten laste van het vermogen van de andere echtgenoot wordt voldaan aan een op die echtgenoot rustende verbintenis.

5. Kan de vergoeding overeenkomstig het eerste tot en met het vierde lid niet nauwkeurig worden vastgesteld, dan wordt zij geschat.

Art. 88

Toestemming van echtgenoot voor rechtshandelingen

1. Een echtgenoot behoeft de toestemming van de andere echtgenoot voor de volgende rechtshandelingen:

a. overeenkomsten strekkende tot vervreemding, bezwaring of ingebruikgeving en rechtshandelingen strekkende tot beëindiging van het gebruik van een door de echtgenoten tezamen of door de andere echtgenoot alleen bewoonde woning of van zaken die bij een zodanige woning of tot de inboedel daarvan behoren;

(Zie ook: artt. 5, 20, 226, 236, 260 BW Boek 3)

b. giften, met uitzondering der gebruikelijke, niet bovenmatige;

(Zie ook: art. 146 BW Boek 1; art. 1703 BW Boek 7A)

c. overeenkomsten die ertoe strekken dat hij, anders dan in de normale uitoefening van zijn beroep of bedrijf, zich als borg of hoofdelijk medeschuldenaar verbindt, zich voor een derde sterk maakt, of zich tot zekerheidstelling voor een schuld van de derde verbindt;

(Zie ook: art. 97 BW Boek 1; art. 1576 BW Boek 7A)

d. overeenkomsten van goederenkrediet als bedoeld in artikel 84 van Boek 7, behalve indien zij zaken betreffen die kennelijk uitsluitend of hoofdzakelijk ten behoeve van de normale uitoefening van zijn beroep of bedrijf strekken.

2. De echtgenoot behoeft de toestemming niet, indien hij tot het verrichten der rechtshandeling is verplicht op grond van de wet of op grond van een voorafgaande rechtshandeling waarvoor die toestemming is verleend of niet was vereist.

3. De toestemming moet schriftelijk of langs elektronische weg worden verleend, indien de wet voor het verrichten van de rechtshandeling een vorm voorschrijft.

(Zie ook: artt. 37, 39, 40 BW Boek 3)

4. In afwijking van lid 1, onder b, is geen toestemming vereist voor giften welke de strekking hebben dat zij pas zullen worden uitgevoerd na het overlijden van degene die de gift doet, en niet reeds tijdens diens leven worden uitgevoerd. Bestaat de gift in de aanwijzing van een begunstigde bij een sommenverzekering die tijdens het leven van de verzekeringnemer is aanvaard of kan worden aanvaard, dan is daarvoor wel toestemming vereist.

5. Toestemming voor een rechtshandeling als bedoeld in lid 1 onder c, is niet vereist, indien zij wordt verricht door een bestuurder van een naamloze vennootschap of van een besloten vennootschap met beperkte aansprakelijkheid, die daarvan alleen of met zijn medebestuurders de meerderheid der aandelen houdt en mits zij geschiedt ten behoeve van de normale uitoefening van het bedrijf van die vennootschap.

(Zie ook: artt. 85, 194 BW Boek 2)

6. Indien de andere echtgenoot door afwezigheid of een andere oorzaak in de onmogelijkheid verkeert zijn wil te verklaren of zijn toestemming niet verleent, kan de beslissing van de rechtbank worden ingeroepen.

Dwingend recht

7. Dit artikel is van toepassing ongeacht het recht dat van toepassing is op het huwelijksvermogensstelsel van de echtgenoten, indien de andere echtgenoot zijn gewone verblijfplaats heeft in Nederland ten tijde van het verrichten van een rechtshandeling, bedoeld in het eerste lid.

Art. 89

Vernietiging van rechtshandelingen door echtgenoot

1. Een rechtshandeling die een echtgenoot in strijd met het vorige artikel heeft verricht, is vernietigbaar; slechts de andere echtgenoot kan een beroep op de vernietigingsgrond doen.

2. Het vorige lid geldt niet voor een andere handeling dan een gift, indien de wederpartij te goeder trouw was.

3. Het einde van het huwelijk en scheiding van tafel en bed hebben geen invloed op de bevoegdheid om ter vernietiging van een rechtshandeling van een echtgenoot een beroep op de vernietigingsgrond te doen, die voordien was ontstaan. Indien de andere echtgenoot dientengevolge schuldenaar uit de rechtshandeling wordt, geldt artikel 51 lid 3 van Boek 3 voor hem slechts, zolang de termijn van artikel 52 lid 1 van Boek 3 niet is verstreken.

4. De verklaring of rechtsvordering tot vernietiging behoeft in afwijking van de artikelen 50 lid 1 en 51 lid 2 van Boek 3 niet mede te worden gericht tot de echtgenoot die de handeling heeft verricht.

Burgerlijk Wetboek Boek 1 **B1 art. 92a**

5. De echtgenoot die een beroep op de vernietigingsgrond heeft gedaan, kan tevens alle uit de nietigheid voortvloeiende rechtsvorderingen instellen.
(Zie ook: artt. 164, 174 BW Boek 1; artt. 23, 24, 35, 49, 84, 86, 88 BW Boek 3; art. 161 BW Boek 6)

Art. 90

1. Een echtgenoot is bevoegd tot het bestuur van zijn eigen goederen en, volgens de regels van artikel 97, tot het bestuur van goederen van een gemeenschap.

Bestuursbevoegdheid van echtgenoten

2. Het bestuur van een echtgenoot over een goed omvat de uitoefening van de daaraan verbonden bevoegdheden, daaronder begrepen de bevoegdheid tot beschikking en tot beheer en de bevoegdheid om ten aanzien van dat goed feitelijke handelingen te verrichten en toe te laten, onverminderd de bevoegdheid tot genot en gebruik die de andere echtgenoot overeenkomstig de huwelijksverhouding toekomen.

3. Tussen de echtgenoot die het hem toekomend bestuur overlaat aan de andere echtgenoot, en deze laatste zijn de bepalingen omtrent opdracht van overeenkomstige toepassing, met inachtneming van de aard van de huwelijksverhouding en de aard der goederen.

4. De echtgenoot die een goed bestuurt, kan als partij naast de andere echtgenoot toetreden tot een rechtshandeling die deze laatste met betrekking tot dat goed heeft verricht. De verklaring van toetreding wordt gericht tot hen die partij bij de rechtshandeling zijn; artikel 56 van Boek 3 is van overeenkomstige toepassing. Is voor het verrichten van de rechtshandeling een bepaalde vorm voorgeschreven, dan geldt voor de toetreding hetzelfde vereiste. De echtgenoot kan toetreding tot bijkomstige en tot reeds opeisbare rechten en verplichtingen uitsluiten; hij wordt geacht zich slechts te hebben verbonden onder eerbiediging van tevoren aan derden verleende rechten.
(Zie ook: artt. 83, 94, 97, 98, 121 BW Boek 1; artt. 37, 39, 58, 60, 69, 78 BW Boek 3; Bhgr)

Art. 91

1. Indien een echtgenoot door afwezigheid of een andere oorzaak in de onmogelijkheid verkeert zijn goederen of de goederen der gemeenschap te besturen, of in ernstige mate tekortschiet in het bestuur van de goederen der gemeenschap, kan de rechtbank op verzoek van de andere echtgenoot aan deze het bestuur over die goederen of een deel daarvan met uitsluiting van de eerstgenoemde echtgenoot opdragen. De rechter kan bij de opdracht nadere regelen stellen omtrent het bestuur en de vertegenwoordiging in de zin van lid 4.

Rechterlijke uitsluiting van bestuursbevoegdheid van echtgenoten

2. De artikelen 86 leden 2-4 en 90 lid 3 zijn van overeenkomstige toepassing.

Schakelbepaling

3. De rechter gelast de oproeping van beide echtgenoten en, zo de in lid 1 eerstgenoemde echtgenoot een vertegenwoordiger heeft aangesteld, ook deze.

4. De echtgenoot aan wie het bestuur over goederen wordt opgedragen, is bevoegd tot vertegenwoordiging van de echtgenoot aan wie het wordt onttrokken, bij andere dan bestuurshandelingen met betrekking tot die goederen.
(Zie ook: artt. 86, 109, 133, 409, 432 BW Boek 1; artt. 78, 79 BW Boek 3; art. 258 BW Boek 6)

Art. 92

1. Is aan een derde niet kenbaar wie van de echtgenoten bevoegd is tot het bestuur over een roerende zaak die geen registergoed is, of een recht aan toonder, dan mag hij de echtgenoot die de zaak of het papier aan toonder onder zich heeft, bevoegd achten.

Derdenbescherming tegen onbevoegd bestuur door echtgenoten

2. De echtgenoot die ten gevolge van een rechtshandeling van de andere echtgenoot door een derde te goeder trouw in het bestuur van een goed is gestoord, verliest het recht tot beëindiging van de stoornis, indien hij zich tegen de stoornis niet heeft verzet binnen een redelijke termijn nadat zij te zijner kennis is gekomen. De bevoegdheid tot beëindiging van de stoornis vervalt eveneens indien de derde hem een redelijke termijn heeft gesteld ter uitoefening van die bevoegdheid en hij daarvan geen gebruik heeft gemaakt.

3. Aan een derde kan niet worden tegengeworpen dat een vordering tot vergoeding welke tijdens het huwelijk is ontstaan wegens vermogensverschuiving tussen de echtgenoten onderling of tussen een der echtgenoten en een tussen hen bestaande gemeenschap, niet opeisbaar is.
(Zie ook: artt. 3, 10, 11, 32, 86 t/m 87, 254 bk 3 BW)

Art. 92a

Deze titel is niet van toepassing op van tafel en bed gescheiden echtgenoten.
(Zie ook: art. 168 BW Boek 1)

Van tafel en bed gescheiden echtgenoten

Titel 7
De wettelijke gemeenschap van goederen

Afdeling 1
Algemene bepalingen

Art. 93

Huwelijkse voorwaarden Bij huwelijkse voorwaarden kan uitdrukkelijk of door de aard der bedingen worden afgeweken van bepalingen van deze titel, behalve voor zover bepalingen zich uitdrukkelijk of naar hun aard tegen afwijking verzetten.

Art. 94^2

Gemeenschap van goederen bij huwelijk
Gemeenschap van goederen bij huwelijk, omvang

1. Van het ogenblik van de voltrekking van het huwelijk bestaat tussen de echtgenoten van rechtswege een gemeenschap van goederen.

2. De gemeenschap omvat, wat haar baten betreft, alle goederen die reeds vóór de aanvang van de gemeenschap aan de echtgenoten gezamenlijk toebehoorden, en alle overige goederen van de echtgenoten, door ieder van hen afzonderlijk of door hen tezamen vanaf de aanvang van de gemeenschap tot haar ontbinding verkregen, met uitzondering van:
a. krachtens erfopvolging bij versterf, making, lastbevoordeling of gift verkregen goederen;
b. pensioenrechten waarop de Wet verevening pensioenrechten bij scheiding van toepassing is, alsmede met de pensioenrechten verband houdende rechten op nabestaandenpensioenen;
c. rechten op het vestigen van vruchtgebruik als bedoeld in de artikelen 29 en 30 van Boek 4, vruchtgebruik dat op grond van de bepalingen is gevestigd, alsmede hetgeen wordt verkregen ingevolge de artikelen 34, 35, 36, 38, 63 tot en met 92 en 126, eerste lid en tweede lid, onderdelen a en c, van Boek 4.

Verknochtheid

3. Het tweede lid, aanhef en onderdeel a, is niet van toepassing op:
a. giften van tot de gemeenschap behorende goederen aan de andere echtgenoot;
b. goederen, alsmede de vruchten van die goederen, ten aanzien waarvan bij uiterste wilsbeschikking of bij de gift is bepaald dat zij in de gemeenschap vallen.

4. Goederen, alsmede de vruchten van die goederen, ten aanzien waarvan bij uiterste wilsbeschikking of bij de gift is bepaald dat zij buiten de gemeenschap vallen, blijven buiten de gemeenschap, ook al zijn echtgenoten bij huwelijkse voorwaarden overeengekomen dat krachtens erfopvolging bij versterf, making, lastbevoordeling of gift verkregen goederen dan wel de vruchten daarvan in de gemeenschap vallen.

Gemeenschap van goederen bij huwelijk, verknochte goederen
Gemeenschap van goederen bij huwelijk, vruchten van goederen

5. Goederen en schulden die aan een van de echtgenoten op enigerlei bijzondere wijze verknocht *zijn*, vallen slechts in de gemeenschap voor zover de verknochtheid zich hiertegen niet verzet.

6. Vruchten van goederen die niet in de gemeenschap vallen, vallen evenmin in de gemeenschap. Buiten de gemeenschap valt hetgeen wordt geïnd op een vordering die buiten de gemeenschap valt, alsmede een vordering tot vergoeding die in de plaats van een eigen goed van een echtgenoot treedt, waaronder begrepen een vordering ter zake van waardevermindering van zulk een goed.

Gemeenschap van goederen bij huwelijk, lasten

7. De gemeenschap omvat, wat haar lasten betreft, alle vóór het bestaan van de gemeenschap ontstane gemeenschappelijke schulden, alle schulden betreffende goederen die reeds vóór de aanvang van de gemeenschap aan de echtgenoten gezamenlijk toebehoorden, en alle tijdens het bestaan van de gemeenschap ontstane schulden van ieder van de echtgenoten, met uitzondering van schulden:
a. betreffende van de gemeenschap uitgezonderde goederen;
b. die behoren tot een nalatenschap waartoe een echtgenoot is gerechtigd;
c. uit door een van de echtgenoten gedane giften, gemaakte bedingen en aangegane omzettingen als bedoeld in artikel 126, eerste lid en tweede lid, onderdelen a en c, van Boek 4.

Gemeenschap van goederen bij huwelijk, vermoeden gemeenschapsgoed

8. Bestaat tussen echtgenoten een geschil aan wie van hen beiden een goed toebehoort en kan geen van beiden zijn recht op dit goed bewijzen, dan wordt dit goed als gemeenschapsgoed aangemerkt. Het vermoeden werkt niet ten nadele van de schuldeisers van de echtgenoten.

Art. 94 (oud)

Gemeenschap van goederen bij huwelijk
Gemeenschap van goederen bij huwelijk, omvang

1 Van het ogenblik der voltrekking van het huwelijk bestaat tussen de echtgenoten van rechtswege een gemeenschap van goederen.

2 De gemeenschap omvat, wat haar baten betreft, alle goederen der echtgenoten, bij aanvang van de gemeenschap aanwezig of nadien, zolang de gemeenschap niet is ontbonden, verkregen, met uitzondering van:
a. goederen ten aanzien waarvan bij uiterste wilsbeschikking van de erflater of bij de gift is bepaald dat zij buiten de gemeenschap vallen;
b. pensioenrechten waarop de Wet verevening pensioenrechten bij scheiding van toepassing is alsmede met de pensioenrechten verband houdende rechten op nabestaandenpensioen;

---

2 Op een gemeenschap van goederen, ontstaan vóór het tijdstip van inwerkingtreding van deze wet (Stb. 2017, 177, i.w.tr. 1-1-2018), blijft art. 94 van Boek 1 van het Burgerlijk Wetboek van toepassing, zoals dat artikel luidde op de dag voorafgaand aan de inwerkingtreding van deze wet. Zie art. 94 (oud) onder art. 94.

c. rechten op het vestigen van vruchtgebruik als bedoeld in de artikelen 29 en 30 van Boek 4, vruchtgebruik dat op grond van die bepalingen is gevestigd, alsmede hetgeen wordt verkregen ingevolge artikel 34 van Boek 4.

3 Goederen en schulden die aan een der echtgenoten op enigerlei bijzondere wijze verknocht zijn, vallen slechts in de gemeenschap voor zover die verknochtheit zich hiertegen niet verzet.

4 Vruchten van goederen die niet in de gemeenschap vallen, vallen evenmin in de gemeenschap. Buiten de gemeenschap valt hetgeen wordt geïnd op een vordering die buiten de gemeenschap valt, alsmede een vordering tot vergoeding die in de plaats van een eigen goed van een echtgenoot treedt, waaronder begrepen een vordering ter zake van waardevermindering van zulk een goed.

5 De gemeenschap omvat, wat haar lasten betreft, alle schulden van ieder der echtgenoten, met uitzondering van schulden:

a. betreffende van de gemeenschap uitgezonderde goederen;

b. uit door een der echtgenoten gedane giften, gemaakte bedingen en aangegane omzettingen als bedoeld in artikel 126, eerste lid, en tweede lid, onder a en c, van Boek 4.

6 Bestaat tussen echtgenoten een geschil aan wie van hen beiden een goed toebehoort en kan geen van beiden zijn recht op dit goed bewijzen, dan wordt dat goed als gemeenschapsgoed aangemerkt. Het vermoeden werkt niet ten nadele van de schuldeisers der echtgenoten.

Art. 95

1. Een goed dat een echtgenoot anders dan om niet verkrijgt, blijft buiten de gemeenschap indien de tegenprestatie bij de verkrijging van dit goed voor meer dan de helft ten laste komt van zijn eigen vermogen. Voor zover de tegenprestatie ten laste van de gemeenschap komt, is de echtgenoot gehouden tot een vergoeding aan de gemeenschap. Het beloop van de vergoeding wordt bepaald overeenkomstig artikel 87, tweede en derde lid.

2. Indien een goed tot de gemeenschap gaat behoren en een echtgenoot bij de verkrijging uit zijn eigen vermogen aan de tegenprestatie heeft bijgedragen, komt deze echtgenoot een vergoedingsvordering toe, waarvan het beloop overeenkomstig artikel 87, tweede en derde lid, wordt bepaald.

Art. 95a

1. Indien een onderneming buiten de gemeenschap valt, komt ten bate van de gemeenschap een redelijke vergoeding voor de kennis, vaardigheden en arbeid die een echtgenoot ten behoeve van die onderneming heeft aangewend, voor zover een dergelijke vergoeding niet al op andere wijze ten bate van beide echtgenoten komt of is gekomen.

2. Ook indien een onderneming op naam en voor rekening van een personenvennootschap of een rechtspersoon wordt uitgeoefend, de gerechtigdheid tot die personenvennootschap of die rechtspersoon buiten de gemeenschap valt en de echtgenoot die daartoe is gerechtigd, in overwegende mate bij machte is te bepalen dat de winsten van die onderneming hem rechtstreeks of middellijk ten goede komen, komt ten bate van de gemeenschap een redelijke vergoeding voor de kennis, vaardigheden en arbeid die een echtgenoot ten behoeve van die onderneming heeft aangewend, voor zover een dergelijke vergoeding niet al op andere wijze ten bate van beide echtgenoten komt of is gekomen.

Art. 96^3

1. Voor een schuld van een echtgenoot kunnen, ongeacht of deze in de gemeenschap is gevallen, zowel de goederen van de gemeenschap als zijn eigen goederen worden uitgewonnen.

2. Voor een niet in de gemeenschap gevallen schuld van een echtgenoot kunnen de goederen van de gemeenschap niet worden uitgewonnen, indien de andere echtgenoot eigen goederen van eerstgenoemde aanwijst, die voldoende verhaal bieden. Voor een in de gemeenschap gevallen schuld van een echtgenoot kunnen de eigen goederen van deze echtgenoot niet worden uitgewonnen, indien hij goederen van de gemeenschap aanwijst, die voldoende verhaal bieden.

3. Het verhaal op de goederen van de gemeenschap voor een niet tot de gemeenschap behorende schuld van een echtgenoot is beperkt tot de helft van de opbrengst van het uitgewonnen goed. De andere helft komt de andere echtgenoot toe en valt voortaan buiten de gemeenschap. De andere echtgenoot is bevoegd, indien een schuldeiser verhaal op een goed van de gemeenschap zoekt ter zake van een niet tot de gemeenschap behorende schuld, het goed waarop de schuldeiser verhaal zoekt, over te nemen tegen betaling van de helft van de waarde van dat goed uit zijn eigen vermogen. Vanaf het tijdstip van de overneming is dit een eigen goed van deze echtgenoot, dat niet in de gemeenschap valt.

4. De echtgenoot uit wiens eigen goederen een schuld van de gemeenschap is voldaan, heeft deswege recht op vergoeding uit de goederen van de gemeenschap. Betreft het een schuld ter zake van een tot de gemeenschap behorend goed, dan wordt het beloop van de vergoeding bepaald overeenkomstig artikel 87, tweede en derde lid.

5. De echtgenoot wiens niet in de gemeenschap gevallen schuld uit goederen van de gemeenschap is voldaan, is deswege gehouden tot vergoeding aan de gemeenschap. Betreft het een

3 Op een gemeenschap van goederen, ontstaan vóór het tijdstip van inwerkingtreding van deze wet (Stb. 2017, 177, i.w.tr. 1-1-2018), is art. 96, derde lid, niet van toepassing.

schuld ter zake van een tot zijn eigen vermogen behorend goed, dan wordt het beloop van de vergoeding bepaald overeenkomstig artikel 87, tweede en derde lid.

6. De echtgenoot die een schuldeiser tegenwerpt dat een goed waarop deze verhaal zoekt niet behoort tot de gemeenschap, draagt daarvan de bewijslast.

Art. 96a

Vergoeding verzekeringspremies aan gemeenschap van goederen bij overlijden

Indien een echtgenoot door een begunstiging bij een door zijn overlijden tot uitkering komende sommenverzekering een gift aan een derde heeft gedaan en ten laste van de gemeenschap premies voor die verzekering zijn gekomen, is de echtgenoot deswege gehouden tot vergoeding aan de gemeenschap. De vergoeding beloopt een gedeelte van de waarde van de uitkering, evenredig aan het uit de gemeenschap afkomstige aandeel in de premies.

Art. 96b

Beloop van vergoedingen in gemeenschap van goederen bij huwelijk

Echtgenoten kunnen bij overeenkomst het beloop van de vergoedingen ingevolge de artikelen 95, 96 en 96a anders bepalen. Artikel 87, vierde lid, tweede zin, is van overeenkomstige toepassing. Kan de vergoeding niet nauwkeurig worden vastgesteld, dan wordt zij geschat.

Afdeling 2
Het bestuur van de gemeenschap

Art. 97

Bestuursbevoegdheid van echtgenoten over gemeenschap van goederen

1. Een goed dat op naam van een echtgenoot staat of dat hij krachtens erfopvolging bij versterf, making, lastbevoordeling of gift heeft verkregen, staat onder diens bestuur. Voor het overige is ieder der echtgenoten bevoegd tot het bestuur over de goederen van de gemeenschap. Artikel 170, eerste lid, van Boek 3 is van overeenkomstige toepassing.

2. Is een goed der gemeenschap met toestemming, verleend door de echtgenoot onder wiens bestuur dat goed alleen of mede stond, dienstbaar aan een beroep of bedrijf van de andere echtgenoot, dan berust het bestuur van dat goed, voor zover het handelingen betreft die als normale uitoefening van dat beroep of bedrijf zijn te beschouwen, uitsluitend bij laatstbedoelde echtgenoot en voor het overige bij de echtgenoten gezamenlijk. Een verleende toestemming geldt voor de gehele duur van het beroep of bedrijf, tenzij de echtgenoten anders overeenkomen, doch de rechtbank kan de dienstbaarheid op verzoek van een echtgenoot te allen tijde wegens gegronde redenen beëindigen.

3. Geschillen tussen de echtgenoten over het bestuur ten aanzien van tot de gemeenschap behorende goederen, kunnen op verzoek van de echtgenoten of van een van hen aan de rechtbank worden voorgelegd.

Art. 98

[Vervallen]

Afdeling 3
Ontbinding van de gemeenschap

Art. 99

Ontbinding van gemeenschap van goederen

1. De gemeenschap wordt van rechtswege ontbonden:
a. in geval van het eindigen van het huwelijk of het geregistreerd partnerschap door overlijden: op het tijdstip van overlijden;
b. in geval van beëindiging van het huwelijk door echtscheiding of ontbinding van het geregistreerd partnerschap door de rechter: op het tijdstip van indiening van het verzoek tot echtscheiding onderscheidenlijk indiening van het verzoek tot ontbinding van het geregistreerd partnerschap;
c. in geval van scheiding van tafel en bed: op het tijdstip van indiening van het verzoek tot scheiding van tafel en bed;
d. in geval van opheffing van de gemeenschap door een beschikking: op het tijdstip van indiening van het verzoek tot opheffing van de gemeenschap;
e. in geval van beëindiging van het geregistreerd partnerschap met wederzijds goedvinden: op het tijdstip waarop de overeenkomst tot beëindiging wordt gesloten;
f. in geval van vermissing en een daarop gevolgd huwelijk of geregistreerd partnerschap: op het tijdstip waarop de beschikking, bedoeld in artikel 417, eerste lid, in kracht van gewijsde is gegaan;
g. in geval van opheffing bij latere huwelijkse voorwaarden: op het tijdstip, bedoeld in artikel 120, eerste lid.

2. De ontbinding van de gemeenschap door indiening van een verzoek als bedoeld in het eerste lid, onder b, c en d, alsmede door sluiting van een overeenkomst als bedoeld onder e, kan aan derden die daarvan onkundig waren slechts worden tegengeworpen, indien het desbetreffende verzoek dan wel de overeenkomst ingeschreven was in het huwelijksgoederenregister, bedoeld in artikel 116.

3. Indien vast komt te staan dat een verzoek als bedoeld in het eerste lid, onder b, c en d, dan wel een overeenkomst als bedoeld in het eerste lid, onder e, niet meer kan leiden tot echtscheiding, ontbinding van het geregistreerd partnerschap, scheiding van tafel en bed, opheffing van de gemeenschap door een beschikking, onderscheidenlijk beëindiging van het geregistreerd partnerschap met wederzijds goedvinden, herleven van rechtswege alle gevolgen van de gemeenschap, alsof er geen verzoek was ingediend of overeenkomst was gesloten, tenzij zich inmiddels een andere grond voor ontbinding heeft voorgedaan. Nochtans wordt de geldigheid van rechtshandelingen die zijn verricht tussen het tijdstip van indiening van het verzoek of sluiting van de overeenkomst en het tijdstip waarop komt vast te staan dat het verzoek of de overeenkomst niet meer tot het in de eerste zin bedoelde gevolg kan leiden, beoordeeld naar het tijdstip van de handeling.

4. Tezamen met een verzoek als bedoeld in het eerste lid, onder b, c of d kan reeds overeenkomstig titel 7 van Boek 3 een vordering worden ingesteld tot verdeling van de gemeenschap, tot gelasten van de wijze van verdeling en tot vaststelling van de verdeling.

(Zie ook: artt. 109, 114, 134, 149 BW Boek 1; art. 178 BW Boek 3)

Art. 100

1. De echtgenoten hebben een gelijk aandeel in de ontbonden gemeenschap, tenzij anders is bepaald bij huwelijkse voorwaarden of bij een overeenkomst die tussen de echtgenoten bij geschrift is gesloten met het oog op de aanstaande ontbinding der gemeenschap anders dan door de dood of ten gevolge van opheffing bij huwelijkse voorwaarden.

2. Voor zover bij de ontbinding van de gemeenschap de goederen van de gemeenschap niet toereikend zijn om de schulden van de gemeenschap te voldoen, worden deze gedragen door beide echtgenoten ieder voor een gelijk deel, tenzij uit de eisen van redelijkheid en billijkheid, mede in verband met de aard van de schulden, een andere draagplicht voortvloeit.

(Zie ook: art. 94 BW Boek 1; artt. 166, 178, 189, 192 BW Boek 3)

3. Zij die bij de ontbinding van de gemeenschap schuldeiser zijn, behouden het hun toekomende recht van verhaal op de goederen der gemeenschap, zolang deze niet verdeeld zijn. Artikel 96, derde lid, blijft van toepassing.

Art. 101

Na de ontbinding der gemeenschap heeft ieder der echtgenoten de bevoegdheid de te zijnen gebruike strekkende kleren en kleinodiën, alsmede zijn beroeps- en bedrijfsmiddelen en de papieren en gedenkstukken tot zijn familie behorende, tegen de geschatte prijs over te nemen.

Art. 102

Na ontbinding van de gemeenschap blijft ieder der echtgenoten voor het geheel aansprakelijk voor de gemeenschapsschulden waarvoor hij voordien aansprakelijk was. Voor andere gemeenschapsschulden is hij hoofdelijk met de andere echtgenoot verbonden, met dien verstande evenwel dat daarvoor slechts kan worden uitgewonnen hetgeen hij uit hoofde van verdeling van de gemeenschap heeft verkregen, onverminderd de artikelen 190, eerste lid, en 191, eerste lid, van Boek 3. De rechtsvordering tot voldoening van de in de tweede volzin bedoelde schuld verjaart tegelijkertijd met de rechtsvordering tegen de echtgenoot, in wiens persoon de in die volzin bedoelde gemeenschapsschuld is ontstaan.

(Zie ook: artt. 95, 103, 122, 127 BW Boek 1; artt. 166, 178, 189, 192 BW Boek 3; art. 6 BW Boek 6; artt. 658, 677, 733 Rv)

Art. 103

1. Ieder der echtgenoten heeft het recht van de gemeenschap afstand te doen; alle daarmede strijdige overeenkomsten zijn nietig.

2. Het deel der gemeenschap waarvan afstand wordt gedaan, wast aan bij het deel van de andere echtgenoot.

3. De echtgenoot die afstand heeft gedaan, kan uit de gemeenschap niets terugvorderen dan alleen zijn bed met bijbehorend beddegoed en de kleren die hij voor zijn persoonlijk gebruik nodig heeft. Hij kan de papieren en gedenkstukken, tot zijn familie behorende, tegen de geschatte prijs overnemen.

4. Door deze afstand wordt hij ontheven van de aansprakelijkheid en de draagplicht voor schulden der gemeenschap, waarvoor hij vóór de ontbinding der gemeenschap niet aansprakelijk was.

5. Hij blijft aansprakelijk voor de schulden der gemeenschap, waarvoor hij vóór de ontbinding der gemeenschap aansprakelijk was. Indien hij een schuld, waarvoor beide echtgenoten vóór de ontbinding der gemeenschap voor het geheel aansprakelijk waren, voor meer dan de helft heeft voldaan, heeft hij voor het meerdere verhaal tegen de andere echtgenoot.

6. Indien de andere echtgenoot een schuld der gemeenschap, waarvoor hij vóór de ontbinding der gemeenschap niet aansprakelijk was, geheel of ten dele heeft voldaan, heeft hij deswege verhaal tegen de echtgenoot die de afstand heeft gedaan. Heeft hij een schuld, waarvoor beide echtgenoten vóór de ontbinding der gemeenschap voor het geheel aansprakelijk waren, voor

B1 *art. 104* **Burgerlijk Wetboek Boek 1**

meer dan de helft voldaan, dan heeft hij voor het meerdere verhaal tegen de echtgenoot die de afstand heeft gedaan.

Art. 104

Inschrijving van afstand van gemeenschap van goederen bij huwelijk

1. De echtgenoot die van het bij het vorige artikel omschreven voorrecht wil gebruik maken, is verplicht binnen drie maanden na de ontbinding der gemeenschap een akte van afstand te doen inschrijven in het huwelijksgoederenregister, aangewezen in artikel 116 van dit boek, op verbeurte van dit voorrecht.

2. Indien de gemeenschap door de dood van de andere echtgenoot wordt ontbonden, begint de termijn van drie maanden te lopen op de dag waarop de echtgenoot die van het voorrecht wil gebruik maken, van dat overlijden kennis heeft genomen. Indien de gemeenschap is ontbonden op de wijze als bedoeld in artikel 99, eerste lid, onder c en d, eindigt de termijn drie maanden nadat het verzoek tot opheffing van de gemeenschap of tot scheiding van tafel en bed bij de rechtbank is ingediend.

(Zie ook: Bhgr)

Art. 105

Afstand van gemeenschap van goederen door erfgenamen van echtgenoot

1. De erfgenamen van een echtgenoot, door wiens overlijden de gemeenschap is ontbonden, of die binnen de in het vorige artikel gestelde termijn is overleden zonder afstand te hebben gedaan, zijn ieder voor hun aandeel bevoegd op de in het vorige artikel omschreven wijze afstand te doen binnen drie maanden nadat zij met het overlijden bekend zijn geworden.

2. De aanspraak van de echtgenoot tot terugvordering van zijn bed, beddegoed, en kleren uit de gemeenschap kan niet worden overgedragen en gaat ook niet over op zijn erfgenamen.

(Zie ook: art. 35 BW Boek 1; Bhgr)

Art. 106

Verlenging van termijn voor inschrijving van afstand door de rechtbank

De rechtbank van de plaats waar de akte van afstand moet worden ingeschreven, kan de voor de inschrijving gestelde termijn voor de afloop daarvan een of meer malen op grond van bijzondere omstandigheden verlengen.

(Zie ook: Bhgr)

Art. 107

Verlies recht van afstand

1. De echtgenoot of zijn erfgenaam, die zich de goederen der gemeenschap heeft aangetrokken of goederen daarvan heeft weggemaakt of verduisterd, kan geen afstand meer doen. Daden van dagelijks bestuur of tot behoud van de goederen brengen dit gevolg niet teweeg.

2. Hij die na gedane afstand goederen der gemeenschap wegmaakt of verduistert, verliest de bevoegdheid artikel 103 lid 4 van dit boek in te roepen.

(Zie ook: art. 97 BW Boek 1)

Art. 108

Afstand van gemeenschap van goederen door beide echtgenoten

1. Afstand van de gemeenschap, door een echtgenoot of een erfgenaam van een echtgenoot gedaan nadat door de andere echtgenoot of een of meer van diens erfgenamen afstand werd gedaan, heeft niet de gevolgen, omschreven in artikel 103 leden 2 en 3 van dit boek, en verplicht hen die tot de gemeenschap gerechtigd zijn, haar te vereffenen. Afdeling 3 van titel 6 van Boek 4 betreffende de vereffening van nalatenschappen is zoveel mogelijk van overeenkomstige toepassing.

2. Indien hij die tot vereffening van de gemeenschap gehouden is, na tot het afleggen van de rekening en verantwoording te zijn aangemaand, in gebreke blijft aan deze verplichting te voldoen, verliest hij de bevoegdheid artikel 103 lid 4 van dit boek in te roepen.

Afdeling 4
Opheffing van de gemeenschap bij beschikking

Art. 109

Opheffing van gemeenschap van goederen door echtgenoot

Een echtgenoot kan opheffing van de gemeenschap verzoeken, wanneer de andere echtgenoot op lichtvaardige wijze schulden maakt, de goederen der gemeenschap verspilt, handelingen verricht, die kennelijk indruisen tegen het bestuur van de andere echtgenoot over goederen der gemeenschap, of weigert de nodige inlichtingen te geven omtrent de stand van de goederen der gemeenschap en van de daarop verhaalbare schulden en het over die goederen gevoerde bestuur.

(Zie ook: artt. 91, 94, 135, 164, 174, 378 BW Boek 1; art. 804 Rv)

Art. 110

Maatregelen bij opheffing van gemeenschap van goederen

De echtgenoot die de opheffing van de gemeenschap verzoekt, kan tot behoud van zijn recht de maatregelen nemen, die in het Wetboek van Burgerlijke Rechtsvordering nader zijn aangegeven.

(Zie ook: art. 808 Rv; Bhgr)

Art. 111

Vergoeding aan gemeenschap van goederen bij opheffing

1. Indien de echtgenoot tegen wie het verzoek is toegewezen, de gemeenschap heeft benadeeld doordat hij na de aanvang van het geding of binnen zes maanden daarvóór lichtvaardig schulden heeft gemaakt, goederen der gemeenschap heeft verspild, of een rechtshandeling als bedoeld in artikel 88 van dit boek zonder de vereiste toestemming of beslissing van de rechtbank heeft verricht, is hij gehouden de aangerichte schade aan de gemeenschap te vergoeden.

2. Een op het vorige lid gegronde vordering kan niet later worden ingesteld dan drie jaren nadat het verzoek tot opheffing van de gemeenschap bij de rechtbank is ingediend.

(Zie ook: artt. 164, 174 BW Boek 1; art. 804 Rv)

Art. 112

[Vervallen]

Art. 113

Is de gemeenschap door opheffing ontbonden, dan kunnen de echtgenoten daarna, echter alleen bij huwelijkse voorwaarden, wederom een gemeenschap overeenkomen.

Hernieuwde gemeenschap van goederen na opheffing door echtgenoten

Titel 8

Huwelijkse voorwaarden

Afdeling 1
Huwelijkse voorwaarden in het algemeen

Art. 114

Huwelijkse voorwaarden kunnen zowel door aanstaande echtgenoten vóór het sluiten van het huwelijk als door echtgenoten tijdens het huwelijk worden gemaakt.

Huwelijkse voorwaarden

(Zie ook: art. 93 BW Boek 1; artt. 59, 79 BW Boek 3; art. 216 BW Boek 6)

Art. 115

1. Huwelijkse voorwaarden moeten op straffe van nietigheid bij notariële akte worden aangegaan.

Vormvereiste huwelijkse voorwaarden

2. Een volmacht tot het aangaan van huwelijkse voorwaarden moet schriftelijk worden verleend en moet de in de huwelijkse voorwaarden op te nemen bepalingen bevatten.

Volmacht bij huwelijkse voorwaarden

(Zie ook: artt. 39, 61 BW Boek 3)

Art. 116

1. Bepalingen in huwelijkse voorwaarden kunnen aan derden die daarvan onkundig waren, slechts worden tegengeworpen, indien de bepalingen ingeschreven waren in het openbaar huwelijksgoederenregister, gehouden ter griffie der rechtbank binnen welker rechtsgebied het huwelijk is voltrokken, of, indien het huwelijk buiten Nederland is aangegaan, ter griffie van de rechtbank Den Haag.

Inschrijving van huwelijkse voorwaarden

2. De wijze van inrichting en raadpleging van het register wordt nader bij algemene maatregel van bestuur geregeld.

(Zie ook: artt. 86, 91, 104, 105, 173, 177 BW Boek 1; artt. 11, 24 BW Boek 3; Bhgr ; Wbesl. Bhgr)

3. In afwijking van het eerste lid kan bij algemene maatregel van bestuur worden bepaald dat het register elders dan ter griffie der rechtbank wordt gehouden. Bij algemene maatregel van bestuur kan eveneens worden bepaald dat de verstrekking van gegevens ter inschrijving in het register uitsluitend op een in die maatregel aan te geven wijze plaats vindt.

Nadere regels

Art. 117

1. Huwelijkse voorwaarden vóór het huwelijk gemaakt of gewijzigd, zijn slechts geldig, indien zij wier toestemming tot het huwelijk noodzakelijk is, bij de akte hun toestemming tot de huwelijkse voorwaarden of de wijziging hebben gegeven; is de toestemming van de rechter nodig, dan kan worden volstaan met vasthechting van zijn beschikking aan de minuut van de akte. Op het verzoek tot toestemming van de rechter is artikel 39 lid 1 van dit boek van overeenkomstige toepassing.

Huwelijkse voorwaarden voor het huwelijk gemaakt of gewijzigd

2. Vóór het huwelijk gemaakte huwelijkse voorwaarden beginnen te werken van het tijdstip der voltrekking van het huwelijk; geen ander tijdstip kan daarvoor worden aangewezen.

(Zie ook: artt. 67, 93 BW Boek 1)

Art. 118

De echtgenoot die onder curatele staat, kan na de huwelijksvoltrekking slechts met toestemming van zijn curator huwelijkse voorwaarden maken of wijzigen.

Huwelijkse voorwaarden van een onder curatele gestelde

(Zie ook: art. 318 BW Boek 1; art. 32 BW Boek 3)

Art. 119

[Vervallen]

Art. 120

1. Tijdens het huwelijk gemaakte of gewijzigde huwelijkse voorwaarden beginnen te werken op de dag, volgende op die waarop de akte is verleden, tenzij in de akte een later tijdstip is aangewezen.

Aanvang werking van huwelijkse voorwaarden

2. Bepalingen in deze huwelijkse voorwaarden kunnen aan derden die daarvan onkundig waren, slechts worden tegengeworpen, indien zij ten minste veertien dagen in het huwelijksgoederenregister ingeschreven waren.
(Zie ook: artt. 11, 24 BW Boek 3)

Art. 121

Afwijken van de regels der wettelijke gemeenschap

1. Partijen kunnen bij huwelijkse voorwaarden afwijken van de regels der wettelijke gemeenschap, mits die voorwaarden niet met dwingende wetsbepalingen, de goede zeden, of de openbare orde strijden.

2. Zij kunnen niet bepalen dat een hunner tot een groter aandeel in de schulden zal zijn gehouden, dan zijn aandeel in de goederen der gemeenschap beloopt.

3. Zij kunnen niet afwijken van de rechten die uit het ouderlijk gezag voortspruiten, noch van de rechten die de wet aan een langstlevende echtgenoot toekent.
(Zie ook: artt. 93, 246 BW Boek 1; art. 40 BW Boek 3)

Art. 122-130

[Vervallen]

Art. 131

Geschil over eigendom

1. Bestaat tussen niet in gemeenschap van goederen gehuwde echtgenoten een geschil aan wie van hen beiden een recht aan toonder of een zaak die geen registergoed is, toebehoort en kan geen van beiden zijn recht op dit goed bewijzen, dan wordt het goed geacht aan ieder der echtgenoten voor de helft toe te behoren.

2. Het vermoeden werkt niet ten nadele van de schuldeisers der echtgenoten.

Afdeling 2
Verrekenbedingen

Paragraaf 1
Algemene regels voor verrekenbedingen

Art. 132

Verrekenbedingen

1. Deze afdeling is van toepassing op huwelijkse voorwaarden die een of meer verplichtingen inhouden tot verrekening van inkomsten of van vermogen.

2. Tenzij anders is bepaald, kan van deze afdeling bij huwelijkse voorwaarden uitdrukkelijk of door de aard der bedingen worden afgeweken.

Art. 133

Verplichte verrekening

1. De verplichting tot verrekening van inkomsten of van vermogen is wederkerig.

2. De verplichting tot verrekening heeft uitsluitend betrekking op inkomsten die of op vermogen dat de echtgenoten tijdens het bestaan van deze verplichting hebben verkregen. De verplichting tot verrekening heeft geen betrekking op vermogen dat krachtens erfopvolging bij versterf, making, lastbevoordeling of gift wordt verkregen en ook niet op de vruchten daaruit of de voor dat vermogen of voor die vruchten in de plaats getreden goederen. Evenmin heeft de verplichting tot verrekening betrekking op vermogen dat bestaat uit rechten op het vestigen van vruchtgebruik als bedoeld in de artikelen 29 en 30 van Boek 4, vruchtgebruik dat op grond van die bepalingen is gevestigd, alsmede hetgeen wordt verkregen ingevolge de artikelen 34, 35, 36, 38 en 126, tweede lid, onder a en c, van Boek 4, en afdeling 3 van titel 4 van Boek 4.

Art. 134

Afwijking van verrekenbeding bij testament of gift

Bij uiterste wilsbeschikking of bij de gift kan worden bepaald dat geen verrekening van krachtens erfopvolging bij versterf, making, lastbevoordeling of gift verkregen vermogen en van de vruchten daarvan plaatsvindt, indien verrekening daarvan ingevolge huwelijkse voorwaarden zou behoren plaats te vinden.

Art. 135

Wijze van verrekening
Schakelbepaling

1. De verrekening van inkomsten of van vermogen geschiedt bij helfte.

2. Op de verrekening zijn de artikelen 181, 183 en 195 tot en met 200 van Boek 3 van dit wetboek van overeenkomstige toepassing, met dien verstande dat voor de beoordeling van de vraag of benadeling als bedoeld in artikel 196 van Boek 3 van dit wetboek heeft plaatsgevonden, de in artikel 142 genoemde tijdstippen bepalend zijn. De artikelen 677 tot en met 680 van het Wetboek van Burgerlijke Rechtsvordering zijn van overeenkomstige toepassing.

Vermogen verzwijgen bij verrekenbeding

3. Een echtgenoot die opzettelijk een tot het te verrekenen vermogen behorend goed verzwijgt, zoek maakt of verborgen houdt waardoor de waarde daarvan niet in de verrekening is betrokken, dient de waarde daarvan niet te verrekenen, maar geheel aan de andere echtgenoot te vergoeden.

Art. 136

Goed verkregen met te verrekenen vermogen

1. Indien een goed onder aanwending van te verrekenen vermogen is verkregen, wordt het verkregen goed tot het te verrekenen vermogen gerekend voor het aandeel dat overeenkomt met het bij de verkrijging uit het te verrekenen vermogen aangewende gedeelte van de tegenprestatie gedeeld door de totale tegenprestatie. Indien een echtgenoot in verband met de verwerving van een goed een schuld is aangegaan, wordt het goed op de voet van de eerste volzin tot het te verrekenen vermogen gerekend voor zover de schuld daartoe wordt gerekend of daaruit is afgelost of betaald.

2. Bestaat tussen de echtgenoten een geschil omtrent de vraag of een goed tot het te verrekenen vermogen wordt gerekend en kan geen van beiden bewijzen dat het goed tot het niet te verrekenen vermogen wordt gerekend, dan wordt dat goed aangemerkt als te rekenen tot het te verrekenen vermogen. Het vermoeden werkt niet ten nadele van de schuldeisers der echtgenoten.

Art. 137

1. Onverminderd het derde lid, geschiedt een verrekening in geld.

2. Indien op grond van een verrekenbeding over en weer opeisbare vorderingen ontstaan, worden beide vorderingen van rechtswege met elkaar verrekend tot aan hun gemeenschappelijk beloop.

3. Een echtgenoot is slechts gehouden een inbetalinggeving van goederen te aanvaarden dan wel kan deze slechts verlangen in plaats van een verrekening in geld, voor zover de verrekening in geld naar maatstaven van redelijkheid en billijkheid onaanvaardbaar zou zijn.

Art. 138

1. De ene echtgenoot is aan de andere geen verantwoording over het bestuur van zijn goederen schuldig. Slecht bestuur over die goederen verplicht niet tot schadevergoeding.

2. De ene echtgenoot kan jaarlijks van de andere echtgenoot een gespecificeerde, schriftelijke en ondertekende opgave verzoeken van de te verrekenen inkomsten en van het te verrekenen vermogen. Van deze bepaling kan niet worden afgeweken.

3. Geschillen tussen de echtgenoten betreffende de opgave worden op verzoek van een van hen door de rechtbank beslist.

Art. 139

1. Een echtgenoot kan de opheffing van de wederzijdse verplichting tot verrekening verzoeken, wanneer de andere echtgenoot op lichtvaardige wijze schulden maakt, zijn goederen verspilt of weigert de in artikel 138, tweede lid, bedoelde verplichte opgave omtrent zijn te verrekenen inkomsten of vermogen te verstrekken.

2. Indien de echtgenoot tegen wie het verzoek zich richt, het te verrekenen vermogen benadeelt doordat hij na de aanvang van het geding of binnen zes maanden daarvoor lichtvaardig schulden heeft gemaakt, te verrekenen goederen heeft verspild, of een rechtshandeling als bedoeld in artikel 88 zonder de vereiste toestemming of beslissing van de rechtbank heeft verricht, is hij gehouden de aangerichte schade te vergoeden.

3. Van het eerste en tweede lid kan niet worden afgeweken.

Art. 140

1. Op verzoek van de verrekeningplichtige echtgenoot kan de rechter wegens gewichtige redenen bepalen dat een verschuldigde geldsom, al dan niet vermeerderd met een in de beschikking te bepalen rente, in termijnen of eerst na verloop van zekere tijd, hetzij ineens, hetzij in termijnen behoeft te worden voldaan. Hierbij let de rechter op de belangen van beide partijen. De rechter kan de verrekeningplichtige echtgenoot verplichten binnen een bepaalde tijd zakelijke of persoonlijke zekerheid te stellen voor de voldoening van de verschuldigde geldsom.

2. Hetgeen in het eerste lid omtrent een echtgenoot is bepaald, geldt op overeenkomstige wijze na zijn overlijden voor zijn rechtverkrijgenden onder algemene titel.

3. Van het eerste en tweede lid kan niet worden afgeweken.

Paragraaf 2
Periodieke verrekenbedingen

Art. 141

1. Indien een verrekenplicht betrekking heeft op een in de huwelijkse voorwaarden omschreven tijdvak van het huwelijk en over dat tijdvak niet is afgerekend, blijft de verplichting tot verrekening over dat tijdvak in stand en strekt deze zich uit over het saldo, ontstaan door belegging en herbelegging van hetgeen niet verrekend is, alsmede over de vruchten daarvan.

2. Indien een verrekenplicht betrekking heeft op een in de huwelijkse voorwaarden omschreven tijdvak van het huwelijk, dan eindigt die verrekenplicht op het tijdstip zoals in artikel 142 bepaald, als dat tijdvak nog loopt.

3. Indien bij het einde van het huwelijk aan een bij huwelijkse voorwaarden overeengekomen periodieke verrekenplicht als bedoeld in het eerste lid niet is voldaan, wordt het alsdan aanwezige vermogen vermoed te zijn gevormd uit hetgeen verrekend had moeten worden, tenzij uit de eisen van redelijkheid en billijkheid in het licht van de aard en omvang van de verrekenplicht anders voortvloeit. Artikel 143 is van overeenkomstige toepassing.

4. Indien een echtgenoot in overwegende mate bij machte is te bepalen dat de winsten van een niet op zijn eigen naam uitgeoefende onderneming hem rechtstreeks of middellijk ten goede komen, en een verrekenbeding is overeengekomen dat ook ondernemingswinsten omvat, worden de niet uitgekeerde winsten uit zodanige onderneming, voor zover in het maatschap-

Geschil tussen echtgenoten bij verrekenbeding

Verrekening in geld

Bestuur bij verrekenbeding
Informatieplicht tussen echtgenoten bij verrekenbeding
Geschil bij rechtbank

Opheffing van verrekeningsplicht

Schadevergoeding bij opheffing verrekeningsplicht

Betaling in termijnen

Periodiek verrekenbeding

pelijk verkeer als redelijk beschouwd, eveneens in aanmerking genomen bij de vaststelling van de verrekenplicht van die echtgenoot, onverminderd het eerste lid.

5. Het vierde lid is van overeenkomstige toepassing, indien een echtgenoot op eigen naam een onderneming uitoefent.

6. De rechtsvordering tot verrekening, bedoeld in het eerste lid, verjaart niet eerder dan drie jaren na de beëindiging van het huwelijk dan wel na de inschrijving van de beschikking tot scheiding van tafel en bed in het register, bedoeld in artikel 116. Deze termijn kan niet worden verkort.

Paragraaf 3
Finale verrekenbedingen

Art. 142

Finaal verrekenbeding

1. Als tijdstip waarop de samenstelling en de omvang van het te verrekenen vermogen worden bepaald, geldt:

a. in geval van het eindigen van het huwelijk of het geregistreerd partnerschap door overlijden: het tijdstip van overlijden;

b. in geval van beëindiging van het huwelijk door echtscheiding: het tijdstip van indiening van het verzoek tot echtscheiding;

c. in geval van scheiding van tafel en bed: het tijdstip van indiening van het verzoek tot scheiding van tafel en bed;

d. in geval van opheffing van de wederzijdse verplichting tot verrekening als bedoeld in artikel 139: het tijdstip van indiening van het verzoek tot opheffing van die verplichting;

e. in geval van beëindiging van het geregistreerd partnerschap met wederzijds goedvinden: het tijdstip waarop de overeenkomst tot beëindiging wordt gesloten;

f. in geval van ontbinding van het geregistreerd partnerschap op verzoek: het tijdstip van indiening van het verzoek;

g. in geval van vermissing en een daarop gevolgd huwelijk of geregistreerd partnerschap: het tijdstip waarop de beschikking, bedoeld in artikel 417, eerste lid, in kracht van gewijsde is gegaan;

h. in geval van opheffing van de wederzijdse verplichting tot verrekening bij huwelijkse voorwaarden: het tijdstip, bedoeld in artikel 120, eerste lid.

Afwijken bij overeenkomst

2. Van het eerste lid, aanhef en onder b tot en met f, kan bij op schrift gestelde overeenkomst worden afgeweken.

Art. 143

Verzoek tot vermogensbeschrijving door echtgenoot

1. Vanaf de in het eerste lid van artikel 142 vermelde tijdstippen kan ieder der echtgenoten verzoeken dat het te verrekenen vermogen van de andere echtgenoot wordt beschreven.

Schakelbepaling

2. De artikelen 671 tot en met 676 en 679 van het Wetboek van Burgerlijke Rechtsvordering zijn van overeenkomstige toepassing.

3. Hetgeen in de vorige leden omtrent een echtgenoot is bepaald, geldt op overeenkomstige wijze na zijn overlijden voor zijn rechtverkrijgenden onder algemene titel.

4. Van het eerste tot en met het derde lid kan niet worden afgeweken.

Art. 144-145

[Vervallen]

Afdeling 3
[Vervallen]

Art. 146-148

[Vervallen]

Titel 9
Ontbinding van het huwelijk

Afdeling 1
Ontbinding van het huwelijk in het algemeen

Art. 149

Einde van het huwelijk

Het huwelijk eindigt:

a. door de dood;

b. indien de vermiste, die overeenkomstig de bepalingen van de tweede of derde afdeling van de achttiende titel van dit boek vermoedelijk overleden dan wel overleden is verklaard, nog in leven is op de dag waarop de achtergebleven echtgenoot een nieuw huwelijk of geregistreerd partnerschap is aangegaan: door de voltrekking van dit huwelijk of geregistreerd partnerschap;

c. door echtscheiding, overeenkomstig de bepalingen van de tweede afdeling van deze titel;

d. door ontbinding van het huwelijk na scheiding van tafel en bed, overeenkomstig de bepalingen van de tweede afdeling van de tiende titel van dit boek.

(Zie ook: artt. 3, 58, 99, 134, 150, 179, 424 BW Boek 1)

Afdeling 2 Echtscheiding

Art. 150

Echtscheiding tussen echtgenoten die niet van tafel en bed gescheiden zijn, wordt uitgesproken op verzoek van één der echtgenoten of op hun gemeenschappelijk verzoek.

(Zie ook: art. 815 Rv)

Art. 151

Echtscheiding wordt op verzoek van één der echtgenoten uitgesproken, indien het huwelijk duurzaam ontwricht is.

(Zie ook: artt. 169, 179 BW Boek 1; artt. 814, 816 Rv)

Art. 152

[Vervallen]

Art. 153

1. Indien als gevolg van de verzochte echtscheiding een bestaand vooruitzicht op uitkeringen aan de andere echtgenoot na vooroverlijden van de echtgenoot die het verzoek heeft gedaan zou teloorgaan of in ernstige mate zou verminderen, en de andere echtgenoot deswege tegen dat verzoek verweer voert, kan deze niet worden toegewezen voordat daaromtrent een voorziening is getroffen die, gelet op de omstandigheden van het geval, ten opzichte van beide echtgenoten billijk is te achten. De rechter kan daartoe een termijn stellen.

2. Het eerste lid is niet van toepassing:

a. indien redelijkerwijs te verwachten is dat de andere echtgenoot zelf voor dat geval voldoende voorzieningen kan treffen;

b. indien de duurzame ontwrichting van het huwelijk in overwegende mate te wijten is aan de andere echtgenoot.

(Zie ook: art. 180 BW Boek 1)

Art. 154

1. Echtscheiding wordt op gemeenschappelijk verzoek van de echtgenoten uitgesproken indien het verzoek is gegrond op hun beider oordeel dat het huwelijk duurzaam ontwricht is.

2. Ieder der echtgenoten is tot op het tijdstip der uitspraak bevoegd het verzoek in te trekken.

(Zie ook: art. 181 BW Boek 1)

Art. 155

In geval van echtscheiding en voor zover de ene echtgenoot na de huwelijkssluiting en voor de echtscheiding pensioenaanspraken heeft opgebouwd, heeft de andere echtgenoot overeenkomstig het bepaalde bij of krachtens de Wet verevening pensioenrechten bij scheiding recht op pensioenverevening, tenzij de echtgenoten op de wijze voorzien in deze Wet toepasselijkheid daarvan hebben uitgesloten.

Art. 156

1. De rechter kan bij de echtscheidingsbeschikking of bij latere uitspraak aan de echtgenoot die niet voldoende inkomsten tot zijn levensonderhoud heeft, noch zich in redelijkheid kan verwerven op diens verzoek ten laste van de andere echtgenoot een uitkering tot levensonderhoud toekennen.

2. Bij de vaststelling van de uitkering kan de rechter rekening houden met de behoefte aan een voorziening in het levensonderhoud voor het geval van overlijden van degene die tot de uitkering is gehouden.

3. De rechter kan op verzoek van een van de echtgenoten de uitkering toekennen onder de vaststelling van voorwaarden en van een termijn. Deze vaststelling kan niet tot gevolg hebben dat de uitkering later eindigt dan op grond van de toepasselijke termijn, bedoeld in artikel 157.

Art. 157

1. Indien de rechter geen termijn heeft vastgesteld, eindigt de verplichting tot het verstrekken van levensonderhoud van rechtswege na het verstrijken van een termijn die gelijk is aan de helft van de duur van het huwelijk met een maximum van vijf jaren.

2. Indien op het tijdstip van indiening van het verzoek tot echtscheiding de duur van het huwelijk langer is dan vijftien jaren en de leeftijd van de echtgenoot die recht heeft op een uitkering tot levensonderhoud, ten hoogste tien jaren lager is dan de leeftijd, bedoeld in artikel 7a van de Algemene Ouderdomswet, eindigt de verplichting tot het verstrekken van levensonderhoud, in afwijking van het eerste lid, niet eerder dan op het tijdstip, waarop die echtgenoot deze leeftijd heeft bereikt.

3. Indien op het tijdstip van indiening van het verzoek tot echtscheiding de duur van het huwelijk langer is dan vijftien jaren en de echtgenoot die recht heeft op een uitkering tot levensonderhoud geboren is op of voor 1 januari 1970 en diens leeftijd meer dan tien jaren lager is

Echtscheiding

Eenzijdig verzoek tot echtscheiding

Pensioenverweer bij echtscheiding

Gemeenschappelijk verzoek tot echtscheiding

Pensioenverevening bij echtscheiding

B1 *art. 158* Burgerlijk Wetboek Boek 1

dan de leeftijd bedoeld in artikel 7a van de Algemene Ouderdomswet, eindigt de verplichting tot het verstrekken van levensonderhoud, in afwijking van het eerste lid, na tien jaren.

4. In afwijking van het eerste tot en met derde lid eindigt de verplichting tot het verstrekken van levensonderhoud niet eerder dan op het tijdstip waarop de uit het huwelijk van de echtgenoten geboren kinderen de leeftijd van twaalf jaren hebben bereikt.

5. Bij samenloop van de omstandigheden, bedoeld in het eerste tot en met vierde lid, geldt de langste termijn.

6. De termijn voor het verstrekken van levensonderhoud vangt aan op de datum van inschrijving van de echtscheidingsbeschikking in de registers van de burgerlijke stand.

7. Indien ongewijzigde handhaving van de beëindiging van de uitkering ten gevolge van het verstrijken van de in het eerste tot en met vierde lid bedoelde termijn, gelet op alle omstandigheden van het geval, naar maatstaven van redelijkheid en billijkheid niet kan worden gevergd van degene die recht heeft op die uitkering, kan de rechter op diens verzoek alsnog een termijn vaststellen. Het verzoek daartoe wordt ingediend voordat drie maanden sinds de beëindiging van de uitkering zijn verstreken. De rechter bepaalt bij de uitspraak of verlenging van de termijn na ommekomst daarvan al dan niet mogelijk is.

Art. 158

Overeenkomst tot partneralimentatie

Vóór of na de beschikking tot echtscheiding kunnen de echtgenoten bij overeenkomst bepalen of, en zo ja tot welk bedrag, na de echtscheiding de één tegenover de ander tot een uitkering tot diens levensonderhoud zal zijn gehouden. Indien in de overeenkomst geen termijn is opgenomen, is artikel 157, eerste tot en met vijfde lid en zevende lid, van overeenkomstige toepassing. *(Zie ook: artt. 169, 182, 400 BW Boek 1)*

Art. 159

Wijziging van alimentatieovereenkomst

1. Bij de overeenkomst kan worden bedongen dat zij niet bij rechterlijke uitspraak zal kunnen worden gewijzigd op grond van een wijziging van omstandigheden. Een zodanig beding kan slechts schriftelijk worden gemaakt.

2. Het beding vervalt, indien de overeenkomst is aangegaan vóór de indiening van het verzoek tot echtscheiding, tenzij dit binnen drie maanden na de overeenkomst is ingediend. Het voorgaande is van overeenkomstige toepassing bij een gemeenschappelijk verzoek.

3. Ondanks een zodanig beding kan op verzoek van een der partijen de overeenkomst door de rechter bij de echtscheidingsbeschikking of bij latere beschikking worden gewijzigd op grond van een zo ingrijpende wijziging van omstandigheden, dat de verzoeker naar maatstaven van redelijkheid en billijkheid niet langer aan het beding mag worden gehouden.

(Zie ook: artt. 169, 182, 401 BW Boek 1; art. 37 BW Boek 3; artt. 2, 248, 258 BW Boek 6)

Art. 159a

Bijstandsverhaal bij alimentatieovereenkomst

Een overeenkomst als bedoeld in de artikelen 158 en 159 van dit boek staat niet in de weg aan verhaal op grond van paragraaf 6.5 van de Participatiewet en laat de vaststelling van het te verhalen bedrag onverlet.

Art. 160

Einde van alimentatieplicht

Een verplichting van een gewezen echtgenoot om uit hoofde van echtscheiding levensonderhoud te verschaffen aan de wederpartij, eindigt wanneer deze opnieuw in het huwelijk treedt, een geregistreerd partnerschap aangaat dan wel is gaan samenleven met een ander als waren zij gehuwd of als hadden zij hun partnerschap laten registreren.

(Zie ook: art. 182 BW Boek 1)

Art. 161-162a

[Vervallen]

Art. 163

Inschrijving echtscheiding

1. De echtscheiding komt tot stand door de inschrijving van de beschikking in de registers van de burgerlijke stand.

2. De inschrijving geschiedt op verzoek van partijen of van één van hen.

3. Indien het verzoek tot inschrijving niet is gedaan uiterlijk zes maanden na de dag waarop de beschikking in kracht van gewijsde is gegaan, verliest de beschikking haar kracht.

(Zie ook: artt. 17, 18, 177, 183, 280 BW Boek 1; artt. 82, 811 Rv)

Art. 164

Schadevergoeding bij benadeling gemeenschap van goederen bij echtscheiding

1. Indien een tussen de echtgenoten bestaande gemeenschap van goederen door één van hen is benadeeld doordat hij na de aanvang van het geding of binnen zes maanden daarvóór lichtvaardig schulden heeft gemaakt, goederen der gemeenschap heeft verspild, of rechtshandelingen als bedoeld in artikel 88 van dit boek zonder de vereiste toestemming of beslissing van de rechtbank heeft verricht, is hij gehouden na de inschrijving van de beschikking waarbij de echtscheiding is uitgesproken, de aangerichte schade aan de gemeenschap te vergoeden.

2. Een op het vorige lid gegronde rechtsvordering kan niet later worden ingesteld dan drie jaren na de inschrijving van de beschikking.

(Zie ook: artt. 86, 88, 90, 109, 111 BW Boek 1; art. 45 BW Boek 3; artt. 95 t/m 109, 162 t/m 166 BW Boek 6)

Art. 165

1. Op verzoek van een echtgenoot kan de rechter bij de echtscheidingsbeschikking of bij latere uitspraak bepalen dat, als die echtgenoot ten tijde van de inschrijving van de beschikking een woning bewoont die aan de andere echtgenoot uitsluitend of mede toebehoort of ten gebruike toekomt, hij jegens de andere echtgenoot bevoegd is de bewoning en het gebruik van de bij de woning en tot de inboedel daarvan behorende zaken gedurende zes maanden na de inschrijving van de beschikking tegen een redelijke vergoeding voort te zetten.

2. Tegen hem kan een in dat tijdvak zonder zijn toestemming door de andere echtgenoot verrichte rechtshandeling niet worden tegengeworpen ten nadele van zijn in het vorige lid omschreven bevoegdheid.

3. Weigert hij zijn toestemming of is hij niet in staat zijn wil te verklaren, dan kan de rechtbank die in eerste aanleg over het verzoek tot echtscheiding heeft beslist, op verzoek van de andere gewezen echtgenoot, bepalen dat het vorige lid buiten toepassing blijft.

(Zie ook: artt. 88, 175 BW Boek 1)

Art. 166

Indien de gescheiden echtgenoten met elkander hertrouwen of een geregistreerd partnerschap aangaan, herleven alle gevolgen van het huwelijk van rechtswege, alsof er geen echtscheiding had plaats gehad. Nochtans wordt de geldigheid van rechtshandelingen die tussen de ontbinding van het huwelijk en het nieuwe huwelijk of het geregistreerd partnerschap zijn verricht, beoordeeld naar het tijdstip der handeling.

(Zie ook: artt. 176, 202, 281 BW Boek 1)

Art. 167

[Vervallen]

Titel 10

Scheiding van tafel en bed en ontbinding van het huwelijk na scheiding van tafel en bed

Afdeling 1
Scheiding van tafel en bed

Art. 168

[Vervallen]

Art. 169

1. Scheiding van tafel en bed kan worden verzocht op dezelfde grond en op dezelfde wijze als echtscheiding.

2. De artikelen 151, 154 tot en met 159a zijn van overeenkomstige toepassing, met dien verstande dat de termijnen, bedoeld in artikel 156, derde lid, en artikel 157, eerste tot en met vijfde lid, aanvangen op de dag waarop de beschikking tot scheiding van tafel en bed is ingeschreven in het huwelijksgoederenregister, aangewezen in artikel 116, en dat de duur van het huwelijk wordt berekend tot die dag.

3. Een verplichting van een echtgenoot om uit hoofde van scheiding van tafel en bed levensonderhoud te verschaffen aan de andere echtgenoot, eindigt bij ontbinding van het huwelijk.

(Zie ook: artt. 151, 154 BW Boek 1; art. 826 Rv)

Art. 170-172

[Vervallen]

Art. 173

1. De scheiding van tafel en bed komt tot stand door de inschrijving van de beschikking in het huwelijksgoederenregister, aangewezen in artikel 116.

2. De inschrijving geschiedt op verzoek van de echtgenoten of van één van hen.

3. Indien het verzoek niet is gedaan uiterlijk zes maanden na de dag waarop de beschikking in kracht van gewijsde is gegaan, verliest de beschikking haar kracht.

Art. 174

1. Indien een tussen de echtgenoten bestaande gemeenschap van goederen door één van hen is benadeeld doordat hij na de aanvang van het geding of binnen zes maanden daarvóór lichtvaardig schulden heeft gemaakt, goederen der gemeenschap heeft verspild, of rechtshandelingen als bedoeld in artikel 88 van dit boek zonder de vereiste toestemming of beslissing van de rechtbank heeft verricht, is hij gehouden, nadat de beschikking waarbij de scheiding van tafel en bed is uitgesproken, is ingeschreven, de aangerichte schade aan de gemeenschap te vergoeden.

2. Een op het eerste lid gegronde rechtsvordering kan niet later worden ingesteld dan drie jaren na de inschrijving van de beschikking van scheiding van tafel en bed.

(Zie ook: artt. 86, 88, 89, 90, 109, 111, 164 BW Boek 1; artt. 95 t/m 109, 163 t/m 166 BW Boek 6; art. 827p Rv)

B1 art. 175 Burgerlijk Wetboek Boek 1

Art. 175

Gebruik woning bij scheiding van tafel en bed

1. Op verzoek van een echtgenoot kan de rechter bij de beschikking houdende scheiding van tafel en bed of bij latere uitspraak bepalen dat, als die echtgenoot ten tijde van de inschrijving van de beschikking een woning bewoont die aan de andere echtgenoot uitsluitend of mede toebehoort of ten gebruike toekomt, hij jegens de andere echtgenoot bevoegd is de bewoning en het gebruik van de bij de woning en tot de inboedel daarvan behorende zaken gedurende zes maanden na de inschrijving van de beschikking, tegen een redelijke vergoeding voort te zetten.

2. Tegen hem kan een in dat tijdvak zonder zijn toestemming door de andere echtgenoot verrichte rechtshandeling niet worden tegengeworpen ten nadele van zijn in het vorige lid omschreven bevoegdheid.

3. Weigert hij zijn toestemming of is hij niet in staat zijn wil te verklaren, dan kan de rechtbank die in eerste aanleg over het verzoek tot scheiding van tafel en bed heeft beslist, op verzoek van de andere echtgenoot bepalen dat het vorige lid buiten toepassing blijft.

(Zie ook: art. 88 BW Boek 1; art. 5 BW Boek 3)

Art. 176

Einde van scheiding van tafel en bed

1. Een scheiding van tafel en bed eindigt door de verzoening van de echtgenoten, op het tijdstip dat zij op hun eensluidend verzoek in het huwelijksgoederenregister, aangewezen in artikel 116, hebben doen inschrijven dat de scheiding heeft opgehouden te bestaan.

(Zie ook: art. 281 BW Boek 1)

Rechtsgevolg van beëindiging van scheiding van tafel en bed

2. De inschrijving doet alle gevolgen van het huwelijk van rechtswege herleven, alsof er geen scheiding van tafel en bed had plaatsgehad. Nochtans wordt de geldigheid van rechtshandelingen die tussen de scheiding van tafel en bed en de verzoening zijn verricht, beoordeeld naar het tijdstip van de handeling.

(Zie ook: Wbesl. Bhgr)

Art. 177-178

[Vervallen]

Afdeling 2
Ontbinding van het huwelijk na scheiding van tafel en bed

Art. 179

Eenzijdig verzoek tot ontbinding van huwelijk na scheiding van tafel en bed

1. Ontbinding van het huwelijk van echtgenoten die van tafel en bed gescheiden zijn, wordt op verzoek van een der echtgenoten uitgesproken, indien de scheiding tenminste drie jaren heeft geduurd.

2. De termijn van drie jaren kan op verzoek van een echtgenoot worden bekort tot ten minste een jaar, indien de andere echtgenoot zich gedurig schuldig maakt aan wangedrag in zodanige mate dat van de echtgenoot, die het verzoek heeft gedaan, niet kan worden gevergd het huwelijk te doen voortbestaan.

(Zie ook: art. 168 BW Boek 1; artt. 814, 827 Rv)

Art. 180

Pensioenverweer bij ontbinding van huwelijk na scheiding van tafel en bed

1. Indien als gevolg van de gevraagde ontbinding van het huwelijk een bestaand vooruitzicht op uitkeringen aan de andere echtgenoot na vooroverlijden van de echtgenoot die het verzoek heeft gedaan zou teloorgaan of in ernstige mate zou verminderen, en de andere echtgenoot deswege tegen het verzoek verweer voert, kan het verzoek niet worden toegewezen voordat daaromtrent een voorziening is getroffen die, gelet op de omstandigheden van het geval, ten opzichte van beide echtgenoten billijk is te achten.

De rechter kan daartoe een termijn stellen.

2. Het eerste lid is niet van toepassing:

a. indien redelijkerwijs te verwachten is dat de andere echtgenoot zelf voor dat geval voldoende voorzieningen kan treffen;

b. indien de andere echtgenoot zich gedurig schuldig maakt aan wangedrag in zodanige mate dat van de echtgenoot die het verzoek heeft gedaan naar redelijkheid generlei verstrekking van levensonderhoud zou kunnen worden gevergd.

(Zie ook: art. 153 BW Boek 1)

Art. 181

Gemeenschappelijk verzoek tot ontbinding huwelijk na scheiding van tafel en bed

Ontbinding van het huwelijk van echtgenoten die van tafel en bed gescheiden zijn, wordt op hun gemeenschappelijk verzoek uitgesproken.

(Zie ook: artt. 150, 154 BW Boek 1)

Art. 182

Schakelbepaling

De artikelen 154, tweede lid, en 156 tot en met 160 van dit boek zijn van overeenkomstige toepassing, met dien verstande dat de in de artikelen 156, derde lid, en 157, eerste tot en met vijfde lid en zevende lid, bedoelde termijnen worden verminderd met de tijd gedurende welke tijdens de scheiding van tafel en bed een verplichting tot levensonderhoud jegens de andere echtgenoot bestond en dat de duur van het huwelijk wordt berekend tot de dag waarop de beschikking tot scheiding van tafel en bed is ingeschreven in het huwelijksgoederenregister, aangewezen in artikel 116.

Art. 183

1. De ontbinding van het huwelijk komt tot stand door de inschrijving van de beschikking in de registers van de burgerlijke stand.

2. De artikelen 163, tweede en derde lid, en 166 van dit boek zijn van overeenkomstige toepassing.

(Zie ook: artt. 17, 18, 177, 280 BW Boek 1; artt. 82, 811 Rv)

Art. 184-196

[Vervallen]

Titel 11
Afstamming

Afdeling 1
Algemeen

Art. 197

Een kind, zijn ouders en hun bloedverwanten staan in familierechtelijke betrekking tot elkaar. *(Zie ook: artt. 5, 17, 77, 78, 149, 180, 247, 392, 409 BW Boek 1)*

Art. 198

1. Moeder van een kind is de vrouw:
a. uit wie het kind is geboren;
b. die op het tijdstip van de geboorte van het kind is gehuwd of door een geregistreerd partnerschap is verbonden met de vrouw uit wie het kind is geboren, indien dit kind is verwekt door kunstmatige donorbevruchting als bedoeld in artikel 1, onder c, sub 1, van de Wet donorgegevens kunstmatige bevruchting en een door de stichting, bedoeld in die wet, ter bevestiging hiervan afgegeven verklaring is overgelegd, waaruit blijkt dat de identiteit van de donor aan de vrouw bij wie de kunstmatige donorbevruchting heeft plaatsgevonden onbekend is, tenzij de laatste zin van dit onderdeel of de eerste zin van artikel 199, onder b, geldt. De verklaring dient bij de aangifte van de geboorte te worden overgelegd aan de ambtenaar van de burgerlijke stand en werkt terug tot aan de geboorte van het kind. Indien het huwelijk of geregistreerd partnerschap na de kunstmatige donorbevruchting en voor de geboorte van het kind is ontbonden door de dood van de echtgenote of geregistreerde partner van de vrouw uit wie het kind is geboren, is de overleden echtgenote of geregistreerde partner eveneens moeder van het kind als de voornoemde verklaring wordt overgelegd bij de aangifte van de geboorte van het kind, zelfs indien de vrouw uit wie het kind is geboren was hertrouwd of een nieuw partnerschap had laten registreren;
c. die het kind heeft erkend;
d. wier ouderschap gerechtelijk is vastgesteld; of
e. die het kind heeft geadopteerd.
(Zie ook: artt. 21, 23, 203 BW Boek 1)

2. De vrouw uit wie het kind is geboren kan, indien zij op het tijdstip van de kunstmatige donorbevruchting was gescheiden van tafel en bed of zij en haar echtgenote of geregistreerde partner sedert dat tijdstip gescheiden hebben geleefd, binnen een jaar na de geboorte van het kind ten overstaan van de ambtenaar van de burgerlijke stand verklaren dat haar overleden echtgenote of geregistreerde partner niet de moeder is van het kind, bedoeld in het eerste lid, onder b, van welke verklaring een akte wordt opgemaakt; was de vrouw uit wie het kind is geboren op het tijdstip van de geboorte hertrouwd of had zij een nieuw partnerschap laten registreren dan is in dat geval de huidige echtgenoot of geregistreerd partner de ouder van het kind.

Art. 199

Vader van een kind is de man:
a. die op het tijdstip van de geboorte van het kind met de vrouw uit wie het kind is geboren, is gehuwd of een geregistreerd partnerschap is aangegaan, tenzij onderdeel b of de slotzin van artikel 198, eerste lid, onder b, geldt;
b. wiens huwelijk of geregistreerd partnerschap met de vrouw uit wie het kind is geboren, binnen 306 dagen voor de geboorte van het kind door zijn dood is ontbonden, zelfs indien de moeder was hertrouwd of een nieuw partnerschap had laten registreren; indien echter de vrouw sedert de 306de dag voor de geboorte van het kind was gescheiden van tafel en bed of zij en haar echtgenoot of geregistreerde partner sedert dat tijdstip gescheiden hebben geleefd, kan de vrouw binnen een jaar na de geboorte van het kind ten overstaan van de ambtenaar van de burgerlijke stand verklaren dat haar overleden echtgenoot of geregistreerde partner niet de vader is van het kind, van welke verklaring een akte wordt opgemaakt; was de moeder op het

Inschrijving van ontbinding huwelijk na scheiding van tafel en bed

Afstamming

Moederschap

Vaderschap

B1 art. 200

Burgerlijk Wetboek Boek 1

tijdstip van de geboorte hertrouwd of had zij een nieuw partnerschap laten registreren dan is in dat geval de huidige echtgenoot of geregistreerde partner de vader of, in het geval, genoemd in artikel 198, eerste lid, onder b, de huidige echtgenote of geregistreerde partner de moeder van het kind;

c. die het kind heeft erkend;

d. wiens vaderschap gerechtelijk is vastgesteld; of

e. die het kind heeft geadopteerd.

(Zie ook: artt. 21, 204, 247, 250, 337, 381 BW Boek 1)

Afdeling 2
Ontkenning van het door huwelijk of geregistreerd partnerschap ontstane vaderschap

Art. 200

Ontkenning van vaderschap

1. Het in artikel 199, onder a en b, bedoelde vaderschap kan, op de grond dat de man niet de biologische vader van het kind is, worden ontkend:

a. door de vader of de moeder van het kind;

b. door het kind zelf.

2. De vader of moeder kan het in artikel 199, onder a en b, bedoelde vaderschap niet ontkennen, indien de man vóór het huwelijk of geregistreerd partnerschap heeft kennis gedragen van de zwangerschap.

3. De vader of moeder kan het in artikel 199, onder a en b, bedoelde vaderschap evenmin ontkennen, indien de man heeft ingestemd met een daad die de verwekking van het kind tot gevolg kan hebben gehad.

4. Het tweede en derde lid zijn niet van toepassing ten aanzien van de vader, indien de moeder hem heeft bedrogen omtrent de verwekker.

5. Het verzoek tot gegrondverklaring van de ontkenning wordt door de moeder bij de rechtbank ingediend binnen een jaar na de geboorte van het kind. Een zodanig verzoek wordt door de vader ingediend binnen een jaar nadat hij bekend is geworden met het feit dat hij vermoedelijk niet de biologische vader is van het kind.

6. Het verzoek tot gegrondverklaring van de ontkenning wordt door het kind bij de rechtbank ingediend binnen drie jaren nadat het kind bekend is geworden met het feit dat de man vermoedelijk niet zijn biologische vader is. Indien het kind evenwel gedurende zijn minderjarigheid bekend is geworden met dit feit, kan het verzoek tot uiterlijk drie jaren nadat het kind meerderjarig is geworden, worden ingediend.

Art. 201

Ontkenning vaderschap na overlijden van ouder

1. Overlijdt de vader of de moeder voor de afloop van de in artikel 200, vijfde lid, gestelde termijn, dan kan een afstammeling van deze echtgenoot of geregistreerde partner in de eerste graad of, bij gebreke van zodanige afstammeling, een ouder van deze echtgenoot of geregistreerde partner, de rechtbank verzoeken de ontkenning van het vaderschap gegrond te verklaren. Het verzoek wordt gedaan binnen een jaar na de dag van overlijden of nadat het overlijden ter kennis van de verzoeker is gekomen.

Ontkenning vaderschap na overlijden kind

2. Overlijdt het kind voor de afloop van de in artikel 200, zesde lid, gestelde termijn, dan kan een afstammeling in de eerste graad van het kind de rechtbank verzoeken de ontkenning van het vaderschap gegrond te verklaren. Indien het kind meerderjarig was ten tijde van het overlijden, wordt het verzoek gedaan binnen een jaar na de dag van overlijden of binnen een jaar nadat het overlijden ter kennis van de verzoeker is gekomen. Overleed het kind gedurende de minderjarigheid, dan dient het verzoek te worden gedaan binnen een jaar nadat het kind, in leven zijnde, zelfstandig het verzoek had kunnen doen, dan wel, indien het overlijden op een later tijdstip ter kennis is gekomen van de verzoeker binnen een jaar na die kennisneming.

Art. 202

Gegrondverklaring van ontkenning van vaderschap

1. Nadat de beschikking houdende gegrondverklaring van een ontkenning van een door huwelijk of geregistreerd partnerschap ontstaan vaderschap in kracht van gewijsde is gegaan, wordt het door huwelijk of geregistreerd partnerschap ontstane vaderschap geacht nimmer gevolg te hebben gehad.

2. Te goeder trouw door derden verkregen rechten worden hierdoor nochtans niet geschaad.

3. Door de gegrondverklaring van de ontkenning ontstaat geen vordering tot teruggave van kosten van verzorging en opvoeding of van kosten van levensonderhoud en studie noch tot teruggave van het krachtens vruchtgenot genotene. Voorts ontstaat geen verplichting tot teruggave van genoten vermogensrechtelijke voordelen, voor zover degene die hen heeft genoten ten tijde van het doen van het verzoek daardoor niet was gebaat.

(Zie ook: artt. 163, 166, 183, 197 BW Boek 1)

Afdeling 2a
Ontkenning van het door huwelijk of geregistreerd partnerschap ontstane moederschap

Art. 202a

1. Het in artikel 198, eerste lid, onder b, bedoelde moederschap kan, op de grond dat de moeder niet de biologische moeder van het kind is, worden ontkend:
a. door de moeder, bedoeld in artikel 198, eerste lid, onder a;
b. door de moeder, bedoeld in artikel 198, eerste lid, onder b;
c. door het kind zelf.

2. De moeder, bedoeld in artikel 198, eerste lid, onder a of onder b, kan het in artikel 198, eerste lid, onder b, bedoelde moederschap niet ontkennen, indien de moeder, bedoeld in het eerste lid, onder b, vóór het huwelijk of geregistreerd partnerschap heeft kennis gedragen van de zwangerschap of heeft ingestemd met de kunstmatige donorbevruchting, bedoeld in artikel 198, eerste lid, onder b.

3. Het verzoek tot gegrondverklaring van de ontkenning wordt door de moeder, bedoeld in artikel 198, eerste lid, onder a of onder b, bij de rechtbank ingediend binnen een jaar na de geboorte van het kind.

4. Het verzoek tot gegrondverklaring van de ontkenning wordt door het kind bij de rechtbank ingediend uiterlijk binnen drie jaren nadat het kind meerderjarig is geworden.

Art. 202b

1. Overlijdt de moeder, bedoeld in artikel 198, eerste lid, onder a of onder b, voor de afloop van de in artikel 202a, derde lid, gestelde termijn, dan kan een afstammeling van deze moeder in de eerste graad of, bij gebreke van zodanige afstammeling, een ouder van deze moeder, de rechtbank verzoeken de ontkenning van het moederschap gegrond te verklaren. Het verzoek wordt gedaan binnen een jaar na de dag van overlijden of nadat het overlijden ter kennis van verzoeker is gekomen.

2. Op de ontkenning van het moederschap zijn de artikelen 201, tweede lid, en 202 van overeenkomstige toepassing.

Afdeling 3
Erkenning

Art. 203

1. Erkenning kan geschieden:
a. bij een akte van erkenning, opgemaakt door een ambtenaar van de burgerlijke stand;
b. bij notariële akte.

2. De erkenning heeft gevolg vanaf het tijdstip waarop zij is gedaan.

Art. 204

1. De erkenning is nietig, indien zij is gedaan:
a. door een persoon die krachtens artikel 41 geen huwelijk met de moeder mag sluiten of krachtens artikel 80a, zesde lid, geen geregistreerd partnerschap met de moeder mag aangaan;
b. door een minderjarige die de leeftijd van zestien jaren nog niet heeft bereikt;
c. indien het kind de leeftijd van zestien jaar nog niet heeft bereikt, zonder voorafgaande schriftelijke toestemming van de moeder of de vader;
d. zonder voorafgaande schriftelijke toestemming van het kind van twaalf jaren of ouder;
e. terwijl er twee ouders zijn.

2. De in het vorige lid onder c en d vereiste toestemming kan ook geschieden ter gelegenheid van het opmaken van de akte van erkenning.

3. De toestemming van de moeder wier kind de leeftijd van zestien jaren nog niet heeft bereikt, dan wel de toestemming van het kind van twaalf jaren of ouder, kan op verzoek van de persoon die het kind wil erkennen, door de toestemming van de rechtbank worden vervangen, tenzij dit de belangen van de moeder bij een ongestoorde verhouding met het kind schaadt of een evenwichtige sociaalpsychologische en emotionele ontwikkeling van het kind in het gedrang komt, mits deze persoon:
a. de verwekker van het kind is; of
b. de biologische vader van het kind, die niet de verwekker is en in een nauwe persoonlijke betrekking staat tot het kind.

4. De toestemming van de moeder wier kind de leeftijd van zestien jaren nog niet heeft bereikt, dan wel de toestemming van het kind van twaalf jaren of ouder, kan op verzoek van de persoon die als levensgezel van de moeder ingestemd heeft met een daad die de verwekking van het kind tot gevolg kan hebben gehad, door de toestemming van de rechtbank worden vervangen als dit in het belang is van het kind.

5. Een persoon die wegens zijn lichamelijke of geestelijke toestand onder curatele staat, mag slechts erkennen nadat daartoe toestemming is verkregen van de kantonrechter.

B1 art. 205

Art. 205

Verzoek tot vernietiging door vader

1. Een verzoek tot vernietiging van de erkenning kan, op de grond dat de erkenner niet de biologische vader van het kind is, bij de rechtbank worden ingediend:
a. door het kind zelf, tenzij de erkenning tijdens zijn meerderjarigheid heeft plaatsgevonden;
b. door de erkenner, indien hij door bedreiging, dwaling, bedrog of, tijdens zijn minderjarigheid, door misbruik van omstandigheden daartoe is bewogen;
c. door de moeder, indien zij door bedreiging, dwaling, bedrog, of tijdens haar minderjarigheid, door misbruik van omstandigheden bewogen is toestemming tot de erkenning te geven.

2. Het openbaar ministerie kan wegens strijd met de Nederlandse openbare orde, indien de erkenner niet de biologische vader van het kind is, vernietiging van de erkenning verzoeken.

3. In geval van bedreiging of misbruik van omstandigheden, wordt het verzoek door de erkenner of door de moeder niet later ingediend dan een jaar nadat deze invloed heeft opgehouden te werken en, in geval van bedrog of dwaling, binnen een jaar nadat de verzoeker het bedrog of de dwaling heeft ontdekt.

4. Het verzoek wordt door het kind ingediend binnen drie jaren nadat het kind bekend is geworden met het feit dat de man vermoedelijk niet zijn biologische vader is. Indien het kind evenwel gedurende zijn minderjarigheid bekend is geworden met dit feit kan het verzoek tot uiterlijk drie jaren nadat het kind meerderjarig is geworden, worden ingediend.

Schakelbepaling

5. Voor het geval de erkenner of de moeder overlijdt voor de afloop van de in het derde lid gestelde termijn, is artikel 201, eerste lid, van overeenkomstige toepassing. Voor het geval het kind overlijdt voor de afloop van de in het vierde lid gestelde termijn, is artikel 201, tweede lid, van overeenkomstige toepassing.
(Zie ook: artt. 26, 78 BW Boek 1)

Art. 205a

Verzoek tot vernietiging erkenning door moeder

1. Een verzoek tot vernietiging van de door de moeder gedane erkenning kan, op de grond dat de moeder niet de biologische moeder van het kind is, bij de rechtbank worden ingediend:
a. door het kind zelf, tenzij de erkenning tijdens zijn meerderjarigheid heeft plaatsgevonden;
b. door de erkenner, indien zij door bedreiging, dwaling, bedrog of, tijdens haar minderjarigheid, door misbruik van omstandigheden daartoe is bewogen;
c. door de andere moeder, indien zij door bedreiging, dwaling, bedrog of, tijdens haar minderjarigheid, door misbruik van omstandigheden bewogen is toestemming tot de erkenning te geven.

Schakelbepaling

2. Op de vernietiging van de erkenning is artikel 205, tweede tot en met vijfde lid, van overeenkomstige toepassing.

Art. 206

Rechtsgevolg vernietiging erkenning

1. Nadat de beschikking houdende vernietiging van de erkenning in kracht van gewijsde is gegaan, wordt de erkenning geacht nimmer gevolg te hebben gehad.

2. Te goeder trouw door derden verkregen rechten worden hierdoor nochtans niet geschaad.

3. Door de vernietiging ontstaat geen vordering tot teruggave van de kosten van verzorging en opvoeding of van levensonderhoud en studie noch tot teruggave van het krachtens vruchtgenot genotene. Voorts ontstaat geen verplichting tot teruggave van genoten vermogensrechtelijke voordelen die uit de erkenning zijn voortgevloeid, voor zover degene die hen heeft genoten ten tijde van het instellen van het verzoek daardoor niet was gebaat.
(Zie ook: art. 80 BW Boek 1)

Afdeling 4
Gerechtelijke vaststelling van het ouderschap

Art. 207

Gerechtelijke vaststelling van het ouderschap

1. Het ouderschap van een persoon kan, ook indien deze is overleden, op de grond dat deze de verwekker is van het kind of op de grond dat deze als levensgezel van de moeder ingestemd heeft met een daad die de verwekking van het kind tot gevolg kan hebben gehad, door de rechtbank worden vastgesteld op verzoek van:
a. de moeder, tenzij het kind de leeftijd van zestien jaar heeft bereikt;
b. het kind.

2. Vaststelling van het ouderschap kan niet geschieden, indien:
a. het kind twee ouders heeft;
b. tussen de in de aanhef van het eerste lid bedoelde persoon en de moeder van het kind krachtens artikel 41 geen huwelijk zou mogen worden gesloten of krachtens artikel 80a, zesde lid, geen partnerschap zou mogen worden geregistreerd;
c. de in de aanhef van het eerste lid bedoelde persoon een minderjarige is die de leeftijd van zestien jaren nog niet heeft bereikt, tenzij hij voordat hij deze leeftijd heeft bereikt is overleden.

3. Het verzoek wordt door de moeder ingediend binnen vijf jaren na de geboorte van het kind of, in geval van onbekendheid met de identiteit van de vermoedelijke verwekker dan wel van

onbekendheid met zijn verblijfplaats, binnen vijf jaren na de dag waarop de identiteit en de verblijfplaats aan de moeder bekend zijn geworden.

4. Overlijdt het kind voordat vaststelling van het ouderschap heeft kunnen plaatsvinden, dan kan een afstammeling van het kind in de eerste graad de vaststelling van het ouderschap aan de rechtbank verzoeken, mits de in de aanhef van het eerste lid bedoelde persoon, nog in leven is. Het verzoek wordt gedaan binnen een jaar na de dag van overlijden of binnen een jaar nadat het overlijden ter kennis van de verzoeker is gekomen.

5. De vaststelling van het ouderschap, mits de beschikking daartoe in kracht van gewijsde is gegaan, werkt terug tot het moment van de geboorte van het kind. Te goeder trouw door derden verkregen rechten worden hierdoor nochtans niet geschaad. Voorts ontstaat geen verplichting tot teruggave van vermogensrechtelijke voordelen, voor zover degene die hen heeft genoten ten tijde van het doen van het verzoek daardoor niet was gebaat.

(Zie ook: art. 26 BW Boek 1)

Art. 208

Bij de uitspraak waarbij het ouderschap wordt vastgesteld, kan de rechter op een daartoe strekkend verzoek ten behoeve van het kind een bijdrage toekennen in de kosten van verzorging en opvoeding als bedoeld in artikel 404 of in de kosten van levensonderhoud en studie als bedoeld in artikel 395a.

Gerechtelijke vaststelling van het ouderschap

Afdeling 5
Inroeping of betwisting van staat

Art. 209

Iemands afstamming volgens zijn geboorteakte kan door een ander niet worden betwist, indien hij een staat overeenkomstig die akte heeft.

Betwisting van afstamming

Art. 210

Een verzoek tot gegrondverklaring van de inroeping of betwisting van staat is niet aan verjaring onderworpen.

Verjaring

Art. 211

1. Een verzoek tot gegrondverklaring van de inroeping van staat kan worden ingediend:
a. door het kind zelf;
b. door de erfgenamen van het kind, indien het kind gedurende zijn minderjarigheid of binnen drie jaren nadien is overleden.

2. Indien het kind een verzoek als bedoeld in het eerste lid had ingediend, kunnen zijn erfgenamen de procedure voortzetten.

Verzoek tot gegrondverklaring van de inroeping van staat

Afdeling 6
De bijzondere curator

Art. 212

In zaken van afstamming wordt het minderjarige kind, optredende als verzoeker of belanghebbende, vertegenwoordigd door een bijzondere curator daartoe benoemd door de rechtbank die over de zaak beslist.

(Zie ook: artt. 204, 233 BW Boek 1)

Bijzondere curator in zaken van afstamming

Art. 213-226

[Vervallen]

Titel 12
Adoptie

Art. 227

1. Adoptie geschiedt door een uitspraak van de rechtbank op verzoek van twee personen tezamen of op verzoek van één persoon alleen. Twee personen tezamen kunnen geen verzoek tot adoptie doen, indien zij krachtens artikel 41 geen huwelijk zouden mogen aangaan of krachtens artikel 80a, zesde lid, geen partnerschap zouden mogen aangaan.

Adoptie

2. Het verzoek door twee personen tezamen kan slechts worden gedaan, indien zij ten minste drie aaneengesloten jaren onmiddellijk voorafgaande aan de indiening van het verzoek met elkaar hebben samengeleefd. Het verzoek door de adoptant die echtgenoot, geregistreerde partner of andere levensgezel van de ouder is, kan slechts worden gedaan, indien hij ten minste drie aaneengesloten jaren onmiddellijk voorafgaande aan de indiening van het verzoek met die ouder heeft samengeleefd. De in de tweede zin bedoelde voorwaarde geldt evenwel niet indien het kind is of wordt geboren binnen de relatie van de adoptant en die ouder.

3. Het verzoek kan alleen worden toegewezen, indien de adoptie in het kennelijk belang van het kind is, op het tijdstip van het verzoek tot adoptie vaststaat en voor de toekomst redelijkerwijs

B1 art. 228

te voorzien is dat het kind niets meer van zijn ouder of ouders in de hoedanigheid van ouder te verwachten heeft, en aan de voorwaarden, genoemd in artikel 228, wordt voldaan.

4. Indien het kind is of wordt geboren binnen de relatie van de adoptant en de ouder, en het kind door en tengevolge van kunstmatige donorbevruchting als bedoeld in artikel 1, onder c, van de Wet donorgegevens kunstmatige bevruchting is verwekt en een door de stichting, bedoeld in die wet, ter bevestiging hiervan afgegeven verklaring wordt overgelegd waaruit blijkt dat de identiteit van de donor aan de vrouw bij wie de kunstmatige donorbevruchting heeft plaatsgevonden onbekend is, wordt het verzoek toegewezen, tenzij de adoptie kennelijk niet in het belang van het kind is of niet is voldaan aan de voorwaarden, genoemd in artikel 228.

5. Zijn de voornamen van het kind niet bekend, dan stelt de rechter, nadat hij de adoptant of adoptanten en het kind, indien dat twaalf jaren of ouder is, heeft gehoord, bij de adoptiebeschikking tevens een of meer voornamen vast.

(Zie ook: artt. 18, 20 BW Boek 1; art. 191 Rv)

6. In zaken van adoptie is de minderjarige ouder bekwaam in rechte op te treden.

Art. 228

Voorwaarden voor adoptie

1. Voorwaarden voor adoptie zijn:

a. dat het kind op de dag van het eerste verzoek minderjarig is, en dat het kind, indien het op de dag van het verzoek twaalf jaren of ouder is, ter gelegenheid van zijn verhoor niet van bezwaren tegen toewijzing van het verzoek heeft doen blijken; hetzelfde geldt, indien de rechter is gebleken van bezwaren tegen toewijzing van het verzoek van een minderjarige die op de dag van het verzoek de leeftijd van twaalf jaren nog niet heeft bereikt, maar in staat kan worden geacht tot een redelijke waardering van zijn belangen ter zake;

b. dat het kind niet is een kleinkind van een adoptant;

c. dat de adoptant of ieder der adoptanten ten minste achttien jaren ouder dan het kind is;

d. dat geen der ouders het verzoek tegenspreekt;

e. dat de minderjarige moeder van het kind op de dag van het verzoek de leeftijd van zestien jaren heeft bereikt;

f. dat de adoptant of de adoptanten het kind gedurende ten minste een jaar heeft of hebben verzorgd en opgevoed; indien de echtgenoot, geregistreerde partner of andere levensgezel van de ouder of adoptiefouder het kind adopteert en zij gezamenlijk het kind gedurende ten minste een jaar hebben verzorgd en opgevoed wordt de periode van een jaar voor de echtgenoot, geregistreerde partner of andere levensgezel gerekend vanaf het moment van feitelijk gezamenlijk verzorgen en opvoeden;

g. dat de ouder of ouders niet of niet langer het gezag over het kind hebben. Indien evenwel de echtgenoot, geregistreerde partner of andere levensgezel van de ouder het kind adopteert, geldt dat deze ouder alleen of samen met voornoemde echtgenoot, geregistreerde partner of andere levensgezel het gezag heeft.

2. Aan de tegenspraak van een ouder als bedoeld in het eerste lid, onder d, kan worden voorbijgegaan:

a. indien het kind en de ouder niet of nauwelijks in gezinsverband hebben samengeleefd; of

b. indien de ouder het gezag over het kind heeft misbruikt of de verzorging en opvoeding van het kind op grove wijze heeft verwaarloosd; of

c. indien de ouder onherroepelijk is veroordeeld wegens het plegen tegen de minderjarige van een van de misdrijven, omschreven in de titels XIII tot en met XV en XVIII tot en met XX van het tweede boek van het Wetboek van Strafrecht.

(Zie ook: art. 197 BW Boek 1)

3. De voorwaarde, bedoeld in het eerste lid, onder f, geldt niet indien het kind wordt geboren binnen de relatie van de moeder met een levensgezel van gelijk geslacht.

Art. 229

Rechtsgevolgen van adoptie

1. Door adoptie komen de geadopteerde, de adoptiefouder en zijn bloedverwanten of de adoptiefouders en hun bloedverwanten in familierechtelijke betrekking tot elkaar te staan.

2. Tegelijkertijd houdt de familierechtelijke betrekking tussen de geadopteerde, zijn oorspronkelijke ouders en hun bloedverwanten op te bestaan.

3. In afwijking van het tweede lid blijft de familierechtelijke betrekking tussen de geadopteerde en zijn ouder en diens bloedverwanten bestaan, indien de echtgenoot, geregistreerde partner of andere levensgezel van die ouder het kind adopteert.

4. De adoptiefouders die niet met elkaar zijn gehuwd of door een geregistreerd partnerschap zijn verbonden oefenen door adoptie het gezag over de geadopteerde gezamenlijk uit.

5. Indien het kind op het tijdstip van de adoptie omgang heeft met een ouder ten aanzien van wie de familierechtelijke betrekking ophoudt te bestaan, kan de rechtbank bepalen dat zij gerechtigd blijven tot omgang met elkaar. De artikelen 377a, tweede en derde lid, 377e en 377g zijn van overeenkomstige toepassing.

(Zie ook: artt. 3, 5, 41, 197 BW Boek 1)

B1 art. 235

Art. 230

1. De adoptie heeft haar gevolgen van de dag, waarop de uitspraak in kracht van gewijsde is gegaan.

2. Indien het kind is geboren binnen de relatie van de ouder en de adoptant en de adoptie voor de geboorte van het kind is verzocht, werkt deze terug tot het tijdstip van geboorte van het kind; indien de adoptie uiterlijk zes maanden na de geboorte van het kind is verzocht, werkt deze terug tot het tijdstip van indiening van het verzoek. Het bepaalde in de eerste volzin is niet van toepassing indien voor de adoptie familierechtelijke betrekkingen waren gevestigd tussen het kind en een andere ouder en deze door de adoptie zijn verbroken. De adoptie kan in het geval, bedoeld in de eerste volzin, ook worden uitgesproken indien de adoptant na indiening van het verzoek is overleden.

3. De adoptie blijft haar gevolgen behouden, ook al zou blijken, dat de rechter de door artikel 228 van dit boek gestelde voorwaarden ten onrechte als vervuld zou hebben aangenomen.

Aanvang van gevolgen van adoptie

Art. 231

1. De adoptie kan door een uitspraak van de rechtbank op verzoek van de geadopteerde worden herroepen.

2. Het verzoek kan alleen worden toegewezen, indien de herroeping in het kennelijk belang van de geadopteerde is, de rechter de redelijkheid der herroeping in gemoede overtuigd is, en het verzoek is ingediend niet eerder dan twee jaren en niet later dan vijf jaren na de dag, waarop de geadopteerde meerderjarig is geworden.

(Zie ook: artt. 21, 23 BW Boek 1)

Herroeping van adoptie

Art. 232

1. Door herroeping van de adoptie houdt de familierechtelijke betrekking tussen de geadopteerde en zijn kinderen enerzijds en de adoptieouder of adoptieouders en zijn bloedverwanten anderzijds op te bestaan.

2. De familierechtelijke betrekking die door de adoptie opgehouden had te bestaan, herleeft door de herroeping.

3. Artikel 230 vindt ten aanzien van de herroeping overeenkomstige toepassing.

Rechtsgevolgen van herroeping van adoptie

Schakelbepaling

Titel 13
Minderjarigheid

Afdeling 1
Algemene bepalingen

Art. 233

Minderjarigen zijn zij die de leeftijd van achttien jaren niet hebben bereikt en evenmin met toepassing van artikel 253ha meerderjarig zijn verklaard.

(Zie ook: art. 31 BW Boek 1)

Minderjarigen

Art. 234

1. Een minderjarige is, mits hij met toestemming van zijn wettelijke vertegenwoordiger handelt, bekwaam rechtshandelingen te verrichten, voor zover de wet niet anders bepaalt.

2. De toestemming kan slechts worden verleend voor een bepaalde rechtshandeling of voor een bepaald doel.

3. De toestemming wordt aan de minderjarige verondersteld te zijn verleend, indien het een rechtshandeling betreft ten aanzien waarvan in het maatschappelijk verkeer gebruikelijk is dat minderjarigen van zijn leeftijd deze zelfstandig verrichten.

(Zie ook: artt. 31, 35, 247, 337, 381 BW Boek 1; artt. 32, 49 t/m 51, 63 BW Boek 3; art. 164 t/m 165 BW Boek 6)

Minderjarige, handelingsbekwaamheid

Afdeling 2
Handlichting

Art. 235

1. Handlichting waarbij aan een minderjarige bepaalde bevoegdheden van een meerderjarige worden toegekend, kan wanneer de minderjarige de leeftijd van zestien jaren heeft bereikt, op zijn verzoek door de kantonrechter worden verleend.

2. Zij wordt niet verleend tegen de wil van de ouders voor zover deze het gezag over de minderjarige uitoefenen, met inachtneming nochtans van artikel 253a, eerste lid.

3. Bij het verlenen van handlichting bepaalt de kantonrechter uitdrukkelijk, welke bevoegdheden van een meerderjarige aan de minderjarige worden toegekend. Deze bevoegdheden mogen zich niet verder uitstrekken dan tot de gedeeltelijke of de gehele ontvangst van zijn inkomsten en de beschikking daarover, het sluiten van verhuringen en verpachtingen, het in een vennootschap deelnemen en het uitoefenen van een beroep of bedrijf. De minderjarige wordt echter

Handlichting minderjarige

door handlichting niet bekwaam tot het beschikken over registergoederen, effecten, of door hypotheek gedekte vorderingen.

4. Hij kan ter zake van de handlichting zelf en van handelingen, waartoe hij krachtens de verkregen handlichting bekwaam is, eisende of verwerende in rechte optreden. Artikel 12 lid 1 van dit boek geldt voor die handelingen niet.

(Zie ook: artt. 247, 337, 381 BW Boek 1; artt. 32, 49 t/m 51 BW Boek 3)

Art. 236

Intrekking van handlichting minderjarige

1. Een verleende handlichting kan door de kantonrechter worden ingetrokken, indien de minderjarige daarvan misbruik maakt of er gegronde vrees bestaat dat hij dit zal doen.

2. De intrekking geschiedt op verzoek van een van de ouders van de minderjarige, voor zover deze het gezag over hem uitoefenen en met inachtneming van artikel 253a, eerste lid, of op verzoek van de voogd.

Art. 237

Bekendmaking van handlichting minderjarige

1. Een beschikking waarbij handlichting is verleend of ingetrokken, moet worden bekend gemaakt in de Staatscourant en in twee in de beschikking aan te wijzen dagbladen.

2. In de bekendmaking moet nauwkeurig worden vermeld hoedanig, en tot welk einde zij is verleend. Vóór de bekendmaking werkt zomin de handlichting als haar intrekking tegen derden die hiervan onkundig waren.

Afdeling 3
De raad voor de kinderbescherming

Art. 238

Raad voor de kinderbescherming

1. Er is één raad voor de kinderbescherming.

2. De wet bepaalt de taken en bevoegdheden van de raad voor de kinderbescherming. Deze worden door de raad voor de kinderbescherming namens onze Minister van Justitie uitgevoerd.

3. Ten behoeve van de vervulling van zijn taak houdt de raad zich in ieder geval op de hoogte van de ontwikkeling van de kinderbescherming, bevordert hij de samenwerking met de instellingen van kinderbescherming en jeugdhulpverlening en dient hij op verzoek of uit eigen beweging autoriteiten en instellingen van advies.

4. Zijn bemoeiingen laten de godsdienstige of levensbeschouwelijke grondslag van de instellingen van kinderbescherming onverlet.

Nadere regels

5. Bij algemene maatregel van bestuur worden de zetel, de werkwijze, voor zover het de samenwerking met de gecertificeerde instelling, bedoeld in artikel 1.1 van de Jeugdwet, betreft en de organisatie van de raad geregeld.

(Zie ook: Man.besl. Pbhpp Je&R; ORKB; Obels. Rkb 1982; Ub Wjz; Wbesl. Orkb)

Art. 239

Competentie van raad voor de kinderbescherming

1. De raad voor de kinderbescherming kan optreden ten behoeve van minderjarigen die in Nederland hetzij hun woonplaats of laatste woonplaats, hetzij hun werkelijk verblijf hebben. Eveneens kan de raad optreden ten behoeve van Nederlandse minderjarigen die in Nederland noch woonplaats, noch laatste woonplaats, noch werkelijk verblijf hebben.

2. Ten behoeve van de minderjarigen die binnen een arrondissement hetzij hun woonplaats of laatste woonplaats, hetzij hun werkelijk verblijf hebben, treden voor de raad voor de kinderbescherming de in dat arrondissement aanwezige werkeenheden van de raad op.

3. Indien op grond van het vorige lid meer werkeenheden in verschillende arrondissementen bevoegd zouden zijn ten behoeve van een zelfde minderjarige op te treden, doet het optreden van een van deze werkeenheden de bevoegdheid van de ander eindigen.

4. Ten behoeve van Nederlandse minderjarigen, die in Nederland noch woonplaats, noch laatste woonplaats, noch werkelijk verblijf hebben, treden de werkeenheden van de raad in het arrondissement Amsterdam op voor de raad voor de kinderbescherming.

Nadere regels

5. Bij algemene maatregel van bestuur wordt de behandeling van klachten ter zake van een bij de raad in behandeling zijnde of geweest zijnde aangelegenheid van kinderbescherming geregeld.

(Zie ook: art. 12 BW Boek 1; Bkbrkb)

Art. 240

Ontheffing van geheimhoudingsplicht tegenover raad voor de kinderbescherming

Degene die op grond van een wettelijk voorschrift of op grond van zijn ambt of beroep tot geheimhouding is verplicht kan, zonder toestemming van degene die het betreft, aan de raad voor de kinderbescherming inlichtingen verstrekken, indien dit noodzakelijk kan worden geacht voor de uitoefening van de taken van de raad.

Art. 241

Verzoek tot voorziening gezagsuitoefening

1. Indien de raad voor de kinderbescherming blijkt, dat een minderjarige niet onder het wettelijk vereiste gezag staat, of dat dit gezag niet over hem wordt uitgeoefend, verzoekt hij de rechter in de gezagsuitoefening over deze minderjarige te voorzien.

2. De kinderrechter kan op verzoek van de raad voor de kinderbescherming of het openbaar ministerie een gecertificeerde instelling als bedoeld in artikel 1.1 van de Jeugdwet, belasten met de voorlopige voogdij over de minderjarige indien het dringend en onverwijld noodzakelijk is om in de gezagsuitoefening over de minderjarige te voorzien teneinde de belangen van de minderjarige te kunnen behartigen.

3. De in het tweede lid bedoelde maatregel kan eveneens worden getroffen indien een minderjarige, die de leeftijd van zes maanden nog niet bereikt heeft en niet staat onder voogdij van een rechtspersoon, zonder voorafgaande schriftelijke toestemming van de raad voor de kinderbescherming als pleegkind is opgenomen. Onder pleegkind wordt in dit verband verstaan: een minderjarige die bij anderen dan zijn ouders, voogd of bloed- en aanverwanten tot en met de derde graad wordt verzorgd en opgevoed, met dien verstande, dat daaronder niet is begrepen:

a. een minderjarige, op wiens verzorging en opvoeding krachtens de bepalingen van een andere wet toezicht wordt uitgeoefend door anderen dan zijn ouders of voogd;

b. een minderjarige, die verzorgd en opgevoed wordt in een inrichting, welke, wat betreft de verzorging en opvoeding van de daarin verblijvende minderjarigen, aan toezicht krachtens de bepalingen van een andere wet is onderworpen.

4. De maatregel vervalt na verloop van drie maanden na de dag van de beschikking, tenzij voor het einde van deze termijn om een voorziening in het gezag over de minderjarige is verzocht.

5. De maatregel kan worden ingetrokken of gewijzigd door de kinderrechter die haar heeft bevolen tenzij een verzoek als bedoeld in het vierde lid is ingediend. In dat geval beslist de rechter bij wie dit verzoek aanhangig is.

6. In afwijking van het tweede lid kan de kinderrechter de voorlopige voogdij over een minderjarige door of voor wie een aanvraag tot het verlenen van een verblijfsvergunning voor bepaalde tijd als bedoeld in artikel 28 van de Vreemdelingenwet 2000 is ingediend, en in verband daarmee in Nederland verblijft, alsmede over door Onze Minister van Veiligheid en Justitie aan te wijzen categorieën andere minderjarigen, opdragen aan een rechtspersoon als bedoeld in artikel 302, tweede lid.

7. De raad voor de kinderbescherming kan een onderzoek instellen naar de leefsituatie van een minderjarige die duurzaam wordt verzorgd en opgevoed bij anderen dan degenen die het ouderlijke gezag of de voogdij over hem uitoefenen, het gezin waarin hij wordt verzorgd en opgevoed of de wijze waarop het gezag of de voogdij over hem wordt uitgeoefend, indien er een redelijk vermoeden bestaat dat de minderjarige in strijd met een wettelijk voorschrift in dat gezin is opgenomen.

Art. 241a

Op de uitoefening van de voorlopige voogdij door een gecertificeerde instelling als bedoeld in artikel 1.1 van de Jeugdwet is artikel 243 van dit Boek van overeenkomstige toepassing.

Art. 242

De raad voor de kinderbescherming stelt zich op de hoogte van alle gevallen, waarin maatregelen met betrekking tot het gezag over minderjarigen overwogen dienen te worden.

(Zie ook: artt. 254, 266, 267, 269, 270, 297, 305, 324, 326, 327 BW Boek 1)

Art. 242a

Indien de ene ouder wordt verdacht van het doden van de andere ouder, of indien de ene ouder is veroordeeld wegens het doden van de andere ouder, stelt de raad voor de kinderbescherming een onderzoek in naar de wenselijkheid van een contact- of omgangsregeling van het kind met de ouder die wordt verdacht van of is veroordeeld wegens het doden van de andere ouder, zodra hij van de verdenking of veroordeling in kennis is gesteld. Op basis van dit onderzoek verzoekt de raad voor de kinderbescherming de kinderrechter om een contact- of omgangsregeling vast te stellen of om het contact of de omgang te ontzeggen. Een verzoek om het contact of de omgang te ontzeggen vermeldt tevens de duur van de verzochte ontzegging.

Art. 243

1. De colleges van burgemeester en wethouders en ambtenaren van de burgerlijke stand verschaffen de raad voor de kinderbescherming kosteloos alle inlichtingen, en verstrekken de raad kosteloos alle afschriften en uittreksels uit hun registers, die de raad ter uitvoering van zijn taak van hen vraagt. Wanneer de raad voor de kinderbescherming een taak vervult of een bevoegdheid uitoefent op grond van een van de bepalingen van deze titel of van de titels 9, 10, 14, 15 en 17 van dit boek, alsmede op grond van de daarmee verband houdende bepalingen van het Wetboek van Burgerlijke Rechtsvordering, verschaffen de bij algemene maatregel van bestuur aan te wijzen instanties of personen de raad kosteloos die inlichtingen die voor een goede uitoefening van hun taak noodzakelijk zijn.

2. Alle verzoeken die de raad voor de kinderbescherming ter uitvoering van zijn taak tot de rechter richt, worden kosteloos behandeld; de grossen, afschriften en uittreksels, die hij tot dat doel aanvraagt, worden hem door de griffiers vrij van alle kosten uitgereikt.

Voorlopige voogdij

Schakelbepaling

Gegevensvergaring door raad voor de kinderbescherming

Contact- of omgangsregeling bij partnerdoding

Raad voor de kinderbescherming, informatieplicht gemeenten

B1 art. 244 Burgerlijk Wetboek Boek 1

3. Exploten door de deurwaarders ten verzoeke van de raad voor de kinderbescherming uitgebracht, worden volgens het gewone tarief vergoed. Advocaten kunnen voor hun aan de raad voor de kinderbescherming bewezen diensten salaris in rekening brengen.

4. Wanneer de raad voor de kinderbescherming op grond van een van de bepalingen van deze titel, of van de titels 9, 10, 12, 14, 15 en 17 van dit boek in rechte optreedt, kan hij dit zonder advocaat doen, behalve in zaken waarbij een vordering wordt ingesteld.

(Zie ook: artt. 28, 301 BW Boek 1; Besl.aanw.kkiv; artt. 810, 814 Rv)

Afdeling 4
Registers betreffende het over minderjarigen uitgeoefende gezag

Art. 244

Registers betreffende het over minderjarigen uitgeoefende gezag

Bij de rechtbanken, dan wel op een andere bij algemene maatregel van bestuur aan te wijzen plaats of plaatsen, berusten openbare registers, waarin aantekening gehouden wordt van rechtsfeiten die op het over minderjarigen uitgeoefende gezag betrekking hebben.

Bij algemene maatregel van bestuur wordt bepaald welke rechtsfeiten aangetekend worden, op welke wijze deze aantekening geschiedt en op welke wijze verstrekking van aangetekende gegevens plaatsvindt.

Titel 14
Het gezag over minderjarige kinderen

Afdeling 1
Algemeen

Art. 245

Gezag over minderjarige
Definitie gezag

1. Minderjarigen staan onder gezag.

2. Onder gezag wordt verstaan ouderlijk gezag dan wel voogdij.

3. Ouderlijk gezag wordt door de ouders gezamenlijk of door één ouder uitgeoefend. Voogdij wordt door een ander dan een ouder uitgeoefend.

4. Het gezag heeft betrekking op de persoon van de minderjarige, het bewind over zijn vermogen en zijn vertegenwoordiging in burgerlijke handelingen, zowel in als buiten rechte.

5. Het gezag van de ouder die dit krachtens artikel 253sa of krachtens een rechterlijke beslissing overeenkomstig artikel 253t samen met een ander dan een ouder uitoefent, wordt aangemerkt als ouderlijk gezag dat door ouders gezamenlijk wordt uitgeoefend, tenzij uit een wettelijke bepaling het tegendeel voortvloeit.

(Zie ook: artt. 82, 233, 336, 404 BW Boek 1; artt. 2, 9, 32 Wet BOPZ)

Art. 246

Gezag over minderjarige, onbevoegd tot

Onbevoegd tot het gezag zijn minderjarigen, zij die onder curatele zijn gesteld en zij wier geestvermogens zodanig zijn gestoord, dat zij in de onmogelijkheid verkeren het gezag uit te oefenen, tenzij deze stoornis van tijdelijke aard is.

(Zie ook: artt. 233, 266 BW Boek 1)

Art. 246a

[Vervallen].

Art. 247

Omvang van ouderlijk gezag

1. Het ouderlijk gezag omvat de plicht en het recht van de ouder zijn minderjarig kind te verzorgen en op te voeden.

2. Onder verzorging en opvoeding worden mede verstaan de zorg en de verantwoordelijkheid voor het geestelijk en lichamelijk welzijn en de veiligheid van het kind alsmede het bevorderen van de ontwikkeling van zijn persoonlijkheid. In de verzorging en opvoeding van het kind passen de ouders geen geestelijk of lichamelijk geweld of enige andere vernederende behandeling toe.

(Zie ook: artt. 82, 233, 336, 404 BW Boek 1)

3. Het ouderlijk gezag omvat mede de verplichting van de ouder om de ontwikkeling van de banden van zijn kind met de andere ouder te bevorderen.

4. Een kind over wie de ouders gezamenlijk het gezag uitoefenen, behoudt na ontbinding van het huwelijk anders dan door de dood of na scheiding van tafel en bed, na de ontbinding van het geregistreerd partnerschap anders dan door de dood, of na het beëindigen van de samenleving indien een aantekening als bedoeld in artikel 252, eerste lid, is geplaatst, recht op een gelijkwaardige verzorging en opvoeding door beide ouders.

5. Ouders kunnen ter uitvoering van het vierde lid in een overeenkomst of ouderschapsplan rekening houden met praktische belemmeringen die ontstaan in verband met de ontbinding van het huwelijk anders dan door de dood of na scheiding van tafel en bed, de ontbinding van het geregistreerd partnerschap anders dan door de dood, of het beëindigen van de samenleving indien een aantekening als bedoeld in artikel 252, eerste lid, is geplaatst, echter uitsluitend voor zover en zolang de desbetreffende belemmeringen bestaan.

Art. 247a

Indien een aantekening als bedoeld in artikel 252, eerste lid, is geplaatst en de ouders hun samenleven beëindigen, stellen zij een ouderschapsplan op als bedoeld in artikel 815, tweede en derde lid, van het Wetboek van Burgerlijke Rechtsvordering.

Ouderschapsplan bij beëindiging samenleven

Art. 248

Het tweede lid van artikel 247 van dit boek is van overeenkomstige toepassing op de voogd en op degene die een minderjarige verzorgt en opvoedt zonder dat hem het gezag over die minderjarige toekomt.

Schakelbepaling

(Zie ook: artt. 251, 337, 444 BW Boek 1)

Art. 249

De minderjarige dient rekening te houden met de aan de ouder of voogd in het kader van de uitoefening van het gezag toekomende bevoegdheden, alsmede met de belangen van de overige leden van het gezin waarvan hij deel uitmaakt.

Verplichting minderjarige in het kader van het ouderlijk gezag

(Zie ook: artt. 82, 233, 336, 404 BW Boek 1)

Art. 250

1. Wanneer in aangelegenheden betreffende diens verzorging en opvoeding, dan wel het vermogen van de minderjarige, de belangen van de met het gezag belaste ouders of een van hen dan wel van de voogd of de beide voogden in strijd zijn met die van de minderjarige, benoemt de rechtbank, danwel, indien het een aangelegenheid inzake het vermogen van de minderjarige betreft, de kantonrechter, of, indien de zaak reeds aanhangig is, de desbetreffende rechter, indien hij dit in het belang van de minderjarige noodzakelijk acht, daarbij in het bijzonder de aard van deze belangenstrijd in aanmerking genomen, op verzoek van een belanghebbende of ambtshalve een bijzondere curator om de minderjarige ter zake, zowel in als buiten rechte, te vertegenwoordigen.

Benoeming van bijzondere curator

(Zie ook: artt. 233, 266 BW Boek 1)

2. In geval van een verzoek van de raad voor de kinderbescherming als bedoeld in artikel 242a benoemt de kinderrechter bij de aanvang van het geding een bijzondere curator om de minderjarige, zowel in als buiten rechte, te vertegenwoordigen.

Benoeming van bijzondere curator, verzoek raad voor de kinderbescherming

Afdeling 2
Ouderlijk gezag

§ 1
Het gezamenlijk gezag van ouders binnen en buiten huwelijk en het gezag van één ouder na scheiding

Art. 251

1. Gedurende hun huwelijk oefenen de ouders het gezag gezamenlijk uit.

Gezamenlijke uitoefening van het ouderlijk gezag

2. Na ontbinding van het huwelijk anders dan door de dood of na scheiding van tafel en bed blijven de ouders die gezamenlijk het gezag hebben, dit gezag gezamenlijk uitoefenen.

Art. 251a

1. De rechter kan na ontbinding van het huwelijk anders dan door de dood of na scheiding van tafel en bed op verzoek van de ouders of van één van hen bepalen dat het gezag over een kind aan één ouder toekomt indien:

Toewijzing gezag aan één ouder

a. er een onaanvaardbaar risico is dat het kind klem of verloren zou raken tussen de ouders en niet te verwachten is dat hierin binnen afzienbare tijd voldoende verbetering zou komen, of
b. wijziging van het gezag anderszins in het belang van het kind noodzakelijk is.

2. De beslissing op grond van het eerste lid wordt gegeven bij de beschikking houdende scheiding van tafel en bed, echtscheiding dan wel ontbinding van het huwelijk na scheiding van tafel en bed of bij latere beschikking.

3. Indien een beslissing op grond van het eerste lid niet alle kinderen der echtgenoten betrof, vult de rechtbank haar aan op verzoek van een van de ouders, van de raad voor de kinderbescherming of ambtshalve.

4. De rechter kan, indien hem blijkt dat de minderjarige van twaalf jaar of ouder hierop prijs stelt, ambtshalve een beslissing geven op de voet van het eerste lid. Hetzelfde geldt indien de minderjarige de leeftijd van twaalf jaren nog niet heeft bereikt, maar in staat kan worden geacht tot een redelijke waardering van zijn belangen ter zake.

Ambtshalve beslissing op verzoek van minderjarige

Art. 252

1. De ouders die niet met elkaar zijn gehuwd of een geregistreerd partnerschap zijn aangegaan oefenen het gezag over hun minderjarige kinderen gezamenlijk uit, indien dit op hun beider verzoek in het register, bedoeld in artikel 244, is aangetekend. Een verzoek als bedoeld in de

Ouderlijk gezag van ongehuwden of niet geregistreerde partners

B1 art. 253 **Burgerlijk Wetboek Boek 1**

eerste volzin kan niet worden gedaan ten aanzien van de kinderen over wie zij het gezag gezamenlijk hebben uitgeoefend.

2. De aantekening wordt door de griffier geweigerd, indien op het tijdstip van het verzoek:

a. één of beide ouders onbevoegd is tot het gezag; of

b. het gezag van één van beide ouders is beëindigd en de andere ouder het gezag uitoefent; of

c. een voogd met het gezag over het kind is belast; of

d. de voorziening in het gezag over het kind is komen te ontbreken; of

e. de ouder die het gezag heeft, dit gezamenlijk met een ander dan een ouder uitoefent.

3. Tegen de weigering van de aantekening is alleen beroep mogelijk, indien zij heeft plaatsgevonden op grond van onbevoegdheid van één of beide ouders tot het gezag anders dan vanwege minderjarigheid of ondercuratelestelling. Alsdan kan de rechtbank worden verzocht de aantekening te gelasten. Zij wijst het verzoek af, indien gegronde vrees bestaat dat bij inwilliging de belangen van het kind zouden worden verwaarloosd.

Art. 253

Herleving van rechtswege van ouderlijk gezag

1. Indien gewezen echtgenoten met elkaar hertrouwen dan wel een geregistreerd partnerschap aangegaan en onmiddellijk daaraan voorafgaande één der echtgenoten het gezag over de minderjarige kinderen uitoefende, herleeft van rechtswege het gezamenlijk gezag, tenzij een der echtgenoten onbevoegd is tot dit gezag of dat gezag is beëindigd en wel het gezag gezamenlijk met een ander dan de ouder uitoefent.

2. De echtgenoot voor wie het gezag niet is herleefd, kan de rechtbank verzoeken hem daarmede te belasten. Dit verzoek wordt slechts afgewezen, indien gegronde vrees bestaat dat bij inwilliging de belangen van de kinderen zouden worden verwaarloosd.

3. Het eerste en tweede lid zijn van overeenkomstige toepassing, indien door verzoening van de echtgenoten een scheiding van tafel en bed eindigt.

4. Het eerste en tweede lid zijn van overeenkomstige toepassing indien gewezen geregistreerde partners die gezamenlijk gezag uitoefenden over het kind, opnieuw met elkaar een geregistreerd partnerschap aangaan dan wel met elkaar huwen.

Art. 253a

Geschillen tussen ouders over ouderlijk gezag

1. In geval van gezamenlijke uitoefening van het gezag kunnen geschillen hieromtrent op verzoek van de ouders of van een van hen aan de rechtbank worden voorgelegd. De rechtbank neemt een zodanige beslissing als haar in het belang van het kind wenselijk voorkomt.

2. De rechtbank kan eveneens op verzoek van de ouders of een van hen een regeling vaststellen inzake de uitoefening van het ouderlijk gezag. Deze regeling kan omvatten:

a. een toedeling aan ieder der ouders van de zorg- en opvoedingstaken, alsmede met overeenkomstige toepassing van artikel 377a, derde lid, een tijdelijk verbod aan een ouder om met het kind contact te hebben;

b. de beslissing bij welke ouder het kind zijn hoofdverblijfplaats heeft;

c. de wijze waarop informatie omtrent gewichtige aangelegenheden met betrekking tot de persoon en het vermogen van het kind wordt verschaft aan de ouder bij wie het kind niet zijn hoofdverblijfplaats heeft dan wel de wijze waarop deze ouder wordt geraadpleegd;

d. de wijze waarop informatie door derden overeenkomstig artikel 377c, eerste en tweede lid, wordt verschaft.

3. Indien op de ouders de verplichting van artikel 247a rust en zij daaraan niet hebben voldaan, houdt de rechter de beslissing op een in het tweede lid bedoeld verzoek ambtshalve aan, totdat aan die verplichting is voldaan. Aanhouding blijft achterwege indien het belang van het kind dit vergt.

4. De artikelen 377e en 377g zijn van overeenkomstige toepassing. Daar waar in deze bepalingen gesproken wordt over omgang of een omgangsregeling wordt in plaats daarvan gelezen: een verdeling van de zorg- en opvoedingstaken.

5. De rechtbank beproeft alvorens te beslissen op een verzoek als in het eerste of tweede lid bedoeld, een vergelijk tussen de ouders en kan desverzocht en ook ambtshalve, zulks indien geen vergelijk tot stand komt en het belang van het kind zich daartegen niet verzet, een door de wet toegelaten dwangmiddel opleggen, dan wel bepalen dat de beschikking of onderdelen daarvan met toepassing van artikel 812, tweede lid, van het Wetboek van Burgerlijke Rechtsvordering ten uitvoer kunnen worden gelegd.

6. De rechtbank behandelt het verzoek binnen zes weken.

Paragraaf 1a
Het gezamenlijk gezag van ouders binnen een geregistreerd partnerschap

Art. 253aa

Ouderlijk gezag van geregistreerd partners

1. Gedurende hun geregistreerd partnerschap oefenen de ouders het gezag gezamenlijk uit.

2. De bepalingen met betrekking tot het gezamenlijk gezag zijn hierop van toepassing, met uitzondering van de artikelen 251, tweede lid, en 251a, tweede en derde lid.

§ 2

Het gezag van ouders anders dan na scheiding

Art. 253b

1. Indien ten aanzien van een kind alleen het moederschap vaststaat van de vrouw uit wie het kind is geboren of indien de ouders van een kind niet met elkaar gehuwd zijn dan wel gehuwd zijn geweest en zij het gezag niet gezamenlijk uitoefenen, oefent de moeder uit wie het kind is geboren van rechtswege het gezag over het kind alleen uit, tenzij zij bij haar bevalling onbevoegd tot het gezag was.

2. De in het eerste lid bedoelde moeder die ten tijde van haar bevalling onbevoegd was tot het gezag, verkrijgt dit van rechtswege op het tijdstip waarop zij daartoe bevoegd wordt, tenzij op dat tijdstip een ander met het gezag is belast.

3. Indien op bedoeld tijdstip een ander het gezag heeft, kan de tot het gezag bevoegde ouder de rechtbank verzoeken hem met het gezag over het kind te belasten.

4. Wanneer de andere ouder het gezag over het kind uitoefent, wordt dit verzoek slechts ingewilligd, indien de rechter dit in het belang van het kind wenselijk oordeelt.

5. Wanneer een voogd het gezag over het kind uitoefent, wordt het verzoek slechts afgewezen, indien gegronde vrees bestaat dat bij inwilliging de belangen van het kind zouden worden verwaarloosd.

Art. 253c

1. De tot het gezag bevoegde ouder van het kind, die nimmer het gezag gezamenlijk met de moeder uit wie het kind is geboren heeft uitgeoefend, kan de rechtbank verzoeken de ouders met het gezamenlijk gezag dan wel hem alleen met het gezag over het kind te belasten.

2. Indien het verzoek ertoe strekt de ouders met het gezamenlijk gezag te belasten en de andere ouder met gezamenlijk gezag niet instemt, wordt het verzoek slechts afgewezen indien:

a. er een onaanvaardbaar risico is dat het kind klem of verloren zou raken tussen de ouders en niet te verwachten is dat hierin binnen afzienbare tijd voldoende verbetering zou komen, of

b. afwijking anderszins in het belang van het kind noodzakelijk is.

3. Wanneer de andere ouder het gezag over het kind uitoefent, wordt het verzoek om de tot het gezag bevoegde ouder, bedoeld in het eerste lid, alleen met het gezag te belasten slechts ingewilligd, indien de rechtbank dit in het belang van het kind wenselijk oordeelt.

4. Wanneer niet in het gezag is voorzien of wanneer een voogd het gezag uitoefent, wordt het verzoek om de tot het gezag bevoegde ouder, bedoeld in het eerste lid, alleen met het gezag te belasten slechts afgewezen, indien gegronde vrees bestaat dat bij inwilliging de belangen van het kind zouden worden verwaarloosd.

5. Een verzoek om de ouders met het gezamenlijk gezag te belasten als bedoeld in het eerste lid, kan ook door de moeder uit wie het kind is geboren worden gedaan.

Art. 253d

1. Indien de voorziening in het gezag over een kind, bedoeld in artikel 253b, eerste lid, komt te ontbreken, kunnen beide ouders voor zover zij tot het gezag bevoegd zijn – de rechtbank verzoeken met het gezag onderscheidenlijk gezamenlijk gezag te worden belast.

2. Het in het eerste lid bedoelde verzoek wordt slechts afgewezen, indien gegronde vrees bestaat dat bij inwilliging de belangen van het kind zouden worden verwaarloosd.

3. Hebben beiden een verzoek ingediend anders dan tot gezamenlijke gezagsuitoefening, dan willigt de rechter het verzoek in van degene wiens gezag over het kind hij het meeste in het belang van het kind oordeelt.

4. Indien, voordat over het verzoek van één ouder is beslist, de andere ouder van rechtswege het gezag over het kind verkrijgt, willigt de rechter het verzoek slechts in, indien hij dit in het belang van het kind wenselijk oordeelt.

Art. 253e

Inwilliging van het verzoek van een der ouders als bedoeld in de artikelen 253b, 253c en 253d van dit boek heeft, indien de ander het gezag tot dusverre uitoefende, tot gevolg dat de laatste het gezag verliest. Dit gevolg treedt niet in indien de ouders als gevolg van de rechterlijke beslissing met het gezamenlijk gezag zijn belast.

Art. 253f

Na de dood van een der ouders oefent de overlevende ouder van rechtswege het gezag over de kinderen uit, indien en voor zover hij op het tijdstip van overlijden het gezag uitoefent.

(Zie ook: artt. 233, 236, 266, 269, 271, 274 BW Boek 1)

Art. 253g

1. Indien van de ouders diegene overlijdt die het gezag over hun minderjarige kinderen alleen uitoefent, bepaalt de rechter dat de overlevende ouder of een derde met het gezag over deze kinderen wordt belast.

2. De rechter doet dit op verzoek van de raad voor de kinderbescherming, de overlevende ouder of ambtshalve.

Van rechtswege uitoefening van ouderlijk gezag door de moeder

Verzoek tot uitoefening van ouderlijk gezag

Verzoek tot gezamenlijke uitoefening van ouderlijk gezag

Verlies van ouderlijk gezag

Ouderlijk gezag bij overlijden ouder

Ouderlijk gezag bij overlijden ouder die alleen gezag uitoefent

B1 art. 253h

3. Het verzoek om de overlevende ouder met het gezag te belasten wordt slechts afgewezen, indien de rechter oordeelt dat het belang van de minderjarige zich tegen inwilliging verzet.

4. De bepaling van het voorgaande lid is mede van toepassing indien de overleden ouder een voogd had aangewezen overeenkomstig artikel 292 van dit boek.

Art. 253h

Wijziging ouderlijk gezag bij overleden ouder

1. Indien na het overlijden van één der ouders een voogd is benoemd, kan de rechter deze beslissing te allen tijde in dier voege wijzigen, dat de overlevende ouder mits deze daartoe bevoegd is, alsnog met het gezag wordt belast.

2. Hij gaat hiertoe slechts over op verzoek van de overlevende ouder, en niet dan op grond dat nadien de omstandigheden zijn gewijzigd, of dat bij het nemen van de beslissing van onjuiste of onvolledige gegevens is uitgegaan.

3. Wanneer de andere ouder een voogd had aangewezen overeenkomstig artikel 292 van dit boek en deze inmiddels is opgetreden, is dit artikel van overeenkomstige toepassing met dien verstande dat, mits het verzoek van de overlevende ouder binnen één jaar na het begin van de voogdij wordt gedaan, dit verzoek slechts wordt afgewezen indien de rechter oordeelt dat het belang van de minderjarige zich tegen inwilliging verzet.

§ 2a

Gezag na meerderjarigverklaring

Art. 253ha

Meerderjarigverklaring moeder

1. De minderjarige vrouw die als degene die het gezag heeft, haar kind wenst te verzorgen en op te voeden kan, indien zij de leeftijd van zestien jaren heeft bereikt, de kinderrechter verzoeken haar meerderjarig te verklaren.

2. Het verzoek kan ten behoeve van de vrouw ook worden gedaan door de raad voor de kinderbescherming. Deze behoeft hiertoe haar schriftelijke toestemming. Het verzoek vervalt, indien de vrouw haar toestemming intrekt.

3. Het verzoek kan ook voor de bevalling door of ten behoeve van de vrouw worden gedaan, alsmede indien de vrouw eerst omstreeks het tijdstip van haar bevalling de leeftijd van zestien jaren zal hebben bereikt. In dat geval wordt op het verzoek niet eerder dan na de bevalling of, indien de vrouw op dat tijdstip nog geen zestien jaar is, nadat zij die leeftijd heeft bereikt, beslist.

4. De kinderrechter willigt het verzoek slechts in, indien hij dit in het belang van de moeder en haar kind wenselijk oordeelt. Indien een ander met het gezag is belast, wordt de moeder daarmee belast.

5. De minderjarige vrouw is bekwaam in rechte op te treden en tegen een uitspraak beroep in te stellen.

§ 3

Het bewind van de ouders

Art. 253i

Bewindvoering door ouders

1. Ingeval van gezamenlijke gezagsuitoefening voeren de ouders gezamenlijk het bewind over het vermogen van het kind en vertegenwoordigen zij gezamenlijk het kind in burgerlijke handelingen, met dien verstande dat een ouder alleen, mits niet van bezwaren van de andere ouder is gebleken, hiertoe ook bevoegd is.

Schakelbepaling

2. Artikel 253a van dit boek is van overeenkomstige toepassing met dien verstande dat in plaats van "de rechtbank" wordt gelezen "de kantonrechter".

3. Oefent een ouder het gezag alleen uit, dan wordt door die ouder het bewind over het vermogen van het kind gevoerd en het kind in burgerlijke handelingen vertegenwoordigd.

4. Van het bepaalde in het eerste en derde lid kan worden afgeweken:

a. indien de rechter bij de beschikking waarbij de uitoefening van het gezag over het kind aan een van de ouders wordt opgedragen op eensluidend verzoek van de ouders of op verzoek van één van hen, mits de ander zich daartegen niet verzet, heeft bepaald dat de ouder die niet het gezag over het kind zal uitoefenen, het bewind over het vermogen van het kind zal voeren;

b. ingevolge artikel 276, tweede lid, van dit boek, bij beëindiging van het gezag;

c. indien hij die een minderjarige goederen schenkt of vermaakt, bij de gift, onderscheidenlijk bij de uiterste wilsbeschikking, heeft bepaald dat een ander het bewind over die goederen zal voeren.

5. In het laatstbedoelde geval zijn de ouders, of - indien een ouder het gezag alleen uitoefent - die ouder, bevoegd van de bewindvoerder rekening en verantwoording te vragen.

6. Bij het vervallen van het door de schenker of erflater ingesteld bewind zijn het eerste en tweede lid, onderscheidenlijk het derde lid, van toepassing.

Art. 253j

De ouders of een ouder moeten het bewind over het vermogen van hun kind als goede bewindvoerders voeren. Bij slecht bewind zijn zij voor de daaraan te wijten schade aansprakelijk, behoudens voor de vruchten van dat vermogen voor zover de wet hun het genot daarvan toekent. *(Zie ook: art. 531 BW Boek 2)*

Verplichtingen van bewindvoerende ouders

Art. 253k

Op het bewind van de ouders of een ouder zijn de artikelen 342, tweede lid, 344 tot en met 357 en 370 van dit boek van overeenkomstige toepassing.

Schakelbepaling

Art. 253l

1. Elke ouder die het gezag over zijn kind uitoefent, heeft het vruchtgenot van diens vermogen. Indien het kind bij de ouder inwoont en anders dan incidenteel inkomen uit arbeid geniet, is het verplicht naar draagkracht bij te dragen in de kosten van de huishouding van het gezin.

Vruchtgenot van ouders

2. Het eerste lid is van overeenkomstige toepassing in geval het gezag van de ouder is beëindigd, tenzij de andere ouder het gezag uitoefent.

3. Aan bedoeld vruchtgenot zijn de lasten verbonden, die op vruchtgebruikers rusten.

Art. 253m

De ouder heeft geen vruchtgenot van het vermogen, ten aanzien waarvan bij uiterste wilsbeschikking van de erflater of bij de gift is bepaald dat de ouders daarvan het vruchtgenot niet zullen hebben.

Vruchtgenot van ouders, geen

Afdeling 3

Gemeenschappelijke bepalingen betreffende de gezagsuitoefening door de ouders en de gezagsuitoefening door één van hen

Art. 253n

1. Op verzoek van de niet met elkaar gehuwde ouders of een van hen kan de rechtbank het gezamenlijk gezag, bedoeld in de artikelen 251, tweede lid, 252, eerste lid, 253q, vijfde lid, of 277, eerste lid, beëindigen, indien nadien de omstandigheden zijn gewijzigd of bij het nemen van de beslissing van onjuiste of onvolledige gegevens is uitgegaan. Alsdan bepaalt de rechtbank aan wie van de ouders voortaan het gezag over ieder der minderjarige kinderen toekomt.

Beëindiging van gezamenlijk ouderlijk gezag

2. Het eerste en derde lid van artikel 251a zijn van overeenkomstige toepassing.

Schakelbepaling

Art. 253o

1. Beslissingen waarbij een ouder alleen met het gezag is belast, gegeven ingevolge het bepaalde in de paragrafen 1, 2 en 2a van deze titel en het bepaalde in artikel 253n van dit boek kunnen op verzoek van de ouders of van een van hen door de rechtbank worden gewijzigd op grond dat nadien de omstandigheden zijn gewijzigd, of dat bij het nemen van de beslissing van onjuiste of onvolledige gegevens is uitgegaan.

Wijziging van ouderlijk gezag

Art. 253p

1. In de gevallen waarin door de rechter het gezag wordt opgedragen aan beide ouders of aan een ouder alleen, neemt dit een aanvang zodra de desbetreffende beschikking in kracht van gewijsde is gegaan, of, indien zij uitvoerbaar bij voorraad is verklaard, daags nadat de beschikking is verstrekt of verzonden.

Aanvang van ouderlijk gezag

2. Na de gerechtelijke ontbinding van het huwelijk of na scheiding van tafel en bed begint het gezag nochtans niet voordat de beschikking houdende ontbinding van het huwelijk is ingeschreven in de registers van de burgerlijke stand of voordat de beschikking houdende scheiding van tafel en bed is ingeschreven in het huwelijksgoederenregister, aangewezen in artikel 116.

3. Indien een aantekening was gedaan als bedoeld in artikel 252, eerste lid, van dit boek, begint het aan één der ouders opgedragen gezag nochtans niet, dan nadat deze aantekening door de griffier is doorgehaald. Van de doorhaling doet de griffier schriftelijk mededeling aan beide ouders.

Art. 253q

1. Wanneer een van de ouders die gezamenlijk het gezag over hun minderjarige kinderen uitoefenen, op een der in artikel 246 genoemde gronden daartoe onbevoegd is, oefent de andere ouder alleen het gezag over de kinderen uit. Wanneer de grond van de onbevoegdheid is weggevallen, herleeft van rechtswege het gezamenlijke gezag.

Herleving van ouderlijk gezag

2. Wanneer beide ouders die gezamenlijk het gezag over hun minderjarige kinderen uitoefenen, daartoe op een der in artikel 246 genoemde gronden onbevoegd zijn, benoemt de rechtbank een voogd.

3. Wanneer een ouder die alleen het gezag uitoefent, op een der in artikel 246 genoemde gronden daartoe onbevoegd is, belast de rechtbank de andere ouder met het gezag, tenzij de rechter oordeelt dat het belang van de minderjarige zich hiertegen verzet. Alsdan benoemt zij een voogd.

4. De in het tweede en derde lid bedoelde beslissingen worden gegeven op verzoek van een ouder, bloed- of aanverwanten van de minderjarige, de raad voor de kinderbescherming, de gecertificeerde instelling, bedoeld in artikel 1.1 van de Jeugdwet, een rechtspersoon een daartoe

B1 art. 253r **Burgerlijk Wetboek Boek 1**

door Onze Minister van Veiligheid en Justitie aanvaarde rechtspersoon als bedoeld in artikel 256, eerste lid, en artikel 302, tweede lid, of ambtshalve.

5. Wanneer de grond van de onbevoegdheid ten aanzien van de ouder die het gezag alleen uitoefende, is vervallen, belast de rechtbank deze ouder op zijn verzoek wederom met het gezag tenzij de rechtbank oordeelt dat het belang van de minderjarige zich hiertegen verzet. Op verzoek van de ouders of een van hen kan hij de ouders gezamenlijk met het gezag belasten.

Art. 253r

Schakelbepaling

1. Artikel 253q is van overeenkomstige toepassing, indien:
a. de ouders of de ouder die het gezag uitoefenen al dan niet tijdelijk in de onmogelijkheid verkeren het gezag uit te oefenen; of
b. het bestaan of de verblijfplaats van de ouders of van één van hen die het gezag uitoefenen, onbekend is.

2. In het geval een der ouders het gezag alleen uitoefent overeenkomstig artikel 253q, eerste lid, is gedurende de tijd waarin een van de in het eerste lid bedoelde omstandigheden zich voordoet het gezag van de andere ouder geschorst. In de overige gevallen is het gezag geschorst totdat de rechter de ouders of een van hen wederom met het gezag belast. In afwijking van artikel 253q kan de rechter dit slechts doen indien aan de vereisten gesteld in artikel 277, eerste lid, is voldaan.

Art. 253s

Wijziging verblijfplaats kind door gezagvoerende ouder

1. Indien het kind met instemming van zijn ouders die het gezag over hem uitoefenen, gedurende ten minste een jaar door een of meer anderen als behorende tot het gezin is verzorgd en opgevoed, kunnen de ouders slechts met toestemming van degenen die de verzorging en opvoeding op zich hebben genomen, wijziging in het verblijf van het kind brengen.

2. Voor zover de volgens het vorige lid vereiste toestemmingen niet worden verkregen, kunnen zij op verzoek van de ouders door die van de rechtbank worden vervangen. Dit verzoek wordt slechts afgewezen indien de rechtbank dit in het belang van de minderjarige noodzakelijk oordeelt.

3. In geval van afwijzing van het verzoek is de beschikking van kracht gedurende een door de rechtbank te bepalen termijn, welke de duur van zes maanden niet te boven mag gaan. Is echter voor het einde van deze termijn een verzoek tot ondertoezichtstelling van het kind, dan wel tot beëindiging van het gezag van een of beide ouders aanhangig gemaakt, dan blijft de beschikking gelden, totdat op het verzoek bij gewijsde is beslist.

Afdeling 3A
Gezamenlijk gezag van een ouder tezamen met een ander dan een ouder

Paragraaf 1
Het gezamenlijk gezag van rechtswege van een ouder tezamen met een ander dan een ouder

Art. 253sa

Gezamenlijk gezag van ouder met niet-ouder van rechtswege Schakelbepaling

1. Over het staande hun huwelijk of geregistreerd partnerschap geboren kind oefenen een ouder en zijn echtgenoot of geregistreerde partner die niet de ouder is, gezamenlijk het gezag uit, tenzij het kind tevens in familierechtelijke betrekking staat tot een andere ouder.

2. De bepalingen met betrekking tot het gezamenlijk gezag zijn hierop van toepassing, met uitzondering van de artikelen 251, tweede lid, en 251a, tweede en derde lid.

Paragraaf 2
Het gezamenlijk gezag van een ouder tezamen met een ander dan een ouder krachtens rechterlijke beslissing

Art. 253t

Gezamenlijk gezag van ouder met niet-ouder krachtens rechterlijke beslissing

1. Indien het gezag over een kind bij één ouder berust, kan de rechtbank op gezamenlijk verzoek van de met het gezag belaste ouder en een ander dan de ouder die in een nauwe persoonlijke betrekking tot het kind staat, hen gezamenlijk met het gezag over het kind belasten.

2. In het geval dat het kind tevens in familierechtelijke betrekking staat tot een andere ouder wordt het verzoek slechts toegewezen, indien:
a. de ouder en de ander op de dag van het verzoek gedurende ten minste een aaneengesloten periode van een jaar onmiddellijk voorafgaande aan het verzoek gezamenlijk de zorg voor het kind hebben gehad; en
b. de ouder die het verzoek doet op de dag van het verzoek gedurende ten minste een aaneengesloten periode van drie jaren alleen met het gezag belast is geweest.

3. Het verzoek wordt afgewezen indien, mede in het licht van de belangen van een andere ouder, gegronde vrees bestaat dat bij inwilliging de belangen van het kind zouden worden verwaarloosd.

4. Het gezamenlijk gezag, bedoeld in het eerste lid, kan niet worden toegekend in de gevallen, bedoeld in artikel 253q, eerste lid, en artikel 253r. Het staat niet open voor rechtspersonen.

5. Een verzoek als bedoeld in het eerste lid kan vergezeld gaan van een verzoek tot wijziging van de geslachtsnaam van het kind in de geslachtsnaam van de met het gezag belaste ouder of de ander. Een zodanig verzoek wordt afgewezen, indien

a. het kind van twaalf jaar of ouder ter gelegenheid van zijn verhoor niet heeft ingestemd met het verzoek;

b. het verzoek, bedoeld in het eerste lid, wordt afgewezen; of

c. het belang van het kind zich tegen toewijzing verzet.

Art. 253u

Het gezamenlijk gezag begint op de dag waarop de beslissing die de benoeming inhoudt, in kracht van gewijsde is gegaan, of, indien zij uitvoerbaar bij voorraad is verklaard, daags nadat de beschikking is verstrekt of verzonden.

Aanvang van gezamenlijk gezag

Art. 253v

1. Op de gezamenlijke gezagsuitoefening door de ouder en de ander zijn de artikelen 246, 247, 249, 250, 253a, 253j tot en met 253m, 253q, eerste lid, 253r alsmede 253s van overeenkomstige toepassing.

Schakelbepaling

2. Artikel 253i is van overeenkomstige toepassing, tenzij de met het gezag belaste ouder het bewind niet voert ingevolge artikel 253i, vierde lid, onder a of c.

3. Artikel 253n is van overeenkomstige toepassing. De rechtbank geeft geen beslissing tot beëindiging van het gezamenlijk gezag, bedoeld in artikel 253t, dan nadat zij de ouders of de niet met het gezag belaste ouder in de gelegenheid heeft gesteld te verzoeken in het belang van het kind de ouders gezamenlijk met het gezag over het kind te belasten of de niet met het gezag belaste ouder daarmee te belasten.

4. Indien de rechtbank na beëindiging van het gezamenlijk gezag van de ouder en de ander, deze ander met de voogdij heeft belast, kan zij te allen tijde wegens wijziging van omstandigheden op verzoek van de ouders of van één van hen in het belang van het kind één ouder met het gezag of de ouders met het gezamenlijk gezag belasten.

5. Artikel 253q, tweede lid, is van overeenkomstige toepassing met dien verstande dat de rechtbank geen voogd benoemt dan nadat zij de niet met het gezag belaste ouder in de gelegenheid heeft gesteld te verzoeken in het belang van het kind hem met het gezag over het kind te belasten. Het verzoek, bedoeld in artikel 253q, tweede lid, kan tevens door de ander dan de ouder worden gedaan.

6. De afdelingen 4 en 5 van deze titel zijn van overeenkomstige toepassing op het gezamenlijk gezag van de ouder en de ander, met dien verstande dat in geval van beëindiging van het gezag van de ouder die gezamenlijk met de ander het gezag uitoefent, de ander niet alleen met het gezag wordt belast dan nadat de rechtbank de niet met het gezag belaste ouder in de gelegenheid heeft gesteld te verzoeken hem met het gezag over het kind te belasten.

Paragraaf 3
Gemeenschappelijke bepalingen inzake het gezamenlijk gezag van een ouder tezamen met een ander dan een ouder

Art. 253w

De ander die met de ouder gezamenlijk het gezag uitoefent, is verplicht tot het verstrekken van levensonderhoud jegens het kind dat onder zijn gezag staat. Indien het gezamenlijk gezag door de meerderjarigheid van het kind is geëindigd, duurt de onderhoudsplicht voort totdat het kind de leeftijd van eenentwintig jaren heeft bereikt. Nadat een rechterlijke beslissing tot beëindiging van het gezamenlijk gezag in kracht van gewijsde is gegaan of na het overlijden van de ouder met wie tot het tijdstip van overlijden het gezag gezamenlijk werd uitgeoefend, blijft deze onderhoudsplicht gedurende de termijn dat het gezamenlijk gezag heeft geduurd, bestaan, tenzij de rechter in bijzondere omstandigheden op verzoek van de ouder of de ander een langere termijn bepaalt. Zij eindigt uiterlijk op het tijdstip dat het kind de leeftijd van eenentwintig jaren heeft bereikt. De artikelen 392, derde lid, 395a, eerste lid, 395b, 397, 398, 399, 400, 401, eerste, vierde en vijfde lid, 402, 402a, 403, 404, eerste lid, 406 en 408 zijn van overeenkomstige toepassing.

Verstrekken van levensonderhoud bij gezamenlijk gezag

Art. 253x

1. Na de dood van de ouder die tezamen met de ander het gezag uitoefende, oefent die ander van rechtswege de voogdij over de kinderen uit.

Voogdij na overlijden ouder bij gezamenlijk gezag

2. De rechtbank kan op verzoek van de overlevende ouder te allen tijde bepalen dat deze, mits daartoe bevoegd, alsnog met het gezag wordt belast.

3. De artikelen 253g en h zijn niet van toepassing.

B1 art. 253y

Burgerlijk Wetboek Boek 1

Art. 253y

Beëindiging van gezamenlijk gezag

1. Het gezamenlijk gezag, bedoeld in de artikelen 253sa en 253t, eindigt op de dag waarop in kracht van gewijsde is gegaan de beschikking waarbij aan de ouders gezamenlijk gezag is toegekend of het gezamenlijk gezag van de ouder en de ander is beëindigd.

2. Is de beschikking, bedoeld in het eerste lid, uitvoerbaar bij voorraad verklaard, dan eindigt het gezamenlijk gezag van de ouder en de ander daags nadat de beschikking is verstrekt of verzonden.

Afdeling 3B
Maatregel van opgroeiondersteuning

Art. 253z

Opgroeiondersteuning, maatregel

[Dit artikel treedt niet meer in werking. Het artikel is ingetrokken door Stb. 2014/105.]

1. De kinderrechter kan een maatregel van opgroeiondersteuning opleggen.

2. De kinderrechter kan dit doen indien een minderjarige zodanig opgroeit dat hij in zijn ontwikkeling wordt bedreigd, en de zorg die in verband met het wegnemen van de bedreiging noodzakelijk is voor de minderjarige of voor zijn ouders of de ouder die het gezag uitoefenen, door dezen niet of onvoldoende wordt geaccepteerd.

Schakelbepaling Opgroeiondersteuning, aanwijzing stichting

3. Artikel 255, tweede, vijfde en zesde lid, zijn van overeenkomstige toepassing.

4. De kinderrechter vermeldt in de beschikking waar de maatregel op is gericht en draagt een stichting als bedoeld in artikel 1, eerste lid, van de Wet op de jeugdzorg op de met gezag belaste ouders of ouder en de minderjarige ondersteuning te bieden bij de uitvoering van de maatregel.

5. Indien de stichting, bedoeld in het vorige lid, van oordeel is dat de met gezag belaste ouders of ouder of de minderjarige de maatregel van opgroeiondersteuning niet of onvoldoende aanvaarden, doet zij hiervan onverwijld mededeling aan de raad voor de kinderbescherming.

Art. 253za

Opgroeiondersteuning, duur

[Dit artikel treedt niet meer in werking. Het artikel is ingetrokken door Stb. 2014/105.]

De duur van de maatregel van opgroeiondersteuning is, behoudens verlenging als bedoeld in artikel 253zb, ten hoogste een jaar.

Art. 253zb

Opgroeiondersteuning, verlenging duur

[Dit artikel treedt niet meer in werking. Het artikel is ingetrokken door Stb. 2014/105.]

1. De kinderrechter kan, mits aan de grond, bedoeld in artikel 253z, eerste lid, is voldaan, de duur van de maatregel van opgroeiondersteuning eenmaal verlengen met ten hoogste een jaar.

2. De kinderrechter kan de duur van de maatregel van opgroeiondersteuning verlengen op verzoek van de stichting die de maatregel uitvoert. Indien deze stichting niet tot een verzoek overgaat, zijn de raad voor de kinderbescherming, een ouder, degene die niet de ouder is en de minderjarige als behorende tot zijn gezin verzorgt en opvoedt en het openbaar ministerie bevoegd tot het doen van het verzoek.

Art. 253zc

Opgroeiondersteuning, vervanging stichting

[Dit artikel treedt niet meer in werking. Het artikel is ingetrokken door Stb. 2014/105.]

1. De kinderrechter kan de stichting, bedoeld in artikel 253z, vijfde lid, vervangen door een zodanige stichting in een andere provincie.

2. Hij kan dit doen op verzoek van de stichting die de maatregel uitvoert, de raad voor de kinderbescherming, een met gezag belaste ouder of de minderjarige van twaalf jaar of ouder.

Art. 253zd

Opgroeiondersteuning, opheffing maatregel

[Dit artikel treedt niet meer in werking. Het artikel is ingetrokken door Stb. 2014/105.]

1. De kinderrechter kan de maatregel van opgroeiondersteuning opheffen indien de grond, bedoeld in artikel 253z, eerste lid, niet langer is vervuld.

2. Hij kan dit doen op verzoek van de stichting die de maatregel uitvoert. Indien deze stichting niet tot een verzoek overgaat, zijn de raad voor de kinderbescherming, een met gezag belaste ouder of de minderjarige van twaalf jaar of ouder bevoegd tot het doen van het verzoek.

Afdeling 4
Ondertoezichtstelling van minderjarigen

Art. 254

Gecertificeerde instelling

In deze afdeling wordt verstaan onder gecertificeerde instelling: gecertificeerde instelling als bedoeld in artikel 1.1 van de Jeugdwet.

Art. 255

1. De kinderrechter kan een minderjarige onder toezicht stellen van een gecertificeerde instelling indien een minderjarige zodanig opgroeit dat hij in zijn ontwikkeling ernstig wordt bedreigd, en:

a. de zorg die in verband met het wegnemen van de bedreiging noodzakelijk is voor de minderjarige of voor zijn ouders of de ouder die het gezag uitoefenen, door dezen niet of onvoldoende wordt geaccepteerd, en

b. de verwachting gerechtvaardigd is dat de ouders of de ouder die het gezag uitoefenen binnen een gelet op de persoon en de ontwikkeling van de minderjarige aanvaardbaar te achten termijn, de verantwoordelijkheid voor de verzorging en opvoeding, bedoeld in artikel 247, tweede lid, in staat zijn te dragen.

2. De kinderrechter kan een minderjarige onder toezicht stellen op verzoek van de raad voor de kinderbescherming of het openbaar ministerie. Tevens zijn een ouder en degene die niet de ouder is en de minderjarige als behorende tot zijn gezin verzorgt en opvoedt bevoegd tot het doen van het verzoek indien de raad voor de kinderbescherming niet tot indiening van het verzoek overgaat.

3. Indien de raad niet tot indiening van een verzoek tot ondertoezichtstelling overgaat nadat hij een verzoek tot onderzoek als bedoeld in artikel 2.4, eerste lid, van de Jeugdwet heeft ontvangen, deelt hij dit schriftelijk mee aan het college van burgemeester en wethouders dat het verzoek heeft gedaan. De burgemeester kan na ontvangst van die mededeling de raad voor de kinderbescherming verzoeken het oordeel van de kinderrechter te vragen of het noodzakelijk is de minderjarige onder toezicht te stellen van een gecertificeerde instelling. De raad voor de kinderbescherming die van de burgemeester zodanig verzoek ontvangt, vraagt binnen twee weken na de dagtekening van dat verzoek het oordeel van de kinderrechter of een ondertoezichtstelling van de minderjarige moet volgen. In dat geval kan de kinderrechter de ondertoezichtstelling ambtshalve uitspreken.

4. De kinderrechter vermeldt in de beschikking de concrete bedreigingen in de ontwikkeling van de minderjarige alsmede de daarop afgestemde duur waarvoor de ondertoezichtstelling zal gelden.

5. Indien het verzoek, bedoeld in het tweede lid, niet alle minderjarigen betreft over wie de ouders of de ouder het gezag uitoefenen, kan de kinderrechter dit op verzoek van de raad voor de kinderbescherming of ambtshalve aanvullen, en deze minderjarigen, mits aan de grond van het eerste lid is voldaan, eveneens onder toezicht stellen.

Art. 256

1. De kinderrechter kan een minderjarige door of voor wie een aanvraag tot het verlenen van een verblijfsvergunning voor bepaalde tijd als bedoeld in artikel 28 van de Vreemdelingenwet 2000 is ingediend en die in verband daarmee in een centrum als bedoeld in artikel 1, onder d, van de Wet Centraal Orgaan opvang asielzoekers verblijft, onder toezicht stellen van een daartoe door Onze Minister van Justitie aanvaarde rechtspersoon.

2. Onze Minister van Justitie kan voorwaarden stellen bij of voorschriften verbinden aan de aanvaarding, bedoeld in het eerste lid, en de rechtspersoon voor een bepaalde tijd aanvaarden.

3. Op de ondertoezichtstelling en een rechtspersoon als bedoeld in het eerste lid zijn de bepalingen van de afdelingen 4 en 5 alsmede artikel 326 van overeenkomstige toepassing.

4. In geval van vervanging van de rechtspersoon op grond van artikel 259, wordt een gecertificeerde instelling benoemd die een contract of een subsidierelatie heeft met de gemeente waar de minderjarige zijn woonplaats als bedoeld in de Jeugdwet heeft. Hetzelfde geldt indien de rechtspersoon niet meer voldoet aan de eisen voor benoeming, bedoeld in het eerste lid, in welk geval de kinderrechter ambtshalve tot vervanging overgaat, tenzij voortzetting van de taken door bedoelde rechtspersoon om reden van continuïteit noodzakelijk is.

Art. 257

1. De kinderrechter kan de minderjarige voorlopig onder toezicht stellen van een gecertificeerde instelling indien een ernstig vermoeden bestaat dat de grond, bedoeld in artikel 255, eerste lid, is vervuld en de maatregel noodzakelijk is om een acute en ernstige bedreiging voor de minderjarige weg te nemen.

2. Het tweede lid van artikel 255 is van overeenkomstige toepassing. De kinderrechter bepaalt de duur van dit toezicht op ten hoogste drie maanden en kan de beslissing te allen tijde herroepen.

Art. 258

De duur van de ondertoezichtstelling is, behoudens verlenging als bedoeld in artikel 260, ten hoogste een jaar. De duur van de voorlopige ondertoezichtstelling komt hierop niet in mindering.

Art. 259

De kinderrechter kan de gecertificeerde instelling die het toezicht heeft, vervangen door een andere gecertificeerde instelling, op verzoek van de gecertificeerde instelling die het toezicht heeft, de raad voor de kinderbescherming, een met het gezag belaste ouder of de minderjarige van twaalf jaar of ouder.

B1 art. 260 Burgerlijk Wetboek Boek 1

Art. 260

Verlenging duur ondertoezichtstelling

1. De kinderrechter kan, mits aan de grond, bedoeld in artikel 255, eerste lid, is voldaan, de duur van de ondertoezichtstelling telkens verlengen met ten hoogste een jaar.

2. De kinderrechter kan de ondertoezichtstelling verlengen op verzoek van de gecertificeerde instelling die het toezicht heeft. Indien deze gecertificeerde instelling niet tot een verzoek overgaat, zijn de raad voor de kinderbescherming, een ouder, degene die niet de ouder is en de minderjarige als behorende tot zijn gezin verzorgt en opvoedt en het openbaar ministerie bevoegd tot het doen van het verzoek.

Art. 261

Opheffing ondertoezichtstelling

1. De kinderrechter kan de ondertoezichtstelling opheffen indien de grond, bedoeld in artikel 255, eerste lid, niet langer is vervuld.

2. Hij kan dit doen op verzoek van de gecertificeerde instelling die het toezicht heeft. Indien deze gecertificeerde instelling niet tot een verzoek overgaat, zijn de raad voor de kinderbescherming, een met het gezag belaste ouder of de minderjarige van twaalf jaar of ouder bevoegd tot het doen van het verzoek.

Art. 262

Inhoud ondertoezichtstelling

1. De gecertificeerde instelling houdt toezicht op de minderjarige en zorgt dat aan de minderjarige en de met het gezag belaste ouders of ouder hulp en steun worden geboden opdat de concrete bedreigingen in de ontwikkeling van de minderjarige, bedoeld in artikel 255, vijfde lid, binnen de duur van de ondertoezichtstelling worden weggenomen. De inspanningen van de gecertificeerde instelling zijn erop gericht de ouders of de ouder zoveel mogelijk de verantwoordelijkheid voor de verzorging en opvoeding van hun kinderen te laten dragen.

2. Indien het ontwikkelingsniveau van de minderjarige en diens bekwaamheid en behoefte zelfstandig te handelen en zijn leven naar eigen inzicht in te richten daartoe aanleiding geven, zijn de inspanningen van de gecertificeerde instelling dienovereenkomstig mede gericht op het vergroten van de zelfstandigheid van de minderjarige.

3. De gecertificeerde instelling bevordert de gezinsband tussen de met het gezag belaste ouders of ouder en de minderjarige.

Art. 262a

Plan van aanpak

[Dit artikel treedt niet meer in werking. Het artikel is ingetrokken door Stb. 2014/442.]

1. De stichting stelt ter uitvoering van haar taak als eerste de ouder of ouders met gezag in de gelegenheid om samen met bloedverwanten, aanverwanten of anderen die tot de sociale omgeving behoren binnen zes weken een plan van aanpak op te stellen of een bestaand plan aan te passen. Slechts indien de concrete bedreigingen in de ontwikkeling van het kind hiertoe aanleiding geven of de belangen van het kind anderszins geschaad worden, kan de stichting hiervan afzien.

2. Indien het plan van aanpak geschikt is om binnen de duur van de ondertoezichtstelling de concrete bedreigingen, bedoeld in artikel 255, vijfde lid, weg te nemen, geldt het als het plan, bedoeld in artikel 13, derde lid, van de Wet op de jeugdzorg. Indien het plan van aanpak naar het oordeel van de stichting niet geschikt is om de concrete bedreigingen weg te nemen, deelt de stichting dit binnen vijf werkdagen na de aanbieding van het plan van aanpak gemotiveerd aan de ouder of ouders met gezag mede, en stelt zij hen in de gelegenheid om het plan van aanpak binnen twee weken aan te passen. Indien de stichting binnen deze termijn geen aangepast plan van aanpak ontvangt of een plan van aanpak ontvangt dat naar haar oordeel evenmin geschikt is om de concrete bedreigingen weg te nemen, stelt zij alsnog zelf een plan als bedoeld in artikel 13, derde lid, van de Wet op de jeugdzorg op.

3. Op verzoek van een met het gezag belaste ouder of de minderjarige van twaalf jaar of ouder kan de kinderrechter het plan van aanpak laten gelden als het plan, bedoeld in artikel 13, derde lid, van de Wet op de jeugdzorg. Artikel 264, tweede en derde lid, zijn van overeenkomstige toepassing.

Art. 262b

Geschillen

Geschillen die de uitvoering van de ondertoezichtstelling betreffen, die omtrent gedragingen als bedoeld in artikel 4.2.1 van de Jeugdwet, uitgezonderd, kunnen aan de kinderrechter worden voorgelegd. De kinderrechter neemt op verzoek van een met het gezag belaste ouder, de minderjarige van twaalf jaar of ouder, de gecertificeerde instelling, degene die de minderjarige als behorende tot zijn gezin verzorgt en opvoedt, of de zorgaanbieder of de aanbieder van de jeugdhulp als bedoeld in artikel 1.1 van de Jeugdwet, waar de minderjarige is geplaatst, een zodanige beslissing als hem in het belang van de minderjarige wenselijk voorkomt. Hij beproeft alvorens te beslissen een vergelijk tussen de betrokkenen.

Art. 263

Schriftelijke aanwijzingen

1. De gecertificeerde instelling kan ter uitvoering van haar taak schriftelijke aanwijzingen geven betreffende de verzorging en opvoeding van de minderjarige. Zij kan dit doen indien de met het gezag belaste ouder of de minderjarige niet instemmen met, dan wel niet of onvoldoende medewerking verlenen aan de uitvoering van het plan, bedoeld in artikel 4.1.3, eerste lid, van de Jeugdwet of indien dit noodzakelijk is teneinde de concrete bedreigingen in de ontwikkeling van de minderjarige weg te nemen.

2. De met het gezag belaste ouders of ouder en de minderjarige volgen een schriftelijke aanwijzing op.

3. De gecertificeerde instelling kan de kinderrechter verzoeken een schriftelijke aanwijzing te bekrachtigen. Tegelijkertijd kan een door de wet toegelaten dwangmiddel worden verzocht bij niet nakoming van deze aanwijzing tenzij het belang het kind zich tegen oplegging daarvan verzet.

Art. 264

1. Op verzoek van een met het gezag belaste ouder of de minderjarige van twaalf jaar of ouder kan de kinderrechter een schriftelijke aanwijzing geheel of gedeeltelijk vervallen verklaren. Het verzoek heeft geen schorsende kracht, tenzij de kinderrechter het tegendeel bepaalt.

2. Bij de indiening van het verzoek wordt de beslissing van de gecertificeerde instelling overgelegd.

3. De termijn voor het indienen van het verzoek bedraagt twee weken en vangt aan met ingang van de dag na die waarop de beslissing is verzonden of uitgereikt.

4. Ten aanzien van een na afloop van deze termijn ingediend verzoek blijft niet-ontvankelijkverklaring achterwege indien de verzoeker redelijkerwijs niet geoordeeld kan worden in verzuim te zijn geweest.

Art. 265

1. Op verzoek van degene aan wie de aanwijzing is gericht, kan de gecertificeerde instelling een schriftelijke aanwijzing wegens gewijzigde omstandigheden geheel of gedeeltelijk intrekken.

2. De gecertificeerde instelling geeft haar beslissing schriftelijk en binnen twee weken na ontvangst van het verzoek.

3. Artikel 264 is van overeenkomstige toepassing.

4. Het niet of niet tijdig nemen van een beslissing door de gecertificeerde instelling staat gelijk met afwijzing van het verzoek. De termijn voor het indienen van het verzoek aan de kinderrechter loopt in dat geval door zolang de gecertificeerde instelling niet heeft beslist en eindigt, indien de gecertificeerde instelling alsnog beslist, na verloop van twee weken te rekenen met ingang van de dag waarop de beslissing is verzonden of uitgereikt.

Art. 265a

Plaatsing van de minderjarige gedurende dag en nacht buiten het gezin geschiedt uitsluitend met een machtiging tot uithuisplaatsing.

Art. 265b

1. Indien dit noodzakelijk is in het belang van de verzorging en opvoeding van de minderjarige of tot onderzoek van diens geestelijke of lichamelijke gesteldheid, kan de kinderrechter de gecertificeerde instelling, bedoeld in artikel 1.1 van de Jeugdwet, die belast is met de uitvoering van de ondertoezichtstelling op haar verzoek machtigen de minderjarige gedurende dag en nacht uit huis te plaatsen.

2. De machtiging kan eveneens worden verleend op verzoek van de raad voor de kinderbescherming of op verzoek van het openbaar ministerie. De raad van de kinderbescherming of het openbaar ministerie legt bij het verzoek, bedoeld in het eerste lid, het besluit van het college van burgemeester en wethouders, bedoeld in artikel 2.3, eerste lid, van de Jeugdwet over.

3. De kinderrechter kan in afwijking van het tweede lid een machtiging tot uithuisplaatsing verlenen zonder dat het college van burgemeester en wethouders een daartoe strekkend besluit heeft genomen, indien het belang van het kind dit vergt.

4. Voor opneming en verblijf als bedoeld in artikel 6.1.2, eerste lid, of 6.1.3, eerste lid, van de Jeugdwet is geen machtiging als bedoeld in het eerste lid vereist, doch een machtiging als bedoeld in genoemde artikelleden. Deze machtiging geldt voor de toepassing van artikel 265a als een machtiging als bedoeld in het eerste lid.

Art. 265c

1. De duur van de machtiging tot uithuisplaatsing is, behoudens verlenging als bedoeld in het tweede lid, ten hoogste een jaar. Indien een minderjarige voorlopig onder toezicht is gesteld en gelijktijdig een machtiging tot uithuisplaatsing is verleend, komt de duur hiervan niet in mindering op de termijn van ten hoogste een jaar.

2. Op verzoek van de gecertificeerde instelling kan de kinderrechter de duur telkens met ten hoogste een jaar verlengen. Indien de gecertificeerde instelling niet overgaat tot een verzoek, kan verlenging plaatsvinden op verzoek van de raad voor de kinderbescherming of het openbaar ministerie.

3. Een machtiging vervalt indien deze na verloop van drie maanden niet ten uitvoer is gelegd.

Art. 265d

1. Een uithuisplaatsing kan door de gecertificeerde instelling worden beëindigd indien deze niet langer noodzakelijk is in het belang van de verzorging en opvoeding van de minderjarige of tot het verrichten van het onderzoek, bedoeld in artikel 265b, eerste lid, en het belang van de minderjarige zich tegen beëindiging niet verzet.

B1 art. 265e Burgerlijk Wetboek Boek 1

2. De met het gezag belaste ouder, de minderjarige van twaalf jaar of ouder of een ander die de minderjarige als behorende tot zijn gezin verzorgt en opvoedt kunnen wegens gewijzigde omstandigheden de gecertificeerde instelling verzoeken:

a. de uithuisplaatsing te beëindigen;

b. de duur ervan te bekorten;

c. af te zien van een krachtens de machtiging toegestane wijziging van de verblijfplaats van de minderjarige, tenzij de toestemming reeds met toepassing van artikel 265i is verleend.

3. De gecertificeerde instelling geeft een schriftelijke beslissing binnen twee weken na ontvangst van het verzoek.

4. Op verzoek van een in het tweede lid genoemde persoon kan de kinderrechter de machtiging geheel of gedeeltelijk intrekken of de duur ervan bekorten. Artikel 264, eerste lid, tweede volzin, tweede tot en met vierde lid, alsmede artikel 265, vierde lid, zijn van toepassing.

Art. 265e

Gedeeltelijke uitvoering gezag

1. De kinderrechter kan bij de verlening van de machtiging tot uithuisplaatsing en ook nadat deze machtiging is verleend, op verzoek bepalen dat het gezag gedeeltelijk wordt uitgeoefend door de gecertificeerde instelling die het toezicht uitoefent, voor zover dit noodzakelijk is in verband met de uitvoering van de ondertoezichtstelling. Hij kan dit doen met betrekking tot:

a. de aanmelding van de minderjarige bij een onderwijsinstelling,

b. het geven van toestemming voor een medische behandeling van de minderjarige jonger dan twaalf jaar of van de minderjarige van twaalf jaar of ouder die niet in staat kan worden geacht tot een redelijke waardering van zijn belangen terzake, of

c. het doen van een aanvraag tot het verlenen van een verblijfsvergunning ten behoeve van de minderjarige als bedoeld in de artikelen 14 of 28 van de Vreemdelingenwet 2000.

2. De duur van de gedeeltelijke uitoefening van het gezag is niet langer dan die van de verleende machtiging tot uithuisplaatsing.

3. De kinderrechter kan de duur van de gedeeltelijke uitoefening van het gezag telkens met ten hoogste een jaar verlengen.

4. Op verzoek kan een beslissing als bedoeld in het eerste of derde lid wegens gewijzigde omstandigheden worden gewijzigd.

5. De verzoeken, bedoeld in het eerste, derde en vierde lid, kunnen worden gedaan door de gecertificeerde instelling die het toezicht uitoefent. Indien deze gecertificeerde instelling niet tot een verzoek overgaat, zijn de raad voor de kinderbescherming of degene die niet de ouder is en de minderjarige als behorende tot zijn gezin verzorgt en opvoedt bevoegd tot het doen van het verzoek.

Art. 265f

Beperking contact minderjarige - ouder

1. Voor zover noodzakelijk in verband met de uithuisplaatsing van de minderjarige, kan de gecertificeerde instelling voor de duur daarvan de contacten tussen een met het gezag belaste ouder en de minderjarige beperken.

2. De beslissing van de gecertificeerde instelling geldt als een schriftelijke aanwijzing. Artikel 264 en artikel 265 zijn van overeenkomstige toepassing, met dien verstande dat de kinderrechter een zodanige regeling kan vaststellen als hem in het belang van de minderjarige wenselijk voorkomt.

Art. 265g

Verdeling zorg- en opvoedingstaken/omgangsregeling

1. Voor de duur van de ondertoezichtstelling kan de kinderrechter op verzoek van de gecertificeerde instelling een verdeling van de zorg- en opvoedingstaken of een regeling inzake de uitoefening van het recht op omgang vaststellen of wijzigen voor zover dit in het belang van de minderjarige noodzakelijk is.

2. Op het verzoek van een met het gezag belaste ouder, een omgangsgerechtigde, de minderjarige van twaalf jaar of ouder en de gecertificeerde instelling kan de kinderrechter de in het eerste lid genoemde beslissing wijzigen op grond dat nadien de omstandigheden zijn gewijzigd, of dat bij het nemen van de beslissing van onjuiste of onvolledige gegevens is uitgegaan.

3. Zodra de ondertoezichtstelling is geëindigd, geldt de op grond van het eerste lid vastgestelde regeling als een regeling als bedoeld in artikel 253a, tweede lid, onder a, dan wel artikel 377a, tweede lid.

Art. 265h

Medische behandeling

1. Indien een medische behandeling van een minderjarige jonger dan twaalf jaar noodzakelijk is om ernstig gevaar voor diens gezondheid af te wenden en de ouder die het gezag uitoefent zijn toestemming daarvoor weigert, kan deze toestemming op verzoek van de gecertificeerde instelling worden vervangen door die van de kinderrechter.

2. Het eerste lid is van overeenkomstige toepassing ten aanzien van een medische behandeling van een minderjarige van twaalf jaar of ouder die niet in staat kan worden geacht tot een redelijke waardering van zijn belangen terzake.

Art. 265i

1. De gecertificeerde instelling behoeft de toestemming van de kinderrechter voor wijziging in het verblijf van een minderjarige die ten minste een jaar door een ander als de ouder is opgevoed en verzorgd als behorende tot zijn gezin.

2. De toestemming wordt door de kinderrechter op verzoek van de gecertificeerde instelling verleend en slechts afgewezen indien de kinderrechter dit in het belang van de minderjarige noodzakelijk oordeelt.

3. Indien de kinderrechter het verzoek, bedoeld in het tweede lid, afwijst, kan hij tevens bepalen dat de ondertoezichtstelling en de machtiging tot uithuisplaatsing van kracht blijven voor ten hoogste een jaar. De gecertificeerde instelling is gehouden de machtiging tot uithuisplaatsing ten uitvoer te leggen.

Art. 265j

1. Indien de gecertificeerde instelling oordeelt dat niet-verlenging van de ondertoezichtstelling, bedoeld in artikel 260, tweede lid, of niet-verlenging van de machtiging tot uithuisplaatsing, bedoeld in artikel 265c, tweede lid, aangewezen is, doet zij hiervan tijdig doch uiterlijk twee maanden voor het verstrijken van de duur van de ondertoezichtstelling of machtiging tot uithuisplaatsing en onder overlegging van een verslag van het verloop van de ondertoezichtstelling of de uithuisplaatsing mededeling aan de raad voor de kinderbescherming.

2. De gecertificeerde instelling kan een uithuisplaatsing gedurende de termijn waarvoor zij is toegestaan beëindigen. De gecertificeerde instelling doet van het voornemen daartoe tijdig doch uiterlijk een maand voor het voorgenomen tijdstip van beëindiging en onder overlegging van een verslag van het verloop van de uithuisplaatsing, mededeling aan de raad voor de kinderbescherming.

3. Indien een ondertoezichtstelling met uithuisplaatsing twee jaar of langer heeft geduurd, gaat het verzoek tot verlenging van de ondertoezichtstelling en uithuisplaatsing van de gecertificeerde instelling vergezeld van een advies van de raad voor de kinderbescherming met betrekking tot de verlenging van die ondertoezichtstelling. De gecertificeerde instelling doet van het voornemen tot een voornoemd verzoek tijdig doch uiterlijk twee maanden voor het verstrijken van de ondertoezichtstelling mededeling aan de raad voor de kinderbescherming.

Art. 265k

1. Verzoeken op grond van deze afdeling worden schriftelijk gedaan. Voor zover zij aan de kinderrechter zijn gericht, kunnen zij worden ingediend zonder advocaat met uitzondering van het verzoek bedoeld in artikel 262b.

2. De gecertificeerde instelling die een verzoek indient of ter terechtzitting wordt opgeroepen, zendt bij het verzoekschrift of onverwijld na de oproep, het plan, bedoeld in artikel 4.1.3, eerste lid, van de Jeugdwet, en een verslag van het verloop van de ondertoezichtstelling aan de kinderrechter.

3. Het plan en het verslag, bedoeld in het tweede lid, worden eveneens gezonden aan de raad voor de kinderbescherming.

4. De verzoeken die de gecertificeerde instelling ter uitvoering van haar taak tot de rechter richt, kunnen worden ingediend zonder advocaat en worden kosteloos behandeld; de grossen, afschriften en uittreksels, die zij tot dat doel aanvraagt, worden haar door de griffiers vrij van alle kosten uitgereikt.

Afdeling 5
Beëindiging van het ouderlijk gezag

Art. 266

1. De rechtbank kan het gezag van een ouder beëindigen indien:
a. een minderjarige zodanig opgroeit dat hij in zijn ontwikkeling ernstig wordt bedreigd, en de ouder niet de verantwoordelijkheid voor de verzorging en opvoeding, bedoeld in artikel 247, tweede lid, in staat is te dragen binnen voor de persoon en de ontwikkeling van de minderjarige aanvaardbaar te achten termijn, of
b. de ouder het gezag misbruikt.

2. Het gezag van de ouder kan ook worden beëindigd indien het gezag is geschorst, mits aan het eerste lid is voldaan.

Art. 267

1. Beëindiging van het gezag kan worden uitgesproken op verzoek van de raad voor de kinderbescherming of het openbaar ministerie. Tevens is degene die niet de ouder is en de minderjarige gedurende ten minste een jaar als behorende tot zijn gezin verzorgt en opvoedt bevoegd tot het doen van het verzoek indien de raad voor de kinderbescherming niet tot een verzoek overgaat.

2. Indien de raad niet tot een verzoek als bedoeld in het eerste lid overgaat nadat hij een verzoek tot onderzoek hiertoe van de gecertificeerde instelling die de ondertoezichtstelling over de minderjarige uitvoert, heeft ontvangen, deelt hij dit schriftelijk mee aan die gecertificeerde instelling. De gecertificeerde instelling kan na ontvangst van die mededeling de raad voor de kinderbescherming verzoeken het oordeel van de rechtbank te vragen of beëindiging van het gezag het noodzakelijk is. De raad voor de kinderbescherming die van de gecertificeerde instelling zodanig verzoek ontvangt, vraagt binnen twee weken na de dagtekening van dat verzoek het oordeel van de rechtbank of een beëindiging van het gezag moet volgen. In dat geval kan de rechtbank de beëindiging van het gezag ambtshalve uitspreken.

Art. 267a

Afwijzing verzoek beëindiging gezag

De rechtbank die een verzoek tot beëindiging van het gezag afwijst, kan een minderjarige onder toezicht te stellen als bedoeld in artikel 255 mits aan de grond hiervoor is voldaan.

Art. 268

Schorsing ouderlijk gezag

1. De rechtbank kan een ouder geheel of gedeeltelijk in de uitoefening van het gezag schorsen indien:

a. een ernstig vermoeden bestaat dat de grond, bedoeld in artikel 266, eerste lid, aanhef en onder a of b is vervuld en de maatregel noodzakelijk is om een acute en ernstige bedreiging voor de minderjarige weg te nemen, of

b. een medische behandeling van een minderjarige jonger dan twaalf jaar of van de minderjarige van twaalf jaar of ouder die niet in staat kan worden geacht tot een redelijke waardering van zijn belangen terzake, noodzakelijk is om ernstig gevaar voor diens gezondheid af te wenden en een ouder die het gezag uitoefent toestemming daarvoor weigert.

2. Indien de ouders gezamenlijk het gezag uitoefenen, wordt gedurende de schorsing van het gezag van één van hen het gezag door de andere ouder alleen uitgeoefend, tenzij de kinderrechter een gecertificeerde instelling als bedoeld in artikel 1.1 van de Jeugdwet, met de voorlopige voogdij over de minderjarige belast. In dat geval is ook het gezag van deze ouder geschorst.

3. Betreft de schorsing beide ouders of een ouder die alleen het gezag uitoefent, dan belast de rechtbank een gecertificeerde instelling als bedoeld in artikel 1.1 van de Jeugdwet, met de voorlopige voogdij over de minderjarige. De gecertificeerde instelling heeft de bevoegdheden van een voogd.

Schakelbepaling

4. Artikel 267 is van overeenkomstige toepassing.

5. De schorsing in de uitoefening van het gezag vervalt na verloop van drie maanden na de dag van de beschikking, tenzij voor het einde van deze termijn beëindiging van het gezag is verzocht.

Art. 269

Ondertoezichtstelling in plaats van schorsing ouderlijk gezag

In plaats van schorsing van beide ouders of van een ouder in de uitoefening van het gezag als bedoeld in artikel 268, kan de rechtbank een kind onder toezicht stellen als bedoeld in artikel 255 mits aan de grond hiervoor is voldaan.

Art. 270-273

[Vervallen]

Art. 274

Ouderlijk gezag, gevolgen beëindiging gezamenlijk gezag

1. Indien de ouders gezamenlijk het gezag uitoefenen, wordt na de beëindiging van het gezag van een van hen voortaan het gezag door de andere ouder alleen uitgeoefend.

2. In geval van beëindiging van het gezag van een ouder, die het gezag alleen uitoefent, kan de andere ouder de rechtbank te allen tijde verzoeken met de uitoefening van het gezag te worden belast. Dit verzoek wordt ingewilligd indien de rechtbank dit in het belang van de minderjarige noodzakelijk oordeelt.

3. De rechtbank die het verzoek bedoeld bij het vorige lid heeft afgewezen, kan deze beschikking steeds wijzigen. Zij doet dit echter slechts op verzoek van de betrokken ouder, en niet dan op grond van omstandigheden, waarmede de rechter bij het geven van de beschikking geen rekening heeft kunnen houden.

(Zie ook: artt. 246, 247, 334 BW Boek 1)

Art. 275

Ouderlijk gezag, benoeming voogd na beëindiging gezamenlijk gezag

1. Indien de andere ouder het gezag niet voortaan alleen uitoefent, benoemt de rechtbank een voogd over de minderjarigen.

2. Ieder die tot uitoefening van de voogdij bevoegd is, kan tijdens het onderzoek schriftelijk aan de rechtbank verzoeken met de voogdij te worden belast.

3. In geval van beëindiging van het gezag op verzoek van de pleegouders benoemt de rechtbank bij voorkeur tot voogd degenen, dan wel degene, die op het tijdstip van het verzoek de minderjarige ten minste een jaar als behorende tot hun gezin hebben verzorgd en opgevoed, mits dezen bevoegd zijn tot de voogdij.

(Zie ook: artt. 324, 334 BW Boek 1)

Art. 276

Ouderlijk gezag, bewindvoering na ontzetting/ontheffing

1. Indien de ouder wiens gezag is beëindigd het bewind over het vermogen van zijn kinderen voerde, wordt hij tevens veroordeeld tot het afleggen van rekening en verantwoording aan zijn opvolger in dit bewind.

2. Hebben de kinderen goederen gemeen, maar komen zij onder het gezag van verschillende personen, dan kan de rechtbank een van dezen of een derde aanwijzen om over deze goederen tot de verdeling het bewind te voeren. De aangewezen bewindvoerder stelt de waarborgen die de rechtbank van hem verlangt.

3. Op het bewind krachtens het vorige lid is artikel 253k van toepassing, indien een der ouders als bewindvoerder is aangewezen, en anders paragraaf 10 van afdeling 6 van deze titel. De bewindvoerder is bij uitsluiting bevoegd tot vernietiging van rechtshandelingen van minderjarige deelgenoten, strekkend tot beheer of beschikking met betrekking tot de onder bewind staande goederen.

(Zie ook: art. 370 BW Boek 1)

Art. 277

1. De rechtbank kan de ouder wiens gezag is beëindigd, op zijn verzoek in het gezag herstellen indien:

a. herstel in het gezag in het belang van de minderjarige is, en

b. de ouder duurzaam de verantwoordelijkheid voor de verzorging en opvoeding van de minderjarige, bedoeld in artikel 247, tweede lid, in staat is te dragen.

2. Indien ter gelegenheid van de beëindiging van het gezag aan de andere ouder is opgedragen, belast de rechtbank de ouder wiens gezag was beëindigd en deze alleen het in het eerste lid bedoelde verzoek doet, niet met het gezag, tenzij de omstandigheden na het nemen van de beschikking waarbij het gezag aan de andere ouder werd opgedragen, zijn gewijzigd of bij het nemen van de beschikking van onjuiste of onvolledige gegevens is uitgegaan. Artikel 253e is van overeenkomstige toepassing.

Art. 278

1. Een verzoek als bedoeld in artikel 277 van dit boek kan ook worden gedaan door de raad voor de kinderbescherming.

2. Hangende het onderzoek kan zowel de raad voor de kinderbescherming als de te herstellen ouder de rechtbank verzoeken de beslissing aan te houden tot het einde van een door haar te bepalen proeftijd van ten hoogste zes maanden; gedurende die tijd zal het kind bij de in het gezag te herstellen ouder verblijven. De rechtbank is te allen tijde bevoegd de proeftijd te beëindigen.

(Zie ook: art. 335 BW Boek 1)

Afdeling 6
Voogdij

§ 1
Voogdij in het algemeen

Art. 279

[Vervallen]

Art. 280

De voogdij begint:

a. voor de voogd die door een ouder is benoemd: op het tijdstip waarop hij zich na het overlijden van deze ouder bereid verklaart de voogdij te aanvaarden. De verklaring moet door de betrokkene in persoon of bij bijzondere gevolmachtigde worden afgelegd ter griffie van de rechtbank die overeenkomstig de tweede afdeling van de derde titel van het eerste boek van het Wetboek van Burgerlijke Rechtsvordering in zaken betreffende minderjarigen bevoegd is. De verklaring moet worden afgelegd binnen veertien dagen, of - indien de persoon, die de verklaring moet afleggen, zich buiten Nederland bevindt - binnen twee maanden, nadat de benoeming is betekend. Tot betekening kan iedere belanghebbende, alsmede de raad voor de kinderbescherming opdracht geven.

b. voor de voogd die - nadat hij zich bereid heeft verklaard de voogdij te aanvaarden - door de rechter is benoemd: op de dag, waarop de beslissing die de benoeming inhoudt, in kracht van gewijsde is gegaan, of - zo deze uitvoerbaar bij voorraad is verklaard - daags nadat de beslissing die de benoeming inhoudt, is verstrekt of verzonden. Een mondelinge bereidverklaring geschiedt ten overstaan van de rechter die benoemt; een schriftelijke bereidverklaring wordt ingediend ter griffie waar de benoeming zal geschieden.

(Zie ook: artt. 381, 383 BW Boek 1; art. 824 Rv)

Art. 281

1. De voogdij eindigt op de dag, waarop in kracht van gewijsde is gegaan de beschikking waarbij:

a. de voogd is ontslagen of de voogdij is beëindigd;

b. het gezag over de onder zijn voogdij staande minderjarige aan een of beide ouders is opgedragen; of

Herstel ouderlijk gezag

Verzoek tot herstel door de raad voor de kinderbescherming

Voogdij

Einde van voogdij

B1 art. 282 *Burgerlijk Wetboek Boek 1*

c. de voogdij overeenkomstig artikel 299a van dit boek aan een andere voogd is opgedragen.

2. Is een beschikking als in het eerste lid bedoeld, uitvoerbaar verklaard bij voorraad, dan eindigt de voogdij daags nadat de beschikking is verstrekt of verzonden.

(Zie ook: artt. 166, 183, 218, 277, 322, 327, 385 BW Boek 1)

Art. 282

Gezamenlijke uitoefening van voogdij

1. Op eensluidend verzoek van de voogd en een ander die in een nauwe persoonlijke betrekking tot het kind staat, kan de rechter bepalen dat de voogdij door hen gezamenlijk wordt uitgeoefend.

2. Voor de duur van de gezamenlijke uitoefening van de voogdij worden beide in het eerste lid bedoelde personen als voogd aangemerkt.

3. Het verzoek wordt afgewezen indien gegronde vrees bestaat dat bij inwilliging de belangen van het kind zouden worden verwaarloosd.

4. Gezamenlijke uitoefening van de voogdij is niet mogelijk ten aanzien van tijdelijke voogdij als bedoeld in de artikelen 296 en 297. Zij staat niet open voor rechtspersonen.

Schakelbepaling

5. Artikel 253a is van overeenkomstige toepassing.

6. In afwijking van artikel 336 hebben twee voogden die gezamenlijk de voogdij uitoefenen, de plicht en het recht het minderjarige kind te verzorgen en op te voeden. Artikel 253w is, zolang de gezamenlijke voogdij voortduurt, ten aanzien van hen beiden van overeenkomstige toepassing, tenzij het betreft pleegouders die zijn belast met de gezamenlijke voogdij en die met een zorgaanbieder een pleegcontract hebben gesloten als bedoeld in artikel 5.2 van de Jeugdwet.

7. Een verzoek als bedoeld in het eerste lid kan vergezeld gaan van een verzoek tot wijziging van de geslachtsnaam van het kind in de geslachtsnaam van een van de voogden. Een zodanig verzoek wordt afgewezen, indien:

a. het kind van twaalf jaar of ouder ter gelegenheid van zijn verhoor niet heeft ingestemd met het verzoek;

b. het verzoek tot gezamenlijke voogdij wordt afgewezen; of

c. het belang van het kind zich tegen toewijzing verzet.

Art. 282a

Einde gezamenlijke uitoefening van voogdij

De gezamenlijke uitoefening van de voogdij eindigt op de dag waarop in kracht van gewijsde is gegaan de beschikking waarbij de gezamenlijke uitoefening van de voogdij is beëindigd of waarbij de voogdij is geëindigd ingevolge artikel 281, alsmede na het overlijden van een van de voogden.

Art. 282b

Overlijden voogd bij gezamenlijke uitoefening van voogdij

Na de dood van een voogd die de voogdij samen met een ander uitoefende, oefent de andere voogd voortaan alleen de voogdij over de kinderen uit.

Art. 283

Kosteloze behandeling

De verzoeken die de gecertificeerde instelling, bedoeld in artikel 1.1 van de Jeugdwet, dan wel de rechtspersoon, bedoeld in artikel 302, tweede lid, in verband met de uitoefening van de voogdij tot de rechter richt, kunnen worden ingediend zonder advocaat en worden kosteloos behandeld. De grossen, afschriften, en uittreksels, die zij tot dit doel aanvragen, worden hun door de griffiers vrij van alle kosten uitgereikt.

Art. 284-291a

[Vervallen]

§ 2

Voogdij door een der ouders opgedragen

Art. 292

Aanwijzing van voogd bij testament

1. Een ouder kan bij uiterste wilsbeschikking of door hiervan aantekening te laten opnemen in het register, bedoeld in artikel 244, bepalen welke persoon dan wel welke twee personen na zijn dood voortaan als voogd onderscheidenlijk als gezamenlijke voogden het gezag over zijn kinderen zullen uitoefenen.

2. Hij kan geen rechtspersoon als voogd aanwijzen.

3. Hebben beide ouders van deze bevoegdheid gebruik gemaakt, en sterven zij, zonder dat men kan weten wie het eerst overleden is, dan bepaalt de rechtbank ambtshalve wiens beschikking of aantekening gevolg heeft.

(Zie ook: artt. 280, 302, 358 BW Boek 1; art. 922 BW Boek 4)

4. Heeft een ouder bij beschikking en bij aantekening verschillende voogden aangewezen, dan heeft de laatst gedane aanwijzing gevolg.

Art. 293

Geen gevolg of vervallen van aanwijzing bij testament

De door de ouder getroffen regeling heeft geen gevolg of vervalt:

a. indien na zijn overlijden de andere ouder van rechtswege of krachtens rechterlijke beschikking het gezag over zijn kinderen uitoefent;

b. indien en voor zover hij op het tijdstip van zijn overlijden het gezag over zijn kinderen niet heeft;

c. indien de ander die met de ouder gezamenlijk het gezag uitoefent van rechtswege de voogd over de kinderen wordt.

Art. 294

[Vervallen]

§ 3

Voogdij door de rechter opgedragen

Art. 295

De rechtbank benoemt een voogd over alle minderjarigen, die niet onder ouderlijk gezag staan en in wier voogdij niet op wettige wijze is voorzien.

(Zie ook: artt. 275, 280, 334 BW Boek 1)

Art. 296

1. Is voorziening nodig in afwachting van het begin der voogdij overeenkomstig artikel 280 van dit boek, dan benoemt de rechtbank een voogd voor de duur van deze omstandigheden.

2. Zodra bedoelde omstandigheden zijn vervallen, wordt deze voogd op verzoek van hem die hij vervangt, door de rechtbank ontslagen.

Art. 297

1. De rechtbank benoemt insgelijks een voogd, wanneer voorziening nodig is wegens:

a. tijdelijke onmogelijkheid, waarin een voogd zich bevindt, het gezag uit te oefenen; of

b. onbekendheid van bestaan of verblijfplaats van de voogd; of

c. in gebreke blijven van de voogd, het gezag uit te oefenen.

2. Is de benoeming op het eerste lid onder *c* gegrond, dan kan de rechtbank de benoemde voogd een beloning toekennen en is de in gebreke gebleven voogd jegens de minderjarige aansprakelijk voor de kosten die de vervanging veroorzaakt, alsmede, behoudens zijn verhaal op de benoemde voogd, voor diens verrichtingen.

3. Indien de in het eerste lid genoemde omstandigheden zijn vervallen, kan de voogd op eigen verzoek of op verzoek van degene die hij vervangt, door de rechtbank worden ontslagen tenzij de rechtbank dit niet in het belang van het kind noodzakelijk oordeelt.

4. Indien in geval van gezamenlijke uitoefening van de voogdij een van de in het eerste lid bedoelde omstandigheden zich voordoet ten aanzien van een van beide voogden, oefent de andere voogd het gezag over de kinderen alleen uit. Zodra deze omstandigheid is vervallen, herleeft de gezamenlijke voogdij. Het tweede lid is niet van toepassing.

(Zie ook: art. 385 BW Boek 1)

Art. 298

Gedurende de in de beide voorgaande artikelen bedoelde voogdij is de uitoefening van de voogdij geschorst ten aanzien van de voogd die het betreft.

(Zie ook: artt. 271, 331, 385 BW Boek 1; art. 823 Rv)

Art. 299

De rechtbank benoemt de voogd op verzoek van bloed- of aanverwanten van de minderjarige, de raad voor de kinderbescherming, schuldeisers of andere belanghebbenden, of ambtshalve, behoudens artikel 282a.

(Zie ook: art. 385 BW Boek 1)

Art. 299a

1. Degene die met instemming van de voogd een minderjarige in zijn gezin - anders dan uit hoofde van een ondertoezichtstelling of een plaatsing onder voorlopige voogdij - ten minste een jaar heeft verzorgd en opgevoed, kan de kinderrechter verzoeken hem, dan wel een rechtspersoon als bedoeld in artikel 302 van dit boek, tot voogd te benoemen.

2. Indien de minderjarige door meer dan een persoon als behorende tot het gezin wordt verzorgd en opgevoed, kan het verzoek slechts door dezen gemeenschappelijk worden gedaan.

3. Het verzoek kan ook worden gedaan door de raad voor de kinderbescherming.

4. De kinderrechter willigt het verzoek slechts in, indien hij dit in het belang van de minderjarige acht en hem genoegzaam is gebleken, dat de voogd niet bereid is zich van zijn bediening te doen ontslaan. Alsdan benoemt hij bij voorkeur degene wiens benoeming wordt verzocht tot voogd, mits deze bevoegd is tot uitoefening van de voogdij.

5. Is het bij het eerste lid bedoelde verzoek gedaan, dan blijft het tweede lid van artikel 336a, van dit boek buiten toepassing, totdat op het verzoek bij gewijsde is beslist.

6. In geval van gezamenlijke uitoefening van de voogdij wordt de in het eerste lid bedoelde instemming door beide voogden gegeven.

(Zie ook: artt. 271, 336a BW Boek 1)

Art. 300

[Vervallen]

B1 art. 301 **Burgerlijk Wetboek Boek 1**

Art. 301

Kennisgeving rechtbank door ambtenaar burgerlijke stand

1. De ambtenaar van de burgerlijke stand geeft de rechtbank onverwijld kennis: *a.* van het overlijden van ieder die minderjarige kinderen achterlaat; *b.* van de aangifte van geboorte van ieder kind, over wie de moeder uit wie het kind is geboren niet van rechtswege het gezag uitoefent.

2. Indien het huwelijk van de overledene die minderjarige kinderen nalaat, gerechtelijk was ontbonden, of de overledene van tafel en bed gescheiden was, bericht de ambtenaar van de burgerlijke stand - zo de andere ouder nog leeft - deze omstandigheden tevens aan de rechtbank. De rechtbank zendt, indien deze een andere is, de door haar ontvangen kennisgeving door aan de rechtbank die over het verzoek tot ontbinding van het huwelijk of tot scheiding van tafel en bed heeft beslist.

(Zie ook: Abesl. Cam. BW Boek 1)

§ 4 *Voogdij van rechtspersonen*

Art. 302

Aanwijzing Bureau Jeugdzorg als voogd

1. De rechter kan de voogdij opdragen aan een gecertificeerde instelling als bedoeld in artikel 1.1 van de Jeugdwet.

2. Onverminderd diens bevoegdheid een natuurlijke persoon tot voogd te benoemen, kan de rechter de voogdij over een minderjarige door of voor wie een aanvraag tot het verlenen van een verblijfsvergunning voor bepaalde tijd als bedoeld in artikel 28 van de Vreemdelingenwet 2000 is ingediend, en in verband daarmee in Nederland verblijft, alsmede over door Onze Minister van Justitie aan te wijzen categorieën andere minderjarigen, uitsluitend opdragen aan een daartoe door Onze Minister van Justitie aanvaarde rechtspersoon.

(Zie ook: Bar. BW Boek 1 ; art. 283 BW Boek 1)

3. Onze Minister van Justitie kan voorwaarden stellen bij of voorschriften verbinden aan de aanvaarding, bedoeld in het tweede lid, en de rechtspersoon voor een bepaalde tijd aanvaarden.

Schakelbepaling

4. Op een rechtspersoon als bedoeld in het tweede lid, zijn de artikelen 303, 304, 305 en 328 van overeenkomstige toepassing.

Art. 303

Voogdij, rechten/verplichtingen gecertificeerde instelling

Voor zover de wet niet anders bepaalt, heeft de gecertificeerde instelling, bedoeld in artikel 1.1 van de Jeugdwet, die met de voogdij is belast, dezelfde bevoegdheden en verplichtingen als andere voogden.

Art. 304

Voogdij, aansprakelijkheid gecertificeerde instelling

1. Met de gecertificeerde instelling, bedoeld in artikel 1.1 van de Jeugdwet zijn de bestuurders hoofdelijk en persoonlijk aansprakelijk voor iedere schade, die te wijten is aan een niet-behoorlijke uitoefening van de voogdij.

2. Iedere bestuurder zal zich echter van zijn aansprakelijkheid kunnen bevrijden door te bewijzen, dat hij geen schuld heeft aan de schade.

Art. 305

[Vervallen]

Art. 306

Uithuisplaatsing buiten Nederland

1. Zonder toestemming van de rechtbank mag een gecertificeerde instelling als bedoeld in artikel 1.1 van de Jeugdwet een hem toevertrouwde minderjarige niet buiten Nederland plaatsen.

2. De rechter verleent deze toestemming slechts, indien hij de plaatsing voor de minderjarige wenselijk acht.

Art. 306a

Werkingssfeer

De zesde afdeling van deze titel is niet van toepassing op de uitoefening van de voorlopige voogdij als bedoeld in de artikelen 241, 268 en 331.

Art. 307-319

[Vervallen]

§ 5 *Ontslag van de voogdij*

Art. 320-321

[Vervallen]

Art. 322

Ontslag van voogd

1. Iedere voogd kan zich van zijn bediening doen ontslaan, indien: *a.* hij aantoont, dat hij tengevolge van een sedert de aanvang van zijn bediening opgekomen geestelijk of lichamelijk gebrek niet meer in staat is deze waar te nemen; *b.* hij de pensioengerechtigde leeftijd, bedoeld in artikel 7a, eerste lid, van de Algemene Ouderdomswet, heeft bereikt;

c. een daartoe bevoegd persoon zich schriftelijk heeft bereid verklaard de voogdij over te nemen, en de rechtbank deze overneming in het belang van de minderjarigen acht.

2. Bij gezamenlijke uitoefening van de voogdij is het eerste lid slechts van toepassing indien beide voogden zich van hun bediening willen doen ontslaan.

(Zie ook: art. 385 BW Boek 1)

Art. 323

Op verzoek van de voogden gezamenlijk of van een van hen beëindigt de rechter de gezamenlijke uitoefening van de voogdij. Alsdan bepaalt de rechter aan wie van beide voortaan het gezag over ieder der minderjarige kinderen alleen zal toekomen.

Beëindiging van gezamenlijke uitoefening voogdij

§ 6

Onbevoegdheid tot de voogdij

Art. 324

1. Wanneer een voogd op een der in artikel 246 van dit boek genoemde gronden onbevoegd is tot de voogdij, ontslaat de rechtbank hem en vervangt hem door een andere voogd.

2. Zij doet dit op verzoek van de voogd, bloed- of aanverwanten van de minderjarige, de raad voor de kinderbescherming, schuldeisers of andere belanghebbenden, of ambtshalve.

3. Indien in geval van gezamenlijke uitoefening van de voogdij een van de in het eerste lid genoemde gronden zich voordoet ten aanzien van een van beide voogden, oefent de andere voogd het gezag over de kinderen alleen uit.

4. Zodra de grond van de onbevoegdheid is vervallen, herleeft de gezamenlijke voogdij.

(Zie ook: artt. 233, 242, 378, 385, 435 BW Boek 1)

Ontslag van onbevoegde voogd

Art. 325

[Vervallen]

§ 7

Ondertoezichtstelling van onder voogdij staande minderjarigen

Art. 326

1. Kinderen die onder voogdij staan van natuurlijke personen, kunnen onder toezicht worden gesteld.

2. Op deze ondertoezichtstelling is afdeling 4 van titel 14 van overeenkomstige toepassing, met dien verstande nochtans, dat de ondertoezichtstelling en de verlenging daarvan ook door de voogd kunnen worden verzocht.

(Zie ook: artt. 47, 53, 242 BW Boek 1)

Ondertoezichtstelling van kinderen onder voogdij Schakelbepaling

§ 8

Beëindiging van voogdij

Art. 327

De rechtbank kan de voogdij van een natuurlijk persoon beëindigen indien:

a. een minderjarige zodanig opgroeit dat hij in zijn ontwikkeling ernstig wordt bedreigd, en de voogd niet de verantwoordelijkheid voor de verzorging en opvoeding, bedoeld in artikel 247, tweede lid, in staat is te dragen binnen een voor de persoon en de ontwikkeling van de minderjarige aanvaardbaar te achten termijn, of

b. de voogd het gezag misbruikt, of

c. niet beschikt over de ingevolge artikel 2 van de Wet opneming buitenlandse kinderen ter adoptie vereiste beginseltoestemming.

Beëindiging voogdij natuurlijk persoon

Art. 328

De rechtbank kan de voogdij van een gecertificeerde instelling als bedoeld in artikel 1.1 van de Jeugdwet of van een rechtspersoon als bedoeld in artikel 302, tweede lid, beëindigen indien een minderjarige zodanig opgroeit dat hij in zijn ontwikkeling ernstig wordt bedreigd, en:

a. zij haar taken op een niet verantwoorde wijze uitoefent als bedoeld in artikel 4.1.1, tweede lid, van de Jeugdwet, of

b. zij nalaat overeenkomstig artikel 305 de raad voor de kinderbescherming op de hoogte te houden.

Beëindiging voogdij gecertificeerde instelling

Art. 329

1. Beëindiging van de voogdij kan worden uitgesproken op verzoek van de raad voor de kinderbescherming, het openbaar ministerie of een der bloed- of aanverwanten van de minderjarige tot en met de vierde graad.

2. Ingeval artikel 336a toepassing heeft gevonden, kan de beëindiging bovendien worden verzocht door degene of degenen die de minderjarige als behorende tot hun gezin verzorgen en opvoeden.

3. In het geval, bedoeld in artikel 367, kan de rechtbank de voogdij ambtshalve beëindigen.

Ambtshalve beëindiging voogdij

B1 art. 331 Burgerlijk Wetboek Boek 1

Art. 330

[Vervallen]

Art. 331

Schorsing voogdij

1. De rechtbank kan een met de voogdij belaste natuurlijke persoon geheel of gedeeltelijk in de uitoefening van het gezag schorsen indien:
a. een ernstig vermoeden bestaat dat de grond, bedoeld in artikel 266, eerste lid, aanhef en onder a of b is vervuld en de maatregel noodzakelijk is om een acute en ernstige bedreiging voor de minderjarige weg te nemen, of
b. een medische behandeling van een minderjarige jonger dan twaalf jaar of van de minderjarige van twaalf jaar of ouder die niet in staat kan worden geacht tot een redelijke waardering van zijn belangen terzake, noodzakelijk is om ernstig gevaar voor diens gezondheid af te wenden en de voogd toestemming daarvoor weigert.
2. Indien de voogdij gezamenlijk wordt uitgeoefend, wordt na schorsing van de voogdij van één van hen de voogdij door de andere voogd alleen uitgeoefend, tenzij de kinderrechter een gecertificeerde instelling als bedoeld in artikel 1.1 van de Jeugdwet, met de voorlopige voogdij over het kind belast. In dat geval is ook het gezag van deze andere voogd geschorst.
3. Artikel 329, eerste en tweede lid, is van overeenkomstige toepassing.
4. De schorsing in de uitoefening van het gezag vervalt na verloop van drie maanden na de dag van de beschikking, tenzij voor het einde van deze termijn om een beëindiging van de voogdij is verzocht.

Art. 331a

Voogdij, ondertoezichtstelling in plaats van voorlopige voogdij

In plaats van schorsing van de voogd in de uitoefening van de voogdij en voorziening in de voorlopige voogdij als bedoeld in artikel 331, kan de rechtbank de minderjarige onder toezicht stellen als bedoeld in artikel 255.

Art. 332

[Vervallen]

Art. 332a

Voogdij, ondertoezichtstelling na afwijzing verzoek tot beëindiging van de voogdij

De rechtbank die een verzoek tot beëindiging van de voogdij afwijst, is bevoegd een minderjarige onder toezicht te stellen als bedoeld in artikel 255.

Art. 333

[Vervallen]

Art. 334

Voorziening na ontzetting voogdij

1. Indien de rechtbank de beëindiging van de voogdij uitspreekt, voorziet zij tevens in het gezag, behoudens het bepaalde in het derde lid.
2. Ieder die tot de uitoefening van het gezag bevoegd is, kan tijdens het onderzoek schriftelijk aan de rechtbank verzoeken daarmede te worden belast.
3. Indien sprake is van gezamenlijke uitoefening van de voogdij en de beëindiging van de voogdij slechts een van de voogden betreft, wordt de voogdij voortaan door de andere voogd alleen uitgeoefend.

Art. 335

Geen hernieuwde benoeming na schorsing voogdij

Degene van wie de voogdij is beëindigd op grond van artikel 327, eerste lid, aanhef en onder a, b of c kan niet wederom tot voogd over die minderjarige worden benoemd.

§ 9
Het toezicht van de voogd over de persoon van de minderjarige

Art. 336

Zorgplicht van voogd

De voogd draagt zorg, dat de minderjarige overeenkomstig diens vermogen wordt verzorgd en opgevoed.
(Zie ook: artt. 245, 247, 249 BW Boek 1)

Art. 336a

Wijziging verblijf minderjarige door voogd

1. Indien de minderjarige door een ander of anderen dan zijn voogd, als behorende tot het gezin met instemming van de voogd ten minste een jaar is verzorgd en opgevoed geworden, kan de voogd niet dan met toestemming van degenen die de verzorging en opvoeding op zich hebben genomen, wijziging in het verblijf van de minderjarige brengen.
2. Voor zover de volgens het vorige lid vereiste toestemmingen niet worden verkregen, kunnen zij op verzoek van de voogd door die van de rechtbank worden vervangen. Dit verzoek wordt slechts ingewilligd indien de rechtbank dit in het belang van de minderjarige noodzakelijk oordeelt.
3. In geval van afwijzing van het verzoek is de beschikking van kracht gedurende een door de rechtbank te bepalen termijn, welke de duur van zes maanden niet te boven mag gaan. Is echter voor het einde van deze termijn een verzoek tot ondertoezichtstelling van het kind, tot beëin-

diging van de voogdij, dan wel een verzoek als bedoeld in artikel 299a, van dit boek aanhangig gemaakt, dan blijft de beschikking gelden, totdat op het verzoek bij gewijsde is beslist.

4. In geval van gezamenlijke uitoefening van de voogdij, wordt de in het eerste lid bedoelde instemming door beide voogden gegeven.

(Zie ook: artt. 326, 327 BW Boek 1)

§ 10 Het bewind van de voogd

Art. 337

1. De voogd vertegenwoordigt de minderjarige in burgerlijke handelingen.

2. De voogd moet het bewind over het vermogen van de minderjarige als een goed voogd voeren. Bij slecht bewind is hij voor de daardoor veroorzaakte schade aansprakelijk.

3. Indien goederen die de minderjarige geschonken of vermaakt zijn, onder bewind zijn gesteld, is de voogd bevoegd van de bewindvoerder rekening en verantwoording te vorderen. Vervalt dit bewind, dan komen de goederen onder het bewind van de voogd.

(Zie ook: artt. 199, 234, 304, 338, 343, 360, 362, 369, 386 BW Boek 1; art. 32 BW Boek 3; art. 771 Rv)

Art. 337a

1. In geval van gezamenlijke uitoefening van de voogdij worden de bevoegdheden die de voogd ingevolge de paragrafen 10 en 11 heeft, gezamenlijk door de voogden uitgeoefend, met dien verstande dat de bevoegdheden ook aan een voogd alleen toekomen tenzij van bezwaren van de andere voogd is gebleken.

2. De in bedoelde paragrafen genoemde verplichtingen rusten op ieder van de voogden.

Art. 338

1. De voogd zorgt dat het vermogen van de minderjarige, zoals dit bij het begin van zijn voogdij is samengesteld, zo spoedig mogelijk wordt geïnventariseerd.

2. Binnen acht weken na het begin van zijn voogdij doet de voogd ter griffie van de rechtbank van het arrondissement waarin de woonplaats van de minderjarige is gelegen schriftelijk opgave van de bij dat begin aanwezige gerede gelden, effecten aan toonder en spaarbankboekjes.

3. Binnen acht maanden na het begin van zijn voogdij levert de voogd een ter bevestiging van haar deugdelijkheid door hem ondertekende boedelbeschrijving in ter griffie van de rechtbank van het arrondissement waarin de woonplaats van de minderjarige is gelegen.

4. In de boedelbeschrijving is begrepen een opgave van de wijzigingen in de samenstelling van het vermogen tot het ogenblik dat zij wordt opgemaakt.

(Zie ook: artt. 350, 355, 365, 386 BW Boek 1; art. 671 Rv)

Art. 339

1. Wanneer de goederen van de minderjarigen een waarde van € 11 250 niet te boven gaan, kan de voogd een door hem ondertekende, volgens een door Onze Minister van Justitie vastgesteld model opgemaakte, verklaring daaromtrent in plaats van de boedelbeschrijving inleveren. De voogd van twee of meer kinderen van dezelfde ouders kan met een zodanige verklaring slechts volstaan, wanneer bovendien de goederen van de minderjarigen tezamen een waarde van € 22 500 niet te boven gaan.

2. De kantonrechter kan te allen tijde bepalen dat alsnog een beschrijving van het vermogen van de minderjarige, zoals dit op de datum van zijn beschikking is samengesteld, met overeenkomstige toepassing van het vorige artikel moet worden opgemaakt en ingeleverd.

(Zie ook: artt. 365, 386 BW Boek 1; Vgm)

Art. 340

1. De kantonrechter kan bij gebleken noodzakelijkheid een langere termijn voor de inlevering van een boedelbeschrijving of een verklaring, als bedoeld in het vorige artikel, stellen.

2. Indien binnen de daarvoor gestelde termijn geen boedelbeschrijving, noch een verklaring als bedoeld in het vorige artikel is ingeleverd, doet de kantonrechter binnen tien dagen na het einde van die termijn de voogd ten verhore oproepen.

(Zie ook: artt. 365, 386 BW Boek 1)

Art. 341

1. In de boedelbeschrijving of in de verklaring, bedoeld in artikel 339 van dit boek, moet de voogd opgeven wat hij van de minderjarige heeft te vorderen. Bij gebreke hiervan zal hij zijn vorderingsrecht niet voor diens meerderjarigheid kunnen uitoefenen.

2. Zolang de voogd zijn vorderingsrecht niet kan uitoefenen, draagt de hoofdsom van zijn vordering geen rente.

(Zie ook: artt. 386, 320 t/m 321 BW Boek 1)

B1 art. 342 **Burgerlijk Wetboek Boek 1**

Art. 342

Verplichtingen bij schenking of erfenis tijdens voogdij

1. De vier vorige artikelen zijn van overeenkomstige toepassing, wanneer de minderjarige gedurende de voogdij door schenking, erfopvolging of making vermogen krijgt.

2. De inspecteur bij wie de aangifte voor het recht van successie, van overgang of van schenking moet worden ingediend, en aan wie ambtshalve bekend is dat de minderjarige vermogen heeft verkregen, is verplicht de kantonrechter van diens woonplaats hiervan te verwittigen.
(Zie ook: artt. 386, 410, 420 BW Boek 1)

Art. 343

Handelingsbevoegdheid van voogd

De voogd kan, onverminderd zijn aansprakelijkheid voor de door zijn slecht bewind veroorzaakte schade, voor de minderjarige alle handelingen verrichten, die hij in diens belang noodzakelijk, nuttig of wenselijk acht, behoudens het bepaalde bij de volgende artikelen.
(Zie ook: artt. 386, 410, 420 BW Boek 1)

Art. 344

Bewaring van effecten door voogd

1. Voorzover de kantonrechter niet anders bepaalt, geeft de voogd de effecten aan toonder van de minderjarige in bewaring bij:
a. de Nederlandsche Bank N.V.;
b. een financiële onderneming die ingevolge de Wet op het financieel toezicht in Nederland het bedrijf van bank mag uitoefenen;

2. De kantonrechter kan aanwijzingen geven omtrent de wijze, waarop spaarbankboekjes en gelden van de minderjarige moeten worden bewaard. De kantonrechter onder wiens goedkeuring een verdeling tot stand komt, kan ter gelegenheid daarvan aanwijzingen als hier bedoeld geven. Overigens is de kantonrechter, aangewezen in de tweede afdeling van de derde titel van het eerste boek van het Wetboek van Burgerlijke Rechtsvordering bevoegd.

3. Voor effecten aan toonder, spaarbankboekjes en gelden, die de minderjarige tezamen met een of meer andere personen toekomen, geldt het bepaalde in de vorige leden, wanneer de voogd die onder zijn berusting heeft.
(Zie ook: art. 253t BW Boek 1)

Art. 345

[Dit artikel is gewijzigd in verband met de invoering van digitaal procederen. Zie voor de procedures en gerechten waarvoor digitaal procederen geldt het Overzicht gefaseerde inwerkingtreding op www.rijksoverheid.nl/KEI.]

Machtiging kantonrechter voor rechtshandelingen van voogd

1. De voogd behoeft machtiging van de kantonrechter om de navolgende handelingen voor rekening van de minderjarige te verrichten:
a. aangaan van overeenkomsten strekkende tot beschikking over goederen van de minderjarige, tenzij de handeling geld betreft, als een gewone beheersdaad kan worden beschouwd, of krachtens rechterlijk bevel geschiedt;
b. giften doen, andere dan gebruikelijke, niet bovenmatige;
c. een making of gift, waaraan lasten of voorwaarden zijn verbonden, aannemen;
d. geld lenen of de minderjarige als borg of hoofdelijke medeschuldenaar verbinden;
e. overeenkomen dat een boedel, waartoe de minderjarige gerechtigd is, voor een bepaalde tijd onverdeeld wordt gelaten.

2. De kantonrechter kan bepalen dat de voogd zijn machtiging behoeft voor het innen van vorderingen van de minderjarige, het disponeren over saldi bij een bank als bedoeld in artikel 1:1 van de Wet op het financieel toezicht daaronder begrepen.

3. Voor het aangaan van een overeenkomst tot beëindiging van een geschil waarbij de minderjarige is betrokken, behoeft de voogd geen machtiging in het geval van artikel 30k, lid 1, onder c, van het Wetboek van Burgerlijke Rechtsvordering of indien het voorwerp van de onzekerheid of het geschil een waarde van € 700 niet te boven gaat, noch indien de overeenkomst als een beheersdaad is te beschouwen.
(Zie ook: artt. 253t, 386 BW Boek 1; art. 178 BW Boek 3)
[Voor overige gevallen luidt het artikel als volgt:]

Artikel 345

1. De voogd behoeft machtiging van de kantonrechter om de navolgende handelingen voor rekening van de minderjarige te verrichten:
a. aangaan van overeenkomsten strekkende tot beschikking over goederen van de minderjarige, tenzij de handeling geld betreft, als een gewone beheersdaad kan worden beschouwd, of krachtens rechterlijk bevel geschiedt;
b. giften doen, andere dan gebruikelijke, niet bovenmatige;
c. een making of gift, waaraan lasten of voorwaarden zijn verbonden, aannemen;
d. geld lenen of de minderjarige als borg of hoofdelijke medeschuldenaar verbinden;
e. overeenkomen dat een boedel, waartoe de minderjarige gerechtigd is, voor een bepaalde tijd onverdeeld wordt gelaten.

Burgerlijk Wetboek Boek 1 **B1 art. 353**

2. De kantonrechter kan bepalen dat de voogd zijn machtiging behoeft voor het innen van vorderingen van de minderjarige, het disponeren over saldi bij een bank als bedoeld in artikel 1:1 van de Wet op het financieel toezicht daaronder begrepen.

3. Voor het aangaan van een overeenkomst tot beëindiging van een geschil waarbij de minderjarige is betrokken, behoeft de voogd geen machtiging in het geval van artikel 87 van het Wetboek van Burgerlijke Rechtsvordering of indien het voorwerp van de onzekerheid of het geschil een waarde van € 700 niet te boven gaat, noch indien de overeenkomst als een beheersdaad is te beschouwen.

(Zie ook: artt. 253t, 386 BW Boek 1; art. 178 BW Boek 3)

Art. 346

1. De voogd kan geen goederen van de minderjarige kopen, huren of pachten, zonder dat de kantonrechter de te sluiten overeenkomst goedkeurt.

2. In geval van openbare verkoop, verhuur of verpachting moet de goedkeuring binnen een maand daarna zijn aangevraagd.

(Zie ook: art. 386 BW Boek 1)

Art. 347

1. Een in strijd met artikel 345 of 346 verrichte rechtshandeling ten name van de minderjarige is vernietigbaar; op de vernietigingsgrond kan slechts een beroep worden gedaan van de zijde van de minderjarige.

2. Het vorige lid geldt niet voor een rechtshandeling anders dan om niet indien de wederpartij te goeder trouw was en voor een rechtshandeling die de minderjarige geen nadeel heeft berokken.

(Zie ook: art. 386 BW Boek 1)

Art. 348

1. De voogd kan, zonder dat de kantonrechter de te sluiten overeenkomst goedkeurt, geen inschuld ten laste van de minderjarige, noch enig beperkt recht op diens goederen van een derde verkrijgen.

2. Ontbreekt deze goedkeuring, dan is de overeenkomst nietig.

(Zie ook: art. 386 BW Boek 1)

Art. 349

1. Een voogd die zonder machtiging van de kantonrechter voor de minderjarige als eiser in rechte optreedt of tegen een uitspraak beroep instelt, wordt niet-ontvankelijk verklaard.

2. De voogd mag niet zonder machtiging van de kantonrechter in een tegen de minderjarige ingestelde eis of in een gedane uitspraak berusten.

3. Hij kan, alvorens voor de minderjarige in rechte verweer te voeren of tegen een bij verstek gedane uitspraak verzet te doen, zich te zijner verantwoording doen machtigen door de kantonrechter.

(Zie ook: artt. 327, 381, 406 BW Boek 1; artt. 280, 383, 385 Rv)

Art. 350

1. De voogd draagt zorg voor een doelmatige belegging van het vermogen van de minderjarige.

2. Hij behoeft voor elke belegging van gelden van de minderjarige machtiging van de kantonrechter. Nochtans mag hij, voor zover de kantonrechter niet anders bepaalt, zonder diens machtiging gelden ten name van de minderjarige beleggen bij een financiële onderneming als bedoeld in artikel 344, eerste lid, onderdeel b op rekeningen bestemd voor de belegging van gelden van minderjarigen, met het beding dat de gelden alleen worden terugbetaald met machtiging van de kantonrechter.

(Zie ook: art. 386 BW Boek 1)

Art. 351

1. Wanneer het vermogen van de minderjarige of een gedeelte daarvan in een onderneming van handel, landbouw of nijverheid is geplaatst, mag de voogd de zaken voor rekening, hetzij van de minderjarige alleen, hetzij van deze met anderen, niet voortzetten dan met machtiging van de kantonrechter.

2. Zonder machtiging van de kantonrechter mag de voogd een boedel, waartoe de minderjarige gerechtigd is, niet onverdeeld laten.

(Zie ook: art. 386 BW Boek 1)

Art. 352

Ondanks het ontbreken der vereiste machtiging zijn handelingen, door de voogd verricht in strijd met artikel 350 of artikel 351, geldig.

(Zie ook: art. 386 BW Boek 1)

Art. 353

De voogd kan niet zonder machtiging van de kantonrechter van een de minderjarige toekomend aandeel in een ontbonden huwelijksgemeenschap afstand doen.

(Zie ook: art. 386 BW Boek 1)

Goedkeuring bij overeenkomsten tussen voogd en minderjarige

Vernietigbare rechtshandelingen van voogd

Nietige rechtshandelingen van voogd

Onbevoegdheid voogd in rechtsbeding

Beleggen van vermogen minderjarige door voogd

Belegging van vermogen minderjarige in onderneming

Onverdeelde boedel

Geldigheid onrechtmatige rechtshandelingen door voogd

Afstand aandeel in ontbonden huwelijksgemeenschap door voogd

B1 art. 354 **Burgerlijk Wetboek Boek 1**

Art. 354

Inlichtingenplicht voogd De kantonrechter kan te allen tijde de voogd ten verhore doen oproepen. Deze is verplicht alle door de kantonrechter gewenste inlichtingen te verstrekken.
(Zie ook: art. 386 BW Boek 1)

Art. 355

Boedelbeschrijving bij huwelijk voogd 1. Aan een met het gezag belaste ouder of aan een ouder die alleen het bewind over het vermogen heeft en die aangifte heeft gedaan van zijn voornemen een huwelijk of een geregistreerd partnerschap aan te gaan, kan de kantonrechter opdragen binnen een bepaalde termijn een beschrijving van het vermogen van de kinderen op te maken en deze beschrijving of een afschrift daarvan ter griffie van de rechtbank in te leveren.

Schakelbepaling 2. De artikelen 339, 340 en 341 van dit boek zijn van overeenkomstige toepassing.
(Zie ook: art. 48 BW Boek 1)

Art. 356

Gronden voor aanwijzingen en machtigingen door kantonrechter bij voogdij 1. Aanwijzingen en machtigingen, als in deze paragraaf bedoeld, geeft de kantonrechter slechts, indien dit hem in het belang van de minderjarige noodzakelijk, nuttig of wenselijk blijkt te zijn. Hij kan een bijzondere of een algemene machtiging geven en daaraan zodanige voorwaarden verbinden, als hij dienstig oordeelt.

2. Hij kan een gegeven aanwijzing of machtiging te allen tijde intrekken of de daaraan verbonden voorwaarden wijzigen.
(Zie ook: art. 386 BW Boek 1)

Art. 357

Aanwijzingen goederen voor kostenverhaal bij voogdij Indien de kosten van een ten behoeve van een minderjarige bevolen maatregel bij rechterlijke beschikking te diens laste zijn gebracht, treedt - ingeval dientengevolge het vermogen van de minderjarige moet worden aangesproken - in de plaats van de bij artikel 345 van dit boek bedoelde machtiging van de kantonrechter, diens aanwijzing van de goederen die verkocht of bezwaard zullen worden.
(Zie ook: art. 386 BW Boek 1)

Art. 358

Verrekening van kosten van bewind bij voogdij 1. De voogd mag alle noodzakelijke, betamelijke en behoorlijk gerechtvaardigde uitgaven aan de minderjarige in rekening brengen.

2. Indien de kantonrechter een bedrag bepaalt, hetwelk jaarlijks mag worden besteed voor de verzorging en opvoeding van de minderjarige of voor de kosten van het beheer van diens vermogen, behoeft de voogd de besteding van dat bedrag niet gespecificeerd te verantwoorden.

3. De kantonrechter kan de voogd een beloning ten laste van de minderjarige toekennen, indien hij dit gezien de zwaarte van de last van het bewind redelijk acht. Buiten dit geval mag de voogd voor zichzelf geen loon berekenen, tenzij hem dat is toegekend bij de akte, waarbij hij door een ouder benoemd is.
(Zie ook: artt. 283, 292, 336, 386 BW Boek 1)

Art. 359

Indienen rekening van bewind bij voogdij 1. De kantonrechter kan te allen tijde op verzoek van de andere voogd of ambtshalve aan de voogd de verplichting opleggen jaarlijks of eens in de twee of drie jaren ter griffie van de rechtbank een rekening in te dienen van zijn bewind over de goederen van de minderjarige.

2. De datum voor de indiening van de rekening wordt door de kantonrechter bepaald.

3. Indien in het geval van gezamenlijke uitoefening van de voogdij een van de voogden de rekening alleen heeft ingediend, moet hij gelijktijdig een afschrift van de rekening aan de andere voogd doen toekomen. Deze kan binnen twee maanden bezwaren tegen de rekening bij de rechter indienen.
(Zie ook: art. 386 BW Boek 1)

Art. 360

Verbetering van rekening van bewind bij voogdij 1. Bij verschil van mening omtrent de rekening kan de kantonrechter verbetering daarvan gelasten.

2. Hij kan een of meer deskundigen benoemen, ten einde de ingediende rekening te onderzoeken.

3. De kantonrechter kan de kosten van dit onderzoek, indien slecht bewind aan het licht is gekomen, geheel of ten dele ten laste van de voogd brengen.

4. De voogd ontvangt een afschrift van het door de deskundigen in te dienen schriftelijk bericht.

5. In geval van gezamenlijke uitoefening van de voogdij ontvangen beide voogden het in het vierde lid bedoelde afschrift en kan de rechter de in het derde lid bedoelde kosten ook ten laste van de voogden gezamenlijk brengen.
(Zie ook: artt. 337, 374, 386 BW Boek 1)

Art. 361

Bewaring van rekening van bewind bij voogdij De periodiek door de voogd gedane rekening of een eensluidend afschrift daarvan blijft berusten ter griffie van de rechtbank.
(Zie ook: art. 386 BW Boek 1)

Art. 362

De kantonrechter kan op verzoek van de andere voogd of ambtshalve de schade vaststellen, die blijkens de rekening de minderjarige door slecht bewind van de voogd geleden heeft, en deze laatste tot vergoeding daarvan veroordelen.

(Zie ook: artt. 337, 386 BW Boek 1)

Art. 363

1. De kantonrechter kan te allen tijde bevelen dat de voogd voor zijn bewind zekerheid stelt. Hij stelt het bedrag en de aard van de zekerheid vast. Inpandgeving van effecten aan toonder van de voogd geschiedt door hun inbewaargeving bij de Nederlandsche Bank.

2. De kantonrechter bepaalt een redelijke termijn, binnen welke de voogd hem te zijnen genoegen moet aantonen dat hij de van hem verlangde zekerheid gesteld heeft.

3. De kantonrechter kan de voogd toestaan een gestelde zekerheid door een andere te vervangen. Indien het belang van de voogd het vervallen van een gestelde zekerheid volstrekt eist of handhaving daarvan niet nodig is, kan de kantonrechter hem machtigen daarvan namens de minderjarige afstand te doen.

(Zie ook: art. 386 BW Boek 1; art. 260 BW Boek 3)

Art. 364

1. De door de voogd gestelde zekerheid houdt op, zodra zijn rekening en verantwoording is goedgekeurd, of zodra de rechtsvorderingen die zijn bewind betreffen overeenkomstig artikel 377 van dit boek verjaard zijn.

2. Alsdan worden op kosten van de minderjarige hypothecaire inschrijvingen doorgehaald en pandrechten op inschrijvingen in de schuldregisters voor geldleningen ten laste van het Rijk opgeheven.

(Zie ook: art. 386 BW Boek 1; artt. 28 t/m 29, 274 t/m 275 BW Boek 3)

Art. 365

Indien de voogd in gebreke blijft:

a. gehoor te geven aan een oproeping van de kantonrechter om voor hem te verschijnen;

b. een boedelbeschrijving of een verklaring als bedoeld in artikel 339 van dit boek in te leveren;

c. op de door de kantonrechter bepaalde datum zijn periodieke rekening in te dienen;

d. aan de minderjarige toebehorende spaarbankboekjes, gelden, of toondereffecten die hij niet te diens name heeft doen stellen, op de voorgeschreven wijze te bewaren;

e. de kantonrechter het bewijs te leveren, dat hij een van hem verlangde zekerheid gesteld heeft; of

f. de schadevergoeding te betalen, waartoe de kantonrechter hem ingevolge artikel 362 van dit boek veroordeeld heeft,

kan de kantonrechter de raad voor de kinderbescherming hiermede in kennis stellen.

(Zie ook: artt. 338, 386 BW Boek 1)

Art. 366

Insgelijks kan de kantonrechter de raad voor de kinderbescherming ermede in kennis stellen, dat:

a. de voogd in gevallen, waarin hij machtiging van de kantonrechter behoeft, zijn bewind eigenmachtig voert;

b. hij zich in zijn bewind aan ontrouw, plichtsverzuim of misbruik van bevoegdheid blijkt te hebben schuldig gemaakt.

(Zie ook: art. 13 BW Boek 3)

(Zie ook: artt. 327, 386 BW Boek 1)

Art. 367

De raad voor de kinderbescherming die van de kantonrechter zodanige mededeling ontvangt, onderwerpt, na onderzoek van de overige gedragingen van de voogd jegens de minderjarige, binnen zes weken na de dagtekening van de mededeling aan het oordeel van de rechtbank de vraag, of beëindiging van de voogdij op grond van artikel 327 van dit boek moet volgen.

(Zie ook: artt. 242, 329, 368, 386 BW Boek 1)

Art. 368

[Vervallen]

Art. 369

1. Indien minderjarigen die onder voogdij van verschillende voogden staan, goederen gemeen hebben, kan de kantonrechter van de woonplaats van een der minderjarigen een van de voogden of een derde aanwijzen om over deze goederen tot de verdeling het bewind te voeren. De aangewezen bewindvoerder stelt de door de rechter van hem verlangde waarborgen.

2. Komt de in het eerste lid omschreven bevoegdheid aan verschillende rechters toe, dan vervalt deze, nadat een van hen daarvan heeft gebruik gemaakt.

3. Op het bewind zijn de bepalingen omtrent het bewind van een voogd van overeenkomstige toepassing. De bewindvoerder is bij uitsluiting bevoegd tot vernietiging van rechtshandelingen

B1 art. 370 Burgerlijk Wetboek Boek 1

van de minderjarige, strekkende tot beheer of beschikking met betrekking tot de onder bewind staande goederen.

(Zie ook: artt. 276, 386 BW Boek 1; art. 178 BW Boek 3)

Art. 370

Onderbewindstelling van vermogen van minderjarige door kantonrechter

1. De kantonrechter kan op verzoek van de voogd of ambtshalve, het vermogen van de minderjarige of een deel daarvan, met inbegrip van de vruchten, voor de duur van diens minderjarigheid onder bewind stellen, indien hij dit in het belang van de minderjarige nodig oordeelt. In geval van gezamenlijke uitoefening van de voogdij wordt tot onderbewindstelling slechts beslist indien het verzoek door beide voogden gezamenlijk wordt gedaan.

2. De kantonrechter benoemt de bewindvoerder en bepaalt het aan deze toekomende loon. Hij kan bij de instelling van het bewind bepalen dat de voogd de door de onderbewindstelling veroorzaakte kosten, met inbegrip van het loon, geheel of gedeeltelijk aan de minderjarige moet vergoeden, alsmede dat de voogd, behoudens zijn verhaal op de bewindvoerder, voor diens verrichtingen aansprakelijk is jegens de minderjarige. In geval van gezamenlijke uitoefening van de voogdij worden deze verplichtingen opgelegd aan beide voogden.

Schakelbepaling

3. Op het bewind zijn de bepalingen omtrent het bewind van een voogd van overeenkomstige toepassing. De bewindvoerder is bij uitsluiting bevoegd tot vernietiging van rechtshandelingen van de minderjarige, strekkend tot beheer of beschikking met betrekking tot de onder bewind staande goederen.

4. De kantonrechter bepaalt welke uitkeringen de bewindvoerder uit de onder het bewind gestelde goederen en de vruchten daarvan aan de voogd en bij gezamenlijke uitoefening van de voogdij aan de voogden, moet doen ten behoeve van de verzorging en opvoeding van de minderjarige of ten behoeve van het beheer van diens niet onder het bewind gestelde goederen. Hij kan deze beschikkingen te allen tijde op verzoek van een voogd of de bewindvoerder, of ambtshalve wijzigen.

5. De bewindvoerder is verplicht aan de kantonrechter te allen tijde alle door deze gewenste inlichtingen te verstrekken.

6. Hij is voorts verplicht jaarlijks en aan het einde van zijn bewind aan de voogd, en bij gezamenlijke uitoefening van de voogdij aan de voogden, de meerderjarig gewordene of de erfgenamen van de minderjarige, wanneer deze overleden is, ten overstaan van de kantonrechter rekening en verantwoording af te leggen.

7. Geschillen die bij de rekening en verantwoording rijzen, beslist de kantonrechter.

8. Blijft een der partijen in gebreke tot deze aflegging van rekening en verantwoording mede te werken, dan zijn de artikelen 771 en volgende van het Wetboek van Burgerlijke Rechtsvordering van toepassing.

9. De kantonrechter kan te allen tijde op verzoek van de bewindvoerder, een voogd of ambtshalve het bewind opheffen of de bewindvoerder ontslaan en door een ander vervangen.

(Zie ook: artt. 337, 343, 386 BW Boek 1)

Art. 371

Verandering van woonplaats van voogd

De voogd is verplicht ter griffie van de rechtbank kennis te geven van elke verandering in zijn woonplaats.

(Zie ook: artt. 10, 386 BW Boek 1)

Art. 371a

Mededeling van benoeming van voogd aan kantonrechter

1. De griffier van het gerecht dat een voogd benoemt, doet daarvan onverwijld mededeling aan de kantonrechter van de rechtbank van het arrondissement waarin de woonplaats van de voogd is gelegen.

2. Woont de voogd niet meer in het arrondissement of is hij opgevolgd door een voogd in een ander arrondissement, dan zendt de griffier onverwijld de voogdijbescheiden naar de griffier van het arrondissement waar de voogd of opvolgende voogd woonplaats heeft, onder opgave van diens adres.

§ 11

De rekening en verantwoording bij het einde van de voogdij

Art. 372

Rekening en verantwoording bij einde van voogdij

Na het einde van zijn bewind doet de voogd daarvan onverwijld rekening en verantwoording. De kosten worden door de voogd betaald. Zij komen echter ten laste van de minderjarige. Voor zover de kosten niet op de minderjarige kunnen worden verhaald, komen zij ten laste van de ouders, en, zo zij ook op hen niet kunnen worden verhaald, ten laste van de Staat.

(Zie ook: artt. 276, 386 BW Boek 1)

Art. 373

Rekening en verantwoording aan pupil, erfgenaam of opvolger

1. Deze rekening en verantwoording doet de voogd hetzij aan de meerderjarig gewordene, hetzij aan de erfgenamen van de minderjarige, wanneer deze overleden is, hetzij aan zijn opvolger in het bewind.

2. Indien de gezamenlijke uitoefening van de voogdij is geëindigd en als gevolg daarvan het gezag wordt uitgeoefend door een van de voogden alleen, doet degene wiens voogdij geëindigd is rekening en verantwoording aan degene die de voogdij alleen uitoefent.
(Zie ook: artt. 233, 386 BW Boek 1)

Art. 374

1. Bedoelde rekening en verantwoording wordt afgelegd ten overstaan van de kantonrechter, binnen wiens rechtsgebied de voogd wiens bewind eindigt woonplaats heeft.

Rekening en verantwoording ten overstaan van kantonrechter

2. Geschillen, die bij de aflegging van de rekening en verantwoording mochten rijzen, beslist de kantonrechter.

3. Blijft een der partijen in gebreke tot deze aflegging van rekening en verantwoording mede te werken, dan zijn de artikelen 771 en volgende van het Wetboek van Burgerlijke Rechtsvordering van toepassing.
(Zie ook: artt. 360, 386 BW Boek 1)

Art. 375

Een rechtshandeling die de meerderjarig gewordene betreffende de voogdij of de voogdijrekening richt tot of verricht met de voogd, is vernietigbaar, indien zij geschiedt vóór het afleggen van de rekening en verantwoording; alleen van de zijde van de meerderjarig gewordene kan een beroep op de vernietigingsgrond worden gedaan.
(Zie ook: art. 386 BW Boek 1)

Nietigheid van rechtshandelingen vóór rekening en verantwoording

Art. 376

Wat de minderjarige aan de voogd schuldig blijft, draagt geen rente, zolang hij niet - na het sluiten der rekening - met de voldoening van het verschuldigde in verzuim is.
(Zie ook: artt. 385, 386 BW Boek 1; artt. 82, 119, 120 BW Boek 6)

Geen rente op schuld van minderjarige aan voogd

Art. 377

Elke rechtsvordering op grond van het gevoerde voogdijbewind - zowel van de zijde van de minderjarige als van die van de voogd - verjaart door verloop van vijf jaren na de dag, waarop de voogdij van laatstgenoemde is geëindigd.
(Zie ook: artt. 306, 386 BW Boek 1)

Verjaring van rechtsvorderingen bij voogdij

Titel 15
Omgang en informatie

Art. 377a

1. Het kind heeft het recht op omgang met zijn ouders en met degene die in een nauwe persoonlijke betrekking tot hem staat. De niet met het gezag belaste ouder heeft het recht op en de verplichting tot omgang met zijn kind.

Omgangsrecht

2. De rechter stelt op verzoek van de ouders of van een van hen of degene die in een nauwe persoonlijke betrekking staat tot het kind, al dan niet voor bepaalde tijd, een regeling inzake de uitoefening van het omgangsrecht vast dan wel ontzegt, al dan niet voor bepaalde tijd, het recht op omgang.

3. De rechter ontzegt het recht op omgang slechts, indien:
a. omgang ernstig nadeel zou opleveren voor de geestelijke of lichamelijke ontwikkeling van het kind, of
b. de ouder of degene die in een nauwe persoonlijke betrekking staat tot het kind kennelijk ongeschikt of kennelijk niet in staat moet worden geacht tot omgang, of
c. het kind dat twaalf jaren of ouder is, bij zijn verhoor van ernstige bezwaren tegen omgang met zijn ouder of met degene met wie hij in een nauwe persoonlijke betrekking staat heeft doen blijken, of
d. omgang anderszins in strijd is met zwaarwegende belangen van het kind.

Art. 377b

1. De ouder die met het gezag is belast, is gehouden de niet met het gezag belaste ouder op de hoogte te stellen omtrent gewichtige aangelegenheden met betrekking tot de persoon en het vermogen van het kind en deze te raadplegen - zo nodig door tussenkomst van derden - over daaromtrent te nemen beslissingen. Op verzoek van een ouder kan de rechter ter zake een regeling vaststellen.

Informatieplicht bij omgangsrecht

2. Indien het belang van het kind zulks vereist kan de rechter zowel op verzoek van de met het gezag belaste ouder als ambtshalve bepalen dat het eerste lid van dit artikel buiten toepassing blijft.

3. Artikel 377e is van overeenkomstige toepassing.

Schakelbepaling

Art. 377c

1. Onverminderd het bepaalde in artikel 377b van dit boek wordt de niet met het gezag belaste ouder desgevraagd door derden die beroepshalve beschikken over informatie inzake belangrijke feiten en omstandigheden die de persoon van het kind of diens verzorging en opvoeding betreffen, daarvan op de hoogte gesteld, tenzij die derde de informatie niet op gelijke wijze zou ver-

Informatieplicht van derden bij omgangsrecht

B1 art. 377d **Burgerlijk Wetboek Boek 1**

schaffen aan degene die met het gezag over het kind is belast dan wel bij wie het kind zijn gewone verblijfplaats heeft, of het belang van het kind zich tegen het verschaffen van informatie verzet.

2. Indien de informatie is geweigerd, kan de rechter op verzoek van de in het eerste lid van dit artikel bedoelde ouder bepalen dat de informatie op de door hem aan te geven wijze moet worden verstrekt. De rechter wijst het verzoek in ieder geval af, indien het belang van het kind zich tegen het verschaffen van de informatie verzet.

Art. 377d

Aanvang van recht op omgang

1. Onverminderd het bepaalde in het tweede lid van dit artikel, begint de uitoefening van het recht op omgang zodra de desbetreffende beschikking in kracht van gewijsde is gegaan of, indien zij uitvoerbaar bij voorraad is verklaard, daags nadat de beschikking is verstrekt of verzonden.

2. De uitoefening van het recht op omgang begint, indien tevens een beschikking inzake het gezag is of wordt gegeven, niet eerder dan op het tijdstip waarop voor de andere ouder of voor de voogd het gezag is begonnen.

Art. 377e

Wijziging van omgangsregeling

1. De rechtbank kan op verzoek van de ouders of van een van hen of van degene die in een nauwe persoonlijke betrekking staat tot het kind een beslissing inzake de omgang alsmede een door de ouders onderling getroffen omgangsregeling wijzigen op grond dat nadien de omstandigheden zijn gewijzigd, of dat bij het nemen van de beslissing van onjuiste of onvolledige gegevens is uitgegaan.

Wijziging van omgangsregeling, één jaar na ontzegging omgang

2. De rechtbank kan op verzoek van een ouder, of van een biologische ouder die in een nauwe persoonlijke betrekking staat tot het kind, een beslissing waarbij de omgang is ontzegd tevens wijzigen na verloop van een periode van een jaar nadat de eerdere beschikking in kracht van gewijsde is gegaan.

Wijziging van omgangsregeling, twee jaar na ontzegging omgang bij partnerdoding

3. Indien de ene ouder wordt verdacht van het doden van de andere ouder, of indien de ene ouder is veroordeeld wegens het doden van de andere ouder, en de rechter heeft de omgang ontzegd voor een duur van twee jaar of meer, dan kan de rechter, in afwijking van het tweede lid, de beslissing waarbij de omgang is ontzegd, onverminderd het eerste lid, niet eerder wijzigen op verzoek van de ouder dan na verloop van een periode van twee jaar nadat de eerdere beschikking in kracht van gewijsde is gegaan.

Art. 377f

[Vervallen]

Art. 377g

Ambtshalve wijziging van omgangsregeling

De rechter kan, indien haar blijkt dat de minderjarige van twaalf jaar of ouder hierop prijs stelt, ambtshalve een beslissing geven op de voet van de artikelen 377a of 377b, dan wel zodanige beslissing op de voet van artikel 377e van dit boek wijzigen. Hetzelfde geldt indien de minderjarige de leeftijd van twaalf jaren nog niet heeft bereikt, maar in staat kan worden geacht tot een redelijke waardering van zijn belangen ter zake.

Art. 377h

[Vervallen]

Titel 16
Curatele

Art. 378

Gronden voor ondercuratelestelling van meerderjarige

1. Een meerderjarige kan door de kantonrechter onder curatele worden gesteld, wanneer hij tijdelijk of duurzaam zijn belangen niet behoorlijk waarneemt of zijn veiligheid of die van anderen in gevaar brengt, als gevolg van

a. zijn lichamelijke of geestelijke toestand, dan wel

b. gewoonte van drank- of drugsmisbruik,

en een voldoende behartiging van die belangen niet met een meer passende en minder verstrekkende voorziening kan worden bewerkstelligd.

2. Indien te verwachten is dat ten aanzien van een minderjarige op het tijdstip waarop hij meerderjarig zal worden, van een der in het vorige lid genoemde gronden voor curatele sprake zal zijn, kan de curatele reeds voor de meerderjarigheid worden uitgesproken.

(Zie ook: artt. 32, 35, 109, 135, 268, 324, 332 BW Boek 1)

3. De rechter bij wie een verzoek tot het verlenen van een rechterlijke machtiging als bedoeld in de Wet zorg en dwang psychogeriatrische en verstandelijk gehandicapte cliënten dan wel een zorgmachtiging of een machtiging tot voortzetting van de crisismaatregel als bedoeld in de Wet verplichte geestelijke gezondheidszorg aanhangig is, is tevens bevoegd tot de kennisneming van een verzoek tot ondercuratelestelling.

Art. 379

Verzoek tot ondercuratelestelling

1. De curatele kan worden verzocht door de betrokken persoon, zijn echtgenoot, zijn geregistreerde partner dan wel andere levensgezel, zijn bloedverwanten in de rechte lijn en in de zijlijn tot en met de vierde graad, degene die ingevolge artikel 253sa of 253t het gezag over de betrokken

persoon uitoefent, zijn voogd, zijn bewindvoerder als bedoeld in titel 19 en zijn mentor als bedoeld in titel 20.
(Zie ook: artt. 432, 435 BW Boek 1)
2. De curatele kan voorts worden verzocht door het openbaar ministerie en door de instelling waar de betrokkene wordt verzorgd of die aan de betrokkene begeleiding biedt. In het laatste geval wordt in het verzoekschrift tevens vermeld waarom de in het eerste lid genoemde personen – bloedverwanten in de zijlijn in de derde en vierde graad daaronder niet begrepen – niet tot indiening van een verzoek zijn overgegaan.

Art. 380

1. De rechter voor wie het verzoek tot ondercuratelestelling aanhangig is of laatstelijk aanhangig was, kan, desverzocht of ambtshalve, een provisionele bewindvoerder benoemen; de beschikking vermeldt het tijdstip waarop zij in werking treedt.

Benoeming van provisionele bewindvoerder

2. Hij regelt in deze beschikking de bevoegdheden van de bewindvoerder. Hij kan de bewindvoerder het bewind over bepaalde of alle goederen opdragen. Aan de bewindvoerder kan de rechter ook andere bevoegdheden toekennen, doch niet die welke een curator niet heeft. Voor zover de rechter niet anders bepaalt, kan degene wiens curatele is verzocht, met betrekking tot die goederen niet zonder medewerking van de bewindvoerder daden van beheer en van beschikking verrichten, noch overeenkomsten aangaan strekkende tot beschikking over die goederen.
3. In de beschikking kan tevens worden bepaald dat schulden die degene wiens curatele is verzocht, na de bekendmaking van de benoeming maakt, op de onder bewind gestelde goederen gedurende dit bewind en de curatele, indien deze volgt, niet kunnen worden verhaald.
4. De beschikking kan te allen tijde worden gewijzigd of ingetrokken door de rechter voor wie het verzoek tot ondercuratelestelling aanhangig is of laatstelijk aanhangig was.
5. De bewindvoerder heeft aanspraak op beloning overeenkomstig de regels die daaromtrent bij regeling van Onze Minister van Veiligheid en Justitie zijn vastgesteld.

Art. 381

1. De curatele werkt met ingang van de dag waarop zij is uitgesproken. In het geval, bedoeld in artikel 378, tweede lid, werkt de curatele met ingang van het tijdstip waarop de onder curatele gestelde meerderjarig wordt.

Aanvang en rechtsgevolg van ondercuratelestelling

2. Van deze tijdstippen is de onder curatele gestelde onbekwaam rechtshandelingen te verrichten voor zover de wet niet anders bepaalt.
3. Een onder curatele gestelde is bekwaam rechtshandelingen te verrichten met toestemming van zijn curator, voor zover deze bevoegd is die rechtshandelingen voor de onder curatele gestelde te verrichten. De toestemming kan slechts worden verleend voor een bepaalde rechtshandeling of voor een bepaald doel. De toestemming voor een bepaald doel moet schriftelijk worden verleend.
4. Met betrekking tot aangelegenheden betreffende verzorging, verpleging, behandeling en begeleiding van een onder curatele gestelde zijn de artikelen 453 en 454 van dit boek van overeenkomstige toepassing.

Schakelbepaling

5. Hij is bekwaam over gelden die zijn curator voor levensonderhoud te zijner beschikking heeft gesteld, overeenkomstig deze bestemming te beschikken.
6. In zaken van curatele is degene wiens curatele het betreft bekwaam in rechte op te treden en tegen een uitspraak beroep in te stellen.
(Zie ook: artt. 12, 37, 51, 72, 117, 118, 234, 324 BW Boek 1; artt. 32, 49 t/m 51, 63, 112, 113 BW Boek 3; art. 164 t/m 165 BW Boek 6)

Art. 382

Hij die uit hoofde van gewoonte van drank- of drugsmisbruik onder curatele is gesteld, blijft bekwaam tot het verrichten van familierechtelijke handelingen voor zover de wet niet anders bepaalt.
(Zie ook: art. 37 BW Boek 1)

Uitzonderingen van handelingsonbekwaamheid van onder curatele gestelde

Art. 383

1. De rechter die de curatele instelt, benoemt daarbij of zo spoedig mogelijk daarna een curator. Hij vergewist zich van de bereidheid en vormt zich een oordeel omtrent de geschiktheid van de te benoemen persoon.

Benoeming van curator

2. De rechter volgt bij de benoeming van de curator de uitdrukkelijke voorkeur van de betrokkene, tenzij gegronde redenen zich tegen zodanige benoeming verzetten.
3. Tenzij het vorige lid is toegepast, wordt, indien de onder curatele gestelde persoon gehuwd is, een geregistreerd partnerschap is aangegaan of anderszins een levensgezel heeft, bij voorkeur de echtgenoot, de geregistreerde partner dan wel andere levensgezel tot curator benoemd. Is de vorige zin niet van toepassing dan wordt bij voorkeur een van zijn ouders, kinderen, broers of zusters tot curator benoemd. Huwt de onder curatele gestelde, gaat hij een geregistreerd partnerschap aan of verkrijgt hij een andere levensgezel, dan kan ieder van hen verzoeken, dat de niet onder curatele staande echtgenoot, de geregistreerde partner dan wel de andere levensgezel in de plaats van de tegenwoordige curator wordt benoemd.
4. Rechtspersonen met volledige rechtsbevoegdheid kunnen tot curator worden benoemd.

B1 *art. 383* **Burgerlijk Wetboek Boek 1**

5. De volgende personen kunnen niet tot curator worden benoemd:
a. handelingsonbekwamen;
b. zij ten behoeve van wie een mentorschap is ingesteld;
c. de bewindvoerder van de onder curatele gestelde in de zin artikel 287, derde lid, van de Faillissementswet;
d. een direct betrokken of behandelend hulpverlener;
e. personen behorende tot de leiding of tot het personeel van de instelling waar de onder curatele gestelde wordt verzorgd of die aan de onder curatele gestelde begeleiding biedt;
f. personen verbonden met de instelling waar de onder curatele gestelde wordt verzorgd of die aan de onder curatele gestelde begeleiding biedt, doordat:
1° de instelling of personen behorende tot de leiding van de instelling, alleen of samen meer dan de helft van de stemrechten in de algemene vergadering van de rechtspersoon kunnen uitoefenen, dan wel meer dan de helft van de bestuurders of van de commissarissen van de rechtspersoon kunnen benoemen of ontslaan,
2° de persoon en de instelling deel uitmaken van een groep in de zin van artikel 24b van boek 2, of
3° de bestuurder van de rechtspersoon tevens behoort tot de leiding of het personeel van de instelling.

6. Zij van wie één of meer goederen onder een bewind als bedoeld in titel 19 staan, zij die in staat van faillissement verkeren en zij ten aanzien van wie de schuldsaneringsregeling natuurlijke personen van toepassing is, kunnen niet tot curator worden benoemd, tenzij het gaat om een persoon als bedoeld in het derde lid en het bewind over het vermogen van de onder curatele gestelde door de medecurator wordt gevoerd.

7. Een andere persoon dan in het derde lid bedoeld, die ten behoeve van drie of meer personen curator, bewindvoerder of mentor is, komt alleen dan voor benoeming in aanmerking indien deze wat zijn bedrijfsvoering en scholing betreft, alsmede, voor zover van toepassing, de werving, de scholing en begeleiding van en het toezicht op de personen door wie hij de taken van een curator uitoefent, voldoet aan bij algemene maatregel van bestuur te stellen kwaliteitseisen, alsmede aan de verplichtingen bedoeld in artikel 386, derde lid, en in artikel 15i van boek 3.

8. De persoon, bedoeld in het zevende lid, legt aan de rechter die hem benoemt, over:
a. zijn verklaring dat hij aan de in het zevende lid bedoelde kwaliteitseisen en verplichtingen voldoet,
b. een verslag van een accountant als bedoeld in artikel 393, eerste lid, van boek 2, van diens bevindingen over de wijze waarop aan de eisen en verplichtingen worden voldaan, en
c. een verklaring van de accountant omtrent de balans en staat van baten en lasten, bedoeld in artikel 10 van boek 2, dan wel, voor zover van toepassing, omtrent de jaarrekening overeenkomstig titel 9 van boek 2. Artikel 396, zevende lid, van boek 2 is ten aanzien van artikel 393 lid 1 niet van toepassing.

Bij algemene maatregel van bestuur kunnen nadere regels worden gesteld omtrent de vorm en de inhoud van de verklaringen en het verslag, alsmede de wijze van overlegging. Toont de persoon aan dat hij in de twaalf maanden voorafgaande aan zijn benoeming de verklaringen en het verslag reeds aan de rechter heeft overgelegd, dan is hij van de overlegging vrijgesteld.

9. Van de overlegging van de in het achtste lid bedoelde verklaring van de accountant zijn vrijgesteld:
a. zij die een financiële onderneming zijn die ingevolge de Wet op het financieel toezicht het bedrijf van bank mogen uitoefenen,
b. notarissen,
c. gerechtsdeurwaarders,
d. accountants.

Bij algemene maatregel van bestuur kunnen de in de vorige zin bedoelde ondernemingen en beroepsbeoefenaren geheel of gedeeltelijk worden vrijgesteld van de in het zevende lid bedoelde eisen inzake de werving, scholing en bedrijfsvoering.

10. De rechter kan twee curatoren benoemen, tenzij gegronde redenen zich tegen zodanige benoeming verzetten. Zijn er twee curatoren, dan kan ieder van hen de taken die aan een curator toekomen, alleen verrichten. De rechter kan zo nodig een taakverdeling tussen de curatoren vaststellen. Bij verschil van mening tussen de curatoren beslist op verzoek van een van hen of op verzoek van een instelling als bedoeld in artikel 379, tweede lid, de kantonrechter. Deze kan ook een verdeling van de beloning vaststellen.

Aanvang taak van curator

11. De taak van de curator vangt aan daags nadat de beslissing, houdende de benoeming, is verstrekt of verzonden. Met die dag eindigt het provisioneel bewind. De provisionele bewindvoerder is verplicht ten overstaan van de kantonrechter aan de curator rekening en verantwoording van zijn bemoeiënissen af te leggen; wordt hij zelf tot curator benoemd, dan wordt de rekening en verantwoording aan de kantonrechter afgelegd. Indien de curator vóór de meerderjarigheid van de onder curatele gestelde is benoemd, vangt zijn taak aan op het tijdstip waarop de curatele in werking treedt.

Burgerlijk Wetboek Boek 1

B1 art. 386

12. Indien het verzoek tot ondercuratelestelling wordt afgewezen, eindigt het bewind van de provisionele bewindvoerder daags na die uitspraak, tenzij de rechter anders bepaalt, en in ieder geval uiterlijk daags nadat de afwijzing in kracht van gewijsde is gegaan.
(Zie ook: artt. 280, 435 BW Boek 1; artt. 53, 585, 771 Rv)

Einde taak van provisionele bewindvoerder

Art. 384

Indien een beschikking, waarbij curatele is uitgesproken, in hoger beroep of cassatie wordt vernietigd en het verzoek tot ondercuratelestelling alsnog wordt afgewezen, neemt de taak van de curator daags na deze uitspraak een einde. De inmiddels door de curator of met zijn toestemming verrichte handelingen blijven voor de onder curatele gestelde verbindend.
(Zie ook: art. 13 Fw)

Curatele, einde taak curator

Art. 385

1. Behoudens het in de artikelen 383 en 384 bepaalde vinden de artikelen 250 en 280, onder b, 281 lid 1 onder a en lid 2, 322, eerste lid, onder a en c, 324, 336 en 372-377 bij curatele overeenkomstige toepassing, met dien verstande dat
a. in geval van benoeming van een ouder tot curator een bereidverklaring als bedoeld in artikel 280 onder b niet is vereist;
b. voor rechtbank of rechter wordt gelezen kantonrechter;
c. aan de raad voor de kinderbescherming terzake geen bevoegdheden toekomen;
d. de curator te allen tijde hetzij op eigen verzoek, hetzij wegens gewichtige redenen of omdat hij niet meer voldoet aan de eisen om curator te kunnen worden, door de kantonrechter kan worden ontslagen, zulks op verzoek van de medecurator of degene die gerechtigd is de curatele te verzoeken als bedoeld in artikel 379, dan wel ambtshalve. Artikel 448, tweede lid, derde lid en vijfde lid, is van overeenkomstige toepassing;
e. de curator de rekening en verantwoording, bedoeld in artikel 374, aflegt ten overstaan van de bij het einde van zijn bewind ter zake bevoegde kantonrechter.

Schakelbepaling

2. De curator doet telkens na verloop van vijf jaren, of zoveel eerder als de kantonrechter bepaalt, aan deze verslag van het verloop van de curatele. Hij laat zich daarbij met name uit over de vraag of de curatele dient voort te duren of door een minder ver strekkende voorziening kan worden vervangen. Feiten die voor de curatele en het voortduren daarvan van betekenis zijn deelt hij terstond aan de kantonrechter mede.
(Zie ook: artt. 297, 324 BW Boek 1)

Art. 386

1. Op het bewind van de curator zijn de omtrent het bewind van de voogd gegeven voorschriften van overeenkomstige toepassing. De rekening en verantwoording van zijn bewind gedurende de curatele wordt evenwel door de curator jaarlijks ingediend, behoudens indien de kantonrechter heeft bepaald dat dit op een ander tijdstip kan geschieden. Onze Minister van Veiligheid en Justitie kan een model vaststellen volgens hetwelk de rekening en verantwoording moet worden opgemaakt. De curator, bedoeld in artikel 383, zevende lid, legt jaarlijks de verklaringen en het verslag over, bedoeld in artikel 383, achtste lid. De curator doet desgevraagd van zijn werkzaamheden verslag aan de kantonrechter. De curator heeft aanspraak op beloning overeenkomstig de regels die daaromtrent bij regeling van Onze Minister van Veiligheid en Justitie zijn vastgesteld.

Toepasselijke bepalingen bij curatele

2. De curator draagt zorg voor een doelmatige belegging van het vermogen van de onder curatele gestelde, voor zover dit niet besteed behoort te worden voor een voldoende verzorging van de onder curatele gestelde.

3. Tenzij de kantonrechter anders bepaalt, is de curator verplicht zo spoedig mogelijk een rekening te openen bij een financiële onderneming die ingevolge de Wet op het financieel toezicht in Nederland het bedrijf van bank mag uitoefenen; de curator is voorts verplicht om uitsluitend voor de betalingen die hij bij de vervulling van zijn taak verricht of ontvangt, zoveel mogelijk van deze rekening gebruik te maken.

4. Voor de toepassing van de artikelen 365 tot en met 367 treedt de officier van justitie in de plaats van de raad voor de kinderbescherming en het ontslag bedoeld in artikel 385, lid 1 onder d in de plaats van de ontzetting van de voogd op grond van artikel 327 lid 1 onder b. Mededelingen en zendingen als bedoeld in artikel 371a, geschieden alleen dan indien artikel 12, vierde lid, op de desbetreffende curatele niet van toepassing is.

5. Indien een gehuwde of een geregistreerde partner onder curatele wordt gesteld, en tussen de echtgenoten of de geregistreerde partners het bestuur over hun goederen en de goederen der gemeenschap anders is verdeeld dan volgens de regels van de wet en van huwelijkse voorwaarden, bepaalt de rechter bij het uitspreken van de curatele, of en in hoeverre die verdeling ook voor de curator zal gelden.
(Zie ook: art. 337 BW Boek 1)

6. De kantonrechter kan van de curator verlangen dat hij inzage geeft van zijn boeken, bescheiden en andere gegevensdragers. Hij kan voorts een afschrift daarvan verlangen.

Art. 387-388

[Vervallen]

Art. 389

Einde van curatele

1. De curatele eindigt:
a. door het verstrijken van de tijdsduur waarvoor zij is ingesteld,
b. door de dood van de betrokken persoon, of
c. indien ten behoeve van hem bij in kracht van gewijsde gegane rechterlijke uitspraak ter vervanging van curatele een bewind als bedoeld in titel 19 dan wel een mentorschap als bedoeld in titel 20 is ingesteld.

2. De kantonrechter kan, indien de noodzaak daartoe niet meer bestaat of voortzetting van de curatele niet zinvol is gebleken, de curatele opheffen, zulks op verzoek van de curator of degene die gerechtigd is de curatele te verzoeken als bedoeld in artikel 379, alsmede ambtshalve. De beschikking treedt in werking zodra zij in kracht van gewijsde is gegaan, tenzij zij een eerder tijdstip van ingang aanwijst.

3. Degene die gerechtigd is de curatele te verzoeken als bedoeld in artikel 379, alsmede de curator, kan verzoeken om verlenging van een curatele die voor een bepaalde tijdsduur is ingesteld. De kantonrechter beslist binnen twee maanden na het indienen van het verzoekschrift. Artikel 384 is van overeenkomstige toepassing. Tegen de afwijzing van een verzoek tot verlenging staat geen hogere voorziening open.

Art. 390

Bekendmaking van ondercuratelestelling

Alle uitspraken waarbij een curatele wordt verleend of opgeheven of waarbij een uitspraak tot ondercuratelestelling wordt vernietigd, alsmede beschikkingen als in artikel 380 bedoeld, worden binnen tien dagen nadat zij kunnen worden ten uitvoer gelegd, vanwege de griffier in de Staatscourant bekendgemaakt.

Art. 391

Curateleregister

1. Door een bij algemene maatregel van bestuur aan te wijzen orgaan wordt een openbaar register gehouden, waarin rechtsfeiten worden aangetekend die betrekking hebben op curatele en op bewind als bedoeld in titel 19. In het register worden, voor iedere curatele en ieder in te schrijven bewind afzonderlijk, met vermelding van de dagtekening, ingeschreven:
1° de naam en geboortedatum van de onder curatele gestelde en de rechthebbende;
2° een uittreksel van de rechterlijke beslissingen, waarbij de curatele of het bewind wegens verkwisting dan wel het hebben van problematische schulden wordt ingesteld, verlengd of opgeheven;
3° een uittreksel van de rechterlijke beslissingen, waarbij, voor zover de rechter zulks overeenkomstig artikel 436, derde lid, derde volzin, heeft bepaald, het bewind wegens een lichamelijke of geestelijke toestand wordt ingesteld, verlengd of opgeheven;
4° de grond waarop de curatele is ingesteld;
5° voor zover van toepassing, de datum waarop de curatele of het bewind eindigt;
6° een uittreksel van de rechterlijke beslissingen, waarbij een curator of bewindvoerder wordt benoemd, geschorst of ontslagen;
7° de naam en woonplaats van de curator of curatoren en de bewindvoerder of bewindvoerders en de taakverdeling, voor zover de rechter deze heeft vastgesteld.

2. Een ieder heeft kosteloze inzage in het register en kan tegen betaling een uittreksel daaruit verkrijgen, met inachtneming van het bij of krachtens de Wet griffierechten burgerlijke zaken bepaalde.

3. De griffier van de rechtbank geeft de in het eerste lid, onder 1° tot en met 7° genoemde gegevens, alsmede het bericht van het overlijden van de onder curatele gestelde dan wel rechthebbende, door aan het in het eerste lid bedoelde orgaan ten behoeve van het in het eerste lid genoemde register.

4. Het einde van de curatele en het bewind door het verstrijken van de tijdsduur waarvoor de maatregel is ingesteld, leidt tot doorhaling van de inschrijving in het openbaar register op de dag na het verstrijken van de tijdsduur. Een beschikking tot opheffing van de curatele of het bewind leidt tot doorhaling van de inschrijving in het openbaar register op het tijdstip waarop de beschikking in kracht van gewijsde is gegaan. Het overlijden van de onder curatele gestelde of de rechthebbende leidt tot doorhaling van de inschrijving in het openbaar register, nadat de griffie van de rechtbank het bericht van het overlijden heeft ontvangen.

Titel 17
Levensonderhoud

Afdeling 1
Algemene bepalingen

Art. 392

Levensonderhoud

1. Tot het verstrekken van levensonderhoud zijn op grond van bloed- of aanverwantschap gehouden:
a. de ouders;

b. de kinderen;
c. behuwdkinderen, schoonouders en stiefouders.
2. Deze verplichting bestaat, behalve wat betreft ouders en stiefouders jegens hun minderjarige kinderen en stiefkinderen en jegens hun kinderen bedoeld in artikel 395a van dit boek, slechts in geval van behoeftigheid van de tot levensonderhoud gerechtigde.
3. De in het eerste lid genoemde personen zijn niet verplicht levensonderhoud te verstrekken, voor zover dit van de echtgenoot of een vroegere echtgenoot dan wel de geregistreerde partner of vroegere geregistreerde partner overeenkomstig het in de vijfde titel a, zesde, negende of tiende titel van dit boek bepaalde kan worden verkregen.
(Zie ook: artt. 3, 82, 157, 241, 245, 264, 326, 336, 404 BW Boek 1; art. 479b Rv; artt. 21, 232 Fw)

Art. 393

[Vervallen]

Art. 394

De verwekker van een kind dat alleen een moeder heeft, alsmede de persoon die als levensgezel van de moeder ingestemd heeft met een daad die de verwekking van het kind tot gevolg kan hebben gehad, is als ware hij ouder verplicht tot het voorzien in de kosten van verzorging en opvoeding van het kind dan wel, na het bereiken van de meerderjarigheid van het kind, tot het voorzien in de kosten van levensonderhoud en studie overeenkomstig de artikelen 395a en 395b. Nadien bestaat deze verplichting slechts in geval van behoeftigheid van het kind.
(Zie ook: artt. 233, 245, 404 BW Boek 1; artt. 18, 479b Rv; art. 55 Abw)

Onderhoudsverplichting van verwekker

Art. 395

Een stiefouder is, onverminderd het bepaalde in artikel 395a van dit boek, alleen verplicht gedurende zijn huwelijk of zijn geregistreerd partnerschap levensonderhoud te verstrekken aan de tot zijn gezin behorende minderjarige kinderen van zijn echtgenoot of geregistreerde partner.
(Zie ook: art. 404 BW Boek 1)

Onderhoudsverplichting van stiefouder

Art. 395a

1. Ouders zijn verplicht te voorzien in de kosten van levensonderhoud en studie van hun meerderjarige kinderen die de leeftijd van een en twintig jaren niet hebben bereikt.

Onderhoudsverplichting voor meerderjarige studerende kinderen

2. Een stiefouder is gedurende zijn huwelijk of zijn geregistreerd partnerschap jegens de tot zijn gezin behorende meerderjarige kinderen van zijn echtgenoot of geregistreerde partner die de leeftijd van een en twintig jaren niet hebben bereikt, verplicht te voorzien in de bij het vorige lid bedoelde kosten.
(Zie ook: artt. 233, 392, 404 BW Boek 1; art. 108 BW Boek 6)

Art. 395b

Heeft de rechter het bedrag bepaald, dat een ouder of stiefouder dan wel, overeenkomstig artikel 394, de verwekker of de persoon die in artikel 394 daarmee gelijk is gesteld ter zake van de verzorging en opvoeding van zijn minderjarig kind of stiefkind moet betalen en is deze verplichting tot aan het meerderjarig worden van het kind van kracht geweest, dan geldt met ingang van dit tijdstip de rechterlijke beslissing als een tot bepaling van het bedrag ter zake van levensonderhoud en studie als in artikel 395a van dit boek bedoeld.

Aanvang van onderhouds-verplichting

Art. 396

1. De verplichting van behuwdkinderen en van schoonouders tot het verstrekken van onderhoud vervalt, wanneer het huwelijk van het behuwdkind is ontbonden.
2. De verplichting bestaat niet jegens een behuwdkind, dat is gescheiden van tafel en bed en jegens een schoonouder, nadat deze is hertrouwd.
(Zie ook: artt. 3, 149, 392 BW Boek 1)

Vervallen van onderhouds-verplichting

Art. 397

1. Bij de bepaling van het volgens de wet door bloed- en aanverwanten verschuldigde bedrag voor levensonderhoud wordt enerzijds rekening gehouden met de behoeften van de tot onderhoud gerechtigde en anderzijds met de draagkracht van de tot uitkering verplichte persoon.
2. Zijn meerdere bloed- of aanverwanten tot het verstrekken van levensonderhoud aan dezelfde persoon verplicht, dan is ieder van hen gehouden een deel van het bedrag te voldoen, dat de tot onderhoud gerechtigde behoeft. Bij de bepaling van dit deel wordt rekening gehouden met ieders draagkracht en de verhouding, waarin een ieder tot de gerechtigde staat.
(Zie ook: artt. 36, 82, 245, 404 BW Boek 1; art. 55 Abw)

Vaststelling bedrag van onderhoudsverplichting

Art. 398

1. Wanneer hij die tot levensonderhoud verplicht is, buiten staat is het daartoe vereiste geld op te brengen, kan de rechtbank bevelen, dat hij de bloed- of aanverwant, aan wie hij levensonderhoud verschuldigd is, bij zich in huis zal nemen en aldaar van het nodige voorzien.
2. Ouders zijn steeds bevoegd de rechter te verzoeken hun toe te staan zich van hun onderhoudsplicht jegens hun behoeftig meerderjarig kind op de in het eerste lid omschreven wijze te kwijten.

Onderhoudsplicht voldoen door in huis nemen

Art. 399

Matiging van onderhouds-verplichting

De rechter kan de verplichting van bloed- en aanverwanten tot levensonderhoud matigen op grond van zodanige gedragingen van de tot onderhoud gerechtigde, dat verstrekking van levensonderhoud naar redelijkheid niet of niet ten volle kan worden gevergd; onverminderd hetgeen in de volgende afdeling is bepaald omtrent de voorziening in de kosten van de verzorging en opvoeding van minderjarige kinderen en stiefkinderen.

(Zie ook: art. 404 BW Boek 1; art. 2 BW Boek 6)

Art. 400

Voorrangsregeling bij meerdere onderhoudsverplichtingen

1. Indien een persoon verplicht is levensonderhoud te verstrekken aan twee of meer personen en zijn draagkracht onvoldoende is om dit volledig aan allen te verschaffen, hebben zijn kinderen en stiefkinderen die de leeftijd van een en twintig jaren nog niet hebben bereikt voorrang boven alle andere onderhoudsgerechtigden en hebben zijn echtgenoot, zijn vroegere echtgenoot, zijn geregistreerde partner, zijn vroegere geregistreerde partner, zijn ouders en zijn kinderen en stiefkinderen die de leeftijd van een en twintig jaren hebben bereikt voorrang boven zijn behuwdkinderen en zijn schoonouders.

Nietigheid overeenkomst tot afzien van onderhoudsverplichting

2. Overeenkomsten waarbij van het volgens de wet verschuldigde levensonderhoud wordt afgezien, zijn nietig.

(Zie ook: art. 404 BW Boek 1; art. 40 t/m 42 BW Boek 3)

Art. 401

Wijziging of intrekking van onderhoudsverplichting

1. Een rechterlijke uitspraak of een overeenkomst betreffende levensonderhoud kan bij latere rechterlijke uitspraak worden gewijzigd of ingetrokken, wanneer zij nadien door wijziging van omstandigheden ophoudt aan de wettelijke maatstaven te voldoen. De voorgaande zin is niet van toepassing op een verzoek tot wijziging van een termijn die de rechter heeft vastgesteld op grond van artikel 156, derde lid, of artikel 157, zevende lid, of die is opgenomen in een overeenkomst als bedoeld in artikel 158.

2. De termijn die de rechter heeft vastgesteld op grond van artikel 156, derde lid, of artikel 157, zevende lid, of die is opgenomen in een overeenkomst als bedoeld in artikel 158, kan op verzoek van een van de gewezen echtgenoten worden gewijzigd in geval van zo ingrijpende wijziging van omstandigheden dat ongewijzigde handhaving van de termijn naar maatstaven van redelijkheid en billijkheid niet van de verzoeker kan worden gevergd.

Verlenging is niet mogelijk indien de rechter zulks ingevolge artikel 157, zevende lid, heeft bepaald. Op een verzoek tot verlenging is artikel 157, zevende lid, tweede en derde zin, van overeenkomstige toepassing.

3. Partijen kunnen schriftelijk overeenkomen dat het eerste lid, eerste zin, van toepassing is op een verzoek tot wijziging van een termijn die is opgenomen in een overeenkomst als bedoeld in artikel 158.

4. Een rechterlijke uitspraak betreffende levensonderhoud kan ook worden gewijzigd of ingetrokken, indien zij van de aanvang af niet aan de wettelijke maatstaven heeft beantwoord doordat bij die uitspraak van onjuiste of onvolledige gegevens is uitgegaan.

5. Een overeenkomst betreffende levensonderhoud kan ook worden gewijzigd of ingetrokken, indien zij is aangegaan met grove miskenning van de wettelijke maatstaven.

(Zie ook: artt. 157, 169, 182 BW Boek 1; art. 55 Abw)

Art. 402

Vaststelling einde van onderhoudsverplichting

Vaststelling betaaltermijnen

1. De rechter, die het bedrag van een uitkering tot levensonderhoud bepaalt, wijzigt of intrekt, stelt tevens de dag vast, van welke dit bedrag verschuldigd is of ophoudt verschuldigd te zijn.

2. Bij de vaststelling van een bedrag bepaalt de rechter tevens of dit wekelijks, maandelijks of driemaandelijks moet worden voldaan.

3. Zouden op de dag, dat de uitspraak ten uitvoer kan worden gelegd, reeds meer dan één termijn verschenen zijn of meer dan één termijn terugbetaald moeten worden, dan kan de rechter ook daarvoor een betaling in termijnen toestaan.

Art. 402a

Indexering bedrag onderhoudsverplichting

1. De bij rechterlijke uitspraak of bij overeenkomst vastgestelde bedragen voor levensonderhoud worden jaarlijks van rechtswege gewijzigd met een door Onze Minister van Justitie vast te stellen percentage, dat, behoudens het bepaalde in het derde en vierde lid, overeenkomt met het procentuele verschil tussen het indexcijfer der lonen per 30 september van enig jaar en het overeenkomstige indexcijfer in het voorafgaande jaar.

2. De wijziging gaat in op 1 januari volgende op de in het eerste lid genoemde datum. De beschikking waarin het percentage is vastgesteld, wordt bekend gemaakt in de Staatscourant.

Nadere regels

3. Bij algemene maatregel van bestuur wordt bepaald wat onder indexcijfer der lonen wordt verstaan.

4. Het percentage van de wijziging van de bedragen voor levensonderhoud kan worden afgerond op tienden van een procent. Daarbij vindt, indien van het in het eerste lid bedoelde procentuele verschil het tweede of een volgend cijfer achter de komma vijf bedraagt, voor wat betreft die cijfers afronding naar beneden plaats.

5. De wijziging van rechtswege kan bij rechterlijke uitspraak of bij overeenkomst geheel of voor een bepaalde tijdsduur worden uitgesloten. Daarbij kan tevens worden bepaald dat en op welke wijze het bedrag voor levensonderhoud anders dan van rechtswege periodiek zal worden gewijzigd.

6. Bij de uitspraak, waarbij de tweede zin van het vorige lid toepassing heeft gevonden, en ook nadien, kan de rechter een regeling geven omtrent de wijze en de tijdstippen waarop de tot uitkering verplichte persoon aan de tot uitkering gerechtigde persoon gegevens dient te verschaffen ten behoeve van de vaststelling van de wijziging van het bedrag voor levensonderhoud. Deze beslissingen kunnen worden gegeven en nadien worden gewijzigd op verzoek van de tot uitkering verplichte of gerechtigde persoon.

7. De uitsluiting van de wijziging van rechtswege kan bij rechterlijke uitspraak worden ingetrokken. Voor zover het een uitsluiting betreft waarbij de tweede zin van het vijfde lid niet is toegepast, kan de intrekking alleen geschieden in de gevallen bedoeld in artikel 401 van dit boek.

8. De tenuitvoerlegging van een executoriale titel betreffende de betaling van levensonderhoud geschiedt met inachtneming van de op het tijdstip van de tenuitvoerlegging ingegane wijzigingen van rechtswege dan wel met inachtneming van de wijzigingen overeenkomstig de tweede zin van het vijfde lid van dit artikel.

(Zie ook: art. 149 BW Boek 1; art. 10 WOBP; Bwpl 1975; Bwlp 1979; Bwlp 1980; Bwlp 1982; Bwlp 1985; Bwlp 1986; Bwlp 1989; Bwlp 1976; Bwlp 1977; Bwlp 1978; Bwlp 1983; Bwlp 1994; Bwlp 1995; Bwlp 1998; Bwlp 1974; Bwlp 1988; Bwlp 1990; Bwlp 1991; Bwlp 1993; Bwlp 1996; Bwlp 1987; Bwlp 1981; Bwlp 1992; Bwlp 1997; Bwlp 2000; Bwlp 2001; Bwpl 2003; Bwpl 2004; Besl.uit.art. 34 BW Boek 1; Bbil)

Art. 403

Geen uitkering is verschuldigd over de tijd, die op het tijdstip van het indienen van het verzoek reeds meer dan vijf jaren is verstreken.

Terugwerkende kracht onderhoudsverplichting

Afdeling 2

Voorziening in de kosten van verzorging en opvoeding van minderjarige kinderen en stiefkinderen

Art. 404

1. Ouders zijn verplicht naar draagkracht te voorzien in de kosten van verzorging en opvoeding van hun minderjarige kinderen.

2. Gelijke verplichting bestaat voor een stiefouder in het geval van artikel 395 van dit boek. *(Zie ook: artt. 82, 155, 247, 336, 392, 394, 400 BW Boek 1; art. 135 BW Boek 6)*

Levensonderhoud van kinderen

Art. 405

[Vervallen]

Art. 406

1. Komt een ouder of stiefouder zijn verplichting tot voorziening in de kosten van verzorging en opvoeding niet of niet behoorlijk na, dan kan de andere ouder of voogd de rechtbank verzoeken het bedrag te bepalen dat deze ouder of stiefouder ten behoeve van het kind zal moeten uitkeren.

2. De rechtbank kan het in het vorige lid bedoelde bedrag reeds bepalen gelijktijdig met een door haar te geven beslissing omtrent het gezag.

(Zie ook: artt. 157, 241, 266, 269, 273, 327 BW Boek 1; artt. 271, 281, 288 BW Boek 3; art. 135 BW Boek 6; artt. 18, 479b Rv)

Niet-nakoming onderhoudsverplichting door (stief)ouders

Art. 406a

Een op artikel 394 gegrond verzoek kan ten behoeve van een minderjarig kind door hem die het gezag over het kind heeft, worden gedaan. De ouder of voogd van het kind behoeft de in artikel 349, eerste en tweede lid, bedoelde machtiging niet.

Onderhoudsverplichting verwekker

Art. 406b-406d

[Vervallen]

Art. 407

Gelijktijdig met een door de rechtbank te geven uitspraak betreffende het over de kinderen uit te oefenen gezag na ontbinding van het huwelijk na scheiding van tafel en bed kan de rechtbank op verzoek van een ouder het bedrag wijzigen van een, in verband met de voorafgegane gezagsvoorziening, bepaalde periodieke uitkering tot voorziening in de kosten van verzorging en opvoeding.

(Zie ook: art. 401 BW Boek 1)

Onderhoudsverplichting na scheiding van tafel en bed

Art. 408

1. Een uitkering tot voorziening in de kosten van verzorging en opvoeding of tot voorziening in de kosten van levensonderhoud en studie, waarvan het bedrag in een rechterlijke beslissing, daaronder begrepen de beslissing op grond van artikel 822, eerste lid, onder c, van het Wetboek van Burgerlijke Rechtsvordering, is vastgelegd, wordt ten behoeve van de minderjarige aan de

Uitbetaling van onderhoudsgelden aan ouder of voogd

B1 art. 409

ouder die het kind verzorgt en opvoedt of aan de voogd onderscheidenlijk aan de meerderjarige betaald.

Invordering van onderhoudsgelden door Landelijk Bureau Inning Onderhoudsbijdragen

2. Op verzoek van een gerechtigde als bedoeld in het eerste lid, van een onderhoudsplichtige dan wel op gezamenlijk verzoek van een gerechtigde en onderhoudsplichtige neemt het Landelijk Bureau Inning Onderhoudsbijdragen de invordering van de onderhoudsgelden op zich. De executoriale titel wordt daartoe door de onderhoudsgerechtigde in handen gesteld van dit Bureau. De overhandiging daarvan machtigt het Bureau tot het doen van de invordering, zo nodig door middel van executie.

3. Kosten van invordering door het Landelijk Bureau Inning Onderhoudsbijdragen worden verhaald op de onderhoudsplichtige, onverminderd de kosten van gerechtelijke vervolging en executie. Het verhaal van kosten vindt plaats door wijziging van het bedrag, bedoeld in het eerste lid, volgens bij algemene maatregel van bestuur te stellen regels.

4. Tot invordering op verzoek van een onderhoudsgerechtigde wordt slechts overgegaan, indien de gerechtigde ter gelegenheid van de indiening van het verzoek aannemelijk heeft gemaakt dat binnen ten hoogste zes maanden voorafgaande aan de indiening van het verzoek de onderhoudsplichtige ten aanzien van ten minste één periodieke betaling tekort is geschoten in zijn verplichtingen. In deze gevallen geschiedt de invordering van bedragen die verschuldigd zijn vanaf een tijdstip van ten hoogste zes maanden voorafgaande aan de indiening van het verzoek.

5. Alvorens tot invordering met verhaal van kosten over te gaan wordt de onderhoudsplichtige bij brief met bericht van ontvangst in kennis gesteld van het voornemen daartoe en de reden daarvoor, alsmede van het bedrag inclusief de kosten van invordering. Het Landelijk Bureau Inning Onderhoudsbijdragen wordt bevoegd tot invordering over te gaan op de veertiende dag na de verzending van de brief.

6. De invordering die op verzoek van de onderhoudsgerechtigde geschiedt, eindigt slechts, indien gedurende ten minste een half jaar regelmatig is betaald aan het Landelijk Bureau Inning Onderhoudsbijdragen en er geen bedragen meer verschuldigd zijn als bedoeld in het vierde lid, tweede volzin. De termijn van een half jaar wordt telkens verdubbeld, indien een voorgaande termijn van invordering ook op verzoek van de onderhoudsgerechtigde was aangevangen.

7. Een invordering die geldt op het tijdstip van het meerderjarig worden van het kind, wordt ten behoeve van de meerderjarige voortgezet, tenzij deze op zijn verzoek wordt beëindigd.

8. De tenuitvoerlegging van een executoriale titel betreffende de betaling van de kosten van verzorging en opvoeding of levensonderhoud en studie geschiedt met inachtneming van de wijziging, bedoeld in het derde lid.

9. Invorderingen die tien jaren nadat de minderjarige de leeftijd van een en twintig jaren heeft bereikt, nog niet door het Landelijk Bureau Inning Onderhoudsbijdragen zijn verwezenlijkt, mogen worden beëindigd. De onderhoudsgerechtigde wordt hiervan schriftelijk op de hoogte gesteld.

10. Een betaling door de onderhoudsplichtige strekt in de eerste plaats in mindering van de kosten, bedoeld in het derde lid, vervolgens in mindering van eventueel verschenen rente en ten slotte in mindering van de verschuldigde onderhoudsgelden en de eventueel lopende rente.

11. Het Landelijk Bureau Inning Onderhoudsbijdragen draagt zorg, dat de gelden die ten behoeve van het onderhoud van minderjarigen worden uitgekeerd, aan de daarop rechthebbenden worden uitbetaald.

Schakelbepaling

12. Artikel 243, tweede tot en met vierde lid, is van overeenkomstige toepassing. *(Zie ook: art. 135 BW Boek 6; art. 479b Rv; Bkik)*

13. Met uitzondering van de leden 1, 7 en 11, is dit artikel van overeenkomstige toepassing op de ten behoeve van een echtgenoot of geregistreerd partner bij rechterlijke uitspraak vastgestelde uitkering tot levensonderhoud, daaronder begrepen de beschikking inzake een voorlopige voorziening betreffende een uitkering tot levensonderhoud, met dien verstande dat invorderingen die tien jaar na de indiening van het verzoek om invordering nog niet zijn verwezenlijkt door het Landelijk Bureau Inning Onderhoudsbijdragen, mogen worden beëindigd.

Titel 18

Afwezigheid, vermissing en vaststelling van overlijden in bepaalde gevallen

Afdeling 1
Onderbewindstelling in geval van afwezigheid

Art. 409

Onderbewindstelling in geval van afwezigheid

1. Indien iemand die zijn woonplaats heeft verlaten niet voldoende orde op het bestuur van zijn goederen heeft gesteld, en er noodzakelijkheid bestaat om daarin geheel of gedeeltelijk te voorzien of de afwezige te doen vertegenwoordigen, benoemt de kantonrechter, op verzoek van belanghebbenden of het openbaar ministerie, een bewindvoerder, ten einde het bewind over het geheel of een gedeelte van de goederen van de afwezige te voeren en diens overige belangen waar te nemen.

2. Voor de toepassing van deze afdeling wordt met iemand die zijn woonplaats heeft verlaten, gelijk gesteld hij wiens bestaan onzeker is geworden of die onbereikbaar is, ook al staat niet vast dat hij zijn woonplaats heeft verlaten.
(Zie ook: artt. 10, 90 bk 1 BW; art. 53 Rv)

Art. 410

1. Voor zover de kantonrechter niet anders bepaalt, vinden op het bewind van de bewindvoerder de artikelen 338, 339,340, 342-357, 358 lid 1 en 359-363 van dit boek overeenkomstige toepassing, met dien verstande dat de bewindvoerder verplicht is jaarlijks bij de griffie van de rechtbank, een rekening in te dienen van zijn bewind.

Schakelbepaling

2. De bewindvoerder heeft aanspraak op beloning overeenkomstig de regels die daaromtrent bij regeling van Onze Minister van Veiligheid en Justitie zijn vastgesteld.

Beloning van bewindvoerder bij afwezigheid

3. Goedkeuring van een ingediende rekening door de kantonrechter brengt geen nadeel toe aan de bevoegdheid van de rechthebbenden om na het einde van het bewind over dezelfde tijdruimte rekening en verantwoording te vragen, voor zover dit niet onredelijk is.

4. De bewindvoerder kan ook voor andere dan vermogensbelangen van de afwezige opkomen, behoudens voor zover de kantonrechter zulks heeft uitgesloten.

5. De kantonrechter kan te allen tijde de bewindvoerder ontslaan en door een ander vervangen.
(Zie ook: artt. 53, 771 Rv)

Ontslag en vervanging van bewindvoerder bij afwezigheid

Art. 411

Het bewind eindigt:
a. door een gezamenlijk besluit van de rechthebbende en de bewindvoerder;
b. door opzegging door de rechthebbende aan de bewindvoerder met inachtneming van een termijn van een maand;
c. wanneer de dood van de rechthebbende komt vast te staan.

Einde bewind bij afwezigheid

Afdeling 2
Personen wier bestaan onzeker is

Art. 412

1. Wanneer aan een persoon wiens bestaan onzeker is een erfdeel of een legaat opkomt, waartoe, indien hij niet in leven mocht zijn, anderen zouden gerechtigd zijn, verleent de rechtbank aan die anderen op hun verzoek machtiging tot de uitoefening van het recht van erfgenaam of legataris.

Machtiging tot uitoefening recht erfgenaam of legataris

2. De rechtbank kan zo nodig, openbare oproepingen bevelen en behoedmiddelen ten behoeve van de belanghebbenden voorschrijven.

3. Indien na het verlenen van de machtiging mocht blijken, dat de vermiste op de dag van het openvallen der nalatenschap heeft bestaan, kan de teruggave van de in bezit gekomen goederen en van de vruchten worden gevorderd, op de voet en onder de beperkingen als hierna bij de verklaring van vermoedelijk overlijden is aangegeven.

4. Het eerste tot en met derde lid is van overeenkomstige toepassing op een uitkering uit levensverzekering, waartoe de persoon wiens bestaan onzeker is de eerstgeroepen begunstigde is.

Schakelbepaling

Art. 413

1. Is het bestaan van een persoon onzeker en is de in het volgende lid aangegeven tijdruimte verlopen, dan kunnen belanghebbenden de rechtbank verzoeken dat zij hun zal gelasten de vermiste op te roepen ten einde van zijn in leven zijn te doen blijken, en dat zij, zo hiervan niet blijkt, zal verklaren dat er rechtsvermoeden van overlijden van de vermiste bestaat.

Verzoek tot verklaring rechtsvermoeden van overlijden bij vermissing

2.
a. De in het vorige lid bedoelde tijdruimte beloopt vijf jaren, te rekenen van het vertrek van de vermiste of de laatste tijding van zijn leven.
b. De termijn wordt verkort tot een jaar, indien de betrokkene gedurende die periode wordt vermist en de omstandigheden zijn dood waarschijnlijk maken.

3. Het gelasten van de oproeping van de vermiste en de verklaring van rechtsvermoeden van overlijden, bedoeld in het eerste lid, kunnen ook worden verzocht door het openbaar ministerie.

Art. 414

1. De rechtbank stelt dag en uur vast, waartegen de vermiste moet worden opgeroepen. De oproep loopt op een termijn van een maand of zoveel langer als de rechtbank mocht bevelen. De oproeping geschiedt overeenkomstig de derde afdeling van de derde titel van het eerste boek van het Wetboek van Burgerlijke Rechtsvordering.

Oproeping van vermiste

2. Indien de vermiste niet verschijnt, noch iemand voor hem opkomt die behoorlijk van het in leven zijn van de vermiste doet blijken, verklaart de rechtbank dat er rechtsvermoeden van overlijden bestaat, onverminderd haar bevoegdheid de beschikking, bedoeld in het eerste lid, eerst nog eenmaal te herhalen alsmede het horen van getuigen en de overlegging van bewijsstukken te gelasten, ten bewijze dat is voldaan aan de vereisten die artikel 413 stelt.

Rechtsvermoeden van overlijden van vermiste

B1 art. 416

3. De beschikking, houdende verklaring dat er rechtsvermoeden van overlijden bestaat, noemt de dag waarop de vermiste wordt vermoed te zijn overleden; als zodanig geldt de dag volgende op die van de laatste tijding van zijn leven, tenzij voldoende vermoedens bestaan, dat hij daarna nog enige tijd in leven was.

4. De rechtbank kan tevens bepalen, dat de kosten die een verzoeker als bedoeld in artikel 413 lid 1 heeft gemaakt, ten laste van het vermogen van de vermiste worden gebracht.

Art. 415

[Vervallen]

Art. 416

Geen hogere voorziening tegen oproeping vermiste

Geen hogere voorziening is toegelaten tegen beschikkingen, houdende bevel tot oproeping van de vermiste.

(Zie ook: art. 426 Rv)

Art. 417

Overlijdensakte bij vermissing

1. Zodra de beschikking, houdende verklaring dat er rechtsvermoeden van overlijden bestaat, in kracht van gewijsde is gegaan, zendt de griffier van het college waarvoor de zaak laatstelijk aanhangig was, een afschrift van de beschikking aan de ambtenaar van de burgerlijke stand van de verlaten woonplaats of, bij gebreke van verlaten woonplaats in Nederland, van de gemeente 's-Gravenhage . Deze ambtenaar maakt van de beschikking een akte van inschrijving op, welke in overeenstemming is met de beschikking en dit uitdrukkelijk vermeldt.

Bewijskracht van overlijdensakte bij vermissing

2. Deze akte van overlijden bewijst ten aanzien van een ieder dwingend, dat de vermiste op de in de akte vermelde dag is overleden.

(Zie ook: art. 19f BW Boek 1; art. 178 Rv)

Art. 418

Nalatenschap van vermiste

1. Erfgenamen en legatarissen van hem, die vermoedelijk overleden is verklaard, zijn verplicht alvorens zij de goederen der nalatenschap in bezit nemen, ten genoegen van de kantonrechter zekerheid te stellen voor hetgeen zij aan de vermoedelijk overleden verklaarde, mocht deze terugkeren, of aan erfgenamen of legatarissen die een beter recht mochten hebben, moeten afdragen.

2. De erfgenamen zijn verplicht na de inbezitneming een behoorlijke boedelbeschrijving op te maken.

3. Registergoederen mogen niet vervreemd of bezwaard worden, tenzij om gewichtige redenen en met verlof van de kantonrechter. Kunnen zij bij een boedelscheiding niet zonder verkoop worden verdeeld, dan worden zij onder bewind van een derde gesteld, die de inkomsten van die goederen overeenkomstig hetgeen dienaangaande bij de verdeling is vastgesteld zal uitkeren.

4. De verdeling geschiedt bij authentieke akte, waaruit tevens moet blijken wat aan legatarissen of andere gerechtigden is uitgekeerd.

5. De goederen der nalatenschap mogen niet worden verkwist en daaruit mogen niet bovenmatige giften worden gedaan.

6. Erfgenamen en legatarissen zijn verplicht desgevraagd aan de kantonrechter de nodige inlichtingen te geven.

7. De in dit artikel genoemde verplichtingen vervallen op het door de kantonrechter bepaalde tijdstip, en uiterlijk na verloop van vijf jaren na de dag waarop de akte van overlijden overeenkomstig artikel 417 is opgemaakt. De rechtbank die de beschikking, houdende verklaring dat er rechtsvermoeden van overlijden bestaat, geeft kan, gelet op de omstandigheden van het geval, daarbij tevens bepalen dat een of meer der in dit artikel genoemde verplichtingen niet zullen bestaan.

(Zie ook: art. 178 BW Boek 3; art. 53 Rv)

Art. 419

Neerlegging van aktes en boedelbeschrijving

De akte waarbij zekerheid is gesteld, de boedelbeschrijving en de akte van verdeling moeten in origineel of in authentiek afschrift worden neergelegd ter griffie van de rechtbank.

Art. 420

Benoeming bewindvoerder bij vermissing

1. Wanneer het aan de kantonrechter blijkt, dat een erfgenaam of legataris de hem in de twee voorgaande artikelen opgelegde verplichtingen niet is nagekomen, kan hij voor de goederen die aan die erfgenaam of legataris uit de nalatenschap toekomen, een bewindvoerder benoemen, wiens bewind eindigt, wanneer de kantonrechter beslist dat de betrokkene alsnog zijn wettelijke verplichtingen heeft nageleefd.

Schakelbepaling

2. Voor zover de kantonrechter niet anders bepaalt, vinden op het bewind van de bewindvoerder de artikelen 338, 339, 340, 342-357, 358 lid 1 en 359-363 van dit boek overeenkomstige toepassing, met dien verstande dat de bewindvoerder verplicht is jaarlijks ter griffie van de rechtbank een rekening in te dienen van zijn bewind.

Beloning bewindvoerder bij vermissing

3. De bewindvoerder heeft aanspraak op beloning overeenkomstig de regels die daaromtrent bij regeling van Onze Minister van Veiligheid en Justitie zijn vastgesteld.

Ontslag en vervanging van bewindvoerder bij vermissing

4. De kantonrechter kan te allen tijde de bewindvoerder ontslaan en door een ander vervangen.

(Zie ook: art. 53 Rv)

Art. 421

Hetgeen in de vorige drie artikelen is bepaald omtrent erfgenamen, die goederen uit de nalatenschap ontvangen, is van overeenkomstige toepassing op de echtgenoot of geregistreerde partner, die goederen ontvangt ten gevolge van de ontbinding van enige gemeenschap van goederen of de afrekening uit hoofde van een verrekenbeding. Voor het uit dezen hoofde ontvangene behoeft echter geen zekerheid te worden gesteld.

(Zie ook: artt. 99, 134, 149 BW Boek 1)

Art. 422

1. Wanneer de vermiste terugkeert, of wanneer blijkt dat de dag van overlijden in de akte van overlijden onjuist is vermeld, is ieder die enige goederen van de vermiste ingevolge de vorige artikelen in zijn bezit of onder zijn bewind heeft, aan de teruggekeerde of aan hen die alsdan blijken tot de goederen gerechtigd te zijn, rekening, verantwoording en afgifte schuldig.

2. Rechten door derden te goeder trouw verkregen worden geëerbiedigd. In geval echter goederen om niet zijn vervreemd, kan de rechter aan de rechthebbenden, en ten laste van hem die daardoor voordeel heeft genoten, een naar billijkheid te bepalen vergoeding toekennen.

3. Is het leven van de vermiste ten behoeve van derden verzekerd geweest, dan behouden dezen hun recht op hetgeen aan hen op het tijdstip van de terugkeer van de verzekerde is uitbetaald of als reeds opeisbaar was verschuldigd; in dat geval kunnen aan de verzekering geen andere rechten op de uitkering worden ontleend.

(Zie ook: art. 771 Rv; art. 302 WvK)

Art. 423

1. Indien binnen vijf jaar na de dag waarop de akte van overlijden overeenkomstig artikel 417 van dit boek is opgemaakt, wordt bewezen dat deze akte onjuist is, zijn zij die te goeder trouw de vruchten van de nalatenschap hebben genoten, slechts verplicht daarvan de helft terug te geven; wordt de onjuistheid later bewezen, dan behoeven zij geen vruchten terug te geven.

2. Indien eerst meer dan tien jaar na de dag waarop de akte is opgemaakt, wordt bewezen dat de akte onjuist is, zijn zij die de goederen te goeder trouw in bezit hebben genomen, slechts verplicht de alsdan nog aanwezige goederen in de staat waarin zij zich bevinden, af te geven, benevens de prijs van de vervreemde goederen of de goederen die daarvoor in de plaats zijn getreden; alles zonder enige vruchten of vergoeding voor niet meer aanwezige goederen en zonder verplichting van rekening en verantwoording.

3. Iedere verbintenis tot teruggave vervalt, wanneer twintig jaar na de dag waarop de akte is opgemaakt, zijn verlopen.

Art. 424

[Vervallen.]

Art. 425

1. Indien de achtergebleven echtgenote van een vermiste een nieuw huwelijk is aangegaan, doch de vermiste nog in leven was na de dag die als datum van overlijden was vermeld in de overeenkomstig artikel 417 van dit boek opgemaakte akte, zoals deze bij de voltrekking van het nieuwe huwelijk luidde, wordt niettemin voor de bepaling van de staat van haar kinderen die voor het nieuwe huwelijk zijn geboren, het huwelijk met de vermiste geacht te zijn ontbonden op de in die akte vermelde dag.

(Zie ook: art. 197 BW Boek 1)

2. De vermoedelijk overleden verklaarde voor wie bij diens terugkeer het gezag over zijn minderjarige kind niet is herleefd, kan de rechtbank verzoeken hem daarmede te belasten. Wanneer deze tezamen met de andere ouder verzoekt in het belang van hun kind hen gezamenlijk met het gezag te belasten, dan wel niet in het gezag is voorzien of een voogd het gezag uitoefent, wordt het verzoek slechts afgewezen indien gegronde vrees bestaat dat bij inwilliging de belangen van het kind zouden worden verwaarloosd. In de overige gevallen wordt het verzoek slechts ingewilligd indien de rechtbank dit in het belang van het kind wenselijk oordeelt.

Afdeling 3
Vaststelling van overlijden in bepaalde gevallen

Art. 426

1. Indien het lichaam van een vermist persoon niet is kunnen worden teruggevonden doch, alle omstandigheden in aanmerking genomen, zijn overlijden als zeker kan worden beschouwd, kan op verzoek van het openbaar ministerie of van iedere belanghebbende de rechtbank verklaren dat de vermiste is overleden:

A. indien de vermissing heeft plaatsgevonden in Nederland;

B. indien de vermissing heeft plaatsgevonden tijdens een reis met een in Nederland thuisbehorend schip of luchtvaartuig;

C. indien de vermiste Nederlander was;

D. indien de vermiste zijn woon- of verblijfplaats had in Nederland.

Schakelbepaling

Terugkeer van vermiste of onjuiste overlijdensdatum

Onjuiste overlijdensakte bij vermissing

Ontbinding huwelijk van vermiste

Ouderlijk gezag na terugkeer van vermiste

Gronden voor overlijdensverklaring van vermiste

B1 art. 427 — Burgerlijk Wetboek Boek 1

2. Indien een persoon buiten Nederland is overleden en geen overlijdensakte is opgemaakt of kan worden overgelegd, kan op verzoek van het openbaar ministerie of van iedere belanghebbende de rechtbank verklaren dat die persoon is overleden:
A. indien het overlijden heeft plaatsgevonden tijdens een reis met een in Nederland thuisbehorend schip of luchtvaartuig;
B. indien de overledene Nederlander was;
C. indien de overledene zijn woon- of verblijfplaats had in Nederland.
3. Voor zover mogelijk bevat het verzoek bedoeld in het eerste en tweede lid, of daarmee vergezeld gaande bescheiden de in artikel 427 van dit boek genoemde gegevens.
(Zie ook: artt. 19f, 22 BW Boek 1)

Art. 427

Inhoud van overlijdensverklaring van vermiste

1. De beschikking, houdende verklaring dat de in artikel 426 bedoelde persoon is overleden, noemt de dag en zo mogelijk het uur van het overlijden. Indien de dag van overlijden niet bekend is, wordt deze door de rechtbank vastgesteld en in de beschikking vermeld. De rechtbank houdt hierbij rekening met alle bewijzen en aanwijzingen omtrent de omstandigheden waaronder, of het tijdstip waarop het overlijden moet hebben plaatsgehad.
2. Voorts vermeldt de beschikking de geslachtsnaam, de voornamen, de kunne en, zo mogelijk, de plaats van het overlijden, de woonplaats van de overledene, de plaats en de dag van geboorte van de overledene en de geslachtsnaam en de voornamen van de persoon of van de personen, met wie de overledene gehuwd is geweest of met wie de overledene een geregistreerd partnerschap was aangegaan.
(Zie ook: art. 19f BW Boek 1)

Art. 428

[Vervallen]

Art. 429

Inschrijvingsakte van overlijdensverklaring vermiste

De griffier van het college waarvoor de zaak laatstelijk aanhangig was, zendt een afschrift van de beschikking, zodra deze in kracht van gewijsde is gegaan, aan de ambtenaar van de burgerlijke stand van de gemeente 's-Gravenhage. Deze maakt van de beschikking een akte van inschrijving op, die hij in het register van overlijden opneemt.

Art. 430

Geldigheid overlijdensakte van vermiste

1. De akten, opgemaakt volgens artikel 429, gelden als akten van overlijden in de zin van artikel 19f, eerste lid.
(Zie ook: art. 22 BW Boek 1)

Schakelbepaling

2. De artikelen 422, 423 en 425 zijn van overeenkomstige toepassing, indien een persoon die met toepassing van artikel 426 overleden is verklaard terugkeert alsmede indien bewezen wordt dat de dag van overlijden in de in artikel 429 bedoelde akte onjuist is vermeld.

Titel 19
Onderbewindstelling ter bescherming van meerderjarigen

Art. 431

Beschermingsbewind meerderjarige

1. De kantonrechter kan een bewind instellen over één of meer van de goederen die een meerderjarige als rechthebbende toebehoren of zullen toebehoren
a. voor een bepaalde of onbepaalde tijdsduur indien de meerderjarige tijdelijk of duurzaam niet in staat is ten volle zijn vermogensrechtelijke belangen behoorlijk waar te nemen als gevolg van zijn lichamelijke of geestelijke toestand, dan wel
b. voor een bepaalde tijdsduur indien de meerderjarige tijdelijk niet in staat is ten volle zijn vermogensrechtelijke belangen behoorlijk waar te nemen als gevolg van verkwisting of het hebben van problematische schulden.
2. Indien te verwachten is dat een minderjarige op het tijdstip waarop hij meerderjarig zal worden, in de in het vorige lid bedoelde toestand zal verkeren, kan het bewind reeds voor de meerderjarigheid worden ingesteld.
3. Het bewind kan eveneens worden ingesteld indien te verwachten is dat de rechthebbende binnen afzienbare tijd in de in het eerste lid bedoelde toestand zal verkeren.
(Zie ook: artt. 90, 337, 378, 434 BW Boek 1; artt. 1025, 1066 BW Boek 4)
4. De rechter bij wie een verzoek tot het verlenen van een rechterlijke machtiging als bedoeld in de Wet zorg en dwang psychogeriatrische en verstandelijk gehandicapte cliënten dan wel een zorgmachtiging of een machtiging tot voortzetting van de crisismaatregel als bedoeld in de Wet verplichte geestelijke gezondheidszorg aanhangig is, is tevens bevoegd tot de kennisneming van een verzoek tot instelling van het bewind.
5. Onder aan de meerderjarige toebehorende goederen zijn in deze titel begrepen goederen die behoren tot zijn huwelijksgemeenschap of gemeenschap van geregistreerd partnerschap en die niet uitsluitend onder het bestuur van zijn echtgenoot dan wel geregistreerd partner staan.

Art. 432

1. Instelling van het bewind kan worden verzocht door de rechthebbende, zijn echtgenoot, zijn geregistreerde partner dan wel andere levensgezel, zijn bloedverwanten in de rechte lijn en in de zijlijn tot en met de vierde graad, degene die ingevolge artikel 253sa of 253t het gezag over de rechthebbende uitoefent, zijn voogd, zijn curator als bedoeld in titel 16 en zijn mentor als bedoeld in titel 20. In het in artikel 431, derde lid, bedoelde geval kan het bewind uitsluitend worden verzocht door de rechthebbende.

Beschermingsbewind; verzoek tot onderbewindstelling van meerderjarige

2. Instelling van het bewind kan voorts worden verzocht door het openbaar ministerie en door de instelling waar de rechthebbende wordt verzorgd of die aan de rechthebbende begeleiding biedt. Instelling van een bewind wegens verkwisting of het hebben van problematische schulden kan tevens worden verzocht door het college van burgemeester en wethouders van de gemeente waar de rechthebbende woonplaats heeft. In beide laatste gevallen vermeldt het verzoekschrift tevens waarom de in het eerste lid genoemde personen – bloedverwanten in de zijlijn in de derde en vierde graad daaronder niet begrepen – niet tot indiening van een verzoek zijn overgegaan.

3. De rechter voor wie een verzoek tot ondercuratelestelling of tot opheffing van de curatele aanhangig is, kan bij afwijzing onderscheidenlijk bij inwilliging daarvan ambtshalve overgaan tot instelling van het bewind.

4. Een verzoek tot instelling van een bewind ten behoeve van een rechthebbende die onder curatele is gesteld, wordt aanhangig gemaakt bij de rechter die bevoegd is over opheffing van de curatele te beslissen. Deze rechter kan, bij opheffing van een curatele, ook ambtshalve overgaan tot instelling van het bewind.

5. In geval van een bestuursopdracht, of een verzoek daartoe, als bedoeld in artikel 91 van dit boek, zijn het derde en het vierde lid van overeenkomstige toepassing.

(Zie ook: artt. 378, 379 BW Boek 1)

Art. 432a

1. Dit artikel is van toepassing indien het college van burgemeester en wethouders van de gemeente waar de rechthebbende woonplaats heeft, schriftelijk aan de griffier van de ingevolge artikel 266 van het Wetboek van Burgerlijke Rechtsvordering bevoegde rechtbank kenbaar heeft gemaakt dat het advies wenst uit te brengen over de vraag of een voldoende behartiging van de belangen van rechthebbenden kan worden bewerkstelligd met een meer passende en minder verstrekkende voorziening dan met de voortzetting van bewind, totdat het college deze verklaring schriftelijk intrekt.

Beschermingsbewind, adviesrecht gemeenten

2. De rechter verplicht de bewindvoerder binnen drie maanden na de instelling van een bewind wegens verkwisting of het hebben van problematische schulden afschrift van de boedelbeschrijving, bedoeld in artikel 436, eerste lid, en een plan van aanpak te zenden aan het college.

3. De rechter kan de bewindvoerder verplichten binnen drie maanden na de instelling van een bewind wegens een lichamelijke of geestelijke toestand afschrift van de bescheiden, bedoeld in het tweede lid, te zenden aan het college indien tevens sprake is van problematische schulden.

4. Indien de rechter de bewindvoerder verplicht de bescheiden, bedoeld in het tweede lid, te zenden aan het college, kan het college aan de rechter een advies als bedoeld in het eerste lid uitbrengen. De bewindvoerder bericht het college binnen twee weken na de instelling van het bewind over de instelling.

5. Het college verstrekt het advies aan de griffier, de rechthebbende en de bewindvoerder binnen vier weken na ontvangst van de bescheiden, bedoeld in het tweede lid.

6. Indien het college adviseert dat een voldoende behartiging van de belangen van de rechthebbende kan worden bewerkstelligd met een meer passende en minder verstrekkende voorziening, beslist de rechter of het bewind wordt voortgezet dan wel beëindigd. De griffier zendt afschrift van de beschikking aan het college. In afwijking van artikel 806, eerste lid, onderdeel a, van het Wetboek van Burgerlijke Rechtsvordering staat voor het college geen hoger beroep open tegen de beschikking.

7. Gelet op artikel 9, tweede lid, onderdeel b, van de Algemene Verordening Gegevensverwerking is het verbod om gegevens over de gezondheid van de rechthebbende te verwerken niet van toepassing indien de verwerking noodzakelijk is in het kader van het verstrekken van een advies als bedoeld in het eerste lid.

Art. 433

1. Tenzij bij de onderbewindstelling anders is bepaald, omvat het bewind ook de goederen die geacht moeten worden in de plaats van een aan het bewind onderworpen goed te treden, benevens de vruchten en andere voordelen die een onder bewind staand goed oplevert.

Beschermingsbewind; zaaksvervanging en vruchten bij onderbewindstelling meerderjarige

2. De kantonrechter kan, hetzij op verzoek van degene die gerechtigd is onderbewindstelling te verzoeken als bedoeld in artikel 432, eerste en tweede lid, hetzij ambtshalve, het ingestelde bewind tot een of meer andere goederen van de rechthebbende uitbreiden of een of meer goederen uit het bewind ontslaan en ook alsnog bepalen dat de regel van het eerste lid voor een of meer goederen niet zal gelden, in welk geval artikel 434, eerste lid, van overeenkomstige toepas-

B1 art. 434

sing is. De kantonrechter kan tevens handelingen als bedoeld in artikel 441, tweede lid, onder f aanwijzen en de aanwijzing van zulke handelingen intrekken.
(Zie ook: art. 124 BW Boek 1; artt. 167, 168, 221 BW Boek 3; art. 710 Rv)

Art. 434

Beschermingsbewind; inhoud van onderbewindstelling meerderjarige

1. In beschikkingen als bedoeld in de artikelen 432 en 433, tweede lid, van dit boek bepaalt de rechter ambtshalve welke goederen onder bewind worden gesteld, onderscheidenlijk uit het bewind worden ontslagen.

2. Onderbewindstelling van een goed en het ontslag van een goed uit het bewind treden in werking daags nadat de beschikking is verstrekt of verzonden, tenzij de beschikking een later tijdstip van ingang vermeldt. In het geval, bedoeld in artikel 431, tweede lid, treedt de onderbewindstelling in werking op het tijdstip waarop de rechthebbende meerderjarig wordt.

Art. 435

Beschermingsbewind; benoeming van bewindvoerder bij onderbewindstelling meerderjarige

1. De rechter die het bewind instelt, benoemt daarbij of zo spoedig mogelijk daarna een bewindvoerder. Hij vergewist zich van de bereidheid en vormt zich een oordeel over de geschiktheid van de te benoemen persoon.

2. Zo nodig kan een tijdelijke bewindvoerder worden benoemd.

3. De rechter volgt bij de benoeming van de bewindvoerder de uitdrukkelijke voorkeur van de rechthebbende, tenzij gegronde redenen zich tegen zodanige benoeming verzetten.

4. Tenzij het vorige lid is toegepast, wordt, indien de rechthebbende is gehuwd, een geregistreerd partnerschap is aangegaan of anderszins een levensgezel heeft, bij voorkeur de echtgenoot, de geregistreerde partner dan wel andere levensgezel tot bewindvoerder benoemd. Is de vorige zin niet van toepassing dan wordt bij voorkeur een van zijn ouders, kinderen, broers of zusters tot bewindvoerder benoemd. Huwt de rechthebbende, gaat hij een geregistreerd partnerschap aan of verkrijgt hij een andere levensgezel, dan kan ieder van hen verzoeken dat de echtgenoot, de geregistreerde partner dan wel de andere levensgezel van de rechthebbende in de plaats van de tegenwoordige bewindvoerder wordt benoemd.

5. Rechtspersonen met volledige rechtsbevoegdheid kunnen tot bewindvoerder worden benoemd.

6. De volgende personen kunnen niet tot bewindvoerder worden benoemd:
a. handelingsonbekwamen;
b. zij ten behoeve van wie een mentorschap is ingesteld;
c. zij van wie één of meer goederen onder een bewind als bedoeld in titel 19 staan;
d. zij die in staat van faillissement verkeren;
e. zij ten aanzien van wie de schuldsaneringsregeling natuurlijke personen van toepassing is;
f. de bewindvoerder van de rechthebbende in de zin artikel 287, derde lid, van de Faillissementswet;
g. een direct betrokken of behandelend hulpverlener;
h. personen behorende tot de leiding of tot het personeel van de instelling waar de rechthebbende wordt verzorgd of die aan de rechthebbende begeleiding biedt;
i. personen verbonden met de instelling waar de rechthebbende wordt verzorgd of die aan de rechthebbende begeleiding biedt, doordat:
1° de instelling of personen behorende tot de leiding van de instelling, alleen of samen meer dan de helft van de stemrechten in de algemene vergadering van de rechtspersoon kunnen uitoefenen, dan wel meer dan de helft van de bestuurders of van de commissarissen van de rechtspersoon kunnen benoemen of ontslaan,
2° de persoon en de instelling deel uitmaken van een groep in de zin van artikel 24b van boek 2, of
3° de bestuurder van de rechtspersoon tevens behoort tot de leiding of het personeel van de instelling.

7. Een andere persoon dan in het vierde lid bedoeld, die ten behoeve van drie of meer personen bewindvoerder, curator of mentor is, komt alleen dan voor benoeming in aanmerking indien deze wat zijn bedrijfsvoering en scholing betreft, alsmede, voor zover van toepassing, de werving, de scholing en begeleiding van en het toezicht op de personen door wie hij de taken van een bewindvoerder uitoefent, voldoet aan bij algemene maatregel van bestuur te stellen kwaliteitseisen, alsmede aan de verplichtingen bedoeld in artikel 436, vierde lid, en artikel 15i van boek 3.

8. De persoon, bedoeld in het zevende lid, legt aan de rechter die hem benoemt, over:
a. zijn verklaring dat hij aan de in het zevende lid bedoelde kwaliteitseisen en verplichtingen voldoet,
b. een verslag van een accountant als bedoeld in artikel 393, eerste lid, van boek 2, van diens bevindingen over de wijze waarop aan de eisen en verplichtingen wordt voldaan, en
c. een verklaring van de accountant omtrent de balans en staat van baten en lasten, bedoeld in artikel 10 van boek 2, dan wel, voor zover van toepassing, omtrent de jaarrekening overeenkom-

stig titel 9 van boek 2. Artikel 396, zevende lid, van boek 2 is ten aanzien van artikel 393 lid 1 niet van toepassing.

Bij algemene maatregel van bestuur kunnen nadere regels worden gesteld omtrent de vorm en de inhoud van de verklaringen en het verslag, alsmede de wijze van overlegging. Toont de persoon aan dat hij in de twaalf maanden voorafgaande aan zijn benoeming de verklaringen en het verslag reeds aan de rechter heeft overgelegd, dan is hij van de overlegging vrijgesteld.

9. Van de overlegging van de in het achtste lid bedoelde verklaring van de accountant zijn vrijgesteld:

a. zij die een financiële onderneming zijn die ingevolge de Wet op het financieel toezicht het bedrijf van bank mogen uitoefenen,

b. notarissen,

c. gerechtsdeurwaarders,

d. accountants.

Bij algemene maatregel van bestuur kunnen de in de vorige zin bedoelde ondernemingen en beroepsbeoefenaren geheel of gedeeltelijk worden vrijgesteld van de in het zevende lid bedoelde eisen inzake de werving, scholing en bedrijfsvoering

10. De benoemde wordt bewindvoerder daags nadat de beschikking is verstrekt of verzonden, tenzij de beschikking een later tijdstip vermeldt.

Art. 436

1. De bewindvoerder is verplicht zo spoedig mogelijk een beschrijving van de aan het bewind onderworpen goederen te maken en een afschrift daarvan in te leveren ter griffie van de ingevolge artikel 266 van het Wetboek van Burgerlijke Rechtsvordering bevoegde rechtbank.

Beschermingsbewind; verplichtingen van bewindvoerder bij onderbewindstelling meerderjarige Schakelbepaling

2. De artikelen 339, 363 en 364 van dit boek zijn van overeenkomstige toepassing.

3. Indien tot het bewind registergoederen behoren, is de bewindvoerder verplicht zo spoedig mogelijk de desbetreffende rechterlijke beschikkingen en zijn benoeming in de openbare registers, bedoeld in afdeling 2 van titel 1 van Boek 3, te doen inschrijven. Is een onderneming of een aandeel in een vennootschap onder firma onder bewind gesteld, dan is de bewindvoerder verplicht de desbetreffende rechterlijke beschikkingen en zijn benoeming in het handelsregister te doen inschrijven. De kantonrechter kan, hetzij op verzoek van degene die gerechtigd is onderbewindstelling te verzoeken als bedoeld in artikel 432, eerste en tweede lid, of van de bewindvoerder, hetzij ambtshalve bepalen dat een beschikking tot onderbewindstelling wegens een lichamelijke of geestelijke toestand, voor zover het bewind alle goederen betreft, die de rechthebbende toebehoren of zullen toebehoren, en een beschikking houdende benoeming, schorsing of ontslag van de bewindvoerder vanwege de griffier in het register, bedoeld in artikel 391, worden ingeschreven.

4. Tenzij de kantonrechter anders bepaalt, is de bewindvoerder verplicht zo spoedig mogelijk een rekening te openen bij een financiële onderneming die ingevolge de Wet op het financieel toezicht in Nederland het bedrijf van bank mag uitoefenen; de bewindvoerder is voorts verplicht om uitsluitend voor de betalingen die hij bij de vervulling van zijn taak verricht of ontvangt zoveel mogelijk van deze rekening gebruik te maken.

5. De kantonrechter kan te allen tijde de bewindvoerder ten verhore doen oproepen. Deze is verplicht alle door de kantonrechter gewenste inlichtingen te verstrekken.

(Zie ook: art. 92 BW Boek 1)

6. De kantonrechter kan van de bewindvoerder verlangen dat hij inzage geeft van zijn boeken, bescheiden en andere gegevensdragers. Hij kan voorts een afschrift daarvan verlangen.

Art. 437

1. De rechter kan twee bewindvoerders benoemen, tenzij gegronde redenen zich tegen zodanige benoeming verzetten.

Beschermingsbewind; twee bewindvoerders bij onderbewindstelling meerderjarige

2. Zijn er twee bewindvoerders, dan kan, tenzij de rechter anders bepaalt, ieder van hen alle werkzaamheden die tot het bewind behoren, alleen verrichten.

3. Bij verschil van mening tussen de bewindvoerders beslist op verzoek van één van hen of van een instelling als bedoeld in artikel 432, tweede lid, de kantonrechter. Deze kan ook een verdeling van het loon vaststellen.

Art. 438

1. Tijdens het bewind komt het beheer over de onder bewind staande goederen niet toe aan de rechthebbende maar aan de bewindvoerder.

Beschermingsbewind; beheer van en beschikking over goederen bij onderbewindstelling meerderjarige

B1 art. 439 **Burgerlijk Wetboek Boek 1**

2. Tijdens het bewind kan de rechthebbende slechts met medewerking van de bewindvoerder of, indien deze weigerachtig is, met machtiging van de kantonrechter over de onder het bewind staande goederen beschikken.
(Zie ook: art. 381 BW Boek 1)

Art. 439

Beschermingsbewind; ongeldige en onbevoegde rechtshandelingen bij onderbewindstelling meerderjarige

1. Indien een rechtshandeling ongeldig is, omdat zij ondanks het bewind werd verricht door of gericht tot de rechthebbende, kan deze ongeldigheid aan de wederpartij slechts worden tegengeworpen, zo deze het bewind kende of had behoren te kennen.

2. Indien een goed is vervreemd of bezwaard door iemand die daartoe ingevolge het bewind niet bevoegd was, kan deze onbevoegdheid aan een verkrijger van het goed of een beperkt recht daarop slechts worden tegengeworpen, zo deze het bewind kende of had behoren te kennen.
(Zie ook: artt. 347, 386 BW Boek 1)

Art. 440

Beschermingsbewind; verhaal van schulden bij onderbewindstelling meerderjarige

1. Schulden die voortspruiten uit een handeling, tijdens het bewind met of jegens de rechthebbende, anders dan in overeenstemming met artikel 438, tweede lid, verricht door een schuldeiser die het bewind kende of had behoren te kennen, kunnen niet op de onder het bewind staande goederen worden verhaald. Het einde van het bewind brengt hierin geen wijziging.

2. Indien het bewind alle goederen betreft die daarvoor krachtens artikel 431, eerste lid, in aanmerking komen, is het eerste lid van overeenkomstige toepassing ten aanzien van ten tijde van de handeling niet onder het bewind staande goederen waarop verhaal mogelijk zou zijn.

Art. 441

[Dit artikel is gewijzigd in verband met de invoering van digitaal procederen. Zie voor de procedures en gerechten waarvoor digitaal procederen geldt het Overzicht gefaseerde inwerkingtreding op www.rijksoverheid.nl/KEI.]

Beschermingsbewind; bevoegdheden van bewindvoerder bij onderbewindstelling meerderjarige

1. Tijdens het bewind vertegenwoordigt de bewindvoerder bij de vervulling van zijn taak de rechthebbende in en buiten rechte. De bewindvoerder draagt zorg voor een doelmatige belegging van het vermogen van de rechthebbende, voor zover dit onder het bewind staat en niet besteed behoort te worden voor een voldoende verzorging van de rechthebbende. De bewindvoerder kan voorts voor de rechthebbende alle handelingen verrichten die aan een goed bewind bijdragen.

2. Hij behoeft echter toestemming van de rechthebbende of, indien deze daartoe niet in staat of weigerachtig is, machtiging van de kantonrechter voor de volgende handelingen:
a. beschikken en aangaan van overeenkomsten tot beschikking over een onder het bewind staand goed, tenzij de handeling als een gewone beheersdaad kan worden beschouwd of krachtens rechterlijk bevel geschiedt;
b. een making of gift waaraan lasten of voorwaarden zijn verbonden, aannemen;
c. geld lenen of de rechthebbende als borg of hoofdelijke medeschuldenaar verbinden;
d. overeenkomen dat een boedel, waartoe de rechthebbende gerechtigd is, voor een bepaalde tijd onverdeeld wordt gelaten;
e. het aangaan, buiten het geval van artikel 30k, lid 1, onder c van het Wetboek van Burgerlijke Rechtsvordering, van een overeenkomst tot het beëindigen van een geschil, tenzij het voorwerp van het geschil een waarde van € 700 niet te boven gaat;
f. andere bij de instelling van het bewind of nadien aangewezen handelingen.

3. De kantonrechter kan ook aan de bewindvoerder een doorlopende machtiging met zodanige voorwaarden als hij geraden acht, verlenen om handelingen als in het vorige lid bedoeld te verrichten en een verleende machtiging te allen tijde wijzigen of intrekken.

4. De bewindvoerder is, met uitsluiting van de rechthebbende, bevoegd de verdeling te vorderen van goederen, waarvan een onverdeeld aandeel tot zijn bewind behoort. Tot een verdeling, ook al geschiedt zij krachtens rechterlijk bevel, behoeft de bewindvoerder toestemming of machtiging overeenkomstig het tweede lid. De kantonrechter kan, in stede van machtiging te verlenen, met overeenkomstige toepassing van artikel 181 van Boek 3 een onzijdig persoon benoemen, die in plaats van de bewindvoerder de rechthebbende bij de verdeling vertegenwoordigt.

5. De bewindvoerder is, met uitsluiting van de rechthebbende, bevoegd een aan de rechthebbende opgekomen nalatenschap te aanvaarden. Tenzij de aanvaarding geschiedt met toestemming van de rechthebbende, kan de bewindvoerder niet anders aanvaarden dan onder het voorrecht van boedelbeschrijving.
(Zie ook: artt. 337, 345, 350, 351, 353, 356 BW Boek 1)
[Voor overige gevallen luidt het artikel als volgt:]

Artikel 441.
1. Tijdens het bewind vertegenwoordigt de bewindvoerder bij de vervulling van zijn taak de rechthebbende in en buiten rechte. De bewindvoerder draagt zorg voor een doelmatige belegging van het vermogen van de rechthebbende, voor zover dit onder het bewind staat en niet besteed

Burgerlijk Wetboek Boek 1 **B1** art. 445

behoort te worden voor een voldoende verzorging van de rechthebbende. De bewindvoerder kan voorts voor de rechthebbende alle handelingen verrichten die aan een goed bewind bijdragen.

2. Hij behoeft echter toestemming van de rechthebbende of, indien deze daartoe niet in staat of weigerachtig is, machtiging van de kantonrechter voor de volgende handelingen:
a. beschikken en aangaan van overeenkomsten tot beschikking over een onder het bewind staand goed, tenzij de handeling als een gewone beheersdaad kan worden beschouwd of krachtens rechterlijk bevel geschiedt;
b. een making of gift waaraan lasten of voorwaarden zijn verbonden, aannemen;
c. geld lenen of de rechthebbende als borg of hoofdelijke medeschuldenaar verbinden;
d. overeenkomen dat een boedel, waartoe de rechthebbende gerechtigd is, voor een bepaalde tijd onverdeeld wordt gelaten;
e. het aangaan, buiten het geval van artikel 87 van het Wetboek van Burgerlijke Rechtsvordering, van een overeenkomst tot het beëindigen van een geschil, tenzij het voorwerp van het geschil een waarde van € 700 niet te boven gaat;
f. andere bij de instelling van het bewind of nadien aangewezen handelingen.

3. De kantonrechter kan ook aan de bewindvoerder een doorlopende machtiging met zodanige voorwaarden als hij geraden acht, verlenen om handelingen als in het vorige lid bedoeld te verrichten en een verleende machtiging te allen tijde wijzigen of intrekken.

4. De bewindvoerder is, met uitsluiting van de rechthebbende, bevoegd de verdeling te vorderen van goederen, waarvan een onverdeeld aandeel tot zijn bewind behoort. Tot een verdeling, ook al geschiedt zij krachtens rechterlijk bevel, behoeft de bewindvoerder toestemming of machtiging overeenkomstig het tweede lid. De kantonrechter kan, in stede van machtiging te verlenen, met overeenkomstige toepassing van artikel 181 van Boek 3 een onzijdig persoon benoemen, die in plaats van de bewindvoerder de rechthebbende bij de verdeling vertegenwoordigt.

5. De bewindvoerder is, met uitsluiting van de rechthebbende, bevoegd een aan de rechthebbende opgekomen nalatenschap te aanvaarden. Tenzij de aanvaarding geschiedt met toestemming van de rechthebbende, kan de bewindvoerder niet anders aanvaarden dan onder het voorrecht van boedelbeschrijving.
(Zie ook: artt. 337, 345, 350, 351, 353, 356 BW Boek 1)

Art. 442

1. Heeft iemand als bewindvoerder een rechtshandeling verricht, dan richten de rechten en verplichtingen van de wederpartij zich naar hetgeen dienaangaande is bepaald in titel 3 van Boek 3. Regels die de bevoegdheid van een bewindvoerder betreffen en feiten die voor een oordeel omtrent zijn bevoegdheid van belang zijn, kunnen niet aan de wederpartij worden tegengeworpen, indien deze daarmee niet bekend was of had behoren te zijn.

Beschermingsbewind; rechten en verplichtingen van wederpartij bij onderbewindstelling meerderjarige

2. De rechthebbende is, onverminderd het bepaalde in artikel 172 van Boek 6, aansprakelijk voor alle schulden die voortspruiten uit rechtshandelingen die de bewindvoerder in zijn hoedanigheid in naam van de rechthebbende verricht. Wanneer hij onder bewind staande goederen aanwijst die voor de schuld voldoende verhaal bieden, is hij niet verplicht de schuld ten laste van zijn overige vermogen te voldoen.
(Zie ook: art. 347 BW Boek 1)

Art. 443

De bewindvoerder kan alvorens in rechte op te treden zich te zijner verantwoording doen machtigen door de rechthebbende of, indien deze daartoe niet in staat of weigerachtig is, door de kantonrechter.
(Zie ook: art. 349 BW Boek 1)

Beschermingsbewind; machtiging bewindvoerder bij onderbewindstelling meerderjarige

Art. 444

Een bewindvoerder is jegens de rechthebbende aansprakelijk, indien hij in de zorg van een goed bewindvoerder te kort schiet, tenzij de tekortkoming hem niet kan worden toegerekend.
(Zie ook: artt. 337, 362 BW Boek 1)

Beschermingsbewind; aansprakelijkheid bewindvoerder bij onderbewindstelling meerderjarige

Art. 445

1. De bewindvoerder legt, tenzij andere tijdstippen zijn bepaald, jaarlijks en aan het einde van het bewind rekening en verantwoording af aan de rechthebbende, alsmede aan het einde van zijn taak aan zijn opvolger. De rekening en verantwoording wordt afgelegd ten overstaan van de kantonrechter. Onze Minister van Veiligheid en Justitie kan een model vaststellen volgens hetwelk de rekening en verantwoording moet worden opgemaakt.

Beschermingsbewind; rekening en verantwoording door bewindvoerder bij onderbewindstelling meerderjarige

2. Indien de rechthebbende niet in staat is de rekening op te nemen, of het onzeker is wie de rechthebbende is, wordt de rekening en verantwoording afgelegd aan de kantonrechter. Goedkeuring van deze rekening en verantwoording door de kantonrechter belet niet dat de rechthebbende na het einde van het bewind nogmaals over dezelfde tijdsruimte rekening en verantwoording vraagt, voor zover dit niet onredelijk is.

3. De kantonrechter kan de bewindvoerder - hetzij op diens verzoek, hetzij ambtshalve - vrijstellen van de verplichting om de periodieke rekening en verantwoording te zijnen overstaan

B1 art. 446 **Burgerlijk Wetboek Boek 1**

af te leggen; hij kan ook bepalen dat deze wijze van aflegging der rekening en verantwoording slechts om een door hem te bepalen aantal jaren zal geschieden.

4. De bewindvoerder, bedoeld in artikel 435, zevende lid, legt jaarlijks de verklaringen en het verslag over, bedoeld in artikel 435, achtste lid.

Schakelbepaling

5. Voor het overige vindt het aangaande de voogdijrekening in de paragrafen 10 en 11 van afdeling 6 van titel 14 bepaalde overeenkomstige toepassing.

(Zie ook: artt. 359, 372 BW Boek 1)

Art. 446

Beschermingsbewind; uitkering en afdracht van goederen aan rechthebbende bij onderbewindstelling meerderjarige

1. Voor zover de kantonrechter niet anders bepaalt, wordt bij het afleggen van de periodieke rekening en verantwoording hetgeen de goederen netto aan vruchten hebben opgebracht, onder aftrek van de verschuldigde beloning, aan de rechthebbende uitgekeerd. Op verzoek van de rechthebbende kan de kantonrechter andere tijdstippen voor de uitkering vaststellen.

2. Bij zijn eindrekening en verantwoording draagt de bewindvoerder alle goederen af aan hem die na hem tot het beheer der goederen bevoegd is. De bewindvoerder is bevoegd de afdracht op te schorten tot de voldoening van een hem toekomend saldo.

3. Wordt de rekening en verantwoording aan de kantonrechter afgelegd, dan blijven, tenzij de kantonrechter anders bepaalt, de netto-opbrengst of de af te dragen goederen onder het bewind van de bewindvoerder, totdat de rechthebbende tot de ontvangst in staat is of de onzekerheid, wie rechthebbende is, is opgeheven.

(Zie ook: art. 372 BW Boek 1)

Art. 446a

Beschermingsbewind; verslaglegging door bewindvoerder bij onderbewindstelling meerderjarige

De bewindvoerder doet telkens na verloop van vijf jaren, of zo veel eerder als de kantonrechter bepaalt, aan deze verslag van het verloop van het bewind. Hij laat zich daarbij met name uit over de vraag of het bewind dient voort te duren dan wel of een minder ver, of een verder strekkende voorziening aangewezen is. Feiten die voor het bewind en het voortduren daarvan van betekenis zijn, deelt hij terstond aan de kantonrechter mede.

Art. 447

Beschermingsbewind; beloning bewindvoerder bij onderbewindstelling meerderjarige

1. De bewindvoerder heeft aanspraak op beloning overeenkomstig de regels die daaromtrent bij regeling van Onze Minister van Veiligheid en Justitie zijn vastgesteld.

2. Zijn er twee of meer bewindvoerders, dan wordt het loon dat hun gezamenlijk toekomt, tussen hen verdeeld in evenredigheid met de betekenis van de door ieder van hen verrichte werkzaamheden.

(Zie ook: artt. 358, 370, 380 BW Boek 1)

Art. 448

Beschermingsbewind; einde taak bewindvoerder bij onderbewindstelling meerderjarige

1. De taak van de bewindvoerder eindigt:

a. bij het einde van het bewind;

b. door tijdsverloop, indien hij voor een bepaalde tijd was benoemd;

c. door zijn dood, het ten aanzien van hem van toepassing verklaren van de schuldsaneringsregeling natuurlijke personen, zijn faillietverklaring of zijn ondercuratelestelling;

d. door de instelling van een bewind als bedoeld in deze titel over één of meer van zijn goederen;

e. door ontslag dat hem door de kantonrechter met ingang van een door deze bepaalde dag wordt verleend.

2. Het ontslag wordt hem verleend hetzij op eigen verzoek, hetzij wegens gewichtige redenen of omdat hij niet meer voldoet aan de eisen om bewindvoerder te kunnen worden, zulks op verzoek van de medebewindvoerder of degene die gerechtigd is onderbewindstelling te verzoeken als bedoeld in artikel 432, eerste en tweede lid, dan wel ambtshalve. Hangende het onderzoek kan de kantonrechter voorlopige voorzieningen in het bewind treffen en de bewindvoerder schorsen. De kantonrechter kan hiertoe zo nodig ook zonder de bewindvoerder tevoren te hebben gehoord overgaan. In dat geval verliest de beschikking haar kracht na verloop van twee weken, tenzij de bewindvoerder binnen deze termijn in de gelegenheid is gesteld om te worden gehoord.

3. Een gewezen bewindvoerder blijft verplicht al datgene te doen, wat niet zonder nadeel voor de rechthebbende kan worden uitgesteld, totdat degene die na hem tot het beheer van de goederen bevoegd is, dit heeft aanvaard. In de gevallen genoemd in het eerste lid onder *c*, rust deze verplichting op zijn erfgenamen, onderscheidenlijk de bewindvoerder in de schuldsaneringsregeling natuurlijke personen of de curator, indien zij van het bewind kennisdragen; in het geval genoemd in het eerste lid onder *d*, geldt dit voor de bewindvoerder, belast met het daar bedoelde bewind.

Schakelbepaling

4. Artikel 384 van dit boek is van overeenkomstige toepassing.

5. In geval van ontslag wegens gewichtige redenen of omdat de bewindvoerder niet meer voldoet aan de eisen om bewindvoerder te kunnen worden, kan de kantonrechter bepalen dat geen verdere rekening en verantwoording behoeft te worden afgelegd. Tevens kan de kantonrechter

de boeken, bescheiden en andere gegevensdragers van de bewindvoerder, en alle aan de rechthebbende toekomende goederen in beslag nemen. Daartoe kan hij elke plaats betreden.

Art. 449

1. Het bewind eindigt door het verstrijken van de tijdsduur waarvoor het is ingesteld en door de dood of ondercuratelestelling van de rechthebbende.

Beschermingsbewind; einde van bewind over meerderjarige

2. De kantonrechter kan, indien de noodzaak daartoe niet meer bestaat of voortzetting van het bewind niet zinvol is gebleken, het bewind opheffen, zulks op verzoek van de bewindvoerder of van degene die gerechtigd is onderbewindstelling te verzoeken als bedoeld in artikel 432, eerste en tweede lid, dan wel ambtshalve. De beschikking treedt in werking zodra zij in kracht van gewijsde is gegaan, tenzij een eerder tijdstip van ingang aanwijst.
(Zie ook: art. 385 BW Boek 1)

3. Degene die gerechtigd is de instelling van het bewind te verzoeken als bedoeld in artikel 432, eerste en tweede lid, alsmede de bewindvoerder, kan verzoeken om verlenging van het bewind dat voor een bepaalde tijdsduur is ingesteld. De kantonrechter beslist binnen twee maanden na het indienen van het verzoekschrift. Artikel 384 is van overeenkomstige toepassing. Tegen de afwijzing van een verzoek tot verlenging staat geen hogere voorziening open.

Titel 20
Mentorschap ten behoeve van meerderjarigen

Art. 450

1. Indien een meerderjarige als gevolg van zijn geestelijke of lichamelijke toestand tijdelijk of duurzaam niet in staat is of bemoeilijkt wordt zijn belangen van niet-vermogensrechtelijke aard zelf behoorlijk waar te nemen, kan de kantonrechter te zijnen behoeve een mentorschap instellen.

Mentorschap

2. Indien te verwachten is dat een minderjarige op het tijdstip waarop hij meerderjarig zal worden, in de in het eerste lid bedoelde toestand zal verkeren, kan het mentorschap reeds voor de meerderjarigheid worden ingesteld.

3. Het mentorschap kan eveneens worden ingesteld, indien te verwachten is dat een meerderjarige binnen afzienbare tijd in de in het eerste lid bedoelde toestand zal verkeren.

4. De rechter bij wie een verzoek tot het verlenen van een rechterlijke machtiging als bedoeld in de Wet zorg en dwang psychogeriatrische en verstandelijk gehandicapte cliënten dan wel een zorgmachtiging of een machtiging tot voorzetting van de crisismaatregel als bedoeld in de Wet verplichte geestelijke gezondheidszorg aanhangig is, is tevens bevoegd tot kennisneming van een verzoek tot instelling van een mentorschap.

Art. 451

1. Het mentorschap kan worden verzocht door de betrokken persoon, zijn echtgenoot, zijn geregistreerde partner dan wel andere levensgezel, zijn bloedverwanten in de rechte lijn en die in de zijlijn tot en met de vierde graad, degene die ingevolge artikel 253sa of 253t het gezag over de betrokken persoon uitoefent, zijn voogd, zijn curator of zijn bewindvoerder als bedoeld in titel 19 van dit boek. In het in artikel 450, derde lid, van dit boek bedoelde geval kan het mentorschap uitsluitend worden verzocht door de betrokkene.

Verzoek tot instelling van mentorschap

2. Het mentorschap kan, behoudens het in artikel 450, derde lid, bedoelde geval, voorts worden verzocht door het openbaar ministerie en door de instelling waar de betrokkene wordt verzorgd of die aan de betrokkene begeleiding biedt. In het laatste wordt in het verzoekschrift tevens vermeld waarom de in het eerste lid genoemde personen - bloedverwanten in de zijlijn in de derde en vierde graad daaronder niet begrepen - niet tot indiening van een verzoek zijn overgegaan.

3. De rechter bij wie een verzoek tot ondercuratelestelling of tot opheffing van de curatele aanhangig is, kan bij afwijzing onderscheidenlijk bij inwilliging daarvan ambtshalve overgaan tot instelling van het mentorschap.

Ambtshalve instelling van mentorschap

4. Een verzoek tot omzetting van curatele in mentorschap ten behoeve van een persoon die onder curatele is gesteld, wordt aanhangig gemaakt bij de rechter die bevoegd is over opheffing van de curatele te beslissen. Deze rechter kan, bij opheffing van de curatele, ook ambtshalve overgaan tot instelling van het mentorschap.

Omzetting van curatele in mentorschap

5. Het mentorschap treedt in werking daags nadat de beschikking is verstrekt of verzonden, tenzij de beschikking een later tijdstip van ingang vermeldt. In het geval, bedoeld in artikel 450, tweede lid, van dit boek treedt het mentorschap in werking op het tijdstip waarop de betrokken persoon meerderjarig wordt.

Aanvang van mentorschap

Art. 452

1. De rechter die het mentorschap instelt, benoemt daarbij of zo spoedig mogelijk daarna een mentor. Hij vergewist zich van de bereidheid en vormt zich een oordeel over de geschiktheid van de te benoemen persoon.

Benoeming van mentor

2. Zo nodig kan een tijdelijke mentor worden benoemd.

3. De rechter volgt bij de benoeming van de mentor de uitdrukkelijke voorkeur van de betrokkene, tenzij gegronde redenen zich tegen zodanige benoeming verzetten.

4. Tenzij het vorige lid is toegepast, wordt, indien de betrokkene is gehuwd, een geregistreerd partnerschap is aangegaan of anderszins een levensgezel heeft, bij voorkeur de echtgenoot, de geregistreerde partner dan wel andere levensgezel tot mentor benoemd. Is de vorige zin niet van toepassing dan wordt bij voorkeur een van zijn ouders, kinderen, broers of zusters tot mentor benoemd. Huwt de betrokkene, gaat hij een geregistreerd partnerschap aan of verkrijgt hij een andere levensgezel, dan kan ieder van hen verzoeken, dat de echtgenoot, de geregistreerde partner dan wel de andere levensgezel van de betrokkene in de plaats van de tegenwoordige mentor wordt benoemd.

5. Een rechtspersoon met volledige rechtsbevoegdheid komt voor benoeming tot mentor in aanmerking.

6. De volgende personen kunnen niet tot mentor worden benoemd:

a. handelingsonbekwamen;

b. zij ten behoeve van wie een mentorschap is ingesteld;

c. de direct betrokken of behandelend hulpverlener;

d. personen behorende tot de leiding of tot het personeel van de instelling waar de betrokkene wordt verzorgd of die aan de betrokkene begeleiding biedt;

e. personen verbonden met de instelling waar de betrokkene wordt verzorgd of die aan de betrokkene begeleiding biedt, doordat:

1° de instelling of personen behorende tot de leiding van de instelling, alleen of samen meer dan de helft van de stemrechten in de algemene vergadering van de rechtspersoon kunnen uitoefenen, dan wel meer dan de helft van de bestuurders of van de commissarissen van de rechtspersoon kunnen benoemen of ontslaan,

2° de persoon en de instelling deel uitmaken van een groep in de zin van artikel 24b van boek 2, of

3° de bestuurder van de rechtspersoon tevens behoort tot de leiding of het personeel van de instelling.

7. Een andere persoon dan in het vierde lid bedoeld, die ten behoeve van drie of meer personen mentor, curator of bewindvoerder is, komt alleen dan voor benoeming in aanmerking indien deze wat zijn bedrijfsvoering en scholing betreft, alsmede, voor zover van toepassing, de werving, de scholing en begeleiding van en het toezicht op de personen door wie hij de taken van een mentor uitoefent, voldoet aan bij algemene maatregel van bestuur te stellen kwaliteitseisen, alsmede aan de verplichtingen bedoeld in artikel 15i van boek 3.

8. De persoon, bedoeld in het zevende lid, legt aan de rechter die hem benoemt, over:

a. zijn verklaring dat hij aan de in het zevende lid bedoelde kwaliteitseisen en verplichtingen voldoet,

b. een verslag van een accountant als bedoeld in artikel 393, eerste lid, van boek 2, dan wel van een door de kantonrechter benoemde deskundige, van diens bevindingen over de wijze waarop aan de eisen wordt voldaan, en

c. een verklaring van de accountant omtrent de balans en staat van baten en lasten, bedoeld in artikel 10 van boek 2, dan wel, voor zover van toepassing, omtrent de jaarrekening overeenkomstig titel 9 van boek 2. Artikel 396, zevende lid, van boek 2 is ten aanzien van artikel 393 lid 1 niet van toepassing.

Bij algemene maatregel van bestuur kunnen nadere regels worden gesteld omtrent de vorm en de inhoud van de verklaringen en het verslag, de benoeming van de deskundige, alsmede de wijze van overlegging. Toont de persoon aan dat hij in de twaalf maanden voorafgaande aan zijn benoeming de verklaring en het verslag, bedoeld in het zevende lid, onderdelen a en b, reeds aan de rechter heeft overgelegd, dan is hij van de overlegging van de verklaring en het verslag vrijgesteld. Toont de persoon aan dat hij in de 24 maanden voorafgaande aan zijn benoeming de verklaring, bedoeld in het zevende lid, onderdeel c, reeds aan de rechter heeft overgelegd, dan is hij van de overlegging van deze verklaring vrijgesteld.

9. De rechter kan twee mentoren benoemen, tenzij gegronde redenen zich tegen zodanige benoeming verzetten. Zijn er twee mentoren, dan kan ieder van hen de taken die aan een mentor toekomen, alleen verrichten. De rechter kan zo nodig een taakverdeling tussen de mentoren vaststellen. Bij verschil van mening tussen de mentoren beslist op verzoek van een van hen of op verzoek van een instelling als bedoeld in artikel 451, tweede lid, de kantonrechter. Deze kan ook een verdeling van de beloning vaststellen.

10. De taak van de mentor vangt aan daags nadat de beschikking, houdende de benoeming, is verstrekt of verzonden, tenzij de beschikking een later tijdstip vermeldt.

Art. 453

Onbevoegde rechtshandelingen van betrokkene bij mentorschap

1. Tenzij uit wet of verdrag anders voortvloeit, is de betrokkene tijdens het mentorschap onbevoegd rechtshandelingen te verrichten in aangelegenheden betreffende zijn verzorging, verpleging, behandeling en begeleiding.

(Zie ook: art. 2 Bopz)

2. Met betrekking tot de in het eerste lid bedoelde rechtshandelingen vertegenwoordigt de mentor de betrokkene in en buiten rechte, tenzij op grond van wet of verdrag vertegenwoordiging uitgesloten is. De mentor kan de betrokkene toestemming verlenen deze rechtshandelingen zelf te verrichten.

3. Ten aanzien van andere handelingen dan rechtshandelingen betreffende de in het eerste lid genoemde aangelegenheden treedt de mentor, voor zover de aard van de desbetreffende handeling dit toelaat, in plaats van de betrokkene op.

4. De mentor geeft aan de betrokkene raad in hem betreffende aangelegenheden van niet-vermogensrechtelijke aard en waakt over diens belangen ter zake.

5. Verzet de betrokkene zich tegen een handeling van ingrijpende aard in aangelegenheden als in het tweede en derde lid bedoeld, dan kan die handeling slechts plaatsvinden indien zij kennelijk nodig is teneinde ernstig nadeel voor de betrokkene te voorkomen.

Art. 453a

1. Indien de rechter dit noodzakelijk acht, beslist hij tevens dat artikel 246, van dit boek van overeenkomstige toepassing is.

2. Tijdens het mentorschap kan de rechter een beslissing nemen als in het eerste lid bedoeld, hetzij op verzoek van een persoon als bedoeld in artikel 451, eerste en tweede lid, van de mentor of van het openbaar ministerie, hetzij ambtshalve.

Art. 454

1. De mentor is gehouden degene ten behoeve van wie het mentorschap is ingesteld zo veel mogelijk bij de vervulling van zijn taak te betrekken. De mentor bevordert dat de betrokkene rechtshandelingen en andere handelingen zelf verricht, indien deze tot een redelijke waardering van zijn belangen ter zake in staat kan worden geacht. Hij betracht de zorg van een goed mentor.

2. De mentor is jegens de betrokkene aansprakelijk, indien hij in de zorg van een goed mentor te kort schiet, tenzij de tekortkoming hem niet kan worden toegerekend.

Art. 455

Degene ten behoeve van wie het mentorschap is ingesteld, is, onverminderd het bepaalde in artikel 172 van Boek 6, aansprakelijk voor alle schulden die voortspruiten uit rechtshandelingen die de mentor in zijn hoedanigheid in naam van de betrokkene verricht.

Art. 456

De mentor kan alvorens in rechte op te treden zich te zijner verantwoording doen machtigen door de betrokkene of, indien deze daartoe niet in staat of weigerachtig is, door de kantonrechter.

Art. 457

1. Een rechtshandeling verricht in strijd met artikel 453 van dit boek is overeenkomstig het tweede en derde lid vernietigbaar.

2. Indien de rechtshandeling is verricht door of gericht tot de betrokkene, kan een beroep op de vernietigbaarheid slechts worden gedaan jegens een persoon die het mentorschap kende of had behoren te kennen; jegens een zodanige persoon wordt de betrokkene vermoed onbevoegd te zijn geweest.

3. Indien de rechtshandeling is verricht door of gericht tot de mentor, kan een beroep op de vernietigbaarheid slechts worden gedaan jegens een persoon die de onbevoegdheid van de mentor kende of had behoren te kennen.

Art. 458

Voor zover een of meer van de goederen van de betrokkene onder een bewind als bedoeld in titel 19 van dit boek staan, is de bewindvoerder, indien hij niet tevens mentor is, niet tot optreden bevoegd ten aanzien van aangelegenheden als in artikel 453, eerste lid, van dit boek bedoeld.

Art. 459

1. De mentor doet desgevraagd van zijn werkzaamheden verslag aan de kantonrechter. De kantonrechter kan te allen tijde verschijning van de mentor in persoon gelasten. Deze is verplicht alle door de kantonrechter gewenste inlichtingen te verstrekken.

2. De mentor, bedoeld in artikel 452, zevende lid, legt jaarlijks de verklaring en het verslag over, bedoeld in artikel 452, achtste lid, onderdelen a en b. De mentor legt tweejaarlijks de verklaring over, bedoeld in artikel 452, achtste lid, onderdeel c. De kantonrechter kan ten aanzien van de verschillende onderdelen van het verslag een ander tijdstip van overlegging bepalen.

3. De mentor doet telkens na verloop van vijf jaren, of zo veel eerder als de kantonrechter bepaalt, aan deze verslag van het verloop van het mentorschap. Hij laat zich daarbij met name uit over de vraag of het mentorschap dient voort te duren dan wel of een minder ver, of een verder strekkende voorziening aangewezen is. Feiten die voor het mentorschap en het voortduren daarvan van betekenis zijn, deelt hij terstond aan de kantonrechter mede.

4. Aan het einde van zijn mentorschap doet de mentor van zijn werkzaamheden schriftelijk verslag aan zijn opvolger, aan de kantonrechter alsmede aan de betrokkene, indien het mentorschap door het verstrijken van de tijdsduur waarvoor het is ingesteld of door opheffing eindigt.

Schakelbepaling

Bevordering van zelfstandigheid betrokkene bij mentorschap

Aansprakelijkheid mentor

Aansprakelijkheid betrokkene bij mentorschap

Machtiging mentor

Vernietigbare rechtshandelingen betrokkene bij mentorschap

Verhouding tussen mentor en bewindvoerder

Verslaglegging door mentor

Art. 460

Onkostenvergoeding aan mentor

1. De mentor mag de bij de vervulling van zijn taak noodzakelijk gemaakte kosten aan de betrokkene in rekening brengen.

Beloning van mentor

2. De mentor heeft aanspraak op beloning overeenkomstig de regels die daaromtrent bij regeling van Onze Minister van Veiligheid en Justitie zijn vastgesteld.

Art. 461

Einde van taak mentor

1. De taak van de mentor eindigt:

a. bij het einde van het mentorschap;

b. door tijdsverloop, indien hij voor een bepaalde tijd was benoemd;

c. door zijn dood;

d. door zijn ondercuratelestelling of door instelling van een mentorschap te zijnen behoeve;

e. door ontslag dat hem door de kantonrechter met ingang van een door deze bepaalde dag wordt verleend.

2. Het ontslag wordt hem verleend hetzij op eigen verzoek, hetzij wegens gewichtige redenen of omdat hij niet meer voldoet aan de eisen om mentor te kunnen worden, zulks op verzoek van de medementor of degene die gerechtigd is mentorschap te verzoeken als bedoeld in artikel 451, eerste en tweede lid, dan wel ambtshalve. Hangende het onderzoek kan de kantonrechter voorlopige voorzieningen in het mentorschap treffen en de mentor schorsen. De kantonrechter kan hiertoe zo nodig ook zonder de mentor tevoren te hebben gehoord overgaan. In dat geval verliest de beschikking haar kracht na verloop van twee weken, tenzij de mentor binnen deze termijn in de gelegenheid is gesteld om te worden gehoord.

3. Een gewezen mentor blijft verplicht al datgene te doen, wat niet zonder nadeel voor de betrokkene kan worden uitgesteld, totdat wederom een persoon bevoegd is ten aanzien van de aangelegenheden bedoeld in artikel 453, eerste lid, van dit boek. In de gevallen genoemd in het eerste lid, onder *d*, rust deze verplichting op diens curator of mentor, indien deze van het mentorschap kennisdraagt.

4. Artikel 384 van dit boek is van overeenkomstige toepassing.

Art. 462

Einde van mentorschap

1. Het mentorschap eindigt door het verstrijken van de tijdsduur waarvoor het is ingesteld en door de dood of ondercuratelestelling van de betrokkene.

2. De kantonrechter kan, indien de noodzaak daartoe niet meer bestaat of voortzetting van het mentorschap niet zinvol is gebleken, het mentorschap opheffen, zulks op verzoek van de mentor of van degene die gerechtigd is mentorschap te verzoeken als bedoeld in artikel 451, eerste en tweede lid, dan wel ambtshalve. De beschikking treedt in werking zodra zij in kracht van gewijsde is gegaan, tenzij zij een eerder tijdstip van ingang aanwijst.

3. Degene die gerechtigd is de instelling van het mentorschap te verzoeken als bedoeld in artikel 451, eerste en tweede lid, alsmede de mentor, kan verzoeken om verlenging van het mentorschap dat voor een bepaalde tijdsduur is ingesteld. De kantonrechter beslist binnen twee maanden na het indienen van het verzoekschrift. Artikel 384 is van overeenkomstige toepassing. Tegen de afwijzing van een verzoek tot verlenging staat geen hogere voorziening open.

Burgerlijk Wetboek Boek 2

Inhoudsopgave

Boek 2	Rechtspersonen	Art. 1
Titel 1	Algemene bepalingen	Art. 1
Titel 2	Verenigingen	Art. 26
Titel 3	Coöperaties en onderlinge waarborgmaatschappijen	Art. 53
Afdeling 1	Algemene bepalingen	Art. 53
Afdeling 2	De raad van commissarissen bij de grote coöperatie en bij de grote onderlinge waarborgmaatschappij	Art. 63a
Titel 4	Naamloze vennootschappen	Art. 64
Afdeling 1	Algemene bepalingen	Art. 64
Afdeling 2	De aandelen	Art. 79
Afdeling 3	Het vermogen van de naamloze vennootschap	Art. 93
Afdeling 4	De algemene vergadering	Art. 107
Afdeling 5	Het bestuur van de naamloze vennootschap en het toezicht op het bestuur	Art. 129
Afdeling 6	De raad van commissarissen bij de grote naamloze vennootschap	Art. 152
Afdeling 7	Evenwichtige verdeling van de zetels over vrouwen en mannen	Art. 166
Afdeling 8	Transacties met verbonden partijen	Art. 167
Titel 5	Besloten vennootschappen met beperkte aansprakelijkheid	Art. 175
Afdeling 1	Algemene bepalingen	Art. 175
Afdeling 2	De aandelen	Art. 190
Afdeling 3	Het vermogen van de vennootschap	Art. 203
Afdeling 4	De algemene vergadering	Art. 217
Afdeling 5	Het bestuur van de vennootschap en het toezicht op het bestuur	Art. 239
Afdeling 6	De raad van commissarissen bij de grote besloten vennootschap met beperkte aansprakelijkheid	Art. 262
Afdeling 7	Evenwichtige verdeling van de zetels over vrouwen en mannen	Art. 276-284
Afdeling 8	[Vervallen]	Art. 284a
Titel 6	Stichtingen	Art. 285
Titel 7	Fusie en splitsing	Art. 308
Afdeling 1	Algemene bepaling	Art. 308
Afdeling 2	Algemene bepalingen omtrent fusies	Art. 309
Afdeling 3	Bijzondere bepalingen voor fusies van naamloze en besloten vennootschappen	Art. 324
Afdeling 3A	Bijzondere bepalingen voor grensoverschrijdende fusies	Art. 333b
Afdeling 4	Algemene bepalingen omtrent splitsingen	Art. 334a
Afdeling 5	Bijzondere bepalingen voor splitsingen waarbij een naamloze of besloten vennootschap wordt gesplitst of wordt opgericht	Art. 334v
Titel 8	Geschillenregeling en het recht van enquête	Art. 335
Afdeling 1	Geschillenregeling	Art. 335
Afdeling 2	Het recht van enquête	Art. 344
Afdeling 3	Het openbaar bod	Art. 359a
Titel 9	De jaarrekening en het bestuursverslag	Art. 360
Afdeling 1	Algemene bepaling	Art. 360
Afdeling 2	Algemene bepalingen omtrent de jaarrekening	Art. 361
Afdeling 3	Voorschriften omtrent de balans en de toelichting daarop	Art. 364
§ 1	Hoofdindeling van de balans	Art. 364
§ 2	Activa	Art. 365
§ 3	Passiva	Art. 373
Afdeling 4	Voorschriften omtrent de winst- en verliesrekening en de toelichting daarop	Art. 377
Afdeling 5	Bijzondere voorschriften omtrent de toelichting	Art. 378
Afdeling 6	Voorschriften omtrent de grondslagen van waardering en van bepaling van het resultaat	Art. 384
Afdeling 7	Bestuursverslag	Art. 391

B2 Burgerlijk Wetboek Boek 2

Afdeling 8	Overige gegevens	Art. 392
Afdeling 8a	Verslag over betalingen aan overheden	Art. 392a
Afdeling 9	Deskundigenonderzoek	Art. 393
Afdeling 10	Openbaarmaking	Art. 394
Afdeling 11	Vrijstellingen op grond van de omvang van het bedrijf van de rechtspersoon	Art. 395a
Afdeling 12	Bepalingen omtrent rechtspersonen van onderscheiden aard	Art. 399
Afdeling 13	Geconsolideerde jaarrekening	Art. 405
Afdeling 14	Bepalingen voor banken	Art. 415
Afdeling 15	Bepalingen voor verzekeringsmaatschappijen	Art. 427
§ 1	Algemene bepalingen	Art. 427
§ 2	Voorschriften omtrent de balans en de toelichting daarop	Art. 429
§ 3	Voorschriften omtrent de winst- en verliesrekening en de toelichting daarop	Art. 437
§ 2a	Het overzicht van de samenstelling van het totaalresultaat	Art. 440a
§ 4	Bijzondere voorschriften omtrent de toelichting	Art. 441
§ 5	Bijzondere voorschriften omtrent de grondslagen van waardering en van bepaling van het resultaat	Art. 442
§ 6	Bijzondere bepalingen voor de geconsolideerde jaarrekening	Art. 445
Afdeling 16	Rechtspleging	Art. 447

Burgerlijk Wetboek Boek 2^1

Burgerlijk Wetboek Boek 2, Rechtspersonen

Boek 2
Rechtspersonen

Titel 1
Algemene bepalingen

Art. 1

1. De Staat, de provincies, de gemeenten, de waterschappen, alsmede alle lichamen waaraan krachtens de Grondwet verordenende bevoegdheid is verleend, bezitten rechtspersoonlijkheid.

Publiekrechtelijke rechtspersonen

2. Andere lichamen, waaraan een deel van de overheidstaak is opgedragen, bezitten slechts rechtspersoonlijkheid, indien dit uit het bij of krachtens de wet bepaalde volgt.

3. De volgende artikelen van deze titel, behalve artikel 5, gelden niet voor de in de voorgaande leden bedoelde rechtspersonen.

(Zie ook: artt. 123, 133, 134 GW)

Art. 2

1. Kerkgenootschappen alsmede hun zelfstandige onderdelen en lichamen waarin zij zijn verenigd, bezitten rechtspersoonlijkheid.

Kerkgenootschappen

2. Zij worden geregeerd door hun eigen statuut, voor zover dit niet in strijd is met de wet. Met uitzondering van artikel 5 gelden de volgende artikelen van deze titel niet voor hen; overeenkomstige toepassing daarvan is geoorloofd, voor zover deze is te verenigen met hun statuut en met de aard der onderlinge verhoudingen.

Art. 3

Verenigingen, coöperaties, onderlinge waarborgmaatschappijen, naamloze vennootschappen, besloten vennootschappen met beperkte aansprakelijkheid en stichtingen bezitten rechtspersoonlijkheid.

Privaatrechtelijke rechtspersonen

(Zie ook: artt. 26, 30, 53, 64, 175, 285 BW Boek 2; art. 124 BW Boek 5)

Art. 4

1. Een rechtspersoon ontstaat niet bij het ontbreken van een door een notaris ondertekende akte voor zover door de wet voor de totstandkoming vereist. Het ontbreken van kracht van authenticiteit aan een door een notaris ondertekende akte verhindert het ontstaan van de rechtspersoon slechts, indien die rechtspersoon in een bij die akte gemaakte uiterste wilsbeschikking in het leven zou zijn geroepen.

Ontstaan rechtspersoon bij authentieke akte

2. Vernietiging van de rechtshandeling waardoor een rechtspersoon is ontstaan, tast diens bestaan niet aan. Het vervallen van de deelneming van een of meer oprichters van een rechtspersoon heeft op zichzelf geen invloed op de rechtsgeldigheid van de deelneming der overblijvende oprichters.

Vernietiging van oprichtingshandeling rechtspersoon

3. Is ten name van een niet bestaande rechtspersoon een vermogen gevormd, dan benoemt de rechter op verzoek van een belanghebbende of het openbaar ministerie een of meer vereffenaars. Artikel 22 is van overeenkomstige toepassing.

Vereffening vermogen van niet bestaande rechtspersoon

4. Het vermogen wordt vereffend als dat van een ontbonden rechtspersoon in de voorgewende rechtsvorm. Degenen die zijn opgetreden als bestuurders, zijn hoofdelijk verbonden voor de tot dit vermogen behorende schulden die opeisbaar zijn geworden in het tijdvak waarin zij dit deden. Zij zijn eveneens verbonden voor de schulden die voorspruiten uit in die tijd ten behoeve van dit vermogen verrichte rechtshandelingen, voor zover daarvoor niemand ingevolge de vorige zin verbonden is. Ontbreken personen die ingevolge de vorige twee zinnen verbonden zijn, dan zijn degenen die handelden, hoofdelijk verbonden.

(Zie ook: art. 6 BW Boek 6)

5. Indien alsnog een rechtspersoon wordt opgericht ter opvolging in het vermogen, kan de rechter desverzocht toestaan dat dit niet wordt vereffend, doch dat het in die rechtspersoon wordt ingebracht.

(Zie ook: artt. 14, 15, 21, 22, 23, 26, 30, 74, 93, 93a, 94, 94a, 185, 203, 203a, 204, 204a, 301 BW Boek 2; artt. 32, 37, 39, 53, 59 BW Boek 3; art. 124 BW Boek 5; artt. 7, 10, 12, 159, 269 BW Boek 6)

---

1 Inwerkingtredingsdatum: 01-07-1976; zoals laatstelijk gewijzigd bij: Stb. 2020, 507.

Art. 5

Gelijkstelling rechtspersoon met natuurlijk persoon

Een rechtspersoon staat wat het vermogensrecht betreft, met een natuurlijk persoon gelijk, tenzij uit de wet het tegendeel voortvloeit.

(Zie ook: art. 302 BW Boek 1; artt. 1, 11 BW Boek 2; art. 203 BW Boek 3)

Art. 6

Openbaarmaking van statuten rechtspersoon

1. Op wijzigingen in statuten en reglementen en op ontbinding van de rechtspersoon, die krachtens dit boek moeten worden openbaar gemaakt, kan voordat deze openbaarmakingen en, in geval van statutenwijziging, de voorgeschreven openbaarmaking van de gewijzigde statuten zijn geschied, geen beroep worden gedaan tegen een wederpartij en derden die daarvan onkundig waren.

(Zie ook: artt. 6, 43, 72, 126, 183, 236, 293, 318 BW Boek 2; artt. 61, 76 BW Boek 3)

2. Een door de wet toegelaten beroep op statutaire onbevoegdheid van het bestuur of van een bestuurder tot vertegenwoordiging van de rechtspersoon bij een rechtshandeling kan tegen een wederpartij die daarvan onkundig was, niet worden gedaan, indien de beperking of uitsluiting van de bevoegdheid niet ten tijde van het verrichten van die rechtshandeling op de door de wet voorgeschreven wijzen was openbaar gemaakt. Hetzelfde geldt voor een beroep op een beperking van de vertegenwoordigingsbevoegdheid van anderen dan bestuurders, aan wie die bevoegdheid bij de statuten is toegekend.

(Zie ook: artt. 45, 130, 164, 240, 274, 292 BW Boek 2)

3. De rechtspersoon kan tegen een wederpartij die daarvan onkundig was, niet de onjuistheid of onvolledigheid van de in het register opgenomen gegevens inroepen. Juiste en volledige inschrijving elders of openbaarmaking van de statuten is op zichzelf niet voldoende bewijs dat de wederpartij van de onjuistheid of onvolledigheid niet onkundig was.

4. Voor zover de wet niet anders bepaalt, kan de wederpartij van een rechtspersoon zich niet beroepen op onbekendheid met een feit dat op een door de wet aangegeven wijze is openbaar gemaakt, tenzij die openbaarmaking niet is geschied op elke wijze die de wet vereist of daarvan niet de voorgeschreven mededeling is gedaan.

(Zie ook: art. 61 BW Boek 3)

5. De beide vorige leden gelden niet voor rechterlijke uitspraken die in het faillissementsregister of het surséanceregister zijn ingeschreven.

(Zie ook: artt. 29, 30, 51, 289, 303 BW Boek 2; artt. 24, 32, 36, 61, 76 BW Boek 3; art. 124 BW Boek 5; artt. 178, 179 BW Boek 8)

Art. 7

Doeloverschrijding rechtspersoon

Een door een rechtspersoon verrichte rechtshandeling is vernietigbaar, indien daardoor het doel werd overschreden en de wederpartij dit wist of zonder eigen onderzoek moest weten; slechts de rechtspersoon kan een beroep op deze grond tot vernietiging doen.

(Zie ook: artt. 27, 66, 177, 286 BW Boek 2; artt. 11, 40, 45, 49, 55, 56 BW Boek 3)

Art. 8

Redelijkheid en billijkheid binnen rechtspersoon

1. Een rechtspersoon en degenen die krachtens de wet en de statuten bij zijn organisatie zijn betrokken, moeten zich als zodanig jegens elkander gedragen naar hetgeen door redelijkheid en billijkheid wordt gevorderd.

2. Een tussen hen krachtens wet, gewoonte, statuten, reglementen of besluit geldende regel is niet van toepassing voor zover dit in de gegeven omstandigheden naar maatstaven van redelijkheid en billijkheid onaanvaardbaar zou zijn.

(Zie ook: artt. 13, 14, 15, 88, 89, 107, 197, 198, 346 BW Boek 2; art. 12 BW Boek 3; artt. 2, 162, 248 BW Boek 6; art. 162 BW Boek 8)

Art. 9

Aansprakelijkheid bestuurders

1. Elke bestuurder is tegenover de rechtspersoon gehouden tot een behoorlijke vervulling van zijn taak. Tot de taak van de bestuurder behoren alle bestuurstaken die niet bij of krachtens de wet of de statuten aan een of meer andere bestuurders zijn toebedeeld.

2. Elke bestuurder draagt verantwoordelijkheid voor de algemene gang van zaken. Hij is voor het geheel aansprakelijk terzake van onbehoorlijk bestuur, tenzij hem mede gelet op de aan anderen toebedeelde taken geen ernstig verwijt kan worden gemaakt en hij niet nalatig is geweest in het treffen van maatregelen om de gevolgen van onbehoorlijk bestuur af te wenden.

Art. 10

Boekhouding van rechtspersoon

1. Het bestuur is verplicht van de vermogenstoestand van de rechtspersoon en van alles betreffende de werkzaamheden van de rechtspersoon, naar de eisen die voortvloeien uit deze werkzaamheden, op zodanige wijze een administratie te voeren en de daartoe behorende boeken, bescheiden en andere gegevensdragers op zodanige wijze te bewaren, dat te allen tijde de rechten en verplichtingen van de rechtspersoon kunnen worden gekend.

2. Onverminderd het bepaalde in de volgende titels is het bestuur verplicht jaarlijks binnen zes maanden na afloop van het boekjaar de balans en de staat van baten en lasten van de rechtspersoon te maken en op papier te stellen.

3. Het bestuur is verplicht de in de leden 1 en 2 bedoelde boeken, bescheiden en andere gegevensdragers gedurende zeven jaren te bewaren.

4. De op een gegevensdrager aangebrachte gegevens, uitgezonderd de op papier gestelde balans en staat van baten en lasten, kunnen op een andere gegevensdrager worden overgebracht en bewaard, mits de overbrenging geschiedt met juiste en volledige weergave der gegevens en deze gegevens gedurende de volledige bewaartijd beschikbaar zijn en binnen redelijke tijd leesbaar kunnen worden gemaakt.

(Zie ook: artt. 24, 48, 58, 61, 101, 210, 360, 394 BW Boek 2; art. 15a BW Boek 3; art. 619 BW Boek 7; artt. 336, 342, 343 WvSr; artt. 47, 49, 54 AWR)

Art. 10a

Het boekjaar van een rechtspersoon is het kalenderjaar, indien in de statuten geen ander boekjaar is aangewezen.

(Zie ook: artt. 35, 36, 48 BW Boek 2)

Boekjaar van rechtspersoon

Art. 11

De aansprakelijkheid van een rechtspersoon als bestuurder van een andere rechtspersoon rust tevens hoofdelijk op ieder die ten tijde van het ontstaan van de aansprakelijkheid van de rechtspersoon daarvan bestuurder is.

(Zie ook: artt. 9, 138, 248 BW Boek 2; art. 6 BW Boek 6)

Aansprakelijkheid van besturende rechtspersoon

Art. 12

Het stemrecht over besluiten waarbij de rechtspersoon aan bepaalde personen, anders dan in hun hoedanigheid van lid, aandeelhouder of lid van een orgaan, rechten toekent of verplichtingen kwijtscheldt, kan door de statuten aan die personen en aan hun echtgenoot, geregistreerde partner, en bloedverwanten in de rechte lijn worden ontzegd.

(Zie ook: art. 38 BW Boek 2)

Ontzegging stemrecht in statuten rechtspersoon

Art. 13

1. Een stem is nietig in de gevallen waarin een eenzijdige rechtshandeling nietig is; een stem kan niet worden vernietigd.

Stemrecht binnen rechtspersoon

2. Een onbekwame die lid is van een vereniging, kan zijn stemrecht daarin zelf uitoefenen, voor zover de statuten zich daartegen niet verzetten; in andere gevallen komt de uitoefening van het stemrecht toe aan zijn wettelijke vertegenwoordiger.

3. Tenzij de statuten anders bepalen, is het in de vergadering van een orgaan van een rechtspersoon uitgesproken oordeel van de voorzitter omtrent de uitslag van een stemming beslissend. Hetzelfde geldt voor de inhoud van een genomen besluit, voor zover werd gestemd over een niet schriftelijk vastgelegd voorstel.

4. Wordt onmiddellijk na het uitspreken van het oordeel van de voorzitter de juistheid daarvan betwist, dan vindt een nieuwe stemming plaats, indien de meerderheid der vergadering of, indien de oorspronkelijke stemming niet hoofdelijk of schriftelijk geschiedde, een stemgerechtigde aanwezige dit verlangt. Door deze nieuwe stemming vervallen de rechtsgevolgen van de oorspronkelijke stemming.

(Zie ook: art. 234 BW Boek 1; artt. 8, 38, 41, 110, 111, 220, 221 BW Boek 2; artt. 32, 34, 35, 39, 40, 44, 59, 63, 79 BW Boek 3)

Art. 14

1. Een besluit van een orgaan van een rechtspersoon, dat in strijd is met de wet of de statuten, is nietig, tenzij uit de wet iets anders voortvloeit.

(Zie ook: art. 40 BW Boek 3)

Nietig besluit van orgaan rechtspersoon

2. Is een besluit nietig, omdat het is genomen ondanks het ontbreken van een door de wet of de statuten voorgeschreven voorafgaande handeling van of mededeling aan een ander dan het orgaan dat het besluit heeft genomen, dan kan het door die ander worden bekrachtigd. Is voor de ontbrekende handeling een vereiste gesteld, dan geldt dat ook voor de bekrachtiging.

(Zie ook: artt. 15, 158 BW Boek 2; artt. 37, 39, 58, 69 BW Boek 3)

3. Bekrachtiging is niet meer mogelijk na afloop van een redelijke termijn, die aan de ander is gesteld door het orgaan dat het besluit heeft genomen of door de wederpartij tot wie het was gericht.

(Zie ook: artt. 2, 44, 47, 48, 129, 140, 158, 239, 250, 268, 291 BW Boek 2; artt. 55, 57, 69 BW Boek 3; art. 129 BW Boek 5; artt. 25, 27, 31 WOR)

Art. 15

1. Een besluit van een orgaan van een rechtspersoon is, onverminderd het elders in de wet omtrent de mogelijkheid van een vernietiging bepaalde, vernietigbaar:

a. wegens strijd met wettelijke of statutaire bepalingen die het tot stand komen van besluiten regelen;

(Zie ook: artt. 37, 107, 158, 217, 268 BW Boek 2)

b. wegens strijd met de redelijkheid en billijkheid die door artikel 8 worden geëist;

(Zie ook: art. 12 BW Boek 3; artt. 2, 248 BW Boek 6)

c. wegens strijd met een reglement.

(Zie ook: art. 129 BW Boek 5)

Vernietigbaar besluit van orgaan rechtspersoon

2. Tot de bepalingen als bedoeld in het vorige lid onder **a**, behoren niet die welke de voorschriften bevatten waarop in artikel 14 lid 2 wordt gedoeld.

B2 art. 16 — Burgerlijk Wetboek Boek 2

3. Vernietiging geschiedt door een uitspraak van de rechtbank van de woonplaats van de rechtspersoon:

a. op een vordering tegen de rechtspersoon van iemand die een redelijk belang heeft bij de naleving van de verplichting die niet is nagekomen, of

b. op vordering van de rechtspersoon zelf, ingesteld krachtens bestuursbesluit tegen degene die door de voorzieningenrechter van de rechtbank is aangewezen op een daartoe gedaan verzoek van de rechtspersoon; in dat geval worden de kosten van het geding door de rechtspersoon gedragen.

(Zie ook: art. 10 BW Boek 1; art. 130 BW Boek 5)

4. Indien een bestuurder in eigen naam de vordering instelt, verzoekt de rechtspersoon de voorzieningenrechter van de rechtbank iemand aan te wijzen, die terzake van het geding in de plaats van het bestuur treedt.

5. De bevoegdheid om vernietiging van het besluit te vorderen, vervalt een jaar na het einde van de dag, waarop hetzij aan het besluit voldoende bekendheid is gegeven, hetzij de belanghebbende van het besluit kennis heeft genomen of daarvan is verwittigd.

(Zie ook: artt. 52, 306, 313 BW Boek 5)

6. Een besluit dat vernietigbaar is op grond van lid 1 onder *a*, kan door een daartoe strekkend besluit worden bevestigd; voor dit besluit gelden de zelfde vereisten als voor het te bevestigen besluit. De bevestiging werkt niet zolang een tevoren ingestelde vordering tot vernietiging aanhangig is. Indien de vordering wordt toegewezen, geldt het vernietigde besluit als opnieuw genomen door het latere besluit, tenzij uit de strekking van dit besluit het tegendeel voortvloeit.

(Zie ook: artt. 2, 4, 7, 8, 14, 16, 40, 100, 209, 295, 356 BW Boek 2; artt. 40, 44, 45, 49, 55, 59 BW Boek 3; artt. 129, 130 BW Boek 5)

Art. 16

Bindende uitspraak tot nietigheid of vernietiging besluit rechtspersoon

1. De onherroepelijke uitspraak die de nietigheid van een besluit van een rechtspersoon vaststelt of die zulk een besluit vernietigt, is voor een ieder, behoudens herroeping of derdenverzet, bindend, indien de rechtspersoon partij in het geding is geweest. Herroeping komt ieder lid of aandeelhouder toe.

2. Is het besluit een rechtshandeling van de rechtspersoon, die tot een wederpartij is gericht, of is het een vereiste voor de geldigheid van zulk een rechtshandeling, dan kan de nietigheid of vernietiging van het besluit niet aan die wederpartij worden tegengeworpen, indien deze het gebrek dat aan het besluit kleefde, kende noch behoefde te kennen. Niettemin kan de nietigheid of vernietiging van een besluit tot benoeming van een bestuurder of een commissaris aan de benoemde worden tegengeworpen; de rechtspersoon vergoedt echter diens schade, indien hij het gebrek in het besluit kende noch behoefde te kennen.

(Zie ook: artt. , 2, 14, 15, 44, 45, 130, 146, 240, 256, 291, 292, 323 BW Boek 2; artt. 11, 35, 36, 57, 61, 79 BW Boek 3; artt. 67, 376, 382 Rv)

Art. 17

Oprichting rechtspersoon voor onbepaalde tijd

Een rechtspersoon wordt opgericht voor onbepaalde tijd.

(Zie ook: art. 19 BW Boek 2)

Art. 18

Omzetting van rechtspersoon in andere rechtsvorm

1. Een rechtspersoon kan zich met inachtneming van de volgende leden omzetten in een andere rechtsvorm.

2. Voor omzetting zijn vereist:

a. een besluit tot omzetting, genomen met inachtneming van de vereisten voor een besluit tot statutenwijziging en, tenzij een stichting zich omzet, genomen met de stemmen van ten minste negen tienden van de uitgebrachte stemmen;

b. een besluit tot wijziging van de statuten;

c. een notariële akte van omzetting die de nieuwe statuten bevat.

3. De in het vorige lid onder *a* genoemde meerderheid is niet vereist voor een omzetting van een naamloze vennootschap in een besloten vennootschap of omgekeerd.

4. Voor de omzetting van of in een stichting en van een naamloze of besloten vennootschap in een vereniging is bovendien rechterlijke machtiging vereist.

5. Slechts de rechtspersoon kan machtiging tot omzetting verzoeken aan de rechtbank, onder overlegging van een notarieel ontwerp van de akte. Zij wordt in elk geval geweigerd, indien een vereist besluit nietig is of indien een rechtsvordering tot vernietiging daarvan aanhangig is. Zij wordt geweigerd, indien de belangen van stemgerechtigden die niet hebben ingestemd of van anderen van wie ten minste iemand zich tot de rechter heeft gewend, onvoldoende zijn ontzien. Indien voor de omzetting machtiging van de rechter is vereist, verklaart de notaris in de akte van omzetting dat de machtiging op het ontwerp van de akte is verleend.

6. Na omzetting van een stichting moet uit de statuten blijken dat het vermogen dat zij bij de omzetting heeft en de vruchten daarvan slechts met toestemming van de rechter anders mogen worden besteed dan voor de omzetting was voorgeschreven. Hetzelfde geldt voor de statuten van een rechtspersoon voor zover dit vermogen en deze vruchten daarop krachtens fusie of splitsing zijn overgegaan.

7. De rechtspersoon doet opgave van de omzetting ter inschrijving in de registers waarin hij moet zijn en moet worden ingeschreven dan wel als vereniging vrijwillig is ingeschreven.

8. Omzetting beëindigt het bestaan van de rechtspersoon niet.

(Zie ook: artt. 14, 26, 27, 29, 53, 64, 71, 72, 175, 181, 183, 285, 294, 296, 309, 334a BW Boek 2; artt. 880, 946 BW Boek 4; art. 124 BW Boek 5)

Art. 19

1. Een rechtspersoon wordt ontbonden:

a. door een besluit van de algemene vergadering of, indien de rechtspersoon een stichting is, door een besluit van het bestuur tenzij in de statuten anders is voorzien;

(Zie ook: artt. 14, 40, 107, 217 BW Boek 2)

b. bij het intreden van een gebeurtenis die volgens de statuten de ontbinding tot gevolg heeft, en die niet een besluit of een op ontbinding gerichte handeling is;

c. na faillietverklaring door hetzij opheffing van het faillissement wegens de toestand van de boedel, hetzij door insolventie;

(Zie ook: artt. 16, 173 FW)

d. door het geheel ontbreken van leden, indien de rechtspersoon een vereniging, een coöperatie of een onderlinge waarborgmaatschappij is;

e. door een beschikking van de Kamer van Koophandel als bedoeld in artikel 19a;

f. door de rechter in de gevallen die de wet bepaalt.

(Zie ook: artt. 20, 21, 74, 185, 301, 356 BW Boek 2)

2. De rechtbank verklaart op verzoek van het bestuur, een belanghebbende of het openbaar ministerie, of en op welk tijdstip de rechtspersoon is ontbonden in een geval als bedoeld in lid 1 onder *b* of *d*. De beschikking is voor een ieder bindend. Is de rechtspersoon in een register ingeschreven, dan wordt de in kracht van gewijsde gegane uitspraak, inhoudende de verklaring, door de zorg van de griffier aldaar ingeschreven.

3. Aan de registers waar de rechtspersoon is ingeschreven wordt van de ontbinding opgaaf gedaan: in de gevallen als bedoeld in lid 1, onder *a, b* en *d* door de vereffenaar, indien deze er is en anders door het bestuur, in het geval als bedoeld in lid 1, onder *c* door de faillissementscurator, in het geval als bedoeld in lid 1, onder *e* door de Kamer van Koophandel en in het geval als bedoeld in lid 1 onder *f* door de griffier van het betrokken gerecht.

4. Indien de rechtspersoon op het tijdstip van zijn ontbinding geen baten meer heeft, houdt hij alsdan op te bestaan. In dat geval doet het bestuur of, bij toepassing van artikel 19a, de Kamer van Koophandel, daarvan opgaaf aan de registers waar de rechtspersoon is ingeschreven.

(Zie ook: art. 23 BW Boek 2)

5. De rechtspersoon blijft na ontbinding voortbestaan voor zover dit tot vereffening van zijn vermogen nodig is. In stukken en aankondigingen die van hem uitgaan, moet aan zijn naam worden toegevoegd: *in liquidatie*.

6. De rechtspersoon houdt in geval van vereffening op te bestaan op het tijdstip waarop de vereffening eindigt. De vereffenaar of de faillissementscurator doet aan de registers waar de rechtspersoon is ingeschreven, daarvan opgaaf.

7. De gegevens die omtrent de rechtspersoon in de registers zijn opgenomen op het tijdstip waarop hij ophoudt te bestaan, blijven daar gedurende tien jaren na dat tijdstip bewaard.

(Zie ook: artt. 6, 22 BW Boek 2; artt. 124, 147 BW Boek 5; artt. 67, 429a, 995 Rv)

Art. 19a

1. Een in het handelsregister ingeschreven naamloze vennootschap, besloten vennootschap met beperkte aansprakelijkheid, coöperatie, onderlinge waarborgmaatschappij, of vereniging of stichting die een onderneming drijft, wordt door een beschikking van de Kamer van Koophandel ontbonden, indien de Kamer is gebleken dat ten minste twee van de volgende omstandigheden zich voordoen:

a. er staan gedurende ten minste een jaar geen bestuurders van de rechtspersoon in het register ingeschreven, terwijl gedurende die periode ook geen opgaaf tot inschrijving is gedaan, dan wel er doet zich, indien er wel een bestuurder staat ingeschreven, met betrekking tot elke ingeschreven bestuurder ten minste een jaar een of meer van de navolgende omstandigheden voor:

1°. de bestuurder is overleden;

2°. de bestuurder is niet bereikbaar gebleken op het in het register vermelde adres, en evenmin op het in de basisregistratie personen vermelde adres, of betrokkene is niet ingeschreven in de basisregistratie personen;

b. de rechtspersoon is ten minste een jaar in gebreke met de nakoming van de verplichting tot openbaarmaking van de jaarrekening overeenkomstig de artikelen 394, 395a, 396 of 397;

c. de rechtspersoon heeft ten minste een jaar geen gevolg gegeven aan een aanmaning als bedoeld in artikel 9, derde lid, van de Algemene wet inzake rijksbelastingen tot het doen van aangifte voor de vennootschapsbelasting;

Ontbinding van rechtspersoon

Ontbinding rechtspersoon door beschikking KvK

B2 art. 20 Burgerlijk Wetboek Boek 2

d. de rechtspersoon is niet of niet meer bereikbaar gebleken op het in het handelsregister ingeschreven adres, terwijl ook geen opgave tot wijziging van de inschrijving is gedaan.

Vereniging of stichting, ontbinding

2. Een in het handelsregister ingeschreven vereniging of stichting, die niet een onderneming drijft die in het handelsregister staat ingeschreven, wordt door een beschikking van de Kamer van Koophandel ontbonden, indien de Kamer is gebleken dat de omstandigheden, bedoeld in lid 1, onder a en d, zich voordoen.

3. Indien de Kamer op grond van haar bekende gegevens gebleken is dat een rechtspersoon als bedoeld in de leden 1 en 2 voor ontbinding in aanmerking komt, deelt zij de rechtspersoon en de ingeschreven bestuurders bij aangetekende brief aan hun laatst bekende adres mee, dat zij voornemens is tot ontbinding van de rechtspersoon over te gaan, met vermelding van de omstandigheden waarop het voornemen is gegrond. De Kamer schrijft deze mededeling in het register in. Als de omstandigheden, bedoeld in lid 1, onder a en d, zich voordoen, geeft de Kamer van het voornemen tot ontbinding kennis in de Staatscourant. Voor zover de kosten van deze publicatie niet uit het vermogen van de rechtspersoon kunnen worden voldaan, komen deze ten laste van Onze Minister van Veiligheid en Justitie.

4. Na verloop van acht weken na de dagtekening van de aangetekende brief of de publicatie in de Staatscourant ontbindt de Kamer de rechtspersoon bij beschikking, tenzij voordien is gebleken dat de gronden, bedoeld in de leden 1 en 2, voor het voornemen zich niet of niet meer voordoen.

5. De beschikking wordt bekend gemaakt aan de rechtspersoon en de ingeschreven bestuurders, tenzij de omstandigheden, bedoeld in lid 1, onder a en d, zich voordoen.
(Zie ook: art. 3:41 Awb)

6. De Kamer geeft van de ontbinding kennis in de *Staatscourant*. Lid 3, vierde zin, is van overeenkomstige toepassing.

7. Als op grond van artikel 23, lid 1 geen vereffenaars kunnen worden aangewezen, treedt de Kamer op als vereffenaar van het vermogen van de ontbonden rechtspersoon, behoudens het bepaalde in artikel 19, lid 4. Op verzoek van de Kamer benoemt de rechtbank in haar plaats een of meer andere vereffenaars.

8. Indien tegen een beschikking als bedoeld in lid 4, beroep wordt ingesteld bij het College van Beroep voor het bedrijfsleven schrijft de Kamer dat in het register in. De beslissing op het beroep wordt tevens ingeschreven. Indien de beslissing strekt tot vernietiging van de beschikking geeft de Kamer kennis daarvan in de *Staatscourant*. Gedurende het tijdvak waarin de rechtspersoon na de beschikking tot ontbinding had opgehouden te bestaan, is er een verlengingsgrond als bedoeld in artikel 320 van Boek 3 ten aanzien van de verjaring van rechtsvorderingen van of tegen de rechtspersoon.

Art. 20

Strijd met openbare orde door rechtspersoon

1. Een rechtspersoon waarvan de werkzaamheid in strijd is met de openbare orde, wordt door de rechtbank op verzoek van het openbaar ministerie verboden verklaard en ontbonden.

2. Een rechtspersoon waarvan het doel in strijd is met de openbare orde, wordt door de rechtbank op verzoek van het openbaar ministerie ontbonden. Alvorens de ontbinding uit te spreken kan de rechtbank de rechtspersoon in de gelegenheid stellen binnen een door haar te bepalen termijn zijn doel zodanig te wijzigen dat het niet meer in strijd is met de openbare orde.
(Zie ook: artt. 2, 21, 23, 68, 125, 179, 235 BW Boek 2; art. 40 BW Boek 3; artt. 429a, 998 RV; artt. 8, 9 GW; art. 140 WvSr)

3. Een rechtspersoon vermeld in de lijst, bedoeld in artikel 2, derde lid, van Verordening (EG) nr. 2580/2001 van de Raad van 27 december 2001 (PbEG L 344), in Bijlage I van Verordening (EG) nr. 881/2002 van de Raad van 27 mei 2002 (PbEG L 139) of is vermeld en met een ster aangemerkt in de Bijlage bij het Gemeenschappelijk Standpunt nr. 2001/931 van de Raad van 27 december 2001 (PbEG L 344) is van rechtswege verboden en niet bevoegd tot het verrichten van rechtshandelingen.

Art. 21

Ontbinding rechtspersoon door rechtbank

1. De rechtbank ontbindt een rechtspersoon, indien:
a. aan zijn totstandkoming gebreken kleven;
b. zijn statuten niet aan de eisen der wet voldoen;
c. hij niet onder de wettelijke omschrijving van zijn rechtsvorm valt.
(Zie ook: art. 3 Bvr)

2. De rechtbank ontbindt de rechtspersoon niet, indien zij hem een termijn vergund heeft en hij na afloop daarvan een rechtspersoon is die aan de eisen van de wet voldoet.
(Zie ook: art. 58 BW Boek 3)

3. De rechtbank kan een rechtspersoon ontbinden, indien deze de in dit boek voor zijn rechtsvorm gestelde verboden overtreedt of in ernstige mate in strijd met zijn statuten handelt.
(Zie ook: artt. 26, 53, 285 BW Boek 2; art. 40 BW Boek 3)

4. De ontbinding wordt uitgesproken op verzoek van een belanghebbende of het openbaar ministerie.
(Zie ook: artt. 4, 18, 19, 22, 26, 285, 286 BW Boek 2; art. 124 BW Boek 5; art. 269 BW Boek 6; artt. 429a, 995 Rv)

Art. 22

1. De rechter voor wie een verzoek tot ontbinding van de rechtspersoon aanhangig is, kan de goederen van die rechtspersoon desverlangd onder bewind stellen; de beschikking vermeldt het tijdstip waarop zij in werking treedt.

Ontbinding rechtspersoon, bevoegdheden rechter

2. De rechter benoemt bij zijn beschikking een of meer bewindvoerders, en regelt hun bevoegdheden en hun beloning.

Ontbinding rechtspersoon, benoeming bewindvoerder

3. Voor zover de rechter niet anders bepaalt, kunnen de organen van de rechtspersoon zonder voorafgaande goedkeuring van de bewindvoerder geen besluiten nemen en kunnen vertegenwoordigers van de rechtspersoon zonder diens medewerking geen rechtshandelingen verrichten.

4. De beschikking kan te allen tijde door de rechter worden gewijzigd of ingetrokken; het bewind eindigt in ieder geval, zodra de uitspraak op het verzoek tot ontbinding in kracht van gewijsde gaat.

5. De bewindvoerder doet aan de registers waar de rechtspersoon is ingeschreven, opgaaf van de beschikking en van de gegevens over zichzelf die omtrent een bestuurder worden verlangd.

6. Een rechtshandeling die de rechtspersoon ondanks zijn uit het bewind voortvloeiende onbevoegdheid vóór de inschrijving heeft verricht, is niettemin geldig, indien de wederpartij het bewind kende noch behoorde te kennen.

(Zie ook: art. 380 BW Boek 1; artt. 4, 6, 19, 20, 21, 23, 74, 185, 298, 299, 301 BW Boek 2; art. 124 BW Boek 5; art. 228 FW; art. 429a Rv; art. 3 Bvr)

Art. 22a

1. Voor of bij het doen van een verzoek door het openbaar ministerie tot ontbinding van een naamloze vennootschap of een besloten vennootschap met beperkte aansprakelijkheid, kan het openbaar ministerie de rechter verzoeken te bevelen dat, tot de uitspraak op genoemd verzoek in kracht van gewijsde gaat, aan de aandeelhouders de bevoegdheid tot het vervreemden, verpanden of met vruchtgebruik belasten van aandelen wordt ontzegd.

Bevriezen aandelen bij ontbinding NV of BV

2. De rechter beslist na summier onderzoek. Het bevel wordt gegeven onder voorwaarde dat het instellen van het verzoek tot ontbinding geschiedt binnen een door de rechter daartoe te bepalen termijn. Tegen deze beschikking is geen hogere voorziening toegelaten.

3. De beschikking wordt onverwijld, zo mogelijk op dezelfde dag, betekend aan de aandeelhouders en de vennootschap. De griffier draagt zorg voor de inschrijving van de beschikking in het handelsregister.

4. Binnen acht dagen na de betekening in het vorige lid vermeld kunnen de aandeelhouders tegen de beschikking in verzet komen. Het verzet schorst het bevel niet, behoudens de bevoegdheid van de aandeelhouders om daarop in kort geding door de voorzieningenrechter van de rechtbank te doen beslissen. Verzet tegen de beschikking kan niet gegrond zijn op de bewering dat de aandeelhouder zijn aandelen wil overdragen.

5. Het verzoek tot ontbinding moet binnen acht dagen nadat deze is ingesteld aan de aandeelhouder worden betekend.

(Zie ook: artt. 20, 21, 74, 86, 88, 89, 185, 195, 197, 198 BW Boek 2; artt. 84, 86 BW Boek 3; artt. 289, 995 Rv)

Art. 23

1. Voor zover de rechter geen andere vereffenaars heeft benoemd en de statuten geen andere vereffenaars aanwijzen, worden de bestuurders vereffenaars van het vermogen van een ontbonden rechtspersoon. Op vereffenaars die niet door de rechter worden benoemd, zijn de bepalingen omtrent de benoeming, de schorsing, het ontslag en het toezicht op bestuurders van toepassing, voor zover de statuten niet anders bepalen. Het vermogen van een door de rechter ontbonden rechtspersoon wordt vereffend door een of meer door hem te benoemen vereffenaars.

Vereffenaar bij ontbinding rechtspersoon

(Zie ook: artt. 9, 37, 44, 129, 162, 164, 239, 272, 274, 291, 298 BW Boek 2; art. 135 BW Boek 5; art. 1 WED)

2. Ontslaat de rechter een vereffenaar, dan kan hij een of meer andere benoemen. Ontbreken vereffenaars, dan benoemt de rechtbank een of meer vereffenaars op verzoek van een belanghebbende of het openbaar ministerie. De vereffenaar die door de rechter is benoemd, heeft recht op de beloning welke deze hem toekent.

3. Een benoeming tot vereffenaar door de rechter gaat in daags nadat de griffier de benoeming aan de vereffenaar heeft meegedeeld; de griffier doet de mededeling terstond, indien de beslissing die de benoeming inhoudt, bij voorraad uitvoerbaar is en anders, zodra zij in kracht van gewijsde is gegaan.

(Zie ook: art. 22 BW Boek 2)

B2 art. 23a **Burgerlijk Wetboek Boek 2**

4. Iedere vereffenaar doet aan de registers waar de rechtspersoon is ingeschreven, opgaaf van zijn optreden als zodanig en van de gegevens over zichzelf die van een bestuurder worden verlangd.

5. De rechtbank kan een vereffenaar met ingang van een door haar bepaalde dag ontslaan, het zij op diens verzoek, hetzij wegens gewichtige redenen op verzoek van een medevereffenaar, het openbaar ministerie of ambtshalve.

6. De ontslagen vereffenaar legt rekening en verantwoording af aan degenen die de vereffening voortzetten. Is de opvolger door de rechter benoemd, dan geschiedt de rekening en verantwoording ten overstaan van de rechter.

(Zie ook: artt. 337, 372, 375, 448 BW Boek 1; art. 19 t/m 22 BW Boek 2; art. 73 BW Boek 3; art. 147 BW Boek 5; art. 185 BW Boek 8)

Art. 23a

Bevoegdheden vereffenaar bij ontbinden rechtspersoon

1. Een vereffenaar heeft, tenzij de statuten anders bepalen, dezelfde bevoegdheden, plichten en aansprakelijkheid als een bestuurder, voor zover deze verenigbaar zijn met zijn taak als vereffenaar.

2. Zijn er twee of meer vereffenaars, dan kan ieder van hen alle werkzaamheden verrichten, tenzij anders is bepaald. Bij verschil van mening tussen de vereffenaars beslist op verzoek van een hunner de rechter die bij de vereffening is betrokken, en anders de kantonrechter. De rechter bedoeld in de vorige zin, kan ook een verdeling van het loon vaststellen.

3. Zowel de rechtbank als een door haar in de vereffening benoemde rechter-commissaris kan voor de vereffening nodige bevelen geven, al dan niet in de vorm van een bevelschrift in executoriale vorm. De vereffenaar is verplicht hun aanwijzingen op te volgen. Tegen de bevelen en aanwijzingen staan geen rechtsmiddelen open.

4. Blijkt de vereffenaar dat de schulden de baten vermoedelijk zullen overtreffen, dan doet hij aangifte tot faillietverklaring, tenzij alle bekende schuldeisers desgevraagd instemmen met voortzetting van de vereffening buiten faillissement.

5. De voorgaande bepalingen van dit artikel en de artikelen 23b-23c zijn niet van toepassing op vereffening in faillissement.

(Zie ook: art. 23 BW Boek 2; artt. 65, 68, 85, 173 FW)

Art. 23b

Batig saldo bij ontbinden rechtspersoon

1. De vereffenaar draagt hetgeen na de voldoening der schuldeisers van het vermogen van de ontbonden rechtspersoon is overgebleven, in verhouding tot ieders recht over aan hen die krachtens de statuten daartoe zijn gerechtigd, of anders aan de leden of aandeelhouders. Heeft geen ander recht op het overschot, dan keert hij het uit aan de Staat, die het zoveel mogelijk overeenkomstig het doel van de rechtspersoon besteedt.

(Zie ook: artt. 27, 35, 79, 92, 190, 201, 310 BW Boek 2; art. 179 FW)

2. De vereffenaar stelt een rekening en verantwoording op van de vereffening, waaruit de omvang en samenstelling van het overschot blijken. Zijn er twee of meer gerechtigden tot het overschot, dan stelt de vereffenaar een plan van verdeling op dat de grondslagen der verdeling bevat.

3. Voor zover tot het overschot iets anders dan geld behoort en de statuten of een rechterlijke beschikking geen nadere aanwijzing behelzen, komen als wijzen van verdeling in aanmerking:

a. toedeling van een gedeelte van het overschot aan ieder der gerechtigden;

b. overbedeling aan een of meer gerechtigden tegen vergoeding van de overwaarde;

c. verdeling van de netto-opbrengst na verkoop.

(Zie ook: art. 185 BW Boek 3)

4. De vereffenaar legt de rekening en verantwoording en het plan van verdeling neer ten kantore van de registers waarin de rechtspersoon is ingeschreven, en in elk geval ten kantore van de rechtspersoon, als dat er is, of op een andere plaats in het arrondissement waar de rechtspersoon woonplaats heeft. De stukken liggen daar twee maanden voor ieder ter inzage. De vereffenaar maakt in een nieuwsblad bekend waar en tot wanneer zij ter inzage liggen. De rechter kan aankondiging in de *Staatscourant* bevelen.

(Zie ook: artt. 77, 100, 114, 188, 209, 224 BW Boek 2; art. 147 BW Boek 5; artt. 183, 193 FW; art. 1 WED)

5. Binnen twee maanden nadat de rekening en verantwoording en het plan zijn neergelegd en de nederlegging overeenkomstig lid 4 is bekendgemaakt en aangekondigd, kan iedere schuldeiser of gerechtigde daartegen door het indienen van een verzoek bij de rechtbank in verzet komen. De vereffenaar doet van gedaan verzet mededeling op de zelfde wijze als waarop de nederlegging van de rekening en verantwoording en het plan van verdeling zijn medegedeeld.

(Zie ook: art. 10 BW Boek 1; art. 100 BW Boek 2)

6. Telkens wanneer de stand van het vermogen daartoe aanleiding geeft, kan de vereffenaar een uitkering bij voorbaat aan de gerechtigden doen. Na de aanvang van de verzettermijn doet hij dit niet zonder machtiging van de rechter.

B2 art. 24a

7. Zodra de intrekking van of beslissing op elk verzet onherroepelijk is, deelt de vereffenaar dit mede op de wijze waarop het verzet is medegedeeld. Brengt de beslissing wijziging in het plan van verdeling, dan wordt ook het gewijzigde plan van verdeling op deze wijze meegedeeld.

8. De vereffenaar consigneert geldbedragen waarover niet binnen zes maanden na de laatste betaalbaarstelling is beschikt.

9. De vereffening eindigt op het tijdstip waarop geen aan de vereffenaar bekende baten meer aanwezig zijn.

10. Na verloop van een maand nadat de vereffening is geëindigd, doet de vereffenaar rekening en verantwoording van zijn beheer aan de rechter, indien deze bij de vereffening is betrokken. *(Zie ook: artt. 80, 83, 166, 185, 276 BW Boek 3; artt. 429a, 995 Rv)*

Art. 23c

1. Indien na het tijdstip waarop de rechtspersoon is opgehouden te bestaan nog een schuldeiser of gerechtigde tot het saldo opkomt of van het bestaan van een bate blijkt, kan de rechtbank op verzoek van een belanghebbende de vereffening heropenen en zo nodig een vereffenaar benoemen. In dat geval herleeft de rechtspersoon, doch uitsluitend ter afwikkeling van de heropende vereffening. De vereffenaar is bevoegd van elk der gerechtigden terug te vorderen hetgeen deze te veel uit het overschot heeft ontvangen.

(Zie ook: art. 19 BW Boek 2; art. 274 BW Boek 3; art. 206 BW Boek 6; art. 194 FW)

2. Gedurende het tijdvak waarin de rechtspersoon had opgehouden te bestaan, is er een verlengingsgrond als bedoeld in artikel 320 van Boek 3 ten aanzien van de verjaring van rechtsvorderingen van of tegen de rechtspersoon.

Art. 24

1. De boeken, bescheiden en andere gegevensdragers van een ontbonden rechtspersoon moeten worden bewaard gedurende zeven jaren nadat de rechtspersoon heeft opgehouden te bestaan. Bewaarder is degene die bij of krachtens de statuten, dan wel door de algemene vergadering of, als de rechtspersoon een stichting was, door het bestuur als zodanig is aangewezen.

2. Ontbreekt een bewaarder en is de laatste vereffenaar niet bereid te bewaren, dan wordt een bewaarder, zo mogelijk uit de kring dergenen die bij de rechtspersoon waren betrokken, op verzoek van een belanghebbende benoemd door de kantonrechter de rechtbank van het arrondissement waarin de rechtspersoon woonplaats had. Rechtsmiddelen staan niet open.

3. Binnen acht dagen na het ingaan van zijn bewaarplicht moet de bewaarder zijn naam en adres opgeven aan de registers waarin de ontbonden rechtspersoon was ingeschreven.

4. De in lid 2 genoemde kantonrechter kan desverzocht machtiging tot raadpleging van de boeken, bescheiden en andere gegevensdragers geven aan iedere belanghebbende, indien de rechtspersoon een stichting was, en overigens aan ieder die aantoont bij inzage een redelijk belang te hebben in zijn hoedanigheid van voormalig lid of aandeelhouder van de rechtspersoon of houder van certificaten van diens aandelen, dan wel als rechtverkrijgende van een zodanige persoon.

(Zie ook: art. 12 BW Boek 1; art. 10 BW Boek 2; artt. 261, 995 Rv)

Art. 24a

1. Dochtermaatschappij van een rechtspersoon is:

a. een rechtspersoon waarin de rechtspersoon of een of meer van zijn dochtermaatschappijen, al dan niet krachtens overeenkomst met andere stemgerechtigden, alleen of samen meer dan de helft van de stemrechten in de algemene vergadering kunnen uitoefenen;

b. een rechtspersoon waarvan de rechtspersoon of een of meer van zijn dochtermaatschappijen lid of aandeelhouder zijn en, al dan niet krachtens overeenkomst met andere stemgerechtigden, alleen of samen meer dan de helft van de bestuurders of van de commissarissen kunnen benoemen of ontslaan, ook indien alle stemgerechtigden stemmen.

(Zie ook: artt. 118, 228 BW Boek 2)

2. Met een dochtermaatschappij wordt gelijk gesteld een onder eigen naam optredende vennootschap waarin de rechtspersoon of een of meer dochtermaatschappijen als vennoot volledig jegens schuldeisers aansprakelijk is voor de schulden.

3. Voor de toepassing van lid 1 worden aan aandelen verbonden rechten niet toegerekend aan degene die de aandelen voor rekening van anderen houdt. Aan aandelen verbonden rechten worden toegerekend aan degene voor wiens rekening de aandelen worden gehouden, indien deze bevoegd is te bepalen hoe de rechten worden uitgeoefend dan wel zich de aandelen te verschaffen.

4. Voor de toepassing van lid 1 worden stemrechten, verbonden aan verpande aandelen, toegerekend aan de pandhouder, indien hij mag bepalen hoe de rechten worden uitgeoefend. Zijn de aandelen evenwel verpand voor een lening die de pandhouder heeft verstrekt in de gewone uitoefening van zijn bedrijf, dan worden de stemrechten hem slechts toegerekend, indien hij deze in eigen belang heeft uitgeoefend.

(Zie ook: artt. 24d, 63a, 89, 152, 198, 262, 361, 367, 379, 409, 414 BW Boek 2)

Einde vereffening bij ontbinden rechtspersoon

Bewaarplicht gegevens van ontbonden rechtspersoon

Dochtermaatschappij

Art. 24b

Groep Een groep is een economische eenheid waarin rechtspersonen en vennootschappen organisatorisch zijn verbonden. Groepsmaatschappijen zijn rechtspersonen en vennootschappen die met elkaar in een groep zijn verbonden.
(Zie ook: artt. 361, 379, 405 BW Boek 2; artt. 35, 46 WOR; art. 130 Wft)

Art. 24c

Deelneming **1.** Een rechtspersoon of vennootschap heeft een deelneming in een rechtspersoon, indien hij of een of meer van zijn dochtermaatschappijen alleen of samen voor eigen rekening aan die rechtspersoon kapitaal verschaffen of doen verschaffen teneinde met die rechtspersoon duurzaam verbonden te zijn ten dienste van de eigen werkzaamheid. Indien een vijfde of meer van het geplaatste kapitaal wordt verschaft, wordt het bestaan van een deelneming vermoed.
(Zie ook: artt. 24a, 367, 414 BW Boek 2)

2. Een rechtspersoon heeft een deelneming in een vennootschap, indien hij of een dochtermaatschappij:
a. daarin als vennoot jegens schuldeisers volledig aansprakelijk is voor de schulden; of
b. daarin anderszins vennoot is teneinde met die vennootschap duurzaam verbonden te zijn ten dienste van de eigen werkzaamheid.
(Zie ook: art. 16 Wmz; art. 130 Wft)

Art. 24d

Lidmaatschappen of aandelen zonder stem **1.** Bij de vaststelling in hoeverre de leden of aandeelhouders stemmen, aanwezig of vertegenwoordigd zijn, of in hoeverre het aandelenkapitaal verschaft wordt of vertegenwoordigd is, wordt geen rekening gehouden met lidmaatschappen of aandelen waarvan de wet of een statutaire regeling als bedoeld in artikel 228 lid 5 bepaalt dat daarvoor geen stem kan worden uitgebracht.

2. In afwijking van lid 1 wordt voor de toepassing van de artikelen 24c, 63a, 152, 201a, 220, 224a, 262, 265a, 333a lid 2, 334ii lid 2, 336 lid 1, 346, 379 lid 1 en lid 2, 407 lid 2, 408 lid 1 en 414 ten aanzien van een besloten vennootschap met beperkte aansprakelijkheid tevens rekening gehouden met aandelen waarvan een statutaire regeling als bedoeld in artikel 228 lid 5 bepaalt dat daarvoor geen stem kan worden uitgebracht.

Art. 25

Dwingend recht Van de bepalingen van dit boek kan slechts worden afgeweken, voor zover dat uit de wet blijkt.
(Zie ook: art. 52 BW Boek 2)

Titel 2
Verenigingen

Art. 26

Vereniging **1.** De vereniging is een rechtspersoon met leden die is gericht op een bepaald doel, anders dan een dat is omschreven in artikel 53 lid 1 of lid 2.
2. Een vereniging wordt bij meerzijdige rechtshandeling opgericht.
3. Een vereniging mag geen winst onder haar leden verdelen.
(Zie ook: artt. 3, 4, 18, 19, 21, 41a BW Boek 2; artt. 112, 124 BW Boek 5; art. 196 BW Boek 6)

Art. 27

Oprichting vereniging bij notariële akte **1.** Wordt een vereniging opgericht bij een notariële akte, dan moeten de volgende bepalingen in acht worden genomen.
(Zie ook: artt. 43, 54 BW Boek 2)

2. De akte wordt verleden in de Nederlandse taal. Indien de vereniging haar zetel heeft in de provincie Fryslân kan de akte in de Friese taal worden verleden. Een volmacht tot medewerking aan de akte moet schriftelijk zijn verleend.
(Zie ook: artt. 65, 176, 286 BW Boek 2; art. 60 BW Boek 3)

3. De akte bevat de statuten van de vereniging.
(Zie ook: artt. 66, 177, 286 BW Boek 2)

Statuten van vereniging **4.** De statuten houden in:
a. de naam van de vereniging en de gemeente in Nederland waar zij haar zetel heeft;
(Zie ook: art. 10 BW Boek 1)
b. het doel van de vereniging;
(Zie ook: artt. 7, 20, 26 BW Boek 2)
c. de verplichtingen die de leden tegenover de vereniging hebben, of de wijze waarop zodanige verplichtingen kunnen worden opgelegd;
(Zie ook: artt. 36, 55, 56, 59 BW Boek 2)
d. de wijze van bijeenroeping van de algemene vergadering;
(Zie ook: art. 41 BW Boek 2)
e. de wijze van benoeming en ontslag van de bestuurders;
(Zie ook: art. 37 BW Boek 2)

f. de bestemming van het batig saldo van de vereniging in geval van ontbinding, of de wijze waarop de bestemming zal worden vastgesteld.
(Zie ook: art. 23b BW Boek 2)

5. De notaris, ten overstaan van wie de akte wordt verleden, draagt zorg dat de akte voldoet aan het in de leden 2-4 bepaalde. Bij verzuim is hij persoonlijk jegens hen die daardoor schade hebben geleden, aansprakelijk.
(Zie ook: artt. 4, 18, 19, 20, 21, 22, 23, 30, 54, 65, 66, 176, 177, 286 BW Boek 2; artt. 95, 162 BW Boek 6; artt. 429a, 995 Rv; art. 3 Bvr)

Art. 28

1. Is een vereniging niet overeenkomstig het eerste lid van het vorige artikel opgericht, dan kan de algemene vergadering besluiten de statuten te doen opnemen in een notariële akte.

2. De leden 2-5 van het vorige artikel zijn van overeenkomstige toepassing.
(Zie ook: artt. 4, 21, 30, 40 BW Boek 2; art. 3 Bvr)

Art. 29

1. De bestuurders van een vereniging waarvan de statuten zijn opgenomen in een notariële akte, zijn verplicht haar te doen inschrijven in het handelsregister en een authentiek afschrift van de akte, dan wel een authentiek uittreksel van de akte bevattende de statuten, ten kantore van dat register neer te leggen.

2. Zolang de opgave ter eerste inschrijving en nederlegging niet zijn geschied, is iedere bestuurder voor een rechtshandeling waardoor hij de vereniging verbindt, naast de vereniging hoofdelijk aansprakelijk.
(Zie ook: artt. 6, 69, 180, 289 BW Boek 2; artt. 6, 7 BW Boek 6; art. 1 Bvr)

Art. 30

1. Een vereniging waarvan de statuten niet zijn opgenomen in een notariële akte, kan geen registergoederen verkrijgen en kan geen erfgenaam zijn.
(Zie ook: artt. 92, 435 BW Boek 1; artt. 10, 80, 84, 89, 305a BW Boek 3; art. 946 BW Boek 4)

2. De bestuurders zijn hoofdelijk naast de vereniging verbonden voor schulden uit een rechtshandeling die tijdens hun bestuur opeisbaar worden. Na hun aftreden zijn zij voorts hoofdelijk verbonden voor schulden, voortspruitend uit een tijdens hun bestuur verrichte rechtshandeling, voor zover daarvoor niemand ingevolge de vorige zin naast de vereniging is verbonden. Aansprakelijkheid ingevolge een der voorgaande zinnen rust niet op degene die niet tevoren over de rechtshandeling is geraadpleegd en die heeft geweigerd haar, toen zij hem bekend werd, als bestuurder voor zijn verantwoording te nemen. Ontbreken personen die ingevolge de eerste of tweede zin naast de vereniging zijn verbonden, dan zijn degenen die handelden, hoofdelijk verbonden.
(Zie ook: artt. 4, 9, 11 BW Boek 2; artt. 6, 7 BW Boek 6)

3. De bestuurders van een zodanige vereniging kunnen haar doen inschrijven in het handelsregister. Indien de statuten op schrift zijn gesteld, leggen zij alsdan een afschrift daarvan ten kantore van dat register neer.
(Zie ook: artt. 43, 52 BW Boek 2; artt. 61, 79 BW Boek 3)

4. Heeft de inschrijving, bedoeld in het vorige lid, plaatsgevonden, dan is degene die uit hoofde van lid 2 wordt verbonden slechts aansprakelijk, voor zover de wederpartij aannemelijk maakt dat de vereniging niet aan de verbintenis zal voldoen.
(Zie ook: art. 6 BW Boek 2; art. 26 WAM)

Art. 31-32

[Vervallen]

Art. 33

Tenzij de statuten anders bepalen, beslist het bestuur over de toelating van een lid en kan bij niet-toelating de algemene vergadering alsnog tot toelating besluiten.
(Zie ook: artt. 40, 52, 61 BW Boek 2)

Art. 34

1. Het lidmaatschap van de vereniging is persoonlijk, tenzij de statuten anders bepalen.

2. Tenzij de statuten van de vereniging anders bepalen, gaat het lidmaatschap van een rechtspersoon die door fusie of splitsing ophoudt te bestaan, over op de verkrijgende rechtspersoon onderscheidenlijk overeenkomstig de aan de akte van splitsing gehechte beschrijving op een van de verkrijgende rechtspersonen.
(Zie ook: artt. 35, 52, 62 BW Boek 2; art. 125 BW Boek 5; artt. 474aa, 717 Rv)

Art. 34a

Verbintenissen kunnen slechts bij of krachtens de statuten aan het lidmaatschap worden verbonden.
(Zie ook: art. 17 BW Boek 2; art. 1 BW Boek 6)

Art. 35

1. Het lidmaatschap eindigt:

Statuten vereniging in notariële akte
Schakelbepaling

Inschrijving vereniging in handelsregister

Vereniging met beperkte rechtsbevoegdheid

Toelating van leden tot vereniging

Lidmaatschap van vereniging

Verbintenissen verbonden aan lidmaatschap van vereniging

Einde lidmaatschap van vereniging

B2 art. 36

a. door de dood van het lid, tenzij de statuten overgang krachtens erfrecht toelaten;
(Zie ook: art. 34 BW Boek 2)
b. door opzegging door het lid;
(Zie ook: art. 36 BW Boek 2)
c. door opzegging door de vereniging;
(Zie ook: art. 36 BW Boek 2)
d. door ontzetting.

2. De vereniging kan het lidmaatschap opzeggen in de gevallen in de statuten genoemdˌ voorts wanneer een lid heeft opgehouden aan de vereisten door de statuten voor het lidmaatschap gesteld, te voldoen, alsook wanneer redelijkerwijs van de vereniging niet gevergd kan worden het lidmaatschap te laten voortduren. Tenzij de statuten dit aan een ander orgaan opdragen, geschiedt de opzegging door het bestuur.
(Zie ook: art. 36 BW Boek 2)

3. Ontzetting kan alleen worden uitgesproken wanneer een lid in strijd met de statuten, reglementen of besluiten der vereniging handelt, of de vereniging op onredelijke wijze benadeelt.

4. Tenzij de statuten dit aan een ander orgaan opdragen, geschiedt de ontzetting door het bestuur. Het lid wordt ten spoedigste schriftelijk van het besluit, met opgave van redenen, in kennis gesteld. Hem staat, behalve wanneer krachtens de statuten het besluit door de algemene vergadering is genomen, binnen één maand na ontvangst van de kennisgeving van het besluit, beroep op de algemene vergadering of een daartoe bij de statuten aangewezen orgaan of derde open. De statuten kunnen een andere regeling van het beroep bevatten, doch de termijn kan niet korter dan op één maand worden gesteld. Gedurende de beroepstermijn en hangende het beroep is het lid geschorst.
(Zie ook: art. 38 BW Boek 2)

5. Wanneer het lidmaatschap in de loop van een boekjaar eindigt, blijft, tenzij de statuten anders bepalen, desnietttemin de jaarlijkse bijdrage voor het geheel verschuldigd.
(Zie ook: artt. 40, 52, 55, 56, 62 BW Boek 2)

6. De vereniging draagt er zorg voor dat leden de voor opzegging van het lidmaatschap noodzakelijke informatie eenvoudig kunnen raadplegen. De informatie wordt in ieder geval opvallend vermeld op de hoofdpagina van de website en op bladzijde 1, 2 of 3 van het ledenblad, indien een vereniging gebruik maakt van deze communicatiemiddelen.

Art. 36

Opzegging lidmaatschap van vereniging

1. Tenzij de statuten anders bepalen, kan opzegging van het lidmaatschap slechts geschieden tegen het einde van een boekjaar en met inachtneming van een opzeggingstermijn van vier weken; op deze termijn is de Algemene termijnenwet niet van toepassing. In ieder geval kan het lidmaatschap worden beëindigd tegen het eind van het boekjaar, volgend op dat waarin wordt opgezegd, of onmiddellijk, indien redelijkerwijs niet gevergd kan worden het lidmaatschap te laten voortduren.

2. Een opzegging in strijd met het in het vorige lid bepaalde, doet het lidmaatschap eindigen op het vroegst toegelaten tijdstip volgende op de datum waartegen was opgezegd.

3. Een lid kan voorts zijn lidmaatschap met onmiddellijke ingang opzeggen binnen een maand nadat een besluit waarbij zijn rechten zijn beperkt of zijn verplichtingen zijn verzwaard, hem is bekend geworden of medegedeeld; het besluit is alsdan niet op hem van toepassing. Deze bevoegdheid tot opzegging kan de leden bij de statuten worden ontzegd voor het geval van wijziging van de daar nauwkeurig omschreven rechten en verplichtingen en voorts in het algemeen voor het geval van wijziging van geldelijke rechten en verplichtingen.

4. Een lid kan zijn lidmaatschap ook met onmiddellijke ingang opzeggen binnen een maand nadat hem een besluit is medegedeeld tot omzetting van de vereniging is een andere rechtsvorm, tot fusie of tot splitsing.
(Zie ook: artt. 18, 27, 46, 52, 55, 56, 59, 60, 61, 317, 334m BW Boek 2)

Art. 37

Benoeming bestuur van vereniging

1. Het bestuur wordt uit de leden benoemd. De statuten kunnen echter bepalen dat bestuurders ook buiten de leden kunnen worden benoemd.
(Zie ook: art. 127 lid 2 BW Boek 5)

2. De benoeming geschiedt door de algemene vergadering. De statuten kunnen de wijze van benoeming echter ook anders regelen, mits elk lid middellijk of onmiddellijk aan de stemming over de benoeming der bestuurders kan deelnemen. Indien een vereniging toepassing geeft aan artikel 44a, bepaalt de algemene vergadering of een bestuurder wordt benoemd tot uitvoerende bestuurder onderscheidenlijk niet uitvoerende bestuurder.

3. De statuten kunnen bepalen, dat een of meer der bestuursleden, mits minder dan de helft, door andere personen dan de leden worden benoemd.

4. Is in de statuten bepaald dat een bestuurder in een vergadering uit een bindende voordracht moet worden benoemd, dan kan aan die voordracht het bindend karakter worden ontnomen door een met ten minste twee derden van de uitgebrachte stemmen genomen besluit van die vergadering. In de statuten kan worden bepaald dat op deze vergadering ten minste een bepaald aantal stemmen moet kunnen worden uitgebracht; dit aantal mag niet hoger worden gesteld dan twee derden van het aantal stemmen dat door de stemgerechtigden gezamenlijk kan worden uitgebracht. Indien de voordracht één kandidaat voor een te vervullen plaats bevat, heeft een besluit over de voordracht tot gevolg dat de kandidaat is benoemd, tenzij het bindende karakter aan de voordracht wordt ontnomen.

5. Indien ingevolge de statuten een bestuurslid door leden of afdelingen buiten een vergadering wordt benoemd, dan moet aan de leden gelegenheid worden geboden kandidaten te stellen. De statuten kunnen bepalen dat dit recht slechts aan een aantal leden gezamenlijk toekomt, mits hun aantal niet hoger wordt gesteld dan een vijfde van het aantal leden dat aan de verkiezing kan deelnemen. De statuten kunnen voorts bepalen dat aldus gestelde kandidaten slechts zijn benoemd, indien zij ten minste een bepaald aantal stemmen op zich hebben verenigd, mits dit aantal niet groter is dan twee derden van het aantal der uitgebrachte stemmen.

6. Een bestuurslid kan, ook al is hij voor een bepaalde tijd benoemd, te allen tijde door het orgaan dat hem heeft benoemd, worden ontslagen of geschorst. Een veroordeling tot herstel van de arbeidsovereenkomst tussen de vereniging en bestuurder kan door de rechter niet worden uitgesproken.

Vereniging, ontslag/schorsing bestuurslid

7. Tenzij de statuten anders bepalen, wijst het bestuur uit zijn midden een voorzitter, een secretaris en een penningmeester aan.

(Zie ook: artt. 14, 15, 16, 27, 38, 39, 41a, 44, 45, 47, 52, 132, 158, 242, 268, 356 BW Boek 2; art. 131 BW Boek 5; art. 682 BW Boek 7)

Art. 38

1. Behoudens het in het volgende artikel bepaalde, hebben alle leden die niet geschorst zijn, toegang tot de algemene vergadering en hebben daar ieder één stem; een geschorst lid heeft toegang tot de vergadering waarin het besluit tot schorsing wordt behandeld, en is bevoegd daarover het woord te voeren. De statuten kunnen aan bepaalde leden meer dan één stem toekennen.

Stemrecht op algemene vergadering van vereniging

2. Tenzij de statuten anders bepalen, treden de voorzitter en de secretaris van het bestuur of hun vervangers, als zodanig ook op bij de algemene vergadering.

3. De statuten kunnen bepalen dat personen die deel uitmaken van andere organen der vereniging en die geen lid zijn, in de algemene vergadering stemrecht kunnen uitoefenen. Het aantal der door hen gezamenlijk uitgebrachte stemmen zal echter niet meer mogen zijn dan de helft van het aantal der door de leden uitgebrachte stemmen.

4. Tenzij de statuten anders bepalen, kan iemand die krachtens lid 1 of lid 3 stemgerechtigd is, aan een andere stemgerechtigde schriftelijk volmacht verlenen tot het uitbrengen van zijn stem.

(Zie ook: artt. 12, 13, 14, 15, 39, 41a, 52, 117, 118, 227, 228 BW Boek 2; artt. 60, 79 BW Boek 3)

5. Aan de eis van schriftelijkheid van de volmacht wordt voldaan indien de volmacht elektronisch is vastgelegd.

6. De statuten kunnen bepalen dat iemand die krachtens lid 1 of lid 3 stemgerechtigd is het stemrecht kan uitoefenen door middel van een elektronisch communicatiemiddel.

7. Voor de toepassing van lid 6 is vereist dat de stemgerechtigde via het elektronisch communicatiemiddel kan worden geïdentificeerd, rechtstreeks kan kennisnemen van de verhandelingen ter vergadering en het stemrecht kan uitoefenen. De statuten kunnen bepalen dat bovendien is vereist dat de stemgerechtigde via het elektronisch communicatiemiddel kan deelnemen aan de beraadslaging.

8. De statuten kunnen bepalen dat stemmen die voorafgaand aan de algemene vergadering via een elektronisch communicatiemiddel worden uitgebracht, doch niet eerder dan op de dertigste dag voor die van de vergadering, gelijk worden gesteld met stemmen die ten tijde van de vergadering worden uitgebracht.

9. Bij of krachtens de statuten kunnen voorwaarden worden gesteld aan het gebruik van het elektronisch communicatiemiddel. Indien deze voorwaarden krachtens de statuten worden gesteld, worden deze bij de oproeping bekend gemaakt.

Art. 39

1. De statuten kunnen bepalen dat de algemene vergadering zal bestaan uit afgevaardigden die door en uit de leden worden gekozen. De wijze van verkiezing en het aantal van de afgevaardigden worden door de statuten geregeld; elk lid moet middellijk of onmiddellijk aan de verkiezing kunnen deelnemen. De leden 4 en 5 van artikel 37 zijn bij de verkiezing van overeenkomstige toepassing. Artikel 38 lid 3 is van overeenkomstige toepassing op personen die deel uitmaken van andere organen der vereniging en die geen afgevaardigde zijn.

Afgevaardigden op algemene vergadering van vereniging

2. De statuten kunnen bepalen dat bepaalde besluiten van de algemene vergadering aan een referendum zullen worden onderworpen. De statuten regelen de gevallen waarin, de tijd waarbinnen, en de wijze waarop het referendum zal worden gehouden. Hangende de uitslag van het referendum wordt de uitvoering van het besluit geschorst.

Referendum binnen vereniging

(Zie ook: artt. 14, 15, 41a, 52 BW Boek 2)

B2 art. 40 — Burgerlijk Wetboek Boek 2

Bevoegdheden algemene vergadering van vereniging

Art. 40

1. Aan de algemene vergadering komen in de vereniging alle bevoegdheden toe, die niet door de wet of de statuten aan andere organen zijn opgedragen.

2. Een eenstemmig besluit van alle leden of afgevaardigden, ook al zijn deze niet in een vergadering bijeen, heeft, mits met voorkennis van het bestuur genomen, dezelfde kracht als een besluit van de algemene vergadering.

(Zie ook: artt. 14, 15, 33, 35, 41, 41a, 44, 47, 48, 52, 107, 128, 218, 238 BW Boek 2; art. 125 BW Boek 5)

Bijeenroeping algemene vergadering vereniging

Art. 41

1. Het bestuur roept de algemene vergadering bijeen, zo dikwijls het dit wenselijk oordeelt, of wanneer het daartoe volgens de wet of de statuten verplicht is. De statuten kunnen deze bevoegdheid ook aan anderen dan het bestuur verlenen.

2. Op schriftelijk verzoek van ten minste een zodanig aantal leden of afgevaardigden als bevoegd is tot het uitbrengen van een tiende gedeelte der stemmen in de algemene vergadering of van een zoveel geringer aantal als bij de statuten is bepaald, is het bestuur verplicht tot het bijeenroepen van een algemene vergadering op een termijn van niet langer dan vier weken na indiening van het verzoek.

3. Indien aan het verzoek binnen veertien dagen geen gevolg wordt gegeven, kunnen, tenzij in de statuten de wijze van bijeenroeping der algemene vergadering voor dit geval anders is geregeld, de verzoekers zelf tot die bijeenroeping overgaan op de wijze waarop het bestuur de algemene vergadering bijeenroept of bij advertentie in ten minste één ter plaatse waar de vereniging gevestigd is, veelgelezen dagblad. De verzoekers kunnen alsdan anderen dan bestuursleden belasten met de leiding der vergadering en het opstellen der notulen.

(Zie ook: artt. 27, 37, 38, 39, 41a, 47, 52, 109, 219 BW Boek 2; art. 127 BW Boek 5)

4. Tenzij de statuten anders bepalen, wordt aan de eis van schriftelijkheid van het verzoek bedoeld in lid 2 voldaan indien het verzoek elektronisch is vastgelegd.

5. Tenzij de statuten anders bepalen kan, indien een lid of afgevaardigde hiermee instemt, de bijeenroeping geschieden door een langs elektronische weg toegezonden leesbaar en reproduceerbaar bericht aan het adres dat door hem voor dit doel is bekend gemaakt.

Schakelbepaling

Art. 41a

De artikelen 37-41 zijn van overeenkomstige toepassing op de afdelingen van een vereniging die geen rechtspersonen zijn en die een algemene vergadering en een bestuur hebben; hetgeen in die artikelen omtrent de statuten is bepaald, kan in een afdelingsreglement worden neergelegd.

Statutenwijziging vereniging door gekwalificeerde meerderheid

Art. 42

1. In de statuten van de vereniging kan geen verandering worden gebracht dan door een besluit van een algemene vergadering, waartoe is opgeroepen met de mededeling dat aldaar wijziging van de statuten zal worden voorgesteld. De termijn voor oproeping tot een zodanige vergadering bedraagt ten minste zeven dagen.

2. Zij die de oproeping tot de algemene vergadering ter behandeling van een voorstel tot statutenwijziging hebben gedaan, moeten ten minste vijf dagen vóór de vergadering een afschrift van dat voorstel, waarin de voorgedragen wijziging woordelijk is opgenomen, op een daartoe geschikte plaats voor de leden ter inzage leggen tot na afloop van de dag waarop de vergadering wordt gehouden. Aan de afdelingen waaruit de vereniging bestaat en aan afgevaardigden moet het voorstel ten minste veertien dagen vóór de vergadering ter kennis zijn gebracht; de vorige zin is alsdan niet van toepassing.

3. Het bepaalde in de eerste twee leden is niet van toepassing, indien in de algemene vergadering alle leden of afgevaardigden aanwezig of vertegenwoordigd zijn en het besluit tot statutenwijziging met algemene stemmen wordt genomen.

4. Het in dit artikel en de eerste twee leden van het volgende artikel bepaalde is van overeenkomstige toepassing op een besluit tot ontbinding.

(Zie ook: artt. 14, 15, 38, 39, 123, 233, 293 BW Boek 2)

Statutenwijziging vereniging door versterkte meerderheid

Art. 43

1. Tenzij de statuten anders bepalen, behoeft een besluit tot statutenwijziging ten minste twee derden van de uitgebrachte stemmen.

2. Voor zover de bevoegdheid tot wijziging bij de statuten mocht zijn uitgesloten, is wijziging niettemin mogelijk met algemene stemmen in een vergadering, waarin alle leden of afgevaardigden aanwezig of vertegenwoordigd zijn.

3. Een bepaling in de statuten, welke de bevoegdheid tot wijziging van een of meer andere bepalingen beperkt, kan slechts worden gewijzigd met inachtneming van gelijke beperking.

4. Een bepaling in de statuten, welke de bevoegdheid tot wijziging van een of meer andere bepalingen uitsluit, kan slechts worden gewijzigd met algemene stemmen in een vergadering, waarin alle leden of afgevaardigden aanwezig of vertegenwoordigd zijn.

5. Heeft de vereniging volledige rechtsbevoegdheid, dan treedt de wijziging niet in werking dan nadat hiervan een notariële akte is opgemaakt. De bestuurders zijn verplicht een authentiek afschrift van de wijziging en de gewijzigde statuten neder te leggen ten kantore van het handelsregister.

(Zie ook: art. 3 Bvr)

6. De bestuurders van een vereniging met beperkte rechtsbevoegdheid, waarvan de statuten overeenkomstig artikel 30 lid 3 van dit Boek in afschrift ten kantore van het handelsregister zijn nedergelegd, zijn verplicht aldaar tevens een afschrift van de wijziging en van de gewijzigde statuten neder te leggen.

(Zie ook: artt. 6, 14, 15, 17, 24, 27, 36, 52, 54, 121, 124, 126, 231, 234, 236, 293 BW Boek 2)

Art. 44

1. Behoudens beperkingen volgens de statuten is het bestuur belast met het besturen van de vereniging.

Verenigingsbestuur, taak

2. Slechts indien dit uit de statuten voortvloeit, is het bestuur bevoegd te besluiten tot het aangaan van overeenkomsten tot verkrijging, vervreemding en bezwaring van registergoederen, en tot het aangaan van overeenkomsten waarbij de vereniging zich als borg of hoofdelijk medeschuldenaar verbindt, zich voor een derde sterk maakt of zich tot zekerheidstelling voor een schuld van een ander verbindt. De statuten kunnen deze bevoegdheid aan beperkingen en voorwaarden binden. De uitsluiting, beperkingen en voorwaarden gelden mede voor de bevoegdheid tot vertegenwoordiging van de vereniging ter zake van deze handelingen, tenzij de statuten anders bepalen.

Verenigingsbestuur, bevoegdheden uit statuten

(Zie ook: art. 88 BW Boek 1; artt. 6, 8, 14, 15, 29, 40, 45, 47, 52, 53a, 129, 239, 291 BW Boek 2; art. 192 BW Boek 8)

3. Bij de vervulling van hun taak richten de bestuurders zich naar het belang van de vereniging en de met haar verbonden onderneming of organisatie.

4. De statuten kunnen bepalen dat een met name of in functie aangeduide bestuurder meer dan één stem wordt toegekend. Een bestuurder kan niet meer stemmen uitbrengen dan de andere bestuurders tezamen.

Verenigingsbestuur, stemmen

5. De statuten bevatten voorschriften omtrent de wijze waarop in de uitoefening van de taken en bevoegdheden voorlopig wordt voorzien in geval van ontstentenis of belet van alle bestuurders. De statuten kunnen deze voorschriften bevatten voor het geval van ontstentenis of belet van een of meer bestuurders. In de statuten kan nader worden bepaald wanneer sprake is van belet. Degene die bij ontstentenis of belet van bestuurders ingevolge een statutaire regeling is aangewezen tot het verrichten van bestuursdaden, wordt voor wat deze bestuursdaden betreft met een bestuurder gelijkgesteld.

6. Een bestuurder neemt niet deel aan de beraadslaging en besluitvorming indien hij daarbij een direct of indirect persoonlijk belang heeft dat tegenstrijdig is met het belang bedoeld in lid 3. Wanneer hierdoor geen bestuursbesluit kan worden genomen, wordt het besluit genomen door de raad van commissarissen. Bij ontbreken van een raad van commissarissen, wordt het besluit genomen door de algemene vergadering, tenzij de statuten anders bepalen.

Verenigingsbestuur, tegenstrijdig belang bestuurder

7. Tenzij de statuten anders bepalen, kan de algemene vergadering aan de bestuurders een bezoldiging toekennen.

8. De bestuurders hebben als zodanig een raadgevende stem in de algemene vergadering.

Art. 44a

1. Bij de statuten kan worden bepaald dat de bestuurstaken worden verdeeld over één of meer niet uitvoerende bestuurders en één of meer uitvoerende bestuurders. De taak om toezicht te houden op de taakuitoefening door bestuurders kan niet door een taakverdeling worden ontnomen aan niet uitvoerende bestuurders. Het voorzitterschap van het bestuur, het doen van voordrachten voor benoeming van een bestuurder en het vaststellen van de bezoldiging van uitvoerende bestuurders kan niet aan een uitvoerende bestuurder worden toebedeeld. Niet uitvoerende bestuurders zijn natuurlijke personen.

Verenigingsbestuur, uitvoerende en niet uitvoerende bestuurder

2. Bij of krachtens de statuten kan worden bepaald dat een of meer bestuurders rechtsgeldig kunnen besluiten omtrent zaken die tot zijn respectievelijk hun taak behoren. Bepaling krachtens de statuten geschiedt schriftelijk.

3. Het bestuur is te allen tijde bevoegd tot schorsing van een uitvoerende bestuurder.

4. De uitvoerende bestuurders nemen niet deel aan de beraadslaging en besluitvorming over het vaststellen van de bezoldiging van uitvoerende bestuurders.

Art. 45

1. Het bestuur vertegenwoordigt de vereniging, voor zover uit de wet niet anders voortvloeit.

Vertegenwoordigingsbevoegdheid van verenigingsbestuur

2. De statuten kunnen de bevoegdheid tot vertegenwoordiging bovendien toekennen aan een of meer bestuurders. Zij kunnen bepalen dat een bestuurder de vereniging slechts met medewerking van een of meer anderen mag vertegenwoordigen.

B2 art. 46 **Burgerlijk Wetboek Boek 2**

3. Bevoegdheid tot vertegenwoordiging die aan het bestuur of aan een bestuurder toekomt, is onbeperkt en onvoorwaardelijk, voor zover uit de wet niet anders voortvloeit. Een wettelijk toegelaten of voorgeschreven beperking van of voorwaarde voor de bevoegdheid tot vertegenwoordiging kan slechts door de vereniging worden ingeroepen.

4. De statuten kunnen ook aan andere personen dan bestuurders bevoegdheid tot vertegenwoordiging toekennen.

(Zie ook: artt. 6, 29, 30, 44, 52, 130, 240, 292 BW Boek 2; art. 65 BW Boek 3; artt. 131, 135 BW Boek 5; artt. 4, 5 Rv)

Art. 46

Handelen voor leden door verenigingsbestuur

De vereniging kan, voor zover uit de statuten niet het tegendeel voortvloeit, ten behoeve van de leden rechten bedingen en, voor zover dit in de statuten uitdrukkelijk is bepaald, te hunnen laste verplichtingen aangaan. Zij kan nakoming van bedongen rechten jegens en schadevergoeding aan een lid vorderen, tenzij dit zich daartegen verzet.

(Zie ook: art. 52 BW Boek 2; art. 253 BW Boek 6; art. 15 Wet CAO)

Art. 47

Raad van commissarissen vereniging

1. Tenzij uitvoering is gegeven aan artikel 44a lid 1, kan bij de statuten worden bepaald dat er een raad van commissarissen zal zijn. Deze kan ook als raad van toezicht worden aangeduid. De raad bestaat uit een of meer natuurlijke personen.

Raad van commissarissen vereniging, taak

2. De raad van commissarissen heeft tot taak toezicht te houden op het beleid van het bestuur en de algemene gang van zaken in de vereniging en de met haar verbonden onderneming of organisatie. Hij staat het bestuur met raad terzijde. Bij de vervulling van hun taak richten de commissarissen zich naar het belang van de vereniging en de met haar verbonden onderneming of organisatie.

Raad van commissarissen vereniging, schorsingsbe-voegdheid

3. Tenzij bij de statuten anders is bepaald, is de raad van commissarissen bevoegd iedere door de algemene vergadering benoemde bestuurder te allen tijde te schorsen. Deze schorsing kan te allen tijde door de algemene vergadering worden opgeheven.

Raad van commissarissen vereniging, stemmen

4. De statuten kunnen bepalen dat een met name of in functie aangeduide commissaris meer dan één stem wordt toegekend. Een commissaris kan niet meer stemmen uitbrengen dan de andere commissarissen tezamen.

5. De statuten bevatten voorschriften omtrent de wijze waarop in de uitoefening van de taken en bevoegdheden voorlopig wordt voorzien in geval van ontstentenis of belet van alle commissarissen. De statuten kunnen deze voorschriften bevatten voor het geval van ontstentenis of belet van een of meer commissarissen. In de statuten kan nader worden bepaald wanneer sprake is van belet. Degene die bij ontstentenis of belet van commissarissen ingevolge een statutaire regeling de taken van een commissaris vervult, wordt voor het vervullen van die taken met een commissaris gelijkgesteld.

6. De statuten kunnen aanvullende bepalingen omtrent de taak en de bevoegdheden van de raad en zijn leden bevatten.

Raad van commissarissen vereniging, tegenstrijdig belang commissaris

7. Een commissaris neemt niet deel aan de beraadslaging en besluitvorming indien hij daarbij een direct of indirect persoonlijk belang heeft dat tegenstrijdig is met het belang van de vereniging en de daaraan verbonden onderneming of organisatie. Wanneer de raad van commissarissen hierdoor geen besluit kan nemen, wordt het besluit genomen door de algemene vergadering, tenzij de statuten anders bepalen.

8. Tenzij de statuten anders bepalen, kan de algemene vergadering aan de commissarissen als zodanig een bezoldiging toekennen.

9. Tenzij de statuten de commissarissen stemrecht toekennen, hebben zij als zodanig in de algemene vergadering een raadgevende stem.

10. Het bestuur verschaft de raad van commissarissen tijdig de voor de uitoefening van diens taak noodzakelijke gegevens.

11. Het bestuur stelt ten minste een keer per jaar de raad van commissarissen schriftelijk op de hoogte van de hoofdlijnen van het strategisch beleid, van de algemene en financiële risico's en van de gebruikte beheers- en controlesystemen.

Art. 47a

Commissaris vereniging, benoeming/schorsing/ontslag

1. Op de benoeming van commissarissen die niet reeds bij de akte van oprichting zijn aangewezen, is artikel 37 van toepassing, tenzij de benoeming overeenkomstig artikel 63f geschiedt. Hetzelfde geldt voor schorsing en ontslag van commissarissen.

2. Bij een aanbeveling of voordracht tot benoeming van een commissaris worden van de kandidaat meegedeeld zijn leeftijd, zijn beroep, de betrekkingen die hij bekleedt of heeft bekleed voor zover die van belang zijn in verband met de vervulling van de taak van een commissaris. Tevens wordt vermeld aan welke rechtspersonen hij reeds als commissaris is verbonden; indien zich daaronder rechtspersonen bevinden, die tot een zelfde groep behoren, kan met de aanduiding van de groep worden volstaan. De aanbeveling en de voordracht tot benoeming of herbenoeming worden gemotiveerd. Bij herbenoeming wordt rekening gehouden met de wijze waarop de kandidaat zijn taak als commissaris heeft vervuld.

Art. 48

1. Het bestuur brengt op een algemene vergadering binnen zes maanden na afloop van het boekjaar, behoudens verlenging van deze termijn door de algemene vergadering, een bestuursverslag uit over de gang van zaken in de vereniging en over het gevoerde beleid. Het legt de balans en de staat van baten en lasten met een toelichting ter goedkeuring aan de vergadering over. Deze stukken worden ondertekend door de bestuurders en commissarissen; ontbreekt de ondertekening van een of meer hunner, dan wordt daarvan onder opgave van redenen melding gemaakt. Na verloop van de termijn kan ieder lid van de gezamenlijke bestuurders in rechte vorderen dat zij deze verplichtingen nakomen.

Vereniging, jaarverslag

2. Ontbreekt een raad van commissarissen en wordt omtrent de getrouwheid van de stukken aan de algemene vergadering niet overgelegd een verklaring afkomstig van een accountant als bedoeld in artikel 393 lid 1, dan benoemt de algemene vergadering jaarlijks een commissie van ten minste twee leden die geen deel van het bestuur mogen uitmaken. De commissie onderzoekt de stukken bedoeld in de tweede zin van lid 1, en brengt aan de algemene vergadering verslag van haar bevindingen uit. Het bestuur is verplicht de commissie ten behoeve van haar onderzoek alle door haar gevraagde inlichtingen te verschaffen, haar desgewenst de kas en de waarden te tonen en de boeken, bescheiden en andere gegevensdragers van de vereniging voor raadpleging beschikbaar te stellen.

3. Een vereniging die een of meer ondernemingen in stand houdt welke ingevolge de wet in het handelsregister moeten worden ingeschreven, vermeldt bij de staat van baten en lasten de netto-omzet van deze ondernemingen.

(Zie ook: artt. 8, 10, 10a, 49, 52, 58, 101, 102, 210, 299a, 391, 393 BW Boek 2; artt. 126, 135 BW Boek 5; art. 771 Rv)

Art. 49

1. Jaarlijks binnen zes maanden na afloop van het boekjaar van een vereniging als bedoeld in artikel 360 lid 3, behoudens verlenging van deze termijn met ten hoogste vier maanden door de algemene vergadering op grond van bijzondere omstandigheden, maakt het bestuur een jaarrekening op en legt het deze voor de leden ter inzage ten kantore van de vereniging. Binnen deze termijn legt het bestuur ook het bestuursverslag ter inzage voor de leden, tenzij de artikelen 396 lid 7 of 403 voor de vereniging gelden.

Vereniging, jaarrekening

2. De jaarrekening wordt ondertekend door de bestuurders en door de commissarissen; ontbreekt de ondertekening van een of meer hunner, dan wordt daarvan onder opgave van reden melding gemaakt.

3. De jaarrekening wordt vastgesteld door de algemene vergadering die het bestuur uiterlijk een maand na afloop van de termijn doet houden. Vaststelling van de jaarrekening strekt niet tot kwijting aan een bestuurder onderscheidenlijk commissaris.

4. Artikel 48 lid 1 is niet van toepassing op de vereniging bedoeld in artikel 360 lid 3. Artikel 48 lid 2 is hierop van toepassing met dien verstande dat onder stukken wordt verstaan de stukken die ingevolge lid 1 worden overgelegd.

5. Een vereniging als bedoeld in artikel 360 lid 3 mag ten laste van de door de wet voorgeschreven reserves een tekort slechts delgen voor zover de wet dat toestaat.

(Zie ook: artt. 58, 104, 215, 300, 365, 389, 390 BW Boek 2)

6. Onze Minister van Economische Zaken kan desverzocht om gewichtige redenen ontheffing verlenen van de verplichting tot het opmaken, het overleggen en het vaststellen van de jaarrekening. Afdeling 4.1.3.3 van de Algemene wet bestuursrecht is van toepassing op deze verzoeken tot ontheffing.

(Zie ook: artt. 58, 101, 210, 300, 383a, 392 BW Boek 2)

Art. 50

De vereniging, bedoeld in artikel 360 lid 3, zorgt dat de opgemaakte jaarrekening, het bestuursverslag en de krachtens artikel 392 lid 1 toe te voegen gegevens vanaf de oproep voor de algemene vergadering, bestemd tot behandeling van de jaarrekening, te haren kantore aanwezig zijn. De leden kunnen de stukken aldaar inzien en er kosteloos een afschrift van verkrijgen.

Inzage in jaarverslag en jaarrekening van vereniging

(Zie ook: artt. 58, 102, 212, 383a, 392 BW Boek 2)

Art. 50a

1. Ten aanzien van de taakvervulling door bestuurders vindt het bepaalde bij de artikelen 131 en 138 lid 1 en leden 3 tot en met 10 overeenkomstige toepassing.

Bestuurdersaansprakelijkheid bij faillissement vereniging

2. Ten aanzien van de taakvervulling door bestuurders vindt het bepaalde bij de artikelen 138 lid 2 en 139 overeenkomstige toepassing in geval van:

a. een vereniging waarvan de statuten zijn opgenomen in een notariële akte en die aan de heffing van vennootschapsbelasting is onderworpen; of

b. een vereniging die bij of krachtens de wet verplicht is een financiële verantwoording op te stellen die gelijk of gelijkwaardig is aan een jaarrekening als bedoeld in titel 9.

3. Ten aanzien van de taakvervulling door commissarissen vindt overeenkomstige toepassing:

B2 art. 51 **Burgerlijk Wetboek Boek 2**

a. het bepaalde in lid 1 en lid 2, met dien verstande dat in lid 2 voor artikel 139 moet worden gelezen artikel 150; en
b. het bepaalde in artikel 9.

Art. 51

Faillissement van vereniging

In geval van faillissement of surséance van betaling van een vereniging die is ingeschreven in het handelsregister, worden de aankondigingen welke krachtens de Faillissementswet in de *Staatscourant* worden opgenomen, door hem die met de openbaarmaking is belast, mede ter inschrijving in dat register opgegeven.
(Zie ook: artt. 6, 23a, 303 BW Boek 2; artt. 14, 18, 167, 193, 216, 222, 245, 248, 256 FW)

Art. 52

Dwingend recht

Voorzover van de bepalingen van deze titel in de statuten kan worden afgeweken, kan deze afwijking alleen geschieden bij op schrift gestelde statuten.
(Zie ook: art. 25 BW Boek 2)

Titel 3
Coöperaties en onderlinge waarborgmaatschappijen

Afdeling 1
Algemene bepalingen

Art. 53

Coöperatie

1. De coöperatie is een bij notariële akte als coöperatie opgerichte vereniging. Zij moet zich blijkens de statuten ten doel stellen in bepaalde stoffelijke behoeften van haar leden te voorzien krachtens overeenkomsten, anders dan van verzekering, met hen gesloten in het bedrijf dat zij te dien einde te hunnen behoeve uitoefent of doet uitoefenen.

Onderlinge waarborgmaatschappij

2. De onderlinge waarborgmaatschappij is een bij notariële akte als onderlinge waarborgmaatschappij opgerichte vereniging. Zij moet zich blijkens de statuten ten doel stellen met haar leden verzekeringsovereenkomsten te sluiten, een en ander in het verzekeringsbedrijf dat zij te dien einde ten behoeve van haar leden uitoefent.

3. De statuten van een coöperatie kunnen haar veroorloven overeenkomsten als die welke zij met haar leden sluit, ook met anderen aan te gaan; hetzelfde geldt voor de statuten van een onderlinge waarborgmaatschappij waarbij iedere verplichting van leden of oud-leden om in de tekorten bij te dragen is uitgesloten.

4. Indien een coöperatie of een onderlinge waarborgmaatschappij de in het vorige lid bedoelde bevoegdheid uitoefent, mag zij dat niet in een zodanige mate doen, dat de overeenkomsten met de leden slechts van ondergeschikte betekenis zijn.

(Zie ook: artt. 26, 53a, 54, 56, 62, 63, 308, 344, 360 BW Boek 2; art. 17 Wtv 1993)

Art. 53a

Schakelbepaling

1. De bepalingen van de vorige titel zijn, met uitzondering van de artikelen 26 lid 3 en 44 lid 2, op de coöperatie en de onderlinge waarborgmaatschappij van toepassing, voor zover daarvan in deze titel niet wordt afgeweken.

2. Voor een coöperatie die een bank is in de zin van artikel 415 waarop geen vrijstelling als bedoeld in artikel 3:111 lid 1 van de Wet op het financieel toezicht van toepassing is en een onderlinge waarborgmaatschappij die een verzekeringsmaatschappij is in de zin van artikel 427 is artikel 135 van overeenkomstige toepassing.

Art. 54

Oprichting coöperatie en onderlinge waarborgmaatschappij bij notariële akte Eisen aan naam van coöperatie en onderlinge waarborgmaatschappij

1. Een coöperatie en een onderlinge waarborgmaatschappij worden opgericht door een meerzijdige rechtshandeling bij notariële akte.
(Zie ook: artt. 64, 175, 286 BW Boek 2)

2. De naam van een coöperatie moet het woord "coöperatief" bevatten, die van een onderlinge waarborgmaatschappij het woord "onderling" of "wederkerig". De naam van de rechtspersoon moet aan het slot de letters W.A., B.A. of U.A. overeenkomstig artikel 56 dragen.
(Zie ook: artt. 6, 61, 69, 180, 289 BW Boek 2)

Art. 54a

[Vervallen]

Art. 55

Aansprakelijkheid leden van coöperatie en onderlinge waarborgmaatschappij

1. Zij die bij de ontbinding leden waren, of minder dan een jaar te voren hebben opgehouden leden te zijn, zijn tegenover de rechtspersoon naar de in de statuten aangegeven maatstaf voor een tekort aansprakelijk; wordt een coöperatie of onderlinge waarborgmaatschappij ontbonden door haar insolventie nadat zij in staat van faillissement is verklaard, dan wordt de termijn van een jaar niet van de dag der ontbinding, maar van de dag der faillietverklaring gerekend. De statuten kunnen een langere termijn dan een jaar vaststellen.

2. Bevatten de statuten niet een maatstaf voor ieders aansprakelijkheid, dan zijn allen voor gelijke delen aansprakelijk.

3. Kan op een of meer van de leden of oud-leden het bedrag van zijn aandeel in het tekort niet worden verhaald, dan zijn voor het ontbrekende de overige leden en oud-leden, ieder naar evenredigheid van zijn aandeel, aansprakelijk. Deze aansprakelijkheid bestaat ook, indien de vereffenaars afzien van verhaal op een of meer leden of oud-leden, op grond dat door de uitoefening van het verhaalsrecht een bate voor de boedel niet zou worden verkregen. Indien de vereffening geschiedt onder toezicht van personen, door de wet met dat toezicht belast, kunnen de vereffenaars van dat verhaal slechts afzien met machtiging van deze personen.

4. De aansprakelijke leden en oud-leden zijn gehouden tot onmiddellijke betaling van hun aandeel in een geraamd tekort, vermeerderd met 50 ten honderd, of zoveel minder als de vereffenaars voldoende achten, tot voorlopige dekking van een nadere omslag voor de kosten van invordering en van het aandeel van hen, die in gebreke mochten blijven aan hun verplichting te voldoen.

5. Een lid of oud-lid is niet bevoegd tot verrekening van zijn schuld uit hoofde van dit artikel. *(Zie ook: artt. 19, 23, 35, 52, 56, 61, 84, 90, 192 BW Boek 2; artt. 6, 10, 12, 13, 102, 127 BW Boek 6; art. 1680 BW Boek 7A)*

Art. 56

1. Een coöperatie of een onderlinge waarborgmaatschappij kan in afwijking van het in het vorige artikel bepaalde in haar statuten iedere verplichting van haar leden of oud-leden om in een tekort bij te dragen, uitsluiten of tot een maximum beperken. De leden kunnen hierop slechts een beroep doen, indien de rechtspersoon aan het slot van zijn naam in het eerste geval de letters U.A. (uitsluiting van aansprakelijkheid), en in het tweede geval de letters B.A. (beperkte aansprakelijkheid) heeft geplaatst. Een rechtspersoon waarop de eerste zin niet is toegepast, plaatst de letters W.A. (wettelijke aansprakelijkheid) aan het slot van zijn naam.

Uitsluiting/beperking aansprakelijkheid bij coöperatie en onderlinge waarborgmaatschappij

2. De genoemde rechtspersonen zijn, behoudens in telegrammen en reclames, verplicht haar naam volledig te voeren.
(Zie ook: artt. 52, 53, 54, 61, 75, 186 BW Boek 2; art. 1166 BW Boek 8; art. 1 WED)

Art. 57-57a

[Vervallen]

Coöperatie en onderlinge waarborgmaatschappij, voeren volledige naam

Art. 58

1. Jaarlijks binnen zes maanden na afloop van het boekjaar, behoudens verlenging van deze termijn met ten hoogste vier maanden door de algemene vergadering op grond van bijzondere omstandigheden, maakt het bestuur een jaarrekening op en legt het deze voor de leden ter inzage ten kantore van de rechtspersoon. Binnen deze termijn legt het bestuur ook het bestuursverslag ter inzage voor de leden, tenzij de artikelen 396 lid 7, of 403 voor de rechtspersoon gelden. De jaarrekening wordt vastgesteld door de algemene vergadering die het bestuur uiterlijk een maand na afloop van de termijn doet houden. Artikel 48 lid 2 is van overeenkomstige toepassing. Vaststelling van de jaarrekening strekt niet tot kwijting aan een bestuurder onderscheidenlijk commissaris.
(Zie ook: art. 401 BW Boek 2)

Jaarrekening bij coöperatie en onderlinge waarborgmaatschappij

2. De opgemaakte jaarrekening wordt ondertekend door de bestuurders en door de commissarissen; ontbreekt de ondertekening van een of meer hunner, dan wordt daarvan onder opgave van reden melding gemaakt.

3. De rechtspersoon zorgt dat de opgemaakte jaarrekening, het bestuursverslag en de krachtens artikel 392 lid 1 toe te voegen gegevens vanaf de oproep voor de algemene vergadering, bestemd tot behandeling van de jaarrekening, te zijnen kantore aanwezig zijn. De leden kunnen de stukken aldaar inzien en er kosteloos een afschrift van verkrijgen.

4. Ten laste van de door de wet voorgeschreven reserves mag een tekort slechts worden gedolgd voor zover de wet dat toestaat.
(Zie ook: artt. 104, 215 BW Boek 2)

5. Onze Minister van Economische Zaken kan desverzocht om gewichtige redenen ontheffing verlenen van de verplichting tot het opmaken, het overleggen en het vaststellen van de jaarrekening. Afdeling 4.1.3.3 van de Algemene wet bestuursrecht is van toepassing op deze verzoeken tot ontheffing.
(Zie ook: artt. 10, 48, 101, 210, 360, 391, 392, 393 BW Boek 2; art. 1 WED; art. 31a WOR)

Art. 59

1. Coöperaties en onderlinge waarborgmaatschappijen zijn niet bevoegd door een besluit wijzigingen in de met haar leden in de uitoefening van haar bedrijf aangegane overeenkomsten aan te brengen, tenzij zij zich deze bevoegdheid in de overeenkomst op duidelijke wijze hebben voorbehouden. Een verwijzing naar statuten, reglementen, algemene voorwaarden of dergelijke, is daartoe niet voldoende.

Wijziging in overeenkomsten met leden bij coöperatie en onderlinge waarborgmaatschappij

2. Op een wijziging als in het vorige lid bedoeld kan de rechtspersoon zich tegenover een lid slechts beroepen indien de wijziging schriftelijk aan het lid was medegedeeld.
(Zie ook: artt. 12, 27, 36, 81, 192 BW Boek 2; artt. 33, 35, 37 BW Boek 3; artt. 231, 232, 248, 258 BW Boek 6)

Art. 60

Voorwaarden bij uittreding bij coöperatie

Voor de coöperatie geldt voorts dat, met behoud der vrijheid van uittreding uit de coöperatie, daaraan bij de statuten voorwaarden, in overeenstemming met haar doel en strekking, kunnen worden verbonden. Een voorwaarde welke verder gaat dan geoorloofd is, wordt in zoverre voor niet geschreven gehouden.

(Zie ook: artt. 35, 36, 52, 61 BW Boek 2)

Art. 61

Lidmaatschap van coöperatie

Voor een coöperatie, die in haar statuten niet iedere verplichting van haar leden of oud-leden om in een tekort bij te dragen heeft uitgesloten, gelden bovendien de volgende bepalingen:

a. Het lidmaatschap wordt schriftelijk aangevraagd. Aan de aanvrager wordt eveneens schriftelijk bericht, dat hij als lid is toegelaten of geweigerd. Wanneer hij is toegelaten, wordt hem tevens medegedeeld onder welk nummer hij als lid in de administratie der coöperatie is ingeschreven. Niettemin behoeft, ten bewijze van de verkrijging van het lidmaatschap, van een schriftelijke aanvrage en een schriftelijk bericht als hiervoor bedoeld, niet te blijken.

b. De geschriften, waarbij het lidmaatschap wordt aangevraagd, worden gedurende ten minste tien jaren door het bestuur bewaard. Echter behoeven de hierbedoelde geschriften niet te worden bewaard voor zover het betreft diegenen, van wie het lidmaatschap kan blijken uit een door hen ondertekende, gedagtekende verklaring in de administratie van de coöperatie.

c. De opzegging van het lidmaatschap kan slechts geschieden, hetzij bij een afzonderlijk geschrift, hetzij door een door het lid ondertekende, gedagtekende verklaring in de administratie van de coöperatie. Het lid dat de opzegging doet, ontvangt daarvan een schriftelijke erkenning van het bestuur. Wordt de schriftelijke erkenning niet binnen veertien dagen gegeven, dan is het lid bevoegd de opzegging op kosten van de coöperatie bij deurwaardersexploot te herhalen.

d. Een door het bestuur gewaarmerkt afschrift van de ledenlijst wordt ten kantore van het handelsregister neergelegd bij de inschrijving van de coöperatie. Binnen een maand na het einde van ieder boekjaar wordt door het bestuur een schriftelijke opgave van de wijzigingen die de ledenlijst in de loop van het boekjaar heeft ondergaan, aan de ten kantore van het handelsregister neergelegde lijst toegevoegd of wordt, indien de Kamer van Koophandel dit nodig oordeelt, een nieuwe lijst neergelegd.

(Zie ook: artt. 10, 24, 33, 35, 36 BW Boek 2; art. 1 WED)

Art. 62

Lidmaatschap van onderlinge waarborgmaatschappij

Voor een onderlinge waarborgmaatschappij gelden voorts de volgende bepalingen:

a. Zij die als verzekeringnemer bij een onderlinge waarborgmaatschappij een overeenkomst van verzekering lopende hebben, zijn van rechtswege lid van de waarborgmaatschappij. Bij de onderlinge waarborgmaatschappij die krachtens haar statuten ook verzekeringnemers die geen lid zijn mag verzekeren, kan van deze bepaling worden afgeweken.

(Zie ook: artt. 89, 108 Wft)

b. Tenzij de statuten anders bepalen, duurt het lidmaatschap dat uit een verzekeringsovereenkomst ontstaat, voort totdat alle door het lid met de waarborgmaatschappij gesloten verzekeringsovereenkomsten zijn geëindigd. Bij overdracht of overgang van de rechten en verplichtingen uit zodanige overeenkomst gaat het lidmaatschap, voor zover uit die overeenkomst voortvloeiende, op de nieuwe verkrijger of de nieuwe verkrijgers over, een en ander behoudens afwijkende bepalingen in de statuten.

(Zie ook: art. 251 BW Boek 6)

c. Indien het waarborgkapitaal van een onderlinge waarborgmaatschappij in aandelen is verdeeld, zijn de artikelen 79-89, 90-92, 95, 96 lid 1, 98 leden 1 en 6, en 98c leden 1 en 2 van dit boek van overeenkomstige toepassing.

(Zie ook: artt. 25, 34, 35, 52, 53 BW Boek 2; art. 125 BW Boek 5; artt. 28, 29, 37 Wtv 1993)

Art. 63

Bescherming aanduiding coöperatief/onderling/wederkerig

1. Het is aan een persoon die geen coöperatie of een onderlinge waarborgmaatschappij is, verboden zaken te doen met gebruik van de aanduiding "coöperatief", "onderling" of "wederkerig".

2. Ingeval van overtreding van dit verbod kan iedere coöperatie of onderlinge waarborgmaatschappij vorderen, dat de overtreder zich op straffe van een door de rechter te bepalen dwangsom onthoudt het gewraakte woord bij het doen van zaken te gebruiken.

(Zie ook: artt. 611a, 611b Rv)

Afdeling 2
De raad van commissarissen bij de grote coöperatie en bij de grote onderlinge waarborgmaatschappij

Art. 63a

Afhankelijke maatschappij

In deze afdeling wordt onder een afhankelijke maatschappij verstaan:

a. een rechtspersoon waaraan de coöperatie of onderlinge waarborgmaatschappij of een of meer afhankelijke maatschappijen alleen of samen voor eigen rekening ten minste de helft van het geplaatste kapitaal verschaffen.

b. een vennootschap waarvan een onderneming in het handelsregister is ingeschreven en waarvoor de coöperatie of onderlinge waarborgmaatschappij als vennote jegens derden volledig aansprakelijk is voor alle schulden.

(Zie ook: artt. 24a, 152, 262 BW Boek 2)

Art. 63b

1. Een coöperatie of onderlinge waarborgmaatschappij moet, indien lid 2 op haar van toepassing is, binnen twee maanden na de vaststelling van haar jaarrekening door de algemene vergadering, aan het handelsregister opgeven dat zij voldoet aan de in lid 2 gestelde voorwaarden. Totdat artikel 63c lid 3 toepassing heeft gevonden, vermeldt het bestuur in elk volgend bestuursverslag wanneer de opgave is gedaan; wordt de opgaaf doorgehaald, dan wordt daarvan melding gemaakt in het eerste bestuursverslag dat na de doorhaling wordt uitgebracht.

(Zie ook: art. 53 BW Boek 2)

2. De verplichting tot opgave geldt, indien:

a. het eigen vermogen volgens de balans met toelichting ten minste een bij koninklijk besluit vastgesteld grensbedrag beloopt,

b. de rechtspersoon of een afhankelijke maatschappij krachtens wettelijke verplichting een ondernemingsraad heeft ingesteld, en

c. bij de rechtspersoon en haar afhankelijke maatschappijen te zamen in de regel ten minste honderd werknemers in Nederland werkzaam zijn.

3. Het in onderdeel *a* van lid 2 genoemde grensbedrag wordt ten hoogste eenmaal in de twee jaren verhoogd of verlaagd, evenredig aan de ontwikkeling van een bij algemene maatregel van bestuur aan te wijzen prijsindexcijfer sedert een bij die maatregel te bepalen datum; het wordt daarbij afgerond op het naaste veelvoud van een miljoen euro. Het bedrag wordt niet opnieuw vastgesteld zo lang als het onafgeronde bedrag minder dan een miljoen euro afwijkt van het laatst vastgestelde bedrag.

4. Onder het eigen vermogen wordt in onderdeel *a* van lid 2 begrepen de gezamenlijke verrichte en nog te verrichten inbreng van vennoten bij wijze van geldschieting in afhankelijke maatschappijen die commanditaire vennootschap zijn, voor zover dit niet tot dubbeltelling leidt.

(Zie ook: artt. 58, 63a, 63c, 153, 263, 373, 382, 391 BW Boek 2; art. 1 WED; art. 2 WOR)

Art. 63c

1. De artikelen 63f tot en met 63j zijn van toepassing op een rechtspersoon waaromtrent een in artikel 63b bedoelde opgaaf gedurende drie jaren onafgebroken is ingeschreven. Deze termijn wordt geacht niet te zijn onderbroken, indien een doorhaling van de opgaaf, welke tijdens die termijn ten onrechte heeft plaatsgevonden, ongedaan is gemaakt.

2. De doorhaling van de inschrijving op de grond dat de rechtspersoon niet meer voldoet aan de voorwaarden van artikel 63b lid 2 doet de toepasselijkheid van de artikelen 63f tot en met 63j slechts eindigen, indien na de doorhaling drie jaren zijn verstreken waarin de rechtspersoon niet opnieuw tot de opgaaf verplicht is geweest.

3. De coöperatie of onderlinge waarborgmaatschappij brengt haar statuten in overeenstemming met de artikelen 63f tot en met 63j welke voor haar gelden, uiterlijk met ingang van de dag waarop die artikelen krachtens lid 1 op haar van toepassing worden.

(Zie ook: artt. 42, 53a, 63e, 154, 264 BW Boek 2; art. 1 WED)

Art. 63d

1. De artikelen 63f tot en met 63j gelden niet voor een rechtspersoon wier werkzaamheid zich uitsluitend of nagenoeg uitsluitend beperkt tot het beheer en de financiering van afhankelijke maatschappijen en van haar en hun deelnemingen in andere rechtspersonen, mits de werknemers van de Nederlandse afhankelijke maatschappijen vertegenwoordigd zijn in een ondernemingsraad die de bevoegdheden heeft, bedoeld in de artikelen 158 en 268.

(Zie ook: art. 63a BW Boek 2)

2. Onze Minister van Justitie kan, gehoord de Sociaal-Economische Raad, aan een coöperatie of onderlinge waarborgmaatschappij op haar verzoek ontheffing verlenen van een of meer der artikelen 63f tot en met 63j. De ontheffing kan onder beperkingen worden verleend en daaraan kunnen voorschriften worden verbonden. Zij kan worden gewijzigd en ingetrokken.

(Zie ook: artt. 156, 266 BW Boek 2)

Art. 63e

Een coöperatie of onderlinge waarborgmaatschappij waarvoor artikel 63c niet geldt, kan bij haar statuten de wijze van benoeming en ontslag van commissarissen en de taak en bevoegdheden van de raad van commissarissen regelen overeenkomstig de artikelen 63f tot en met 63j, indien zij of een afhankelijke maatschappij een ondernemingsraad heeft ingesteld waarop de bepalingen van de Wet op de ondernemingsraden van toepassing zijn. Deze regeling in de

Verplichting tot opgave jaarrekening bij coöperatie en onderlinge waarborgmaatschappij

Werkingssfeer

Beperking werkzaamheid rechtspersoon

Vrijwillige toepassing structuurregime

statuten verliest haar gelding zodra de ondernemingsraad ophoudt te bestaan of op die raad niet langer de bepalingen van de Wet op de ondernemingsraden van toepassing zijn. *(Zie ook: artt. 57, 63a, 157, 267 BW Boek 2; art. 2 WOR)*

Art. 63f

Raad van commissarissen bij coöperatie en onderlinge waarborgmaatschappij

1. De grote coöperatie en de grote onderlinge waarborgmaatschappij hebben een raad van commissarissen.

2. De commissarissen worden, behoudens het bepaalde in lid 8, op voordracht van de raad van commissarissen benoemd door de algemene vergadering, voorzover de benoeming niet reeds is geschied bij de akte van oprichting of voordat dit artikel op de rechtspersoon van toepassing is geworden. *(Zie ook: artt. 40, 57, 57a, 63g, 63h BW Boek 2)*

3. De raad van commissarissen bestaat uit ten minste drie leden. Is het aantal commissarissen minder dan drie, dan bevordert de raad onverwijld maatregelen tot aanvulling van zijn ledental.

4. De algemene vergadering, de ondernemingsraad en het bestuur kunnen aan de raad van commissarissen personen aanbevelen om als commissaris voor te dragen. De raad van commissarissen deelt hun daartoe tijdig mede, wanneer en ten gevolge waarvan in zijn midden een plaats moet worden vervuld. *(Zie ook: artt. 40, 44, 53a BW Boek 2; art. 23 WOR)*

5. De raad van commissarissen geeft aan de algemene vergadering en de ondernemingsraad kennis van de naam van degene die hij voordraagt, met inachtneming van artikel 47a lid 2.

6. De algemene vergadering benoemt de voorgedragen persoon, tenzij de ondernemingsraad binnen twee maanden na de kennisgeving of de algemene vergadering zelf uiterlijk in de eerste vergadering na die twee maanden tegen de voordracht bezwaar maakt:

a. op grond dat de voorschriften van lid 4, tweede volzin, of lid 5 niet behoorlijk zijn nageleefd;

b. op grond van de verwachting dat de voorgedragen persoon ongeschikt zal zijn voor de vervulling van de taak van de commissaris; of

c. op grond van de verwachting dat de raad van commissarissen bij benoeming overeenkomstig het voornemen niet naar behoren zal zijn samengesteld.

(Zie ook: art. 63i BW Boek 2)

7. Het bezwaar wordt aan de raad van commissarissen onder opgave van redenen medegedeeld.

8. Niettegenstaande het bezwaar van de ondernemingsraad kan de voorgedragen candidaat worden benoemd, indien de ondernemingskamer van het gerechtshof Amsterdam het bezwaar ongegrond verklaart op verzoek van een daartoe door de raad van commissarissen aangewezen vertegenwoordiger. Op diens verzoek benoemt de ondernemingskamer de voorgedragen candidaat, indien de algemene vergadering bezwaar heeft gemaakt of hem niet in haar daartoe bijeengeroepen vergadering heeft benoemd, tenzij de ondernemingskamer een bezwaar van de algemene vergadering gegrond acht. *(Zie ook: art. 429a Rv; art. 72 RO)*

9. Verweer kan worden gevoerd door een vertegenwoordiger, daartoe aangewezen door de ledenvergadering of door de ondernemingsraad die het in lid 6 bedoelde bezwaar heeft gemaakt.

10. Tegen de beslissing van de ondernemingskamer staat geen rechtsmiddel open. De ondernemingskamer kan geen veroordeling in de proceskosten uitspreken.

11. Voor de toepassing van dit artikel wordt onder de ondernemingsraad verstaan de ondernemingsraad van de onderneming van de rechtspersoon of van een afhankelijke maatschappij. Zijn er twee of meer ondernemingsraden, dan zijn deze gelijkelijk bevoegd. Is voor de betrokken onderneming of ondernemingen een centrale ondernemingsraad ingesteld, dan komen de bevoegdheden van de ondernemingsraad volgens dit artikel toe aan de centrale ondernemingsraad. De ondernemingsraad neemt geen besluit als bedoeld in dit artikel dan na er ten minste eenmaal over te hebben overlegd met de rechtspersoon. *(Zie ook: artt. 57, 63a, 158, 268 BW Boek 2; art. 33 WOR; art. 2:6 WRW-SE)*

Art. 63g

Benoeming commissaris van Raad van commissarissen

1. Ontbreken alle commissarissen, dan kunnen de ondernemingsraad en het bestuur personen voor benoeming tot commissaris aanbevelen aan de ledenvergadering. Degene die de algemene vergadering bijeenroept, deelt de ondernemingsraad en het bestuur tijdig mede dat de benoeming van commissarissen onderwerp van behandeling zal zijn.

2. De benoeming is van kracht, tenzij de ondernemingsraad binnen twee maanden na overeenkomstig artikel 63f lid 5 in kennis te zijn gesteld van de naam van de benoemde persoon, overeenkomstig artikel 63f lid 6 bij de rechtspersoon bezwaar maakt. Niettegenstaande dit bezwaar wordt de benoeming van kracht, indien de ondernemingskamer van het gerechtshof Amsterdam op verzoek van een daartoe door de algemene vergadering aangewezen vertegenwoordiger het bezwaar ongegrond verklaart. *(Zie ook: artt. 429a, 995 Rv; art. 72 Wet RO)*

3. De leden van 10 en 11 van artikel 63f zijn van overeenkomstige toepassing.
(Zie ook: artt. 40, 41, 53a, 57a, 159, 269 BW Boek 2; art. 23 WOR; art. 2:6 WRW-SE)

Art. 63h

1. Commissaris kunnen niet zijn:
a. personen in dienst van de rechtspersoon;
b. personen in dienst van een afhankelijke maatschappij;
(Zie ook: art. 63a BW Boek 2)
c. bestuurders en personen in dienst van een werknemersorganisatie welke pleegt betrokken te zijn bij de vaststelling van de arbeidsvoorwaarden van de onder *a* en *b* bedoelde personen.
2. De statuten mogen voor ten hoogste twee derden van het aantal commissarissen bepalen dat zij worden benoemd uit een kring waartoe ten minste de leden van de rechtspersoon behoren.
(Zie ook: artt. 160, 270 BW Boek 2)

Art. 63i

1. Een commissaris treedt uiterlijk af, indien hij na zijn laatste benoeming vier jaren commissaris is geweest. De termijn kan bij de statuten worden verlengd tot de dag van de eerstvolgende algemene vergadering na afloop van de vier jaren of na de dag waarop dit artikel voor de rechtspersoon is gaan gelden.

2. De ondernemingskamer van het gerechtshof Amsterdam kan op verzoek een commissaris ontslaan wegens verwaarlozing van zijn taak, wegens andere gewichtige redenen of wegens ingrijpende wijziging van de omstandigheden op grond waarvan handhaving van de commissaris redelijkerwijs niet van de rechtspersoon kan worden verlangd. Het verzoek kan worden ingediend door een vertegenwoordiger, daartoe aangewezen door de raad van commissarissen, door de algemene vergadering of door de ondernemingsraad. Artikel 63f lid 11 is van overeenkomstige toepassing.
(Zie ook: artt. 429a, 995 Rv; art. 72 Wet RO)

3. Een commissaris kan slechts worden geschorst door de raad van commissarissen. De schorsing vervalt van rechtswege, indien niet binnen een maand na de aanvang der schorsing een verzoek als bedoeld in lid 2 is ingediend bij de ondernemingskamer.
(Zie ook: artt. 57a, 63f, 161, 271, 356 BW Boek 2; art. 2:6 WRW-SE)

Art. 63j

1. Aan de goedkeuring van de raad van commissarissen zijn onderworpen de besluiten van het bestuur omtrent:
a. uitgifte van schuldbrieven ten laste van de rechtspersoon;
b. uitgifte van schuldbrieven ten laste van een commanditaire vennootschap of vennootschap onder firma waarvan de rechtspersoon volledig aansprakelijke vennoot is;
(Zie ook: artt. 16, 19 WvK)
c. het aanvragen van toelating van de onder *a* en *b* bedoelde schuldbrieven tot de handel op een handelsplatform, als bedoeld in artikel 1:1 van de Wet op het financieel toezicht of een met een handelsplatform vergelijkbaar systeem uit een staat die geen lidstaat is dan wel het aanvragen van een intrekking van zodanige toelating;
d. het aangaan of verbreken van duurzame samenwerking van de rechtspersoon of een afhankelijke maatschappij met een andere rechtspersoon of vennootschap dan wel als volledig aansprakelijk vennoot in een commanditaire vennootschap of vennootschap onder firma, indien deze samenwerking of verbreking van ingrijpende betekenis is voor de rechtspersoon;
(Zie ook: art. 63a BW Boek 2)
e. het nemen van een deelneming ter waarde van ten minste een vierde van het bedrag van het eigen vermogen volgens de balans met toelichting van de rechtspersoon, door deze of een afhankelijke maatschappij in het kapitaal van een vennootschap, alsmede het ingrijpend vergroten of verminderen van zulk een deelneming;
(Zie ook: artt. 24c, 63a BW Boek 2)
f. investeringen welke een bedrag vereisen, gelijk aan een vierde van het eigen vermogen volgens de balans met toelichting van de rechtspersoon;
g. een voorstel tot wijziging der statuten;
(Zie ook: artt. 43, 53a BW Boek 2)
h. een voorstel tot ontbinding van de rechtspersoon;
(Zie ook: artt. 50, 53a BW Boek 2)
i. aangifte van faillissement en aanvrage van surséance van betaling;
(Zie ook: artt. 1, 4, 213 FW)
j. beëindiging van de arbeidsovereenkomst van een aanmerkelijk aantal werknemers van de rechtspersoon of een afhankelijke maatschappij tegelijkertijd of binnen een kort tijdsbestek;
(Zie ook: art. 63a BW Boek 2; art. 667 BW Boek 7; art. 25 WOR)
k. ingrijpende wijziging in de arbeidsomstandigheden van een aanmerkelijk aantal werknemers van de rechtspersoon of van een afhankelijke maatschappij.

B2 art. 63k **Burgerlijk Wetboek Boek 2**

2. Het ontbreken van de goedkeuring van de raad van commissarissen op een besluit als bedoeld in lid 1 tast de vertegenwoordigingsbevoegdheid van het bestuur of bestuurders niet aan. *(Zie ook: artt. 6, 130 BW Boek 2)*

3. Voor besluiten van de rechtspersoon als bedoeld in de onderdelen *d, e, f, j* en *k* van lid 1 is enig besluit vereist van het bestuur. *(Zie ook: artt. 164, 274 BW Boek 2)*

Art. 63k

Coöperatie en onderlinge waarborgmaatschappij, uitvoerende en niet uitvoerende bestuurder

1. In afwijking van artikel 63f lid 1 kan toepassing worden gegeven aan artikel 44a. In dat geval is het bepaalde ten aanzien van de raad van commissarissen onderscheidenlijk de commissarissen in artikel 63f leden 2 tot en met 11 en artikelen 63g tot met 63i van overeenkomstige toepassing op de niet uitvoerende bestuurders.

2. Indien toepassing is gegeven aan artikel 44a, vereisen de besluiten in de zin van artikel 63j lid 1 de goedkeuring van de meerderheid van de niet uitvoerende bestuurders. Het ontbreken van de goedkeuring tast de vertegenwoordigingsbevoegdheid van het bestuur of de bestuurders niet aan.

3. Van de toepassing van artikel 44a lid 2 zijn uitgesloten de besluiten van het bestuur in de zin van artikel 63j.

Titel 4 *Naamloze vennootschappen*

Afdeling 1 Algemene bepalingen

Art. 64

NV

1. De naamloze vennootschap is een rechtspersoon met een in overdraagbare aandelen verdeeld maatschappelijk kapitaal. Een aandeelhouder is niet persoonlijk aansprakelijk voor hetgeen in naam van de vennootschap wordt verricht en is niet gehouden boven het bedrag dat op zijn aandeel behoort te worden gestort in de verliezen van de vennootschap bij te dragen. Ten minste één aandeel wordt gehouden door een ander dan en anders dan voor rekening van de vennootschap of een van haar dochtermaatschappijen.

Oprichting NV bij notariële akte

2. De vennootschap wordt door een of meer personen opgericht bij notariële akte. De akte wordt getekend door iedere oprichter en door ieder die blijkens deze akte een of meer aandelen neemt.

(Zie ook: artt. 3, 4, 18, 21, 27, 53, 65, 68, 175, 286, 309, 334a BW Boek 2; art. 22 WvK)

Art. 65

Oprichting NV

De akte van oprichting van een naamloze vennootschap wordt verleden in de Nederlandse taal. Een volmacht tot medewerking aan die akte moet schriftelijk zijn verleend. *(Zie ook: artt. 27, 176, 286 BW Boek 2; artt. 39, 60, 61 BW Boek 3; art. 6 Uw SE)*

Art. 66

Statuten NV

1. De akte van oprichting moet de statuten van de naamloze vennootschap bevatten. De statuten bevatten de naam, de zetel en het doel van de vennootschap.

Eisen aan naam NV

2. De naam vangt aan of eindigt met de woorden Naamloze Vennootschap, hetzij voluit geschreven, hetzij afgekort tot "N.V.".

3. De zetel moet zijn gelegen in Nederland. *(Zie ook: art. 10 BW Boek 1; artt. 27, 75, 77, 177, 286 BW Boek 2)*

Art. 67

Maatschappelijk en geplaatst kapitaal van NV

1. De statuten vermelden het bedrag van het maatschappelijk kapitaal en het aantal en het bedrag van de aandelen in euro tot ten hoogste twee cijfers achter de komma. Zijn er verschillende soorten aandelen, dan vermelden de statuten het aantal en het bedrag van elke soort. De akte van oprichting vermeldt het bedrag van het geplaatste kapitaal en van het gestorte deel daarvan. Zijn er verschillende soorten aandelen dan worden de bedragen van het geplaatste en van het gestorte kapitaal uitgesplitst per soort. De akte vermeldt voorts van ieder die bij de oprichting aandelen neemt de in artikel 86 lid 2 onder b en c bedoelde gegevens met het aantal en de soort van de door hem genomen aandelen en het daarop gestorte bedrag.

2. Het maatschappelijke en het geplaatste kapitaal moeten ten minste het minimumkapitaal bedragen. Het minimumkapitaal bedraagt vijfenveertigduizend euro. Bij algemene maatregel van bestuur wordt dit bedrag verhoogd, indien het recht van de Europese Gemeenschappen verplicht tot verhoging van het geplaatste kapitaal. Voor naamloze vennootschappen die bestaan op de dag voordat deze verhoging in werking treedt, wordt zij eerst achttien maanden na die dag van kracht.

3. Het gestorte deel van het geplaatste kapitaal moet ten minste vijfenveertigduizend euro bedragen.

4. Van het maatschappelijke kapitaal moet ten minste een vijfde gedeelte zijn geplaatst.

Burgerlijk Wetboek Boek 2 **B2 art. 69**

5. Een naamloze vennootschap die is ontstaan voor 1 januari 2002 kan het bedrag van het maatschappelijke kapitaal en het bedrag van de aandelen in gulden vermelden tot ten hoogste twee cijfers achter de komma.

(Zie ook: artt. 68, 69, 74, 79, 94, 178, 311, 318, 373 BW Boek 2)

Art. 67a

1. Indien een naamloze vennootschap in de statuten het bedrag van het maatschappelijk kapitaal en het bedrag van de aandelen in gulden omzet in euro, wordt het bedrag van de geplaatste aandelen en het gestorte deel daarvan in euro berekend volgens de krachtens artikel 109L, vierde lid van het Verdrag betreffende de Europese Unie definitief vastgestelde omrekenkoers, afgerond tot ten hoogste twee cijfers achter de komma. Het afgeronde bedrag van elk aandeel in euro mag ten hoogste 15% hoger of lager liggen dan het oorspronkelijke bedrag van het aandeel in gulden. Het totaal van de bedragen van de aandelen in euro bedoeld in artikel 67 is het maatschappelijk kapitaal in euro. De som van de bedragen van de geplaatste aandelen en het gestorte deel daarvan in euro is het bedrag van het geplaatste kapitaal en het gestorte deel daarvan in euro. De akte vermeldt het bedrag van het geplaatste kapitaal en het gestorte deel daarvan in euro.

Omrekening valuta bij aandelen NV

2. Is na omrekening volgens lid 1 de som van de bedragen van de geplaatste aandelen hoger dan het volgens de krachtens artikel 109L, vierde lid van het verdrag betreffende de Europese unie definitief vastgestelde omrekenkoers omgerekende bedrag van het geplaatst kapitaal, dan wordt het verschil ten laste gebracht van de uitkeerbare reserves of de reserves bedoeld in artikel 389 of 390. Zijn deze reserves niet toereikend, dan vormt de vennootschap een negatieve bijschrijvingsreserve ter grootte van het verschil dat niet ten laste van de uitkeerbare of niet-uitkeerbare reserves is gebracht. Totdat het verschil uit ingehouden winst of te vormen reserves is voldaan, mag de vennootschap geen uitkeringen bedoeld in artikel 105 doen. Door het voldoen aan het bepaalde in dit lid worden de aandelen geacht te zijn volgestort.

3. Is na omrekening volgens lid 1 de som van de bedragen van de geplaatste aandelen lager dan het volgens de krachtens artikel 109L, vierde lid van het Verdrag betreffende de Europese Unie definitief vastgestelde omrekenkoers omgerekende bedrag van het geplaatst kapitaal, dan houdt de vennootschap een niet-uitkeerbare reserve aan ter grootte van het verschil. Artikel 99 is niet van toepassing.

(Zie ook: artt. 67c, 121a, 125, 178a BW Boek 2)

Art. 67b

Indien de vennootschap in afwijking van artikel 67a het bedrag van de aandelen wijzigt, behoeft deze wijziging de goedkeuring van elke groep van aandeelhouders aan wier rechten de wijziging afbreuk doet. Bestaat krachtens de wijziging recht op geld of schuldvorderingen, dan mag het totale bedrag daarvan een tiende van het gewijzigde nominale bedrag van de aandelen niet te boven gaan.

Wijziging bedrag aandelen NV

(Zie ook: artt. 67c, 178b BW Boek 2)

Art. 67c

1. Een naamloze vennootschap waarvan de statuten het maatschappelijk kapitaal en het bedrag van de aandelen in gulden vermelden, kan in het maatschappelijk verkeer de tegenwaarde in euro gebruiken tot ten hoogste twee cijfers achter de komma, mits daarbij wordt verwezen naar dit artikel. Dit gebruik van de tegenwaarde in euro heeft geen rechtsgevolg.

Tegenwaarde in euro geen rechtsgevolg NV

2. Indien een naamloze vennootschap waarvan de statuten het bedrag van het maatschappelijk kapitaal en het bedrag van de aandelen in gulden vermelden, na 1 januari 2002 een wijziging aanbrengt in een of meer bepalingen waarin bedragen in gulden worden uitgedrukt, worden in de statuten alle bedragen omgezet in euro. De artikelen 67a en 67b zijn van toepassing.

(Zie ook: art. 178c BW Boek 2)

Art. 68

[Vervallen]

Art. 69

1. De bestuurders zijn verplicht de vennootschap te doen inschrijven in het handelsregister en een authentiek afschrift van de akte van oprichting en van de daaraan ingevolge de artikelen 93a, 94 en 94a gehechte stukken, alsmede een afschrift van stukken die zijn opgesteld overeenkomstig artikel 94a lid 4, laatste zin, neer te leggen ten kantore van het handelsregister. Tegelijkertijd moeten zij opgave doen van het totaal van de vastgestelde en geraamde kosten die met de oprichting verband houden en ten laste van de vennootschap komen.

Inschrijving NV in handelsregister

2. De bestuurders zijn naast de vennootschap hoofdelijk aansprakelijk voor elke tijdens hun bestuur verrichte rechtshandeling waardoor de vennootschap wordt verbonden in het tijdvak voordat:

Hoofdelijke aansprakelijkheid bestuurders bij NV

a. de opgave ter eerste inschrijving in het handelsregister, vergezeld van de neer te leggen afschriften, is geschied,

b. het gestorte deel van het kapitaal ten minste het bij de oprichting voorgeschreven minimumkapitaal bedraagt, en

B2 art. 71 Burgerlijk Wetboek Boek 2

c. op het bij de oprichting geplaatste kapitaal ten minste een vierde van het nominale bedrag is gestort.

(Zie ook: artt. 29, 54, 57, 77, 80, 180, 289, 365 BW Boek 2; art. 6 BW Boek 6; art. 29 WvK; art. 6 Uw SE)

3. De aansprakelijkheid als bedoeld in lid 2, onderdelen b en c, geldt niet, indien toepassing is gegeven aan artikel 94a lid 4, laatste zin, en onverwijld na het afleggen van de accountantsverklaring namens de vennootschap de stortingen zijn opgevraagd die noodzakelijk zijn om te voldoen aan artikel 67 lid 3 en artikel 80 lid 1.

Art. 70

[Vervallen]

Art. 71

Omzetting NV in andere rechtsvorm

1. Wanneer de naamloze vennootschap zich krachtens artikel 18 omzet in een vereniging, coöperatie of onderlinge waarborgmaatschappij, wordt iedere aandeelhouder lid, tenzij hij de schadeloosstelling heeft gevraagd, bedoeld in lid 2.

2. Op het besluit tot omzetting is artikel 100 van toepassing, tenzij de vennootschap zich omzet in een besloten vennootschap. Na zulk een besluit kan iedere aandeelhouder die niet met het besluit heeft ingestemd, de vennootschap schadeloosstelling vragen voor het verlies van zijn aandelen. Het verzoek tot schadeloosstelling moet schriftelijk aan de vennootschap worden gedaan binnen één maand nadat zij aan de aandeelhouder heeft medegedeeld, dat hij deze schadeloosstelling kan vragen. De mededeling geschiedt op de zelfde wijze als de oproeping tot een algemene vergadering.

3. Bij gebreke van overeenstemming wordt de schadeloosstelling bepaald door een of meer onafhankelijke deskundigen, ten verzoeke van de meest gerede partij te benoemen door de rechtbank bij de machtiging tot omzetting of door de voorzieningenrechter van die rechtbank. De artikelen 351 en 352 zijn van toepassing.

(Zie ook: art. 181 BW Boek 6)

Art. 72

Omzetting BV in NV

1. Wanneer een besloten vennootschap zich krachtens artikel 18 omzet in een naamloze vennootschap, wordt aan de akte van omzetting een verklaring van een accountant als bedoeld in artikel 393 lid 1 gehecht waaruit blijkt dat het eigen vermogen van de vennootschap op een dag binnen vijf maanden voor de omzetting ten minste overeenkwam met het gestorte en opgevraagde deel van het kapitaal.

(Zie ook: art. 175 BW Boek 2)

Omzetting rechtspersoon in NV

2. Wanneer een andere rechtspersoon zich krachtens artikel 18 omzet in een naamloze vennootschap, worden aan de akte van omzetting gehecht:

a. een verklaring van een accountant als bedoeld in artikel 393 lid 1, waaruit blijkt dat het eigen vermogen van de rechtspersoon op een dag binnen vijf maanden voor de omzetting ten minste het bedrag beloopt van het gestorte deel van het geplaatste kapitaal volgens de akte van omzetting; bij het eigen vermogen mag de waarde worden geteld van hetgeen na die dag uiterlijk onverwijld na de omzetting op aandelen zal worden gestort;

b. indien de rechtspersoon leden heeft, de schriftelijke toestemming van ieder lid wiens aandelen niet worden volgestort door omzetting van de reserves van de rechtspersoon;

(Zie ook: art. 26 BW Boek 2)

c. indien een stichting wordt omgezet, de rechterlijke machtiging daartoe.

Omzetting vereniging in NV

3. Wanneer een vereniging, coöperatie of onderlinge waarborgmaatschappij zich krachtens artikel 18 omzet in een naamloze vennootschap, wordt ieder lid aandeelhouder. De omzetting kan niet geschieden, zolang een lid nog kan opzeggen op grond van artikel 36 lid 4.

(Zie ook: artt. 69, 183 BW Boek 2; Bptv)

Art. 73

[Vervallen]

Art. 74

Ontbinding van NV

1. Op verzoek van het openbaar ministerie ontbindt de rechtbank de naamloze vennootschap wanneer deze haar doel, door een gebrek aan baten, niet kan bereiken, en kan de rechtbank de vennootschap ontbinden, wanneer deze haar werkzaamheid tot verwezenlijking van haar doel heeft gestaakt. Het openbaar ministerie deelt de Kamer van Koophandel mee dat het voornemens is een verzoek tot ontbinding in te stellen.

2. De rechtbank ontbindt de vennootschap op verzoek van het openbaar ministerie wanneer het geplaatste kapitaal of het gestorte deel daarvan geringer is dan het minimumkapitaal.

3. Alvorens de ontbinding uit te spreken kan de rechter de vennootschap in de gelegenheid stellen binnen een door hem te bepalen termijn het verzuim te herstellen of zich om te zetten in een besloten vennootschap met beperkte aansprakelijkheid.

(Zie ook: artt. 19, 22, 23, 24, 185 BW Boek 2; artt. 429a, 995 Rv)

Art. 75

1. Uit alle geschriften, gedrukte stukken en aankondigingen, waarin de naamloze vennootschap partij is of die van haar uitgaan, met uitzondering van telegrammen en reclames, moeten de volledige naam van de vennootschap en haar woonplaats duidelijk blijken.

2. Indien melding wordt gemaakt van het kapitaal van de vennootschap, moet in elk geval worden vermeld welk bedrag is geplaatst, en hoeveel van het geplaatste bedrag is gestort.

(Zie ook: art. 10 BW Boek 1; art. 56 BW Boek 2; art. 1 WED)

Art. 76

[Vervallen]

Art. 76a

1. Onder beleggingsmaatschappij met veranderlijk kapitaal wordt verstaan een naamloze vennootschap,

a. die uitsluitend ten doel heeft haar vermogen zodanig te beleggen dat de risico's daarvan worden gespreid, ten einde haar aandeelhouders in de opbrengst te doen delen,

b. waarvan het bestuur krachtens de statuten bevoegd is aandelen in haar kapitaal uit te geven, te verwerven en te vervreemden,

c. waarvoor aan een beheerder een vergunning of verklaring van ondertoezichtstelling is verleend als bedoeld in de Wet op het financieel toezicht voor plaatsing van haar aandelen, en

d. waarvan de statuten bepalen dat de vennootschap beleggingsmaatschappij met veranderlijk kapitaal is.

(Zie ook: art. 392 BW Boek 2)

2. De vennootschap doet aan het handelsregister en aan de Stichting Autoriteit Financiële Markten opgave dat zij een beleggingsmaatschappij met veranderlijk kapitaal is. Deze woorden moeten ook in alle geschriften, gedrukte stukken en aankondigingen, waarin de beleggingsmaatschappij met veranderlijk kapitaal partij is of die van haar uitgaan, met uitzondering van telegrammen en reclames, duidelijk bij haar naam worden vermeld.

(Zie ook: artt. 96b, 98, 100, 401 BW Boek 2; art. 59 WvK; art. 1 WED)

Art. 77

[Vervallen]

Art. 78

Wanneer in de statuten wordt gesproken van de houders van zoveel aandelen als tezamen een zeker gedeelte van het maatschappelijk kapitaal der vennootschap uitmaken, wordt, tenzij het tegendeel uit de statuten blijkt, onder kapitaal verstaan het geplaatste gedeelte van het maatschappelijk kapitaal.

(Zie ook: artt. 66, 67, 75, 110, 118, 189 BW Boek 2)

Art. 78a

Voor de toepassing van de artikelen 87, 96, 96a, 101 lid 6 en 129 wordt onder orgaan van de vennootschap verstaan de algemene vergadering, de vergadering van houders van aandelen van een bijzonder soort, het bestuur, de raad van commissarissen en de gemeenschappelijke vergadering van het bestuur en de raad van commissarissen.

Afdeling 2
De aandelen

Art. 79

1. Aandelen zijn de gedeelten, waarin het maatschappelijk kapitaal bij de statuten is verdeeld.

2. Onderaandelen zijn de onderdelen, waarin de aandelen krachtens de statuten zijn of kunnen worden gesplitst.

3. De bepalingen van deze titel over aandelen en aandeelhouders vinden overeenkomstige toepassing op onderaandelen en houders van onderaandelen voor zover uit die bepalingen niet anders blijkt.

(Zie ook: artt. 64, 67, 118, 190 BW Boek 2)

Art. 80

1. Bij het nemen van het aandeel moet daarop het nominale bedrag worden gestort alsmede, indien het aandeel voor een hoger bedrag wordt genomen, het verschil tussen die bedragen. Bedongen kan worden dat een deel, ten hoogste drie vierden, van het nominale bedrag eerst behoeft te worden gestort nadat de vennootschap het zal hebben opgevraagd.

2. Het is geoorloofd aan hen die zich in hun beroep belasten met het voor eigen rekening plaatsen van aandelen, bij overeenkomst toe te staan op de door hen genomen aandelen minder te storten dan het nominale bedrag, mits ten minste vier en negentig ten honderd van dit bedrag uiterlijk bij het nemen van de aandelen in geld wordt gestort.

3. Een aandeelhouder kan niet geheel of gedeeltelijk worden ontheven van de verplichting tot storting, behoudens het bepaalde in artikel 99.

B2 art. 80a — Burgerlijk Wetboek Boek 2

4. De aandeelhouder en, in het geval van artikel 90, de voormalige aandeelhouder zijn niet bevoegd tot verrekening van hun schuld uit hoofde van dit artikel.

(Zie ook: artt. 69, 74, 80a, 80b, 82, 83, 84, 90, 94, 105, 191, 373 BW Boek 2; art. 127 BW Boek 6; art. 53 FW)

Art. 80a

Storting op aandelen NV in geld

1. Storting op een aandeel moet in geld geschieden voor zover niet een andere inbreng is overeengekomen.

Storting op aandelen NV in vreemd geld

2. Voor of bij de oprichting kan storting in vreemd geld slechts geschieden indien de akte van oprichting vermeldt dat storting in vreemd geld is toegestaan; na de oprichting kan dit slechts geschieden met toestemming van de naamloze vennootschap. Storting in een valuta die een eenheid is van de euro krachtens artikel 109L, vierde lid van het Verdrag betreffende de Europese Unie wordt niet beschouwd als storting in vreemd geld.

3. Met storting in vreemd geld wordt aan de stortingsplicht voldaan voor het bedrag waartegen het gestorte bedrag vrijelijk in Nederlands geld kan worden gewisseld. Bepalend is de wisselkoers op de dag van de storting dan wel, indien vroeger dan een maand voor de oprichting is gestort, op de dag van de oprichting of, na toepassing van de volgende zin, op de daar bedoelde dag. De vennootschap kan storting verlangen tegen de wisselkoers op een bepaalde dag binnen twee maanden voor de laatste dag waarop moet worden gestort, mits de aandelen of certificaten onverwijld na de uitgifte zullen worden toegelaten tot de handel op een gereglementeerde markt of een multilaterale handelsfaciliteit, als bedoeld in artikel 1:1 van de Wet op het financieel toezicht waarvoor een vergunning is verleend in een andere lidstaat of een met een gereglementeerde markt of multilaterale handelsfaciliteit vergelijkbaar systeem uit een staat die geen lidstaat is.

(Zie ook: artt. 80, 93a, 191a BW Boek 2; art. 59 WvK)

Art. 80b

Inbreng van aandelen NV anders dan in geld

1. Indien inbreng anders dan in geld is overeengekomen, moet hetgeen wordt ingebracht naar economische maatstaven kunnen worden gewaardeerd. Een recht op het verrichten van werk of diensten kan niet worden ingebracht.

2. Inbreng anders dan in geld moet onverwijld geschieden na het nemen van het aandeel of na de dag waartegen een bijstorting is uitgeschreven of waarop zij is overeengekomen.

(Zie ook: artt. 80, 80a, 94, 94a, 191b BW Boek 2)

Art. 81

Verplichting beperkt tot volstorten van aandelen NV

Aan een aandeelhouder kan niet, zelfs niet door wijziging van de statuten, tegen zijn wil enige verplichting boven de storting tot het nominale bedrag van het aandeel worden opgelegd.

(Zie ook: artt. 55, 64, 121, 192 BW Boek 2)

Art. 82

Aandelen NV op naam of aan toonder; verzamelbewijs

1. De statuten bepalen of aandelen op naam of aan toonder luiden. Aandelen aan toonder worden uitgegeven in de vorm van een verzamelbewijs dat in bewaring wordt gegeven aan het centraal instituut of een intermediair als bedoeld in artikel 1 van de Wet giraal effectenverkeer.

2. Indien aandelen zowel op naam als aan toonder kunnen luiden, moet de naamloze vennootschap op verzoek van een aandeelhouder een op naam luidend volgestort aandeel aan toonder stellen of omgekeerd, voor zover de statuten niet anders bepalen, en wel ten hoogste tegen de kostprijs.

Aandelen aan toonder, overgangsbepaling

3. Uiterlijk op 31 december 2019 stelt de vennootschap door een statutenwijziging aandelen aan toonder op naam voor zover deze aandelen niet in bewaring zijn gegeven aan het centraal instituut of een intermediair als bedoeld in artikel 1 van de Wet giraal effectenverkeer. De vennootschap maakt dit bekend in een landelijk verspreid dagblad onder vermelding van het bepaalde in lid 4 tot en met 9.

(Zie ook: artt. 83, 121, 309, 324, 334a, 334v BW Boek 2; artt. 86, 87 BW Boek 3; art. 474c Rv)

Dwingend recht

4. Aandelen aan toonder die op 1 januari 2020 niet in bewaring zijn gegeven aan een centraal instituut of een intermediair als bedoeld in artikel 1 van de Wet giraal effectenverkeer of op naam zijn gesteld door de vennootschap, luiden vanaf die datum van rechtswege op naam.

5. Indien aandelen aan toonder door een statutenwijziging of van rechtswege op naam worden gesteld kan de aandeelhouder de aan een aandeel verbonden rechten niet uitoefenen, tot na inlevering van het aandeelbewijs aan de vennootschap. Deze regeling is van overeenkomstige toepassing indien houders van aandelen aan toonder door fusie of splitsing houders worden van aandelen op naam, met dien verstande dat overlegging van het aandeelbewijs volstaat.

Aandeelbewijs niet in bewaring gegeven/niet omgezet, verkrijging om niet

6. Een aandeelbewijs dat niet uiterlijk op 31 december 2020 in bewaring is gegeven bij een intermediair of het centraal instituut, dan wel na omzetting in een aandeel op naam, niet uiterlijk op deze datum is ingeleverd bij de vennootschap, wordt om niet verkregen door de vennootschap, ongeacht of de statuten verkrijging van eigen aandelen toestaan. De vennootschap wordt geregistreerd als aandeelhouder in het register. De vennootschap houdt de aandelen totdat de termijn als bedoeld in lid 9 is verlopen.

7. Artikel 98a lid 3 is niet van toepassing op de verkrijging van de aandelen om niet als bedoeld in lid 5.

8. In het geval de verkrijging om niet ertoe leidt dat de vennootschap alle aandelen in de vennootschap houdt, gaat één door de vennootschap aan te wijzen aandeel over op de gezamenlijke bestuurders. De gezamenlijke bestuurders worden geregistreerd als aandeelhouder in het register. Deze bestuurders zijn hoofdelijk aansprakelijk voor de betaling aan de vennootschap van de waarde van de aandelen op dat tijdstip met de wettelijke rente van dit tijdstip af.

9. Een aandeelhouder die zich uiterlijk vijf jaar na de verkrijging bedoeld in lid 6 alsnog meldt bij de vennootschap met een aandeelbewijs heeft recht op een vervangend aandeel op naam van de vennootschap.

10. De vennootschap brengt bij de eerstvolgende statutenwijziging na inwerkingtreding van de Wet omzetting aandelen aan toonder de statuten in overeenstemming met het bepaalde in dit artikel.

Art. 83

Tegenover de latere verkrijger te goeder trouw staat aan de naamloze vennootschap niet het bewijs open, dat een aandeel aan toonder niet is volgestort, of dat op een aandeel op naam niet is gestort hetgeen een vanwege de vennootschap op het aandeelbewijs gestelde verklaring als storting op het nominale bedrag vermeldt.

(Zie ook: art. 82 BW Boek 2; artt. 11, 86 t/m 88 BW Boek 3)

Art. 84

De vereffenaar van een naamloze vennootschap en, in geval van faillissement, de curator zijn bevoegd tot uitschrijving en inning van alle nog niet gedane stortingen op de aandelen, onverschillig hetgeen bij de statuten daaromtrent is bepaald.

(Zie ook: artt. 90, 99, 127, 193 BW Boek 2; art. 68 FW)

Art. 85

1. Het bestuur van de vennootschap houdt een register waarin de namen en de adressen van alle houders van aandelen op naam zijn opgenomen, met vermelding van de datum waarop zij de aandelen hebben verkregen, de datum van de erkenning of betekening, alsmede van het op ieder aandeel gestorte bedrag. Daarin worden tevens opgenomen de namen en adressen van hen die een recht van vruchtgebruik of pandrecht op de aandelen hebben, met vermelding van de datum waarop zij het recht hebben verkregen, de datum van erkenning of betekening, alsmede met vermelding welke aan de aandelen verbonden rechten hun overeenkomstig de leden 2 en 4 van de artikelen 88 en 89 van dit boek toekomen.

2. Het register wordt regelmatig bijgehouden; daarin wordt mede aangetekend elk verleend ontslag van aansprakelijkheid voor nog niet gedane stortingen.

3. Het bestuur verstrekt desgevraagd aan een aandeelhouder, een vruchtgebruiker en een pandhouder om niet een uittreksel uit het register met betrekking tot zijn recht op een aandeel. Rust op het aandeel een recht van vruchtgebruik of een pandrecht, dan vermeldt het uittreksel aan wie de in de leden 2 en 4 van de artikelen 88 en 89 van dit Boek bedoelde rechten toekomen.

4. Het bestuur legt het register ten kantore van de vennootschap ter inzage van de aandeelhouders, alsmede van de vruchtgebruikers en pandhouders aan wie de in lid 4 van de artikelen 88 en 89 van dit Boek bedoelde rechten toekomen. De vorige zin is niet van toepassing op het gedeelte van het register dat buiten Nederland ter voldoening aan de aldaar geldende wetgeving of ingevolge beursvoorschriften wordt gehouden. De gegevens van het register omtrent nietvolgestorte aandelen zijn ter inzage van een ieder; afschrift of uittreksel van deze gegevens wordt ten hoogste tegen kostprijs verstrekt.

(Zie ook: artt. 61, 86a, 88, 89, 90, 194 BW Boek 2; art. 474c Rv; art. 1 WED; art. 109 Wft)

Art. 86

1. Voor de uitgifte en levering van aandeel op naam, niet zijnde een aandeel als bedoeld in artikel 86c, of de levering van een beperkt recht daarop, is vereist een daartoe bestemde ten overstaan van een in Nederland standplaats hebbende notaris verleden akte waarbij de betrokkenen partij zijn. Geen afzonderlijke akte is vereist voor de uitgifte van aandelen die bij de oprichting worden geplaatst.

(Zie ook: artt. 67, 98 BW Boek 2)

2. Akten van uitgifte of levering moeten vermelden:

a. de titel van de rechtshandeling en op welke wijze het aandeel of het beperkt recht daarop is verkregen;

b. naam, voornamen, geboortedatum, geboorteplaats, woonplaats en adres van de natuurlijke personen die bij de rechtshandeling partij zijn;

c. rechtsvorm, naam, woonplaats en adres van de rechtspersonen die bij de rechtshandeling partij zijn;

d. het aantal en de soort aandelen waarop de rechtshandeling betrekking heeft, alsmede

e. naam, woonplaats en adres van de vennootschap op welker aandelen de rechtshandeling betrekking heeft.

(Zie ook: artt. 67, 86a, 196 BW Boek 2; artt. 83, 94, 98, 236, 239, 246 BW Boek 3; art. 474h Rv; art. 109 Wft)

B2 art. 86a

Art. 86a

Levering bij aandelen NV

1. De levering van een aandeel op naam of de levering van een beperkt recht daarop overeenkomstig artikel 86 lid 1 werkt mede van rechtswege tegenover de vennootschap. Behoudens in het geval dat de vennootschap zelf bij de rechtshandeling partij is, kunnen de aan het aandeel verbonden rechten eerst worden uitgeoefend nadat zij de rechtshandeling heeft erkend of de akte aan haar is betekend overeenkomstig de bepalingen van artikel 86b, dan wel deze heeft erkend door inschrijving in het aandeelhoudersregister als bedoeld in lid 2.

Levering aandelen NV inschrijven in aandeelhoudersregister

2. De vennootschap die kennis draagt van de rechtshandeling als bedoeld in het eerste lid kan, zolang haar geen erkenning daarvan is verzocht noch betekening van de akte aan haar is geschied, de rechtshandeling eigener beweging erkennen door inschrijving van de verkrijger van het aandeel of het beperkte recht daarop in het aandeelhoudersregister. Zij doet daarvan aanstonds bij aangetekende brief mededeling aan de bij de rechtshandeling betrokken partijen met het verzoek alsnog een afschrift of uittreksel als bedoeld in artikel 86b lid 1 aan haar over te leggen. Na ontvangst daarvan plaatst zij, ten bewijze van de erkenning, een aantekening op het stuk op de wijze als in artikel 86b voor de erkenning wordt voorgeschreven; als datum van erkenning wordt de dag van de inschrijving vermeld.

3. Indien een rechtshandeling als bedoeld in het eerste lid heeft plaatsgevonden zonder dat dit heeft geleid tot een daarop aansluitende wijziging in het register van aandeelhouders, kan deze noch aan de vennootschap noch aan anderen die te goeder trouw de in het aandeelhoudersregister ingeschreven persoon als aandeelhouder of eigenaar van een beperkt recht op een aandeel hebben beschouwd, worden tegengeworpen.

(Zie ook: artt. 85, 196a BW Boek 2; art. 88 BW Boek 3; art. 109 Wft)

Art. 86b

Erkenning levering aandelen NV

1. Behoudens het bepaalde in artikel 86a lid 2 geschiedt de erkenning in de akte dan wel op grond van overlegging van een notarieel afschrift of uittreksel van de akte.

2. Bij erkenning op grond van overlegging van een notarieel afschrift of uittreksel wordt een gedagtekende verklaring geplaatst op het overgelegde stuk.

3. De betekening geschiedt van een notarieel afschrift of uittreksel van de akte.

(Zie ook: art. 196b BW Boek 2)

Art. 86c

Leveringseisen bij aandelen NV

1. Voor de levering van een aandeel op naam of de levering van een beperkt recht daarop in een vennootschap, waarvan aandelen of certificaten van aandelen zijn toegelaten tot de handel op een gereglementeerde markt of een multilaterale handelsfaciliteit, als bedoeld in artikel 1:1 van de Wet op het financieel toezicht of een met een gereglementeerde markt of multilaterale handelsfaciliteit vergelijkbaar systeem uit een staat die geen lidstaat is, of waarvan aandelen of certificaten van aandelen, naar ten tijde van de rechtshandeling op goede gronden kan worden verwacht, daartoe spoedig zullen worden toegelaten, gelden de volgende bepalingen.

2. Voor de levering van een aandeel op naam of de levering van een beperkt recht daarop zijn vereist een daartoe bestemde akte alsmede, behoudens in het geval dat de vennootschap zelf bij die rechtshandeling partij is, schriftelijke erkenning door de vennootschap van de levering. De erkenning geschiedt in de akte, of door een gedagtekende verklaring houdende de erkenning op de akte of op een notarieel of door de vervreemder gewaarmerkt afschrift of uittreksel daarvan, of op de wijze als bedoeld in lid 3. Met de erkenning staat gelijk de betekening van die akte of dat afschrift of uittreksel aan de vennootschap. Betreft het de levering van niet volgestorte aandelen, dan kan de erkenning slechts geschieden wanneer de akte een vaste dagtekening draagt.

(Zie ook: artt. 84, 90 BW Boek 2)

3. Indien voor een aandeel een aandeelbewijs is afgegeven, kunnen de statuten bepalen dat voor de levering bovendien afgifte van dat aandeelbewijs aan de vennootschap is vereist. Dit vereiste geldt niet indien het aandeelbewijs is verloren, ontvreemd of vernietigd en niet volgens de statuten kan worden vervangen. Indien het aandeelbewijs aan de vennootschap wordt afgegeven, kan de vennootschap de levering erkennen door op dat aandeelbewijs een aantekening te plaatsen waaruit van de erkenning blijkt of door het afgegeven bewijs te vervangen door een nieuw aandeelbewijs luidende ten name van de verkrijger.

(Zie ook: art. 474c Rv)

4. Een pandrecht kan ook worden gevestigd zonder erkenning door of betekening aan de vennootschap. Alsdan is artikel 239 van Boek 3 van overeenkomstige toepassing, waarbij erkenning door of betekening aan de vennootschap in de plaats treedt van de in lid 3 van dat artikel bedoelde mededeling.

(Zie ook: art. 89 BW Boek 2)

Art. 86d

Duplicaat van aandeelbewijs

1. De houder van een bewijs van aandeel aan toonder kan de vennootschap verzoeken hem een duplicaat te verstrekken van het verloren gegane aandeelbewijs.

2. De houder dient aannemelijk te maken dat het aandeelbewijs is verloren gegaan, onder vermelding van de identiteit van het betrokken aandeelbewijs.

3. De vennootschap publiceert de aanvraag om een duplicaat in de prijscourant van een gereglementeerde markt of een multilaterale handelsfaciliteit, als bedoeld in artikel 1:1 van de Wet op het financieel toezicht of een met een gereglementeerde markt of multilaterale handelsfaciliteit vergelijkbaar systeem uit een staat die geen lidstaat is of, indien de aandelen daarin niet zijn opgenomen, in een landelijk verspreid dagblad.

4. Iedere belanghebbende kan binnen zes weken vanaf de dag na de publicatie van de aanvraag door het indienen van een verzoek bij de rechtbank in verzet komen tegen de verstrekking van het duplicaat.

5. Indien niet tijdig verzet is ingesteld of indien een verzet bij onherroepelijk geworden uitspraak ongegrond is verklaard, wordt het duplicaat tegen vergoeding van de kosten verstrekt. Het duplicaat treedt in de plaats van het verloren gegane aandeelbewijs. Na het verstrekken van een duplicaat kunnen aan het vervangen bewijs van aandeel geen rechten worden ontleend.

6. Dit artikel is niet van toepassing voorzover de statuten van de vennootschap voorzien in een regeling ter vervanging van verloren gegane aandeelbewijzen.

Art. 87

1. Bij de statuten kan de overdraagbaarheid van aandelen op naam worden beperkt. Deze beperking kan niet zodanig zijn dat zij de overdracht onmogelijk of uiterst bezwaarlijk maakt. Hetzelfde geldt voor de toedeling van aandelen uit een gemeenschap. Een overdracht in strijd met een beperking is ongeldig.

Overdracht van aandelen

2. Indien de statuten de overdracht van aandelen onderwerpen aan de goedkeuring van een orgaan van de vennootschap of van derden, wordt de goedkeuring geacht te zijn verleend indien niet binnen een in de statuten gestelde termijn van ten hoogste drie maanden op het verzoek is beslist of indien de aandeelhouder niet gelijktijdig met de weigering van de goedkeuring opgave ontvangt van een of meer gegadigden die bereid zijn de aandelen waarop het verzoek om goedkeuring betrekking heeft te kopen. De regeling dient zodanig te zijn dat de aandeelhouder die dit verlangt een prijs ontvangt gelijk aan de waarde van zijn over te dragen aandeel of aandelen, vastgesteld door een of meer onafhankelijke deskundigen.

3. Indien de statuten bepalen dat een aandeelhouder die een of meer aandelen wil vervreemden deze eerst moet aanbieden aan mede-aandeelhouders of aan een door een orgaan van de vennootschap aan te wijzen derde, dient de regeling zodanig te zijn dat de aandeelhouder die dit verlangt een prijs ontvangt gelijk aan de waarde van zijn over te dragen aandeel of aandelen, vastgesteld door een of meer onafhankelijke deskundigen. De aandeelhouder blijft bevoegd zijn aanbod in te trekken mits dit geschiedt binnen een maand nadat hem bekend is aan welke gegadigden hij al de aandelen waarop het aanbod betrekking heeft kan verkopen en tegen welke prijs. Indien is vastgesteld dat niet al de aandelen waarop het aanbod betrekking heeft worden gekocht, zal de aanbieder de aandelen binnen een in de statuten te stellen termijn van ten minste drie maanden na de vaststelling vrijelijk mogen overdragen.

4. De vennootschap zelf kan slechts met instemming van de aandeelhouder, bedoeld in het tweede of derde lid, gegadigde zijn.

5. Bepalingen in de statuten omtrent de overdraagbaarheid van aandelen gelden niet, indien de houder krachtens de wet tot overdracht van zijn aandeel aan een eerdere houder verplicht is.

(Zie ook: artt. 64, 78a, 86, 89, 195 BW Boek 2; artt. 83, 88, 186 BW Boek 3; artt. 203, 252, 271 BW Boek 6; art. 474g Rv)

Art. 87a

1. De statuten kunnen bepalen dat in gevallen, in de statuten omschreven, de aandeelhouder gehouden is zijn aandelen aan te bieden en over te dragen. De statuten kunnen daarbij bepalen dat zolang de aandeelhouder zijn verplichtingen tot aanbieding of overdracht niet nakomt, zijn stemrecht, zijn recht op deelname aan de algemene vergadering en zijn recht op uitkeringen is opgeschort.

Verplichting tot aanbieden en overdragen van aandelen NV

2. De statuten kunnen bepalen dat indien een aandeelhouder niet binnen een in de statuten te bepalen redelijke termijn zijn statutaire verplichtingen tot aanbieding en overdracht van zijn aandelen is nagekomen, de vennootschap onherroepelijk gevolmachtigd is de aandelen aan te bieden en over te dragen. Wanneer er geen gegadigden zijn aan wie de aandeelhouder al zijn aandelen zal kunnen overdragen volgens een regeling in de statuten, ontbreekt de volmacht en is de aandeelhouder onherroepelijk van het bepaalde in lid 1 ontheven.

3. De regeling dient zodanig te zijn dat de aandeelhouder die dit verlangt een prijs ontvangt, gelijk aan de waarde van zijn aandeel of aandelen, vastgesteld door een of meer onafhankelijke deskundigen.

(Zie ook: art. 195a BW Boek 2)

Art. 87b

1. De statuten kunnen bepalen dat van de aandeelhouder die niet of niet langer aan in de statuten gestelde eisen voldoet het stemrecht, het recht op deelname aan de algemene vergadering en het recht op uitkeringen is opgeschort.

Opschorting rechten aandeelhouders NV

B2 art. 88 **Burgerlijk Wetboek Boek 2**

2. Indien de aandeelhouder een of meer van de in lid 1 genoemde rechten niet kan uitoefenen en de aandeelhouder niet gehouden is zijn aandelen aan te bieden en over te dragen, is hij onherroepelijk van de in de statuten gestelde eisen ontheven wanneer de vennootschap niet binnen drie maanden na een verzoek daartoe van de aandeelhouder gegadigden heeft aangewezen aan wie hij al zijn aandelen zal kunnen overdragen volgens een regeling in de statuten.

3. De regeling dient zodanig te zijn dat de aandeelhouder die dit verlangt een prijs ontvangt, gelijk aan de waarde van zijn aandeel of aandelen, vastgesteld door een of meer onafhankelijke deskundigen.

(Zie ook: art. 195b BW Boek 2)

Art. 88

Vruchtgebruik op aandelen NV

1. De bevoegdheid tot het vestigen van vruchtgebruik op een aandeel kan bij de statuten niet worden beperkt of uitgesloten.

(Zie ook: art. 319 BW Boek 2; art. 201 BW Boek 3)

2. De aandeelhouder heeft het stemrecht op de aandelen waarop een vruchtgebruik is gevestigd.

(Zie ook: artt. 89, 117, 118 BW Boek 2; art. 219 BW Boek 3)

3. In afwijking van het voorgaande lid komt het stemrecht toe aan de vruchtgebruiker, indien zulks bij de vestiging van het vruchtgebruik is bepaald en de vruchtgebruiker een persoon is, aan wie de aandelen vrijelijk kunnen worden overgedragen. Indien de vruchtgebruiker een persoon is aan wie de aandelen niet vrijelijk kunnen worden overgedragen, komt hem het stemrecht uitsluitend toe, indien dit bij de vestiging van het vruchtgebruik is bepaald en zowel deze bepaling als - bij overdracht van het vruchtgebruik - de overgang van het stemrecht is goedgekeurd door het vennootschapsorgaan dat bij de statuten is aangewezen om goedkeuring te verlenen tot een voorgenomen overdracht van aandelen, dan wel - bij ontbreken van zodanige aanwijzing - door de algemene vergadering. Van het bepaalde in de vorige zin kan in de statuten worden afgeweken. Bij een vruchtgebruik als bedoeld in de artikelen 19 en 21 van Boek 4 komt het stemrecht eveneens aan de vruchtgebruiker toe, tenzij bij de vestiging van het vruchtgebruik door partijen of door de kantonrechter op de voet van artikel 23 lid 4 van Boek 4 anders wordt bepaald.

(Zie ook: artt. 87, 89, 107 BW Boek 2; art. 13 Wmz)

4. De aandeelhouder die geen stemrecht heeft, en de vruchtgebruiker die stemrecht heeft, hebben de rechten, die door de wet zijn toegekend aan de houders van met medewerking ener vennootschap uitgegeven certificaten van aandelen. De vruchtgebruiker die geen stemrecht heeft, heeft deze rechten, tenzij deze hem bij de vestiging of de overdracht van het vruchtgebruik of bij de statuten der vennootschap worden onthouden.

(Zie ook: artt. 89, 92, 99, 110, 112, 113, 114, 117, 123, 314, 346 BW Boek 2)

5. Indien de statuten der vennootschap niet anders bepalen, komen ook aan de aandeelhouder toe de uit het aandeel voortspruitende rechten, strekkende tot het verkrijgen van aandelen, met dien verstande dat hij de waarde van deze rechten moet vergoeden aan de vruchtgebruiker, voor zover deze krachtens zijn recht van vruchtgebruik daarop aanspraak heeft.

(Zie ook: artt. 85, 96a, 197 BW Boek 2; artt. 9, 201, 216 BW Boek 3; art. 109 Wft)

Art. 89

Pandrecht op aandelen NV

1. De bevoegdheid tot verpanding van een aandeel aan toonder kan bij de statuten niet worden beperkt of uitgesloten. Op aandelen op naam kan pandrecht worden gevestigd, voor zover de statuten niet anders bepalen.

(Zie ook: art. 319 BW Boek 2; artt. 227, 236, 248 BW Boek 3)

2. De aandeelhouder heeft het stemrecht op de verpande aandelen.

(Zie ook: artt. 88, 117, 118 BW Boek 2; art. 247 BW Boek 3)

3. In afwijking van het voorgaande lid komt het stemrecht toe aan de pandhouder, indien zulks bij de vestiging van het pandrecht is bepaald en de pandhouder een persoon is, aan wie de aandelen vrijelijk kunnen worden overgedragen. Indien de pandhouder een persoon is aan wie de aandelen niet vrijelijk kunnen worden overgedragen, komt hem het stemrecht uitsluitend toe, indien dit bij de vestiging van het pandrecht is bepaald, en de bepaling is goedgekeurd door het vennootschapsorgaan dat bij de statuten is aangewezen om goedkeuring te verlenen tot een voorgenomen overdracht van aandelen, dan wel - bij ontbreken van zodanige aanwijzing - door de algemene vergadering. Treedt een ander in de rechten van de pandhouder, dan komt hem het stemrecht slechts toe, indien het in de vorige zin bedoelde orgaan dan wel, bij gebreke daarvan, de algemene vergadering de overgang van het stemrecht goedkeurt. Van het bepaalde in de voorgaande drie zinnen kan in de statuten worden afgeweken.

(Zie ook: artt. 87, 88, 107 BW Boek 2; art. 13 Wmz)

4. De aandeelhouder die geen stemrecht heeft, en de pandhouder die stemrecht heeft, hebben de rechten die door de wet zijn toegekend aan de houders van met medewerking ener vennootschap uitgegeven certificaten van aandelen. De pandhouder die geen stemrecht heeft, heeft deze rechten, tenzij deze hem bij de vestiging of de overgang van het pandrecht of bij de statuten der vennootschap worden onthouden.

(Zie ook: artt. 88, 92, 99, 100, 110, 112, 113, 114, 117, 123, 314, 346 BW Boek 2)

5. De bepalingen van de statuten ten aanzien van de vervreemding en overdracht van aandelen zijn van toepassing op de vervreemding en overdracht van de aandelen door de pandhouder of de verblijving van de aandelen aan de pandhouder, met dien verstande dat de pandhouder alle ten aanzien van de vervreemding en overdracht aan de aandeelhouder toekomende rechten uitoefent en diens verplichtingen ter zake nakomt.

6. Is het pandrecht overeenkomstig artikel 86c lid 4 gevestigd, dan komen de rechten volgens dit artikel de pandhouder eerst toe nadat het pandrecht door de vennootschap is erkend of aan haar is betekend.

(Zie ook: artt. 85 t/m 87, 89a, 198 BW Boek 2; art. 474g Rv; art. 109 Wft)

Art. 89a

1. De naamloze vennootschap kan eigen aandelen of certificaten daarvan slechts in pand nemen, indien:

a. de in pand te nemen aandelen volgestort zijn,

(Zie ook: art. 80 BW Boek 2)

b. het nominale bedrag van de in pand te nemen en de reeds gehouden of in pand gehouden eigen aandelen en certificaten daarvan tezamen niet meer dan een tiende van het geplaatste kapitaal bedraagt, en

c. de algemene vergadering de pandovereenkomst heeft goedgekeurd.

(Zie ook: artt. 89, 98, 98d, 107 BW Boek 2)

2. Dit artikel is niet van toepassing op aandelen en certificaten daarvan die een financiële onderneming die in Nederland het bedrijf van bank mag uitoefenen ingevolge de Wet op het financieel toezicht, in de gewone uitoefening van haar bedrijf in pand neemt. Deze aandelen en certificaten blijven buiten beschouwing bij de toepassing van de artikelen 98 lid 2 onder b en 98a lid 3.

(Zie ook: artt. 98, 98c, 118, 198, 375, 378, 400 BW Boek 2; artt. 227, 236 BW Boek 3)

Art. 90

1. Na overdracht of toedeling van een niet volgestort aandeel blijft ieder van de vorige aandeelhouders voor het daarop nog te storten bedrag hoofdelijk jegens de naamloze vennootschap aansprakelijk. Het bestuur kan tezamen met de raad van commissarissen de vorige aandeelhouder bij authentieke of geregistreerde onderhandse akte van verdere aansprakelijkheid ontslaan; in dat geval blijft de aansprakelijkheid niettemin bestaan voor stortingen, uitgeschreven binnen een jaar na de dag waarop de authentieke akte is verleden of de onderhandse is geregistreerd.

2. Indien een vorig aandeelhouder betaalt, treedt hij in de rechten die de vennootschap tegen latere houders heeft.

(Zie ook: artt. 55, 80, 82, 84, 86, 199 BW Boek 2; artt. 6, 150, 160 BW Boek 6)

Art. 91

[Vervallen]

Art. 91a

1. De houder van aandelen aan toonder die alle aandelen in het kapitaal van de vennootschap heeft verkregen, geeft hiervan schriftelijk kennis aan de vennootschap binnen acht dagen na de laatste verkrijging.

2. De houder van aandelen aan toonder die ophoudt houder te zijn van alle aandelen in het kapitaal van de vennootschap doordat een derde een of meer van zijn aandelen verkrijgt, geeft hiervan schriftelijk kennis aan de vennootschap binnen acht dagen nadien. Indien de houder van alle aandelen overlijdt of door fusie of splitsing ophoudt te bestaan, geven de verkrijgers hiervan schriftelijk kennis aan de vennootschap binnen een maand na het overlijden onderscheidenlijk de fusie of de splitsing.

3. Indien alle aandelen in het kapitaal van de vennootschap behoren tot een huwelijksgemeenschap of in een gemeenschap van een geregistreerd partnerschap, wordt de vennootschap geacht een enkele aandeelhouder te hebben in de zin van dit artikel en rust op ieder van de deelgenoten de verplichting tot kennisgeving overeenkomstig dit artikel.

4. Voor de toepassing van dit artikel worden aandelen gehouden door de vennootschap of haar dochtermaatschappijen niet meegeteld.

(Zie ook: artt. 118, 228, 311, 334c BW Boek 2)

Art. 92

1. Voor zover bij de statuten niet anders is bepaald, zijn aan alle aandelen in verhouding tot hun bedrag gelijke rechten en verplichtingen verbonden.

2. De naamloze vennootschap moet de aandeelhouders onderscheidenlijk certificaathouders die zich in gelijke omstandigheden bevinden, op dezelfde wijze behandelen.

3. De statuten kunnen bepalen dat aan aandelen van een bepaalde soort bijzondere rechten als in de statuten omschreven inzake de zeggenschap in de vennootschap zijn verbonden.

(Zie ook: artt. 8, 23b, 79, 96, 96a, 99, 105, 110, 113, 117, 118, 201, 392 BW Boek 2)

Art. 92a

1. Hij die als aandeelhouder voor eigen rekening ten minste 95% van het geplaatste kapitaal van de naamloze vennootschap verschaft, kan tegen de gezamenlijke andere aandeelhouders

Inpandneming eigen aandelen door NV

Werkingssfeer

Aansprakelijkheid vorige aandeelhouder NV

Kennisgeving overdracht van aandelen NV

Gelijke rechten en plichten bij aandelen NV

Uitkoop kleine minderheid bij aandelen

B2 art. 92b — Burgerlijk Wetboek Boek 2

een vordering instellen tot overdracht van hun aandelen aan de eiser. Hetzelfde geldt, indien twee of meer groepsmaatschappijen dit deel van het geplaatste kapitaal samen verschaffen en samen de vordering instellen tot overdracht aan een hunner.
(Zie ook: artt. 24a, 24b, 24d BW Boek 2)

2. Over de vordering oordeelt in eerste aanleg de ondernemingskamer van het gerechtshof Amsterdam. Van de uitspraak staat uitsluitend beroep in cassatie open.
(Zie ook: artt. 72, 99 Wet RO)

3. Indien tegen een of meer verweerders verstek is verleend, moet de rechter ambtshalve onderzoeken of de eiser of eisers de vereisten van lid 1 vervullen.

4. De rechter wijst de vordering tegen alle verweerders af, indien een verweerder ondanks de vergoeding ernstige stoffelijke schade zou lijden door de overdracht, een verweerder houder is van een aandeel waaraan de statuten een bijzonder recht inzake de zeggenschap in de vennootschap verbinden of een eiser jegens een verweerder afstand heeft gedaan van zijn bevoegdheid de vordering in te stellen.

5. Indien de rechter oordeelt dat de leden 1 en 4 de toewijzing van de vordering niet beletten, kan hij bevelen dat een of drie deskundigen zullen berichten over de waarde van de over te dragen aandelen. De eerste drie zinnen van artikel 350 lid 3 en de artikelen 351 en 352 zijn van toepassing. De rechter stelt de prijs vast die de over te dragen aandelen op een door hem te bepalen dag hebben. Zo lang en voor zover de prijs niet is betaald, wordt hij verhoogd met rente, gelijk aan de wettelijke rente, van die dag af tot de overdracht; uitkeringen op de aandelen die in dit tijdvak betaalbaar worden gesteld, strekken op de dag van betaalbaarstelling tot gedeeltelijke betaling van de prijs.
(Zie ook: art. 194 Rv)

6. De rechter die de vordering toewijst, veroordeelt de overnemer aan degenen aan wie de aandelen toebehoren of zullen toebehoren de vastgestelde prijs met rente te betalen tegen levering van het onbezwaarde recht op de aandelen. De rechter geeft omtrent de kosten van het geding zodanige uitspraak als hij meent dat behoort. Een verweerder die geen verweer heeft gevoerd, wordt niet verwezen in de kosten.
(Zie ook: artt. 119, 120 BW Boek 6; art. 237 Rv)

7. Staat het bevel tot overdracht bij gerechtelijk gewijsde vast, dan deelt de overnemer de dag en plaats van betaalbaarstelling en de prijs schriftelijk mee aan de houders van de over te nemen aandelen van wie hij het adres kent. Hij kondigt deze ook aan in een landelijk verspreid dagblad, tenzij hij van allen het adres kent.

8. De overnemer kan zich altijd van zijn verplichtingen ingevolge de leden 6 en 7 bevrijden door de vastgestelde prijs met rente voor alle nog niet overgenomen aandelen te consigneren, onder mededeling van hem bekende rechten van pand en vruchtgebruik en de hem bekende beslagen. Door deze mededeling gaat beslag over van de aandelen op het recht op uitkering. Door het consigneren gaat het recht op de aandelen onbezwaard op hem over en gaan rechten van pand of vruchtgebruik over op het recht op uitkering. Aan aandeel- en dividendbewijzen waarop na de overgang uitkeringen betaalbaar zijn gesteld, kan nadien geen recht jegens de vennootschap meer worden ontleend. De overnemer maakt het consigneren en de prijs per aandeel op dat tijdstip bekend op de wijze van lid 7.
(Zie ook: art. 201a BW Boek 2; art. 66 BW Boek 6)

Art. 92b

Certificaten aan toonder, verbod uitgifte

Certificaten aan toonder van aandelen mogen niet worden uitgegeven. Zolang certificaten aan toonder uitstaan, kunnen de aan het aandeel verbonden rechten niet worden uitgeoefend.

Afdeling 3
Het vermogen van de naamloze vennootschap

Art. 93

Rechtshandeling bij oprichting NV

1. Uit rechtshandelingen, verricht namens een op te richten naamloze vennootschap, ontstaan slechts rechten en verplichtingen voor de vennootschap wanneer zij die rechtshandelingen na haar oprichting uitdrukkelijk of stilzwijgend bekrachtigt of ingevolge lid 4 wordt verbonden.

Hoofdelijke gebondenheid voor rechtshandelingen bij oprichting NV

2. Degenen die een rechtshandeling verrichten namens een op te richten naamloze vennootschap zijn, tenzij met betrekking tot die rechtshandeling uitdrukkelijk anders is bedongen, daardoor hoofdelijk verbonden, totdat de vennootschap na haar oprichting de rechtshandeling heeft bekrachtigd.

Hoofdelijke aansprakelijkheid bij NV

3. Indien de vennootschap haar verplichtingen uit de bekrachtigde rechtshandeling niet nakomt, zijn degenen die namens de op te richten vennootschap handelden hoofdelijk aansprakelijk voor de schade die de derde dientengevolge lijdt, indien zij wisten of redelijkerwijze konden weten dat de vennootschap haar verplichtingen niet zou kunnen nakomen, onverminderd de aansprakelijkheid terzake van de bestuurders wegens de bekrachtiging. De wetenschap dat de vennootschap haar verplichtingen niet zou kunnen nakomen, wordt vermoed aanwezig te zijn, wanneer de vennootschap binnen een jaar na de oprichting in staat van faillissement wordt verklaard.

(Zie ook: artt. 9, 138 BW Boek 2; artt. 55, 61, 66, 69 BW Boek 3; artt. 6, 95, 162 BW Boek 6; artt. 43, 45 FW)

4. De oprichters kunnen de vennootschap in de akte van oprichting slechts verbinden door het uitgeven van aandelen, het aanvaarden van stortingen daarop, het aanstellen van bestuurders, het benoemen van commissarissen en het verrichten van rechtshandelingen als bedoeld in artikel 94 lid 1. Indien een oprichter hierbij onvoldoende zorgvuldigheid heeft betracht, zijn de artikelen 9 en 138 van overeenkomstige toepassing.

(Zie ook: artt. 4, 67, 69, 80 t/m 80b, 93a, 94, 130, 132, 135, 142, 203 BW Boek 2)

Art. 93a

1. Indien voor of bij de oprichting op aandelen wordt gestort in geld, moeten aan de akte van oprichting een of meer verklaringen worden gehecht, inhoudende dat de bedragen die op de bij de oprichting te plaatsen aandelen moeten worden gestort:

a. hetzij terstond na de oprichting ter beschikking zullen staan van de naamloze vennootschap,

b. hetzij alle op een zelfde tijdstip, ten vroegste vijf maanden voor de oprichting, op een afzonderlijke rekening stonden welke na de oprichting uitsluitend ter beschikking van de vennootschap zal staan, mits de vennootschap de stortingen in de akte aanvaardt.

2. Indien vreemd geld is gestort, moet uit de verklaring blijken tegen hoeveel geld het vrijelijk kon worden gewisseld op een dag waarop krachtens artikel 80a lid 3 de koers bepalend is voor de stortingsplicht.

3. Een verklaring als bedoeld in lid 1 kan slechts worden afgelegd door een financiële onderneming als bedoeld in artikel 1:1 van de Wet op het financieel toezicht die in de Europese Unie of in een staat die partij is bij de Overeenkomst betreffende de Europese Economische Ruimte het bedrijf van bank mag uitoefenen. De verklaring kan slechts worden afgegeven aan een notaris.

4. Worden voor de oprichting aan de rekening, bedoeld in onderdeel *b* van lid 1, bedragen onttrokken, dan zijn de oprichters hoofdelijk jegens de vennootschap verbonden tot vergoeding van die bedragen, totdat de vennootschap de onttrekkingen uitdrukkelijk heeft bekrachtigd.

5. De notaris moet de bank wier verklaring hij heeft ontvangen terstond verwittigen van de oprichting. Indien de oprichting niet doorgaat, moet hij de bank de verklaring terugzenden.

6. Indien na de oprichting in vreemd geld is gestort, legt de vennootschap binnen twee weken na de storting een verklaring, als bedoeld in lid 2, van een in het derde lid bedoelde bank neer ten kantore van het handelsregister.

(Zie ook: artt. 4, 69, 77, 80a, 203a BW Boek 2)

Art. 94

1. Rechtshandelingen:

a. in verband met het nemen van aandelen waarbij bijzondere verplichtingen op de naamloze vennootschap worden gelegd,

b. rakende het verkrijgen van aandelen op andere voet dan waarop de deelneming in de naamloze vennootschap voor het publiek wordt opengesteld,

c. strekkende om enigerlei voordeel te verzekeren aan een oprichter der naamloze vennootschap of aan een bij de oprichting betrokken derde,

d. betreffende inbreng op aandelen anders dan in geld,

moeten in haar geheel worden opgenomen in de akte van oprichting of in een geschrift dat daaraan in origineel of in authentiek afschrift wordt gehecht en waarnaar de akte van oprichting verwijst. Indien de vorige zin niet in acht is genomen, kunnen voor de vennootschap uit deze rechtshandelingen geen rechten of verplichtingen ontstaan.

2. Na de oprichting kunnen de in het vorige lid bedoelde rechtshandelingen zonder voorafgaande goedkeuring van de algemene vergadering slechts worden verricht, indien en voor zover aan het bestuur de bevoegdheid daartoe uitdrukkelijk bij de statuten is verleend.

3. Van het bepaalde in dit artikel zijn uitgezonderd de in artikel 80 lid 2 bedoelde overeenkomsten.

(Zie ook: artt. 4, 69, 80a, 80b, 93, 94a, 101, 122, 204, 312, 392 BW Boek 2)

Art. 94a

1. Indien bij de oprichting inbreng op aandelen anders dan in geld wordt overeengekomen, maken de oprichters een beschrijving op van hetgeen wordt ingebracht, met vermelding van de daaraan toegekende waarde en van de toegepaste waarderingsmethoden. Deze methoden moeten voldoen aan normen die in het maatschappelijke verkeer als aanvaardbaar worden beschouwd. De beschrijving heeft betrekking op de toestand van hetgeen wordt ingebracht op een dag die niet eerder dan zes maanden voor de oprichting ligt. De beschrijving wordt door alle oprichters ondertekend en aan de akte van oprichting gehecht.

(Zie ook: artt. 69, 80b, 94b t/m 94c, 105, 362 BW Boek 2)

2. Over de beschrijving van hetgeen wordt ingebracht moet een accountant als bedoeld in artikel 393, eerste lid een verklaring afleggen, die aan de akte van oprichting moet worden gehecht.

Bankverklaring bij oprichting van NV

Rechtshandelingen bij oprichting van NV

Beschrijving inbreng op aandelen anders dan in geld bij oprichting NV

Accountantsverklaring inbreng aandelen NV

B2 art. 94a

Hierin verklaart hij dat de waarde van hetgeen wordt ingebracht, bij toepassing van in het maatschappelijke verkeer als aanvaardbaar beschouwde waarderingsmethoden, ten minste beloopt het bedrag van de stortingsplicht, in geld uitgedrukt, waaraan met de inbreng moet worden voldaan. Indien bekend is dat de waarde na de beschrijving aanzienlijk is gedaald, is een tweede verklaring vereist.

(Zie ook: artt. 4, 80, 94b t/m 94c, 312, 313, 326 BW Boek 2)

3. De beschrijving en de accountantsverklaring zijn niet vereist, indien zulks in de akte van oprichting is bepaald ten aanzien van:

a. inbreng van effecten of geldmarktinstrumenten als bedoeld in artikel 1:1 van de Wet op het financieel toezicht, mits die effecten of geldmarktinstrumenten worden gewaardeerd tegen de gewogen gemiddelde koers waartegen zij gedurende drie maanden voorafgaande aan de dag van de inbreng op een gereglementeerde markt als bedoeld in artikel 1:1 van de Wet op het financieel toezicht zijn verhandeld;

b. inbreng anders dan in geld, niet zijnde effecten of instrumenten als bedoeld in onderdeel a, die is gewaardeerd door een onafhankelijke persoon die blijkens zijn opleiding en werkzaamheid deskundig is in het uitvoeren van waarderingen, mits de deskundigenwaardering geschiedt met toepassing van in het maatschappelijk verkeer als aanvaardbaar beschouwde waarderingsmethoden en de waarde van hetgeen wordt ingebracht wordt bepaald op een dag die niet eerder dan zes maanden voor de dag van de inbreng ligt;

c. inbreng anders dan in geld, niet zijnde effecten of geldmarktinstrumenten als bedoeld in onderdeel a, waarvan de waarde wordt afgeleid uit een jaarrekening die is vastgesteld over het laatste boekjaar dat aan de inbreng voorafgaat en overeenkomstig Richtlijn 2006/43/EG van het Europees Parlement en de Raad van 17 mei 2006 betreffende de wettelijke controles van jaarrekeningen en geconsolideerde jaarrekeningen, tot wijziging van de Richtlijnen 78/660/EEG en 83/349/EEG van de Raad en houdende intrekking van Richtlijn 84/253/EEG van de Raad (PbEG L 157) aan een accountantscontrole is onderworpen.

4. Indien voor de oprichting bekend is dat de koers is beïnvloed door uitzonderlijke omstandigheden die ertoe leiden dat de waarde van effecten of instrumenten als bedoeld in lid 3, onderdeel a, op de dag van de inbreng aanzienlijk zal zijn gewijzigd of indien voor de oprichting bekend is dat de waarde van inbreng als bedoeld in lid 3, onderdeel b of c, op de dag van de inbreng als gevolg van nieuwe bijzondere omstandigheden aanzienlijk zal zijn gewijzigd, zijn de oprichters verplicht om alsnog een beschrijving op te maken die door alle oprichters wordt ondertekend en waarover een accountantsverklaring als bedoeld in lid 2 wordt afgelegd. De beschrijving en de accountantsverklaring worden aan de akte van oprichting gehecht. Geschiedt de inbreng na de oprichting en is in de periode tussen de oprichting en de inbreng bekend geworden dat zich omstandigheden als bedoeld in de eerste zin hebben voorgedaan, dan is het bestuur verplicht om alsnog een beschrijving op te maken waarover een accountantsverklaring als bedoeld in lid 2 wordt afgelegd.

5. Indien bij de oprichting inbreng op aandelen anders dan in geld wordt overeengekomen onder toepassing van lid 3, legt de vennootschap binnen een maand na de dag van de inbreng ten kantore van het handelsregister een verklaring van de oprichters neer waarin de inbreng wordt beschreven, met vermelding van de daaraan toegekende waarde en de toegepaste waarderingsmethoden. In de verklaring wordt tevens vermeld of de toegekende waarde ten minste beloopt het bedrag van de stortingsplicht, in geld uitgedrukt, waaraan met de inbreng moet worden voldaan en wordt voorts vermeld dat zich in de periode tussen de waardering en de inbreng geen nieuwe bijzondere omstandigheden hebben voorgedaan. De oprichters ondertekenen de verklaring; ontbreekt de handtekening van een of meer hunner, dan wordt daarvan onder opgave van reden melding gemaakt.

Beschrijving en accountantsverklaring inbreng aandelen NV niet vereist

6. De beschrijving en accountantsverklaring zijn niet vereist, indien aan de volgende voorwaarden is voldaan:

a. alle oprichters hebben besloten af te zien van de opstelling van de deskundigenverklaring; *(Zie ook: artt. 403, 404 BW Boek 2)*

b. een of meer rechtspersonen op wier jaarrekening titel 9 van toepassing is, of die krachtens de toepasselijke wet voldoen aan de eisen van richtlijn 2013/34/EU van het Europees Parlement en de Raad van 26 juni 2013 betreffende de jaarlijkse financiële overzichten, geconsolideerde financiële overzichten en aanverwante verslagen van bepaalde ondernemingsvormen, tot wijziging van richtlijn 2006/43/EG van het Europees Parlement en de Raad en tot intrekking van richtlijnen 78/660/EEG en 83/349/EEG van de Raad (PbEU 2013, L 182), nemen alle uit te geven aandelen tegen inbreng anders dan in geld;

c. elke inbrengende rechtspersoon beschikt ten tijde van de inbreng over niet uitkeerbare reserves, voor zover nodig door het bestuur hiertoe afgezonderd uit de uitkeerbare reserves, ter grootte van het nominale bedrag der door de rechtspersoon genomen aandelen; *(Zie ook: art. 373 BW Boek 2)*

d. elke inbrengende rechtspersoon verklaart dat hij een bedrag van ten minste de nominale waarde der door hem genomen aandelen ter beschikking zal stellen voor de voldoening van

schulden van de vennootschap aan derden, die ontstaan in het tijdvak tussen de plaatsing van de aandelen en een jaar nadat de vastgestelde jaarrekening van de vennootschap over het boekjaar van de inbreng is gedeponeerd bij het handelsregister, voor zover de vennootschap deze niet kan voldoen en de schuldeisers hun vordering binnen twee jaren na deze deponering schriftelijk aan een van de inbrengende rechtspersonen hebben opgegeven;
(Zie ook: artt. 77, 403 BW Boek 2)
e. elke inbrengende rechtspersoon heeft zijn laatste vastgestelde balans met toelichting, met de accountantsverklaring daarbij, gedeponeerd bij het handelsregister en sedert de balansdatum zijn nog geen achttien maanden verstreken;
(Zie ook: artt. 58, 101, 210, 364 t/m 376, 378, 379, 393, 396 BW Boek 2)
f. elke inbrengende rechtspersoon zondert een reserve af ter grootte van het nominale bedrag der door hem genomen aandelen en kan dit doen uit reserves waarvan de aard dit niet belet;
(Zie ook: art. 373 BW Boek 2)
g. de vennootschap doet ten kantore van het handelsregister opgave van het onder a bedoelde besluit en elke inbrengende rechtspersoon doet aan hetzelfde kantoor opgave van zijn onder d vermelde verklaring.
(Zie ook: artt. 77, 403 BW Boek 2)

7. Indien het vorige lid is toegepast, mag een inbrengende rechtspersoon zijn tegen de inbreng genomen aandelen niet vervreemden in het tijdvak, genoemd in dat lid onder d, en moet hij de reserve, genoemd in dat lid onder f aanhouden tot twee jaar na dat tijdvak. Nadien moet de reserve worden aangehouden tot het bedrag van de nog openstaande opgegeven vorderingen als bedoeld in het vorige lid onder d. De oorspronkelijke reserve wordt verminderd met betalingen op de opgegeven vorderingen.

Plichten inbrengende rechtspersoon bij NV

8. De inbrengende rechtspersoon en alle in lid 6 onder d bedoelde schuldeisers kunnen de kantonrechter van de woonplaats van de vennootschap verzoeken, een bewind over de vorderingen in te stellen, strekkende tot hun voldoening daarvan uit de krachtens lid 6 onder d ter beschikking gestelde bedragen. Voor zover nodig, zijn de bepalingen van de Faillissementswet omtrent de verificatie van vorderingen en de vereffening van overeenkomstige toepassing. Een schuldeiser kan zijn vordering niet met een schuld aan een inbrengende rechtspersoon verrekenen. Over de vorderingen kan slechts onder de last van het bewind worden beschikt en zij kunnen slechts onder de last worden uitgewonnen, behalve voor schulden die voortspruiten uit handelingen welke door de bewindvoerder in zijn hoedanigheid van bewindvoerder; hij kan zijn beschikking te allen tijde wijzigen.

Verzoek tot instellen bewind over vorderingen bij NV

Art. 94b

1. Indien na de oprichting inbreng op aandelen anders dan in geld wordt overeengekomen, maakt de vennootschap overeenkomstig artikel 94a lid 1 een beschrijving op van hetgeen wordt ingebracht. De beschrijving heeft betrekking op de toestand op een dag die niet eerder dan zes maanden ligt voor de dag waarop de aandelen worden genomen dan wel waartegen een bijstorting is uitgeschreven of waarop zij is overeengekomen. De bestuurders ondertekenen de beschrijving; ontbreekt de handtekening van een of meer hunner, dan wordt daarvan onder opgave van reden melding gemaakt.
(Zie ook: artt. 94, 102, 312 BW Boek 2)

Beschrijving inbreng op aandelen anders dan in geld na oprichting NV

2. Artikel 94a lid 2 is van overeenkomstige toepassing.

3. In de in artikel 94a lid 3, onderdeel a, b en c, bedoelde gevallen kan het bestuur besluiten dat wordt afgezien van de opstelling van de beschrijving en de accountantsverklaring. Is voor de inbreng bekend dat zich omstandigheden als bedoeld in artikel 94a lid 4, eerste zin, hebben voorgedaan, dan is het bestuur verplicht om alsnog een beschrijving op te maken waarover een accountantsverklaring als bedoeld in artikel 94a lid 2 wordt afgelegd.

Schakelbepaling

4. Indien na de oprichting inbreng op aandelen anders dan in geld wordt overeengekomen onder toepassing van lid 3, legt de vennootschap niet later dan op de achtste dag voor de dag van de inbreng ten kantore van het handelsregister een aankondiging neer waarin hetgeen wordt ingebracht wordt beschreven, met vermelding van de daaraan toegekende waarde, de toegepaste waarderingsmethoden, de namen van de inbrengers, het bedrag van het aldus gestorte deel van het geplaatste kapitaal en de datum van het in artikel 96 lid 1 bedoelde besluit tot uitgifte. In de aankondiging wordt tevens vermeld of de toegekende waarde ten minste beloopt het bedrag van de stortingsplicht, in geld uitgedrukt, waaraan met de inbreng moet worden voldaan en wordt voorts vermeld dat zich ten opzichte van de waardering van de inbreng geen nieuwe bijzondere omstandigheden hebben voorgedaan. De bestuurders ondertekenen de aankondiging; ontbreekt de handtekening van een of meer hunner, dan wordt daarvan onder opgave van reden melding gemaakt. Binnen een maand na de dag van de inbreng legt de vennootschap ten kantore van het handelsregister een verklaring neer waarin wordt vermeld dat zich in de periode tussen de in de eerste zin bedoelde aankondiging en de inbreng geen nieuwe bijzondere omstandigheden ten aanzien van de waardering hebben voorgedaan. De bestuurders ondertekenen de verklaring;

B2 art. 94c Burgerlijk Wetboek Boek 2

ontbreekt de handtekening van een of meer hunner, dan wordt daarvan onder opgave van reden melding gemaakt.

5. Blijven een beschrijving en accountantsverklaring als bedoeld in lid 3, tweede zin, achterwege en vindt de inbreng plaats overeenkomstig artikel 94a lid 3, onderdeel b of c, dan kunnen een of meer houders van aandelen die op de dag van het in artikel 96 lid 1 bedoelde besluit tot uitgifte alleen of gezamenlijk ten minste vijf procent van het geplaatste kapitaal vertegenwoordigen, van het bestuur verlangen dat het alsnog een beschrijving opmaakt waarover een accountantsverklaring als bedoeld in artikel 94a lid 2 wordt afgelegd. Het bestuur geeft hieraan uitvoering, mits de aandeelhouders hun verlangen uiterlijk op de dag die voorafgaat aan de dag van de inbreng aan het bestuur kenbaar hebben gemaakt en zij ten tijde van de indiening van het verzoek nog steeds ten minste vijf procent van het geplaatste kapitaal, zoals dat voor het besluit tot uitgifte luidde, vertegenwoordigen.

Beschrijving en accountantsverklaring van NV

6. Indien alle aandeelhouders hebben besloten af te zien van de opstelling van de beschrijving en accountantsverklaring en overeenkomstig artikel 94a lid 6, onder b-g, is gehandeld, is geen beschrijving of accountantsverklaring vereist en is artikel 94a leden 7 en 8 van overeenkomstige toepassing.

Terinzagelegging inbrengverklaring bij NV

7. De vennootschap legt, binnen acht dagen na de dag waarop de aandelen zijn genomen dan wel waarop de bijstorting opeisbaar werd, de accountantsverklaring bij de inbreng of een afschrift daarvan neer ten kantore van het handelsregister met opgave van de namen van de inbrengers en van het bedrag van het aldus gestorte deel van het geplaatste kapitaal.

(Zie ook: art. 77 BW Boek 2; art. 1 WED)

Werkingssfeer

8. Dit artikel is niet van toepassing voor zover de inbreng bestaat uit aandelen of certificaten van aandelen, daarin converteerbare rechten of winstbewijzen van een andere rechtspersoon, waarop de vennootschap een openbaar bod heeft uitgebracht, mits deze effecten of een deel daarvan zijn toegelaten tot de handel op een gereglementeerde markt of een multilaterale handelsfaciliteit, als bedoeld in artikel 1:1 van de Wet op het financieel toezicht of een met een gereglementeerde markt of multilaterale handelsfaciliteit vergelijkbaar systeem uit een staat die geen lidstaat is.

(Zie ook: artt. 72, 77, 80b, 94a, 204b BW Boek 2)

Art. 94c

Ontbreken goedkeuring van algemene vergadering bij NV

1. Een rechtshandeling die de naamloze vennootschap heeft verricht zonder goedkeuring van de algemene vergadering of zonder de verklaring, bedoeld in lid 3, kan ten behoeve van de vennootschap worden vernietigd, indien de rechtshandeling:

a. strekt tot het verkrijgen van goederen, met inbegrip van vorderingen die worden verrekend, die een jaar voor de oprichting of nadien toebehoorden aan een oprichter, en

b. is verricht voordat twee jaren zijn verstreken na de inschrijving van de vennootschap in het handelsregister.

2. Indien de goedkeuring wordt gevraagd, maakt de vennootschap een beschrijving op van de te verkrijgen goederen en van de tegenprestatie. De beschrijving heeft betrekking op de toestand van het beschrevene op een dag die niet voor de oprichting ligt. In de beschrijving worden de waarden vermeld die aan de goederen en tegenprestatie worden toegekend alsmede de toegepaste waarderingsmethoden. Deze methoden moeten voldoen aan normen die in het maatschappelijke verkeer als aanvaardbaar worden beschouwd. De bestuurders ondertekenen de beschrijving; ontbreekt de handtekening van een of meer hunner, dan wordt daarvan onder opgave van reden melding gemaakt.

(Zie ook: artt. 94b, 101, 362 BW Boek 2)

Schakelbepaling

3. Artikel 94a lid 2 is van overeenkomstige toepassing, met dien verstande dat de verklaring moet inhouden dat de waarde van de te verkrijgen goederen, bij toepassing van in het maatschappelijke verkeer als aanvaardbaar beschouwde waarderingsmethoden, overeenkomt met ten minste de waarde van de tegenprestatie.

4. Artikel 94b lid 3 is van overeenkomstige toepassing. Vindt een rechtshandeling plaats met toepassing van de vorige zin, dan kan deze niet op grond van lid 1 worden vernietigd wegens het ontbreken van de in lid 3 bedoelde verklaring. Artikel 94b lid 4 is van overeenkomstige toepassing, met dien verstande dat de datum van de in lid 1 bedoelde rechtshandeling in de beschrijving wordt vermeld.

5. Op het ter inzage leggen en in afschrift ter beschikking stellen van de in de vorige leden bedoelde stukken is artikel 102 van overeenkomstige toepassing.

(Zie ook: art. 1 WED)

6. De vennootschap legt binnen acht dagen na de rechtshandeling of na de goedkeuring, indien achteraf verleend, de in het derde lid bedoelde verklaring of een afschrift daarvan neer ten kantore van het handelsregister.

(Zie ook: artt. 77, 94a, 94c, 101, 105, 362, 378 BW Boek 2; art. 1 WED)

Werkingssfeer

7. Voor de toepassing van dit artikel blijven buiten beschouwing:

a. verkrijgingen op een openbare veiling of ter beurze,

b. verkrijgingen die onder de bedongen voorwaarden tot de gewone bedrijfsuitoefening van de vennootschap behoren,

c. verkrijgingen waarvoor een verklaring als bedoeld in artikel 94a lid 2 is afgelegd,

d. verkrijgingen ten gevolge van fusie of splitsing.

(Zie ook: artt. 94, 204c, 309, 334a BW Boek 2; art. 1 WED)

Art. 94d

[Vervallen]

Art. 95

1. De naamloze vennootschap mag geen eigen aandelen nemen.

Verbod op nemen eigen aandelen bij NV

2. Aandelen die de vennootschap in strijd met het vorige lid heeft genomen, gaan op het tijdstip van het nemen over op de gezamenlijke bestuurders. Iedere bestuurder is hoofdelijk aansprakelijk voor de volstorting van deze aandelen met de wettelijke rente van dat tijdstip af. Zijn de aandelen bij de oprichting geplaatst, dan is dit lid van overeenkomstige toepassing op de gezamenlijke oprichters.

(Zie ook: artt. 6, 119, 120 BW Boek 6)

3. Neemt een ander een aandeel in eigen naam maar voor rekening van de vennootschap, dan wordt hij geacht het voor eigen rekening te nemen.

(Zie ook: artt. 98a, 98d, 205 BW Boek 2; art. 60 BW Boek 3; art. 400 BW Boek 7)

Art. 96

1. De naamloze vennootschap kan na de oprichting slechts aandelen uitgeven ingevolge een besluit van de algemene vergadering of van een ander vennootschapsorgaan dat daartoe bij besluit van de algemene vergadering of bij de statuten voor een bepaalde duur van ten hoogste vijf jaren is aangewezen. Bij de aanwijzing moet zijn bepaald hoeveel aandelen mogen worden uitgegeven. De aanwijzing kan telkens voor niet langer dan vijf jaren worden verlengd. Tenzij bij de aanwijzing anders is bepaald, kan zij niet worden ingetrokken.

(Zie ook: artt. 92, 99, 317 BW Boek 2)

Emissiebevoegdheid NV

2. Zijn er verschillende soorten aandelen, dan is voor de geldigheid van het besluit van de algemene vergadering tot uitgifte of tot aanwijzing vereist een voorafgaand of gelijktijdig goedkeurend besluit van elke groep houders van aandelen van een zelfde soort aan wier rechten de uitgifte afbreuk doet.

3. De vennootschap legt binnen acht dagen na een besluit van de algemene vergadering tot uitgifte of tot aanwijzing een volledige tekst daarvan neer ten kantore van het handelsregister.

4. De vennootschap doet binnen acht dagen na afloop van elk kalenderkwartaal ten kantore van het handelsregister opgave van elke uitgifte van aandelen in het afgelopen kalenderkwartaal, met vermelding van aantal en soort.

(Zie ook: art. 51 Wmz)

5. Dit artikel is van overeenkomstige toepassing op het verlenen van rechten tot het nemen van aandelen, maar is niet van toepassing op het uitgeven van aandelen aan iemand die een voordien reeds verkregen recht tot het nemen van aandelen uitoefent.

(Zie ook: art. 1 WED; artt. 77, 80, 96a, 96b, 107, 164, 206, 320 BW Boek 2)

Art. 96a

1. Behoudens de beide volgende leden heeft iedere aandeelhouder bij uitgifte van aandelen een voorkeursrecht naar evenredigheid van het gezamenlijke bedrag van zijn aandelen. Tenzij de statuten anders bepalen, heeft hij evenwel geen voorkeursrecht op aandelen die worden uitgegeven tegen inbreng anders dan in geld. Hij heeft geen voorkeursrecht op aandelen die worden uitgegeven aan werknemers van de naamloze vennootschap of van een groepsmaatschappij.

(Zie ook: art. 88 BW Boek 2)

Voorkeursrecht bij emissie van aandelen NV

2. Voor zover de statuten niet anders bepalen, hebben houders van aandelen die

a. niet boven een bepaald percentage van het nominale bedrag of slechts in beperkte mate daarboven delen in de winst, of

b. niet boven het nominale bedrag of slechts in beperkte mate daarboven delen in een overschot na vereffening,

(Zie ook: artt. 23, 92, 105 BW Boek 2)

geen voorkeursrecht op uit te geven aandelen.

3. Voor zover de statuten niet anders bepalen, hebben de aandeelhouders geen voorkeursrecht op uit te geven aandelen in een van de in het vorige lid onder *a* en *b* omschreven soorten.

4. De vennootschap kondigt de uitgifte met voorkeursrecht en het tijdvak waarin dat kan worden uitgeoefend, aan in de *Staatscourant* en in een landelijk verspreid dagblad, tenzij alle aandelen op naam luiden en de aankondiging aan alle aandeelhouders schriftelijk geschiedt aan het door hen opgegeven adres.

(Zie ook: art. 117 Wft)

B2 art. 96b Burgerlijk Wetboek Boek 2

5. Het voorkeursrecht kan worden uitgeoefend gedurende ten minste twee weken na de dag van aankondiging in de *Staatscourant* of na de verzending van de aankondiging aan de aandeelhouders.

6. Het voorkeursrecht kan worden beperkt of uitgesloten bij besluit van de algemene vergadering. In het voorstel hiertoe moeten de redenen voor het voorstel en de keuze van de voorgenomen koers van uitgifte schriftelijk worden toegelicht. Het voorkeursrecht kan ook worden beperkt of uitgesloten door het ingevolge artikel 96 lid 1 aangewezen vennootschapsorgaan, indien dit bij besluit van de algemene vergadering of bij de statuten voor een bepaalde duur van ten hoogste vijf jaren is aangewezen als bevoegd tot het beperken of uitsluiten van het voorkeursrecht. De aanwijzing kan telkens voor niet langer dan vijf jaren worden verlengd. Tenzij bij de aanwijzing anders is bepaald, kan zij niet worden ingetrokken.
(Zie ook: art. 107 BW Boek 2)

7. Voor een besluit van de algemene vergadering tot beperking of uitsluiting van het voorkeursrecht of tot aanwijzing is een meerderheid van ten minste twee derden der uitgebrachte stemmen vereist, indien minder dan de helft van het geplaatste kapitaal in de vergadering is vertegenwoordigd. De vennootschap legt binnen acht dagen na het besluit een volledige tekst daarvan neer ten kantore van het handelsregister.
(Zie ook: artt. 77, 99, 120, 317 BW Boek 2; art. 1 WED)

8. Bij het verlenen van rechten tot het nemen van aandelen hebben de aandeelhouders een voorkeursrecht; de vorige leden zijn van overeenkomstige toepassing. Aandeelhouders hebben geen voorkeursrecht op aandelen die worden uitgegeven aan iemand die een voordien reeds verkregen recht tot het nemen van aandelen uitoefent.
(Zie ook: artt. 4, 80, 94b, 94c, 96, 96c, 206a, 320 BW Boek 2)

Art. 96b

Werkingssfeer De artikelen 96 en 96a gelden niet voor een beleggingsmaatschappij met veranderlijk kapitaal.
(Zie ook: art. 76a BW Boek 2)

Art. 97

Lager bedrag dan bekendgemaakt bij aandelen NV Indien, in het geval van uitgifte van aandelen na de oprichting, bekend is gemaakt welk bedrag zal worden uitgegeven en slechts een lager bedrag kan worden geplaatst, wordt dit laatste bedrag slechts geplaatst indien de voorwaarden van uitgifte dat uitdrukkelijk bepalen.
(Zie ook: art. 96 BW Boek 2)

Art. 98

Nietigheid verkrijging niet volgestorte aandelen door NV **1.** Verkrijging door de naamloze vennootschap van niet volgestorte aandelen in haar kapitaal is nietig.
(Zie ook: art. 40 BW Boek 3)

Verkrijging volgestorte aandelen door NV **2.** Volgestorte eigen aandelen mag de vennootschap slechts verkrijgen om niet of indien het eigen vermogen, verminderd met de verkrijgingsprijs, niet kleiner is dan het gestorte en opgevraagde deel van het kapitaal, vermeerderd met de reserves die krachtens de wet of de statuten moeten worden aangehouden. Onverminderd het bepaalde in de vorige zin beloopt, indien de aandelen van de vennootschap zijn toegelaten tot de handel op een gereglementeerde markt of op een multilaterale handelsfaciliteit, als bedoeld in artikel 1:1 van de Wet op het financieel toezicht of een met een gereglementeerde markt of multilaterale handelsfaciliteit vergelijkbaar systeem uit een staat die geen lidstaat is, het nominale bedrag van de aandelen in haar kapitaal die de vennootschap verkrijgt, houdt of in pand houdt of die worden gehouden door een dochtermaatschappij, niet meer dan de helft van het geplaatste kapitaal.

3. Voor het vereiste in lid 2 is bepalend de grootte van het eigen vermogen volgens de laatst vastgestelde balans, verminderd met de verkrijgingsprijs voor aandelen in het kapitaal van de vennootschap, het bedrag van leningen als bedoeld in artikel 98c lid 2 en uitkeringen uit winst of reserves aan anderen die zij en haar dochtermaatschappijen na de balansdatum verschuldigd werden. Is een boekjaar meer dan zes maanden verstreken zonder dat de jaarrekening is vastgesteld, dan is verkrijging overeenkomstig lid 2 niet toegestaan.
(Zie ook: art. 364 BW Boek 2)

4. Verkrijging anders dan om niet kan slechts plaatsvinden indien en voor zover de algemene vergadering het bestuur daartoe heeft gemachtigd. Deze machtiging geldt voor ten hoogste vijf jaar. In afwijking van de vorige volzin geldt in het geval de aandelen van een vennootschap zijn toegelaten tot de handel op een gereglementeerde markt of op een multilaterale handelsfaciliteit, als bedoeld in artikel 1:1 van de Wet op het financieel toezicht of een met een gereglementeerde markt of multilaterale handelsfaciliteit vergelijkbaar systeem uit een staat die geen lidstaat is deze machtiging voor ten hoogste achttien maanden.

De algemene vergadering bepaalt in de machtiging hoeveel aandelen mogen worden verkregen, hoe zij mogen worden verkregen en tussen welke grenzen de prijs moet liggen. De statuten kunnen de verkrijging door de vennootschap van eigen aandelen uitsluiten of beperken.

5. De machtiging is niet vereist, voor zover de statuten toestaan dat de vennootschap eigen aandelen verkrijgt om, krachtens een voor hen geldende regeling, over te dragen aan werknemers in dienst van de vennootschap of van een groepsmaatschappij. Deze aandelen moeten zijn opgenomen in de prijscourant van een beurs.

6. De leden 1-4 gelden niet voor aandelen die de vennootschap onder algemene titel verkrijgt.
(Zie ook: artt. 23b, 311 BW Boek 2)

7. De leden 2-4 gelden niet voor aandelen die een financiële onderneming die ingevolge de Wet op het financieel toezicht in Nederland het bedrijf van bank mag uitoefenen, in opdracht en voor rekening van een ander verkrijgt.
(Zie ook: artt. 89a, 98a BW Boek 2; art. 400 BW Boek 7)

8. De leden 2-4 gelden niet voor een beleggingsmaatschappij met veranderlijk kapitaal. Het geplaatste kapitaal van zulk een beleggingsmaatschappij, verminderd met het bedrag van de aandelen die zij zelf houdt, moet ten minste een tiende van het maatschappelijke kapitaal bedragen.
(Zie ook: art. 76a BW Boek 2)

9. Onder het begrip aandelen in dit artikel zijn certificaten daarvan begrepen.
(Zie ook: artt. 82, 86, 98a t/m 98d, 118, 207, 373, 378, 385 BW Boek 2)

Art. 98a

1. Verkrijging van aandelen op naam in strijd met de leden 2-4 van het vorige artikel is nietig. De bestuurders zijn hoofdelijk aansprakelijk jegens de vervreemder te goeder trouw die door de nietigheid schade lijdt.

2. Aandelen aan toonder en certificaten van aandelen die de naamloze vennootschap in strijd met de leden 2-4 van het vorige artikel heeft verkregen, gaan op het tijdstip van de verkrijging over op de gezamenlijke bestuurders. Iedere bestuurder is hoofdelijk aansprakelijk voor de vergoeding aan de vennootschap van de verkrijgingsprijs met de wettelijke rente daarover van dat tijdstip af.

3. De vennootschap kan niet langer dan gedurende drie jaren na omzetting in een naamloze vennootschap of nadat zij eigen aandelen om niet of onder algemene titel heeft verkregen, samen met haar dochtermaatschappijen meer aandelen in haar kapitaal houden dan een tiende van het geplaatste kapitaal; eigen aandelen die zij zelf in pand heeft, worden meegeteld. De aandelen die de vennootschap te veel houdt, gaan op het einde van de laatste dag van die drie jaren over op de gezamenlijke bestuurders. Dezen zijn hoofdelijk aansprakelijk voor de betaling aan de vennootschap van de waarde van de aandelen op dat tijdstip met de wettelijke rente van dat tijdstip af. Onder het begrip aandelen in dit lid zijn certificaten daarvan begrepen.
(Zie ook: artt. 72, 89a, 98d BW Boek 2)

4. Het vorige lid is van overeenkomstige toepassing op elk niet volgestort eigen aandeel dat de vennootschap onder algemene titel heeft verkregen en niet binnen drie jaren daarna heeft vervreemd of ingetrokken.
(Zie ook: art. 311 BW Boek 2)

5. Het derde lid is van overeenkomstige toepassing op elk eigen aandeel of certificaat daarvan dat de vennootschap ingevolge het vijfde lid van het vorige artikel heeft verkregen zonder machtiging van de algemene vergadering en dat zij gedurende een jaar houdt.
(Zie ook: artt. 9, 82, 95, 98, 98b, 99, 129, 207d BW Boek 2; artt. 11, 15, 40 BW Boek 3; artt. 6, 95, 102, 119, 120 BW Boek 6)

Art. 98b

Indien een ander in eigen naam voor rekening van de naamloze vennootschap aandelen in haar kapitaal of certificaten daarvan verkrijgt, moet hij deze onverwijld tegen betaling aan de vennootschap overdragen. Indien deze aandelen op naam luiden, is het tweede lid van het vorige artikel van overeenkomstige toepassing.
(Zie ook: artt. 98, 98d, 207b BW Boek 2; art. 60 BW Boek 3; art. 400 BW Boek 7)

Art. 98c

1. De vennootschap mag niet, met het oog op het nemen of verkrijgen door anderen van aandelen in haar kapitaal of van certificaten daarvan, zekerheid stellen, een koersgarantie geven, zich op andere wijze sterk maken of zich hoofdelijk of anderszins naast of voor anderen verbinden. Dit verbod geldt ook voor haar dochtermaatschappijen.

2. De vennootschap en haar dochtermaatschappijen mogen niet, met het oog op het nemen of verkrijgen door anderen van aandelen in het kapitaal van de vennootschap of van certificaten daarvan, leningen verstrekken, tenzij het bestuur daartoe besluit en er is voldaan aan de volgende voorwaarden:

a. het verstrekken van de lening, met inbegrip van de rente die de vennootschap ontvangt en de zekerheden die aan de vennootschap worden verstrekt, geschiedt tegen billijke marktvoorwaarden;

b. het eigen vermogen, verminderd met het bedrag van de lening, is niet kleiner dan het gestorte en opgevraagde deel van het kapitaal, vermeerderd met de reserves die krachtens de wet of de statuten moeten worden aangehouden;

c. de kredietwaardigheid van de derde of, wanneer het meerpartijentransacties betreft, van iedere erbij betrokken tegenpartij is nauwgezet onderzocht;

Hoofdelijke aansprakelijkheid bij onwettige verkrijging van aandelen NV

Verplichting tot overdracht van aandelen NV

Verbod leningverstrekking/zekerheidstelling van aandelen door NV

d. indien de lening wordt verstrekt met het oog op het nemen van aandelen in het kader van een verhoging van het geplaatste kapitaal van de vennootschap of met het oog op het verkrijgen van aandelen die de vennootschap in haar kapitaal houdt, is de prijs waarvoor de aandelen worden genomen of verkregen billijk.

3. Voor het vereiste in lid 2, onderdeel b, is bepalend de grootte van het eigen vermogen volgens de laatst vastgestelde balans, verminderd met de verkrijgingsprijs voor aandelen in het kapitaal van de vennootschap en uitkeringen uit winst of reserves aan anderen die zij en haar dochtermaatschappijen na de balansdatum verschuldigd werden. Is een boekjaar meer dan zes maanden verstreken zonder dat de jaarrekening is vastgesteld, dan is een transactie als bedoeld in lid 2 niet toegestaan.

4. De vennootschap houdt een niet-uitkeerbare reserve aan ter grootte van het bedrag van de in lid 2 bedoelde leningen.

5. Een besluit van het bestuur tot het verstrekken van een lening als bedoeld in lid 2 is onderworpen aan de voorafgaande goedkeuring van de algemene vergadering. Het besluit tot goedkeuring wordt genomen met een meerderheid van ten minste twee derden van de uitgebrachte stemmen, indien minder dan de helft van het geplaatste kapitaal ter vergadering is vertegenwoordigd. In afwijking van de vorige volzin wordt in het geval aandelen of certificaten van aandelen van de vennootschap zijn toegelaten tot de handel op een gereglementeerde markt als bedoeld in artikel 1:1 van de Wet op het financieel toezicht dan wel op een multilaterale handelsfaciliteit als bedoeld in artikel 1:1 van de Wet op het financieel toezicht het besluit tot goedkeuring genomen met ten minste 95 procent van de uitgebrachte stemmen.

6. Wanneer aan de algemene vergadering de in lid 5 bedoelde goedkeuring wordt gevraagd, wordt zulks bij de oproeping tot de algemene vergadering vermeld. Gelijktijdig met de oproeping wordt ten kantore van de vennootschap een rapport ter inzage van de aandeelhouders en de houders van met medewerking van de vennootschap uitgegeven certificaten van haar aandelen gelegd waarin melding wordt gemaakt van de redenen voor het verstrekken van de lening, het voor de vennootschap daaraan verbonden belang, de voorwaarden waartegen de lening zal worden verstrekt, de koers waartegen de aandelen door de derde zullen worden genomen of verkregen en de aan de lening verbonden risico's voor de liquiditeit en de solvabiliteit van de vennootschap.

7. De vennootschap legt binnen acht dagen na de in lid 5 bedoelde goedkeuring het in lid 6 bedoelde rapport of een afschrift daarvan neer ten kantore van het handelsregister.

8. De leden 1 tot en met 7 gelden niet, indien aandelen of certificaten van aandelen worden genomen of verkregen door of voor werknemers in dienst van de vennootschap of van een groepsmaatschappij.

9. De leden 1 tot en met 7 gelden niet voor een financiële onderneming die ingevolge de Wet op het financieel toezicht in Nederland het bedrijf van bank mag uitoefenen, voor zover zij handelt in de gewone uitoefening van haar bedrijf.

Art. 98d

Verkrijgen eigen aandelen NV door dochtermaatschappij

1. Een dochtermaatschappij mag voor eigen rekening geen aandelen nemen of doen nemen in het kapitaal van de naamloze vennootschap. Zulke aandelen mogen dochtermaatschappijen voor eigen rekening slechts verkrijgen of doen verkrijgen, voor zover de naamloze vennootschap zelf ingevolge de leden 1-6 van artikel 98 eigen aandelen mag verkrijgen.

2. Indien is gehandeld in strijd met het vorige lid, zijn de bestuurders van de naamloze vennootschap hoofdelijk aansprakelijk tot vergoeding aan de dochtermaatschappij van de verkrijgingsprijs met de wettelijke rente daarover van het tijdstip af waarop de aandelen zijn genomen of verkregen. Betaling van de vergoeding geschiedt tegen overdracht van deze aandelen. Een bestuurder behoeft de verkrijgingsprijs niet te vergoeden, indien hij bewijst dat het nemen of verkrijgen niet aan de naamloze vennootschap is te wijten.

3. Een dochtermaatschappij mag,

a. nadat zij dochtermaatschappij is geworden,

b. nadat de vennootschap waarvan zij dochtermaatschappij is, is omgezet in een naamloze vennootschap, of

c. nadat zij als dochtermaatschappij aandelen in het kapitaal van de naamloze vennootschap om niet of onder algemene titel heeft verkregen,

niet langer dan gedurende drie jaren samen met de naamloze vennootschap en haar andere dochtermaatschappijen meer van deze aandelen voor eigen rekening houden of doen houden dan een tiende van het geplaatste kapitaal. De bestuurders van de naamloze vennootschap zijn hoofdelijk aansprakelijk voor de vergoeding aan de dochtermaatschappij van de waarde van de aandelen die zij te veel houdt of doet houden op het einde van de laatste dag van die drie jaren, met de wettelijke rente van dat tijdstip af. Betaling van de vergoeding geschiedt tegen overdracht van de aandelen. Een bestuurder behoeft de vergoeding niet te betalen, indien hij bewijst dat het niet aan de naamloze vennootschap is te wijten dat de aandelen nog worden gehouden.

4. Onder het begrip aandelen in dit artikel zijn certificaten daarvan begrepen.
(Zie ook: artt. 87, 89a, 95, 98, 98a t/m 98c, 207d, 373, 378, 385 BW Boek 2)

Art. 99

1. De algemene vergadering kan besluiten tot vermindering van het geplaatste kapitaal door intrekking van aandelen of door het bedrag van aandelen bij statutenwijziging te verminderen. In dit besluit moeten de aandelen waarop het besluit betrekking heeft, worden aangewezen en moet de uitvoering van het besluit zijn geregeld.

Intrekking/kapitaalvermindering van aandelen NV

2. Een besluit tot intrekking kan slechts betreffen aandelen die de vennootschap zelf houdt of waarvan zij de certificaten houdt, dan wel alle aandelen van een soort waarvan voor de uitgifte in de statuten is bepaald dat zij kunnen worden ingetrokken met terugbetaling, of wel de uitgelote aandelen van een soort waarvan voor de uitgifte in de statuten is bepaald dat zij kunnen worden uitgeloot met terugbetaling.

3. Vermindering van het bedrag van aandelen zonder terugbetaling en zonder ontheffing van de verplichting tot storting moet naar evenredigheid op alle aandelen van een zelfde soort geschieden. Van het vereiste van evenredigheid mag worden afgeweken met instemming van alle betrokken aandeelhouders.

4. Gedeeltelijke terugbetaling op aandelen of ontheffing van de verplichting tot storting is slechts mogelijk ter uitvoering van een besluit tot vermindering van het bedrag van de aandelen. Zulk een terugbetaling of ontheffing moet naar evenredigheid op alle aandelen geschieden, tenzij voor de uitgifte van een bepaalde soort aandelen in de statuten is bepaald dat terugbetaling of ontheffing kan geschieden uitsluitend op die aandelen; voor die aandelen geldt de eis van evenredigheid. Van het vereiste van evenredigheid mag worden afgeweken met instemming van alle betrokken aandeelhouders.

5. Zijn er verschillende soorten aandelen, dan is voor een besluit tot kapitaalvermindering een voorafgaand of gelijktijdig goedkeurend besluit vereist van elke groep houders van aandelen van een zelfde soort aan wier rechten afbreuk wordt gedaan.
(Zie ook: artt. 96, 317 BW Boek 2)

6. Voor een besluit tot kapitaalvermindering is een meerderheid van ten minste twee derden der uitgebrachte stemmen vereist, indien minder dan de helft van het geplaatste kapitaal in de vergadering is vertegenwoordigd. Deze bepaling is van overeenkomstige toepassing op een besluit als bedoeld in het vijfde lid.
(Zie ook: artt. 96a, 118, 317 BW Boek 2)

7. De oproeping tot een vergadering waarin een in dit artikel genoemd besluit wordt genomen, vermeldt het doel van de kapitaalvermindering en de wijze van uitvoering. Het tweede, derde en vierde lid van artikel 123 zijn van overeenkomstige toepassing.
(Zie ook: artt. 67, 80, 88, 89, 92, 100, 107, 164, 208, 325, 378 BW Boek 2)

Art. 100

1. De naamloze vennootschap legt de in artikel 99 lid 1 bedoelde besluiten neer ten kantore van het handelsregister en kondigt de nederlegging aan in een landelijk verspreid dagblad.
(Zie ook: artt. 77, 113 BW Boek 2)

Aankondiging van kapitaalvermindering

2. De vennootschap moet, op straffe van gegrondverklaring van een verzet als bedoeld in het volgende lid, voor iedere schuldeiser die dit verlangt zekerheid stellen of hem een andere waarborg geven voor de voldoening van zijn vordering. Dit geldt niet, indien de schuldeiser voldoende waarborgen heeft of de vermogenstoestand van de vennootschap voldoende zekerheid biedt dat de vordering zal worden voldaan.

Zekerheidstelling bij kapitaalvermindering

3. Binnen twee maanden na de in het eerste lid vermelde aankondiging kan iedere schuldeiser door het indienen van een verzoek bij de rechtbank tegen het besluit tot kapitaalvermindering in verzet komen met vermelding van de waarborg die wordt verlangd. De rechter wijst het verzoek af, indien de verzoeker niet aannemelijk heeft gemaakt dat als gevolg van de kapitaalvermindering twijfel omtrent de voldoening van zijn vordering gewettigd is en dat de vennootschap onvoldoende waarborgen heeft gegeven voor de voldoening van zijn vordering.
(Zie ook: artt. 261, 995, 997 Rv)

Verzet crediteuren

4. Voordat de rechter beslist, kan hij de vennootschap in de gelegenheid stellen binnen een door hem bepaalde termijn een door hem omschreven waarborg te geven. Op een ingesteld rechtsmiddel kan hij, indien het kapitaal al is verminderd, het stellen van een waarborg bevelen en daaraan een dwangsom verbinden.
(Zie ook: art. 611a Rv)

5. Een besluit tot vermindering van het geplaatste kapitaal wordt niet van kracht zolang verzet kan worden gedaan. Indien tijdig verzet is gedaan, wordt het besluit eerst van kracht, zodra het verzet is ingetrokken of de opheffing van het verzet uitvoerbaar is. Een voor de vermindering van het kapitaal vereiste akte van statutenwijziging kan niet eerder worden verleden.

6. Indien de vennootschap haar kapitaal wegens geleden verliezen vermindert tot een bedrag dat niet lager is dan dat van haar eigen vermogen, behoeft zij geen waarborg te geven en wordt het besluit onmiddellijk van kracht.

7. Dit artikel is niet van toepassing, indien een beleggingsmaatschappij met veranderlijk kapitaal wettig verkregen eigen aandelen intrekt.
(Zie ook: artt. 15, 76a, 99, 209, 316, 325 BW Boek 2; art. 1 WED)

Art. 101

Jaarrekening van NV

1. Jaarlijks binnen vijf maanden na afloop van het boekjaar der vennootschap, behoudens verlenging van deze termijn met ten hoogste vijf maanden door de algemene vergadering op grond van bijzondere omstandigheden, maakt het bestuur een jaarrekening op en legt het deze voor de aandeelhouders ter inzage ten kantore van de vennootschap. Indien van de vennootschap effecten zijn toegelaten tot de handel op een gereglementeerde markt als bedoeld in de Wet op het financieel toezicht, bedraagt de termijn vier maanden, tenzij artikel 5:25g, tweede of derde lid, van die wet van toepassing is. Deze termijn kan niet worden verlengd. Binnen deze termijn legt het bestuur ook het bestuursverslag ter inzage voor de aandeelhouders, tenzij de artikelen 396 lid 7, of 403 voor de vennootschap gelden. Het bestuur van de vennootschap waarop de artikelen 158 tot en met 161 en 164 van toepassing zijn, zendt de jaarrekening ook toe aan de in artikel 158 lid 11 bedoelde ondernemingsraad.
(Zie ook: artt. 58, 98, 210, 391, 394, 401 BW Boek 2; art. 1001 Rv)

2. De jaarrekening wordt ondertekend door de bestuurders en door de commissarissen; ontbreekt de ondertekening van een of meer hunner, dan wordt daarvan onder opgave van reden melding gemaakt.
(Zie ook: artt. 94b, 139, 140, 150, 312 BW Boek 2)

3. De jaarrekening wordt vastgesteld door de algemene vergadering. Vaststelling van de jaarrekening strekt niet tot kwijting aan een bestuurder onderscheidenlijk commissaris.
(Zie ook: artt. 10, 48, 58, 94, 157 BW Boek 2; art. 1 WED)

4. Besluiten waarbij de jaarrekening wordt vastgesteld, worden in de statuten niet onderworpen aan de goedkeuring van een orgaan van de vennootschap of van derden.

5. De statuten bevatten geen bepalingen die toelaten dat voorschriften of bindende voorstellen voor de jaarrekening of enige post daarvan worden gegeven.

6. De statuten kunnen bepalen dat een ander orgaan van de vennootschap dan de algemene vergadering de bevoegdheid heeft te bepalen welk deel van het resultaat van het boekjaar wordt gereserveerd of hoe het verlies zal worden verwerkt.

7. Onze Minister van Economische Zaken kan desverzocht om gewichtige redenen ontheffing verlenen van de verplichting tot het opmaken, het overleggen en het vaststellen van de jaarrekening. Geen ontheffing kan worden verleend ten aanzien van het opmaken van de jaarrekening van een vennootschap waarvan effecten zijn toegelaten tot de handel op een gereglementeerde markt als bedoeld in de Wet op het financieel toezicht.
(Zie ook: artt. 58, 78a, 102, 105, 210, 361, 379, 380, 391, 392, 394 BW Boek 2; art. 31a WOR)

Art. 102

Jaarrekening NV, terinzagelegging van

1. De naamloze vennootschap zorgt dat de opgemaakte jaarrekening, het bestuursverslag en de krachtens artikel 392 lid 1 toe te voegen gegevens vanaf de oproep voor de algemene vergadering, bestemd tot hun behandeling, te haren kantore aanwezig zijn. De houders van haar aandelen of van met haar medewerking uitgegeven certificaten daarvan kunnen de stukken aldaar inzien en er kosteloos een afschrift van verkrijgen.
(Zie ook: artt. 88, 89, 114 BW Boek 2)

2. Luiden deze aandelen of certificaten aan toonder of heeft de vennootschap schuldbrieven aan toonder uitstaan, dan kan tevens ieder de stukken, voor zover zij na vaststelling openbaar gemaakt moeten worden, inzien en daarvan tegen ten hoogste de kostprijs een afschrift verkrijgen. Deze bevoegdheid vervalt zodra deze stukken zijn gedeponeerd bij het handelsregister.
(Zie ook: artt. 77, 108, 212, 369 t/m 398, 402, 403 BW Boek 2; art. 31a WOR; art. 1 WED)

Art. 103

[Vervallen]

Art. 104

Delging tekort van aandelen NV

Ten laste van de door de wet voorgeschreven reserves mag een tekort slechts worden gedelgd voor zover de wet dat toestaat.
(Zie ook: artt. 58, 94a, 215, 365, 389, 390 BW Boek 2; art. 1 WED)

Art. 105

Winstverdeling bij NV

1. Voor zover bij de statuten niet anders is bepaald, komt de winst de aandeelhouders ten goede.
(Zie ook: artt. 88, 92, 96a, 312 BW Boek 2; art. 1670 BW Boek 7A)

2. De naamloze vennootschap kan aan de aandeelhouders en andere gerechtigden tot de voor uitkering vatbare winst slechts uitkeringen doen voor zover haar eigen vermogen groter is dan het bedrag van het gestorte en opgevraagde deel van het kapitaal vermeerderd met de reserves die krachtens de wet of de statuten moeten worden aangehouden.
(Zie ook: artt. 94a, 98, 365, 389, 390 BW Boek 2)

3. Uitkering van winst geschiedt na de vaststelling van de jaarrekening waaruit blijkt dat zij geoorloofd is.

(Zie ook: art. 101 BW Boek 2)

4. De vennootschap mag tussentijds slechts uitkeringen doen, indien de statuten dit toelaten en aan het vereiste van het tweede lid is voldaan blijkens een tussentijdse vermogensopstelling. Deze heeft betrekking op de stand van het vermogen op ten vroegste de eerste dag van de derde maand voor de maand waarin het besluit tot uitkering bekend wordt gemaakt. Zij wordt opgemaakt met inachtneming van in het maatschappelijke verkeer als aanvaardbaar beschouwde waarderingsmethoden. In de vermogensopstelling worden de krachtens de wet of de statuten te reserveren bedragen opgenomen. Zij wordt ondertekend door de bestuurders; ontbreekt de handtekening van een of meer hunner, dan wordt daarvan onder opgave van reden melding gemaakt. De vennootschap legt de vermogensopstelling ten kantore van het handelsregister neer binnen acht dagen na de dag waarop het besluit tot uitkering wordt bekend gemaakt.

(Zie ook: artt. 72, 77, 139, 313, 362, 365 BW Boek 2; art. 1 WED)

5. Bij de berekening van de winstverdeling tellen de aandelen die de vennootschap in haar kapitaal houdt, mede, tenzij bij de statuten anders is bepaald.

6. Bij de berekening van het winstbedrag, dat op ieder aandeel zal worden uitgekeerd, komt slechts het bedrag van de verplichte stortingen op het nominale bedrag van de aandelen in aanmerking, tenzij bij de statuten anders is bepaald.

(Zie ook: art. 80 BW Boek 2)

7. De statuten kunnen bepalen dat de vordering van een aandeelhouder niet door verloop van vijf jaren verjaart, doch eerst na een langere termijn vervalt. Een zodanige bepaling is alsdan van overeenkomstige toepassing op de vordering van een houder van een certificaat van een aandeel op de aandeelhouder.

(Zie ook: art. 101 BW Boek 2; art. 308 BW Boek 3)

8. Een uitkering in strijd met het tweede of vierde lid moet worden terugbetaald door de aandeelhouder of andere winstgerechtigde die wist of behoorde te weten dat de uitkering niet geoorloofd was.

9. Geen van de aandeelhouders kan geheel worden uitgesloten van het delen in de winst.

10. De statuten kunnen bepalen dat de winst waartoe houders van aandelen van een bepaalde soort gerechtigd zijn, geheel of gedeeltelijk te hunnen behoeve wordt gereserveerd.

(Zie ook: artt. 88, 216 BW Boek 2)

Art. 106

[Vervallen]

Afdeling 4
De algemene vergadering

Art. 107

1. Aan de algemene vergadering behoort, binnen de door de wet en de statuten gestelde grenzen, alle bevoegdheid, die niet aan het bestuur of aan anderen is toegekend.

2. Het bestuur en de raad van commissarissen verschaffen haar alle verlangde inlichtingen, tenzij een zwaarwichtig belang der vennootschap zich daartegen verzet.

(Zie ook: artt. 13, 14, 15, 17, 40, 128, 129, 140, 158, 217 BW Boek 2)

Art. 107a

1. Aan de goedkeuring van de algemene vergadering zijn onderworpen de besluiten van het bestuur omtrent een belangrijke verandering van de identiteit of het karakter van de vennootschap of de onderneming, waaronder in ieder geval:

a. overdracht van de onderneming of vrijwel de gehele onderneming aan een derde;

b. het aangaan of verbreken van duurzame samenwerking van de vennootschap of een dochtermaatschappij met een andere rechtspersoon of vennootschap dan wel als volledig aansprakelijke vennote in een commanditaire vennootschap of vennootschap onder firma, indien deze samenwerking of verbreking van ingrijpende betekenis is voor de vennootschap;

c. het nemen of afstoten van een deelneming in het kapitaal van een vennootschap ter waarde van ten minste een derde van het bedrag van de activa volgens de balans met toelichting of, indien de vennootschap een geconsolideerde balans opstelt, volgens de geconsolideerde balans met toelichting volgens de laatst vastgestelde jaarrekening van de vennootschap, door haar of een dochtermaatschappij.

2. Het ontbreken van de goedkeuring van de algemene vergadering op een besluit als bedoeld in lid 1 tast de vertegenwoordigingsbevoegdheid van bestuur of bestuurders niet aan.

(Zie ook: artt. 9, 130, 164 BW Boek 2; art. 25 WOR)

3. Indien de vennootschap krachtens wettelijke bepalingen een ondernemingsraad heeft ingesteld, wordt het verzoek om goedkeuring niet aan de algemene vergadering aangeboden, dan nadat de ondernemingsraad tijdig voor de datum van oproeping als bedoeld in artikel 114 in de gelegenheid is gesteld hierover een standpunt te bepalen. Het standpunt van de onderne-

Bevoegdheden AVA NV

Goedkeuring ingrijpende besluiten door AVA NV

mingsraad wordt gelijktijdig met het verzoek om goedkeuring aan de algemene vergadering aangeboden. De voorzitter of een door hem aangewezen lid van de ondernemingsraad kan het standpunt van de ondernemingsraad in de algemene vergadering toelichten. Het ontbreken van dat standpunt tast de besluitvorming over het verzoek om goedkeuring niet aan.

4. Voor de toepassing van lid 3 wordt onder de ondernemingsraad mede verstaan de ondernemingsraad van de onderneming van een dochtermaatschappij, mits de werknemers in dienst van de vennootschap en de groepsmaatschappijen in meerderheid binnen Nederland werkzaam zijn. Is er meer dan één ondernemingsraad, dan wordt de bevoegdheid door deze raden gezamenlijk uitgeoefend. Is voor de betrokken onderneming of ondernemingen een centrale ondernemingsraad ingesteld, dan komt de bevoegdheid toe aan de centrale ondernemingsraad.

Art. 108

1. Jaarlijks wordt ten minste één algemene vergadering gehouden.

2. Wanneer bij de statuten niet een kortere termijn is gesteld, wordt de jaarvergadering gehouden binnen zes maanden na afloop van het boekjaar der vennootschap.

(Zie ook: artt. 101, 128, 218 BW Boek 2)

Art. 108a

Binnen drie maanden nadat het voor het bestuur aannemelijk is dat het eigen vermogen van de naamloze vennootschap is gedaald tot een bedrag gelijk aan of lager dan de helft van het gestorte en opgevraagde deel het kapitaal, wordt een algemene vergadering gehouden ter bespreking van zo nodig te nemen maatregelen.

(Zie ook: art. 112 BW Boek 2)

Art. 109

Het bestuur en de raad van commissarissen zijn bevoegd tot het bijeenroepen van een algemene vergadering; bij de statuten kan deze bevoegdheid ook aan anderen worden verleend.

(Zie ook: artt. 110, 111, 112, 129, 140, 219 BW Boek 2)

Art. 110

1. Een of meer houders van aandelen die gezamenlijk ten minste een tiende gedeelte van het geplaatste kapitaal vertegenwoordigen, of een zoveel geringer bedrag als bij de statuten is bepaald, kunnen door de voorzieningenrechter van de rechtbank op hun verzoek worden gemachtigd tot de bijeenroeping van een algemene vergadering. De voorzieningenrechter wijst dit verzoek af, indien hem niet is gebleken, dat verzoekers voordien aan het bestuur en aan de raad van commissarissen schriftelijk en onder nauwkeurige opgave van de te behandelen onderwerpen het verzoek hebben gericht een algemene vergadering bijeen te roepen, en dat noch het bestuur noch de raad van commissarissen - daartoe in dit geval gelijkelijk bevoegd - de nodige maatregelen hebben getroffen, opdat de algemene vergadering binnen zes weken na het verzoek kon worden gehouden. Indien aandelen van de vennootschap of met medewerking van de vennootschap uitgegeven certificaten daarvan zijn toegelaten tot de handel op een gereglementeerde markt als bedoeld in artikel 1:1 van de Wet op het financieel toezicht, bedraagt deze termijn acht weken.

2. Voor de toepassing van dit artikel worden met houders van aandelen gelijkgesteld de houders van de certificaten van aandelen, welke met medewerking van de vennootschap zijn uitgegeven.

(Zie ook: artt. 41, 88, 89, 112, 113, 117, 123, 220, 346 BW Boek 2; art. 259 BW Boek 3; artt. 261, 995 Rv)

3. Tenzij de statuten anders bepalen, wordt aan de eis van schriftelijkheid van het verzoek als bedoeld in lid 1 voldaan indien dit verzoek elektronisch is vastgelegd.

Art. 111

1. De voorzieningenrechter van de rechtbank verleent, na verhoor of oproeping van de naamloze vennootschap, de verzochte machtiging, indien de verzoekers summierlijk hebben doen blijken, dat de in het vorige artikel gestelde voorwaarden zijn vervuld, en dat zij een redelijk belang hebben bij het houden van de vergadering. De voorzieningenrechter van de rechtbank stelt de vorm en de termijnen voor de oproeping tot de algemene vergadering vast. Hij kan tevens iemand aanwijzen, die met de leiding van de algemene vergadering zal zijn belast.

(Zie ook: art. 110 BW Boek 2)

2. Bij de oproeping ingevolge het eerste lid wordt vermeld dat zij krachtens rechterlijke machtiging geschiedt. De op deze wijze gedane oproeping is rechtsgeldig, ook indien mocht blijken dat de machtiging ten onrechte was verleend.

3. Tegen de beschikking van de voorzieningenrechter is generlei voorziening toegelaten, behoudens cassatie in het belang der wet.

(Zie ook: art. 221 BW Boek 2; art. 98 Wet RO)

Art. 112

Indien zij, die krachtens artikel 109 van dit Boek of de statuten tot de bijeenroeping bevoegd zijn, in gebreke zijn gebleven een bij artikel 108 of artikel 108a van dit Boek of de statuten voorgeschreven algemene vergadering te doen houden, kan iedere aandeelhouder door de

voorzieningenrechter van de rechtbank worden gemachtigd zelf daartoe over te gaan. Artikel 110 lid 2 en artikel 111 van dit Boek zijn van overeenkomstige toepassing.
(Zie ook: art. 222 BW Boek 2; art. 259 BW Boek 3)

Art. 113

1. Tot de algemene vergadering worden opgeroepen de aandeelhouders alsmede de houders van de certificaten van aandelen, welke met medewerking van de vennootschap zijn uitgegeven.
(Zie ook: artt. 88, 89 BW Boek 2)

2. De oproeping geschiedt door aankondiging in een landelijk verspreid dagblad.
(Zie ook: artt. 100, 223, 224, 314 BW Boek 2)

3. De statuten kunnen bepalen dat de houders van aandelen op naam worden opgeroepen door middel van oproepingsbrieven gericht aan de adressen van die aandeelhouders zoals deze zijn vermeld in het register van aandeelhouders.
(Zie ook: artt. 111, 223 BW Boek 2; art. 259 BW Boek 3)

4. Tenzij de statuten anders bepalen kan, indien de houder van aandelen op naam alsmede de houder van de certificaten, welke met medewerking van de vennootschap zijn uitgegeven, hiermee instemt, de oproeping geschieden door een langs elektronische weg toegezonden leesbaar en reproduceerbaar bericht aan het adres dat door hem voor dit doel aan de vennootschap is bekend gemaakt.

5. De statuten kunnen bepalen dat de houders van aandelen aan toonder alsmede de houders van de certificaten van aandelen, welke met medewerking van de vennootschap zijn uitgegeven, worden opgeroepen door een langs elektronische weg openbaar gemaakte aankondiging, welke tot aan de algemene vergadering rechtstreeks en permanent toegankelijk is.

6. In afwijking van lid 2 en onverminderd de leden 3 en 4 geschiedt de oproeping door een langs elektronische weg openbaar gemaakte aankondiging, welke tot aan de algemene vergadering rechtstreeks en permanent toegankelijk is indien aandelen van de vennootschap of met medewerking van de vennootschap uitgegeven certificaten daarvan zijn toegelaten tot de handel op een gereglementeerde markt als bedoeld in artikel 1:1 van de Wet op het financieel toezicht.

Art. 114

1. Bij de oproeping worden vermeld:
a. de te behandelen onderwerpen;
b. de plaats en het tijdstip van de algemene vergadering;
c. de procedure voor deelname aan de algemene vergadering bij schriftelijk gevolmachtigde;
d. indien aandelen van de vennootschap of met medewerking van de vennootschap uitgegeven certificaten daarvan zijn toegelaten tot de handel op een gereglementeerde markt als bedoeld in artikel 1:1 van de Wet op het financieel toezicht, de procedure voor deelname aan de algemene vergadering en het uitoefenen van het stemrecht door middel van een elektronisch communicatiemiddel, indien dit recht overeenkomstig artikel 117a kan worden uitgeoefend, alsmede het adres van de website van de vennootschap, als bedoeld in artikel 5:25ka van de Wet op het financieel toezicht.

2. Omtrent onderwerpen waarvan de behandeling niet bij de oproeping of op de zelfde wijze is aangekondigd met inachtneming van de voor de oproeping gestelde termijn, kan niet wettig worden besloten, tenzij het besluit met algemene stemmen wordt genomen in een vergadering, waarin het gehele geplaatste kapitaal vertegenwoordigd is.

3. Mededelingen welke krachtens de wet of de statuten aan de algemene vergadering moeten worden gericht, kunnen geschieden door opneming hetzij in de oproeping hetzij in het stuk dat ter kennisneming ten kantore der vennootschap is neergelegd, mits daarvan in de oproeping melding wordt gemaakt.
(Zie ook: artt. 14, 15, 99, 115, 116, 120, 123, 142, 158, 224 BW Boek 2; art. 259 BW Boek 3)

4. In afwijking van lid 1 kan bij de oproeping worden medegedeeld dat de houders van aandelen en de houders van met medewerking van de vennootschap uitgegeven certificaten van aandelen ten kantore van de vennootschap kennis kunnen nemen van de gegevens bedoeld in lid 1 onderdelen a en c, tenzij de betreffende aandelen of certificaten zijn toegelaten tot de handel op een gereglementeerde markt als bedoeld in artikel 1:1 van de Wet op het financieel toezicht.

Art. 114a

1. Een onderwerp, waarvan de behandeling schriftelijk is verzocht door een of meer houders van aandelen die alleen of gezamenlijk tenminste drie honderdste gedeelte van het geplaatste kapitaal vertegenwoordigen, wordt opgenomen in de oproeping of op dezelfde wijze aangekondigd indien de vennootschap het met redenen omklede verzoek of een voorstel voor een besluit niet later dan op de zestigste dag voor die van de vergadering heeft ontvangen. In de statuten kan het vereiste gedeelte van het kapitaal lager worden gesteld en de termijn voor indiening van het verzoek worden verkort.

2. Voor de toepassing van dit artikel worden met de houders van aandelen gelijkgesteld de houders van de certificaten van aandelen die met medewerking van de vennootschap zijn uitgegeven.
(Zie ook: artt. 107, 109, 113, 114, 224a BW Boek 2; artt. 16, 56 Uw SE)

Oproeping van AVA NV

Agenda bij AVA NV

Verzoek behandeling agendapunt tijdens AVA NV

B2 art. 114b — Burgerlijk Wetboek Boek 2

3. Tenzij de statuten anders bepalen, wordt aan de eis van schriftelijkheid van het verzoek als bedoeld in lid 1 voldaan indien dit verzoek elektronisch is vastgelegd.

Art. 114b

Bedenktijd vennootschap, werkingssfeer

1. Dit artikel is van toepassing op een vennootschap waarvan aandelen zijn toegelaten tot de handel op een gereglementeerde markt of een multilaterale handelsfaciliteit als bedoeld in artikel 1:1 van de Wet op het financieel toezicht of een met een gereglementeerde markt of multilaterale handelsfaciliteit vergelijkbaar systeem uit een staat die geen lidstaat is en die geen gebruik maakt van de mogelijkheid bedoeld in artikel 359b lid 1 onderdeel a.

Bedenktijd inroepen door vennootschap, voorwaarden

2. De vennootschap kan een bedenktijd inroepen in de volgende gevallen:
a. indien een of meer houders van aandelen overeenkomstig artikel 114a dan wel op de voet van artikel 110 lid 1 of overeenkomstig de statuten van de vennootschap verzoekt om behandeling van een voorstel tot benoeming, schorsing of ontslag van een of meer bestuurders of commissarissen, of een voorstel tot wijziging van een of meer statutaire bepalingen die betrekking hebben op benoeming, schorsing of ontslag van bestuurders of commissarissen, dan wel
b. indien een openbaar bod is aangekondigd of uitgebracht op aandelen in het kapitaal van de vennootschap zonder dat over het bod overeenstemming is bereikt met de vennootschap, en het onder a bedoelde verzoek dan wel het onder b bedoelde bod naar het oordeel van het bestuur wezenlijk in strijd is met het belang van de vennootschap en de met haar verbonden onderneming.

3. Het met redenen omklede besluit van het bestuur tot het inroepen van de bedenktijd is onderworpen aan de goedkeuring van de raad van commissarissen, indien aanwezig.

4. Een of meer houders van aandelen die bij het inroepen van de bedenktijd gerechtigd zijn tot agendering ingevolge artikel 114a, kunnen de ondernemingskamer van het gerechtshof Amsterdam verzoeken om beëindiging van de bedenktijd. Artikel 349a lid 1 is met uitzondering van de eerste volzin van toepassing. De ondernemingskamer wijst het verzoek toe:
a. wanneer het bestuur in het licht van de omstandigheden op het moment van het inroepen van de bedenktijd, niet in redelijkheid heeft kunnen oordelen dat het in lid 2 onder a bedoelde verzoek dan wel het in lid 2 onder b bedoelde bod wezenlijk in strijd is met het belang van de vennootschap en de met haar verbonden onderneming;
b. wanneer het bestuur niet langer in redelijkheid kan oordelen dat het voortduren van de bedenktijd kan bijdragen aan een zorgvuldige beleidsbepaling; of
c. wanneer gedurende de bedenktijd een of meer maatregelen actief zijn die naar aard, doel en strekking met de bedenktijd overeenkomen en deze maatregelen niet binnen redelijke termijn na een daartoe strekkend schriftelijk verzoek van deze houders van aandelen zijn beëindigd of opgeschort.

Bedenktijd, termijn

5. De bedenktijd geldt voor een termijn van ten hoogste tweehonderdvijftig dagen, gerekend vanaf de dag na de uiterste datum waarop overeenkomstig artikel 114a of de statuten van de vennootschap een verzoek als bedoeld in lid 2 onder a voor de eerstvolgende algemene vergadering moet zijn ontvangen dan wel gerekend vanaf uiterlijk de dag na de dag waarop het openbaar bod is uitgebracht als bedoeld in lid 2 onder b. Indien toepassing is gegeven aan artikel 111 vangt de bedenktijd aan op het moment waarop de voorzieningenrechter de verzochte machtiging heeft verleend. Het bestuur kan te allen tijde besluiten de bedenktijd eerder te beëindigen. Lid 3 is van overeenkomstige toepassing. De bedenktijd eindigt in ieder geval de dag na de gestanddoening van een openbaar bod. De grond voor het inroepen van de bedenktijd in een van de in lid 2 genoemde gevallen laat de mogelijkheid tot het inroepen van een bedenktijd op een andere grond onverlet.

Bedenktijd, gevolg inroepen van

6. Het inroepen van de bedenktijd heeft tot gevolg dat de bevoegdheid van de algemene vergadering bedoeld in de artikelen 121 lid 1, voor zover de statutenwijziging betrekking heeft op benoeming, schorsing of ontslag van bestuurders of commissarissen, 132 lid 1, 134 lid 1, 142 lid 1, 144 lid 1 en 161a lid 1 gedurende de bedenktijd is opgeschort, tenzij de vennootschap het voorstel tot benoeming, schorsing of ontslag van een bestuurder of commissaris bij de oproeping bedoeld in artikel 114 lid 1 onder a als punt ter stemming vermeldt.

7. Gedurende de bedenktijd vergaart het bestuur alle informatie die nodig is voor een zorgvuldige beleidsbepaling. Daartoe raadpleegt het bestuur in ieder geval de aandeelhouders die bij het inroepen van de bedenktijd tenminste drie honderdste gedeelte van het geplaatste kapitaal vertegenwoordigen en de ondernemingsraad. Indien de geraadpleegde aandeelhouders of de ondernemingsraad aan het bestuur een standpunt kenbaar hebben gemaakt, plaatst het bestuur dit standpunt onverwijld op de website van de vennootschap, voor zover de geraadpleegde partijen daarmee hebben ingestemd. Artikel 107a lid 4 is van overeenkomstige toepassing.

8. Het bestuur doet verslag van het gevoerde beleid en de gang van zaken sinds het inroepen van de bedenktijd. Uiterlijk een week na de laatste dag van de bedenktijd legt de vennootschap het verslag voor de aandeelhouders ter inzage ten kantore van de vennootschap en plaatst zij het verslag op de website van de vennootschap.

9. Het in lid 8 bedoelde verslag wordt bij de oproeping van de eerstvolgende algemene vergadering na het verstrijken van de bedenktijd vermeld als onderwerp ter bespreking.

10. Voor de toepassing van dit artikel worden met aandelen en de houders van aandelen gelijkgesteld de certificaten van aandelen die met medewerking van de vennootschap zijn uitgegeven, respectievelijk de houders van de certificaten van aandelen die met medewerking van de vennootschap zijn uitgegeven.

Art. 115

1. Behoudens het bepaalde bij de tweede zin van het eerste lid van artikel 111 van dit Boek, geschiedt de oproeping niet later dan op de vijftiende dag vóór die der vergadering. Was die termijn korter of heeft de oproeping niet plaats gehad, dan kunnen geen wettige besluiten worden genomen, tenzij met algemene stemmen in een vergadering, waarin het gehele geplaatste kapitaal vertegenwoordigd is.

(Zie ook: artt. 14, 15, 120, 128, 225 BW Boek 2)

2. Indien aandelen van de vennootschap of met medewerking van de vennootschap uitgegeven certificaten daarvan zijn toegelaten tot de handel op een gereglementeerde markt als bedoeld in artikel 1:1 van de Wet op het financieel toezicht, geschiedt de oproeping niet later dan op de tweeënveertigste dag vóór die der vergadering.

3. De statuten van een entiteit als bedoeld in artikel 3A:2, onderdelen a tot en met e, van de Wet op het financieel toezicht kunnen in afwijking van leden 1 en 2 bepalen dat de oproeping voor een vergadering voor een besluit tot uitgifte van aandelen niet later dan de tiende dag vóór die der vergadering geschiedt, indien voldaan is aan de voorwaarden om maatregelen op te leggen op grond van artikel 1:75a van die wet en de uitgifte van aandelen noodzakelijk is om te voorkomen dat aan de voorwaarden voor afwikkeling, bedoeld in artikel 3A:18, eerste lid, van die wet wordt voldaan.

4. Voor een besluit van de algemene vergadering tot wijziging van de statuten voor de toepassing van het derde lid, is een meerderheid van ten minste twee derden der uitgebrachte stemmen vereist.

Art. 116

De algemene vergaderingen worden gehouden in Nederland ter plaatse bij de statuten vermeld, of anders in de gemeente waar de naamloze vennootschap haar woonplaats heeft. In een algemene vergadering, gehouden elders dan behoort, kunnen wettige besluiten slechts worden genomen, indien het gehele geplaatste kapitaal vertegenwoordigd is.

(Zie ook: art. 10 BW Boek 1; artt. 14, 15, 24d, 120, 128, 226 BW Boek 2)

Art. 117

1. Iedere aandeelhouder is bevoegd, in persoon of bij een schriftelijk gevolmachtigde, de algemene vergaderingen bij te wonen, daarin het woord te voeren en het stemrecht uit te oefenen. Houders van onderaandelen, tezamen uitmakende het bedrag van een aandeel, oefenen deze rechten gezamenlijk uit, hetzij door één van hen, hetzij door een schriftelijk gevolmachtigde. Bij de statuten kan de bevoegdheid van aandeelhouders zich te doen vertegenwoordigen, worden beperkt. De bevoegdheid van aandeelhouders zich te doen vertegenwoordigen door een advocaat, notaris, toegevoegd notaris, kandidaat-notaris, registeraccountant of accountant-administratieconsulent kan niet worden uitgesloten.

2. Iedere houder van een met medewerking van de vennootschap uitgegeven certificaat van een aandeel is bevoegd, in persoon of bij een schriftelijk gevolmachtigde, de algemene vergadering bij te wonen en daarin het woord te voeren. De voorlaatste en de laatste zin van lid 1 zijn van overeenkomstige toepassing.

3. De statuten kunnen bepalen dat een aandeelhouder niet gerechtigd is tot deelname aan de algemene vergadering zolang hij in gebreke is te voldoen aan een wettelijke of statutaire verplichting. Wanneer bij de statuten is bepaald dat de houders van aandelen de bewijsstukken van hun recht vóór de algemene vergadering in bewaring moeten geven, worden bij de oproeping voor de vergadering vermeld de plaats waar en de dag waarop zulks uiterlijk moet geschieden. Die dag kan niet vroeger worden gesteld dan op de zevende dag voor die der vergadering. Indien de statuten voorschriften overeenkomstig de voorgaande bepalingen van dit lid bevatten, gelden deze mede voor de houders van de certificaten van aandelen die met medewerking van de vennootschap zijn uitgegeven. Inbewaringgeving van bewijsstukken kan niet worden voorgeschreven indien aandelen van de vennootschap of met medewerking van de vennootschap uitgegeven certificaten daarvan zijn toegelaten tot de handel op een gereglementeerde markt als bedoeld in artikel 1:1 van de Wet op het financieel toezicht.

4. De bestuurders en de commissarissen hebben als zodanig in de algemene vergaderingen een raadgevende stem.

5. De accountant aan wie de opdracht tot het onderzoek van de jaarrekening is verleend, bedoeld in artikel 393 lid 1, is bevoegd de algemene vergadering die besluit over de vaststelling van de jaarrekening bij te wonen en daarin het woord te voeren.

6. Aan de eis van schriftelijkheid van de volmacht wordt voldaan indien de volmacht elektronisch is vastgelegd. Indien aandelen van de vennootschap of met medewerking van de vennootschap uitgegeven certificaten daarvan zijn toegelaten tot de handel op een gereglementeerde markt als bedoeld in artikel 1:1 van de Wet op het financieel toezicht, biedt de vennootschap

B2 art. 117a **Burgerlijk Wetboek Boek 2**

aan de aandeelhouder de mogelijkheid om haar langs elektronische weg van de volmacht in kennis te stellen.

(Zie ook: artt. 12, 38, 79, 88, 92, 227 BW Boek 2; artt. 39, 61, 259 BW Boek 3)

7. Indien aandelen van de vennootschap of met medewerking van de vennootschap uitgegeven certificaten daarvan zijn toegelaten tot de handel op een gereglementeerde markt als bedoeld in de Wet op het financieel toezicht, kan bij de statuten de bevoegdheid van aandeelhouders of certificaathouders zich te doen vertegenwoordigen niet worden uitgesloten of beperkt.

Art. 117a

Deelname/stemming via elektronisch communicatiemiddel tijdens AVA NV

1. De statuten kunnen bepalen dat iedere aandeelhouder bevoegd is om, in persoon of bij een schriftelijk gevolmachtigde, door middel van een elektronisch communicatiemiddel aan de algemene vergadering deel te nemen, daarin het woord te voeren en het stemrecht uit te oefenen.

2. Voor de toepassing van lid 1 is vereist dat de aandeelhouder via het elektronisch communicatiemiddel kan worden geïdentificeerd, rechtstreeks kan kennisnemen van de verhandelingen ter vergadering en het stemrecht kan uitoefenen. De statuten kunnen bepalen dat bovendien is vereist dat de aandeelhouder via het elektronisch communicatiemiddel kan deelnemen aan de beraadslaging.

3. Bij of krachtens de statuten kunnen voorwaarden worden gesteld aan het gebruik van het elektronisch communicatiemiddel, mits deze voorwaarden redelijk en noodzakelijk zijn voor de identificatie van de aandeelhouder en de betrouwbaarheid en veiligheid van de communicatie. Indien de voorwaarden krachtens de statuten worden gesteld, of artikel 114 lid 1 onderdeel d van toepassing is, worden deze voorwaarden bij de oproeping bekend gemaakt.

4. Lid 1 tot en met 3 zijn van overeenkomstige toepassing op de rechten van iedere houder van een met medewerking van de vennootschap uitgegeven certificaat van een aandeel.

5. Aan de eis van schriftelijkheid van de volmacht wordt voldaan indien de volmacht elektronisch is vastgelegd. Indien aandelen van de vennootschap of met medewerking van de vennootschap uitgegeven certificaten daarvan zijn toegelaten tot de handel op een gereglementeerde markt als bedoeld in artikel 1:1 van de Wet op het financieel toezicht, biedt de vennootschap aan de aandeelhouder de mogelijkheid om haar langs elektronische weg van de volmacht in kennis te stellen.

Art. 117b

Elektronische stemuitbrenging voorafgaand aan AVA NV

1. De statuten kunnen bepalen dat stemmen die voorafgaand aan de algemene vergadering via een elektronisch communicatiemiddel of bij brief worden uitgebracht gelijk worden gesteld met stemmen die ten tijde van de vergadering worden uitgebracht. Deze stemmen worden niet eerder uitgebracht dan op de in het derde lid bedoelde dag van registratie.

2. Voor de toepassing van lid 1 hebben als stem- of vergadergerechtigde te gelden zij die op een bij de bijeenroeping van een algemene vergadering te bepalen tijdstip die rechten hebben en als zodanig zijn ingeschreven in een door het bestuur aangewezen register, ongeacht wie ten tijde van de algemene vergadering de rechthebbenden op de aandelen zijn.

3. De dag van registratie is de achtentwintigste dag voor die van de vergadering.

4. Bij de oproeping wordt de dag van de registratie vermeld, alsmede de wijze waarop de stem- of vergadergerechtigden zich kunnen laten registreren en de wijze waarop zij hun rechten kunnen uitoefenen.

5. Indien de oproeping van de algemene vergadering plaatsvindt onder toepassing van een bepaling in de statuten als bedoeld in artikel 115 lid 3, worden de stemmen in afwijking van lid 1 tweede volzin en lid 3 niet eerder uitgebracht dan op een in de statuten te bepalen dag van registratie.

Art. 117c

Elektronische ontvangstbevestiging, stemuitbrenging

De vennootschap zendt een elektronische ontvangstbevestiging van een op elektronische wijze uitgebrachte stem aan degene die de stem heeft uitgebracht.

Art. 118

Stemrecht tijdens AVA NV

1. Slechts aandeelhouders hebben stemrecht. Iedere aandeelhouder heeft ten minste één stem. De statuten kunnen bepalen dat een aandeelhouder niet gerechtigd is tot uitoefening van het stemrecht zolang hij in gebreke is te voldoen aan een wettelijke of statutaire verplichting.

2. Indien het maatschappelijk kapitaal in aandelen van een zelfde bedrag is verdeeld, brengt iedere aandeelhouder zoveel stemmen uit als hij aandelen heeft.

(Zie ook: art. 92 BW Boek 2)

3. Indien het maatschappelijk kapitaal in aandelen van verschillend bedrag is verdeeld, is het aantal stemmen van iedere aandeelhouder gelijk aan het aantal malen, dat het bedrag van het kleinste aandeel is begrepen in het gezamenlijk bedrag van zijn aandelen; gedeelten van stemmen worden verwaarloosd.

4. Echter kan het door een zelfde aandeelhouder uit te brengen aantal stemmen bij de statuten worden beperkt, mits aandeelhouders wier bedrag aan aandelen gelijk is, hetzelfde aantal stemmen uitbrengen en de beperking voor de houders van een groter bedrag aan aandelen niet gunstiger is geregeld dan voor de houders van een kleiner bedrag aan aandelen.

5. Van het bepaalde bij het tweede en het derde lid kan bij de statuten ook op andere wijze worden afgeweken, mits aan eenzelfde aandeelhouder niet meer dan zes stemmen worden toegekend indien het maatschappelijk kapitaal is verdeeld in honderd of meer aandelen, en niet meer dan drie stemmen indien het kapitaal in minder dan honderd aandelen is verdeeld.

6. Onderaandelen die tezamen het bedrag van een aandeel uitmaken worden met een zodanig aandeel gelijkgesteld.

(Zie ook: art. 79 BW Boek 2)

7. Voor een aandeel dat toebehoort aan de vennootschap of aan een dochtermaatschappij daarvan kan in de algemene vergadering geen stem worden uitgebracht; evenmin voor een aandeel waarvan een hunner de certificaten houdt. Vruchtgebruikers en pandhouders van aandelen die aan de vennootschap en haar dochtermaatschappijen toebehoren, zijn evenwel niet van hun stemrecht uitgesloten, indien het vruchtgebruik of pandrecht was gevestigd voordat het aandeel aan de vennootschap of een dochtermaatschappij daarvan toebehoorde. De vennootschap of een dochtermaatschappij daarvan kan geen stem uitbrengen voor een aandeel waarop zij een recht van vruchtgebruik of een pandrecht heeft.

(Zie ook: artt. 13, 24a, 24d, 38, 88, 89, 105, 117, 228 BW Boek 2; art. 171 BW Boek 8)

Art. 118a

Volmacht stemrecht certificaathouder bij AVA NV

1. Indien met medewerking van de vennootschap certificaten van aandelen zijn uitgegeven die zijn toegelaten tot de handel op een gereglementeerde markt of een multilaterale handelsfaciliteit, als bedoeld in artikel 1:1 van de Wet op het financieel toezicht of een met een gereglementeerde markt of multilaterale handelsfaciliteit vergelijkbaar systeem uit een staat die geen lidstaat is wordt de houder van de certificaten op zijn verzoek gevolmachtigd om met uitsluiting van de volmachtgever het stemrecht verbonden aan het betreffende aandeel of de betreffende aandelen uit te oefenen in een in de volmacht aangegeven algemene vergadering. Een aldus gevolmachtigde certificaathouder kan het stemrecht naar eigen inzicht uitoefenen. De artikelen 88 lid 4 en 89 lid 4 zijn niet van toepassing.

2. De stemgerechtigde kan de volmacht slechts beperken, uitsluiten of een gegeven volmacht herroepen indien:

a. een openbaar bod is aangekondigd of uitgebracht op aandelen in het kapitaal van de vennootschap of op certificaten of de gerechtvaardigde verwachting bestaat dat daartoe zal worden overgegaan, zonder dat over het bod overeenstemming is bereikt met de vennootschap;

b. een houder van certificaten of meerdere houders van certificaten en aandelen volgens een onderlinge regeling tot samenwerking al dan niet samen met dochtermaatschappijen ten minste 25% van het geplaatst kapitaal van de vennootschap verschaffen of doen verschaffen; of

c. naar het oordeel van de stemgerechtigde uitoefening van het stemrecht door een houder van certificaten wezenlijk in strijd is met het belang van de vennootschap en de daarmee verbonden onderneming.

De stemgerechtigde brengt het besluit tot beperking, intrekking of herroeping gemotiveerd ter kennis van de certificaathouders en de overige aandeelhouders.

3. De bevoegdheid tot beperking, uitsluiting of herroeping bestaat niet indien de stemgerechtigde rechtspersoonlijkheid heeft en de meerderheid van stemmen in het bestuur van de rechtspersoon kan worden uitgebracht door

a. bestuurders of gewezen bestuurders alsmede commissarissen of gewezen commissarissen van de vennootschap of haar groepsmaatschappijen;

b. natuurlijke personen in dienst van de vennootschap of haar groepsmaatschappijen;

c. vaste adviseurs van de vennootschap of haar groepsmaatschappijen.

4. Bij het besluit tot het beperken, uitsluiten of herroepen van de volmacht en het besluit over de wijze waarop het stemrecht wordt uitgeoefend, kunnen de in het lid 3 bedoelde personen geen stem uitbrengen.

(Zie ook: art. 118 BW Boek 2; art. 60 BW Boek 3; art. 423 BW Boek 7)

Art. 119

Aanwijzing stemgerechtigde/vergadergerechtigde voor AVA NV

1. De algemene vergadering kan het bestuur voor een periode van ten hoogste vijf jaren machtigen bij de bijeenroeping van een algemene vergadering te bepalen dat voor de toepassing van artikel 117 leden 1 en 2 en artikel 117a leden 1 en 4 als stem- of vergadergerechtigde hebben te gelden zij die op de in lid 2 bedoelde dag van registratie die rechten hebben en als zodanig zijn ingeschreven in een door het bestuur aangewezen register, ongeacht wie ten tijde van de algemene vergadering de rechthebbenden op de aandelen of certificaten zijn. De machtiging kan ook voor onbepaalde tijd worden verleend bij statuten. Indien aandelen van de vennootschap of met medewerking van de vennootschap uitgegeven certificaten daarvan zijn toegelaten tot de handel op een gereglementeerde markt als bedoeld in artikel 1:1 van de Wet op het financieel toezicht, hebben voor de toepassing van artikel 117 leden 1 en 2 en artikel 117a leden 1 en 4 als stem- of vergadergerechtigde te gelden zij die op de in lid 2 bedoelde dag van registratie die rechten hebben en als zodanig zijn ingeschreven in een door het bestuur aangewezen register, ongeacht wie ten tijde van de algemene vergadering de rechthebbenden op de aandelen of certificaten zijn.

B2 art. 120 **Burgerlijk Wetboek Boek 2**

2. De dag van registratie is de achtentwintigste dag voor die van de vergadering.

3. Bij de oproeping voor de vergadering wordt de dag van registratie vermeld alsmede de wijze waarop de stem- of vergadergerechtigden zich kunnen laten registreren en de wijze waarop zij hun rechten kunnen uitoefenen.

4. Indien de oproeping van de algemene vergadering plaatsvindt onder toepassing van een bepaling in de statuten als bedoeld in artikel 115 lid 3, hebben, in afwijking van leden 1 en 2, voor de toepassing van artikel 117 leden 1 en 2 en artikel 117a leden 1 en 4 als stem- of vergadergerechtigde te gelden zij die op een in de statuten te bepalen dag van registratie die rechten hebben en als zodanig zijn ingeschreven in een door het bestuur aangewezen register, ongeacht wie ten tijde van de algemene vergadering de rechthebbenden op de aandelen of certificaten zijn.

Art. 120

Vereiste aantal stemmen tijdens AVA BV

1. Alle besluiten waaromtrent bij de wet of de statuten geen grotere meerderheid is voorgeschreven, worden genomen bij volstrekte meerderheid van de uitgebrachte stemmen. Staken de stemmen bij verkiezing van personen, dan beslist het lot, staken de stemmen bij een andere stemming, dan is het voorstel verworpen; een en ander voor zover in de wet of de statuten niet een andere oplossing is aangegeven. Deze oplossing kan bestaan in het opdragen van de beslissing aan een derde.

2. Tenzij bij de wet of de statuten anders is bepaald, is de geldigheid van besluiten niet afhankelijk van het ter vergadering vertegenwoordigd gedeelte van het kapitaal.

3. Indien in de statuten is bepaald dat de geldigheid van een besluit afhankelijk is van het ter vergadering vertegenwoordigd gedeelte van het kapitaal en dit gedeelte ter vergadering niet vertegenwoordigd was, kan, tenzij de statuten anders bepalen, een nieuwe vergadering worden bijeengeroepen waarin het besluit kan worden genomen, onafhankelijk van het op deze vergadering vertegenwoordigd gedeelte van het kapitaal. Bij de oproeping tot de nieuwe vergadering moet worden vermeld dat en waarom een besluit kan worden genomen, onafhankelijk van het ter vergadering vertegenwoordigd gedeelte van het kapitaal.

4. Het bestuur van de vennootschap houdt van de genomen besluiten aantekening. De aantekeningen liggen ten kantore van de vennootschap ter inzage van de aandeelhouders en de houders van de met medewerking van de vennootschap uitgegeven certificaten van haar aandelen. Aan ieder van dezen wordt desgevraagd afschrift of uittreksel van deze aantekeningen verstrekt tegen ten hoogste de kostprijs.

(Zie ook: artt. 13, 14, 15, 96a, 114, 115, 116, 121, 133, 134, 230, 317 BW Boek 2; art. 171 BW Boek 8)

5. Onverminderd het bepaalde in lid 4 stelt de vennootschap waarvan aandelen of met medewerking van de vennootschap uitgegeven certificaten daarvan zijn toegelaten tot de handel op een gereglementeerde markt als bedoeld in artikel 1:1 van de Wet op het financieel toezicht voor elk genomen besluit vast:

a. het aantal aandelen waarvoor geldige stemmen zijn uitgebracht;

b. het percentage dat het aantal onder a bedoelde aandelen vertegenwoordigt in het geplaatste kapitaal;

c. het totale aantal geldig uitgebrachte stemmen;

d. het aantal stemmen dat voor en tegen het besluit is uitgebracht, alsmede het aantal onthoudingen.

Bevestigen geldigheid uitgebrachte stem

6. De vennootschap waarvan aandelen of met medewerking van de vennootschap uitgegeven certificaten zijn toegelaten tot de handel op een gereglementeerde markt als bedoeld in artikel 1:1 van de Wet op het financieel toezicht, verstrekt op verzoek van de aandeelhouder of een door die aandeelhouder aangewezen derde na afloop van de algemene vergadering een bevestiging van de geldige registratie en telling van de door die aandeelhouder uitgebrachte stemmen op deze vergadering. De bevestiging wordt verschaft door de vennootschap aan de aandeelhouder of een door die aandeelhouder aangewezen derde die daarom heeft verzocht, tenzij deze informatie hem reeds ter beschikking staat. Het verzoek voor een dergelijke bevestiging wordt uiterlijk drie maanden na afloop van de vergadering bij de vennootschap gedaan.

Art. 121

Wijziging statuten tijdens AVA NV

1. De algemene vergadering is bevoegd de statuten te wijzigen; voor zover bij de statuten de bevoegdheid tot wijziging mocht zijn uitgesloten, is wijziging niettemin mogelijk met algemene stemmen in een vergadering waarin het gehele geplaatste kapitaal is vertegenwoordigd.

(Zie ook: art. 127 BW Boek 2)

2. Een bepaling in de statuten, die de bevoegdheid tot wijziging van een of meer andere bepalingen der statuten beperkt, kan slechts worden gewijzigd met inachtneming van gelijke beperking.

3. Een bepaling in de statuten, die de bevoegdheid tot wijziging van een of meer andere bepalingen uitsluit, kan slechts worden gewijzigd met algemene stemmen in een vergadering waarin het gehele geplaatste kapitaal is vertegenwoordigd.

(Zie ook: artt. 14, 15, 17, 18, 42, 43, 122, 231 BW Boek 2)

Art. 121a

1. Het besluit tot verhoging van het bedrag van de aandelen en van het maatschappelijk kapitaal volgens artikel 67a wordt genomen bij volstrekte meerderheid van stemmen. Het besluit tot vermindering van het bedrag van de aandelen en van het maatschappelijk kapitaal wordt genomen met een meerderheid van ten minste twee-derde van de uitgebrachte stemmen indien minder dan de helft van het geplaatste kapitaal is vertegenwoordigd. Zijn er verschillende soorten aandelen, dan is naast het besluit tot verhoging of verlaging een voorafgaand of gelijktijdig goedkeurend besluit nodig van elke groep van houders van aandelen waaraan de omzetting afbreuk doet.

2. Voor de toepassing van deze bepaling wordt onder aandelen van een bepaalde soort tevens begrepen aandelen met een onderscheiden nominale waarde.

Art. 122

Wijziging van een bepaling der statuten, waarbij aan een ander dan aan aandeelhouders der vennootschap als zodanig enig recht is toegekend, kan indien de gerechtigde in de wijziging niet toestemt, aan diens recht geen nadeel toebrengen; tenzij ten tijde van de toekenning van het recht de bevoegdheid tot wijziging bij die bepaling uitdrukkelijk was voorbehouden.

(Zie ook: artt. 14, 15, 232 BW Boek 2; art. 253 BW Boek 6)

Art. 123

1. Wanneer aan de algemene vergadering een voorstel tot wijziging van de statuten zal worden gedaan, moet zulks steeds bij de oproeping tot de algemene vergadering worden vermeld. *(Zie ook: art. 114 BW Boek 2)*

2. Degenen die zodanige oproeping hebben gedaan, moeten tegelijkertijd een afschrift van dat voorstel waarin de voorgedragen wijziging woordelijk is opgenomen, ten kantore van de vennootschap nederleggen ter inzage voor iedere aandeelhouder tot de afloop der vergadering. Artikel 114 lid 2 is van overeenkomstige toepassing.

3. De aandeelhouders moeten in de gelegenheid worden gesteld van de dag der nederlegging tot die der algemene vergadering een afschrift van het voorstel, gelijk bij het vorige lid bedoeld, te verkrijgen. Deze afschriften worden kosteloos verstrekt.

4. Hetgeen in dit artikel met betrekking tot aandeelhouders is bepaald, is van overeenkomstige toepassing op houders van met medewerking der vennootschap uitgegeven certificaten van aandelen.

(Zie ook: artt. 14, 15, 18, 42, 72, 114, 233 BW Boek 2; art. 259 BW Boek 3; art. 1 WED)

Art. 124

1. Van een wijziging in de statuten wordt, op straffe van nietigheid, een notariële akte opgemaakt. De akte wordt verleden in de Nederlandse taal.

(Zie ook: artt. 64, 65 BW Boek 2)

2. Die akte kan bestaan in een notarieel proces-verbaal van de algemene vergadering, waarin de wijziging aangenomen is, of in een later verleden notariële akte. Het bestuur is bevoegd de akte te doen verlijden, ook zonder daartoe door de algemene vergadering te zijn gemachtigd.

3. Wordt het maatschappelijke kapitaal gewijzigd, dan vermeldt de akte welk deel daarvan is geplaatst.

(Zie ook: artt. 18, 43, 72, 125, 234, 293 BW Boek 2)

Art. 125

[Vervallen]

Art. 126

De bestuurders zijn verplicht een authentiek afschrift van de wijziging en de gewijzigde statuten neder te leggen ten kantore van het handelsregister.

(Zie ook: artt. 6, 18, 43, 69, 72, 77, 236, 293 BW Boek 2)

Art. 127

Gedurende het faillissement der naamloze vennootschap kan in haar statuten geen wijziging worden aangebracht dan met toestemming van de curator.

(Zie ook: artt. 14, 15, 18, 23a, 72, 84, 121, 237 BW Boek 2; art. 68 FW)

Art. 128

1. De statuten kunnen bepalen dat besluitvorming van aandeelhouders op andere wijze dan in een vergadering kan geschieden, tenzij aandelen aan toonder of, met medewerking van de vennootschap, certificaten van aandelen zijn uitgegeven. Indien de statuten een zodanige regeling bevatten, is zulk een besluitvorming slechts mogelijk met algemene stemmen van de stemgerechtigde aandeelhouders. De stemmen worden schriftelijk uitgebracht.

(Zie ook: artt. 40, 107, 238 BW Boek 2)

2. Tenzij de statuten anders bepalen kunnen de stemmen ook langs elektronische weg worden uitgebracht.

Afdeling 5
Het bestuur van de naamloze vennootschap en het toezicht op het bestuur

Art. 129

Bestuur NV, taken

1. Behoudens beperkingen volgens de statuten is het bestuur belast met het besturen van de vennootschap. Voor een vennootschap waarvan de aandelen of met medewerking van de vennootschap uitgegeven certificaten van aandelen zijn toegelaten tot de handel op een gereglementeerde markt of een multilaterale handelsfaciliteit als bedoeld in artikel 1:1 van de Wet op het financieel toezicht of een met een gereglementeerde markt of multilaterale handelsfaciliteit vergelijkbaar systeem uit een staat die geen lidstaat is, is daaronder in ieder geval begrepen het bepalen van het beleid en de strategie van de vennootschap.

2. De statuten kunnen bepalen dat een met name of in functie aangeduide bestuurder meer dan één stem wordt toegekend. Een bestuurder kan niet meer stemmen uitbrengen dan de andere bestuurders tezamen.

3. Besluiten van het bestuur kunnen bij of krachtens de statuten slechts worden onderworpen aan de goedkeuring van een orgaan van de vennootschap.

4. De statuten kunnen bepalen dat het bestuur zich dient te gedragen naar de aanwijzingen van een orgaan van de vennootschap die de algemene lijnen van het te voeren beleid op nader in de statuten aangegeven terreinen betreffen.

(Zie ook: artt. 8, 9, 44, 78a, 95, 130, 151, 164, 239, 291 BW Boek 2; art. 1673 BW Boek 7A; art. 192 BW Boek 8)

5. Bij de vervulling van hun taak richten de bestuurders zich naar het belang van de vennootschap en de met haar verbonden onderneming.

6. Een bestuurder neemt niet deel aan de beraadslaging en besluitvorming indien hij daarbij een direct of indirect persoonlijk belang heeft dat tegenstrijdig is met het belang bedoeld in lid 5. Wanneer hierdoor geen bestuursbesluit kan worden genomen, wordt het besluit genomen door de raad van commissarissen. Bij ontbreken van een raad van commissarissen, wordt het besluit genomen door de algemene vergadering, tenzij de statuten anders bepalen.

Art. 129a

Taakscheiding uitvoerende/niet-uitvoerende bestuurders bij NV

1. Bij de statuten kan worden bepaald dat de bestuurstaken worden verdeeld over één of meer niet uitvoerende bestuurders en één of meer uitvoerende bestuurders. De taak om toezicht te houden op de taakuitoefening door bestuurders kan niet door een taakverdeling worden ontnomen aan niet uitvoerende bestuurders. Het voorzitterschap van het bestuur, het doen van voordrachten voor benoeming van een bestuurder en het vaststellen van de bezoldiging van uitvoerende bestuurders kan niet aan een uitvoerende bestuurder worden toebedeeld. Niet uitvoerende bestuurders zijn natuurlijke personen.

Bezoldiging bestuurders NV

2. De uitvoerende bestuurders nemen niet deel aan de beraadslaging en besluitvorming over het vaststellen van de bezoldiging van uitvoerende bestuurders en over de verlening van de opdracht tot onderzoek van de jaarrekening aan een externe accountant als bedoeld in artikel 27 van de Wet toezicht accountantsorganisaties indien de algemene vergadering niet tot opdrachtverlening is overgegaan.

Besluitvorming NV

3. Bij of krachtens de statuten kan worden bepaald dat een of meer bestuurders rechtsgeldig kunnen besluiten omtrent zaken die tot zijn respectievelijk hun taak behoren. Bepaling krachtens de statuten geschiedt schriftelijk.

Art. 130

Vertegenwoordigingsbevoegdheid bestuur van NV

1. Het bestuur vertegenwoordigt de vennootschap, voor zover uit de wet niet anders voortvloeit.

2. De bevoegdheid tot vertegenwoordiging komt mede aan iedere bestuurder toe. De statuten kunnen echter bepalen dat zij behalve aan het bestuur slechts toekomt aan een of meer bestuurders. Zij kunnen voorts bepalen dat een bestuurder de vennootschap slechts met medewerking van een of meer anderen mag vertegenwoordigen.

3. Bevoegdheid tot vertegenwoordiging die aan het bestuur of aan een bestuurder toekomt, is onbeperkt en onvoorwaardelijk, voor zover uit de wet niet anders voortvloeit. Een wettelijk toegelaten of voorgeschreven beperking van of voorwaarde voor de bevoegdheid tot vertegenwoordiging kan slechts door de vennootschap worden ingeroepen.

4. De statuten kunnen ook aan andere personen dan bestuurders bevoegdheid tot vertegenwoordiging toekennen.

(Zie ook: artt. 6, 9, 14, 45, 129, 136, 146, 151, 240, 292 BW Boek 2; art. 65 BW Boek 3; art. 131 BW Boek 5; art. 178 BW Boek 8)

Art. 131

Rechterlijke competentie bij NV

De rechtbank, binnen welker rechtsgebied de vennootschap haar woonplaats heeft, neemt kennis van alle rechtsvorderingen betreffende de overeenkomst tussen de naamloze vennootschap en de bestuurder, daaronder begrepen de vordering bedoeld bij artikel 138 van dit Boek, waarvan het bedrag onbepaald is of € 25.000 te boven gaat. Dezelfde rechtbank neemt kennis van verzoeken als bedoeld in artikel 671b en artikel 671c van Boek 7 betreffende de in de eerste zin genoemde overeenkomst. De zaken, bedoeld in de eerste en tweede volzin, worden niet behandeld en beslist door de kantonrechter.

(Zie ook: art. 10 BW Boek 1; artt. 149, 241 BW Boek 2; artt. 38, 39, 53 Wet RO)

Art. 132

1. De benoeming van bestuurders geschiedt voor de eerste maal bij de akte van oprichting en later door de algemene vergadering. Indien een vennootschap toepassing geeft aan artikel 129a bepaalt de algemene vergadering of een bestuurder wordt benoemd tot uitvoerende bestuurder onderscheidenlijk niet uitvoerende bestuurder. De voorgaande twee zinnen zijn niet van toepassing indien benoeming overeenkomstig artikel 162 geschiedt door de raad van commissarissen.

2. De statuten kunnen de kring van benoembare personen beperken door eisen te stellen waaraan de bestuurders moeten voldoen. De eisen kunnen terzijde worden gesteld door een besluit van de algemene vergadering genomen met twee derden van de uitgebrachte stemmen die meer dan de helft van het geplaatste kapitaal vertegenwoordigen.

(Zie ook: artt. 37, 66, 107, 242 BW Boek 2; art. 30 WOR)

3. Indien van een vennootschap aandelen of met medewerking van de vennootschap uitgegeven certificaten daarvan zijn toegelaten tot de handel op een gereglementeerde markt of een multilaterale handelsfaciliteit, als bedoeld in artikel 1:1 van de Wet op het financieel toezicht, of tot een met een gereglementeerde markt of multilaterale handelsfaciliteit vergelijkbaar systeem uit een staat die geen lidstaat is, wordt de rechtsverhouding tussen een bestuurder en de vennootschap niet aangemerkt als arbeidsovereenkomst.

Art. 132a

1. Tot bestuurder van een vennootschap die op twee opeenvolgende balansdata, zonder onderbreking nadien op twee opeenvolgende balansdata, niet heeft voldaan aan ten minste twee van de vereisten als bedoeld in artikel 397 leden 1 en 2 kunnen niet worden benoemd:

a. personen die commissaris of niet uitvoerende bestuurder zijn bij meer dan twee rechtspersonen;

b. personen die voorzitter zijn van de raad van commissarissen van een rechtspersoon of van het bestuur van een rechtspersoon indien de bestuurstaken zijn verdeeld over uitvoerende en niet uitvoerende bestuurders.

2. Voor de toepassing van dit artikel:

a. wordt met een commissaris gelijkgesteld de persoon die lid is van een toezichthoudend orgaan dat bij of krachtens de statuten van een rechtspersoon is ingesteld;

b. telt de benoeming bij verschillende rechtspersonen die met elkaar in een groep zijn verbonden als één benoeming;

c. betreft de verwijzing naar rechtspersonen de rechtsvorm van de naamloze vennootschap en de besloten vennootschap met beperkte aansprakelijkheid die op twee opeenvolgende balansdata, zonder onderbreking nadien op twee opeenvolgende balansdata, niet heeft voldaan aan ten minste twee van de vereisten als bedoeld in artikel 397 leden 1 en 2, onderscheidenlijk de stichting als bedoeld in artikel 297a lid 1;

d. wordt met bestuurder in de zin van de aanhef van lid 1 gelijkgesteld de uitvoerende bestuurder, indien de bestuurstaken zijn verdeeld over uitvoerende en niet uitvoerende bestuurders;

e. geldt een tijdelijke aanstelling overeenkomstig artikel 349a lid 2 of artikel 356 onder c niet als benoeming;

f. wordt de benoeming van een lid van de raad van toezicht of niet uitvoerende bestuurder bij een fonds als bedoeld in de algemene maatregel van bestuur op grond van artikel 106a van de Pensioenwet en artikel 110ca van de Wet verplichte beroepspensioenregeling geteld overeenkomstig de normering in deze algemene maatregel van bestuur.

3. De nietigheid van de benoeming op grond van de vorige leden heeft geen gevolgen voor de rechtsgeldigheid van de besluitvorming waaraan is deelgenomen.

Art. 133

1. Bij de statuten kan worden bepaald dat de benoeming door de algemene vergadering geschiedt uit een voordracht.

2. De algemene vergadering kan echter aan zodanige voordracht steeds het bindend karakter ontnemen bij een besluit genomen met twee derden van de uitgebrachte stemmen, die meer dan de helft van het geplaatste kapitaal vertegenwoordigen.

(Zie ook: art. 37 BW Boek 2)

3. Indien de voordracht één kandidaat voor een te vervullen plaats bevat, heeft een besluit over de voordracht tot gevolg dat de kandidaat is benoemd, tenzij het bindend karakter aan de voordracht wordt ontnomen.

(Zie ook: artt. 132, 142, 162, 243 BW Boek 2; art. 31 WOR; artt. 11, 39 Uw SE)

4. De vorige leden zijn niet van toepassing, indien de benoeming geschiedt door de raad van commissarissen.

Benoeming bestuurders van NV

Eisen aan bestuurder van NV

Voordracht kandidaat bestuur van NV

Schorsing/ontslag bestuurders van NV

Art. 134

1. Iedere bestuurder kan te allen tijde worden geschorst en ontslagen door degene die bevoegd is tot benoeming. Is uitvoering gegeven aan artikel 129a, dan is het bestuur te allen tijde bevoegd tot schorsing van een uitvoerend bestuurder.
(Zie ook: artt. 11, 39 Uw SE)

2. Indien in de statuten is bepaald dat het besluit tot schorsing of ontslag slechts mag worden genomen met een versterkte meerderheid in een algemene vergadering, waarin een bepaald gedeelte van het kapitaal is vertegenwoordigd, mag deze versterkte meerderheid twee derden der uitgebrachte stemmen, vertegenwoordigende meer dan de helft van het kapitaal, niet te boven gaan.

3. Een veroordeling tot herstel van de arbeidsovereenkomst tussen naamloze vennootschap en bestuurder kan door de rechter niet worden uitgesproken.
(Zie ook: art. 682 BW Boek 7)

4. De statuten bevatten voorschriften omtrent de wijze waarop in de uitoefening van de taken en bevoegdheden voorlopig wordt voorzien in geval van ontstentenis of belet van alle bestuurders. De statuten kunnen deze voorschriften bevatten voor het geval van ontstentenis of belet van een of meer bestuurders. In de statuten kan nader worden bepaald wanneer sprake is van belet. Degene die bij ontstentenis of belet van bestuurders ingevolge een statutaire regeling is aangewezen tot het verrichten van bestuursdaden, wordt voor wat deze bestuursdaden betreft met een bestuurder gelijkgesteld.
(Zie ook: artt. 8, 9, 15, 37, 132, 133, 147, 162, 244, 356 BW Boek 2; art. 677 BW Boek 7; artt. 11, 12, 39 Uw SE; art. 30 WOR)

Standpunt ondernemingsraad over bestuurder van NV

Art. 134a

1. Indien de vennootschap krachtens wettelijke bepalingen een ondernemingsraad heeft ingesteld, wordt het voorstel tot benoeming, schorsing of ontslag van een bestuurder niet aan de algemene vergadering aangeboden, dan nadat de ondernemingsraad tijdig voor de datum van oproeping als bedoeld in artikel 114 in de gelegenheid is gesteld hierover een standpunt te bepalen. Het standpunt van de ondernemingsraad wordt gelijktijdig met het voorstel tot benoeming, schorsing of ontslag aan de algemene vergadering aangeboden. De voorzitter of een door hem aangewezen lid van de ondernemingsraad kan het standpunt van de ondernemingsraad in de algemene vergadering toelichten. Het ontbreken van dat standpunt tast de besluitvorming over het voorstel tot benoeming, schorsing of ontslag niet aan.

2. Voor de toepassing van lid 1 wordt onder de ondernemingsraad mede verstaan de ondernemingsraad van de onderneming van een dochtermaatschappij, mits de werknemers in dienst van de vennootschap en de groepsmaatschappijen in meerderheid binnen Nederland werkzaam zijn. Is er meer dan één ondernemingsraad, dan wordt de bevoegdheid door deze raden gezamenlijk uitgeoefend. Is voor de betrokken onderneming of ondernemingen een centrale ondernemingsraad ingesteld, dan komt de bevoegdheid toe aan de centrale ondernemingsraad.

Bezoldiging bestuur van NV

Art. 135

1. De vennootschap heeft een beleid op het terrein van bezoldiging van het bestuur. Het beleid wordt vastgesteld door de algemene vergadering. In het bezoldigingsbeleid komen ten minste de in artikel 383c tot en met e omschreven onderwerpen aan de orde, voor zover deze het bestuur betreffen. In afwijking van de vorige zin komen in het bezoldigingsbeleid van een vennootschap waarvan aandelen of met medewerking van de vennootschap uitgegeven certificaten zijn toegelaten tot de handel op een gereglementeerde markt als bedoeld in artikel 1:1 van de Wet op het financieel toezicht, de in artikel 135a lid 6 omschreven onderwerpen aan de orde.

2. Indien de vennootschap krachtens wettelijke bepalingen een ondernemingsraad heeft ingesteld, wordt het voorstel tot vaststelling van het bezoldigingsbeleid niet aan de algemene vergadering aangeboden, dan nadat de ondernemingsraad tijdig voor de datum van oproeping als bedoeld in artikel 114 in de gelegenheid is gesteld hierover een standpunt te bepalen. Het standpunt van de ondernemingsraad wordt, gelijktijdig met het voorstel tot vaststelling van het bezoldigingsbeleid, aan de algemene vergadering aangeboden. De voorzitter of een door hem aangewezen lid van de ondernemingsraad kan het standpunt van de ondernemingsraad in de algemene vergadering toelichten. Het ontbreken van dat standpunt tast de besluitvorming inzake het bezoldigingsbeleid niet aan.

3. Voor de toepassing van lid 2 wordt onder de ondernemingsraad mede verstaan de ondernemingsraad van de onderneming van een dochtermaatschappij, mits de werknemers in dienst van de vennootschap en de groepsmaatschappijen in meerderheid binnen Nederland werkzaam zijn. Is er meer dan één ondernemingsraad, dan wordt de bevoegdheid door deze raden gezamenlijk uitgeoefend. Is voor de betrokken onderneming of ondernemingen een centrale ondernemingsraad ingesteld, dan komt de bevoegdheid toe aan de centrale ondernemingsraad.

4. De bezoldiging van bestuurders wordt met inachtneming van het beleid, bedoeld in lid 1, vastgesteld door de algemene vergadering, tenzij bij de statuten een ander orgaan is aangewezen.

5. Indien in de statuten is bepaald dat een ander orgaan dan de algemene vergadering de bezoldiging vaststelt, legt dat orgaan ten aanzien van regelingen in de vorm van aandelen of rechten tot het nemen van aandelen een voorstel ter goedkeuring voor aan de algemene vergadering. In het voorstel moet ten minste zijn bepaald hoeveel aandelen of rechten tot het nemen van aandelen aan het bestuur mogen worden toegekend en welke criteria gelden voor toekenning of wijziging. Het ontbreken van de goedkeuring van de algemene vergadering tast de vertegenwoordigingbevoegdheid van het orgaan niet aan.

(Zie ook: artt. 245, 383 BW Boek 2; artt. 617 t/m 619, 624 BW Boek 7)

6. Het orgaan bedoeld in lid 4 is bevoegd de hoogte van een bonus aan te passen tot een passende hoogte indien uitkering van de bonus naar maatstaven van redelijkheid en billijkheid onaanvaardbaar zou zijn. Onder een bonus wordt voor de toepassing van dit artikel verstaan het niet vaste deel van de bezoldiging waarvan de toekenning geheel of gedeeltelijk afhankelijk is gesteld van het bereiken van bepaalde doelen of van het zich voordoen van bepaalde omstandigheden.

7. [Vervallen.]

8. De vennootschap is bevoegd een bonus geheel of gedeeltelijk terug te vorderen voor zover de uitkering heeft plaatsgevonden op basis van onjuiste informatie over het bereiken van de aan de bonus ten grondslag liggende doelen of over de omstandigheden waarvan de bonus afhankelijk was gesteld. De vordering kan namens de vennootschap ook worden ingesteld door de raad van commissarissen, de niet uitvoerende bestuurders indien toepassing is gegeven aan artikel 129a, of door een bijzondere vertegenwoordiger die is aangewezen door de algemene vergadering. Afdeling 2 van titel 4 van Boek 6 is van overeenkomstige toepassing.

9. Indien het beleid bedoeld in lid 1 niet wordt vastgesteld door de algemene vergadering, bezoldigt de vennootschap bestuurders overeenkomstig het bestaande beleid of de bestaande praktijk en legt zij aan de volgende algemene vergadering een herzien beleid voor ter vaststelling.

Art. 135a

1. Dit artikel is van toepassing op het bezoldigingsbeleid van de vennootschap waarvan aandelen of met medewerking van de vennootschap uitgegeven certificaten zijn toegelaten tot de handel op een gereglementeerde markt als bedoeld in artikel 1:1 van de Wet op het financieel toezicht.

Bezoldiging bestuur van beursgenoteerde NV

2. Het bezoldigingsbeleid wordt ten minste iedere vier jaar na vaststelling, opnieuw aan de algemene vergadering voorgelegd ter vaststelling. Voor een besluit tot vaststelling van het bezoldigingsbeleid is een meerderheid van ten minste drie vierden van de uitgebrachte stemmen vereist, tenzij in de statuten een lagere meerderheid is voorgeschreven.

3. Indien de vennootschap krachtens wettelijke bepalingen een ondernemingsraad heeft ingesteld, wordt het voorstel tot vaststelling van het bezoldigingsbeleid als bedoeld in lid 2 niet als onderwerp vermeld bij de oproeping, bedoeld in artikel 114 lid 1, dan nadat de ondernemingsraad in de gelegenheid is gesteld hierover advies uit te brengen aan het orgaan belast met het doen van een voorstel. Het advies van de ondernemingsraad wordt gelijktijdig met het voorstel tot vaststelling van het bezoldigingsbeleid aan de algemene vergadering aangeboden. Indien het advies niet of niet geheel is gevolgd door het orgaan belast met het doen van een voorstel, wordt tevens een schriftelijke onderbouwing voor het afwijken van het advies aangeboden aan de algemene vergadering. De voorzitter van de ondernemingsraad of een door hem aangewezen lid van de ondernemingsraad kan het advies van de ondernemingsraad in de algemene vergadering toelichten. Artikel 135 lid 2 is niet van toepassing. Artikel 135 lid 3 is van overeenkomstige toepassing.

4. De vennootschap kan onder uitzonderlijke omstandigheden tijdelijk en uiterlijk totdat een nieuw bezoldigingsbeleid is vastgesteld, afwijken van het bezoldigingsbeleid. Het bezoldigingsbeleid bepaalt onder welke procedurele voorwaarden de afwijking mogelijk is en van welke onderdelen van het beleid kan worden afgeweken.

5. Onder uitzonderlijke omstandigheden worden uitsluitend omstandigheden verstaan waarin de afwijking van het bezoldigingsbeleid noodzakelijk is om de langetermijnbelangen en duurzaamheid van de vennootschap als geheel te dienen of haar levensvatbaarheid te garanderen.

6. Het bezoldigingsbeleid is duidelijk en begrijpelijk en bevat ten minste de volgende onderwerpen:

Bezoldigingsbeleid, onderwerpen

a. een toelichting op de wijze waarop het bezoldigingsbeleid bijdraagt aan de bedrijfsstrategie, de langetermijnbelangen en de duurzaamheid van de vennootschap;

b. een beschrijving van de verschillende onderdelen van de vaste en variabele bezoldigingen met vermelding van het relatieve aandeel daarvan;

c. een toelichting op de wijze waarop in het bezoldigingsbeleid rekening is gehouden met de loon- en arbeidsvoorwaarden van de werknemers van de vennootschap;

d. een toelichting op de wijze waarop in het bezoldigingsbeleid rekening is gehouden met:

1°. de identiteit, missie en waarden van de vennootschap en de daarmee verbonden onderneming;

2°. de bezoldigingsverhoudingen binnen de vennootschap en de daarmee verbonden onderneming;

3°. het maatschappelijk draagvlak;

e. indien de vennootschap variabele bezoldiging toekent:
1°. de door of vanwege de vennootschap gestelde financiële en niet-financiële doelen waarvan de toekenning van de variabele bezoldiging afhankelijk is en een toelichting op de wijze waarop deze doelen bijdragen aan de doelstellingen, bedoeld onder a;
2°. de te gebruiken methoden om te bepalen in hoeverre de door of vanwege de vennootschap gestelde financiële en niet-financiële doelen zijn bereikt,
3°. de eventuele termijn waarop de bezoldiging betaalbaar is; en
4°. een beschrijving van de mogelijkheid om de bezoldiging terug te vorderen bedoeld in artikel 135 lid 8;
f. indien de vennootschap op aandelen gebaseerde bezoldiging toekent:
1°. een beschrijving van de resterende looptijd van de nog niet uitgeoefende rechten;
2°. een beschrijving van de periode waarin de bestuurder de verkregen aandelen nog niet mag overdragen voor zover van toepassing; en
3°. een toelichting op de wijze waarop de op aandelen gebaseerde bezoldiging bijdraagt aan de doelstelling, bedoeld onder a;
g. een beschrijving van de looptijd van de overeenkomsten met bestuurders en de toepasselijke opzegtermijnen, de voornaamste kenmerken van aanvullende pensioenregelingen en vervroegde uittredingsregelingen, de voorwaarden voor beëindiging, alsmede de betalingen met betrekking tot de beëindiging;
h. een omschrijving van het besluitvormingsproces dat voor de vaststelling, herziening en uitvoering van het bezoldigingsbeleid wordt gevolgd;
i. indien het beleid wordt herzien:
1°. een beschrijving en toelichting van de belangrijke wijzigingen; en
2°. een beschrijving en toelichting van de wijze waarop rekening is gehouden met de stemmingen en de standpunten van de aandeelhouders over het bezoldigingsbeleid en de bezoldigingsverslagen sinds de vorige stemming over het bezoldigingsbeleid op de algemene vergadering.
7. Het bezoldigingsbeleid alsmede de datum en de uitkomst van de stemming omtrent dat beleid, worden onverwijld na de algemene vergadering openbaar gemaakt op de website van de vennootschap. De overeenkomstig de vorige zin openbaar gemaakte informatie is toegankelijk ten minste gedurende de periode dat het bezoldigingsbeleid van toepassing is.

Art. 135b

Bezoldigingsverslag beursgenoteerde NV

1. De vennootschap waarvan de aandelen of met medewerking van de vennootschap uitgegeven certificaten zijn toegelaten tot de handel op een gereglementeerde markt als bedoeld in artikel 1:1 van de Wet op het financieel toezicht, stelt jaarlijks een duidelijk en begrijpelijk bezoldigingsverslag op met een overzicht van alle bezoldigingen die in het voorgaande boekjaar aan individuele bestuurders zijn toegekend of verschuldigd zijn.
2. Het bezoldigingsverslag wordt aan de jaarlijkse algemene vergadering voorgelegd ter adviserende stemming. In het bezoldigingsverslag licht de vennootschap toe hoe met de vorige stemming van de algemene vergadering rekening is gehouden.
3. Ten aanzien van de bezoldiging van iedere individuele bestuurder van de vennootschap komen in het bezoldigingsverslag ten minste de volgende onderwerpen aan de orde:
a. het totale bedrag aan bezoldigingen uitgesplitst naar onderdeel;
b. het relatieve aandeel van de vaste en variabele bezoldigingen;
c. de wijze waarop het totale bedrag van de bezoldiging strookt met het bezoldigingsbeleid en bijdraagt aan de langetermijnprestaties van de vennootschap;
d. de wijze waarop de door of vanwege de vennootschap gestelde financiële en niet-financiële doelen zijn toegepast;
e. de jaarlijkse verandering in de bezoldiging over ten minste vijf boekjaren, de ontwikkeling van de prestaties van de vennootschap en de gemiddelde bezoldiging, uitgaande van een volledige werkweek, van de werknemers van de vennootschap die geen bestuurder zijn gedurende deze periode, gezamenlijk gepresenteerd op een wijze die vergelijking mogelijk maakt;
f. indien de vennootschap dochtermaatschappijen heeft of de financiële gegevens van andere maatschappijen consolideert, de bezoldiging die in het boekjaar ten laste van die dochtermaatschappijen of andere maatschappijen is gekomen;
g. het aantal toegekende en aangeboden aandelen en aandelenopties en de belangrijkste voorwaarden voor uitoefening van de rechten;
h. de gehele of gedeeltelijke terugvordering van een bonus als bedoeld in artikel 135 lid 8;
i. eventuele afwijking van het besluitvormingsproces voor de uitvoering van het bezoldigingsbeleid, bedoeld in artikel 135a lid 6 onder h;
j. eventuele afwijking van het bezoldigingsbeleid, bedoeld in artikel 135a lid 4, met een toelichting van de aard van de uitzonderlijke omstandigheden, bedoeld in artikel 135a lid 5, en met vermelding van de specifieke onderdelen waarvan wordt afgeweken; en
k. de in artikel 383c tot en met e genoemde informatie voor zover die informatie niet reeds vereist is op grond van dit lid.

4. De persoonsgegevens van bestuurders worden slechts verwerkt in het bezoldigingsverslag met als doel de transparantie van vennootschappen met betrekking tot de bezoldiging van bestuurders te vergroten ten behoeve van het afleggen van verantwoording aan de algemene vergadering.

5. Het bezoldigingsverslag bevat geen persoonsgegevens die verwijzen naar de gezinssituatie van individuele bestuurders.

6. Het bezoldigingsverslag wordt na de algemene vergadering openbaar gemaakt op de website van de vennootschap. De overeenkomstig dit lid openbaar gemaakte informatie is daarop toegankelijk gedurende tien jaar. Indien de overeenkomstig dit lid openbaar gemaakte informatie openbaar blijft na het verstrijken van tien jaar, bevat het na de termijn niet langer persoonsgegevens van bestuurders.

7. Een accountant als bedoeld in artikel 393 lid 1, controleert of het bezoldigingsverslag de in dit artikel vereiste informatie bevat.

Art. 136

Tenzij bij de statuten anders is bepaald, is het bestuur zonder opdracht der algemene vergadering niet bevoegd aangifte te doen tot faillietverklaring van de naamloze vennootschap.

(Zie ook: art. 246 BW Boek 2; artt. 1, 4 FW)

Art. 137

1. Rechtshandelingen van de vennootschap jegens de houder van alle aandelen in het kapitaal van de vennootschap of jegens een deelgenoot in een huwelijksgemeenschap of in een gemeenschap van een geregistreerd partnerschap waartoe alle aandelen in het kapitaal van de vennootschap behoren, waarbij de vennootschap wordt vertegenwoordigd door deze aandeelhouder of door een van de deelgenoten, worden schriftelijk vastgelegd. Voor de toepassing van de vorige zin worden aandelen gehouden door de vennootschap of haar dochtermaatschappijen niet meegeteld. Indien de eerste zin niet in acht is genomen, kan de rechtshandeling ten behoeve van de vennootschap worden vernietigd.

2. Lid 1 is niet van toepassing op rechtshandelingen die onder de bedongen voorwaarden tot de gewone bedrijfsuitoefening van de vennootschap behoren.

(Zie ook: artt. 94c, 204c BW Boek 2)

Art. 138

1. In geval van faillissement van de naamloze vennootschap is iedere bestuurder jegens de boedel hoofdelijk aansprakelijk voor het bedrag van de schulden voor zover deze niet door vereffening van de overige baten kunnen worden voldaan, indien het bestuur zijn taak kennelijk onbehoorlijk heeft vervuld en aannemelijk is dat dit een belangrijke oorzaak is van het faillissement.

(Zie ook: art. 6 BW Boek 6)

2. Indien het bestuur niet heeft voldaan aan zijn verplichtingen uit de artikelen 10 of 394, heeft het zijn taak onbehoorlijk vervuld en wordt vermoed dat onbehoorlijke taakvervulling een belangrijke oorzaak is van het faillissement. Hetzelfde geldt indien de vennootschap volledig aansprakelijk vennoot is van een vennootschap onder firma of commanditaire vennootschap en niet voldaan is aan de verplichtingen uit artikel 15i van Boek 3. Een onbelangrijk verzuim wordt niet in aanmerking genomen.

3. Niet aansprakelijk is de bestuurder die bewijst dat de onbehoorlijke taakvervulling door het bestuur niet aan hem te wijten is en dat hij niet nalatig is geweest in het treffen van maatregelen om de gevolgen daarvan af te wenden.

4. De rechter kan het bedrag waarvoor de bestuurders aansprakelijk zijn verminderen indien hem dit bovenmatig voorkomt, gelet op de aard en de ernst van de onbehoorlijke taakvervulling door het bestuur, de andere oorzaken van het faillissement, alsmede de wijze waarop dit is afgewikkeld. De rechter kan voorts het bedrag van de aansprakelijkheid van een afzonderlijke bestuurder verminderen indien hem dit bovenmatig voorkomt, gelet op de tijd gedurende welke die bestuurder als zodanig in functie is geweest in de periode waarin de onbehoorlijke taakvervulling plaats vond.

5. Is de omvang van het tekort nog niet bekend, dan kan de rechter, al dan niet met toepassing van het vierde lid, bepalen dat van het tekort tot betaling waarvan hij de bestuurders veroordeelt, een staat wordt opgemaakt overeenkomstig de bepalingen van de zesde titel van het tweede boek van het Wetboek van Burgerlijke Rechtsvordering.

6. De vordering kan slechts worden ingesteld op grond van onbehoorlijke taakvervulling in de periode van drie jaren voorafgaande aan het faillissement. Een aan de bestuurder verleende kwijting staat aan het instellen van de vordering niet in de weg. De bestuurder is niet bevoegd tot verrekening met een vordering op de vennootschap.

(Zie ook: art. 249 FW; artt. 212m, 213f Wft)

7. Met een bestuurder wordt voor de toepassing van dit artikel gelijkgesteld degene die het beleid van de vennootschap heeft bepaald of mede heeft bepaald, als ware hij bestuurder. De vordering kan niet worden ingesteld tegen een door de rechter benoemde bewindvoerder of

een door de ondernemingskamer van het gerechtshof Amsterdam aangestelde bestuurder als bedoeld in artikel 356, onder c.
(Zie ook: artt. 68, 179 BW Boek 2)
8. Dit artikel laat onverlet de bevoegdheid van de curator tot het instellen van een vordering op grond van de overeenkomst met de bestuurder of op grond van artikel 9.
9. Indien een bestuurder ingevolge dit artikel aansprakelijk is en niet in staat is tot betaling van zijn schuld terzake, kan de curator de door die bestuurder onverplicht verrichte rechtshandelingen waardoor de mogelijkheid tot verhaal op hem is verminderd, ten behoeve van de boedel door een buitengerechtelijke verklaring vernietigen, indien aannemelijk is dat deze geheel of nagenoeg geheel met het oogmerk van vermindering van dat verhaal zijn verricht. Artikel 45 leden 4 en 5 van Boek 3 is van overeenkomstige toepassing.
10. Indien de boedel ontoereikend is voor het instellen van een rechtsvordering op grond van dit artikel of artikel 9 of voor het instellen van een voorafgaand onderzoek naar de mogelijkheid daartoe, kan de curator Onze Minister van Justitie verzoeken hem bij wijze van voorschot de benodigde middelen te verschaffen. Onze Minister kan regels stellen voor de beoordeling van de gegrondheid van het verzoek en de grenzen waarbinnen het verzoek kan worden toegewezen. Het verzoek moet de gronden bevatten waarop het berust, alsmede een beredeneerde schatting van de kosten en de omvang van het onderzoek. Het verzoek, voor zover het betreft het instellen van een voorafgaand onderzoek, behoeft de goedkeuring van de rechter-commissaris.
(Zie ook: artt. 9, 131, 149, 248 BW Boek 2; artt. 2, 64 FW; artt. 342, 343, 347 WvSr; art. 32 Wet LB; art. 2 Wet Vpb; art. 16c CSV; Gar.reg.cur; Gsc 2005)

Art. 139

Aansprakelijkheid bestuurders NV bij misleiding

Indien door de jaarrekening, door tussentijdse cijfers die de vennootschap bekend heeft gemaakt of door het bestuursverslag een misleidende voorstelling wordt gegeven van de toestand der vennootschap, zijn de bestuurders tegenover derden hoofdelijk aansprakelijk voor de schade, door dezen dientengevolge geleden. De bestuurder die bewijst dat dit aan hem niet te wijten is, is niet aansprakelijk.
(Zie ook: artt. 9, 101, 150, 249, 360, 391 BW Boek 2; artt. 6, 95, 102, 194 BW Boek 6; art. 336 WvSr)

Art. 140

Raad van commissarissen NV

1. Tenzij toepassing is gegeven aan artikel 129a kan bij de statuten worden bepaald dat er een raad van commissarissen zal zijn. De raad bestaat uit een of meer natuurlijke personen.
2. De raad van commissarissen heeft tot taak toezicht te houden op het beleid van het bestuur en op de algemene gang van zaken in de vennootschap en de met haar verbonden onderneming. Hij staat het bestuur met raad ter zijde. Bij de vervulling van hun taak richten de commissarissen zich naar het belang van de vennootschap en de met haar verbonden onderneming.
3. De statuten kunnen aanvullende bepalingen omtrent de taak en de bevoegdheden van de raad en van zijn leden bevatten.
4. De statuten kunnen bepalen dat een met name of in functie aangeduide commissaris meer dan één stem wordt toegekend. Een commissaris kan niet meer stemmen uitbrengen dan de andere commissarissen tezamen.
(Zie ook: artt. 8, 14, 15, 47, 107, 109, 146, 151, 158, 250 BW Boek 2)
5. Een commissaris neemt niet deel aan de beraadslaging en besluitvorming indien hij daarbij een direct of indirect persoonlijk belang heeft dat tegenstrijdig is met het belang bedoeld in lid 2. Wanneer de raad van commissarissen hierdoor geen besluit kan nemen, wordt het besluit genomen door de algemene vergadering, tenzij de statuten anders bepalen.

Art. 141

Informatieplicht bestuur aan raad van commissarissen NV

1. Het bestuur verschaft de raad van commissarissen tijdig de voor de uitoefening van diens taak noodzakelijke gegevens.

2. Het bestuur stelt ten minste een keer per jaar de raad van commissarissen schriftelijk op de hoogte van de hoofdlijnen van het strategisch beleid, de algemene en financiële risico's en het beheers- en controlesysteem van de vennootschap.
(Zie ook: artt. 57, 251 BW Boek 2)

Art. 142

Benoeming raad van commissarissen NV door AVA

1. De commissarissen die niet reeds bij de akte van oprichting zijn aangewezen, worden benoemd door de algemene vergadering. De statuten kunnen de kring van benoembare personen beperken door eisen te stellen waaraan de commissarissen moeten voldoen. De eisen kunnen terzijde worden gesteld door een besluit van de algemene vergadering genomen met twee derden van de uitgebrachte stemmen die meer dan de helft van het geplaatste kapitaal vertegenwoordigen.
2. De eerste twee leden van artikel 133 zijn van overeenkomstige toepassing, tenzij de leden van de raad van commissarissen worden benoemd met inachtneming van artikel 158 of toepassing wordt gegeven aan artikel 164a.

3. Bij een aanbeveling of voordracht tot benoeming van een commissaris worden van de kandidaat medegedeeld zijn leeftijd, zijn beroep, het bedrag aan door hem gehouden aandelen in het kapitaal der vennootschap en de betrekkingen die hij bekleedt of die hij heeft bekleed voor zover die van belang zijn in verband met de vervulling van de taak van een commissaris. Tevens wordt vermeld aan welke rechtspersonen hij reeds als commissaris is verbonden; indien zich daaronder rechtspersonen bevinden, die tot een zelfde groep behoren, kan met de aanduiding van de groep worden volstaan. De aanbeveling en de voordracht tot benoeming of herbenoeming worden gemotiveerd. Bij herbenoeming wordt rekening gehouden met de wijze waarop de kandidaat zijn taak als commissaris heeft vervuld.
(Zie ook: artt. 57a, 63f, 63i, 65, 66, 158 t/m 161, 161, 252 BW Boek 2)

4. De statuten bevatten voorschriften omtrent de wijze waarop in de uitoefening van de taken en bevoegdheden voorlopig wordt voorzien in geval van ontstentenis of belet van alle commissarissen. De statuten kunnen deze voorschriften bevatten voor het geval van ontstentenis of belet van een of meer commissarissen. In de statuten kan nader worden bepaald wanneer sprake is van belet. Degene die bij ontstentenis of belet van commissarissen ingevolge een statutaire regeling de taken van een commissaris vervult, wordt voor het vervullen van die taken met een commissaris gelijkgesteld.

Art. 142a

1. Tot commissaris van een vennootschap die op twee opeenvolgende balansdata, zonder onderbreking nadien op twee opeenvolgende balansdata, niet heeft voldaan aan ten minste twee van de vereisten als bedoeld in artikel 397 leden 1 en 2 kunnen niet worden benoemd: personen die commissaris of niet uitvoerende bestuurder zijn bij vijf of meer andere rechtspersonen. Het voorzitterschap van de raad van commissarissen of het bestuur, indien de bestuurstaken zijn verdeeld over uitvoerende en niet uitvoerende bestuurders, telt dubbel.

Eisen aan commissaris van NV

2. Voor de toepassing van dit artikel:
a. wordt met een commissaris gelijkgesteld de persoon die lid is van een toezichthoudend orgaan dat bij of krachtens de statuten van een rechtspersoon is ingesteld;
b. telt de benoeming bij verschillende rechtspersonen die met elkaar in een groep zijn verbonden als één benoeming;
c. betreft de verwijzing naar rechtspersonen de rechtsvorm van de naamloze vennootschap en de besloten vennootschap met beperkte aansprakelijkheid die op twee opeenvolgende balansdata, zonder onderbreking nadien op twee opeenvolgende balansdata, niet heeft voldaan aan ten minste twee van de vereisten als bedoeld in artikel 397 leden 1 en 2, onderscheidenlijk de stichting als bedoeld in artikel 297a lid 1;
d. wordt met commissaris in de zin van de aanhef van lid 1 gelijkgesteld de niet uitvoerende bestuurder, indien de bestuurstaken zijn verdeeld over uitvoerende en niet uitvoerende bestuurders;
e. geldt een tijdelijke aanstelling overeenkomstig artikel 349a lid 2 of artikel 356 onder c niet als benoeming;
f. wordt de benoeming van een lid van de raad van toezicht of niet uitvoerende bestuurder bij een fonds als bedoeld in de algemene maatregel van bestuur op grond van artikel 106a van de Pensioenwet en artikel 110ca van de Wet verplichte beroepspensioenregeling geteld overeenkomstig de normering in deze algemene maatregel van bestuur.

3. De nietigheid van de benoeming op grond van de vorige leden heeft geen gevolgen voor de rechtsgeldigheid van de besluitvorming waaraan is deelgenomen.

Art. 143

Bij de statuten kan worden bepaald dat een of meer commissarissen, doch ten hoogste een derde van het gehele aantal, zullen worden benoemd door anderen dan de algemene vergadering. Is de benoeming van commissarissen geregeld overeenkomstig de artikelen 158 en 159 van dit Boek, dan vindt de vorige zin geen toepassing.
(Zie ook: art. 253 BW Boek 2)

Benoeming raad van commissarissen NV door anderen dan AVA

Art. 144

1. Een commissaris kan worden geschorst en ontslagen door degene, die bevoegd is tot benoeming, tenzij artikel 161 leden 2 en 3 of artikel 161a van dit Boek van toepassing is.

Schorsing/ontslag van commissaris NV

2. Het tweede en het derde lid van artikel 134 van dit Boek zijn van overeenkomstige toepassing.
(Zie ook: artt. 57a, 142, 143, 254, 356 BW Boek 2; artt. 677, 680 BW Boek 7)

Art. 144a

1. Indien de vennootschap krachtens wettelijke bepalingen een ondernemingsraad heeft ingesteld, wordt het voorstel tot benoeming, schorsing of ontslag van een commissaris niet aan de algemene vergadering aangeboden, dan nadat de ondernemingsraad tijdig voor de datum van oproeping als bedoeld in artikel 114 in de gelegenheid is gesteld hierover een standpunt te bepalen. Het standpunt van de ondernemingsraad wordt gelijktijdig met het voorstel tot benoeming, schorsing of ontslag aan de algemene vergadering aangeboden. De voorzitter of een door hem aangewezen lid van de ondernemingsraad kan het standpunt van de ondernemingsraad

Standpunt ondernemingsraad over commissaris van NV

in de algemene vergadering toelichten. Het ontbreken van dat standpunt tast de besluitvorming over het voorstel tot benoeming, schorsing of ontslag niet aan.

2. Voor de toepassing van lid 1 wordt onder de ondernemingsraad mede verstaan de ondernemingsraad van de onderneming van een dochtermaatschappij, mits de werknemers in dienst van de vennootschap en de groepsmaatschappijen in meerderheid binnen Nederland werkzaam zijn. Is er meer dan één ondernemingsraad, dan wordt de bevoegdheid door deze raden gezamenlijk uitgeoefend. Is voor de betrokken onderneming of ondernemingen een centrale ondernemingsraad ingesteld, dan komt de bevoegdheid toe aan de centrale ondernemingsraad.

Art. 145

Bezoldiging van raad van commissarissen NV

1. De algemene vergadering kan aan de commissarissen een bezoldiging toekennen. *(Zie ook: artt. 135, 255, 383 BW Boek 2)*

Bezoldiging van raad van commissarissen beursgenoteerde NV

2. Indien aandelen van de vennootschap of met medewerking van de vennootschap uitgegeven certificaten zijn toegelaten tot de handel op een gereglementeerde markt als bedoeld in artikel 1:1 van de Wet op het financieel toezicht, zijn de artikelen 135a en 135b van overeenkomstige toepassing.

Art. 146

[Vervallen]

Art. 147

Schorsing bestuurder door raad van commissarissen NV

1. Tenzij bij de statuten anders is bepaald, is de raad van commissarissen bevoegd iedere bestuurder te allen tijde te schorsen.

2. De schorsing kan te allen tijde door de algemene vergadering worden opgeheven, tenzij de bevoegdheid tot benoeming van de bestuurders bij de raad van commissarissen berust. *(Zie ook: artt. 57, 107, 134, 162, 257, 356 BW Boek 2)*

Art. 148

[Vervallen]

Art. 149

Schakelbepaling

Het bepaalde bij de artikelen 9, 131 en 138 vindt overeenkomstige toepassing ten aanzien van de taakvervulling door de raad van commissarissen. *(Zie ook: art. 259 BW Boek 2)*

Art. 150

Hoofdelijke aansprakelijkheid van raad van commissarissen NV bij misleiding

Indien door de jaarrekening een misleidende voorstelling wordt gegeven van de toestand der vennootschap, zijn de commissarissen naast de bestuurders tegenover derden hoofdelijk aansprakelijk voor de schade, door dezen dientengevolge geleden. De commissaris die bewijst dat zulks niet aan een tekortkoming zijnerzijds in het toezicht is te wijten, is niet aansprakelijk. *(Zie ook: artt. 9, 101, 139, 140, 260, 362 BW Boek 2; artt. 6, 95, 102, 194 BW Boek 6; art. 336 WvSr)*

Art. 151

[Vervallen]

Afdeling 6
De raad van commissarissen bij de grote naamloze vennootschap

Art. 152

Afhankelijke maatschappij NV

In deze afdeling wordt onder een afhankelijke maatschappij verstaan:
a. een rechtspersoon waaraan de naamloze vennootschap of een of meer afhankelijke maatschappijen alleen of samen voor eigen rekening ten minste de helft van het geplaatste kapitaal verschaffen,
b. een vennootschap waarvan een onderneming in het handelsregister is ingeschreven en waarvoor de naamloze vennootschap of een afhankelijke maatschappij als vennote jegens derden volledig aansprakelijk is voor alle schulden.
(Zie ook: artt. 24d, 63a, 262 BW Boek 2)

Art. 153

Verplichting tot doen van opgaaf bij structuurvennootschap NV

1. Een naamloze vennootschap moet, indien het volgende lid op haar van toepassing is, binnen twee maanden na de vaststelling van haar jaarrekening door de algemene vergadering ten kantore van het handelsregister opgaaf doen, dat zij aan de in dat lid gestelde voorwaarden voldoet. Totdat artikel 154 lid 3 van dit Boek toepassing heeft gevonden, vermeldt het bestuur in elk volgend bestuursverslag wanneer de opgaaf is gedaan; wordt de opgaaf doorgehaald, dan wordt daarvan melding gemaakt in het eerste bestuursverslag dat na de datum van die doorhaling wordt uitgebracht.
(Zie ook: art. 77 BW Boek 2; Besl.art. 153 BW Boek 2)

2. De verplichting tot het doen van een opgaaf geldt, indien:
a. het geplaatste kapitaal der vennootschap tezamen met de reserves volgens de balans met toelichting ten minste een bij koninklijk besluit vastgesteld grensbedrag beloopt,

B2 art. 154

b. de vennootschap of een afhankelijke maatschappij krachtens wettelijke verplichting een ondernemingsraad heeft ingesteld, en
c. bij de vennootschap en haar afhankelijke maatschappijen, tezamen in de regel ten minste honderd werknemers in Nederland werkzaam zijn.
(Zie ook: Fbgvs)

3. De verplichting tot het doen van een opgaaf geldt niet voor:
a. een vennootschap die afhankelijke maatschappij is van een rechtspersoon waarop de artikelen 63f tot en met 63j, de artikelen 158 tot en met 161 en 164 of de artikelen 268 tot en met 271 en 274 van toepassing zijn, een vennootschap die afhankelijke maatschappij is van een Europese naamloze vennootschap in de zin van Verordening (EG) Nr. 2157/2001 (Pb L 294) waarvan in de statuten is bepaald dat de artikelen 158 leden 1 tot en met 12, 159, 161, 161a en 164 van overeenkomstige toepassing zijn, danwel een vennootschap die afhankelijke maatschappij is van een Europese coöperatieve vennootschap in de zin van Verordening (EG) Nr. 1435/2003 (PbEU L 207) waarvan in de statuten is bepaald dat de artikelen 158 leden 1 tot en met 12, 159, 161a en 164 van overeenkomstige toepassing zijn en dat het ontslag van leden van het toezichthoudend orgaan geschiedt door de algemene vergadering, bedoeld in artikel 52 van de Verordening, bij volstrekte meerderheid van de uitgebrachte stemmen vertegenwoordigend ten minste een derde van het totale aantal stemrechten op grond van de statuten,
(Zie ook: art. 23 Uw SE)
b. een vennootschap wier werkzaamheid zich uitsluitend of nagenoeg uitsluitend beperkt tot het beheer en de financiering van groepsmaatschappijen, en van haar en hun deelnemingen in andere rechtspersonen, mits de werknemers in dienst van de vennootschap en de groepsmaatschappijen in meerderheid buiten Nederland werkzaam zijn,
c. een vennootschap die uitsluitend of nagenoeg uitsluitend aan een vennootschap als bedoeld onder b of in artikel 263 lid 3 onder b, en aan de in die bepalingen genoemde groepsmaatschappijen en rechtspersonen diensten ten behoeve van het beheer en de financiering verleent, en
d. een vennootschap waarin voor ten minste de helft van het geplaatste kapitaal volgens een onderlinge regeling tot samenwerking wordt deelgenomen door twee of meer rechtspersonen waarop de artikelen 63f tot en met 63j, de artikelen 158 tot en met 161 en 164 of de artikelen 268 tot en met 271 en 274 van toepassing zijn of die afhankelijke maatschappij zijn van zulk een rechtspersoon.
(Zie ook: art. 24b BW Boek 2)

4. Het in onderdeel a van lid 2 genoemde grensbedrag wordt ten hoogste eenmaal in de twee jaren verhoogd of verlaagd, evenredig aan de ontwikkeling van een bij algemene maatregel van bestuur aan te wijzen prijsindexcijfer sedert een bij die maatregel te bepalen datum; het wordt daarbij afgerond op het naaste veelvoud van een miljoen euro. Het bedrag wordt niet opnieuw vastgesteld zo lang als het onafgeronde bedrag minder dan een miljoen euro afwijkt van het laatst vastgestelde bedrag.
(Zie ook: Besl.art. 153 BW Boek 2)

5. Onder het geplaatste kapitaal met de reserves wordt in lid 2 onder a begrepen de gezamenlijke verrichte en nog te verrichten inbreng van vennoten bij wijze van geldschieting in afhankelijke maatschappijen die commanditaire vennootschap zijn, voor zover dit niet tot dubbeltelling leidt.
(Zie ook: artt. 63b, 101, 152, 154, 263, 373, 382, 391 BW Boek 2; art. 2 WOR; art. 20 WvK; art. 1 WED)

Art. 154

1. De artikelen 158-164 van dit Boek zijn van toepassing op een vennootschap waaromtrent een opgaaf als bedoeld in het vorige artikel gedurende drie jaren onafgebroken is ingeschreven; deze termijn wordt geacht niet te zijn onderbroken, indien een doorhaling van de opgaaf, welke tijdens die termijn ten onrechte heeft plaatsgevonden, is ongedaan gemaakt.

2. De doorhaling van de inschrijving op grond van de omstandigheid dat de vennootschap niet meer voldoet aan de voorwaarden, genoemd in het tweede lid van het vorige artikel, doet de toepasselijkheid van de artikelen 158-164 van dit Boek slechts eindigen, indien drie jaren na de doorhaling zijn verstreken en de vennootschap gedurende die termijn niet opnieuw tot het doen van de opgaaf is verplicht geweest.

3. De vennootschap brengt haar statuten in overeenstemming met de artikelen 158-164 welke voor haar gelden, uiterlijk met ingang van de dag waarop die artikelen krachtens lid 1 op haar van toepassing worden.

4. In de eerstvolgende vergadering nadat de vennootschap waarop de artikelen 158 tot en met 164 of 158 tot en met 161 en 164 van toepassing zijn gaat voldoen aan de voorwaarden bedoeld in de artikelen 153 lid 3, 154 lid 2, 155 of 155a, doet het bestuur aan de algemene vergadering het voorstel in de statuten de wijze van benoeming en ontslag van commissarissen en de taak en bevoegdheden van de raad van commissarissen te regelen zonder toepassing van de artikelen 158 tot en met 164 respectievelijk de artikelen 158 tot en met 161 en 164, dan wel het voorstel deze artikelen geheel of met uitzondering van artikel 162 te blijven toepassen. Het besluit wordt

Verplichting tot doen van opgaaf niet verplicht structuurvennootschap NV

Inschrijving bij structuurvennootschap

Wijziging statuten

genomen met volstrekte meerderheid van stemmen. De bevoegdheid van de algemene vergadering tot het nemen van een besluit ter uitvoering van dit artikel kan niet worden beperkt.

5. Uiterlijk twaalf maanden nadat het besluit bedoeld in lid 4 is genomen, legt het bestuur aan de algemene vergadering een voorstel tot wijziging van de statuten voor. Indien de algemene vergadering geen besluit tot statutenwijziging neemt, stelt de ondernemingskamer van het gerechtshof Amsterdam op verzoek van degene die daartoe krachtens het volgende lid bevoegd is, de statuten vast. De laatste twee zinnen van lid 4 zijn van overeenkomstige toepassing.

6. Een verzoek tot vaststelling van de statuten kan worden ingediend door een daartoe aangewezen vertegenwoordiger van het bestuur of van de raad van commissarissen en door degene die gerechtigd is tot agendering ingevolge artikel 114a.

7. De ondernemingskamer regelt zo nodig de gevolgen van de door haar genomen beslissing. De griffier van de ondernemingskamer doet ten kantore van het handelsregister een afschrift van de beschikking van de ondernemingskamer neerleggen.

(Zie ook: artt. 63c, 118a, 121, 153, 155, 157, 264 BW Boek 2; art. 5 WOR; art. 1 WED)

Art. 155

Verzwakt regime bij structuurvennootschap NV

1. In afwijking van artikel 154 gelden de artikelen 162 en 164a lid 2 niet voor een vennootschap waarin een deelneming voor ten minste de helft van het geplaatste kapitaal wordt gehouden:

a. een rechtspersoon waarvan de werknemers in meerderheid buiten Nederland werkzaam zijn, of door afhankelijke maatschappijen daarvan

b. volgens een onderlinge regeling tot samenwerking door een aantal van zulke rechtspersonen of maatschappijen, of

c. volgens een onderlinge regeling tot samenwerking door een of meer van zulke rechtspersonen en een of meer rechtspersonen waarvoor artikel 153 lid 3 onder a of artikel 263 lid 3 onder a geldt of waarop de artikelen 63f tot en met 63j, de artikelen 158 tot en met 161 en 164 of de artikelen 268 tot en met 271 en 274 van toepassing zijn.

2. De uitzondering volgens het vorige lid geldt echter niet, indien de werknemers in dienst van de vennootschap, tezamen met die in dienst van de rechtspersoon of rechtspersonen, in meerderheid in Nederland werkzaam zijn.

3. Voor de toepassing van dit artikel worden onder werknemers, in dienst van een rechtspersoon, begrepen de werknemers in dienst van groepsmaatschappijen.

(Zie ook: artt. 3, 24b t/m d, 152, 153, 154, 157, 265, 382 BW Boek 2)

Art. 155a

Benoeming bestuurders van structuurvennootschap NV

1. In afwijking van artikel 154 gelden de artikelen 162 en 164a lid 2 niet voor een vennootschap waarin:

a. een natuurlijk persoon het gehele geplaatste kapitaal verschaft of doet verschaffen, of twee of meer natuurlijke personen volgens een onderlinge regeling tot samenwerking het gehele geplaatste kapitaal verschaffen of doen verschaffen;

b. een stichting, een vereniging of een rechtspersoon als bedoeld in artikel 1 het gehele geplaatste kapitaal voor eigen rekening verschaft of doet verschaffen, of twee of meer van zulke rechtspersonen volgens een onderlinge regeling tot samenwerking het gehele geplaatste kapitaal voor eigen rekening verschaffen of doen verschaffen.

2. Met de natuurlijke persoon bedoeld in lid 1 worden gelijkgesteld de echtgenoot of echtgenote en de geregistreerde partner. Eveneens worden gelijkgesteld de bloedverwanten in rechte lijn, mits dezen binnen zes maanden na het overlijden van de natuurlijke persoon een onderlinge regeling tot samenwerking zijn aangegaan.

(Zie ook: art. 265a BW Boek 2)

Art. 156

Ontheffing voorschriften bij structuurvennootschap NV

Onze Minister van Justitie kan, gehoord de Sociaal-Economische Raad, aan een vennootschap op haar verzoek ontheffing verlenen van een of meer der artikelen 158-164 van dit Boek; de ontheffing kan onder beperkingen worden verleend en daaraan kunnen voorschriften worden verbonden; zij kan voorts worden gewijzigd en ingetrokken.

(Zie ook: art. 266 BW Boek 2)

Art. 157

Toepassing structuurregeling op raad van commissarissen NV

1. Een vennootschap waarvoor artikel 154 van dit Boek niet geldt, kan bij haar statuten de wijze van benoeming en ontslag van commissarissen en de taak en bevoegdheden van de raad van commissarissen regelen overeenkomstig de artikelen 158-164 van dit Boek indien zij of een afhankelijke maatschappij een ondernemingsraad heeft ingesteld waarop de bepalingen van de Wet op de ondernemingsraden van toepassing zijn. Zij mag daarbij artikel 162 buiten toepassing laten. De in dit lid bedoelde regeling in de statuten verliest haar gelding zodra de ondernemingsraad ophoudt te bestaan of op de ondernemingsraad niet langer de bepalingen van de Wet op de ondernemingsraden van toepassing zijn.

(Zie ook: artt. 76, 152 BW Boek 2)

2. Een vennootschap waarvoor artikel 155 of 155a geldt, kan de bevoegdheid tot benoeming en ontslag van bestuurders regelen overeenkomstig artikel 162.

(Zie ook: art. 267 BW Boek 2; art. 2 WOR)

Art. 158

1. De vennootschap heeft een raad van commissarissen.

Samenstelling/voordracht/benoeming van raad van commissarissen structuurvennootschap NV

2. De raad van commissarissen bestaat uit ten minste drie leden. Is het aantal commissarissen minder dan drie, dan neemt de raad onverwijld maatregelen tot aanvulling van zijn ledental.

3. De raad van commissarissen stelt een profielschets voor zijn omvang en samenstelling vast, rekening houdend met de aard van de onderneming, haar activiteiten en de gewenste deskundigheid en achtergrond van de commissarissen. De raad bespreekt de profielschets voor het eerst bij vaststelling en vervolgens bij iedere wijziging in de algemene vergadering en met de ondernemingsraad.

(Zie ook: artt. 142, 143, 159, 160 BW Boek 2)

4. De commissarissen worden, behoudens het bepaalde in lid 9, op voordracht van de raad van commissarissen benoemd door de algemene vergadering, voor zover de benoeming niet reeds is geschied bij de akte van oprichting of voordat dit artikel op de vennootschap van toepassing is geworden. De raad van commissarissen maakt de voordracht gelijktijdig bekend aan de algemene vergadering en aan de ondernemingsraad. De voordracht is met redenen omkleed. Onverminderd het bepaalde in artikel 160 kunnen de statuten de kring van benoembare personen niet beperken. De voordracht wordt niet aan de algemene vergadering aangeboden dan nadat de ondernemingsraad tijdig voor de datum van oproeping als bedoeld in artikel 114 in de gelegenheid is gesteld hierover een standpunt te bepalen. De voorzitter of een door hem aangewezen lid van de ondernemingsraad kan het standpunt van de ondernemingsraad in de algemene vergadering toelichten. Het ontbreken van dat standpunt tast de besluitvorming over het voorstel tot benoeming niet aan.

(Zie ook: artt. 107, 129 BW Boek 2; art. 23 WOR)

5. De algemene vergadering en de ondernemingsraad kunnen aan de raad van commissarissen personen aanbevelen om als commissaris te worden voorgedragen. De raad deelt hun daartoe tijdig mede wanneer, ten gevolge waarvan en overeenkomstig welk profiel in zijn midden een plaats moet worden vervuld. Indien voor de plaats het in lid 6 bedoelde versterkte recht van aanbeveling geldt, doet de raad van commissarissen daarvan eveneens mededeling.

6. Voor een derde van het aantal leden van de raad van commissarissen geldt dat de raad van commissarissen een door de ondernemingsraad aanbevolen persoon op de voordracht plaatst, tenzij de raad van commissarissen bezwaar maakt tegen de aanbeveling op grond van de verwachting dat de aanbevolen persoon ongeschikt zal zijn voor de vervulling van de taak van commissaris of dat de raad van commissarissen bij benoeming overeenkomstig de aanbeveling niet naar behoren zal zijn samengesteld. Indien het getal der leden van de raad van commissarissen niet door drie deelbaar is, wordt het naastgelegen lagere getal dat wel door drie deelbaar is in aanmerking genomen voor de vaststelling van het aantal leden waarvoor dit versterkte recht van aanbeveling geldt.

7. Indien de raad van commissarissen bezwaar maakt, deelt hij de ondernemingsraad het bezwaar onder opgave van redenen mede. De raad treedt onverwijld in overleg met de ondernemingsraad met het oog op het bereiken van overeenstemming over de voordracht. Indien de raad van commissarissen constateert dat geen overeenstemming kan worden bereikt, verzoekt een daartoe aangewezen vertegenwoordiger van de raad aan de ondernemingskamer van het gerechtshof Amsterdam het bezwaar gegrond te verklaren. Het verzoek wordt niet eerder ingediend dan nadat vier weken zijn verstreken na aanvang van het overleg met de ondernemingsraad. De raad van commissarissen plaatst de aanbevolen persoon op de voordracht indien de ondernemingskamer het bezwaar ongegrond verklaart. Verklaart de ondernemingskamer het bezwaar gegrond, dan kan de ondernemingsraad een nieuwe aanbeveling doen overeenkomstig het bepaalde in lid 6.

8. De ondernemingskamer doet de ondernemingsraad oproepen. Tegen de beslissing van de ondernemingskamer staat geen rechtsmiddel open. De ondernemingskamer kan geen veroordeling in de proceskosten uitspreken.

9. De algemene vergadering kan bij volstrekte meerderheid van de uitgebrachte stemmen, vertegenwoordigend ten minste een derde van het geplaatste kapitaal, de voordracht afwijzen. Indien de aandeelhouders bij volstrekte meerderheid van stemmen hun steun aan de kandidaat onthouden, maar deze meerderheid niet ten minste een derde van het geplaatste kapitaal vertegenwoordigde, kan een nieuwe vergadering worden bijeengeroepen waarin de voordracht kan worden afgewezen met volstrekte meerderheid van stemmen. Alsdan maakt de raad van commissarissen een nieuwe voordracht op. De leden 5 tot en met 8 zijn van toepassing. Indien de algemene vergadering de voorgedragen persoon niet benoemt en niet besluit tot afwijzing van de voordracht, benoemt de raad van commissarissen de voorgedragen persoon.

(Zie ook: art. 261 Rv; art. 66 Wet RO)

B2 art. 159 **Burgerlijk Wetboek Boek 2**

10. De algemene vergadering kan de bevoegdheid die haar volgens lid 5 toekomt voor een door haar te bepalen duur van telkens ten hoogste twee achtereenvolgende jaren, overdragen aan een commissie van aandeelhouders waarvan zij de leden aanwijst; in dat geval doet de raad van commissarissen aan de commissie de mededeling bedoeld in lid 5. De algemene vergadering kan te allen tijde de overdracht ongedaan maken.

11. Voor de toepassing van dit artikel wordt onder de ondernemingsraad verstaan de ondernemingsraad van de onderneming van de vennootschap of van de onderneming van een afhankelijke maatschappij. Indien er meer dan één ondernemingsraad is, worden de bevoegdheden van dit artikel door deze raden afzonderlijk uitgeoefend; als er sprake is van een voordracht als bedoeld in lid 6 worden de bevoegdheden van dit lid door deze raden gezamenlijk uitgeoefend. Is voor de betrokken onderneming of ondernemingen een centrale ondernemingsraad ingesteld, dan komen de bevoegdheden van de ondernemingsraad volgens dit artikel toe aan de centrale ondernemingsraad.

(Zie ook: artt. 63f, 140, 142, 159, 268 BW Boek 2; art. 33 WOR)

12. In de statuten kan worden afgeweken van de leden 2, 4 tot en met 7 en 9, met dien verstande dat niet kan worden afgeweken van de eerste twee zinnen van lid 9. Voor het besluit tot wijziging van de statuten is de voorafgaande goedkeuring van de raad van commissarissen en de toestemming van de ondernemingsraad vereist.

(Zie ook: artt. 2:6, 2:37 WRW-SE)

Art. 159

Benoeming bij ontbreken alle commissarissen structuurvennootschap NV

1. Ontbreken alle commissarissen, anders dan ingevolge het bepaalde in artikel 161a, dan geschiedt de benoeming door de algemene vergadering.

2. De ondernemingsraad kan personen voor benoeming tot commissaris aanbevelen. Degene die de algemene vergadering bijeenroept, deelt de ondernemingsraad daartoe tijdig mede dat de benoeming van commissarissen onderwerp van behandeling in de algemene vergadering zal zijn, met vermelding of benoeming van een commissaris plaatsvindt overeenkomstig het aanbevelingsrecht van de ondernemingsraad op grond van artikel 158 lid 6.

(Zie ook: artt. 109, 114 BW Boek 2)

3. De leden 6, 7, 8, 10 en 11 van het vorig artikel zijn van overeenkomstige toepassing.

(Zie ook: artt. 107, 142, 158, 269 BW Boek 2; artt. 261, 995 Rv; art. 66 RO; art. 23 WOR; artt. 2:6, 2:37 WRW-SE)

Art. 160

Incompatibiliteiten bij raad van commissarissen structuurvennootschap NV

Commissaris kunnen niet zijn:

a. personen die in dienst zijn van de vennootschap;

b. personen die in dienst zijn van een afhankelijke maatschappij;

c. bestuurders en personen in dienst van een werknemersorganisatie welke pleegt betrokken te zijn bij de vaststelling van de arbeidsvoorwaarden van de onder *a* en *b* bedoelde personen.

(Zie ook: artt. 152, 270 BW Boek 2)

Art. 160a

Bezoldiging bestuurders, leden commissie vaststelling

Indien in de statuten is bepaald dat de raad van commissarissen de bezoldiging van bestuurders vaststelt als bedoeld in artikel 135 lid 4 en de raad uit zijn midden een commissie heeft ingesteld om de besluitvorming daaromtrent voor te bereiden, maakt een persoon die door de ondernemingsraad wordt aanbevolen als bedoeld in artikel 158 lid 6, deel uit van die commissie.

Art. 161

Aftreden commissaris structuurvennootschap NV

1. Een commissaris treedt uiterlijk af, indien hij na zijn laatste benoeming vier jaren commissaris is geweest. De termijn kan bij de statuten worden verlengd tot de dag van de eerstvolgende algemene vergadering na afloop van de vier jaren of na de dag waarop dit artikel voor de rechtspersoon is gaan gelden.

(Zie ook: art. 142 BW Boek 2)

Ontslag commissaris structuurvennootschap NV

2. De ondernemingskamer van het gerechtshof Amsterdam kan op een desbetreffend verzoek een commissaris ontslaan wegens verwaarlozing van zijn taak, wegens andere gewichtige redenen of wegens ingrijpende wijziging der omstandigheden op grond waarvan handhaving als commissaris redelijkerwijze niet van de vennootschap kan worden verlangd. Het verzoek kan worden ingediend door de vennootschap, ten deze vertegenwoordigd door de raad van commissarissen, alsmede door een daartoe aangewezen vertegenwoordiger van de algemene vergadering of van de ondernemingsraad, bedoeld in lid 11 van artikel 158. De leden 10 en 11 van artikel 158 zijn van overeenkomstige toepassing.

(Zie ook: art. 258 BW Boek 6; art. 667 BW Boek 7; artt. 261, 995 Rv; art. 66 Wet RO)

Schorsing commissaris structuurvennootschap NV

3. Een commissaris kan worden geschorst door de raad van commissarissen; de schorsing vervalt van rechtswege, indien de vennootschap niet binnen een maand na de aanvang der schorsing een verzoek als bedoeld in het vorige lid bij de ondernemingskamer heeft ingediend.

(Zie ook: artt. 63i, 144, 158, 271, 356 BW Boek 2; art. 2:6 WRW-SE)

Art. 161a

1. De algemene vergadering kan bij volstrekte meerderheid van de uitgebrachte stemmen, vertegenwoordigend ten minste een derde van het geplaatste kapitaal, het vertrouwen in de raad van commissarissen opzeggen. Het besluit is met redenen omkleed. Het besluit kan niet worden genomen ten aanzien van commissarissen die zijn aangesteld door de ondernemingskamer overeenkomstig lid 3.

2. Een besluit als bedoeld in lid 1 wordt niet genomen dan nadat het bestuur de ondernemingsraad van het voorstel voor het besluit en de gronden daartoe in kennis heeft gesteld. De kennisgeving geschiedt ten minste 30 dagen voor de algemene vergadering waarin het voorstel wordt behandeld. Indien de ondernemingsraad een standpunt over het voorstel bepaalt, stelt het bestuur de raad van commissarissen en de algemene vergadering van dit standpunt op de hoogte. De ondernemingsraad kan zijn standpunt in de algemene vergadering doen toelichten.

3. Het besluit bedoeld in lid 1 heeft het onmiddellijk ontslag van de leden van de raad van commissarissen tot gevolg. Alsdan verzoekt het bestuur onverwijld aan de ondernemingskamer van het gerechtshof Amsterdam tijdelijk een of meer commissarissen aan te stellen. De ondernemingskamer regelt de gevolgen van de aanstelling.

4. De raad van commissarissen bevordert dat binnen een door de ondernemingskamer vastgestelde termijn een nieuwe raad wordt samengesteld met inachtneming van artikel 158. *(Zie ook: artt. 114a, 158, 217a, 356, 357 BW Boek 2)*

Art. 162

De raad van commissarissen benoemt de bestuurders der vennootschap; deze bevoegdheid kan niet door enige bindende voordracht worden beperkt. Hij geeft de algemene vergadering kennis van een voorgenomen benoeming van een bestuurder der vennootschap; hij ontslaat een bestuurder niet dan nadat de algemene vergadering over het voorgenomen ontslag is gehoord. Het tiende lid van artikel 158 is van overeenkomstige toepassing.

(Zie ook: artt. 132 t/m 134, 154, 155, 155a, 157, 272 BW Boek 2; art. 30 WOR)

Art. 163

[Vervallen]

Art. 164

1. Aan de goedkeuring van de raad van commissarissen zijn onderworpen de besluiten van het bestuur omtrent:

a. uitgifte en verkrijging van aandelen in en schuldbrieven ten laste van de vennootschap of van schuldbrieven ten laste van een commanditaire vennootschap of vennootschap onder firma waarvan de vennootschap volledig aansprakelijke vennote is;

(Zie ook: art. 79 BW Boek 2; artt. 16, 19 WvK)

b. medewerking aan de uitgifte van certificaten van aandelen;

c. het aanvragen van toelating van de onder a en b bedoelde stukken tot de handel op een handelsplatform, als bedoeld in artikel 1:1 van de Wet op het financieel toezicht of een met een handelsplatform vergelijkbaar systeem uit een staat die geen lidstaat is dan wel het aanvragen van een intrekking van zodanige toelating;

d. het aangaan of verbreken van duurzame samenwerking van de vennootschap of een afhankelijke maatschappij met een andere rechtspersoon of vennootschap dan wel als volledig aansprakelijke vennote in een commanditaire vennootschap of vennootschap onder firma, indien deze samenwerking of verbreking van ingrijpende betekenis is voor de vennootschap;

e. het nemen van een deelneming ter waarde van ten minste een vierde van het bedrag van het geplaatste kapitaal met de reserves volgens de balans met toelichting van de vennootschap, door haar of een afhankelijke maatschappij in het kapitaal van een andere vennootschap, alsmede het ingrijpend vergroten of verminderen van zulk een deelneming;

(Zie ook: art. 152 BW Boek 2)

f. investeringen welke een bedrag gelijk aan ten minste een vierde gedeelte van het geplaatste kapitaal met de reserves der vennootschap volgens haar balans met toelichting vereisen;

g. een voorstel tot wijziging van de statuten;

(Zie ook: artt. 121, 123 BW Boek 2)

h. een voorstel tot ontbinding van de vennootschap;

(Zie ook: art. 19 BW Boek 2)

i. aangifte van faillissement en een aanvraag van surséance van betaling;

(Zie ook: artt. 1, 4, 213 FW)

j. beëindiging van de arbeidsovereenkomst van een aanmerkelijk aantal werknemers van de vennootschap of van een afhankelijke maatschappij tegelijkertijd of binnen een kort tijdsbestek;

(Zie ook: art. 152 BW Boek 2; art. 667 BW Boek 7; art. 25 WOR)

k. ingrijpende wijziging in de arbeidsomstandigheden van een aanmerkelijk aantal werknemers van de vennootschap of een afhankelijke maatschappij;

(Zie ook: art. 152 BW Boek 2)

l. een voorstel tot vermindering van het geplaatste kapitaal.

(Zie ook: art. 99 BW Boek 2)

2. Het ontbreken van de goedkeuring van de raad van commissarissen op een besluit als bedoeld in lid 1 tast de vertegenwoordigingsbevoegdheid van bestuur of bestuurders niet aan.
(Zie ook: artt. 6, 130, 140, 141, 151, 274 BW Boek 2)

Art. 164a

Schakelbepaling

1. In afwijking van artikel 158 lid 1 kan toepassing worden gegeven aan artikel 129a. In dat geval is het bepaalde ten aanzien van de raad van commissarissen onderscheidenlijk de commissarissen in artikel 158 leden 2 tot en met 12, 159, 160, 161 en 161a van overeenkomstige toepassing op de niet uitvoerende bestuurders van de vennootschap.

2. Indien toepassing is gegeven aan artikel 129a, benoemen de niet uitvoerende bestuurders de uitvoerende bestuurders van de vennootschap; deze bevoegdheid kan niet door enige bindende voordracht worden beperkt. Artikel 162, tweede en derde zin, is van overeenkomstige toepassing.

3. Van de toepassing van artikel 129a lid 3 zijn uitgesloten de besluiten van het bestuur in de zin van artikel 164.

4. Indien toepassing is gegeven aan artikel 129a vereisen de besluiten in de zin van artikel 164 lid 1 de goedkeuring van de meerderheid van de niet uitvoerende bestuurders van de vennootschap. Het ontbreken van de goedkeuring tast de vertegenwoordigingsbevoegdheid van bestuur of bestuurders niet aan.

Art. 165

[Vervallen]

Afdeling 7
Evenwichtige verdeling van de zetels over vrouwen en mannen

Art. 166

[Vervallen]

Afdeling 8
Transacties met verbonden partijen

Art. 167

Transacties met verbonden partijen, reikwijdte

1. Deze afdeling is van toepassing op vennootschappen waarvan aandelen of met medewerking van de vennootschap uitgegeven certificaten zijn toegelaten tot de handel op een gereglementeerde markt als bedoeld in artikel 1:1 van de Wet op het financieel toezicht.

Verbonden partij, begripsbepaling

2. Voor de toepassing van deze afdeling wordt onder een verbonden partij verstaan een verbonden partij als bedoeld in de door de International Accounting Standards Board vastgestelde en door de Europese Commissie goedgekeurde standaarden.

Materiële transactie, begripsbepaling

3. Een transactie is materieel indien:
a. informatie over de transactie voorwetenschap is als bedoeld in artikel 7 lid 1 van Verordening (EU) nr. 596/2014 van het Europees Parlement en de Raad van 16 april 2014 betreffende marktmisbruik; en
b. zij is aangegaan tussen de vennootschap en een verbonden partij, daaronder in ieder geval begrepen:
i. een of meer houders van aandelen die alleen of gezamenlijk ten minste een tiende gedeelte van het geplaatste kapitaal vertegenwoordigen;
ii. een bestuurder van de vennootschap; of
iii. een commissaris van de vennootschap.

4. Niet materiële transacties die in hetzelfde boekjaar met dezelfde verbonden partij worden aangegaan, worden voor de toepassing van artikel 169 leden 1 tot en met 4 samengevoegd.

Art. 168

Periodieke interne beoordeling transacties

Voor transacties die in het kader van de normale bedrijfsvoering en onder normale marktvoorwaarden zijn aangegaan, stelt de raad van commissarissen of het bestuur indien toepassing is gegeven aan artikel 129a, een interne procedure vast om periodiek te beoordelen of aan die voorwaarden is voldaan.

Art. 169

Openbaarmaking materiële transacties met verbonden partij

1. De vennootschap maakt materiële transacties met een verbonden partij die niet in het kader van de normale bedrijfsvoering of niet onder normale marktvoorwaarden zijn aangegaan, openbaar op het moment dat de transactie is aangegaan.

2. De aankondiging bevat ten minste informatie over:
a. de aard van de relatie met de verbonden partij;
b. de naam van de verbonden partij;
c. de datum van de transactie;
d. de waarde van de transactie; en

e. andere informatie die noodzakelijk is voor de beoordeling of de transactie redelijk en billijk is vanuit het oogpunt van de vennootschap en de aandeelhouders die geen verbonden partij zijn.

3. Materiële transacties met een verbonden partij die niet in het kader van de normale bedrijfsvoering of niet onder normale marktvoorwaarden zijn aangegaan, zijn onderworpen aan de goedkeuring van de raad van commissarissen of het bestuur indien toestemming is gegeven aan artikel 129a. Indien er geen raad van commissarissen is of geen toepassing is gegeven aan artikel 129a, zijn de transacties onderworpen aan de goedkeuring van de algemene vergadering.

4. Een bestuurder, commissaris of aandeelhouder neemt niet deel aan de besluitvorming indien hij betrokken is bij de transactie met de verbonden partij. Artikelen 129 lid 6, tweede en derde volzin, en 140 lid 5, tweede volzin, zijn van overeenkomstige toepassing.

5. Dit artikel is niet van toepassing op transacties:

a. tussen de vennootschap en een dochtermaatschappij;

b. met betrekking tot de bezoldiging van bestuurders en commissarissen of bepaalde onderdelen daarvan die overeenkomstig de artikelen 135 of 145 zijn toegekend of verschuldigd;

c. van kredietinstellingen als bedoeld in artikel 398 lid 7 onder b, aangegaan op basis van maatregelen ter vrijwaring van hun stabiliteit, die zijn vastgesteld door De Nederlandsche Bank N.V. of de Europese Centrale Bank, indien deze bevoegd is toezicht uit te oefenen op grond van de artikelen 4 en 6 van de verordening bankentoezicht, bedoeld in artikel 1:1 van de Wet op het financieel toezicht;

d. die onder dezelfde voorwaarden aan alle aandeelhouders worden aangeboden, indien de gelijke behandeling van alle aandeelhouders en het belang van de vennootschap en de met haar verbonden onderneming gewaarborgd zijn.

Art. 170

Artikelen 168 en 169 leden 1, 2 en 5 zijn ook van toepassing indien een materiële transactie wordt aangegaan door een dochtermaatschappij van de vennootschap met een aan de vennootschap verbonden partij.

Schakelbepaling dochtervennootschappen

Art. 171-174a

[Vervallen]

Titel 5

Besloten vennootschappen met beperkte aansprakelijkheid

Afdeling 1
Algemene bepalingen

Art. 175

1. Deze titel is van toepassing op de besloten vennootschap met beperkte aansprakelijkheid. De besloten vennootschap met beperkte aansprakelijkheid is een rechtspersoon met een in een of meer overdraagbare aandelen verdeeld kapitaal. De aandelen zijn op naam gesteld. Een aandeelhouder is niet persoonlijk aansprakelijk voor hetgeen in naam van de vennootschap wordt verricht en is niet gehouden boven het bedrag dat op zijn aandelen behoort te worden gestort in de verliezen van de vennootschap bij te dragen, onverminderd het bepaalde in artikel 192. Ten minste één aandeel met stemrecht in de algemene vergadering wordt gehouden door een ander dan en anders dan voor rekening van de vennootschap of een van haar dochtermaatschappijen.

Oprichting BV

2. De vennootschap wordt door een of meer personen opgericht bij notariële akte. De akte wordt getekend door iedere oprichter en door ieder die blijkens deze akte een of meer aandelen neemt.

(Zie ook: artt. 3, 4, 18, 21, 64, 179, 309, 334a BW Boek 2)

Art. 176

De akte van oprichting van de vennootschap wordt verleden in de Nederlandse taal. Een volmacht tot medewerking aan de akte moet schriftelijk zijn verleend.

Oprichting BV bij notariële akte

(Zie ook: artt. 27, 65, 286 BW Boek 2; artt. 39, 60, 61 BW Boek 3)

Art. 177

1. De akte van oprichting moet de statuten van de vennootschap bevatten. De statuten bevatten de naam, de zetel en het doel van de vennootschap.

Statuten BV

2. De naam vangt aan of eindigt met de woorden Besloten Vennootschap met beperkte aansprakelijkheid, hetzij voluit geschreven, hetzij afgekort tot "B.V.".

Eisen aan naam BV

(Zie ook: art. 186 BW Boek 2)

3. De zetel moet zijn gelegen in Nederland.

(Zie ook: art. 10 BW Boek 1; artt. 27, 54, 66, 286 BW Boek 2)

Art. 178

1. De statuten vermelden het nominale bedrag van de aandelen. Zijn er aandelen van verschillende soort, dan vermelden de statuten het nominale bedrag van elke soort. Indien de statuten

Maatschappelijk en geplaatst kapitaal van BV

bepalen dat er een maatschappelijk kapitaal is, dan wordt het bedrag daarvan vermeld. De akte van oprichting vermeldt het bedrag van het geplaatste kapitaal en het gestorte deel daarvan. Zijn er aandelen van verschillende soort, dan worden de bedragen van het geplaatste en het gestorte kapitaal uitgesplitst per soort. De akte vermeldt voorts van ieder die bij de oprichting aandelen neemt de in artikel 196 lid 2 onder b en c bedoelde gegevens met het aantal en de soort van de door hem genomen aandelen en het daarop gestorte bedrag.

2. Het bedrag van het maatschappelijke en het geplaatste kapitaal en het gestorte deel daarvan, alsmede het nominale bedrag van de aandelen kunnen luiden in een vreemde geldeenheid. Een vennootschap die is ontstaan voor 1 januari 2002 kan het bedrag van het maatschappelijke kapitaal en het nominale bedrag van de aandelen in gulden vermelden tot ten hoogste twee cijfers achter de komma.

Art. 178a

Omrekening valuta bij aandelen BV

Indien een vennootschap in de statuten het bedrag van het maatschappelijk kapitaal en het bedrag van de aandelen in gulden omzet in euro, wordt het bedrag van de geplaatste aandelen en het gestorte deel daarvan in euro berekend volgens de krachtens artikel 109L, vierde lid van het Verdrag betreffende de Europese Unie definitief vastgestelde omrekenkoers, afgerond tot ten hoogste twee cijfers achter de komma. Het afgeronde bedrag van elk aandeel in euro mag ten hoogste 15% hoger of lager liggen dan het oorspronkelijke bedrag van het aandeel in gulden. Het totaal van de bedragen van de aandelen in euro bedoeld in artikel 178 is het maatschappelijk kapitaal in euro. De som van de bedragen van de geplaatste aandelen en het gestorte deel daarvan in euro is het bedrag van het geplaatste kapitaal en het gestorte deel daarvan in euro. De akte vermeldt het bedrag van het geplaatste kapitaal en het gestorte deel daarvan in euro.

Art. 178b

Wijziging bedrag aandelen BV

Indien de vennootschap in afwijking van artikel 178a het bedrag van de aandelen wijzigt, behoeft deze wijziging de goedkeuring van elke groep van aandeelhouders aan wier rechten de wijziging afbreuk doet. Bestaat krachtens de wijziging recht op geld of schuldvorderingen, dan mag het gezamenlijk bedrag daarvan een tiende van het gewijzigde nominale bedrag van de aandelen niet te boven gaan.

(Zie ook: artt. 67b, 178c BW Boek 2)

Art. 178c

Tegenwaarde in euro geen rechtsgevolg BV

1. Een vennootschap waarvan de statuten het maatschappelijk kapitaal en het bedrag van de aandelen in gulden vermelden, kan in het maatschappelijk verkeer de tegenwaarde in euro gebruiken tot ten hoogste twee cijfers achter de komma, mits daarbij wordt verwezen naar dit artikel. Dit gebruik van de tegenwaarde in euro heeft geen rechtsgevolg.

2. Indien een vennootschap waarvan de statuten het bedrag van het maatschappelijk kapitaal en het bedrag van de aandelen in gulden vermelden, na 1 januari 2002 een wijziging aanbrengt in een of meer bepalingen waarin bedragen in gulden worden uitgedrukt, worden in de statuten alle bedragen omgezet in euro of een vreemde geldeenheid. De artikelen 178a en 178b zijn van toepassing.

(Zie ook: art. 67c BW Boek 2)

Art. 179

[Vervallen]

Art. 180

Inschrijving BV in handelsregister

1. De bestuurders zijn verplicht de vennootschap te doen inschrijven in het handelsregister en een authentiek afschrift van de akte van oprichting en van de daaraan ingevolge artikel 204 gehechte stukken neer te leggen ten kantore van het handelsregister.

Hoofdelijke aansprakelijkheid bestuurders bij BV

2. De bestuurders zijn naast de vennootschap hoofdelijk aansprakelijk voor elke tijdens hun bestuur verrichte rechtshandeling waardoor de vennootschap wordt verbonden in het tijdvak voordat de opgave ter eerste inschrijving in het handelsregister, vergezeld van de neer te leggen afschriften, is geschied.

Art. 181

Omzetting BV in andere rechtsvorm

1. Wanneer de vennootschap zich krachtens artikel 18 omzet in een vereniging, coöperatie, of onderlinge waarborgmaatschappij, wordt iedere aandeelhouder lid, tenzij hij de schadeloosstelling heeft gevraagd als bedoeld in het tweede lid.

2. Na een besluit tot omzetting in een vereniging, stichting, coöperatie of onderlinge waarborgmaatschappij kan iedere aandeelhouder, daaronder mede begrepen iedere houder van stemrechtloze of winstrechtloze aandelen, die niet met het besluit tot omzetting heeft ingestemd, de vennootschap schadeloosstelling vragen voor het verlies van zijn aandelen. Het verzoek tot schadeloosstelling moet schriftelijk aan de vennootschap worden gedaan binnen één maand nadat zij aan de aandeelhouder heeft medegedeeld dat hij deze schadeloosstelling kan vragen. De mededeling geschiedt op dezelfde wijze als de oproeping tot een algemene vergadering.

Omzetting BV in NV

3. Wanneer de vennootschap zich omzet in een naamloze vennootschap kan iedere houder van stemrechtloze of winstrechtloze aandelen, die niet met het besluit tot omzetting heeft ingestemd, bij de vennootschap een verzoek tot schadeloosstelling indienen. Het verzoek tot schadeloosstelling moet schriftelijk aan de vennootschap worden gedaan binnen één maand nadat zij aan de aandeelhouder heeft meegedeeld dat hij deze schadeloosstelling kan vragen. De mededeling geschiedt op dezelfde wijze als de oproeping tot een algemene vergadering. De aandelen waarop het verzoek betrekking heeft, vervallen op het moment waarop de omzetting van kracht wordt.

4. Het voorstel tot omzetting vermeldt het bedrag van de schadeloosstelling als bedoeld in het tweede en derde lid, vastgesteld door een of meer onafhankelijke deskundigen. De deskundigen brengen over de waardebepaling schriftelijk bericht uit, dat met de oproeping tot de vergadering waarop over de omzetting wordt beslist, wordt meegezonden. Indien tussen partijen op grond van de statuten of een overeenkomst waarbij de vennootschap en de desbetreffende aandeelhouders partij zijn, bepalingen over de vaststelling van de waarde van de aandelen of de vaststelling van de schadeloosstelling gelden, stellen de deskundigen hun bericht op met inachtneming daarvan. De benoeming van deskundigen kan achterwege blijven, indien de statuten of een overeenkomst waarbij de vennootschap en de desbetreffende aandeelhouders partij zijn, een duidelijke maatstaf bevatten aan de hand waarvan de schadeloosstelling zonder meer kan worden vastgesteld.

5. Artikel 231 lid 4 is niet van toepassing ten aanzien van een besluit tot statutenwijziging in het kader van een omzetting van de vennootschap in een andere rechtsvorm.

6. Wanneer een rechterlijke machtiging is vereist voor de omzetting als bedoeld in artikel 18 leden 4 en 5, wordt die tevens geweigerd indien de belangen van houders van stemrechtloze en winstrechtloze aandelen in de vennootschap onvoldoende zijn ontzien.

Art. 182

1. De vennootschap legt het besluit tot omzetting in een vereniging, stichting, coöperatie of onderlinge waarborgmaatschappij neer ten kantore van het handelsregister en kondigt de nederlegging aan in een landelijk verspreid dagblad.

Registratie omzetting organisatievorm van BV

2. De vennootschap moet, op straffe van gegrondverklaring van een verzet als bedoeld in lid 3, voor iedere schuldeiser die dit verlangt zekerheid stellen of hem een andere waarborg geven voor de voldoening van zijn vordering. Dit geldt niet, indien de schuldeiser voldoende waarborgen heeft of de vermogenstoestand van de vennootschap voldoende zekerheid biedt dat de vordering zal worden voldaan.

3. Binnen twee maanden na de in lid 1 vermelde aankondiging kan iedere schuldeiser door het indienen van een verzoek bij de rechtbank tegen een besluit tot omzetting als bedoeld in lid 1 in verzet komen met vermelding van de waarborg die wordt verlangd.

4. Voordat de rechter beslist, kan hij de vennootschap in de gelegenheid stellen binnen een door hem gestelde termijn een door hem omschreven waarborg te geven. Op een ingesteld rechtsmiddel kan hij, indien de omzetting al heeft plaatsgevonden, het stellen van een waarborg bevelen en daaraan een dwangsom verbinden.

5. Een besluit tot omzetting als bedoeld in lid 1 wordt niet van kracht zolang verzet kan worden gedaan. Indien tijdig verzet is gedaan, wordt het besluit eerst van kracht, zodra het verzet is ingetrokken of de opheffing van het verzet uitvoerbaar is. De akte, bedoeld in artikel 18 lid 2 onder c kan niet eerder worden verleden.

Art. 183

1. Wanneer een rechtspersoon zich krachtens artikel 18 omzet in een besloten vennootschap, worden aan de akte van omzetting gehecht:

Omzetting rechtspersoon in BV

a. indien de rechtspersoon leden heeft, de schriftelijke toestemming van ieder lid wiens aandelen niet worden volgestort door omzetting van de reserves van de rechtspersoon;

b. indien een stichting wordt omgezet, de rechterlijke machtiging daartoe.

2. Wanneer een vereniging, coöperatie of onderlinge waarborgmaatschappij zich krachtens artikel 18 omzet in een besloten vennootschap, wordt ieder lid aandeelhouder. De omzetting kan niet geschieden, zolang een lid nog kan opzeggen op grond van artikel 36 lid 4.

3. Na de omzetting kunnen een aandeelhouder, een vruchtgebruiker en een pandhouder de aan een aandeel verbonden rechten niet uitoefenen, zolang zij niet in het in artikel 194 bedoelde register zijn ingeschreven. Zonder zijn instemming kunnen aan hem geen winstrechtloze of stemrechtloze aandelen worden uitgegeven. Voor zover aandeelbewijzen zijn uitgegeven, vindt geen inschrijving plaats dan tegen afgifte van de aandeelbewijzen aan de vennootschap.

(Zie ook: artt. 18, 72, 180, 197, 198 BW Boek 2; Bptv)

Art. 184

[Vervallen]

Art. 185

1. Op verzoek van het openbaar ministerie ontbindt de rechtbank de vennootschap, wanneer deze haar doel, door een gebrek aan baten, niet kan bereiken, en kan de rechtbank de vennootschap ontbinden, wanneer deze haar werkzaamheden tot verwezenlijking van haar doel heeft gestaakt. Het openbaar ministerie deelt de Kamer van Koophandel mee dat het voornemens is een verzoek tot ontbinding in te stellen.

Ontbinding van BV

B2 *art. 186*

2. Alvorens de ontbinding uit te spreken kan de rechter de vennootschap in de gelegenheid stellen binnen een door hem te bepalen termijn het verzuim te herstellen.
(Zie ook: artt. 178, 207, 208, 215, 216 BW Boek 2)

Art. 186

Volledige naam van BV voeren

1. Uit alle geschriften, gedrukte stukken en aankondigingen, waarin de vennootschap partij is of die van haar uitgaan, met uitzondering van telegrammen en reclames, moeten de volledige naam van de vennootschap en haar woonplaats duidelijk blijken.

2. Indien melding wordt gemaakt van het kapitaal van de vennootschap, moet daarbij in elk geval worden vermeld welk bedrag is geplaatst, en hoeveel van het geplaatste bedrag is gestort.
(Zie ook: art. 10 BW Boek 1; artt. 56, 75, 177, 189 BW Boek 2; art. 1166 BW Boek 8; art. 1 WED)

Art. 187

Schakelbepaling

Indien aandelen van de vennootschap of certificaten van aandelen zijn toegelaten tot de handel op een gereglementeerde markt als bedoeld in artikel 1:1 van de Wet op het financieel toezicht, zijn de artikelen 113 lid 6, 114 leden 1 en 3, 114a lid 1, 114b, 115 lid 2, 117 leden 6, tweede volzin, en 7, 117a leden 3 en 5, tweede volzin, 117b leden 1 tot en met 4, 117c, 119 leden 1, derde volzin, 2 en 3, 120 leden 5 en 6, 129 lid 1, tweede zin, 135 leden 1, eerste en tweede volzin, 4 en 9, 135a, 135b, 145 lid 2 en 167 tot en met 170 van toepassing in plaats van de artikelen 223 lid 1, 224 leden 1 en 3, 224a lid 1, 225, 227 lid 5, eerste volzin, 227a lid 3 en 227b. Voor de toepassing van artikel 114b wordt voor artikelen 132 lid 1, 134 lid 1, 142 lid 1, 144 lid 1 en 161a lid 1 gelezen: artikelen 242 lid 1, 244 lid 1, 252 lid 1, 254 lid 1 en 271a lid 1, en wordt voor de in artikel 114b lid 10 bedoelde certificaten en houders van certificaten gelezen: certificaten en houders van certificaten waaraan respectievelijk aan wie het vergaderrecht bedoeld in artikel 220 lid 2 toekomt. Voor de toepassing van artikelen 168 en 169 lid 3, wordt in plaats van artikel 129a gelezen artikel 239a. Voor de toepassing van artikel 169 lid 4, wordt in plaats van artikelen 129 lid 6, tweede en derde volzin, en 140 lid 5, tweede volzin, gelezen artikelen 239 lid 6, tweede en derde volzin, en 250 lid 5, tweede volzin.

Art. 188

[Vervallen]

Art. 189

Kapitaal BV

Wanneer in de statuten wordt gesproken van de houders van zoveel aandelen als tezamen een zeker gedeelte van het maatschappelijk kapitaal der vennootschap uitmaken, wordt, tenzij het tegendeel uit de statuten blijkt, onder kapitaal verstaan het geplaatste gedeelte van het maatschappelijk kapitaal.
(Zie ook: artt. 78, 177, 178, 186 BW Boek 2)

Art. 189a

Orgaan van de BV

Voor de toepassing van de artikelen 192, 197 lid 3, 198 lid 3, 206, artikel 210 lid 7, 216 lid 1, 227 lid 2, 239 en 244 wordt onder orgaan van de vennootschap verstaan de algemene vergadering, de vergadering van houders van aandelen van een bepaalde soort of aanduiding, het bestuur, de raad van commissarissen en de gemeenschappelijke vergadering van het bestuur en de raad van commissarissen.

Afdeling 2
De aandelen

Art. 190

Rechten die niet als aandeel kunnen worden aangemerkt BV

Rechten die stemrecht noch aanspraak op uitkering van winst of reserves omvatten, worden niet als aandeel aangemerkt.

Art. 191

Stortingsplicht op aandelen BV

1. Bij het nemen van het aandeel moet daarop het nominale bedrag worden gestort. Bedongen kan worden dat het nominale bedrag of een deel daarvan eerst behoeft te worden gestort na verloop van een bepaalde tijd of nadat de vennootschap het zal hebben opgevraagd.

2. Een aandeelhouder kan niet geheel of gedeeltelijk worden ontheven van de verplichting tot storting, behoudens het bepaalde in artikel 208.

3. De aandeelhouder en, in het geval van artikel 199, de voormalige aandeelhouder zijn niet bevoegd tot verrekening van hun schuld uit hoofde van dit artikel.
(Zie ook: artt. 80, 191a, 191b, 193, 199 BW Boek 2; art. 127 t/m 129 BW Boek 6; art. 53 FW)

Art. 191a

Storting op aandelen BV in geld

1. Storting op een aandeel moet in geld geschieden voor zover niet een andere inbreng is overeengekomen.

Storting op aandelen BV in vreemd geld

2. Voor of bij de oprichting kan storting in een andere geldeenheid dan die waarin het nominale bedrag van de aandelen luidt slechts geschieden, indien de akte van oprichting vermeldt dat storting in een andere geldeenheid is toegestaan. Na de oprichting kan dit slechts geschieden met toestemming van de vennootschap, tenzij de statuten anders bepalen.

3. Met storting in een andere geldeenheid dan die waarin de nominale waarde luidt wordt aan de stortingsplicht voldaan voor het bedrag waartegen het gestorte bedrag vrijelijk kan worden gewisseld in de geldeenheid waarin de nominale waarde luidt. Bepalend is de wisselkoers op de dag van de storting.

(Zie ook: artt. 80a, 176, 178, 203a BW Boek 2)

Art. 191b

1. Indien inbreng anders dan in geld is overeengekomen, moet hetgeen wordt ingebracht naar economische maatstaven kunnen worden gewaardeerd. Een recht op het verrichten van werk of diensten kan niet worden ingebracht.

Inbreng van aandelen BV anders dan in geld

2. Inbreng anders dan in geld moet onverwijld geschieden na het nemen van het aandeel of na de dag waartegen een bijstorting is uitgeschreven of waarop zij is overeengekomen.

(Zie ook: artt. 80b, 191, 204, 204a, 204b BW Boek 2)

Art. 192

1. De statuten kunnen met betrekking tot alle aandelen of aandelen van een bepaalde soort of aanduiding:

a) bepalen dat verplichtingen van verbintenisrechtelijke aard, jegens de vennootschap of derden of tussen aandeelhouders, aan het aandeelhouderschap zijn verbonden;

b) eisen verbinden aan het aandeelhouderschap;

c) bepalen dat de aandeelhouder in gevallen, in de statuten omschreven, gehouden is zijn aandelen of een deel daarvan aan te bieden en over te dragen.

Een in de vorige zin onder a, b of c bedoelde verplichting of eis kan niet, ook niet onder voorwaarde of tijdsbepaling, tegen de wil van de aandeelhouder worden opgelegd.

2. De statuten kunnen bepalen dat de inwerkingtreding van een statutaire verplichting of eis als bedoeld in lid 1 onder a, b of c, afhankelijk is van een besluit van een daartoe in de statuten aangewezen orgaan van de vennootschap. De statuten kunnen voorts bepalen dat een daartoe in de statuten aangewezen orgaan van de vennootschap ontheffing kan verlenen van een statutaire verplichting of eis.

3. Een regeling als bedoeld in lid 1 onder c dient zodanig te zijn dat de aandeelhouder die dit verlangt een prijs ontvangt, gelijk aan de waarde van zijn aandeel of aandelen, vastgesteld door een of meer onafhankelijke deskundigen. De statuten kunnen voorzien in een van de vorige zin afwijkende prijsbepalingsregeling. Een dergelijke afwijkende regeling kan aan een aandeelhouder niet tegen zijn wil worden opgelegd.

4. De statuten kunnen bepalen dat zolang een aandeelhouder een statutaire verplichting niet nakomt of niet aan een statutaire eis voldoet, het stemrecht, het recht op uitkeringen of het vergaderrecht is opgeschort. Indien een aandeelhouder een of meer van de in de vorige zin genoemde rechten niet kan uitoefenen en de aandeelhouder niet gehouden is zijn aandelen aan te bieden en over te dragen, vervalt de opschorting wanneer de vennootschap niet binnen drie maanden na een verzoek daartoe van de aandeelhouder gegadigden heeft aangewezen aan wie hij al zijn aandelen zal kunnen overdragen volgens een regeling in de statuten. Lid 3 is van overeenkomstige toepassing. Een opschorting van rechten vervalt, indien de opschorting tot gevolg heeft dat geen van de aandeelhouders het stemrecht kan uitoefenen.

5. De statuten kunnen bepalen dat indien een aandeelhouder niet binnen een bepaalde redelijke termijn een verplichting als bedoeld in lid 1 onder c is nagekomen, de vennootschap onherroepelijk gevolmachtigd is de aandelen aan te bieden en over te dragen. Tot het aanbieden en het leveren van de aandelen is de vennootschap ook bevoegd tijdens het faillissement van de aandeelhouder of het ten aanzien van hem van toepassing verklaren van de schuldsaneringsregeling natuurlijke personen. Wanneer er geen gegadigden zijn aan wie de aandeelhouder zijn ingevolge lid 1 onder c aangeboden aandelen kan overdragen, ontbreekt de volmacht en is de aandeelhouder onherroepelijk van de statutaire verplichting tot aanbieding en overdracht, alsmede van een opschorting van rechten als bedoeld in lid 4, ontheven.

Statutaire bepalingen over aandelen BV

Art. 192a

1. Indien een aandeelhouder, die niet gebonden is aan een statutaire verplichting of eis als bedoeld in artikel 192 lid 1, zijn aandelen wil vervreemden, maar overdracht van de aandelen in verband met de gebondenheid van de verkrijger aan die verplichting of eis onmogelijk of uiterst bezwaarlijk is, kan hij de vennootschap verzoeken om gegadigden aan te wijzen aan wie hij al zijn aandelen zal kunnen overdragen volgens een regeling in de statuten. Op deze regeling is artikel 192 lid 3 van overeenkomstige toepassing. Indien de vennootschap niet binnen drie maanden na het verzoek gegadigden heeft aangewezen, kan de aandeelhouder binnen zes maanden na het verstrijken van deze termijn zijn aandelen aan een ander overdragen en is de verkrijger van de aandelen niet gebonden aan de statutaire verplichting of eis.

Overdracht van aandelen BV volgens statutaire regeling

2. Lid 1 is van overeenkomstige toepassing indien overdracht van aandelen onmogelijk of uiterst bezwaarlijk is in verband met de gebondenheid van de verkrijger aan een statutaire prijsbepalingsregeling waaraan de aandeelhouder niet is gebonden.

Bevoegdheden vereffenaar/curator met betrekking tot aandelen BV

Art. 193

De vereffenaar van een vennootschap en, in geval van faillissement, de curator, zijn bevoegd tot uitschrijving en inning van alle nog niet gedane verplichte stortingen op de aandelen. Deze bevoegdheid geldt onverschillig hetgeen bij de statuten daaromtrent is bepaald of op grond van artikel 191 lid 1 is bedongen, met dien verstande dat indien bedongen is dat een storting plaatsvindt op een tijdstip na de dag van de faillietverklaring, volstaan kan worden met voldoening van de contante waarde daarvan op de dag van de faillietverklaring.

(Zie ook: artt. 19, 23, 84, 199, 237 BW Boek 2; art. 68 FW)

Register van aandeelhouders BV

Art. 194

1. Het bestuur van de vennootschap houdt een register waarin de namen en adressen van alle aandeelhouders zijn opgenomen, met vermelding van de datum waarop zij de aandelen hebben verkregen, de datum van de erkenning of betekening, de soort of de aanduiding van de aandelen, alsmede van het op ieder aandeel gestorte bedrag. Indien een aandeelhouder niet gebonden is aan een statutaire verplichting of eis als bedoeld in artikel 192 lid 1, wordt dat vermeld. In het register worden opgenomen de namen en adressen van hen die een recht van vruchtgebruik of pandrecht op aandelen hebben, met vermelding van de datum waarop zij het recht hebben verkregen, de datum van erkenning of betekening, alsmede met vermelding welke aan de aandelen verbonden rechten hun toekomen. In het register worden opgenomen de namen en adressen van de houders van certificaten van aandelen waaraan vergaderrecht is verbonden, met vermelding van de datum waarop het vergaderrecht aan hun certificaat is verbonden en de datum van erkenning of betekening.

2. Het register wordt regelmatig bijgehouden; daarin wordt mede aangetekend elk verleend ontslag van aansprakelijkheid voor nog niet gedane stortingen.

3. Aandeelhouders en anderen van wie gegevens ingevolge lid 1 in het register moeten worden opgenomen, verschaffen aan het bestuur tijdig de nodige gegevens.

4. Het bestuur verstrekt desgevraagd aan een aandeelhouder, een vruchtgebruiker, een pandhouder en een houder van een certificaat van een aandeel waaraan bij of krachtens de statuten vergaderrecht is verbonden om niet een uittreksel uit het register met betrekking tot zijn recht op een aandeel of certificaat van een aandeel. Rust op het aandeel een recht van vruchtgebruik of een pandrecht, dan vermeldt het uittreksel aan wie de in de artikelen 197, 198 en 227 bedoelde rechten toekomen.

5. Het bestuur legt het register ten kantore van de vennootschap ter inzage van de aandeelhouders, de vruchtgebruikers en pandhouders aan wie de in artikel 227 lid 2 bedoelde rechten toekomen en de houders van certificaten van aandelen waaraan bij of krachtens de statuten vergaderrecht is verbonden. De gegevens van het register omtrent niet-volgestorte aandelen zijn ter inzage van een ieder; afschrift of uittreksel van deze gegevens wordt ten hoogste tegen kostprijs verstrekt.

(Zie ook: artt. 85, 196a, 197, 198 BW Boek 2; art. 474c Rv; art. 1 WED)

Aandelenoverdracht BV

Art. 195

1. Tenzij de statuten anders bepalen is voor een geldige overdracht van aandelen vereist dat de aandeelhouder die een of meer aandelen wil vervreemden, deze eerst aanbiedt aan zijn mede-aandeelhouders naar evenredigheid van het aantal aandelen dat ten tijde van de aanbieding door ieder van hen wordt gehouden. Aan houders van aandelen van een bepaalde soort of aanduiding waaraan ingevolge een statutaire regeling geen stemrecht of recht op deling in de winst of reserves toekomt, kunnen ingevolge de vorige zin slechts aandelen van dezelfde soort of aanduiding worden aangeboden, tenzij in de statuten anders is bepaald. De aandeelhouder ontvangt, indien hij dit verlangt, van de mede-aandeelhouders een prijs, gelijk aan de waarde van zijn aandeel of aandelen, vastgesteld door een of meer onafhankelijke deskundigen. Indien vaststaat dat niet al de aandelen waarop het aanbod betrekking heeft tegen contante betaling worden gekocht, zal de aanbieder de aandelen binnen drie maanden na die vaststelling vrijelijk mogen overdragen.

2. De overdracht krachtens legaat geldt voor de toepassing van lid 1 als een overdracht door de erflater.

3. De overdraagbaarheid van aandelen kan bij de statuten voor een bepaalde termijn worden uitgesloten. Een overdracht in strijd met een statutaire uitsluiting is ongeldig. Voor een statutaire regeling als bedoeld in de eerste zin is de instemming vereist van alle houders van aandelen waarop de uitsluiting van de overdraagbaarheid betrekking heeft.

4. De overdraagbaarheid van aandelen kan bij de statuten ook op andere wijze dan overeenkomstig lid 1 of lid 3 worden beperkt. Een overdracht in strijd met een statutaire beperking is ongeldig. Een dergelijke statutaire regeling dient zodanig te zijn dat een aandeelhouder die zijn aandelen wil overdragen, indien hij dit verlangt, een prijs ontvangt, gelijk aan de waarde van zijn aandeel of aandelen, vastgesteld door een of meer onafhankelijke deskundigen. De statuten kunnen voorzien in een van de vorige zin afwijkende prijsbepalingsregeling. Een dergelijke afwijkende regeling kan aan een aandeelhouder niet tegen zijn wil worden opgelegd.

5. Bepalingen in de statuten omtrent de overdraagbaarheid van aandelen vinden geen toepassing, indien de overdracht door die bepalingen onmogelijk of uiterst bezwaarlijk is, tenzij dit het gevolg is van een statutaire uitsluiting als bedoeld in lid 3 of een statutaire prijsbepalingsregeling waaraan de aandeelhouder is gebonden.

6. Indien de aandeelhouder krachtens de wet tot overdracht van zijn aandeel aan een eerdere houder verplicht is, vindt lid 1, alsmede bepalingen in de statuten omtrent overdraagbaarheid, geen toepassing.

7. Ingeval van executoriaal beslag, faillissement, een schuldsaneringsregeling natuurlijke personen, afgifte van een legaat, toedeling uit een gemeenschap of een pandrecht kan de rechter lid 1, alsmede bepalingen in de statuten omtrent overdraagbaarheid, geheel of gedeeltelijk buiten toepassing verklaren. Het verzoek daartoe kan worden gedaan door onderscheidenlijk de executant, de curator, de bewindvoerder, een belanghebbende bij de afgifte van het legaat of de toedeling of de pandhouder. De rechter wijst het verzoek, zonodig in afwijking van artikel 474g, vierde lid, van het Wetboek van Burgerlijke Rechtsvordering, slechts toe indien de belangen van de verzoeker dat bepaaldelijk vorderen en de belangen van anderen daardoor niet onevenredig worden geschaad. De rechter kan bepalen dat de vennootschap aan de executant of de curator inzage moet geven in het register, bedoeld in artikel 194.

Art. 195a-195b

[Vervallen]

Art. 196

1. Voor de uitgifte en levering van een aandeel of de levering van een beperkt recht daarop is vereist een daartoe bestemde ten overstaan van een in Nederland standplaats hebbende notaris verleden akte waarbij de betrokkenen partij zijn. Geen afzonderlijke akte is vereist voor de uitgifte van aandelen die bij de oprichting worden geplaatst.

(Zie ook: artt. 178, 207 BW Boek 2)

2. Akten van uitgifte of levering moeten vermelden:

a. de titel van de rechtshandeling en op welke wijze het aandeel of het beperkt recht daarop is verkregen;

b. naam, voornamen, geboortedatum, geboorteplaats, woonplaats en adres van de natuurlijke personen die bij de rechtshandeling partij zijn;

c. rechtsvorm, naam, woonplaats en adres van de rechtspersonen die bij de rechtshandeling partij zijn;

d. het aantal en de soort aandelen waarop de rechtshandeling betrekking heeft, alsmede

e. naam, woonplaats en adres van de vennootschap op welker aandelen de rechtshandeling betrekking heeft.

(Zie ook: artt. 86, 178, 196a BW Boek 2; artt. 83, 94, 98, 236, 239, 246 BW Boek 3; art. 474h Rv)

Art. 196a

1. De levering van een aandeel of de levering van een beperkt recht daarop overeenkomstig artikel 196 lid 1 werkt mede van rechtswege tegenover de vennootschap. Behoudens in het geval dat de vennootschap zelf bij de rechtshandeling partij is, kunnen de aan het aandeel verbonden rechten eerst worden uitgeoefend nadat zij de rechtshandeling heeft erkend of de akte aan haar is betekend overeenkomstig de bepalingen van artikel 196b, dan wel deze heeft erkend door inschrijving in het aandeelhoudersregister als bedoeld in lid 2.

2. De vennootschap die kennis draagt van de rechtshandeling als bedoeld in het eerste lid kan, zolang haar geen erkenning daarvan is verzocht noch betekening van de akte aan haar is geschied, die rechtshandeling eigener beweging erkennen door inschrijving van de verkrijger van het aandeel of het beperkte recht in het aandeelhoudersregister. Zij doet daarvan aanstonds bij aangetekende brief mededeling aan de bij de rechtshandeling betrokken partijen met het verzoek alsnog een afschrift of uittreksel als bedoeld in artikel 196b lid 1 aan haar over te leggen. Na ontvangst daarvan plaatst zij, ten bewijze van de erkenning, een aantekening op het stuk op de wijze als in artikel 196b voor de erkenning wordt voorgeschreven; als datum van erkenning wordt de dag van de inschrijving vermeld.

3. Indien een rechtshandeling als bedoeld in het eerste lid heeft plaatsgevonden zonder dat dit heeft geleid tot een daarop aansluitende wijziging in het register van aandeelhouders, kan deze noch aan de vennootschap noch aan anderen die te goeder trouw de in het aandeelhoudersregister ingeschreven persoon als aandeelhouder of eigenaar van een beperkt recht op een aandeel hebben beschouwd, worden tegengeworpen.

(Zie ook: artt. 86a, 194 BW Boek 2; art. 88 BW Boek 3)

Art. 196b

1. Behoudens het bepaalde in artikel 196a lid 2 geschiedt de erkenning in de akte dan wel op grond van overlegging van een notarieel afschrift of uittreksel van de akte.

2. Bij erkenning op grond van overlegging van een notarieel afschrift of uittreksel wordt een gedagtekende verklaring geplaatst op het overgelegde stuk.

3. De betekening geschiedt van een notarieel afschrift of uittreksel van de akte.

(Zie ook: art. 86b BW Boek 2)

Akte van uitgifte en levering van aandelen BV

Levering bij aandelen BV

Levering aandelen BV inschrijven in aandeelhoudersregister

Erkenning levering aandelen BV

Art. 196c

Schakelbepaling

De artikelen 196a en 196b zijn van overeenkomstige toepassing met betrekking tot de levering van een certificaat van een aandeel waaraan vergaderrecht is verbonden, met dien verstande dat de in artikel 196b bedoelde overlegging of betekening geschiedt van een afschrift van de akte van levering.

Art. 197

Vruchtgebruik op aandelen BV

1. De bevoegdheid tot het vestigen van vruchtgebruik op een aandeel kan bij de statuten niet worden beperkt of uitgesloten.
(Zie ook: art. 201 BW Boek 3)

2. De aandeelhouder heeft het stemrecht op de aandelen waarop een vruchtgebruik is gevestigd.
(Zie ook: artt. 198, 227, 228 BW Boek 2; art. 319 BW Boek 3)

3. In afwijking van het voorgaande lid komt het stemrecht toe aan de vruchtgebruiker, indien dit bij de vestiging van het vruchtgebruik is bepaald of nadien schriftelijk tussen de aandeelhouder en de vruchtgebruiker is overeengekomen en de vruchtgebruiker een persoon is aan wie de aandelen vrijelijk kunnen worden overgedragen. Indien de vruchtgebruiker een persoon is aan wie de aandelen niet vrijelijk kunnen worden overgedragen, komt hem het stemrecht uitsluitend toe, indien dit bij de vestiging van het vruchtgebruik is bepaald of nadien schriftelijk tussen de aandeelhouder en de vruchtgebruiker is overeengekomen, mits zowel deze bepaling als – bij overdracht van het vruchtgebruik – de overgang van het stemrecht is goedgekeurd door een daartoe in de statuten aangewezen orgaan, dan wel – bij ontbreken van zodanige aanwijzing – door de algemene vergadering. Van het bepaalde in de vorige zin kan in de statuten worden afgeweken. Bij een vruchtgebruik als bedoeld in de artikelen 19 en 21 van Boek 4 komt het stemrecht eveneens aan de vruchtgebruiker toe, tenzij bij de vestiging van het vruchtgebruik door partijen of door de kantonrechter op de voet van artikel 23 lid 4 van Boek 4 anders wordt bepaald. Op de in de eerste en tweede zin bedoelde schriftelijke overeenkomst zijn artikel 196a en artikel 196b van overeenkomstige toepassing.
(Zie ook: artt. 198, 217 BW Boek 2)

4. De aandeelhouder die vanwege een vruchtgebruik geen stemrecht heeft en de vruchtgebruiker die stemrecht heeft, hebben de rechten die door de wet zijn toegekend aan de houders van certificaten van aandelen waaraan vergaderrecht is verbonden. De vruchtgebruiker die geen stemrecht heeft, heeft deze rechten, indien de statuten dit bepalen en bij de vestiging of overdracht van het vruchtgebruik niet anders is bepaald.
(Zie ook: artt. 198, 212, 220, 223, 227, 346 BW Boek 2)

5. Uit het aandeel voortspruitende rechten, strekkende tot het verkrijgen van aandelen, komen aan de aandeelhouder toe met dien verstande dat hij de waarde daarvan moet vergoeden aan de vruchtgebruiker, voor zover deze krachtens zijn recht van vruchtgebruik daarop aanspraak heeft.
(Zie ook: artt. 88, 194 BW Boek 2; artt. 9, 201, 216 BW Boek 3)

Art. 198

Pandrecht op aandelen BV

1. Op aandelen kan pandrecht worden gevestigd, indien de statuten niet anders bepalen.
(Zie ook: artt. 227, 236, 248 BW Boek 3)

2. De aandeelhouder heeft het stemrecht op de verpande aandelen.
(Zie ook: artt. 197, 227, 228 BW Boek 2; art. 247 BW Boek 3)

3. In afwijking van het voorgaande lid komt het stemrecht toe aan de pandhouder, indien dit, al dan niet onder opschortende voorwaarde, bij de vestiging van het pandrecht is bepaald of nadien schriftelijk tussen de aandeelhouder en de pandhouder is overeengekomen en de pandhouder een persoon is, aan wie de aandelen vrijelijk kunnen worden overgedragen. Indien de pandhouder een persoon is aan wie de aandelen niet vrijelijk kunnen worden overgedragen, komt hem het stemrecht uitsluitend toe, indien dit, al dan niet onder opschortende voorwaarde, bij de vestiging van het pandrecht is bepaald of nadien schriftelijk tussen de aandeelhouder en de pandhouder is overeengekomen, mits zowel deze bepaling als – indien een ander in de rechten van de pandhouder treedt – de overgang van het stemrecht is goedgekeurd door een daartoe in de statuten aangewezen orgaan, dan wel – bij ontbreken van zodanige aanwijzing – door de algemene vergadering. Van het bepaalde in de voorgaande twee zinnen kan in de statuten worden afgeweken. Op de in de eerste en tweede zin bedoelde schriftelijke overeenkomst zijn artikel 196a en artikel 196b van overeenkomstige toepassing.

4. De aandeelhouder die vanwege een pandrecht geen stemrecht heeft en de pandhouder die stemrecht heeft, hebben de rechten die door de wet zijn toegekend aan de houders van certificaten van aandelen waaraan vergaderrecht is verbonden. De pandhouder die geen stemrecht heeft, heeft deze rechten indien de statuten dit bepalen en bij de vestiging of overgang van het pandrecht niet anders is bepaald.

5. Bij de vestiging van het pandrecht kan worden bepaald dat artikel 196a lid 2 buiten toepassing blijft. Alsdan zijn de leden 3 en 4 van artikel 239 van Boek 3 van overeenkomstige toepassing, waarbij erkenning door of betekening aan de vennootschap in de plaats treedt van de in die bepaling bedoelde mededeling.

6. Een statutaire regeling ten aanzien van de vervreemding en de overdracht van aandelen is van toepassing op de vervreemding en overdracht van de aandelen door de pandhouder of de verblijving van de aandelen aan de pandhouder, met dien verstande dat de pandhouder alle ten aanzien van vervreemding en overdracht aan de aandeelhouder toekomende rechten uitoefent en diens verplichtingen ter zake nakomt.

Art. 199

1. Na overdracht of toedeling van een niet volgestort aandeel blijft ieder van de vorige aandeelhouders voor het daarop nog te storten bedrag hoofdelijk jegens de vennootschap aansprakelijk. Het bestuur kan te zamen met de raad van commissarissen de vorige aandeelhouders bij authentieke of geregistreerde onderhandse akte van verdere aansprakelijkheid ontslaan; in dat geval blijft de aansprakelijkheid niettemin bestaan voor stortingen, uitgeschreven binnen een jaar na de dag waarop de authentieke akte is verleden of de onderhandse is geregistreerd. *(Zie ook: artt. 191, 193, 194 BW Boek 2; artt. 6, 160 BW Boek 6)*

Aansprakelijkheid vorige aandeelhouder BV

2. Indien een vorige aandeelhouder betaalt, treedt hij in de rechten die de vennootschap tegen latere houders heeft.
(Zie ook: art. 90 BW Boek 2; art. 150 BW Boek 6)

Art. 200

[Vervallen]

Art. 201

1. Voor zover bij de statuten niet anders is bepaald, zijn aan alle aandelen in verhouding tot hun bedrag gelijke rechten en verplichtingen verbonden.

Gelijke rechten en plichten bij aandelen BV

2. De vennootschap moet de aandeelhouders onderscheidenlijk certificaathouders die zich in gelijke omstandigheden bevinden, op de zelfde wijze behandelen.

3. De statuten kunnen bepalen dat aan aandelen van een bepaalde soort of aanduiding bijzondere rechten als in de statuten omschreven inzake de zeggenschap in de vennootschap zijn verbonden.
(Zie ook: artt. 8, 23b, 92, 190, 212, 216, 220, 227, 228, 346 BW Boek 2)

Art. 201a

1. Hij die als aandeelhouder voor eigen rekening ten minste 95% van het geplaatste kapitaal van de vennootschap verschaft en ten minste 95% van de stemrechten in de algemene vergadering kan uitoefenen, kan tegen de gezamenlijke andere aandeelhouders een vordering instellen tot overdracht van hun aandelen aan de eiser. Hetzelfde geldt, indien twee of meer groepsmaatschappijen dit deel van het geplaatste kapitaal samen verschaffen en dit deel van de stemrechten samen kunnen uitoefenen en samen de vordering instellen tot overdracht aan een hunner. *(Zie ook: artt. 24a, 24d BW Boek 2)*

Uitkoop kleine minderheid bij aandelen BV

2. Over de vordering oordeelt in eerste aanleg de ondernemingskamer van het gerechtshof Amsterdam. Van de uitspraak staat uitsluitend beroep in cassatie open.
(Zie ook: artt. 72, 99 Wet RO)

3. Indien tegen een of meer verweerders verstek is verleend, moet de rechter ambtshalve onderzoeken of de eiser of eisers de vereisten van lid 1 vervullen.

4. De rechter wijst de vordering tegen alle verweerders af, indien een verweerder ondanks de vergoeding ernstige stoffelijke schade zou lijden door de overdracht, een verweerder houder is van een aandeel waaraan de statuten een bijzonder recht inzake de zeggenschap in de vennootschap verbinden of een eiser jegens een verweerder afstand heeft gedaan van zijn bevoegdheid de vordering in te stellen.

5. Indien de rechter oordeelt dat de leden 1 en 4 de toewijzing van de vordering niet beletten, kan hij bevelen dat een of drie deskundigen zullen berichten over de waarde van de over te dragen aandelen. De eerste drie zinnen van artikel 350 lid 3 en de artikelen 351 en 352 zijn van toepassing. De rechter stelt de prijs vast die de over te dragen aandelen op een door hem te bepalen dag hebben. Zo lang en voor zover de prijs niet is betaald, wordt hij verhoogd met rente, gelijk aan de wettelijke rente, van die dag af tot de overdracht; uitkeringen op de aandelen die in dit tijdvak betaalbaar worden gesteld, strekken op de dag van betaalbaarstelling tot gedeeltelijke betaling van de prijs.
(Zie ook: art. 221 Rv)

6. De rechter die de vordering toewijst, veroordeelt de overnemer aan degenen aan wie de aandelen toebehoren of zullen toebehoren de vastgestelde prijs met rente te betalen tegen levering van het onbezwaarde recht op de aandelen. De rechter geeft omtrent de kosten van het geding zodanige uitspraak als hij meent dat behoort. Een verweerder die geen verweer heeft gevoerd, wordt niet verwezen in de kosten.
(Zie ook: artt. 119, 120 BW Boek 6; art. 56 Rv)

7. Staat het bevel tot overdracht bij gerechtelijk gewijsde vast, dan deelt de overnemer de dag en plaats van betaalbaarstelling en de prijs schriftelijk mee aan de houders van de over te nemen aandelen van wie hij het adres kent. Hij kondigt deze ook aan in een landelijk verspreid dagblad, tenzij hij van allen het adres kent.

B2 art. 202

8. De overnemer kan zich altijd van zijn verplichtingen ingevolge de leden 6 en 7 bevrijden door de vastgestelde prijs met rente voor alle nog niet overgenomen aandelen te consigneren, onder mededeling van hem bekende rechten van pand en vruchtgebruik en de hem bekende beslagen. Door deze mededeling gaat beslag over van de aandelen op het recht op uitkering. Door het consigneren gaat het recht op de aandelen onbezwaard op hem over en gaan rechten van pand of vruchtgebruik over op het recht op uitkering. Aan aandeel- en dividendbewijzen waarop na de overgang uitkeringen betaalbaar zijn gesteld, kan nadien geen recht jegens de vennootschap meer worden ontleend. De overnemer maakt het consigneren en de prijs per aandeel op dat tijdstip bekend op de wijze van lid 7.

(Zie ook: art. 92a BW Boek 2; art. 66 BW Boek 6)

Art. 202

Verbod uitgifte certificaten aan toonder van aandelen BV

Certificaten aan toonder van aandelen mogen niet worden uitgegeven. Indien in strijd hiermede is gehandeld, kunnen, zolang certificaten aan toonder uitstaan, de aan het aandeel verbonden rechten niet worden uitgeoefend.

Afdeling 3
Het vermogen van de vennootschap

Art. 203

Rechtshandelingen bij oprichting BV

1. Uit rechtshandelingen, verricht namens een op te richten vennootschap, ontstaan slechts rechten en verplichtingen voor de vennootschap wanneer zij die rechtshandelingen na haar oprichting uitdrukkelijk of stilzwijgend bekrachtigt of ingevolge lid 4 wordt verbonden.

Hoofdelijke gebondenheid voor rechtshandelingen bij oprichting BV

2. Degenen die een rechtshandeling verrichten namens een op te richten vennootschap zijn, tenzij met betrekking tot die rechtshandeling uitdrukkelijk anders is bedongen, daardoor hoofdelijk verbonden, totdat de vennootschap na haar oprichting de rechtshandeling heeft bekrachtigd.

Hoofdelijke aansprakelijkheid bij BV

3. Indien de vennootschap haar verplichtingen uit de bekrachtigde rechtshandeling niet nakomt, zijn degenen die namens de op te richten vennootschap handelden hoofdelijk aansprakelijk voor de schade die de derde dientengevolge lijdt, indien zij wisten of redelijkerwijs konden weten dat de vennootschap haar verplichtingen niet zou kunnen nakomen, onverminderd de aansprakelijkheid terzake van de bestuurders wegens de bekrachtiging. De wetenschap dat de vennootschap haar verplichtingen niet zou kunnen nakomen, wordt vermoed aanwezig te zijn, wanneer de vennootschap binnen een jaar na de oprichting in staat van faillissement wordt verklaard.

(Zie ook: artt. 9, 248 BW Boek 2; artt. 43, 45 FW)

4. De oprichters kunnen de vennootschap in de akte van oprichting slechts verbinden door het uitgeven van aandelen, het aanvaarden van stortingen daarop, het aanstellen van bestuurders, het benoemen van commissarissen, het verrichten van rechtshandelingen als bedoeld in artikel 204 lid 1 en het betalen van kosten die met de oprichting verband houden. Indien een oprichter hierbij onvoldoende zorgvuldigheid heeft betracht, zijn de artikelen 9 en 248 van overeenkomstige toepassing.

(Zie ook: artt. 4, 93, 176, 180 BW Boek 2; artt. 55, 61, 66, 69 BW Boek 3; artt. 6, 95, 162 BW Boek 6)

Art. 203a

[Vervallen]

Art. 204

Rechtshandelingen, opneming in oprichtingsakte BV

1. Rechtshandelingen:

a. in verband met het nemen van aandelen waarbij bijzondere verplichtingen op de vennootschap worden gelegd,

b. strekkende om enigerlei voordeel te verzekeren aan een oprichter der vennootschap of aan een bij de oprichting betrokken derde,

c. betreffende inbreng op aandelen anders dan in geld,

moeten in haar geheel worden opgenomen in de akte van oprichting of in een geschrift dat daaraan in origineel of in authentiek afschrift wordt gehecht en waarnaar de akte van oprichting verwijst. Indien de vorige zin niet in acht is genomen, kunnen voor de vennootschap uit deze rechtshandelingen geen rechten of verplichtingen ontstaan.

2. Na de oprichting kunnen de in het vorige lid bedoelde rechtshandelingen zonder voorafgaande goedkeuring van de algemene vergadering slechts worden verricht, indien en voor zover aan het bestuur de bevoegdheid daartoe uitdrukkelijk bij de statuten is verleend.

(Zie ook: artt. 4, 94, 178, 378 BW Boek 2; art. 69 BW Boek 3)

Art. 204a

Beschrijving inbreng op aandelen anders dan in geld bij oprichting BV

1. Indien bij de oprichting inbreng op aandelen anders dan in geld wordt overeengekomen, maken de oprichters een beschrijving op van hetgeen wordt ingebracht, met vermelding van de daaraan toegekende waarde en van de toegepaste waarderingsmethoden. De beschrijving heeft betrekking op de toestand van hetgeen wordt ingebracht op een dag die niet eerder ligt

dan zes maanden voor de oprichting. De beschrijving wordt door alle oprichters ondertekend. De vennootschap legt deze te haren kantore ter inzage van de houders van haar aandelen en anderen aan wie het vergaderrecht toekomt.
(Zie ook: art. 180 BW Boek 2)

2. Indien voor de inbreng bekend is dat de waarde na de in lid 1, tweede zin, bedoelde dag van de beschrijving aanzienlijk is gedaald, is een nieuwe beschrijving vereist.

Art. 204b

1. Indien na de oprichting inbreng op aandelen anders dan in geld wordt overeengekomen, maakt de vennootschap overeenkomstig artikel 204a lid 1 een beschrijving op van hetgeen wordt ingebracht. De beschrijving heeft betrekking op de toestand op een dag die niet eerder dan zes maanden ligt voor de dag waarop de aandelen worden genomen dan wel waartegen een bijstorting is uitgeschreven of waarvoor zij is overeengekomen. De bestuurders ondertekenen de beschrijving; ontbreekt de handtekening van een of meer hunner, dan wordt daarvan onder opgave van reden melding gemaakt. De vennootschap legt de beschrijving te haren kantore ter inzage van de houders van haar aandelen en anderen aan wie het vergaderrecht toekomt.

Beschrijving inbreng op aandelen anders dan in geld na oprichting BV

2. Artikel 204a lid 2 is van overeenkomstige toepassing.

Schakelbepaling Werkingssfeer

3. Dit artikel is niet van toepassing voor zover de inbreng bestaat uit aandelen, certificaten van aandelen, daarin converteerbare rechten of winstbewijzen van een andere rechtspersoon, waarop de vennootschap een openbaar bod heeft uitgebracht, mits deze effecten of een deel daarvan zijn toegelaten tot de handel op een gereglementeerde markt of een multilaterale handelsfaciliteit, als bedoeld in artikel 1:1 van de Wet op het financieel toezicht of een met een gereglementeerde markt of multilaterale handelsfaciliteit vergelijkbaar systeem uit een staat die geen lidstaat is.
(Zie ook: artt. 94b, 204a BW Boek 2)

Art. 204c

[Vervallen]

Art. 205

De vennootschap kan geen eigen aandelen nemen.
(Zie ook: artt. 95, 207 t/m 207d BW Boek 2)

Verbod op nemen eigen aandelen bij BV

Art. 206

1. De vennootschap kan slechts ingevolge een besluit van de algemene vergadering na de oprichting aandelen uitgeven, voor zover bij de statuten geen ander orgaan is aangewezen. De algemene vergadering kan haar bevoegdheid hiertoe overdragen aan een ander orgaan en kan deze overdracht herroepen.

Emissiebevoegdheid BV

2. Het vorige lid is van overeenkomstige toepassing op het verlenen van rechten tot het nemen van aandelen, maar is niet van toepassing op het uitgeven van aandelen aan iemand die een voordien reeds verkregen recht tot het nemen van aandelen uitoefent.
(Zie ook: artt. 96, 206a, 217 BW Boek 2)

Art. 206a

1. Voor zover de statuten niet anders bepalen, heeft iedere aandeelhouder bij uitgifte van aandelen een voorkeursrecht naar evenredigheid van het gezamenlijke bedrag van zijn aandelen, behoudens de beide volgende leden. Hij heeft geen voorkeursrecht op aandelen die worden uitgegeven aan werknemers van de vennootschap of van een groepsmaatschappij. Het voorkeursrecht kan, telkens voor een enkele uitgifte, worden beperkt of uitgesloten bij besluit van de algemene vergadering, voor zover de statuten niet anders bepalen.
(Zie ook: art. 217 BW Boek 2)

Voorkeursrecht bij emissie van aandelen BV

2. Voor zover de statuten niet anders bepalen, hebben houders van aandelen
a. die geen recht geven tot deling in de winst of reserves van de vennootschap of die niet boven een bepaald percentage van het nominale bedrag of slechts in beperkte mate daarboven delen in de winst, of
b. die niet boven het nominale bedrag of slechts in beperkte mate daarboven delen in een overschot na vereffening, of
c. waaraan ingevolge een statutaire regeling op grond van artikel 228 lid 5 geen stemrecht is verbonden,
geen voorkeursrecht op uit te geven aandelen.

3. Voor zover de statuten niet anders bepalen, hebben de aandeelhouders geen voorkeursrecht op uit te geven aandelen in een van de in lid 2 onder a, b en c omschreven soorten.

4. De vennootschap kondigt de uitgifte met voorkeursrecht en het tijdvak waarin dat kan worden uitgeoefend, aan in een schriftelijke mededeling aan alle aandeelhouders aan het door hen opgegeven adres. Tenzij de statuten anders bepalen, wordt aan de eis van schriftelijkheid voldaan indien de mededeling elektronisch is vastgelegd.

5. Het voorkeursrecht kan worden uitgeoefend gedurende ten minste vier weken na de dag van de verzending van de aankondiging.

6. Voor zover de statuten niet anders bepalen, hebben de aandeelhouders een voorkeursrecht bij het verlenen van rechten tot het nemen van andere aandelen dan de in lid 2 onder a, b en c

B2 art. 207 Burgerlijk Wetboek Boek 2

omschreven soorten; de vorige leden zijn van overeenkomstige toepassing. Aandeelhouders hebben geen voorkeursrecht op aandelen die worden uitgegeven aan iemand die een voordien reeds verkregen recht tot het nemen van aandelen uitoefent.

(Zie ook: artt. 4, 96a, 206 BW Boek 2)

Art. 207

Nietigheid verkrijging niet volgestorte aandelen door BV

Verkrijging volgestorte aandelen door BV

1. Het bestuur beslist over de verkrijging van aandelen in het kapitaal van de vennootschap. Verkrijging door de vennootschap van niet volgestorte aandelen in haar kapitaal is nietig.

2. De vennootschap mag, behalve om niet, geen volgestorte eigen aandelen verkrijgen indien het eigen vermogen, verminderd met de verkrijgingsprijs, kleiner is dan de reserves die krachtens de wet of de statuten moeten worden aangehouden of indien het bestuur weet of redelijkerwijs behoort te voorzien dat de vennootschap na de verkrijging niet zal kunnen blijven voortgaan met het betalen van haar opeisbare schulden.

3. Indien de vennootschap na een verkrijging anders dan om niet niet kan voortgaan met het betalen van haar opeisbare schulden, zijn de bestuurders die dat ten tijde van de verkrijging wisten of redelijkerwijs behoorden te voorzien, jegens de vennootschap hoofdelijk verbonden tot vergoeding van het tekort dat door de verkrijging is ontstaan, met de wettelijke rente vanaf de dag van de verkrijging. Artikel 248 lid 5 is van overeenkomstige toepassing. Niet verbonden is de bestuurder die bewijst dat het niet aan hem te wijten is dat de vennootschap de aandelen heeft verkregen en dat hij niet nalatig is geweest in het treffen van maatregelen om de gevolgen daarvan af te wenden. Met een bestuurder wordt voor de toepassing van dit artikellid gelijkgesteld degene die het beleid van de vennootschap heeft bepaald of mede heeft bepaald, als ware hij bestuurder. De vordering kan niet worden ingesteld tegen de door de rechter benoemde bewindvoerder. De vervreemder van de aandelen die wist of redelijkerwijs behoorde te voorzien dat de vennootschap na de verkrijging niet zou kunnen voortgaan met het betalen van haar opeisbare schulden is jegens de vennootschap gehouden tot vergoeding van het tekort dat door de verkrijging van zijn aandelen is ontstaan, voor ten hoogste de verkrijgingsprijs van de door hem vervreemde aandelen, met de wettelijke rente vanaf de dag van de verkrijging. Indien de bestuurders de vordering uit hoofde van de eerste zin hebben voldaan, geschiedt de in de vorige zin bedoelde vergoeding aan de bestuurders, naar evenredigheid van het gedeelte dat door ieder der bestuurders is voldaan. De bestuurders en de vervreemder zijn niet bevoegd tot verrekening van hun schuld uit hoofde van dit artikel.

4. De statuten kunnen de verkrijging door de vennootschap van eigen aandelen uitsluiten of beperken.

5. De vorige leden gelden niet voor aandelen die de vennootschap onder algemene titel verkrijgt.

6. Onder het begrip aandelen in dit artikel zijn certificaten daarvan begrepen.

Art. 207a

Hoofdelijke aansprakelijkheid bij onwettige verkrijging van aandelen BV

1. Verkrijging van aandelen ten laste van de in artikel 207 lid 2 bedoelde reserves of in strijd met een uitsluiting of beperking als bedoeld in artikel 207 lid 4 is nietig. De bestuurders zijn hoofdelijk aansprakelijk jegens de vervreemder te goeder trouw die door de nietigheid schade lijdt.

2. Verkrijging onder bijzondere titel van een eigen aandeel door de vennootschap is nietig indien deze verkrijging tot gevolg zou hebben dat de vennootschap, samen met haar dochtermaatschappijen, alle aandelen met stemrecht in haar kapitaal houdt. De tweede zin van het eerste lid is van toepassing. Indien de vennootschap eigen aandelen onder algemene titel heeft verkregen en deze verkrijging tot gevolg zou hebben dat de vennootschap, samen met haar dochtermaatschappijen, alle aandelen met stemrecht in haar kapitaal houdt, gaat het laagst genummerde aandeel met stemrecht op het tijdstip van de verkrijging van rechtswege over op de gezamenlijke bestuurders. Ontbreekt een nummering, dan wordt een aandeel met stemrecht door loting aangewezen. Iedere bestuurder is hoofdelijk verbonden voor de vergoeding aan de vennootschap van de waarde van het aandeel ten tijde van de verkrijging, met de wettelijke rente van dat tijdstip af.

3. Elk niet volgestort aandeel in haar kapitaal dat de vennootschap onder algemene titel heeft verkregen en niet binnen drie jaren daarna heeft vervreemd of ingetrokken gaat op het einde van de laatste dag van die drie jaren van rechtswege over op de gezamenlijke bestuurders. De laatste zin van lid 2 is van overeenkomstige toepassing.

4. Onder het begrip aandelen in dit artikel zijn certificaten daarvan begrepen.

Art. 207b

Verkrijging aandelen BV voor eigen rekening

Indien een ander in eigen naam aandelen in het kapitaal van de vennootschap of certificaten daarvan neemt of verkrijgt voor rekening van de vennootschap zelf, wordt hij geacht deze voor eigen rekening te nemen dan wel te verkrijgen.

(Zie ook: art. 98b BW Boek 2; art. 60 BW Boek 3; art. 400 BW Boek 7; art. 76 WvK)

Art. 207c

[Vervallen]

Art. 207d

1. Een dochtermaatschappij mag voor eigen rekening geen aandelen nemen of doen nemen in het kapitaal van de vennootschap. Zulke aandelen mogen dochtermaatschappijen voor eigen rekening onder bijzondere titel slechts anders dan om niet verkrijgen of doen verkrijgen, indien het bestuur van de vennootschap heeft ingestemd met de verkrijging. Een verkrijging onder bijzondere titel in strijd met de vorige zin is nietig. Op het besluit tot instemming is artikel 207 lid 2 van overeenkomstige toepassing. Artikel 207 lid 3 is van overeenkomstige toepassing met dien verstande dat de hoofdelijke verbondenheid van de bestuurders geldt jegens de dochtermaatschappij.

2. Indien een rechtspersoon, nadat hij dochtermaatschappij is geworden of nadat hij als dochtermaatschappij aandelen in het kapitaal van de vennootschap onder algemene titel heeft verkregen, samen met de vennootschap en haar andere dochtermaatschappijen alle aandelen met stemrecht in het kapitaal van de vennootschap voor eigen rekening houdt of doet houden, gaat het laagst genummerde aandeel met stemrecht op het tijdstip waarop hij dochtermaatschappij is geworden of op het tijdstip waarop de aandelen zijn verkregen van rechtswege over op de gezamenlijke bestuurders. Ontbreekt een nummering, dan wordt een aandeel met stemrecht door loting aangewezen. Iedere bestuurder is hoofdelijk verbonden voor de vergoeding aan de dochtermaatschappij van de waarde van het aandeel op het tijdstip waarop de dochtermaatschappij dochtermaatschappij is geworden of op het tijdstip waarop het aandeel is verkregen, met de wettelijke rente van dat tijdstip af.

3. Onder het begrip aandelen in dit artikel zijn certificaten daarvan begrepen.

Art. 208

1. De algemene vergadering kan besluiten tot vermindering van het geplaatste kapitaal door intrekking van aandelen of door het bedrag van aandelen bij statutenwijziging te verminderen. In dit besluit moeten de aandelen waarop het besluit betrekking heeft, worden aangewezen en moet de uitvoering van het besluit zijn geregeld.

(Zie ook: art. 178 BW Boek 2)

2. Een besluit tot intrekking kan slechts betreffen aandelen die de vennootschap zelf houdt of waarvan zij de certificaten houdt, dan wel alle aandelen van een soort of aanduiding waarvan voor de uitgifte in de statuten is bepaald dat zij kunnen worden ingetrokken met terugbetaling, of wel de uitgelote aandelen van een soort of aanduiding waarvan voor de uitgifte in de statuten is bepaald dat zij kunnen worden uitgeloot met terugbetaling. In andere gevallen kan slechts tot intrekking worden besloten met instemming van de betrokken aandeelhouders.

3. Vermindering van het nominale bedrag van aandelen zonder terugbetaling en zonder ontheffing van de verplichting tot storting moet naar evenredigheid op alle aandelen van een zelfde soort of aanduiding geschieden. Van het vereiste van evenredigheid mag worden afgeweken met instemming van alle betrokken aandeelhouders.

4. Een ontheffing van de verplichting tot storting is slechts mogelijk ter uitvoering van een besluit tot vermindering van het bedrag van de aandelen. Zulk een ontheffing, alsmede een terugbetaling die geschiedt ter uitvoering van een besluit tot vermindering van het bedrag van de aandelen, moet naar evenredigheid op alle aandelen geschieden, tenzij voor de uitgifte van aandelen van een bepaalde soort of aanduiding of nadien met instemming van alle houders van aandelen van de desbetreffende soort of aanduiding in de statuten is bepaald dat ontheffing of terugbetaling kan geschieden uitsluitend op die aandelen; voor die aandelen geldt de eis van evenredigheid. Van het vereiste van evenredigheid mag worden afgeweken met instemming van alle betrokken aandeelhouders.

5. De oproeping tot een vergadering waarin een in dit artikel genoemd besluit wordt genomen, vermeldt het doel van de kapitaalvermindering en de wijze van uitvoering. Het tweede, derde en vierde lid van artikel 233 zijn van overeenkomstige toepassing.

(Zie ook: artt. 99, 191, 209, 218, 325 BW Boek 2)

6. Op een besluit tot vermindering van het geplaatste kapitaal met terugbetaling op aandelen zijn de leden 2 tot en met 4 van artikel 216 van overeenkomstige toepassing. Terugbetaling of ontheffing van de stortingsplicht in de zin van dit artikel is slechts toegestaan, voor zover het eigen vermogen groter is dan de reserves die krachtens de wet of de statuten moeten worden aangehouden.

Art. 209

[Vervallen]

Art. 210

1. Jaarlijks binnen vijf maanden na afloop van het boekjaar der vennootschap, behoudens verlenging van deze termijn met ten hoogste vijf maanden door de algemene vergadering op grond van bijzondere omstandigheden, maakt het bestuur een jaarrekening op en legt het deze voor de aandeelhouders ter inzage ten kantore van de vennootschap. Indien van de vennootschap effecten zijn toegelaten tot de handel op een gereglementeerde markt als bedoeld in de Wet op het financieel toezicht, bedraagt de termijn vier maanden, tenzij artikel 5:25g, tweede of derde lid, van die wet van toepassing is. Deze termijn kan niet worden verlengd. Binnen deze termijn

B2 art. 212

legt het bestuur ook het bestuursverslag ter inzage voor de aandeelhouders, tenzij de artikelen 396 lid 7, of 403 voor de vennootschap gelden. Het bestuur van de vennootschap waarop de artikelen 268 tot en met 271 en 274 van toepassing zijn, zendt de jaarrekening ook toe aan de in artikel 268 lid 11 bedoelde ondernemingsraad.
(Zie ook: artt. 58, 101, 391, 394, 401 BW Boek 2)

2. De jaarrekening wordt ondertekend door de bestuurders en door de commissarissen; ontbreekt de ondertekening van een of meer hunner, dan wordt daarvan onder opgave van reden melding gemaakt.
(Zie ook: artt. 249, 250, 260 BW Boek 2)

3. De jaarrekening wordt vastgesteld door de algemene vergadering. Vaststelling van de jaarrekening strekt niet tot kwijting aan een bestuurder onderscheidenlijk commissaris.

4. Besluiten waarbij de jaarrekening wordt vastgesteld, worden in de statuten niet onderworpen aan de goedkeuring van een orgaan van de vennootschap of van derden.

5. Indien alle aandeelhouders tevens bestuurder van de vennootschap zijn, geldt ondertekening van de jaarrekening door alle bestuurders en commissarissen tevens als vaststelling in de zin van lid 3, mits alle overige vergadergerechtigden in de gelegenheid zijn gesteld om kennis te nemen van de opgemaakte jaarrekening en met deze wijze van vaststelling hebben ingestemd zoals bedoeld in artikel 238 lid 1. In afwijking van lid 3 strekt deze vaststelling tevens tot kwijting aan de bestuurders en commissarissen. De statuten kunnen de in de eerste zin bedoelde wijze van vaststelling van de jaarrekening uitsluiten.

6. De statuten bevatten geen bepalingen die toelaten dat voorschriften of bindende voorstellen voor de jaarrekening of enige post daarvan worden gegeven.

7. De statuten kunnen bepalen dat een ander orgaan van de vennootschap dan de algemene vergadering de bevoegdheid heeft te bepalen welk deel van het resultaat van het boekjaar wordt gereserveerd of hoe het verlies wordt verwerkt.
(Zie ook: art. 189a BW Boek 2)

8. Onze Minister van Economische Zaken kan desverzocht om gewichtige redenen ontheffing verlenen van de verplichting tot het opmaken, het overleggen en het vaststellen van de jaarrekening. Geen ontheffing kan worden verleend ten aanzien van het opmaken van de jaarrekening van een vennootschap waarvan effecten zijn toegelaten tot de handel op een gereglementeerde markt als bedoeld in de Wet op het financieel toezicht.
(Zie ook: artt. 10, 48, 58, 101, 189a, 212, 361, 391 BW Boek 2; art. 1 WED; art. 31a WOR)

Art. 211

[Vervallen]

Art. 212

Jaarrekening BV, terinzagelegging van

De vennootschap zorgt dat de opgemaakte jaarrekening, het bestuursverslag en de krachtens artikel 392 lid 1 toe te voegen gegevens vanaf de oproep voor de algemene vergadering, bestemd tot hun behandeling, te haren kantore aanwezig zijn. De aandeelhouders en de overige vergadergerechtigden kunnen de stukken aldaar inzien en kosteloos een afschrift verkrijgen.
(Zie ook: artt. 102, 197, 198, 218, 223, 394 BW Boek 2; art. 31a WOR; art. 1 WED)

Art. 213-214

[Vervallen]

Art. 215

Delging tekort van aandelen BV

Ten laste van de door de wet voorgeschreven reserves mag een tekort slechts worden gedelgd voor zover de wet dat toestaat.
(Zie ook: artt. 104, 178, 365, 398, 390 BW Boek 2; art. 1 WED)

Art. 216

Winstverdeling bij BV

1. De algemene vergadering is bevoegd tot bestemming van de winst die door de vaststelling van de jaarrekening is bepaald en tot vaststelling van uitkeringen, voor zover het eigen vermogen groter is dan de reserves die krachtens de wet of de statuten moeten worden aangehouden. De statuten kunnen de bevoegdheden, bedoeld in de eerste zin, beperken of toekennen aan een ander orgaan.

2. Een besluit dat strekt tot uitkering heeft geen gevolgen zolang het bestuur geen goedkeuring heeft verleend. Het bestuur weigert slechts de goedkeuring indien het weet of redelijkerwijs behoort te voorzien dat de vennootschap na de uitkering niet zal kunnen blijven voortgaan met het betalen van haar opeisbare schulden.

3. Indien de vennootschap na een uitkering niet kan voortgaan met het betalen van haar opeisbare schulden, zijn de bestuurders die dat ten tijde van de uitkering wisten of redelijkerwijs behoorden te voorzien jegens de vennootschap hoofdelijk verbonden voor het tekort dat door de uitkering is ontstaan, met de wettelijke rente vanaf de dag van de uitkering. Artikel 248 lid 5 is van overeenkomstige toepassing. Niet verbonden is de bestuurder die bewijst dat het niet aan hem te wijten is dat de vennootschap de uitkering heeft gedaan en dat hij niet nalatig is geweest in het treffen van maatregelen om de gevolgen daarvan af te wenden. Degene die de uitkering ontving terwijl hij wist of redelijkerwijs behoorde te voorzien dat de vennootschap na de uitkering niet zou kunnen voortgaan met het betalen van haar opeisbare schulden is ge-

houden tot vergoeding van het tekort dat door de uitkering is ontstaan, ieder voor ten hoogste het bedrag of de waarde van de door hem ontvangen uitkering, met de wettelijke rente vanaf de dag van de uitkering. Indien de bestuurders de vordering uit hoofde van de eerste zin hebben voldaan, geschiedt de in de vierde zin bedoelde vergoeding aan de bestuurders, naar evenredigheid van het gedeelte dat door ieder der bestuurders is voldaan. Ten aanzien van een schuld uit hoofde van de eerste of de vierde zin is de schuldenaar niet bevoegd tot verrekening.

4. Met een bestuurder wordt voor de toepassing van lid 3 gelijkgesteld degene die het beleid van de vennootschap heeft bepaald of mede heeft bepaald, als ware hij bestuurder. De vordering kan niet worden ingesteld tegen de door de rechter benoemde bewindvoerder.

5. Bij de berekening van iedere uitkering tellen de aandelen die de vennootschap in haar kapitaal houdt, niet mede, tenzij bij de statuten anders is bepaald.

6. Bij de berekening van het bedrag, dat op ieder aandeel zal worden uitgekeerd, komt slechts het bedrag van de verplichte stortingen op het nominale bedrag van de aandelen in aanmerking. Van de vorige zin kan in de statuten of telkens met instemming van alle aandeelhouders worden afgeweken.

7. Bij de statuten kan worden bepaald dat aandelen van een bepaalde soort of aanduiding geen of slechts beperkt recht geven tot deling in de winst of reserves van de vennootschap.

8. Voor een statutaire regeling als bedoeld in lid 6 of lid 7 is de instemming vereist van alle houders van aandelen aan wier rechten de statutenwijziging afbreuk doet.

9. De statuten kunnen bepalen dat de vordering van een aandeelhouder niet door verloop van vijf jaren verjaart, doch eerst na een langere termijn vervalt. Een zodanige bepaling is alsdan van overeenkomstige toepassing op de vordering van de houder van een certificaat van een aandeel op de aandeelhouder.

10. De statuten kunnen bepalen dat de winst waartoe houders van aandelen van een bepaalde soort gerechtigd zijn, geheel of gedeeltelijk te hunnen behoeve wordt gereserveerd.

11. Lid 3 is niet van toepassing op uitkeringen in de vorm van aandelen in het kapitaal van de vennootschap of bijschrijvingen op niet volgestorte aandelen.

Afdeling 4
De algemene vergadering

Art. 217

1. Aan de algemene vergadering behoort, binnen de door de wet en de statuten gestelde grenzen, alle bevoegdheid, die niet aan het bestuur of aan anderen is toegekend.

2. Het bestuur en de raad van commissarissen verschaffen haar alle verlangde inlichtingen, tenzij een zwaarwichtig belang der vennootschap zich daartegen verzet.

(Zie ook: artt. 13, 14, 15, 17, 40, 107, 238, 239, 250, 268 BW Boek 2)

Art. 218

Tijdens ieder boekjaar wordt ten minste één algemene vergadering gehouden of ten minste eenmaal overeenkomstig artikel 210 lid 5 of artikel 238 lid 1 besloten.

Art. 219

Het bestuur en de raad van commissarissen zijn bevoegd tot het bijeenroepen van een algemene vergadering; bij de statuten kan deze bevoegdheid ook aan anderen worden verleend.

(Zie ook: artt. 41, 109, 220, 221, 223, 239, 250, 268 BW Boek 2)

Art. 220

1. Een of meer houders van aandelen die alleen of gezamenlijk ten minste een honderdste gedeelte van het geplaatste kapitaal vertegenwoordigen, kunnen aan het bestuur en aan de raad van commissarissen schriftelijk en onder nauwkeurige opgave van de te behandelen onderwerpen het verzoek richten een algemene vergadering bijeen te roepen. Het bestuur en de raad van commissarissen – daartoe in dit geval gelijkelijk bevoegd – treffen de nodige maatregelen, opdat de algemene vergadering binnen vier weken na het verzoek kan worden gehouden, tenzij een zwaarwichtig belang van de vennootschap zich daartegen verzet. In de statuten kan het vereiste gedeelte van het kapitaal lager worden gesteld en de termijn waarbinnen de algemene vergadering moet worden gehouden, worden verkort. Indien het bestuur en de raad van commissarissen geen uitvoering geven aan het verzoek, kunnen de in de eerste zin bedoelde aandeelhouders op hun verzoek door de voorzieningenrechter van de rechtbank worden gemachtigd tot de bijeenroeping van de algemene vergadering.

2. Voor de toepassing van dit artikel worden met houders van aandelen gelijkgesteld anderen aan wie het vergaderrecht toekomt.

3. Tenzij de statuten anders bepalen, wordt aan de eis van schriftelijkheid van het verzoek als bedoeld in lid 1 voldaan indien dit verzoek elektronisch is vastgelegd.

Art. 221

1. De voorzieningenrechter van de rechtbank verleent, na verhoor of oproeping van de vennootschap, de verzochte machtiging, indien de verzoekers summierlijk hebben doen blijken, dat de in het vorige artikel gestelde voorwaarden zijn vervuld, en dat zij een redelijk belang

Bevoegdheden AVA BV

AVA BV

Bijeenroepen AVA BV

Bijeenroepen AVA BV door aandeelhouders

Verlening machtiging aandeelhouders BV tot oproeping AVA

hebben bij het houden van de vergadering. De voorzieningenrechter van de rechtbank wijst het verzoek af, indien een zwaarwichtig belang van de vennootschap zich tegen het houden van een algemene vergadering verzet. Indien de voorzieningenrechter van de rechtbank de verzochte machtiging verleent, stelt hij de vorm en de termijnen voor de oproeping tot de algemene vergadering vast. Hij kan tevens iemand aanwijzen, die met de leiding van de algemene vergadering zal zijn belast.

2. Bij de oproeping ingevolge het eerste lid wordt vermeld dat zij krachtens rechterlijke machtiging geschiedt. De op deze wijze gedane oproeping is rechtsgeldig, ook indien mocht blijken dat de machtiging ten onrechte was verleend.

3. Tegen de beschikking van de voorzieningenrechter is generlei voorziening toegelaten, behoudens cassatie in het belang der wet.

(Zie ook: artt. 111, 220 BW Boek 2; art. 98 Wet RO)

Art. 222

Machtiging aandeelhouder BV door voorzieningenrechter tot oproeping AVA

Indien zij, die krachtens artikel 219 tot de bijeenroeping bevoegd zijn, in gebreke zijn gebleven een bij artikel 218 of de statuten voorgeschreven algemene vergadering te doen houden, kan iedere aandeelhouder door de voorzieningenrechter van de rechtbank worden gemachtigd zelf daartoe over te gaan. Artikel 220 lid 2 en artikel 221 zijn van overeenkomstige toepassing.

(Zie ook: artt. 112, 197, 198 BW Boek 2)

Art. 223

Oproeping van AVA BV

1. De oproeping tot de algemene vergadering geschiedt door middel van oproepingsbrieven gericht aan de adressen van de aandeelhouders en overige vergadergerechtigden, zoals deze zijn vermeld in het register, bedoeld in artikel 194.

2. Tenzij de statuten anders bepalen, kan, indien de aandeelhouder of andere vergadergerechtigde hiermee instemt, de oproeping geschieden door een langs elektronische weg toegezonden leesbaar en reproduceerbaar bericht aan het adres dat door hem voor dit doel aan de vennootschap is bekend gemaakt.

Art. 224

Agenda bij AVA BV

1. De oproeping vermeldt de te behandelen onderwerpen.

2. Omtrent onderwerpen waarvan de behandeling niet bij de oproeping is aangekondigd met inachtneming van de voor oproeping gestelde termijn, kan niet wettig worden besloten, tenzij alle vergadergerechtigden ermee hebben ingestemd dat de besluitvorming over die onderwerpen plaatsvindt en de bestuurders en de commissarissen voorafgaand aan de besluitvorming in de gelegenheid zijn gesteld om advies uit te brengen.

(Zie ook: artt. 14, 15 BW Boek 2)

3. Mededelingen welke krachtens de wet of de statuten aan de algemene vergadering moeten worden gericht, kunnen geschieden door opneming in de oproeping alsmede, in voorkomend geval, in het stuk dat ter kennisneming ten kantore van de vennootschap is neergelegd, mits daarvan in de oproeping melding wordt gemaakt.

(Zie ook: artt. 113, 114, 197, 198, 225, 230, 252, 314 BW Boek 2)

Art. 224a

Verzoek behandeling agendapunt tijdens AVA BV

1. Een onderwerp, waarvan de behandeling schriftelijk is verzocht door een of meer houders van aandelen die alleen of gezamenlijk ten minste een honderdste gedeelte van het geplaatste kapitaal vertegenwoordigen, wordt opgenomen in de oproeping of op dezelfde wijze aangekondigd indien de vennootschap het verzoek niet later dan op de dertigste dag voor die van de vergadering heeft ontvangen en mits geen zwaarwichtig belang van de vennootschap zich daartegen verzet. In de statuten kan het vereiste gedeelte van het kapitaal lager worden gesteld en de termijn voor indiening van het verzoek worden verkort.

2. Voor de toepassing van dit artikel worden met de houders van aandelen gelijkgesteld anderen aan wie het vergaderrecht toekomt.

(Zie ook: artt. 114a, 217, 219, 223, 224 BW Boek 2)

3. Tenzij de statuten anders bepalen, wordt aan de eis van schriftelijkheid van het verzoek als bedoeld in lid 1 voldaan indien dit verzoek elektronisch is vastgelegd.

Art. 225

Oproepingstermijn voor AVA BV

Onverminderd het bepaalde in de derde zin van lid 1 van artikel 221 geschiedt de oproeping niet later dan op de achtste dag vóór die van de vergadering. Was die termijn korter of heeft de oproeping niet plaats gehad, dan kunnen geen wettige besluiten worden genomen, tenzij alle vergadergerechtigden ermee hebben ingestemd dat de besluitvorming plaatsvindt en de bestuurders en de commissarissen voorafgaand aan de besluitvorming in de gelegenheid zijn gesteld om advies uit te brengen.

Art. 226

Plaats van AVA BV

1. De algemene vergadering wordt gehouden ter plaatse bij de statuten vermeld of anders in de gemeente waar de vennootschap haar woonplaats heeft. De in de statuten vermelde plaats kan een plaats buiten Nederland zijn.

2. Wordt na de oprichting een plaats buiten Nederland aangewezen, dan kan het daartoe strekkende besluit tot wijziging van de statuten slechts worden genomen met algemene stemmen in een vergadering waarin het gehele geplaatste kapitaal is vertegenwoordigd en voor zover alle vergadergerechtigden met de statutenwijziging hebben ingestemd.

3. Een algemene vergadering kan elders dan behoort worden gehouden, mits alle vergadergerechtigden hebben ingestemd met de plaats van de vergadering en de bestuurders en de commissarissen voorafgaand aan de besluitvorming in de gelegenheid zijn gesteld om advies uit te brengen.

Art. 227

1. Onder vergaderrecht wordt in deze titel verstaan het recht om, in persoon of bij schriftelijk gevolmachtigde, de algemene vergadering bij te wonen en daar het woord te voeren.

2. Het vergaderrecht komt toe aan aandeelhouders, aan houders van certificaten waaraan bij de statuten vergaderrecht is verbonden, aan aandeelhouders die vanwege een vruchtgebruik of pandrecht geen stemrecht hebben en aan vruchtgebruikers en pandhouders die stemrecht hebben. Vruchtgebruikers en pandhouders die geen stemrecht hebben, hebben vergaderrecht, indien de statuten dit bepalen en bij de vestiging of overdracht van het vruchtgebruik of pandrecht niet anders is bepaald. De statuten kunnen bepalen dat het verbinden en ontnemen van vergaderrecht aan certificaten van aandelen geschiedt door een daartoe in de statuten aangewezen orgaan.

3. Iedere aandeelhouder is bevoegd, in persoon of bij schriftelijk gevolmachtigde, het hem toekomende stemrecht uit te oefenen in de algemene vergadering.

4. Een statutaire regeling waarbij aan certificaathouders vergaderrecht is toegekend, kan slechts met instemming van de betrokken certificaathouders worden gewijzigd, tenzij bij het toekennen van het vergaderrecht de bevoegdheid tot wijziging uitdrukkelijk in de statuten was voorbehouden. De vorige zin is van overeenkomstige toepassing op vruchtgebruikers en pandhouders.

5. Bij de statuten kan de bevoegdheid van vergadergerechtigden zich te doen vertegenwoordigen worden beperkt. De bevoegdheid van vergadergerechtigden zich te doen vertegenwoordigen door een advocaat, notaris, toegevoegd notaris, kandidaat-notaris, registeraccountant of accountant-administratieconsulent kan niet worden uitgesloten.

6. De statuten kunnen bepalen dat het vergaderrecht is opgeschort zolang een vergadergerechtigde in gebreke is te voldoen aan een wettelijke of statutaire verplichting. De statuten kunnen bepalen, dat voor bijwoning van de algemene vergadering vereist is, dat de vergadergerechtigde van zijn voornemen hiertoe kennis geeft aan het bestuur van de vennootschap. Bij de oproeping van de vergadering wordt alsdan vermeld de dag waarop de kennisgeving uiterlijk moet geschieden. Deze dag kan niet vroeger worden gesteld dan op de derde dag voor die van de vergadering.

7. De bestuurders en de commissarissen hebben als zodanig in de algemene vergadering een raadgevende stem.

8. Aan de eis van schriftelijkheid van de volmacht wordt voldaan indien de volmacht elektronisch is vastgelegd.

Art. 227a

1. De statuten kunnen bepalen dat iedere aandeelhouder bevoegd is om, in persoon of bij een schriftelijk gevolmachtigde, door middel van een elektronisch communicatiemiddel aan de algemene vergadering deel te nemen, daarin het woord te voeren en het stemrecht uit te oefenen.

2. Voor de toepassing van lid 1 is vereist dat de aandeelhouder via het elektronisch communicatiemiddel kan worden geïdentificeerd, rechtstreeks kan kennisnemen van de verhandelingen ter vergadering en het stemrecht kan uitoefenen. De statuten kunnen bepalen dat bovendien is vereist dat de aandeelhouder via het elektronisch communicatiemiddel kan deelnemen aan de beraadslaging.

3. Bij of krachtens de statuten kunnen voorwaarden worden gesteld aan het gebruik van het elektronisch communicatiemiddel. Indien deze voorwaarden krachtens de statuten worden gesteld, worden deze bij de oproeping bekend gemaakt.

4. De leden 1 tot en met 3 zijn van overeenkomstige toepassing op de rechten van anderen aan wie het vergaderrecht toekomt.

5. Aan de eis van schriftelijkheid van de volmacht wordt voldaan indien de volmacht elektronisch is vastgelegd.

Art. 227b

De statuten kunnen bepalen dat stemmen die voorafgaand aan de algemene vergadering via een elektronisch communicatiemiddel worden uitgebracht, doch niet eerder dan op de dertigste dag voor die van de vergadering, gelijk worden gesteld met stemmen die ten tijde van de vergadering worden uitgebracht.

Art. 228

1. Slechts aandeelhouders hebben stemrecht. Iedere aandeelhouder heeft ten minste één stem. De statuten kunnen bepalen dat een aandeelhouder niet gerechtigd is tot uitoefening van het stemrecht zolang hij in gebreke is te voldoen aan een wettelijke of statutaire verplichting.

2. Indien het kapitaal in aandelen van een zelfde bedrag is verdeeld, brengt iedere aandeelhouder zoveel stemmen uit als hij aandelen heeft.

(Zie ook: art. 201 BW Boek 2)

AVA BV, rechten aandeelhouder/gevolmachtigde

Deelname/stemming via elektronisch communicatiemiddel tijdens AVA BV

Elektronische stemuitbrenging voorafgaand aan AVA BV

Stemrecht tijdens AVA BV

B2 art. 230 Burgerlijk Wetboek Boek 2

3. Indien het kapitaal in aandelen van verschillend bedrag is verdeeld, is het aantal stemmen van iedere aandeelhouder gelijk aan het aantal malen, dat het bedrag van het kleinste aandeel is begrepen in het gezamenlijk bedrag van zijn aandelen; gedeelten van stemmen worden verwaarloosd.

4. Van de leden 2 en 3 kan bij de statuten worden afgeweken. Een dergelijke statutaire regeling geldt voor alle besluiten van de algemene vergadering. Een besluit tot statutenwijziging dat een wijziging in het stemrecht betreft, kan slechts worden genomen met algemene stemmen in een vergadering waarin het gehele geplaatste kapitaal is vertegenwoordigd.

5. In afwijking van de leden 1 tot en met 4 kunnen de statuten bepalen dat aan aandelen geen stemrecht in de algemene vergadering is verbonden. Een dergelijke regeling kan slechts worden getroffen ten aanzien van alle aandelen van een bepaalde soort of aanduiding waarvan alle aandeelhouders instemmen of waarvan voor de uitgifte in de statuten is bepaald dat daaraan geen stemrecht in de algemene vergadering is verbonden. De aandelen worden in de statuten als stemrechtloos aangeduid. Ten aanzien van stemrechtloze aandelen kan niet op grond van artikel 216 lid 7 worden bepaald dat zij geen recht geven tot deling in de winst of de reserves van de vennootschap.

6. Voor een aandeel dat toebehoort aan de vennootschap of aan een dochtermaatschappij daarvan kan in de algemene vergadering geen stem worden uitgebracht; evenmin voor een aandeel waarvan een hunner de certificaten houdt. Vruchtgebruikers en pandhouders van aandelen die aan de vennootschap en haar dochtermaatschappijen toebehoren, zijn evenwel niet van hun stemrecht uitgesloten, indien het vruchtgebruik of pandrecht was gevestigd voordat het aandeel aan de vennootschap of een dochtermaatschappij daarvan toebehoorde. De vennootschap of een dochtermaatschappij daarvan kan geen stem uitbrengen voor een aandeel waarop zij een recht van vruchtgebruik of een pandrecht heeft.

(Zie ook: artt. 13, 24a, 24d, 38, 88, 89, 118, 190, 197, 198, 216, 227 BW Boek 2)

Art. 229

[Vervallen]

Art. 230

Vereiste aantal stemmen tijdens AVA BV

1. Alle besluiten waaromtrent bij de wet of de statuten geen grotere meerderheid is voorgeschreven, worden genomen bij volstrekte meerderheid van de uitgebrachte stemmen. Staken de stemmen bij verkiezing van personen, dan beslist het lot, staken de stemmen bij een andere stemming, dan is het voorstel verworpen; een en ander voorzover in de statuten niet een andere oplossing is aangegeven. Deze oplossing kan bestaan in het opdragen van de beslissing aan een derde.

2. Tenzij bij de wet of de statuten anders is bepaald, is de geldigheid van een besluit niet afhankelijk van het ter vergadering vertegenwoordigde gedeelte van het kapitaal.

3. Indien in de statuten is bepaald dat de geldigheid van een besluit afhankelijk is van het ter vergadering vertegenwoordigd gedeelte van het kapitaal en dit gedeelte ter vergadering niet vertegenwoordigd was, kan, tenzij de statuten anders bepalen, een nieuwe vergadering worden bijeengeroepen waarin het besluit kan worden genomen, onafhankelijk van het op deze vergadering vertegenwoordigd gedeelte van het kapitaal. Bij de oproeping tot de nieuwe vergadering moet worden vermeld dat en waarom een besluit kan worden genomen, onafhankelijk van het ter vergadering vertegenwoordigd gedeelte van het kapitaal.

4. Het bestuur van de vennootschap houdt van de genomen besluiten aantekening. De aantekeningen liggen ten kantore van de vennootschap ter inzage van de aandeelhouders en anderen aan wie het vergaderrecht toekomt. Aan ieder van dezen wordt desgevraagd afschrift of uittreksel van deze aantekeningen verstrekt tegen ten hoogste de kostprijs.

(Zie ook: artt. 13, 14, 15, 120, 223, 224, 225, 231, 243, 244 BW Boek 2)

Art. 231

Wijziging statuten tijdens AVA BV

1. De algemene vergadering is bevoegd de statuten te wijzigen; voor zover bij de statuten de bevoegdheid tot wijziging mocht zijn uitgesloten, is wijziging niettemin mogelijk met algemene stemmen in een vergadering waarin het gehele geplaatste kapitaal is vertegenwoordigd.

(Zie ook: art. 237 BW Boek 2)

2. Een bepaling in de statuten, die de bevoegdheid tot wijziging van een of meer andere bepalingen der statuten beperkt, kan slechts worden gewijzigd met inachtneming van gelijke beperking.

3. Een bepaling in de statuten, die de bevoegdheid tot wijziging van een of meer andere bepalingen uitsluit, kan slechts worden gewijzigd met algemene stemmen in een vergadering waarin het gehele geplaatste kapitaal is vertegenwoordigd.

(Zie ook: artt. 14, 15, 17, 18, 42, 43, 121, 232 BW Boek 2)

4. Een besluit tot statutenwijziging dat specifiek afbreuk doet aan enig recht van houders van aandelen van een bepaalde soort of aanduiding, behoeft, tenzij ten tijde van de toekenning van het recht de bevoegdheid tot wijziging bij die bepaling uitdrukkelijk was voorbehouden, een goedkeurend besluit van deze groep van aandeelhouders, onverminderd het vereiste van instemming waar dit uit de wet voortvloeit.

Art. 231a

1. Het besluit tot verhoging van het bedrag van de aandelen en van het maatschappelijk kapitaal volgens artikel 178a wordt genomen bij volstrekte meerderheid van stemmen. Het besluit tot vermindering van het bedrag van de aandelen en van het maatschappelijk kapitaal wordt genomen met een meerderheid van ten minste twee-derde van de uitgebrachte stemmen indien minder dan de helft van het geplaatste kapitaal is vertegenwoordigd. Zijn er verschillende soorten aandelen, dan is naast het besluit tot verhoging of verlaging een voorafgaand of gelijktijdig goedkeurend besluit nodig van elke groep van houders van aandelen waaraan de omzetting afbreuk doet.

2. Voor de toepassing van deze bepaling wordt onder aandelen van een bepaalde soort tevens begrepen aandelen met een onderscheiden nominale waarde.

Art. 232

Wijziging van een bepaling der statuten, waarbij aan een ander dan aan aandeelhouders der vennootschap als zodanig enig recht is toegekend, kan indien de gerechtigde in de wijziging niet toestemt, aan diens recht geen nadeel toebrengen; tenzij ten tijde van de toekenning van het recht de bevoegdheid tot wijziging bij die bepaling uitdrukkelijk was voorbehouden.

(Zie ook: artt. 14, 15, 122 BW Boek 2; art. 253 t/m 256 BW Boek 6)

Art. 233

1. Wanneer de algemene vergadering een voorstel tot wijziging van de statuten zal worden gedaan, moet zulks steeds bij de oproeping tot de algemene vergadering worden vermeld. *(Zie ook: art. 224 BW Boek 2)*

2. Degenen die zodanige oproeping hebben gedaan, moeten tegelijkertijd een afschrift van dat voorstel waarin de voorgedragen wijziging woordelijk is opgenomen, ten kantore van de vennootschap nederleggen ter inzage voor iedere aandeelhouder tot de afloop der vergadering. Artikel 224 lid 2 is van overeenkomstige toepassing.

3. De aandeelhouders moeten in de gelegenheid worden gesteld van de dag der nederlegging tot die der algemene vergadering een afschrift van het voorstel, gelijk bij het vorige lid bedoeld, te verkrijgen. Deze afschriften worden kosteloos verstrekt.

4. Hetgeen in dit artikel met betrekking tot aandeelhouders is bepaald, is van overeenkomstige toepassing op anderen aan wie het vergaderrecht toekomt.

(Zie ook: artt. 14, 15, 18, 42, 72, 123, 183 BW Boek 2; art. 259 BW Boek 3; art. 1 WED)

Art. 234

1. Van een wijziging in de statuten wordt, op straffe van nietigheid, een notariële akte opgemaakt. De akte wordt verleden in de Nederlandse taal.

(Zie ook: artt. 18, 72, 175, 176 BW Boek 2)

2. Die akte kan bestaan in een notarieel proces-verbaal van de algemene vergadering, waarin de wijziging aangenomen is, of in een later verleden notariële akte. Het bestuur is bevoegd de akte te doen verlijden, ook zonder daartoe door de algemene vergadering te zijn gemachtigd.

3. Wordt het maatschappelijke kapitaal gewijzigd, dan vermeldt de akte welk deel daarvan is geplaatst.

(Zie ook: artt. 43, 124, 183, 293 BW Boek 2)

Art. 235

[Vervallen]

Art. 236

De bestuurders zijn verplicht een authentiek afschrift van de wijziging en de gewijzigde statuten neder te leggen ten kantore van het handelsregister.

(Zie ook: artt. 6, 18, 43, 72, 126, 180, 188, 293 BW Boek 2)

Art. 237

Gedurende het faillissement der vennootschap kan in haar statuten geen wijziging worden aangebracht dan met toestemming van de curator.

(Zie ook: artt. 14, 15, 18, 23a, 72, 127, 193, 231, 310 BW Boek 2; art. 68 FW)

Art. 238

1. Besluitvorming van aandeelhouders kan op andere wijze dan in een vergadering geschieden, mits alle vergadergerechtigden met deze wijze van besluitvorming hebben ingestemd. Tenzij de statuten anders bepalen, kan de instemming met de wijze van besluitvorming langs elektronische weg plaatsvinden.

2. In geval van besluitvorming buiten vergadering, worden de stemmen schriftelijk uitgebracht. Aan het vereiste van schriftelijkheid van de stemmen wordt tevens voldaan indien het besluit onder vermelding van de wijze waarop ieder der aandeelhouders heeft gestemd schriftelijk of elektronisch is vastgelegd. Tenzij de statuten anders bepalen, kunnen de stemmen ook langs elektronische weg worden uitgebracht. De bestuurders en de commissarissen worden voorafgaand aan de besluitvorming in de gelegenheid gesteld om advies uit te brengen.

Afdeling 5
Het bestuur van de vennootschap en het toezicht op het bestuur

Art. 239

BV, bestuur **1.** Behoudens beperkingen volgens de statuten is het bestuur belast met het besturen van de vennootschap.

2. De statuten kunnen bepalen dat een met name of in functie aangeduide bestuurder meer dan één stem wordt toegekend. Een bestuurder kan niet meer stemmen uitbrengen dan de andere bestuurders tezamen.

3. Besluiten van het bestuur kunnen bij of krachtens de statuten slechts worden onderworpen aan de goedkeuring van een ander orgaan van de vennootschap.

4. De statuten kunnen bepalen dat het bestuur zich dient te gedragen naar de aanwijzingen van een ander orgaan van de vennootschap. Het bestuur is gehouden de aanwijzingen op te volgen, tenzij deze in strijd zijn met het belang van de vennootschap en de met haar verbonden onderneming.

(Zie ook: artt. 8, 9, 44, 129, 240, 256, 261, 274, 291 BW Boek 2; art. 1673 BW Boek 7A; art. 192 BW Boek 8)

5. Bij de vervulling van hun taak richten de bestuurders zich naar het belang van de vennootschap en de met haar verbonden onderneming.

6. Een bestuurder neemt niet deel aan de beraadslaging en besluitvorming indien hij daarbij een direct of indirect persoonlijk belang heeft dat tegenstrijdig is met het belang bedoeld in lid 5. Wanneer hierdoor geen bestuursbesluit kan worden genomen, wordt het besluit genomen door de raad van commissarissen. Bij ontbreken van een raad van commissarissen, wordt het besluit genomen door de algemene vergadering, tenzij de statuten anders bepalen.

Art. 239a

Taakscheiding uitvoerende/niet-uitvoerende bestuurders bij BV **1.** Bij de statuten kan worden bepaald dat de bestuurstaken worden verdeeld over één of meer niet uitvoerende bestuurders en één of meer uitvoerende bestuurders. De taak om toezicht te houden op de taakuitoefening door bestuurders kan niet door een taakverdeling worden ontnomen aan niet uitvoerende bestuurders. Het voorzitterschap van het bestuur, het doen van voordrachten voor benoeming van een bestuurder en het vaststellen van de bezoldiging van uitvoerende bestuurders kan niet aan een uitvoerende bestuurder worden toebedeeld. Niet uitvoerende bestuurders zijn natuurlijke personen.

Bezoldiging bestuur van BV **2.** De uitvoerende bestuurders nemen niet deel aan de beraadslaging en besluitvorming over het vaststellen van de bezoldiging van uitvoerende bestuurders en over de verlening van de opdracht tot onderzoek van de jaarrekening aan een externe accountant als bedoeld in artikel 27 van de Wet toezicht accountantsorganisaties indien de algemene vergadering niet tot opdrachtverlening is overgegaan.

Besluitvorming BV **3.** Bij of krachtens de statuten kan worden bepaald dat een bestuurder rechtsgeldig kan besluiten omtrent zaken die tot zijn taak behoren. Bepaling krachtens de statuten geschiedt schriftelijk.

Art. 240

Vertegenwoordigingsbevoegdheid bestuur van BV **1.** Het bestuur vertegenwoordigt de vennootschap, voor zover uit de wet niet anders voortvloeit.

2. De bevoegdheid tot vertegenwoordiging komt mede aan iedere bestuurder toe. De statuten kunnen echter bepalen dat zij behalve het bestuur slechts toekomt aan een of meer bestuurders. Zij kunnen voorts bepalen dat een bestuurder de vennootschap slechts met medewerking van een of meer anderen mag vertegenwoordigen.

3. Bevoegdheid tot vertegenwoordiging die aan het bestuur of aan een bestuurder toekomt, is onbeperkt en onvoorwaardelijk, voor zover uit de wet niet anders voortvloeit. Een wettelijk toegelaten of voorgeschreven beperking van of voorwaarde voor de bevoegdheid tot vertegenwoordiging kan slechts door de vennootschap worden ingeroepen.

4. De statuten kunnen ook aan andere personen dan bestuurders bevoegdheid tot vertegenwoordiging toekennen.

(Zie ook: artt. 6, 9, 14, 15, 45, 130, 239, 246, 256, 261, 292 BW Boek 2; art. 65 BW Boek 3; art. 131 BW Boek 5; art. 42 AWR)

Art. 241

Rechterlijke competentie bij BV De rechtbank, binnen welker rechtsgebied de vennootschap haar woonplaats heeft, neemt kennis van alle rechtsvorderingen betreffende de overeenkomst tussen de vennootschap en de bestuurder, daaronder begrepen de vordering bedoeld bij artikel 248 van dit Boek, waarvan het bedrag onbepaald is of € 25.000 te boven gaat. Dezelfde rechtbank neemt kennis van verzoeken als bedoeld in artikel 671b en artikel 671c van Boek 7 betreffende de in de eerste zin genoemde overeenkomst. De zaken, bedoeld in de eerste en tweede volzin, worden niet behandeld en beslist door de kantonrechter.

(Zie ook: art. 10 BW Boek 1; artt. 131, 259 BW Boek 2; artt. 38, 39, 53 Wet RO)

Art. 242

1. De benoeming van bestuurders geschiedt voor de eerste maal bij de akte van oprichting en later door de algemene vergadering of, indien de statuten zulks bepalen, door een vergadering van houders van aandelen van een bepaalde soort of aanduiding, mits iedere aandeelhouder met stemrecht kan deelnemen aan de besluitvorming inzake de benoeming van ten minste één bestuurder. Indien een vennootschap toepassing geeft aan artikel 239a wordt bij de benoeming van een bestuurder bepaald of hij wordt benoemd tot uitvoerende bestuurder onderscheidenlijk niet uitvoerende bestuurder. Op een statutaire regeling als bedoeld in eerste zin is artikel 228 lid 4, derde volzin, van overeenkomstige toepassing. De voorgaande drie zinnen zijn niet van toepassing indien de benoeming overeenkomstig artikel 272 geschiedt door de raad van commissarissen.

2. De statuten kunnen de kring van benoembare personen beperken door eisen te stellen aan de bestuurders. De eisen kunnen terzijde worden gesteld door een besluit van de algemene vergadering, genomen overeenkomstig de regels die gelden voor de totstandkoming van een besluit tot statutenwijziging.

Art. 242a

1. Tot bestuurder van een vennootschap die op twee opeenvolgende balansdata, zonder onderbreking nadien op twee opeenvolgende balansdata, niet heeft voldaan aan ten minste twee van de vereisten als bedoeld in artikel 397 leden 1 en 2 kunnen niet worden benoemd:

a. personen die commissaris of niet uitvoerende bestuurder zijn bij meer dan twee rechtspersonen;

b. personen die voorzitter zijn van de raad van commissarissen van een rechtspersoon of van het bestuur van een rechtspersoon indien de bestuurstaken zijn verdeeld over uitvoerende en niet uitvoerende bestuurders.

2. Voor de toepassing van dit artikel:

a. wordt met een commissaris gelijkgesteld de persoon die lid is van een toezichthoudend orgaan dat bij of krachtens de statuten van een rechtspersoon is ingesteld;

b. telt de benoeming bij verschillende rechtspersonen die met elkaar in een groep zijn verbonden als één benoeming;

c. betreft de verwijzing naar rechtspersonen de rechtsvorm van de naamloze vennootschap en de besloten vennootschap met beperkte aansprakelijkheid die op twee opeenvolgende balansdata, zonder onderbreking nadien op twee opeenvolgende balansdata, niet heeft voldaan aan ten minste twee van de vereisten als bedoeld in artikel 397 leden 1 en 2, onderscheidenlijk de stichting als bedoeld in artikel 297a lid 1;

d. wordt met bestuurder in de zin van de aanhef van lid 1 gelijkgesteld de uitvoerende bestuurder, indien de bestuurstaken zijn verdeeld over uitvoerende en niet uitvoerende bestuurders;

e. geldt een tijdelijke aanstelling overeenkomstig artikel 349a lid 2 of artikel 356 onder c niet als benoeming;

f. wordt de benoeming van een lid van de raad van toezicht of niet uitvoerende bestuurder bij een fonds als bedoeld in de algemene maatregel van bestuur op grond van artikel 106a van de Pensioenwet en artikel 110ca van de Wet verplichte beroepspensioenregeling gesteld overeenkomstig de normering in deze algemene maatregel van bestuur.

3. De nietigheid van de benoeming op grond van de vorige leden heeft geen gevolgen voor de rechtsgeldigheid van de besluitvorming waaraan is deelgenomen.

Art. 243

1. Bij de statuten kan worden bepaald dat de benoeming door de algemene vergadering geschiedt uit een voordracht.

2. De algemene vergadering kan echter aan zodanige voordracht steeds het bindend karakter ontnemen bij een besluit genomen met ten minste twee derden van de uitgebrachte stemmen, welke twee derden meer dan de helft van het geplaatste kapitaal vertegenwoordigen.

3. Indien de voordracht één kandidaat voor een te vervullen plaats bevat, heeft een besluit over de voordracht tot gevolg dat de kandidaat is benoemd, tenzij het bindend karakter aan de voordracht wordt ontnomen.

4. De leden 1, 2 en 3 zijn niet van toepassing, indien de benoeming geschiedt door de raad van commissarissen.

5. De leden 1, 2 en 3 zijn van overeenkomstige toepassing indien de benoeming geschiedt door een vergadering van houders van aandelen van een bepaalde soort of aanduiding.

Art. 244

1. Iedere bestuurder kan te allen tijde worden geschorst en ontslagen door het orgaan dat bevoegd is tot benoeming. De statuten kunnen bepalen dat een bestuurder eveneens kan worden ontslagen door een ander orgaan, tenzij de benoeming overeenkomstig artikel 272 door de raad van commissarissen geschiedt. Is uitvoering gegeven aan artikel 239a, dan is het bestuur te allen tijde bevoegd tot schorsing van een uitvoerend bestuurder.

2. Indien in de statuten is bepaald dat het besluit tot schorsing of ontslag slechts mag worden genomen met een versterkte meerderheid in een algemene vergadering, waarin een bepaald

Benoeming bestuurders van BV

Eisen aan bestuurder van BV

Voordracht kandidaat bestuur van BV

Schorsing/ontslag bestuurders van BV

gedeelte van het kapitaal is vertegenwoordigd, mag deze versterkte meerderheid twee derden der uitgebrachte stemmen, welke twee derden meer dan de helft van het geplaatste kapitaal vertegenwoordigen, niet te boven gaan.

3. Een veroordeling tot herstel van de arbeidsovereenkomst tussen vennootschap en bestuurder kan door de rechter niet worden uitgesproken.

(Zie ook: art. 682 BW Boek 7)

4. De statuten bevatten voorschriften omtrent de wijze waarop in de uitoefening van de taken en bevoegdheden voorlopig wordt voorzien in geval van ontstentenis of belet van alle bestuurders. De statuten kunnen deze voorschriften bevatten voor het geval van ontstentenis of belet van een of meer bestuurders. In de statuten kan nader worden bepaald wanneer sprake is van belet. Degene die bij ontstentenis of belet van bestuurders ingevolge een statutaire regeling is aangewezen tot het verrichten van bestuursdaden, wordt voor wat deze bestuursdaden betreft met een bestuurder gelijkgesteld.

(Zie ook: artt. 8, 9, 14, 15, 37, 134, 242, 243, 257, 272, 356 BW Boek 2; art. 677 BW Boek 7; art. 30 WOR)

Art. 245

Bezoldiging bestuur van BV

1. Voor zover bij de statuten niet anders is bepaald, wordt de bezoldiging van bestuurders door de algemene vergadering vastgesteld.

(Zie ook: artt. 135, 217, 383 BW Boek 2; artt. 617, 618, 619, 624 BW Boek 7)

2. Voor een besloten vennootschap die een bank is in de zin van artikel 415 is artikel 135 van overeenkomstige toepassing.

Art. 246

Bevoegdheid aangifte tot faillietverklaring van BV

Tenzij bij de statuten anders is bepaald, is het bestuur zonder opdracht der algemene vergadering niet bevoegd aangifte te doen tot faillietverklaring van de vennootschap.

(Zie ook: art. 136 BW Boek 2; artt. 1, 4 FW)

Art. 247

Eenpersoonsvennootschap BV

1. Rechtshandelingen van de vennootschap jegens de houder van alle aandelen in het kapitaal van de vennootschap of jegens een deelgenoot in een huwelijksgemeenschap of in een gemeenschap van een geregistreerd partnerschap waartoe alle aandelen in het kapitaal van de vennootschap behoren, waarbij de vennootschap wordt vertegenwoordigd door deze aandeelhouder of door een van de deelgenoten, worden schriftelijk vastgelegd. Voor de toepassing van de vorige zin worden aandelen gehouden door de vennootschap of haar dochtermaatschappijen niet meegeteld. Indien de eerste zin niet in acht is genomen, kan de rechtshandeling ten behoeve van de vennootschap worden vernietigd.

2. Lid 1 is niet van toepassing op rechtshandelingen die onder de bedingen voorwaarden tot de gewone bedrijfsuitoefening van de vennootschap behoren.

(Zie ook: artt. 94c, 204c BW Boek 2)

Art. 248

Hoofdelijke aansprakelijkheid bestuurders BV bij faillissement

1. In geval van faillissement van de vennootschap is iedere bestuurder jegens de boedel hoofdelijk aansprakelijk voor het bedrag van de schulden voor zover deze niet door vereffening van de overige baten kunnen worden voldaan, indien het bestuur zijn taak kennelijk onbehoorlijk heeft vervuld en aannemelijk is dat dit een belangrijke oorzaak is van het faillissement.

(Zie ook: art. 6 BW Boek 6)

2. Indien het bestuur niet heeft voldaan aan zijn verplichtingen uit de artikelen 10 of 394, heeft het zijn taak onbehoorlijk vervuld en wordt vermoed dat onbehoorlijke taakvervulling een belangrijke oorzaak is van het faillissement. Hetzelfde geldt indien de vennootschap volledig aansprakelijk vennoot is van een vennootschap onder firma of commanditaire vennootschap en niet voldaan is aan de verplichtingen uit artikel 15i van Boek 3. Een onbelangrijk verzuim wordt niet in aanmerking genomen.

3. Niet aansprakelijk is de bestuurder die bewijst dat de onbehoorlijke taakvervulling door het bestuur niet aan hem te wijten is en dat hij niet nalatig is geweest in het treffen van maatregelen om de gevolgen daarvan af te wenden.

4. De rechter kan het bedrag waarvoor de bestuurders aansprakelijk zijn verminderen indien hem dit bovenmatig voorkomt, gelet op de aard en de ernst van de onbehoorlijke taakvervulling door het bestuur, de andere oorzaken van het faillissement, alsmede de wijze waarop dit is afgewikkeld. De rechter kan voorts het bedrag van de aansprakelijkheid van een afzonderlijke bestuurder verminderen indien hem dit bovenmatig voorkomt, gelet op de tijd gedurende welke de bestuurder als zodanig in functie is geweest in de periode waarin de onbehoorlijke taakvervulling plaats vond.

5. Is de omvang van het tekort nog niet bekend, dan kan de rechter, al dan niet met toepassing van het vierde lid, bepalen dat van het tekort tot betaling waarvan hij de bestuurders veroordeelt, een staat wordt opgemaakt overeenkomstig de bepalingen van de zesde titel van het tweede boek van het Wetboek van Burgerlijke Rechtsvordering.

6. De vordering kan slechts worden ingesteld op grond van onbehoorlijke taakvervulling in de periode van drie jaren voorafgaande aan het faillissement. Een aan de bestuurder verleende

kwijting staat aan het instellen van de vordering niet in de weg. De bestuurder is niet bevoegd tot verrekening met een vordering op de vennootschap.
(Zie ook: art. 249 FW; artt. 212m, 213f Wft)

7. Met een bestuurder wordt voor de toepassing van dit artikel gelijkgesteld degene die het beleid van de vennootschap heeft bepaald of mede heeft bepaald, als ware hij bestuurder. De vordering kan niet worden ingesteld tegen een door de rechter benoemde bewindvoerder of een door de ondernemingskamer van het gerechtshof Amsterdam aangestelde bestuurder als bedoeld in artikel 356, onder c.
(Zie ook: artt. 68, 179 BW Boek 2)

8. Dit artikel laat onverlet de bevoegdheid van de curator tot het instellen van een vordering op grond van de overeenkomst met de bestuurder of op grond van artikel 9.

9. Indien een bestuurder ingevolge dit artikel aansprakelijk is en niet in staat is tot betaling van zijn schuld terzake, kan de curator de door die bestuurder onverplicht verrichte rechtshandelingen waardoor de mogelijkheid tot verhaal op hem is verminderd, ten behoeve van de boedel door een buitengerechtelijke verklaring vernietigen, indien aannemelijk is dat deze geheel of nagenoeg geheel met het oogmerk van vermindering van dat verhaal zijn verricht. Artikel 45 leden 4 en 5 van Boek 3 is van overeenkomstige toepassing.
(Zie ook: art. 42 FW)

10. Artikel 138 lid 10 is van toepassing.
(Zie ook: artt. 9, 138, 241, 259 BW Boek 2; artt. 342, 343, 347 WvSr; Gar.reg.cur.; Gsc 2005)

Art. 249

Indien door de jaarrekening, door tussentijdse cijfers of door het bestuursverslag voor zover deze bekend zijn gemaakt, een misleidende voorstelling wordt gegeven van de toestand der vennootschap, zijn de bestuurders tegenover derden hoofdelijk aansprakelijk voor de schade, door dezen dientengevolge geleden. De bestuurder die bewijst dat dit aan hem niet te wijten is, is niet aansprakelijk.
(Zie ook: artt. 9, 139, 210, 260, 360, 391 BW Boek 2; artt. 6, 95, 102, 194 BW Boek 6; art. 336 WvSr)

Aansprakelijkheid bestuurders BV bij misleiding

Art. 250

1. Tenzij toepassing is gegeven aan artikel 239a kan bij de statuten worden bepaald dat er een raad van commissarissen zal zijn. De raad bestaat uit een of meer natuurlijke personen.

2. De raad van commissarissen heeft tot taak toezicht te houden op het beleid van het bestuur en op de algemene gang van zaken in de vennootschap en de met haar verbonden onderneming. Hij staat het bestuur met raad ter zijde. Bij de vervulling van hun taak richten de commissarissen zich naar het belang van de vennootschap en de met haar verbonden onderneming.

3. De statuten kunnen aanvullende bepalingen omtrent de taak en de bevoegdheden van de raad en van zijn leden bevatten.

4. De statuten kunnen bepalen dat een met name of in functie aangeduide commissaris meer dan één stem wordt toegekend. Een commissaris kan niet meer stemmen uitbrengen dan de andere commissarissen tezamen.
(Zie ook: artt. 8, 14, 15, 47, 57, 140, 210, 217, 219, 256, 261, 268 BW Boek 2)

5. Een commissaris neemt niet deel aan de beraadslaging en besluitvorming indien hij daarbij een direct of indirect persoonlijk belang heeft dat tegenstrijdig is met het belang bedoeld in lid 2. Wanneer de raad van commissarissen hierdoor geen besluit kan nemen, wordt het besluit genomen door de algemene vergadering, tenzij de statuten anders bepalen.

Raad van commissarissen BV

Art. 251

1. Het bestuur verschaft de raad van commissarissen tijdig de voor de uitoefening van diens taak noodzakelijke gegevens.
(Zie ook: artt. 57, 141 BW Boek 2)

2. Het bestuur stelt ten minste een keer per jaar de raad van commissarissen schriftelijk op de hoogte van de hoofdlijnen van het strategisch beleid, de algemene en financiële risico's en het beheers- en controlesysteem van de vennootschap.

Informatieplicht bestuur aan raad van commissarissen BV

Art. 252

1. De commissarissen die niet reeds bij de akte van oprichting zijn aangewezen, worden benoemd door de algemene vergadering of, indien de statuten zulks bepalen, door een vergadering van houders van aandelen van een bepaalde soort of aanduiding, mits iedere aandeelhouder met stemrecht kan deelnemen aan de besluitvorming inzake de benoeming van ten minste één commissaris. Op een statutaire regeling als bedoeld in de vorige zin is artikel 228 lid 4, derde volzin, van overeenkomstige toepassing. De eerste zin geldt niet indien de benoeming overeenkomstig artikel 268 geschiedt. De statuten kunnen de kring van benoembare personen beperken door eisen te stellen waaraan de commissarissen moeten voldoen. De eisen kunnen terzijde worden gesteld door een besluit van de algemene vergadering, genomen overeenkomstig de regels die gelden voor de totstandkoming van een besluit tot statutenwijziging.

Benoeming raad van commissarissen BV door AVA

2. De eerste drie leden van artikel 243 zijn van overeenkomstige toepassing, indien de benoeming door de algemene vergadering geschiedt of, indien de statuten zulks bepalen, door een vergadering van houders van aandelen van een bepaalde soort of aanduiding.

3. Bij een aanbeveling of voordracht tot benoeming van een commissaris worden van de kandidaat medegedeeld zijn leeftijd, zijn beroep, het bedrag aan door hem gehouden aandelen in het kapitaal der vennootschap en de betrekkingen die hij bekleedt of die hij heeft bekleed voor zover die van belang zijn in verband met de vervulling van de taak van een commissaris. Tevens wordt vermeld aan welke rechtspersonen hij reeds als commissaris is verbonden; indien zich daaronder rechtspersonen bevinden, die tot een zelfde groep behoren, kan met de aanduiding van die groep worden volstaan. De aanbeveling en de voordracht tot benoeming of herbenoeming worden gemotiveerd. Bij herbenoeming wordt rekening gehouden met de wijze waarop de kandidaat zijn taak als commissaris heeft vervuld.

(Zie ook: artt. 57a, 63f, 63i, 142, 176, 224, 268, 269, 270, 271 BW Boek 2)

4. De statuten bevatten voorschriften omtrent de wijze waarop in de uitoefening van de taken en bevoegdheden voorlopig wordt voorzien in geval van ontstentenis of belet van alle commissarissen. De statuten kunnen deze voorschriften bevatten voor het geval van ontstentenis of belet van een of meer commissarissen. In de statuten kan nader worden bepaald wanneer sprake is van belet. Degene die bij ontstentenis of belet van commissarissen ingevolge een statutaire regeling de taken van een commissaris vervult, wordt voor het vervullen van die taken met een commissaris gelijkgesteld.

Art. 252a

Eisen aan commissaris van BV

1. Tot commissaris van een vennootschap die op twee opeenvolgende balansdata, zonder onderbreking nadien op twee opeenvolgende balansdata, niet heeft voldaan aan ten minste twee van de vereisten als bedoeld in artikel 397 leden 1 en 2 kunnen niet worden benoemd: personen die commissaris of niet uitvoerende bestuurder zijn bij vijf of meer andere rechtspersonen. Het voorzitterschap van de raad van commissarissen of het bestuur, indien de bestuurstaken zijn verdeeld over uitvoerende en niet uitvoerende bestuurders, telt dubbel.

2. Voor de toepassing van dit artikel:

a. wordt met een commissaris gelijkgesteld de persoon die lid is van een toezichthoudend orgaan dat bij of krachtens de statuten van een rechtspersoon is ingesteld;

b. telt de benoeming bij verschillende rechtspersonen die met elkaar in een groep zijn verbonden als één benoeming;

c. betreft de verwijzing naar rechtspersonen de rechtsvorm van de naamloze vennootschap en de besloten vennootschap met beperkte aansprakelijkheid die op twee opeenvolgende balansdata, zonder onderbreking nadien op twee opeenvolgende balansdata, niet heeft voldaan aan ten minste twee van de vereisten als bedoeld in artikel 397 leden 1 en 2, onderscheidenlijk de stichting als bedoeld in artikel 297a lid 1;

d. wordt met commissaris in de zin van de aanhef van lid 1 gelijkgesteld de niet uitvoerende bestuurder, indien de bestuurstaken zijn verdeeld over uitvoerende en niet uitvoerende bestuurders;

e. geldt een tijdelijke aanstelling overeenkomstig artikel 349a lid 2 of artikel 356 onder c niet als benoeming;

f. wordt de benoeming van een lid van de raad van toezicht of niet uitvoerende bestuurder bij een fonds als bedoeld in de algemene maatregel van bestuur op grond van artikel 106a van de Pensioenwet en artikel 110ca van de Wet verplichte beroepspensioenregeling geteld overeenkomstig de normering in deze algemene maatregel van bestuur.

3. De nietigheid van de benoeming op grond van de vorige leden heeft geen gevolgen voor de rechtsgeldigheid van de besluitvorming waaraan is deelgenomen.

Art. 253

Benoeming raad van commissarissen BV door anderen dan AVA

Bij de statuten kan worden bepaald dat een of meer commissarissen, doch ten hoogste een derde van het gehele aantal, worden benoemd door anderen dan de algemene vergadering of een vergadering van houders van aandelen van een bepaalde soort of aanduiding, mits iedere aandeelhouder met stemrecht kan deelnemen aan de besluitvorming inzake de benoeming van ten minste één commissaris. Op een statutaire regeling als bedoeld in de vorige zin is artikel 228 lid 4, derde volzin, van overeenkomstige toepassing. Is de benoeming van commissarissen geregeld overeenkomstig de artikelen 268 en 269, dan vindt de eerste zin geen toepassing.

Art. 254

Schorsing/ontslag van commissaris BV

1. Een commissaris kan worden geschorst en ontslagen door degene die bevoegd is tot benoeming. De statuten kunnen bepalen dat een commissaris eveneens kan worden ontslagen door de algemene vergadering. Het voorgaande is niet van toepassing indien artikel 271 lid 2 en lid 3, of artikel 271a van toepassing is.

2. Het tweede en het derde lid van artikel 244 van dit Boek zijn van overeenkomstige toepassing.

(Zie ook: artt. 47, 144, 252, 253, 271, 356 BW Boek 2; artt. 677, 680 BW Boek 7)

Art. 255

De algemene vergadering kan aan de commissarissen een bezoldiging toekennen. *(Zie ook: artt. 145, 245, 383 BW Boek 2)*

Art. 256

[Vervallen]

Art. 257

1. Tenzij bij de statuten anders is bepaald, is de raad van commissarissen bevoegd iedere bestuurder te allen tijde te schorsen.

2. De schorsing kan te allen tijde worden opgeheven door de vergadering van aandeelhouders die bevoegd is tot benoeming.
(Zie ook: artt. 147, 217, 244, 272, 356 BW Boek 2)

Art. 258

[Vervallen]

Art. 259

Het bepaalde bij de artikelen 9, 241 en 248 vindt overeenkomstige toepassing ten aanzien van de taakvervulling door de raad van commissarissen.
(Zie ook: art. 149 BW Boek 2)

Art. 260

Indien door de openbaar gemaakte jaarrekening een misleidende voorstelling wordt gegeven van de toestand der vennootschap, zijn de commissarissen naast de bestuurders tegenover derden hoofdelijk aansprakelijk voor de schade, door dezen dientengevolge geleden. De commissaris die bewijst dat zulks niet aan een tekortkoming zijnerzijds in het toezicht is te wijten, is niet aansprakelijk.
(Zie ook: artt. 9, 150, 210, 249, 250, 361, 362 BW Boek 2; artt. 6, 95, 102, 194 BW Boek 6; art. 336 WvSr)

Art. 261

[Vervallen]

Afdeling 6
De raad van commissarissen bij de grote besloten vennootschap met beperkte aansprakelijkheid

Art. 262

In deze afdeling wordt onder een afhankelijke maatschappij verstaan:
a. een rechtspersoon waaraan de vennootschap of een of meer afhankelijke maatschappijen alleen of samen voor eigen rekening ten minste de helft van het geplaatste kapitaal verschaffen,
(Zie ook: art. 24d BW Boek 2)
b. een vennootschap waarvan een onderneming in het handelsregister is ingeschreven en waarvoor de vennootschap of een afhankelijke maatschappij als vennote jegens derden volledig aansprakelijk is voor alle schulden.
(Zie ook: artt. 63a, 152 BW Boek 2)

Art. 263

1. Een vennootschap moet, indien het volgende lid op haar van toepassing is, binnen twee maanden na de vaststelling van haar jaarrekening door de algemene vergadering ten kantore van het handelsregister opgaaf doen, dat zij aan de in dat lid gestelde voorwaarden voldoet. Totdat artikel 264 lid 3 van dit Boek toepassing heeft gevonden, vermeldt het bestuur in elk volgend bestuursverslag wanneer de opgaaf is gedaan; wordt de opgaaf doorgehaald, dan wordt daarvan melding gemaakt in het eerste bestuursverslag dat na de datum van die doorhaling wordt uitgebracht.
(Zie ook: art. 188 BW Boek 2)

2. De verplichting tot het doen van opgaaf geldt, indien:
a. het geplaatste kapitaal der vennootschap te zamen met de reserves volgens de balans met toelichting ten minste een bij koninklijk besluit vastgesteld grensbedrag beloopt,
(Zie ook: Fbgvs)
b. de vennootschap of een afhankelijke maatschappij krachtens wettelijke verplichting een ondernemingsraad heeft ingesteld, en
c. bij de vennootschap en haar afhankelijke maatschappijen, tezamen in de regel ten minste honderd werknemers in Nederland werkzaam zijn.

3. De verplichting tot het doen van een opgaaf geldt niet voor:
a. een vennootschap die afhankelijke maatschappij is van een rechtspersoon waarop de artikelen 63f tot en met 63j, de artikelen 158 tot en met 161 en 164 of de artikelen 268 tot en met 271 en 274 van toepassing zijn,
b. een vennootschap wier werkzaamheid zich uitsluitend of nagenoeg uitsluitend beperkt tot het beheer en de financiering van groepsmaatschappijen, en van haar en hun deelnemingen in

andere rechtspersonen, mits de werknemers in dienst van de vennootschap en de groepsmaatschappijen in meerderheid buiten Nederland werkzaam zijn,
c. een vennootschap die uitsluitend of nagenoeg uitsluitend aan een vennootschap als bedoeld onder b of in artikel 153 lid 3 onder b, en aan de in die bepalingen genoemde groepsmaatschappijen en rechtspersonen diensten ten behoeve van het beheer en de financiering verleent, en
(Zie ook: art. 24b BW Boek 2)
d. een vennootschap waarin voor ten minste de helft van het geplaatste kapitaal volgens een onderlinge regeling tot samenwerking wordt deelgenomen door twee of meer rechtspersonen waarop de artikelen 63f tot en met 63j, de artikelen 158 tot en met 161 en 164 of de artikelen 268 tot en met 271 en 274 van toepassing zijn of die afhankelijke maatschappij zijn van zulk een rechtspersoon.

4. Het in onderdeel a van lid 2 genoemde grensbedrag wordt ten hoogste eenmaal in de twee jaren verhoogd of verlaagd, evenredig aan de ontwikkeling van een bij algemene maatregel van bestuur aan te wijzen prijsindexcijfer sedert een bij die maatregel te bepalen datum; het wordt daarbij afgerond op het naaste veelvoud van een miljoen euro. Het bedrag wordt niet opnieuw vastgesteld zo lang als het onafgeronde bedrag minder dan een miljoen euro afwijkt van het laatst vastgestelde bedrag.
(Zie ook: Besl.art. 153 BW Boek 2)

5. Onder het geplaatste kapitaal met de reserves wordt in lid 2 onder a begrepen de gezamenlijke verrichte en nog te verrichten inbreng van vennoten bij wijze van geldschieting in afhankelijke maatschappijen die commanditaire vennootschap zijn, voor zover dit niet tot dubbeltelling leidt.
(Zie ook: artt. 63b, 153, 210, 262, 264, 373, 382, 391 BW Boek 2; art. 20 WvK; art. 2 WOR; art. 1 WED)

Art. 264

Inschrijving van structuurvennootschap BV

1. De artikelen 268-274 van dit Boek zijn van toepassing op een vennootschap waaromtrent een opgaaf als bedoeld in het vorige artikel gedurende drie jaren onafgebroken is ingeschreven; deze termijn wordt geacht niet te zijn onderbroken, indien een doorhaling van de opgaaf, welke tijdens die termijn ten onrechte heeft plaatsgevonden, is ongedaan gemaakt.

2. De doorhaling van de inschrijving op grond van de omstandigheid dat de vennootschap niet meer voldoet aan de voorwaarden, genoemd in het tweede lid van het vorige artikel, doet de toepasselijkheid van de artikelen 268-274 van dit Boek slechts eindigen, indien drie jaren na de doorhaling zijn verstreken en de vennootschap gedurende die termijn niet opnieuw tot het doen van de opgaaf is verplicht geweest.

3. De vennootschap brengt haar statuten in overeenstemming met de artikelen 268-274 welke voor haar gelden, uiterlijk met ingang van de dag waarop die artikelen krachtens lid 1 op haar van toepassing worden.

Wijziging statuten structuurvennootschap BV

4. In de eerstvolgende vergadering nadat de vennootschap waarop de artikelen 268 tot en met 274 of 268 tot en met 271 en 274 van toepassing zijn gaat voldoen aan de voorwaarden bedoeld in de artikelen 263 lid 3, 264 lid 2, 265 of 265a, doet het bestuur aan de algemene vergadering het voorstel in de statuten de wijze van benoeming en ontslag van commissarissen en de taak en bevoegdheden van de raad van commissarissen te regelen zonder toepassing van de artikelen 268 tot en met 274 respectievelijk de artikelen 268 tot en met 271 en 274, dan wel het voorstel deze artikelen geheel of met uitzondering van artikel 272 te blijven toepassen. Het besluit wordt genomen met volstrekte meerderheid van stemmen. De bevoegdheid van de algemene vergadering tot het nemen van een besluit ter uitvoering van dit artikel kan niet worden beperkt.

5. Uiterlijk twaalf maanden nadat het besluit bedoeld in lid 4 is genomen, legt het bestuur aan de algemene vergadering een voorstel tot wijziging van de statuten voor. Indien de algemene vergadering geen besluit tot statutenwijziging neemt, stelt de ondernemingskamer van het gerechtshof Amsterdam op verzoek van degene die daartoe krachtens het volgende lid bevoegd is, de statuten vast. De laatste twee zinnen van lid 4 zijn van overeenkomstige toepassing.

6. Een verzoek tot vaststelling van de statuten kan worden ingediend door een daartoe aangewezen vertegenwoordiger van het bestuur of van de raad van commissarissen en door degene die gerechtigd is tot agendering ingevolge artikel 224a.

7. De ondernemingskamer regelt zo nodig de gevolgen van de door haar genomen beslissing. De griffier van de ondernemingskamer doet ten kantore van het handelsregister een afschrift van de beschikking van de ondernemingskamer neerleggen.
(Zie ook: artt. 63c, 154, 231, 263, 265, 267 BW Boek 2; art. 1 WED; art. 25 WOR)

Art. 265

Verzwakt regime bij structuurvennootschap BV

1. In afwijking van artikel 264 gelden de artikelen 272 en 274a lid 2 niet voor een vennootschap waarin een deelneming voor ten minste de helft van het geplaatste kapitaal wordt gehouden:
a. door een rechtspersoon waarvan de werknemers in meerderheid buiten Nederland werkzaam zijn, of door afhankelijke maatschappijen daarvan
b. volgens een onderlinge regeling tot samenwerking door een aantal van zulke rechtspersonen of maatschappijen, of

c. volgens een onderlinge regeling tot samenwerking door een of meer van zulke rechtspersonen en een of meer rechtspersonen waarvoor artikel 153 lid 3 onder a of artikel 263 lid 3 onder a geldt of waarop de artikelen 63f tot en met 63j, de artikelen 158 tot en met 161 en 164 of de artikelen 268 tot en met 271 en 274 van toepassing zijn.

2. De uitzondering volgens het vorige lid geldt echter niet, indien de werknemers in dienst van de vennootschap, tezamen met die in dienst van de rechtspersoon of rechtspersonen, in meerderheid in Nederland werkzaam zijn.

3. Voor de toepassing van dit artikel worden onder werknemers, in dienst van een rechtspersoon, begrepen de werknemers in dienst van groepsmaatschappijen.

(Zie ook: artt. 24b t/m 24d, 155, 262, 263, 264, 267, 380, 382 BW Boek 2)

Art. 265a

1. In afwijking van artikel 264 gelden de artikelen 272 en 274a lid 2 niet voor een vennootschap waarin:

a. een natuurlijk persoon het gehele geplaatste kapitaal verschaft of doet verschaffen, of twee of meer natuurlijke personen volgens een onderlinge regeling tot samenwerking het gehele geplaatste kapitaal verschaffen of doen verschaffen;

b. een stichting, een vereniging of een rechtspersoon als bedoeld in artikel 1 het gehele geplaatste kapitaal voor eigen rekening verschaft of doet verschaffen, of twee of meer van zulke rechtspersonen volgens een onderlinge regeling tot samenwerking het gehele geplaatste kapitaal voor eigen rekening of doen verschaffen.

2. Met de natuurlijke persoon bedoeld in lid 1 worden gelijkgesteld de echtgenoot of echtgenote en de geregistreerde partner. Eveneens worden gelijkgesteld de bloedverwanten in rechte lijn, mits dezen binnen zes maanden na het overlijden van de natuurlijke persoon een onderlinge regeling tot samenwerking zijn aangegaan.

(Zie ook: art. 155a BW Boek 2)

Art. 266

Onze Minister van Justitie kan, gehoord de Sociaal-Economische Raad, aan een vennootschap op haar verzoek ontheffing verlenen van een of meer der artikelen 268-274 van dit Boek; de ontheffing kan onder beperkingen worden verleend en daaraan kunnen voorschriften worden verbonden; zij kan voorts worden gewijzigd en ingetrokken.

(Zie ook: artt. 63d, 156 BW Boek 2)

Art. 267

1. Een vennootschap waarvoor artikel 264 van dit Boek niet geldt, kan bij haar statuten de wijze van benoeming en ontslag van commissarissen en de taak en bevoegdheden van de raad van commissarissen regelen overeenkomstig de artikelen 268-274 van dit Boek indien zij of een afhankelijke maatschappij een ondernemingsraad heeft ingesteld waarop de bepalingen van de Wet op de ondernemingsraden van toepassing zijn. Zij mag daarbij artikel 272 buiten toepassing laten. De in dit lid bedoelde regeling in de statuten verliest haar gelding zodra de ondernemingsraad ophoudt te bestaan of op de ondernemingsraad niet langer de bepalingen van de Wet op de ondernemingsraden van toepassing zijn.

(Zie ook: art. 262 BW Boek 2)

2. Een vennootschap waarvoor artikel 265 of 265a geldt, kan de bevoegdheid tot benoeming en ontslag van bestuurders regelen overeenkomstig artikel 272.

(Zie ook: artt. 63e, 157, 263, 264, 265 BW Boek 2; art. 2 WOR)

Art. 268

1. De vennootschap heeft een raad van commissarissen.

2. De raad van commissarissen bestaat uit ten minste drie leden. Is het aantal commissarissen minder dan drie, dan neemt de raad onverwijld maatregelen tot aanvulling van zijn ledental.

(Zie ook: artt. 252, 253, 269, 270 BW Boek 2)

3. De raad van commissarissen stelt een profielschets voor zijn omvang en samenstelling vast, rekening houdend met de aard van de onderneming, haar activiteiten en de gewenste deskundigheid en achtergrond van de commissarissen. De raad bespreekt de profielschets voor het eerst bij vaststelling en vervolgens bij iedere wijziging in de algemene vergadering en met de ondernemingsraad.

(Zie ook: art. 270 BW Boek 2)

4. De commissarissen worden, behoudens het bepaalde in lid 9, op voordracht van de raad van commissarissen benoemd door de algemene vergadering, voor zover de benoeming niet reeds is geschied bij de akte van oprichting of voordat dit artikel op de vennootschap van toepassing is geworden. De voordracht is met redenen omkleed. Onverminderd het bepaalde in artikel 270 kunnen de statuten de kring van benoembare personen niet beperken.

(Zie ook: artt. 217, 239 BW Boek 2; art. 23 WOR)

Benoeming bestuurders van structuurvennootschap BV

Ontheffing voorschriften bij structuurvennootschap BV

Toepassing structuurregeling op raad van commissarissen BV

Samenstelling/voordracht/benoeming van raad van commissarissen structuurvennootschap BV

B2 art. 269 — Burgerlijk Wetboek Boek 2

5. De algemene vergadering en de ondernemingsraad kunnen aan de raad van commissarissen personen aanbevelen om als commissaris te worden voorgedragen. De raad deelt hun daartoe tijdig mede wanneer, ten gevolge waarvan en overeenkomstig welk profiel in zijn midden een plaats moet worden vervuld. Indien voor de plaats het in lid 6 bedoelde versterkte recht van aanbeveling geldt, doet de raad van commissarissen daarvan eveneens mededeling. De raad van commissarissen maakt de voordracht gelijktijdig bekend aan de algemene vergadering en aan de ondernemingsraad. De voordracht wordt met redenen omkleed.

6. Voor een derde van het aantal leden van de raad van commissarissen geldt dat de raad van commissarissen een door de ondernemingsraad aanbevolen persoon op de voordracht plaatst, tenzij de raad van commissarissen bezwaar maakt tegen de aanbeveling op grond van de verwachting dat de aanbevolen persoon ongeschikt zal zijn voor de vervulling van de taak van commissaris of dat de raad van commissarissen bij benoeming overeenkomstig de aanbeveling niet naar behoren zal zijn samengesteld. Indien het getal der leden van de raad van commissarissen niet door drie deelbaar is, wordt het naastgelegen lagere getal dat wel door drie deelbaar is in aanmerking genomen voor de vaststelling van het aantal leden waarvoor dit versterkte recht van aanbeveling geldt.

7. Indien de raad van commissarissen bezwaar maakt, deelt hij de ondernemingsraad het bezwaar onder opgave van redenen mede. De raad treedt onverwijld in overleg met de ondernemingsraad met het oog op het bereiken van overeenstemming over de voordracht. Indien de raad van commissarissen constateert dat geen overeenstemming kan worden bereikt, verzoekt een daartoe aangewezen vertegenwoordiger van de raad aan de ondernemingskamer van het gerechtshof Amsterdam het bezwaar gegrond te verklaren. Het verzoek wordt niet eerder ingediend dan nadat vier weken zijn verstreken na aanvang van het overleg met de ondernemingsraad. De raad van commissarissen plaatst de aanbevolen persoon op de voordracht indien de ondernemingskamer het bezwaar ongegrond verklaart. Verklaart de ondernemingskamer het bezwaar gegrond, dan kan de ondernemingsraad een nieuwe aanbeveling doen overeenkomstig het bepaalde in lid 6.

8. De ondernemingskamer doet de ondernemingsraad oproepen. Tegen de beslissing van de ondernemingskamer staat geen rechtsmiddel open. De ondernemingskamer kan geen veroordeling in de proceskosten uitspreken.

9. De algemene vergadering kan bij volstrekte meerderheid van de uitgebrachte stemmen, vertegenwoordigend ten minste een derde van het geplaatste kapitaal, de voordracht afwijzen. Indien de aandeelhouders bij volstrekte meerderheid van stemmen hun steun aan de kandidaat onthouden, maar deze meerderheid niet ten minste een derde van het geplaatste kapitaal vertegenwoordigde, kan een nieuwe vergadering worden bijeengeroepen waarin de voordracht kan worden afgewezen met volstrekte meerderheid van stemmen. Alsdan maakt de raad van commissarissen een nieuwe voordracht op. De leden 5 tot en met 8 zijn van toepassing. Indien de algemene vergadering de voorgedragen persoon niet benoemt en niet besluit tot afwijzing van de voordracht, benoemt de raad van commissarissen de voorgedragen persoon.

(Zie ook: artt. 261, 995 Rv; art. 66 Wet RO)

10. De algemene vergadering kan de bevoegdheid die haar volgens lid 5 toekomt voor een door haar te bepalen duur van telkens ten hoogste twee achtereenvolgende jaren, overdragen aan een commissie van aandeelhouders waarvan zij de leden aanwijst; in dat geval geeft de raad van commissarissen aan de commissie de kennisgeving van lid 5. De algemene vergadering kan te allen tijde de overdracht ongedaan maken.

(Zie ook: art. 269 Boek 2 BW)

11. Voor de toepassing van dit artikel wordt onder de ondernemingsraad verstaan de ondernemingsraad van de onderneming van de vennootschap of van de onderneming van een afhankelijke maatschappij. Indien er meer dan één ondernemingsraad is, worden de bevoegdheden van dit artikel door deze raden afzonderlijk uitgeoefend; als er sprake is van een voordracht als bedoeld in lid 6 worden de bevoegdheden van dit lid door deze raden gezamenlijk uitgeoefend. Is voor de betrokken onderneming of ondernemingen een centrale ondernemingsraad ingesteld, dan komen de bevoegdheden van de ondernemingsraad volgens dit artikel toe aan de centrale ondernemingsraad.

12. In de statuten kan worden afgeweken van de leden 2, 4 tot en met 7 en 9, met dien verstande dat niet kan worden afgeweken van de eerste twee zinnen van lid 9. Voor het besluit tot wijziging van de statuten is de voorafgaande goedkeuring van de raad van commissarissen en de toestemming van de ondernemingsraad vereist.

(Zie ook: artt. 158, 250, 252, 253, 262, 269 BW Boek 2; art. 33 WOR)

Art. 269

Benoeming bij ontbreken van alle commissarissen structuurvennootschap BV

1. Ontbreken alle commissarissen, anders dan ingevolge het bepaalde in artikel 271a, dan geschiedt de benoeming door de algemene vergadering.

2. De ondernemingsraad kan personen voor benoeming tot commissaris aanbevelen. Degene die de algemene vergadering bijeenroept, deelt de ondernemingsraad daartoe tijdig mede dat de benoeming van commissarissen onderwerp van behandeling in de algemene vergadering zal zijn, met vermelding of benoeming van een commissaris plaatsvindt overeenkomstig het aanbevelingsrecht van de ondernemingsraad op grond van artikel 268 lid 6.
(Zie ook: artt. 219, 220, 223, 224 BW Boek 2)

3. De leden 6, 7, 8, 10 en 11 van het vorig artikel zijn van overeenkomstige toepassing.
(Zie ook: artt. 63g, 159, 217, 252, 268 BW Boek 2; art. 23 WOR)

Art. 270

Commissaris kunnen niet zijn:
a. personen die in dienst zijn van de vennootschap;
b. personen die in dienst zijn van een afhankelijke maatschappij;
c. bestuurders en personen in dienst van een werknemersorganisatie welke pleegt betrokken te zijn bij de vaststelling van de arbeidsvoorwaarden van de onder *a* en *b* bedoelde personen.
(Zie ook: artt. 63h, 160, 262 BW Boek 2)

Incompatibiliteiten bij raad van commissarissen structuurvennootschap BV

Art. 271

1. Een commissaris treedt uiterlijk af, indien hij na zijn laatste benoeming vier jaren commissaris is geweest. De termijn kan bij de statuten worden verlengd tot de dag van de eerstvolgende algemene vergadering na afloop van de vier jaren of na de dag waarop dit artikel voor de rechtspersoon is gaan gelden.
(Zie ook: art. 252 BW Boek 2)

Aftreden commissaris structuurvennootschap BV

2. De ondernemingskamer van het gerechtshof Amsterdam kan op een desbetreffend verzoek een commissaris ontslaan wegens verwaarlozing van zijn taak, wegens andere gewichtige redenen of wegens ingrijpende wijziging der omstandigheden op grond waarvan handhaving als commissaris redelijkerwijze niet van de vennootschap kan worden verlangd. Het verzoek kan worden ingediend door de vennootschap, ten deze vertegenwoordigd door de raad van commissarissen, alsmede door een daartoe aangewezen vertegenwoordiger van de algemene vergadering of van de ondernemingsraad, bedoeld in lid 11 van artikel 268. De leden 10 en 11 van artikel 268 zijn van overeenkomstige toepassing.
(Zie ook: art. 345 BW Boek 2; art. 258 BW Boek 6; art. 667 BW Boek 7; artt. 261, 995 Rv; art. 66 Wet RO)

Ontslag commissaris structuurvennootschap BV

3. Een commissaris kan worden geschorst door de raad van commissarissen; de schorsing vervalt van rechtswege, indien de vennootschap niet binnen een maand na de aanvang der schorsing een verzoek als bedoeld in het vorige lid bij de ondernemingskamer heeft ingediend.
(Zie ook: artt. 63i, 161, 254, 268, 356 BW Boek 2)

Schorsing commissaris structuurvennootschap BV

Art. 271a

1. De algemene vergadering kan bij volstrekte meerderheid van de uitgebrachte stemmen, vertegenwoordigend ten minste een derde van het geplaatste kapitaal, het vertrouwen in de raad van commissarissen opzeggen. Het besluit is met redenen omkleed. Het besluit kan niet worden genomen ten aanzien van commissarissen die zijn aangesteld door de ondernemingskamer overeenkomstig lid 3.

Opzegging vertrouwen in raad van commissarissen structuurvennootschap BV

2. Een besluit als bedoeld in lid 1 wordt niet genomen dan nadat het bestuur de ondernemingsraad van het voorstel voor het besluit en de gronden daartoe in kennis heeft gesteld. De kennisgeving geschiedt ten minste 30 dagen voor de algemene vergadering waarin het voorstel wordt behandeld. Indien de ondernemingsraad een standpunt over het voorstel bepaalt, stelt het bestuur de raad van commissarissen en de algemene vergadering van dit standpunt op de hoogte. De ondernemingsraad kan zijn standpunt in de algemene vergadering doen toelichten.

3. Het besluit bedoeld in lid 1 heeft het onmiddellijk ontslag van de leden van de raad van commissarissen tot gevolg. Alsdan verzoekt het bestuur onverwijld aan de ondernemingskamer van het gerechtshof Amsterdam tijdelijk een of meer commissarissen aan te stellen. De ondernemingskamer regelt de gevolgen van de aanstelling.

4. De raad van commissarissen bevordert dat binnen een door de ondernemingskamer vastgestelde termijn een nieuwe raad wordt samengesteld met inachtneming van artikel 268.
(Zie ook: artt. 161a, 224a, 268, 356, 357 BW Boek 2)

Art. 272

De raad van commissarissen benoemt de bestuurders der vennootschap; deze bevoegdheid kan niet door enige bindende voordracht worden beperkt. Hij geeft de algemene vergadering kennis van een voorgenomen benoeming van een bestuurder der vennootschap; hij ontslaat een bestuurder niet dan nadat de algemene vergadering over het voorgenomen ontslag is gehoord. Het tiende lid van artikel 268 is van overeenkomstige toepassing.
(Zie ook: artt. 162, 242, 243, 244, 264, 265, 265a, 267 BW Boek 2; art. 31 WOR)

Benoeming bestuurders van structuurvennootschap BV

Art. 273

[Vervallen]

Art. 274

Goedkeuring bestuursbesluiten bij structuurvennootschap BV

1. Aan de goedkeuring van de raad van commissarissen zijn onderworpen de besluiten van het bestuur omtrent:

a. uitgifte en verkrijging van aandelen in en schuldbrieven ten laste van de vennootschap of van schuldbrieven ten laste van een commanditaire vennootschap of vennootschap onder firma waarvan de vennootschap volledig aansprakelijke vennote is;

(Zie ook: artt. 190, 206 BW Boek 2; artt. 16, 19 WvK)

b. medewerking aan de uitgifte van certificaten op naam van aandelen;

c. het aanvragen van toelating van de onder a en b bedoelde schuldbrieven onderscheidenlijk certificaten tot de handel op een handelsplatform, als bedoeld in artikel 1:1 van de Wet op het financieel toezicht of een met een handelsplatform vergelijkbaar systeem uit een staat die geen lidstaat is dan wel het aanvragen van een intrekking van zodanige toelating;

d. het aangaan of verbreken van duurzame samenwerking van de vennootschap of een afhankelijke maatschappij met een andere rechtspersoon of vennootschap dan wel als volledig aansprakelijke vennote in een commanditaire vennootschap of vennootschap onder firma, indien deze samenwerking of verbreking van ingrijpende betekenis is voor de vennootschap;

e. het nemen van een deelneming ter waarde van ten minste een vierde van het bedrag van het geplaatste kapitaal met de reserves volgens de balans met toelichting van de vennootschap, door haar of een afhankelijke maatschappij in het kapitaal van een andere vennootschap, alsmede het ingrijpend vergroten of verminderen van zulk een deelneming;

(Zie ook: art. 262 BW Boek 2)

f. investeringen welke een bedrag gelijk aan ten minste een vierde gedeelte van het geplaatste kapitaal met de reserves der vennootschap volgens haar balans met toelichting vereisen;

g. een voorstel tot wijziging van de statuten;

(Zie ook: artt. 231, 233 BW Boek 2)

h. een voorstel tot ontbinding van de vennootschap;

(Zie ook: art. 19 BW Boek 2)

i. aangifte van faillissement en aanvraag van surséance van betaling;

(Zie ook: artt. 1, 4, 213 FW)

j. beëindiging van de arbeidsovereenkomst van een aanmerkelijk aantal werknemers van de vennootschap of van een afhankelijke maatschappij tegelijkertijd of binnen een kort tijdsbestek;

(Zie ook: art. 262 BW Boek 2; art. 667 BW Boek 7; art. 25 WOR)

k. ingrijpende wijziging in de arbeidsomstandigheden van een aanmerkelijk aantal werknemers van de vennootschap of van een afhankelijke maatschappij;

(Zie ook: art. 262 BW Boek 2)

l. een voorstel tot vermindering van het geplaatste kapitaal.

(Zie ook: art. 208 BW Boek 2)

2. Het ontbreken van goedkeuring van de raad van commissarissen op een besluit als bedoeld in lid 1 tast de vertegenwoordigingsbevoegdheid van het bestuur of bestuurders niet aan.

(Zie ook: artt. 6, 164, 240, 250, 251, 261 BW Boek 2)

Art. 274a

Schakelbepaling

1. In afwijking van artikel 268 lid 1 kan toepassing worden gegeven aan artikel 239a. In dat geval is het bepaalde ten aanzien van de raad van commissarissen onderscheidenlijk de commissarissen in artikel 268 leden 2 tot en met 12, 269, 270, 271 en 271a van overeenkomstige toepassing op de niet uitvoerende bestuurders van de vennootschap.

2. Indien toepassing is gegeven aan artikel 239a, benoemen de niet uitvoerende bestuurders de uitvoerende bestuurders van de vennootschap; deze bevoegdheid kan niet door enige bindende voordracht worden beperkt. Artikel 272, tweede en derde zin, is van overeenkomstige toepassing.

3. Van de toepassing van artikel 239a lid 3 zijn uitgesloten de besluiten van het bestuur in de zin van artikel 274.

4. Indien toepassing is gegeven aan artikel 239a lid 1 vereisen de besluiten in de zin van artikel 274 lid 1 de goedkeuring van de meerderheid van de niet uitvoerende bestuurders van de vennootschap. Het ontbreken van de goedkeuring tast de vertegenwoordigingsbevoegdheid van bestuur of bestuurders niet aan.

Art. 275

[Vervallen]

Afdeling 7
Evenwichtige verdeling van de zetels over vrouwen en mannen

Art. 276-284

[Vervallen]

Afdeling 8
[Vervallen]

Art. 284a

[Vervallen]

Titel 6
Stichtingen

Art. 285

1. Een stichting is een door een rechtshandeling in het leven geroepen rechtspersoon, welke geen leden kent en beoogt met behulp van een daartoe bestemd vermogen een in de statuten vermeld doel te verwezenlijken.

2. Indien de statuten een of meer personen de bevoegdheid geven in de vervulling van ledige plaatsen in organen van de stichting te voorzien, wordt zij niet uit dien hoofde aangemerkt leden te kennen.

3. Het doel van de stichting mag niet inhouden het doen van uitkeringen aan oprichters of aan hen die deel uitmaken van haar organen noch ook aan anderen, tenzij wat deze laatsten betreft de uitkeringen een ideële of sociale strekking hebben.
(Zie ook: artt. 3, 4, 18, 21, 286, 301, 304 BW Boek 2)

Art. 286

1. Een stichting moet worden opgericht bij notariële akte.

Oprichting stichting bij notariële akte

2. De akte moet worden verleden in de Nederlandse taal. Indien de stichting haar zetel heeft in de provincie Fryslân kan de akte in de Friese taal worden verleden. Een volmacht tot medewerking aan de akte moet schriftelijk zijn verleend. De stichting kan worden opgericht door een uiterste wilsbeschikking, gemaakt bij een notariële akte die in een vreemde taal is verleden; de statuten van de stichting moeten ook dan in de Nederlandse of Friese taal luiden.
(Zie ook: art. 27 BW Boek 2; art. 39 BW Boek 3; art. 135 BW Boek 4)

3. De akte bevat de statuten van de stichting.

4. De statuten moeten inhouden:

a. de naam der stichting, met het woord stichting als deel van de naam;

b. het doel der stichting;

(Zie ook: artt. 7, 20, 285 BW Boek 2)

c. de wijze van benoeming en ontslag van bestuurders en, indien er een raad van commissarissen wordt ingesteld, de wijze van benoeming en ontslag van commissarissen;

(Zie ook: artt. 285, 299 BW Boek 2)

d. de gemeente in Nederland waar zij haar zetel heeft;

(Zie ook: art. 10 BW Boek 1; art. 287 BW Boek 2)

e. de bestemming van het overschot na vereffening van de stichting in geval van ontbinding, of de wijze waarop de bestemming zal worden vastgesteld.

5. De notaris, ten overstaan van wie de akte is verleden, draagt zorg dat de statuten bevatten hetgeen in de leden 2-4 is genoemd. Bij verzuim is hij persoonlijk jegens hen die daardoor schade hebben geleden, aansprakelijk.

(Zie ook: artt. 27, 65, 66, 176, 177 BW Boek 2; art. 162 BW Boek 6)

Art. 287

Bij gebreke van een aanwijzing van een zetel in de statuten, heeft de stichting haar zetel in de gemeente, waar de notaris voor wie de akte is verleden, ten tijde van het passeren der akte zijn standplaats had.

Zetel van stichting

Art. 288

[Vervallen]

Art. 289

1. De bestuurders zijn verplicht de stichting benevens de naam, de voornamen en de woonplaats of laatste woonplaats van de oprichter of oprichters te doen inschrijven in het handelsregister en een authentiek afschrift dan wel een authentiek uittreksel van de akte van oprichting bevattende de statuten, ten kantore van dat register neer te leggen.

Inschrijving stichting in handelsregister

2. Zolang de opgave ter eerste inschrijving en nederlegging niet zijn geschied, is iedere bestuurder voor een rechtshandeling, waardoor hij de stichting verbindt, naast de stichting hoofdelijk aansprakelijk.

(Zie ook: artt. 6, 29, 69, 180 BW Boek 2; artt. 6, 7 BW Boek 6; Bsr)

Art. 290

1. Het bestuur van de stichting houdt een register bij waarin de namen en adressen van alle personen worden opgenomen aan wie een uitkering is gedaan die niet meer bedraagt dan 25 procent van het voor uitkering vatbare bedrag in een bepaald boekjaar, alsmede het bedrag van de uitkering en de datum waarop deze uitkering is gedaan.

Stichting, intern register voor uitkeringen

Stichting

Inhoud statuten van stichting

B2 art. 291 **Burgerlijk Wetboek Boek 2**

2. Het register wordt regelmatig bijgehouden.

Art. 291

Stichtingsbestuur, bevoegdheden

1. Behoudens beperkingen volgens de statuten is het bestuur belast met het besturen van de stichting.

Stichtingsbestuur, bevoegdheden uit statuten

2. Slechts indien dit uit de statuten voortvloeit, is het bestuur bevoegd te besluiten tot het aangaan van overeenkomsten tot verkrijging, vervreemding en bezwaring van registergoederen, en tot het aangaan van overeenkomsten waarbij de stichting zich als borg of hoofdelijke medeschuldenaar verbindt, zich voor een derde sterk maakt of zich tot zekerheidstelling voor een schuld van een ander verbindt. De statuten kunnen deze bevoegdheid aan beperkingen en voorwaarden binden. De uitsluiting, beperkingen en voorwaarden gelden mede voor de bevoegdheid tot vertegenwoordiging van de stichting ter zake van deze handelingen, tenzij de statuten anders bepalen.

(Zie ook: art. 88 BW Boek 1; artt. 6, 8, 9, 14, 44, 129, 239, 292 BW Boek 2)

3. Bij de vervulling van hun taak richten de bestuurders zich naar het belang van de stichting en de met haar verbonden onderneming of organisatie.

Stichtingsbestuur, stemmen

4. De statuten kunnen bepalen dat een met name of in functie aangeduide bestuurder meer dan één stem wordt toegekend. Een bestuurder kan niet meer stemmen uitbrengen dan de andere bestuurders tezamen.

5. De statuten bevatten voorschriften omtrent de wijze waarop in de uitoefening van de taken en bevoegdheden voorlopig wordt voorzien in geval van ontstentenis of belet van alle bestuurders. De statuten kunnen deze voorschriften bevatten voor het geval van ontstentenis of belet van een of meer bestuurders. In de statuten kan nader worden bepaald wanneer sprake is van belet. Degene die bij ontstentenis of belet van bestuurders ingevolge een statutaire regeling is aangewezen tot het verrichten van bestuursdaden, wordt voor wat deze bestuursdaden betreft met een bestuurder gelijkgesteld.

Stichtingsbestuur, tegenstrijdig belang bestuurder

6. Een bestuurder neemt niet deel aan de beraadslaging en besluitvorming indien hij daarbij een direct of indirect persoonlijk belang heeft dat tegenstrijdig is met het belang bedoeld in lid 3. Wanneer hierdoor geen bestuursbesluit kan worden genomen, wordt het besluit genomen door de raad van commissarissen. Bij ontbreken van een raad van commissarissen, wordt het besluit genomen door het bestuur onder schriftelijke vastlegging van de overwegingen die aan het besluit ten grondslag liggen, tenzij de statuten anders bepalen.

7. De statuten kunnen bepalen dat aan bestuurders een bezoldiging wordt toegekend.

Art. 291a

Stichtingsbestuur, uitvoerende en niet uitvoerende bestuurder

1. Bij de statuten kan worden bepaald dat de bestuurstaken worden verdeeld over één of meer niet uitvoerende bestuurders en één of meer uitvoerende bestuurders. De taak om toezicht te houden op de taakuitoefening door bestuurders kan niet door een taakverdeling worden ontnomen aan niet uitvoerende bestuurders. Het voorzitterschap van het bestuur, het doen van voordrachten voor benoeming van een bestuurder en het vaststellen van de bezoldiging van uitvoerende bestuurders kan niet aan een uitvoerende bestuurder worden toebedeeld. Niet uitvoerende bestuurders zijn natuurlijke personen.

2. Bij of krachtens de statuten kan worden bepaald dat een of meer bestuurders rechtsgeldig kunnen besluiten omtrent zaken die tot zijn respectievelijk hun taak behoren. Bepaling krachtens de statuten geschiedt schriftelijk.

3. Bij de benoeming wordt vermeld of een bestuurder wordt benoemd tot uitvoerende bestuurder of tot niet uitvoerende bestuurder.

4. Het bestuur is te allen tijde bevoegd tot schorsing van een uitvoerende bestuurder.

5. De uitvoerende bestuurders nemen niet deel aan de beraadslaging en besluitvorming over het vaststellen van de bezoldiging van uitvoerende bestuurders.

Art. 292

Vertegenwoordigingsbevoegdheid bestuur van stichting

1. Het bestuur vertegenwoordigt de stichting, voor zover uit de wet niet anders voortvloeit.

2. De statuten kunnen de bevoegdheid tot vertegenwoordiging bovendien toekennen aan een of meer bestuurders. Zij kunnen bepalen dat een bestuurder de stichting slechts met medewerking van een of meer anderen mag vertegenwoordigen.

3. Bevoegdheid tot vertegenwoordiging die aan het bestuur of aan een bestuurder toekomt, is onbeperkt en onvoorwaardelijk, voor zover uit de wet niet anders voortvloeit. Een wettelijk toegelaten of voorgeschreven beperking van of voorwaarde voor de bevoegdheid tot vertegenwoordiging kan slechts door de stichting worden ingeroepen.

4. De statuten kunnen ook aan andere personen dan bestuurders bevoegdheid tot vertegenwoordiging toekennen.

(Zie ook: artt. 6, 45, 130, 240, 289, 291 BW Boek 2; art. 65 BW Boek 3; art. 131 BW Boek 5; artt. 4, 5 Rv)

Art. 292a

1. Tenzij uitvoering is gegeven aan artikel 291a lid 1, kan bij de statuten worden bepaald dat er een raad van commissarissen zal zijn. Deze kan ook als raad van toezicht worden aangeduid. De raad bestaat uit een of meer natuurlijke personen.

2. De raad van commissarissen heeft tot taak toezicht te houden op het beleid van het bestuur en de algemene gang van zaken in de stichting en de met haar verbonden onderneming of organisatie. Hij staat het bestuur met raad terzijde. Bij de vervulling van hun taak richten de commissarissen zich naar het belang van de stichting en de met haar verbonden onderneming of organisatie.

3. Tenzij bij de statuten anders is bepaald, is de raad van commissarissen bevoegd iedere bestuurder te allen tijde te schorsen. De schorsing kan te allen tijde worden opgeheven door het orgaan dat of de persoon die bevoegd is tot benoeming.

4. De statuten kunnen bepalen dat een met name of in functie aangeduide commissaris meer dan één stem wordt toegekend. Een commissaris kan niet meer stemmen uitbrengen dan de andere commissarissen tezamen.

5. De statuten bevatten voorschriften omtrent de wijze waarop in de uitoefening van de taken en bevoegdheden voorlopig wordt voorzien in geval van ontstentenis of belet van alle commissarissen. De statuten kunnen deze voorschriften bevatten voor het geval van ontstentenis of belet van een of meer commissarissen. In de statuten kan nader worden bepaald wanneer sprake is van belet. Degene die bij ontstentenis of belet van commissarissen ingevolge een statutaire regeling de taken van een commissaris vervult, wordt voor het vervullen van die taken met een commissaris gelijkgesteld.

6. De statuten kunnen aanvullende bepalingen omtrent de taak en de bevoegdheden van de raad en zijn leden bevatten.

7. Een commissaris neemt niet deel aan de beraadslaging en besluitvorming indien hij daarbij een direct of indirect persoonlijk belang heeft dat tegenstrijdig is met het belang van de stichting en de daaraan verbonden onderneming of organisatie. Wanneer de raad van commissarissen hierdoor geen besluit kan nemen, wordt het besluit genomen door de raad onder schriftelijke vastlegging van de overwegingen die aan het besluit ten grondslag liggen, tenzij de statuten anders bepalen.

8. De statuten kunnen bepalen dat aan de commissarissen als zodanig een bezoldiging wordt toegekend.

9. Bij een aanbeveling of voordracht tot benoeming van een commissaris worden van de kandidaat meegedeeld zijn leeftijd, zijn beroep, de betrekkingen die hij bekleedt of heeft bekleed voor zover die van belang zijn in verband met de vervulling van de taak van een commissaris. Tevens wordt vermeld aan welke rechtspersonen hij reeds als commissaris is verbonden; indien zich daaronder rechtspersonen bevinden, die tot een zelfde groep behoren, kan met de aanduiding van de groep worden volstaan. De aanbeveling en de voordracht tot benoeming of herbenoeming worden gemotiveerd. Bij herbenoeming wordt rekening gehouden met de wijze waarop de kandidaat zijn taak als commissaris heeft vervuld.

10. Het bestuur verschaft de raad van commissarissen tijdig de voor de uitoefening van diens taak noodzakelijke gegevens.

11. Het bestuur stelt ten minste een keer per jaar de raad van commissarissen schriftelijk op de hoogte van de hoofdlijnen van het strategisch beleid, van de algemene en financiële risico's en van de gebruikte beheers- en controlesystemen.

Art. 293

De statuten van de stichting kunnen door haar organen slechts worden gewijzigd, indien de statuten daartoe de mogelijkheid openen. De wijziging moet op straffe van nietigheid bij notariële akte tot stand komen. De bestuurders zijn verplicht een authentiek afschrift van de wijziging en de gewijzigde statuten neer te leggen ten kantore van het in artikel 289 van dit Boek bedoelde register.

(Zie ook: artt. 6, 14, 15, 17, 18, 42, 43, 121, 124, 126, 231, 234, 236, 294, 295 BW Boek 2)

Art. 294

1. Indien ongewijzigde handhaving van de statuten zou leiden tot gevolgen, die bij de oprichting redelijkerwijze niet kunnen zijn gewild, en de statuten de mogelijkheid van wijziging niet voorzien of zij die tot wijziging de bevoegdheid hebben, zulks nalaten, kan de rechtbank op verzoek van een oprichter, het bestuur of het openbaar ministerie de statuten wijzigen.

2. De rechtbank wijkt daarbij zo min mogelijk van de bestaande statuten af; indien wijziging van het doel noodzakelijk is, wijst zij een doel aan dat aan het bestaande verwant is. Met inachtneming van het vorenstaande is de rechtbank bevoegd, zo nodig, de statuten op andere wijze te wijzigen dan is verzocht.

3. Met overeenkomstige toepassing van de beide vorige leden kan de rechtbank de statuten wijzigen om ontbinding van de stichting op een grond als vermeld in artikel 21 of artikel 301 lid 1 onder a te voorkomen.
(Zie ook: artt. 295, 296, 301, 302 BW Boek 2; art. 42 BW Boek 3; art. 258 BW Boek 6; artt. 429, 995 Rv)

Art. 295

Vernietiging van statutenwijziging

Een besluit tot wijziging van de statuten kan te allen tijde op verzoek van de stichting, van een belanghebbende of van het openbaar ministerie door de rechtbank worden vernietigd, indien de wijziging tot gevolg heeft dat de stichting kan worden ontbonden op een grond als bedoeld in de artikelen 21 of 301 lid 1, en de wijziging niet tot omzetting leidt. Overigens zijn artikel 15 leden 3 en 4 en artikel 16 van toepassing.
(Zie ook: artt. 14, 296, 302 BW Boek 2; art. 53 BW Boek 3; artt. 429a, 995 Rv)

Art. 296

Ontbinding van stichting

In een geding, waarin ontbinding van een stichting op een grond als vermeld in artikel 21 of 301 lid 1 onder a wordt verzocht, kan de rechtbank de bevoegdheden in de beide voorgaande artikelen genoemd, ambtshalve uitoefenen.
(Zie ook: artt. 18, 295, 302 BW Boek 2)

Art. 297

Controle op stichting door OM

1. Het openbaar ministerie bij de rechtbank is, bij ernstige twijfel of de wet of de statuten te goeder trouw worden nageleefd, dan wel het bestuur naar behoren wordt gevoerd, bevoegd aan het bestuur inlichtingen te verzoeken.

2. Bij niet- of niet-behoorlijke voldoening aan het verzoek kan de voorzieningenrechter van de rechtbank, desverzocht, bevelen dat aan het openbaar ministerie de boeken, bescheiden en andere gegevensdragers van de stichting voor raadpleging beschikbaar worden gesteld en de waarden der stichting worden getoond. Tegen de beschikking van de voorzieningenrechter staat geen hoger beroep of cassatie open.
(Zie ook: artt. 9, 10, 19, 20, 298 BW Boek 2; artt. 429a, 995 Rv)

Art. 297a

Eisen aan bestuurders van stichting

1. Dit artikel is van toepassing op de stichting die:
a. bij of krachtens de wet verplicht is een financiële verantwoording op te stellen die gelijk of gelijkwaardig is aan een jaarrekening als bedoeld in titel 9; en
b. op twee opeenvolgende balansdata, zonder onderbreking nadien op twee opeenvolgende balansdata, niet heeft voldaan aan ten minste twee van de vereisten als bedoeld in artikel 397 leden 1 en 2.

Artikel 398 lid 5 is van toepassing. Voor de toepassing van artikel 397 lid 1, onderdeel b, wordt in plaats van de netto-omzet gelezen het totaal van de bedrijfsopbrengsten onderscheidenlijk het totaal van de baten voor zover de stichting deze bij of krachtens bijzondere wetgeving opneemt in de financiële verantwoording.

2. Tot bestuurder van een stichting als bedoeld in lid 1 kunnen niet worden benoemd:
a. personen die commissaris of, indien de bestuurstaken bij een rechtspersoon zijn verdeeld over uitvoerende en niet uitvoerende bestuurders, niet uitvoerende bestuurder zijn bij meer dan twee rechtspersonen;
b. personen die voorzitter zijn van de raad van commissarissen van een rechtspersoon of van het bestuur van een rechtspersoon indien de bestuurstaken zijn verdeeld over uitvoerende en niet uitvoerende bestuurders.

3. Voor de toepassing van dit artikel:
a. wordt met een commissaris gelijkgesteld de persoon die lid is van een toezichthoudend orgaan dat bij of krachtens de statuten van een rechtspersoon is ingesteld;
b. telt de benoeming bij verschillende rechtspersonen die met elkaar in een groep zijn verbonden als één benoeming;
c. betreft de verwijzing naar rechtspersonen de rechtsvorm van de naamloze vennootschap en de besloten vennootschap met beperkte aansprakelijkheid die op twee opeenvolgende balansdata, zonder onderbreking nadien op twee opeenvolgende balansdata, niet heeft voldaan aan ten minste twee van de vereisten als bedoeld in artikel 397 leden 1 en 2, onderscheidenlijk de stichting als bedoeld in artikel 297a lid 1;
d. geldt een tijdelijke aanstelling overeenkomstig artikel 349a lid 2 of artikel 356 onder c niet als benoeming;
e. wordt de benoeming van een lid van de raad van toezicht of niet uitvoerende bestuurder bij een fonds als bedoeld in de algemene maatregel van bestuur op grond van artikel 106a van de Pensioenwet en artikel 110ca van de Wet verplichte beroepspensioenregeling geteld overeenkomstig de normering in deze algemene maatregel van bestuur.

4. De nietigheid van de benoeming op grond van de vorige leden heeft geen gevolgen voor de rechtsgeldigheid van de besluitvorming waaraan is deelgenomen.

Art. 297b

1. Indien een toezichthoudend orgaan is ingesteld bij een stichting als bedoeld in artikel 297a lid 1, kunnen in dat orgaan niet worden benoemd: personen die commissaris of niet uitvoerende bestuurder zijn bij vijf of meer andere rechtspersonen. Het voorzitterschap van de raad van commissarissen of het bestuur, indien de bestuurstaken zijn verdeeld over uitvoerende en niet uitvoerende bestuurders, telt dubbel.

2. Voor de toepassing van dit artikel:

a. wordt met een commissaris gelijkgesteld de persoon die lid is van een toezichthoudend orgaan dat bij of krachtens de statuten van een rechtspersoon is ingesteld;

b. telt de benoeming bij verschillende rechtspersonen die met elkaar in een groep zijn verbonden als één benoeming;

c. betreft de verwijzing naar rechtspersonen de rechtsvorm van de naamloze vennootschap en de besloten vennootschap met beperkte aansprakelijkheid die op twee opeenvolgende balansdata, zonder onderbreking nadien op twee opeenvolgende balansdata, niet heeft voldaan aan ten minste twee van de vereisten als bedoeld in artikel 397 leden 1 en 2, onderscheidenlijk de stichting als bedoeld in artikel 297a lid 1;

d. geldt een tijdelijke aanstelling overeenkomstig artikel 349a lid 2 of artikel 356 onder c niet als benoeming;

e. wordt de benoeming van een lid van de raad van toezicht of niet uitvoerende bestuurder bij een fonds als bedoeld in de algemene maatregel van bestuur op grond van artikel 106a van de Pensioenwet en artikel 110ca van de Wet verplichte beroepspensioenregeling geteld overeenkomstig de normering in deze algemene maatregel van bestuur.

3. De nietigheid van de benoeming op grond van de vorige leden heeft geen gevolgen voor de rechtsgeldigheid van de besluitvorming waaraan is deelgenomen.

Art. 298

1. Een bestuurder kan op verzoek van een belanghebbende of van het openbaar ministerie door de rechtbank worden ontslagen wegens verwaarlozing van zijn taak, wegens andere gewichtige redenen, wegens ingrijpende wijziging van omstandigheden op grond waarvan het voortduren van zijn bestuurderschap in redelijkheid niet kan worden geduld of wegens het niet of niet behoorlijk voldoen aan een door de voorzieningenrechter van de rechtbank ingevolge artikel 297 gegeven bevel.

2. De rechtbank kan, hangende het onderzoek, voorlopige voorzieningen in het bestuur treffen en de bestuurder schorsen.

3. Een door de rechtbank ontslagen bestuurder kan gedurende vijf jaar na het ontslag geen bestuurder of commissaris van een stichting worden, tenzij de bestuurder mede gelet op de aan anderen toebedeelde taken geen ernstig verwijt kan worden gemaakt.

4. Het in de voorgaande leden bepaalde is van overeenkomstige toepassing op commissarissen.

Art. 298a

1. Een veroordeling tot herstel van de arbeidsovereenkomst tussen de stichting en de bestuurder kan door de rechter niet worden uitgesproken.

2. Het in het voorgaande lid bepaalde is van overeenkomstige toepassing op commissarissen.

Art. 299

Telkens wanneer het door de statuten voorgeschreven bestuur geheel of gedeeltelijk ontbreekt en daarin niet overeenkomstig de statuten wordt voorzien, kan de rechtbank, op verzoek van iedere belanghebbende of het openbaar ministerie in de vervulling van de ledige plaats voorzien. De rechtbank neemt daarbij zoveel mogelijk de statuten in acht.

(Zie ook: artt. 19, 285, 286, 302 BW Boek 2; artt. 429a, 995 Rv)

Art. 299a

Een stichting die een of meer ondernemingen in stand houdt welke ingevolge de wet in het handelsregister moeten worden ingeschreven, vermeldt bij de staat van baten en lasten de netto-omzet van deze ondernemingen.

(Zie ook: artt. 10, 48 BW Boek 2)

Art. 300

1. Jaarlijks binnen zes maanden na afloop van het boekjaar van een stichting als bedoeld in artikel 360 lid 3, behoudens verlenging van deze termijn met ten hoogste vier maanden door het in lid 3 bedoelde orgaan op grond van bijzondere omstandigheden, maakt het bestuur een jaarrekening op en legt het deze voor hen die deel uitmaken van het in lid 3 bedoelde orgaan ter inzage ten kantore van de stichting. Binnen deze termijn legt het bestuur ook de krachtens artikel 392 lid 1 toe te voegen gegevens ter inzage voor hen die deel uitmaken van het in lid 3 bedoelde orgaan en het bestuursverslag, tenzij artikel 396 lid 7 voor zover het betreft het bestuursverslag, of artikel 403 voor de stichting gelden. Zij die deel uitmaken van het in lid 3 bedoelde orgaan kunnen kosteloos een afschrift van deze stukken verkrijgen.

Toezicht op stichting

Ontslag bestuurder/commissaris op verzoek, gronden

Geen ontslagtoets stichtingsbestuurder en commissaris

Aanvulling bestuur van stichting

Instandhouding onderneming door stichting

Jaarrekening van stichting

B2 art. 300a **Burgerlijk Wetboek Boek 2**

2. De jaarrekening wordt ondertekend door de bestuurders en door hen die deel uitmaken van het toezicht houdende orgaan; ontbreekt de ondertekening van een of meer hunner, dan wordt daarvan onder opgave van reden melding gemaakt.

3. De jaarrekening wordt uiterlijk een maand na afloop van de termijn vastgesteld door het daartoe volgens de statuten bevoegde orgaan. Indien de statuten deze bevoegdheid niet aan enig orgaan verlenen, komt deze bevoegdheid toe aan het toezicht houdende orgaan en bij gebreke daarvan aan het bestuur.

4. Een stichting als bedoeld in artikel 360 lid 3 mag ten laste van de door de wet voorgeschreven reserves een tekort slechts delgen voor zover de wet dat toestaat.

(Zie ook: artt. 49, 58, 104, 215, 365, 389, 390 BW Boek 2)

5. Onze Minister van Economische Zaken kan desverzocht om gewichtige redenen ontheffing verlenen van de verplichting tot het opmaken, het overleggen en het vaststellen van de jaarrekening. Afdeling 4.1.3.3 van de Algemene wet bestuursrecht is van toepassing op deze verzoeken tot ontheffing.

(Zie ook: artt. 49, 58, 101, 210, 383a, 392 BW Boek 2)

Art. 300a

Bestuurdersaansprakelijkheid bij faillissement stichting

1. Ten aanzien van de taakvervulling door bestuurders vindt het bepaalde bij de artikelen 131 en 138 lid 1 en leden 3 tot en met 10 overeenkomstige toepassing.

2. Ten aanzien van de taakvervulling door bestuurders vindt het bepaalde bij de artikelen 138 lid 2 en 139 overeenkomstige toepassing in geval van:

a. een stichting die aan de heffing van vennootschapsbelasting is onderworpen; of

b. een stichting die bij of krachtens de wet verplicht is een financiële verantwoording op te stellen die gelijk of gelijkwaardig is aan een jaarrekening als bedoeld in titel 9.

3. Ten aanzien van de taakvervulling door commissarissen vindt overeenkomstige toepassing:

a. het bepaalde in lid 1 en lid 2, met dien verstande dat in lid 2 voor artikel 139 moet worden gelezen artikel 150; en

b. het bepaalde in artikel 9.

Art. 301

Ontbinding van stichting

1. De rechtbank ontbindt de stichting op verzoek van een belanghebbende of het openbaar ministerie, indien:

a. het vermogen van de stichting ten enenmale onvoldoende is voor de verwezenlijking van haar doel, en de mogelijkheid dat een voldoend vermogen door bijdragen of op andere wijze in afzienbare tijd zal worden verkregen, in hoge mate onwaarschijnlijk is;

b. het doel der stichting is bereikt of niet meer kan worden bereikt, en wijziging van het doel niet in aanmerking komt.

2. De rechtbank kan ook ambtshalve de stichting ontbinden tegelijk met de afwijzing van een verzoek als bedoeld in artikel 294.

(Zie ook: artt. 21, 22, 23, 24 BW Boek 2; artt. 429a, 995 Rv)

Art. 302

Inschrijvingen stichting in handelsregister

In kracht van gewijsde gegane rechterlijke uitspraken, inhoudende:

doorhaling, aanvulling of wijziging van het in het register ingeschrevene,
wijziging van de statuten van de stichting,
wijziging van of voorziening in het bestuur, of
vernietiging van een besluit tot wijziging van de statuten,

worden door de zorg van de griffier van het college waarvoor de zaak laatstelijk aanhangig was ingeschreven in het in artikel 289 van dit Boek genoemde register.

(Zie ook: art. 289 BW Boek 2)
(Zie ook: artt. 294, 296 BW Boek 2)
(Zie ook: artt. 298, 299 BW Boek 2)
(Zie ook: artt. 295, 296 BW Boek 2)
(Zie ook: art. 6 BW Boek 2)

Art. 303

Inschrijving faillissement van stichting in handelsregister

In geval van faillissement of surséance van betaling van een stichting worden de aankondigingen welke krachtens de Faillissementswet in de *Staatscourant* worden opgenomen, door hem die met de openbaarmaking is belast, mede ter inschrijving in het register, bedoeld in artikel 289 van dit Boek, opgegeven.

(Zie ook: artt. 6, 51 BW Boek 2; artt. 14, 18, 167, 193, 216, 222, 245, 248, 256 FW)

Art. 304

Deelnemers aan pensioenfonds bij stichting

1. De deelnemers aan een pensioenfonds of aan een fonds als bedoeld in artikel 631, lid 3, onder c, van Boek 7, worden voor de toepassing van artikel 285 van dit Boek niet beschouwd als leden van een stichting die als een zodanig fonds werkzaam is.

Pensioen/salaris oprichters van stichting

2. Voor de toepassing van artikel 285 lid 3 van dit Boek gelden als uitkeringen aan oprichters van zulk een stichting of aan hen die deel uitmaken van haar organen, niet de uitkeringen die voortvloeien uit een recht op pensioen of uit een aanspraak krachtens een arbeidsovereenkomst waarin een beding als bedoeld in artikel 631, lid 3, onder c, van Boek 7, is opgenomen.

Art. 305-307

[Vervallen]

Titel 7
Fusie en splitsing

Afdeling 1
Algemene bepaling

Art. 308

1. De bepalingen van deze titel zijn van toepassing op de vereniging, de coöperatie, de onderlinge waarborgmaatschappij, de stichting, de naamloze vennootschap en de besloten vennootschap met beperkte aansprakelijkheid.
(Zie ook: artt. 26, 53, 64, 175, 285 BW Boek 2)

Werkingssfeer

2. Zij zijn niet van toepassing op verenigingen zonder volledige rechtsbevoegdheid en op verenigingen van appartementseigenaars.
(Zie ook: art. 30 BW Boek 2; art. 124 BW Boek 5)

3. Deze titel is voorts van toepassing op een naamloze vennootschap, een besloten vennootschap met beperkte aansprakelijkheid of een Europese coöperatieve vennootschap die fuseert met een kapitaalvennootschap of coöperatieve vennootschap naar het recht van een andere lidstaat van de Europese Unie of de Europese Economische Ruimte.

Afdeling 2
Algemene bepalingen omtrent fusies

Art. 309

Fusie is de rechtshandeling van twee of meer rechtspersonen waarbij een van deze het vermogen van de andere onder algemene titel verkrijgt of waarbij een nieuwe rechtspersoon die bij deze rechtshandeling door hen samen wordt opgericht, hun vermogen onder algemene titel verkrijgt.
(Zie ook: artt. 310, 311, 318 BW Boek 2; art. 80 BW Boek 3; art. 946 BW Boek 4; art. 662 BW Boek 7)

Fusie

Art. 310

1. Rechtspersonen kunnen fuseren met rechtspersonen die de zelfde rechtsvorm hebben.

Rechtspersonen

2. Wordt de verkrijgende rechtspersoon nieuw opgericht, dan moet hij de rechtsvorm hebben van de fuserende rechtspersonen.

3. Voor de toepassing van dit artikel worden de naamloze en de besloten vennootschap als rechtspersonen met de zelfde rechtsvorm aangemerkt.

4. Een verkrijgende vereniging, coöperatie, onderlinge waarborgmaatschappij of stichting kan ook fuseren met een naamloze of besloten vennootschap waarvan zij alle aandelen houdt. Een verkrijgende stichting, naamloze of besloten vennootschap kan ook fuseren met een vereniging, coöperatie of onderlinge waarborgmaatschappij waarvan zij het enige lid is.

5. Een ontbonden rechtspersoon mag niet fuseren, indien reeds uit hoofde van de vereffening een uitkering is gedaan.
(Zie ook: artt. 19, 23 BW Boek 2)

6. Een rechtspersoon mag niet fuseren gedurende faillissement of surséance van betaling.
(Zie ook: art. 323 BW Boek 2; art. 1 FW)

Art. 311

1. Met uitzondering van de verkrijgende rechtspersoon houden de fuserende rechtspersonen door het van kracht worden van de fusie op te bestaan.

Einde bestaan fuserende rechtspersonen

2. De leden of aandeelhouders van de verdwijnende rechtspersonen worden door de fusie lid of aandeelhouder van de verkrijgende rechtspersoon, uitgezonderd in de gevallen van de artikelen 310 lid 4, 325 lid 4, 330a, 333, 333a of 333h lid 3, of wanneer krachtens de ruilverhouding van de aandelen zelfs geen recht bestaat op een enkel aandeel.
(Zie ook: art. 325 BW Boek 2)

Art. 312

1. De besturen van de te fuseren rechtspersonen stellen een voorstel tot fusie op.

Voorstel tot fusie
Inhoud van fusievoorstel

2. Dit voorstel vermeldt ten minste:
a. de rechtsvorm, naam en zetel van de te fuseren rechtspersonen;
b. de statuten van de verkrijgende rechtspersoon zoals die luiden en zoals zij na de fusie zullen luiden of, indien de verkrijgende rechtspersoon nieuw wordt opgericht, het ontwerp van de akte van oprichting;
(Zie ook: artt. 66, 68, 177 BW Boek 2)

c. welke rechten of vergoedingen ingevolge artikel 320 ten laste van de verkrijgende rechtspersoon worden toegekend aan degenen die anders dan als lid of aandeelhouder bijzondere rechten hebben jegens de verdwijnende rechtspersonen, zoals rechten op een uitkering van winst of tot het nemen van aandelen, en met ingang van welk tijdstip;

(Zie ook: artt. 96a, 105, 216 BW Boek 2)

d. welke voordelen in verband met de fusie worden toegekend aan een bestuurder of commissaris van een te fuseren rechtspersoon of aan een ander die bij de fusie is betrokken;

e. de voornemens over de samenstelling na de fusie van het bestuur en, als er een raad van commissarissen zal zijn, van die raad;

f. voor elk van de verdwijnende rechtspersonen het tijdstip met ingang waarvan financiële gegevens zullen worden verantwoord in de jaarrekening of andere financiële verantwoording van de verkrijgende rechtspersoon;

(Zie ook: art. 361 BW Boek 2)

g. de voorgenomen maatregelen in verband met de overgang van het lidmaatschap of aandeelhouderschap van de verdwijnende rechtspersonen;

h. de voornemens omtrent voortzetting of beëindiging van werkzaamheden;

i. wie in voorkomend geval het besluit tot fusie moeten goedkeuren.

(Zie ook: artt. 27, 66, 177, 286 BW Boek 2)

3. Het voorstel tot fusie wordt ondertekend door de bestuurders van elke te fuseren rechtspersoon; ontbreekt de handtekening van een of meer hunner, dan wordt daarvan onder opgave van reden melding gemaakt.

4. Tenzij alle fuserende rechtspersonen verenigingen of stichtingen zijn, moet het voorstel tot fusie zijn goedgekeurd door de raden van commissarissen en wordt het door de commissarissen mede ondertekend; ontbreekt de handtekening van een of meer hunner, dan wordt daarvan onder opgave van redenen melding gemaakt. Voorts vermeldt het voorstel de invloed van de fusie op de grootte van de goodwill en de uitkeerbare reserves van de verkrijgende rechtspersoon.

(Zie ook: artt. 37, 129, 239, 326 BW Boek 2)

Art. 313

Schriftelijke toelichting op fusie

1. In een schriftelijke toelichting geeft het bestuur van elke te fuseren rechtspersoon de redenen voor de fusie met een uiteenzetting over de verwachte gevolgen voor de werkzaamheden en een toelichting uit juridisch, economisch en sociaal oogpunt.

Opstellen jaarrekening

2. Indien het laatste boekjaar van de rechtspersoon, waarover een jaarrekening of andere financiële verantwoording is vastgesteld, meer dan zes maanden voor de nederlegging of openbaarmaking van het voorstel tot fusie is verstreken, maakt het bestuur een jaarrekening of tussentijdse vermogensopstelling op. Deze heeft betrekking op de stand van het vermogen op ten vroegste de eerste dag van de derde maand voor de maand waarin zij wordt neergelegd. De vermogensopstelling wordt opgemaakt met inachtneming van de indeling en de waarderingsmethoden die in de laatst vastgestelde jaarrekening of andere financiële verantwoording zijn toegepast, tenzij daarvan gemotiveerd wordt afgeweken op de grond dat de actuele waarde belangrijk afwijkt van de boekwaarde. In de vermogensopstelling worden krachtens de wet of de statuten te reserveren bedragen opgenomen.

(Zie ook: artt. 362, 384 BW Boek 2)

3. In de gevallen van de artikelen 310 lid 4 en 333 is geen toelichting vereist voor de verdwijnende rechtspersoon, tenzij anderen dan de verkrijgende rechtspersoon een bijzonder recht jegens de verdwijnende rechtspersoon hebben, zoals een recht op uitkering van winst of tot het nemen van aandelen.

(Zie ook: art. 327 BW Boek 2)

4. Lid 1 blijft buiten toepassing indien de leden of aandeelhouders van de fuserende rechtspersonen daarmee instemmen.

5. Lid 2 blijft buiten toepassing indien een rechtspersoon voldoet aan de vereisten met betrekking tot de halfjaarlijkse financiële verslaggeving genoemd in artikel 5:25d van de Wet op het financieel toezicht.

Art. 313a

[Vervallen]

Art. 314

Gegevensverstrekking aan handelsregister bij fusie

1. Elke te fuseren rechtspersoon legt ten kantore van het handelsregister neer of maakt langs elektronische weg bij het handelsregister openbaar:

a. het voorstel tot fusie,

(Zie ook: art. 312 BW Boek 2)

b. de laatste drie vastgestelde jaarrekeningen of andere financiële verantwoordingen van de te fuseren rechtspersonen, met de accountantsverklaring daarbij, voor zover deze stukken ter inzage liggen of moeten liggen,

(Zie ook: artt. 361, 393, 394 BW Boek 2)

c. de jaarverslagen van de te fuseren rechtspersonen over de laatste drie afgesloten jaren, voor zover deze ter inzage liggen of moeten liggen,
(Zie ook: art. 391 BW Boek 2)
d. tussentijdse vermogensopstellingen of niet vastgestelde jaarrekeningen, voor zover vereist ingevolge artikel 313 lid 2 en voor zover de jaarrekening van de rechtspersoon ter inzage moet liggen.
(Zie ook: artt. 29, 77, 188, 289 BW Boek 2; artt. 4, 7 Hregw)

2. Tegelijkertijd legt het bestuur de stukken, met inbegrip van jaarrekeningen en jaarverslagen die niet ter openbare inzage hoeven te liggen, samen met de toelichtingen van de besturen op het voorstel neer ten kantore van de rechtspersoon of, bij gebreke van een kantoor, aan de woonplaats van een bestuurder, of maakt deze langs elektronische weg toegankelijk. De stukken liggen tot het tijdstip van de fusie, en op het adres van de verkrijgende rechtspersoon onderscheidenlijk van een bestuurder daarvan nog zes maanden nadien, ter inzage of zijn elektronisch toegankelijk, voor de leden of aandeelhouders en voor hen die een bijzonder recht jegens de rechtspersoon hebben, zoals een recht op een uitkering van winst of tot het nemen van aandelen. In dit tijdvak kunnen zij kosteloos een afschrift daarvan verkrijgen. Een afschrift mag elektronisch worden verstrekt als een lid of aandeelhouder daarmee heeft ingestemd. De rechtspersoon is niet gehouden om afschriften te verstrekken in het geval dat leden of aandeelhouders de mogelijkheid hebben om een elektronisch afschrift van de stukken op te slaan.
(Zie ook: artt. 102, 212, 329 BW Boek 2)

3. De te fuseren rechtspersonen kondigen in een landelijk verspreid dagblad aan dat de stukken zijn neergelegd of raadpleegbaar zijn, met opgave van de openbare registers waar zij liggen of elektronisch toegankelijk zijn en van het adres waar zij krachtens lid 2 ter inzage liggen of elektronisch toegankelijk zijn.

4. Indien de ondernemingsraad of medezeggenschapsraad van een te fuseren rechtspersoon of een vereniging van werknemers die werknemers van de rechtspersoon of van een dochtermaatschappij onder haar leden telt, schriftelijk een advies of opmerkingen indient, worden deze tegelijk met het voorstel tot fusie of onmiddellijk na ontvangst, neergelegd op het adres bedoeld in lid 2. De tweede tot en met de vijfde zin van lid 2 zijn van overeenkomstige toepassing.
(Zie ook: art. 25 WOR)

5. Indien de besturen van de te fuseren rechtspersonen het voorstel tot fusie wijzigen, zijn de leden 1-4 van overeenkomstige toepassing.

6. De leden 2 en 4 gelden niet voor stichtingen.

Art. 315

1. Het bestuur van elke te fuseren rechtspersoon is verplicht de algemene vergadering en de andere te fuseren rechtspersonen in te lichten over na het voorstel tot fusie gebleken belangrijke wijzigingen in de activa en de passiva die de mededelingen in het voorstel tot fusie of in de toelichting hebben beïnvloed.
(Zie ook: artt. 40, 107, 217, 312, 313 BW Boek 2)

2. Voor een stichting geldt deze verplichting jegens degenen die blijkens de statuten de fusie moeten goedkeuren.

3. Lid 1 blijft buiten toepassing indien de leden of aandeelhouders van de fuserende rechtspersonen daarmee instemmen.

Art. 316

1. Ten minste een van de te fuseren rechtspersonen moet, op straffe van gegrondverklaring van een verzet als bedoeld in het volgende lid, voor iedere schuldeiser van deze rechtspersonen die dit verlangt zekerheid stellen of hem een andere waarborg geven voor de voldoening van zijn vordering. Dit geldt niet, indien de schuldeiser voldoende waarborgen heeft of de vermogenstoestand van de verkrijgende rechtspersoon na de fusie niet minder waarborg zal bieden dat de vordering zal worden voldaan, dan er voordien is.

2. Tot een maand nadat alle te fuseren rechtspersonen de nederlegging of openbaarmaking van het voorstel tot fusie hebben aangekondigd kan iedere schuldeiser door het indienen van een verzoek bij de rechtbank tegen het voorstel tot fusie in verzet komen met vermelding van de waarborg die wordt verlangd. De rechtbank wijst het verzoek af, indien de verzoeker niet aannemelijk heeft gemaakt dat de vermogenstoestand van de verkrijgende rechtspersoon na de fusie minder waarborg zal bieden dat de vordering zal worden voldaan, en dat van de rechtspersoon niet voldoende waarborgen zijn verkregen.
(Zie ook: art. 314 BW Boek 2; artt. 429a, 995, 997 Rv)

3. Voordat de rechter beslist, kan hij de rechtspersonen in de gelegenheid stellen binnen een door hem gestelde termijn een door hem omschreven waarborg te geven.

4. Indien tijdig verzet is gedaan, mag de akte van fusie eerst worden verleden, zodra het verzet is ingetrokken of de opheffing van het verzet uitvoerbaar is.
(Zie ook: art. 323 BW Boek 2)

5. Indien de akte van fusie al is verleden, kan de rechter op een ingesteld rechtsmiddel het stellen van een door hem omschreven waarborg bevelen en daaraan een dwangsom verbinden. *(Zie ook: artt. 100, 209, 318, 334, 404 BW Boek 2; art. 611a Rv)*

Art. 317

Besluit tot fusie

1. Het besluit tot fusie wordt genomen door de algemene vergadering; in een stichting wordt het besluit genomen door degene die de statuten mag wijzigen of, als geen ander dat mag, door het bestuur. Het besluit mag niet afwijken van het voorstel tot fusie. *(Zie ook: artt. 40, 107, 217, 312, 313 BW Boek 2)*

2. Een besluit tot fusie kan eerst worden genomen na verloop van een maand na de dag waarop alle fuserende rechtspersonen de nederlegging of openbaarmaking van het voorstel tot fusie hebben aangekondigd. *(Zie ook: art. 314 BW Boek 2)*

3. Een besluit tot fusie wordt genomen op dezelfde wijze als een besluit tot wijziging van de statuten. Vereist de wet voor een besluit tot statutenwijziging de instemming van alle aandeelhouders of bepaalde aandeelhouders, dan geldt dit ook voor het besluit tot fusie. Vereisen de statuten hiervoor goedkeuring, dan geldt dit ook voor het besluit tot fusie. Vereisen de statuten voor de wijziging van afzonderlijke bepalingen verschillende meerderheden, dan is voor een besluit tot fusie de grootste daarvan vereist, en sluiten de statuten wijziging van bepalingen uit, dan zijn de stemmen van alle stemgerechtigde leden of aandeelhouders vereist; een en ander tenzij die bepalingen na de fusie onverminderd zullen gelden. *(Zie ook: artt. 42, 212, 231, 293 BW Boek 2)*

4. Lid 3 geldt niet, voor zover de statuten een andere regeling voor besluiten tot fusie geven.

5. Een besluit tot fusie van een stichting behoeft de goedkeuring van de rechtbank, tenzij de statuten het mogelijk maken alle bepalingen daarvan te wijzigen. De rechtbank wijst het verzoek af, indien er gegronde redenen zijn om aan te nemen dat de fusie strijdig is met het belang van de stichting. *(Zie ook: artt. 314, 323, 330, 334 BW Boek 2; artt. 429a, 995 Rv)*

6. Indien het een fusie van een rechtspersoon betreft die beleggingsinstelling is als bedoeld in de Wet op het financieel toezicht waarvan het doel is de collectieve belegging van uit het publiek aangetrokken kapitaal met toepassing van het beginsel van risicospreiding en waarvan de rechten van deelneming ten laste van de activa van de beleggingsinstelling op verzoek van de houders direct of indirect worden ingekocht of terugbetaald, mogen de statuten voor het besluit tot fusie niet meer dan drie vierden van de uitgebrachte stemmen vereisen. Met inkopen of terugbetalingen als bedoeld in de eerste zin wordt gelijkgesteld ieder handelen van een dergelijke beleggingsinstelling om te voorkomen dat de waarde van haar deelnemingsrechten ter beurze aanzienlijk afwijkt van de intrinsieke waarde.

Art. 317a

[Vervallen]

Art. 318

Notariële akte bij fusie

1. De fusie geschiedt bij notariële akte en wordt van kracht met ingang van de dag na die waarop de akte is verleden. De akte mag slechts worden verleden binnen zes maanden na de aankondiging van de nederlegging of openbaarmaking van het voorstel of, indien dit als gevolg van gedaan verzet niet mag, binnen een maand na intrekking of nadat de opheffing van het verzet uitvoerbaar is geworden. *(Zie ook: artt. 27, 64, 179, 286, 314, 316 BW Boek 2)*

2. Aan de voet van de akte verklaart de notaris dat hem is gebleken dat de vormvoorschriften in acht zijn genomen voor alle besluiten die deze en de volgende afdeling en de statuten voor het totstandkomen van de fusie vereisten en dat voor het overige de daarvoor in deze en de volgende afdeling en in de statuten gegeven voorschriften zijn nageleefd. *(Zie ook: art. 323 BW Boek 2)*

Inschrijving fusie in handelsregister door verkrijgende persoon

3. De verkrijgende rechtspersoon doet de fusie binnen acht dagen na het verlijden inschrijven in het handelsregister. Daarbij wordt een afschrift van de akte van fusie met de notariële verklaring aan de voet daarvan ten kantore van dat register neergelegd. *(Zie ook: artt. 29, 69, 180, 289 BW Boek 2)*

4. De verkrijgende rechtspersoon doet binnen een maand opgave van de fusie aan de beheerders van andere openbare registers waarin overgang van rechten of de fusie kan worden ingeschreven. Gaat door de fusie een registergoed op de verkrijgende rechtspersoon over, dan is deze verplicht binnen deze termijn aan de bewaarder van de openbare registers, bedoeld in afdeling 2 van titel 1 van Boek 3, de voor de inschrijving van de fusie vereiste stukken aan te bieden. *(Zie ook: artt. 332, 334 BW Boek 2)*

Art. 319

Overgang pandrecht/vruchtgebruik bij fusie

1. Pandrecht en vruchtgebruik op een recht van lidmaatschap of op aandelen van de verdwijdende rechtspersonen gaan over op hetgeen daarvoor in de plaats treedt.

Burgerlijk Wetboek Boek 2 **B2 art. 323**

2. Rust het pandrecht of vruchtgebruik op een recht van lidmaatschap of op aandelen waarvoor niets in de plaats treedt, dan moet de verkrijgende rechtspersoon een gelijkwaardige vervanging geven.

(Zie ook: artt. 88, 89, 197, 198 BW Boek 2)

Art. 320

1. Hij die, anders dan als lid of aandeelhouder, een bijzonder recht jegens een verdwijnende rechtspersoon heeft, zoals een recht op een uitkering van winst of tot het nemen van aandelen, moet een gelijkwaardig recht in de verkrijgende rechtspersoon krijgen, of schadeloosstelling.

Schadeloosstelling bijzondere gerechtigde bij fusie

2. De schadeloosstelling wordt bij gebreke van overeenstemming bepaald door een of meer onafhankelijke deskundigen, ten verzoeke van de meest gerede partij te benoemen door de voorzieningenrechter van de rechtbank van het arrondissement waarin de woonplaats van de verkrijgende rechtspersoon is gelegen.

(Zie ook: art. 10 BW Boek 1)

3. Artikel 319 is van overeenkomstige toepassing op pandrecht of vruchtgebruik dat op de bijzondere rechten was gevestigd.

(Zie ook: artt. 312, 334 BW Boek 2)

Art. 321

1. Op het tijdstip met ingang waarvan de verkrijgende rechtspersoon de financiële gegevens van een verdwijnende rechtspersoon zal verantwoorden in de eigen jaarrekening of andere financiële verantwoording, is het laatste boekjaar van die verdwijnende rechtspersoon geëindigd.

Financiële verantwoording verdwijnende en verkrijgende rechtspersoon bij fusie

2. De verplichtingen omtrent de jaarrekening of andere financiële verantwoording van de verdwijnende rechtspersonen rusten na de fusie op de verkrijgende rechtspersoon.

3. Waarderingsverschillen tussen de verantwoording van activa en passiva in de laatste jaarrekening of andere financiële verantwoording van de verdwijnende rechtspersonen en in de eerste jaarrekening of andere financiële verantwoording waarin de verkrijgende rechtspersoon deze activa en passiva verantwoordt, moeten worden toegelicht.

(Zie ook: art. 378 BW Boek 2)

4. De verkrijgende rechtspersoon moet wettelijke reserves vormen op de zelfde wijze als waarop de verdwijnende rechtspersonen wettelijke reserves moesten aanhouden, tenzij de wettelijke grond voor het aanhouden daarvan is vervallen.

(Zie ook: artt. 207c, 334, 361, 365, 389 BW Boek 2)

Art. 322

1. Indien ten gevolge van de fusie een overeenkomst van een fuserende rechtspersoon naar maatstaven van redelijkheid en billijkheid niet ongewijzigd in stand behoort te blijven, wijzigt of ontbindt de rechter de overeenkomst op vordering van een der partijen. Aan de wijziging of ontbinding kan terugwerkende kracht worden verleend.

Wijziging/ontbinding overeenkomst bij fusie door rechter

2. De bevoegdheid tot het instellen van de vordering vervalt door verloop van zes maanden na de nederlegging van de akte van fusie ten kantore van de openbare registers van de woonplaatsen van de gefuseerde rechtspersonen.

(Zie ook: art. 318 BW Boek 2)

3. Indien uit de wijziging of ontbinding van de overeenkomst schade ontstaat voor de wederpartij, is de rechtspersoon gehouden tot vergoeding daarvan.

(Zie ook: artt. 78, 95, 258, 265, 277 BW Boek 6)

Art. 323

1. De rechter kan een fusie alleen vernietigen:

a. indien de door een notaris ondertekende akte van fusie geen authentiek geschrift is;

b. wegens het niet naleven van artikel 310, leden 5 en 6, artikel 316, lid 4 of 318 lid 2;

c. wegens nietigheid, het niet van kracht zijn of een grond tot vernietiging van een voor de fusie vereist besluit van de algemene vergadering of, in een stichting, van het bestuur;

d. wegens het niet naleven van artikel 317 lid 5.

Vernietiging fusie door rechter

2. Vernietiging geschiedt door een uitspraak van de rechter van de woonplaats van de verkrijgende rechtspersoon op vordering tegen de rechtspersoon van een lid, aandeelhouder, bestuurder of andere belanghebbende. Een niet door de rechter vernietigde fusie is geldig.

3. De bevoegdheid tot het instellen van de vordering tot vernietiging vervalt door herstel van het verzuim of door verloop van zes maanden na de nederlegging van de akte van fusie ten kantore van het handelsregister.

(Zie ook: artt. 15, 318 BW Boek 2)

4. De fusie wordt niet vernietigd:

a. indien de rechtspersoon binnen een door de rechter te bepalen tijdvak het verzuim heeft hersteld,

(Zie ook: art. 21 BW Boek 2)

b. indien de reeds ingetreden gevolgen van de fusie bezwaarlijk ongedaan kunnen worden gemaakt.

(Zie ook: art. 53 BW Boek 3)

5. Heeft de eiser tot vernietiging van de fusie schade geleden door een verzuim dat tot vernietiging had kunnen leiden, en vernietigt de rechter de fusie niet, dan kan de rechter de rechtspersoon veroordelen tot vergoeding van de schade. De rechtspersoon heeft daarvoor verhaal op de schuldigen aan het verzuim en, tot ten hoogste het genoten voordeel, op degenen die door het verzuim zijn bevoordeeld.

6. De vernietiging wordt, door de zorg van de griffier van het gerecht waar de vordering laatstelijk aanhangig was, ingeschreven in het handelsregister.

(Zie ook: art. 334 BW Boek 2; art. 6 BW Boek 6)

7. De rechtspersonen zijn hoofdelijk aansprakelijk voor verbintenissen die, ten laste van de rechtspersoon waarin zij gefuseerd zijn geweest, zijn ontstaan na de fusie en voordat de vernietiging in het handelsregister is ingeschreven.

8. De onherroepelijke uitspraak tot vernietiging van een fusie is voor ieder bindend. Verzet door derden en herroeping zijn niet toegestaan.

(Zie ook: art. 13 BW Boek 2; art. 59 BW Boek 3; artt. 376, 382, 429, 995 Rv)

Art. 323a-323b

[Vervallen]

Afdeling 3
Bijzondere bepalingen voor fusies van naamloze en besloten vennootschappen

Art. 324

Werkingssfeer Deze afdeling is van toepassing, indien een naamloze of besloten vennootschap fuseert. *(Zie ook: art. 308 BW Boek 2)*

Art. 325

Ruilverhouding van aandelen/certificaten bij fusie

1. Indien aandelen of certificaten van aandelen in het kapitaal van een te fuseren vennootschap zijn toegelaten tot de handel op een gereglementeerde markt of een multilaterale handelsfaciliteit, als bedoeld in artikel 1:1 van de Wet op het financieel toezicht of een met een gereglementeerde markt of multilaterale handelsfaciliteit vergelijkbaar systeem uit een staat die geen lidstaat is, kan de ruilverhouding afhankelijk zijn van de prijs van die aandelen onderscheidenlijk certificaten op die markt op een of meer in het voorstel tot fusie te bepalen tijdstippen, gelegen voor de dag waarop de fusie van kracht wordt.

2. Indien krachtens de ruilverhouding van de aandelen recht bestaat op geld of schuldvorderingen, mag het gezamenlijke bedrag daarvan een tiende van het nominale bedrag van de toegekende aandelen niet te boven gaan.

(Zie ook: art. 326 BW Boek 2)

3. Bij de akte van fusie kan de verkrijgende vennootschap aandelen in haar kapitaal die zij zelf of een andere fuserende vennootschap houdt, intrekken tot ten hoogste het bedrag van de aandelen die zij toekent aan haar nieuwe aandeelhouders. De artikelen 99, 100, 208 en 216 gelden niet voor dit geval.

(Zie ook: artt. 326, 334 BW Boek 2)

4. Aandelen in het kapitaal van de verdwijnende vennootschappen die worden gehouden door of voor rekening van de fuserende vennootschappen, vervallen.

(Zie ook: artt. 325, 334ii BW Boek 2)

Art. 326

Inhoud van fusievoorstel Het voorstel tot fusie vermeldt naast de in artikel 312 genoemde gegevens:

a. de ruilverhouding van de aandelen en eventueel de omvang van de betalingen krachtens de ruilverhouding;

(Zie ook: art. 325 BW Boek 2)

b. met ingang van welk tijdstip en in welke mate de aandeelhouders van de verdwijnende vennootschappen zullen delen in de winst van de verkrijgende vennootschap;

(Zie ook: art. 334 BW Boek 2)

c. hoeveel aandelen eventueel zullen worden ingetrokken met toepassing van artikel 325 lid 3;

d. de gevolgen van de fusie voor de houders van stemrechtloze of winstrechtloze aandelen;

e. de hoogte van de schadeloosstelling voor een aandeel bij toepassing van artikel 330a;

f. het totaal bedrag waarvoor ten hoogste met toepassing van artikel 330a schadeloosstelling kan worden verzocht.

(Zie ook: art. 334y BW Boek 2)

Art. 327

Toelichting op fusievoorstel In de toelichting op het voorstel tot fusie moet het bestuur mededelen:

a. volgens welke methode of methoden de ruilverhouding van de aandelen is vastgesteld;

b. of deze methode of methoden in het gegeven geval passen;

c. tot welke waardering elke gebruikte methode leidt;

d. indien meer dan een methode is gebruikt, of het bij de waardering aangenomen betrekkelijke gewicht van de methoden in het maatschappelijke verkeer als aanvaardbaar kan worden beschouwd; en *e.* welke bijzondere moeilijkheden er eventueel zijn geweest bij de waardering en bij de bepaling van de ruilverhouding.

(Zie ook: artt. 312, 313, 328 BW Boek 2)

Art. 328

1. Een door het bestuur aangewezen accountant als bedoeld in artikel 393 moet het voorstel tot fusie onderzoeken en moet verklaren of de voorgestelde ruilverhouding van de aandelen, mede gelet op de bijgevoegde stukken, naar zijn oordeel redelijk is. Hij moet tevens verklaren dat de som van de eigen vermogens van de verdwijnende vennootschappen, elk bepaald naar de dag waarop haar jaarrekening of tussentijdse vermogensopstelling betrekking heeft, bij toepassing van in het maatschappelijke verkeer als aanvaardbaar beschouwde waarderingsmethoden ten minste overeen kwam met het nominaal gestorte bedrag op de gezamenlijke aandelen die hun aandeelhouders ingevolge de fusie verkrijgen, vermeerderd met betalingen waarop zij krachtens de ruilverhouding recht hebben en vermeerderd met het totaal bedrag van de schadeloosstelling waarop aandeelhouders op grond van artikel 330a recht kunnen doen gelden.

2. De accountant moet tevens een verslag opstellen, waarin hij zijn oordeel geeft over de mededelingen, bedoeld in artikel 327.

3. Indien twee of meer van de fuserende vennootschappen naamloze vennootschappen zijn, wordt slechts de zelfde persoon als accountant aangewezen, indien de voorzitter van de ondernemingskamer van het gerechtshof Amsterdam de aanwijzing op hun eenparige verzoek heeft goedgekeurd.

(Zie ook: art. 334 BW Boek 2; art. 72 Wet RO)

4. De accountants zijn bij alle fuserende vennootschappen gelijkelijk tot onderzoek bevoegd.

5. Op de verklaring van de accountant is artikel 314 van overeenkomstige toepassing en op zijn verslag de leden 2 en 3 van artikel 314.

(Zie ook: artt. 325, 326, 393 BW Boek 2)

6. De eerste volzin van lid 1 en lid 2 blijven buiten toepassing indien de aandeelhouders van de fuserende vennootschappen daarmee instemmen.

Art. 329

Artikel 314 lid 2 geldt ook ten behoeve van houders van met medewerking van een naamloze vennootschap uitgegeven certificaten van haar aandelen en ten behoeve van degenen aan wie op grond van artikel 227 lid 2 het vergaderrecht toekomt in een besloten vennootschap.

Art. 330

1. Voor het besluit tot fusie van de algemene vergadering is in elk geval een meerderheid van ten minste twee derden vereist, indien minder dan de helft van het geplaatste kapitaal ter vergadering is vertegenwoordigd. Indien het een fusie van een vennootschap betreft die beleggingsinstelling is als bedoeld in de Wet op het financieel toezicht waarvan het doel is de collectieve belegging van uit het publiek aangetrokken kapitaal met toepassing van het beginsel van risicospreiding en waarvan de rechten van deelneming ten laste van de activa van de vennootschap op verzoek van de houders direct of indirect worden ingekocht of terugbetaald, mag de vereiste meerderheid niet meer dan drie vierden bedragen. Met inkopen of terugbetalingen als bedoeld in de eerste zin wordt gelijkgesteld ieder handelen van een dergelijke beleggingsinstelling om te voorkomen dat de waarde van haar deelnemingsrechten ter beurze aanzienlijk afwijkt van de intrinsieke waarde.

(Zie ook: art. 317 BW Boek 2)

2. Zijn er aandelen van een bepaalde soort of aanduiding, dan is er naast het besluit tot fusie van de algemene vergadering vereist een voorafgaand of gelijktijdig goedkeurend besluit van elke groep houders van aandelen van een zelfde soort of aanduiding aan wier rechten de fusie afbreuk doet. Artikel 231 lid 4 is niet van toepassing ten aanzien van een besluit tot fusie. Artikel 226 lid 2 is niet van toepassing ten aanzien van een fusie als bedoeld in artikel 333h. Goedkeuring kan eerst geschieden na verloop van een maand na de dag waarop alle fuserende vennootschappen de nederlegging of openbaarmaking van het voorstel tot fusie hebben aangekondigd.

(Zie ook: art. 96 BW Boek 2)

3. De notulen van de algemene vergaderingen waarin tot fusie wordt besloten of waarin deze ingevolge lid 2 wordt goedgekeurd, worden opgemaakt bij notariële akte.

Art. 330a

1. Wanneer de verkrijgende vennootschap, of bij toepassing van artikel 333a de groepsmaatschappij die de aandelen toekent, geen besloten vennootschap is, kunnen houders van winstrechtloze aandelen die tegen het voorstel tot fusie hebben gestemd en houders van stemrechtloze aandelen bij de vennootschap een verzoek tot schadeloosstelling indienen. Het verzoek tot schadeloosstelling moet schriftelijk aan de vennootschap worden gedaan binnen één maand nadat zij aan de aandeelhouder heeft meegedeeld dat hij deze schadeloosstelling kan vragen. De mededeling geschiedt op dezelfde wijze als de oproeping tot een algemene vergadering.

2. Het bedrag van de schadeloosstelling als bedoeld in het eerste lid, wordt vastgesteld door een of meer onafhankelijke deskundigen. De deskundigen brengen over de waardebepaling schriftelijk bericht uit, waarop artikel 314 lid 2 van toepassing is. Indien tussen partijen op

Accountantsonderzoek bij fusievoorstel

Schakelbepaling

Schakelbepaling

Besluitvorming door algemene vergadering bij fusie

Schadeloosstelling bij fusie

grond van de statuten of een overeenkomst waarbij de vennootschap en de desbetreffende aandeelhouders partij zijn, bepalingen over de vaststelling van de waarde van de aandelen of de vaststelling van de schadeloosstelling gelden, stellen de deskundigen hun bericht op met inachtneming daarvan. De benoeming van deskundigen kan achterwege blijven, indien de statuten of een overeenkomst waarbij de vennootschap en de desbetreffende aandeelhouders partij zijn, een duidelijke maatstaf bevatten aan de hand waarvan de schadeloosstelling zonder meer kan worden vastgesteld.

3. De notaris passeert de akte van fusie niet voordat de schadeloosstelling is betaald, tenzij de fuserende vennootschappen hebben besloten dat de verkrijgende vennootschap de schadeloosstelling moet voldoen. De aandelen waarop het verzoek betrekking heeft, vervallen op het moment waarop de fusie van kracht wordt.

Art. 331

Bestuursbesluit tot fusie door verkrijgende vennootschap

1. Tenzij de statuten anders bepalen, kan een verkrijgende vennootschap bij bestuursbesluit tot fusie besluiten.

(Zie ook: art. 314 lid 3 BW Boek 2)

2. Dit besluit kan slechts worden genomen, indien de vennootschap het voornemen hiertoe heeft vermeld in de aankondiging dat het voorstel tot fusie is neergelegd.

3. Het besluit kan niet worden genomen, indien een of meer aandeelhouders die tezamen ten minste een twintigste van het geplaatste kapitaal vertegenwoordigen, of een zoveel geringer bedrag als in de statuten is bepaald, binnen een maand na de aankondiging aan het bestuur hebben verzocht de algemene vergadering bijeen te roepen om over de fusie te besluiten. De artikelen 317 en 330 zijn dan van toepassing.

(Zie ook: artt. 107, 129, 217, 239 BW Boek 2)

4. Indien een verkrijgende vennootschap fuseert met een vennootschap waarvan zij alle aandelen houdt, kan de verdwijnende vennootschap bij bestuursbesluit tot fusie besluiten, tenzij de statuten anders bepalen.

Art. 332

[Vervallen]

Art. 333

Fusie met 100%-dochter

1. Indien de verkrijgende vennootschap fuseert met een vennootschap waarvan zij alle aandelen houdt of met een vereniging, coöperatie of onderlinge waarborgmaatschappij waarvan zij het enige lid is, zijn de artikelen 326-328 niet van toepassing.

2. Indien iemand, of een ander voor zijn rekening, alle aandelen houdt in het kapitaal van de te fuseren vennootschappen en de verkrijgende vennootschap geen aandelen toekent ingevolge de akte van fusie, zijn de artikelen 326-328 niet van toepassing.

3. Indien een verkrijgende vereniging, coöperatie, onderlinge waarborgmaatschappij of stichting fuseert met een naamloze of besloten vennootschap waarvan zij alle aandelen houdt, is van deze afdeling slechts van toepassing artikel 329.

Art. 333a

Aandeelhouders van groepsmaatschappij bij fusie

1. De akte van fusie kan bepalen dat de aandeelhouders van de verdwijnende vennootschappen aandeelhouder worden van een groepsmaatschappij van de verkrijgende vennootschap. Zij worden dan geen aandeelhouder van de verkrijgende vennootschap.

2. Zulk een fusie is slechts mogelijk, indien de groepsmaatschappij alleen of samen met een andere groepsmaatschappij het gehele geplaatste kapitaal van de verkrijgende vennootschap verschaft. De artikelen 317, leden 1 tot en met 4, 330 en 331 zijn op het besluit van de groepsmaatschappij van overeenkomstige toepassing.

3. De groepsmaatschappij die de aandelen toekent geldt naast de verkrijgende vennootschap als fuserende rechtspersoon. Op haar rusten de verplichtingen die ingevolge de artikelen 312 tot en met 329 en 330a lid 1 op een verkrijgende vennootschap rusten, met uitzondering van de verplichtingen uit de artikelen 316, 317, 318 lid 4, 321 lid 2 en lid 4, 323, lid 7; voor de toepassing van artikel 328 lid 3 blijft zij buiten beschouwing. De artikelen 312 lid 2 onder b, 320, 325 lid 3, 326 lid 1 onder b en 330a lid 1 gelden alsdan niet voor de verkrijgende vennootschap.

(Zie ook: art. 24b BW Boek 2)

Afdeling 3A

Bijzondere bepalingen voor grensoverschrijdende fusies

Art. 333b

Grensoverschrijdende fusie

1. Deze afdeling is van toepassing indien een naamloze vennootschap, een besloten vennootschap met beperkte aansprakelijkheid of een Europese coöperatieve vennootschap fuseert met een kapitaalvennootschap of coöperatieve vennootschap naar het recht van een andere lidstaat van de Europese Unie of de Europese Economische Ruimte.

2. Deze afdeling is van toepassing op een naamloze vennootschap die beleggingsinstelling is als bedoeld in de Wet op het financieel toezicht waarvan de rechten van deelneming op verzoek van de deelnemers direct of indirect worden ingekocht of terugbetaald ten laste van de activa van de instelling.

Art. 333c

1. Een naamloze of besloten vennootschap kan fuseren met een kapitaalvennootschap die is opgericht naar het recht van een andere lidstaat van de Europese Unie of de Europese Economische Ruimte. Een naamloze of besloten vennootschap kan voorts verkrijgende vennootschap zijn bij een fusie tussen kapitaalvennootschappen die zijn opgericht naar het recht van een andere lidstaat van de Europese Unie of de Europese Economische Ruimte.

Grensoverschrijdende fusie binnen EU of EER

2. Een Europese coöperatieve vennootschap met zetel in Nederland kan fuseren met een coöperatieve vennootschap opgericht naar het recht van een of meer andere lidstaten van de Europese Unie of de Europese Economische Ruimte. Een Europese coöperatieve vennootschap met zetel in Nederland kan voorts verkrijgende vennootschap zijn bij een fusie tussen coöperatieve vennootschappen opgericht naar het recht van een of meer andere lidstaten van de Europese Unie of de Europese Economische Ruimte. Op de fusie zijn tevens de artikelen 324 tot en met 333 van toepassing, tenzij in deze afdeling anders is bepaald.

3. Een naamloze of besloten vennootschap kan met toepassing van artikel 333a fuseren met een kapitaalvennootschap naar het recht van een andere lidstaat van de Europese Unie of de Europese Economische Ruimte, mits de verkrijgende vennootschap en de groepsmaatschappij bedoeld in artikel 333a lid 1 vennootschappen met zetel in Nederland zijn.

4. Een beleggingsinstelling bedoeld in artikel 333b lid 2 kan fuseren met een naamloze vennootschap opgericht naar het recht van een andere lidstaat van de Europese Unie of de Europese Economische Ruimte waarvan het doel is de collectieve belegging van uit het publiek aangetrokken kapitaal met toepassing van het beginsel van risicospreiding en waarvan de rechten van deelneming ten laste van de activa van de vennootschap op verzoek van de houders direct of indirect worden ingekocht of terugbetaald. Met dergelijke inkopen of terugbetalingen wordt gelijkgesteld ieder handelen van een dergelijke vennootschap om te voorkomen dat de waarde van haar deelnemingsrechten ter beurze aanzienlijk afwijkt van de intrinsieke waarde.

Art. 333d

Het gezamenlijke voorstel tot fusie vermeldt naast de in artikel 312 en 326 genoemde gegevens:
a. de rechtsvorm, naam en statutaire zetel van de verkrijgende vennootschap;
b. de waarschijnlijke gevolgen van de fusie voor de werkgelegenheid;
c. indien van toepassing informatie over de procedure voor de vaststelling van regelingen met betrekking tot medezeggenschap als bedoeld in artikel 333k in de verkrijgende vennootschap;
d. informatie over de waardering van de activa en passiva die overgaan naar de verkrijgende vennootschap;
e. de datum van de laatst vastgestelde of krachtens artikel 313 opgemaakte jaarrekening of tussentijdse vermogensopstelling die is gebruikt om de voorwaarden voor de fusie vast te stellen;
f. een voorstel voor de hoogte van de schadeloosstelling voor een aandeel bij toepassing van artikel 333h.

Inhoud voorstel tot grensoverschrijdende fusie

Art. 333e

1. De fuserende vennootschap kondigt voor de fuserende vennootschappen in de *Staatscourant* aan:
a. rechtsvorm, naam en statutaire zetel;
b. aanduiding van en inschrijvingsnummer bij het register waarin de gegevens betreffende de fuserende vennootschappen zijn ingeschreven;
c. de regelingen volgens welke de rechten van minderheidsaandeelhouders en schuldeisers kunnen worden uitgeoefend, en het adres waar zij kosteloos volledige inlichtingen betreffende die rechten kunnen verkrijgen.

Aankondiging van grensoverschrijdende fusie

2. Zijn er meer fuserende vennootschappen met zetel in Nederland, dan kunnen zij volstaan met een gezamenlijke aankondiging.

3. Artikel 314 lid 3 is niet van toepassing.

Art. 333f

De schriftelijke toelichting bedoeld in artikel 314 lid 2 ligt tot het tijdstip van de fusie ter inzage voor de ondernemingsraad of, indien bij de door de vennootschap in stand gehouden onderneming een ondernemingsraad ontbreekt, voor werknemers van de vennootschap.

Terinzagelegging van toelichting bij grensoverschrijdende fusies

Art. 333g

In de verklaring als bedoeld in artikel 328 lid 1 tweede volzin moet het nominaal gestorte bedrag op de gezamenlijke aandelen die de aandeelhouders ingevolge de fusie verkrijgen, vermeerderd met betalingen waarop zij krachtens ruilverhouding recht hebben, voorts worden vermeerderd met het totaal bedrag van schadeloosstellingen waarop aandeelhouders op grond van artikel 333h recht kunnen doen gelden.

Nominaal gestorte bedrag in verklaring bij grensoverschrijdende fusie

Art. 333h

1. Indien de verkrijgende vennootschap een vennootschap naar het recht van een andere lidstaat van de Europese Unie of de Europese Economische Ruimte is, kan de aandeelhouder van een verdwijnende vennootschap die tegen het fusievoorstel heeft gestemd, alsmede iedere houder

Verzoek tot schadeloosstelling bij grensoverschrijdende fusie

van aandelen zonder stemrecht, binnen een maand na de datum van het besluit bij de verdwijnende vennootschap een verzoek indienen tot schadeloosstelling. Artikel 330a blijft buiten toepassing.

2. Het bedrag van de schadeloosstelling als bedoeld in het eerste lid, wordt vastgesteld door een of meer onafhankelijke deskundigen. De deskundigen brengen over de waardebepaling schriftelijk bericht uit, waarop artikel 314 lid 2 van toepassing is. Indien tussen partijen op grond van de statuten of een overeenkomst waarbij de vennootschap en de desbetreffende aandeelhouders partij zijn, bepalingen over de vaststelling van de waarde van de aandelen of de vaststelling van de schadeloosstelling gelden, stellen de deskundigen hun bericht op met inachtneming daarvan. De benoeming van deskundigen kan achterwege blijven, indien de statuten of een overeenkomst waarbij de vennootschap en de desbetreffende aandeelhouders partij zijn, een duidelijke maatstaf bevatten aan de hand waarvan de schadeloosstelling zonder meer kan worden vastgesteld.

3. De aandelen waarop het verzoek betrekking heeft, vervallen op het moment dat de fusie van kracht wordt.

4. Voor de toepassing van dit artikel worden met aandeelhouders gelijkgesteld de houders van certificaten van aandelen als bedoeld in artikel 118a.

Art. 333i

Notariële akte bij grensoverschrijdende fusie binnen de EU of EEG

1. In afwijking van artikel 318 lid 1 wordt een fusie waarbij de verkrijgende vennootschap een vennootschap is naar het recht van een andere lidstaat van de Europese Unie of de Europese Economische Ruimte van kracht op de wijze en de datum bepaald door het recht van het land waar de verkrijgende vennootschap haar statutaire zetel heeft.

2. Artikel 318 lid 2 is niet van toepassing.

3. De notaris verklaart dat hem is gebleken dat de vormvoorschriften in acht zijn genomen voor alle besluiten die de afdelingen 2, 3 en 3a van deze titel en de statuten vereisen voor de deelneming van de vennootschap aan de grensoverschrijdende fusie en dat voor het overige de daarvoor in deze afdelingen gegeven voorschriften zijn nageleefd.

4. Indien de verkrijgende vennootschap een vennootschap is naar het recht van een andere lidstaat van de Europese Unie of de Europese Economische Ruimte kan de notaris de verklaring bedoeld in lid 3 eerst afgeven indien geen verzoek tot schadeloosstelling als bedoeld in artikel 333h is ingediend of de schadeloosstelling is betaald, tenzij de andere fuserende vennootschappen hebben besloten dat de verkrijgende vennootschap de schadeloosstelling moet voldoen. In dat geval vermeldt de notaris in de verklaring dat het verzoek is ingediend.

5. Indien de verkrijgende vennootschap een vennootschap naar Nederlands recht is, verklaart de notaris aan de voet van de akte bedoeld in artikel 318 lid 1 dat hem is gebleken dat de vormvoorschriften als bedoeld in dat lid in acht zijn genomen, dat door de verdwijnende vennootschappen op hetzelfde fusievoorstel is beslist en dat de regelingen met betrekking tot medezeggenschap zijn vastgesteld overeenkomstig artikel 333k.

Art. 333j

Mededeling aan registers bij grensoverschrijdende fusie

De beheerder van het handelsregister waar de verkrijgende rechtspersoon is ingeschreven, doet onverwijld na de inschrijving van de fusie mededeling aan de registers bedoeld in artikel 333e waar de verdwijnende vennootschappen staan ingeschreven.

Art. 333k

Medezeggenschap van werknemers bij grensoverschrijdende fusie

1. In dit artikel wordt onder regelingen met betrekking tot medezeggenschap verstaan regelingen met betrekking tot medezeggenschap als bedoeld in artikel 1:1 lid 1 van de Wet rol werknemers bij Europese rechtspersonen.

2. De verkrijgende vennootschap is onderworpen aan de regelingen met betrekking tot medezeggenschap die in voorkomend geval van toepassing zijn in de lidstaat waar zij haar statutaire zetel heeft.

3. In afwijking van lid 2 wordt de medezeggenschap bij de verkrijgende vennootschap geregeld volgens de beginselen en regelingen vervat in artikel 12 leden twee tot en met vier van Verordening (EG) nr. 2157/2001 van de Raad van de Europese Unie van 8 oktober 2001 betreffende het statuut van de Europese vennootschap (SE) en de leden vier tot en met veertien, indien:

a. bij ten minste één van de fuserende vennootschappen in de zes maanden voorafgaand aan de datum van neerlegging of openbaarmaking van het fusievoorstel bedoeld in artikel 314 gemiddeld meer dan 500 werknemers werkzaam zijn en op deze fuserende vennootschap regelingen met betrekking tot medezeggenschap van toepassing zijn, of

b. indien de nationale wetgeving van toepassing op de verkrijgende vennootschap niet voorziet in ten minste hetzelfde niveau van medezeggenschap dat van toepassing is op de betrokken fuserende vennootschappen, gemeten naar het werknemersaantal in het toezichthoudend of het bestuursorgaan, in de commissies van die organen of in het leidinggevende orgaan dat verantwoordelijk is voor de winstbepalende entiteiten van de vennootschap, of

c. indien de nationale wetgeving van toepassing op de verkrijgende vennootschap niet voorschrijft dat werknemers van in andere lidstaten gelegen vestigingen van de verkrijgende ven-

Burgerlijk Wetboek Boek 2 — B2 art. 333k

nootschap hetzelfde recht tot uitoefening van medezeggenschapsrechten hebben als de werknemers in de lidstaat waar de verkrijgende vennootschap haar statutaire zetel heeft.

4. De fuserende vennootschappen stellen zo spoedig mogelijk na de openbaarmaking van het fusievoorstel een bijzondere onderhandelingsgroep in overeenkomstig de artikelen 1:7 tot en met 1:10 van de Wet rol werknemers bij Europese rechtspersonen. De artikelen 1:4, 1:16 en 1:26 lid 3 van de Wet rol werknemers bij Europese rechtspersonen zijn van overeenkomstige toepassing.

5. De fuserende vennootschappen en de bijzondere onderhandelingsgroep stellen in een schriftelijke overeenkomst regelingen met betrekking tot de medezeggenschap vast met inachtneming van de artikelen 1:11 en 1:12 van de Wet rol werknemers bij Europese rechtspersonen.

6. De overeenkomst regelt ten minste de aangelegenheden bedoeld in artikel 1:18 lid 1, onderdelen a, h, i en j, en lid 3 van de Wet rol werknemers bij Europese rechtspersonen. Artikel 1:18 lid 6 van de Wet rol werknemers bij Europese rechtspersonen is van overeenkomstige toepassing.

7. De onderhandelingen beginnen op het tijdstip waarop de eerste vergadering van de bijzondere onderhandelingsgroep wordt gehouden en kunnen worden voortgezet gedurende een periode van zes maanden. De fuserende vennootschappen en de bijzondere onderhandelingsgroep kunnen in gezamenlijk overleg besluiten de onderhandelingsperiode te verlengen tot ten hoogste één jaar, te rekenen vanaf het tijdstip in de vorige zin. In voorkomend geval wordt de termijn van zes maanden bedoeld in artikel 318 lid 1 verlengd tot drie maanden na het einde van de onderhandelingsperiode, met dien verstande dat de maximale termijn één jaar en drie maanden bedraagt.

8. De besluitvorming van de bijzondere onderhandelingsgroep vindt plaats overeenkomstig artikel 1:14 leden 1, 2, 3, onderdeel a, en 4 van de Wet rol werknemers bij Europese rechtspersonen.

9. De bijzondere onderhandelingsgroep kan besluiten om af te zien van het openen van onderhandelingen of tot het beëindigen van reeds geopende onderhandelingen. Een zodanig besluit van de bijzondere onderhandelingsgroep behoeft een meerderheid van twee derde van haar aantal leden, tevens vertegenwoordigende twee derde van de werknemers en afkomstig uit ten minste twee lidstaten. Dit besluit heeft ten gevolg dat de regelingen met betrekking tot medezeggenschap van toepassing zijn die gelden in de lidstaat waar de verkrijgende vennootschap haar statutaire zetel heeft.

10. Indien de verkrijgende vennootschap een vennootschap naar Nederlands recht is, wordt de uitwerking van de medezeggenschap in de statuten vastgelegd.

11. De algemene vergadering kan aan het besluit tot fusie als bedoeld in artikel 317 de voorwaarde verbinden dat zij de regelingen met betrekking tot de medezeggenschap goedkeurt. De algemene vergadering kan bij het besluit tot goedkeuring machtiging verlenen in de statuten de veranderingen aan te brengen die nodig zijn voor het vastleggen van de regelingen met betrekking tot de medezeggenschap.

12. De algemene vergadering van elke fuserende vennootschap kan besluiten af te zien van het openen van onderhandelingen over regelingen met betrekking tot medezeggenschap. Dit besluit heeft tot gevolg dat de referentievoorschriften voor regelingen met betrekking tot medezeggenschap, bedoeld in artikel 1:31 leden 2 en 3 van de Wet rol werknemers bij Europese rechtspersonen, vanaf de datum van inschrijving van de fusie van overeenkomstige toepassing zijn op de verkrijgende vennootschap, met dien verstande dat de referentievoorschriften bedoeld in artikel 1:31 lid 3 van de Wet rol werknemers bij Europese rechtspersonen slechts van overeenkomstige toepassing zijn voor zover op de verkrijgende vennootschap geen verplichting rust tot het doen van opgaaf als bedoeld in artikel 153 en 263.

13. De referentievoorschriften bedoeld in artikel 1:31 lid 2 van de Wet rol werknemers bij Europese rechtspersonen zijn van overeenkomstige toepassing vanaf de datum van inschrijving van de verkrijgende vennootschap met haar statutaire zetel in Nederland, indien er vóór de inschrijving van de verkrijgende vennootschap in een of meer van de fuserende vennootschappen een of meer vormen van medezeggenschap van toepassing waren die ten minste 33 1/3% van het totale aantal werknemers van de fuserende vennootschappen bestreken en:

a) indien de fuserende vennootschappen en de bijzondere onderhandelingsgroep dit overeenkomen, dan wel

b) indien er binnen de in lid 7 bedoelde termijn geen overeenkomst is gesloten en de fuserende vennootschappen besluiten ermee in te stemmen dat de referentievoorschriften worden toegepast en de bijzondere onderhandelingsgroep heeft geen besluit genomen als bedoeld in lid 9.

14. De artikelen 1:5 en 1:6 leden 2 en 3 van de Wet rol werknemers bij Europese rechtspersonen en artikel 670 leden 4, 10 onderdeel a en 12 van Boek 7 van het Burgerlijk Wetboek zijn van overeenkomstige toepassing.

Schakelbepaling

15. Indien een vennootschap binnen drie jaar na het van kracht worden van de fusie deelneemt aan een fusie als bedoeld in deze titel, is dit artikel van overeenkomstige toepassing.

Art. 333l

Geen nietigheid of vernietiging van grensoverschrijdende fusie

De nietigheid of vernietiging van een fusie op grond van deze afdeling kan niet worden uitgesproken. Artikel 323 is niet van toepassing.

Afdeling 4
Algemene bepalingen omtrent splitsingen

Art. 334a

Splitsing

1. Splitsing is zuivere splitsing en afsplitsing.

2. Zuivere splitsing is de rechtshandeling waarbij het vermogen van een rechtspersoon die bij de splitsing ophoudt te bestaan onder algemene titel overeenkomstig de aan de akte van splitsing gehechte beschrijving wordt verkregen door twee of meer andere rechtspersonen.

3. Afsplitsing is de rechtshandeling waarbij het vermogen of een deel daarvan van een rechtspersoon die bij de splitsing niet ophoudt te bestaan onder algemene titel overeenkomstig de aan de akte van splitsing gehechte beschrijving wordt verkregen door een of meer andere rechtspersonen waarvan ten minste één overeenkomstig het bepaalde in deze of de volgende afdeling lidmaatschapsrechten of aandelen in zijn kapitaal toekent aan de leden of aan aandeelhouders van de splitsende rechtspersoon of waarvan ten minste één bij de splitsing door de splitsende rechtspersoon wordt opgericht.

4. Partij bij de splitsing is de splitsende rechtspersoon alsmede elke verkrijgende rechtspersoon, met uitzondering van rechtspersonen die bij de splitsing worden opgericht.

(Zie ook: artt. 308, 334c, 334n BW Boek 2; artt. 32, 80 BW Boek 3; art. 946 BW Boek 4; art. 662 BW Boek 7; art. 33 Kadw)

Art. 334b

Voorwaarden voor splitsing

1. De partijen bij een splitsing moeten dezelfde rechtsvorm hebben.

2. Wordt een verkrijgende rechtspersoon bij de splitsing opgericht, dan moet hij de rechtsvorm hebben van de splitsende rechtspersoon.

3. Voor de toepassing van dit artikel worden de naamloze en de besloten vennootschap als rechtspersonen met de zelfde rechtsvorm aangemerkt.

4. Bij splitsing van een vereniging, coöperatie, onderlinge waarborgmaatschappij of stichting kunnen ook naamloze of besloten vennootschappen worden opgericht, mits de splitsende rechtspersoon daarvan bij de splitsing alle aandelen verkrijgt.

5. Een ontbonden rechtspersoon mag niet partij zijn bij een splitsing, indien reeds uit hoofde van de vereffening een uitkering is gedaan.

6. Een rechtspersoon mag niet partij zijn bij een splitsing gedurende faillissement of surséance van betaling.

7. Een splitsende rechtspersoon mag in faillissement of surséance van betaling zijn, mits alle verkrijgende rechtspersonen bij de splitsing opgerichte naamloze of besloten vennootschappen zijn en de splitsende rechtspersoon daarvan bij de splitsing enig aandeelhouder wordt. Indien de splitsende rechtspersoon in faillissement is, kan de curator tot splitsing besluiten en rusten de verplichtingen die ingevolge deze en de volgende afdeling op het bestuur rusten, op de curator; indien de rechtspersoon in surséance van betaling is, behoeft het besluit tot splitsing de goedkeuring van de bewindvoerder. De tweede zin van artikel 334d, artikel 334f lid 2 onderdeel e voor zover het betreft de waarde van het deel van het vermogen dat de splitsende rechtspersoon zal behouden, artikel 334g lid 2, artikel 334i lid 1, artikel 334k, artikel 334w en artikel 334ff lid 3 gelden niet in faillissement; de tweede zin van artikel 334d en artikel 334w gelden niet in surséance.

(Zie ook: artt. 19, 23, 334u BW Boek 2; art. 1 FW)

Art. 334c

Einde rechtspersoon bij splitsing

1. Indien het gehele vermogen van de splitsende rechtspersoon overgaat, houdt hij door het van kracht worden van de splitsing op te bestaan.

2. Lid 1 geldt niet, indien ten minste een verkrijgende rechtspersoon een bij de splitsing opgerichte naamloze of besloten vennootschap is en de splitsende rechtspersoon daarvan bij de splitsing alle aandelen verkrijgt.

(Zie ook: artt. 18, 23, 34, 36, 311 BW Boek 2)

Art. 334d

Vermogensbescherming bij splitsing

Behalve voor zover de verkrijgende rechtspersonen naamloze of besloten vennootschappen zijn, moet de waarde van het deel van het vermogen van de splitsende rechtspersoon dat elke verkrijgende rechtspersoon verkrijgt ten tijde van de splitsing ten minste nul zijn. Behalve voor zover de splitsende vennootschap een naamloze of besloten vennootschap is, geldt hetzelfde voor de waarde van het deel van het vermogen dat een voortbestaande splitsende rechtspersoon behoudt, vermeerderd met de waarde van aandelen in het kapitaal van verkrijgende rechtspersonen die hij bij de splitsing verkrijgt.

(Zie ook: artt. 334b, 334v BW Boek 2)

Art. 334e

1. De leden of aandeelhouders van de splitsende rechtspersoon worden door de splitsing lid of aandeelhouder van alle verkrijgende rechtspersonen.

Leden of aandeelhouders naar verkrijgende rechtspersoon bij splitsing

2. Geen aandelen in het kapitaal van een verkrijgende vennootschap worden verkregen voor aandelen in het kapitaal van een splitsende vennootschap die door of voor rekening van die verkrijgende vennootschap of door of voor rekening van de splitsende vennootschap worden gehouden.

3. Lid 1 geldt voorts niet voor zover:

a. de verkrijgende rechtspersonen bij de splitsing opgerichte naamloze of besloten vennootschappen zijn en de splitsende rechtspersoon daarvan bij de splitsing alle aandelen verkrijgt;

b. ten aanzien van verkrijgende vennootschappen artikel 334cc of artikel 334ii wordt toegepast;

c. krachtens de ruilverhouding van de aandelen zelfs geen recht bestaat op een enkel aandeel;

d. artikel 334ee1 van toepassing is.

(Zie ook: artt. 34, 36, 79, 190 BW Boek 2)

Art. 334f

1. De besturen van de partijen bij de splitsing stellen een voorstel tot splitsing op.

Voorstel tot splitsing

2. Dit voorstel vermeldt ten minste:

a. de rechtsvorm, naam en zetel van de partijen bij de splitsing en, voor zover de verkrijgende rechtspersonen bij de splitsing worden opgericht, van deze rechtspersonen;

(Zie ook: artt. 27, 66, 177, 286 BW Boek 2)

b. de statuten van de verkrijgende rechtspersonen en van de voortbestaande splitsende rechtspersoon, zoals die statuten luiden en zoals zij na de splitsing zullen luiden dan wel, voor zover de verkrijgende rechtspersonen bij de splitsing worden opgericht, het ontwerp van de akte van oprichting;

(Zie ook: artt. 66, 68, 177 BW Boek 2)

c. of het gehele vermogen van de splitsende rechtspersoon zal overgaan of een gedeelte daarvan;

d. een beschrijving aan de hand waarvan nauwkeurig kan worden bepaald welke vermogensbestanddelen van de splitsende rechtspersoon zullen overgaan op elk van de verkrijgende rechtspersonen en, indien niet het gehele vermogen van de splitsende rechtspersoon zal overgaan, welke vermogensbestanddelen door hem zullen worden behouden, alsmede een pro forma winst- en verliesrekening dan wel exploitatierekening van de verkrijgende rechtspersonen en de voortbestaande splitsende rechtspersoon;

e. de waarde, bepaald naar de dag waarop de in artikel 334g lid 2 bedoelde jaarrekening of tussentijdse vermogensopstelling van de splitsende rechtspersoon betrekking heeft en berekend met inachtneming van de derde zin van die bepaling, van het deel van het vermogen dat elke verkrijgende rechtspersoon zal verkrijgen en van het deel dat de voortbestaande splitsende rechtspersoon zal behouden, alsmede de waarde van aandelen in het kapitaal van verkrijgende rechtspersonen die de voortbestaande splitsende rechtspersoon bij de splitsing zal verkrijgen;

f. welke rechten of vergoedingen ingevolge artikel 334p ten laste van de verkrijgende rechtspersonen worden toegekend aan degenen die anders dan als lid of aandeelhouder bijzondere rechten hebben jegens de splitsende rechtspersoon, zoals rechten op een uitkering van winst of tot het nemen van aandelen, en met ingang van welk tijdstip de toekenning geschiedt;

(Zie ook: artt. 96a, 105, 216 BW Boek 2)

g. welke voordelen in verband met de splitsing worden toegekend aan een bestuurder of commissaris van een partij bij de splitsing of aan een ander die bij de splitsing is betrokken;

h. de voornemens over de samenstelling na de splitsing van de besturen van de verkrijgende rechtspersonen en van de voortbestaande splitsende rechtspersoon, alsmede, voor zover er raden van commissarissen zullen zijn, van die raden;

i. het tijdstip met ingang waarvan financiële gegevens betreffende elk deel van het vermogen dat zal overgaan zullen worden verantwoord in de jaarrekening of andere financiële verantwoording van de verkrijgende rechtspersonen;

j. de voorgenomen maatregelen in verband met het verkrijgen door de leden of aandeelhouders van de splitsende rechtspersoon van het lidmaatschap of aandeelhouderschap van de verkrijgende rechtspersonen;

k. de voornemens omtrent voortzetting of beëindiging van werkzaamheden;

l. wie in voorkomend geval het besluit tot splitsing moet goedkeuren.

3. Het voorstel tot splitsing wordt ondertekend door de bestuurders van elke partij bij de splitsing; ontbreekt de handtekening van een of meer hunner, dan wordt daarvan onder opgave van redenen melding gemaakt.

4. Tenzij alle partijen bij de splitsing verenigingen of stichtingen zijn, moet het voorstel tot splitsing zijn goedgekeurd door de raden van commissarissen en wordt het door de commissarissen mede ondertekend; ontbreekt de handtekening van een of meer hunner, dan wordt daarvan onder opgave van redenen melding gemaakt. Voorts vermeldt het voorstel de invloed van de splitsing op de grootte van de goodwill en de uitkeerbare reserves van de verkrijgende rechtspersonen en van de voortbestaande splitsende rechtspersoon.

(Zie ook: artt. 37, 63a, 129, 140, 152, 239, 250, 262, 291, 312, 334b, 334y, 334hh, 334ii BW Boek 2; art. 25 WOR)

Art. 334g

Toelichting bij splitsing

1. In een schriftelijke toelichting geeft het bestuur van elke partij bij de splitsing de redenen voor de splitsing met een uiteenzetting over de verwachte gevolgen voor de werkzaamheden en een toelichting uit juridisch, economisch en sociaal oogpunt.

2. Indien het laatste boekjaar van de rechtspersoon, waarover een jaarrekening of andere financiële verantwoording is vastgesteld, meer dan zes maanden voor de nederlegging of openbaarmaking van het voorstel tot splitsing is verstreken, maakt het bestuur een jaarrekening of tussentijdse vermogensopstelling op. Deze heeft betrekking op de stand van het vermogen op ten vroegste de eerste dag van de derde maand voor de maand waarin zij wordt neergelegd. De vermogensopstelling wordt opgemaakt met inachtneming van de indeling en de waarderingsmethoden die in de laatst vastgestelde jaarrekening of andere financiële verantwoording zijn toegepast, tenzij daarvan gemotiveerd wordt afgeweken op grond dat de actuele waarde belangrijk afwijkt van de boekwaarde. In de vermogensopstelling worden de krachtens de wet of de statuten te reserveren bedragen opgenomen.

(Zie ook: artt. 313, 334b, 334z, 362, 384 BW Boek 2)

3. Lid 2 blijft buiten toepassing indien een rechtspersoon voldoet aan de vereisten met betrekking tot de halfjaarlijkse financiële verslaggeving genoemd in artikel 5:25d van de Wet op het financieel toezicht.

Art. 334h

Gegevensverstrekking aan handelsregister bij splitsing

1. Elke partij bij de splitsing legt ten kantore van het handelsregister neer of maakt langs elektronische weg bij het handelsregister openbaar:

a. het voorstel tot splitsing;

(Zie ook: art. 334f BW Boek 2)

b. de laatste drie vastgestelde jaarrekeningen of andere financiële verantwoordingen van de partijen bij de splitsing, met de accountantsverklaring daarbij, voor zover deze stukken ter inzage liggen of moeten liggen;

(Zie ook: artt. 361, 393, 394 BW Boek 2)

c. de jaarverslagen van de partijen bij de splitsing over de laatste drie afgesloten jaren, voor zover deze ter inzage liggen of moeten liggen;

(Zie ook: art. 391 BW Boek 2)

d. tussentijdse vermogensopstellingen of niet vastgestelde jaarrekeningen, voor zover vereist ingevolge artikel 334g lid 2 en voor zover de jaarrekening van de rechtspersoon ter inzage moet liggen.

(Zie ook: artt. 29, 77, 188, 289 BW Boek 2)

Gegevensverstrekking aan rechtspersoon bij splitsing

2. Tegelijkertijd legt het bestuur de stukken, met inbegrip van jaarrekeningen en jaarverslagen die niet ter openbare inzage hoeven te liggen, samen met de toelichtingen van de besturen op het voorstel neer ten kantore van de rechtspersoon of, bij gebreke van een kantoor, aan de woonplaats van een bestuurder, of maakt deze langs elektronische weg toegankelijk. De stukken liggen tot het tijdstip van de splitsing op het adres van elke verkrijgende rechtspersoon en de voortbestaande gesplitste rechtspersoon, onderscheidenlijk op het adres van een bestuurder daarvan, nog zes maanden nadien, ter inzage of zijn elektronisch toegankelijk, voor de leden of aandeelhouders en voor hen die een bijzonder recht jegens de rechtspersoon hebben, zoals een recht op een uitkering van winst of tot het nemen van aandelen. In dit tijdvak kunnen zij kosteloos een afschrift daarvan verkrijgen. Een afschrift mag elektronisch worden verstrekt als een lid of aandeelhouder daarmee heeft ingestemd. De rechtspersoon is niet gehouden om afschriften te verstrekken in het geval dat leden of aandeelhouders de mogelijkheid hebben om een elektronisch afschrift van de stukken op te slaan.

(Zie ook: artt. 102, 212, 334dd BW Boek 2)

3. De partijen bij de splitsing kondigen in een landelijk verspreid dagblad aan dat de stukken zijn neergelegd of raadpleegbaar zijn, met opgave van de openbare registers waar zij liggen of elektronisch toegankelijk zijn en van het adres waar zij krachtens lid 2 ter inzage liggen of elektronisch toegankelijk zijn.

4. Indien de ondernemingsraad of medezeggenschapsraad van een partij bij de splitsing of een vereniging van werknemers die werknemers van die partij of van een dochtermaatschappij onder haar leden telt, schriftelijk een advies of opmerkingen indient, worden deze tegelijk met het voorstel tot splitsing of onmiddellijk na ontvangst neergelegd op het adres bedoeld in lid 2. De tweede tot en met de vijfde zin van lid 2 zijn van overeenkomstige toepassing.

5. Indien de besturen van de partijen bij de splitsing het voorstel tot splitsing wijzigen, zijn de leden 1 tot en met 4 van overeenkomstige toepassing.

6. De leden 2 en 4 gelden niet voor stichtingen.
(Zie ook: artt. 314, 334aa, 334dd, 334ii BW Boek 2; artt. 2, 23 WOR)

Art. 334i

1. Het bestuur van elke partij bij de splitsing is verplicht de algemene vergadering en de andere partijen bij de splitsing in te lichten over na het voorstel tot splitsing gebleken belangrijke wijzigingen in de activa en de passiva die de mededelingen in het voorstel tot splitsing of in de toelichting hebben beïnvloed.

2. Voor een stichting geldt deze verplichting jegens degenen die blijkens de statuten de splitsing moeten goedkeuren.
(Zie ook: artt. 40, 107, 217, 315, 334b, 334f, 334g, 334ii BW Boek 2)

Art. 334j

1. Een rechtsverhouding waarbij de splitsende rechtspersoon partij is mag, op straffe van gegrondverklaring van een verzet als bedoeld in artikel 334l, slechts in haar geheel overgaan.

2. Is echter een rechtsverhouding verbonden met verschillende vermogensbestanddelen die op onderscheiden verkrijgende rechtspersonen overgaan, dan mag zij worden gesplitst in dier voege dat zij overgaat op alle betrokken verkrijgende rechtspersonen naar evenredigheid van het verband dat de rechtsverhouding heeft met de vermogensbestanddelen die elke rechtspersoon verkrijgt.

3. Indien een rechtsverhouding mede verbonden is met vermogensbestanddelen die de voortbestaande splitsende rechtspersoon behoudt, is lid 2 te zijnen aanzien van overeenkomstige toepassing.

4. De leden 1 tot en met 3 laten de rechten die de wederpartij bij een rechtsverhouding kan ontlenen aan de artikelen 334k en 334r onverlet.
(Zie ook: art. 334ii BW Boek 2)

Art. 334k

Ten minste een van de partijen bij de splitsing moet, op straffe van gegrondverklaring van een verzet als bedoeld in artikel 334l, voor iedere schuldeiser van deze partijen die dit verlangt zekerheid stellen of hem een andere waarborg geven voor de voldoening van zijn vordering. Dit geldt niet, indien de schuldeiser voldoende waarborgen heeft of de vermogenstoestand van de rechtspersoon die na de splitsing zijn schuldenaar zal zijn niet minder waarborg zal bieden dat de vordering zal worden voldaan, dan er voordien is.
(Zie ook: artt. 316, 334b, 334ii BW Boek 2)

Art. 334l

1. Tot een maand nadat alle partijen bij de splitsing de nederlegging of openbaarmaking van het voorstel tot splitsing hebben aangekondigd kan iedere wederpartij bij een rechtsverhouding van zulk een partij door een verzoekschrift aan de rechtbank tegen het voorstel tot splitsing in verzet komen op grond dat het voorstel ten aanzien van zijn rechtsverhouding strijdt met artikel 334j of dat een krachtens artikel 334k verlangde waarborg niet is gegeven. In het laatste geval vermeldt het verzoekschrift de waarborg die wordt verlangd. De rechtbank wijst het verzoek af, indien de verzoeker niet aannemelijk heeft gemaakt dat de vermogenstoestand van de verkrijgende rechtspersoon na de splitsing minder waarborg zal bieden dat de vordering zal worden voldaan, en dat van de rechtspersoon niet voldoende waarborgen zijn verkregen.
(Zie ook: art. 429a Rv)

2. Voordat de rechter beslist, kan hij de partijen bij de splitsing in de gelegenheid stellen binnen een door hem gestelde termijn een door hem omschreven wijziging in het voorstel tot splitsing aan te brengen en het gewijzigde voorstel overeenkomstig artikel 334h openbaar te maken, onderscheidenlijk een door hem omschreven waarborg te geven.

3. Indien tijdig verzet is gedaan, mag de akte van splitsing eerst worden verleden, zodra het verzet is ingetrokken of de opheffing van het verzet uitvoerbaar is.

4. Indien de akte van splitsing al is verleden, kan de rechter op een ingesteld rechtsmiddel:
a. bevelen dat een rechtsverhouding die in strijd met artikel 334j is overgegaan geheel of gedeeltelijk wordt overgedragen aan een of meer door hem aan te wijzen verkrijgende rechtspersonen of aan de voortbestaande gesplitste rechtspersoon, of bepalen dat twee of meer van deze rechtspersonen hoofdelijk tot nakoming van de uit de rechtsverhouding voortvloeiende verbintenissen verbonden zijn;
b. bevelen dat een door hem omschreven waarborg wordt gegeven.
De rechter kan aan een bevel een dwangsom verbinden.

5. Indien door een overdracht als bedoeld in lid 4 onder a de overdragende of verkrijgende rechtspersoon nadeel lijdt, is de andere rechtspersoon gehouden dit goed te maken.
(Zie ook: artt. 100, 209, 316, 334u, 334ii BW Boek 2)

Art. 334m

1. Het besluit tot splitsing wordt genomen door de algemene vergadering; in een stichting wordt het besluit genomen door degene die de statuten mag wijzigen of, als geen ander dat mag, door het bestuur. Het besluit mag niet afwijken van het voorstel tot splitsing.
(Zie ook: artt. 40, 107, 217, 312 BW Boek 2)

Wijziging van omstandigheden bij splitsing

Overgang van rechtsver-houdingen bij splitsing

Waarborg voor schuldeisers bij splitsing

Verzet bij splitsing

Besluit tot splitsing

2. Een besluit tot splitsing kan eerst worden genomen na verloop van een maand na de dag waarop alle partijen bij de splitsing de nederlegging of openbaarmaking van het voorstel tot splitsing hebben aangekondigd.
(Zie ook: art. 334h BW Boek 2)

3. Een besluit tot splitsing wordt genomen op dezelfde wijze als een besluit tot wijziging van de statuten. Vereist de wet voor een besluit tot statutenwijziging de instemming van alle aandeelhouders of bepaalde aandeelhouders, dan geldt dit ook voor het besluit tot splitsing. Vereisen de statuten hiervoor goedkeuring, dan geldt dit ook voor het besluit tot splitsing. Vereisen de statuten voor de wijziging van afzonderlijke bepalingen verschillende meerderheden, dan is voor een besluit tot splitsing de grootste daarvan vereist, en sluiten de statuten wijziging van bepalingen uit, dan zijn de stemmen van alle stemgerechtigde leden of aandeelhouders vereist; een en ander tenzij die bepalingen na de splitsing onverminderd zullen gelden.
(Zie ook: artt. 42, 121, 231, 293 BW Boek 2)

4. Lid 3 geldt niet voor zover de statuten een andere regeling voor besluiten tot splitsing geven.

5. Een besluit tot splitsing van een stichting behoeft de goedkeuring van de rechtbank, tenzij de statuten het mogelijk maken alle bepalingen daarvan te wijzigen. De rechtbank wijst het verzoek af, indien er gegronde redenen zijn om aan te nemen dat de splitsing strijdig is met het belang van de stichting.
(Zie ook: artt. 317, 334u, 334ff, 334ii BW Boek 2)

Art. 334n

Notariële akte tot splitsing

1. De splitsing geschiedt bij notariële akte en wordt van kracht met ingang van de dag na die waarop de akte is verleden. De akte mag slechts worden verleden binnen zes maanden na de aankondiging van de nederlegging of openbaarmaking van het voorstel tot splitsing of, indien dit als gevolg van gedaan verzet niet mag, binnen een maand na intrekking of nadat de opheffing van het verzet uitvoerbaar is geworden.
(Zie ook: artt. 27, 64, 179, 286, 334h, 334l BW Boek 2)

2. Aan de voet van de akte verklaart de notaris dat hem is gebleken dat de vormvoorschriften in acht zijn genomen voor alle besluiten die deze en de volgende afdeling en de statuten voor het tot stand komen van de splitsing vereisen en dat voor het overige de daarvoor in deze en de volgende afdeling en in de statuten gegeven voorschriften zijn nageleefd. Aan de akte wordt de in artikel 334f lid 2 onder d bedoelde beschrijving gehecht.

Inschrijving in handelsregister van splitsing

3. Elke verkrijgende rechtspersoon en de gesplitste rechtspersoon doen de splitsing binnen acht dagen na het verlijden inschrijven in het handelsregister. Indien de gesplitste rechtspersoon bij de splitsing is opgehouden te bestaan, is elke verkrijgende rechtspersoon tot inschrijving verplicht. Bij elke inschrijving wordt een afschrift van de akte van splitsing met de notariële verklaring aan de voet daarvan ten kantore van het register neergelegd.
(Zie ook: artt. 29, 69, 180, 289 BW Boek 2)

4. De verkrijgende rechtspersonen, elk voor zover het goederen betreft die bij de splitsing op hen zijn overgegaan, doen binnen een maand na de splitsing opgave aan de beheerders van andere openbare registers waarin overgang van rechten of de splitsing kan worden ingeschreven. Gaat door de splitsing een registergoed op een verkrijgende vennootschap over, dan is de gesplitste rechtspersoon of, zo deze bij de splitsing is opgehouden te bestaan, elk van de verkrijgende rechtspersonen in zijn plaats verplicht binnen deze termijn aan de bewaarder van de openbare registers, bedoeld in afdeling 2 van titel 1 van Boek 3, de voor de inschrijving van de splitsing vereiste stukken aan te bieden.
(Zie ook: artt. 318, 334, 334gg, 334ii BW Boek 2)

Art. 334o

Pandrecht of vruchtgebruik bij splitsing rechtspersoon

1. De rechthebbende van een pandrecht of vruchtgebruik op een recht van lidmaatschap of op aandelen in het kapitaal van de splitsende rechtspersoon verkrijgt eenzelfde recht op hetgeen het lid of de aandeelhouder krachtens de akte van splitsing verkrijgt. Indien de splitsende rechtspersoon na de splitsing voortbestaat, blijft daarnaast het bestaande pandrecht of recht van vruchtgebruik in stand.

2. Vervallen aandelen waarop een pandrecht of vruchtgebruik rust, en treedt daarvoor niets in de plaats, dan moeten de verkrijgende rechtspersonen de rechthebbende een gelijkwaardige vervanging geven.
(Zie ook: artt. 88, 89, 197, 198, 319, 334p, 334ii BW Boek 2)

Art. 334p

Bijzonder recht jegens de splitsende rechtspersoon

1. Hij die, anders dan als lid of aandeelhouder, een bijzonder recht jegens de splitsende rechtspersoon heeft, zoals een recht op een uitkering van winst of tot het nemen van aandelen, moet hetzij zodanige rechten in verkrijgende rechtspersonen krijgen, dat deze, waar toepasselijk samen met het recht dat hij jegens de voortbestaande splitsende rechtspersoon heeft, gelijkwaardig zijn aan zijn recht voor de splitsing, hetzij schadeloosstelling krijgen.

2. De schadeloosstelling wordt bij gebreke van overeenstemming bepaald door een of meer onafhankelijke deskundigen, ten verzoeke van de meest gerede partij te benoemen door de voorzieningenrechter van de rechtbank van het arrondissement waarin de woonplaats van de splitsende rechtspersoon is gelegen.

3. Artikel 334o is van overeenkomstige toepassing op pandrecht of vruchtgebruik dat op de bijzondere rechten was gevestigd.

(Zie ook: artt. 320, 334ii BW Boek 2)

Art. 334q

1. Indien de gesplitste rechtspersoon bij de splitsing ophoudt te bestaan, is zijn laatste boekjaar geëindigd op het tijdstip met ingang waarvan de financiële gegevens betreffende zijn vermogen zullen worden verantwoord in de jaarrekening of andere financiële verantwoording van de verkrijgende rechtspersonen.

Jaarrekening van splitsende rechtspersoon

2. Indien de gesplitste rechtspersoon bij de splitsing ophoudt te bestaan, rusten de verplichtingen omtrent zijn jaarrekening of andere financiële verantwoording na de splitsing op de gezamenlijke verkrijgende rechtspersonen.

3. Waarderingsverschillen tussen de verantwoording van activa en passiva in de laatste jaarrekening of andere financiële verantwoording van de gesplitste rechtspersoon en in de eerste jaarrekening of andere financiële verantwoording waarin een verkrijgende rechtspersoon deze activa en passiva verantwoordt, moeten worden toegelicht.

4. De verkrijgende rechtspersonen moeten wettelijke reserves vormen op dezelfde wijze als waarop de gesplitste rechtspersoon wettelijke reserves moest aanhouden, tenzij de wettelijke grond voor het aanhouden daarvan is vervallen.

(Zie ook: artt. 207c, 321, 334ii, 361, 365, 378, 389, 390 BW Boek 2)

Art. 334r

1. Indien ten gevolge van de splitsing een overeenkomst van een partij bij de splitsing naar maatstaven van redelijkheid en billijkheid niet ongewijzigd in stand behoort te blijven, wijzigt of ontbindt de rechter de overeenkomst op vordering van een der partijen bij de overeenkomst. Aan de wijziging of ontbinding kan terugwerkende kracht worden verleend.

Wijziging of ontbinding van overeenkomst door rechter bij splitsing

2. De bevoegdheid tot het instellen van de vordering vervalt door verloop van zes maanden na de nederlegging van de akte van splitsing ten kantore van de openbare registers van de woonplaatsen van de verkrijgende rechtspersonen en de gesplitste rechtspersoon.

3. Indien uit de wijziging of ontbinding van de overeenkomst schade ontstaat voor de wederpartij, is de betrokken rechtspersoon gehouden tot vergoeding daarvan.

(Zie ook: artt. 322, 334j, 334ii BW Boek 2; artt. 78, 95, 248, 258 BW Boek 6)

Art. 334s

1. De leden 2 tot en met 4 zijn van toepassing indien van een vermogensbestanddeel aan de hand van de aan de akte van splitsing gehechte beschrijving niet kan worden bepaald welke rechtspersoon daarop na de splitsing rechthebbende is.

Rechthebbende onbepaalbaar vermogensbestanddeel bij splitsing

2. Indien het gehele vermogen van de gesplitste rechtspersoon is overgegaan, zijn de verkrijgende rechtspersonen gezamenlijk rechthebbende. Elke verkrijgende rechtspersoon deelt in het vermogensbestanddeel naar evenredigheid van de waarde van het deel van het vermogen van de gesplitste rechtspersoon dat hij verkrijgt.

3. Indien niet het gehele vermogen is overgegaan, is de gesplitste rechtspersoon rechthebbende.

4. Voor zover verkrijgende rechtspersonen uit hoofde van lid 2 aansprakelijk zijn voor schulden, zijn zij hoofdelijk verbonden.

(Zie ook: art. 334ii BW Boek 2)

Art. 334t

1. De verkrijgende rechtspersonen en de voortbestaande gesplitste rechtspersoon zijn aansprakelijk tot nakoming van de verbintenissen van de gesplitste rechtspersoon ten tijde van de splitsing.

Aansprakelijkheid tot nakoming verbintenissen van gesplitste rechtspersoon

2. Voor ondeelbare verbintenissen zijn de verkrijgende rechtspersonen en de voortbestaande gesplitste rechtspersoon elk voor het geheel aansprakelijk.

3. Voor deelbare verbintenissen is de verkrijgende rechtspersoon waarop de verbintenis is overgegaan of, zo de verbintenis niet op een verkrijgende rechtspersoon is overgegaan, de voortbestaande gesplitste rechtspersoon voor het geheel aansprakelijk. De aansprakelijkheid voor deelbare verbintenissen is voor elke andere rechtspersoon beperkt tot de waarde van het vermogen dat hij bij de splitsing heeft verkregen of behouden.

4. Andere rechtspersonen dan de rechtspersoon waarop de verbintenis is overgegaan of, zo de verbintenis niet op een verkrijgende rechtspersoon is overgegaan, dan de voortbestaande gesplitste rechtspersoon zijn niet tot nakoming gehouden voordat de laatstbedoelde rechtspersoon in de nakoming van de verbintenis is tekortgeschoten.

5. Ten aanzien van de aansprakelijkheid zijn de bepalingen betreffende hoofdelijke verbondenheid van overeenkomstige toepassing.

(Zie ook: art. 334ii BW Boek 2; art. 6 BW Boek 6)

Art. 334u

1. De rechter kan een splitsing alleen vernietigen:

Vernietiging van splitsing

a. indien de door een notaris ondertekende akte van splitsing geen authentiek geschrift is;
b. wegens het niet naleven van artikel 334b leden 5 of 6, artikel 334l lid 3 of de eerste zin van artikel 334n lid 2;
c. wegens nietigheid, het niet van kracht zijn of een grond tot vernietiging van een voor de splitsing vereist besluit van de algemene vergadering of, in een stichting, van het bestuur;
d. wegens het niet naleven van artikel 334m lid 5.

2. Vernietiging geschiedt door een uitspraak van de rechter van de woonplaats van de gesplitste rechtspersoon op vordering tegen alle verkrijgende rechtspersonen en de voortbestaande gesplitste rechtspersoon van een lid, aandeelhouder, bestuurder of andere belanghebbende. Een niet door de rechter vernietigde splitsing is geldig.

3. De bevoegdheid tot het instellen van de vordering tot vernietiging vervalt door herstel van het verzuim of door verloop van zes maanden na de nederlegging van de akte van splitsing ten kantore van de openbare registers van de woonplaatsen van de verkrijgende rechtspersonen en de gesplitste rechtspersoon.

(Zie ook: art. 318 BW Boek 2)

4. De splitsing wordt niet vernietigd:
a. indien het verzuim binnen een door de rechter te bepalen termijn is hersteld;
(Zie ook: art. 21 BW Boek 2)
b. indien de reeds ingetreden gevolgen van de splitsing bezwaarlijk ongedaan kunnen worden gemaakt.

(Zie ook: art. 53 BW Boek 3)

5. Heeft de eiser tot vernietiging van de splitsing schade geleden door een verzuim dat tot vernietiging had kunnen leiden, en vernietigt de rechter de splitsing niet, dan kan de rechter de verkrijgende rechtspersonen en de voortbestaande gesplitste rechtspersoon veroordelen tot vergoeding van de schade. De rechtspersonen hebben daarvoor verhaal op de schuldigen aan het verzuim en, tot ten hoogste het genoten voordeel, op degenen die door het verzuim zijn bevoordeeld.

6. De vernietiging wordt, door de zorg van de griffier van het gerecht waar de vordering laatstelijk aanhangig was, ingeschreven in het handelsregister.

7. De gesplitste rechtspersoon is naast de betrokken verkrijgende rechtspersoon hoofdelijk verbonden tot nakoming van verbintenissen die ten laste van de verkrijgende rechtspersonen zijn ontstaan na de splitsing en voordat de vernietiging in de registers is ingeschreven.

8. De onherroepelijke uitspraak tot vernietiging van een splitsing is voor een ieder bindend. Verzet door derden en herroeping zijn niet toegestaan.

(Zie ook: art. 323 BW Boek 2; art. 59 BW Boek 3; artt. 376, 382, 429, 995 Rv)

Afdeling 5
Bijzondere bepalingen voor splitsingen waarbij een naamloze of besloten vennootschap wordt gesplitst of wordt opgericht

Art. 334v

Splitsing of oprichting bij splitsing van NV of BV

Deze afdeling is van toepassing, indien bij een splitsing een naamloze of besloten vennootschap wordt gesplitst of wordt opgericht.

(Zie ook: art. 324 BW Boek 2)

Art. 334w

Vermogensbescherming bij splitsing NV of BV

Ten tijde van de splitsing moet de waarde van het deel van het vermogen dat de voortbestaande splitsende vennootschap behoudt vermeerderd met de waarde van aandelen in het kapitaal van verkrijgende rechtspersonen die zij bij de splitsing verkrijgt, ten minste overeenkomen met het gestorte en opgevraagde deel van het kapitaal vermeerderd met de reserves die de vennootschap onmiddellijk na de splitsing krachtens de wet of de statuten moet aanhouden.

(Zie ook: artt. 334b, 334d, 334hh, 334ii BW Boek 2)

Art. 334x

Ruilverhouding van aandelen bij splitsing NV of BV

1. Indien aandelen of certificaten van aandelen in het kapitaal van een splitsende vennootschap zijn toegelaten tot de handel op een gereglementeerde markt of een multilaterale handelsfaciliteit, als bedoeld in artikel 1:1 van de Wet op het financieel toezicht of een met een gereglementeerde markt of multilaterale handelsfaciliteit vergelijkbaar systeem uit een staat die geen lidstaat is, kan de ruilverhouding afhankelijk zijn van de prijs van die aandelen onderscheidenlijk certificaten op dat handelsplatform op een of meer in het voorstel tot splitsing te bepalen tijdstippen, gelegen voor de dag waarop de splitsing van kracht wordt.

2. Indien krachtens de ruilverhouding van de aandelen recht bestaat op geld of schuldvorderingen, mag het gezamenlijke bedrag daarvan een tiende van het nominale bedrag van de door de betrokken vennootschap toegekende aandelen niet te boven gaan.

3. Bij de akte van splitsing kan een verkrijgende vennootschap aandelen in haar kapitaal die zij zelf houdt of krachtens de akte van splitsing verkrijgt, intrekken tot ten hoogste het bedrag van de aandelen die zij toekent aan haar nieuwe aandeelhouders. De artikelen 99, 100, 208 en 216 gelden niet voor dit geval.

4. Aandelen in het kapitaal van de splitsende vennootschap die worden gehouden door of voor rekening van een verkrijgende rechtspersoon of door of voor rekening van de splitsende vennootschap vervallen, indien de splitsende vennootschap bij de splitsing ophoudt te bestaan.

(Zie ook: artt. 325, 334ii BW Boek 2)

Art. 334y

Het voorstel tot splitsing vermeldt naast de in artikel 334f genoemde gegevens:

a. de ruilverhouding van de aandelen en eventueel de omvang van de betalingen krachtens de ruilverhouding;

b. met ingang van welk tijdstip en in welke mate de aandeelhouders van de splitsende vennootschap zullen delen in de winst van de verkrijgende vennootschappen;

c. hoeveel aandelen eventueel zullen worden ingetrokken met toepassing van artikel 334x lid 3;

d. de gevolgen van de splitsing voor houders van stemrechtloze of winstrechtloze aandelen;

e. de hoogte van de schadeloosstelling voor een aandeel bij toepassing van artikel 334ee1;

f. het totaal bedrag waarvoor ten hoogste met toepassing van artikel 334ee1 schadeloosstelling kan worden verzocht.

(Zie ook: artt. 326, 334hh, 334ii BW Boek 2)

Art. 334z

In de toelichting op het voorstel tot splitsing moet het bestuur mededelen:

a. volgens welke methode of methoden de ruilverhouding van de aandelen is vastgesteld;

b. of deze methode of methoden in het gegeven geval passen;

c. tot welke waardering elke gebruikte methode leidt;

d. indien meer dan een methode is gebruikt, of het bij de waardering aangenomen betrekkelijke gewicht van de methoden in het maatschappelijk verkeer als aanvaardbaar kan worden beschouwd; en

e. welke bijzondere moeilijkheden er eventueel zijn geweest bij de waardering en bij de bepaling van de ruilverhouding.

(Zie ook: artt. 327, 334g, 334hh, 334ii BW Boek 2)

Art. 334aa

1. Een door het bestuur aangewezen accountant als bedoeld in artikel 393 moet het voorstel tot splitsing onderzoeken en moet verklaren of de voorgestelde ruilverhouding van de aandelen, mede gelet op de bijgevoegde stukken, naar zijn oordeel redelijk is.

2. Indien de splitsende vennootschap na de splitsing voortbestaat, moet de accountant voorts verklaren dat de waarde van het deel van het vermogen dat de vennootschap zal behouden vermeerderd met de waarde van aandelen in het kapitaal van verkrijgende rechtspersonen die zij bij de splitsing verkrijgt, bepaald naar de dag waarop haar jaarrekening of tussentijdse vermogensopstelling betrekking heeft en bij toepassing van in het maatschappelijk verkeer als aanvaardbaar beschouwde waarderingsmethoden, ten minste overeen kwam met het gestorte en opgevraagde deel van het kapitaal vermeerderd met de reserves die de vennootschap onmiddellijk na de splitsing krachtens de wet of de statuten moet aanhouden en vermeerderd met het totaal bedrag van de schadeloosstelling waarop aandeelhouders op grond van artikel 334ee1 recht kunnen doen gelden.

3. De accountant moet tevens een verslag opstellen, waarin hij zijn oordeel geeft over de mededelingen, bedoeld in artikel 334z.

4. Indien twee of meer van de partijen bij de splitsing naamloze vennootschappen zijn, wordt slechts dezelfde persoon als accountant aangewezen, indien de voorzitter van de ondernemingskamer van het gerechtshof Amsterdam de aanwijzing op hun eenparig verzoek heeft goedgekeurd.

(Zie ook: art. 72 Wet RO)

5. De accountants zijn bij alle partijen bij de splitsing gelijkelijk tot onderzoek bevoegd.

6. Op de verklaring van de accountant is artikel 334h van overeenkomstige toepassing en op zijn verslag de leden 2 en 3 van artikel 334h.

(Zie ook: artt. 328, 334y, 334hh, 334ii, 393 BW Boek 2)

7. De leden 1 en 3 blijven buiten toepassing indien de aandeelhouders van elke partij bij de splitsing daarmee instemmen.

Art. 334bb

1. Ten aanzien van de door een verkrijgende naamloze vennootschap toegekende aandelen zijn artikel 94a leden 1, 2, 6, 7 en 8, en artikel 94b leden 1, 2, 6, 7 en 8 van overeenkomstige toepassing. Een ingevolge artikel 94a vereiste verklaring van een accountant behoeft echter niet aan de akte van oprichting te worden gehecht.

2. Op een ingevolge lid 1 vereiste verklaring van een accountant is artikel 334h van overeenkomstige toepassing.

(Zie ook: art. 334ii BW Boek 2)

Voorstel tot splitsing NV of BV

Toelichting of voorstel tot splitsing NV of BV

Accountantsonderzoek bij splitsing NV of BV

Schakelbepaling

Accountantsverklaring bij inbreng aandelen in NV

Schakelbepaling

Art. 334cc

Verdeling van aandeelhouders bij zuivere splitsing NV of BV

1. In het geval van een zuivere splitsing kan de akte van splitsing bepalen dat onderscheiden aandeelhouders van de splitsende rechtspersoon aandeelhouder worden van onderscheiden verkrijgende rechtspersonen. In dat geval:

a. vermeldt het voorstel tot splitsing naast de in de artikelen 334f en 334y genoemde gegevens welke aandeelhouders van welke verkrijgende rechtspersonen aandeelhouder worden;

b. deelt het bestuur in de toelichting op het voorstel tot splitsing mee volgens welke criteria deze verdeling is vastgesteld;

c. moet de accountant bedoeld in artikel 334aa mede verklaren dat de voorgestelde verdeling, mede gelet op de bijgevoegde stukken, naar zijn oordeel redelijk is; en

d. wordt het besluit tot splitsing door de algemene vergadering van de splitsende vennootschap genomen met een meerderheid van drie vierden van de uitgebrachte stemmen in een vergadering waarin 95% van het geplaatste kapitaal is vertegenwoordigd.

(Zie ook: artt. 334a, 334ii BW Boek 2)

2. Onderdeel c van het eerste lid blijft buiten toepassing indien de aandeelhouders van elke partij bij de splitsing daarmee instemmen.

Art. 334dd

Overeenkomstige toepassing art. 334h lid 2

Artikel 334h lid 2 geldt ook ten behoeve van houders van met medewerking van de naamloze vennootschap uitgegeven certificaten van haar aandelen en ten behoeve van degenen aan wie op grond van artikel 227 lid 2 het vergaderrecht in een besloten vennootschap toekomt.

(Zie ook: artt. 329, 334ii BW Boek 2)

Art. 334ee

Besluitvorming bij splitsing NV of BV

1. Voor het besluit tot splitsing van de algemene vergadering is in elk geval een meerderheid van ten minste twee derden vereist, indien minder dan de helft van het geplaatste kapitaal ter vergadering is vertegenwoordigd.

2. Zijn er aandelen van een bepaalde soort of aanduiding, dan is er naast het besluit tot splitsing van de algemene vergadering vereist een voorafgaand of gelijktijdig goedkeurend besluit van elke groep houders van aandelen van een zelfde soort of aanduiding aan wier rechten de splitsing afbreuk doet. Artikel 231 lid 4 is niet van toepassing ten aanzien van een besluit tot splitsing. Goedkeuring kan eerst geschieden na verloop van een maand na de dag waarop alle partijen bij de splitsing de nederlegging of openbaarmaking van het voorstel tot splitsing hebben aangekondigd.

(Zie ook: art. 96 BW Boek 2)

3. De notulen van de algemene vergaderingen waarin tot splitsing wordt besloten of waarin deze ingevolge lid 2 wordt goedgekeurd, worden opgemaakt bij notariële akte.

Art. 334ee1

Verzoek tot schadeloosstelling bij splitsing NV of BV

1. Wanneer een van de verkrijgende vennootschappen, of bij toepassing van artikel 334ii een groepsmaatschappij die de aandelen toekent, geen besloten vennootschap is, kunnen houders van winstrechtloze aandelen die tegen het voorstel tot splitsing hebben gestemd en houders van stemrechtloze aandelen, bij de vennootschap een verzoek tot schadeloosstelling indienen. Het verzoek tot schadeloosstelling moet schriftelijk aan de vennootschap worden gedaan binnen één maand nadat zij aan de aandeelhouder heeft meegedeeld dat hij deze schadeloosstelling kan vragen. De mededeling geschiedt op dezelfde wijze als de oproeping tot een algemene vergadering.

2. Het bedrag van de schadeloosstelling als bedoeld in het eerste lid, wordt vastgesteld door een of meer onafhankelijke deskundigen. De deskundigen brengen schriftelijk bericht over de waardebepaling schriftelijk bericht uit, waarop artikel 334h lid 2 van toepassing is. Indien tussen partijen op grond van de statuten of een overeenkomst waarbij de vennootschap en de desbetreffende aandeelhouders partij zijn, bepalingen over de vaststelling van de waarde van de aandelen of de vaststelling van de schadeloosstelling gelden, stellen de deskundigen hun bericht op met inachtneming daarvan. De benoeming van deskundigen kan achterwege blijven, indien de statuten of een overeenkomst waarbij de vennootschap en de desbetreffende aandeelhouders partij zijn, een duidelijke maatstaf bevatten aan de hand waarvan de schadeloosstelling zonder meer kan worden vastgesteld.

3. De notaris passeert de akte van splitsing niet voordat de schadeloosstelling is betaald, tenzij de splitsende en de reeds bestaande verkrijgende vennootschappen hebben besloten dat een of meer van de verkrijgende vennootschappen de schadeloosstelling moeten voldoen. De verplichting tot betaling van de schadeloosstelling is hoofdelijk. De aandelen waarop het verzoek betrekking heeft, vervallen op het moment waarop de splitsing van kracht wordt.

Art. 334ff

Bestuursbesluit tot splitsing NV of BV

1. Tenzij de statuten anders bepalen, kan een verkrijgende vennootschap bij bestuursbesluit tot splitsing besluiten. Hetzelfde geldt voor de splitsende vennootschap, mits alle verkrijgende rechtspersonen bij de splitsing opgerichte naamloze of besloten vennootschappen zijn en de splitsende vennootschap daarvan bij de splitsing enig aandeelhouder wordt.

2. Dit besluit kan slechts worden genomen, indien de vennootschap het voornemen hiertoe heeft vermeld in de aankondiging dat het voorstel tot splitsing is neergelegd.

3. Het besluit kan niet worden genomen, indien een of meer aandeelhouders die tezamen ten minste een twintigste van het geplaatste kapitaal vertegenwoordigen, of een zoveel geringer bedrag als in de statuten is bepaald, binnen een maand na de aankondiging aan het bestuur hebben verzocht de algemene vergadering bijeen te roepen om over de splitsing te besluiten. De artikelen 334m en 334ee zijn dan van toepassing.

(Zie ook: artt. 107, 129, 217, 239, 331, 334b, 334ii BW Boek 2)

4. Indien de verkrijgende vennootschappen alle aandelen houden in de splitsende vennootschap, kan de splitsende vennootschap, tenzij de statuten anders bepalen, bij bestuursbesluit tot splitsing besluiten.

Art. 334gg

[Vervallen]

Art. 334hh

1. Indien alle verkrijgende vennootschappen bij de splitsing worden opgericht en de splitsende rechtspersoon daarvan bij de splitsing enig aandeelhouder wordt, zijn de artikelen 334f lid 4 eerste zin, 334w en 334y tot en met 334aa niet van toepassing.

Vereenvoudigde splitsing van NV of BV

2. Indien alle verkrijgende vennootschappen bij de splitsing worden opgericht en de aandeelhouders van de splitsende vennootschap daarvan, evenredig aan hun aandeel in de splitsende vennootschap, aandeelhouder worden, zijn de artikelen 334g, 334i en 334y tot en met 334bb niet van toepassing.

Art. 334ii

1. De akte van splitsing kan bepalen dat de aandeelhouders van de splitsende vennootschap aandeelhouder worden van een groepsmaatschappij van een verkrijgende vennootschap. Zij worden dan geen aandeelhouder van die verkrijgende vennootschap.

Driehoekssplitsing NV of BV

2. Zulk een splitsing is slechts mogelijk, indien de groepsmaatschappij alleen of samen met een andere groepsmaatschappij het gehele geplaatste kapitaal van de verkrijgende vennootschap verschaft. De artikelen 334m, leden 1 tot en met 4, 334ee en 334ff zijn op het besluit van de groepsmaatschappij van overeenkomstige toepassing.

3. De groepsmaatschappij die de aandelen toekent geldt naast de verkrijgende vennootschap als partij bij de splitsing. Op haar rusten de verplichtingen die ingevolge de artikelen 334f tot en met 334dd en 334ee1 lid 1 op een verkrijgende rechtspersoon rusten, met uitzondering van de verplichtingen uit de artikelen 334k tot en met 334m en 334q leden 2 en 4; voor de toepassing van artikel 334aa lid 4 blijft zij buiten beschouwing; de artikelen 334s, 334t en 334u lid 7 gelden voor haar niet. De artikelen 334f lid 2 onder b, 334x lid 3, 334y onder b en 334ee1 lid 1 gelden alsdan niet voor de verkrijgende vennootschap. Voor de toepassing van de artikelen 94b en 204b worden de verkrijging door de verkrijgende vennootschap en de toekenning van aandelen door de groepsmaatschappij beschouwd als werden zij door dezelfde vennootschap gedaan.

(Zie ook: artt. 24b, 334 BW Boek 2)

Titel 8
Geschillenregeling en het recht van enquête

Afdeling 1
Geschillenregeling

Art. 335

1. De bepalingen van deze afdeling zijn van toepassing op de besloten vennootschap met beperkte aansprakelijkheid.

Werkingssfeer

(Zie ook: art. 175 BW Boek 2)

2. De bepalingen van deze afdeling zijn eveneens van toepassing op de naamloze vennootschap waarvan de statuten:

a. uitsluitend aandelen op naam kennen,

(Zie ook: artt. 82, 85 BW Boek 2)

b. een blokkeringsregeling bevatten, en

(Zie ook: art. 87 BW Boek 2)

c. niet toelaten dat met medewerking van de vennootschap certificaten aan toonder worden uitgegeven.

Art. 336

1. Een of meer houders van aandelen die alleen of gezamenlijk ten minste een derde van het geplaatste kapitaal verschaffen, kunnen van een aandeelhouder die door zijn gedragingen het belang van de vennootschap zodanig schaadt of heeft geschaad, dat het voortduren van zijn aandeelhouderschap in redelijkheid niet kan worden geduld, in rechte vorderen dat hij zijn aandelen overeenkomstig artikel 341 overdraagt.

Vordering tot overdracht van aandelen bij geschil

(Zie ook: art. 24d BW Boek 2)

B2 art. 337 Burgerlijk Wetboek Boek 2

2. De vordering kan niet worden ingesteld door de vennootschap of een dochtermaatschappij van de vennootschap. De houder van aandelen waarvan de vennootschap of een dochtermaatschappij certificaten houdt, kan de vordering slechts instellen indien en voor zover certificaten door anderen worden gehouden. Een aandeelhouder ten titel van beheer kan de vordering slechts voor door hem beheerde aandelen instellen indien de desbetreffende certificaathouders daarmee tevoren hebben ingestemd.

(Zie ook: artt. 24a, 118, 228 BW Boek 2)

3. Tot de kennisneming van de vordering is in eerste aanleg uitsluitend bevoegd de rechtbank van de woonplaats van de vennootschap. Hoger beroep kan uitsluitend worden ingesteld bij de ondernemingskamer van het gerechtshof Amsterdam. Artikel 344 van het Wetboek van Burgerlijke Rechtsvordering is van toepassing met dien verstande dat voor "een meervoudige kamer" wordt gelezen: de ondernemingskamer.

(Zie ook: art. 10 BW Boek 1; art. 997a Rv; art. 72 Wet RO)

4. De rechter kan zijn beslissing omtrent de vordering voor een door hem te bepalen termijn aanhouden, indien ten processe blijkt dat de vennootschap of één of meer aandeelhouders op zich nemen maatregelen te treffen waardoor het nadeel dat de vennootschap lijdt zoveel mogelijk wordt ongedaan gemaakt of beperkt.

(Zie ook: art. 337 t/m 341 BW Boek 2)

5. De in lid 3, eerste en tweede zin, bedoelde rechter is eveneens bevoegd kennis te nemen van met de in lid 1 bedoelde gedragingen samenhangende vorderingen tussen dezelfde partijen of tussen een der partijen en de vennootschap.

Art. 337

Geschillenregeling in statuten of overeenkomst

1. Indien de statuten of een overeenkomst een regeling bevatten voor de oplossing van geschillen als in deze afdeling bedoeld, kan op een daarin opgenomen afwijking van deze afdeling geen beroep worden gedaan voorzover deze de overdracht van aandelen onmogelijk of uiterst bezwaarlijk maakt.

2. In de statuten of een overeenkomst kan worden bepaald dat geschillen als in deze afdeling bedoeld, dadelijk ter kennis worden gebracht van de ondernemingskamer van het gerechtshof Amsterdam of aan arbitrage worden onderworpen, dan wel anderszins wordt afgeweken van de rechterlijke bevoegdheid als geregeld in artikel 336 leden 3 en 5.

Art. 338

[Dit artikel is gewijzigd in verband met de invoering van digitaal procederen. Zie voor de procedures en gerechten waarvoor digitaal procederen geldt het Overzicht gefaseerde inwerkingtreding op www.rijksoverheid.nl/KEI.]

Verbod tot vervreemding van aandelen na dagvaarding bij geschil

1. Nadat het oproepingsbericht aan hem is betekend en tot de dag waarop het vonnis onherroepelijk is geworden, kan de verweerder zijn aandelen niet vervreemden, verpanden of daarop een vruchtgebruik vestigen, tenzij de eisers daarvoor toestemming verlenen. Indien de eisers de toestemming weigeren, kan de rechter voor wie het geschil aanhangig is op vordering van verweerder de toestemming verlenen, indien verweerder bij de rechtshandeling een redelijk belang heeft. Tegen de beslissing van de rechter staat geen hogere voorziening open.

(Zie ook: artt. 88, 89, 197, 198 BW Boek 2)

2. Nadat de vordering is toegewezen, kan de verweerder de aandelen slechts overdragen met inachtneming van de artikelen 339 tot en met 341.

3. Een voorlopige voorziening als bedoeld in artikel 223 van het Wetboek van Burgerlijke Rechtsvordering kan worden getroffen met werking tot het tijdstip dat de aandelen worden overgedragen. Een vordering tot het treffen van een voorlopige voorziening wordt met de meeste spoed behandeld.

[Voor overige gevallen luidt het artikel als volgt:]

Artikel 338

Verbod tot vervreemding van aandelen na dagvaarding bij geschil

1. Nadat de dagvaarding aan hem is betekend en tot de dag waarop het vonnis onherroepelijk is geworden, kan de verweerder zijn aandelen niet vervreemden, verpanden of daarop een vruchtgebruik vestigen, tenzij de eisers daarvoor toestemming verlenen. Indien de eisers de toestemming weigeren, kan de rechter voor wie het geschil aanhangig is op vordering van verweerder de toestemming verlenen, indien verweerder bij de rechtshandeling een redelijk belang heeft. Tegen de beslissing van de rechter staat geen hogere voorziening open.

(Zie ook: artt. 88, 89, 197, 198 BW Boek 2)

2. Nadat de vordering is toegewezen, kan de verweerder de aandelen slechts overdragen met inachtneming van de artikelen 339 tot en met 341.

3. Een voorlopige voorziening als bedoeld in artikel 223 van het Wetboek van Burgerlijke Rechtsvordering kan worden getroffen met werking tot het tijdstip dat de aandelen worden overgedragen. Een vordering tot het treffen van een voorlopige voorziening wordt met de meeste spoed behandeld.

Art. 339

1. Indien de vordering wordt toegewezen benoemt de rechter een of meer deskundigen die over de prijs schriftelijk bericht moeten uitbrengen. De artikelen 194 tot en met 199 van het Wetboek van Burgerlijke Rechtsvordering zijn voor het overige van toepassing. De artikelen 351 en 352 zijn van overeenkomstige toepassing. Van het vonnis waarbij de vordering wordt toegewezen kan hoger beroep slechts worden ingesteld tegelijk met dat van het vonnis, bedoeld in artikel 340 lid 1, tenzij de rechter anders heeft bepaald. Tegen de deskundigenbenoeming staat geen hogere voorziening open.

2. Indien tussen partijen op grond van de statuten of een overeenkomst in de zin van artikel 337 lid 1 bepalingen omtrent de vaststelling van de waarde van de aandelen gelden, stellen de deskundigen hun bericht op met inachtneming daarvan.

3. De rechter kan in afwijking van lid 1 de benoeming van deskundigen achterwege laten, indien tussen partijen overeenstemming bestaat over de waardering van de aandelen, alsmede indien de statuten of een overeenkomst in de zin van artikel 337 lid 1 een duidelijke maatstaf voor de bepaling van de waarde van de aandelen bevatten en de rechter aan de hand daarvan de prijs zonder meer kan vaststellen.

Art. 340

1. Zijn deskundigen benoemd, dan bepaalt de rechter de prijs van de aandelen nadat de deskundigen hun bericht hebben uitgebracht. Bij hetzelfde vonnis bepaalt hij tevens wie van de partijen de kosten van het deskundigenbericht moet dragen. Hij kan ook bepalen dat de vennootschap de kosten moet dragen na deze ter zake te hebben gehoord. Hij kan de kosten verdelen tussen partijen onderling of tussen partijen of een van hen en de vennootschap.

2. Vindt geen benoeming van deskundigen plaats, dan bepaalt de rechter de prijs van de aandelen in het vonnis waarbij de vordering wordt toegewezen.

3. Met bepalingen in de statuten of een overeenkomst omtrent de vaststelling van de waarde van de aandelen houdt de rechter geen rekening voorzover dat tot een kennelijk onredelijke prijs zou leiden.

4. Het vonnis houdt tevens een veroordeling in van de eisers tot contante betaling van de hun zo nodig na toepassing van artikel 341 lid 5 over te dragen aandelen. Indien artikel 341 lid 6 van toepassing is, omvat die veroordeling mede de certificaathouders die met het instellen van de vordering hebben ingestemd.

Art. 341

1. De verweerder is verplicht binnen twee weken nadat hem een afschrift van het vonnis als bedoeld in artikel 340 lid 1 is betekend, zijn aandelen aan de eisers te leveren en de eisers zijn verplicht de aandelen tegen gelijktijdige betaling van de vastgestelde prijs te aanvaarden, behoudens het bepaalde in lid 2. Was het vonnis niet uitvoerbaar bij voorraad verklaard, dan heeft betekening daarvan slechts het in de eerste zin bedoelde gevolg als zij geschiedt nadat het vonnis alsnog uitvoerbaar bij voorraad is verklaard of onherroepelijk is geworden. De aanvaarding geschiedt zoveel mogelijk naar evenredigheid van ieders aandelenbezit, tenzij anders wordt overeengekomen. Met eisers worden gelijkgesteld de aandeelhouders die zich in het rechtsgeding aan de zijde van de eisers hebben gevoegd en daarbij de wens te kennen hebben gegeven in dezelfde positie als de eisers te worden geplaatst.

2. Indien de aandeelhouder die een of meer aandelen wil vervreemden, deze ingevolge artikel 195 of een regeling in de statuten moet aanbieden aan zijn mede-aandeelhouders of anderen, biedt de vennootschap de aandelen onverwijld nadat een afschrift van het vonnis aan haar is betekend, schriftelijk namens de verweerder aan de aandeelhouders of anderen aan, zoveel mogelijk met overeenkomstige toepassing van de wettelijke of statutaire regeling en deelt hun daarbij tevens de vastgestelde prijs mee. Zij kunnen het aanbod binnen een maand na verzending van de mededeling aanvaarden door schriftelijke kennisgeving aan de vennootschap. Binnen een week na het verstrijken van deze termijn deelt de vennootschap aan de verweerder en de eisers mee of en zo ja hoeveel aandelen zijn aanvaard en aan wie deze zijn toegewezen. De verweerder is verplicht onverwijld na ontvangst van deze mededeling zijn aandelen aan de mede-aandeelhouders of de anderen te leveren tegen gelijktijdige betaling. Lid 1, tweede zin, is van overeenkomstige toepassing.
(Zie ook: art. 195 BW Boek 2)

3. Indien in het geval van lid 2 geen aandelen zijn aanvaard of minder aandelen zijn aanvaard dan zijn aangeboden, of de vastgestelde prijs niet binnen twee weken na ontvangst van de mededeling van de vennootschap omtrent de toewijzing van de aandelen aan de verweerder die tot gelijktijdige levering wilde overgaan wordt voldaan, vindt lid 1 toepassing ten aanzien van de aandelen, de overgebleven aandelen of de aandelen waarvoor niet tijdig betaling is ontvangen.

4. Blijft de verweerder in gebreke met de levering van zijn aandelen, dan levert de vennootschap namens hem de aandelen tegen gelijktijdige betaling.

5. Blijven een of meer eisers in gebreke met de aanvaarding van de aandelen tegen gelijktijdige betaling van de vastgestelde prijs, dan zijn de overige eisers verplicht om binnen twee weken

Benoeming deskundigen na toewijzen vordering bij geschil

Prijsbepaling van aandelen bij geschil

Verplichting tot levering en aanvaarding van aandelen bij geschil

nadat dit is komen vast te staan die aandelen tegen gelijktijdige betaling te aanvaarden, ieder zoveel mogelijk naar evenredigheid van zijn aandelenbezit.
(Zie ook: art. 340 BW Boek 2)

6. Is een eiser aandeelhouder ten titel van beheer, dan zijn naast hem de certificaathouders die met het instellen van de vordering hebben ingestemd, aansprakelijk voor het krachtens dit artikel verschuldigde, ieder zoveel mogelijk naar evenredigheid van zijn bezit aan certificaten. Blijven een of meer van deze certificaathouders in gebreke, dan zijn de overige certificaathouders die met het instellen van de vordering hebben ingestemd verplicht dat deel te voldoen, ieder zoveel mogelijk naar evenredigheid van zijn bezit aan certificaten.
(Zie ook: art. 340 BW Boek 2)

7. Op verzoek van een partij beslist de rechter die de vordering in eerste instantie of in hoger beroep heeft toegewezen over geschillen betreffende de uitvoering van de regeling. Tegen deze beslissing staat geen hogere voorziening open.

Art. 341a

Vernietiging van vonnis bij geschil

1. Wordt een vonnis als bedoeld in artikel 340 lid 1 na het instellen van een rechtsmiddel vernietigd, dan blijft de rechtsgrond voor op grond van dat vonnis verrichte handelingen in stand, maar ontstaat voor partijen een verbintenis tot ongedaanmaking van de reeds ingetreden gevolgen.

2. Indien de reeds ingetreden gevolgen bezwaarlijk ongedaan kunnen worden gemaakt of de billijkheid zulks anderszins vordert, kan de rechter desgevraagd de verplichting tot ongedaanmaking beperken of uitsluiten. Hij kan aan een partij die daardoor onbillijk wordt bevoordeeld, de verplichting opleggen tot een uitkering in geld aan de partij die benadeeld wordt.

Art. 342

[Dit artikel is gewijzigd in verband met de invoering van digitaal procederen. Zie voor de procedures en gerechten waarvoor digitaal procederen geldt het Overzicht gefaseerde inwerkingtreding op www.rijksoverheid.nl/KEI.]

Vordering tot overdracht van stemrecht bij geschil

1. Een of meer houders van aandelen die alleen of gezamenlijk ten minste een derde van het geplaatste kapitaal verschaffen, kunnen van een stemgerechtigde vruchtgebruiker of pandhouder van een aandeel in rechte vorderen dat het stemrecht op het aandeel overgaat op de houder van het aandeel, indien die vruchtgebruiker of pandhouder door zijn gedragingen het belang van de vennootschap zodanig schaadt dat in redelijkheid niet kan worden geduld dat hij het stemrecht blijft uitoefenen.
(Zie ook: artt. 24d, 88, 89, 197, 198 BW Boek 2)

2. Een afschrift van het oproepingsbericht moet onverwijld door de eisers aan de houder van het aandeel, die niet zelf tevens eiser is, worden betekend bij exploot. Artikel 336, leden 2, 3 en 4 en artikel 339 lid 2 zijn van toepassing en de artikelen 337 en 338 leden 1 en 3, tweede volzin, zijn van overeenkomstige toepassing, in dier voege dat in het geval van artikel 338 lid 1 de vruchtgebruiker of pandhouder het vruchtgebruik of het pandrecht niet op een ander kan doen overgaan.

3. Indien de vordering tot overgang van het stemrecht is toegewezen, vindt de overgang plaats door het in kracht van gewijsde gaan van het vonnis.
(Zie ook: art. 997a Rv)

[Voor overige gevallen luidt het artikel als volgt:]

Artikel 342

Vordering tot overdracht van stemrecht bij geschil

1. Een of meer houders van aandelen die alleen of gezamenlijk ten minste een derde van het geplaatste kapitaal verschaffen, kunnen van een stemgerechtigde vruchtgebruiker of pandhouder van een aandeel in rechte vorderen dat het stemrecht op het aandeel overgaat op de houder van het aandeel, indien die vruchtgebruiker of pandhouder door zijn gedragingen het belang van de vennootschap zodanig schaadt dat in redelijkheid niet kan worden geduld dat hij het stemrecht blijft uitoefenen.
(Zie ook: artt. 24d, 88, 89, 197, 198 BW Boek 2)

2. Een afschrift van het exploit van dagvaarding moet onverwijld door eisers aan de houder van het aandeel, die niet zelf tevens eiser is, worden betekend. Artikel 336, leden 2, 3 en 4 en artikel 339 lid 2 zijn van toepassing en de artikelen 337 en 338 leden 1 en 3, tweede volzin, zijn van overeenkomstige toepassing, in dier voege dat in het geval van artikel 338 lid 1 de vruchtgebruiker of pandhouder het vruchtgebruik of het pandrecht niet op een ander kan doen overgaan.

3. Indien de vordering tot overgang van het stemrecht is toegewezen, vindt de overgang plaats door het in kracht van gewijsde gaan van het vonnis.
(Zie ook: art. 997a Rv)

Art. 342a

[Vervallen]

Art. 343

1. De aandeelhouder die door gedragingen van één of meer mede-aandeelhouders zodanig in zijn rechten of belangen is geschaad dat het voortduren van zijn aandeelhouderschap in redelijkheid niet meer van hem kan worden gevergd, kan tegen die mede-aandeelhouders een vordering tot uittreding instellen, inhoudende dat zijn aandelen overeenkomstig de leden 1, 2 en 3 van artikel 343a worden overgenomen. Een vordering tot uittreding kan ook worden ingesteld tegen de vennootschap op grond van gedragingen van één of meer mede-aandeelhouders of van de vennootschap zelf. Een vordering tegen de vennootschap kan evenwel niet worden toegewezen, voorzover artikel 98 of 207 aan verkrijging van de aandelen door de vennootschap in de weg staat, met dien verstande evenwel dat geen rekening wordt gehouden met het vereiste van een machtiging als bedoeld in artikel 98 lid 4 of een daarmee vergelijkbaar statutair voorschrift dan wel een na het tijdstip van instellen van de vordering ten nadele van eiser tot stand gebrachte wijziging van de statuten. Bij toewijzing van de vordering is artikel 207 lid 3 niet van toepassing.

2. De artikelen 336 leden 3 en 5, 337, 338 leden 1 en 3, 339 en 340, leden 1, 2 en 3 zijn van toepassing of van overeenkomstige toepassing.

3. Is de vordering tegen een aandeelhouder ingesteld, dan kan deze een andere aandeelhouder of de vennootschap in het geding oproepen, indien hij van oordeel is dat de vordering ook of uitsluitend tegen die aandeelhouder of tegen de vennootschap had behoren te worden ingesteld. De oproeping geschiedt uiterlijk tegen de voor het nemen van het verweerschrift bepaalde dag.

4. Bij het bepalen van de prijs van de aandelen kan de rechter desgevorderd een billijke verhoging toepassen in verband met gedragingen van de verweerder, of van anderen dan de verweerder, indien aannemelijk is dat die gedragingen hebben geleid tot een vermindering van de waarde van de over te dragen aandelen en deze vermindering niet, of niet volledig, voor rekening van eiser behoort te blijven.

5. Bij toewijzing van de vordering tot uittreding bevat het vonnis tevens een veroordeling van de eiser tot levering aan verweerders van de hun, zo nodig na toepassing van artikel 343a lid 5, over te dragen aandelen.

6. De rechter kan zijn beslissing omtrent de vordering voor een door hem te bepalen termijn aanhouden, indien ten processe blijkt dat de vennootschap of één of meer mede-aandeelhouders op zich nemen maatregelen te treffen waardoor het nadeel dat de aandeelhouder lijdt zoveel mogelijk wordt ongedaan gemaakt of beperkt.

Art. 343a

1. Binnen twee weken nadat hem een afschrift is betekend van het vonnis waarbij de prijs van de aandelen is bepaald, is ieder van de verweerders verplicht het door de rechter vastgestelde aantal aandelen tegen gelijktijdige betaling van de vastgestelde prijs over te nemen, behoudens lid 2, en is de eiser verplicht zijn aandelen aan de verweerders te leveren. Was het vonnis niet uitvoerbaar bij voorraad verklaard, dan heeft betekening daarvan slechts het in de eerste zin bedoelde gevolg als zij geschiedt nadat het vonnis alsnog uitvoerbaar bij voorraad is verklaard of onherroepelijk is geworden. Met verweerders worden gelijkgesteld de aandeelhouders die zich in het rechtsgeding aan de zijde van de verweerders hebben gevoegd en daarbij de wens te kennen hebben gegeven in dezelfde positie als de verweerders te worden geplaatst.

2. Indien de aandeelhouder die een of meer aandelen wil vervreemden deze ingevolge artikel 195 of een regeling in de statuten moet aanbieden aan zijn mede-aandeelhouders of anderen, biedt de vennootschap de aandelen onverwijld nadat een afschrift van het vonnis aan haar is betekend, schriftelijk namens de eiser aan de aandeelhouders of anderen aan, zoveel mogelijk met overeenkomstige toepassing van de wettelijke of statutaire regeling en deelt hun daarbij tevens de vastgestelde prijs mee. Zij kunnen het aanbod binnen een maand na verzending van de mededeling aanvaarden door schriftelijke kennisgeving aan de vennootschap. Binnen een week na het verstrijken van deze termijn deelt de vennootschap aan de eiser en de verweerders mee of en zo ja hoeveel aandelen zijn aanvaard en aan wie deze zijn toegewezen. De eiser is verplicht onverwijld na ontvangst van deze mededeling zijn aandelen aan de mede-aandeelhouders of de anderen te leveren tegen gelijktijdige betaling. Lid 1, tweede zin, is van overeenkomstige toepassing.

3. Indien in het geval van lid 2 geen aandelen zijn aanvaard of minder aandelen zijn aanvaard dan zijn aangeboden, of de vastgestelde prijs niet binnen twee weken na ontvangst van de mededeling van de vennootschap omtrent de toewijzing van de aandelen aan de eiser die tot gelijktijdige levering wilde overgaan wordt voldaan, vindt ten aanzien van de aandelen, de overgebleven aandelen of de aandelen waarvoor niet tijdig betaling is ontvangen lid 1 toepassing, met dien verstande dat de aanvaarding van de niet afgenomen aandelen door de verweerders zoveel mogelijk geschiedt naar evenredigheid van het voor ieder overeenkomstig lid 1 vastgestelde aantal aandelen.

4. Blijft de eiser in gebreke met de levering van zijn aandelen, dan levert de vennootschap namens hem de aandelen, tegen gelijktijdige betaling.

Vordering tot uittreding bij geschil

Verplichting tot overname van aandelen bij geschil

Schakelbepaling

Vaststelling van aandelenprijs bij geschil

5. Blijven een of meer verweerders in gebreke met de aanvaarding van de aandelen tegen gelijktijdige betaling van de vastgestelde prijs, dan zijn de overige verweerders verplicht om binnen twee weken nadat dit is komen vast te staan die aandelen tegen gelijktijdige betaling te aanvaarden, zoveel mogelijk naar evenredigheid van het voor ieder overeenkomstig lid 1 vastgestelde aantal aandelen.

6. Is een verweerder aandeelhouder ten titel van beheer, dan zijn naast hem de certificaathouders aansprakelijk voor het krachtens dit artikel verschuldigde, ieder zoveel mogelijk naar evenredigheid van zijn bezit aan certificaten. Blijven een of meer certificaathouders in gebreke, dan zijn de overige certificaathouders verplicht deel te voldoen, ieder zoveel mogelijk naar evenredigheid van zijn bezit aan certificaten. De eerste en tweede zin vinden slechts toepassing op certificaathouders die door de eiser tijdig in het geding zijn opgeroepen. Zo nodig verstrekt de verweerder aan eiser de daartoe benodigde gegevens.

7. Op verzoek van een partij beslist de rechter die de vordering in eerste instantie of in hoger beroep heeft toegewezen over geschillen betreffende de uitvoering van de regeling. Tegen deze beslissing staat geen hogere voorziening open.

Art. 343b

In het geval van vernietiging van het vonnis als bedoeld in artikel 343a lid 1 is artikel 341a van overeenkomstige toepassing.

Art. 343c

1. Bestaat tussen een aandeelhouder en een of meer van zijn mede-aandeelhouders of de vennootschap overeenstemming dat de aandeelhouder zijn aandelen zal overdragen tegen gelijktijdige betaling van een nader vast te stellen prijs, dan kunnen zij de rechter, bedoeld in artikel 336 lid 3, gezamenlijk verzoeken de prijs van de aandelen te doen vaststellen. Het verzoek kan ook worden gedaan door één der partijen, mits de andere partij in zijn verweerschrift verklaart zich daartegen niet te verzetten.

2. Partijen kunnen de rechter verzoeken bij de benoeming van de deskundige of deskundigen bepaalde aanwijzingen te geven over de in acht te nemen waarderingsmaatstaf, de datum waartegen gewaardeerd moet worden en andere omstandigheden waarmee bij de waardering rekening moet worden gehouden. Voorzover partijen niet eenstemmig zijn, beslist de rechter naar billijkheid.

3. De procedure wordt gevoerd als verzoekprocedure, waarbij de artikelen 343 lid 2 en 343a zoveel mogelijk van overeenkomstige toepassing zijn.

4. Indien partijen in het verzoekschrift dan wel overeenkomstig lid 1, tweede zin, verklaren dat zij omtrent de prijs van de aandelen een bericht van deskundigen wensen dat tussen hen de werking van een vaststellingsovereenkomst zal hebben, zijn de wettelijke bepalingen betreffende het voorlopig deskundigenbericht voorzoveel nodig van overeenkomstige toepassing. Een partij kan op artikel 904 lid 1 van Boek 7 slechts een beroep doen gedurende vier weken vanaf de verzending van het voorlopig deskundigenbericht aan die partij door de griffier op de voet van artikel 198 lid 4 in verband met artikel 205 lid 1 van het Wetboek van Burgerlijke Rechtsvordering. Bij toepassing van artikel 904 lid 2 van Boek 7 is de in artikel 336 lid 3 bedoelde rechter bevoegd. Diezelfde rechter beslist op verzoek van een partij over geschillen betreffende de uitvoering van de overdracht.

5. Tegen beslissingen van de rechter als bedoeld in dit artikel staat geen hogere voorziening open.

Afdeling 2
Het recht van enquête

Art. 344

Werkingssfeer

De bepalingen van deze afdeling zijn van toepassing op:

a. de coöperatie, de onderlinge waarborgmaatschappij, de naamloze vennootschap en de besloten vennootschap met beperkte aansprakelijkheid;

(Zie ook: artt. 53, 64, 175 BW Boek 2)

b. de stichting en de vereniging met volledige rechtsbevoegdheid die een onderneming in stand houden waarvoor ingevolge de wet een ondernemingsraad moet worden ingesteld.

(Zie ook: artt. 26, 285 BW Boek 2; art. 2 WOR)

Art. 345

Enquêterecht

1. Op schriftelijk verzoek van degenen die krachtens de artikelen 346 en 347 daartoe bevoegd zijn, kan de ondernemingskamer van het gerechtshof Amsterdam een of meer personen benoemen tot het instellen van een onderzoek naar het beleid en de gang van zaken van een rechtspersoon, hetzij in de gehele omvang daarvan, hetzij met betrekking tot een gedeelte of een bepaald tijdvak. Onder het beleid en de gang van zaken van een rechtspersoon zijn mede begrepen het beleid en de gang van zaken van een commanditaire vennootschap of een vennootschap onder firma waarvan de rechtspersoon volledig aansprakelijke vennoot is.

(Zie ook: artt. 15, 19 WvK)

2. De advocaat-generaal bij het ressortsparket kan om redenen van openbaar belang een verzoek doen tot het instellen van een onderzoek als bedoeld in het eerste lid. Hij kan ter voorbereiding van een verzoek een of meer deskundige personen belasten met het inwinnen van inlichtingen over het beleid en de gang van zaken van de rechtspersoon. De rechtspersoon is verplicht de gevraagde inlichtingen te verschaffen en desgevraagd ook inzage in zijn boeken en bescheiden te geven aan de deskundigen.

(Zie ook: art. 297 BW Boek 2; artt. 44, 261, 995 Rv; art. 72 Wet RO)

Art. 346

1. Tot het indienen van een verzoek als bedoeld in artikel 345 zijn bevoegd:

a. indien het betreft een vereniging, een coöperatie of een onderlinge waarborgmaatschappij: de leden van de rechtspersoon ten getale van ten minste 300, of zoveel leden als ten minste een tiende gedeelte van het ledental uitmaken, of zoveel leden als tezamen bevoegd zijn tot het uitbrengen van ten minste een tiende gedeelte der stemmen in de algemene vergadering of zoveel minder als de statuten bepalen;

b. indien het betreft een naamloze vennootschap of besloten vennootschap met beperkte aansprakelijkheid met een geplaatst kapitaal van maximaal € 22,5 miljoen: een of meer houders van aandelen of van certificaten van aandelen, die alleen of gezamenlijk ten minste een tiende gedeelte van het geplaatste kapitaal vertegenwoordigen of rechthebbenden zijn op een bedrag van aandelen of van certificaten daarvan tot een nominale waarde van € 225 000 of zoveel minder als de statuten bepalen;

c. indien het betreft een naamloze vennootschap of besloten vennootschap met beperkte aansprakelijkheid met een geplaatst kapitaal van meer dan € 22,5 miljoen: een of meer houders van aandelen of van certificaten van aandelen, die alleen of gezamenlijk ten minste een honderdste gedeelte van het geplaatste kapitaal vertegenwoordigen of, indien de aandelen of certificaten zijn toegelaten tot de handel op een gereglementeerde markt of een multilaterale handelsfaciliteit, als bedoeld in artikel 1:1 van de Wet op het financieel toezicht of een met een gereglementeerde markt of multilaterale handelsfaciliteit vergelijkbaar systeem uit een staat die geen lidstaat is, ten minste een waarde vertegenwoordigen van € 20 miljoen volgens de slotkoers op de laatste handelsdag voor indiening van het verzoek, of zoveel minder als de statuten bepalen;

d. de rechtspersoon als bedoeld in artikel 344;

e. degenen, aan wie daartoe bij de statuten of bij overeenkomst met de rechtspersoon de bevoegdheid is toegekend.

2. Voor de toepassing van lid 1, onderdeel d, kan het verzoek namens de rechtspersoon ook worden ingediend door de raad van commissarissen of, indien toepassing is gegeven aan artikel 129a of 239a, door de niet uitvoerende bestuurders. Voor de toepassing van dit lid wordt met een raad van commissarissen gelijkgesteld een toezichthoudend orgaan dat bij of krachtens de statuten van de rechtspersoon is ingesteld.

3. Onverminderd lid 1, onderdeel d, kan het verzoek in geval van faillissement van de rechtspersoon ook worden ingediend door de curator. Artikel 349 is niet van toepassing.

Art. 347

Tot het indienen van een verzoek als bedoeld in artikel 345 is voorts bevoegd een vereniging van werknemers die in de onderneming van de rechtspersoon werkzame personen onder haar leden telt en ten minste twee jaar volledige rechtsbevoegdheid bezit, mits zij krachtens haar statuten ten doel heeft de belangen van haar leden als werknemers te behartigen en als zodanig in de bedrijfstak of onderneming werkzaam is.

(Zie ook: artt. 27, 28 BW Boek 2)

Art. 348

Indien de rechtspersoon wegens het bedrijf dat hij uitoefent, is onderworpen aan het toezicht van De Nederlandsche Bank N.V., de Stichting Autoriteit Financiële Markten of de Europese Centrale Bank, doet de griffier een afschrift van het verzoekschrift ook aan de toezichthoudende instelling toekomen.

(Zie ook: artt. 353, 355, 358 BW Boek 2)

Art. 349

1. De verzoekers en de advocaat-generaal zijn niet ontvankelijk, indien niet blijkt dat zij schriftelijk tevoren hun bezwaren tegen het beleid of de gang van zaken hebben kenbaar gemaakt aan het bestuur en de raad van commissarissen en sindsdien een zodanige termijn is verlopen dat de rechtspersoon redelijkerwijze de gelegenheid heeft gehad deze bezwaren te onderzoeken en naar aanleiding daarvan maatregelen te nemen. De vorige zin is niet van toepassing indien het verzoek is gedaan door de rechtspersoon. In dat geval worden de raad van commissarissen onderscheidenlijk het bestuur en de ondernemingsraad zo spoedig mogelijk op de hoogte gesteld van het voornemen om het verzoek in te dienen onderscheidenlijk het indienen van het verzoek. Voor de toepassing van dit lid wordt met een raad van commissarissen gelijkgesteld een toezichthoudend orgaan dat bij of krachtens de statuten van de rechtspersoon is ingesteld.

2. Een vereniging van werknemers is voorts niet ontvankelijk, indien zij niet tevoren de ondernemingsraad die is verbonden aan een onderneming die de rechtspersoon zelfstandig of als

volledig aansprakelijke vennoot in stand houdt, in de gelegenheid heeft gesteld schriftelijk van zijn gevoelen te doen blijken. De advocaat-generaal deelt bij zijn verzoek mede of hij de ondernemingsraad in de gelegenheid heeft gesteld van zijn gevoelen te doen blijken.
(Zie ook: art. 2 WOR)

Art. 349a

Afhandelingsprocedure van verzoek tot enquête

1. De ondernemingskamer behandelt het verzoek met de meeste spoed. In afwijking van artikel 282 lid 1 Wetboek van Burgerlijke Rechtsvordering kan iedere belanghebbende een verweerschrift indienen tot een door de ondernemingskamer bepaald tijdstip voorafgaand aan de aanvang van de behandeling. De verzoekers en de rechtspersoon verschijnen hetzij bij advocaat, hetzij bijgestaan door hun advocaten. Alvorens te beslissen kan de ondernemingskamer ook ambtshalve getuigen en deskundigen horen.

2. Indien gelet op de belangen van de rechtspersoon en degenen die krachtens de wet en de statuten bij zijn organisatie zijn betrokken een onmiddellijke voorziening vereist is in verband met de toestand van de rechtspersoon of in het belang van het onderzoek, kan de ondernemingskamer in elke stand van het geding op verzoek van de indieners van het in artikel 345 bedoelde verzoek een zodanige voorziening treffen voor ten hoogste de duur van het geding. Artikel 357 lid 6 is van overeenkomstige toepassing.

3. Ingeval nog geen onderzoek is gelast, wordt een onmiddellijke voorziening slechts getroffen indien er naar het voorlopig oordeel van de ondernemingskamer gegronde redenen zijn om aan een juist beleid of juiste gang van zaken te twijfelen. De ondernemingskamer beslist daarna binnen een redelijke termijn op het verzoek als bedoeld in artikel 345.

Art. 350

Toewijzing of afwijzing van verzoek tot onderzoek

1. De ondernemingskamer wijst het verzoek slechts toe, wanneer blijkt van gegronde redenen om aan een juist beleid of juiste gang van zaken te twijfelen.

2. Indien de ondernemingskamer het verzoek afwijst, en daarbij beslist dat het naar haar oordeel niet op redelijke grond is gedaan, kan de rechtspersoon tegen de verzoeker of verzoekers bij de ondernemingskamer een eis instellen tot vergoeding van de schade die hij ten gevolge van het verzoek lijdt. Voor de instelling van een vordering tegen een verzoeker geldt als diens woonplaats mede de woonplaats die hij voor de indiening van het verzoek heeft gekozen.
(Zie ook: art. 95 BW Boek 6)

3. Wordt het verzoek toegewezen, dan stelt de ondernemingskamer het bedrag vast dat het onderzoek ten hoogste mag kosten. De ondernemingskamer kan hangende het onderzoek dit bedrag op verzoek van de door haar benoemde personen verhogen, na verhoor, althans oproeping van de oorspronkelijke verzoekers. De ondernemingskamer bepaalt de vergoeding van de door haar benoemde personen. De rechtspersoon betaalt de kosten van het onderzoek alsmede de redelijke en in redelijkheid gemaakte kosten van verweer van de met het onderzoek belaste personen terzake de vaststelling van aansprakelijkheid vanwege de uitvoering van het onderzoek of het verslag van de uitkomst van het onderzoek; in geval van geschil beslist de ondernemingskamer op verzoek van de meest gerede partij. De ondernemingskamer kan bepalen dat de rechtspersoon voor de betaling der kosten zekerheid moet stellen.
(Zie ook: artt. 429a, 995 Rv)

4. De ondernemingskamer benoemt, tegelijk met de met het onderzoek belaste personen, een raadsheer-commissaris. Indien de goede gang van zaken van het onderzoek dit vereist, kan de raadsheer-commissaris op verlangen van verzoekers of belanghebbenden aanwijzingen geven over de wijze waarop het onderzoek wordt uitgevoerd. De raadsheer-commissaris beslist niet dan nadat hij de met het onderzoek belaste personen in de gelegenheid heeft gesteld hun zienswijze aangaande het verlangen te geven. De raadsheer-commissaris kan ook de met het onderzoek belaste personen op hun verlangen een aanwijzing geven. De raadsheer-commissaris beslist niet dan nadat hij de rechtspersoon die in de procedure is verschenen in de gelegenheid heeft gesteld zijn zienswijze aangaande het verlangen te geven. De raadsheer-commissaris kan ook anderen in de gelegenheid stellen hun zienswijze te geven. Tegen beslissingen van de raadsheer-commissaris als bedoeld in dit lid staat geen beroep in cassatie open.

Art. 351

Bevoegdheden van personen belast met enquêteonderzoek

1. De door de ondernemingskamer benoemde personen zijn gerechtigd tot raadpleging van de boeken, bescheiden en andere gegevensdragers van de rechtspersoon en de vennootschap bedoeld in artikel 345 lid 1 waarvan zij de kennisneming tot een juiste vervulling van hun taak nodig achten. De bezittingen van de rechtspersoon en de vennootschap moeten hun desgevraagd worden getoond. De bestuurders, de commissarissen zo die er zijn, alsmede degenen die in dienst zijn van de rechtspersoon of de vennootschap, zijn verplicht desgevraagd alle inlichtingen te verschaffen die nodig zijn voor de uitvoering van het onderzoek. Eenzelfde verplichting rust op hen die bestuurders of commissarissen van de rechtspersoon of vennootschap waren, of bij deze in dienst waren, gedurende het tijdvak waarover het onderzoek zich uitstrekt.

2. De ondernemingskamer kan, indien dit voor de juiste vervulling van hun taak nodig is, de door haar benoemde personen op hun verzoek machtigen tot het raadplegen van de boeken, bescheiden en andere gegevensdragers en het zich doen tonen van de bezittingen van een

rechtspersoon die nauw verbonden is met de rechtspersoon ten aanzien waarvan het onderzoek plaatsvindt. De bepalingen van de derde en de vierde volzin van het lid 1 zijn van overeenkomstige toepassing.

3. Het is de met het onderzoek belaste personen verboden, hetgeen bij hun onderzoek blijkt, verder bekend te maken dan hun opdracht met zich brengt.

(Zie ook: artt. 339, 393 BW Boek 2; artt. 272, 273 WvSr)

4. De met het onderzoek belaste personen stellen een verslag op van hun bevindingen. Zij stellen degenen die in het verslag worden genoemd in de gelegenheid om opmerkingen te maken ten aanzien van wezenlijke bevindingen die op henzelf betrekking hebben. Het is een ieder verboden om mededelingen te doen uit de inhoud van het concept verslag of delen daarvan die hem ter voldoening aan het bepaalde in de vorige volzin zijn voorgelegd.

5. De met het onderzoek belaste personen zijn niet aansprakelijk voor schade die het gevolg is van het verslag van de uitkomst van het onderzoek, tenzij zij met betrekking tot hun in het verslag neergelegde bevindingen of met betrekking tot het onderzoek opzettelijk onbehoorlijk hebben gehandeld dan wel met kennelijk grove miskenning van hetgeen een behoorlijke taakvervulling meebrengt.

Art. 352

1. Wanneer een met het onderzoek belaste persoon wordt geweigerd overeenkomstig het vorige artikel de boeken, bescheiden en andere gegevensdragers te raadplegen of zich de bezittingen te doen tonen, geeft de de raadsheer-commissaris bedoeld in artikel 350 lid 4 op verzoek van die persoon de bevelen die de omstandigheden nodig maken.

Bevelen bij niet medewerking aan enquêteonderzoek

2. De bevelen kunnen inhouden de opdracht aan de openbare macht om voor zoveel nodig bijstand te verlenen en de last om een woning binnen te treden, wanneer de plaats waar de boeken, bescheiden en andere gegevensdragers of de bezittingen zich bevinden, een woning is, of alleen door een woning toegankelijk. De woning wordt niet tegen de wil van de bewoner binnengetreden dan na vertoon van de last van de raadsheer-commissaris.

(Zie ook: art. 339 BW Boek 2; artt. 429a, 995 Rv; art. 12 GW)

Art. 352a

De met het onderzoek belaste personen kunnen de ondernemingskamer verzoeken een of meer personen als getuigen te horen. In het verzoek worden de namen en adressen van de te horen personen alsmede de feiten en omstandigheden waarover deze moeten worden gehoord vermeld. De onderzoekers zijn bevoegd bij het verhoor aanwezig te zijn en aan de getuigen vragen te stellen.

Getuigen bij enquêteonderzoek

(Zie ook: art. 189 Rv)

Art. 353

1. Het verslag van de uitkomst van het onderzoek wordt ter griffie van het gerechtshof Amsterdam nedergelegd. Uit het verslag moet blijken of aan het bepaalde in artikel 351 lid 4, tweede volzin is voldaan.

Verslag uitslag enquêteonderzoek

2. De advocaat-generaal bij het ressortsparket, de rechtspersoon, alsmede de verzoekers en hun advocaten, ontvangen een exemplaar van het verslag. In het geval, bedoeld in artikel 348, ontvangt ook de in dat artikel genoemde, op de rechtspersoon toezichthoudende instelling een exemplaar van het verslag. De ondernemingskamer kan bepalen dat het verslag voorts geheel of gedeeltelijk ter inzage ligt voor de door haar aan te wijzen andere personen of voor een ieder.

3. Het is aan anderen dan de rechtspersoon verboden mededelingen aan derden te doen uit het verslag, voor zover dat niet voor een ieder ter inzage ligt, tenzij zij daartoe op hun verzoek door de voorzitter van de ondernemingskamer zijn gemachtigd. Een vereniging van werknemers is echter zonder een zodanige machtiging bevoegd tot het verstrekken van mededelingen uit het verslag aan de ondernemingsraad, die aan een door de rechtspersoon gedreven onderneming is verbonden.

4. Ten spoedigste na de nederlegging geeft de griffier daarvan kennis aan de verzoeker of verzoekers en aan de rechtspersoon; indien de ondernemingskamer dit beveelt, draagt hij voorts zorg voor de bekendmaking van de nederlegging en van de in het tweede lid bedoelde beschikking in de *Staatscourant*.

(Zie ook: artt. 261, 429a, 995 Rv; art. 272 WvSr)

Art. 354

De ondernemingskamer kan na kennisneming van het verslag op verzoek van de rechtspersoon beslissen, dat deze de kosten van het onderzoek geheel of gedeeltelijk kan verhalen op de verzoekers, indien uit het verslag blijkt dat het verzoek niet op redelijke grond is gedaan, dan wel op een bestuurder, een commissaris of een ander die in dienst van de rechtspersoon is, indien uit het verslag blijkt dat deze verantwoordelijk is voor een onjuist beleid of een onbevredigende gang van zaken van de rechtspersoon. De laatste zin van het tweede lid van artikel 350 van dit Boek is van toepassing.

Verhaal van kosten enquêteonderzoek

(Zie ook: artt. 9, 350 BW Boek 2; artt. 261, 995 Rv)

B2 art. 355

Art. 355

Voorzieningen bij wanbeleid gebleken uit enquête-onderzoek

1. Indien uit het verslag van wanbeleid is gebleken, kan de ondernemingskamer op verzoek van de oorspronkelijke verzoekers en, indien het verslag voor hen ter inzage ligt, op verzoek van anderen die aan de in artikel 346 of 347 van dit Boek gestelde vereisten voldoen, of op verzoek van de advocaat-generaal, ingesteld om redenen van openbaar belang, een of meer van de in het volgende artikel genoemde voorzieningen treffen, welke zij op grond van de uitkomst van het onderzoek geboden acht.

2. Het verzoek moet worden gedaan binnen twee maanden na nederlegging van het verslag ter griffie.

3. De artikelen 348 en 349a zijn van overeenkomstige toepassing.

4. In het geval, bedoeld in artikel 348, neemt de ondernemingskamer geen beslissing, alvorens de in dat artikel genoemde, op de rechtspersoon toezichthoudende instelling in de gelegenheid te hebben gesteld over het verzoek te worden gehoord.

5. De ondernemingskamer kan haar beslissing voor een door haar te bepalen termijn aanhouden, indien de rechtspersoon op zich neemt, bepaalde maatregelen te treffen die een einde maken aan het wanbeleid of die de gevolgen welke daaruit zijn voortgevloeid, zoveel mogelijk ongedaan maken of beperken.

(Zie ook: artt. 261, 995 Rv)

Art. 356

Voorzieningen

De voorzieningen, bedoeld in het vorige artikel, zijn:

a. schorsing of vernietiging van een besluit van de bestuurders, van commissarissen, van de algemene vergadering of van enig ander orgaan van de rechtspersoon;

(Zie ook: art. 13 BW Boek 2; art. 53 BW Boek 3)

b. schorsing of ontslag van een of meer bestuurders of commissarissen;

(Zie ook: artt. 37, 57, 63f, 134, 144, 147, 161, 162, 244, 254, 257, 271 BW Boek 2)

c. tijdelijke aanstelling van een of meer bestuurders of commissarissen;

(Zie ook: artt. 37, 57, 132, 142, 158, 162, 242, 252, 268, 272, 357 BW Boek 2)

d. tijdelijke afwijking van de door de ondernemingskamer aangegeven bepalingen van de statuten;

e. tijdelijke overdracht van aandelen ten titel van beheer;

f. ontbinding van de rechtspersoon.

(Zie ook: artt. 23, 357 BW Boek 2)

Art. 357

Geldingsduur van voorzieningen

1. De ondernemingskamer bepaalt de geldingsduur van de door haar getroffen tijdelijke voorzieningen; zij kan op verzoek van de verzoekers, bedoeld in artikel 355 van dit Boek, of van de rechtspersoon dan wel van de advocaat-generaal die duur verlengen en verkorten.

2. De ondernemingskamer regelt zo nodig de gevolgen van de door haar getroffen voorzieningen.

3. Een door de ondernemingskamer getroffen voorziening kan door de rechtspersoon niet ongedaan worden gemaakt; een besluit daartoe is nietig.

(Zie ook: art. 13 BW Boek 2; art. 53 BW Boek 3)

4. De ondernemingskamer kan aan degenen die zij tijdelijk aanstelt tot bestuurder, commissaris of beheerder van aandelen, een beloning ten laste van de rechtspersoon toekennen.

5. Zij kan aan hen opdragen haar regelmatig verslag uit te brengen.

6. De ondernemingskamer kan bepalen dat de rechtspersoon de redelijke en in redelijkheid gemaakte kosten van verweer van de bestuurder, commissaris of beheerder van aandelen terzake de vaststelling van aansprakelijkheid vanwege onbehoorlijke taakvervulling tijdens de tijdelijke aanstelling, betaalt.

7. De ondernemingskamer spreekt de ontbinding van de rechtspersoon niet uit, wanneer het belang van de leden of aandeelhouders of van degenen die in dienst van de rechtspersoon zijn, dan wel het openbaar belang zich daartegen verzet.

(Zie ook: artt. 261, 995 Rv)

Art. 358

Voorlopige tenuitvoerlegging voorzieningen bij enquête

1. De ondernemingskamer kan de voorlopige tenuitvoerlegging der voorzieningen genoemd in artikel 356 onder a-e bevelen.

(Zie ook: art. 404 Rv)

2. De griffier der ondernemingskamer doet ten kantore van het handelsregister een afschrift van de beschikkingen der ondernemingskamer nederleggen. Van beschikkingen die niet voorlopig ten uitvoer kunnen worden gelegd, geschiedt de nederlegging zodra zij in kracht van gewijsde zijn gegaan.

(Zie ook: artt. 29, 54, 69, 77, 180, 188 BW Boek 2)

3. In het geval, bedoeld in artikel 348, ontvangt de in dat artikel genoemde, op de rechtspersoon toezichthoudende instelling van de griffier een afschrift van de beschikkingen van de ondernemingskamer.

Art. 359

1. Tot het instellen van een beroep in cassatie tegen de beschikkingen van de ondernemingskamer uit hoofde van deze afdeling is, buiten de personen bedoeld in artikel 426, eerste lid, van het Wetboek van Burgerlijke Rechtsvordering, de rechtspersoon bevoegd, ongeacht of deze bij de ondernemingskamer is verschenen.

2. Indien aan een beschikking waarbij een persoon met een onderzoek is belast dan wel is aangesteld als bestuurder, commissaris of beheerder van aandelen, door vernietiging de grondslag komt te ontbreken, wordt de door de ondernemingskamer aan die persoon toegekende vergoeding onderscheidenlijk beloning geacht niet onverschuldigd te zijn.

Afdeling 3
Het openbaar bod

Art. 359a

1. Deze afdeling is van toepassing op de vennootschap waarvan aandelen zijn toegelaten tot de handel op een gereglementeerde markt als bedoeld in artikel 1:1 van de Wet op het financieel toezicht, tenzij het een beleggingsmaatschappij of maatschappij voor collectieve belegging in effecten, is als bedoeld in dat artikel waarvan de rechten van deelneming op verzoek van de deelnemers direct of indirect worden ingekocht of terugbetaald ten laste van de activa van de beleggingsmaatschappij.

2. In deze afdeling wordt een certificaat van aandelen dat met medewerking van de vennootschap is uitgegeven gelijk gesteld met een aandeel en wordt een certificaathouder gelijk gesteld met een aandeelhouder.

Art. 359b

1. De statuten van de vennootschap kunnen bepalen dat een openbare mededeling betreffende de aankondiging van een openbaar bod, als bedoeld in artikel 5:70 of 5:74 van de Wet op het financieel toezicht, op aandelen uitgegeven door de vennootschap, tot gevolg heeft dat:

a. de vennootschap, totdat openbaarmaking van het resultaat van de gestanddoening van het bod heeft plaatsgevonden of het bod is vervallen, geen handelingen verricht die het slagen van het bod kunnen frustreren, tenzij voorafgaand aan de handeling goedkeuring wordt verleend door de algemene vergadering of de handeling het zoeken naar een alternatief openbaar bod betreft; de oproeping voor de algemene vergadering geschiedt niet later dan op de tweeënveertigste dag voor die van de vergadering;

b. besluiten van de vennootschap die voor de in de aanhef bedoelde openbare mededeling zijn genomen en die nog niet geheel zijn uitgevoerd, de goedkeuring van de algemene vergadering behoeven indien het besluit niet behoort tot de normale uitoefening van de onderneming en de uitvoering het slagen van het bod kan frustreren; de oproeping voor de algemene vergadering geschiedt niet later dan op de tweeënveertigste dag voor die van de vergadering;

c. statutaire beperkingen van de overdracht van aandelen en beperkingen van de overdracht van aandelen die tussen de vennootschap en haar aandeelhouders of tussen aandeelhouders onderling zijn overeengekomen, niet gelden jegens de bieder wanneer hem tijdens de periode voor aanvaarding van een openbaar bod aandelen worden aangeboden;

d. statutaire beperkingen van de uitoefening van het stemrecht en beperkingen van de uitoefening van het stemrecht die tussen de vennootschap en haar aandeelhouders of tussen aandeelhouders onderling zijn overeengekomen, niet gelden in de algemene vergadering die besluit over handelingen als bedoeld onder a of b;

e. in de algemene vergadering elk aandeel in verband met het besluit over handelingen of besluiten als bedoeld onder a of b recht geeft op één stem.

2. De statuten van de vennootschap kunnen bepalen dat de houder van aandelen die ten gevolge van een openbaar bod ten minste 75% van het geplaatste kapitaal vertegenwoordigt, bevoegd is op korte termijn na het einde van de periode voor aanvaarding van het bod een algemene vergadering bijeen te roepen waarin bijzondere statutaire rechten van aandeelhouders in verband met een besluit tot benoeming of ontslag van een bestuurder of commissaris niet gelden. De oproeping geschiedt niet later dan op de tweeënveertigste dag voor die van de vergadering. In de vergadering geeft elk aandeel ten aanzien van dat besluit recht op één stem en gelden statutaire beperkingen van de uitoefening van het stemrecht en beperkingen van de uitoefening van het stemrecht die tussen de vennootschap en haar aandeelhouders of tussen aandeelhouders onderling zijn overeengekomen niet.

3. De aandeelhouder heeft recht op een billijke vergoeding van de schade die hij lijdt door de toepassing van lid 1, onderdeel c, d, of e, of lid 2.

4. Indien een openbaar bod wordt aangekondigd op een vennootschap die lid 1 of lid 2 toepast, door een vennootschap of rechtspersoon die niet dezelfde of een vergelijkbare bepaling of bepalingen toepast overeenkomstig de nationale regels ter uitvoering van artikel 9 lid 2 en lid 3 of artikel 11 van richtlijn nr. 2004/25/EG van het Europees Parlement en de Raad van 21 april 2004 betreffende het openbaar overnamebod (PbEU L 142), of door een dochtermaatschappij

B2 art. 359c

daarvan, kan de doelvennootschap besluiten dat het ingevolge lid 1 of lid 2 bepaalde niet geldt. Het besluit is onderworpen aan de goedkeuring van de algemene vergadering, die niet eerder mag zijn verleend dan 18 maanden voordat het bod is aangekondigd.

5. De toepassing van lid 1 onderscheidenlijk lid 2 wordt gemeld aan de Stichting Autoriteit Financiële Markten. Melding vindt ook plaats aan de toezichthoudende instantie van andere lidstaten van de Europese Unie waar de aandelen zijn toegelaten tot de handel op een gereglementeerde markt of waar de toelating is aangevraagd.

6. De ondernemingskamer van het gerechtshof Amsterdam neemt kennis van alle rechtsvorderingen betreffende de toepassing van de leden 1 tot en met 4, ingediend door een aandeelhouder, een houder van certificaten van aandelen die met medewerking van de vennootschap zijn uitgegeven, een bestuurder of een commissaris.

Art. 359c

Vordering tot overdracht van aandelen bij openbaar bod

1. Hij die een openbaar bod heeft uitgebracht en als aandeelhouder voor eigen rekening ten minste 95% van het geplaatste kapitaal van de doelvennootschap verschaft alsmede ten minste 95% van de stemrechten van de doelvennootschap vertegenwoordigt, kan tegen de gezamenlijke andere aandeelhouders een vordering instellen tot overdracht van hun aandelen aan hem. Hetzelfde geldt, indien twee of meer groepsmaatschappijen dit deel van het geplaatste kapitaal samen verschaffen en dit deel van de stemrechten samen vertegenwoordigen en zij samen de vordering instellen tot overdracht aan degene die het openbaar bod heeft uitgebracht.

2. Zijn er verschillende soorten aandelen dan kan de vordering slechts worden ingesteld ten aanzien van de soort waarvan de eiser of eisers ten minste 95% van het geplaatste kapitaal verschaffen en 95% van de stemrechten vertegenwoordigen.

3. De vordering moet binnen drie maanden na afloop van de termijn voor aanvaarding van het bod worden ingesteld.

4. Over de vordering oordeelt in eerste aanleg de ondernemingskamer van het gerechtshof Amsterdam. Van de uitspraak staat uitsluitend beroep in cassatie open.

5. Indien tegen een of meer verweerders verstek is verleend, moet de rechter ambtshalve onderzoeken of de eiser of eisers de vereisten van lid 1 onderscheidenlijk lid 2 vervult of vervullen.

6. Indien de rechter oordeelt dat de leden 1 en 2 de toewijzing van de vordering niet beletten, stelt hij een billijke prijs vast voor de over te dragen aandelen op een door hem te bepalen dag. Wanneer een openbaar bod als bedoeld in artikel 5:74 van de Wet op het financieel toezicht is uitgebracht, wordt de waarde van de bij het bod geboden tegenprestatie, mits ten minste 90% van de aandelen is verworven waarop het bod betrekking had, geacht een billijke prijs te zijn. Wanneer een openbaar bod als bedoeld in artikel 5:70 van de Wet op het financieel toezicht is uitgebracht, wordt de waarde van de bij het bod geboden tegenprestatie geacht een billijke prijs te zijn. In afwijking van de tweede of derde zin kan de rechter bevelen dat een of drie deskundigen zullen berichten over de waarde van de over te dragen aandelen. De eerste drie zinnen van artikel 350 lid 3 en de artikelen 351 en 352 zijn dan van toepassing. De prijs luidt in geld. Zo lang en voor zover de prijs niet is betaald, wordt hij verhoogd met rente, gelijk aan de wettelijke rente, vanaf de dag die door de rechter is bepaald voor de vaststelling van de prijs tot de overdracht; uitkeringen op de aandelen die in dit tijdvak betaalbaar worden gesteld, strekken op de dag van betaalbaarstelling tot gedeeltelijke betaling van de prijs.

7. De rechter die de vordering toewijst, veroordeelt de overnemer aan degenen aan wie de aandelen toebehoren of zullen toebehoren de vastgestelde prijs met rente te betalen tegen levering van het onbezwaarde recht op de aandelen. De rechter geeft omtrent de kosten van het geding zodanige uitspraak als hij meent dat behoort. Een verweerder die geen verweer heeft gevoerd, wordt niet verwezen in de kosten.

8. Staat het bevel tot overdracht bij gerechtelijk gewijsde vast, dan deelt de overnemer de dag en plaats van betaalbaarstelling en de prijs schriftelijk mee aan de houders van de over te nemen aandelen van wie hij het adres kent. Hij kondigt deze ook aan in een landelijk verspreid dagblad, tenzij hij van allen het adres kent.

9. De overnemer kan zich altijd van zijn verplichtingen ingevolge de leden 7 en 8 bevrijden door de vastgestelde prijs met rente voor alle nog niet overgenomen aandelen te consigneren, onder mededeling van hem bekende rechten van pand en vruchtgebruik en de hem bekende beslagen. Door deze mededeling gaat beslag over van de aandelen op het recht op uitkering. Door het consigneren gaat het recht op de aandelen onbezwaard op hem over en gaan rechten van pand of vruchtgebruik over op het recht op uitkering. Aan aandeel- en dividendbewijzen waarop na de overgang uitkeringen betaalbaar zijn gesteld, kan nadien geen recht jegens de vennootschap meer worden ontleend. De overnemer maakt het consigneren en de prijs per aandeel op dat tijdstip bekend op de wijze van lid 8.

Art. 359d

Vordering tot overnemen van aandelen bij openbaar bod

1. Tegen degene die een openbaar bod heeft uitgebracht en als aandeelhouder voor eigen rekening ten minste 95% van het geplaatste kapitaal van de doelvennootschap verschaft alsmede ten minste 95% van de stemrechten van de doelvennootschap vertegenwoordigt, kan door een andere aandeelhouder een vordering worden ingesteld tot overneming van de aandelen van de andere aandeelhouder. Hetzelfde geldt, indien twee of meer groepsmaatschappijen dit deel van het geplaatste kapitaal samen verschaffen en dit deel van de stemrechten samen vertegenwoordigen en een van hen het openbaar bod heeft uitgebracht.

2. Zijn er verschillende soorten aandelen dan kan de vordering worden ingesteld ten aanzien van de soort waarvan degene die een openbaar bod heeft uitgebracht alleen of samen met groepsmaatschappijen ten minste 95% van het geplaatste kapitaal verschaft en 95% van de stemrechten vertegenwoordigt.

3. De vordering moet binnen drie maanden na afloop van de termijn voor aanvaarding van het bod worden ingesteld.

4. Over de vordering oordeelt in eerste aanleg de ondernemingskamer van het gerechtshof Amsterdam. Van de uitspraak staat uitsluitend beroep in cassatie open.

5. Indien tegen een of meer gedaagden verstek is verleend, moet de rechter ambtshalve onderzoeken of de gedaagden de vereisten van lid 1 onderscheidenlijk lid 2 vervullen.

6. Staat het bevel tot overneming bij gerechtelijk gewijsde vast, dan deelt de overnemer de dag en plaats van betaalbaarstelling van de prijs schriftelijk mee aan de houders van de over te nemen aandelen.

7. Artikel 359c, leden 6, 7 en 9, is van overeenkomstige toepassing. **Schakelbepaling**

Titel 9

De jaarrekening en het bestuursverslag

Afdeling 1
Algemene bepaling

Art. 360

1. Deze titel is van toepassing op de coöperatie, de onderlinge waarborgmaatschappij, de naamloze vennootschap en de besloten vennootschap met beperkte aansprakelijkheid. Ongeacht hun rechtsvorm is deze titel op banken als bedoeld in artikel 415, betaalinstellingen als bedoeld in artikel 1:1 van de Wet op het financieel toezicht en elektronischgeldinstellingen als bedoeld in artikel 1:1 van de Wet op het financieel toezicht van toepassing.
(Zie ook: artt. 53, 64, 175 BW Boek 2)

Werkingssfeer

2. Deze titel is eveneens van toepassing op een commanditaire vennootschap of een vennootschap onder firma waarvan alle vennoten die volledig jegens schuldeisers aansprakelijk zijn voor de schulden, kapitaalvennootschappen naar buitenlands recht zijn.
(Zie ook: artt. 16, 19 WvK)

3. Deze titel is eveneens van toepassing op de stichting en de vereniging die een of meer ondernemingen in stand houden welke ingevolge de wet in het handelsregister moeten worden ingeschreven, indien de netto-omzet van deze ondernemingen gedurende twee opeenvolgende boekjaren zonder onderbreking nadien gedurende twee opeenvolgende boekjaren, de helft of meer bedraagt van het in artikel 396 lid 1, onder b, bedoelde bedrag, zoals gewijzigd op grond van artikel 398 lid 4. Indien de stichting of vereniging bij of krachtens de wet verplicht is een financiële verantwoording op te stellen die gelijkwaardig is aan een jaarrekening als bedoeld in deze titel en indien deze openbaar wordt gemaakt, blijft de eerste volzin buiten toepassing.
(Zie ook: artt. 49, 50, 300, 361, 383a, 392, 398 BW Boek 2)

Afdeling 2
Algemene bepalingen omtrent de jaarrekening

Art. 361

1. Onder jaarrekening wordt verstaan: de enkelvoudige jaarrekening die bestaat uit de balans en de winst- en verliesrekening met de toelichting, en de geconsolideerde jaarrekening indien de rechtspersoon een geconsolideerde jaarrekening opstelt.
(Zie ook: artt. 10, 364, 377 BW Boek 2)

Jaarrekening

2. Coöperaties en de in artikel 360 lid 3 bedoelde stichtingen en verenigingen vervangen de winst- en verliesrekening door een exploitatierekening, indien het in artikel 362 lid 1 bedoelde inzicht daardoor wordt gediend; op deze rekening zijn de bepalingen omtrent de winst- en verliesrekening zoveel mogelijk van overeenkomstige toepassing. Bepalingen omtrent winst en verlies zijn zoveel mogelijk van overeenkomstige toepassing op het exploitatiesaldo.
(Zie ook: art. 53 BW Boek 2)

Exploitatierekening

3. De bepalingen van deze titel gelden voor jaarrekeningen en hun onderdelen, zowel in de vorm waarin zij door het bestuur zijn opgemaakt als in de vorm waarin zij door het bevoegde orgaan van de rechtspersoon zijn vastgesteld.
(Zie ook: artt. 58, 101, 210 BW Boek 2)

Werkingssfeer

B2 art. 362

Groepsjaarrekening

4. Bij de toepassing van de artikelen 367, 370 lid 1, 375, 376, 377 lid 5 en 381 moeten overeenkomstige vermeldingen als met betrekking tot groepsmaatschappijen worden opgenomen met betrekking tot andere maatschappijen:

a. die op voet van de leden 1, 3 en 4 van artikel 24a rechten in de rechtspersoon kunnen uitoefenen, ongeacht of zij rechtspersoonlijkheid hebben, of

b. die dochtermaatschappij zijn van de rechtspersoon, van een groepsmaatschappij of van een maatschappij als bedoeld in onderdeel *a*.

(Zie ook: artt. 24a, 24b, 363 BW Boek 2)

Art. 362

Inzichtvereiste volgens maatschappelijk aanvaardbare normen

1. De jaarrekening geeft volgens normen die in het maatschappelijk verkeer als aanvaardbaar worden beschouwd een zodanig inzicht dat een verantwoord oordeel kan worden gevormd omtrent het vermogen en het resultaat, alsmede voor zover de aard van een jaarrekening dat toelaat, omtrent de solvabiliteit en de liquiditeit van de rechtspersoon. Indien de internationale vertakking van zijn groep dit rechtvaardigt kan de rechtspersoon de jaarrekening opstellen naar de normen die in het maatschappelijk verkeer in een van de andere lidstaten van de Europese Gemeenschappen als aanvaardbaar worden beschouwd en het in de eerste volzin bedoelde inzicht geven.

(Zie ook: art. 24b BW Boek 2)

2. De balans met de toelichting geeft getrouw, duidelijk en stelselmatig de grootte van het vermogen en zijn samenstelling in actief- en passiefposten op het einde van het boekjaar weer. De balans mag het vermogen weergeven, zoals het wordt samengesteld met inachtneming van de bestemming van de winst of de verwerking van het verlies, of, zolang deze niet vaststaat, met inachtneming van het voorstel daartoe. Bovenaan de balans wordt aangegeven of daarin de bestemming van het resultaat is verwerkt.

(Zie ook: artt. 363, 364 BW Boek 2)

3. De winst- en verliesrekening met de toelichting geeft getrouw, duidelijk en stelselmatig de grootte van het resultaat van het boekjaar en zijn afleiding uit de posten van baten en lasten weer.

(Zie ook: artt. 363, 377 BW Boek 2)

4. Indien het verschaffen van het in lid 1 bedoelde inzicht dit vereist, verstrekt de rechtspersoon in de jaarrekening gegevens ter aanvulling van hetgeen in de bijzondere voorschriften van en krachtens deze titel wordt verlangd. Indien dit noodzakelijk is voor het verschaffen van dat inzicht, wijkt de rechtspersoon van die voorschriften af; de reden van deze afwijking wordt in de toelichting uiteengezet, voor zover nodig onder opgaaf van de invloed ervan op vermogen en resultaat.

5. De baten en lasten van het boekjaar worden in de jaarrekening opgenomen, onverschillig of zij tot ontvangsten of uitgaven in dat boekjaar hebben geleid.

Gebeurtenissen na balansdatum met oorzaak in verleden

6. De jaarrekening wordt vastgesteld met inachtneming van hetgeen omtrent de financiële toestand op de balansdatum is gebleken tussen het opmaken van de jaarrekening en de algemene vergadering waarin zij wordt behandeld, voor zover dat onontbeerlijk is voor het in lid 1 bedoelde inzicht. Blijkt nadien dat de jaarrekening in ernstige mate tekortschiet in het geven van dit inzicht, dan bericht het bestuur daaromtrent onverwijld aan de leden of aandeelhouders en deponeert een mededeling daaromtrent bij het handelsregister; bij de mededeling wordt een accountantsverklaring gevoegd, indien de jaarrekening overeenkomstig artikel 393 is onderzocht. Een rechtspersoon waarvan effecten zijn toegelaten tot de handel op een gereglementeerde markt als bedoeld in de Wet op het financieel toezicht wordt geacht te hebben voldaan aan de verplichting om de mededeling, bedoeld in tweede volzin, te deponeren bij het handelsregister, indien zij de mededeling op grond van artikel 5:25m, vijfde lid, van die wet heeft toegezonden aan de Stichting Autoriteit Financiële Markten.

(Zie ook: art. 1 WED)

7. Indien de werkzaamheid van de rechtspersoon of de internationale vertakking van zijn groep dat rechtvaardigt, mag de jaarrekening of alleen de geconsolideerde jaarrekening worden opgesteld in een vreemde geldeenheid. De posten worden in de Nederlandse taal omschreven, tenzij de algemene vergadering tot het gebruik van een andere taal heeft besloten.

(Zie ook: artt. 10, 373, 384, 391 BW Boek 2; art. 6 WvK)

8. Een rechtspersoon kan de jaarrekening opstellen volgens de door de International Accounting Standards Board vastgestelde en door de Europese Commissie goedgekeurde standaarden, mits de rechtspersoon daarbij alle voor hem van toepassing zijnde vastgestelde en goedgekeurde standaarden toepast. Een rechtspersoon die de geconsolideerde jaarrekening opstelt volgens deze titel, kan niet de enkelvoudige jaarrekening opstellen volgens de vastgestelde en goedgekeurde standaarden. Een rechtspersoon die de geconsolideerde jaarrekening opstelt volgens de in de eerste zin van dit lid genoemde standaarden, kan in de enkelvoudige jaarrekening de waarderingsgrondslagen toepassen die hij ook in de geconsolideerde jaarrekening heeft toegepast.

9. De rechtspersoon die de jaarrekening opstelt volgens de in lid 8 bedoelde standaarden, past van deze titel slechts de afdelingen 7 tot en met 10 en de artikelen 362, lid 6, een na laatste volzin, lid 7, laatste volzin en lid 10, 365 lid 2, 373, 379 leden 1 en 2, 380b, onderdeel d, 382, 382a, 383, 383b tot en met 383e, 389 leden 8 en 10, en 390 toe. Banken passen tevens artikel 421 lid 5 toe. Verzekeraars passen tevens artikel 441 lid 10 toe.

10. De rechtspersoon vermeldt in de toelichting volgens welke standaarden de jaarrekening is opgesteld.

Art. 363

1. De samenvoeging, de ontleding en de rangschikking van de gegevens in de jaarrekening en de toelichting op die gegevens zijn gericht op het inzicht dat de jaarrekening krachtens artikel 362 lid 1 beoogt te geven. Daarbij worden de voorschriften krachtens lid 6 en de andere afdelingen van deze titel in acht genomen. De toelichting houdt de volgorde van de vermelding van de posten aan.

Vorm en indeling van jaarrekening

2. Het is niet geoorloofd in de jaarrekening activa en passiva of baten en lasten tegen elkaar te laten wegvallen, indien zij ingevolge deze titel in afzonderlijke posten moeten worden opgenomen.

3. Een post behoeft niet afzonderlijk te worden vermeld, indien deze in het geheel van de jaarrekening van te verwaarlozen betekenis is voor het wettelijk vereiste inzicht. Krachtens deze titel vereiste vermeldingen mogen achterwege blijven voor zover zij op zichzelf genomen en tezamen met soortgelijke vermeldingen voor dit inzicht van te verwaarlozen betekenis zouden zijn. Vermeldingen krachtens de artikelen 378, 382 en 383 mogen evenwel niet achterwege blijven.

4. De indeling van de balans en van de winst- en verliesrekening mag slechts wegens gegronde redenen afwijken van die van het voorafgaande jaar; in de toelichting worden de verschillen aangegeven en worden de redenen die tot afwijking hebben geleid, uiteengezet. *(Zie ook: art. 362 BW Boek 2; Bmjr)*

5. Zoveel mogelijk wordt bij iedere post van de jaarrekening het bedrag van het voorafgaande boekjaar vermeld; voor zover nodig, wordt dit bedrag ter wille van de vergelijkbaarheid herzien en wordt de afwijking ten gevolge van de herziening toegelicht.

6. Wij kunnen voor de indeling van de jaarrekening bij algemene maatregel van bestuur modellen en nadere voorschriften vaststellen, die gelden voor de daarbij omschreven rechtspersonen. Bij de toepassing daarvan worden de indeling, benaming en omschrijving van de daarin voorkomende posten aangepast aan de aard van het bedrijf van de rechtspersoon, voor zover dat krachtens de algemene maatregel is toegelaten.

Jaarekeningmodellen

(Zie ook: artt. 362, 364 BW Boek 2; Bmjr)

Afdeling 3
Voorschriften omtrent de balans en de toelichting daarop

§ 1
Hoofdindeling van de balans

Art. 364

1. Op de balans worden de activa onderscheiden in vaste en vlottende activa, al naar gelang zij zijn bestemd om de uitoefening van de werkzaamheid van de rechtspersoon al of niet duurzaam te dienen.

Balans

2. Onder de vaste activa worden afzonderlijk opgenomen de immateriële, materiële en financiële vaste activa.

3. Onder de vlottende activa worden afzonderlijk opgenomen de voorraden, vorderingen, effecten, liquide middelen, en, voor zover zij niet onder de vorderingen zijn vermeld, de overlopende activa.

4. Onder de passiva worden afzonderlijk opgenomen het eigen vermogen, de voorzieningen, de schulden en, voor zover zij niet onder de schulden zijn vermeld, de overlopende passiva. *(Zie ook: artt. 365, 373 BW Boek 2)*

§ 2
Activa

Art. 365

1. Onder de immateriële vaste activa worden afzonderlijk opgenomen:
a. kosten die verband houden met de oprichting en met de uitgifte van aandelen;
(Zie ook: artt. 69, 180 BW Boek 2)
b. kosten van ontwikkeling;
c. kosten van verwerving ter zake van concessies, vergunningen en rechten van intellectuele eigendom;
d. kosten van goodwill die van derden is verkregen;
e. vooruitbetalingen op immateriële vaste activa.

Immateriële vaste activa op balans

B2 art. 366 **Burgerlijk Wetboek Boek 2**

2. Voor zover de rechtspersoon de kosten, vermeld in de onderdelen *a* en *b* van lid 1, activeert, moet hij deze toelichten en moet hij ter hoogte daarvan een reserve aanhouden.
(Zie ook: artt. 104, 215, 364, 368, 373, 385, 386, 387, 397 BW Boek 2)

Art. 366

Materiële vaste activa op balans

1. Onder de materiële vaste activa worden afzonderlijk opgenomen:
a. bedrijfsgebouwen en -terreinen;
b. machines en installaties;
c. andere vaste bedrijfsmiddelen, zoals technische en administratieve uitrusting;
d. materiële vaste bedrijfsactiva in uitvoering en vooruitbetalingen op materiële vaste activa;
e. niet aan het produktieproces dienstbare materiële vaste activa.
2. Indien de rechtspersoon op of met betrekking tot materiële vaste activa slechts een beperkt zakelijk of persoonlijk duurzaam genotsrecht heeft, wordt dit vermeld.
(Zie ook: artt. 364, 368, 378, 385, 387, 396, 397 BW Boek 2)

Art. 367

Financiële vaste activa op balans

Onder de financiële vaste activa worden afzonderlijk opgenomen:
a. aandelen, certificaten van aandelen en andere vormen van deelneming in groepsmaatschappijen;
b. andere deelnemingen;
c. vorderingen op groepsmaatschappijen;
d. vorderingen op andere rechtspersonen en vennootschappen die een deelneming hebben in de rechtspersoon of waarin de rechtspersoon een deelneming heeft;
e. overige effecten;
f. overige vorderingen, met afzonderlijke vermelding van de vorderingen uit leningen en voorschotten aan leden of houders van aandelen op naam.
(Zie ook: artt. 24b, 24c, 364, 368, 389, 396, 397 BW Boek 2)

Art. 368

Overzicht mutaties vaste activa bij balans

1. Het verloop van elk der posten, behorende tot de vaste activa, gedurende het boekjaar wordt in een sluitend overzicht weergegeven. Daaruit blijken:
a. de boekwaarde aan het begin van het boekjaar;
b. de som van de waarden waartegen de in het boekjaar verkregen activa zijn te boek gesteld, en de som van de boekwaarden der activa waarover de rechtspersoon aan het einde van het boekjaar niet meer beschikt;
c. de herwaarderingen over het boekjaar overeenkomstig artikel 390 lid 1;
d. de afschrijvingen, de waardeverminderingen en de terugneming daarvan over het boekjaar;
e. de boekwaarde aan het einde van het boekjaar.
(Zie ook: artt. 386, 387 BW Boek 2)
2. Voorts worden voor elk der posten behorende tot de vaste activa opgegeven:
a. de som der herwaarderingen die betrekking hebben op de activa welke op de balansdatum aanwezig zijn;
(Zie ook: art. 390 BW Boek 2)
b. de som der afschrijvingen en waardeverminderingen op de balansdatum.
(Zie ook: artt. 396, 397 BW Boek 2)

Art. 369

Onder vlottende activa behorende voorraden op balans

Onder de tot de vlottende activa behorende voorraden worden afzonderlijk opgenomen:
a. grond- en hulpstoffen;
b. onderhanden werk;
c. gereed produkt en handelsgoederen;
d. vooruitbetalingen op voorraden.
(Zie ook: artt. 364, 385, 387, 396, 397 BW Boek 2)

Art. 370

Onder vlottende activa behorende vorderingen op balans

1. Onder de tot de vlottende activa behorende vorderingen worden afzonderlijk opgenomen:
a. vorderingen op handelsdebiteuren;
b. vorderingen op groepsmaatschappijen;
(Zie ook: art. 24b BW Boek 2)
c. vorderingen op andere rechtspersonen en vennootschappen die een deelneming hebben in de rechtspersoon of waarin de rechtspersoon een deelneming heeft;
(Zie ook: art. 24c BW Boek 2)
d. opgevraagde stortingen van geplaatst kapitaal;
(Zie ook: artt. 80, 191 BW Boek 2)
e. overige vorderingen, met uitzondering van die waarop de artikelen 371 en 372 van toepassing zijn, en met afzonderlijke vermelding van de vorderingen uit leningen en voorschotten aan leden of houders van aandelen op naam.
(Zie ook: artt. 53, 85, 194 BW Boek 2)

B2 art. 374

2. Bij elk van de in lid 1 vermelde groepen van vorderingen wordt aangegeven tot welk bedrag de resterende looptijd langer is dan een jaar.
(Zie ook: artt. 364, 396, 397 BW Boek 2)

Art. 371

1. Behoren tot de vlottende activa aandelen en andere vormen van belangen in niet in de consolidatie betrokken maatschappijen als bedoeld in artikel 361 lid 4, dan worden deze afzonderlijk onder de effecten opgenomen. Vermeld wordt de gezamenlijke waarde van de overige tot de vlottende activa behorende effecten die zijn toegelaten tot de handel op een gereglementeerde markt of een multilaterale handelsfaciliteit, als bedoeld in artikel 1:1 van de Wet op het financieel toezicht of een met een gereglementeerde markt of multilaterale handelsfaciliteit vergelijkbaar systeem uit een staat die geen lidstaat is.
(Zie ook: art. 406 BW Boek 2)

2. Omtrent de effecten wordt vermeld, in hoeverre deze niet ter vrije beschikking van de rechtspersoon staan.
(Zie ook: artt. 364, 396, 397 BW Boek 2)

Art. 372

1. Onder de liquide middelen worden opgenomen de kasmiddelen, de tegoeden op bank- en girorekeningen, alsmede de wissels en cheques.
(Zie ook: artt. 100, 178 WvK)

2. Omtrent de tegoeden wordt vermeld, in hoeverre deze niet ter vrije beschikking van de rechtspersoon staan.
(Zie ook: artt. 364, 396, 397 BW Boek 2)

§ 3
Passiva

Art. 373

1. Onder het eigen vermogen worden afzonderlijk opgenomen:
a. het geplaatste kapitaal;
(Zie ook: artt. 67, 80, 98, 207, 263, 378 BW Boek 2)
b. agio;
(Zie ook: art. 80 BW Boek 2)
c. herwaarderingsreserves;
(Zie ook: artt. 263, 389, 390 BW Boek 2)
d. andere wettelijke reserves, onderscheiden naar hun aard;
e. statutaire reserves;
f. overige reserves;
g. niet verdeelde winsten, met afzonderlijke vermelding van het resultaat na belastingen van het boekjaar, voor zover de bestemming daarvan niet in de balans is verwerkt.

2. Is het geplaatste kapitaal niet volgestort, dan wordt in plaats daarvan het gestorte kapitaal vermeld of, indien stortingen zijn uitgeschreven, het gestorte en opgevraagde kapitaal. Het geplaatste kapitaal wordt in deze gevallen vermeld.

3. Het kapitaal wordt niet verminderd met het bedrag van eigen aandelen of certificaten daarvan die de rechtspersoon of een dochtermaatschappij houdt.
(Zie ook: artt. 24a, 98 t/m 98d, 207 t/m 207d BW Boek 2)

4. Wettelijke reserves zijn de reserves die moeten worden aangehouden ingevolge de artikelen 67a leden 2 en 3, 94a lid 6 onder f, 98c lid 4, 365 lid 2, 389 leden 6 en 8, 390, 401 lid 2 en 423 lid 4.

5. In een jaarrekening die in een vreemde geldeenheid wordt opgesteld, wordt de in lid 1 onderdeel *a* bedoelde post opgenomen in die geldeenheid, naar de koers op de balansdatum. Vermelden de statuten het geplaatste kapitaal in een andere geldeenheid dan de geldeenheid waarin de jaarrekening is opgesteld, dan wordt in de in lid 1 onderdeel *a* bedoelde post tevens deze koers en het bedrag in die andere geldeenheid vermeld.
(Zie ook: artt. 21, 362, 364, 378, 411 BW Boek 2)

Art. 374

1. Op de balans worden voorzieningen opgenomen tegen naar hun aard duidelijk omschreven verplichtingen die op de balansdatum als waarschijnlijk of als vaststaand worden beschouwd, maar waarvan niet bekend is in welke omvang of wanneer zij zullen ontstaan. Tevens kunnen voorzieningen worden opgenomen tegen uitgaven die in een volgend boekjaar zullen worden gedaan, voor zover het doen van die uitgaven zijn oorsprong mede vindt voor het einde van het boekjaar en de voorziening strekt tot gelijkmatige verdeling van lasten over een aantal boekjaren.

2. Waardevermindering van een actief wordt niet door vorming van een voorziening tot uitdrukking gebracht.

Onder vlottende activa behorende effecten op balans

Liquide middelen op balans

Eigen vermogen

Voorzieningen

3. De voorzieningen worden gesplitst naar de aard der verplichtingen, verliezen en kosten waartegen zij worden getroffen; zij worden overeenkomstig de aard nauwkeurig omschreven. In de toelichting wordt zoveel mogelijk aangegeven in welke mate de voorzieningen als langlopend moeten worden beschouwd.

4. In ieder geval worden afzonderlijk opgenomen:

a. de voorziening voor belastingverplichtingen, die na het boekjaar kunnen ontstaan, doch aan het boekjaar of een voorafgaand boekjaar moeten worden toegerekend, met inbegrip van de voorziening voor belastingen die uit waardering boven de verkrijgings- of vervaardigingsprijs kan voortvloeien;

(Zie ook: art. 390 BW Boek 2)

b. de voorziening voor pensioenverplichtingen.

(Zie ook: artt. 364, 396, 397 BW Boek 2)

Art. 375

Schulden

1. Onder de schulden worden afzonderlijk opgenomen:

a. obligatieleningen, pandbrieven en andere leningen met afzonderlijke vermelding van de converteerbare leningen;

b. schulden aan banken;

c. ontvangen vooruitbetalingen op bestellingen voor zover niet reeds op actiefposten in mindering gebracht;

d. schulden aan leveranciers en handelskredieten;

e. te betalen wissels en cheques;

(Zie ook: artt. 100, 178 WvK)

f. schulden aan groepsmaatschappijen;

(Zie ook: art. 24b BW Boek 2)

g. schulden aan rechtspersonen en vennootschappen die een deelneming hebben in de rechtspersoon of waarin de rechtspersoon een deelneming heeft, voor zover niet reeds onder *f* vermeld;

(Zie ook: art. 24c BW Boek 2)

h. schulden ter zake van belastingen en premiën van sociale verzekering;

i. schulden ter zake van pensioenen;

j. overige schulden.

2. Bij elke in lid 1 vermelde groep van schulden wordt aangegeven tot welk bedrag de resterende looptijd langer is dan een jaar, met aanduiding van de rentevoet daarover. Voor het totaal van de in lid 1 vermelde schulden wordt aangegeven tot welk bedrag de resterende looptijd langer is dan vijf jaar.

3. Voor het totaal van de in lid 1 genoemde groepen, wordt aangegeven voor welke schulden zakelijke zekerheid is gesteld en in welke vorm dat is geschied. Voorts wordt medegedeeld ten aanzien van welke schulden de rechtspersoon zich, al dan niet voorwaardelijk, heeft verbonden tot het bezwaren of niet bezwaren van goederen, voor zover dat noodzakelijk is voor het verschaffen van het in artikel 362 lid 1 bedoelde inzicht.

4. Aangegeven wordt tot welk bedrag schulden in rang zijn achtergesteld bij de andere schulden; de aard van deze achterstelling wordt toegelicht.

5. Is het bedrag waarmee de schuld moet worden afgelost hoger dan het ontvangen bedrag, dan mag het verschil, mits afzonderlijk vermeld, uiterlijk tot de aflossing worden geactiveerd.

(Zie ook: art. 386 BW Boek 2)

6. Het bedrag wordt vermeld dat de rechtspersoon op leningen die zijn opgenomen onder de schulden met een resterende looptijd van meer dan een jaar, moet aflossen tijdens het boekjaar, volgend op dat waarop de jaarrekening betrekking heeft.

7. Bij converteerbare leningen worden de voorwaarden van conversie medegedeeld.

(Zie ook: artt. 364, 376, 396, 397 BW Boek 2)

Art. 376

Aansprakelijkstelling voor schulden van derden op balans

Heeft de rechtspersoon zich aansprakelijk gesteld voor schulden van anderen of loopt hij nog risico voor verdisconteerde wissels of chèques, dan worden de daaruit voortvloeiende verplichtingen, voor zover daarvoor op de balans geen voorzieningen zijn opgenomen, vermeld en ingedeeld naar de vorm der geboden zekerheid. Afzonderlijk worden vermeld de verplichtingen die ten behoeve van groepsmaatschappijen zijn aangegaan.

(Zie ook: artt. 24b, 374 BW Boek 2; artt. 100, 109, 142, 178, 179 WvK)

Afdeling 4

Voorschriften omtrent de winst- en verliesrekening en de toelichting daarop

Art. 377

Winst- en verliesrekening

1. Op de winst- en verliesrekening worden afzonderlijk opgenomen:

a. de baten en lasten uit de gewone bedrijfsuitoefening, de belastingen daarover en het resultaat uit de gewone bedrijfsuitoefening na belastingen;

b. de overige belastingen;

B2 art. 377

c. het resultaat na belastingen.

2. De baten en lasten uit de gewone bedrijfsuitoefening worden hetzij overeenkomstig lid 3, hetzij overeenkomstig lid 4 gesplitst.

3. Afzonderlijk worden opgenomen:

a. de netto-omzet;

(Zie ook: art. 380 BW Boek 2)

b. de toe- of afneming van de voorraad gereed produkt en onderhanden werk ten opzichte van de voorafgaande balansdatum;

(Zie ook: artt. 369, 385 BW Boek 2)

c. de geactiveerde produktie ten behoeve van het eigen bedrijf;

d. de overige bedrijfsopbrengsten;

e. de lonen;

f. de sociale lasten met afzonderlijke vermelding van de pensioenlasten;

g. de kosten van grond- en hulpstoffen en de overige externe kosten;

(Zie ook: art. 385 BW Boek 2)

h. de afschrijvingen en de waardeverminderingen ten laste van de immateriële en de materiële vaste activa, gesplitst naar die groepen activa;

(Zie ook: artt. 386, 387 BW Boek 2)

i. waardeverminderingen van vlottende activa, voor zover zij de bij de rechtspersoon gebruikelijke waardeverminderingen overtreffen;

(Zie ook: art. 387 BW Boek 2)

j. de overige bedrijfskosten;

k. het resultaat uit deelnemingen;

(Zie ook: artt. 24c, 389 BW Boek 2)

l. opbrengsten van andere effecten en vorderingen, die tot de vaste activa behoren;

(Zie ook: art. 367 BW Boek 2)

m. de overige rentebaten en soortgelijke opbrengsten;

n. de wijzigingen in de waarde van de financiële vaste activa en van de effecten die tot de vlottende activa behoren;

o. de rentelasten en soortgelijke kosten.

4. Afzonderlijk worden opgenomen:

a. de netto-omzet;

(Zie ook: art. 380 BW Boek 2)

b. de kostprijs van de omzet, met uitzondering van de daarin opgenomen rentelasten, doch met inbegrip van de afschrijvingen en waardeverminderingen;

(Zie ook: artt. 386, 387 BW Boek 2)

c. het bruto-omzetresultaat als saldo van de posten *a* en *b*;

d. de verkoopkosten, met inbegrip van de afschrijvingen en buitengewone waardeverminderingen;

e. de algemene beheerskosten, met inbegrip van de afschrijvingen en waardeverminderingen;

f. de overige bedrijfsopbrengsten;

g. het resultaat uit deelnemingen;

(Zie ook: artt. 24c, 389 BW Boek 2)

h. opbrengsten uit andere effecten en vorderingen die tot de vaste activa behoren;

(Zie ook: artt. 367, 371 BW Boek 2)

i. de overige rentebaten en soortgelijke opbrengsten;

j. de wijzigingen in de waarde van de financiële vaste activa en van de effecten die tot de vlottende activa behoren;

k. de rentelasten en soortgelijke kosten.

5. Bij de posten *k-o* van lid 3 en de posten *g-k* van lid 4 worden afzonderlijk vermeld de baten en lasten uit de verhouding met groepsmaatschappijen.

(Zie ook: art. 24b BW Boek 2)

6. Onder de netto-omzet wordt verstaan de opbrengst uit levering van goederen en diensten uit het bedrijf van de rechtspersoon, onder aftrek van kortingen en dergelijke en van over de omzet geheven belastingen.

7. Baten en lasten welke aan een ander boekjaar moeten worden toegerekend, worden naar aard en omvang toegelicht.

(Zie ook: artt. 362, 364, 396, 397 BW Boek 2)

8. Vermeld wordt het bedrag en de aard van de posten van baten en lasten die van uitzonderlijke omvang zijn of in uitzonderlijke mate voorkomen.

Afdeling 5
Bijzondere voorschriften omtrent de toelichting

Art. 378

Toelichtende informatie op eigen vermogen

1. Het verloop van het eigen vermogen gedurende het boekjaar wordt weergegeven in een overzicht. Daaruit blijken:
a. het bedrag van elke post aan het begin van het boekjaar;
b. de toevoegingen en de verminderingen van elke post over het boekjaar, gesplitst naar hun aard;
c. het bedrag van elke post aan het einde van het boekjaar.

2. In het overzicht wordt de post gestort en opgevraagd kapitaal uitgesplitst naar de soorten aandelen. Afzonderlijk worden vermeld de eindstand en de gegevens over het verloop van de aandelen in het kapitaal van de rechtspersoon en van de certificaten daarvan, die deze zelf of een dochtermaatschappij voor eigen rekening houdt of doet houden. Vermeld wordt op welke post van het eigen vermogen de verkrijgingsprijs of boekwaarde daarvan in mindering is gebracht.

3. Opgegeven wordt op welke wijze stortingen op aandelen zijn verricht die in het boekjaar opeisbaar werden of vrijwillig zijn verricht, met de zakelijke inhoud van de in het boekjaar verrichte rechtshandelingen, waarop een der artikelen 94, 94c of 204 van toepassing is. Een naamloze vennootschap vermeldt iedere verwerving en vervreemding voor haar rekening van eigen aandelen en certificaten daarvan; daarbij worden medegedeeld de redenen van verwerving, het aantal, het nominale bedrag en de overeengekomen prijs van de bij elke handeling betrokken aandelen en certificaten en het gedeelte van het kapitaal dat zij vertegenwoordigen.

4. Een naamloze vennootschap vermeldt de gegevens omtrent het aantal, de soort en het nominale bedrag van de eigen aandelen of de certificaten daarvan:
a. die zij of een ander voor haar rekening op de balansdatum in pand heeft;
b. die zij of een dochtermaatschappij op de balansdatum houdt op grond van verkrijging met toepassing van artikel 98 lid 5.

(Zie ook: artt. 10a, 24a, 80a, 80b, 93 t/m 94c, 98, 191a, 191b, 204 t/m 204c, 362, 363, 364, 373, 396, 397, 400 BW Boek 2)

Art. 379

Toelichtende informatie op gehouden belangen in andere maatschappijen

1. De rechtspersoon vermeldt naam, woonplaats en het verschafte aandeel in het geplaatste kapitaal van elke maatschappij:
a. waaraan hij alleen of samen met een of meer dochtermaatschappijen voor eigen rekening ten minste een vijfde van het geplaatste kapitaal verschaft of doet verschaffen, of
b. waarin hij als vennoot jegens de schuldeisers volledig aansprakelijk is voor de schulden.

2. Van elke in onderdeel *a* van lid 1 bedoelde maatschappij vermeldt de rechtspersoon ook het bedrag van het eigen vermogen en resultaat volgens haar laatst vastgestelde jaarrekening, tenzij:
a. de rechtspersoon de financiële gegevens van de maatschappij consolideert;
(Zie ook: art. 405 BW Boek 2)
b. de rechtspersoon de maatschappij op zijn balans of geconsolideerde balans overeenkomstig artikel 389 leden 1 tot en met 7 verantwoordt;
c. de rechtspersoon de financiële gegevens van de maatschappij wegens te verwaarlozen belang dan wel op grond van artikel 408 niet consolideert; of
d. minder dan de helft van het kapitaal van de maatschappij voor rekening van de rechtspersoon wordt verschaft en de maatschappij wettig haar balans niet openbaar maakt.

3. Tenzij zulk een maatschappij haar belang in de rechtspersoon wettig niet pleegt te vermelden, vermeldt de rechtspersoon:
a. naam en woonplaats van de maatschappij die aan het hoofd van zijn groep staat, en
b. naam en woonplaats van elke maatschappij die zijn financiële gegevens consolideert in haar openbaar gemaakte geconsolideerde jaarrekening, alsmede de plaats waar afschriften daarvan tegen niet meer dan de kostprijs zijn te verkrijgen.

4. Onze Minister van Economische Zaken kan van de verplichtingen, bedoeld in de leden 1, 2 en 3, desverzocht ontheffing verlenen, indien gegronde vrees bestaat dat door de vermelding ernstig nadeel kan ontstaan. Deze ontheffing kan telkens voor ten hoogste vijf jaren worden gegeven. In de toelichting wordt vermeld dat ontheffing is verleend of aangevraagd. Hangende de aanvraag is openbaarmaking niet vereist.

(Zie ook: artt. 399, 400 BW Boek 2)

5. De vermeldingen, vereist in dit artikel en in artikel 414 mogen gezamenlijk worden opgenomen. De rechtspersoon mag het deel van de toelichting dat deze vermeldingen bevat afzonderlijk ter inzage van ieder deponeren bij het handelsregister, mits beide delen van de toelichting naar elkaar verwijzen.

(Zie ook: artt. 24a, 24b, 24d, 402, 405, 414 BW Boek 2)

Art. 380

1. Indien de inrichting van het bedrijf van de rechtspersoon is afgestemd op werkzaamheden in verschillende bedrijfstakken, wordt met behulp van cijfers inzicht gegeven in de mate waarin elk van de soorten van die werkzaamheden tot de netto-omzet heeft bijgedragen.

2. De netto-omzet wordt op overeenkomstige wijze gesplitst naar de onderscheiden gebieden waarin de rechtspersoon goederen en diensten levert.

3. Artikel 379 lid 4 is van overeenkomstige toepassing.

(Zie ook: artt. 396, 397, 400 BW Boek 2)

Art. 380a

Vermeld worden de niet in de balans of winst- en verliesrekening opgenomen gebeurtenissen na de balansdatum met belangrijke financiële gevolgen voor de rechtspersoon en de in zijn geconsolideerde jaarrekening betrokken maatschappijen tezamen, onder mededeling van de omvang van die gevolgen.

Art. 380b

Meegedeeld worden:

a. de naam van de rechtspersoon;

b. de rechtsvorm van de rechtspersoon;

c. de zetel van de rechtspersoon; en

d. het door de Kamer van Koophandel toegekende nummer bedoeld in artikel 9, onderdeel a, van de Handelsregisterwet 2007, waaronder de rechtspersoon in het handelsregister is ingeschreven.

Art. 380c

De rechtspersoon doet opgave van de bestemming van de winst of de verwerking van het verlies, of, zolang deze niet vaststaat, het voorstel daartoe.

Art. 380d

De rechtspersoon doet opgave van het aantal winstbewijzen en soortgelijke rechten, met vermelding van de bevoegdheden die zij geven.

Art. 381

1. Vermeld wordt tot welke belangrijke, niet in de balans opgenomen, financiële verplichtingen de rechtspersoon voor een aantal toekomstige jaren is verbonden, zoals die welke uit langlopende overeenkomsten voortvloeien. Tevens wordt vermeld tot welke voorwaardelijke activa, voorwaardelijke verplichtingen en niet verwerkte verplichtingen de rechtspersoon is verbonden. Daarbij worden afzonderlijk vermeld de verplichtingen jegens groepsmaatschappijen. Artikel 375 lid 3 is van overeenkomstige toepassing.

(Zie ook: art. 24b BW Boek 2)

2. Tevens wordt vermeld wat de aard, het zakelijk doel en de financiële gevolgen van niet in de balans opgenomen regelingen van de rechtspersoon zijn, indien de risico's of voordelen die uit deze regelingen voortvloeien van betekenis zijn en voor zover de openbaarmaking van dergelijke risico's of voordelen noodzakelijk is voor de beoordeling van de financiële positie van de rechtspersoon.

3. Vermeld wordt welke van betekenis zijnde transacties door de rechtspersoon niet onder normale marktvoorwaarden met verbonden partijen als bedoeld in de door de International Accounting Standards Board vastgestelde en door de Europese Commissie goedgekeurde standaarden zijn aangegaan, de omvang van die transacties, de aard van de betrekking met de verbonden partij, alsmede andere informatie over die transacties die nodig is voor het verschaffen van inzicht in de financiële positie van de rechtspersoon. Informatie over individuele transacties kan overeenkomstig de aard ervan worden samengevoegd, tenzij gescheiden informatie nodig is om inzicht te verschaffen in de gevolgen van transacties met verbonden partijen voor de financiële positie van de rechtspersoon. Vermelding van transacties tussen twee of meer leden van een groep kan achterwege blijven, mits dochtermaatschappijen die partij zijn bij de transactie geheel in eigendom zijn van een of meer leden van de groep.

Art. 381a

Indien financiële instrumenten tegen de actuele waarde worden gewaardeerd, vermeldt de rechtspersoon:

a. indien de actuele waarde met behulp van waarderingsmodellen en -technieken is bepaald, de aannames die daaraan ten grondslag liggen;

b. per categorie van financiële instrumenten, de actuele waarde, de waardeveranderingen die in de winst- en verliesrekening zijn opgenomen, de waardeveranderingen die op grond van artikel 390 lid 1 in de herwaarderingsreserve zijn opgenomen, en de waardeverminderingen die op de vrije reserves in mindering zijn gebracht; en

c. per categorie van afgeleide financiële instrumenten, informatie over de omvang en de aard van de instrumenten, alsmede de voorwaarden die op het bedrag, het tijdstip en de zekerheid van toekomstige kasstromen van invloed kunnen zijn.

B2 art. 381b

Burgerlijk Wetboek Boek 2

Art. 381b

Informatie over niet tegen actuele waarde gewaardeerde financiële instrumenten

Indien financiële instrumenten niet tegen de actuele waarde worden gewaardeerd, vermeldt de rechtspersoon:

a. voor iedere categorie afgeleide financiële instrumenten:

1°. de actuele waarde van de instrumenten, indien deze kan worden bepaald door middel van een van de krachtens artikel 384 lid 4 voorgeschreven methoden;

2°. informatie over de omvang en de aard van de instrumenten; en

b. voor financiële vaste activa die zijn gewaardeerd tegen een hoger bedrag dan de actuele waarde en zonder dat uitvoering is gegeven aan de tweede zin van artikel 387 lid 4:

1°. de boekwaarde en de actuele waarde van de afzonderlijke activa of van passende groepen van de afzonderlijke activa;

2°. de reden waarom de boekwaarde niet is verminderd, alsmede de aard van de aanwijzingen die ten grondslag liggen aan de overtuiging dat de boekwaarde zal kunnen worden gerealiseerd.

Art. 382

Opgaaf aantal werknemers

Medegedeeld wordt het gemiddelde aantal gedurende het boekjaar bij de rechtspersoon werkzame werknemers, ingedeeld op een wijze die is afgestemd op de inrichting van het bedrijf. De vennootschap doet daarbij opgave van het aantal werknemers dat buiten Nederland werkzaam is. Heeft artikel 377 lid 3 geen toepassing in de winst- en verliesrekening gevonden, dan worden de aldaar onder e en f verlangde gegevens vermeld.

(Zie ook: artt. 153, 155, 263, 363, 365, 410 BW Boek 2)

Art. 382a

Opgaaf accountshonoraria

1. Opgegeven worden de in het boekjaar ten laste van de rechtspersoon gebrachte totale honoraria voor het onderzoek van de jaarrekening, totale honoraria voor andere controleopdrachten, totale honoraria voor adviesdiensten op fiscaal terrein en totale honoraria voor andere niet-controlediensten, uitgevoerd door de externe accountant en de accountantsorganisatie, genoemd in artikel 1, eerste lid, onder a en e, van de Wet toezicht accountantsorganisaties.

2. Indien de rechtspersoon dochtermaatschappijen heeft of de financiële gegevens van andere maatschappijen consolideert, worden de honoraria die in het boekjaar te hunnen laste zijn gebracht, in de opgave begrepen.

3. De honoraria hoeven niet opgegeven te worden door een rechtspersoon waarvan de financiële gegevens zijn geconsolideerd in een geconsolideerde jaarrekening waarop krachtens het toepasselijke recht de verordening van het Europees Parlement en de Raad betreffende de toepassing van internationale standaarden voor jaarrekeningen of richtlijn 2013/34/EU van het Europees Parlement en de Raad van 26 juni 2013 betreffende de jaarlijkse financiële overzichten, geconsolideerde financiële overzichten en aanverwante verslagen van bepaalde ondernemingsvormen, tot wijziging van richtlijn 2006/43/EG van het Europees Parlement en de Raad en tot intrekking van richtlijnen 78/660/EEG en 83/349/EEG van de Raad (PbEU 2013, L 182) van toepassing is, mits de in lid 1 bedoelde honoraria in de toelichting van die geconsolideerde jaarrekening worden vermeld.

Art. 383

Bezoldiging bestuurders en commissarissen in toelichting op jaarrekening

1. Opgegeven worden het bedrag van de bezoldigingen, met inbegrip van de pensioenlasten, en van de andere uitkeringen voor de gezamenlijke bestuurders en gewezen bestuurders en, afzonderlijk, voor de gezamenlijke commissarissen en gewezen commissarissen. De vorige zin heeft betrekking op de bedragen die in het boekjaar ten laste van de rechtspersoon zijn gekomen. Indien de rechtspersoon dochtermaatschappijen heeft of de financiële gegevens van andere maatschappijen consolideert, worden de bedragen die in het boekjaar te hunnen laste zijn gekomen, in de opgave begrepen. Een opgave die herleid kan worden tot een enkele natuurlijke persoon mag achterwege blijven.

Leningen en voorschotten aan bestuurders of commissarissen in toelichting op jaarrekening

2. Met uitzondering van de laatste zin is lid 1 tevens van toepassing op het bedrag van de leningen, voorschotten en garanties, ten behoeve van bestuurders en commissarissen van de rechtspersoon verstrekt door de rechtspersoon, zijn dochtermaatschappijen en de maatschappijen waarvan hij de gegevens consolideert. Opgegeven worden de nog openstaande bedragen, de afgewaardeerde bedragen en de bedragen waarvan werd afgezien, de rentevoet, de belangrijkste overige bepalingen en de aflossingen gedurende het boekjaar.

(Zie ook: artt. 24a, 37, 57, 63f, 135, 145, 245, 255, 363, 400, 406 BW Boek 2)

Art. 383a

Toelichting jaarrekening van stichtingen en verenigingen

De in artikel 360 lid 3 bedoelde stichtingen en verenigingen vermelden zowel de statutaire regeling omtrent de bestemming van het resultaat als de wijze waarop het resultaat na belastingen wordt bestemd.

(Zie ook: artt. 49, 50, 300, 392 BW Boek 2)

Art. 383b

Toelichting jaarrekening NV

In afwijking van artikel 383 gelden de artikelen 383c tot en met 383e voor de naamloze vennootschap, met uitzondering van de naamloze vennootschap waarvan de statuten uitsluitend aandelen op naam kennen, een blokkeringsregeling bevatten en niet toelaten dat met medewerking van de vennootschap certificaten aan toonder uitgegeven en met uitzondering van de naamloze vennootschap waarvan aandelen of met medewerking van de vennootschap uitgegeven certificaten zijn toegelaten tot de handel op een gereglementeerde markt als bedoeld in artikel 1:1 van de Wet op het financieel toezicht.

Art. 383c

1. De vennootschap doet opgave van het bedrag van de bezoldiging voor iedere bestuurder. Dit bedrag wordt uitgesplitst naar
a. periodiek betaalde beloningen,
b. beloningen betaalbaar op termijn,
c. uitkeringen bij beëindiging van het dienstverband,
d. winstdelingen en bonusbetalingen,
voor zover deze bedragen in het boekjaar ten laste van de vennootschap zijn gekomen. Indien de vennootschap een bezoldiging in de vorm van bonus heeft betaald die geheel of gedeeltelijk is gebaseerd op het bereiken van de door of vanwege de vennootschap gestelde doelen, doet zij hiervan mededeling. Daarbij vermeldt de vennootschap of deze doelen in het verslagjaar zijn bereikt.

2. De vennootschap doet opgave van het bedrag van de bezoldiging voor iedere gewezen bestuurder, uitgesplitst naar beloningen betaalbaar op termijn en uitkeringen bij beëindiging van het dienstverband, voor zover deze bedragen in het boekjaar ten laste van de vennootschap zijn gekomen.

3. De vennootschap doet opgave van het bedrag van de bezoldiging voor iedere commissaris, voor zover deze bedragen in het boekjaar ten laste van de vennootschap zijn gekomen. Indien de vennootschap een bezoldiging in de vorm van winstdeling of bonus heeft toegekend, vermeldt zij deze afzonderlijk onder opgave van de redenen die ten grondslag liggen aan het besluit tot het toekennen van bezoldiging in deze vorm aan een commissaris. De laatste twee volzinnen van lid 1 zijn van overeenkomstige toepassing.

4. De vennootschap doet opgave van het bedrag van de bezoldiging van iedere gewezen commissaris, voor zover dit bedrag in het boekjaar ten laste van de vennootschap is gekomen.

5. Indien de vennootschap dochtermaatschappijen heeft of de financiële gegevens van andere maatschappijen consolideert, worden de bedragen die in het boekjaar te hunnen laste zijn gekomen, in de opgaven begrepen, toegerekend naar de betreffende categorie van bezoldiging bedoeld in de leden 1 tot en met 4.

6. De vennootschap doet opgave van het bedrag van de aanpassing dan wel terugvordering van de bezoldiging als bedoeld in artikel 135 lid 6 tot en met 8.

Art. 383d

1. De vennootschap die bestuurders of werknemers rechten toekent om aandelen in het kapitaal van de vennootschap of een dochtermaatschappij te nemen of te verkrijgen, doet voor iedere bestuurder en voor de werknemers gezamenlijk opgave van:
a. de uitoefenprijs van de rechten en de prijs van de onderliggende aandelen in het kapitaal van de vennootschap indien die uitoefenprijs lager ligt dan de prijs van die aandelen op het moment van toekenning van de rechten;
b. het aantal aan het begin van het boekjaar nog niet uitgeoefende rechten;
c. het aantal door de vennootschap in het boekjaar verleende rechten met de daarbij behorende voorwaarden; indien dergelijke voorwaarden gedurende het boekjaar worden gewijzigd, dienen deze wijzigingen afzonderlijk te worden vermeld;
d. het aantal gedurende het boekjaar uitgeoefende rechten, waarbij in ieder geval worden vermeld het bij die uitoefening behorende aantal aandelen en de uitoefenprijzen;
e. het aantal aan het einde van het boekjaar nog niet uitgeoefende rechten, waarbij worden vermeld:
– de uitoefenprijs van de verleende rechten;
– de resterende looptijd van de nog niet uitgeoefende rechten;
– de belangrijkste voorwaarden die voor uitoefening van de rechten gelden;
– een financieringsregeling die in verband met de toekenning van de rechten is getroffen; en andere gegevens die voor de beoordeling van de waarde van de rechten van belang zijn;
f. indien van toepassing: de door de vennootschap gehanteerde criteria die gelden voor de toekenning of uitoefening van de rechten.

2. De vennootschap die commissarissen rechten toekent om aandelen in het kapitaal van de vennootschap of een dochtermaatschappij te verkrijgen, doet voorts voor iedere commissaris opgave van deze rechten, alsmede van de redenen die ten grondslag liggen aan het besluit tot het toekennen van deze rechten aan de commissaris. Lid 1 is van overeenkomstige toepassing.

3. De vennootschap vermeldt hoeveel aandelen in het kapitaal van de vennootschap per balansdatum zijn ingekocht of na balansdatum zullen worden ingekocht dan wel hoeveel nieuwe aandelen per balansdatum zijn geplaatst of na balansdatum zullen worden geplaatst ten behoeve van de uitoefening van de rechten bedoeld in lid 1 en lid 2.

4. Voor de toepassing van dit artikel wordt onder aandelen tevens verstaan de certificaten van aandelen welke met medewerking van de vennootschap zijn uitgegeven.

Uitsplitsing bezoldiging van bestuurders in toelichting op jaarrekening

Bezoldiging van commissarissen in toelichting op jaarrekening

Dochtermaatschappijen in toelichting op jaarrekening

Toekenning van aandelen aan werknemers of bestuurders in toelichting op jaarrekening

B2 art. 383e

Verstrekte leningen en voorschotten en garanties in toelichting op jaarrekening

Art. 383e

De vennootschap doet opgave van het bedrag van de leningen, voorschotten en garanties, ten behoeve van iedere bestuurder en iedere commissaris van de vennootschap verstrekt door de vennootschap, haar dochtermaatschappijen en de maatschappijen waarvan zij de gegevens consolideert. Opgegeven worden de nog openstaande bedragen, de rentevoet, de belangrijkste overige bepalingen, en de aflossingen gedurende het boekjaar.

Afdeling 6
Voorschriften omtrent de grondslagen van waardering en van bepaling van het resultaat

Art. 384

Grondslag historische koste en actuele waarde

1. Bij de keuze van een grondslag voor de waardering van een actief en van een passief en voor de bepaling van het resultaat laat de rechtspersoon zich leiden door de voorschriften van artikel 362 leden 1-4. Als grondslag komen in aanmerking de verkrijgings- of vervaardigingsprijs en de actuele waarde.

(Zie ook: artt. 366, 367, 369, 388 BW Boek 2)

2. Bij de toepassing van de grondslagen wordt voorzichtigheid betracht. Winsten worden slechts opgenomen, voor zover zij op de balansdatum zijn verwezenlijkt. Verplichtingen die hun oorsprong vinden vóór de einde van het boekjaar, worden in acht genomen, indien zij vóór het opmaken van de jaarrekening zijn bekend geworden. Voorzienbare verplichtingen en mogelijke verliezen die hun oorsprong vinden vóór het einde van het boekjaar kunnen in acht worden genomen indien zij vóór het opmaken van de jaarrekening bekend zijn geworden.

3. Bij de waardering van activa en passiva wordt uitgegaan van de veronderstelling dat het geheel der werkzaamheden van de rechtspersoon waaraan die activa en passiva dienstbaar zijn, wordt voortgezet, tenzij die veronderstelling onjuist is of haar juistheid aan gerede twijfel onderhevig is; alsdan wordt dit onder mededeling van de invloed op vermogen en resultaat in de toelichting uiteengezet.

Besluit actuele waarde

4. Bij algemene maatregel van bestuur kunnen regels worden gesteld omtrent de inhoud, de grenzen en de wijze van toepassing van waardering tegen actuele waarden.

5. De grondslagen van de waardering van de activa en de passiva en de bepaling van het resultaat worden met betrekking tot elk der posten uiteengezet. De grondslagen voor de omrekening van in vreemde valuta luidende bedragen worden uiteengezet; tevens wordt vermeld op welke wijze koersverschillen zijn verwerkt.

6. Slechts wegens gegronde redenen mogen de waardering van activa en passiva en de bepaling van het resultaat geschieden op andere grondslagen dan die welke in het voorafgaande boekjaar zijn toegepast. De reden der verandering wordt in de toelichting uiteengezet. Tevens wordt inzicht gegeven in haar betekenis voor vermogen en resultaat, aan de hand van aangepaste cijfers voor het boekjaar of voor het voorafgaande boekjaar.

(Zie ook: artt. 362, 377, 385 BW Boek 2)

Waardeveranderingen

7. Waardeveranderingen van:
a. financiële instrumenten;
b. andere beleggingen; en
c. agrarische voorraden waarvoor frequente marktnoteringen bestaan die op grond van lid 1 tegen de actuele waarde worden gewaardeerd, kunnen in afwijking van de tweede zin van lid 2 onmiddellijk in het resultaat worden opgenomen, tenzij in deze afdeling anders is bepaald. Waardeveranderingen van afgeleide financiële instrumenten, voorzover niet bedoeld in lid 8, worden, zo nodig in afwijking van lid 2, onmiddellijk ten gunste of ten laste van het resultaat gebracht.

8. Waardeveranderingen van financiële instrumenten die dienen en effectief zijn ter dekking van risico's inzake activa, activa in bestelling en andere nog niet op de balans opgenomen verplichtingen, dan wel inzake voorgenomen transacties worden rechtstreeks ten gunste dan wel ten laste van de herwaarderingsreserve gebracht, voor zover dat noodzakelijk is om te bereiken dat deze waardeveranderingen in dezelfde periode in het resultaat worden verwerkt als de waardeveranderingen die zij beogen af te dekken.

(Zie ook: Baw)

Art. 385

Beginsel van individuele waardering

1. De activa en passiva worden, voor zover zij in hun betekenis voor het in artikel 362 lid 1 bedoelde inzicht verschillen, afzonderlijk gewaardeerd.

2. De waardering van gelijksoortige bestanddelen van voorraden en effecten mag geschieden met toepassing van gewogen gemiddelde prijzen, van de regels "eerst-in, eerst-uit" (Fifo), "laatst-in, eerst-uit" (Lifo), of van soortgelijke regels.

(Zie ook: artt. 367, 369, 371 BW Boek 2)

3. Materiële vaste activa en voorraden van grond- en hulpstoffen die geregeld worden vervangen en waarvan de gezamenlijke waarde van ondergeschikte betekenis is, mogen tegen een vaste

hoeveelheid en waarde worden opgenomen, indien de hoeveelheid, samenstelling en waarde slechts aan geringe veranderingen onderhevig zijn.
(Zie ook: artt. 366, 369 BW Boek 2)

4. De in artikel 365 lid 1 onder d en e genoemde activa worden opgenomen tot ten hoogste de daarvoor gedane uitgaven, verminderd met de afschrijvingen.

5. Eigen aandelen of certificaten daarvan die de rechtspersoon houdt of doet houden, mogen niet worden geactiveerd. De aan het belang in een dochtermaatschappij toegekende waarde wordt, al dan niet evenredig aan het belang, verminderd met de verkrijgingsprijs van aandelen in de rechtspersoon en van certificaten daarvan, die de dochtermaatschappij voor eigen rekening houdt of doet houden; heeft zij deze aandelen of certificaten verkregen voor het tijdstip waarop zij dochtermaatschappij werd, dan komt evenwel hun boekwaarde op dat tijdstip in mindering of een evenredig deel daarvan.
(Zie ook: artt. 24a, 98, 207d, 373 BW Boek 2)

Art. 386

1. De afschrijvingen geschieden onafhankelijk van het resultaat van het boekjaar.

Afschrijvingen en methoden

2. De methoden volgens welke de afschrijvingen zijn berekend, worden in de toelichting uiteengezet.

3. De geactiveerde kosten in verband met de oprichting en met de uitgifte van aandelen worden afgeschreven in ten hoogste vijf jaren. De kosten van ontwikkeling voor zover geactiveerd en de geactiveerde kosten van goodwill worden afgeschreven naar gelang van de verwachte gebruiksduur. In uitzonderlijke gevallen waarin de gebruiksduur van kosten van ontwikkeling en goodwill niet op betrouwbare wijze kan worden geschat, worden deze kosten afgeschreven in een periode van ten hoogste tien jaren. In dergelijke gevallen worden in de toelichting de redenen voor de afschrijvingsduur van de kosten van goodwill vermeld.
(Zie ook: artt. 365, 365 BW Boek 2)

4. Op vaste activa met beperkte gebruiksduur wordt jaarlijks afgeschreven volgens een stelsel dat op de verwachte toekomstige gebruiksduur is afgestemd.
(Zie ook: art. 364 BW Boek 2)

5. Op het overeenkomstig artikel 375 lid 5 geactiveerde deel van een schuld wordt tot de aflossing jaarlijks een redelijk deel afgeschreven.
(Zie ook: art. 387 BW Boek 2)

Art. 387

1. Waardeverminderingen van activa worden onafhankelijk van het resultaat van het boekjaar in aanmerking genomen.

Waardeverminderingen

2. Vlottende activa worden gewaardeerd tegen actuele waarde, indien deze op de balansdatum lager is dan de verkrijgings- of vervaardigingsprijs. De waardering geschiedt tegen een andere lagere waarde, indien het in artikel 362 lid 1 bedoelde inzicht daardoor wordt gediend.

3. Bij de waardering van de vaste activa wordt rekening gehouden met een vermindering van hun waarde, indien deze naar verwachting duurzaam is. Bij de waardering van de financiële vaste activa mag in ieder geval met op de balansdatum opgetreden waardevermindering rekening worden gehouden.

4. De afboeking overeenkomstig de voorgaande leden wordt, voor zover zij niet krachtens artikel 390 lid 3 aan de herwaarderingsreserve wordt onttrokken, ten laste van de winst- en verliesrekening gebracht. De afboeking wordt ongedaan gemaakt, zodra de waardevermindering heeft opgehouden te bestaan. De afboekingen ingevolge lid 3, alsmede de terugnemingen, worden afzonderlijk in de winst- en verliesrekening of in de toelichting opgenomen.
(Zie ook: artt. 346, 377 BW Boek 2)

5. De tweede zin van lid 4 geldt niet voor afboekingen van goodwill.

Art. 388

1. De verkrijgingsprijs waartegen een actief wordt gewaardeerd, omvat de inkoopprijs en de bijkomende kosten.

Begrip verkrijgingsprijs/vervaardigingsprijs

2. De vervaardigingsprijs waartegen een actief wordt gewaardeerd, omvat de aanschaffingskosten van de gebruikte grond- en hulpstoffen en de overige kosten, welke rechtstreeks aan de vervaardiging kunnen worden toegerekend. In de vervaardigingsprijs kunnen voorts worden opgenomen een redelijk deel van de indirecte kosten en de rente op schulden over het tijdvak dat aan de vervaardiging van het actief kan worden toegerekend; in dat geval vermeldt de toelichting dat deze rente is geactiveerd.

Art. 389

1. De deelnemingen in maatschappijen waarin de rechtspersoon invloed van betekenis uitoefent op het zakelijke en financiële beleid, worden verantwoord overeenkomstig de leden 2 en 3. Indien de rechtspersoon of een of meer van zijn dochtermaatschappijen alleen of samen een vijfde of meer van de stemmen van de leden, vennoten of aandeelhouders naar eigen inzicht kunnen

Waardering van deelnemingen

uitbrengen of doen uitbrengen, wordt vermoed dat de rechtspersoon invloed van betekenis uitoefent.

(Zie ook: artt. 24a, 24d BW Boek 2)

2. De rechtspersoon bepaalt de netto-vermogenswaarde van de deelneming door de activa, voorzieningen en schulden van de maatschappij waarin hij deelneemt te waarderen en haar resultaat te berekenen op de zelfde grondslagen als zijn eigen activa, voorzieningen, schulden en resultaat. Deze wijze van waardering moet worden vermeld.

3. Wanneer de rechtspersoon onvoldoende gegevens ter beschikking staan om de netto-vermogenswaarde te bepalen, mag hij uitgaan van een waarde die op andere wijze overeenkomstig deze titel is bepaald en wijzigt hij deze waarde met het bedrag van zijn aandeel in het resultaat en in de uitkeringen van de maatschappij waarin hij deelneemt. Deze wijze van waardering moet worden vermeld.

4. In de jaarrekening van een rechtspersoon die geen bank is als bedoeld in artikel 415 mag de verantwoording van een deelneming in een bank overeenkomstig afdeling 14 van deze titel geschieden. In de jaarrekening van een bank als bedoeld in artikel 415 wordt een deelneming in een rechtspersoon die geen bank is, verantwoord overeenkomstig de voorschriften voor banken met uitzondering van artikel 424 en onverminderd de eerste zin van lid 5. Deze uitzondering behoeft niet te worden toegepast ten aanzien van deelnemingen, waarin werkzaamheden worden verricht, die rechtstreeks liggen in het verlengde van het bankbedrijf.

5. In de jaarrekening van een rechtspersoon die geen verzekeringsmaatschappij is als bedoeld in artikel 427 mag de verantwoording van een deelneming in een verzekeringsmaatschappij overeenkomstig afdeling 15 van deze titel geschieden. In de jaarrekening van een verzekeringsmaatschappij als bedoeld in artikel 427 wordt een deelneming in een rechtspersoon die geen verzekeringsmaatschappij is, verantwoord overeenkomstig de voorschriften voor verzekeringsmaatschappijen, onverminderd de eerste zin van lid 4 van dit artikel.

6. De rechtspersoon houdt een reserve aan ter hoogte van zijn aandeel in het positieve resultaat uit deelnemingen en in rechtstreekse vermogensvermeerderingen sedert de eerste waardering overeenkomstig lid 2 of lid 3. Deelnemingen waarvan het cumulatief resultaat sedert die eerste waardering niet positief is, worden daarbij niet in aanmerking genomen. De reserve wordt verminderd met de uitkeringen waarop de rechtspersoon sedertdien tot het moment van het vaststellen van de jaarrekening recht heeft verkregen, alsmede met rechtstreekse vermogensverminderingen bij de deelneming; uitkeringen die hij zonder beperkingen kan bewerkstelligen, worden eveneens in mindering gebracht. Deze reserve kan in kapitaal worden omgezet. Onder de in dit lid bedoelde uitkeringen worden niet begrepen uitkeringen in aandelen.

7. Indien de waarde bij de eerste waardering overeenkomstig lid 2 of lid 3 lager is dan de verkrijgingsprijs of de voorafgaande boekwaarde van de deelneming, wordt het verschil als goodwill geactiveerd. Voor deze berekening wordt ook de verkrijgingsprijs verminderd overeenkomstig artikel 385 lid 5.

8. Waardevermeerderingen of waardeverminderingen van deelnemingen wegens omrekening van het daarin geïnvesteerde vermogen en het resultaat vanuit de valuta van de deelneming naar de valuta waarin de rechtspersoon zijn jaarrekening opmaakt, komen ten gunste respectievelijk ten laste van een reserve omrekeningsverschillen. Valutakoersverschillen op leningen aangegaan ter dekking van valutakoersrisico van buitenlandse deelnemingen, komen eveneens ten gunste respectievelijk ten laste van deze reserve. De reserve kan een negatief saldo hebben. Bij gehele of gedeeltelijke vervreemding van het belang in de desbetreffende deelneming wordt het gedeelte van de reserve dat op het vervreemde deel van de deelneming betrekking heeft aan deze reserve onttrokken. Indien de reserve omrekeningsverschillen een negatief saldo heeft, kunnen ter hoogte van dit saldo geen uitkeringen worden gedaan ten laste van de reserves.

(Zie ook: art. 373 BW Boek 2)

9. Wegens in de toelichting te vermelden gegronde redenen mag worden afgeweken van toepassing van lid 1.

(Zie ook: artt. 384, 426, 445 BW Boek 2)

10. Verschillen in het eigen vermogen en het resultaat volgens de enkelvoudige jaarrekening en volgens de geconsolideerde jaarrekening van de rechtspersoon worden in de toelichting bij de enkelvoudige jaarrekening vermeld.

Art. 390

Herwaarderingsreserve

1. Waardevermeerderingen van materiële vaste activa, immateriële vaste activa en voorraden die geen agrarische voorraden zijn, worden opgenomen in een herwaarderingsreserve. Waardevermeerderingen van andere activa die tegen actuele waarde worden gewaardeerd, worden opgenomen in een herwaarderingsreserve, tenzij ze krachtens artikel 384 ten gunste van het resultaat worden gebracht. Voorts vormt de rechtspersoon een herwaarderingsreserve ten laste van de vrije reserves of uit het resultaat van het boekjaar, voor zover in het boekjaar waardevermeerderingen van activa die op de balansdatum nog aanwezig zijn, ten gunste van het resultaat van het boekjaar zijn gebracht. Een herwaarderingsreserve wordt niet gevormd voor activa bedoeld in de vorige zin waarvoor frequente marktnoteringen bestaan. Ter hoogte van het bedrag van ten laste van de herwaarderingsreserve gebrachte uitgestelde verliezen op financiële instrumenten als bedoeld in artikel 384 lid 8, kunnen geen uitkeringen ten laste van de reserves worden gedaan. De herwaarderingsreserve kan worden verminderd met latente belastingverplichtingen met betrekking tot activa die zijn geherwaardeerd op een hoger bedrag.

2. De herwaarderingsreserve kan in kapitaal worden omgezet.

3. De herwaarderingsreserve is niet hoger dan het verschil tussen de boekwaarde op basis van de verkrijgings- of vervaardigingsprijs en de boekwaarde op basis van de bij de waardering gehanteerde actuele waarde van de activa waarop de herwaarderingsreserve betrekking heeft. Deze reserve wordt verminderd met het uit hoofde van een bepaald actief in de reserve opgenomen bedrag als het desbetreffende actief wordt vervreemd. Een waardevermindering van een activum, gewaardeerd tegen actuele waarde, wordt ten laste van de herwaarderingsreserve gebracht voor zover dit activum hieraan voorafgaande ten gunste van de herwaarderingsreserve is opgewaardeerd.

4. De verminderingen van de herwaarderingsreserve die ten gunste van de winst- en verliesrekening worden gebracht, worden in een afzonderlijke post opgenomen.

5. In de toelichting wordt uiteengezet, of en op welke wijze in samenhang met de herwaardering rekening wordt gehouden met de invloed van belastingen op vermogen en resultaat.

(Zie ook: artt. 58, 104, 215, 368, 373, 374, 389 BW Boek 2)

Afdeling 7
Bestuursverslag

Art. 391

1. Het bestuursverslag geeft een getrouw beeld van de toestand op de balansdatum, de ontwikkeling gedurende het boekjaar en de resultaten van de rechtspersoon en van de groepsmaatschappijen waarvan de financiële gegevens in zijn jaarrekening zijn opgenomen. Het bestuursverslag bevat, in overeenstemming met de omvang en de complexiteit van de rechtspersoon en groepsmaatschappijen, een evenwichtige en volledige analyse van de toestand op de balansdatum, de ontwikkeling gedurende het boekjaar en de resultaten. Indien noodzakelijk voor een goed begrip van de ontwikkeling, de resultaten of de positie van de rechtspersoon en groepsmaatschappijen, omvat de analyse zowel financiële als niet-financiële prestatie-indicatoren, met inbegrip van milieu- en personeelsaangelegenheden. Het bestuursverslag geeft tevens een beschrijving van de voornaamste risico's en onzekerheden waarmee de rechtspersoon wordt geconfronteerd. Het bestuursverslag wordt in de Nederlandse taal gesteld, tenzij de algemene vergadering tot het gebruik van een andere taal heeft besloten.

(Zie ook: artt. 24b, 362 lid 7, 405, 406 BW Boek 2)

Jaarverslag

2. In het bestuursverslag worden mededelingen gedaan omtrent de verwachte gang van zaken; daarbij wordt, voor zover gewichtige belangen zich hiertegen niet verzetten, in het bijzonder aandacht besteed aan de investeringen, de financiering en de personeelsbezetting en aan de omstandigheden waarvan de ontwikkeling van de omzet en van de rentabiliteit afhankelijk is. Mededelingen worden gedaan omtrent de werkzaamheden op het gebied van onderzoek en ontwikkeling. In het bestuursverslag doet de naamloze vennootschap mededeling van het bepaalde in artikel 82 leden 3 tot en met 9. Vermeld wordt hoe bijzondere gebeurtenissen waarmee in de jaarrekening geen rekening behoeft te worden gehouden, de verwachtingen hebben beïnvloed. De naamloze vennootschap waarop artikel 383b van toepassing is, doet voorts mededeling van het beleid van de vennootschap aangaande de bezoldiging van haar bestuurders en commissarissen en de wijze waarop dit beleid in het verslagjaar in de praktijk is gebracht.

3. Ten aanzien van het gebruik van financiële instrumenten door de rechtspersoon en voor zover zulks van betekenis is voor de beoordeling van zijn activa, passiva, financiële toestand en resultaat, worden de doelstellingen en het beleid van de rechtspersoon inzake risicobeheer vermeld. Daarbij wordt aandacht besteed aan het beleid inzake de afdekking van risico's verbonden aan alle belangrijke soorten voorgenomen transacties. Voorts wordt aandacht besteed aan de door de rechtspersoon gelopen prijs-, krediet-, liquiditeits- en kasstroomrisico's.

4. Het bestuursverslag mag niet in strijd zijn met de jaarrekening. Indien het verschaffen van het in lid 1 bedoelde overzicht dit vereist, bevat het bestuursverslag verwijzingen naar en aanvullende uitleg over posten in de jaarrekening.

5. Bij algemene maatregel van bestuur kunnen nadere voorschriften worden gesteld omtrent de inhoud van het bestuursverslag. Deze voorschriften kunnen in het bijzonder betrekking hebben op naleving van een in de algemene maatregel van bestuur aan te wijzen gedragscode en op de inhoud, de openbaarmaking en het accountantsonderzoek van een verklaring inzake corporate governance en een niet-financiële verklaring als bedoeld in richtlijn 2013/34/EU van het Europees Parlement en de Raad van 26 juni 2013 betreffende de jaarlijkse financiële overzichten, geconsolideerde financiële overzichten en aanverwante verslagen van bepaalde ondernemingsvormen, tot wijziging van richtlijn 2006/43/EG van het Europees Parlement en de

Nadere regels

Raad en tot intrekking van richtlijnen 78/660/EEG en 83/349/EEG van de Raad (PbEU 2013, L 182).

(Zie ook: artt. 58, 101, 139, 210, 249, 362, 392 BW Boek 2; art. 31a WOR; art. 135a Wft)

6. De voordracht voor een krachtens lid 5 vast te stellen algemene maatregel van bestuur wordt niet eerder gedaan dan vier weken nadat het ontwerp aan beide kamers der Staten-Generaal is overgelegd.

(Zie ook: art. 392 BW Boek 2; Vbnvij)

Afdeling 8

Overige gegevens

Art. 392

Overige gegevens in jaarrekening en jaarverslag

1. Het bestuur voegt de volgende gegevens toe aan de jaarrekening en het bestuursverslag:

a. de accountantsverklaring, bedoeld in artikel 393 lid 5 of een mededeling waarom deze ontbreekt;

b. een weergave van de statutaire regeling omtrent de bestemming van de winst;

c. een weergave van de statutaire regeling omtrent de bijdrage in een tekort van een coöperatie of onderlinge waarborgmaatschappij, voor zover deze van de wettelijke bepalingen afwijkt;

(Zie ook: artt. 53, 55, 56 BW Boek 2)

d. een lijst van namen van degenen aan wie een bijzonder statutair recht inzake de zeggenschap in de rechtspersoon toekomt, met een omschrijving van de aard van dat recht, tenzij omtrent deze gegevens mededeling is gedaan in het bestuursverslag op grond van artikel 391 lid 5;

e. een opgave van het aantal stemrechtloze aandelen en het aantal aandelen dat geen of slechts een beperkt recht geeft tot deling in de winst of reserves van de vennootschap, met vermelding van de bevoegdheden die zij geven;

f. opgave van het bestaan van nevenvestigingen en van de landen waar nevenvestigingen zijn, alsmede van hun handelsnaam indien deze afwijkt van die van de rechtspersoon.

2. De gegevens mogen niet in strijd zijn met de jaarrekening en met het bestuursverslag.

(Zie ook: artt. 361, 391 BW Boek 2)

3. Is een recht als bedoeld in lid 1 onder d in een aandeel belichaamd, dan wordt vermeld hoeveel zodanige aandelen elk der rechthebbenden houdt. Komt een zodanig recht aan een vennootschap, vereniging, coöperatie, onderlinge waarborgmaatschappij of stichting toe, dan worden tevens de namen van de bestuurders daarvan medegedeeld.

4. Het bepaalde in lid 1 onder d en in lid 3 is niet van toepassing, voor zover Onze Minister van Economische Zaken desverzocht aan de rechtspersoon wegens gewichtige redenen ontheffing heeft verleend; deze ontheffing kan telkens voor ten hoogste vijf jaren worden verleend. Geen ontheffing kan worden verleend van het bepaalde in lid 1 onder d wanneer omtrent deze gegevens mededeling moet worden gedaan in het bestuursverslag op grond van artikel 391 lid 5.

(Zie ook: art. 403 BW Boek 2; art. 31a WOR)

5. Het bestuur van een stichting of een vereniging als bedoeld in artikel 360 lid 3 behoeft de gegevens, bedoeld in lid 1, onder b, en artikel 380c, niet aan de jaarrekening en het bestuursverslag toe te voegen.

(Zie ook: artt. 49, 50, 300, 383a BW Boek 2)

Afdeling 8a

Verslag over betalingen aan overheden

Art. 392a

Verslag over betalingen aan overheden

1. Bij algemene maatregel van bestuur worden ter uitvoering van richtlijnen van het Europees Parlement en de Raad van de Europese Unie houdende regels inzake de jaarrekening, regels gesteld met betrekking tot de verplichting van rechtspersonen uit bepaalde sectoren tot het opstellen en openbaar maken van een verslag dan wel een geconsolideerd verslag over betalingen die zij doen aan overheden en worden nadere regels gesteld omtrent de inhoud van het verslag.

2. De openbaarmaking van het verslag, bedoeld in lid 1, geschiedt binnen twaalf maanden na afloop van het boekjaar op de wijze als bedoeld in artikel 394 lid 1, tweede volzin.

Afdeling 9

Deskundigenonderzoek

Art. 393

Accountantsonderzoek van de jaarrekening

1. De rechtspersoon verleent opdracht tot onderzoek van de jaarrekening aan een registeraccountant, aan een Accountant-Administratieconsulent ten aanzien van wie in het accountantsregister een aantekening is geplaatst als bedoeld in artikel 36, tweede lid, onderdeel i, van de Wet op het accountantsberoep of aan een wettelijke auditor als bedoeld in artikel 27, eerste lid, van de Wet toezicht accountantsorganisaties. De opdracht kan worden verleend aan een orga-

B2 art. 393

nisatie waarin accountants die mogen worden aangewezen, samenwerken. Indien een rechtspersoon tevens een organisatie van openbaar belang is als bedoeld in artikel 1, eerste lid, onderdeel 1, van de Wet toezicht accountantsorganisaties, wordt door deze rechtspersoon aan de Stichting Autoriteit Financiële Markten medegedeeld welke accountant of accountantsorganisatie wordt beoogd voor het uitvoeren van een opdracht tot onderzoek van de jaarrekening van de rechtspersoon. Deze mededeling geschiedt voordat de verlening van die opdracht, bedoeld in het tweede lid, is overgegaan. Onze Minister van Financiën stelt bij ministeriële regeling nadere regels over deze mededeling.

(Zie ook: artt. 72, 94a, 204a BW Boek 2; art. 1 WED)

2. Tot het verlenen van de opdracht is de algemene vergadering bevoegd. Gaat deze daartoe niet over, of ontbreekt deze, dan is de raad van commissarissen bevoegd. Ontbreekt een raad van commissarissen, dan is het bestuur bevoegd. De aanwijzing van een accountant wordt door generlei voordracht beperkt. De opdracht kan worden ingetrokken door de algemene vergadering en door degene die haar heeft verleend. De opdracht kan enkel worden ingetrokken om gegronde redenen; daartoe behoort niet een meningsverschil over methoden van verslaggeving of controlewerkzaamheden. De algemene vergadering hoort de accountant op diens verlangen omtrent de intrekking van een hem verleende opdracht of omtrent het hem kenbaar gemaakte voornemen daartoe. Het bestuur en de accountant stellen de Stichting Autoriteit Financiële Markten onverwijld in kennis van de intrekking van de opdracht door de rechtspersoon of tussentijdse beëindiging ervan door de accountant en geven hiervoor een afdoende motivering.

(Zie ook: artt. 107, 129, 140, 153, 217, 239, 250 BW Boek 2)

3. De accountant onderzoekt of de jaarrekening het in artikel 362 lid 1 vereiste inzicht geeft. Hij gaat voorts na, of de jaarrekening aan de bij en krachtens de wet gestelde voorschriften voldoet, of het bestuursverslag overeenkomstig deze titel is opgesteld en met de jaarrekening verenigbaar is, en of het bestuursverslag in het licht van de tijdens het onderzoek van de jaarrekening verkregen kennis en begrip omtrent de rechtspersoon en zijn omgeving, materiële onjuistheden bevat, en of de in artikel 392 lid 1, onderdelen b tot en met f, vereiste gegevens zijn toegevoegd.

4. De accountant brengt omtrent zijn onderzoek verslag uit aan de raad van commissarissen en aan het bestuur. Hij maakt daarbij ten minste melding van zijn bevindingen met betrekking tot de betrouwbaarheid en continuïteit van de geautomatiseerde gegevensverwerking.

5. De accountant geeft de uitslag van zijn onderzoek weer in een verklaring omtrent de getrouwheid van de jaarrekening. De accountant kan een afzonderlijke verklaring afgeven voor de enkelvoudige jaarrekening en voor de geconsolideerde jaarrekening. De accountantsverklaring omvat ten minste:

a. een vermelding op welke jaarrekening het onderzoek betrekking heeft en welke wettelijke voorschriften op de jaarrekening toepasselijk zijn;

b. een beschrijving van de reikwijdte van het onderzoek, waarin ten minste wordt vermeld welke richtlijnen voor de accountantscontrole in acht zijn genomen;

c. een oordeel of de jaarrekening het vereiste inzicht geeft en aan de bij en krachtens de wet gestelde regels voldoet;

d. een verwijzing naar bepaalde zaken waarop de accountant in het bijzonder de aandacht vestigt, zonder een verklaring als bedoeld in lid 6, onderdeel b, af te geven;

e. een vermelding van de gebleken tekortkomingen naar aanleiding van het onderzoek overeenkomstig lid 3 of het bestuursverslag overeenkomstig deze titel is opgesteld en of de in artikel 392 lid 1, onder b tot en met f, vereiste gegevens zijn toegevoegd;

f. een oordeel over de verenigbaarheid van het bestuursverslag met de jaarrekening;

g. een oordeel of er, in het licht van de tijdens het onderzoek van de jaarrekening verkregen kennis en begrip omtrent de rechtspersoon en zijn omgeving, materiële onjuistheden in het bestuursverslag zijn gebleken onder opgave van de aard van die onjuistheden;

h. een verklaring betreffende materiële onzekerheden die verband houden met gebeurtenissen of omstandigheden die gerede twijfel kunnen doen rijzen of de rechtspersoon zijn werkzaamheden voort kan zetten;

i. een vermelding van de vestigingsplaats van de accountantsorganisatie.

6. De accountantsverklaring, bedoeld in lid 5, heeft de vorm van:

a. een goedkeurende verklaring;

b. een verklaring met beperking;

c. een afkeurende verklaring; of

d. een verklaring van oordeelonthouding.

De accountant ondertekent en dagtekent de accountantsverklaring.

7. De jaarrekening kan niet worden vastgesteld, indien het daartoe bevoegde orgaan geen kennis heeft kunnen nemen van de verklaring van de accountant, die aan de jaarrekening moest zijn toegevoegd, tenzij onder de overige gegevens een wettige grond wordt medegedeeld waarom de verklaring ontbreekt.

(Zie ook: artt. 361, 392, 396, 403 BW Boek 2; art. 123 Wft)

Accountantsonderzoek van de jaarrekening, opdracht tot

Accountantsverklaring, vorm

8. Iedere belanghebbende kan van de rechtspersoon nakoming van de in lid 1 omschreven verplichting vorderen.

Afdeling 10
Openbaarmaking

Art. 394

Openbaarmaking door depot bij het handelsregister

1. De rechtspersoon is verplicht tot openbaarmaking van de jaarrekening binnen acht dagen na de vaststelling. De openbaarmaking geschiedt door deponering van de volledig in de Nederlandse taal gestelde jaarrekening of, als die niet is vervaardigd, de jaarrekening in het Frans, Duits of Engels, bij het handelsregister, indien van toepassing op de wijze als voorgeschreven bij of krachtens artikel 19a van de Handelsregisterwet 2007. De dag van vaststelling moet zijn vermeld.

2. Is de jaarrekening niet binnen twee maanden na afloop van de voor het opmaken voorgeschreven termijn overeenkomstig de wettelijke voorschriften vastgesteld, dan maakt het bestuur onverwijld de opgemaakte jaarrekening op de in lid 1 voorgeschreven wijze openbaar; op de jaarrekening wordt vermeld dat zij nog niet is vastgesteld. Binnen twee maanden na gerechtelijke vernietiging van een jaarrekening moet de rechtspersoon een afschrift van de in de uitspraak opgenomen bevelen met betrekking tot de jaarrekening deponeren bij het handelsregister, met vermelding van de uitspraak.

(Zie ook: artt. 58, 101, 210 BW Boek 2; art. 1002 Rv)

3. Uiterlijk twaalf maanden na afloop van het boekjaar moet de rechtspersoon de jaarrekening op de in lid 1 voorgeschreven wijze openbaar hebben gemaakt.

Openbaarmaking van bestuursverslag

4. Gelijktijdig met en op dezelfde wijze als de jaarrekening worden het bestuursverslag en de overige in artikel 392 bedoelde gegevens in het Nederlands of in een van de andere in het eerste lid genoemde talen openbaar gemaakt. Het voorafgaande geldt, behalve voor de in artikel 392 lid 1 onder a en e genoemde gegevens, niet, indien de stukken ten kantore van de rechtspersoon ter inzage van een ieder worden gehouden en op verzoek een volledig of gedeeltelijk afschrift daarvan ten hoogste tegen de kostprijs wordt verstrekt; hiervan doet de rechtspersoon opgaaf ter inschrijving in het handelsregister.

5. De vorige leden gelden niet, indien Onze Minister van Economische Zaken de in artikel 58, artikel 101 of artikel 210 genoemde ontheffing heeft verleend; alsdan wordt een afschrift van die ontheffing bij het handelsregister gedeponeerd.

Bewaarplicht

6. De in de vorige leden bedoelde bescheiden worden gedurende zeven jaren bewaard. De Kamer van Koophandel mag de op deze bescheiden geplaatste gegevens overbrengen op andere gegevensdragers, die zij in hun plaats in het handelsregister bewaart, mits die overbrenging geschiedt met juiste en volledige weergave der gegevens en deze gegevens gedurende de volledige bewaartijd beschikbaar zijn en binnen redelijke tijd leesbaar kunnen worden gemaakt.

7. Iedere belanghebbende kan van de rechtspersoon nakoming van de in de leden 1-5 omschreven verplichtingen vorderen.

(Zie ook: artt. 138, 248, 362, 391, 392, 395, 396, 403 BW Boek 2; art. 1001 Rv; art. 1 WED)

Verplichting effectenuitgevende instelling tot openbaarmaking van jaarrekening

8. Een vennootschap waarvan effecten zijn toegelaten tot de handel op een gereglementeerde markt als bedoeld in de Wet op het financieel toezicht wordt geacht te hebben voldaan aan:
a. lid 1, indien zij de vastgestelde jaarrekening op grond van artikel 5:25o, eerste lid, van die wet heeft toegezonden aan de Stichting Autoriteit Financiële Markten;
b. lid 2, eerste volzin, indien zij mededeling heeft gedaan op grond van artikel 5:25o, tweede lid, van die wet aan de Stichting Autoriteit Financiële Markten;
c. vierde lid, eerste volzin, indien zij het bestuursverslag en de overige in artikel 392 bedoelde gegevens op grond van artikel 5:25o, vierde lid, van de Wet op het financieel toezicht heeft toegezonden aan de Stichting Autoriteit Financiële Markten.

Art. 395

Accountantsverklaring bij andere wijze van openbaarmaking jaarverslag

1. Wordt de jaarrekening op andere wijze dan ingevolge het vorige artikel openbaar gemaakt, dan wordt daaraan in ieder geval de in artikel 393 lid 5 bedoelde accountantsverklaring toegevoegd. Voor de toepassing van de vorige zin geldt als de jaarrekening van een rechtspersoon waarop artikel 397 van toepassing is, mede de jaarrekening in de vorm waarin zij ingevolge dat artikel openbaar mag worden gemaakt. Is de verklaring niet afgelegd, dan wordt de reden daarvan vermeld.

2. Wordt slechts de balans of de winst- en verliesrekening, al dan niet met toelichting, of wordt de jaarrekening in beknopte vorm op andere wijze dan ingevolge het vorige artikel openbaar gemaakt, dan wordt dit ondubbelzinnig vermeld onder verwijzing naar de openbaarmaking krachtens wettelijk voorschrift, of, zo deze niet is geschied, onder mededeling van dit feit. De in artikel 393 lid 5 bedoelde accountantsverklaring mag alsdan niet worden toegevoegd. Bij de openbaarmaking wordt medegedeeld of de accountant deze verklaring heeft afgelegd. Is de verklaring afgelegd, dan wordt vermeld welke strekking als bedoeld in artikel 393 lid 6 de accountantsverklaring heeft en wordt tevens vermeld of de accountant in de verklaring in het

bijzonder de aandacht heeft gevestigd op bepaalde zaken, zonder een verklaring als bedoeld in artikel 393 lid 6, onderdeel b, af te geven. Is de verklaring niet afgelegd, dan wordt de reden daarvan vermeld.

3. Is de jaarrekening nog niet vastgesteld, dan wordt dit bij de in lid 1 en lid 2 bedoelde stukken vermeld. Indien een mededeling als bedoeld in de laatste zin van artikel 362 lid 6 is gedaan, wordt dit eveneens vermeld.

(Zie ook: art. 394 BW Boek 2; art. 1 WED)

Afdeling 11
Vrijstellingen op grond van de omvang van het bedrijf van de rechtspersoon

Art. 395a

1. De leden 3 tot en met 6 gelden voor een rechtspersoon die op twee opeenvolgende balansdata, zonder onderbreking nadien op twee opeenvolgende balansdata, heeft voldaan aan twee of drie van de volgende vereisten:

a. de waarde van de activa volgens de balans met toelichting bedraagt, op de grondslag van verkrijgings- en vervaardigingsprijs, niet meer dan € 350.000;
b. de netto-omzet over het boekjaar bedraagt niet meer dan € 700.000;
c. het gemiddeld aantal werknemers over het boekjaar bedraagt minder dan 10.

2. Voor de toepassing van lid 1 worden meegeteld de waarde van de activa, de netto-omzet en het getal der werknemers van groepsmaatschappijen, die in de consolidatie zouden moeten worden betrokken als de rechtspersoon een geconsolideerde jaarrekening zou moeten opmaken. Dit geldt niet, indien de rechtspersoon artikel 408 toepast.

3. Het bepaalde in leden 3 en 4 van artikel 364 met betrekking tot de overlopende activa en passiva is niet van toepassing voor de overige bedrijfskosten bedoeld in artikel 377 lid 3 onder j. De rechtspersoon vermeldt het feit dat geen overlopende activa en passiva zijn opgenomen onderaan de balans.

4. Van de ingevolge afdeling 3 voorgeschreven opgaven behoeft geen andere te worden gedaan dan voorgeschreven in de artikelen 364 lid 1, 365 lid 1 onder a en 370 lid 1 onder d, 373 lid 1 waarbij de posten worden samengetrokken tot een post, 374 lid 1 en 375 lid 1 waarbij de posten worden samengetrokken tot een post en waarbij voor het totaal van de schulden wordt aangegeven tot welk bedrag de resterende looptijd ten hoogste een jaar is en tot welk bedrag de resterende looptijd langer dan een jaar is. Voorts vermeldt een naamloze vennootschap de gegevens genoemd in de tweede zin van artikel 378 lid 3 onderaan de balans.

5. Van de ingevolge afdeling 4 voorgeschreven opgaven behoeft geen andere te worden gedaan dan voorgeschreven in de artikelen 377 lid 1 onder a met uitzondering van vermelding van de baten en lasten uit de gewone bedrijfsuitoefening, 377 lid 3 onder a, d en e, 377 lid 3 onder g met uitzondering van de vermelding van overige externe kosten, 377 lid 3 onder h en i waarbij de posten worden samengetrokken tot een post en 377 lid 3 onder j.

6. Afdeling 5, de voorschriften in afdeling 6 betreffende de voorgeschreven opgaven in de toelichting, en de afdelingen 7, 8 en 9 zijn niet van toepassing.

7. In afwijking van afdeling 6 van deze titel komen voor de waardering van de activa en passiva en voor de bepaling van het resultaat ook in aanmerking de grondslagen voor de bepaling van de belastbare winst, bedoeld in hoofdstuk II van de Wet op de vennootschapsbelasting 1969, mits de rechtspersoon daarbij alle voor hem van toepassing zijnde fiscale grondslagen toepast. Indien de rechtspersoon deze grondslagen toepast, maakt zij daarvan melding in de toelichting. Bij algemene maatregel van bestuur kunnen nadere regels worden gesteld omtrent het gebruik van deze grondslagen en de toelichting die daarbij gegeven wordt.

8. Artikel 394 is slechts van toepassing met betrekking tot een overeenkomstig leden 3 en 4 beperkte balans.

Art. 396

1. Onverminderd artikel 395a gelden de leden 3 tot en met 9 voor een rechtspersoon die op twee opeenvolgende balansdata, zonder onderbreking nadien op twee opeenvolgende balansdata, heeft voldaan aan twee of drie van de volgende vereisten:

a. de waarde van de activa volgens de balans met toelichting bedraagt, op de grondslag van verkrijgings- en vervaardigingsprijs, niet meer dan € 6.000.000;
(Zie ook: art. 365 BW Boek 2)
b. de netto-omzet over het boekjaar bedraagt niet meer dan € 12.000.000;
(Zie ook: art. 377 BW Boek 2)
c. het gemiddeld aantal werknemers over het boekjaar bedraagt minder dan 50.

2. Voor de toepassing van lid 1 worden meegeteld de waarde van de activa, de netto-omzet en het getal der werknemers van groepsmaatschappijen, die in de consolidatie zouden moeten worden betrokken als de rechtspersoon een geconsolideerde jaarrekening zou moeten opmaken. Dit geldt niet, indien de rechtspersoon artikel 408 toepast.
(Zie ook: art. 24b BW Boek 2)

Vrijstellingen voor jaarrekeningen van kleine rechtspersonen

Vrijstellingen voor jaarrekeningen van kleine rechtspersonen

B2 art. 397 **Burgerlijk Wetboek Boek 2**

3. Van de ingevolge afdeling 3 voorgeschreven opgaven behoeft geen andere te worden gedaan dan voorgeschreven in de artikelen 364, 365 lid 1 onder a, 368 lid 2 onder a, 370 lid 1 onder d, 373 leden 1 tot en met 5, eerste volzin, 375 lid 3 en 376, alsmede, zonder uitsplitsing naar soort schuld of vordering, in de artikelen 370 lid 2 en 375 lid 2, waarbij de aanduiding van de rentevoet achterwege blijft, en de opgave van het ingehouden deel van het resultaat.

4. In de winst- en verliesrekening worden de posten genoemd in artikel 377 lid 3 onder a-d en g, onderscheidenlijk lid 4 onder a-c en f, samengetrokken tot een post bruto-bedrijfsresultaat.

5. Het in artikel 378 lid 1 genoemde overzicht wordt slechts gegeven voor de herwaarderingsreserve, behoudens de tweede zin van artikel 378 lid 3. De artikelen 379, 380, 381 leden 2 en 3, 381b, aanhef en onder a, 382a en 383 lid 1 zijn niet van toepassing. De rechtspersoon vermeldt de naam en woonplaats van de maatschappij die de geconsolideerde jaarrekening opstelt van het groepsdeel waartoe de rechtspersoon behoort. De informatie die ingevolge artikel 382 wordt vermeld, wordt beperkt tot mededeling van het gemiddelde aantal gedurende het boekjaar bij de rechtspersoon werkzame werknemers.

6. In afwijking van afdeling 6 van deze titel komen voor de waardering van de activa en passiva en voor de bepaling van het resultaat ook in aanmerking de grondslagen voor de bepaling van de belastbare winst, bedoeld in hoofdstuk II van de Wet op de vennootschapsbelasting 1969, mits de rechtspersoon daarbij alle voor hem van toepassing zijnde fiscale grondslagen toepast. Indien de rechtspersoon deze grondslagen toepast, maakt zij daarvan melding in de toelichting. Bij algemene maatregel van bestuur kunnen nadere regels worden gesteld omtrent het gebruik van deze grondslagen en de toelichting die daarbij gegeven wordt.

(Zie ook: artt. 58, 101, 210 BW Boek 2)

7. De artikelen 380c en 380d, 383b tot en met 383e, 391, 392 en 393 lid 1 zijn niet van toepassing.

8. Artikel 394 is slechts van toepassing met betrekking tot een overeenkomstig lid 3 beperkte balans en de toelichting. In de openbaar gemaakte toelichting blijven achterwege de gegevens bedoeld in artikel 380a.

9. Indien de rechtspersoon geen winst beoogt, behoeft hij artikel 394 niet toe te passen, mits hij

a. de in lid 8 bedoelde stukken aan schuldeisers en houders van aandelen in zijn kapitaal of certificaten daarvan of anderen aan wie het vergaderrecht toekomt op hun verzoek onmiddellijk kosteloos toezendt of ten kantore van de rechtspersoon ter inzage geeft; en

b. bij het handelsregister een verklaring van een accountant heeft gedeponeerd, inhoudende dat de rechtspersoon in het boekjaar geen werkzaamheden heeft verricht buiten de doelomschrijving en dat dit artikel op hem van toepassing is.

(Zie ook: artt. 397, 398 BW Boek 2)

Art. 397

Vrijstellingen voor jaarrekeningen van middelgrote rechtspersonen

1. Behoudens artikel 396 gelden de leden 3 tot en met 7 voor een rechtspersoon die op twee opeenvolgende balansdata, zonder onderbreking nadien op twee opeenvolgende balansdata, heeft voldaan aan twee of drie van de volgende vereisten:

a. de waarde van de activa volgens de balans met toelichting, bedraagt, op de grondslag van verkrijgings- en vervaardigingsprijs, niet meer dan € 20.000.000;

(Zie ook: art. 365 BW Boek 2)

b. de netto-omzet over het boekjaar bedraagt niet meer dan € 40.000.000;

(Zie ook: art. 377 BW Boek 2)

c. het gemiddeld aantal werknemers over het boekjaar bedraagt minder dan 250.

2. Voor de toepassing van lid 1 worden meegeteld de waarde van de activa, de netto-omzet en het getal der werknemers van groepsmaatschappijen, die in de consolidatie zouden moeten worden betrokken als de rechtspersoon een geconsolideerde jaarrekening zou moeten opmaken. Dit geldt niet, indien de rechtspersoon artikel 408 toepast.

(Zie ook: artt. 24b, 405 BW Boek 2)

3. In de winst- en verliesrekening worden de posten genoemd in artikel 377 lid 3, onder a-d en g, onderscheidenlijk lid 4, onder a-c en f, samengetrokken tot een post bruto-bedrijfsresultaat; de rechtspersoon vermeldt in een verhoudingscijfer, in welke mate de netto-omzet ten opzichte van die van het vorige jaar is gestegen of gedaald.

4. De artikelen 380 en 382a zijn niet van toepassing.

5. Van de in afdeling 3 voorgeschreven opgaven behoeven in de openbaar gemaakte balans met toelichting slechts vermelding die welke voorkomen in de artikelen 364, 365 lid 1 onder a en d, 366, 367 onder a-d, 368 lid 2 onder a, 370 lid 1 onder b-d, 373, 374 leden 3 en 4, 375 lid 1 onder a, b, f en g en lid 3, alsmede 376 en de overlopende posten. De leden 2 van de artikelen 370 en 375 vinden toepassing zowel op het totaal van de vorderingen en schulden als op de posten uit lid 1 van die artikelen welke afzonderlijke vermelding behoeven. De openbaar te maken winst- en verliesrekening en de toelichtingen mogen worden beperkt overeenkomstig lid 3 en lid 4.

6. De informatie die ingevolge artikel 381 lid 2 moet worden vermeld, wordt beperkt tot informatie over de aard en het zakelijk doel van de aldaar genoemde regelingen. Artikel 381 lid 3 is niet van toepassing, tenzij de rechtspersoon een naamloze vennootschap is, in welk geval de vermelding als bedoeld in artikel 381 lid 3 beperkt is tot transacties die direct of indirect zijn aangegaan tussen de vennootschap en haar voornaamste aandeelhouders en tussen de vennootschap en haar leden van het bestuur en van de raad van commissarissen.

7. De gegevens, bedoeld in artikel 392 lid 1, onderdelen d en e, en lid 3, worden niet openbaar gemaakt.

(Zie ook: artt. 395, 398 BW Boek 2)

8. In het bestuursverslag behoeft geen aandacht te worden besteed aan niet-financiële prestatie-indicatoren als bedoeld in artikel 391 lid 1.

Art. 398

1. Artikel 395a, artikel 396 of artikel 397 geldt voor het eerste en tweede boekjaar ook voor een rechtspersoon die op de balansdatum van het eerste boekjaar aan de desbetreffende vereisten heeft voldaan.

Schakelbepaling

(Zie ook: Besl.art. 396 BW Boek 2; Vg BW Boek 2)

2. Artikel 395a leden 3 tot en met 7, artikel 396 leden 3 tot en met 8 en artikel 397 leden 3 tot en met 7 zijn van toepassing voor zover de algemene vergadering uiterlijk zes maanden na het begin van het boekjaar niet anders heeft besloten.

3. De artikelen 395a tot en met 397 zijn niet van toepassing op een beleggingsmaatschappij of maatschappij voor collectieve belegging in effecten waarvoor artikel 401 lid 1 geldt.

4. Bij algemene maatregel van bestuur worden de in artikel 396 lid 1 en artikel 397 lid 1 genoemde bedragen verlaagd, indien het recht van de Europese Gemeenschappen daartoe verplicht, en kunnen zij worden verhoogd, voor zover geoorloofd.

5. Voor de toepassing van de artikelen 396 lid 1 en 397 lid 1 op een stichting of een vereniging als bedoeld in artikel 360 lid 3 wordt uitgegaan van het totaal van de activa van de stichting of vereniging en, met inachtneming van artikel 396 lid 2, van de netto-omzet en het gemiddeld aantal werknemers van de onderneming of ondernemingen die deze stichting of vereniging in stand houdt.

6. Artikel 395a is niet van toepassing op een participatieonderneming als bedoeld in artikel 2, onderdeel 15, van richtlijn 2013/34/EU van het Europees Parlement en de Raad van 26 juni 2013 betreffende de jaarlijkse financiële overzichten, geconsolideerde financiële overzichten en aanverwante verslagen van bepaalde ondernemingsvormen, tot wijziging van richtlijn 2006/43/EG van het Europees Parlement en de Raad en tot intrekking van richtlijnen 78/660/EEG en 83/349/EEG van de Raad (PbEU 2013, L 182).

7. De artikelen 395a tot en met 397 zijn niet van toepassing op rechtspersonen die als organisatie van openbaar belang:

a. effecten hebben die zijn toegelaten tot de handel op een gereglementeerde markt van een lidstaat in de zin van artikel 4, lid 1, punt 14, van richtlijn 2004/39/EG van het Europees Parlement en de Raad van 21 april 2004 betreffende markten voor financiële instrumenten (PbEU 2004, L 145);

b. kredietinstellingen zijn in de zin van artikel 3, punt 1, van richtlijn 2013/36/EU van het Europees Parlement en de Raad van 26 juni 2013 betreffende toegang tot het bedrijf van kredietinstellingen en het prudentieel toezicht op kredietinstellingen en beleggingsondernemingen, tot wijziging van Richtlijn 2002/87/EG en tot intrekking van de Richtlijnen 2006/48/EG en 2006/49/EG (PbEU 2013, L 176), en die geen instellingen als bedoeld in artikel 2, lid 5, van genoemde richtlijn 2013/36/EU zijn;

c. verzekeringsondernemingen zijn in de zin van artikel 2, lid 1, van richtlijn 91/674/EEG van de Raad van 19 december 1991 betreffende de jaarrekening van verzekeringsondernemingen (PbEG 1991, L 374); of

d. bij algemene maatregel van bestuur worden aangewezen wegens hun omvang of functie in het maatschappelijk verkeer.

Afdeling 12
Bepalingen omtrent rechtspersonen van onderscheiden aard

Art. 399

[Vervallen]

Art. 400

Onze Minister van Financiën kan financiële instellingen die geen bank als bedoeld in artikel 415 zijn, op haar verzoek al dan niet onder voorwaarden toestaan afdeling 14, met uitzondering van artikel 424, toe te passen.

Financiële instelling, niet bank zijnde

(Zie ook: artt. 396, 397 BW Boek 2; art. 1001 Rv)

Art. 401

1. Een beheerder van een beleggingsinstelling, een beheerder van een icbe, een beleggingsmaatschappij en een maatschappij voor collectieve belegging in effecten waarop het Deel Gedragstoezicht financiële ondernemingen van de Wet op het financieel toezicht van toepassing is,

Beleggingsmaatschappij

moeten in aanvulling op de bepalingen van deze titel tevens voldoen aan de vereisten voor zijn onderscheidenlijk haar jaarrekening, gesteld bij of krachtens die wet. Voor deze beheerder van een beleggingsinstelling, beheerder van een icbe, beleggingsmaatschappij en maatschappij voor collectieve belegging in effecten kan bij of krachtens die wet van de artikelen 394, lid 2, 3 of 4, en 403 worden afgeweken.

2. De beleggingen van een beleggingsmaatschappij of een maatschappij voor collectieve belegging in effecten als bedoeld in artikel 1:1 van de Wet op het financieel toezicht mogen tegen marktwaarde worden gewaardeerd. Nadelige koersverschillen ten opzichte van de voorafgaande balansdatum behoeven niet ten laste van de winst- en verliesrekening te worden gebracht, mits zij op de reserves worden afgeboekt; voordelige koersverschillen mogen op de reserves worden bijgeboekt. De bedragen worden in de balans of in de toelichting vermeld.

3. Op een beleggingsmaatschappij met veranderlijk kapitaal is artikel 378 lid 3, tweede zin, niet van toepassing.

(Zie ook: art. 76a BW Boek 2)

Art. 402

Resultaat uit deelnemingen in geconsolideerde jaarrekening

1. Zijn de financiële gegevens van een rechtspersoon verwerkt in zijn geconsolideerde jaarrekening, dan behoeft in de eigen winst- en verliesrekening slechts het resultaat uit deelnemingen na aftrek van de belastingen daarover als afzonderlijke post te worden vermeld. In de toelichting van de geconsolideerde jaarrekening wordt de toepassing van de vorige zin medegedeeld.

2. Dit artikel is niet van toepassing op rechtspersonen als bedoeld in artikel 398 lid 7.

Art. 403

Afwijking jaarrekening rechtspersoon

1. Een tot een groep behorende rechtspersoon behoeft de jaarrekening niet overeenkomstig de voorschriften van deze titel in te richten, mits:

a. de balans in elk geval vermeldt de som van de vaste activa, de som van de vlottende activa, en het bedrag van het eigen vermogen, van de voorzieningen en van de schulden, en de winst- en verliesrekening in elk geval vermeldt het resultaat uit de gewone bedrijfsuitoefening en het saldo der overige baten en lasten, een en ander na belastingen;

b. de leden of aandeelhouders na de aanvang van het boekjaar en voor de vaststelling van de jaarrekening schriftelijk hebben verklaard met afwijking van de voorschriften in te stemmen;

c. de financiële gegevens van de rechtspersoon door een andere rechtspersoon of vennootschap zijn geconsolideerd in een geconsolideerde jaarrekening waarop krachtens het toepasselijke recht de verordening van het Europees Parlement en de Raad betreffende de toepassing van internationale standaarden voor jaarrekeningen, richtlijn 2013/34/EU van het Europees Parlement en de Raad van 26 juni 2013 betreffende de jaarlijkse financiële overzichten, geconsolideerde financiële overzichten en aanverwante verslagen van bepaalde ondernemingsvormen, tot wijziging van richtlijn 2006/43/EG van het Europees Parlement en de Raad en tot intrekking van richtlijnen 78/660/EEG en 83/349/EEG van de Raad (PbEU 2013, L 182) of een der beide richtlijnen van de Raad van de Europese Gemeenschappen betreffende de jaarrekening en de geconsolideerde jaarrekening van banken en andere financiële instellingen dan wel van verzekeringsondernemingen van toepassing is;

(Zie ook: artt. 405, 415, 427 BW Boek 2)

d. de geconsolideerde jaarrekening, voor zover niet gesteld of vertaald in het Nederlands, is gesteld of vertaald in het Frans, Duits of Engels;

e. de accountantsverklaring en het bestuursverslag, zijn gesteld of vertaald in de zelfde taal als de geconsolideerde jaarrekening;

(Zie ook: artt. 391, 393 BW Boek 2)

f. de onder c bedoelde rechtspersoon of vennootschap schriftelijk heeft verklaard zich hoofdelijk aansprakelijk te stellen voor de uit rechtshandelingen van de rechtspersoon voortvloeiende schulden; en

g. de verklaringen, bedoeld in de onderdelen b en f zijn gedeponeerd bij het handelsregister alsmede, telkens binnen zes maanden na de balansdatum of binnen een maand na een geoorloofde latere openbaarmaking, de stukken of vertalingen, genoemd in de onderdelen d en e.

2. Zijn in de groep of het groepsdeel waarvan de gegevens in de geconsolideerde jaarrekening zijn opgenomen, de in lid 1 onder *f* bedoelde rechtspersoon of vennootschap en een andere nevengeschikt, dan is lid 1 slechts van toepassing, indien ook deze andere rechtspersoon of vennootschap een verklaring van aansprakelijkstelling heeft afgelegd; in dat geval zijn lid 1 onder g en artikel 404 van overeenkomstige toepassing.

3. Voor een rechtspersoon waarop lid 1 van toepassing is, gelden de artikelen 391 tot en met 394 niet.

4. Dit artikel is niet van toepassing op rechtspersonen als bedoeld in artikel 398 lid 7.

Art. 404

Intrekking 403 aansprakelijkheidstelling

1. Een in artikel 403 bedoelde aansprakelijkheidstelling kan worden ingetrokken door deponering van een daartoe strekkende verklaring bij het handelsregister.

2. Niettemin blijft de aansprakelijkheid bestaan voor schulden die voortvloeien uit rechtshandelingen welke zijn verricht voordat jegens de schuldeiser een beroep op de intrekking kan worden gedaan.

3. De overblijvende aansprakelijkheid wordt ten opzichte van de schuldeiser beëindigd, indien de volgende voorwaarden zijn vervuld:

a. de rechtspersoon behoort niet meer tot de groep;

b. een mededeling van het voornemen tot beëindiging heeft ten minste twee maanden lang ter inzage gelegen bij het handelsregister;

c. ten minste twee maanden zijn verlopen na de aankondiging in een landelijk verspreid dagblad dat en waar de mededeling ter inzage ligt;

d. tegen het voornemen heeft de schuldeiser niet tijdig verzet gedaan of zijn verzet is ingetrokken dan wel bij onherroepelijke rechterlijke uitspraak ongegrond verklaard.

4. Indien de schuldeiser dit verlangt moet, op straffe van gegrondverklaring van een verzet als bedoeld in lid 5, voor hem zekerheid worden gesteld of hem een andere waarborg worden gegeven voor de voldoening van zijn vorderingen waarvoor nog aansprakelijkheid loopt. Dit geldt niet, indien hij na het beëindigen van de aansprakelijkheid, gezien de vermogenstoestand van de rechtspersoon of uit anderen hoofde, voldoende waarborgen heeft dat deze vorderingen zullen worden voldaan.

5. Tot twee maanden na de aankondiging kan de schuldeiser voor wiens vordering nog aansprakelijkheid loopt, tegen het voornemen tot beëindiging verzet doen door het indienen van een verzoek bij de rechtbank van de woonplaats van de rechtspersoon die hoofdschuldenaar is.

6. De rechter verklaart het verzet slechts gegrond nadat een door hem omschreven termijn om een door hem omschreven waarborg te geven is verlopen, zonder dat deze is gegeven. *(Zie ook: artt. 100, 209, 316, 403 BW Boek 2; artt. 429a, 995, 997 Rv)*

Art. 404a

[Vervallen]

Afdeling 13
Geconsolideerde jaarrekening

Art. 405

1. Een geconsolideerde jaarrekening is de jaarrekening waarin de activa, passiva, baten en lasten van de rechtspersonen en vennootschappen die een groep of groepsdeel vormen en andere in de consolidatie meegenomen rechtspersonen en vennootschappen, als één geheel worden opgenomen.

2. De geconsolideerde jaarrekening moet overeenkomstig artikel 362 lid 1 inzicht geven betreffende het geheel van de in de consolidatie opgenomen rechtspersonen en vennootschappen. *(Zie ook: artt. 24b, 360, 361, 362, 406 BW Boek 2)*

Art. 406

1. De rechtspersoon die, alleen of samen met een andere groepsmaatschappij, aan het hoofd staat van zijn groep, stelt een geconsolideerde jaarrekening op, waarin opgenomen de eigen financiële gegevens met die van zijn dochtermaatschappijen in de groep, andere groepsmaatschappijen en andere rechtspersonen waarop hij een overheersende zeggenschap kan uitoefenen of waarover hij de centrale leiding heeft.

2. Een rechtspersoon waarop lid 1 niet van toepassing is, maar die in zijn groep een of meer dochtermaatschappijen heeft of andere rechtspersonen waarop hij een overheersende zeggenschap kan uitoefenen of waarover hij de centrale leiding heeft, stelt een geconsolideerde jaarrekening op. Deze omvat de financiële gegevens van het groepsdeel, bestaande uit de rechtspersoon, zijn dochtermaatschappijen in de groep, andere groepsmaatschappijen die onder de rechtspersoon vallen en andere rechtspersonen waarop hij een overheersende zeggenschap kan uitoefenen of waarover hij de centrale leiding heeft.

3. De rechtspersoon die geen bank als bedoeld in artikel 415 is, en waarvan de geconsolideerde jaarrekening voor een belangrijk deel de financiële gegevens van één of meer banken bevat, geeft in de toelichting ten minste inzicht in de solvabiliteit van de banken als één geheel.

4. De rechtspersoon die geen verzekeringsmaatschappij als bedoeld in artikel 427 lid 1 is, en waarvan de geconsolideerde jaarrekening voor een belangrijk deel de financiële gegevens van één of meer verzekeringsmaatschappijen bevat, geeft in de toelichting ten minste inzicht in de solvabiliteit van de verzekeringsmaatschappijen als één geheel.

5. In de geconsolideerde jaarrekening van een rechtspersoon, die geen bank als bedoeld in artikel 415 is, mag ten aanzien van in de consolidatie te betrekken maatschappijen die bank zijn, tezamen met de in artikel 426 lid 1, tweede zin, bedoelde maatschappijen, artikel 424 worden toegepast.

(Zie ook: artt. 24a, 24b, 379, 400, 405, 407 BW Boek 2; art. 31a WOR)

Beëindiging restaansprakelijkheid

Geconsolideerde jaarrekening

Verplichting tot opstellen van geconsolideerde jaarrekening

B2 art. 407 Burgerlijk Wetboek Boek 2

Vrijstelling van verplichting tot opstellen van geconsolideerde jaarrekening

Art. 407

1. De verplichting tot consolidatie geldt niet voor gegevens:
a. van in de consolidatie te betrekken maatschappijen wier gezamenlijke betekenis te verwaarlozen is op het geheel,
b. van in de consolidatie te betrekken maatschappijen waarvan de nodige gegevens slechts tegen onevenredige kosten of met grote vertraging te verkrijgen of te ramen zijn,
c. van in de consolidatie te betrekken maatschappijen waarin het belang slechts wordt gehouden om het te vervreemden.

2. Consolidatie mag achterwege blijven, indien
a. bij consolidatie de grenzen van artikel 396 niet zouden worden overschreden;
b. geen in de consolidatie te betrekken maatschappijen een rechtspersoon is als bedoeld in artikel 398 lid 7;
c. niet binnen zes maanden na de aanvang van het boekjaar daartegen schriftelijk bezwaar bij de rechtspersoon is gemaakt door de algemene vergadering.
(Zie ook: art. 24d BW Boek 2)

3. Indien de rechtspersoon groepsmaatschappijen beheert krachtens een regeling tot samenwerking met een rechtspersoon waarvan de financiële gegevens niet in zijn geconsolideerde jaarrekening worden opgenomen, mag hij zijn eigen financiële gegevens buiten de geconsolideerde jaarrekening houden. Dit geldt slechts, indien de rechtspersoon geen andere werkzaamheden heeft dan het beheren en financieren van groepsmaatschappijen en deelnemingen, en indien hij in zijn balans artikel 389 toepast.
(Zie ook: artt. 24b, 24c, 408 BW Boek 2)

Art. 408

Achterwege laten consolidatie van groepsdeel

1. Consolidatie van een groepsdeel mag achterwege blijven, mits:
a. niet binnen zes maanden na de aanvang van het boekjaar daartegen schriftelijk bezwaar bij de rechtspersoon is gemaakt door ten minste een tiende der leden of door houders van ten minste een tiende van het geplaatste kapitaal;
(Zie ook: art. 24d BW Boek 2)
b. de financiële gegevens die de rechtspersoon zou moeten consolideren zijn opgenomen in de geconsolideerde jaarrekening van een groter geheel;
c. de geconsolideerde jaarrekening en het bestuursverslag zijn opgesteld overeenkomstig de voorschriften van richtlijn 2013/34/EU van het Europees Parlement en de Raad van 26 juni 2013 betreffende de jaarlijkse financiële overzichten, geconsolideerde financiële overzichten en aanverwante verslagen van bepaalde ondernemingsvormen, tot wijziging van richtlijn 2006/43/EG van het Europees Parlement en de Raad en tot intrekking van richtlijnen 78/660/EEG en 83/349/EEG van de Raad (PbEU 2013, L 182) of overeenkomstig de voorschriften van een der richtlijnen van de Raad van de Europese Gemeenschappen betreffende de jaarrekening en de geconsolideerde jaarrekening van banken en andere financiële instellingen dan wel van verzekeringsondernemingen dan wel, indien deze voorschriften niet behoeven te zijn gevolgd, op gelijkwaardige wijze;
d. de geconsolideerde jaarrekening met accountantsverklaring en bestuursverslag, voor zover niet gesteld of vertaald in het Nederlands, zijn gesteld of vertaald in het Frans, Duits of Engels, en wel in de zelfde taal; en
e. telkens binnen zes maanden na de balansdatum of binnen een maand na een geoorloofde latere openbaarmaking bij het handelsregister de in onderdeel d genoemde stukken of vertalingen zijn gedeponeerd.

2. Onze Minister van Justitie kan voorschriften voor de jaarrekening aanwijzen die, zo nodig aangevuld met door hem gegeven voorschriften, als gelijkwaardig zullen gelden aan voorschriften overeenkomstig richtlijn 2013/34/EU van het Europees Parlement en de Raad van 26 juni 2013 betreffende de jaarlijkse financiële overzichten, geconsolideerde financiële overzichten en aanverwante verslagen van bepaalde ondernemingsvormen, tot wijziging van richtlijn 2006/43/EG van het Europees Parlement en de Raad en tot intrekking van richtlijnen 78/660/EEG en 83/349/EEG van de Raad (PbEU 2013, L 182). Intrekking van een aanwijzing kan slechts boekjaren betreffen die nog niet zijn begonnen.

3. De rechtspersoon moet de toepassing van lid 1 in de toelichting vermelden.
(Zie ook: artt. 379, 403 BW Boek 2)

4. Dit artikel is niet van toepassing op een rechtspersoon waarvan effecten zijn toegelaten tot de handel op een gereglementeerde markt als bedoeld in de Wet op het financieel toezicht of een met een gereglementeerde markt vergelijkbaar systeem uit een staat die geen lidstaat is.

Art. 409

Financiële gegevens in geconsolideerde jaarrekening

De financiële gegevens van een rechtspersoon of vennootschap mogen in de geconsolideerde jaarrekening worden opgenomen naar evenredigheid tot het daarin gehouden belang, indien:
a. in die rechtspersoon of vennootschap een of meer in de consolidatie opgenomen maatschappijen krachtens een regeling tot samenwerking met andere aandeelhouders, leden of vennoten samen de rechten of bevoegdheden kunnen uitoefenen als bedoeld in artikel 24a, lid 1; en

b. hiermee voldaan wordt aan het wettelijke inzichtvereiste.
(Zie ook: art. 362 BW Boek 2)

Art. 410

1. De bepalingen van deze titel over de jaarrekening en onderdelen daarvan, uitgezonderd de artikelen 365 lid 2, 378, 379, 382a, 383, 383b tot en met 383e, 389 leden 6 en 8, en 390, zijn van overeenkomstige toepassing op de geconsolideerde jaarrekening.

Schakelbepaling

2. Voorraden hoeven niet te worden uitgesplitst, indien dat wegens bijzondere omstandigheden onevenredige kosten zou vergen.

3. Wegens gegronde, in de toelichting te vermelden redenen mogen andere waarderingsmethoden en grondslagen voor de berekening van het resultaat worden toegepast dan in de eigen jaarrekening van de rechtspersoon.

4. Staat een buitenlandse rechtspersoon mede aan het hoofd van de groep, dan mag het groepsdeel waarvan hij aan het hoofd staat, in de consolidatie worden opgenomen overeenkomstig zijn recht, met een uiteenzetting van de invloed daarvan op het vermogen en resultaat.

5. De in artikel 382 bedoelde gegevens worden voor het geheel van de volledig in de consolidatie betrokken maatschappijen vermeld; afzonderlijk worden de in de eerste zin van artikel 382 bedoelde gegevens vermeld voor het geheel van de naar evenredigheid in de consolidatie betrokken maatschappijen.

(Zie ook: art. 405 BW Boek 2)

Art. 411

1. In de geconsolideerde jaarrekening behoeft het eigen vermogen niet te worden uitgesplitst.

Eigen vermogen in geconsolideerde jaarrekeningen

2. Het aandeel in het groepsvermogen en in het geconsolideerde resultaat dat niet aan de rechtspersoon toekomt, wordt vermeld.

(Zie ook: art. 373 BW Boek 2)

Art. 412

1. De balansdatum voor de geconsolideerde jaarrekening is de zelfde als voor de jaarrekening van de rechtspersoon zelf.

Balansdatum voor geconsolideerde jaarrekening

2. In geen geval mag de geconsolideerde jaarrekening worden opgemaakt aan de hand van gegevens, opgenomen meer dan drie maanden voor of na de balansdatum.

Art. 413

Indien de gegevens van een maatschappij voor het eerst in de consolidatie worden opgenomen en daarbij een waardeverschil ontstaat ten opzichte van de daaraan voorafgaande waardering van het belang daarin, moeten dit verschil en de berekeningswijze worden vermeld. Is de waarde lager, dan is artikel 389 lid 7 van toepassing op het verschil; is de waarde hoger, dan wordt het verschil opgenomen in het groepsvermogen, voor zover het geen nadelen weerspiegelt die aan de deelneming zijn verbonden.

Waardeverschil in geconsolideerde jaarrekening

(Zie ook: artt. 24c, 389 BW Boek 2)

Art. 414

1. De rechtspersoon vermeldt, onderscheiden naar de hierna volgende categorieën, de naam en woonplaats van rechtspersonen en vennootschappen:

Gegevens rechtspersoon in geconsolideerde jaarrekening

a. die hij volledig in zijn geconsolideerde jaarrekening betrekt;
b. waarvan de financiële gegevens in de geconsolideerde jaarrekening worden opgenomen voor een deel, evenredig aan het belang daarin;

(Zie ook: art. 409 BW Boek 2)

c. waarin een deelneming wordt gehouden die in de geconsolideerde jaarrekening overeenkomstig artikel 389 wordt verantwoord;
d. die dochtermaatschappij zijn zonder rechtspersoonlijkheid en niet ingevolge de onderdelen a, b of c zijn vermeld;
e. waaraan een of meer volledig in de consolidatie betrokken maatschappijen of dochtermaatschappijen daarvan alleen of samen voor eigen rekening ten minste een vijfde van het geplaatste kapitaal verschaffen of doen verschaffen, en die niet ingevolge de onderdelen a, b of c zijn vermeld.

2. Tevens wordt vermeld:
a. op grond van welke omstandigheid elke maatschappij volledig in de consolidatie wordt betrokken, tenzij deze bestaat in het kunnen uitoefenen van het merendeel van de stemrechten en het verschaffen van een daaraan evenredig deel van het kapitaal;
b. waaruit blijkt dat een rechtspersoon of vennootschap waarvan financiële gegevens overeenkomstig artikel 409 in de geconsolideerde jaarrekening zijn opgenomen, daarvoor in aanmerking komt;
c. in voorkomend geval de reden voor het niet consolideren van een dochtermaatschappij, vermeld ingevolge lid 1 onder c, d of e;
d. het deel van het geplaatste kapitaal dat wordt verschaft;
e. het bedrag van het eigen vermogen en resultaat van elke krachtens onderdeel e van lid 1 vermelde maatschappij volgens haar laatst vastgestelde jaarrekening.

3. Indien vermelding van naam, woonplaats en het gehouden deel van het geplaatste kapitaal van een dochtermaatschappij waarop onderdeel c van lid 1 van toepassing is, dienstig is voor het wettelijk vereiste inzicht, mag zij niet achterwege blijven, al is de deelneming van te verwaarlozen betekenis. Onderdeel e van lid 2 geldt niet ten aanzien van maatschappijen waarin een belang van minder dan de helft wordt gehouden en die wettig de balans niet openbaar maken.

Schakelbepaling **4.** Artikel 379 lid 4 is van overeenkomstige toepassing op de vermeldingen op grond van de leden 1 en 2.

5. Vermeld wordt ten aanzien van welke rechtspersonen de rechtspersoon een aansprakelijkstelling overeenkomstig artikel 403 heeft afgegeven.

(Zie ook: artt. 24a, 24c, 24d, 379, 389, 392, 403 BW Boek 2)

Afdeling 14
Bepalingen voor banken

Art. 415

Bank In deze afdeling wordt onder bank verstaan: een financiële onderneming met zetel in Nederland die een vergunning heeft voor het uitoefenen van het bedrijf van bank als bedoeld in artikel 1:1 van de Wet op het financieel toezicht.

(Zie ook: art. 360, 400, 425 BW Boek 2)

Art. 416

Werkingssfeer **1.** Voor zover in deze afdeling niet anders is bepaald, gelden de afdelingen 1, 2, 5 tot en met 10 en 13 van deze titel voor banken, alsmede de artikelen 365 lid 2, 366 lid 2, 368, 373 leden 2 tot en met 5, 374, leden 1, 2, en 4, 375 leden 5 en 7, 376, tweede volzin, 377 lid 7, en de artikelen 402, 403 en 404.

(Zie ook: art. 421 BW Boek 2)

2. Voor banken gelden de deelnemingen, de immateriële en de materiële activa als vaste activa. Andere effecten en verdere activa gelden als vaste activa, voor zover zij bestemd zijn om duurzaam voor de bedrijfsuitoefening te worden gebruikt.

(Zie ook: artt. 365, 384, 422 BW Boek 2)

3. Over een ontwerp van een algemene maatregel van bestuur als bedoeld in artikel 363, zesde lid, voor zover deze strekt ter uitvoering van de bepalingen van deze afdeling, en over een ontwerp van een algemene maatregel van bestuur als bedoeld in artikel 417 wordt de Europese Centrale Bank of De Nederlandsche Bank N.V., al naar gelang de bevoegdheidsverdeling op grond van de artikelen 4 en 6 van de verordening bankentoezicht, bedoeld in artikel 1:1 van de Wet op het financieel toezicht, gehoord.

4. Ten aanzien van een bank geeft Onze Minister van Economische Zaken geen beslissing op een verzoek om ontheffing als bedoeld in de artikelen 58 lid 5, 101 lid 4, 210 lid 4, 379 lid 4 of 392 lid 4 dan nadat hij daarover de Europese Centrale Bank of De Nederlandsche Bank N.V., al naar gelang de bevoegdheidsverdeling op grond van de artikelen 4 en 6 van de verordening bankentoezicht, bedoeld in artikel 1:1 van de Wet op het financieel toezicht, heeft gehoord.

Art. 417

Nadere regels Bij algemene maatregel van bestuur worden ter uitvoering van richtlijnen van de raad van de Europese Gemeenschappen inzake de jaarrekening en de geconsolideerde jaarrekening van banken regels gesteld met betrekking tot de balans en de winst- en verliesrekening alsmede de toelichtingen daarop.

(Zie ook: art. 416 BW Boek 2; Bjrb)

Art. 419

Afwijkende benamingen van balansposten in jaarrekening bank De indeling, de benaming en de omschrijving van de posten van de balans en de winst- en verliesrekening mogen voor banken die niet één van de in artikel 360, eerste zin, genoemde rechtsvormen hebben, of voor gespecialiseerde banken afwijkingen bevatten, voor zover deze wegens hun rechtsvorm respectievelijk de bijzondere aard van hun bedrijf noodzakelijk zijn.

(Zie ook: artt. 362, 364, 377 BW Boek 2)

Art. 420

Saldering van waardevermindering in jaarrekening bank **1.** Waardeverminderingen op de tot de vaste activa behorende effecten en deelnemingen mogen in de winst- en verliesrekening met de ongedaanmakingen van de afboekingen worden gesaldeerd, voor zover de waardeverminderingen niet aan de herwaarderingsreserve worden onttrokken.

2. Het eerste lid is eveneens van toepassing op de waardeverminderingen en ongedaanmakingen van de afboekingen ter zake van vorderingen op bankiers, klanten en voorzieningen voor voorwaardelijke verplichtingen en onherroepelijk toegezegde verplichtingen die tot een kredietrisico kunnen leiden.

3. Waardestijgingen van de niet tot de vaste activa, maar wel tot de handelsportefeuille behorende effecten die tegen actuele waarde worden gewaardeerd, worden in de winst- en verliesre-

kening in aanmerking genomen. Waardeverminderingen van deze effecten worden overeenkomstig artikel 387 leden 1 tot en met 3 in aanmerking genomen.
(Zie ook: artt. 363, 387, 421 BW Boek 2)

Art. 421

1. Artikel 368 is van toepassing op de posten, behorende tot de vaste activa; gesaldeerde bedragen als bedoeld in artikel 420 lid 1 mogen met andere posten in het overzicht worden samengevoegd.

Werkingssfeer

2. Artikel 376 tweede volzin is alleen van toepassing op de posten buiten de balanstelling.

3. Gelijksoortige handelingen als bedoeld in artikel 378 lid 3, tweede zin, mogen gezamenlijk worden verantwoord. Artikel 378 lid 4 onder a geldt niet voor de aandelen of certificaten daarvan die de bank in de gewone bedrijfsuitoefening in pand heeft genomen.

4. Artikel 381 lid 1, eerste volzin, is slechts van toepassing voor zover de desbetreffende gegevens niet in de posten buiten de balanstelling zijn opgenomen. Artikel 381 leden 2 en 3 is niet van toepassing.

5. Met uitzondering van de nog openstaande bedragen is de tweede zin van artikel 383 lid 2 niet van toepassing.

(Zie ook: art. 416 BW Boek 2)

Art. 422

1. Waardepapieren met een vaste of van de rentestand afhankelijke rente die tot de vaste activa behoren, worden op de grondslag van de verkrijgingsprijs of tegen aflossingswaarde gewaardeerd, onverminderd de toepassing van artikel 387 lid 4.

Waardering van waardepapieren in jaarrekening bank

2. Indien deze waardepapieren tegen aflossingswaarde in de balans worden opgenomen, wordt het verschil tussen de verkrijgingsprijs en de aflossingswaarde vermeld en over de jaren sinds de aanschaf gespreid als resultaat verantwoord. Het verschil mag ook in één keer worden verantwoord, indien de verkrijgingsprijs hoger was dan de aflossingswaarde.

3. De niet tot de vaste activa behorende effecten worden gewaardeerd op de grondslag van de verkrijgingsprijs, tegen aflossingswaarde of tegen actuele waarde. In geval van waardering tegen aflossingswaarde wordt de eerste zin van lid 2 op overeenkomstige wijze toegepast.

Art. 423

1. Vaste activa in vreemde valuta die niet door contante of termijntransacties worden gedekt, worden opgenomen tegen de dagkoers op de balansdatum of op de datum van verkrijging van deze activa.

Vreemde valuta in balans bank

2. Niet afgewikkelde termijntransacties in vreemde valuta worden opgenomen tegen de dag- of termijnkoers op de balansdatum.

3. De overige activa en passiva in vreemde valuta worden opgenomen tegen de dagkoers op de balansdatum.

4. Verschillen, ontstaan bij de omrekening van activa en passiva worden in de winst- en verliesrekening verantwoord. Zij mogen evenwel ten gunste of ten laste van een niet-uitkeerbare reserve worden gebracht, voor zover zij betrekking hebben op vaste activa of termijntransacties ter dekking daarvan; het totaal van de positieve verschillen en dat van de negatieve verschillen wordt alsdan vermeld.

Art. 424

Een bank mag op de balans onder de passiva onmiddellijk na de voorzieningen een post omvattende de dekking voor algemene bankrisico's opnemen, voor zover zulks geboden is om redenen van voorzichtigheid wegens de algemene risico's van haar bankbedrijf. Het saldo van de toegevoegde en onttrokken bedragen aan deze post wordt als afzonderlijke post in de winst- en verliesrekening opgenomen.

Dekking algemene bankrisico's in balans bank

(Zie ook: artt. 362, 389 BW Boek 2)

Art. 425

Een bank waarop een vrijstelling van toepassing is als bedoeld in artikel 3:111, eerste lid, van de Wet op het financieel toezicht, behoeft de jaarrekening en het bestuursverslag niet volgens de voorschriften van deze titel in te richten, mits de financiële gegevens zijn opgenomen in de geconsolideerde jaarrekening, het bestuursverslag en de overige gegevens van de bank op wier aansprakelijkheid de vrijstelling is gegrond; de artikelen 393 en 394 gelden niet voor de bank waarop de vrijstelling van toepassing is. Aan de geconsolideerde jaarrekening worden een bestuursverslag en overige gegevens toegevoegd, die betrekking hebben op de in de geconsolideerde jaarrekening begrepen rechtspersonen en instellingen gezamenlijk.

Vrijstelling voor banken aangesloten bij kredietinstelling

(Zie ook: art. 405 BW Boek 2)

Art. 426

1. Maatschappijen die geen bank zijn en die in de geconsolideerde jaarrekening van een bank worden opgenomen, worden verantwoord overeenkomstig de voorschriften voor banken. Artikel 424 mag evenwel slechts ten aanzien van maatschappijen als bedoeld in de vorige zin wier werkzaamheden rechtstreeks in het verlengde van het bankbedrijf liggen of die bestaan uit het verrichten van nevendiensten in het verlengde van het bankbedrijf, worden toegepast.

Groepsmaatschappij in geconsolideerde jaarrekening bank

2. De groepsmaatschappij aan het hoofd van de groep die de gegevens consolideert van een groep of een groepsdeel, welke geen of nagenoeg geen andere werkzaamheid heeft dan de uitoefening van het bankbedrijf, wordt in de geconsolideerde jaarrekening opgenomen overeenkomstig de voorschriften voor banken. Dit geldt slechts, indien deze groepsmaatschappij geen andere werkzaamheid heeft dan het beheren en financieren van groepsmaatschappijen en deelnemingen.

3. De leden 2 en 3 van artikel 407 zijn niet van toepassing. Indien een bank artikel 407 lid 1 onder c toepast ten aanzien van een dochtermaatschappij die eveneens bank is, en waarin het belang wordt gehouden vanwege een financiële bijstandsverlening, wordt de jaarrekening van laatstgenoemde bank gevoegd bij de geconsolideerde jaarrekening van eerstgenoemde bank. De belangrijke voorwaarden, waaronder de financiële bijstandsverlening plaatsvindt, worden vermeld.

(Zie ook: artt. 389, 405, 424 BW Boek 2)

Afdeling 15
Bepalingen voor verzekeringsmaatschappijen

§ 1
Algemene bepalingen

Art. 427

Verzekeringsmaatschappij, begripsbepaling

1. In deze afdeling wordt onder verzekeringsmaatschappij verstaan: een financiële onderneming met zetel in Nederland die ingevolge de Wet op het financieel toezicht het bedrijf van verzekeraar mag uitoefenen of de werkzaamheden van een entiteit voor risico-acceptatie mag verrichten, en waarop artikel 2:26a, 2:27, 2:48, 2:49b of 2:54a van die wet van toepassing is.

2. Een rechtspersoon die het verzekeringsbedrijf uitoefent, doch die geen verzekeringsmaatschappij is, mag de voor verzekeringsmaatschappijen geldende voorschriften toepassen, indien het in artikel 362 lid 1 bedoelde inzicht daardoor wordt gediend.

3. De uitoefening van het natura-uitvaartverzekeringsbedrijf wordt voor de toepassing van deze afdeling aangemerkt als de uitoefening van het levensverzekeringsbedrijf. Een natura-uitvaartverzekering wordt voor de toepassing van deze afdeling aangemerkt als een levensverzekering.

(Zie ook: artt. 360, 403, 408 BW Boek 2; art. 999 Rv)

Art. 428

Werkingssfeer

1. Voor zover in deze afdeling niet anders is bepaald, gelden de afdelingen 1, 2, 5 tot en met 10 en 13 van deze titel voor verzekeringsmaatschappijen, alsmede de artikelen 365, 366 lid 2, 368 lid 1, 373, 374, 375, leden 2, 3 en 5 tot en met 7,376,377 lid 7, 402, 403 en 404.

(Zie ook: artt. 431, 436, 441, 445 BW Boek 2)

2. Voor verzekeringsmaatschappijen gelden de deelnemingen en de immateriële activa als vaste activa. Andere beleggingen en verdere activa gelden als vaste activa, voor zover zij bestemd zijn om duurzaam voor de bedrijfsuitoefening te worden gebruikt.

3. Over ontwerpen van een algemene maatregel van bestuur als bedoeld in de artikelen 363 lid 6 of 442 lid 1, voor zover deze strekken ter uitvoering van de bepalingen van deze afdeling, wordt De Nederlandsche Bank N.V. gehoord.

4. Ten aanzien van een verzekeringsmaatschappij geeft Onze Minister van Economische Zaken geen beslissing op een verzoek om ontheffing als bedoeld in de artikelen 58 lid 5, 101 lid 4, 210 lid 4 of 392 lid 4 dan nadat hij daarover De Nederlandsche Bank N.V. heeft gehoord.

(Zie ook: art. 416 BW Boek 2; bmjr)

§ 2
Voorschriften omtrent de balans en de toelichting daarop

Art. 429

Activa op balans verzekeringsmaatschappij

1. Onder de activa worden afzonderlijk opgenomen:

a. de immateriële activa op de wijze bepaald in artikel 365;

b. de beleggingen;

c. de beleggingen waarbij de tot uitkering gerechtigde het beleggingsrisico draagt, alsmede de spaarkasbeleggingen;

d. de vorderingen;

e. de overige activa;

f. de overlopende activa; en

g. afgeleide financiële instrumenten.

Passiva op balans verzekeringsmaatschappij

2. Onder de passiva worden afzonderlijk opgenomen:

a. het eigen vermogen, op de wijze bepaald in artikel 373;

b. de achtergestelde schulden;

c. de technische voorzieningen eigen aan het verzekeringsbedrijf;
d. de technische voorzieningen voor verzekeringen waarbij de tot uitkering gerechtigde het beleggingsrisico draagt en die voor spaarkassen;
e. de voorzieningen, op de wijze bepaald in artikel 374;
f. de niet-opeisbare schulden in het kader van een herverzekeringsovereenkomst van een maatschappij die haar verplichtingen herverzekert;
g. de schulden;
h. de overlopende passiva; en
(Zie ook: artt. 364, 365, 378 BW Boek 2)
i. afgeleide financiële instrumenten.

3. Indien toepassing is gegeven aan artikel 430 lid 6, worden de beleggingen, bedoeld in lid 1, onderdeel b, onderscheiden in:
a. beleggingen die gelden als vaste activa;
b. beleggingen die gelden als vlottende activa, behorende tot de handelsportefeuille; en
c. beleggingen die gelden als vlottende activa, niet behorende tot de handelsportefeuille.

Art. 430

1. Onder de beleggingen worden afzonderlijk opgenomen:
a. terreinen en gebouwen, al dan niet in aanbouw, en de vooruitbetalingen daarop, met afzonderlijke vermelding van de terreinen en gebouwen voor eigen gebruik;
b. beleggingen in groepsmaatschappijen en deelnemingen;
c. overige financiële beleggingen.
(Zie ook: art. 431 BW Boek 2)

2. Op de balans van een maatschappij die herverzekeringen aanneemt, worden onder de beleggingen tevens afzonderlijk opgenomen de niet ter vrije beschikking staande vorderingen in het kader van een herverzekeringsovereenkomst.

3. Bij de beleggingen in groepsmaatschappijen en deelnemingen worden afzonderlijk vermeld:
a. aandelen, certificaten van aandelen en andere vormen van deelneming in groepsmaatschappijen;
b. andere deelnemingen;
c. waardepapieren met een vaste of van de rentestand afhankelijke rente uitgegeven door en vorderingen op groepsmaatschappijen; en
d. waardepapieren met een vaste of van de rentestand afhankelijke rente uitgegeven door en vorderingen op andere rechtspersonen en vennootschappen die een deelneming hebben in de verzekeringsmaatschappij of waarin de verzekeringsmaatschappij een deelneming heeft.

4. Van de overige financiële beleggingen worden afzonderlijk vermeld:
a. aandelen, certificaten van aandelen, deelnemingsbewijzen en andere niet-vastrentende waardepapieren;
b. waardepapieren met een vaste of van de rentestand afhankelijke rente;
c. belangen in beleggingspools;
d. vorderingen uit leningen voor welke zakelijke zekerheid is gesteld;
e. andere vorderingen uit leningen;
f. deposito's bij banken;
g. andere financiële beleggingen.

5. Tenzij de post andere financiële beleggingen van ondergeschikte betekenis is op het geheel van de overige financiële beleggingen, wordt zij naar aard en omvang toegelicht.
(Zie ook: artt. 366, 367 BW Boek 2)

6. Indien beleggingen die gelden als vaste activa op andere grondslagen worden gewaardeerd dan beleggingen die gelden als vlottende activa en die al dan niet behoren tot de handelsportefeuille, worden de beleggingen, genoemd in lid 1, onderdelen a of c, en lid 4, onderdelen a tot en met g, onderscheiden in:
a. beleggingen die gelden als vaste activa,
b. beleggingen die gelden als vlottende activa, behorende tot de handelsportefeuille; en
c. beleggingen die gelden als vlottende activa, niet behorende tot de handelsportefeuille.

Art. 431

Artikel 368 lid 1 is niet van toepassing op de overige financiële beleggingen, bedoeld in artikel 430 lid 1, onder c.

Art. 432

1. Onder de vorderingen worden afzonderlijk opgenomen:
a. vorderingen uit verzekeringsovereenkomsten, anders dan herverzekering, met afzonderlijke vermelding van de vorderingen op verzekeringnemers en op tussenpersonen;
b. vorderingen uit herverzekeringsovereenkomsten;
c. overige vorderingen.

2. Onderscheiden naar de in lid 1 genoemde groepen, worden aangegeven de vorderingen op groepsmaatschappijen en de vorderingen op andere rechtspersonen en vennootschappen die

Beleggingen op balans verzekeringsmaatschappij

Werkingssfeer

Vorderingen op balans verzekeringsmaatschappij

Art. 433

Overige activa op balans verzekeringsmaatschappij

1. Onder de overige activa worden afzonderlijk opgenomen:
a. materiële activa als bedoeld in artikel 366 lid 1 die niet onder de post terreinen en gebouwen moeten worden opgenomen, alsmede voorraden als bedoeld in artikel 369;
b. liquide middelen, als bedoeld in artikel 372 lid 1;
c. andere activa.

2. Tenzij de post andere activa van ondergeschikte betekenis is op het geheel van de overige activa, wordt zij naar aard en omvang toegelicht.

Art. 434

Overlopende activa op balans verzekeringsmaatschappij

1. Onder de overlopende activa worden afzonderlijk opgenomen:
a. vervallen, maar nog niet opeisbare rente en huur;
b. overlopende acquisitiekosten, voor zover niet reeds in mindering gebracht op de technische voorziening niet-verdiende premies dan wel op de technische voorziening levensverzekering;
c. overige overlopende activa.

2. Vermeld worden de overlopende acquisitiekosten voor onderscheidenlijk levensverzekering en schadeverzekering.

Art. 435

Technische voorzieningen op balans verzekeringsmaatschappij

1. Onder de technische voorzieningen worden afzonderlijk opgenomen:
a. de voorziening voor niet-verdiende premies en de voorziening voor lopende risico's, waaronder de catastrofevoorziening indien deze is getroffen;
b. de voorziening voor levensverzekering;
c. de voorziening voor te betalen schaden of voor te betalen uitkeringen;
d. de voorziening voor winstdeling en kortingen;
e. de voorziening voor latente winstdelingsverplichtingen;
f. de overige technische voorzieningen.

2. Artikel 374 is van toepassing op de verzekeringstechnische voorzieningen, voor zover de aard van de technische voorzieningen zich daartegen niet verzet.

3. Op de technische voorzieningen, daaronder begrepen de technische voorzieningen, bedoeld in artikel 429 lid 2, onder d, wordt het deel dat door herverzekeringsovereenkomsten wordt gedekt op de balans in mindering gebracht. Eveneens worden op deze voorzieningen de rentestandkortingen in mindering gebracht.

4. Indien op de technische voorzieningen acquisitiekosten in mindering zijn gebracht, worden deze afzonderlijk vermeld.

5. Tenzij de voorziening voor lopende risico's van ondergeschikte betekenis is op het geheel van de voorziening niet-verdiende premies wordt de omvang toegelicht.

6. In het levensverzekeringsbedrijf behoeft geen technische voorziening voor niet-verdiende premies onderscheidenlijk voor te betalen uitkeringen te worden vermeld.

7. Onder de technische voorziening levensverzekering mag de voorziening, bedoeld in artikel 374 lid 4, onder b, worden opgenomen. In dat geval wordt in de toelichting het bedrag van de voorziening vermeld.

(Zie ook: art. 374 BW Boek 2)

Art. 435a

[Vervallen]

Art. 436

Schulden op balans verzekeringsmaatschappij

1. Onder de schulden worden afzonderlijk opgenomen:
a. schulden uit verzekeringsovereenkomsten, anders dan herverzekering;
b. schulden uit herverzekeringsovereenkomsten;
c. obligatieleningen, pandbrieven en andere leningen met afzonderlijke vermelding van converteerbare leningen;
d. schulden aan banken;
e. overige schulden, met afzonderlijke vermelding van schulden ter zake van belastingen en premiën sociale verzekering.

2. Onderscheiden naar de in lid 1 genoemde groepen, worden aangegeven de schulden aan groepsmaatschappijen en de schulden aan andere rechtspersonen en vennootschappen die een deelneming hebben in de verzekeringsmaatschappij of waarin de verzekeringsmaatschappij een deelneming heeft.

3. Artikel 375 lid 2 is van toepassing op elke in lid 1 vermelde groep van schulden.

4. Artikel 376 is niet van toepassing op verplichtingen uit verzekeringsovereenkomsten.

§ 3

Voorschriften omtrent de winst- en verliesrekening en de toelichting daarop

Art. 437

1. In deze afdeling wordt onder de winst- en verliesrekening verstaan: een technische rekening schadeverzekering, een technische rekening levensverzekering en een niet-technische rekening. De technische rekeningen worden toegepast naar gelang van de aard van het bedrijf van de verzekeringsmaatschappij.

2. Een verzekeringsmaatschappij die uitsluitend herverzekert of die naast herverzekering het schadeverzekeringsbedrijf uitoefent, mag de technische rekeningen toepassen naar gelang de aard van de overeenkomsten die worden herverzekerd, dan wel uitsluitend de technische rekening schadeverzekering. Indien uitsluitend de technische rekening schadeverzekering wordt toegepast, worden afzonderlijk de brutopremies vermeld, onderscheiden naar levensverzekering en schadeverzekering.

3. Op de technische rekening schadeverzekering worden afzonderlijk opgenomen de baten en de lasten uit de gewone uitoefening van het schadeverzekeringsbedrijf en het resultaat daarvan voor belastingen.

4. Op de technische rekening levensverzekering worden afzonderlijk opgenomen de baten en de lasten uit de gewone uitoefening van het levensverzekeringsbedrijf en het resultaat daarvan voor belastingen.

5. Op de niet-technische rekening worden afzonderlijk opgenomen:

a. de resultaten voor belastingen uit de gewone uitoefening van het schadeverzekeringsbedrijf en het levensverzekeringsbedrijf, de opbrengsten en lasten uit beleggingen alsmede de niet-gerealiseerde opbrengsten en verliezen van beleggingen welke niet worden toegewezen aan of toekomen aan het schade- of levensverzekeringsbedrijf, en de toegerekende opbrengsten uit beleggingen overgeboekt van of aan de technische rekeningen, de andere baten en lasten, de belastingen op het resultaat van de gewone bedrijfsuitoefening, en dit resultaat na belastingen;

b. de buitengewone baten en lasten, de belastingen daarover en het buitengewone resultaat na belastingen;

c. de overige belastingen;

d. het resultaat na belastingen.

(Zie ook: art. 377 BW Boek 2)

6. Op de niet gerealiseerde opbrengsten en verliezen van beleggingen is artikel 438 lid 4 van toepassing.

Art. 438

1. Afzonderlijk worden op de technische rekeningen, onder aftrek van herverzekeringsbaten en -lasten, opgenomen:

a. de verdiende premies;

b. de opbrengsten uit beleggingen;

c. de niet-gerealiseerde opbrengsten van beleggingen;

d. de overige baten;

e. de schaden of uitkeringen;

f. de toe- of afneming van de technische voorzieningen die niet onder andere posten moeten worden vermeld;

g. de toe- of afneming van de technische voorziening voor winstdeling en kortingen;

h. de bedrijfskosten;

i. de lasten in verband met beleggingen;

j. het niet-gerealiseerde verlies van beleggingen, op de wijze, bedoeld in lid 4;

k. de overige lasten;

l. de aan de niet-technische rekening toe te rekenen opbrengsten uit beleggingen.

2. Tenzij aan het schadeverzekeringsbedrijf beleggingen rechtstreeks kunnen worden toegewezen, worden in de technische rekening schadeverzekering de posten *b* en *c* van lid 1 vervangen door een post die de aan het schadeverzekeringsbedrijf toegerekende opbrengsten van beleggingen omvat, en vervallen de posten *i*, *j* en *l* van lid 1. Post *m* wordt slechts in de technische rekening schadeverzekering opgenomen.

3. Bij de toerekening van opbrengsten van beleggingen van het ene deel van de winst- en verliesrekening aan het andere, worden de reden en de grondslag vermeld.

4. Waardestijgingen van beleggingen die op de grondslag van de actuele waarde worden gewaardeerd, mogen in de winst- en verliesrekening in aanmerking worden genomen onder post *c* van lid 1 of, indien de uitzondering van het tweede lid zich niet voordoet dan wel artikel 445 lid 3 wordt toegepast, in de niet-technische rekening. Indien de eerste volzin toepassing vindt, worden de waardeverminderingen van deze beleggingen niet als een last in verband met beleggingen overeenkomstig artikel 440 lid 5 onder *b* verantwoord, maar opgenomen onder post *j* van lid 1. Waardestijgingen en waardeverminderingen van de beleggingen, bedoeld in artikel

Winst- en verliesrekening van verzekeringsmaatschappij

Technische rekeningen van verzekeringsmaatschappij

B2 art. 439 **Burgerlijk Wetboek Boek 2**

429 lid 1, onder c, moeten in de winst- en verliesrekening in aanmerking worden genomen op de wijze als in de eerste twee volzinnen aangegeven.

(Zie ook: artt. 384, 387 BW Boek 2)

5. Tenzij toepassing is gegeven aan de eerste zin van lid 4, worden in het boekjaar gerealiseerde waardestijgingen van beleggingen die op de grondslag van de actuele waarde worden gewaardeerd in de winst- en verliesrekening in aanmerking genomen onder post b van lid 1.

Art. 439

Posten op technische en niet-technische rekening verzekeringsmaatschappij

1. Op de technische en niet-technische rekeningen worden de volgende posten, naar gelang zij daarop voorkomen, overeenkomstig de volgende leden uitgesplitst.

2. De verdiende premies worden uitgesplitst in:

a. de brutopremies die tijdens het boekjaar zijn vervallen, uitgezonderd de samen met de premies geïnde belastingen of andere bij of krachtens de wet vereiste bijdragen;

b. de door de verzekeringsmaatschappij betaalde en verschuldigde herverzeekeringspremies, onder aftrek van de bij de aanvang van het boekjaar verschuldigde herverzeekeringspremies;

c. de toe- of afneming van de technische voorziening voor niet-verdiende premies, alsmede, indien van toepassing, van de technische voorziening voor lopende risico's;

d. het herverzeekeringsdeel van de toe- of afneming, bedoeld onder *c*.

3. In de technische rekening levensverzekering mag de toe- of afneming van de technische voorziening niet-verdiende premies onderdeel uitmaken van de toe- of afneming van de technische voorziening levensverzekering en behoeft de uitsplitsing, bedoeld in lid 2, onder *d*, niet te worden gemaakt.

4. De schaden dan wel uitkeringen worden gesplitst in:

a. de voor eigen rekening betaalde schaden of uitkeringen, met afzonderlijke opneming van de totaal betaalde schaden of uitkeringen en van het daarin begrepen herverzeekeringsdeel;

b. de toe- of afneming van de voorziening voor te betalen schaden of uitkeringen voor eigen rekening, met afzonderlijke opneming van het herverzeekeringsdeel en van de som van deze beide bedragen.

5. Bij de post toe- of afneming van de technische voorzieningen die niet onder andere posten moet worden vermeld, wordt afzonderlijk opgenomen:

a. de toe- of afneming van de technische voorziening voor levensverzekering voor eigen rekening met afzonderlijke opneming van het herverzeekeringsdeel en van de som van beide bedragen;

b. de toe- of afneming van de overige technische voorzieningen.

6. Tenzij de cumulatieve uitloop over de drie voorgaande boekjaren en de uitloop in het boekjaar telkens minder bedraagt dan tien procent van het resultaat van de technische rekening van het desbetreffende boekjaar, worden in de toelichting in een overzicht per branchegroep vermeld de aard en omvang van de uitloop in het boekjaar van de ten laste van de drie voorgaande boekjaren gevormde voorzieningen voor te betalen schaden of uitkeringen. In dit overzicht worden tevens per branchegroep vermeld de aard en omvang van de totale uitloop in het boekjaar van de ten laste van het vierde voorgaande boekjaar en de boekjaren daarvoor gevormde voorzieningen voor te betalen schaden of uitkeringen. In dit overzicht wordt het effect van toegepaste discontering aangegeven.

Art. 440

Bedrijfskosten op winst- en verliesrekening verzekeringsmaatschappij

1. Bij de bedrijfskosten worden afzonderlijk vermeld:

a. de acquisitiekosten;

b. de toe- of afneming van de overlopende acquisitiekosten;

c. de beheerskosten, de personeelskosten en de afschrijvingen op bedrijfsmiddelen, voor zover deze niet onder de acquisitiekosten, de schaden of de lasten in verband met beleggingen zijn opgenomen;

d. de op de bedrijfskosten in mindering gebrachte provisie en winstdeling die ter zake van herverzekeringsovereenkomsten is ontvangen.

2. Als acquisitiekosten worden aangemerkt de middellijk of onmiddellijk met het sluiten van verzekeringsovereenkomsten samenhangende kosten.

3. Bij de opbrengsten uit beleggingen worden afzonderlijk vermeld:

a. de opbrengsten uit deelnemingen;

b. de opbrengsten uit andere beleggingen, gesplitst naar opbrengsten uit terreinen en gebouwen en uit de overige beleggingen;

c. de terugnemingen van de waardeverminderingen van beleggingen, voor zover niet in de herwaarderingsreserve opgenomen;

d. de opbrengsten bij verkoop van beleggingen.

4. Onderscheiden naar de in lid 3 onder *a* en *b* genoemde groepen worden de opbrengsten uit de verhouding met groepsmaatschappijen aangegeven.

5. Bij de lasten in verband met beleggingen worden afzonderlijk vermeld:

a. de kosten in verband met het beheer van beleggingen, met inbegrip van de rentekosten;

b. de waardeverminderingen van beleggingen, voor zover niet aan de herwaarderingsreserve onttrokken, alsmede de afschrijvingen op beleggingen;
c. het verlies bij verkoop van beleggingen.
6. Het bedrag van de winstdeling en dat van de kortingen worden in de toelichting opgenomen.

§ 2a
Het overzicht van de samenstelling van het totaalresultaat

Art. 440a

In aansluiting op de winst- en verliesrekening wordt een overzicht van de samenstelling van het totaalresultaat opgenomen. Het totaalresultaat is gelijk aan het verschil in eigen vermogen tussen de balans aan het begin van het boekjaar en de balans aan het eind van het boekjaar, gecorrigeerd voor kapitaalstortingen en kapitaalonttrekkingen.

Overzicht van samenstelling totaalresultaat verzekeringsmaatschappij

§ 4
Bijzondere voorschriften omtrent de toelichting

Art. 441

1. Artikel 380 is niet van toepassing.

Werkingssfeer Toelichting op balans van schadeverzekeringsbedrĳf

2. Een verzekeringsmaatschappij die het schadeverzekerings- of schadeherverzekeringsbedrijf uitoefent, vermeldt in een overzicht de volgende gegevens, waarin het herverzekeringsdeel is begrepen:
a. de geboekte premies;
b. de verdiende premies;
c. de schaden;
d. de bedrijfskosten; en
e. de som van de herverzekeringsbaten- en lasten.
3. Deze gegevens worden gesplitst naar schadeverzekering en herverzekering, indien ten minste een tiende deel van de geboekte premies uit herverzekeringsovereenkomsten afkomstig is.
4. De gegevens met betrekking tot schadeverzekering worden onderscheiden naar de volgende groepen:
a. ongevallen en ziekte;
b. wettelijke aansprakelijkheid motorrijtuigen;
c. motorrijtuigen overig;
d. zee-, transport- en luchtvaartverzekering;
e. brand en andere schade aan zaken;
f. algemene aansprakelijkheid, met uitzondering van de wettelijke aansprakelijkheid motorrijtuigen en van de aansprakelijkheid voor zee, transport en luchtvaart;
g. krediet en borgtocht;
h. rechtsbijstand;
i. hulpverlening; en
j. diverse geldelijke verliezen,
indien de geboekte premies voor een groep meer dan € 10 000 000 bedragen. De verzekeringsmaatschappij vermeldt ten minste de gegevens van haar drie belangrijkste groepen.

Toelichting op balans van levensverzekeringsbedrijf

5. Een verzekeringsmaatschappij die het levensverzekerings- of levensherverzekeringsbedrijf uitoefent, vermeldt in een overzicht de geboekte premies, met inbegrip van het herverzekeringsdeel, en het saldo van de herverzekeringsbaten en -lasten. De geboekte premies worden gesplitst naar levensverzekering en herverzekering, indien ten minste een tiende deel van de geboekte premies uit herverzekeringsovereenkomsten afkomstig is.
6. De geboekte premies levensverzekering worden onderscheiden naar:
a. premies uit collectieve verzekeringsovereenkomsten en die uit individuele overeenkomsten;
b. koopsommen en weerkerende betalingen; en
c. premies van overeenkomsten waarbij de tot uitkering gerechtigde het beleggingsrisico draagt, van overeenkomsten met en van overeenkomsten zonder winstdeling;
een onder *a*, *b* of *c* vermelde categorie die een tiende gedeelte of minder bedraagt van het totaal van de geboekte premies behoeft niet te worden vermeld.
7. Vermeld wordt het bedrag van de premies, met inbegrip van het herverzekeringsdeel, die zijn geboekt op verzekeringsovereenkomsten gesloten vanuit:
a. Nederland;
b. het overige grondgebied van de Europese Gemeenschappen; en
c. de landen daarbuiten,
telkens indien dat bedrag groter is dan het twintigste deel van het totaal van de geboekte premies.

8. Opgegeven wordt het bedrag van de betaalde en verschuldigde provisies, ongeacht de aard van de provisie.

(Zie ook: art. 378 BW Boek 2)

9. In de toelichting wordt vermeld:

a. het bedrag van de solvabiliteit waarover de verzekeringsmaatschappij tenminste moet beschikken;

b. het bedrag van de solvabiliteit dat het bestuur van de verzekeringsmaatschappij noodzakelijk acht;

c. het bedrag van de aanwezige solvabiliteit.

10. Verzekeraars met beperkte risico-omvang als bedoeld in artikel 1:1 van de Wet op het financieel toezicht, vermelden in de toelichting de op basis van artikel 3:73c van die wet vastgestelde toelichtingen op de solvabiliteit en financiële positie.

§ 5

Bijzondere voorschriften omtrent de grondslagen van waardering en van bepaling van het resultaat

Art. 442

Waardering beleggingen verzekeringsmaatschappij

1. Als actuele waarde van de beleggingen komt slechts in aanmerking de marktwaarde overeenkomstig de regels gesteld bij algemene maatregel van bestuur, onverminderd het bepaalde in artikel 389.

2. De beleggingen waarbij de tot uitkering gerechtigde het beleggingsrisico draagt, alsmede spaarkasbeleggingen worden gewaardeerd op de grondslag van de actuele waarde.

3. Voor elk der posten behorende tot de beleggingen die op de balansdatum aanwezig zijn, wordt de verkrijgings- of vervaardigingsprijs opgegeven, indien de waardering op de grondslag van de actuele waarde geschiedt.

4. Indien beleggingen in terreinen en gebouwen op de grondslag van de actuele waarde worden gewaardeerd, behoeft artikel 386 lid 4 niet te worden toegepast. Indien het beleggingen in terreinen en gebouwen in eigen gebruik betreft, wordt in de toelichting op de winst- en verliesrekening het bedrag van de aan deze beleggingen toegerekende opbrengst aangegeven alsmede het toegerekende bedrag van de huisvestingskosten.

(Zie ook: art. 384 BW Boek 2; Baw)

5. De beleggingen, bedoeld in artikel 430 lid 4, onder a, waaronder de beleggingen in converteerbare obligaties en afgeleide financiële instrumenten, voor zover niet bedoeld in artikel 384 lid 8, worden op de grondslag van de actuele waarde gewaardeerd.

Art. 443

Waardering van waardepapieren bij beleggingen verzekeringsmaatschappij

1. Waardepapieren met een vaste rente of van de rentestand afhankelijke rente die tot de beleggingen behoren, worden op de grondslag van de actuele waarde of tegen de aflossingswaarde gewaardeerd, onverminderd de toepassing van artikel 387 lid 4. Indien deze waardepapieren geen aflossingswaarde kennen, worden zij op grondslag van de actuele waarde of tegen de verkrijgingsprijs gewaardeerd, onverminderd de toepassing van artikel 387 lid 4.

2. Indien deze waardepapieren tegen aflossingswaarde op de balans worden opgenomen, wordt het verschil tussen de verkrijgingsprijs en de aflossingswaarde vermeld en over de jaren sinds de aanschaf gespreid als resultaat verantwoord. Het verschil mag ook in één keer als resultaat worden verantwoord, indien de verkrijgingsprijs hoger was dan de aflossingswaarde.

3. [Vervallen.]

4. De vorderingen uit leningen voor welke zakelijke zekerheid is gesteld en de andere vorderingen uit leningen, bedoeld in artikel 430 lid 4, onder d en e, mogen eveneens tegen aflossingswaarde worden gewaardeerd.

Art. 444

Waardering van technische voorzieningen van verzekeringsmaatschappij

De technische voorzieningen worden gewaardeerd op voor de bedrijfstak aanvaardbare grondslagen. Bij de waardering van de technische voorzieningen wordt ervan uitgegaan dat de verzekeringsmaatschappij in staat moet zijn te voldoen aan haar naar maatstaven van redelijkheid en billijkheid voorzienbare verplichtingen uit verzekeringsovereenkomsten. De bepaling van de technische voorziening voor levensverzekering en van die voor periodiek te betalen schaden of uitkeringen geschiedt door terzake deskundigen.

Art. 444a

Verzekeringsmaatschappij, voorziening niet-verdiende premies/lopende risico's

1. De door een verzekeringsmaatschappij aan te houden voorziening voor niet-verdiende premies en lopende risico's, waaronder de catastrofevoorziening indien deze is getroffen, omvat onder meer:

a. De in het boekjaar ontvangen premies ter zake van risico's die op het daarop volgende boekjaar of boekjaren betrekking hebben; en

b. De schaden en kosten uit lopende verzekeringen die na afloop van het boekjaar kunnen ontstaan en die niet gedekt kunnen worden door de voorziening die betrekking heeft op de niet-verdiende premies tezamen met de in het daarop volgende boekjaar of boekjaren nog te ontvangen premies.

2. De voorziening voor niet-verdiende premies wordt voor elke schadeverzekering afzonderlijk en op voorzichtige wijze bepaald. Het gebruik van statistische of wiskundige methoden is toegestaan indien de aard van de verzekering dat toelaat en indien deze methoden naar verwachting dezelfde resultaten opleveren als de afzonderlijke berekeningen.

Art. 444b

1. De door een verzekeringsmaatschappij aan te houden voorziening voor levensverzekeringen wordt berekend op basis van een voldoende voorzichtige prospectieve actuariële methode, rekening houdend met de in de toekomst te ontvangen premies en met alle toekomstige verplichtingen volgens de voor iedere lopende levensverzekering gestelde voorwaarden.

Verzekeringsmaatschappij, voorziening levensverzekeringen

2. In afwijking van het eerste lid kan een retrospectieve methode worden toegepast indien de op grond van die methode berekende technische voorzieningen niet lager zijn dan de voorzieningen bij toepassing van een prospectieve methode of indien het gebruik van een prospectieve methode vanwege de aard van het betrokken type levensverzekering niet mogelijk is.

Art. 444c

1. De door een verzekeringsmaatschappij aan te houden voorziening voor te betalen schaden of voor te betalen uitkeringen omvat het bedrag van de te verwachten schaden, in aanmerking nemende:

Verzekeringsmaatschappij, voorziening schaden/uitkeringen

a. de voor de balansdatum ontstane schaden of verplichtingen tot uitkering die zijn gemeld en nog niet zijn afgewikkeld en de voor de balansdatum ontstane schaden of verplichtingen tot uitkering die nog niet zijn gemeld;

b. de kosten die verband houden met de afwikkeling van schaden of uitkeringen; en

c. de in verband met schaden of uitkeringen te verwachten baten uit subrogatie en uit de verkrijging van de eigendom van verzekerde zaken.

2. Artikel 435a, lid 2, is van overeenkomstige toepassing. In geval van periodiek te betalen uitkeringen geschiedt de bepaling volgens erkende actuariële methoden.

Schakelbepaling

3. Discontering van de voorziening voor te betalen schaden of voor te betalen uitkeringen, anders dan periodieke uitkeringen, is slechts toegestaan indien de afwikkeling van de schaden ten minste vier jaren na het tijdstip van het opmaken van de jaarrekening zal duren en deze afwikkeling geschiedt volgens een betrouwbaar schade-afwikkelingsschema, waarin mede rekening wordt gehouden met alle factoren die de kosten van afwikkeling van de schade verhogen. Indien de voorziening voor te betalen schaden of te betalen uitkeringen wordt verminderd ten gevolge van discontering van te betalen schaden worden in de toelichting op de balans het bedrag van de voorziening voor discontering en de gebruikte methode van discontering vermeld.

4. Met betrekking tot een communautaire co-assurantie zijn de voorzieningen voor te betalen schaden of voor te betalen uitkeringen verhoudingsgewijs ten minste gelijk aan die welke de co-assuradeur die als eerste verzekeraar optreedt, aanhoudt volgens de regels of gebruiken die gelden in de lidstaat van waaruit de eerste verzekeringsmaatschappij zijn verplichtingen uit hoofde van de communautaire co-assurantie is aangegaan.

Art. 444d

De voorziening voor winstdeling en kortingen van een verzekeringsmaatschappij omvat de bedragen die in de vorm van winstdeling bestemd zijn voor de verzekeringsnemers, verzekerden of gerechtigden op uitkeringen, voor zover deze niet hebben geleid tot verhoging van de voorziening voor levensverzekering, alsmede de bedragen die een gedeeltelijke terugbetaling van premies op grond van het resultaat van de verzekeringen vertegenwoordigen, voor zover deze niet tot verhoging van de ledenrekening hebben geleid.

Verzekeringsmaatschappij, voorziening winstdeling/kortingen

§ 6

Bijzondere bepalingen voor de geconsolideerde jaarrekening

Art. 445

1. Maatschappijen die geen verzekeringsmaatschappij zijn en die in de geconsolideerde jaarrekening van een verzekeringsmaatschappij worden opgenomen, worden verantwoord overeenkomstig de voorschriften voor verzekeringsmaatschappijen.

Groepsmaatschappij in geconsolideerde jaarrekening verzekeringsmaatschappij

2. De groepsmaatschappij aan het hoofd van de groep die de gegevens consolideert van een groep of een groepsdeel, welke geen of nagenoeg geen andere werkzaamheid heeft dan de uitoefening van het verzekeringsbedrijf, wordt in de geconsolideerde jaarrekening opgenomen overeenkomstig de voorschriften voor verzekeringsmaatschappijen. Dit geldt slechts, indien deze groepsmaatschappij geen of nagenoeg geen andere werkzaamheid heeft dan het beheren en financieren van groepsmaatschappijen en deelnemingen.

3. In een geconsolideerde winst- en verliesrekening die zowel schade- als levensverzekeringmaatschappijen betreft, mogen alle opbrengsten van beleggingen in de niet-technische rekening worden opgenomen. Zowel in de technische rekening schadeverzekering als in de technische

B2 art. 446 **Burgerlijk Wetboek Boek 2**

rekening levensverzekering vervallen dan de posten *i, j* en *l* van artikel 438 lid 1 en worden de posten *b* en *c* dan artikel 438 lid 1 vervangen door een post die onderscheidelijk de aan de technische rekening schadeverzekering en levensverzekering toegerekende opbrengsten van beleggingen omvat.

Werkingssfeer 4. Artikel 407 lid 2 is niet van toepassing. *(Zie ook: artt. 389, 405, 426 BW Boek 2)*

Art. 446

Eliminatie winst en verlies bij geconsolideerde jaarrekening verzekeringsmaatschappij

1. Winsten en verliezen die voortvloeien uit overeenkomsten tussen in de consolidatie opgenomen maatschappijen behoeven niet te worden geëlimineerd, indien de overeenkomsten op basis van marktvoorwaarden zijn aangegaan en daaruit ten gunste van tot uitkering gerechtigden rechten voortvloeien. De toepassing van deze uitzondering wordt vermeld, alsmede de invloed daarvan op het vermogen en resultaat, tenzij deze invloed van ondergeschikte betekenis is.

2. De termijn van drie maanden, bedoeld in artikel 412 lid 2, wordt verlengd tot zes maanden voor in de geconsolideerde jaarrekening op te nemen gegevens ter zake van herverzekering.

3. Indien een buitenlandse verzekeringsmaatschappij deel uitmaakt van de groep, mogen de technische voorzieningen van deze maatschappij in de consolidatie worden opgenomen overeenkomstig de waarderingsvoorschriften van haar recht, voor zover dat recht afwijking van de voorschriften niet toestaat. Het gemaakte gebruik van de uitzondering wordt in de toelichting vermeld.

4. Het derde lid is van overeenkomstige toepassing ten aanzien van de beleggingen waarbij de tot uitkering gerechtigde het beleggingsrisico draagt en ten aanzien van de spaarkasbeleggingen.

Afdeling 16
Rechtspleging

Art. 447

Aanwijzing tot herziening stukken door ondernemingskamer

1. Op verzoek van degenen die krachtens artikel 448 daartoe bevoegd zijn, kan de ondernemingskamer van het gerechtshof Amsterdam aan een rechtspersoon of vennootschap als bedoeld in artikel 360 waarop deze titel van toepassing is, een statutair in Nederland gevestigde effectenuitgevende instelling als bedoeld in artikel 1, onderdeel b, van de Wet toezicht financiële verslaggeving of een beleggingsinstelling als bedoeld in artikel 1:1 van de Wet op het financieel toezicht bevelen de jaarrekening, het bestuursverslag, de daaraan toe te voegen overige gegevens of het verslag, bedoeld in artikel 392a of artikel 5:25e van de Wet op het financieel toezicht, in te richten overeenkomstig door haar te geven aanwijzingen.

2. Het verzoek kan slechts worden ingediend op de grond dat de verzoeker van oordeel is dat de in het eerste lid bedoelde stukken niet voldoen aan de bij of krachtens artikel 3 van verordening (EG) 1606/2002 van het Europees Parlement en de Raad van de Europese Unie van 19 juli 2002 betreffende de toepassing van internationale standaarden voor jaarrekeningen (PbEG L 243), deze titel, onderscheidelijk de Wet op het financieel toezicht gestelde voorschriften. Het verzoek vermeldt in welk opzicht de stukken herziening behoeven.

3. Het verzoek heeft geen betrekking op een accountantsverklaring als bedoeld in artikel 393 lid 5.

Art. 448

Bevoegden indienen verzoek tot herziening stukken bij ondernemingskamer

1. Tot het indienen van het in artikel 447 bedoelde verzoek is bevoegd:
a. iedere belanghebbende;
b. de advocaat-generaal bij het ressortparket in het openbaar belang.

2. Tot het indienen van het verzoek is voorts bevoegd de Stichting Autoriteit Financiële Markten, voor zover het stukken betreft die betrekking hebben op een effectenuitgevende instelling als bedoeld in artikel 1, onderdeel b, van de Wet toezicht financiële verslaggeving en met inachtneming van het in artikel 4 van die wet bepaalde.

Art. 449

Termijn voor indienen verzoek tot herziening stukken bij ondernemingskamer

1. Het in artikel 447 bedoelde verzoek wordt ingediend binnen twee maanden na de dag waarop de jaarrekening is vastgesteld of het verslag, bedoeld in artikel 392a, is neergelegd ten kantore van het handelsregister. Indien het in artikel 447 bedoelde verzoek wordt gedaan ten aanzien van een effectenuitgevende instelling als bedoeld in artikel 1, onderdeel b, van de Wet toezicht financiële verslaggeving bedraagt de in de eerste volzin bedoelde termijn negen maanden, met dien verstande dat de termijn van een verzoek dat betrekking heeft op het verslag, bedoeld in artikel 5:25e van de Wet op het financieel toezicht, aanvangt op het moment dat het verslag overeenkomstig artikel 5:25m, eerste lid, van de Wet op het financieel toezicht algemeen verkrijgbaar is gesteld.

2. Het verzoek omtrent de jaarrekening die niet is vastgesteld, kan worden gedaan tot twee maanden of, voor zover het een effectenuitgevende instelling betreft als bedoeld in artikel 1, onderdeel b, van de Wet toezicht financiële verslaggeving, negen maanden na de dag van de

deponering van de jaarrekening bij het handelsregister. Indien na de dag van de deponering de jaarrekening alsnog wordt vastgesteld, dan eindigt de termijn twee maanden of, voor zover het een effectenuitgevende instelling betreft als bedoeld in artikel 1, onderdeel b, van de Wet toezicht financiële verslaggeving, negen maanden na de dag waarop uit een neergelegde mededeling of uit de gedeponeerde jaarrekening blijkt van die vaststelling.

3. Indien een bericht als bedoeld in artikel 3, tweede lid, van de Wet toezicht financiële verslaggeving algemeen verkrijgbaar is gesteld, dan eindigt de termijn twee maanden na de dag waarop dit bericht algemeen verkrijgbaar is gesteld op de bij of krachtens dat artikel voorgeschreven wijze, doch niet eerder dan de termijnen, bedoeld lid 1 en lid 2.

4. Ter zake van tekortkomingen die niet uit de stukken blijken, eindigt de termijn twee maanden of, voor zover het een effectenuitgevende instelling betreft als bedoeld in artikel 1, onderdeel b, van de Wet toezicht financiële verslaggeving, negen maanden na de dag waarop de indiener van het verzoek daarvan in redelijkheid niet meer onkundig kon zijn, maar uiterlijk twee jaar na verloop van de termijn ingevolge de vorige leden.

Art. 450

1. De ondernemingskamer behandelt het in artikel 447 bedoelde verzoek met de meeste spoed. De zaak zal met gesloten deuren worden behandeld; de uitspraak geschiedt in het openbaar.

Behandeling van verzoek tot herziening stukken door ondernemingskamer

2. Bij de bepaling van de dag waarop de behandeling aanvangt bepaalt de ondernemingskamer tevens een termijn waarbinnen de rechtpersoon, vennootschap, effectenuitgevende instelling of beleggingsinstelling, bedoeld in artikel 447, lid 1, waarop het verzoek betrekking heeft, een verweerschrift kan indienen.

3. Onverminderd de leden 4 tot en met 8 worden andere belanghebbenden dan de rechtpersoon, vennootschap, effectenuitgevende instelling of beleggingsinstelling, bedoeld in artikel 447, lid 1, waarop het verzoek betrekking heeft, niet opgeroepen en kunnen zij geen verweerschrift indienen.

4. Indien het verzoek wordt gedaan ten aanzien van een effectenuitgevende instelling als bedoeld in artikel 1, onderdeel b, van de Wet toezicht financiële verslaggeving en het verzoek niet is gedaan door de Stichting Autoriteit Financiële Markten, wordt deze in de gelegenheid gesteld te worden gehoord over de in het verzoek genoemde onderwerpen en, indien artikel 194 van het Wetboek van Burgerlijke rechtsvordering toepassing heeft gevonden, in de gelegenheid gesteld haar mening over het deskundigenbericht aan de ondernemingskamer kenbaar te maken.

5. De ondernemingskamer beslist niet dan nadat zij de accountant die met het onderzoek van de jaarrekening is belast geweest, in de gelegenheid heeft gesteld te worden gehoord over de in het verzoek genoemde onderwerpen. Dit is niet van toepassing indien het verzoek betrekking heeft op een verslag als bedoeld in artikel 392a.

6. De ondernemingskamer geeft, indien het verzoek wordt gedaan ten aanzien van een verzekeraar of bank als bedoeld in artikel 1:1 van de Wet op het financieel toezicht, geen beslissing zonder dat De Nederlandsche Bank N.V. of de Europese Centrale Bank, indien deze bevoegd is toezicht uit te oefenen op grond van de artikelen 4 en 6 van de verordening bankentoezicht, bedoeld in artikel 1:1 van de Wet op het financieel toezicht, in de gelegenheid is gesteld te worden gehoord over de in het verzoek genoemde onderwerpen.

7. De ondernemingskamer geeft, indien het verzoek wordt gedaan ten aanzien van een beleggingsonderneming als bedoeld in artikel 1:1 van de Wet op het financieel toezicht, geen beslissing zonder De Nederlandsche Bank N.V. en de Stichting Autoriteit Financiële Markten in de gelegenheid te hebben gesteld te worden gehoord over de in het verzoek genoemde onderwerpen.

8. De ondernemingskamer geeft, indien het verzoek wordt gedaan ten aanzien van een beleggingsinstelling als bedoeld in artikel 1:1 van de Wet op het financieel toezicht, geen beslissing zonder De Nederlandsche Bank N.V. en de Stichting Autoriteit Financiële Markten in de gelegenheid te hebben gesteld te worden gehoord over de in het verzoek genoemde onderwerpen.

Art. 451

1. Indien de ondernemingskamer het in artikel 447 bedoelde verzoek toewijst, geeft zij aan de rechtspersoon, vennootschap, of instelling een bevel omtrent de wijze waarop deze de jaarrekening, het bestuursverslag, de daaraan toe te voegen overige gegevens of het verslag, bedoeld in artikel 392a, moet inrichten. Het bevel bevat daaromtrent nauwkeurige aanwijzingen.

Bevel van ondernemingskamer tot herziening stukken

2. De rechtspersoon, vennootschap of instelling is verplicht de stukken met inachtneming van het bevel op te maken en voor zover het de jaarrekening betreft, te besluiten omtrent de vaststelling.

3. De ondernemingskamer kan, ook ambtshalve, beslissen dat het bevel mede of uitsluitend een of meer toekomstige stukken betreft.

4. Indien het bevel betrekking heeft op de jaarrekening waarop het verzoek ziet, kan de ondernemingskamer het besluit tot vaststelling van die jaarrekening vernietigen. De ondernemingskamer kan de gevolgen van de vernietiging beperken.

5. Op verzoek van de rechtspersoon, vennootschap of instelling kan de ondernemingskamer wegens wijziging van omstandigheden haar bevel, voor zover dit betrekking heeft op toekomstige stukken, intrekken. Zij beslist niet dan na degene op wiens verzoek het bevel is gegeven in de gelegenheid te hebben gesteld te worden gehoord.

Art. 452

Bevel tot herziening stukken naar Europees recht op verzoek van AFM

1. Op verzoek van de Stichting Autoriteit Financiële Markten kan de ondernemingskamer van het gerechtshof te Amsterdam een effectenuitgevende instelling als bedoeld in artikel 1, onderdeel b, van de Wet toezicht financiële verslaggeving bevelen aan de verzoeker een nadere toelichting omtrent de toepassing van de bij of krachtens artikel 3 van verordening (EG) 1606/2002 van het Europees Parlement en Raad van de Europese Unie van 19 juli 2002 betreffende de toepassing van internationale standaarden voor jaarrekeningen (PbEG L 243), deze titel, of de artikelen 5:25c, tweede, vierde of vijfde lid, 5:25d, tweede of vierde tot en met tiende lid, 5:25e, artikel 5:25v, eerste lid, of artikel 5:25w van de Wet op het financieel toezicht geldende voorschriften in de financiële verslaggeving als bedoeld in artikel 1, onderdeel d, van de Wet toezicht financiële verslaggeving te verschaffen.

2. Het verzoek wordt met redenen omkleed en kan, met inachtneming van het in de artikelen 2 tot en met 4 van de Wet toezicht financiële verslaggeving bepaalde, worden gedaan tot negen maanden na:

a. de dag van toezending aan de Stichting Autoriteit Financiële Markten van de in artikel 1, onderdeel d, onder 1°, 2° en 3°, van de Wet toezicht financiële verslaggeving bedoelde stukken op grond van artikel 5:25o, eerste en vierde lid, van de Wet op het financieel toezicht;

b. de dag van toezending aan de Stichting Autoriteit Financiële Markten van de in artikel 1, onderdeel d, onder 4° tot en met 8°, van de Wet toezicht financiële verslaggeving bedoelde stukken op grond van artikel 5:25m, vijfde lid, van de Wet op het financieel toezicht;

c. de dag waarop de jaarrekening is openbaar gemaakt, bedoeld in artikel 394 lid 1, indien het een effectenuitgevende instelling betreft met statutaire zetel in Nederland, waarvan effecten alleen zijn toegelaten tot de handel op een met een gereglementeerde markt vergelijkbaar systeem in een staat die geen lidstaat is.

3. De leden 1 en 2 van artikel 450 zijn van overeenkomstige toepassing. Andere belanghebbenden dan de rechtspersoon, vennootschap, effectenuitgevende instelling of beleggingsinstelling, bedoeld in artikel 447, lid 1, waarop het verzoek betrekking heeft, worden niet opgeroepen en kunnen geen verweerschrift indienen.

4. Indien de ondernemingskamer het verzoek toewijst, kan zij aan de effectenuitgevende instelling een bevel geven omtrent de wijze waarop deze een nadere toelichting omtrent de toepassing van de in het eerste lid bedoeld voorschriften verschaft. De effectenuitgevende instelling is verplicht met inachtneming van het bevel de nadere toelichting te verschaffen.

5. De ondernemingskamer kan bepalen dat, indien of zolang de effectenuitgevende instelling niet voldoet aan het bevel, de effectenuitgevende instelling aan de Stichting Autoriteit Financiële Markten een door de ondernemingskamer vast te stellen dwangsom verbeurt. De artikelen 611a tot en met 611i van het Wetboek van Burgerlijke Rechtsvordering zijn van overeenkomstige toepassing.

Art. 453

Afschrift van beschikking ondernemingskamer in handelsregister

1. De griffier van de ondernemingskamer doet ten kantore van het handelsregister een afschrift van de beschikking van de ondernemingskamer neerleggen. Indien de beschikking betrekking heeft op een effectenuitgevende instelling als bedoeld in artikel 1, onderdeel b, van de Wet toezicht financiële verslaggeving verstrekt de griffier van de ondernemingskamer voorts een afschrift van de beschikking aan de Stichting Autoriteit Financiële Markten. Afschriften van beschikkingen die niet voorlopig ten uitvoer kunnen worden gelegd, worden nedergelegd zodra zij in kracht van gewijsde zijn gegaan.

2. Tot het instellen van beroep in cassatie tegen de beschikkingen van de ondernemingskamer uit hoofde van deze titel is, buiten de personen, bedoeld in het eerste lid van artikel 426 van het Wetboek van Burgerlijke Rechtsvordering, bevoegd de rechtspersoon, vennootschap of instelling ten aanzien waarvan de ondernemingskamer een beschikking heeft genomen, ongeacht of deze bij de ondernemingskamer is verschenen.

Art. 454

Bevoegdheid AFM omtrent effectenuitgevende instelling

1. Op verzoek van de Stichting Autoriteit Financiële Markten kan de ondernemingskamer van het gerechtshof te Amsterdam aan een effectenuitgevende instelling als bedoeld in artikel 1, onderdeel b, van de Wet toezicht financiële verslaggeving bevelen een bericht als bedoeld in artikel 3, tweede lid, van de Wet toezicht financiële verslaggeving algemeen verkrijgbaar te stellen.

2. De Stichting Autoriteit Financiële Markten kan het verzoek slechts indienen op de grond dat de financiële verslaggeving als bedoeld in artikel 1, onderdeel d, van de Wet toezicht financiële verslaggeving niet voldoet aan de daaraan ingevolge artikel 3 van verordening (EG) 1606/2002 van het Europees Parlement en Raad van de Europese Unie van 19 juli 2002 betreffende de toepassing van internationale standaarden voor jaarrekeningen (PbEG L 243), deze titel, of de artikelen 5:25c, tweede, vierde of vijfde lid, 5:25d, tweede of vierde tot en met tiende lid, 5:25e, artikel 5:25v, eerste lid, of artikel 5:25w van de Wet op het financieel toezicht gestelde voorschriften. Het verzoek vermeldt in welk opzicht de financiële verslaggeving als bedoeld in de vorige volzin niet voldoet.

3. Het verzoek heeft geen betrekking op de verklaring van de accountant, bedoeld in artikel 5:25c, vierde lid, van de Wet op het financieel toezicht.

4. Het verzoek kan worden gedaan tot negen maanden na:

a. de dag van toezending aan de Stichting Autoriteit Financiële Markten van de in artikel 1, onderdeel d, onder 1°, 2° en 3°, van de Wet toezicht financiële verslaggeving bedoelde stukken op grond van artikel 5:25o, eerste en vierde lid, van de Wet op het financieel toezicht;

b. de dag van toezending aan de Stichting Autoriteit Financiële Markten van de in artikel 1, onderdeel d, onder 4° tot en met 8°, van de Wet toezicht financiële verslaggeving bedoelde stukken op grond van artikel 5:25m, vijfde lid, van de Wet op het financieel toezicht;

c. de dag waarop de jaarrekening is openbaar gemaakt, bedoeld in artikel 394 lid 1, indien het een effectenuitgevende instelling betreft met statutaire zetel in Nederland, waarvan effecten alleen zijn toegelaten tot de handel op een met een gereglementeerde markt vergelijkbaar systeem in een staat die geen lidstaat is.

De leden 3 en 4 van artikel 449 zijn van overeenkomstige toepassing.

5. Op de behandeling van het verzoek door de ondernemingskamer zijn de leden 1 tot en met 3 en 5 tot en met 7 van artikel 450 van overeenkomstige toepassing.

Schakelbepaling

Art. 455

1. Indien de ondernemingskamer het in artikel 454 bedoelde verzoek toewijst, geeft zij de effectenuitgevende instelling een bevel om binnen een door de ondernemingskamer te stellen termijn in een openbare mededeling uit te leggen:

a. op welke wijze de in artikel 454, lid 2, bedoelde voorschriften in de toekomst zullen worden toegepast en de gevolgen daarvan voor de financiële verslaggeving te beschrijven; of

b. op welke onderdelen de financiële verslaggeving niet voldoet aan de in artikel 454, lid 2, bedoelde voorschriften en de gevolgen daarvan voor de financiële verslaggeving te beschrijven. Het bevel bevat daartoe nauwkeurige aanwijzingen.

Bevel ondernemingskamer aan effectenuitgevende instelling op verzoek van AFM

2. De effectenuitgevende instelling is verplicht met inachtneming van het bevel de openbare mededeling te doen.

3. Op verzoek van de effectenuitgevende instelling kan de ondernemingskamer wegens wijziging van omstandigheden haar bevel voor zover dit betrekking heeft op toekomstige stukken intrekken. De ondernemingskamer beslist niet dan na de Stichting Autoriteit Financiële Markten te hebben gehoord.

4. Indien de beschikking betrekking heeft op een naar het recht van een andere staat opgerichte effectenuitgevende instelling als bedoeld in artikel 1, onderdeel b, onder 2°, van de Wet toezicht financiële verslaggeving verstrekt de griffier van de ondernemingskamer een afschrift van de beschikking aan de Stichting Autoriteit Financiële Markten.

5. De artikelen 452 lid 5 en 453 lid 2 zijn van overeenkomstige toepassing.

Schakelbepaling

Inhoudsopgave

Boek 3	Vermogensrecht in het algemeen	Art. 1
Titel 1	Algemene bepalingen	Art. 1
Afdeling 1	Begripsbepalingen	Art. 1
Afdeling 1A	Elektronisch vermogensrechtelijk rechtsverkeer	Art. 15a
Afdeling 1B	Het voeren van een administratie	Art. 15i
Afdeling 2	Inschrijvingen betreffende registergoederen	Art. 16
Titel 2	Rechtshandelingen	Art. 32
Titel 3	Volmacht	Art. 60
Titel 4	Verkrijging en verlies van goederen	Art. 80
Afdeling 1	Algemene bepalingen	Art. 80
Afdeling 2	Overdracht van goederen en afstand van beperkte rechten	Art. 83
Afdeling 3	Verkrijging en verlies door verjaring	Art. 99
Titel 5	Bezit en houderschap	Art. 107
Titel 6	Bewind	Art. 126
Titel 7	Gemeenschap	Art. 166
Afdeling 1	Algemene bepalingen	Art. 166
Afdeling 2	Enige bijzondere gemeenschappen	Art. 189
Afdeling 3	Nietige en vernietigbare verdelingen	Art. 195
Titel 8	Vruchtgebruik	Art. 201
Titel 9	Rechten van pand en hypotheek	Art. 227
Afdeling 1	Algemene bepalingen	Art. 227
Afdeling 2	Pandrecht	Art. 236
Afdeling 3	Pandrecht van certificaathouders	Art. 259
Afdeling 4	Recht van hypotheek	Art. 260
Titel 10	Verhaalsrecht op goederen	Art. 276
Afdeling 1	Algemene bepalingen	Art. 276
Afdeling 2	Bevoorrechte vorderingen op bepaalde goederen	Art. 283
Afdeling 3	Bevoorrechte vorderingen op alle goederen	Art. 288
Afdeling 4	Retentierecht	Art. 290
Titel 11	Rechtsvorderingen	Art. 296

Burgerlijk Wetboek Boek 3^1

Burgerlijk Wetboek Boek 3, Vermogensrecht

Boek 3
Vermogensrecht in het algemeen

Titel 1
Algemene bepalingen

Afdeling 1
Begripsbepalingen

Art. 1
Goederen zijn alle zaken en alle vermogensrechten. **Goed**

Art. 2
Zaken zijn de voor menselijke beheersing vatbare stoffelijke objecten. **Zaak**
(Zie ook: artt. 1, 15 BW Boek 5)

Art. 2a
1. Dieren zijn geen zaken. **Dieren**
2. Bepalingen met betrekking tot zaken zijn op dieren van toepassing, met in achtneming van de op wettelijke voorschriften en regels van ongeschreven recht gegronde beperkingen, verplichtingen en rechtsbeginselen, alsmede de openbare orde en de goede zeden.

Art. 3
1. Onroerend zijn de grond, de nog niet gewonnen delfstoffen, de met de grond verenigde beplantingen, alsmede de gebouwen en werken die duurzaam met de grond zijn verenigd, hetzij rechtstreeks, hetzij door vereniging met andere gebouwen of werken. **Onroerende zaak**
(Zie ook: artt. 20, 71, 75, 89, 99 BW Boek 5; art. 174 BW Boek 6)
2. Roerend zijn alle zaken die niet onroerend zijn. **Roerende zaak**
(Zie ook: artt. 4, 20, 101 BW Boek 5; art. 173 BW Boek 6)

Art. 4
1. Al hetgeen volgens verkeersopvatting onderdeel van een zaak uitmaakt, is bestanddeel van die zaak. **Bestanddeel**
2. Een zaak die met een hoofdzaak zodanig verbonden wordt dat zij daarvan niet kan worden afgescheiden zonder dat beschadiging van betekenis wordt toegebracht aan een der zaken, wordt bestanddeel van de hoofdzaak.
(Zie ook: artt. 15, 227, 254 BW Boek 3; artt. 3, 14, 15, 16, 20, 60, 101 BW Boek 5)

Art. 5
Inboedel is het geheel van tot huisraad en tot stoffering en meubilering van een woning dienende roerende zaken, met uitzondering van boekerijen en verzamelingen van voorwerpen van kunst, wetenschap of geschiedkundige aard. **Inboedel**
(Zie ook: artt. 88, 165, 175 BW Boek 1; art. 899b BW Boek 4)

Art. 6
Rechten die, hetzij afzonderlijk hetzij tezamen met een ander recht, overdraagbaar zijn, of er toe strekken de rechthebbende stoffelijk voordeel te verschaffen, ofwel verkregen zijn in ruil voor verstrekt of in het vooruitzicht gesteld stoffelijk voordeel, zijn vermogensrechten. **Vermogensrecht**
(Zie ook: art. 83 BW Boek 3)

Art. 7
Een afhankelijk recht is een recht dat aan een ander recht zodanig verbonden is, dat het niet zonder dat andere recht kan bestaan. **Afhankelijk recht**
(Zie ook: art. 82 BW Boek 3; art. 101 BW Boek 5)

Art. 8
Een beperkt recht is een recht dat is afgeleid uit een meer omvattend recht, hetwelk met het beperkte recht is bezwaard. **Beperkt recht**
(Zie ook: artt. 81, 86, 98, 106, 177, 201, 227, 238 BW Boek 3)

Art. 9
1. Natuurlijke vruchten zijn zaken die volgens verkeersopvatting als vruchten van andere zaken worden aangemerkt. **Natuurlijke vrucht**

---

1 Inwerkingtredingsdatum: 01-01-1992; zoals laatstelijk gewijzigd bij: Stb. 2020, 507.

B3 art. 10 **Burgerlijk Wetboek Boek 3**

Burgerlijke vrucht

Termijn van lijfrente

Afscheiding of opeisbaar worden van vrucht

2. Burgerlijke vruchten zijn rechten die volgens verkeersopvatting als vruchten van goederen worden aangemerkt.

3. De afzonderlijke termijnen van een lijfrente gelden als vruchten van het recht op de lijfrente.

4. Een natuurlijke vrucht wordt een zelfstandige zaak door haar afscheiding, een burgerlijke vrucht een zelfstandig recht door haar opeisbaar worden.

(Zie ook: artt. 97, 120, 172, 216, 237, 266, 312 BW Boek 3; artt. 1005, 1006 BW Boek 4; artt. 1, 17, 45, 90 BW Boek 5; artt. 24, 206, 275 BW Boek 6; art. 1576n BW Boek 7A)

Art. 10

Registergoed

Registergoederen zijn goederen voor welker overdracht of vestiging inschrijving in daartoe bestemde openbare registers noodzakelijk is.

(Zie ook: art. 92 BW Boek 1; artt. 89, 97, 227 BW Boek 3)

Art. 11

Goede trouw bij vermogen

Goede trouw van een persoon, vereist voor enig rechtsgevolg, ontbreekt niet alleen, indien hij de feiten of het recht, waarop zijn goede trouw betrekking moet hebben, kende, maar ook indien hij ze in de gegeven omstandigheden behoorde te kennen. Onmogelijkheid van onderzoek belet niet dat degene die goede reden tot twijfel had, aangemerkt wordt als iemand die de feiten of het recht behoorde te kennen.

(Zie ook: artt. 23, 86, 118, 120, 121 BW Boek 3; artt. 2, 248 BW Boek 6)

Art. 12

Redelijkheid en billijkheid bij vermogen

Bij de vaststelling van wat redelijkheid en billijkheid eisen, moet rekening worden gehouden met algemeen erkende rechtsbeginselen, met de in Nederland levende rechtsovertuigingen en met de maatschappelijke en persoonlijke belangen, die bij het gegeven geval zijn betrokken.

(Zie ook: artt. 8, 15 BW Boek 2; artt. 2, 248, 258 BW Boek 6)

Art. 13

Misbruik van bevoegdheid bij vermogen

1. Degene aan wie een bevoegdheid toekomt, kan haar niet inroepen, voor zover hij haar misbruikt.

2. Een bevoegdheid kan onder meer worden misbruikt door haar uit te oefenen met geen ander doel dan een ander te schaden of met een ander doel dan waarvoor zij is verleend of in geval men, in aanmerking nemende de onevenredigheid tussen het belang bij de uitoefening en het belang dat daardoor wordt geschaad, naar redelijkheid niet tot die uitoefening had kunnen komen.

3. Uit de aard van een bevoegdheid kan voortvloeien dat zij niet kan worden misbruikt.

(Zie ook: art. 366 BW Boek 1; artt. 178, 303 BW Boek 6; artt. 1, 21, 37, 44, 50, 54, 79 BW Boek 5; artt. 2, 162, 248 BW Boek 6)

Art. 14

Publiekrecht bij vermogen

Een bevoegdheid die iemand krachtens het burgerlijk recht toekomt, mag niet worden uitgeoefend in strijd met geschreven of ongeschreven regels van publiekrecht.

Art. 15

Schakelbepaling

De artikelen 11-14 vinden buiten het vermogensrecht toepassing, voor zover de aard van de rechtsbetrekking zich daartegen niet verzet.

(Zie ook: artt. 4, 59, 79, 326 BW Boek 3)

Afdeling 1A
Elektronisch vermogensrechtelijk rechtsverkeer

Art. 15a

Gelijkstelling elektronisch en handgeschreven handtekening

Evenals een elektronische gekwalificeerde handtekening als bedoeld in artikel 3, onderdeel 12, van verordening (EU) nr. 910/2014 van het Europees parlement en de Raad van 23 juli 2014 betreffende elektronische identificatie en vertrouwensdiensten voor elektronisch transacties in de interne markt en tot intrekking van richtlijn 1999/93/EG (PbEU 2014, L 257) hebben een geavanceerde elektronische handtekening als bedoeld in onderdeel 11, en een andere elektronische handtekening als bedoeld in onderdeel 10, van artikel 3 van deze verordening dezelfde rechtsgevolgen als een handgeschreven handtekening, indien voor deze beide elektronische handtekeningen de methode voor ondertekening die gebruikt is voldoende betrouwbaar is, gelet op het doel waarvoor de elektronische handtekening is gebruikt en op alle overige omstandigheden van het geval.

Art. 15b

[Vervallen]

Art. 15c

Schakelbepaling

Buiten het vermogensrecht vindt artikel 15a overeenkomstige toepassing, voor zover de aard van de rechtshandeling of van de rechtsbetrekking zich daartegen niet verzet.

Art. 15d

Verplichtingen informatiemaatschappij bij elektronisch rechtsverkeer

1. Degene die een dienst van de informatiemaatschappij verleent, maakt de volgende gegevens gemakkelijk, rechtstreeks en permanent toegankelijk voor degenen die gebruik maken van deze dienst, in het bijzonder om informatie te verkrijgen of toegankelijk te maken:

Burgerlijk Wetboek Boek 3 **B3** art. 15f

a. zijn identiteit en adres van vestiging;
b. gegevens die een snel contact en een rechtstreekse en effectieve communicatie met hem mogelijk maken, met inbegrip van zijn elektronische postadres;
c. voor zover hij in een handelsregister of een vergelijkbaar openbaar register is ingeschreven: het register waar hij is ingeschreven en zijn inschrijvingsnummer, of een vergelijkbaar middel ter identificatie in dat register;
d. voor zover een activiteit aan een vergunningstelsel is onderworpen: de gegevens over de bevoegde toezichthoudende autoriteit;
e. voor zover hij een gereglementeerd beroep uitoefent:
– de beroepsvereniging of -organisatie waarbij hij is ingeschreven,
– de beroepstitel en de lidstaat van de Europese Unie of andere staat die partij is bij de Overeenkomst betreffende de Europese Economische Ruimte waar die is toegekend,
– een verwijzing naar de beroepsregels die in Nederland van toepassing zijn en de wijze van toegang daartoe;
f. voor zover hij een aan de BTW onderworpen activiteit uitoefent: het btw-identificatienummer zoals bedoeld in artikel 2a, eerste lid, onder g, van de Wet op de Omzetbelasting 1968.
2. De dienstverlener geeft aanduidingen van prijzen in een dienst van de informatiemaatschappij duidelijk en ondubbelzinnig aan, met de uitdrukkelijke vermelding of, en zo mogelijk welke, belasting en leveringskosten daarbij inbegrepen zijn.
3. Onder dienst van de informatiemaatschappij wordt verstaan elke dienst die gewoonlijk tegen vergoeding, langs elektronische weg, op afstand en op individueel verzoek van de afnemer van de dienst wordt verricht zonder dat partijen gelijktijdig op dezelfde plaats aanwezig zijn. Een dienst wordt langs elektronische weg verricht indien deze geheel per draad, per radio, of door middel van optische of andere elektromagnetische middelen wordt verzonden, doorgeleid en ontvangen met behulp van elektronische apparatuur voor de verwerking, met inbegrip van digitale compressie, en de opslag van gegevens.

Art. 15e

1. Indien commerciële communicatie deel uitmaakt van een dienst van de informatiemaatschappij of een dergelijke dienst vormt, zorgt degene in wiens opdracht de commerciële communicatie geschiedt dat:
a. de commerciële communicatie duidelijk als zodanig herkenbaar is;
b. de commerciële communicatie zijn identiteit vermeldt;
c. de commerciële communicatie, indien deze verkoopbevorderende aanbiedingen, wedstrijden of spelen omvat, een duidelijke en ondubbelzinnige vermelding bevat van de aard en de voorwaarden van de aanbieding of de deelneming;
d. ongevraagde commerciële communicatie door middel van elektronische post reeds bij de ontvangst duidelijk en ondubbelzinnig als zodanig herkenbaar is.
2. [vervallen.]
3. Onder commerciële communicatie als bedoeld in dit artikel wordt verstaan elke vorm van communicatie bestemd voor het aanprijzen van de goederen, diensten of het imago van een onderneming, instelling of persoon die een commerciële, industriële of ambachtelijke activiteit of een gereglementeerd beroep uitoefent, met uitzondering van informatie die rechtstreeks toegang geeft tot de activiteit van de onderneming, instelling of persoon, in het bijzonder een domeinnaam of een elektronisch postadres. Mededelingen over goederen of diensten of het imago van een onderneming, instelling of persoon die onafhankelijk van deze en in het bijzonder zonder financiële tegenprestatie zijn samengesteld, zijn geen commerciële communicatie.

Commerciële communicatie

Art. 15f

1. Degenen die diensten van de informatiemaatschappij verlenen of gebruiken kunnen zich richten tot een door Onze Minister van Justitie in overeenstemming met Onze Minister van Economische Zaken aan te wijzen rechtspersoon teneinde:
a. algemene informatie te verkrijgen over hun contractuele rechten en plichten alsmede over klachtenprocedures en rechtsmiddelen in het geval van een geschil;
b. nadere gegevens te verkrijgen over de autoriteiten of organisaties waar zij nadere informatie of praktische bijstand kunnen krijgen.
2. De rechtspersoon, bedoeld in lid 1, werkt bij de uitoefening van zijn taken samen met de overeenkomstige organisaties in andere lidstaten van de Europese Unie en de overige staten die partij zijn bij de Overeenkomst betreffende de Europese Economische Ruimte.
3. De controleurs van de Belastingdienst/Fiscale Inlichtingen- en Opsporingsdienst – Economische Controle Dienst (Belastingdienst/FIOD-ECD) worden aangewezen als ambtenaren, belast met de opsporing van overtredingen van de voorschriften gesteld bij de artikelen 15d en 15e lid 1.

Klachtenregeling bij elektronisch rechtsverkeer

Aanwijzing opsporingsambtenaren bij elektronisch rechtsverkeer

Afdeling 1B
Het voeren van een administratie

Art. 15i

Administratieplicht bij vermogen

1. Een ieder die een bedrijf of zelfstandig een beroep uitoefent, is verplicht van zijn vermogenstoestand en van alles betreffende zijn bedrijf of beroep, naar de eisen van dat bedrijf of beroep, op zodanige wijze een administratie te voeren en de daartoe behorende boeken, bescheiden en andere gegevensdragers op zodanige wijze te bewaren, dat te allen tijde zijn rechten en verplichtingen kunnen worden gekend.

Schakelbepaling

2. De leden 2 tot en met 4 van artikel 10 van Boek 2 zijn van overeenkomstige toepassing.

Art. 15j

Inzage administratie bij vermogen

Openlegging van tot een administratie behorende boeken, bescheiden en andere gegevensdragers kunnen, voorzover zij daarbij een rechtstreeks en voldoende belang hebben, vorderen:
a. erfgenamen, ten aanzien van de boekhouding van de erflater;
b. deelgenoten in een gemeenschap, ten aanzien van de boekhouding betreffende de gemeenschap;
c. vennoten, ten aanzien van de boekhouding van de vennootschap;
d. schuldeisers in het geval van faillissement of toepassing van de schuldsaneringsregeling natuurlijke personen, ten aanzien van de boekhouding van de failliet onderscheidenlijk degene ten aanzien van wie de schuldsaneringsregeling van toepassing is.

Afdeling 2
Inschrijvingen betreffende registergoederen

Art. 16

Openbare registers

1. Er worden openbare registers gehouden, waarin feiten die voor de rechtstoestand van registergoederen van belang zijn, worden ingeschreven.

Nadere regels

2. Welke deze openbare registers zijn, waar en op welke wijze een inschrijving in de registers kan worden verkregen, welke stukken daartoe aan de bewaarder moeten worden aangeboden, wat deze stukken moeten inhouden, hoe de registers worden ingericht, hoe de inschrijvingen daarin geschieden, en hoe de registers kunnen worden geraadpleegd, wordt geregeld bij de wet.
(Zie ook: art. 8 Kadw; art. art. 20 BW Boek 5; art. 155 Overgangswet NBW; art. 100e Wonw)

Art. 17

Inschrijfbare feiten in openbare registers

1. Behalve die feiten waarvan inschrijving krachtens andere wetsbepalingen mogelijk is, kunnen in deze registers de volgende feiten worden ingeschreven:
a. rechtshandelingen die een verandering in de rechtstoestand van registergoederen brengen of in enig ander opzicht voor die rechtstoestand van belang zijn;
(Zie ook: artt. 89, 98, 186, 260 BW Boek 3; artt. 31, 42, 60, 109, 139 BW Boek 5; artt. 143, 252 BW Boek 6; artt. 24, 28, 29 Kadw)
b. erfopvolgingen die registergoederen betreffen, daaronder begrepen de opvolging door de Staat krachtens de artikelen 189 en 226 lid 4 van Boek 4, en de afgifte van registergoederen aan de Staat krachtens artikel 226 leden 1 en 2 van Boek 4;
(Zie ook: art. 27 Kadw)
c. vervulling van de voorwaarde, gesteld in een ingeschreven voorwaardelijke rechtshandeling, en de verschijning van een onzeker tijdstip, aangeduid in de aan een ingeschreven rechtshandeling verbonden tijdsbepaling, alsmede de dood van een vruchtgebruiker van een registergoed;
(Zie ook: art. 38, 203 BW Boek 3; art. 30 Kadw)
d. reglementen en andere regelingen die tussen medegerechtigden in registergoederen zijn vastgesteld;
(Zie ook: art. 168 BW Boek 3; art. 31 Kadw)
e. rechterlijke uitspraken die de rechtstoestand van registergoederen of de bevoegdheid daarover te beschikken betreffen, mits zij uitvoerbaar bij voorraad zijn of een verklaring van de griffier wordt overgelegd, dat daartegen geen gewoon rechtsmiddel meer openstaat of dat hem drie maanden na de uitspraak niet van het instellen van een gewoon rechtsmiddel is gebleken, benevens de tegen de bovenbedoelde uitspraken ingestelde rechtsmiddelen;
(Zie ook: artt. 237, 300, 301, 302 BW Boek 3; artt. 32, 116 BW Boek 5; art. 260 BW Boek 6; art. 513a Rv)
f. instelling van rechtsvorderingen en indiening van verzoeken ter verkrijging van een rechterlijke uitspraak die de rechtstoestand van een registergoed betreft;
g. executoriale en conservatoire beslagen op registergoederen;
h. naamsveranderingen die tot registergoederen gerechtigde personen betreffen;
i. verjaring die leidt tot verkrijging van een registergoed of tenietgaan van een beperkt recht dat een registergoed is;
(Zie ook: artt. 99, 106, 323 BW Boek 3; art. 34 Kadw)

j. beschikkingen en uitspraken, waarbij een krachtens een bijzondere wetsbepaling ingeschreven beschikking wordt vernietigd, ingetrokken of gewijzigd;
(Zie ook: artt. 24, 50, 89, 186 BW Boek 3; art. 143 BW Boek 6; art. 45 Kadw)
k. de aanleg en verwijdering van een net, bestaande uit een of meer kabels of leidingen, bestemd voor transport van vaste, vloeibare of gasvormige stoffen, van energie of van informatie.
(Zie ook: artt. 237, 254 BW Boek 3; artt. 61, 116 BW Boek 5; artt. 36, 45, 46, 47 Kadw; art. 5.17 Tw)

2. Huur- en pachtovereenkomsten en andere feiten die alleen persoonlijke rechten geven of opheffen, kunnen slechts worden ingeschreven, indien een bijzondere wetsbepaling dit toestaat.
(Zie ook: artt. 50, 254 BW Boek 3; art. 260 BW Boek 6; art. 26 Kadw)

Persoonlijke rechten bij registergoed

Art. 18

Worden de bewaarder der registers stukken ter inschrijving aangeboden, dan verstrekt hij de aanbieder een bewijs van ontvangst, vermeldende de aard dier stukken alsmede dag, uur en minuut van de aanbieding.
(Zie ook: artt. 13, 17 Kadw)

Ontvangstbewijs bij registergoed

Art. 19

1. Indien de voor een inschrijving nodige stukken worden aangeboden, de aangeboden stukken aan de wettelijke eisen voldoen en andere vereisten voor inschrijving zijn vervuld, dan geschiedt de inschrijving terstond na de aanbieding.

Tijdstip van inschrijving bij registergoed

2. Als tijdstip van inschrijving geldt het tijdstip van aanbieding van de voor de inschrijving vereiste stukken.

3. Op verlangen van de aanbieder tekent de bewaarder de verrichte inschrijving op het ontvangstbewijs aan of doet hij in de gevallen en op een wijze bij of krachtens de wet, bedoeld in artikel 16, tweede lid, vast te stellen, daarvan mededeling aan de aanbieder.

4. Indien de bewaarder vermoedt dat de in de aangeboden stukken vermelde kenmerken niet overeenstemmen met die welke met betrekking tot het registergoed behoren te worden vermeld, of dat de in te schrijven rechtshandeling door een onbevoegde is verricht of onverenigbaar is met een andere rechtshandeling, ter inschrijving waarvan hem de nodige stukken zijn aangeboden, is hij bevoegd de aanbieder en andere belanghebbenden daarop opmerkzaam te maken.
(Zie ook: artt. 21, 262 BW Boek 3; artt. 17, 18, 59 Kadw)

Art. 20

1. De bewaarder der registers weigert een inschrijving te doen, indien niet is voldaan aan de eisen, bedoeld in artikel 19, eerste lid. Hij boekt de aanbieding in het register van voorlopige aantekeningen met vermelding van de gerezen bedenkingen.

Weigering inschrijving bij registergoed

2. Wanneer de weigering ten onrechte is geschied, beveelt de voorzieningenrechter van de rechtbank, rechtdoende in kort geding, op vordering van de belanghebbende de bewaarder de inschrijving alsnog te verrichten, zulks onverminderd de bevoegdheid van de gewone rechter. De voorzieningenrechter kan de oproeping van door hem aan te wijzen andere belanghebbenden gelasten. Het bevel van de voorzieningenrechter is van rechtswege uitvoerbaar bij voorraad.

Inschrijving op bevel voorzieningenrechter bij registergoed

3. Wordt de geweigerde inschrijving alsnog bevolen, dan verricht de bewaarder haar terstond nadat de eiser haar opnieuw heeft verzocht.

4. Indien de belanghebbende binnen twee weken na de oorspronkelijke aanbieding aan de bewaarder een dagvaarding in kort geding ter verkrijging van het in lid 2 bedoelde bevel heeft doen uitbrengen en de aanvankelijk geweigerde inschrijving alsnog is verricht op een hernieuwde aanbieding van dezelfde stukken, gedaan binnen een week na een in eerste aanleg gegeven bevel, wordt de inschrijving geacht te zijn geschied op het tijdstip waarop de oorspronkelijke aanbieding plaatsvond. Hetzelfde geldt, indien de bewaarder op een hernieuwde aanbieding alsnog overgaat tot inschrijving binnen twee weken hetzij na de oorspronkelijke aanbieding, hetzij na een hem tijdig uitgebrachte dagvaarding hangende het geding in eerste aanleg.

Tijdstip inschrijving na hernieuwde aanbieding bij registergoed

5. Een feit waarvan slechts blijkt uit een overeenkomstig lid 1, tweede zin, geboekt stuk wordt geacht niet door raadpleging van de registers kenbaar te zijn, tenzij het krachtens het vorige lid geacht moet worden reeds ten tijde van de raadpleging ingeschreven te zijn geweest.

Kenbaarheid voorlopige aantekening bij registergoed

6. Een voorlopige aantekening wordt door de bewaarder doorgehaald, zodra hem is gebleken dat de voorwaarden voor toepassing van het vierde lid niet meer kunnen worden vervuld, of de inschrijving met inachtneming van het tijdstip van oorspronkelijke aanbieding alsnog heeft plaatsgevonden.
(Zie ook: artt. 12a, 52, 289 Rv; artt. 8, 11, 14, 16, 18 Kadw)

Doorhaling voorlopige aantekening bij registergoed

Art. 21

1. De rangorde van inschrijvingen die op een zelfde registergoed betrekking hebben, wordt bepaald door de volgorde der tijdstippen van inschrijving, tenzij uit de wet een andere rangorde voortvloeit.

Rangorde inschrijvingen bij registergoed

2. Vinden twee inschrijvingen op één zelfde tijdstip plaats en zouden deze leiden tot onderling onverenigbare rechten van verschillende personen op dat goed, dan wordt de rangorde bepaald:
a. ingeval de ter inschrijving aangeboden akten op verschillende dagen zijn opgemaakt: door de volgorde van die dagen;

B3 art. 22

b. ingeval beide akten op dezelfde dag zijn opgemaakt en het notariële akten, daaronder begrepen notariële verklaringen, betreft: door de volgorde van de tijdstippen waarop ieder van die akten of verklaringen is opgemaakt.

(Zie ook: artt. 19, 177, 261, 262 BW Boek 3; art. 505 Rv)

Art. 22

Betwisten geldigheid inschrijving bij registergoed

Wanneer een feit in de registers is ingeschreven, kan daarna de geldigheid van de inschrijving niet meer worden betwist op grond dat de formaliteiten die voor de inschrijving worden vereist, niet zijn in acht genomen.

Art. 23

Goede trouw bij registergoed

Het beroep van een verkrijger van een registergoed op goede trouw wordt niet aanvaard, wanneer dit beroep insluit een beroep op onbekendheid met feiten die door raadpleging van de registers zouden zijn gekend.

(Zie ook: artt. 11, 88, 99 BW Boek 3)

Art. 24

Bescherming bij onvolledige registers

1. Indien op het tijdstip waarop een rechtshandeling tot verkrijging van een recht op een registergoed onder bijzondere titel in de registers wordt ingeschreven, een eveneens voor inschrijving in de registers vatbaar feit niet met betrekking tot dat registergoed ingeschreven was, kan dit feit aan de verkrijger niet worden tegengeworpen, tenzij hij het kende.

(Zie ook: artt. 11, 17, 36, 88 BW Boek 3; art. 78 Overgangswet NBW)

2. Het eerste lid is niet van toepassing ten aanzien van:

a. feiten die naar hun aard vatbaar zijn voor inschrijving in een register van de burgerlijke stand, een huwelijksgoederenregister of een boedelregister, ook indien het feit in een gegeven geval daarin niet kan worden ingeschreven, omdat daarop de Nederlandse wet niet van toepassing is;

(Zie ook: artt. 16, 116 BW Boek 1)

b. in het curatele- en bewindregister ingeschreven ondercuratelestelling en opheffing van curatele;

(Zie ook: art. 391 BW Boek 1)

c. in het faillissementsregister, het surséanceregister en het register schuldsaneringsregeling natuurlijke personen ingeschreven rechterlijke uitspraken;

(Zie ook: artt. 19, 222a FW)

d. aanvaarding en verwerping van een nalatenschap;

(Zie ook: artt. 1075, 1090 BW Boek 4)

e. verjaring.

(Zie ook: artt. 99, 105, 106 BW Boek 3)

3. Het eerste lid is evenmin van toepassing ten aanzien van erfopvolgingen en uiterste wilsbeschikkingen die op het tijdstip van de inschrijving van de rechtshandeling nog niet ingeschreven waren, doch daarna, mits binnen drie maanden na de dood van de erflater, alsnog in de registers zijn ingeschreven.

(Zie ook: art. 116 BW Boek 3)

Art. 25

Bescherming bij onjuist ingeschreven feit

Indien op het tijdstip waarop een rechtshandeling ter verkrijging van een recht op een registergoed onder bijzondere titel wordt ingeschreven, een feit met betrekking tot dat registergoed in de registers was ingeschreven krachtens een authentieke akte waarin het feit door een ambtenaar met kracht van authenticiteit werd vastgesteld, kan de onjuistheid van dit feit aan de verkrijger niet worden tegengeworpen, tenzij hij deze onjuistheid kende of door raadpleging van de registers de mogelijkheid daarvan had kunnen kennen.

(Zie ook: art. 88 BW Boek 3; art. 183 Rv)

Art. 26

Bescherming bij onjuist ingeschreven feit

Indien op het tijdstip waarop een rechtshandeling ter verkrijging van een recht op een registergoed onder bijzondere titel wordt ingeschreven, met betrekking tot dat registergoed een onjuist feit in de registers ingeschreven was, kan de onjuistheid van dit feit door hem die redelijkerwijze voor overeenstemming van de registers met de werkelijkheid had kunnen zorgdragen, aan de verkrijger niet worden tegengeworpen, tenzij deze de onjuistheid kende of door raadpleging van de registers de mogelijkheid daarvan had kunnen kennen.

(Zie ook: art. 36 BW Boek 3)

Art. 27

Beweerd recht op registergoed

1. Hij die beweert enig recht op een registergoed te hebben, kan alle belanghebbenden bij openbare oproeping, en daarnaast hen die als rechthebbende of beslaglegger op dat goed ingeschreven staan, ieder bij name dagvaarden om te horen verklaren dat hem het recht waarop hij aanspraak maakt, toekomt. Alvorens een zodanige eis toe te wijzen, kan de rechter de maatregelen bevelen en de bewijsopdrachten doen, welke hij in het belang van mogelijke nietverschenen rechthebbenden nuttig oordeelt. Een krachtens dit artikel verkregen verklaring wordt niet in de registers ingeschreven, voordat het vonnis in kracht van gewijsde is gegaan.

2. Tegen het vonnis is geen verzet toegelaten. Hoger beroep en cassatie staan volgens de gewone regels open, behoudens de volgende uitzonderingen. Artikel 335 van het Wetboek van Burgerlijke Rechtsvordering is niet van toepassing. De dagvaarding waarbij het rechtsmiddel wordt ingesteld, moet op straffe van niet-ontvankelijkheid binnen acht dagen worden ingeschreven in het register, bedoeld in artikel 433 van het Wetboek van Burgerlijke Rechtsvordering. De termijn voor hoger beroep begint voor niet-verschenen belanghebbenden te lopen vanaf de betekening van de uitspraak aan hen bij name, voor zover zij ingeschreven waren, of bij openbaar exploit, zo zij niet ingeschreven waren. Cassatie staat alleen open voor verschenen belanghebbenden.

3. De krachtens lid 1 ingeschreven verklaring wordt ten aanzien van niet-verschenen belanghebbenden die niet bij name zijn gedagvaard, vermoed juist te zijn, zolang het tegendeel niet bewezen is.

Op de onjuistheid kan echter geen beroep worden gedaan ten nadele van hen die, daarmee onbekend, de verkrijger van het vonnis onder bijzondere titel zijn opgevolgd.

4. Een openbare oproeping als bedoeld in lid 1 geschiedt overeenkomstig artikel 54, tweede en derde lid van het Wetboek van Burgerlijke Rechtsvordering. Een openbaar exploot als bedoeld in lid 2 geschiedt op dezelfde wijze, tenzij de rechter nadere maatregelen voorschrijft als bedoeld in lid 1. De in lid 1 bedoelde maatregelen kunnen bestaan in het voorschrijven van al of niet herhaalde aankondigingen van een door de rechter vast te stellen inhoud in één of meer binnen- of buitenlandse dagbladen.

(Zie ook: art. 119 BW Boek 3; art. 174 BW Boek 6; art. 25 Kadw)

Art. 28

1. Is een inschrijving waardeloos, dan zijn degenen te wier behoeve zij anders zou hebben gestrekt, verplicht van deze waardeloosheid aan hem die daarbij een onmiddellijk belang heeft, op diens verzoek een schriftelijke verklaring af te geven. De verklaringen vermelden de feiten waarop de waardeloosheid berust, tenzij de inschrijving een hypotheek of een beslag betreft.

Verklaring van waardeloosheid inschrijving bij registergoed

2. Verklaringen als in lid 1 bedoeld kunnen in de registers worden ingeschreven. Indien de inschrijving een hypotheek of een beslag betreft, machtigen deze verklaringen na inschrijving gezamenlijk de bewaarder tot doorhaling daarvan.

(Zie ook: artt. 273, 274, 300 BW Boek 3; art. 513a Rv; art. 35 Kadw)

Art. 29

1. Worden de vereiste verklaringen niet afgegeven, dan verklaart de rechtbank de inschrijving waardeloos op vordering van de onmiddellijk belanghebbende. Wordt ter verkrijging van dit bevel iemand die in de registers staat ingeschreven gedagvaard, dan worden daarmee tevens gedagvaard al zijn rechtverkrijgenden die geen nieuwe inschrijving hebben genomen.

Bevel van waardeloosheid inschrijving bij registergoed

2. Alvorens een zodanige verklaring uit te spreken kan de rechter de maatregelen bevelen en de bewijsopdrachten doen, welke hij in het belang van mogelijk niet-verschenen rechthebbenden nuttig oordeelt.

3. Verzet, hoger beroep en cassatie moeten op straffe van niet- ontvankelijkheid binnen acht dagen na het instellen van het rechtsmiddel worden ingeschreven in de registers, bedoeld in artikel 433 van het Wetboek van Burgerlijke Rechtsvordering. Zo voor een ingeschreven verweerder geen verzet, maar hoger beroep openstaat, geldt hetzelfde voor zijn rechtverkrijgenden die geen nieuwe inschrijving hebben genomen. In afwijking van artikel 143 van dat wetboek begint de termijn van verzet in elk geval te lopen vanaf de betekening van het vonnis aan de ingeschreven verweerder, ook als de betekening niet aan hem in persoon geschiedt, zulks mede ten opzichte van zijn rechtverkrijgenden die geen nieuwe inschrijving hebben genomen, tenzij de rechter hiertoe nadere maatregelen heeft bevolen en aan dat bevel niet is voldaan. Cassatie staat alleen open voor verschenen belanghebbenden.

4. Het vonnis dat de verklaring bevat, kan niet worden ingeschreven, voordat het in kracht van gewijsde is gegaan. Indien de waardeloze inschrijving een hypotheek of beslag betreft, machtigt het vonnis na inschrijving de bewaarder tot doorhaling daarvan.

(Zie ook: artt. 274, 300 BW Boek 3; art. 513a Rv; art. 8 Kadw)

Art. 30

Onverminderd de aansprakelijkheden van de Dienst voor het kadaster en de openbare registers, bedoeld in artikel 117, eerste en tweede lid, van de Kadasterwet, is de Staat aansprakelijk, wanneer iemand ten gevolge van omstandigheden die naar redelijkheid en billijkheid niet voor zijn rekening komen, door toepassing van een der artikelen 24, 25 of 27 zijn recht verliest.

Aansprakelijkheid van de staat bij registergoed

(Zie ook: art. 270 BW Boek 3; art. 170 BW Boek 6; art. 117 Kadw)

Art. 31

Waar een wetsbepaling die betrekking heeft op registergoederen, een notariële akte of een notariële verklaring voorschrijft, is een akte of verklaring van een Nederlandse notaris vereist.

Notariële akte of verklaring bij registergoed

(Zie ook: artt. 89, 96, 98, 186, 234, 260, 262, 270 BW Boek 3; artt. 31, 60, 61, 93, 109, 139, 143 BW Boek 5; art. 525 BW Boek 6; artt. 514, 539, 544, 551 Rv; artt. 18, 24, 25, 27, 30, 31, 33, 34, 35, 36, 37, 41, 59 Kadw)

Titel 2 *Rechtshandelingen*

Art. 32

Handelingsonbekwaamheid bij rechtshandeling

1. Iedere natuurlijke persoon is bekwaam tot het verrichten van rechtshandelingen, voor zover de wet niet anders bepaalt.

(Zie ook: artt. 234, 235, 381 BW Boek 1; art. 63 BW Boek 3; artt. 31, 209, 218, 222, 276 BW Boek 6)

2. Een rechtshandeling van een onbekwame is vernietigbaar. Een eenzijdige rechtshandeling van een onbekwame, die niet tot een of meer bepaalde personen gericht was, is echter nietig. *(Zie ook: artt. 49, 52, 58 BW Boek 3)*

Art. 33

Wil en verklaring bij rechtshandeling

Een rechtshandeling vereist een op een rechtsgevolg gerichte wil die zich door een verklaring heeft geopenbaard.

(Zie ook: art. 44 BW Boek 3; artt. 217, 228, 231, 232 BW Boek 6)

Art. 34

Geestelijke stoornis bij rechtshandeling

1. Heeft iemand wiens geestvermogens blijvend of tijdelijk zijn gestoord, iets verklaard, dan wordt een met de verklaring overeenstemmende wil geacht te ontbreken, indien de stoornis een redelijke waardering der bij de handeling betrokken belangen belette, of indien de verklaring onder invloed van die stoornis is gedaan. Een verklaring wordt vermoed onder invloed van de stoornis te zijn gedaan, indien de rechtshandeling voor de geestelijk gestoorde nadelig was, tenzij het nadeel op het tijdstip van de rechtshandeling redelijkerwijze niet was te voorzien.

2. Een zodanig ontbreken van wil maakt een rechtshandeling vernietigbaar. Een eenzijdige rechtshandeling die niet tot een of meer bepaalde personen gericht was, wordt door het ontbreken van wil echter nietig.

(Zie ook: art. 32 BW Boek 1; artt. 44, 49, 51 BW Boek 3; art. 942 BW Boek 4; artt. 80, 81 Overgangswet NBW)

Art. 35

Vertrouwensbeginsel bij rechtshandeling

Tegen hem die eens anders verklaring of gedraging, overeenkomstig de zin die hij daaraan onder de gegeven omstandigheden redelijkerwijze mocht toekennen, heeft opgevat als een door die ander tot hem gerichte verklaring van een bepaalde strekking, kan geen beroep worden gedaan op het ontbreken van een met deze verklaring overeenstemmende wil.

(Zie ook: art. 16 BW Boek 2; artt. 11, 37, 61, 66 BW Boek 3; artt. 2, 225, 231, 232, 237, 248 BW Boek 6)

Art. 36

Derdenbescherming bij rechtshandeling

Tegen hem die als derde op grond van een verklaring of gedraging, overeenkomstig de zin die hij daaraan onder de gegeven omstandigheden redelijkerwijze mocht toekennen, het ontstaan, bestaan of tenietgaan van een bepaalde rechtsbetrekking heeft aangenomen en in redelijk vertrouwen op de juistheid van die veronderstelling heeft gehandeld, kan door degene om wiens verklaring of gedraging het gaat, met betrekking tot deze handeling op de onjuistheid van die veronderstelling geen beroep worden gedaan.

(Zie ook: artt. 24, 26, 44, 88 BW Boek 3; artt. 34, 156, 159 BW Boek 6)

Art. 37

Vorm van verklaringen bij rechtshandeling

1. Tenzij anders is bepaald, kunnen verklaringen, met inbegrip van mededelingen, in iedere vorm geschieden, en kunnen zij in een of meer gedragingen besloten liggen.

2. Indien bepaald is dat een verklaring schriftelijk moet worden gedaan, kan zij, voor zover uit de strekking van die bepaling niet anders volgt, ook bij exploit geschieden.

3. Een tot een bepaalde persoon gerichte verklaring moet, om haar werking te hebben, die persoon hebben bereikt. Nochtans heeft ook een verklaring die hem tot wie zij was gericht, niet of niet tijdig heeft bereikt, haar werking, indien dit niet of niet tijdig bereiken het gevolg is van zijn eigen handeling, van de handeling van personen voor wie hij aansprakelijk is, of van andere omstandigheden die zijn persoon betreffen en rechtvaardigen dat hij het nadeel draagt.

4. Wanneer een door de afzender daartoe aangewezen persoon of middel een tot een ander gerichte verklaring onjuist heeft overgebracht, geldt het ter kennis van de ontvanger gekomene als de verklaring van de afzender, tenzij de gevolgde wijze van overbrenging door de ontvanger was bepaald.

(Zie ook: art. 35 BW Boek 3)

Intrekking verklaring bij rechtshandeling

5. Intrekking van een tot een bepaalde persoon gerichte verklaring moet, om haar werking te hebben, die persoon eerder dan of gelijktijdig met de ingetrokken verklaring bereiken.

(Zie ook: artt. 44, 94, 176 BW Boek 3; artt. 217, 219, 221, 223, 224, 228, 236, 237 BW Boek 6)

Art. 38

Tijdsbepaling of voorwaarde bij rechtshandeling

1. Tenzij uit de wet of uit de aard van de rechtshandeling anders voortvloeit, kan een rechtshandeling onder een tijdsbepaling of een voorwaarde worden verricht.

Burgerlijk Wetboek Boek 3 **B3 art. 44**

2. De vervulling van een voorwaarde heeft geen terugwerkende kracht.
(Zie ook: artt. 17, 81, 84, 85, 91, 92 BW Boek 3; artt. 21, 39, 40, 161 BW Boek 6; art. 483a Rv; artt. 129, 356 FW)

Art. 39

Tenzij uit de wet anders voortvloeit, zijn rechtshandelingen die niet in de voorgeschreven vorm zijn verricht, nietig.
(Zie ook: artt. 24, 66, 88, 89, 90, 115 BW Boek 1; artt. 4, 14, 15, 27, 38, 65, 117, 176, 227, 286 BW Boek 2; artt. 58, 61, 62, 183, 260, 275 BW Boek 3; art. 88 BW Boek 5; artt. 82, 226 BW Boek 6; art. 2 Pw)

Nietigheid wegens gebrek aan vorm bij rechtshandeling

Art. 40

1. Een rechtshandeling die door inhoud of strekking in strijd is met de goede zeden of de openbare orde, is nietig.

Nietigheid wegens strijd met goede zeden en openbare orde bij rechtshandeling

2. Strijd met een dwingende wetsbepaling leidt tot nietigheid van de rechtshandeling, doch, indien de bepaling uitsluitend strekt ter bescherming van één der partijen bij een meerzijdige rechtshandeling, slechts tot vernietigbaarheid, een en ander voor zover niet uit de strekking van de bepaling anders voortvloeit.

Nietigheid wegens strijd met wet bij rechtshandeling

3. Het vorige lid heeft geen betrekking op wetsbepalingen die niet de strekking hebben de geldigheid van daarmede strijdige rechtshandelingen aan te tasten.
(Zie ook: artt. 121, 400 BW Boek 1; artt. 20, 68, 125, 179 BW Boek 2; artt. 94, 109, 203, 229 BW Boek 6; art. 23 Colpw; art. 2 HW)

Art. 41

Betreft een grond van nietigheid slechts een deel van een rechtshandeling, dan blijft deze voor het overige in stand, voor zover dit, gelet op inhoud en strekking van de handeling, niet in onverbrekelijk verband met het nietige deel staat.
(Zie ook: artt. 92, 235 BW Boek 3; art. 265 BW Boek 6)

Partiële nietigheid bij rechtshandeling

Art. 42

Beantwoordt de strekking van een nietige rechtshandeling in een zodanige mate aan die van een andere, als geldig aan te merken rechtshandeling, dat aangenomen moet worden dat die andere rechtshandeling zou zijn verricht, indien van de eerstgenoemde wegens haar ongeldigheid was afgezien, dan komt haar de werking van die andere rechtshandeling toe, tenzij dit onredelijk zou zijn jegens een belanghebbende die niet tot de rechtshandeling als partij heeft medegewerkt.
(Zie ook: art. 294 BW Boek 2; artt. 54, 58, 74, 198 BW Boek 3; art. 78 BW Boek 5; artt. 2, 230, 248, 259 BW Boek 6; art. 6 Pw; artt. 2, 29 HW)

Omzetting bij rechtshandeling

Art. 43

1. Rechtshandelingen die, hetzij rechtstreeks, hetzij door tussenkomende personen, strekken tot verkrijging door:
a. rechters, leden van het openbaar ministerie, gerechtsauditeurs, griffiers, advocaten, deurwaarders en notarissen van goederen waarover een geding aanhangig is voor het gerecht, onder welks rechtsgebied zij hun bediening uitoefenen;
b. ambtenaren, van goederen die door hen of te hunnen overstaan worden verkocht, of
c. personen met openbaar gezag bekleed, van goederen die toebehoren aan het Rijk, provincies, gemeenten of andere openbare instellingen en aan hun beheer zijn toevertrouwd,
zijn nietig en verplichten de verkrijgers tot schadevergoeding.

Nietigheid bij rechtshandeling

2. Lid 1 onder *a* heeft geen betrekking op uiterste wilsbeschikkingen, door een erflater ten voordele van zijn wettelijke erfgenamen gemaakt, noch op rechtshandelingen krachtens welke deze erfgenamen goederen der nalatenschap verkrijgen.

3. In het geval bedoeld in het eerste lid onder *c* is de rechtshandeling geldig, indien zij met Onze goedkeuring is geschied of het een verkoop in het openbaar betreft. Indien de rechtshandeling strekt tot verkrijging door een lid van de gemeenteraad of een wethouder, onderscheidenlijk de burgemeester komt de in de vorige zin bedoelde bevoegdheid tot goedkeuring toe aan gedeputeerde staten, onderscheidenlijk de Commissaris van de Koning.

Art. 44

1. Een rechtshandeling is vernietigbaar, wanneer zij door bedreiging, door bedrog of door misbruik van omstandigheden is tot stand gekomen.

Bedrog

2. Bedreiging is aanwezig, wanneer iemand een ander tot het verrichten van een bepaalde rechtshandeling beweegt door onrechtmatig deze of een derde met enig nadeel in persoon of goed te bedreigen. De bedreiging moet zodanig zijn, dat een redelijk oordelend mens daardoor kan worden beïnvloed.

3. Bedrog is aanwezig, wanneer iemand een ander tot het verrichten van een bepaalde rechtshandeling beweegt door enige opzettelijk daartoe gedane onjuiste mededeling, door het opzettelijk daartoe verzwijgen van enig feit dat de verzwijger verplicht was mede te delen, of door een andere kunstgreep. Aanprijzingen in algemene bewoordingen, ook al zijn ze onwaar, leveren op zichzelf geen bedrog op.

B3 *art. 45*

4. Misbruik van omstandigheden is aanwezig, wanneer iemand die weet of moet begrijpen dat een ander door bijzondere omstandigheden, zoals noodtoestand, afhankelijkheid, lichtzinnigheid, abnormale geestestoestand of onervarenheid, bewogen wordt tot het verrichten van een rechtshandeling, het tot stand komen van die rechtshandeling bevordert, ofschoon hetgeen hij weet of moet begrijpen hem daarvan zou behoren te weerhouden.

5. Indien een verklaring is tot stand gekomen door bedreiging, bedrog of misbruik van omstandigheden van de zijde van iemand die geen partij bij de rechtshandeling is, kan op dit gebrek geen beroep worden gedaan jegens een wederpartij die geen reden had het bestaan ervan te veronderstellen.

(Zie ook: art. 71 BW Boek 1; artt. 49, 66 BW Boek 3; artt. 3, 162, 228, 216, 233, 248 BW Boek 6; art. 251 WvK)

Art. 45

Actio Pauliana bij rechtshandeling

1. Indien een schuldenaar bij het verrichten van een onverplichte rechtshandeling wist of behoorde te weten dat daarvan benadeling van een of meer schuldeisers in hun verhaalsmogelijkheden het gevolg zou zijn, is de rechtshandeling vernietigbaar en kan de vernietigingsgrond worden ingeroepen door iedere door de rechtshandeling in zijn verhaalsmogelijkheden benadeelde schuldeiser, onverschillig of zijn vordering vóór of na de handeling is ontstaan.

Rechtshandeling anders dan om niet

2. Een rechtshandeling anders dan om niet, die hetzij meerzijdig is, hetzij eenzijdig en tot een of meer bepaalde personen gericht, kan wegens benadeling slechts worden vernietigd, indien ook degenen met of jegens wie de schuldenaar de rechtshandeling verrichtte, wisten of behoorden te weten dat daarvan benadeling van een of meer schuldeisers het gevolg zou zijn.

Bescherming bevoordeelde rechtshandeling om niet

3. Wordt een rechtshandeling om niet wegens benadeling vernietigd, dan heeft de vernietiging ten aanzien van de bevoordeelde die wist noch behoorde te weten dat van de rechtshandeling benadeling van een of meer schuldeisers het gevolg zou zijn, geen werking, voor zover hij aantoont dat hij ten tijde van de verklaring of het instellen van de vordering tot vernietiging niet ten gevolge van de rechtshandeling gebaat was.

Relatieve werking bij rechtshandeling

4. Een schuldeiser die wegens benadeling tegen een rechtshandeling opkomt, vernietigt deze slechts te zijnen behoeve en niet verder dan nodig is ter opheffing van de door hem ondervonden benadeling.

Derdebescherming

5. Rechten, door derden te goeder trouw anders dan om niet verkregen op goederen die het voorwerp waren van de vernietigde rechtshandeling, worden geëerbiedigd. Ten aanzien van de derde te goeder trouw die om niet heeft verkregen, heeft de vernietiging geen werking voor zover hij aantoont dat hij op het ogenblik dat het goed van hem wordt opgeëist, niet ten gevolge van de rechtshandeling gebaat is.

(Zie ook: artt. 138, 248 BW Boek 2; artt. 11, 190, 193, 264 bBW Boek 3; artt. 967, 1024, 1107 BW Boek 4; art. 5 BW Boek 6; art. 737 Rv; art. 42, 51 FW)

Art. 46

Vermoeden van wetenschap van benadeling bij rechtshandeling

1. Indien de rechtshandeling waardoor een of meer schuldeisers zijn benadeeld, is verricht binnen één jaar voor het inroepen van de vernietigingsgrond en de schuldenaar zich niet reeds voor de aanvang van die termijn tot die rechtshandeling had verplicht, wordt vermoed dat men aan beide zijden wist of behoorde te weten dat een zodanige benadeling het gevolg van de rechtshandeling zou zijn:

1°. bij overeenkomsten, waarbij de waarde der verbintenis aan de zijde van de schuldenaar aanmerkelijk die der verbintenis aan de andere zijde overtreft;

2°. bij rechtshandelingen ter voldoening van of zekerheidstelling voor een niet opeisbare schuld;

3°. bij rechtshandelingen, door de schuldenaar die een natuurlijk persoon is, verricht met of jegens:

a. zijn echtgenoot, zijn pleegkind of een bloed- of aanverwant tot in de derde graad;

b. een rechtspersoon waarin hij, zijn echtgenoot, zijn pleegkind of een bloed- of aanverwant tot in de derde graad bestuurder of commissaris is, dan wel waarin deze personen, afzonderlijk of tezamen, als aandeelhouder rechtstreeks of middellijk voor ten minste de helft van het geplaatste kapitaal deelnemen;

4°. bij rechtshandelingen, door de schuldenaar die rechtspersoon is, verricht met of jegens een natuurlijk persoon:

a. die bestuurder of commissaris van de rechtspersoon is, dan wel met of jegens diens echtgenoot, pleegkind of bloed- of aanverwant tot in de derde graad;

b. die al dan niet tezamen met zijn echtgenoot, zijn pleegkinderen en zijn bloed- of aanverwanten tot in de derde graad, als aandeelhouder rechtstreeks of middellijk voor ten minste de helft van het geplaatste kapitaal deelneemt;

c. wiens echtgenoot, pleegkinderen of bloed- of aanverwanten tot in de derde graad, afzonderlijk of tezamen, als aandeelhouder rechtstreeks of middellijk voor tenminste de helft van het geplaatste kapitaal deelnemen;

5°. bij rechtshandelingen, door de schuldenaar die rechtspersoon is, verricht met of jegens een andere rechtspersoon, indien

a. een van deze rechtspersonen bestuurder is van de andere;

b. een bestuurder, natuurlijk persoon, van een van deze rechtspersonen, of diens echtgenoot, pleegkind of bloed- of aanverwant tot in de derde graad, bestuurder is van de andere;
c. een bestuurder, natuurlijk persoon, of een commissaris van een van deze rechtspersonen, of diens echtgenoot, pleegkind of bloed- of aanverwant tot in de derde graad, afzonderlijk of tezamen, als aandeelhouder rechtstreeks of middellijk voor ten minste de helft van het geplaatste kapitaal deelneemt in de andere;
d. in beide rechtspersonen voor ten minste de helft van het geplaatste kapitaal rechtstreeks of middellijk wordt deelgenomen door dezelfde rechtspersoon, dan wel dezelfde natuurlijke persoon, al dan niet tezamen met zijn echtgenoot, zijn pleegkinderen en zijn bloed- of aanverwanten tot in de derde graad;
6°. bij rechtshandelingen, door de schuldenaar die rechtspersoon is, verricht met of jegens een groepsmaatschappij.
2. Met een echtgenoot wordt een geregistreerde partner of een andere levensgezel gelijkgesteld.
3. Onder pleegkind wordt verstaan hij die duurzaam als eigen kind is verzorgd en opgevoegd.
4. Onder bestuurder, commissaris of aandeelhouder wordt mede verstaan hij die minder dan een jaar vóór de rechtshandeling bestuurder, commissaris of aandeelhouder is geweest.
5. Indien de bestuurder van een rechtspersoon-bestuurder zelf een rechtspersoon is, wordt deze rechtspersoon met de rechtspersoon-bestuurder gelijkgesteld.
(Zie ook: artt. 3, 432 BW Boek 1; artt. 227, 260 BW Boek 3; art. 43 FW)

Art. 47

In geval van benadeling door een rechtshandeling om niet, die de schuldenaar heeft verricht binnen één jaar vóór het inroepen van de vernietigingsgrond, wordt vermoed dat hij wist of behoorde te weten dat benadeling van een of meer schuldeisers het gevolg van de rechtshandeling zou zijn.
(Zie ook: artt. 45, 47 FW)

Vermoeden van wetenschap van benadeling schuldeisers bij rechtshandeling

Art. 48

Onder schuldenaar in de zin van de drie vorige artikelen is begrepen hij op wiens goed voor de schuld van een ander verhaal kan worden genomen.
(Zie ook: artt. 231, 284, 287, 291, 292 BW Boek 3; artt. 12, 13, 30, 35, 73, 139, 157, 159 BW Boek 6; artt. 45, 47 FW; art. 16 IW 1990)

Schuldenaar bij rechtshandeling

Art. 49

Een vernietigbare rechtshandeling wordt vernietigd hetzij door een buitengerechtelijke verklaring, hetzij door een rechterlijke uitspraak.

Vernietiging bij rechtshandeling

Art. 50

1. Een buitengerechtelijke verklaring die een rechtshandeling vernietigt, wordt door hem in wiens belang de vernietigingsgrond bestaat, gericht tot hen die partij bij de rechtshandeling zijn.
2. Een buitengerechtelijke verklaring kan een rechtshandeling met betrekking tot een registergoed die heeft geleid tot een inschrijving in de openbare registers of tot een tot levering van een registergoed, bestemde akte, slechts vernietigen indien alle partijen in de vernietiging berusten.
(Zie ook: art. 89 BW Boek 1; artt. 16, 17, 37, 56 BW Boek 3; art. 246 BW Boek 6; artt. 24, 26, 37 Kadw)

Buitenrechtelijke vernietiging bij rechtshandeling

Art. 51

1. Een rechterlijke uitspraak vernietigt een rechtshandeling, doordat zij een beroep in rechte op een vernietigingsgrond aanvaardt.
2. Een rechtsvordering tot vernietiging van een rechtshandeling wordt ingesteld tegen hen die partij bij de rechtshandeling zijn.
3. Een beroep in rechte op een vernietigingsgrond kan te allen tijde worden gedaan ter afwering van een op de rechtshandeling steunende vordering of andere rechtsmaatregel. Hij die dit beroep doet, is verplicht om zo spoedig mogelijk daarvan mededeling te doen aan de partijen bij de rechtshandeling die niet in het geding zijn verschenen.
(Zie ook: art. 89 BW Boek 1; art. 149 BW Boek 6; artt. 24, 26, 37 Kadw)

Rechterlijke vernietiging bij rechtshandeling

Art. 52

1. Rechtsvorderingen tot vernietiging van een rechtshandeling verjaren:
a. in geval van onbekwaamheid: drie jaren nadat de onbekwaamheid is geëindigd, of, indien de onbekwame een wettelijke vertegenwoordiger heeft, drie jaren nadat de handeling ter kennis van de wettelijke vertegenwoordiger is gekomen;
b. in geval van bedreiging of misbruik van omstandigheden: drie jaren nadat deze invloed heeft opgehouden te werken;
c. in geval van bedrog, dwaling of benadeling: drie jaren nadat het bedrog, de dwaling of de benadeling is ontdekt;
d. in geval van een andere vernietigingsgrond: drie jaren nadat de bevoegdheid om deze vernietigingsgrond in te roepen, aan degene aan wie deze bevoegdheid toekomt, ten dienste is komen te staan.

Vernietigingstermijn van vernietiging bij rechtshandeling

B3 art. 53 — Burgerlijk Wetboek Boek 3

2. Na de verjaring van de rechtsvordering tot vernietiging van de rechtshandeling kan deze niet meer op dezelfde vernietigingsgrond door een buitengerechtelijke verklaring worden vernietigd.

(Zie ook: art. 89 BW Boek 1; art. 15 BW Boek 2; artt. 195, 264, 306 BW Boek 3; art. 967 BW Boek 4; art. 141 BW Boek 5; artt. 228, 229, 232, 235 BW Boek 6)

Art. 53

Terugwerkende kracht van vernietiging bij rechtshandeling

1. De vernietiging werkt terug tot het tijdstip waarop de rechtshandeling is verricht.

Ontzeggen werking van vernietiging bij rechtshandeling

2. Indien de reeds ingetreden gevolgen van een rechtshandeling bezwaarlijk ongedaan gemaakt kunnen worden, kan de rechter desgevraagd aan een vernietiging geheel of ten dele haar werking ontzeggen. Hij kan aan een partij die daardoor onbillijk wordt bevoordeeld, de verplichting opleggen tot een uitkering in geld aan de partij die benadeeld wordt.

(Zie ook: art. 89 BW Boek 1; art. 4 BW Boek 2; art. 198 BW Boek 3; artt. 203, 210 BW Boek 6; art. 51 FW)

Art. 54

Wijziging i.p.v. vernietiging bij misbruik van omstandigheden bij rechtshandeling

1. De bevoegdheid om ter vernietiging van een meerzijdige rechtshandeling een beroep te doen op misbruik van omstandigheden vervalt, wanneer de wederpartij tijdig een wijziging van de gevolgen van de rechtshandeling voorstelt, die het nadeel op afdoende wijze opheft.

Rechterlijke wijziging i.p.v. vernietiging bij misbruik van omstandigheden bij rechtshandeling

2. Bovendien kan de rechter op verlangen van een der partijen, in plaats van een vernietiging wegens misbruik van omstandigheden uit te spreken, ter opheffing van dit nadeel de gevolgen van de rechtshandeling wijzigen.

(Zie ook: artt. 197, 198 BW Boek 3; art. 230 BW Boek 6; art. 6 Pw)

Art. 55

Bevestiging bij rechtshandeling

1. De bevoegdheid om ter vernietiging van een rechtshandeling een beroep op een vernietigingsgrond te doen vervalt, wanneer hij aan wie deze bevoegdheid toekomt, de rechtshandeling heeft bevestigd, nadat de verjaringstermijn ter zake van de rechtsvordering tot vernietiging op die grond een aanvang heeft genomen.

Termijnstelling bevestiging en vernietiging bij rechtshandeling

2. Eveneens vervalt de bevoegdheid om een beroep op een vernietigingsgrond te doen, wanneer een onmiddellijk belanghebbende na de aanvang van de verjaringstermijn aan hem aan wie deze bevoegdheid toekomt een redelijke termijn heeft gesteld om te kiezen tussen bevestiging en vernietiging en deze binnen deze termijn geen keuze heeft gedaan.

(Zie ook: art. 15 BW Boek 2; artt. 33, 37, 69 BW Boek 3; art. 88 BW Boek 6)

Art. 56

Partijen bij vernietiging bij rechtshandeling

Voor de toepassing van de artikelen 50-55 gelden mede als partij:

a. in geval van eenzijdige tot een of meer bepaalde personen gerichte rechtshandeling: de personen;

b. in geval van andere eenzijdige rechtshandelingen: zij die onmiddellijk belanghebbenden zijn bij de instandhouding van die handeling.

(Zie ook: artt. 89, 90 BW Boek 1)

Art. 57

Toestemming overheidsorgaan bij rechtshandeling

Behoeft een rechtshandeling om het beoogde gevolg te hebben goedkeuring, machtiging, vergunning of enige andere vorm van toestemming van een overheidsorgaan of van een andere persoon, die geen partij bij de rechtshandeling is, dan kan iedere onmiddellijk belanghebbende aan hen die partij bij de rechtshandeling zijn geweest, aanzeggen dat, indien niet binnen een redelijke, bij die aanzegging gestelde termijn die toestemming wordt verkregen, de handeling te zijnen aanzien zonder gevolg zal blijven.

Art. 58

Bekrachtiging bij rechtshandeling

1. Wanneer eerst na het verrichten van een rechtshandeling een voor haar geldigheid gesteld wettelijk vereiste wordt vervuld, maar alle onmiddellijk belanghebbenden die zich op dit gebrek hadden kunnen beroepen, in de tussen de handeling en de vervulling van het vereiste liggende tijdsruimte de handeling als geldig hebben aangemerkt, is daarmede de rechtshandeling bekrachtigd.

2. Het vorige lid is niet van toepassing op het geval dat een rechtshandeling nietig is als gevolg van handelingsonbekwaamheid van degene die haar heeft verricht en deze vervolgens handelingsbekwaam wordt.

3. Inmiddels verkregen rechten van derden behoeven aan bekrachtiging niet in de weg te staan, mits zij worden geëerbiedigd.

(Zie ook: art. 14 BW Boek 2; artt. 32, 39 BW Boek 3)

Art. 59

Schakelbepaling

Buiten het vermogensrecht vinden de bepalingen van deze titel overeenkomstige toepassing, voor zover de aard van de rechtshandeling of van de rechtsbetrekking zich daartegen niet verzet.

(Zie ook: artt. 79, 326 BW Boek 3)

Titel 3 Volmacht

Art. 60

1. Volmacht is de bevoegdheid die een volmachtgever verleent aan een ander, de gevolmachtigde, om in zijn naam rechtshandelingen te verrichten.

2. Waar in deze titel van rechtshandeling wordt gesproken, is daaronder het in ontvangst nemen van een verklaring begrepen.

(Zie ook: artt. 32, 79 BW Boek 3; artt. 172, 201 BW Boek 6; art. 41 AWR)

Volmacht

Inontvangstneming verklaring bij volmacht

Art. 61

1. Een volmacht kan uitdrukkelijk of stilzwijgend worden verleend.

2. Is een rechtshandeling in naam van een ander verricht, dan kan tegen de wederpartij, indien zij op grond van een verklaring of gedraging van die ander heeft aangenomen en onder de gegeven omstandigheden redelijkerwijze mocht aannemen dat een toereikende volmacht was verleend, op de onjuistheid van deze veronderstelling geen beroep worden gedaan.

3. Indien een volgens wet of gebruik openbaar gemaakte volmacht beperkingen bevat, die zo ongebruikelijk zijn dat de wederpartij ze daarin niet behoefde te verwachten, kunnen deze haar niet worden tegengeworpen, tenzij zij ze kende.

(Zie ook: artt. 5, 29, 289 BW Boek 2; artt. 11, 32, 35, 37 BW Boek 3; art. 146 BW Boek 6)

Verlening van volmacht

Art. 62

1. Een algemene volmacht strekt zich slechts uit tot daden van beschikking, indien schriftelijk en ondubbelzinnig is bepaald dat zij zich ook tot die daden uitstrekt. Onder algemene volmacht wordt verstaan de volmacht die alle zaken van de volmachtgever en alle rechtshandelingen omvat, met uitzondering van hetgeen ondubbelzinnig is uitgesloten.

2. Een bijzondere volmacht die in algemene bewoordingen is verleend, strekt zich slechts uit tot daden van beschikking indien dit ondubbelzinnig is bepaald. Niettemin strekt een volmacht die voor een bepaald doel is verleend, zich uit tot alle daden van beheer en van beschikking die dienstig kunnen zijn tot het bereiken van dit doel.

(Zie ook: artt. 37, 170 BW Boek 3)

Algemene volmacht

Bijzondere volmacht

Art. 63

1. De omstandigheid dat iemand onbekwaam is tot het verrichten van rechtshandelingen voor zichzelf, maakt hem niet onbekwaam tot het optreden als gevolmachtigde.

2. Wanneer een volmacht door een onbekwaam persoon is verleend, is een krachtens die volmacht door de gevolmachtigde verrichte rechtshandeling op gelijke wijze geldig, nietig of vernietigbaar, als wanneer zij door de onbekwame zelf zou zijn verricht.

(Zie ook: artt. 234, 381 BW Boek 1; artt. 32, 78 BW Boek 3; art. 622 Rv)

Handelingsonbekwaamheid bij volmacht

Art. 64

Tenzij anders is bepaald, is een gevolmachtigde slechts in de navolgende gevallen bevoegd de hem verleende volmacht aan een ander te verlenen:

a. voor zover de bevoegdheid hiertoe uit de aard der te verrichten rechtshandelingen noodzakelijk voortvloeit of in overeenstemming is met het gebruik;

b. voor zover de verlening van de volmacht aan een andere persoon in het belang van de volmachtgever noodzakelijk is en deze zelf niet in staat is een voorziening te treffen;

c. voor zover de volmacht goederen betreft, die gelegen zijn buiten het land waarin de gevolmachtigde zijn woonplaats heeft.

(Zie ook: art. 74 BW Boek 3)

Ondervolmacht

Art. 65

Is een volmacht aan twee of meer personen tezamen verleend, dan is ieder van hen bevoegd zelfstandig te handelen, tenzij anders is bepaald.

(Zie ook: artt. 45, 130, 240, 292 BW Boek 2; art. 170 bBW Boek 3; art. 131 BW Boek 5)

Meerdere gevolmachtigden

Art. 66

1. Een door de gevolmachtigde binnen de grenzen van zijn bevoegdheid in naam van de volmachtgever verrichte rechtshandeling treft in haar gevolgen de volmachtgever.

2. Voor zover het al of niet aanwezig zijn van een wil of van wilsgebreken, alsmede bekendheid of onbekendheid met feiten van belang zijn voor de geldigheid of de gevolgen van een rechtshandeling, komen ter beoordeling daarvan de volmachtgever of de gevolmachtigde of beiden in aanmerking, al naar gelang het aandeel dat ieder van hen heeft gehad in de totstandkoming van de rechtshandeling en in de bepaling van haar inhoud.

(Zie ook: artt. 33, 34, 35, 36, 78 BW Boek 3; art. 172 BW Boek 6; art. 63 BW Boek 8; art. 263 Rv)

Gevolgen rechtshandeling gevolmachtigde Wilsgebreken bij volmacht

Art. 67

1. Hij die een overeenkomst aangaat in naam van een nader te noemen volmachtgever, moet diens naam noemen binnen de door de wet, de overeenkomst of het gebruik bepaalde termijn of, bij gebreke hiervan, binnen een redelijke termijn.

Nader te noemen volmachtgever

B3 *art. 68*

2. Wanneer hij de naam van de volmachtgever niet tijdig noemt, wordt hij geacht de overeenkomst voor zichzelf te hebben aangegaan, tenzij uit de overeenkomst anders voortvloeit.

(Zie ook: art. 78 BW Boek 3)

Art. 68

Selbsteintritt bij volmacht

Tenzij anders is bepaald, kan een gevolmachtigde slechts dan als wederpartij van de volmachtgever optreden, wanneer de inhoud van de te verrichten rechtshandeling zo nauwkeurig vaststaat, dat strijd tussen beider belangen uitgesloten is.

(Zie ook: artt. 146, 256 BW Boek 2)

Art. 69

Bekrachtiging bij volmacht

1. Wanneer iemand zonder daartoe bevoegd te zijn als gevolmachtigde in naam van een ander heeft gehandeld, kan laatstgenoemde de rechtshandeling bekrachtigen en haar daardoor hetzelfde gevolg verschaffen, als zou zijn ingetreden wanneer zij krachtens een volmacht was verricht.

2. Is voor het verlenen van een volmacht tot de rechtshandeling een bepaalde vorm vereist, dan geldt voor de bekrachtiging hetzelfde vereiste.

3. Een bekrachtiging heeft geen gevolg, indien op het tijdstip waarop zij geschiedt, de wederpartij reeds heeft te kennen gegeven dat zij de handeling wegens het ontbreken van een volmacht als ongeldig beschouwt, tenzij de wederpartij op het tijdstip dat zij handelde heeft begrepen of onder de gegeven omstandigheden redelijkerwijs heeft moeten begrijpen dat geen toereikende volmacht was verleend.

4. Een onmiddellijk belanghebbende kan degene in wiens naam gehandeld is, een redelijke termijn voor de bekrachtiging stellen. Hij behoeft niet met een gedeeltelijke of voorwaardelijke bekrachtiging genoegen te nemen.

5. Rechten door de volmachtgever vóór de bekrachtiging aan derden verleend, blijven gehandhaafd.

(Zie ook: artt. 93, 204 BW Boek 2; artt. 11, 78 BW Boek 3; artt. 32, 201, 202 BW Boek 6)

Art. 70

Instaan bij volmacht

Hij die als gevolmachtigde handelt, staat jegens de wederpartij in voor het bestaan en de omvang van de volmacht, tenzij de wederpartij weet of behoort te begrijpen dat een toereikende volmacht ontbreekt of de gevolmachtigde de inhoud van de volmacht volledig aan de wederpartij heeft medegedeeld.

(Zie ook: artt. 11, 35, 36 BW Boek 3; artt. 172, 228 BW Boek 6)

Art. 71

Bewijs van volmacht

1. Verklaringen, door een gevolmachtigde afgelegd, kunnen door de wederpartij als ongeldig van de hand worden gewezen, indien zij de gevolmachtigde terstond om bewijs van de volmacht heeft gevraagd en haar niet onverwijld hetzij een geschrift waaruit de volmacht volgt is overgelegd, hetzij de volmacht door de volmachtgever is bevestigd.

2. Bewijs van volmacht kan niet worden verlangd, indien de volmacht door de volmachtgever ter kennis van de wederpartij was gebracht, indien zij op een door wet of gebruik bepaalde wijze was bekendgemaakt, of indien zij voortvloeit uit een aanstelling waarmede de wederpartij bekend is.

(Zie ook: art. 78 BW Boek 3; art. 201 BW Boek 6)

Art. 72

Einde van volmacht

Een volmacht eindigt:

a. door de dood, de ondercuratelestelling, het faillissement van de volmachtgever of het ten aanzien van hem van toepassing verklaren van de schuldsaneringsregeling natuurlijke personen;

b. door de dood, de ondercuratelestelling, het faillissement van de gevolmachtigde of het ten aanzien van hem van toepassing verklaren van de schuldsaneringsregeling natuurlijke personen, tenzij anders is bepaald;

c. door herroeping door de volmachtgever;

d. door opzegging door de gevolmachtigde.

(Zie ook: artt. 378, 413 BW Boek 1; art. 73 BW Boek 3; art. 146 Rv; art. 23 FW)

Art. 73

Dood of ondercuratelestelling volmachtgever

1. Niettegenstaande de dood of de ondercuratelestelling van de volmachtgever blijft de gevolmachtigde bevoegd de rechtshandelingen te verrichten, die nodig zijn voor het beheer van een onderneming.

2. Niettegenstaande de dood of de ondercuratelestelling van de volmachtgever blijft de gevolmachtigde bevoegd rechtshandelingen te verrichten, die niet zonder nadeel kunnen worden uitgesteld. Hetzelfde geldt indien de gevolmachtigde de volmacht heeft opgezegd.

3. De in de vorige leden vermelde bevoegdheid eindigt een jaar na het overlijden, de ondercuratelestelling of de opzegging.

(Zie ook: art. 378 BW Boek 1; art. 23 BW Boek 2; art. 198 BW Boek 6)

Art. 74

Onherroepelijkheid bij volmacht

1. Voor zover een volmacht strekt tot het verrichten van een rechtshandeling in het belang van de gevolmachtigde of van een derde, kan worden bepaald dat zij onherroepelijk is, of dat zij niet eindigt door de dood of ondercuratelestelling van de volmachtgever. Eerstgenoemde bepaling sluit, tenzij anders blijkt, de tweede in.

2. Bevat de volmacht een bepaling als in het vorige lid bedoeld, dan mag de wederpartij aannemen dat het aldaar voor de geldigheid van die bepaling gestelde vereiste vervuld is, tenzij het tegendeel voor haar duidelijk kenbaar is.

3. Tenzij anders is bepaald, kan de gevolmachtigde een overeenkomstig het eerste lid onherroepelijk verleende volmacht ook buiten de in artikel 64 genoemde gevallen aan een ander verlenen.

4. De rechtbank kan op verzoek van de volmachtgever, of van een erfgenaam of de curator van de volmachtgever, een bepaling als in het eerste lid bedoeld wegens gewichtige redenen wijzigen of buiten werking stellen.

(Zie ook: art. 11 BW Boek 1; art. 258 BW Boek 6)

Art. 75

1. Na het einde van de volmacht moet de gevolmachtigde desgevorderd geschriften waaruit de volmacht blijkt, teruggeven of toestaan dat de volmachtgever daarop aantekent dat de volmacht is geëindigd. In geval van een bij notariële akte verleende volmacht tekent de notaris die de minuut onder zijn berusting heeft, op verzoek van de volmachtgever het einde van de volmacht daarop aan.

2. Wanneer te vrezen is dat een gevolmachtigde van een volmacht ondanks haar einde gebruik zal maken, kan de volmachtgever zich wenden tot de voorzieningenrechter van de rechtbank met verzoek de wijze van bekendmaking van het einde van de volmacht te bepalen, die ten gevolge zal hebben dat het tegen een ieder kan worden ingeroepen. Tegen een toewijzende beschikking krachtens dit lid is geen hogere voorziening toegelaten.

Art. 76

1. Een oorzaak die de volmacht heeft doen eindigen, kan tegenover een wederpartij die noch van het einde van de volmacht, noch van die oorzaak kennis droeg, slechts worden ingeroepen:

a. indien het einde van de volmacht of de oorzaak die haar heeft doen eindigen aan de wederpartij was medegedeeld of was bekend gemaakt op een wijze die krachtens wet of verkeersopvattingen meebrengt dat de volmachtgever het einde van de volmacht aan de wederpartij kan tegenwerpen;

b. indien de dood van de volmachtgever van algemene bekendheid was;

c. indien de aanstelling of tewerkstelling, waaruit de volmacht voortvloeide, op een voor derden kenbare wijze was beëindigd;

d. indien de wederpartij van de volmacht op geen andere wijze had kennis gekregen dan door een verklaring van de gevolmachtigde.

2. In de gevallen van het vorige lid is de gevolmachtigde die voortgaat op naam van de volmachtgever te handelen, tot schadevergoeding gehouden jegens de wederpartij die van het einde van de volmacht geen kennis droeg. Hij is niet aansprakelijk indien hij wist noch behoorde te weten dat de volmacht was geëindigd.

(Zie ook: art. 390 BW Boek 1; art. 5 BW Boek 2; artt. 11, 33, 37 BW Boek 3)

Art. 77

Wordt ondanks de dood van de volmachtgever krachtens de volmacht een geldige rechtshandeling verricht, dan worden de erfgenamen van de volmachtgever en de wederpartij gebonden alsof de handeling bij het leven van de volmachtgever was verricht.

Art. 78

Wanneer iemand optreedt als vertegenwoordiger uit anderen hoofde dan volmacht, zijn de artikelen 63, lid 1, 66, lid 1, 67, 69, 70, 71 en 75 lid 2 van overeenkomstige toepassing, voor zover uit de wet niet anders voortvloeit.

Art. 79

Buiten het vermogensrecht vinden de bepalingen van deze titel overeenkomstige toepassing, voor zover de aard van de rechtshandeling of van de rechtsbetrekking zich daartegen niet verzet.

(Zie ook: artt. 59, 326 BW Boek 3)

Titel 4 Verkrijging en verlies van goederen

Afdeling 1 Algemene bepalingen

Art. 80

1. Men kan goederen onder algemene en onder bijzondere titel verkrijgen.

2. Men verkrijgt goederen onder algemene titel door erfopvolging, door boedelmenging, door fusie als bedoeld in artikel 309 van Boek 2, door splitsing als bedoeld in artikel 334a van Boek 2 en door toepassing van een afwikkelingsinstrument als bedoeld in de artikelen 3A:1, onderdelen a, b en c, en 3A:77, onderdelen b, c en d, van de Wet op het financieel toezicht.

Teruggave geschriften waaruit volmacht blijkt

Bekendmaking van einde bij volmacht

Wederpartij onbekend met einde van volmacht

Gebondenheid van erfgenamen bij volmacht

Schakelbepaling

Verkrijging van goederen Verkrijging onder algemene titel

B3 art. 81

Verkrijging onder bijzondere titel

3. Men verkrijgt goederen onder bijzondere titel door overdracht, door verjaring en door onteigening, en voorts op de overige in de wet voor iedere soort aangegeven wijzen van rechtsverkrijging.

Verlies van goederen

4. Men verliest goederen op de voor iedere soort in de wet aangegeven wijzen.
(Zie ook: art. 93 BW Boek 1; artt. 1, 99 BW Boek 3; artt. 4, 20, 45, 60, 72, 101 BW Boek 5)

Art. 81

Beperkt recht vestigen

1. Hij aan wie een zelfstandig en overdraagbaar recht toekomt, kan binnen de grenzen van dat recht de in de wet genoemde beperkte rechten vestigen. Hij kan ook zijn recht onder voorbehoud van een zodanig beperkt recht overdragen, mits hij de voorschriften zowel voor overdracht van een zodanig goed, als voor vestiging van een zodanig beperkt recht in acht neemt.
(Zie ook: artt. 98, 228 BW Boek 3; art. 93 BW Boek 5)

2. Beperkte rechten gaan teniet door:
a. het tenietgaan van het recht waaruit het beperkte recht is afgeleid;
b. verloop van de tijd waarvoor, of de vervulling van de ontbindende voorwaarde waaronder het beperkte recht is gevestigd;
c. afstand;
d. opzegging, indien de bevoegdheid daartoe bij de wet of bij de vestiging van het recht aan de hoofdgerechtigde, aan de beperkt gerechtigde of aan beiden is toegekend;
e. vermenging;
(Zie ook: artt. 84, 106, 177, 203, 253, 258, 273, 282 BW Boek 3; artt. 6, 14, 78, 83, 84, 86, 93, 97, 104 bBW Boek 5)
en voorts op de overige in de wet voor iedere soort aangegeven wijzen van tenietgaan.
(Zie ook: artt. 98, 224, 258 BW Boek 3; artt. 82, 84, 86, 104 BW Boek 5)

3. Afstand en vermenging werken niet ten nadele van hen die op het tenietgaande beperkte recht op hun beurt een beperkt recht hebben. Vermenging werkt evenmin ten voordele van hen die op het bezwaarde goed een beperkt recht hebben en het tenietgaande recht moesten eerbiedigen.
(Zie ook: artt. 8, 38, 201, 274 BW Boek 3; artt. 70, 83, 84, 85, 93 BW Boek 5; art. 161 BW Boek 6)

Art. 82

Afhankelijk recht

Afhankelijke rechten volgen het recht waaraan zij verbonden zijn.
(Zie ook: artt. 7, 227, 323 BW Boek 3; artt. 63, 101 BW Boek 5)

Afdeling 2
Overdracht van goederen en afstand van beperkte rechten

Art. 83

Overdraagbaarheid eigendom, beperkte rechten en vorderingsrechten

1. Eigendom, beperkte rechten en vorderingsrechten zijn overdraagbaar, tenzij de wet of de aard van het recht zich tegen een overdracht verzet.
(Zie ook: artt. 86, 87, 195, 196 BW Boek 2; artt. 6, 7, 8, 40, 98, 226, 228 BW Boek 3; artt. 91, 117 BW Boek 5; art. 106 BW Boek 6)

2. De overdraagbaarheid van vorderingsrechten kan ook door een beding tussen schuldeiser en schuldenaar worden uitgesloten.

3. Alle andere rechten zijn slechts overdraagbaar, wanneer de wet dit bepaalt.

Art. 84

Vereisten voor eigendomsoverdracht

1. Voor overdracht van een goed wordt vereist een levering krachtens geldige titel, verricht door hem die bevoegd is over het goed te beschikken.

Voldoende bepaaldheid bij overdracht

2. Bij de titel moet het goed met voldoende bepaaldheid omschreven zijn.

3. Een rechtshandeling die ten doel heeft een goed over te dragen tot zekerheid of die de strekking mist het goed na de overdracht in het vermogen van de verkrijger te doen vallen, is geen geldige titel van overdracht van dat goed.

4. Wordt ter uitvoering van een voorwaardelijke verbintenis geleverd, dan wordt slechts een recht verkregen, dat aan dezelfde voorwaarde als die verbintenis is onderworpen.
(Zie ook: artt. 24, 36, 38, 91, 237 BW Boek 3; artt. 21, 216, 237 BW Boek 6)

Art. 85

Overdracht voor bepaalde tijd

1. Een verbintenis strekkende tot overdracht van een goed voor een bepaalde tijd, wordt aangemerkt als een verbintenis tot vestiging van een vruchtgebruik op het goed voor de gestelde tijd.

Opschortende tijdsbepaling bij overdracht

2. Een verbintenis strekkende tot overdracht van een goed onder opschortende tijdsbepaling, wordt aangemerkt als een verbintenis tot onmiddellijke overdracht van het goed met gelijktijdige vestiging van een vruchtgebruik van de vervreemder op het goed voor de gestelde tijd.
(Zie ook: artt. 28, 38 BW Boek 3)

Art. 86

1. Ondanks onbevoegdheid van de vervreemder is een overdracht overeenkomstig artikel 90, 91 of 93 van een roerende zaak, niet-registergoed, of een recht aan toonder of order geldig, indien de overdracht anders dan om niet geschiedt en de verkrijger te goeder trouw is.

(Zie ook: artt. 3, 10, 11, 45, 119, 238 BW Boek 3; artt. 453a, 474a, 475b, 479i, 500, 712, 720, 724 Rv; art. 35 FW)

2. Rust op een in het vorige lid genoemd goed dat overeenkomstig artikel 90, 91 of 93 anders dan om niet wordt overgedragen, een beperkt recht dat de verkrijger op dit tijdstip kent noch behoort te kennen, dan vervalt dit recht, in het geval van overdracht overeenkomstig artikel 91 onder dezelfde opschortende voorwaarde als waaronder geleverd is.

(Zie ook: artt. 8, 238 BW Boek 3; art. 22 BW Boek 6)

3. Niettemin kan de eigenaar van een roerende zaak, die het bezit daarvan door diefstal heeft verloren, deze gedurende drie jaren, te rekenen van de dag van de diefstal af, als zijn eigendom opeisen, tenzij:

a. de zaak door een natuurlijke persoon die niet in de uitoefening van een beroep of bedrijf handelde, is verkregen van een vervreemder die van het verhandelen aan het publiek van soortgelijke zaken anders dan als veilinghouder zijn bedrijf maakt in een daartoe bestemde bedrijfsruimte, zijnde een gebouwde onroerende zaak of een gedeelte daarvan met de bij het een en ander behorende grond, en in de normale uitoefening van dat bedrijf handelde; of

b. het geld dan wel toonder- of orderpapier betreft.

(Zie ook: art. 92 BW Boek 1; art. 296 BW Boek 3; art. 111 BW Boek 6; artt. 491, 730 Rv; artt. 60a, 60b FW; art. 310 WvSr; art. 353 WvSv)

4. Op de in het vorige lid bedoelde termijn zijn de artikelen 316, 318 en 319 betreffende de stuiting van de verjaring van een rechtsvordering van overeenkomstige toepassing.

Art. 86a

1. Artikel 86 kan niet worden tegengeworpen aan een lid-staat van de Europese Unie of aan een andere staat die partij is bij de Overeenkomst betreffende de Europese Economische Ruimte die een roerende zaak opeist, die krachtens de nationale wetgeving van die staat een cultuurgoed is in de zin van artikel 2, onder 1, van Richtlijn 2014/60/EU van het Europees Parlement en de Raad van 15 mei 2014 betreffende de teruggave van cultuurgoederen die op onrechtmatige wijze buiten het grondgebied van een lidstaat zijn gebracht en houdende wijziging van Verordening (EU) nr. 1024/2012 (PbEU 2014, L 159), mits de zaak in de zin van die richtlijn op onrechtmatige wijze buiten het grondgebied van die staat is gebracht.

2. Artikel 86 kan evenmin worden tegengeworpen aan degene die als eigenaar een roerende zaak opeist, die op het tijdstip waarop hij het bezit daarvan verloor, krachtens de Erfgoedwet als beschermd cultuurgoed was aangewezen of waarvan het buiten Nederland brengen op grond van artikel 4.22 van die wet verboden is. Degene die toen in het register, bedoeld in artikel 3.11 van die wet of op een inventarislijst, bedoeld in artikel 4.22, tweede lid, van die wet, als eigenaar werd vermeld, wordt vermoed toen eigenaar van de zaak geweest te zijn.

3. De rechter die een vordering als bedoeld in lid 1 toewijst, kent aan de bezitter een naar gelang van de omstandigheden vast te stellen billijke vergoeding toe, indien deze bij de verkrijging van de zaak de nodige zorgvuldigheid heeft betracht. Hetzelfde geldt indien de rechter een vordering als bedoeld in lid 2 toewijst, tenzij opeising zonder vergoeding bij toepasselijkheid van artikel 86 lid 3 mogelijk zou zijn geweest.

4. De vergoeding omvat in elk geval hetgeen aan de bezitter verschuldigd is krachtens de artikelen 120 en 121. Zij wordt bij afgifte van de zaak uitgekeerd.

Art. 86b

1. Artikel 86 kan niet worden tegengeworpen aan een verdragsstaat van de op 14 november 1970 te Parijs tot stand gekomen Overeenkomst inzake de middelen om de onrechtmatige invoer, uitvoer of eigendomsoverdracht van culturele goederen te verbieden en te verhinderen, noch aan de rechthebbende, indien zij op grond van artikel 6.7 van de Erfgoedwet een rechtsvordering als bedoeld in artikel 1011a van het Wetboek van Burgerlijke Rechtsvordering tot teruggave van een roerende zaak als bedoeld in dat artikel instellen.

2. De rechter die een vordering als bedoeld in het voorgaande lid toewijst, kent aan de bezitter een naar gelang van de omstandigheden vast te stellen billijke vergoeding toe, indien deze bij de verkrijging van de zaak de nodige zorgvuldigheid heeft betracht, tenzij opeising zonder vergoeding bij toepasselijkheid van artikel 86 lid 3 mogelijk zou zijn geweest.

3. De vergoeding omvat in elk geval hetgeen aan de bezitter verschuldigd is krachtens de artikelen 120 en 121. Zij wordt bij afgifte van de zaak uitgekeerd.

Art. 87

1. Een verkrijger die binnen drie jaren na zijn verkrijging gevraagd wordt wie het goed aan hem vervreemdde, dient onverwijld de gegevens te verschaffen, die nodig zijn om deze terug te vinden of die hij ten tijde van zijn verkrijging daartoe voldoende mocht achten. Indien hij niet aan deze verplichting voldoet, kan hij de bescherming die de artikelen 86, 86a en 86b aan een verkrijger te goeder trouw bieden, niet inroepen.

B3 art. 87a

2. Het vorige lid is niet van toepassing ten aanzien van geld.
(Zie ook: art. 11 BW Boek 3)

Art. 87a

Cultuurgoed verwerven

1. Om vast te stellen of de bezitter bij de verkrijging van een cultuurgoed als bedoeld in artikel 86a lid 1 of in artikel 6.1, onder c, van de Erfgoedwet de nodige zorgvuldigheid heeft betracht, wordt rekening gehouden met alle omstandigheden van de verwerving, in het bijzonder
a. de documentatie over de herkomst van het goed;
b. de volgens het recht van de verzoekende lidstaat dan wel het recht van de verdragsstaat waaruit het goed afkomstig is, vereiste vergunningen om het goed buiten het grondgebied van die lidstaat of die verdragsstaat te brengen;
c. de hoedanigheid van de partijen;
d. de betaalde prijs;
e. het feit of de bezitter elk redelijkerwijs toegankelijk register met betrekking tot gestolen cultuurgoederen en elke andere relevante informatie en documentatie die hij redelijkerwijs zou kunnen hebben verkregen, heeft geraadpleegd, en het feit of de bezitter toegankelijke instanties heeft geraadpleegd;
f. het feit of de bezitter alle andere stappen heeft genomen die een redelijk handelende persoon in die omstandigheden zou hebben genomen.

2. Een handelaar als bedoeld in artikel 437 van het Wetboek van Strafrecht heeft niet de volgens artikel 86b lid 2 bij de verkrijging van een cultuurgoed nodige zorgvuldigheid betracht, indien hij heeft nagelaten
a. zich te vergewissen van de identiteit van de verkoper
b. van de verkoper een schriftelijke verklaring te verlangen dat hij bevoegd is over de zaak te beschikken;
c. in het door hem bij te houden register de oorsprong van het cultuurgoed, de namen en het adres van de verkoper, de aan de verkoper betaalde koopprijs en een beschrijving van het cultuurgoed op te nemen;
d. de registers met betrekking tot gestolen cultuurgoederen te raadplegen die in de gegeven omstandigheden in verband met de aard van de cultuurgoederen voor raadpleging in aanmerking komen.

3. Een veilinghouder die bij het aannemen van een cultuurgoed ter openbare verkoop niet aan de in de leden 1 en 2 bedoelde zorgvuldigheidseisen voldoet dan wel dit cultuurgoed aan degene die het ter openbare verkoop aanbood, teruggeeft zonder aan deze zorgvuldigheidseisen te hebben voldaan, handelt onrechtmatig jegens degenen die een vordering tot teruggave als bedoeld in artikel 86b kunnen instellen.

Art. 88

Bescherming tegen beschikkingsonbevoegdheid bij overdracht van registergoed, recht op naam en andere goederen

1. Ondanks onbevoegdheid van de vervreemder is een overdracht van een registergoed, van een recht op naam, of van een ander goed waarop artikel 86 niet van toepassing is, geldig, indien de verkrijger te goeder trouw is en de onbevoegdheid voortvloeit uit de ongeldigheid van een vroegere overdracht, die niet het gevolg was van onbevoegdheid van de toenmalige vervreemder.

2. Lid 1 kan niet worden tegengeworpen aan vorderingen als bedoeld in de artikelen 86a leden 1 en 2 en 86b lid 1.
(Zie ook: artt. 10, 11, 16, 23, 24, 25, 45, 119, 239 BW Boek 3)

Art. 89

Levering van onroerende zaken bij overdracht

1. De voor overdracht van onroerende zaken vereiste levering geschiedt door een daartoe bestemde, tussen partijen opgemaakte notariële akte, gevolgd door de inschrijving daarvan in de daartoe bestemde openbare registers. Zowel de verkrijger als de vervreemder kan de akte doen inschrijven.
2. De tot levering bestemde akte moet nauwkeurig de titel van overdracht vermelden; bijkomstige bedingen die niet de overdracht betreffen, kunnen in de akte worden weggelaten.
3. Treedt bij een akte van levering iemand als gevolmachtigde van een der partijen op, dan moet in de akte de volmacht nauwkeurig worden vermeld.
4. Het in dit artikel bepaalde vindt overeenkomstige toepassing op de levering, vereist voor de overdracht van andere registergoederen.
(Zie ook: artt. 3, 10, 16, 17, 96, 98, 260, 300, 301 BW Boek 3; artt. 505, 726, 730 Rv; artt. 8, 24 Kadw; art. 35 FW)

Art. 90

Levering van roerende zaken en niet-registergoederen
Levering eerst op later tijdstip bij overdracht

1. De levering vereist voor de overdracht van roerende zaken, niet-registergoederen, die in de macht van de vervreemder zijn, geschiedt door aan de verkrijger het bezit der zaak te verschaffen.
(Zie ook: artt. 3, 10, 84, 86, 107, 114, 115 BW Boek 3; artt. 491, 730 Rv)
2. Blijft de zaak na de levering in handen van de vervreemder, dan werkt de levering tegenover een derde die een ouder recht op de zaak heeft, eerst vanaf het tijdstip dat de zaak in handen van de verkrijger is gekomen, tenzij de oudere gerechtigde met vervreemding heeft ingestemd.
(Zie ook: artt. 111, 115, 237, 285 bBW Boek 3; art. 35 FW)

Art. 91

De levering van in het vorige artikel bedoelde zaken ter uitvoering van een verbintenis tot overdracht onder opschortende voorwaarde, geschiedt door aan de verkrijger de macht over de zaak te verschaffen.

(Zie ook: artt. 38, 84 BW Boek 3)

Opschortende voorwaarde bij levering

Art. 92

1. Heeft een overeenkomst de strekking dat de een zich de eigendom van een zaak die in de macht van de ander wordt gebracht, voorbehoudt totdat een door de ander verschuldigde prestatie is voldaan, dan wordt hij vermoed zich te verbinden tot overdracht van de zaak aan de ander onder opschortende voorwaarde van voldoening van de prestatie.

Eigendomsvoorbehoud bij overdracht

2. Een eigendomsvoorbehoud kan slechts geldig worden bedongen ter zake van vorderingen betreffende de tegenprestatie voor door de vervreemder aan de verkrijger krachtens overeenkomst geleverde of te leveren zaken of krachtens een zodanige overeenkomst tevens ten behoeve van de verkrijger verrichte of te verrichten werkzaamheden, alsmede ter zake van de vorderingen wegens tekortschieten in de nakoming van zodanige overeenkomsten. Voor zover een voorwaarde op deze grond nietig is, wordt zij voor ongeschreven gehouden.

3. Een voorwaarde als in lid 1 bedoeld wordt voor vervuld gehouden, wanneer de vervreemder op enige andere wijze dan door voldoening van de tegenprestatie wordt bevredigd, wanneer de verkrijger van zijn verplichting daartoe wordt bevrijd uit hoofde van artikel 60 van Boek 6, of wanneer de verjaring van de rechtsvordering ter zake van de tegenprestatie is voltooid. Behoudens afwijkend beding, geldt hetzelfde bij afstand van het recht op de tegenprestatie.

(Zie ook: artt. 38, 84, 306 BW Boek 3; art. 16 BW Boek 5; artt. 180, 269 BW Boek 6)

Art. 92a

[Vervallen]

Art. 93

De levering, vereist voor de overdracht van een recht aan toonder waarvan het toonderpapier in de macht van de vervreemder is, geschiedt door de levering van dit papier op de wijze en met de gevolgen als aangegeven in de artikelen 90, 91 en 92. Voor overdracht van een recht aan order, waarvan het orderpapier in de macht van de vervreemder is, geldt hetzelfde, met dien verstande dat voor de levering tevens endossement vereist is.

(Zie ook: artt. 84, 236 BW Boek 3; artt. 130, 142, 146 BW Boek 6; artt. 495, 730 Rv)

Levering recht aan toonder of order bij overdracht

Art. 94

1. Buiten de in het vorige artikel geregelde gevallen worden tegen een of meer bepaalde personen uit te oefenen rechten geleverd door een daartoe bestemde akte, en mededeling daarvan aan die personen door de vervreemder of verkrijger.

Cessie

2. De levering van een tegen een bepaalde, doch op de dag waarop de akte wordt opgemaakt onbekende persoon uit te oefenen recht dat op die dag aan de vervreemder toebehoort, werkt terug tot die dag, indien de mededeling met bekwame spoed wordt gedaan, nadat die persoon bekend is geworden.

3. Deze rechten kunnen ook worden geleverd door een daartoe bestemde authentieke of geregistreerde onderhandse akte, zonder mededeling daarvan aan de personen tegen wie die rechten moeten worden uitgeoefend, mits deze rechten op het tijdstip van de levering reeds bestaan of rechtstreeks zullen worden verkregen uit een dan reeds bestaande rechtsverhouding. De levering kan niet worden tegengeworpen aan de personen tegen wie deze rechten moeten worden uitgeoefend dan na mededeling daarvan aan die personen door de vervreemder of de verkrijger. Voor de verkrijger van een recht dat overeenkomstig de eerste zin is geleverd, geldt artikel 88 lid 1 slechts, indien hij te goeder trouw is op het tijdstip van de in de tweede zin bedoelde mededeling.

4. De personen tegen wie het recht moet worden uitgeoefend, kunnen verlangen dat hun een door de vervreemder gewaarmerkt uittreksel van de akte en haar titel wordt ter hand gesteld. Bedingen die voor deze personen van geen belang zijn, behoeven daarin niet te worden opgenomen. Is van een titel geen akte opgemaakt, dan moet hun de inhoud, voor zover voor hen van belang, schriftelijk worden medegedeeld.

(Zie ook: artt. 37, 84, 236, 239 BW Boek 3; artt. 130, 142, 146 BW Boek 6; artt. 495, 730 Rv; art. 35 FW)

Art. 95

Buiten de in de artikelen 89-94 geregelde gevallen en behoudens het in de artikelen 96 en 98 bepaalde, worden goederen geleverd door een daartoe bestemde akte.

(Zie ook: artt. 84, 300 BW Boek 3; artt. 130, 142, 146 BW Boek 6; art. 730 Rv)

Levering in andere gevallen bij overdracht

Art. 96

De levering van een aandeel in een goed geschiedt op overeenkomstige wijze en met overeenkomstige gevolgen als is bepaald met betrekking tot levering van dat goed.

(Zie ook: artt. 89, 175 BW Boek 3)

Levering aandeel in goed bij overdracht

B3 art. 97

Art. 97

Levering toekomstig goed bij overdracht

1. Toekomstige goederen kunnen bij voorbaat worden geleverd, tenzij het verboden is deze tot onderwerp van een overeenkomst te maken of het registergoederen zijn.

2. Een levering bij voorbaat van een toekomstig goed werkt niet tegen iemand die het goed ingevolge een eerdere levering bij voorbaat heeft verkregen. Betreft het een roerende zaak, dan werkt zij jegens deze vanaf het tijdstip dat de zaak in handen van de verkrijger is gekomen.

(Zie ook: artt. 10, 110, 115, 237, 239 BW Boek 3; art. 35 FW)

Art. 98

Vestiging, overdracht en afstand beperkt recht

Tenzij de wet anders bepaalt, vindt al hetgeen in deze afdeling omtrent de overdracht van een goed is bepaald, overeenkomstige toepassing op de vestiging, de overdracht en de afstand van een beperkt recht op een zodanig goed.

(Zie ook: artt. 8, 81, 224, 236, 258, 260 BW Boek 3; artt. 72, 82 BW Boek 5; art. 35 FW)

Afdeling 3
Verkrijging en verlies door verjaring

Art. 99

Verkrijgende verjaring

1. Rechten op roerende zaken die niet-registergoederen zijn, en rechten aan toonder of order worden door een bezitter te goeder trouw verkregen door een onafgebroken bezit van drie jaren, andere goederen door een onafgebroken bezit van tien jaren.

2. Lid 1 geldt niet voor roerende zaken die krachtens de Erfgoedwet als beschermd cultuurgoed zijn aangewezen of deel uitmaken van een openbare collectie of van een inventarislijst als bedoeld in artikel 4.22, tweede lid, van die wet, mits het bezit na die aanwijzing of gedurende dit deel uitmaken is begonnen.

(Zie ook: artt. 10, 11, 16, 17, 23, 24, 80, 107, 108, 118, 306 BW Boek 3)

3. Lid 1 kan niet worden tegengeworpen aan vorderingen als bedoeld in de artikelen 86a lid 1 en 86b lid 1.

Art. 100

Nalatenschap bij verjaring

Hij die een nalatenschap in bezit heeft genomen, kan die nalatenschap en de daartoe behorende goederen niet eerder door verjaring ten nadele van de rechthebbende verkrijgen dan nadat diens rechtsvordering tot opeising van die nalatenschap is verjaard.

(Zie ook: artt. 306, 315 BW Boek 3)

Art. 101

Aanvang verjaringstermijn

Een verjaring begint te lopen met de aanvang van de dag na het begin van het bezit.

(Zie ook: art. 313 BW Boek 3)

Art. 102

Voortzetting bij verjaring

1. Hij die een ander onder algemene titel in het bezit opvolgt, zet een lopende verjaring voort.

2. Hetzelfde doet de bezitter te goeder trouw die het bezit van een ander anders dan onder algemene titel heeft verkregen.

(Zie ook: artt. 80, 114 BW Boek 3)

Art. 103

Onvrijwillig bezitsverlies bij verjaring

Onvrijwillig bezitsverlies onderbreekt de loop der verjaring niet, mits het bezit binnen het jaar wordt terugverkregen of een binnen het jaar ingestelde rechtsvordering tot terugverkrijging van het bezit leidt.

(Zie ook: art. 125 BW Boek 3)

Art. 104

Stuiting of verlenging bij verjaring

1. Wanneer de verjaring van de rechtsvordering strekkende tot beëindiging van het bezit wordt gestuit of verlengd, wordt daarmee de verkrijgende verjaring dienovereenkomstig gestuit of verlengd.

2. In dit en de beide volgende artikelen wordt onder verjaring van een rechtsvordering de verjaring van de bevoegdheid tot tenuitvoerlegging van de uitspraak waarbij de eis is toegewezen, begrepen.

(Zie ook: artt. 316, 320, 324 BW Boek 3)

Art. 105

Voltooiing van verjaring

1. Hij die een goed bezit op het tijdstip waarop de verjaring van de rechtsvordering strekkende tot beëindiging van het bezit wordt voltooid, verkrijgt dat goed, ook al was zijn bezit niet te goeder trouw.

2. Heeft iemand vóór dat tijdstip het bezit onvrijwillig verloren, maar het na dat tijdstip, mits binnen het jaar na het bezitsverlies of uit hoofde van een binnen dat jaar ingestelde rechtsvordering, terugverkregen, dan wordt hij als de bezitter op het in het vorige lid aangegeven tijdstip aangemerkt.

(Zie ook: artt. 125, 306, 314 BW Boek 3)

Art. 106

Wanneer de verjaring van de rechtsvordering van een beperkt gerechtigde tegen de hoofdgerechtigde tot opheffing van een met het beperkte recht strijdige toestand wordt voltooid, gaat het beperkte recht teniet, voor zover de uitoefening daarvan door die toestand is belet. *(Zie ook: artt. 8, 306, 314 BW Boek 3)*

Titel 5 *Bezit en houderschap*

Art. 107

1. Bezit is het houden van een goed voor zichzelf.

2. Bezit is onmiddellijk, wanneer iemand bezit zonder dat een ander het goed voor hem houdt.

3. Bezit is middellijk, wanneer iemand bezit door middel van een ander die het goed voor hem houdt.

4. Houderschap is op overeenkomstige wijze onmiddellijk of middellijk. *(Zie ook: artt. 90, 99, 118, 119 t/m 124, 118 BW Boek 3; art. 173 t/m 180 BW Boek 6)*

Art. 108

Of iemand een goed houdt en of hij dit voor zichzelf of voor een ander doet, wordt naar verkeersopvatting beoordeeld, met inachtneming van de navolgende regels en overigens op grond van uiterlijke feiten.

Art. 109

Wie een goed houdt, wordt vermoed dit voor zichzelf te houden.

Art. 110

Bestaat tussen twee personen een rechtsverhouding die de strekking heeft dat hetgeen de ene op bepaalde wijze zal verkrijgen, door hem voor de ander zal worden gehouden, dan houdt de ene het ter uitvoering van die rechtsverhouding door hem verkregene voor de ander. *(Zie ook: artt. 90, 97 BW Boek 3; art. 16 BW Boek 5; art. 17 Wge)*

Art. 111

Wanneer men heeft aangevangen krachtens een rechtsverhouding voor een ander te houden, gaat men daarmede onder dezelfde titel voort, zolang niet blijkt dat hierin verandering is gebracht, hetzij ten gevolge van een handeling van hem voor wie men houdt, hetzij ten gevolge van een tegenspraak van diens recht. *(Zie ook: artt. 90, 97 BW Boek 3)*

Art. 112

Bezit wordt verkregen door inbezitneming, door overdracht of door opvolging onder algemene titel.

Art. 113

1. Men neemt een goed in bezit door zich daarover de feitelijke macht te verschaffen.

2. Wanneer een goed in het bezit van een ander is, zijn enkele op zichzelf staande machtsuitoefeningen voor een inbezitneming onvoldoende.

Art. 114

Een bezitter draagt zijn bezit over door de verkrijger in staat te stellen die macht uit te oefenen, die hij zelf over het goed kon uitoefenen. *(Zie ook: art. 90 BW Boek 3)*

Art. 115

Voor de overdracht van het bezit is een tweezijdige verklaring zonder feitelijke handeling voldoende:

a. wanneer de vervreemder de zaak bezit en hij haar krachtens een bij de levering gemaakt beding voortaan voor de verkrijger houdt;

b. wanneer de verkrijger houder van de zaak voor de vervreemder was;

c. wanneer een derde voor de vervreemder de zaak hield, en haar na de overdracht voor de ontvanger houdt. In dit geval gaat het bezit niet over voordat de derde de overdracht heeft erkend, dan wel de vervreemder of de verkrijger de overdracht aan hem heeft medegedeeld. *(Zie ook: artt. 90, 97 BW Boek 3)*

Art. 116

Hij die onder een algemene titel een ander opvolgt, volgt daarmede die ander op in diens bezit en houderschap, met alle hoedanigheden en gebreken daarvan. *(Zie ook: art. 80 BW Boek 3)*

Art. 117

1. Een bezitter van een goed verliest het bezit, wanneer hij het goed kennelijk prijsgeeft, of wanneer een ander het bezit van het goed verkrijgt.

2. Zolang niet een der in het vorige lid genoemde gronden van bezitsverlies zich heeft voorgedaan, duurt een aangevangen bezit voort. *(Zie ook: artt. 18, 19 BW Boek 5)*

Art. 118

Bezitter te goeder trouw

1. Een bezitter is te goeder trouw, wanneer hij zich als rechthebbende beschouwt en zich ook redelijkerwijze als zodanig mocht beschouwen.

2. Is een bezitter eenmaal te goeder trouw, dan wordt hij geacht dit te blijven.

3. Goede trouw wordt vermoed aanwezig te zijn; het ontbreken van goede trouw moet worden bewezen.

(Zie ook: artt. 11, 86, 99, 105 BW Boek 3; art. 35 FW)

Art. 119

Vermoeden rechthebbende bij bezit

1. De bezitter van een goed wordt vermoed rechthebbende te zijn.

2. Ten aanzien van registergoederen wijkt dit vermoeden, wanneer komt vast te staan dat de wederpartij of diens rechtsvoorganger te eniger tijd rechthebbende was en dat de bezitter zich niet kan beroepen op verkrijging nadien onder bijzondere titel waarvoor inschrijving in de registers vereist is.

(Zie ook: artt. 10, 16, 80 BW Boek 3; art. 47 BW Boek 5)

Art. 120

Bezitter te goeder trouw

1. Aan een bezitter te goeder trouw behoren de afgescheiden natuurlijke en de opeisbaar geworden burgerlijke vruchten toe.

(Zie ook: artt. 9, 11 BW Boek 3; artt. 24, 206, 275 BW Boek 6)

2. De rechthebbende op een goed, die dit opeist van een bezitter te goeder trouw of die het van deze heeft terugontvangen, is verplicht de ten behoeve van het goed gemaakte kosten alsmede de schade waarvoor de bezitter op grond van het in titel 3 van Boek 6 bepaalde uit hoofde van zijn bezit jegens derden aansprakelijk mocht zijn, aan deze te vergoeden, voor zover de bezitter niet door de vruchten van het goed en de overige voordelen die hij ter zake heeft genoten, voor het een en ander is schadeloos gesteld. De rechter kan de verschuldigde vergoeding beperken, indien volledige vergoeding zou leiden tot onbillijke bevoordeling van de bezitter jegens de rechthebbende.

(Zie ook: art. 243 BW Boek 3; artt. 95, 173 BW Boek 6)

3. Zolang een bezitter te goeder trouw de hem verschuldigde vergoeding niet heeft ontvangen, is hij bevoegd de afgifte van het goed op te schorten.

(Zie ook: artt. 11, 290 BW Boek 3)

4. Het in dit artikel bepaalde is ook van toepassing op hem die meent en mocht menen dat hij het bezit rechtmatig heeft verkregen, ook al weet hij dat de handelingen die voor de levering van het recht nodig zijn, niet hebben plaatsgevonden.

Art. 121

Bezitter niet te goeder trouw

1. Een bezitter die niet te goeder trouw is, is jegens de rechthebbende behalve tot afgifte van het goed ook verplicht tot het afgeven van de afgescheiden natuurlijke en de opeisbaar geworden burgerlijke vruchten, onverminderd zijn aansprakelijkheid op grond van het in titel 3 van Boek 6 bepaalde voor door de rechthebbende geleden schade.

2. Hij heeft tegen de rechthebbende alleen een vordering tot vergoeding van de kosten die hij ten behoeve van het goed of tot winning van de vruchten heeft gemaakt, voor zover hij deze vergoeding van de rechthebbende kan vorderen op grond van het bepaalde omtrent ongerechtvaardigde verrijking.

3. Het in dit artikel bepaalde is ook op de bezitter te goeder trouw van toepassing vanaf het tijdstip waarop de rechthebbende zijn recht tegen hem heeft ingeroepen.

(Zie ook: artt. 9, 11 BW Boek 3; artt. 24, 162, 206, 212, 275 BW Boek 6)

Art. 122

Overdracht goed aan bezitter

Indien de rechthebbende ter bevrijding van de door hem ingevolge de beide vorige artikelen verschuldigde vergoedingen op zijn kosten het goed aan de bezitter wil overdragen, is de bezitter gehouden hieraan mede te werken.

(Zie ook: artt. 84, 300 BW Boek 3; artt. 24, 206, 207, 275 BW Boek 6)

Art. 123

Ius tollendi bij bezit

Heeft de bezitter van een zaak daaraan veranderingen of toevoegingen aangebracht, dan is hij bevoegd om, in plaats van de hem op grond van de artikelen 120 en 121 daarvoor toekomende vergoeding te vorderen, deze veranderingen of toevoegingen weg te nemen, mits hij de zaak in de oude toestand terugbrengt.

(Zie ook: artt. 208, 266 BW Boek 3; artt. 75, 89, 105 BW Boek 5; artt. 24, 206, 275 BW Boek 6)

Art. 124

Schakelbepaling

Wanneer iemand een goed voor een ander houdt en dit door een derde als rechthebbende van hem wordt opgeëist, vindt hetgeen in de voorgaande vier artikelen omtrent de bezitter is bepaald, te zijnen aanzien toepassing met inachtneming van de rechtsverhouding waarin hij tot die ander stond.

(Zie ook: artt. 24, 206, 275 BW Boek 6)

Art. 125

1. Hij die het bezit van een goed heeft verkregen, kan op grond van een daarna ingetreden bezitsverlies of bezitsstoornis tegen derden dezelfde rechtsvorderingen instellen tot terugverkrijging van het goed en tot opheffing van de stoornis, die de rechthebbende op het goed toekomen. Nochtans moeten deze rechtsvorderingen binnen het jaar na het verlies of de stoornis worden ingesteld.

2. De vordering wordt afgewezen, indien de verweerder een beter recht dan de eiser heeft tot het houden van het goed of de storende handelingen krachtens een beter recht heeft verricht, tenzij de verweerder met geweld of op heimelijke wijze aan de eiser het bezit heeft ontnomen of diens bezit heeft gestoord.

3. Het in dit artikel bepaalde laat voor de bezitter, ook nadat het in het eerste lid bedoelde jaar is verstreken, en voor de houder onverlet de mogelijkheid een vordering op grond van onrechtmatige daad in te stellen, indien daartoe gronden zijn.

(Zie ook: art. 103 BW Boek 3; artt. 103, 162 BW Boek 6)

Titel 6 *Bewind*

Art. 126

[Gereserveerd.]

Titel 7 *Gemeenschap*

Afdeling 1 Algemene bepalingen

Art. 166

1. Gemeenschap is aanwezig, wanneer een of meer goederen toebehoren aan twee of meer deelgenoten gezamenlijk.

2. De aandelen van de deelgenoten zijn gelijk, tenzij uit hun rechtsverhouding anders voortvloeit.

3. Op de rechtsbetrekkingen tussen de deelgenoten is artikel 2 van Boek 6 van overeenkomstige toepassing.

(Zie ook: art. 100 BW Boek 1; art. 1167 BW Boek 4; artt. 15, 248 BW Boek 6)

Art. 167

Goederen die geacht moeten worden in de plaats van een gemeenschappelijk goed te treden behoren tot de gemeenschap.

(Zie ook: artt. 124, 433 BW Boek 1; artt. 177, 213, 215, 229, 246 BW Boek 3)

Art. 168

1. De deelgenoten kunnen het genot, het gebruik en het beheer van gemeenschappelijke goederen bij overeenkomst regelen.

2. Voor zover een overeenkomst ontbreekt, kan de kantonrechter op verzoek van de meest gerede partij een zodanige regeling treffen, zo nodig met onderbewindstelling van de goederen. Hij houdt daarbij naar billijkheid rekening zowel met de belangen van partijen als met het algemeen belang.

(Zie ook: artt. 12, 185 BW Boek 3; art. 78 BW Boek 5; art. 259 BW Boek 6; art. 658 Rv)

3. Een bestaande regeling kan op verzoek van de meest gerede partij door de kantonrechter wegens onvoorziene omstandigheden gewijzigd of buiten werking gesteld worden.

(Zie ook: art. 258 BW Boek 6)

4. Een regeling is ook bindend voor de rechtverkrijgenden van een deelgenoot.

(Zie ook: artt. 116, 120 BW Boek 1; artt. 17, 24, 25, 26, 44, 80, 191 BW Boek 3)

5. Op een overeenkomstig lid 2 ingesteld bewind zijn, voor zover de kantonrechter niet anders heeft bepaald, de artikelen 154, 157 tot en met 166, 168, 172, 173 en 174 van Boek 4, van overeenkomstige toepassing, met dien verstande dat de kantonrechter de in artikel 159 van Boek 4 bedoelde beloning ook op grond van bijzondere omstandigheden anders kan regelen, alsmede dat hij de in artikel 160 van Boek 4 bedoelde zekerheidstelling te allen tijde kan bevelen. Het kan door een gezamenlijk besluit van de deelgenoten of op verzoek van een hunner door de kantonrechter worden opgeheven.

(Zie ook: artt. 116, 120 BW Boek 1; artt. 17, 24, 25, 26, 44, 80, 191 BW Boek 3)

Art. 169

Tenzij een regeling anders bepaalt, is iedere deelgenoot bevoegd tot het gebruik van een gemeenschappelijk goed, mits dit gebruik met het recht van de overige deelgenoten te verenigen is.

(Zie ook: art. 168 BW Boek 3; art. 60 BW Boek 5)

Rechtsvordering tot terugverkrijging

Gemeenschap van goederen

Gelijke aandelen bij gemeenschap

Redelijkheid en billijkheid bij gemeenschap

Zaaksvervanging bij gemeenschap

Genot, gebruik en beheer bij gemeenschap

Gebruik bij gemeenschap

B3 art. 170 — *Burgerlijk Wetboek Boek 3*

Art. 170

Beheer bij gemeenschap

1. Handelingen dienende tot gewoon onderhoud of tot behoud van een gemeenschappelijk goed, en in het algemeen handelingen die geen uitstel kunnen lijden, kunnen door ieder der deelgenoten zo nodig zelfstandig worden verricht. Ieder van hen is bevoegd ten behoeve van de gemeenschap verjaring te stuiten.

2. Voor het overige geschiedt het beheer door de deelgenoten tezamen, tenzij een regeling anders bepaalt. Onder beheer zijn begrepen alle handelingen die voor de normale exploitatie van het goed dienstig kunnen zijn, alsook het aannemen van aan de gemeenschap verschuldigde prestaties.

3. Tot andere handelingen betreffende een gemeenschappelijk goed dan in de vorige leden vermeld, zijn uitsluitend de deelgenoten tezamen bevoegd.

(Zie ook: artt. 61, 69, 70, 316 BW Boek 3; artt. 15, 34 BW Boek 6)

Art. 171

Instellen rechtsvordering of indienen verzoekschrift bij gemeenschap

Tenzij een regeling anders bepaalt, is iedere deelgenoot bevoegd tot het instellen van rechtsvorderingen en het indienen van verzoeken ter verkrijging van een rechterlijke uitspraak ten behoeve van de gemeenschap. Een regeling die het beheer toekent aan een of meer der deelgenoten, sluit, tenzij zij anders bepaalt, deze bevoegdheid voor de anderen uit.

(Zie ook: art. 15 BW Boek 6)

Art. 172

Evenredige verdeling vruchten of aandelen bij gemeenschap

Tenzij een regeling anders bepaalt, delen de deelgenoten naar evenredigheid van hun aandelen in de vruchten en andere voordelen die het gemeenschappelijke goed oplevert, en moeten zij in dezelfde evenredigheid bijdragen tot de uitgaven die voortvloeien uit handelingen welke bevoegdelijk ten behoeve van de gemeenschap zijn verricht,

(Zie ook: art. 9 BW Boek 3)

Art. 173

Rekening en verantwoording bij gemeenschap

Ieder der deelgenoten kan van degene onder hen die voor de overigen beheer heeft gevoerd, jaarlijks en in ieder geval bij het einde van het beheer rekening en verantwoording vorderen.

(Zie ook: art. 771 Rv)

Art. 174

Machtiging tot te gelde maken goed bij gemeenschap

1. De rechter die ter zake van een vordering tot verdeling bevoegd zou zijn of voor wie een zodanige vordering reeds aanhangig is kan een deelgenoot op diens verzoek ten behoeve van de voldoening van een voor rekening van de gemeenschap komende schuld of om andere gewichtige redenen machtigen tot het te gelde maken van een gemeenschappelijk goed. Indien een deelgenoot voor wie een te verkopen goed een bijzondere waarde heeft, bereid is het goed tegen vergoeding van de geschatte waarde over te nemen, kan de voormelde rechter deze overneming bevelen.

Machtiging tot bezwaren goed bij gemeenschap

2. De in lid 1 bedoelde rechter kan een deelgenoot op diens verzoek machtigen een gemeenschappelijk goed te bezwaren met een recht van pand of hypotheek tot zekerheid voor de voldoening van een voor rekening van de gemeenschap komende schuld die reeds bestaat of waarvan het aangaan geboden is voor het behoud van een goed der gemeenschap.

(Zie ook: artt. 231, 236, 251, 260 BW Boek 3; artt. 429a, 429c, 677 t/m 680 Rv)

Art. 175

Beschikken over aandeel in goed bij gemeenschap

1. Tenzij uit de rechtsverhouding tussen de deelgenoten anders voortvloeit, kan ieder van hen over zijn aandeel in een gemeenschappelijk goed beschikken.

2. Indien uit de rechtsverhouding tussen de deelgenoten voortvloeit dat zij niet, tenzij met aller toestemming, bevoegd zijn over hun aandeel te beschikken, zijn de leden 3 en 4 van artikel 168 van overeenkomstige toepassing.

3. De schuldeisers van een deelgenoot kunnen zijn aandeel in een gemeenschappelijk goed uitwinnen. Na de uitwinning van een aandeel kunnen beperkingen van de bevoegdheid om over de aandelen te beschikken niet worden ingeroepen tussen de verkrijger van dat aandeel en de overige deelgenoten.

(Zie ook: artt. 89, 276 BW Boek 3; art. 117 BW Boek 5; artt. 16, 17, 26, 41 Wge)

Art. 176

Mededeling verkrijging aandeel bij gemeenschap

1. De verkrijger van een aandeel of een beperkt recht daarop moet van de verkrijger onverwijld mededeling doen aan de overige deelgenoten of aan degene die door de deelgenoten of de rechter met het beheer over het goed is belast.

Hoofdelijke aansprakelijkheid vervreemder of verkrijger bij gemeenschap

2. Een overgedragen aandeel wordt verkregen onder de last aan de gemeenschap te vergoeden hetgeen de vervreemder haar schuldig was. Vervreemder en verkrijger zijn hoofdelijk voor deze vergoeding aansprakelijk. De verkrijger kan zich aan deze verplichting onttrekken door zijn aandeel op zijn kosten aan de overige deelgenoten over te dragen; dezen zijn verplicht aan een zodanige overdracht mede te werken.

Uitwinning gezamenlijke aandelen bij gemeenschap

3. De vorige leden zijn niet van toepassing bij uitwinning van de gezamenlijke aandelen in een gemeenschappelijk goed.

(Zie ook: artt. 37, 84, 94, 96, 98, 122 BW Boek 3; artt. 6, 10, 11, 208 BW Boek 6)

Art. 177

1. Wordt een gemeenschappelijk goed verdeeld of overgedragen, terwijl op het aandeel van een deelgenoot een beperkt recht rust, dan komt dat recht te rusten op het goed voor zover dit door die deelgenoot wordt verkregen, en wordt het goed voor het overige van dat recht bevrijd, onverminderd hetgeen de beperkt gerechtigde of de deelgenoot op wiens aandeel zijn recht rust, krachtens hun onderlinge verhouding de onder wegens een door deze aldus ontvangen overwaarde heeft te vorderen.

Verdeling of overdracht van goed met beperkt recht op aandeel bij gemeenschap

2. Een verdeling, alsmede een overdracht waartoe de deelgenoten zich na bezwaring met het beperkte recht hebben verplicht, behoeft de medewerking van de beperkt gerechtigde.

3. Een bij toedeling van het goed aan de in het eerste lid genoemde deelgenoot bedongen recht van pand of hypotheek tot waarborg van hetgeen hij aan een of meer der deelgenoten ten gevolge van de verdeling schuldig is of mocht worden, heeft, mits het gelijktijdig met de levering van het hem toedegeelde daarop wordt gevestigd, voorrang boven een beperkt recht dat een deelgenoot tevoren op zijn aandeel had gevestigd.

Toedeling pand of hypotheek bij gemeenschap

(Zie ook: artt. 8, 21, 182, 213, 229, 261 BW Boek 3; art. 114 BW Boek 5)

Art. 178

1. Ieder der deelgenoten, alsmede hij die een beperkt recht op een aandeel heeft, kan te allen tijde verdeling van een gemeenschappelijk goed vorderen, tenzij uit de aard van de gemeenschap of uit het in de volgende leden bepaalde anders voortvloeit.

Vordering tot verdeling bij gemeenschap

2. Op verlangen van een deelgenoot kan de rechter voor wie een vordering tot verdeling aanhangig is, bepalen dat alle of sommige opeisbare schulden die voor rekening van de gemeenschap komen, moeten worden voldaan alvorens tot de verdeling wordt overgegaan.

3. Indien de door een onmiddellijke verdeling getroffen belangen van een of meer deelgenoten aanmerkelijk groter zijn dan de belangen die door de verdeling worden gediend, kan de rechter voor wie een vordering tot verdeling aanhangig is, op verlangen van een deelgenoot een of meermalen, telkens voor ten hoogste drie jaren, een vordering tot verdeling uitsluiten.

4. Indien geen vordering tot verdeling aanhangig is, kan een beslissing als bedoeld in de leden 2 en 3 op verzoek van ieder van de deelgenoten worden gegeven door de rechter die ter zake van de vordering tot verdeling bevoegd zou zijn.

5. Zij die bevoegd zijn verdeling te vorderen, kunnen hun bevoegdheid daartoe een of meer malen bij overeenkomst, telkens voor ten hoogste vijf jaren, uitsluiten. De leden 3 en 4 van artikel 168 zijn op een zodanige overeenkomst van overeenkomstige toepassing.

(Zie ook: art. 99 BW Boek 1; art. 13 BW Boek 2; art. 63 BW Boek 5; artt. 216, 248 BW Boek 6)

Art. 179

1. Indien verdeling van een gemeenschappelijk goed wordt gevorderd, kan ieder der deelgenoten verlangen dat alle tot de gemeenschap behorende goederen en de voor rekening van de gemeenschap komende schulden in de verdeling worden begrepen, tenzij er gewichtige redenen zijn voor een gedeeltelijke verdeling. Van de verdeling worden die goederen uitgezonderd, die wegens een der in artikel 178 genoemde gronden onverdeeld moeten blijven.

Vordering tot algehele verdeling bij gemeenschap

2. De omstandigheid dat bij een verdeling een of meer goederen zijn overgeslagen, heeft alleen ten gevolge dat daarvan een nadere verdeling kan worden gevorderd.

3. Op de toedeling van een schuld is afdeling 3 van titel 2 van Boek 6 van toepassing.

Schakelbepaling

(Zie ook: artt. 99, 137, 345 BW Boek 1; art. 185 BW Boek 3; art. 680 Rv)

Art. 180

1. Een schuldeiser die een opeisbare vordering op een deelgenoot heeft, kan verdeling van de gemeenschap vorderen, doch niet verder dan nodig is voor het verhaal van zijn vordering. Artikel 178 lid 3 is van toepassing.

Verdeling op vordering schuldeiser bij gemeenschap

2. Heeft een schuldeiser een bevel tot verdeling van de gemeenschap verkregen dan behoeft de verdeling zijn medewerking.

(Zie ook: art. 38 BW Boek 8; artt. 677, 733 Rv)

Art. 181

1. Voor het geval dat deelgenoten of zij wier medewerking vereist is, niet medewerken tot een verdeling nadat deze bij rechterlijke uitspraak is bevolen, benoemt de rechter die in eerste aanleg van de vordering tot verdeling heeft kennis genomen, indien deze benoeming niet reeds bij die uitspraak heeft plaatsgehad, op verzoek van de meest gerede partij een onzijdig persoon die hen bij de verdeling vertegenwoordigt en daarbij hun belangen naar eigen beste inzicht behartigt. Hebben degenen die niet medewerken tegenstrijdige belangen, dan wordt voor ieder van hen een onzijdig persoon benoemd.

Benoeming onzijdig persoon bij niet medewerking bij gemeenschap

2. Een onzijdig persoon is verplicht hetgeen aan de door hem vertegenwoordigde persoon ingevolge de verdeling toekomt, voor deze in ontvangst te nemen en daarover tot de afgifte aan de rechthebbende op de voet van artikel 410 van Boek 1 het bewind te voeren.

3. De beloning die de onzijdige persoon ten laste van de rechthebbende toekomt, wordt op zijn verzoek vastgesteld door de rechter die hem benoemde.

(Zie ook: artt. 177, 300 BW Boek 3; art. 677 Rv)

B3 art. 182 Burgerlijk Wetboek Boek 3

Art. 182

Verdeling bij gemeenschap

Als een verdeling wordt aangemerkt iedere rechtshandeling waartoe alle deelgenoten, hetzij in persoon, hetzij vertegenwoordigd, medewerken en krachtens welke een of meer van hen een of meer goederen der gemeenschap met uitsluiting van de overige deelgenoten verkrijgen. De handeling is niet een verdeling, indien zij strekt tot nakoming van een voor rekening van de gemeenschap komende schuld aan een of meer deelgenoten, die niet voortspruit uit een rechtshandeling als bedoeld in de vorige zin.
(Zie ook: artt. 45, 216, 261 BW Boek 6)

Art. 183

Vormvrije verdeling bij gemeenschap

1. De verdeling kan geschieden op de wijze en in de vorm die partijen goeddunkt, mits de deelgenoten en zij wier medewerking vereist is, allen het vrije beheer over hun goederen hebben en in persoon of bij een door hen aangewezen vertegenwoordiger medewerken, dan wel in geval van bewind over hun recht, worden vertegenwoordigd door de bewindvoerder, voorzien van de daartoe vereiste toestemming of machtiging.

Verdeling bij notariële akte bij gemeenschap

2. In andere gevallen moet, tenzij de rechter anders bepaalt, de verdeling geschieden bij notariële akte en worden goedgekeurd door de kantonrechter die bevoegd is de wettelijke vertegenwoordiger van degene die het vrije beheer over zijn goederen mist, tot beschikkingshandelingen te machtigen.
(Zie ook: artt. 250, 385, 386, 418 BW Boek 1; artt. 58, 97 BW Boek 3; art. 677 Rv)

Art. 184

Toerekening aandeel op schuld aan gemeenschap bij gemeenschap

1. Ieder der deelgenoten kan bij een verdeling verlangen dat op het aandeel van een andere deelgenoot wordt toegerekend hetgeen deze aan de gemeenschap schuldig is. De toerekening geschiedt ongeacht de gegoedheid van de schuldenaar. Is het een schuld onder tijdsbepaling, dan wordt zij voor haar contante waarde op het tijdstip der verdeling toegerekend.

2. Het vorige lid is niet van toepassing op schulden onder een opschortende voorwaarde die nog niet vervuld is.
(Zie ook: artt. 21, 127 BW Boek 6; art. 56 FW)

Art. 185

Verdeling door rechter bij gemeenschap

1. Voor zover de deelgenoten en zij wier medewerking vereist is, over een verdeling niet tot overeenstemming kunnen komen, gelast op vordering van de meest gerede partij de rechter de wijze van verdeling of stelt hij zelf de verdeling vast, rekening houdende naar billijkheid zowel met de belangen van partijen als met het algemeen belang.

2. Als wijzen van verdeling komen daarbij in aanmerking:
a. toedeling van een gedeelte van het goed aan ieder der deelgenoten;
b. overbedeling van een of meer deelgenoten tegen vergoeding van de overwaarde;
c. verdeling van de netto-opbrengst van het goed of een gedeelte daarvan, nadat dit op een door de rechter bepaalde wijze zal zijn verkocht.

3. Zo nodig kan de rechter bepalen dat degene die overbedeeld wordt, de overwaarde geheel of ten dele in termijnen mag voldoen. Hij kan daaraan de voorwaarde verbinden dat zekerheid tot een door hem bepaald bedrag en van een door hem bepaalde aard wordt gesteld.
(Zie ook: artt. 89, 90, 94, 95, 96, 111, 116 BW Boek 3; art. 91 BW Boek 5; artt. 261, 265 BW Boek 6; art. 35 FW; art. 2 Aw)

Art. 186

Levering van het toegedeelde bij gemeenschap

1. Voor de overgang van het aan ieder der deelgenoten toegedeelde is een levering vereist op dezelfde wijze als voor overdracht is voorgeschreven.

2. Hetgeen een deelgenoot verkrijgt, houdt hij onder dezelfde titel als waaronder de deelgenoten dit tezamen vóór de verdeling hielden.
(Zie ook: artt. 89, 90, 94, 95, 96, 111, 116 BW Boek 3; art. 91 BW Boek 5; artt. 261, 265 BW Boek 6; art. 35 FW)

Art. 187

Overgeven papieren en bewijzen van eigendom bij gemeenschap

1. De papieren en bewijzen van eigendom, tot de toegedeelde goederen behorende, worden overgegeven aan hem, aan wie de goederen zijn toegedeeld.

Inzage papieren en bewijzen van eigendom bij gemeenschap

2. Algemene boedelpapieren en stukken als bedoeld in lid 1, die betrekking hebben op aan meer deelgenoten toegedeelde goederen, verblijven bij hem die de meerderheid der betrokken deelgenoten daartoe heeft benoemd, onder verplichting aan de overige deelgenoten inzage, en zo iemand dit verlangt, afschriften of uittreksels op diens kosten af te geven.

3. Bij gebreke van een meerderheid als bedoeld in het vorige lid geschiedt de daar bedoelde benoeming op verlangen van een deelgenoot door de rechter die de verdeling vaststelt, of in andere gevallen op verzoek van een deelgenoot door de kantonrechter. Tegen een beslissing krachtens dit lid is geen hogere voorziening toegelaten.

Art. 188

Aansprakelijkheid bij uitwinning of stoornis bij gemeenschap

1. Tenzij anders is overeengekomen, zijn deelgenoten verplicht in evenredigheid van hun aandelen elkander de schade te vergoeden die het gevolg is van een uitwinning of stoornis, voortgekomen uit een vóór de verdeling ontstane oorzaak, alsmede, wanneer een vordering

voor het volle bedrag is toegedeeld, de schade die voortvloeit uit onvoldoende gegoedheid van de schuldenaar op het ogenblik van de verdeling.

2. Wordt een deelgenoot door zijn eigen schuld uitgewonnen of gestoord, dan zijn de overige deelgenoten niet verplicht tot vergoeding van zijn schade.

3. Een verplichting tot vergoeding van schade die voortvloeit uit onvoldoende gegoedheid van de schuldenaar vervalt door verloop van drie jaren na de verdeling en na het opeisbaar worden van de toegedeelde vordering.

4. Indien verhaal op een deelgenoot voor zijn aandeel in een krachtens het eerste lid verschuldigde schadevergoeding onmogelijk blijkt, wordt het aandeel van ieder der andere deelgenoten naar evenredigheid verhoogd.

(Zie ook: art. 310 BW Boek 3; artt. 6, 95, 101 BW Boek 6; artt. 70, 71 Rv)

Afdeling 2

Enige bijzondere gemeenschappen

Art. 189

1. De bepalingen van deze titel gelden niet voor een huwelijksgemeenschap, gemeenschap van een geregistreerd partnerschap, maatschap, vennootschap of rederij, zolang zij niet ontbonden zijn, noch voor de gemeenschap van een in appartementsrechten gesplitst gebouw, zolang de splitsing niet is opgeheven.

Bijzondere gemeenschap

2. Voor de gemeenschap van een nalatenschap, voor een ontbonden huwelijksgemeenschap, ontbonden gemeenschap van een geregistreerd partnerschap, maatschap, vennootschap of rederij en voor de gemeenschap van een gebouw waarvan de splitsing in appartementsrechten is opgeheven, gelden de volgende bepalingen van deze afdeling, alsmede die van de eerste afdeling, voor zover daarvan in deze afdeling niet wordt afgeweken.

(Zie ook: art. 99 BW Boek 1; art. 1132 t/m 1157 BW Boek 3; artt. 106, 143 BW Boek 4; artt. 106, 143 BW Boek 5; art. 1683 BW Boek 7A; art. 658 Rv)

Art. 190

1. Een deelgenoot kan niet beschikken over zijn aandeel in een tot de gemeenschap behorend goed afzonderlijk, en zijn schuldeisers kunnen een zodanig aandeel niet uitwinnen, zonder toestemming van de overige deelgenoten.

Beschikking over gemeenschapsgoed bij bijzondere gemeenschap

2. Nochtans kan een deelgenoot op een zodanig aandeel ook zonder toestemming van de andere deelgenoten een recht van pand of hypotheek vestigen. Zolang het goed tot de gemeenschap behoort, kan de pand- of hypotheekhouder niet tot verkoop overgaan, tenzij de overige deelgenoten hierin toestemmen.

Vestiging recht van pand of hypotheek bij bijzondere gemeenschap

(Zie ook: art. 246 BW Boek 3)

Art. 191

1. Tenzij uit de rechtsverhouding tussen de deelgenoten anders voortvloeit, kan ieder der deelgenoten over zijn aandeel in de gehele gemeenschap beschikken en kunnen zijn schuldeisers een zodanig aandeel uitwinnen.

Beschikking over aandeel bij bijzondere gemeenschap

2. Indien uit de rechtsverhouding tussen de deelgenoten voortvloeit dat zij niet, tenzij met aller toestemming bevoegd zijn over hun aandeel te beschikken, zijn de leden 3 en 4 van artikel 168 van overeenkomstige toepassing.

Verhaal bij gemeenschapsschuld bij bijzondere gemeenschap

(Zie ook: art. 96 BW Boek 3; art. 474bb Rv)

Art. 192

Tot de gemeenschap behorende schulden kunnen op de goederen van de gemeenschap worden verhaald.

Verhalen gemeenschapsschuld bij bijzondere gemeenschap

(Zie ook: artt. 100, 276, 277 BW Boek 1)

Art. 193

1. Een schuldeiser wiens vordering op de goederen der gemeenschap kan worden verhaald, kan de rechter verzoeken een vereffenaar te benoemen wanneer tot verdeling van de gemeenschap wordt overgegaan voordat de opeisbare schulden daarvan zijn voldaan of wanneer voor hem het gevaar bestaat dat hij niet ten volle of niet binnen een redelijke tijd zal worden voldaan, hetzij omdat de gemeenschap niet toereikend is of niet behoorlijk beheerd of afgewikkeld wordt, hetzij omdat een schuldeiser zich op de goederen van de gemeenschap gaat verhalen. Afdeling 3 van titel 6 van Boek 4 betreffende de vereffening van een nalatenschap is van toepassing of overeenkomstige toepassing.

Verzoek schuldeiser tot benoeming vereffenaar bij bijzondere gemeenschap

2. Ook een schuldeiser van een deelgenoot kan de rechter verzoeken een vereffenaar te benoemen, wanneer zijn belangen door een gedraging van de deelgenoten ernstig worden geschaad.

3. Voor de ontbonden gemeenschap van een maatschap of vennootschap zijn de leden 1 en 2 niet van toepassing en gelden de volgende zinnen. Een schuldeiser wiens vordering op de goederen van de gemeenschap kan worden verhaald, is bevoegd zich tegen de verdeling van de gemeenschap te verzetten. Een verdeling die na dit verzet is tot stand gekomen, is vernietigbaar met dien verstande dat de vernietigingsgrond slechts kan worden ingeroepen door de schuld-

Verzet schuldenaar tegen verdeling gemeenschap maatschap of vennootschap

B3 art. 194

eiser die zich verzette en dat hij de verdeling slechts te zijnen behoeve kan vernietigen en niet verder dan nodig is tot opheffing van de door hem ondervonden benadeling. *(Zie ook: art. 45 BW Boek 3)*

Art. 194

Boedelbeschrijving bij bijzondere gemeenschap

1. Ieder der deelgenoten kan vorderen dat een verdeling aanvangt met een boedelbeschrijving.

2. Een deelgenoot die opzettelijk tot de gemeenschap behorende goederen verzwijgt, zoek maakt of verborgen houdt, verbeurt zijn aandeel in die goederen aan de andere deelgenoten. *(Zie ook: art. 44 BW Boek 3; art. 671 Rv)*

Afdeling 3

Nietige en vernietigbare verdelingen

Art. 195

Nietige verdeling bij gemeenschap

1. Een verdeling waaraan niet alle deelgenoten en alle andere personen wier medewerking vereist was, hebben deelgenomen, is nietig, tenzij zij is geschied bij een notariële akte, in welk geval zij slechts kan worden vernietigd op vordering van degene die niet aan de verdeling heeft deelgenomen. Deze rechtsvordering verjaart door verloop van één jaar nadat de verdeling te zijner kennis gekomen is.

Terugvordering t.b.v. gemeenschap

2. Heeft aan een verdeling iemand deelgenomen die niet tot de gemeenschap gerechtigd was, of is een deelgenoot bij de verdeling opgekomen voor een groter aandeel dan hem toekwam, dan kan het ten onrechte uitgekeerde ten behoeve van de gemeenschap worden teruggevorderd; voor het overige blijft de verdeling van kracht.

(Zie ook: artt. 32, 49, 52, 53, 58, 316 BW Boek 3; art. 203 BW Boek 6)

Art. 196

Vernietigbare verdeling bij gemeenschap

1. Behalve op de algemene voor vernietiging van rechtshandelingen geldende gronden is een verdeling ook vernietigbaar, wanneer een deelgenoot omtrent de waarde van een of meer der te verdelen goederen en schulden heeft gedwaald en daardoor voor meer dan een vierde gedeelte is benadeeld.

Vermoeden van dwaling bij gemeenschap Berekening benadeling bij gemeenschap

2. Wanneer een benadeling voor meer dan een vierde is bewezen, wordt de benadeelde vermoed omtrent de waarde van een of meer der te verdelen goederen en schulden te hebben gedwaald.

3. Om te beoordelen of benadeling heeft plaatsgehad, worden de goederen en schulden der gemeenschap geschat naar hun waarde op het tijdstip van de verdeling. Goederen en schulden die onverdeeld zijn gelaten worden niet meegerekend.

Niet-vernietigbare verdeling bij gemeenschap

4. Een verdeling is niet op grond van dwaling omtrent de waarde van een of meer der te verdelen goederen en schulden vernietigbaar, indien de benadeelde de toedeling te zijnen bate of schade heeft aanvaard.

(Zie ook: artt. 32, 34, 40, 44, 49, 50, 53, 54 BW Boek 3; art. 203 BW Boek 6)

Art. 197

Opheffing benadeling bij gemeenschap

De bevoegdheid tot vernietiging van een verdeling uit hoofde van benadeling vervalt, wanneer de andere deelgenoten aan de benadeelde hetzij in geld, hetzij in natura opleggen hetgeen aan diens aandeel ontbrak.

(Zie ook: artt. 53, 54, 55 BW Boek 3)

Art. 198

Wijziging in plaats van vernietiging van verdeling door rechter bij gemeenschap

Wordt een beroep in rechte op vernietigbaarheid van een verdeling gedaan, dan kan de rechter, onverminderd het in de artikelen 53 en 54 bepaalde, op verlangen van een der partijen de verdeling wijzigen, in plaats van de vernietiging uit te spreken.

Art. 199

Schakelbepaling

Op een verdeling zijn de artikelen 228-230 van Boek 6 niet van toepassing. *(Zie ook: art. 216 BW Boek 6)*

Art. 200

Verjaring rechtsvordering tot vernietiging verdeling bij gemeenschap

Een rechtsvordering tot vernietiging van een verdeling vervalt door verloop van drie jaren na de verdeling.

(Zie ook: art. 52 BW Boek 3)

Titel 8

Vruchtgebruik

Art. 201

Vruchtgebruik

Vruchtgebruik geeft het recht om goederen die aan een ander toebehoren, te gebruiken en daarvan de vruchten te genieten.

(Zie ook: artt. 1, 8, 9 BW Boek 3; artt. 1, 84 BW Boek 5)

Art. 202

Vruchtgebruik ontstaat door vestiging of door verjaring.
(Zie ook: artt. 81, 98, 99 BW Boek 3; art. 72 BW Boek 5)

Ontstaan van vruchtgebruik

Art. 203

1. Vruchtgebruik kan worden gevestigd ten behoeve van één persoon, ofwel ten behoeve van twee of meer personen hetzij gezamenlijk hetzij bij opvolging. In het laatste geval moeten ook de later geroepenen op het ogenblik van de vestiging bestaan.

Vestiging van vruchtgebruik

2. Vruchtgebruik kan niet worden gevestigd voor langer dan het leven van de vruchtgebruiker. Vruchtgebruik ten behoeve van twee of meer personen wast bij het einde van het recht van een hunner bij dat van de anderen aan, bij ieder in evenredigheid van zijn aandeel, en eindigt eerst door het tenietgaan van het recht van de laatst overgeblevene, tenzij anders is bepaald.

Duur van vruchtgebruik

3. Is de vruchtgebruiker een rechtspersoon, dan eindigt het vruchtgebruik door ontbinding van de rechtspersoon, en in ieder geval na verloop van dertig jaren na de dag van vestiging.
(Zie ook: art. 412 BW Boek 1; artt. 19, 20, 301 BW Boek 2)

Duur vruchtgebruik bij rechtspersoon

Art. 204

[Vervallen]

Art. 205

1. Tenzij een bewind reeds tot een voldoende boedelbeschrijving heeft geleid of daartoe verplicht, moet de vruchtgebruiker in tegenwoordigheid of na behoorlijke oproeping van de hoofdgerechtigde een notariële beschrijving van de goederen opmaken. De beschrijving kan ondershands worden opgemaakt, indien de hoofdgerechtigde tegenwoordig is en hoofdgerechtigde en vruchtgebruiker een regeling hebben getroffen omtrent haar bewaring.

Boedelbeschrijving bij vruchtgebruik

2. Zowel de vruchtgebruiker als de hoofdgerechtigde hebben het recht om in de beschrijving alle bijzonderheden te doen opnemen, die dienstig zijn om de toestand waarin de aan het vruchtgebruik onderworpen zaken zich bevinden, te doen kennen.

3. De hoofdgerechtigde is bevoegd de levering en afgifte van de aan het vruchtgebruik onderworpen goederen op te schorten, indien de vruchtgebruiker niet terzelfder tijd zijn verplichting tot beschrijving nakomt.

Opschorting van levering en afgifte goederen bij vruchtgebruik

4. De vruchtgebruiker moet jaarlijks aan de hoofdgerechtigde een ondertekende nauwkeurige opgave zenden van de goederen die niet meer aanwezig zijn, van de goederen die daarvoor in de plaats zijn gekomen, en van de voordelen die de goederen hebben opgeleverd en die geen vruchten zijn.

Jaarlijkse opgave van vruchtgebruik

5. De vruchtgebruiker kan van de verplichtingen die ingevolge de voorgaande leden op hem rusten, niet worden vrijgesteld.

6. Tenzij anders is bepaald, komen de kosten van de beschrijving en van de in lid 4, bedoelde jaarlijkse opgave ten laste van de vruchtgebruiker.
(Zie ook: art. 52 BW Boek 6; art. 671 Rv)

Kosten van vruchtgebruik

Art. 206

1. De vruchtgebruiker moet voor de nakoming van zijn verplichtingen jegens de hoofdgerechtigde zekerheid stellen, tenzij hij hiervan is vrijgesteld of de belangen van de hoofdgerechtigde reeds voldoende zijn beveiligd door de instelling van een bewind.

Zekerheidstelling bij vruchtgebruik

2. Is de vruchtgebruiker van het stellen van zekerheid vrijgesteld, dan kan de hoofdgerechtigde jaarlijks verlangen dat hem de aan het vruchtgebruik onderworpen zaken worden getoond. Ten aanzien van waardepapieren en gelden kan, behoudens bijzondere omstandigheden, met overlegging van een verklaring van een geregistreerde krediet-instelling worden volstaan.
(Zie ook: art. 418 BW Boek 1; art. 205 BW Boek 3; art. 51 BW Boek 6; art. 616 Rv)

Art. 207

1. Een vruchtgebruiker mag de aan het vruchtgebruik onderworpen goederen gebruiken of verbruiken overeenkomstig de bij de vestiging van het vruchtgebruik gestelde regels of, bij gebreke van zodanige regels, met inachtneming van de aard van de goederen en de ten aanzien van het gebruik of verbruik bestaande plaatselijke gewoonten.

Rechten en plichten van vruchtgebruiker

2. Een vruchtgebruiker is voorts bevoegd tot alle handelingen die tot een goed beheer van de aan het vruchtgebruik onderworpen goederen dienstig kunnen zijn. Tot alle overige handelingen ten aanzien van de goederen zijn de hoofdgerechtigde en de vruchtgebruiker slechts tezamen bevoegd.

3. Jegens de hoofdgerechtigde is de vruchtgebruiker verplicht ten aanzien van de aan het vruchtgebruik onderworpen goederen en het beheer daarover de zorg van een goed vruchtgebruiker in acht te nemen.
(Zie ook: art. 170 BW Boek 3)

Art. 208

1. Van zaken die aan het vruchtgebruik zijn onderworpen, mag de vruchtgebruiker de bestemming die deze bij de aanvang van het vruchtgebruik hadden, niet veranderen zonder toestemming van de hoofdgerechtigde of machtiging van de kantonrechter.

Veranderen bestemming bij vruchtgebruik

B3 art. 209

Ius tollendi bij vruchtgebruik

2. Tenzij in de akte van vestiging anders is bepaald, is de vruchtgebruiker van een zaak, zowel tijdens de duur van zijn recht als bij het einde daarvan, bevoegd om aan de zaak aangebrachte veranderingen en toevoegingen weg te nemen, mits hij de zaak in de oude toestand terugbrengt. *(Zie ook: art. 123 BW Boek 3; artt. 14, 89 BW Boek 5)*

Art. 209

Verzekeringsplicht bij vruchtgebruik

1. De vruchtgebruiker is verplicht het voorwerp van zijn vruchtgebruik ten behoeve van de hoofdgerechtigde te verzekeren tegen die gevaren, waartegen het gebruikelijk is een verzekering te sluiten. In ieder geval is de vruchtgebruiker, indien een gebouw aan zijn vruchtgebruik is onderworpen, verplicht dit tegen brand te verzekeren.

2. Voor zover de vruchtgebruiker aan de in het eerste lid omschreven verplichtingen niet voldoet, is de hoofdgerechtigde bevoegd zelf een verzekering te nemen en is de vruchtgebruiker verplicht hem de kosten daarvan te vergoeden.

(Zie ook: art. 213 BW Boek 3; art. 29 Pw)

Art. 210

Vorderingen door vruchtgebruiker

1. Tenzij bij de vestiging anders is bepaald, is de vruchtgebruiker bevoegd in en buiten rechte nakoming te eisen van aan het vruchtgebruik onderworpen vorderingen en tot het in ontvangst nemen van betalingen.

Ontbinding overeenkomst bij vruchtgebruik

2. Tenzij bij de vestiging anders is bepaald, is hij tot ontbinding en opzegging van overeenkomsten slechts bevoegd, wanneer dit tot een goed beheer dienstig kan zijn.

3. De hoofdgerechtigde is slechts bevoegd de in de vorige leden genoemde bevoegdheden uit te oefenen, indien hij daartoe toestemming van de vruchtgebruiker of machtiging van de kantonrechter heeft gekregen. Tegen de machtiging van de kantonrechter krachtens dit lid is geen hogere voorziening toegelaten.

(Zie ook: artt. 170, 171 BW Boek 3; art. 265 BW Boek 6)

Art. 211

Aanduiding van soort goederen bij vruchtgebruik

1. Ook wanneer bij de beschrijving of in een jaarlijkse opgave een of meer goederen die aan het vruchtgebruik onderworpen zijn, slechts naar hun soort zijn aangeduid, behoudt de hoofdgerechtigde daarop zijn recht.

2. De vruchtgebruiker is verplicht zodanige goederen afgescheiden van zijn overig vermogen te houden.

(Zie ook: art. 15 BW Boek 5)

Art. 212

Bevoegdheid tot vervreemding bij vruchtgebruik

Bevoegdheid tot beschikken bij vruchtgebruik

1. Voor zover de aan een vruchtgebruik onderworpen goederen bestemd zijn om vervreemd te worden, is de vruchtgebruiker tot vervreemding overeenkomstig hun bestemming bevoegd.

2. Bij de vestiging van het vruchtgebruik kan aan de vruchtgebruiker de bevoegdheid worden gegeven ook over andere dan de in het vorige lid genoemde goederen te beschikken. Ten aanzien van deze goederen vinden de artikelen 208, 210 lid 2 en 217 lid 2, en 3, tweede zin, en lid 4, geen toepassing.

Toestemming of machtiging bij vruchtgebruik

3. In andere gevallen mag een vruchtgebruiker slechts vervreemden of bezwaren met toestemming van de hoofdgerechtigde of machtiging van de kantonrechter. De machtiging wordt alleen gegeven, wanneer het belang van de vruchtgebruiker of de hoofdgerechtigde door de vervreemding of bezwaring wordt gediend en het belang van de ander daardoor niet wordt geschaad.

(Zie ook: artt. 83, 174 BW Boek 3)

Art. 213

Zaaksvervanging bij vruchtgebruik

1. Hetgeen in de plaats van aan vruchtgebruik onderworpen goederen treedt doordat daarover bevoegdelijk wordt beschikt, behoort aan de hoofdgerechtigde toe en is eveneens aan het vruchtgebruik onderworpen. Hetzelfde is het geval met hetgeen door inning van aan vruchtgebruik onderworpen vorderingen wordt ontvangen, en met vorderingen tot vergoeding die in de plaats van aan vruchtgebruik onderworpen goederen treden, waaronder begrepen vorderingen ter zake van waardevermindering van die goederen.

2. Ook zijn aan het vruchtgebruik onderworpen de voordelen die een goed tijdens het vruchtgebruik oplevert en die geen vruchten zijn.

(Zie ook: artt. 58, 229 BW Boek 3; artt. 4, 45 OW)

Art. 214

Belegging van gelden bij vruchtgebruik

1. Tenzij bij de vestiging anders is bepaald, moeten gelden die tot het vruchtgebruik behoren, in overleg met de hoofdgerechtigde vruchtdragend belegd of in het belang van de overige aan het vruchtgebruik onderworpen goederen besteed worden.

2. In geval van geschil omtrent hetgeen ten aanzien van de in het eerste lid bedoelde gelden dient te geschieden, beslist daaromtrent de persoon die bij de vestiging van het vruchtgebruik daartoe is aangewezen, of bij gebreke van een zodanige aanwijzing, de kantonrechter. Tegen een beschikking van de kantonrechter krachtens dit lid is geen hogere voorziening toegelaten.

Art. 215

Bevoegdheid tot vervreemding of vertering bij vruchtgebruik

1. Is bij de vestiging van een vruchtgebruik of daarna aan de vruchtgebruiker de bevoegdheid gegeven tot gehele of gedeeltelijke vervreemding en vertering van aan het vruchtgebruik onderworpen goederen, dan kan de hoofdgerechtigde bij het einde van het vruchtgebruik afgifte

vorderen van de in vruchtgebruik gegeven goederen of hetgeen daarvoor in de plaats getreden is, voor zover de vruchtgebruiker of zijn rechtverkrijgenden niet bewijzen dat die goederen verteerd of door toeval tenietgegaan zijn.

2. Bij verlening van de bevoegdheid tot vervreemding en vertering kunnen een of meer personen worden aangewezen, wier toestemming voor de vervreemding en voor de vertering nodig is. Staat het vruchtgebruik onder bewind, dan zijn de vervreemding en de vertering van de medewerking van de bewindvoerder afhankelijk.

3. Is aan de vruchtgebruiker de bevoegdheid tot vervreemding en vertering verleend, dan mag hij de goederen ook voor gebruikelijke kleine geschenken bestemmen.

Art. 216

De vruchtgebruiker komen alle vruchten toe, die tijdens het vruchtgebruik afgescheiden of opeisbaar worden. Bij de vestiging van het vruchtgebruik kan nader worden bepaald wat met betrekking tot het vruchtgebruik als vrucht moet worden beschouwd.

(Zie ook: artt. 88, 197 BW Boek 2; artt. 4, 9 BW Boek 3; artt. 17, 90 BW Boek 5; art. 24 BW Boek 6; art. 1576n BW Boek 7A)

Art. 217

1. De vruchtgebruiker is bevoegd de aan het vruchtgebruik onderworpen zaken te verhuren of te verpachten, voor zover bij de vestiging van het vruchtgebruik niet anders is bepaald.

2. Indien bij de vestiging van het vruchtgebruik een onroerende zaak niet verhuurd of verpacht was, kan de vruchtgebruiker niet verhuren of verpachten zonder toestemming van de hoofdgerechtigde of machtiging van de kantonrechter, tenzij de bevoegdheid daartoe hem bij de vestiging van het vruchtgebruik is toegekend.

3. Na het einde van het vruchtgebruik is de hoofdgerechtigde verplicht een bevoegdelijk aangegane huur of verpachting gestand te doen. Hij kan nochtans gestanddoening weigeren, voor zover zonder zijn toestemming hetzij de overeengekomen tijdsduur van de huur langer is dan met het plaatselijk gebruik overeenstemt of bedrijfsruimte in de zin van de zesde afdeling van titel 4 van Boek 7 is verhuurd voor een langere tijd dan vijf jaren, hetzij de verpachting is geschied voor een langere duur dan twaalf jaren voor hoeven en zes jaren voor los land, hetzij de verhuring of verpachting is geschied op ongewone, voor hem bezwarende voorwaarden.

4. De hoofdgerechtigde verliest de bevoegdheid gestanddoening te weigeren, wanneer de huurder of pachter hem een redelijke termijn heeft gesteld om zich omtrent de gestanddoening te verklaren en hij zich niet binnen deze termijn heeft uitgesproken.

5. Indien de hoofdgerechtigde volgens de vorige leden niet verplicht is tot gestanddoening van een door de vruchtgebruiker aangegane verhuring van woonruimte waarin de huurder bij het eindigen van het vruchtgebruik zijn hoofdverblijf heeft en waarop de artikelen 271 tot en met 277 van Boek 7 van toepassing zijn, moet hij de huurovereenkomst niettemin met de huurder voortzetten met dien verstande dat artikel 269 lid 2 van Boek 7, van overeenkomstige toepassing is.

(Zie ook: artt. 207, 226 BW Boek 3; art. 94 BW Boek 5; artt. 1607, 1623, 1624, 1630 BW Boek 7A; artt. 1, 2, 34 Pw)

Art. 218

Tot het instellen van rechtsvorderingen en het indienen van verzoeken ter verkrijging van een rechterlijke uitspraak die zowel het recht van de vruchtgebruiker als dat van de hoofdgerechtigde betreft, is ieder van hen bevoegd, mits hij zorg draagt dat de ander tijdig in het geding wordt geroepen.

(Zie ook: artt. 178, 207, 296 BW Boek 3; art. 2 BW Boek 5; art. 491 Rv)

Art. 219

Buiten de gevallen, geregeld in de artikelen 88 en 197 van Boek 2 en artikel 123 van Boek 5, blijft de uitoefening van stemrecht, verbonden aan een goed dat aan vruchtgebruik is onderworpen, de hoofdgerechtigde toekomen, tenzij bij de vestiging van het vruchtgebruik anders is bepaald. Bij een vruchtgebruik als bedoeld in de artikelen 19 en 21 van Boek 4 komt het stemrecht eveneens aan de vruchtgebruiker toe, tenzij bij de vestiging van het vruchtgebruik door partijen of door de kantonrechter op de voet van artikel 23 lid 4 van Boek 4 anders wordt bepaald.

Art. 220

1. Gewone lasten en herstellingen worden door de vruchtgebruiker gedragen en verricht. De vruchtgebruiker is verplicht, wanneer buitengewone herstellingen nodig zijn, aan de hoofdgerechtigde van deze noodzakelijkheid kennis te geven en hem gelegenheid te verschaffen tot het doen van deze herstellingen. De hoofdgerechtigde is niet tot het doen van enige herstelling verplicht.

2. Nochtans is een hoofdgerechtigde, aan wie tengevolge van een beperking in het genot van de vruchtgebruiker een deel van de vruchten toekomt, verplicht naar evenredigheid bij te dragen in de lasten en kosten, die volgens het voorgaande lid ten laste van de vruchtgebruiker komen.

(Zie ook: art. 221 BW Boek 3; artt. 96, 123 BW Boek 5; art. 1619 BW Boek 7A)

B3 art. 221 **Burgerlijk Wetboek Boek 3**

Art. 221

Tekortschieten van vruchtgebruiker

1. Indien de vruchtgebruiker in ernstige mate tekortschiet in de nakoming van zijn verplichtingen, kan de rechtbank op vordering van de hoofdgerechtigde aan deze het beheer toekennen of het vruchtgebruik onder bewind stellen.

2. De rechtbank kan hangende het geding het vruchtgebruik bij voorraad onder bewind stellen.

3. De rechtbank kan voor het bewind of beheer zodanige voorschriften geven als zij dienstig acht. Op het bewind zijn voor het overige de artikelen 154, 157 tot en met 166, 168, 170, 172, 173, 174 en 177 lid 1 van Boek 4 van overeenkomstige toepassing, met dien verstande dat de kantonrechter de in artikel 159 van Boek 4 bedoelde beloning ook op grond van bijzondere omstandigheden anders kan regelen, alsmede dat hij de in artikel 160 van Boek 4 bedoelde zekerheidstelling te allen tijde kan bevelen. Het bewind kan door een gezamenlijk besluit van de vruchtgebruiker en de hoofdgerechtigde of op verzoek van een hunner door de rechtbank worden opgeheven.

(Zie ook: art. 74 BW Boek 6)

Art. 222

Voldoening van schulden van vruchtgebruiker

1. Wanneer een nalatenschap, onderneming of soortgelijke algemeenheid in vruchtgebruik is gegeven, kan de hoofdgerechtigde van de vruchtgebruiker verlangen dat de tot die algemeenheid behorende schulden uit de tot het vruchtgebruik behorende goederen worden voldaan of, voor zover de hoofdgerechtigde deze schulden uit eigen middelen heeft voldaan, dat hem het betaalde, vermeerderd met rente van de dag der betaling af, uit het vruchtgebruik wordt teruggegeven. Voldoet de vruchtgebruiker een schuld uit eigen vermogen, dan behoeft de hoofdgerechtigde hem het voorgeschotene eerst bij het einde van het vruchtgebruik terug te geven.

2. Het in het voorgaande lid bepaalde vindt overeenkomstige toepassing, wanneer het vruchtgebruik is gevestigd op bepaalde goederen en daarop buitengewone lasten drukken.

Art. 223

Overdracht of bezwaren vruchtgebruik

Een vruchtgebruiker kan zijn recht overdragen of bezwaren zonder dat daardoor de duur van het recht gewijzigd wordt. Naast de verkrijger is de oorspronkelijke vruchtgebruiker hoofdelijk voor alle uit het vruchtgebruik voortspruitende verplichtingen jegens de hoofdgerechtigde aansprakelijk. Is aan de oorspronkelijke vruchtgebruiker bij de vestiging van het vruchtgebruik een grotere bevoegdheid tot vervreemding, verbruik of vertering gegeven dan de wet aan de vruchtgebruiker toekent, dan komt die ruimere bevoegdheid niet aan de latere verkrijgers van het vruchtgebruik toe.

(Zie ook: artt. 98, 236, 260 BW Boek 3; art. 6 BW Boek 6)

Art. 224

Afstand van vruchtgebruik

Indien een vruchtgebruiker uit hoofde van de aan het vruchtgebruik verbonden lasten en verplichtingen op zijn kosten afstand van zijn recht wil doen, is de hoofdgerechtigde gehouden hieraan mede te werken.

(Zie ook: artt. 81, 84, 98, 122, 300 BW Boek 3; art. 208 BW Boek 6)

Art. 225

Einde bij vruchtgebruik

Na het eindigen van het vruchtgebruik rust op de vruchtgebruiker of zijn rechtverkrijgenden de verplichting de goederen ter beschikking van de hoofdgerechtigde te stellen.

(Zie ook: artt. 81, 253, 273, 282 BW Boek 3)

Art. 226

Schakelbepaling

1. Op een recht van gebruik en een recht van bewoning vinden de regels betreffende vruchtgebruik overeenkomstige toepassing, behoudens de navolgende bepalingen.

Gebruik bij vruchtgebruik

2. Indien enkel het recht van gebruik is verleend, heeft de rechthebbende de bevoegdheid de aan zijn recht onderworpen zaken te gebruiken en er de vruchten van te genieten, die hij voor zich en zijn gezin behoeft.

Bewoning bij vruchtgebruik

3. Indien enkel het recht van bewoning is verleend, heeft de rechthebbende de bevoegdheid de aan zijn recht onderworpen woning met zijn gezin te bewonen.

4. Hij die een der in dit artikel omschreven rechten heeft, kan zijn recht niet vervreemden of bezwaren, noch de zaak door een ander laten gebruiken of de woning door een ander laten bewonen.

(Zie ook: artt. 83, 98 BW Boek 3; art. 123 BW Boek 5; art. 41 OW)

Titel 9 *Rechten van pand en hypotheek*

Afdeling 1 Algemene bepalingen

Art. 227

Pand- en hypotheekrecht

1. Het recht van pand en het recht van hypotheek zijn beperkte rechten, strekkende om op de daaraan onderworpen goederen een vordering tot voldoening van een geldsom bij voorrang boven andere schuldeisers te verhalen. Is het recht op een registergoed gevestigd, dan is het

een recht van hypotheek; is het recht op een ander goed gevestigd, dan is het een recht van pand.

2. Een recht van pand of hypotheek op een zaak strekt zich uit over al hetgeen de eigendom van de zaak omvat.

(Zie ook: artt. 4, 7, 8, 10, 236, 254, 266, 276 BW Boek 3; artt. 3, 14, 20 BW Boek 5; artt. 461a, 544 Rv; artt. 57, 230 FW)

Art. 228

Op alle goederen die voor overdracht vatbaar zijn, kan een recht van pand hetzij van hypotheek worden gevestigd.

(Zie ook: artt. 81, 83, 97 BW Boek 3)

Vestigingsmogelijkheden bij pand- en hypotheekrecht

Art. 229

1. Het recht van pand of hypotheek brengt van rechtswege mee een recht van pand op alle vorderingen tot vergoeding die in de plaats van het verbonden goed treden, waaronder begrepen vorderingen ter zake van waardevermindering van het goed.

Zaaksvervanging bij pand- en hypotheekrecht

2. Dit pandrecht gaat boven ieder op de vordering gevestigd ander pandrecht.

Rangorde bij pand- en hypotheekrecht

(Zie ook: artt. 246, 283 BW Boek 3; artt. 74, 87, 95, 162 BW Boek 6; artt. 455a, 507a Rv)

Art. 230

Een recht van pand of hypotheek is ondeelbaar, zelfs dan wanneer de verbintenis waarvoor het recht is gevestigd, twee of meer schuldeisers of schuldenaars heeft en de verbintenis tussen hen wordt verdeeld.

(Zie ook: artt. 6, 15 BW Boek 6; art. 43 OW)

Ondeelbaarheid bij pand- en hypotheekrecht

Art. 231

1. Een recht van pand of hypotheek kan zowel voor een bestaande als voor een toekomstige vordering worden gevestigd. De vordering kan op naam, aan order of aan toonder luiden. Zij kan zowel een vordering op de pand- of hypotheekgever zelf als een vordering op een ander zijn.

Bestaande en toekomstige vorderingen bij pand- en hypotheekrecht

2. De vordering waarvoor pand of hypotheek wordt gegeven, moet voldoende bepaalbaar zijn.

(Zie ook: artt. 7, 82, 260 BW Boek 3; artt. 142, 227 BW Boek 6; art. 483e Rv)

Art. 233

1. De pand- of hypotheekgever die niet tevens de schuldenaar is, is aansprakelijk voor waardevermindering van het goed, voor zover de waarborg van de schuldeiser daardoor in gevaar wordt gebracht en daarvan aan de pand- of hypotheekgever of aan een persoon waarvoor deze aansprakelijk is, een verwijt kan worden gemaakt.

Aansprakelijkheid pand- of hypotheekgever die geen schuldenaar is

2. Door hem ten behoeve van het goed anders dan tot onderhoud daarvan gemaakte kosten kan hij van de pand- of hypotheekhouder terugvorderen, doch slechts indien deze zich op het goed heeft verhaald en voor zover genoemde kosten tot een hogere opbrengst van het goed te diens bate hebben geleid.

(Zie ook: artt. 169, 265 BW Boek 3)

Art. 234

1. Indien voor een zelfde vordering zowel goederen van de schuldenaar als van een derde zijn verpand of verhypothekeerd, kan de derde, wanneer de schuldeiser tot executie overgaat, verlangen dat die van de schuldenaar mede in de verkoop worden begrepen en het eerst worden verkocht.

Pand-/hypotheekrecht, verkoop goederen schuldenaar

2. Zijn voor een zelfde vordering twee of meer goederen verpand of verhypothekeerd en rust op een daarvan een beperkt recht dat de schuldeiser bij de executie niet behoeft te eerbiedigen, dan heeft de beperkt gerechtigde een overeenkomstige bevoegdheid als in het eerste lid is vermeld.

3. Indien de schuldeiser weigert aan een op lid 1 of lid 2 gegrond verlangen te voldoen, kan de voorzieningenrechter van de rechtbank op verzoek van de meest gerede partij of, in geval van een hypotheek, van de notaris ten overstaan van wie de verkoop zal geschieden, op deze weigering beslissen. Het verzoek schorst de executie. Tegen een beschikking krachtens dit lid is geen hogere voorziening toegelaten.

(Zie ook: artt. 248, 268, 270, 282 BW Boek 3)

Art. 235

Elk beding waarbij de pand- of hypotheekhouder de bevoegdheid wordt gegeven zich het verbonden goed toe te eigenen, is nietig.

(Zie ook: art. 268 BW Boek 3)

Verbod op toe-eigening bij pand- en hypotheekrecht

Afdeling 2
Pandrecht

Art. 236

1. Pandrecht op een roerende zaak, op een recht aan toonder of order, of op het vruchtgebruik van een zodanige zaak of recht, wordt gevestigd door de zaak of het toonder- of orderpapier te brengen in de macht van de pandhouder of van een derde omtrent wie partijen zijn overeen-

Pandrecht vestigen

B3 art. 237

gekomen. De vestiging van een pandrecht op een recht aan order of op het vruchtgebruik daarvan vereist tevens endossement.

2. Op andere goederen wordt pandrecht gevestigd op overeenkomstige wijze als voor de levering van het te verpanden goed is bepaald.

(Zie ook: artt. 86, 196, 83, 94, 98 BW Boek 2; art. 1576f BW Boek 7A; art. 416 BW Boek 8; artt. 110, 176 WvK; art. 40 ROW)

Art. 237

Bezitloos pandrecht vestigen

1. Pandrecht op een roerende zaak, op een recht aan toonder, of op het vruchtgebruik van een zodanige zaak of recht, kan ook worden gevestigd bij authentieke of geregistreerde onderhandse akte, zonder dat de zaak of het toonderpapier wordt gebracht in de macht van de pandhouder of van een derde.

(Zie ook: artt. 16, 84, 97, 98, 284 BW Boek 3)

2. De pandgever is verplicht in de akte te verklaren dat hij tot het verpanden van het goed bevoegd is alsmede hetzij dat op het goed geen beperkte rechten rusten, hetzij welke rechten daarop rusten.

(Zie ook: artt. 8, 84, 97 BW Boek 3; artt. 25, 227, 326 WvSr)

Tekortschieten in verplichtingen door pandgever

3. Wanneer de pandgever of de schuldenaar in zijn verplichtingen jegens de pandhouder tekortschiet of hem goede grond geeft te vrezen dat in die verplichtingen zal worden tekortgeschoten, is deze bevoegd te vorderen dat de zaak of het toonderpapier in zijn macht of in die van een derde wordt gebracht. Rusten op het goed meer pandrechten, dan kan iedere pandhouder jegens wie de pandgever of de schuldenaar tekortschiet, deze bevoegdheid uitoefenen, met dien verstande dat een andere dan de hoogst gerangschikte slechts afgifte kan vorderen aan een tussen de gezamenlijke pandhouders overeengekomen of door de rechter aan te wijzen pandhouder of derde.

(Zie ook: artt. 221, 267 BW Boek 3; art. 74 BW Boek 6; artt. 496, 709 Rv)

4. Wanneer de pandgever of de schuldenaar in zijn verplichtingen jegens de pandhouder die een bij voorbaat gevestigd pandrecht op te velde staande vruchten of beplantingen heeft, tekortschiet, kan de kantonrechter de pandhouder op diens verzoek machtigen zelf de te velde staande vruchten of beplantingen in te oogsten. Is de pandgever eigenaar van de grond of ontleent hij zijn recht op de vruchten of beplantingen aan een beperkt recht op de grond, dan kan de beschikking waarbij het verzoek wordt toegewezen, worden ingeschreven in de openbare registers.

(Zie ook: artt. 16, 17, 23, 45, 266 BW Boek 3; art. 17 BW Boek 5; artt. 494, 507, 709 Rv; art. 35 FW)

5. Tegen een beschikking krachtens het vorige lid is geen hogere voorziening toegelaten.

(Zie ook: artt. 97, 84 BW Boek 3)

Art. 238

Pandrecht, bescherming tegen beschikkingsonbevoegde pandgever

1. Ondanks onbevoegdheid van de pandgever is de vestiging van een pandrecht op een roerende zaak, op een recht aan toonder of order of op het vruchtgebruik van een zodanige zaak of recht geldig, indien de pandhouder te goeder trouw is op het tijdstip waarop de zaak of het toonder- of geëndosseerde orderpapier in zijn macht of in die van een derde is gebracht.

Pandrecht, rangorde

2. Rust op een in lid 1 genoemd goed een beperkt recht dat de pandhouder op het in dat lid bedoelde tijdstip kent noch behoort te kennen, dan gaat het pandrecht in rang boven dit beperkte recht.

Schakelbepaling

3. Wordt het pandrecht gevestigd op een roerende zaak waarvan de eigenaar het bezit door diefstal heeft verloren, of op een vruchtgebruik op een zodanige zaak, dan zijn lid 3, aanhef en onder b, en lid 4 van artikel 86 van overeenkomstige toepassing.

4. Dit artikel kan niet worden tegengeworpen aan degene die de zaak opeist, indien volgens artikel 86a, leden 1 en 2 of artikel 86b lid 1, of volgens artikel 6.15 van de Erfgoedwet ook artikel 86 niet aan hem tegengeworpen zou kunnen worden.

(Zie ook: artt. 8, 11, 86, 90, 111 BW Boek 3; art. 35 FW)

Art. 239

Stil pandrecht vestigen

1. Pandrecht op een tegen een of meer bepaalde personen uit te oefenen recht dat niet aan toonder of order luidt, of op het vruchtgebruik van een zodanig recht kan ook worden gevestigd bij authentieke of geregistreerde onderhandse akte, zonder mededeling daarvan aan die personen, mits dit recht op het tijdstip van de vestiging van het pandrecht reeds bestaat of rechtstreeks zal worden verkregen uit een dan reeds bestaande rechtsverhouding.

Schakelbepaling

2. Het tweede lid van artikel 237 is van overeenkomstige toepassing.

3. Wanneer de pandgever of de schuldenaar in zijn verplichtingen jegens de pandhouder tekortschiet of hem goede grond geeft te vrezen dat in die verplichtingen zal worden tekortgeschoten, is deze bevoegd van de verpanding mededeling te doen aan de in het eerste lid genoemde personen. Pandhouder en pandgever kunnen overeenkomen dat deze bevoegdheid op een ander tijdstip ingaat.

4. Artikel 88 geldt slechts voor de pandhouder wiens recht overeenkomstig lid 1 is gevestigd, indien hij te goeder trouw is op het tijdstip van de in lid 3 bedoelde mededeling.
(Zie ook: artt. 86, 84, 97, 196, 210 BW Boek 3; art. 74 BW Boek 6; art. 86 Overgangswet NBW; art. 475 Rv; art. 35 FW)

Art. 240

Pandrecht op een aandeel in een goed wordt gevestigd op overeenkomstige wijze en met overeenkomstige gevolgen als voorgeschreven ten aanzien van de vestiging van pandrecht op dat goed.
(Zie ook: artt. 96, 166, 175 BW Boek 3)

Pandrecht vestigen op aandeel in goed

Art. 241

De pandhouder is verplicht desgevorderd aan de pandgever een schriftelijke verklaring af te geven van de aard en, voor zover mogelijk, het bedrag van de vordering waarvoor het verpande tot zekerheid strekt.
(Zie ook: artt. 237, 290 BW Boek 3)

Schriftelijke verklaring aard en bedrag vordering bij pandrecht

Art. 242

Een pandhouder is niet bevoegd het goed dat hij in pand heeft, te herverpanden, tenzij deze bevoegdheid hem ondubbelzinnig is toegekend.

Verbod op herverpanden

Art. 243

1. Hij die uit hoofde van een pandrecht een zaak onder zich heeft, moet als een goed pandhouder voor de zaak zorgdragen.

Zorgplicht pandhouder

2. Door een pandhouder betaalde kosten tot behoud en tot onderhoud, met inbegrip van door hem betaalde aan het goed verbonden lasten, moeten hem door de pandgever worden terugbetaald; het pandrecht strekt mede tot zekerheid daarvoor. Andere door hem ten behoeve van het pand gemaakte kosten kan hij van de pandgever slechts terugvorderen, indien hij ze met diens toestemming heeft gemaakt, onverminderd diens aansprakelijkheid uit zaakwaarneming of ongerechtvaardigde verrijking.
(Zie ook: art. 120 BW Boek 3; artt. 27, 198, 212 BW Boek 6)

Art. 244

Tenzij anders is bedongen, strekt een pandrecht tot zekerheid van een of meer bepaalde vorderingen tevens tot zekerheid voor drie jaren rente die over deze vorderingen krachtens overeenkomst of wet verschuldigd is.
(Zie ook: art. 263 BW Boek 3)

Rente gedurende drie jaar bij pandrecht

Art. 245

Tot het instellen van rechtsvorderingen tegen derden ter bescherming van het verpande goed is zowel de pandhouder als de pandgever bevoegd, mits hij zorg draagt dat de ander tijdig in het geding wordt geroepen.
(Zie ook: artt. 124, 218 BW Boek 3; art. 95 BW Boek 5)

Bevoegdheid tot instellen rechtsvorderingen bij pandrecht

Art. 246

1. Rust het pandrecht op een vordering, dan is de pandhouder bevoegd in en buiten rechte nakoming daarvan te eisen en betalingen in ontvangst te nemen. Deze bevoegdheden blijven bij de pandgever, zolang het pandrecht niet aan de schuldenaar van de vordering is medegedeeld.

Inning vordering bij pandrecht

2. Degene aan wie de in lid 1 bedoelde bevoegdheden toekomen, is tevens bevoegd tot opzegging, wanneer de vordering niet opeisbaar is, maar door opzegging opeisbaar gemaakt kan worden. Hij is jegens de ander gehouden niet nodeloos van deze bevoegdheid gebruik te maken.

3. Rust op de vordering meer dan één pandrecht, dan komen de in de vorige leden aan de pandhouder toegekende bevoegdheden alleen aan de hoogst gerangschikte pandhouder toe.

4. Na mededeling van de verpanding aan de schuldenaar kan de pandgever deze bevoegdheden slechts uitoefenen, indien hij daartoe toestemming van de pandhouder of machtiging van de kantonrechter heeft verkregen.

5. Bij inning van een verpande vordering door de pandhouder of met machtiging van de kantonrechter door de pandgever komen de pandrechten waarmee de vordering bezwaard was, op het geïnde te rusten.
(Zie ook: artt. 210, 213 BW Boek 3; artt. 34, 130 BW Boek 6; art. 490b Rv; art. 118 WvK)

Art. 247

Buiten de gevallen, geregeld in de artikelen 89 en 198 van Boek 2, blijft de uitoefening van stemrecht, verbonden aan een goed waarop een pandrecht rust, de pandgever toekomen, tenzij anders is bedongen.
(Zie ook: art. 219 bk 3 BW; art. 474ba Rv)

Stemrecht bij pandrecht

Art. 248

1. Wanneer de schuldenaar in verzuim is met de voldoening van hetgeen waarvoor het pand tot waarborg strekt, is de pandhouder bevoegd het verpande goed te verkopen en het hem verschuldigde op de opbrengst te verhalen.

Parate executie bij pandrecht

2. Partijen kunnen bedingen dat eerst tot verkoop kan worden overgegaan, nadat de rechter op vordering van de pandhouder heeft vastgesteld dat de schuldenaar in verzuim is.

B3 art. 249

3. Een lager gerangschikte pandhouder of beslaglegger kan het verpande goed slechts verkopen met handhaving van de hoger gerangschikte pandrechten.
(Zie ook: artt. 2, 268 BW Boek 3; art. 81 BW Boek 6; artt. 57, 63a FW)

Art. 249

Voorgenomen verkoop bij pandrecht

1. Tenzij anders is bedongen, is een pandhouder die tot verkoop wil overgaan verplicht, voor zover hem dit redelijkerwijze mogelijk is, ten minste drie dagen tevoren de voorgenomen verkoop met vermelding van plaats en tijd op bij algemene maatregel van bestuur te bepalen wijze mede te delen aan de schuldenaar en de pandgever, alsmede aan hen die op het goed een beperkt recht hebben of daarop beslag hebben gelegd.

2. De aanzegging moet zo nauwkeurig mogelijk de som aangeven, waarvoor het pand kan worden gelost. Lossing kan tot op het tijdstip van de verkoop plaatsvinden, mits ook de reeds gemaakte kosten van executie worden voldaan.
(Zie ook: artt. 8, 37, 269, 282 BW Boek 3; artt. 30, 73, 150 BW Boek 6; Besl.art. 249 BW Boek 3)

Art. 250

Openbare verkoop bij pandrecht

1. De verkoop geschiedt in het openbaar naar de plaatselijke gewoonten en op de gebruikelijke voorwaarden.

2. Bestaat het pand uit goederen die op een markt of beurs verhandelbaar zijn, dan kan de verkoop geschieden op een markt door tussenkomst van een tussenpersoon in het vak of ter beurze door die van een bevoegde tussenpersoon overeenkomstig de regels en gebruiken die aldaar voor een gewone verkoop gelden.

3. De pandhouder is bevoegd mede te bieden.
(Zie ook: art. 110 Overgangswet NBW; art. 463 Rv; art. 42 ROW)

Art. 251

Verkoop op afwijkende wijze bij pandrecht

1. Tenzij anders is bedongen, kan de voorzieningenrechter van de rechtbank op verzoek van de pandhouder of de pandgever bepalen dat het pand zal worden verkocht op een van het vorige artikel afwijkende wijze, of op verzoek van de pandhouder bepalen dat het pand voor een door de voorzieningenrechter van de rechtbank vast te stellen bedrag aan de pandhouder als koper zal verblijven.

2. Nadat de pandhouder bevoegd is geworden tot verkoop over te gaan, kunnen pandhouder en pandgever een van het vorige artikel afwijkende wijze van verkoop overeenkomen. Rust op het verpande goed een beperkt recht of een beslag, dan is daartoe tevens de medewerking van de beperkt gerechtigde of de beslaglegger vereist.
(Zie ook: artt. 8, 282 BW Boek 3)

Art. 252

Mededeling van geschiede verkoop bij pandrecht

Tenzij anders is bedongen, is de pandhouder verplicht, voor zover hem dit redelijkerwijze mogelijk is, uiterlijk op de dag volgende op die van de verkoop daarvan op bij algemene maatregel van bestuur te bepalen wijze kennis te geven aan de schuldenaar en de pandgever, alsmede aan hen die op het goed een beperkt recht hebben of daarop beslag hebben gelegd.
(Zie ook: art. 523 Rv; Besl.art. 249 BW Boek 3)

Art. 253

Verdeling opbrengst bij pandrecht

1. De pandhouder houdt, na voldoening van de kosten van executie, van de netto-opbrengst af het aan hem verschuldigde bedrag waarvoor hij pandrecht heeft. Het overschot wordt aan de pandgever uitgekeerd. Zijn er pandhouders of andere beperkt gerechtigden, wier recht op het goed door de executie is vervallen, of hebben schuldeisers op het goed of op de opbrengst beslag gelegd, dan handelt de pandhouder overeenkomstig het bepaalde in artikel 490b van het Wetboek van Burgerlijke Rechtsvordering.

2. De pandhouder kan de door hem aan de voormelde belanghebbenden uit te keren bedragen niet voldoen door verrekening, tenzij het een uitkering aan de pandgever betreft en deze uitkering niet plaats vindt gedurende diens faillissement, surséance, de toepassing ten aanzien van hem van de schuldsaneringsregeling natuurlijke personen of de vereffening van zijn nalatenschap. Is ten aanzien van de pandgever de schuldsaneringsregeling natuurlijke personen van toepassing, dan kan niettemin een uitkering aan de pandgever door verrekening worden voldaan indien het pandrecht is gevestigd na de uitspraak tot de toepassing van de schuldsaneringsregeling en zowel de vordering als de schuld na die uitspraak zijn ontstaan.
(Zie ook: artt. 8, 270, 277, 282 BW Boek 3; art. 127 BW Boek 6; art. 481 Rv; artt. 53, 57 FW)

Art. 254

Roerende zaken die onroerende zaken dienen bij pandrecht

1. Wanneer op roerende zaken die volgens verkeersopvatting bestemd zijn om een bepaalde onroerende zaak duurzaam te dienen en door hun vorm als zodanig zijn te herkennen, of op machinerieën of werktuigen die bestemd zijn om daarmede een bedrijf in een bepaalde hiertoe ingerichte fabriek of werkplaats uit te oefenen, overeenkomstig artikel 237 een pandrecht is gevestigd voor een vordering waarvoor ook hypotheek gevestigd is op die onroerende zaak, fabriek of werkplaats of op een daarop rustend beperkt recht, kan worden bedongen, dat de schuldeiser bevoegd is de verpande en verhypothekeerde goederen tezamen volgens de voor hypotheek geldende regels te executeren.

2. Executeert de schuldeiser overeenkomstig het beding, dan zijn de artikelen 268-273 op het pandrecht van overeenkomstige toepassing en is de toepasselijkheid van de artikelen 248-253 uitgesloten.

3. Het beding kan, onder vermelding van de pandrechten waarop het betrekking heeft, worden ingeschreven in de registers waarin de hypotheek is ingeschreven.

(Zie ook: artt. 17, 234, 260 BW Boek 3; art. 553 Rv)

Art. 255

1. Bestaat het pand uit geld dan is de pandhouder, zodra zijn vordering opeisbaar is geworden, zonder voorafgaande aanzegging bevoegd zich uit het pand te voldoen overeenkomstig artikel 253. Hij is daartoe verplicht, indien de pandgever zulks vordert en deze bevoegd is de vordering in de verpande valuta te voldoen.

2. Artikel 252 vindt overeenkomstige toepassing.

(Zie ook: art. 121 BW Boek 6)

Art. 256

Wanneer een pandrecht is tenietgegaan, is de pandhouder verplicht te verrichten hetgeen zijnerzijds nodig is opdat de pandgever de hem toekomende feitelijke macht over het goed herkrijgt, en desverlangd aan de pandgever een schriftelijk bewijs te verstrekken dat het pandrecht geëindigd is. Is de vordering waarvoor het pandrecht tot zekerheid strekte met een beperkt recht bezwaard, dan rust een overeenkomstige verplichting op de beperkt gerechtigde.

(Zie ook: artt. 8, 81, 82, 274, 323 BW Boek 3; artt. 48, 139, 151, 157 BW Boek 6; artt. 491, 730 Rv)

Art. 257

Indien degene die uit hoofde van een pandrecht een zaak onder zich heeft, in ernstige mate in de zorg voor de zaak tekortschiet, kan de rechtbank op vordering van de pandgever of een pandhouder bevelen dat de zaak aan een van hen wordt afgegeven of in gerechtelijke bewaring van een derde wordt gesteld.

(Zie ook: artt. 221, 267 BW Boek 3; art. 709 Rv)

Art. 258

1. Wanneer een in pand gegeven goed als bedoeld in artikel 236 lid 1 in de macht van de pandgever komt, eindigt het pandrecht, tenzij het met toepassing van artikel 237 lid 1 werd gevestigd.

2. Afstand van een pandrecht kan geschieden bij enkele overeenkomst, mits van de toestemming van de pandhouder uit een schriftelijke of elektronische verklaring blijkt. Indien van de toestemming uit een elektronische verklaring blijkt, is artikel 227a lid 1 van Boek 6 van overeenkomstige toepassing.

(Zie ook: artt. 81, 267 BW Boek 3)

Afdeling 3 Pandrecht van certificaathouders

Art. 259

1. Wanneer iemand door het uitgeven van certificaten derden doet delen in de opbrengst van door hem op eigen naam verkregen aandelen of schuldvorderingen, hebben de certificaathouders een vordering tot uitkering van het hun toegezegde tegen de uitgever van de certificaten.

2. Zijn de oorspronkelijke aandelen of schuldvorderingen op naam gesteld en de certificaten uitgegeven met medewerking van de uitgever van de oorspronkelijke aandelen of schuldvorderingen of is er bij de statuten vergaderrecht verbonden aan de certificaten van aandelen, dan verkrijgen de certificaathouders tevens gezamenlijk een pandrecht op die aandelen of schuldvorderingen. Zijn de certificaten uitgegeven voor schuldvorderingen op naam zonder medewerking van de schuldenaar, dan verkrijgen de certificaathouders een zodanig pandrecht door mededeling van de uitgifte aan de schuldenaar. Zijn de certificaten uitgegeven voor aandelen of schuldvorderingen aan toonder, dan verkrijgen de certificaathouders een zodanig pandrecht, zonder dat het papier in de macht van de certificaathouders of een derde behoeft te worden gebracht.

3. Dit pandrecht geeft aan de certificaathouders alleen de bevoegdheid in geval van niet-uitbetaling van het hun verschuldigde met inachtneming van de volgende regels het pand geheel of gedeeltelijk te doen verkopen en zich uit de opbrengst te voldoen. Een certificaathouder die hiertoe wenst over te gaan, wendt zich tot de voorzieningenrechter van de rechtbank van het arrondissement waarin de woonplaats van degene die de certificaten heeft uitgegeven, is gelegen met verzoek een bewindvoerder over het pand te benoemen, die voor de verkoop en de verdeling van de opbrengst zorg draagt. Indien niet alle certificaathouders met de verkoop instemmen, wordt slechts een deel van het pand dat overeenkomt met het recht van de andere certificaathouders verkocht; de rechten van deze laatsten gaan door de verdeling van de opbrengst onder hen teniet. De voorzieningenrechter kan op verlangen van elke certificaathouder of ambtshalve

Schakelbepaling

Pandrecht op geld

Schakelbepaling

Tenietgaan pandrecht

Ernstige tekortkoming bij pandrecht

Einde van pandrecht

Afstand van pandrecht

Certificaathouders bij pandrecht

B3 art. 260 — Burgerlijk Wetboek Boek 3

maatregelen bevelen in het belang van de certificaathouders die niet met de verkoop hebben ingestemd, en bepalen dat de verkoop door hem moet worden goedgekeurd, wil zij geldig zijn. *(Zie ook: artt. 37, 267 BW Boek 3)*

Afdeling 4
Recht van hypotheek

Art. 260

Hypotheek vestigen

1. Hypotheek wordt gevestigd door een tussen partijen opgemaakte notariële akte waarbij de hypotheekgever aan de hypotheekhouder hypotheek op een registergoed verleent, gevolgd door haar inschrijving in de daartoe bestemde openbare registers. De akte moet een aanduiding bevatten van de vordering waarvoor de hypotheek tot zekerheid strekt, of van de feiten aan de hand waarvan die vordering zal kunnen worden bepaald. Tevens moet het bedrag worden vermeld waarvoor de hypotheek wordt verleend of, wanneer dit bedrag nog niet vaststaat, het maximumbedrag dat uit hoofde van de hypotheek op het goed kan worden verhaald. De hypotheekhouder moet in de akte woonplaats kiezen in Nederland.
(Zie ook: artt. 10, 25 BW Boek 1; artt. 10, 16, 17, 21, 89, 97, 231 BW Boek 3; art. 508 Rv; artt. 18, 24, 47, 48 Kadw; art. 35 FW)

2. Tenzij anders is bedongen, komen de kosten van verlening en vestiging ten laste van de schuldenaar.

3. Bij de in het eerste lid bedoelde akte kan iemand slechts krachtens een bij authentieke akte verleende volmacht als gevolmachtigde voor de hypotheekgever optreden.
(Zie ook: artt. 60, 61, 89 BW Boek 3)

Schakelbepaling

4. Voor het overige vinden de algemene voorschriften die voor vestiging van beperkte rechten op registergoederen gegeven zijn, ook op de vestiging van een hypotheek toepassing.
(Zie ook: artt. 16, 83, 98 BW Boek 3)

Art. 261

Voorrang van hypotheekrecht voor onbetaalde kooppenningen

1. Is bij een koopovereenkomst hypotheek op het verkochte goed tot waarborg van onbetaalde kooppenningen bedongen en is dit beding in de leveringsakte vermeld, dan heeft deze hypotheek, mits de akte waarbij zij werd verleend tegelijk met de leveringsakte wordt ingeschreven, voorrang boven alle andere aan de koper ontleende rechten, ten aanzien waarvan tegelijk een inschrijving plaatsvond.

Schakelbepaling

2. Lid 1 vindt overeenkomstig toepassing op een bij een verdeling bedongen hypotheek op een toegedeeld goed tot waarborg van hetgeen hij aan wie het goed is toegedeeld, aan de andere deelgenoten ten gevolge van de verdeling schuldig is of mocht worden.
(Zie ook: artt. 21, 177, 182, 262 BW Boek 3; art. 113 Overgangswet NBW)

Art. 262

Afwijkende rangorde bij hypotheekrecht

1. Bij een notariële akte die in de registers wordt ingeschreven, kan worden bepaald dat een hypotheek ten aanzien van een of meer hypotheken op hetzelfde goed een hogere rang heeft dan haar volgens het tijdstip van haar inschrijving toekomt, mits uit de akte blijkt dat de gerechtigden tot die andere hypotheek of hypotheken daarin toestemmen.

Schakelbepaling

2. Met overeenkomstige toepassing van het eerste lid kan ook worden bepaald dat een hypotheek en een ander beperkt recht ten aanzien van elkaar worden geacht in andere volgorde te zijn ontstaan dan is geschied.
(Zie ook: artt. 19, 21, 261 BW Boek 3)

Art. 263

Rente gedurende drie jaar bij hypotheekrecht

1. Tenzij in de hypotheekakte anders is bepaald, strekt een hypotheek tot zekerheid van een of meer bepaalde vorderingen tevens tot zekerheid voor drie jaren rente die daarover krachtens de wet verschuldigd is.

2. Een beding dat een hypotheek tot zekerheid van een of meer bepaalde vorderingen tevens strekt tot zekerheid van rente over een langer tijdvak dan drie jaren zonder vermelding van een maximumbedrag, is nietig.
(Zie ook: art. 244 BW Boek 3; artt. 119, 120 BW Boek 6; art. 114 Overgangswet NBW; art. 128 FW)

Art. 264

Huur- of pachtbeding bij hypotheekrecht

1. Indien de hypotheekakte een uitdrukkelijk beding bevat waarbij de hypotheekgever in zijn bevoegdheid is beperkt, hetzij om het bezwaarde goed buiten toestemming van de hypotheekhouder te verhuren of te verpachten, hetzij ten aanzien van de wijze waarop of van de tijd gedurende welke het goed zal kunnen worden verhuurd of verpacht, hetzij ten aanzien van de vooruitbetaling van huur- of pachtpenningen, hetzij om het recht op de huur- of pachtpenningen te vervreemden of te verpanden, kan dit beding niet alleen tegen latere verkrijgers van het bezwaarde goed, maar ook tegen de huurder of pachter en tegen degene aan wie het recht op de huur- of pachtpenningen werd vervreemd of verpand, worden ingeroepen, zulks zowel door de hypotheekhouder, als na de uitwinning van het bezwaarde goed door de koper, dit laatste echter alleen voor zover deze bevoegdheid op het tijdstip van de verkoop nog aan de hypotheekhouder toekwam en deze de uitoefening daarvan blijkens de verkoopvoorwaarden aan de koper

B3 art. 265

overlaat. De hypotheekhouder roept het huurbeding in voorafgaand aan de openbare verkoop van een tot bewoning bestemde onroerende zaak, een aandeel daarin of een beperkt recht daarop, tenzij er gegronde redenen zijn om aan te nemen dat:

a. de instandhouding van de huurovereenkomst in het belang is van de opbrengst bij de openbare verkoop; of

b. ook met instandhouding van de huurovereenkomst kennelijk een voldoende opbrengst zal worden verkregen om alle hypotheekhouders die het beding hebben gemaakt en dit jegens de huurder kunnen inroepen, te voldoen; of

c. er geen personen krachtens huurovereenkomst gebruik kunnen maken van het bezwaarde goed op het moment van bekendmaking van de executoriale verkoop, bedoeld in artikel 516 van het Wetboek van Burgerlijke Rechtsvordering.

2. De inroeping kan niet geschieden, voordat het in artikel 544 van het Wetboek van Burgerlijke Rechtsvordering bedoelde exploit van aanzegging of overneming is uitgebracht. De bepalingen betreffende vernietigbaarheid zijn van toepassing met dien verstande dat de termijn van artikel 52 lid 1 loopt vanaf de voormelde aanzegging of overneming en dat een in strijd met het beding gekomen rechtshandeling slechts wordt vernietigd ten behoeve van degene die het inroept, en niet verder dan met diens recht in overeenstemming is.

Exploit van aanzegging of overneming bij hypotheekrecht

3. Indien het beding is gemaakt met betrekking tot hoeven of los land, heeft het slechts werking voor zover het niet in strijd is met enig dwingend wettelijk voorschrift omtrent pacht. Zodanig beding heeft geen werking, voor zover de grondkamer bindend aan de pachtovereenkomst een daarmee strijdige inhoud heeft gegeven, dan wel het beding niet kon worden nageleefd, omdat de grondkamer een wijzigingsovereenkomst die aan het beding beantwoordde, heeft vernietigd. Een beding dat de hypotheekgever verplicht is hoeven voor kortere tijd dan twaalf jaren en los land voor kortere tijd dan zes jaren te verpachten, is nietig.

Pachtbeding m.b.t. hoeven of los zand bij hypotheekrecht

4. Indien het beding is gemaakt met betrekking tot huur van woonruimte of huur van bedrijfsruimte, heeft het slechts werking, voor zover het niet in strijd is met enig dwingend wettelijk voorschrift omtrent zodanige huur. Het beding dat de verhuur van woonruimte of bedrijfsruimte uitsluit, kan niet tegen de huurder worden ingeroepen, voor zover de woonruimte of bedrijfsruimte ten tijde van de vestiging van de hypotheek reeds was verhuurd en de nieuwe verhuring niet op ongewone, voor de hypotheekhouder meer bezwarende voorwaarden heeft plaatsgevonden.

Pachtbeding m.b.t. woon- of bedrijfsruimte bij hypotheekrecht

5. Voor zover een beroep op een beding tot gevolg zal hebben dat de huurder van woonruimte, waarop de artikelen 271 tot en met 277 van Boek 7 van toepassing zijn, moet ontruimen, kan het beding slechts worden ingeroepen nadat de voorzieningenrechter van de rechtbank daartoe op verzoek van de hypotheekhouder verlof heeft verleend. Het verlof is niet vereist ten aanzien van een huurovereenkomst met vernietiging waarvan de huurder schriftelijk heeft ingestemd of die is tot stand gekomen na de bekendmaking, bedoeld in artikel 516 van het Wetboek van Burgerlijke Rechtsvordering.

Verlof tot ontruiming bij hypotheekrecht

6. De voorzieningenrechter verleent het verlof, tenzij ook met instandhouding van de huurovereenkomst kennelijk een voldoende opbrengst zal worden verkregen om alle hypotheekhouders die het beding hebben gemaakt en dit jegens de huurder kunnen inroepen, te voldoen. Zo hij het verlof verleent, veroordeelt hij tevens de opgeroepen of verschenen huurders en onderhuurders tot ontruiming en stelt hij een termijn vast van ten hoogste zes maanden na de betekening aan de huurder of onderhuurder van zijn beschikking, waarbinnen geen ontruiming mag plaatsvinden. Tegen een beschikking waarbij het verlof wordt verleend, staan geen hogere voorzieningen open.

7. Indien het recht van de huurder of pachter door vernietiging krachtens lid 2 verloren gaat, wordt aan hem uit de bij de executie verkregen netto-opbrengst van het goed met voorrang onmiddellijk na hen tegen wie hij zijn recht niet kon inroepen, een vergoeding uitgekeerd ten bedrage van de schade die hij als gevolg van de vernietiging lijdt. Is de koper bevoegd het beding in te roepen, dan wordt van hetgeen aan de schuldeisers met een lagere rang toekomt, een met de te verwachten schade overeenkomend bedrag gereserveerd, totdat vaststaat dat de koper van zijn bevoegdheid geen gebruik maakt.

Vergoeding voor schade vernietiging bij hypotheekrecht

8. Onder de huurder in de zin van dit artikel wordt begrepen degene die ingevolge artikel 266 lid 1 of artikel 267 lid 1 van Boek 7 medehuurder is.

Huurder bij hypotheekrecht

(Zie ook: artt. 13, 23, 41, 45, 49, 55 BW Boek 3; artt. 1623a, 1624 BW Boek 7A; artt. 505, 544, 549, 555 Rv; art. 12 Pw)

Art. 265

Indien de hypotheekakte een uitdrukkelijk beding bevat, volgens hetwelk de hypotheekgever de inrichting of gedaante van het bezwaarde goed niet of niet zonder toestemming van de hypotheekhouder mag veranderen, kan op dit beding geen beroep worden gedaan, wanneer tot de verandering machtiging is verleend aan de huurder door de kantonrechter op grond van de bepalingen betreffende huur of aan de pachter of verpachter door de grondkamer op grond van de bepalingen betreffende pacht.

Beding tot niet-verandering (hypotheek)

(Zie ook: art. 1633 BW Boek 7A; art. 30 Pw)

B3 art. 266

Art. 266

Wegneembeding (hypotheek)/ ius tollendi

Is een zaak aan hypotheek onderworpen en heeft de hypotheekgever hieraan na de vestiging van de hypotheek veranderingen of toevoegingen aangebracht zonder dat hij verplicht was deze mede tot onderpand voor de vordering te doen strekken, dan is hij bevoegd deze veranderingen en toevoegingen weg te nemen, mits hij de zaak in de oude toestand terugbrengt en desverlangd voor de tijd dat dit nog niet is geschied, ter zake van de waardevermindering zekerheid stelt. Degene die gerechtigd is tot te velde staande vruchten of beplantingen, is bevoegd deze in te oogsten; kon dit voor de executie niet geschieden dan zijn hij en de koper verplicht zich jegens elkaar te gedragen overeenkomstig de verplichtingen die afgaande en opkomende pachters op grond van de bepalingen betreffende pacht jegens elkaar hebben.
(Zie ook: artt. 4, 9, 123, 124, 227, 237 BW Boek 3; artt. 17, 75, 105 BW Boek 5; art. 51 BW Boek 6; art. 1603 BW Boek 7A; art. 115 Overgangswet NBW; artt. 494, 507, 723 Rv; art. 35 Pw)

Art. 267

Beheersbeding (hypotheek)

1. In de hypotheekakte kan worden bedongen dat de hypotheekhouder bevoegd is om het verhypothekeerde goed in beheer te nemen, indien de hypotheekgever in zijn verplichtingen jegens hem in ernstige mate te kort schiet en de voorzieningenrechter van de rechtbank hem machtiging verleent.
(Zie ook: artt. 221, 237, 257 BW Boek 3; art. 555 Rv)

2. Eveneens kan in de hypotheekakte worden bedongen dat de hypotheekhouder bevoegd is de aan de hypotheek onderworpen zaak onder zich te nemen, indien zulks met het oog op de executie vereist is en de voorzieningenrechter hem machtiging verleent.

3. Zo de voorzieningenrechter de machtiging tot onder zich nemen verleent, veroordeelt hij tevens de hypotheekgever en de zijnen tot ontruiming.

4. De bevoegdheden kunnen tegen eenieder die zich in de zaak bevindt, met uitzondering van de huurder bedoeld in artikel 264 leden 4 en 8, worden ingeroepen.

5. Zonder uitdrukkelijke bedingen mist de hypotheekhouder de in de vorige leden genoemde bevoegdheden.

6. De machtiging, bedoeld in de vorige leden, kan behalve door een advocaat ook door een notaris worden verzocht.

Art. 267a

Bezichtiging dulden t.b.v. executie

1. De hypotheekgever, alsmede eenieder die een tot bewoning bestemde onroerende zaak gebruikt, is verplicht te dulden dat aan de zaak de gebruikelijke kennisgevingen van het te koop zijn worden aangebracht, en aan belangstellenden gelegenheid te geven tot bezichtiging.

2. De in lid 1 bedoelde verplichtingen gelden vanaf het moment van aanzegging van de executie, als bedoeld in artikel 544 van het Wetboek van Burgerlijke Rechtsvordering.

3. De hypotheekhouder kan in geval van weigering de bezichtiging doen plaatsvinden met toepassing van artikel 550 van het Wetboek van Burgerlijke Rechtsvordering.

Art. 268

Parate executie bij hypotheekrecht

1. Indien de schuldenaar in verzuim is met de voldoening van hetgeen waarvoor de hypotheek tot waarborg strekt, is de hypotheekhouder bevoegd het verbonden goed in het openbaar ten overstaan van een bevoegde notaris te doen verkopen.

2. Op verzoek van de hypotheekhouder de hypotheekgever of degene die executoriaal beslag heeft gelegd kan de voorzieningenrechter van de rechtbank bepalen dat de verkoop ondershands zal geschieden bij een overeenkomst die hem bij het verzoek ter goedkeuring wordt voorgelegd. Indien door de hypotheekgever of door een hypotheekhouder, beslaglegger of beperkt gerechtigde, die bij een hogere opbrengst van het goed belang heeft, voor de afloop van de behandeling van het verzoek aan de voorzieningenrechter een gunstiger aanbod wordt voorgelegd, kan deze bepalen dat de verkoop overeenkomstig dit aanbod zal geschieden. Desverzocht veroordeelt de voorzieningenrechter bij de goedkeuring van een verzoek tot onderhandse verkoop tevens de hypotheekgever en de zijnen tot ontruiming van het verhypothekeerde goed tegen een bepaald tijdstip. De ontruiming vindt niet plaats voor het moment van inschrijving, bedoeld in artikel 89 van Boek 3.

3. Het in lid 2 bedoelde verzoek wordt ingediend door een advocaat of een notaris binnen de in het Wetboek van Burgerlijke Rechtsvordering daarvoor bepaalde termijn. Tegen een beschikking krachtens lid 2 is geen hogere voorziening toegelaten.

4. Een executie als in de vorige leden bedoeld geschiedt met inachtneming van de daarvoor in het Wetboek van Burgerlijke Rechtsvordering voorgeschreven formaliteiten.

5. De hypotheekhouder kan niet op andere wijze zijn verhaal op het verbonden goed uitoefenen. Een daartoe strekkend beding is nietig.
(Zie ook: artt. 234, 248, 251, 254 BW Boek 3; art. 81 BW Boek 6; artt. 508, 544, 548 Rv; artt. 57, 63a, 182 FW)

Art. 269

Lossing bij hypotheekrecht

Tot op het tijdstip van de toewijzing ter veiling of van de goedkeuring door de voorzieningenrechter van de onderhandse verkoop kan de verkoop worden voorkomen door voldoening van hetgeen waarvoor de hypotheek tot waarborg strekt, alsmede van de reeds gemaakte kosten van executie.

(Zie ook: art. 249 bBW Boek 3; artt. 30, 73, 150 BW Boek 6; art. 58 FW)

Art. 270

1. De koper is gehouden de koopprijs te voldoen in handen van de notaris, te wiens overstaan de openbare verkoop heeft plaatsgevonden of door wie de akte van overdracht ingevolge de onderhandse verkoop is verleden. De kosten van de executie worden uit de koopprijs voldaan.

Voldoen koopprijs aan notaris bij hypotheekrecht

2. Wanneer geen hypotheken van een ander dan de verkoper zijn ingeschreven en geen schuldeiser op het goed of op de koopprijs beslag heeft gelegd of zijn vordering ontleent aan artikel 264 lid 7, en evenmin door de executie een beperkt recht op het goed vervalt of een recht van een huurder of pachter verloren gaat, draagt de notaris aan de verkoper uit de netto-opbrengst van het goed af hetgeen aan deze blijkens een door hem aan de notaris te verstrekken verklaring krachtens zijn door hypotheek verzekerde vordering of vorderingen toekomt; het overschot keert de notaris uit aan hem wiens goed is verkocht.

Netto-opbrengst en uitkering overschot bij hypotheekrecht

3. Zijn er meer hypotheekhouders of zijn er schuldeisers of beperkt gerechtigden als in het vorige lid bedoeld, dan stort de notaris de netto-opbrengst onverwijld bij een door hem aangewezen bewaarder die aan de eisen van artikel 445 van het Wetboek van Burgerlijke Rechtsvordering voldoet. Wanneer het goed door de eerste hypotheekhouder is verkocht en deze vóór of op de betaaldag aan de notaris een verklaring heeft overgelegd van hetgeen hem van de opbrengst toekomt krachtens de door de eerste hypotheek verzekerde vordering of andere vorderingen die eveneens door hypotheek zijn verzekerd en in rang onmiddellijk bij de eerste aansluiten, met vermelding van schuldeisers wier vordering boven de zijne rang neemt, blijft de storting nochtans achterwege voor hetgeen aan de verkoper blijkens deze verklaring toekomt, en keert de notaris dit aan deze uit. Deze verklaring moet zijn voorzien van een aantekening van de voorzieningenrechter van de rechtbank binnen welker rechtsgebied het verbonden goed zich geheel of grotendeels bevindt, inhoudende dat hij de verklaring heeft goedgekeurd, nadat hem summierlijk van de juistheid ervan is gebleken. De verklaring kan behalve door een advocaat ook door een notaris worden ingediend. Tegen de goedkeuring is geen hogere voorziening toegelaten.

Storting in consignatiekas bij hypotheekrecht

4. Ingeval de notaris ernstige redenen heeft om te vermoeden dat de hem ingevolge de leden 2 of 3 verstrekte verklaring onjuist is, kan hij de uitkering aan de hypotheekhouder opschorten tot de in lid 3 aangewezen voorzieningenrechter op vordering van de meest gerede partij of op verlangen van de notaris omtrent de uitkering heeft beslist.

Opschorting uitkering bij hypotheekrecht

5. Wanneer de hypotheekhouders, de schuldeisers die op het goed of op de koopprijs beslag hebben gelegd of hun vorderingen ontlenen aan artikel 264 lid 7, de beperkt gerechtigden wier recht door de executie vervalt, alsmede degene wiens goed is verkocht het vóór de betaaldag omtrent de verdeling van de te storten som eens zijn geworden, blijft de storting achterwege en keert de notaris aan ieder het hem toekomende uit.

6. Voor zover de verplichtingen welke ingevolge dit artikel op de notaris rusten, niet worden nagekomen, is de Staat jegens belanghebbenden voor de daaruit voor hen voortvloeiende schade met de notaris hoofdelijk aansprakelijk.

Aansprakelijkheid staat bij hypotheekrecht

7. Van het in dit artikel bepaalde kan in de verkoopvoorwaarden niet worden afgeweken.

Dwingend recht bij hypotheekrecht

(Zie ook: artt. 30, 277, 282 BW Boek 3; art. 154 BW Boek 6; artt. 445, 551 Rv; art. 57 FW)

Art. 271

1. Na de betaling van de koopprijs zijn alle in het vijfde lid van het vorige artikel genoemde belanghebbenden bevoegd een gerechtelijke rangregeling te verzoeken om tot verdeling van de opbrengst te komen overeenkomstig de formaliteiten die in het Wetboek van Burgerlijke Rechtsvordering zijn voorgeschreven.

Gerechtelijke rangregeling bij hypotheekrecht

2. Indien deze belanghebbenden met betrekking tot de verdeling alsnog tot overeenstemming komen en daarvan door een authentieke akte doen blijken aan de bewaarder bij wie de opbrengst is gestort, dan keert deze aan ieder het hem volgens deze akte toekomende uit.

Uitkering na overeenstemming bij hypotheekrecht

(Zie ook: artt. 13, 253, 303 BW Boek 3; art. 552 Rv; art. 57 FW)

Art. 272

1. Een verkoper die van de notaris betaling heeft ontvangen, is verplicht desverlangd aan hem wiens goed is verkocht, en aan de schuldenaar binnen één maand na de betaling rekening en verantwoording te doen.

Hypotheekrecht, rekening en verantwoording

2. Een hypotheekhouder, een schuldeiser of een beperkt gerechtigde, die in de rangregeling is begrepen, kan binnen één maand na de sluiting daarvan gelijke rekening en verantwoording vragen, indien hij daarbij een rechtstreeks belang heeft.

(Zie ook: art. 282 BW Boek 3; art. 490 Rv; art. 57 FW)

Art. 273

1. Door de levering ingevolge een executoriale verkoop en de voldoening van de koopprijs gaan alle op het verkochte goed rustende hypotheken teniet en vervallen de ingeschreven beslagen, alsook de beperkte rechten die niet tegen de verkoper ingeroepen kunnen worden.

Zuivering bij hypotheekrecht

2. Wanneer de koper aan de voorzieningenrechter binnen welker rechtsgebied het verbonden goed zich geheel of grotendeels bevindt, de bewijsstukken overlegt, dat de verkoop met inachtneming van de wettelijke voorschriften heeft plaatsgehad en dat de koopprijs in handen van de notaris is gestort, wordt hem van het tenietgaan en vervallen van de in het vorige lid bedoelde hypotheken, beperkte rechten en beslagen een verklaring verstrekt. De verklaring kan ook namens de koper door een notaris worden verzocht. Tegen de beschikking die een zodanige verklaring inhoudt, is geen hogere voorziening toegelaten.

3. De verklaring kan bij of na de levering in de registers worden ingeschreven. Zij machtigt dan de bewaarder der registers tot doorhaling van de inschrijvingen betreffende hypotheken en beslagen.

(Zie ook: artt. 17, 28, 81, 89, 234 BW Boek 3; art. 150 BW Boek 6; artt. 526, 544 Rv; artt. 8, 35, 48, 100 Kadw; art. 188 FW)

Art. 274

Verklaring van tenietgaan bij hypotheekrecht

1. Wanneer een hypotheek is tenietgegaan, is de schuldeiser verplicht aan de rechthebbende op het bezwaarde goed op diens verzoek en op diens kosten bij authentieke akte een verklaring af te geven, dat de hypotheek is vervallen. Is de vordering waarvoor de hypotheek tot zekerheid strekte met een beperkt recht bezwaard, dan rust een overeenkomstige verplichting op de beperkt gerechtigde.

2. Deze verklaringen kunnen in de registers worden ingeschreven. Zij machtigen dan tezamen de bewaarder tot doorhaling.

3. Worden de vereiste verklaringen niet afgegeven, dan is artikel 29 van overeenkomstige toepassing.

4. Is de hypotheek door vermenging tenietgegaan, dan wordt de bewaarder tot doorhaling gemachtigd door een daartoe strekkende verklaring, afgelegd bij authentieke akte door hem aan wie het goed toebehoort, tenzij op de vordering een beperkt recht rust.

(Zie ook: artt. 17, 28, 29, 81, 82, 273, 323 BW Boek 3; art. 161 BW Boek 6; artt. 8, 35, 48, 100 Kadw)

Art. 275

Volmacht bij hypotheekrecht

Een volmacht tot het afleggen van een verklaring als bedoeld in het vorige artikel moet schriftelijk zijn verleend.

(Zie ook: artt. 60, 61 BW Boek 3)

Titel 10
Verhaalsrecht op goederen

Afdeling 1
Algemene bepalingen

Art. 276

Verhaalsrecht op alle goederen

Tenzij de wet of een overeenkomst anders bepaalt, kan een schuldeiser zijn vordering op alle goederen van zijn schuldenaar verhalen.

(Zie ook: artt. 1, 284, 291 BW Boek 3; art. 157 BW Boek 6; art. 1638g BW Boek 7A; artt. 435, 439, 447, 448, 502 Rv; artt. 20, 21 FW)

Art. 277

Gelijkheid van schuldeisers bij verhaalsrecht

1. Schuldeisers hebben onderling een gelijk recht om, na voldoening van de kosten van executie, uit de netto-opbrengst van de goederen van hun schuldenaar te worden voldaan naar evenredigheid van ieders vordering, behoudens de door de wet erkende redenen van voorrang.

Overeengekomen lagere rang bij verhaalsrecht

2. Bij overeenkomst van een schuldeiser met de schuldenaar kan worden bepaald dat zijn vordering jegens alle of bepaalde andere schuldeisers een lagere rang neemt dan de wet hem toekent.

(Zie ook: artt. 253, 270, 298 BW Boek 3; art. 15 BW Boek 6; artt. 480, 551 Rv; artt. 163, 180 FW)

Art. 278

Voorrang bij verhaalsrecht

1. Voorrang vloeit voort uit pand, hypotheek en voorrecht en uit de andere in de wet aangegeven gronden.

Voorrechten bij verhaalsrecht

2. Voorrechten ontstaan alleen uit de wet. Zij rusten of op bepaalde goederen of op alle tot een vermogen behorende goederen.

(Zie ook: artt. 236, 260, 284, 288, 292 BW Boek 3)

Art. 279

Rangorde bij verhaalsrecht

Pand en hypotheek gaan boven voorrecht, tenzij de wet anders bepaalt.

(Zie ook: artt. 284, 285, 287, 292 BW Boek 3; artt. 204, 217, 222, 224, 794, 827, 832, 834 BW Boek 8)

Art. 280

Rangorde bij verhaalsrecht

Voorrechten op bepaalde goederen hebben voorrang boven die welke op alle tot een vermogen behorende goederen rusten, tenzij de wet anders bepaalt.

Art. 281

1. Onderscheiden voorrechten die op hetzelfde bepaalde goed rusten, hebben gelijke rang, tenzij de wet anders bepaalt.

2. De voorrechten op alle goederen worden uitgeoefend in de volgorde waarin de wet hen plaatst.

(Zie ook: artt. 211, 832 BW Boek 8)

Art. 282

1. Indien door een executie een ander beperkt recht dan pand of hypotheek vervalt, omdat het niet kan worden ingeroepen tegen een pand- of hypotheekhouder of een beslaglegger op het goed, wordt aan de beperkt gerechtigde uit de netto-opbrengst van het goed, met voorrang onmiddellijk na de vorderingen van degenen tegen wie hij zijn recht niet kan inroepen, terzake van zijn schade een vergoeding uitgekeerd. De vergoeding wordt gesteld op het bedrag van de waarde die het vervallen recht, zo het bij de executie in stand zou zijn gebleven, ten tijde van de executie zou hebben gehad.

(Zie ook: artt. 253, 270, 273, 292 BW Boek 3; artt. 204, 217, 222, 224, 794, 827, 832, 834 BW Boek 8)

2. Indien in geval van executie een huurkoper van een onroerende zaak of een bestanddeel daarvan of een recht op die zaak niet kan inroepen tegen een hypotheekhouder of beslaglegger, wordt aan de huurkoper uit de netto-opbrengst van het goed, met voorrang onmiddellijk na de vorderingen van degenen tegen wie hij zijn recht niet kan inroepen, een vergoeding uitgekeerd ten bedrage van de schade die hij door de executie lijdt.

Afdeling 2

Bevoorrechte vorderingen op bepaalde goederen

Art. 283

Een voorrecht op een bepaald goed strekt zich mede uit over vorderingen tot vergoedingen die in de plaats van dat goed zijn getreden, waaronder begrepen vorderingen ter zake van waardevermindering van het goed.

(Zie ook: art. 229 BW Boek 3; art. 146 BW Boek 5; art. 445a Rv)

Art. 284

1. Een vordering tot voldoening van kosten, tot behoud van een goed gemaakt, is bevoorrecht op het goed dat aldus is behouden.

2. De schuldeiser kan de vordering op het goed verhalen, zonder dat hem rechten van derden op dit goed kunnen worden tegengeworpen, tenzij deze rechten na het maken van de kosten tot behoud zijn verkregen. Een na het maken van die kosten overeenkomstig artikel 237 gevestigd pandrecht kan slechts aan de schuldeiser worden tegengeworpen, indien de zaak of het toonderpapier in de macht van de pandhouder of een derde is gebracht. Een na het maken van de kosten overeenkomstig artikel 90 verkregen recht kan slechts aan de schuldeiser worden tegengeworpen, indien tevens aan de eisen van lid 2 van dat artikel is voldaan.

3. Het voorrecht heeft voorrang boven alle andere voorrechten, tenzij de vorderingen waaraan deze andere voorrechten zijn verbonden, na het maken van de kosten tot behoud zijn ontstaan.

(Zie ook: artt. 120, 121, 124, 233, 237, 243 BW Boek 3; artt. 206, 207 BW Boek 6)

Art. 285

1. Hij die uit hoofde van een overeenkomst tot aanneming van werk een vordering wegens bearbeiding van een zaak heeft, is deswege op de zaak bevoorrecht, mits hij persoonlijk aan de uitvoering van in de uitoefening van zijn bedrijf aangenomen werk pleegt deel te nemen dan wel een vennootschap of een rechtspersoon is, waarvan een of meer beherende vennoten of bestuurders dit plegen te doen. Het voorrecht vervalt na verloop van twee jaren sedert het ontstaan van de vordering.

2. Het voorrecht heeft voorrang boven een overeenkomstig artikel 237 op de zaak gevestigd pandrecht, tenzij dit recht eerst na het ontstaan van de bevoorrechte vordering is gevestigd en de zaak in de macht van de pandhouder of een derde is gebracht.

(Zie ook: art. 1640 BW Boek 7A)

Art. 286

1. De door een appartementseigenaar of een vruchtgebruiker van een appartementsrecht aan de gezamenlijke appartementseigenaars of de vereniging van eigenaars verschuldigde, in het lopende of het voorafgaande kalenderjaar opeisbaar geworden bijdragen zijn bevoorrecht op het appartementsrecht.

2. In geval van bearbeiding van een gebouw dat in appartementen is verdeeld, rust het voorrecht van artikel 285 op ieder appartement voor het bedrag, waarvoor de eigenaar van dat appartement aansprakelijk is.

Rangorde bij verhaalsrecht

Voorrang beperkt gerechtigde ter zake van schadevergoeding bij verhaalsrecht

Zaaksvervanging bij bevoorrechte vordering

Voorrecht wegens kosten tot behoud bij bevoorrechte vordering

Voorrecht wegens bearbeiding bij bevoorrechte vordering

Voorrang op appartementsrecht bij bevoorrechte vordering

B3 art. 287

Samenloop voorrechten bij bevoorrechte vordering

3. Bij samenloop van het voorrecht van het eerste lid en dat van artikel 285 heeft het laatstgenoemde voorrang.

(Zie ook: art. 201 BW Boek 3; artt. 106, 112, 113, 122, 123 BW Boek 5)

Art. 287

Voorrang wegens vordering tot schadevergoeding

1. De vordering tot vergoeding van schade is bevoorrecht op de vordering die de schuldenaar uit hoofde van verzekering van zijn aansprakelijkheid op de verzekeraar mocht hebben, voor zover deze vordering de verplichting tot vergoeding van deze schade betreft.

Voorrang t.a.v. rechten op de vordering

2. De schuldeiser kan zijn vordering verhalen op de vordering waarop het voorrecht rust, zonder dat hem andere rechten van derden op deze laatste vordering dan het ingevolge artikel 936 lid 2 van Boek 7 aan de tussenpersoon toekomende recht op afdracht, kunnen worden tegengeworpen.

(Zie ook: art. 95 BW Boek 6)

Afdeling 3
Bevoorrechte vorderingen op alle goederen

Art. 288

Bevoorrechte vordering op alle goederen

De bevoorrechte vorderingen op alle goederen zijn de vorderingen ter zake van:

a. de kosten van de aanvraag tot faillietverklaring, doch alleen ter zake van het faillissement dat op de aanvraag is uitgesproken, alsmede van de kosten, door een schuldeiser gemaakt, ter verkrijging van vereffening buiten faillissement;

b. de kosten van lijkbezorging, voor zover zij in overeenstemming zijn met de omstandigheden van de overledene;

c. hetgeen een werknemer, een gewezen werknemer en hun nabestaanden ter zake van reeds vervallen termijnen van pensioen van de werkgever te vorderen hebben, voor zover de vordering niet ouder is dan een jaar;

d. hetgeen waarop een werknemer, niet zijnde een bestuurder van de rechtspersoon bij wie hij in dienst is, een gewezen werknemer en hun nabestaanden ter zake van in de toekomst tot uitkering komende termijnen van pensioen jegens de werkgever recht hebben;

e. al hetgeen een werknemer over het lopende en het voorafgaande kalenderjaar in geld op grond van de arbeidsovereenkomst van zijn werkgever te vorderen heeft, alsmede de bedragen door de werkgever aan de werknemer in verband met de beëindiging van de arbeidsovereenkomst verschuldigd uit hoofde van de bepalingen van het Burgerlijk Wetboek betreffende de arbeidsovereenkomst.

(Zie ook: artt. 611, 616 BW Boek 7A; artt. 1, 182 FW)

Art. 289

Bevoorrechte vordering op alle goederen

1. Eveneens bevoorrecht op alle goederen zijn de vorderingen die zijn ontstaan uit de oplegging van de in de artikelen 49 en 50 van het Verdrag tot oprichting van de Europese Gemeenschap voor Kolen en Staal van 18 april 1951, (*Trb.* 1951, 82) bedoelde heffingen en verhogingen wegens vertraging in de betaling van deze vorderingen.

2. Dit voorrecht heeft dezelfde rang als het voorrecht terzake van de vordering wegens omzetbelasting.

(Zie ook: art. 40 Wet OB)

Afdeling 4
Retentierecht

Art. 290

Retentierecht

Retentierecht is de bevoegdheid die in de bij de wet aangegeven gevallen aan een schuldeiser toekomt, om de nakoming van een verplichting tot afgifte van een zaak aan zijn schuldenaar op te schorten totdat de vordering wordt voldaan.

(Zie ook: artt. 100, 105 BW Boek 3; artt. 27, 52, 57, 64, 66, 262 BW Boek 6; art. 60 FW)

Art. 291

Inroeping tegen later recht bij retentierecht

Inroeping tegen eerder recht bij retentierecht

1. De schuldeiser kan het retentierecht mede inroepen tegen derden die een recht op de zaak hebben verkregen, nadat zijn vordering was ontstaan en de zaak in zijn macht was gekomen.

2. Hij kan het retentierecht ook inroepen tegen derden met een ouder recht, indien zijn vordering voortspruit uit een overeenkomst die de schuldenaar bevoegd was met betrekking tot de zaak aan te gaan, of hij geen reden had om aan de bevoegdheid van de schuldenaar te twijfelen.

(Zie ook: artt. 11, 120, 124 BW Boek 3; artt. 12, 53, 54 BW Boek 6)

3. De schuldeiser kan het retentierecht niet inroepen tegen de minister van Onderwijs, Cultuur en Wetenschap die op grond van artikel 6.15 van de Erfgoedwet een rechtsvordering instelt.

B3 art. 301

Art. 292

De schuldeiser kan zijn vordering op de zaak verhalen met voorrang boven allen tegen wie het retentierecht kan worden ingeroepen.
(Zie ook: art. 479h Rv; artt. 60, 110, 113, 119, 132, 143, 145, 157, 173b, 180, 257 FW)

Voorrang bij retentierecht

Art. 293

Het retentierecht kan mede worden uitgeoefend voor de kosten die de schuldeiser heeft moeten maken ter zake van de zorg die hij krachtens de wet ten aanzien van de zaak in acht moet nemen.
(Zie ook: artt. 27, 59, 64, 66, 90 BW Boek 6)

Kosten van zorg bij retentierecht

Art. 294

Het retentierecht eindigt doordat de zaak in de macht komt van de schuldenaar of de rechthebbende, tenzij de schuldeiser haar weer uit hoofde van dezelfde rechtsverhouding onder zich krijgt.
(Zie ook: art. 258 BW Boek 3; artt. 52, 55 BW Boek 6)

Einde van retentierecht

Art. 295

Raakt de zaak uit de macht van de schuldeiser, dan kan hij haar opeisen onder dezelfde voorwaarden als een eigenaar.
(Zie ook: artt. 83, 107, 244 BW Boek 3; art. 2 BW Boek 5)

Opeisen zaak door schuldeiser bij retentierecht

Titel 11
Rechtsvorderingen

Art. 296

1. Tenzij uit de wet, uit de aard der verplichting of uit een rechtshandeling anders volgt, wordt hij die jegens een ander verplicht is iets te geven, te doen of na te laten, daartoe door de rechter, op vordering van de gerechtigde, veroordeeld.

Vordering tot nakoming

2. Hij die onder een voorwaarde of een tijdsbepaling tot iets is gehouden, kan onder die voorwaarde of tijdsbepaling worden veroordeeld.
(Zie ook: artt. 3, 21, 38, 167 BW Boek 6)

Vordering tot nakoming onder voorwaarde of tijdsbepaling

Art. 297

Indien een prestatie door tenuitvoerlegging van een executoriale titel wordt afgedwongen, heeft dit dezelfde rechtsgevolgen als die van een vrijwillige nakoming van de uit die titel blijkende verplichting tot die prestatie.
(Zie ook: artt. 477b, 491, 555 Rv)

Reële executie

Art. 298

Vervolgen twee of meer schuldeisers ten aanzien van één goed met elkaar botsende rechten op levering, dan gaat in hun onderlinge verhouding het oudste recht op levering voor, tenzij uit de wet, uit de aard van hun rechten, of uit de eisen van redelijkheid en billijkheid anders voortvloeit.
(Zie ook: art. 103 BW Boek 6; artt. 491, 497, 730, 736 Rv)

Botsende rechten op levering bij rechtsvordering

Art. 299

1. Wanneer iemand niet verricht waartoe hij is gehouden, kan de rechter hem jegens wie de verplichting bestaat, op diens vordering machtigen om zelf datgene te bewerken waartoe nakoming zou hebben geleid.

Reële executie

2. Op gelijke wijze kan hij jegens wie een ander tot een nalaten is gehouden, worden gemachtigd om hetgeen in strijd met die verplichting is verricht, teniet te doen.

3. De kosten die noodzakelijk zijn voor de uitvoering der machtiging, komen ten laste van hem die zijn verplichting niet is nagekomen. De uitspraak waarbij de machtiging wordt verleend, kan tevens de voldoening van deze kosten op vertoon van de daartoe nodige, in de uitspraak te vermelden bescheiden gelasten.
(Zie ook: art. 79 BW Boek 6; art. 558 Rv)

Art. 300

1. Is iemand jegens een ander gehouden een rechtshandeling te verrichten, dan kan, tenzij de aard van de rechtshandeling zich hiertegen verzet, de rechter op vordering van de gerechtigde bepalen dat zijn uitspraak dezelfde kracht heeft als een in wettige vorm opgemaakte akte van degene die tot de rechtshandeling gehouden is, of dat een door hem aan te wijzen vertegenwoordiger de handeling zal verrichten. Wijst de rechter een vertegenwoordiger aan, dan kan hij bepalen dat de door deze te verrichten handeling zijn goedkeuring behoeft.

Vonnis i.p.v. akte of machtiging vertegenwoordiger bij rechtsvordering

2. Is de verweerder gehouden om tezamen met de eiser een akte op te maken, dan kan de rechter bepalen dat zijn uitspraak in de plaats van de akte of een deel daarvan zal treden.
(Zie ook: artt. 89, 181 BW Boek 3; art. 145 BW Boek 5; art. 81 Rv; art. 59 OW)

Art. 301

1. Een uitspraak waarvan de rechter heeft bepaald dat zij in de plaats treedt van een tot levering van een registergoed bestemde akte of van een deel van een zodanige akte, kan slechts in de openbare registers worden ingeschreven, indien zij is betekend aan degene die tot de levering werd veroordeeld, en

Inschrijving van uitspraak in openbare registers bij rechtsvordering

B3 art. 302 **Burgerlijk Wetboek Boek 3**

a. in kracht van gewijsde is gegaan, of
b. uitvoerbaar bij voorraad is en een termijn van veertien dagen of zoveel korter of langer als in de uitspraak is bepaald, sedert de betekening van de uitspraak is verstreken.

Inschrijving rechtsmiddel in openbare registers

2. Verzet, hoger beroep en cassatie moeten op straffe van niet-ontvankelijkheid binnen acht dagen na het instellen van het rechtsmiddel worden ingeschreven in de registers, bedoeld in artikel 433 van het Wetboek van Burgerlijke Rechtsvordering. In afwijking van artikel 143 van dat wetboek begint de verzettermijn te lopen vanaf de betekening van het vonnis aan de veroordeelde, ook als de betekening niet aan hem in persoon geschiedt.

3. Indien de werking van een uitspraak als bedoeld in lid 1 door de rechter aan een voorwaarde is gebonden, weigert de bewaarder de inschrijving van die uitspraak, indien niet tevens een notariële verklaring of een authentiek afschrift daarvan wordt overgelegd, waaruit van de vervulling van de voorwaarde blijkt.

(Zie ook: artt. 17, 29, 89, 273 BW Boek 3; artt. 430, 525 Rv; art. 25 Kadw)

Art. 302

Verklaring van recht bij rechtsvordering

Op vordering van een bij een rechtsverhouding onmiddellijk betrokken persoon spreekt de rechter omtrent die rechtsverhouding een verklaring van recht uit.

Art. 303

Voldoende belang vereist bij rechtsvordering

Zonder voldoende belang komt niemand een rechtsvordering toe.

Art. 304

Rechtsvordering niet afsplitsbaar

Een rechtsvordering kan niet van het recht tot welks bescherming zij dient, worden gescheiden.

(Zie ook: art. 94 BW Boek 3)

Art. 305

Arbiters bij rechtsvordering

De in de voorgaande artikelen van deze titel aan de rechter toegekende bevoegdheden komen mede aan scheidsmannen toe, tenzij partijen anders zijn overeengekomen.

(Zie ook: artt. 611i, 1020, 1036 Rv; art. 74 FW)

Art. 305a

Belangenbehartiger bij instellen rechtsvordering (collectieve actie) Belangenbehartiger, voorwaarden

1. Een stichting of vereniging met volledige rechtsbevoegdheid kan een rechtsvordering instellen die strekt tot bescherming van gelijksoortige belangen van andere personen, voor zover zij deze belangen ingevolge haar statuten behartigt en deze belangen voldoende zijn gewaarborgd.

2. De belangen van de personen tot bescherming van wier belangen de rechtsvordering strekt, zijn voldoende gewaarborgd, wanneer de rechtspersoon als bedoeld in lid 1, voldoende representatief is, gelet op de achterban en de omvang van de vertegenwoordigde vorderingen en beschikt over:

a. een toezichthoudend orgaan, tenzij uitvoering is gegeven aan artikel 44a lid 1 of artikel 291a lid 1 van Boek 2 van het Burgerlijk Wetboek;

b. passende en doeltreffende mechanismen voor de deelname aan of vertegenwoordiging bij de besluitvorming van de personen tot bescherming van wier belangen de rechtsvordering strekt;

c. voldoende middelen om de kosten voor het instellen van een rechtsvordering te dragen, waarbij de zeggenschap over de rechtsvordering in voldoende mate bij de rechtspersoon ligt;

d. een algemeen toegankelijke internetpagina, waarop de volgende informatie beschikbaar is:

1°. de statuten van de rechtspersoon;

2°. de bestuursstructuur van de rechtspersoon;

3°. de laatst vastgestelde jaarlijkse verantwoording op hoofdlijnen van het toezichthoudend orgaan over het door haar uitgevoerde toezicht;

4°. het laatst vastgestelde bestuursverslag;

5°. de bezoldiging van bestuurders en de leden van het toezichthoudend orgaan;

6°. de doelstellingen en werkwijzen van de rechtspersoon;

7°. een overzicht van de stand van zaken in lopende procedures;

8°. indien een bijdrage wordt gevraagd van de personen tot bescherming van wier belangen de rechtsvordering strekt: inzicht in de berekening van deze bijdrage;

9°. een overzicht van de wijze waarop personen tot bescherming van wier belangen de rechtsvordering strekt zich kunnen aansluiten bij de rechtspersoon en de wijze waarop zij deze aansluiting kunnen beëindigen;

e. voldoende ervaring en deskundigheid ten aanzien van het instellen en voeren van de rechtsvordering.

3. Een rechtspersoon als bedoeld in lid 1 is slechts ontvankelijk indien:

a. de bestuurders betrokken bij de oprichting van de rechtspersoon, en hun opvolgers, geen rechtstreeks of middellijk winstoogmerk hebben, dat via de rechtspersoon wordt gerealiseerd;

b. de rechtsvordering een voldoende nauwe band met de Nederlandse rechtssfeer heeft. Van een voldoende nauwe band met de Nederlandse rechtssfeer is sprake, wanneer:

1°. de rechtspersoon genoegzaam aannemelijk maakt dat het merendeel van de personen tot bescherming van wier belangen de rechtsvordering strekt, zijn gewone verblijfplaats in Nederland heeft; of

Burgerlijk Wetboek Boek 3 **B3 art. 305d**

2°. degene tegen wie de rechtsvordering zich richt, woonplaats in Nederland heeft en bijkomende omstandigheden wijzen op voldoende verbondenheid met de Nederlandse rechtssfeer; of
3°. de gebeurtenis of de gebeurtenissen waarop de rechtsvordering betrekking heeft, in Nederland heeft of hebben plaatsgevonden;
c. de rechtspersoon in de gegeven omstandigheden voldoende heeft getracht het gevorderde door het voeren van overleg met de verweerder te bereiken. Een termijn van twee weken na de ontvangst door de verweerder van een verzoek tot overleg onder vermelding van het gevorderde, is daarvoor in elk geval voldoende.

4. Een rechtsvordering als bedoeld in lid 1 kan strekken tot veroordeling van de verweerder tot het openbaar maken of laten openbaar maken van de uitspraak, zulks op een door de rechter te bepalen wijze en op kosten van de door de rechter aan te geven partij of partijen.

5. Een rechtspersoon als bedoeld in lid 1 stelt een bestuursverslag en een jaarrekening op overeenkomstig het bepaalde voor verenigingen en stichtingen in respectievelijk de artikelen 49 en 300 en in Titel 9 van Boek 2. Onverminderd het in titel 9 bepaalde, wordt het bestuursverslag binnen acht dagen na vaststelling op de algemene toegankelijke internetpagina van de rechtspersoon gepubliceerd.

6. De rechter kan een rechtspersoon als bedoeld in lid 1, ontvankelijk verklaren, zonder dat aan de vereisten van lid 2, subonderdelen a tot en met e, en lid 5 behoeft te zijn voldaan, wanneer de rechtsvordering wordt ingesteld met een ideëel doel en een zeer beperkt financieel belang of wanneer de aard van de vordering van de rechtspersoon als bedoeld in lid 1 of van de personen tot bescherming van wier belangen de rechtsvordering strekt, daartoe aanleiding geeft. Bij toepassing van dit lid kan de rechtsvordering niet strekken tot schadevergoeding in geld.

7. Er is een centraal register voor collectieve vorderingen als bedoeld in dit artikel. Dit register wordt gehouden door een bij algemene maatregel van bestuur aan te wijzen instantie.

Art. 305b

1. Een rechtspersoon als bedoeld in artikel 1 van Boek 2 kan een rechtsvordering instellen die strekt tot bescherming van gelijksoortige belangen van andere personen, voor zover hem de behartiging van deze belangen is toevertrouwd.

Instellen rechtsvordering door anderen

2. De leden 3, aanhef en onderdeel c, en 4 van artikel 305a zijn van overeenkomstige toepassing.
(Zie ook: art. 1 BW Boek 2; art. 1054 Rv)

Art. 305c

1. Een organisatie of openbaar lichaam met zetel buiten Nederland welke geplaatst is op de lijst, bedoeld in artikel 4 lid 3 van richtlijn nr. 2009/22/EG van het Europees Parlement en de Raad van 23 april 2009 betreffende het doen staken van inbreuken in het raam van de bescherming van de consumentenbelangen (PbEG L 110), kan een rechtsvordering instellen die strekt tot bescherming van de gelijksoortige belangen van andere personen die hun gewone verblijfplaats hebben in het land waar de organisatie of het openbaar lichaam gezeteld is, voorzover de organisatie deze belangen ingevolge haar doelstelling behartigt of aan het openbaar lichaam de behartiging van deze belangen is toevertrouwd.

Instellen rechtsvordering door buitenlandse organisatie

2. De leden 2 tot en met 7 van artikel 305a zijn van overeenkomstige toepassing.

3. Een stichting of vereniging met volledige rechtsbevoegdheid met zetel in Nederland die ingevolge haar statuten de belangen behartigt van eindgebruikers van niet voor een beroep of bedrijf bestemde goederen of diensten, kan, teneinde geplaatst te worden op de lijst, bedoeld in lid 1, Onze Minister van Justitie verzoeken de Commissie van de Europese Gemeenschappen mede te delen dat zij ter bescherming van deze belangen een rechtsvordering kan instellen. Onze Minister deelt in dat geval de Commissie tevens de naam en de doelstelling van de stichting of vereniging mee.
(Zie ook: artt. 240, 241 BW Boek 3)

Art. 305d

1. Het gerechtshof Den Haag kan op verzoek van een stichting of vereniging met volledige rechtsbevoegdheid, die krachtens haar statuten tot taak heeft de bescherming van gelijksoortige belangen van andere personen:

Bevoegdheden gerechtshof bij rechtsvordering

a. bevelen dat degene die een overtreding pleegt van de wettelijke bepalingen, bedoeld in onderdeel a van de bijlage bij de Wet handhaving consumentenbescherming, die overtreding staakt;

b. bevelen dat een gedragscode die een handelen in strijd met de artikelen 193a tot en met 193i van Boek 6 bevordert door de houder van die gedragscode, bedoeld in artikel 193a, onder i, van Boek 6, wordt aangepast;

c. de houder van de gedragscode die het handelen in strijd met de artikelen 193a tot en met 193i van Boek 6 bevordert, veroordelen tot het openbaar maken of openbaar laten maken van de beschikking, bedoeld in de onderdelen a en b. Indien er sprake is van een misleidende handelspraktijk als bedoeld in de artikelen 193c tot en met 193g van Boek 6, kan het gerechtshof op verzoek van de handelaar tevens veroordelen tot rectificatie van de informatie. De openbaarmaking of rectificatie geschiedt op een door het gerechtshof te bepalen wijze en op kosten van de door het gerechtshof aan te geven partij of partijen.

B3 art. 306 — Burgerlijk Wetboek Boek 3

2. Artikel 305a lid 3, onderdeel (c), is van overeenkomstige toepassing op een verzoek als bedoeld in het eerste lid.

3. Het gerechtshof behandelt het verzoek onverwijld.

4. Geschillen ter zake van de tenuitvoerlegging van de in lid 1 bedoelde veroordelingen, alsmede van de veroordeling tot betaling van een dwangsom, zo deze is opgelegd, worden bij uitsluiting door het gerechtshof Den Haag beslist.

Art. 306

Verjaring bij rechtsvordering

Indien de wet niet anders bepaalt, verjaart een rechtsvordering door verloop van twintig jaren. *(Zie ook: artt. 52, 88, 99, 178, 307, 322, 323, 324 BW Boek 3; art. 46 BW Boek 5; artt. 3, 56, 131, 236, 268 BW Boek 6)*

Art. 307

Verjaring van rechtsvordering tot nakoming

1. Een rechtsvordering tot nakoming van een verbintenis uit overeenkomst tot een geven of een doen verjaart door verloop van vijf jaren na de aanvang van de dag, volgende op die waarop de vordering opeisbaar is geworden.

2. In geval van een verbintenis tot nakoming na onbepaalde tijd loopt de in lid 1 bedoelde termijn pas van de aanvang van de dag, volgende op die waartegen de schuldeiser heeft medegedeeld tot opeising over te gaan, en verjaart de in lid 1 bedoelde rechtsvordering in elk geval door verloop van twintig jaren na de aanvang van de dag, volgende op die waartegen de opeising, zonodig na opzegging door de schuldeiser, op zijn vroegst mogelijk was. *(Zie ook: art. 317 BW Boek 3; art. 140 BW Boek 6)*

Art. 308

Verjaring van rechtsvordering tot betaling

Rechtsvorderingen tot betaling van renten van geldsommen, lijfrenten, dividenden, huren, pachten en voorts alles wat bij het jaar of een kortere termijn moet worden betaald, verjaren door verloop van vijf jaren na de aanvang van de dag, volgende op die waarop de vordering opeisbaar is geworden. *(Zie ook: art. 403 BW Boek 1; art. 324 BW Boek 3)*

Art. 309

Verjaring van rechtsvordering uit onverschuldigde betaling

Een rechtsvordering uit onverschuldigde betaling verjaart door verloop van vijf jaren na de aanvang van de dag, volgende op die waarop de schuldeiser zowel met het bestaan van zijn vordering als met de persoon van de ontvanger is bekend geworden en in ieder geval twintig jaren nadat de vordering is ontstaan. *(Zie ook: art. 203 BW Boek 6)*

Art. 310

Verjaring van rechtsvordering tot schadevergoeding of betaling van bedongen boete

1. Een rechtsvordering tot vergoeding van schade of tot betaling van een bedongen boete verjaart door verloop van vijf jaren na de aanvang van de dag, volgende op die waarop de benadeelde zowel met de schade of de opeisbaarheid van de boete als met de daarvoor aansprakelijke persoon bekend is geworden, en in ieder geval door verloop van twintig jaren na de gebeurtenis waardoor de schade is veroorzaakt of de boete opeisbaar is geworden.

2. Is de schade een gevolg van verontreiniging van lucht, water of bodem, van de verwezenlijking van een gevaar als bedoeld in artikel 175 van Boek 6 dan wel van beweging van de bodem als bedoeld in artikel 177, eerste lid, onder b, van Boek 6, dan verjaart de rechtsvordering tot vergoeding van schade, in afwijking van het aan het slot van lid 1 bepaalde, in ieder geval door verloop van dertig jaren na de gebeurtenis waardoor de schade is veroorzaakt.

3. Voor de toepassing van lid 2 wordt onder gebeurtenis verstaan een plotseling optredend feit, een voortdurend feit of een opeenvolging van feiten met dezelfde oorzaak. Bestaat de gebeurtenis uit een voortdurend feit, dan begint de termijn van dertig jaren bedoeld in lid 2 te lopen nadat dit feit is opgehouden te bestaan. Bestaat de gebeurtenis uit een opeenvolging van feiten met dezelfde oorzaak, dan begint deze termijn te lopen na dit laatste feit.

4. Indien de gebeurtenis waardoor de schade is veroorzaakt, een strafbaar feit oplevert waarop de Nederlandse strafwet toepasselijk is, verjaart de rechtsvordering tot vergoeding van schade tegen de persoon die het strafbaar feit heeft begaan niet zolang het recht tot strafvordering niet door verjaring of door de dood van de aansprakelijke persoon is vervallen. *(Zie ook: art. 70 BW Boek 3; artt. 74, 91, 95, 103, 162, 200, 207, 210, 212, 277 BW Boek 6; artt. 2, 242, 406 WvSr)*

Verjaring van rechtsvordering tot schadevergoeding door letsel of overlijden

5. In afwijking van de leden 1 en 2 verjaart een rechtsvordering tot vergoeding van schade door letsel of overlijden slechts door verloop van vijf jaren na de aanvang van de dag volgende op die waarop de benadeelde zowel met de schade als met de daarvoor aansprakelijke persoon bekend is geworden. Indien de benadeelde minderjarig was op de dag waarop de schade en de daarvoor aansprakelijke persoon bekend zijn geworden, verjaart de rechtsvordering slechts door verloop van vijf jaren na de aanvang van de dag volgende op die waarop de benadeelde meerderjarig is geworden. *(Zie ook: art. 210 BW Boek 6; art. 23 BW Boek 7; artt. 70, 71 WvSr)*

Art. 310a

1. Een rechtsvordering tot opeising van een roerende zaak die krachtens de nationale wetgeving van een lid-staat van de Europese Unie of van een andere staat die partij is bij de Overeenkomst betreffende de Europese Economische Ruimte een cultuurgoed is in de zin van artikel 2, onder 1, van de richtlijn, bedoeld in artikel 86a, en waarvan de staat teruggave vordert op de grond dat zij op onrechtmatige wijze buiten zijn grondgebied is gebracht, verjaart door verloop van drie jaren na de aanvang van de dag, volgende op die waarop de plaats waar de zaak zich bevindt en de identiteit van de bezitter of de houder aan de centrale autoriteit van die staat als bedoeld in artikel 4 van de richtlijn zijn bekend geworden, en in elk geval door verloop van dertig jaren na de aanvang van de dag volgende op die waarop de zaak buiten het grondgebied van die staat is gebracht.

2. De laatste termijn bedraagt vijfenzeventig jaren in het geval van zaken die deel uitmaken van openbare collecties in de zin van artikel 2, onder 8, van de richtlijn en van kerkelijke goederen als bedoeld in de richtlijn in de lid-staten van de Europese Unie of in de andere staten die partij zijn bij de Overeenkomst betreffende de Europese Economische Ruimte, waar deze zijn onderworpen aan speciale beschermende maatregelen krachtens nationaal recht.

Art. 310b

1. Een rechtsvordering tot opeising van een roerende zaak die krachtens de Erfgoedwet als beschermd cultuurgoed is aangewezen of deel uitmaakt van een openbare collectie of van een inventarislijst als bedoeld in artikel 4.22, tweede lid, van die wet en die na de aanwijzing of gedurende dit deel uitmaken uit het bezit van de eigenaar is geraakt, verjaart door verloop van vijf jaren na de aanvang van de dag waarop de plaats waar de zaak zich bevindt en de identiteit van de bezitter of de houder zijn bekend geworden, en in elk geval door verloop van dertig jaren na de aanvang van de dag waarop een niet-rechthebbende bezitter van de zaak is geworden.

2. De verjaring krachtens lid 1 treedt in elk geval niet in voordat de rechtsvordering tot teruggave van de zaak is verjaard, die de Staat voor de rechter van een andere lid-staat van de Europese Unie of van een andere staat die partij is bij de Overeenkomst betreffende de Europese Economische Ruimte kan instellen op grond dat de zaak op onrechtmatige wijze buiten het grondgebied van Nederland is gebracht.

Art. 310c

1. Een rechtsvordering tot teruggave van een roerende zaak op grond van artikel 6.7 van de Erfgoedwet verjaart door verloop van vijf jaren na de aanvang van de dag volgende op die waarop de plaats waar de zaak zich bevindt en de identiteit van de bezitter of de houder zijn bekend geworden, en in elk geval door verloop van dertig jaren na de aanvang van de dag volgende op die waarop de zaak buiten het grondgebied is gebracht van de verdragsstaat waaruit de zaak afkomstig is.

2. De laatste termijn bedraagt vijfenzeventig jaren in geval van zaken die deel uitmaken van openbare collecties, die vermeld staan in de inventarissen van musea, archieven en vaste collecties van bibliotheken of van de inventaris van een kerkelijke instelling. Onder openbare collecties wordt in dit lid verstaan een collectie die eigendom is van een verdragsstaat, een lokale of regionale overheid van een verdragsstaat of een instelling op het grondgebied van een verdragsstaat die overeenkomstig de wetgeving van die verdragsstaat als openbaar wordt aangemerkt en die eigendom is van of in grote mate wordt gefinancierd door die verdragsstaat of een lokale of regionale overheid van die staat.

Art. 310d

Een rechtsvordering tot bescherming van een bedrijfsgeheim als bedoeld in artikel 5, 6 en 9 van de Wet bescherming bedrijfsgeheimen verjaart door verloop van vijf jaren na de aanvang van de dag, volgende op die waarop de houder van het bedrijfsgeheim bekend is geworden met de inbreuk op het bedrijfsgeheim, en in ieder geval door verloop van twintig jaren na de aanvang van de dag dat de inbreuk is begonnen.

Art. 311

1. Een rechtsvordering tot ontbinding van een overeenkomst op grond van een tekortkoming in de nakoming daarvan of tot herstel van een tekortkoming verjaart door verloop van vijf jaren na de aanvang van de dag, volgende op die waarop de schuldeiser met de tekortkoming bekend is geworden en in ieder geval twintig jaren nadat de tekortkoming is ontstaan.

2. Een rechtsvordering tot ongedaanmaking als bedoeld in artikel 271 van Boek 6 verjaart door verloop van vijf jaren na de aanvang van de dag, volgende op die waarop de overeenkomst is ontbonden.

(Zie ook: artt. 267, 268, 270 BW Boek 6)

Art. 312

Rechtsvorderingen terzake van een tekortkoming in de nakoming, alsmede die tot betaling van wettelijke of bedongen rente en die tot afgifte van vruchten, verjaren, behoudens stuiting of verlenging, niet later dan de rechtsvordering tot nakoming van de hoofdverplichting of, zo de tekortkoming vatbaar is voor herstel, de rechtsvordering tot herstel van de tekortkoming.

(Zie ook: art. 121 BW Boek 3; artt. 24, 206, 275 BW Boek 6)

B3 art. 313 Burgerlijk Wetboek Boek 3

Art. 313

Aanvang van verjaringstermijn bij rechtsvordering tot nakoming

Indien de wet niet anders bepaalt, begint de termijn van verjaring van een rechtsvordering tot nakoming van een verplichting om te geven of te doen met de aanvang van de dag, volgende op die waarop de onmiddellijke nakoming kan worden gevorderd.

Art. 314

Aanvang van verjaringstermijn bij rechtsvordering tot opheffing onrechtmatige daad

1. De termijn van verjaring van een rechtsvordering tot opheffing van een onrechtmatige toestand begint met de aanvang van de dag, volgende op die waarop de onmiddellijke opheffing van die toestand gevorderd kan worden.

Aanvang van verjaringstermijn bij rechtsvordering tot beëindiging bezit

2. De termijn van verjaring van een rechtsvordering strekkende tot beëindiging van het bezit van een niet-rechthebbende begint met de aanvang van de dag, volgende op die waarop een niet-rechthebbende bezitter is geworden of de onmiddellijke opheffing gevorderd kon worden van de toestand waarvan diens bezit de voortzetting vormt.

(Zie ook: artt. 86, 101, 105, 106, 119, 121, 125, 312 BW Boek 3)

Art. 315

Aanvang van verjaringstermijn bij rechtsvordering tot opeising nalatenschap

De termijn van verjaring van een rechtsvordering tot opeising van een nalatenschap begint met de aanvang van de dag, volgende op die van het overlijden van de erflater.

Art. 316

Stuiting van verjaring bij rechtsvordering

1. De verjaring van een rechtsvordering wordt gestuit door het instellen van een eis, alsmede door iedere andere daad van rechtsvervolging van de zijde van de gerechtigde, die in de vereiste vorm geschiedt.

2. Leidt een ingestelde eis niet tot toewijzing, dan is de verjaring slechts gestuit, indien binnen zes maanden, nadat het geding door het in kracht van gewijsde gaan van een uitspraak of op andere wijze is geëindigd, een nieuwe eis wordt ingesteld en deze alsnog tot toewijzing leidt. Wordt een daad van rechtsvervolging ingetrokken, dan stuit zij de verjaring niet.

3. De verjaring van een rechtsvordering wordt ook gestuit door een handeling, strekkende tot verkrijging van een bindend advies, mits van die handeling met bekwame spoed mededeling wordt gedaan aan de wederpartij en zij tot verkrijging van een bindend advies leidt. Is dit laatste niet het geval, dan is het vorige lid van overeenkomstige toepassing.

(Zie ook: artt. 86, 104, 170 BW Boek 3)

4. De verjaring van een rechtsvordering wordt ook gestuit door een ingestelde eis die niet tot toewijzing leidt, indien:

a) het scheidsgerecht zich onbevoegd heeft verklaard op grond van artikel 1052, vijfde lid, van het Wetboek van Burgerlijke Rechtsvordering en die uitspraak in kracht van gewijsde is gegaan; of

b) de rechter zich onbevoegd heeft verklaard op grond van artikel 1022, eerste lid, 1067 of 1074d van het Wetboek van Burgerlijke Rechtsvordering en die uitspraak in kracht van gewijsde is gegaan.

Art. 317

Stuiting van verjaring van rechtsvordering tot nakoming verbintenis door schriftelijke aanmaning/mededeling

1. De verjaring van een rechtsvordering tot nakoming van een verbintenis wordt gestuit door een schriftelijke aanmaning of door een schriftelijke mededeling waarin de schuldeiser zich ondubbelzinnig zijn recht op nakoming voorbehoudt.

Stuiting van verjaring rechtsvorderingen door schriftelijke aanmaning

2. De verjaring van andere rechtsvorderingen wordt gestuit door een schriftelijke aanmaning, indien deze binnen zes maanden wordt gevolgd door een stuitingshandeling als in het vorige artikel omschreven.

(Zie ook: art. 37 BW Boek 3; art. 82 BW Boek 6)

Art. 318

Stuiting van verjaring rechtsvordering door erkenning

Erkenning van het recht tot welks bescherming een rechtsvordering dient, stuit de verjaring van de rechtsvordering tegen hem die het recht erkent.

Art. 319

Nieuwe verjaringstermijn na stuiting bij rechtsvordering

1. Door stuiting van de verjaring van een rechtsvordering, anders dan door het instellen van een eis die door toewijzing wordt gevolgd, begint een nieuwe verjaringstermijn te lopen met de aanvang van de volgende dag. Is een bindend advies gevraagd en verkregen, dan begint de nieuwe verjaringstermijn te lopen met de aanvang van de dag, volgende op die waarop het bindend advies is uitgebracht.

2. De nieuwe verjaringstermijn is gelijk aan de oorspronkelijke, doch niet langer dan vijf jaren. Niettemin treedt de verjaring in geen geval op een eerder tijdstip in dan waarop ook de oorspronkelijke termijn zonder stuiting zou zijn verstreken.

3. Door stuiting van de verjaring van een rechtsvordering op grond van artikel 316, lid 4, begint een nieuwe verjaringstermijn te lopen met aanvang van de dag volgende op de dag van de uitspraak die in kracht van gewijsde is gegaan. De nieuwe verjaringstermijn is gelijk aan de oorspronkelijke verjaringstermijn, doch niet langer dan vijf jaren. Niettemin treedt de verjaring in geen geval op een eerder tijdstip in dan waarop ook de oorspronkelijke termijn zonder stuiting zou zijn verstreken.

Art. 320

Wanneer een verjaringstermijn zou aflopen tijdens het bestaan van een verlengingsgrond of binnen zes maanden na het verdwijnen van een zodanige grond, loopt de termijn voort totdat zes maanden na het verdwijnen van die grond zijn verstreken.

(Zie ook: art. 36 FW)

Art. 321

1. Een grond voor verlenging van de verjaring bestaat:
a. tussen niet van tafel en bed gescheiden echtgenoten;
b. tussen een wettelijke vertegenwoordiger en de onbekwame die hij vertegenwoordigt;
c. tussen een bewindvoerder en de rechtshebbende voor wie hij het bewind voert, ter zake van vorderingen die dit bewind betreffen;
d. tussen rechtspersonen en haar bestuurders;
e. tussen een beneficiair aanvaarde nalatenschap en een erfgenaam;
f. tussen de schuldeiser en zijn schuldenaar die opzettelijk het bestaan van de schuld of de opeisbaarheid daarvan verborgen houdt;
g. tussen geregistreerde partners.

2. De onder *b* en *c* genoemde gronden voor verlenging duren voort totdat de eindrekening van de wettelijke vertegenwoordiger of de bewindvoerder is gesloten.

(Zie ook: art. 8 BW Boek 2; art. 1076 BW Boek 4)

Art. 322

1. De rechter mag niet ambtshalve het middel van verjaring toepassen.

2. Afstand van verjaring geschiedt door een verklaring van hem die de verjaring kan inroepen.

3. Voordat de verjaring voltooid is, kan geen afstand van verjaring worden gedaan.

(Zie ook: art. 37 BW Boek 3; art. 48 FW)

Art. 323

1. Door voltooiing van de verjaring van de rechtsvordering tot nakoming van een verbintenis gaan de pand- of hypotheekrechten die tot zekerheid daarvan strekken, teniet.

2. Nochtans verhindert de verjaring niet dat het pandrecht op het verbonden goed wordt uitgeoefend, indien dit bestaat in een roerende zaak of een recht aan toonder of order en deze zaak of het toonder- of orderpapier in de macht van de pandhouder of een derde is gebracht.

3. De rechtsvordering tot nakoming van een verbintenis tot zekerheid waarvan een hypotheek strekt, verjaart niet voordat twintig jaren zijn verstreken na de aanvang van de dag volgend op die waarop de hypotheek aan de verbintenis is verbonden.

(Zie ook: artt. 7, 16, 92, 105, 106, 227, 236 BW Boek 3; art. 56 BW Boek 6)

Art. 324

1. De bevoegdheid tot tenuitvoerlegging van een rechterlijke of arbitrale uitspraak verjaart door verloop van twintig jaren na de aanvang van de dag, volgende op die van de uitspraak, of, indien voor tenuitvoerlegging daarvan vereisten zijn gesteld waarvan de vervulling niet afhankelijk is van de wil van degene die de uitspraak heeft verkregen, na de aanvang van de dag, volgende op die waarop deze vereisten zijn vervuld.

2. Wordt vóórdat de verjaring is voltooid, door een der partijen ter aantasting van de ten uitvoer te leggen veroordeling een rechtsmiddel of een eis ingesteld, dan begint de termijn eerst met de aanvang van de dag, volgende op die waarop het geding daarover is geëindigd.

3. De verjaringstermijn bedraagt vijf jaren voor wat betreft hetgeen ingevolge de uitspraak bij het jaar of kortere termijn moet worden betaald.

4. Voor wat betreft renten, boeten, dwangsommen en andere bijkomende veroordelingen, treedt de verjaring, behoudens stuiting of verlenging, niet later in dan de verjaring van de bevoegdheid tot tenuitvoerlegging van de hoofdveroordeling.

Art. 325

[1.] Op de verjaring van het vorige artikel zijn de artikelen 319-323 van overeenkomstige toepassing.

2. De verjaring van het vorige artikel wordt gestuit door:
a. betekening van de uitspraak of schriftelijke aanmaning;
b. erkenning van de in de uitspraak vastgestelde verplichting;
c. iedere daad van tenuitvoerlegging, mits daarvan binnen de door de wet voorgeschreven tijd of, bij gebreke van zodanig voorschrift, met bekwame spoed mededeling aan de wederpartij wordt gedaan.

Verlenging van verjaringstermijn bij rechtsvordering

Gronden voor verlenging verjaringstermijn bij rechtsvordering

Geen ambtshalve toepassing van verjaring bij rechtsvordering

Afstand van verjaring bij rechtsvordering

Tenietgaan van pand- en hypotheekrecht bij verjaring van rechtsvordering

Verjaring tenuitvoerlegging rechterlijke uitspraak of arbitraire uitspraak bij rechtsvordering

Schakelbepaling

Stuiting van verjaring door tenuitvoerlegging van uitspraak

Art. 326

Schakelbepaling

Buiten het vermogensrecht vinden de bepalingen van deze titel overeenkomstige toepassing, voor zover de aard van de betrokken rechtsverhouding zich daartegen niet verzet. *(Zie ook: artt. 59, 79 BW Boek 3)*

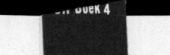

Burgerlijk Wetboek Boek 4

Inhoudsopgave

Boek 4	Erfrecht	Art. 1
Titel 1	Algemene bepalingen	Art. 1
Titel 2	Erfopvolging bij versterf	Art. 9
Titel 3	Het erfrecht bij versterf van de niet van tafel en bed gescheiden echtgenoot en van de kinderen alsmede andere wettelijke rechten	Art. 13
Afdeling 1	Het erfrecht bij versterf van de niet van tafel en bed gescheiden echtgenoot en van de kinderen	Art. 13
Afdeling 2	Andere wettelijke rechten	Art. 28
Titel 4	Uiterste willen	Art. 42
Afdeling 1	Uiterste wilsbeschikkingen in het algemeen	Art. 42
Afdeling 2	Wie uiterste wilsbeschikkingen kunnen maken en wie daaruit voordeel kunnen genieten	Art. 55
Afdeling 3	Legitieme portie	Art. 63
Paragraaf 1	Algemene bepalingen	Art. 63
Paragraaf 2	De omvang van de legitieme portie	Art. 65
Paragraaf 3	Het geldend maken van de legitieme portie	Art. 79
Afdeling 4	Vorm van uiterste willen	Art. 93
Afdeling 5	Herroeping van uiterste wilsbeschikkingen	Art. 111
Titel 5	Onderscheiden soorten van uiterste wilsbeschikkingen	Art. 115
Afdeling 1	Erfstellingen	Art. 115
Afdeling 2	Legaten	Art. 117
Paragraaf 1	Algemene bepalingen	Art. 117
Paragraaf 2	Giften en andere handelingen die worden aangemerkt als legaten	Art. 126
Afdeling 3	Testamentaire lasten	Art. 130
Afdeling 4	Stichtingen	Art. 135
Afdeling 5	Makingen onder tijdsbepaling en onder voorwaarde	Art. 136
Afdeling 6	Executeurs	Art. 142
Afdeling 7	Testamentair bewind	Art. 153
Paragraaf 1	Algemene bepalingen	Art. 153
Paragraaf 2	De bewindvoerder	Art. 157
Paragraaf 3	De gevolgen van het bewind	Art. 166
Paragraaf 4	Einde van het bewind	Art. 177
Titel 6	Gevolgen van de erfopvolging	Art. 182
Afdeling 1	Algemene bepalingen	Art. 182
Afdeling 2	Aanvaarding en verwerping van nalatenschappen en van legaten	Art. 190
Afdeling 3	Vereffening van de nalatenschap	Art. 202
Afdeling 4	Verdeling van de nalatenschap	Art. 227

Burgerlijk Wetboek Boek 4^1

Burgerlijk Wetboek Boek 4, Erfrecht

**Boek 4
Erfrecht**

*Titel 1
Algemene bepalingen*

Art. 1

Erfopvolging **1.** Erfopvolging heeft plaats bij versterf of krachtens uiterste wilsbeschikking.
2. Van de erfopvolging bij versterf kan worden afgeweken bij een uiterste wilsbeschikking die een erfstelling of een onterving inhoudt.
(Zie ook: artt. 9, 13, 42, 115 BW Boek 4)

Art. 2

Gelijktijdig overlijden bij erfopvolging **1.** Wanneer de volgorde waarin twee of meer personen zijn overleden niet kan worden bepaald, worden die personen geacht gelijktijdig te zijn overleden en valt aan de ene persoon geen voordeel uit de nalatenschap van de andere ten deel.
2. Indien een belanghebbende ten gevolge van omstandigheden die hem niet kunnen worden toegerekend, moeilijkheden ondervindt bij het bewijs van de volgorde van overlijden, kan de rechter hem een of meermalen uitstel verlenen, zulks voor zover redelijkerwijs mag worden aangenomen dat het bewijs binnen de termijn van het uitstel kan worden geleverd.
(Zie ook: artt. 9, 12, 56 BW Boek 4; art. 150 Rv)

Art. 3

Onwaardigheid bij erfopvolging **1.** Van rechtswege zijn onwaardig om uit een nalatenschap voordeel te trekken:
a. hij die onherroepelijk veroordeeld is ter zake dat hij de overledene heeft omgebracht, heeft getracht hem om te brengen, dat feit heeft voorbereid of daaraan heeft deelgenomen;
(Zie ook: artt. 45, 46, 47, 48, 287 WvSr)
b. hij die onherroepelijk veroordeeld is wegens een opzettelijk tegen de erflater gepleegd misdrijf waarop naar de Nederlandse wettelijke omschrijving een vrijheidsstraf is gesteld met een maximum van ten minste vier jaren, dan wel wegens poging tot, voorbereiding van, of deelneming aan een dergelijk misdrijf;
(Zie ook: artt. 45, 46, 47, 48 WvSr)
c. hij van wie bij onherroepelijke rechterlijke uitspraak is vastgesteld dat hij tegen de erflater lasterlijk een beschuldiging van een misdrijf heeft ingebracht, waarop naar de Nederlandse wettelijke omschrijving een vrijheidsstraf met een maximum van ten minste vier jaren is gesteld;
(Zie ook: artt. 106, 162 BW Boek 6; art. 262 WvSr)
d. hij die de overledene door een feitelijkheid of door bedreiging met een feitelijkheid heeft gedwongen of belet een uiterste wilsbeschikking te maken;
(Zie ook: art. 44 BW Boek 3; artt. 42, 55, 111 BW Boek 4; ; art. 284 WvSr)
e. hij die de uiterste wil van de overledene heeft verduisterd, vernietigd of vervalst.
(Zie ook: art. 107 BW Boek 1; art. 194 BW Boek 3; art. 184 BW Boek 4)
2. Rechten door derden te goeder trouw verkregen voordat de onwaardigheid is vastgesteld worden geëerbiedigd. In geval echter de goederen om niet zijn verkregen, kan de rechter aan de rechthebbenden, en ten laste van hem die daardoor voordeel heeft genoten, een naar billijkheid te bepalen vergoeding toekennen.
(Zie ook: art. 422 BW Boek 1)
3. Een onwaardigheid vervalt, wanneer de erflater aan de onwaardige op ondubbelzinnige wijze zijn gedraging heeft vergeven.
(Zie ook: artt. 12, 63 BW Boek 4)

Art. 4

Nietigheid bij nalatenschap **1.** Een voor het openvallen van een nalatenschap verrichte rechtshandeling is nietig, voor zover zij de strekking heeft een persoon te belemmeren in zijn vrijheid om bevoegdheden uit te oefenen, welke hem krachtens dit Boek met betrekking tot die nalatenschap toekomen.
2. Overeenkomsten strekkende tot beschikking over nog niet opengevallen nalatenschappen in hun geheel of over een evenredig deel daarvan, zijn nietig.
(Zie ook: artt. 42, 62, 71, 190, 201 BW Boek 4; art. 177 BW Boek 7)

---

1 Inwerkingtredingsdatum: 01-09-1886; zoals laatstelijk gewijzigd bij: Stb. 2018, 228.

Art. 5

1. Op verzoek van de schuldenaar kan de rechtbank wegens gewichtige redenen bepalen dat een geldsom die krachtens dit Boek of, in verband met de verdeling van de nalatenschap, krachtens titel 7 van Boek 3 is verschuldigd, al dan niet vermeerderd met een in de beschikking te bepalen rente, eerst na verloop van zekere tijd, hetzij ineens, hetzij in termijnen behoeft te worden voldaan. Hierbij let de rechtbank op de belangen van beide partijen; aan een inwilliging kan de voorwaarde worden verbonden dat binnen een bepaalde tijd een door de rechtbank goedgekeurde zakelijke of persoonlijke zekerheid voor de voldoening van hoofdsom en rente wordt gesteld.

2. Een in het vorige lid bedoelde beschikking kan op verzoek van een der partijen, gegrond op ten tijde van die beschikking niet voorziene omstandigheden, door de in het vorige lid genoemde rechtbank worden gewijzigd.

(Zie ook: art. 185 BW Boek 3; artt. 13, 37, 80, 125 BW Boek 4; art. 51 BW Boek 6; art. 616 Rv)

Art. 6

In dit Boek wordt onder de waarde van de goederen der nalatenschap verstaan de waarde van die goederen op het tijdstip onmiddellijk na het overlijden van de erflater, waarbij geen rekening wordt gehouden met het vruchtgebruik dat daarop krachtens afdeling 1 of 2 van titel 3 kan komen te rusten.

(Zie ook: artt. 37, 65, 76, 80 BW Boek 4)

Art. 7

1. Schulden van de nalatenschap zijn:

a. de schulden van de erflater die niet met zijn dood tenietgaan, voor zover niet begrepen in onderdeel i;

b. de kosten van lijkbezorging, voor zover zij in overeenstemming zijn met de omstandigheden van de overledene;

c. de kosten van vereffening van de nalatenschap, met inbegrip van het loon van de vereffenaar;

d. de kosten van executele, met inbegrip van het loon van de executeur;

e. de schulden uit belastingen die ter zake van het openvallen der nalatenschap worden geheven, voor zover zij op de erfgenamen komen te rusten;

f. de schulden die ontstaan door toepassing van afdeling 2 van titel 3;

g. de schulden ter zake van legitieme porties waarop krachtens artikel 80 aanspraak wordt gemaakt;

h. de schulden uit legaten welke op een of meer erfgenamen rusten;

i. de schulden uit giften en andere handelingen die ingevolge artikel 126 worden aangemerkt als legaten.

2. Bij de voldoening van de schulden ten laste van de nalatenschap worden achtereenvolgens met voorrang voldaan:

1°. de schulden, bedoeld in lid 1 onder a tot en met e;

2°. de schulden, bedoeld in lid 1 onder f;

3°. de schulden, bedoeld in lid 1 onder g.

Ontbreken schulden als bedoeld in lid 1 onder f, dan worden eerst de schulden, bedoeld in lid 1 onder a tot en met c, en vervolgens de schulden, bedoeld in lid 1 onder d, e en g, met voorrang voldaan.

(Zie ook: artt. 37, 65, 80, 144, 184, 211, 215 BW Boek 4)

3. In de nalatenschap van de langstlevende ouder, bedoeld in artikel 20, en de stiefouder, bedoeld in artikel 22, wordt een verplichting tot overdracht van goederen als bedoeld in die artikelen met een schuld als bedoeld in lid 1 onder a gelijkgesteld.

Art. 8

1. In dit Boek worden met echtgenoten gelijkgesteld geregistreerde partners.

2. Voor de toepassing van lid 1 is mede begrepen onder:

a. huwelijk: geregistreerd partnerschap;

b. gehuwd: als partner geregistreerd;

c. huwelijksgemeenschap: gemeenschap van een geregistreerd partnerschap;

d. trouwbeloften: beloften tot het aangaan van een geregistreerd partnerschap;

e. echtscheiding: beëindiging van een geregistreerd partnerschap op de wijze als bedoeld in artikel 80c onder c of d van Boek 1.

3. Onder stiefkind van de erflater wordt in dit Boek verstaan een kind van de echtgenoot of geregistreerde partner van de erflater, van welk kind de erflater niet zelf ouder is. Zodanig kind blijft stiefkind, indien het huwelijk of het geregistreerd partnerschap is geëindigd.

(Zie ook: artt. 80a, 395, 395a BW Boek 1)

Betalingsregeling bij nalatenschap

Waarde goederen nalatenschap

Schulden bij nalatenschap

Voldoening schulden bij nalatenschap

Schakelbepaling

Partnerschap

Stiefkind

Titel 2
Erfopvolging bij versterf

Art. 9

Optreden als erfgenaam bij erfopvolging bij versterf

Ten einde als erfgenaam bij versterf te kunnen optreden, moet men bestaan op het ogenblik dat de nalatenschap openvalt.

(Zie ook: artt. 2, 412 BW Boek 1; art. 30 BW Boek 2; artt. 2, 56 BW Boek 4)

Art. 10

Erfgenamen bij erfopvolging bij versterf

1. De wet roept tot een nalatenschap als erfgenamen uit eigen hoofde achtereenvolgens:
a. de niet van tafel en bed gescheiden echtgenoot van de erflater tezamen met diens kinderen;
b. de ouders van de erflater tezamen met diens broers en zusters;
c. de grootouders van de erflater;
d. de overgrootouders van de erflater.

2. De afstammelingen van een kind, broer, zuster, grootouder of overgrootouder worden bij plaatsvervulling geroepen.

3. Alleen zij die tot de erflater in familierechtelijke betrekking stonden, worden tot de in de vorige leden genoemde bloedverwanten gerekend.

(Zie ook: art. 197 BW Boek 1; artt. 8, 12 BW Boek 4)

Art. 11

Verdeling nalatenschap bij erfopvolging bij versterf

1. Degenen die tezamen uit eigen hoofde tot een nalatenschap worden geroepen, erven voor gelijke delen.

Erfdeel halfbroer en halfzus

2. In afwijking van lid 1 is het erfdeel van een halfbroer of halfzuster de helft van het erfdeel van een volle broer, een volle zuster of een ouder.

Erfdeel ouder

3. Wanneer het erfdeel van een ouder door toepassing van de leden 1 en 2 minder zou bedragen dan een kwart, wordt het verhoogd tot een kwart en worden de erfdelen van de overige erfgenamen naar evenredigheid verminderd.

Art. 12

Plaatsvervulling bij erfopvolging bij versterf

1. Plaatsvervulling geschiedt met betrekking tot personen die op het ogenblik van het openvallen van de nalatenschap niet meer bestaan, die onwaardig zijn, onterfd zijn of verwerpen of wier erfrecht is vervallen.

2. Zij die bij plaatsvervulling erven, worden staaksgewijze geroepen tot het erfdeel van degene wiens plaats zij vervullen.

3. Degenen die de erflater verder dan de zesde graad bestaan, erven niet.

(Zie ook: artt. 2, 3, 9, 131, 190 BW Boek 4)

Titel 3
Het erfrecht bij versterf van de niet van tafel en bed gescheiden echtgenoot en van de kinderen alsmede andere wettelijke rechten

Afdeling 1
Het erfrecht bij versterf van de niet van tafel en bed gescheiden echtgenoot en van de kinderen

Art. 13

Wettelijke verdeling

1. De nalatenschap van de erflater die een echtgenoot en een of meer kinderen als erfgenamen achterlaat, wordt, tenzij de erflater bij uiterste wilsbeschikking heeft bepaald dat deze afdeling geheel buiten toepassing blijft, overeenkomstig de volgende leden verdeeld.

Erfdeel echtgenoot

2. De echtgenoot verkrijgt van rechtswege de goederen van de nalatenschap. De voldoening van de schulden van de nalatenschap komt voor zijn rekening. Onder schulden van de nalatenschap zijn hier tevens begrepen de ten laste van de gezamenlijke erfgenamen komende uitgaven ter voldoening aan testamentaire lasten.

Erfdeel kinderen

3. Ieder van de kinderen verkrijgt als erfgenaam van rechtswege een geldvordering ten laste van de echtgenoot, overeenkomend met de waarde van zijn erfdeel. Deze vordering is opeisbaar:
a. indien de echtgenoot in staat van faillissement is verklaard of ten aanzien van hem de schuldsaneringsregeling natuurlijke personen van toepassing is verklaard;
b. wanneer de echtgenoot is overleden.
De vordering is ook opeisbaar in door de erflater bij uiterste wilsbeschikking genoemde gevallen.

Rente

4. De in lid 3 bedoelde geldsom wordt, tenzij de erflater, dan wel de echtgenoot en het kind tezamen, anders hebben bepaald, vermeerderd met een percentage dat overeenkomt met dat van de wettelijke rente, voor zover dit percentage hoger is dan zes, berekend per jaar vanaf de dag waarop de nalatenschap is opengevallen, bij welke berekening telkens uitsluitend de hoofdsom in aanmerking wordt genomen.

Schuldsaneringsregeling

5. Is de vordering, bedoeld in lid 3, opeisbaar geworden doordat ten aanzien van de echtgenoot de schuldsaneringsregeling natuurlijke personen van toepassing is verklaard, dan is de vordering, voor zover zij onvoldaan is gebleven, door beëindiging van de toepassing van de schuldsaneringsregeling natuurlijke personen op grond van artikel 356 lid 2 van de Faillissementswet wederom niet opeisbaar. Artikel 358 lid 1 van de Faillissementswet vindt ten aanzien van de vordering geen toepassing.

6. In deze titel wordt onder echtgenoot niet begrepen een van tafel en bed gescheiden echtgenoot.

(Zie ook: artt. 169, 173, 176 BW Boek 1; artt. 7, 10, 12, 17 BW Boek 4; artt. 120, 249 BW Boek 6; artt. 423, 438, 675 BW Boek 7; artt. 1623i, 1632, 1648, 1780 BW Boek 7A; artt. 1, 284 FW)

Van tafel en bed gescheiden echtgenoot

Art. 14

1. Indien de nalatenschap overeenkomstig artikel 13 is verdeeld, is de echtgenoot van de erflater tegenover de schuldeisers en tegenover de kinderen verplicht tot voldoening van de schulden der nalatenschap. In de onderlinge verhouding van de echtgenoot en de kinderen komen de schulden der nalatenschap voor rekening van de echtgenoot.

Voldoening schulden bij nalatenschap

2. Voor schulden van de nalatenschap, alsmede voor schulden van de echtgenoot die konden worden verhaald op de goederen van een gemeenschap waarvan de echtgenoot en de erflater de deelgenoten waren, neemt de schuldeiser in zijn verhaal op de goederen die krachtens artikel 13 lid 2 aan de echtgenoot toebehoren, rang voor degenen die verhaal nemen voor andere schulden van de echtgenoot.

Voorrang schuldeisers

3. Voor schulden van de nalatenschap kunnen de goederen van een kind niet worden uitgewonnen, met uitzondering van de in artikel 13 lid 3 bedoelde geldvordering. Uitwinning van die goederen is wel mogelijk voor zover de geldvordering van het kind is verminderd door betaling of door overdracht van goederen, tenzij het kind goederen van de echtgenoot aanwijst die voldoende verhaal bieden.

Uitwinning goederen kind

4. De uit lid 1, tweede zin, voortvloeiende draagplicht van de echtgenoot geldt mede wanneer de schulden van de nalatenschap de baten overtreffen, onverminderd artikel 184 lid 2.

(Zie ook: artt. 204, 224 BW Boek 4)

Art. 15

1. Voor zover de erfgenamen over de vaststelling van de omvang van de in artikel 13 lid 3 bedoelde geldvordering niet tot overeenstemming kunnen komen, wordt deze op verzoek van de meest gerede partij door de kantonrechter vastgesteld. De artikelen 677 tot en met 679 van het Wetboek van Burgerlijke Rechtsvordering zijn van overeenkomstige toepassing.

Geldvordering door rechtbank bij kindsdeel

2. Indien bij de vaststelling van de in artikel 13 lid 3 bedoelde geldvordering:
a. omtrent de waarde van de goederen en de schulden van de nalatenschap is gedwaald en daardoor een erfgenaam voor meer dan een vierde is benadeeld,
b. het saldo van de nalatenschap anderszins onjuist is berekend, dan wel
c. de geldvordering niet is berekend overeenkomstig het deel waarop het kind aanspraak kon maken,

wordt de vaststelling op verzoek van een kind of de echtgenoot dienovereenkomstig door de kantonrechter gewijzigd. Op de vaststelling is hetgeen omtrent verdeling is bepaald in de artikelen 196 leden 2, 3 en 4, 199 en 200 van Boek 3 van overeenkomstige toepassing.

3. Bij de vaststelling van de geldvordering zijn de artikelen 229 tot en met 233 van overeenkomstige toepassing.

Schakelbepaling

4. De artikelen 187 en 188 van Boek 3 zijn op de vaststelling van overeenkomstige toepassing.

(Zie ook: art. 900 BW Boek 7)

Art. 16

1. De echtgenoot en ieder kind kunnen verlangen dat een boedelbeschrijving wordt opgemaakt. De boedelbeschrijving bevat een waardering van de goederen en de schulden van de nalatenschap.

Boedelbeschrijving bij nalatenschap

2. Heeft de echtgenoot of een kind niet het vrije beheer over zijn vermogen, dan levert zijn wettelijk vertegenwoordiger binnen een jaar na het overlijden van de erflater een ter bevestiging van haar deugdelijkheid door hem ondertekende boedelbeschrijving in ter griffie van de rechtbank van de woonplaats van de echtgenoot onderscheidenlijk het kind. De kantonrechter kan bepalen dat de boedelbeschrijving bij notariële akte dient te geschieden.

3. Op de boedelbeschrijving en de waardering zijn de artikelen 673 tot en met 676 van het Wetboek van Burgerlijke Rechtsvordering van overeenkomstige toepassing. De echtgenoot en ieder kind zijn voor de toepassing van de in de vorige volzin genoemde bepalingen partij bij de boedelbeschrijving.

4. De echtgenoot en ieder kind hebben jegens elkaar recht op inzage in en afschrift van alle bescheiden en andere gegevensdragers, die zij voor de vaststelling van hun aanspraken behoeven. De daartoe strekkende inlichtingen worden door hen desverzocht verstrekt. Zij zijn jegens elkaar gehouden tot medewerking aan de verstrekking van inlichtingen door derden.

(Zie ook: art. 338 BW Boek 1; art. 10 BW Boek 2; art. 86 BW Boek 4)

Art. 17

1. De echtgenoot kan, behoudens het bepaalde in de leden 2 en 3, de in artikel 13 lid 3 bedoelde geldvordering en de in lid 4 van dat artikel bedoelde verhoging te allen tijde geheel of gedeeltelijk voldoen. Een betaling wordt in de eerste plaats in mindering gebracht op de hoofdsom, vervol-

Geldvordering bij kindsdeel

B4 art. 18 **Burgerlijk Wetboek Boek 4**

gens op de verhoging, tenzij de erflater, dan wel de echtgenoot en het kind tezamen, anders hebben bepaald.

2. Indien een kind een bevoegdheid toekomt tot het doen van een verzoek als bedoeld in artikel 19, 20, 21 of 22, gaan de echtgenoot of diens erfgenamen niet over tot voldoening dan na te hebben gehandeld overeenkomstig artikel 25 lid 3.

3. Is het in lid 2 bedoelde kind minderjarig, of meerderjarig doch heeft dit niet het vrije beheer over zijn vermogen, dan behoeft de voldoening de goedkeuring van de kantonrechter. Deze beslist naar de maatstaf van artikel 26 lid 1.

Art. 18

Ongedaan maken verdeling door echtgenoot bij nalatenschap

1. De echtgenoot kan binnen drie maanden vanaf de dag waarop de nalatenschap is opengevallen, door middel van een verklaring bij notariële akte, binnen de termijn gevolgd door inschrijving in het boedelregister, de verdeling overeenkomstig artikel 13 ongedaan maken. In naam van de echtgenoot kan de verklaring slechts krachtens uitdrukkelijke voor dit doel afgegeven schriftelijke volmacht worden afgelegd.

2. De verklaring werkt terug tot het tijdstip van het openvallen der nalatenschap. Voor het verstrijken van de in lid 1 genoemde termijn verkregen rechten van derden, mede-erfgenamen daaronder begrepen, worden geëerbiedigd. Indien de echtgenoot voor het afleggen van de verklaring op de voet van artikel 13 lid 2 betalingen heeft gedaan, worden deze tussen de echtgenoot en de kinderen verrekend.

3. De omstandigheid dat de echtgenoot onder curatele staat of dat de goederen die deze uit de nalatenschap van de erflater verkrijgt onder een bewind vallen, staat aan uitoefening van de in lid 1 bedoelde bevoegdheid niet in de weg. De bevoegdheid wordt alsdan uitgeoefend overeenkomstig de regels die voor de curatele onderscheidenlijk het desbetreffende bewind gelden. Is de echtgenoot in staat van faillissement verklaard, is ten aanzien van hem de schuldsaneringsregeling natuurlijke personen van toepassing verklaard dan wel aan hem surseance van betaling verleend, dan wordt deze bevoegdheid uitgeoefend door de curator, door de bewindvoerder, onderscheidenlijk door de echtgenoot met medewerking van de bewindvoerder.

4. Indien ten aanzien van de erflater afdeling 2 of 3 van titel 18 van Boek 1 is toegepast, loopt de in lid 1 genoemde termijn van drie maanden vanaf de dag waarop de beschikking, bedoeld in artikel 417 lid 1 onderscheidenlijk artikel 427 lid 1 van Boek 1, in kracht van gewijsde is gegaan.

(Zie ook: artt. 14, 182, 188 BW Boek 4)

Art. 19

Overdracht goederen bij huwelijk bij kindsdeel

Indien een kind overeenkomstig artikel 13 lid 3 een geldvordering op zijn langstlevende ouder ter zake van de nalatenschap van zijn eerst overleden ouder heeft verkregen, en die ouder aangifte heeft gedaan van zijn voornemen opnieuw een huwelijk te willen aangaan, is deze verplicht aan het kind op diens verzoek goederen over te dragen met een waarde van ten hoogste die geldvordering, vermeerderd met de in lid 4 van dat artikel bedoelde verhoging. De overdracht vindt, tenzij de ouder daarvan afziet, plaats onder voorbehoud van het vruchtgebruik van de goederen.

(Zie ook: art. 43 BW Boek 1; artt. 88, 197 BW Boek 2; art. 81 BW Boek 3; artt. 23, 25, 26 BW Boek 4)

Art. 20

Overdracht goederen stiefouder bij kindsdeel

Indien een kind overeenkomstig artikel 13 lid 3 een geldvordering op zijn langstlevende ouder ter zake van de nalatenschap van zijn eerst overleden ouder heeft verkregen en de langstlevende ouder bij diens overlijden gehuwd was, is de stiefouder verplicht aan het kind op diens verzoek goederen over te dragen met een waarde van ten hoogste die geldvordering, vermeerderd met de in lid 4 van dat artikel bedoelde verhoging. Wordt de nalatenschap van de langstlevende ouder niet overeenkomstig artikel 13 verdeeld, dan rust de in de vorige zin bedoelde verplichting op de erfgenamen van de langstlevende ouder.

Art. 21

Vruchtgebruik bij kindsdeel

Indien een kind overeenkomstig artikel 13 lid 3 een geldvordering op zijn stiefouder ter zake van de nalatenschap van zijn overleden ouder heeft verkregen, is de stiefouder verplicht aan het kind op diens verzoek goederen over te dragen met een waarde van ten hoogste die geldvordering, vermeerderd met de in lid 4 van dat artikel bedoelde verhoging. De overdracht vindt, tenzij de stiefouder daarvan afziet, plaats onder voorbehoud van het vruchtgebruik van de goederen.

(Zie ook: artt. 88, 197 BW Boek 2; art. 23 BW Boek 4)

Art. 22

Erfgenamen stiefouder bij kindsdeel

Indien een kind overeenkomstig artikel 13 lid 3 een geldvordering op zijn stiefouder ter zake van de nalatenschap van zijn overleden ouder heeft verkregen, en de stiefouder is overleden, zijn diens erfgenamen verplicht aan het kind op diens verzoek goederen over te dragen met een waarde van ten hoogste die geldvordering, vermeerderd met de in lid 4 van dat artikel bedoelde verhoging.

(Zie ook: art. 24 BW Boek 4)

Art. 23

1. Op het in de artikelen 19 en 21 bedoelde vruchtgebruik zijn de bepalingen van titel 8 van Boek 3 van toepassing, met dien verstande dat:

a. de echtgenoot is vrijgesteld van de jaarlijkse opgave als bedoeld in artikel 205 lid 4, alsmede van het stellen van zekerheid als bedoeld in artikel 206 lid 1, en artikel 206 lid 2 niet van toepassing is;

b. een machtiging als bedoeld in artikel 212 lid 3 ook gegeven kan worden voor zover de verzorgingsbehoefte van de echtgenoot of de nakoming van zijn verplichtingen overeenkomstig artikel 13 lid 2 dit nodig maakt.

2. De kantonrechter kan op de in lid 1 onder b bedoelde grond, op verzoek van de echtgenoot aan deze de bevoegdheid tot gehele of gedeeltelijke vervreemding en vertering als bedoeld in artikel 215 van Boek 3 toekennen. De hoofdgerechtigde wordt in het geding geroepen. Bij de beschikking kan de kantonrechter nadere regelingen treffen.

3. In afwijking van de eerste zin van artikel 213 lid 1 van Boek 3 en van artikel 215 lid 1 van Boek 3 verkrijgt de hoofdgerechtigde, tenzij hij met de echtgenoot anders overeenkomt, op het tijdstip van vervreemding een vordering op de echtgenoot ter grootte van de waarde die het goed op dat tijdstip had. Op de vordering zijn de leden 3 en 4 van artikel 13 en lid 1 van artikel 15 van overeenkomstige toepassing, met dien verstande dat de in artikel 13 lid 4 bedoelde vermeerdering wordt berekend vanaf het tijdstip van het ontstaan van de vordering.

4. Bij de vestiging van het vruchtgebruik of daarna kunnen nadere regelingen worden getroffen door de echtgenoot en de hoofdgerechtigde, dan wel door de kantonrechter op verzoek van een van hen.

(Zie ook: artt. 88, 197 BW Boek 2)

5. De echtgenoot is niet bevoegd het vruchtgebruik over te dragen of te bezwaren.

6. Het vruchtgebruik kan niet worden ingeroepen tegen schuldeisers die zich op de daaraan onderworpen goederen verhalen ter zake van schulden van de nalatenschap of schulden van de echtgenoot die konden worden verhaald op de goederen van een gemeenschap waarvan de echtgenoot en de erflater de deelgenoten waren. In geval van zodanige uitwinning is artikel 282 van Boek 3 niet van toepassing.

(Zie ook: art. 201 BW Boek 3)

Art. 24

1. De in de artikelen 19, 20, 21 en 22 bedoelde verplichting tot overdracht betreft goederen die deel hebben uitgemaakt van de nalatenschap van de erflater of van de door diens overlijden ontbonden huwelijksgemeenschap. In afwijking van de eerste zin heeft de in de artikelen 21 en 22 bedoelde verplichting tot overdracht geen betrekking op goederen die van de zijde van de stiefouder in de huwelijksgemeenschap met de erflater zijn gevallen.

2. De in de artikelen 19, 20, 21 en 22 bedoelde verplichting tot overdracht betreft mede goederen die in de plaats zijn gekomen voor goederen als bedoeld in lid 1, eerste zin. Indien een goed is verkregen met middelen die voor minder dan de helft afkomstig zijn uit de in lid 1 bedoelde nalatenschap of ontbonden huwelijksgemeenschap, valt het niet onder de in de eerste zin bedoelde verplichting. Is een goed mede met middelen uit een lening verkregen, dan blijven deze middelen voor de toepassing van de tweede zin buiten beschouwing.

3. Een goed dat behoort tot het vermogen van degene die tot overdracht is verplicht of tot de huwelijksgemeenschap waarin deze is gehuwd, wordt vermoed deel te hebben uitgemaakt van de in lid 1, eerste zin, bedoelde nalatenschap of ontbonden huwelijksgemeenschap of voor zodanig goed in de plaats te zijn gekomen.

(Zie ook: artt. 124, 125 BW Boek 1)

Art. 25

1. De waarde van de over te dragen goederen, vast te stellen naar het tijdstip van de overdracht, wordt in de eerste plaats in mindering gebracht op de aan het kind verschuldigde hoofdsom en vervolgens op de verhoging, tenzij door de erflater of bij de overdracht anders is bepaald. Voor de toepassing van de artikelen 19 en 21 wordt de waarde van de goederen vastgesteld zonder daarbij het vruchtgebruik in aanmerking te nemen.

2. Een kind dat voornemens is een in de artikelen 19, 20, 21 en 22 bedoeld verzoek te doen, is gehouden de andere kinderen die een dergelijk verzoek kunnen doen, op een zodanig tijdstip van zijn voornemen in kennis te stellen dat zij tijdig kunnen beslissen eveneens een verzoek te doen.

3. Degene die tot overdracht van goederen verplicht kan worden, kan een kind een redelijke termijn stellen waarbinnen een verzoek als bedoeld in de artikelen 19, 20, 21 en 22 kan worden gedaan. Gaat hij daartoe over, dan stelt hij ook de andere kinderen die een zodanig verzoek kunnen doen, daarvan in kennis.

4. Bestaat tussen degene die tot overdracht van goederen verplicht is en het kind, of tussen twee of meer kinderen geen overeenstemming over de overdracht van een goed, dan beslist op verzoek van een hunner de kantonrechter, rekening houdende naar billijkheid met de belangen van ieder van hen.

B4 art. 26

Geldvordering

5. Voor zover een kind de in artikel 13 lid 3 bedoelde vordering aan een andere persoon overdraagt, gaat de in de artikelen 19, 20, 21 en 22 bedoelde bevoegdheid teniet.

Uiterste wilsbeschikking

6. Bij uiterste wilsbeschikking kan de erflater de verplichtingen, bedoeld in de artikelen 19 tot en met 22, uitbreiden, beperken of opheffen.
(Zie ook: art. 676a Rv)

Art. 26

Opvragen kindsdeel door minderjarig kind

1. Indien een minderjarig kind een bevoegdheid heeft als in de artikelen 19, 20, 21 en 22 bedoeld, dient zijn wettelijke vertegenwoordiger binnen drie maanden na het verkrijgen van de bevoegdheid aan de kantonrechter schriftelijk zijn voornemen met betrekking tot de uitoefening van die bevoegdheid mede te delen. Heeft het kind geen wettelijke vertegenwoordiger, dan loopt deze termijn vanaf de dag van de benoeming. De kantonrechter verleent zijn goedkeuring aan het voornemen of onthoudt deze daaraan, rekening houdende naar billijkheid met de belangen van het kind, de andere kinderen aan wie de bevoegdheid eveneens toekomt en van degene jegens wie de bevoegdheid bestaat. Hij kan aan de goedkeuring voorwaarden verbinden. Zo nodig neemt de kantonrechter een eigen beslissing.

Opvragen kindsdeel door meerderjarig kind

2. Hetzelfde geldt indien het kind meerderjarig is doch het vrije beheer of zijn vermogen niet heeft. Staat de in artikel 13 lid 3 bedoelde geldvordering onder een bewind, dan wordt een in lid 1 bedoelde bevoegdheid uitgeoefend overeenkomstig de regels die voor het desbetreffende bewind gelden. Is het kind in staat van faillissement verklaard, dan wordt een in lid 1 bedoelde schuldsaneringsregeling natuurlijke personen van toepassing verklaard dan wel aan hem surseance van betaling verleend, dan rust de verplichting op de curator, op de bewindvoerder, onderscheidenlijk op het kind met medewerking van de bewindvoerder.

Afzien verzoek tot opvragen kindsdeel

3. Indien met goedkeuring van de kantonrechter is afgezien van het doen van een verzoek als genoemd in de artikelen 19, 20, 21 en 22, kan zodanig verzoek nadien niet alsnog worden gedaan. Bij zijn goedkeuring kan de kantonrechter anders bepalen.
(Zie ook: artt. 48, 253j, 342, 362, 409, 431 BW Boek 1; artt. 1, 213, 284 FW)

Art. 27

Kindsdeel van stiefkind

Bij uiterste wilsbeschikking kan de erflater bepalen dat een stiefkind in een verdeling als bedoeld in artikel 13 als eigen kind wordt betrokken. In dat geval is deze afdeling van toepassing, behoudens voor zover de erflater anders heeft bepaald. De afstammelingen van het stiefkind worden bij plaatsvervulling geroepen.
(Zie ook: artt. 12, 21, 22 BW Boek 4)

Afdeling 2
Andere wettelijke rechten

Art. 28

Bewoningsrecht echtgenoot en samenwoner bij nalatenschap

1. Indien de woning die de echtgenoot van de erflater bij diens overlijden bewoont, tot de nalatenschap of de ontbonden huwelijksgemeenschap behoort of de erflater, anders dan krachtens huur, ten gebruike toekwam, is de echtgenoot jegens de erfgenamen bevoegd tot voortzetting van de bewoning gedurende een termijn van zes maanden onder gelijke voorwaarden als tevoren. De echtgenoot is op gelijke wijze en voor gelijke duur bevoegd tot voortzetting van het gebruik van de inboedel, voor zover die tot de nalatenschap of de ontbonden huwelijksgemeenschap behoort of de erflater ten gebruike toekwam.

2. Jegens de erfgenamen en de echtgenoot van de erflater hebben degenen die tot diens overlijden met hem een duurzame gemeenschappelijke huishouding hadden, overeenkomstige bevoegdheden met betrekking tot het gebruik van de woning en de inboedel die tot de nalatenschap of de ontbonden huwelijksgemeenschap behoren.

Art. 29

Vruchtgebruik woning en inboedel echtgenoot bij nalatenschap

1. Voor zover de echtgenoot van de erflater tengevolge van uiterste wilsbeschikkingen van de erflater niet of niet enig rechthebbende is op de tot de nalatenschap van de erflater behorende woning, die ten tijde van het overlijden door de erflater en zijn echtgenoot tezamen of door de echtgenoot alleen bewoond werd, of op de tot de nalatenschap behorende inboedel daarvan, zijn de erfgenamen verplicht tot medewerking aan de vestiging van een vruchtgebruik op die woning en die inboedel ten behoeve van de echtgenoot, voor zover deze dit van hen verlangt. De eerste zin geldt niet voor zover de kantonrechter op een daartoe strekkend verzoek artikel 33 lid 2, onder a, heeft toegepast.

2. Zolang de echtgenoot een beroep op lid 1 toekomt, zijn de erfgenamen niet bevoegd tot beschikking over die goederen, noch tot verhuring of verpachting daarvan; gedurende dat tijdsbestek kunnen die goederen slechts worden uitgewonnen voor de in artikel 7 lid 1 onder a tot en met f genoemde schulden.

3. De leden 1 en 2 zijn van overeenkomstige toepassing op de legatarissen en de door een testamentaire last bevoordeelden met betrekking tot de goederen die zij als zodanig uit de nalatenschap hebben verkregen.
(Zie ook: art. 39 BW Boek 4)

Art. 30

1. De erfgenamen zijn verplicht tot medewerking aan de vestiging van een vruchtgebruik op andere goederen van de nalatenschap dan bedoeld in artikel 29 ten behoeve van de echtgenoot van de erflater, voor zover de echtgenoot daaraan, de omstandigheden in aanmerking genomen, voor zijn verzorging – daaronder begrepen de nakoming van de overeenkomstig artikel 35 lid 2 op hem rustende verplichtingen – behoefte heeft en die medewerking van hen verlangt.

2. Lid 1 is mede van toepassing met betrekking tot hetgeen moet worden geacht in de plaats te zijn gekomen van goederen van de nalatenschap. Voorts is lid 1 mede van toepassing op een geldvordering als bedoeld in artikel 13 lid 3, indien de erflater bij uiterste wilsbeschikking de gronden voor opeisbaarheid heeft uitgebreid. Een vruchtgebruik op een geldvordering als bedoeld in de tweede zin eindigt in elk geval indien de echtgenoot in staat van faillissement is verklaard of ten aanzien van hem de schuldsaneringsregeling natuurlijke personen van toepassing is verklaard. In het laatstbedoelde geval herleeft door beëindiging van de toepassing van de schuldsaneringsregeling natuurlijke personen op grond van artikel 356 lid 2 van de Faillissementswet het vruchtgebruik op de vordering, voorzover deze onvoldaan is gebleven. Artikel 358 lid 1 van de Faillissementswet vindt ten aanzien van de vordering geen toepassing.

3. De voorgaande leden zijn van overeenkomstige toepassing op de legatarissen en de door een testamentaire last bevoordeelden met betrekking tot de goederen die zij als zodanig uit de nalatenschap hebben verkregen. Onder goederen als bedoeld in de eerste zin worden mede begrepen ingevolge een legaat of een testamentaire last verkregen geldsommen en beperkte rechten op goederen van de nalatenschap.

4. De erflater kan bij uiterste wilsbeschikking goederen aanwijzen die vóór of na andere voor bezwaring met het vruchtgebruik in aanmerking komen.

5. Voor zover de erflater de in het vorige lid toegekende bevoegdheid niet heeft uitgeoefend, komen gelegateerde en krachtens een testamentaire last verkregen goederen slechts voor bezwaring met vruchtgebruik in aanmerking, indien de overige goederen der nalatenschap ter verzorging van de echtgenoot onvoldoende zijn. Voor zover een making is te beschouwen als voldoening aan een natuurlijke verbintenis van de erflater, komt zij pas na de andere makingen voor bezwaring met vruchtgebruik in aanmerking.

6. Voor zover de echtgenoot en degenen die hun medewerking aan de vestiging van het vruchtgebruik moeten verlenen, niet tot overeenstemming kunnen komen over de goederen waarop dit zal komen te rusten, gelast op verzoek van een hunner de kantonrechter de aanwijzing van die goederen of wijst hij deze zelf aan, rekening houdende naar billijkheid met de belangen van ieder van hen.

7. Bij de bepaling van de behoefte aan verzorging wordt op hetgeen de echtgenoot toekomt, in mindering gebracht hetgeen hij krachtens erfrecht aan goederen uit de nalatenschap had kunnen verkrijgen met uitzondering van het vruchtgebruik dat hij ingevolge het vorige artikel had kunnen doen vestigen. Voorts komt daarop in mindering hetgeen hij had kunnen verkrijgen uit een sommenverzekering die door het overlijden van de erflater tot uitkering komt. *(Zie ook: artt. 39, 152 BW Boek 4)*

Art. 31

1. Op het vruchtgebruik ingevolge de artikelen 29 en 30 zijn de leden 1, 2, 4 en 5 van artikel 23 van overeenkomstige toepassing. Het vruchtgebruik kan niet worden ingeroepen tegen schuldeisers die zich op de daaraan onderworpen goederen verhalen ter zake van schulden als bedoeld in artikel 7 lid 1 onder a tot en met f. De uitwinning is echter niet toegelaten, indien de echtgenoot niet met vruchtgebruik belaste goederen der nalatenschap aanwijst die voldoende verhaal bieden.

2. De mogelijkheid om aanspraak te maken op vestiging van het vruchtgebruik vervalt, indien de echtgenoot niet binnen een redelijke, hem door een belanghebbende gestelde termijn, en uiterlijk voor de toepassing van artikel 29 zes maanden en voor de toepassing van artikel 30 een jaar na het overlijden van de erflater heeft verklaard op de vestiging van het vruchtgebruik aanspraak te maken.

3. De rechtsvordering ingevolge de artikelen 29 en 30 verjaart door verloop van een jaar en drie maanden na het openvallen der nalatenschap.

4. Heeft de erflater bij uiterste wilsbeschikking aan zijn echtgenoot de bevoegdheid ontzegd om zich bij de overdracht van een goed ingevolge de artikelen 19 en 21 een vruchtgebruik voor te behouden, dan vervalt, in afwijking van lid 2, de mogelijkheid om ingevolge artikel 29 of 30 aanspraak te maken op vestiging van het vruchtgebruik op dat goed door verloop van drie maanden nadat op overdracht van het goed aanspraak is gemaakt. In dat geval verjaart de rechtsvordering tot vestiging van het vruchtgebruik door verloop van een jaar en drie maanden nadat op overdracht van het goed aanspraak is gemaakt. *(Zie ook: art. 39 BW Boek 4)*

Vruchtgebruik ter verzorging echtgenoot bij nalatenschap

Schakelbepaling

Termijn bij vruchtgebruik

Verjaring rechtsvordering

Uiterste wilsbeschikking

B4 *art. 32* **Burgerlijk Wetboek Boek 4**

Art. 32

Vruchtgebruik bij procedure tot echtscheiding of scheiding van tafel en bed

De echtgenoot kan geen aanspraak maken op vestiging van het vruchtgebruik ingevolge de artikelen 29 en 30, wanneer een procedure tot echtscheiding of tot scheiding van tafel en bed van de erflater en de echtgenoot meer dan een jaar voor het openvallen van de nalatenschap was aangevangen en de echtscheiding of de scheiding van tafel en bed ten gevolge van het overlijden van de erflater niet meer tot stand heeft kunnen komen. De eerste zin blijft buiten toepassing indien de omstandigheid dat de echtscheiding of de scheiding van tafel en bed niet meer tot stand heeft kunnen komen, niet in overwegende mate de echtgenoot kan worden aangerekend.

(Zie ook: art. 39 BW Boek 4)

Art. 33

Bevoegdheden kantonrechter bij vruchtgebruik

1. De kantonrechter kan op verzoek van een hoofdgerechtigde, mits daardoor een zwaarwegend belang van deze wordt gediend en in vergelijking hiermede het belang van de echtgenoot niet ernstig wordt geschaad:

a. aan die hoofdgerechtigde een met vruchtgebruik belast goed uit de nalatenschap, al dan niet onder de last van het vruchtgebruik, toedelen;

b. het vruchtgebruik van een of meer goederen beëindigen;

c. aan het vruchtgebruik verbonden bevoegdheden van de echtgenoot beperken of hem deze ontzeggen;

d. het vruchtgebruik in het belang van de hoofdgerechtigde onder bewind stellen.

2. De kantonrechter kan, onverminderd lid 1, voor zover de echtgenoot aan het vruchtgebruik, de omstandigheden in aanmerking genomen, voor zijn verzorging, daaronder begrepen de nakoming van de overeenkomstig artikel 35 lid 2 op hem rustende verplichtingen, geen behoefte heeft:

a. op verzoek van een rechthebbende de verplichting tot medewerking aan de vestiging van het vruchtgebruik opheffen, of

b. op verzoek van een hoofdgerechtigde het vruchtgebruik beëindigen.

3. De andere rechthebbenden worden in het geding geroepen. Bij zijn beschikking kan de kantonrechter nadere regelingen treffen.

4. Een rechthebbende kan te allen tijde, ter afwering van een vordering of andere rechtsmaatregel, gericht op de nakoming van een verplichting tot medewerking aan de vestiging van het vruchtgebruik, een beroep in rechte doen op de in lid 2 genoemde grond voor opheffing van die verplichting.

5. De kantonrechter houdt bij de toepassing van lid 2 in ieder geval rekening met:

a. de leeftijd van de echtgenoot;

b. de samenstelling van de huishouding waartoe de echtgenoot behoort;

c. de mogelijkheden van de echtgenoot om zelf in de verzorging te voorzien door middel van arbeid, pensioen, eigen vermogen dan wel andere middelen of voorzieningen;

d. hetgeen in de gegeven omstandigheden als een passend verzorgingsniveau voor de echtgenoot kan worden beschouwd.

(Zie ook: art. 39 BW Boek 4)

Art. 34

Niet-toereikend vruchtgebruik bij nalatenschap

1. Voor zover de nalatenschap niet toereikend is tot voldoening van hetgeen de echtgenoot ingevolge de artikelen 29 en 30 toekomt, kan hij overgaan tot inkorting van de daarvoor vatbare giften, met overeenkomstige toepassing van artikel 89, leden 2 en 3, en artikel 90, leden 1 en 3. De artikelen 66, 68 en 69 zijn van overeenkomstige toepassing. Verkrijgt de echtgenoot ook door deze inkorting niet hetgeen hem toekomt, dan kan hij zich verhalen op hetgeen een legitimaris door inkorting heeft verkregen.

2. De echtgenoot verkrijgt door uitoefening van de bevoegdheden, bedoeld in lid 1, het vruchtgebruik van de geldsom waarvoor de inkorting is geschied of waarvoor hij verhaal heeft genomen. Op het vruchtgebruik zijn de leden 1, 2, 4 en 5 van artikel 23 van overeenkomstige toepassing.

3. Zo nodig kan het vruchtgebruik van de echtgenoot zich uitstrekken over alle goederen der nalatenschap en alle geldsommen waarvoor de in lid 1 bedoelde giften kunnen worden ingekort.

4. Geschillen over de toepassing van het onderhavige artikel en de artikelen 35 tot en met 37 worden op verzoek van de meest gerede partij beslist door de kantonrechter.

Art. 35

Som ineens bij verzorging en opvoeding/levensonderhoud/studie bij kindsdeel

1. Een kind van de erflater, een kind als bedoeld in artikel 394 van Boek 1 daaronder begrepen, kan aanspraak maken op een som ineens, voor zover deze nodig is voor:

a. zijn verzorging en opvoeding tot het bereiken van de leeftijd van achttien jaren; en voorts voor:

b. zijn levensonderhoud en studie tot het bereiken van de leeftijd van een en twintig jaren.

2. De som ter zake van de verzorging en opvoeding komt het kind niet toe, voor zover de echtgenoot of een erfgenaam van de erflater krachtens wet of overeenkomst is gehouden om in de kosten daarvan te voorzien. De som ter zake van levensonderhoud en studie komt het kind niet toe, voor zover de echtgenoot van de erflater krachtens artikel 395a van Boek 1 verplicht is om in de kosten daarvan te voorzien.

3. Op de som ineens komt in mindering hetgeen de rechthebbende had kunnen verkrijgen krachtens erfrecht of krachtens een sommenverzekering die door het overlijden van de erflater tot uitkering komt.

(Zie ook: art. 39 BW Boek 4)

Art. 36

1. Een kind, stiefkind, pleegkind, behuwdkind of kleinkind van de erflater dat in diens huishouding of in het door hem uitgeoefende beroep of bedrijf gedurende zijn meerderjarigheid arbeid heeft verricht zonder een voor die arbeid passende beloning te ontvangen, kan aanspraak maken op een som ineens, strekkende tot een billijke vergoeding.

2. Op de som komt in mindering hetgeen de rechthebbende van de erflater heeft ontvangen of krachtens making of sommenverzekering op het leven van de erflater verkrijgt of had kunnen verkrijgen, voor zover dat als een beloning voor zijn werkzaamheden kan worden beschouwd. *(Zie ook: art. 39 BW Boek 4)*

Art. 37

1. Degene die krachtens de artikelen 35 en 36 aanspraak maakt op een som ineens, heeft een vordering op de gezamenlijke erfgenamen. De mogelijkheid om aanspraak te maken op een som ineens vervalt, indien de rechthebbende niet binnen een redelijke, hem door een belanghebbende gestelde termijn, en uiterlijk negen maanden na het overlijden van de erflater, heeft verklaard dat hij de som ineens wenst te ontvangen.

2. De vordering is niet opeisbaar totdat zes maanden zijn verstreken na het overlijden van de erflater.

3. De rechtsvordering verjaart door verloop van een jaar na het overlijden van de erflater. Indien die erflater een echtgenoot achterlaat, wordt voor degene die krachtens artikel 36 aanspraak op een som ineens heeft gemaakt, deze termijn verlengd tot een jaar na het overlijden van die echtgenoot.

4. De sommen ineens bedragen gezamenlijk ten hoogste de helft van de waarde der nalatenschap; voor zoveel nodig ondergaan zij elk een evenredige vermindering. Onder de waarde der nalatenschap wordt in dit artikel verstaan de waarde van de goederen der nalatenschap, verminderd met de in artikel 7 lid 1 onder a tot en met e vermelde schulden.

5. De voldoening van de sommen ineens komt ten laste van het gedeelte der nalatenschap waarover niet bij uiterste wilsbeschikking is beschikt, en vervolgens, zo dit onvoldoende is, van de makingen; artikel 87 lid 2, tweede zin, is op een inkorting van overeenkomstige toepassing.

Art. 38

1. Op verzoek van een kind of stiefkind van de erflater kan de kantonrechter, mits daardoor een zwaarwegend belang van het kind of stiefkind wordt gediend en in vergelijking hiermede het belang van de rechthebbende niet ernstig wordt geschaad, de rechthebbende verplichten tot overdracht tegen een redelijke prijs aan het kind of stiefkind, dan wel diens echtgenoot, van de tot de nalatenschap of de ontbonden huwelijksgemeenschap behorende goederen die dienstbaar waren aan een door de erflater uitgeoefend beroep of bedrijf dat door het kind of stiefkind dan wel diens echtgenoot wordt voortgezet. Bij zijn beschikking kan de kantonrechter nadere regelingen treffen.

2. Het vorige lid is van overeenkomstige toepassing ten aanzien van aandelen in een naamloze vennootschap of een besloten vennootschap met beperkte aansprakelijkheid waarvan de erflater bestuurder was en waarin deze alleen of met zijn medebestuurders de meerderheid der aandelen hield, indien het kind of stiefkind, dan wel diens echtgenoot ten tijde van het overlijden bestuurder van die vennootschap is of nadien die positie van de erflater voortzet.

3. Het vorige lid is slechts van toepassing voor zover de statutaire regels omtrent overdracht van aandelen zich daartegen niet verzetten.

4. Het recht om een verzoek als bedoeld in de leden 1 en 2 te doen, vervalt na verloop van een jaar na het overlijden van de erflater.

5. De leden 1 tot en met 4 zijn van overeenkomstige toepassing ingeval de echtgenoot van de erflater een door de erflater uitgeoefend beroep of bedrijf voortzet, ook indien de echtgenoot ingevolge deze afdeling het vruchtgebruik van de desbetreffende goederen heeft of kan verkrijgen. *(Zie ook: art. 39 BW Boek 4)*

Art. 39

Degene aan wie een in de artikelen 29 tot en met 33, 35, 36 en 38 bedoeld recht toekomt en niet erfgenaam is, heeft dezelfde bevoegdheden als in artikel 78 aan een legitimaris worden toegekend.

Art. 40

Indien ten aanzien van de erflater afdeling 2 of 3 van titel 18 van Boek 1 is toegepast, lopen de termijnen, genoemd in lid 1 van artikel 28, de leden 2 en 3 van artikel 31, de tweede zin van het eerste lid, de eerste zin van het tweede lid en de eerste zin van het derde lid van artikel 37,

Som ineens als beloning vroegere arbeid bij kindsdeel

Aanspraak op som ineens bij kindsdeel

Overdracht aan kind/stiefkind bij voortzetting beroep/bedrijf bij nalatenschap

Overdracht aan echtgenoot bij voortzetting beroep/bedrijf

Recht niet-erfgenaam bij nalatenschap

Termijnen bij nalatenschap

B4 art. 41 **Burgerlijk Wetboek Boek 4**

alsmede het vierde lid van artikel 38 vanaf de dag waarop de beschikking, bedoeld in artikel 417 lid 1 onderscheidenlijk artikel 427 lid 1 van Boek 1, in kracht van gewijsde is gegaan.

(Zie ook: art. 80 BW Boek 4)

Art. 41

Niet-afwijkend recht door uiterste wilsbeschikking bij nalatenschap

Bij uiterste wilsbeschikking kan van het in deze afdeling bepaalde niet worden afgeweken.

Titel 4
Uiterste willen

Afdeling 1
Uiterste wilsbeschikkingen in het algemeen

Art. 42

Uiterste wilsbeschikking bij nalatenschap

1. Een uiterste wilsbeschikking is een eenzijdige rechtshandeling, waarbij een erflater een beschikking maakt, die eerst werkt na zijn overlijden en die in dit Boek is geregeld of in de wet als zodanig wordt aangemerkt.

2. De erflater kan een uiterste wilsbeschikking steeds eenzijdig herroepen.

3. Een uiterste wilsbeschikking kan alleen bij uiterste wil en slechts door de erflater persoonlijk worden gemaakt en herroepen.

Art. 43

Niet-vernietigbaarheid van uiterste wilsbeschikking

1. Een uiterste wilsbeschikking is niet vatbaar voor vernietiging op de grond dat zij door misbruik van omstandigheden is tot stand gekomen.

2. Een uiterste wilsbeschikking, gemaakt onder invloed van een onjuiste beweegreden, is slechts dan vernietigbaar, wanneer de door de erflater ten onrechte veronderstelde omstandigheid die zijn beweegreden tot de beschikking is geweest, in de uiterste wil zelf is aangeduid en de erflater de beschikking niet zou hebben gemaakt, indien hij van de onjuistheid dier veronderstelling had kennis gedragen.

3. Een uiterste wilsbeschikking kan niet op grond van bedreiging, bedrog of een onjuiste beweegreden worden vernietigd, wanneer de erflater haar heeft bevestigd nadat de invloed van de bedreiging heeft opgehouden te werken of het bedrog of de onjuistheid van de beweegreden is ontdekt.

(Zie ook: art. 44 BW Boek 3)

Art. 44

Nietigverklaring van uiterste wilsbeschikking

1. Een uiterste wilsbeschikking waarvan de inhoud in strijd is met de goede zeden of de openbare orde, is nietig.

2. Eveneens is een uiterste wilsbeschikking nietig, wanneer voor deze een in de uiterste wil vermelde beweegreden die in strijd is met de goede zeden of de openbare orde, beslissend is geweest.

(Zie ook: art. 40 BW Boek 3)

Art. 45

Onmogelijk te vervullen voorwaarde/last van uiterste wilsbeschikking

1. Een voorwaarde of een last die onmogelijk te vervullen is, of die in strijd is met de goede zeden, de openbare orde of een dwingende wetsbepaling, wordt voor niet geschreven gehouden. De beschikking waaraan de voorwaarde of de last is toegevoegd, is nietig, indien deze de beslissende beweegreden tot die beschikking is geweest.

2. Een voorwaarde of last die de strekking heeft de bevoegdheid tot vervreemding of bezwaring van goederen uit te sluiten, wordt voor niet geschreven gehouden.

Art. 46

Uitleg van uiterste wilsbeschikking

1. Bij de uitlegging van een uiterste wilsbeschikking dient te worden gelet op de verhoudingen die de uiterste wil kennelijk wenst te regelen, en op de omstandigheden waaronder de uiterste wil is gemaakt.

2. Daden of verklaringen van de erflater buiten de uiterste wil mogen slechts dan voor uitlegging van een beschikking worden gebruikt, indien deze zonder die daden of verklaringen geen duidelijke zin heeft.

3. Wanneer een erflater zich klaarblijkelijk in de aanduiding van een persoon of een goed heeft vergist, wordt de beschikking naar de bedoeling van de erflater ten uitvoer gebracht, indien deze bedoeling ondubbelzinnig met behulp van de uiterste wil of met andere gegevens kan worden vastgesteld.

Art. 47

Beschikking bij uiterste wilsbeschikking

Wanneer de uitvoering van een beschikking, anders dan als gevolg van een na het overlijden van de erflater ingetreden omstandigheid, blijvend onmogelijk is, vervalt de beschikking, zonder dat een andere beschikking daarvoor in de plaats mag worden gesteld, tenzij de wet het tegendeel

bepaalt, of uit de uiterste wil zelf is af te leiden dat de erflater die andere beschikking zou hebben gemaakt, wanneer hem de onmogelijkheid bekend was geweest.
(Zie ook: art. 42 BW Boek 3; art. 78 BW Boek 6)

Art. 48

Wanneer in eenzelfde uiterste wil twee of meer personen tot hetzelfde, al of niet voor bepaalde delen, zijn geroepen en de beschikking ten opzichte van een geroepene geen gevolg heeft, vindt ten behoeve van de overigen aanwas naar evenredigheid van de hun toekomende delen plaats, tenzij uit de uiterste wil zelf het tegendeel is af te leiden.
(Zie ook: artt. 3, 43, 47, 62, 131, 190, 201 BW Boek 4)

Aanwas naar evenredigheid bij uiterste wilsbeschikking

Art. 49

1. Een ten laste van een erfgenaam gemaakt legaat van een bepaald goed, of van een op een bepaald goed te vestigen recht, vervalt indien het goed bij het openvallen van de nalatenschap daartoe niet behoort, tenzij uit de uiterste wil zelf is af te leiden dat de erflater de beschikking niettemin heeft gewild.

Legaat bij niet-eigendom erflater van uiterste wilsbeschikking

2. Kan in laatstgenoemd geval degene op wie de verplichting rust, zich het gelegateerde goed niet of slechts ten koste van een onevenredig grote opoffering verschaffen, dan is hij gehouden de waarde van het goed uit te keren.

3. Voor de toepassing van het eerste lid wordt een goed geacht niet tot de nalatenschap te behoren, indien de erflater tot overdracht van het goed verplicht was en deze verbintenis niet met zijn dood is tenietgegaan.
(Zie ook: art. 47 BW Boek 4)

Art. 50

1. Tenzij de erflater anders heeft beschikt, wordt een gelegateerd goed geleverd in de staat waarin het zich op het ogenblik van overlijden van de erflater bevindt.

Gelegateerd goed bij uiterste wilsbeschikking

2. Mitsdien is een erfgenaam niet verplicht het vermaakte goed te bevrijden van enig beperkt recht dat daarop is gevestigd.

3. Is een vordering van de erflater op een erfgenaam, een beperkt recht van de erflater op een goed van een erfgenaam, of een goed van de erflater waarop een beperkt recht van een erfgenaam is gevestigd gelegateerd, dan vindt geen vermenging plaats, tenzij het legaat wordt verworpen.
(Zie ook: art. 81 BW Boek 3; art. 161 BW Boek 6)

Art. 51

1. Wanneer een echtgenoot ten laste van zijn gezamenlijke erfgenamen een bepaald goed uit de huwelijksgemeenschap heeft vermaakt, kan de legataris levering van het gehele goed van hen vorderen, doch zij kunnen, voor zover het goed bij de verdeling van de huwelijksgemeenschap aan de andere echtgenoot of diens erfgenamen wordt toebedeeld, volstaan met uitkering van de waarde van het goed. Deze bevoegdheid komt ook toe aan de andere echtgenoot die enig erfgenaam is, en diens erfgenamen.

Waarde vermaakt goed bij uiterste wilsbeschikking

2. Het vorige lid is alleen van toepassing indien de huwelijksgemeenschap op het ogenblik dat de beschikking werd gemaakt, nog niet ontbonden was.
(Zie ook: art. 47 BW Boek 4)

Art. 52

Een beschikking, getroffen ten voordele van degene met wie de erflater op het tijdstip van het maken van de uiterste wil gehuwd was of reeds trouwbeloften gewisseld had, vervalt door een daarna ingetreden echtscheiding of scheiding van tafel en bed, tenzij uit de uiterste wil zelf het tegendeel is af te leiden.
(Zie ook: artt. 49, 150, 169 BW Boek 1; art. 43 BW Boek 4)

Beschikking bij echtscheiding/scheiding van tafel en bed bij uiterste wilsbeschikking

Art. 53

Een uiterste wilsbeschikking ten voordele van de naaste bloedverwanten of het naaste bloed van de erflater, zonder nadere aanduiding, wordt vermoed gemaakt te zijn ten voordele van de door de wet geroepen bloedverwanten van de erflater naar evenredigheid van ieders aandeel bij versterf.
(Zie ook: art. 10 BW Boek 4)

Naaste bloedverwant of naaste bloed bij uiterste wilsbeschikking

Art. 54

1. Rechtsvorderingen tot vernietiging van een uiterste wilsbeschikking verjaren een jaar nadat de dood van de erflater alsmede de uiterste wilsbeschikking en de vernietigingsgrond ter kennis zijn gekomen van hem die een beroep op deze grond kan doen, dan wel van zijn rechtsvoorganger.

Verjaring rechtsvordering tot vernietiging bij uiterste wilsbeschikking

2. De bevoegdheid om ter vernietiging van een uiterste wilsbeschikking een beroep op een vernietigingsgrond te doen vervalt buiten het geval bedoeld in artikel 51 lid 3 van Boek 3 uiterlijk drie jaren nadat de dood van de erflater en de uiterste wilsbeschikking ter kennis zijn gekomen van degene aan wie deze bevoegdheid toekomt, dan wel van zijn rechtsvoorganger.
(Zie ook: art. 52 BW Boek 3; art. 110 BW Boek 4)

B4 art. 55

Burgerlijk Wetboek Boek 4

Afdeling 2
Wie uiterste wilsbeschikkingen kunnen maken en wie daaruit voordeel kunnen genieten

Art. 55

Handelingsbekwamen en minderjarigen bij uiterste wilsbeschikking

1. Behalve zij die handelingsbekwaam zijn, kunnen ook minderjarigen die de leeftijd van zestien jaren hebben bereikt, en zij die op een andere grond dan wegens hun lichamelijke of geestelijke toestand onder curatele zijn gesteld, uiterste wilsbeschikkingen maken.

2. Hij die wegens zijn lichamelijke of geestelijke toestand onder curatele staat, kan slechts met toestemming van de kantonrechter uiterste wilsbeschikkingen maken. De kantonrechter kan aan zijn toestemming voorwaarden verbinden.

3. De bekwaamheid van de erflater wordt beoordeeld naar de staat, waarin hij zich bevond op het ogenblik dat de beschikking werd gemaakt.

(Zie ook: artt. 31, 233, 234, 378, 382 BW Boek 1; art. 32 BW Boek 3)

Art. 56

Nalatenschap bij uiterste wilsbeschikking

1. Om aan een making een recht te kunnen ontlenen, moet men bestaan op het ogenblik dat de nalatenschap openvalt. Rechten uit een making ten voordele van een rechtspersoon die voor dat ogenblik is opgehouden te bestaan ten gevolge van een fusie of een splitsing, komen toe aan de verkrijgende rechtspersoon, onderscheidenlijk de verkrijgende rechtspersoon waarvan de aan de akte van splitsing gehechte beschrijving datbepaalt. Indien aan de hand van de aan de akte van splitsing gehechte beschrijving niet kan worden bepaald welke rechtspersoon in de plaats en de rechten treedt van de gesplitste rechtspersoon, is artikel 334s van Boek 2 van overeenkomstige toepassing.

Fidei commis ten laste van afstammeling ouder

2. Indien een erflater heeft bepaald dat hetgeen hij aan een afstammeling van een ouder van de erflater nalaat, bij het overlijden van de bevoordeelde of op een eerder tijdstip zal ten deel vallen aan diens alsdan bestaande afstammelingen staaksgewijze, ontlenen dezen aan de making een recht, ook al bestonden zij nog niet bij het overlijden van de erflater.

Uiterste wilsbeschikking, fidei commis ten laste van derde

3. Heeft een erflater bepaald dat hetgeen hij aan iemand nalaat, bij het overlijden van de bevoordeelde of op een eerder tijdstip zal ten deel vallen aan een afstammeling van een ouder van de erflater, en tevens dat indien die afstammeling dat tijdstip niet overleeft, diens alsdan bestaande afstammelingen staaksgewijze in diens plaats zullen treden, dan verkrijgen dezen dit recht, ook al bestonden zij nog niet bij het overlijden van de erflater.

4. Indien een erflater heeft bepaald dat hetgeen de bevoordeelde van het hem nagelatene bij zijn overlijden of op een eerder tijdstip onverteerd zal hebben gelaten, alsdan zal ten deel vallen aan een dan bestaande bloedverwant van de erflater in de erfelijke graad, verkrijgt deze dit recht, ook al bestond hij nog niet bij het overlijden van de erflater.

(Zie ook: artt. 2, 412, 426 BW Boek 1; artt. 30, 288, 309, 334a BW Boek 2; artt. 70, 139, 141 BW Boek 4)

Art. 57

Voogd erflater bij uiterste wilsbeschikking

1. Een erflater kan geen uiterste wilsbeschikking maken ten voordele van degene die op het tijdstip van het maken van de beschikking zijn voogd is.

2. Hij die de voogd van de erflater is geweest, kan uit diens uiterste wilsbeschikkingen geen voordeel genieten, indien de erflater binnen het jaar na zijn meerderjarig worden en voor het afleggen en sluiten van de voogdijrekening is overleden.

3. Het in de vorige leden bepaalde is niet toepasselijk op bloedverwanten van de erflater in de opgaande lijn, die zijn voogden zijn of geweest zijn.

(Zie ook: artt. 3, 233, 234, 245, 280, 372 BW Boek 1; artt. 55, 62 BW Boek 4)

Art. 58

Uiterste wilsbeschikking ten voordele van leermeester

Minderjarigen kunnen geen uiterste wilsbeschikking maken ten voordele van hun leermeesters, met wie zij tezamen wonen.

(Zie ook: artt. 55, 60, 62 BW Boek 4)

Art. 59

Uiterste wilsbeschikking ten voordele van professionele verzorgenden

1. De beroepsbeoefenaren op het gebied van de individuele gezondheidszorg, die iemand gedurende de ziekte waaraan hij is overleden, bijstand hebben verleend, alsmede de geestelijk verzorgers die hem gedurende die ziekte hebben bijgestaan, kunnen geen voordeel trekken uit de uiterste wilsbeschikkingen die zodanig persoon gedurende de behandeling of de bijstand te hunnen behoeve heeft gemaakt.

2. Ook kan degene die een voor de verzorging of verpleging van bejaarden of geestelijk gestoorden bestemde instelling exploiteert of die daarvan de leiding heeft of daarin werkzaam is, geen voordeel trekken uit de uiterste wilsbeschikkingen, welke zodanig persoon gedurende een verblijf in die instelling te zijnen behoeve heeft gemaakt.

(Zie ook: artt. 60, 62 BW Boek 4)

Art. 60

Van het in de twee voorgaande artikelen bepaalde zijn uitgezonderd:

a. de beschikkingen tot vergelding van bewezen diensten, bij wijze van legaat gemaakt, met inachtneming echter zowel van de gegoedheid van de maker, als van de diensten die aan deze zijn bewezen;

b. de beschikkingen ten voordele van iemand die bloed- of aanverwant tot de vierde graad of de echtgenoot van de erflater is.

Art. 61

De notaris of andere persoon, die een uiterste wil of een akte van bewaargeving van een niet gesloten aangeboden onderhandse uiterste wil heeft verleden, en de getuigen die daarbij zijn tegenwoordig geweest, kunnen niet bij die uiterste wil worden bevoordeeld.

(Zie ook: artt. 62, 93 BW Boek 4)

Art. 62

1. Een uiterste wilsbeschikking die in strijd is met het in de artikelen 57–61 bepaalde, is vernietigbaar. De vernietiging vindt slechts plaats voor zover deze nodig is tot opheffing van het nadeel van degene die zich op de vernietigingsgrond beroept.

2. Een beschikking ten behoeve van een tussenbeidekomende persoon is op gelijke wijze vernietigbaar als een ten behoeve van de uitgesloten persoon zelf.

3. De vader, de moeder, de afstammelingen en de echtgenoot van een uitgesloten persoon worden geacht tussenbeidekomende personen te zijn, behalve wanneer zij bloedverwant in de rechte lijn of echtgenoot van de erflater zijn.

4. Indien een legataris in verband met een krachtens de vorige leden vernietigbaar legaat gehouden is een tegenprestatie te verrichten, is artikel 54 van Boek 3 van overeenkomstige toepassing.

(Zie ook: artt. 45, 49 BW Boek 3)

Afdeling 3 *Legitieme portie*

Paragraaf 1 *Algemene bepalingen*

Art. 63

1. De legitieme portie van een legitimaris is het gedeelte van de waarde van het vermogen van de erflater, waarop de legitimaris in weerwil van giften en uiterste wilsbeschikkingen van de erflater aanspraak kan maken.

2. Legitimarissen zijn de afstammelingen van de erflater die door de wet als erfgenamen tot zijn nalatenschap worden geroepen, hetzij uit eigen hoofde, hetzij bij plaatsvervulling met betrekking tot personen die op het ogenblik van het openvallen der nalatenschap niet meer bestaan of die onwaardig zijn.

3. De legitimaris die de nalatenschap verwerpt, verliest zijn recht op de legitieme portie, tenzij hij bij het afleggen van de verklaring bedoeld in artikel 191, tevens verklaart dat hij zijn legitieme portie wenst te ontvangen.

(Zie ook: artt. 3, 71, 80 BW Boek 4)

Art. 64

1. De legitieme portie van een kind van de erflater bedraagt de helft van de waarde waarover de legitieme porties worden berekend, gedeeld door het aantal in artikel 10 lid 1 onder a genoemde, door de erflater achtergelaten personen.

2. Afstammelingen van een kind van de erflater dat op het ogenblik van het openvallen van de nalatenschap niet meer bestaat, worden voor de toepassing van het eerste lid tezamen als een door de erflater achtergelaten kind geteld. Afstammelingen van een kind van de erflater die legitimaris zijn, kunnen ieder slechts voor hun deel opkomen.

Paragraaf 2 *De omvang van de legitieme portie*

Art. 65

De legitieme porties worden berekend over de waarde van de goederen der nalatenschap, welke waarde wordt vermeerderd met de bij deze berekening in aanmerking te nemen giften en verminderd met de schulden, vermeld in artikel 7 lid 1 onder a tot en met c en f. Buiten beschouwing blijven giften waaruit schulden als bedoeld in artikel 7 lid 1 onder i zijn ontstaan.

(Zie ook: art. 6 BW Boek 4)

Art. 66

Waardering giften bij legitieme portie

1. Voor de toepassing van deze afdeling worden giften gewaardeerd naar het tijdstip van de prestatie, behoudens het in de volgende leden bepaalde. Met een mogelijkheid dat de erflater de gift had kunnen herroepen wordt geen rekening gehouden.

2. Giften waarbij de erflater zich het genot van het geschonkene gedurende zijn leven heeft voorbehouden, en andere giften van een voordeel bestemd om pas na zijn overlijden ten volle te worden genoten, worden geschat naar de waarde onmiddellijk na zijn overlijden. Hetzelfde geldt voor giften van prestaties die de erflater bij zijn overlijden nog niet had verricht, met dien verstande dat met deze giften, evenals met de uit dien hoofde nagelaten schulden, geen rekening wordt gehouden voor zover de nalatenschap niet toereikend is. Een gift die bestaat in de aanwijzing van een begunstigde bij sommenverzekering, wordt in aanmerking genomen tot haar waarde overeenkomstig artikel 188 leden 2 en 3 van Boek 7.

3. Giften, bestaande in de vervreemding van een goed door de erflater tegen verschaffing door de wederpartij van een aan het leven van de erflater gebonden recht, worden gewaardeerd als een gift van dat goed, verminderd met de waarde van de door de erflater ontvangen of die hem bij zijn overlijden nog verschuldigde prestaties, voor zover deze niet bestonden in genot van dat goed.

(Zie ook: artt. 67, 70, 89, 233 BW Boek 4)

Art. 67

Giften bij legitieme portie

Bij de berekening van de legitieme porties worden de volgende door de erflater gedane giften in aanmerking genomen:

a. giften die kennelijk gedaan en aanvaard zijn met het vooruitzicht dat daardoor legitimarissen worden benadeeld;

b. giften die de erflater gedurende zijn leven te allen tijde had kunnen herroepen of die hij bij de gift voor inkorting vatbaar heeft verklaard;

c. giften van een voordeel, bestemd om pas na zijn overlijden ten volle te worden genoten;

d. giften, door de erflater aan een afstammeling gedaan, mits deze of een afstammeling van hem legitimaris van de erflater is;

e. andere giften, voor zover de prestatie binnen vijf jaren voor zijn overlijden is geschied.

(Zie ook: artt. 70, 89 BW Boek 4)

Art. 68

Giften aan echtgenoot bij legitieme portie

Giften van de erflater aan zijn echtgenoot worden voor de toepassing van deze afdeling buiten beschouwing gelaten voor zover zich, ten gevolge van een gemeenschap van goederen waarin de erflater en de echtgenoot ten tijde van de gift gehuwd waren of ten gevolge van een tussen hen op dat tijdstip geldend verrekenbeding, geen verrijking ten koste van het vermogen van de gever heeft voorgedaan.

(Zie ook: art. 8 BW Boek 4)

Art. 69

Giften die buiten beschouwing worden gelaten bij legitieme portie

1. Voor de toepassing van deze afdeling worden niet als giften beschouwd:

a. giften aan personen ten aanzien van wie de erflater moreel verplicht was bij te dragen in hun onderhoud tijdens zijn leven of na zijn dood, voor zover zij als uitvloeisel van die verplichting zijn aan te merken en in overeenstemming waren met het inkomen en het vermogen van de erflater;

b. gebruikelijke giften voor zover zij niet bovenmatig waren.

2. Lid 1 is niet van toepassing op giften als bedoeld in artikel 7 lid 1 onder i.

(Zie ook: art. 88 BW Boek 1; artt. 87, 126 BW Boek 4)

Art. 70

Mindering op legitieme portie bij giften aan legitimaris

1. De waarde van giften, door de erflater aan een legitimaris gedaan, komt in mindering van diens legitieme portie.

2. Voor de toepassing van het vorige lid worden giften aan een afstammeling die legitimaris zou zijn geweest indien hij de erflater had overleefd of niet onwaardig was geweest, aangemerkt als giften aan de van hem afstammende legitimarissen, naar evenredigheid van hun legitieme portie.

3. Met een gift wordt gelijkgesteld hetgeen een legitimaris verkrijgt of kan verkrijgen uit een door de erflater ter nakoming van een natuurlijke verbintenis gesloten sommenverzekering die geen pensioenverzekering is en die door het overlijden van de erflater tot uitkering komt.

(Zie ook: art. 76 BW Boek 4)

Art. 71

Mindering op legitieme portie bij toerekening erfrecht

De waarde van al hetgeen een legitimaris krachtens erfrecht verkrijgt, komt in mindering van zijn legitieme portie.

(Zie ook: art. 76 BW Boek 4)

Art. 72

De waarde van hetgeen een legitimaris als erfgenaam kan verkrijgen, komt ook in mindering van zijn legitieme portie wanneer hij de nalatenschap verwerpt, tenzij
a. de goederen onder een voorwaarde, een last of een bewind zijn nagelaten, of
b. ten laste van de legitimaris legaten zijn gemaakt die verplichten tot iets anders dan betaling van een geldsom of overdracht van goederen der nalatenschap, en de verwerping binnen drie maanden na het overlijden van de erflater geschiedt.
(Zie ook: artt. 63, 75, 76, 77, 117, 130, 137, 153, 190 BW Boek 4)

Art. 73

1. De waarde van een legaat aan een legitimaris van een bepaalde geldsom of van niet in een vorderingsrecht bestaande goederen der nalatenschap komt ook in mindering van zijn legitieme portie wanneer hij het legaat verwerpt, tenzij
a. het legaat onder een voorwaarde, een last of een bewind is gemaakt, of
b. ten laste van de legitimaris sublegaten zijn gemaakt die verplichten tot iets anders dan betaling van een geldsom, of
c. het legaat later dan zes maanden na het overlijden van de erflater, of indien de legitimaris mede-erfgenaam is, pas na de verdeling der nalatenschap opeisbaar wordt, of
d. het legaat ten laste komt van een of meer erfgenamen wier erfdelen ontoereikend zijn om het legaat daaruit te voldoen, en de verwerping binnen drie maanden na het overlijden van de erflater geschiedt.

2. Heeft de erflater de in artikel 125 lid 2 bedoelde bevoegdheid ontzegd aan een legitimaris, dan kan deze het legaat binnen drie maanden na het overlijden van de erflater verwerpen, zonder dat de waarde ervan in mindering komt van zijn legitieme portie.
(Zie ook: artt. 76, 77, 117, 130, 153 BW Boek 4)

Art. 74

1. De contante waarde van een aan een legitimaris gemaakt legaat van een in termijnen te betalen geldsom komt ook bij verwerping in mindering van zijn legitieme portie, indien in de uiterste wil is vermeld dat zonder deze beschikking de voortzetting van een beroep of bedrijf van de erflater in ernstige mate zou worden bemoeilijkt. Met een beroep of bedrijf van de erflater wordt gelijkgesteld een onderneming, gedreven door een naamloze vennootschap of een besloten vennootschap met beperkte aansprakelijkheid waarvan de erflater bestuurder was en waarin deze alleen of met zijn medebestuurders de meerderheid der aandelen hield.

2. Is de vermelde grond onjuist, dan kan de legitimaris binnen drie maanden na het overlijden van de erflater verklaren dat hij betaling van de contante waarde ineens verlangt. Degene die de juistheid van de grond staande houdt, moet haar bewijzen. Is de opgegeven grond juist, doch laat deze een snellere afbetaling toe, dan kan de rechter de verbintenis uit het legaat in die zin wijzigen.

3. Indien de legitimaris zulks binnen drie maanden na het overlijden van de erflater verzoekt, kan de kantonrechter de met het legaat belaste personen bevelen zekerheid te stellen; de kantonrechter stelt het bedrag en de aard van de zekerheid vast. Wordt daaraan niet voldaan binnen de door de kantonrechter daarvoor gestelde termijn, dan komt het legaat niet in mindering van zijn legitieme portie indien de legitimaris het alsnog verwerpt.
(Zie ook: artt. 76, 77 BW Boek 4)

Art. 75

1. De waarde van hetgeen een legitimaris krachtens erfrecht onder bewind kan verkrijgen, komt ook bij verwerping in mindering van zijn legitieme portie, indien het bewind is ingesteld op de in de uiterste wil vermelde grond:
a. dat de legitimaris ongeschikt of onmachtig is in het beheer te voorzien, of
b. dat zonder bewind de goederen hoofdzakelijk diens schuldeisers zouden ten goede komen.

2. De legitimaris die de nalatenschap of het legaat heeft aanvaard is gedurende drie maanden na het overlijden van de erflater bevoegd de juistheid van de opgegeven grond te betwisten; alsdan moet degene die haar staande houdt haar bewijzen. Is de opgegeven grond juist, doch rechtvaardigt dit de door de erflater vastgestelde regels van het bewind niet, dan kan de rechter die regels wijzigen of zelfs ten dele opheffen.

3. Is vermelde grond onjuist, dan kan de legitimaris binnen een maand nadat de uitspraak waarbij de onjuistheid is vastgesteld, in kracht van gewijsde is gegaan, schriftelijk aan de bewindvoerder verklaren dat hij zijn legitieme in geld wenst te ontvangen. De bewindvoerder maakt daartoe het onder bewind gestelde met overeenkomstige toepassing van artikel 147 voor zover nodig te gelde; het restant van de goederen keert hij uit aan degenen aan wie deze zouden zijn toegekomen indien de legitimaris de nalatenschap of het legaat had verworpen.

4. Staan goederen onder bewind waarvan de waarde krachtens artikel 70 in mindering van de legitieme komt en vermeldt de akte waarbij het bewind is ingesteld een grond als bedoeld in lid 1, dan zijn de leden 2 en 3 van overeenkomstige toepassing. Vermeldt de akte niet een grond als bedoeld in lid 1, dan kan de legitimaris aanspraak maken op ontvangst van zijn legitieme

Mindering op legitieme portie bij toerekening erfrecht

Mindering op legitieme portie bij waarde legaat

Mindering op legitieme portie in termijnen

Mindering op legitieme portie bij ingesteld bewind

B4 art. 76 **Burgerlijk Wetboek Boek 4**

in geld op de wijze als voorzien in lid 3, met dien verstande dat de aldaar bedoelde verklaring binnen drie maanden na het overlijden van de erflater moet worden afgelegd.

5. Bij de vaststelling van de op de legitieme portie toe te rekenen waarde wordt met het bewind slechts rekening gehouden, indien de vermelde grond onjuist is verklaard doch de legitimaris geen gebruik maakt van de hem in lid 3, eerste zin, verleende bevoegdheid.

(Zie ook: artt. 76, 77, 178 BW Boek 4; art. 182 BW Boek 7)

Art. 76

Vruchtgebruik bij mindering op legitieme portie

Bij de vaststelling van de waarde van hetgeen overeenkomstig de artikelen 70 tot en met 75 op de legitieme portie in mindering komt, wordt geen rekening gehouden met het vruchtgebruik dat daarop krachtens afdeling 1 of 2 van titel 3 kan komen te rusten.

(Zie ook: artt. 6, 13, 28 BW Boek 4)

Art. 77

Termijnen bij mindering op legitieme portie

De in de artikelen 72, 73 lid 1, laatste zinsnede, en lid 2, 74 leden 2 en 3 en 75 leden 2 en 4 bedoelde termijnen kunnen door de kantonrechter een of meermalen op grond van bijzondere omstandigheden worden verlengd, zelfs nadat de termijn reeds was verlopen.

(Zie ook: art. 85 BW Boek 4; art. 676a Rv)

Art. 78

Bescheiden legitimaris bij legitieme portie

1. Een legitimaris die niet erfgenaam is, kan tegenover de erfgenamen en met het beheer der nalatenschap belaste executeurs aanspraak maken op inzage en een afschrift van alle bescheiden die hij voor de berekening van zijn legitieme portie behoeft; zij verstrekken hem desverlangd alle daartoe strekkende inlichtingen.

2. Op zijn verzoek kan de kantonrechter een of meer der erfgenamen en met het beheer der nalatenschap belaste executeurs doen oproepen ten einde de deugdelijkheid van de boedelbeschrijving in tegenwoordigheid van de verzoeker onder ede te bevestigen.

(Zie ook: art. 142 BW Boek 4; artt. 658, 666, 671, 676 Rv)

Paragraaf 3
Het geldend maken van de legitieme portie

Art. 79

Vordering op erfgenamen/begiftigde bij legitieme portie

Terzake van zijn legitieme portie kan de legitimaris een vordering verkrijgen:

a. op de gezamenlijke erfgenamen dan wel de echtgenoot van de erflater, door daarop aanspraak te maken overeenkomstig artikel 80 lid 1, dan wel

b. op een begiftigde, door inkorting als bedoeld in artikel 89.

Art. 80

Vordering op erfgenamen/echtgenoot bij legitieme portie

1. Een legitimaris die daarop aanspraak maakt, heeft terzake van hetgeen hem met inachtneming van de artikelen 70 tot en met 76 als legitieme portie toekomt, een vordering in geld op de gezamenlijke erfgenamen dan wel, wanneer de nalatenschap is verdeeld overeenkomstig artikel 13, op de als erfgenaam achtergelaten echtgenoot van de erflater.

2. De erfgenamen en, na verdeling overeenkomstig artikel 13, de echtgenoot zijn niet verplicht de vorderingen te voldoen, voor zover deze tezamen de waarde der nalatenschap te boven gaan; voor zover nodig ondergaan de vorderingen elk een evenredige vermindering. Onder de waarde van de nalatenschap wordt hier verstaan de waarde van de goederen van de nalatenschap, verminderd met de in artikel 7 lid 1 onder a, b, c en f vermelde schulden.

Art. 81

Termijn opeisbaarheid vordering bij legitieme portie

1. De vordering is niet opeisbaar voordat zes maanden zijn verstreken na het overlijden van de erflater.

2. Voor zover nodig in afwijking van lid 1 is de vordering, indien de nalatenschap is verdeeld overeenkomstig artikel 13, opeisbaar indien:

a. de echtgenoot in staat van faillissement is verklaard of ten aanzien van hem de schuldsaneringsregeling natuurlijke personen van toepassing is verklaard;

b. de echtgenoot is overleden.

Voorzover de vordering ten laste komt van een legaat aan een ander dan de echtgenoot, leidt de eerste zin niet tot een later tijdstip van opeisbaarheid dan voortvloeit uit lid 1.

3. Zolang goederen der nalatenschap kunnen worden belast met een vruchtgebruik krachtens artikel 29 of artikel 30, is de vordering niet opeisbaar. Bij de toepassing van de eerste zin blijft artikel 31 lid 4, eerste zin, buiten beschouwing.

4. Zolang een vruchtgebruik krachtens artikel 29 of artikel 30 bestaat, is de vordering niet opeisbaar, voor zover de echtgenoot daarvoor is verbonden. In geval van faillissement van de echtgenoot of het ten aanzien van hem van toepassing verklaren van de schuldsaneringsregeling natuurlijke personen wordt de vordering opeisbaar, voor zover de echtgenoot daarvoor is verbonden.

5. Voor zover voor de vordering anderen dan de echtgenoot zijn verbonden, kan, zolang een vruchtgebruik krachtens artikel 29 of artikel 30 bestaat, van elk van die anderen slechts het gedeelte van de vordering worden opgeëist dat overeenkomt met het gedeelte dat zijn aandeel in de niet met vruchtgebruik belaste goederen van de nalatenschap uitmaakt van de goederen van de nalatenschap.

6. Is de vordering, bedoeld in artikel 80 lid 1, opeisbaar geworden doordat ten aanzien van de echtgenoot de schuldsaneringsregeling natuurlijke personen van toepassing is verklaard, dan is de vordering, voor zover zij onvoldaan is gebleven, door beëindiging van de toepassing van de schuldsaneringsregeling natuurlijke personen op grond van artikel 356 lid 2 van de Faillissementswet wederom niet opeisbaar. Artikel 358 lid 1 van de Faillissementswet vindt ten aanzien van de vordering geen toepassing.

(Zie ook: artt. 13, 37, 86, 125 BW Boek 4; artt. 1, 284, 350 FW)

Art. 82

Een erflater kan aan een uiterste wilsbeschikking ten behoeve van zijn niet van tafel en bed gescheiden echtgenoot de voorwaarde verbinden dat de vordering van een legitimaris, voor zover deze ten laste zou komen van de echtgenoot, eerst opeisbaar is na diens overlijden. Een voorwaarde als bedoeld in de vorige zin kan op overeenkomstige wijze worden verbonden aan een making ten behoeve van een andere levensgezel, indien deze met de erflater een gemeenschappelijke huishouding voert en een notarieel verleden samenlevingsovereenkomst is aangegaan.

Voorwaarden opeisbaarheid vordering bij legitieme portie

Art. 83

Bij uiterste wilsbeschikking kan de erflater de opeisbaarheid van de vordering van de legitimaris, voorzover deze ten laste zou komen van de echtgenoot of de in artikel 82, tweede zin, bedoelde andere levensgezel, ook doen afhangen van andere omstandigheden dan die welke genoemd zijn in de artikelen 81 lid 2 en 82.

Omstandigheden termijn opeisbaarheid vordering bij legitieme portie

Art. 84

De vorderingen worden verhoogd met een percentage dat overeenkomt met dat van de wettelijke rente, voor zover dit percentage hoger is dan zes, berekend per jaar vanaf de dag waarop aanspraak op de legitieme portie is gemaakt, bij welke berekening telkens uitsluitend de hoofdsom in aanmerking wordt genomen.

(Zie ook: art. 13 BW Boek 4)

Renteberekening bij legitieme portie

Art. 85

1. De mogelijkheid om aanspraak te maken op de legitieme portie vervalt, indien de legitimaris niet binnen een hem door een belanghebbende gestelde redelijke termijn, en uiterlijk vijf jaren na het overlijden van de erflater, heeft verklaard dat hij zijn legitieme portie wenst te ontvangen.

2. Indien negen maanden na het overlijden van de erflater niet vaststaat in hoeverre diens echtgenoot aanspraak zal maken op vestiging van een vruchtgebruik krachtens artikel 30, vervalt het deel van de vordering dat ten laste van de echtgenoot zou komen, tenzij de legitimaris binnen die termijn aan de echtgenoot heeft verklaard dat hij zijn legitieme portie wenst te ontvangen. Artikel 77 is op deze termijn van overeenkomstige toepassing.

(Zie ook: 86 BW Boek 4)

Aanspraak op legitieme portie

Art. 86

Indien ten aanzien van de erflater afdeling 2 of 3 van titel 18 van Boek 1 is toegepast, lopen de termijnen, genoemd in lid 1 van artikel 81 en de leden 1 en 2 van artikel 85 vanaf de dag waarop de beschikking, bedoeld in artikel 417 lid 1 onderscheidenlijk artikel 427 lid 1 van Boek 1, in kracht van gewijsde is gegaan.

(Zie ook: artt. 18, 40 BW Boek 4)

Aanvang termijnen bij legitieme portie

Art. 87

1. De voldoening van de schulden aan de legitimarissen komt als eerste ten laste van het gedeelte der nalatenschap waarover de erflater niet door erfstellingen of legaten heeft beschikt. Erft een afstammeling van een onterfde legitimaris bij plaatsvervulling, dan wordt voor de vordering van die legitimaris als eerste het aan de afstammeling toekomende gedeelte van de nalatenschap ingekort, tenzij uit de uiterste wil iets anders voortvloeit.

2. Indien inkorting overeenkomstig lid 1 onvoldoende is, worden de makingen ingekort. Tenzij uit de uiterste wil iets anders voortvloeit, komen alle erfstellingen en legaten gelijkelijk naar evenredigheid van hun waarde voor inkorting in aanmerking, met dien verstande dat voor zover een making is te beschouwen als voldoening aan een natuurlijke verbintenis van de erflater, zij pas na de andere makingen voor inkorting in aanmerking komt.

3. Het gedeelte van de nalatenschap dat aan een legitimaris toekomt en zijn legitieme portie niet te boven gaat, kan in afwijking van de leden 1 en 2 pas als laatste worden ingekort. De inkorting van dat gedeelte geschiedt alsdan, met vermindering van de vordering waarvoor wordt ingekort, zodanig dat beide legitimarissen een zelfde evenredig deel van hun legitieme porties verkrijgen.

4. Inkorting van een legaat geschiedt door een verklaring aan de legataris door de met het legaat belaste erfgenamen of, indien de nalatenschap is verdeeld overeenkomstig artikel 13, de echtgenoot van de erflater. Artikel 120 lid 4, tweede zin, is van overeenkomstige toepassing.

5. Voor zover de schuld aan een legitimaris ten laste komt van het erfdeel van de echtgenoot of andere levensgezel van de erflater en haar voldoening eerst kan worden verlangd op een met

Inkortingen bij legitieme portie

toepassing van artikel 81 lid 2, 82 of 83 vast te stellen tijdstip, is de echtgenoot of andere levensgezel daarvoor met zijn gehele vermogen aansprakelijk, ook als hij de nalatenschap beneficiair had aanvaard.

6. Voor zover de schuld aan een legitimaris ten laste komt van een aan de echtgenoot of andere levensgezel gemaakt legaat waaraan een voorwaarde als bedoeld in artikel 82 of 83 is verbonden, komt zij, onder de bedoelde voorwaarde, door voldoening van het legaat en een verklaring overeenkomstig lid 4 op de echtgenoot of andere levensgezel te rusten.

7. Voor de toepassing van dit artikel wordt een last die strekt tot een uitgave van geld of een goed uit de nalatenschap, gelijkgesteld met een legaat.

(Zie ook: art. 190 BW Boek 4)

Art. 88

Belasting voldoening bij legitieme portie

Voor zover de vordering van de legitimaris ingevolge artikel 81 lid 2 of een voorwaarde als bedoeld in artikel 82 niet opeisbaar is, is de echtgenoot of de andere levensgezel, bedoeld in artikel 82, op verzoek van de legitimaris verplicht tot voldoening voor hem van de belasting, geheven ter zake van de verkrijging van zijn vordering. De vordering van de legitimaris wordt verminderd met het ingevolge de eerste zin voor de legitimaris voldane bedrag.

Art. 89

Inkorting giften bij legitieme portie

1. Is hetgeen een legitimaris op grond van zijn in artikel 80 lid 1 bedoelde vordering kan verkrijgen onvoldoende om hem zijn legitieme portie te verschaffen, dan kan hij de daarvoor vatbare giften inkorten, voor zover zij aan zijn legitieme portie afbreuk doen. Bij de bepaling van de vordering, bedoeld in de eerste zin, wordt rekening gehouden met een eventuele vermindering ingevolge de artikelen 80 lid 2 en 87 lid 3. Buiten beschouwing blijven de verhoging, bedoeld in artikel 84, alsmede het deel van de vordering dat ingevolge artikel 85 lid 2 is vervallen.

2. Voor inkorting vatbaar zijn de in artikel 67 bedoelde giften.

3. Een gift komt voor inkorting slechts in aanmerking, voor zover de legitimaris zijn legitieme portie niet door inkorting van jongere giften kan verkrijgen. Giften van een voordeel bestemd om pas na het overlijden van de erflater ten volle te worden genoten, worden hierbij beschouwd als giften op het tijdstip van zijn overlijden.

Art. 90

Verklaring aan begiftigde

1. Inkorting van een gift geschiedt door een verklaring aan de begiftigde. Deze is verplicht de waarde van het ingekorte gedeelte van de gift aan de legitimaris te vergoeden, voor zover dit niet, alle omstandigheden in aanmerking genomen, onredelijk is.

Gift medelegitimaris

2. Een gift kan niet worden ingekort voor zover zij in mindering van de legitieme portie van een mede-legitimaris komt.

Verval bevoegdheid tot inkorten gift

3. De bevoegdheid van een legitimaris tot inkorting van een gift vervalt na verloop van een hem daarvoor door de begiftigde gestelde redelijke termijn, en uiterlijk vijf jaren na het overlijden van de erflater.

Art. 91

Inkorting bij makingen/giften aan stiefkind bij legitieme portie

1. Indien de erflater makingen of giften heeft gedaan aan een stiefkind, wordt in afwijking van de artikelen 80 tot en met 89 op die makingen en giften niet ingekort, behoudens voorzover de waarde daarvan hoger is dan twee maal hetgeen de legitieme portie van een kind van de erflater had belopen, indien de door de erflater aldus bevoordeelden stiefkinderen diens eigen kinderen waren geweest. De in de eerste zin bedoelde waarde wordt vermeerderd met de waarde van hetgeen alsdan overeenkomstig artikel 70 lid 3 met een gift gelijkgesteld zou worden.

2. Voorzover voor de in artikel 80 bedoelde vordering van de legitimaris in verband met lid 1 niet overeenkomstig artikel 87 kan worden ingekort, wordt deze verminderd.

3. De erflater kan bij een gift aan een stiefkind of bij uiterste wilsbeschikking bepalen dat lid 1 geheel of ten dele buiten toepassing blijft.

Art. 92

Bevoegdheden na overlijden legitimaris bij legitieme portie

1. Na het overlijden van de legitimaris komen zijn bevoegdheden toe aan hen die tot zijn nalatenschap gerechtigd zijn.

Curator/bewindvoerder

2. In het geval van faillissement van de legitimaris of het ten aanzien van hem van toepassing verklaren van de schuldsaneringsregeling natuurlijke personen kunnen zijn bevoegdheden worden uitgeoefend door de curator in het faillissement onderscheidenlijk de bewindvoerder in de schuldsaneringsregeling.

3. De bevoegdheden van een legitimaris kunnen slechts tezamen met zijn erfdeel worden overgedragen.

Afdeling 4
Vorm van uiterste willen

Art. 93

Nietigheid uiterste wil

Een uiterste wil die bij dezelfde akte door twee of meer personen is gemaakt, is nietig.

Art. 94

Behoudens hetgeen in de artikelen 97-107 is bepaald, kan een uiterste wil alleen worden gemaakt bij een notariële akte of bij een aan een notaris in bewaring gegeven onderhandse akte.
(Zie ook: artt. 95, 109 BW Boek 4)

Art. 95

1. Een onderhandse uiterste wil kan niet geldig worden gemaakt door hem die door onkunde of door andere oorzaken niet in staat is geweest de uiterste wil te lezen.

2. Een bij onderhandse akte gemaakte uiterste wil moet door de erflater zijn ondertekend. Is de uiterste wil door een ander dan de erflater of met mechanische middelen geschreven, en bestaat de wil uit meer dan één bladzijde, dan moet iedere bladzijde zijn genummerd en door de handtekening van de erflater zijn gewaarmerkt.

3. Een onderhandse uiterste wil wordt door de erflater aan een notaris ter hand gesteld. De erflater moet daarbij verklaren dat het aangeboden stuk zijn uiterste wil bevat en dat aan de vereisten van het vorige lid is voldaan. Indien het stuk gesloten wordt aangeboden, kan de erflater bij de aanbieding tevens verklaren dat het stuk slechts mag worden geopend, indien bepaalde door hem genoemde voorwaarden op de dag van zijn overlijden zijn vervuld.

4. Van de bewaargeving en de verklaringen van de erflater maakt de notaris een akte op die door de erflater en de notaris wordt ondertekend.

5. Wanneer de erflater verklaart dat hij door een met name door hem genoemde, na de ondertekening van de uiterste wil opgekomen oorzaak verhinderd wordt de akte van bewaargeving te ondertekenen, vervangt die verklaring zijn ondertekening van de akte van bewaargeving, mits zij daarin wordt opgenomen.

6. De onderhandse uiterste wil blijft berusten onder de minuten van de notaris die deze akte heeft ontvangen.

Art. 96

Op degene die de geldigheid van een in bewaring gegeven uiterste wil bestrijdt op grond dat de erflater de wil niet eigenhandig heeft ondertekend of geschreven of de bladzijden waaruit de wil bestaat niet eigenhandig heeft gewaarmerkt, rust de bewijslast daarvan.

Art. 97

Bij een onderhands, door de erflater geheel met de hand geschreven, gedagtekend en ondertekend stuk kunnen zonder verdere formaliteiten beschikkingen worden gemaakt tot:
a. het maken van legaten van:
1°. kleren, lijfstoebehoren en bepaalde lijfsieraden;
2°. bepaalde tot de inboedel behorende zaken en bepaalde boeken;
b. bepaling dat goederen, bedoeld onder a, buiten een huwelijksgemeenschap vallen;
c. aanwijzing van een persoon als bedoeld in artikel 25, tweede en vierde lid, van de Auteurswet en artikel 5, tweede lid, van de Wet op de naburige rechten.

Art. 98

1. In geval van oorlog of burgeroorlog kunnen militairen en andere tot de krijgsmacht behorende personen een uiterste wil maken ten overstaan van een officier van de krijgsmacht.

2. Ook buiten het geval van oorlog of burgeroorlog kan op deze wijze een uiterste wil worden gemaakt door militairen en andere personen, die behoren tot een gedeelte van de krijgsmacht dat is aangewezen:
a. ter deelneming aan een militaire expeditie;
b. ter bestrijding van een vijandelijke macht;
c. ter handhaving van de onzijdigheid van de Staat;
d. tot enig optreden hetzij tot collectieve of individuele zelfverdediging, hetzij tot handhaving of herstel van de internationale orde en veiligheid; of
e. ter voldoening aan een vordering van het bevoegde gezag in geval van oproerige beweging.

3. In krijgsgevangenschap kan in plaats van een officier ook een onderofficier optreden.

4. Officieren en onderofficieren mogen hun medewerking slechts verlenen, indien de erflater zich niet tot een bevoegde notaris of consulaire ambtenaar kan wenden. Niet-inachtneming van dit voorschrift schaadt de geldigheid van de uiterste wil niet.
(Zie ook: art. 103 BW Boek 4)

Art. 99

[Vervallen]

Art. 100

1. De in artikel 98 lid 1 vermelde mogelijkheid blijft bestaan, totdat de Koning heeft vastgesteld dat voor de toepassing van die bepaling de oorlog of de burgeroorlog als geëindigd moet worden beschouwd.

2. De in artikel 98 lid 2 vermelde mogelijkheid blijft bestaan, totdat op de bij algemene maatregel van bestuur te bepalen wijze is bekendgemaakt dat de aanwijzing is geëindigd.
(Zie ook: art. 106 BW Boek 4; Bbmnd)

B4 art. 101 Burgerlijk Wetboek Boek 4

Art. 101

Uiterste wil bij zeeschip/luchtvaartuig

Zij die zich op een reis aan boord van een zeeschip of luchtvaartuig bevinden, kunnen een uiterste wil maken ten overstaan van de gezagvoerder of de eerste officier, of bij gebreke van deze personen ten overstaan van hem die hun plaats vervult.

(Zie ook: art. 103 BW Boek 4)

Art. 102

Buitengewone omstandigheden bij uiterste wil

Op plaatsen waar voor de erflater het normale verkeer met een notaris of bevoegde consulaire ambtenaar verboden of verbroken is als gevolg van rampen, crises, gevechtshandelingen, besmettelijke ziekten of andere buitengewone omstandigheden, kan hij een uiterste wil maken ten overstaan van een Nederlandse consulaire ambtenaar, ook indien deze niet krachtens de gewone regelen bevoegd is, of de burgemeester, de secretaris of een wethouder der gemeente, een kandidaat-notaris, een advocaat, een officier van de krijgsmacht of van een gemeentelijke of regionale brandweer, of een daartoe door de minister van justitie bevoegd verklaarde ambtenaar.

(Zie ook: art. 103 BW Boek 4; ICEMST; Bban)

Art. 103

Getuigen bij uiterste wil militairen of bij bijzondere omstandigheden

1. De uiterste willen, bedoeld in de artikelen 98, 101 en 102, worden verleden in tegenwoordigheid van twee getuigen. Zij worden op behoorlijke wijze op schrift gesteld en door de erflater, alsmede door de getuigen en degene te wiens overstaan zij zijn verleden, ondertekend.

2. De getuigen moeten meerderjarig zijn en de taal verstaan, waarin de uiterste wil is opgesteld. In de gevallen van de artikelen 98 en 102 geldt het vereiste van meerderjarigheid niet voor getuigen die militairen zijn of deelnemen aan het bestrijden van een ramp of het beheersen van een crisis.

3. Indien de erflater of een van de getuigen verklaart door onkunde of een andere met name door hem genoemde oorzaak niet te kunnen ondertekenen, vervangt de verklaring zijn ondertekening, mits zij in de akte wordt opgenomen.

Art. 104

Akte van bewaring bij uiterste wil militairen of bij bijzondere omstandigheden

1. De erflater is in de gevallen van de artikelen 98, 101 en 102 ook bevoegd een door hem ondertekende onderhandse uiterste wil te maken, die hij in tegenwoordigheid van twee getuigen in bewaring geeft aan een persoon te wiens overstaan hij ingevolge die artikelen een uiterste wil kan doen verlijden. Deze persoon maakt daarvan onmiddellijk een akte van bewaargeving op, hetzij op het papier van de uiterste wil, hetzij op de omslag daarvan, hetzij op een afzonderlijk papier; het vorige artikel is op die akte van overeenkomstige toepassing.

2. De artikelen 98 lid 4 en 100 zijn van overeenkomstige toepassing.

3. Op degene die de geldigheid van de in bewaring gegeven uiterste wil bestrijdt op grond dat de erflater de wil niet eigenhandig heeft ondertekend, rust de bewijslast daarvan.

Art. 105

Geldigheid niet in bewaring gegeven uiterste wil van militairen of bij bijzondere omstandigheden

Indien in een geval, bedoeld in het vorige artikel, de onderhandse uiterste wil is gedagtekend en de erflater overlijdt zonder dat de uiterste wil overeenkomstig de wet in bewaring is gegeven, is de uiterste wil niettemin geldig, tenzij de erflater redelijkerwijze alsnog een uiterste wil overeenkomstig de voorgaande artikelen van deze afdeling had kunnen maken.

Art. 106

Testamentenregister bij uiterste wil van militairen of bij bijzondere omstandigheden

1. Hij die een akte van uiterste wil, van bewaargeving of van terugneming, als bedoeld in de artikelen 98, 100 tot en met 105 en 113, onder zich heeft, zendt de akte zo spoedig mogelijk in gesloten omslag naar het testamentenregister te 's-Gravenhage .

2. Het vorige lid geldt niet voor akten, opgemaakt door of ten overstaan van een volgens de gewone regelen bevoegde notaris of consulaire ambtenaar, en voor de door dezen in bewaring genomen akten van uiterste wil.

Art. 107

Vernietigbaarheid van uiterste wil militairen of bij bijzondere omstandigheden

1. De uiterste willen, bedoeld in de artikelen 98 en 100 tot en met 104, zijn vernietigbaar, indien de erflater overlijdt meer dan zes maanden nadat voor hem de mogelijkheid is geëindigd, een uiterste wil te maken op een van de in die artikelen genoemde wijzen.

2. De termijn wordt telkens met een maand verlengd, indien de erflater redelijkerwijze niet in staat is geweest in de laatstverstreken maand een uiterste wil te maken.

Art. 108

Vernietigbaarheid van uiterste wil militairen of bij bijzondere omstandigheden

Een uiterste wil die op een in een der artikelen 98, 101, 102 en 104 vermelde wijze, doch niet onder de daar aangegeven omstandigheden is gemaakt, is, indien de erflater binnen zes maanden daarna overlijdt, niet van rechtswege nietig, doch vernietigbaar.

Art. 109

Nietigverklaring uiterste wil

1. Een uiterste wil is nietig, indien aan de akte van uiterste wil of aan de akte van bewaargeving, zo deze voorgeschreven is, de vereiste ondertekening door de erflater ontbreekt.

2. Een uiterste wil die ten overstaan van een notaris moet worden gemaakt is nietig, indien de akte van uiterste wil niet door een notaris is ondertekend. Een uiterste wil, die aan een notaris in bewaring moet worden gegeven, is nietig, indien een door een notaris ondertekende akte van bewaargeving ontbreekt. Is echter, in dit laatste geval, de akte van uiterste wil door een notaris ondertekend, dan is de uiterste wil vernietigbaar.

3. Het vorige lid is van overeenkomstige toepassing op een uiterste wil die ten overstaan van een in de artikelen 98, 101 en 102 genoemde persoon moet worden gemaakt of aan een aldaar genoemde persoon in bewaring moet worden gegeven.

4. Het niet inachtnemen van andere door de wet voor de geldigheid van de uiterste wil gestelde vormvereisten maakt de uiterste wil vernietigbaar.

Art. 110

Het bepaalde in artikel 54 is van overeenkomstige toepassing op de bevoegdheid tot vernietiging van een uiterste wil.

Schakelbepaling

Afdeling 5
Herroeping van uiterste wilsbeschikkingen

Art. 111

Voor het herroepen van een uiterste wilsbeschikking gelden dezelfde vormvoorschriften als voor het maken van die beschikking.

Herroeping van uiterste wilsbeschikking

Art. 112

Een latere uiterste wilsbeschikking die een vroegere niet uitdrukkelijk herroept, doet deze vervallen voor zover zij door de latere beschikking onuitvoerbaar is geworden of vervangen is.

Vervallen van eerdere uiterste wilsbeschikking

Art. 113

Een erflater kan te allen tijde zijn onderhandse, in bewaring gegeven uiterste wil terugvorderen, mits hij ter verantwoording van de notaris of andere persoon die de akte krachtens wettelijk voorschrift onder zich heeft, van de teruggave doet blijken bij een ten overstaan van die notaris of, met overeenkomstige toepassing van artikel 103, ten overstaan van die persoon verleden akte. Door de teruggave wordt de onderhandse uiterste wil herroepen.

Terugvorderen uiterste wilsbeschikking

(Zie ook: art. 106 BW Boek 4)

Art. 114

Een uiterste wilsbeschikking die geldig bij een onderhands en niet in bewaring gegeven stuk getroffen is, wordt herroepen wanneer de erflater dit stuk vernietigt. Is het stuk vernietigd, dan wordt dit vermoed door de erflater te zijn geschied.

Vernietiging van uiterste wilsbeschikking

Titel 5
Onderscheiden soorten van uiterste wilsbeschikkingen

Afdeling 1
Erfstellingen

Art. 115

Een erfstelling is een uiterste wilsbeschikking, krachtens welke de erflater aan een of meer daarbij aangewezen personen zijn gehele nalatenschap of een aandeel daarin nalaat.

Erfstelling

Art. 116

Bij uiterste wilsbeschikking ingestelde erfgenamen hebben gelijke rechten en verplichtingen als erfgenamen bij versterf.

Rechten/verplichtingen erfgenamen bij erfstelling

Afdeling 2
Legaten

Paragraaf 1
Algemene bepalingen

Art. 117

1. Een legaat is een uiterste wilsbeschikking waarin de erflater aan een of meer personen een vorderingsrecht toekent.

Legaat

2. Een legaat komt, tenzij het aan een of meer bepaalde erfgenamen of legatarissen is opgelegd, ten laste van de gezamenlijke erfgenamen.

Legaat ten laste van erfgenamen

3. Is de prestatie deelbaar, dan zijn de belaste erfgenamen ieder voor een deel, evenredig aan zijn erfdeel, verbonden, tenzij de erflater anders heeft beschikt.

Legaat bij deelbare prestatie

(Zie ook: artt. 87, 120 BW Boek 4; art. 6 BW Boek 6)

B4 art. 118 **Burgerlijk Wetboek Boek 4**

Art. 118

Legaat van belaste persoon niet zijnde erfgenaam

1. Is een bepaalde persoon die als erfgenaam met een legaat is belast, niet erfgenaam geworden of is zijn erfrecht vervallen, en voorziet de uiterste wil hierin niet, dan rust de hem opgelegde verplichting, tenzij uit haar aard iets anders voortvloeit, op degenen aan wie zijn erfdeel toevalt; zij kunnen echter volstaan met uitkering aan de legataris van hetgeen zij in de plaats van de belaste persoon uit de nalatenschap genieten of van de waarde daarvan.

Sublegaat van belaste persoon niet zijnde legataris

2. Is een met een sublegaat belaste persoon niet legataris geworden of is zijn recht uit het hem gemaakte legaat vervallen, en voorziet de uiterste wil hierin niet, dan rust de hem opgelegde verplichting, tenzij uit haar aard iets anders voortvloeit, op degenen die met het hem gemaakte legaat waren belast; zij kunnen echter volstaan met voldoening aan de sublegataris van het aan de belaste persoon gelegateerde of van de waarde daarvan.

(Zie ook: art. 132 BW Boek 4)

Art. 119

Kennisgeving aan legataris bij legaat

Degenen op wie een legaat rust, alsmede de executeur, dragen zorg dat de legataris zo spoedig mogelijk van het legaat wordt kennis gegeven. Is het adres van een legataris hun onbekend gebleven, dan delen zij dit mede aan de kantonrechter, die hun het doen van nasporingen of een bepaalde wijze van oproeping kan gelasten.

Art. 120

Achterstelling legaat bij schulden

1. Schulden van de nalatenschap uit een legaat worden slechts ten laste van de nalatenschap voldaan, indien alle andere schulden van de nalatenschap daaruit ten volle kunnen worden voldaan.

2. Voor zover de nalatenschap niet toereikend is om de schulden uit legaten te voldoen uit de erfdelen van de erfgenamen op wie zij rusten, worden zij verminderd.

3. Tenzij uit de uiterste wil een andere wijze van vermindering voortvloeit, ondergaan deze verplichtingen alle een evenredige vermindering, met dien verstande dat, voor zover de prestatie is te beschouwen als voldoening aan een natuurlijke verbintenis van de erflater, die verplichting pas na de andere voor vermindering in aanmerking komt.

4. Vermindering geschiedt door een verklaring aan de legataris door de met het legaat belaste erfgenamen of, indien de nalatenschap is verdeeld overeenkomstig artikel 13, de echtgenoot van de erflater. Voor zover de prestatie reeds is verricht, blijft de rechtsgrond daarvoor in stand, behoudens de mogelijkheid van terugvordering en verhaal als bedoeld in de artikelen 216 en 220 lid 3.

5. Ondanks de vermindering blijven de erfgenamen die met hun gehele vermogen aansprakelijk zijn, gehouden tot voldoening voor het geheel.

Art. 121

Vermindering/inkorting sublegaten

1. Een legataris is bevoegd de hem opgelegde sublegaten en tot een uitgave in geld of goed verplichtende lasten te verminderen, voor zover de waarde van het hem gelegateerde ontoereikend is of door inkorting of vermindering ontoereikend wordt om aan de hem opgelegde verplichtingen te voldoen.

2. Tenzij uit de uiterste wil een andere wijze van vermindering voortvloeit, ondergaan deze verplichtingen alle een evenredige vermindering, met dien verstande dat voor zover de prestatie is te beschouwen als voldoening aan een natuurlijke verbintenis van de erflater, die verplichting pas na de andere voor vermindering in aanmerking komt.

Art. 122

Oplegging in geld bij inkorting/vermindering legaat

1. Een legataris wiens legaat wordt ingekort of verminderd, is bevoegd volledige voldoening van het legaat te verlangen, mits hij het bedrag van de inkorting of vermindering in geld oplegt.

2. Maakt de legataris geen gebruik van deze bevoegdheid, dan kan de wederpartij ermede volstaan hem de waarde van het ingekorte of verminderde legaat uit te keren.

Art. 123

Wijzigen/opheffen verbintenissen bij legaat

1. De rechter kan op verzoek van de legataris of van hem die met het legaat belast is, de verbintenissen uit een legaat wijzigen of geheel of gedeeltelijk opheffen op grond van na het overlijden van de erflater ingetreden omstandigheden welke van dien aard zijn, dat de andere partij naar maatstaven van redelijkheid en billijkheid ongewijzigde instandhouding van die verbintenissen niet mag verwachten.

2. Bij een wijziging of opheffing neemt de rechter zoveel mogelijk de bedoeling van de erflater in acht.

Schakelbepaling

3. De artikelen 258 leden 1, tweede zin, 2 en 3 van Boek 6 en 260 leden 1 en 2 van Boek 6 zijn van overeenkomstige toepassing.

Art. 124

Uitkering vruchten bij legaat

Tenzij de erflater anders heeft beschikt, heeft een legataris aan wie een bepaald goed der nalatenschap of het vruchtgebruik van een zodanig goed, van de gehele nalatenschap of van een aandeel daarin is vermaakt, recht op uitkering van de vruchten van het hem vermaakte die de erfgenamen hebben geïnd nadat zijn vordering opeisbaar is geworden. De rechtsvordering tot uitkering van deze vruchten verjaart door verloop van drie jaren nadat zij zijn geïnd.

Art. 125

1. Een legaat van een geldsom wordt zes maanden na het overlijden van de erflater opeisbaar, tenzij hij anders heeft beschikt.

2. Nochtans kan een erfgenaam aan wie een goed der nalatenschap is gelegateerd tegen vergoeding van de waarde of een gedeelte daarvan, de betaling van die vergoeding opschorten tot de verdeling van de nalatenschap, tenzij de erflater anders heeft beschikt.

3. Degene op wie de schuld uit een legaat van een geldsom rust, komt niet in verzuim door het enkele verstrijken van een voor de voldoening bepaalde termijn.

4. Op legaten van een geldsom is artikel 5 van overeenkomstige toepassing.

Paragraaf 2
Giften en andere handelingen die worden aangemerkt als legaten

Art. 126

1. Een schenking of andere gift wordt, voor zover deze de strekking heeft dat zij pas na het overlijden van de schenker of gever wordt uitgevoerd, en zij niet reeds tijdens het leven van de schenker of gever is uitgevoerd, voor de toepassing van hetgeen in dit Boek is bepaald betreffende inkorting en vermindering aangemerkt als een legaat ten laste van de gezamenlijke erfgenamen.

In afwijking van de artikelen 87 lid 2 en 120 lid 3 komt de schenking of andere gift, indien daarbij niet anders is bepaald, als laatste voor inkorting en vermindering in aanmerking. Kan de schenking of andere gift tot aan het overlijden van de schenker of gever worden herroepen, dan mist de tweede zin toepassing.

2. Lid 1 is van overeenkomstige toepassing op:

a. een beding dat een goed van een der partijen onder opschortende voorwaarde of onder opschortende tijdsbepaling zonder redelijke tegenprestatie op een ander overgaat of kan overgaan, voor zover het beding wordt toegepast in geval van overlijden van degene aan wie het goed toebehoort; wederkerigheid van het beding geldt niet als tegenprestatie;

b. een begunstiging bij een sommenverzekering, voor zover de uitkering die door het overlijden van de verzekeringnemer verschuldigd wordt, als een gift geldt;

c. een omzetting van een natuurlijke verbintenis in een rechtens afdwingbare, voor zover deze de strekking heeft dat de verbintenis pas na het overlijden van de schuldenaar zal worden nagekomen, en deze verbintenis niet reeds tijdens diens leven is nagekomen.

3. De artikelen 66 en 68 zijn van overeenkomstige toepassing.

Art. 127

Betreft de inkorting of de vermindering een begunstiging bij een sommenverzekering of een andere begunstiging bij een beding ten behoeve van een derde, dan heeft zij tot gevolg dat de begunstigde verplicht is tot vergoeding van de waarde van het ingekorte of in mindering komende gedeelte aan de gezamenlijke erfgenamen, voor zover dit niet, alle omstandigheden in aanmerking genomen, onredelijk is. Indien de nalatenschap is verdeeld overeenkomstig artikel 13, is de in de eerste zin bedoelde vergoeding verschuldigd aan de echtgenoot van de erflater. Een begunstiging als bedoeld in de eerste zin kan slechts worden ingekort of verminderd binnen drie jaar nadat de begunstigde de prestatie heeft ontvangen.

Art. 128

Hetgeen met betrekking tot legatarissen is bepaald in de artikelen 29 lid 3 en 30 lid 3 is van overeenkomstige toepassing op degenen die zijn bevoordeeld door een handeling als bedoeld in artikel 126. Met gelegateerde goederen als bedoeld in artikel 30 lid 5 worden gelijkgesteld goederen die zijn verkregen krachtens een handeling als bedoeld in artikel 126. Hetgeen met betrekking tot legatarissen is bepaald in de artikelen 216 en 220 lid 3 is van overeenkomstige toepassing op degenen die zijn bevoordeeld door een handeling als bedoeld in artikel 126 leden 1 en 2, onder c, alsmede, voor zover dit niet, alle omstandigheden in aanmerking genomen, onredelijk is, door een handeling als bedoeld in artikel 126 lid 2, onder b.

Art. 129

Bij uiterste wilsbeschikking kan een voorwaarde als bedoeld in artikel 82 worden verbonden aan een handeling als bedoeld in artikel 126.

Afdeling 3
Testamentaire lasten

Art. 130

1. Een testamentaire last is een uiterste wilsbeschikking waarin de erflater aan de gezamenlijke erfgenamen of aan een of meer bepaalde erfgenamen of legatarissen een verplichting oplegt, die niet bestaat in de uitvoering van een legaat.

2. Een testamentaire last kan ook worden opgelegd aan een executeur. De hem opgelegde verplichting rust mede op de gezamenlijke erfgenamen, tenzij uit haar aard of uit de uiterste wil iets anders voortvloeit.

Schakelbepaling 3. Artikel 120 is van overeenkomstige toepassing op een last die strekt tot een uitgave van geld of van een goed uit de nalatenschap; deze wordt tegelijk met een legaat en in gelijke mate verminderd.

Art. 131

Vervallenverklaring bij testamentaire last 1. Een erfgenaam of legataris op wie een testamentaire last rust, verkrijgt zijn recht onder de ontbindende voorwaarde dat het wegens niet-uitvoering van de last wordt vervallen verklaard door de rechter.

2. De vervallenverklaring kan door de rechter worden uitgesproken op verzoek van elke onmiddellijk bij de vervallenverklaring belanghebbende.

3. Een erfgenaam die met zijn gehele vermogen jegens schuldeisers van de erflater en legatarissen aansprakelijk was, blijft jegens hen na de vervallenverklaring van zijn recht tot voldoening gehouden, onverminderd zijn recht van verhaal op degenen aan wie het door hem geërfde opkomt.

(Zie ook: art. 38 BW Boek 3)

Art. 132

Erfgenaam of legataris bij testamentaire last Is een last aan een bepaalde persoon als erfgenaam of legataris opgelegd en is hij niet erfgenaam of legataris geworden of is zijn recht vervallen, dan rust de hem opgelegde verplichting, tenzij uit haar aard of uit de uiterste wil iets anders voortvloeit, op degenen aan wie zijn erfdeel toevalt of die met het hem gemaakte legaat waren belast.

(Zie ook: art. 118 BW Boek 4)

Art. 133

Opschortende voorwaarde bij testamentaire last 1. Is de vervulling van een aan een testamentaire last toegevoegde opschortende voorwaarde belet door degene op wie de last rust, dan geldt de voorwaarde als vervuld, indien de redelijkheid en billijkheid dit verlangen.

Ontbindende voorwaarde bij testamentaire last 2. Is de vervulling van een aan een testamentaire last toegevoegde ontbindende voorwaarde teweeggebracht door degene op wie de last rust, dan geldt de voorwaarde als niet vervuld, indien de redelijkheid en billijkheid dit verlangen.

(Zie ook: art. 139 BW Boek 4; art. 23 BW Boek 6)

Schakelbepaling 3. Artikel 140 lid 1 is van overeenkomstige toepassing.

Art. 134

Wijziging/opheffen testamentaire last 1. De rechter kan op verzoek van degene op wie de last rust of van het openbaar ministerie de last wijzigen of geheel of gedeeltelijk opheffen:

a. op grond van na het overlijden van de erflater ingetreden omstandigheden welke van dien aard zijn dat de ongewijzigde instandhouding van de last uit een oogpunt van de daarbij betrokken persoonlijke en maatschappelijke belangen ongerechtvaardigd zou zijn;

b. op grond dat de last door inkorting of vermindering van de last, of van de making waaraan hij is verbonden, bezwaarlijk of onmogelijk uitvoerbaar is geworden;

c. in geval de last ingevolge artikel 132 op een ander is komen te rusten dan degenen aan wie hij bij de uiterste wilsbeschikking is opgelegd.

2. Bij een wijziging of opheffing neemt de rechter zoveel mogelijk de bedoeling van de erflater in acht.

Schakelbepaling 3. De artikelen 258 leden 1, tweede zin, 2 en 3 van Boek 6 en 260 leden 1 en 2 van Boek 6 zijn van overeenkomstige toepassing.

Afdeling 4
Stichtingen

Art. 135

Stichting als erfgenaam of legataris bij uiterste wilsbeschikking Oprichten stichting 1. Wanneer een erflater iets heeft vermaakt aan een stichting die hij in een bij notariële akte gemaakte uiterste wilsbeschikking heeft in het leven geroepen, is de stichting erfgenaam of legataris, naar gelang het haar vermaakte aan een erfstelling of aan een legaat beantwoordt.

2. Heeft hij bij een in andere vorm gemaakte uiterste wil verklaard een stichting in het leven te roepen, dan wordt deze beschikking aangemerkt als een aan de gezamenlijke erfgenamen opgelegde last om die stichting op te richten.

3. Degene op wie een last om een stichting op te richten rust, kan daartoe op vordering van het openbaar ministerie worden veroordeeld door de rechtbank van het sterfhuis of, indien de erflater zijn laatste woonplaats niet in Nederland had, door de rechtbank Den Haag. De rechter kan bepalen dat het vonnis dezelfde rechtskracht heeft als een in wettige vorm opgemaakte akte van hem die tot de rechtshandeling gehouden is, of dat een door de rechter aan te wijzen vertegenwoordiger de handeling zal verrichten.

(Zie ook: art. 285 BW Boek 2)

Afdeling 5
Makingen onder tijdsbepaling en onder voorwaarde

Art. 136

1. Bevat een uiterste wil een erfstelling onder tijdsbepaling, dan wordt deze beschikking aangemerkt als een dadelijk ingaande erfstelling van degene die, bij uitvoering van de uiterste wil zoals deze luidt, het laatst tot het erfdeel zou zijn geroepen, belast met een legaat van vruchtgebruik van het erfdeel voor de gestelde tijd ten behoeve van degene die het eerst tot het erfdeel zou zijn geroepen.

2. In geval van een erfstelling onder een ontbindende tijdsbepaling zonder een daarbij aansluitende erfstelling onder opschortende tijdsbepaling komt de eerstgeroepene vruchtgebruik met bevoegdheid tot vervreemding en vertering toe, voor zover de erflater deze bevoegdheid niet heeft uitgesloten.

Art. 137

Om aan een making onder opschortende voorwaarde een recht te kunnen ontlenen, moet men nog bestaan op het ogenblik dat de voorwaarde wordt vervuld, tenzij uit de uiterste wil of uit de aard van de beschikking het tegendeel voortvloeit.
(Zie ook: artt. 9, 56 BW Boek 4)

Art. 138

1. Wanneer een erfstelling onder voorwaarde is gemaakt, wordt degene aan wie het vermaakte tot de vervulling der voorwaarde toekomt, als de uitsluitend rechthebbende aangemerkt voor zover het betreft de door en tegen derden uit te oefenen rechten en rechtsvorderingen.

2. Voor het overige vinden, zolang de vervulling der voorwaarden onzeker is, de wettelijke voorschriften betreffende het vruchtgebruik, zoals geregeld in titel 8 van Boek 3, overeenkomstige toepassing. Dientengevolge is hij verplicht het vermaakte gelijk een vruchtgebruiker te bewaren en in stand te houden, tenzij de erflater hem de bevoegdheid heeft toegekend om de goederen te verteren en onvoorwaardelijk te vervreemden.

3. In geval van een erfstelling onder een ontbindende voorwaarde zonder een daarbij aansluitende erfstelling onder opschortende voorwaarde is hij jegens degene aan wie het vermaakte bij vervulling van de voorwaarde toekomt, bevoegd de goederen te vervreemden en te verteren op dezelfde voet als een vruchtgebruiker aan wie deze bevoegdheid is gegeven, voor zover de erflater niet anders heeft bepaald.

Art. 139

1. Is de vervulling van een aan een erfstelling toegevoegde voorwaarde belet door iemand aan wie het vermaakte toekomt zolang de voorwaarde niet is vervuld, dan geldt zij als vervuld, indien de redelijkheid en billijkheid dit verlangen.

2. Is de vervulling van de voorwaarde teweeggebracht door iemand aan wie het vermaakte bij vervulling van de voorwaarde toekomt, dan geldt zij als niet vervuld, indien de redelijkheid en billijkheid dit verlangen.
(Zie ook: art. 133 BW Boek 4)

Art. 140

1. Is een aan een erfstelling toegevoegde voorwaarde dertig jaren na het overlijden van de erflater nog niet vervuld, dan vervalt de beschikking, wanneer het een opschortende voorwaarde is; is het een ontbindende voorwaarde, dan vervalt de voorwaarde. Hiermede strijdige beschikkingen van de erflater zijn nietig.

2. Het vorige lid vindt mede toepassing op een legaat van een bepaald goed der nalatenschap of van een beperkt recht op een zodanig goed.

Art. 141

Het voorgaande artikel vindt geen toepassing op een making onder een ontbindende voorwaarde en een daarbij aansluitende making onder opschortende voorwaarde, volgens welke het vermaakte of het onverteerde deel daarvan op het tijdstip van overlijden van de bezwaarde of op een eerder tijdstip zal ten dele vallen aan de verwachter, indien deze het aangewezen tijdstip overleeft.

Afdeling 6
Executeurs

Art. 142

1. Een erflater kan bij uiterste wilsbeschikking een of meer executeurs benoemen. Hij kan aan een executeur de bevoegdheid toekennen een of meer andere executeurs aan zich toe te voegen of in zijn plaats te stellen; hij kan ook beschikken dat wanneer een benoemde executeur komt te ontbreken, de kantonrechter bevoegd is op verzoek van een belanghebbende een vervanger te benoemen.

B4 art. 143

Werkverdeling meerdere executeurs

2. Zijn er twee of meer executeurs, dan kan, tenzij de erflater anders heeft beschikt, ieder van hen alle werkzaamheden alleen verrichten.

3. Bij verschil van mening tussen de executeurs beslist op verzoek van een van hen de kantonrechter. Deze kan een verdeling van de werkzaamheden of van het hun toekomende loon vaststellen.

(Zie ook: artt. 130, 240 BW Boek 2)

Art. 143

Aanvaarding benoeming van executeur

1. Men wordt executeur door aanvaarding van zijn benoeming na het overlijden van de erflater. De kantonrechter kan op verzoek van een belanghebbende een termijn stellen, na afloop waarvan de benoeming niet meer kan worden aanvaard.

Voorwaarden

2. Handelingsonbekwamen, zij van wie één of meer goederen onder een bewind als bedoeld in titel 19 van Boek 1 zijn gesteld, en zij die in staat van faillissement verkeren of ten aanzien van wie de schuldsaneringsregeling natuurlijke personen van toepassing is verklaard, kunnen niet executeur worden.

(Zie ook: artt. 234, 235, 381 BW Boek 1; artt. 1, 284 FW; art. 676a Rv)

Art. 144

Beheer goederen nalatenschap van executeur

1. Onverminderd de testamentaire lasten die de erflater aan de executeur mocht hebben opgelegd, heeft deze, voor zover de erflater niet anders heeft beschikt, tot taak de goederen der nalatenschap te beheren en de schulden der nalatenschap te voldoen, die tijdens zijn beheer uit die goederen behoren te worden voldaan.

Beloning

2. Tenzij bij uiterste wil anders is geregeld, komt de executeur, of als er meer dan een executeur is, hun tezamen, een ten honderd van de waarde van het vermogen van de erflater op diens sterfdag toe.

Schakelbepaling

3. Artikel 159 leden 2 en 3 is van overeenkomstige toepassing.

Art. 145

Beschikkingsonbevoegdheid erfgenamen bij executeur

1. Is een executeur benoemd, die tot taak heeft goederen der nalatenschap te beheren, dan kunnen de erfgenamen, tenzij hij zijn benoeming niet aanvaardt, niet zonder zijn medewerking of machtiging van de kantonrechter over die goederen of hun aandeel daarin beschikken, voordat zijn bevoegdheid tot beheer is geëindigd.

Vertegenwoordiging erfgenamen

2. Gedurende zijn beheer vertegenwoordigt hij bij de vervulling van zijn taak de erfgenamen in en buiten rechte.

Art. 146

Aanwijzing boedelnotaris door executeur

1. De executeur die met het beheer van de nalatenschap is belast, kan een boedelnotaris aanwijzen; deze geeft van de aanvaarding van zijn opdracht kennis aan de erfgenamen.

Taak boedelnotaris

2. Hij moet met bekwame spoed een boedelbeschrijving met inbegrip van een voorlopige staat van de schulden der nalatenschap opmaken en de hem bekende schuldeisers oproepen tot indiening van hun vorderingen bij de boedelnotaris of, indien deze ontbreekt, bij een der executeurs. De aanmelding van een vordering stuit de verjaring.

(Zie ook: art. 197 BW Boek 4)

Art. 147

Tegeldemaking beheerde goederen door executeur

1. De executeur is bevoegd door hem beheerde goederen te gelde te maken, voor zover dit nodig is voor de tot zijn taak behorende voldoening van schulden der nalatenschap en de nakoming der hem opgelegde lasten.

2. Tenzij de erflater anders heeft beschikt, treedt de executeur omtrent de keuze van de te gelde te maken goederen en de wijze van tegeldemaking zoveel mogelijk in overleg met de erfgenamen en stelt hij, zo bij een erfgenaam bezwaar bestaat tegen een voorgenomen tegeldemaking, die erfgenaam in de gelegenheid de beslissing van de kantonrechter in te roepen.

3. De erflater kan bepalen dat de executeur voor de tegeldemaking van een goed de toestemming van de erfgenamen behoeft. Deze toestemming kan echter vervangen worden door een machtiging van de kantonrechter.

4. Het in de vorige leden ten aanzien van de erfgenamen bepaalde geldt mede ten aanzien van hen aan wie het vruchtgebruik van de nalatenschap of van een aandeel daarin is vermaakt.

(Zie ook: art. 215 BW Boek 4; art. 676a Rv)

Art. 148

Informatieplicht van executeur

De executeur moet aan een erfgenaam alle door deze gewenste inlichtingen omtrent de uitoefening van zijn taak geven.

Art. 149

Taakbeëindiging van executeur

1. De taak van een executeur eindigt:

a. wanneer hij zijn werkzaamheden als zodanig heeft voltooid;

b. door tijdverloop, indien hij voor een bepaalde tijd was benoemd;

c. door zijn dood, het ten aanzien van hem van toepassing verklaren van de schuldsaneringsregeling natuurlijke personen, zijn faillietverklaring, zijn ondercuratelestelling of door de instelling van een bewind als bedoeld in titel 19 van Boek 1 over een of meer van zijn goederen;

d. wanneer de nalatenschap overeenkomstig de derde afdeling van de zesde titel moet worden vereffend;

e. in de bij de uiterste wil bepaalde gevallen;
f. door ontslag dat de kantonrechter hem met ingang van een bepaalde dag verleent.

2. Het ontslag wordt hem verleend, hetzij op eigen verzoek, hetzij om gewichtige redenen, zulks op verzoek van een mede-executeur, een erfgenaam of het openbaar ministerie, dan wel ambtshalve. Hangende het onderzoek kan de kantonrechter voorlopige voorzieningen treffen en de executeur schorsen.

3. Een gewezen executeur blijft verplicht te doen wat niet zonder nadeel voor de afwikkeling van de nalatenschap kan worden uitgesteld, totdat degene die na hem tot het beheer van de nalatenschap bevoegd is, dit heeft aanvaard.

4. Eindigt de hoedanigheid van executeur door diens faillissement of ondercuratelestelling dan rust de in het vorige lid bedoelde verplichting op de curator, indien deze van de executele kennis draagt; eindigt de hoedanigheid van executeur door het ten aanzien van hem van toepassing verklaren van de schuldsaneringsregeling natuurlijke personen of de onderbewindstelling van een of meer van zijn goederen, dan geldt hetzelfde voor de in die gevallen optredende bewindvoerder. Eindigt de hoedanigheid van executeur door diens dood, dan zijn de erfgenamen verplicht, indien zij van de executele kennis dragen, het overlijden van de executeur mede te delen aan de erfgenamen van degene die hem heeft benoemd.

(Zie ook: artt. 387, 431 BW Boek 1; artt. 164, artt. 202 BW Boek 4; artt. 1, 284 FW; art. 676a Rv)

Art. 150

1. Een executeur die zijn taak, met het oog waarop hem het beheer was opgedragen, heeft volgebracht, is bevoegd zijn beheer te beëindigen door de goederen ter beschikking van de erfgenamen te stellen.

2. De erfgenamen kunnen de bevoegdheid van een executeur tot beheer beëindigen:
a. na voldoening van de schulden der nalatenschap en nakoming der lasten, waarvan de afwikkeling reeds tot zijn taak behoort of nog binnen het jaar na het overlijden van de erflater tot zijn taak zou kunnen gaan behoren;
b. wanneer een jaar en zes maanden is verlopen sedert een of meer der executeurs de nalatenschap in beheer hebben kunnen nemen. De kantonrechter kan deze termijn, ook na het verstrijken daarvan, op verzoek van een executeur een of meer malen verlengen.

3. Wanneer de erfgenamen de nodige middelen voor de in lid 2 onder a bedoelde afwikkeling ter beschikking van de executeur stellen, kunnen zij zijn beheersbevoegdheid voor het overige beëindigen.

4. Zijn niet alle erfgenamen bekend of niet allen bereid de goederen in ontvangst te nemen, dan zijn de artikelen 225 en 226 van overeenkomstige toepassing.

(Zie ook: art. 676a Rv)

Art. 151

Een executeur wiens bevoegdheid tot beheer van de nalatenschap is geëindigd, is verplicht aan degene die na hem tot het beheer bevoegd is, rekening en verantwoording af te leggen, op de wijze als voor bewindvoerders is bepaald.

Art. 152

Voor de toepassing van de bepalingen van deze afdeling wordt de echtgenoot van de erflater die een recht van vruchtgebruik heeft krachtens afdeling 2 van titel 3, als een erfgenaam aangemerkt. De bevoegdheden, bedoeld in artikel 150 leden 2 en 3, komen mede aan de echtgenoot toe.

(Zie ook: artt. 30, 195 BW Boek 4)

Afdeling 7
Testamentair bewind

Paragraaf 1
Algemene bepalingen

Art. 153

1. Een erflater kan bij uiterste wilsbeschikking bewind instellen over een of meer door hem nagelaten of vermaakte goederen.

2. Tenzij de erflater anders heeft bepaald, treedt het bewind in werking op het tijdstip van zijn overlijden.

Art. 154

Tenzij bij de instelling anders is bepaald, omvat het bewind ook de goederen die geacht moeten worden in de plaats van een onder bewind staand goed te treden, benevens de vruchten en andere voordelen die zulk een goed oplevert, zolang de vruchten niet zijn uitgekeerd aan degene die daarop recht heeft ingevolge artikel 162.

(Zie ook: art. 433 BW Boek 1; art. 167 BW Boek 3)

B4 art. 155 **Burgerlijk Wetboek Boek 4**

Art. 155

Belanghebbenden bij testamentair bewind

1. Het bewind over een erfdeel of een legaat wordt vermoed te zijn ingesteld in het belang van de rechthebbende, tenzij een der volgende leden van toepassing is.

2. Het bewind over een vruchtgebruik wordt vermoed zowel in het belang van de vruchtgebruiker als van de hoofdgerechtigde te zijn ingesteld. Hetzelfde geldt voor het bewind over de rechten van gebruik en bewoning.

3. Het bewind over een voorwaardelijke making wordt vermoed te zijn ingesteld in het belang van zowel degene die het goed bij vervulling der voorwaarde verkrijgt, als van degene die het alsdan verliest.

4. Het bewind over goederen of aandelen in goederen die gemeenschappelijk beheerd dienen te worden, wordt vermoed te zijn ingesteld in een gemeenschappelijk belang.

(Zie ook: art. 226 BW Boek 3; artt. 46, 167, 169, 175 BW Boek 4)

Art. 156

Bewind in het belang van een ander dan de rechthebbende

Is het bewind uitsluitend of mede ingesteld in het belang van een ander dan de rechthebbende op de onder bewind gestelde goederen, dan wordt die ander, zolang niet vaststaat wie hij is, voor de toepassing van deze afdeling aangemerkt als iemand die niet in staat is zijn wil te bepalen.

Paragraaf 2
De bewindvoerder

Art. 157

Bewindvoerder bij testamentair bewind

1. Indien de uiterste wil niet voorziet in de regeling der benoeming van een bewindvoerder, wijst de kantonrechter een of meer bewindvoerders aan op verzoek van de rechthebbende, een erfgenaam, legataris of andere belanghebbende dan wel van de executeur. De kantonrechter vergewist zich van de bereidheid van de door hem te benoemen personen.

2. Handelingsonbekwamen, zij van wie een of meer goederen onder een bewind als bedoeld in titel 19 van Boek 1 zijn gesteld, zij die in staat van faillissement verkeren of ten aanzien van wie de schuldsaneringsregeling natuurlijke personen van toepassing is verklaard, alsmede de personen genoemd in artikel 59 kunnen niet tot bewindvoerder worden benoemd.

3. Rechtspersonen met volledige rechtsbevoegdheid kunnen tot bewindvoerder worden benoemd.

4. Zo nodig kan een tijdelijke bewindvoerder worden benoemd.

5. De door de rechter benoemde wordt bewindvoerder daags nadat de griffier hem van zijn benoeming mededeling heeft gedaan, tenzij de beschikking een later tijdstip vermeldt.

6. De niet door de rechter benoemde wordt bewindvoerder daags nadat hij de benoeming heeft aanvaard.

(Zie ook: artt. 431, 435 BW Boek 1; artt. 1, 284 FW; art. 676a Rv)

Art. 158

Taakverdeling bij meerdere bewindvoerders

1. Zijn er twee of meer bewindvoerders, dan kan ieder van hen alle werkzaamheden die tot het bewind behoren alleen verrichten, tenzij de uiterste wil of de kantonrechter anders bepaalt.

2. Bij verschil van mening tussen de bewindvoerders beslist op verzoek van een van hen de kantonrechter, tenzij bij uiterste wil een andere regeling is getroffen.

3. De kantonrechter kan desverzocht, indien daartoe een gewichtige reden bestaat, een verdeling van de werkzaamheden vaststellen of wijzigen.

(Zie ook: art. 437 BW Boek 1)

Art. 159

Beloning bewindvoerder

1. Tenzij bij uiterste wil anders is geregeld, komt de bewindvoerder, of als er meer dan een bewindvoerder is, hun tezamen, per jaar een ten honderd van de waarde aan het einde van dat jaar van het onder bewind staande vermogen toe.

2. Zijn er twee of meer bewindvoerders en bevat de uiterste wil geen regeling omtrent de verdeling van hun beloning, dan ontvangt elk van hen een gelijke beloning, tenzij de kantonrechter anders bepaalt of zij tezamen anders overeenkomen.

3. Op grond van onvoorziene omstandigheden kan de kantonrechter, hetzij ambtshalve, hetzij op verzoek van de bewindvoerder, van de rechthebbende of iemand in wiens belang het bewind is ingesteld, voor bepaalde of voor onbepaalde tijd de beloning anders regelen dan bij de uiterste wil of de wet is aangegeven.

(Zie ook: art. 447 BW Boek 1; art. 258 BW Boek 6)

Art. 160

Boedelbeschrijving door bewindvoerder

1. De bewindvoerder moet zo spoedig mogelijk een beschrijving opmaken van de goederen waarop het bewind betrekking heeft. Is hij door de rechter benoemd, dan moet hij een afschrift van de beschrijving tegen ontvangstbewijs inleveren ter griffie van de rechtbank van de woonplaats van de rechthebbende. Tot het stellen van zekerheid is hij slechts verplicht, indien dit bij de instelling van het bewind is bepaald.

Inschrijven bewind

2. Tenzij bij de instelling van het bewind anders is bepaald, moet de bewindvoerder het bewind en zijn benoeming doen inschrijven:

a. in de openbare registers, bedoeld in afdeling 2 van titel 1 van Boek 3, indien het bewind betrekking heeft op registergoederen;

b. in het register van aandeelhouders, bedoeld in de artikelen 85 en 194 van Boek 2, indien het bewind betrekking heeft op aandelen op naam in een naamloze vennootschap of een besloten vennootschap met beperkte aansprakelijkheid;

c. in het handelsregister indien het bewind betrekking heeft op een onderneming of een aandeel in een vennootschap.

(Zie ook: art. 436 BW Boek 1)

Art. 161

1. De bewindvoerder legt, tenzij andere tijdstippen zijn bepaald, jaarlijks en aan het einde van zijn bewind rekening en verantwoording af aan de rechthebbende en aan degenen in wier belang het bewind is ingesteld. Aan het einde van zijn bewind legt hij rekening en verantwoording mede af aan degene die hem in het beheer van de goederen opvolgt. Is de bewindvoerder benoemd door de rechter, dan legt hij ten overstaan van deze de rekening en verantwoording af.

Rekening en verantwoording van bewindvoerder

2. Indien de rechthebbende of een belanghebbende niet in staat is tot het opnemen van de rekening, of het onzeker is wie de rechthebbende of belanghebbende is, wordt de rekening en verantwoording aan de kantonrechter afgelegd, tenzij de uiterste wil iets anders bepaalt. Goedkeuring van deze rekening en verantwoording door de kantonrechter belet niet dat de rechthebbende of belanghebbende na het einde van het bewind nogmaals over dezelfde tijdsruimte rekening en verantwoording vraagt, voor zover dit niet onredelijk is.

3. De kantonrechter kan de bewindvoerder – hetzij op diens verzoek, hetzij ambtshalve – vrijstelling van de verplichting tot het afleggen van de periodieke rekening en verantwoording te zijnen overstaan verlenen; hij kan ook beschikken dat de bewindvoerder de rekening en verantwoording op deze wijze slechts eens in een bepaald aantal jaren zal afleggen.

4. Voor het overige vindt het bepaalde aangaande de voogdijrekening in de paragrafen 10 en 11 van afdeling 6 van titel 14 van Boek 1 overeenkomstige toepassing.

Schakelbepaling

(Zie ook: art. 445 BW Boek 1)

Art. 162

1. Voor zover bij de instelling van het bewind niet anders is bepaald, wordt telkens bij het afleggen van de rekening en verantwoording hetgeen de goederen netto aan vruchten hebben opgebracht, onder aftrek van de verschuldigde beloning, uitgekeerd aan degene die daarop recht heeft. Op verzoek van deze kan de kantonrechter andere tijdstippen voor de uitkering vaststellen.

Uitkering netto-vruchten door bewindvoerder

2. Zolang er onzekerheid bestaat wie de rechthebbende is of de rechthebbende niet tot ontvangst in staat is, blijft de netto-opbrengst onder het bewind van de bewindvoerder, tenzij de uiterste wil of de kantonrechter anders bepaalt.

(Zie ook: art. 446 BW Boek 1; art. 154 BW Boek 4)

Art. 163

De bewindvoerder is jegens de rechthebbende aansprakelijk, indien hij in de zorg van een goed bewindvoerder tekortschiet, tenzij de tekortkoming hem niet kan worden toegerekend.

Aansprakelijkheid van bewindvoerder

(Zie ook: art. 444 BW Boek 1; art. 171 BW Boek 4; art. 74 BW Boek 6)

Art. 164

1. De hoedanigheid van bewindvoerder eindigt:

Taakbeëindiging van bewindvoerder

a. bij het einde van het bewind;

b. door tijdsverloop, indien hij voor een bepaalde tijd was benoemd;

c. door zijn dood, het ten aanzien van hem van toepassing verklaren van de schuldsaneringsregeling natuurlijke personen, zijn faillietverklaring, zijn ondercuratelestelling of door de instelling van een bewind als bedoeld in titel 19 van Boek 1 over een of meer van zijn goederen;

d. in de bij de uiterste wil bepaalde gevallen;

e. door ontslag dat de kantonrechter hem met ingang van een bepaalde dag verleent.

2. Het ontslag wordt hem verleend hetzij op eigen verzoek, hetzij wegens gewichtige redenen, zulks op verzoek van een medebewindvoerder, van de rechthebbende, van iemand in wiens belang het bewind is ingesteld of van het openbaar ministerie, dan wel ambtshalve. Hangende het onderzoek kan de kantonrechter voorlopige voorzieningen in het bewind treffen en de bewindvoerder schorsen.

Ontslag

(Zie ook: artt. 378, 431, 448 BW Boek 1; art. 149 BW Boek 4; artt. 1, 284 FW; art. 676a Rv)

Art. 165

1. De gewezen bewindvoerder draagt de goederen die hij wegens het bewind beheert af aan degene die na hem tot het beheer daarover bevoegd is. Hij mag de afdracht opschorten tot de voldoening van een hem toekomend saldo.

Overdracht goederen door bewindvoerder

2. De gewezen bewindvoerder blijft voorts al datgene doen, wat niet zonder nadeel voor de rechthebbende of de belanghebbende kan worden uitgesteld, totdat degene die na hem tot het beheer der goederen bevoegd is, dit heeft aanvaard.

Taak

3. Eindigt de hoedanigheid van bewindvoerder door diens faillissement of ondercuratelestelling dan rust de in lid 2 bedoelde verplichting op de curator, indien deze van het bewind kennis

Bijzondere situaties

draagt; eindigt de hoedanigheid van bewindvoerder door het ten aanzien van hem van toepassing verklaren van de schuldsaneringsregeling natuurlijke personen of de onderbewindstelling van een of meer van zijn goederen, dan geldt hetzelfde voor de in die gevallen optredende bewindvoerder. Eindigt de hoedanigheid van bewindvoerder door diens dood, dan zijn de erfgenamen verplicht, indien zij van het bewind kennis dragen, de kantonrechter te verzoeken een andere bewindvoerder te benoemen.
(Zie ook: art. 448 BW Boek 1)

Paragraaf 3
De gevolgen van het bewind

Art. 166

Bevoegdheden rechthebbende bij bewindvoerder

De rechthebbende is naast de bewindvoerder bevoegd tot handelingen dienende tot gewoon onderhoud van de goederen die hij in gebruik heeft en tot handelingen die geen uitstel kunnen lijden. Voor het overige komt het beheer uitsluitend toe aan de bewindvoerder.
(Zie ook: art. 438 BW Boek 1; art. 170 BW Boek 3)

Art. 167

Beschikkingsonbevoegdheid erfgenamen bij bewindvoerder

1. Indien het bewind is ingesteld in het belang van de rechthebbende, is deze slechts met medewerking of toestemming van de bewindvoerder bevoegd tot andere handelingen dan die in het vorige artikel bedoeld, welke een onder bewind staand goed rechtstreeks betreffen. Hetzelfde geldt voor de bevoegdheden van een vruchtgebruiker met betrekking tot de goederen waarop onder bewind gesteld vruchtgebruik rust en die verder gaan dan het gebruik daarvan.
2. Indien het bewind is ingesteld in het belang van een ander dan de rechthebbende of in een gemeenschappelijk belang, is de rechthebbende slechts onder voorbehoud van het bewind bevoegd tot het verrichten van een handeling als bedoeld in lid 1.
3. Indien het bewind zowel in het belang van de rechthebbende als van een of meer anderen of in een gemeenschappelijk belang is ingesteld, dan is de rechthebbende slechts met medewerking of toestemming van de bewindvoerder en onder voorbehoud van dat bewind bevoegd tot het verrichten van een handeling als bedoeld in lid 1.
(Zie ook: art. 438 BW Boek 1; art. 238 FW)

Art. 168

Goede trouw wederpartij bij bewindvoerder

1. Een rechtshandeling die ondanks zijn uit de artikelen 166 en 167 voortvloeiende onbevoegdheid is verricht door of gericht tot de rechthebbende is niettemin geldig, indien de wederpartij het bewind kende noch behoorde te kennen. Niettemin is geen veroordeling mogelijk tot nakoming van een uit de rechtshandeling voortvloeiende verbintenis tot vervreemding of bezwaring van een onder het bewind staand goed.
2. De uit het bewind voortvloeiende ongeldigheid van beschikking door de rechthebbende over een goed als bedoeld in artikel 88 van Boek 3, staat niet in de weg aan de geldigheid van een latere overdracht daarvan indien de derde verkrijger te goeder trouw is. De vorige zin is van overeenkomstige toepassing op de vestiging, overdracht en afstand van een beperkt recht op zulk een goed.
(Zie ook: art. 439 BW Boek 1; artt. 86, 296 BW Boek 3)

Art. 169

[Dit artikel is gewijzigd in verband met de invoering van digitaal procederen. Zie voor de procedures en gerechten waarvoor digitaal procederen geldt het Overzicht gefaseerde inwerkingtreding op www.rijksoverheid.nl/KEI.]

Bevoegdheden van bewindvoerder met toestemming

1. De bewindvoerder mag met toestemming van de rechthebbende:
a. de in artikel 167 lid 1 bedoelde handelingen verrichten;
b. geld lenen of de rechthebbende als borg of hoofdelijk schuldenaar verbinden;
c. een overeenkomst tot beëindiging van een geschil aangaan; hij behoeft deze toestemming niet in het geval van artikel 30k, lid 1, onder c, van het Wetboek van Burgerlijke Rechtsvordering, of indien het voorwerp van het geschil een waarde van € 700 niet te boven gaat.
2. Is het bewind uitsluitend of mede in het belang van een ander dan de rechthebbende of in hun gemeenschappelijk belang ingesteld, dan is ook toestemming van die ander vereist.
3. Verleent iemand wiens toestemming is vereist deze niet, dan kan de kantonrechter haar desverzocht door zijn machtiging vervangen. De kantonrechter kan de machtiging verlenen onder zodanige voorwaarden als hij geraden acht.
(Zie ook: art. 441 BW Boek 1)
[Voor overige gevallen luidt het artikel als volgt:]

Artikel 169

Bevoegdheden van bewindvoerder met toestemming

1. De bewindvoerder mag met toestemming van de rechthebbende:
a. de in artikel 167 lid 1 bedoelde handelingen verrichten;
b. geld lenen of de rechthebbende als borg of hoofdelijk schuldenaar verbinden;

c. een overeenkomst tot beëindiging van een geschil aangaan; hij behoeft deze toestemming niet in het geval van artikel 87 van het Wetboek van Burgerlijke Rechtsvordering, of indien het voorwerp van het geschil een waarde van € 700 niet te boven gaat.

2. Is het bewind uitsluitend of mede in het belang van een ander dan de rechthebbende of in hun gemeenschappelijk belang ingesteld, dan is ook toestemming van die ander vereist.

3. Verleent iemand wiens toestemming is vereist deze niet, dan kan de kantonrechter haar desverzocht door zijn machtiging vervangen. De kantonrechter kan de machtiging verlenen onder zodanige voorwaarden als hij geraden acht.

(Zie ook: art. 441 BW Boek 1)

Art. 170

1. Behoren de goederen die onder het bewind staan of die met een onder het bewind staand beperkt recht zijn belast tot een gemeenschap, dan is de bewindvoerder bevoegd tot het vorderen van verdeling en is hij, met toestemming van de rechthebbende, bevoegd tot het aangaan van een overeenkomst tot uitsluiting van verdeling voor een bepaalde tijd.

2. De bewindvoerder is met toestemming van de rechthebbende bevoegd tot medewerking aan de verdeling.

3. De leden 2 en 3 van artikel 169 zijn van overeenkomstige toepassing.

(Zie ook: art. 441 BW Boek 1; art. 178 BW Boek 3)

Art. 171

1. Bij de uiterste wil kunnen de bevoegdheden en verplichtingen van de bewindvoerder nader worden geregeld; zij kunnen daarbij ruimer of beperkter worden vastgesteld dan uit de voorgaande bepalingen van deze afdeling voortvloeit.

2. De kantonrechter kan op verzoek van de bewindvoerder, de rechthebbende of een persoon in wiens belang het bewind uitsluitend of mede is ingesteld, de regels omtrent het voeren van het bewind wijzigen op grond van onvoorziene omstandigheden. De kantonrechter kan het verzoek toewijzen onder door hem te stellen voorwaarden.

(Zie ook: art. 163 BW Boek 4; art. 258 BW Boek 6)

Art. 172

1. De bewindvoerder die, anders dan in de vorm van medewerking of toestemming, zijn taak uitoefent, is bevoegd daarbij de rechthebbende te vertegenwoordigen of in eigen naam te zijnen behoeve op te treden.

2. De bepalingen van titel 3 van Boek 3 zijn in geval van vertegenwoordiging van overeenkomstige toepassing op de rechten en verplichtingen van een wederpartij. Regels die de bevoegdheid van de bewindvoerder betreffen, en feiten die voor een oordeel omtrent zijn bevoegdheid van belang zijn, kunnen niet aan de wederpartij worden tegengeworpen, indien deze met die regels of feiten niet bekend was of behoorde te zijn.

(Zie ook: artt. 441, 442 BW Boek 1)

Art. 173

De bewindvoerder vertegenwoordigt de rechthebbende in gedingen ter zake van onder het bewind staande goederen. Hij kan zich, alvorens in rechte op te treden, te zijner verantwoording doen machtigen door de rechthebbende en degenen in wier belang het bewind uitsluitend of mede is ingesteld. Wordt de machtiging niet verleend, dan kan de kantonrechter haar door zijn machtiging vervangen.

(Zie ook: artt. 441, 443 BW Boek 1; art. 676a Rv)

Art. 174

1. De rechthebbende is, onverminderd het bepaalde in artikel 172 van Boek 6, aansprakelijk voor alle schulden die voortspruiten uit rechtshandelingen die de bewindvoerder in zijn hoedanigheid in naam van de rechthebbende verricht.

2. Voor zover de rechthebbende onder het bewind staande goederen aanwijst die voldoende verhaal bieden, kunnen zijn overige goederen niet worden uitgewonnen voor de in lid 1 bedoelde schulden.

(Zie ook: artt. 96, 442 BW Boek 1)

Art. 175

1. Tijdens het bewind kunnen de onder het bewind staande goederen ten laste van de rechthebbende slechts worden uitgewonnen voor:

a. de schulden van de nalatenschap, voor zover die schulden ten laste van die goederen kunnen worden gebracht;

b. de schulden die de goederen betreffen;

c. de schulden voortvloeiend uit rechtshandelingen die door de rechthebbende binnen de grenzen van zijn in de artikelen 166 en 167 bedoelde bevoegdheid zijn verricht;

d. de schulden voortvloeiend uit rechtshandelingen die ondanks onbevoegdheid van de rechthebbende krachtens artikel 168 lid 1 geldig zijn, tenzij de bewindvoerder goederen van de rechthebbende aanwijst die niet onder bewind staan en die geheel of gedeeltelijk verhaal bieden;

Vorderingen door bewindvoerder

Schakelbepaling

Bevoegdheden en verplichtingen van bewindvoerder

Vertegenwoordiging door bewindvoerder

Vertegenwoordiging in gedingen door bewindvoerder

Aansprakelijkheid van rechthebbende bij bewindvoerder

Uitwinning goederen door bewindvoerder

e. de schulden waarvoor de rechthebbende overeenkomstig artikel 174 wegens gedragingen van de bewindvoerder aansprakelijk is.

2. De goederen kunnen voor de in lid 1 onder e bedoelde schulden ook worden uitgewonnen, nadat ze onder last van het bewind op een andere rechthebbende zijn overgegaan.

3. De goederen worden vrij van het bewind uitgewonnen, tenzij dit uitsluitend of mede in het belang van een ander dan de rechthebbende of in een gemeenschappelijk belang is ingesteld. *(Zie ook: art. 96 BW Boek 1; artt. 7, 182, 184 BW Boek 4)*

Art. 176

Uitwinning andere schulden door bewindvoerder

Indien het bewind uitsluitend is ingesteld in het belang van een ander dan de rechthebbende, dan wel in een gemeenschappelijk belang, kunnen de onder bewind gestelde goederen ten laste van de rechthebbende ook voor andere schulden worden uitgewonnen, doch dan slechts onder de last van het bewind. *(Zie ook: artt. 155, 167 BW Boek 4)*

Paragraaf 4 Einde van het bewind

Art. 177

Termijnverstrijking bij bewind

1. Het bewind eindigt het verstrijken van de termijn waarvoor het werd ingesteld.

Einde bewind door verwerping nalatenschap/legaat

2. Het bewind eindigt door verwerping van de nalatenschap of het legaat waarbij de goederen zijn vermaakt, indien het door het bewind gediende belang daarmede vervalt. De beëindiging door verwerping heeft geen terugwerkende kracht.

Art. 178

Einde bewind door overlijden/opheffen/opzegging

1. Het bewind eindigt door het overlijden van de rechthebbende indien het uitsluitend in diens belang was ingesteld. Is deze een rechtspersoon, dan eindigt het door diens ontbinding, en voorts door diens opzegging wanneer dertig jaren na het overlijden van de erflater zijn verlopen.

2. De rechtbank kan een zodanig bewind ook opheffen op verzoek van de bewindvoerder op grond van onvoorziene omstandigheden en voorts indien aannemelijk is dat de rechthebbende de onder bewind staande goederen zelf op verantwoorde wijze zal kunnen besturen. Na verloop van vijf jaren na het overlijden van de erflater kan het bewind op deze laatste grond ook worden opgeheven op verzoek van de rechthebbende. Bij afwijzing van een verzoek tot opheffing kan de rechtbank desverzocht de regels omtrent het bewind, al dan niet onder door haar te stellen voorwaarden, wijzigen. *(Zie ook: art. 258 BW Boek 6)*

Art. 179

Einde bewind door vervallen belang/termijnverstrijking

1. Voor zover het bewind is ingesteld in het belang van een ander dan de rechthebbende, eindigt het, wanneer dat belang vervalt, alsmede wanneer de rechthebbende en degene in wiens belang de instelling geschiedde, een gemeenschappelijk besluit tot opheffing schriftelijk ter kennis van de bewindvoerder brengen. Het besluit tot opheffing kan ook slechts een of meer der onder bewind gestelde goederen betreffen.

2. Is het bewind ingesteld in het belang van degene die is bevoordeeld bij een legaat onder opschortende tijdsbepaling of opschortende voorwaarde of bij een testamentaire last, dan kan het, wanneer dertig jaren na het overlijden van de erflater zijn verstreken, door opzegging worden beëindigd. *(Zie ook: artt. 130, 136 BW Boek 4)*

Art. 180

Einde bewind door vervallen gemeenschappelijk belang/opzegging

1. Voor zover het bewind is ingesteld in het gemeenschappelijk belang van de rechthebbende en een of meer anderen, eindigt het wanneer dat belang vervalt.

2. Het bewind kan eveneens worden beëindigd door opzegging, wanneer vijf jaren na het overlijden van de erflater zijn verstreken.

Art. 181

Voorwaarden opzegging van bewind

1. De in de vorige artikelen bedoelde opzegging kan slechts geschieden door de rechthebbende, en dat wel schriftelijk en met inachtneming van een termijn van een maand.

2. De opzegging moet worden gericht tot de bewindvoerder en tot de belanghebbenden zo die er zijn.

Titel 6 *Gevolgen van de erfopvolging*

Afdeling 1 Algemene bepalingen

Art. 182

1. Met het overlijden van de erflater volgen zijn erfgenamen van rechtswege op in zijn voor overgang vatbare rechten en in zijn bezit en houderschap. De eerste zin geldt niet wanneer de nalatenschap ingevolge artikel 13 wordt verdeeld; in dat geval volgt de echtgenoot van rechtswege op in het bezit en houderschap van de erflater.

Rechtsopvolging door erfgenaam

2. Zij worden van rechtswege schuldenaar van de schulden van de erflater die niet met zijn dood tenietgaan. Is een prestatie deelbaar, dan is ieder van hen verbonden voor een deel, evenredig aan zijn erfdeel, tenzij zij hoofdelijk zijn verbonden.

Overgang schulden

(Zie ook: artt. 80, 116 BW Boek 3; art. 7 BW Boek 4; art. 6 BW Boek 6)

Art. 183

Een erfgenaam kan de goederen van de nalatenschap met inbegrip van die welke de erflater op het tijdstip van zijn overlijden voor derden hield, opvorderen van iedere derde die deze goederen zonder recht houdt. Is de nalatenschap verdeeld overeenkomstig artikel 13, dan komt de in de vorige zin bedoelde bevoegdheid uitsluitend toe aan de echtgenoot van de erflater.

Opvorderen goederen door erfgenaam

Art. 184

1. Schuldeisers van de nalatenschap kunnen hun vorderingen op de goederen der nalatenschap verhalen.

Verhaal schuldeisers op erfgenaam

2. Een erfgenaam is niet verplicht een schuld der nalatenschap ten laste van zijn overig vermogen te voldoen, tenzij hij:

Verplichting tot voldoen schulden

a. zuiver aanvaardt, behalve voor zover de schuld niet op hem rust of hij deze geheel of gedeeltelijk niet hoeft te voldoen ingevolge artikel 194a lid 2 en onverminderd de artikelen 14 lid 3 en 87 lid 5;

b. de voldoening van de schuld verhindert en hem daarvan een verwijt kan worden gemaakt;

c. opzettelijk goederen der nalatenschap zoek maakt, verbergt of op andere wijze aan het verhaal van schuldeisers der nalatenschap onttrekt; of

d. vereffenaar is, in de vervulling van zijn verplichtingen als zodanig in ernstige mate tekortschiet, en hem daarvan een verwijt kan worden gemaakt.

3. In ieder geval kunnen, wanneer uit de nalatenschap een uitkering heeft plaatsgevonden aan een erfgenaam die de nalatenschap beneficiair heeft aanvaard, de schuldeisers van de nalatenschap zich op het vermogen van die erfgenaam verhalen tot de waarde van hetgeen hij uit de nalatenschap heeft verkregen. Artikel 223 lid 1 vindt daarbij overeenkomstige toepassing.

4. Hij die ingevolge lid 2 onder b of c met zijn gehele vermogen aansprakelijk is geworden, blijft dit ook na verwerping van de nalatenschap.

Aansprakelijkheid na verwerping schulden

5. Lid 2 is van overeenkomstige toepassing op de verplichting van een erfgenaam tot nakoming van een last die bestaat uit een uitgave van geld of van een goed dat niet tot de nalatenschap behoort.

Schakelbepaling

(Zie ook: art. 7 BW Boek 4)

Art. 185

1. Gedurende drie maanden na het overlijden van de erflater kan op goederen van een nalatenschap die niet door alle erfgenamen zuiver is aanvaard, geen verhaal worden genomen, tenzij de schuldeiser hiertoe ook in geval van faillissement van de erflater had kunnen overgaan.

Verhaaltermijn van schulden

2. Gedurende die tijd kan de kantonrechter op verzoek van een belanghebbende de maatregelen voorschrijven die hij in diens belang nodig acht.

3. De termijn kan voor de afloop daarvan door de kantonrechter ten aanzien van bepaalde schuldeisers een of meer malen op grond van bijzondere omstandigheden worden verlengd. De verlenging wordt in het boedelregister ingeschreven.

(Zie ook: art. 57 FW; art. 676a Rv)

Art. 186

1. De griffiers van de rechtbanken houden een openbaar boedelregister, waarin krachtens wettelijk voorschrift feiten worden ingeschreven, die voor de rechtstoestand van opengevallen nalatenschappen van belang zijn.

Openbaar boedelregister voor nalatenschap

2. Een notaris die is betrokken bij de afwikkeling van de nalatenschap, doet zich in het boedelregister inschrijven.

Inschrijven boedelnotaris

3. De wijze van inrichting en raadpleging van het boedelregister worden bij algemene maatregel van bestuur geregeld.

Nadere regels

4. Bij algemene maatregel van bestuur kan worden bepaald dat de openbare boedelregisters, bedoeld in het eerste lid, in afwijking van het eerste lid door een ander of door anderen dan de griffiers van de rechtbanken worden gehouden. Bij algemene maatregel van bestuur kan eveneens worden bepaald dat de verstrekking van gegevens ter inschrijving in het openbaar boedelregister

B4 art. 187 **Burgerlijk Wetboek Boek 4**

door degenen die daartoe bevoegd of die daartoe gehouden zijn, uitsluitend op een in die maatregel aan te geven wijze plaats vindt.
(Zie ook: artt. 191, 197 BW Boek 4; Bbreg)

Art. 187

Goede trouw bij nalatenschap
Bevrijdende betaling

1. Hij die is afgegaan op de in een verklaring van erfrecht vermelde feiten, geldt te dezen aanzien als te goeder trouw.

2. Een schuldenaar die, afgaande op de in een verklaring van erfrecht vermelde feiten, heeft betaald aan iemand die niet bevoegd was de betaling te ontvangen, kan aan degene aan wie betaald moest worden, tegenwerpen dat hij bevrijdend heeft betaald.

3. Het in de vorige leden bepaalde lijdt bepaalde uitzondering, indien degene die op de verklaring is afgegaan, wist of door grove nalatigheid niet wist, dat de inhoud van de verklaring niet met de werkelijkheid overeenstemt.
(Zie ook: artt. 18, 86, 88, 99 BW Boek 3; art. 34 BW Boek 6)

Art. 188

Verklaring van erfrecht

1. Een verklaring van erfrecht is een notariële akte waarin een notaris een of meer van de volgende feiten vermeldt:

a. dat een of meer in de verklaring genoemde personen, al dan niet voor bepaalde erfdelen, erfgenaam zijn of de enige erfgenamen zijn, met vermelding of zij de nalatenschap reeds hebben aanvaard;

b. dat al dan niet aan de echtgenoot van de erflater het vruchtgebruik van een of meer tot de nalatenschap behorende goederen krachtens afdeling 2 van titel 3 toekomt, met vermelding of aan hem een machtiging tot vervreemden of bezwaren of een bevoegdheid tot vervreemding en vertering is verleend, alsmede of en tot welk tijdstip de echtgenoot een beroep toekomt op artikel 29 leden 1 en 3;

c. dat de nalatenschap is verdeeld overeenkomstig artikel 13, met vermelding of en tot welk moment de echtgenoot de bevoegdheid toekomt als bedoeld in artikel 18 lid 1;

d. dat al dan niet het beheer van de nalatenschap aan executeurs, bewindvoerders of krachtens de derde afdeling van deze titel benoemde vereffenaars is opgedragen, met vermelding van hun bevoegdheden; of

e. dat een of meer in de verklaring genoemde personen executeur, bewindvoerder of vereffenaar zijn.

Nadere regels

2. Bij algemene maatregel van bestuur kunnen nadere voorschriften omtrent de inhoud en de opstelling van deze verklaringen worden vastgesteld.

Art. 188a

Europese erfrechtverklaring

De notaris geeft op verzoek een Europese erfrechtverklaring af als bedoeld in artikel 62 van de verordening (EU) nr. 650/2012 van het Europees Parlement en de Raad van 4 juli 2012 betreffende de bevoegdheid, het toepasselijke recht, de erkenning en de tenuitvoerlegging van beslissingen en de aanvaarding en de tenuitvoerlegging van authentieke akten op het gebied van erfopvolging, alsmede betreffende de instelling van een Europese erfrechtverklaring (PbEU 2012, L 201). De aanvraag kan worden gedaan met behulp van het formulier als bedoeld in artikel 65 lid 2 van de verordening in de Nederlandse taal of in een andere officiële taal van de EU, mits de notaris die taal begrijpt.

Art. 189

Verkrijging door de staat van nalatenschap

Indien en voor zover een erflater geen erfgenamen heeft, worden de goederen der nalatenschap op het ogenblik van zijn overlijden door de Staat onder algemene titel verkregen.
(Zie ook: art. 80 Boek 3 BW)

Afdeling 2
Aanvaarding en verwerping van nalatenschappen en van legaten

Art. 190

Aanvaarding/verwerping van nalatenschap/legaat door erfgenaam
Keuzevrijheid

1. Een erfgenaam kan een nalatenschap aanvaarden of verwerpen. Een aanvaarding kan zuiver geschieden of onder voorrecht van boedelbeschrijving.

2. De erflater kan de erfgenamen in hun keuze niet beperken. Evenmin kan een erfgenaam dienaangaande vóór het openvallen der nalatenschap een beslissing nemen.

3. De keuze kan alleen onvoorwaardelijk en zonder tijdsbepaling geschieden. Zij kan niet een deel van het erfdeel betreffen. Hetgeen aan een erfgenaam die reeds aanvaard heeft, opkomt door de vervulling van een door de erflater aan een erfstelling toegevoegde voorwaarde kan evenwel nog afzonderlijk aanvaard of verworpen worden.

Onherroepelijke keuze

4. Een eenmaal gedane keuze is onherroepelijk en werkt terug tot het ogenblik van het openvallen der nalatenschap. Een aanvaarding of verwerping kan niet op grond van dwaling, noch op grond van benadeling van een of meer schuldeisers worden vernietigd.
(Zie ook: art. 38 BW Boek 3)

Art. 191

1. De in het vorige artikel bedoelde keuze wordt gedaan door het afleggen van een daartoe strekkende verklaring ter griffie van de rechtbank van het sterfhuis. De verklaring wordt in het boedelregister ingeschreven.

2. Zolang de nalatenschap niet door alle erfgenamen is aanvaard, kan de kantonrechter de maatregelen voorschrijven die hij tot behoud van de goederen nodig acht.

(Zie ook: art. 185 BW Boek 4; art. 676a Rv)

Art. 192

1. Een erfgenaam aanvaardt de nalatenschap zuiver wanneer hij zich ondubbelzinnig en zonder voorbehoud als een zuiver aanvaard hebbende erfgenaam gedraagt doordat hij overeenkomsten aangaat strekkende tot vervreemding of bezwaring van goederen van de nalatenschap of deze op andere wijze aan het verhaal van schuldeisers onttrekt. De eerste volzin is niet van toepassing indien de erfgenaam zijn keuze reeds eerder heeft gedaan.

2. Indien een erfgenaam zijn keuze nog niet heeft gedaan, kan de kantonrechter hem daarvoor op verzoek van een belanghebbende een termijn stellen, die ingaat op de dag nadat de belanghebbende deze beschikking aan de erfgenaam heeft doen betekenen en de beschikking onder vermelding van de gedane betekening heeft doen inschrijven in het boedelregister. De kantonrechter kan op verzoek van de erfgenaam de termijn voor de afloop daarvan een of meer malen verlengen; de verlenging wordt in het boedelregister ingeschreven.

3. Laat de erfgenaam de termijn verlopen zonder inmiddels een keuze te hebben gedaan, dan wordt hij geacht de nalatenschap zuiver te aanvaarden.

4. Een erfgenaam die nog geen keuze heeft gedaan, wordt geacht beneficiair te aanvaarden, wanneer een of meer zijner mede-erfgenamen door een verklaring beneficiair aanvaarden, tenzij hij alsnog de nalatenschap zuiver aanvaardt of verwerpt binnen drie maanden nadat hij van die beneficiaire aanvaarding kennis heeft gekregen of, indien voor hem op het tijdstip van die beneficiaire aanvaarding een overeenkomstig het tweede lid gestelde of verlengde termijn liep, binnen die termijn. De zuivere aanvaarding kan slechts geschieden op de wijze als bepaald in het eerste lid van het vorige artikel.

(Zie ook: artt. 186, 193 BW Boek 4; art. 676a Rv)

Art. 193

1. Een wettelijke vertegenwoordiger van een erfgenaam kan voor deze niet zuiver aanvaarden en behoeft voor verwerping een machtiging van de kantonrechter. Hij is verplicht een verklaring van beneficiaire aanvaarding of van verwerping af te leggen binnen drie maanden vanaf het tijdstip waarop de nalatenschap, of een aandeel daarin, de erfgenaam toekomt. Deze termijn kan overeenkomstig artikel 192 lid 2, tweede zin, worden verlengd.

2. Heeft hij de termijn laten verlopen, dan geldt de nalatenschap als door de erfgenaam beneficiair aanvaard. De kantonrechter kan hiervan aantekening doen houden in het boedelregister.

3. De leden 1 en 2 zijn niet van toepassing in het geval, bedoeld in artikel 41 van de Faillissementswet.

(Zie ook: art. 345 BW Boek 1)

Art. 194

1. Een erfgenaam die na zuivere aanvaarding bekend wordt met een uiterste wil, volgens welke de legaten en lasten die hij moet voldoen, tot een geringer bedrag uit zijn erfdeel kunnen worden bestreden dan zonder die uiterste wil het geval zou zijn geweest, wordt, indien hij binnen drie maanden na die ontdekking het verzoek daartoe doet, door de kantonrechter gemachtigd om alsnog beneficiair te aanvaarden. Nochtans komen de schulden der nalatenschap met uitzondering van de hem tevoren niet bekende legaten, alsmede de hem tevoren reeds bekende lasten, ten laste van zijn gehele vermogen voor zover hij deze ook zonder die uiterste wil niet uit zijn erfdeel had kunnen bestrijden.

2. Een erfgenaam die na zuivere aanvaarding bekend wordt met een uiterste wil, volgens welke zijn erfdeel groter is dan het zonder die uiterste wil zou zijn geweest, of met een na zijn aanvaarding voorgevallen gebeurtenis waardoor zijn erfdeel is vergroot, wordt, indien hij binnen drie maanden na die ontdekking het verzoek daartoe doet, door de kantonrechter gemachtigd alsnog beneficiair te aanvaarden. Nochtans moet hij de schulden der nalatenschap en de lasten met zijn gehele vermogen voldoen, voor zover dat ook zonder die uiterste wil of zonder die gebeurtenis het geval zou zijn geweest

Art. 194a

1. Een erfgenaam die na zuivere aanvaarding bekend wordt met een schuld van de nalatenschap, die hij niet kende en ook niet behoorde te kennen, wordt, indien hij binnen drie maanden na die ontdekking het verzoek daartoe doet, door de kantonrechter gemachtigd om alsnog beneficiair te aanvaarden.

2. Wanneer een erfgenaam na vereffening of verdeling van de nalatenschap bekend wordt met een schuld, die hij niet kende en ook niet behoorde te kennen, kan hij de kantonrechter, binnen de in het eerste lid genoemde termijn, verzoeken om te worden ontheven van zijn verplichting de schuld uit zijn vermogen te voldoen voor zover deze niet uit hetgeen hij krachtens erfrecht uit de nalatenschap heeft verkregen, kan worden voldaan. De kantonrechter verleent deze ontheffing, tenzij de erfgenaam zich zodanig heeft gedragen dat de schuldeiser erop mocht vertrouwen dat de erfgenaam deze schuld uit zijn overige vermogen voldoet.

Art. 195

Vereffening bij beneficiaire aanvaarding

1. Is een nalatenschap door een of meer erfgenamen beneficiair aanvaard en moet zij uit dien hoofde overeenkomstig de volgende afdeling van deze titel worden vereffend, dan zijn alle erfgenamen vereffenaar.

2. Voor de toepassing van de bepalingen van deze en de volgende afdeling inzake vereffening wordt de echtgenoot van de erflater die een recht van vruchtgebruik heeft krachtens afdeling 2 van titel 3, als een erfgenaam aangemerkt, tenzij uit de strekking van de bepalingen anders voortvloeit.

(Zie ook: artt. 30, 152 BW Boek 4)

Art. 196

Bekendmaking van beneficiaire aanvaarding

De kantonrechter kan, op verzoek van een belanghebbende of ambtshalve, de erfgenamen gelasten de beneficiaire aanvaarding bekend te maken in de Staatscourant.

(Zie ook: art. 676a Rv)

Art. 197

Boedelnotaris bij beneficiaire aanvaarding

1. Een notaris die op verzoek van een erfgenaam als boedelnotaris voor de beneficiair aanvaarde nalatenschap optreedt, doet zich als zodanig inschrijven in het boedelregister en geeft daarvan zo spoedig mogelijk kennis aan de overige erfgenamen.

2. Op een verzoek, uiterlijk een maand na die kennisgeving gedaan door de meerderheid van de erfgenamen of door een of meer erfgenamen die samen voor meer dan de helft gerechtigd zijn in de nalatenschap, kan de kantonrechter een andere notaris, die daartoe bereid is, als boedelnotaris aanwijzen. Deze doet de vervanging inschrijven en brengt haar zo spoedig mogelijk ter kennis van de eerstaangewezene en de erfgenamen.

3. In geval van bekendmaking van de beneficiaire aanvaarding overeenkomstig het vorige artikel, wordt de aanwijzing van een boedelnotaris op dezelfde wijze, onder vermelding van zijn naam en adres, bekendgemaakt.

(Zie ook: art. 146 BW Boek 4; art. 676a Rv)

Art. 198

Bevoegdheden erfgenamen bij beneficiaire aanvaarding

Tenzij de kantonrechter anders bepaalt, oefenen de erfgenamen hun bevoegdheden als vereffenaars van de beneficiair aanvaarde nalatenschap tezamen uit, doch kunnen daden van gewoon onderhoud en tot behoud van de goederen, en in het algemeen daden die geen uitstel kunnen lijden, door ieder van hen zo nodig zelfstandig worden verricht.

Art. 199

Zekerheidstelling bij beneficiaire aanvaarding

1. Op verzoek van een belanghebbende of van de boedelnotaris kan de kantonrechter een of meer erfgenamen van een nalatenschap die beneficiair aanvaard is, gelasten zekerheid te stellen voor hun beheer en de nakoming van hun overige verplichtingen. De kantonrechter stelt het bedrag en de aard van de zekerheid vast.

Mededeling negatieve nalatenschap

2. Wanneer een erfgenaam blijkt dat de schulden der beneficiair aanvaarde nalatenschap de baten overtreffen, doet hij hiervan ten spoedigste mededeling aan de kantonrechter.

(Zie ook: art. 203 BW Boek 4)

Art. 200

Positie erfgenaam bij vereffening

1. Met betrekking tot een erfgenaam die onder voorrecht van boedelbeschrijving heeft aanvaard, geldt tot het einde van de vereffening het in de volgende leden bepaalde, tenzij hij voor de op hem rustende schulden der nalatenschap met zijn gehele vermogen aansprakelijk is.

2. Vorderingen van de erflater op de erfgenaam en beperkte rechten van de erflater op een goed van de erfgenaam, alsmede vorderingen van de erfgenaam op de erflater en beperkte rechten van de erfgenaam op een goed van de erflater gaan niet door vermenging teniet.

3. Heeft de erfgenaam een schuld der nalatenschap uit zijn overig vermogen voldaan, dan treedt hij op als schuldeiser van de nalatenschap voor het bedrag van die schuld in de rang die zij had. De vorige zin is van overeenkomstige toepassing op een last die verplicht tot een uitgave in geld ten laste van de nalatenschap welke de erfgenaam uit zijn overige vermogen heeft gedaan.

Art. 201

Verwerping van legaat

1. Een legaat wordt verkregen zonder dat een aanvaarding nodig is, behoudens de bevoegdheid van de legataris om het legaat te verwerpen zolang hij het niet aanvaard heeft.

Termijnstelling

2. De kantonrechter kan op verzoek van een belanghebbende aan de legataris een termijn stellen, waarbinnen deze moet verklaren of hij al dan niet verwerpt; bij gebreke van een verklaring binnen de gestelde termijn verliest de legataris de bevoegdheid om te verwerpen.

Wijze van verwerping

3. De verwerping van een legaat moet op ondubbelzinnige wijze geschieden, maar is aan geen vorm gebonden.

(Zie ook: art. 117 BW Boek 4; art. 676a Rv)

Afdeling 3
Vereffening van de nalatenschap

Art. 202

1. Een nalatenschap wordt, behoudens het in artikel 221 bepaalde, overeenkomstig de in deze afdeling gegeven voorschriften vereffend:
a. wanneer zij door een of meer erfgenamen onder voorrecht van boedelbeschrijving is aanvaard, tenzij er een tot voldoening van de opeisbare schulden en legaten bevoegde executeur is en deze kan aantonen dat de goederen der nalatenschap ruimschoots toereikend zijn om alle schulden der nalatenschap te voldoen; geschillen dienaangaande worden door de kantonrechter beslist;
b. wanneer de rechtbank een vereffenaar heeft benoemd.

2. Indien het saldo van de nalatenschap positief is kan de wettelijke vertegenwoordiger van een erfgenaam die voor deze beneficiair heeft aanvaard de kantonrechter verzoeken om ontheffing van de verplichting om te vereffenen volgens de wet.

3. Een nalatenschap die overeenkomstig artikel 13 is verdeeld, wordt in afwijking van lid 1 onder a slechts vereffend volgens de wet wanneer de echtgenoot van de erflater haar beneficiair heeft aanvaard.

(Zie ook: art. 193 BW Boek 4; art. 676a Rv)

Art. 203

1. Na een aanvaarding onder voorrecht van boedelbeschrijving kan de rechtbank een vereffenaar benoemen:
a. op verzoek van een erfgenaam;
b. op verzoek van een belanghebbende of van het openbaar ministerie, wanneer hij die met het beheer der nalatenschap belast is in ernstige mate in de vervulling van zijn verplichtingen tekortschiet, daartoe ongeschikt is of niet voldoet aan een last tot zekerheidstelling, wanneer de schulden der nalatenschap de baten blijken te overtreffen, of wanneer tot een verdeling van de nalatenschap wordt overgegaan voordat deze vereffend is.

2. De door de rechter benoemde persoon treedt als vereffenaar in de plaats van de erfgenamen.

Art. 204

1. Is een nalatenschap niet onder voorrecht van boedelbeschrijving aanvaard, dan kan de rechtbank een vereffenaar benoemen:
a. op verzoek van een belanghebbende of van het openbaar ministerie, wanneer er geen erfgenamen zijn, wanneer het niet bekend is of er erfgenamen zijn, of wanneer de nalatenschap niet door een executeur wordt beheerd en de erfgenamen die bekend zijn haar geheel of ten dele onbeheerd laten;
b. op verzoek van een schuldeiser van de nalatenschap, wanneer tot een verdeling van de nalatenschap wordt overgegaan voordat de opeisbare schulden daarvan zijn voldaan, of wanneer voor hem het gevaar bestaat dat hij niet ten volle of niet binnen redelijke tijd zal worden voldaan, hetzij omdat de nalatenschap niet toereikend is of niet behoorlijk beheerd en afgewikkeld wordt, hetzij omdat een schuldeiser zich op de goederen van de nalatenschap gaat verhalen;
c. op verzoek van een of meer andere schuldeisers van een erfgenaam, wanneer hun belangen door een gedraging van de erfgenamen of van de executeur ernstig worden geschaad.

2. Indien de nalatenschap is verdeeld overeenkomstig artikel 13, is lid 1, onder b en c, van overeenkomstige toepassing op het geheel van de goederen die hebben behoord tot de huwelijksgemeenschap van de erflater en zijn echtgenoot, de in die gemeenschap gevallen of daarop verhaalbare schulden, alsmede hetgeen daarvoor in de plaats is getreden.

Art. 205

Wanneer een schuldeiser van een erfgenaam die de nalatenschap verworpen heeft, hierdoor klaarblijkelijk is benadeeld, kan de rechtbank op zijn verzoek bepalen dat de nalatenschap mede in het belang van de schuldeisers van degene die verworpen heeft zal worden vereffend, en kan zij zo nodig een vereffenaar benoemen.

(Zie ook: art. 219 BW Boek 4)

Art. 206

1. De rechtbank beslist niet op het verzoek tot benoeming van een vereffenaar dan na verhoor of behoorlijke oproeping van de verzoeker, alsmede voor zover zij bestaan en bekend zijn, van de erfgenamen, de boedelnotaris en de executeur.

2. De rechtbank kan als vereffenaar onder de nodige door haar te bepalen waarborgen een erfgenaam, een executeur of een andere persoon aanwijzen. Benoemt zij twee of meer vereffenaars, dan kan, tenzij bij de benoeming of later door de kantonrechter anders wordt bepaald, ieder van hen alle werkzaamheden alleen verrichten.

3. Een door de rechter benoemde vereffenaar heeft recht op het loon dat door de kantonrechter vóór het opmaken van de uitdelingslijst wordt vastgesteld.

B4 art. 207 **Burgerlijk Wetboek Boek 4**

Hoedanigheid **4.** Hij wordt vereffenaar op de dag, waarop de beslissing die de benoeming inhoudt in kracht van gewijsde is gegaan, of – zo deze uitvoerbaar bij voorraad is verklaard – daags nadat de griffier hem van zijn benoeming mededeling heeft gedaan.

Ontslag/beëindiging taak **5.** Hij kan worden ontslagen hetzij op eigen verzoek, hetzij om gewichtige redenen, zulks op verzoek van een medevereffenaar, een erfgenaam, een schuldeiser van de nalatenschap of het openbaar ministerie, dan wel ambtshalve. Hangende het onderzoek kan de rechtbank voorlopige voorzieningen treffen en de vereffenaar schorsen. De taak van de vereffenaar eindigt door zijn dood, het ten aanzien van hem van toepassing verklaren van de schuldsaneringsregeling natuurlijke personen, zijn faillietverklaring, zijn ondercuratelestelling of indien een bewind als bedoeld in titel 19 van Boek 1 over een of meer van zijn goederen wordt ingesteld. De rechter benoemt een of meer vereffenaars waar dezen ontbreken voordat de vereffening is geëindigd; hij kan een opengevallen plaats doen bezetten.

Inschrijving/bekendmaking benoeming **6.** De griffier doet de benoeming van een vereffenaar, alsmede het eindigen van zijn hoedanigheid onverwijld in het boedelregister inschrijven. De vereffenaar maakt haar bekend in de Staatscourant.

(Zie ook: artt. 378, 431 BW Boek 1; artt. 142, 186, 197, 198 BW Boek 4; artt. 1, 284 FW; art. 676a Rv)

Art. 207

Rekening en verantwoording aan opvolger door vereffenaar Hij die als vereffenaar door een ander is opgevolgd, is verplicht aan zijn opvolger rekening en verantwoording af te leggen op de wijze als voor bewindvoerders is bepaald.

Art. 208

Benoeming rechter-commissaris bij nalatenschap **1.** Bij de benoeming van een vereffenaar of bij een latere beschikking kan de rechtbank een harer leden tot rechter-commissaris benoemen.

2. Indien een rechter-commissaris is benoemd, worden
a. de overeenkomstig deze afdeling aan de kantonrechter toekomende taken en bevoegdheden door de rechter-commissaris uitgeoefend, tenzij de wet anders bepaalt;
b. de in de artikelen 211 lid 3, 214 lid 5 en 218 lid 1 bedoelde stukken, zo een boedelnotaris ontbreekt, ter griffie van de rechtbank neergelegd.

(Zie ook: artt. 209, 218 BW Boek 4; art. 223a FW)

Art. 209

Vereffening opheffen bij nalatenschap **1.** Indien de geringe waarde der baten van een nalatenschap daartoe aanleiding geeft, kan de kantonrechter op verzoek van de vereffenaar of een belanghebbende hetzij de kosteloze vereffening van de nalatenschap, hetzij de opheffing van de vereffening bevelen. Op een verzoek tot opheffing wordt de verzoeker gehoord of behoorlijk opgeroepen, alsmede voor zover zij bestaan en bekend zijn, de erfgenamen, de vereffenaar en de boedelnotaris. Indien een rechter-commissaris is benoemd, komt de in de eerste zin bedoelde bevoegdheid, op voordracht van de rechter-commissaris, aan de rechtbank toe.

2. Bij het bevel tot opheffing van de vereffening stelt de kantonrechter onderscheidenlijk de rechtbank tevens het bedrag der reeds gemaakte vereffeningskosten vast, en brengt dat ten laste van de boedel of, wanneer de boedel daartoe onvoldoende is, ten laste van de erfgenamen, voor zover dezen met hun gehele vermogen aansprakelijk zijn.

Schakelbepaling **3.** Na de opheffing is artikel 226 van overeenkomstige toepassing.

4. De opheffing wordt op dezelfde wijze als de benoeming van een vereffenaar ingeschreven en bekend gemaakt.

5. Indien na de opheffing van een vereffening de benoeming van een vereffenaar wordt verzocht, is de verzoeker verplicht aan te tonen dat er voldoende baten aanwezig zijn om de kosten van de vereffening te bestrijden.

(Zie ook: art. 16 FW)

Art. 210

Informatieplicht vereffenaar bij nalatenschap **1.** Vereffenaars geven aan de kantonrechter alle door deze gewenste inlichtingen en zijn verplicht diens aanwijzingen bij vereffening te volgen.

Bevoegdheden rechter-commissaris **2.** Indien een rechter-commissaris is benoemd, is deze bevoegd ter opheldering van alle omstandigheden, de vereffening betreffende, getuigen en deskundigen te horen op dezelfde wijze als voor een rechter-commissaris in geval van faillissement is bepaald.

(Zie ook: art. 66 FW)

Art. 211

Taken vereffenaar bij nalatenschap **1.** Een vereffenaar heeft tot taak de nalatenschap als een goed vereffenaar te beheren en te vereffenen. Voor de vereffening wordt een last die tot een uitgave van geld of van een goed uit de nalatenschap verplicht, gelijkgesteld met een legaat.

Vertegenwoordiging erfgenamen **2.** Hij vertegenwoordigt bij de vervulling van zijn taak de erfgenamen in en buiten rechte. Zij zijn niet bevoegd zonder zijn medewerking of machtiging van de kantonrechter over de goederen der nalatenschap of hun aandeel daarin te beschikken.

Opstellen/ter griffie leggen boedelbeschrijving **3.** Hij moet met bekwame spoed een onderhandse of notariële boedelbeschrijving opmaken of doen opmaken, waarin de schulden der nalatenschap in de vorm van een voorlopige staat zijn opgenomen. Hij moet deze ten kantore van de boedelnotaris of, indien deze ontbreekt, ter griffie van de rechtbank neerleggen, ter inzage van de erfgenamen en de schuldeisers der nalatenschap; andere schuldeisers van een erfgenaam, ook indien deze de nalatenschap verworpen heeft, kunnen tot inzage gemachtigd worden door de kantonrechter.

4. De kantonrechter kan in geval van aanvaarding onder voorrecht van boedelbeschrijving de erfgenamen ontheffen van de verplichting om de boedelbeschrijving ter inzage te leggen.

5. Een door de rechter benoemde vereffenaar kan een boedelnotaris aanwijzen, indien dit nog niet is geschied. De notaris die deze opdracht heeft aanvaard, geeft daarvan kennis aan de erfgenamen en doet zich inschrijven in het boedelregister.

(Zie ook: artt. 145, 186, 204, 205, 219 BW Boek 4; art. 676a Rv)

Art. 212

Wanneer de wettelijke vertegenwoordiger van een erfgenaam of een door de rechter benoemde vereffenaar aan schuldeisers der nalatenschap schade heeft toegebracht, doordat hij opzettelijk goederen der nalatenschap aan het verhaal van de schuldeisers heeft onttrokken, kunnen zij van hem de voldoening van hun vordering eisen, voor zover hij niet bewijst dat hun schade op een lager bedrag moet worden gesteld.

(Zie ook: art. 184 BW Boek 4)

Art. 213

Is de erflater gehuwd geweest in een gemeenschap van goederen, dan kan de rechtbank op verzoek van de vereffenaar van de nalatenschap een vereffenaar van de ontbonden huwelijksgemeenschap benoemen, in welk geval zij met overeenkomstige toepassing van het in deze afdeling bepaalde wordt vereffend. De eerste zin is niet van toepassing indien de huwelijksgemeenschap reeds voor het overlijden van de erflater was verdeeld.

(Zie ook: art. 168 BW Boek 3)

Art. 214

1. Een vereffenaar roept de schuldeisers der nalatenschap, zo dit nog niet is geschied, openlijk op om hun vorderingen vóór een door de kantonrechter bepaalde datum bij de boedelnotaris of, indien deze ontbreekt, bij hemzelf in te dienen. De oproeping geschiedt op dezelfde wijze als de bekendmaking van de beneficiaire aanvaarding of de benoeming van de vereffenaar en zoveel mogelijk tegelijkertijd.

2. De vereffenaar moet bovendien de hem bekende schuldeisers der nalatenschap per brief oproepen. Is hem het adres van een schuldeiser der nalatenschap onbekend gebleven, dan deelt hij dit mede aan de kantonrechter.

3. Aanmelding van een vordering stuit de verjaring.

4. De vereffenaar geeft, indien hij zich met een ingediende vordering of een ingeroepen voorrang niet kan verenigen, daarvan onverwijld onder opgave van redenen kennis aan hem die de vordering heeft ingediend.

5. Zo spoedig mogelijk na het verstrijken van de bij de oproep der schuldeisers gestelde termijn legt de vereffenaar een lijst van de door hem erkende en betwiste vorderingen en aanspraken op voorrang ten kantore van de boedelnotaris of, indien deze ontbreekt, ter griffie van de rechtbank neer, ter inzage van de erfgenamen, de legatarissen en allen die zich als schuldeiser hebben aangemeld. Hij geeft ieder van hen van deze neerlegging kennis.

(Zie ook: art. 221 BW Boek 4)

Art. 215

1. De vereffenaar maakt de goederen der nalatenschap te gelde, voor zover dit voor de voldoening van de schulden der nalatenschap nodig is. Goederen die een schuldeiser der nalatenschap te vorderen heeft, worden zoveel mogelijk in de laatste plaats te gelde gemaakt.

2. Omtrent de keuze van de te gelde te maken goederen en de wijze van tegeldemaking treedt de vereffenaar zoveel mogelijk in overleg met de erfgenamen. Bestaat tegen de voorgenomen tegeldemaking een goed bezwaar bij een erfgenaam of een schuldeiser die het goed te vorderen heeft dan stelt de vereffenaar hem in de gelegenheid de beslissing van de kantonrechter in te roepen.

3. Het in het vorige lid ten aanzien van de erfgenamen bepaalde geldt mede ten aanzien van hen aan wie het vruchtgebruik van de nalatenschap of van een aandeel daarin is vermaakt.

4. Artikel 68 van Boek 3 is op de vereffenaar van overeenkomstige toepassing.

5. Met betrekking tot door de erflater gesloten sommenverzekeringen zonder onherroepelijk geworden aanwijzing van een derde als begunstigde, is artikel 22a Faillissementswet van overeenkomstige toepassing, waarbij dient te worden gelezen voor:

a. de curator: de vereffenaar

b. de rechter-commissaris: de kantonrechter

c. de verzekeringnemer: de erfgenamen dan wel, indien de nalatenschap is verdeeld overeenkomstig afdeling 1 van titel 3, de echtgenoot van de erflater.

Art. 216

Een door de rechter benoemde vereffenaar kan hetgeen uit de nalatenschap aan een legataris is uitgekeerd, binnen drie jaar daarna terugvorderen, voor zover dit nodig is om schulden als

Ontheffing ter inzage legging

Aanwijzing boedelnotaris

Aansprakelijkheid van vereffenaar

Vereffening huwelijksgemeenschap bij nalatenschap

Oproepen schuldeisers door vereffenaar bij nalatenschap

Stuiting verjaring

Volgorde vorderingen

Neerlegging uitdelingslijst

Tegeldemaking goederen bij vereffening nalatenschap

Schakelbepaling

Terugvordering van nalatenschap van legataris

B4 art. 217 **Burgerlijk Wetboek Boek 4**

bedoeld in artikel 7 lid 1 onder a tot en met g te voldoen. Artikel 122 lid 1 is van overeenkomstige toepassing.

Art. 217

Schakelbepaling

1. Indien iemand zowel schuldenaar als schuldeiser van de nalatenschap is, zijn de bepalingen van de Faillissementswet omtrent de bevoegdheid tot verrekening van overeenkomstige toepassing.

2. Indien iemand met de erflater deelgenoot was in een gemeenschap die tijdens de vereffening wordt verdeeld, is artikel 56 van de Faillissementswet van overeenkomstige toepassing. *(Zie ook: art. 53 FW)*

Art. 218

Neerlegging rekening/verantwoording/uitdelingslijst door vereffenaar

1. Een vereffenaar is verplicht binnen zes maanden nadat de voor het indienen van vorderingen gestelde tijd is verstreken, een rekening en verantwoording benevens een uitdelingslijst ten kantore van de boedelnotaris of, indien deze ontbreekt, ter griffie van de rechtbank ter kennisneming van een ieder neer te leggen. De kantonrechter kan deze termijn verlengen.

2. De vereffenaar maakt de neerlegging op dezelfde wijze openlijk bekend als de oproep tot aanmelding van vorderingen en bovendien per brief aan de erfgenamen, de legatarissen en allen die zich als schuldeiser hebben aangemeld.

Verzet

3. Binnen een maand na deze openlijke bekendmaking kan iedere belanghebbende tegen de rekening en verantwoording of tegen de uitdelingslijst bij de kantonrechter of, indien een rechter-commissaris is benoemd, bij de rechtbank in verzet komen.

Vordering omzetting in geldschuld/opneming in uitdelingslijst bij vereffening

4. Verbintenissen die tot levering van een goed der nalatenschap of tot vestiging van een beperkt recht op een zodanig goed verplichten, worden in een geldschuld omgezet, voor zover een tekort dit nodig maakt. Andere verbintenissen die niet in geld luiden, en verbintenissen onder een opschortende voorwaarde worden in de uitdelingslijst slechts op verzoek van de schuldeiser opgenomen; in dat geval worden zij omgezet in een geldschuld. De vordering van een legitimaris wordt, indien zij ingevolge artikel 81 lid 2, een voorwaarde als bedoeld in artikel 82 of een beschikking als bedoeld in artikel 83 niet opeisbaar is, niet in de uitdelingslijst opgenomen.

Schakelbepaling

5. Voor het overige vinden bij de berekening van ieders vordering, het opmaken van de uitdelingslijst en het verzet daartegen de dienaangaande in de Faillissementswet voorkomende voorschriften zoveel mogelijk overeenkomstige toepassing. *(Zie ook: art. 221 BW Boek 4; art. 130 FW; art. 676a Rv)*

Art. 219

Indienen vordering bij verworpen nalatenschap bij vereffening

Wanneer de rechter heeft bepaald dat de nalatenschap mede in het belang van de schuldeisers van iemand die haar verworpen heeft, wordt vereffend, kunnen ook deze schuldeisers hun vorderingen indienen. Zij worden in de uitdelingslijst opgenomen, doch slechts batig gerangschikt voor zover een overschot aan hun schuldenaar zou zijn toegekomen, indien deze niet verworpen had; te dien einde kan de vereffenaar voor zoveel nodig verdeling van de nalatenschap vorderen en aan de verdeling deelnemen. *(Zie ook: art. 205 BW Boek 4)*

Art. 220

Uitkeren volgens uitdelingslijst bij vereffening

1. Na het verbindend worden van een uitdelingslijst is de vereffenaar verplicht een ieder het hem volgens de uitdelingslijst toekomende uit te keren. Geldsbedragen waarover niet binnen zes maanden is beschikt of die gereserveerd zijn, geeft een door de rechter benoemde vereffenaar in bewaring ter plaatse tot het ontvangen van gerechtelijke consignatiën aangewezen.

Later opgekomen schuldeisers

2. Schuldeisers van de nalatenschap die pas na het verbindend worden van een uitdelingslijst opkomen, hebben, onverminderd hun verhaal op de goederen van erfgenamen die met hun gehele vermogen aansprakelijk zijn, alleen recht van verhaal op de alsdan nog onverkochte goederen en op het saldo der nalatenschap. Zij worden daaruit voldaan naar gelang zij zich aanmelden.

Verhaal tegen legataris

3. Bovendien hebben schuldeisers als bedoeld in artikel 7 lid 1 onder a tot en met g die niet voldaan zijn, nog een recht van verhaal tegen legatarissen, voor zover dezen een uitkering hebben ontvangen en niet voldoende goederen voor verhaal als bedoeld in het vorige lid aanwijzen. Het recht van verhaal tegen een legataris vervalt drie jaren na het verbindend worden van de uitdelingslijst, volgens welke de uitkering aan hem is geschied.

Vordering op erfgenaam/legataris door legitimaris

4. Wanneer een ingevolge artikel 218 lid 4, derde zin, niet in de uitdelingslijst opgenomen vordering van een legitimaris opeisbaar wordt, kan de legitimaris, onverminderd zijn verhaal overeenkomstig de leden 2 en 3, voor het gedeelte van de schuld aan hem dat overeenkomstig artikel 87 leden 5 en 6 op een erfgenaam of legataris rust, deze erfgenaam of legataris aanspreken. *(Zie ook: artt. 187, 192 FW)*

Art. 221

Vereffening door erfgenaam bij nalatenschap

1. De in de artikelen 214, eerste en vijfde lid, en 218 omschreven verplichtingen rusten op de erfgenamen die uit hoofde van aanvaarding onder voorrecht van boedelbeschrijving vereffenaar zijn, slechts indien de kantonrechter dit bepaalt.

Burgerlijk Wetboek Boek 4 **B4** art. 227

2. Een door de rechter benoemde vereffenaar behoeft een rekening en verantwoording en een uitdelingslijst niet neer te leggen, wanneer alle hem voor de afloop van de in artikel 218, eerste lid, bedoelde termijn bekend geworden schulden ten volle worden voldaan, of wanneer de kantonrechter hem van deze neerlegging vrijstelt. Deze vrijstelling wordt niet verleend, wanneer een schuldeiser daartegen bezwaar maakt.

Vrijstelling neerlegging rekening/verantwoording/uitdelingslijst

3. Wordt de rekening en verantwoording niet neergelegd, dan geschiedt zij aan hen die een recht op het overschot hebben, op de wijze als voor bewindvoerders is bepaald.

Schakelbepaling

(Zie ook: art. 676a Rv)

Art. 222

Gedurende de vereffening zijn van titel 7 van Boek 3 slechts van toepassing de artikelen 166, 167, 169, 170 lid 1 en 194 lid 2.

Toepasselijkheid

Art. 223

1. Gedurende de vereffening is een schuldeiser alleen bevoegd zijn vordering op goederen der nalatenschap ten uitvoer te leggen, indien deze bevoegdheid hem ook in geval van faillissement van de erflater zou zijn toegekomen. De artikelen 57 tot en met 60 van de Faillissementswet zijn van overeenkomstige toepassing, met dien verstande dat de in de artikelen 58 lid 1, 59a leden 3 en 5 en 60 lid 3 bedoelde bevoegdheden van de rechter-commissaris, zo ter zake van de vereffening geen rechter-commissaris is benoemd, uitgeoefend worden door de kantonrechter.

Vorderingsrecht schuldeiser bij vereffening

2. Ook tijdens de vereffening kan een schuldeiser van de nalatenschap zijn vorderingsrecht, of de voorrang die zijn vordering toekomt, bij vonnis doen vaststellen. Een vonnis waarbij een vordering tegen een vereffenaar is vastgesteld, kan op de persoonlijke goederen van een erfgenaam die met zijn gehele vermogen aansprakelijk is, alleen worden ten uitvoer gelegd, indien deze in het geding partij is geweest.

3. Op verzoek van een vereffenaar kunnen reeds gelegde beslagen, voor zover dat voor de vereffening nodig is, door de kantonrechter worden opgeheven.

Opheffen beslagen

(Zie ook: art. 185 BW Boek 4; art. 676a Rv)

Art. 224

Eerst nadat de bekende schuldeisers van de vereffende nalatenschap volledig zijn voldaan, hebben de overige schuldeisers van een erfgenaam recht van verhaal op de goederen der nalatenschap.

Verhaalsrecht overige schuldeisers bij vereffening

Art. 225

1. Wanneer niet alle erfgenamen bekend zijn of daaromtrent onzekerheid bestaat, is een vereffenaar verplicht door oproepingen in veel gelezen dagbladen of door andere doelmatige middelen de erfgenamen op te sporen.

Opsporen erfgenamen door vereffenaar

2. Is een vereffenaar benoemd omdat de nalatenschap geheel of ten dele onbeheerd werd gelaten, dan neemt de vereffening een einde, zodra alle erfgenamen het beheer hebben aanvaard en de reeds gemaakte kosten van vereffening hebben voldaan.

Einde vereffening

(Zie ook: art. 204 BW Boek 4)

Art. 226

1. Is de vereffening voltooid en met een overschot geëindigd, dan geeft een door de rechter benoemde vereffenaar de overgebleven goederen af aan de erfgenamen dan wel, indien de nalatenschap ingevolge artikel 13 is verdeeld, aan de echtgenoot van de erflater. Zijn er geen erfgenamen, is het niet bekend of er erfgenamen zijn, of zijn de erfgenamen niet bereid de goederen in ontvangst te nemen, dan geeft hij deze aan de Staat af.

Overschot aan erfgenaam/echtgenoot bij vereffening

2. Zijn de erfgenamen die zich tot de inontvangstneming bereid tonen, slechts tot een deel van de nalatenschap gerechtigd, dan draagt de vereffenaar zorg dat de nalatenschap eerst wordt verdeeld. Daarna geeft hij hetgeen is toegedeeld aan erfgenamen die onbekend zijn of hebben nagelaten tot de verdeling mede te werken, aan de Staat af.

3. De Staat is bevoegd de hem afgegeven goederen te verkopen; registergoederen mag hij slechts in het openbaar verkopen, tenzij de kantonrechter hem tot onderhandse verkoop machtigt.

Verkoop aan de staat van afgegeven goederen

4. Is een goed van de nalatenschap of hetgeen daarvoor in de plaats is gekomen binnen twintig jaren nadat de nalatenschap is opengevallen door niemand opgeëist, dan vervalt het aan de Staat.

Vervallen nalatenschap aan de staat

(Zie ook: artt. 178, 182 BW Boek 3; art. 189 BW Boek 4; art. 676a Rv)

Afdeling 4
Verdeling van de nalatenschap

Art. 227

Onverminderd de voorschriften die voor de verdeling van iedere gemeenschap gelden, zijn op de verdeling van een nalatenschap de navolgende bepalingen van toepassing.

Verdeling nalatenschap

B4 art. 228 **Burgerlijk Wetboek Boek 4**

Art. 228

Schulden aan erflater bij verdeling nalatenschap

1. Tot de schulden van een erfgenaam, die bij de verdeling op verlangen van een of meer der overige erfgenamen op zijn aandeel worden toegerekend, behoort hetgeen hij aan de erflater schuldig is gebleven.

Schulden aan mede-erfgenaam

2. Ook schulden als bedoeld in artikel 7 lid 1 onder f tot en met h van een erfgenaam aan een mede-erfgenaam worden, voor zover zij bij de verdeling opeisbaar zijn, op verlangen en ten behoeve van de mede-erfgenaam toegerekend op het aandeel van de schuldenaar.

(Zie ook: art. 184 BW Boek 3)

Art. 229

Inbreng van giften door erfgenaam

1. Erfgenamen zijn verplicht ten behoeve van hun mede-erfgenamen de waarde van de hun door de erflater gedane giften in te brengen, voor zover de erflater dit, hetzij bij de gift hetzij bij uiterste wilsbeschikking, heeft voorgeschreven.

2. Een bij de gift opgelegde verplichting tot inbreng kan bij uiterste wilsbeschikking worden ongedaan gemaakt.

Art. 230

Inbreng van giften opgekomen erfgenaam

Erfgenamen die bij plaatsvervulling opkomen, moeten behalve de door henzelf ontvangen giften, ieder naar de mate van zijn erfdeel de giften inbrengen, die hij wiens plaats zij innemen, had moeten inbrengen, was hij erfgenaam geweest.

(Zie ook: art. 12 BW Boek 4)

Art. 231

Inbreng van giften bij huwelijk in gemeenschap van goederen/deelgenootschap

Ook als de begiftigde in een gemeenschap van goederen of deelgenootschap is gehuwd, komt de gehele gift voor inbreng in aanmerking, tenzij de erflater het tegendeel heeft bepaald.

Art. 232

Aansprakelijkheid erfgenaam bij inbreng van giften

1. De aansprakelijkheid van de erfgenamen jegens de schuldeisers van de nalatenschap wordt door een verplichting tot inbreng niet gewijzigd.

2. Bij overgang van het erfdeel van een erfgenaam gaat zijn recht op of verplichting tot inbreng mede over.

Art. 233

Verrekening met erfdeel bij inbreng van giften

1. Verplichting tot inbreng betekent dat bij de verdeling van de nalatenschap de waarde van de gift in mindering komt van het aandeel van de tot inbreng verplichte erfgenaam in het hem en de erfgenamen, te wier behoeve de inbreng verplicht is, uit de nalatenschap toekomende gedeelte, vermeerderd met de onderling in te brengen bedragen. De waarde van de giften wordt berekend op de wijze als uit artikel 66 voortvloeit; deze waarde wordt verhoogd met een rente van zes procent per jaar vanaf de dag dat de nalatenschap is opengevallen. De artikelen 68 en 70 lid 3 zijn van overeenkomstige toepassing.

2. Inbreng is niet verplicht voor zover de waarde van de gift groter is dan het aandeel van de erfgenaam.

Burgerlijk Wetboek Boek 5

Inhoudsopgave

Boek 5	Zakelijke rechten	Art. 1
Titel 1	Eigendom in het algemeen	Art. 1
Titel 2	Eigendom van roerende zaken	Art. 4
Titel 3	Eigendom van onroerende zaken	Art. 20
Titel 4	Bevoegdheden en verplichtingen van eigenaars van naburige erven	Art. 37
Titel 5	Mandeligheid	Art. 60
Titel 6	Erfdienstbaarheden	Art. 70
Titel 7	Erfpacht	Art. 85
Titel 8	Opstal	Art. 101
Titel 9	Appartementsrechten	Art. 106
Afdeling 1	Algemene bepalingen	Art. 106
Afdeling 2	De vereniging van eigenaars	Art. 124
Afdeling 3	Rechten uit verzekeringsovereenkomsten	Art. 136
Afdeling 4	Wijziging van de akte van splitsing en opheffing van de splitsing	Art. 139

Burgerlijk Wetboek Boek 5^1

Burgerlijk Wetboek Boek 5, Zakelijke rechten

Boek 5
Zakelijke rechten

Titel 1
Eigendom in het algemeen

Art. 1

Eigendom **1.** Eigendom is het meest omvattende recht dat een persoon op een zaak kan hebben.
(Zie ook: artt. 2, 8, 81, 83, 98 BW Boek 3)
2. Het staat de eigenaar met uitsluiting van een ieder vrij van de zaak gebruik te maken, mits dit gebruik niet strijdt met rechten van anderen en de op wettelijke voorschriften en regels van ongeschreven recht gegronde beperkingen daarbij in acht worden genomen.
(Zie ook: artt. 13, 14, 40 BW Boek 3; artt. 21, 37, 54 BW Boek 5; art. 162 BW Boek 6; art. 14 GW)

Afgescheiden vruchten **3.** De eigenaar van de zaak wordt, behoudens rechten van anderen, eigenaar van de afgescheiden vruchten.
(Zie ook: artt. 2, 9, 216 BW Boek 3; artt. 17, 90 BW Boek 5)

Art. 2

Revindicatie De eigenaar van een zaak is bevoegd haar van een ieder die haar zonder recht houdt, op te eisen.
(Zie ook: artt. 27, 119, 296, 302 BW Boek 3; artt. 47, 491 t/m 500, 538 t/m 541, 555 t/m 558, 730 t/m 737 BW Boek 5; art. 129 Pw; art. 26 Aw)

Art. 3

Natrekking Voor zover de wet niet anders bepaalt, is de eigenaar van een zaak eigenaar van al haar bestanddelen.

Titel 2
Eigendom van roerende zaken

Art. 4

Inbezitneming res nullius Hij die een aan niemand toebehorende roerende zaak in bezit neemt, verkrijgt daarvan de eigendom.
(Zie ook: art. 4 BW Boek 3; artt. 14, 20, 60, 101 BW Boek 5)

Art. 5

Vinder, verplichtingen **1.** Hij die een onbeheerde zaak vindt en onder zich neemt, is verplicht:
a. met bekwame spoed overeenkomstig lid 2, eerste zin, van de vondst aangifte te doen, tenzij hij terstond na de vondst daarvan mededeling heeft gedaan aan degene die hij als eigenaar of als tot ontvangst bevoegd mocht beschouwen;
b. met bekwame spoed tevens overeenkomstig lid 2, tweede zin, mededeling van de vondst te doen, indien deze is gedaan in een woning, een gebouw of een vervoermiddel, tenzij hij krachtens het bepaalde onder *a*, slot ook niet tot aangifte verplicht was;
c. de zaak in bewaring te geven aan de gemeente die dit vordert.
2. De in lid 1 onder *a* bedoelde aangifte kan in iedere gemeente worden gedaan bij de daartoe aangewezen ambtenaar. De in lid 1 onder *b* bedoelde mededeling geschiedt bij degene die de woning bewoont of het gebouw of vervoermiddel in gebruik of exploitatie heeft, dan wel bij degene die daar voor hem toezicht houdt.
3. De vinder is te allen tijde bevoegd de zaak aan enige gemeente in bewaring te geven. Zolang hij dit niet doet, is hij verplicht zelf voor bewaring en onderhoud zorg te dragen.
4. De vinder kan van de in lid 2, eerste zin, bedoelde ambtenaar een bewijs van aangifte of van inbewaringgeving verlangen.
(Zie ook: art. 199 BW Boek 6; art. 151 Overgangswet NBW)

Art. 6

Vinder wordt eigenaar **1.** De vinder die aan de hem in artikel 5 lid 1 gestelde eisen heeft voldaan, verkrijgt de eigendom van de zaak één jaar na de in artikel 5 lid 1 onder *a* bedoelde aangifte of mededeling, mits de zaak zich op dat tijdstip nog bevindt in de macht van de vinder of van de gemeente.
2. Is de zaak anders dan op haar vordering aan de gemeente in bewaring gegeven en valt zij onder de niet-kostbare zaken, aangewezen bij of krachtens een algemene maatregel van bestuur

---

1 Inwerkingtredingsdatum: 01-01-1992; zoals laatstelijk gewijzigd bij: Stb. 2018, 228.

als bedoeld in artikel 12 onder b , dan is lid 1 niet van toepassing en is de burgemeester drie maanden na de inbewaringgeving bevoegd de zaak voor rekening van de gemeente te verkopen of haar om niet aan een derde over te dragen of te vernietigen.

3. Is de zaak in bewaring gegeven aan de gemeente en is noch lid 1, noch lid 2 van toepassing, dan is de burgemeester één jaar na de inbewaringgeving bevoegd de zaak voor rekening van de gemeente te verkopen of haar om niet aan een derde over te dragen of te vernietigen.

4. De vorige leden gelden niet, wanneer de eigenaar of een ander die tot ontvangst van de zaak bevoegd is, zich daartoe heeft aangemeld bij degene die de zaak in bewaring heeft vóórdat de toepasselijke termijn is verstreken of, in de gevallen van de leden 2 en 3, op een tijdstip na het verstrijken van de termijn, waarop de gemeente de zaak redelijkerwijs nog te zijner beschikking kan stellen.

(Zie ook: art. 151 Overgangswet NBW)

Art. 7

De vinder kan, door de zaak onverwijld af te geven aan de bewoner van de woning of de gebruiker of exploitant van de ruimte waar de vondst is gedaan, dan wel aan degene die daar voor hem toezicht houdt, zijn rechtspositie met alle daaraan verbonden verplichtingen doen overgaan op die bewoner, gebruiker of exploitant met dien verstande dat geen recht op beloning bestaat.

(Zie ook: art. 151 Overgangswet NBW)

Art. 8

1. Indien een aan de gemeente in bewaring gegeven zaak aan snel tenietgaan of achteruitgang onderhevig is of wegens de onevenredig hoge kosten of ander nadeel de bewaring daarvan niet langer van de gemeente kan worden gevergd, is de burgemeester bevoegd haar te verkopen.

2. Indien de zaak zich niet voor verkoop leent, is de burgemeester bevoegd haar om niet aan een derde in eigendom over te dragen of te vernietigen.

3. Indien een dier wordt gevonden, is de burgemeester na verloop van twee weken, nadat het dier door de gemeente in bewaring is genomen, bevoegd het zo mogelijk tegen betaling van een koopprijs, en anders om niet, aan een derde in eigendom over te dragen. Mocht ook dit laatste zijn uitgesloten, dan is de burgemeester bevoegd het dier te doen afmaken. De termijn van twee weken behoeft niet te worden in acht genomen, indien het dier slechts met onevenredig hoge kosten gedurende dat tijdvak kan worden bewaard, of afmaking om geneeskundige redenen vereist is.

4. De opbrengst treedt in de plaats van de zaak.

(Zie ook: art. 90 BW Boek 6; art. 151 Overgangswet NBW)

Art. 9

Bestaat de aan de gemeente in bewaring gegeven zaak in geld, dan is de gemeente slechts verplicht aan degene die haar kan opeisen, een gelijk bedrag uit te keren, en vervalt deze verplichting zodra de burgemeester tot verkoop voor rekening van de gemeente bevoegd zou zijn geweest.

(Zie ook: art. 151 ONBW)

Art. 10

1. Hij die de zaak opeist van de gemeente of van de vinder die aan de hem in artikel 5 lid 1 gestelde eisen heeft voldaan, is verplicht de kosten van bewaring en onderhoud en tot opsporing van de eigenaar of een andere tot ontvangst bevoegde te vergoeden. De gemeente of de vinder is bevoegd de afgifte op te schorten totdat deze verplichting is nagekomen. Indien degene die de zaak opeist, de verschuldigde kosten niet binnen een maand nadat ze hem zijn opgegeven, heeft voldaan, wordt hij geacht zijn recht op de zaak te hebben prijsgegeven.

2. De vinder die aan de op hem rustende verplichtingen heeft voldaan, heeft naar omstandigheden recht op een redelijke beloning.

(Zie ook: art. 290 BW Boek 3; art. 200 BW Boek 6; art. 151 Overgangswet NBW)

Art. 11

Indien een vinder die op grond van artikel 6 lid 1 eigenaar is geworden van een aan de gemeente in bewaring gegeven zaak, zich niet binnen één maand na zijn verkrijging bij de gemeente heeft aangemeld om de zaak in ontvangst te nemen, is de burgemeester bevoegd de zaak voor rekening van de gemeente te verkopen, om niet aan een derde over te dragen of te vernietigen.

(Zie ook: art. 151 Overgangswet NBW)

Art. 12

Bij of krachtens algemene maatregel van bestuur kunnen:

a. nadere regels worden gesteld omtrent de uitoefening van de uit de artikelen 5-11 voor de gemeenten voortvloeiende bevoegdheden;

b. groepen van niet-kostbare zaken worden aangewezen, waarvoor artikel 6 lid 2 geldt;

c. nadere regels worden gesteld omtrent de aanwijzing van bepaalde soorten personen en instellingen, waarbij deze, geheel of gedeeltelijk en al dan niet onder nadere voorwaarden, worden vrijgesteld van de aangifteplicht van artikel 5 lid 1 onder a of voor de afwikkeling van vondsten worden gelijkgesteld met een gemeente;

B5 art. 13 — Burgerlijk Wetboek Boek 5

d. voor de afwikkeling van vondsten door personen of instellingen als bedoeld onder *c* groepen van niet afgehaalde zaken met gevonden zaken worden gelijkgesteld.

(Zie ook: art. 151 Overgangswet NBW; Bgvw ; Bpv 2000)

Art. 13

Schatvinding **1.** Een schat komt voor gelijke delen toe aan degene die hem ontdekt, en aan de eigenaar van de onroerende of roerende zaak, waarin de schat wordt aangetroffen.

2. Een schat is een zaak van waarde, die zolang verborgen is geweest dat daardoor de eigenaar niet meer kan worden opgespoord.

3. De ontdekker is verplicht van zijn vondst aangifte te doen overeenkomstig artikel 5 lid 1 onder a. Indien geen aangifte is gedaan of onzeker is aan wie de zaak toekomt, kan de gemeente overeenkomstig artikel 5 lid 1 onder c vorderen dat deze aan haar in bewaring wordt gegeven, totdat vaststaat wie rechthebbende is.

(Zie ook: art. 213 BW Boek 3; art. 152 Overgangswet NBW)

Art. 14

Natrekking roerende zaken **1.** De eigendom van een roerende zaak die een bestanddeel wordt van een andere roerende zaak die als hoofdzaak is aan te merken, gaat over aan de eigenaar van deze hoofdzaak.

Mede-eigendom **2.** Indien geen der zaken als hoofdzaak is aan te merken en zij toebehoren aan verschillende eigenaars, worden deze mede-eigenaars van de nieuwe zaak, ieder voor een aandeel evenredig aan de waarde van de zaak.

Hoofdzaak **3.** Als hoofdzaak is aan te merken de zaak waarvan de waarde die van de andere zaak aanmerkelijk overtreft of die volgens verkeersopvatting als zodanig wordt beschouwd.

(Zie ook: artt. 3, 4 BW Boek 3; art. 20 BW Boek 5)

Art. 15

Vermenging roerende zaken Worden roerende zaken die aan verschillende eigenaars toebehoren door vermenging tot één zaak verenigd, dan is het vorige artikel van overeenkomstige toepassing.

(Zie ook: art. 4 BW Boek 3)

Art. 16

Zaaksvorming roerende zaken **1.** Indien iemand uit een of meer roerende zaken een nieuwe zaak vormt, wordt deze eigendom van de eigenaar van de oorspronkelijke zaken. Behoren deze toe aan verschillende eigenaars, dan zijn de vorige twee artikelen van overeenkomstige toepassing.

2. Indien iemand voor zichzelf een zaak vormt of doet vormen uit of mede uit een of meer hem niet toebehorende roerende zaken, wordt hij eigenaar van de nieuwe zaak, tenzij de kosten van de vorming dit wegens hun geringe omvang niet rechtvaardigen.

3. Bij het verwerken van stoffen tot een nieuwe stof of het kweken van planten zijn de vorige leden van overeenkomstige toepassing.

(Zie ook: art. 3 BW Boek 3)

Art. 17

Vruchten roerende zaak Degene die krachtens zijn genotsrecht op een zaak gerechtigd is tot de vruchten daarvan, verkrijgt de eigendom der vruchten door haar afscheiding.

(Zie ook: artt. 9, 216 BW Boek 3; artt. 45, 90 BW Boek 5)

Art. 18

Afstand eigendom roerende zaak De eigendom van een roerende zaak wordt verloren, wanneer de eigenaar het bezit prijsgeeft met het oogmerk om zich van de eigendom te ontdoen.

(Zie ook: artt. 107, 117 BW Boek 3)

Art. 19

Verlies eigendom dieren **1.** De eigenaar van tamme dieren verliest daarvan de eigendom, wanneer zij, nadat zij uit zijn macht zijn gekomen, zijn verwilderd.

2. De eigenaar van andere dieren verliest daarvan de eigendom, wanneer zij de vrijheid verkrijgen en de eigenaar niet terstond beproeft ze weder te vangen of zijn pogingen daartoe staakt.

(Zie ook: art. 117 BW Boek 3; art. 153 Overgangswet NBW)

Titel 3

Eigendom van onroerende zaken

Art. 20

Eigendom grond **1.** De eigendom van de grond omvat, voor zover de wet niet anders bepaalt:

a. de bovengrond;

b. de daaronder zich bevindende aardlagen;

c. het grondwater dat door een bron, put of pomp aan de oppervlakte is gekomen;

d. het water dat zich op de grond bevindt en niet in open gemeenschap met water op eens anders erf staat;

e. gebouwen en werken die duurzaam met de grond zijn verenigd, hetzij rechtstreeks, hetzij door vereniging met andere gebouwen en werken, voor zover ze geen bestanddeel zijn van eens anders onroerende zaak;

(Zie ook: artt. 3, 120 t/m 124 BW Boek 3; artt. 58, 60, 70, 101 BW Boek 5; artt. 251, 252 BW Boek 6)

f. met de grond verenigde beplantingen.

(Zie ook: artt. 3, 4 BW Boek 3; artt. 3, 14 BW Boek 5; art. 154 Overgangswet NBW)

2. In afwijking van lid 1 behoort de eigendom van een net, bestaande uit een of meer kabels of leidingen, bestemd voor transport van vaste, vloeibare of gasvormige stoffen, van energie of van informatie, dat in, op of boven de grond van anderen is of wordt aangelegd, toe aan de bevoegde aanlegger van dat net dan wel aan diens rechtsopvolger.

(Zie ook: artt. 78, 155 Overgangswet NBW; art. 5.17 Tw)

Art. 21

1. De bevoegdheid van de eigenaar van de grond om deze te gebruiken, omvat de bevoegdheid tot gebruik van de ruimte boven en onder de oppervlakte.

2. Het gebruik van de ruimte boven en onder de oppervlakte is aan anderen toegestaan, indien dit zo hoog boven of zo diep onder de oppervlakte plaats vindt, dat de eigenaar geen belang heeft zich daartegen te verzetten.

3. De vorige leden zijn niet van toepassing op de bevoegdheid tot vliegen.

(Zie ook: artt. 13, 14 BW Boek 3; art. 54 BW Boek 5)

Art. 22

Wanneer een erf niet is afgesloten, mag ieder er zich op begeven, tenzij de eigenaar schade of hinder hiervan kan ondervinden of op duidelijke wijze kenbaar heeft gemaakt, dat het verboden is zonder zijn toestemming zich op het erf te bevinden, een en ander onverminderd hetgeen omtrent openbare wegen is bepaald.

(Zie ook: artt. 460, 461 WvSr)

Art. 23

1. Is een voorwerp of een dier anders dan door opzet of grove nalatigheid van de eigenaar op de grond van een ander terecht gekomen, dan moet de eigenaar van de grond hem op zijn verzoek toestaan het voorwerp of het dier op te sporen en weg te voeren.

2. De bij de opsporing en wegvoering aangerichte schade moet door de eigenaar van het voorwerp of het dier aan de eigenaar van de grond worden vergoed. Voor deze vordering heeft laatstgenoemde een retentierecht op het voorwerp of het dier.

(Zie ook: art. 290 BW Boek 3; art. 179 BW Boek 6)

Art. 24

Aan de Staat behoren onroerende zaken die geen andere eigenaar hebben.

(Zie ook: artt. 3, 14 BW Boek 3)

Art. 25

De bodem van de territoriale zee en van de Waddenzee is eigendom van de Staat.

(Zie ook: artt. 436, 479, 703 Rv)

Art. 26

De stranden der zee tot aan de duinvoet worden vermoed eigendom van de Staat te zijn.

(Zie ook: artt. 436, 479, 703 Rv)

Art. 27

1. De grond waarop zich openbare vaarwateren bevinden, wordt vermoed eigendom van de Staat te zijn.

2. Dit vermoeden werkt niet tegenover een openbaar lichaam:

a. dat die wateren onderhoudt en het onderhoud niet van de Staat heeft overgenomen;

b. dat die wateren onderhield en waarvan dit onderhoud door de Staat of door een ander openbaar lichaam is overgenomen.

(Zie ook: artt. 436, 479, 703 Rv)

Art. 28

1. Onroerende zaken die openbaar zijn, met uitzondering van de stranden der zee, worden, wanneer zij door een openbaar lichaam worden onderhouden, vermoed eigendom van dat openbare lichaam te zijn.

(Zie ook: artt. 436, 479, 703 Rv; art. 4 Wegw)

2. Dit vermoeden werkt niet tegenover hem aan wie het onderhoud is overgenomen.

(Zie ook: art. 13 Wegw)

Art. 29

De grens van een langs een water liggend erf verplaatst zich met de oeverlijn, behalve in geval van opzettelijke drooglegging of tijdelijke overstroming. Een overstroming is niet tijdelijk, indien tien jaren na de overstroming het land nog door het water wordt overspoeld en de drooglegging niet is begonnen.

(Zie ook: art. 157 Overgangswet NBW)

Natrekking onroerende zaken

Verticale natrekking

Andermans erf

Andermans erf, opsporen dier of voorwerp

Onroerende zaak zonder eigenaar

Zeebodem, eigendom staat

Zeestrand, eigendomsvermoeden

Grond openbaar vaarwater, eigendomsvermoeden

Openbare onroerende zaken, eigendomsvermoeden

Aanwas- en afslagregel

B5 art. 30

Art. 30

Oever, erfgrensvaststelling

1. Een verplaatsing van de oeverlijn wijzigt de grens niet meer, nadat deze is vastgelegd, hetzij door de eigenaars van land en water overeenkomstig artikel 31, hetzij door de rechter op vordering van een hunner tegen de ander overeenkomstig artikel 32. De vastlegging geldt jegens een ieder.

2. Indien bij de vastlegging in plaats van de werkelijke eigenaar van een erf iemand die als zodanig in de openbare registers was ingeschreven, partij is geweest, is niettemin het vorige lid van toepassing, tenzij de werkelijke eigenaar tegen inschrijving van de akte of het vonnis verzet heeft gedaan voordat zij is geschied.

(Zie ook: artt. 16, 27, 119 BW Boek 3; art. 157 Overgangswet NBW)

Art. 31

Oever, erfgrensvaststelling bij notariële akte

1. De vastlegging van de grens door de eigenaars van land en water geschiedt bij een daartoe bestemde notariële akte, binnen veertien dagen gevolgd door de inschrijving daarvan in de openbare registers.

2. De bewaarder der registers is bevoegd van de inschrijving kennis te geven aan ieder die als rechthebbende of beslaglegger op een der erven staat ingeschreven.

3. Voor zover de in de akte beschreven grens van de toenmalige oeverlijn afwijkt, kan een derde die op het ogenblik van de inschrijving een recht op een der erven heeft, daarvan huurder of pachter is of daarop een beslag heeft doen inschrijven, de toenmalige oeverlijn als vastgelegde grens aanmerken.

(Zie ook: art. 16 BW Boek 3; art. 24 Kadw; art. 157 Overgangswet NBW)

Art. 32

Oever, erfgrensvaststelling door rechterlijke uitspraak

1. Een vordering tot vastlegging van de grens wordt slechts toegewezen, indien de instelling ervan in de openbare registers is ingeschreven en allen die toen als rechthebbende of beslaglegger op een der erven stonden ingeschreven, tijdig in het geding zijn geroepen.

(Zie ook: art. 27 BW Boek 3; art. 38 Kadw)

2. De rechter bepaalt de grens overeenkomstig de oeverlijn op het tijdstip van de inschrijving van de vordering. Alvorens de eis toe te wijzen, kan hij de maatregelen bevelen en de bewijsopdrachten doen, die hij in het belang van niet-verschenen belanghebbenden nuttig oordeelt.

(Zie ook: artt. 27, 29 BW Boek 3; art. 12a Rv)

3. De kosten van de vordering komen ten laste van de eiser.

(Zie ook: art. 56 Rv)

4. Verzet, hoger beroep en cassatie moeten op straffe van niet-ontvankelijkheid binnen acht dagen na het instellen van het rechtsmiddel worden ingeschreven in de registers, bedoeld in artikel 433 van het Wetboek van Burgerlijke Rechtsvordering. In afwijking van artikel 143 van dat wetboek begint de verzettermijn te lopen vanaf de betekening van het vonnis aan de ingeschrevene, ook als de betekening niet aan hem in persoon geschiedt, tenzij de rechter hiertoe nadere maatregelen heeft bevolen en aan dat bevel niet is voldaan.

(Zie ook: art. 29 BW Boek 3; art. 39 Kadw)

5. De vastlegging treedt in op het tijdstip dat het vonnis waarbij de vordering is toegewezen, in de openbare registers wordt ingeschreven. Deze inschrijving geschiedt niet voordat het vonnis in kracht van gewijsde is gegaan.

(Zie ook: art. 25 Kadw)

Art. 33

Oever, verplaatsing oeverlijn na erfgrensvaststelling

1. Verplaatst zich, nadat de grens is vastgelegd, de oeverlijn van een openbaar water landinwaarts, dan moet de eigenaar van het overspoelde erf het gebruik van het water overeenkomstig de bestemming dulden.

2. Verplaatst zich, nadat de grens is vastgelegd, de oeverlijn van een water dat de eigenaar van het aanliggende erf voor enig doel mag gebruiken, in de richting van het water, dan kan de eigenaar van dat erf vorderen dat hem op de drooggekomen grond een of meer erfdienstbaarheden worden verleend, waardoor hij zijn bevoegdheden ten aanzien van het water kan blijven uitoefenen.

3. Het vorige lid is van overeenkomstige toepassing ten behoeve van hem die het water voor enig doel mag gebruiken en daartoe een erfdienstbaarheid op het aan het water liggende erf heeft.

(Zie ook: art. 70 BW Boek 5)

4. In geval van grensvastlegging overeenkomstig artikel 32 zijn de vorige leden reeds van toepassing, wanneer de oeverlijn zich na de inschrijving van de vordering verplaatst.

Art. 34

Oeverlijnbepaling

De oeverlijn in de zin van de vorige vijf artikelen wordt bepaald door de normale waterstand, of, bij wateren waarvan het peil periodiek wisselt, door de normale hoogwaterstand. Grond, met andere dan gewoonlijk in het water levende planten begroeid, wordt echter gerekend aan de landzijde van de oeverlijn te liggen, ook al wordt die grond bij hoogwater overstroomd.

Art. 35

1. Nieuw duin dat zich op het strand vormt, behoort aan de eigenaar van het aan het strand grenzende duin, wanneer beide duinen een geheel zijn geworden, zodanig dat zij niet meer van elkander kunnen worden onderscheiden.

2. Daarentegen verliest deze eigenaar de grond welke door afneming van het duin deel van het strand wordt.

3. Uitbreiding of afneming van een duin als bedoeld in de leden 1 en 2 brengt geen wijziging meer in de eigendom nadat de grens is vastgesteld, hetzij door de eigenaars van strand en duin, hetzij door de rechter op vordering van een hunner tegen de ander. De artikelen 30-32 zijn van overeenkomstige toepassing.

4. Buiten het geval van de leden 1 en 2 brengt uitbreiding of afneming van een duin geen wijziging in de eigendom.

(Zie ook: art. 24 Kadw; art. 158 Overgangswet NBW)

Art. 36

Dient een muur, hek, heg of greppel, dan wel een niet bevaarbaar stromend water, een sloot, gracht of dergelijke watergang als afscheiding van twee erven, dan wordt het midden van deze afscheiding vermoed de grens tussen deze erven te zijn. Dit vermoeden geldt niet, indien een muur slechts aan één zijde een gebouw of werk steunt.

(Zie ook: artt. 59, 62 BW Boek 5)

Titel 4

Bevoegdheden en verplichtingen van eigenaars van naburige erven

Art. 37

De eigenaar van een erf mag niet in een mate of op een wijze die volgens artikel 162 van Boek 6 onrechtmatig is, aan eigenaars van andere erven hinder toebrengen zoals door het verspreiden van rumoer, trillingen, stank, rook of gassen, door het onthouden van licht of lucht of door het ontnemen van steun.

(Zie ook: art. 13 BW Boek 3; artt. 1, 21, 40 BW Boek 5; art. 168, 174 BW Boek 6; artt. 159, 161 Overgangswet NBW)

Art. 38

Lagere erven moeten het water ontvangen dat van hoger gelegen erven van nature afloopt. *(Zie ook: artt. 159, 161 Overgangswet NBW)*

Art. 39

De eigenaar van een erf mag niet in een mate of op een wijze die volgens artikel 162 van Boek 6 onrechtmatig is, aan eigenaars van andere erven hinder toebrengen door wijziging te brengen in de loop, hoeveelheid of hoedanigheid van over zijn erf stromend water of van het grondwater, dan wel door gebruik van water dat zich op zijn erf bevindt en in open gemeenschap staat met het water op eens anders erf.

(Zie ook: artt. 37, 41, 52, 53 BW Boek 5; art. 168 BW Boek 6; artt. 159, 161 Overgangswet NBW)

Art. 40

1. De eigenaar van een erf dat aan een openbaar of stromend water grenst, mag van het water gebruik maken tot bespoeling, tot drenking van vee of tot andere dergelijke doeleinden, mits hij daardoor aan eigenaars van andere erven geen hinder toebrengt in een mate of op een wijze die volgens artikel 162 van Boek 6 onrechtmatig is.

2. Betreft het een openbaar water, dan is het vorige lid slechts van toepassing voor zover de bestemming van het water zich er niet tegen verzet.

(Zie ook: art. 14 BW Boek 3; artt. 27, 28, 37, 41 BW Boek 5; art. 168 BW Boek 6; art. 159 Overgangswet NBW)

Art. 41

Van de artikelen 38, 39 en 40 lid 1 kan bij verordening worden afgeweken.

Art. 42

1. Het is niet geoorloofd binnen de in lid 2 bepaalde afstand van de grenslijn van eens anders erf bomen, heesters of heggen te hebben, tenzij de eigenaar daartoe toestemming heeft gegeven of dat erf een openbare weg of een openbaar water is.

2. De in lid 1 bedoelde afstand bedraagt voor bomen twee meter te rekenen vanaf het midden van de voet van de boom en voor de heesters en heggen een halve meter, tenzij ingevolge een verordening of een plaatselijke gewoonte een kleinere afstand is toegelaten.

3. De nabuur kan zich niet verzetten tegen de aanwezigheid van bomen, heesters of heggen die niet hoger reiken dan de scheidsmuur tussen de erven.

4. Ter zake van een volgens dit artikel ongeoorloofde toestand is slechts vergoeding verschuldigd van de schade, ontstaan na het tijdstip waartegen tot opheffing van die toestand is aangemaand.

(Zie ook: artt. 13, 14, 17, 314 BW Boek 3; art. 1 BW Boek 5; art. 95 BW Boek 6; artt. 159, 161 Overgangswet NBW)

Duinen

Erfafscheiding

Hinder bij naburige erven

Aflopend water bij naburig erf

Water op naburig erf

Gebruik openbaar of stromend water

Naburig erf, afwijkende verordening

Beplantingen bij naburig erf

Art. 43

Muur Onder muur wordt in deze en de volgende titel verstaan iedere van steen, hout of andere daartoe geschikte stof vervaardigde, ondoorzichtige afsluiting.
(Zie ook: artt. 62, 66, 67, 68 BW Boek 5)

Art. 44

Beplanting, overhangend **1.** Indien een nabuur wiens beplantingen over eens anders erf heenhangen, ondanks aanmaning van de eigenaar van dit erf, nalaat het overhangende te verwijderen, kan laatstgenoemde eigenaar eigenmachtig het overhangende wegsnijden en zich toeëigenen.

Beplanting, doorschietende wortels **2.** Degene op wiens erf wortels van een ander erf doorschieten, mag deze voor zover ze doorgeschoten zijn weghakken en zich toeëigenen.

Art. 45

Afvallende vruchten Vruchten die van de bomen van een erf op een naburig erf vallen, behoren aan hem wie de vruchten van dit laatste erf toekomen.
(Zie ook: artt. 9, 80 BW Boek 3; art. 17, 23 BW Boek 5)

Art. 46

Grensbepaling door afpalingstekens De eigenaar van een erf kan te allen tijde van de eigenaar van het aangrenzende erf vorderen dat op de grens van hun erven behoorlijk waarneembare afpalingstekens gesteld of de bestaande zo nodig vernieuwd worden. De eigenaars dragen in de kosten hiervan voor gelijke delen bij.
(Zie ook: artt. 1, 60 BW Boek 5; art. 159 Overgangswet NBW)

Art. 47

Grensbepaling vorderen **1.** Indien de loop van de grens tussen twee erven onzeker is, kan ieder der eigenaars te allen tijde vorderen dat de rechter de grens bepaalt.

2. In geval van onzekerheid waar de grens tussen twee erven ligt, geldt niet het wettelijk vermoeden dat de bezitter eigenaar is.

3. Bij het bepalen van de grens kan de rechter naar gelang van de omstandigheden het gebied waarover onzekerheid bestaat, in gelijkwaardige of ongelijkwaardige delen verdelen dan wel het in zijn geheel aan een der partijen toewijzen, al dan niet met toekenning van een schadevergoeding aan een der partijen.
(Zie ook: art. 119, 218 BW Boek 3; art. 95 BW Boek 5; art. 126 Rv; art. 149 Overgangswet NBW)

Art. 48

Afsluiting erf De eigenaar van een erf is bevoegd dit af te sluiten.
(Zie ook: artt. 21, 22 BW Boek 5)

Art. 49

Scheidsmuur **1.** Ieder der eigenaars van aangrenzende erven in een aaneengebouwd gedeelte van een gemeente kan te allen tijde vorderen dat de andere eigenaar ertoe meewerkt, dat op de grens van de erven een scheidsmuur van twee meter hoogte wordt opgericht, voor zover een verordening of een plaatselijke gewoonte de wijze of de hoogte der afscheiding niet anders regelt. De eigenaars dragen in de kosten van de afscheiding voor gelijke delen bij.

2. Het vorige lid is niet toepasselijk, indien een der erven een openbare weg of een openbaar water is.
(Zie ook: artt. 62, 68 BW Boek 5; art. 159 Overgangswet NBW)

Art. 50

Vensters of balkons **1.** Tenzij de eigenaar van het naburige erf daartoe toestemming heeft gegeven, is het niet geoorloofd binnen twee meter van de grenslijn van dit erf vensters of andere muuropeningen, dan wel balkons of soortgelijke werken te hebben, voor zover deze op dit erf uitzicht geven.

2. De nabuur kan zich niet verzetten tegen de aanwezigheid van zodanige openingen of werken, indien zijn erf een openbare weg of een openbaar water is, indien zich tussen de erven openbare wegen of openbare wateren bevinden of indien het uitzicht niet verder reikt dan tot een binnen twee meter van de opening of het werk zich bevindende muur. Uit dezen hoofde geoorloofde openingen of werken blijven geoorloofd, ook nadat de erven hun openbare bestemming hebben verloren of de muur is gesloopt.

3. De in dit artikel bedoelde afstand wordt gemeten rechthoekig uit de buitenkant van de muur daar, waar de opening is gemaakt, of uit de buitenste naar het naburige erf gekeerde rand van het vooruitspringende werk tot aan de grenslijn der erven of de muur.

4. Wanneer de nabuur als gevolg van verjaring geen wegneming van een opening of werk meer kan vorderen, is hij verplicht binnen een afstand van twee meter daarvan geen gebouwen of werken aan te brengen die de eigenaar van het andere erf onredelijk zouden hinderen, behoudens voor zover zulk een gebouw of werk zich daar reeds op het tijdstip van de voltooiing van de verjaring bevond.

5. Ter zake van een volgens dit artikel ongeoorloofde toestand is slechts vergoeding verschuldigd van schade, ontstaan na het tijdstip waartegen opheffing van die toestand is aangemaand.
(Zie ook: artt. 306, 314 BW Boek 3; artt. 159, 161 Overgangswet NBW)

Art. 51

In muren, staande binnen de in het vorige artikel aangegeven afstand, mogen steeds lichtopeningen worden gemaakt, mits zij van vaststaande en ondoorzichtige vensters worden voorzien.
(Zie ook: artt. 159, 161 Overgangswet NBW)

Vensters, ondoorzichtig

Art. 52

1. Een eigenaar is verplicht de afdekking van zijn gebouwen en werken zodanig in te richten, dat daarvan het water niet op eens anders erf afloopt.

2. Afwatering op de openbare weg is geoorloofd, indien zij niet bij de wet of verordening verboden is.

(Zie ook: art. 68 BW Boek 5)

Afwatering naburig erf

Art. 53

Een eigenaar is verplicht er voor te zorgen dat geen water of vuilnis van zijn erf in de goot van eens anders erf komt.

(Zie ook: art. 68 BW Boek 5)

Afvoer water of vuilnis naburig erf

Art. 54

1. Is een gebouw of werk ten dele op, boven of onder het erf van een ander gebouwd en zou de eigenaar van het gebouw of werk door wegneming van het uitstekende gedeelte onevenredig veel zwaarder benadeeld worden dan de eigenaar van het erf door handhaving daarvan, dan kan de eigenaar van het gebouw of werk te allen tijde vorderen dat hem tegen schadeloosstelling een erfdienstbaarheid tot het handhaven van de bestaande toestand wordt verleend of, ter keuze van de eigenaar van het erf, een daartoe benodigd gedeelte van het erf wordt overgedragen.

2. Het vorige lid is van overeenkomstige toepassing, wanneer een gebouw of werk na verloop van tijd over andermans erf is gaan overhellen.

3. De vorige leden zijn niet van toepassing, indien dit voortvloeit uit een op de wet of rechtshandeling gegronde verplichting tot het dulden van de bestaande toestand of indien de eigenaar van het gebouw of werk ter zake van de bouw of zijn verkrijging kwade trouw of grove schuld verweten kan worden.

(Zie ook: art. 13 BW Boek 3; artt. 21, 70 BW Boek 5; artt. 95, 252 BW Boek 6; artt. 159, 161 Overgangswet NBW)

Overbouw

Art. 55

Indien door een dreigende instorting van een gebouw of werk een naburig erf in gevaar wordt gebracht, kan de eigenaar van dat erf te allen tijde vorderen dat maatregelen worden genomen teneinde het gevaar op te heffen.

(Zie ook: art. 174 BW Boek 6; art. 126 Rv)

Gevaar voor naburig erf

Art. 56

Wanneer het voor het verrichten van werkzaamheden ten behoeve van een onroerende zaak noodzakelijk is van een andere onroerende zaak tijdelijk gebruik te maken, is de eigenaar van deze zaak gehouden dit na behoorlijke kennisgeving en tegen schadeloosstelling toe te staan, tenzij er voor deze eigenaar gewichtige redenen bestaan dit gebruik te weigeren of tot een later tijdstip te doen uitstellen.

(Zie ook: art. 95 BW Boek 3; art. 95 BW Boek 6)

Steigerrecht bij naburig erf

Art. 57

1. De eigenaar van een erf dat geen behoorlijke toegang heeft tot een openbare weg of een openbaar vaarwater, kan van de eigenaars van de naburige erven te allen tijde aanwijzing van een noodweg ten dienste van zijn erf vorderen tegen vooraf te betalen of te verzekeren vergoeding van de schade welke hun door die noodweg wordt berokkend.

2. Indien zich na de aanwijzing van de noodweg onvoorziene omstandigheden voordoen, waardoor de weg een grotere last aan de eigenaar van het erf veroorzaakt dan waarmee bij het bepalen van de in lid 1 bedoelde vergoeding was gerekend, kan de rechter het bedrag van de vergoeding verhogen.

3. Bij de aanwijzing van de noodweg wordt rekening gehouden met het belang van het ingesloten erf, dat langs die weg de openbare weg of het openbare water zo snel mogelijk kan worden bereikt, en met het belang van de bezwaarde erven om zo weinig mogelijk overlast van die weg te ondervinden. Is een erf van de openbare weg afgesloten geraakt, doordat het ten gevolge van een rechtshandeling een andere eigenaar heeft gekregen dan een vroeger daarmee verenigd gedeelte dat aan de openbare weg grenst of een behoorlijke toegang daartoe heeft, dan komt dit afgescheiden gedeelte het eerst voor de belasting met een noodweg in aanmerking.

4. Wanneer een wijziging in de plaatselijke omstandigheden dat wenselijk maakt, kan een noodweg op vordering van een onmiddellijk belanghebbende eigenaar worden verlegd.

5. Een noodweg vervalt, hoelang hij ook heeft bestaan, zodra hij niet meer nodig is.

(Zie ook: art. 258 BW Boek 6)

Noodweg

Art. 58

1. De eigenaar van een erf die water, elektriciteit, gas en warmte dat elders te zijner beschikking staat, door een leiding wil aanvoeren, kan tegen vooraf te betalen of te verzekeren schadever-

Noodwaterleiding

B5 art. 59 **Burgerlijk Wetboek Boek 5**

goeding van de eigenaars der naburige erven vorderen te gedogen dat deze leiding door of over hun erven gaat.

Schakelbepaling **2.** De laatste vier leden van het vorige artikel vinden daarbij overeenkomstige toepassing. *(Zie ook: art. 20 BW Boek 5)*

Art. 59

Grens onder watergang tussen naburig erven **1.** Wanneer de grens van twee erven in de lengterichting onder een niet bevaarbaar stromend water, een sloot, gracht of dergelijke watergang doorloopt, heeft de eigenaar van elk dier erven met betrekking tot die watergang in zijn gehele breedte dezelfde bevoegdheden en verplichtingen als een mede-eigenaar. Iedere eigenaar is verplicht de op zijn erf gelegen kant van het water, de sloot, de gracht of de watergang te onderhouden.

2. Iedere eigenaar is gerechtigd en verplicht hetgeen tot onderhoud daaruit wordt verwijderd, voor zijn deel op zijn erf te ontvangen.

3. Een door de eigenaars overeengekomen afwijkende regeling is ook bindend voor hun rechtverkrijgenden.

(Zie ook: artt. 17, 168 BW Boek 3; artt. 159, 161 Overgangswet NBW)

Titel 5 Mandeligheid

Art. 60

Mandeligheid, definitie Mandeligheid ontstaat, wanneer een onroerende zaak gemeenschappelijk eigendom is van de eigenaars van twee of meer erven en door hen tot gemeenschappelijk nut van die erven wordt bestemd bij een tussen hun opgemaakte notariële akte, gevolgd door inschrijving daarvan in de openbare registers.

(Zie ook: artt. 3, 7, 16, 17, 80, 89, 166 BW Boek 3; art. 75 BW Boek 5; art. 162 Overgangswet NBW)

Art. 61

Mandeligheid, einde **1.** Mandeligheid die is ontstaan ingevolge het vorige artikel, eindigt:

a. wanneer de gemeenschap eindigt;

b. wanneer de bestemming van de zaak tot gemeenschappelijk nut van de erven wordt opgeheven bij een tussen de mede-eigenaars opgemaakte notariële akte, gevolgd door inschrijving daarvan in de openbare registers;

c. zodra het nut van de zaak voor elk van de erven is geëindigd.

2. Het feit dat het nut van de zaak voor elk van de erven is geëindigd, kan in de openbare registers worden ingeschreven.

(Zie ook: artt. 16, 17, 89, 186 BW Boek 3)

Art. 62

Scheidsmuur gemeenschappelijk en mandelig **1.** Een vrijstaande scheidsmuur, een hek of een heg is gemeenschappelijk eigendom en mandelig, indien de grens van twee erven die aan verschillende eigenaars toebehoren, er in de lengterichting onderdoor loopt.

2. De scheidsmuur die twee gebouwen of werken, welke aan verschillende eigenaars toebehoren, gemeen hebben, is eveneens gemeenschappelijk eigendom en mandelig.

(Zie ook: art. 20 BW Boek 5; art. 162 Overgangswet NBW)

Art. 63

Afhankelijk recht mandelige zaak **1.** Het recht op een mandelige zaak kan niet worden gescheiden van de eigendom der erven.

2. Een vordering tot verdeling van een mandelige zaak is uitgesloten.

(Zie ook: artt. 7, 82, 178, 182 BW Boek 3)

Art. 64

Toegang mede-eigenaars bij mandeligheid Mandeligheid brengt mede dat ieder mede-eigenaar aan de overige mede-eigenaars toegang tot de mandelige zaak moet geven.

(Zie ook: artt. 21, 22, 48 BW Boek 5)

Art. 65

Gezamenlijk onderhoud Mandelige zaken moeten op kosten van alle mede-eigenaars worden onderhouden, gereinigd en, indien nodig, vernieuwd.

(Zie ook: artt. 170, 172 bk 3 BW; artt. 46, 49 bk 5 BW)

Art. 66

Overdracht aandeel **1.** Een mede-eigenaar van een mandelige zaak kan zijn aandeel in die zaak ook afzonderlijk van zijn erf aan de overige mede-eigenaars overdragen.

2. Indien een mede-eigenaar hiertoe op zijn kosten wil overgaan uit hoofde van de lasten van onderhoud, reiniging en vernieuwing in de toekomst, zijn de overige mede-eigenaars gehouden tot die overdracht mede te werken, mits hij hun zo nodig een recht van opstal of erfdienstbaarheid verleent, waardoor zij met betrekking tot de zaak hun rechten kunnen blijven uitoefenen.

3. De vorige leden zijn niet van toepassing op een muur die twee gebouwen of werken gemeen hebben, noch op een muur, hek of heg waardoor twee erven in een aaneengebouwd gedeelte van een gemeente van elkaar worden gescheiden.
(Zie ook: artt. 84, 89, 96, 122, 176, 224 BW Boek 3; artt. 82, 101 BW Boek 5; art. 208 BW Boek 6)

Art. 67

1. Iedere mede-eigenaar mag tegen de mandelige scheidsmuur aanbouwen en daarin tot op de helft der dikte balken, ribben, ankers en andere werken aanbrengen, mits hij aan de muur en aan de door de muur bevoegdelijk daarmee verbonden werken geen nadeel toebrengt.

Bouwen tegen mandelige scheidsmuur

2. Behalve in noodgevallen kan een mede-eigenaar vorderen dat, vóór de andere mede-eigenaar begint met aanbrengen van het werk, deskundigen zullen vaststellen op welke wijze dit kan geschieden zonder nadeel voor de muur of voor bevoegd aangebrachte werken van de eerst vermelde eigenaar.
(Zie ook: art. 55 BW Boek 5)

Art. 68

Iedere mede-eigenaar mag op de mandelige scheidsmuur tot op de helft der dikte een goot aanleggen, mits het water niet op het erf van de andere mede-eigenaar uitloost.
(Zie ook: art. 38, 52 BW Boek 5)

Gootrecht

Art. 69

De artikelen 64, 65, 66 lid 2, 67 en 68 vinden geen toepassing voorzover een overeenkomstig artikel 168 van boek 3 getroffen regeling anders bepaalt.

Toepasselijkheid art. 3:168 bij mandeligheid

Titel 6
Erfdienstbaarheden

Art. 70

1. Een erfdienstbaarheid is een last, waarmede een onroerende zaak - het dienende erf - ten behoeve van een andere onroerende zaak - het heersende erf - is bezwaard.

Erfdienstbaarheid, definitie

2. In de akte van vestiging van een erfdienstbaarheid kan aan de eigenaar van het heersende erf de verplichting worden opgelegd aan de eigenaar van het dienende erf op al dan niet regelmatig terugkerende tijdstippen een geldsom - de retributie - te betalen.
(Zie ook: artt. 3, 7, 8, 81, 82, 98 BW Boek 3; artt. 20, 118 BW Boek 5; artt. 216, 248, 252 BW Boek 6)

Retributie bij erfdienstbaarheid

Art. 71

1. De last die een erfdienstbaarheid op het dienende erf legt, bestaat in een verplichting om op, boven of onder een der beide erven iets te dulden of niet te doen. In de akte van vestiging kan worden bepaald dat de last bovendien een verplichting inhoudt tot het aanbrengen van gebouwen, werken of beplantingen die voor de uitoefening van die erfdienstbaarheid nodig zijn, mits deze gebouwen, werken en beplantingen zich geheel of gedeeltelijk op het dienende erf zullen bevinden.

Dienend erf, verplichtingen

2. De last die een erfdienstbaarheid op het dienende erf legt, kan ook bestaan in een verplichting tot onderhoud van het dienende erf of van gebouwen, werken of beplantingen die zich geheel of gedeeltelijk op het dienende erf bevinden of zullen bevinden.
(Zie ook: art. 252 BW Boek 6)

Art. 72

Erfdienstbaarheden kunnen ontstaan door vestiging en door verjaring.
(Zie ook: artt. 83, 84, 89, 98, 99, 105 BW Boek 3; artt. 114, 117, 118, 139 BW Boek 5)

Erfdienstbaarheid, ontstaan

Art. 73

1. De inhoud van de erfdienstbaarheid en de wijze van uitoefening worden bepaald door de akte van vestiging en, voor zover in die akte regelen daaromtrent ontbreken, door de plaatselijke gewoonte. Is een erfdienstbaarheid te goeder trouw geruime tijd zonder tegenspraak op een bepaalde wijze uitgeoefend, dan is in geval van twijfel deze wijze van uitoefening beslissend.

Erfdienstbaarheid, inhoud en wijze van uitoefening

2. Niettemin kan de eigenaar van het dienende erf voor de uitoefening van de erfdienstbaarheid een ander gedeelte van het erf aanwijzen dan waarop de erfdienstbaarheid ingevolge het vorige lid dient te worden uitgeoefend, mits deze verplaatsing zonder vermindering van genot voor de eigenaar van het heersende erf mogelijk is. Kosten, noodzakelijk voor zodanige verandering, komen ten laste van de eigenaar van het dienende erf.
(Zie ook: art. 11 BW Boek 3)

Art. 74

De uitoefening der erfdienstbaarheid moet op de voor het dienende erf minst bezwarende wijze geschieden.
(Zie ook: art. 37 BW Boek 5)

Erfdienstbaarheid, uitoefening op minst bezwarende wijze

Art. 75

1. De eigenaar van het heersende erf is bevoegd om op zijn kosten op het dienende erf alles te verrichten wat voor de uitoefening van de erfdienstbaarheid noodzakelijk is.

Heersend erf

B5 art. 76 Burgerlijk Wetboek Boek 5

2. Hij is eveneens bevoegd om op zijn kosten op het dienende erf gebouwen, werken en beplantingen aan te brengen, die voor de uitoefening van de erfdienstbaarheid noodzakelijk zijn.

3. Hij is verplicht het door hem op het dienende erf aangebrachte te onderhouden, voor zover dit in het belang van het dienende erf nodig is; hij is bevoegd het weg te nemen, mits hij het erf in de oude toestand terugbrengt.

4. De eigenaar van het dienende erf heeft geen recht van gebruik van de gebouwen, werken en beplantingen, die daarop door de eigenaar van het heersende erf rechtmatig zijn aangebracht.

5. In de akte van vestiging kan van de vorige leden worden afgeweken.

6. In geval van mandeligheid zijn in plaats van de leden 3 en 4 de uit dien hoofde geldende regels van toepassing.

(Zie ook: art. 20 BW Boek 5)

Art. 76

Heersend erf, verdeling 1. Wanneer het heersende erf wordt verdeeld, blijft de erfdienstbaarheid bestaan ten behoeve van ieder gedeelte, ten voordele waarvan zij kan strekken.

Dienend erf, verdeling 2. Wanneer het dienende erf wordt verdeeld, blijft de last rusten op ieder gedeelte, ten aanzien waarvan naar de akte van vestiging en de aard der erfdienstbaarheid de uitoefening mogelijk is.

3. In de akte van vestiging kan van de vorige leden worden afgeweken.

(Zie ook: art. 177 BW Boek 3)

Art. 77

Heersend of dienend erf, mede-eigendom 1. Behoort het heersende of het dienende erf toe aan twee of meer personen, hetzij als deelgenoten, hetzij als eigenaars van verschillende gedeelten daarvan, dan zijn zij hoofdelijk verbonden tot nakoming van de uit de erfdienstbaarheid voortvloeiende geldelijke verplichtingen die tijdens hun recht opeisbaar worden, voor zover deze niet over hun rechten zijn verdeeld.

2. Na overdracht of toedeling van het heersende of het dienende erf of van een gedeelte daarvan of een aandeel daarin zijn de verkrijger en zijn rechtsvoorganger hoofdelijk verbonden voor de in lid 1 bedoelde geldelijke verplichtingen die in de voorafgaande twee jaren opeisbaar zijn geworden.

3. In de akte van vestiging kan van de vorige leden worden afgeweken, doch van het tweede lid niet ten nadele van de verkrijger.

(Zie ook: art. 166 BW Boek 3; artt. 75, 92 BW Boek 5; art. 6 BW Boek 6; art. 164 Overgangswet NBW)

Art. 78

Erfdienstbaarheid, wijziging of opheffing De rechter kan op vordering van de eigenaar van het dienende erf een erfdienstbaarheid wijzigen of opheffen:

a. op grond van onvoorziene omstandigheden welke van dien aard zijn dat naar maatstaven van redelijkheid en billijkheid ongewijzigde instandhouding van de erfdienstbaarheid niet van de eigenaar van het dienende erf kan worden gevergd:

b. indien ten minste twintig jaren na het ontstaan van de erfdienstbaarheid zijn verlopen en het ongewijzigd voortbestaan van de erfdienstbaarheid in strijd is met het algemeen belang.

(Zie ook: artt. 12, 82, 168, 185 BW Boek 3; art. 97 BW Boek 5; artt. 258, 259 BW Boek 6)

Art. 79

Erfdienstbaarheid, opheffing op vordering eigenaar dienend erf De rechter kan op vordering van de eigenaar van het dienende erf een erfdienstbaarheid opheffen, indien de uitoefening daarvan onmogelijk is geworden of de eigenaar van het heersende erf geen redelijk belang bij de uitoefening meer heeft, en het niet aannemelijk is dat de mogelijkheid van uitoefening of het redelijk belang daarbij zal terugkeren.

(Zie ook: art. 259 BW Boek 6)

Art. 80

Erfdienstbaarheid, wijziging op vordering eigenaar heersend erf De rechter kan op vordering van de eigenaar van het heersende erf de inhoud van een erfdienstbaarheid, wanneer door onvoorziene omstandigheden de uitoefening blijvend of tijdelijk onmogelijk is geworden of het belang van de eigenaar van het heersende erf aanzienlijk is verminderd, zodanig wijzigen dat de mogelijkheid van uitoefening of het oorspronkelijke belang wordt hersteld, mits deze wijziging naar maatstaven van redelijkheid en billijkheid van de eigenaar van het dienende erf kan worden gevergd.

(Zie ook: artt. 258, 259 BW Boek 6)

Art. 81

Erfdienstbaarheid, voorwaarden vordering wijziging en/of opheffing 1. De rechter kan een vordering als bedoeld in de artikelen 78-80 toewijzen onder door hem te stellen voorwaarden.

2. Rust op een der erven beperkt recht, dan is de vordering slechts toewijsbaar, indien de beperkt gerechtigde in het geding is geroepen. Bij het oordeel of aan de maatstaven van de artikelen 78 onder a., 79 en 80 is voldaan, dient mede met zijn belangen rekening te worden gehouden.

(Zie ook: art. 218 BW Boek 3; art. 95 BW Boek 5)

Art. 82

1. Indien de eigenaar van het heersende erf uit hoofde van de aan de erfdienstbaarheid verbonden lasten en verplichtingen op zijn kosten afstand van zijn recht wil doen, is de eigenaar van het dienende erf gehouden hieraan mede te werken.

2. In de akte van vestiging kan voor de eerste twintig jaren anders worden bepaald. *(Zie ook: artt. 98, 224 BW Boek 3)*

Art. 83

Indien op het tijdstip waarop het heersende en het dienende erf één eigenaar verkrijgen, een derde een der erven in huur of pacht of uit hoofde van een ander persoonlijk recht in gebruik heeft, gaat de erfdienstbaarheid pas door vermenging teniet bij het einde van dit gebruiksrecht. *(Zie ook: artt. 81, 106, 203 BW Boek 3)*

Art. 84

1. Hij die een recht van erfpacht, opstal of vruchtgebruik op een onroerende zaak heeft, kan een erfdienstbaarheid ten behoeve van deze zaak bedingen. Hij kan haar ook met een erfdienstbaarheid belasten.

2. Erfdienstbaarheden, bedongen door een beperkt gerechtigde ten behoeve van de zaak waarop zijn recht rust of door een opstaller ten behoeve van de opstal, gaan bij het einde van het beperkte recht slechts teniet, indien dit in de akte van vestiging van de erfdienstbaarheid is bepaald. Blijft de erfdienstbaarheid voortbestaan, dan staat een beding als bedoeld in artikel 82 lid 2 niet langer aan afstand van de erfdienstbaarheid in de weg.

3. Erfdienstbaarheden, gevestigd door een beperkt gerechtigde ten laste van de zaak waarop zijn recht rust of door een opstaller ten laste van de opstal, gaan teniet bij het einde van het beperkte recht, tenzij dit eindigt door vermenging of afstand of de eigenaar van de zaak waarop het beperkte recht rustte bij een in de openbare registers ingeschreven akte heeft verklaard met de vestiging van de erfdienstbaarheid in te stemmen.

4. De erfpachter, opstaller of vruchtgebruiker wordt voor de toepassing van de overige artikelen van deze titel aangemerkt als eigenaar van het heersende, onderscheidenlijk het dienende erf. *(Zie ook: artt. 81, 83, 201, 212, 218 BW Boek 3; artt. 71, 101 BW Boek 5; art. 5 OW)*

Titel 7 *Erfpacht*

Art. 85

1. Erfpacht is een zakelijk recht dat de erfpachter de bevoegdheid geeft eens anders onroerende zaak te houden en te gebruiken.

2. In de akte van vestiging kan aan de erfpachter de verplichting worden opgelegd aan de eigenaar op al dan niet regelmatig terugkerende tijdstippen een geldsom - de canon - te betalen. *(Zie ook: artt. 92, 110 BW Boek 5)*

Art. 86

Partijen kunnen in de akte van vestiging de duur van de erfpacht regelen. *(Zie ook: artt. 81, 106 BW Boek 3; artt. 87, 97, 98, 104 BW Boek 5)*

Art. 87

1. Een erfpacht kan door de erfpachter worden opgezegd, tenzij in de akte van vestiging anders is bepaald. *(Zie ook: artt. 45, 48, 207 BW Boek 3; art. 97 BW Boek 5)*

2. Een erfpacht kan door de eigenaar worden opgezegd, indien de erfpachter in verzuim is de canon over twee achtereenvolgende jaren te betalen of in ernstige mate tekortschiet in de nakoming van zijn andere verplichtingen. Deze opzegging moet op straffe van nietigheid binnen acht dagen worden betekend aan degenen die als beperkt gerechtigde of beslaglegger op de erfpacht in de openbare registers staan ingeschreven. Na het einde van de erfpacht is de eigenaar verplicht de waarde die de erfpacht dan heeft aan de erfpachter te vergoeden, na aftrek van hetgeen hij uit hoofde van de erfpacht van de erfpachter te vorderen heeft, de kosten daaronder begrepen.

(Zie ook: artt. 213, 229 BW Boek 3; art. 99 BW Boek 5; art. 127 BW Boek 6)

3. Een beding dat ten nadele van de erfpachter van het vorige lid afwijkt is nietig. In de akte van vestiging kan aan de eigenaar de bevoegdheid worden toegekend tot opzegging, behoudens op grond van tekortschieten van de erfpachter in de nakoming van zijn verplichtingen. *(Zie ook: artt. 17, 81, 97, 104, 116 BW Boek 3; art. 237 BW Boek 6; art. 59 Pw)*

Art. 88

1. Iedere opzegging geschiedt bij exploit. Zij geschiedt tenminste een jaar voor het tijdstip waartegen wordt opgezegd, doch in het geval van artikel 87 lid 2 tenminste een maand voor dat tijdstip.

B5 art. 89 **Burgerlijk Wetboek Boek 5**

2. In het geval van artikel 87 lid 2 weigert de bewaarder de inschrijving van de opzegging als niet tevens wordt overgelegd de betekening daarvan aan degenen die in de openbare registers als beperkt gerechtigde of beslaglegger op de erfpacht stonden ingeschreven.
(Zie ook: artt. 17, 301 BW Boek 3; artt. 98, 104 BW Boek 5; artt. 166, 167 Overgangswet NBW)

Art. 89

Genot erfpachter

1. Voor zover niet in de akte van vestiging anders is bepaald, heeft de erfpachter hetzelfde genot van de zaak als een eigenaar.
(Zie ook: artt. 89, 98 BW Boek 3)

Bestemmingswijziging door erfpachter

2. Hij mag echter zonder toestemming van de eigenaar niet een andere bestemming aan de zaak geven of een handeling in strijd met de bestemming van de zaak verrichten.
(Zie ook: Pw)

3. Voor zover niet in de akte van vestiging anders is bepaald, heeft de erfpachter, zowel tijdens de duur van de erfpacht als bij het einde daarvan, de bevoegdheid gebouwen, werken en beplantingen, die door hemzelf of een rechtsvoorganger onverplicht zijn aangebracht of van de eigenaar tegen vergoeding der waarde zijn overgenomen, weg te nemen, mits hij de in erfpacht gegeven zaak in de oude toestand terugbrengt.
(Zie ook: artt. 123, 208, 266 BW Boek 3; artt. 75, 99, 100, 105 BW Boek 5)

Art. 90

Vruchttrekking en voordelen van roerende aard bij erfpacht

1. Voor zover niet in de akte van vestiging anders is bepaald, behoren vruchten die tijdens de duur der erfpacht zijn afgescheiden of opeisbaar geworden, en voordelen van roerende aard, die de zaak oplevert, aan de erfpachter.
(Zie ook: art. 9 BW Boek 3; artt. 13, 17 BW Boek 5)

Voordelen van onroerende aard bij erfpacht

2. Voordelen van onroerende aard behoren aan de eigenaar toe. Zij zijn eveneens aan de erfpacht onderworpen, tenzij in de akte van vestiging anders is bepaald.
(Zie ook: art. 213 BW Boek 3; art. 29 BW Boek 5)

Art. 91

Overdracht of toedeling erfpacht

1. In de akte van vestiging kan worden bepaald dat de erfpacht niet zonder toestemming van de eigenaar kan worden overgedragen of toebedeeld. Een zodanige bepaling staat aan executie door schuldeisers niet in de weg.
(Zie ook: artt. 83, 98, 186, 228 BW Boek 3; art. 84 BW Boek 5)

Splitsing erfpacht, toestemming

2. In de akte van vestiging kan ook worden bepaald, dat de erfpachter zijn recht niet zonder toestemming van de eigenaar kan splitsen door overdracht of toedeling van de erfpacht op een gedeelte van de zaak.
(Zie ook: art. 186 BW Boek 3)

3. Een beding als in de vorige leden bedoeld kan ook worden gemaakt ten aanzien van de appartementsrechten, waarin een gebouw door de erfpachter wordt gesplitst. Het kan slechts aan een verkrijger onder bijzondere titel van een recht op het appartementsrecht worden tegengeworpen, indien het in de akte van splitsing is omschreven.

Splitsing erfpacht, vervangende toestemming

4. Indien de eigenaar de vereiste toestemming zonder redelijke gronden weigert of zich niet verklaart, kan zijn toestemming op verzoek van degene die haar behoeft, worden vervangen door een machtiging van de kantonrechter van de rechtbank van het arrondissement waarin de zaak of het grootste gedeelte daarvan is gelegen.
(Zie ook: art. 429a Rv)

Art. 92

Hoofdelijkheid meer erfpachters

1. Behoort de erfpacht toe aan twee of meer personen, hetzij als deelgenoten hetzij als erfpachter van verschillende gedeelten van de zaak, dan zijn zij hoofdelijk verbonden voor de gehele canon die tijdens hun recht opeisbaar wordt, voor zover deze niet over hun rechten verdeeld is.
(Zie ook: art. 115 BW Boek 5; artt. 6, 7 BW Boek 6; art. 168 Overgangswet NBW)

Hoofdelijkheid na overdracht of toedeling erfpacht

2. Na overdracht of toedeling van de erfpacht op de zaak of een gedeelte daarvan of van een aandeel in de erfpacht zijn de verkrijger en zijn rechtsvoorganger hoofdelijk verbonden voor de door laatstgenoemde verschuldigde canon die in de voorafgaande vijf jaren opeisbaar is geworden.
(Zie ook: artt. 90, 199 BW Boek 2; art. 308 BW Boek 3; art. 122 BW Boek 5; art. 6 BW Boek 6)

Afwijkingsmogelijkheid bij erfpacht

3. In de akte van vestiging kan van de vorige leden worden afgeweken, doch van het tweede lid niet ten nadele van de verkrijger.
(Zie ook: artt. 77, 104 BW Boek 5)

Art. 93

Ondererfpacht

1. De erfpachter is bevoegd de zaak waarop het recht van erfpacht rust, geheel of ten dele in ondererfpacht te geven, voor zover in de akte van vestiging niet anders is bepaald. Aan de ondererfpachter komen ten aanzien van de zaak niet meer bevoegdheden toe dan de erfpachter jegens de eigenaar heeft.
(Zie ook: artt. 81, 98, 89 BW Boek 3)

Ondererfpacht, einde

2. De ondererfpacht gaat bij het einde van de erfpacht teniet, tenzij deze eindigt door vermenging of afstand. De eigenaar kan voor de ter zake van de erfpacht verschuldigde canon het recht van erfpacht vrij van ondererfpacht uitwinnen. Het in de vorige zinnen van dit lid bepaalde

geldt niet, indien de eigenaar bij een in de openbare registers ingeschreven notariële akte heeft verklaard met de vestiging van de ondererfpacht in te stemmen.
(Zie ook: artt. 16, 81 BW Boek 3; artt. 160, 161 BW Boek 6)

3. Voor de toepassing van de overige artikelen van deze titel wordt de erfpachter in zijn verhouding tot de ondererfpachter als eigenaar aangemerkt.
(Zie ook: artt. 84, 104 BW Boek 5)

Art. 94

1. De erfpachter is bevoegd de zaak waarop het recht van erfpacht rust, te verhuren of te verpachten, voor zover in de akte van vestiging niet anders is bepaald.

2. Na het einde van de erfpacht is de eigenaar verplicht een bevoegdelijk aangegane verhuur of verpachting gestand te doen. Hij kan nochtans gestanddoening weigeren, voor zover zonder zijn toestemming hetzij de overeengekomen tijdsduur van de huur langer is dan met het plaatselijk gebruik overeenkomt of bedrijfsruimte in de zin van de zesde afdeling van titel 4 van Boek 7 is verhuurd voor een langere tijd dan vijf jaren, hetzij de verpachting is geschied voor een langere duur dan twaalf jaren voor hoeven en zes jaren voor los land, hetzij de verhuring of verpachting is geschied op ongewone voor hem bezwarende voorwaarden.
(Zie ook: artt. 80, 264 BW Boek 3; art. 12 Pw)

3. Hij verliest de bevoegdheid gestanddoening te weigeren, wanneer de huurder of pachter hem een redelijke termijn heeft gesteld om zich omtrent de gestanddoening te verklaren en hij zich niet binnen deze termijn heeft uitgesproken.
(Zie ook: art. 55 BW Boek 3)

4. Indien de eigenaar volgens de vorige leden niet verplicht is tot gestanddoening van een door de erfpachter aangegane verhuring van woonruimte waarin de huurder bij het eindigen van de erfpacht zijn hoofdverblijf heeft en waarop de artikelen 271 tot en met 277 van Boek 7 van toepassing zijn, moet hij de huurovereenkomst niettemin met de huurder voortzetten met dien verstande dat artikel 269 lid 2 van Boek 7, van overeenkomstige toepassing is.
(Zie ook: art. 217 BW Boek 3; art. 104 BW Boek 5)

Art. 95

Tot het instellen van rechtsvorderingen en het indienen van verzoeken ter verkrijging van een rechterlijke uitspraak die zowel het recht van de eigenaar als dat van de erfpachter betreft, is ieder van hen bevoegd, mits hij zorg draagt dat de ander tijdig in het geding wordt geroepen.
(Zie ook: artt. 218, 245 BW Boek 3; artt. 81, 104 BW Boek 5)

Art. 96

1. Gewone lasten en herstellingen worden door de erfpachter gedragen en verricht. De erfpachter is verplicht, wanneer buitengewone herstellingen nodig zijn, aan de eigenaar van deze noodzakelijkheid kennis te geven en hem gelegenheid te verschaffen tot het doen van deze herstellingen. De eigenaar is niet tot het doen van enige herstelling verplicht.

2. De erfpachter is verplicht de buitengewone lasten die op de zaak drukken te voldoen.

3. In de akte van vestiging kan van de vorige leden worden afgeweken.
(Zie ook: art. 220 BW Boek 3; art. 174 BW Boek 6; art. 26 Pw)

Art. 97

1. Indien vijf en twintig jaren na de vestiging van de erfpacht zijn verlopen, kan de rechter op vordering van de eigenaar of de erfpachter de erfpacht wijzigen of opheffen op grond van onvoorziene omstandigheden, welke van dien aard zijn dat naar maatstaven van redelijkheid en billijkheid ongewijzigde instandhouding van de akte van vestiging niet van de eigenaar of de erfpachter kan worden gevergd.

2. De rechter kan de vordering onder hem vast te stellen voorwaarden toewijzen.
(Zie ook: art. 17 BW Boek 3; artt. 78, 79, 80 BW Boek 5; art. 258 BW Boek 6; art. 59 Pw)

3. Rust op de erfpacht of op de zaak een beperkt recht, dan is de vordering slechts toewijsbaar, indien de beperkt gerechtigde in het geding is geroepen en ook te zijnen aanzien aan de maatstaf van lid 1 is voldaan.
(Zie ook: art. 24 BW Boek 3; artt. 81, 104 BW Boek 5)

Art. 98

1. Wanneer de tijd waarvoor de erfpacht is gevestigd, is verstreken en de erfpachter de zaak niet op dat tijdstip heeft ontruimd, blijft de erfpacht doorlopen, tenzij de eigenaar uiterlijk zes maanden na dat tijdstip doet blijken dat hij haar als geëindigd beschouwt. De eigenaar en de erfpachter kunnen de verlengde erfpacht opzeggen op de wijze en met inachtneming van de termijn vermeld in artikel 88.

2. Ieder beding dat ten nadele van de erfpachter van dit artikel afwijkt, is nietig.
(Zie ook: art. 104 BW Boek 5)

Art. 99

1. Na het einde van de erfpacht heeft de voormalige erfpachter recht op vergoeding van de waarde van nog aanwezige gebouwen, werken en beplantingen, die door hemzelf of een

Verhuur of verpachting door erfpachter
Pacht en huur na einde erfpacht

Procederen erfpachter en eigenaar

Lasten en herstellingen erfpacht

Buitengewone lasten erfpacht

Erfpacht, onvoorziene omstandigheden

Stilzwijgende verlenging erfpacht

Erfpacht, dwingend recht

Erfpacht, vergoeding bij einde

B5 art. 100 **Burgerlijk Wetboek Boek 5**

rechtsvoorganger zijn aangebracht of van de eigenaar tegen vergoeding der waarde zijn overgenomen.
(Zie ook: art. 95 BW Boek 6)

Erfpacht, geen vergoeding bij einde

2. In de akte van vestiging kan worden bepaald dat de erfpachter geen recht heeft op de in het eerste lid bedoelde vergoeding:
a. indien de in erfpacht gegeven grond een andere bestemming had dan die van woningbouw;
b. indien de erfpachter de gebouwen, werken en beplantingen niet zelf heeft bekostigd;
c. indien de erfpacht geëindigd is door opzegging door de erfpachter;
d. voor zover de gebouwen, werken en beplantingen onverplicht waren aangebracht en hij ze bij het einde van de erfpacht mocht wegnemen.

3. De eigenaar is bevoegd de door hem ingevolge dit artikel verschuldigde vergoeding af te houden hetgeen hij uit hoofde van de erfpacht van de erfpachter te vorderen heeft.
(Zie ook: artt. 100, 105 BW Boek 5; artt. 95, 127, 212 BW Boek 6; art. 31 Pw; art. 170 Overgangswet NBW)

Art. 100

Retentierecht bij erfpacht

1. De erfpachter heeft een retentierecht op de in erfpacht uitgegeven zaak totdat hem de verschuldigde vergoeding is betaald.

Dwingend recht bij retentierecht bij erfpacht

2. Ieder van het vorige lid afwijkend beding is nietig.
(Zie ook: art. 290 BW Boek 3; art. 99 BW Boek 5)

3. De eigenaar heeft een retentierecht op hetgeen de erfpachter mocht hebben afgebroken, totdat hem hetgeen hij uit hoofde van de erfpacht heeft te vorderen is voldaan.
(Zie ook: art. 290 BW Boek 3; art. 105 BW Boek 5; art. 180 Overgangswet NBW)

Titel 8 Opstal

Art. 101

Opstal, definitie

1. Het recht van opstal is een zakelijk recht om in, op of boven een onroerende zaak van een ander gebouwen, werken of beplantingen in eigendom te hebben of te verkrijgen.
(Zie ook: artt. 3, 4, 8, 98 BW Boek 3; artt. 1, 20, 70, 85 BW Boek 5; artt. 216, 248 BW Boek 6)

Opstal, zelfstandig of afhankelijk recht

2. Het recht van opstal kan zelfstandig dan wel afhankelijk van een ander zakelijk recht of van een recht van huur of pacht op de onroerende zaak worden verleend.
(Zie ook: artt. 7, 82 BW Boek 3)

Retributie opstal

3. In de akte van vestiging kan de opstaller de verplichting worden opgelegd aan de eigenaar op al dan niet regelmatig terugkerende tijdstippen een geldsom - de retributie - te betalen.
(Zie ook: artt. 70, 86 BW Boek 5)

Art. 102

Bevoegdheden opstaller

De bevoegdheden van de opstaller tot het gebruiken, aanbrengen en wegnemen van de gebouwen, werken en beplantingen kunnen in de akte van vestiging worden beperkt.

Art. 103

Vol genot opstal

Bij gebreke van een regeling daaromtrent in de akte van vestiging heeft de opstaller ten aanzien van de zaak waarop zijn recht rust, de bevoegdheden die voor het volle genot van zijn recht nodig zijn.
(Zie ook: artt. 89, 90 BW Boek 5)

Art. 104

Schakelbepaling

1. De artikelen 92 en 95 zijn van overeenkomstige toepassing op het recht van opstal.
2. De artikelen 86, 87, 88, 91, 93, 94, 97 en 98 zijn van overeenkomstige toepassing op een zelfstandig recht van opstal.
(Zie ook: art. 81 BW Boek 3; art. 171 Overgangswet NBW)

Art. 105

Tenietgaan opstal

1. Wanneer het recht van opstal tenietgaat, gaat de eigendom van de gebouwen, werken en beplantingen van rechtswege over op de eigenaar van de onroerende zaak waarop het rustte.

Retentierecht opstaller en vergoeding waarde

2. Voor zover niet in de akte van vestiging anders is bepaald, heeft de opstaller bij het einde van zijn recht de bevoegdheid gebouwen, werken en beplantingen die door hemzelf of een rechtsvoorganger onverplicht zijn aangebracht dan wel van de eigenaar tegen vergoeding der waarde zijn overgenomen weg te nemen, mits hij de onroerende zaak waarop het recht rustte in de oude toestand terugbrengt.
(Zie ook: art. 266 BW Boek 3; art. 89 BW Boek 5)

Opstal, schakelbepaling

3. De artikelen 99 en 100 zijn van overeenkomstige toepassing, met dien verstande dat het aan de opstaller toekomende retentierecht slechts de gebouwen, werken en beplantingen omvat.
(Zie ook: art. 290 BW Boek 3)

Titel 9 *Appartementsrechten*

Afdeling 1 Algemene bepalingen

Art. 106

1. Een eigenaar, erfpachter of opstaller is bevoegd zijn recht op een gebouw met toebehoren en op de daarbij behorende grond met toebehoren te splitsen in appartementsrechten.

2. Een eigenaar, erfpachter of opstaller is eveneens bevoegd zijn recht op een stuk grond te splitsen in appartementsrechten.

(Zie ook: art. 85 BW Boek 5)

3. Een appartementsrecht is op zijn beurt voor splitsing in appartementsrechten vatbaar. Een appartementseiganaar is tot deze ondersplitsing bevoegd, voor zover in de akte van splitsing niet anders is bepaald.

4. Onder appartementsrecht wordt verstaan een aandeel in de goederen die in de splitsing zijn betrokken, dat de bevoegdheid omvat tot het uitsluitend gebruik van bepaalde gedeelten van het gebouw die blijkens hun inrichting bestemd zijn of worden om als afzonderlijk geheel te worden gebruikt. Het aandeel kan mede omvatten de bevoegdheid tot het uitsluitend gebruik van bepaalde gedeelten van de bij het gebouw behorende grond. In het geval van lid 2 omvat het aandeel de bevoegdheid tot het uitsluitend gebruik van bepaalde gedeelten van het stuk grond, die blijkens hun inrichting of aanduiding bestemd zijn of worden om als afzonderlijk geheel te worden gebruikt.

5. Onder appartementseigenaar wordt verstaan de gerechtigde tot een appartementsrecht.

6. Onder gebouw wordt in deze titel mede verstaan een groep van gebouwen die in één splitsing zijn betrokken.

(Zie ook: art. 144 BW Boek 5)

7. Een erfpachter of opstaller is tot een splitsing in appartementsrechten slechts bevoegd na verkregen toestemming van de grondeigenaar. Indien deze de vereiste toestemming kennelijk zonder redelijke grond weigert of zich niet verklaart, kan de toestemming op verzoek van degene die haar behoeft worden vervangen door een machtiging van de kantonrechter van de rechtbank van het arrondissement waarin het gebouw of het grootste gedeelte daarvan is gelegen.

(Zie ook: artt. 115, 116 BW Boek 5)

Art. 107

Een eigenaar, erfpachter of opstaller is ook bevoegd in verband met een door hem beoogde stichting of gewijzigde inrichting van een gebouw zijn recht op het gebouw met toebehoren en de daarbij behorende grond met toebehoren te splitsen in appartementsrechten. Ook in geval van zodanige splitsing ontstaan de appartementsrechten op het tijdstip van inschrijving van de akte van splitsing.

(Zie ook: art. 144 BW Boek 5)

Art. 108

1. De appartementseigenaars zijn jegens elkander verplicht de bouw, de inrichting van het gebouw of de inrichting of aanduiding van de grond tot stand te brengen en in stand te houden in overeenstemming met het daaromtrent in de akte van splitsing bepaalde.

2. De rechter kan de uitspraak op een vordering, gegrond op het vorige lid, aanhouden wanneer een op artikel 144 lid 1 onder c, d of h gegrond verzoek aanhangig is.

Art. 109

1. De splitsing geschiedt door een daartoe bestemde notariële akte, gevolgd door inschrijving van die akte in de openbare registers.

2. Aan de minuut van de akte van splitsing wordt een tekening gehecht, aangevende de begrenzing van de onderscheidene gedeelten van het gebouw en de grond, die bestemd zijn als afzonderlijk geheel te worden gebruikt en waarvan volgens de akte het uitsluitend gebruik in een appartementsrecht zal zijn begrepen. De tekening dient te voldoen aan de eisen, krachtens de wet bedoeld in artikel 16 lid 2 van Boek 3 voor de inschrijving daarvan te stellen.

(Zie ook: art. 89 BW Boek 3; art. 20 Kadw)

3. Waar in de bepalingen van deze titel wordt gesproken van de akte van splitsing, is hieronder de tekening begrepen, tenzij uit de bepaling het tegendeel blijkt.

Art. 110

1. Ondanks onbevoegdheid van degene die de splitsing heeft verricht, om over een daarin betrokken registergoed te beschikken, is de splitsing geldig, indien zij is gevolgd door een geldige overdracht van een appartementsrecht of vestiging van een beperkt recht op een appartementsrecht.

(Zie ook: artt. 88, 89 BW Boek 3; art. 172 Overgangswet NBW)

Splitsingsbevoegdheid

Splitsingsbevoegdheid recht op onroerende zaak

Appartementseigenaars, verplichtingen

Splitsingsakte

Splitstingstekening

Splitsing door onbevoegde

Splitsing gebouw in appartementsrechten
Splitsing grond in appartementsrechten

Splitsing appartementsrecht, ondersplitsing
Appartementsrecht, definitie

Appartementseigenaar, definitie
Gebouw

B5 art. 111

Splitsing door onbevoegde, verkrijging door verjaring

2. Een ongeldige splitsing wordt eveneens als geldig aangemerkt, wanneer een appartementsrecht is verkregen door verjaring.

(Zie ook: artt. 99, 105 BW Boek 3)

Art. 111

Splitsingsakte, inhoud

De akte van splitsing moet inhouden:

a. de vermelding van de plaatselijke ligging van het gebouw of de grond;

b. een nauwkeurige omschrijving van de onderscheiden gedeelten van het gebouw of de grond, die bestemd zijn om als afzonderlijk geheel te worden gebruikt, welke omschrijving kan plaatsvinden door verwijzing naar de in artikel 109 lid 2 bedoelde tekening, alsmede de vermelding voor elk dier gedeelten, tot welk appartementsrecht de bevoegdheid tot gebruik daarvan behoort;

c. de kadastrale aanduiding van de appartementsrechten en de vermelding van de appartementseigenaar;

d. een reglement, waartoe geacht worden te behoren de bepalingen van een nauwkeurig aangeduid modelreglement dat is ingeschreven in de openbare registers ter plaatse waar de akte moet worden ingeschreven.

(Zie ook: art. 172 Overgangswet NBW)

Art. 112

Splitsingsakte, reglement

1. Het reglement moet inhouden:

a. welke schulden en kosten voor rekening van de gezamenlijke appartementseigenaars komen;

b. een regeling omtrent een jaarlijks op te stellen exploitatierekening, lopende over het voorafgaande jaar, en de door de appartementseigenaars te storten bijdragen;

c. een regeling omtrent het gebruik, het beheer en het onderhoud van de gedeelten die niet bestemd zijn om als afzonderlijk geheel te worden gebruikt;

d. door wiens zorg en tegen welke gevaren het gebouw ten behoeve van de gezamenlijke appartementseigenaars moet worden verzekerd;

e. de oprichting van een vereniging van eigenaars, die ten doel heeft het behartigen van gemeenschappelijke belangen van de appartementseigenaars, en de statuten van de vereniging.

Statuten vereniging van eigenaars

2. De statuten van de vereniging van eigenaars moeten bevatten:

a. de naam van de vereniging en de gemeente waar zij haar zetel heeft. De naam van de vereniging moet aanvangen met de woorden: "Vereniging van Eigenaars", hetzij voluit geschreven, hetzij afgekort tot "V. v. E.", en voorts melding maken van de ligging van het gebouw of de grond;

b. het doel van de vereniging;

c. een regeling omtrent door de appartementseigenaars periodiek, tenminste jaarlijks, aan de vereniging verschuldigde bijdragen;

d. de wijze van bijeenroeping van de vergadering van eigenaars en de bepaling van het aantal stemmen dat ieder der appartementseigenaars in de vergadering kan uitbrengen.

(Zie ook: art. 26 BW Boek 2; artt. 124, 136 BW Boek 5)

3. Het reglement kan een regeling inhouden, krachtens welke aan alle of bepaalde appartementsrechten mede verbonden is het lidmaatschap van een andere, nader in het reglement omschreven vereniging of coöperatie, voor zover dit lidmaatschap in overeenstemming is met de statuten van die vereniging of coöperatie.

(Zie ook: art. 125 BW Boek 5)

4. Het reglement kan inhouden een regeling omtrent het gebruik, het beheer en het onderhoud van de gedeelten die bestemd zijn om als afzonderlijk geheel te worden gebruikt. Een zodanige regeling kan inhouden dat de vergadering van eigenaars bevoegd is een appartementseigenaar of degene die zijn rechten uitoefent, om nader in het reglement aangegeven gewichtige redenen het gebruik van deze gedeelten te ontzeggen.

(Zie ook: artt. 120, 121 BW Boek 5)

Art. 113

Splitsing, gelijke aandelen

1. De aandelen die door de splitsing in appartementsrechten ontstaan, zijn gelijk, tenzij bij de akte van splitsing een andere verhouding is bepaald. In het laatste geval blijkt uit de akte op welke grondslag de verhouding berust.

Appartementseigenaars, bijdrage in schulden en kosten

2. In de schulden en kosten die ingevolge de wet of het reglement voor rekening van de gezamenlijke appartementseigenaars komen, moeten zij onderling en jegens de vereniging van eigenaars voor elk appartementsrecht een gelijk deel bijdragen, tenzij daarvoor bij het reglement een andere verhouding is bepaald.

Appartementseigenaars, gezamenlijke aansprakelijkheid

3. Indien de appartementseigenaars voor een in het vorige lid genoemde schuld jegens de schuldeisers gezamenlijk aansprakelijk zijn en de verschuldigde prestatie deelbaar is, zijn zij ieder verbonden voor een deel, in de verhouding bedoeld in het vorige lid.

Vereniging van eigenaars, hoofdelijke aansprakelijkheid

4. Indien de appartementseigenaars voor een in lid 2 genoemde schuld gezamenlijk aansprakelijk zijn, is de vereniging voor die schuld hoofdelijk verbonden.

5. Voor de schulden der vereniging zijn zij die appartementseigenaar waren ten tijde van het ontstaan van de schuld, met de vereniging hoofdelijk verbonden, en wel, indien de prestatie deelbaar is, ieder voor een deel in de verhouding bedoeld in lid 2. Indien de schuld een geldlening is als bedoeld in artikel 126 lid 4, wordt in het geval van overgang onder bijzondere titel of toedeling van een appartementsrecht de appartementseigenaar bij de overdracht of toedeling ontslagen uit zijn aansprakelijkheid voor die schuld, voor zover ten aanzien van die schuld overeenkomstig artikel 122 lid 5 aan de aldaar bedoelde verkrijger opgave is gedaan.
(Zie ook: art. 286 BW Boek 3; art. 6 BW Boek 6)

6. Voor de toepassing van de leden 2 en 3 is de uit een geldlening als bedoeld in artikel 126 lid 4 voortvloeiende schuld deelbaar.

Splitsing, schakelbepaling

Art. 114

1. Rust op het ogenblik van de inschrijving van de akte van splitsing een hypotheek, een beslag of een voorrecht op alle in de splitsing betrokken registergoederen, dan rust dit verband, beslag of voorrecht van dat ogenblik af op elk der appartementsrechten voor de gehele schuld.

Splitsing, hypotheek, beslag of voorrecht op alle registergoederen

2. Rust op het ogenblik van de inschrijving van de akte van splitsing een hypotheek, een beslag of een voorrecht op slechts een deel van de registergoederen, dan blijft de bevoegdheid tot uitwinning van dit deel ondanks de splitsing bestaan; door de uitwinning wordt met betrekking tot dat deel de splitsing beëindigd.
(Zie ook: art. 260 bk 3 BW)

Splitsing, hypotheek, beslag of voorrecht op deel registergoederen

3. Een recht van erfdienstbaarheid, erfpacht, opstal of vruchtgebruik, dat op dat ogenblik van de inschrijving van de akte van splitsing rust op de registergoederen of een deel daarvan, bestaat daarna ongewijzigd voort.
(Zie ook: artt. 201, 226 BW Boek 3; artt. 70, 85, 101 BW Boek 5)

Splitsing, erfdienstbaarheid, erfpacht, opstal of vruchtgebruik op registergoederen

Art. 115

1. Wanneer een recht van erfpacht of opstal in de splitsing wordt betrokken, wordt de canon of retributie die daarna opeisbaar wordt, over de appartementsrechten verdeeld in een verhouding als bedoeld in artikel 113 lid 2.

Splitsing, canon of retributie

2. De vereniging van eigenaars is hoofdelijk verbonden voor de door een of meer appartementseignaars verschuldigde canon of retributie.
(Zie ook: artt. 85, 101 BW Boek 5; art. 6 BW Boek 6)

Vereniging van eigenaars, hoofdelijke verbondenheid canon/retributie

Art. 116

[Dit artikel is gewijzigd in verband met de invoering van digitaal procederen. Zie voor de procedures en gerechten waarvoor digitaal procederen geldt het Overzicht gefaseerde inwerkingtreding op www.rijksoverheid.nl/KEI.]

1. Wanneer een recht van erfpacht of opstal in de splitsing betrokken is, geldt ter aanvulling van de artikelen 87 leden 2 en 3 en 88 het in de volgende leden bepaalde.

Splitsing, niet nakoming verplichtingen erfpacht/opstal

2. Opzegging van het recht wegens verzuim in de betaling van de canon of retributie kan slechts geschieden, wanneer de gehele canon of retributie over twee achtereenvolgende jaren onbetaald is gebleven.

Splitsing, opzegging wegens verzuim betaling canon/retributie

3. Rust op een of meer appartementsrechten een beperkt recht of een beslag dan zijn artikel 87 lid 2, tweede zin, en artikel 88 lid 2 mede van overeenkomstige toepassing met betrekking tot dit beperkte recht of dit beslag.

4. Is het voor een appartementsrecht verschuldigde deel van de canon of retributie over de twee achtereenvolgende jaren onbetaald gebleven, dan kan het appartementsrecht door de rechter op vordering van de grondeigenaar aan deze worden toegewezen. Het oproepingsbericht moet op straffe van niet-ontvankelijkheid binnen acht dagen worden betekend aan hen die als beperkt gerechtigde of beslaglegger op het appartementsrecht in de openbare registers staan ingeschreven.
(Zie ook: artt. 143, 144 BW Boek 5)

5. Door inschrijving in de openbare registers van het vonnis waarbij de toewijzing is uitgesproken, gaat het appartementsrecht op de grondeigenaar over en gaan de daarop rustende beperkte rechten en beslagen teniet. Deze inschrijving geschiedt niet, voordat het vonnis in kracht van gewijsde is gegaan. Na deze inschrijving is de grondeigenaar verplicht de waarde die het appartementsrecht heeft op het tijdstip van de inschrijving aan de gewezen appartementseigenaar te vergoeden, na aftrek van hetgeen hij uit hoofde van de erfpacht van de gewezen appartementseigenaar te vorderen heeft, de kosten daaronder begrepen.
(Zie ook: artt. 17, 213, 229 BW Boek 3)

6. In de akte van vestiging kan worden aangegeven op welke wijze de waarde als bedoeld in het vorige lid zal worden bepaald.

7. Ieder beding dat ten nadele van een appartementseigenaar van dit artikel afwijkt, is nietig.

Appartementseigenaars, dwingend recht

[Voor overige gevallen luidt het artikel als volgt:]

B5 art. 117 Burgerlijk Wetboek Boek 5

Artikel 116

1. Wanneer een recht van erfpacht of opstal in de splitsing betrokken is, geldt ter aanvulling van de artikelen 87 leden 2 en 3 en 88 het in de volgende leden bepaalde.

2. Opzegging van het recht wegens verzuim in de betaling van de canon of retributie kan slechts geschieden, wanneer de gehele canon of retributie over twee achtereenvolgende jaren onbetaald is gebleven.

3. Rust op een of meer appartementsrechten een beperkt recht of een beslag dan zijn artikel 87 lid 2, tweede zin, en artikel 88 lid 2 mede van overeenkomstige toepassing met betrekking tot dit beperkte recht of dit beslag.

4. Is het voor een appartementsrecht verschuldigde deel van de canon of retributie over de twee achtereenvolgende jaren onbetaald gebleven, dan kan het appartementsrecht door de rechter op vordering van de grondeigenaar aan deze worden toegewezen. De dagvaarding moet op straffe van niet-ontvankelijkheid binnen acht dagen worden betekend aan hen die als beperkt gerechtigde of beslaglegger op het appartementsrecht in de openbare registers staan ingeschreven.

5. Door inschrijving in de openbare registers van het vonnis waarbij de toewijzing is uitgesproken, gaat het appartementsrecht op de grondeigenaar over en gaan de daarop rustende beperkte rechten en beslagen teniet. Deze inschrijving geschiedt niet, voordat het vonnis in kracht van gewijsde is gegaan. Na deze inschrijving is de grondeigenaar verplicht de waarde die het appartementsrecht heeft op het tijdstip van de inschrijving aan de gewezen appartementseigenaar te vergoeden, na aftrek van hetgeen hij uit hoofde van de erfpacht van de gewezen appartementseigenaar te vorderen heeft, de kosten daaronder begrepen.

6. In de akte van vestiging kan worden aangegeven op welke wijze de waarde als bedoeld in het vorige lid zal worden bepaald.

7. Ieder beding dat ten nadele van een appartementseigenaar van dit artikel afwijkt, is nietig.

Art. 117

Appartementsrecht, zelfstandig karakter

1. Een appartementsrecht kan als een zelfstandig registergoed worden overgedragen, toegedeeld, bezwaard en uitgewonnen.

2. Onverminderd het in artikel 114 lid 2 bepaalde kunnen goederen die in de splitsing betrokken zijn niet geheel of voor een deel worden overgedragen, verdeeld, bezwaard of uitgewonnen.

Appartementsrecht, beëindiging splitsing

3. Beëindiging van de splitsing met betrekking tot een gedeelte van de in de splitsing betrokken registergoederen kan slechts geschieden door wijziging van de akte van splitsing.

(Zie ook: art. 139 BW Boek 5)

4. In afwijking van lid 2 kunnen in de splitsing betrokken onroerende zaken door de gezamenlijke appartementseigenaars belast worden met een erfdienstbaarheid.

(Zie ook: artt. 70, 84, 85 BW Boek 5)

Art. 118

Appartementsrecht, vestiging erfdienstbaarheid

1. Een appartementseigenaar kan, voor zover in de akte van splitsing niet anders is bepaald, zonder medewerking van de overige appartementseigenaars op het gedeelte van de onroerende zaken dat bestemd is om als afzonderlijk geheel door hem te worden gebruikt, een erfdienstbaarheid vestigen ten behoeve van een ander gedeelte van die zaken of van een andere onroerende zaak.

2. Een appartementseigenaar kan, voor zover in de akte van splitsing niet anders is bepaald, zonder medewerking van de overige appartementseigenaars de vestiging van een erfdienstbaarheid die uitsluitend strekt ten behoeve van een gedeelte van de onroerende zaken dat bestemd is om als afzonderlijk geheel door hem te worden gebruikt, aannemen en van zodanige erfdienstbaarheid afstand doen.

(Zie ook: artt. 70, 106 BW Boek 5)

3. De in dit artikel bedoelde erfdienstbaarheden gaan teniet, wanneer de bevoegdheid tot uitsluitend gebruik van het gedeelte dat met de erfdienstbaarheid is belast of ten behoeve waarvan de erfdienstbaarheid is bedongen eindigt.

(Zie ook: art. 81 BW Boek 3; art. 85 BW Boek 5)

Art. 118a

Appartementsrecht, vestiging erfpacht/opstal

1. Een appartementseigenaar kan, voor zover in de akte van splitsing niet anders is bepaald, zonder medewerking van de overige appartementseigenaars en beperkt gerechtigden op het gedeelte van de onroerende zaken dat bestemd is om als afzonderlijk geheel door hem te worden gebruikt, een recht van erfpacht en, behoudens voor zover het betreft in de splitsing betrokken gebouwen, werken en beplantingen, een recht van opstal vestigen.

2. In de akte van vestiging van het recht wordt bepaald in hoeverre de gerechtigde naast de appartementseigenaar hoofdelijk aansprakelijk is voor de ter zake van het appartementsrecht verschuldigde bijdragen.

3. Tenzij bij de vestiging van het recht van erfpacht anders wordt bepaald, wordt het aan een appartementsrecht verbonden stemrecht in de vergadering van eigenaars uitgeoefend door de erfpachter. Tenzij bij de vestiging van het recht van opstal anders wordt bepaald, behoudt de appartementseigenaar die een recht van opstal heeft gevestigd, het aan zijn appartementsrecht verbonden stemrecht in de vergadering van eigenaars.

Art. 119

1. Een appartementseigenaar mag zonder toestemming van de overige appartementseigenaars in een gedeelte dat bestemd is om als afzonderlijk geheel door hem te worden gebruikt, veranderingen aanbrengen, mits deze geen nadeel aan een ander gedeelte toebrengen. Van hetgeen hij bij een geoorloofde verandering wegneemt wordt hij enig eigenaar.

2. Hij is verplicht de vereniging van eigenaars onverwijld van een verandering kennis te geven. Leidt de verandering tot een wijziging van de verzekeringspremie, dan komt het verschil voor rekening van hem en zijn rechtsopvolgers.

3. Blijkt ten gevolge van een verandering de waarde van de in de splitsing betrokken goederen bij de opheffing van de splitsing te zijn verminderd, dan wordt hiermede, ook al was de verandering geoorloofd, bij de verdeling van de gemeenschap rekening gehouden ten laste van hem die de verandering heeft aangebracht of zijn rechtsopvolger.

4. Bij het reglement kan van dit artikel worden afgeweken en kunnen voor de toepassing van lid 2 wijzigingen in de wijze van gebruik met veranderingen worden gelijkgesteld.

Art. 120

1. Onverminderd het in artikel 112 lid 4 bepaalde is een appartementseigenaar bevoegd het gedeelte dat bestemd is om als afzonderlijk geheel door hem te worden gebruikt, zelf te gebruiken of aan een ander in gebruik te geven, met inbegrip van het hem toekomende medegebruik van de gedeelten die niet bestemd zijn om als afzonderlijk geheel te worden gebruikt.

2. Voorschriften van het reglement omtrent gebruik, beheer en onderhoud zijn ook van toepassing op degeen die het gebruik verkrijgt. Andere bepalingen van het reglement kunnen in het reglement op de gebruiker van toepassing worden verklaard.

3. Ten aanzien van een huurder geldt een na het tot stand komen van de huurovereenkomst ingeschreven reglementsbepaling niet, tenzij hij daarin heeft toegestemd. Weigert hij zijn toestemming of verklaart hij zich niet, dan kan de kantonrechter van de rechtbank van het arrondissement waarin het gebouw of het grootste deel daarvan is gelegen, op verzoek van iedere appartementseigenaar beslissen dat de reglementsbepaling ten aanzien van de huurder komt te gelden.

4. Na opheffing van de splitsing zijn de gerechtigden tot de goederen die in de splitsing waren betrokken, verplicht een verhuur gestand te doen, mits de tijd van de verhuur in overeenstemming is met het plaatselijk gebruik en de verhuur niet op ongewone, voor hen bezwarende voorwaarden is geschied.

(Zie ook: art. 217 BW Boek 3; artt. 143, 144 BW Boek 5)

Art. 121

1. In alle gevallen waarin een appartementseigenaar voor het verrichten van een bepaalde handeling met betrekking tot de gedeelten die niet bestemd zijn als afzonderlijk geheel gebruikt te worden en, in het geval van een beding als bedoeld in artikel 112 lid 4, met betrekking tot gedeelten die bestemd zijn als afzonderlijk geheel gebruikt te worden, medewerking of toestemming behoeft van een of meer andere appartementseigenaars, van de vereniging van eigenaars of van haar organen, of waarin de vereniging of haar organen voor het verrichten van zodanige handeling toestemming behoeven van een of meer appartementseigenaars, kan die medewerking of toestemming op verzoek van degeen die haar behoeft, worden vervangen door een machtiging van de kantonrechter van de rechtbank van het arrondissement waarin het gebouw of het grootste gedeelte daarvan is gelegen. De machtiging kan worden verleend, indien de medewerking of toestemming zonder redelijke grond wordt geweigerd of degene die haar moet geven zich niet verklaart.

2. Gaat de handeling met kosten gepaard, dan kan de kantonrechter op verzoek van een appartementseigenaar of van de vereniging van eigenaars tevens bepalen in welke verhouding alle of bepaalde appartementseigenaars of de vereniging van eigenaars in de kosten moeten bijdragen.

3. Betreft het de aanbrenging van een nieuw werk of nieuwe installatie, dan kan de kantonrechter desverzocht ook een regeling vaststellen, bepalende dat en in welke verhouding de appartementseigenaars van alle of bepaalde appartementsrechten de kosten van onderhoud van het werk of de installatie in de toekomst zullen dragen.

(Zie ook: artt. 17, 24 BW Boek 3)

4. Betreft het de medewerking of toestemming voor een handeling betreffende het beheer of het onderhoud van de onderscheiden gedeelten van het gebouw, waarvoor medewerking of toestemming is verleend door een of meer appartementseigenaars aan wie ten minste de helft van het aantal stemmen in de vergadering van eigenaars toekomt, dan kan de machtiging ook worden verleend op verzoek van de gemeente waarin het gebouw is gelegen indien de staat van het gebouw niet voldoet aan artikel 1a, eerste lid, of 1b, tweede lid, van de Woningwet dan wel sprake is van een ernstige dreiging van het ontstaan van een zodanige situatie.

Art. 122

1. Overgang onder bijzondere titel of toedeling van een appartementsrecht omvat, voor zover niet anders is bepaald, mede de als appartementseigenaar verkregen rechten.

B5 *art. 123* **Burgerlijk Wetboek Boek 5**

2. Na de overgang of toedeling moet de verkrijger onverwijld schriftelijk aan de vereniging van eigenaars mededeling doen van zijn verkrijging.
(Zie ook: art. 24 BW Boek 3)

3. Voor de ter zake van het verkregene verschuldigde bijdragen die in het lopende of het voorafgaande boekjaar opeisbaar zijn geworden of nog zullen worden, zijn de verkrijger en de vroegere appartementseigenaar hoofdelijk aansprakelijk.
(Zie ook: art. 286 BW Boek 3; art. 6 BW Boek 6)

4. In het reglement kan worden bepaald in hoeverre voor bijdragen, genoemd in het vorige lid, alleen de vroegere eigenaar of alleen de verkrijger aansprakelijk zal zijn. In het reglement kan ook worden bepaald dat voor bepaalde bijdragen die later opeisbaar worden de vroegere appartementseigenaar in plaats van de verkrijger verbonden zal zijn.
(Zie ook: artt. 112, 113 BW Boek 5)

Overgang of toedeling van appartementsrechten bij notariële akte

5. De notaris draagt zorg dat aan de akte van overdracht of toedeling een door het bestuur van de vereniging van eigenaars afgegeven verklaring wordt gehecht, die met betrekking tot de in lid 3 genoemde bijdragen en de in artikel 113 lid 2 en lid 5 genoemde schulden waarvoor de verkrijger aansprakelijk zal zijn, een opgave inhoudt van hetgeen de betrokken appartementseignaar op de dag van de overdracht of toedeling aan de vereniging schuldig is en van hetgeen waarvoor de betrokken appartementseigenaar op de dag van de overdracht of toedeling aansprakelijk is. De verkrijger is jegens de vereniging en wat betreft de op grond van artikel 126 lid 4 aangegane lening tevens jegens derden, niet verder aansprakelijk dan tot het bedrag dat uit de opgave blijkt.

6. De verklaring houdt tevens een opgave in van de omvang van het reservefonds, bedoeld in artikel 126 lid 1, en van de schulden van de vereniging.

Art. 123

Vruchtgebruik appartementsrecht

1. In geval van vruchtgebruik van een appartementsrecht treedt de vruchtgebruiker in de plaats van de appartementseigenaar ten aanzien van de aansprakelijkheid voor de gezamenlijke schulden en de aan de gezamenlijke appartementseigenaars en de vereniging van eigenaars verschuldigde bijdragen. De vruchtgebruiker is echter bevoegd de door hem betaalde bedragen, voor zover zij niet betrekking hebben op de gewone lasten en herstellingen, bij het einde van het vruchtgebruik van de appartementseigenaar terug te vorderen.

2. Wanneer de appartementseigenaar schulden of bijdragen als bedoeld in lid 1 heeft voldaan, kan hij van de vruchtgebruiker vorderen dat deze hem de betaalde bedragen, vermeerderd met de rente vanaf de dag der betaling, teruggeeft voor zover zij op gewone lasten en herstellingen betrekking hebben. Van de andere door de appartementseigenaar betaalde bedragen is de vruchtgebruiker slechts de rente van de dag der betaling tot het einde van het vruchtgebruik verschuldigd.

3. Tenzij bij de instelling van het vruchtgebruik anders wordt bepaald wordt het aan een appartementsrecht verbonden stemrecht in de vergadering van eigenaars uitgeoefend door de vruchtgebruiker.
(Zie ook: artt. 201, 207 BW Boek 3)

Appartementsrecht, schakelbepaling

4. Artikel 122 en artikel 113 lid 5, tweede volzin, zijn van overeenkomstige toepassing bij de vestiging, bij overdracht en bij het einde van het vruchtgebruik van een appartementsrecht.

Afdeling 2
De vereniging van eigenaars

Art. 124

Vereniging van eigenaars, definitie

1. De vereniging van eigenaars is een rechtspersoon.

2. Titel 1 van Boek 2 is van toepassing behoudens de artikelen 4, 6, 13 lid 2, 17, 18, 19 leden 1-3, lid 4, tweede zin, lid 6, tweede zin, en lid 7, 20, 21 en 22 en met inachtneming van de in de volgende artikelen van de onderhavige titel aangegeven afwijkingen.

3. Titel 2 van Boek 2 is slechts van toepassing voor zover de onderhavige afdeling daarnaar verwijst.
(Zie ook: art. 201 BW Boek 3)

Art. 125

Vereniging van eigenaars, bevoegdheden vergadering

1. Aan de vergadering van eigenaars komen in de vereniging alle bevoegdheden toe, die niet door wet of statuten aan andere organen zijn opgedragen.
(Zie ook: art. 40 BW Boek 2; art. 112 BW Boek 5)

Vereniging van eigenaars, lidmaatschap

2. Iedere appartementseigenaar is van rechtswege lid van de vereniging van eigenaars. Wanneer een lid ophoudt appartementseigenaar te zijn, eindigt zijn lidmaatschap van rechtswege.

3. Artikel 40 lid 2 van Boek 2 is van toepassing.

Art. 126

1. De vereniging van eigenaars voert het beheer over de gemeenschap, met uitzondering van de gedeelten die bestemd zijn als afzonderlijk geheel te worden gebruikt. De vereniging houdt een reservefonds in stand ter bestrijding van andere dan de gewone jaarlijkse kosten.

2. De jaarlijkse reservering ten behoeve van het reservefonds, bedoeld in het vorige lid, bedraagt ten aanzien van een voor bewoning bestemd gebouw, met inbegrip van een gebouw dat gedeeltelijk voor bewoning is bestemd:

a. ten minste het bedrag dat is vastgesteld door de vergadering van eigenaars ter uitvoering van een door de vergadering van eigenaars vastgesteld onderhoudsplan van ten hoogste vijf jaren oud ten aanzien van de gedeelten die niet bestemd zijn om als afzonderlijk geheel te worden gebruikt, dat betrekking heeft op een periode van ten minste tien jaar en waarin de benodigde onderhouds- en herstelwerkzaamheden alsmede de geplande vernieuwingen zijn opgenomen daaronder mede begrepen een berekening van de aan die werkzaamheden en vernieuwingen verbonden kosten en een gelijkmatige toerekening van die kosten aan de onderscheiden jaren; of

b. ten minste 0,5% procent van de herbouwwaarde van het gebouw.

(Zie ook: art. 48 BW Boek 2; art. 218 BW Boek 3; artt. 131, 136 BW Boek 5)

3. In een reservefonds ten aanzien van een gebouw als bedoeld in het vorige lid, aanhef, worden de bijdragen gedeponeerd op een afzonderlijke betaalrekening of spaarrekening als bedoeld in artikel 1:1 van de Wet op het financieel toezicht, ten name van de vereniging van eigenaars. Van de vorige volzin kan slechts worden afgeweken bij reglement, bij besluit van de vergadering van eigenaars, genomen met een meerderheid van ten minste vier vijfde van het aantal stemmen dat aan de appartementseigenaars toekomt, of door middel van het ten behoeve van de bijdragen verstrekken van een bankgarantie ten name van de vereniging van eigenaars.

4. Tenzij het reglement uitdrukkelijk anders bepaalt, is de vereniging bevoegd een overeenkomst van geldlening aan te gaan.

5. De vereniging kan binnen de grenzen van haar bevoegdheid de gezamenlijke appartementseigenaars in en buiten rechte vertegenwoordigen.

6. De vereniging ziet toe op de nakoming van de verplichtingen die voor de appartementseigenaars uit het bij of krachtens de wet en het reglement bepaalde jegens elkander voortvloeien en kan te dien einde in rechte tegen hen optreden. Onder appartementseigenaars wordt hier begrepen hij die een gebruiksrecht aan een appartementseigenaar ontleent.

(Zie ook: art. 112 BW Boek 5)

7. Zolang tweederde deel van de appartementsrechten, daaronder mede begrepen het aan die appartementsrechten verbonden aantal stemmen, niet is overgedragen onmiddellijk na oprichting van de vereniging van eigenaars, gaat de vereniging van eigenaars geen overeenkomsten voor onderhoud aan met een langere looptijd dan een jaar.

Art. 127

1. Alle appartementseigenaars hebben toegang tot de vergadering van eigenaars. De besluiten worden genomen bij volstrekte meerderheid van de uitgebrachte stemmen, voor zover de statuten niet anders bepalen.

2. Tenzij de statuten anders bepalen, wordt de voorzitter van de vergadering van eigenaars door de vergadering uit de leden der vereniging benoemd. Zowel de voorzitter als het bestuur van de vereniging zijn bevoegd de vergadering bijeen te roepen.

(Zie ook: artt. 37, 41 BW Boek 2)

3. In geval van ondersplitsing komen de stemmen van de appartementseigenaar wiens recht is gesplitst, toe aan de gerechtigden tot de door de ondersplitsing ontstane appartementsrechten. Deze stemmen worden in de vergadering van eigenaars uitgebracht door het bestuur van de bij de ondersplitsing opgerichte vereniging van eigenaars. De stemmen behoeven niet eensluidend te worden uitgebracht. De gerechtigden tot de door de ondersplitsing ontstane appartementsrechten zijn bevoegd de vergadering van eigenaars bij te wonen. Het bestuur, bedoeld in de tweede zin, is bevoegd om in de vergadering het woord te voeren.

Art. 127a

1. In geval van een ernstige dreiging van het ontstaan van een situatie waarin een gedeelte van het gebouw dat niet bestemd is voor gebruik als afzonderlijk geheel niet voldoet aan artikel 1a, eerste lid, of 1b, tweede lid, van de Woningwet, kan de gemeente op haar verzoek worden gemachtigd door de kantonrechter van de rechtbank van het arrondissement waarin het gebouw of het grootste gedeelte daarvan is gelegen om:

a. een vergadering van eigenaars bijeen te roepen op de wijze als in de statuten bepaald;

b. de vergadering bij te wonen, daarin het woord te voeren en voorstellen te doen omtrent:

– het beheer en het onderhoud van de onderscheiden gedeelten van het gebouw;

– bijdragen aan het reservefonds;

– het lidmaatschap van een andere vereniging of coöperatie met het oog op het onderhoud van de onderscheiden gedeelten van het gebouw;

– de samenstelling van het bestuur;

B5 art. 128

Burgerlijk Wetboek Boek 5

– het uitbesteden van het beheer aan een professionele beheerder;
c. anderen dan bestuursleden te belasten met de leiding van de vergadering.
2. Bij de oproeping ingevolge het eerste lid wordt vermeld dat zij krachtens rechterlijke machtiging en voor rekening van de gemeente geschiedt. De oproeping, die geschiedt op de wijze zoals is bepaald in het reglement of de statuten van de vereniging van eigenaars, is rechtsgeldig, ook indien mocht blijken dat de machtiging ten onrechte was verleend.
3. Tegen de beschikking van de kantonrechter is generlei voorziening toegelaten, behoudens cassatie in het belang der wet.

Art. 128

Vereniging van eigenaars, gebruik gemeenschappelijke gedeelten

1. De vergadering van eigenaars is bevoegd regels te stellen betreffende het gebruik van de gedeelten die niet bestemd zijn als afzonderlijk geheel te worden gebruikt, voor zover het reglement daarover geen bepalingen bevat.
2. Iedere appartementseigenaar kan een gebruiker vragen te verklaren of hij bereid is een in het vorige lid bedoelde regel na te leven. Is de gebruiker daartoe niet bereid of verklaart hij zich niet, dan kan de kantonrechter binnen wiens rechtsgebied het gebouw of het grootste gedeelte daarvan is gelegen, op verzoek van iedere appartementseigenaar beslissen dat de regel ten aanzien van de gebruiker komt te gelden.

Art. 129

Splitsingsakte, toepasselijkheid art. 2:14 BW

1. Voor de toepassing van artikel 14 van Boek 2 wordt de akte van splitsing gelijkgesteld met de statuten.
(Zie ook: art. 109 BW Boek 5)

Splitsingsreglement, toepasselijkheid art. 2:15 lid BW

2. Voor de toepassing van artikel 15 lid 1 onder c van Boek 2 geldt het reglement dat krachtens artikel 111 onder d deel van de akte van splitsing uitmaakt, niet als een reglement.

Art. 130

Vereniging van eigenaars, vernietiging besluit door kantonrechter

1. In afwijking van artikel 15 lid 3 van Boek 2 geschiedt de vernietiging van een besluit van een orgaan van de vereniging van eigenaars door een uitspraak van de kantonrechter van de rechtbank van het arrondissement waarin het gebouw of het grootste gedeelte daarvan is gelegen, op verzoek van degene die de vernietiging krachtens dit lid kan vorderen.
2. Het verzoek tot vernietiging moet worden gedaan binnen een maand na de dag waarop de verzoeker van het besluit heeft kennis genomen of heeft kunnen kennis nemen.
3. De verzoeker, alle andere stemgerechtigden en de vereniging van eigenaars worden bij name opgeroepen om op het verzoek te worden gehoord. Hoger beroep kan slechts worden ingesteld binnen een maand na de dagtekening der eindbeschikking.
4. De rechter voor wie het verzoek aanhangig is, is bevoegd het besluit te schorsen totdat op het verzoek onherroepelijk is beslist.
(Zie ook: art. 11 BW Boek 2)

Art. 131

Vereniging van eigenaars, bestuur

1. Het bestuur van de vereniging wordt gevormd door één bestuurder, tenzij de statuten bepalen dat er twee of meer zullen zijn. In het laatste geval wordt de vereniging, voor zover in de statuten niet anders is bepaald, tegenover derden door ieder der bestuurders vertegenwoordigd.
(Zie ook: art. 45 BW Boek 2)
2. Het bestuur wordt door de vergadering van eigenaars, al dan niet uit de leden, benoemd en kan te allen tijde door haar worden geschorst of ontslagen. Een veroordeling tot herstel van de dienstbetrekking tussen de vereniging en een bestuurder kan door de rechter niet worden uitgesproken.
(Zie ook: art. 37 BW Boek 2)
3. Voor zover de statuten niet anders bepalen, beheert het bestuur de middelen der vereniging en draagt het zorg voor de tenuitvoerlegging van de besluiten van de vergadering van eigenaars.
4. Bij besluit van de vergadering van eigenaars kan van het vorige lid worden afgeweken en kunnen aan het bestuur aanwijzingen met betrekking tot de uitoefening van zijn taak worden gegeven. Deze besluiten kunnen niet worden ingeroepen tegen de wederpartij, tenzij zij haar bekend waren of behoorden te zijn.

Art. 132

Vereniging van eigenaars, toegang bestuurders tot appartementen

De appartementseigenaars en de gebruikers van de voor het gebruik als afzonderlijk geheel bestemde gedeelten zijn verplicht een bestuurder en door hem aan te wijzen personen toegang tot die gedeelten te verschaffen, wanneer dit voor de vervulling van de taak van het bestuur noodzakelijk is.

Art. 133

Vereniging van eigenaars, toegang voorzitter tot appartementen

1. Bij belet of ontstentenis van het bestuur wordt dit vervangen door de voorzitter van de vergadering van eigenaars, tenzij in de statuten of door de vergadering een andere voorziening is getroffen.

2. In gevallen waarin de vereniging of de gezamenlijke appartementseigenaars een belang hebben, tegenstrijdig met dat van een bestuurder, treedt de voorzitter van de vergadering van eigenaars bij belet of ontstentenis van andere bestuurders eveneens in de plaats van het bestuur. *(Zie ook: art. 146 BW Boek 2)*

Art. 134

1. Exploiten en kennisgevingen, gericht tot de gezamenlijke appartementseigenaars, kunnen aan de persoon of de woonplaats van een bestuurder van de vereniging worden gedaan; zij behoeven dan niet de namen en de woonplaatsen van de appartementseigenaars te bevatten.

2. De bestuurder deelt de appartementseigenaars onverwijld de inhoud van het exploit of de kennisgeving mede.

(Zie ook: art. 10 BW Boek 1; art. 4 Rv)

Art. 135

De artikelen 45 lid 4 en 48 van Boek 2 zijn van toepassing.

Afdeling 3
Rechten uit verzekeringsovereenkomsten

Art. 136

1. Hij, die krachtens het reglement verplicht is het gebouw te doen verzekeren, vertegenwoordigt de gezamenlijke appartementseigenaars bij de uitoefening van de rechten die uit de verzekeringsovereenkomst voortvloeien, en voert voor hen het beheer over de ontvangen verzekeringspenningen.

2. Zodra tot herstel is besloten, worden de verzekeringspenningen tot dit doel aangewend, met dien verstande dat de verhouding van de waarde van de appartementsrechten na het herstel dezelfde moet zijn als tevoren. Bij de berekening van die waarde mag echter geen rekening worden gehouden met veranderingen die een appartementseigenaar in het gedeelte dat bestemd is om als afzonderlijk geheel door hem te worden gebruikt, heeft aangebracht, tenzij hij hiervan tijdig aan de vereniging van eigenaars had kennis gegeven.

3. Herstel van schade aan gedeelten die bestemd zijn om als afzonderlijk geheel te worden gebruikt, geschiedt zoveel mogelijk volgens de aanwijzingen van de appartementseigenaars die het aangaat.

4. Uitkering aan ieder der appartementseigenaars van het hem toekomende aandeel in de assurantiepenningen geschiedt slechts:

a. indien na het herstel van de schade een overschot aanwezig blijkt te zijn;

b. indien drie maanden zijn verlopen nadat de vergadering van eigenaars heeft besloten van herstel of verder herstel af te zien;

c. in geval van opheffing van de splitsing.

5. Van het bepaalde in dit artikel kan in het reglement worden afgeweken.

Art. 138

Geschillen over herstel of de wijze van herstel beslist de kantonrechter van de rechtbank van het arrondissement waarin het gebouw of het grootste gedeelte daarvan is gelegen, op verzoek van de meest gerede partij. Hoger beroep kan slechts worden ingesteld binnen een maand na de dagtekening van de eindbeschikking.

Afdeling 4
Wijziging van de akte van splitsing en opheffing van de splitsing

Art. 139

1. De akte van splitsing kan worden gewijzigd met medewerking van alle appartementseigenaars.

2. De wijziging kan ook met medewerking van het bestuur geschieden, indien het tot de wijziging strekkende besluit is genomen in de vergadering van eigenaars met een meerderheid van ten minste vier vijfden van het aantal stemmen dat aan de appartementseigenaars toekomt of met een zodanige grotere meerderheid als in de akte van splitsing is bepaald. De termijn voor oproeping tot de vergadering bedraagt ten minste vijftien dagen. Artikel 42 leden 1, eerste zin, 2, eerste zin, en 3 van Boek 2 is van overeenkomstige toepassing.

(Zie ook: artt. 111, 114, 118 BW Boek 5)

3. Wijziging van de akte van splitsing behoeft de toestemming van hen die een beperkt recht op een appartementsrecht hebben, van hen die daarop beslag hebben gelegd alsmede, indien een recht van erfpacht of opstal in de splitsing is betrokken, van de grondeigenaar. Ook is toestemming nodig van de gerechtigden tot een erfdienstbaarheid, indien hun recht door de wijziging wordt verkort.

4. Indien de wijziging uitsluitend betrekking heeft op het reglement, is de toestemming van de beslagleggers niet nodig.

B5 art. 140 **Burgerlijk Wetboek Boek 5**

Splitsingsakte, wijziging bij notariële akte

5. De wijziging geschiedt door een daartoe bestemde notariële akte, gevolgd door inschrijving van die akte in de openbare registers. Indien de wijziging betrekking heeft op de begrenzing van gedeelten van het gebouw of de grond die bestemd zijn als afzonderlijk geheel te worden gebruikt, is artikel 109 lid 2 van overeenkomstige toepassing.
(Zie ook: art. 16 BW Boek 3; art. 143 BW Boek 5)

Art. 140

Splitsingsakte, weigering medewerking wijziging

1. Indien een of meer der in de leden 1 en 3 van het vorige artikel genoemden zich niet verklaren of zonder redelijke grond weigeren hun medewerking of toestemming te verlenen, kan deze worden vervangen door een machtiging van de kantonrechter van de rechtbank van het arrondissement waarin het gebouw of het grootste gedeelte daarvan is gelegen.

2. De machtiging kan slechts worden verleend op verzoek van een of meer appartementseigenaars aan wie ten minste de helft van het aantal stemmen in de vergadering van eigenaars toekomt.

3. De machtiging kan ook op verzoek van twee appartementseigenaars, of op verzoek van een appartementseigenaar aan wie verschillende appartementsrechten toebehoren worden verleend, wanneer de wijziging uitsluitend strekt tot een verandering van de onderlinge begrenzing der gedeelten die bestemd zijn door hen als afzonderlijk geheel te worden gebruikt, al dan niet gepaard gaande met een verandering in de onderlinge verhouding van hun aandelen in de goederen die in de splitsing zijn betrokken, of van hun bijdragen in de schulden en kosten die ingevolge de wet of het reglement voor rekening van de gezamenlijke appartementseigenaars komen.
(Zie ook: art. 121 BW Boek 5)

4. Alle personen wier medewerking of toestemming ingevolge artikel 139 is vereist, worden bij name opgeroepen om op een verzoek als in de vorige leden bedoeld te worden gehoord.

Art. 140a

Splitsingsreglement, weigering medewerking wijziging

1. Indien een of meer van de in de leden 1 en 3 van artikel 139 genoemden zich niet verklaren of zonder redelijke grond weigeren hun medewerking of toestemming te verlenen voor een wijziging van het reglement voorgesteld op de voet van artikel 127a, eerste lid, onderdeel b, kan deze worden vervangen door een machtiging van de kantonrechter van de rechtbank van het arrondissement waarin het gebouw of het grootste gedeelte daarvan is gelegen.

2. De machtiging kan slechts worden verleend op verzoek van de gemeente waarin het gebouw is gelegen, indien een of meer appartementseigenaars aan wie ten minste de helft van het aantal stemmen in de vergadering van eigenaars toekomt zich voor de desbetreffende reglementswijziging heeft of hebben verklaard.

3. Alle personen van wie medewerking of toestemming ingevolge artikel 139 is vereist, worden bij name opgeroepen om op een verzoek als bedoeld in het tweede lid te worden gehoord.

Art. 140b

Splitsingsakte, vernietiging besluit tot wijziging

1. Op vordering van een appartementseigenaar die niet voor een overeenkomstig artikel 139 lid 2 bij meerderheid van stemmen genomen besluit tot wijziging van de akte van splitsing heeft gestemd, wordt het besluit bij rechterlijke uitspraak vernietigd.

2. De bevoegdheid om vernietiging te vorderen verjaart door verloop van drie maanden, welke termijn begint met de aanvang van de dag, volgende op die waarop het besluit door de vergadering van eigenaars is genomen.

3. De rechter kan de vordering afwijzen, wanneer de eiser geen schade lijdt of hem een redelijke schadeloosstelling wordt aangeboden en voor de betaling hiervan voldoende zekerheid is gesteld.

Art. 141

Splitsingsakte, vernietiging wijziging

1. Bij gebreke van de in de artikelen 139, 140 en 140a bedoelde toestemming of daarvoor in de plaats tredende machtiging wordt de wijziging vernietigd bij rechterlijke uitspraak op vordering van degeen wiens toestemming achterwege is gebleven.
(Zie ook: art. 130 BW Boek 5)

2. De bevoegdheid om vernietiging te vorderen verjaart door verloop van een jaar, welke termijn begint met de aanvang van de dag, volgende op die waarop degeen die de vernietiging kan vorderen kennis heeft genomen van de wijziging dan wel hem schriftelijk van die wijziging mededeling is gedaan.
(Zie ook: art. 313 BW Boek 3)

3. De rechter kan de vordering afwijzen, wanneer de eiser geen schade lijdt of hem een redelijke schadeloosstelling wordt aangeboden en voor de betaling hiervan voldoende zekerheid is gesteld.
(Zie ook: art. 49 BW Boek 3)

Art. 142

Splitsingsakte, beperkte rechten en beslagen na wijziging

1. Beperkte rechten en beslagen, waarmee de appartementsrechten zijn belast, rusten na de wijziging van de akte van splitsing op de gewijzigde appartementsrechten, tenzij de akte van wijziging anders bepaalt.

Splitsingsakte, voorrechten na wijziging

2. Voorrechten blijven na de wijziging bestaan.

Art. 143

1. De splitsing wordt van rechtswege opgeheven:
a. bij het eindigen van een in de splitsing betrokken recht van erfpacht of opstal, wanneer naast dit recht geen andere registergoederen in de splitsing betrokken zijn en de beëindiging niet gepaard gaat met de vestiging van een nieuw recht van erfpacht of opstal van de appartementseigenaars op dezelfde onroerende zaak;
b. door inschrijving in de openbare registers van het vonnis waarbij een in de splitsing betrokken kadastraal perceel in zijn geheel is onteigend, wanneer geen andere percelen in de splitsing betrokken zijn.
(Zie ook: artt. 86, 87, 97, 105, 108, 116 BW Boek 5)
2. In alle andere gevallen geschiedt de opheffing van de splitsing door een daartoe bestemde notariële akte, gevolgd door inschrijving van die akte in de openbare registers. De artikelen 139 leden 1 en 3, 140 leden 1, 2 en 4 en 141 zijn van overeenkomstige toepassing.

Art. 144

1. Op verzoek van een persoon wiens medewerking of toestemming tot de wijziging van de akte van splitsing of tot opheffing van de splitsing is vereist, kan de kantonrechter van de rechtbank van het arrondissement waarin het gebouw of het grootste gedeelte daarvan is gelegen, bevelen dat de akte van splitsing wordt gewijzigd dan wel de splitsing wordt opgeheven:
a. wanneer de akte van splitsing niet voldoet aan de in de artikelen 111 en 112 gestelde vereisten;
b. wanneer uit de inrichting van de gedeelten van het gebouw of uit de inrichting of aanduiding van de gedeelten van de grond die bestemd zijn als afzonderlijk geheel te worden gebruikt, deze bestemming niet blijkt;
c. wanneer de bouw of inrichting van het gebouw dan wel de inrichting of aanduiding van de grond niet of niet meer beantwoordt aan de omschrijving in de akte van splitsing;
d. in geval van splitsing met toepassing van artikel 107, wanneer de stichting of de gewijzigde inrichting van het gebouw niet binnen een termijn van drie jaren te rekenen vanaf de dag van de inschrijving is voltooid;
e. wanneer een recht van erfpacht of opstal dat naast een of meer andere registergoederen in de splitsing betrokken is, eindigt;
f. wanneer een deel der in de splitsing betrokken registergoederen is uitgewonnen, een gedeelte van de kadastrale percelen is onteigend, of degene die de splitsing verricht heeft onbevoegd was over een deel der in de splitsing betrokken registergoederen te beschikken;
g. wanneer het gebouw ernstig is beschadigd of geheel of gedeeltelijk is gesloopt, tenzij herstel binnen redelijke tijd is te verwachten;
h. wanneer alle appartementseigenaars zich bij een overeenkomst tot de wijziging of opheffing hebben verbonden.
2. Aan de toewijzing van het verzoek kan de rechter voorwaarden verbinden.
3. Artikel 140 lid 4 is van overeenkomstige toepassing.

Art. 145

1. De appartementseigenaars zijn verplicht aan een bevel als bedoeld in het vorige artikel uitvoering te geven, zodra de beschikking in kracht van gewijsde is gegaan. De in de artikelen 139 leden 1 en 3 en 143 lid 2 bedoelde toestemming is in dit geval niet vereist.
2. Indien de kantonrechter met toepassing van artikel 300 van Boek 3 een vertegenwoordiger heeft aangewezen, stelt hij op verzoek van de meest gerede partij of ambtshalve diens salaris vast; het salaris komt ten laste van de vertegenwoordigde.

Art. 146

Beperkte rechten, beslagen en voorrechten op een appartementsrecht rusten na opheffing van de splitsing op het aandeel van de gewezen appartementseigenaar in de goederen die in de splitsing betrokken waren.
(Zie ook: art. 229 BW Boek 3; artt. 114, 118 BW Boek 5)

Art. 147

1. De vereniging van eigenaars wordt door opheffing van de splitsing van rechtswege ontbonden.
2. De vereffening geschiedt met inachtneming van de volgende afwijkingen van de artikelen 23-24 van Boek 2.
3. De vereffenaar draagt hetgeen na voldoening der schuldeisers van het vermogen van de ontbonden vereniging is overgebleven, over aan hen die bij de opheffing van de splitsing appartementseigenaar waren, ieder voor een aandeel als bedoeld in artikel 113 lid 1.
4. De artikelen 23 lid 1, derde zin, en lid 4 en 23c, lid 1, van Boek 2 zijn niet van toepassing. De in artikel 23b lid 4 van Boek 2 bedoelde nederlegging geschiedt binnen het arrondissement waar het gebouw of het grootste gedeelte daarvan is gelegen. In plaats van de in artikel 24, lid 2, van Boek 2 en artikel 995, eerste lid, tweede volzin, van het Wetboek van Burgerlijke Rechtsvordering aangewezen rechter geldt als bevoegd diezelfde rechter binnen wiens rechtsgebied het gebouw of het grootste gedeelte daarvan is gelegen.

Inhoudsopgave

Boek 6	Algemeen gedeelte van het verbintenissenrecht	Art. 1
Titel 1	Verbintenissen in het algemeen	Art. 1
Afdeling 1	Algemene bepalingen	Art. 1
Afdeling 2	Pluraliteit van schuldenaren en hoofdelijke verbondenheid	Art. 6
Afdeling 3	Pluraliteit van schuldeisers	Art. 15
Afdeling 4	Alternatieve verbintenissen	Art. 17
Afdeling 5	Voorwaardelijke verbintenissen	Art. 21
Afdeling 6	Nakoming van verbintenissen	Art. 27
Afdeling 7	Opschortingsrechten	Art. 52
Afdeling 8	Schuldeisersverzuim	Art. 58
Afdeling 9	De gevolgen van het niet nakomen van een verbintenis	Art. 74
§ 1	Algemene bepalingen	Art. 74
§ 2	Verzuim van de schuldenaar	Art. 81
§ 3	Verdere gevolgen van niet-nakoming	Art. 88
§ 4	Boetebeding	Art. 91
Afdeling 10	Wettelijke verplichtingen tot schadevergoeding	Art. 95
Afdeling 11	Verbintenissen tot betaling van een geldsom	Art. 111
Afdeling 12	Verrekening	Art. 127
Titel 2	Overgang van vorderingen en schulden en afstand van vorderingen	Art. 142
Afdeling 1	Gevolgen van overgang van vorderingen	Art. 142
Afdeling 2	Subrogatie	Art. 150
Afdeling 3	Schuld- en contractsoverneming	Art. 155
Afdeling 4	Afstand en vermenging	Art. 160
Titel 3	Onrechtmatige daad	Art. 162
Afdeling 1	Algemene bepalingen	Art. 162
Afdeling 2	Aansprakelijkheid voor personen en zaken	Art. 169
Afdeling 3	Produktenaansprakelijkheid	Art. 185
Afdeling 3A	Oneerlijke handelspraktijken	Art. 193a
Afdeling 3B	Schending van mededingingsrecht	Art. 193k
Afdeling 4	Misleidende en vergelijkende reclame	Art. 194
Afdeling 4A	Aansprakelijkheid bij elektronisch rechtsverkeer	Art. 196b
Afdeling 5	Tijdelijke regeling verhaalsrechten	Art. 197
Titel 4	Verbintenissen uit andere bron dan onrechtmatige daad of overeenkomst	Art. 198
Afdeling 1	Zaakwaarneming	Art. 198
Afdeling 2	Onverschuldigde betaling	Art. 203
Afdeling 3	Ongerechtvaardigde verrijking	Art. 212
Titel 5	Overeenkomsten in het algemeen	Art. 213
Afdeling 1	Algemene bepalingen	Art. 213
Afdeling 2	Het tot stand komen van overeenkomsten	Art. 217
Afdeling 2a	Informatie over dienstverrichters en hun diensten naar aanleiding van de dienstenrichtlijn	Art. 230a
Afdeling 2b	Bepalingen voor overeenkomsten tussen handelaren en consumenten	Art. 230g
Paragraaf 1	– Algemene bepalingen	Art. 230g
Paragraaf 2	– Bepalingen voor overeenkomsten anders dan op afstand of buiten de verkoopruimte	Art. 230l
Paragraaf 3	– Bepalingen voor overeenkomsten op afstand en overeenkomsten buiten de verkoopruimte	Art. 230m
Paragraaf 4	– Aanvullende bepalingen voor overeenkomsten buiten de verkoopruimte	Art. 230t
Paragraaf 5	– Aanvullende bepalingen voor overeenkomsten op afstand	Art. 230v
Paragraaf 6	– Specifieke bepalingen voor overeenkomsten op afstand en buiten de verkoopruimte inzake financiële producten en financiële diensten	Art. 230w
Afdeling 3	Algemene voorwaarden	Art. 231
Afdeling 4	Rechtsgevolgen van overeenkomsten	Art. 248

Afdeling 5 Wederkerige overeenkomsten Art. 261

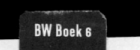

B6 art. 1

Burgerlijk Wetboek Boek 6^1

Burgerlijk Wetboek Boek 6, Verbintenissenrecht

**Boek 6
Algemeen gedeelte van het verbintenissenrecht**

*Titel 1
Verbintenissen in het algemeen*

*Afdeling 1
Algemene bepalingen*

Art. 1

Dwingend recht Verbintenissen kunnen slechts ontstaan, indien dit uit de wet voortvloeit.
(Zie ook: artt. 157, 392 BW Boek 1; art. 53 BW Boek 3; artt. 2, 3, 24, 162, 198, 203, 213, 248, 271 BW Boek 6)

Art. 2

Redelijkheid en billijkheid bij verbintenissen **1.** Schuldeiser en schuldenaar zijn verplicht zich jegens elkaar te gedragen overeenkomstig de eisen van redelijkheid en billijkheid.

2. Een tussen hen krachtens wet, gewoonte of rechtshandeling geldende regel is niet van toepassing, voor zover dit in de gegeven omstandigheden naar maatstaven van redelijkheid en billijkheid onaanvaardbaar zou zijn.

(Zie ook: art. 399 BW Boek 1; artt. 8, 15 BW Boek 2; artt. 12, 166 BW Boek 3; artt. 8, 23, 94, 101, 109, 166, 211, 212, 233, 248, 258 BW Boek 6; art. 865 BW Boek 7; art. 162 BW Boek 8)

Art. 3

Natuurlijke verbintenis **1.** Een natuurlijke verbintenis is een rechtens niet- afdwingbare verbintenis.

2. Een natuurlijke verbintenis bestaat:

a. wanneer de wet of een rechtshandeling aan een verbintenis de afdwingbaarheid onthoudt;
(Zie ook: art. 306 BW Boek 3; art. 1825 BW Boek 7A)

b. wanneer iemand jegens een ander een dringende morele verplichting heeft van zodanige aard dat naleving daarvan, ofschoon rechtens niet afdwingbaar, naar maatschappelijke opvattingen als voldoening van een aan die ander toekomende prestatie moet worden aangemerkt.
(Zie ook: art. 203 BW Boek 6)

Art. 4

Schakelbepaling Op natuurlijke verbintenissen zijn de wettelijke bepalingen betreffende verbintenissen van overeenkomstige toepassing, tenzij de wet of haar strekking meebrengt dat een bepaling geen toepassing mag vinden op een niet-afdwingbare verbintenis.

(Zie ook: artt. 45, 323 BW Boek 3; artt. 6, 27, 56, 127, 131, 142 BW Boek 6; art. 853 BW Boek 7)

Art. 5

Omzetting bij natuurlijke verbintenis **1.** Een natuurlijke verbintenis wordt omgezet in een rechtens afdwingbare door een overeenkomst van de schuldenaar met de schuldeiser.

(Zie ook: art. 1827 BW Boek 7A)

2. Een door de schuldenaar tot de schuldeiser gericht aanbod tot een zodanige overeenkomst om niet, geldt als aanvaard, wanneer het aanbod ter kennis van de schuldeiser is gekomen en deze het niet onverwijld heeft afgewezen.

(Zie ook: artt. 160, 218, 251, 253 BW Boek 6)

3. Op de overeenkomst zijn de bepalingen betreffende schenkingen en giften niet van toepassing.

(Zie ook: art. 1703 BW Boek 7A)

*Afdeling 2
Pluraliteit van schuldenaren en hoofdelijke verbondenheid*

Art. 6

Verbondenheid schuldenaren bij verbintenis **1.** Is een prestatie door twee of meer schuldenaren verschuldigd, dan zijn zij ieder voor een gelijk deel verbonden, tenzij uit wet, gewoonte of rechtshandeling voortvloeit dat zij voor ongelijke delen of hoofdelijk verbonden zijn.

(Zie ook: art. 55 BW Boek 2; art. 188 BW Boek 3; art. 1146 BW Boek 4; art. 1680 BW Boek 7A)

---

1 Inwerkingtredingsdatum: 01-01-1992; zoals laatstelijk gewijzigd bij: Stb. 2020, 85.

2. Is de prestatie ondeelbaar of vloeit uit wet, gewoonte of rechtshandeling voort dat de schuldenaren ten aanzien van een zelfde schuld ieder voor het geheel aansprakelijk zijn, dan zijn zij hoofdelijk verbonden.

(Zie ook: artt. 85, 102, 304, 390 BW Boek 1; artt. 4, 9, 11, 29, 30, 69, 90, 93, 138, 139, 149, 150, 180, 199, 203, 248, 249, 259, 260, 289 BW Boek 2; artt. 176, 223 BW Boek 3; artt. 1063, 1066 BW Boek 4; artt. 77, 92, 113, 115, 122 BW Boek 5; artt. 99, 102, 166, 170, 180, 251 BW Boek 6; artt. 407, 606, 850 BW Boek 7; art. 1786 BW Boek 7A; artt. 422, 442, 545, 932, 941, 1006 BW Boek 8; art. 136 FW; artt. 18, 21, 146, 221 WvK)

3. Uit een overeenkomst van een schuldenaar met zijn schuldeiser kan voortvloeien dat, wanneer de schuld op twee of meer rechtsopvolgers overgaat, dezen voor ongelijke delen of hoofdelijk verbonden zullen zijn.

(Zie ook: art. 15 BW Boek 6)

Art. 7

1. Indien twee of meer schuldenaren hoofdelijk verbonden zijn, heeft de schuldeiser tegenover ieder van hen recht op nakoming voor het geheel.

2. Nakoming door een der schuldenaren bevrijdt ook zijn medeschuldenaren tegenover de schuldeiser. Hetzelfde geldt, wanneer de schuld wordt gedelgd door inbetalinggeving of verrekening, alsmede wanneer de rechter op vordering van een der schuldenaren artikel 60 toepast, tenzij hij daarbij anders bepaalt.

(Zie ook: artt. 9, 30, 34, 45, 72, 127 BW Boek 6; art. 68 Rv; art. 136 FW)

Art. 8

Op de rechtsbetrekkingen tussen de hoofdelijke schuldenaren onderling is artikel 2 van overeenkomstige toepassing.

(Zie ook: art. 166 BW Boek 3; art. 248 BW Boek 6; art. 865 BW Boek 7)

Art. 9

1. Iedere hoofdelijke schuldenaar is bevoegd namens de overige schuldenaren een aanbod tot afstand om niet van het vorderingsrecht te aanvaarden, voor zover de afstand ook de andere schuldenaren betreft.

(Zie ook: artt. 14, 160 BW Boek 6)

2. Uitstel van betaling, door de schuldeiser aan een der schuldenaren verleend, werkt ook ten aanzien van zijn medeschuldenaren, voor zover blijkt dat dit de bedoeling van de schuldeiser is.

(Zie ook: artt. 72, 131 BW Boek 6)

Art. 10

1. Hoofdelijke schuldenaren zijn, ieder voor het gedeelte van de schuld dat hem in hun onderlinge verhouding aangaat, verplicht overeenkomstig de volgende leden in de schuld en in de kosten bij te dragen.

(Zie ook: artt. 102, 165, 166, 170 BW Boek 6; art. 1670 BW Boek 7A; artt. 545, 1006 BW Boek 8)

2. De verplichting tot bijdragen in de schuld die ten laste van een der hoofdelijke schuldenaren wordt gedelgd voor meer dan het gedeelte dat hem aangaat, komt op iedere medeschuldenaar te rusten voor het bedrag van dit meerdere, telkens tot ten hoogste het gedeelte van de schuld dat de medeschuldenaar aangaat.

3. In door een hoofdelijke schuldenaar in redelijkheid gemaakte kosten moet iedere medeschuldenaar bijdragen naar evenredigheid van het gedeelte van de schuld dat hem aangaat, tenzij de kosten slechts de schuldenaar persoonlijk betreffen.

(Zie ook: art. 12 BW Boek 6; art. 136 FW)

Art. 11

1. Een uit hoofde van het vorige artikel tot bijdragen aangesproken medeschuldenaar kan de verweermiddelen die hij op het tijdstip van het ontstaan van de verplichting tot bijdragen jegens de schuldeiser had, ook inroepen tegen de hoofdelijke schuldenaar die de bijdrage van hem verlangt.

2. Niettemin kan hij een zodanig verweermiddel niet tegen deze schuldenaar inroepen, indien het na hun beider verbintenis is ontstaan uit een rechtshandeling die de schuldeiser met of jegens de aangesprokene heeft verricht.

3. Een beroep op verjaring van de rechtsvordering van de schuldeiser komt de tot bijdragen aangesprokene slechts toe, indien op het tijdstip van het ontstaan van de verplichting tot bijdragen zowel hijzelf als degene die de bijdrage verlangt, jegens de schuldeiser de voltooiing van de verjaring had kunnen inroepen.

(Zie ook: art. 322 BW Boek 3; art. 853 BW Boek 7)

4. De vorige leden zijn slechts van toepassing, voor zover uit de rechtsverhouding tussen de schuldenaren niet anders voortvloeit.

(Zie ook: art. 8 BW Boek 6; art. 868 BW Boek 7)

Hoofdelijke verbondenheid bij verbintenis

Verbondenheid rechtsopvolgers bij verbintenis

Rechtsgevolgen bij hoofdelijke verbondenheid

Redelijkheid en billijkheid bij hoofdelijke verbondenheid

Afstand om niet bij hoofdelijke verbondenheid

Uitstel van betaling bij hoofdelijke verbondenheid

Bijdrageplicht bij hoofdelijke verbondenheid

Regres bij hoofdelijke verbondenheid

Verweermiddelen medeschuldenaar bij hoofdelijke verbondenheid

Verjaring regres bij hoofdelijke verbondenheid

B6 *art. 12* **Burgerlijk Wetboek Boek 6**

Art. 12

Subrogatie bij hoofdelijke verbondenheid

1. Wordt de schuld ten laste van een hoofdelijke schuldenaar gedelgd voor meer dan het gedeelte dat hem aangaat, dan gaan de rechten van de schuldeiser jegens de medeschuldenaren en jegens derden krachtens subrogatie voor dit meerdere op die schuldenaar over, telkens tot ten hoogste het gedeelte dat de medeschuldenaar of de derde aangaat in zijn verhouding tot die schuldenaar. *(Zie ook: artt. 10, 13, 150 BW Boek 6; artt. 866, 869 BW Boek 7)*

2. Door de subrogatie wordt de vordering, indien zij een andere prestatie dan geld betrof, omgezet in een geldvordering van gelijke waarde. *(Zie ook: art. 854 BW Boek 7)*

Art. 13

Omslag bij hoofdelijke verbondenheid

1. Blijkt verhaal op een hoofdelijke schuldenaar voor een vordering als bedoeld in de artikelen 10 en 12 geheel of gedeeltelijk onmogelijk, dan wordt het onverhaalbaar gebleken deel over al zijn medeschuldenaren omgeslagen naar evenredigheid van de gedeelten waarvoor de schuld ieder van hen in hun onderlinge verhouding aanging.

2. Werd de schuld geheel of gedeeltelijk gedelgd ten laste van een hoofdelijke schuldenaar wie de schuld zelf niet aanging en blijkt op geen van de medeschuldenaren wie de schuld wel aanging verhaal mogelijk, dan wordt het onverhaalbaar gebleken deel over alle medeschuldenaren wie de schuld niet aanging, omgeslagen naar evenredigheid van de bedragen waarvoor ieder op het tijdstip van de delging van de schuld jegens de schuldeiser aansprakelijk was.

3. Ieder der in een omslag betrokkenen blijft gerechtigd het bijgedragene alsnog van hem die geen verhaal bood, terug te vorderen.

(Zie ook: art. 55 BW Boek 2; art. 188 BW Boek 3; artt. 102, 152 BW Boek 6; art. 869 BW Boek 7)

Art. 14

Afstand vorderingsrecht bij hoofdelijke verbondenheid

Afstand door de schuldeiser van zijn vorderingsrecht jegens een hoofdelijke schuldenaar bevrijdt deze niet van zijn verplichting tot bijdragen. De schuldeiser kan hem niettemin van zijn verplichting tot bijdragen jegens een medeschuldenaar bevrijden door zich jegens deze laatste te verbinden zijn vordering op hem te verminderen met het bedrag dat als bijdrage gevorderd had kunnen worden.

(Zie ook: artt. 9, 10, 13, 160 BW Boek 6)

Afdeling 3
Pluraliteit van schuldeisers

Art. 15

Vorderingsrecht bij meerdere schuldeisers

1. Is een prestatie aan twee of meer schuldeisers verschuldigd, dan heeft ieder van hen een vorderingsrecht voor een gelijk deel, tenzij uit wet, gewoonte of rechtshandeling voortvloeit dat de prestatie hun voor ongelijke delen toekomt of dat zij gezamenlijk één vorderingsrecht hebben.

(Zie ook: art. 166 BW Boek 3)

Ondeelbare prestatie bij meerdere schuldeisers

2. Is de prestatie ondeelbaar of valt het recht daarop in een gemeenschap, dan hebben zij gezamenlijk één vorderingsrecht.

3. Aan de schuldenaar kan niet worden tegengeworpen dat het vorderingsrecht in een gemeenschap valt, wanneer dit recht voortspruit uit een overeenkomst die hij met de deelgenoten heeft gesloten, maar hij niet wist noch behoefde te weten dat dit recht van die gemeenschap ging deel uitmaken.

(Zie ook: artt. 35, 36 BW Boek 3; artt. 6, 34 BW Boek 6)

Art. 16

Gemeenschap van vorderingsrecht bij meerdere schuldeisers

Wanneer met de schuldenaar is overeengekomen dat twee of meer personen als schuldeiser de prestatie van hem voor het geheel kunnen vorderen, des dat de voldoening aan de een hem ook jegens de anderen bevrijdt, doch in de onderlinge verhouding van die personen de prestatie niet aan hen allen gezamenlijk toekomt, zijn op hun rechtsverhouding jegens de schuldenaar de in geval van gemeenschap geldende regels van overeenkomstige toepassing.

(Zie ook: art. 166 BW Boek 3)

Afdeling 4
Alternatieve verbintenissen

Art. 17

Alternatieve verbintenis

1. Een verbintenis is alternatief, wanneer de schuldenaar verplicht is tot één van twee of meer verschillende prestaties ter keuze van hemzelf, van de schuldeiser of van een derde.

(Zie ook: art. 54 BW Boek 5)

Keuzebevoegdheid schuldenaar bij alternatieve verbintenis

2. De keuze komt toe aan de schuldenaar, tenzij uit wet, gewoonte of rechtshandeling anders voortvloeit.

(Zie ook: art. 28 BW Boek 6)

Art. 18

Een alternatieve verbintenis wordt enkelvoudig door het uitbrengen van de keuze door de daartoe bevoegde.

Art. 19

1. Wanneer de keuze aan een der partijen toekomt, gaat de bevoegdheid om te kiezen op de andere partij over, indien deze haar wederpartij een redelijke termijn heeft gesteld tot bepaling van haar keuze en deze daarbinnen haar keuze niet heeft uitgebracht.
(Zie ook: art. 58 BW Boek 6)

2. De bevoegdheid om te kiezen gaat echter niet over op de schuldeiser voordat deze het recht heeft om nakoming te vorderen, noch op de schuldenaar voordat deze het recht heeft om te voldoen.
(Zie ook: artt. 38, 39 BW Boek 6)

3. Indien op de vordering een pandrecht of een beslag rust en de aangevangen executie bij gebreke van een keuze niet kan worden voortgezet, kan de pandhouder of de beslaglegger aan beide partijen een redelijke termijn stellen om overeenkomstig hun onderlinge rechtsverhouding een keuze uit te brengen. Indien de keuze niet binnen deze termijn geschiedt, gaat de bevoegdheid tot kiezen op de pandhouder of beslaglegger over. Zij zijn gehouden niet nodeloos van deze bevoegdheid gebruik te maken.
(Zie ook: artt. 55, 69, 217, 246 BW Boek 3; art. 94 BW Boek 5; artt. 88, 158 BW Boek 6; artt. 40, 852 BW Boek 7; art. 477 Rv; art. 37 FW)

Art. 20

1. De onmogelijkheid om een of meer der prestaties te verrichten doet geen afbreuk aan de bevoegdheid om te kiezen.

2. Indien de keuze aan de schuldenaar toekomt, is deze echter niet bevoegd een onmogelijke prestatie te kiezen, tenzij de onmogelijkheid een gevolg is van een aan de schuldeiser toe te rekenen oorzaak of deze met de keuze instemt.
(Zie ook: artt. 17, 58, 74, 265, 266 BW boek 6)

Afdeling 5
Voorwaardelijke verbintenissen

Art. 21

Een verbintenis is voorwaardelijk, wanneer bij rechtshandeling haar werking van een toekomstige onzekere gebeurtenis afhankelijk is gesteld.
(Zie ook: artt. 17, 32, 38, 81, 84, 91, 92 BW Boek 3; artt. 931, 935, 1044 BW Boek 4; artt. 26, 161 BW Boek 6; art. 483a Rv; artt. 35b, 129 FW)

Art. 22

Een opschortende voorwaarde doet de werking der verbintenis eerst met het plaatsvinden der gebeurtenis aanvangen; een ontbindende voorwaarde doet de verbintenis met het plaatsvinden der gebeurtenis vervallen.
(Zie ook: art. 92 BW Boek 3; artt. 24, 25 BW Boek 6; art. 45 BW Boek 7)

Art. 23

1. Wanneer de partij die bij de niet-vervulling belang had, de vervulling heeft belet, geldt de voorwaarde als vervuld, indien redelijkheid en billijkheid dit verlangen.

2. Wanneer de partij die bij de vervulling belang had, deze heeft teweeggebracht, geldt de voorwaarde als niet vervuld, indien redelijkheid en billijkheid dit verlangen.
(Zie ook: artt. 2, 248 BW Boek 6)

Art. 24

1. Nadat een ontbindende voorwaarde is vervuld, is de schuldeiser verplicht de reeds verrichte prestaties ongedaan te maken, tenzij uit de inhoud of strekking van de rechtshandeling anders voortvloeit.
(Zie ook: artt. 38, 84 BW Boek 3; art. 271 BW Boek 6)

2. Strekt de verplichting tot ongedaanmaking tot teruggave van een goed, dan komen de na de vervulling van de voorwaarde afgescheiden natuurlijke of opeisbaar geworden burgerlijke vruchten aan de schuldenaar toe en zijn de artikelen 120-124 van Boek 3 van overeenkomstige toepassing met betrekking tot hetgeen daarin is bepaald omtrent de vergoeding van kosten en van schade, voor zover die kosten en die schade na de vervulling zijn ontstaan.
(Zie ook: artt. 1, 9 BW Boek 3; artt. 173, 174, 179, 206, 275 BW Boek 6)

Art. 25

Is een krachtens een verbintenis onder opschortende voorwaarde verschuldigde prestatie vóór de vervulling van de voorwaarde verricht, dan kan overeenkomstig afdeling 2 van titel 4 ongedaanmaking van de prestatie worden gevorderd, zolang de voorwaarde niet in vervulling is gegaan.
(Zie ook: art. 39 BW Boek 6)

B6 art. 26 Burgerlijk Wetboek Boek 6

Art. 26

Overeenkomstige toepassing bij voorwaardelijke verbintenis

Op voorwaardelijke verbintenissen zijn de bepalingen betreffende onvoorwaardelijke verbintenissen van toepassing, voor zover het voorwaardelijk karakter van de betrokken verbintenis zich daartegen niet verzet.

(Zie ook: art. 296 BW Boek 3; artt. 1, 25 BW Boek 6; art. 855 BW Boek 7; artt. 476a, 477, 483a, 483b Rv; art. 130 FW)

Afdeling 6
Nakoming van verbintenissen

Art. 27

Zorgvuldige aflevering zaak bij nakoming verbintenis

Hij die een individueel bepaalde zaak moet afleveren, is verplicht tot de aflevering voor deze zaak zorg te dragen op de wijze waarop een zorgvuldig schuldenaar dit in de gegeven omstandigheden zou doen.

(Zie ook: art. 2 BW Boek 3; artt. 64, 76 BW Boek 6; artt. 9, 17, 19, 50 BW Boek 7)

Art. 28

Kwaliteit afgeleverde zaak bij nakoming verbintenis

Indien de verschuldigde zaak of zaken slechts zijn bepaald naar de soort en binnen de aangeduide soort verschil in kwaliteit bestaat, mag hetgeen de schuldenaar aflevert, niet beneden goede gemiddelde kwaliteit liggen.

(Zie ook: artt. 42, 112 BW Boek 6; artt. 17, 50 BW Boek 7)

Art. 29

Gedeeltelijke nakoming verbintenis

De schuldenaar is zonder toestemming van de schuldeiser niet bevoegd het verschuldigde in gedeelten te voldoen.

(Zie ook: art. 43 t/m 45 BW Boek 6; art. 233 FW; art. 7 Tw hkoz)

Art. 30

Nakoming door derde bij verbintenis

1. Een verbintenis kan door een ander dan de schuldenaar worden nagekomen, tenzij haar inhoud of strekking zich daartegen verzet.

(Zie ook: art. 150 BW Boek 6; artt. 603, 850 BW Boek 7)

2. De schuldeiser komt niet in verzuim, indien hij een door een derde aangeboden voldoening weigert met goedvinden van de schuldenaar.

(Zie ook: artt. 58, 73 BW Boek 6)

Art. 31

Betaling aan onbekwame bij nakoming verbintenis

Betaling aan een onbekwame schuldeiser bevrijdt de schuldenaar, voor zover het betaalde de onbekwame tot werkelijk voordeel heeft gestrekt of in de macht is gekomen van diens wettelijke vertegenwoordiger.

(Zie ook: artt. 243, 381 BW Boek 3; artt. 209, 276 BW Boek 6)

Art. 32

Baattrekking bij nakoming verbintenis

Betaling aan een ander dan de schuldeiser of dan degene die met hem of in zijn plaats bevoegd is haar te ontvangen, bevrijdt de schuldenaar, voor zover degene aan wie betaald moest worden de betaling heeft bekrachtigd of erdoor is gebaat.

(Zie ook: artt. 58, 69 BW Boek 3; artt. 52, 240 FW)

Art. 33

Onbevoegde ontvangst schuldeiser bij nakoming verbintenis

Is de betaling gedaan in weerwil van een beslag of terwijl de schuldeiser wegens een beperkt recht, een bewind of een soortgelijk beletsel onbevoegd was haar te ontvangen, en wordt de schuldenaar deswege genoodzaakt opnieuw te betalen, dan heeft hij verhaal op de schuldeiser.

(Zie ook: artt. 45, 170, 210, 246 BW Boek 3; artt. 457, 475, 475b, 720, 722 Rv; art. 23 FW)

Art. 34

Bescherming schuldenaar bij betaling aan onbevoegde bij nakoming verbintenis

1. De schuldenaar die heeft betaald aan iemand die niet bevoegd was de betaling te ontvangen, kan aan degene aan wie betaald moest worden, tegenwerpen dat hij bevrijdend heeft betaald, indien hij op redelijke gronden heeft aangenomen dat de ontvanger der betaling als schuldeiser tot de prestatie gerechtigd was of dat uit anderen hoofde aan hem moest worden betaald.

(Zie ook: artt. 94, 236 BW Boek 3)

2. Indien iemand zijn recht om betaling te vorderen verliest, in dier voege dat het met terugwerkende kracht aan een ander toekomt, kan de schuldenaar een inmiddels gedane betaling aan die ander tegenwerpen, tenzij hetgeen hij omtrent dit verlies kon voorzien, hem van de betaling had behoren te weerhouden.

(Zie ook: art. 94 BW Boek 3; artt. 35, 36 BW Boek 6))

Art. 35

Betaling door derde aan derde bij nakoming verbintenis

1. Is in geval van betaling door een derde te zijnen aanzien aan de vereiste van één der leden van het vorige artikel voldaan, dan kan hij te zijnen behoeve de bevrijdende werking van die betaling inroepen.

2. De schuldenaar kan de bevrijdende werking van die betaling te zijnen behoeve inroepen, indien, bij betaling door hemzelf, ook wat hem betreft aan die vereisten zou zijn voldaan.

(Zie ook: art. 36 BW Boek 6)

Art. 36

In de gevallen, bedoeld in de twee voorgaande artikelen, heeft de ware gerechtigde verhaal op degene die de betaling zonder recht heeft ontvangen.

Art. 37

De schuldenaar is bevoegd de nakoming van zijn verbintenis op te schorten, indien hij op redelijke gronden twijfelt aan wie de betaling moet geschieden.
(Zie ook: artt. 52, 67 BW Boek 6)

Art. 38

Indien geen tijd voor de nakoming is bepaald, kan de verbintenis terstond worden nagekomen en kan terstond nakoming worden gevorderd.
(Zie ook: artt. 26, 50, 605 BW Boek 7)

Art. 39

1. Is wel een tijd voor de nakoming bepaald, dan wordt vermoed dat dit slechts belet dat eerdere nakoming wordt gevorderd.
(Zie ook: art. 38 BW Boek 3; artt. 52, 83 BW Boek 6)

2. Betaling vóór de vervaldag geldt niet als onverschuldigd.
(Zie ook: art. 203 BW Boek 6; art. 1576e BW Boek 7A)

Art. 40

De schuldenaar kan de tijdsbepaling niet meer inroepen:
a. wanneer hij in staat van faillissement is verklaard of ten aanzien van hem de schuldsaneringsregeling natuurlijke personen van toepassing is verklaard;
(Zie ook: artt. 38, 53, 131, 262, 284 FW)
b. wanneer hij in gebreke blijft de door hem toegezegde zekerheid te verschaffen;
c. wanneer door een aan hem toe te rekenen oorzaak de voor de vordering gestelde zekerheid verminderd is, tenzij het overgeblevene nog een voldoende waarborg voor de voldoening oplevert.
(Zie ook: art. 51 BW Boek 6; art. 1576c BW Boek 7A)

Art. 41

Indien geen plaats voor de nakoming is bepaald, moet de aflevering van een verschuldigde zaak geschieden:
a. in geval van een individueel bepaalde zaak: ter plaatse waar zij zich bij het ontstaan van de verbintenis bevond;
b. in geval van een naar de soort bepaalde zaak: ter plaatse waar de schuldenaar zijn beroep of bedrijf uitoefent of, bij gebreke daarvan, zijn woonplaats heeft.
(Zie ook: artt. 10, 14, 15 BW Boek 1; artt. 115 t/m 118, 138 BW Boek 6; art. 605 BW Boek 7)

Art. 42

Hij die ter nakoming van een verbintenis een zaak heeft afgeleverd waarover hij niet bevoegd was te beschikken, kan vorderen dat deze wordt afgegeven aan degene aan wie zij toekomt, mits hij tegelijkertijd een andere, aan de verbintenis beantwoordende zaak aanbiedt en het belang van de schuldeiser zich niet tegen teruggave verzet.
(Zie ook: artt. 86, 88 BW Boek 3)

Art. 43

1. Verricht de schuldenaar een betaling die zou kunnen worden toegerekend op twee of meer verbintenissen jegens een zelfde schuldeiser, dan geschiedt de toerekening op de verbintenis welke de schuldenaar bij de betaling aanwijst.
(Zie ook: art. 44 BW Boek 6)

2. Bij gebreke van zodanige aanwijzing geschiedt de toerekening in de eerste plaats op de opeisbare verbintenissen. Zijn er ook dan nog meer verbintenissen waarop de toerekening zou kunnen plaatsvinden, dan geschiedt deze in de eerste plaats op de meest bezwarende en zijn de verbintenissen even bezwarend, op de oudste. Zijn de verbintenissen bovendien even oud, dan geschiedt de toerekening naar evenredigheid.
(Zie ook: artt. 29, 44, 137 BW Boek 6; art. 233 FW)

Art. 44

1. Betaling van een op een bepaalde verbintenis toe te rekenen geldsom strekt in de eerste plaats in mindering van de kosten, vervolgens in mindering van de verschenen rente en ten slotte in mindering van de hoofdsom en de lopende rente.
(Zie ook: art. 43 BW Boek 6)

2. De schuldeiser kan, zonder daardoor in verzuim te komen, een aanbod tot betaling weigeren, indien de schuldenaar een andere volgorde voor de toerekening aanwijst.

3. De schuldeiser kan volledige aflossing van de hoofdsom weigeren, indien daarbij niet tevens de verschenen en lopende rente alsmede de kosten worden voldaan.
(Zie ook: artt. 43, 58, 137 BW Boek 6)

Verhaalsrecht schuldeiser bij nakoming verbintenis

Opschortingsbevoegdheid schuldenaar bij nakoming verbintenis

Terstond nakomen bij verbintenis

Tijdsbepaling bij nakoming verbintenis

Verval tijdsbepaling bij nakoming verbintenis

Plaats nakoming bij verbintenis

Aflevering door beschikkingsonbevoegde bij nakoming verbintenis

Toerekening betaling bij nakoming van meerdere verbintenis

Toerekening betaling aan kosten, rente en hoofdsom

B6 art. 45 **Burgerlijk Wetboek Boek 6**

Art. 45

Inbetalinggeving bij nakoming verbintenis

Slechts met toestemming van de schuldeiser kan een schuldenaar zich van zijn verbintenis bevrijden door een andere prestatie dan de verschuldigde, al mocht zij van gelijke of zelfs hogere waarde zijn.

(Zie ook: art. 29 BW Boek 6)

Art. 46

Voorbehoud van goede afkomst bij nakoming verbintenis

1. Wanneer de schuldeiser een cheque, postcheque, overschrijvingsorder of een ander hem bij wijze van betaling aangeboden papier in ontvangst neemt, wordt vermoed dat dit geschiedt onder voorbehoud van goede afloop.

2. Is de schuldeiser bevoegd de nakoming van een op hem rustende verplichting tot het tijdstip van de betaling op te schorten, dan behoudt hij dit opschortingsrecht totdat zekerheid van goede afloop bestaat of door hem had kunnen worden verkregen.

(Zie ook: artt. 52, 114 BW Boek 6; artt. 399, 916 BW Boek 8)

Art. 47

Kosten betaling bij nakoming verbintenis

1. De kosten van betaling komen ten laste van degene die de verbintenis nakomt.

Kosten kwitantie bij nakoming verbintenis

2. De kosten van een kwitantie komen ten laste van degene ten behoeve van wie het stuk wordt afgegeven.

(Zie ook: art. 70 BW Boek 6; artt. 12, 13, 50 BW Boek7)

Art. 48

Kwitantie bij nakoming verbintenis

1. De schuldeiser is verplicht voor iedere voldoening een kwitantie af te geven, tenzij uit overeenkomst, gewoonte of billijkheid anders voortvloeit.

(Zie ook: art. 141, 160 BW Boek 6)

Terugvorderen schuldbekentenis bij nakoming verbintenis

2. Indien de schuldeiser een ter zake van de schuld afgegeven bewijsstuk heeft, kan de schuldenaar bij voldoening bovendien de afgifte van dat bewijsstuk vorderen, tenzij de schuldeiser een redelijk belang heeft bij het behoud van het stuk en daarop de nodige aantekening tot bewijs van de bevrijding van de schuldenaar stelt.

(Zie ook: artt. 141, 143, 160 BW Boek 6; art. 843a Rv)

3. De schuldenaar kan de nakoming van zijn verbintenis opschorten, indien de schuldeiser niet voldoet aan het voorschrift van het eerste lid.

(Zie ook: art. 52 BW Boek 6)

Art. 49

Kwijting bij nakoming verbintenis

1. Bij voldoening van een vordering aan toonder of order kan de schuldenaar eisen dat een kwijting op het papier wordt gesteld en dat hem het papier wordt afgegeven.

(Zie ook: art. 128, 160 BW Boek 6)

2. Indien de voldoening niet de gehele vordering betreft of de schuldeiser het papier nog voor de uitoefening van andere rechten nodig heeft, kan hij het papier behouden, mits hij naast de kwijting die op het papier is gesteld, tevens een afzonderlijke kwijting afgeeft.

(Zie ook: artt. 128, 160 BW Boek 6; art. 843a Rv)

3. Hij kan, ongeacht of geheel of gedeeltelijk voldaan wordt volstaan met de enkele afgifte van een kwijting, mits hij op verlangen van de wederpartij aantoont dat het papier vernietigd of waardeloos geworden is, of zekerheid stelt voor twintig jaren of een zoveel kortere tijdsduur als verwacht mag worden dat de wederpartij nog aan een vordering uit hoofde van het papier bloot zal kunnen staan.

(Zie ook: art. 306 BW Boek 3; artt. 51, 128, 160 BW Boek 6)

4. De schuldenaar kan de nakoming van zijn verbintenis opschorten, indien de schuldeiser niet aan de vorige leden voldoet.

(Zie ook: art. 52 BW Boek 6)

Art. 50

Bewijskracht kwitantie bij nakoming verbintenis

1. Moeten op achtereenvolgende tijdstippen gelijksoortige prestaties worden verricht, dan leveren de kwitanties van twee achtereenvolgende termijnen het vermoeden op dat ook de vroegere termijnen zijn voldaan.

2. Indien de schuldeiser een kwitantie afgeeft voor de hoofdsom, wordt vermoed dat ook de rente en de kosten zijn voldaan.

Art. 51

Zekerheidstelling bij nakoming verbintenis

1. Wanneer uit de wet voortvloeit dat iemand verplicht is tot het stellen van zekerheid of dat het stellen van zekerheid voorwaarde is voor het intreden van enig rechtsgevolg, heeft hij die daartoe overgaat, de keuze tussen persoonlijke en zakelijke zekerheid.

(Zie ook: artt. 236, 260 BW Boek 3; art. 850 BW Boek 7)

2. De aangeboden zekerheid moet zodanig zijn, dat de vordering en, zo daartoe gronden zijn, de daarop vallende rente en kosten behoorlijk gedekt zijn en dat de schuldeiser daarop zonder moeite verhaal zal kunnen nemen.

(Zie ook: art. 112 BW Boek 8)

3. Is de gestelde zekerheid door een niet aan de schuldeiser toe te rekenen oorzaak onvoldoende geworden, dan is de schuldenaar verplicht haar aan te vullen of te vervangen. *(Zie ook: art. 113 BW Boek 8)*

Afdeling 7 Opschortingsrechten

Art. 52

1. Een schuldenaar die een opeisbare vordering heeft op zijn schuldeiser, is bevoegd de nakoming van zijn verbintenis op te schorten tot voldoening van zijn vordering plaatsvindt, indien tussen vordering en verbintenis voldoende samenhang bestaat om deze opschorting te rechtvaardigen.

(Zie ook: art. 290 BW Boek 3; artt. 57, 262 t/m 264 BW Boek 6; art. 27 BW Boek 7)

2. Een zodanige samenhang kan onder meer worden aangenomen ingeval de verbintenissen over en weer voortvloeien uit dezelfde rechtsverhouding of uit zaken die partijen regelmatig met elkaar hebben gedaan.

(Zie ook: art. 59 BW Boek 6)

Art. 53

Een opschortingsrecht kan ook worden ingeroepen tegen de schuldeisers van de wederpartij. *(Zie ook: art. 291 BW Boek 3; art. 60 FW)*

Art. 54

Geen bevoegdheid tot opschorting bestaat:

a. voor zover de nakoming van de verbintenis van de wederpartij wordt verhinderd door schuldeisersverzuim;

(Zie ook: art. 58 BW Boek 6)

b. voor zover de nakoming van de verbintenis van de wederpartij blijvend onmogelijk is; *(Zie ook: art. 264 BW Boek 6)*

c. voor zover op de vordering van de wederpartij geen beslag is toegelaten. *(Zie ook: artt. 58, 135 BW Boek 6; art. 633 BW Boek 7; art. 475a Rv)*

Art. 55

Zodra zekerheid is gesteld voor de voldoening van de verbintenis van de wederpartij, vervalt de bevoegdheid tot opschorting, tenzij deze voldoening daardoor onredelijk zou worden vertraagd.

(Zie ook: artt. 51, 264 BW Boek 6)

Art. 56

Een bevoegdheid tot opschorting blijft ook na verjaring van de rechtsvordering op de wederpartij in stand.

(Zie ook: art. 306 BW Boek 3; art. 131 BW Boek 6)

Art. 57

Indien een bevoegdheid tot opschorting voldoet aan de omschrijving van het retentierecht in artikel 290 van Boek 3, zijn de bepalingen van de onderhavige afdeling van toepassing, voor zover daarvan in afdeling 4 van titel 10 van Boek 3 niet is afgeweken.

Afdeling 8 Schuldeisersverzuim

Art. 58

De schuldeiser komt in verzuim, wanneer nakoming van de verbintenis verhinderd wordt doordat hij de daartoe noodzakelijke medewerking niet verleent of doordat een ander beletsel van zijn zijde opkomt, tenzij de oorzaak van verhindering hem niet kan worden toegerekend. *(Zie ook: artt. 30, 44, 54, 59, 90, 266 BW Boek 6; artt. 10, 32 BW Boek 7)*

Art. 59

De schuldeiser komt eveneens in verzuim, wanneer hij ten gevolge van hem toe te rekenen omstandigheden niet voldoet aan een verplichting zijnerzijds jegens de schuldenaar en deze op die grond bevoegdelijk de nakoming van zijn verbintenis jegens de schuldeiser opschort. *(Zie ook: art. 290 BW Boek 3; artt. 52, 58, 75, 262 t/m 264 BW Boek 6)*

Art. 60

Is de schuldeiser in verzuim, dan kan de rechter op vordering van de schuldenaar bepalen dat deze van zijn verbintenis bevrijd zal zijn, al dan niet onder door de rechter te stellen voorwaarden.

(Zie ook: art. 73 BW Boek 6)

Art. 61

1. Verzuim van de schuldeiser maakt een einde aan verzuim van de schuldenaar.

B6 art. 62

Niet intreden verzuim schuldenaar

2. Zolang de schuldeiser in verzuim is, kan de schuldenaar niet in verzuim geraken. *(Zie ook: art. 81 BW Boek 6)*

Art. 62

Executiemaatregelen bij schuldeisersverzuim

Gedurende het verzuim van de schuldeiser is deze niet bevoegd maatregelen tot executie te nemen. *(Zie ook: art. 73 BW Boek 6)*

Art. 63

Vergoeding kosten schuldenaar bij schuldeisersverzuim

De schuldenaar heeft, binnen de grenzen der redelijkheid, recht op vergoeding van de kosten, gevallen op een aanbod of een inbewaringstelling als bedoeld in de artikelen 66-70 of op andere wijze als gevolg van het verzuim gemaakt. *(Zie ook: artt. 70, 73 BW Boek 6)*

Art. 64

Beperking zorgplicht bij schuldeisersverzuim

Komt tijdens het verzuim van de schuldeiser een omstandigheid op, die behoorlijke nakoming geheel of gedeeltelijk onmogelijk maakt, dan wordt dit niet aan de schuldenaar toegerekend, tenzij deze door zijn schuld of die van een ondergeschikte is tekortgeschoten in de zorg die in de gegeven omstandigheden van hem mocht worden gevergd. *(Zie ook: artt. 27, 28, 74, 266 BW Boek 6)*

Art. 65

Soortzaken bij schuldeisersverzuim

Wanneer bij een verbintenis tot aflevering van soortzaken de schuldenaar bepaalde, aan de verbintenis beantwoordende zaken voor de aflevering heeft aangewezen en de schuldeiser daarvan heeft verwittigd, dan is hij in geval van verzuim van de schuldeiser nog slechts tot aflevering van deze zaken verplicht. Hij blijft echter bevoegd tot aflevering van andere zaken die aan de verbintenis beantwoorden. *(Zie ook: art. 28 BW Boek 6; art. 10 BW Boek 7)*

Art. 66

Inbewaringstelling verschuldigde bij schuldeisersverzuim

Strekt de verbintenis tot betaling van een geldsom of tot aflevering van een zaak, dan is in geval van verzuim van de schuldeiser de schuldenaar bevoegd het verschuldigde ten behoeve van de schuldeiser in bewaring te stellen. *(Zie ook: artt. 60, 67, 73, 90, 265 BW Boek 6; art. 600 BW Boek 7; artt. 490, 569, 995, 1132, 1154, 1197 BW Boek 8)*

Art. 67

Wijze van inbewaringstelling bij schuldeisersverzuim

De inbewaringstelling van een geldsom geschiedt door consignatie overeenkomstig de wet, die van een af te leveren zaak door deze in bewaring te geven aan iemand die zijn bedrijf maakt van het bewaren van zaken als de betrokkene ter plaatse waar de aflevering moet geschieden. Op deze bewaring zijn de regels betreffende gerechtelijke bewaring van toepassing, voor zover uit de artikelen 68-71 niet anders voortvloeit. *(Zie ook: artt. 66, 68, 73, 89 BW Boek 6; art. 600 BW Boek 7; art. 445 Rv)*

Art. 68

Rente tijdens inbewaringstelling bij schuldeisersverzuim

Gedurende de bewaring loopt over een in bewaring gestelde geldsom geen rente ten laste van de schuldenaar. *(Zie ook: artt. 61, 67, 73 BW Boek 6)*

Art. 69

Zuivering tijdens inbewaringstelling bij schuldeisersverzuim

1. Gedurende de bewaring kan de schuldeiser zijn verzuim slechts zuiveren door het in bewaring gestelde te aanvaarden.

2. Zolang de schuldeiser het in bewaring gestelde niet heeft aanvaard, is de bewaargever bevoegd het uit de bewaring terug te nemen. *(Zie ook: art. 73 BW Boek 6)*

Art. 70

Afgifte inbewaringgestelde bij schuldeisersverzuim

De bewaarder mag de zaak slechts aan de schuldeiser afgeven, indien deze hem alle kosten van de bewaring voldoet. Hij is na de afgifte verplicht aan de bewaargever terug te betalen, wat deze reeds had voldaan. Is de zaak afgegeven, vóórdat de schuldeiser alle kosten voldeed, dan gaan de rechten te dier zake door de betaling aan de bewaargever op de bewaarder over. *(Zie ook: artt. 63, 73 BW Boek 6)*

Art. 71

Verjaring bij schuldeisersverzuim

De rechtsvordering tegen de schuldenaar verjaart niet later dan de rechtsvordering tot uitlevering van het in bewaring gestelde. *(Zie ook: art. 306 BW Boek 3)*

Art. 72

Hoofdelijke verbondenheid bij schuldeisersverzuim

In geval van hoofdelijke verbondenheid gelden de rechtsgevolgen van het verzuim van de schuldeiser jegens ieder van de schuldenaren. *(Zie ook: art. 7 BW Boek 6)*

Art. 73

Weigert de schuldeiser een aanbod van een derde, dan zijn de artikelen 60, 62, 63 en 66-70 ten behoeve van de derde van overeenkomstige toepassing, mits het aanbod aan de verbintenis beantwoordt en de derde bij de voldoening een gerechtvaardigd belang heeft.
(Zie ook: artt. 30, 150 BW Boek 6)

Afdeling 9
De gevolgen van het niet nakomen van een verbintenis

§ 1
Algemene bepalingen

Art. 74

1. Iedere tekortkoming in de nakoming van een verbintenis verplicht de schuldenaar de schade die de schuldeiser daardoor lijdt te vergoeden, tenzij de tekortkoming de schuldenaar niet kan worden toegerekend.
(Zie ook: art. 296 BW Boek 3; artt. 27, 78, 95, 119, 120, 265 BW Boek 6)

2. Voor zover nakoming niet reeds blijvend onmogelijk is, vindt lid 1 slechts toepassing met inachtneming van hetgeen is bepaald in de tweede paragraaf betreffende het verzuim van de schuldenaar.
(Zie ook: artt. 75, 81 BW Boek 6)

Art. 75

Een tekortkoming kan de schuldenaar niet worden toegerekend, indien zij niet is te wijten aan zijn schuld, noch krachtens wet, rechtshandeling of in het verkeer geldende opvattingen voor zijn rekening komt.
(Zie ook: art. 64 BW Boek 6)

Art. 76

Maakt de schuldenaar bij de uitvoering van een verbintenis gebruik van de hulp van andere personen, dan is hij voor hun gedragingen op gelijke wijze als voor eigen gedragingen aansprakelijk.
(Zie ook: art. 64 BW Boek 3; art. 170 t/m 172 BW Boek 6; art. 404 BW Boek 7)

Art. 77

Wordt bij de uitvoering van een verbintenis gebruik gemaakt van een zaak die daartoe ongeschikt is, dan wordt de tekortkoming die daardoor ontstaat de schuldenaar toegerekend, tenzij dit, gelet op inhoud en strekking van de rechtshandeling waaruit de verbintenis voortspruit, de in het verkeer geldende opvattingen en de overige omstandigheden van het geval, onredelijk zou zijn.
(Zie ook: artt. 173, 185 BW Boek 6)

Art. 78

1. Indien een tekortkoming de schuldenaar niet kan worden toegerekend, maar hij in verband met die tekortkoming een voordeel geniet dat hij bij behoorlijke nakoming niet zou hebben gehad, heeft de schuldeiser met toepassing van de regels betreffende ongerechtvaardigde verrijking recht op vergoeding van zijn schade tot ten hoogste het bedrag van dit voordeel.

2. Bestaat dit voordeel uit een vordering op een derde, dan kan de schuldenaar aan het vorige lid voldoen door overdracht van de vordering.
(Zie ook: artt. 103, 212, 277 BW Boek 6)

Art. 79

Is de schuldeiser wiens schuldenaar door een hem niet toe te rekenen oorzaak verhinderd is na te komen, desondanks in staat zelf zich door executie of verrekening het verschuldigde te verschaffen, dan is hij daartoe bevoegd.
(Zie ook: art. 296 BW Boek 3; art. 127 BW Boek 6)

Art. 80

1. De gevolgen van niet-nakoming treden reeds in voordat de vordering opeisbaar is:
a. indien vaststaat dat nakoming zonder tekortkoming onmogelijk zal zijn;
b. indien de schuldeiser uit een mededeling van de schuldenaar moet afleiden dat deze in de nakoming zal tekortschieten; of
(Zie ook: art. 83c BW Boek 6)
c. indien de schuldeiser goede gronden heeft te vrezen dat de schuldenaar in de nakoming zal tekortschieten en deze niet voldoet aan een schriftelijke aanmaning met opgave van die gronden om zich binnen een bij die aanmaning gestelde redelijke termijn bereid te verklaren zijn verplichtingen na te komen.
(Zie ook: art. 34 BW Boek 7)

2. Het oorspronkelijke tijdstip van opeisbaarheid blijft gelden voor de verschuldigdheid van schadevergoeding wegens vertraging en de toerekening aan de schuldenaar van onmogelijk worden van nakoming tijdens zijn verzuim.

§ 2

Verzuim van de schuldenaar

Art. 81

Verzuimduur

De schuldenaar is in verzuim gedurende de tijd dat de prestatie uitblijft nadat zij opeisbaar is geworden en aan de eisen van de artikelen 82 en 83 is voldaan, behalve voor zover de vertraging hem niet kan worden toegerekend of nakoming reeds blijvend onmogelijk is. *(Zie ook: artt. 61, 74 BW Boek 6)*

Art. 82

Ingebrekestelling bij schuldenaarsverzuim

1. Het verzuim treedt in, wanneer de schuldenaar in gebreke wordt gesteld bij een schriftelijke aanmaning waarbij hem een redelijke termijn voor de nakoming wordt gesteld, en nakoming binnen deze termijn uitblijft. *(Zie ook: art. 37 BW Boek 3; artt. 80, 83 BW Boek 6)*

2. Indien de schuldenaar tijdelijk niet kan nakomen of uit zijn houding blijkt dat aanmaning nutteloos zou zijn, kan de ingebrekestelling plaatsvinden door een schriftelijke mededeling waaruit blijkt dat hij voor het uitblijven van de nakoming aansprakelijk wordt gesteld.

Art. 83

Schuldenaarsverzuim zonder ingebrekestelling

Het verzuim treedt zonder ingebrekestelling in:

a. wanneer een voor de voldoening bepaalde termijn verstrijkt zonder dat de verbintenis is nagekomen, tenzij blijkt dat de termijn een andere strekking heeft;

b. wanneer de verbintenis voortvloeit uit onrechtmatige daad of strekt tot schadevergoeding als bedoeld in artikel 74 lid 1 en de verbintenis niet terstond wordt nagekomen; *(Zie ook: artt. 119, 120 BW Boek 6)*

c. wanneer de schuldeiser uit een mededeling van de schuldenaar moet afleiden dat deze in de nakoming van de verbintenis zal tekortschieten. *(Zie ook: artt. 80, 205, 274 BW Boek 6)*

Art. 84

Onmogelijkheid van nakoming schuldenaarsverzuim

Elke onmogelijkheid van nakoming, ontstaan tijdens het verzuim van de schuldenaar en niet toe te rekenen aan de schuldeiser, wordt aan de schuldenaar toegerekend; deze moet de daardoor ontstane schade vergoeden, tenzij de schuldeiser de schade ook bij behoorlijke en tijdige nakoming zou hebben geleden.

Art. 85

Vertragingsschade bij schuldenaarsverzuim

Tot vergoeding van schade wegens vertraging in de nakoming is de schuldenaar slechts verplicht over de tijd waarin hij in verzuim is geweest. *(Zie ook: artt. 119, 120, 125 BW Boek 6)*

Art. 86

Weigering van zuivering bij schuldenaarsverzuim

De schuldeiser kan een na het intreden van het verzuim aangeboden nakoming weigeren, zolang niet tevens betaling wordt aangeboden van de inmiddels tevens verschuldigd geworden schadevergoeding en van de kosten. *(Zie ook: art. 269 BW Boek 6)*

Art. 87

Vervangende schadevergoeding bij schuldenaarsverzuim

1. Voor zover nakoming niet reeds blijvend onmogelijk is, wordt de verbintenis omgezet in een tot vervangende schadevergoeding, wanneer de schuldenaar in verzuim is en de schuldeiser hem schriftelijk mededeelt dat hij schadevergoeding in plaats van nakoming vordert.

2. Geen omzetting vindt plaats, die door de tekortkoming, gezien haar ondergeschikte betekenis, niet wordt gerechtvaardigd. *(Zie ook: art. 265 BW Boek 6)*

§ 3

Verdere gevolgen van niet-nakoming

Art. 88

Informatieplicht schuldeiser bij schuldenaarsverzuim

1. De schuldenaar die in de nakoming van zijn verbintenis is tekort geschoten, kan aan de schuldeiser een redelijke termijn stellen, waarbinnen deze moet mededelen welke van de hem bij de aanvang van de termijn ten dienste staande middelen hij wenst uit te oefenen, op straffe van slechts aanspraak te kunnen maken:

a. op de schadevergoeding waarop de tekortkoming recht geeft en, zo de verbintenis strekt tot betaling van een geldsom, op die geldsom; *(Zie ook: artt. 74, 78, 111 BW Boek 6)*

b. op ontbinding van de overeenkomst waaruit de verbintenis voortspruit, indien de schuldenaar zich erop beroept dat de tekortkoming hem niet kan worden toegerekend. *(Zie ook: artt. 75, 265 BW Boek 6)*

2. Heeft de schuldeiser nakoming verlangd, doch wordt daaraan niet binnen een redelijke termijn voldaan, dan kan hij al zijn rechten wederom doen gelden; het vorige lid is van overeenkomstige toepassing.

Burgerlijk Wetboek Boek 6 **B6 art. 96**

Art. 89

De schuldeiser kan op een gebrek in de prestatie geen beroep meer doen, indien hij niet binnen bekwame tijd nadat hij het gebrek heeft ontdekt of redelijkerwijze had moeten ontdekken, bij de schuldenaar terzake heeft geprotesteerd.
(Zie ook: art. 23 BW Boek 7)

Klachtplicht schuldeiser bij schuldenaarsverzuim

Art. 90

1. Bij een verhindering tot aflevering van een zaak die aan snel tenietgaan of achteruitgaan onderhevig is of waarvan om een andere reden de verdere bewaring zo bezwaarlijk is dat zij in de gegeven omstandigheden niet van de schuldenaar kan worden gevergd, is deze bevoegd de zaak op een geschikte wijze te doen verkopen. De schuldenaar is jegens de schuldeiser tot een zodanige verkoop gehouden, wanneer diens belangen deze verkoop onmiskenbaar eisen of de schuldeiser te kennen geeft de verkoop te verlangen.

Verkoopbevoegdheid schuldenaar bij schuldenaarsverzuim

2. De netto-opbrengst treedt voor de zaak in de plaats, onverminderd de rechten van de schuldeiser wegens tekortkomingen in de nakoming van de verbintenis.
(Zie ook: art. 8 BW Boek 5; art. 67 BW Boek 6; artt. 30, 32 BW Boek 7; artt. 491, 570, 957, 1133, 1154, 1198 BW Boek 8)

§ 4

Boetebeding

Art. 91

Als boetebeding wordt aangemerkt ieder beding waarbij is bepaald dat de schuldenaar, indien hij in de nakoming van zijn verbintenis tekortschiet, gehouden is een geldsom of een andere prestatie te voldoen, ongeacht of zulks strekt tot vergoeding van schade of enkel tot aansporing om tot nakoming over te gaan.
(Zie ook: artt. 310, 324 BW Boek 3; artt. 142, 157 BW Boek 6)

Boetebeding

Art. 92

1. De schuldeiser kan geen nakoming vorderen zowel van het boetebeding als van de verbintenis waaraan het boetebeding verbonden is.

Boete i.p.v. schadevergoeding bij boetebeding

2. Hetgeen ingevolge een boetebeding verschuldigd is treedt in de plaats van de schadevergoeding op grond van de wet.

3. De schuldeiser kan geen nakoming vorderen van het boetebeding, indien de tekortkoming niet aan de schuldenaar kan worden toegerekend.
(Zie ook: art. 75 BW Boek 6)

Art. 93

Voor het vorderen van nakoming van het boetebeding is een aanmaning of een andere voorafgaande verklaring nodig in dezelfde gevallen als deze is vereist voor het vorderen van schadevergoeding op grond van de wet.

Ingebrekestelling bij boetebeding

Art. 94

1. Op verlangen van de schuldenaar kan de rechter, indien de billijkheid dit klaarblijkelijk eist, de bedongen boete matigen, met dien verstande dat hij de schuldeiser ter zake van de tekortkoming niet minder kan toekennen dan de schadevergoeding op grond van de wet.
(Zie ook: artt. 95, 109 BW Boek 6)

Matiging bij boetebeding

2. Op verlangen van de schuldeiser kan de rechter, indien de billijkheid dit klaarblijkelijk eist, naast een bedongen boete die bestemd is in de plaats te treden van de schadevergoeding op grond van de wet, aanvullende schadevergoeding toekennen.

Aanvullende schadevergoeding bij boetebeding

3. Van lid 1 afwijkende bedingen zijn nietig.
(Zie ook: art. 41 BW Boek 3; artt. 650, 680 BW Boek 7; art. 1576b BW Boek 7A)

Afdeling 10

Wettelijke verplichtingen tot schadevergoeding

Art. 95

1. De schade die op grond van een wettelijke verplichting tot schadevergoeding moet worden vergoed, bestaat in vermogensschade en ander nadeel, dit laatste voor zover de wet op vergoeding hiervan recht geeft.
(Zie ook: art. 310 BW Boek 3; artt. 96, 106 BW Boek 6)

Immateriële schadevergoeding

2. Het recht op een vergoeding voor nadeel dat niet in vermogensschade bestaat, is niet vatbaar voor beslag. Voor overgang onder algemene titel is voldoende dat de gerechtigde aan de wederpartij heeft medegedeeld op de vergoeding aanspraak te maken.

Immateriële schade niet vatbaar voor beslag

Art. 96

1. Vermogensschade omvat zowel geleden verlies als gederfde winst.

Vermogensschade

2. Als vermogensschade komen mede voor vergoeding in aanmerking:
a. redelijke kosten ter voorkoming of beperking van schade die als gevolg van de gebeurtenis waarop de aansprakelijkheid berust, mocht worden verwacht;

b. redelijke kosten ter vaststelling van schade en aansprakelijkheid;
c. redelijke kosten ter verkrijging van voldoening buiten rechte.

3. Lid 2 onder b en c is niet van toepassing voor zover in het gegeven geval krachtens artikel 241 van het Wetboek van Burgerlijke Rechtsvordering de regels betreffende de proceskosten van toepassing zijn.

4. In geval van een handelsovereenkomst als bedoeld in artikel 119a lid 1 of artikel 119b lid 1 bestaat de vergoeding van kosten bedoeld in lid 2 onder c uit ten minste een bedrag van 40 euro. Dit bedrag is zonder aanmaning verschuldigd vanaf de dag volgende op de dag waarop de wettelijke of overeengekomen uiterste dag van betaling is verstreken. Hiervan kan niet ten nadele van de schuldeiser worden afgeweken.

Nadere regels

5. Bij algemene maatregel van bestuur worden nadere regels gesteld voor de vergoeding van kosten als bedoeld in lid 2 onder c. Van deze regels kan niet ten nadele van de schuldenaar worden afgeweken indien de schuldenaar een natuurlijk persoon is, die niet handelt in de uitoefening van een beroep of bedrijf. In dit geval mist artikel 241, eerste volzin, van het Wetboek van Burgerlijke Rechtsvordering toepassing.

6. De vergoeding volgens de nadere regels kan indien de schuldenaar een natuurlijk persoon is, die niet handelt in de uitoefening van een beroep of bedrijf, eerst verschuldigd worden nadat de schuldenaar na het intreden van het verzuim, bedoeld in artikel 81, onder vermelding van de gevolgen van het uitblijven van betaling, waaronder de vergoeding die in overeenstemming met de nadere regels wordt gevorderd, vruchteloos is aangemaand tot betaling binnen een termijn van veertien dagen, aanvangende de dag na aanmaning.

7. Indien een schuldenaar voor meer dan een vordering door een schuldeiser kan worden aangemaand als bedoeld in lid 6, dan dient dit in één aanmaning te geschieden. Voor de berekening van de vergoeding worden de hoofdsommen van deze vorderingen bij elkaar opgeteld.

Art. 97

Vaststelling schade bij schadevergoeding

De rechter begroot de schade op de wijze die het meest met de aard ervan in overeenstemming is. Kan de omvang van de schade niet nauwkeurig worden vastgesteld, dan wordt zij geschat. *(Zie ook: artt. 104, 105, 119, 120, 212, 272 BW Boek 6; art. 36 t/m 38 BW Boek 7; artt. 387, 388 BW Boek 8; art. 612 Rv)*

Art. 98

Causaal verband bij schadevergoeding

Voor vergoeding komt slechts in aanmerking schade die in zodanig verband staat met de gebeurtenis waarop de aansprakelijkheid van de schuldenaar berust, dat zij hem, mede gezien de aard van de aansprakelijkheid en van de schade, als een gevolg van deze gebeurtenis kan worden toegerekend.
(Zie ook: artt. 74, 102, 162 BW Boek 6)

Art. 99

Schadevergoeding bij meer dan één persoon

Kan de schade een gevolg zijn van twee of meer gebeurtenissen voor elk waarvan een andere persoon aansprakelijk is, en staat vast dat de schade door ten minste één van deze gebeurtenissen is ontstaan, dan rust de verplichting om de schade te vergoeden op ieder van deze personen, tenzij hij bewijst dat deze niet het gevolg is van een gebeurtenis waarvoor hijzelf aansprakelijk is.
(Zie ook: art. 9 BW Boek 2; artt. 102, 166 BW Boek 6)

Art. 100

Voordeelsverrekening bij schadevergoeding

Heeft een zelfde gebeurtenis voor de benadeelde naast schade tevens voordeel opgeleverd, dan moet, voor zover dit redelijk is, dit voordeel bij de vaststelling van de te vergoeden schade in rekening worden gebracht.
(Zie ook: art. 104 BW Boek 6)

Art. 101

Eigen schuld bij schadevergoeding

1. Wanneer de schade mede een gevolg is van een omstandigheid die aan de benadeelde kan worden toegerekend, wordt de vergoedingsplicht verminderd door de schade over de benadeelde en de vergoedingsplichtige te verdelen in evenredigheid met de mate waarin de aan ieder toe te rekenen omstandigheden tot de schade hebben bijgedragen, met dien verstande dat een andere verdeling plaatsvindt of de vergoedingsplicht geheel vervalt of in stand blijft, indien de billijkheid dit wegens de uiteenlopende ernst van de gemaakte fouten of andere omstandigheden van het geval eist.
(Zie ook: art. 108 BW Boek 6; artt. 83, 1155 BW Boek 8)

Zaakgebruik door derde bij schadevergoeding

2. Betreft de vergoedingsplicht schade, toegebracht aan een zaak die een derde voor de benadeelde in zijn macht had, dan worden bij toepassing van het vorige lid omstandigheden die aan de derde toegerekend kunnen worden, toegerekend aan de benadeelde.
(Zie ook: artt. 545, 1006 BW Boek 8)

Art. 102

Hoofdelijke aansprakelijkheid bij schadevergoeding

1. Rust op ieder van twee of meer personen een verplichting tot vergoeding van dezelfde schade, dan zijn zij hoofdelijk verbonden. Voor de bepaling van hetgeen zij krachtens artikel 10 in hun onderlinge verhouding jegens elkaar moeten bijdragen, wordt de schade over hen

verdeeld met overeenkomstige toepassing van artikel 101, tenzij uit wet of rechtshandeling een andere verdeling voortvloeit.
(Zie ook: artt. 6, 165, 166, 170 BW Boek 6)

2. Wanneer de schade mede een gevolg is van een omstandigheid die aan de benadeelde kan worden toegerekend, vindt artikel 101 toepassing op de vergoedingsplicht van ieder van de in het vorige lid bedoelde personen afzonderlijk, met dien verstande dat de benadeelde in totaal van hen niet meer kan vorderen dan hem zou zijn toegekomen, indien voor de omstandigheden waarop hun vergoedingsplichten berusten, slechts één persoon aansprakelijk zou zijn geweest. Indien verhaal op een der tot bijdragen verplichte personen niet ten volle mogelijk blijkt, kan de rechter op verlangen van een hunner bepalen dat bij toepassing van artikel 13 het onvoldaan gebleven deel mede over de benadeelde omgeslagen wordt.
(Zie ook: artt. 545, 1006 BW Boek 8)

Art. 103

Schadevergoeding wordt voldaan in geld. Nochtans kan de rechter op vordering van de benadeelde schadevergoeding in andere vorm dan betaling van een geldsom toekennen. Wordt niet binnen redelijke termijn aan een zodanige uitspraak voldaan, dan herkrijgt de benadeelde zijn bevoegdheid om schadevergoeding in geld te verlangen.
(Zie ook: art. 296 BW Boek 3; artt. 78, 111, 167, 196 BW Boek 6)

Vorm van schadevergoeding

Art. 104

Indien iemand die op grond van onrechtmatige daad of een tekortkoming in de nakoming van een verbintenis jegens een ander aansprakelijk is, door die daad of tekortkoming winst heeft genoten, kan de rechter op vordering van die ander de schade begroten op het bedrag van die winst of op een gedeelte daarvan.
(Zie ook: art. 97 BW Boek 6)

Schadebegroting op (deel) winst bij schadevergoeding

Art. 105

1. De begroting van nog niet ingetreden schade kan door de rechter geheel of gedeeltelijk worden uitgesteld of na afweging van goede en kwade kansen bij voorbaat geschieden. In het laatste geval kan de rechter de schuldenaar veroordelen, hetzij tot betaling van een bedrag ineens, hetzij tot betaling van periodiek uit te keren bedragen, al of niet met verplichting tot zekerheidstelling; deze veroordeling kan geschieden onder door de rechter te stellen voorwaarden.
(Zie ook: artt. 51, 97, 260 BW Boek 6; art. 612 Rv)

Toekomstige schade bij schadevergoeding

2. Voor zover de rechter de schuldenaar veroordeelt tot betaling van periodiek uit te keren bedragen, kan hij in zijn uitspraak bepalen dat deze op verzoek van elk van de partijen door de rechter die in eerste aanleg van de vordering tot schadevergoeding heeft kennis genomen, kan worden gewijzigd, indien zich na de uitspraak omstandigheden voordoen, die voor de omvang van de vergoedingsplicht van belang zijn en met de mogelijkheid van het intreden waarvan bij de vaststelling der bedragen geen rekening is gehouden.
(Zie ook: art. 401 BW Boek 1)

Art. 106

Voor nadeel dat niet in vermogensschade bestaat, heeft de benadeelde recht op een naar billijkheid vast te stellen schadevergoeding:
a. indien de aansprakelijke persoon het oogmerk had zodanig nadeel toe te brengen;
b. indien de benadeelde lichamelijk letsel heeft opgelopen, in zijn eer of goede naam is geschaad of op andere wijze in zijn persoon is aangetast;
c. indien het nadeel gelegen is in aantasting van de nagedachtenis van een overledene en toegebracht is aan de niet van tafel en bed gescheiden echtgenoot, de geregistreerde partner of een bloedverwant tot in de tweede graad van de overledene, mits de aantasting plaatsvond op een wijze die de overledene, ware hij nog in leven geweest, recht zou hebben gegeven op schadevergoeding wegens het schaden van zijn eer of goede naam.
(Zie ook: artt. 95, 96 BW Boek 6)

Ander nadeel dan vermogensschade: immateriële schade

Art. 107

1. Indien iemand ten gevolge van een gebeurtenis waarvoor een ander aansprakelijk is, lichamelijk of geestelijk letsel oploopt, is die ander behalve tot vergoeding van de schade van de gekwetste zelf, ook verplicht tot vergoeding van:
a. de kosten die een derde anders dan krachtens een verzekering ten behoeve van de gekwetste heeft gemaakt en die deze laatste, zo hij ze zelf zou hebben gemaakt, van die ander had kunnen vorderen; en
b. een bij of krachtens algemene maatregel van bestuur vast te stellen bedrag of bedragen voor nadeel dat niet in vermogensschade bestaat geleden door de in lid 2 genoemde naasten van de gekwetste met ernstig en blijvend letsel.

Letselschade aan derden

2. De naasten, bedoeld in lid 1 onder b, zijn:
a. de ten tijde van de gebeurtenis niet van tafel en bed gescheiden echtgenoot of geregistreerde partner van de gekwetste;
b. de levensgezel van de gekwetste, die ten tijde van de gebeurtenis duurzaam met deze een gemeenschappelijke huishouding voert;

Naasten

B6 art. 107a — Burgerlijk Wetboek Boek 6

c. degene die ten tijde van de gebeurtenis de ouder van de gekwetste is;
d. degene die ten tijde van de gebeurtenis het kind van de gekwetste is;
e. degene die ten tijde van de gebeurtenis duurzaam in gezinsverband de zorg voor de gekwetste heeft;
f. degene voor wie de gekwetste ten tijde van de gebeurtenis duurzaam in gezinsverband de zorg heeft;
g. een andere persoon die in een zodanige nauwe persoonlijke relatie tot de gekwetste staat, dat uit de eisen van redelijkheid en billijkheid voortvloeit dat hij voor de toepassing van lid 1 onder b als naaste wordt aangemerkt.

3. Bij algemene maatregel van bestuur kunnen regels worden gesteld waarmee nader wordt bepaald wanneer letsel als ernstig en blijvend letsel als bedoeld in lid 1 onder b wordt aangemerkt.

4. Onverminderd artikel 6, tweede lid, van de Wet aansprakelijkheidsverzekering motorrijtuigen kunnen aanspraken van derden ter zake van als gevolg van het letsel geleden schade niet ten nadele van het recht op schadevergoeding van de gekwetste worden uitgeoefend.

5. Hij die krachtens lid 1 tot schadevergoeding wordt aangesproken kan hetzelfde verweer voeren dat hem jegens de gekwetste ten dienste zou hebben gestaan.

Art. 107a

Loonaanspraken bij letsel-schadevergoeding

1. Indien iemand ten gevolge van een gebeurtenis waarvoor een ander aansprakelijk is, lichamelijk of geestelijk letsel oploopt, houdt de rechter bij de vaststelling van de schadevergoeding waarop de gekwetste aanspraak kan maken rekening met de aanspraak op loon die de gekwetste heeft krachtens artikel 629, lid 1, van Boek 7 of krachtens individuele of collectieve arbeidsovereenkomst.

2. Indien een werkgever krachtens artikel 629, lid 1, van Boek 7 of krachtens individuele of collectieve arbeidsovereenkomst verplicht is tijdens ziekte of arbeidsongeschiktheid van de gekwetste het loon door te betalen, heeft hij, indien de ongeschiktheid tot werken van de gekwetste het gevolg is van een gebeurtenis waarvoor een ander aansprakelijk is, jegens deze ander recht op schadevergoeding ten bedrage van de door hem betaalde loon, doch ten hoogste tot het bedrag, waarvoor de aansprakelijke persoon, bij het ontbreken van de loondoorbetalingsverplichting aansprakelijk zou zijn, verminderd met een bedrag, gelijk aan dat van de schadevergoeding tot betaling waarvan de aansprakelijke persoon jegens de gekwetste is gehouden.

3. De in lid 2 bedoelde aansprakelijke is eveneens verplicht tot vergoeding van de door de werkgever gemaakte redelijke kosten ter nakoming van zijn in artikel 658a van Boek 7 bedoelde verplichtingen. De aansprakelijke kan hetzelfde verweer voeren dat hem jegens de gekwetste ten dienste zou hebben gestaan.

4. Indien de aansprakelijke persoon een werknemer is, heeft de werkgever slechts recht op schadevergoeding indien de ongeschiktheid tot werken het gevolg is van diens opzet of bewuste roekeloosheid.

(Zie ook: art. 197 BW Boek 6)

Art. 108

Schadevergoeding bij overlijden

1. Indien iemand ten gevolge van een gebeurtenis waarvoor een ander jegens hem aansprakelijk is overlijdt, is die ander verplicht tot vergoeding van schade door het derven van levensonderhoud:

a. aan de niet van tafel en bed gescheiden echtgenoot, de geregistreerde partner en de minderjarige kinderen van de overledene, tot ten minste het bedrag van het hun krachtens de wet verschuldigde levensonderhoud;
(Zie ook: artt. 81, 245, 392 t/m 395a, 396, 404 BW Boek 1)

b. aan andere bloed- of aanverwanten van de overledene, mits deze reeds ten tijde van het overlijden geheel of ten dele in hun levensonderhoud voorzag of daartoe krachtens rechterlijke uitspraak verplicht was;
(Zie ook: artt. 392, 395, 396 BW Boek 1)

c. aan degenen die reeds vóór de gebeurtenis waarop de aansprakelijkheid berust, met de overledene in gezinsverband samenwoonden en in wier levensonderhoud hij geheel of voor een groot deel voorzag, voor zover aannemelijk is dat een en ander zonder het overlijden zou zijn voortgezet en zij redelijkerwijze niet voldoende in hun levensonderhoud kunnen voorzien;

d. aan degene die met de overledene in gezinsverband samenwoonde en in wiens levensonderhoud de overledene bijdroeg door het doen van de gemeenschappelijke huishouding, voor zover hij schade lijdt doordat na het overlijden op andere wijze in de gang van deze huishouding moet worden voorzien.

2. Bovendien is de aansprakelijke verplicht aan degene te wiens laste de kosten van lijkbezorging zijn gekomen, deze kosten te vergoeden, voor zover zij in overeenstemming zijn met de omstandigheden van de overledene.

Immateriële schadevergoeding bij overlijden

3. Voorts is de aansprakelijke verplicht tot vergoeding van een bij of krachtens algemene maatregel van bestuur vast te stellen bedrag of bedragen voor nadeel dat niet in vermogensschade bestaat, geleden door de in lid 4 genoemde naasten als gevolg van het overlijden.

Naasten

4. De naasten, bedoeld in lid 3, zijn:

a. de ten tijde van de gebeurtenis niet van tafel en bed gescheiden echtgenoot of geregistreerde partner van de overledene;
b. de levensgezel van de overledene, die ten tijde van de gebeurtenis duurzaam met deze een gemeenschappelijke huishouding voert;
c. degene die ten tijde van de gebeurtenis ouder van de overledene is;
d. degene die ten tijde van de gebeurtenis het kind van de overledene is;
e. degene die ten tijde van de gebeurtenis duurzaam in gezinsverband de zorg voor de overledene heeft;
f. degene voor wie de overledene ten tijde van de gebeurtenis duurzaam in gezinsverband de zorg heeft;
g. een andere persoon die ten tijde van de gebeurtenis in een zodanige nauwe persoonlijke relatie tot de overledene staat, dat uit de eisen van redelijkheid en billijkheid voortvloeit dat hij voor de toepassing van lid 3 als naaste wordt aangemerkt.
5. Hij die krachtens de vorige leden tot schadevergoeding wordt aangesproken, kan hetzelfde verweer voeren, dat hem tegenover de overledene zou hebben ten dienste gestaan.
6. Geen recht op vergoeding van de in lid 3 bedoelde schade bestaat, voor zover de rechthebbende op grond van dezelfde gebeurtenis reeds een vergoeding uit hoofde van artikel 107 lid 1 onder b heeft ontvangen.

Art. 109

1. Indien toekenning van volledige schadevergoeding in de gegeven omstandigheden waaronder de aard van de aansprakelijkheid, de tussen partijen bestaande rechtsverhouding en hun beider draagkracht, tot kennelijk onaanvaardbare gevolgen zou leiden, kan de rechter een wettelijke verplichting tot schadevergoeding matigen.
(Zie ook: art. 94 BW Boek 6)
2. De matiging mag niet geschieden tot een lager bedrag dan waarvoor de schuldenaar zijn aansprakelijkheid door verzekering heeft gedekt of verplicht was te dekken.
3. Ieder beding in strijd met lid 1 is nietig.
(Zie ook: art. 110 BW Boek 6)

Art. 110

Opdat de aansprakelijkheid die ter zake van schade kan ontstaan niet hetgeen redelijkerwijs door verzekering kan worden gedekt, te boven gaat, kunnen bij algemene maatregel van bestuur bedragen worden vastgesteld, waarboven de aansprakelijkheid zich niet uitstrekt. Afzonderlijke bedragen kunnen worden bepaald naar gelang van onder meer de aard van de gebeurtenis, de aard van de schade en de grond van de aansprakelijkheid.
(Zie ook: Tbts LVW)

Afdeling 11
Verbintenissen tot betaling van een geldsom

Art. 111

Een verbintenis tot betaling van een geldsom moet naar haar nominale bedrag worden voldaan, tenzij uit wet, gewoonte of rechtshandeling anders voortvloeit.

Art. 112

Het geld dat ter voldoening van de verbintenis wordt betaald, moet op het tijdstip van de betaling gangbaar zijn in het land in welks geld de betaling geschiedt.
(Zie ook: art. 28 BW Boek 6)

Art. 113

[Vervallen]

Art. 114

1. Bestaat in een land waar de betaling moet of mag geschieden ten name van de schuldeiser een rekening, bestemd voor girale betaling, dan kan de schuldenaar de verbintenis voldoen door het verschuldigde bedrag op die rekening te doen bijschrijven, tenzij de schuldeiser betaling op die rekening geldig heeft uitgesloten.
2. In het geval van het vorige lid geschiedt de betaling op het tijdstip waarop de rekening van de schuldeiser wordt gecrediteerd.
(Zie ook: art. 46 BW Boek 6)

Art. 115

De plaats waar de betaling moet geschieden wordt bepaald door de artikelen 116-118, tenzij uit wet, gewoonte of rechtshandeling voortvloeit dat op een andere plaats moet of mag worden betaald.
(Zie ook: art. 41 BW Boek 6)

Matiging bij schadevergoeding

Limitering bij schadevergoeding

Nominaal bedrag bij verbintenis tot betaling geldsom

Gangbaar geld bij verbintenis tot betaling geldsom

Girale betaling bij verbintenis tot betaling geldsom

Plaatsbepaling bij verbintenis tot betaling geldsom

B6 art. 116

Art. 116

Woonplaatsbepaling en tijdstip bij verbintenis tot betaling geldsom

1. De betaling moet worden gedaan aan de woonplaats van de schuldeiser op het tijdstip van de betaling.
(Zie ook: art. 10 t/m 15 BW Boek 1; artt. 41, 118 BW Boek 6)

2. De schuldeiser is bevoegd een andere plaats voor de betaling aan te wijzen in het land van de woonplaats van de schuldeiser op het tijdstip van de betaling of op het tijdstip van het ontstaan van de verbintenis.
(Zie ook: art. 37 BW Boek 3)

Art. 117

Plaatsbepaling aanmerkelijk bezwaar bij verbintenis tot betaling geldsom

Indien de betaling overeenkomstig artikel 116 moet geschieden op een andere plaats dan de woonplaats van de schuldeiser op het tijdstip van het ontstaan van de verbintenis en het voldoen aan de verbintenis daardoor voor de schuldenaar aanmerkelijk bezwaarlijker zou worden, is deze bevoegd de betaling op te schorten, totdat de schuldeiser in een der in artikel 116, lid 2 bedoelde landen een andere plaats voor de betaling heeft aangewezen, waaraan een zodanig bezwaar niet is verbonden.
(Zie ook: art. 52 t/m 57 BW Boek 6)

Art. 118

Woonplaatsbepaling bij verbintenis tot betaling geldsom

Indien de verbintenis is ontstaan bij de uitoefening van bedrijfs- of beroepsbezigheden van de schuldeiser, geldt in de artikelen 116 en 117 de plaats van vestiging waar die bezigheden worden uitgeoefend, als woonplaats van de schuldeiser.
(Zie ook: art. 14 BW Boek 1)

Art. 119

Wettelijke rente bij verbintenis tot betaling geldsom

1. De schadevergoeding, verschuldigd wegens vertraging in de voldoening van een geldsom, bestaat in de wettelijke rente van die som over de tijd dat de schuldenaar met de voldoening daarvan in verzuim is geweest.
(Zie ook: art. 81 t/m 87 BW Boek 6)

2. Telkens na afloop van een jaar wordt het bedrag waarover de wettelijke rente wordt berekend, vermeerderd met de over dat jaar verschuldigde rente.

3. Een bedongen rente die hoger is dan die welke krachtens de vorige leden verschuldigd zou zijn, loopt in plaats daarvan door nadat de schuldenaar in verzuim is gekomen.
(Zie ook: artt. 120, 125 BW Boek 6)

Art. 119a

Wettelijke rente bij handelsovereenkomst

1. De schadevergoeding, verschuldigd wegens vertraging in de voldoening van een geldsom, bestaat in het geval van een handelsovereenkomst in de wettelijke rente van die som met ingang van de dag volgend op de dag die is overeengekomen als de uiterste dag van betaling tot en met de dag waarop de schuldenaar de geldsom heeft voldaan. Onder handelsovereenkomst wordt verstaan de overeenkomst om baat die een of meer van de partijen verplicht iets te geven of te doen en die tot stand is gekomen tussen een of meer natuurlijke personen die handelen in de uitoefening van een beroep of bedrijf of rechtspersonen.

2. Indien geen uiterste dag van betaling is overeengekomen, is de wettelijke rente van rechtswege verschuldigd:
a. vanaf 30 dagen na de aanvang van de dag, volgende op die waarop de schuldenaar de factuur heeft ontvangen, of
b. indien de datum van ontvangst van de factuur niet vaststaat, of indien de schuldenaar de factuur ontvangt voordat hij de prestatie heeft ontvangen, vanaf 30 dagen na de aanvang van de dag, volgende op die waarop de prestatie is ontvangen, of
c. indien de schuldenaar een termijn heeft bedongen waarbinnen hij de ontvangen prestatie kan aanvaarden dan wel kan beoordelen of deze aan de overeenkomst beantwoordt, en indien hij de factuur ontvangt voordat hij de prestatie heeft aanvaard of beoordeeld, vanaf 30 dagen na de aanvang van de dag, volgende op die waarop de schuldenaar de prestatie heeft aanvaard of beoordeeld, dan wel, indien hij zich niet over goedkeuring of aanvaarding uitspreekt, vanaf 30 dagen na de aanvang van de dag volgende op die waarop de termijn verstrijkt.

3. Telkens na afloop van een jaar wordt het bedrag waarover de wettelijke rente wordt berekend, vermeerderd met de over dat jaar verschuldigde rente.

4. De termijn bedoeld in lid 2 onder c bedraagt niet meer dan 30 dagen vanaf de datum van ontvangst van de prestatie, tenzij partijen uitdrukkelijk een langere termijn overeenkomen en deze termijn niet kennelijk onbillijk is jegens de schuldeiser, mede gelet op:
a. de vraag of de schuldenaar objectieve redenen heeft om af te wijken van de 30 dagen termijn;
b. de aard van de prestatie; en
c. elke aanmerkelijke afwijking van goede handelspraktijken.

5. Partijen kunnen een uiterste dag van betaling overeenkomen van ten hoogste 60 dagen, tenzij zij uitdrukkelijk een langere termijn van betaling in de overeenkomst opnemen en deze termijn niet kennelijk onbillijk is jegens de schuldeiser, mede gelet op:
a. de vraag of de schuldenaar objectieve redenen heeft om af te wijken van de 60 dagen termijn;
b. de aard van de prestatie; en

c. elke aanmerkelijke afwijking van goede handelspraktijken.

6. In afwijking van lid 5 kunnen partijen geen uiterste dag van betaling overeenkomen van meer dan zestig dagen indien de schuldenaar een rechtspersoon is die op twee opeenvolgende balansdata, zonder onderbreking nadien op twee opeenvolgende balansdata, niet heeft voldaan aan ten minste twee van de vereisten, bedoeld in artikel 397, leden 1 en 2 van Boek 2, en de schuldeiser een natuurlijk persoon is die handelt in de uitoefening van een beroep of bedrijf of een rechtspersoon, die gedurende die periode aan ten minste twee van die vereisten heeft voldaan. Een beding in een overeenkomst in strijd met de vorige zin is nietig.

7. Geen wettelijke rente is verschuldigd wanneer de schuldeiser zelf in verzuim is.

8. De wettelijke rente is verschuldigd behalve voor zover de vertraging niet aan de schuldenaar kan worden toegerekend.

9. Voor de toepassing van dit artikel wordt met de wettelijke rente gelijkgesteld een andere overeengekomen rente.

Art. 119b

1. De schadevergoeding, verschuldigd door een overheidsinstantie wegens vertraging in de voldoening van een geldsom, bestaat in geval van een handelsovereenkomst met een overheidsinstantie in de wettelijke rente van die som met ingang van de dag volgend op de dag die is overeengekomen als uiterste dag van betaling tot en met de dag waarop de schuldenaar de geldsom heeft voldaan. Onder overheidsinstantie wordt verstaan de Staat, een provincie, een gemeente, een waterschap of een publiekrechtelijke instelling dan wel een samenwerkingsverband van deze overheden of publiekrechtelijke instellingen als bedoeld in artikel 2 lid 2 van richtlijn nr. 2011/7 van het Europees Parlement en de Raad van 23 februari 2011 betreffende bestrijding van betalingsachterstand bij handelstransacties (PbEU L48/11).

2. Indien geen uiterste dag van betaling is overeengekomen, is de wettelijke rente van rechtswege verschuldigd:

a. vanaf 30 dagen na de aanvang van de dag, volgende op die waarop de schuldenaar de factuur heeft ontvangen, of

b. indien de datum van ontvangst van de factuur niet vaststaat, of indien de schuldenaar de factuur ontvangt voordat hij de prestatie heeft ontvangen, vanaf 30 dagen na de aanvang van de dag, volgende op die waarop de prestatie is ontvangen, of

c. indien de schuldenaar een termijn heeft bedongen waarbinnen hij de ontvangen prestatie kan aanvaarden dan wel kan beoordelen of deze aan de overeenkomst beantwoordt, en indien hij de factuur ontvangt voordat hij de prestatie heeft aanvaard of beoordeeld, vanaf 30 dagen na de aanvang van de dag, volgende op die waarop de schuldenaar de prestatie heeft aanvaard of beoordeeld, dan wel, indien hij zich niet over goedkeuring of aanvaarding uitspreekt, vanaf 30 dagen na de aanvang van de dag volgende op die waarop de termijn verstrijkt.

3. Telkens na afloop van een jaar wordt het bedrag waarover de wettelijke rente wordt berekend, vermeerderd met de over dat jaar verschuldigde rente.

4. De termijn bedoeld in lid 2 onder c bedraagt niet meer dan 30 dagen vanaf de datum van ontvangst van de prestatie, tenzij partijen uitdrukkelijk een langere termijn in de overeenkomst en aanbestedingsdocumenten opnemen en deze termijn niet kennelijk onbillijk is jegens de schuldeiser, mede gelet op:

a. de vraag of de schuldenaar objectieve redenen heeft om af te wijken van de 30 dagen termijn;

b. de aard van de prestatie; en

c. elke aanmerkelijke afwijking van goede handelspraktijken.

5. Bij overeenkomst kan niet van een uiterste dag van betaling van ten hoogste 30 dagen, overeenkomstig het tweede lid, worden afgeweken, tenzij partijen uitdrukkelijk een langere termijn van betaling in de overeenkomst opnemen en de bijzondere aard of eigenschappen van de overeenkomst dit objectief rechtvaardigen. De betalingstermijn bedraagt in dat geval ten hoogste 60 dagen.

6. Geen wettelijke rente is verschuldigd wanneer de schuldeiser zelf in verzuim is.

7. De wettelijke rente is verschuldigd behalve voor zover de vertraging niet aan de schuldenaar kan worden toegerekend.

8. Voor de toepassing van dit artikel wordt met de wettelijke rente gelijkgesteld een hogere overeengekomen rente.

Art. 120

1. De wettelijke rente bedoeld in artikel 119 wordt bij algemene maatregel van bestuur vastgesteld. Wettelijke rente die loopt op het tijdstip van inwerkingtreding van een nieuwe bij algemene maatregel van bestuur vastgestelde rentevoet, wordt met ingang van dat tijdstip volgens de nieuwe rentevoet berekend.

2. De wettelijke rente bedoeld in artikel 119a en artikel 119b is gelijk aan de herfinancieringsrente die door de Europese Centrale Bank is vastgesteld voor haar meest recente basisherfinancieringstransactie die heeft plaatsgevonden voor de eerste kalenderdag van het betreffende halfjaar, vermeerderd met acht procentpunten. Wettelijke rente die loopt op de eerste dag van

Niet-afwijken uiterste dag van betaling

Wettelijke rente door overheidsinstantie bij handelsovereenkomst

Vaststellen wettelijke rente bij verbintenis tot betaling geldsom

B6 art. 121 **Burgerlijk Wetboek Boek 6**

het betreffende halfjaar, wordt met ingang van dat tijdstip volgens de nieuwe rentevoet berekend gedurende een half jaar.
(Zie ook: art. 376 BW Boek 1)

Art. 121

Betaling in vreemde valuta bij verbintenis tot betaling geldsom

1. Strekt een verbintenis tot betaling van ander geld dan dat van het land waar de betaling moet geschieden, dan is de schuldenaar bevoegd de verbintenis in het geld van de plaats van betaling te voldoen.
(Zie ook: artt. 116 t/m 118, 122, 124 BW Boek 6)

2. Het vorige lid geldt niet, indien uit wet, gewoonte of rechtshandeling voortvloeit dat de schuldenaar verplicht is tot betaling effectief in het geld tot betaling waarvan de verbintenis strekt.

Art. 122

Betaling in valuta woonplaats schuldeiser bij verbintenis tot betaling geldsom

1. Strekt een verbintenis tot betaling van ander geld dan dat van het land waar de betaling moet geschieden en is de schuldenaar niet in staat of beweert hij niet in staat te zijn in dit geld te voldoen, dan kan de schuldeiser voldoening in het geld van de plaats van betaling vorderen.

2. Het vorige lid geldt mede, indien de schuldenaar verplicht is tot betaling effectief in het geld tot betaling waarvan de verbintenis strekt.
(Zie ook: artt. 116 t/m 118, 124 BW Boek 6)

Art. 123

Verordening buitenlands of Nederlands geld bij verbintenis tot betaling geldsom

1. Ingeval in Nederland een rechtsvordering wordt ingesteld ter verkrijging van een geldsom, uitgedrukt in buitenlands geld, kan de schuldeiser veroordeling vorderen tot betaling te zijner keuze in dat buitenlandse geld of in Nederlands geld.
(Zie ook: art. 124 BW Boek 6; art. 26 Uw EEX)

2. De schuldeiser die een in buitenlands geld luidende executoriale titel in Nederland kan executeren, kan het hem verschuldigde bij deze executie opeisen in Nederlands geld.

3. De vorige leden gelden mede, indien de schuldenaar verplicht is tot betaling effectief in het geld tot betaling waarvan de verbintenis strekt.

Art. 124

Koers bij omkering bij verbintenis tot betaling geldsom

Wordt de verbintenis als gevolg van toepassing van de artikelen 121, 122 of 123 of van omzetting in een vordering tot schadevergoeding overeenkomstig het bepaalde in afdeling 9 van titel 1 voldaan in ander geld dan tot betaling waarvan zij strekt, dan geschiedt de omrekening naar de koers van de dag waarop de betaling plaatsvindt.
(Zie ook: art. 126 BW Boek 6)

Art. 125

Koersschade bij verbintenis tot betaling geldsom

1. Artikel 119 laat onverlet het recht van de schuldeiser op vergoeding van de schade die hij heeft geleden, doordat na het intreden van het verzuim de koers van het geld tot betaling waarvan de verbintenis strekt, zich ten opzichte van die van het geld van een of meer andere landen heeft gewijzigd.

2. Het vorige lid is niet van toepassing, indien de verbintenis strekt tot betaling van Nederlands geld, de betaling in Nederland moet geschieden en de schuldeiser op het tijdstip van het ontstaan van de verbintenis zijn woonplaats in Nederland had.
(Zie ook: art. 14 BW Boek 1)

Art. 126

Koers bij verbintenis tot betaling geldsom

Voor de toepassing van deze afdeling geldt als koers de koers tegen welke de schuldeiser zich onverwijld het geld kan verschaffen, zulks met inachtneming van hetgeen uit wet, gewoonte en inhoud of strekking van de verbintenis mocht voortvloeien.

Afdeling 12
Verrekening

Art. 127

Verrekeningsverklaring

1. Wanneer een schuldenaar die de bevoegdheid tot verrekening heeft, aan zijn schuldeiser verklaart dat hij zijn schuld met een vordering verrekent, gaan beide verbintenissen tot hun gemeenschappelijk beloop teniet.
(Zie ook: art. 37 BW Boek 3; artt. 7, 128, 133, 135, 140, 141 BW Boek 6)

2. Een schuldenaar heeft de bevoegdheid tot verrekening, wanneer hij een prestatie te vorderen heeft die beantwoordt aan zijn schuld jegens dezelfde wederpartij en hij bevoegd is zowel tot betaling van de schuld als tot het afdwingen van de betaling van de vordering.
(Zie ook: artt. 3, 21, 39, 42, 52, 65, 73, 79, 121, 130, 136 BW Boek 6; art. 17 BW Boek 7)

3. De bevoegdheid tot verrekening bestaat niet ten aanzien van een vordering en een schuld die in van elkaar gescheiden vermogens vallen.
(Zie ook: artt. 55, 80, 191 BW Boek 2; artt. 236, 237 BW Boek 6; art. 1623j BW Boek 7A; artt. 58, 234 FW)

Art. 128

1. De schuldeiser van een vordering aan toonder of order brengt deze in verrekening door zijn verrekeningsverklaring op het papier te stellen en dit aan de wederpartij af te geven. *(Zie ook: art. 48 BW Boek 6)*

2. Indien de verrekening niet zijn gehele vordering betreft of hij het papier nog voor de uitoefening van andere rechten nodig heeft, kan hij het papier behouden, mits hij de verklaring niet alleen op het papier stelt, maar haar ook schriftelijk tot de wederpartij richt. *(Zie ook: art. 37 BW Boek 3)*

3. Hij kan, ongeacht of de verrekening de gehele vordering betreft, bij enkele, niet op het papier gestelde schriftelijke verklaring verrekenen, mits hij op verlangen van de wederpartij aantoont dat het papier vernietigd of waardeloos geworden is, of zekerheid stelt voor twintig jaren of voor een zoveel kortere tijdsduur als verwacht mag worden dat de wederpartij nog aan een vordering uit hoofde van het papier bloot zal kunnen staan. *(Zie ook: art. 306 BW Boek 3; artt. 49, 127, 146 BW Boek 6; art. 55 FW)*

Verordening aan toonder of order bij verrekening

Art. 129

1. De verrekening werkt terug tot het tijdstip, waarop de bevoegdheid tot verrekening is ontstaan. *(Zie ook: artt. 133, 134 BW Boek 6)*

Terugwerkende kracht bij verrekening

2. Is over één der vorderingen of over beide reeds opeisbare rente betaald, dan werkt de verrekening niet verder terug dan tot het einde van de laatste termijn waarover rente is voldaan.

3. Indien voor de bepaling van de werking van een verrekening bij geldschulden een koersberekening nodig is, geschiedt deze volgens dezelfde maatstaven als wanneer op de dag der verrekening wederzijdse betaling had plaatsgevonden. *(Zie ook: art. 124 BW Boek 6)*

Koersberekening bij verrekening

Art. 130

1. Is een vordering onder bijzondere titel overgegaan, dan is de schuldenaar bevoegd ondanks de overgang ook een tegenvordering op de oorspronkelijke schuldeiser in verrekening te brengen, mits deze tegenvordering uit dezelfde rechtsverhouding als de overgegane vordering voortvloeit of reeds vóór de overgang aan hem is opgekomen en opeisbaar geworden. *(Zie ook: art. 80 BW Boek 3; artt. 127, 145 BW Boek 6)*

Overgang vordering bij verrekening

2. Het vorige lid is van overeenkomstige toepassing, wanneer op een vordering beslag is gelegd of een beperkt recht is gevestigd waarvan mededeling aan de schuldenaar is gedaan. *(Zie ook: artt. 8, 94, 202, 239, 246 BW Boek 3; art. 475 Rv)*

Beslag en beperkt recht bij verrekening

3. De vorige leden zijn niet van toepassing, indien de overgang of de vestiging van het beperkte recht een vordering aan toonder of order betrof en is geschied overeenkomstig artikel 93 van Boek 3.

(Zie ook: artt. 36, 45 BW Boek 3; artt. 128, 146, 147, 148, 236 BW Boek 6; art. 25 IW 1990)

Art. 131

1. De bevoegdheid tot verrekening eindigt niet door verjaring van de rechtsvordering. *(Zie ook: art. 306 BW Boek 3; artt. 56, 268 BW Boek 6; art. 232 BW Boek 7)*

Verjaring bij verrekening

2. Uitstel van betaling of van executie, bij wijze van gunst door de schuldeiser verleend, staat aan verrekening door de schuldeiser niet in de weg. *(Zie ook: art. 127 BW Boek 6)*

Art. 132

Wordt een verrekeningsverklaring uitgebracht door een daartoe bevoegde, dan kan niettemin de wederpartij die grond had om nakoming van haar verbintenis te weigeren, aan de verrekeningsverklaring haar werking ontnemen door op de weigeringsgrond een beroep te doen, onverwijld nadat de verklaring werd uitgebracht en zij tot dit beroep in staat was. *(Zie ook: art. 49 BW Boek 3; artt. 52, 127, 262 BW Boek 6)*

Weigering verrekeningsverklaring

Art. 133

Nadat de ene partij een verrekeningsverklaring heeft uitgebracht, kan de andere partij, mits onverwijld, aan die verklaring haar werking ontnemen door alsnog gebruik te maken van een eigen bevoegdheid tot verrekening, doch alleen indien deze laatste verrekening verder terugwerkt. *(Zie ook: artt. 127, 129 BW Boek 6)*

Bevoegdheid tot verrekening

Art. 134

De schuldenaar uit een wederkerige overeenkomst, die tot verrekening bevoegd is, kan aan de verklaring van zijn wederpartij, strekkende tot ontbinding van de overeenkomst wegens nietnakoming, haar werking ontnemen door onverwijld van zijn bevoegdheid tot verrekening gebruik te maken. *(Zie ook: artt. 127, 129, 267 BW Boek 6)*

Tenietdoen ontbindingsverklaring bij verrekening

Art. 135

Een schuldenaar is niet bevoegd tot verrekening: *a.* voor zover beslag op de vordering van de wederpartij niet geldig zou zijn; *(Zie ook: artt. 54, 106 BW Boek 6; artt. 475a, 479 Rv)*

Onbevoegdheid tot verrekening

B6 art. 136 **Burgerlijk Wetboek Boek 6**

b. indien zijn verplichting strekt tot vergoeding van schade die hij opzettelijk heeft toegebracht. *(Zie ook: art. 127 BW Boek 6; artt. 116, 119 AW; art. 24 IW 1990)*

Art. 136

Toewijzing vordering bij verrekening De rechter kan een vordering ondanks een beroep van de verweerder op verrekening toewijzen, indien de gegrondheid van dit verweer niet op eenvoudige wijze is vast te stellen en de vordering overigens voor toewijzing vatbaar is. *(Zie ook: artt. 53, 234 FW)*

Art. 137

Volgorde bij verrekening **1.** Voor zover een verrekeningsverklaring onvoldoende aangeeft welke verbintenissen in de verrekening zijn betrokken, geldt de volgorde van toerekening, aangegeven in de artikelen 43 lid 2 en 44 lid 1. *(Zie ook: artt. 43, 127 BW Boek 6)*

2. De wederpartijj van degene die heeft verklaard te verrekenen, kan door een onverwijld protest aan die verklaring haar werking ontnemen, indien de toerekening op de haar verschuldigde hoofdsom, kosten en met inachtneming van artikel 129 te berekenen rente in deze verklaring in een andere volgorde is geschied dan die van artikel 44 lid 1. *(Zie ook: artt. 44, 133, 140 BW Boek 6)*

Art. 138

Plaats bij verrekening **1.** De omstandigheid dat de plaats van voldoening der verbintenissen niet dezelfde is, sluit verrekening niet uit. Hij die verrekent, is in dit geval verplicht zijn wederpartij de schade te vergoeden die deze lijdt, doordat niet wederzijds te bestemder plaatse voldoening geschiedt. *(Zie ook: artt. 41, 95, 115, 127 BW Boek 6)*

2. De wederpartij van degene die ondanks een verschil in de plaats van nakoming heeft verrekend, kan door een onverwijld protest aan de verklaring tot verrekening haar werking ontnemen, als zij er een gerechtvaardigd belang bij heeft dat geen verrekening, maar nakoming plaatsvindt.

Art. 139

Borg bij verrekening **1.** De borg en degene wiens goed voor de schuld van een ander verbonden is, kunnen de opschorting van hun aansprakelijkheid inroepen, voor zover de schuldeiser bevoegd is zijn vordering met een opeisbare schuld aan de schuldenaar te verrekenen. *(Zie ook: artt. 227, 284, 287, 291, 292 BW Boek 3; art. 52 BW Boek 6; art. 852 BW Boek 7)*

2. Zij kunnen de bevrijding van hun aansprakelijkheid inroepen, voor zover de schuldeiser een bevoegdheid tot verrekening met een schuld aan de schuldenaar heeft doen verloren gaan, tenzij hij daartoe een redelijke grond had of hem geen schuld treft.

Art. 140

Verrekening van rechtswege **1.** Moeten tussen twee partijen krachtens wet, gewoonte of rechtshandeling geldvorderingen en geldschulden in één rekening worden opgenomen, dan worden zij in de volgorde waarin partijen volgens de voorgaande artikelen van deze afdeling of krachtens hun onderlinge rechtsverhouding tot verrekening bevoegd worden, dadelijk van rechtswege verrekend en is op ieder tijdstip alleen het saldo verschuldigd. Artikel 137 is niet van toepassing. *(Zie ook: artt. 111, 127 BW Boek 6)*

2. De partij die de rekening bijhoudt, sluit deze jaarlijks af en deelt het op dat tijdstip verschuldigde saldo mede aan de wederpartij met opgave van de aan deze nog niet eerder medegedeelde posten waaruit het is samengesteld. *(Zie ook: art. 359 BW Boek 1)*

3. Indien de wederpartij niet binnen redelijke tijd tegen het ingevolge het vorige lid medegedeelde saldo protesteert, geldt dit als tussen partijen vastgesteld.

4. Na vaststelling van het saldo kan ten aanzien van de afzonderlijke posten geen beroep meer worden gedaan op het intreden van verjaring of op het verstrijken van een vervaltermijn. De rechtsvordering tot betaling van het saldo verjaart door verloop van vijf jaren na de dag, volgende op die waarop de rekening is geëindigd en het saldo opeisbaar is geworden. *(Zie ook: artt. 306, 307 BW Boek 3)*

5. Uit de tussen partijen bestaande rechtsverhouding kan anders voortvloeien dan in de vorige leden is bepaald.

Art. 141

Schakelbepaling Indien een verbintenis geheel of gedeeltelijk door verrekening tenietgaat, zijn de leden 1 en 2 van artikel 48 van overeenkomstige toepassing. *(Zie ook: art. 160 BW Boek 6)*

Titel 2
Overgang van vorderingen en schulden en afstand van vorderingen

Afdeling 1
Gevolgen van overgang van vorderingen

Art. 142

1. Bij overgang van een vordering op een nieuwe schuldeiser verkrijgt deze de daarbij behorende nevenrechten, zoals rechten van pand en hypotheek en uit borgtocht, voorrechten en de bevoegdheid om de ter zake van de vordering en de nevenrechten bestaande executoriale titels ten uitvoer te leggen.
(Zie ook: art. 93 BW Boek 1; artt. 93, 186, 236, 260, 283, 288 BW Boek 3; artt. 880, 1002 BW Boek 4; artt. 143, 150, 159, 251, 252 BW Boek 6; art. 850 BW Boek 7)
2. Onder de nevenrechten zijn tevens begrepen het recht van de vorige schuldeiser op bedongen rente of boete of op een dwangsom, behalve voor zover de rente opeisbaar of de boete of dwangsom reeds verbeurd was op het tijdstip van de overgang.
(Zie ook: artt. 91, 153 BW Boek 6; art. 14 BW Boek 7; art. 611a Rv)

Nevenrechten bij overgang vordering

Art. 143

1. In geval van overgang van een vordering is de vorige schuldeiser verplicht de op de vordering en op de nevenrechten betrekking hebbende bewijsstukken af te geven aan de nieuwe schuldeiser. Behoudt hij zelf belang bij een bewijsstuk, dan is hij slechts verplicht om aan de nieuwe schuldeiser op diens verlangen en op diens kosten een afschrift of uittreksel af te geven, waaruit met overeenkomstige bewijskracht als uit het oorspronkelijke stuk van de vordering blijkt.
2. De vorige schuldeiser is tevens verplicht tot afgifte van de in het vorige artikel bedoelde executoriale titels of, indien hijzelf belang bij deze titels behoudt, om de nieuwe schuldeiser tot tenuitvoerlegging daarvan in de gelegenheid te stellen.
3. In geval van overgang van de gehele vordering is de vorige schuldeiser verplicht de zich in zijn handen bevindende panden af te geven aan de nieuwe schuldeiser.
4. In geval van overgang van een vordering waaraan hypotheek is verbonden, is de vorige schuldeiser verplicht desverlangd ertoe mede te werken dat uit de openbare registers van deze overgang blijkt.
(Zie ook: artt. 17, 24 BW Boek 3)

Afgifte bewijsstukken bij overgang vordering

Afgifte executoriale titels bij overgang vordering

Afgifte pand bij overgang vordering
Overgang hypotheek bij overgang vordering

Art. 144

1. Brengt de overdracht van een vordering mee dat verplichtingen die uit het schuldeiserschap of uit nevenrechten voortvloeien, overgaan op de nieuwe schuldeiser, dan staat de vorige schuldeiser in voor de nakoming van deze verplichtingen.
(Zie ook: art. 94 BW Boek 3; art. 251 BW Boek 6)
2. Lid 1 is niet van toepassing in geval van overdracht van een vordering aan toonder of order overeenkomstig artikel 93 van Boek 3.

Overgang verplichtingen op nieuwe schuldeiser bij overgang vordering

Art. 145

Overgang van een vordering laat de verweermiddelen van de schuldenaar onverlet.
(Zie ook: art. 36 BW Boek 3; art. 146 BW Boek 6)

Verweermiddelen schuldenaar bij overgang vordering

Art. 146

1. Na een overdracht overeenkomstig artikel 93 van Boek 3 van een vordering aan toonder of aan order kan de schuldenaar een verweermiddel, gegrond op zijn verhouding tot een vorige schuldeiser, niet tegenwerpen aan de verkrijger en diens rechtsopvolgers, tenzij op het tijdstip van de overdracht het verweermiddel bekend was aan de verkrijger of voor hem kenbaar was uit het papier.
(Zie ook: art. 130 BW Boek 6; artt. 441, 940 BW Boek 8; artt. 116, 176, 199 WvK)
2. Een beroep op onbekwaamheid of onbevoegdheid kan ook jegens een daarmee niet bekende verkrijger worden gedaan, indien zij ten tijde van zijn verkrijging kenbaar was uit een in een openbaar register opgenomen inschrijving, bij of krachtens de wet voorgeschreven teneinde kennisneming mogelijk te maken van de feiten waarop de onbevoegdheid of onbekwaamheid berust.
(Zie ook: artt. 16, 116, 391 BW Boek 1; artt. 29, 289 BW Boek 2; art. 148 BW Boek 6; art. 19 FW)

Verweermiddelen schuldenaar bij toonder of order bij overgang vordering

Art. 147

In geval van overdracht van een papier aan toonder of aan order verliest degene die volgens dat papier schuldenaar is, en aan wie is toe te rekenen dat het papier tegen zijn wil in omloop is of dat zijn handtekening vals of het papier vervalst is, de bevoegdheid zich daarop te beroepen tegenover de verkrijger te goeder trouw en diens rechtsopvolgers.
(Zie ook: art. 93 BW Boek 3; art. 148 BW Boek 6; artt. 168, 228 WvK)

Vervalsing bij overgang vordering

B6 art. 148

Art. 148

Beperkt recht bij overgang vordering

De artikelen 146 en 147 zijn van overeenkomstige toepassing in geval van vestiging van een beperkt recht op een vordering aan toonder of aan order.
(Zie ook: artt. 98, 201, 236 BW Boek 3)

Art. 149

Vernietiging of ontbinding bij overgang vordering

1. Oefent de schuldenaar na overgang van de vordering onder bijzondere titel jegens de oorspronkelijke schuldeiser een bevoegdheid uit tot vernietiging of ontbinding van de rechtshandeling waaruit de vordering voortspruit, dan is hij verplicht om de nieuwe schuldeiser zo spoedig mogelijk daarvan mededeling te doen, tenzij de vernietiging of ontbinding niet aan deze kan worden tegengeworpen.
(Zie ook: artt. 36, 49 BW Boek 3; artt. 74, 145, 146, 265 BW Boek 6)

2. Na verjaring van de rechtsvordering tot vernietiging of ontbinding wordt een beroep op de vernietigings- of ontbindingsgrond ter afwering van een op de rechtshandeling steunende rechtsvordering of andere rechtsmaatregel gericht tot de nieuwe schuldeiser en is de schuldenaar verplicht zo spoedig mogelijk nadien mededeling daarvan aan de oorspronkelijke schuldeiser te doen.
(Zie ook: artt. 51, 52, 311 BW Boek 3; artt. 74, 268 BW Boek 6)

3. De vorige leden zijn van overeenkomstige toepassing ter zake van de uitoefening van een bevoegdheid van de schuldenaar tot vernietiging of ontbinding, nadat op de vordering met mededeling aan hem een beperkt recht is gevestigd.
(Zie ook: art. 98, 201, 236, 246 BW Boek 3)

Afdeling 2
Subrogatie

Art. 150

Subrogatie

Een vordering gaat bij wijze van subrogatie over op een derde:
a. indien een hem toebehorend goed voor de vordering wordt uitgewonnen;
(Zie ook: artt. 248, 268, 284, 292 BW Boek 3)
b. indien hij de vordering voldoet omdat een hem toebehorend goed voor de vordering verbonden is;
(Zie ook: artt. 248, 268, 284, 292 BW Boek 3)
c. indien hij de vordering voldoet om uitwinning te voorkomen van een hem niet toebehorend goed, mits door de uitwinning een recht dat hij op het goed heeft, verloren zou gaan of de voldoening van een hem toekomend vorderingsrecht in gevaar zou worden gebracht;
(Zie ook: art. 282 BW Boek 3)
d. krachtens overeenkomst tussen de derde die de vordering voldoet en de schuldenaar, mits de schuldeiser op het tijdstip van de voldoening deze overeenkomst kende of hem daarvan kennis was gegeven.
(Zie ook: art. 273 BW Boek 3; artt. 30, 73, 142, 143, 145 BW Boek 6)

Art. 151

Beperkingen bij subrogatie

1. Subrogatie overeenkomstig artikel 150 vindt niet plaats voor zover de schuld de derde aangaat in zijn verhouding tot de schuldenaar.

2. De rechten van de schuldeiser jegens borgen en personen die geen schuldenaar zijn, gaan slechts op de derde over tot ten hoogste de bedragen, waarvoor de schuld ieder van hen aangaat in hun verhouding tot de schuldenaar.
(Zie ook: artt. 12, 142 BW Boek 6)

Art. 152

Omslag bij subrogatie

1. Blijkt verhaal krachtens subrogatie overeenkomstig artikel 150 geheel of gedeeltelijk onmogelijk, dan wordt het onvoldaan gebleven deel over de gesubrogeerde en andere in lid 2 van het vorige artikel genoemde derden omgeslagen naar evenredigheid van de bedragen waarvoor ieder op het tijdstip van de voldoening jegens de schuldeiser aansprakelijk was.

2. De gesubrogeerde kan van geen der andere bij de omslag betrokken derden een groter bedrag vorderen dan de oorspronkelijke schuldeiser op het tijdstip van de voldoening op deze had kunnen verhalen.

3. Ieder der in de omslag betrokkenen blijft gerechtigd het bijgedragene alsnog van hem die geen verhaal bood, terug te vorderen.
(Zie ook: art. 13 BW Boek 6; art. 869 BW Boek 7)

Art. 153

Bedongen rente bij subrogatie

In het geval van subrogatie in de hoofdvordering verkrijgt de gesubrogeerde het recht op bedongen rente slechts voor zover deze betrekking heeft op het tijdvak na de overgang.
(Zie ook: artt. 90, 199 BW Boek 2; artt. 12, 142, 150 BW Boek 6; artt. 131, 162, 204, 284 WvK)

Art. 154

De schuldeiser is jegens degene die, zo hij de vordering voldoet, zal worden gesubrogeerd, verplicht zich te onthouden van elke gedraging die ten koste van deze afbreuk doet aan de rechten waarin hij mag verwachten krachtens de subrogatie te zullen treden.

(Zie ook: artt. 90, 199 BW Boek 2; artt. 12, 74, 150 BW Boek 6; artt. 131, 162, 204, 284 WvK)

Afdeling 3
Schuld- en contractsoverneming

Art. 155

Een schuld gaat van de schuldenaar over op een derde, indien deze haar van de schuldenaar overneemt. De schuldoverneming heeft pas werking jegens de schuldeiser, indien deze zijn toestemming geeft nadat partijen hem van de overneming kennis hebben gegeven.

(Zie ook: artt. 32, 37 BW Boek 3; artt. 216, 217 BW Boek 6)

Art. 156

1. Heeft de schuldeiser bij voorbaat zijn toestemming tot een schuldoverneming gegeven, dan vindt de overgang plaats, zodra de schuldenaar tot overeenstemming is gekomen met de derde en partijen de schuldeiser schriftelijk van de overneming kennis hebben gegeven.

2. De schuldeiser kan een bij voorbaat gegeven toestemming niet herroepen, tenzij hij zich de bevoegdheid daartoe bij de toestemming heeft voorbehouden.

(Zie ook: art. 37 BW Boek 3; art. 159 BW Boek 6)

Art. 157

1. De bij de vordering behorende nevenrechten worden na het tijdstip van de overgang tegen de nieuwe in plaats van tegen de oude schuldenaar uitgeoefend.

2. Tot zekerheid van de overgegane schuld strekkende rechten van pand en hypotheek op een aan een der partijen toebehorend goed blijven bestaan; die op een niet aan partijen toebehorend goed en rechten uit borgtocht gaan door de overgang teniet, tenzij de pand- of hypotheekgever of borg tevoren in handhaving heeft toegestemd.

3. Voorrechten op bepaalde goederen waarop de schuldeiser niet tevens een verhaalsrecht jegens derden heeft, gaan door de overgang teniet, tenzij de schuldoverneming plaatsvindt ter uitvoering van de overdracht van een onderneming waartoe ook het goed waarop het voorrecht rust, behoort. Voorrechten op het vermogen van de schuldenaar gelden na de overgang als voorrechten op het vermogen van de nieuwe schuldenaar.

(Zie ook: artt. 276, 284 BW Boek 3; artt. 215, 226, 825, 836 BW Boek 8)

4. Bedongen rechten en boeten, alsmede dwangsommen die vóór de overgang aan de schuldenaar werden opgelegd, worden door de nieuwe in plaats van door de oude schuldenaar verschuldigd, voor zover zij na het tijdstip van de overgang zijn opeisbaar geworden of verbeurd.

(Zie ook: artt. 142, 159 BW Boek 6)

Art. 158

Indien de rechtsverhouding tussen de vorige en de nieuwe schuldenaar op grond waarvan de schuld is overgenomen, nietig, vernietigd of ontbonden is, kan de schuldeiser de schuld weer op de vorige schuldenaar doen overgaan door daartoe strekkende kennisgevingen aan de beide betrokken partijen; elk van hen kan de schuldeiser daartoe een redelijke termijn stellen.

(Zie ook: artt. 210, 271 BW Boek 6)

Art. 159

1. Een partij bij een overeenkomst kan haar rechtsverhouding tot de wederpartij met medewerking van deze laatste overdragen aan een derde bij een tussen haar en de derde opgemaakte akte.

2. Hierdoor gaan alle rechten en verplichtingen over op de derde, voor zover niet ten aanzien van bijkomstige of reeds opeisbaar geworden rechten of verplichtingen anders is bepaald.

3. Artikel 156 en de leden 1-3 van artikel 157 zijn van overeenkomstige toepassing.

(Zie ook: art. 32 BW Boek 3; artt. 216, 217 BW Boek 6)

Afdeling 4
Afstand en vermenging

Art. 160

1. Een verbintenis gaat teniet door een overeenkomst van de schuldeiser met de schuldenaar, waarbij hij van zijn vorderingsrecht afstand doet.

(Zie ook: artt. 32, 98 BW Boek 3; artt. 216, 217 BW Boek 6)

2. Een door de schuldeiser tot de schuldenaar gericht aanbod tot afstand om niet geldt als aanvaard, wanneer de schuldenaar van het aanbod heeft kennisgenomen en het niet onverwijld heeft afgewezen.

(Zie ook: artt. 52, 253 BW Boek 6)

Schakelbepaling **3.** De artikelen 48 leden 1 en 2 en 49 leden 1-3 zijn van overeenkomstige toepassing.
(Zie ook: art. 141 BW Boek 6)

Art. 161

Vermenging **1.** Een verbintenis gaat teniet door vermenging, wanneer door overgang van de vordering of de schuld de hoedanigheid van schuldeiser en die van schuldenaar zich in één persoon verenigen.

2. Het vorige lid is niet van toepassing:

a. zolang de vordering en de schuld in van elkaar gescheiden vermogens vallen;

b. in geval van overdracht overeenkomstig artikel 93 van Boek 3 van een vordering aan toonder of order;

(Zie ook: artt. 110, 176, 191 WvK)

c. indien de voormelde vereniging van hoedanigheden het gevolg is van een rechtshandeling onder ontbindende voorwaarde, zolang niet vaststaat dat de voorwaarde niet meer in vervulling kan gaan.

(Zie ook: art. 382 BW Boek 3)

3. Tenietgaan van een verbintenis door vermenging laat de op de vordering rustende rechten van derden onverlet.

(Zie ook: artt. 81, 201, 236, 283, 287 BW Boek 3; artt. 214, 225, 824, 835 BW Boek 8)

Titel 3 Onrechtmatige daad

Afdeling 1 Algemene bepalingen

Art. 162

Schadevergoeding bij onrechtmatige daad Onrechtmatige daad **1.** Hij die jegens een ander een onrechtmatige daad pleegt, welke hem kan worden toegerekend, is verplicht de schade die de ander dientengevolge lijdt, te vergoeden.

2. Als onrechtmatige daad worden aangemerkt een inbreuk op een recht en een doen of nalaten in strijd met een wettelijke plicht of met hetgeen volgens ongeschreven recht in het maatschappelijk verkeer betaamt, een en ander behoudens de aanwezigheid van een rechtvaardigingsgrond.

3. Een onrechtmatige daad kan aan de dader worden toegerekend, indien zij te wijten is aan zijn schuld of aan een oorzaak welke krachtens de wet of de in het verkeer geldende opvattingen voor zijn rekening komt.

(Zie ook: artt. 121, 125, 310, 314 BW Boek 3; art. 37 BW Boek 5; artt. 74, 75, 98, 101, 102, 163, 198, 200, 204, 212, 277 BW Boek 6; artt. 544, 545, 1005, 1006 BW Boek 8; artt. 39, 44, 56, 92 Wet RO; artt. 14c, 74 WvSr; art. 332 WvSv)

Art. 163

Relativiteit bij onrechtmatige daad Geen verplichting tot schadevergoeding bestaat, wanneer de geschonden norm niet strekt tot bescherming tegen de schade zoals de benadeelde die heeft geleden.

(Zie ook: art. 40 BW Boek 3)

Art. 164

Kind tot 14 jaar bij onrechtmatige daad Een gedraging van een kind dat de leeftijd van veertien jaren nog niet heeft bereikt, kan aan hem niet als een onrechtmatige daad worden toegerekend.

Art. 165

Geestelijke of lichamelijke tekortkoming bij onrechtmatige daad Interne draagplicht bij onrechtmatige daad **1.** De omstandigheid dat een als een doen te beschouwen gedraging van een persoon van veertien jaren of ouder verricht is onder invloed van een geestelijke of lichamelijke tekortkoming, is geen beletsel haar als een onrechtmatige daad aan de dader toe te rekenen.

2. Is jegens de benadeelde tevens een derde wegens onvoldoende toezicht aansprakelijk, dan is deze derde jegens de dader verplicht tot bijdragen in de schadevergoeding voor het gehele bedrag van zijn aansprakelijkheid jegens de benadeelde.

(Zie ook: artt. 10, 101, 102, 197 BW Boek 6)

Art. 166

Groepsaansprakelijkheid bij onrechtmatige daad **1.** Indien één van tot een groep behorende personen onrechtmatig schade toebrengt en de kans op het aldus toebrengen van schade deze personen had behoren te weerhouden van hun gedragingen in groepsverband, zijn zij hoofdelijk aansprakelijk indien deze gedragingen hun kunnen worden toegerekend.

(Zie ook: artt. 10, 197 BW Boek 6; artt. 47, 48, 141 WvSr)

Interne draagplicht bij onrechtmatige daad **2.** Zij moeten onderling voor gelijke delen in de schadevergoeding bijdragen, tenzij in de omstandigheden van het geval de billijkheid een andere verdeling vordert.

Art. 167

Rectificatie bij onrechtmatige daad **1.** Wanneer iemand krachtens deze titel jegens een ander aansprakelijk is ter zake van een onjuiste of door onvolledigheid misleidende publicatie van gegevens van feitelijke aard, kan de rechter hem op vordering van die ander veroordelen tot openbaarmaking van een rectificatie op een door de rechter aan te geven wijze.

2. Hetzelfde geldt, indien aansprakelijkheid ontbreekt, omdat de publicatie aan de dader wegens diens onbekendheid met de onjuistheid of onvolledigheid niet als een onrechtmatige daad is toe te rekenen.

3. In het geval van lid 2 kan de rechter die de vordering toewijst bepalen dat de kosten van het geding en van de openbaarmaking van de rectificatie geheel of gedeeltelijk moeten worden gedragen door degene die de vordering heeft ingesteld. Elk der partijen heeft voor het gedeelte van de kosten van het geding en van de openbaarmaking van de rectificatie dat ingevolge de uitspraak door hem moet worden gedragen, verhaal op ieder die voor de door de publicatie ontstane schade aansprakelijk is.

(Zie ook: artt. 103, 194 BW Boek 6; art. 56 Rv)

Art. 168

1. De rechter kan een vordering, strekkende tot verbod van een onrechtmatige gedraging, afwijzen op de grond dat deze gedraging op grond van zwaarwegende maatschappelijke belangen behoort te worden geduld. De benadeelde behoudt zijn recht op vergoeding van de schade overeenkomstig de onderhavige titel.

(Zie ook: art. 296 BW Boek 3)

2. In het geval van artikel 170 is de ondergeschikte voor deze schade niet aansprakelijk.

3. Wordt aan een veroordeling tot schadevergoeding of tot het stellen van zekerheid daarvoor niet voldaan, dan kan de rechter alsnog een verbod van de gedraging opleggen.

(Zie ook: art. 105 BW Boek 6)

Afdeling 2
Aansprakelijkheid voor personen en zaken

Art. 169

1. Voor schade aan een derde toegebracht door een als een doen te beschouwen gedraging van een kind dat nog niet de leeftijd van veertien jaren heeft bereikt en aan wie deze gedraging als een onrechtmatige daad zou kunnen worden toegerekend als zijn leeftijd daaraan niet in de weg zou staan, is degene die het ouderlijk gezag of de voogdij over het kind uitoefent, aansprakelijk.

2. Voor schade, aan een derde toegebracht door een fout van een kind dat de leeftijd van veertien jaren al wel maar die van zestien jaren nog niet heeft bereikt, is degene die het ouderlijk gezag of de voogdij over het kind uitoefent, aansprakelijk, tenzij hem niet kan worden verweten dat hij de gedraging van het kind niet heeft belet.

(Zie ook: artt. 245, 251, 280, 292, 295, 336 BW Boek 1; artt. 164, 183, 197 BW Boek 6)

Art. 170

1. Voor schade, aan een derde toegebracht door een fout van een ondergeschikte, is degene in wiens dienst de ondergeschikte zijn taak vervult aansprakelijk, indien de kans op de fout door de opdracht tot het verrichten van deze taak is vergroot en degene in wiens dienst hij stond, uit hoofde van hun desbetreffende rechtsbetrekking zeggenschap had over de gedragingen waarin de fout was gelegen.

2. Stond de ondergeschikte in dienst van een natuurlijke persoon en was hij niet werkzaam voor een beroep of bedrijf van deze persoon, dan is deze slechts aansprakelijk, indien de ondergeschikte bij het begaan van de fout handelde ter vervulling van de hem opgedragen taak.

3. Zijn de ondergeschikte en degene in wiens dienst hij stond, beiden voor de schade aansprakelijk, dan behoeft de ondergeschikte in hun onderlinge verhouding niet in de schadevergoeding bij te dragen, tenzij de schade een gevolg is van zijn opzet of bewuste roekeloosheid. Uit de omstandigheden van het geval, mede gelet op de aard van hun verhouding, kan anders voortvloeien dan in de vorige zin is bepaald.

(Zie ook: art. 66 BW Boek 3; artt. 101, 102, 171, 181, 183, 257 BW Boek 6; art. 603 BW Boek 7; artt. 365, 366 BW Boek 8)

Art. 171

Indien een niet ondergeschikte die in opdracht van een ander werkzaamheden ter uitoefening van diens bedrijf verricht, jegens een derde aansprakelijk is voor een bij die werkzaamheden begane fout, is ook die ander jegens de derde aansprakelijk.

(Zie ook: artt. 170, 181, 183, 197 BW Boek 6; art. 1 BW Boek 7)

Art. 172

Indien een gedraging van een vertegenwoordiger ter uitoefening van de hem als zodanig toekomende bevoegdheden een fout jegens een derde inhoudt, is ook de vertegenwoordigde jegens de derde aansprakelijk.

(Zie ook: artt. 337, 343, 386, 441 BW Boek 1; art. 60 BW Boek 3; art. 183 BW Boek 6; art. 400 BW Boek 7; art. 68 FW)

Art. 173

1. De bezitter van een roerende zaak waarvan bekend is dat zij, zo zij niet voldoet aan de eisen die men in de gegeven omstandigheden aan de zaak mag stellen, een bijzonder gevaar voor

Dulden onrechtmatige gedraging

Kind tot 14 jaar bij aansprakelijkheid

Kind 14-15 jaar bij aansprakelijkheid

Ondergeschikte bij aansprakelijkheid

Niet-ondergeschikte bij aansprakelijkheid

Vertegenwoordiger bij aansprakelijkheid

Gebrekkige zaak bij aansprakelijkheid

B6 art. 174

personen of zaken oplevert, is, wanneer dit gevaar zich verwezenlijkt, aansprakelijk, tenzij aansprakelijkheid op grond van de vorige afdeling zou hebben ontbroken indien hij dit gevaar op het tijdstip van ontstaan daarvan zou hebben gekend.

Uitzonderingen gebrekkige zaak bij aansprakelijkheid

2. Indien de zaak niet aan de in het vorige lid bedoelde eisen voldoet wegens een gebrek als bedoeld in afdeling 3 van titel 3, bestaat geen aansprakelijkheid op grond van het vorige lid voor schade als in die afdeling bedoeld, tenzij

a. alle omstandigheden in aanmerking genomen, aannemelijk is dat het gebrek niet bestond op het tijdstip waarop het produkt in het verkeer is gebracht of dat het gebrek op een later tijdstip is ontstaan; of

b. het betreft zaakschade ter zake waarvan krachtens afdeling 3 van titel 3 geen recht op vergoeding bestaat op grond van de in die afdeling geregelde franchise.

3. De vorige leden zijn niet van toepassing op dieren, schepen en luchtvaartuigen.

(Zie ook: art. 2 BW Boek 3; art. 1 BW Boek 5; artt. 174 t/m 183, 197 BW Boek 6; artt. 1, 540, 780, 1000 BW Boek 8)

Art. 174

Opstallen bij aansprakelijkheid

1. De bezitter van een opstal die niet voldoet aan de eisen die men daaraan in de gegeven omstandigheden mag stellen, en daardoor gevaar voor personen of zaken oplevert, is, wanneer dit gevaar zich verwezenlijkt, aansprakelijk, tenzij aansprakelijkheid op grond van de vorige afdeling zou hebben ontbroken indien hij dit gevaar op het tijdstip van het ontstaan ervan zou hebben gekend.

Erfpacht/wegen/leidingen bij aansprakelijkheid

2. Bij erfpacht rust de aansprakelijkheid op de bezitter van het erfpachtsrecht. Bij openbare wegen en waterstaatswerken rust zij op het overheidslichaam dat moet zorgen dat de weg of het waterstaatswerk in goede staat verkeert, bij kabels en leidingen op de kabel- en leidingbeheerder, behalve voor zover de kabel of leiding zich bevindt in een gebouw of werk en strekt tot toevoer of afvoer ten behoeve van dat gebouw of werk.

(Zie ook: art. 85 BW Boek 5)

Ondergrondse werken bij aansprakelijkheid

3. Bij ondergrondse werken rust de aansprakelijkheid op degene die op het moment van het bekend worden van de schade het werk in de uitoefening van zijn bedrijf gebruikt. Indien na het bekend worden van de schade een ander gebruiker wordt, blijft de aansprakelijkheid rusten op degene die ten tijde van dit bekend worden gebruiker was. Indien de schade is bekend geworden na beëindiging van het gebruik van het ondergrondse werk, rust de aansprakelijkheid op degene die de laatste gebruiker was.

Begripsbepalingen

4. Onder opstal in dit artikel worden verstaan gebouwen en werken, die duurzaam met de grond zijn verenigd, hetzij rechtstreeks, hetzij door vereniging met andere gebouwen of werken.

5. Degene die in de openbare registers als eigenaar van de opstal of van de grond staat ingeschreven, wordt vermoed de bezitter van de opstal te zijn.

6. Voor de toepassing van dit artikel wordt onder openbare weg mede begrepen het weglichaam, alsmede de weguitrusting.

(Zie ook: artt. 3, 16, 107 BW Boek 3; art. 101 BW Boek 5; artt. 177, 180, 181, 183, 197 BW Boek 6; art. 427 WvSr)

Art. 175

Gevaarlijke stoffen bij aansprakelijkheid

1. Degene die in de uitoefening van zijn beroep of bedrijf een stof gebruikt of onder zich heeft, terwijl van deze stof bekend is dat zij zodanige eigenschappen heeft, dat zij een bijzonder gevaar van ernstige aard voor personen of zaken oplevert, is aansprakelijk, wanneer dit gevaar zich verwezenlijkt. Onder degene die een bedrijf uitoefent, wordt mede begrepen elke rechtspersoon die de stof in de uitoefening van zijn taak gebruikt of onder zich heeft. Als bijzonder gevaar van ernstige aard geldt in elk geval dat de stof ontplofbaar, oxyderend, ontvlambaar, licht ontvlambaar of zeer licht ontvlambaar, dan wel vergiftig of zeer vergiftig is indien de stof als zodanig is ingedeeld overeenkomstig de artikelen 3 en 4 en titel II van verordening (EG) nr. 1272/2008 van het Europees Parlement en de Raad van de Europese Unie van 16 december 2008 betreffende de indeling, etikettering en verpakking van stoffen en mengsels tot wijziging en intrekking van de Richtlijnen 67/548/EEG en 1999/45/EG en tot wijziging van Verordening (EG) nr. 1907/2006 (PbEU L 353).

2. Bevindt de stof zich in de macht van een bewaarder die er zijn bedrijf van maakt zodanige stoffen te bewaren, dan rust de aansprakelijkheid uit het eerste lid op deze. Met een zodanige bewaarder wordt gelijkgesteld de vervoerder, expediteur, stuwadoor, bewaarder of soortgelijke ondernemer, die de stof ten vervoer of uit hoofde van een met het vervoer samenhangende overeenkomst in ontvangst heeft genomen, zulks voor de periode waarin de stof zich in zijn macht bevindt zonder dat afdeling 4 van titel 6, 4 van titel 11, 1 van titel 14 of 4 van titel 19 van Boek 8 van toepassing is.

3. Bevindt de stof zich in een leiding, dan rust de aansprakelijkheid uit het eerste lid op de leidingbeheerder, behalve voor zover de leiding zich bevindt in een gebouw of werk en strekt tot toevoer of afvoer ten behoeve van dit gebouw of werk.

4. Is de schade een gevolg van verontreiniging met de stof van lucht, water of bodem, dan rust de aansprakelijkheid uit het eerste lid op degene die bij de aanvang van de tot verontreiniging leidende gebeurtenis door dit artikel als aansprakelijke persoon werd aangewezen. Heeft de verontreiniging plaatsgevonden doordat de stof in verpakte toestand in water of bodem is gekomen of op de bodem is achtergelaten, dan wordt die gebeurtenis geacht op dit tijdstip reeds te zijn aangevangen.

5. Vormt de stof, al of niet tezamen met andere bestanddelen, een roerende zaak als bedoeld in artikel 173 lid 1, is zij in een zodanige zaak verpakt of is zij opgeslagen in een daartoe bestemd gebouw of werk als bedoeld in artikel 174, vierde lid, dan rust de aansprakelijkheid uit de artikelen 173 en 174, voor wat betreft de schade die door verwezenlijking van het aan de stof verbonden gevaar is veroorzaakt, op dezelfde persoon als op wie krachtens de voorgaande leden aansprakelijkheid ter zake van de stof rust.

6. Een stof wordt geacht aan de omschrijving van de eerste zin van het eerste lid te voldoen, wanneer zij bij algemene maatregel van bestuur als zodanig is aangewezen. Een stof kan in elk geval worden aangewezen als zij is ingedeeld overeenkomstig de artikelen 3 en 4 en titel II van verordening (EG) nr. 1272/2008 van het Europees Parlement en de Raad van de Europese Unie van 16 december 2008 betreffende de indeling, etikettering en verpakking van stoffen en mengsels tot wijziging en intrekking van de Richtlijnen 67/548/EEG en 1999/45/EG en tot wijziging van Verordening (EG) nr. 1907/2006 (PbEU L 353). De aanwijzing kan worden beperkt tot bepaalde concentraties van de stof, tot bepaalde in de algemene maatregel van bestuur te omschrijven gevaren die aan de stof verbonden zijn, en tot bepaalde daarin te omschrijven situaties waarin de stof zich bevindt.

(Zie ook: art. 310 BW Boek 3; artt. 178, 181, 184, 197 BW Boek 6; artt. 20, 60, 62, 1030, 1210, 1670 BW Boek 8)

Art. 176

1. De exploitant van een stortplaats is aansprakelijk voor de schade die voor of na de sluiting van de stortplaats ontstaat als gevolg van verontreiniging van lucht, water of bodem met de daar voor de sluiting gestorte stoffen.

Exploitant stortplaats gevaarlijke stoffen bij aansprakelijkheid Begripsbepalingen

2. In dit artikel wordt onder exploitant van een stortplaats verstaan:

a. degene voor wie een omgevingsvergunning geldt als bedoeld in artikel 2.1, eerste lid, onder e, van de Wet algemene bepalingen omgevingsrecht om op het in lid 6 bedoelde terrein een stortplaats op te richten, te veranderen of de werking daarvan te veranderen of in werking te hebben;

b. een ieder die de stortplaats exploiteert zonder dat voor hem een zodanige vergunning geldt.

3. Indien na het bekend worden van de schade een ander exploitant van de stortplaats wordt, blijft de aansprakelijkheid voor die schade rusten op degene die tijdens dit bekend worden exploitant was.

4. Indien de schade is bekend geworden na de sluiting van de stortplaats, rust de aansprakelijkheid op degene die de laatste exploitant was. Geen aansprakelijkheid op grond van dit artikel bestaat, wanneer op het tijdstip waarop de schade bekend wordt, meer dan twintig jaren waren verstreken nadat de stortplaats was gesloten met inachtneming van de geldende overheidsvoorschriften, of de schade een gevolg is van gebruik van de grond in strijd met hetgeen wegens de aanwezigheid van de gesloten stortplaats omtrent dit gebruik is voorgeschreven.

5. Indien de exploitatie als stortplaats wettelijk is toegelaten, zijn degenen die de stoffen waardoor de verontreiniging is opgetreden, daar hebben gestort of doen storten, noch aansprakelijk krachtens artikel 175, noch krachtens afdeling 4 van titel 6, 4 van titel 11, 1 van titel 14 of 4 van titel 19 van Boek 8. Indien op de stortplaats een zaak als bedoeld in artikel 173 of een stof als bedoeld in artikel 175 is gestort, rust de aansprakelijkheid uit die artikelen op degene die krachtens de voorgaande leden als exploitant van de stortplaats aansprakelijk is.

6. Onder stortplaats is begrepen elk terrein dat door de exploitant daarvan is bestemd voor het storten van al of niet verpakte, geheel of ten dele van anderen afkomstige stoffen met als doel dat de exploitant of die anderen zich van die stoffen ontdoen door ze daar op of in de bodem te brengen. Onder storten wordt mede begrepen elke vorm van deponeren of afgeven van de stof op de stortplaats.

(Zie ook: art. 310 BW Boek 3; artt. 178, 182, 184, 197 BW Boek 6; artt. 620, 1030, 1210, 1670 BW Boek 8)

Art. 177

1. De exploitant van een mijnbouwwerk als bedoeld in artikel 1, onderdeel n, van de Mijnbouwwet is aansprakelijk voor de schade die ontstaat door:

Exploitant mijnbouwwerken bij aansprakelijkheid

a. uitstroming van delfstoffen als bedoeld in artikel 1, onderdeel a, van de Mijnbouwwet als gevolg van het niet beheersen van de ondergrondse natuurkrachten die door de aanleg of bij de exploitatie van het werk zijn ontketend;

b. beweging van de bodem als gevolg van de aanleg of de exploitatie van dat werk.

2. In dit artikel wordt onder exploitant van een mijnbouwwerk verstaan:

Begripsbepalingen

a. de houder van een vergunning als bedoeld in artikel 6 of 25 van de Mijnbouwwet, die een mijnbouwwerk aanlegt of doet aanleggen dan wel in gebruik heeft;

B6 art. 177a **Burgerlijk Wetboek Boek 6**

b. een ieder die, anders dan als ondergeschikte, een mijnbouwwerk aanlegt of doet aanleggen dan wel in gebruik heeft zonder dat hij houder is van een vergunning als bedoeld in onderdeel a, tenzij hij in opdracht van een ander handelt die houder is van een vergunning als vorenbedoeld dan wel, indien die ander dat niet is, hij daarmee niet bekend was of behoorde te zijn.

Uitstroming delfstoffen bij aansprakelijkheid

3. Voor schade door uitstroming van delfstoffen is aansprakelijk degene die ten tijde van de gebeurtenis waardoor de uitstroming plaatsvindt, exploitant van een mijnbouwwerk is. Indien na deze gebeurtenis een ander exploitant wordt van het mijnbouwwerk, blijft de aansprakelijkheid voor deze schade rusten op degene die ten tijde van die gebeurtenis exploitant was. Indien de gebeurtenis plaatsvindt nadat het mijnbouwwerk is verlaten, rust de aansprakelijkheid op degene die de laatste exploitant van het werk was, tenzij op het tijdstip van die gebeurtenis meer dan vijf jaren waren verstreken nadat het werk was verlaten met inachtneming van de geldende overheidsvoorschriften.

Aansprakelijkheid, beweging bodem

4. Voor schade door beweging van de bodem is aansprakelijk degene die ten tijde van het bekend worden van deze schade exploitant is. Indien na het bekend worden een ander exploitant wordt, blijft de aansprakelijkheid rusten op degene die ten tijde van dit bekend worden exploitant was. Indien deze schade bekend wordt na sluiting van het mijnbouwwerk, rust de aansprakelijkheid op degene die de laatste exploitant was.

5. Indien op de gebeurtenis waardoor de uitstroming of de beweging van de bodem is ontstaan, tevens een aansprakelijkheid uit artikel 173, 174 of 175 kan worden gegrond, rust die aansprakelijkheid, wat betreft de door die uitstroming of beweging van de bodem veroorzaakte schade, op dezelfde persoon als op wie de aansprakelijkheid ter zake van het mijnbouwwerk rust. *(Zie ook: art. 310 BW Boek 3; artt. 174, 178, 182, 184, 197 BW Boek 6)*

Informatiepositie van de benadeelde

6. Op verzoek van de wederpartij verstrekt de exploitant alle informatie waarover hij beschikt ten aanzien van de exploitatie, de bodemstructuur en bodembewegingen die benodigd is om te kunnen beoordelen of zijn verweer gegrond is. Het verstrekken van informatie kan achterwege blijven indien daarvoor gewichtige redenen zijn.

7. Onverminderd de artikelen 10 en 11 van de Wet openbaarheid van bestuur staat de informatie ten aanzien van de exploitatie, de bodemstructuur en bodembewegingen waarover publiekrechtelijke rechtspersonen als bedoeld in artikel 1 van Boek 2 van het Burgerlijk Wetboek, alsmede hun adviserende instanties beschikken op verzoek van de exploitant ter beschikking van de wederpartij, voor zover die informatie benodigd is om te kunnen beoordelen of het verweer van de exploitant gegrond is.

Art. 177a

Bewijsvermoeden bij fysieke schade aan gebouwen en werken

1. Bij fysieke schade aan gebouwen en werken, die naar haar aard redelijkerwijs schade door beweging van de bodem als gevolg van de aanleg of de exploitatie van een mijnbouwwerk ten behoeve van het winnen van gas uit het Groningenveld of gasopslag bij Norg zou kunnen zijn, wordt vermoed dat die schade veroorzaakt is door de aanleg of de exploitatie van dat mijnbouwwerk.

2. De benadeelde kan zich slechts beroepen op het vermoeden, bedoeld in het eerste lid, indien hij de exploitant, bedoeld in artikel 177, op diens verzoek de relevante bescheiden betreffende het gebouw of werk ter inzage geeft indien hij daarover beschikt, en de exploitant genoegzaam gelegenheid geeft de schade te onderzoeken.

Art. 178

Uitzonderingen (stortplaats) gevaarlijke stoffen en mijnbouwwerken bij aansprakelijkheid

Geen aansprakelijkheid krachtens artikel 175, 176 of 177 bestaat indien: *a.* de schade is veroorzaakt door gewapend conflict, burgeroorlog, opstand, binnenlandse onlusten, oproer of muiterij; *b.* de schade is veroorzaakt door een natuurgebeuren van uitzonderlijke, onvermijdelijke en onweerstaanbare aard, behoudens de in artikel 177 lid 1 bedoelde ondergrondse natuurkrachten in het geval van dat artikel; *c.* de schade is veroorzaakt uitsluitend door voldoening aan een bevel of dwingend voorschrift van de overheid; *d.* de schade is veroorzaakt bij een handeling met een stof als bedoeld in artikel 175 in het belang van de benadeelde zelf, waarbij het jegens deze redelijk was hem aan het gevaar voor schade bloot te stellen; *e.* de schade is veroorzaakt uitsluitend door een handelen of nalaten van een derde, geschied met het opzet schade te veroorzaken, zulks onverminderd het bepaalde in de artikelen 170 en 171; *f.* het gaat om hinder, verontreiniging of andere gevolgen, ter zake waarvan aansprakelijkheid op grond van de vorige afdeling zou hebben ontbroken, zo zij door de aangesprokenene bewust zouden zijn veroorzaakt. *(Zie ook: artt. 182, 184, 197 BW Boek 6)*

Art. 179

De bezitter van een dier is aansprakelijk voor de door het dier aangerichte schade, tenzij aansprakelijkheid op grond van de vorige afdeling zou hebben ontbroken indien hij de gedraging van het dier waardoor de schade werd toegebracht, in zijn macht zou hebben gehad.

(Zie ook: art. 107 BW Boek 3; art. 23 BW Boek 5; artt. 180, 181, 183 BW Boek 6; art. 39 Wet RO; art. 98 Rv; art. 425 WvSr)

Art. 180

1. In de gevallen van de artikelen 173, 174 en 179 zijn medebezitters hoofdelijk aansprakelijk.

2. In geval van overdracht van een zaak onder opschortende voorwaarde van voldoening van een tegenprestatie rust de aansprakelijkheid die de artikelen 173, 174 en 179 op de bezitter leggen, vanaf het tijdstip van deze overdracht op de verkrijger.

(Zie ook: artt. 10, 22 BW Boek 6; art. 10 BW Boek 7)

Art. 181

1. Worden de in de artikelen 173, 174 en 179 bedoelde zaken, opstallen of dieren gebruikt in de uitoefening van een bedrijf, dan rust de aansprakelijkheid uit de artikelen 173 lid 1, 174 lid 1 en lid 2, eerste zin, en 179 op degene die dit bedrijf uitoefent, tenzij het een opstal betreft en het ontstaan van de schade niet met de uitoefening van het bedrijf in verband staat.

2. Wanneer de zaken, opstallen of dieren in de uitoefening van een bedrijf worden gebruikt door ze ter beschikking te stellen voor gebruik in de uitoefening van het bedrijf van een ander, dan wordt die ander als de uit hoofde van het vorige lid aansprakelijke persoon aangemerkt.

3. Wanneer een stof als bedoeld in artikel 175 in de uitoefening van een bedrijf wordt gebruikt door deze stof ter beschikking te stellen voor gebruik in de uitoefening van het beroep of bedrijf van een ander, wordt die ander als de uit hoofde van artikel 175 lid 1 aansprakelijke persoon aangemerkt.

(Zie ook: artt. 171, 173, 174, 175, 179 BW Boek 6)

Art. 182

Indien er in de gevallen van de artikelen 176 en 177 tegelijkertijd twee of meer al of niet gezamenlijk handelende exploitanten zijn, zijn zij hoofdelijk aansprakelijk.

(Zie ook: art. 6 BW Boek 6)

Art. 183

1. Ter zake van aansprakelijkheid op grond van deze afdeling kan de aangesproken geen beroep doen op zijn jeugdige leeftijd of geestelijke of lichamelijke tekortkoming.

2. Degene die het ouderlijk gezag of voogdij uitoefent over een kind dat nog niet de leeftijd van veertien jaren heeft bereikt, is in zijn plaats uit de artikelen 173 en 179 voor de daar bedoelde zaken en dieren aansprakelijk, tenzij deze worden gebruikt in de uitoefening van een bedrijf.

(Zie ook: artt. 164, 165, 169, 181 Boek 6 BW)

Art. 184

1. Onder de schade waarvoor op grond van de artikelen 173-182 aansprakelijkheid bestaat, vallen ook:

a. de kosten van iedere redelijke maatregel ter voorkoming of beperking van schade door wie dan ook genomen, nadat een ernstige en onmiddellijke dreiging is ontstaan dat schade zal worden veroorzaakt die krachtens die artikelen voor vergoeding in aanmerking komt;

b. schade en verlies veroorzaakt door zulke maatregelen.

2. Indien de maatregelen, bedoeld in het vorige lid, door een ander worden genomen dan degene die de schade zou hebben geleden ter zake waarvan de ernstige en onmiddellijke dreiging is ontstaan, kan deze ander slechts vergoeding van de in het vorige lid bedoelde kosten, schaden en verliezen vorderen, voor zover zij gevorderd hadden kunnen worden door degene die de dreigende schade zou hebben geleden, en kan de aangesproken jegens die ander hetzelfde verweer voeren als hem jegens deze ten dienste zou hebben gestaan.

(Zie ook: artt. 96, 145 BW Boek 6)

Afdeling 3
Produktenaansprakelijkheid

Art. 185

1. De producent is aansprakelijk voor de schade veroorzaakt door een gebrek in zijn produkt, tenzij:

a. hij het produkt niet in het verkeer heeft gebracht;

b. het, gelet op de omstandigheden, aannemelijk is dat het gebrek dat de schade heeft veroorzaakt, niet bestond op het tijdstip waarop hij het produkt in het verkeer heeft gebracht, dan wel dat dit gebrek later is ontstaan;

Dier bij aansprakelijkheid

Medebezitter bij aansprakelijkheid
Verkrijger bij aansprakelijkheid

Bedrijfsuitoefening bij aansprakelijkheid

Exploitanten bij aansprakelijkheid

Geen beroep op jeugd of handicapt bij aansprakelijkheid
Ouders en voogden bij aansprakelijkheid

Maatregelen ter voorkoming en beperking van schade

Productaansprakelijkheid uitzonderingen

B6 art. 186 — Burgerlijk Wetboek Boek 6

c. het produkt noch voor de verkoop of voor enige andere vorm van verspreiding met een economisch doel van de producent is vervaardigd, noch is vervaardigd of verspreid in het kader van de uitoefening van zijn beroep of bedrijf;

d. het gebrek een gevolg is van het feit dat het produkt in overeenstemming is met dwingende overheidsvoorschriften;

e. het op grond van de stand van de wetenschappelijke en technische kennis op het tijdstip waarop hij het produkt in het verkeer bracht, onmogelijk was het bestaan van het gebrek te ontdekken;

f. wat de producent van een grondstof of fabrikant van een onderdeel betreft, het gebrek is te wijten aan het ontwerp van het produkt waarvan de grondstof of het onderdeel een bestanddeel vormt, dan wel aan de instructies die door de fabrikant van het produkt zijn verstrekt.

2. De aansprakelijkheid van de producent wordt verminderd of opgeheven rekening houdende met alle omstandigheden, indien de schade is veroorzaakt zowel door een gebrek in het produkt als door schuld van de benadeelde of een persoon voor wie de benadeelde aansprakelijk is.

3. De aansprakelijkheid van de producent wordt niet verminderd, indien de schade is veroorzaakt zowel door een gebrek in het produkt als door de gedraging van een derde.

(Zie ook: artt. 186, 197 BW Boek 6; art. 242 BW Boek 7)

Art. 186

Gebrekkig product bij productaansprakelijkheid

1. Een produkt is gebrekkig, indien het niet de veiligheid biedt die men daarvan mag verwachten, alle omstandigheden in aanmerking genomen en in het bijzonder

a. de presentatie van het produkt;

b. het redelijkerwijs te verwachten gebruik van het produkt;

c. het tijdstip waarop het produkt in het verkeer werd gebracht.

2. Een produkt mag niet als gebrekkig worden beschouwd uitsluitend omdat nadien een beter produkt in het verkeer is gebracht.

(Zie ook: artt. 185, 187 BW Boek 6)

Art. 187

Begripsbepalingen

1. Onder product wordt voor de toepassing van deze afdeling verstaan een roerende zaak, ook nadat deze een bestanddeel is gaan vormen van een andere roerende of onroerende zaak, alsmede elektriciteit.

2. Onder "producent" wordt voor de toepassing van artikel 185 tot en met 193 verstaan de fabrikant van een eindprodukt, de producent van een grondstof of de fabrikant van een onderdeel, alsmede een ieder die zich als producent presenteert door zijn naam, zijn merk of een ander onderscheidingsteken op het produkt aan te brengen.

3. Onverminderd de aansprakelijkheid van de producent, wordt een ieder die een produkt in de Europese Economische Ruimte invoert om dit te verkopen, te verhuren, te leasen of anderszins te verstrekken in het kader van zijn commerciële activiteiten, beschouwd als producent; zijn aansprakelijkheid is dezelfde als die van de producent.

4. Indien niet kan worden vastgesteld wie de producent van het produkt is, wordt elke leverancier als producent ervan beschouwd, tenzij hij de benadeelde binnen een redelijke termijn de identiteit meedeelt van de producent of van degene die hem het produkt heeft geleverd. Indien ten aanzien van een in de Europese Economische Ruimte geïmporteerd produkt niet kan worden vastgesteld wie de importeur van dat produkt is, wordt eveneens elke leverancier als producent ervan beschouwd, tenzij hij de benadeelde binnen een redelijke termijn de identiteit meedeelt van de importeur in de Europese Economische Ruimte of van een leverancier binnen de Europese Economische Ruimte die hem het produkt heeft geleverd.

Art. 188

Bewijsvoering benadeelde bij productaansprakelijkheid

De benadeelde moet de schade, het gebrek en het oorzakelijk verband tussen het gebrek en de schade bewijzen.

(Zie ook: art. 177 Rv)

Art. 189

Hoofdelijke aansprakelijkheid bij productaansprakelijkheid

Indien verschillende personen op grond van artikel 185, eerste lid, aansprakelijk zijn voor dezelfde schade, is elk hunner voor het geheel aansprakelijk.

(Zie ook: artt. 6, 102 BW Boek 6)

Art. 190

Schade bij productaansprakelijkheid

1. De aansprakelijkheid, bedoeld in artikel 185, eerste lid, bestaat voor

a. schade door dood of lichamelijk letsel;

(Zie ook: artt. 107, 108 BW Boek 6)

b. schade door het produkt toegebracht aan een andere zaak die gewoonlijk voor gebruik of verbruik in de privésfeer is bestemd en door de benadeelde ook hoofdzakelijk in de privésfeer is gebruikt of verbruikt, met toepassing van een franchise ten belope van € 500.

(Zie ook: art. 24 BW Boek 7)

2. Het bedrag genoemd in het eerste lid wordt bij algemene maatregel van bestuur aangepast, indien op grond van artikel 18, tweede lid, van de EEG-richtlijn van 25 juli 1985 (*PbEG* nr. L 210) de in die richtlijn genoemde bedragen worden herzien.

Art. 191

1. De rechtsvordering tot schadevergoeding van de benadeelde tegen de producent ingevolge artikel 185, eerste lid, verjaart door verloop van drie jaren na de aanvang van de dag, volgende op die waarop de benadeelde met de schade, het gebrek en de identiteit van de producent bekend is geworden of had moeten worden.

(Zie ook: art. 306 BW Boek 3)

2. Het recht op schadevergoeding van de benadeelde jegens de producent ingevolge artikel 185, eerste lid, vervalt door verloop van tien jaren na de aanvang van de dag, volgende op die waarop de producent de zaak die de schade heeft veroorzaakt, in het verkeer heeft gebracht. Hetzelfde geldt voor het recht van een derde die mede voor de schade aansprakelijk is, terzake van regres jegens de producent.

Verjaring bij productaansprakelijkheid

Art. 192

1. De aansprakelijkheid van de producent uit hoofde van deze afdeling kan jegens de benadeelde niet worden uitgesloten of beperkt.

2. Is jegens de benadeelde tevens een derde aansprakelijk die het produkt niet gebruikt in de uitoefening van een beroep of bedrijf, dan kan niet ten nadele van die derde worden afgeweken van de regels inzake het regres.

(Zie ook: artt. 10, 102 BW Boek 6)

Dwingend recht bij productaansprakelijkheid Regres bij productaansprakelijkheid

Art. 193

Het recht op schadevergoeding jegens de producent uit hoofde van deze afdeling komt de benadeelde toe, onverminderd alle andere rechten of vorderingen.

Dwingend recht bij productaansprakelijkheid

Afdeling 3A Oneerlijke handelspraktijken

Art. 193a

1. In deze afdeling wordt verstaan onder:

a. consument: natuurlijk persoon die niet handelt in de uitoefening van een beroep of bedrijf;

b. handelaar: natuurlijk persoon of rechtspersoon die handelt in de uitoefening van een beroep of bedrijf of degene die ten behoeve van hem handelt;

c. product: goed, elektriciteit daaronder begrepen, of dienst;

d. handelspraktijk: iedere handeling, omissie, gedraging, voorstelling van zaken of commerciële communicatie, met inbegrip van reclame en marketing, van een handelaar, die rechtstreeks verband houdt met de verkoopbevordering, verkoop of levering van een product aan consumenten;

e. besluit over een overeenkomst: een door een consument genomen besluit over de vraag of, en, zo ja, hoe en op welke voorwaarden hij een product koopt, geheel of gedeeltelijk betaalt, behoudt of van de hand doet, of een contractueel recht uitoefent in verband met het product, ongeacht of de consument overgaat tot handelen;

f. professionele toewijding: normale niveau van bijzondere vakkundigheid en van zorgvuldigheid dat redelijkerwijs van een handelaar ten aanzien van consumenten mag worden verwacht, in overeenstemming met de op hem rustende verantwoordelijkheid, voortvloeiend uit de voor die handelaar geldende professionele standaard en eerlijke marktpraktijken;

g. uitnodiging tot aankoop: commerciële boodschap die de kenmerken en de prijs van het product op een aan het gebruikte medium aangepaste wijze vermeldt en de consument aldus in staat stelt een aankoop te doen;

h. ongepaste beïnvloeding: uitbuiten van een machtspositie ten aanzien van de consument om, zelfs zonder gebruik van of dreiging met fysiek geweld, pressie uit te oefenen op een wijze die het vermogen van de consument om een geïnformeerd besluit te nemen, aanzienlijk beperkt;

i. gedragscode: regels die vaststellen hoe handelaren die zich aan de code binden, zich gedragen met betrekking tot een of meer bepaalde handelspraktijken of bedrijfssectoren en die niet bij of krachtens wettelijke voorschriften zijn vastgesteld;

j. houder van een gedragscode: rechtspersoon of groep van handelaren die verantwoordelijk is voor het opstellen en herzien van een gedragscode of het toezien op de naleving van de gedragscode door degenen die zich hieraan hebben gebonden;

k. richtlijn: richtlijn nr. 2005/29/EG van het Europees Parlement en de Raad van de Europese Unie van 11 mei 2005 betreffende oneerlijke handelspraktijken van ondernemingen jegens consumenten op de interne markt (PbEG L 149).

Definities bij oneerlijke handelspraktijken

2. In deze afdeling wordt mede verstaan onder gemiddelde consument: het gemiddelde lid van een specifieke groep waarop de handelaar zich richt of het gemiddelde lid van een specifieke groep waarvan de handelaar redelijkerwijs kan voorzien dat die groep wegens hun geestelijke of lichamelijke beperking, hun leeftijd of goedgelovigheid bijzonder vatbaar is voor de handelspraktijk of voor het onderliggende product.

3. Deze afdeling is niet van toepassing op de certificering van goederen van edelmetaal en de vermelding van het edelmetaalgehalte voor deze goederen.

B6 art. 193b

Art. 193b

Oneerlijke handelspraktijken

1. Een handelaar handelt onrechtmatig jegens een consument indien hij een handelspraktijk verricht die oneerlijk is.

2. Een handelspraktijk is oneerlijk indien een handelaar handelt:

a. in strijd met de vereisten van professionele toewijding, en

b. het vermogen van de gemiddelde consument om een geïnformeerd besluit te nemen merkbaar is beperkt of kan worden beperkt,

waardoor de gemiddelde consument een besluit over een overeenkomst neemt of kan nemen, dat hij anders niet had genomen.

3. Een handelspraktijk is in het bijzonder oneerlijk indien een handelaar:

a. een misleidende handelspraktijk verricht als bedoeld in de artikelen 193c tot en met 193g, of

b. een agressieve handelspraktijk verricht als bedoeld in de artikelen 193h en 193i.

4. De gangbare en rechtmatige reclamepraktijk waarbij overdreven uitspraken worden gedaan of uitspraken die niet letterlijk dienen te worden genomen, maken een reclame op zich niet oneerlijk.

Art. 193c

Misleidende handelspraktijken

1. Een handelspraktijk is misleidend indien informatie wordt verstrekt die feitelijk onjuist is of die de gemiddelde consument misleidt of kan misleiden, al dan niet door de algemene presentatie van de informatie, zoals ten aanzien van:

a. het bestaan of de aard van het product;

b. de voornaamste kenmerken van het product, zoals beschikbaarheid, voordelen, risico's, uitvoering, samenstelling, accessoires, klantenservice en klachtenbehandeling, procédé en datum van fabricage of verrichting, levering, geschiktheid voor het gebruik, gebruiksmogelijkheden, hoeveelheid, specificatie, geografische of commerciële oorsprong, van het gebruik te verwachten resultaten, of de resultaten en wezenlijke kenmerken van op het product verrichte tests of controles;

c. de verplichtingen van de handelaar, de motieven voor de handelspraktijk en de aard van het verkoopproces, een verklaring of een symbool in verband met directe of indirecte sponsoring of erkenning van de handelaar of het product;

d. de prijs of de wijze waarop de prijs wordt berekend, of het bestaan van een specifiek prijsvoordeel;

e. de noodzaak van een dienst, onderdeel, vervanging of reparatie;

f. de hoedanigheid, kenmerken en rechten van de handelaar of zijn tussenpersoon, zoals zijn identiteit, vermogen, kwalificaties, status, erkenning, affiliatie, connecties, industriële, commerciële of eigendomsrechten of zijn prijzen, bekroningen en onderscheidingen;

g. de rechten van de consument waaronder het recht van herstel of vervanging van de afgeleverde zaak of het recht om de prijs te verminderen, of de risico's die de consument eventueel loopt, waardoor de gemiddelde consument een besluit over een overeenkomst neemt of kan nemen, dat hij anders niet had genomen.

2. Een handelspraktijk is eveneens misleidend indien:

a. door de marketing van het product waaronder het gebruik van vergelijkende reclame verwarring wordt geschapen ten aanzien van producten, handelsmerken, handelsnamen of andere onderscheidende kenmerken van een concurrent;

b. de handelaar een verplichting die is opgenomen in een gedragscode niet nakomt, voor zover:

1°. de verplichting concreet en kenbaar is, en

2°. de handelaar aangeeft dat hij aan die gedragscode gebonden is,

waardoor de gemiddelde consument een besluit over een overeenkomst neemt of kan nemen, dat hij anders niet had genomen.

Art. 193d

Misleidende omissie bij oneerlijke handelspraktijken

1. Een handelspraktijk is bovendien misleidend indien er sprake is van een misleidende omissie.

2. Een misleidende omissie is iedere handelspraktijk waarbij essentiële informatie welke de gemiddelde consument nodig heeft om een geïnformeerd besluit over een transactie te nemen, wordt weggelaten, waardoor de gemiddelde consument een besluit over een overeenkomst neemt of kan nemen, dat hij anders niet had genomen.

3. Van een misleidende omissie is eveneens sprake indien essentiële informatie als bedoeld in lid 2 verborgen wordt gehouden of op onduidelijke, onbegrijpelijke, dubbelzinnige wijze dan wel laat verstrekt wordt, of het commerciële oogmerk, indien dit niet reeds duidelijk uit de context blijkt, niet laat blijken, waardoor de gemiddelde consument een besluit over een overeenkomst neemt of kan nemen, dat hij anders niet had genomen.

4. Bij de beoordeling of essentiële informatie is weggelaten of verborgen is gehouden worden de feitelijke context, de beperkingen van het communicatiemedium alsook de maatregelen die zijn genomen om de informatie langs andere wegen ter beschikking van de consument te stellen, in aanmerking genomen.

Art. 193e

In het geval van een uitnodiging tot aankoop is de volgende informatie, voor zover deze niet reeds uit de context blijkt, essentieel als bedoeld in artikel 193d lid 2:

a. de voornaamste kenmerken van het product, in de mate waarin dit gezien het medium en het product passend is;

b. de identiteit en het geografisch adres van de handelaar, zijn handelsnaam en, in voorkomend geval, de identiteit en het geografisch adres van de handelaar namens wie hij optreedt;

c. de prijs, inclusief belastingen, of, als het om een product gaat waarvan de prijs redelijkerwijs niet vooraf kan worden berekend, de manier waarop de prijs wordt berekend en, in voorkomend geval, de extra vracht-, leverings- of portokosten of, indien deze kosten redelijkerwijs niet vooraf kunnen worden berekend, het feit dat deze extra kosten moeten worden betaald;

d. de wijze van betaling, levering, uitvoering en het beleid inzake klachtenbehandeling, indien deze afwijken van de vereisten van professionele toewijding; en

e. indien er een recht op herroeping of annulering is, het bestaan van dit recht.

Art. 193f

Indien er sprake is van commerciële communicatie, reclame of marketing daaronder begrepen, is de informatie genoemd bij of krachtens de volgende artikelen in ieder geval essentieel als bedoeld in artikel 193d lid 2:

a. artikel 15d leden 1 en 2 en artikel 15e lid 1 van Boek 3;

b. artikelen 230m lid 1, onderdelen a, b en c, e tot en met h, o en p en 230v, leden 1 tot en met 3, 5, alsmede lid 6, eerste zin, en lid 7, van Boek 6;

c. artikel 502 leden 1 tot en met 3 van Boek 7;

d. artikelen 73 tot en met 75 van de Geneesmiddelenwet;

e. artikelen 4:20 en 4:73 van de Wet op het financieel toezicht;

f. artikel 2b van de Prijzenwet;

g. artikel 6 van Verordening (EU) nr. 2017/1129 van het Europees Parlement en de Raad van de Europese Unie van 14 juni 2017 betreffende het prospectus dat moet worden gepubliceerd wanneer effecten aan het publiek worden aangeboden of tot de handel op een gereglementeerde markt worden toegelaten en tot intrekking van Richtlijn 2003/71/EG (PbEU 2017, L 168).

Art. 193g

De volgende handelspraktijken zijn onder alle omstandigheden misleidend:

a. beweren aan een gedragscode gebonden te zijn en daarnaar te handelen, wanneer dit niet het geval is;

b. een vertrouwens-, kwaliteits- of ander soortgelijk label aanbrengen zonder daarvoor de vereiste toestemming te hebben gekregen;

c. beweren dat een gedragscode door een publieke of andere instantie is erkend wanneer dit niet het geval is;

d. beweren dat een handelaar of een product door een openbare of particuliere instelling is aanbevolen, erkend of goedgekeurd terwijl dat niet het geval is, of iets dergelijks beweren zonder dat aan de voorwaarde voor de aanbeveling, erkenning of goedkeuring is voldaan;

e. producten tegen een genoemde prijs te koop aanbieden zonder dat de handelaar aangeeft dat er een gegrond vermoeden bestaat dat hij deze producten of gelijkwaardige producten niet tegen die prijs kan leveren of door een andere handelaar kan doen leveren gedurende een periode en in hoeveelheden die, rekening houdend met het product, de omvang van de voor het product gevoerde reclame en de aangeboden prijs, redelijk zijn;

f. producten tegen een genoemde prijs te koop aanbieden en vervolgens:

1°. weigeren het aangeboden artikel aan de consument te tonen, of

2°. weigeren een bestelling op te nemen of het product binnen een redelijke termijn te leveren, of

3°. een exemplaar van het artikel met gebreken tonen, met de bedoeling een ander product aan te prijzen;

g. bedrieglijk beweren dat het product slechts gedurende een zeer beperkte tijd beschikbaar zal zijn of dat het slechts onder speciale voorwaarden gedurende een zeer beperkte tijd beschikbaar zal zijn om de consument onmiddellijk te doen beslissen en hem geen kans of onvoldoende tijd te geven een geïnformeerd besluit te nemen;

h. de consument met wie de handelaar voorafgaand aan de transactie heeft gecommuniceerd in een taal die geen officiële taal is van de lidstaat waar de handelaar gevestigd is, beloven een klantendienst te verschaffen en deze dienst vervolgens enkel beschikbaar te stellen in een andere taal zonder dit duidelijk aan de consument te laten weten alvorens de consument de overeenkomst aangaat;

i. beweren of anderszins de indruk wekken dat een product legaal kan worden verkocht terwijl dit niet het geval is;

Uitnodiging tot aankoop bij oneerlijke handelspraktijken

Essentiële informatie bij oneerlijke handelspraktijken

Zwarte lijst misleidende handelspraktijken

B6 art. 193h

Burgerlijk Wetboek Boek 6

j. wettelijke rechten van consumenten voorstellen als een onderscheidend kenmerk van het aanbod van de handelaar;

k. redactionele inhoud in de media, waarvoor de handelaar heeft betaald, gebruiken om reclame te maken voor een product, zonder dat dit duidelijk uit de inhoud of uit duidelijk door de consument identificeerbare beelden of geluiden blijkt;

l. feitelijk onjuiste beweringen doen betreffende de aard en de omvang van het gevaar dat de persoonlijke veiligheid van de consument of zijn gezin zou bedreigen indien de consument het product niet koopt;

m. een product dat lijkt op een door een bepaalde fabrikant vervaardigd product op een zodanige wijze aanbevelen dat bij de consument doelbewust de verkeerde indruk wordt gewekt dat het product inderdaad door die fabrikant is vervaardigd, terwijl dit niet het geval is;

n. een piramidesysteem opzetten, beheren of aanbevelen waarbij de consument tegen betaling kans maakt op een vergoeding die eerder voortkomt uit het aanbrengen van nieuwe consumenten in het systeem dan uit de verkoop of het verbruik van goederen;

o. beweren dat de handelaar op het punt staat zijn zaak te beëindigen of te verhuizen, indien dit niet het geval is;

p. beweren dat producten het winnen bij kansspelen kunnen vergemakkelijken;

q. bedrieglijk beweren dat een product ziekten, gebreken of misvormingen kan genezen;

r. feitelijk onjuiste informatie verstrekken over marktomstandigheden of de mogelijkheid het product te bemachtigen met de bedoeling de consument het product te doen aanschaffen tegen voorwaarden die minder gunstig zijn dan de normale marktvoorwaarden;

s. in de context van een handelspraktijk beweren dat er een wedstrijd wordt georganiseerd of prijzen worden uitgeloofd zonder de aangekondigde prijzen of een redelijk alternatief daadwerkelijk toe te kennen;

t. een product als gratis, voor niets of kosteloos te omschrijven als de consument iets anders moet betalen dan de onvermijdelijke kosten om in te gaan op het aanbod en het product af te halen dan wel dit te laten bezorgen;

u. marketingmateriaal voorzien van een factuur of een soortgelijk document waarin om betaling wordt gevraagd, waardoor bij de consument de indruk wordt gewekt dat hij het aangeprezen product al heeft besteld terwijl dat niet het geval is;

v. op bedrieglijke wijze beweren of de indruk wekken dat de handelaar niet optreedt ten behoeve van zijn handel, bedrijf, ambacht of beroep of zich op bedrieglijke wijze voordoen als consument;

w. op bedrieglijke wijze de indruk wekken dat voor een bepaald product service na verkoop beschikbaar is in een andere lidstaat dan die waar het product wordt verkocht.

Art. 193h

Agressieve handelspraktijken

1. Een handelspraktijk is in haar feitelijke context, al haar kenmerken en omstandigheden in aanmerking genomen, agressief indien door intimidatie, dwang, waaronder het gebruik van lichamelijk geweld, of ongepaste beïnvloeding, de keuzevrijheid of de vrijheid van handelen van de gemiddelde consument met betrekking tot het product aanzienlijk wordt beperkt of kan worden beperkt

waardoor de gemiddelde consument een besluit over een overeenkomst neemt of kan nemen, dat hij anders niet had genomen.

2. Bij de bepaling of een handelspraktijk agressief is, wordt rekening gehouden met:

a. het tijdstip, de plaats, de aard en de vasthoudendheid die bij de handelspraktijk wordt gedemonstreerd;

b. het gebruik van dreigende gedragingen of dreigende of grove taal;

c. het uitbuiten door de handelaar van bepaalde tegenslagen of omstandigheden die zo ernstig zijn dat zij het beoordelingsvermogen van de consument kunnen beperken, hetgeen de handelaar bekend is, met het oogmerk het besluit van de consument met betrekking tot het product te beïnvloeden;

d. bezwarende of disproportionele niet-contractuele belemmeringen die door de handelaar zijn opgelegd ten aanzien van een consument die zijn rechten uit de overeenkomst wenst uit te oefenen waaronder het recht om de overeenkomst te beëindigen of een ander product te kiezen;

e. het dreigen met maatregelen die wettelijk niet kunnen worden genomen.

Art. 193i

Zwarte lijst agressieve handelspraktijken

De volgende handelspraktijken zijn onder alle omstandigheden agressief:

a. de indruk geven dat de consument het pand niet mag verlaten alvorens er een overeenkomst is opgesteld;

b. het verzoek van de consument om zijn huis te verlaten of niet meer terug te komen, te negeren, behalve indien, en voor zover wettelijk gerechtvaardigd wordt beoogd een contractuele verplichting te doen naleven;

c. hardnekkig en ongewenst aandringen per telefoon, fax, e-mail of andere afstandsmedia tenzij, voorzover wettelijk gerechtvaardigd, wordt beoogd een contractuele verplichting te doen naleven;

d. een consument die op grond van een verzekeringspolis een vordering indient, om documenten vragen die redelijkerwijsniet relevant kunnen worden geacht om de geldigheid van de vordering te beoordelen, dan wel systematisch weigeren antwoord te geven op daaromtrent gevoerde correspondentie met de bedoeling de consument ervan te weerhouden zijn contractuele rechten uit te oefenen;

e. kinderen in reclame er rechtstreeks toe aanzetten om geadverteerde producten te kopen of om hun ouders of andere volwassenen ertoe over te halen die producten voor hen te kopen;

f. vragen om onmiddellijke dan wel uitgestelde betaling of om terugzending of bewaring van producten die de handelaar heeft geleverd, maar waar de consument niet om heeft gevraagd;

g. de consument uitdrukkelijk meedelen dat, als hij het product of de dienst niet koopt, de baan of de bestaansmiddelen van de handelaar in het gedrang komen;

h. de bedrieglijke indruk wekken dat de consument al een prijs heeft gewonnen of zal winnen dan wel door een bepaalde handeling te verrichten een prijs zal winnen of een ander soortgelijk voordeel zal behalen, als er in feite:

1°. geen sprake is van een prijs of een ander soortgelijk voordeel; of

2°. als het ondernemen van stappen om in aanmerking te komen voor de prijs of voor een ander soortgelijk voordeel afhankelijk is van de betaling van een bedrag door de consument of indien daaraan voor hem kosten zijn verbonden.

Art. 193j

Bewijslast bij oneerlijke handelspraktijken

1. Indien een vordering wordt ingesteld, of een verzoek als bedoeld in artikel 305d lid 1 onder a van Boek 3 wordt ingediend ingevolge de artikelen 193b tot en met 193i, rust op de handelaar de bewijslast ter zake van de materiële juistheid en volledigheid van de informatie die hij heeft verstrekt als dat passend lijkt, gelet op de omstandigheden van het geval en met inachtneming van de rechtmatige belangen van de handelaar en van elke andere partij bij de procedure.

2. Indien op grond van artikel 193b onrechtmatig door de handelaar is gehandeld, is hij voor de dientengevolge ontstane schade aansprakelijk, tenzij hij bewijst dat zulks noch aan zijn schuld is te wijten noch op andere grond voor zijn rekening komt.

3. Een overeenkomst die als gevolg van een oneerlijke handelspraktijk tot stand is gekomen, is vernietigbaar.

Afdeling 3B
Schending van mededingingsrecht

Art. 193k

Begripsbepalingen

In deze afdeling wordt verstaan onder:

a. inbreuk op het mededingingsrecht: een inbreuk op artikel 101 of 102 van het Verdrag betreffende de Werking van de Europese Unie of het mededingingsrecht van een lidstaat van de Europese Unie dat parallel wordt toegepast aan artikel 101 of 102 van het Verdrag betreffende de Werking van de Europese Unie overeenkomstig artikel 3, eerste lid, van Verordening (EG) nr. 1/2003 van de Raad van 16 december 2003 betreffende de uitvoering van de mededingingsregels van de artikelen 81 en 82 van het Verdrag (PbEG 2003 L 1);

b. inbreukpleger: een onderneming of ondernemersvereniging die een inbreuk op het mededingingsrecht heeft gepleegd;

c. mededingingsautoriteit: de Europese Commissie, of een overeenkomstig artikel 35 van Verordening (EG) nr. 1/2003 van de Raad van 16 december 2003 betreffende de uitvoering van de mededingingsregels van de artikelen 81 en 82 van het Verdrag (PbEG 2003 L 1) door een lidstaat aangewezen autoriteit die bevoegd is de artikelen 101 en 102 van het Verdrag betreffende de Werking van de Europese Unie toe te passen, of beide, indien de omstandigheden dit vereisen;

d. kartel: een overeenkomst of onderling afgestemde feitelijke gedraging tussen twee of meer concurrenten met als doel hun concurrentiegedrag op de markt te coördineren of de relevante parameters van mededinging te beïnvloeden via praktijken zoals onder meer, doch niet uitsluitend, het bepalen of coördineren van aan- of verkoopprijzen of andere contractuele voorwaarden, onder meer met betrekking tot intellectuele-eigendomsrechten, de toewijzing van productie- of verkoopquota, de verdeling van markten en klanten, met inbegrip van offertevervalsing, het beperken van importen of exporten of mededingingsverstorende maatregelen tegen andere concurrenten;

e. ontvanger van immuniteit: een onderneming waaraan of een natuurlijk persoon aan wie door een mededingingsautoriteit in het kader van een clementieregeling vrijwaring van geldboetes is verleend;

f. clementieregeling: een regeling met betrekking tot de toepassing van artikel 101 van het Verdrag betreffende de Werking van de Europese Unie of een overeenkomstige bepaling in het nationale recht van een lidstaat van de Europese Unie op basis waarvan een deelnemer aan een geheim kartel onafhankelijk van de andere bij het kartel betrokken ondernemingen meewerkt aan een onderzoek van een mededingingsautoriteit door vrijwillig informatie te verschaffen over de kennis die deze deelnemer heeft van het kartel en de rol die hij daarin speelt, in ruil

B6 art. 193l

waarvoor de deelnemer, op grond van een besluit of door de procedure stop te zetten, immuniteit wordt verleend tegen geldboetes voor betrokkenheid bij het kartel of een vermindering van deze boetes krijgt;

g. meerkosten: het verschil tussen de daadwerkelijk betaalde prijs en de prijs die zonder de inbreuk op het mededingingsrecht van toepassing was geweest;

h. directe afnemer: een natuurlijk persoon of rechtspersoon die rechtstreeks van een inbreukpleger producten of diensten heeft verworven die het voorwerp waren van een inbreuk op het mededingingsrecht;

i. indirecte afnemer: een natuurlijk persoon of rechtspersoon die niet van een inbreukpleger maar van een directe afnemer of een volgende afnemer producten of diensten heeft verworven die het voorwerp waren van een inbreuk op het mededingingsrecht, of producten of diensten waarin deze zijn verwerkt of die daarvan zijn afgeleid.

Art. 193l

Bewijsvermoeden van schade bij inbreuk op mededingingsrecht

Een kartel, dat een inbreuk op het mededingingsrecht vormt, wordt vermoed schade te veroorzaken.

Art. 193m

Aansprakelijkheid bij schade door inbreuk op mededingingsrecht

1. Indien ondernemingen door een gemeenschappelijk optreden een inbreuk hebben gepleegd op het mededingingsrecht, is elk van hun voor het geheel van de door de inbreuk veroorzaakte schade aansprakelijk.

2. Mits volledige vergoeding van schade kan worden verkregen van de andere bij de inbreuk betrokken ondernemingen, is in afwijking van het bepaalde in lid 1 een kleine of middelgrote onderneming als bedoeld in Aanbeveling 2003/361/EG van de Europese Commissie die een inbreuk op het mededingingsrecht heeft gepleegd slechts jegens zijn directe en indirecte afnemers aansprakelijk, indien:

a. haar marktaandeel op de relevante markt tijdens de inbreuk voortdurend minder dan vijf procent bedroeg, en

b. de toepassing van lid 1 haar economische levensvatbaarheid onherstelbaar in gevaar zou brengen en haar vermogensbestanddelen al hun waarde zou doen verliezen.

3. Lid 2 mist toepassing indien de onderneming:

a. een leidinggevende rol heeft gespeeld bij de inbreuk of andere ondernemingen heeft aangezet hieraan deel te nemen, of

b. eerder schuldig is bevonden aan een inbreuk op het mededingingsrecht.

Ontvanger van immuniteit

4. In afwijking van het bepaalde in lid 1 is een ontvanger van immuniteit slechts jegens zijn directe en indirecte afnemers en leveranciers hoofdelijk verbonden tot vergoeding van de schade die voortvloeit uit de inbreuk, tenzij geen volledige vergoeding van schade kan worden verkregen van de andere bij de inbreuk betrokken ondernemingen.

Art. 193n

Vergoeding schade door ontvanger van immuniteit

De bijdrage van een ontvanger van immuniteit in de onderlinge verhouding met de andere bij de inbreuk betrokken inbreukplegers aan de vergoeding van de schade van hun directe en indirecte afnemers en leveranciers, bedraagt ten hoogste de vergoeding van de schade van zijn directe en indirecte afnemers en leveranciers, in evenredigheid met de mate waarin de aan hem toe te rekenen omstandigheden tot de schade hebben bijgedragen.

Art. 193o

Schikking bij schadevergoeding voor inbreuk op mededingingsrecht

1. Na een schikking wordt de vordering tot schadevergoeding van de bij de schikking betrokken benadeelde verminderd met het aandeel dat de bij de schikking betrokken inbreukpleger heeft gehad in de schade die de benadeelde door de inbreuk op het mededingingsrecht heeft geleden.

2. Een bij een schikking betrokken benadeelde kan alleen een niet bij de schikking betrokken inbreukpleger aanspreken voor de vergoeding van de na de schikking resterende vordering tot schadevergoeding. De niet bij de schikking betrokken inbreukpleger kan met betrekking tot deze vordering tot schadevergoeding geen bijdrage vorderen van de bij de schikking betrokken inbreukpleger.

3. Indien niet bij een schikking betrokken inbreukplegers na een schikking niet bij machte zijn om de met de resterende vordering tot schadevergoeding overeenstemmende schade van een bij de schikking betrokken benadeelde te vergoeden, is de bij de schikking betrokken inbreukpleger ook aansprakelijk voor deze schade.

4. Lid 3 mist toepassing indien uitdrukkelijk anders is bepaald in de voorwaarden van de schikking.

Art. 193p

Verweer t.a.v. doorberekening meerkosten

Een partij kan het verweer voeren dat de benadeelde de door de inbreuk op het mededingingsrecht veroorzaakte meerkosten heeft doorberekend.

Art. 193q

Bewijsvermoeden van doorberekening

Een indirecte afnemer wordt vermoed het bewijs van doorberekening te hebben geleverd indien hij aantoont dat:

a. de inbreukpleger een inbreuk op het mededingingsrecht heeft gepleegd,

b. de inbreuk heeft geleid tot meerkosten voor de directe afnemer van de inbreukpleger, en
c. de indirecte afnemer de goederen of diensten heeft verworven die het voorwerp waren van de inbreuk, of goederen of diensten waarin deze zijn verwerkt of die daarvan zijn afgeleid.

Art. 193r

De rechter kan een procedure waarin vergoeding van schade wordt gevorderd wegens een inbreuk op het mededingingsrecht voor ten hoogste twee jaar aanhouden, indien partijen betrokken zijn bij buitengerechtelijke geschillenbeslechting in verband met die vordering.

Aanhouden rechtsvorderingsprocedure tot schadevergoeding wegens inbreuk op mededingingsrecht

Art. 193s

Een rechtsvordering tot vergoeding van schade door een inbreuk op het mededingingsrecht verjaart door verloop van vijf jaren na de aanvang van de dag, volgende op die waarop de inbreuk is stopgezet en de benadeelde met de inbreuk, de schade die hij dientengevolge lijdt en de daarvoor aansprakelijke persoon bekend is geworden of redelijkerwijs bekend kan worden geacht, en in ieder geval door verloop van twintig jaren na de aanvang van de dag volgende op die waarop de inbreuk is stopgezet.

Verjaring rechtsvordering tot schadevergoeding wegens inbreuk op mededingingsrecht

Art. 193t

1. Een procedure tot buitengerechtelijke geschillenbeslechting is een grond voor verlenging van de verjaringstermijn tussen de daarbij betrokken partijen. In geval van mediation eindigt de procedure doordat een van de partijen of de mediator aan de andere partij schriftelijk heeft meegedeeld dat de mediation is geëindigd of doordat in de mediation gedurende een periode van zes maanden door geen van de partijen enige handeling is verricht.

Verlenging verjaringstermijn bij procedure tot schadevergoeding wegens inbreuk op mededingingsrecht

2. Een handeling van een mededingingsautoriteit verricht in het kader van een onderzoek of procedure met betrekking tot de inbreuk op het mededingingsrecht waarop de rechtsvordering betrekking heeft, is een grond voor verlenging van de verjaringstermijn. De verlenging vangt aan de dag na het verstrijken van de verjaringstermijn. De duur van de verlenging is gelijk aan de periode benodigd voor de vaststelling van een definitieve inbreukbeslissing of het op andere wijze beëindigen van de procedure, vermeerderd met een jaar.

Afdeling 4
Misleidende en vergelijkende reclame

Art. 194

1. Hij die omtrent goederen of diensten die door hem of degene ten behoeve van wie hij handelt in de uitoefening van een beroep of bedrijf worden aangeboden, een mededeling openbaar maakt of laat openbaar maken, handelt onrechtmatig jegens een ander die handelt in de uitoefening van zijn bedrijf, indien deze mededeling in een of meer opzichten misleidend is, zoals ten aanzien van:

Misleidende reclame

a. de aard, samenstelling, hoeveelheid, hoedanigheid, eigenschappen of gebruiksmogelijkheden;
b. de herkomst, de wijze op het tijdstip van vervaardigen;
c. de omvang van de voorraad;
d. de prijs of de wijze van berekenen daarvan;
e. de aanleiding of het doel van de aanbieding;
f. de toegekende onderscheidingen, getuigschriften of andere door derden uitgebrachte beoordelingen of gedane verklaringen, of de gebezigde wetenschappelijke of vaktermen, technische bevindingen of statistische gegevens;
g. de voorwaarden, waaronder goederen worden geleverd of diensten worden verricht of de betaling plaatsvindt;
h. de omvang, inhoud of tijdsduur van de garantie;
i. de identiteit, hoedanigheden, bekwaamheid of bevoegdheid en degene door wie, onder wiens leiding of toezicht of met wiens medewerking de goederen zijn of worden vervaardigd of aangeboden of de diensten worden verricht.

(Zie ook: artt. 162, 195 BW Boek 6; art. 328bis WvSr; artt. 14, 14a Warenwet)

2. Een mededeling, openbaar of specifiek gericht op een ander, is in ieder geval misleidend indien sprake is van een misleidende omissie, waarbij essentiële informatie welke hij die handelt in de uitoefening van een beroep, bedrijf of organisatie, nodig heeft om een geïnformeerd besluit over een transactie te nemen, wordt weggelaten, waardoor hij die handelt in de uitoefening van een beroep, bedrijf of organisatie, een besluit over een overeenkomst neemt of kan nemen, dat hij anders niet had genomen.

Misleidende omissie

3. Van een misleidende omissie is eveneens sprake indien essentiële informatie als bedoeld in lid 2 verborgen wordt gehouden of op onduidelijke, onbegrijpelijke, dubbelzinnige wijze dan wel laat verstrekt of gepresenteerd wordt, of het commerciële oogmerk, indien dit niet reeds duidelijk uit de context blijkt, niet laat blijken, waardoor hij die handelt in de uitoefening van een beroep, bedrijf of organisatie, een besluit over een overeenkomst neemt of kan nemen, dat hij anders niet had genomen.

B6 art. 194a

4. Bij de beoordeling of sprake is van een misleidende omissie als bedoeld in lid 2 en 3, zijn artikel 193d, lid 4, en artikel 193e, onderdelen a tot en met d, van overeenkomstige toepassing.

Art. 194a

Vergelijkende reclame

1. Onder vergelijkende reclame wordt verstaan elke vorm van reclame waarbij een concurrent dan wel door een concurrent aangeboden goederen of diensten uitdrukkelijk of impliciet worden genoemd.

2. Vergelijkende reclame is, wat de vergelijking betreft, geoorloofd op voorwaarde dat deze: *a.* niet misleidend of een misleidende handelspraktijk als bedoeld in de artikelen 193c tot en met 193g is;

b. goederen of diensten vergelijkt die in dezelfde behoeften voorzien of voor hetzelfde doel zijn bestemd;

c. op objectieve wijze een of meer wezenlijke, relevante, controleerbare en representatieve kenmerken van deze goederen en diensten, zoals de prijs, met elkaar vergelijkt;

d. er niet toe leidt dat op de markt de adverteerder wordt verward met een concurrent, of de merken, handelsnamen, andere onderscheidende kenmerken, goederen of diensten van de adverteerder met die van een concurrent;

e. niet de goede naam schaadt van of zich niet kleinerend uitlaat over de merken, handelsnamen, andere onderscheidende kenmerken, goederen, diensten, activiteiten of omstandigheden van een concurrent;

f. voor producten met een benaming van oorsprong in elk geval betrekking heeft op producten met dezelfde benaming;

g. geen oneerlijk voordeel oplevert ten gevolge van de bekendheid van een merk, handelsnaam of andere onderscheidende kenmerken van een concurrent dan wel van de oorsprongsbenamingen van concurrerende producten; en

h. niet goederen of diensten voorstelt als een imitatie of namaak van goederen of diensten met een beschermd merk of beschermde handelsnaam.

3. Elke vergelijking die verwijst naar een speciale aanbieding, moet duidelijk en ondubbelzinnig het einde en, zo de speciale aanbieding nog niet loopt, het begin aangeven van de periode gedurende welke de speciale prijs of andere specifieke voorwaarden gelden dan wel vermelden dat de speciale aanbieding loopt zo lang de voorraad strekt of de diensten kunnen worden verleend.

Art. 195

Omkering bewijslast bij misleidende en vergelijkende reclame

1. Indien een vordering ingevolge artikel 194 of artikel 194a wordt ingesteld tegen iemand die inhoud en inkleding van de mededeling geheel of ten dele heeft bepaald of doen bepalen, rust op hem de bewijslast ter zake van de juistheid of volledigheid van de feiten die in de mededeling zijn vervat of daardoor worden gesuggereerd en waarop het beweerde misleidende karakter van de mededeling berust onderscheidenlijk waarop de ongeoorloofdheid van de vergelijkende reclame berust. Ingeval van vergelijkende reclame dient degene die inhoud en inkleding van de mededeling geheel of ten dele zelf heeft bepaald of doen bepalen binnen korte termijn de bewijzen aan te dragen waarop de materiële juistheid en volledigheid van de feitelijke gegevens in de reclame rust.

2. Indien volgens artikel 194 en artikel 194a onrechtmatig is gehandeld door iemand die inhoud en inkleding van de mededeling geheel of ten dele zelf heeft bepaald of doen bepalen, is hij voor de dientengevolge ontstane schade aansprakelijk, tenzij hij bewijst dat zulks noch aan zijn schuld is te wijten noch op andere grond voor zijn rekening komt.

Art. 196

Rectificatie of verbod tot publicatie bij misleidende en vergelijkende reclame

1. Indien iemand door het openbaar maken of laten openbaar maken van een in artikel 194 omschreven mededeling of een ongeoorloofde vergelijkende reclame, of door het specifiek richten of laten richten van die mededeling op een ander, aan een ander schade heeft toegebracht of dreigt toe te brengen, kan de rechter hem op vordering van die ander niet alleen het openbaar maken of laten openbaar maken van zodanige mededeling of zodanige ongeoorloofde vergelijkende reclame, of het specifiek richten of laten richten van zodanige mededeling op een ander, verbieden, maar ook hem laten veroordelen tot het op een door de rechter aangegeven wijze openbaar maken of laten openbaar maken van een rectificatie van die mededeling of die ongeoorloofde vergelijkende reclame.

(Zie ook: art. 167 BW Boek 6; art. 237 Rv)

Kosten geding en openbaarmaking bij misleidende en vergelijkende reclame

2. Indien een vordering als in het vorige lid bedoeld wordt toegewezen jegens iemand die niet tevens aansprakelijk is voor de in artikel 195 lid 2 bedoelde schade, is artikel 167 lid 3 van overeenkomstige toepassing.

Afdeling 4A
Aansprakelijkheid bij elektronisch rechtsverkeer

Art. 196b

[Vervallen]

Art. 196c

1. Degene die diensten van de informatiemaatschappij verricht als bedoeld in artikel 15d lid 3 van Boek 3, bestaande uit het doorgeven van van een ander afkomstige informatie of het verschaffen van toegang tot een communicatienetwerk is niet aansprakelijk voor de doorgegeven informatie, indien hij:

a. niet het initiatief tot het doorgeven van de informatie neemt;

b. niet degene is die bepaalt aan wie de informatie wordt doorgegeven; en

c. hij de doorgegeven informatie niet heeft geselecteerd of gewijzigd.

2. Voor de toepassing van lid 1 wordt onder het enkele doorgeven van van een ander afkomstige informatie en het enkele verschaffen van toegang tot een communicatienetwerk mede verstaan de geautomatiseerde, tussentijdse en tijdelijke opslag van de doorgegeven informatie, voor zover deze opslag uitsluitend geschiedt ten behoeve van het doorgeven van die informatie en de duur van deze opslag niet langer is dan daarvoor redelijkerwijs noodzakelijk is.

3. Degene die diensten van de informatiemaatschappij verricht als bedoeld in artikel 15d lid 3 van Boek 3, bestaande uit het geautomatiseerd, tussentijds en tijdelijk opslaan van van een ander afkomstige informatie voor zover het opslaan enkel geschiedt om het later doorgeven van die informatie aan anderen op hun verzoek doeltreffender te maken, is niet aansprakelijk voor het geautomatiseerd, tussentijds en tijdelijk opslaan van de informatie indien hij:

a. de informatie niet wijzigt;

b. de toegangsvoorwaarden voor de informatie in acht neemt;

c. de in de bedrijfstak geldende of gebruikelijke regels betreffende de bijwerking van de informatie naleeft;

d. niet de in de bedrijfstak geldende of gebruikelijke technologie voor het verkrijgen van gegevens over het gebruik van de informatie wijzigt, en

e. prompt de nodige maatregelen neemt om de informatie te verwijderen of de toegang daartoe onmogelijk te maken, zodra hij weet dat de informatie is verwijderd van de plaats waar deze zich oorspronkelijk in het communicatienetwerk bevond of de toegang daartoe onmogelijk is gemaakt, of dat een bevoegde autoriteit heeft bevolen de informatie te verwijderen van de plaats waar deze zich oorspronkelijk in het communicatienetwerk bevond of de toegang daartoe heeft verboden.

4. Degene die diensten van de informatiemaatschappij verricht als bedoeld in artikel 15d lid 3 van Boek 3, bestaande uit het op verzoek opslaan van van een ander afkomstige informatie, is niet aansprakelijk voor de opgeslagen informatie, indien hij:

a. niet weet van de activiteit of informatie met een onrechtmatig karakter en, in geval van een schadevergoedingsvordering, niet redelijkerwijs behoort te weten van de activiteit of informatie met een onrechtmatig karakter, dan wel

b. zodra hij dat weet of redelijkerwijs behoort te weten, prompt de informatie verwijdert of de toegang daartoe onmogelijk maakt.

5. Het hiervoor bepaalde staat niet in de weg aan het verkrijgen van een rechterlijk verbod of bevel.

Afdeling 5
Tijdelijke regeling verhaalsrechten

Art. 197

1. De artikelen 165, 166, 169, 171, 173, 174, 175, 176, 177 en 185, alsmede de afdelingen 4 van titel 6, 4 van titel 11, 1 van titel 14 en 4 van titel 19 van Boek 8 blijven buiten toepassing:

a. bij de vaststelling van het totale bedrag waarvoor aansprakelijkheid naar burgerlijk recht zou bestaan, vereist voor de berekening van het bedrag waarvoor verhaal bestaat krachtens artikel 107a en de artikelen 99 van de Wet werk en inkomen naar arbeidsvermogen, 90 van de Wet op de arbeidsongeschiktheidsverzekering, 69 van de Wet arbeidsongeschiktheidsverzekering zelfstandigen, 4:2 van de Wet werk en arbeidsondersteuning jonggehandicapten, 52a van de Ziektewet, 61 van de Algemene nabestaandenwet, artikel 10.2.2 van de Wet langdurige zorg, artikel 2.4.3 Wet maatschappelijke ondersteuning 2015 en 8 van de Wet arbeidsongeschiktheidsvoorziening militairen;

b. bij de vaststelling van het bedrag, bedoeld in artikel 3 van de Verhaalswet ongevallen ambtenaren waarboven de gehoudenheid krachtens die wet of krachtens artikel 75 van de Wet privatisering ABP zich niet uitstrekt.

2. Rechten uit de artikelen 165, 166, 169, 171, 173, 174, 175, 176, 177 en 185, alsmede de afdelingen 4 van titel 6, 4 van titel 11, 1 van titel 14 en 4 van titel 19 van Boek 8 zijn niet vatbaar voor subrogatie krachtens artikel 962 van Boek 7, behoudens voor zover de uitkering door de verzekeraar de aansprakelijkheid van de verzekerde betreft en een ander krachtens deze artikelen mede aansprakelijk was.

Doorgeven van informatie bij elektronisch rechtsverkeer

Uitsluiting verhaal of subrogatie bij onrechtmatige daad

3. Degene wiens verhaal of subrogatie door de vorige leden wordt uitgesloten, kan de in het tweede lid bedoelde rechten evenmin krachtens overeenkomst verkrijgen of te zijnen behoeve door de gerechtigde op diens naam doen uitoefenen.
(Zie ook: art. 40 BW Boek 3)

Titel 4
Verbintenissen uit andere bron dan onrechtmatige daad of overeenkomst

Afdeling 1
Zaakwaarneming

Art. 198

Zaakwaarneming Zaakwaarneming is het zich willens en wetens en op redelijke grond inlaten met de behartiging van eens anders belang, zonder de bevoegdheid daartoe aan een rechtshandeling of een elders in de wet geregelde rechtsverhouding te ontlenen.
(Zie ook: art. 2 BW Boek 1; artt. 1, 202 BW Boek 6; art. 450 WvSr)

Art. 199

Zorgplicht bij zaakwaarneming **1.** De zaakwaarnemer is verplicht bij de waarneming de nodige zorg te betrachten en, voor zover dit redelijkerwijze van hem kan worden verlangd, de begonnen waarneming voort te zetten.

2. De zaakwaarnemer doet, zodra dit redelijkerwijze mogelijk is, aan de belanghebbende verantwoording van hetgeen hij heeft verricht. Heeft hij voor de belanghebbende gelden uitgegeven of ontvangen, dan doet hij daarvan rekening.
(Zie ook: art. 74 BW Boek 6; art. 403 BW Boek 7)

Art. 200

Schadevergoeding bij zaakwaarneming **1.** De belanghebbende is, voor zover zijn belang naar behoren is behartigd, gehouden de zaakwaarnemer de schade te vergoeden, die deze als gevolg van de waarneming heeft geleden.

Beloning bij zaakwaarneming **2.** Heeft de zaakwaarnemer in de uitoefening van een beroep of bedrijf gehandeld, dan heeft hij, voor zover dit redelijk is, bovendien recht op een vergoeding voor zijn verrichtingen, met inachtneming van de prijzen die daarvoor ten tijde van de zaakwaarneming gewoonlijk werden berekend.

Art. 201

Regeringsvertegenwoordiger bij zaakwaarneming Een zaakwaarnemer is bevoegd rechtshandelingen te verrichten in naam van de belanghebbende, voor zover diens belang daardoor naar behoren wordt behartigd.
(Zie ook: artt. 66, 71, 78 BW Boek 3)

Art. 202

Goedkeuring door belanghebbende bij zaakwaarneming Heeft iemand die is opgetreden ter behartiging van eens anders belang, zich zonder redelijke grond daarmede ingelaten of dit belang niet naar behoren behartigd, dan kan de belanghebbende door goedkeuring van het optreden zijn bevoegdheid prijsgeven jegens hem het gebrek in te roepen. Aan de belanghebbende kan door hem een redelijke termijn voor de goedkeuring worden gesteld.
(Zie ook: artt. 69, 78 BW Boek 3; artt. 198, 200 BW Boek 6)

Afdeling 2
Onverschuldigde betaling

Art. 203

Onverschuldigde betaling terugvorderen **1.** Degene die een ander zonder rechtsgrond een goed heeft gegeven, is gerechtigd dit van de ontvanger als onverschuldigd betaald terug te vorderen.
(Zie ook: artt. 53, 66, 78, 309 BW Boek 3; artt. 1, 3, 24, 25, 27, 42, 111, 210, 227, 258, 271 BW Boek 6)

2. Betreft de onverschuldigde betaling een geldsom, dan strekt de vordering tot teruggave van een gelijk bedrag.

3. Degene die zonder rechtsgrond een prestatie van andere aard heeft verricht, heeft eveneens jegens de ontvanger recht op ongedaanmaking daarvan.

Art. 204

Vrijstelling van zorgplicht bij onverschuldigde betaling **1.** Heeft de ontvanger in een periode waarin hij redelijkerwijze met een verplichting tot teruggave van het goed geen rekening behoefde te houden, niet als een zorgvuldig schuldenaar voor het goed zorg gedragen, dan wordt hem dit niet toegerekend.

Ontvangst geldsom namens een ander bij onverschuldigde betaling **2.** Degene die namens een ander, maar onbevoegd een niet aan die ander verschuldigde geldsom heeft ontvangen, is van zijn verplichting tot teruggave bevrijd, voor zover hij die geldsom aan die ander heeft doorbetaald in een periode waarin hij redelijkerwijze met die verplichting geen rekening behoefde te houden.
(Zie ook: artt. 27, 74, 75, 78, 210, 212, 278 BW Boek 6)

Art. 205

Heeft de ontvanger het goed te kwader trouw aangenomen, dan is hij zonder ingebrekestelling in verzuim.

(Zie ook: artt. 81, 201 BW Boek 6)

Art. 206

De artikelen 120, 121, 123 en 124 van Boek 3 zijn van overeenkomstige toepassing met betrekking tot hetgeen daarin is bepaald omtrent de afgifte van vruchten en de vergoeding van kosten en schade.

(Zie ook: artt. 208, 210 BW Boek 6)

Art. 207

De ontvanger heeft, tenzij hij het goed te kwader trouw heeft aangenomen, binnen de grenzen van de redelijkheid ook recht op vergoeding van de kosten van het ontvangen en teruggeven van het goed, alsmede van uitgaven in de in artikel 204 bedoelde periode die zouden zijn uitgebleven als hij het goed niet had ontvangen.

(Zie ook: artt. 47, 206, 208, 210 BW Boek 6)

Art. 208

De ontvanger verliest zijn recht op de in de beide vorige artikelen bedoelde vergoedingen, indien de wederpartij afstand doet van haar recht op terugvordering en, voor zover nodig, het onverschuldigd betaalde ter bevrijding van deze vergoedingen op haar kosten aan de ontvanger overdraagt. De ontvanger is verplicht aan een zodanige overdracht mede te werken.

(Zie ook: artt. 84, 122 BW Boek 3)

Art. 209

Op de onbekwame die een onverschuldigde betaling heeft ontvangen, rusten de in deze afdeling omschreven verplichtingen slechts, voor zover het ontvangene hem tot werkelijk voordeel heeft gestrekt of in de macht van zijn wettelijke vertegenwoordiger is gekomen.

(Zie ook: artt. 234, 381 BW Boek 1; art. 32 BW Boek 3; artt. 210, 276 BW Boek 6)

Art. 210

1. Op de ongedaanmaking van prestaties die niet in het geven van een goed hebben bestaan, zijn de artikelen 204-209 van overeenkomstige toepassing.

(Zie ook: art. 278 BW Boek 6)

2. Sluit de aard van de prestatie uit dat zij ongedaan wordt gemaakt, dan treedt, voor zover dit redelijk is, vergoeding van de waarde van de prestatie op het ogenblik van ontvangst daarvoor in de plaats, indien de ontvanger door de prestatie is verrijkt, indien het aan hem is toe te rekenen dat de prestatie is verricht, of indien hij erin had toegestemd een tegenprestatie te verrichten.

(Zie ook: artt. 203, 212, 271, 278 BW Boek 6)

Art. 211

1. Kan een prestatie die op grond van een nietige overeenkomst is verricht, naar haar aard niet ongedaan worden gemaakt en behoort zij ook niet in rechte op geld te worden gewaardeerd, dan is een tot ongedaanmaking van een tegenprestatie of tot vergoeding van de waarde daarvan strekkende vordering, voor zover deze deswege in strijd met redelijkheid en billijkheid zou zijn, eveneens uitgesloten.

2. Is ingevolge het vorige lid terugvordering van een overgedragen goed uitgesloten, dan brengt de nietigheid van de overeenkomst niet de nietigheid van de overdracht mede.

(Zie ook: artt. 39, 40, 84, 278 BW Boek 3)

Afdeling 3

Ongerechtvaardigde verrijking

Art. 212

1. Hij die ongerechtvaardigd is verrijkt ten koste van een ander, is verplicht, voor zover dit redelijk is, diens schade te vergoeden tot het bedrag van zijn verrijking.

(Zie ook: art. 95 BW Boek 6)

2. Voor zover de verrijking is verminderd als gevolg van een omstandigheid die niet aan de verrijkte kan worden toegerekend, blijft zij buiten beschouwing.

(Zie ook: art. 75 BW Boek 6)

3. Is de verrijking verminderd in de periode waarin de verrijkte redelijkerwijze met een verplichting tot vergoeding van de schade geen rekening behoefde te houden, dan wordt hem dit niet toegerekend. Bij de vaststelling van deze vermindering wordt mede rekening gehouden met uitgaven die zonder de verrijking zouden zijn uitgebleven.

(Zie ook: artt. 99, 120, 121, 243, 310 BW Boek 3; artt. 78, 204, 207, 210 BW Boek 6)

Titel 5 Overeenkomsten in het algemeen

Afdeling 1 Algemene bepalingen

Art. 213

Overeenkomst

1. Een overeenkomst in de zin van deze titel is een meerzijdige rechtshandeling, waarbij een of meer partijen jegens een of meer andere een verbintenis aangaan.

(Zie ook: art. 32 BW Boek 3; artt. 1, 254, 261, 279 BW Boek 6)

2. Op overeenkomsten tussen meer dan twee partijen zijn de wettelijke bepalingen betreffende overeenkomsten niet toepasselijk, voor zover de strekking van de betrokken bepalingen in verband met de aard van de overeenkomst zich daartegen verzet.

Art. 214

Overeenkomst gesloten in bedrijf of beroep

1. Een overeenkomst door een der partijen gesloten in de uitoefening van haar bedrijf of beroep, is behalve aan de wettelijke bepalingen ook onderworpen aan een standaardregeling, wanneer voor de bedrijfstak waartoe het bedrijf behoort, of voor het beroep ten aanzien van zodanige overeenkomst een standaardregeling geldt. De bijzondere soorten van overeenkomsten waarvoor standaardregelingen kunnen worden vastgesteld en de bedrijfstak of het beroep, waarvoor elk dezer regelingen bestemd is te gelden, worden bij algemene maatregel van bestuur aangewezen.

Nadere regels bij overeenkomst

2. Een standaardregeling wordt vastgesteld, gewijzigd en ingetrokken door een daartoe door Onze Minister van Justitie te benoemen commissie. Bij de wet worden nadere regelen gesteld omtrent de wijze van samenstelling en de werkwijze van de commissies.

3. De vaststelling, wijziging of intrekking van een standaardregeling wordt niet van kracht voordat zij door Ons is goedgekeurd en met Ons goedkeuringsbesluit in de *Nederlandse Staatscourant* is afgekondigd.

4. Bij een standaardregeling kan worden afgeweken van wettelijke bepalingen, voor zover daarvan ook afwijking bij overeenkomst, al of niet met inachtneming van een bepaalde vorm, is toegelaten. De vorige zin lijdt uitzondering, wanneer uit een wettelijke bepaling iets anders voortvloeit.

5. Partijen kunnen in hun overeenkomst van een standaardregeling afwijken. Een standaardregeling kan echter voor afwijking een bepaalde vorm voorschrijven.

(Zie ook: art. 248 BW Boek 6; art. 6 BW Boek 7; art. 99 Wet RO)

Art. 215

Gemengde en benoemde overeenkomst

Voldoet een overeenkomst aan de omschrijving van twee of meer door de wet geregelde bijzondere soorten van overeenkomsten, dan zijn de voor elk van die soorten gegeven bepalingen naast elkaar op de overeenkomst van toepassing, behoudens voor zover deze bepalingen niet wel verenigbaar zijn of de strekking daarvan in verband met de aard van de overeenkomst zich tegen toepassing verzet.

(Zie ook: artt. 22, 290, 418, 610 BW Boek 7; artt. 41, 121 BW Boek 8)

Art. 216

Schakelbepaling

Hetgeen in deze en de volgende vijf afdelingen is bepaald, vindt overeenkomstige toepassing op andere meerzijdige vermogensrechtelijke rechtshandelingen, voor zover de strekking van de betrokken bepalingen in verband met de aard van de rechtshandeling zich daartegen niet verzet.

(Zie ook: artt. 64, 175 BW Boek 2; artt. 84, 98, 168, 178, 182 BW Boek 3; artt. 248, 258 BW Boek 6; art. 15 BW Boek 7)

Afdeling 2 Het tot stand komen van overeenkomsten

Art. 217

Aanbod en aanvaarding bij totstandkoming overeenkomst

1. Een overeenkomst komt tot stand door een aanbod en de aanvaarding daarvan.

Schakelbepaling

2. De artikelen 219-225 zijn van toepassing, tenzij iets anders voortvloeit uit het aanbod, uit een andere rechtshandeling of uit een gewoonte.

(Zie ook: artt. 32, 37 BW Boek 3)

Art. 218

Aantastbaarheid aanbod bij totstandkoming overeenkomst

Een aanbod is geldig, nietig of vernietigbaar overeenkomstig de regels voor meerzijdige rechtshandelingen.

(Zie ook: artt. 32, 34, 39, 40, 45, 54 BW Boek 3; artt. 226, 228, 229, 233 BW Boek 6)

Art. 219

1. Een aanbod kan worden herroepen, tenzij het een termijn voor de aanvaarding inhoudt of de onherroepelijkheid ervan op andere wijze uit het aanbod volgt.

2. De herroeping kan slechts geschieden, zolang het aanbod niet is aanvaard en evenmin een mededeling, houdende de aanvaarding is verzonden. Bevat het aanbod de mededeling dat het vrijblijvend wordt gedaan, dan kan de herroeping nog onverwijld na de aanvaarding geschieden.

3. Een beding waarbij één der partijen zich verbindt om, indien de wederpartij dit wenst, met haar een bepaalde overeenkomst te sluiten, geldt als een onherroepelijk aanbod.

(Zie ook: art. 37 BW Boek 3; artt. 217, 220 t/m 223 BW Boek 6)

Art. 220

1. Een bij wijze van uitloving voor een bepaalde tijd gedaan aanbod kan wegens gewichtige redenen worden herroepen of gewijzigd.

2. In geval van herroeping of wijziging van een uitloving kan de rechter aan iemand die op grond van de uitloving met de voorbereiding van een gevraagde prestatie is begonnen, een billijke schadeloosstelling toekennen.

(Zie ook: art. 217 BW Boek 6)

Art. 221

1. Een mondeling aanbod vervalt, wanneer het niet onmiddellijk wordt aanvaard, een schriftelijk aanbod, wanneer het niet binnen een redelijke tijd wordt aanvaard.

2. Een aanbod vervalt, doordat het wordt verworpen.

(Zie ook: artt. 37, 38 BW Boek 3; artt. 217, 223, 237 BW Boek 6)

Art. 222

Een aanbod vervalt niet door de dood of het verlies van handelingsbekwaamheid van een der partijen, noch doordat een der partijen de bevoegdheid tot het sluiten van de overeenkomst verliest als gevolg van een bewind.

(Zie ook: artt. 380, 409, 431 BW Boek 1; art. 32 BW Boek 3; art. 217 BW Boek 6; artt. 415, 674, 763, 1683 BW Boek 7)

Art. 223

1. De aanbieder kan een te late aanvaarding toch als tijdig gedaan laten gelden, mits hij dit onverwijld aan de wederpartij mededeelt.

2. Indien een aanvaarding te laat plaatsvindt, maar de aanbieder begrijpt of behoort te begrijpen dat dit voor de wederpartij niet duidelijk was, geldt de aanvaarding als tijdig gedaan, tenzij hij onverwijld aan de wederpartij mededeelt dat hij het aanbod als vervallen beschouwt.

(Zie ook: art. 37 BW Boek 3; artt. 221, 224 BW Boek 6)

Art. 224

Indien een aanvaarding de aanbieder niet of niet tijdig bereikt door een omstandigheid op grond waarvan zij krachtens artikel 37 lid 3, tweede zin, van Boek 3 niettemin haar werking heeft, wordt de overeenkomst geacht tot stand te zijn gekomen op het tijdstip waarop zonder de storende omstandigheid de verklaring zou zijn ontvangen.

(Zie ook: artt. 217, 221, 223 BW Boek 6)

Art. 225

1. Een aanvaarding die van het aanbod afwijkt, geldt als een nieuw aanbod en als een verwerping van het oorspronkelijke.

2. Wijkt een tot aanvaarding strekkend antwoord op een aanbod daarvan slechts op ondergeschikte punten af, dan geldt dit antwoord als aanvaarding en komt de overeenkomst overeenkomstig deze aanvaarding tot stand, tenzij de aanbieder onverwijld bezwaar maakt tegen de verschillen.

3. Verwijzen aanbod en aanvaarding naar verschillende algemene voorwaarden, dan komt aan de tweede verwijzing geen werking toe, wanneer daarbij niet tevens de toepasselijkheid van de in de eerste verwijzing aangegeven algemene voorwaarden uitdrukkelijk van de hand wordt gewezen.

(Zie ook: artt. 217, 221 BW Boek 6)

Art. 226

Stelt de wet voor de totstandkoming van een overeenkomst een vormvereiste, dan is dit voorschrift van overeenkomstige toepassing op een overeenkomst waarbij een partij in wier belang het strekt, zich tot het aangaan van een zodanige overeenkomst verbindt, tenzij uit de strekking van het voorschrift anders voortvloeit.

(Zie ook: artt. 37, 39, 40, 69 BW Boek 3; artt. 214, 219 BW Boek 6)

B6 art. 227

Burgerlijk Wetboek Boek 6

Art. 227

Bepaalbaarheid bij totstandkoming overeenkomst

De verbintenissen die partijen op zich nemen, moeten bepaalbaar zijn. *(Zie ook: artt. 84, 231 BW Boek 3; art. 248 BW Boek 6)*

Art. 227a

Schriftelijke en elektronische totstandkoming overeenkomst

1. Indien uit de wet voortvloeit dat een overeenkomst slechts in schriftelijke vorm geldig of onaantastbaar tot stand komt, is aan deze eis tevens voldaan indien de overeenkomst langs elektronische weg is totstandgekomen en
a. raadpleegbaar door partijen is;
b. de authenticiteit van de overeenkomst in voldoende mate gewaarborgd is;
c. het moment van totstandkoming van de overeenkomst met voldoende zekerheid kan worden vastgesteld; en
d. de identiteit van de partijen met voldoende zekerheid kan worden vastgesteld.
2. Lid 1 is niet van toepassing op overeenkomsten waarvoor de wet de tussenkomst voorschrijft van de rechter, een overheidsorgaan of een beroepsbeoefenaar die een publieke taak uitoefent.

Art. 227b

Elektronische totstandkoming overeenkomst

1. Voordat een overeenkomst langs elektronische weg tot stand komt verstrekt degene die een dienst van de informatiemaatschappij verleent als bedoeld in artikel 15d lid 3 van Boek 3 de wederpartij ten minste op duidelijke, begrijpelijke en ondubbelzinnige wijze informatie over:
a. de wijze waarop de overeenkomst tot stand zal komen en in het bijzonder welke handelingen daarvoor nodig zijn;
b. het al dan niet archiveren van de overeenkomst nadat deze tot stand zal zijn gekomen, alsmede, indien de overeenkomst wordt gearchiveerd, op welke wijze deze voor de wederpartij te raadplegen zal zijn;
c. de wijze waarop de wederpartij van door hem niet gewilde handelingen op de hoogte kan geraken, alsmede de wijze waarop hij deze kan herstellen voordat de overeenkomst tot stand komt;
d. de talen waarin de overeenkomst kan worden gesloten;
e. de gedragscodes waaraan hij zich heeft onderworpen en de wijze waarop deze gedragscodes voor de wederpartij langs elektronische weg te raadplegen zijn.
2. De dienstverlener stelt voor of bij het sluiten van de overeenkomst de voorwaarden daarvan, niet zijnde algemene voorwaarden als bedoeld in artikel 231, op zodanige wijze aan de wederpartij ter beschikking, dat deze door hem kunnen worden opgeslagen zodat deze voor hem toegankelijk zijn ten behoeve van latere kennisneming.
3. Lid 1 is niet van toepassing op overeenkomsten die uitsluitend door middel van de uitwisseling van elektronische post of een soortgelijke vorm van individuele communicatie tot stand zijn gekomen.
4. Een overeenkomst die tot stand is gekomen onder invloed van het niet naleven door de dienstverlener van zijn in lid 1, aanhef en onder a, c of d, genoemde verplichtingen, is vernietigbaar. Indien de dienstverlener zijn in lid 1, aanhef en onder a of c genoemde verplichting niet is nagekomen, wordt vermoed dat een overeenkomst onder invloed daarvan tot stand is gekomen.
5. Gedurende de tijd dat de dienstverlener de informatie, bedoeld in lid 1, onder b en e en lid 2, niet heeft verstrekt, kan de wederpartij de overeenkomst ontbinden.
6. Tussen partijen die handelen in de uitoefening van een beroep of bedrijf kan van lid 1 worden afgeweken.

Art. 227c

Elektronische dienstverlening bij totstandkoming overeenkomst

1. Degene die een dienst van de informatiemaatschappij als bedoeld in artikel 15d lid 3 van Boek 3 verleent, stelt de wederpartij passende, doeltreffende en toegankelijke middelen ter beschikking waarmee de wederpartij voor de aanvaarding van de overeenkomst van door hem niet gewilde handelingen op de hoogte kan geraken en waarmee hij deze kan herstellen.
2. Indien een wederpartij van een dienstverlener langs elektronische weg een verklaring uitbrengt die door de dienstverlener mag worden opgevat hetzij als een aanvaarding van een door hem langs elektronische weg gedaan aanbod, hetzij als een aanbod naar aanleiding van een door hem langs elektronische weg gedane uitnodiging om in onderhandeling te treden, bevestigt de dienstverlener zo spoedig mogelijk langs elektronische weg de ontvangst van deze verklaring. Zolang de ontvangst van een aanvaarding niet is bevestigd, kan de wederpartij de overeenkomst ontbinden. Het niet tijdig bevestigen van de ontvangst van een aanbod geldt als verwerping daarvan.
3. Een verklaring als bedoeld in lid 2 en de ontvangstbevestiging worden geacht te zijn ontvangen, wanneer deze toegankelijk zijn voor de partijen tot wie zij zijn gericht.
4. De leden 1 en 2 zijn niet van toepassing indien de overeenkomst uitsluitend door middel van de uitwisseling van elektronische post of een soortgelijke vorm van individuele communicatie tot stand komt.

5. Een overeenkomst die tot stand is gekomen onder invloed van het niet naleven door de dienstverlener van zijn in lid 1 genoemde verplichting, is vernietigbaar. Indien de dienstverlener zijn in lid 1 genoemde verplichting niet is nagekomen, wordt vermoed dat een overeenkomst onder invloed daarvan tot stand is gekomen.

6. Van dit artikel kan slechts worden afgeweken tussen partijen die handelen in de uitoefening van een beroep of bedrijf.

Art. 228

1. Een overeenkomst die is tot stand gekomen onder invloed van dwaling en bij een juiste voorstelling van zaken niet zou zijn gesloten, is vernietigbaar:

a. indien de dwaling te wijten is aan een inlichting van de wederpartij, tenzij deze mocht aannemen dat de overeenkomst ook zonder deze inlichting zou worden gesloten;

b. indien de wederpartij in verband met hetgeen zij omtrent de dwaling wist of behoorde te weten, de dwalende had behoren in te lichten;

c. indien de wederpartij bij het sluiten van de overeenkomst van dezelfde onjuiste veronderstelling als de dwalende is uitgegaan, tenzij zij ook bij een juiste voorstelling van zaken niet had behoeven te begrijpen dat de dwalende daardoor van het sluiten van de overeenkomst zou worden afgehouden.

2. De vernietiging kan niet worden gegrond op een dwaling die een uitsluitend toekomstige omstandigheid betreft of die in verband met de aard van de overeenkomst, de in het verkeer geldende opvattingen of de omstandigheden van het geval voor rekening van de dwalende behoort te blijven.

(Zie ook: artt. 71, 225 BW Boek 1; artt. 11, 35, 41, 42, 44, 49, 66, 196, 199 BW Boek 3; artt. 229, 230 BW Boek 6; art. 6, 22, 23 BW Boek 7)

Art. 229

Een overeenkomst die de strekking heeft voort te bouwen op een reeds tussen partijen bestaande rechtsverhouding, is vernietigbaar, indien deze rechtsverhouding ontbreekt, tenzij dit in verband met de aard van de overeenkomst, de in het verkeer geldende opvattingen of de omstandigheden van het geval voor rekening van degene die zich op dit ontbreken beroept, behoort te blijven.

(Zie ook: artt. 40, 49 BW Boek 3; artt. 228, 230, 261 BW Boek 6)

Art. 230

1. De bevoegdheid tot vernietiging op grond van de artikelen 228 en 229 vervalt, wanneer de wederpartij tijdig een wijziging van de gevolgen van de overeenkomst voorstelt, die het nadeel dat de tot vernietiging bevoegde bij instandhouding van de overeenkomst lijdt, op afdoende wijze opheft.

2. Bovendien kan de rechter op verlangen van een der partijen, in plaats van de vernietiging uit te spreken, de gevolgen van de overeenkomst ter opheffing van dit nadeel wijzigen.

(Zie ook: artt. 54, 197 BW Boek 3)

Afdeling 2a
Informatie over dienstverrichters en hun diensten naar aanleiding van de dienstenrichtlijn

Art. 230a

In deze afdeling wordt verstaan onder:

afnemer: natuurlijke persoon die onderdaan is van een lidstaat of die rechten heeft die hem door communautaire besluiten zijn verleend, of een rechtspersoon in de zin van artikel 48 van het Verdrag die in een lidstaat is gevestigd en, al dan niet voor beroepsdoeleinden, van een dienst gebruik maakt of wil maken;

bevoegde instantie: bestuursorgaan, een ander orgaan of een autoriteit, dat of die een toezichthoudende, vergunningverlenende of regelgevende rol vervult ten aanzien van diensten;

centraal loket: het centraal loket, bedoeld in artikel 5, eerste lid, van de Dienstenwet;

dienst: economische activiteit, anders dan in loondienst, die gewoonlijk tegen vergoeding geschiedt, als bedoeld in artikel 50 van het Verdrag;

dienstverrichter: natuurlijke persoon die onderdaan is van een lidstaat of een rechtspersoon in de zin van artikel 48 van het Verdrag, die in een lidstaat is gevestigd en die een dienst aanbiedt of verricht;

lidstaat: lidstaat van de Europese Unie of van de Europese Economische Ruimte;

vergunning: beslissing, uitdrukkelijk of stilzwijgend, over de toegang tot of de uitoefening van een dienst;

vergunningstelsel: procedure die voor een dienstverrichter of afnemer de verplichting inhoudt bij een bevoegde instantie stappen te ondernemen ter verkrijging van een vergunning.

Art. 230b

De dienstverrichter die diensten verricht als bedoeld in richtlijn 2006/123/EG van het Europees Parlement en de Raad van de Europese Unie van 12 december 2006 betreffende diensten op

Dwaling bij totstandkoming overeenkomst

Voortbouwende overeenkomst bij totstandkoming

Wijzigen overeenkomst, opheffing nadeel

Dienstenrichtlijn

Informatieverstrekking aan afnemer bij dienstrichtlijn

B6 art. 230c **Burgerlijk Wetboek Boek 6**

de interne markt (PbEU L 376), stelt de afnemer van die diensten de volgende gegevens ter beschikking:

1. zijn naam, rechtspositie en rechtsvorm, het geografisch adres waar hij is gevestigd, zijn adresgegevens, zodat de afnemers hem snel kunnen bereiken en rechtstreeks met hem kunnen communiceren, eventueel langs elektronische weg;

2. wanneer de dienstverrichter in een handelsregister of in een vergelijkbaar openbaar register is ingeschreven, de naam van dat register en het nummer waaronder hij is ingeschreven, of gelijkwaardige gegevens uit dat register die ter identificatie dienen;

3. wanneer voor de activiteit een vergunningstelsel geldt, de adresgegevens van de bevoegde instantie of van het centraal loket;

4. wanneer de dienstverrichter een btw-plichtige activiteit uitoefent, het nummer bedoeld in artikel 214, eerste lid, onder a, van Richtlijn 2006/112/EG van de Raad van de Europese Unie van 28 november 2006 betreffende het Gemeenschappelijk stelsel van belasting over de toegevoegde waarde (PbEU L 347);

5. voor gereglementeerde beroepen: elke beroepsorde of vergelijkbare organisatie waarbij de dienstverrichter is ingeschreven, alsmede de beroepstitel en de lidstaat waar die is verleend;

6. in voorkomend geval, de algemene voorwaarden en bepalingen die de dienstverrichter hanteert;

7. het eventuele bestaan van door de dienstverrichter gehanteerde contractuele bepalingen betreffende het op de overeenkomst toepasselijke recht of de bevoegde rechter;

8. het eventuele bestaan van niet bij wet voorgeschreven garantie na verkoop;

9. de prijs van de dienst wanneer de dienstverrichter de prijs van een bepaald soort dienst vooraf heeft vastgesteld;

10. de belangrijkste kenmerken van de dienst wanneer deze niet uit de context blijken;

11. de in artikel 23, lid 1 van de in de aanhef van dit artikel genoemde richtlijn, bedoelde verzekering of waarborgen, met name de adresgegevens van de verzekeraar of de borg en de geografische dekking;

12. adresgegevens, met name een postadres, faxnummer of e-mailadres en een telefoonnummer, waar alle afnemers, ook die die in andere lidstaten verblijven, een klacht kunnen indienen of informatie over de verrichte dienst kunnen vragen. Indien dit niet hun gebruikelijke correspondentieadres is, wordt hun wettelijke adres verstrekt. Op eventuele klachten wordt zo snel mogelijk gereageerd en alles wordt in het werk gesteld om een bevredigende oplossing te vinden;

13. wanneer een dienstverrichter gebonden is aan een gedragscode of lid is van een handelsvereniging of beroepsorde die voorziet in een regeling voor buitengerechtelijke geschillenbeslechting, wordt dienaangaande informatie verstrekt. De dienstverrichter vermeldt dit in elk document waarin zijn diensten in detail worden beschreven en geeft daarbij aan hoe toegang kan worden verkregen tot gedetailleerde informatie over de kenmerken en toepassingsvoorwaarden van deze regeling.

Art. 230c

Toegankelijke informatie bij dienstrichtlijn

De in artikel 230b bedoelde informatie, naar keuze van de dienstverrichter, bedoeld in artikel 230b, aanhef:

1. wordt op eigen initiatief door de dienstverrichter verstrekt;

2. is voor de afnemer gemakkelijk toegankelijk op de plaats waar de dienst wordt verricht of de overeenkomst wordt gesloten;

3. is voor de afnemer gemakkelijk elektronisch toegankelijk op een door de dienstverrichter meegedeeld adres;

4. is opgenomen in alle door de dienstverrichter aan de afnemer verstrekte documenten waarin deze diensten in detail worden beschreven.

Art. 230d

Aanvullende informatie bij dienstrichtlijn

De dienstverrichters, bedoeld in artikel 230b, aanhef, verstrekken de afnemer van diensten op diens verzoek de volgende aanvullende informatie:

1. wanneer de dienstverrichter de prijs van een bepaald soort dienst niet vooraf heeft vastgesteld, de prijs van de dienst of, indien de precieze prijs niet kan worden gegeven, de manier waarop de prijs wordt berekend, zodat de afnemer de prijs kan controleren, of een voldoende gedetailleerde kostenraming;

2. voor gereglementeerde beroepen, een verwijzing naar de in de lidstaat van vestiging geldende beroepsregels en de wijze waarop hierin inzage kan worden verkregen;

3. informatie over hun multidisciplinaire activiteiten en partnerschappen die rechtstreeks verband houden met de betrokken dienst, en over de maatregelen die zij ter voorkoming van belangenconflicten hebben genomen. Deze informatie is opgenomen in elk informatiedocument waarin dienstverrichters hun diensten in detail beschrijven;

4. gedragscodes die op dienstverrichters van toepassing zijn, alsmede het adres waar zij elektronisch kunnen worden geraadpleegd en de beschikbare talen waarin deze codes kunnen worden geraadpleegd.

Art. 230e

De informatie, bedoeld in deze afdeling, is correct, helder en ondubbelzinnig. De informatie wordt tijdig voor de sluiting van een schriftelijke overeenkomst of, indien er geen schriftelijke overeenkomst is, voor de verrichting van de dienst meegedeeld of beschikbaar gesteld.

Art. 230f

Bij algemene maatregel van bestuur kunnen nadere regels worden gesteld ter uitvoering van besluiten op grond van artikel 22, zesde lid, van richtlijn 2006/123/EG van het Europees Parlement en de Raad van de Europese Unie van 12 december 2006 betreffende diensten op de interne markt (PbEU L 376).

Afdeling 2b
Bepalingen voor overeenkomsten tussen handelaren en consumenten

Paragraaf 1
– Algemene bepalingen

Art. 230g

1. In deze afdeling wordt verstaan onder:

a. consument: iedere natuurlijke persoon die handelt voor doeleinden die buiten zijn bedrijfs- of beroepsactiviteit vallen;

b. handelaar: iedere natuurlijke of rechtspersoon die handelt in het kader van zijn handels-, bedrijfs-, ambachts- of beroepsactiviteit, al dan niet mede via een andere persoon die namens hem of voor zijn rekening optreedt;

c. consumentenkoop: de overeenkomst bedoeld in artikel 5 lid 1 van Boek 7;

d. overeenkomst tot het verrichten van diensten: iedere andere overeenkomst dan een consumentenkoop, waarbij de handelaar zich jegens de consument verbindt een dienst te verrichten en de consument zich verbindt een prijs te betalen;

e. overeenkomst op afstand: de overeenkomst die tussen de handelaar en de consument wordt gesloten in het kader van een georganiseerd systeem voor verkoop of dienstverlening op afstand zonder gelijktijdige persoonlijke aanwezigheid van handelaar en consument en waarbij, tot en met het moment van het sluiten van de overeenkomst, uitsluitend gebruik wordt gemaakt van een of meer middelen voor communicatie op afstand;

f. overeenkomst buiten de verkoopruimte: iedere overeenkomst tussen de handelaar en de consument, die:

1°. wordt gesloten in gelijktijdige persoonlijke aanwezigheid van de handelaar en de consument op een andere plaats dan de verkoopruimte van de handelaar of waarvoor door de consument een aanbod is gedaan onder dezelfde omstandigheden;

2°. wordt gesloten in de verkoopruimte van de handelaar of met behulp van een middel voor communicatie op afstand, onmiddellijk nadat de consument persoonlijk en individueel is aangesproken op een plaats die niet de verkoopruimte van de handelaar is, in gelijktijdige persoonlijke aanwezigheid van de handelaar en de consument; of

3°. wordt gesloten tijdens een excursie die door de handelaar is georganiseerd met als doel of effect de promotie en de verkoop van zaken of diensten aan de consument;

g. verkoopruimte:

1°. iedere onverplaatsbare ruimte voor detailhandel waar de handelaar op permanente basis zijn activiteiten uitoefent, of

2°. iedere verplaatsbare ruimte voor detailhandel waar de handelaar gewoonlijk zijn activiteiten uitoefent;

h. duurzame gegevensdrager: ieder hulpmiddel dat de consument of de handelaar in staat stelt om persoonlijk aan hem gerichte informatie op te slaan op een wijze die deze informatie toegankelijk maakt voor toekomstig gebruik gedurende een periode die is aangepast aan het doel waarvoor de informatie is bestemd, en die een ongewijzigde weergave van de opgeslagen informatie mogelijk maakt;

i. digitale inhoud: gegevens die in digitale vorm geproduceerd en geleverd worden;

j. openbare veiling: een verkoopmethode waarbij zaken of diensten door middel van een transparante competitieve biedprocedure onder leiding van een veilingmeester door de handelaar worden aangeboden aan consumenten, die persoonlijk aanwezig zijn op de veiling of daartoe de mogelijkheid hebben, en waarbij de winnende bieder zich verbindt de zaken of diensten af te nemen;

k. commerciële garantie: iedere verbintenis van de handelaar of een producent om, naast de wettelijke verplichting om een zaak te leveren die voldoet aan de overeenkomst, de consument de betaalde prijs terug te betalen of de zaken op enigerlei wijze te vervangen, herstellen of onderhouden, wanneer die niet voldoen aan specificaties of aan enige andere vereisten die geen verband houden met de hiervoor genoemde wettelijke verplichting, die vermeld zijn in de garantieverklaring of in de desbetreffende reclameboodschappen op het moment van of vóór het sluiten van de overeenkomst;

l. aanvullende overeenkomst: een overeenkomst waarbij een consument zaken of diensten verwerft in verband met een overeenkomst op afstand of een overeenkomst buiten de verkoopruimte, en deze zaken of diensten door de handelaar worden geleverd of door een derde partij op basis van een afspraak tussen die derde partij en de handelaar;

m. recht van ontbinding: het recht om de overeenkomst overeenkomstig artikel 230o te ontbinden;

n. ontbindingstermijn: de termijn waarbinnen het recht van ontbinding overeenkomstig artikel 230o kan worden uitgeoefend;

o. financieel product, financiële dienst, financiële onderneming, krediet, levensverzekering, natura-uitvaartverzekeraar en verzekering: hetgeen daaronder wordt verstaan in artikel 1:1 van de Wet op het financieel toezicht en de daarop berustende bepalingen;

p. richtlijn: Richtlijn 2011/83/EU van het Europees Parlement en de Raad van 25 oktober 2011 betreffende consumentenrechten, tot wijziging van Richtlijn 93/13/EEG van de Raad en van Richtlijn 1999/44/EG van het Europees Parlement en de Raad en tot intrekking van Richtlijn 85/577/EEG en van Richtlijn 97/7/EG van het Europees Parlement en de Raad (Pb EU L 304/64);

q. richtlijn nr. 2002/65/EG: richtlijn nr. 2002/65/EG van het Europees Parlement en de Raad van de Europese Unie van 23 september 2002 betreffende de verkoop op afstand van financiële diensten aan consumenten (PbEG L 271/16).

2. Voor de toepassing van deze afdeling gelden voor een overeenkomst die zowel de levering van roerende zaken als het verrichten van diensten betreft, met uitzondering van artikel 230s lid 4, slechts de bepalingen die van toepassing zijn op consumentenkoop.

3. Indien een overeenkomst waarop deze afdeling van toepassing is tot stand is gekomen via een andere persoon, handelend in het kader van zijn handels-, bedrijfs-, ambachts- of beroepsactiviteit, die daarbij optreedt namens of voor rekening van een handelaar, kan de consument zich ook jegens die andere persoon beroepen op het in deze afdeling bepaalde.

4. Het derde lid is van overeenkomstige toepassing voordat de consument is gebonden aan een overeenkomst waarop deze afdeling van toepassing is, dan wel aan een daartoe strekkend aanbod.

Art. 230h

Werkingssfeer

1. Deze afdeling is van toepassing op overeenkomsten gesloten tussen een handelaar en een consument.

2. Deze afdeling is niet van toepassing op een overeenkomst:

a. buiten de verkoopruimte waarbij de verbintenis van de consument tot betaling ten hoogste 50 euro bedraagt;

b. betreffende financiële producten, financiële diensten en fondsvorming als bedoeld in artikel 230w lid 1, onderdeel c, met uitzondering van de paragrafen 1 en 6 van deze afdeling;

c. betreffende sociale dienstverlening, met inbegrip van sociale huisvesting, kinderzorg en ondersteuning van gezinnen of personen in permanente of tijdelijke nood, waaronder langdurige zorg;

d. betreffende gezondheidszorg zoals omschreven in artikel 3 onderdeel a van Richtlijn 2011/24/EU van het Europees Parlement en de Raad van 9 maart 2011 betreffende de toepassing van de rechten van patiënten bij grensoverschrijdende gezondheidszorg (Pb L 88/45), ongeacht of deze diensten al dan niet via gezondheidszorgfaciliteiten worden verleend;

e. betreffende gokactiviteiten waarbij kansspelen een inzet met een waarde in geld wordt gedaan, met inbegrip van loterijen, casinospelen en weddenschappen;

f. over het doen ontstaan, het verkrijgen of het overdragen van onroerende zaken of rechten op onroerende zaken;

g. betreffende de constructie van nieuwe gebouwen, de ingrijpende verbouwing van bestaande gebouwen en de verhuur van woonruimte;

h. betreffende pakketreizen, als bedoeld in artikel 500 van Boek 7 van het Burgerlijk Wetboek, met uitzondering van de artikelen 230j, 230k en 230v lid 2, 3 en 6 van Boek 6 van het Burgerlijk Wetboek;

i. betreffende gebruik in deeltijd, een vakantieproduct van lange duur, en betreffende bijstand bij verhandelen en uitwisseling, als bedoeld in artikel 50a van Boek 7 van het Burgerlijk Wetboek;

j. waarbij de wet voor de totstandkoming van de overeenkomst de tussenkomst van een notaris voorschrijft;

k. betreffende de levering van zaken die bestemd zijn voor dagelijkse huishoudelijke consumptie en die fysiek door een handelaar op basis van frequente en regelmatige rondes bij de woon- of verblijfplaats dan wel de arbeidsplaats van de consument worden afgeleverd;

l. die wordt gesloten door middel van verkoopautomaten of geautomatiseerde handelsruimten;

m. die wordt gesloten met telecommunicatie-exploitanten door middel van openbare betaaltelefoons met het oog op het gebruik ervan of die worden gesloten met het oog op het gebruik van één enkele internet-, telefoon- of faxverbinding gemaakt door de consument.

3. Bij de toepassing van lid 2, onderdeel a, worden overeenkomsten buiten de verkoopruimte die gelijktijdig worden gesloten en aanverwante zaken of diensten betreffen in aanmerking genomen voor het aldaar genoemde drempelbedrag.

4. Deze afdeling is niet van toepassing op zaken die executoriaal worden verkocht.

5. Op de overeenkomst van personenvervoer zijn slechts de artikelen 230i lid 1, 230j, 230k lid 1 en 230v leden 2 en 3 van toepassing.

Art. 230i

1. Van het bepaalde bij of krachtens deze afdeling kan niet ten nadele van de consument worden afgeweken.

2. Op de termijnen genoemd in deze afdeling is Verordening (EEG, Euratom) nr. 1182/71 (PbEG L 124) van de Raad van 3 juni 1971 houdende vaststelling van de regels die van toepassing zijn op termijnen, data en aanvangs- en vervaltijden van overeenkomstige toepassing.

3. De in deze afdeling opgenomen bepalingen gelden niet voor zover deze op grond van artikel 3 lid 2 van de richtlijn van het toepassingsgebied van de richtlijn zijn uitgezonderd.

4. De uit deze afdeling voortvloeiende informatieverplichtingen gelden onverminderd de informatieverplichtingen op grond van de artikelen 15d tot en met 15f van Boek 3, de artikelen 227b en 227c alsmede afdeling 2A van titel 5 van Boek 6. In geval van strijd naar inhoud en wijze waarop de informatie wordt verstrekt, zijn de bepalingen van deze afdeling van toepassing.

Art. 230j

De consument is niet zonder zijn uitdrukkelijke instemming gebonden aan een verbintenis tot een aanvullende betaling van een geldsom ter verkrijging van een prestatie die niet de kern van de prestatie is. Uit het gebruik van standaardopties die de consument moet afwijzen, kan geen uitdrukkelijke instemming worden afgeleid.

Verbintenis tot aanvullende betaling

Dwingend recht

Art. 230k

1. De vergoeding die de handelaar aan de consument vraagt voor het gebruik van een bepaald betaalmiddel bedraagt ten hoogste de kosten van het gebruik daarvan voor de handelaar.

2. De vergoeding die de handelaar bij de consument in rekening brengt voor telefonisch contact over de tussen hem en de consument gesloten overeenkomst bedraagt ten hoogste het basistarief. Bij ministeriële regeling kunnen nadere regels over de samenstelling en hoogte van het basistarief worden vastgesteld.

Vergoeding betaalmiddel overeenkomst

Paragraaf 2

– Bepalingen voor overeenkomsten anders dan op afstand of buiten de verkoopruimte

Art. 230l

Voordat de consument door enige andere overeenkomst dan een overeenkomst op afstand of buiten de verkoopruimte, dan wel een daartoe strekkend aanbod, is gebonden, verstrekt de handelaar de consument op duidelijke en begrijpelijke wijze de volgende informatie, voor zover deze niet reeds duidelijk uit de context blijkt:

a. de voornaamste kenmerken van de zaken of de diensten, in de mate waarin dit gezien de gebruikte drager en de zaken of diensten passend is;

b. de identiteit van de handelaar, zoals zijn handelsnaam, het geografische adres waar hij gevestigd is en zijn telefoonnummer;

c. de totale prijs van de zaken of diensten, met inbegrip van alle belastingen, of, als door de aard van de zaak of de dienst de prijs redelijkerwijs niet vooraf kan worden berekend, de manier waarop de prijs moet worden berekend, en, voor zover van toepassing, alle extra vracht-, leverings- of portokosten of, indien deze kosten redelijkerwijs niet vooraf kunnen worden berekend, in ieder geval het feit dat er eventueel dergelijke extra kosten verschuldigd kunnen zijn;

d. voor zover van toepassing, de wijze van betaling, levering, nakoming, de termijn waarbinnen de handelaar zich verbindt de zaak te leveren of de dienst te verlenen, en het beleid van de handelaar inzake klachtenbehandeling;

e. naast een herinnering aan het bestaan van de wettelijke regeling om een zaak te leveren die beantwoordt aan de overeenkomst, het bestaan en de voorwaarden van diensten na verkoop en van commerciële garanties, voor zover van toepassing;

f. voor zover van toepassing, de duur van de overeenkomst, of, wanneer de overeenkomst van onbepaalde duur is of automatisch verlengd wordt, de voorwaarden voor het opzeggen van de overeenkomst;

g. voor zover van toepassing, de functionaliteit van digitale inhoud, met inbegrip van toepasselijke technische beveiligingsvoorzieningen;

h. voor zover van toepassing, de relevante interoperabiliteit van digitale inhoud met hardware en software waarvan de handelaar op de hoogte is of redelijkerwijs kan worden verondersteld op de hoogte te zijn.

Overeenkomst anders dan op afstand of buiten verkoopruimte

Paragraaf 3

– Bepalingen voor overeenkomsten op afstand en overeenkomsten buiten de verkoopruimte

Art. 230m

Overeenkomst op afstand of buiten verkoopruimte

1. Voordat de consument gebonden is aan een overeenkomst op afstand of een overeenkomst buiten de verkoopruimte, dan wel aan een daartoe strekkende aanbod, verstrekt de handelaar de consument op duidelijke en begrijpelijke wijze de volgende informatie:
a. de voornaamste kenmerken van de zaken of de diensten, in de mate waarin dit gezien de gebruikte drager en de zaken of diensten passend is;
b. de identiteit van de handelaar, zoals zijn handelsnaam;
c. het geografisch adres waar de handelaar gevestigd is en het telefoonnummer, fax en e-mailadres van de handelaar, indien beschikbaar, alsmede, indien van toepassing, het geografische adres en de identiteit van de handelaar voor wiens rekening hij optreedt;
d. wanneer dat verschilt van het overeenkomstig onderdeel c verstrekte adres, het geografische adres van de bedrijfsvestiging van de handelaar, en indien van toepassing dat van de handelaar voor wiens rekening hij optreedt, waaraan de consument eventuele klachten kan richten;
e. de totale prijs van de zaken of diensten, met inbegrip van alle belastingen, of, als door de aard van de zaak of de dienst de prijs redelijkerwijs niet vooraf kan worden berekend, de manier waarop de prijs moet worden berekend, en, in voorkomend geval, alle extra vracht-, leverings- of portokosten en eventuele andere kosten of, indien deze kosten redelijkerwijs niet vooraf kunnen worden berekend, het feit dat er eventueel dergelijke extra kosten verschuldigd kunnen zijn. In het geval van een overeenkomst voor onbepaalde duur of een overeenkomst die een abonnement inhoudt, omvat de totale prijs de totale kosten per factureringsperiode. Indien voor een dergelijke overeenkomst een vast tarief van toepassing is, omvat de totale prijs ook de totale maandelijkse kosten. Indien de totale kosten niet redelijkerwijze vooraf kunnen worden berekend, wordt de manier waarop de prijs moet worden berekend, medegedeeld;
f. de kosten voor het gebruik van middelen voor communicatie op afstand voor het sluiten van de overeenkomst wanneer deze kosten op een andere grondslag dan het basistarief worden berekend;
g. de wijze van betaling, levering, uitvoering, de termijn waarbinnen de handelaar zich verbindt de zaak te leveren of de diensten te verlenen en, voor zover van toepassing, het klachtafhandelingsbeleid van de handelaar;
h. wanneer een recht van ontbinding van de overeenkomst bestaat, de voorwaarden, de termijn en de modaliteiten voor de uitoefening van dat recht overeenkomstig artikel 230o, alsmede het modelformulier voor ontbinding opgenomen in bijlage I, deel B, van de richtlijn;
i. voor zover van toepassing, het feit dat de consument de kosten van het terugzenden van de zaken zal moeten dragen in geval van uitoefening van het recht van ontbinding en, voor een overeenkomst op afstand, indien de zaken door hun aard niet per gewone post kunnen worden teruggezonden, de kosten van het terugzenden van de zaken;
j. ingeval de consument zijn recht van ontbinding uitoefent nadat hij een verzoek overeenkomstig artikel 230t lid 3 of artikel 230v lid 8 heeft gedaan, dat de consument de handelaar diens redelijke kosten vergoedt overeenkomstig 230s lid 4;
k. indien er niet voorzien is in het recht van ontbinding van de overeenkomst, de informatie dat de consument geen recht van ontbinding heeft of, voor zover van toepassing, de omstandigheden waarin de consument afstand doet van zijn recht van ontbinding;
l. een herinnering aan het bestaan van de wettelijke waarborg dat de afgeleverde zaak aan de overeenkomst moet beantwoorden;
m. voor zover van toepassing, het bestaan en de voorwaarden van bijstand aan de consument na verkoop, van diensten na verkoop en van commerciële garanties;
n. voor zover van toepassing, het bestaan van relevante gedragscodes, bedoeld in artikel 193a lid 1, onderdeel i, en hoe een afschrift daarvan kan worden verkregen;
o. de duur van de overeenkomst, voor zover van toepassing, of, wanneer de overeenkomst voor onbepaalde duur is of stilzwijgend vernieuwd wordt, de voorwaarden voor het opzeggen van de overeenkomst;
p. voor zover van toepassing, de minimumduur van de uit de overeenkomst voortvloeiende verplichtingen voor de consument;
q. voor zover van toepassing, het bestaan en de voorwaarden van waarborgsommen of andere financiële garanties die de consument op verzoek van de handelaar moet betalen of bieden;
r. voor zover van toepassing, de functionaliteit van digitale inhoud met inbegrip van toepasselijke technische beveiligingsvoorzieningen;
s. voor zover van toepassing, de relevante interoperabiliteit van digitale inhoud met hardware en software waarvan de handelaar op de hoogte is of redelijkerwijs kan worden verondersteld op de hoogte te zijn;

t. voor zover van toepassing, de mogelijkheid van toegang tot buitengerechtelijke klachten- en geschilbeslechtingsprocedures waarbij de handelaar zich heeft aangesloten, en de wijze waarop daar toegang toe is.

2. Bij een openbare veiling kan aan de in lid 1 in onderdelen b, c en d, bedoelde informatieverpllichting worden voldaan door de overeenkomstige gegevens van de veilingmeester te verstrekken.

Art. 230n

1. Aan de in artikel 230m lid 1, onderdelen h, i en j, bedoelde verplichtingen kan worden voldaan door verstrekking van door de handelaar ingevulde modelinstructies voor ontbinding als bedoeld in bijlage I deel A van de richtlijn.

Modelinstructies voor ontbinding overeenkomsten op afstand en buiten de verkoopruimte

2. De in artikel 230m lid 1 bedoelde informatie vormt een integraal onderdeel van de overeenkomst op afstand of van de overeenkomst buiten de verkoopruimte en wordt niet gewijzigd, tenzij de partijen in de overeenkomst uitdrukkelijk anders overeenkomen.

3. Niet opgegeven bijkomende kosten als bedoeld in artikel 230m lid 1, onderdelen e en i, zijn niet verschuldigd.

4. Op de handelaar rust de bewijslast voor de juiste en tijdige verstrekking van de in deze paragraaf genoemde informatie.

Art. 230o

1. De consument kan een overeenkomst op afstand of een overeenkomst buiten de verkoopruimte zonder opgave van redenen ontbinden tot een termijn van veertien dagen is verstreken, na:

Ontbinding overeenkomst op afstand of buiten verkoopruimte

a. bij een overeenkomst tot het verrichten van diensten: de dag waarop de overeenkomst wordt gesloten;

b. bij een consumentenkoop:

1°. de dag waarop de consument of een door de consument aangewezen derde, die niet de vervoerder is, de zaak heeft ontvangen;

2°. de dag waarop de consument of een door de consument aangewezen derde, die niet de vervoerder is, de laatste zaak heeft ontvangen, indien de consument in eenzelfde bestelling meerdere zaken heeft besteld die afzonderlijk worden geleverd;

3°. de dag waarop de consument of een door de consument aangewezen derde, die niet de vervoerder is, de laatste zending of het laatste onderdeel heeft ontvangen indien de levering van een zaak bestaat uit verschillende zendingen of onderdelen; of

4°. de dag waarop de consument of een door de consument aangewezen derde, die niet de vervoerder is, de eerste zaak heeft ontvangen voor een overeenkomst die strekt tot de regelmatige levering van zaken gedurende een bepaalde periode;

c. bij een overeenkomst tot levering van water, gas of elektriciteit, die niet gereed voor verkoop zijn gemaakt in een beperkt volume of in een bepaalde hoeveelheid, van stadsverwarming of van digitale inhoud, anders dan op een materiële drager: de dag waarop de overeenkomst wordt gesloten.

2. Indien niet aan de in artikel 230m lid 1, onderdeel h, gestelde eisen is voldaan wordt de in het vorige lid bedoelde termijn verlengd met de tijd die is verstreken vanaf het tijdstip, bedoeld in het vorige lid, tot het moment waarop alle ontbrekende gegevens alsnog op de voorgeschreven wijze aan de consument zijn verstrekt, doch met ten hoogste twaalf maanden.

3. De consument oefent het in lid 1 bedoelde recht uit door binnen de in dat lid gestelde termijn het ingevulde modelformulier voor ontbinding, bedoeld in bijlage I deel B van de richtlijn, te zenden of een andere daartoe strekkende ondubbelzinnige verklaring te doen aan de handelaar.

4. Brengt de consument op elektronische wijze via de website van de handelaar een verklaring tot ontbinding uit, dan bevestigt de handelaar onverwijld op een duurzame gegevensdrager de ontvangst van deze verklaring.

5. Op de consument rust de bewijslast voor de juiste en tijdige uitoefening van het in lid 1 bedoelde recht.

Art. 230p

De consument heeft geen recht van ontbinding bij:

Ontbinding overeenkomsten op afstand en buiten de verkoopruimte, geen recht op

a. een overeenkomst waarbij de prijs van de zaken of diensten gebonden is aan schommelingen op de financiële markten waarop de handelaar geen invloed heeft en die zich binnen de ontbindingstermijn kunnen voordoen;

b. een overeenkomst waarbij de consument de handelaar specifiek verzocht heeft hem te bezoeken om daar dringende herstellingen of onderhoud te verrichten, met uitzondering van:

1°. aanvullende dienstverlening waar de consument niet uitdrukkelijk om heeft verzocht;

2°. de levering van andere zaken dan die noodzakelijk zijn om het onderhoud of de herstellingen uit te voeren;

c. een overeenkomst die is gesloten tijdens een openbare veiling;

d. een overeenkomst tot het verrichten van diensten, na nakoming van de overeenkomst, indien:

B6 art. 230q **Burgerlijk Wetboek Boek 6**

1°. de nakoming is begonnen met uitdrukkelijke voorafgaande instemming van de consument; en

2°. de consument heeft verklaard afstand te doen van zijn recht van ontbinding zodra de handelaar de overeenkomst is nagekomen;

e. een overeenkomst tot het verrichten van diensten die strekt tot de terbeschikkingstelling van accommodatie anders dan voor woondoeleinden, van goederenvervoer, van autoverhuurdiensten, van catering en van diensten met betrekking tot vrijetijdsbesteding, indien in de overeenkomst een bepaald tijdstip of een bepaalde periode van nakoming is voorzien;

f. een consumentenkoop betreffende:

1°. de levering van volgens specificaties van de consument vervaardigde zaken, die niet geprefabriceerd zijn en die worden vervaardigd op basis van een individuele keuze of beslissing van de consument, of die duidelijk voor een specifieke persoon bestemd zijn;

2°. de levering van zaken die snel bederven of die een beperkte houdbaarheid hebben;

3°. de levering van zaken die niet geschikt zijn om te worden teruggezonden om redenen van gezondheidsbescherming of hygiëne en waarvan de verzegeling na de levering is verbroken;

4°. de levering van zaken die na levering door hun aard onherroepelijk vermengd zijn met andere zaken;

5°. de levering van alcoholische dranken waarvan de prijs is overeengekomen bij het sluiten van een consumentenkoop, maar waarvan de levering slechts kan plaatsvinden na dertig dagen, en waarvan de werkelijke waarde afhankelijk is van schommelingen van de markt waarop de handelaar geen invloed heeft;

6°. de levering van audio- en video-opnamen en computerprogrammatuur waarvan de verzegeling na levering is verbroken;

7°. de levering van kranten, tijdschriften of magazines, met uitzondering van een overeenkomst voor de geregelde levering van dergelijke publicaties;

g. de levering van digitale inhoud die niet op een materiële drager is geleverd, voor zover de nakoming is begonnen met uitdrukkelijke voorafgaande toestemming van de consument en de consument heeft verklaard dat hij daarmee afstand doet van zijn recht van ontbinding.

Art. 230q

Ontbinding vóór sluiten overeenkomst op afstand of buiten verkoopruimte

1. In afwijking van artikel 219 kan een aanbod van de consument tot het aangaan van een overeenkomst aan de handelaar op de in artikel 230o bepaalde wijze worden herroepen.

2. Door een ontbinding overeenkomstig artikel 230o worden van rechtswege alle aanvullende overeenkomsten ontbonden.

Art. 230r

Vergoeding betaling na ontbinding overeenkomst

1. De handelaar vergoedt na ontbinding van de overeenkomst overeenkomstig artikel 230o onverwijld doch uiterlijk binnen veertien dagen na de dag van ontvangst van de verklaring tot ontbinding alle van de consument ontvangen betalingen, met inbegrip van de leveringskosten.

2. De handelaar komt de in lid 1 bedoelde verbintenis na, met gebruikmaking van hetzelfde betaalmiddel als door de consument is gebruikt ter voldoening van de voor de ontbinding op de consument rustende verbintenissen, tenzij de consument uitdrukkelijk met een ander betaalmiddel heeft ingestemd en met dien verstande dat de consument hierdoor geen kosten mag hebben.

3. Onverminderd het bepaalde in lid 1 is de handelaar niet verplicht de bijkomende kosten terug te betalen, indien de consument uitdrukkelijk voor een andere wijze dan de door de handelaar aangeboden minst kostbare wijze van standaardlevering heeft gekozen.

4. Tenzij de handelaar heeft aangeboden de op basis van de ontbonden overeenkomst geleverde zaken zelf af te halen, kan de consument eerst nakoming vorderen van de in lid 1 bedoelde verbintenis nadat de handelaar de zaken heeft ontvangen of de consument heeft aangetoond dat hij de zaken heeft teruggezonden, naar gelang welk tijdstip het eerst valt.

Art. 230s

Terugzending zaken na ontbinding overeenkomst

1. Tenzij de handelaar heeft aangeboden de op basis van de ontbonden overeenkomst geleverde zaken zelf af te halen, zendt de consument onverwijld en in ieder geval binnen veertien dagen na het uitbrengen van de in artikel 230o lid 3 bedoelde verklaring de door hem ontvangen zaken terug of overhandigt deze aan de handelaar of aan een persoon die door de handelaar is gemachtigd om de zaken in ontvangst te nemen.

2. De consument draagt de rechtstreekse kosten van het terugzenden van de zaak, tenzij de handelaar heeft nagelaten de consument mee te delen dat hij deze kosten moet dragen.

3. De consument is slechts aansprakelijk voor de waardevermindering van de zaak als een behandeling van de zaak verder is gegaan dan noodzakelijk om de aard, de kenmerken en de werking daarvan vast te stellen. De consument is niet aansprakelijk voor waardevermindering van de zaak wanneer de handelaar heeft nagelaten om overeenkomstig 230m lid 1, onderdeel h, informatie over het recht van ontbinding te verstrekken.

4. Bij uitoefening van het recht van ontbinding na een verzoek overeenkomstig artikel 230t lid 3 of artikel 230v lid 8 is de consument de handelaar een bedrag verschuldigd dat evenredig is aan dat gedeelte van de verbintenis dat door de handelaar is nagekomen op het moment van uitoefening van het hiervoor bedoelde recht, vergeleken met de volledige nakoming van de verbintenis. Het evenredige bedrag dat de consument aan de handelaar moet betalen, wordt berekend op grond van de totale prijs zoals vastgelegd in de overeenkomst. Als de totale prijs excessief is, wordt het evenredige bedrag berekend op basis van de marktwaarde van het gedeelte van de overeenkomst dat is uitgevoerd.

5. De consument draagt geen kosten voor:
a. de uitvoering van diensten, of de levering van water, gas of elektriciteit, wanneer deze niet in beperkte volumes of in een bepaalde hoeveelheid gereed voor verkoop zijn gemaakt, of van stadsverwarming, die geheel of gedeeltelijk tijdens de ontbindingstermijn zijn verleend, indien:
1°. de handelaar heeft nagelaten de informatie overeenkomstig artikel 230m lid 1, onderdeel h of j, te verstrekken; of
2°. de consument er niet overeenkomstig artikel 230t lid 3 of artikel 230v lid 8 uitdrukkelijk om heeft verzocht met de uitvoering van de dienst tijdens de ontbindingstermijn te beginnen;
b. de volledige of gedeeltelijke levering van digitale inhoud die niet op een materiële drager is geleverd, indien:
1°. de consument er van te voren niet uitdrukkelijk mee heeft ingestemd dat de uitvoering kan beginnen voor het einde van de ontbindingstermijn;
2°. de verklaring van de consument als bedoeld in artikel 230p onderdeel g waarmee hij afstand doet van zijn recht van ontbinding ontbreekt; of
3°. de handelaar heeft verzuimd om de consument overeenkomstig artikel 230t lid 2 respectievelijk artikel 230v lid 7 een afschrift van de bevestiging te verstrekken.

6. De consument is niet aansprakelijk noch enige kosten verschuldigd door de uitoefening van zijn recht van ontbinding, onverminderd het bepaalde in lid 3, alsmede artikel 230r lid 3.

Paragraaf 4
– Aanvullende bepalingen voor overeenkomsten buiten de verkoopruimte

Art. 230t

1. Bij de overeenkomst buiten de verkoopruimte verstrekt de handelaar de in artikel 230m lid 1 genoemde informatie in duidelijke en begrijpelijke taal en in leesbare vorm aan de consument op papier of, indien de consument hiermee instemt, op een andere duurzame gegevensdrager.

Overeenkomst buiten verkoopruimte

2. De handelaar verstrekt aan de consument op papier, of, indien de consument hiermee instemt, op een andere duurzame gegevensdrager, een afschrift van de ondertekende overeenkomst of de bevestiging van de overeenkomst, met inbegrip van de bevestiging van de uitdrukkelijke voorafgaande toestemming en de verklaring van de consument waarmee hij afstand doet van zijn recht van ontbinding overeenkomstig artikel 230p onderdeel g, voor zover van toepassing.

3. Nakoming van een overeenkomst tot het verrichten van diensten of voor de levering van water, gas of elektriciteit, die niet voor verkoop gereed zijn gemaakt in een beperkt volume of in een bepaalde hoeveelheid, of van stadsverwarming, geschiedt tijdens de ontbindingstermijn slechts op uitdrukkelijk verzoek van de consument, door middel van een daartoe strekkende schriftelijke verklaring op een duurzame gegevensdrager.

4. Bij ontbinding overeenkomstig artikel 230o haalt de handelaar op zijn kosten de aan de consument geleverde zaak af wanneer deze:
a. bij het sluiten van de overeenkomst bij de consument thuis is geleverd; en
b. de zaak naar zijn aard niet met de gewone post kan worden teruggezonden.

5. Behalve in het in artikel 230s lid 4 bedoelde geval, kan pas na het verstrijken van de ontbindingstermijn nakoming worden gevorderd van de uit de overeenkomst voortvloeiende verbintenis van de consument tot betaling.

Art. 230u

Het is een handelaar verboden een aanbod tot het sluiten van een overeenkomst buiten de verkoopruimte te doen indien hij weet of redelijkerwijs moet vermoeden dat de verplichtingen die daaruit voor de consument kunnen voortvloeien, niet in overeenstemming zijn met diens draagkracht.

Verbod overeenkomst buiten verkoopruimte

Paragraaf 5
– Aanvullende bepalingen voor overeenkomsten op afstand

Art. 230v

1. Bij een overeenkomst op afstand verstrekt de handelaar de in artikel 230m lid 1 genoemde informatie aan de consument op een wijze die passend is voor de gebruikte middelen voor communicatie op afstand en in een duidelijke en begrijpelijke taal. Verstrekt de handelaar deze informatie op een duurzame gegevensdrager, dan is zij in leesbare vorm opgesteld.

Overeenkomst op afstand

2. Voordat op elektronische wijze een overeenkomst op afstand wordt gesloten waaruit een betalingsverplichting voor de consument voortvloeit, wijst de handelaar de consument op een duidelijke en in het oog springende manier en onmiddellijk voordat de consument zijn bestelling plaatst, op de in artikel 230m lid 1, onderdelen a, e, o en p, genoemde informatie.

3. De handelaar richt zijn elektronische bestelproces op zodanige wijze in dat de consument een aanbod niet kan aanvaarden dan nadat hem op niet voor misverstand vatbare wijze duidelijk is gemaakt dat de bestelling een betalingsverplichting inhoudt. Indien de aanvaarding geschiedt door gebruik van een knop of soortgelijke functie, is aan de vorige zin voldaan indien bij het plaatsen van de bestelling in niet voor misverstand vatbare termen en op goed leesbare wijze blijkt dat de aanvaarding een betalingsverplichting jegens de handelaar inhoudt. Een knop of soortgelijke functie wordt daartoe op een goed leesbare wijze aangemerkt met een ondubbelzinnige formulering waaruit blijkt dat het plaatsen van de bestelling een betalingsverplichting jegens de handelaar inhoudt. De enkele zinsnede «bestelling met betalingsverplichting» wordt aangemerkt als een dergelijke ondubbelzinnige verklaring. Een overeenkomst die in strijd met dit lid tot stand komt, is vernietigbaar.

4. Op websites waarop zaken of diensten door de handelaar worden aangeboden wordt uiterlijk aan het begin van het bestelproces duidelijk en leesbaar aangegeven of er beperkingen gelden voor de levering en welke betaalmiddelen worden aanvaard.

5. Voordat een overeenkomst op afstand wordt gesloten met behulp van een middel voor communicatie op afstand dat beperkte ruimte of tijd biedt voor het tonen van de informatie, verstrekt de handelaar, via dat specifieke middel, ten minste de precontractuele informatie over de voornaamste kenmerken van de zaken of diensten, de identiteit van de handelaar, de totale prijs, het recht van ontbinding, de duur van de overeenkomst en, bij een overeenkomst voor onbepaalde tijd, de voorwaarden om de overeenkomst op te zeggen, bedoeld in artikel 230m lid 1 onderdelen a, b, e, h en o. De overige in artikel 230m lid 1 bedoelde informatie wordt door de handelaar op passende wijze aan de consument verstrekt, overeenkomstig lid 1.

6. De handelaar deelt bij het gebruik van de telefoon met als doel het sluiten van een overeenkomst op afstand met een consument aan het begin van het gesprek de identiteit en, voor zover van toepassing, de identiteit van de persoon namens wie hij opbelt, alsmede het commerciële doel van het gesprek mede. Een overeenkomst op afstand tot het geregeld verrichten van diensten of tot het geregeld leveren van gas, elektriciteit, water of van stadsverwarming, die het gevolg is van dit gesprek, wordt schriftelijk aangegaan. Van deze eis van schriftelijkheid is uitgezonderd de overeenkomst waarin een tussen partijen bestaande overeenkomst wordt verlengd of vernieuwd.

7. De handelaar verstrekt de consument op een duurzame gegevensdrager binnen een redelijke termijn na het sluiten van de overeenkomst op afstand doch in ieder geval bij de levering van de zaken of voordat de dienst wordt uitgevoerd een bevestiging van de overeenkomst. Deze bevestiging omvat:

a. alle in artikel 230m lid 1 bedoelde informatie, voor zover de handelaar deze niet voor het sluiten van de overeenkomst op een duurzame gegevensdrager heeft verstrekt; en

b. voor zover van toepassing, de bevestiging van de uitdrukkelijke voorafgaande toestemming en de verklaring van de consument overeenkomstig artikel 230p onderdeel g.

8. Nakoming van een overeenkomst op afstand tot het verrichten van een dienst of tot levering van water, gas of elektriciteit, die niet gereed voor verkoop zijn gemaakt in een beperkt volume of in een bepaalde hoeveelheid, of tot levering van stadsverwarming, geschiedt tijdens de ontbindingstermijn slechts op uitdrukkelijk verzoek van de consument.

Paragraaf 6

– Specifieke bepalingen voor overeenkomsten op afstand en buiten de verkoopruimte inzake financiële producten en financiële diensten

Art. 230w

Werkingssfeer

1. Deze paragraaf is slechts van toepassing op overeenkomsten inzake:

a. een financieel product;

b. een financiële dienst; of

c. fondsvorming ter voldoening van de verzorging van de uitvaart van een natuurlijke persoon die wordt aangegaan tussen een natura-uitvaartverzekeraar en een consument, die voor de natura-uitvaartverzekeraar geen beleggingsrisico met zich brengt.

2. Artikel 230i leden 2 tot en met 4, alsmede de artikelen 230j en 230k zijn niet van toepassing op de overeenkomsten bedoeld in het eerste lid.

3. Een beding in een overeenkomst op afstand dat de consument belast met het bewijs ter zake van de naleving van de verplichtingen die krachtens richtlijn nr. 2002/65/EG op de dienstverlener rusten, is vernietigbaar.

4. De toepasselijkheid op de overeenkomst van een recht dat de door de richtlijn nr. 2002/65/EG voorziene bescherming niet of slechts ten dele biedt, kan er niet toe leiden dat de consument dan wel de wederpartij de bescherming verliest die hem krachtens richtlijn nr. 2002/65/EG wordt geboden door de dwingende bepalingen van het recht van de lidstaat van de Europese

Unie of de andere staat die partij is bij de Overeenkomst betreffende de Europese Economische Ruimte, waar hij zijn gewone verblijfplaats heeft.

Art. 230x

1. Een consument kan een overeenkomst op afstand of een overeenkomst buiten de verkoopruimte zonder een boete verschuldigd te zijn en zonder opgave van redenen ontbinden gedurende veertien kalenderdagen vanaf de dag waarop die overeenkomst is aangegaan dan wel, indien dit later is, gedurende veertien kalenderdagen vanaf de dag waarop de informatie die de financiële onderneming hem op grond van artikel 4:20 lid 1 van de Wet op het financieel toezicht, dient te verstrekken, door hem is ontvangen.

2. In afwijking van lid 1 kan een consument een overeenkomst op afstand of een overeenkomst buiten de verkoopruimte inzake een levensverzekering zonder een boete verschuldigd te zijn en zonder opgave van redenen ontbinden gedurende dertig kalenderdagen vanaf de dag waarop hij van het tot stand komen van de overeenkomst in kennis is gesteld dan wel, indien dit later is, gedurende dertig kalenderdagen vanaf de dag waarop de informatie die de financiële onderneming hem op grond van artikel 4:20 lid 1 van de Wet op het financieel toezicht, dient te verstrekken, door hem is ontvangen.

3. Indien een consument gebruik wenst te maken van het in lid 1 of lid 2 bedoelde recht, geeft hij daarvan voor het verstrijken van de in dat lid bedoelde termijn kennis aan de financiële onderneming volgens de instructies die hem hierover overeenkomstig artikel 4:20 lid 1 van de Wet op het financieel toezicht zijn verstrekt. De kennisgeving wordt als tijdig aangemerkt indien zij schriftelijk of op een voor de financiële onderneming beschikbare en toegankelijke duurzame gegevensdrager is verzonden voor het verstrijken van de termijn.

4. De leden 1 en 2 zijn niet van toepassing op:

a. overeenkomsten inzake financiële producten waarvan de waarde gedurende de termijn, bedoeld in het desbetreffende lid, afhankelijk is van ontwikkelingen op de financiële markten of andere markten;

b. overeenkomsten inzake verzekeringen met een looptijd van minder dan een maand;

c. overeenkomsten die op uitdrukkelijk verzoek van de consument volledig zijn uitgevoerd voordat de consument gebruik maakt van het in het lid 1 of lid 2 bedoelde recht;

d. overeenkomsten inzake krediet die zijn ontbonden overeenkomstig artikel 230q lid 2 van Boek 6 of de artikelen 50e lid 2, onderdeel c, 66 lid 1 of 67 lid 1 van Boek 7 van het Burgerlijk Wetboek;

e. overeenkomsten inzake krediet waarbij hypothecaire zekerheid wordt verleend; en

f. bij algemene maatregel van bestuur aan te wijzen andere overeenkomsten inzake financiële producten.

5. Indien aan een overeenkomst op afstand of een overeenkomst buiten de verkoopruimte een andere overeenkomst verbonden is met betrekking tot een zaak of dienst die door de financiële onderneming wordt geleverd of door een derde op grond van een overeenkomst tussen de financiële onderneming en deze derde, brengt de ontbinding van de overeenkomst op afstand of buiten de verkoopruimte overeenkomstig lid 1 of lid 2 van rechtswege en zonder dat de consument een boete verschuldigd is, de ontbinding met zich van die verbonden overeenkomst.

6. Artikel 230v lid 6, eerste zin, is van overeenkomstige toepassing.

Art. 230y

1. Met de uitvoering van een overeenkomst op afstand of een overeenkomst buiten de verkoopruimte wordt pas na toestemming van de consument een begin gemaakt.

2. Indien de consument gebruik maakt van zijn in artikel 230x lid 1 of lid 2 bedoelde recht, kan de financiële onderneming uitsluitend een vergoeding vragen voor het financieel product dat ter uitvoering van de overeenkomst op afstand of buiten de verkoopruimte is geleverd. Deze vergoeding is:

a. niet hoger dan een bedrag dat evenredig is aan de verhouding tussen het reeds geleverde product en de volledige uitvoering van de overeenkomst op afstand of buiten de verkoopruimte; en

b. in geen geval zo hoog dat deze als een boete kan worden opgevat.

3. De financiële onderneming kan slechts betaling van de in lid 2 bedoelde vergoeding verlangen indien zij:

a. kan aantonen dat de consument overeenkomstig artikel 4:20 lid 1 van de Wet op het financieel toezicht, is geïnformeerd over de in lid 2 bedoelde vergoeding; en

b. op uitdrukkelijk verzoek van de consument met de uitvoering van de overeenkomst is begonnen voor het verstrijken van de in artikel 230x lid 1 of lid 2 genoemde termijn.

4. Indien de consument gebruik maakt van het in artikel 230x lid 1 of lid 2 bedoelde recht, betaalt de financiële onderneming de consument zo spoedig mogelijk, doch uiterlijk binnen dertig kalenderdagen nadat zij de kennisgeving van de ontbinding heeft ontvangen, al hetgeen zij op grond van de overeenkomst van de consument ontvangen heeft terug, verminderd met het in lid 2 bedoelde bedrag.

5. Indien de consument gebruik maakt van het in artikel 230x lid 1 of lid 2 bedoelde recht geeft hij de financiële onderneming zo spoedig mogelijk, doch uiterlijk binnen dertig kalenderdagen nadat hij de kennisgeving van de ontbinding heeft verzonden, alle geldbedragen en goederen terug die hij van de financiële onderneming op grond van de overeenkomst heeft ontvangen.

Art. 230z

Verbod kredietgever/-bemiddelaar op aanprijzen krediet

1. Het is een kredietgever of een kredietbemiddelaar verboden om door persoonlijk bezoek dan wel door of in samenhang met de aanprijzing van een geldkrediet als bedoeld in onderdeel a van de definitie van krediet in artikel 1:1 van de Wet op het financieel toezicht of van een zaak of een dienst in een groep van ter plaatse van de aanprijzing aanwezige personen te trachten een ander te bewegen tot het als kredietnemer deelnemen aan een geldkrediet, dan wel een ander die handelingen te doen verrichten.

2. Voor de toepassing van het vorige lid wordt als persoonlijk bezoek niet aangemerkt het persoonlijk bezoek, dat in overwegende mate voortvloeit uit een initiatief van degene, die wordt bezocht, tenzij de bezoeker degene, die hij bezoekt, tracht te bewegen tot het sluiten van een overeenkomst betreffende een ander goed of een andere dienst dan het goed of de dienst, in verband waarmee om het bezoek is verzocht en degene, die wordt bezocht, toen hij het initiatief tot dat bezoek nam niet wist en redelijkerwijs niet kon weten, dat het sluiten van overeenkomsten betreffende dat andere goed of die andere dienst tot de bedrijfs- of beroepsuitoefening van de bezoeker behoorde.

3. Voor de toepassing van lid 1 wordt als een groep van personen niet aangemerkt een groep, die kennelijk niet met of mede met het oog op de aanprijzing van een goed of een dienst in die groep is bijeengebracht.

4. Een overeenkomst die in strijd met lid 1 is tot stand gekomen, is vernietigbaar. Een beroep op vernietigbaarheid kan slechts door de consument worden gedaan. De rechter kan na de vernietiging van de overeenkomst vaststellen in welke termijnen de consument aan zijn verplichting tot terugbetaling aan de kredietgever zal hebben te voldoen.

5. De rechtsvordering tot vernietiging verjaart door verloop van een jaar na de aanvang van de dag waarop de kredietgever de consument schriftelijk heeft gewezen op de mogelijkheid een beroep te doen op de vernietigbaarheid. Artikel 52 lid 2 van Boek 3 is van overeenkomstige toepassing.

6. Elk beding dat de consument verplicht enige prestatie te verrichten dan wel het recht ontneemt om bij vernietiging van de overeenkomst reeds betaalde bedragen terug te vorderen, is nietig.

Schakelbepaling

7. Artikel 230u is van overeenkomstige toepassing op de overeenkomst buiten de verkoopruimte inzake een financieel product of een financiële dienst.

Afdeling 3
Algemene voorwaarden

Art. 231

Algemene voorwaarden

In deze afdeling wordt verstaan onder:

a. algemene voorwaarden: een of meer bedingen die zijn opgesteld teneinde in een aantal overeenkomsten te worden opgenomen, met uitzondering van bedingen die de kern van de prestaties aangeven, voor zover deze laatstgenoemde bedingen duidelijk en begrijpelijk zijn geformuleerd;

b. gebruiker: degene die de algemene voorwaarden in een overeenkomst gebruikt;

c. wederpartij: degene die door ondertekening van een geschrift of op andere wijze de gelding van algemene voorwaarden heeft aanvaard.

Art. 232

Gebondenheid bij algemene voorwaarden

Een wederpartij is ook dan aan de algemene voorwaarden gebonden als bij het sluiten van de overeenkomst de gebruiker begreep of moest begrijpen dat zij de inhoud daarvan niet kende. *(Zie ook: artt. 33, 35 BW Boek 3; artt. 213, 216 BW Boek 6)*

Art. 233

Vernietigbaarheid beding bij algemene voorwaarden

Een beding in algemene voorwaarden is vernietigbaar

a. indien het, gelet op de aard en de overige inhoud van de overeenkomst, de wijze waarop de voorwaarden zijn tot stand gekomen, de wederzijds kenbare belangen van partijen en de overige omstandigheden van het geval, onredelijk bezwarend is voor de wederpartij; of

b. indien de gebruiker aan de wederpartij niet een redelijke mogelijkheid heeft geboden om van de algemene voorwaarden kennis te nemen.

(Zie ook: artt. 41, 49 BW Boek 3; art. 248 BW Boek 6)

Art. 234

1. De gebruiker heeft aan de wederpartij de in artikel 233 onder b bedoelde mogelijkheid geboden, indien hij de algemene voorwaarden voor of bij het sluiten van de overeenkomst aan de wederpartij ter hand heeft gesteld, de voorwaarden overeenkomstig de in artikel 230c voorziene wijze heeft verstrekt of, indien dit redelijkerwijs niet mogelijk is, voor de totstandkoming van de overeenkomst aan de wederpartij heeft bekend gemaakt dat de voorwaarden bij hem ter inzage liggen of bij een door hem opgegeven Kamer van Koophandel of een griffie van een gerecht zijn gedeponeerd, alsmede dat zij op verzoek zullen worden toegezonden. Indien de voorwaarden niet voor of bij het sluiten van de overeenkomst aan de wederpartij ter hand zijn gesteld, zijn de bedingen tevens vernietigbaar indien de gebruiker de voorwaarden niet op verzoek van de wederpartij onverwijld op zijn kosten aan haar toezendt. Het omtrent de verplichting tot toezending bepaalde is niet van toepassing, voor zover deze toezending redelijkerwijze niet van de gebruiker kan worden gevergd.

Informatieplicht bij algemene voorwaarden

2. De gebruiker heeft tevens aan de wederpartij de in artikel 233 onder b bedoelde mogelijkheid geboden, indien hij de algemene voorwaarden voor of bij het sluiten van de overeenkomst aan de wederpartij langs elektronische weg ter beschikking heeft gesteld op een zodanige wijze dat deze door haar kunnen worden opgeslagen en voor haar toegankelijk zijn ten behoeve van latere kennisneming of, indien dit redelijkerwijs niet mogelijk is, voor de totstandkoming van de overeenkomst aan de wederpartij heeft bekend gemaakt waar van de voorwaarden langs elektronische weg kan worden kennisgenomen, alsmede dat zij op verzoek langs elektronische weg of op andere wijze zullen worden toegezonden.

Indien de voorwaarden niet voor of bij het sluiten van de overeenkomst aan de wederpartij langs elektronische weg ter beschikking zijn gesteld, zijn de bedingen tevens vernietigbaar indien de gebruiker de voorwaarden niet op verzoek van de wederpartij onverwijld op zijn kosten langs elektronische weg of op andere wijze aan haar toezendt.

3. Voor het op de in lid 2 bedoelde wijze bieden van een redelijke mogelijkheid om van de algemene voorwaarden kennis te nemen is de uitdrukkelijke instemming van de wederpartij vereist indien de overeenkomst niet langs elektronische weg tot stand komt.

Art. 235

1. Op de vernietigingsgronden bedoeld in de artikelen 233 en 234 kan geen beroep worden gedaan door

Vernietigingsgronden bij algemene voorwaarden

a. een rechtspersoon bedoeld in artikel 360 van Boek 2, die ten tijde van het sluiten van de overeenkomst laatstelijk zijn jaarrekening openbaar heeft gemaakt, of ten aanzien waarvan op dat tijdstip laatstelijk artikel 403 lid 1 van Boek 2 is toegepast;

b. een partij op wie het onder *a* bepaalde niet van toepassing is, indien op voormeld tijdstip bij haar vijftig of meer personen werkzaam zijn of op dat tijdstip uit een opgave krachtens de Handelsregisterwet 2007 blijkt dat bij haar vijftig of meer personen werkzaam zijn.

(Zie ook: artt. 153, 263, 396, 397 BW Boek 2)

2. Op de vernietigingsgrond bedoeld in artikel 233 onder a , kan mede een beroep worden gedaan door een partij voor wie de algemene voorwaarden door een gevolmachtigde zijn gebruikt, mits de wederpartij meermalen overeenkomsten sluit waarop dezelfde of nagenoeg dezelfde algemene voorwaarden van toepassing zijn.

3. Op de vernietigingsgronden bedoeld in de artikelen 233 en 234, kan geen beroep worden gedaan door een partij die meermalen dezelfde of nagenoeg dezelfde algemene voorwaarden in haar overeenkomsten gebruikt.

4. De termijn bedoeld in artikel 52 lid 1 onder d van Boek 3, begint met de aanvang van de dag, volgende op die waarop een beroep op het beding is gedaan.

(Zie ook: art. 49 BW Boek 3; art. 243 BW Boek 6)

Art. 236

Bij een overeenkomst tussen een gebruiker en een wederpartij, natuurlijk persoon, die niet handelt in de uitoefening van een beroep of bedrijf, wordt als onredelijk bezwarend aangemerkt een in de algemene voorwaarden voorkomend beding

Algemene voorwaarden (zie zwarte lijst)

a. dat de wederpartij geheel en onvoorwaardelijk het recht ontneemt de door de gebruiker toegezegde prestatie op te eisen;

(Zie ook: art. 248 BW Boek 6)

b. dat de aan de wederpartij toekomende bevoegdheid tot ontbinding, zoals deze in afdeling 5 van titel 5 is geregeld, uitsluit of beperkt;

c. dat een de wederpartij volgens de wet toekomende bevoegdheid tot opschorting of de nakoming uitsluit of beperkt of de gebruiker een verdergaande bevoegdheid tot opschorting verleent dan hem volgens de wet toekomt;

(Zie ook: art. 290 BW Boek 3; artt. 52, 262 BW Boek 6)

d. dat de beoordeling van de vraag of de gebruiker in de nakoming van een of meer van zijn verbintenissen is te kort geschoten aan hem zelf overlaat, of dat de uitoefening van de rechten die de wederpartij ter zake van een zodanige tekortkoming volgens de wet toekomen, afhankelijk stelt van de voorwaarde dat deze eerst een derde in rechte heeft aangesproken;

e. krachtens hetwelk de wederpartij aan de gebruiker bij voorbaat toestemming verleent zijn uit de overeenkomst voortvloeiende verplichtingen op een der in afdeling 3 van titel 2 bedoelde wijzen op een derde te doen overgaan, tenzij de wederpartij te allen tijde de bevoegdheid heeft de overeenkomst te ontbinden, of de gebruiker jegens de wederpartij aansprakelijk is voor de nakoming door de derde, of de overgang plaatsvindt in verband met de overdracht van een onderneming waartoe zowel die verplichtingen als de daartegenover bedongen rechten behoren;

f. dat voor het geval uit de overeenkomst voor de gebruiker voortvloeiende rechten op een derde overgaan, ertoe strekt bevoegdheden of verweermiddelen die de wederpartij volgens de wet jegens die derde zou kunnen doen gelden, uit te sluiten of te beperken;

(Zie ook: artt. 130, 145 BW Boek 6)

g. dat een wettelijke verjarings- of vervaltermijn waarbinnen de wederpartij enig recht moet geldend maken, tot een verjarings- onderscheidenlijk vervaltermijn van minder dan een jaar verkort;

(Zie ook: art. 307 BW Boek 3)

h. dat voor het geval bij de uitvoering van de overeenkomst schade aan een derde wordt toegebracht door de gebruiker of door een persoon of zaak waarvoor deze aansprakelijk is, de wederpartij verplicht deze schade hetzij aan de derde te vergoeden, hetzij in haar verhouding tot de gebruiker voor een groter deel te dragen dan waartoe zij volgens de wet verplicht zou zijn;

i. dat de gebruiker de bevoegdheid geeft de door hem bedongen prijs binnen drie maanden na het sluiten van de overeenkomst te verhogen, tenzij de wederpartij bevoegd is in dat geval de overeenkomst te ontbinden;

(Zie ook: art. 258 BW Boek 6; art. 35 BW Boek 7)

j. dat in geval van een overeenkomst tot het geregeld afleveren van zaken, elektriciteit, warmte en koude daaronder begrepen en dag-, nieuws- en weekbladen en tijdschriften niet daaronder begrepen, of tot het geregeld doen van verrichtingen, leidt tot stilzwijgende verlenging of vernieuwing in een overeenkomst voor bepaalde duur, dan wel tot een stilzwijgende voortzetting in een overeenkomst voor onbepaalde duur zonder dat de wederpartij de bevoegdheid heeft om de voortgezette overeenkomst te allen tijde op te zeggen met een opzegtermijn van ten hoogste een maand;

(Zie ook: art. 237 BW Boek 6)

k. dat de bevoegdheid van de wederpartij om bewijs te leveren uitsluit of beperkt, of dat de uit de wet voortvloeiende verdeling van de bewijslast ten nadele van de wederpartij wijzigt, hetzij doordat het een verklaring van haar bevat omtrent de deugdelijkheid van de haar verschuldigde prestatie, hetzij doordat het haar belast met het bewijs dat een tekortkoming van de gebruiker aan hem kan worden toegerekend;

l. dat ten nadele van de wederpartij afwijkt van artikel 37 van Boek 3, tenzij het betrekking heeft op de vorm van door de wederpartij af te leggen verklaringen of bepaalt dat de gebruiker het hem door de wederpartij opgegeven adres als zodanig mag blijven beschouwen totdat hem een nieuw adres is megedeeld;

m. waarbij een wederpartij die bij het aangaan van de overeenkomst werkelijke woonplaats in een gemeente in Nederland heeft, woonplaats kiest anders dan voor het geval zij te eniger tijd geen bekende werkelijke woonplaats in die gemeente zal hebben, tenzij de overeenkomst betrekking heeft op een registergoed en woonplaats ten kantore van een notaris wordt gekozen;

(Zie ook: art. 1576k BW Boek 7A)

n. dat voorziet in de beslechting van een geschil door een ander dan de rechter die volgens de wet bevoegd zou zijn, tenzij het de wederpartij een termijn gunt van tenminste een maand nadat de gebruiker zich schriftelijk jegens haar op het beding heeft beroepen, om voor beslechting van het geschil door de volgens de wet bevoegde rechter te kiezen;

(Zie ook: art. 98a Rv)

o. dat de bevoegdheid van de wederpartij om de overeenkomst, die mondeling, schriftelijk of langs elektronische weg tot stand is gekomen, op een overeenkomstige wijze op te zeggen, uitsluit of beperkt;

p. dat in geval van een overeenkomst tot het geregeld afleveren van dag-, nieuws- en weekbladen en tijdschriften, leidt tot een stilzwijgende verlenging of vernieuwing van de overeenkomst met een duur die langer is dan drie maanden, dan wel tot een stilzwijgende verlenging of vernieuwing van de overeenkomst met een duur van ten hoogste drie maanden zonder dat de wederpartij de bevoegdheid heeft om de overeenkomst telkens tegen het einde van de duur van de verlenging of de vernieuwing op te zeggen met een opzegtermijn van ten hoogste een maand;

q. dat in geval van een overeenkomst tot het geregeld afleveren van dag-, nieuws- en weekbladen en tijdschriften, leidt tot een stilzwijgende voortzetting in een overeenkomst voor onbepaalde duur zonder dat de wederpartij de bevoegdheid heeft om de voortgezette overeenkomst te allen tijde op te zeggen met een opzegtermijn van ten hoogste een maand of, in geval de geregelde aflevering minder dan eenmaal per maand plaats heeft, met een opzegtermijn van ten hoogste drie maanden;

r. dat de wederpartij verplicht de verklaring tot opzegging van een overeenkomst als bedoeld onder j of p respectievelijk q te laten plaatsvinden op een bepaald moment;
s. dat in geval van een overeenkomst met beperkte duur tot het geregeld ter kennismaking afleveren van dag-, nieuws-, weekbladen en tijdschriften leidt tot voortzetting van de overeenkomst.
(Zie ook: artt. 5, 857 BW Boek 7)

Art. 237

Bij een overeenkomst tussen een gebruiker en een wederpartij, natuurlijk persoon, die niet handelt in de uitoefening van een beroep of bedrijf, wordt vermoed onredelijk bezwarend te zijn een in de algemene voorwaarden voorkomend beding

Algemene voorwaarden (zie grijze lijst)

a. dat de gebruiker een, gelet op de omstandigheden van het geval, ongebruikelijk lange of onvoldoende bepaalde termijn geeft om op een aanbod of een andere verklaring van de wederpartij te reageren;
(Zie ook: art. 221 BW Boek 6)

b. dat de inhoud van de verplichtingen van de gebruiker wezenlijk beperkt ten opzichte van hetgeen de wederpartij, mede gelet op de wettelijke regels die op de overeenkomst betrekking hebben, zonder dat beding redelijkerwijs mocht verwachten;

c. dat de gebruiker de bevoegdheid verleent een prestatie te verschaffen die wezenlijk van de toegezegde prestatie afwijkt, tenzij de wederpartij bevoegd is in dat geval de overeenkomst te ontbinden;

d. dat de gebruiker van zijn gebondenheid aan de overeenkomst bevrijdt of hem de bevoegdheid daartoe geeft anders dan op in de overeenkomst vermelde gronden welke van dien aard zijn dat deze gebondenheid niet meer van hem kan worden gevergd;
(Zie ook: artt. 75, 265 BW Boek 6)

e. dat de gebruiker een ongebruikelijk lange of onvoldoende bepaalde termijn voor de nakoming geeft;
(Zie ook: art. 38 BW Boek 6)

f. dat de gebruiker of een derde geheel of ten dele bevrijdt van een wettelijke verplichting tot schadevergoeding;
(Zie ook: art. 95 BW Boek 6)

g. dat een de wederpartij volgens de wet toekomende bevoegdheid tot verrekening uitsluit of beperkt of de gebruiker een verdergaande bevoegdheid tot verrekening verleent dan hem volgens de wet toekomt;
(Zie ook: art. 127 BW Boek 6)

h. dat als sanctie op bepaalde gedragingen van de wederpartij, nalaten daaronder begrepen, verval stelt van haar toekomende rechten of van de bevoegdheid bepaalde verweren te voeren, behoudens voor zover deze gedragingen het verval van die rechten of verweren rechtvaardigen;

i. dat voor het geval de overeenkomst wordt beëindigd anders dan op grond van het feit dat de wederpartij in de nakoming van haar verbintenis is tekort geschoten, de wederpartij verplicht een geldsom te betalen, behoudens voor zover het betreft een redelijke vergoeding voor door de gebruiker geleden verlies of gederfde winst;

j. dat de wederpartij verplicht tot het sluiten van een overeenkomst met de gebruiker of met een derde, tenzij dit, mede gelet op het verband van die overeenkomst met de in dit artikel bedoelde overeenkomst, redelijkerwijze van de wederpartij kan worden gevergd;

k. dat voor een overeenkomst als bedoeld in artikel 236 onder j of p respectievelijk q een duur bepaalt van meer dan een jaar, tenzij de wederpartij na een jaar de bevoegdheid heeft de overeenkomst te allen tijde op te zeggen met een opzegtermijn van ten hoogste een maand;

l. dat de wederpartij aan een opzegtermijn bindt die langer is dan de termijn waarop de gebruiker de overeenkomst kan opzeggen;

m. dat voor de geldigheid van een door de wederpartij te verrichten verklaring een strengere vorm dan het vereiste van een onderhandse akte stelt;
(Zie ook: art. 236 BW Boek 6)

n. dat bepaalt dat een door de wederpartij verleende volmacht onherroepelijk is of niet eindigt door haar dood of ondercuratelestelling, tenzij de volmacht strekt tot levering van een registergoed;

o. dat de wederpartij bij overeenkomsten, niet zijnde verlengde, vernieuwde of voortgezette overeenkomsten als bedoeld in artikel 236, onder j of p respectievelijk q, aan een opzegtermijn bindt die langer is dan een maand.
(Zie ook: artt. 52, 857 BW Boek 7)

Art. 238

1. Bij een overeenkomst als bedoeld in de artikelen 236 en 237, kan jegens de wederpartij geen beroep worden gedaan

Beding m.b.t. vertegenwoordiging bij algemene voorwaarden

a. op het feit dat de overeenkomst in naam van een derde is gesloten, indien dit beroep berust op het enkele feit dat een beding van deze strekking in de algemene voorwaarden voorkomt;

B6 *art. 239* **Burgerlijk Wetboek Boek 6**

b. op het feit dat de algemene voorwaarden beperkingen bevatten van de bevoegdheid van een gevolmachtigde van de gebruiker, die zo ongebruikelijk zijn dat de wederpartij ze zonder het beding niet behoefde te verwachten, tenzij zij ze kende.

2. Bij een overeenkomst als bedoeld in de artikelen 236 en 237 moeten de bedingen duidelijk en begrijpelijk zijn opgesteld. Bij twijfel over de betekenis van een beding, prevaleert de voor de wederpartij gunstigste uitleg.

(Zie ook: art. 240 BW Boek 6)

Art. 239

Wijziging grijze lijst bij algemene voorwaarden

1. Bij algemene maatregel van bestuur kunnen de onderdelen a-n van artikel 237 worden gewijzigd en kan hun toepassingsgebied worden beperkt.

2. Alvorens een voordracht tot vaststelling, wijziging of intrekking van een maatregel als bedoeld in het eerste lid te doen, kan Onze Minister van Justitie de naar zijn oordeel representatieve organisaties van hen die bij het sluiten van de overeenkomsten waarop de maatregel betrekking heeft, algemene voorwaarden plegen te gebruiken en van hen die bij die overeenkomsten als hun wederpartijen plegen op te treden, horen.

3. Een besluit als in het eerste lid bedoeld wordt zodra het is vastgesteld toegezonden aan de voorzitters van de beide Kamers van de Staten-Generaal. Een dergelijk besluit treedt niet in werking dan nadat twee maanden zijn verstreken sinds de datum van uitgifte van het *Staatsblad* waarin het is geplaatst.

(Zie ook: art. 107 GW)

Art. 240

Vordering bij algemene voorwaarden

1. Op vordering van een rechtspersoon als bedoeld in lid 3 kunnen bepaalde bedingen in bepaalde algemene voorwaarden onredelijk bezwarend worden verklaard; de artikelen 233 onder a, 236 en 237 zijn van overeenkomstige toepassing. Voor de toepassing van de vorige zin wordt een beding in algemene voorwaarden dat in strijd is met een dwingende wetsbepaling, als onredelijk bezwarend aangemerkt. Bij de beoordeling van een beding blijft de uitlegregel van artikel 238 lid 2, tweede zin, buiten toepassing.

2. De vordering kan worden ingesteld tegen de gebruiker, alsmede tegen een rechtspersoon met volledige rechtsbevoegdheid die ten doel heeft de behartiging van de belangen van personen die een beroep of bedrijf uitoefenen, indien hij het gebruik van de algemene voorwaarden door die personen bevordert.

3. De vordering komt toe aan rechtspersonen met volledige rechtsbevoegdheid die ten doel hebben de behartiging van belangen van personen die een beroep of bedrijf uitoefenen of van eindgebruikers van niet voor een beroep of bedrijf bestemde goederen of diensten. Zij kan slechts betrekking hebben op algemene voorwaarden die worden gebruikt of bestemd zijn te worden gebruikt in overeenkomsten met personen wier belangen door de rechtspersoon worden behartigd.

(Zie ook: art. 196 BW Boek 6)

4. De eiser is niet ontvankelijk indien niet blijkt dat hij, alvorens de vordering in te stellen, de gebruiker of, in het geval bedoeld in artikel 1003 van het Wetboek van Burgerlijke Rechtsvordering, de aldaar bedoelde vereniging, de gelegenheid heeft geboden om in onderling overleg de algemene voorwaarden zodanig te wijzigen dat de bezwaren die grond voor de vordering zouden opleveren, zijn weggenomen. Een termijn van twee weken na de ontvangst van een verzoek tot overleg onder vermelding van de bezwaren, is daartoe in elk geval voldoende.

5. Voor zover een rechtspersoon met het gebruik van bedingen in algemene voorwaarden heeft ingestemd, komt hem geen vordering als bedoeld in lid 1 toe.

(Zie ook: art. 303 BW Boek 3; artt. 242, 243, 244 BW Boek 6; art. 67 Wet RO; artt. 4, 9, 1003 Rv)

6. Met een rechtspersoon als bedoeld in lid 3 wordt gelijk gesteld een organisatie of openbaar lichaam met zetel buiten Nederland welke geplaatst is op de lijst, bedoeld in artikel 4 lid 3 van richtlijn nr. 2009/22/EG van het Europees Parlement en de Raad van 23 april 2009 betreffende het doen staken van inbreuken in het raam van de bescherming van de consumentenbelangen (PbEG L 110), mits de vordering betrekking heeft op algemene voorwaarden die worden gebruikt of bestemd zijn te worden gebruikt in overeenkomsten met personen die hun gewone verblijfplaats hebben in het land waar de organisatie of het openbaar lichaam gezeteld is, en de organisatie deze belangen ingevolge haar doelstelling behartigt of aan het openbaar lichaam de behartiging van deze belangen is toevertrouwd.

Art. 241

Bevoegdheid rechter bij algemene voorwaarden Schakelbepaling

1. Het gerechtshof Den Haag is bij uitsluiting bevoegd tot kennisneming van vorderingen als in het vorige artikel bedoeld.

2. De in het vorige artikel bedoelde rechtspersonen hebben de bevoegdheden, geregeld in de artikelen 217 en 376 van het Wetboek van Burgerlijke Rechtsvordering; artikel 379 van dat wetboek is niet van toepassing.

Uitspraak rechter bij algemene voorwaarden

3. Op vordering van de eiser kan aan de uitspraak worden verbonden

a. een verbod van het gebruik van de door de uitspraak getroffen bedingen of van het bevorderen daarvan;

b. een gebod om een aanbeveling tot het gebruik van deze bedingen te herroepen;
c. een veroordeling tot het openbaar maken of laten openbaar maken van de uitspraak, zulks op door de rechter te bepalen wijze en op kosten van de door de rechter aan te geven partij of partijen.

4. De rechter kan in zijn uitspraak aangeven op welke wijze het onredelijk bezwarend karakter van de bedingen waarop de uitspraak betrekking heeft, kan worden weggenomen.

5. Geschillen terzake van de tenuitvoerlegging van de in lid 3 bedoelde veroordelingen, alsmede van de veroordeling tot betaling van een dwangsom, zo deze is opgelegd, worden bij uitsluiting door het gerechtshof Den Haag beslist.

6. Tot kennisneming van vorderingen in kort geding strekkende tot veroordelingen als bedoeld in lid 3, ingesteld door rechtspersonen als bedoeld in artikel 240 lid 3, is de voorzieningenrechter van de rechtbank Den Haag bij uitsluiting bevoegd. Lid 5, alsmede de artikelen 62, 116 lid 2, 1003, 1005, 1006 van het Wetboek van Burgerlijke Rechtsvordering zijn van overeenkomstige toepassing.

(Zie ook: art. 67 Wet RO; artt. 116, 1003 Rv)

Art. 242

1. Op vordering van een of meer van degenen tegen wie de in artikel 240 lid 1 bedoelde uitspraak is gedaan, kan de rechter die uitspraak wijzigen of opheffen op grond dat zij tengevolge van een wijziging in de omstandigheden niet langer gerechtvaardigd is. De vordering wordt ingesteld tegen de rechtspersoon op wiens vordering de uitspraak was gedaan.

Wijziging rechterlijke uitspraak bij algemene voorwaarden

2. Indien de rechtspersoon op wiens vordering de uitspraak was gedaan, is ontbonden, wordt de zaak met een verzoekschrift ingeleid. Voor de toepassing van artikel 279 lid 1 van het Wetboek van Burgerlijke Rechtsvordering worden rechtspersonen als bedoeld in artikel 240 lid 3 als belanghebbenden aangemerkt.

3. Artikel 241 leden 1, 2, 3 onder c en 5 is van overeenkomstige toepassing.

Schakelbepaling

4. De vorige leden zijn niet van toepassing voor zover de uitspraak betrekking had op een beding dat door de wet als onredelijk bezwarend wordt aangemerkt.

(Zie ook: art. 401 BW Boek 1; art. 67 Wet RO; artt. 62, 116, 261, 1003 Rv)

Art. 243

Een beding in algemene voorwaarden dat door degene jegens wie een verbod tot gebruik ervan is uitgesproken, in strijd met het verbod in een overeenkomst wordt opgenomen, is vernietigbaar. Artikel 235 is van overeenkomstige toepassing.

Verboden beding bij algemene voorwaarden

(Zie ook: art. 50 BW Boek 3)

Art. 244

1. Een persoon die handelt in de uitoefening van een beroep of bedrijf, kan geen beroep doen op een beding in een overeenkomst met een partij die terzake van de goederen of diensten waarop die overeenkomst betrekking heeft, met gebruikmaking van algemene voorwaarden overeenkomsten met haar afnemers heeft gesloten, voor zover een beroep op dat beding onredelijk zou zijn wegens zijn nauwe samenhang met een in de algemene voorwaarden voorkomend beding dat krachtens deze afdeling is vernietigd of door een uitspraak als bedoeld in artikel 240 lid 1 is getroffen.

Bescherming tussenschakel (beklemde detaillist) bij algemene voorwaarden

2. Is tegen de gebruiker een vordering als bedoeld in artikel 240 lid 1 ingesteld, dan is hij bevoegd die persoon in het geding te roepen teneinde voor recht te horen verklaren dat een beroep als bedoeld in het vorige lid onredelijk zou zijn. Artikel 241 leden 2, 3 onder c, 4 en 5 alsmede de artikelen 210, 211 en 215 van het Wetboek van Burgerlijke Rechtsvordering zijn van overeenkomstige toepassing.

Schakelbepaling

3. Op de uitspraak is artikel 242 van overeenkomstige toepassing.

4. Op eerdere overeenkomsten met betrekking tot de voormelde goederen en diensten zijn de leden 1-3 van overeenkomstige toepassing.

(Zie ook: art. 25 BW Boek 7)

Art. 245

Deze afdeling is noch van toepassing op arbeidsovereenkomsten, noch op collectieve arbeidsovereenkomsten.

Werkingssfeer bij algemene voorwaarden

Art. 246

Noch van de artikelen 231-244, noch van de bepalingen van de in artikel 239 lid 1 bedoelde algemene maatregelen van bestuur kan worden afgeweken. De bevoegdheid om een beding krachtens deze afdeling door een buitengerechtelijke verklaring te vernietigen, kan niet worden uitgesloten.

Dwingend recht bij algemene voorwaarden

(Zie ook: artt. 49, 50 BW Boek 3)

Art. 247

1. Op overeenkomsten tussen partijen die handelen in de uitoefening van een beroep of bedrijf en die beide in Nederland gevestigd zijn, is deze afdeling van toepassing, ongeacht het recht dat de overeenkomst beheerst.

Werkingssfeer internationale overeenkomst bij algemene voorwaarden

B6 art. 248 **Burgerlijk Wetboek Boek 6**

2. Op overeenkomsten tussen partijen die handelen in de uitoefening van een beroep of bedrijf en die niet beide in Nederland gevestigd zijn, is deze afdeling niet van toepassing, ongeacht het recht dat de overeenkomst beheerst.

3. Een partij is in de zin van de leden 1 en 2 in Nederland gevestigd, indien haar hoofdvestiging, of, zo de prestatie volgens de overeenkomst door een andere vestiging dan de hoofdvestiging moet worden verricht, deze andere vestiging zich in Nederland bevindt.

4. Op overeenkomsten tussen een gebruiker en een wederpartij, natuurlijk persoon, die niet handelt in de uitoefening van een beroep of bedrijf, is, indien de wederpartij haar gewone verblijfplaats in Nederland heeft, deze afdeling van toepassing, ongeacht het recht dat de overeenkomst beheerst.

Afdeling 4
Rechtsgevolgen van overeenkomsten

Art. 248

Redelijkheid en billijkheid bij rechtsgevolgen van overeenkomst

1. Een overeenkomst heeft niet alleen de door partijen overeengekomen rechtsgevolgen, maar ook die welke, naar de aard van de overeenkomst, uit de wet, de gewoonte of de eisen van redelijkheid en billijkheid voortvloeien.

(Zie ook: artt. 8, 15 BW Boek 2; artt. 11, 12, 35, 166, 298 BW Boek 3; artt. 2, 8, 52, 88, 89, 216, 233, 237, 258, 262 BW Boek 6; artt. 23, 865 BW Boek 7)

2. Een tussen partijen als gevolg van de overeenkomst geldende regel is niet van toepassing, voor zover dit in de gegeven omstandigheden naar maatstaven van redelijkheid en billijkheid onaanvaardbaar zou zijn.

Art. 249

Algemene titel bij rechtsgevolgen van overeenkomst

De rechtsgevolgen van een overeenkomst gelden mede voor de rechtverkrijgenden onder algemene titel, tenzij uit de overeenkomst iets anders voortvloeit. In het geval van verdeling van een nalatenschap ingevolge artikel 13 van Boek 4 gelden de rechtsgevolgen van de overeenkomst niet mede voor de kinderen van de erflater, tenzij uit de overeenkomst anders voortvloeit.

(Zie ook: artt. 415, 674 BW Boek 7; artt. 1648, 1683 BW Boek 7A)

Art. 250

Regelend en dwingend recht bij rechtsgevolgen van overeenkomst

Bij overeenkomst kan worden afgeweken van de volgende artikelen van deze afdeling, met uitzondering van de artikelen 251 lid 3, 252 lid 2 voor zover het de eis van een notariële akte betreft, en lid 3, 253 lid 1, 257, 258, 259 en 260.

Art. 251

Kwalitatief recht (overgang) bij rechtsgevolgen van overeenkomst

1. Staat een uit een overeenkomst voortvloeiende, voor overgang vatbaar recht in een zodanig verband met een aan de schuldeiser toebehorend goed, dat hij bij dat recht slechts belang heeft, zolang hij het goed behoudt, dan gaat dat recht over op degene die dat goed onder bijzondere titel verkrijgt.

Tegenprestatie (overgang) bij rechtsgevolgen van overeenkomst

2. Is voor het recht een tegenprestatie overeengekomen, dan gaat de verplichting tot het verrichten van die tegenprestatie mede over, voor zover deze betrekking heeft op de periode na de overgang. De vervreemder blijft naast de verkrijger jegens de wederpartij aansprakelijk, behoudens voor zover deze zich na de overgang in geval van uitblijven van de tegenprestatie van haar verbintenis kan bevrijden door ontbinding of beëindiging van de overeenkomst.

(Zie ook: artt. 6, 252 BW Boek 6)

3. Het in de vorige leden bepaalde geldt niet, indien de verkrijger van het goed tot de wederpartij bij de overeenkomst een verklaring richt dat hij de overgang van het recht niet aanvaardt.

(Zie ook: art. 250 BW Boek 6)

4. Uit de rechtshandeling waarbij het goed wordt overgedragen, kan voortvloeien dat geen overgang plaatsvindt.

(Zie ook: art. 62 BW Boek 2; artt. 83, 303 BW Boek 3; art. 155 BW Boek 6; art. 1612 BW Boek 7A)

Art. 252

Kwalitatieve verplichting en registergoed (overgang) bij rechtsgevolgen van overeenkomst

1. Bij een overeenkomst kan worden bedongen dat de verplichting van een der partijen om iets te dulden of niet te doen ten aanzien van een haar toebehorend registergoed, zal overgaan op degenen die het goed onder bijzondere titel zullen verkrijgen, en dat mede gebonden zullen zijn degenen die van de rechthebbende een recht tot gebruik van het goed zullen verkrijgen.

2. Voor de werking van het in lid 1 bedoelde beding is vereist dat van de overeenkomst tussen partijen een notariële akte wordt opgemaakt, gevolgd door inschrijving daarvan in de openbare registers. Degene jegens wie de verplichting bestaat, waarop het beding betrekking heeft, moet in de akte ter zake van de inschrijving woonplaats kiezen in Nederland.

3. Ook na inschrijving heeft het beding geen werking:

a. jegens hen die voor de inschrijving onder bijzondere titel een recht op het goed of tot gebruik van het goed hebben verkregen;

b. jegens een beslaglegger op het goed of een recht daarop, indien de inschrijving op het tijdstip van de inschrijving van het proces-verbaal van inbeslagneming nog niet had plaats gevonden;

c. jegens hen die hun recht hebben verkregen van iemand die ingevolge het onder *a* of *b* bepaalde niet aan de bedongen verplichting gebonden was.
(Zie ook: art. 505 Rv)

4. Is voor de verplichting een tegenprestatie overeengekomen, dan gaat bij de overgang van de verplichting het recht op de tegenprestatie mee over, voor zover deze betrekking heeft op de periode na de overgang en ook het beding omtrent deze tegenprestatie in de registers ingeschreven is.

5. Dit artikel is niet van toepassing op verplichtingen die een rechthebbende beperken in zijn bevoegdheid het goed te vervreemden of te bezwaren.
(Zie ook: artt. 17, 83, 300 BW Boek 3; artt. 157, 250, 259 BW Boek 6; art. 35a FW; art. 505 Rv)

Art. 253

1. Een overeenkomst schept voor een derde het recht een prestatie van een der partijen te vorderen of op andere wijze jegens een van hen een beroep op de overeenkomst te doen, indien de overeenkomst een beding van die strekking inhoudt en de derde dit beding aanvaardt.
(Zie ook: art. 250 BW Boek 6)

2. Tot de aanvaarding kan het beding door degene die het heeft gemaakt, worden herroepen.

3. Een aanvaarding of herroeping van het beding geschiedt door een verklaring, gericht tot een van de beide andere betrokkenen.
(Zie ook: art. 37 BW Boek 3)

4. Is het beding onherroepelijk en jegens de derde om niet gemaakt, dan geldt het als aanvaard, indien het ter kennis van de derde is gekomen en door deze niet onverwijld is afgewezen.
(Zie ook: art. 300 BW Boek 3; art. 254 BW Boek 6; artt. 60, 441 BW Boek 8)

Art. 254

1. Nadat de derde het beding heeft aanvaard, geldt hij als partij bij de overeenkomst.

2. Hij kan, indien dit met de strekking van het beding in overeenstemming is, daaraan ook rechten ontlenen over de periode vóór de aanvaarding.
(Zie ook: artt. 255, 279 BW Boek 6)

Art. 255

1. Heeft een beding ten behoeve van een derde ten opzichte van die derde geen gevolg, dan kan degene die het beding heeft gemaakt, hetzij zichzelf, hetzij een andere derde als rechthebbende aanwijzen.

2. Hij wordt geacht zichzelf als rechthebbende te hebben aangewezen, wanneer hem door degene van wie de prestatie is bedongen, een redelijke termijn voor de aanwijzing is gesteld en hij binnen deze termijn geen aanwijzing heeft uitgebracht.
(Zie ook: artt. 253, 254, 256 BW Boek 6)

Art. 256

De partij die een beding ten behoeve van een derde heeft gemaakt, kan nakoming jegens de derde vorderen, tenzij deze zich daartegen verzet.
(Zie ook: artt. 253, 254, 255 BW Boek 6)

Art. 257

Kan een partij bij een overeenkomst ter afwering van haar aansprakelijkheid voor een gedraging van een aan haar ondergeschikte aan de overeenkomst een verweermiddel jegens haar wederpartij ontlenen, dan kan ook de ondergeschikte, indien hij op grond van deze gedraging door de wederpartij wordt aangesproken, dit verweermiddel inroepen, als ware hijzelf bij de overeenkomst partij.
(Zie ook: artt. 76, 170, 250 BW Boek 6; art. 608 BW Boek 7; artt. 72, 361 t/m 366 BW Boek 8)

Art. 258

1. De rechter kan op vordering van een der partijen de gevolgen van een overeenkomst wijzigen of deze geheel of gedeeltelijk ontbinden op grond van onvoorziene omstandigheden welke van dien aard zijn dat de wederpartij naar maatstaven van redelijkheid en billijkheid ongewijzigde instandhouding van de overeenkomst niet mag verwachten. Aan de wijziging of ontbinding kan terugwerkende kracht worden verleend.
(Zie ook: artt. 159, 401 BW Boek 1; artt. 12, 35, 54, 168 BW Boek 3; artt. 78, 97 BW Boek 5; artt. 2, 60, 75, 103, 228, 248, 250, 259, 263, 265 BW Boek 6; art. 1589 BW Boek 7A)

2. Een wijziging of ontbinding wordt niet uitgesproken, voor zover de omstandigheden krachtens de aard van de overeenkomst of de in het verkeer geldende opvattingen voor rekening komen van degene die zich erop beroept.

3. Voor de toepassing van dit artikel staat degene op wie een recht of een verplichting uit een overeenkomst is overgegaan, met een partij die overeenkomst gelijk.

Art. 259

1. Indien een overeenkomst ertoe strekt een rechthebbende op of een gebruiker van een registergoed als zodanig te verplichten tot een prestatie die niet bestaat in of gepaard gaat met het dulden van voortdurend houderschap, kan de rechter op zijn vordering de gevolgen van de overeenkomst wijzigen of deze geheel of gedeeltelijk ontbinden:

B6 art. 260

a. indien ten minste tien jaren na het sluiten van de overeenkomst zijn verlopen en het ongewijzigd voortduren van de verplichting in strijd is met het algemeen belang;
b. indien de schuldeiser bij de nakoming van de verplichting geen redelijk belang meer heeft en het niet aannemelijk is dat dit belang zal terugkeren.

2. Voor de termijn vermeld in lid 1 onder *a* telt mee de gehele periode waarin rechthebbende op of gebruikers van het goed aan een beding van dezelfde strekking gebonden zijn geweest. De termijn geldt niet, voor zover de strijd met het algemeen belang hierin bestaat dat het beding een beletsel vormt voor verwerkelijking van een geldend bestemmingsplan.
(Zie ook: art. 14 BW Boek 3; artt. 78, 79, 80 BW Boek 5; artt. 250, 253, 258, 260 BW Boek 6; artt. 1623e, 1631a, 1636b BW Boek 7A; art. 28 WRO)

Art. 260

[Dit artikel is gewijzigd in verband met de invoering van digitaal procederen. Zie voor de procedures en gerechten waarvoor digitaal procederen geldt het Overzicht gefaseerde inwerkingtreding op www.rijksoverheid.nl/KEI.]

Voorwaarden wijziging/ontbinding bij rechtsgevolgen van overeenkomst

1. Een wijziging of ontbinding als bedoeld in de artikelen 258 en 259 kan worden uitgesproken onder door de rechter te stellen voorwaarden.

2. Indien hij op grond van die artikelen de overeenkomst wijzigt of gedeeltelijk ontbindt, kan hij bepalen dat een of meer der partijen de overeenkomst binnen een bij de uitspraak vast te stellen termijn door een schriftelijke verklaring geheel zal kunnen ontbinden. De wijziging of gedeeltelijke ontbinding treedt niet in, voordat deze termijn is verstreken.

3. Is de overeenkomst die op grond van de artikelen 258 en 259 wordt gewijzigd of geheel of gedeeltelijk ontbonden, ingeschreven in de openbare registers, dan kan ook de uitspraak waarbij de wijziging of ontbinding plaatsvond, daarin worden ingeschreven, mits deze uitspraak in kracht van gewijsde is gegaan of uitvoerbaar bij voorraad is.

Schakelbepaling

4. Wordt ter zake van een verplichting als bedoeld in artikel 252 bij iemand een oproepingsbericht bezorgd of betekend aan zijn overeenkomstig lid 2, eerste zin, van dat artikel gekozen woonplaats, dan zijn daarmee tevens opgeroepen al zijn rechtverkrijgenden die geen nieuwe inschrijving hebben genomen. Artikel 29 lid 2 en lid 3, tweede tot en met vierde zin, van Boek 3 zijn van overeenkomstige toepassing.

5. Andere rechtsfeiten die een ingeschreven overeenkomst wijzigen of beëindigen, zijn eveneens inschrijfbaar, voor zover het rechterlijke uitspraken betreft mits zij in kracht van gewijsde zijn gegaan of uitvoerbaar bij voorraad zijn.
(Zie ook: artt. 17, 24 BW Boek 3; art. 250 BW Boek 6)
[Voor overige gevallen luidt het artikel als volgt:]

Artikel 260

Voorwaarden wijziging/ontbinding bij rechtsgevolgen van overeenkomst

1. Een wijziging of ontbinding als bedoeld in de artikelen 258 en 259 kan worden uitgesproken onder door de rechter te stellen voorwaarden.

2. Indien hij op grond van die artikelen de overeenkomst wijzigt of gedeeltelijk ontbindt, kan hij bepalen dat een of meer der partijen de overeenkomst binnen een bij de uitspraak vast te stellen termijn door een schriftelijke verklaring geheel zal kunnen ontbinden. De wijziging of gedeeltelijke ontbinding treedt niet in, voordat deze termijn is verstreken.

3. Is de overeenkomst die op grond van de artikelen 258 en 259 wordt gewijzigd of geheel of gedeeltelijk ontbonden, ingeschreven in de openbare registers, dan kan ook de uitspraak waarbij de wijziging of ontbinding plaatsvond, daarin worden ingeschreven, mits deze uitspraak in kracht van gewijsde is gegaan of uitvoerbaar bij voorraad is.

Schakelbepaling

4. Wordt iemand te dier zake gedagvaard aan zijn overeenkomstig artikel 252 lid 2, eerste zin, gekozen woonplaats, dan zijn daarmee tevens gedagvaard al zijn rechtverkrijgenden die geen nieuwe inschrijving hebben genomen. Artikel 29 lid 2 en lid 3, tweede tot en met vierde zin, van Boek 3 zijn van overeenkomstige toepassing.

5. Andere rechtsfeiten die een ingeschreven overeenkomst wijzigen of beëindigen, zijn eveneens inschrijfbaar, voor zover het rechterlijke uitspraken betreft mits zij in kracht van gewijsde zijn gegaan of uitvoerbaar bij voorraad zijn.
(Zie ook: artt. 17, 24 BW Boek 3; art. 250 BW Boek 6)

Afdeling 5
Wederkerige overeenkomsten

Art. 261

Wederkerige overeenkomst

1. Een overeenkomst is wederkerig, indien elk van beide partijen een verbintenis op zich neemt ter verkrijging van de prestatie waartoe de wederpartij zich daartegenover jegens haar verbindt.

2. De bepalingen omtrent wederkerige overeenkomsten zijn van overeenkomstige toepassing op andere rechtsbetrekkingen die strekken tot het wederzijds verrichten van prestaties, voor zover de aard van die rechtsbetrekkingen zich daartegen niet verzet.
(Zie ook: art. 32 BW Boek 3; artt. 1, 213, 279 BW Boek 6)

Art. 262

1. Komt een der partijen haar verbintenis niet na, dan is de wederpartij bevoegd de nakoming van haar daartegenover staande verplichtingen op te schorten.

Exceptio non adimpleti contractus bij wederkerige overeenkomst

2. In geval van gedeeltelijke of niet behoorlijke nakoming is opschorting slechts toegelaten, voor zover de tekortkoming haar rechtvaardigt.

Art. 263

1. De partij die verplicht is het eerst te presteren, is niettemin bevoegd de nakoming van haar verbintenis op te schorten, indien na het sluiten van de overeenkomst te harer kennis gekomen omstandigheden haar goede grond geven te vrezen dat de wederpartij haar daartegenover staande verplichtingen niet zal nakomen.

Onzekerheidsexceptie bij wederkerige overeenkomst

2. In geval er goede grond bestaat te vrezen dat slechts gedeeltelijk of niet behoorlijk zal worden nagekomen, is de opschorting slechts toegelaten voor zover de tekortkoming haar rechtvaardigt.
(Zie ook: artt. 52 t/m 57, 80, 228, 258, 264 BW Boek 6; art. 27 BW Boek 7)

Art. 264

In geval van opschorting op grond van de artikelen 262 en 263 zijn de artikelen 54 onder b en c en 55 niet van toepassing.

Toepasselijkheid

Art. 265

1. Iedere tekortkoming van een partij in de nakoming van een van haar verbintenissen geeft aan de wederpartij de bevoegdheid om de overeenkomst geheel of gedeeltelijk te ontbinden, tenzij de tekortkoming, gezien haar bijzondere aard of geringe betekenis, deze ontbinding met haar gevolgen niet rechtvaardigt.

Ontbinding bij wederkerige overeenkomst

2. Voor zover nakoming niet blijvend of tijdelijk onmogelijk is, ontstaat de bevoegdheid tot ontbinding pas, wanneer de schuldenaar in verzuim is.
(Zie ook: artt. 38, 111 BW Boek 3; artt. 74, 237, 248, 258, 266, 277 BW Boek 6; artt. 6, 10, 33, 39, 46 BW Boek 7; artt. 1576q, 1589, 1636 BW Boek 7A)

Art. 266

1. Geen ontbinding kan worden gegrond op een tekortkoming in de nakoming van een verbintenis ten aanzien waarvan de schuldeiser zelf in verzuim is.

Schuldeisersverzuim bij wederkerige overeenkomst

2. Wordt echter tijdens het verzuim van de schuldeiser behoorlijke nakoming geheel of gedeeltelijk onmogelijk, dan kan de overeenkomst ontbonden worden, indien door schuld van de schuldenaar of zijn ondergeschikte is tekortgeschoten in de zorg die in de gegeven omstandigheden van hem mocht worden gevergd.
(Zie ook: artt. 54, 58, 64 BW Boek 6)

Art. 267

1. De ontbinding vindt plaats door een schriftelijke verklaring van de daartoe gerechtigde. Indien de overeenkomst langs elektronische weg is totstandgekomen, kan deze tevens door een langs elektronische weg uitgebrachte verklaring worden ontbonden. Artikel 227a lid 1 is van overeenkomstige toepassing.
(Zie ook: art. 37 BW Boek 3; artt. 134, 149 BW Boek 6; artt. 231, 686 BW Boek 7; art. 38 FW; art. 11 Tw hkoz)

Buitengerechtelijke ontbinding bij wederkerige overeenkomst

2. Zij kan ook op zijn vordering door de rechter worden uitgesproken.

Gerechtelijke ontbinding bij wederkerige overeenkomst

Art. 268

De bevoegdheid tot buitengerechtelijke ontbinding vervalt door verjaring van de rechtsvordering tot ontbinding. De verjaring staat niet in de weg aan gerechtelijke of buitengerechtelijke ontbinding ter afwering van een op de overeenkomst steunende rechtsvordering of andere rechtsmaatregel.
(Zie ook: artt. 51, 52, 311 BW Boek 3; art. 23 BW Boek 7)

Verjaring bij wederkerige overeenkomst

Art. 269

De ontbinding heeft geen terugwerkende kracht, behoudens dat een aanbod tot nakoming, gedaan nadat de ontbinding is gevorderd, geen werking heeft, indien de ontbinding wordt uitgesproken.
(Zie ook: artt. 38, 92 BW Boek 3; artt. 86, 271 t/m 276 BW Boek 6; art. 39 BW Boek 7)

Terugwerkende kracht bij wederkerige overeenkomst

Art. 270

Een gedeeltelijke ontbinding houdt een evenredige vermindering in van de wederzijdse prestaties in hoeveelheid of hoedanigheid.
(Zie ook: art. 265 BW Boek 6; artt. 39, 210 BW Boek 7)

Gedeeltelijke ontbinding bij wederkerige overeenkomst

B6 art. 271 **Burgerlijk Wetboek Boek 6**

Bevrijdende wederzijdse verbindingen bij wederkerige overeenkomst

Art. 271

Een ontbinding bevrijdt de partijen van de daardoor getroffen verbintenissen. Voor zover deze reeds zijn nagekomen, blijft de rechtsgrond voor deze nakoming in stand, maar ontstaat voor partijen een verbintenis tot ongedaanmaking van de reeds door hen ontvangen prestaties. *(Zie ook: art. 311 BW Boek 3; artt. 24, 52, 203, 269, 272, 277, 278 BW Boek 6; art. 39 BW Boek 7; art. 37a FW)*

Waardevergoeding bij wederkerige overeenkomst

Art. 272

1. Sluit de aard van de prestatie uit dat zij ongedaan wordt gemaakt, dan treedt daarvoor een vergoeding in de plaats ten belope van haar waarde op het tijdstip van de ontvangst.

2. Heeft de prestatie niet aan de verbintenis beantwoord, dan wordt deze vergoeding beperkt tot het bedrag van de waarde die de prestatie voor de ontvanger op dit tijdstip in de gegeven omstandigheden werkelijk heeft gehad.

(Zie ook: artt. 210, 212, 271, 273 t/m 276, 278 BW Boek 6; art. 10 BW Boek 7)

Zorgplicht schuldenaar bij wederkerige overeenkomst

Art. 273

Een partij die een prestatie heeft ontvangen, is vanaf het tijdstip dat zij redelijkerwijze met een ontbinding rekening moet houden, verplicht er als een zorgvuldig schuldenaar zorg voor te dragen dat de ingevolge die ontbinding verschuldigde ongedaanmaking van de prestatie mogelijk zal zijn. Artikel 78 is van overeenkomstige toepassing.

(Zie ook: artt. 27, 74, 75, 204, 271 BW Boek 6; artt. 10, 39 BW Boek 7)

Ontvanger te goeder trouw bij wederkerige overeenkomst

Art. 274

Heeft een partij in weerwil van een dreigende ontbinding te kwader trouw een prestatie ontvangen, dan wordt zij na de ontbinding geacht vanaf de ontvangst van de prestatie in verzuim geweest te zijn.

(Zie ook: art. 11 BW Boek 3; artt. 81, 84, 205, 271 BW Boek 6)

Vruchten/kosten/schade bij wederkerige overeenkomst

Art. 275

De artikelen 120-124 van Boek 3 zijn van overeenkomstige toepassing met betrekking tot hetgeen daarin is bepaald omtrent de afgifte van vruchten en de vergoeding van kosten en schade.

(Zie ook: art. 312 BW Boek 3; artt. 206, 242 BW Boek 6; art. 39 BW Boek 7)

Onbekwame ontvanger bij wederkerige overeenkomst

Art. 276

Op de onbekwame die een prestatie heeft ontvangen, rusten de in deze afdeling omschreven verplichtingen slechts, voor zover het ontvangene hem tot werkelijk voordeel heeft gestrekt of in de macht van zijn wettelijke vertegenwoordiger is gekomen.

(Zie ook: artt. 234, 381 BW Boek 3; artt. 31, 209, 271, 272 BW Boek 6; art. 37 BW Boek 7)

Schadevergoeding na ontbinding bij wederkerige overeenkomst

Art. 277

1. Wordt een overeenkomst geheel of gedeeltelijk ontbonden, dan is de partij wier tekortkoming een grond voor ontbinding heeft opgeleverd, verplicht haar wederpartij de schade te vergoeden die deze lijdt, doordat geen wederzijdse nakoming doch ontbinding van de overeenkomst plaatsvindt.

(Zie ook: artt. 74, 95, 265 BW Boek 6; art. 1684 BW Boek 7A)

2. Indien de tekortkoming niet aan de schuldenaar kan worden toegerekend, is het vorige lid slechts van toepassing binnen de grenzen van het in artikel 78 bepaalde.

Bijbetaling en wijziging waardeverhouding bij wederkerige overeenkomst

Art. 278

1. De partij die ontbinding kiest van een reeds uitgevoerde overeenkomst, nadat de verhouding in waarde tussen hetgeen wederzijds bij ongedaanmaking zou moeten worden verricht, zich te haren gunste heeft gewijzigd, is verplicht door bijbetaling de oorspronkelijke waardeverhouding te herstellen, indien aannemelijk is dat zij zonder deze wijziging geen ontbinding zou hebben gekozen.

2. Het vorige lid is van overeenkomstige toepassing ingeval de partij te wier gunste de wijziging is ingetreden, op andere grond dan ontbinding de stoot tot ongedaanmaking geeft en aannemelijk is dat zij daartoe zonder deze wijziging niet zou zijn overgegaan.

(Zie ook: artt. 203, 273 BW Boek 6)

Arbeidsplaatsenovereenkomst bij wederkerige overeenkomst

Art. 279

1. Op overeenkomsten waaruit tussen meer dan twee partijen verbintenissen voortvloeien, vinden de bepalingen betreffende wederkerige overeenkomsten met inachtneming van de volgende leden overeenkomstige toepassing, voor zover de aard van de overeenkomst zich daartegen niet verzet.

2. De partij die een verbintenis op zich heeft genomen ter verkrijging van een daartegenover van een of meer der andere partijen bedongen prestatie, kan haar recht op ontbinding gronden op een tekortkoming in de nakoming van de verbintenis jegens haarzelf.

3. Schiet een partij met samenhangende rechten en verplichtingen zelf tekort in de nakoming van haar verbintenis, dan kunnen in ieder geval de overige partijen gezamenlijk de overeenkomst ontbinden.

(Zie ook: artt. 213, 254, 261 BW Boek 6)

Burgerlijk Wetboek Boek 7

Afdeling 10	Bijzondere bepalingen voor handelsvertegenwoordigers	Art. 687
Afdeling 11	Bijzondere bepalingen ter zake van de uitzendovereenkomst	Art. 690
Afdeling 12	Bijzondere bepalingen terzake van de zee-arbeidsovereenkomst	Art. 694
	Algemene bepalingen	Art. 694
	Loon	Art. 706
	Vakantie	Art. 717
	Repatriëring	Art. 718
	Vergoeding in geval van schipbreuk of andere ramp aan het zeeschip en in geval van overlijden van de zeevarende	Art. 719
	Einde van de zee-arbeidsovereenkomst	Art. 721
	De zieke zeevarende	Art. 734
	De tijdelijk aan boord van een zeeschip werkzame werknemer	Art. 735
	De arbeidsovereenkomst naar buitenlands recht	Art. 736
	Verplichtingen van de scheepsbeheerder	Art. 737
Afdeling 12A	Bijzondere bepalingen ter zake van de zee-arbeidsovereenkomst in de zeevisserij Verplichtingen van de scheepsbeheerder	Art. 739
		Art. 747
Afdeling 12B	De maatschapsovereenkomst in de zeevisserij	Art. 749
Titel 12	Aanneming van werk	Art. 750
Afdeling 1	Aanneming van werk in het algemeen	Art. 750
Afdeling 2	Bijzondere bepalingen voor de bouw van een woning in opdracht van een natuurlijk persoon die niet handelt in de uitoefening van een beroep of bedrijf	Art. 765
Titel 14	Borgtocht	Art. 850
Afdeling 1	Algemene bepalingen	Art. 850
Afdeling 2	Borgtocht, aangegaan buiten beroep of bedrijf	Art. 857
Afdeling 3	De gevolgen van de borgtocht tussen de hoofdschuldenaar en de borg en tussen borgen en voor de verbintenis aansprakelijke niet-schuldenaren onderling	Art. 865
Titel 15	Vaststellingsovereenkomst	Art. 900
Titel 16	Franchise	Art. 911
Titel 17	Verzekering	Art. 925
Afdeling 1	Algemene bepalingen	Art. 925
Afdeling 2	Schadeverzekering	Art. 944
Afdeling 3	Sommenverzekering	Art. 964
§ 1	Algemene bepalingen	Art. 964
§ 2	Levensverzekering	Art. 975
Titel 18	Lijfrente	Art. 990

Burgerlijk Wetboek Boek 7^1

Burgerlijk Wetboek Boek 7, Bijzondere overeenkomsten

Boek 7
Bijzondere overeenkomsten

Titel 1
Koop en ruil

Afdeling 1
Koop: Algemene bepalingen

Art. 1

Koop

Koop is de overeenkomst waarbij de een zich verbindt een zaak te geven en de ander om daarvoor een prijs in geld te betalen.
(Zie ook: art. 2 BW Boek 3; artt. 217, 227 BW Boek 6)

Art. 2

Koop van woning

1. De koop van een tot bewoning bestemde onroerende zaak of bestanddeel daarvan wordt, indien de koper een natuurlijk persoon is die niet handelt in de uitoefening van een beroep of bedrijf, schriftelijk aangegaan.

2. De tussen partijen opgemaakte akte of een afschrift daarvan moet aan de koper ter hand worden gesteld, desverlangt tegen afgifte aan de verkoper van een gedateerd ontvangstbewijs. Gedurende drie dagen na deze terhandstelling heeft de koper het recht de koop te ontbinden. Komt, nadat de koper van dit recht gebruik gemaakt heeft, binnen zes maanden tussen dezelfde partijen met betrekking tot dezelfde zaak of hetzelfde bestanddeel daarvan opnieuw een koop tot stand, dan ontstaat het recht niet opnieuw.

Schakelbepaling

3. De leden 1–2 zijn van overeenkomstige toepassing op de koop van deelnemings- of lidmaatschapsrechten die recht geven op het gebruik van een tot bewoning bestemde onroerende zaak of bestanddeel daarvan.

Dwingend recht bij koop

4. Van het in de leden 1–3 bepaalde kan niet ten nadele van de koper worden afgeweken, behoudens bij een standaardregeling als bedoeld in artikel 214 van Boek 6.

Werkingssfeer

5. De leden 1–4 zijn niet van toepassing op huurkoop en koop op een openbare veiling ten overstaan van een notaris. Zij zijn evenmin van toepassing, wanneer de overeenkomst tevens voldoet aan de omschrijving van een overeenkomst als bedoeld in artikel 50a, onderdelen c of f.

Art. 3

Inschrijving van registergoed bij koop

1. De koop van een registergoed kan worden ingeschreven in de openbare registers, bedoeld in afdeling 2 van titel 1 van Boek 3, tenzij op het tijdstip van de inschrijving levering van dat goed door de verkoper nog niet mogelijk zou zijn geweest wegens de in artikel 97 van Boek 3 vervatte uitsluiting van levering bij voorbaat van toekomstige registergoederen. Bij de koop van een tot woning bestemde onroerende zaak of bestanddeel daarvan kan, indien de koper een natuurlijk persoon is die niet handelt in de uitoefening van een beroep of bedrijf, van het in de vorige zin bepaalde niet ten nadele van de koper worden afgeweken.

2. Gedurende de bedenktijd, bedoeld in artikel 2 lid 2, kan inschrijving slechts plaatsvinden indien de koopakte is opgesteld en medeondertekend door een in Nederland gevestigde notaris.

3. Tegen de koper wiens koop is ingeschreven kunnen niet worden ingeroepen:
a. een na de inschrijving van die koop tot stand gekomen vervreemding of bezwaring door de verkoper, tenzij deze vervreemding of bezwaring voortvloeit uit een eerder ingeschreven koop of plaatsvond uit hoofde van een recht op levering dat volgens artikel 298 van Boek 3 ging voor dat van de koper en dat de koper op het tijdstip van de inschrijving van de koop kende of ten aanzien waarvan op dat tijdstip het proces-verbaal van een conservatoir beslag tot levering was ingeschreven;
b. vervreemdingen of bezwaringen die plaatsvinden als vervolg op de onder a bedoelde vervreemding of bezwaring door de verkoper;
c. een onderbewindstelling die na de inschrijving van de koop is tot stand gekomen of die, zo zij tevoren was tot stand gekomen, toen niet in de openbare registers was ingeschreven, dit laatste tenzij de koper haar op het tijdstip van de inschrijving van de koop kende;
d. een na de inschrijving van de koop tot stand gekomen verhuring of verpachting;

---

1 Inwerkingtredingsdatum: 01-01-1992; zoals laatstelijk gewijzigd bij: Stb. 2020, 496.

e. een na de inschrijving van de koop ingeschreven beding als bedoeld in artikel 252 van Boek 6;

f. een executoriaal of conservatoir beslag waarvan het proces-verbaal na de inschrijving van de koop is ingeschreven;

g. een faillissement of surséance van betaling van de verkoper of toepassing ten aanzien van hem van de schuldsaneringsregeling natuurlijke personen, uitgesproken na de dag waarop de koop is ingeschreven.

4. De inschrijving van de koop verliest de in lid 3 bedoelde werking met terugwerkende kracht, indien het goed niet binnen zes maanden na de inschrijving aan de koper geleverd is. In dat geval wordt bovendien de koop niet geacht kenbaar te zijn door raadpleging van de openbare registers.

5. Nadat de inschrijving haar werking heeft verloren, kan gedurende zes maanden geen koop tussen dezelfde partijen met betrekking tot hetzelfde goed worden ingeschreven.

6. Inschrijving van de koop vindt slechts plaats indien onder de koopakte een ondertekende en gedateerde verklaring van een notaris is opgenomen, die zijn naam, voornamen, standplaats en kwaliteit bevat en waarin verklaard wordt dat de leden 1, 2 en 5 niet aan inschrijving in de weg staan.

Art. 4

Wanneer de koop is gesloten zonder dat de prijs is bepaald, is de koper een redelijke prijs verschuldigd; bij de bepaling van die prijs wordt rekening gehouden met de door de verkoper ten tijde van het sluiten van de overeenkomst gewoonlijk bedongen prijzen.

(Zie ook: art. 227 BW Boek 6)

Prijsbepaling bij koop

Art. 5

1. In deze titel wordt verstaan onder consumentenkoop: de koop met betrekking tot een roerende zaak die wordt gesloten door een verkoper die handelt in het kader van zijn handels-, bedrijfs-, ambachts- of beroepsactiviteit en een koper, natuurlijk persoon, die handelt voor doeleinden buiten zijn bedrijfs- of beroepsactiviteit.

Consumentenkoop

2. Wordt de zaak verkocht door een gevolmachtigde die handelt in de uitoefening van beroep of bedrijf, dan wordt de koop aangemerkt als een consumentenkoop, tenzij de koper ten tijde van het sluiten van de overeenkomst weet dat de volmachtgever niet handelt in de uitoefening van een beroep of bedrijf.

(Zie ook: art. 60 BW Boek 3; art. 238 BW Boek 6)

3. De vorige leden zijn niet van toepassing indien de overeenkomst door leidingen naar de verbruiker aangevoerd water betreft.

4. Indien de te leveren roerende zaak nog tot stand moet worden gebracht en de overeenkomst krachtens welke deze zaak moet worden geleverd voldoet aan de omschrijving van artikel 750, dan wordt de overeenkomst mede als een consumentenkoop aangemerkt indien de overeenkomst wordt gesloten door een aannemer die handelt in de uitoefening van een beroep of bedrijf, en een opdrachtgever, natuurlijk persoon, die niet handelt in de uitoefening van een beroep of bedrijf. De bepalingen van deze titel en die van afdeling 1 van titel 12 zijn naast elkaar van toepassing. In geval van strijd zijn de bepalingen van deze titel van toepassing.

5. Met uitzondering van de artikelen 9, 11 en 19a, zijn de bepalingen over consumentenkoop van overeenkomstige toepassing op de levering van elektriciteit, warmte en koude en gas, voor zover deze niet voor verkoop gereed zijn gemaakt in een beperkt volume of in een bepaalde hoeveelheid, alsmede op de levering van stadsverwarming en op de levering van digitale inhoud die niet op een materiële drager is geleverd, maar die wel is geïndividualiseerd en waarover feitelijke macht kan worden uitgeoefend, aan een natuurlijk persoon, die handelt voor doeleinden buiten zijn handels-, bedrijfs-, ambachts- of beroepsactiviteit.

6. Voor de toepassing van de artikelen 9, 11 en 19a wordt een overeenkomst tussen enig persoon die handelt in het kader van zijn handels-, bedrijfs-, ambachts- of beroepsactiviteit en de natuurlijk persoon, die handelt voor doeleinden buiten zijn bedrijfs- of beroepsactiviteit, die zowel de levering van roerende zaken als het verrichten van diensten betreft, uitsluitend aangemerkt als consumentenkoop.

Art. 6

1. Bij een consumentenkoop kan van de afdelingen 1-7 van deze titel niet ten nadele van de koper worden afgeweken en kunnen de rechten en vorderingen die de wet aan de koper ter zake van een tekortkoming in de nakoming van de verplichtingen van de verkoper toekent, niet worden beperkt of uitgesloten.

Dwingend recht bij consumentenkoop

2. Lid 1 is niet van toepassing op de artikelen 12, 13, eerste en tweede zin, 26 en 35, doch bedingen in algemene voorwaarden waarbij ten nadele van de koper wordt afgeweken van die artikelen, worden als onredelijk bezwarend aangemerkt.

(Zie ook: art. 40 BW Boek 3; artt. 236, 237 BW Boek 6)

3. De toepasselijkheid op de consumentenkoop van een recht dat de door de richtlijn nr. 99/44/EG van het Europees Parlement en de Raad van de Europese Unie van 25 mei 1999 betreffende bepaalde aspecten van de verkoop van en de garanties voor consumptiegoederen

B7 art. 6a **Burgerlijk Wetboek Boek 7**

(PbEG L 171) voorziene bescherming niet of slechts ten dele biedt, kan er niet toe leiden dat de koper de bescherming verliest die hem krachtens deze richtlijn wordt geboden door de dwingende bepalingen van het recht van de lidstaat van de Europese Unie of de andere staat die partij is bij de Overeenkomst betreffende de Europese Economische Ruimte, waar hij zijn gewone verblijfplaats heeft.

Art. 6a

Garantie bij consumentenkoop

1. Indien in geval van een consumentenkoop in een garantie door de verkoper of de producent bepaalde eigenschappen zijn toegezegd, bij het ontbreken waarvan de koper bepaalde rechten of vorderingen worden toegekend, dan kan de koper deze uitoefenen onverminderd alle andere rechten of vorderingen die de wet de koper toekent.

2. In een garantie moet op duidelijke en begrijpelijke wijze worden vermeld welke in lid 1 bedoelde rechten of vorderingen een koper worden toegekend en moet worden vermeld dat deze een koper toekomen onverminderd de rechten of vorderingen die de wet hem toekent. Voorts moeten in een garantie de naam en het adres worden vermeld van de verkoper of de producent van wie de garantie afkomstig is, alsmede de duur en het gebied waarvoor de garantie geldt.

3. De in lid 2 bedoelde gegevens moeten de koper op zijn verlangen worden verstrekt. Dit geschiedt schriftelijk of op een andere ter beschikking van de koper staande en voor hem toegankelijke duurzame gegevensdrager.

4. De aan de koper door de verkoper of de producent in een garantiebewijs toegekende rechten of vorderingen komen hem ook toe indien de zaak niet de eigenschappen bezit die in een reclame door deze verkoper of producent zijn toegezegd.

5. In dit artikel wordt verstaan onder:

a. garantie: een in een garantiebewijs of reclame gedane toezegging als bedoeld in lid 1;

b. producent: de fabrikant van de zaak, degene die de zaak in de Europese Economische Ruimte invoert, alsmede een ieder die zich als producent presenteert door zijn naam, zijn merk of een ander onderscheidingsteken op de zaak aan te brengen.

Art. 7

Ongevraagde toezending bij consumentenkoop

1. Degene aan wie een zaak is toegezonden en die redelijkerwijze mag aannemen dat deze toezending is geschied ten einde hem tot een koop te bewegen, is ongeacht enige andersluidende mededeling van de verzender jegens deze bevoegd de zaak om niet te behouden, tenzij het hem is toe te rekenen dat de toezending is geschied.

(Zie ook: art. 210 lid 2 BW Boek 6)

Bedenktijd, drie dagen

2. Geen verplichting tot betaling ontstaat voor een natuurlijke persoon, die handelt voor doeleinden buiten zijn bedrijfs- of beroepsactiviteit, bij de ongevraagde levering van zaken, financiële producten, water, gas, elektriciteit, stadsverwarming of digitale inhoud die niet op een materiële drager is geleverd, ongeacht of de digitale inhoud individualiseerbaar is en of er feitelijke macht over kan worden uitgeoefend, dan wel de ongevraagde verrichting van diensten, als bedoeld in artikel 193i onderdeel f van Boek 6. Het uitblijven van een reactie van een natuurlijk persoon, die handelt voor doeleinden buiten zijn bedrijfs- of beroepsactiviteit, op de ongevraagde levering of verstrekking wordt niet als aanvaarding aangemerkt. Wordt desalniettemin een zaak toegezonden als bedoeld in de eerste zin, dan is het in lid 1 bepaalde omtrent de bevoegdheid, de zaak om niet te behouden, van overeenkomstige toepassing. Dit lid is van toepassing ongeacht of de verzender wordt vertegenwoordigd.

3. Indien de ontvanger in de gevallen, bedoeld in de leden 1–2, de zaak terugzendt, komen de kosten hiervan voor rekening van de verzender.

Art. 8

Schakelbepaling

Wordt een nieuw gebouwde of te bouwen woning, bestaande uit een onroerende zaak of bestanddeel daarvan, verkocht en is de koper een natuurlijk persoon die niet handelt in de uitoefening van een beroep of bedrijf, dan zijn de artikelen 767 en 768 van overeenkomstige toepassing. Hiervan kan niet ten nadele van de koper worden afgeweken, behoudens bij een standaardregeling als bedoeld in artikel 214 van Boek 6.

Afdeling 2
Verplichtingen van de verkoper

Art. 9

Verplichting verkoper bij koop

1. De verkoper is verplicht de verkochte zaak met toebehoren in eigendom over te dragen en af te leveren. Onder toebehoren zijn de aanwezige titelbewijzen en bescheiden begrepen; voor zover de verkoper zelf daarbij belang behoudt, is hij slechts verplicht om aan de koper op diens verlangen en op diens kosten een afschrift of uittreksel af te geven.

2. Onder aflevering wordt verstaan het stellen van de zaak in het bezit van de koper.

3. In geval van koop met eigendomsvoorbehoud wordt onder aflevering verstaan het stellen van de zaak in de macht van de koper.

(Zie ook: artt. 90, 92, 114, 115, 170 BW Boek 3; artt. 27, 38 BW Boek 6)

4. Bij een consumentenkoop levert de verkoper de zaken onverwijld en in ieder geval binnen dertig dagen na het sluiten van de overeenkomst af. De partijen kunnen een andere termijn overeenkomen. Op de termijn van dertig dagen is Verordening (EEG, Euratom) nr. 1182/71 (PbEG L 124) van de Raad van 3 juni 1971 houdende vaststelling van de regels die van toepassing zijn op termijnen, data en aanvangs- en vervaltijden van overeenkomstige toepassing.

5. Indien de consumentenkoop tot stand is gekomen via een andere persoon, handelend in het kader van zijn handels-, bedrijfs-, ambachts- of beroepsactiviteit, die daarbij optreedt namens of voor rekening van de verkoper, kan de consument zich ook jegens die andere persoon beroepen op het in de leden 1–4 bepaalde.

Art. 10

1. De zaak is voor risico van de koper van de aflevering af, zelfs al is de eigendom nog niet overgedragen. Derhalve blijft hij de koopprijs verschuldigd, ongeacht tenietgaan of achteruitgang van de zaak door een oorzaak die niet aan de verkoper kan worden toegerekend.

Risicoverdeling bij koop

2. Hetzelfde geldt van het ogenblik af, waarop de koper in verzuim is met het verrichten van een handeling waarmede hij aan de aflevering moet medewerken. Ingeval naar de soort bepaalde zaken zijn verkocht, doet het verzuim van de koper het risico eerst op hem overgaan, wanneer de verkoper de voor de uitvoering van de overeenkomst bestemde zaken heeft aangewezen en de koper daarvan heeft verwittigd.

3. Indien de koper op goede gronden het recht op ontbinding van de koop of op vervanging van de zaak inroept, blijft deze voor risico van de verkoper.

4. Wanneer de zaak na de aflevering voor risico van de verkoper is gebleven, is het tenietgaan of de achteruitgang ervan door toedoen van de koper eveneens voor rekening van de verkoper. De koper moet echter van het ogenblik af dat hij redelijkerwijs rekening moet houden met het feit dat hij de zaak zal moeten teruggeven, als een zorgvuldig schuldenaar voor het behoud ervan zorgen; artikel 78 van Boek 6 is van overeenkomstige toepassing.

Art. 11

1. Bij een consumentenkoop waarbij de zaak bij de koper wordt bezorgd, is de zaak voor het risico van de koper vanaf het moment dat de koper of een door hem aangewezen derde, die niet de vervoerder is, de zaak heeft ontvangen.

Risicoverdeling bij koop

2. In geval de koper een vervoerder aanwijst en de keuze voor deze vervoerder niet door de verkoper wordt aangeboden, gaat het risico over op de koper op het moment van ontvangst van de zaak door de vervoerder.

3. Indien de consumentenkoop tot stand is gekomen via een andere persoon, handelend in het kader van zijn handels-, bedrijfs-, ambachts- of beroepsactiviteit, die daarbij optreedt namens of voor rekening van de verkoper, kan de consument zich ook jegens die andere persoon beroepen op het in de leden 1–2 bepaalde.

Art. 12

1. Kosten van aflevering, die van weging en telling daaronder begrepen, komen ten laste van de verkoper.

Kosten bij koop

2. Kosten van afhalen en kosten van een koopakte en van de overdracht komen ten laste van de koper.

Art. 13

Indien bij een consumentenkoop de zaak bij de koper wordt bezorgd door de verkoper of een door deze aangewezen vervoerder, kunnen daarvoor slechts kosten worden gevorderd, voor zover zij bij het sluiten van een overeenkomst anders dan op afstand of buiten de verkoopruimte, bedoeld in artikel 230g lid 1, onderdelen e en f, van Boek 6 door de verkoper afzonderlijk zijn opgegeven of door de verkoper de gegevens zijn verschaft op grond waarvan zij door hem worden berekend. Hetzelfde geldt voor kosten, verschuldigd voor andere werkzaamheden die de verkoper in verband met de koop voor de koper verricht. Voor een consumentenkoop die tevens voldoet aan de omschrijving van een overeenkomst op afstand of een overeenkomst buiten de verkoopruimte zijn, overeenkomstig de artikelen 230m lid 1, onderdeel e, en 230n lid 3 van Boek 6, evenmin bijkomende kosten verschuldigd voor zover deze niet zijn opgegeven.

Kosten bezorging bij consumentenkoop

Art. 14

Van de dag van aflevering af komen de vruchten toe aan de koper, met dien verstande dat burgerlijke vruchten van dag tot dag berekend worden.

Vruchten bij koop

(Zie ook: art. 9 BW Boek 3)

Art. 15

1. De verkoper is verplicht de verkochte zaak in eigendom over te dragen vrij van alle bijzondere lasten en beperkingen, met uitzondering van die welke de koper uitdrukkelijk heeft aanvaard.

Lasten en beperkingen bij koop

2. Ongeacht enig andersluidend beding staat de verkoper in voor de afwezigheid van lasten en beperkingen die voortvloeien uit feiten die vatbaar zijn voor inschrijving in de openbare registers, doch daarin ten tijde van het sluiten van de overeenkomst niet waren ingeschreven.

(Zie ook: art. 83 BW Boek 3)

B7 art. 16

Art. 16

Vordering tegen koper bij koop

Wanneer tegen de koper een vordering wordt ingesteld tot uitwinning of tot erkenning van een recht waarmede de zaak niet belast had mogen zijn, is de verkoper gehouden in het geding te komen ten einde de belangen van de koper te verdedigen.

(Zie ook: artt. 70, 71 Rv)

Art. 17

Conformiteit bij koop

1. De afgeleverde zaak moet aan de overeenkomst beantwoorden.

2. Een zaak beantwoordt niet aan de overeenkomst indien zij, mede gelet op de aard van de zaak en de mededelingen die de verkoper over de zaak heeft gedaan, niet de eigenschappen bezit die de koper op grond van de overeenkomst mocht verwachten. De koper mag verwachten dat de zaak de eigenschappen bezit die voor een normaal gebruik daarvan nodig zijn en waarvan hij de aanwezigheid niet behoefde te betwijfelen, alsmede de eigenschappen die nodig zijn voor een bijzonder gebruik dat bij de overeenkomst is voorzien.

3. Een andere zaak dan is overeengekomen, of een zaak van een andere soort, beantwoordt evenmin aan de overeenkomst. Hetzelfde geldt indien het afgeleverde in getal, maat of gewicht van het overeengekomene afwijkt.

4. Is aan de koper een monster of model getoond of verstrekt, dan moet de zaak daarmede overeenstemmen, tenzij het slechts bij wijze van aanduiding werd verstrekt zonder dat de zaak daaraan behoefde te beantwoorden.

5. De koper kan zich niet op beroepen dat de zaak niet aan de overeenkomst beantwoordt wanneer hem dit ten tijde het sluiten van de overeenkomst bekend was of redelijkerwijs bekend kon zijn. Ook kan de koper zich er niet op beroepen dat de zaak niet aan de overeenkomst beantwoordt wanneer dit te wijten is aan gebreken of ongeschiktheid van grondstoffen afkomstig van de koper, tenzij de verkoper hem voor deze gebreken of ongeschiktheid had moeten waarschuwen.

6. Bij koop van een onroerende zaak wordt vermelding van de oppervlakte vermoed slechts als aanduiding bedoeld te zijn, zonder dat de zaak daaraan behoeft te beantwoorden.

(Zie ook: artt. 27, 278 BW Boek 6)

Art. 18

Beoordeling conformiteit bij consumentenkoop

1. Bij de beoordeling van de vraag of een op grond van een consumentenkoop afgeleverde zaak aan de overeenkomst beantwoordt, gelden mededelingen die door of ten behoeve van een vorige verkoper van die zaak, handelend in de uitoefening van een beroep of bedrijf, omtrent de zaak zijn openbaar gemaakt, als mededelingen van de verkoper, behoudens voor zover deze een bepaalde mededeling kende noch behoorde te kennen of deze mededeling uiterlijk ten tijde van het sluiten van de overeenkomst op een voor de koper duidelijke wijze is herroepen, dan wel de koop niet door deze mededeling beïnvloed kan zijn.

Vermoeden bij consumentenkoop

2. Bij een consumentenkoop wordt vermoed dat de zaak bij aflevering niet aan de overeenkomst heeft beantwoord, indien de afwijking van het overeengekomene zich binnen een termijn van zes maanden na aflevering openbaart, tenzij de aard van de zaak of de aard van de afwijking zich daartegen verzet.

Ondeugdelijke installatie bij consumentenkoop

3. Indien in geval van een consumentenkoop de verkoper verplicht is zorg te dragen voor de installatie van de zaak en deze installatie ondeugdelijk is uitgevoerd, wordt dit gelijkgesteld aan een gebrek aan overeenstemming van de zaak aan de overeenkomst. Hetzelfde geldt indien de installatie door de koper ondeugdelijk is uitgevoerd en dit te wijten is aan de montagevoorschriften die met de levering van de zaak aan de koper zijn verstrekt.

Art. 19

Last of beperking bij koop

1. In geval van een executoriale verkoop kan de koper zich er niet op beroepen dat de zaak behept is met een last of een beperking die er niet op had mogen rusten, of dat deze niet aan de overeenkomst beantwoordt, tenzij de verkoper dat wist.

2. Hetzelfde geldt indien de verkoop bij wijze van parate executie plaatsvindt, mits de koper dit wist of had moeten weten. Bij een consumentenkoop kan de koper zich er echter wel op beroepen dat de zaak niet aan de overeenkomst beantwoordt.

(Zie ook: artt. 248, 268 BW Boek 3)

Afdeling 3

Bijzondere gevolgen van niet-nakoming van de verplichtingen van de verkoper

Art. 19a

Gevolgen niet-nakoming verplichtingen door verkoper

1. Komt de verkoper bij een consumentenkoop de in artikel 9 lid 4 gestelde of overeengekomen termijn niet na, dan is hij in verzuim wanneer hij door de koper in gebreke wordt gesteld bij een aanmaning waarbij hem een redelijke termijn voor de aflevering wordt gesteld, en nakoming binnen deze termijn uitblijft.

2. Het verzuim van de verkoper treedt zonder ingebrekestelling in wanneer:

a. de verkoper heeft geweigerd de zaken te leveren;

b. aflevering binnen de overeengekomen levertermijn essentieel is, alle omstandigheden rond de sluiting van de overeenkomst in aanmerking genomen; of
c. de koper aan de verkoper voor het sluiten van de overeenkomst heeft medegedeeld dat aflevering voor of op een bepaalde datum essentieel is.

3. Bij de ontbinding van een consumentenkoop wegens een tekortkoming in de nakoming van de in artikel 9 lid 4 bedoelde verbintenis vergoedt de verkoper onverwijld alle van de koper ontvangen betalingen.

4. Indien de consumentenkoop tot stand is gekomen via een andere persoon, handelend in het kader van zijn handels-, bedrijfs-, ambachts- of beroepsactiviteit, die daarbij optreedt namens of voor rekening van de verkoper, kan de consument zich ook jegens die andere persoon beroepen op het in de leden 1–3 bepaalde.

Art. 20

Is de zaak behept met een last of een beperking die er niet op had mogen rusten, dan kan de koper eisen dat de last of de beperking wordt opgeheven, mits de verkoper hieraan redelijkerwijs kan voldoen.

Opheffing last of beperking bij koop

Art. 21

1. Beantwoordt het afgeleverde niet aan de overeenkomst, dan kan de koper eisen:
a. aflevering van het ontbrekende;
b. herstel van de afgeleverde zaak, mits de verkoper hieraan redelijkerwijs kan voldoen;
c. vervanging van de afgeleverde zaak, tenzij de afwijking van het overeengekomen te gering is om dit te rechtvaardigen, dan wel de zaak na het tijdstip dat de koper redelijkerwijze met ongedaanmaking rekening moet houden, teniet of achteruit is gegaan doordat hij niet als een zorgvuldig schuldenaar voor het behoud ervan heeft gezorgd.

Gevolgen non-conformiteit bij koop

2. De kosten van nakoming van de in lid 1 bedoelde verplichtingen kunnen niet aan de koper in rekening worden gebracht.

3. De verkoper is verplicht om, mede gelet op de aard van de zaak en op het bijzondere gebruik van de zaak dat bij de overeenkomst is voorzien, binnen een redelijke termijn en zonder ernstige overlast voor de koper, zijn in lid 1 bedoelde verplichtingen na te komen.

4. Bij een consumentenkoop komt de koper in afwijking van lid 1 slechts dan geen herstel of vervanging van de afgeleverde zaak toe indien herstel of vervanging onmogelijk is of van de verkoper niet gevergd kan worden.

5. Herstel of vervanging kan bij een consumentenkoop van de verkoper niet gevergd worden indien de kosten daarvan in geen verhouding staan tot de kosten van uitoefening van een ander recht of een andere vordering die de koper toekomt, gelet op de waarde van de zaak indien zij aan de overeenkomst zou beantwoorden, de mate van afwijking van het overeengekomene en de vraag of de uitoefening van een ander recht of een andere vordering geen ernstige overlast voor de koper veroorzaakt.

6. Indien bij een consumentenkoop de verkoper niet binnen een redelijke tijd nadat hij daartoe door de koper schriftelijk is aangemaand, aan zijn verplichting tot herstel van de afgeleverde zaak heeft voldaan, is de koper bevoegd het herstel door een derde te doen plaatsvinden en de kosten daarvan op de verkoper te verhalen.

(Zie ook: art. 299 BW Boek 3; artt. 88, 278 BW Boek 6)

Art. 22

1. Beantwoordt het afgeleverde niet aan de overeenkomst, dan heeft bij een consumentenkoop de koper voorts de bevoegdheid om:
a. de overeenkomst te ontbinden, tenzij de afwijking van het overeengekomene, gezien haar geringe betekenis, deze ontbinding met haar gevolgen niet rechtvaardigt;
b. de prijs te verminderen in evenredigheid met de mate van afwijking van het overeengekomene.

Ontbinding bij non-conformiteit bij koop

2. De in lid 1 bedoelde bevoegdheden ontstaan pas wanneer herstel en vervanging onmogelijk zijn of van de verkoper niet gevergd kunnen worden, danwel de verkoper tekort is geschoten in een verplichting als bedoeld in artikel 21 lid 3.

3. Voorzover daarvan in deze afdeling niet is afgeweken zijn op de in lid 1 onder b bedoelde bevoegdheid de bepalingen van afdeling 5 van titel 5 van Boek 6 omtrent ontbinding van een overeenkomst van overeenkomstige toepassing.

Schakelbepaling

4. De rechten en bevoegdheden genoemd in lid 1 en de artikelen 20 en 21 komen de koper toe onverminderd alle andere rechten en vorderingen.

Art. 23

1. De koper kan er geen beroep meer op doen dat hetgeen is afgeleverd niet aan de overeenkomst beantwoordt, indien hij de verkoper daarvan niet binnen bekwame tijd nadat hij dit heeft ontdekt of redelijkerwijs had behoren te ontdekken, kennis heeft gegeven. Blijkt echter aan de zaak een eigenschap te ontbreken die deze volgens de verkoper bezat, of heeft de afwijking betrekking op feiten die hij kende of behoorde te kennen doch die hij niet heeft meegedeeld, dan moet de kennisgeving binnen bekwame tijd na de ontdekking geschieden. Bij een consumentenkoop moet de kennisgeving binnen bekwame tijd na de ontdekking geschieden, waarbij een kennisgeving binnen een termijn van twee maanden na de ontdekking tijdig is.

Klachtplicht bij koop

Schadevergoeding bij non-conformiteit bij consumentenkoop

2. Rechtsvorderingen en verweren, gegrond op feiten die de stelling zouden rechtvaardigen dat de afgeleverde zaak niet aan de overeenkomst beantwoordt, verjaren door verloop van twee jaren na de overeenkomstig het eerste lid gedane kennisgeving. Doch de koper behoudt de bevoegdheid om aan een vordering tot betaling van de prijs zijn recht op vermindering daarvan of op schadevergoeding tegen te werpen.

3. De termijn loopt niet zolang de koper zijn rechten niet kan uitoefenen als gevolg van opzet van de verkoper.

(Zie ook: artt. 89, 228 BW Boek 6)

Art. 24

1. Indien op grond van een consumentenkoop een zaak is afgeleverd die niet de eigenschappen bezit die de koper op grond van de overeenkomst mocht verwachten, heeft de koper jegens de verkoper recht op schadevergoeding overeenkomstig de afdelingen 9 en 10 van titel 1 van Boek 6.

2. Bestaat de tekortkoming in een gebrek als bedoeld in afdeling 3 van titel 3 van Boek 6, dan is de verkoper niet aansprakelijk voor schade als in die afdeling bedoeld, tenzij
a. hij het gebrek kende of behoorde te kennen,
b. hij de afwezigheid van het gebrek heeft toegezegd of
c. het betreft zaakschade terzake waarvan krachtens afdeling 3 van titel 3 van Boek 6 geen recht op vergoeding bestaat op grond van de in die afdeling geregelde franchise, onverminderd zijn verweren krachtens de afdelingen 9 en 10 van titel 1 van Boek 6.

3. Indien de verkoper de schade van de koper vergoedt krachtens lid 2 onder *a* of *b*, is de koper verplicht zijn rechten uit afdeling 3 van titel 3 van Boek 6 aan de verkoper over te dragen.

Art. 25

Regres bij consumentenkoop

1. Heeft de koper, in geval van een tekortkoming als bedoeld in artikel 24, een of meer van zijn rechten ter zake van die tekortkoming tegen de verkoper uitgeoefend, dan heeft de verkoper recht op schadevergoeding jegens degene van wie hij de zaak heeft gekocht, mits ook deze bij die overeenkomst in de uitoefening van zijn beroep of bedrijf heeft gehandeld. Kosten ter zake van verweer worden slechts vergoed voor zover zij in redelijkheid door de verkoper zijn gemaakt.

2. Van lid 1 kan niet ten nadele van de verkoper worden afgeweken.

3. Het recht op schadevergoeding krachtens lid 1 komt de verkoper niet toe indien de afwijking betrekking heeft op feiten die hij kende of behoorde te kennen, dan wel haar oorzaak vindt in een omstandigheid die is voorgevallen nadat de zaak aan hem werd afgeleverd.

4. Indien aan de zaak een eigenschap ontbreekt die deze volgens de verkoper bezat, is het recht van de verkoper op schadevergoeding krachtens lid 1 beperkt tot het bedrag waarop hij aanspraak had kunnen maken indien hij de toezegging niet had gedaan.

5. Op het verhaal krachtens eerdere koopovereenkomsten zijn de vorige leden van overeenkomstige toepassing.

6. De vorige leden zijn niet van toepassing voor zover het betreft schade als bedoeld in artikel 24 lid 2.

Afdeling 4
Verplichtingen van de koper

Art. 26

Betaling prijs door koper

1. De koper is verplicht de prijs te betalen.

2. De betaling moet geschieden ten tijde en ter plaatse van de aflevering. Bij een consumentenkoop kan de koper tot vooruitbetaling van ten hoogste de helft van de koopprijs worden verplicht.

3. Is voor de eigendomsoverdracht een notariële akte vereist, gevolgd door inschrijving daarvan in de daartoe bestemde openbare registers, dan moet het verschuldigde ten tijde van de ondertekening van de akte tenminste uit de macht van de koper zijn gebracht en behoeft het pas na de inschrijving in de macht van de verkoper te worden gebracht.

4. Bij de koop van een tot bewoning bestemde onroerende zaak of bestanddeel daarvan, kan de koper die een natuurlijk persoon is en niet handelt in de uitoefening van een beroep of bedrijf, niet worden verplicht tot vooruitbetaling van de koopprijs, behoudens dat kan worden bedongen dat hij ter verzekering van de nakoming van zijn verplichtingen een bedrag dat niet hoger is dan 10% van de koopprijs, in depot stort bij een notaris dan wel voor dit bedrag vervangende zekerheid stelt. Van het in de eerste zin bepaalde kan niet ten nadele van de koper worden afgeweken, behoudens bij een standaardregeling als bedoeld in artikel 214 van Boek 6. Het teveel betaalde geldt als onverschuldigd betaald.

5. Lid 4 is van overeenkomstige toepassing op de koop van deelnemings- of lidmaatschapsrechten die recht geven op het gebruik van een tot bewoning bestemde onroerende zaak of bestanddeel daarvan.

6. De tweede volzin van lid 2 en de leden 4–5 zijn niet van toepassing, wanneer de overeenkomst tevens voldoet aan de omschrijving van een overeenkomst als bedoeld in artikel 50a, onderdelen c, d of f.

(Zie ook: art. 11 BW Boek 6)

Art. 27

Wanneer de koper gestoord wordt of goede grond heeft te vrezen dat hij gestoord zal worden door een vordering tot uitwinning of tot erkenning van een recht op de zaak dat daarop niet had mogen rusten, kan hij de betaling van de koopprijs opschorten, tenzij de verkoper voldoende zekerheid stelt om het nadeel te dekken dat de koper dreigt te lijden.

(Zie ook: art. 52 BW Boek 6)

Verplichting koper bij koop

Art. 28

Bij een consumentenkoop verjaart de rechtsvordering tot betaling van de koopprijs door verloop van twee jaren.

(Zie ook: art. 307 BW Boek 3)

Verjaring bij consumentenkoop

Art. 29

1. Heeft de koper de zaak ontvangen doch is hij voornemens deze te weigeren, dan moet hij als een zorgvuldig schuldenaar voor het behoud ervan zorgen; hij heeft op de zaak een retentierecht totdat hij door de verkoper voor de door hem in redelijkheid gemaakte kosten schadeloos is gesteld.

(Zie ook: art. 290 BW Boek 3)

2. De koper die voornemens is een aan hem verzonden en op de plaats van bestemming te zijner beschikking gestelde zaak te weigeren, moet, zo dit geen betaling van de koopprijs en geen ernstige bezwaren of onredelijke kosten meebrengt, deze in ontvangst nemen, tenzij de verkoper op de plaats van bestemming aanwezig is of iemand aldaar bevoegd is zich voor zijn rekening met de zorg voor de zaak te belasten.

Zorgplicht bij weigering zaak bij koop

Art. 30

Wanneer in de gevallen, in artikel 29 voorzien, de zaak aan snel tenietgaan of achteruitgang onderhevig is of wanneer de bewaring daarvan ernstige bezwaren of onredelijke kosten zou meebrengen, is de koper verplicht de zaak op een geschikte wijze te doen verkopen.

(Zie ook: art. 90 BW Boek 6)

Verplichting koper tot verkoop zaak

Afdeling 5
Bijzondere gevolgen van verzuim van de koper

Art. 31

Indien de overeenkomst aan de koper de bevoegdheid geeft door aanwijzing van maat of vorm of op andere wijze de zaak te specificeren en hij daarmede in verzuim is, kan de verkoper daartoe zelf overgaan, met inachtneming van de hem bekende behoeften van de koper.

(Zie ook: art. 60 BW Boek 6)

Verzuim bij specificeren zaak bij koop

Art. 32

Ingeval de koper met de inontvangstneming in verzuim is, vindt artikel 30 overeenkomstige toepassing.

(Zie ook: artt. 234, 381 BW Boek 1)

Verzuim bij inontvangstneming bij koop

Afdeling 6
Bijzondere gevallen van ontbinding

Art. 33

Indien de aflevering van een roerende zaak op een bepaalde dag essentieel is en op die dag de koper niet in ontvangst neemt, levert zulks een grond op tot ontbinding als bedoeld in artikel 265 van Boek 6.

(Zie ook: art. 60 BW Boek 6)

Ontbinding bij niet-inontvangstname bij koop

Art. 34

De verkoper kan de koop door een schriftelijke verklaring ontbinden, indien het achterwege blijven van inontvangstneming hem goede grond geeft te vrezen dat de prijs niet zal worden betaald.

(Zie ook: artt. 80, 263 BW Boek 6)

Ontbinding bij vrees niet betalen bij koop

Art. 35

1. Indien de verkoper bij een consumentenkoop krachtens een bij die overeenkomst gemaakt beding de koopprijs na het sluiten van de koop verhoogt, is de koper bevoegd de koop door een schriftelijke verklaring te ontbinden, tenzij bedongen is dat de aflevering langer dan drie maanden na de koop zal plaatsvinden.

2. Voor de toepassing van lid 1 wordt onder koopprijs begrepen het bedrag dat bij het sluiten van de overeenkomst onder voorbehoud van prijswijziging voorlopig als koopprijs is opgegeven.

Prijsverhoging bij consumentenkoop

Afdeling 7
Schadevergoeding

Art. 36

Schadevergoeding bij ontbinding van koop

1. In geval van ontbinding van de koop is, wanneer de zaak een dagprijs heeft, de schadevergoeding gelijk aan het verschil tussen de in de overeenkomst bepaalde prijs en de dagprijs ten dage van de niet-nakoming.

2. Voor de berekening van deze schadevergoeding is de in aanmerking te nemen dagprijs die van de markt waar de koop plaatsvond, of, indien er geen dergelijke dagprijs is of deze bezwaarlijk zou kunnen worden toegepast, de prijs van de markt die deze redelijkerwijs kan vervangen; hierbij wordt rekening gehouden met verschillen in de kosten van vervoer van de zaak.

(Zie ook: art. 95 BW Boek 6)

Art. 37

Schadevergoeding bij ontbinding van koop

Heeft de koper of de verkoper een dekkingskoop gesloten en is hij daarbij redelijk te werk gegaan, dan komt hem het verschil toe tussen de overeengekomen prijs en die van de dekkingskoop.

Art. 38

Hogere schadevergoeding bij koop

De bepalingen van de twee voorgaande artikelen sluiten het recht op een hogere schadevergoeding niet uit ingeval meer schade is geleden.

Afdeling 8
Recht van reclame

Art. 39

Reclamerecht bij koop

1. De verkoper van een roerende, aan de koper afgeleverde zaak die niet een registergoed is, kan, indien de prijs niet betaald is en in verband daarmee aan de vereisten voor een ontbinding als bedoeld in artikel 265 van Boek 6 is voldaan, de zaak door een tot de koper gerichte schriftelijke verklaring terugvorderen. Door deze verklaring wordt de koop ontbonden en eindigt het recht van de koper of zijn rechtsverkrijger; de artikelen 271, 273, 275 en 276 van Boek 6 zijn van overeenkomstige toepassing.

2. Is slechts de prijs van een bepaald deel van het afgeleverde niet betaald, dan kan de verkoper slechts dat deel terugvorderen. Is ten aanzien van het geheel een deel van de prijs niet betaald, dan kan de verkoper een daaraan evenredig deel van het afgeleverde terugvorderen indien het afgeleverde voor een zodanige verdeling vatbaar is. In beide gevallen wordt de koop slechts voor het teruggevorderde deel van het afgeleverde ontbonden.

3. In alle andere gevallen van gedeeltelijke betaling van de prijs kan de verkoper slechts het afgeleverde in zijn geheel terugvorderen tegen teruggave van het reeds betaalde.

Art. 40

Terugvordering bij faillissement koper bij koop

1. Is de koper in staat van faillissement verklaard of is aan hem surséance van betaling verleend, dan heeft de terugvordering geen gevolg, indien door de curator, onderscheidenlijk door de koper en de bewindvoerder, binnen een hun daartoe door de verkoper bij diens verklaring te stellen redelijke termijn de koopprijs wordt betaald of voor deze betaling zekerheid wordt gesteld.

Terugvordering bij schuldsaneringsregeling koper bij koop

2. Het eerste lid is van overeenkomstige toepassing indien ten aanzien van de koper de schuldsaneringsregeling natuurlijke personen van toepassing is verklaard, tenzij de koopovereenkomst tot stand is gekomen na de uitspraak tot de toepassing van de schuldsaneringsregeling.

Art. 41

Dezelfde staat bij terugvordering bij koop

De bevoegdheid tot terugvordering kan slechts worden uitgeoefend voor zover het afgeleverde zich nog in dezelfde staat bevindt als waarin het werd afgeleverd.

Art. 42

Terugvordering bij overdracht aan derde bij koop

1. Tenzij de zaak in handen van de koper is gebleven, vervalt de bevoegdheid tot terugvordering wanneer de zaak overeenkomstig artikel 90 lid 1 of artikel 91 van Boek 3 anders dan om niet is overgedragen aan een derde die redelijkerwijs niet behoefde te verwachten dat het recht zou worden uitgeoefend.

2. Is de zaak na de aflevering anders dan om niet in vruchtgebruik gegeven of verpand, dan is lid 1 van overeenkomstige toepassing.

(Zie ook: artt. 11, 86, 204, 236 BW Boek 3)

Art. 43

Terugvordering bij acceptatie handelspapier

De verkoper kan zijn in artikel 39 omschreven bevoegdheid niet uitoefenen, indien de koper voor de volle koopprijs handelspapier heeft geaccepteerd.

Bij acceptatie voor een gedeelte van de prijs kan de verkoper die bevoegdheid slechts uitoefenen, indien hij ten behoeve van de koper zekerheid stelt voor de vergoeding van hetgeen de koper uit hoofde van zijn acceptatie zou moeten betalen.

Art. 44

Vervaltermijn terugvordering bij koop

De in artikel 39 omschreven bevoegdheid van de verkoper vervalt, wanneer zowel zes weken zijn verstreken nadat de vordering tot betaling van de koopprijs opeisbaar is geworden, als zestig dagen, te rekenen van de dag waarop de zaak onder de koper of onder iemand van zijnentwege is opgeslagen.

Afdeling 9
Koop op proef

Art. 45

1. Koop op proef wordt geacht te zijn gesloten onder de opschortende voorwaarde dat de zaak de koper voldoet.

2. Laat deze een termijn, voldoende om de zaak te beoordelen, voorbijgaan zonder de verkoper van zijn beslissing in kennis te stellen, dan kan hij de zaak niet meer weigeren.

Art. 46

Zolang de koop niet definitief is, is de zaak voor risico van de verkoper.

Afdeling 9A
[Vervallen]

Art. 46a-46j

[Vervallen]

Afdeling 10
Koop van vermogensrechten

Art. 47

Een koop kan ook op een vermogensrecht betrekking hebben. In dat geval zijn de bepalingen van de vorige afdelingen van toepassing voor zover dit in overeenstemming is met de aard van het recht.

Art. 48

1. Hij die een nalatenschap verkoopt zonder de goederen daarvan stuk voor stuk op te geven, is slechts gehouden voor zijn hoedanigheid van erfgenaam in te staan.

2. Heeft de verkoper reeds vruchten genoten, een tot de nalatenschap behorende vordering geïnd of goederen uit de nalatenschap vervreemd, dan moet hij die aan de koper vergoeden.

3. De koper moet aan de verkoper vergoeden hetgeen deze wegens de schulden en lasten der nalatenschap heeft betaald en hem voldoen hetgeen hij als schuldeiser van de nalatenschap te vorderen had.

Afdeling 10A
[Vervallen]

Art. 48a-48g

[Vervallen]

Afdeling 12
Ruil

Art. 49

Ruil is de overeenkomst waarbij partijen zich verbinden elkaar over en weer een zaak in de plaats van een andere te geven.

Art. 50

De bepalingen betreffende koop vinden overeenkomstige toepassing, met dien verstande dat elke partij wordt beschouwd als verkoper voor de prestatie die zij verschuldigd is, en als koper voor die welke haar toekomt.

Titel 1a
Overeenkomsten betreffende het gebruik in deeltijd, vakantieproducten van lange duur, bijstand en uitwisseling

Art. 50a

In deze titel wordt verstaan onder:
a. consument: een natuurlijk persoon die niet handelt in de uitoefening van zijn handels-, bedrijfs-, ambachts- of beroepsactiviteit;
b. handelaar: een natuurlijk persoon of rechtspersoon die handelt voor doeleinden die betrekking hebben op zijn handels-, bedrijfs-, ambachts- of beroepsactiviteit, alsmede degene die in naam van of ten behoeve van hem optreedt;

Koop op proef

Risico bij koop op proef

Koop van vermogensrechten

Verkoop bij nalatenschap

Ruil

Schakelbepaling

Begripsbepalingen

c. overeenkomst betreffende gebruik in deeltijd: een overeenkomst met een duur van meer dan een jaar, met inbegrip van elke bepaling die een verlenging mogelijk maakt, op grond waarvan een consument tegen vergoeding het recht krijgt om één of meer overnachtingsaccommodaties voor meer dan één verblijfsperiode te gebruiken;

d. overeenkomst betreffende een vakantieproduct van lange duur: een overeenkomst met een duur van meer dan een jaar, met inbegrip van elke bepaling die een verlenging mogelijk maakt, op grond waarvan een consument tegen vergoeding hoofdzakelijk het recht krijgt op kortingen op of andere voordelen inzake accommodatie, al dan niet samen met reizen of andere diensten;

e. overeenkomst van bijstand bij verhandelen: een overeenkomst op grond waarvan een handelaar een consument tegen vergoeding bijstaat om een recht van gebruik in deeltijd of een vakantieproduct van lange duur over te nemen of over te dragen;

f. uitwisselingsovereenkomst: een overeenkomst op grond waarvan een consument tegen vergoeding toetreedt tot een uitwisselingssysteem waarbij hem in ruil voor het tijdelijk beschikbaar stellen van zijn recht van gebruik in deeltijd, toegang tot overnachtingsaccommodatie of andere diensten wordt geboden;

g. aanvullende overeenkomst: een overeenkomst op grond waarvan de consument diensten geniet die betrekking hebben op een overeenkomst betreffende gebruik in deeltijd of een overeenkomst betreffende een vakantieproduct van lange duur, en die worden verleend door de handelaar of door een derde op grond van een overeenkomst tussen deze derde en de handelaar;

h. duurzame gegevensdrager: een hulpmiddel dat de consument dan wel de handelaar in staat stelt om persoonlijk aan hem gerichte informatie op te slaan op een wijze die deze informatie toegankelijk maakt voor toekomstig gebruik gedurende een periode die is afgestemd op het doel waarvoor de informatie kan dienen, en die een ongewijzigde reproductie van de opgeslagen informatie mogelijk maakt;

i. richtlijn: Richtlijn nr. 2008/122/EG van het Europees Parlement en de Raad van 14 januari 2009 betreffende de bescherming van de consumenten met betrekking tot bepaalde aspecten van overeenkomsten betreffende gebruik in deeltijd, vakantieproducten van lange duur, doorverkoop en uitwisseling (PbEU L 33/10).

Art. 50b

Informatieverstrekking bij deeltijdgebruik

1. De handelaar verstrekt aan de consument geruime tijd voordat hij door een overeenkomst betreffende gebruik in deeltijd wordt gebonden kosteloos en op duidelijke en begrijpelijke wijze nauwkeurige en toereikende informatie overeenkomstig het in bijlage 1 bij de richtlijn opgenomen model. De informatie wordt verstrekt op een duurzame gegevensdrager die voor de consument gemakkelijk toegankelijk is.

2. De in het vorige lid bedoelde informatie wordt opgesteld in een door de consument te kiezen taal van de staat waar hij woont of waarvan hij de nationaliteit heeft, mits dit een officiële taal is van de Europese Unie of van een van de staten die partij is bij de Overeenkomst betreffende de Europese Economische Ruimte.

3. In reclame voor een overeenkomst betreffende gebruik in deeltijd wordt meegedeeld dat en waar de in lid 1 bedoelde informatie verkrijgbaar is.

4. Wordt tijdens een promotie- of verkoopevenement aan een consument een aanbod gedaan tot het aangaan van een overeenkomst betreffende gebruik in deeltijd, dan vermeldt de handelaar in de uitnodiging voor dat evenement duidelijk de commerciële aard en bedoeling daarvan.

5. De handelaar zorgt ervoor dat tijdens een promotie- of verkoopevenement de in lid 1 bedoelde informatie voortdurend voor de consument beschikbaar is.

6. De overeenkomst betreffende gebruik in deeltijd wordt niet als investering aangeduid of aangeboden.

7. Een handelaar die in strijd handelt met dit artikel verricht een oneerlijke handelspraktijk als bedoeld in artikel 193b van Boek 6 van het Burgerlijk Wetboek.

Art. 50c

Overeenkomst bij deeltijdgebruik

1. De overeenkomst betreffende gebruik in deeltijd wordt schriftelijk, op een duurzame gegevensdrager, aangegaan en wordt door partijen ondertekend.

2. De overeenkomst betreffende gebruik in deeltijd wordt opgesteld in een door de consument te kiezen taal van de staat waar hij woont of waarvan hij de nationaliteit heeft, mits dit een officiële taal is van de Europese Unie of van een van de staten die partij is bij de Overeenkomst betreffende de Europese Economische Ruimte.

3. De overeenkomst bevat ten minste:

a. de identiteit en de verblijfplaats van de partijen en

b. de datum en de plaats van sluiting van de overeenkomst.

4. De in artikel 50b lid 1 bedoelde informatie vormt een integraal deel van de overeenkomst betreffende gebruik in deeltijd en wordt niet gewijzigd, tenzij de partijen uitdrukkelijk anders zijn overeengekomen of de wijzigingen het gevolg zijn van ongewone en onvoorzienbare omstandigheden buiten de macht van de handelaar en waarvan hij de gevolgen niet kan vermijden, zelfs als alle zorg zou zijn betracht.

5. De in het vorige lid bedoelde wijzigingen worden uitdrukkelijk in de overeenkomst vermeld en, voordat de overeenkomst wordt gesloten, aan de consument medegedeeld op een duurzame gegevensdrager die voor hem gemakkelijk toegankelijk is.

6. In de overeenkomst betreffende gebruik in deeltijd wordt een afzonderlijk standaardformulier voor ontbinding van de overeenkomst opgenomen overeenkomstig bijlage V bij de richtlijn.

7. De handelaar wijst, voordat de overeenkomst betreffende gebruik in deeltijd wordt gesloten, de consument uitdrukkelijk op het bestaan van het recht van ontbinding van de overeenkomst, de termijn waarbinnen dit recht kan worden uitgeoefend en het verbod van vooruitbetalingen tijdens deze termijn. De bepalingen van de overeenkomst die hierop betrekking hebben, worden door de consument afzonderlijk ondertekend.

8. De in het eerste lid bedoelde overeenkomst of een afschrift daarvan wordt de consument bij het sluiten van de overeenkomst ter hand gesteld.

Art. 50d

1. De consument kan de overeenkomst betreffende gebruik in deeltijd zonder opgave van redenen kosteloos ontbinden gedurende veertien dagen vanaf:

a. de dag van de sluiting van de overeenkomst of voorovereenkomst, of

b. de dag waarop de consument een afschrift van de overeenkomst of voorovereenkomst ontvangt, als deze dag later valt dan de onder a bedoelde dag.

Ontbinding overeenkomst bij deeltijdgebruik

2. Indien niet aan de in artikel 50b lid 1 gestelde eisen is voldaan, wordt de in het vorige lid bedoelde termijn verlengd met de tijd die is verstreken vanaf het tijdstip, bedoeld in het vorige lid, onderdeel a respectievelijk b, tot het moment waarop alle ontbrekende gegevens alsnog op de voorgeschreven wijze aan de consument zijn verstrekt, doch ten hoogste met drie maanden.

3. Indien in de overeenkomst betreffende gebruik in deeltijd het in artikel 50c lid 6 bedoelde, door de handelaar ingevulde, standaardformulier ontbreekt, wordt de in lid 1 bedoelde termijn verlengd met de tijd die is verstreken vanaf het tijdstip, bedoeld in lid 1 onderdelen a respectievelijk b, tot het moment waarop alle ontbrekende gegevens alsnog op de voorgeschreven wijze aan de consument zijn verstrekt, doch ten hoogste met een jaar.

4. De consument oefent het in lid 1 bedoelde recht uit door binnen de gestelde termijn een daartoe strekkende schriftelijke verklaring, op een duurzame gegevensdrager, te zenden aan de handelaar.

Art. 50e

1. In geval van ontbinding overeenkomstig artikel 50d worden de consument geen kosten gerekend, noch wordt hij aansprakelijk gesteld voor diensten die hem voor de ontbinding kunnen zijn geleverd.

Ontbindingsgevolgen bij deeltijdgebruik

2. Ontbinding overeenkomstig artikel 50d brengt van rechtswege en zonder kosten voor de consument de ontbinding mee van:

a. aan de overeenkomst betreffende gebruik in deeltijd gekoppelde uitwisselingsovereenkomsten,

b. andere aanvullende overeenkomsten, en

c. een overeenkomst die ertoe strekt dat de handelaar, of een derde op grond van een regeling tussen die derde en de handelaar, aan de consument ten behoeve van de voldoening van de prijs of een gedeelte daarvan een krediet heeft verleend.

Art. 50f

1. De consument wordt gedurende de termijn waarbinnen hij het in artikel 50d lid 1 bedoelde recht van ontbinding kan uitoefenen, niet verzocht om of verplicht tot:

a. vooruitbetaling;

b. de verstrekking van garanties;

c. de reservering van geld op rekeningen;

d. schuldbekentenissen, of

e. betaling van enige andere vergoeding.

Rechtsgevolgen ontbinding tijdens bedenktijd bij deeltijdgebruik

2. Binnen de in het vorige lid genoemde termijn gedane vooruitbetalingen gelden als onverschuldigd betaald.

Art. 50g

1. Op de overeenkomst betreffende een vakantieproduct van lange duur zijn de artikelen 50a tot en met 50f van overeenkomstige toepassing, met dien verstande dat de informatie, bedoeld in artikel 50b, wordt verstrekt overeenkomstig het in bijlage II bij de richtlijn opgenomen model.

Schakelbepaling

2. De prijs van de overeenkomst betreffende een vakantieproduct van lange duur, met inbegrip van de eventuele ledencontributie, wordt voldaan in gelijke jaarlijkse termijnen. Elke andere betaling geldt als onverschuldigd.

Betaling in termijnen bij deeltijdgebruik

3. De handelaar zendt de consument ten minste veertien dagen voor elke vervaldag van een betalingstermijn schriftelijk, op een duurzame gegevensdrager, een verzoek om betaling.

4. De consument kan vanaf de tweede betalingstermijn de overeenkomst opzeggen zonder dat hij een boete verschuldigd is door binnen veertien dagen na ontvangst van het betalingsverzoek, bedoeld in het vorige lid, een daartoe strekkende verklaring te zenden aan de handelaar.

Art. 50h

Schakelbepaling

Op de overeenkomst van bijstand bij verhandelen en de uitwisselingsovereenkomst zijn artikel 50b, leden 1 tot en met 5 alsmede lid 7, en de artikelen 50c, 50d, 50e lid 1 en lid 2, aanhef en onderdeel c, alsmede artikel 50f van overeenkomstige toepassing, met dien verstande dat:
a. ten aanzien van de overeenkomst van bijstand bij verhandelen:
1°. de informatie, bedoeld in artikel 50b, wordt verstrekt overeenkomstig het in bijlage III bij de richtlijn opgenomen model; en
2°. artikel 50f toepassing vindt tot de overdracht of overname heeft plaatsgevonden of de overeenkomst op andere wijze wordt beëindigd;
b. ten aanzien van uitwisselingsovereenkomst:
1°. de informatie, bedoeld in artikel 50b, wordt verstrekt overeenkomstig het in bijlage IV bij de richtlijn opgenomen model; en
2°. als de overeenkomst wordt aangeboden samen met en op hetzelfde tijdstip als een overeenkomst betreffende gebruik in deeltijd, slechts een enkele termijn voor ontbinding als bedoeld in artikel 50d lid 1 geldt, waarbij de termijn voor beide overeenkomsten wordt berekend overeenkomstig lid 1 van dat artikel.

Art. 50i

Dwingend recht bij deeltijdgebruik

1. Op de termijnen genoemd in deze titel is Verordening (EEG, Euratom) nr. 1182/71 (PbEG L 124) van de Raad van 3 juni 1971 houdende vaststelling van de regels die van toepassing zijn op termijnen, data en aanvangs- en vervaltijden van overeenkomstige toepassing.
2. Van deze titel kan niet ten nadele van de consument worden afgeweken.
3. Is het toepasselijke recht op de overeenkomst dat van een derde land, dan past de rechter de voor de consument beschermende bepalingen van deze titel toe als de overeenkomst:
a. betrekking heeft op een onroerende zaak die is gelegen in een lidstaat van de Europese Unie of een andere staat die partij is bij de Overeenkomst betreffende de Europese Economische Ruimte, of
b. niet rechtstreeks betrekking heeft op een onroerende zaak en de handelaar zijn handels- of beroepsactiviteit verricht in, dan wel deze activiteit met enigerlei middel richt op, een lidstaat van de Europese Unie of een andere staat die partij is bij de Overeenkomst betreffende de Europese Economische Ruimte, en de overeenkomst onder die activiteit valt.
4. Deze titel is van toepassing op overeenkomsten tussen handelaren en consumenten.

Titel 2
Financiëlezekerheidsovereenkomsten

Art. 51

Begripsbepalingen

In deze titel wordt verstaan onder:
a. financiëlezekerheidsovereenkomst: een financiëlezekerheidsovereenkomst tot overdracht of een financiëlezekerheidsovereenkomst tot vestiging van een pandrecht;
b. financiëlezekerheidsovereenkomst tot overdracht: een overeenkomst op grond waarvan de onder d, e of f bedoelde goederen worden overgedragen als waarborg voor een verplichting;
c. financiëlezekerheidsovereenkomst tot vestiging van een pandrecht: een overeenkomst op grond waarvan een pandrecht wordt verschaft op de onder d, e of f bedoelde goederen;
d. geld: op een rekening of deposito gecrediteerd tegoed in geld;
e. effecten: aandelen en andere met aandelen gelijk te stellen effecten, obligaties en andere schuldinstrumenten indien deze op de kapitaalmarkt verhandelbaar zijn, en alle andere gewoonlijk verhandelde effecten waarmee de aandelen, obligaties of andere effecten via inschrijving, koop of omruiling kunnen worden verkregen of die aanleiding kunnen geven tot afwikkeling in geld met uitsluiting van waardepapieren die een betalingsopdracht belichamen, inclusief rechten van deelneming in instellingen voor collectieve belegging, geldmarktinstrumenten en vorderingen op of rechten ten aanzien van een van de voornoemde instrumenten;
f. kredietvordering: een geldvordering voortvloeiend uit een overeenkomst waarbij een bank als bedoeld in artikel 1:1 Wet op het financieel toezicht krediet verschaft in de vorm van een lening met uitzondering van geldvorderingen waarbij de debiteur een natuurlijk persoon is die niet handelt in de uitoefening van beroep of bedrijf, tenzij de zekerheidsnemer of zekerheidsverschaffer van een dergelijke kredietvordering een van de instellingen is als genoemd in artikel 52 lid 1 onder b;
g. gelijkwaardige goederen:
1. wanneer het betreft geld: hetzelfde bedrag in dezelfde valuta;
2. wanneer het betreft effecten: effecten van dezelfde uitgevende instelling of debiteur, behorende tot dezelfde emissie of categorie, ter waarde van hetzelfde nominale bedrag, luidende in dezelfde valuta en van dezelfde soort, onderscheidenlijk andere goederen indien de financiëlezekerheidsovereenkomst voorziet in de overdracht daarvan na het plaatsvinden van een gebeurtenis die betrekking heeft op of gevolgen heeft voor de effecten waarop de schuldenaar een pandrecht heeft gevestigd;

h. executiegrond: verzuim of een andere omstandigheid op grond waarvan de zekerheidsnemer krachtens een financiëlezekerheidsovereenkomst of de wet gerechtigd is verpande goederen te verkopen of zich toe te eigenen dan wel gebruik te maken van een verrekenbeding;

i. verrekenbeding: een beding in een financiëlezekerheidsovereenkomst of een overeenkomst waarvan een financiëlezekerheidsovereenkomst deel uitmaakt, of een wettelijk voorschrift, op grond waarvan bij het voldoen aan de voorwaarden van een executiegrond:

– de verplichtingen van partijen onmiddellijk opeisbaar worden, alsmede omgezet in een verplichting tot het betalen van een bedrag dat hun geschatte actuele waarde vertegenwoordigt, dan wel de verplichtingen vervallen en worden vervangen door een verplichting tot het betalen van het voornoemde bedrag, of

– de verplichtingen van partijen worden verrekend en alleen het saldo verschuldigd is.

Art. 52

1. Deze titel is van toepassing op financiëlezekerheidsovereenkomsten waarbij ten minste een van de partijen is:

a. een overheidsinstantie, met inbegrip van:

– instellingen behorend tot de overheidssector van de lidstaten van de Europese Unie die belast zijn met of een rol spelen bij het beheer van de overheidsschuld en;

– instellingen behorend tot de overheidssector van de lidstaten van de Europese Unie die zijn gemachtigd om voor klanten rekeningen aan te houden.

b. een centrale bank, de Europese Centrale Bank, de Bank voor Internationale Betalingen, een multilaterale ontwikkelingsbank, het Internationaal Monetair Fonds en de Europese Investeringsbank.

c. een financiële onderneming onder financieel toezicht, met inbegrip van een bank, beheerder, beleggingsinstelling, beleggingsonderneming, financiële instelling, levensverzekeraar of schadeverzekeraar als bedoeld in artikel 1:1 van de Wet op het financieel toezicht.

d. een centrale tegenpartij, een afwikkelende instantie of een verrekeningsinstituut als bedoeld in artikel 212a, onderdeel c, d en e, van de Faillissementswet, inclusief onder het nationale recht van de lidstaten van de Europese Unie vallende gereglementeerde instellingen die actief zijn op de markten voor rechten op overdracht op termijn van goederen, opties en derivaten, en een andere dan een natuurlijke persoon die optreedt als trustee of in een vertegenwoordigende hoedanigheid namens een of meer personen waaronder enigerlei obligatiehouders of houders van andere schuldinstrumenten of enige instelling als omschreven in onderdeel a, b, c of dit onderdeel.

2. Deze titel is niet van toepassing indien een van de partijen bij een financiëlezekerheidsovereenkomst een natuurlijke persoon is die niet handelt in de uitoefening van een beroep of bedrijf.

Art. 53

1. Bij een financiëlezekerheidsovereenkomst tot vestiging van een pandrecht kan worden bedongen dat de zekerheidsnemer de verpande goederen kan gebruiken of verkopen en de opbrengst behouden.

2. Uitoefening van het recht tot gebruik of verkoop brengt van rechtswege een verplichting van de zekerheidsnemer mee tot overdracht van gelijkwaardige goederen aan de zekerheidsgever, uiterlijk op het tijdstip waarop moet worden voldaan aan de vordering waarvoor het verpande tot zekerheid strekt. De zekerheidsnemer krijgt een pandrecht op het verkregene. Dit recht wordt geacht te zijn verkregen op het moment dat de financiëlezekerheidsovereenkomst werd gesloten.

3. Voor de in het tweede lid bedoelde vordering van de zekerheidsgever tot overdracht van gelijkwaardige goederen heeft deze een voorrecht op de bij de zekerheidsnemer aanwezige gelden en effecten.

4. In afwijking van lid 2 kan in de financiëlezekerheidsovereenkomst worden bepaald dat de zekerheidsnemer de vordering waarvoor het verpande tot zekerheid strekt verrekent met de waarde van de gelijkwaardige goederen, op het tijdstip waarop de vordering moet worden voldaan of zoveel eerder als zich een executiegrond voordoet.

5. Dit artikel is niet van toepassing indien de financiëlezekerheidsovereenkomst strekt tot verpanding van een kredietvordering in de zin van artikel 51 onder f.

Art. 54

1. Tenzij anders is bedongen in een financiëlezekerheidsovereenkomst tot de vestiging van een pandrecht, is de zekerheidsnemer, wanneer aan de voorwaarden van een executiegrond wordt voldaan, bevoegd:

a. effecten waarop het pandrecht rust te verkopen en het hem verschuldigde op de opbrengst te verhalen onderscheidenlijk deze effecten zich toe te eigenen en de waarde van de effecten te verrekenen met het hem verschuldigde;

b. geld waarop het pandrecht rust te verrekenen met het hem verschuldigde;

c. de kredietvordering waarop het pandrecht rust over te dragen en de opbrengst te verrekenen met het hem verschuldigde.

Werkingssfeer

Vestiging van pandrecht bij financiëlezekerheidsovereenkomst

Bevoegdheden zekerheidsnemer bij financiëlezekerheidsovereenkomst

B7 *art. 55* **Burgerlijk Wetboek Boek 7**

2. De verkoop van effecten geschiedt op een markt door tussenkomst van een tussenpersoon in het vak of ter beurze door die van een bevoegde tussenpersoon overeenkomstig de regels en gebruiken die aldaar voor een gewone verkoop gelden.

3. De zekerheidsnemer kan zich effecten toe-eigenen indien dit in de financiëlezekerheidsovereenkomst tot de vestiging van een pandrecht is bedongen en de waardering van de effecten is gebaseerd op de waarde op een markt of ter beurze.

4. In afwijking van lid 2 en lid 3 kan in een financiëlezekerheidsovereenkomst worden bedongen dat de voorzieningenrechter van de rechtbank op verzoek van de zekerheidsnemer of de zekerheidsgever kan bepalen dat effecten worden verkocht op een afwijkende wijze, of dat de voorzieningenrechter op verzoek van de zekerheidsnemer kan bepalen dat effecten voor een door de voorzieningenrechter vast te stellen bedrag bij wege van toe-eigening aan de zekerheidsnemer zullen verblijven.

5. De artikelen 235, 248 leden 1 en 2, 249, 250, 251 en 252 van Boek 3 zijn niet van toepassing.

Art. 55

Overdracht ter nakoming van een financiëlezekerheidsovereenkomst

Een overdracht ter nakoming van een financiëlezekerheidsovereenkomst tot overdracht is geen overdracht tot zekerheid of een overdracht die de strekking mist het goed na de overdracht in het vermogen van de verkrijger te doen vallen in de zin van artikel 84 lid 3 van Boek 3. De regels betreffende pandrecht zijn op een zodanige overeenkomst en de uitvoering daarvan niet van toepassing of overeenkomstige toepassing.

Art. 56

[Vervallen]

Titel 2a Consumentenkredietovereenkomsten

Afdeling 1 Bepalingen ter uitvoering van richtlijn nr. 2008/48/EG van 23 april 2008 inzake kredietovereenkomsten voor consumenten

Onderafdeling 1 Algemene bepalingen

Art. 57

Begripsbepalingen

1. In deze titel wordt verstaan onder:

a. consument: een natuurlijk persoon die handelt voor doeleinden die buiten zijn bedrijfs- of beroepsactiviteiten vallen;

b. kredietgever: een natuurlijk persoon of rechtspersoon die in het kader van de uitoefening van zijn bedrijfs- of beroepsactiviteiten krediet verleent of toezegt;

c. kredietovereenkomst: een overeenkomst waarbij een kredietgever aan een consument krediet verleent of toezegt in de vorm van uitstel van betaling, een lening of een andere, soortgelijke betalingsfaciliteit, met uitzondering van overeenkomsten voor doorlopende dienstverlening en doorlopende levering van dezelfde goederen, waarbij de consument, zolang de diensten respectievelijk goederen worden geleverd, de kosten daarvan in termijnen betaalt;

d. geoorloofde debetstand op een rekening: een uitdrukkelijke kredietovereenkomst waarbij een kredietgever een consument de mogelijkheid biedt bedragen op te nemen die het beschikbare tegoed op de rekening van de consument te boven gaan;

e. overschrijding: een stilzwijgend aanvaarde debetstand waarbij een kredietgever een consument de mogelijkheid biedt bedragen op te nemen die het beschikbare tegoed of de overeengekomen geoorloofde debetstand op de rekening van de consument te boven gaan;

f. kredietbemiddelaar: een natuurlijk persoon of rechtspersoon die niet optreedt als kredietgever en die in het kader van zijn bedrijfs- of beroepsactiviteiten tegen een vergoeding in de vorm van geld of een andere overeengekomen financiële beloning:

1°. aan consumenten kredietovereenkomsten voorstelt of aanbiedt;

2°. consumenten bijstaat bij de voorbereiding van het sluiten van kredietovereenkomsten anders dan bedoeld onder 1°, of

3°. namens de kredietgever met consumenten kredietovereenkomsten sluit;

g. totale kosten van het krediet voor de consument: alle kosten, met inbegrip van rente, commissielonen, belastingen en vergoedingen van welke aard ook, die de consument in verband met de kredietovereenkomst moet betalen en die de kredietgever bekend zijn, met uitzondering van notariskosten;

h. totale door de consument te betalen bedrag: de som van het totale kredietbedrag en de totale kosten van het krediet voor de consument;

i. jaarlijks kostenpercentage: de totale kosten van het krediet voor de consument, uitgedrukt in een percentage op jaarbasis van het totale kredietbedrag, indien toepasselijk te vermeerderen met de in lid 3 bedoelde kosten;

j. debetrentevoet: de rentevoet, uitgedrukt op jaarbasis en toegepast in een vast of variabel percentage;

k. vaste debetrentevoet: een door de kredietgever en de consument voor de volledige duur van de kredietovereenkomst overeengekomen enkele debetrentevoet dan wel verschillende door de kredietgever en de consument voor deeltermijnen overeengekomen debetrentevoeten waarvoor uitsluitend een vast specifiek percentage wordt gebruikt;

l. totaal kredietbedrag: het plafond of de som van alle bedragen die op grond van een kredietovereenkomst beschikbaar worden gesteld;

m. duurzame drager: ieder hulpmiddel dat de consument in staat stelt persoonlijk aan hem gerichte informatie op te slaan op een wijze die deze informatie toegankelijk maakt voor toekomstig gebruik gedurende een periode die is afgestemd op het doel waarvoor de informatie kan dienen, en die een ongewijzigde reproductie van de opgeslagen informatie mogelijk maakt;

n. gelieerde kredietovereenkomst: een kredietovereenkomst waarbij geldt dat:

1°. het betreffende krediet uitsluitend dient ter financiering van een overeenkomst voor de levering van een bepaald goed of de verrichting van een bepaalde dienst, en

2°. die twee overeenkomsten objectief gezien een commerciële eenheid vormen;

o. overeenkomst betreffende effectenkrediet: een overeenkomst waarbij:

1°. tegen onderpand van een effectenportefeuille een doorlopend krediet wordt verleend of toegezegd, inhoudende dat de consument op verschillende tijdstippen bij de kredietgever kan opnemen, voor zover het uitstaande saldo een bepaalde kredietlimiet niet overschrijdt;

2°. de consument met het krediet transacties kan verrichten in financiële instrumenten, en

3°. de kredietgever betrokken is bij die transacties;

p. effectenportefeuille: een pakket financiële instrumenten dat in het bezit is van de consument;

q. financieel instrument: een financieel instrument als bedoeld in artikel 1:1 van de Wet op het financieel toezicht;

r. dekkingspercentage: een door de kredietgever vastgesteld percentage van de waarde van de in onderpand gegeven effectenportefeuille of van de daartoe behorende afzonderlijke financiële instrumenten aan de hand waarvan de kredietgever de kredietlimiet bepaalt;

s. spreidingseis: een door de kredietgever gestelde eis ten aanzien van de samenstelling van de effectenportefeuille;

t. Richtlijn: Richtlijn nr. 2008/48/EG van het Europees Parlement en de Raad van de Europese Unie van 23 april 2008 inzake kredietovereenkomsten voor consumenten en tot intrekking van Richtlijn 87/102/EEG (Pb EU L 133).

2. De totale kosten van het krediet voor de consument, bedoeld in lid 1, onderdeel g, omvatten ook de kosten in verband met nevendiensten met betrekking tot de kredietovereenkomst, met name verzekeringspremies, indien het sluiten van een dienstencontract verplicht is om het krediet, in voorkomend geval op de geadverteerde voorwaarden, te verkrijgen.

3. Voor de toepassing van lid 1, onderdeel i, worden de kosten voor het beheer van een rekening waarop zowel betalingen als kredietopnemingen worden geboekt, de kosten voor het gebruik van een betaalmiddel waarmee zowel betalingen als kredietopnemingen kunnen worden verricht, en de overige kosten voor betalingsverrichtingen in de totale kosten van het krediet voor de consument meegerekend, tenzij de opening van de rekening facultatief is en de kosten voor de rekening duidelijk en afzonderlijk in de kredietovereenkomst of een andere met de consument gesloten overeenkomst zijn vastgesteld.

4. Indien niet alle debetrentevoeten in de kredietovereenkomst worden gespecificeerd, is alleen sprake van een vaste debetrentevoet als bedoeld in lid 1, onderdeel k, voor die deeltermijnen waarvoor bij de sluiting van de kredietovereenkomst de debetrentevoeten zijn overeengekomen en die uitsluitend aan de hand van een vast specifiek percentage zijn vastgesteld.

5. Een commerciële eenheid als bedoeld in lid 1, onderdeel n wordt geacht te bestaan:

a. indien de bij de overeenkomst voor de levering van een bepaald goed of de verrichting van een bepaalde dienst betrokken leverancier dan wel dienstenaanbieder zelf het krediet van de consument financiert, dan wel

b. in het geval van financiering door een derde, indien:

1°. de kredietgever bij het voorbereiden of sluiten van de kredietovereenkomst gebruik maakt van de diensten van de bij de overeenkomst voor de levering van een bepaald goed of de verrichting van een bepaalde dienst betrokken leverancier dan wel dienstenaanbieder, of

2°. het goed dan wel de dienst waarop de overeenkomst voor de levering van een bepaald goed of de verrichting van een bepaalde dienst ziet uitdrukkelijk wordt vermeld in de kredietovereenkomst.

Art. 58

1. Deze titel is van toepassing op kredietovereenkomsten. *Werkingssfeer*

2. Deze titel is niet van toepassing op:

a. kredietovereenkomsten die gewaarborgd worden door een hypotheek of door een andere vergelijkbare zekerheid op een registergoed, dan wel door een recht op een registergoed tegen voor hypothecaire financiering door de betrokken kredietgever gebruikelijke voorwaarden;

b. kredietovereenkomsten voor het verkrijgen of het behouden van eigendomsrechten betreffende grond of een bestaand of gepland gebouw;

c. huur of lease-overeenkomsten, tenzij:

1°. zij een verplichting tot aankoop van het object van de overeenkomst inhouden of een dergelijke verplichting bij afzonderlijke overeenkomst is toegevoegd, waaronder tevens is begrepen dat tot de verplichting tot aankoop eenzijdig door de kredietgever wordt besloten, dan wel 2°. zij als een overeenkomst van goederenkrediet als bedoeld in artikel 84 moeten worden aangemerkt;

d. kredietovereenkomsten die in de vorm van een geoorloofde debetstand op een rekening worden verleend en die binnen een maand moeten worden afgelost;

e. kredietovereenkomsten zonder rente en andere kosten, en kredietovereenkomsten waarbij het krediet binnen een termijn van drie maanden moet worden terugbetaald en slechts onbetekenende kosten worden aangerekend;

f. kredietovereenkomsten waarbij het krediet als nevenactiviteit door een werkgever rentevrij of tegen een jaarlijks kostenpercentage dat lager is dan gebruikelijk op de markt, aan zijn werknemers wordt toegekend, en die niet aan het publiek in het algemeen worden aangeboden;

g. kredietovereenkomsten die het resultaat zijn van een schikking voor de rechter of een andere daartoe van overheidswege bevoegde instantie;

h. kredietovereenkomsten die voorzien in kosteloos uitstel van betaling van een bestaande schuld;

i. kredietovereenkomsten bij het sluiten waarvan de consument wordt verlangd dat hij bij de kredietgever een goed als zekerheid in bewaring geeft, en waarbij de aansprakelijkheid van de consument zich strikt beperkt tot dit in pand gegeven goed, en

j. kredietovereenkomsten betreffende leningen die krachtens een wettelijke bepaling met een doelstelling van algemeen belang aan een beperkt publiek worden toegekend tegen een lagere dan op de markt gebruikelijke rentevoet, dan wel rentevrij, of onder andere voorwaarden die voor de consument gunstiger zijn dan de op de markt gebruikelijke voorwaarden en tegen rentetarieven die niet hoger zijn dan de op de markt gebruikelijke.

3. Op de kredietovereenkomst waarbij het krediet in de vorm van een geoorloofde debetstand op een rekening wordt verleend en op verzoek of binnen een termijn van drie maanden moet worden terugbetaald, zijn uitsluitend de artikelen 57, 58, 61 leden 1, 5 en 6, 63, 67, 69 en de artikelen 71 tot en met 73 van toepassing. De artikelen 59 en 60 zijn slechts van toepassing, voorzover de kredietgever zijn verplichtingen uit de artikelen 4 lid 2 onderdelen a tot en met c en 6 van de Richtlijn betreffende de in reclame en precontractuele informatie op te nemen standaardinformatie niet in acht neemt.

4. Op kredietovereenkomsten in de vorm van overschrijding zijn uitsluitend de artikelen 57, 58, 70 en 73 van toepassing.

Onderafdeling 2
Informatieverstrekking en handelingen voorafgaand aan het sluiten van de kredietovereenkomst

Art. 59

Informatieverstrekking bij kredietovereenkomst

1. Een kredietgever die in reclame voor kredietovereenkomsten, overeenkomsten betreffende effectenkrediet niet daaronder begrepen, artikel 4 van de Richtlijn betreffende de in reclame op te nemen standaardinformatie niet in acht neemt, verricht een oneerlijke handelspraktijk als bedoeld in de artikel 193b van Boek 6.

2. Een kredietgever verricht een oneerlijke handelspraktijk als bedoeld in artikel 193b van Boek 6, indien hij in reclame voor overeenkomsten betreffende effectenkrediet:

a. niet vermeld dat een doorlopend krediet wordt verleend of toegezegd tegen onderpand van een effectenportefeuille, en de kredietlimiet afhankelijk is van de waarde daarvan, of

b. artikel 4 leden 1, 2 onderdeel a, 3 of 4 van de Richtlijn betreffende de in reclame voor kredietovereenkomsten op te nemen standaardinformatie niet in acht neemt.

Art. 60

Informatieverstrekking aan consument bij kredietovereenkomst

1. De kredietgever of, in voorkomend geval, de kredietbemiddelaar, verstrekt de consument geruime tijd voordat deze door een kredietovereenkomst of een aanbod wordt gebonden, de in de artikelen 5 en 6 van de Richtlijn voorgeschreven precontractuele informatie, op de in die artikelen voorgeschreven wijze.

2. De kredietgever of, in voorkomend geval, de kredietbemiddelaar, verstrekt de consument geruime tijd voordat deze door een overeenkomst of een aanbod betreffende effectenkrediet wordt gebonden, de in artikel 6 van de Richtlijn voorgeschreven precontractuele informatie, met uitzondering van de informatie, bedoeld in lid 1, onderdelen c, d, f, h en k van dat artikel, op de in dat artikel voorgeschreven wijze. Daarbij deelt de kredietgever of, in voorkomend geval, de kredietbemiddelaar, de consument eveneens mee:

a. dat een doorlopend krediet wordt verleend of toegezegd tegen onderpand van een effectenportefeuille en dat de kredietlimiet afhankelijk is van een bepaald dekkingspercentage en, indien van toepassing, bepaalde spreidingseisen;

b. welke dekkingspercentage en welke spreidingseisen worden gehanteerd ten aanzien van de in onderpand gegeven effectenportefeuille, en

c. in het geval dat de kredietgever voor verschillende soorten financiële instrumenten andere dekkingspercentages hanteert, per soort financieel instrument, welke dekkingspercentage daarop van toepassing is.

3. Indien de kredietgever of, in voorkomend geval, de kredietbemiddelaar, lid 1 of 2 niet in acht neemt, verricht hij een oneerlijke handelspraktijk als bedoeld in artikel 193b van Boek 6.

Onderafdeling 3
Informatie en rechten betreffende kredietovereenkomsten

Art. 61

1. De kredietovereenkomst wordt op papier of op een andere duurzame drager aangegaan. De kredietgever verstrekt de consument een exemplaar van de kredietovereenkomst en behoudt zelf ook een exemplaar.

2. In de kredietovereenkomst worden op duidelijke en beknopte wijze vermeld:

a. het soort krediet;

b. de identiteit en geografische adressen van de overeenkomst sluitende partijen en in voorkomend geval de identiteit en het geografische adres van de betrokken kredietbemiddelaar;

c. de duur van de kredietovereenkomst;

d. het totale kredietbedrag en de voorwaarden voor kredietopneming;

e. in geval van een krediet in de vorm van uitstel van betaling voor een goed of een dienst, dan wel van een gelieerde kredietovereenkomst, het goed of de dienst ter financiering waarvan het krediet strekt en de contante prijs daarvan;

f. de debetrentevoet, de voorwaarden die de toepassing van deze rentevoet regelen en voor zover beschikbaar, indices of referentierentevoeten die betrekking hebben op de aanvankelijke debetrentevoet, alsmede de termijnen, voorwaarden en procedures voor wijziging ervan;

g. indien naargelang van de verschillende omstandigheden verschillende debetrentevoeten worden toegepast, de in onderdeel f genoemde informatie met betrekking tot alle toepasselijke rentevoeten;

h. het jaarlijks kostenpercentage en het totale door de consument te betalen bedrag, berekend bij het sluiten van de kredietovereenkomst, alsmede alle bij de berekening van dit percentage gebruikte hypothesen;

i. het bedrag, het aantal en de frequentie van de door de consument te verrichten betalingen, en, in voorkomend geval, de volgorde waarin de betalingen aan de verschillende openstaande saldi tegen verschillende debetrentevoeten worden toegerekend met het oog op aflossing;

j. in geval van aflossing van het kapitaal van een kredietovereenkomst met vaste looptijd, het recht van de consument om gratis en op verzoek op enig ogenblik tijdens de loop van de kredietovereenkomst een overzicht van de rekening in de vorm van een aflossingstabel te ontvangen;

k. indien kosten en interesten worden betaald zonder aflossing van het kapitaal, een overzicht van de termijnen en voorwaarden voor de betaling van de rente en periodiek en niet-periodieke bijbehorende kosten;

l. de eventuele kosten voor het aanhouden van een of meer rekeningen voor de boeking van zowel betalingen als kredietopnemingen, tenzij het openen van een rekening facultatief is, tezamen met de kosten voor het gebruik van een betaalmiddel voor zowel betalingen als kredietopnemingen, andere uit de kredietovereenkomst voortvloeiende kosten, alsmede de voorwaarden waaronder die kosten kunnen worden gewijzigd;

m. de op het tijdstip het sluiten van de kredietovereenkomst geldende rentevoet ingeval van betalingsachterstand daarvan alsmede de wijzigingsmodaliteiten en, in voorkomend geval, kosten van niet-nakoming;

n. een waarschuwing betreffende de gevolgen van wanbetaling;

o. dat in voorkomend geval notariskosten in rekening worden gebracht;

p. de eventueel gevraagde zekerheden en verzekeringen;

q. het al dan niet bestaan van het in artikel 66 bedoelde recht van ontbinding van de kredietovereenkomst en de termijn voor de uitoefening daarvan, alsmede andere uitoefeningsvoorwaarden, zoals informatie over de verplichting voor de consument om overeenkomstig artikel 66 lid 3 het opgenomen kapitaal en de rente te betalen en het bedrag van de lopende rente per dag;

r. informatie over de uit artikel 67 voortvloeiende rechten en de voorwaarden voor de uitoefening daarvan;

Kredietovereenkomst

B7 *art. 61*

s. het in artikel 68 bedoelde recht op vervroegde aflossing, de hiervoor te volgen procedure alsmede, in voorkomend geval, informatie over het recht van de kredietgever op een vergoeding en de wijze waarop deze vergoeding wordt vastgesteld;

t. de procedure voor de uitoefening van het in artikel 65 bedoelde recht van beëindiging van de kredietovereenkomst;

u. of voor de consument buitengerechtelijke klachten- en beroepsprocedures openstaan en, indien dit het geval is, hoe hij die procedures kan inleiden;

v. in voorkomend geval, de overige contractvoorwaarden, en

w. in voorkomend geval, naam en adres van de bevoegde toezichthoudende autoriteit.

3. De aflossingstabel, bedoeld in lid 2, onderdeel j, geeft de te betalen bedragen en de betalingstermijnen en voorwaarden aan. In de aflossingstabel wordt elke periodieke betaling uitgesplitst in afgelost kapitaal, op basis van de debetrentevoet berekende rente en, in voorkomend geval, bijkomende kosten. Indien krachtens de kredietovereenkomst het rentepercentage niet vast is of de bijkomende kosten kunnen worden gewijzigd, wordt in de aflossingstabel op een duidelijke en beknopte wijze vermeld dat de gegevens van de tabel alleen gelden tot de wijziging van de debetrentevoet of van de bijkomende kosten overeenkomstig de kredietovereenkomst.

4. In geval van toepassing van de leden 2, onderdeel j, en 3 stelt de kredietgever, gratis en op elk ogenblik tijdens de duur van de kredietovereenkomst, een overzicht van de rekening in de vorm van een aflossingstabel ter beschikking aan de consument.

5. De ingevolge de leden 2 en 3 te verstrekken informatie bij een kredietovereenkomst waarbij de betalingen door de consument niet tot een directe overeenkomstige aflossing van het totale kredietbedrag leiden, maar dienen voor kapitaalvorming gedurende de termijnen en onder de voorwaarden die zijn vastgesteld in de kredietovereenkomst of in een nevenovereenkomst, bevat een duidelijke en beknopte vermelding dat dergelijke kredietovereenkomsten niet voorzien in een garantie tot terugbetaling van het totale uit hoofde van de kredietovereenkomst opgenomen kredietbedrag, tenzij die garantie wordt gegeven.

6. Bij kredietovereenkomsten die in de vorm van een geoorloofde debetstand op een rekening overeenkomstig artikel 58 lid 3 worden verleend, worden op duidelijke en beknopte wijze vermeld:

a. het soort krediet;

b. de identiteit en het geografische adres van de overeenkomstsluitende partijen en, in voorkomend geval, de identiteit en het geografische adres van de betrokken kredietbemiddelaar;

c. de duur van de kredietovereenkomst;

d. het totale kredietbedrag en de voorwaarden voor kredietopneming;

e. de debetrentevoet, de voorwaarden die de toepassing van deze rentevoet regelen, en, voor zover beschikbaar, indices of referentierentevoeten die de betrekking hebben op de aanvankelijke debetrentevoet, alsook de termijnen, de voorwaarden en de procedure voor wijziging van de debetrentevoet;

f. indien naargelang van de verschillende omstandigheden verschillende debetrentevoeten worden toegepast, de in onderdeel e genoemde informatie met betrekking tot alle toepasselijke rentevoeten;

g. in voorkomend geval, de vermelding dat de consument te allen tijde gevraagd kan worden het kredietbedrag volledig terug te betalen;

h. de procedure voor de uitoefening van het in artikel 66 bedoelde recht van ontbinding van de kredietovereenkomst, en

i. de informatie over de vanaf het sluiten van de overeenkomst verschuldigde kosten, alsmede, voor zover van toepassing, de voorwaarden waaronder deze gewijzigd kunnen worden.

7. In overeenkomsten betreffende effectenkrediet worden op duidelijke en beknopte wijze vermeld:

a. dat het krediet kan worden aangewend voor de financiering van transacties in financiële instrumenten;

b. de identiteit en het geografische adres van de overeenkomstsluitende partijen en, in voorkomend geval, de identiteit en het geografische adres van de betrokken kredietbemiddelaar;

c. de wijze waarop de consument actuele informatie kan verkrijgen over de dekkingspercentages en indien van toepassing, de spreidingseisen, die de kredietgever hanteert bij het bepalen van de kredietlimiet en de voorwaarden waaronder de kredietgever deze kan wijzigen;

d. de voorwaarden voor kredietopneming;

e. de debetrentevoet, de voorwaarden die de toepassing van deze rentevoet regelen, en, voor zover beschikbaar, indices of referentierentevoeten die de betrekking hebben op de aanvankelijke debetrentevoet, alsook de termijnen, de voorwaarden en de procedure voor wijziging van de debetrentevoet;

f. indien naargelang van de verschillende omstandigheden verschillende debetrentevoeten worden toegepast, de in onderdeel e genoemde informatie met betrekking tot alle toepasselijke rentevoeten;

g. informatie betreffende het niet bestaan van het in de artikelen 66 lid 1 en 67 lid 1 bedoelde recht van ontbinding van de kredietovereenkomst;
h. de informatie over de vanaf het sluiten van de overeenkomst verschuldigde kosten, alsmede, voor zover van toepassing, de voorwaarden waaronder deze gewijzigd kunnen worden;
i. een waarschuwing betreffende de gevolgen van wanbetaling;
j. de gevraagde zekerheden;
k. de procedure voor de uitoefening van het in artikel 65 bedoelde recht van beëindiging van de kredietovereenkomst;
l. of voor de consument buitengerechtelijke klachten- en beroepsprocedures openstaan en, indien dit het geval is, hoe hij die procedures kan inleiden, en
m. in voorkomende geval, naam en adres van de bevoegde toezichthoudende autoriteit.

Art. 62

1. In voorkomend geval wordt de consument op papier of op een andere duurzame drager in kennis gesteld van een wijziging van de debetrentevoet voordat de wijziging van kracht wordt. Daarbij wordt het bedrag van de na de inwerkingtreding van de nieuwe debetrentevoet te verrichten betalingen vermeld evenals bijzonderheden betreffende een eventuele wijziging in het aantal of de frequentie van de betalingen.

Wijziging van debetrentevoet bij kredietovereenkomst

2. De partijen kunnen echter in de kredietovereenkomst overeenkomen dat de informatie, bedoeld in lid 1, periodiek aan de consument wordt verstrekt indien de wijziging van de debetrentevoet het gevolg is van een wijziging van een referentierentevoet en het publiek via passende middelen kennis kan nemen van de nieuwe referentierentevoet en de informatie over de nieuwe referentierentevoet ook beschikbaar is in de gebouwen van de kredietgever.

Art. 63

1. Bij een kredietovereenkomst in de vorm van een geoorloofde debetstand op een rekening als bedoeld in artikel 58 lid 3 wordt de consument regelmatig door middel van een rekeningafschrift op papier of op een andere duurzame drager op de hoogte gebracht van de volgende informatie:

Informatieverstrekking bij geoorloofde debetstand bij kredietovereenkomst

a. de periode waarop het rekeningafschrift betrekking heeft;
b. de opgenomen bedragen en de datum van opneming;
c. het saldo en de datum van het vorige afschrift;
d. het nieuwe saldo;
e. de datum en het bedrag van de door de consument verrichte betalingen;
f. de toegepaste debetrentevoet;
g. de eventueel toegepaste kosten, en
h. in voorkomend geval, het te betalen minimumbedrag.

2. De consument wordt, voordat de betreffende wijziging van kracht wordt, op papier of op een andere duurzame drager in kennis gesteld van verhogingen van de debetrentevoet of van de kosten.

3. De partijen kunnen in de kredietovereenkomst overeenkomen dat informatie over wijzigingen van de debetrentevoet door middel van het rekeningafschrift, bedoeld in lid 1, moet worden verstrekt, indien de wijziging van de debetrentevoet het gevolg is van een wijziging van een referentierentevoet en het publiek via passende middelen kennis kan nemen van de nieuwe referentierentevoet en de informatie over de nieuwe referentierentevoet ook beschikbaar is in de gebouwen van de kredietgever.

Art. 64

Bij overeenkomsten betreffende effectenkrediet maakt de kredietgever melding van wijzigingen in de dekkingspercentages en de spreidingseisen op de dag dat de betreffende wijziging ingaat, op de ingevolge artikel 61 lid 7, onderdeel c, overeengekomen wijze.

Meldingsverplichting wijzigingen bij kredietovereenkomst

Art. 65

1. De consument kan een kredietovereenkomst met onbepaalde looptijd te allen tijde kosteloos beëindigen. Indien partijen een opzeggingstermijn zijn overeengekomen, mag deze termijn niet langer zijn dan één maand.

Beëindiging kredietovereenkomst door consument

2. De kredietgever kan, indien dit in de kredietovereenkomst is overeengekomen, een kredietovereenkomst met onbepaalde looptijd beëindigen door de consument met inachtneming van een opzegtermijn van ten minste twee maanden een opzegging te doen toekomen op papier of op een andere duurzame drager.

3. De kredietgever kan, indien dit in de kredietovereenkomst is overeengekomen, op objectieve gronden de consument het recht ontnemen om op grond van een kredietovereenkomst met onbepaalde looptijd krediet op te nemen. De kredietgever stelt de consument, op papier of op een andere duurzame drager, indien mogelijk van tevoren en uiterlijk onmiddellijk na deze ontneming, van deze ontneming in kennis, alsook van de gronden hiervoor, tenzij het verstrekken van dergelijke informatie op grond van andere communautaire wetgeving is verboden of indruist tegen doelstellingen van openbare orde of openbare veiligheid.

B7 *art. 66*

Art. 66

Ontbinding kredietovereenkomst door consument

1. De consument heeft het recht om de kredietovereenkomst zonder opgave van redenen te ontbinden gedurende veertien kalenderdagen na:

a. de dag van de sluiting van de kredietovereenkomst, of

b. de dag waarop de consument de contractuele voorwaarden en informatie overeenkomstig artikel 61 ontvangt, als die dag later valt dan de in onderdeel a bedoelde dag.

2. De consument oefent het recht, bedoeld in lid 1, uit door binnen de gestelde termijn een daartoe strekkende kennisgeving te richten tot de kredietgever. De kennisgeving is in lijn met de door de kredietgever ingevolge artikel 61 lid 2, onderdeel q, verstrekte informatie en wordt gedaan op een wijze die voor bewijs vatbaar is. De gestelde termijn is in acht genomen indien, een kennisgeving op papier of op een andere duurzame drager waarover de kredietgever beschikt en waartoe hij toegang heeft, vóór het verstrijken van de termijn is verzonden.

3. In geval van ontbinding van de kredietovereenkomst overeenkomstig lid 1 betaalt de consument het kapitaal aan de kredietgever terug met de op dit kapitaal lopende rente vanaf de datum waarop het krediet is verstrekt tot de datum waarop het kapitaal wordt terugbetaald. De verschuldigde debetrente wordt berekend aan de hand van de overeengekomen debetrentevoet. De terugbetaling moet onverwijld en uiterlijk binnen 30 kalenderdagen na de verzending van de kennisgeving, bedoeld in lid 2, plaatsvinden.

4. De kredietgever heeft bij toepassing van lid 1 geen recht op een andere vergoeding van de consument dan die welke verschuldigd is volgens lid 3, met uitzondering van de vergoeding voor niet voor terugbetaling in aanmerking komende kosten die de kredietgever aan een overheidsorgaan heeft betaald.

5. Indien door de kredietgever of een derde partij op grond van een onderlinge overeenkomst een nevendienst in verband met de kredietovereenkomst wordt verricht, brengt de ontbinding van de kredietovereenkomst overeenkomstig lid 1, van rechtswege mee dat de consument niet langer aan de nevendienst gebonden is.

6. Indien de consument overeenkomstig lid 1 een recht van ontbinding heeft, zijn andere bepalingen die een soortgelijk recht op ontbinding aan de consument toekennen, niet van toepassing.

Werkingssfeer

7. Lid 1 is niet van toepassing op overeenkomsten betreffende effectenkrediet.

Art. 67

Ontbindingsgevolgen bij kredietovereenkomst

1. Indien de consument een overeenkomst voor de levering van een goed of het verrichten van een dienst heeft ontbonden overeenkomstig artikel 230o of artikel 230x van Boek 6 van het Burgerlijk Wetboek dan wel overeenkomstig artikel 50d lid 1 van Boek 7 van het Burgerlijk Wetboek, is hij evenmin langer gebonden aan de daarmee gelieerde kredietovereenkomst.

2. Indien onder de gelieerde kredietovereenkomsten vallende goederen niet of slechts gedeeltelijk geleverd worden of niet beantwoorden aan de voorwaarden van de overeenkomst voor de levering van de goederen en de consument zijn rechten ter zake daarvan jegens de leverancier heeft ingeroepen, maar er niet in is geslaagd te verkrijgen waarop hij volgens de genoemde overeenkomst recht heeft, is de consument gerechtigd zijn rechten jegens de kredietgever geldend te maken.

3. Indien onder de gelieerde kredietovereenkomsten vallende diensten niet of slechts gedeeltelijk verricht worden of niet beantwoorden aan de voorwaarden van de overeenkomst voor het verrichten van de diensten en de consument zijn rechten ter zake daarvan jegens de dienstenaanbieder heeft ingeroepen, maar er niet in is geslaagd te verkrijgen waarop hij volgens de genoemde overeenkomst recht heeft, is de consument gerechtigd zijn rechten jegens de kredietgever geldend te maken.

Werkingssfeer

4. Lid 1 is niet van toepassing op overeenkomsten betreffende effectenkrediet.

Art. 68

Kwijting van verplichtingen door consument bij kredietovereenkomst

1. De consument heeft het recht om zich te allen tijde geheel of gedeeltelijk van zijn verplichtingen op grond van een kredietovereenkomst te kwijten. In dat geval heeft hij recht op een verlaging van de totale kredietkosten, bestaande uit de interesten en de kosten gedurende de resterende duur van de overeenkomst.

2. De kredietgever heeft in geval van een vervroegde aflossing recht op een billijke en objectief gegronde vergoeding voor eventuele kosten die hiermee rechtstreeks verband houden, mits de vervroegde aflossing valt in een termijn waarvoor een vaste debetrentevoet geldt. De vergoeding mag niet hoger zijn dan:

a. 0,5% van het vervroegd afgeloste kredietbedrag, indien de termijn tussen de vervroegde aflossing en het overeengekomen einde van de kredietovereenkomst ten hoogste één jaar is;

b. 1% van het vervroegd afgeloste kredietbedrag, indien de termijn tussen de vervroegde aflossing en het overeengekomen einde van de kredietovereenkomst langer is dan één jaar.

3. In afwijking van lid 2, onderdelen a en b, kan de kredietgever de consument bij kredieten boven € 75 000 een hogere vergoeding in rekening brengen, indien hij aannemelijk maakt dat het door de vervroegde aflossing geleden verlies het krachtens lid 2 bepaalde bedrag overstijgt. Het verlies bestaat uit het verschil tussen de oorspronkelijk overeengekomen rentevoet en de rentevoet waartegen de kredietgever een lening kan verstrekken ter hoogte van het vervroegd afgeloste bedrag op de markt op het ogenblik van de vervroegde aflossing. Bij de bepaling van het verlies wordt tevens rekening gehouden met de administratieve kosten van de vervroegde aflossing.

4. De in de leden 2 en 3 bedoelde vergoeding mag niet hoger zijn dan het rentebedrag dat de consument zou hebben betaald gedurende de termijn tussen de vervroegde aflossing en het overeengekomen einde van de kredietovereenkomst.

5. De kredietgever kan de consument geen vergoeding als bedoeld in lid 2 of lid 3 in rekening brengen:

a. als de vervroegde aflossing heeft plaatsgevonden uit hoofde van een verzekeringscontract dat bedoeld is om een kredietaflossingsgarantie te bieden, of

b. bij een geoorloofde debetstand op een rekening.

Art. 69

1. Indien de rechten die de kredietgever op grond van de kredietovereenkomst heeft, dan wel de overeenkomst zelf, aan een derde worden overgedragen, kan de consument jegens de verkrijger alle verweermiddelen inroepen die hem jegens de oorspronkelijke kredietgever ten dienste stonden, met inbegrip van de bevoegdheid tot verrekening.

2. De consument wordt geïnformeerd over de in lid 1 bedoelde overdracht, behalve indien de oorspronkelijke kredietgever, in overleg met de verkrijger tegenover de consument het krediet verder beheert.

Art. 70

1. Wanneer de kredietgever in een overeenkomst tot opening van een rekening de consument de mogelijkheid biedt van een overschrijding, wordt in die overeenkomst eveneens de in artikel 6 lid 1, onderdeel e, van de richtlijn bedoelde informatie vermeld. De kredietgever verstrekt die informatie in elk geval op papier of op een andere duurzame drager en op gezette tijden.

2. In geval van een aanzienlijke overschrijding gedurende meer dan een maand brengt de kredietgever de consument, op papier of op een andere duurzame drager, op de hoogte van:

a. de overschrijding;

b. het betreffende bedrag;

c. de debetrentevoet, en

d. de eventuele toepasselijke boetes, kosten of rente wegens achterstand.

Onderafdeling 4
Jaarlijks kostenpercentage

Art. 71

Het jaarlijks kostenpercentage wordt door de kredietgever berekend overeenkomstig artikel 19 van de Richtlijn.

Onderafdeling 5
Kredietgevers en kredietbemiddelaars

Art. 72

1. Indien de kredietovereenkomst wordt gesloten door tussenkomst van een kredietbemiddelaar, wordt door deze in de voor de consument bestemde documenten de omvang van zijn volmacht vermeld en tevens of hij exclusief met één of meer kredietgevers dan wel als onafhankelijk kredietbemiddelaar werkt.

2. Indien de kredietbemiddelaar met in achtneming van artikel 4:74 van de Wet op het financieel toezicht de consument voor zijn dienstverlening een vergoeding in rekening brengt, maakt hij het bedrag van de vergoeding kenbaar aan de consument. Het bedrag van de vergoeding wordt voor sluiting van de kredietovereenkomst tussen de consument en de kredietbemiddelaar overeengekomen op papier of een andere duurzame drager.

3. De kredietbemiddelaar is verplicht de vergoeding die de consument aan hem dient te betalen voor zijn dienstverlening, mee te delen aan de kredietgever teneinde het jaarlijks kostenpercentage te kunnen berekenen.

4. Indien de kredietbemiddelaar niet aan zijn in de leden 1 tot en met 3 bedoelde verplichtingen voldoet, is de consument geen vergoeding voor zijn dienstverlening verschuldigd.

Onderafdeling 6
Slotbepalingen

Art. 73

1. Van het bepaalde bij deze titel kan niet ten nadele van de consument worden afgeweken.

2. De consument kan de hem krachtens deze titel toegekende bescherming niet worden ontzegd, door overeenkomsten een bijzondere vorm te geven, met name door kredietopnemingen of kredietovereenkomsten die onder de Richtlijn vallen op te nemen in overeenkomsten die, door de aard of het doel ervan, buiten de werkingssfeer ervan zouden kunnen vallen.

3. Aan de consument kan, indien de kredietovereenkomst een nauwe band heeft met het grondgebied van een of meer lidstaten van de Europese Unie, de hem krachtens de Richtlijn door het recht van die staat toegekende bescherming niet worden onthouden, ongeacht het recht dat de kredietovereenkomst beheerst.

Afdeling 2
Overige bepalingen betreffende consumentenkredietovereenkomsten

Art. 74

Begripsbepalingen

In deze afdeling wordt verstaan onder:

a. geldkrediet: de kredietovereenkomst waarbij door of vanwege de kredietgever aan de kredietnemer een geldsom ter beschikking wordt gesteld en de kredietnemer aan de kredietgever een of meer betalingen doet;

b. goederenkrediet: de kredietovereenkomst, daaronder begrepen een samenstel van overeenkomsten die een commerciële eenheid vormen in de zin van artikel 57 lid 5, ter zake van het verschaffen van het genot door de kredietgever aan de kredietnemer van een roerende zaak, niet zijnde een registergoed;

c. dienstenkrediet: de kredietovereenkomst omschreven onder b met dien verstande dat in plaats van het genot van een roerende zaak een bij algemene maatregel van bestuur aangewezen dienst wordt verschaft;

d. kredietsom bij geldkrediet: de geldsom die de kredietnemer in het kader van een geldkrediet ter beschikking wordt gesteld, met dien verstande, dat bij doorlopend geldkrediet de kredietlimiet als die geldsom wordt aangemerkt;

e. kredietsom bij goederen- of dienstenkrediet: het verschil tussen het totaal van de contante prijzen van de zaken, onderscheidenlijk diensten, waarvan de kredietnemer het genot wordt verschaft, onderscheidenlijk welke aan de kredietnemer worden verleend, en de door deze in dat kader gedane contante betalingen, met dien verstande dat bij een doorlopend goederen- of dienstenkrediet de kredietlimiet als dat verschil wordt aangemerkt;

f. doorlopend geldkrediet: een geldkrediet waarbij de kredietnemer op verschillende tijdstippen geldsommen bij de kredietgever kan opnemen, voor zover het uitstaand saldo een bepaald bedrag, de kredietlimiet, niet overschrijdt;

g. doorlopend goederen- of dienstenkrediet: een goederen- of dienstenkrediet, waarbij de kredietgever dan wel de leverancier van de goederen of diensten ervoor heeft te zorgen, dat aan de kredietnemer op verschillende tijdstippen het genot van zaken wordt verschaft of diensten worden verleend, voor zover het uitstaand saldo een bepaald bedrag, de kredietlimiet, niet overschrijdt;

h. kredietvergoeding: alle beloningen en vergoedingen, in welke vorm ook, die de kredietgever of de leverancier van de goederen of diensten ter zake van een kredietovereenkomst bedingt, in rekening brengt of aanvaardt, bij goederen- en dienstenkrediet verminderd met het totaal van de contante prijzen van de zaken onderscheidenlijk diensten, waarvan de kredietnemer het genot wordt verschaft onderscheidenlijk die aan de kredietnemer worden verleend, met dien verstande dat de vergoeding die verschuldigd wordt indien de kredietnemer vervroegd aflost, vastgesteld overeenkomstig artikel 68 leden 2 en 5 geen deel van de kredietvergoeding uitmaakt.

Art. 75

Schakelbepaling

1. Onverminderd de bepalingen van de vorige afdeling gelden voor de daar bedoelde kredietovereenkomsten voorts de volgende bepalingen met dien verstande dat de artikelen 77 lid 1 onder a, behoudens voor zover het betreft bedingen tot eenzijdige verhoging van de kredietvergoeding, en onder c, 79, 80 en 81 niet gelden voor kredietovereenkomsten waarvan de kredietsom meer dan € 40.000 bedraagt.

2. Onverminderd de bepalingen van de vorige afdeling gelden van de onderhavige afdeling voor kredietovereenkomsten waarbij de betalingen van de consument plaatsvinden binnen drie maanden nadat de geldsom ter beschikking is gesteld, onderscheidenlijk nadat met het verschaffen van het genot van de zaak of het verlenen van de dienst een aanvang is gemaakt, uitsluitend de artikelen 76 en 77 lid 1 aanhef en onder a.

3. In afwijking van het eerste lid, geldt deze afdeling niet voor de overeenkomst betreffende effectenkrediet.

Art. 76

Kredietvergoeding

1. Het is de kredietgever en de leverancier van de goederen of diensten verboden enige andere vorm van kredietvergoeding te bedingen, in rekening te brengen of te aanvaarden dan:

a. een vergoeding die verschuldigd is bij afwikkeling overeenkomstig de betalingsregeling van de kredietovereenkomst;

B7 art. 77

b. een vergoeding die verschuldigd wordt ingeval de kredietnemer, na ingebrekestelling, nalatig blijft in zijn verplichting tot betaling ingevolge de kredietovereenkomst.

2. Bij of krachtens algemene maatregel van bestuur wordt, ten einde het aanvaarden door de kredietgever van te grote risico's tegen te gaan, de ten hoogste toegelaten kredietvergoeding vastgesteld en worden regels gegeven betreffende de tijdstippen waarop de kredietvergoeding in rekening wordt gebracht.

3. De ten hoogste toegelaten kredietvergoeding wordt uitgedrukt in een geldsom, een percentage of in enige andere vorm. Deze kan verschillen naar gelang van de hoogte van de kredietsom, de looptijd van de kredietovereenkomst, mede in verband met de termijnen van aflossing, de vorm van de kredietvergoeding bedoeld in lid 1, en het al dan niet variabel zijn van de kredietvergoeding.

4. Het is de kredietgever en de leverancier van de goederen of diensten verboden een hogere kredietvergoeding in rekening te brengen, te bedingen of te aanvaarden dan wel de kredietvergoeding op een ander tijdstip in rekening te brengen dan in gevolge de leden 2 en 3 is toegelaten.

Art. 77

1. Niet zijn toegelaten bedingen waarbij: **Verboden bedingen**

a. de kredietgever of de leverancier van de goederen of diensten de bevoegdheid wordt verleend, anders dan bij wijze van een ingevolge artikel 76 toegelaten verhoging van de kredietvergoeding, eenzijdig de kredietvergoeding te verhogen of anderszins de verplichtingen van de consument te verzwaren;

b. de consument zich verplicht tot het aangaan van een andere overeenkomst, anders dan ingeval:

1°. uitdrukkelijk aan de consument het recht wordt toegekend te bepalen met welke wederpartij die overeenkomst zal worden aangegaan, of

2°. de overeenkomst verplicht tot het aanhouden van een betaalrekening bij de kredietgever, door middel waarvan de uit de kredietovereenkomst voortvloeiende betalingen dienen plaats te vinden;

c. vervroegde opeisbaarheid van het door de consument verschuldigde wordt bedongen, anders dan voor het geval dat:

1°. de consument, die ten minste twee maanden achterstallig is in de betaling van een vervallen termijnbedrag, na in gebreke te zijn gesteld, nalatig blijft in de nakoming van zijn verplichtingen,

2°. de consument zijn vaste woonplaats in Nederland heeft verlaten, dan wel redelijkerwijs kan worden aangenomen dat de consument binnen enkele maanden zijn vaste woonplaats in Nederland zal verlaten,

3°. de consument is overleden en de kredietgever gegronde reden heeft om aan te nemen dat diens verplichtingen uit hoofde van de overeenkomst niet zullen worden nagekomen,

4°. de consument in staat van faillissement is komen te verkeren of ten aanzien van de consument de schuldsaneringsregeling natuurlijke personen van toepassing is verklaard,

5°. de consument de door hem onder eigendomsvoorbehoud gehouden of tot zekerheid verbonden zaak heeft verduisterd, of

6°. de consument aan de kredietgever, met het oog op het aangaan van de overeenkomst, bewust onjuiste inlichtingen heeft verstrekt van dien aard, dat de kredietgever de overeenkomst niet of niet onder dezelfde voorwaarden zou hebben aangegaan indien hem de juiste stand van zaken bekend zou zijn geweest.

d. de kredietnemer enig recht op periodieke betaling, verschuldigd uit hoofde van loon of andere inkomsten uit arbeid, van uitkeringen als bedoeld in artikel 475c onder b-i van het Wetboek van Burgerlijke Rechtsvordering, ter zake van een kredietovereenkomst op enigerlei wijze overdraagt, vervreemd of bezwaart dan wel tot invordering daarvan een onherroepelijke volmacht, in welke vorm of onder welke benaming ook, verleent.

2. Lid 1, aanhef en onder d, geldt niet voor kredietverlening door een gemeentelijke kredietbank:

a. waaraan als kredietnemer deelneemt:

1°. echtgenoten of geregistreerde partners als bedoeld in artikel 3 van de Participatiewet, van wie het gezamenlijk netto maandinkomen niet hoger is dan de norm genoemd in artikel 21, onderdeel b, van die wet;

2°. een alleenstaande ouder als bedoeld in artikel 4, onderdeel b, van de Participatiewet, van wie het netto maandinkomen niet hoger is dan negentig procent van de norm bedoeld onder 1°;

3°. een alleenstaande als bedoeld in artikel 4, onderdeel a, van de Participatiewet, van wie het netto maandinkomen niet hoger is dan zeventig procent van de norm bedoeld onder 1°; dan wel

b. in het kader van een regeling met betrekking tot de bestaande schuldenlast van een kredietnemer (saneringskrediet).

B7 art. 78

Art. 78

Volmachtverlening niet toegestaan

1. Een consument kan geen volmacht tot het sluiten van een kredietovereenkomst verlenen aan een kredietgever, een leverancier van de goederen of diensten, een kredietbemiddelaar of iemand die bij een van hen werkzaam is.

2. De consument kan geen onherroepelijke volmacht tot het sluiten van een kredietovereenkomst verlenen.

Art. 79

Bezitloos pandrecht vestigen

1. Het is slechts toegestaan tot zekerheid van de nakoming van een verbintenis van de consument uit hoofde van een kredietovereenkomst, een pandrecht als bedoeld in artikel 237 van Boek 3 te vestigen op een zaak, indien die zaak door de consument met het uit hoofde van de kredietovereenkomst verkregen geld wordt aangeschaft of aan de consument ingevolge de kredietovereenkomst het genot van die zaak wordt verschaft. Deze bepaling is van overeenkomstige toepassing ten aanzien van het bedingen van een eigendomsvoorbehoud.

2. Lid 1 geldt niet voor kredietverlening door een gemeentelijke kredietbank:

a. waaraan als kredietnemer deelneemt:

1°. echtgenoten of geregistreerde partners als bedoeld in artikel 3 van de Participatiewet, van wie het gezamenlijk netto maandinkomen niet hoger is dan de norm genoemd in artikel 21, onderdeel b, van die wet;

2°. een alleenstaande ouder als bedoeld in artikel 4, onderdeel b, van de Participatiewet, van wie het netto maandinkomen niet hoger is dan negentig procent van de norm bedoeld onder 1°;

3°. een alleenstaande als bedoeld in artikel 4, onderdeel a, van de Participatiewet, van wie het netto maandinkomen niet hoger is dan zeventig procent van de norm bedoeld onder 1°;

dan wel

b. in het kader van een regeling met betrekking tot de bestaande schuldenlast van een kredietnemer (saneringskrediет).

Art. 80

Zaaksvervanging bij tenietgaan

1. In afwijking van artikel 229 van Boek 3 ontstaat een pandrecht op een vordering tot vergoeding die in de plaats treedt van een zaak waarop tot zekerheid van de nakoming van de verbintenis van de consument een pandrecht als bedoeld in artikel 79 lid 1 is gevestigd, slechts voor het geval de zaak geheel teniet gaat.

2. Een pandrecht op een vordering als bedoeld in het eerste lid eindigt van rechtswege:

a. indien de consument gelijkwaardige vervangende zekerheid stelt, of

b. zodra de consument drie vierde deel van de kredietsom heeft afgelost.

3. De kredietgever, onderscheidenlijk de leverancier van de goederen of diensten, die tot inning van de in het eerste lid bedoelde verpande vordering overgaat, stelt de consument daarvan terstond schriftelijk in kennis. Daarbij deelt hij de consument mee dat deze in de gelegenheid is om gelijkwaardige vervangende zekerheid te stellen. Artikel 79 is niet van toepassing ten aanzien van de vervangende zekerheid.

4. Artikel 229 van Boek 3 en het eerste tot en met het derde lid zijn van overeenkomstige toepassing bij een eigendomsvoorbehoud ten aanzien van een zaak als bedoeld in artikel 79.

Art. 81

Vordering tot afgifte zaak

1. Afgifte van een zaak, waarvan de eigendom is voorbehouden in het kader van een kredietovereenkomst of waarop een pandrecht als bedoeld in artikel 79 is gevestigd kan slechts worden gevorderd in de gevallen bedoeld in artikel 77 lid 1 onder c, 1° tot en met 6° en in artikel 91.

2. Afgifte van een zaak als bedoeld in het eerste lid kan niet meer worden gevorderd indien meer dan drie vierde deel van de kredietsom is afgelost, tenzij het een doorlopend krediet betreft.

Art. 82

Ontbinding kredietovereenkomst bij niet-nakoming door kredietnemer

Ontbinding van een kredietovereenkomst op de grond dat de consument is tekortgeschoten in de nakoming van zijn verplichtingen, kan slechts geschieden door de rechter behoudens in het geval van artikel 90.

Art. 83

Dwingend recht

Van het in deze afdeling bepaalde kan niet ten nadele van de consument worden afgeweken.

Titel 2b Goederenkrediet

Afdeling 1 Goederenkrediet betreffende roerende zaken, niet-registergoederen

Art. 84

Overeenkomst van goederenkrediet

1. Een overeenkomst van goederenkrediet is een kredietovereenkomst, daaronder begrepen een samenstel van overeenkomsten die een commerciële eenheid vormen in de zin van artikel 57 lid 5, ter zake van het verschaffen van het genot door de kredietgever aan de kredietnemer van een roerende zaak, niet zijnde een registergoed, mits de termijn waarbinnen het krediet moet worden terugbetaald langer is dan drie maanden nadat het krediet ter beschikking is gesteld, dan wel met het verschaffen van het genot van de zaak een aanvang is gemaakt.

2. Als een overeenkomst van goederenkrediet worden onder meer beschouwd de koop op afbetaling, de huurkoop en voorts alle overeenkomsten die dezelfde strekking hebben als een overeenkomst van goederenkrediet onder welke vorm of benaming aangegaan.

3. In deze afdeling worden verstaan onder:

a. koop op afbetaling: de koop van een roerende zaak die niet een registergoed is, waarbij partijen overeenkomen dat de koopprijs wordt betaald in termijnen, waarvan ten minste een termijn later verschijnt dan drie maanden nadat de verkochte zaak aan de koper is afgeleverd;

b. huurkoop: de koop op afbetaling waarbij de verkoper zich de eigendom van de afgeleverde zaak voorbehoudt;

c. huur: een huurovereenkomst van een roerende zaak die niet een registergoed is, indien zij de in lid 2 bedoelde strekking heeft;

d. doorlopend goederenkrediet: een goederenkrediet waarbij de kredietgever dan wel de leverancier ervoor heeft te zorgen dat aan de kredietnemer op verschillende tijdstippen het genot van zaken wordt verschaft, voor zover het uitstaande saldo een bepaald bedrag, de kredietlimiet, niet overschrijdt.

e. kredietsom: het verschil tussen het totaal van de contante prijzen van de zaken waarvan de kredietnemer het genot wordt verschaft en de door deze in dat kader gedane contante betalingen met dien verstande dat bij doorlopend goederenkrediet de kredietlimiet als dat verschil wordt aangemerkt.

Art. 85

Indien op een overeenkomst van goederenkrediet tevens titel 2A van toepassing is, zijn de bepalingen van titel 2A en die van deze afdeling naast elkaar van toepassing. In geval van strijd zijn de bepalingen van titel 2A van toepassing.

Schakelbepaling

Begripsbepalingen

Art. 86

1. De overeenkomst van goederenkrediet wordt op papier of op een andere duurzame drager aangegaan. Een volmacht tot het aangaan van een zodanige overeenkomst moet eveneens op papier of op een andere duurzame drager worden verleend.

Overeenkomst van goederenkrediet, nadere eisen aan

2. De kredietgever verstrekt aan de kredietnemer een exemplaar van de kredietovereenkomst en behoudt zelf ook een exemplaar dan wel, in geval de kredietovereenkomst bestaat uit samenstel van overeenkomsten als bedoeld in artikel 84, eerste lid, een exemplaar van die overeenkomsten.

3. De kredietovereenkomst moet in elk geval bevatten de gehele kredietsom en een plan van regelmatige afbetaling. In geval van een eigendomsvoorbehoud met betrekking tot de zaak waarop de overeenkomst betrekking heeft, moet de kredietovereenkomst tevens de bedingen bevatten over dit voorbehoud en de overgang van de eigendom.

4. In geval van koop op afbetaling dient de kredietovereenkomst de gehele en door partijen afgesproken koopprijs te vermelden.

5. Indien in een kredietovereenkomst terzake huurkoop de bedingen betreffende het eigendomsvoorbehoud en overgang van de eigendom ontbreken, geldt de overeenkomst als een koop op afbetaling zonder eigendomsvoorbehoud.

Art. 87

1. De kredietnemer die de zaak krachtens een overeenkomst als bedoeld in artikel 84 lid 1 onder zich heeft, heeft daarvan het genot, ook voordat hij de eigendom daarvan verkrijgt.

Rechten en plichten kredietnemer bij overeenkomst van goederenkrediet

2. Hij mag de zaak gebruiken overeenkomstig haar bestemming.

3. Zolang hij geen eigenaar is, mag hij de inrichting of gedaante van de zaak niet veranderen, noch mag hij zijn genot daarvan aan anderen afstaan.

Art. 88

1. Vervreemding van de krachtens een overeenkomst bedoeld in artikel 84 lid 1 afgeleverde zaak werkt niet ten nadele van de kredietnemer en laat de verbintenis tussen de kredietnemer en de kredietgever dan wel de leverancier onverlet.

Vervreemding bij overeenkomst van goederenkrediet

2. In geval van huur zijn de artikelen 226 en 227 niet van toepassing.

3. Lid 1 staat niet in de weg aan overdraagbaarheid van de rechten van de kredietgever of van de overeenkomst zelf onverminderd het bepaalde in artikel 69.

Art. 89

1. De eigendom van een zaak die in het kader van een doorlopend goederenkrediet is voorbehouden, gaat van rechtswege over op de kredietnemer en een pandrecht op de gefinancierde zaak dat in het kader van een doorlopend krediet is gevestigd, eindigt van rechtswege, zodra de kredietnemer aflossingen heeft gedaan ter grootte van het verschil tussen de contante prijs van die zaak en het bedrag van de contante betaling betreffende het genot van die zaak, dan wel, indien geen contante betaling is gedaan, ter grootte van de contante prijs.

Eigendomsvoorbehoud en pandrecht op de met het krediet gefinancierde zaak

B7 art. 90

2. Aflossingen worden toegerekend aan verschillende zaken in dezelfde volgorde als waarin met het verschaffen van het genot daarvan een aanvang is gemaakt, dan wel die zaken uit hoofde van de kredietovereenkomst zijn aangeschaft.

Art. 90

Afgifte zaak na schriftelijke verklaring

1. Afgifte van de afgeleverde zaak ingevolge een schriftelijke verklaring van de kredietgever dat hij deze terugvordert wegens de niet-nakoming door de kredietnemer van diens verplichtingen, heeft tot gevolg dat de tot de kredietovereenkomst behorende overeenkomsten met de kredietnemer worden ontbonden, mits de kredietgever overeenkomstig de krachtens de kredietovereenkomst geldende regels tot de terugvordering bevoegd is.

Schakelbepaling

2. De artikelen 265 lid 2, 266 en 267 lid 1 van Boek 6 zijn van overeenkomstige toepassing.

Art. 91

Teruggave bij voorraad na vordering tot ontbinding

Wanneer de kredietgever een rechtsvordering instelt tot ontbinding van de kredietovereenkomst of teruggave van de zaak, kan hij, indien hij voldoende belang heeft bij een onverwijlde voorziening, een rechterlijk bevel tot teruggave bij voorraad verkrijgen.

Art. 92

Ongerechtvaardigde verrijking bij overeenkomst van goederenkrediet

1. Indien een der partijen bij ontbinding van de kredietovereenkomst wegens een tekortkoming van de kredietnemer in de nakoming van zijn verbintenissen in een betere vermogenstoestand zou geraken dan bij het in stand blijven van de kredietovereenkomst, vindt volledige verrekening plaats.

2. Een beding waarbij de kredietgever zich de bevoegdheid voorbehoudt de waarde van de terug ontvangen zaak te bepalen, laat de bevoegdheid van de wederpartij deze waarde nader door de rechter te laten vaststellen onverlet.

Art. 93

Teruggave van de zaak

1. In het vonnis waarbij de verplichting tot teruggave van de afgeleverde zaak wordt vastgesteld of de overeenkomst wordt ontbonden, wordt op vordering van de kredietgever een bevel tot teruggave opgenomen.

2. Bij het vonnis waarbij de teruggave wordt bevolen, stelt de rechter op vordering van een der partijen de geldswaarde van de terug te geven zaak vast. In dat geval kan de tenuitvoerlegging ook geschieden als ware de gedaagde tot betaling van dat bedrag veroordeeld.

Art. 94

Retentierecht bij overeenkomst van goederenkrediet

Indien de kredietnemer bij ontbinding van de overeenkomst recht mocht hebben op enige terugbetaling, kan hij de zaak die hij terug moet geven, onder zich houden, totdat het hem verschuldigde is betaald of de kredietgever daarvoor voldoende zekerheid heeft gesteld.

Art. 95

Inlossing na afgeven zaak

1. Indien de kredietnemer binnen veertien dagen nadat hij de zaak heeft afgegeven het totale uit hoofde van de kredietovereenkomst op het moment van inlossing opeisbare, achterstallige bedrag, voldoet, wordt de zaak door de kredietgever teruggegeven.

2. Door de in het eerste lid bedoelde betaling wordt de ontbinding van de tot de kredietovereenkomst behorende overeenkomsten ongedaan gemaakt.

3. Bij herhaalde afgifte van de zaak behoeft deze door de kredietgever slechts te worden teruggegeven na betaling door de kredietnemer van het in het eerste lid bedoelde bedrag, vermeerderd met het restant van de kredietsom, alsmede de verschuldigde kredietvergoeding, met dien verstande, dat bij een doorlopende goederenkredietovereenkomst in plaats van het restant van de kredietsom het restant van de in artikel 89, eerste lid, bedoelde aflossingen moet worden betaald; het tweede lid van dat artikel vindt overeenkomstige toepassing.

4. Indien de kredietgever een redelijk belang heeft bij weigering van de teruggave, kan de rechter bepalen dat het eerste lid buiten toepassing blijft.

Art. 96

Samenstel van overeenkomsten bij overeenkomst van goederenkrediet

Indien één van meer overeenkomsten die samen een commerciële eenheid vormen als bedoeld in artikel 57 lid 5 op enige grond bloot staat aan ontbinding of vernietiging door de kredietnemer, zal de andere overeenkomst op die grond kunnen worden ontbonden of vernietigd op dezelfde wijze en met inachtneming van dezelfde termijnen als voor de ontbinding of vernietiging van de eerste overeenkomst gelden, tenzij uit de wet of de aard van de rechtsverhouding anders voortvloeit.

Art. 97

Dwingend recht

Indien een overeenkomst van goederenkrediet is gesloten tussen een kredietgever die handelt in de uitoefening van een beroep of bedrijf en een kredietnemer die een natuurlijk persoon is en handelt voor doeleinden die buiten zijn bedrijfsactiviteiten of beroepsactiviteiten vallen, kan niet ten nadele van de kredietnemer van de bepalingen van deze afdeling worden afgeweken.

Art. 98

Dwingend recht

Van artikel 92 kan niet ten nadele van de kredietnemer worden afgeweken.

Art. 99

Schakelbepaling

Op een overeenkomst van goederenkrediet die bestaat uit een samenstel van overeenkomsten die een commerciële eenheid vormen als bedoeld in artikel 57 lid 5 en die niet is gesloten tussen een kredietgever en een kredietnemer als bedoeld in artikel 97, is artikel 67 lid 2 van overeenkomstige toepassing.

Art. 100

Het in deze afdeling bepaalde vindt overeenkomstige toepassing op vermogensrechten, niet zijnde registergoederen, voor zover dat in overeenstemming is met de aard van het recht.

Afdeling 2
Huurkoop onroerende zaken

Onderafdeling 1
Algemene bepalingen

Art. 101

1. De overeenkomst van huurkoop van een onroerende zaak is een koopovereenkomst, daaronder begrepen een samenstel van overeenkomsten die een commerciële eenheid vormen in de zin van artikel 57 lid 5, volgens welke de koopprijs wordt betaald in termijnen en de eigendomsoverdracht zal plaatsvinden na voldoening van twee of meer termijnen die verschijnen, nadat de zaak aan de koper is afgeleverd.

2. De huurkoop kan ook betrekking hebben op een recht waaraan een onroerende zaak is onderworpen. In dat geval zijn de bepalingen van deze afdeling van toepassing, voor zover dit in overeenstemming is met de aard van het recht.

3. Op overeenkomsten die aan de eisen van deze afdeling voldoen, zijn de bepalingen betreffende huur en pacht niet van toepassing.

Art. 102

1. Ieder der partijen is jegens de ander verplicht eraan mee te werken dat tussen hen van de huurkoopovereenkomst een notariële akte wordt opgemaakt, die wordt ingeschreven in de openbare registers, bedoeld in afdeling 2 van titel 1 van Boek 3, zulks onverminderd de bevoegdheid om de huurkoopovereenkomst in afwachting daarvan reeds met toepassing van artikel 3 in te doen schrijven.

2. De akte moet in ieder geval vermelden:

a. de koopprijs;

b. welk deel van de te betalen termijnen tot aflossing van de koopprijs strekt en welk deel tot betaling van de verschuldigde rente;

c. de tijdstippen waarop de huurkoper de termijnen dient te betalen;

d. de bedingen over voorbehoud en overgang van eigendom.

Art. 103

1. Behalve de in artikel 102 bedoelde akte kunnen in de openbare registers worden ingeschreven:

a. een in kracht van gewijsde gegane rechterlijke uitspraak waarvan de rechter heeft bepaald dat zij in de plaats treedt van een zodanige akte of van een deel daarvan;

b. een rechtshandeling of een in kracht van gewijsde gegane rechterlijke uitspraak waarbij een huurkoper ter zake waarvan inschrijving op de voet van artikel 102 of van dit artikel onder a heeft plaatsgevonden, wordt vernietigd, geheel of gedeeltelijk wordt ontbonden of wordt gewijzigd;

c. een rechtshandeling die tot gevolg heeft dat op de huurkoop betrekking hebbende rechten of verplichtingen van een der partijen op een ander overgaan.

2. Een rechterlijke uitspraak als bedoeld in lid 1 onder a en b kan tevens worden ingeschreven indien zij uitvoerbaar bij voorraad is verklaard en indien is voldaan aan de eisen die in artikel 301 lid 1 van Boek 3 voor de inschrijving van een uitvoerbaar bij voorraad verklaarde uitspraak worden gesteld. De leden 1 en 2 van artikel 301 van Boek 3 zijn van overeenkomstige toepassing.

Art. 104

1. Na de inschrijving van de notariële akte van huurkoop, daaronder begrepen voor die akte in de plaats tredende rechterlijke uitspraken als bedoeld in artikel 103 lid 1 onder a, kunnen tegen de huurkoper niet worden ingeroepen:

a. een na die inschrijving tot stand gekomen vervreemding of bezwaring door de huurverkoper, tenzij deze vervreemding of bezwaring voortvloeit uit een eerder ingeschreven koop, huurkoop daaronder begrepen, of uit een recht op levering waarvoor op het tijdstip van de inschrijving reeds het proces-verbaal van een conservatoir beslag tot levering was ingeschreven;

b. vervreemdingen of bezwaringen die plaatsvinden als vervolg op de onder a bedoelde vervreemding of bezwaring door de huurverkoper;

c. een onderbewindstelling die na die inschrijving is tot stand gekomen of die, zo zij tevoren tot stand was gekomen, toen niet in de openbare registers was ingeschreven, tenzij de huurkoper haar op het tijdstip van die inschrijving kende;

d. een na die inschrijving tot stand gekomen verhuring of verpachting;

e. een na die inschrijving ingeschreven beding als bedoeld in artikel 252 van Boek 6;

f. een executoriaal of conservatoir beslag waarvan het proces-verbaal na die inschrijving is ingeschreven;

g. een faillissement of surséance van betaling van de huurverkoper of toepassing ten aanzien van hem van de schuldsaneringsregeling natuurlijke personen, uitgesproken onderscheidenlijk van toepassing na de dag van die inschrijving.

2. Indien de huurkoop was ingeschreven op de voet van artikel 3 geldt de inschrijving van de notariële akte van huurkoop voor de toepassing van artikel 3 lid 4 als levering.

3. Voor de toepassing van de artikelen 24, 25 en 26 van Boek 3 geldt de inschrijving van een notariële akte van huurkoop als een inschrijving van een rechtshandeling tot verkrijging van een registergoed in de zin van deze artikelen.

Art. 105

Samenstel van overeenkomsten bij huurkoop onroerende zaken

In geval van een samenstel van overeenkomsten als bedoeld in artikel 101 lid 1 kan de huurkoper de rechten wegens niet nakoming of niet behoorlijke nakoming van de partij die als leverancier van de onroerende zaak is opgetreden, zo nodig uitoefenen jegens de kredietgever, mits hij deze rechten jegens de leverancier heeft ingeroepen, maar er niet in is geslaagd te verkrijgen waarop hij recht heeft.

Art. 106

Rechten en plichten huurkoper bij huurkoop onroerende zaken

1. De huurkoper heeft van de zaak die krachtens huurkoop aan hem is afgeleverd het genot ook voordat hij de eigendom daarvan verkrijgt.

2. Hij mag de zaak gebruiken overeenkomstig haar bestemming.

3. Hij mag de inrichting of gedaante van de zaak niet veranderen noch mag hij zijn genot ervan aan anderen afstaan.

Art. 107

Vervreemding door huurkoper

1. Vervreemding door de huurverkoper van de krachtens huurkoop afgeleverde zaak werkt niet ten nadele van de huurkoper en laat de verbintenis tussen de huurkoper en de huurverkoper onverlet.

2. Lid 1 staat niet in de weg aan overdraagbaarheid van de rechten van de huurverkoper of van de huurkoopovereenkomst zelf overeenkomstig de daarvoor geldende regels.

Art. 108

Ongerechtvaardigde verrijking bij huurkoopovereenkomst

1. Indien de huurverkoper bij ontbinding van de huurkoopovereenkomst wegens een tekortkoming van de huurkoper in de nakoming van zijn verbintenissen in een betere vermogenstoestand zou geraken dan bij het in stand blijven van de huurkoopovereenkomst, vindt volledige verrekening plaats.

2. Een beding waarbij de huurkoper zich de bevoegdheid voorbehoudt de waarde van de terug ontvangen zaak te bepalen, laat de bevoegdheid van de wederpartij deze waarde nader door de rechter te laten vaststellen onverlet.

Art. 109

Retentierecht bij huurkoopovereenkomst

Indien de huurkoper bij ontbinding van de overeenkomst recht mocht hebben op enige terugbetaling, heeft hij een retentierecht op de zaak, totdat het hem verschuldigde is betaald of de huurverkoper daarvoor voldoende zekerheid heeft gesteld.

Art. 110

Levering aan de huurkoper t.b.v. eigendomsoverdracht

Wanneer de gehele koopprijs met de daarover verschuldigde rente en de kosten die voor rekening van de huurkoper zijn, de kosten van een afzonderlijke overdracht daaronder begrepen, zijn voldaan of de huurkoper van zijn verplichtingen te dier zake op andere wijze is bevrijd dan wel de verjaring van rechtsvordering van de huurverkoper te dier zake is voltooid, is de huurverkoper verplicht onverwijld zijn medewerking te verlenen aan het tot stand komen van een notariële akte van levering aan de huurkoper of aan de notariële verklaring volgens artikel 30 van de Kadasterwet vereist voor de vervulling van de voorwaarde waaronder de overdracht blijkens een reeds ingeschreven notariële akte van levering is geschied.

Art. 111

Bescherming tegen beschikkingsonbevoegdheid bij overdracht o.g.v. huurkoopovereenkomst

In geval van onbevoegdheid van de huurverkoper tot vervreemding is artikel 88 van Boek 3 van toepassing met dien verstande dat voor de daar vereiste goede trouw van de huurkoper voldoende is dat zijn goede trouw bestond op het tijdstip van de inschrijving van de notariële akte van huurkoop.

Art. 112

Dwingend recht bij huurkoopovereenkomsten

Van de artikelen 101 tot en met 104, 108, 110 en 111 kan niet worden afgeweken.

Onderafdeling 2
Huurkoop van woonruimte

Art. 113

1. Deze onderafdeling is van toepassing op de overeenkomst van huurkoop met betrekking tot een tot bewoning bestemde onroerende zaak of bestanddeel daarvan, indien de huurkoper een natuurlijk persoon is, die niet handelt in de uitoefening van een beroep of bedrijf.

2. Deze onderafdeling is niet van toepassing indien de onroerende zaak of het bestanddeel in huurkoop is gegeven als bedrijfsruimte en een, mede gelet op deze bestemming tot bedrijfsruimte, afhankelijke woning tot deze bedrijfsruimte wordt gerekend.

3. Als huurkoop in de zin van deze afdeling worden mede beschouwd alle overeenkomsten met dezelfde strekking onder welke vorm of benaming dan ook aangegaan.

4. Onderafdeling 1 is van toepassing voor zover deze onderafdeling daarvan niet afwijkt.

Art. 114

1. Een overeenkomst van huurkoop als bedoeld in artikel 113 wordt aangegaan bij een notariële akte. Een volmacht tot het aangaan van een zodanige overeenkomst moet schriftelijk worden verleend.

2. Indien van de huurkoopovereenkomst geen notariële akte is opgemaakt, is ieder der partijen jegens de ander verplicht eraan mee te werken dat tussen hen een notariële akte tot stand komt, zulks onverminderd de bevoegdheid de huurovereenkomst in afwachting daarvan reeds met toepassing van artikel 3 te doen inschrijven.

3. Zolang geen notariële akte is tot stand gekomen, is de overeenkomst vernietigbaar. Indien de huurkoper tot vernietiging overgaat, kan hij het reeds door hem betaalde terugvorderen behoudens een vergoeding voor het door hem reeds van de woning gemaakte gebruik. De huurverkoper kan slechts tot vernietiging overgaan, nadat hij aan de huurkoper een redelijke termijn heeft gesteld om aan de notariële akte mee te werken en deze die termijn ongebruikt heeft laten verstrijken.

4. De akte moet in ieder geval vermelden:

a. de koopprijs;

b. welk deel van de te betalen termijnen tot aflossing van de koopprijs strekt en welk deel tot betaling van de verschuldigde rente;

c. welke kosten voor rekening van de huurkoper komen;

d. de tijdstippen waarop de huurkoper de termijnen dient te betalen;

e. de bedingen over voorbehoud en overgang van de eigendom;

f. welke gevolgen zijn verbonden aan vervroegde aflossing door de huurkoper van hetgeen door hem verschuldigd is;

g. de getaxeerde waarde van de woonruimte, zoals deze blijkt uit een taxatierapport betreffende die woonruimte, opgemaakt door een door partijen in onderlinge overeenstemming aangewezen taxateur;

h. op de zaak rustende hypotheken en andere beperkte rechten.

5. Indien partijen geen overeenstemming bereiken, wijst de kantonrechter op verzoek van de meest gerede partij een taxateur aan. Het taxatierapport bevat in elk geval een beschrijving en beoordeling van de onderhoudstoestand van de woonruimte.

6. De notaris gaat niet over tot het verlijden van de akte dan nadat partijen ten minste veertien dagen de tijd hebben gehad om van het in het vierde en vijfde lid bedoelde taxatierapport kennis te nemen en tevens aan de eisen van artikel 122 leden 1–5 is voldaan.

Art. 115

De huurkoper heeft het recht zich te allen tijde geheel of gedeeltelijk van zijn verplichtingen uit de huurkoopovereenkomst te bevrijden met toepassing van de regels van artikel 127.

Art. 116

1. Niet kan worden bedongen dat gedurende de contractsperiode een hogere koopprijs wordt vastgesteld, tenzij het met inachtneming van artikel 128 vastgestelde aanpassingen betreft van de in de overeenkomst vermelde rentevoet of het gaat om indexering aan de hand van een van overheidswege vastgesteld indexcijfer.

2. Evenmin kan worden bedongen dat in geval de huurkoper in de nakoming van zijn verplichtingen tekortschiet, de huurkoopovereenkomst van rechtswege wordt ontbonden of eindigt, dan wel door de huurverkoper kan worden ontbonden of beëindigd zonder ingebrekestelling.

3. De huurverkoper mag niet tot ontbinding of beëindiging overgaan dan nadat de bij de ingebrekestelling gestelde redelijke termijn van tenminste twee maanden is verstreken en de huurverkoper de huurkoper heeft uitgenodigd om met hem in overleg te treden over diens betalingsachterstand, tenzij dit van de huurverkoper in redelijkheid niet kan worden gevergd.

Huurkoop van woonruimte

Notariële akte vereist bij overeenkomst huurkoop van woonruimte

Vervroegde aflossing bij huurkoopovereenkomst van woonruimte

Nietige bedingen in huurkoopovereenkomsten van woonruimte

B7 art. 117

Dwingend recht bij huurovereenkomsten van woonruimte

Art. 117

Van de artikelen 113 en 114 kan niet worden afgeweken. Van de artikelen 105, 106, eerste en tweede lid, 107, 109, 115 en 116 kan niet ten nadele van de huurkoper worden afgeweken.

Afdeling 3
Consumentenkredietovereenkomsten betreffende voor bewoning bestemde onroerende zaken

Onderafdeling 1
Algemene bepalingen

Art. 118

Begripsbepalingen

1. In deze titel wordt verstaan onder:

a. consument: een natuurlijk persoon die handelt voor doeleinden die buiten zijn bedrijfs- of beroepsactiviteiten vallen;

b. kredietgever: een natuurlijk persoon of rechtspersoon die in het kader van de uitoefening van zijn bedrijfs- of beroepsactiviteiten op basis van een overeenkomst als bedoeld in artikel 119 lid 1 krediet verleent of toezegt;

c. kredietovereenkomst: een overeenkomst als bedoeld in artikel 119 lid 1 waarbij een kredietgever aan een consument krediet verleent of toezegt in de vorm van een uitgestelde betaling, van een lening of van een soortgelijke financieringsregeling;

d. nevendienst: een dienst die samen met de kredietovereenkomst aan de consument wordt aangeboden;

e. kredietbemiddelaar: een natuurlijk persoon of rechtspersoon, niet zijnde de kredietgever of iemand die optreedt als notaris, die in het kader van zijn bedrijfs- of beroepsactiviteiten voor een vergoeding in geld of een andere overeengekomen financiële prestatie:

1° aan consumenten kredietovereenkomsten voorstelt of aanbiedt;

2° consumenten bijstaat bij de voorbereiding of ander precontractueel beheer van andere dan de onder 1° bedoelde kredietovereenkomsten, of

3° namens de kredietgever met consumenten kredietovereenkomsten sluit;

f. verbonden kredietbemiddelaar: een kredietbemiddelaar die optreedt in naam van en onder de onvoorwaardelijke verantwoordelijkheid van:

1° slechts één kredietgever;

2° slechts één groep, of

3° een aantal kredietgevers of groepen die niet de meerderheid van de markt vertegenwoordigen;

g. groep: groep kredietgevers die geconsolideerd moeten worden voor de opstelling van de geconsolideerde jaarrekening als omschreven in Richtlijn 2013/34/EU van het Europees Parlement en de Raad van 26 juni 2013 betreffende de jaarlijkse financiële overzichten, geconsolideerde financiële overzichten en aanverwante verslagen van bepaalde ondernemingsvormen (Pb EU L 182).

h. totaal kredietbedrag: het plafond of de som van alle bedragen die op grond van een kredietovereenkomst beschikbaar worden gesteld;

i. totale kosten van het aan de consument verleende krediet: alle kosten en vergoedingen van welke aard ook, die de consument in verband met de kredietovereenkomst moet betalen en die de kredietgever bekend zijn, met uitzondering van notariskosten;

j. het totale door de consument te betalen bedrag: de som van het totale kredietbedrag en de totale kosten van het krediet voor de consument;

k. jaarlijks kostenpercentage: de totale kosten van het krediet voor de consument, uitgedrukt in een percentage op jaarbasis van het totale kredietbedrag, indien toepasselijk te vermeerderen met de in lid 3 bedoelde kosten;

l. debetrentevoet: de rentevoet, uitgedrukt op jaarbasis en toegepast in een vast of variabel percentage;

m. kredietwaardigheidsbeoordeling: de evaluatie van de vooruitzichten dat de uit de kredietovereenkomst voortvloeiende verplichtingen tot schuldaflossing worden nagekomen;

n. duurzame drager: ieder hulpmiddel dat de consument in staat stelt persoonlijk aan hem gerichte informatie op te slaan op een wijze die deze informatie toegankelijk maakt voor toekomstig gebruik gedurende een periode die is afgestemd op het doel waarvoor de informatie kan dienen, en die een ongewijzigde reproductie van de opgeslagen informatie mogelijk maakt;

o. adviesdiensten: het geven van persoonlijke aanbevelingen aan een consument met betrekking tot een of meer transacties in samenhang met kredietovereenkomsten, hetgeen een afzonderlijke activiteit vormt ten opzichte van de verlening van een krediet en ten opzichte van de in onderdeel e omschreven kredietbemiddelingsactiviteiten;

p. koppelverkoop: het aangaan of aanbieden van een kredietovereenkomst als onderdeel van een pakket met andere onderscheiden financiële producten of diensten waarbij de kredietovereenkomst niet afzonderlijk wordt aangeboden aan de consument;

q. gebundelde verkoop: het aangaan of aanbieden van een kredietovereenkomst als onderdeel van een pakket met andere onderscheiden financiële producten of diensten waarbij de kredietovereenkomst ook afzonderlijk aan de consument beschikbaar wordt gesteld, maar waarbij niet noodzakelijkerwijs dezelfde voorwaarden gelden als wanneer deze in combinatie met de nevendiensten wordt aangeboden;

r. lening in vreemde valuta: een kredietovereenkomst waarbij het krediet

$1°$ uitgedrukt wordt in een andere valuta dan die waarin de consument het inkomen ontvangt of de activa aanhoudt waaruit de lening moet worden afgelost, of

$2°$ uitgedrukt wordt in een andere valuta dan die van de lidstaat waar de consument verblijft;

s. Richtlijn: Richtlijn nr. 2014/17/EU van het Europees Parlement en de Raad van 4 februari 2014 inzake kredietovereenkomsten voor consumenten met betrekking tot voor bewoning bestemde onroerende goederen en tot wijziging van de Richtlijnen 2008/48/EG en 2013/36/EU en Verordening (EU) nr. 1093/2010 (Pb EU L 60);

t. onroerende zaak: een onroerende zaak of een zakelijk recht daarop.

2. De totale kosten van het krediet dat aan de consument wordt verleend, bedoeld in lid 1, onderdeel i, omvatten mede de kosten voor de waardebepaling van de onroerende zaak, indien die waardebepaling nodig is om het krediet te verkrijgen, met uitzondering van de registratiekosten voor de overdracht van de onroerende zaak. Onder de totale kosten van het aan de consument verleende krediet vallen niet de door de consument te betalen kosten voor de nietnakoming van de in de kredietovereenkomst vastgestelde verplichtingen.

3. Voor de toepassing van lid 1, onderdeel k, worden de kosten voor het openen en aanhouden van een specifieke rekening, voor het gebruik van een betaalmiddel voor zowel transacties als kredietopnemingen op die rekening en andere, met betalingstransacties verband houdende kosten in de totale kosten van het krediet voor de consument opgenomen wanneer er een rekening moet worden geopend of aangehouden ter verkrijging van het krediet onder de geadverteerde voorwaarden.

Art. 119

1. Deze titel is van toepassing op:

a. kredietovereenkomsten die gewaarborgd worden door een hypotheek of door een andere vergelijkbare zekerheid op voor bewoning bestemde onroerende zaken, of gewaarborgd worden door een recht op voor bewoning bestemde onroerende zaken; en

b. kredietovereenkomsten voor het verkrijgen of het behouden van eigendomsrechten betreffende grond of een bestaand of gepland gebouw.

2. Deze titel is niet van toepassing op:

a. kredietovereenkomsten waarbij de kredietgever:

$1°$ een eenmalig bedrag, periodieke bedragen of op andere wijze een krediet uitbetaalt in ruil voor een bedrag ontleend aan de toekomstige verkoop van een voor bewoning bestemde onroerende zaak of een recht op een voor bewoning bestemde onroerende zaak, en

$2°$ pas aflossing van het krediet verlangt wanneer de consument in staat van faillissement is verklaard, op hem de schuldsanering natuurlijke personen van toepassing is verklaard dan wel bij overlijden van de consument of bij andere in de overeenkomst opgenomen gebeurtenissen, tenzij de consument zijn contractuele verplichtingen niet nakomt, waardoor de kredietgever het recht heeft de kredietovereenkomst te beëindigen;

b. kredietovereenkomsten waarbij een werkgever het krediet als nevenactiviteit rentevrij of tegen een jaarlijks kostenpercentage dat lager is dan gebruikelijk op de markt, aan zijn werknemers verstrekt, en dit niet in het algemeen aan het publiek aanbiedt;

c. kredietovereenkomsten waarbij geen rente en andere kosten hoeven te worden vergoed, afgezien van kosten die rechtstreeks verband houden met het stellen van een zekerheid voor het krediet;

d. kredietovereenkomsten die in de vorm van een geoorloofde debetstand op een rekening worden verleend en die binnen een maand moeten worden afgelost;

e. kredietovereenkomsten die het resultaat zijn van een schikking voor de rechter of een andere daartoe van overheidswege bevoegde instantie;

f. kredietovereenkomsten die betrekking hebben op kosteloos uitstel van betaling van een bestaande schuld en niet onder het toepassingsgebied van lid 1, onderdeel a, vallen;

g. kredietovereenkomsten betreffende kredieten die krachtens een wettelijke bepaling met een doelstelling van algemeen belang aan een beperkt publiek worden toegekend tegen een lagere dan op de markt gebruikelijke debetrentevoet, dan wel rentevrij, of onder andere voorwaarden die voor de consument gunstiger zijn dan de op markt gebruikelijke voorwaarden en tegen rentetarieven die niet hoger zijn dan de op de markt gebruikelijke rentetarieven;

h. kredietovereenkomsten waarbij de kredietgever een organisatie is die valt onder de toepassing van artikel 2 lid 5 van Richtlijn 2008/48/EG van het Europees Parlement en de Raad van de

Schakelbepaling

Europese Unie van 23 april 2008 inzake kredietovereenkomsten voor consumenten en tot intrekking van Richtlijn 87/102/EEG (Pb EU L 133).

Onderafdeling 2
Informatieverstrekking en handelingen voorafgaand aan het sluiten van de kredietovereenkomst

Art. 120

Reclame betreffende kredietovereenkomsten

1. De reclame voor kredietovereenkomsten is eerlijk, duidelijk en niet misleidend en mag geen bewoordingen bevatten die bij de consument valse verwachtingen kunnen scheppen betreffende de beschikbaarheid of de kosten van een krediet.

2. Alle reclame voor kredietovereenkomsten waarin een rentevoet of cijfers betreffende de kosten van het krediet voor de consument worden vermeld, moet de in artikel 11, tweede en vierde lid, van de richtlijn genoemde standaardinformatie bevatten. Deze informatie is naargelang van de voor de reclame gebruikte drager goed leesbaar of duidelijk hoorbaar.

3. De in artikel 11, lid 2, onderdelen c tot en met i, van de Richtlijn bedoelde informatie wordt verduidelijkt door middel van een representatief voorbeeld dat steeds wordt gevolgd. Hierbij worden de bij of krachtens artikel 4:20 van de Wet op het financieel toezicht vastgestelde nadere criteria voor een representatief voorbeeld toegepast.

4. In de in reclame op te nemen standaardinformatie wordt tevens een beknopte en evenredige waarschuwing met betrekking tot de specifieke aan kredietovereenkomsten verbonden risico's opgenomen.

5. Een kredietgever die in reclame voor kredietovereenkomsten het bepaalde in de vorige leden niet in acht neemt, verricht een oneerlijke handelspraktijk als bedoeld in artikel 193b van Boek 6.

Art. 121

Koppelverkoop en gebundelde verkoop

1. De kredietgever heeft het recht tot gebundelde verkoop. Koppelverkoop is niet toegelaten.

2. Onverminderd lid 1 kan de kredietgever de consument, een familielid of een persoon uit de onmiddellijke omgeving van de consument verzoeken:
a. een beleggingsproduct of een particulier pensioenproduct te openen of aan te houden, indien dit product, dat hoofdzakelijk de belegger een inkomen tijdens pensionering biedt, tevens dient als bijkomende zekerheid voor de kredietgever in geval van wanbetaling, dan wel om kapitaal op te bouwen om het krediet terug te betalen of af te lossen, of tegoeden samen te voegen om het krediet te verkrijgen;
b. een afzonderlijke kredietovereenkomst te sluiten in combinatie met een kredietovereenkomst op basis van gedeelde vermogens om het krediet te verkrijgen.

3. De kredietgever kan van de consument verlangen dat hij over een verzekeringspolis met betrekking tot de kredietovereenkomst beschikt. De kredietgever is verplicht de verzekeringspolis van een andere dan de dienstverlener van zijn voorkeur te aanvaarden, mits de door die polis geboden waarborg gelijk is aan die van de door de kredietgever voorgestelde verzekeringspolis.

Art. 122

Precontractuele gepersonaliseerde informatieplicht

1. De kredietgever en, in voorkomend geval, de kredietbemiddelaar verstrekt de consument onverwijld nadat hij de nodige informatie over zijn behoeften, financiële situatie en voorkeuren heeft verstrekt en ruimschoots voordat hij door een kredietovereenkomst of een aanbod wordt gebonden, de op zijn persoon toegesneden informatie die hij nodig heeft om de op de markt beschikbare kredietproducten te kunnen vergelijken en de respectievelijke implicaties ervan te kunnen beoordelen en zo een geïnformeerd besluit over het sluiten van een kredietovereenkomst te kunnen nemen.

2. De op de persoon van de consument toegesneden informatie wordt op papier of op een andere duurzame drager verstrekt door middel van het in bijlage K van het in artikel 112d Besluit gedragstoezicht financiële ondernemingen Wft opgenomen model.

3. Een voor de kredietgever bindend aanbod wordt aan de consument gedaan op de in het tweede lid bedoelde wijze en gaat vergezeld van het daar bedoelde model, tenzij dit eerder aan de consument is verstrekt en de kenmerken van het aanbod niet afwijken van de informatie die in dat eerdere aan de consument verstrekte model was opgenomen.

4. Indien de kredietgever of, in voorkomend geval, de kredietbemiddelaar aan de consument aanvullende informatie verstrekt, wordt dit in een afzonderlijk document aan de consument ter beschikking gesteld, dat bij het in het tweede lid bedoelde model kan worden gevoegd.

5. De kredietovereenkomst komt niet tot stand dan nadat de kredietgever of, in voorkomend geval, de kredietbemiddelaar de consument bij het doen van een bindend aanbod als bedoeld in lid 3 op papier of op een andere duurzame drager een exemplaar van de voorgenomen kredietovereenkomst heeft verstrekt en waarbij wordt meegedeeld dat dit aanbod gedurende veertien dagen voor de kredietgever bindend blijft.

6. Indien de debetrentevoet of andere, op het aanbod toepasselijke kosten worden bepaald aan de hand van de verkoop van onderliggende schuldbewijzen of andere langetermijnfinancieringsinstrumenten, kunnen de debetrentevoet of andere kosten afwijken van die van het aanbod overeenkomstig de waarde van de onderliggende schuldbewijzen of andere langetermijnfinancieringsinstrumenten.

Art. 123

1. Indien de kredietovereenkomst wordt gesloten door tussenkomst van een kredietbemiddelaar, wordt door deze ruimschoots voordat hij de in artikel 118, lid 1, onder e, genoemde kredietbemiddelingsactiviteiten uitoefent, aan de consument op papier of op een andere duurzame drager vermeld:

a. de identiteit en het geografische adres van de kredietbemiddelaar;

b. het register als bedoeld in artikel 1:107 van de Wet op het financieel toezicht, waarin de kredietbemiddelaar is ingeschreven en indien mogelijk, het registratienummer en de wijze waarop deze registratie geverifieerd kan worden;

c. of de kredietbemiddelaar verbonden is of uitsluitend met een of meer kredietgevers werkt, met verstrekking van de naam van de kredietgever of kredietgevers voor wie de kredietbemiddelaar optreedt;

d. of de kredietbemiddelaar adviesdiensten aanbiedt;

e. de vergoeding die de consument in voorkomend geval aan de kredietbemiddelaar voor zijn diensten verschuldigd is of, indien dat niet mogelijk is, de wijze om de vergoeding te berekenen;

f. volgens welke procedures consumenten of andere belanghebbenden klachten over kredietbemiddelaars intern kunnen indienen en, in voorkomend geval, hoe gebruik kan worden gemaakt van buitengerechtelijke klachten- en beroepsprocedures.

2. De kredietbemiddelaar is verplicht de vergoeding die de consument voor zijn dienstverlening aan hem dient te betalen, mee te delen aan de kredietgever teneinde het jaarlijks kostenpercentage te kunnen berekenen.

3. Indien de kredietbemiddelaar niet aan zijn in de leden 1 en 2 bedoelde verplichtingen voldoet, is de consument geen vergoeding voor zijn dienstverlening verschuldigd.

Onderafdeling 3
Jaarlijks kostenpercentage

Art. 124

1. Het jaarlijks kostenpercentage wordt door de kredietgever berekend overeenkomstig artikel 17 van de Richtlijn en bijlage I bij de Richtlijn.

2. Indien in de kredietovereenkomst is overeengekomen dat de debetrentevoet kan worden gewijzigd, licht de kredietgever de consument door middel van het in artikel 122, lid 2, bedoelde model in over de mogelijke effecten van wijzigingen op de te betalen bedragen en op het jaarlijkse kostenpercentage. De kredietgever verstrekt aan de consument een bijkomend jaarlijks kostenpercentage met een toelichting van mogelijke risico's die aan een significante verhoging van de debetrentevoet verbonden zijn. Indien de debetrentevoet niet beperkt is, wordt de consument tevens gewaarschuwd dat de totale kredietkosten voor de consument, zoals getoond in het jaarlijkse kostenpercentage, kunnen wijzigen.

3. Lid 2 is niet van toepassing op kredietovereenkomsten waarbij de debetrentevoet vaststaat voor een eerste periode van ten minste vijf jaar en waarvoor aan het eind van deze periode wordt onderhandeld over de debetrentevoet teneinde een nieuwe vaste debetrentevoet overeen te komen voor een verdere materiële periode. In het in artikel 122, lid 2, bedoelde model wordt hiervoor in een bijkomend, illustratief jaarlijks kostenpercentage voorzien.

Onderafdeling 4
Informatie en rechten betreffende kredietovereenkomsten

Art. 125

1. De kredietgever kan de kredietovereenkomst niet ten nadele van de consument beëindigen of wijzigen op grond van een onjuist uitgevoerde beoordeling van de kredietwaardigheid, tenzij de consument bewust informatie in de zin van artikel 4:34, derde lid, van de Wet op het financieel toezicht heeft achtergehouden of onjuist heeft weergegeven.

2. De kredietgever kan de kredietovereenkomst niet beëindigen op grond van door de consument onvolledig verstrekte informatie voor het sluiten van de kredietovereenkomst, tenzij de consument bewust informatie heeft achtergehouden of onjuist heeft weergegeven.

Art. 126

1. Indien de kredietovereenkomst in vreemde valuta is uitgedrukt, biedt de kredietgever de consument met ingang van het tijdstip waarop de overeenkomst wordt gesloten de mogelijkheid om de overeenkomst om te zetten in een andere valuta onder door de kredietgever bepaalde voorwaarden, of treft de kredietgever jegens de consument andere maatregelen op grond waarvan het wisselkoersrisico waaraan de consument in het kader van de overeenkomst blootstaat, wordt beperkt.

2. De in lid 1 bedoelde andere valuta zijn:
a. de valuta waarin de consument hoofdzakelijk zijn inkomen ontvangt of de activa aanhoudt waaruit het krediet moet worden afgelost, zoals aangegeven op het tijdstip waarop ten behoeve van de kredietovereenkomst de recentste kredietwaardigheidsbeoordeling werd opgemaakt; of
b. de valuta van de lidstaat waar de consument op het tijdstip van de totstandkoming van de kredietovereenkomst zijn verblijfplaats had of waar hij bij de omzetting zijn verblijfplaats heeft.

3. Indien de consument het recht heeft de kredietovereenkomst in een andere valuta om te zetten, als bedoeld in lid 1 geschiedt de omrekening tegen de wisselkoers die van toepassing is op de dag waarop de omzetting wordt aangevraagd, tenzij in de kredietovereenkomst anders is bepaald.

4. Maatregelen waarop de consument een beroep kan doen, als bedoeld in lid 1 kunnen zijn het stellen van bovengrenzen door de kredietgever of, in de gevallen waarin deze volstaan om het wisselkoersrisico te beperken, het geven van waarschuwingen.

5. De consument die een lening in vreemde valuta is aangegaan, wordt door de kredietgever regelmatig op papier of door middel van een andere duurzame drager gewaarschuwd, ten minste indien de waarde van het totale uitstaande, nog door de consument te betalen bedrag of de waarde van de afbetalingstermijnen meer dan 20 procent afwijkt van de waarde die zou gelden indien de wisselkoers van de valuta van de lidstaat zou worden toegepast, die gold op het tijdstip waarop de overeenkomst werd gesloten. De waarschuwing bevat informatie over de stijging van het totale, door de consument te betalen bedrag, zet in voorkomend geval uiteen dat de consument het recht heeft om de overeenkomst in een andere valuta om te zetten met de daartoe geldende voorwaarden en geeft uitleg over elk ander toepasselijk mechanisme ter beperking van het wisselkoersrisico waaraan de consument is blootgesteld.

6. De op grond van de leden 1 tot en met 5 toepasselijke regelingen worden aan de consument in het in artikel 122, lid 2, bedoelde model en in de kredietovereenkomst meegedeeld. Indien in de kredietovereenkomst geen bepaling is opgenomen om het wisselkoersrisico, waaraan de consument is blootgesteld, te beperken tot een schommeling in de wisselkoers van 20 procent, wordt in het eerdergenoemde model met een voorbeeld geïllustreerd wat de gevolgen zijn van een wisselkoersschommeling van 20 procent.

Art. 127

Vervroegde aflossing kredietovereenkomst

1. De consument heeft het recht om zich vóór het verstrijken van de kredietovereenkomst geheel of gedeeltelijk van zijn verplichtingen op grond van de kredietovereenkomst te kwijten. In dat geval heeft de consument recht op een vermindering van de totale kredietkosten die gelijk is aan de rente en de kosten voor de resterende duur van de overeenkomst.

2. De kredietgever kan in de kredietovereenkomst opnemen dat een vervroegde aflossing alleen is toegestaan op bepaalde data, met inachtneming van een bepaalde termijn of termijnen, met inachtneming van bepaalde minimumbedragen, dan wel tegen betaling van een vergoeding.

3. Indien in de kredietovereenkomst is overeengekomen dat de kredietgever in geval van een vervroegde aflossing recht heeft op een vergoeding, is deze vergoeding een eerlijke en objectief verantwoorde vergoeding voor mogelijke kosten die rechtstreeks aan vervroegde aflossing verbonden zijn. De vergoeding mag het door de kredietgever geleden financiële nadeel niet overschrijden. Aan de consument mag geen boete worden opgelegd.

4. Indien de consument vóór het verstrijken van de kredietovereenkomst aan zijn verplichtingen op grond van de kredietovereenkomst wenst te voldoen, deelt de kredietgever hem onmiddellijk na ontvangst van diens verzoek, op papier of op een andere duurzame drager, de informatie mee die hij nodig heeft om die mogelijkheid te kunnen overwegen. De kredietgever verstrekt aan de consument ten minste een berekening van de gevolgen voor de consument die vóór het verstrijken van de kredietovereenkomst aan zijn verplichtingen voldoet met een duidelijke vermelding van de daarbij gehanteerde hypothesen, die elk redelijk en verdedigbaar zijn.

Art. 128

Informatieplicht kredietgever m.b.t wijzigingen in debetrentevoet

1. De kredietgever stelt de consument op papier of op een andere duurzame drager in kennis van wijzigingen in de debetrentevoet voordat deze ingaan. Daarbij worden ten minste het bedrag van de betalingen vermeld die moeten worden verricht nadat de nieuwe debetrentevoet in werking is getreden, alsook bijzonderheden betreffende een eventuele wijziging in het aantal of de frequentie van de betalingen.

2. De partijen kunnen evenwel in de kredietovereenkomst overeenkomen dat de informatie, bedoeld in lid 1, periodiek aan de consument wordt verstrekt indien de wijziging in de debetrentevoet rechtstreeks met de wijziging van een referentierentevoet samenhangt, het publiek via passende middelen kennis kan nemen van de nieuwe referentierentevoet en de informatie over de nieuwe referentierentevoet beschikbaar is in de gebouwen van de kredietgever en samen met het bedrag van de nieuwe periodieke betalingstermijnen persoonlijk aan de consument wordt meegedeeld.

3. Indien wijzigingen in de debetrentevoet worden vastgesteld door middel van een veiling op de kapitaalmarkten en het aldus voor de kredietgever niet mogelijk is om de consument te informeren voordat de wijziging toegepast kan worden, verschaft de kredietgever tijdig voor de veiling aan de consument op papier of door middel van een ander duurzaam medium informatie over de op handen zijnde procedure en geeft hij een aanwijzing omtrent het mogelijke effect ervan op de debetrentevoet.

Art. 128a

1. Indien de consument in verzuim is met zijn verplichtingen uit hoofde van de kredietovereenkomst, mag de kredietgever niet tot aanzegging van de executie als bedoeld in artikel 544 van het Wetboek van Burgerlijke Rechtsvordering overgaan dan nadat ten minste twee maanden na het tijdstip waarop de vordering opeisbaar is geworden, zijn verstreken en de kredietgever de consument persoonlijk heeft uitgenodigd om in overleg te treden over diens betalingsachterstand, tenzij in redelijkheid niet van de kredietgever kan worden gevergd dat hij voormelde termijn in acht neemt of de consument persoonlijk benadert om te overleggen.

Bescherming consument bij betalingsachterstand

2. Onverminderd het recht op wettelijke rente als bedoeld in artikel 119 van Boek 6 van het Burgerlijk Wetboek is de vergoeding die de consument aan de kredietgever verschuldigd is wegens niet-nakoming van zijn uit de kredietovereenkomst voortvloeiende verplichtingen, niet hoger dan hetgeen nodig is ter vergoeding van de schade die de kredietgever als gevolg van de niet-nakoming heeft geleden.

Onderafdeling 5
Slotbepalingen

Art. 128b

De kredietgever of, in voorkomend geval, de kredietbemiddelaar brengt de consument geen kosten in rekening voor zijn informatieverplichtingen uit hoofde van deze titel.

Kosteloze informatiever-strekking, verplichting tot

Art. 128c

1. Van het bepaalde bij deze titel kan niet ten nadele van de consument worden afgeweken.

Dwingend recht

2. De consument kan de hem krachtens deze titel toegekende bescherming niet worden ontzegd als gevolg van de wijze waarop overeenkomsten zijn opgesteld, met name doordat een kredietovereenkomst in de zin van deze Richtlijn is opgenomen in een kredietovereenkomst waarvan de aard of het doel het mogelijk maakt de toepassing van die maatregelen te ontwijken.

Titel 2c
Geldlening

Art. 129

1. De overeenkomst van geldlening is de kredietovereenkomst waarbij de ene partij, de uitlener, zich verbindt aan de andere partij, de lener, een som geld te verstrekken en de lener zich verbindt aan de uitlener een overeenkomstige som geld terug te betalen.

Geldlening

2. Indien is overeengekomen dat de kredietnemer door een enkele verklaring, een betalingsopdracht daaronder begrepen, de kredietgever kan verplichten hem een som geld te verstrekken, komt pas door deze verklaring de geldlening tot stand.

Art. 129a

Indien op een overeenkomst van geldlening tevens titel 2A of titel 2B van toepassing is, zijn de bepalingen van titel 2A of titel 2B en die van deze titel naast elkaar van toepassing. In geval van strijd zijn de bepalingen van titel 2A of titel 2B van toepassing.

Schakelbepaling

Art. 129b

Indien de uitlener een natuurlijke persoon is die niet in de uitoefening van een beroep of bedrijf handelt, bindt de overeenkomst hem niet voordat het geld daadwerkelijk aan de lener is verstrekt of de uitlener zich schriftelijk tot de verstrekking verbonden heeft.

Geldlening door particulier

Art. 129c

1. Indien beide partijen natuurlijke personen zijn en geen van beide partijen in de uitoefening van een beroep of bedrijf handelt, is over het geleende bedrag slechts rente verschuldigd, indien dit schriftelijk is bedongen.

Rente bij geldlening

2. In andere gevallen is de lener verplicht over de geleende som rente te betalen, tenzij uit de overeenkomst voortvloeit dat geen rente verschuldigd is.

Art. 129d

Indien uit de overeenkomst voortvloeit dat over de geleende som rente verschuldigd is, maar de hoogte van die rente niet door partijen is bepaald, moet de rente volgens de voor wettelijke rente vastgestelde rentevoet worden berekend.

Renteberekening bij geldlening

Art. 129e

De lener is verplicht het door hem op grond van de overeenkomst verschuldigde terug te geven binnen zes weken nadat de uitlener heeft medegedeeld tot opeising over te gaan, tenzij een ander tijdstip voor de terugbetaling uit de overeenkomst voortvloeit.

Opeisbaarheid vordering tot teruggave geldlening

B7 art. 129f

Burgerlijk Wetboek Boek 7

Art. 129f

Opeisbaarheid, bepaling door rechter van tijdstip

Indien is overeengekomen dat een lener de geleende geldsom terug zal betalen, wanneer hij daartoe in staat zal zijn, zal de rechter, naar gelang van de omstandigheden, het tijdstip van de opeisbaarheid nader kunnen bepalen.

Titel 2d Overeenkomst van pandbelening

Art. 130

Pandbelening, definities

1. De overeenkomst van pandbelening is de overeenkomst waarbij de ene partij, het pandhuis, aan de andere partij, de pandbelener, een geldsom ter beschikking stelt en de pandbelener daartegenover een roerende zaak, niet zijnde een registergoed, in de macht van het pandhuis brengt met het beding:

a. hetzij dat het pandhuis de zaak aan de pandbelener teruggeeft, indien deze binnen de beleentermijn de geldsom volledig aan het pandhuis heeft terugbetaald en de pandbeleningsvergoeding volledig heeft voldaan, en dat het pandhuis eigenaar van de zaak wordt, indien volledige terugbetaling van de geldsom en volledige voldoening van de pandbeleningsvergoeding binnen de beleentermijn uitblijft;

b. hetzij dat de pandbelener de zaak terstond aan het pandhuis in eigendom overdraagt, maar het pandhuis gehouden is de zaak aan de pandbelener terug te geven, indien deze binnen de beleentermijn de geldsom volledig aan het pandhuis heeft terugbetaald en de pandbeleningsvergoeding volledig heeft voldaan.

2. De onderhavige titel is mede van toepassing op iedere overeenkomst, aangegaan onder welke vorm of benaming dan ook, met dezelfde strekking als een overeenkomst van pandbelening als bedoeld in lid 1.

Art. 131

Begripsbepalingen

In deze titel wordt verstaan onder

a. pandhuis: een natuurlijke persoon of rechtspersoon die in de uitoefening van zijn beroep of bedrijf pandbeleningen aanbiedt;

b. beleentermijn: de in de overeenkomst van pandbelening overeengekomen termijn waarbinnen de pandbelener de hem ter beschikking gestelde geldsom moet terugbetalen en de pandbeleningsvergoeding moet voldoen, voordat het pandhuis verplicht is de zaak aan de pandbelener terug te geven;

c. pandbeleningsvergoeding: alle beloningen en vergoedingen in welke vorm dan ook die het pandhuis in het kader van de overeenkomst van pandbelening in rekening brengt of ontvangt;

d. maand: kalendermaand dan wel de periode tussen een dag van een kalendermaand en het einde van de overeenkomstige dag van de volgende kalendermaand.

Art. 132

Pandbelening, werkingssfeer

Deze titel is slechts van toepassing, indien de pandbelener een natuurlijke persoon is die niet handelt in de uitoefening van een beroep of bedrijf.

Art. 133

Pandbelening, informatieverstrekking aan pandbelener

Onverminderd het bepaalde in de artikelen 193c–193e van Boek 6 stelt het pandhuis, voordat de pandbelener aan de overeenkomst van pandbelening is gebonden, deze in staat om kennis te nemen van de volgende informatie:

a. de pandbeleningsvergoeding per maand uitgedrukt in een percentage van de ter beschikking gestelde geldsom;

b. de lengte van de beleentermijn.

Art. 134

Pandbelening, vastleggen overeenkomst

1. De overeenkomst van pandbelening wordt op papier of op een andere duurzame drager aangegaan. Het pandhuis verstrekt de pandbelener een exemplaar van de overeenkomst van pandbelening en behoudt zelf ook een exemplaar.

2. In de overeenkomst van pandbelening worden op duidelijke en beknopte wijze vermeld:

a. de identiteit en geografische adressen van de pandbelener en het pandhuis en van de eventueel opgetreden tussenpersoon;

b. een omschrijving van de beleende zaak;

c. de aan de pandbelener ter beschikking gestelde geldsom;

d. de lengte van de beleentermijn;

e. het beding bedoeld in artikel 130 lid 1 onder a dan wel het beding bedoeld in artikel 130 lid 1 onder b;

f. de pandbeleningsvergoeding per maand, uitgedrukt in een percentage van de ter beschikking gestelde geldsom, en de wijze waarop deze vergoeding berekend is;

g. het totale bedrag dat de pandbelener binnen de beleentermijn moet betalen om recht op teruggave van de zaak te hebben, uitgaande van voldoening van dat bedrag op de laatste dag van de beleentermijn en met aanduiding van de wijze waarop dat bedrag bij eerdere voldoening wordt berekend;

h. de voorwaarden waaronder en de wijze waarop de beleentermijn kan worden verlengd;
i. het recht van de pandbelener op onverwijlde afgifte bedoeld in artikel 135 lid 2;
j. de verdere voorwaarden die op de overeenkomst van toepassing zijn.

Art. 135

1. De beleentermijn bedraagt ten minste twee maanden.

2. Gedurende de beleentermijn en, in geval van verlenging, gedurende de verlengde beleentermijn, heeft de pandbelener te allen tijde recht op onverwijlde afgifte van de beleende zaak tegen terugbetaling van de ter beschikking gestelde geldsom en voldoening van de pandbeleningsvergoeding.

Art. 136

Indien bij de overeenkomst van pandbelening het beding, bedoeld in artikel 130 lid 1 onder b is gemaakt, heeft volledige terugbetaling van de geldsom en volledige voldoening van de pandbeleningsvergoeding tot gevolg dat de pandbelener de eigendom van de zaak van rechtswege de zaak opnieuw verkrijgt, als ware de overdracht aan het pandhuis onder de ontbindende voorwaarde van deze terugbetaling geschied.

Art. 137

De pandbeleningsvergoeding wordt berekend in de vorm van een maandrente van ten hoogste een bij algemene maatregel van bestuur vastgesteld percentage van de in artikel 130 lid 1 bedoelde geldsom.

Art. 138

Op een overeenkomst van pandbelening als bedoeld in artikel 130 lid 1, aanhef en onder a, zijn de regels betreffende pandrecht op roerende zaken van toepassing behoudens de artikelen 233, 234, 235, 237, 241, 242, 243 lid 2, 244, 248, 249, 250, 251, 252, 253, 254 en 256 van Boek 3.

Art. 139

Indien de pandbelener niet binnen de beleentermijn de geldsom volledig terugbetaalt en de pandbeleningsvergoeding volledig voldoet, draagt het pandhuis het verlies dat hij ten opzichte van de in artikel 130 lid 1 bedoelde geldsom met pandbeleningsvergoeding lijdt.

Art. 140

Van deze titel kan niet ten nadele van de pandbelener worden afgeweken.

Titel 3
Schenking

Art. 175

1. Schenking is de overeenkomst om niet, die ertoe strekt dat de ene partij, de schenker, ten koste van eigen vermogen de andere partij, de begiftigde, verrijkt.

2. Het tot een bepaalde persoon gericht schenkingsaanbod geldt als aangenomen, wanneer deze na er van kennis te hebben genomen het niet onverwijld heeft afgewezen.

Art. 176

Indien de schenker feiten stelt waaruit volgt dat de schenking door misbruik van omstandigheden is tot stand gekomen, rust bij een beroep op vernietigbaarheid de bewijslast van het tegendeel op de begiftigde, tenzij van de schenking een notariële akte is opgemaakt of deze verdeling van de bewijslast in de gegeven omstandigheden in strijd met de eisen van redelijkheid en billijkheid zou zijn.

Art. 177

1. Voor zover een schenking de strekking heeft dat zij pas na het overlijden van de schenker zal worden uitgevoerd, en zij niet reeds tijdens het leven van de schenker is uitgevoerd, vervalt zij met het overlijden van de schenker, tenzij de schenking door de schenker persoonlijk is aangegaan en van de schenking een notariële akte is opgemaakt. Voor zover de schenking betrekking heeft op kleren, lijfstoebehoren, bepaalde lijfsieraden, bepaalde tot de inboedel behorende zaken en bepaalde boeken, kan worden volstaan met een door de schenker geheel met de hand geschreven, gedagtekende en ondertekende onderhandse akte.

2. Indien een bevoegdheid is bedongen tot herroeping van een schenkingsovereenkomst als bedoeld in lid 1, kan deze herroeping behalve bij een tot de begiftigde gerichte verklaring ook bij een uiterste wilsbeschikking van de schenker zonder mededeling aan de begiftigde geschieden.

Art. 178

1. Een schenking is vernietigbaar, indien zij gedurende een ziekte van de schenker wordt gedaan hetzij aan een beroepsbeoefenaar op het gebied van de individuele gezondheidszorg die hem bijstand verleent, hetzij aan een geestelijk verzorger die hem gedurende de ziekte bijstaat.

2. Ook is een schenking vernietigbaar indien zij gedurende een verblijf van de schenker in een voor de verzorging of verpleging van bejaarden of geestelijk gestoorden bestemde instelling wordt gedaan aan degene die de instelling exploiteert of die daarvan de leiding heeft of daarin werkzaam is.

B7 art. 179

Schakelbepaling
Verjaring van bevoegdheid tot vernietiging van schenking bij ziekte
Vernietiging na overlijden schenker

3. Artikel 62 leden 2 en 3 van Boek 4 is van overeenkomstige toepassing.
4. De bevoegdheid tot vernietiging op grond van de leden 1 en 2 verjaart drie jaar nadat de in lid 1 bedoelde ziekte, onderscheidenlijk het in lid 2 bedoelde verblijf, is geëindigd.

5. Na het overlijden van de schenker kan de vernietiging van de schenking op grond van lid 1 of lid 2 mede plaatsvinden door een ieder die door de schenking nadeel lijdt. De vernietiging vindt slechts plaats voor zover deze nodig is tot opheffing van het nadeel van degene die zich op de vernietigingsgrond beroept. Een rechtsvordering tot vernietiging ingevolge de eerste zin verjaart op een met overeenkomstige toepassing van artikel 54 van Boek 4 te bepalen tijdstip, en in ieder geval drie jaar nadat de in lid 1 bedoelde ziekte, onderscheidenlijk het in lid 2 bedoelde verblijf, is geëindigd.

Art. 179

Verval aanbod tot schenking na overlijden aanbieder

1. Een aanbod tot schenking dat de aanbieder ten tijde van zijn overlijden nog kon herroepen, komt, in afwijking van artikel 222 van Boek 6, door zijn dood te vervallen, tenzij uit een overeenkomst of uit het aanbod zelf het tegendeel voortvloeit.

2. Is het aanbod bij wijze van uitloving voor een bepaalde tijd gedaan, dan komt het door het overlijden van de aanbieder binnen die tijd te vervallen, indien ten tijde van het overlijden een gewichtige reden tot herroeping als bedoeld in artikel 220 lid 1 van Boek 6 bestond of het overlijden zelf een zodanige reden oplevert; alsdan is artikel 220 lid 2 van Boek 6 van overeenkomstige toepassing.

Art. 180

Schakelbepaling

Op schenkingen onder een ontbindende voorwaarde en een daarbij aansluitende schenking onder opschortende voorwaarde zijn de artikelen 140 lid 1 en 141 van Boek 4 van overeenkomstige toepassing.

Art. 181

Bestaansvereiste begiftigde na overlijden aanbieder bij schenking

1. Een aanbod tot schenking dat door de dood van de aanbieder niet vervalt, kan niet worden aanvaard door iemand die op het tijdstip van overlijden van de aanbieder nog niet bestond.

2. Lid 1 is niet van toepassing:
a. indien de schenker heeft bepaald dat hetgeen hij schenkt aan een afstammeling van zijn vader of moeder, bij het overlijden van die afstammeling of op een eerder tijdstip zal ten deel vallen aan diens alsdan bestaande afstammelingen staaksgewijze;
b. indien de schenker heeft bepaald dat hetgeen hij aan iemand schenkt, bij het overlijden van de begiftigde of op een eerder tijdstip zal ten deel vallen aan een afstammeling van een ouder van de schenker, en tevens dat, indien de afstammeling dat tijdstip niet overleeft, diens alsdan bestaande afstammelingen staaksgewijze in diens plaats zullen treden;
c. indien de schenker heeft bepaald dat hetgeen de begiftigde van het hem geschonkene bij zijn overlijden of op een eerder tijdstip onverteerd zal hebben gelaten, alsdan zal ten deel vallen aan een dan bestaande bloedverwant van de schenker in de erfelijke graad.

Art. 182

Onderbewindstelling van geschonkene

1. Bij een aanbod tot schenking dat schriftelijk wordt gedaan, kan worden bepaald dat het geschonkene onder bewind zal staan.
2. Het bewind heeft dezelfde rechtsgevolgen als een bij uiterste wilsbeschikking ingesteld bewind, met dien verstande dat
a. de termijnen bedoeld in de artikelen 178 leden 1 en 2, 179 lid 2 en 180 lid 2 van Boek 4, aanvangen op het tijdstip waarop de schenking wordt uitgevoerd, en
b. het bewind, voor zover het niet in het belang van een ander dan de begiftigde is ingesteld, ook eindigt wanneer de schenker en de begiftigde een gemeenschappelijk besluit tot opheffing schriftelijk ter kennis van de bewindvoerder brengen.

Art. 183

Aansprakelijkheid schenker voor gebreken

1. Een schenker is voor gebreken in het recht of voor feitelijke gebreken alleen aansprakelijk, wanneer hij deze niet heeft opgegeven ofschoon zij hem bekend waren, en de begiftigde deze gebreken niet ter gelegenheid van de aflevering van het geschonken goed had kunnen ontdekken.
2. Deze aansprakelijkheid strekt zich, behoudens in het geval van bedrog, niet uit tot schade geleden ten aanzien van het geschonken goed zelf.

Art. 184

Vernietiging van schenking

1. In de navolgende gevallen is een schenking, ongeacht of zij reeds is uitgevoerd, vernietigbaar:
a. indien de begiftigde in verzuim is met de voldoening van een hem bij de schenking opgelegde verplichting, waarvan noch de schenker noch een derde nakoming kan vorderen;
b. indien de begiftigde opzettelijk een misdrijf jegens de schenker of diens naaste betrekkingen pleegt;
c. indien een begiftigde die wettelijk of krachtens overeenkomst verplicht is tot onderhoud van de schenker bij te dragen, in verzuim is deze verplichting na te komen.
2. In lid 1, onder b, wordt mede verstaan onder misdrijf: poging tot, voorbereiding van en deelneming aan een misdrijf.

Art. 185

1. Rechtsvorderingen tot vernietiging van de schenking op grond van artikel 184 verjaren door verloop van een jaar, te rekenen van de dag waarop het feit dat grond tot vernietiging oplevert, ter kennis van de schenker is gekomen.

2. Na het overlijden van de schenker kan vernietiging van de schenking op grond van het in het vorige artikel bepaalde slechts plaatsvinden door een rechterlijke uitspraak en, in de gevallen genoemd in artikel 184 lid 1, onder b en c, alleen indien het feit dat grond tot vernietiging oplevert, de dood van de schenker heeft veroorzaakt.

Art. 186

1. De bepalingen van deze titel zijn van overeenkomstige toepassing op andere giften dan schenkingen, voor zover de strekking van de betrokken bepalingen in verband met de aard van de handeling zich daartegen niet verzet.

2. Als gift wordt aangemerkt iedere handeling die er toe strekt dat degeen die de handeling verricht, een ander ten koste van eigen vermogen verrijkt. Zolang degene tot wiens verrijking de handeling strekt, de prestatie niet heeft ontvangen, noch daarop aanspraak kan maken, worden handelingen als bedoeld in de eerste volzin niet beschouwd als gift.

Art. 187

1. Is de begiftigde in verband met de gift gehouden een tegenprestatie te verrichten, dan is artikel 186 lid 1, behoudens voor zover het artikel 182 betreft, van toepassing, en gelden voorts de volgende twee leden.

2. In het geval, bedoeld in artikel 177 lid 1, vervalt de gift niet, doch is zij vernietigbaar. De vernietiging werkt terug tot het overlijden van degene die de gift doet. De bevoegdheid tot vernietiging vervalt indien de begiftigde tijdig een aanvullende prestatie toezegt, die de handeling haar in artikel 186 lid 2 bedoelde strekking ontneemt. Bovendien kan de rechter op verlangen van een erfgenaam of van de begiftigde, in plaats van de vernietiging uit te spreken, te dien einde de gevolgen van de handeling wijzigen.

3. Is de gift vernietigbaar op grond van artikel 178, dan is artikel 54 van Boek 3 van overeenkomstige toepassing.

4. Op handelingen die ten dele als gift, ten dele als nakoming van een natuurlijke verbintenis zijn te beschouwen, zijn de vorige leden van overeenkomstige toepassing.

Art. 188

1. De aanwijzing van een begunstigde bij een sommenverzekering wordt, wanneer zij is aanvaard of kan worden aanvaard, aangemerkt als een gift, tenzij zij geschiedt ter nakoming van een verbintenis anders dan een uit schenking. De artikelen 177, 179, 181, 182 en 187 zijn op deze giften niet van toepassing.

2. Als waarde van een gift door begunstiging bij een sommenverzekering geldt de waarde van de daaruit voortvloeiende rechten op uitkering. Indien de begunstiging slechts ten dele als gift wordt aangemerkt, geldt als waarde van de gift een evenredig deel van de waarde van de daaruit voortvloeiende rechten op uitkering.

3. Het bedrag dat de verzekeraar krachtens de wet of een overeenkomst met de verzekeringnemer op de uitkering inhoudt, komt in de eerste plaats op de waarde van de gift in mindering.

Titel 4
Huur

Afdeling 1
Algemene bepalingen

Art. 201

1. Huur is de overeenkomst waarbij de ene partij, de verhuurder, zich verbindt aan de andere partij, de huurder, een zaak of een gedeelte daarvan in gebruik te verstrekken en de huurder zich verbindt tot een tegenprestatie.

2. Huur kan ook op vermogensrechten betrekking hebben. In dat geval zijn de bepalingen van deze afdeling en de afdelingen 2–4 van toepassing, voor zover de strekking van die bepalingen of de aard van het recht zich daartegen niet verzet.

3. De pachtovereenkomst wordt niet als huur aangemerkt.

Art. 202

Indien de huurder recht heeft op de vruchten van de zaak, geldt dit recht als een genotsrecht als bedoeld in artikel 17 van Boek 5. De huurder verkrijgt dit recht van de dag van ingang van de huur af met dien verstande dat burgerlijke vruchten van dag tot dag berekend worden.

Vernietiging van bevoegdheid tot schenking

Schakelbepaling

Gift

Tegenprestatie begiftigde

Begunstiging bij sommenverzekering

Huurovereenkomst

Genotsrecht bij huur

Afdeling 2
Verplichtingen van de verhuurder

Art. 203

Terbeschikkingstelling van zaak aan huurder

De verhuurder is verplicht de zaak ter beschikking van de huurder te stellen en te laten voor zover dat voor het overeengekomen gebruik noodzakelijk is.

Art. 204

Gebrek zaak bij huur

1. De verhuurder heeft met betrekking tot gebreken van de zaak de in deze afdeling omschreven verplichtingen.

2. Een gebrek is een staat of eigenschap van de zaak of een andere niet aan de huurder toe te rekenen omstandigheid, waardoor de zaak aan de huurder niet het genot kan verschaffen dat een huurder bij het aangaan van de overeenkomst mag verwachten van een goed onderhouden zaak van de soort als waarop de overeenkomst betrekking heeft.

3. Een feitelijke stoornis door derden zonder bewering van recht als bedoeld in artikel 211 en een bewering van recht zonder feitelijke stoornis zijn geen gebreken in de zin van lid 2.

Art. 205

Schakelbepaling

De uit deze afdeling voortvloeiende rechten van de huurder komen aan deze toe, onverminderd alle andere rechten en vorderingen.

Art. 206

Herstel gebreken bij huur

1. De verhuurder is verplicht op verlangen van de huurder gebreken te verhelpen, tenzij dit onmogelijk is of uitgaven vereist die in de gegeven omstandigheden redelijkerwijs niet van de verhuurder zijn te vergen.

2. Deze verplichting geldt niet ten aanzien van de kleine herstellingen tot het verrichten waarvan de huurder krachtens artikel 217 verplicht is, en ten aanzien van gebreken voor het ontstaan waarvan de huurder jegens de verhuurder aansprakelijk is.

3. Is de verhuurder met het verhelpen in verzuim, dan kan de huurder dit verhelpen zelf verrichten en de daarvoor gemaakte kosten, voor zover deze redelijk waren, op de verhuurder verhalen, desgewenst door deze in mindering van de huurprijs te brengen. Hiervan kan niet ten nadele van de huurder worden afgeweken.

Art. 207

Vermindering huurprijs bij gebrek

1. De huurder kan in geval van vermindering van huurgenot ten gevolge van een gebrek een daaraan evenredige vermindering van de huurprijs vorderen van de dag waarop hij van het gebrek behoorlijk heeft kennis gegeven aan de verhuurder of waarop het gebrek reeds in voldoende mate bekend was om tot maatregelen over te gaan, tot die waarop het gebrek is verholpen.

2. De huurder heeft geen aanspraak op huurvermindering terzake van gebreken die hij krachtens artikel 217 verplicht is te verhelpen, of voor het ontstaan waarvan hij jegens de verhuurder aansprakelijk is.

Art. 208

Vergoeding van schade veroorzaakt door gebrek bij huur

Onverminderd de gevolgen van niet-nakoming van de verplichting van artikel 206 is de verhuurder tot vergoeding van de door een gebrek veroorzaakte schade verplicht, indien het gebrek na het aangaan van de overeenkomst is ontstaan en aan hem is toe te rekenen, alsmede indien het gebrek bij het aangaan van de overeenkomst aanwezig was en de verhuurder het toen kende of had behoren te kennen, of toen aan de huurder heeft te kennen gegeven dat de zaak het gebrek niet had.

Art. 209

Dwingend recht

Van de artikelen 206, leden 1 en 2, 207 en 208 kan niet ten nadele van de huurder worden afgeweken voor zover het gaat om gebreken die de verhuurder bij het aangaan van de overeenkomst kende of had behoren te kennen.

Art. 210

Ontbinding huur vanwege gebreken

1. Indien een gebrek dat de verhuurder ingevolge artikel 206 niet verplicht is te verhelpen, het genot dat de huurder mocht verwachten, geheel onmogelijk maakt, is zowel de huurder als de verhuurder bevoegd de huur op de voet van artikel 267 van Boek 6 te ontbinden.

2. Een verplichting van een der partijen tot schadevergoeding ter zake van een gebrek omvat mede de door het eindigen van de huur ingevolge lid 1 veroorzaakte schade.

Art. 211

Vordering tegen huurder door derde

1. Wanneer tegen de huurder door een derde een vordering wordt ingesteld tot uitwinning of tot verlening van een recht waarmee de zaak waarop de huurovereenkomst betrekking heeft, ingevolge die overeenkomst niet belast had mogen zijn, is de verhuurder na kennisgeving daarvan door de huurder gehouden in het geding te komen ten einde de belangen van de huurder te verdedigen.

2. De verhuurder moet aan de huurder alle door deze vordering ontstane kosten vergoeden, doch, als de kennisgeving niet onverwijld is geschied, alleen de na de kennisgeving ontstane kosten.

3. Wanneer tegen de onderhuurder een vordering betreffende het ondergehuurde wordt ingesteld door de hoofdverhuurder, zijn de voorgaande leden van overeenkomstige toepassing op de onderverhuurder. Voor de toepassing van artikel 2.9.5 van het Wetboek van Burgerlijke Rechtsvordering wordt deze vordering gelijkgesteld aan een vordering tot uitwinning.

Vordering tegen onderhuurder door hoofdverhuurder

Afdeling 3

De verplichtingen van de huurder

Art. 212

De huurder is verplicht de tegenprestatie op de overeengekomen wijze en tijdstippen te voldoen.

Tegenprestatie huurder

Art. 213

De huurder is verplicht zich ten aanzien van het gebruik van de gehuurde zaak als een goed huurder te gedragen.

Goed huurderschap

Art. 214

De huurder is slechts bevoegd tot het gebruik van de zaak dat is overeengekomen, en, zo daaromtrent niets is overeengekomen, tot het gebruik waartoe de zaak naar zijn aard bestemd is.

Gebruik zaak door huurder

Art. 215

1. De huurder is niet bevoegd de inrichting of gedaante van het gehuurde geheel of gedeeltelijk te veranderen dan na schriftelijke toestemming van de verhuurder, tenzij het gaat om veranderingen en toevoegingen die bij het einde van de huur zonder noemenswaardige kosten kunnen worden ongedaan gemaakt en verwijderd.

Verandering inrichting door huurder

2. Indien het de huur van woonruimte betreft, verleent de verhuurder binnen acht weken de toestemming in ieder geval, indien de voorgenomen veranderingen de verhuurbaarheid van het gehuurde niet schaden, dan wel niet leiden tot een waardedaling van het gehuurde.

3. Indien de verhuurder de toestemming niet verleent, kan de huurder vorderen dat de rechter hem zal machtigen tot het aanbrengen van de veranderingen. Indien de verhuurder niet tevens de eigenaar, vruchtgebruiker of erfpachter van de zaak is, draagt de verhuurder ervoor zorg dat ook de eigenaar, vruchtgebruiker of erfpachter tijdig in het geding wordt geroepen. Indien op de zaak een hypotheek rust, bestaat deze verplichting tevens ten aanzien van de hypotheekhouder.

4. De rechter wijst de vordering in ieder geval toe, indien de verhuurder op grond van lid 2 toestemming had behoren te geven. In andere gevallen wijst hij de vordering slechts toe, indien de veranderingen noodzakelijk zijn voor een doelmatig gebruik van het gehuurde door de huurder of het woongenot verhogen en geen zwaarwichtige bezwaren aan de zijde van de verhuurder zich tegen het aanbrengen daarvan verzetten.

5. De rechter kan aan de machtiging voorwaarden verbinden of daarbij een last opleggen; hij kan op vordering van de verhuurder de huurprijs verhogen, indien de veranderingen daartoe aanleiding geven.

6. Van de voorgaande leden kan niet ten nadele van de huurder worden afgeweken, tenzij het de buitenzijde van gehuurde woonruimte betreft.

Art. 216

1. De huurder is tot de ontruiming bevoegd door hem aangebrachte veranderingen en toevoegingen ongedaan te maken, mits daarbij het gehuurde in de toestand wordt gebracht, die bij het einde van de huur redelijkerwijs in overeenstemming met de oorspronkelijke kan worden geacht.

Veranderingen ongedaan maken die zijn aangebracht door huurder

2. De huurder is niet verplicht tot het ongedaan maken van geoorloofde veranderingen en toevoegingen, onverminderd de bevoegdheid de rechter om hem op de voet van artikel 215 lid 5 de verplichting op te leggen hiervoor vóór de ontruiming van het gehuurde zorg te dragen.

3. De huurder kan ter zake van geoorloofde veranderingen en toevoegingen die na het einde van de huurovereenkomst niet ongedaan worden gemaakt, vergoeding vorderen voor zover artikel 212 van Boek 6 dat toestaat.

Art. 217

De huurder is verplicht te zijnen koste de kleine herstellingen te verrichten, tenzij deze nodig zijn geworden door het tekortschieten van de verhuurder in de nakoming van zijn verplichting tot het verhelpen van gebreken.

Kleine herstellingen door huurder

Art. 218

1. De huurder is aansprakelijk voor schade aan de verhuurde zaak die is ontstaan door een hem toe te rekenen tekortschieten in de nakoming van een verplichting uit de huurovereenkomst.

Aansprakelijkheid huurder voor schade

2. Alle schade wordt vermoed daardoor te zijn ontstaan, behoudens brandschade en, in geval van huur van een gebouwde onroerende zaak of een gedeelte daarvan, schade aan de buitenzijde van het gehuurde.

3. Onverminderd artikel 224 lid 2 wordt de huurder vermoed het gehuurde in onbeschadigde toestand te hebben ontvangen.

B7 art. 219

Art. 219

Aansprakelijkheid huurder voor schade aangebracht door anderen

De huurder is jegens de verhuurder op gelijke wijze als voor eigen gedragingen aansprakelijk voor de gedragingen van hen die met zijn goedvinden het gehuurde gebruiken of zich met zijn goedvinden daarop bevinden.

Art. 220

Dringende werkzaamheden aan het gehuurde

1. Indien gedurende de huurtijd dringende werkzaamheden aan het gehuurde moeten worden uitgevoerd of de verhuurder krachtens artikel 56 van Boek 5 iets moet toestaan ten behoeve van een naburig erf, moet de huurder daartoe gelegenheid geven, onverminderd zijn aanspraken op vermindering van de huurprijs, op ontbinding van de huurovereenkomst en op schadevergoeding.

Renovatie van het gehuurde

2. Lid 1 is van overeenkomstige toepassing wanneer de verhuurder met voortzetting van de huurovereenkomst wil overgaan tot renovatie van de gebouwde onroerende zaak waarop die overeenkomst betrekking heeft, en daartoe aan de huurder een, gelet op het belang van de verhuurder en de belangen van de huurder en eventuele onderhuurders, redelijk voorstel doet. Een dergelijk voorstel wordt schriftelijk gedaan. Onder renovatie wordt zowel sloop met vervangende nieuwbouw als gedeeltelijke vernieuwing door verandering of toevoeging verstaan.

3. Indien de renovatie tien of meer woningen of bedrijfsruimten die een bouwkundige eenheid vormen, betreft wordt het in lid 2 bedoelde voorstel vermoed redelijk te zijn, wanneer 70% of meer van de huurders daarmee heeft ingestemd. De huurder die niet met het voorstel heeft ingestemd, kan binnen acht weken na de schriftelijke kennisgeving van de verhuurder aan hem dat 70% of meer van de huurders met het voorstel heeft ingestemd een beslissing van de rechter vorderen omtrent de redelijkheid van het voorstel.

4. De voorgaande leden doen niet af aan de bevoegdheid van de verhuurder om de huurovereenkomst op te zeggen op de grond dat hij de zaak dringend nodig heeft voor renovatie, voor zover zulks kan worden gebracht onder de wettelijke opzeggingsgronden die gelden voor een gebouwde onroerende zaak als waarop de huurovereenkomst betrekking heeft.

5. Indien verhuizing noodzakelijk is in verband met de voorgenomen renovatie, bedoeld in lid 2, derde zin, van woonruimte als bedoeld in artikel 233 draagt de verhuurder bij in de kosten die de verhuizing voor de huurder meebrengt.

6. De minimumbijdrage in de verhuis- en inrichtingskosten voor de huurders van zelfstandige woningen als bedoeld in artikel 234, en woonwagens en standplaatsen als bedoeld in de artikelen 235 en 236, wordt bij ministeriële regeling van de Minister voor Wonen, Wijken en Integratie vastgesteld en zal jaarlijks voor 1 maart worden gewijzigd voor zover de consumentenprijsindex daartoe aanleiding geeft. Het in de eerste zin genoemde bedrag wordt afgerond op hele euro's.

7. De verhuurder kan eventuele door de gemeente aan de huurder te verstrekken bijdragen of vergoedingen voor verhuis- of inrichtingskosten in mindering brengen op de hoogte van de bijdrage, bedoeld in het zesde lid.

Art. 221

Ingebruikgeving gehuurde aan ander

De huurder is bevoegd het gehuurde geheel of gedeeltelijk aan een ander in gebruik te geven, tenzij hij moest aannemen dat de verhuurder tegen het in gebruik geven aan die ander redelijke bezwaren zal hebben.

Art. 222

Kennisgeving van gebrek door huurder

Indien de huurder gebreken aan de zaak ontdekt of derden hem in zijn genot storen of enig recht op de zaak beweren, moet hij daarvan onverwijld aan de verhuurder kennis geven, bij gebreke waarvan hij verplicht is aan de verhuurder de door de nalatigheid ontstane schade te vergoeden.

Art. 223

Dulden aangebrachte kennisgeving en bezichtiging door huurder

De huurder van een onroerende zaak of een gedeelte daarvan is, indien de verhuurder tot verhuur na afloop van lopende huur of tot verkoop wenst over te gaan, verplicht te dulden dat aan de zaak de gebruikelijke kennisgevingen van het te huur of te koop zijn worden aangebracht, en aan belangstellenden gelegenheid te geven tot bezichtiging.

Art. 224

Einde van huur

1. De huurder is verplicht het gehuurde bij het einde van de huur weer ter beschikking van de verhuurder te stellen.

2. Indien tussen de huurder en verhuurder een beschrijving van het verhuurde is opgemaakt, is de huurder gehouden de zaak in dezelfde staat op te leveren waarin deze volgens de beschrijving is aanvaard, met uitzondering van geoorloofde veranderingen en toevoegingen en hetgeen door ouderdom is teniet gegaan of beschadigd. Indien geen beschrijving is opgemaakt, wordt de huurder, behoudens tegenbewijs, verondersteld het gehuurde in de staat te hebben ontvangen zoals deze is bij het einde van de huurovereenkomst.

Art. 225

Onrechtmatig onder zich houden van zaak door huurder

Houdt de huurder na het einde van de huur het gehuurde onrechtmatig onder zich, dan kan de verhuurder over de tijd dat hij het gehuurde mist, een vergoeding vorderen gelijk aan de huurprijs, onverminderd, indien zijn schade meer dan deze vergoeding bedraagt, zijn recht op dit meerdere.

Afdeling 4
De overgang van de huur bij overdracht van de verhuurde zaken en het eindigen van de huur

Art. 226

1. Overdracht van de zaak waarop de huurovereenkomst betrekking heeft en vestiging of overdracht van een zelfstandig recht van vruchtgebruik, erfpacht of opstal op de zaak waarop de huurovereenkomst betrekking heeft, door de verhuurder doen de rechten en verplichtingen van de verhuurder uit de huurovereenkomst, die daarna opeisbaar worden, overgaan op de verkrijger.

2. Overdracht door een schuldeiser van de verhuurder wordt met overdracht door de verhuurder gelijkgesteld.

3. De verkrijger wordt slechts gebonden door die bedingen van de huurovereenkomst, die onmiddellijk verband houden met het doen hebben van het gebruik van de zaak tegen een door de huurder te betalen tegenprestatie.

4. Bij huur van een gebouwde onroerende zaak of een gedeelte daarvan alsmede van een woonwagen in de zin van artikel 235 en van een standplaats in de zin van artikel 236, kan niet van de voorgaande leden worden afgeweken.

Art. 227

In geval van vestiging of overdracht van een beperkt recht op de verhuurde zaak, dat niet onder artikel 226 lid 1 is begrepen, is de gerechtigde jegens de huurder verplicht zich te onthouden van een uitoefening van dat recht, die het gebruik door de huurder belemmert.

Art. 228

1. Een huur voor bepaalde tijd aangegaan, eindigt, zonder dat daartoe een opzegging vereist is, wanneer die tijd is verstreken.

2. Een huur van onbepaalde tijd aangegaan of voor onbepaalde tijd verlengd eindigt door opzegging. Heeft de huur betrekking op een onroerende zaak die noch woonruimte, noch bedrijfsruimte is, dan dient de opzegging te geschieden tegen een voor huurbetaling overeengekomen dag op een termijn van tenminste een maand.

Art. 229

1. De dood van de huurder of de verhuurder doet de huur niet eindigen.

2. Indien de erfgenamen van de huurder niet bevoegd zijn de zaak aan een ander in gebruik te geven, kunnen zij, onderscheidenlijk zijn echtgenoot of geregistreerde partner in het geval zijn nalatenschap overeenkomstig artikel 13 van Boek 4 wordt verdeeld, gedurende zes maanden na het overlijden van hun erflater de overeenkomst op een termijn van tenminste een maand opzeggen.

3. Indien een huurder twee of meer erfgenamen nalaat, is de verhuurder verplicht zijn medewerking te verlenen aan de toedeling van de rechten en verplichtingen van de overleden huurder uit de huurovereenkomst door de gezamenlijke erfgenamen aan een of meer van hen, tenzij de verhuurder tegen een of meer van de aangewezenen redelijke bezwaren heeft. De eerste zin is niet van toepassing indien de nalatenschap ingevolge artikel 13 van Boek 4 is verdeeld.

Art. 230

Indien na afloop van een huurovereenkomst de huurder met goedvinden van de verhuurder het gebruik van het gehuurde behoudt, wordt daardoor, tenzij van een andere bedoeling blijkt, de overeenkomst, ongeacht de tijd waarvoor zij was aangegaan, voor onbepaalde tijd verlengd.

Art. 230a

1. Heeft de huur betrekking op een gebouwde onroerende zaak of gedeelte daarvan en is die zaak of dat gedeelte noch woonruimte, noch bedrijfsruimte in de zin van deze titel, dan kan de huurder na het einde van de huurovereenkomst de rechter verzoeken de termijn waarbinnen ontruiming moet plaats vinden, te verlengen. Het verzoek moet worden ingediend binnen twee maanden na het tijdstip waartegen schriftelijk ontruiming is aangezegd.

2. Het eerste lid geldt niet in geval de huurder zelf de huur heeft opgezegd, uitdrukkelijk in de beëindiging daarvan heeft toegestemd of veroordeeld is tot ontruiming wegens niet nakoming van zijn verplichtingen.

3. De verhuurder kan niet verlangen dat de huurder voor het einde van de in lid 1 bedoelde termijn tot ontruiming overgaat. De indiening van het verzoek schorst de verplichting om tot ontruiming over te gaan, totdat op het verzoek is beslist.

4. Het verzoek wordt slechts toegewezen indien de belangen van de huurder en van de onderhuurder aan wie bevoegdelijk is onderverhuurd, door de ontruiming ernstiger worden geschaad dan die van de verhuurder bij voortzetting van het gebruik door de huurder. Het verzoek wordt niettemin afgewezen, indien de verhuurder aannemelijk maakt dat van hem wegens onbehoorlijk gebruik van het verhuurde, wegens ernstige overlast, de medegebruikers dan wel hemzelf aangedaan, of wegens wanbetaling niet gevergd kan worden dat de huurder langer het recht op het gebruik van de zaak of gedeelte daarvan behoudt.

Overdracht zaak door verhuurder

Overdracht beperkt recht op verhuurde zaak

Einde van huur voor onbepaalde tijd aangegaan

Rechtsgevolgen dood huurder of verhuurder

Verlenging huurovereenkomst door in gebruik houden van zaak

Verlenging termijn ontruiming van gehuurde onroerende zaak

5. De verlenging kan worden uitgesproken voor een termijn van ten hoogste een jaar na het eindigen van de overeenkomst. Deze termijn kan op verzoek van de huurder nog tweemaal telkens met ten hoogste een jaar worden verlengd. Het verzoek tot verlenging moet uiterlijk een maand voor het verstrijken van de termijn worden ingediend. Lid 3, tweede zin, en lid 4 zijn van toepassing.

6. Zo partijen het niet eens zijn over de som die de huurder gedurende de termijn waarmee de verlenging heeft plaats gevonden, voor het gebruik van de zaak of gedeelte daarvan verplicht is te betalen, stelt rechter deze som vast op een, gezien het huurpeil ter plaatse, redelijk bedrag. Hij kan, zo een der partijen dit verzoekt, te dier zake een voorlopige voorziening treffen. Voor het overige blijven gedurende deze termijn de rechten en verplichtingen uit de huurovereenkomst tussen partijen van kracht.

7. Bij afwijzing van het verzoek stelt de rechter het tijdstip van ontruiming vast. De beschikking geldt als een veroordeling tot ontruiming tegen dat tijdstip.

8. Tegen een beschikking krachtens dit artikel staat geen hogere voorziening open.

9. Van dit artikel kan niet ten nadele van de huurder worden afgeweken.

10. De leden 1–9 zijn niet van toepassing, wanneer de overeenkomst tevens aan de omschrijving voldoet van een overeenkomst als bedoeld in artikel 50a, onderdelen c of f.

Art. 231

Ontbinding huurovereenkomst onroerende zaak

1. Ontbinding van een huurovereenkomst met betrekking tot een gebouwde onroerende zaak alsmede een woonwagen in de zin van artikel 235 en een standplaats in de zin van artikel 236 op de grond dat de huurder tekortgeschoten is in de nakoming van zijn verplichtingen, kan slechts geschieden door de rechter, behoudens in het geval van lid 2 en van artikel 210.

2. De verhuurder kan de overeenkomst op de voet van artikel 267 van Boek 6 ontbinden op de grond dat door gedragingen in het gehuurde de openbare orde is verstoord en het gehuurde deswege op grond van artikel 174a van de Gemeentewet dan wel op grond van een verordening als bedoeld in artikel 174 van die wet is gesloten, door gedragingen in zodanig gebouw in strijd met artikel 2 of 3 van de Opiumwet is gehandeld en het desbetreffende gebouw deswege op grond van artikel 13b van die wet is gesloten, of zodanig gebouw op grond van artikel 17 van de Woningwet is gesloten.

3. Van lid 1 kan niet ten nadele van de huurder worden afgeweken.

Afdeling 5
Huur van woonruimte

Onderafdeling 1
Algemeen

Art. 232

Huur van woonruimte

1. Deze afdeling is uitsluitend van toepassing op huur van woonruimte.

2. Deze afdeling is niet van toepassing op huur welke een gebruik van woonruimte betreft dat naar zijn aard slechts van korte duur is.

Hospitaverhuur

3. De artikelen 206 lid 3, 270, 271 lid 4, 272, 273, 274, 275, 276, 277 en 281 zijn gedurende negen maanden na het ingaan van de overeenkomst niet van toepassing op huur van woonruimte die niet een zelfstandige woning vormt en deel uitmaakt van een woning waarin de verhuurder zijn hoofdverblijf heeft en waarin niet eerder aan dezelfde huurder deze of andere woonruimte is verhuurd geweest.

Art. 233

Woonruimte

Onder woonruimte wordt verstaan een gebouwde onroerende zaak voor zover deze als zelfstandige dan wel niet zelfstandige woning is verhuurd, dan wel een woonwagen of een standplaats, alsmede de onroerende aanhorigheden.

Art. 234

Zelfstandige woning

Onder zelfstandige woning wordt verstaan de woning welke een eigen toegang heeft en welke de bewoner kan bewonen zonder daarbij afhankelijk te zijn van wezenlijke voorzieningen buiten de woning.

Art. 235

Woonwagen

Onder woonwagen wordt verstaan een voor bewoning bestemd gebouw, dat is geplaatst op een standplaats, in zijn geheel of in delen kan worden verplaatst en waarvoor een omgevingsvergunning voor een bouwactiviteit als bedoeld in artikel 2.1, eerste lid, onder a, van de Wet algemene bepalingen omgevingsrecht is verleend.

Art. 236

Standplaats

Onder standplaats wordt verstaan een kavel, bestemd voor het plaatsen van een woonwagen, waarop voorzieningen aanwezig zijn die op het leidingnet van de openbare nutsbedrijven, andere instellingen of van gemeenten kunnen worden aangesloten.

Art. 237

1. In deze afdeling wordt onder prijs verstaan het geheel van de verplichtingen die de huurder tegenover de verhuurder bij of ter zake van huur op zich neemt.

2. Onder huurprijs wordt verstaan de prijs die is verschuldigd voor het enkele gebruik van de woonruimte.

3. In deze afdeling wordt verstaan onder kosten voor nutsvoorzieningen met een individuele meter: de vergoeding in verband met de levering van elektriciteit, gas en water voor het verbruik in het woonruimtegedeelte van het gehuurde op basis van een zich in dat gedeelte bevindende individuele meter. Onder servicekosten wordt verstaan de vergoeding voor de overige zaken en diensten die geleverd worden in verband met de bewoning van de woonruimte. Bij algemene maatregel van bestuur kunnen zaken en diensten worden aangewezen waarvoor de vergoeding moet worden aangemerkt als servicekosten.

4. In deze afdeling wordt onder energierestatievergoeding verstaan de schriftelijk overeengekomen betalingsverplichting die de huurder met betrekking tot de kosten voor een door de verhuurder gegarandeerde energieprestatie van de woonruimte als gevolg van een combinatie van energiebesparende en energieleverende voorzieningen aan de woonruimte moet voldoen.

Art. 238

Onder huurcommissie wordt verstaan de huurcommissie bedoeld in artikel 3a van de Uitvoeringswet huurprijzen woonruimte.

Art. 239

Onder Onze Minister wordt verstaan Onze Minister voor Wonen en Rijksdienst.

Art. 240

Bij algemene maatregel van bestuur kunnen herstellingen worden aangewezen die moeten worden aangemerkt als kleine herstellingen die krachtens artikel 217 voor rekening van de huurder zijn. Van de krachtens het onderhavige artikel vastgestelde bepalingen kan niet ten nadele van de huurder worden afgeweken.

(Zie ook: Bkh)

Art. 241

Bij of krachtens algemene maatregel van bestuur wordt bepaald welke tekortkomingen in elk geval als gebreken worden aangemerkt. Van de krachtens dit artikel vastgestelde bepalingen kan niet ten nadele van de huurder worden afgeweken.

(Zie ook: BHW)

Art. 242

1. Behoudens bij standaardregeling bedoeld in artikel 214 van Boek 6 kan niet ten nadele van de huurder worden afgeweken van de artikelen 204, 206 leden 1 en 2, 207, 208 en 217, tenzij het gaat om herstellingen aan door de huurder aangebrachte veranderingen en toevoegingen of gebreken aan door de huurder aangebrachte veranderingen en toevoegingen.

2. Van de artikelen 216 lid 3, 224 lid 2 en 230 kan niet ten nadele van de huurder worden afgeweken.

Art. 243

1. Indien woonruimte in een gebouwde onroerende zaak voorzieningen behoeft als bedoeld in lid 2, kan de rechter op verzoek van de huurder bepalen dat de verhuurder verplicht is deze verbetering op eigen kosten aan te brengen, mits de huurder zich bereid heeft verklaard tot het betalen van een huurverhoging die in redelijke verhouding staat tot deze kosten. Van deze bepaling kan niet ten nadele van de huurder worden afgeweken.

(Zie ook: art. 40 BW Boek 3)

2. Voorzieningen als bedoeld in lid 1 zijn:

a. het thermisch isoleren van de uitwendige scheidingsconstructies;

b. het thermisch isoleren van de constructie die de scheiding vormt met de kruipruimte;

c. het ten behoeve van de verwarmingsinstallatie plaatsen van een verwarmingsketel met een opwekkingsrendement van ten minste 80%, indien de bestaande verwarmingsketel ten minste tien jaren oud is.

Art. 244

In afwijking van artikel 221 is de huurder van woonruimte niet bevoegd het gehuurde geheel of gedeeltelijk aan een ander in gebruik te geven. De huurder van een zelfstandige woning die in die woning zijn hoofdverblijf heeft, is echter bevoegd een deel daarvan aan een ander in gebruik te geven.

Art. 245

In de Uitvoeringswet huurprijzen woonruimte worden nadere regels gegeven aangaande huurprijzen en andere vergoedingen.

Onderafdeling 2
Huurprijzen en andere vergoedingen

Paragraaf 1
Huurprijzen

Art. 246

Huurprijzen Ter zake van huur gelden de huurprijzen die partijen zijn overeengekomen, voorzover uit deze onderafdeling niet anders voortvloeit.

Art. 247

Werkingssfeer De volgende artikelen van deze onderafdeling zijn, behoudens de artikelen 248 lid 3 en 4, 249, 251, 255a, 259, 261 lid 1, 262 en 264, niet van toepassing op een overeenkomst van huur en verhuur, die betrekking heeft op een zelfstandige woning, ten aanzien waarvan bij de aanvang van de bewoning een huurprijs gold of geldt, die, indien nodig herleid tot een bedrag per jaar, hoger is dan het krachtens artikel 3 lid 2 van de Uitvoeringswet huurprijzen woonruimte vastgesteld bedrag, indien
a. die overeenkomst op of na 1 juli 1994 is totstandgekomen, dan wel,
b. die overeenkomst betrekking heeft op een woning die is totstandgekomen op of na 1 juli 1989.

Art. 248

Verhoging van huurprijs **1.** De huurprijs kan worden verhoogd hetzij op grond van een beding in de huurovereenkomst dat in deze wijziging voorziet, hetzij indien een dergelijk beding niet van kracht is, op de wijze als voorgeschreven in de artikelen 252, 252a, 252c en 253. Gedurende het bestaan van een dergelijk beding is toepassing van de artikelen 252, 252a, 252c en 253 uitgesloten. Indien een dergelijk beding niet meer van kracht is, kan vanaf een tijdvak van twaalf maanden na het tijdstip waarop laatstelijk toepassing is gegeven aan het beding, aan de hiervoor genoemde artikelen toepassing worden gegeven.

2. Leidt toepassing van een beding als bedoeld in lid 1 tot een verhoging van de huurprijs die hoger is dan toegelaten bij of krachtens artikel 10 lid 2 of artikel 10a van de Uitvoeringswet huurprijzen woonruimte, dan is het beding nietig voor zover dat beding leidt tot een hogere dan toegelaten verhoging en geldt de huurprijs als verhoogd met de toegelaten verhoging.

3. Leidt toepassing van een beding in een huurovereenkomst als bedoeld in artikel 247 tot een verhoging van de huurprijs die hoger is dan toegelaten bij of krachtens artikel 10 lid 3 of artikel 10a lid 2 van de Uitvoeringswet huurprijzen woonruimte bepaalde maximale huurverhogingspercentage, dan is het beding nietig voor zover dat beding leidt tot een hogere dan toegelaten verhoging en geldt de huurprijs als verhoogd met de toegelaten verhoging.

4. De huurder kan binnen vier maanden na de ingangsdatum van de verhoging van de huurprijs overeenkomstig een beding als bedoeld in het derde lid, de huurcommissie verzoeken uitspraak te doen over de verhoging. De huurcommissie stelt de verhuurder in kennis van het verzoek van de huurder.

Art. 249

Uitspraak huurcommissie over redelijkheid van huurprijs **1.** De huurder kan tot uiterlijk zes maanden na het tijdstip waarop een door hem met betrekking tot de woonruimte voor de eerste maal aangegane huurovereenkomst is ingegaan, de huurcommissie verzoeken uitspraak te doen over de redelijkheid van de overeengekomen huurprijs.

2. In afwijking van lid 1 kan de huurder tot uiterlijk zes maanden na afloop van een door hem met betrekking tot de woonruimte voor de eerste maal aangegane huurovereenkomst voor de duur van twee jaar of korter als bedoeld in artikel 271 lid 1, tweede volzin, de huurcommissie verzoeken uitspraak te doen over de redelijkheid van de overeengekomen huurprijs.

Art. 250

Wijze van verhoging/verlaging van huurprijs **1.** De huurprijs kan op verzoek van de verhuurder worden verhoogd op de wijze voorgeschreven in de artikelen 252, 252a, 252c en 253:
a. gedurende het eerste tijdvak van twaalf maanden na de dag van ingang van de huur ten hoogste eenmaal, en
b. telkens tegen het einde van elkaar opvolgende tijdvakken van twaalf maanden na hetzij het ingaan van de onder a bedoelde verhoging, hetzij bij gebreke van zodanige verhoging de dag van ingang van de huur.

2. Een verhoging van de huurprijs krachtens lid 1 is niet mogelijk, zolang er tussen huurder en verhuurder geen overeenstemming is dat de, bij toepassing van de artikelen 12 en 16 van de Uitvoeringswet huurprijzen woonruimte, geconstateerde gebreken ten aanzien van de woonruimte zijn opgeheven.

3. In afwijking van lid 1 kan de huurprijs worden verhoogd tegen het einde van een tijdvak dat even zoveel korter dan twaalf maanden is als het daaraan voorafgaande tijdvak langer dan twaalf maanden is geweest. Het eerste lid onder a en b is voorts niet van toepassing in het geval van artikel 252c onder b.

B7 art. 252a

4. De huurprijs kan op verzoek van de huurder worden verlaagd op de wijze voorgeschreven in de artikelen 252, 252b en 254.

Art. 251

Bepalingen in huurovereenkomsten die tot gevolg hebben dat de huurprijs in enig tijdvak van twaalf maanden meer dan eenmaal wordt verhoogd, zijn nietig, tenzij het gaat om het geval van artikel 255 of van artikel 10a van de Uitvoeringswet huurprijzen woonruimte.

Dwingend recht

Art. 252

1. Een voorstel tot wijziging van de huurprijs moet tenminste twee maanden voor de voorgestelde dag van ingang van de wijziging schriftelijk worden gedaan.

Voorstel tot wijziging van huurprijs

2. Het in lid 1 bedoelde voorstel dient te vermelden:
a. de geldende huurprijs;
b. het percentage of het bedrag van de wijziging van de huurprijs;
c. de voorgestelde huurprijs;
d. de voorgestelde dag van ingang van de voorgestelde huurprijs;
e. de wijze waarop en het tijdvak waarbinnen de huurder, wanneer hij bezwaren heeft tegen het voorstel, daarvan kan doen blijken, en de gevolgen die deze onderafdeling verbindt aan het niet doen blijken van bezwaren.

3. Voor het doen van een voorstel tot verlaging van de huurprijs dient een waardering van de kwaliteit van de woonruimte als bedoeld in artikel 10 lid 1 van de Uitvoeringswet huurprijzen woonruimte te worden verstrekt.

4. Indien een overeenkomst tot wijziging van de huurprijs tot stand komt naar aanleiding van een voorstel daartoe, dat niet voldoet aan lid 1 en lid 2 aanhef en onder b, d of e dan wel aan het in lid 3 bepaalde, blijft de voordien geldende huurprijs verschuldigd, tenzij blijkt dat degene tot wie het voorstel was gericht niet door het verzuim is benadeeld.

(Zie ook: art. III UwHW)

Art. 252a

1. Een verhuurder kan ten aanzien van woonruimte die een zelfstandige woning vormt een voorstel als bedoeld in artikel 252 doen, strekkend tot verhoging van de huurprijs op de grond dat het huishoudinkomen over het inkomenstoetsjaar hoger is dan het in artikel 10 lid 2 van de Uitvoeringswet huurprijzen woonruimte bedoelde bedrag. De eerste volzin is niet van toepassing ten aanzien van een huishouden waarvan een lid of meerdere leden de pensioengerechtigde leeftijd, bedoeld in artikel 7a lid 1 van de Algemene Ouderdomswet, heeft of hebben bereikt of een huishouden van 4 of meer personen.

Voorstel tot verhoging van huurprijs

2. In dit artikel wordt verstaan onder:

Begripsbepalingen

a. *basisregistratie inkomen:* basisregistratie inkomen als bedoeld in hoofdstuk IVA van de Algemene wet inzake rijksbelastingen;
b. *huishoudinkomen:* het gezamenlijke bedrag van de inkomensgegevens, bedoeld in artikel 21 onderdeel e van de Algemene wet inzake rijksbelastingen, van de huurder en de overige bewoners van een woonruimte in het inkomenstoetsjaar, met dien verstande dat van een overige bewoner die op 1 januari van het jaar waarin de voorgestelde dag van ingang van de voorgestelde huurprijs is gelegen de leeftijd van 23 jaar nog niet heeft bereikt het bedrag van het inkomensgegeven slechts in aanmerking wordt genomen voor zover dat meer bedraagt dan de uitkomst van 108% van het twaalfvoud van het bedrag per maand, bedoeld in artikel 8 lid 1 onderdeel a van de Wet minimumloon en minimumvakantiebijslag, als geldend op 1 januari van het inkomenstoetsjaar;
c. *huishoudverklaring:* een door de inspecteur op verzoek van de verhuurder aan deze afgegeven verklaring;
d. *inkomenstoetsjaar:* tweede kalenderjaar dat voorafgaat aan het kalenderjaar waarin ten aanzien van een huurovereenkomst een huishoudverklaring is verstrekt;
e. *inspecteur:* functionaris van de rijksbelastingdienst die als zodanig bij regeling van Onze Minister van Financiën is aangewezen;
f. *peiljaar:* het kalenderjaar dat voorafgaat aan het kalenderjaar waarin de voorgestelde dag van ingang van de voorgestelde huurprijs is gelegen.

3. Indien een voorstel als bedoeld in lid 1 wordt gedaan, wordt bij het voorstel een huishoudverklaring gevoegd.

4. De inspecteur verstrekt desgevraagd aan de verhuurder een huishoudverklaring. In de verklaring wordt vermeld of op de door de verhuurder aangeduide plaats van de woonruimte op basis van gegevens uit de basisregistratie inkomen op het moment van behandeling van het verzoek van de verhuurder aan de inspecteur, te verwachten is dat van degene of degenen die daar volgens de registratie van de rijksbelastingdienst woont of wonen het huishoudinkomen over het inkomenstoetsjaar lager is dan of gelijk is aan het in artikel 10 lid 2 van de Uitvoeringswet huurprijzen woonruimte genoemde bedrag, dan wel hoger is dan dat bedrag. De verklaring vermeldt voorts, indien dat huishoudinkomen hoger is dan het in artikel 10 lid 2 van de Uitvoeringswet huurprijzen woonruimte genoemde bedrag, het aantal personen waarop dat huishoud-

B7 art. 252b — Burgerlijk Wetboek Boek 7

inkomen is gebaseerd. Indien geen inkomensgegeven in de basisregistratie inkomen beschikbaar is, vermeldt de verklaring dat dat het geval is.

Indien in de door de verhuurder aangeduide woonruimte volgens de registratie van de rijksbelastingdienst een huishouden waarvan een lid of meerdere leden de pensioengerechtigde leeftijd, bedoeld in artikel 7a lid 1 van de Algemene Ouderdomswet, heeft of hebben bereikt of een huishouden van 4 of meer personen woont, vermeldt de huishoudverklaring dit. De tweede, derde en vierde volzin blijven in dat geval buiten toepassing.

Bij regeling van Onze Minister van Financiën worden nadere regels gesteld ter uitvoering van dit lid. Daarbij worden in ieder geval regels gesteld omtrent het kunnen doen van een verzoek tot het verstrekken van een huishoudverklaring, het verzoek zelf, de verstrekking van de huishoudverklaring, alsmede ten aanzien van de verhuurder.

5. Indien een huurovereenkomst tot wijziging van de huurprijs tot stand komt naar aanleiding van een voorstel daartoe, dat niet voldoet aan lid 3 is de verhoging van de huurprijs op basis van een voorstel als bedoeld in lid 1 niet mogelijk, tenzij blijkt dat de huurder niet door het verzuim is benadeeld.

6. Een overeenkomst tot wijziging van de huurprijs als gevolg van een voorstel als bedoeld lid 1 komt niet tot stand indien de huurder kan aantonen:

a. dat hij of een ander lid van het huishouden deel uitmaakt van een bij regeling van Onze Minister te bepalen groep;

b. dat het huishoudinkomen in het peiljaar gelijk is aan of lager is dan het in artikel 10 lid 2 van de Uitvoeringswet huurprijzen woonruimte bedoelde bedrag;

c. dat hij of een ander lid van het huishouden de pensioengerechtigde leeftijd, bedoeld in artikel 7a lid 1 van de Algemene Ouderdomswet, heeft bereikt, of

d. dat hij deel uitmaakt van een huishouden van 4 of meer personen.

Art. 252b

Voorstel tot verlaging van huurprijs

1. Onverminderd het bepaalde in artikel 252a lid 6 kan een huurder ten aanzien van woonruimte die een zelfstandige woning vormt en ten aanzien waarvan een verhoging van de huurprijs op basis van artikel 252a lid 1 heeft plaatsgevonden, een voorstel als bedoeld in artikel 252 doen, strekkend tot verlaging van de huurprijs op de grond dat het huishoudinkomen, bedoeld in artikel 252a lid 2 onderdeel b, waarop een zodanige verhoging is gebaseerd, in het peiljaar is gedaald en daarmee:

$1°.$ gelijk is aan of lager is dan het in artikel 14 lid 1 van de Wet op de huurtoeslag betrokken genoemde bedrag, of

$2°.$ gelijk is aan of lager is dan het in artikel 10 lid 2 van de Uitvoeringswet huurprijzen woonruimte bedoelde bedrag.

2. Indien een voorstel als bedoeld in lid 1 wordt gedaan, verstrekt de huurder gegevens met betrekking tot de betrokken huishoudinkomens. Bij regeling van Onze Minister wordt bepaald welke gegevens de huurder verstrekt.

3. Indien een overeenkomst tot wijziging van de huurprijs tot stand komt naar aanleiding van een voorstel daartoe, dat niet voldoet aan lid 2, is de verlaging van de huurprijs op basis van een voorstel als bedoeld in lid 1 niet mogelijk, tenzij blijkt dat de verhuurder niet door het verzuim is benadeeld.

Art. 252c

Voorstel verhuurder tot verhoging huurprijs, gronden

Een verhuurder kan ten aanzien van woonruimte die een zelfstandige woning vormt een voorstel als bedoeld in artikel 252 doen, strekkend tot verhoging van de huurprijs op de grond dat:

a. bij de aanvang van de bewoning is overeengekomen om gedurende ten hoogste drie jaar na die aanvang de verschuldigde huurprijs stapsgewijs naar de bij die aanvang overeengekomen huurprijs te brengen, die niet hoger is dan het ten tijde van die aanvang krachtens artikel 3 lid 2 van de Uitvoeringswet huurprijzen woonruimte vastgestelde bedrag;

b. niet eerder dan drie jaar voor de voorgestelde huurverhogingsdatum de huurprijs op schriftelijk verzoek van de huurder niet is verhoogd respectievelijk is verlaagd anders dan overeenkomstig artikel 252, 252b of 257.

Art. 253

Instemming huurder met voorstel tot wijziging van huurprijs

1. Indien de huurder voor het tijdstip waarop de verhoging van de huurprijs blijkens het voorstel had moeten ingaan, schriftelijk verklaart met het voorstel van de verhuurder niet in te stemmen, kan de verhuurder tot zes weken na dat tijdstip onder overlegging van een afschrift van dat voorstel en van voornoemde verklaring van de huurder de huurcommissie verzoeken uitspraak te doen over de redelijkheid van het voorstel. Indien de verhuurder een voorstel als bedoeld in artikel 252a lid 1 heeft gedaan, en de verklaring, bedoeld in de eerste volzin, betrekking heeft op het huishoudinkomen over het inkomenstoetsjaar, verzoekt de verhuurder aan de inspecteur om een vervolgverklaring. Artikel 252a lid 4 is op de vervolgverklaring van overeenkomstige toepassing. De vervolgverklaring wordt door de verhuurder bij een verzoek als bedoeld in de eerste volzin overgelegd. Indien de verhuurder een voorstel als bedoeld in artikel 252a lid 1 heeft gedaan en de huurder zich beroept op een van de gevallen, genoemd in artikel 252a lid 6, verstrekt de huurder, indien dat deel uitmaken van een groep, bedoeld in onderdeel a van laatstgenoemd artikellid, dat bereiken van de pensioengerechtigde leeftijd, bedoeld in onderdeel c van laatstgenoemd artikellid, dat deel uitmaken van een huishouden van 4 of meer personen, bedoeld in onderdeel d van laatstgenoemd artikellid, of het huishoudinkomen voorwerp van geschil is, bij de verklaring, bedoeld in de eerste volzin, gegevens met betrekking tot dat deel uitmaken, dat bereiken of dat huishoudinkomen. Bij regeling van Onze Minister wordt bepaald welke gegevens de huurder verstrekt.

2. De huurder kan de huurcommissie binnen vier maanden na het in lid 1 eerste volzin bedoelde tijdstip verzoeken uitspraak te doen over de redelijkheid van het voorstel, indien:

a. hij noch vóór het in lid 1 eerste volzin bedoelde tijdstip de daar bedoelde schriftelijke verklaring doet, noch door het betalen van de voorgestelde huurverhoging doet blijken met die verhoging in te stemmen, en

b. de verhuurder hem binnen drie maanden na het in lid 1 eerste volzin bedoelde tijdstip bij aangetekend schrijven nogmaals van het voorstel in kennis heeft gesteld, waarbij een afschrift van het voorstel is gevoegd, en hij met het voorstel tot huurverhoging niet instemt.

De huurder legt bij dit verzoek een afschrift van het voorstel en van dat schrijven en, indien de verhuurder een voorstel als bedoeld in artikel 252a lid 1 heeft gedaan en het deel uitmaken van een groep, dat bereiken van de pensioengerechtigde leeftijd of dat deel uitmaken van een huishouden van 4 of meer personen, bedoeld in artikel 252a lid 6 onderdeel a, onderdeel c onderscheidenlijk onderdeel d, of het huishoudinkomen voorwerp van geschil is, gegevens met betrekking tot dat deel uitmaken, dat bereiken of dat huishoudinkomen over. Lid 1 vijfde volzin is van overeenkomstige toepassing.

3. De huurder wordt geacht de voorgestelde verhoging van de huurprijs met ingang van de in het voorstel genoemde datum van ingang met de verhuurder te zijn overeengekomen indien hij, na ontvangst van het in het tweede lid bedoelde schrijven, niet binnen vier maanden na die datum van ingang een verzoek tot de huurcommissie heeft gericht.

4. Indien de huurder het in het tweede lid bedoelde verzoek doet, stelt de huurcommissie de verhuurder daarvan onverwijld in kennis.

5. Indien de verhuurder een voorstel als bedoeld in artikel 252 lid 1 aanhef of artikel 252a lid 1 bij aangetekend schrijven heeft gedaan, kan hij, indien voldaan is aan lid 2 onder a, binnen zes weken na het in lid 1 eerste volzin bedoelde tijdstip de huurcommissie verzoeken uitspraak te doen over de redelijkheid van het voorstel. De verhuurder legt bij dit verzoek een afschrift over van het voorstel en een bewijs van aangetekende verzending.

(Zie ook: art. III UwHW)

Art. 254

Indien de verhuurder met een voorstel van de huurder tot verlaging van de huurprijs niet instemt, kan de huurder tot uiterlijk zes weken na het tijdstip waarop de verlaging blijkens het voorstel had moeten ingaan, de huurcommissie verzoeken uitspraak te doen over de redelijkheid van het voorstel.

Instemming verhuurder met voorstel huurder tot verlaging van huurprijs

Art. 255

1. De huurprijs van woonruimte waarin of waaraan gedurende de huurtijd door of vanwege de verhuurder:

a. voorzieningen zijn aangebracht die verband houden met een maatregel die gericht is op het opheffen of verminderen van beperkingen die een gehandicapte, bij het normale gebruik van zijn woonruimte ondervindt, in de kosten waarvan ingevolge enige wettelijke regeling een financiële tegemoetkoming is verleend, of

b. veranderingen of toevoegingen, waaronder niet wordt verstaan het verhelpen van gebreken als bedoeld in artikel 204, zijn aangebracht, waardoor het woongerief geacht kan worden te zijn gestegen en die niet ingrepen zijn als bedoeld onder a,

is de huurprijs, vermeerderd met een bedrag dat in redelijke verhouding staat tot de door de verhuurder gemaakte kosten van deze ingrepen, veranderingen of toevoegingen met dien verstande dat de nieuwe huurprijs niet hoger mag zijn dan die welke bij toepassing van de regels bedoeld in artikel 10 lid 1 van de Uitvoeringswet huurprijzen woonruimte als redelijk is aan te merken.

2. Indien partijen geen overeenstemming hebben kunnen bereiken over het bedrag van de verhoging, kan ieder van hen binnen drie maanden na de totstandkoming van de ingrepen, veranderingen of toevoegingen de huurcommissie verzoeken daarover een uitspraak te doen.

3. Onder gehandicapte in het eerste lid wordt verstaan een persoon die ten gevolge van ziekte of gebrek aantoonbare beperkingen ondervindt.

Vermeerdering met kosten van veranderingen van huurprijs

Art. 255a

1. Dit artikel is uitsluitend van toepassing op huurovereenkomsten als bedoeld in artikel 247.

Huurprijs, verhoging i.v.m. door verhuurder aangebrachte voorzieningen

2. De huurprijs van woonruimte waarin of waaraan gedurende de huurtijd door of vanwege de verhuurder voorzieningen als bedoeld in artikel 255 lid 1 onder a of veranderingen of toevoegingen als bedoeld in artikel 255 lid 1 onder b zijn aangebracht, is de huurprijs, vermeerderd met een bedrag dat in redelijke verhouding staat tot de door de verhuurder gemaakte kosten van deze ingrepen, veranderingen of toevoegingen. Artikel 255 lid 3 is van overeenkomstige toepassing.

Verzoek tot uitspraak m.b.t verhoging huurprijs

3. Indien partijen geen overeenstemming hebben kunnen bereiken over het bedrag van de verhoging, kan ieder van hen binnen drie maanden na de totstandkoming van de ingrepen, veranderingen of toevoegingen de huurcommissie verzoeken daarover een uitspraak te doen.

Art. 256

[Vervallen]

Art. 257

Vordering huurder tot vermindering van huurprijs

1. Voor de vordering van de huurder tot vermindering van de huurprijs op grond van artikel 207 lid 1 in verbinding met artikel 242 geldt een met inachtneming van de volgende leden toe te passen vervaltermijn van zes maanden na de aanvang van de dag volgend op die waarop de huurder van het gebrek kennis heeft gegeven aan de verhuurder.

2. Is de vordering van de huurder gegrond op een tekortkoming die krachtens artikel 241 als een gebrek heeft te gelden, dan kan de huurder, in plaats van zijn vordering binnen de in lid 1 bedoelde termijn bij de rechter in te stellen, binnen zes maanden na de aanvang van de dag volgend op die waarop de huurder van het gebrek heeft kennis gegeven aan de verhuurder, de huurcommissie verzoeken over de vermindering uitspraak te doen overeenkomstig de in artikel 16 lid 2 van de Uitvoeringswet huurprijzen woonruimte bedoelde algemene maatregel van bestuur. De huurder kan eerst een verzoek tot de huurcommissie richten, indien de verhuurder niet binnen zes weken na de aanvang van de dag volgend op die waarop de huurder van het gebrek kennis heeft gegeven aan de verhuurder, het gebrek heeft verholpen.

3. Na het verstrijken van de in de voorgaande leden bedoelde termijn van zes maanden kan, voor wat het verleden betreft, geen huurvermindering worden verlangd over een langere periode dan zes maanden, voorafgaande aan het instellen van de vordering of het indienen van het verzoek.

Paragraaf 2 Andere vergoedingen

Art. 258

Servicekosten bij huur

1. Indien de huurovereenkomst meer omvat dan het enkele gebruik van de woonruimte en bij die overeenkomst slechts de hoogte van de prijs en niet die van de huurprijs is vastgesteld, kan de huurder aan de verhuurder een voorstel doen tot vaststelling van de huurprijs en het voorschot van de kosten voor nutsvoorzieningen met een individuele meter en de servicekosten.

2. Een voorstel als bedoeld in lid 1 moet ten minste twee maanden voor de voorgestelde dag van ingang van de huurprijs en het voorschot van de kosten voor nutsvoorzieningen met een individuele meter en de servicekosten schriftelijk worden gedaan en dient te vermelden:

a. de geldende prijs;

b. de voorgestelde huurprijs;

c. het voorgestelde voorschot van kosten voor de nutsvoorzieningen met een individuele meter en de servicekosten, en

d. de voorgestelde dag van ingang van de huurprijs en het voorschot van de kosten voor nutsvoorzieningen met een individuele meter en de servicekosten.

3. Indien de verhuurder niet instemt met een voorstel als bedoeld in lid 1, kan de huurder tot uiterlijk zes weken na het tijdstip waarop dit voorstel had moeten ingaan, de huurcommissie verzoeken uitspraak te doen over de redelijkheid van het voorstel. De huurcommissie stelt de huurprijs vast en, voor zover nodig, het voorschot van de kosten voor nutsvoorzieningen met een individuele meter en de servicekosten.

4. Indien een overeenkomst tot vaststelling van de huurprijs tot stand komt naar aanleiding van een voorstel daartoe, dat niet voldoet aan lid 1 en lid 2, aanhef en onder b, c of d, blijft de voordien geldende prijs verschuldigd, tenzij blijkt dat de verhuurder niet door het verzuim is benadeeld.

Art. 259

Servicekosten bij huur, nadere regels m.b.t.

1. De betalingsverplichting van de huurder met betrekking tot kosten voor de nutsvoorzieningen met een individuele meter en de servicekosten beloopt het bedrag dat door de huurder en verhuurder is overeengekomen. Bij gebreke van overeenstemming beloopt de betalingsverplichting met betrekking tot kosten voor de nutsvoorzieningen met een individuele meter het bedrag dat in overeenstemming is met de voor de berekening daarvan geldende wettelijke voorschriften of met hetgeen als een redelijke vergoeding voor de geleverde zaken en diensten kan worden beschouwd, en met betrekking tot servicekosten het bedrag dat bij ministeriële regeling is vastgesteld.

2. De verhuurder verstrekt de huurder elk jaar, uiterlijk zes maanden na het verstrijken van een kalenderjaar, een naar de soort uitgesplitst overzicht van de in dat kalenderjaar in rekening gebrachte kosten voor nutsvoorzieningen met een individuele meter en servicekosten, met vermelding van de wijze van berekening daarvan. Indien aan de verhuurder kosten in rekening worden gebracht die niet een kalenderjaar betreffen, maar een andere periode van twaalf maanden, die een boekjaar vormt en in het verstreken kalenderjaar eindigt, neemt de verhuurder de kosten over die andere periode in het overzicht van dat verstreken kalenderjaar op.

3. Bij beëindiging van de huurovereenkomst heeft het overzicht als in lid 2 bedoeld betrekking op het tijdvak van het kalenderjaar dat op het tijdstip van de beëindiging reeds is verstreken.

4. De verhuurder biedt de huurder desverzocht de gelegenheid, na verstrekking van het overzicht bedoeld in lid 2, tot inzage van de aan het overzicht ten grondslag liggende boeken en andere bescheiden of van afschriften daarvan.

Art. 260

1. Indien de huurder en verhuurder geen overeenstemming hebben kunnen bereiken over een betalingsverplichting van de huurder met betrekking tot kosten voor nutsvoorzieningen met een individuele meter en servicekosten, kan de huurder of verhuurder de huurcommissie verzoeken uitspraak daarover te doen.

Overeenstemming over servicekosten bij huur

2. Het verzoek heeft betrekking op niet meer dan één tijdvak van ten hoogste twaalf maanden voor elke kostensoort waarop het verzoek betrekking heeft. Het verzoek kan worden gedaan tot uiterlijk vierentwintig maanden nadat de in artikel 259 lid 2 genoemde termijn voor het verstrekken van het overzicht door de verhuurder is verstreken.

3. Bij het verzoek neemt de verhuurder de betalingsverplichting van de huurder met betrekking tot de servicekosten op in een bij ministeriële regeling vastgesteld formulier.

Art. 261

1. Het voorschotbedrag dat de huurder krachtens overeenkomst of rechterlijke uitspraak ter zake van de kosten voor nutsvoorzieningen met een individuele meter verschuldigd is, mag, tenzij na het ingaan van de huur anders is overeengekomen, slechts worden verhoogd:

Verhoging/verlaging voorschotbedrag servicekosten bij huur

a. met ingang van de dag, volgend op het einde van de betalings-termijn waarin de overeengekomen uitbreiding van de levering van zaken of diensten heeft plaatsgevonden dan wel met ingang van de betalingstermijn met ingang waarvan de uitbreiding heeft plaats gevonden;

b. met ingang van de dag, volgende op de betalingstermijn, waarin het laatste overzicht, bedoeld in artikel 259, aan de huurder is verstrekt met dien verstande dat elk overzicht slechts eenmaal tot een verhoging mag leiden.

2. De huurder is gebonden aan een wijziging van de levering van zaken of diensten en het daarbij behorende gewijzigde voorschotbedrag, indien de wijziging betrekking heeft op zaken of diensten die slechts aan een aantal huurders gezamenlijk geleverd kunnen worden, en tenminste 70% van die huurders daarmee heeft ingestemd. Een huurder die niet met de wijziging heeft ingestemd, kan binnen acht weken na de schriftelijke kennisgeving van de verhuurder dat overeenstemming is bereikt met tenminste 70% van de huurders, een beslissing van de rechter vorderen omtrent de redelijkheid van het voorstel.

3. Indien het door de huurder verschuldigde voorschotbedrag aanzienlijk hoger is dan de te verwachten kosten voor nutsvoorzieningen met een individuele meter, kan de huurcommissie op verzoek van de huurder het voorschotbedrag verlagen tot een bedrag dat in redelijke verhouding staat tot die kosten.

Art. 261a

1. Indien een energieprestatievergoeding is overeengekomen, kan de huurder de huurcommissie verzoeken deze te toetsen aan de krachtens artikel 19bis van de Uitvoeringswet huurprijzen woonruimte gegeven regels.

Toetsing energieprestatievergoeding door huurcommissie

2. De artikelen 259, tweede lid, en 260, tweede lid, zijn van overeenkomstige toepassing.

Paragraaf 3 Slotbepalingen

Art. 262

1. Wanneer de huurcommissie op een verzoek van de huurder of verhuurder als bedoeld in de paragrafen 1 en 2 uitspraak heeft gedaan, worden zij geacht te zijn overeengekomen wat in die uitspraak is vastgesteld, tenzij een van hen binnen acht weken nadat aan hen afschrift van die uitspraak is verzonden, een beslissing van de rechter heeft gevorderd over het punt waarover de huurcommissie om een uitspraak was verzocht.

Uitspraak huurcommissie bij huur

2. Tegen een beslissing krachtens dit artikel is geen hogere voorziening toegelaten.

Art. 263

Een wijziging van de huurprijs, vastgesteld in een uitspraak van de huurcommissie of van de rechter, mag in rekening worden gebracht met ingang van de in het voorstel tot wijziging voorgestelde dag dan wel indien de huurprijs is vastgesteld zonder dat daartoe een voorstel is gedaan, de dag waarop vaststelling is verzocht aan de huurcommissie of vaststelling is gevorderd bij de rechter. Zo in de uitspraak een latere dag van ingang wordt vastgesteld, geldt die wijziging met ingang van die latere dag.

Ingang wijziging huurprijs door huurcommissie/rechter bij huur

B7 art. 264

Art. 264

Dwingend recht

1. Elk in verband met de totstandkoming van een huurovereenkomst betreffende woonruimte gemaakt beding, niet de huurprijs betreffende, voorzover daarbij ten behoeve van een der partijen een niet redelijk voordeel wordt overeengekomen, is nietig.

2. Elk in verband met de totstandkoming van een zodanige huurovereenkomst gemaakt beding, voorzover daarbij door of tegenover een derde enig niet redelijk voordeel wordt overeengekomen, is nietig.

Art. 265

Dwingend recht

Van de bepalingen van deze onderafdeling kan niet worden afgeweken, tenzij uit die bepalingen anders voortvloeit.

Onderafdeling 3
Medehuur en voortzetting van de huur

Art. 266

Medehuur door echtgenoot/geregistreerde partner bij huur

1. De echtgenoot of geregistreerde partner van een huurder is van rechtswege medehuurder, zolang de woonruimte de echtgenoot of geregistreerde partner tot hoofdverblijf strekt, ongeacht of de huurovereenkomst voor dan wel na het aangaan van het huwelijk of van het geregistreerde partnerschap is gesloten.

2. Voor de verplichtingen uit de huurovereenkomst, behalve voor zover deze reeds opeisbaar waren voordat de echtgenoot of geregistreerde partner medehuurder werd, zijn de huurder en de medehuurder jegens de verhuurder hoofdelijk aansprakelijk.

3. Indien de huurovereenkomst ten aanzien van de huurder eindigt, wordt de medehuurder huurder.

4. Indien de in lid 1 bedoelde echtgenoot of geregistreerde partner hetzij ingevolge een beschikking als bedoeld in artikel 826, lid 1 onder a, van het Wetboek van Burgerlijke Rechtsvordering, hetzij ingevolge onderlinge overeenstemming in verband met een verzoek tot echtscheiding of scheiding van tafel en bed, dan wel ingevolge beëindiging van geregistreerd partnerschap niet het gebruik heeft van de echtelijke woning, brengt dit voor de toepassing van dit artikel geen verandering in het hoofdverblijf.

5. In geval van echtscheiding of scheiding van tafel en bed of beëindiging van geregistreerd partnerschap kan de rechter op verzoek van een echtgenoot of geregistreerde partner bepalen wie van de echtgenoten of geregistreerde partners huurder van de woonruimte zal zijn. De rechter bepaalt tevens de dag van ingang van de huur met deze echtgenoot of partner. Op dezelfde dag eindigt de huur met de andere echtgenoot of partner.

Art. 267

Medehuur door andere persoon bij huur

1. Indien op het gezamenlijk verzoek van een huurder en van een andere persoon die in de woonruimte zijn hoofdverblijf heeft en met de huurder een duurzame gemeenschappelijke huishouding heeft, alsmede van een medehuurder wanneer die er is, de verhuurder niet binnen drie maanden schriftelijk heeft verklaard er mede in te stemmen dat die andere persoon medehuurder zal zijn, kunnen de huurder en die andere persoon, alsmede een medehuurder wanneer die er is, gezamenlijk verzoeken dat de rechter zal bepalen dat deze persoon met ingang van een in het vonnis te bepalen tijdstip medehuurder zal zijn.

2. Nadat een verzoek aan de verhuurder als bedoeld in lid 1 is gedaan, kan een vordering tot ontbinding van de huur op de grond dat de huurder in strijd met hetgeen overeengekomen is, met een ander in de woonruimte een gemeenschappelijke huishouding heeft, niet meer worden toegewezen. Deze grond levert alsdan evenmin een grond voor opzegging van de huurovereenkomst op.

3. De rechter wijst de vordering bedoeld in lid 1 slechts af:
a. indien de persoon bedoeld in lid 1 niet gedurende tenminste twee jaren in de woonruimte zijn hoofdverblijf heeft en met de huurder een duurzame gemeenschappelijke huishouding heeft;
b. indien, mede gelet op hetgeen is komen vast te staan omtrent de gemeenschappelijke huishouding en de tijdsduur daarvan, de vordering kennelijk slechts de strekking heeft de persoon bedoeld in lid 1 op korte termijn de positie van huurder te verschaffen;
c. indien de persoon bedoeld in lid 1 vanuit financieel oogpunt onvoldoende waarborg biedt voor een behoorlijke nakoming van de huur.

4. Voor de verplichtingen uit de huur zijn de persoon die de huur heeft aangegaan en ieder van de personen die op grond van dit artikel medehuurder of huurder is, hoofdelijk jegens de verhuurder aansprakelijk, met dien verstande dat een medehuurder niet aansprakelijk is voor verplichtingen die reeds opeisbaar waren voordat hij medehuurder werd.

5. De bepalingen omtrent het eindigen van de huur zijn op de personen bedoeld in lid 4 afzonderlijk van toepassing met dien verstande dat een persoon de hoedanigheid van medehuurder in ieder geval verliest, indien hij zijn hoofdverblijf niet langer in de woonruimte heeft. Indien de huur ten aanzien van de huurder eindigt, wordt de medehuurder huurder.

6. Is ten aanzien van de woonruimte hoofdstuk 2 van de Huisvestingswet 2014 van toepassing, dan zet de medehuurder in afwijking van lid 5 de huur slechts voort, indien de rechter dit heeft bepaald op een daartoe door die persoon binnen acht weken na het tijdstip waarop hij huurder is geworden, ingestelde vordering en in elk geval zolang op deze vordering nog niet onherroepelijk is beslist. De rechter wijst de vordering slechts af, indien de eiser niet een voor hem geldende huisvestingsvergunning als bedoeld in artikel 8 van die wet overlegt.

7. Ieder van de personen bedoeld in lid 4 kan vorderen dat de rechter zal bepalen dat een of meer van deze personen de huur met ingang van een in het vonnis te bepalen tijdstip niet langer zullen voortzetten. De rechter wijst de vordering slechts toe, indien dit naar billijkheid, met inachtneming van de omstandigheden van het geval, geboden is, met dien verstande dat hij de vordering in ieder geval toewijst, indien de eiser aantoont dat de persoon waarop de vordering betrekking heeft, zijn positie van medehuurder heeft verkregen op grond van een niet mede door de eiser aan de verhuurder gedaan verzoek of van een door hem ingestelde vordering bedoeld in lid 1.

Art. 268

1. Bij overlijden van de huurder zet de medehuurder de huur als huurder voort. Hij kan de huur binnen zes maanden na het overlijden bij exploot of aangetekende brief opzeggen met ingang van de eerste dag van de tweede maand na de opzegging.

Medehuurder wordt huurder na dood huurder

2. De persoon die niet op grond van lid 1 huurder wordt, doch wel in de woonruimte zijn *hoofdverblijf* heeft en met de overleden huurder een duurzame gemeenschappelijk huishouding heeft gehad, zet de huur voort gedurende zes maanden na het overlijden van de huurder; de tweede zin van lid 1 is van toepassing. Hij zet de huur ook nadien voort, indien de rechter dit heeft bepaald op een daartoe strekkende binnen die termijn ingestelde vordering, en in elk zolang op deze vordering niet onherroepelijk is beslist.

3. De rechter wijst de vordering bedoeld in lid 2 in ieder geval af:

a. indien de eiser niet aannemelijk heeft gemaakt dat hij aan de vereisten van lid 2 voldoet;

b. indien de eiser vanuit financieel oogpunt onvoldoende waarborg biedt voor een behoorlijke nakoming van de huur;

c. indien het woonruimte betreft hoofdstuk 2 van de Huisvestingswet 2014 van toepassing is, indien de eiser niet een huisvestingsvergunning als bedoeld in artikel 8 van die wet overlegt.

4. Lid 4, de eerste zin van lid 5 en lid 7 van artikel 267 zijn van overeenkomstige toepassing

5. Komt vast te staan, dat een persoon ten onrechte een beroep op voortzetting van de huur krachtens dit artikel heeft gedaan, dan blijft hij over de tijd gedurende welke hij het genot van de woonruimte heeft gehad jegens de verhuurder aansprakelijk voor de nakoming van de huur die voor hem zou hebben bestaan als hij huurder was geweest. Heeft meer dan één persoon ten onrechte een beroep op voortzetting van de huur gedaan, dan is ieder van hen jegens de verhuurder hoofdelijk aansprakelijk.

6. Zijn er geen personen die krachtens dit artikel de huur voortzetten, dan eindigt deze aan het eind van de tweede maand na het overlijden van de huurder. De erfgenamen zijn bevoegd de huur tegen het eind van de eerste maand na het overlijden van de huurder te doen eindigen. Wanneer de nalatenschap van de huurder ingevolge artikel 13 van Boek 4 wordt verdeeld, komt de bevoegdheid van de erfgenamen, bedoeld in de vorige zin, toe aan zijn echtgenoot of geregistreerde partner.

7. Van dit artikel kan niet ten nadele van de personen aan wie dit artikel recht op voortzetting van de huur toekent en van de erfgenamen, onderscheidenlijk de echtgenoot of geregistreerde partner, bedoeld in lid 6, worden afgeweken.

8. Van artikel 229 leden 1 en 3 kan niet worden afgeweken.

Art. 269

1. De onderhuur die betrekking heeft op een zelfstandige woning waar de onderhuurder zijn hoofdverblijf heeft, wordt in geval van beëindiging van de huur tussen huurder en verhuurder voortgezet door de verhuurder.

Voortzetting onderhuur bij beëindiging van huur

2. De verhuurder kan binnen zes maanden nadat hij op grond van lid 1 de onderhuur heeft voortgezet vorderen dat de rechter zal bepalen dat de huur met ingang van een in het vonnis te bepalen tijdstip zal eindigen op de grond dat:

a. de wederpartij vanuit financieel oogpunt onvoldoende waarborg biedt voor een behoorlijk nakoming van de huur;

b. de onderhuur is aangegaan met de kennelijke strekking de onderhuurder de positie van huurder te verschaffen;

c. in de gegeven omstandigheden naar maatstaven van redelijkheid en billijkheid, mede gelet op de inhoud van de huurovereenkomsten die betrekking hebben op soortgelijke woonruimte alsmede op de inhoud van de geëindigde huur tussen hem en de huurder en de inhoud van de voortgezette huurovereenkomst, niet van hem kan worden gevergd dat hij de huur met de wederpartij voortzet;

B7 art. 270 **Burgerlijk Wetboek Boek 7**

d. de wederpartij indien het woonruimte betreft waarop hoofdstuk 2 van de Huisvestingswet 2014 van toepassing is, niet een huisvestingsvergunning als bedoeld in artikel 8 van die wet overlegt.

3. Ingeval van onderverhuur welke al dan niet een zelfstandige woning vormt, zet degene die op grond van de artikelen 266, 267 en 268 huurder is geworden of de huur heeft voortgezet, als onderverhuurder de huur met de onderhuurder voort.

Art. 270

Ruil woonruimte op initiatief huurder

1. De huurder die een ruil van woonruimte wenst te bewerkstelligen, kan vorderen dat de rechter hem zal machtigen om een ander in zijn plaats als huurder te stellen. Indien op de woonruimte hoofdstuk 2 van de Huisvestingswet 2014 van toepassing is, moet de eiser een ten behoeve van de voorgestelde huurder afgegeven huisvestingsvergunning als bedoeld in artikel 8 van die wet met betrekking tot woonruimte overleggen.

2. De rechter beslist met inachtneming van de omstandigheden van het geval, met dien verstande dat hij de vordering slechts kan toewijzen, indien de huurder een zwaarwichtig belang bij de ruil van woonruimte heeft en dat hij deze afwijst, indien de voorgestelde huurder vanuit financieel oogpunt niet voldoende waarborg biedt voor een behoorlijke nakoming van de huur. De rechter kan aan de machtiging voorwaarden verbinden of daarbij een last opleggen.

3. Van deze bepaling kan niet ten nadele van de huurder worden afgeweken.

Art. 270a

Mededeling voortzetting huur aan verhuurder

Ingeval van voortzetting van de huur op grond van de artikelen 266, 268 en 269 is degene die de huur voortzet, verplicht daarvan mededeling te doen aan de verhuurder.

Onderafdeling 4
Het eindigen van de huur

Art. 271

Opzegging bij huur

1. In afwijking van artikel 228 lid 1 eindigt een voor bepaalde tijd de duur van:
a. langer dan twee jaar aangegane huur ingeval van een woonruimte voor zover deze als zelfstandige woning is verhuurd, een woonwagen of een standplaats, of
b. langer dan vijf jaar aangegane huur ingeval van een woonruimte voor zover deze als niet zelfstandige woning is verhuurd,
niet door het enkele verloop van de huurtijd; zij kan door elk van beide partijen worden opgezegd tegen een voor de betaling van de huurprijs overeengekomen dag, niet vallend voor het verstrijken van de bepaalde tijd. Op een voor bepaalde tijd voor de duur van twee onderscheidenlijk vijf jaar of korter aangegane huur is artikel 228 lid 1 onverkort van toepassing, mits de verhuurder niet eerder dan drie maanden maar uiterlijk een maand voordat die bepaalde tijd is verstreken, de huurder over de dag waarop die huur verstrijkt schriftelijk informeert. Indien de verhuurder de verplichting, bedoeld in de tweede volzin, niet nakomt, wordt de huurovereenkomst na het verstrijken van de bepaalde tijd, bedoeld in die volzin, voor onbepaalde tijd verlengd. De voor bepaalde tijd aangegane huur, bedoeld in de tweede volzin, kan door de huurder voor het verstrijken van de bepaalde tijd worden opgezegd tegen een voor betaling van de huurprijs overeengekomen dag. Indien na afloop van een voor bepaalde tijd van twee onderscheidenlijk vijf jaar of korter aangegane huur met dezelfde huurder aansluitend opnieuw een huurovereenkomst wordt aangegaan, wordt deze laatste overeenkomst opgevat als een verlenging voor onbepaalde tijd van eerstgenoemde huurovereenkomst.

2. Een voor onbepaalde tijd aangegane of voor onbepaalde tijd verlengde huur kan door elk van beide partijen worden opgezegd tegen een voor de betaling van de huurprijs overeengekomen dag.

3. De opzegging moet geschieden bij exploot of bij aangetekende brief. Is in gevolge artikel 266 de echtgenoot of geregistreerde partner van de huurder medehuurder, dan moet de opzegging aan beide echtgenoten of geregistreerde partners afzonderlijk worden gedaan.

4. De opzegging door de verhuurder moet op straffe van nietigheid de gronden vermelden die tot de opzegging hebben geleid. Een opzegging door de verhuurder op andere dan de in artikel 274 lid 1 genoemde gronden, is nietig. De huurder moet bij de opzegging worden gevraagd binnen zes weken aan de verhuurder mede te delen of hij al dan niet toestemt in beëindiging van de overeenkomst.

5. Bij de opzegging moeten de volgende termijnen in acht worden genomen:
a. bij opzegging door de huurder: een termijn gelijk aan de tijd die tussen twee opvolgende voor betaling van de huurprijs overeengekomen dagen verstrijkt, doch niet korter dan een maand en niet langer dan drie maanden;
b. bij opzegging door de verhuurder: een termijn niet korter dan drie maanden, voor elk jaar dat de huurder krachtens overeenkomst ononderbroken het gehuurde in gebruik heeft gehad verlengd met één maand tot ten hoogste zes maanden.

6. Een opzegging die in strijd met lid 1, lid 3 of lid 5 onder a is gedaan en een opzegging die op een kortere termijn is gedaan dan die van lid 5 onder b gelden niettemin als waren zij gedaan tegen de voorgeschreven dag en met inachtneming van de voorgeschreven termijn.

7. Elk beding waarbij in strijd met lid 5 onder a een langere opzegtermijn of waarbij in strijd met lid 5 onder b een kortere opzegtermijn wordt overeengekomen of waarbij van andere bepalingen van dit artikel wordt afgeweken, is nietig. Eveneens is nietig elk beding dat de huur zonder opzegging doet eindigen.

8. Dit artikel geldt niet, indien de beëindiging geschiedt met wederzijds goedvinden nadat de huur is ingegaan.

Art. 272

1. Een opgezegde huurovereenkomst blijft, tenzij de huurder de overeenkomst heeft opgezegd of na de opzegging door de verhuurder schriftelijk in de beëindiging ervan heeft toegestemd, na de dag waartegen rechtsgeldig is opgezegd van rechtswege van kracht, tot de rechter onherroepelijk heeft beslist op een vordering van de verhuurder als in lid 2 bedoeld.

Vordering tijdstip beëindiging huurovereenkomst

2. De verhuurder kan, indien hij zes weken na de opzegging niet van de huurder een schriftelijke mededeling heeft ontvangen dat hij in de beëindiging van de huurovereenkomst toestemt, op de gronden vermeld in de opzegging vorderen dat de rechter het tijdstip zal vaststellen waarop de huurovereenkomst zal eindigen.

Art. 273

1. Bij zijn beslissing op de vordering bedoeld in artikel 272 lid 2 neemt de rechter uitsluitend de in de opzegging vermelde gronden in aanmerking.

Beslissing op vordering bij huur

2. Indien de rechter de vordering afwijst, wordt de overeenkomst van rechtswege verlengd. De rechter beslist of de overeenkomst voor onbepaalde tijd of voor een door hem vast te stellen bepaalde tijd wordt verlengd.

3. Indien de rechter de vordering toewijst, stelt hij tevens het tijdstip van ontruiming vast. De toewijzing geldt als een veroordeling tot ontruiming tegen dat tijdstip.

Art. 274

1. De rechter kan de vordering slechts toewijzen

Voorwaarden toewijzing vordering bij huur

a. indien de huurder zich niet heeft gedragen zoals een goed huurder betaamt;

b. indien de verhuurder zijn vordering grondt op een beding als omschreven in lid 2 en aan de eisen van dat lid is voldaan, tenzij de verhuurder geen belang meer heeft bij de ontruiming;

c. indien de verhuurder aannemelijk maakt dat hij het verhuurde zo dringend nodig heeft voor eigen gebruik, vervreemding van de gehuurde woonruimte niet daaronder begrepen, dat van hem, de belangen van beide partijen en van onderhuurders naar billijkheid in aanmerking genomen, niet kan worden gevergd dat de huurovereenkomst wordt verlengd, en tevens blijkt dat de huurder, met uitzondering van de huurder, bedoeld in de artikelen 274c tot en met 274e, andere passende woonruimte kan verkrijgen;

d. indien de huurder niet toestemt in een redelijk aanbod tot het aangaan van een nieuwe huurovereenkomst met betrekking tot dezelfde woonruimte, voor zover dit aanbod niet een wijziging inhoudt van de huurprijs of, in het geval dat onderafdeling 2 op de opgezegde huurovereenkomst van toepassing is, van de servicekosten;

e. indien de verhuurder een krachtens een geldend bestemmingsplan op het verhuurde liggende bestemming wil verwezenlijken;

f. indien de huurovereenkomst een onzelfstandige woning betreft, die deel uitmaakt van de woning waarin de verhuurder zijn hoofdverblijf heeft, en de verhuurder aannemelijk maakt dat zijn belangen bij beëindiging van de huur zwaarder wegen dan die van de huurder bij voortzetting daarvan.

2. In het geval dat uitdrukkelijk van de huurder en telkens van een opvolgend huurder is bedongen dat de gehuurde woonruimte na afloop van de bij dat beding overeengekomen termijn moet worden ontruimd, kan de verhuurder overeenkomstig lid 1 aanhef en onder b, op dat beding de in dat lid bedoelde vordering gronden:

a. indien de verhuurder de woning zelf wil betrekken, of

b. indien de verhuurder jegens wie een vorige huurder het recht heeft verkregen de woning opnieuw te betrekken, deze huurder daartoe gelegenheid wil geven.

De bij het beding bepaalde termijn kan met wederzijds goedvinden worden verlengd voordat de met de huurder oorspronkelijk overeengekomen termijn is verstreken.

3. Onder eigen gebruik in de zin van lid 1 onder c, wordt mede begrepen renovatie van woonruimte die zonder beëindiging van de huur niet mogelijk is.

4. Bij de beoordeling van de vraag of andere woonruimte voor de huurder passend is, houdt de rechter geen rekening met de bijdragen van het Rijk, die de huurder ter tegemoetkoming in de kosten, verbonden aan het genot van de woning, kan verkrijgen.

5. Een vordering, gegrond op eigen gebruik in de zin van lid 1 onder c is niet toewijsbaar

a. ten aanzien van woonruimte waarop hoofdstuk 2 van de Huisvestingswet 2014 van toepassing is, zolang de verhuurder geen huisvestingsvergunning als bedoeld in artikel 8 van die wet overlegt behoudens het geval dat het eigen gebruik in iets anders bestaat dan bewoning;

B7 art. 274a **Burgerlijk Wetboek Boek 7**

b. indien de verhuurder de rechtsopvolger van de vorige verhuurder is en de opzegging is geschied binnen drie jaar nadat de rechtsopvolging schriftelijk ter kennis van de huurder is gebracht.

6. In de gevallen bedoeld in lid 1 onder a en d kan de rechter, voordat hij de vordering toewijst, aan de huurder een termijn van ten hoogste een maand toestaan om alsnog aan zijn verplichtingen te voldoen of het aanbod te aanvaarden.

Art. 274a

Dringend eigen gebruik t.b.v. gehandicapte

1. Onder eigen gebruik in de zin van artikel 274 lid 1 onder c wordt mede begrepen het verstrekken van een zelfstandige woning aan een gehandicapte, indien die woning:

a. reeds bij de bouw ervan was ingericht en bestemd voor bewoning door een gehandicapte, of

b. na de bouw met geldelijke steun op grond van een wettelijke regeling aangepast is ten behoeve van bewoning door een gehandicapte.

2. Onder gehandicapte wordt in dit artikel verstaan een persoon die ten gevolge van ziekte of gebrek aantoonbare beperkingen ondervindt.

Art. 274b

Dringend eigen gebruik t.b.v. oudere

Onder eigen gebruik in de zin van artikel 274 lid 1 onder c wordt mede begrepen het verstrekken aan een oudere van een zelfstandige woning welke onderdeel uitmaakt van een complex van zelfstandige woningen, welk complex reeds bij de bouw ervan was ingericht en bestemd voor de bewoning door ouderen.

Art. 274c

Dringend eigen gebruik t.b.v. jongere

1. Onder eigen gebruik in de zin van artikel 274 lid 1 onder c wordt mede begrepen het verstrekken van woonruimte aan een jongere, indien aan de in de volgende leden vermelde voorwaarden is voldaan.

2. Onder jongere wordt in dit artikel verstaan een persoon die nog niet de leeftijd van 28 jaren heeft bereikt.

3. De woonruimte moet krachtens de huurovereenkomst bestemd zijn voor jongeren.

4. Sedert de ingangsdatum van de huurovereenkomst moeten vijf jaren zijn verstreken. Voor het verstrijken van deze termijn kan door partijen worden overeengekomen dat deze termijn wordt verlengd met ten hoogste twee jaren. In dat geval moet tevens de termijn waarmee de verlenging plaatsvond, zijn verstreken.

5. In de huurovereenkomst met de huurder tegen wie de in artikel 274 lid 1 bedoelde vordering is ingesteld, moet zijn bepaald dat de woonruimte na beëindiging van de huurovereenkomst opnieuw aan een jongere zal worden verhuurd. Voor de toepassing van de eerste volzin wordt met een jongere gelijkgesteld een student als bedoeld in artikel 274d lid 2 en een promovendus als bedoeld in artikel 274e lid 2.

Art. 274d

Dringend eigen gebruik t.b.v. student

1. Onder eigen gebruik in de zin van artikel 274 lid 1 onder c wordt mede begrepen het verstrekken van woonruimte aan een student indien aan de in de volgende leden vermelde voorwaarden is voldaan.

2. Onder student wordt in dit artikel verstaan de student die is ingeschreven aan een instelling als bedoeld in artikel 1.1.1, onderdeel b, van de Wet educatie en beroepsonderwijs of aan een universiteit of hogeschool als bedoeld in artikel 1.2, onderdelen a en b, van de Wet op het hoger onderwijs en wetenschappelijk onderzoek.

3. De woonruimte moet krachtens de huurovereenkomst bestemd zijn voor studenten.

4. De huurder, tegen wie de in artikel 274 lid 1 bedoelde vordering is ingesteld, moet hebben nagelaten te voldoen aan een schriftelijk verzoek van de verhuurder, dat deze jaarlijks kan doen, om binnen drie maanden een kopie van het bewijs van zijn inschrijving aan een instelling, universiteit of hogeschool als bedoeld in lid 2 inzake het lopende studiejaar over te leggen.

5. In de huurovereenkomst met de huurder tegen wie de in artikel 274 lid 1 bedoelde vordering is ingesteld, moet zijn bepaald dat de woonruimte na beëindiging van de huurovereenkomst opnieuw aan een student zal worden verhuurd. Voor de toepassing van de eerste volzin worden met een student gelijkgesteld een jongere als bedoeld in artikel 274c lid 2 en een promovendus als bedoeld in artikel 274e lid 2.

Art. 274e

Dringend eigen gebruik t.b.v. promovendus

1. Onder eigen gebruik in de zin van artikel 274 lid 1 onder c wordt mede begrepen het verstrekken van woonruimte aan een promovendus, indien aan de in de volgende leden vermelde voorwaarden is voldaan.

2. Onder promovendus wordt in dit artikel verstaan degene die zich voorbereidt op een promotie als bedoeld in artikel 7.18 van de Wet op het hoger onderwijs en wetenschappelijk onderzoek.

3. De woonruimte moet krachtens de huurovereenkomst bestemd zijn voor promovendi.

4. De huurder, tegen wie de in artikel 274 lid 1 bedoelde vordering is ingesteld, moet hebben nagelaten te voldoen aan een schriftelijk verzoek van de verhuurder, dat deze jaarlijks kan doen, om binnen drie maanden een verklaring van de betreffende onderwijsinstelling waaruit de voorbereiding op een promotie als bedoeld in artikel 7.18 van de Wet op het hoger onderwijs en wetenschappelijk onderzoek blijkt, over te leggen.

5. In de huurovereenkomst met de huurder tegen wie de in artikel 274 lid 1 bedoelde vordering is ingesteld, moet zijn bepaald dat die woonruimte na beëindiging van de huurovereenkomst opnieuw aan een promovendus zal worden verhuurd. Voor de toepassing van de eerste volzin worden met een promovendus gelijkgesteld een jongere als bedoeld in artikel 274c lid 2 en een student als bedoeld in artikel 274d lid 2.

Art. 274f

1. Onder eigen gebruik in de zin van artikel 274 lid 1 onder c wordt mede begrepen het verstrekken van woonruimte aan een groot gezin, indien aan de in de volgende leden vermelde voorwaarden is voldaan.

Dringend eigen gebruik t.b.v. groot gezin

2. Onder een groot gezin wordt in dit artikel verstaan een huishouden van de huurder dat tenminste uit acht personen bestaat.

3. De woonruimte moet krachtens de huurovereenkomst bestemd zijn voor grote gezinnen.

4. De huurder die deel uitmaakt van een groot gezin, tegen wie de in artikel 274 lid 1 bedoelde vordering is ingesteld, moet hebben nagelaten te voldoen aan een schriftelijk verzoek van de verhuurder, dat deze jaarlijks kan doen, om binnen drie maanden een afschrift van gegevens uit de basisregistratie personen waaruit blijkt dat ten minste vijf personen van dat gezin als zijnde woonachtig op het betreffende adres staan ingeschreven, over te leggen.

5. In de huurovereenkomst met de huurder tegen wie de in artikel 274 lid 1 bedoelde vordering is ingesteld, moet zijn bepaald dat de woonruimte na beëindiging van de huurovereenkomst opnieuw aan een groot gezin zal worden verhuurd.

Art. 275

1. Indien de rechter een vordering tot beëindiging van de huurovereenkomst op de gronden, bedoeld in artikel 274 lid 1 onder c en e toewijst, kan hij een bedrag vaststellen dat de verhuurder aan de huurder moet betalen ter tegemoetkoming in diens verhuis- en inrichtingskosten.

Tegemoetkoming verhuis- en inrichtingskosten bij huur

2. De rechter kan, voordat hij een beslissing geeft, waarin dit bedrag wordt vastgesteld, zijn voornemen ter kennis van partijen brengen en een termijn stellen waarbinnen de verhuurder de opzegging kan intrekken. Maakt de verhuurder van deze bevoegdheid gebruik, dan beslist de rechter uitsluitend over de proceskosten.

3. Bij beëindiging van de huurovereenkomst op de gronden, bedoeld in artikel 274 lid 1 onder c in verbinding met lid 3 en in artikel 274 lid 1 onder e, draagt de verhuurder bij in de kosten die de verhuizing voor de huurder meebrengt.

4. De minimumbijdrage in de verhuis- en inrichtingskosten voor de huurders van zelfstandige woningen, woonwagens en standplaatsen wordt bij ministeriële regeling van de Minister voor Wonen, Wijken en Integratie vastgesteld en zal jaarlijks voor 1 maart worden gewijzigd voor zover de consumentenprijsindex daartoe aanleiding geeft. Het in de eerste zin genoemde bedrag wordt afgerond op hele euro's.

5. De verhuurder kan eventuele door de gemeente aan de huurder te verstrekken bijdragen of vergoedingen voor verhuis- of inrichtingskosten in mindering brengen op de hoogte van de bijdrage, bedoeld in het vierde lid.

Art. 276

1. Indien de verhuurder de overeenkomst heeft opgezegd op de grond, bedoeld in artikel 274 lid 1 onder c en de vordering tot beëindiging van de huurovereenkomst is toegewezen dan wel de huurder met de beëindiging heeft ingestemd, is de verhuurder jegens de huurder tot schadevergoeding gehouden, indien de wil om het verhuurde duurzaam in eigen gebruik te nemen in werkelijkheid niet aanwezig is geweest.

Schadevergoeding voor huurder

2. Behoudens tegenbewijs wordt de wil geacht niet aanwezig te zijn geweest, indien niet binnen een jaar na het einde van de overeenkomst het verhuurde duurzaam door hem in gebruik is genomen.

3. De rechter die een vordering op de grond, bedoeld in artikel 274 lid 1 onder c, toewijst, kan op verlangen van de huurder of ambtshalve een bedrag bepalen dat de verhuurder aan de huurder moet betalen, indien later mocht blijken dat de wil om het verhuurde duurzaam in eigen gebruik te nemen in werkelijkheid niet aanwezig is geweest, onverminderd het recht van de huurder op verdere schadevergoeding.

4. De vordering van de huurder op grond van dit artikel vervalt vijf jaren na het einde van de huurovereenkomst.

5. De verhuurder is eveneens tot schadevergoeding gehouden jegens onderhuurders aan wie bevoegdelijk is onderverhuurd of die krachtens artikel 269 bevoegd waren hun overeenkomst met de hoofdverhuurder voort te zetten. De voorgaande leden zijn van overeenkomstige toepassing.

Art. 277

1. Indien de rechter de huurovereenkomst heeft verlengd, kan de verhuurder de overeenkomst opnieuw met inachtneming van artikel 271 en van de in lid 2 vermelde termijnen opzeggen en

Opzegging na verlenging overeenkomst door rechter bij huur

overeenkomstig de artikelen 272 tot en met 274f vorderen dat de rechter het tijdstip zal vaststellen, waarop de overeenkomst zal eindigen.

2. Indien de rechter de overeenkomst voor onbepaalde tijd heeft verlengd, kan de verhuurder haar niet eerder opnieuw opzeggen dan drie jaren nadat deze beslissing onherroepelijk is geworden. Indien de rechter de overeenkomst voor bepaalde tijd heeft verlengd, kan de verhuurder haar niet eerder opzeggen dan drie maanden voor het einde van de tijd waarvoor is verlengd.

Art. 278

Beëindiging onderhuurovereenkomst

1. Een onderhuurovereenkomst van woonruimte die niet krachtens artikel 269 na beëindiging van de hoofdhuur door de hoofdverhuurder wordt voortgezet, eindigt op het door de rechter op vordering van de hoofdverhuurder overeenkomstig artikel 273 lid 3 vastgestelde tijdstip van ontruiming.

2. Indien de hoofdhuurder bij de beëindiging en de bepaling van het tijdstip van ontruiming onvoldoende voor de belangen van de onderhuurder heeft gewaakt, is hij verplicht de schade die de onderhuurder daardoor lijdt te vergoeden.

3. De hoofdhuurder tegen wie door de hoofdverhuurder een vordering wordt ingesteld, die mede de belangen van de onderhuurder raakt, is bevoegd om deze in het geding te roepen.

Art. 279

Ontbinding huurovereenkomst door huurder

1. Indien een gebrek in de zin van artikel 204 het deel van gehuurde woonruimte dat voor de huurder en zijn gezin voor bewoning noodzakelijk is, onbewoonbaar maakt dan wel werkzaamheden tot verhelpen van een zodanig gebrek dit doen of zullen doen, is de huurder bevoegd de huur op de voet van artikel 267 van Boek 6 te ontbinden.

2. De huurder heeft dezelfde bevoegdheid, wanneer het gebruik van de gehuurde woonruimte gevaren oplevert.

Schakelbepaling

3. Artikel 210 lid 2 is van overeenkomstige toepassing.

Art. 280

Nakoming verplichting door huurder bij huur

Alvorens op de voet van artikel 231 een ontbinding uit te spreken, kan de rechter de huurder een termijn van ten hoogste een maand toestaan om alsnog aan zijn verplichtingen te voldoen.

Art. 281

Ontbinding huurovereenkomst na wijziging bestemming

1. Indien iemand op de voet van artikel 226 verhuurder is geworden en een krachtens een geldend bestemmingsplan op het verhuurde liggende bestemming wil verwezenlijken, ontbindt de rechter op vordering van de verhuurder de huurovereenkomst met ingang van een door hem te bepalen dag.

2. De huurder en de onderhuurder aan wie bevoegdelijk is onderverhuurd of met wie de huurovereenkomst anders op de voet van artikel 269 zou zijn voortgezet, hebben recht op schadeloosstelling. Wanneer de huurtijd of onderhuurtijd zonder de ontbinding nog een jaar of langer zou hebben geduurd, is de schadeloosstelling ten minste gelijk aan de huurprijs van twee jaren. Wanneer de huurtijd of onderhuurtijd zonder de ontbinding minder dan een jaar zou hebben geduurd, is de schadeloosstelling ten minste gelijk aan de huurprijs van een jaar. Bij de berekening van de schade wordt niet gelet op veranderingen die kennelijk zijn tot stand gebracht om de schadeloosstelling te verhogen.

Art. 282

Dwingend recht

Van de artikelen 272 tot en met 281 kan niet ten nadele van de huurder dan wel onderhuurder worden afgeweken.

Afdeling 6
Huur van bedrijfsruimte

Art. 290

Werkingssfeer
Bedrijfsruimte

1. De bepalingen van deze afdeling zijn van toepassing op huur en verhuur van bedrijfsruimte.

2. Onder bedrijfsruimte wordt verstaan:

a. een gebouwde onroerende zaak of gedeelte daarvan, die krachtens overeenkomst van huur en verhuur is bestemd voor de uitoefening van een kleinhandelsbedrijf, van een restaurant- of cafébedrijf, van een afhaal- of besteldienst of van een ambachtsbedrijf, een en ander indien in de verhuurde ruimte een voor het publiek toegankelijk lokaal voor rechtstreekse levering van roerende zaken of voor dienstverlening aanwezig is;

b. een gebouwde onroerende zaak of gedeelte daarvan die krachtens zulk een overeenkomst bestemd is voor de uitoefening van een hotelbedrijf;

c. een onroerende zaak die krachtens zulk een overeenkomst is bestemd voor de uitoefening van een kampeerbedrijf.

3. Tot de in lid 2 bedoelde bedrijfsruimte worden ook gerekend de onroerende aanhorigheden, de bij het een en ander behorende grond en de, mede gelet op de bestemming van die bedrijfsruimte, afhankelijke woning.

Art. 291

Dwingend recht

1. Van de bepalingen van deze afdeling kan niet ten nadele van de huurder worden afgeweken.

2. Bedingen die ten nadele van de huurder afwijken van de bepalingen van deze afdeling, kunnen evenwel, behoudens wanneer het betreft een afwijking van artikel 307, niet op die grond worden vernietigd, indien zij zijn goedgekeurd door de rechter.

3. Ieder van de partijen kan een zodanige goedkeuring verzoeken. De goedkeuring wordt alleen gegeven indien het beding de rechten die de huurder aan deze afdeling ontleent, niet wezenlijk aantast of diens maatschappelijke positie in vergelijking met die van de verhuurder zodanig is dat hij de bescherming van de onderhavige afdeling in redelijkheid niet behoeft.

4. Het verzoek bevat, behalve de gronden waarop het berust, de tekst van de goed te keuren bedingen.

Art. 292

1. De huurovereenkomst geldt voor vijf jaar of, als een langere bepaalde duur is overeengekomen, voor die langere duur.

2. De huurovereenkomst die voor vijf jaar geldt, wordt na het verstrijken daarvan van rechtswege met vijf jaar verlengd. De overeenkomst die is aangegaan voor een termijn die langer is dan vijf jaar maar korter dan tien jaar, wordt na het verstrijken van die termijn van rechtswege verlengd met een tweede termijn die zoveel korter is dan vijf jaar als de eerste termijn langer is dan vijf jaar.

Art. 293

1. De overeenkomst die voor vijf jaar geldt, en de overeenkomst die is aangegaan voor een termijn langer dan vijf jaar, en de overeenkomst die is aangegaan voor een termijn langer dan vijf jaar maar korter dan tien jaar, kunnen tegen het einde van de termijn en tegen het einde van de in artikel 292 lid 2 bedoelde tweede termijn door ieder van de partijen worden opgezegd. Artikel 228 lid 1 en lid 2, eerste zin, is niet van toepassing.

2. De opzegging moet geschieden bij exploot of bij aangetekende brief. De termijn van opzegging bedraagt tenminste een jaar.

3. Geen opzegging is vereist, indien de beëindiging geschiedt met wederzijds goedvinden, nadat de huurovereenkomst is totstandgekomen.

Art. 294

Een opzegging door de verhuurder is nietig indien zij niet de gronden vermeldt die tot de opzegging hebben geleid.

Art. 295

1. Een opgezegde huurovereenkomst blijft, tenzij de huurder de overeenkomst heeft opgezegd of na de opzegging door de verhuurder schriftelijk in de beëindiging ervan heeft toegestemd, na de dag waartegen rechtsgeldig is opgezegd van rechtswege van kracht, tot de rechter onherroepelijk heeft beslist op een vordering van de verhuurderals in lid 2 bedoeld. De rechter kan evenwel, indien het verweer van de huurder hem kennelijk ongegrond voorkomt, zijn toewijzend vonnis uitvoerbaar bij voorraad verklaren.

2. De verhuurder kan, indien hij zes weken na de opzegging niet van de huurder een schriftelijke mededeling heeft ontvangen dat hij in de beëindiging van de huurovereenkomst toestemt, op de gronden vermeld in de opzegging vorderen dat de rechter het tijdstip zal vaststellen waarop de overeenkomst zal eindigen.

Art. 296

1. Indien de opzegging is gedaan tegen het einde van de in artikel 292 lid 1 bedoelde eerste termijn waarvoor de huurovereenkomst geldt of is aangegaan, kan de rechter de vordering slechts toewijzen, op de grond dat:

a. de bedrijfsvoering van de huurder niet is geweest zoals een goed huurder betaamt, of

b. de verhuurder aannemelijk maakt dat hij, zijn echtgenoot, zijn geregistreerde partner, een bloed- of aanverwant in de eerste graad of een pleegkind het verhuurde persoonlijk in duurzaam gebruik wil nemen en hij daartoe het verhuurde dringend nodig heeft. Onder duurzaam gebruik wordt niet begrepen vervreemding van de bedrijfsruimte, maar wel renovatie van de bedrijfsruimte die zonder beëindiging van de huur niet mogelijk is.

2. Een vordering, ingesteld op de in lid 1 onder b bedoelde grond, is niet toewijsbaar indien de verhuurder de rechtsopvolger is van een vorige verhuurder en hij niet is diens echtgenoot, geregistreerde partner, bloed- of aanverwant in de eerste graad of pleegkind, en de opzegging is geschied binnen drie jaar nadat de rechtsopvolging schriftelijk ter kennis van de huurder is gebracht. Onder pleegkind wordt verstaan degene die duurzaam als eigen kind is verzorgd en opgevoed.

3. Indien de opzegging is gedaan tegen het einde van de termijn waarmee de overeenkomst krachtens artikel 292 lid 2 is verlengd, kan de rechter de vordering toewijzen, op grond van een redelijke afweging van de belangen van de verhuurder bij beëindiging van de overeenkomst tegen die van de huurder en van de onderhuurder aan wie bevoegdelijk is onderverhuurd, bij verlenging van de overeenkomst. De rechter wijst de vordering in elk geval af indien van de huurder, bij een redelijke afweging van de voormelde belangen van hem en van de onderhuurder aan wie bevoegdelijk is onderverhuurd, tegen de voormelde belangen van de verhuurder, niet kan worden gevergd dat hij het gehuurde ontruimt.

Geldigheid overeenkomst bij huur bedrijfsruimte

Opzegging bij huur bedrijfsruimte

Vermelding grond opzegging bij huur bedrijfsruimte

Vordering tijdstip beëindiging overeenkomst bij huur bedrijfsruimte

Voorwaarden toewijzing vordering bij huur bedrijfsruimte

B7 art. 297 **Burgerlijk Wetboek Boek 7**

4. In het geval van lid 3 wijst de rechter de vordering in ieder geval toe indien zich een der in lid 1, onder a en b, in samenhang met lid 2 omschreven gronden voordoet en voorts indien: c. de huurder niet toestemt in een redelijk aanbod tot het aangaan van een nieuwe overeenkomst met betrekking tot het gehuurde, voor zover dit aanbod niet een wijziging van de huurprijs inhoudt, of

d. de verhuurder een krachtens een geldig bestemmingsplan op het verhuurde liggende bestemming wil verwezenlijken.

5. Indien de rechter de vordering toewijst, stelt hij tevens het tijdstip van de ontruiming vast. De toewijzing geldt als een veroordeling tot ontruiming tegen dat tijdstip.

Art. 297

Tegemoetkoming in verhuis- en inrichtingskosten bij huur bedrijfsruimte

1. De rechter kan in zijn beslissing tot toewijzing van de vordering een bedrag vaststellen dat de verhuurder aan de huurder of aan degene aan wie bevoegdelijk is onderverhuurd, moet betalen ter tegemoetkoming in diens verhuis- en inrichtingskosten.

2. Alvorens een beslissing te geven waarin een bedrag als bedoeld in lid 1 wordt vastgesteld, brengt de rechter zijn voornemen ter kennis van partijen en stelt hij een termijn vast waarbinnen de verhuurder de bevoegdheid heeft de vordering in te trekken.

3. Indien de verhuurder binnen deze termijn zijn vordering intrekt, geeft de rechter slechts een beslissing over de proceskosten.

Art. 298

Termijn aanvaarding aanbod nieuwe overeenkomst bij huur bedrijfsruimte

In het geval, bedoeld in artikel 296 lid 4 onder c, kan de rechter de huurder een termijn toestaan van ten hoogste een maand om het aanbod tot het aangaan van een nieuwe overeenkomst alsnog te aanvaarden.

Art. 299

Schadevergoeding voor huurder bij huur bedrijfsruimte

1. Indien de overeenkomst is opgezegd op de grond dat een in artikel 296 lid 1 onder b genoemde persoon het verhuurde persoonlijk in duurzaam gebruik wil nemen en de huurder in de beëindiging van de overeenkomst heeft toegestemd dan wel de vordering tot beëindiging van de overeenkomst op die grond dan wel op de grond, bedoeld in artikel 296 lid 3, is toegewezen, is de verhuurder jegens de huurder en degene die bevoegdelijk heeft ondergehuurd, tot schadevergoeding gehouden, indien de wil om het verhuurde persoonlijk in duurzaam gebruik te nemen in werkelijkheid niet aanwezig is geweest.

2. Behoudens tegenbewijs wordt de wil geacht niet aanwezig te zijn geweest, indien het verhuurde niet binnen een jaar na het einde van de overeenkomst door een persoon als bedoeld in artikel 296 lid 1 onder b in duurzaam gebruik is genomen.

3. De rechter kan in een beslissing tot toewijzing van een vordering tot beëindiging, gegrond op de in artikel 296 lid 1 onder b bedoelde wil van een der daar bedoelde personen, op verzoek van de huurder of ambtshalve een bedrag bepalen dat de verhuurder aan de huurder of degene die bevoegdelijk heeft ondergehuurd moet betalen, indien later mocht blijken dat die wil in werkelijkheid niet aanwezig is geweest, onverminderd het recht van de huurder op verdere schadevergoeding.

4. De vordering van de huurder of onderhuurder tot schadevergoeding of tot betaling van het in lid 3 bedoelde bedrag vervalt vijf jaren na het einde van de huurovereenkomst.

Art. 300

Overeenkomst voor onbepaalde tijd bij huur bedrijfsruimte

1. Indien de oorspronkelijke duur van de overeenkomst krachtens artikel 292 lid 2 is verlengd en de verlengde overeenkomst niet tegen het einde van de in dat lid bedoelde tweede termijn is opgezegd, wordt de overeenkomst voortgezet voor onbepaalde tijd, tenzij uit de overeenkomst een bepaalde tijd voortvloeit of partijen een bepaalde tijd overeenkomen.

2. Wordt de overeenkomst krachtens lid 1 voor onbepaalde tijd voortgezet, dan kan zij door ieder van de partijen worden opgezegd. Wordt de overeenkomst voor bepaalde tijd voortgezet of is zij aangegaan voor een duur van tien jaar of langer, dan eindigt zij, in afwijking van artikel 228 lid 1, niet door het enkele verloop van de huurtijd, maar kan zij door ieder van de partijen tegen het einde van die huurtijd worden opgezegd.

3. De opzegging moet voldoen aan de vereisten van de artikelen 293 leden 2 en 3 en van artikel 294. De artikelen 295 tot en met 299 zijn van overeenkomstige toepassing.

4. Indien een vordering tot vaststelling van het tijdstip waarop de overeenkomst zal eindigen, is afgewezen, en uit de overeenkomst niet voortvloeit dat zij dan wordt voortgezet voor een bepaalde termijn tegen het einde waarvan zij opnieuw opgezegd kan worden, kan de overeenkomst slechts rechtsgeldig opnieuw opgezegd worden nadat een termijn van een jaar is verstreken nadat de afwijzing onherroepelijk is geworden. De rechter kan bij zijn afwijzende beslissing een langere termijn vaststellen.

Art. 301

Overeenkomst voor twee jaar of korter bij huur bedrijfsruimte

1. De artikelen 291 tot en met 300 zijn niet van toepassing op een overeenkomst van twee jaar of korter.

2. Indien het gebruik, aangevangen krachtens een overeenkomst als bedoeld in lid 1, langer dan twee jaar heeft geduurd, geldt van rechtswege een overeenkomst op de tussen partijen overeengekomen voorwaarden, doch voor vijf jaar, waarop de reeds verstreken twee jaar in mindering komen. De artikelen van 291 tot en met 300 zijn op deze overeenkomst van toepassing.

3. Het in lid 2 bedoelde rechtsgevolg treedt niet in, indien partijen voor het verstrijken van de termijn van twee jaar een andere overeenkomst sluiten die onder artikel 292 lid 1 valt, dan wel een daarvan afwijkende overeenkomst, mits de in artikel 291 bedoelde goedkeuring is verzocht voor het verstrijken van de termijn van twee jaar.

4. Indien voor het verstrijken van deze termijn op de voet van artikel 291 goedkeuring van afwijkende bedingen is verzocht en de rechter dit verzoek afwijst, kan hij op verzoek van de verhuurder tevens bepalen dat de overeenkomst wordt beëindigd en het tijdstip van de ontruiming vaststellen. Deze vaststelling geldt als een veroordeling tot ontruiming tegen dat tijdstip.

Art. 302

Opzegging van de overeenkomst door de erfgenamen van de huurder, onderscheidenlijk zijn echtgenoot of geregistreerde partner, op de voet van artikel 229 lid 2 dient te geschieden op een termijn van tenminste zes maanden. Artikel 293 lid 2, eerste zin, en lid 3 is van toepassing.

Opzegging door erfgenaam/echtgenoot bij huur bedrijfsruimte

Art. 303

1. Zowel de huurder als de verhuurder kunnen vorderen dat de rechter de huurprijs, zo deze niet overeenstemt met die van vergelijkbare bedrijfsruimte ter plaatse, nader zal vaststellen: *a.* indien de overeenkomst voor bepaalde tijd geldt, na afloop van de overeengekomen duur; *b.* in alle andere gevallen, telkens wanneer tenminste vijf jaar zijn verstreken sinds de dag waarop de laatste door partijen vastgestelde huurprijs is ingegaan of waarop de laatste door de rechter vastgestelde huurprijs is gevorderd.

Nadere vaststelling huurprijs door rechter bij huur bedrijfsruimte

2. Bij de nadere vaststelling van de huurprijs let de rechter op het gemiddelde van de huurprijzen van vergelijkbare bedrijfsruimte ter plaatse, die zich hebben voorgedaan in een tijdvak van vijf jaren voorafgaande aan de dag van het instellen van de vordering. Iedere aldus in de vergelijking te betrekken huurprijs wordt herleid volgens de algemene ontwikkeling van het prijspeil sinds de dag waarop die huurprijs gold tot aan die van het instellen van de vordering. Zo het niet mogelijk is de rechter de voor de toepassing van deze maatstaf benodigde gegevens te verschaffen, maakt de rechter een schatting aan de hand van de wel te zijner beschikking staande gegevens, waarbij hij die maatstaf zoveel mogelijk als richtsnoer bezigt.

3. De rechter wijst een vordering tot verhoging van de huurprijs af, voor zover deze is gegrond op verbeteringen van het gehuurde, die op kosten van de huurder zijn aangebracht.

4. Indien de rechter de huurprijs nader vaststelt, geldt deze met ingang van de dag waarop deze is gevorderd, tenzij hij op vordering van een der partijen op grond van de bijzondere omstandigheden van het geval een andere ingangsdatum vaststelt. Hij kan daarbij tevens bepalen dat de huurprijs gedurende een door hem vast te stellen termijn van ten hoogste vijf jaren geleidelijk zal worden aangepast.

Art. 304

1. Een vordering tot nadere huurprijsvaststelling is slechts ontvankelijk, indien deze vergezeld gaat van een advies omtrent de nadere huurprijs, opgesteld door een of meer door partijen gezamenlijk benoemde ter zake deskundigen.

Advies over nadere huurprijs bij huur bedrijfsruimte

2. Indien partijen geen overeenstemming bereiken over de benoeming van een deskundige, benoemt de rechter deze op verzoek van de meest gerede partij. Indien een zodanig verzoek wordt gedaan, geldt de dag van dat verzoek voor de toepassing van artikel 303 leden 1, 2 en 4 als de dag waarop de vordering tot nadere vaststelling van de huurprijs is ingesteld.

3. De kosten van het advies zijn proceskosten als bedoeld in artikel 237 van het Wetboek van Burgerlijke Rechtsvordering; de artikelen 195, 196, 199 en 244 van dat wetboek zijn van overeenkomstige toepassing.

Art. 305

1. De verhuurder die ingevolge een besluit als bedoeld in artikel 13 of 15 van de Woningwet voorzieningen als bedoeld in artikel 243 lid 2 heeft getroffen, is, ook buiten de gevallen van artikel 303 lid 1 onder a en b, bevoegd om ter doorberekening van de kosten van deze voorzieningen, voor zover redelijk, een daarop afgestemde verhoging van de huur te verlangen. Indien de huurder en de verhuurder geen overeenstemming hebben kunnen bereiken over het bedrag van de verhoging, kan ieder van hen vaststelling van de verhoging door de rechter vorderen.

Doorberekening kosten verbeteringen in huurprijs bij huur bedrijfsruimte

2. Dit artikel is, behalve op bedrijfsruimte in de zin van artikel 290, ook van toepassing op een gebouwde onroerende zaak of gedeelte daarvan, indien deze zaak of dit gedeelte voor de uitoefening van een ander bedrijf is verhuurd dan waarop bedrijfsruimte in de zin van artikel 290 betrekking heeft.

Art. 306

1. Een onderhuurovereenkomst van bedrijfsruimte eindigt op het door de rechter op vordering van de hoofdverhuurder overeenkomstig artikel 296 lid 5 vastgestelde tijdstip van ontruiming.

Onderhuur bij huur bedrijfsruimte

2. Indien de hoofdhuurder de onderhuurder niet of niet juist heeft voorgelicht omtrent de termijn waarvoor de hoofdhuur geldt of is aangegaan, of hij bij de beëindiging van de hoofdhuur en de bepaling van het tijdstip van ontruiming onvoldoende voor de belangen van de onderhuurder heeft gewaakt, is hij verplicht de schade die de onderhuurder daardoor lijdt, te vergoeden.

3. De hoofdhuurder tegen wie door de hoofdverhuurder een vordering wordt ingesteld, die mede de belangen van de onderhuurder raakt, is bevoegd om deze in het geding te roepen.

Art. 307

Overdracht aan derde bij huur bedrijfsruimte

1. Indien overdracht door de huurder aan een derde van het in het gehuurde door de huurder zelf of een ander uitgeoefende bedrijf gewenst wordt, kan de huurder vorderen dat hij gemachtigd wordt om die derde als huurder in zijn plaats te stellen.

2. De rechter beslist met inachtneming van de omstandigheden van het geval, met dien verstande dat hij de vordering slechts kan toewijzen, indien de huurder of de ander die het bedrijf uitoefent, een zwaarwichtig belang heeft bij de overdracht van het bedrijf en dat hij haar steeds afwijst, indien de voorgestelde huurder niet voldoende waarborgen biedt voor een volledige nakoming van de overeenkomst en voor een behoorlijke bedrijfsvoering.

3. De rechter kan aan de machtiging voorwaarden verbinden of daarbij een last opleggen.

Art. 308

Voordeel verhuurder bij huur bedrijfsruimte

1. Indien de verhuurder, nadat de huurovereenkomst door opzegging zijnerzijds is geëindigd, voordeel geniet tengevolge van het feit dat het verhuurde vervolgens wordt gebezigd voor de uitoefening van een bedrijf, gelijksoortig aan het door de gewezen huurder of de onderhuurder aan wie bevoegdelijk is onderverhuurd aldaar uitgeoefende bedrijf, kan de gewezen huurder of de onderhuurder aan wie bevoegdelijk is onderverhuurd van de verhuurder een naar billijkheid te berekenen vergoeding vorderen.

2. Voordeel, voortvloeiend uit de aard of ligging van het verhuurde of uit de daaraan aangebrachte veranderingen, komt voor de toepassing van lid 1 niet in aanmerking.

3. De vergoeding kan niet worden toegekend, wanneer het verhuurde voor de uitoefening van het gelijksoortige bedrijf eerst wordt gebezigd nadat sedert het eindigen van de huurovereenkomst meer dan een jaar is verstreken

Art. 309

Schadeloosstelling voor huurder bij afbraak gebouw in algemeen belang bij huur bedrijfsruimte

1. Indien een verhuurder op wie de rechten en verplichtingen uit de huurovereenkomst op de voet van artikel 226 zijn overgegaan, deze overeenkomst door opzegging doet eindigen in verband met de omstandigheid dat het gebouwde met het oog op de uitvoering van werken in het algemeen belang zal worden afgebroken, is hij aan de huurder en de onderhuurder aan wie voor de overgang bevoegdelijk is onderverhuurd, een schadeloosstelling verschuldigd wegens het verlies van de kans dat de huurverhouding zonder deze overgang zou hebben voortgeduurd.

2. De verhuurder is de in lid 1 bedoelde schadeloosstelling eveneens verschuldigd indien de overgang is geschied nadat de vorige verhuurder de huurovereenkomst heeft opgezegd in verband met de omstandigheid dat na de overgang het gebouwde met het oog op de uitvoering van werken in het algemeen belang zal worden afgebroken. Is de eigendom van het verhuurde overgedragen nadat de huurovereenkomst reeds door de opzegging was geëindigd, dan is de schadeloosstelling verschuldigd door de eigenaar die tot afbraak overgaat.

3. Een opzegging wordt vermoed in verband met de omstandigheid dat het gebouwde met het oog op de uitvoering van werken in het algemeen belang zal worden afgebroken, indien de afbraak binnen zes jaar na de opzegging aanvangt.

4. Werken tot verwezenlijking van een bestemmingsplan, strekkende tot reconstructie van een bebouwde kom, worden in elk geval geacht in het algemeen belang te zijn.

5. Dit artikel is, behalve op bedrijfsruimte in de zin van artikel 290, ook van toepassing op een gebouwde onroerende zaak of gedeelte daarvan, indien deze zaak of dit gedeelte voor de uitoefening van een ander bedrijf is verhuurd dan waarop bedrijfsruimte in de zin van artikel 290 betrekking heeft.

Art. 310

Ontbinding overeenkomst na wijziging bestemming bij huur bedrijfsruimte

1. Indien een verhuurder op wie de rechten en verplichtingen uit de huurovereenkomst op de voet van artikel 226 zijn overgegaan, een krachtens een geldend bestemmingsplan op het verhuurde liggende bestemming wil verwezenlijken, ontbindt de rechter op vordering van de verhuurder de huurovereenkomst met ingang van een door hem te bepalen dag.

2. De huurder en de onderhuurder aan wie bevoegdelijk is onderverhuurd, kunnen een schadeloosstelling vorderen. Bij de bepaling daarvan wordt rekening gehouden met de kans dat de huurverhouding zonder de overgang zou hebben voortgeduurd.

3. Dit artikel is, behalve op bedrijfsruimte in de zin van artikel 290, ook van toepassing op een gebouwde onroerende zaak of gedeelte daarvan, indien deze zaak of dit gedeelte voor de uitoefening van een ander bedrijf is verhuurd dan waarop bedrijfsruimte in de zin van artikel 290 betrekking heeft.

Burgerlijk Wetboek Boek 7 B7 art. 318

Titel 5
Pacht

Afdeling 1
Algemene bepalingen

Art. 311

Pacht is de overeenkomst waarbij de ene partij, de verpachter, zich verbindt aan de andere partij, de pachter, een onroerende zaak of een gedeelte daarvan in gebruik te verstrekken ter uitoefening van de landbouw en de pachter zich verbindt tot een tegenprestatie.
(Zie ook: artt. 213, 217 BW Boek 6; artt. 312, 313, 399 BW Boek 7; art. 1019 Rv; art. 1 Pw)

Pacht

Art. 312

Onder landbouw wordt verstaan, steeds voorzover bedrijfsmatig uitgeoefend: akkerbouw; weidebouw; veehouderij; pluimveehouderij; tuinbouw, daaronder begrepen fruitteelt en het kweken van bomen, bloemen en bloembollen; de teelt van griendhout en riet; elke andere tak van bodemcultuur, met uitzondering van de bosbouw.
(Zie ook: art. 399 BW Boek 7; art. 1 Pw)

Landbouw

Art. 313

1. Een hoeve is een complex bestaande uit een of meer gebouwen of gedeelten daarvan en het daarbij behorende land, dienende tot de uitoefening van de landbouw.

Hoeve

2. Hetgeen in deze titel is bepaald met betrekking tot los land, geldt mede met betrekking tot een of meer gebouwen of gedeelten daarvan, welke dienen tot de uitoefening van de landbouw.

Los land

3. Indien echter tussen dezelfde partijen bij één overeenkomst los land en bij een andere overeenkomst een of meer gebouwen of gedeelten daarvan zijn verpacht, worden de bepalingen omtrent verpachting van hoeven op beide overeenkomsten van toepassing met ingang van het tijdstip waarop de laatste van beide overeenkomsten is gesloten.

Gebouwen en los land bij pachtovereenkomst

4. Onder hoeve en los land worden begrepen de daarbij behorende, niet tot de uitoefening van de landbouw dienende gronden met inbegrip van de zich daarop bevindende houtopstanden.
(Zie ook: artt. 325, 395, 396, 397, 399 BW Boek 7; art. 1 Pw)

Hoeve en los land

Art. 314

In deze titel wordt onder pleegkind verstaan degenen die duurzaam als eigen kind is onderhouden en opgevoed.
(Zie ook: artt. 319, 399 BW Boek 7; art. 1 Pw)

Pleegkind

Art. 315

Op de omvang van het gepachte dat langs een water ligt, zijn de artikelen 29 en 34 van Boek 5 van toepassing, tenzij de verpachter aan een vastlegging van de grens overeenkomstig de artikelen 30 tot en met 32 van Boek 5 is gebonden.
(Zie ook: art. 21 Pw)

Omvang gepachte dat langs een water ligt bij pacht

Art. 316

1. Het recht van de pachter op de vruchten van de gepachte zaak is een genotsrecht als bedoeld in artikel 17 van Boek 5.

Vruchten gepachte zaak

2. Het recht van de pachter op de vruchten omvat de bij het einde van de pacht nog te velde staande vruchten, tenzij bij ontbinding van de overeenkomst door de rechter anders wordt bepaald.
(Zie ook: artt. 202, 360, 399 BW Boek 7)

Afdeling 2
Vorm van de pachtovereenkomst

Art. 317

1. De pachtovereenkomst, de overeenkomst tot wijziging en die tot beëindiging van een pachtovereenkomst moeten schriftelijk worden aangegaan.

Schriftelijke vaststelling bij pachtovereenkomst

2. Zolang de overeenkomst niet schriftelijk is aangegaan, kan de meest gerede partij de schriftelijke vastlegging daarvan vorderen.

3. In het in het vorige lid bedoelde geval legt de rechter de overeenkomst schriftelijk vast met dien verstande dat nietige bedingen, zoveel mogelijk overeenkomstig de bedoelingen van partijen, in overeenstemming worden gebracht met de wet.
(Zie ook: art. 399 BW Boek 7; art. 1019t Rv; artt. 2, 11 Pw)

Afdeling 3
Goedkeuring van de pachtovereenkomst

Art. 318

1. De pachtovereenkomst, de overeenkomst tot wijziging en die tot beëindiging van een pachtovereenkomst behoeven de goedkeuring van de grondkamer.

Goedkeuring grondkamer bij pachtovereenkomst

2. Ten aanzien van de overeenkomst tot beëindiging van een pachtovereenkomst vervalt het vereiste van goedkeuring door de feitelijke uitvoering van de overeenkomst.
(Zie ook: art. 399 BW Boek 7; art. 2 Pw)

Art. 319

Voorwaarden goedkeuring bij pachtovereenkomst

1. De grondkamer keurt de pachtovereenkomst goed, tenzij:
a. de overeengekomen pachtprijs dan wel de vergoeding, daarbij in aanmerking genomen de verdere inhoud van de overeenkomst, hoger is dan ingevolge het bepaalde krachtens de artikelen 327 lid 1 en 327 lid 3 onderscheidenlijk 393 is toegelaten;
b. de overige verplichtingen, voor de pachter uit de overeenkomst voortvloeiende, als buitensporig moeten worden beschouwd;
c. de overeenkomst zou leiden tot een ondoelmatige verkaveling of een ondoelmatige ligging van het land ten opzichte van de bedrijfsgebouwen of van de woning;
d. de overeenkomst, indien deze betrekking heeft op land, dat begrepen is geweest in een ruil- of herverkaveling of dat gelegen is in de IJsselmeerpolders, zou leiden tot:
$1°.$ een verkaveling of een ligging van het land ten opzichte van de bedrijfsgebouwen of van de woning, die minder doelmatig is dan de bestaande;
$2°.$ een geringere dan de bestaande bedrijfsgrootte;
e. door de overeenkomst algemene belangen van de landbouw zouden worden geschaad; de grondkamer is onder meer bevoegd als schadelijk voor de algemene belangen van de landbouw aan te merken overeenkomsten, welke zouden leiden tot:
$1°.$ een zo geringe bedrijfsgrootte, dat de ondernemer zijn volledige arbeidskracht op het bedrijf niet produktief kan maken;
$2°.$ gebruik van het land ter verkrijging van neveninkomsten, anders dan voor zelfvoorziening;
$3°.$ vergroting van een bedrijf, waarvan uitbreiding voor de ondernemer niet van overwegende betekenis is, terwijl in de nabijheid een of meer kleine bedrijven uitbreiding behoeven;
f. de overeenkomst bepalingen bevat, welke in strijd zijn met deze titel.

2. Indien de pachtovereenkomst zou leiden tot een van de in het eerste lid, onder c, d en e genoemde gevolgen, kan de grondkamer haar goedkeuring verlenen, wanneer weigering op grond van bijzondere omstandigheden onredelijk zou zijn of zou indruisen tegen het landbouwbelang. Indien de pachtovereenkomst zou leiden tot een van de in lid 1, onder d, genoemde gevolgen, kan de grondkamer voorts haar goedkeuring verlenen, wanneer omstandigheden, gelegen in de persoon van de verpachter, de goedkeuring in het belang van een verantwoorde bedrijfsvoering wenselijk maken.

3. Het bepaalde in lid 1 onder c en onder e met betrekking tot het gestelde onder $1°$, $2°$ en $3°$ blijft buiten toepassing bij overeenkomsten met echtgenoten of geregistreerde partners, bloed- of aanverwanten in de rechte lijn, pleegkinderen en medepachters.
(Zie ook: art. 314 BW Boek 7)

4. Bij de toetsing van de overeenkomst aan het bepaalde in lid 1, onder e, mag de grondkamer niet letten op de persoon van de pachter.

5. Het bepaalde in lid 1, onder c en d en onder e met betrekking tot het gestelde onder $1°$, $2°$ en $3°$, blijft buiten toepassing, indien uit een verklaring van burgemeester en wethouders van de gemeente, waarin het land is gelegen, blijkt dat dit is opgenomen in een goedgekeurd bestemmingsplan en daarbij een niet tot de landbouw betrekkelijke bestemming heeft gekregen.

6. Voor de geldigheid van bepalingen, welke in strijd met de wet zijn, kan op de goedkeuring van de overeenkomst door de grondkamer geen beroep worden gedaan.

7. Het in de voorgaande leden bepaalde vindt overeenkomstige toepassing ten aanzien van de overeenkomst tot wijziging of beëindiging van een pachtovereenkomst.
(Zie ook: artt. 317, 320, 321, 363, 399 BW Boek 7; art. 5 Pw)

Art. 320

Onthouding goedkeuring bij pachtovereenkomst

1. Indien de grondkamer haar goedkeuring aan de pachtovereenkomst of aan de overeenkomst tot wijziging of beëindiging van een pachtovereenkomst onthoudt, wijzigt zij de overeenkomst op het punt of de punten, welke in verband met het bepaalde in artikel 319 lid 1, de goedkeuring verhinderen, of vernietigt zij haar.

2. De door de grondkamer gewijzigde overeenkomst geldt als een tussen partijen aangegane en goedgekeurde overeenkomst. In geval van wijziging in verband met het bepaalde in artikel 319 lid 1, onder c, d en e, alsmede in geval van vernietiging regelt de grondkamer zo nodig de gevolgen.
(Zie ook: artt. 317, 363, 399 BW Boek 7; art. 6 Pw)

Art. 321

Toezending aan grondkamer bij pachtovereenkomst

1. Ieder der partijen is verplicht de pachtovereenkomst of de overeenkomst tot wijziging van een pachtovereenkomst binnen twee maanden, nadat zij is aangegaan, aan de grondkamer ter goedkeuring in te zenden.

2. Ieder der partijen is verplicht de overeenkomst tot beëindiging van een pachtovereenkomst binnen twee maanden nadat zij is aangegaan, aan de grondkamer ter goedkeuring in te zenden.

3. Zodra een der partijen aan de verplichting heeft voldaan, is die van de andere partij vervallen.

4. Op de ingevolge artikel 317 lid 3 schriftelijk vastgelegde overeenkomst past de grondkamer de artikelen 319 en 320 ambtshalve toe.
(Zie ook: artt. 377, 399 BW Boek 7; art. 8 Pw)

Art. 322

1. Wanneer niet is voldaan aan het bepaalde in artikel 321 lid 1 kan de verpachter, zolang de pachtovereenkomst door de grondkamer niet is goedgekeurd, niet een rechtsvordering tot betaling van de pachtprijs tegen de pachter instellen en geldt de pachtovereenkomst voor onbepaalde tijd, zonder dat zij door een van de partijen kan worden opgezegd; wordt de goedkeuring verleend, dan gaat de in artikel 325 bedoelde duur in bij de aanvang van het pachtjaar, volgende op dat, waarin de overeenkomst is ingezonden.

2. De grondkamer is bevoegd op verzoek van een partij in bijzondere gevallen bij de goedkeuring te bepalen, dat de in artikel 325 bedoelde duur op een eerder tijdstip ingaat.
(Zie ook: artt. 377, 399 BW Boek 7; art. 9 Pw)

Art. 323

1. Aan een overeenkomst tot wijziging of – voorzover die niet reeds feitelijk is uitgevoerd – aan een overeenkomst tot beëindiging van een pachtovereenkomst, die nog niet door de grondkamer is goedgekeurd, zijn partijen slechts in zoverre gebonden, dat zij niet eenzijdig kunnen terugtreden.

2. Indien de overeenkomst niet binnen twee maanden, nadat zij werd aangegaan, ter goedkeuring is ingezonden, is de grondkamer bevoegd haar te doen ingaan op een later tijdstip dan werd overeengekomen, doch uiterlijk op het tijdstip van inzending.
(Zie ook: art. 399 BW Boek 7; art. 10 Pw)

Art. 324

1. Zij die voornemens zijn met elkaar een pachtovereenkomst of een overeenkomst tot wijziging van een pachtovereenkomst aan te gaan, zijn bevoegd een ontwerp-pachtovereenkomst, onderscheidenlijk een ontwerp-overeenkomst tot wijziging van een pachtovereenkomst ter goedkeuring aan de grondkamer in te zenden.

2. De grondkamer beoordeelt de ontwerp-overeenkomst met toepassing van artikel 319 leden 1 tot en met 5; zij kan haar goedkeuring afhankelijk stellen van wijzigingen, welke zij in verband met het bepaalde in artikel 319 lid 1 nodig oordeelt.

3. Indien binnen twee maanden, nadat de grondkamer of de Centrale Grondkamer een ontwerp-pachtovereenkomst of een ontwerp-overeenkomst tot wijziging van een pachtovereenkomst heeft goedgekeurd, een overeenkomst wordt ingezonden, die gelijk is aan de ontwerp-overeenkomst, zoals deze werd goedgekeurd, is de grondkamer tot goedkeuring gehouden.

4. Op het verzoek tot goedkeuring van een ontwerp-pachtovereenkomst kan niet meer worden beslist, nadat de daarin als pachter genoemde persoon als zodanig op het goed is toegelaten.
(Zie ook: art. 399 BW Boek 7; art. 7 Pw)

Afdeling 4
Duur van de pachtovereenkomst

Art. 325

1. De pachtovereenkomst geldt voor een bepaalde tijd. Deze tijd bedraagt twaalf jaren voor een hoeve en zes jaren voor los land.
(Zie ook: art. art 391 BW Boek 7)

2. Een pachtovereenkomst kan voor een langere duur worden aangegaan, mits een bepaalde datum van beëindiging is vastgesteld.

3. Een pachtovereenkomst kan voor een kortere duur worden aangegaan, mits een bepaalde datum van beëindiging is vastgesteld. De kortere duur behoeft de goedkeuring van de grondkamer, welke hetzij vóór het aangaan van de overeenkomst, hetzij bij de toetsing daarvan kan worden verleend.

4. De grondkamer verleent haar goedkeuring aan de kortere duur alleen op grond van de bijzondere omstandigheden van het geval en indien de algemene belangen van de landbouw daardoor niet worden geschaad. Zij vermeldt in haar beschikking de reden van haar goedkeuring. Als bijzondere omstandigheden worden niet beschouwd beperkingen, aan de verpachter door derden opgelegd.

5. De pachtovereenkomst die geldt voor de duur van ten minste twaalf jaren voor een hoeve en ten minste zes jaren voor los land, wordt telkens van rechtswege met zes jaren verlengd.

6. Heeft de grondkamer een kortere termijn goedgekeurd, dan vindt geen verlenging van rechtswege plaats, maar kan de rechter op vordering van de pachter de overeenkomst verlengen voor een door de rechter vast te stellen periode op de grond dat de bijzondere omstandigheden, bedoeld in lid 4 zich niet hebben voorgedaan en zich ook niet meer kunnen voordoen. De vordering moet worden ingesteld binnen een daartoe door de grondkamer in haar beschikking vastgestelde termijn. Op de verlengde overeenkomst is lid 5 van toepassing.

Aanvang van pachtovereenkomst

Beëindiging pachtovereenkomst die niet door grondkamer is goedgekeurd
Vaststellen tijdstip ingaan pachtovereenkomst door grondkamer

Beoordeling ontwerp-pachtovereenkomst door grondkamer

Pachttermijn bij pachtovereenkomst

B7 art. 326 **Burgerlijk Wetboek Boek 7**

7. Heeft de grondkamer een termijn van een jaar of korter goedgekeurd, dan vindt geen verlenging plaats.

(Zie ook: artt. 313, 322, 367, 371, 377, 378, 385, 390, 391, 399 BW Boek 7; artt. 12, 36, 37 Pw)

Art. 326

Herziening bij verstrijken pachttermijn bij pachtovereenkomst

1. Telkens voor het verstrijken van een pachttermijn kan de pachter of de verpachter aan de grondkamer verzoeken andere bepalingen van de pachtovereenkomst dan met betrekking tot de tegenprestatie te herzien.

2. De grondkamer herziet deze, indien de bijzondere omstandigheden van het geval daartoe aanleiding geven en noch het algemeen landbouwbelang, noch een redelijk belang van de andere partij zich daartegen verzet.

3. De wijziging gaat in met ingang van de nieuwe pachttermijn.

4. Geen wijziging kan worden gevorderd op grond van artikel 258 van Boek 6.

(Zie ook: artt. 392, 399 BW Boek 7; artt. 33, 33a Pw)

Afdeling 5

Pachtprijs

Art. 327

Pachtprijs bij pachtovereenkomst

1. Bij of krachtens algemene maatregel van bestuur worden regelen vastgesteld ten aanzien van de hoogst toelaatbare pachtprijs.

(Zie ook: artt. 319, 396 BW Boek 7)

2. De in lid 1 bedoelde regelen strekken tot bevordering van pachtprijzen, welke in een redelijke verhouding staan tot de bedrijfsuitkomsten bij een behoorlijke bedrijfsvoering, met dien verstande, dat bij het vaststellen van die regelen de redelijke belangen van de verpachter mede in acht worden genomen.

3. Met inachtneming van de in lid 1 bedoelde regelen kunnen de grondkamers, ieder voor haar gebied, zo nodig streeksgewijs, ten aanzien van de pachtprijs bij besluit nadere regelen vaststellen. Zodanig besluit vervalt een jaar na het tijdstip van zijn inwerkingtreding.

4. Deze besluiten behoeven de goedkeuring van Onze Minister van Landbouw, Natuur en Voedselkwaliteit en worden in de Nederlandse Staatscourant bekend gemaakt.

(Zie ook: artt. 319, 328, 333, 334, 393, 399 BW Boek 7; artt. 3, 4 Pw)

Art. 328

Pachtprijs bij pachtovereenkomst, nadere regels t.b.v.

1. Als tegenprestatie kan slechts worden bedongen een pachtprijs met of zonder bijkomstige verplichtingen.

2. Als pachtprijs kan slechts worden bedongen een uitsluitend naar tijdruimte bepaald en niet van de prijs van produkten of andere factoren afhankelijk gesteld bedrag in Nederlands geld.

3. De grondkamer kan echter, hetzij vóór het aangaan van de overeenkomst op verzoek van een der partijen, hetzij bij de toetsing daarvan, afwijking van het in de leden 1 en 2 bepaalde goedkeuren.

4. Heeft de grondkamer zulk een goedkeuring verleend of verleent zij deze bij de toetsing, dan wordt de overeengekomen tegenprestatie door haar beoordeeld naar de strekking van het bepaalde krachtens de artikelen 327 leden 1 en 2.

(Zie ook: artt. 346, 396, 399 BW Boek 7; art. 13 Pw)

Art. 329

Kosten reconstructie/herinrichtingsverplichting bij pachtprijs

Bedongen kan worden dat de lasten die de verpachter ten gevolge van landinrichting op grond van de Landinrichtingswet of de Wet inrichting landelijk gebied, van reconstructie op grond van de Reconstructiewet Midden-Delfland of van de Reconstructiewet concentratiegebieden of van herinrichting op grond van de Herinrichtingswet Oost-Groningen en de Gronings-Drentse Veenkoloniën, zijn of zullen worden opgelegd, ten dele ten laste van de pachter komen.

(Zie ook: art. 399 BW Boek 7; art. 14 Pw)

Art. 330

Vermindering bij buitengewone omstandigheden bij pachtprijs

1. De pachter heeft aanspraak op een vermindering van de pachtprijs over een pachtjaar of een pachtseizoen, gedurende hetwelk tengevolge van buitengewone omstandigheden de opbrengst van het bedrijf aanzienlijk minder is geweest dan bij het aangaan van de overeenkomst te verwachten was of de pachter tijdelijk het genot van het gepachte geheel of gedeeltelijk heeft moeten missen.

2. Tot vermindering geven geen aanleiding:

a. een verlaging van de prijs van de voortbrengselen van het bedrijf;

b. omstandigheden welke aan de pachter zijn toe te rekenen of waarvan hij de gevolgen door verzekering of op andere wijze redelijkerwijs had kunnen voorkomen;

c. schade, welke de pachter op een ander kan verhalen.

3. De vordering van de pachter vervalt zes maanden na het eindigen van het pachtjaar of het pachtseizoen, waarover de pachtprijs verschuldigd is.

(Zie ook: art. 399 BW Boek 7; art. 16 Pw)

Art. 331

1. De verpachter heeft aanspraak op een verhoging van de pachtprijs over een pachtjaar of een pachtseizoen, gedurende hetwelk de lasten, die de verpachter door publiekrechtelijke lichamen zijn opgelegd wegens buitengewone werken, waardoor des pachters bedrijf gebaat wordt, aanzienlijk hoger zijn geweest dan bij het aangaan van de overeenkomst te verwachten was.

2. De vordering van de verpachter vervalt zes maanden na het eindigen van het pachtjaar of het pachtseizoen, waarover de pachtprijs verschuldigd is.

(Zie ook: art. 399 BW Boek 7; art. 17 Pw)

Art. 332

1. De verpachter heeft aanspraak op een verhoging van de pachtprijs over een pachtjaar of over een pachtseizoen, indien hij voor eigen rekening buitengewone werken heeft uitgevoerd, waardoor het bedrijf van de pachter dermate is gebaat, dat een verhoging van de pachtprijs van de pachter kan worden verlangd.

2. De vordering van de verpachter vervalt zes maanden na het eindigen van het pachtjaar of het pachtseizoen, waarover de pachtprijs verschuldigd is.

(Zie ook: art. 399 BW Boek 7; art. 18 Pw)

Art. 333

1. De pachtprijs wordt van rechtswege herzien overeenkomstig de wijziging van de krachtens artikel 327 lid 1 gegeven regelen. De verpachter kan, onder schriftelijke mededeling daarvan aan de pachter, echter geheel of ten dele van een verhoging afzien.

2. Niettemin kan de pachter of de verpachter binnen een tijdvak van een jaar na de inwerkingtreding van een wijziging van de regelen als bedoeld in artikel 327 lid 1 aan de grondkamer verzoeken de tegenprestatie te herzien. De grondkamer herziet deze indien redelijkheid en billijkheid dit verlangen of gewijzigde omstandigheden dit rechtvaardigen.

3. Onverminderd het bepaalde in de leden 1 en 2 kan de pachter of de verpachter voor het verstrijken van een pachtperiode van drie jaren aan de grondkamer verzoeken de tegenprestatie te herzien. De grondkamer herziet deze indien redelijkheid en billijkheid dit verlangen of gewijzigde omstandigheden dit rechtvaardigen.

4. De in de leden 1 en 2 bedoelde herziening gaat in met ingang van het pachtjaar volgende op het tijdstip waarop een wijziging van de regelen, bedoeld in artikel 327 lid 1 in werking is getreden. De herziening als bedoeld in lid 3 gaat in met ingang van de nieuwe driejarige periode.

(Zie ook: art. 19 Pw)

Art. 334

[Vervallen]

Art. 335

Op grond van artikel 258 van Boek 6 kan geen wijziging van de tegenprestatie dan wel van de vergoeding worden gevorderd.

(Zie ook: art. 399 BW Boek 7; art. 19b Pw)

Afdeling 6
Verplichtingen van de verpachter

Art. 336

De verpachter is verplicht het verpachte ter beschikking van de pachter te stellen en te laten voor zover dat voor het overeengekomen gebruik noodzakelijk is.

(Zie ook: art. 27 BW Boek 6; artt. 9, 203 BW Boek 7; art. 20 Pw)

Art. 337

1. De verpachter heeft met betrekking tot gebreken van het verpachte de in deze afdeling omschreven verplichtingen.

2. Een gebrek is een staat of eigenschap van de verpachte zaak of een andere niet aan de pachter toe te rekenen omstandigheid, waardoor de zaak aan de pachter niet het genot kan verschaffen dat een pachter bij het aangaan van de overeenkomst mag verwachten van een goed onderhouden zaak van de soort als waarop de overeenkomst betrekking heeft.

3. Een feitelijke stoornis door derden zonder bewering van recht als bedoeld in artikel 344 en een bewering van recht zonder feitelijke stoornis, zijn geen gebreken in de zin van lid 2.

(Zie ook: artt. 74, 265 BW Boek 6; artt. 17, 204, 340, 341, 344, 350, 361 BW Boek 7; artt. 22, 23 Pw)

Art. 338

De uit deze afdeling voortvloeiende rechten van de pachter komen aan deze toe, onverminderd alle andere rechten en vorderingen.

(Zie ook: artt. 44, 290 BW Boek 3; artt. 74, 162, 228, 231, 262, 263, 265 BW Boek 6; art. 205 BW Boek 7)

Art. 339

Herstelplicht bij gebreken verpachte zaak

1. De verpachter is verplicht op verlangen van de pachter gebreken te verhelpen, tenzij dit onmogelijk is of uitgaven vereist die in de gegeven omstandigheden redelijkerwijs niet van de verpachter zijn te vergen.

2. Deze verplichting bestaat niet ten aanzien van de kleine herstellingen tot het verrichten waarvan de pachter krachtens artikel 351 verplicht is, en ten aanzien van gebreken voor het ontstaan waarvan de pachter jegens de verpachter aansprakelijk is.

3. Is de verpachter met het verhelpen in verzuim, dan kan de pachter dit verhelpen zelf verrichten en de daarvoor gemaakte kosten, voor zover deze redelijk waren, op de verpachter verhalen, desgewenst door deze in mindering op de pachtprijs te brengen.

(Zie ook: art. 299 BW Boek 3; artt. 81, 127 BW Boek 6; artt. 206, 340, 341, 343, 351, 356, 399 BW Boek 7; art. 26 Pw)

Art. 340

Vermindering pachtprijs bij gebreken verpachte zaak

1. De pachter kan in geval van vermindering van pachtgenot ten gevolge van een gebrek een daaraan evenredige vermindering van de pachtprijs vorderen van de dag waarop hij van het gebrek behoorlijk heeft kennis gegeven aan de verpachter of waarop het gebrek reeds in voldoende mate bekend was om tot maatregelen over te gaan, tot die waarop het gebrek is verholpen.

2. De pachter heeft geen aanspraak op pachtvermindering terzake van gebreken die hij krachtens artikel 351 verplicht is te verhelpen, of voor het ontstaan waarvan hij jegens de verpachter aansprakelijk is.

(Zie ook: artt. 267, 270 BW Boek 6; artt. 207, 356, 399 BW Boek 7; art. 24 Pw)

Art. 341

Vergoeding schade bij gebreken verpachte zaak

Onverminderd de gevolgen van niet-nakoming van de verplichting van artikel 339 is de verpachter tot vergoeding van de door een gebrek veroorzaakte schade verplicht, indien het gebrek na het aangaan van de overeenkomst is ontstaan en aan hem is toe te rekenen, alsmede indien het gebrek bij het aangaan van de overeenkomst aanwezig was en de verpachter het toen kende of had behoren te kennen, of toen aan de pachter heeft te kennen gegeven dat de zaak het gebrek niet had.

(Zie ook: artt. 74, 95 BW Boek 6; artt. 208, 342, 343, 356 BW Boek 7; art. 1019j Pw)

Art. 342

Dwingend recht

Van artikel 341 kan niet ten nadele van de pachter worden afgeweken, voor zover het gaat om gebreken die de verpachter bij het aangaan van de pachtovereenkomst kende of had behoren te kennen.

(Zie ook: art. 40 BW Boek 3; art. 209 BW Boek 7)

Art. 343

Ontbinding overeenkomst bij gebreken verpachte zaak

1. Indien een gebrek dat de verpachter ingevolge artikel 339 niet verplicht is te verhelpen, het genot dat de pachter mocht verwachten geheel onmogelijk maakt, is zowel de pachter als de verpachter bevoegd de overeenkomst op de voet van artikel 267 van Boek 6 te ontbinden.

2. Een verplichting van een der partijen tot schadevergoeding ter zake van een gebrek omvat mede de door het eindigen van de overeenkomst ingevolge lid 1 veroorzaakte schade.

(Zie ook: artt. 265, 277 BW Boek 6; artt. 210, 341, 376 BW Boek 7; art. 1019j Pw)

Art. 344

Vordering door derden bij pacht

1. Wanneer tegen de pachter door een derde een vordering wordt ingesteld tot uitwinning of tot verlening van een recht waarmee het verpachte ingevolge de pachtovereenkomst niet belast had mogen zijn, is de verpachter na kennisgeving daarvan door de pachter gehouden in het geding te komen ten einde de belangen van de pachter te verdedigen.

2. De verpachter moet aan de pachter alle door deze vordering ontstane kosten vergoeden, doch, als de kennisgeving niet onverwijld is geschied, alleen de na de kennisgeving ontstane kosten.

3. Wanneer tegen de onderpachter een vordering betreffende het ondergepachte wordt ingesteld door de hoofdverpachter, zijn de voorgaande leden van overeenkomstige toepassing op de onderverpachter.

(Zie ook: art. 252 BW Boek 7; artt. 16, 211, 337, 355, 356 BW Boek 7; art. 22 Pw; artt. 210, 212 Rv)

Art. 345

Plicht verpachter tot wederopbouw opstallen na brand/storm

1. De verpachter is verplicht tot wederopbouw van door brand of storm tenietgegane opstallen, voorzover de wederopbouw noodzakelijk is voor de uitoefening van het bedrijf op het gepachte. Deze verplichting bestaat niet, indien de pachtovereenkomst voor kortere dan de wettelijke duur geldt en bestaat ook niet voor de onderverpachter.

2. De grondkamer kan de verpachter op diens verzoek, hetzij vóór het aangaan van de overeenkomst, hetzij bij een toetsing, van deze verplichting ontheffen, indien de opstallen niet op redelijke voorwaarden voor de herbouwwaarde verzekerd kunnen worden of aannemelijk is, dat bij tenietgaan van de opstallen de verplichting tot wederopbouw op grond van het bepaalde in de eerste zin van lid 4 zal vervallen.

3. Indien de verpachter, hoewel de opstallen op redelijke voorwaarden voor de herbouwwaarde verzekerd kunnen worden, niet of niet afdoende tegen brand- of stormschade verzekerd is, en niet anderszins zekerheid biedt de in lid 1 genoemde verplichting te zullen nakomen, kan de rechter de pachter op diens verzoek machtigen een verzekering of een aanvullende verzekering voor ten hoogste de duur van de lopende pachttermijn te sluiten en de premie voor rekening van de verpachter te betalen. Indien het betreft het sluiten van een aanvullende verzekering, moet deze worden gesloten bij de verzekeraar bij wie de opstallen verzekerd zijn, tenzij de rechter in zijn beschikking anders bepaalt. Onder verzekering voor de herbouwwaarde wordt verstaan een verzekering tot zodanig bedrag, dat daarmede kan worden voldaan aan de in lid 1, eerste zin, omschreven verplichting.

4. De verplichting van de verpachter tot wederopbouw vervalt, indien de wederopbouw, de algemene belangen van de landbouw of de bijzondere omstandigheden van het geval in aanmerking genomen, van de verpachter in redelijkheid niet kan worden gevergd. Indien de pachter voor de door brand ontstane schade aansprakelijk is, wordt de verplichting van de verpachter tot wederopbouw geschorst, zolang de pachter aan zijn verplichting tot schadevergoeding niet heeft voldaan.

(Zie ook: art. 399 BW Boek 7; art. 29 Pw)

Afdeling 7
Verplichtingen van de pachter

Art. 346

De pachter is verplicht de tegenprestatie op de overeengekomen wijze en tijdstippen te voldoen. *(Zie ook: art. 308 BW Boek 3; artt. 27, 50, 111 BW Boek 6; artt. 212, 328, 370 BW Boek 7)*

Betalingsplicht van pachter

Art. 347

De pachter is verplicht zich ten aanzien van het gebruik van het gepachte als een goed pachter te gedragen.

(Zie ook: art. 248 BW Boek 6; artt. 213, 370, 380, 399 BW Boek 7; art. 25 Pw)

Goed gedrag van pachter

Art. 348

1. De pachter is niet bevoegd de bestemming, inrichting of gedaante van het gepachte geheel of gedeeltelijk te veranderen dan na schriftelijke toestemming van de verpachter, tenzij het gaat om veranderingen en toevoegingen die bij het einde van de pacht zonder noemenswaardige kosten kunnen worden ongedaan gemaakt en verwijderd.

Aanbrengen van veranderingen door pachter

2. Indien de verpachter de toestemming niet verleent, kan de pachter aan de grondkamer machtiging vragen tot het aanbrengen van de veranderingen. Indien de verpachter niet tevens de eigenaar, vruchtgebruiker of erfpachter van de zaak is, draagt de verpachter ervoor zorg dat ook de eigenaar, vruchtgebruiker of erfpachter tijdig in het geding wordt geroepen. Indien op de zaak een hypotheek rust, bestaat deze verplichting tevens ten aanzien van de hypotheekhouder.

3. De grondkamer verleent de machtiging slechts, indien de veranderingen noodzakelijk zijn voor een doelmatig gebruik van het gepachte door de pachter en geen zwaarwichtige bezwaren aan de zijde van de verpachter zich tegen het aanbrengen daarvan verzetten.

4. De grondkamer kan aan de machtiging voorwaarden verbinden of daarbij een last opleggen. Zij kan op verzoek van de verpachter de pachtprijs verhogen, indien de veranderingen daartoe aanleiding geven.

(Zie ook: art. 119 BW Boek 5; artt. 215, 394, 354, 370, 376, 399 BW Boek 7; art. 30 Pw)

Art. 349

1. De pachter is tot de ontruiming bevoegd door hem aangebrachte veranderingen en toevoegingen ongedaan te maken, mits daarbij het gepachte in de toestand wordt gebracht, die bij het einde van de pacht redelijkerwijs in overeenstemming met de oorspronkelijke kan worden geacht.

Ongedaan maken aangebrachte veranderingen door pachter

2. De pachter is niet verplicht tot het ongedaan maken van geoorloofde veranderingen en toevoegingen, onverminderd de bevoegdheid van de rechter om hem op de voet van artikel 348 lid 4 de verplichting op te leggen hiervoor vóór de ontruiming van het gepachte zorg te dragen.

(Zie ook: artt. 123, 266 BW Boek 3; art. 89 BW Boek 5; artt. 216, 350, 358 BW Boek 7)

Art. 350

1. Bij het einde van de pacht is de verpachter verplicht de pachter een naar billijkheid te bepalen vergoeding te geven voor de door de pachter aan het gepachte aangebrachte veranderingen en toevoegingen die een verbetering zijn.

Vergoeding aangebrachte veranderingen aan pachter

2. Deze vergoeding kan niet overtreffen het bedrag waarmee de waarde van het gepachte bij het einde van de pacht tengevolge van de aangebrachte verbeteringen is verhoogd. De vergoeding wordt lager gesteld naarmate de pachter de vruchten van de aangebrachte verbeteringen reeds heeft kunnen genieten.

3. De vergoeding kan slechts worden gevorderd, indien de pachter tijdig aan de verpachter, onder opgave van geschatte kosten, schriftelijk mededeling van de voorgenomen verbetering

B7 art. 351 Burgerlijk Wetboek Boek 7

heeft gedaan en hetzij de verpachter zich daartegen niet binnen een maand na ontvangst van de mededeling heeft verzet, hetzij de rechter op vordering van de pachter deze tot het aanbrengen van de verbetering heeft gemachtigd.

4. Op de vordering tot machtiging zijn de leden 2 en 4, eerste zin, van artikel 348 van overeenkomstige toepassing.

5. De vordering tot vergoeding van de verbetering kan niet later worden ingesteld dan drie maanden na het einde van de pachtovereenkomst.

6. De pachter kan geen vordering tot vergoeding voor verbeteringen gronden op artikel 212 van Boek 6.

(Zie ook: artt. 216, 399 BW Boek 7; art. 31 Pw)

Art. 351

Kleine herstellingen door pachter

De pachter is verplicht te zijnen koste de kleine herstellingen te verrichten, tenzij deze nodig zijn geworden door het tekortschieten van de verpachter in de nakoming van zijn verplichting tot het verhelpen van gebreken.

(Zie ook: artt. 217, 320, 340 BW Boek 7; art. 26 Pw)

Art. 352

Aansprakelijkheid pachter voor schade

1. De pachter is aansprakelijk voor schade aan het gepachte die is ontstaan door een hem toe te rekenen tekortschieten in de nakoming van een verplichting uit de pachtovereenkomst.

2. Alle schade, behalve brandschade, wordt vermoed te zijn ontstaan door een hem toe te rekenen tekortschïeten als bedoeld in het eerste lid.

3. Onverminderd artikel 358 lid 2 wordt de pachter vermoed het gepachte in goede staat te hebben ontvangen.

(Zie ook: art. 74 BW Boek 6; artt. 218, 370, 376, 399 BW Boek 7; art. 1019j Rv; art. 28 Pw)

Art. 353

Aansprakelijkheid van pachter voor gedrag derden

De pachter is jegens de verpachter op gelijke wijze als voor eigen gedragingen aansprakelijk voor de gedragingen van hen die met zijn goedvinden het gepachte gebruiken of zich met zijn goedvinden daarop bevinden.

(Zie ook: artt. 76, 169 BW Boek 6; artt. 219, 399 BW Boek 7; art. 28 Pw)

Art. 354

Pachter moet gelegenheid geven tot dringende werkzaamheden

1. Indien gedurende de pacht dringende werkzaamheden aan het gepachte moeten worden uitgevoerd of de verpachter krachtens artikel 56 van Boek 5 iets moet toestaan ten behoeve van een naburig erf, moet de pachter daartoe gelegenheid geven, onverminderd zijn aanspraken op vermindering van de pachtprijs, op ontbinding van de pachtovereenkomst en op schadevergoeding.

Toestemming pachter bij aanbrengen verbeteringen Machtiging grondkamer

2. De verpachter is niet bevoegd verbeteringen op of aan het verpachte aan te brengen dan na schriftelijke toestemming van pachter.

3. Indien de pachter de toestemming niet verleent, kan de verpachter aan de grondkamer machtiging vragen tot het aanbrengen van de verbeteringen.

4. De grondkamer verleent de machtiging slechts, indien de verbeteringen noodzakelijk zijn voor een doelmatig gebruik van het gepachte en geen zwaarwichtige bezwaren aan de zijde van de pachter zich tegen het aanbrengen daarvan verzetten.

5. De grondkamer kan aan de machtiging voorwaarden verbinden of daarbij een last opleggen. Zij kan op verzoek van de pachter of de verpachter de pachtprijs herzien, indien de verbeteringen daartoe aanleiding geven.

(Zie ook: artt. 95, 265 BW Boek 7; artt. 220, 340, 348, 399 BW Boek 7; artt. 27, 30 Pw)

Art. 355

Onderverpachting door pachter

De pachter is niet dan met schriftelijke toestemming van de verpachter bevoegd tot onderverpachting.

(Zie ook: art. 159 BW Boek 6; artt. 221, 244, 344 BW Boek 7; art. 32 Pw)

Art. 356

Inkennisstelling/vergoeding gebreken door pachter

Indien de pachter gebreken aan het gepachte ontdekt of derden hem in zijn genot storen of enig recht op het gepachte beweren, moet hij daarvan onverwijld aan de verpachter kennis geven, bij gebreke waarvan hij verplicht is aan de verpachter de door de nalatigheid ontstane schade te vergoeden.

(Zie ook: artt. 74, 95 BW Boek 6; artt. 222, 339, 340, 341, 344 BW Boek 7; art. 1019j RV)

Art. 357

Medewerking bij verpachting/verhuring/verkoop bij einde pachtovereenkomst

Indien de verpachter tot verpachting of verhuring na afloop van de lopende pacht of tot verkoop van het gepachte wenst over te gaan, is de pachter verplicht te dulden dat aan het gepachte de gebruikelijke kennisgevingen van het te pachten, te huur of te koop zijn worden aangebracht, en aan belangstellenden gelegenheid te geven tot bezichtiging.

(Zie ook: art. 223 BW Boek 7)

Art. 358

Staat oplevering gepachte zaak bij einde pachtovereenkomst

1. De pachter is verplicht het gepachte bij het einde van de pacht weer in goede staat ter beschikking van de verpachter te stellen.

2. Indien tussen de pachter en de verpachter een beschrijving van gepachte gebouwen is opgemaakt, is de pachter gehouden de gebouwen in dezelfde staat op te leveren waarin deze volgens de beschrijving zijn aanvaard, met uitzondering van geoorloofde veranderingen en toevoegingen en hetgeen door ouderdom is tenietgegaan of beschadigd.
(Zie ook: artt. 74, 95 BW Boek 6; artt. 224, 349, 352 BW Boek 7; art. 1019j Rv; art. 25 Pw)

Art. 359

Houdt de pachter na het einde van de pacht het gepachte onrechtmatig onder zich, dan kan de verpachter over de tijd dat hij het gepachte mist, een vergoeding vorderen gelijk aan de pachtprijs, onverminderd, indien zijn schade meer dan deze vergoeding bedraagt, zijn recht op dit meerdere.
(Zie ook: artt. 95, 162 BW Boek 6; art. 225 BW Boek 7; art. 1019j Rv)

Vordering bij onrechtmatig gebruik bij einde pachtovereenkomst

Art. 360

1. De afgaande en opkomende pachters zijn verplicht elkander over en weer met al datgene te gerieven, wat vereist wordt om het betrekken en het verlaten van het gepachte gemakkelijker te maken, zowel wat betreft het gebruik voor het volgende jaar, het inoogsten van nog te velde staande vruchten en het betrekken van de gebouwen als anderszins.

Samenwerking met opkomende pachter bij einde pachtovereenkomst

2. De te dezen nalatige pachter is zowel jegens de andere pachter als jegens de verpachter tot schadevergoeding gehouden.
(Zie ook: artt. 74, 95, 248 BW Boek 6; artt. 316, 399 BW Boek 7; art. 1019j Rv; art. 35 Pw)

Afdeling 8
Overgang van de pacht bij overdracht van de verpachte zaken

Art. 361

1. Overdracht van de zaak waarop de pachtovereenkomst betrekking heeft en vestiging of overdracht van een zelfstandig recht van vruchtgebruik, erfpacht of opstal op de zaak waarop de pachtovereenkomst betrekking heeft, door de verpachter doen de rechten en verplichtingen van de verpachter uit de pachtovereenkomst, die daarna opeisbaar worden, overgaan op de verkrijger.

Overgaan rechten en plichten op verkrijger bij einde pachtovereenkomst

2. Overdracht door een schuldeiser van de verpachter wordt met overdracht door de verpachter gelijkgesteld.

3. De verkrijger wordt slechts gebonden door die bedingen van de pachtovereenkomst, die onmiddellijk verband houden met het doen hebben van het gebruik van de zaak tegen een door de pachter te betalen tegenprestatie.
(Zie ook: artt. 36, 83, 201, 217, 264 BW Boek 3; artt. 85, 94, 101, 104 BW Boek 5; artt. 226, 362, 399 BW Boek 7; art. 34 Pw)

Art. 362

In geval van vestiging of overdracht van een beperkt recht op de verpachte zaak, dat niet onder artikel 361 lid 1 is begrepen, is de gerechtigde jegens de pachter verplicht zich te onthouden van een uitoefening van dat recht, die het gebruik door de pachter belemmert.
(Zie ook: artt. 227, 337, 344, 399 BW Boek 7)

Overdracht beperkt recht op verpachte zaak

Afdeling 9
Pachtoverneming

Art. 363

1. De pachter kan zich tot de rechter wenden met de vordering zijn echtgenoot of geregistreerde partner, één of meer zijner bloed- en aanverwanten in de rechte lijn, één of meer van zijn pleegkinderen of één of meer van de medepachters – of twee of meer van deze gezamenlijk – in zijn plaats als pachter te stellen.

Aanstellen plaatsvervangend pachter

2. Indien de pachter een vordering, als bedoeld in het vorige lid, heeft gedaan, is de verpachter bevoegd zich tot de rechter te wenden met de vordering een of meer anderen van de in het vorige lid genoemde belanghebbenden in de plaats van de pachter te stellen.

3. De rechter beslist naar billijkheid, met inachtneming van de overige bepalingen van dit artikel.

4. De rechter wijst de vordering af, indien op grond van het gestelde in artikel 319 lid 1, onder d en e, eerste zinsnede, en met inachtneming van het bepaalde in artikel 319, leden 2 en 5, de goedkeuring aan een nieuwe pachtovereenkomst zou zijn onthouden.

5. De rechter wijst de vordering af, indien de voorgestelde pachter niet voldoende waarborgen voor een behoorlijke bedrijfsvoering biedt.

6. Indien de rechter de vordering zou moeten afwijzen, omdat op grond van het gestelde in artikel 319 lid 1, onder d en e, eerste zinsnede, de goedkeuring aan een nieuwe pachtovereenkomst zou zijn onthouden, is hij bevoegd de pachtovereenkomst te wijzigen op het punt of de punten, welke die goedkeuring zouden verhinderen. Het bepaalde in artikel 320 lid 2 is van overeenkomstige toepassing.

B7 *art. 364*

7. De rechter kan de toewijzing van de vordering afhankelijk stellen van de vervulling van zodanige voorwaarden, als hij in het belang van de verpachter noodzakelijk oordeelt.

8. Indien de pachtovereenkomst ingevolge het in het zesde lid bepaalde tegen de wil van de voorgestelde pachter is gewijzigd, kan deze, mits binnen een maand na de dag van het vonnis, van de indeplaatsstelling afzien door een kennisgeving bij aangetekende brief aan de verpachter. In dat geval staat de voorgestelde pachter geen beroep open.

(Zie ook: artt. 364, 366, 395, 399 BW Boek 7; art. 1019j Rv; art. 49 Pw)

Art. 364

Aanmerken van medepachter

1. De pachter kan zich tot de rechter wenden met de vordering zijn echtgenoot of geregistreerde partner, één of meer zijner bloed- en aanverwanten in de rechte lijn of één of meer van zijn pleegkinderen – of twee of meer van deze gezamenlijk – aan te merken als medepachter.

2. Het bepaalde in artikel 363 leden 3 tot en met 8 is van overeenkomstige toepassing met dien verstande dat in plaats van «voorgestelde pachter» telkens wordt gelezen: «voorgestelde medepachter».

(Zie ook: artt. 366, 395, 399 BW Boek 7; art. 1019j Rv; art. 49a Pw)

Art. 365

Medepachter ontslaan uit pacht

1. De medepachter, die niet of niet meer persoonlijk betrokken is bij de exploitatie van het gepachte, kan zich tot de rechter wenden met de vordering uit de pacht te worden ontslagen. De rechter beslist naar billijkheid met dien verstande, dat hij de vordering toewijst, tenzij de belangen van de verpachter of van de medepachter daardoor ernstig zouden worden geschaad.

2. De verpachter kan zich tot de rechter wenden met de vordering de medepachter die niet of niet meer persoonlijk betrokken is bij de exploitatie van het gepachte, te ontslaan uit de pacht. De tweede volzin van het eerste lid is van overeenkomstige toepassing.

3. De medepachter kan zich tot de rechter wenden met de vordering de andere medepachter uit de pacht te ontslaan op de grond dat de onderlinge verhouding een gemeenschappelijke bedrijfsvoering ernstig bemoeilijkt.

(Zie ook: artt. 366, 399 BW Boek 7; art. 1019j Rv; art. 50 Pw)

Afdeling 10

Het eindigen van de pachtovereenkomst

Art. 366

Overlijden pachter of verpachter

1. De dood van de pachter of de verpachter doet de pacht niet eindigen.

2. Indien de erfgenamen van de pachter niet bevoegd zijn het gepachte aan een ander in gebruik te geven, kunnen zij gedurende zes maanden na het overlijden van hun erflater de overeenkomst op een termijn van ten minste zes maanden bij exploot of aangetekende brief opzeggen.

3. Indien een pachter twee of meer erfgenamen nalaat, is de verpachter verplicht zijn medewerking te verlenen aan de toedeling van de rechten en verplichtingen van de overleden pachter uit de pachtovereenkomst door de gezamenlijke erfgenamen aan een of meer van hen, tenzij de verpachter tegen een of meer van de aangewezenen redelijke bezwaren heeft.

(Zie ook: art. 182 BW Boek 3; art. 227 BW Boek 4; art. 258 BW Boek 6; artt. 229, 363, 364, 365, 398, 399 BW Boek 7; art. 54 Pw)

Art. 367

Opzegging pachtovereenkomst

1. De overeenkomst kan tegen het einde van iedere in artikel 325 bedoelde termijn door ieder van de partijen worden opgezegd.

2. De opzegging moet geschieden bij exploot of bij aangetekende brief. De termijn van opzegging bedraagt ten minste een jaar.

3. Geen opzegging is vereist, indien de beëindiging geschiedt met wederzijds goedvinden, nadat de pachtovereenkomst is totstandgekomen.

(Zie ook: artt. 292, 399 BW Boek 7; artt. 39, 238 Fw)

Art. 368

Nietigheid opzegging door verpachter zonder vermelding gronden

Een opzegging door de verpachter is nietig, indien zij niet de gronden vermeldt die tot opzegging hebben geleid.

(Zie ook: art. 40 BW Boek 3; artt. 294, 399 BW Boek 7)

Art. 369

Verzet tegen opzegging pachtovereenkomst

1. Indien de pachter binnen zes weken na de opzegging aan de verpachter bij exploot of aangetekende brief meedeelt zich tegen de opzegging te verzetten met opgave van de redenen waarop hij dit verzet grondt, blijft de opgezegde overeenkomst van kracht, totdat de rechter onherroepelijk heeft beslist op een vordering van de verpachter als bedoeld in lid 2. De rechter kan evenwel, indien het verweer van de pachter hem kennelijk ongegrond voorkomt, zijn toewijzend vonnis uitvoerbaar bij voorraad verklaren.

2. Indien de pachter zich overeenkomstig het eerste lid tijdig tegen de opzegging heeft verzet, kan de verpachter op de gronden vermeld in de opzegging vorderen dat de rechter het tijdstip zal vaststellen waarop de overeenkomst zal eindigen.

(Zie ook: artt. 295, 370, 399 BW Boek 7; art. 1019j Rv)

Art. 370

1. De rechter kan de vordering slechts toewijzen op de grond dat:

a. de bedrijfsvoering door de pachter niet is geweest zoals een goed pachter betaamt of de pachter anderszins ernstig is tekortgeschoten in de nakoming van zijn verplichtingen;

b. de verpachter aannemelijk maakt dat hij, zijn echtgenoot, zijn geregistreerde partner, een bloed- of aanverwant in de eerste graad of een pleegkind het verpachte duurzaam in gebruik wil nemen en hij het verpachte daartoe dringend nodig heeft;

c. een redelijke afweging van de belangen van de verpachter bij beëindiging van de overeenkomst tegen die van de pachter bij verlenging van de overeenkomst in het voordeel van de verpachter uitvalt;

d. de pachter niet toestemt in een redelijk aanbod tot het aangaan van een nieuwe pachtovereenkomst, voor zover dit aanbod niet een wijziging van de pachtprijs inhoudt;

e. aan de gronden voor algehele ontbinding van de pachtovereenkomst krachtens artikel 377 is voldaan.

2. Onder duurzaam gebruik in de zin van lid 1 onder b wordt niet begrepen vervreemding van het verpachte.

(Zie ook: artt. 296, 346, 352, 371, 373, 377, 380, 383, 391, 399 BW Boek 7; art. 1019j Rv; artt. 38, 39, 41 Pw)

Art. 371

1. In het geval, bedoeld in artikel 370 lid 1 onder d, kan de rechter de pachter een termijn toestaan van ten hoogste een maand om het aanbod tot het aangaan van een nieuwe overeenkomst alsnog te aanvaarden.

2. Betreft het aanbod een nieuwe overeenkomst voor een kortere duur dan die van artikel 325 lid 1, dan kan de rechter het aanbod slechts als redelijk aanmerken, indien de bijzondere omstandigheden van het geval dit rechtvaardigen en de algemene belangen van de landbouw niet worden geschaad. Artikel 325 lid 4, tweede en derde zin, is van overeenkomstige toepassing. Indien de pachter het aanbod aanvaardt, is artikel 325 leden 6 en 7 van overeenkomstige toepassing op de door die aanvaarding tot stand gekomen overeenkomst.

(Zie ook: artt. 298, 399 BW Boek 7; art. 1019j Rv)

Art. 372

1. Indien de rechter de vordering toewijst, stelt hij tevens het tijdstip van de ontruiming vast. De toewijzing geldt als een veroordeling tot ontruiming tegen dat tijdstip.

2. Indien in het verpachte bedrijfsgebouwen zijn begrepen kan de rechter in zijn beslissing tot toewijzing een bedrag vaststellen dat de verpachter aan de pachter moet betalen ter tegemoetkoming in diens verhuis- en inrichtingskosten. Artikel 297 leden 2 en 3 is van overeenkomstige toepassing.

(Zie ook: artt. 295, 373, 399 BW Boek 7; art. 1019j Rv)

Art. 373

1. Indien de overeenkomst is opgezegd op de in artikel 370 lid 1 onder b of e bedoelde gronden en de pachter in de beëindiging van de overeenkomst heeft toegestemd dan wel de vordering tot beëindiging van de overeenkomst op die grond is toegewezen, is de verpachter jegens de pachter tot schadevergoeding gehouden, indien de wil om het verpachte persoonlijk in duurzaam gebruik te nemen of om aan het verpachte de in artikel 377 bedoelde bestemming te geven in werkelijkheid niet aanwezig is geweest.

2. Behoudens tegenbewijs wordt die wil geacht niet aanwezig te zijn geweest, indien niet binnen een jaar na het einde van de pachtovereenkomst het verpachte door de verpachter of door de echtgenoot of geregistreerde partner, door een bloed of aanverwant in de eerste graad of door een pleegkind van de verpachter in duurzaam gebruik is genomen, onderscheidenlijk aan het verpachte de in artikel 377 bedoelde bestemming is gegeven.

3. De rechter is bevoegd op verzoek van de verpachter of ambtshalve in zijn in artikel 372 bedoelde beslissing een bedrag te bepalen, dat de verpachter aan de pachter moet betalen, indien later mocht blijken dat die wil in werkelijkheid niet aanwezig is geweest, onverminderd het recht van de pachter op verdere vergoeding.

4. De vordering van de pachter tot schadevergoeding of tot betaling van het in lid 3 bedoelde bedrag verjaart vijf jaren na het einde van de pachtovereenkomst.

(Zie ook: artt. 299, 399 BW Boek 7; art. 1019j Rv; art. 44 Pw)

Art. 374

De rechter kan, hetzij op verzoek van een der partijen, hetzij ambtshalve op grond van de billijkheid de vordering slechts voor een gedeelte van het verpachte toewijzen. In dat geval vermindert de rechter de geldende tegenprestatie dienovereenkomstig. De pachter kan alsdan de

B7 art. 375

overeenkomst voor het overige beëindigen op het tijdstip van het eindigen van de pacht ter zake van het eerst vermeld gedeelte. Hij geeft hiervan bij aangetekende brief kennis aan de verpachter binnen een maand nadat het vonnis onaantastbaar is geworden.

(Zie ook: art. 399 BW Boek 7; art. 1019j Rv; art. 47 Pw)

Art. 375

(vervallen)

Art. 376

Ontbinding pachtovereenkomst bij tekortgeschieten verplichtingen

1. Ontbinding van de pachtovereenkomst op de grond dat de pachter tekortgeschoten is in de nakoming van zijn verplichtingen, kan slechts geschieden door de rechter, behoudens in het geval van artikel 343 lid 1. De pachter wordt in ieder geval geacht in de nakoming van zijn verplichtingen te zijn tekortgeschoten, indien hij

a. het gepachte niet langer voor de uitoefening van de landbouw gebruikt, of

b. in de pachtovereenkomst vastgelegde beheersverplichtingen ter behoud van op het gepachte aanwezige natuurwaarden, niet naleeft of aan deze natuurwaarden anderszins schade heeft toegebracht.

2. Indien de pachter met de nakoming van zijn verplichtingen in gebreke is, kan de rechter hem op zijn verlangen nog een betrekkelijk korte termijn gunnen om alsnog aan zijn verplichtingen te voldoen.

3. De rechter kan op verzoek van de verpachter, alvorens op de vordering tot ontbinding te beslissen, een onderzoek bevelen naar de nakoming door de pachter van diens verplichting tot onderhoud en, zo dit onderzoek daartoe aanleiding geeft, aan de pachter zodanige aanwijzingen omtrent het uitvoeren van deze verplichting verstrekken als door de omstandigheden worden geboden, zulks met vaststelling van een termijn waarbinnen die aanwijzingen moeten worden opgevolgd.

4. Indien de pachter nalaat de aanwijzingen binnen de gestelde termijn op te volgen, geldt dit als een tekortkoming als bedoeld in lid 1, tenzij de pachter aannemelijk maakt dat dit nalaten hem niet kan worden toegerekend.

(Zie ook: art. 265 BW Boek 6; artt. 231, 280, 348, 352, 399 BW Boek 7; art. 1019j Rv; art. 55 Pw)

Art. 377

Ontbinding pachtovereenkomst bij verpachte zaak voor niet-landbouwdoeleinden bestemmen

1. Indien de verpachter het verpachte of een gedeelte daarvan wil bestemmen voor niet tot de landbouw betrekkelijke doeleinden, en die bestemming in overeenstemming is met het algemeen belang, ontbindt de rechter op vordering van de verpachter de pachtovereenkomst geheel of ten dele met ingang van een bij de uitspraak te bepalen dag. De voorgenomen bestemming wordt geacht in overeenstemming met het algemeen belang te zijn, indien zij in overeenstemming is met een onherroepelijk bestemmingsplan.

2. Bij ontbinding voor een gedeelte van het verpachte vermindert de rechter de tegenprestatie dienovereenkomstig. De pachter kan alsdan de pachtovereenkomst voor het overige beëindigen op het in vorige lid bedoelde tijdstip. Hij geeft hiervan bij aangetekende brief kennis aan de verpachter binnen een maand nadat het vonnis in kracht van gewijsde is gegaan.

3. Indien de rechter de pachtovereenkomst op grond van de leden 1 en 2 ontbindt, veroordeelt hij de verpachter de pachter schadeloos te stellen over de tijd, welke de pachter bij niet-ontbinding ingevolge de pachtovereenkomst nog op het gepachte had kunnen blijven.

4. Indien de pachtovereenkomst voor de in artikel 325, eerste of tweede lid, bedoelde duur is aangegaan of geldt, dan wel voor een kortere duur is aangegaan, doch nadien voor zes jaren is verlengd, wordt bij de bepaling van de schadeloosstelling rekening gehouden met de mogelijkheid, dat de pachtovereenkomst zou zijn verlengd. Bij de beoordeling van de mogelijkheid van verlenging houdt de rechter geen rekening met het voornemen van de verpachter het verpachte of een gedeelte daarvan te bestemmen voor niet tot de landbouw betrekkelijke doeleinden.

5. Het bepaalde in het vierde lid, eerste volzin, vindt geen toepassing, indien de pachtverhouding is aangevangen, nadat aan het verpachte bij een bestemmingsplan een niet tot de landbouw betrekkelijke bestemming is gegeven. In dat geval wordt de pachtovereenkomst met betrekking tot een hoeve of los land, welke is aangegaan voor langer dan twaalf, onderscheidenlijk zes jaren, voor de bepaling van de schadeloosstelling geacht te zijn aangegaan voor twaalf, onderscheidenlijk zes jaren, met dien verstande, dat, indien de ontbinding plaats vindt na die termijn, de overeenkomst geacht wordt telkens voor zes jaren te zijn verlengd.

6. Indien evenwel het verpachte sinds een tijdstip, liggend voor het besluit tot vaststelling van het bestemmingsplan, bedoeld in het vijfde lid, achtereenvolgens bij personen die ten tijde van de opvolging in het gebruik tot de voorgaande gebruiker in enige in artikel 363, eerste lid, genoemde betrekking stonden persoonlijk in gebruik is geweest voor een tot de landbouw betrekkelijk doel, blijft het bepaalde in het tweede lid van toepassing.

7. Indien de pachtovereenkomst ingevolge artikel 322 voor onbepaalde tijd geldt, wordt voor de berekening van de schadeloosstelling uitgegaan van de overeengekomen duur, doch ingeval de overeenkomst voor onbepaalde tijd is aangegaan nimmer van een langere dan de in artikel 325, eerste lid, bedoelde duur. Voor de berekening van de schadeloosstelling wordt op gelijke wijze als ten aanzien van pachtovereenkomsten, waarop artikel 322 niet van toepassing is, aangenomen, dat de pachtovereenkomst zou kunnen worden verlengd; het vierde lid, tweede volzin, vijfde en zesde lid, vinden overeenkomstige toepassing.

8. Bij de berekening van de schadeloosstelling wordt niet gelet op feitelijke veranderingen die kennelijk zijn aangebracht om de schadeloosstelling te verhogen.

9. Artikel 373 is van overeenkomstige toepassing.

(Zie ook: artt. 281, 310, 370, 373, 381, 399 BW Boek 7; art. 1019j Rv; artt. 51, 52 Pw)

Afdeling 11
Het voorkeursrecht van de pachter

Art. 378

1. De verpachter die tot vervreemding van het verpachte of een deel daarvan wil overgaan, is verplicht de pachter uit hoofde van een door de grondkamer goedgekeurde pachtovereenkomst die voor ten minste de wettelijke duur is aangegaan dan wel is aangegaan voor een kortere duur, doch nadien voor ten minste zes jaren is verlengd, bij voorkeur in de gelegenheid te stellen het recht dat hij voornemens is aan te bieden, te verkrijgen overeenkomstig de regels van deze afdeling. Onder vervreemding worden begrepen overdracht van eigendom of vestiging of overdracht van erfpacht, opstal of vruchtgebruik.

2. De verpachter geeft van zijn voornemen tot vervreemding onder vermelding van de prijs bij exploot of bij aangetekende brief kennis aan de pachter.

3. De pachter geeft binnen een maand na de kennisgeving eveneens bij aangetekende brief of exploot aan de verpachter te kennen of hij, indien overeenstemming wordt bereikt over de prijs, bereid is eigenaar dan wel erfpachter, opstaller of vruchtgebruiker te worden.

4. Indien de pachter zich niet binnen de termijn, bedoeld in artikel 378 lid 3, daartoe bereid verklaart, is het in lid 1 van artikel 378 bepaalde gedurende een jaar na afloop van deze termijn niet van toepassing.

5. In die periode mag vervreemding, anders dan in het openbaar, niet geschieden tegen een prijs die lager is dan de prijs die de verpachter in zijn in lid 2 van artikel 378 bedoelde kennisgeving heeft vermeld.

(Zie ook: artt. 325, 381, 383, 395, 396, 397, 399 BW Boek 7; artt. 56a, 56b Pw)

Art. 379

1. Indien geen overeenstemming wordt bereikt over de prijs, kan de verpachter de grondkamer verzoeken de marktwaarde van het verpachte of het te vervreemden deel daarvan te taxeren.

2. Indien de verpachter, nadat op het verzoek onherroepelijk is beslist, bereid is het verpachte of het te vervreemden deel daarvan tegen de getaxeerde waarde of een lagere prijs aan de pachter te vervreemden, geeft hij daarvan bij exploot of aangetekende brief kennis aan de pachter.

3. Indien de pachter niet binnen een maand na het uitbrengen van het exploot of de verzending van de aangetekende brief het aanbod bij exploot of aangetekende brief heeft aanvaard, is het in lid 1 van artikel 378 bepaalde gedurende een jaar na afloop van die termijn niet van toepassing. Artikel 378 lid 5 is van overeenkomstige toepassing met dien verstande dat de verkoop niet mag geschieden tegen een prijs die lager is dan de in het vorige lid bedoelde prijs.

4. Indien de verpachter de kennisgeving, bedoeld in het tweede lid niet heeft gedaan binnen een jaar nadat op het verzoek om taxatie onherroepelijk is beslist, zijn de bepalingen van artikel 378 en volgende wederom van toepassing.

(Zie ook: artt. 383, 395, 376, 397, 399 BW Boek 7; artt. 56c, 56d Pw)

Art. 380

1. De in artikel 378 lid 1 bedoelde verplichting bestaat niet:

a. in geval van verkoop krachtens wetsbepaling of krachtens een bevel de rechter en van executoriale verkoop;

b. wanneer de verpachter overgaat tot vervreemding aan zijn echtgenoot of geregistreerde partner, aan een bloed of aanverwant in de rechte lijn of in de zijlijn tot in de tweede graad of aan een pleegkind;

c. in geval van een rechtshandeling die als een verdeling van een gemeenschap is aan te merken;

d. in geval de rechter op vordering van de verpachter oordeelt dat deze een ernstige reden heeft om de pachter niet in de gelegenheid te stellen eigenaar dan wel erfpachter, opstaller of vruchtgebruiker te worden.

e. in geval degene aan wie de vervreemding plaats vindt, tevoren schriftelijk aan de pachter verklaart afstand te doen van zijn bevoegdheid de pachtovereenkomst op te zeggen op de in artikel 370 lid 1 onder b bedoelde grond.

2. Evenmin bestaat de in artikel 378 lid 1 bedoelde verplichting, wanneer de grondkamer op verzoek van de verpachter heeft vastgesteld dat deze een ernstige reden heeft om de pachter

Voorkeursrecht pachter bij vervreemding verpachte

Taxatie van marktwaarde van het verpachte door de grondkamer

Uitzonderingen op voorkeursrecht pachter bij vervreemding verpachte

B7 art. 381

niet in de gelegenheid te stellen eigenaar of beperkt gerechtigde te worden. Als ernstige reden wordt steeds beschouwd de omstandigheid dat de pachter een slecht landgebruiker is. *(Zie ook: artt. 347, 370, 376, 399 BW Boek 7; art. 56e Pw)*

Art. 381

Uitzonderingen op voorkeursrecht pachter bij vervreemding verpachte

1. De in artikel 378 lid 1 bedoelde verplichting bestaat voorts niet, wanneer en voor zover het verpachte is gelegen in een geldend bestemmingsplan, waarbij daaraan een andere dan landbouwkundige bestemming is gegeven. Op verzoek van de verpachter verklaren burgemeester en wethouders schriftelijk, of in zulk een plan al dan niet een landbouwkundige bestemming aan het verpachte is gegeven.

2. Evenmin bestaat de in artikel 378 lid 1 bedoelde verplichting, wanneer de verpachter overgaat tot vervreemding van het verpachte aan een derde en de grondkamer, op gezamenlijk verzoek van de verpachter en die derde, heeft vastgesteld, dat aannemelijk is, dat de derde het verpachte voor andere dan landbouwkundige doeleinden zal gebruiken of doen gebruiken.

3. De in artikel 378 lid 1 bedoelde verplichting bestaat evenmin, voor zover het verpachte is gelegen in een gebied waarvoor een structuurvisie als bedoeld in artikel 2.1 van de Wet ruimtelijke ordening is vastgesteld en de verpachter ingevolge het bepaalde in de artikelen 2 juncto artikel 4, eerste lid, onder a, 10 tot en met 24 van de Wet voorkeursrecht gemeenten dan wel artikel 9a, eerste of tweede lid, juncto artikel 4, eerste lid, onder a, van die wet overgaat tot de vervreemding van het verpachte aan de gemeente onderscheidenlijk de provincie of de Staat. *(Zie ook: artt. 377, 399 BW Boek 7; art. 56f Pw)*

Art. 382

Kennisgeving aan pachter bij vervreemding verpachte

De verpachter is verplicht om, alvorens tot openbare verkoop van het verpachte wordt overgegaan, behoudens in geval van executoriale verkoop, de pachter ten minste een maand voor de verkoop bij exploot of aangetekende brief daarvan kennis te geven. *(Zie ook: art. 399 BW Boek 7; art. 56g Pw)*

Art. 383

Opzeggen pachtovereenkomst bij vervreemding verpachte

Indien de verpachter in strijd heeft gehandeld met artikel 378 lid 1, 378 lid 5 of 379 lid 3, kan de verkrijger van het verpachte onder bijzondere titel de overeenkomst slechts op de in artikel 370 lid 1 onder b bedoelde grond opzeggen, nadat twaalf jaren zijn verstreken na het einde van het pachtjaar, waarin de verpachter de vorige verpachter is opgevolgd. *(Zie ook: artt. 367, 399 BW Boek 7; art. 43 Pw)*

Art. 384

Vergoeding bij gebruik voorkeursrecht bij vervreemding verpachte

1. De pachter die van zijn recht van voorkeur gebruik heeft gemaakt en het uit dien hoofde verkregene binnen een periode van tien jaar na die verkrijging deels of geheel vervreemdt, is aan de verpachter een vergoeding verschuldigd als bedoeld in het tweede tot en met vierde lid.

2. De vergoeding bedraagt het verschil tussen de prijs die door de pachter is betaald voor het verkregene en de waarde daarvan in pachtvrije staat ten tijde van de verkrijging.

3. Indien de waarde in pachtvrije staat ten tijde van de vervreemding door de pachter lager is dan de waarde in pachtvrije staat ten tijde van de verkrijging, bedraagt in afwijking van het tweede lid de vergoeding het verschil tussen de prijs die door de pachter is betaald voor het verkregene en de waarde daarvan in pachtvrije staat ten tijde van de vervreemding.

4. De in het tweede en derde lid bedoelde vergoeding neemt telkens af met ééntiende deel voor elk jaar dat verstreken is gerekend van de verkrijging door de pachter af en vermindert voorts naar evenredigheid indien sprake is van vervreemding van een deel van het object.

5. Het bepaalde in het eerste lid is niet van toepassing:

a. indien de vervreemding plaatsvindt aan de echtgenoot of geregistreerde partner van de pachter, aan één of meer van zijn bloed- of aanverwanten in de rechte lijn, aan één of meer van zijn pleegkinderen of aan één of meer van de medepachters, met dien verstande dat indien zij binnen de in het eerste lid bedoelde periode tot gehele of gedeeltelijke vervreemding van het object overgaan, zij de in het eerste lid bedoelde vergoeding verschuldigd zijn;

b. indien de vervreemding plaatsvindt door één of meer van de bloed- of aanverwanten in de rechte lijn van de pachter of door één of meer van diens pleegkinderen aan één of meer van hun bloedverwanten in de rechte lijn of pleegkinderen, met dien verstande dat indien laatstgenoemden binnen de in het eerste lid bedoelde periode tot gehele of gedeeltelijke vervreemding van het object overgaan, zij de in het eerste lid bedoelde vergoeding verschuldigd zijn.

6. Voor de toepassing van dit artikel wordt onder vervreemding mede verstaan: elke overeenkomst of andere rechtshandeling in welke vorm en onder welke benaming ook aangegaan of verricht, strekkende tot het anderszins overgaan van het verkregene, waarvan moet worden aangenomen dat zij niet zou zijn aangegaan of zou zijn verricht indien de in het eerste lid bedoelde vergoeding niet zou zijn verschuldigd. *(Zie ook: art. 399 BW Boek 7; art. 56i Pw)*

Afdeling 12
Bijzondere pachtovereenkomsten

Paragraaf 1
Verpachting door openbare lichamen

Art. 385

Indien het Rijk, een provincie, een gemeente, een rechtspersoonlijkheid bezittend lichaam als bedoeld in de Wet gemeenschappelijke regelingen, een waterschap, een veenschap of een veenpolder aan hun in eigendom toebehorende hoeven of los land een bestemming heeft gegeven voor niet tot de landbouw betrekkelijke doeleinden van openbaar nut, kunnen zij aan de grondkamer verzoeken goed te keuren, dat bij verpachting van zulke hoeven of zodanig los land in de overeenkomst een of meer van de volgende bedingen zullen worden opgenomen:
a. dat de overeenkomst in afwijking van het bepaalde in artikel 325 lid 1, tweede zin, geldt voor de overeengekomen tijd;
b. dat de verlenging niet zal plaats hebben, indien en voorzover de verpachter bij exploit of aangetekend schrijven uiterlijk zes maanden voor het verstrijken van de termijn waarvoor de pachtovereenkomst is aangegaan de overeenkomst heeft opgezegd op de grond, dat de verlenging met de bestemming van het verpachte onverenigbaar is;
c. dat de pachter niet bevoegd zal zijn aan de grondkamer machtiging te vragen bestemming, inrichting of gedaante van het gepachte te veranderen;
d. dat de overeenkomst door de verpachter te allen tijde kan worden beëindigd, indien en voorzover de bestemming de beëindiging naar zijn oordeel noodzakelijk maakt.
(Zie ook: artt. 348, 366 BW Boek 7; art. 62 Pw)

Art. 386

De grondkamer onderzoekt uitsluitend of de bestemming het beding redelijkerwijs noodzakelijk kan maken. Zij treedt niet in een beoordeling dezer bestemming.
(Zie ook: art. 63 Pw)

Beding in bijzondere pachtovereenkomst bij verpachting door openbare lichamen

Beding in bijzondere pachtovereenkomst bij verpachting door openbare lichamen, onderzoek grondkamer van

Art. 387

1. In geval de pachtovereenkomst niet wordt verlengd op grond van het beding, genoemd in artikel 385 onder b, heeft de pachter geen recht op schadeloosstelling.

Beding in bijzondere pachtovereenkomst bij verpachting door openbare lichamen, einde pachtovereenkomst o.g.v.

2. In geval van beëindiging op grond van het beding, genoemd in artikel 385, onder d, heeft de pachter recht op schadeloosstelling over de tijd, welke hij bij niet-beëindiging ingevolge de pachtovereenkomst nog op het gepachte had kunnen blijven.
3. Bij gedeeltelijke beëindiging is de pachter bevoegd de pachtovereenkomst ook voor het overige te beëindigen. Hij geeft hiervan bij aangetekende brief kennis aan de verpachter binnen een maand na de beëindiging, bedoeld in artikel 385 onder d.

Paragraaf 2
Verpachting binnen reservaten

Art. 388

In deze paragraaf wordt verstaan onder «reservaat» een gebied waar de eigendom dan wel de erfpacht van landbouwgronden door de Staat, een publiekrechtelijke rechtspersoon of een bij koninklijk besluit aangewezen particuliere terreinbeherende natuurbeschermingsorganisatie is verworven en waar een beheer gevoerd kan worden gericht op doeleinden van natuur- en landschapsbehoud anders dan door middel van een daartoe te sluiten overeenkomst betreffende het richten van de bedrijfsvoering van agrarische bedrijven op doeleinden van natuur- en landschapsbehoud.
(Zie ook: art. 70a Pw)

Reservaat

Art. 389

1. In een pachtovereenkomst met betrekking tot een hoeve of los land gelegen in een reservaat, kunnen een of meer verplichtingen worden opgenomen welke ten doel hebben de opzet en de bedrijfsvoering te richten op het behoud van natuur en landschap.
2. Niet als buitensporige verplichtingen als bedoeld in artikel 319, eerste lid, onderdeel b, worden die verplichtingen aangemerkt:
a. die deel uitmaken van een pachtovereenkomst gesloten met betrekking tot door de Staat of een bij koninklijk besluit aangewezen particuliere terreinbeherende natuurbeschermingsorganisatie in eigendom dan wel erfpacht verworven percelen, gelegen in een reservaat,

Bijzondere pachtovereenkomst bij verpachting in een reservaat

B7 art. 390 Burgerlijk Wetboek Boek 7

b. die gewenst zijn in verband met de instandhouding of ontwikkeling van de op het land aanwezige waarden van natuur en landschap en
c. waarvoor bij de overeenkomst een vergoeding wordt bedongen.
(Zie ook: art. 399 BW Boek 7; art. 70b Pw)

Art. 390

Duur pachtovereenkomst bij verpachting in een reservaat

Indien toepassing is gegeven aan artikel 389 geldt, in afwijking in zoverre van het bepaalde in artikel 325, de pachtovereenkomst voor zowel een hoeve als los land voor de duur van zes jaren. *(Zie ook: art. 399 BW Boek 7; art. 70c Pw)*

Art. 391

Verlenging pachtovereenkomst bij verpachting in een reservaat

1. Indien toepassing is gegeven aan artikel 389 wordt de pachtovereenkomst in afwijking van artikel 325 telkens met zes jaren verlengd.

2. De rechter kan de in artikel 370 bedoelde vordering, behalve op de daar bedoelde gronden, ook toewijzen op de grond dat de verpachter met betrekking tot de instandhouding of ontwikkeling van de op het land aanwezige waarden van natuur en landschap een zodanig beheer wil voeren dat verdere verpachting hiermee niet in overeenstemming is. Bij alle toewijzingsgronden houdt hij rekening met de billijkheid in verband met de bijzondere aard van de pachtovereenkomst.
(Zie ook: art. 399 BW Boek 7; art. 70d Pw)

Art. 392

Herziening bij verstrijken pachttermijn bij verpachting in een reservaat

De grondkamer herziet de in het eerste lid van artikel 326 bedoelde bepalingen van de pachtovereenkomst, indien dit gewenst is met het oog op de instandhouding of ontwikkeling van de op het land aanwezige waarden van natuur en landschap.
(Zie ook: art. 399 BW Boek 7; art. 70e Pw)

Art. 393

Vergoeding t.b.v. verplichtingen bij verpachting in een reservaat

1. De vergoeding die ingevolge artikel 389 lid 2 onder c is bedongen, wordt niet aangemerkt als pachtprijs.

2. De vergoeding kan niet meer bedragen dan de pachtprijs zoals opgenomen in een door de grondkamer goedgekeurde pachtovereenkomst.
3. Bij algemene maatregel van bestuur worden nadere regelen vastgesteld ten aanzien van de hoogst toelaatbare vergoeding.
(Zie ook: artt. 318, 319, 327, 394, 399 BW Boek 7; art. 4a Pw)

Art. 394

Herziening vergoeding t.b.v. verplichtingen bij verpachting in een reservaat

1. De pachter of de verpachter kan aan de grondkamer verzoeken de vergoeding bedoeld in artikel 389 lid 2 onder c te herzien
a. voor het verstrijken van een pachtperiode van drie jaren;
b. binnen een tijdvak van een jaar na inwerkingtreding van een wijziging van de regelen als bedoeld in artikel 393 lid 3.
2. De grondkamer herziet de vergoeding, indien redelijkheid en billijkheid dit verlangen of gewijzigde omstandigheden dit rechtvaardigen.
3. Indien het verzoek met toepassing van het eerste lid, onder a, is ingediend, gaat de herziening van de vergoeding door de grondkamer in met ingang van de nieuwe driejarige pachtperiode.
4. Indien het verzoek met toepassing van het eerste lid, onder b, is ingediend, gaat de herziening van de vergoeding door de grondkamer in met ingang van het pachtjaar volgend op het tijdstip waarop de herziening van de regelen, bedoeld in artikel 393 lid 3, in werking is getreden.
5. Zijn de regelen, bedoeld in artikel 393 lid 3, herzien na het tijdstip waarop de grondkamer heeft beslist, dan beslist de Centrale Grondkamer met inachtneming van deze regelen, indien een der partijen dit verzoekt.
(Zie ook: artt. 248, 258 BW Boek 6; art. 399 BW Boek 7; art. 19a Pw)

Paragraaf 3
Pacht van geringe oppervlakten

Art. 395

Bijzondere pachtovereenkomst bij verpachting kleine oppervlakten

1. De artikelen 313 lid 2, 317–329, 332, 333, 348 leden 2–4, 350, 363, 364 en 366–384 zijn niet van toepassing op pachtovereenkomsten betreffende los land dat niet groter is dan één hectare.

2. De grondkamer is bevoegd hetzij voor haar gehele ressort, hetzij voor een gedeelte daarvan, bij besluit voor een bepaalde tak van bodemcultuur de in het vorige lid genoemde oppervlakte te verlagen, doch niet tot minder dan 50 are. De besluiten van de grondkamer worden in de Nederlandse Staatscourant bekendgemaakt.
3. Dit besluit behoeft de goedkeuring van Onze Minister van Landbouw, Natuur en Voedselkwaliteit.

4. Overeenkomsten, in welke vorm en onder welke benaming ook aangegaan welke tot gevolg hebben dat door de ene partij aan de andere partij, – daaronder begrepen natuurlijke of rechtspersonen die in een samenwerkingsverband een landbouwbedrijf uitoefenen – tegen voldoening van een tegenprestatie los land in gebruik wordt gegeven ter uitoefening van de landbouw, gelden voor de toepassing van dit artikel als één overeenkomst. Voor de toepassing van dit artikel worden mede als één overeenkomst in aanmerking genomen die overeenkomsten waarvan op grond van feiten en omstandigheden moet worden aangenomen dat zij niet of voor een andere oppervlakte gesloten zouden zijn indien de oppervlaktegrenzen als bedoeld in dit artikel niet zouden zijn gesteld.

(Zie ook: art. 399 BW Boek 7; art. 58 Pw)

Paragraaf 4

Teeltpacht en geliberaliseerde pacht

Art. 396

1. De artikelen 313 lid 2, 318–325, 327, 328, 332, 333, 363, 364, 366–374 en 378–384 zijn niet van toepassing op pachtovereenkomsten betreffende los land:

a. waarvan partijen dat in de pachtovereenkomst hebben bepaald;

b. die zijn aangegaan voor één- of tweejarige teelten voor de duur van ten hoogste één onderscheidenlijk twee jaar;

c. die zijn aangegaan voor teelten waarvoor vruchtwisseling noodzakelijk is, en

d. waarbij overigens is voldaan aan het bepaalde in het tweede en derde lid.

2. De pachtovereenkomst als bedoeld in het eerste lid wordt door een der partijen ter registratie aan de grondkamer gezonden.

3. De inzending ter registratie dient binnen twee maanden nadat de pachtovereenkomst is aangegaan te hebben plaatsgevonden. De inzending geschiedt met toepassing van de in de Uitvoeringswet grondkamers voorgeschreven formaliteiten voor een verzoek tot goedkeuring van een pachtovereenkomst en wordt gericht tot de grondkamer die ter zake van een zodanig verzoek bevoegd is. De secretaris van de grondkamer doet ieder der partijen mededeling van een registratie.

4. Indien de verpachter ten behoeve van een onderverpachting overeenkomstig het bepaalde in het eerste lid de in artikel 355 bedoelde toestemming niet verleent, kan de pachter de grondkamer machtiging vragen tot de gewenste onderverpachting over te gaan. De grondkamer verleent deze machtiging, wanneer door de onderverpachting het algemeen landbouwbelang gediend wordt en geen redelijk belang van de verpachter zich daartegen verzet. De grondkamer kan aan de machtiging voorwaarden verbinden of daarbij een last opleggen en kan daarbij op verzoek van de verpachter de tegenprestatie in afwijking van de regelen als bedoeld in artikel 327 lid 1 herzien, indien de bij de onderverpachting overeengekomen tegenprestatie daartoe aanleiding geeft.

(Zie ook: art. 399 BW Boek 7; art. 70f Pw)

Art. 397

1. De bepalingen van de artikelen 313 lid 2, 319 lid 1 onder a, c en d, 325, 327, 328, 332, 333, 363 tot en met 374, 378 tot en met 384, 399a en 399c lid 1 zijn niet van toepassing op pachtovereenkomsten betreffende los land:

a. waarvan partijen dat in de pachtovereenkomst hebben bepaald en

b. die zijn aangegaan voor een duur van zes jaren of korter.

2. De bepalingen van de artikelen 313 lid 2, 319 lid 1 onder c en d, 325, 363 tot en met 374 en 378 tot en met 384 zijn niet van toepassing op pachtovereenkomsten betreffende los land:

a. waarvan partijen dat in de pachtovereenkomst hebben bepaald en

b. die zijn aangegaan voor een duur langer dan zes jaren.

3. De grondkamer maakt van haar in artikel 320 bedoelde bevoegdheid tot wijziging van de pachtovereenkomst slechts gebruik, indien daardoor sprake blijft van een pachtovereenkomst als bedoeld in dit artikel.

4. Bij algemene maatregel van bestuur kan worden bepaald dat op de pachtovereenkomsten als bedoeld in het eerste lid tevens de artikelen 319 lid 1 onder a, 327, 328, 332, 333, 399a en 399c lid 1 van toepassing zijn. De algemene maatregel van bestuur treedt niet eerder in werking dan acht weken na de datum van uitgifte van het Staatsblad waarin hij is geplaatst. Van de plaatsing wordt onverwijld mededeling gedaan aan beide kamers der Staten-Generaal.

(Zie ook: art. 70f Pw)

Art. 398

1. Een overeenkomst als bedoeld in de artikelen 396 en 397 gaat niet van rechtswege teniet door de dood van de verpachter of van de pachter.

2. Na de dood van de pachter zet dan wel zetten diens echtgenoot of geregistreerde partner, een of meer van diens bloed- of aanverwanten in de rechte lijn, een of meer van diens pleegkin-

Bijzondere pachtovereenkomst bij teeltpacht

Bijzondere pachtovereenkomst bij vastgestelde duur overeenkomst

Overlijden verpachter/pachter bij bijzondere pachtovereenkomst

deren of iedere medepachter of onderpachter de in lid 1 bedoelde overeenkomst voort, tenzij de verpachter na het overlijden van de pachter schriftelijk wordt medegedeeld dat daarvan wordt afgezien.

3. Een mededeling als bedoeld in het tweede lid geschiedt:
a. binnen één maand na het overlijden van de pachter, voor zover het een overeenkomst als bedoeld in artikel 396 betreft;
b. binnen drie maanden na het overlijden van de pachter, voor zover het een overeenkomst als bedoeld in artikel 397 betreft.
(Zie ook: artt. 366, 399 BW Boek 7; art. 70g Pw)

Afdeling 13
Dwingend recht

Art. 399

Dwingend recht bij pachtovereenkomst

Van de bepalingen van de artikelen 311 tot en met 314, 317 tot en met 332, 335, 345, 347, 348, 350, 352 lid 3, 353, 354 leden 2–5, 360 tot en met 383, 384 leden 2 en 3, 389 lid 2, 390 tot en met 394, 395 lid 4 en artikel 396, leden 2 tot en met 4, en artikel 398 kan niet ten nadele van de pachter worden afgeweken.
(Zie ook: artt. 40, 49 BW Boek 3; art. 291 BW Boek 7; art. 57 Pw)

Art. 399a

Dwingend recht bij pachtovereenkomst

Nietig is elk beding in een pachtovereenkomst, ingevolge hetwelk de geldelijke lasten, welke de verpachter door publiekrechtelijke lichamen zijn of zullen worden opgelegd, geheel of ten dele ten laste van de pachter komen.

Art. 399b

Dwingend recht bij pachtovereenkomst

Indien een pachtovereenkomst is aangegaan onder voorwaarde dat de overeenkomst door de grondkamer geheel of ten dele ongewijzigd zal worden goedgekeurd, wordt deze voorwaarde voor niet geschreven gehouden.

Art. 399c

Dwingend recht bij pachtovereenkomst

1. Een beding waarin een verpachter, indien de grondkamer onderscheidenlijk de Centrale Grondkamer de pachtovereenkomst of een overeenkomst tot wijziging van een pachtovereenkomst heeft vastgesteld, een hogere tegenprestatie bedingt dan ingevolge deze wet is geoorloofd, is nietig. Onder de tegenprestatie worden prestaties, bedongen of genoten krachtens andere met de pachtovereenkomst verband houdende overeenkomsten, mede begrepen.

2. Een beding in een overeenkomst tussen een afgaande en een opgaande pachter, verband houdende met de overgang van het bedrijf, waarin meer is bedongen dan een redelijke vergoeding voor de verrichte prestatie, is nietig.

3. Een beding in een overeenkomst van het verlenen van bemiddeling of andere diensten bij het sluiten van een pachtovereenkomst of van een overeenkomst tot wijziging of beëindiging van een pachtovereenkomst waarin meer is bedongen dan een redelijke vergoeding, is nietig.
(Zie ook: art. 1019j Rv; art. 71 Pw)

Afdeling 14
Slotbepalingen

Art. 399d

Schakelbepaling

1. De bepalingen betreffende pacht vinden overeenkomstige toepassing op overeenkomsten, waardoor of krachtens welke tegen een vergoeding ineens of in termijnen zakelijke genotsrechten voor 25 jaar of korter, dan wel voor onbepaalde tijd op hoeven of los land worden gevestigd. In geval van zakelijke genotsrechten voor onbepaalde tijd blijft de overeenkomstige toepassing van bepalingen van deze wet beperkt tot 25 jaar na de vestiging.

Dwingend recht

2. De bepalingen, die voor het zakelijke genotsrecht gelden, vinden slechts toepassing, voorzover zij niet in strijd zijn met dwingende bepalingen betreffende pacht.
(Zie ook: art. 59 Pw)

Art. 399e

Aanstelling van zetboer

1. Het aanstellen of het aangesteld houden van een zetboer behoeft de voorafgaande goedkeuring van de grondkamer.

2. Onder zetboer wordt verstaan degene, aan wie de exploitatie van een hoeve of los land door de eigenaar of rechthebbende is overgedragen en die daarbij een belangrijke invloed op de leiding van het bedrijf heeft verkregen en als tegenprestatie een vergoeding ontvangt.

3. De grondkamer keurt de aanstelling van de zetboer slechts goed, indien daarvoor bijzondere redenen aanwezig zijn. Zij treedt niet in een beoordeling van de voorwaarden der aanstelling.
(Zie ook: art. 1019j Rv; art. 65 Pw)

Titel 7 Opdracht

Afdeling 1 Opdracht in het algemeen

Art. 400

1. De overeenkomst van opdracht is de overeenkomst waarbij de ene partij, de opdrachtnemer, zich jegens de andere partij, de opdrachtgever, verbindt anders dan op grond van een arbeidsovereenkomst werkzaamheden te verrichten die in iets anders bestaan dan het tot stand brengen van een werk van stoffelijke aard, het bewaren van zaken, het uitgeven van werken of het vervoeren of doen vervoeren van personen of zaken.

2. De artikelen 401-412 zijn, onverminderd artikel 413, van toepassing, tenzij iets anders voortvloeit uit de wet, de inhoud of aard van de overeenkomst van opdracht of van een andere rechtshandeling, of de gewoonte.

Art. 401

De opdrachtnemer moet bij zijn werkzaamheden de zorg van een goed opdrachtnemer in acht nemen.

Art. 402

1. De opdrachtnemer is gehouden gevolg te geven aan tijdig verleende en verantwoorde aanwijzingen omtrent de uitvoering van de opdracht.

2. De opdrachtnemer die op redelijke grond niet bereid is de opdracht volgens de hem gegeven aanwijzingen uit te voeren, kan, zo de opdrachtgever hem niettemin aan die aanwijzingen houdt, de overeenkomst opzeggen wegens gewichtige redenen.

Art. 403

1. De opdrachtnemer moet de opdrachtgever op de hoogte houden van zijn werkzaamheden ter uitvoering van de opdracht en hem onverwijld in kennis stellen van de voltooiing van de opdracht, indien de opdrachtgever daarvan onkundig is.

2. De opdrachtnemer doet aan de opdrachtgever verantwoording van de wijze waarop hij zich van de opdracht heeft gekweten. Heeft hij bij de uitvoering ten laste van de opdrachtgever gelden uitgegeven of te diens behoeve gelden ontvangen, dan doet hij daarvan rekening.

Art. 404

Indien de opdracht is verleend met het oog op een persoon die met de opdrachtnemer of in zijn dienst een beroep of een bedrijf uitoefent, is die persoon gehouden de werkzaamheden, nodig voor de uitvoering van de opdracht, zelf te verrichten, behoudens voor zover uit de opdracht voortvloeit dat hij deze onder zijn verantwoordelijkheid door anderen mag laten uitvoeren; alles onverminderd de aansprakelijkheid van de opdrachtnemer.

(Zie ook: art. 64 BW Boek 3)

Art. 405

1. Indien de overeenkomst door de opdrachtnemer in de uitoefening van zijn beroep of bedrijf is aangegaan, is de opdrachtgever hem loon verschuldigd.

2. Indien loon is verschuldigd doch de hoogte niet door partijen is bepaald, is de opdrachtgever het op de gebruikelijke wijze berekende loon of, bij gebreke daarvan, een redelijk loon verschuldigd.

Art. 406

1. De opdrachtgever moet aan de opdrachtnemer de onkosten verbonden aan de uitvoering van de opdracht vergoeden, voor zover deze niet in het loon zijn begrepen.

2. De opdrachtgever moet de opdrachtnemer de schade vergoeden die deze lijdt ten gevolge van de hem niet toe te rekenen verwezenlijking van een aan de opdracht verbonden bijzonder gevaar. Heeft de opdrachtnemer in de uitoefening van zijn beroep of bedrijf gehandeld, dan geldt de vorige zin slechts, indien dat gevaar de risico's welke de uitoefening van dat beroep of bedrijf naar zijn aard meebrengt, te buiten gaat. Geschiedt de uitvoering van de opdracht anderszins tegen loon, dan is de eerste zin slechts van toepassing, indien bij de vaststelling van het loon met het gevaar geen rekening is gehouden.

Art. 407

1. Indien twee of meer personen tezamen een opdracht hebben gegeven, zijn zij hoofdelijk tegenover de opdrachtnemer verbonden.

2. Indien twee of meer personen tezamen een opdracht hebben ontvangen, is ieder van hen voor het geheel aansprakelijk ter zake van een tekortkoming in de nakoming, tenzij de tekortkoming niet aan hem kan worden toegerekend.

Art. 408

1. De opdrachtgever kan te allen tijde de overeenkomst opzeggen.

B7 art. 409 Burgerlijk Wetboek Boek 7

2. De opdrachtnemer die de overeenkomst is aangegaan in de uitoefening van een beroep of bedrijf, kan, behoudens gewichtige redenen, de overeenkomst slechts opzeggen, indien zij voor onbepaalde duur geldt en niet door volbrenging eindigt.

3. Een natuurlijk persoon die een opdracht heeft verstrekt anders dan in de uitoefening van een beroep of bedrijf, is, onverminderd artikel 406, ter zake van een opzegging geen schadevergoeding verschuldigd.

(Zie ook: artt. 1, 6 BBA; art. 265 BW Boek 6)

Art. 409

Dood opdrachtnemer **1.** Indien de opdracht met het oog op een bepaalde persoon is verleend, eindigt zij door zijn dood.

2. Alsdan zijn diens erfgenamen, indien zij kennis dragen van de erfopvolging en van de opdracht, verplicht al datgene te doen wat de omstandigheden in het belang van de wederpartij eisen. Een overeenkomstige verplichting rust op degenen in wier dienst of met wie de opdrachtnemer een beroep of bedrijf uitoefende.

(Zie ook: art. 95 Boek 6)

Art. 410

Dood opdrachtgever **1.** De dood van de opdrachtgever doet de opdracht slechts eindigen, indien dit uit de overeenkomst voortvloeit, en dan eerst vanaf het tijdstip waarop de opdrachtnemer de dood heeft gekend.

2. Eindigt de opdracht door de dood van de opdrachtgever, dan is de opdrachtnemer niettemin verplicht al datgene te doen wat de omstandigheden in het belang van de wederpartij eisen.

Art. 411

Einde overeenkomst voordat opdracht is volbracht **1.** Indien de overeenkomst eindigt voordat de opdracht is volbracht of de tijd waarvoor zij is verleend, is verstreken, en de verschuldigdheid van loon afhankelijk is van de volbrenging of van het verstrijken van de tijd, heeft de opdrachtnemer recht op een naar redelijkheid vast te stellen deel van het loon. Bij de bepaling hiervan wordt onder meer rekening gehouden met de reeds door de opdrachtnemer verrichte werkzaamheden, het voordeel dat de opdrachtgever daarvan heeft, en de grond waarop de overeenkomst is geëindigd.

2. In het in lid 1 bedoelde geval heeft de opdrachtnemer slechts recht op het volle loon, indien het einde van de overeenkomst aan de opdrachtgever is toe te rekenen en de betaling van het volle loon, gelet op alle omstandigheden van het geval, redelijk is. Op het bedrag van het loon worden de besparingen die voor de opdrachtnemer uit de voortijdige beëindiging voortvloeien, in mindering gebracht.

Art. 412

Rechtsvordering tot afgifte stukken bij opdracht Een rechtsvordering tegen de opdrachtnemer tot afgifte van de stukken die hij ter zake van de opdracht onder zich heeft gekregen, verjaart door verloop van vijf jaren na de aanvang van de dag, volgende op die waarop zijn bemoeiingen zijn geëindigd.

Art. 413

Dwingend recht **1.** Van artikel 408 lid 3 kan niet worden afgeweken.

2. Van de artikelen 408 lid 1 en 411 kan niet worden afgeweken ten nadele van een opdrachtgever als bedoeld in artikel 408 lid 3.

3. Van artikel 412 kan slechts op dezelfde voet worden afgeweken als van de regels inzake de verjaring van rechtsvorderingen die in titel 11 van Boek 3 zijn opgenomen.

Afdeling 2
Lastgeving

Art. 414

Lastgevingsovereenkomst **1.** Lastgeving is de overeenkomst van opdracht waarbij de ene partij, de lasthebber, zich jegens de andere partij, de lastgever, verbindt voor rekening van de lastgever een of meer rechtshandelingen te verrichten.

Handelen namens lasthebber of lastgever **2.** De overeenkomst kan de lasthebber verplichten te handelen in eigen naam; zij kan ook verplichten te handelen in naam van de lastgever.

(Zie ook: art. 60 BW Boek 3)

Art. 415

Meerdere lasthebbers Indien een lastgeving met twee of meer lasthebbers is aangegaan, is ieder van hen bevoegd zelfstandig te handelen.

(Zie ook: art. 65 BW Boek 3)

Art. 416

Belangen lastgever en lasthebber **1.** Een lasthebber kan slechts als wederpartij van de lastgever optreden, indien de inhoud van de rechtshandeling zo nauwkeurig vaststaat dat strijd tussen beider belangen is uitgesloten.

2. Een lasthebber die slechts in eigen naam mag handelen, kan niettemin als wederpartij van de lastgever optreden, indien de inhoud van de rechtshandeling zo nauwkeurig vaststaat dat strijd tussen beider belangen is uitgesloten.

3. Indien de lastgever een persoon is als bedoeld in artikel 408 lid 3, is voor een rechtshandeling waarbij de lasthebber als zijn wederpartij optreedt, op straffe van vernietigbaarheid zijn schriftelijke toestemming vereist.

4. De lasthebber die in overeenstemming met de vorige leden als wederpartij van de lastgever optreedt, behoudt zijn recht op loon.

(Zie ook: artt. 39, 68 BW Boek 3)

Art. 417

1. Een lasthebber mag slechts tevens als lasthebber van de wederpartij optreden, indien de inhoud van de rechtshandeling zo nauwkeurig vaststaat dat strijd tussen de belangen van beide lastgevers is uitgesloten.

2. Indien de lastgever een persoon is als bedoeld in artikel 408 lid 3, is voor de geoorloofdheid van een rechtshandeling waarbij de lasthebber ook als lasthebber van de wederpartij optreedt, zijn schriftelijke toestemming vereist.

3. Een lasthebber heeft geen recht op loon jegens een lastgever ten opzichte van wie hij in strijd met het in de vorige leden bepaalde handelt, onverminderd zijn gehoudenheid tot vergoeding van de dientengevolge door die lastgever geleden schade. Van deze bepaling kan niet ten nadele van een lastgever worden afgeweken.

4. Indien een der lastgevers een persoon is als bedoeld in artikel 408 lid 3, en de rechtshandeling strekt tot koop of verkoop dan wel huur of verhuur van een onroerende zaak of een gedeelte daarvan of van een recht waaraan de zaak is onderworpen, heeft de lasthebber geen recht op loon jegens de koper of huurder. Van deze bepaling kan niet ten nadele van de koper of huurder worden afgeweken, ongeacht of de verkoper of verhuurder ter zake van de door hem gegeven last loon is verschuldigd.

Art. 418

1. Heeft, buiten de gevallen bedoeld in de artikelen 416 en 417, een lasthebber direct of indirect belang bij de totstandkoming van de rechtshandeling, dan is hij verplicht de lastgever daarvan in kennis te stellen, tenzij de inhoud van de rechtshandeling zo nauwkeurig vaststaat dat strijd tussen beider belangen is uitgesloten.

2. Een lasthebber heeft geen recht op loon jegens een lastgever ten opzichte van wie hij in strijd met het in lid 1 bepaalde handelt, onverminderd zijn gehoudenheid tot vergoeding van de dientengevolge door de lastgever geleden schade. Van deze bepaling kan niet ten nadele van de lastgever worden afgeweken.

Art. 419

Indien een lasthebber in eigen naam een overeenkomst heeft gesloten met een derde die in de nakoming van zijn verplichtingen tekortschiet, is de derde binnen de grenzen van hetgeen omtrent zijn verplichting tot schadevergoeding overigens uit de wet voortvloeit, jegens de lasthebber mede gehouden tot vergoeding van de schade die de lastgever door de tekortkoming heeft geleden.

(Zie ook: art. 95 BW Boek 6)

Art. 420

1. Indien een lasthebber die in eigen naam een overeenkomst heeft gesloten met een derde, zijn verplichtingen jegens de lastgever niet nakomt, in staat van faillissement geraakt of indien ten aanzien van hem de schuldsaneringsregeling natuurlijke personen van toepassing wordt verklaard, kan de lastgever de voor overgang vatbare rechten van de lasthebber jegens de derde door een schriftelijke verklaring aan hen beiden op zich doen overgaan, behoudens voor zover zij in de onderlinge verhouding tussen lastgever en lasthebber aan deze laatste toekomen.

2. Dezelfde bevoegdheid heeft de lastgever indien de derde zijn verplichtingen tegenover de lasthebber niet nakomt, tenzij deze de lastgever voldoet alsof de derde zijn verplichtingen was nagekomen.

3. De lasthebber is in de gevallen in dit artikel bedoeld gehouden de naam van de derde aan de lastgever op diens verzoek mede te delen.

(Zie ook: art. 83 BW Boek 3; art. 145 BW Boek 6)

Art. 421

1. Indien een lasthebber die in eigen naam een overeenkomst heeft gesloten met een derde, zijn verplichtingen jegens de derde niet nakomt, in staat van faillissement geraakt of indien ten aanzien van hem de schuldsaneringsregeling natuurlijke personen van toepassing wordt verklaard, kan de derde na schriftelijke mededeling aan de lasthebber en de lastgever zijn rechten uit de overeenkomst tegen de lastgever uitoefenen, voor zover deze op het tijdstip van de mededeling op overeenkomstige wijze jegens de lasthebber gehouden is.

2. De lasthebber is in het geval in dit artikel bedoeld gehouden de naam van de lastgever aan de derde op diens verzoek mede te delen.

Art. 422

1. Lastgeving eindigt, behalve door opzegging overeenkomstig artikel 408, door:
a. de dood, de ondercuratelestelling, het faillissement van de lastgever of het ten aanzien van hem van toepassing verklaren van de schuldsaneringsregeling natuurlijke personen, met dien

verstande dat de dood of de ondercuratelestelling de overeenkomst doet eindigen op het tijdstip waarop de lasthebber daarvan kennis krijgt;

b. de dood, de ondercuratelestelling, het faillissement van de lasthebber of het ten aanzien van hem van toepassing verklaren van de schuldsaneringsregeling natuurlijke personen.

2. Van artikel 408 lid 1 voor zover van toepassing op lastgeving, en van lid 1 onder *a* kan niet worden afgeweken. Voor zover de overeenkomst strekt tot het verrichten van een rechtshandeling in het belang van de lasthebber of van een derde, kan echter worden bepaald dat zij niet door de lastgever kan worden opgezegd, of dat zij niet eindigt door de dood of de ondercuratelestelling van de lastgever. Artikel 74 leden 1, tweede zin, 2 en 4 van Boek 3 is van overeenkomstige toepassing.

3. Eindigt de lastgeving door de dood of de ondercuratelestelling van de lastgever, dan is de lasthebber niettemin verplicht al datgene te doen wat de omstandigheden in het belang van de wederpartij eisen.

4. Eindigt de lastgeving door de dood van de lasthebber, dan zijn diens erfgenamen, indien zij kennis dragen van de erfopvolging en van de lastgeving, verplicht al datgene te doen wat de omstandigheden in het belang van de wederpartij eisen. Een overeenkomstige verplichting rust op degenen in wier dienst of met wie de lasthebber een beroep of bedrijf uitoefende.

Art. 423

Uitsluiting bevoegdheid lastgever

1. Indien is bedongen dat de lasthebber een aan de lastgever toekomend recht in eigen naam en met uitsluiting van de lastgever zal uitoefenen, mist deze de bevoegdheid tot deze uitoefening voor de duur van de overeenkomst ook jegens derden. De uitsluiting kan niet worden tegengeworpen aan derden die haar kenden noch behoorden te kennen.

2. Indien de lasthebber die de uitsluiting bedong, een rechtspersoon is die zich ingevolge zijn statuten ten doel stelt de gezamenlijke belangen van meer lastgevers door de uitoefening van de aan hen toekomende rechten te behartigen, kan in afwijking van artikel 422 lid 2 worden overeengekomen dat de lastgeving niet zal eindigen door opzegging door de lastgever op een termijn die minder dan een jaar bedraagt, noch door diens dood, ondercuratelestelling, faillissement of het ten aanzien van hem van toepassing verklaren van de schuldsaneringsregeling natuurlijke personen. Dit beding sluit niet uit dat de overeenkomst op een termijn van tenminste één maand kan worden opgezegd door de erfgenamen van de lastgever of, in geval van diens faillissement of ondercuratelestelling, door de curator dan wel, indien ten aanzien van de lastgever de schuldsaneringsregeling natuurlijke personen van toepassing is verklaard, door de bewindvoerder. Wanneer de nalatenschap van de lastgever ingevolge artikel 13 van Boek 4 wordt verdeeld, komt de bevoegdheid van de erfgenamen, bedoeld in de vorige zin, toe aan zijn echtgenoot of geregistreerde partner.

Art. 424

Schakelbepaling

1. De artikelen 415-423 zijn van overeenkomstige toepassing op andere overeenkomsten dan lastgeving krachtens welke de ene partij verplicht of bevoegd is voor rekening van de andere partij rechtshandelingen te verrichten, voor zover de strekking van de betrokken bepalingen in verband met de aard van de overeenkomst zich daartegen niet verzet.

2. Het vorige lid is niet van toepassing op overeenkomsten tot het vervoeren of doen vervoeren van personen of zaken.

(Zie ook: art. 215 BW Boek 6)

Afdeling 3 Bemiddelingsovereenkomst

Art. 425

Bemiddelingsovereenkomst

De bemiddelingsovereenkomst is de overeenkomst van opdracht waarbij de ene partij, de opdrachtnemer, zich tegenover de andere partij, de opdrachtgever, verbindt tegen loon als tussenpersoon werkzaam te zijn bij het tot stand brengen van een of meer overeenkomsten tussen de opdrachtgever en derden.

Art. 426

Loon tussenpersoon bij bemiddeling

1. De tussenpersoon heeft recht op loon zodra door zijn bemiddeling de overeenkomst tussen de opdrachtgever en de derde is tot stand gekomen.

2. Indien het recht op loon afhankelijk is gesteld van de uitvoering van de bemiddelde overeenkomst en deze overeenkomst niet wordt uitgevoerd, is de opdrachtgever het loon ook verschuldigd, tenzij de niet-uitvoering niet aan hem kan worden toegerekend.

Art. 427

Schakelbepaling

De artikelen 417 en 418 zijn van overeenkomstige toepassing op overeenkomsten waarbij de ene partij jegens de andere partij verplicht of bevoegd is als tussenpersoon werkzaam te zijn als bedoeld in artikel 425, met dien verstande dat met een tussenpersoon die tevens werkzaam is voor de wederpartij, gelijkgesteld is een tussenpersoon die zelf als wederpartij optreedt. De artikelen 417 en 418 zijn mede van overeenkomstige toepassing, indien de tussenpersoon geen recht op loon heeft.

Afdeling 4
Agentuurovereenkomst

Art. 428

1. De agentuurovereenkomst is een overeenkomst waarbij de ene partij, de principaal, aan de andere partij, de handelsagent, opdraagt, en deze zich verbindt, voor een bepaalde of een onbepaalde tijd en tegen beloning bij de totstandkoming van overeenkomsten bemiddeling te verlenen, en deze eventueel op naam en voor rekening van de principaal te sluiten zonder aan deze ondergeschikt te zijn.

2. De bepalingen van deze afdeling zijn niet van toepassing op agentuurovereenkomsten waarop de de Wet op het financieel toezicht van toepassing is.

3. Ieder der partijen is verplicht de wederpartij op haar verzoek een ondertekend geschrift te verschaffen dat de dan geldende inhoud van de agentuurovereenkomst weergeeft.
(Zie ook: art. 400 BW Boek 7; art. 39 Wet RO)

Art. 429

1. De handelsagent kan zich voor verplichtingen die voor derden uit een door hem bemiddelde of afgesloten overeenkomst voortvloeien, uitsluitend schriftelijk aansprakelijk stellen.

2. Tenzij schriftelijk anders is overeengekomen, is de handelsagent krachtens een beding van delcredere slechts aansprakelijk voor de gegoedheid van de derde.

3. Hij kan zich niet aansprakelijk stellen tot een hoger bedrag dan de overeengekomen provisie, tenzij het beding betrekking heeft op een bepaalde overeenkomst of op overeenkomsten die hij zelf in naam van de principaal sluit.

4. Indien er een kennelijke wanverhouding is tussen het risico dat de handelsagent op zich heeft genomen, en de bedongen provisie, kan de rechter het bedrag waarvoor de handelsagent aansprakelijk is, matigen, voor zover dit bedrag de provisie te boven gaat. De rechter houdt met alle omstandigheden rekening, in het bijzonder met de wijze waarop de handelsagent de belangen van de principaal heeft behartigd.
(Zie ook: art. 445 BW Boek 7)

Art. 430

1. De principaal moet alles doen wat in de gegeven omstandigheden van zijn kant nodig is om de handelsagent in staat te stellen zijn werkzaamheden te verrichten.

2. Hij moet aan de handelsagent het nodige documentatiemateriaal ter beschikking stellen over de goederen en diensten waarvoor de handelsagent bemiddelt, en hem alle inlichtingen verschaffen die nodig zijn voor de uitvoering van de agentuurovereenkomst.
(Zie ook: art. 248 BW Boek 6; artt. 438, 611 BW Boek 7)

3. Hij is verplicht de handelsagent onverwijld te waarschuwen, indien hij voorziet dat in een uitgesproken geringere mate dan de handelsagent mocht verwachten, overeenkomsten zullen of mogen worden afgesloten.

4. Hij moet de handelsagent binnen een redelijke termijn op de hoogte stellen van zijn aanvaarding of weigering of de niet-uitvoering van een door de handelsagent aangebrachte overeenkomst.

Art. 431

1. De handelsagent heeft recht op provisie voor de overeenkomsten die tijdens de duur der agentuurovereenkomst zijn tot stand gekomen:
a. indien de overeenkomst door zijn tussenkomst is tot stand gekomen;
b. indien de overeenkomst is tot stand gekomen met iemand die hij reeds vroeger voor een dergelijke overeenkomst had aangebracht;
c. indien de overeenkomst is afgesloten met iemand die behoort tot de klantenkring die, of gevestigd is in het gebied dat aan de handelsagent is toegewezen, tenzij uitdrukkelijk is overeengekomen dat de handelsagent ten aanzien van die klantenkring of in dat gebied niet het alleenrecht heeft.

2. De handelsagent heeft recht op provisie voor de voorbereiding van na het einde van de agentuurovereenkomst tot stand gekomen overeenkomsten:
a. indien deze hoofdzakelijk aan de tijdens de duur van de agentuurovereenkomst door hem verrichte werkzaamheden zijn te danken en binnen een redelijke termijn na de beëindiging van die overeenkomst zijn afgesloten, of
b. indien hij of de principaal, overeenkomstig de voorwaarden bepaald in het eerste lid, de bestelling van de derde heeft ontvangen voor de beëindiging van de agentuurovereenkomst.
(Zie ook: artt. 405, 432 BW Boek 7)

3. De handelsagent heeft geen recht op provisie, indien deze krachtens het tweede lid is verschuldigd aan zijn voorganger, tenzij uit de omstandigheden voortvloeit dat het billijk is de provisie tussen hen beiden te verdelen.

B7 art. 432

Art. 432

Aanvaarding order bij agentuurovereenkomst

1. Indien de rol van de handelsagent zich heeft beperkt tot het verlenen van bemiddeling bij de totstandkoming van de overeenkomst, wordt de order die hij aan zijn principaal heeft doen toekomen, voor wat betreft het recht op provisie krachtens artikel 426 geacht te zijn aanvaard, tenzij de principaal de handelsagent binnen de redelijke termijn, bedoeld in artikel 430 lid 4, mededeelt dat hij de order weigert of een voorbehoud maakt. Bij gebreke van een in de agentuurovereenkomst bepaalde termijn bedraagt de termijn een maand vanaf het tijdstip waarop hem de order is medegedeeld.

Beding

2. Het beding dat het recht op provisie doet afhangen van de uitvoering van de overeenkomst, dient uitdrukkelijk te worden gemaakt.

3. Indien het beding, bedoeld in het tweede lid, is gemaakt, ontstaat het recht op provisie uiterlijk wanneer de derde zijn deel van de overeenkomst heeft uitgevoerd, of dit had moeten doen, indien de principaal zijn deel van de transactie had uitgevoerd.

(Zie ook: artt. 2, 23 BW Boek 6; artt. 426, 431 BW Boek 7)

Art. 433

Opgave verschuldigde provisie bij agentuurovereenkomst

1. De principaal is verplicht na afloop van iedere maand aan de handelsagent een schriftelijke opgave te verstrekken van de over die maand verschuldigde provisie, onder vermelding van de gegevens waarop de berekening berust; deze opgave moet worden verstrekt voor het einde van de volgende maand. Partijen kunnen schriftelijk overeenkomen dat de opgave twee- of driemaandelijks wordt verstrekt.

Bewijsstukken

2. De handelsagent is bevoegd van de principaal inzage te verlangen van de nodige bewijsstukken, echter zonder afgifte te kunnen verlangen. Hij kan zich op zijn kosten doen bijstaan door een deskundige, aanvaard door de principaal of, bij afwijzing, benoemd door de voorzieningenrechter van de bevoegde rechtbank op verzoek van de handelsagent.

3. Echter kunnen partijen schriftelijk overeenkomen dat de inzage van de bewijsstukken zal geschieden aan een derde; indien deze zijn taak niet vervult, zal de voorzieningenrechter van de rechtbank een plaatsvervanger aanwijzen.

4. De overlegging van de bewijsstukken door de principaal geschiedt onder verplichting tot geheimhouding door de handelsagent en in de vorige leden vermelde personen. Deze laatsten zijn echter niet verplicht tot geheimhouding tegenover de handelsagent voor zover het betreft een in het eerste lid bedoeld gegeven.

(Zie ook: artt. 445, 611, 619 BW Boek 7; art. 8 t/m 11 WvK; art. 272 WvSr)

Art. 434

Opeisbaarheid provisie bij agentuurovereenkomst

De provisie wordt uiterlijk opeisbaar op het tijdstip waarop de schriftelijke opgave, bedoeld in artikel 433, moet worden verstrekt.

Art. 435

Beloning bij agentuurovereenkomst

1. De handelsagent heeft recht op een beloning, indien hij bereid is zijn verplichtingen uit de agentuurovereenkomst na te komen of deze reeds heeft nagekomen, doch de principaal van de diensten van de handelsagent geen gebruik heeft gemaakt of in aanzienlijk geringere mate gebruik heeft gemaakt dan deze als normaal mocht verwachten, tenzij de gedraging van de principaal voortvloeit uit omstandigheden welke redelijkerwijs niet voor zijn rekening komen.

2. Bij de bepaling van deze beloning wordt rekening gehouden met het bedrag van de in de voorafgaande tijd verdiende provisie en met alle andere ter zake in acht te nemen factoren, zoals de onkosten die de handelsagent zich door het niet verrichten van werkzaamheden bespaart.

(Zie ook: art. 58 BW Boek 6; art. 441 BW Boek 7)

Art. 436

Voortzetting voor onbepaalde tijd van agentuurovereenkomst

Een agentuurovereenkomst die na het verstrijken van de termijn waarvoor zij is aangegaan, door beide partijen wordt voortgezet, bindt partijen voor onbepaalde tijd op dezelfde voorwaarden.

Art. 437

Opzegging van agentuurovereenkomst

1. Indien de agentuurovereenkomst is aangegaan voor een onbepaalde tijd of voor een bepaalde tijd met recht van tussentijdse opzegging, is ieder der partijen bevoegd haar te doen eindigen met inachtneming van de overeengekomen opzeggingstermijn. Bij gebreke van een overeenkomst dienaangaande zal de opzeggingstermijn vier maanden bedragen, vermeerderd met een maand na drie jaren looptijd van de overeenkomst en met twee maanden na zes jaren.

2. De termijn van opzegging kan niet korter zijn dan een maand in het eerste jaar van de overeenkomst, twee maanden in het tweede jaar en drie maanden in de volgende jaren. Indien partijen langere termijnen overeenkomen, mogen deze voor de principaal niet korter zijn dan voor de handelsagent.

(Zie ook: art. 445 BW Boek 7; artt. 40, 239 FW)

3. Opzegging behoort plaats te vinden tegen het einde van een kalendermaand.

(Zie ook: art. 265 BW Boek 6; artt. 439, 669 BW Boek 7; artt. 1, 6 BBA; art. 2 WMM)

Art. 438

1. De agentuurovereenkomst eindigt door het overlijden van de handelsagent.

2. In geval van overlijden van de principaal zijn zowel zijn erfgenamen als de handelsagent bevoegd, mits binnen negen maanden na het overlijden, de overeenkomst te doen eindigen met een opzeggingstermijn van vier maanden. Wanneer de nalatenschap van de principaal ingevolge artikel 13 van Boek 4 wordt verdeeld, komt de bevoegdheid van de erfgenamen, bedoeld in de vorige zin, toe aan zijn echtgenoot of geregistreerde partner.
(Zie ook: art. 409 BW Boek 7; art. 54 Pw)

Art. 439

1. De partij die de overeenkomst beëindigt zonder eerbiediging van haar duur of zonder inachtneming van de wettelijke of overeengekomen opzeggingstermijn en zonder dat de wederpartij daarin toestemt, is schadeplichtig, tenzij zij de overeenkomst doet eindigen om een dringende, aan de wederpartij onverwijld medegedeelde reden.

2. Dringende redenen zijn omstandigheden van zodanige aard dat van de partij die de overeenkomst doet eindigen, redelijkerwijs niet gevergd kan worden de overeenkomst, zelfs tijdelijk, in stand te laten.

3. Indien de beëindiging van de overeenkomst wegens een dringende reden gegrond is op omstandigheden waarvoor de wederpartij een verwijt treft, is laatstgenoemde schadeplichtig.
(Zie ook: art. 6 BBA)

4. Een beding waardoor aan een der partijen de beslissing wordt overgelaten of er een dringende reden aanwezig is, is nietig.
(Zie ook: artt. 74, 88, 265 BW Boek 6)

Art. 440

1. Ieder der beide partijen is bevoegd de kantonrechter te verzoeken de agentuurovereenkomst te ontbinden op grond van:
a. omstandigheden die een dringende reden opleveren in de zin van artikel 439 lid 2;
b. verandering in de omstandigheden welke van dien aard is, dat de billijkheid eist dat aan de overeenkomst dadelijk of na korte tijd een einde wordt gemaakt.

2. Spreekt de rechter de ontbinding uit op grond van een omstandigheid als bedoeld in het eerste lid onder *a* en kan van deze omstandigheid de verweerder een verwijt worden gemaakt, dan is deze schadeplichtig.

3. Spreekt de rechter de ontbinding uit op grond van hetgeen is bepaald in het eerste lid onder *b*, dan kan hij aan een der partijen een vergoeding toekennen. Hij kan bepalen dat deze in termijnen wordt betaald.

4. De behandeling vangt niet later aan dan in de vierde week volgende op die waarin het verzoekschrift is ingediend.
(Zie ook: art. 383 BW Boek 1; art. 265 t/m 279 BW Boek 6; art. 677 BW Boek 7; art. 40 FW; art. 429r Rv)

5. Indien de rechter de ontbinding uitspreekt, bepaalt hij op welk tijdstip de agentuurovereenkomst eindigt.

Art. 441

1. De partij die, krachtens artikel 439 of artikel 440 lid 2, schadeplichtig is, is aan de wederpartij een som verschuldigd gelijk aan de beloning over de tijd dat de agentuurovereenkomst bij regelmatige beëindiging had behoren voort te duren. Voor de vaststelling van deze som wordt rekening gehouden met de in de voorafgaande tijd verdiende provisie en met alle andere ter zake in acht te nemen factoren.

2. De rechter is bevoegd deze som te verminderen, indien zij hem met het oog op de omstandigheden te hoog voorkomt.

3. De benadeelde partij kan, in plaats van de schadeloosstelling in de voorafgaande leden bedoeld, volledige vergoeding van haar schade vorderen, onder gehoudenheid de omvang daarvan te bewijzen.
(Zie ook: artt. 677, 680 BW Boek 7)

Art. 442

1. Ongeacht het recht om schadevergoeding te vorderen, heeft de handelsagent bij het einde van de agentuurovereenkomst recht op een vergoeding, klantenvergoeding, voor zover:
a. hij de principaal nieuwe klanten heeft aangebracht of de overeenkomsten met de bestaande klanten aanmerkelijk heeft uitgebreid en de overeenkomsten met deze klanten de principaal nog aanzienlijke voordelen opleveren, en
b. de betaling van deze vergoeding billijk is, gelet op alle omstandigheden, in het bijzonder op de verloren provisie uit de overeenkomsten met deze klanten.

2. Het bedrag van de vergoeding is niet hoger dan dat van de beloning van één jaar, berekend naar het gemiddelde van de laatste vijf jaren of, indien de overeenkomst korter heeft geduurd, naar het gemiddelde van de gehele duur daarvan.

Dood handelsagent bij agentuurovereenkomst
Dood principaal bij agentuurovereenkomst

Beëindiging van agentuurovereenkomst

Ontbinding van agentuurovereenkomst door kantonrechter

Schadevergoeding bij agentuurovereenkomst

Klantenvergoeding bij agentuurovereenkomst

B7 art. 443 — Burgerlijk Wetboek Boek 7

3. Het recht op vergoeding vervalt, indien de handelsagent de principaal niet uiterlijk een jaar na het einde van de overeenkomst heeft medegedeeld dat hij vergoeding verlangt.

4. De vergoeding is niet verschuldigd, indien de overeenkomst is beëindigd:
a. door de principaal onder omstandigheden die de handelsagent ingevolge artikel 439 lid 3 schadeplichtig maken;
b. door de handelsagent, tenzij deze beëindiging wordt gerechtvaardigd door omstandigheden die de principaal kunnen worden toegerekend, of wordt gerechtvaardigd door leeftijd, invaliditeit of ziekte van de handelsagent, op grond waarvan redelijkerwijs niet meer van hem kan worden gevergd dat hij zijn werkzaamheden voortzet;
c. door de handelsagent die, overeenkomstig een afspraak met de principaal, zijn rechten en verplichtingen uit hoofde van de agentuurovereenkomst aan een derde overdraagt.

Art. 443

Beding in agentuurovereenkomst

1. Een beding dat de handelsagent beperkt in zijn vrijheid om na het einde van de agentuurovereenkomst werkzaam te zijn, is slechts geldig voor zover:
a. het op schrift is gesteld, en
b. betrekking heeft op het soort goederen of diensten waarvan hij de vertegenwoordiging had, en op het gebied, of de klantenkring en het gebied, aan hem toevertrouwd.

2. Zodanig beding is slechts geldig gedurende ten hoogste twee jaren na het einde van de overeenkomst.

3. Aan zodanig beding kan de principaal geen rechten ontlenen, indien de overeenkomst is geëindigd:
a. doordat hij haar zonder toestemming van de handelsagent heeft beëindigd zonder inachtneming van de wettelijke of overeengekomen termijn en zonder een dringende aan de handelsagent onverwijld medegedeelde reden;
b. doordat de handelsagent de overeenkomst heeft beëindigd vanwege een dringende, onverwijld aan de principaal medegedeelde reden waarvoor laatstgenoemde een verwijt treft;
c. door een rechterlijke uitspraak, gegrond op omstandigheden ter zake waarvan de principaal een verwijt treft.

4. De rechter kan, indien de handelsagent dat vraagt, zulk een beding geheel of gedeeltelijk teniet doen op grond dat, in verhouding tot het te beschermen belang van de principaal, de handelsagent door het beding onbillijk wordt benadeeld.

(Zie ook: art. 653 BW Boek 7)

Art. 444

Verjaring rechtsvordering bij agentuurovereenkomst

Rechtsvorderingen gegrond op de artikelen 439 en 440 verjaren door verloop van één jaar na het feit dat de vordering deed ontstaan.

Art. 445

Dwingend recht

1. Partijen kunnen niet afwijken van de artikelen 401, 402, 403 en 426 lid 2 noch van de artikelen 428 lid 3, 429, 430, 431 lid 2, 432 lid 2, 433, 437 lid 2, 439, 440, 441, 443 en 444.

2. Evenmin kan ten nadele van de handelsagent worden afgeweken van de artikelen 432 lid 3, 434 en, vóór het einde van de overeenkomst, van artikel 442.

Afdeling 5
De overeenkomst inzake geneeskundige behandeling

Art. 446

Begripsbepalingen

1. De overeenkomst inzake geneeskundige behandeling - in deze afdeling verder aangeduid als de behandelingsovereenkomst - is de overeenkomst waarbij een natuurlijke persoon of een rechtspersoon, de hulpverlener, zich in de uitoefening van een geneeskundig beroep of bedrijf tegenover een ander, de opdrachtgever, verbindt tot het verrichten van handelingen op het gebied van de geneeskunst, rechtstreeks betrekking hebbende op de persoon van de opdrachtgever of van een bepaalde derde. Degene op wiens persoon de handelingen rechtstreeks betrekking hebben wordt verder aangeduid als de patiënt.

2. Onder handelingen op het gebied van de geneeskunst worden verstaan:
a. alle verrichtingen - het onderzoeken en het geven van raad daaronder begrepen - rechtstreeks betrekking hebbende op een persoon en ertoe strekkende hem van een ziekte te genezen, hem voor het ontstaan van een ziekte te behoeden of zijn gezondheidstoestand te beoordelen, dan wel deze verloskundige bijstand te verlenen;
b. andere dan de onder *a* bedoelde handelingen, rechtstreeks betrekking hebbende op een persoon, die worden verricht door een arts of tandarts in die hoedanigheid.

3. Tot de handelingen, bedoeld in lid 1, worden mede gerekend het in het kader daarvan verplegen en verzorgen van de patiënt en het overigens rechtstreeks ten behoeve van de patiënt voorzien in de materiële omstandigheden waaronder die handelingen kunnen worden verricht.

4. Geen behandelingsovereenkomst is aanwezig, indien het betreft handelingen ter beoordeling van de gezondheidstoestand of medische begeleiding van een persoon, verricht in opdracht van een ander dan die persoon in verband met de vaststelling van aanspraken of verplichtingen,

de toelating tot een verzekering of voorziening, of de beoordeling van de geschiktheid voor een opleiding, een arbeidsverhouding of de uitvoering van bepaalde werkzaamheden.

Art. 447

1. Een minderjarige die de leeftijd van zestien jaren heeft bereikt, is bekwaam tot het aangaan van een behandelingsovereenkomst ten behoeve van zichzelf, alsmede tot het verrichten van rechtshandelingen die met de overeenkomst onmiddellijk verband houden.

2. De minderjarige is aansprakelijk voor de daaruit voortvloeiende verbintenissen, onverminderd de verplichting van zijn ouders tot voorziening in de kosten van verzorging en opvoeding. *(Zie ook: art. 234 BW Boek 1; art. 464 Rv)*

3. In op die behandelingsovereenkomst betrekking hebbende aangelegenheden is de minderjarige bekwaam in en buiten rechte op te treden.

Art. 448

1. De hulpverlener licht de patiënt op duidelijke wijze in, die past bij zijn bevattingsvermogen, en overlegt tijdig met de patiënt over het voorgenomen onderzoek en de voorgestelde behandeling en over de ontwikkelingen omtrent het onderzoek, de behandeling en de gezondheidstoestand van de patiënt. De hulpverlener licht een patiënt die de leeftijd van twaalf jaren nog niet heeft bereikt op zodanige wijze in als past bij zijn bevattingsvermogen.

2. Bij het uitvoeren van de in lid 1 neergelegde verplichting laat de hulpverlener zich leiden door hetgeen de patiënt redelijkerwijze dient te weten ten aanzien van:

a. de aard en het doel van het voorgenomen onderzoek, de voorgestelde behandeling of de uit te voeren verrichtingen;

b. de te verwachten gevolgen en risico's voor de gezondheid van de patiënt bij het voorgenomen onderzoek, de voorgestelde behandeling, de uit te voeren verrichtingen en bij niet behandeling;

c. andere mogelijke methoden van onderzoek en behandelingen al dan niet uitgevoerd door andere hulpverleners;

d. de staat van en de vooruitzichten met betrekking tot diens gezondheid voor wat betreft het terrein van de mogelijke methoden van onderzoek of behandelingen;

e. de termijn waarop de mogelijke methoden van onderzoek of behandelingen kunnen worden uitgevoerd en de verwachte tijdsduur ervan.

3. De hulpverlener stelt zich tijdens het overleg op de hoogte van de situatie en behoeften van de patiënt, nodigt de patiënt uit om vragen te stellen en verstrekt desgevraagd schriftelijk of elektronisch informatie over het in lid 2 bepaalde.

4. De hulpverlener mag de patiënt bedoelde inlichtingen slechts onthouden voor zover het verstrekken ervan kennelijk ernstig nadeel voor de patiënt zou opleveren. Indien het belang van de patiënt dit vereist, dient de hulpverlener de desbetreffende inlichtingen aan een ander dan de patiënt te verstrekken. De inlichtingen worden de patiënt alsnog gegeven, zodra bedoeld nadeel niet meer te duchten is. De hulpverlener maakt geen gebruik van zijn in de eerste volzin bedoelde bevoegdheid dan nadat hij daarover een andere hulpverlener heeft geraadpleegd. *(Zie ook: artt. 401, 402, 403 BW Boek 7; art. 465 Rv)*

Art. 449

Indien de patiënt te kennen heeft gegeven geen inlichtingen te willen ontvangen, blijft het verstrekken daarvan achterwege, behoudens voor zover het belang dat de patiënt daarbij heeft niet opweegt tegen het nadeel dat daaruit voor hemzelf of anderen kan voortvloeien. *(Zie ook: art. 466 Rv)*

Art. 450

1. Voor verrichtingen ter uitvoering van een behandelingsovereenkomst is de toestemming van de patiënt vereist.

2. Indien de patiënt minderjarig is en de leeftijd van twaalf maar nog niet die van zestien jaren heeft bereikt, is tevens de toestemming van de ouders die het gezag over hem uitoefenen of van zijn voogd vereist. De verrichting kan evenwel zonder de toestemming van de ouders of de voogd worden uitgevoerd, indien zij kennelijk nodig is teneinde ernstig nadeel voor de patiënt te voorkomen, alsmede indien de patiënt ook na de weigering van de toestemming, de verrichting weloverwogen blijft wensen.

3. In het geval waarin een patiënt van zestien jaren of ouder niet in staat kan worden geacht tot een redelijke waardering van zijn belangen ter zake, worden door de hulpverlener en een persoon als bedoeld in de leden 2 of 3 van artikel 465, de kennelijke opvattingen van de patiënt, geuit in schriftelijke vorm toen deze tot bedoelde redelijke waardering nog in staat was en inhoudende een weigering van toestemming als bedoeld in lid 1, opgevolgd. De hulpverlener kan hiervan afwijken indien hij daartoe gegronde redenen aanwezig acht. *(Zie ook: art. 467 Rv)*

Art. 451

Op verzoek van de patiënt legt de hulpverlener in ieder geval schriftelijk vast voor welke verrichtingen van ingrijpende aard deze toestemming heeft gegeven. *(Zie ook: art. 468 Rv)*

Handelingsbekwaamheid minderjarige bij behandelingsovereenkomst

Verstrekken inlichtingen aan patiënt bij behandelingsovereenkomst

Achterwege blijven verstrekken inlichtingen aan patiënt bij behandelingsovereenkomst

Toestemming patiënt bij behandelingsovereenkomst

Vastleggen toestemming patiënt bij behandelingsovereenkomst

B7 art. 452 Burgerlijk Wetboek Boek 7

Art. 452

Medewerking patiënt bij behandelingsovereenkomst

De patiënt geeft de hulpverlener naar beste weten de inlichtingen en de medewerking die deze redelijkerwijs voor het uitvoeren van de overeenkomst behoeft.

Art. 453

Goed hulpverlener bij behandelingsovereenkomst

1. De hulpverlener moet bij zijn werkzaamheden de zorg van een goed hulpverlener in acht nemen en handelt daarbij in overeenstemming met de op hem rustende verantwoordelijkheid, voortvloeiende uit de voor hulpverleners geldende professionele standaard en kwaliteitsstandaarden als bedoeld in artikel 1, eerste lid, van de Wet kwaliteit, klachten en geschillen zorg. *(Zie ook: art. 401 BW Boek 7)*

2. Artikel 2a, eerste en tweede lid, van de Wet kwaliteit, klachten en geschillen zorg is van overeenkomstige toepassing op het handelen van de hulpverleners.

Art. 454

Patiëntendossier bij behandelingsovereenkomst

1. De hulpverlener richt een dossier in met betrekking tot de behandeling van de patiënt. Hij houdt in het dossier aantekening van de gegevens omtrent de gezondheid van de patiënt en de te diens aanzien uitgevoerde verrichtingen en neemt andere gegevens daarin op, een en ander voor zover dit voor een goede hulpverlening aan de patiënt noodzakelijk is.

2. De hulpverlener voegt desgevraagd een door de patiënt afgegeven verklaring aan het dossier toe.

3. Onverminderd het bepaalde in artikel 455 bewaart de hulpverlener het dossier gedurende twintig jaren, te rekenen vanaf het tijdstip waarop de laatste wijziging in het dossier heeft plaatsgevonden, of zoveel langer als redelijkerwijs uit de zorg van een goed hulpverlener voortvloeit.

Art. 455

Vernietiging dossier op verzoek patiënt bij behandelingsovereenkomst

1. De hulpverlener vernietigt de gegevens uit het dossier na een daartoe strekkend schriftelijk of elektronisch verzoek van de patiënt.

2. Lid 1 geldt niet voor zover het verzoek gegevens betreft waarvan redelijkerwijs aannemelijk is dat de bewaring van aanmerkelijk belang is voor een ander dan de patiënt, alsmede voor zover het bepaalde bij of krachtens de wet zich tegen vernietiging verzet.

Art. 456

Inzage in afschrift van patiëntendossier bij behandelingsovereenkomst

De hulpverlener verstrekt aan de patiënt desgevraagd inzage in en afschrift van de gegevens uit het dossier. De verstrekking blijft achterwege voor zover dit noodzakelijk is in het belang van de bescherming van de persoonlijke levenssfeer van een ander. *(Zie ook: art. 403 BW Boek 7)*

Art. 457

Verstrekken inlichtingen over patiënt aan anderen bij behandelingsovereenkomst

1. Onverminderd het in artikel 448 lid 3, tweede volzin, bepaalde draagt de hulpverlener zorg, dat aan anderen dan de patiënt geen inlichtingen over de patiënt dan wel inzage in of afschrift van de gegevens uit het dossier worden verstrekt dan met toestemming van de patiënt. Indien verstrekking plaatsvindt, geschiedt deze slechts voor zover daardoor de persoonlijke levenssfeer van een ander niet wordt geschaad. De verstrekking kan geschieden zonder inachtneming van de beperkingen, bedoeld in de voorgaande volzinnen, indien het bij of krachtens de wet bepaalde daartoe verplicht.

2. Onder anderen dan de patiënt zijn niet begrepen degenen die rechtstreeks betrokken zijn bij de uitvoering van de behandelingsovereenkomst en degene die optreedt als vervanger van de hulpverlener, voor zover de verstrekking noodzakelijk is voor de door hen in dat kader te verrichten werkzaamheden.

3. Daaronder zijn evenmin begrepen degenen wier toestemming ter zake van de uitvoering van de behandelingsovereenkomst op grond van de artikelen 450 en 465 is vereist. Indien de hulpverlener door inlichtingen over de patiënt dan wel inzage in of afschrift van de gegevens uit het dossier te verstrekken niet geacht kan worden de zorg van een goed hulpverlener in acht te nemen, laat hij zulks achterwege.

Art. 458

Verstrekken inlichtingen over patiënt ten behoeve van statistiek/wetenschappelijk onderzoek bij behandelingsovereenkomst

1. In afwijking van het bepaalde in artikel 457 lid 1 kunnen zonder toestemming van de patiënt ten behoeve van statistiek of wetenschappelijk onderzoek op het gebied van de volksgezondheid aan een ander desgevraagd inlichtingen over de patiënt of inzage in de gegevens uit het dossier worden verstrekt indien:

a. het vragen van toestemming in redelijkheid niet mogelijk is en met betrekking tot de uitvoering van het onderzoek is voorzien in zodanige waarborgen, dat de persoonlijke levenssfeer van de patiënt niet onevenredig wordt geschaad, of

b. het vragen van toestemming, gelet op de aard en het doel van het onderzoek, in redelijkheid niet kan worden verlangd en de hulpverlener zorg heeft gedragen dat de gegevens in zodanige vorm worden verstrekt dat herleiding tot individuele natuurlijke personen redelijkerwijs wordt voorkomen.

2. Verstrekking overeenkomstig lid 1 is slechts mogelijk indien:

a. het onderzoek een algemeen belang dient,
b. het onderzoek niet zonder de desbetreffende gegevens kan worden uitgevoerd, en
c. voor zover de betrokken patiënt tegen een verstrekking niet uitdrukkelijk bezwaar heeft gemaakt.

3. Bij een verstrekking overeenkomstig lid 1 wordt daarvan aantekening gehouden in het dossier.

Art. 458a

1. In afwijking van het bepaalde in artikel 457 lid 1 verstrekt de hulpverlener desgevraagd inzage in of afschrift van gegevens uit het dossier van een overleden patiënt aan:
a. een persoon ten behoeve van wie de patiënt bij leven toestemming heeft gegeven indien die toestemming schriftelijk of elektronisch is vastgelegd;
b. een nabestaande in artikel 1 van de Wet kwaliteit, klachten en geschillen zorg, of een persoon als bedoeld in artikel 465 lid 3, indien die nabestaande of die persoon een mededeling over een incident op grond van artikel 10, derde lid, van de Wet kwaliteit, klachten en geschillen zorg heeft gekregen;
c. een ieder die een zwaarwegend belang heeft en aannemelijk maakt dat dit belang mogelijk wordt geschaad en dat inzage in of afschrift van gegevens uit het dossier noodzakelijk is voor de behartiging van dit belang.

2. In afwijking van het bepaalde in artikel 457 lid 1 verstrekt de hulpverlener aan degene of de instelling die het gezag uitoefende over een patiënt die op het moment van overlijden de leeftijd van zestien jaren nog niet had bereikt, desgevraagd inzage in of afschrift van gegevens uit het dossier van deze patiënt, tenzij dit in strijd is met de zorg van een goed hulpverlener.

3. Op grond van dit artikel worden uitsluitend gegevens verstrekt voor zover deze betrekking hebben op de grond waarvoor inzage wordt verleend.

4. Op grond van dit artikel worden geen gegevens verstrekt voor zover schriftelijk of elektronisch is vastgelegd dat de overleden patiënt die de leeftijd van twaalf jaar had bereikt en tot een redelijke waardering van zijn belangen ter zake in staat was, deze inzage niet wenst, of daarbij de persoonlijke levenssfeer van een ander wordt geschaad.

Art. 458b

1. Indien op grond van artikel 458a, lid 1, onderdeel c, om inzage in of afschrift van gegevens uit het dossier van een overleden patiënt wordt gevraagd vanwege een vermoeden van een medische fout en de hulpverlener de gevraagde inzage of het gevraagde afschrift niet verstrekt, verstrekt de hulpverlener op verzoek van degene die om de inzage of het afschrift heeft gevraagd inzage in of afschrift van de gegevens aan een door de verzoeker aangewezen onafhankelijke arts.

2. De arts, bedoeld in lid 1, beoordeelt of het niet verstrekken van de inzage of het afschrift gerechtvaardigd is. Indien de arts van oordeel is dat het niet verstrekken niet gerechtvaardigd is, verstrekt de hulpverlener alsnog inzage of afschrift aan de verzoeker.

Art. 459

1. De hulpverlener voert verrichtingen in het kader van de behandelingsovereenkomst uit buiten de waarneming van anderen dan de patiënt, tenzij de patiënt ermee heeft ingestemd dat de verrichtingen kunnen worden waargenomen door anderen. Indien de hulpverlener apotheker is, is de verplichting, bedoeld in de eerste volzin, niet van toepassing voor zover het de visuele waarneming door anderen dan de patiënt betreft.

2. Onder anderen dan de patiënt zijn niet begrepen degenen van wie beroepshalve de medewerking bij de uitvoering van de verrichting noodzakelijk is.

3. Daaronder zijn evenmin begrepen degenen wier toestemming ter zake van de verrichting op grond van de artikelen 450 en 465 is vereist. Indien de hulpverlener door verrichtingen te doen waarnemen niet geacht kan worden de zorg van een goed hulpverlener in acht te nemen, laat hij zulks niet toe.

Art. 460

De hulpverlener kan, behoudens gewichtige redenen, de behandelingsovereenkomst niet opzeggen.
(Zie ook: artt. 408, 409 BW Boek 7)

Art. 461

De opdrachtgever is de hulpverlener loon verschuldigd, behoudens voor zover deze voor zijn werkzaamheden loon ontvangt op grond van het bij of krachtens de wet bepaalde dan wel uit de overeenkomst anders voortvloeit.
(Zie ook: artt. 405, 406, 411 BW Boek 7)

Art. 462

1. Indien ter uitvoering van een behandelingsovereenkomst verrichtingen plaatsvinden in een ziekenhuis dat bij die overeenkomst geen partij is, is het ziekenhuis voor een tekortkoming daarbij mede aansprakelijk, als ware het zelf bij de overeenkomst partij.

2. Onder ziekenhuis als bedoeld in lid 1 worden verstaan een krachtens artikel 5 van de Wet toelating zorginstellingen als ziekenhuis, verpleeginrichting of zwakzinnigeninrichting toege-

Inzage in dossier overleden patiënt

Inzage in dossier overleden patiënt vanwege vermoeden medische fout

Uitvoering verrichtingen buiten waarneming van anderen bij behandelingsovereenkomst

Opzegging door hulpverlener van behandelingsovereenkomst

Loon hulpverlener bij behandelingsovereenkomst

Centrale aansprakelijkheid bij behandelingsovereenkomst

B7 art. 463

laten instelling of afdeling daarvan, een academisch ziekenhuis alsmede een abortuskliniek in de zin van de Wet afbreking zwangerschap.

(Zie ook: artt. 74, 170 BW Boek 6)

Art. 463

Aansprakelijkheid hulpverlener/ziekenhuis bij behandelingsovereenkomst

De aansprakelijkheid van een hulpverlener of, in het geval bedoeld in artikel 462, van het ziekenhuis, kan niet worden beperkt of uitgesloten.

Art. 464

Handelingen anders dan krachtens behandelingsovereenkomst

1. Indien in de uitoefening van een geneeskundig beroep of bedrijf anders dan krachtens een behandelingsovereenkomst handelingen op het gebied van de geneeskunst worden verricht, zijn deze afdeling alsmede de artikelen 404, 405 lid 2 en 406 van afdeling 1 van deze titel van overeenkomstige toepassing voor zover de aard van de rechtsbetrekking zich daartegen niet verzet.

2. Betreft het handelingen als omschreven in artikel 446 lid 4, dan:

a. worden de in artikel 454 bedoelde gegevens slechts bewaard zolang dat noodzakelijk is in verband met het doel van het onderzoek, tenzij het bepaalde bij of krachtens de wet zich tegen vernietiging verzet;

b. wordt de persoon op wie het onderzoek betrekking heeft in de gelegenheid gesteld mee te delen of hij de uitslag en de gevolgtrekking van het onderzoek wenst te vernemen. Indien die wens is geuit en de handelingen niet worden verricht in verband met een tot stand gekomen arbeidsverhouding of burgerrechtelijke verzekering dan wel een opleiding waartoe de betrokkene reeds is toegelaten, wordt bedoelde persoon tevens in de gelegenheid gesteld mee te delen of hij van de uitslag en de gevolgtrekking als eerste kennis wenst te nemen teneinde te kunnen beslissen of daarvan mededeling aan anderen wordt gedaan.

Art. 465

Handelingsonbekwame patiënt bij behandelingsovereenkomst

1. De verplichtingen die voor de hulpverlener uit deze afdeling jegens de patiënt voortvloeien worden, indien de patiënt de leeftijd van twaalf jaren nog niet heeft bereikt, door de hulpverlener nagekomen jegens de ouders die het gezag over de patiënt uitoefenen dan wel jegens zijn voogd.

2. Hetzelfde geldt indien de patiënt de leeftijd van twaalf jaren heeft bereikt, maar niet in staat kan worden geacht tot een redelijke waardering van zijn belangen ter zake, tenzij zodanige patiënt meerderjarig is en onder curatele staat of ten behoeve van hem het mentorschap is ingesteld, in welke gevallen nakoming jegens de curator of de mentor geschiedt.

3. Indien een meerderjarige patiënt die niet in staat kan worden geacht tot een redelijke waardering van zijn belangen ter zake, niet onder curatele staat of ten behoeve van hem niet het mentorschap is ingesteld, worden de verplichtingen die voor de hulpverlener uit deze afdeling jegens de patiënt voortvloeien, door de hulpverlener nagekomen jegens de persoon die daartoe door de patiënt schriftelijk is gemachtigd in zijn plaats op te treden. Ontbreekt zodanige persoon, of treedt deze niet op, dan worden de verplichtingen nagekomen jegens de echtgenoot, de geregistreerde partner of andere levensgezel van de patiënt, tenzij deze persoon dat niet wenst, dan wel, indien ook zodanige persoon ontbreekt, jegens een ouder, kind, broer, zus, grootouder of kleinkind van de patiënt, tenzij deze persoon dat niet wenst.

4. De hulpverlener komt zijn verplichtingen na jegens de in de leden 1 en 2 bedoelde wettelijke vertegenwoordigers van de patiënt en de in lid 3 bedoelde personen, tenzij die nakoming niet verenigbaar is met de zorg van een goed hulpverlener.

5. De persoon jegens wie de hulpverlener krachtens de leden 2 of 3 gehouden is de uit deze afdeling jegens de patiënt voortvloeiende verplichtingen na te komen, betracht de zorg van een goed vertegenwoordiger. Deze persoon is gehouden de patiënt zoveel mogelijk bij de vervulling van zijn taak te betrekken.

6. Verzet de patiënt zich tegen een verrichting van ingrijpende aard waarvoor een persoon als bedoeld in de leden 2 of 3 toestemming heeft gegeven, dan kan de verrichting slechts worden uitgevoerd indien zij kennelijk nodig is teneinde ernstig nadeel voor de patiënt te voorkomen.

Art. 466

Uitvoering verrichting zonder toestemming patiënt bij behandelingsovereenkomst

1. Is op grond van artikel 465 voor het uitvoeren van een verrichting uitsluitend de toestemming van een daar bedoelde persoon in plaats van die van de patiënt vereist, dan kan tot de verrichting zonder die toestemming worden overgegaan indien de tijd voor het vragen van die toestemming ontbreekt aangezien onverwijlde uitvoering van de verrichting kennelijk nodig is teneinde ernstig nadeel voor de patiënt te voorkomen.

2. Een volgens de artikelen 450 en 465 vereiste toestemming mag worden verondersteld te zijn gegeven, indien de desbetreffende verrichting niet van ingrijpende aard is.

Art. 467

Gebruik lichaamsmateriaal voor medisch onderzoek bij behandelingsovereenkomst

1. Van het lichaam afgescheiden anonieme stoffen en delen kunnen worden gebruikt voor medisch statistisch of ander medisch wetenschappelijk onderzoek voor zover de patiënt van wie het lichaamsmateriaal afkomstig is, geen bezwaar heeft gemaakt tegen zodanig onderzoek en het onderzoek met de vereiste zorgvuldigheid wordt verricht.

2. Onder onderzoek met van het lichaam afgescheiden anonieme stoffen en delen wordt verstaan onderzoek waarbij is gewaarborgd dat bij het onderzoek te gebruiken lichaamsmateriaal en de daaruit te verkrijgen gegevens niet tot de persoon herleidbaar zijn.

Art. 468

Van de bepalingen van deze afdeling en van de artikelen 404, 405 lid 2 en 406 kan niet ten nadele van de patiënt worden afgeweken.

Dwingend recht

Titel 7A
Pakketreisovereenkomst en gekoppeld reisarrangement

Afdeling 1
Definities en toepassingsgebied

Art. 500

Voor de toepassing van deze titel wordt verstaan onder:

Pakketreizen, begripsbepalingen

a. reisdienst: dienst betreffende:
i) personenvervoer;
ii) accommodatie die niet wezenlijk deel uitmaakt van personenvervoer en die niet voor bewoning is bestemd;
iii) verhuur van auto's, andere motorvoertuigen in de zin van artikel 3, punt 16, van Verordening (EU) 2018/858 van het Europees Parlement en de Raad van 30 mei 2018 betreffende de goedkeuring van en het markttoezicht op motorvoertuigen en aanhangwagens daarvan en systemen, onderdelen en technische eenheden die voor dergelijke voertuigen zijn bestemd, tot wijziging van Verordeningen (EG) nr. 715/2007 en (EG) nr. 595/2009 en tot intrekking van Richtlijn 2007/46/EG (PbEU 2018, L 151), of motorrijwielen waarvoor een rijbewijs van categorie A in overeenstemming met artikel 4, derde lid, onderdeel c, van Richtlijn 2006/126/EG van het Europees Parlement en de Raad van 20 december 2006 betreffende het Rijbewijs (PbEU, L 403) is vereist;
iv) andere toeristische diensten die niet wezenlijk deel uitmaken van een reisdienst in de zin van de onderdelen i), ii) of iii);
b. pakketreis: combinatie van ten minste twee verschillende soorten reisdiensten voor dezelfde reis of vakantie, ingeval:
i) deze diensten worden gecombineerd door één handelaar, eventueel op verzoek of overeenkomstig de keuze van de reiziger, voordat er één overeenkomst betreffende alle diensten wordt gesloten; of
ii) deze diensten, ongeacht of er afzonderlijke overeenkomsten worden gesloten met verschillende reisdienstverleners, worden:
1°. afgenomen bij één verkooppunt en gekozen voordat de reiziger ermee instemt te betalen;
2°. aangeboden, afgenomen of gefactureerd voor een gezamenlijke prijs of een totaalprijs;
3°. aangeprezen of afgenomen onder de term «pakketreis» of een vergelijkbare term;
4°. gecombineerd nadat er een overeenkomst is gesloten waarbij de handelaar de reiziger laat kiezen uit een selectie van verschillende soorten reisdiensten; of
5°. afgenomen van verschillende handelaren via onderling verbonden online boekingsprocedures, waarbij de naam, de betalingsgegevens en het e-mailadres van de reiziger worden verstrekt door de handelaar met wie de eerste overeenkomst wordt gesloten aan een andere handelaar of handelaren en er met de laatstgenoemde handelaar of handelaren een overeenkomst wordt gesloten uiterlijk 24 uur na de bevestiging van de boeking van de eerste reisdienst;
tenzij niet meer dan één soort reisdienst als bedoeld in onderdeel a, onder i), ii) of iii) wordt gecombineerd met één of meer andere toeristische diensten als bedoeld in onderdeel a, onder iv) die:
– geen aanzienlijk deel van de waarde van de combinatie vormen, niet als een essentieel kenmerk van de combinatie worden aangeprezen of anderszins geen essentieel kenmerk van de combinatie vertegenwoordigen; of
– pas worden gekozen en afgenomen nadat de nakoming van een reisdienst is begonnen;
c. pakketreisovereenkomst: overeenkomst inzake de gehele pakketreis of, indien de pakketreis uit hoofde van afzonderlijke overeenkomsten wordt geleverd, alle overeenkomsten die betrekking hebben op de reisdiensten die deel uitmaken van de pakketreis;
d. begin van de pakketreis: begin van de uitvoering van de reisdiensten waarop de pakketreisovereenkomst betrekking heeft;
e. gekoppeld reisarrangement: ten minste twee verschillende soorten reisdiensten die voor dezelfde reis of vakantie worden afgenomen, die geen pakketreis vormen en waarvoor afzonderlijke overeenkomsten worden gesloten met verschillende reisdienstverleners, waarbij een handelaar:
i) tijdens één bezoek aan of contactmoment met het eigen verkooppunt het apart selecteren en apart betalen van elke reisdienst door de reiziger faciliteert; of

B7 art. 501

ii) op gerichte wijze de afneming van ten minste één aanvullende reisdienst bij een andere handelaar faciliteert waarbij uiterlijk 24 uur na de bevestiging van de boeking van de eerste reisdienst een overeenkomst met die andere handelaar wordt gesloten;

tenzij niet meer dan één soort reisdienst als bedoeld in onderdeel a, onder i), ii) of iii) en één of meer andere toeristische diensten als bedoeld in onderdeel a, onder iv) worden afgenomen en de laatstgenoemde diensten geen aanzienlijk deel van de gecombineerde waarde van de diensten vormen en niet als een essentieel kenmerk van de reis of vakantie worden aangeprezen en anderszins geen essentieel kenmerk van de reis of vakantie vertegenwoordigen;

f. reiziger: iedere persoon die op basis van deze titel een overeenkomst wil sluiten of die op grond van een overeenkomst op basis van deze titel recht heeft om te reizen;

g. handelaar: iedere natuurlijke persoon of iedere rechtspersoon die met betrekking tot onder deze titel vallende overeenkomsten handelt, mede via een andere persoon die namens hem of voor zijn rekening optreedt, in het kader van zijn handels-, bedrijfs-, ambachts- of beroepsactiviteit, ongeacht of hij optreedt als organisator, doorverkoper, handelaar die een gekoppeld reisarrangement faciliteert of reisdienstverlener;

h. organisator: handelaar die pakketreizen samenstelt en deze rechtstreeks dan wel via of samen met een andere handelaar aanbiedt, of de handelaar die de gegevens van de reiziger aan een andere handelaar verstrekt overeenkomstig hetgeen is bepaald in onderdeel b, onder ii), 5°;

i. doorverkoper: handelaar, anders dan de organisator, die pakketreizen aanbiedt die door de organisator zijn samengesteld;

j. vestiging: daadwerkelijke uitoefening van een economische activiteit als bedoeld in artikel 43 van het Verdrag tot oprichting van de Europese Gemeenschap, door een dienstverrichter voor onbepaalde tijd en vanuit een duurzame infrastructuur, van waaruit daadwerkelijk diensten worden verricht;

k. duurzame gegevensdrager: ieder hulpmiddel dat de reiziger of de handelaar in staat stelt om persoonlijk aan hem gerichte informatie op te slaan op een wijze die deze informatie toegankelijk maakt voor toekomstig gebruik gedurende een periode die is aangepast aan het doel waarvoor de informatie is bestemd, en die een ongewijzigde weergave van de opgeslagen informatie mogelijk maakt;

l. onvermijdbare en buitengewone omstandigheden: situatie die zich voordoet onafhankelijk van de wil van de partij die zich daarop beroept en waarvan de gevolgen ondanks alle redelijke voorzorgsmaatregelen niet te vermijden waren;

m. non-conformiteit: het niet of niet goed uitvoeren van de reisdiensten die deel uitmaken van een pakketreis;

n. minderjarige: persoon die jonger is dan achttien jaar;

o. verkooppunt: ruimte voor detailhandel, verplaatsbaar of niet, of een retailwebsite of soortgelijk online verkoopplatform, daaronder begrepen retailwebsites of online verkoopplatforms die als één platform aan reizigers worden aangeboden, met inbegrip van een telefoondienst;

p. repatriëring: terugbrengen van de reiziger naar de plaats van vertrek of naar een andere door de partijen die de overeenkomst sluiten afgesproken plaats;

q. richtlijn (EU) 2015/2302: richtlijn (EU) 2015/2302 van het Europees Parlement en de Raad van 25 november 2015 betreffende pakketreizen en gekoppelde reisarrangementen, houdende wijziging van Verordening (EG) nr. 2006/2004 en van Richtlijn 2011/83/EU van het Europees Parlement en de Raad, en tot intrekking van Richtlijn 90/314/EEG van de Raad (PbEU, L 326).

Art. 501

Pakketreizen en gekoppelde reisarrangementen

1. Deze titel is van toepassing op pakketreizen en gekoppelde reisarrangementen.

2. Deze titel is niet van toepassing op:

a) pakketreizen en gekoppelde reisarrangementen die een periode van minder dan 24 uur beslaan, tenzij zij een overnachting omvatten;

b) pakketreizen en gekoppelde reisarrangementen die incidenteel, zonder winstoogmerk en uitsluitend aan een beperkte groep reizigers worden aangeboden of gefaciliteerd;

c) pakketreizen en gekoppelde reisarrangementen die worden afgenomen op basis van een algemene overeenkomst voor zakenreizen tussen een handelaar en een natuurlijke persoon of rechtspersoon die handelt in het kader van zijn handels-, bedrijfs-, ambachts- of beroepsactiviteit.

Afdeling 2
Informatieverplichtingen en inhoud van de pakketreisovereenkomst

Art. 502

Reisinformatie door reisorganisator

1. De organisator en, indien de pakketreis wordt afgenomen via een doorverkoper, ook de doorverkoper, verstrekt de reiziger, voordat deze is gebonden door een pakketreisovereenkomst of een daarmee overeenstemmend aanbod, standaardinformatie door middel van het formulier als bedoeld in bijlage I, deel A of deel B van de richtlijn (EU) 2015/2302 en, voor zover deze van toepassing is op de pakketreis, daarnaast de volgende informatie:

B7 art. 503

a) de voornaamste kenmerken van de reisdiensten:
1°. de reisbestemming(en), de route en de verblijfsperioden, met de data en indien overnachting is inbegrepen, het aantal nachten;
2°. de vervoermiddelen, met opgave van kenmerken en categorieën, de plaatsen, data en tijdstippen van vertrek en terugkeer, de duur en plaats van tussenstops en de aansluitingen. Indien het exacte tijdstip nog niet vaststaat, deelt de organisator en, indien van toepassing, de doorverkoper de reiziger het tijdstip van vertrek en terugkeer bij benadering mee;
3°. de ligging, de voornaamste kenmerken en, in voorkomend geval, de toeristische categorie van de accommodatie volgens de regels van het land van bestemming;
4°. de maaltijden en de verstrekking daarvan;
5°. bezoeken, excursies of andere diensten die zijn begrepen in de voor de pakketreis overeengekomen totaalprijs;
6°. als dit niet duidelijk uit de context blijkt, uitsluitsel of de reisdiensten worden verleend aan de reiziger als lid van een groep, en indien dit het geval is, voor zover mogelijk, de omvang van de groep bij benadering;
7°. als het belang van andere toeristische diensten voor de reiziger afhankelijk is van doeltreffende mondelinge communicatie, de taal waarin die diensten worden verricht;
8°. uitsluitsel of de reis of de vakantie in het algemeen geschikt is voor personen met beperkte mobiliteit en, op verzoek van de reiziger, tevens nauwkeurige informatie over de vraag of de reis of vakantie gelet op de behoeften van de reiziger geschikt is;

b) de handelsnaam en het geografische adres van de organisator en, indien van toepassing, van de doorverkoper, alsmede hun telefoonnummer en, in voorkomend geval, hun e-mailadres;

c) de totaalprijs van de pakketreis, inclusief belastingen en, indien van toepassing, alle bijkomende vergoedingen, toeslagen en andere kosten, of, indien deze redelijkerwijs niet kunnen worden berekend voordat de overeenkomst wordt gesloten, opgave van de soort bijkomende kosten die alsnog voor rekening van de reiziger kunnen zijn;

d) de betalingsregelingen, met inbegrip van het bedrag of het als aanbetaling te betalen percentage van de prijs en het tijdstip voor de betaling van het saldo van de reissom, of financiële garanties die de reiziger moet betalen of leveren;

e) het minimumaantal personen dat nodig is om de pakketreis te laten plaatsvinden en de in artikel 509, lid 5, onderdeel a, bedoelde termijn waarbinnen de overeenkomst vóór het begin van de pakketreis kan worden beëindigd als dat aantal niet is bereikt;

f) algemene informatie betreffende paspoort- en visumverplichtingen in het land van bestemming, waaronder de bij benadering benodigde termijn voor het verkrijgen van een visum en informatie over de daar geldende formaliteiten op gezondheidsgebied;

g) de mededeling dat de reiziger de overeenkomst vóór het begin van de pakketreis te allen tijde kan beëindigen tegen betaling van een redelijke beëindigingsvergoeding of, indien toepasselijk, van de gestandaardiseerde beëindigingsvergoedingen die door de organisator worden verlangd, in overeenstemming met artikel 509, lid 1 en 2;

h) informatie over een facultatieve of verplichte verzekering die de kosten bij beëindiging van de overeenkomst door de reiziger of de kosten van bijstand, met inbegrip van repatriëring, bij ongeval, ziekte of overlijden dekt.

2. Voor pakketreisovereenkomsten die per telefoon worden gesloten, verstrekt de organisator en, indien van toepassing, de doorverkoper, de reiziger standaardinformatie als bedoeld in bijlage I, deel B van de richtlijn (EU) 2015/2302, en de informatie als bedoeld in de onderdelen a tot en met h van lid 1.

3. Met betrekking tot pakketreizen als bedoeld in artikel 500, onderdeel b, onder ii), 5°, zorgen de organisator en de handelaar aan wie de gegevens worden verstrekt, ervoor dat ieder van hen de reiziger, voordat hij is gebonden door een overeenkomst of een daarmee overeenstemmend aanbod, de informatie bedoeld in de onderdelen a tot en met h van lid 1 verstrekt, voor zover dat relevant is voor de reisdiensten die zij aanbieden. De organisator verstrekt tegelijkertijd standaardinformatie door middel van het formulier in bijlage I, deel C van de richtlijn (EU) 2015/2302.

4. De in lid 1, 2 en 3 bedoelde informatie wordt op een duidelijke, begrijpelijke en in het oog springende manier verstrekt. Schriftelijke informatie wordt in een leesbare vorm verstrekt.

Art. 503

1. De informatie die op grond van artikel 502, lid 1, onderdelen a, c, d, e en g aan de reiziger wordt verstrekt is onderdeel van de pakketreisovereenkomst en wordt niet gewijzigd, tenzij de partijen bij de overeenkomst uitdrukkelijk anders overeenkomen. De organisator, en, indien van toepassing, de doorverkoper, deelt de reiziger alle wijzigingen in de precontractuele informatie op duidelijke, begrijpelijke en in het oog springende wijze mee voordat de pakketreisovereenkomst wordt gesloten.

Voorwaarden wijzigen reisinformatie door reisorganisator

2. Indien de organisator, en, indien van toepassing, de doorverkoper, de vereisten inzake informatie over bijkomende vergoedingen, toeslagen of andere kosten als bedoeld in artikel 502, lid 1, onderdeel c, niet heeft nageleefd voordat de pakketreisovereenkomst wordt gesloten, zijn deze vergoedingen, toeslagen of andere kosten niet voor rekening van de reiziger.

Art. 504

Bevestiging reisinformatie door reisorganisator

1. De pakketreisovereenkomst is in heldere en begrijpelijke taal opgesteld en, voor zover zij schriftelijk wordt vastgelegd, leesbaar. Bij het sluiten van de pakketreisovereenkomst of onverwijld daarna, verstrekt de organisator of de doorverkoper de reiziger een kopie of een bevestiging van de overeenkomst op een duurzame gegevensdrager. Als de pakketreisovereenkomst in de gelijktijdige fysieke aanwezigheid van partijen is gesloten, heeft de reiziger recht op een papieren kopie.

2. In afwijking van lid 1 verstrekt de organisator bij buiten verkoopruimten gesloten overeenkomsten in de zin van artikel 230g, lid 1, onderdeel f van Boek 6, een kopie of bevestiging van de pakketreisovereenkomst aan de reiziger op papier of, als de reiziger hiermee instemt, op een andere duurzame gegevensdrager.

3. De pakketreisovereenkomst of bevestiging ervan bevat de volledige inhoud van de overeenkomst, met inbegrip van alle in artikel 502, lid 1, onderdelen a tot en met h, bedoelde informatie, alsmede de volgende informatie:

a) bijzondere wensen van de reiziger waarop de organisator is ingegaan;

b) het feit dat de organisator:

1°. aansprakelijk is voor de goede uitvoering van alle onder de overeenkomst vallende reisdiensten, in overeenstemming met artikel 510;

2°. verplicht is bijstand te bieden wanneer de reiziger in moeilijkheden verkeert, in overeenstemming met artikel 513;

c) de naam en de contactgegevens, met inbegrip van het geografische adres, van de instantie die instaat voor de bescherming bij insolventie;

d) de naam, het adres, het telefoonnummer, het e-mailadres en, in voorkomend geval, het faxnummer van de lokale vertegenwoordiger van de organisator, van een contactpunt of van een andere dienst;

e) de mededeling dat de reiziger overeenkomstig artikel 510, lid 2, verplicht is eventuele tijdens de uitvoering van de pakketreis geconstateerde non-conformiteit te melden;

f) indien minderjarigen die niet door een ouder of een andere gemachtigde persoon vergezeld worden, op basis van een pakketreisovereenkomst reizen waarin accommodatie is begrepen, informatie op basis waarvan rechtstreeks contact kan worden opgenomen met de minderjarige of met de persoon die op de verblijfplaats van de minderjarige voor de minderjarige verantwoordelijk is;

g) informatie over beschikbare interne procedures voor klachtenafhandeling en over alternatieve geschillenbeslechtingsmechanismen overeenkomstig de Implementatiewet buitengerechtelijke geschillenbeslechting consumenten en in voorkomend geval, over de alternatieve geschillenbeslechtingsinstantie waaronder de handelaar valt en over het platform voor onlinegeschillenbeslechting overeenkomstig Verordening (EU) nr. 524/2013 van het Europees Parlement en de Raad van 21 mei 2013 betreffende onlinebeslechting van consumentengeschillen en tot wijziging van Verordening (EG) nr. 2006/2004 en Richtlijn 2009/22/EG (PbEU, L 165);

h) informatie over het recht van de reiziger om zijn overeenkomst overeenkomstig artikel 506 aan een andere reiziger over te dragen.

4. Met betrekking tot pakketreizen als bedoeld in artikel 500, onderdeel b, onder ii), 5°, informeert de handelaar aan wie de gegevens worden toegezonden, de organisator over de sluiting van de overeenkomst die tot de totstandbrenging van een pakketreis leidt. De handelaar verschaft de organisator de informatie die nodig is om aan zijn verplichtingen als organisator te voldoen. Zodra de organisator ervan in kennis is gesteld dat een pakketreis tot stand is gebracht, verstrekt de organisator aan de reiziger de in lid 3, onderdelen a tot en met h bedoelde informatie op een duurzame gegevensdrager.

5. De in lid 3 en 4 bedoelde informatie wordt op een duidelijke, begrijpelijke en in het oog springende manier verstrekt.

6. Tijdig voor het begin van de pakketreis verstrekt de organisator de reiziger de nodige ontvangstbewijzen, vouchers en vervoerbewijzen, informatie over de geplande vertrektijden en, in voorkomend geval, over de uiterste tijd om in te checken, en de geplande tijden van tussenstops, aansluitingen en aankomst.

Art. 505

Bewijslast naleving informatievoorschriften

Op de handelaar rust de bewijslast voor de naleving van de in de artikelen 502, 503 en 504 neergelegde informatievoorschriften.

Afdeling 3
Wijziging van de pakketreisovereenkomst vóór het begin van de pakketreis

Art. 506

1. Reizigers kunnen de rechtsverhouding tot de organisator die voortvloeit uit de pakketreisovereenkomst overdragen aan een persoon die voldoet aan alle voorwaarden die voor die overeenkomst gelden, mits zij de organisator binnen een redelijke termijn vóór het begin van de pakketreis via een duurzame gegevensdrager op de hoogte stellen. Van een redelijke termijn is in ieder geval sprake als de organisator uiterlijk zeven dagen vóór het begin van de pakketreis op de hoogte wordt gesteld.

Contractovername

2. Degene die de pakketreisovereenkomst overdraagt, en degene die de overeenkomst overneemt, zijn gezamenlijk en hoofdelijk aansprakelijk voor de betaling van het nog verschuldigde bedrag en voor eventuele bijkomende vergoedingen, toeslagen en andere kosten die voortvloeien uit de overdracht. De organisator stelt degene die de overeenkomst overdraagt in kennis van de werkelijke kosten van de overdracht. Deze kosten mogen niet onredelijk zijn en niet meer bedragen dan de werkelijke kosten die voor de organisator voortvloeien uit de overdracht.

3. De organisator voorziet degene die de pakketreisovereenkomst overdraagt van bewijsstukken van de bijkomende vergoedingen, toeslagen en andere kosten die uit de overdracht voortvloeien.

Art. 507

1. De prijzen kunnen na de sluiting van de pakketreisovereenkomst alleen worden verhoogd indien de overeenkomst daar uitdrukkelijk in voorziet, aangeeft hoe de prijsherzieningen moeten worden berekend en vermeldt dat de reiziger op grond van lid 5 recht heeft op een prijsverlaging.

Prijsverhoging en prijsverlaging pakketreis

2. Prijsverhogingen zijn alleen toegestaan als rechtstreeks gevolg van veranderingen in:
a) de prijs van personenvervoer die is toe te schrijven aan de toegenomen kostprijs van brandstof of van andere energiebronnen;
b) de hoogte van belastingen of vergoedingen over de in de overeenkomst begrepen reisdiensten, die worden geheven door niet direct bij de uitvoering van de pakketreis betrokken derden, met inbegrip van toeristenbelastingen, landingsrechten en vertrek- of aankomstbelasting in havens en op vliegvelden; of
c) de wisselkoersen die voor de pakketreis van belang zijn.

3. Indien de in lid 1 en 2 bedoelde prijsverhoging meer dan 8% van de prijs van de pakketreis bedraagt, is artikel 508, lid 2 tot en met 5, van toepassing.

4. Ongeacht de omvang ervan is een prijsverhoging alleen mogelijk indien de organisator de reiziger daarvan uiterlijk twintig dagen vóór het begin van de pakketreis via een duurzame gegevensdrager en op een duidelijke en begrijpelijke manier in kennis stelt, met opgave van de redenen voor de prijsverhoging en een berekening.

5. Indien de pakketreisovereenkomst voorziet in de mogelijkheid van prijsverhogingen, heeft de reiziger recht op een prijsverlaging die oveereenstemt met elke daling van de in lid 2, onderdelen a, b en c, bedoelde kosten die zich na de sluiting van de overeenkomst en vóór het begin van de pakketreis voordoet.

6. In geval van een prijsverlaging heeft de organisator het recht de werkelijk gemaakte administratieve kosten af te trekken van de aan de reiziger verschuldigde terugbetaling. De organisator bewijst die administratieve kosten op verzoek van de reiziger.

Art. 508

1. De organisator kan de bedingen van de pakketreisovereenkomst, met uitzondering van prijswijzigingen overeenkomstig artikel 507, vóór het begin van de pakketreis niet eenzijdig wijzigen, tenzij:
a) de organisator zich dit recht in de overeenkomst heeft voorbehouden;
b) het om een onbeduidende wijziging gaat, en
c) de organisator de reiziger daarvan op een duidelijke, begrijpelijke en in het oog springende manier via een duurzame gegevensdrager in kennis stelt.

Voorwaarden wijzigen pakketreisovereenkomst

2. Als de organisator zich genoodzaakt ziet vóór het begin van de pakketreis een van de voornaamste kenmerken van de reisdiensten in de zin van artikel 502, lid 1, onderdeel a, ingrijpend te wijzigen of niet aan de bijzondere wensen in de zin van artikel 504, lid 3, onderdeel a, tegemoet kan komen, of voorstelt de prijs van de pakketreis met meer dan 8% te verhogen overeenkomstig artikel 507, lid 3, kan de reiziger binnen een door de organisator bepaalde redelijke termijn:
a) de voorgestelde wijziging aanvaarden; of
b) de overeenkomst beëindigen zonder betaling van een beëindigingsvergoeding.

3. De organisator stelt de reiziger op een duidelijke, begrijpelijke en in het oog springende manier via een duurzame gegevensdrager onverwijld in kennis van:
a) de in lid 2 voorgestelde wijzigingen en, in voorkomend geval in overeenstemming met lid 4, van het effect ervan op de prijs van de pakketreis;

b) een redelijke termijn waarbinnen de reiziger de organisator in kennis moet stellen van zijn besluit uit hoofde van lid 2;

c) de gevolgen van het feit dat de reiziger niet binnen de in onderdeel b bedoelde termijn heeft kunnen antwoorden;

d) in voorkomend geval, de aangeboden vervangende pakketreis en de prijs ervan.

4. Wanneer de in lid 2 bedoelde wijzigingen van de pakketreisovereenkomst of de in lid 3, onderdeel d, bedoelde vervangende pakketreis tot gevolg hebben dat de kwaliteit of de kosten van de pakketreis verminderen, heeft de reiziger recht op een passende prijsverlaging.

5. Indien de pakketreisovereenkomst op grond van lid 2, onderdeel b, wordt beëindigd en de reiziger geen vervangende pakketreis aanvaardt, betaalt de organisator alle door of namens de reiziger betaalde bedragen onverwijld en in elk geval uiterlijk veertien dagen nadat de overeenkomst is beëindigd, aan de reiziger terug. Artikel 511, lid 2 tot en met 9, is van overeenkomstige toepassing.

Art. 509

Beëindiging pakketreis-overeenkomst

1. De reiziger kan de pakketreisovereenkomst te allen tijde beëindigen vóór het begin van de pakketreis. De reiziger kan bij beëindiging van de pakketreisovereenkomst worden verplicht tot betaling van een passende en gerechtvaardigde beëindigingsvergoeding aan de organisator.

2. In de pakketreisovereenkomst kunnen redelijke gestandaardiseerde beëindigingsvergoedingen worden bepaald op basis van het tijdstip van de beëindiging vóór het begin van de pakketreis en de verwachte kostenbesparingen en inkomsten uit alternatief gebruik van de reisdiensten. Als er geen gestandaardiseerde beëindigingsvergoedingen zijn vastgesteld, stemt het bedrag van de beëindigingsvergoeding overeen met de prijs van de pakketreis minus de kostenbesparingen en inkomsten uit alternatief gebruik van de reisdiensten. Indien de reiziger hierom verzoekt, verstrekt de organisator een verantwoording van het bedrag van de beëindigingsvergoedingen.

3. Onverminderd lid 1 en lid 2 heeft de reiziger, indien zich op de plaats van bestemming of in de onmiddellijke omgeving daarvan onvermijdbare en buitengewone omstandigheden voordoen die aanzienlijke gevolgen hebben voor de uitvoering van de pakketreis of voor het personenvervoer naar de bestemming, het recht de pakketreisovereenkomst vóór het begin van de pakketreis zonder betaling van een beëindigingsvergoeding te beëindigen.

4. In geval van beëindiging van de pakketreisovereenkomst op grond van lid 3 heeft de reiziger recht op een volledige terugbetaling van alle voor de pakketreis betaalde bedragen, maar kan hij geen aanspraak maken op een schadevergoeding.

5. De organisator kan de pakketreisovereenkomst beëindigen en de reiziger alle voor de pakketreis betaalde bedragen volledig terugbetalen zonder een schadevergoeding verschuldigd te zijn, indien:

a) het aantal personen dat zich voor de pakketreis heeft ingeschreven kleiner is dan het in de overeenkomst vermelde minimumaantal en de reiziger door de organisator van de beëindiging van de overeenkomst in kennis wordt gesteld binnen de in de overeenkomst bepaalde termijn, maar uiterlijk:

1°. twintig dagen vóór het begin van de pakketreis bij reizen van meer dan zes dagen;

2°. zeven dagen vóór het begin van de pakketreis bij reizen van twee tot zes dagen;

3°. achtenveertig uur voor het begin van de pakketreis bij reizen die minder dan twee dagen duren; of

b) de organisator de overeenkomst niet kan uitvoeren als gevolg van onvermijdbare en buitengewone omstandigheden en hij de reiziger er onverwijld en vóór het begin van de pakketreis van in kennis stelt dat de overeenkomst wordt beëindigd.

6. De organisator verricht alle terugbetalingen die op grond van lid 3, 4 en 5 zijn vereist, of betaalt met betrekking tot lid 1 en 2 alle bedragen terug die door of namens de reiziger voor de pakketreis zijn betaald, minus een passende beëindigingsvergoeding.

7. De terugbetalingen worden onverwijld aan de reiziger gedaan en in elk geval uiterlijk binnen veertien dagen na de beëindiging van de pakketreisovereenkomst.

Afdeling 4
Uitvoering van de pakketreis

Art. 510

Verantwoordelijkheid voor uitvoering reisdiensten

1. De organisator is verantwoordelijk voor de uitvoering van de reisdiensten waarop de pakketreisovereenkomst betrekking heeft, ongeacht of deze diensten door de organisator of door andere dienstverleners worden verricht.

2. De reiziger stelt de organisator onverwijld, rekening houdend met de omstandigheden van het geval, in kennis van een non-conformiteit die hij heeft geconstateerd tijdens de uitvoering van een in de pakketreisovereenkomst opgenomen reisdienst.

3. Indien een of meer reisdiensten niet conform de pakketreisovereenkomst worden uitgevoerd, zorgt de organisator dat de non-conformiteit wordt verholpen, tenzij dat:

a) onmogelijk is; of
b) onevenredig hoge kosten met zich brengt, rekening houdend met de mate van non-conformiteit en de waarde van de betreffende reisdiensten.

4. Indien de organisator de non-conformiteit niet verhelpt met een beroep op lid 3, onderdeel a of b, is artikel 511 van toepassing.

5. Onverminderd de uitzonderingen in lid 3, heeft de reiziger, indien de organisator de non-conformiteit niet binnen een door de reiziger bepaalde redelijke termijn verhelpt, de mogelijkheid dit zelf te doen en om terugbetaling van de nodige uitgaven te verzoeken. Als de organisator weigert de non-conformiteit te verhelpen of indien deze onmiddellijk moet worden verholpen, hoeft de reiziger geen termijn te bepalen.

6. Indien een aanzienlijk deel van de diensten, daaronder begrepen de terugkeer van de reiziger naar de plaats van vertrek, niet kan worden verricht zoals overeengekomen in de pakketreisovereenkomst, biedt de organisator, zonder bijkomende kosten voor de reiziger, met het oog op de voortzetting van de pakketreis geschikte alternatieve arrangementen aan van, indien mogelijk, gelijkwaardige of hogere kwaliteit dan die welke in de overeenkomst is bepaald. Indien de voorgestelde alternatieve arrangementen leiden tot een pakketreis van lagere kwaliteit dan in de pakketreisovereenkomst is bepaald, geeft de organisator de reiziger een passende prijsverlaging.

7. De reiziger kan de voorgestelde alternatieve arrangementen als bedoeld in het vorige lid slechts afwijzen indien zij niet vergelijkbaar zijn met hetgeen in de pakketreisovereenkomst is afgesproken, of indien de toegekende prijsverlaging ontoereikend is.

8. Indien de non-conformiteit aanzienlijke gevolgen heeft voor de uitvoering van de pakketreis en de organisator deze niet binnen een door de reiziger bepaalde redelijke termijn heeft verholpen, kan de reiziger de pakketreisovereenkomst zonder betaling van een beëindigingsvergoeding beëindigen en, in voorkomend geval, overeenkomstig artikel 511 om een prijsverlaging en een schadevergoeding verzoeken. Indien er geen alternatieve arrangementen kunnen worden aangeboden of de reiziger deze overeenkomstig lid 7 afwijst, heeft de reiziger, in voorkomend geval, overeenkomstig artikel 511 recht op prijsverlaging of schadevergoeding ook zonder beëindiging van de pakketreisovereenkomst. Indien de pakketreis personenvervoer omvat, voorziet de organisator in de hier bedoelde gevallen ook in onverwijlde repatriëring van de reiziger met gelijkwaardig vervoer en zonder bijkomende kosten voor de reiziger.

9. Indien er, als gevolg van onvermijdbare en buitengewone omstandigheden, niet kan worden gezorgd voor de terugkeer van de reiziger zoals afgesproken in de pakketreisovereenkomst, zijn de kosten van de nodige accommodatie, indien mogelijk van een gelijkwaardige categorie, voor ten hoogste drie overnachtingen per reiziger, voor rekening van de organisator.

10. Onverminderd het vorige lid zijn de termijnen uit de toepasselijke wetgeving van de Europese Unie inzake passagiersrechten voor het desbetreffende vervoersmiddel voor de terugkeer van de reiziger van toepassing indien deze in langere termijnen voorzien.

11. De in lid 9 beschreven beperking van de kosten is niet van toepassing op personen met beperkte mobiliteit in de zin van artikel 2, onderdeel a, van Verordening (EG), nr. 1107/2006 van het Europees Parlement en de Raad van 5 juli 2006 inzake de rechten van gehandicapten en personen met beperkte mobiliteit die per luchtvervoer reizen (PbEU, L 204), noch op personen die hen begeleiden, zwangere vrouwen, alleenreizende minderjarigen en personen die specifieke medische bijstand behoeven, mits de organisator ten minste achtenveertig uur voor het begin van de pakketreis in kennis is gesteld van hun bijzondere behoeften.

Art. 511

1. De reiziger heeft recht op een passende prijsverlaging voor iedere periode waarin er sprake was van non-conformiteit, tenzij de organisator bewijst dat de non-conformiteit aan de reiziger is toe te rekenen.

Prijsverlaging bij schade als gevolg van non-conformiteit

2. De reiziger heeft recht op passende schadevergoeding van de organisator voor alle schade die de reiziger oploopt als gevolg van non-conformiteit, tenzij de organisator aantoont dat de non-conformiteit is te wijten aan:
a. de reiziger;
b. een derde die niet bij de uitvoering van de in de pakketreisovereenkomst begrepen reisdiensten is betrokken en de non-conformiteit niet kon worden voorzien of voorkomen; of
c. onvermijdbare en buitengewone omstandigheden.

3. De schadevergoeding wordt onverwijld uitbetaald.

4. Indien een internationaal verdrag waarbij de Europese Unie partij is, grenzen stelt aan de voorwaarden waaronder dienstverleners die reisdiensten verlenen die deel uit maken van een pakketreis, schadevergoeding moeten betalen, of aan de hoogte van die schadevergoeding, gelden die grenzen ook voor de organisator. Indien een internationaal verdrag waarbij de Europese Unie geen partij is maar Nederland wel, grenzen stelt aan schadevergoedingen die door een dienstverlener moeten worden betaald, gelden die grenzen ook voor de schadevergoeding die door de organisator moet worden betaald.

B7 *art. 512*

5. Onverminderd lid 4 kan de organisator zijn aansprakelijkheid voor schade niet uitsluiten of beperken indien de schade:

a) bestaat uit persoonlijk letsel van de reiziger; of

b) is veroorzaakt door opzettelijk dan wel nalatig handelen van de organisator.

6. Voor andere dan de in lid 5 genoemde schade kan de organisator zijn aansprakelijkheid beperken tot ten minste driemaal de reissom.

7. De verjaringstermijn voor het indienen van een vordering tot schadevergoeding is twee jaar.

8. Elk recht op schadevergoeding of prijsverlaging uit hoofde van deze titel laat onverlet de rechten van reizigers uit hoofde van Verordening (EG) nr. 261/2004 van het Europees Parlement en de Raad van 11 februari 2004 tot vaststelling van gemeenschappelijke regels inzake compensatie en bijstand aan luchtreizigers bij instapweigering en annulering of langdurige vertraging van vluchten en tot intrekking van Verordening (EEG) 295/91 (PbEU, L 46), Verordening (EG) nr. 1371/2007 van het Europees Parlement en de Raad van 23 oktober 2007 betreffende de rechten en verplichtingen van reizigers in het treinverkeer (PbEU, L 315), Verordening (EG) nr. 392/2009 van het Europees Parlement en de Raad van 24 november 2009 betreffende de aansprakelijkheid van vervoerders van passagiers over zee bij ongevallen (PbEU, L 131), Verordening (EU) nr. 1177/2010 van het Europees Parlement en de Raad van 24 november 2010 betreffende de rechten van passagiers die over zee of binnenwateren reizen en houdende wijziging van Verordening (EG) nr. 2006/2004 (PbEU L 34) en Verordening (EU) nr. 181/2011 van het Europees Parlement en de Raad van 16 februari 2011 betreffende de rechten van autobus- en touringcarpassagiers en tot wijziging van Verordening (EG) nr. 2006/2004 (PbEU, L 55), en internationale verdragen.

9. De schadevergoeding of prijsverlaging uit hoofde van deze titel en de uit hoofde van de in het vorige lid bedoelde verordeningen en internationale verdragen toegekende compensatie of prijsverlaging worden met elkaar verrekend.

Art. 512

Berichten, verzoeken en klachten over uitvoering pakketreis

1. De reiziger kan berichten, verzoeken of klachten in verband met de uitvoering van de pakketreis rechtstreeks richten tot de doorverkoper bij wie hij de reis heeft afgenomen. De doorverkoper geeft deze berichten, verzoeken of klachten onverwijld aan de organisator door.

2. Om te beoordelen of de in lid 1 bedoelde berichten, verzoeken of klachten binnen de gestelde termijn of de verjaringstermijn zijn ingediend, wordt de inontvangstneming door de doorverkoper beschouwd als inontvangstneming door de organisator.

3. Ingeval de organisator buiten de Europese Economische Ruimte is gevestigd, gelden voor de doorverkoper die in een Europese lidstaat is gevestigd de verplichtingen voor organisatoren die zijn vastgelegd in de artikelen 510 tot en met 513a, tenzij de doorverkoper bewijst dat de organisator aan deze artikelen voldoet.

Art. 513

Verplichting reisorganisator onverwijld hulp en bijstand te verlenen

1. De organisator is verplicht de reiziger onverwijld hulp en bijstand te verlenen indien de reiziger in moeilijkheden verkeert, daaronder begrepen de in artikel 510, lid 9, bedoelde omstandigheden, in het bijzonder door:

a) goede informatie te verstrekken over medische diensten, plaatselijke autoriteiten en consulaire bijstand;

b) de reiziger te helpen bij het gebruik van communicatie op afstand en bij het vinden van alternatieve reisarrangementen.

2. Indien de moeilijkheden het gevolg zijn van opzet of nalatigheid van de reiziger kan de organisator voor de verleende hulp en bijstand een redelijke vergoeding vragen. Die vergoeding bedraagt in geen geval meer dan de werkelijke kosten voor de organisator.

Afdeling 5
Bescherming bij insolventie

Art. 513a

Bescherming bij insolventie reisorganisator

1. De organisator neemt de maatregelen die nodig zijn om te verzekeren dat, wanneer hij wegens financieel onvermogen zijn verplichtingen jegens de reiziger niet of niet verder kan nakomen, wordt zorggedragen hetzij voor overneming van zijn verplichtingen door een ander hetzij voor terugbetaling van de reissom of, indien de reisdiensten reeds ten dele zijn genoten, een evenredig deel daarvan. Indien de pakketreisovereenkomst personenvervoer omvat, voorzien de maatregelen in de repatriëring van de reiziger.

2. De in lid 1 bedoelde maatregelen dekken in ieder geval:

a) redelijkerwijs voorzienbare kosten;

b) de in verband met de pakketreis door of namens reizigers betaalde bedragen, rekening houdend met de duur van de periode tussen de aanbetaling en de definitieve betaling en de volledige uitvoering van de pakketreis;

c) de geraamde kosten voor repatriëring in geval van financieel onvermogen van de organisator.

3. Indien de reiziger reeds op de plaats van bestemming is aangekomen en de uitvoering van de pakketreis wordt beïnvloed door financieel onvermogen van de organisator, heeft de reiziger op grond van de in lid 1 bedoelde maatregelen recht op kosteloze repatriëring en, indien nodig, de financiering van accommodatie in afwachting van de repatriëring.

4. De in de voorgaande leden bedoelde bescherming tegen financieel onvermogen van de organisator komt ten goede aan reizigers ongeacht hun woonplaats, de plaats van vertrek of de plaats van afname van de pakketreis, en ongeacht de lidstaat waar de instantie die instaat voor de bescherming bij insolventie, is gevestigd.

5. Voor niet-uitgevoerde reisdiensten worden terugbetalingen op verzoek van de reiziger onverwijld verricht.

6. De leden 1 tot en met 5 zijn van overeenkomstige toepassing op een organisator die niet in Nederland is gevestigd en pakketreizen aanbiedt in Nederland, of die dergelijke activiteiten op Nederland richt.

Afdeling 6
Gekoppelde reisarrangementen

Art. 513b

1. De handelaar die gekoppelde reisarrangementen faciliteert neemt de maatregelen die nodig zijn om te verzekeren dat, voor zover een reisdienst die deel uitmaakt van een gekoppeld reisarrangement door financieel onvermogen van die handelaar jegens de reiziger niet of niet verder kan worden nagekomen, wordt zorggedragen voor terugbetaling van de reissom die hij ontvangt van de reiziger of, indien de reisdienst reeds ten dele is genoten, een evenredig deel daarvan. Indien de handelaar die gekoppelde reisarrangementen faciliteert voor het personenvervoer verantwoordelijk is, voorzien de maatregelen in de repatriëring van de reiziger. Artikel 513a, lid 2 tot en met 6, is van overeenkomstige toepassing.

Gekoppelde reisarrangementen

2. Alvorens de reiziger wordt gebonden door een overeenkomst die leidt tot de totstandkoming van een gekoppeld reisarrangement of door een daarmee overeenstemmend aanbod, wijst de handelaar die gekoppelde reisarrangementen faciliteert, ook indien hij niet in een Europese lidstaat is gevestigd maar dergelijke activiteiten op Nederland richt, op duidelijke, begrijpelijke en in het oog springende wijze op het volgende:

a) de reiziger kan geen aanspraak maken op de rechten die uitsluitend gelden voor pakketreizen uit hoofde van deze titel en elke dienstverlener is uitsluitend aansprakelijk voor de goede contractuele uitvoering van zijn eigen diensten;

b) de reiziger kan aanspraak maken op bescherming bij insolventie in overeenstemming met lid 1.

3. De handelaar die gekoppelde reisarrangementen faciliteert verstrekt de in lid 2 bedoelde informatie aan de reiziger door middel van het desbetreffende standaardformulier opgenomen in bijlage II van de richtlijn (EU) 2015/2302 of, indien een bepaalde soort gekoppeld reisarrangement niet in de in die bijlage vervatte formulieren is terug te vinden, de daarin opgenomen informatie.

4. Indien de handelaar die gekoppelde reisarrangementen faciliteert de voorschriften van lid 1 tot en met 3 niet naleeft, zijn de rechten en verplichtingen als bedoeld in de artikelen 506 en 509 tot en met 513 van toepassing op de reisdiensten die deel uitmaken van het gekoppelde reisarrangement.

5. Indien een gekoppeld reisarrangement het gevolg is van een overeenkomst tussen een reiziger en een handelaar die niet degene is die het gekoppelde reisarrangement faciliteert, stelt die handelaar de handelaar die het gekoppelde reisarrangement faciliteert in kennis van de betrokken overeenkomst.

Afdeling 7
Slotbepalingen

Art. 513c

Tenzij boekingsfouten aan de reiziger zijn te wijten of door onvermijdbare en buitengewone omstandigheden worden veroorzaakt, kan een handelaar zijn aansprakelijkheid niet uitsluiten of beperken:

Slotbepalingen

a) voor schade door fouten vanwege technische mankementen in het boekingssysteem die aan hem zijn te wijten;

b) voor schade door fouten die tijdens het boekingsproces worden gemaakt indien de handelaar ermee heeft ingestemd de boeking van een pakketreis of van reisdiensten die deel uitmaken van een gekoppeld reisarrangement te regelen.

Art. 513d

1. Van het bij deze titel bepaalde kan ten nadele van de reiziger niet worden afgeweken.

Dwingend recht, titel 7A

2. Een verklaring van een organisator van een pakketreis of van een handelaar die een gekoppeld reisarrangement faciliteert, inhoudende dat hij uitsluitend optreedt als reisdienstverlener, als tussenpersoon of in een andere hoedanigheid, of dat een pakketreis of gekoppeld reisarrangement geen pakketreis of gekoppeld reisarrangement is, ontslaat deze organisator of handelaar niet van de verplichtingen die krachtens deze titel op hen rusten.

Titel 7b Betalingstransactie

Afdeling 1 Algemene bepalingen

Art. 514

Betalingstransacties, begripsbepalingen

In deze titel en de daarop berustende bepalingen wordt verstaan onder:

a. authenticeren of authenticatie: volgen van een procedure die de betaaldienstverlener in staat stelt de identiteit van een betaaldienstgebruiker dan wel de validiteit van het gebruik van een specifiek betaalinstrument te verifiëren, met inbegrip van de persoonlijke beveiligingsgegevens van de betaaldienstgebruiker;

b. automatische afschrijving: betaaldienst waarbij de betaalrekening van de betaler wordt gedebiteerd en waarbij de betalingstransactie wordt geïnitieerd door de begunstigde op basis van een door de betaler aan de begunstigde, aan de betaaldienstverlener van de begunstigde of aan de betaaldienstverlener van de betaler verstrekte instemming;

c. begunstigde: natuurlijke persoon of rechtspersoon die de beoogde ontvanger is van de geldmiddelen waarop een betalingstransactie betrekking heeft;

d. betaaldienst: bedrijfswerkzaamheid als bedoeld in de bijlage bij de richtlijn;

e. betaaldienstgebruiker: natuurlijke persoon of rechtspersoon die in de hoedanigheid van betaler, begunstigde of beide van een betaaldienst gebruik maakt;

f. betaaldienstverlener: dienstverlener als bedoeld in artikel 1, eerste lid, van de richtlijn en natuurlijk persoon of rechtspersoon waarop een vrijstelling krachtens artikel 2:3d van de Wet op het financieel toezicht van toepassing is;

g. betaalinstrument: gepersonaliseerd instrument of gepersonaliseerde instrumenten of het geheel van procedures, overeengekomen tussen betaaldienstgebruiker en betaaldienstverlener, waarvan gebruik wordt gemaakt voor het initiëren van een betaalopdracht;

h. betaalopdracht: door een betaler of begunstigde aan zijn betaaldienstverlener gegeven opdracht om een betalingstransactie uit te voeren;

i. betaalrekening: op naam van een of meer betaaldienstgebruikers aangehouden rekening die voor de uitvoering van betalingstransacties wordt gebruikt;

j. betaler: natuurlijke persoon of rechtspersoon die houder is van een betaalrekening en een betalingstransactie vanaf die betaalrekening toestaat, hetzij bij ontbreken van een betaalrekening, een natuurlijke persoon of rechtspersoon die een betaalopdracht geeft;

k. betalingstransactie: door of voor rekening van de betaler of door de betalingsbegunstigde geïnitieerde handeling waarbij geldmiddelen worden gedeponeerd, overgemaakt of opgenomen, ongeacht of er onderliggende verplichtingen tussen de betaler en de betalingsbegunstigde zijn;

l. consument: niet in de uitoefening van zijn bedrijf of beroep handelende natuurlijke persoon aan wie een betaaldienstverlener een betaaldienst verleent of aan wie deze voornemens is een betaaldienst te verlenen;

m. duurzame drager: hulpmiddel dat het de betaaldienstgebruiker mogelijk maakt de aan hem persoonlijk gerichte informatie op zodanige wijze op te slaan dat deze gedurende een voor het doel van de informatie toereikende periode kan worden geraadpleegd en waarmee de opgeslagen informatie ongewijzigd kan worden gereproduceerd;

ma. elektronischgeldinstelling: elektronischgeldinstelling als bedoeld in artikel 1:1 van de Wet op het financieel toezicht;

n. geldmiddelen: chartaal geld, giraal geld of elektronisch geld als bedoeld in artikel 1:1 van de Wet op het financieel toezicht;

o. raamovereenkomst: overeenkomst die de uitvoering beheerst van afzonderlijke en opeenvolgende betalingstransacties en die de verplichtingen en voorwaarden voor de opening van een betaalrekening kan omvatten;

p. referentierentevoet: de rentevoet die als berekeningsgrondslag voor in rekening te brengen interesten wordt gehanteerd, en die afkomstig is van een bron die door het publiek kan worden geraadpleegd en door beide partijen kan worden geverifieerd;

q. referentiewisselkoers: wisselkoers die als berekeningsgrondslag wordt gehanteerd bij een valutawissel en die door de betaaldienstverlener beschikbaar wordt gesteld of afkomstig is van een bron die door het publiek kan worden geraadpleegd;

r. richtlijn: Richtlijn (EU) 2015/2366 van het Europees Parlement en de Raad van 25 november 2015 betreffende betalingsdiensten in de interne markt, houdende wijziging van de Richtlijnen

B7 art. 515a

2002/65/EG, 2009/110/EG en 2013/36/EU en Verordening (EU) nr. 1093/2010 en houdende intrekking van Richtlijn 2007/64/EG (PbEU 2015, L 337);

s. unieke identificator: door de betaaldienstverlener aan de betaaldienstgebruiker medegedeelde combinatie van letters, nummers en symbolen, die de betaaldienstgebruiker dient te verstrekken om de andere bij een betalingstransactie betrokken betaaldienstgebruiker of zijn betaalrekening ondubbelzinnig te identificeren;

t. valutadatum: referentietijdstip dat door een betaaldienstverlener wordt gebruikt voor de berekening van de interesten op de geldmiddelen waarmee een betaalrekening wordt gedebiteerd of gecrediteerd;

u. werkdag: dag waarop de betaaldienstverlener van de betaler of de betaaldienstverlener van de begunstigde die betrokken is bij de uitvoering van een betalingstransactie open is voor de daarvoor vereiste werkzaamheden;

v. betaalinitiatiedienst: een dienst voor het initiëren van een betaalopdracht, op verzoek van de betaaldienstgebruiker, met betrekking tot een betaalrekening die bij een andere betaaldienstverlener wordt aangehouden;

w. rekeninginformatiedienst: een onlinedienst voor het verstrekken van geconsolideerde informatie over een of meer betaalrekeningen die de betaaldienstgebruiker bij een andere betaaldienstverlener of bij meer dan één betaaldienstverlener aanhoudt;

x. rekeninghoudende betaaldienstverlener: een betaaldienstverlener die ten behoeve van een betaler een betaalrekening aanbiedt en beheert;

y. betaalinitiatiedienstverlener: een betaaldienstverlener die de in bijlage I, punt 7, van de richtlijn, bedoelde bedrijfsactiviteiten uitoefent;

z. rekeninginformatiedienstverlener: een betaaldienstverlener die de in bijlage I, punt 8, van de richtlijn, bedoelde bedrijfsactiviteiten uitoefent;

aa. overmaking: een betaaldienst voor het crediteren van de betaalrekening van een begunstigde met een betalingstransactie of een reeks betalingstransacties van een betaalrekening van een betaler door de betaaldienstverlener die de betaalrekening van de betaler beheert, op basis van een door de betaler gegeven opdracht;

ab. sterke cliëntauthenticatie: authenticatie met gebruikmaking van twee of meer factoren die worden aangemerkt als kennis (iets wat alleen de gebruiker weet), bezit (iets wat alleen de gebruiker heeft) en inherente eigenschap (iets wat de gebruiker is) en die onderling onafhankelijk zijn, in die zin, dat de compromittering van één ervan geen afbreuk doet aan de betrouwbaarheid van de andere en die zodanig is opgezet dat de vertrouwelijkheid van de authenticatiegegevens wordt beschermd;

ac. persoonlijke beveiligingsgegevens: voor doeleinden van authenticatie door de betaaldienstverlener aan een betaaldienstgebruiker verstrekte gepersonaliseerde kenmerken;

ad. gevoelige betaalgegevens: gegevens waarmee fraude kan worden gepleegd, waaronder persoonlijke beveiligingsgegevens. Voor de activiteiten van betaalinitiatiedienstverleners en rekeninginformatiedienstverleners vormen de naam van de rekeninghouder en het rekeningnummer geen gevoelige betaalgegevens.

Art. 515

1. Deze titel is van toepassing indien zowel de betaaldienstverlener van de betaler als de betaaldienstverlener van de begunstigde of de enige bij de betalingstransactie betrokken betaaldienstverlener zich in de Unie of de Europese Economische Ruimte bevinden.

Werkingssfeer titel 7B

2. Deze titel is voorts van toepassing, met uitzondering van de artikelen 535 tot en met 540, op betalingstransacties in valuta's van niet-lidstaten of van staten die geen partij zijn bij de Overeenkomst betreffende de Europese Economische Ruimte waarbij zowel de betaaldienstverlener van de betaler als de betaaldienstverlener van de begunstigde, of de enige bij de betalingstransactie betrokken betaaldienstverlener zich in de Unie of in de Europese Economische Ruimte bevinden.

3. Deze titel is voorts van toepassing, met uitzondering van de artikelen 520, tweede en vierde lid, 530, 531, 535, 537, eerste lid, 543 tot en met 545 en 547, op betalingstransacties in alle valuta waarbij slechts een van de betaaldienstverleners zich in de Unie of de Europese Economische Ruimte bevindt met betrekking tot de delen van de betalingstransactie die binnen de Unie of de Europese Economische Ruimte worden uitgevoerd.

4. Deze titel is niet van toepassing op de betaaldiensten, bedoeld in artikel 1:5a, tweede lid, van de Wet op het financieel toezicht.

5. Deze titel is niet van toepassing op betaaldiensten door de Nederlandse instellingen genoemd in artikel 3, derde lid, van richtlijn 2013/36/EU van het Europees Parlement en de Raad van 26 juni 2013 betreffende toegang tot het bedrijf van kredietinstellingen en het prudentieel toezicht op kredietinstellingen en beleggingsondernemingen, tot wijziging van Richtlijn 2002/87/EG en tot intrekking van de Richtlijnen 2006/48/EG en 2006/49/EG (PbEU 2013, L 176).

Art. 515a

Op betaaldienstverleners die uitsluitend een rekeninginformatiedienst aanbieden zijn van deze titel slechts de artikelen 522c en 524 van toepassing.

Werkingssfeer art. 522c en 524

Art. 516

Voorwaarden raamovereenkomst bij betaaltransactie

Gedurende de contractuele relatie heeft de betaaldienstgebruiker te allen tijde het recht de contractuele voorwaarden van de raamovereenkomst alsmede de bij of krachtens algemene maatregel van bestuur, bedoeld in artikel 4:22 van de Wet op het financieel toezicht, vermelde informatie en voorwaarden op papier of op een andere duurzame drager te vragen.

Art. 517

Waarborgen bij wijzigingen in de raamovereenkomst

1. Elke wijziging in de raamovereenkomst en in de bij of krachtens algemene maatregel van bestuur, bedoeld in artikel 4:22 van de Wet op het financieel toezicht, vermelde informatie en voorwaarden wordt uiterlijk twee maanden vóór de datum van de beoogde inwerkingtreding ervan door de betaaldienstverlener op papier of op een andere duurzame drager voorgesteld in gemakkelijk te begrijpen bewoordingen en in een duidelijke en bevattelijke vorm in een officiële taal van de lidstaat waar de betaaldienst wordt aangeboden of in een andere taal die door partijen is overeengekomen. De betaaldienstgebruiker kan de wijzigingen vóór de beoogde datum van inwerkingtreding aanvaarden of verwerpen.

2. Voor zover een bevoegdheid als hierna onder a bedoeld overeenkomstig het bij of krachtens voormelde algemene maatregel van bestuur bepaalde is overeengekomen;

a. stelt de betaaldienstverlener de betaaldienstgebruiker ervan in kennis dat hij wordt geacht de wijzigingen, bedoeld in het eerste lid, te hebben aanvaard, indien hij de betaaldienstverlener niet vóór de voorgestelde datum van inwerkingtreding van die wijzigingen ervan in kennis heeft gesteld dat hij de wijzigingen niet aanvaardt, en

b. stelt de betaaldienstverlener de betaaldienstgebruiker er ook van in kennis dat wanneer de betaaldienstgebruiker deze wijzigingen verwerpt, de betaaldienstgebruiker het recht heeft de raamovereenkomst kosteloos en met ingang van elk moment tot de datum waarop de wijziging zou ingaan, te beëindigen.

3. Wijzigingen in de rentevoet of de wisselkoers kunnen met onmiddellijke ingang zonder kennisgeving worden toegepast, mits het recht daartoe in de raamovereenkomst is overeengekomen en de wijzigingen gebaseerd zijn op de referentierentevoet of referentiewisselkoers die is overeengekomen overeenkomstig het bij of krachtens voormelde algemene maatregel van bestuur bepaalde.

4. De betaaldienstgebruiker wordt zo spoedig mogelijk van elke wijziging in de rentevoet die in zijn nadeel uitvalt, in kennis gesteld op de wijze als bij of krachtens de voormelde algemene maatregel van bestuur is bepaald, tenzij door de partijen is overeengekomen dat de informatie met een specifieke frequentie of op een specifieke wijze moet worden verstrekt of ter beschikking moet worden gesteld. Wijzigingen in de rentevoet of de wisselkoers die ten gunste van de betaaldienstgebruiker uitvallen, kunnen zonder kennisgeving worden toegepast.

5. Wijzigingen in de bij betalingstransacties gebruikte rentevoet of wisselkoers worden berekend en uitgevoerd op een neutrale wijze die de betaaldienstgebruiker niet discrimineert.

Art. 518

Bevoegdheid betaaldienstgebruiker tot opzegging raamovereenkomst

1. De betaaldienstgebruiker kan de raamovereenkomst te allen tijde beëindigen, tenzij door de partijen een opzegtermijn is overeengekomen. Die termijn is niet langer dan een maand.

2. De raamovereenkomst kan door de betaaldienstgebruiker kosteloos worden beëindigd, behalve wanneer de overeenkomst minder dan zes maanden in werking is geweest. Eventuele voor beëindiging van de raamovereenkomst aan te rekenen kosten zijn passend en in overeenstemming met de feitelijke kosten.

3. Indien zulks in de raamovereenkomst is overeengekomen, kan de betaaldienstverlener een voor onbepaalde duur gesloten raamovereenkomst beëindigen op de in artikel 517, eerste lid, voor een voorstel tot wijziging bepaalde wijze en met inachtneming van een opzegtermijn van ten minste twee maanden.

4. Bij beëindiging van de raamovereenkomst kunnen periodieke kosten slechts naar evenredigheid tot aan de beëindiging van de overeenkomst in rekening worden gebracht. Indien de betaaldienstgebruiker dergelijke kosten vooruit heeft betaald, wordt het desbetreffende bedrag naar evenredigheid aan hem terugbetaald.

Art. 519

Valuta betalingstransacties Valutawisseldienst

1. De betalingstransacties vinden plaats in de valuta die tussen de partijen zijn overeengekomen.

2. Indien voor het initiëren van een betalingstransactie bij een geldautomaat, op het verkooppunt of door de begunstigde een valutawisseldienst wordt aangeboden aan de betaler, stelt de partij die de valutawisseldienst aanbiedt, de betaler in kennis van alle in rekening te brengen kosten, alsook van de wisselkoers die bij de omrekening van de betalingstransactie zal worden gehanteerd.

Art. 520

Kosten informatieverplichtingen betaaldienstverlener

1. De betaaldienstverlener brengt de betaaldienstgebruiker geen kosten in rekening voor zijn informatieverplichtingen of de toepassing van corrigerende of preventieve maatregelen uit hoofde van deze titel, tenzij:

B7 art. 521a

a. ingevolge de artikelen 533, eerste lid, 534, vijfde lid, of 542, vierde lid, anders is bepaald;
b. de in rekening te brengen kosten zijn overeengekomen tussen de betaaldienstgebruiker en de betaaldienstverlener, en
c. de kosten passend en in lijn met de feitelijke kosten van de betaaldienstverlener zijn.

2. Bij een betalingstransactie die binnen de Europese Unie wordt verricht en waarbij de betaaldienstverleners van zowel de betaler als de begunstigde, of de enige bij de betalingstransactie betrokken betaaldienstverlener, zich binnen de Europese Unie bevinden, betalen de betaler en de begunstigde elk voor zich de kosten die hun respectieve betaaldienstverlener in rekening brengt.

3. De betaaldienstverlener belet niet dat de begunstigde van de betaler een vergoeding vraagt of een korting aanbiedt voor het gebruik van een bepaald betaalinstrument. De eventueel in rekening gebrachte kosten liggen niet hoger dan de directe kosten die de begunstigde zelf voor het gebruik van het specifieke betaalinstrument maakt.

4. Geen vergoeding wordt door de begunstigde gevraagd voor het gebruik van betaalinstrumenten waarvan de afwikkelingsvergoedingen onder hoofdstuk II van Verordening (EU) nr. 2015/571 vallen, noch voor betaaldiensten waarop Verordening (EU) nr. 260/2012 van toepassing is.

Art. 521

1. Met betrekking tot betaalinstrumenten met een uitgavenlimiet van € 150 of waarop maximaal een bedrag van € 150 tegelijk kan worden opgeslagen en die overeenkomstig de raamovereenkomst uitsluitend worden gebruikt voor afzonderlijke betalingstransacties van maximaal € 30, kunnen betaaldienstverleners met hun betaaldienstgebruikers overeenkomen dat:

Betaalinstrumenten t.b.v. afzonderlijke transacties voor geringe bedragen

a. de artikelen 524, eerste lid, onder b, 525, eerste lid, onder c en e, en 529, vierde en vijfde lid, niet van toepassing zijn als het betaalinstrument niet kan worden geblokkeerd of verder gebruik daarvan niet kan worden voorkomen;

b. de artikelen 527, 528 en 529, eerste lid, niet van toepassing zijn als het betaalinstrument anoniem wordt gebruikt of de betaaldienstverlener om andere met het betaalinstrument verband houdende redenen niet het bewijs kan leveren dat de betalingstransactie was toegestaan;

c. in afwijking van artikel 533, eerste lid, de betaaldienstverlener niet verplicht is de betaaldienstgebruiker in kennis te stellen van de weigering van een betaalopdracht als uit de context duidelijk blijkt dat de opdracht niet is uitgevoerd;

d. in afwijking van artikel 534 de betaler de betaalopdracht niet kan herroepen nadat hij de betaalopdracht heeft gegeven of de begunstigde met de uitvoering van de betalingstransactie heeft ingestemd;

e. in afwijking van de artikelen 537 en 538 andere uitvoeringstermijnen worden toegepast;

f. in afwijking van artikel 517 de betaaldienstverlener niet verplicht is wijzigingen in de voorwaarden van de raamovereenkomst voor te stellen op de wijze als in artikel 517 bedoeld.

2. Voor nationale betalingstransacties worden de in het eerste lid genoemde bedragen verdubbeld.

3. Voor vooraf betaalde betaalinstrumenten, bedoeld voor nationale betalingstransacties, worden de in het eerste lid genoemde bedragen verhoogd tot € 500.

4. De artikelen 528 en 529 zijn ook van toepassing op elektronisch geld in de zin van artikel 514 onder n, tenzij de betaaldienstverlener van de betaler niet de mogelijkheid heeft de rekening of het instrument te blokkeren.

Art. 521a

1. Een elektronischgeldinstelling betaalt, wanneer de houder van het elektronisch geld daarom verzoekt, de nominale waarde van het elektronisch geld terug.

Terugbetaling elektronisch geld door elektronischgeldinstelling

2. In de overeenkomst tussen de elektronischgeldinstelling en de houder van het elektronisch geld worden de terugbetalingsvoorwaarden duidelijk en opvallend vermeld en de houder van het elektronisch geld wordt in kennis gesteld van deze voorwaarden, voordat hij wordt gebonden door een overeenkomst of een aanbod.

3. Voor terugbetaling kan slechts een vergoeding worden gevraagd, indien dit in de overeenkomst is vermeld overeenkomstig lid 2 en uitsluitend in de volgende gevallen:

a) indien wordt gevraagd om terugbetaling vóór de dag waarop de overeenkomst eindigt;

b) indien de overeenkomst voorziet in een dag waarop de overeenkomst eindigt en de houder van het elektronisch geld vóór die dag tot beëindiging van de overeenkomst overgaat; of

c) indien het verzoek tot terugbetaling meer dan een jaar na de dag van de beëindiging van de overeenkomst wordt gedaan.

Een vergoeding als hier bedoeld staat in redelijke verhouding tot de kosten die de elektronischgeldinstelling feitelijk heeft gemaakt.

4. Indien de houder van het elektronisch geld verzoekt om terugbetaling vóór de beëindiging van de overeenkomst, kan hij hetzij gedeeltelijke, hetzij volledige terugbetaling verlangen.

5. Indien de houder van het elektronisch geld terugbetaling verzoekt op de dag waarop de overeenkomst is beëindigd of binnen één jaar na die dag:

a) betaalt de elektronischgeldinstelling hem de volledige monetaire waarde van het uitgegeven elektronische geld terug; of

b) betaalt de elektronischgeldinstelling hem alle middelen terug waarom de houder van het elektronisch geld verzoekt, indien deze instelling een of meer andere bedrijfsactiviteiten dan de uitgifte van elektronisch geld met inachtneming van de daarvoor geldende regels uitoefent en het vóór het aangaan van de overeenkomst niet duidelijk was welk deel van die middelen zou worden gebruikt als elektronisch geld.

6. De terugbetalingsrechten van een persoon die elektronisch geld aanvaardt en die geen consument is, worden, onverminderd de leden 3, 4 en 5, beheerst door wat is overeengekomen tussen de elektronischgeldinstelling en die persoon.

Afdeling 2

Toestaan van betalingstransacties

Art. 522

Instemming met de betaalopdracht bij betalingstransactie

1. Een betaaldienstverlener voert een betalingstransactie slechts uit met instemming van de betaler met de uitvoering van de betaalopdracht.

2. De instemming met een betaalopdracht wordt verleend overeenkomstig de tussen de betaler en zijn relevante betaaldienstverlener(s) overeengekomen vorm en procedure. De instemming met de uitvoering van een betalingstransactie kan ook worden verleend via de begunstigde of de betaalinitiatiedienstverIener. Bij gebreke van een dergelijke instemming wordt een betalingstransactie als niet toegestaan aangemerkt.

3. De instemming kan te allen tijde, doch uiterlijk op het tijdstip van het onherroepelijk worden, krachtens artikel 534 van de betaalopdracht door de betaler worden ingetrokken. Hetzelfde geldt voor een instemming met de uitvoering van een betaalopdracht betreffende een reeks betalingstransacties, die kan worden ingetrokken met als gevolg dat iedere toekomstige betalingstransactie als niet-toegestaan wordt aangemerkt.

Art. 522a

Bevestiging rekeninghoudende betaaldienstverlener betreffende saldo

1. Een rekeninghoudende betaaldienstverlener bevestigt op verzoek van een betaaldienstverlener die op kaarten gebaseerde betaalinstrumenten uitgeeft, onmiddellijk of een bedrag dat noodzakelijk is voor de uitvoering van een op kaarten gebaseerde betalingstransactie, beschikbaar is op de betaalrekening van de betaler, mits:

a) de betaalrekening van de betaler online toegankelijk is op het moment van het verzoek;

b) de betaler er uitdrukkelijk mee heeft ingestemd dat de rekeninghoudende betaaldienstverlener antwoordt op verzoeken van een specifieke betaaldienstverlener om te bevestigen dat het bedrag dat overeenkomt met een bepaalde op kaarten gebaseerde betalingstransactie, op de betaalrekening van de betaler beschikbaar is; en

c) de in onderdeel b genoemde instemming is verleend voordat het eerste verzoek om bevestiging is gedaan.

Bevestiging rekeninghoudende betaaldienstverlener betreffende saldo, voorwaarden verzoek

2. De betaaldienstverlener kan om de in het eerste lid bedoelde bevestiging verzoeken indien:

a) de betaler er uitdrukkelijk mee heeft ingestemd dat de betaaldienstverlener om de in het eerste lid bedoelde bevestiging verzoekt;

b) de betaler de op kaarten gebaseerde betalingstransactie voor het betreffende bedrag geïnitieerd heeft aan de hand van een op kaarten gebaseerd betaalinstrument dat door de betaaldienstverlener is uitgegeven; en

c) hij zich vóór elk verzoek om bevestiging authenticeert bij de rekeninghoudende betaaldienstverlener en op een veilige manier met de rekeninghoudende betaaldienstverlener communiceert, overeenkomstig artikel 98, eerste lid, onder d) van de richtlijn.

Bevestiging rekeninghoudende betaaldienstverlener betreffende saldo, inhoud

3. In overeenstemming met Richtlijn 95/46/EG bestaat de in eerste lid bedoelde bevestiging uitsluitend uit een antwoord in de vorm van een eenvoudig „ja" of „nee", en niet uit een rekeningafschrift van het saldo. Dit antwoord wordt niet opgeslagen of voor andere doeleinden gebruikt dan voor de uitvoering van de op kaarten gebaseerde betalingstransactie.

4. De in het eerste lid bedoelde bevestiging biedt de rekeninghoudende betaaldienstverlener niet de mogelijkheid de geldmiddelen op de betaalrekening van de betaler te blokkeren.

5. De betaler kan de rekeninghoudende betaaldienstverlener verzoeken hem de identificatie van de betaaldienstverlener en het verstrekte antwoord mee te delen.

6. Dit artikel is niet van toepassing op betalingstransacties die zijn geïnitieerd met op kaarten gebaseerde betaalinstrumenten waarop elektronisch geld, als gedefinieerd in artikel 2, punt 2, van Richtlijn 2009/110/EG, is opgeslagen.

Art. 522b

Betaalinitiatiedienstverle-ner, recht op gebruik

Een betaler heeft het recht om voor betaaldiensten als bedoeld in bijlage I, punt 7, van de richtlijn gebruik te maken van een betaalinitiatiedienstverIener. Dit recht is niet van toepassing indien de betaalrekening niet online raadpleegbaar is.

Art. 522c

Een betaaldienstgebruiker heeft het recht gebruik te maken van diensten die hem toegang bieden tot rekeninginformatie als bedoeld in bijlage I, punt 8 van de richtlijn. Dit recht is niet van toepassing indien de betaalrekening niet online raadpleegbaar is.

Rekeninginformatiediensten, recht op gebruik

Art. 523

1. Indien voor de mededeling van de instemming van een specifiek betaalinstrument gebruik wordt gemaakt, kunnen de betaler en zijn betaaldienstverlener uitgavenlimieten overeenkomen voor betaaldiensten die met dat betaalinstrument zullen worden verricht.

Uitgavenlimiet voor specifiek betaalinstrument

2. Indien dit in de raamovereenkomst is overeengekomen, kan de betaaldienstverlener het gebruik van een betaalinstrument blokkeren op grond van objectief gerechtvaardigde redenen die verband houden met:
a. de veiligheid van het betaalinstrument;
b. het vermoeden van niet-toegestaan of frauduleus gebruik van het betaalinstrument; of
c. het aanzienlijk toegenomen risico dat de betaler niet in staat is zijn betalingsverplichtingen na te komen die voortvloeien uit een gebruik van het betaalinstrument waarmee over een kredietruimte kan worden beschikt.

Blokkeren betaalinstrument

3. De betaaldienstverlener informeert in de situaties, genoemd in het tweede lid, de betaler voor of, indien dit niet mogelijk is, onverwijld daarna, over de blokkering en de redenen daarvoor op de wijze, overeengekomen in de raamovereenkomst, tenzij het doen van deze mededeling strijdig is met objectief gerechtvaardigde veiligheidsoverwegingen of verboden is krachtens Unierecht of krachtens andere toepasselijke wetgeving.

4. De betaaldienstverlener heft de blokkering op of vervangt het geblokkeerde betaalinstrument door een nieuw betaalinstrument, zodra de redenen voor de blokkering niet langer bestaan.

5. Een rekeninghoudende betaaldienstverlener kan een rekeninginformatiedienstverlener of een betaalinitiatiedienstverIener de toegang tot een betaalrekening ontzeggen om objectieve en op voldoende aanwijzingen gebaseerde redenen in verband met niet-toegestane of frauduleuze toegang tot de betaalrekening door de rekeninginformatiedienstverlener of die betaalinitiatiedienstverIener, waaronder de niet-toegestane of frauduleuze initiëring van een betalingstransactie.

6. De rekeninghoudende betaaldienstverlener informeert, in de situaties genoemd in het vijfde lid, de betaler in de overeengekomen vorm over de ontzegging van toegang tot de betaalrekening en over de redenen daarvoor. Indien mogelijk wordt deze informatie aan de betaler meegedeeld voordat de toegang wordt ontzegd, en ten laatste onmiddellijk daarna, tenzij het verstrekken van die informatie objectief gerechtvaardigde veiligheidsoverwegingen zou doorkruisen of krachtens ander toepasselijk Unierecht of toepasselijk nationaal recht verboden is.

7. De rekeninghoudende betaaldienstverlener verleent toegang tot de betaalrekening zodra de redenen voor het ontzeggen van de toegang niet langer bestaan.

8. In de in het zesde lid genoemde gevallen meldt de rekeninghoudende betaaldienstverlener het incident betreffende de rekeninginformatiedienstverlener of de betaalinitiatiedienstverIener onmiddellijk aan de Nederlandsche Bank. Daarbij moeten de relevante gegevens van de zaak worden vermeld en de redenen voor het nemen van stappen. De Nederlandsche Bank beoordeelt de zaak en neemt, indien noodzakelijk, passende maatregelen.

Art. 524

1. De betaaldienstgebruiker die gemachtigd is om een betaalinstrument te gebruiken,
a. gebruikt het betaalinstrument overeenkomstig de voorwaarden die op de uitgifte en het gebruik van het betaalinstrument van toepassing zijn, en
b. stelt de betaaldienstverlener, of de door laatstgenoemde gespecificeerde entiteit, onverwijld in kennis van het verlies, de diefstal of onrechtmatig gebruik van het betaalinstrument of van het niet-toegestane gebruik ervan.

Betaalinstrument bij betalingsovereenkomst

2. Voor de toepassing van het eerste lid, onder a, neemt de betaaldienstgebruiker, zodra hij een betaalinstrument ontvangt, in het bijzonder alle redelijke maatregelen om de veiligheid van de persoonlijke beveiligingsgegevens ervan te waarborgen.

3. De voorwaarden bedoeld in het eerste lid, onderdeel a, zijn objectief, niet-discriminerend en evenredig.

Art. 525

1. De betaaldienstverlener die een betaalinstrument uitgeeft,
a. zorgt ervoor dat de persoonlijke beveiligingsgegevens van een betaalinstrument niet toegankelijk zijn voor andere partijen dan de betaaldienstgebruiker die gerechtigd is het betaalinstrument te gebruiken, onverminderd artikel 524;
b. zendt niet ongevraagd een betaalinstrument toe, tenzij een betaalinstrument dat reeds aan de betaaldienstgebruiker verstrekt is, moet worden vervangen;
c. zorgt ervoor dat er te allen tijde passende middelen beschikbaar zijn om de betaaldienstgebruiker in staat te stellen een kennisgeving krachtens artikel 524, eerste lid, onder b, te doen of om opheffing van de blokkering te verzoeken op grond van artikel 523, vierde lid;

Veiligheidsverplichtingen van betaaldienstverlener ter zake van uitgifte betaalinstrument

d. biedt de betaaldienstgebruiker de mogelijkheid de in artikel 524, eerste lid, onder b, bedoelde kennisgeving kosteloos te doen en brengt, voor zover er al kosten zijn, alleen de rechtstreeks aan dat instrument gerelateerde vervangingskosten in rekening;

e. verstrekt op verzoek van de betaaldienstgebruiker tot achttien maanden na de kennisgeving, bedoeld onder c, de middelen waarmee laatstgenoemde kan bewijzen dat hij een dergelijke kennisgeving heeft gedaan, en

f. belet dat het betaalinstrument nog kan worden gebruikt zodra de kennisgeving overeenkomstig artikel 524, eerste lid, onder b, is gedaan.

2. De betaaldienstverlener draagt het risico van het zenden aan de betaler van een betaalinstrument en van de gepersonaliseerde veiligheidskenmerken daarvan.

Art. 526

Aansprakelijkheid betaaldienstverlener bij betalingstransactie

1. De betaaldienstgebruiker die bekend is met een niet-toegestane of onjuist uitgevoerde betalingstransactie waarvoor hij de betaaldienstverlener aansprakelijk kan stellen met inbegrip van de aansprakelijkheidsgronden van artikel 543, 544 en 545, verkrijgt alleen rectificatie van zijn betaaldienstverlener indien hij hem onverwijld en uiterlijk dertien maanden na de valutadatum waarop zijn rekening is gedebiteerd, kennis geeft van de bewuste transactie, tenzij de betaaldienstverlener, in voorkomend geval, de informatie betreffende die betalingstransactie niet heeft verstrekt of ter beschikking heeft gesteld overeenkomstig de wijze vastgesteld bij of krachtens de in artikel 4:22 van de Wet op het financieel toezicht bedoelde algemene maatregel van bestuur.

2. Wanneer een betaalinitiatiedienstverlener bij de transactie betrokken is, verkrijgt de betaaldienstgebruiker rectificatie van de rekeninghoudende betaaldienstverlener overeenkomstig het eerste lid, onverminderd artikel 528, eerste en vijfde lid, alsmede artikel 543.

Art. 527

Bewijsregels bij niet-toegestane of foutieve betalingstransacties

1. Indien een betaaldienstgebruiker ontkent dat hij met een uitgevoerde betalingstransactie heeft ingestemd of aanvoert dat de betalingstransactie niet correct is uitgevoerd, is zijn betaaldienstverlener gehouden het bewijs te leveren dat de betalingstransactie is geauthenticeerd, juist is geregistreerd en geboekt en niet door een technische storing of enig ander falen van de door de betaaldienstverlener aangeboden diensten is beïnvloed. Indien de betalingstransactie geïnitieerd wordt via een betaalinitiatiedienstverlener, levert deze het bewijs dat, binnen zijn verantwoordelijkheid, de betalingstransactie is geauthenticeerd, juist is geregistreerd en niet door een technische storing of enig ander falen in verband met de betaaldienst waarmee hij is belast, is beïnvloed.

2. Indien een betaaldienstgebruiker ontkent dat hij met een uitgevoerde betalingstransactie heeft ingestemd, vormt het feit dat het gebruik van een betaalinstrument door de betaaldienstverlener, daaronder in voorkomende geval de betaalinitiatiedienstverlener begrepen, is geregistreerd niet noodzakelijkerwijze afdoende bewijs dat met de betalingstransactie door de betaler is ingestemd of dat de betaler frauduleus heeft gehandeld of opzettelijk of met grove nalatigheid een of meer van zijn verplichtingen uit hoofde van artikel 524 niet is nagekomen. De betaaldienstverlener, daaronder in voorkomend geval de betaalinitiatiedienstverlener begrepen, verstrekt ondersteunend bewijs om fraude of grove nalatigheid van de zijde van de betaler te bewijzen.

Art. 528

Terugbetaling bedrag van niet-toegestane betalingstransactie

1. Onverminderd artikel 526, betaalt de betaaldienstverlener van de betaler, in geval van een niet-toegestane betalingstransactie, de betaler onmiddellijk het bedrag van de niet-toegestane betalingstransactie terug en in elk geval uiterlijk aan het einde van de eerstvolgende werkdag, nadat hij bekend is geworden met de transactie of daarvan in kennis is gesteld.

2. Op grond van het eerste lid herstelt de betaaldienstverlener van de betaler de betaalrekening die met dat bedrag is gedebiteerd in de toestand zoals die geweest zou zijn wanneer de niet-toegestane betalingstransactie niet had plaatsgevonden. De valutadatum van de creditering van de betaalrekening van de betaler is uiterlijk de datum waarop het bedrag was gedebiteerd.

3. Het eerste lid is niet van toepassing indien de betaaldienstverlener van de betaler redelijke gronden heeft om fraude te vermoeden en hij deze gronden schriftelijk aan de Autoriteit Financiële Markten meedeelt.

4. Indien de betalingstransactie via een betaalinitiatiedienstverlener wordt geïnitieerd, betaalt de rekeninghoudende betaaldienstverlener onmiddellijk, en in elk geval uiterlijk aan het einde van de eerstvolgende werkdag, het bedrag van de niet-toegestane betalingstransactie terug en herstelt hij, in voorkomend geval, de betaalrekening die met dat bedrag was gedebiteerd, in de toestand zoals die geweest zou zijn wanneer de niet-toegestane betalingstransactie niet had plaatsgevonden.

5. Ingeval de betaalinitiatiedienstverlener aansprakelijk is voor de niet-toegestane betalingstransactie, vergoedt hij de rekeninghoudende betaaldienstverlener op diens verzoek onmiddellijk de geleden verliezen of de aan de betaler terugbetaalde bedragen, waaronder het bedrag van de niet-toegestane betalingstransactie. Overeenkomstig artikel 527, tweede lid, is de betaalinitiatiedienstverlener gehouden te bewijzen dat, binnen zijn verantwoordelijkheid, de betalingstransactie is geauthenticeerd, juist is geregistreerd en niet door een technische storing of enig ander falen in verband met de betaaldienst waarmee hij is belast, is beïnvloed.

6. Aanvullende financiële compensatie kan worden vastgesteld overeenkomstig het recht dat van toepassing is op de tussen de betaler en zijn betaaldienstverlener gesloten overeenkomst of de tussen de betaler en de betaalinitiatiediensterlener gesloten overeenkomst, indien van toepassing.

Art. 529

1. De betaler draagt alle verliezen die uit niet-toegestane betalingstransacties voortvloeien, indien deze zich hebben voorgedaan doordat hij frauduleus heeft gehandeld of opzettelijk of met grove nalatigheid een of meer verplichtingen uit hoofde van artikel 524 niet is nagekomen.

Aansprakelijkheid bij niet-toegestane betalingstransacties

2. In gevallen waarin de betaler, zonder frauduleus of opzettelijk te hebben gehandeld, zijn verplichtingen uit hoofde van artikel 524 niet is nagekomen, kan de rechter de in het eerste lid van dit artikel bedoelde aansprakelijkheid beperken, met name rekening houdend met de aard van de persoonlijke beveiligingsgegevens van het betaalinstrument en met de omstandigheden waarin het is verloren, gestolen of onrechtmatig gebruikt.

3. Indien de betaaldienstverlener van de betaler geen sterke cliëntauthenticatie verlangt, draagt de betaler geen financiële verliezen, tenzij de betaler frauduleus heeft gehandeld. Indien de sterke cliëntauthenticatie door de begunstigde of de betaaldienstverlener van de begunstigde niet wordt aanvaard, wordt de door de betaaldienstverlener van de betaler geleden financiële schade door hen vergoed.

4. Na de kennisgeving overeenkomstig artikel 524, eerste lid, onder b, heeft het gebruik van het betaalinstrument geen financiële gevolgen voor de betaler, tenzij deze frauduleus heeft gehandeld.

5. Indien de betaaldienstverlener nalaat om overeenkomstig artikel 525, eerste lid, onder c, passende middelen beschikbaar te stellen waarmee te allen tijde een kennisgeving als bedoeld in artikel 524, eerste lid, onder b, kan worden gedaan, is de betaler niet aansprakelijk voor de financiële gevolgen die uit het gebruik van dat betaalinstrument voortvloeien, tenzij hij frauduleus heeft gehandeld.

Art. 529a

1. Wanneer een betalingstransactie door of via de begunstigde in het kader van een op kaarten gebaseerde betalingstransactie wordt geïnitieerd en het exacte bedrag niet bekend is op het moment dat de betaler instemming verleent om de betalingstransactie uit te voeren, kan de betaaldienstverlener van de betaler slechts geldmiddelen op de betaalrekening van de betaler blokkeren indien de betaler instemming heeft verleend voor het exacte bedrag aan te blokkeren geldmiddelen.

Exacte bedrag niet bekend op moment van instemming betaler

2. De betaaldienstverlener geeft de overeenkomstig het eerste lid op de betaalrekening van de betaler geblokkeerde geldmiddelen vrij na de ontvangst van de informatie over het exacte bedrag van de betalingstransactie en uiterlijk onmiddellijk na de ontvangst van de betaalopdracht.

Art. 530

1. Een betaler heeft recht op de terugbetaling door zijn betaaldienstverlener van een met zijn instemming, door of via een begunstigde geïnitieerde, reeds uitgevoerde betalingstransactie, indien de volgende voorwaarden vervuld zijn:

Recht op terugbetaling bij betalingstransactie

a. bij het toestaan van de betalingstransactie is niet het precieze bedrag van de betalingstransactie gespecificeerd, en

b. het bedrag van de betalingstransactie ligt hoger dan de betaler, op grond van zijn eerdere uitgavenpatroon, de voorwaarden van zijn raamovereenkomst en relevante aspecten van de zaak, redelijkerwijs had kunnen verwachten.

2. Op verzoek van de betaaldienstverlener toont de betaler aan dat aan deze voorwaarden is voldaan.

3. De terugbetaling bestaat uit het volledige bedrag van de uitgevoerde betalingstransactie. De valutadatum van de creditering van de betaalrekening van de betaler valt niet later dan de datum waarop de rekening met dat bedrag was gedebiteerd.

4. Voor de toepassing van het eerste lid, onder b, kan de betaler evenwel geen met een valutawissel verband houdende redenen aanvoeren, indien de referentiewisselkoers is toegepast die hij overeenkomstig het bij of krachtens de algemene maatregel van bestuur, bedoeld in artikel 4:22 van de Wet op het financieel toezicht, bepaalde met zijn betaaldienstverlener is overeengekomen.

5. In afwijking van het eerste lid kunnen de betaler en de betaaldienstverlener overeenkomen dat de betaler geen recht heeft op terugbetaling mits:

a. hij zijn instemming met de uitvoering van de betalingstransactie rechtstreeks aan de betaaldienstverlener heeft gericht; en

b. door de betaaldienstverlener of door de begunstigde ten minste vier weken voor de vervaldag op een overeengekomen wijze informatie betreffende de toekomstige betalingstransactie ten behoeve van de betaler was verstrekt of ter beschikking was gesteld.

Art. 531

Recht op terugbetaling bij betalingstransactie, termijnen bij

1. De betaler heeft gedurende een periode van acht weken na de datum waarop de geldmiddelen zijn gedebiteerd, een onvoorwaardelijk recht om de in artikel 530 bedoelde terugbetaling te verzoeken.

2. Binnen de tien werkdagen na ontvangst van een verzoek om terugbetaling betaalt de betaaldienstverlener het volledige bedrag van de uitgevoerde betalingstransactie terug dan wel meldt hij dat hij weigert tot terugbetaling over te gaan.

Recht betaaldienstverlener op weigering terugbetaling

3. Indien de betaaldienstverlener weigert tot terugbetaling over te gaan, motiveert hij wat daarvoor de redenen zijn en doet hij opgave van de geschilleninstantie, bedoeld in artikel 4:17, eerste lid, onderdeel b, van de Wet op het financieel toezicht, tot wie de betaler zich kan wenden indien hij deze weigering niet aanvaardt.

Afdeling 3
Uitvoering van de betalingstransactie

Paragraaf 1
Betaalopdrachten, kosten en overgemaakte bedragen

Art. 532

Uitvoering betaalopdracht bij betalingstransactie

1. Het tijdstip van ontvangst is het tijdstip waarop de betaalopdracht door de betaaldienstverlener van de betaler wordt ontvangen.

Indien het tijdstip van ontvangst voor de betaaldienstverlener niet op een werkdag valt, wordt de ontvangen betaalopdracht geacht op de eerstvolgende werkdag te zijn ontvangen. De betaaldienstverlener kan een uiterste tijdstip aan het einde van een werkdag vaststellen, na welk tijdstip een ontvangen betaalopdracht geacht wordt op de eerstvolgende werkdag te zijn ontvangen.

2. Indien de betaaldienstgebruiker die een betaalopdracht initieert en zijn betaaldienstverlener overeenkomen dat de uitvoering van de betaalopdracht aanvangt op een specifieke datum, aan het einde van een bepaalde termijn of op de dag waarop de betaler geldmiddelen ter beschikking van zijn betaaldienstverlener heeft gesteld, wordt het tijdstip van ontvangst van de opdracht voor de toepassing van artikel 537 geacht op de overeengekomen dag te vallen. Indien de overeengekomen dag geen werkdag is voor de betaaldienstverlener, wordt de ontvangen betaalopdracht geacht op de eerstvolgende werkdag te zijn ontvangen.

Art. 533

Weigeren uitvoering betaalopdracht bij betalingstransactie

1. Indien de betaaldienstverlener weigert een betaalopdracht uit te voeren of een betalingstransactie te initiëren, wordt de betaaldienstgebruiker in kennis gesteld van deze weigering en, indien mogelijk, van de redenen daarvoor en van de procedure voor de correctie van eventuele feitelijke onjuistheden die tot de weigering hebben geleid, tenzij ander toepasselijk Unierecht of toepasselijk nationaal recht dit verbiedt.

2. De betaaldienstverlener verstrekt zo spoedig mogelijk de kennisgeving – of stelt deze ter beschikking – op de overeengekomen wijze, en in elk geval binnen de in artikel 537 vermelde termijnen.

3. In de raamovereenkomst kan de voorwaarde worden gesteld dat de betaaldienstverlener voor die kennisgeving een redelijke vergoeding in rekening mag brengen indien de weigering objectief gerechtvaardigd is.

4. Indien alle in de raamovereenkomst van de betaler gestelde voorwaarden vervuld zijn, weigert de rekeninghoudende betaaldienstverlener van de betaler niet een toegestane betaalopdracht uit te voeren, ongeacht of de betaalopdracht door een betaler zelf, onder meer door een betaalinitiatiedienstverIener, dan wel door of via een begunstigde is geïnitieerd, tenzij ander toepasselijk Unierecht of toepasselijk nationaal recht dit verbiedt.

5. Een betaalopdracht waarvan de uitvoering is geweigerd, wordt geacht niet ontvangen te zijn voor de toepassing van de artikelen 537, 543, 544 en 545.

Art. 534

Mogelijkheid tot herroepen betaalopdracht bij betalingstransactie

1. De betaaldienstgebruiker kan een betaalopdracht niet meer herroepen vanaf het tijdstip van ontvangst, bedoeld in artikel 532, eerste lid, tenzij anders is bepaald in dit artikel.

2. Indien de betalingstransactie door een betaalinitiatiedienstverIener dan wel door of via een begunstigde wordt geïnitieerd, kan de betaler de betaalopdracht niet meer herroepen nadat hij aan de betaalinitiatiedienstverIener instemming heeft verleend om de betalingstransactie te initiëren dan wel aan de begunstigde instemming heeft verleend om de betalingstransactie uit te voeren.

3. In het geval van een automatische afschrijving en onverminderd de rechten inzake terugbetaling kan de betaler de betaalopdracht evenwel herroepen, ten laatste aan het einde van de werkdag die voorafgaat aan de dag waarop de betaalrekening volgens afspraak wordt gedebiteerd.

4. In het in artikel 532, tweede lid, bedoelde geval kan de betaaldienstgebruiker een betaalopdracht herroepen tot uiterlijk het einde van de werkdag die aan de overeengekomen dag voorafgaat.

5. Na de in het eerste tot en met vierde lid bedoelde termijnen kan de betaalopdracht alleen worden herroepen indien zulks tussen de betaaldienstgebruiker en de relevante betaaldienstverleners is overeengekomen. In het in het tweede en derde lid bedoelde geval is ook de instemming van de begunstigde vereist.

6. Indien zulks in de raamovereenkomst is overeengekomen, mag de relevante betaaldienstverlener kosten voor de herroeping in rekening brengen.

Art. 535

1. De betaaldienstverlener(s) van de betaler, de betaaldienstverlener(s) van de begunstigde en eventuele intermediairs van de betaaldienstverlener(s) maken het volledige bedrag van de betalingstransactie over en houden op het overgemaakte bedrag geen kosten in.

Afspraken over inhouding kosten bij betalingstransactie

2. De begunstigde en zijn betaaldienstverlener kunnen in afwijking van het eerste lid overeenkomen dat de relevante betaaldienstverlener zijn kosten op het overgemaakte bedrag inhoudt voordat hij de rekening van de begunstigde daarmee crediteert. In dat geval worden het volledige bedrag van de betalingstransactie en de kosten afzonderlijk vermeld in de informatie die aan de begunstigde wordt verstrekt.

3. Indien andere kosten dan die bedoeld in het tweede lid op het overgemaakte bedrag worden ingehouden, zorgt de betaaldienstverlener van de betaler ervoor dat de begunstigde het volledige bedrag van de door de betaler geïnitieerde betalingstransactie ontvangt. Indien de betalingstransactie door de begunstigde wordt geïnitieerd, zorgt diens betaaldienstverlener ervoor dat het volledige bedrag van de betalingstransactie door de begunstigde wordt ontvangen.

Paragraaf 2
Uitvoeringstermijn en valutadatum

Art. 536

1. Deze paragraaf is van toepassing op:
a. betalingstransacties in euro; en
b. binnenlandse betalingstransacties in de valuta van de lidstaat buiten de eurozone;
c. betalingstransacties met slechts één valutawissel tussen de euro en de valuta van een lidstaat die de euro niet als munt heeft, mits de vereiste valutawissel wordt uitgevoerd in de betrokken lidstaat waar de euro niet de munteenheid is en, bij grensoverschrijdende betalingstransacties, de overmaking in euro geschiedt.

Werkingssfeer

2. Deze paragraaf is van toepassing op andere betalingstransacties, tenzij tussen de betaaldienstgebruiker en zijn betaaldienstverlener anders overeengekomen is, met uitzondering van artikel 541, van welke bepaling niet kan worden afgeweken. Indien de betaaldienstgebruiker en zijn betaaldienstverlener evenwel een periode overeenkomen die langer is dan in artikel 537 is bepaald, mag die periode voor betalingstransacties binnen de Europese Unie niet langer zijn dan vier werkdagen na het tijdstip van ontvangst overeenkomstig artikel 532.

Art. 537

1. De betaaldienstverlener van de betaler draagt er zorg voor dat de betaalrekening van de betaaldienstverlener van de begunstigde uiterlijk aan het einde van de eerstvolgende werkdag na het tijdstip van ontvangst overeenkomstig artikel 532 voor het bedrag van de betalingstransactie wordt gecrediteerd. Deze termijn kan voor betalingstransacties die op papier worden geïnitieerd, met een werkdag worden verlengd.

Afrondingstermijn bij betalingstransactie

2. De betaaldienstverlener van de begunstigde valuteert het bedrag van de betalingstransactie en stelt het beschikbaar op de betaalrekening van de begunstigde, zodra de betaaldienstverlener het geld ontvangen heeft overeenkomstig artikel 541.

3. De betaaldienstverlener van de begunstigde zendt een door of via de begunstigde geïnitieerde betaalopdracht toe aan de betaaldienstverlener van de betaler binnen de tussen de begunstigde en zijn betaaldienstverlener overeengekomen termijnen, zodat automatische afschrijvingen op de afgesproken datum kunnen plaatsvinden.

Art. 538

Indien de begunstigde geen betaalrekening bij de betaaldienstverlener heeft, worden de geldmiddelen door de betaaldienstverlener die de geldmiddelen ten behoeve van de begunstigde ontvangt, aan de begunstigde ter beschikking gesteld binnen de in artikel 537 gespecificeerde termijn.

Begunstigde zonder betaalrekening bij betaaldienstverlener

Art. 539

1. Indien een consument chartaal geld op een betaalrekening bij een betaaldienstverlener deponeert in de valuta van de betaalrekening, zorgt die betaaldienstverlener ervoor dat het bedrag onmiddellijk na het tijdstip van ontvangst van de geldmiddelen beschikbaar wordt gesteld en wordt gevalueerd.

Beschikbaarheid overgemaaakt bedrag

B7 *art. 540*

2. Indien de betaaldienstgebruiker geen consument is, wordt het bedrag uiterlijk op de eerstvolgende werkdag na de ontvangst van de geldmiddelen op de betaalrekening van de begunstigde beschikbaar gesteld en gevalueerd.

Art. 540

Nadere regels

Bij algemene maatregel van bestuur kan voor nationale betalingstransacties in kortere maximale uitvoeringstermijnen worden voorzien dan die welke in deze paragraaf zijn bepaald.

Art. 541

Valutadatum creditering betaalrekening

1. De valutadatum van de creditering van de betaalrekening van de begunstigde valt uiterlijk op de werkdag waarop het bedrag van de betalingstransactie op de rekening van de betaaldienstverlener van de begunstigde wordt gecrediteerd. De betaaldienstverlener van de begunstigde zorgt ervoor dat het bedrag van de betalingstransactie ter beschikking van de begunstigde komt zodra dat bedrag op de rekening van de betaaldienstverlener van de begunstigde is gecrediteerd wanneer er van de zijde van de betaaldienstverlener van de begunstigde geen valutawissel is, er een valutawissel is tussen de euro en de valuta van een lidstaat of tussen de valuta's van twee lidstaten. De in de vorige zin opgenomen verplichting is ook van toepassing op betalingen binnen één betaaldienstverlener.

2. De valutadatum van de debitering van de betaalrekening van de betaler valt niet vroeger dan het tijdstip waarop het bedrag van de betalingstransactie van die rekening is gedebiteerd.

Paragraaf 3 Aansprakelijkheid

Art. 542

Aansprakelijkheid bij betalingstransactie

1. Indien een betaalopdracht wordt uitgevoerd op basis van een unieke identificator, wordt de betaalopdracht geacht correct te zijn uitgevoerd wat de in de unieke identificator gespecificeerde begunstigde betreft.

2. Indien de unieke identificator die door de betaaldienstgebruiker is verstrekt, onjuist is, is de betaaldienstverlener uit hoofde van artikelen 543 tot en met 545 niet aansprakelijk voor de niet-uitvoering of gebrekkige uitvoering van de betalingstransactie.

3. De betaaldienstverlener van de betaler levert in het geval als bedoeld in het tweede lid redelijke inspanningen om de met de betalingstransactie verband houdende geldmiddelen terug te krijgen. De betaaldienstverlener van de begunstigde werkt mee aan die inspanningen, onder meer door alle voor de te innen geldmiddelen relevante informatie aan de betaaldienstverlener van de betaler mee te delen. Indien het innen van geldmiddelen op grond van de eerste zin niet mogelijk is, verstrekt de betaaldienstverlener van de betaler aan de betaler, op diens schriftelijke verzoek, alle voor de betaaldienstverlener van de betaler beschikbare informatie die relevant is voor de betaler om een rechtsvordering in te stellen om de geldmiddelen terug te krijgen.

4. Indien dat in de raamovereenkomst is overeengekomen, mag de betaaldienstverlener de betaaldienstgebruiker voor het terugverkrijgen kosten aanrekenen.

5. Indien de betaaldienstgebruiker aanvullende informatie verstrekt naast de informatie die krachtens het bij of krachtens de algemene maatregel van bestuur, bedoeld in artikel 4:22 van de Wet op het financieel toezicht, bepaalde vereist is, is de betaaldienstverlener alleen aansprakelijk voor de uitvoering van betalingstransacties overeenkomstig de unieke identificator die door de betaaldienstgebruiker is gespecificeerd.

Art. 543

Bewijslast bij aansprakelijkheid bij betalingstransactie

1. Indien een betaalopdracht door de betaler rechtstreeks wordt geïnitieerd, is de betaaldienstverlener van de betaler, onverminderd artikel 526, artikel 542, tweede en vijfde lid, en artikel 548, jegens de betaler aansprakelijk voor de juiste uitvoering daarvan, tenzij hij tegenover de betaler en, voor zover relevant, tegenover de betaaldienstverlener van de begunstigde kan bewijzen dat de betaaldienstverlener van de begunstigde het bedrag van de betalingstransactie heeft ontvangen overeenkomstig artikel 537, eerste lid, in welk geval de betaaldienstverlener van de begunstigde aansprakelijk is jegens de begunstigde voor de juiste uitvoering van de betalingstransactie.

2. Indien de betaaldienstverlener van de betaler aansprakelijk is uit hoofde van het eerste lid betaalt hij de betaler onverwijld het bedrag van de niet-uitgevoerde of gebrekkig uitgevoerde betalingstransactie terug en herstelt hij onverwijld, in voorkomend geval, de betaalrekening die met dat bedrag was gedebiteerd, in de toestand zoals die geweest zou zijn, indien de gebrekkig uitgevoerde betalingstransactie niet zou hebben plaatsgevonden. De valutadatum van de creditering van de betaalrekening van de betaler is uiterlijk de datum waarop het bedrag was gedebiteerd.

3. Indien de betaaldienstverlener van de begunstigde aansprakelijk is uit hoofde van het eerste lid stelt hij onmiddellijk het bedrag van de betalingstransactie ter beschikking van de begunstigde en crediteert hij, voor zover van toepassing, de betaalrekening van de begunstigde met het overeenkomstige bedrag. De valutadatum voor de creditering van de betaalrekening van de begunstigde is uiterlijk de datum waarop het bedrag bij een correcte uitvoering voor de transactie zou zijn gevaluteerd overeenkomstig artikel 541.

4. Indien een door de betaler geïnitieerde betalingstransactie niet of gebrekkig is uitgevoerd, tracht de betaaldienstverlener van de betaler, ongeacht de aansprakelijkheid uit hoofde van dit artikel, desgevraagd onmiddellijk de betalingstransactie te traceren en stelt hij de betaler op de hoogte van de resultaten daarvan. De betaler worden daarvoor geen kosten aangerekend.

5. Bij een niet-tijdige uitvoering van een betalingstransactie zorgt de betaaldienstverlener van de begunstigde ervoor dat, op verzoek van de betaaldienstverlener van de betaler die voor rekening van de betaler optreedt, de valutadatum voor de creditering van de betaalrekening van de begunstigde uiterlijk de datum is waarop het bedrag bij een correcte uitvoering van de transactie zou zijn gevaluteerd.

Art. 544

1. Indien een betaalopdracht door of via de begunstigde wordt geïnitieerd, is de betaaldienstverlener van de begunstigde, onverminderd artikel 526, artikel 542, tweede en vijfde lid, en artikel 548, aansprakelijk jegens de begunstigde voor de juiste verzending van de betaalopdracht aan de betaaldienstverlener van de betaler, overeenkomstig artikel 537, derde lid.

Bewijslast bij aansprakelijkheid bij betalingstransactie

2. Indien de betaaldienstverlener van de begunstigde aansprakelijk is uit hoofde van het eerste lid geeft hij de betrokken betaalopdracht onmiddellijk door aan de betaaldienstverlener van de betaler. Indien een betaalopdracht niet tijdig wordt verzonden, wordt het bedrag op de betaalrekening van de begunstigde gevaluteerd uiterlijk op de datum waarop het bij een correcte uitvoering van de transactie zou zijn gevaluteerd.

3. Voorts is de betaaldienstverlener van de begunstigde, onverminderd artikel 526, artikel 542, tweede en vijfde lid, en artikel 548, aansprakelijk jegens de begunstigde voor het behandelen van de betalingstransactie overeenkomstig zijn verplichtingen krachtens artikel 541. Indien de betaaldienstverlener van de begunstigde aansprakelijk is uit hoofde van het eerste lid zorgt hij ervoor dat het bedrag van de betalingstransactie onmiddellijk ter beschikking van de begunstigde wordt gesteld zodra de betaalrekening van de betaaldienstverlener van de begunstigde met het overeenkomstige bedrag is gecrediteerd. Het bedrag wordt op de rekening van de begunstigde gevaluteerd uiterlijk op de datum waarop het bij een correcte uitvoering van de transactie zou zijn gevaluteerd.

4. Bij een niet-uitgevoerde of gebrekkig uitgevoerde betalingstransactie waarvoor de betaaldienstverlener van de begunstigde niet aansprakelijk is uit hoofde van het eerste en tweede lid is de betaaldienstverlener van de betaler aansprakelijk jegens de betaler. Indien de betaaldienstverlener van de betaler aansprakelijk is uit hoofde van de eerste zin van dit lid betaalt hij, in voorkomend geval, de betaler onverwijld het bedrag van de niet-uitgevoerde of gebrekkig uitgevoerde betalingstransactie terug en herstelt hij onverwijld de betaalrekening die met dat bedrag was gedebiteerd, in de toestand zoals die geweest zou zijn, indien de gebrekkig uitgevoerde betalingstransactie niet zou hebben plaatsgevonden. De valutadatum van de creditering van de betaalrekening van de betaler is uiterlijk de datum waarop het bedrag was gedebiteerd.

5. De verplichting uit hoofde van het vierde lid geldt niet voor de betaaldienstverlener van de betaler wanneer hij bewijst dat de betaaldienstverlener van de begunstigde het bedrag van de betalingstransactie heeft ontvangen, zelfs indien de uitvoering van de betalingstransactie louter vertraagd wordt. In dat geval valuteert de betaaldienstverlener van de begunstigde het bedrag op de rekening van de begunstigde uiterlijk op de datum waarop het bij een correcte uitvoering zou zijn gevaluteerd.

6. Indien een door of via de begunstigde geïnitieerde betalingstransactie niet of gebrekkig is uitgevoerd, tracht de betaaldienstverlener van de begunstigde, ongeacht de aansprakelijkheid uit hoofde van dit artikel, desgevraagd onmiddellijk de betalingstransactie te traceren en stelt hij de begunstigde op de hoogte van de resultaten daarvan. De begunstigde worden daarvoor geen kosten aangerekend.

Art. 545

In de gevallen, bedoeld in de artikelen 543 en 544 zijn de betaaldienstverleners bovendien aansprakelijk jegens hun respectieve betaaldienstgebruikers voor de kosten waarvoor deze laatsten aansprakelijk zijn en de interesten die voor rekening van de betaaldienstgebruiker komen wegens niet-uitvoering of gebrekkige uitvoering, niet-tijdige uitvoering daaronder begrepen, van de betalingstransactie.

Aansprakelijkheid bij betalingstransactie

Art. 545a

1. Wanneer een betaalopdracht door een betaler via een betaalinitiatiedienstverlener wordt geïnitieerd, betaalt de rekeninghoudende betaaldienstverlener de betaler, onverminderd de artikelen 526 en 542, tweede en derde lid, het bedrag van de niet-uitgevoerde of gebrekkige betalingstransactie terug en herstelt hij de betaalrekening die met dat bedrag was gedebiteerd, in de toestand zoals die geweest zou zijn wanneer de gebrekkige betalingstransactie niet had plaatsgevonden.

Aansprakelijkheid betaalinitiatiedienstverlener

2. Het bewijs dat de betaalopdracht door de rekeninghoudende betaaldienstverlener van de betaler was ontvangen overeenkomstig artikel 532, en dat de betalingstransactie binnen de bevoegdheid van de betaalinitiatiedienstverlener was geauthentiseerd, correct was geregistreerd en niet door een technische storing of enig ander falen in verband met de niet-uitvoering of de gebrekkige of niet-tijdige uitvoering van de transactie was beïnvloed, wordt geleverd door de betaalinitiatiedienstverlener.

3. Indien de betaalinitiatiedienstverlener aansprakelijk is voor de niet-uitvoering of de gebrekkige of niet-tijdige uitvoering van de betalingstransactie, vergoedt hij de rekeninghoudende betaaldienstverlener op diens verzoek onmiddellijk voor de geleden verliezen of naar aanleiding van het terugbetalen van de betaler betaalde bedragen.

Art. 546

Schakelbepaling Deze paragraaf geldt onverminderd het recht op aanvullende schadevergoeding uit hoofde van de algemene regels van overeenkomstenrecht.

Art. 547

Schadevergoeding bij aansprakelijkheid bij betalingstransacties **1.** Indien de aansprakelijkheid van een betaaldienstverlener uit hoofde van de artikelen 528, 543, 544 en 545 kan worden toegerekend aan een andere betaaldienstverlener of een intermediair, vergoedt die betaaldienstverlener of die intermediair eerstgenoemde betaaldienstverlener voor alle verliezen die zijn geleden en de bedragen die zijn betaald uit hoofde van de artikelen 543, 544 en 545. Daartoe behoort een compensatie wanneer een van de betaaldienstverleners geen sterke cliëntauthenticatie toepast.

2. Deze bepaling geldt onverminderd het recht op aanvullende schadevergoeding uit hoofde van de tussen de betaaldienstverleners en tussen de betaaldienstverleners en intermediairs gesloten overeenkomsten.

Art. 548

Overmacht bij aansprakelijkheid bij betalingstransacties De aansprakelijkheid krachtens de afdelingen 2 en 3 van deze titel geldt niet in abnormale en onvoorziene omstandigheden die onafhankelijk zijn van de wil van degene die zich erop beroept en waarvan de gevolgen ondanks alle voorzorgsmaatregelen niet konden worden voorkomen, noch indien een betaaldienstverlener uit hoofde van nationaal recht of Unierecht andere wettelijke verplichtingen heeft.

Afdeling 4
Slotbepalingen

Art. 549

Nadere regels Bij of krachtens de algemene maatregel van bestuur, bedoeld in artikel 4:22 van de Wet op het financieel toezicht, waarbij regels worden gesteld met betrekking tot de inhoud en de verstrekking van de door titel III van de richtlijn vereiste informatie, kunnen tevens regels worden gesteld ter uitvoering van het bepaalde in de artikelen 516, 517, 518, 526, 530, vierde lid, en 542.

Art. 550

Slotbepalingen **1.** Van het bepaalde bij deze titel kan niet ten nadele van de betaaldienstgebruiker worden afgeweken, tenzij anders is bepaald.

2. Indien de betaaldienstgebruiker geen consument is, kunnen partijen overeenkomen dat de artikelen 516 tot en met 519, 520, eerste lid, 522, derde lid, 527, 529 tot en met 531, 534, 543, 544 en 545 in het geheel of ten dele niet van toepassing zijn. De partijen kunnen een andere termijn overeenkomen dan die welke is gesteld bij artikel 526.

Art. 551

Slotbepalingen **1.** Van het bepaalde bij of krachtens de algemene maatregel van bestuur bedoeld in artikel 4:22 van de Wet op het financieel toezicht kan voor wat betreft de regels met betrekking tot de inhoud en de verstrekking van de door titel III van de richtlijn vereiste informatie of gesteld ter uitvoering van de artikelen 516, 517, 518, 526, 530, vierde lid, en 542, niet ten nadele van de betaaldienstgebruiker worden afgeweken, tenzij in de wet anders is bepaald.

2. Indien de betaaldienstgebruiker geen consument is, kunnen partijen overeenkomen dat van de in lid 1 bedoelde regels kan worden afgeweken, behoudens voor zover zij zijn gesteld ter uitvoering van de artikelen 526 en 542.

Titel 9
Bewaarneming

Art. 600

Bewaarneming Bewaarneming is de overeenkomst waarbij de ene partij, de bewaarnemer, zich tegenover de andere partij, de bewaargever, verbindt, een zaak die de bewaargever hem toevertrouwt of zal toevertrouwen, te bewaren en terug te geven.

(Zie ook: art. 261 BW Boek 6)

Art. 601

Loon/onkostenvergoeding bewaarnemer **1.** Indien de overeenkomst door de bewaarnemer in de uitoefening van zijn beroep of bedrijf is aangegaan, is de bewaargever hem loon verschuldigd.

2. Indien loon verschuldigd is, doch de hoogte niet door partijen is bepaald, is de bewaargever het op de gebruikelijke wijze berekende loon of, bij gebreke daarvan, een redelijk loon verschuldigd.

3. De bewaargever moet aan de bewaarnemer de aan de bewaring verbonden onkosten vergoeden, voor zover deze niet in het loon zijn begrepen, alsook de schade die de bewaarnemer als gevolg van de bewaring heeft geleden.

(Zie ook: art. 52 BW Boek 6)

Art. 602

De bewaarnemer moet bij de bewaring de zorg van een goed bewaarder in acht nemen.

Goed bewaarnemer

Art. 603

1. De bewaarnemer mag de zaak slechts gebruiken voor zover de bewaargever daarvoor toestemming heeft gegeven, of het gebruik nodig is om de zaak in goede staat te houden of te brengen.

Gebruik zaak bij bewaarneming

2. Zonder toestemming van de bewaargever mag de bewaarnemer de zaak niet aan een derde in bewaring geven, tenzij dit in het belang van de bewaargever noodzakelijk is.

Onderbewaarneming

3. Voor gedragingen van een onderbewaarnemer met betrekking tot de zaak is de bewaarnemer op gelijke wijze aansprakelijk als voor eigen gedragingen, tenzij de bewaarneming niet tegen bewaarloon geschiedt en de bewaarnemer tot het in onderbewaring geven genoodzaakt was ten gevolge van hem niet toe te rekenen omstandigheden.

Art. 604

De vruchten die de zaak in het tijdvak tussen de ontvangst en de teruggave oplevert, moeten door de bewaarnemer aan de bewaargever worden afgedragen.

Opbrengsten bij bewaarneming

(Zie ook: art. 9 BW Boek 3)

Art. 605

1. De bewaargever kan onverwijlde teruggave en de bewaarnemer onverwijlde terugneming van de zaak vorderen.

Teruggave/terugneming bij bewaarneming

2. Wegens gewichtige redenen kan de kantonrechter van de rechtbank van het arrondissement waarin de zaak zich bevindt, op verzoek van een van de partijen een van het vorige lid of van de overeenkomst afwijkend tijdstip voor de teruggave of terugneming bepalen. Dit lid is niet van toepassing in geval van gerechtelijke bewaring.

3. De teruggave moet geschieden op de plaats waar de zaak volgens de overeenkomst moet worden bewaard, tenzij bij de overeenkomst een andere plaats voor de teruggave is aangewezen.

4. De bewaarnemer is gehouden de zaak terug te geven in de staat waarin hij haar heeft ontvangen.

(Zie ook: art. 74 BW Boek 6)

Art. 606

Indien twee of meer personen te zamen een zaak in bewaring hebben genomen, zijn zij hoofdelijk verbonden tot teruggave daarvan en tot vergoeding van de schade die het gevolg is van een tekortschieten in de nakoming van die verplichting, tenzij de tekortkoming aan geen van hen kan worden toegerekend.

Bewaarneming, meerdere bewaarnemers

(Zie ook: art. 76 BW Boek 6)

Art. 607

1. Indien ter zake van een bewaarneming een ceel of een ander stuk aan toonder of order is afgegeven, geldt levering daarvan vóór de aflevering van de daarin aangeduide zaken als levering van die zaken.

Levering ceel bij bewaarneming

2. Het eerste lid is niet van toepassing op registergoederen.

(Zie ook: art. 90 BW Boek 3)

Art. 608

1. Indien een onderbewaarnemer door een bewaargever buiten overeenkomst voor met betrekking tot de zaak geleden schade wordt aangesproken, is hij jegens deze niet verder aansprakelijk dan hij zou zijn als wederpartij bij de overeenkomst, waarbij de bewaargever de zaak in bewaring gegeven heeft.

Aansprakelijkheid bewaarnemer/onderbewaarnemer

2. Indien een bewaarnemer buiten overeenkomst voor met betrekking tot de zaak geleden schade wordt aangesproken door een derde die geen bewaargever is, is hij niet verder aansprakelijk dan hij als wederpartij van de bewaargever uit de met deze gesloten overeenkomst zou zijn.

3. Indien een onderbewaarnemer door een zodanige derde wordt aangesproken, is hij niet verder aansprakelijk dan hij als bewaarnemer op grond van het vorige lid zou zijn.

4. De vorige leden kunnen niet worden ingeroepen door een bewaarnemer of onderbewaarnemer die bij het sluiten van de overeenkomst uit hoofde waarvan hij de zaak ontving, wist of had behoren te weten dat zijn wederpartij jegens degene door wie hij werd aangesproken, niet bevoegd was de zaak aan hem in bewaring te geven.

(Zie ook: art. 11 BW Boek 3)

Art. 609

Hotelhouder bij bewaarneming

1. De hotelhouder is als een bewaarnemer aansprakelijk voor beschadiging of verlies van zaken, die in het hotel zijn meegebracht door een gast die daar zijn intrek heeft genomen.

2. Hij is niet aansprakelijk voor gedragingen van personen die de gast zelf in het hotel heeft meegebracht of uitgenodigd, en voor schade door zaken die de gast zelf heeft meegebracht.

3. Hij heeft op de in lid 1 bedoelde zaken een retentierecht voor al hetgeen hij van de gast te vorderen heeft ter zake van logies, kost, consumpties en als hotelhouder verrichte diensten.

Titel 10
Arbeidsovereenkomst

Afdeling 1
Algemene bepalingen

Art. 610

Arbeidsovereenkomst, definitie

1. De arbeidsovereenkomst is de overeenkomst waarbij de ene partij, de werknemer, zich verbindt in dienst van de andere partij, de werkgever, tegen loon gedurende zekere tijd arbeid te verrichten.

Werkingssfeer

2. Indien een overeenkomst zowel aan de omschrijving van lid 1 voldoet als aan die van een andere door de wet geregelde bijzondere soort van overeenkomst, zijn de bepalingen van deze titel en de voor de andere soort van overeenkomst gegeven bepalingen naast elkaar van toepassing. In geval van strijd zijn de bepalingen van deze titel van toepassing.

(Zie ook: artt. 400, 414, 428, 626, 654, 667 BW Boek 7; art. 1640 BW Boek 7A; artt. 375, 376, 396, 452 WvK; art. 1 BBA)

Art. 610a

Arbeidsovereenkomst, vermoeden

Hij die ten behoeve van een ander tegen beloning door die ander gedurende drie opeenvolgende maanden, wekelijks dan wel gedurende ten minste twintig uren per maand arbeid verricht, wordt vermoed deze arbeid te verrichten krachtens arbeidsovereenkomst.

Art. 610b

Arbeidsovereenkomst, vermoeden omvang arbeid

Indien een arbeidsovereenkomst ten minste drie maanden heeft geduurd, wordt de bedongen arbeid in enige maand vermoed een omvang te hebben gelijk aan de gemiddelde omvang van de arbeid per maand in de drie voorafgaande maanden.

Art. 611

Goed werkgeverschap/goed werknemerschap

De werkgever en de werknemer zijn verplicht zich als een goed werkgever en een goed werknemer te gedragen.

(Zie ook: art. 248 BW Boek 6; artt. 401, 430, 659 BW Boek 7; artt. 379, 404, 419, 446 WvK)

Art. 611a

Scholing

De werkgever stelt de werknemer in staat scholing te volgen die noodzakelijk is voor de uitoefening van zijn functie en, voor zover dat redelijkerwijs van hem kan worden verlangd, voor het voortzetten van de arbeidsovereenkomst indien de functie van de werknemer komt te vervallen of hij niet langer in staat is deze te vervullen.

Art. 612

Arbeidsovereenkomst, bekwame minderjarige

1. Een minderjarige die de leeftijd van zestien jaren heeft bereikt, is bekwaam tot het aangaan van een arbeidsovereenkomst. Hij staat in alles wat betrekking heeft op die arbeidsovereenkomst met een meerderjarige gelijk, en kan zonder bijstand van zijn wettelijke vertegenwoordiger in rechte verschijnen.

Onbekwame minderjarige

2. Indien een daartoe onbekwame minderjarige een arbeidsovereenkomst heeft aangegaan en vervolgens vier weken in dienst van de werkgever arbeid heeft verricht zonder dat zijn wettelijke vertegenwoordiger een beroep op de in de onbekwaamheid gelegen vernietigingsgrond heeft gedaan, wordt hij geacht de toestemming van die vertegenwoordiger tot het aangaan van deze arbeidsovereenkomst te hebben verkregen.

3. Een onbekwame minderjarige die met toestemming van de wettelijke vertegenwoordiger een arbeidsovereenkomst heeft aangegaan, staat in alles wat betrekking heeft op die arbeidsovereenkomst met een meerderjarige gelijk, behoudens het bepaalde in lid 4.

4. Een onbekwame minderjarige kan niet zonder bijstand van zijn wettelijke vertegenwoordiger in rechte verschijnen, behalve wanneer de rechter is gebleken dat de wettelijke vertegenwoordiger niet bij machte is zich te verklaren.

(Zie ook: art. 233 BW Boek 1; artt. 447, 475, 479b Rv)

Art. 613

Arbeidsovereenkomst, wijziging arbeidsvoorwaarde door werkgever

De werkgever kan slechts een beroep doen op een schriftelijk beding dat hem de bevoegdheid geeft een in de arbeidsovereenkomst voorkomende arbeidsvoorwaarde te wijzigen, indien hij bij de wijziging een zodanig zwaarwichtig belang heeft dat het belang van de werknemer dat door de wijziging zou worden geschaad, daarvoor naar maatstaven van redelijkheid en billijkheid moet wijken.

(Zie ook: art. 32 BW Boek 3; art. 650 BW Boek 7; artt. 377, 391, 402, 450b, 452c, 452p WvK; art. 27 WOR)

Art. 613a-613c

[Vervallen]

Art. 614

De termijn, bedoeld in artikel 52 lid 1 onder d van Boek 3, begint met betrekking tot uit deze titel voortvloeiende vernietigingsgronden met de aanvang van de dag volgende op die waarop een beroep op het beding is gedaan.

Arbeidsovereenkomst, termijn vernietigingsgronden

Art. 615

[Vervallen]

Afdeling 2
Loon

Art. 616

De werkgever is verplicht de werknemer zijn loon op de bepaalde tijd te voldoen.

(Zie ook: art. 296 BW Boek 3; art. 38 t/m 40 BW Boek 6; art. 679 BW Boek 7; artt. 419, 425, 427, 452f, 452l WvK; art. 233 FW)

Arbeidsovereenkomst, tijdstip loonbetaling

Art. 616a

1. Indien arbeid wordt verricht in dienst van de werkgever ter uitvoering van een overeenkomst van opdracht of een overeenkomst van aanneming van werk zijn de werkgever en diens opdrachtgever hoofdelijk aansprakelijk voor de voldoening van het aan de werknemer verschuldigde loon. Indien arbeid wordt verricht in dienst van de werkgever ter uitvoering van een overeenkomst van goederenvervoer over de weg of een overeenkomst tot het doen vervoeren van goederen over de weg zijn de werkgever en diens wederpartij hoofdelijk aansprakelijk voor de voldoening van het aan de werknemer verschuldigde loon.

Ketenaansprakelijkheid voor loon werknemer

2. In afwijking van lid 1 is de opdrachtgever of de wederpartij, bedoeld in lid 1, niet aansprakelijk indien hij in rechte aannemelijk maakt dat hem, gelet op de omstandigheden van het geval, niet kan worden verweten dat het loon, bedoeld in lid 1, niet is voldaan.

3. Dit artikel is niet van toepassing op een natuurlijke persoon die niet handelt in de uitoefening van een beroep of bedrijf.

Art. 616b

1. Indien arbeid wordt verricht in dienst van de werkgever ter uitvoering van een of meer tussen een opdrachtgever, opdrachtnemer of aannemer gesloten overeenkomsten, is, met inachtneming van de leden 2 tot en met 5, iedere opdrachtgever aansprakelijk voor de voldoening van het door de werkgever aan de werknemer verschuldigde loon. Indien arbeid wordt verricht in dienst van de werkgever ter uitvoering van een of meer overeenkomsten van goederenvervoer over de weg of overeenkomsten tot het doen vervoeren van goederen over de weg, zijn, met inachtneming van de leden 2 tot en met 5, de afzender, de opdrachtgever van de expediteur, de expediteur en de vervoerder die niet de vervoerovereenkomst heeft gesloten met de afzender, maar aan wie de vervoerder de uitvoering van het goederenvervoer over de weg heeft toevertrouwd, aansprakelijk voor de voldoening van het door de werkgever aan de werknemer verschuldigde loon. Voor de toepassing van dit artikel en de artikelen 616c tot en met 616e worden de in de vorige zin genoemde partijen aangemerkt als wederpartij.

Ketenaansprakelijkheid voor loon werknemer

2. Een vordering op grond van lid 1 is telkens alleen mogelijk tegen de naast hogere opdrachtgever of de naast hogere wederpartij, indien een vordering op grond van artikel 616a dan wel een vordering tegen de naast lagere opdrachtgever of de naast lagere wederpartij niet is geslaagd doordat de werkgever of diens opdrachtgever onderscheidenlijk de naast lagere opdrachtgever of de wederpartij onderscheidenlijk de naast lagere wederpartij:

a. geen bekende woonplaats, of bekend werkelijk verblijf heeft;

b. niet in het handelsregister, bedoeld in artikel 2 van de Handelsregisterwet 2007, of een buitenlands register voor ondernemingen is ingeschreven;

c. in staat van faillissement is verklaard en het loon, bedoeld in lid 1, niet door vereffening van de overige baten kan worden voldaan;

d. bij een onherroepelijke rechterlijke uitspraak is veroordeeld tot de voldoening van het loon, bedoeld in lid 1, en de uitspraak niet ten uitvoer kan worden gelegd; of

e. voor zover het een opdrachtgever of de wederpartij betreft, niet aansprakelijk is voor het niet voldoen van het loon, bedoeld in lid 1.

3. In afwijking van lid 1 is de opdrachtgever of de wederpartij, bedoeld in lid 1, niet aansprakelijk indien hij in rechte aannemelijk maakt dat hem, gelet op de omstandigheden van het geval, niet kan worden verweten dat het loon, bedoeld in lid 1, niet is voldaan.

B7 *art. 616c* **Burgerlijk Wetboek Boek 7**

4. In afwijking van de volgorde op grond van lid 2 kan de werknemer de opdrachtgever, of de wederpartij, bedoeld in lid 1, die niet handelt in opdracht van een andere opdrachtgever of wederpartij aansprakelijk stellen voor de voldoening van het loon, bedoeld in lid 1, indien:
a. een vordering op grond van artikel 616a niet is geslaagd vanwege een omstandigheid als bedoeld in lid 2;
b. de werknemer de opdrachtgever of de wederpartij, bedoeld in de aanhef, op schriftelijke of elektronische wijze heeft meegedeeld dat hij een vordering op grond van artikel 616a lid 1 heeft ingesteld of dat hij die niet heeft kunnen instellen vanwege een omstandigheid als bedoeld in lid 2 onderdeel a;
c. de vordering, overeenkomstig lid 2, telkens is ingesteld tegen de naast hogere opdrachtgever of de naast hogere wederpartij; en
d. die vordering na een jaar niet is voldaan, te rekenen vanaf de dag na de dag waarop de mededeling, bedoeld in onderdeel b, is gedaan.

5. In afwijking van lid 4 onderdeel d kan de werknemer zes maanden na de dag waarop de mededeling, bedoeld in lid 4 onderdeel b, is gedaan, de opdrachtgever of de wederpartij, bedoeld in lid 1, die niet handelt in opdracht van een andere opdrachtgever of wederpartij aansprakelijk stellen voor de voldoening van het loon, bedoeld in lid 1, indien de vordering inhoudt dat gedurende ten minste drie opeenvolgende maanden, minder dan de helft van het verschuldigde loon of minder dan 70 procent van het toepasselijke minimumloon, bedoeld in artikel 7 van de Wet minimumloon en minimumvakantiebijslag, is voldaan.

6. Dit artikel is niet van toepassing op een natuurlijke persoon die niet handelt in de uitoefening van een beroep of bedrijf.

Art. 616c

Werkingssfeer **1.** Indien de arbeid in Nederland wordt verricht, zijn de artikelen 616a, 616b en 616d tot en met 616f van toepassing, ongeacht het recht dat van toepassing is op de arbeidsovereenkomst, de overeenkomst van opdracht, de overeenkomst van aanneming van werk, de overeenkomst van goederenvervoer over de weg of de overeenkomst tot het doen vervoeren van goederen over de weg.

2. Het eerste lid is niet van toepassing op het goederenvervoer over de weg waarbij de laad- en losplaats buiten Nederland zijn gelegen.

Art. 616d

Verhaalsrecht opdrachtgever De opdrachtgever of de wederpartij die een vordering op grond van artikel 616b heeft voldaan, heeft verhaal op alle goederen van:
a. de werkgever; of
b. de opdrachtgever of de wederpartij tegen wie een vordering op grond van artikel 616a of 616b niet is geslaagd vanwege een omstandigheid als bedoeld in artikel 616b lid 2 onderdeel a, b of d.

Art. 616e

Informatieplicht bij loonvordering **1.** Met het oog op het instellen van een vordering als bedoeld in artikel 616a of artikel 616b verstrekt iedere opdrachtgever, opdrachtnemer, aannemer, werkgever of iedere wederpartij, aan de werknemer desgevraagd schriftelijk of elektronisch de gegevens die betrekking hebben op de naam, woonplaats of het werkelijk verblijf van:
a. de opdrachtgever, opdrachtnemer, aannemer of werkgever, met wie de opdrachtgever, opdrachtnemer, aannemer of werkgever, bedoeld in de aanhef, een overeenkomst van opdracht of aanneming van werk heeft gesloten of iedere wederpartij; en
b. de opdrachtgever of de wederpartij, die niet handelt in opdracht van een andere opdrachtgever of wederpartij.

2. Indien de opdrachtgever, opdrachtnemer, aannemer of wederpartij, niet tevens zijnde de werkgever, de gegevens, bedoeld in lid 1, niet binnen twee weken na het verzoek van de werknemer verstrekt, kan de werknemer die opdrachtgever, opdrachtnemer, aannemer of wederpartij, in afwijking van de volgorde op grond van artikel 616b lid 2, aansprakelijk stellen op grond van artikel 616b.

Art. 616f

Nietig beding Elk beding in strijd met de artikelen 616a tot en met 616e is nietig.

Art. 617

Loon, vorm **1.** De vastgestelde vorm van loon mag niet anders zijn dan:
a. geld;
b. indien die vorm van loon gewoonte is of wenselijk is wegens de aard van de onderneming van de werkgever: zaken, geschikt voor het persoonlijk gebruik van de werknemer en zijn huisgenoten, met uitzondering van alcoholhoudende drank en andere voor de gezondheid schadelijke genotmiddelen;
c. het gebruik van een woning, alsmede verlichting en verwarming daarvan;
d. diensten, voorzieningen en werkzaamheden door of voor rekening van de werkgever te verrichten, onderricht, kost en inwoning daaronder begrepen;
e. effecten, vorderingen, andere aanspraken en bewijsstukken daarvan en bonnen.

2. Aan de in lid 1 onder b, c en d bedoelde zaken, diensten en voorzieningen mag geen hogere waarde worden toegekend dan die welke met de werkelijke waarde daarvan overeenkomt. *(Zie ook: artt. 630, 631 BW Boek 7; artt. 391, 413, 450b, 452f, 452h, 452p WvK)*

Art. 618

Indien geen loon is vastgesteld, heeft de werknemer aanspraak op het loon dat ten tijde van het sluiten van de overeenkomst voor arbeid als de overeengekomen gebruikelijk was of, bij gebreke van een dergelijke maatstaf, op een loon dat met inachtneming van de omstandigheden van het geval naar billijkheid wordt bepaald.

Loon, niet vastgesteld

Art. 619

1. Indien het loon voor het geheel of voor een gedeelte bestaat in een bedrag dat afhankelijk is gesteld van enig gegeven dat uit de boeken, bescheiden of andere gegevensdragers van de werkgever moet kunnen blijken, heeft de werknemer het recht van de werkgever overlegging te verlangen van zodanige bewijsstukken, als hij nodig heeft om dat gegeven vast te kunnen stellen.

Loon, bewijsstukken prestatieloon

2. Partijen kunnen bij schriftelijke overeenkomst overeenkomen aan wie, in afwijking van lid 1, overlegging van genoemde bewijsstukken zal geschieden. Als zodanig kunnen niet worden aangewezen personen die in dienst van de werkgever met de boekhouding zijn belast.

3. Slechts aan de werknemer komt de bevoegdheid toe om ter vernietiging van een beding dat afwijkt van lid 1 of lid 2, tweede zin, een beroep op de vernietigingsgrond te doen.

4. De overlegging van de bewijsstukken door of vanwege de werkgever geschiedt desverlagnd onder de uitdrukkelijke verplichting tot geheimhouding door de werknemer en degene die hem overeenkomstig lid 2 vervangt; deze kan echter nimmer tot geheimhouding tegenover de werknemer worden verplicht, behoudens voor zover het betreft de winst in de onderneming van de werkgever of in een deel daarvan gemaakt.

(Zie ook: artt. 135, 245 BW Boek 2; art. 771 Rv; art. 8 WvK; art. 273 WvSr)

Art. 620

1. De voldoening van het in geld vastgestelde loon geschiedt in Nederlands wettig betaalmiddel of door girale betaling overeenkomstig artikel 114 van Boek 6.

Loon, voldoening in geld

2. De voldoening van het in geld vastgestelde loon kan in buitenlands geld geschieden, indien dit overeengekomen is. De werknemer is echter bevoegd voldoening in Nederlands geld te verlangen met ingang van de tweede komende betaaldag. Indien omrekening nodig is, geschiedt deze naar de koers, bedoeld in de artikelen 124 en 126 van Boek 6.

3. De voldoening van het in andere bestanddelen dan in geld vastgestelde loon geschiedt volgens hetgeen daarover is overeengekomen of, als daarover niets is overeengekomen, volgens het gebruik.

Loon, voldoening in natura

(Zie ook: artt. 621, 679 BW Boek 7; artt. 380, 391, 407, 426, 450b, 452d, 452p WvK)

Art. 621

1. Voldoening van het loon, anders dan bij artikel 620 is bepaald of, in andere vormen is vastgesteld dan door artikel 617 is toegestaan, is niet bevrijdend. De werknemer behoudt het recht om het verschuldigde loon of, zo dit in een andere vorm dan geld is vastgesteld, de waarde van de verschuldigde prestatie van de werkgever te vorderen zonder gehouden te zijn het bij de niet-bevrijdende voldoening ontvangene terug te geven.

Loon, andere vormen

2. Niettemin kan de rechter bij toewijzing van de vordering van de werknemer de veroordeling beperken tot zodanig bedrag als hem met het oog op de omstandigheden billijk zal voorkomen, maar uiterlijk tot de som waarop de door de werknemer geleden schade zal worden vastgesteld.

3. Een rechtsvordering van de werknemer op grond van dit artikel verjaart door verloop van zes maanden na de dag waarop de niet-bevrijdende voldoening plaatsvindt.

(Zie ook: artt. 630, 631 BW Boek 7)

Art. 622

De voldoening van in geld vastgesteld loon die niet met toepassing van artikel 114 van Boek 6 plaatsvindt, geschiedt hetzij ter plaatse waar de arbeid in de regel wordt verricht, hetzij ten kantore van de werkgever indien dit gelegen is in dezelfde gemeente als die waarin de meerderheid van de werknemers woont, hetzij aan de woning van de werknemer, ter keuze van de werkgever.

Loon, plaats betaling

(Zie ook: art. 114 t/m 118 BW Boek 6)

Art. 623

1. De werkgever is verplicht het in geld naar tijdruimte vastgestelde loon te voldoen telkens na afloop van het tijdvak waarover het loon op grond van de overeenkomst moet worden berekend, met dien verstande dat het tijdvak voor voldoening niet korter is dan één week en niet langer is dan één maand.

Loon, betalingstermijn

2. Het tijdvak na afloop waarvan het loon moet worden voldaan, kan bij schriftelijke overeenkomst worden verlengd, maar niet langer dan tot een maand wanneer het tijdvak waarover het loon op grond van de overeenkomst moet worden berekend, een week of korter is, en tot niet langer dan tot een kwartaal wanneer het tijdvak waarover het loon op grond van de overeenkomst moet worden berekend, een maand of langer is.

3. Slechts aan de werknemer komt de bevoegdheid toe om ter vernietiging van een beding dat afwijkt van dit artikel, een beroep op de vernietigingsgrond te doen.
(Zie ook: art. 114 t/m 118 BW Boek 6; artt. 227, 450b, 452m WvK)

Art. 624

Loon, betalingstermijn/voorschotbetaling prestatieloon

1. Indien het in geld vastgestelde loon afhankelijk is van de uitkomsten van de te verrichten arbeid, houdt de werkgever de betalingstermijnen aan die gelden voor het naar tijdruimte vastgestelde loon voor vergelijkbare arbeid, tenzij met inachtneming van artikel 623 andere termijnen zijn overeengekomen.

2. Indien op de betaaldag het bedrag van het loon als genoemd in lid 1 nog niet te bepalen is, is de werkgever verplicht tot voldoening van een voorschot ten bedrage van het loon waarop de werknemer gemiddeld per betalingstermijn aanspraak kon maken over de drie maanden voorafgaande aan de betaaldag of, indien dat niet mogelijk is, ten bedrage van het voor vergelijkbare arbeid gebruikelijke loon.

3. Schriftelijk kan worden overeengekomen dat het voorschot op een lager bedrag wordt gesteld, maar niet op minder dan drie vierde van het gemiddelde loon over drie maanden voorafgaande aan de betaaldag onderscheidenlijk van het voor vergelijkbare arbeid gebruikelijke loon.

4. Voor zover het in geld vastgestelde loon bestaat in een bedrag dat afhankelijk is gesteld van enig gegeven dat uit de boeken, bescheiden of andere gegevensdragers van de werkgever moet kunnen blijken, is de werkgever tot voldoening verplicht telkens wanneer het bedrag van dat loon kan worden bepaald, met dien verstande dat ten minste eenmaal per jaar voldoening plaatsvindt.

5. Slechts aan de werknemer komt de bevoegdheid toe om ter vernietiging van een beding dat afwijkt van dit artikel, een beroep op de vernietigingsgrond te doen.
(Zie ook: art. 29 BW Boek 6; artt. 391, 450b, 452f WvK)

Art. 625

Loon, verhoging bij overschrijding betalingstermijn

1. Voor zover het in geld vastgesteld loon of het gedeelte dat overblijft na aftrek van hetgeen door de werkgever overeenkomstig artikel 628 mag worden verrekend, en na aftrek van hetgeen waarop derden overeenkomstig artikel 633 rechten doen gelden, niet wordt voldaan uiterlijk de derde werkdag na die waarop ingevolge de artikelen 623 en 624 lid 1 de voldoening had moeten geschieden, heeft de werknemer, indien dit niet-voldoen aan de werkgever is toe te rekenen, aanspraak op een verhoging wegens vertraging. Deze verhoging bedraagt voor de vierde tot en met de achtste werkdag vijf procent per dag en voor elke volgende werkdag een procent, met dien verstande dat de verhoging in geen geval de helft van het verschuldigde te boven zal gaan. Niettemin kan de rechter de verhoging beperken tot zodanig bedrag als hem met het oog op de omstandigheden billijk zal voorkomen.

Dwingend recht

2. Van dit artikel kan niet ten nadele van de werknemer worden afgeweken.
(Zie ook: artt. 119, 120, 651 BW Boek 6; artt. 389, 391, 447, 450b, 452p WvK)

Art. 626

Loon, loonstrookje

1. De werkgever is verplicht bij elke voldoening van het in geld vastgestelde loon de werknemer een schriftelijke of elektronische opgave te verstrekken van het loonbedrag, van de gespecificeerde bedragen waaruit dit is samengesteld, van de gespecificeerde bedragen die op het loonbedrag zijn ingehouden, alsmede van het bedrag van het loon waarop een persoon van de leeftijd van de werknemer over de termijn waarover het loon is berekend ingevolge het bepaalde bij of krachtens de Wet minimumloon en minimumvakantiebijslag recht heeft, tenzij zich ten opzichte van de vorige voldoening in geen van deze bedragen een wijziging heeft voorgedaan.

2. De opgave vermeldt voorts de naam van de werkgever en van de werknemer, de termijn waarover het loon is berekend, de overeengekomen arbeidsduur, of er sprake is van een arbeidsovereenkomst voor onbepaalde tijd die schriftelijk is aangegaan, en of sprake is van een oproepovereenkomst als bedoeld in artikel 628a, lid 9 en 10.

3. De werkgever verstrekt de elektronische opgave op zodanige wijze dat deze door de werknemer kan worden opgeslagen en voor hem toegankelijk is ten behoeve van latere kennisneming.

4. Voor het verstrekken van een elektronische opgave is uitdrukkelijke instemming van de werknemer vereist.

Dwingend recht

5. Van dit artikel kan niet ten nadele van de werknemer worden afgeweken.
(Zie ook: art. 450b WvK)

Art. 627

[Vervallen]

Art. 628

Geen arbeid, wel loon

1. De werkgever is verplicht het naar tijdruimte vastgestelde loon te voldoen indien de werknemer de overeengekomen arbeid geheel of gedeeltelijk niet heeft verricht, tenzij het geheel of gedeeltelijk niet verrichten van de overeengekomen arbeid in redelijkheid voor rekening van de werknemer behoort te komen.

2. Indien de werknemer krachtens enige wettelijk voorgeschreven verzekering of krachtens enige verzekering of uit enig fonds waarin de deelneming is overeengekomen bij of voortvloeit uit de arbeidsovereenkomst, een geldelijke uitkering toekomt, wordt het loon verminderd met het bedrag van die uitkering.

3. Indien het loon in geld op andere wijze dan naar tijdruimte is vastgesteld, zijn de bepalingen van dit artikel van toepassing, met dien verstande dat als loon wordt beschouwd het gemiddelde loon dat de werknemer, wanneer hij niet verhinderd was geweest, gedurende die tijd had kunnen verdienen.

4. Het loon wordt echter verminderd met het bedrag van de onkosten die de werknemer zich door het niet-verrichten van de arbeid heeft bespaard.

5. Van lid 1 kan voor de eerste zes maanden van de arbeidsovereenkomst bij schriftelijke overeenkomst of bij regeling door of namens een daartoe bevoegd bestuursorgaan ten nadele van de werknemer worden afgeweken.

6. In geval van elkaar opvolgende arbeidsovereenkomsten als bedoeld in artikel 668a kan een afwijking als bedoeld in lid 5 voor ten hoogste in totaal zes maanden worden overeengekomen.

7. Bij collectieve arbeidsovereenkomst of bij regeling door of namens een daartoe bevoegd bestuursorgaan kan de periode, bedoeld in lid 5, voor bij die overeenkomst of regeling te bepalen functies worden verlengd, mits de aan die functies verbonden werkzaamheden incidenteel van aard zijn en geen vaste omvang hebben.

(Zie ook: art. 635 BW Boek 7; art. 450 WvK)

8. Bij regeling van Onze Minister van Sociale Zaken en Werkgelegenheid kan op verzoek van de Stichting van de Arbeid worden bepaald dat op bepaalde bedrijfstakken, of onderdelen daarvan, lid 5, 6 of 7 niet van toepassing is.

9. Bij regeling van Onze Minister van Sociale Zaken en Werkgelegenheid kan worden bepaald dat de in lid 1 genoemde verplichting geheel of gedeeltelijk niet geldt indien het niet verrichten van de overeengekomen arbeid het gevolg is van bij die regeling te bepalen buitengewone omstandigheden en aan bij de regeling te bepalen voorwaarden wordt voldaan.

10. Elk beding dat ten nadele van de werknemer afwijkt van dit artikel is nietig.

Art. 628a

1. Indien een arbeidsomvang van minder dan 15 uur per week is overeengekomen en de tijdstippen waarop de arbeid moet worden verricht niet zijn vastgelegd, dan wel indien sprake is van een oproepovereenkomst, heeft de werknemer voor iedere periode van minder dan drie uur waarin hij arbeid heeft verricht, recht op het loon waarop hij aanspraak zou hebben indien hij drie uur arbeid zou hebben verricht.

Oproepovereenkomst, minimumaanspraak per oproep

2. Indien sprake is van een oproepovereenkomst, kan de werknemer door de werkgever niet verplicht worden aan de oproep om arbeid te verrichten gehoor te geven, indien de werkgever de tijdstippen waarop de arbeid moet worden verricht niet ten minste vier dagen van tevoren schriftelijk of elektronisch aan de werknemer bekendmaakt.

Oproepovereenkomst, minimumtermijn bekendmaking tijdstippen voor arbeidsverrichting

3. Indien sprake is van een oproepovereenkomst en de werkgever binnen vier dagen voor de aanvang van het tijdstip van de arbeid de oproep om arbeid te verrichten ten dele dan wel volledig intrekt of de tijdstippen wijzigt, heeft de werknemer recht op het loon waarop hij aanspraak zou hebben indien hij de arbeid overeenkomstig de oproep zou hebben verricht. De oproep om arbeid te verrichten wordt schriftelijk of elektronisch ingetrokken of gewijzigd.

4. De termijn van vier dagen, bedoeld in de leden 2 en 3, kan bij collectieve arbeidsovereenkomst of bij regeling door of namens een daartoe bevoegd bestuursorgaan worden verkort, mits de termijn niet korter is dan 24 uur.

5. Indien sprake is van een oproepovereenkomst, doet de werkgever steeds als de arbeidsovereenkomst 12 maanden heeft geduurd binnen een maand schriftelijk of elektronisch een aanbod voor een vaste arbeidsomvang, die ten minste gelijk is aan de gemiddelde omvang van de arbeid in die voorafgaande periode van 12 maanden, waarbij niet op grond van artikel 628, lid 5 of lid 7, of artikel 691, lid 7, ten nadele van de werknemer wordt afgeweken van artikel 628, lid 1. Het aanbod betreft een vaste arbeidsomvang die uiterlijk ingaat op de eerste dag nadat twee maanden zijn verstreken steeds nadat de arbeidsovereenkomst 12 maanden heeft geduurd. De termijn voor aanvaarding van het aanbod bedraagt een maand. Voor de berekening van de periodes, bedoeld in de eerste en tweede zin, worden arbeidsovereenkomsten, die elkaar met tussenpozen van ten hoogste zes maanden hebben opgevolgd, samengeteld.

6. Het eerdere aanbod, dat de werkgever aan de werknemer heeft gedaan, op grond van lid 5, geldt ook voor arbeidsovereenkomsten die elkaar met tussenpozen van ten hoogste zes maanden opvolgen.

7. De leden 5 en 6 zijn van overeenkomstige toepassing op elkaar opvolgende arbeidsovereenkomsten tussen een werknemer en verschillende werkgevers, die, ongeacht of inzicht bestaat in de hoedanigheid en geschiktheid van de werknemer, ten aanzien van de verrichte arbeid redelijkerwijze geacht moeten worden elkaars opvolger te zijn.

8. Gedurende de periode waarin de werkgever de verplichting, bedoeld in lid 5 of 6, niet is nagekomen, heeft de werknemer recht op loon over de arbeidsomvang, bedoeld in lid 5.

9. Van een oproepovereenkomst als bedoeld in dit artikel is sprake indien:

a. de omvang van de arbeid niet is vastgelegd als één aantal uren per tijdseenheid van:

B7 art. 629

Burgerlijk Wetboek Boek 7

$1°.$ ten hoogste een maand; of

$2°.$ ten hoogste een jaar en het recht op loon van de werknemer gelijkmatig is gespreid over die tijdseenheid; of

b. de werknemer op grond van artikel 628, lid 5 of lid 7, of artikel 691, lid 7, geen recht heeft op het naar tijdruimte vastgestelde loon, indien hij de overeengekomen arbeid niet heeft verricht.

10. Bij algemene maatregel van bestuur kunnen nadere regels worden gesteld over wanneer sprake is van een oproepovereenkomst.

11. Bij collectieve arbeidsovereenkomst of bij regeling door of namens een daartoe bevoegd bestuursorgaan kan bepaald worden dat lid 2, lid 3 en lid 5 niet van toepassing zijn voor bij die overeenkomst of regeling aangewezen functies, die als gevolg van klimatologische of natuurlijke omstandigheden gedurende een periode van ten hoogste negen maanden per jaar kunnen worden uitgeoefend en niet aansluitend door dezelfde werknemer kunnen worden uitgeoefend gedurende een periode van meer dan negen maanden per jaar.

Dwingend recht

12. Van dit artikel kan niet ten nadele van de werknemer worden afgeweken.

Art. 629

Loon tijdens ziekte, zwangerschap en bevalling

1. Voor zover het loon niet meer bedraagt dan het bedrag, bedoeld in artikel 17, eerste lid, van de Wet financiering sociale verzekeringen, met betrekking tot een loontijdvak van een dag, behoudt de werknemer voor een tijdvak van 104 weken recht op 70% van het naar tijdruimte vastgestelde loon, maar de eerste 52 weken ten minste op het voor hem geldende wettelijke minimumloon, indien hij de bedongen arbeid niet heeft verricht omdat hij in verband met ongeschiktheid ten gevolge van ziekte, zwangerschap of bevalling daartoe verhinderd was.

2. In afwijking van lid 1 geldt het in dat lid bedoelde recht voor een tijdvak van zes weken voor de werknemer die:

a. doorgaans op minder dan vier dagen per week uitsluitend of nagenoeg uitsluitend diensten verricht ten behoeve van het huishouden van de natuurlijke persoon tot wie hij in dienstbetrekking staat; of

b. de in artikel 7, onderdeel a, van de Algemene Ouderdomswet bedoelde leeftijd heeft bereikt. Indien de ongeschiktheid wegens ziekte een aanvang heeft genomen voor de datum waarop de werknemer de in onderdeel b bedoelde leeftijd heeft bereikt, geldt vanaf die datum de in dit lid genoemde termijn, voor zover het totale tijdvak niet meer bedraagt dan 104 weken.

Uitsluitingsgronden

3. De werknemer heeft het in lid 1 bedoelde recht niet:

a. indien de ziekte door zijn opzet is veroorzaakt of het gevolg is van een gebrek waarover hij in het kader van een aanstellingskeuring valse informatie heeft verstrekt en daardoor de toetsing aan de voor de functie opgestelde belastbaarheidseisen niet juist kon worden uitgevoerd;

b. voor de tijd, gedurende welke door zijn toedoen zijn genezing wordt belemmerd of vertraagd;

c. voor de tijd, gedurende welke hij, hoewel hij daartoe in staat is, zonder deugdelijke grond passende arbeid als bedoeld in artikel 658a lid 4 voor de werkgever of voor een door de werkgever aangewezen derde, waartoe de werkgever hem in de gelegenheid stelt, niet verricht;

d. voor de tijd, gedurende welke hij zonder deugdelijke grond weigert mee te werken aan door de werkgever of door een door hem aangewezen deskundige gegeven redelijke voorschriften of getroffen maatregelen die erop gericht zijn om de werknemer in staat te stellen passende arbeid als bedoeld in artikel 658a lid 4 te verrichten;

e. voor de tijd, gedurende welke hij zonder deugdelijke grond weigert mee te werken aan het opstellen, evalueren en bijstellen van een plan van aanpak als bedoeld in artikel 658a lid 3;

f. voor de tijd gedurende welke hij zonder deugdelijke grond zijn aanvraag om een uitkering als bedoeld in artikel 64, eerste lid, van de Wet werk en inkomen naar arbeidsvermogen later indient dan in dat artikel is voorgeschreven.

Geen recht op loon bij ziekte of zwangerschap/bevalling

4. In afwijking van lid 1 heeft de vrouwelijke werknemer het in dat lid bedoelde recht niet gedurende de periode dat zij zwangerschaps- of bevallingsverlof geniet overeenkomstig artikel 3:1, tweede en derde lid, van de Wet arbeid en zorg.

Loonvermindering

5. Het loon wordt verminderd met het bedrag van enige geldelijke uitkering die de werknemer toekomt krachtens enige wettelijke voorgeschreven verzekering of krachtens enige verzekering of uit enig fonds waarin de werknemer niet deelneemt, voorzover deze uitkering betrekking heeft op de bedongen arbeid waaruit het loon wordt genoten. Het loon wordt voorts verminderd met het bedrag van de inkomsten, door de werknemer in of buiten dienstbetrekking genoten voor werkzaamheden die hij heeft verricht gedurende de tijd dat hij, zo hij daartoe niet verhinderd was geweest, de bedongen arbeid had kunnen verrichten.

Opschorting loon

6. De werkgever is bevoegd de betaling van het in het lid 1 bedoelde loon op te schorten voor de tijd, gedurende welke de werknemer zich niet houdt aan door de werkgever schriftelijk gegeven redelijke voorschriften omtrent het verstrekken van de inlichtingen die de werkgever behoeft om het recht op loon vast te stellen.

7. De werkgever kan geen beroep meer doen op enige grond het loon geheel of gedeeltelijk niet te betalen of de betaling daarvan op te schorten, indien hij de werknemer daarvan geen kennis heeft gegeven onverwijld nadat bij hem het vermoeden van het bestaan daarvan is gerezen of redelijkerwijs had behoren te rijzen.

8. Artikel 628 lid 3 is van overeenkomstige toepassing.

9. Van dit artikel kan ten nadele van de werknemer slechts in zoverre worden afgeweken dat bedongen kan worden dat de werknemer voor de eerste twee dagen van het in lid 1 of lid 2 bedoelde tijdvak geen recht op loon heeft.

10. Voor de toepassing van de leden 1, 2 en 9 worden perioden, waarin de werknemer in verband met ongeschiktheid ten gevolge van ziekte, zwangerschap of bevalling verhinderd is geweest zijn arbeid te verrichten, samengeteld indien zij elkaar met een onderbreking van minder dan vier weken opvolgen, of indien zij direct voorafgaan aan en aansluiten op een periode waarin zwangerschaps- of bevallingsverlof wordt genoten als bedoeld in artikel 3:1, tweede en derde lid, van de Wet arbeid en zorg, tenzij de ongeschiktheid redelijkerwijs niet geacht kan worden voort te vloeien uit dezelfde oorzaak.

11. Het tijdvak van 104 weken, bedoeld in lid 1, wordt verlengd:

a. met de duur van de vertraging indien de aanvraag, bedoeld in artikel 64, eerste lid, van de Wet werk en inkomen naar arbeidsvermogen later wordt gedaan dan in of op grond van dat artikel is voorgeschreven;

b. met de duur van het verlengde tijdvak dat het Uitvoeringsinstituut werknemersverzekeringen op grond van artikel 24, eerste lid, van de Wet werk en inkomen naar arbeidsvermogen heeft vastgesteld en met de duur van het tijdvak, bedoeld in artikel 25, negende lid, eerste zin, van die wet;

c. met de duur van de verlenging van de wachttijd, bedoeld in artikel 19, eerste lid, van de Wet op de arbeidsongeschiktheidsverzekering, indien die wachttijd op grond van het zevende lid van dat artikel wordt verlengd; en

d. met de duur van het tijdvak dat het Uitvoeringsinstituut werknemersverzekeringen op grond van artikel 71a, negende lid, van de Wet op de arbeidsongeschiktheidsverzekering heeft vastgesteld.

12. Indien de werknemer passende arbeid als bedoeld in artikel 658a lid 4 verricht, blijft de arbeidsovereenkomst onverkort in stand.

(Zie ook: artt. 670, 678 bk 7 BW; artt. 391, 415, 450b, 452b, 452h, 452p WvK; art. 17 WOR)

13. Voor de toepassing van lid 2, aanhef en onderdeel a, wordt onder het verrichten van diensten ten behoeve van een huishouden mede verstaan het verlenen van zorg aan de leden van dat huishouden.

Art. 629a

1. De rechter wijst een vordering tot betaling van loon als bedoeld in artikel 629 af, indien bij de eis niet een verklaring is gevoegd van een deskundige, benoemd door het Uitvoeringsinstituut werknemersverzekeringen, genoemd in hoofdstuk 5 van de Wet structuur uitvoeringsorganisatie werk en inkomen, omtrent de verhindering van de werknemer om de bedongen of andere passende arbeid te verrichten respectievelijk diens nakoming van de verplichtingen, bedoeld in artikel 660a.

2. Lid 1 geldt niet indien de verhindering respectievelijk de nakoming niet wordt betwist of het overleggen van de verklaring in redelijkheid niet van de werknemer kan worden gevergd.

3. De deskundige, die zijn benoeming heeft aanvaard, is verplicht zijn onderzoek onpartijdig en naar beste weten te volbrengen.

4. De deskundige die de hoedanigheid van arts bezit, kan de voor zijn onderzoek van belang zijnde inlichtingen over de werknemer inwinnen bij de behandelend arts of de behandelend artsen. Zij verstrekken de gevraagde inlichtingen voor zover daardoor de persoonlijke levenssfeer van de werknemer niet onevenredig wordt geschaad.

5. De rechter kan op verzoek van een der partijen of ambtshalve bevelen dat de deskundige zijn verklaring nader schriftelijk of mondeling toelicht of aanvult.

6. De werknemer wordt ter zake van een vordering als bedoeld in het eerste lid slechts in de kosten van de werkgever als bedoeld in artikel 237 van het Wetboek van Burgerlijke Rechtsvordering veroordeeld in geval van kennelijk onredelijk gebruik van procesrecht.

7. Bij collectieve arbeidsovereenkomst of bij regeling door of namens een daartoe bevoegd bestuursorgaan kan worden bepaald dat de in het eerste lid bedoelde deskundige door een ander dan het Uitvoeringsinstituut werknemersverzekeringen, genoemd in hoofdstuk 5 van de Wet structuur uitvoeringsorganisatie werk en inkomen wordt aangewezen.

(Zie ook: artt. 391, 450b WvK)

Art. 629b

[Vervallen]

Art. 630

1. De werkgever die tijdelijk is verhinderd het loon, voor zover dit in een andere vorm dan in geld is vastgesteld, te voldoen zonder dat deze verhindering het gevolg is van een eigen toedoen van de werknemer, is aan deze een vergoeding schuldig, waarvan het bedrag bij overeenkomst wordt vastgesteld of, bij gebreke van een overeenkomst, door de rechter wordt bepaald volgens het gebruik of de billijkheid.

B7 art. 631 Burgerlijk Wetboek Boek 7

Dwingend recht

2. Van dit artikel kan niet ten nadele van de werknemer worden afgeweken. *(Zie ook: artt. 391, 450b, 452p WvK)*

Art. 631

Looninhouding/nietig beding

1. Een beding waarbij de werkgever het recht krijgt enig bedrag van het loon op de betaaldag in te houden, is nietig, onverminderd de bevoegdheid van de werkgever om de werkgever een schriftelijke volmacht te verlenen om uit het uit te betalen loon betalingen in zijn naam te verrichten. De bevoegdheid van de werknemer, bedoeld in de eerste zin, geldt niet voor het deel van het loon tot het bedrag, bedoeld in artikel 7 van de Wet minimumloon en minimumvakantiebijslag, met uitzondering van betalingsverplichtingen als bedoeld in artikel 13, tweede lid, van de Wet minimumloon en minimumvakantiebijslag. Deze volmacht is te allen tijde herroepelijk.

2. Bedingen waarbij de werknemer zich jegens de werkgever verbindt het ontvangen loon of zijn overige inkomsten of een gedeelte daarvan op bepaalde wijze te besteden, en bedingen waarbij de werknemer zich verbindt zijn benodigdheden op een bepaalde plaats of bij een bepaalde persoon aan te schaffen, zijn nietig.

Looninhouding, pensioen en spaarregeling

3. De leden 1 en 2 zijn niet van toepassing op het beding waarbij de werknemer zich verbindt: *a.* deel te nemen in een pensioenfonds als bedoeld in artikel 1 van de Pensioenwet en ten aanzien waarvan aan de voorschriften van die wet wordt voldaan;

b. bij te dragen tot de premiebetaling aan een verzekeraar, een premiepensioeninstelling of een pensioeninstelling uit een andere lidstaat als bedoeld in artikel 1 van de Pensioenwet, overeenkomstig de voorschriften dienaangaande door de Pensioenwet gesteld;

c. deel te nemen in enig ander fonds dan in onderdeel a bedoeld, mits dat fonds voldoet aan de voorwaarden, bij algemene maatregel van bestuur gesteld;

d. deel te nemen aan een regeling tot sparen te zijn behoeve, anders dan in de onderdelen a tot en met c bedoeld, mits die regeling voldoet aan de voorwaarden, bij algemene maatregel van bestuur gesteld.

Onder enig ander fonds als bedoeld in onderdeel c, wordt niet verstaan een fonds dat tot doel heeft aan de werkgever of aan de werknemer een uitkering te doen die verband houdt met het recht van de werknemer op doorbetaling van loon tijdens ziekte, zwangerschap of bevalling als bedoeld in artikel 629 lid 1, of met de betaling van een uitkering als bedoeld in artikel 84 van de Wet werk en inkomen naar arbeidsvermogen dan wel als bedoeld in artikel 75a van de Wet op de arbeidsongeschiktheidsverzekering.

4. Voor de nakoming van een beding als bedoeld in lid 3 mag de werkgever de daartoe nodige bedragen op het loon van de werknemer inhouden; hij is alsdan verplicht deze bedragen overeenkomstig het beding ten behoeve van de werknemer te voldoen.

5. Op de deelneming door een minderjarige aan een regeling als bedoeld in lid 3 is artikel 612 van overeenkomstige toepassing.

6. Indien de werknemer ingevolge een nietig beding als bedoeld in lid 2 een overeenkomst met de werkgever of een derde heeft aangegaan, heeft hij het recht hetgeen hij uit dien hoofde heeft voldaan van de werkgever te vorderen. Indien hij de overeenkomst met de werkgever heeft aangegaan, heeft hij bovendien de bevoegdheid de overeenkomst te vernietigen.

7. De rechter kan bij toewijzing van een vordering van de werknemer op grond van lid 6 de verplichting tot betaling van de werkgever beperken tot zodanig bedrag als hem met het oog op de omstandigheden billijk voorkomt, maar uiterlijk tot de som waarop hij de door de werknemer geleden schade vaststelt.

8. Een rechtsvordering van de werknemer op grond van dit artikel verjaart door verloop van zes maanden na de dag van het ontstaan van het vorderingsrecht. *(Zie ook: art. 304 BW Boek 2; Bfs)*

Art. 632

Loon, verrekening schuld werkgever met vordering werknemer

1. Behalve bij het einde van de arbeidsovereenkomst is verrekening door de werkgever van zijn schuld ter zake van het uit te betalen loon slechts toegelaten met de volgende vorderingen op de werknemer:

a. de door de werknemer aan de werkgever verschuldigde schadevergoeding;

b. de boetes, door de werknemer volgens artikel 650 aan de werkgever verschuldigd, mits door deze een schriftelijk bewijs wordt afgegeven, die het bedrag vermeldt van iedere boete alsmede de tijd waarop en de reden waarom zij is opgelegd, met opgave van de overtreden bepaling van een schriftelijk aangegane overeenkomst;

c. de voorschotten op het loon, door de werkgever in geld aan de werknemer verstrekt, mits daarvan schriftelijk blijkt;

d. het bedrag van hetgeen op het loon te veel is betaald;

e. de huurprijs van een woning of een andere ruimte, een stuk grond of van werktuigen, machines en gereedschappen, door de werknemer in eigen bedrijf gebruikt, en die bij schriftelijke overeenkomst door de werkgever aan de werknemer zijn verhuurd.

2. Verrekening heeft geen plaats op het deel van het loon tot het bedrag, bedoeld in artikel 7 van de Wet minimumloon en minimumvakantiebijslag, tenzij vooraf schriftelijk met de werknemer is overeengekomen dat verrekening met een vordering als bedoeld in lid 1, onderdeel c, plaatsvindt. Indien het bedrag, bedoeld in de vorige zin, lager is dan het deel van het loon waarop beslag onder de werkgever niet geldig kan zijn, vindt slechts verrekening plaats op het deel van het loon waarop beslag op het loon wel geldig zou zijn. Ter zake van hetgeen de werkgever krachtens lid 1, onderdeel b, zou kunnen vorderen, mag door hem bij elke voldoening van het loon niet meer worden verrekend dan een tiende gedeelte van het in geld vastgestelde loon dat alsdan zou moeten worden voldaan, met dien verstande dat geen verrekening plaats heeft op het deel van het loon tot het bedrag bedoeld in de vorige zinnen.

3. Hetgeen de werkgever uit hoofde van een op het loon gelegd beslag inhoudt, komt in mindering op het voor verrekening toegelaten maximum.

4. Een beding waardoor de werkgever een ruimere bevoegdheid tot verrekening zou krijgen, is vernietigbaar, maar met dien verstande dat de werknemer bevoegd is tot vernietiging ter zake van elke afzonderlijke verrekeningsverklaring van de werkgever die van de geldigheid van het beding uitgaat.

(Zie ook: art. 650 BW Boek 7; art. 475a Rv; artt. 387, 429 WvK)

Art. 633

1. Overdracht, verpanding of elke andere handeling waardoor de werknemer enig recht op zijn loon aan derden toekent, is slechts in zover geldig als een beslag op zijn loon geldig zou zijn.

2. Een volmacht tot de vordering van loon wordt schriftelijk verleend. Deze volmacht is te allen tijde herroepelijk.

3. Van dit artikel kan niet worden afgeweken.

Afdeling 3
Vakantie en verlof

Art. 634

1. De werknemer verwerft over ieder jaar waarin hij gedurende de volledige overeengekomen arbeidsduur recht op loon heeft gehad, aanspraak op vakantie van ten minste vier maal de overeengekomen arbeidsduur per week of, als de overeengekomen arbeidsduur in uren per jaar is uitgedrukt, van ten minste een overeenkomstige tijd.

2. De werknemer die over een deel van een jaar recht op loon heeft gehad, verwerft over dat deel aanspraak op vakantie die een evenredig gedeelte bedraagt van datgene waarop hij recht zou hebben gehad als hij gedurende het gehele jaar recht had op loon over de volledige overeengekomen arbeidsduur.

3. Bij collectieve arbeidsovereenkomst of bij regeling door of namens een daartoe bevoegd bestuursorgaan kan ten aanzien van werknemers wier arbeidsovereenkomst eindigt nadat deze ten minste een maand heeft geduurd, van lid 2 worden afgeweken in dier voege dat de aanspraak op vakantie wordt berekend over tijdvakken van een maand.

(Zie ook: artt. 627, 628 BW Boek 7; artt. 381, 414, 452g WvK; art. 27 WOR)

Art. 635

1. In afwijking van artikel 634 verwerft de werknemer aanspraak op vakantie over het tijdvak, gedurende hetwelk hij geen recht heeft op in geld vastgesteld loon, omdat:

a. hij, anders dan voor oefening en opleiding, als dienstplichtige is opgeroepen ter vervulling van zijn militaire dienst of vervangende dienst;

b. hij vakantie als bedoeld in artikel 641 lid 3 geniet;

c. hij, met toestemming van de werkgever, deelneemt aan een bijeenkomst die wordt georganiseerd door een vakvereniging waarvan hij lid is;

d. hij, anders dan ten gevolge van de omstandigheden, bedoeld in de leden 2 en 3, tegen zijn wil niet in staat is om de overeengekomen arbeid te verrichten;

e. hij verlof als bedoeld in artikel 643 geniet;

f. hij verlof als bedoeld in hoofdstuk 5, afdeling 2, van de Wet arbeid en zorg geniet;

g. hij een uitkering op grond van artikel 4:2b van de Wet arbeid en zorg geniet.

2. In afwijking van artikel 634 verwerft de vrouwelijke werknemer die wegens zwangerschap of bevalling niet gedurende een geheel jaar aanspraak op loon verwerft, over de volledige overeengekomen arbeidsduur aanspraak op vakantie over het tijdvak dat zij recht heeft op een uitkering als bedoeld in hoofdstuk 3, afdeling 2, van de Wet arbeid en zorg.

3. In afwijking van artikel 634 verwerft de werknemer die wegens adoptieverlof of verlof voor het opnemen van een pleegkind niet gedurende een geheel jaar aanspraak op loon verwerft, over de volledige overeengekomen arbeidsduur aanspraak op vakantie over het tijdvak dat hij recht heeft op een uitkering als bedoeld in hoofdstuk 3, afdeling 2, van de Wet arbeid en zorg.

4. De jeugdige werknemer verwerft aanspraak op vakantie over de tijd die hij besteedt aan het volgen van het onderricht waartoe hij krachtens de wet door de werkgever in de gelegenheid moet worden gesteld.

B7 art. 636 Burgerlijk Wetboek Boek 7

5. Indien een aanspraak op vakantie is verworven die het in artikel 634 bedoelde minimum te boven gaat, kan voorzover die aanspraak dat minimum te boven gaat, bij schriftelijke overeenkomst van de leden 1 tot en met 4 worden afgeweken ten nadele van de werknemer. *(Zie ook: art. 414 WvK; artt. 97, 98 Gw)*

Art. 636

Vakantie, aanmerken als vakantiedagen

1. Dagen of gedeelten van dagen waarop de werknemer de overeengekomen arbeid niet verricht wegens een van de redenen, bedoeld in artikel 635 leden 1 en 4 kunnen slechts indien in een voorkomend geval de werknemer ermee instemt worden aangemerkt als vakantie, met dien verstande dat de werknemer ten minste recht houdt op het in artikel 634 bedoelde minimum.

2. Dagen of gedeelten van dagen waarop de werknemer de overeengekomen arbeid niet verricht wegens een van de redenen, bedoeld in artikel 635, leden 2 en 3, kunnen niet worden aangemerkt als vakantie.

Art. 637

Vakantie, aanmerken ziektedagen als vakantiedagen

1. Dagen of gedeelten van dagen waarop de werknemer de overeengekomen arbeid niet verricht wegens ziekte kunnen slechts indien in een voorkomend geval de werknemer ermee instemt worden aangemerkt als vakantie, met dien verstande dat de werknemer ten minste recht houdt op het in artikel 634 bedoelde minimum.

Vakantie, ziekte of vakantiedagen

2. In afwijking van lid 1 kan bij schriftelijke overeenkomst worden bepaald dat dagen of gedeelten van dagen waarop de werknemer in enig jaar de overeengekomen arbeid niet heeft verricht wegens ziekte worden aangemerkt als vakantie tot ten hoogste het aantal vakantiedagen dat voor dat jaar boven het in artikel 634 bedoelde minimum is overeengekomen.

3. Indien in enig jaar zowel lid 2 als artikel 638, lid 8, tweede volzin, worden toegepast, kunnen in totaal niet meer dan het aantal vakantiedagen dat voor dat jaar boven het in artikel 634 bedoelde minimum is overeengekomen, als vakantie gelden.

(Zie ook: art. 635 BW Boek 7)

Art. 638

Vakantie, opname

1. De werkgever is verplicht de werknemer ieder jaar in de gelegenheid te stellen de vakantie op te nemen waarop de werknemer op grond van artikel 634 ten minste aanspraak heeft.

2. Voorzover in de vaststelling van de vakantie niet is voorzien bij schriftelijke overeenkomst dan wel bij of krachtens collectieve arbeidsovereenkomst of regeling door of namens een daartoe bevoegd bestuursorgaan of de wet, stelt de werkgever de tijdstippen van aanvang en einde van de vakantie vast overeenkomstig de wensen van de werknemer tenzij gewichtige redenen zich daartegen verzetten. Indien de werkgever niet binnen twee weken nadat de werknemer zijn wensen schriftelijk heeft kenbaar gemaakt, schriftelijk aan de werknemer gewichtige redenen heeft aangevoerd, is de vakantie vastgesteld overeenkomstig de wensen van de werknemer.

3. In geval van gewichtige redenen wordt de vakantie op zodanige wijze vastgesteld dat de werknemer desverlangd, voorzover zijn aanspraak daartoe toereikend is, gedurende twee opeenvolgende weken of tweemaal een week vakantie kan opnemen.

4. De werkgever stelt de vakantie zo tijdig vast dat de werknemer gelegenheid heeft tot het treffen van voorbereidingen voor de besteding van de vakantie.

5. De werkgever kan, indien daartoe gewichtige redenen zijn, na overleg met de werknemer, het vastgestelde tijdvak van de vakantie wijzigen. De schade die de werknemer lijdt ten gevolge van de wijziging van het tijdvak van de vakantie, wordt door de werkgever vergoed.

6. De werkgever is verplicht de werknemer de resterende aanspraak op vakantie in dagen of uren te verlenen, tenzij gewichtige redenen zich daartegen verzetten.

7. Indien een aanspraak op vakantie is verworven die het in artikel 634 bedoelde minimum te boven gaat, kan voorzover die aanspraak dat minimum te boven gaat, bij schriftelijke overeenkomst van de in lid 2 genoemde termijn worden afgeweken ten nadele van de werknemer. *(Zie ook: artt. 381, 414, 452g WvK)*

8. Dagen of gedeelten van dagen waarop de werknemer tijdens een vastgestelde vakantie ziek is, gelden niet als vakantie, tenzij in een voorkomend geval de werknemer daarmee instemt. In afwijking van de vorige volzin kan bij schriftelijke overeenkomst worden bepaald dat de in enig jaar verleende vakantiedagen of gedeelten daarvan waarop de werknemer ziek is, als vakantie gelden tot ten hoogste het aantal vakantiedagen dat voor dat jaar boven het in artikel 634 bedoelde minimum is overeengekomen.

Art. 639

Vakantie, behoud loon

1. De werknemer behoudt gedurende zijn vakantie recht op loon.

2. Indien hierin bij collectieve arbeidsovereenkomst of bij regeling door of namens een daartoe bevoegd bestuursorgaan is voorzien, kan de werkgever aan zijn verplichting om gedurende de vakantie loon te betalen voldoen hetzij door aan de werknemer vakantiebonnen over te dragen ten laste van een fonds, hetzij door betaling aan een fonds ten laste waarvan de werknemer gelijkwaardige rechten verwerft. Voor de toepassing van dit artikel worden vakantiebonnen als loon beschouwd.

Art. 640

1. De werknemer kan tijdens de duur van de arbeidsovereenkomst geen afstand doen van zijn aanspraak op vakantie tegen schadevergoeding.

2. Indien een aanspraak op vakantie is verworven die het in artikel 634 bedoelde minimum te boven gaat, kan voorzover die aanspraak dat minimum te boven gaat, bij schriftelijke overeenkomst van lid 1 worden afgeweken.

Art. 640a

De aanspraak op het minimum, bedoeld in artikel 634, vervalt zes maanden na de laatste dag van het kalenderjaar waarin de aanspraak is verworven, tenzij de werknemer tot aan dat tijdstip redelijkerwijs niet in staat is geweest vakantie op te nemen. Bij schriftelijke overeenkomst kan ten gunste van de werknemer worden afgeweken van de termijn van zes maanden, bedoeld in de eerste zin.

Art. 641

1. Een werknemer die bij het einde van de arbeidsovereenkomst nog aanspraak op vakantie heeft, heeft recht op een uitkering in geld tot een bedrag van het loon over een tijdvak overeenkomend met de aanspraak, tenzij artikel 639 lid 2 van toepassing is.

2. De werkgever is verplicht aan de werknemer een verklaring uit te reiken waaruit blijkt over welk tijdvak de werknemer bij het einde van de arbeidsovereenkomst nog aanspraak op vakantie heeft.

3. Indien de werknemer een nieuwe arbeidsovereenkomst aangaat, heeft hij tegenover de nieuwe werkgever aanspraak op vakantie zonder behoud van loon gedurende het tijdvak waarover hij blijkens de in lid 2 bedoelde verklaring nog aanspraak op vakantie had.

4. Bij schriftelijke overeenkomst kan van lid 3 worden afgeweken, met dien verstande dat de werknemer ten minste recht houdt op het in artikel 634 bedoelde minimum.

(Zie ook: art. 656 BW Boek 7; artt. 381, 414 WvK)

Art. 642

Onverminderd artikel 640a verjaart een rechtsvordering tot toekenning van vakantie door verloop van vijf jaren na de laatste dag van het kalenderjaar waarin de aanspraak is ontstaan.

Art. 643

1. De werknemer kan verlangen dat de werkgever hem verlof zonder behoud van loon verleent voor het als lid bijwonen van vergaderingen van de Eerste Kamer der Staten-Generaal, van vertegenwoordigende organen van publiekrechtelijke lichamen die bij rechtstreekse verkiezing worden samengesteld, uitgezonderd echter de Tweede Kamer der Staten-Generaal, alsmede van commissies uit deze organen. Deze bepaling vindt mede toepassing op de werknemer die deel uitmaakt van een met algemeen bestuur belast orgaan van een waterschap.

2. Indien daarover tussen de werkgever en de werknemer geen overeenstemming bestaat, stelt de rechter op verzoek van de meest gerede partij vast in welke mate dit verlof behoort te worden verleend. De rechter beoordeelt in hoever, gezien het belang dat de werknemer aan de in lid 1 bedoelde vergaderingen kan deelnemen, in redelijkheid van de werkgever kan worden gevergd dat de werknemer afwezig is. De beschikking van de rechter is uitvoerbaar bij voorraad.

3. De leden 1 en 2 vinden overeenkomstige toepassing op gedeputeerden, wethouders en leden van het dagelijks bestuur van een waterschap, wier functie niet als een volledige wordt bezoldigd. Bij algemene maatregel van bestuur wordt bepaald, welke gedeputeerdenfuncties en wethoudersfuncties voor de toepassing van dit artikel als volledig bezoldigd worden aangemerkt.

4. Dit artikel blijft buiten toepassing ten aanzien van die groepen werknemers voor wie uit hoofde van verlening van rijksvergoeding bij of krachtens de wet een andere regeling is vastgesteld.

(Zie ook: art. 429a Rv; artt. 50, 129, 133 GW)

Art. 644

[Vervallen]

Art. 645

Van de artikelen 634 tot en met 643 kan niet ten nadele van de werknemer worden afgeweken, tenzij zodanige afwijking bij die artikelen is toegelaten.

Afdeling 4
Gelijke behandeling

Art. 646

1. De werkgever mag geen onderscheid maken tussen mannen en vrouwen bij het aangaan van de arbeidsovereenkomst, het verstrekken van onderricht aan de werknemer, in de arbeidsvoorwaarden, bij de arbeidsomstandigheden bij de bevordering en bij de opzegging van de arbeidsovereenkomst.

2. Van lid 1 mag, voor zover het betreft het aangaan van de arbeidsovereenkomst en het verstrekken van onderricht, worden afgeweken indien het gemaakte onderscheid is gebaseerd op een kenmerk dat verband houdt met het geslacht en dat kenmerk wegens de aard van de betrok-

Vakantie, afstand doen van aanspraak

Vakantie, vervallen aanspraak

Vakantie, aanspraak bij einde arbeidsovereenkomst

Aanvullend recht

Vakantie, verjaring vakantieaanspraken

Politiek verlof

Dwingend recht

Arbeidsovereenkomst, gelijke behandeling mannen en vrouwen

ken specifieke beroepsactiviteiten of de context waarin deze worden uitgevoerd, een wezenlijk en bepalend beroepsvereiste is, mits het doel legitiem is en het vereiste evenredig aan dat doel is. Daarbij is artikel 5, derde lid, van de Wet gelijke behandeling van mannen en vrouwen van overeenkomstige toepassing.

3. Van lid 1 mag worden afgeweken indien het bedingen betreft die op de bescherming van de vrouw, met name in verband met zwangerschap of moederschap, betrekking hebben.

4. Van lid 1 mag worden afgeweken indien het bedingen betreft die vrouwelijke werknemers in een bevoorrechte positie beogen te plaatsen ten einde nadelen op te heffen of te verminderen en het onderscheid in een redelijke verhouding staat tot het beoogde doel.

5. In dit artikel wordt verstaan onder:

a. onderscheid: direct en indirect onderscheid, alsmede de opdracht daartoe;

b. direct onderscheid: indien een persoon op grond van geslacht op een andere wijze wordt behandeld dan een ander in een vergelijkbare situatie wordt, is of zou worden behandeld, met dien verstande dat onder direct onderscheid mede wordt verstaan onderscheid op grond van zwangerschap, bevalling en moederschap;

c. indirect onderscheid: indien een ogenschijnlijk neutrale bepaling, maatstaf of handelwijze personen van een bepaald geslacht in vergelijking met andere personen bijzonder treft.

6. Het in dit artikel neergelegde verbod van direct onderscheid houdt mede in een verbod op intimidatie en een verbod op seksuele intimidatie.

7. Onder intimidatie als bedoeld in lid 6 wordt verstaan: gedrag dat met het geslacht van een persoon verband houdt en dat tot doel of gevolg heeft dat de waardigheid van de persoon wordt aangetast en dat een bedreigende, vijandige, beledigende, vernederende of kwetsende omgeving wordt gecreëerd.

8. Onder seksuele intimidatie als bedoeld in lid 6 wordt verstaan: enige vorm van verbaal, non-verbaal of fysiek gedrag met een seksuele connotatie dat als doel of gevolg heeft dat de waardigheid van de persoon wordt aangetast, in het bijzonder wanneer een bedreigende, vijandige, beledigende, vernederende of kwetsende situatie wordt gecreëerd.

9. De werkgever mag de werknemer die het in de leden 7 en 8 bedoelde gedrag afwijst of lijdzaam ondergaat, niet benadelen.

10. Het in lid 1 neergelegde verbod van onderscheid geldt niet ten aanzien van indirect onderscheid indien dat onderscheid objectief gerechtvaardigd wordt door een legitiem doel en de middelen voor het bereiken van dat doel passend en noodzakelijk zijn.

Dwingend recht
Bewijskracht

11. Een beding in strijd met lid 1 is nietig.

12. Indien degene die meent dat te zijnen nadeel een onderscheid is of wordt gemaakt als bedoeld in dit artikel, in rechte feiten aanvoert die dat onderscheid kunnen doen vermoeden, dient de wederpartij te bewijzen dat niet in strijd met dit artikel is gehandeld.

(Zie ook: artt. 50, 129, 133 GW; art. 7 ESC; art. 4 ESH; artt. 1b, 5, 7, 21 WGBMV)

13. De leden 2 en 3 zijn niet van toepassing op het verbod van intimidatie en seksuele intimidatie, bedoeld in lid 6.

14. De werkgever mag de werknemer niet benadelen wegens de omstandigheid dat de werknemer in of buiten rechte een beroep heeft gedaan op lid 1 of ter zake bijstand heeft verleend.

Art. 647

[Vervallen]

Art. 648

Gelijke behandeling, onderscheid naar arbeidsduur
Dwingend recht

1. De werkgever mag geen onderscheid maken tussen werknemers op grond van een verschil in arbeidsduur in de voorwaarden waaronder een arbeidsovereenkomst wordt aangegaan, voortgezet dan wel opgezegd, tenzij een dergelijk onderscheid objectief gerechtvaardigd is.

2. Een beding in strijd met lid 1 is nietig.

3. Het College, genoemd in artikel 1 van de Wet College voor de rechten van de mens, kan onderzoeken of een onderscheid is of wordt gemaakt als bedoeld in lid 1. De artikelen 10, 11, 12, 13, 22 en 23 van de Wet College voor de rechten van de mens zijn van overeenkomstige toepassing.

4. De werkgever mag de werknemer niet benadelen wegens de omstandigheid dat de werknemer in of buiten rechte een beroep heeft gedaan op het bepaalde in lid 1 of terzake bijstand heeft verleend.

Art. 649

Gelijke behandeling, onderscheid naar tijdelijkheid van de arbeidsovereenkomst
Dwingend recht

1. De werkgever mag geen onderscheid maken tussen werknemers in de arbeidsvoorwaarden op grond van het al dan niet tijdelijke karakter van de arbeidsovereenkomst, tenzij een dergelijk onderscheid objectief gerechtvaardigd is.

2. Een beding in strijd met lid 1 is nietig.

3. Het College, genoemd in artikel 1 van de Wet College voor de rechten van de mens, kan onderzoeken of een onderscheid is of wordt gemaakt als bedoeld in lid 1. De artikelen 10, 11, 12, 13, 22 en 23 van de Wet College voor de rechten van de mens zijn van overeenkomstige toepassing.

4. De werkgever mag de werknemer niet benadelen wegens de omstandigheid dat de werknemer in of buiten rechte een beroep heeft gedaan op het bepaalde in lid 1 of terzake bijstand heeft verleend.

5. Het bepaalde in de leden 1 tot en met 4 is niet van toepassing op een uitzendovereenkomst als bedoeld in artikel 690.

Afdeling 5
Enkele bijzondere bedingen in de arbeidsovereenkomst

Art. 650

1. De werkgever kan slechts boete stellen op de overtreding van de voorschriften van de arbeidsovereenkomst, indien in de arbeidsovereenkomst de voorschriften op de overtreding waarvan boete is gesteld en het bedrag van de boete zijn vermeld.

2. De overeenkomst waarbij boete wordt bedongen, wordt schriftelijk aangegaan.

3. De overeenkomst waarbij boete is bedongen, vermeldt nauwkeurig de bestemming van de boete. Zij mogen noch onmiddellijk noch middellijk strekken tot persoonlijk voordeel van de werkgever zelf of van degene aan wie de werkgever de bevoegdheid heeft verleend om aan werknemers een boete op te leggen.

4. Iedere boete, in een overeenkomst bedongen, is op een bepaald bedrag gesteld, uitgedrukt in het geld waarin het loon in geld is vastgesteld.

5. Binnen een week mag aan de werknemer geen hoger bedrag aan gezamenlijke boetes worden opgelegd dan zijn in geld vastgesteld loon voor een halve dag. Geen afzonderlijke boete mag hoger dan dit bedrag worden gesteld.

6. Elk beding in strijd met enige bepaling van dit artikel is nietig. Echter mag, doch alleen ten aanzien van werknemers wier in geld vastgesteld loon meer bedraagt dan het voor hen geldende minimumloon bij schriftelijk aangegane overeenkomst van de bepalingen van de leden 3, 4 en 5 worden afgeweken. Is zulks geschied, dan zal de rechter steeds bevoegd zijn de boete op een kleinere som te bepalen, indien de opgelegde boete hem bovenmatig voorkomt.

7. Ondergaat het bedrag van het loon, genoemd in lid 6, wijziging, dan wordt de werking van bedingen waarbij van de leden 3, 4 en 5 is afgeweken, geschorst jegens de werknemer wiens in geld vastgesteld loon niet meer bedraagt dan het gewijzigde bedrag van het minimumloon.

8. Onder het stellen en bedingen van boete in de zin van dit artikel wordt begrepen het door de werkgever bedingen van boete als bedoeld in de artikelen 91 tot en met 94 van Boek 6.

(Zie ook: art. 91 t/m 94 BW Boek 6; art. 613 BW Boek 7; artt. 378, 423, 450b, 452k, 452p WvK; art. 26 HW)

Art. 651

1. De mogelijkheid een boete op te leggen laat het recht op schadevergoeding op grond van de wet onverlet. Echter mag de werkgever ter zake van een zelfde feit niet boete heffen en tevens schadevergoeding vorderen.

2. Elk beding in strijd met de tweede zin van lid 1 is nietig.

(Zie ook: art. 91 t/m 94 BW Boek 6)

Art. 652

1. Indien partijen een proeftijd overeenkomen, is deze voor beide partijen gelijk.

2. De proeftijd wordt schriftelijk overeengekomen.

3. Bij het aangaan van een arbeidsovereenkomst voor onbepaalde tijd kan een proeftijd worden overeengekomen van ten hoogste twee maanden.

4. Bij het aangaan van een arbeidsovereenkomst voor bepaalde tijd kan een proeftijd worden overeengekomen van ten hoogste:

a. een maand, indien de overeenkomst is aangegaan voor langer dan zes maanden maar korter dan twee jaren;

b. twee maanden, indien de overeenkomst is aangegaan voor twee jaren of langer.

5. Indien het einde van een arbeidsovereenkomst voor bepaalde tijd niet op een kalenderdatum is gesteld, kan een proeftijd worden overeengekomen van ten hoogste een maand.

6. Er kan geen proeftijd worden overeengekomen indien de arbeidsovereenkomst:

a. is aangegaan voor ten hoogste zes maanden;

b. een opvolgende arbeidsovereenkomst betreft tussen een werknemer en dezelfde werkgever, tenzij die overeenkomst duidelijk andere vaardigheden of verantwoordelijkheden van de werknemer eist dan de vorige arbeidsovereenkomst; of

c. een opvolgende arbeidsovereenkomst betreft tussen een werknemer en een andere werkgever die ten aanzien van de verrichte arbeid redelijkerwijze geacht moet worden de opvolger van de vorige werkgever te zijn.

7. Van de leden 4, onderdeel a, en 5, kan slechts bij collectieve arbeidsovereenkomst of bij regeling door of namens een daartoe bevoegd bestuursorgaan worden afgeweken ten nadele van de werknemer.

Nietigheid

8. Elk beding in strijd met dit artikel is nietig.

Art. 653

Arbeidsovereenkomst, concurrentiebeding

1. Een beding tussen de werkgever en de werknemer waarbij deze laatste wordt beperkt in zijn bevoegdheid om na het einde van de overeenkomst op zekere wijze werkzaam te zijn, is slechts geldig indien:
a. de arbeidsovereenkomst voor onbepaalde tijd is aangegaan; en
b. de werkgever dit beding schriftelijk is overeengekomen met een meerderjarige werknemer.

Motiveringsplicht

2. In afwijking van lid 1, aanhef, en onderdeel a, kan een beding als bedoeld in lid 1 worden opgenomen in een arbeidsovereenkomst voor bepaalde tijd, indien uit de bij dat beding opgenomen schriftelijke motivering van de werkgever blijkt dat het beding noodzakelijk is vanwege zwaarwegende bedrijfs- of dienstbelangen.

3. De rechter kan een beding als bedoeld in lid 1 en lid 2:
a. geheel vernietigen indien het beding, bedoeld in lid 2, niet noodzakelijk is vanwege zwaarwegende bedrijfs- of dienstbelangen; of
b. geheel of gedeeltelijk vernietigen indien in verhouding tot het te beschermen belang van de werkgever, de werknemer door dat beding onbillijk wordt benadeeld.

Ernstig verwijtbaar handelen of nalaten werkgever

4. Aan een beding als bedoeld in lid 1 of lid 2 kan de werkgever geen rechten ontlenen, indien het eindigen of niet voortzetten van de arbeidsovereenkomst het gevolg is van ernstig verwijtbaar handelen of nalaten van de werkgever.

Vergoeding

5. Indien een beding als bedoeld in lid 1 of lid 2 de werknemer in belangrijke mate belemmert om anders dan in dienst van de werkgever werkzaam te zijn, kan de rechter steeds bepalen dat de werkgever voor de duur van de beperking aan de werknemer een vergoeding moet betalen. De rechter stelt de hoogte van deze vergoeding met het oog op de omstandigheden van het geval naar billijkheid vast. De vergoeding is niet verschuldigd, indien het eindigen of niet voortzetten van de arbeidsovereenkomst het gevolg is van ernstig verwijtbaar handelen of nalaten van de werknemer.

(Zie ook: artt. 134, 144, 244, 254 BW Boek 2; art. 91 t/m 94 BW Boek 6; art. 613 BW Boek 7; artt. 390, 403 WvK; art. 26 HW)

Afdeling 6
Enkele bijzondere verplichtingen van de werkgever

Art. 654

Kosten sluiten arbeidsovereenkomst

1. Wanneer een arbeidsovereenkomst schriftelijk wordt aangegaan of gewijzigd, zijn de kosten van het geschrift en andere bijkomende kosten ten laste van de werkgever.

2. De werkgever is verplicht kosteloos een volledig, door hem ondertekend, afschrift van het geschrift waarbij de arbeidsovereenkomst is aangegaan of gewijzigd, aan de werknemer te verstrekken.

(Zie ook: artt. 376, 398, 400 WvK)

Art. 655

Arbeidsovereenkomst, informatieplicht werkgever

1. De werkgever is verplicht aan de werknemer een schriftelijke of elektronische opgave te verstrekken met ten minste de volgende gegevens:
a. naam en woonplaats van partijen;
b. de plaats of plaatsen waar de arbeid wordt verricht;
c. de functie van de werknemer of de aard van zijn arbeid;
d. het tijdstip van indiensttreding;
e. indien de overeenkomst voor bepaalde tijd is gesloten, de duur van de overeenkomst;
f. de aanspraak op vakantie of de wijze van berekening van de aanspraak;
g. de duur van de door partijen in acht te nemen opzegtermijnen of de wijze van berekening van deze termijnen;
h. het loon en de termijn van uitbetaling alsmede, indien het loon afhankelijk is van de uitkomsten van de te verrichten arbeid, de per dag of per week aan te bieden hoeveelheid arbeid, de prijs per stuk en de tijd die redelijkerwijz met de uitvoering is gemoeid;
i. de gebruikelijke arbeidsduur per dag of per week;
j. of de werknemer gaat deelnemen aan een pensioenregeling;
k. indien de werknemer voor een langere termijn dan een maand werkzaam zal zijn buiten Nederland, mede de duur van die werkzaamheid, de huisvesting, de toepasselijkheid van de Nederlandse sociale verzekeringswetgeving dan wel opgave van de voor de uitvoering van die wetgeving verantwoordelijke organen, de geldsoort waarin betaling zal plaatsvinden, de vergoedingen waarop de werknemer recht heeft en de wijze waarop de terugkeer geregeld is;
l. de toepasselijke collectieve arbeidsovereenkomst of regeling door of namens een daartoe bevoegd bestuursorgaan, dan wel de toepasselijke arbeidsvoorwaarden op grond van artikel 8 of 8a van de Wet allocatie arbeidskrachten door intermediairs;
m. of de arbeidsovereenkomst een uitzendovereenkomst is als bedoeld in artikel 690, dan wel een payrollovereenkomst is als bedoeld in artikel 692;

n. of de arbeidsovereenkomst voor onbepaalde tijd is aangegaan;
o. of sprake is van een oproepovereenkomst als bedoeld in artikel 628a, lid 9 en 10.
2. Voor zover de gegevens, bedoeld in lid 1, onderdelen a tot en met j, n en o, zijn vermeld in een schriftelijk aangegane arbeidsovereenkomst of in de opgave, bedoeld in artikel 626, kan vermelding achterwege blijven. Voor zover de gegevens, bedoeld in het eerste lid, onderdelen f tot en met i, zijn vermeld in een toepasselijke collectieve arbeidsovereenkomst of regeling door of namens een daartoe bevoegd bestuursorgaan, kan worden volstaan met een verwijzing naar deze overeenkomst of regeling.
3. De werkgever verstrekt de opgave binnen een maand na de aanvang van de werkzaamheden of zo veel eerder als de overeenkomst eindigt. De gegevens, bedoeld in lid 1, onderdeel k, worden verstrekt voor het vertrek. De opgave wordt door de werkgever ondertekend. Indien de opgave elektronisch wordt verstrekt, is deze voorzien van een gekwalificeerde handtekening als bedoeld in artikel 3, onderdeel 12, van verordening (EU) nr. 910/2014 van het Europees Parlement en de Raad van 23 juli 2014 betreffende elektronische identificatie en vertrouwensdiensten voor elektronische transacties in de interne markt en tot intrekking van richtlijn 1999/93/EG (PbEU 2014, L 257). Wijziging in de gegevens wordt binnen een maand nadat de wijziging van kracht is geworden, aan de werknemer schriftelijk of elektronisch medegedeeld, tenzij deze voortvloeit uit wijziging van een wettelijk voorschrift, collectieve arbeidsovereenkomst of regeling door of namens een daartoe bevoegd bestuursorgaan.
4. Indien de overeenkomst betreft het doorgaans op minder dan vier dagen per week uitsluitend of nagenoeg uitsluitend verrichten van huishoudelijke of persoonlijke diensten ten behoeve van een natuurlijk persoon, behoeft de werkgever slechts op verlangen van de werknemer de gegevens te verstrekken.
5. De werkgever die weigert de opgave te verstrekken of daarin onjuiste mededelingen opneemt, is jegens de werknemer aansprakelijk voor de daardoor veroorzaakte schade.
6. De leden 1 tot en met 5 zijn van overeenkomstige toepassing op een overeenkomst die de voorwaarden regelt van een of meer arbeidsovereenkomsten die partijen zullen sluiten indien na oproep arbeid wordt verricht, en op het aangaan van een andere overeenkomst dan een arbeidsovereenkomst, al dan niet gevolgd door andere soortgelijke overeenkomsten, waarbij de ene partij, natuurlijk persoon, zich verbindt voor de andere partij tegen beloning arbeid te verrichten, tenzij deze overeenkomst wordt aangegaan in beroep of bedrijf. Op de in dit lid bedoelde overeenkomsten is artikel 654 van overeenkomstige toepassing.
7. Indien lid 6 van toepassing is, wordt in de opgave, bedoeld in lid 1, tevens vermeld welke overeenkomst is aangegaan.
8. De werkgever verstrekt de elektronische opgave op zodanige wijze dat deze door de werknemer kan worden opgeslagen en voor hem toegankelijk is ten behoeve van latere kennisneming.
9. Voor het verstrekken van een elektronische opgave is uitdrukkelijke instemming van de werknemer vereist.
10. Een beding in strijd met dit artikel is nietig.

Art. 656

1. De werkgever is verplicht bij het einde van de arbeidsovereenkomst de werknemer op diens verzoek een getuigschrift uit te reiken.
2. Het getuigschrift vermeldt:
a. de aard van de verrichte arbeid en de arbeidsduur per dag of per week;
b. de begindatum en de einddatum van het dienstverband;
c. een opgave van de wijze waarop de werknemer aan zijn verplichtingen heeft voldaan;
d. een opgave van de wijze waarop de arbeidsovereenkomst is geëindigd;
e. indien de werkgever de arbeidsovereenkomst heeft opgezegd, de reden daartoe.
3. De in lid 2, onderdelen c, d en e, genoemde gegevens worden slechts op verzoek van de werknemer in het getuigschrift vermeld.
4. Indien de werknemer de arbeidsovereenkomst heeft opgezegd en hij in verband daarmee een vergoeding aan de werkgever verschuldigd is, is de werkgever gerechtigd dit in het getuigschrift te vermelden.
5. De werkgever die weigert het gevraagde getuigschrift af te geven, nalaat aan een verzoek als bedoeld in lid 3 te voldoen, in het getuigschrift door opzet of schuld onjuiste mededelingen opneemt of het getuigschrift van een kenmerk voorziet of op een bepaalde wijze inricht om daarmee aangaande de werknemer enige mededeling te doen die niet in de bewoordingen van het getuigschrift is vervat, is zowel jegens de werknemer als jegens derden aansprakelijk voor de daardoor veroorzaakte schade.
6. Van dit artikel kan niet ten nadele van de werknemer worden afgeweken.
(Zie ook: art. 611a Rv; art. 451f WvK)

Art. 657

1. De werkgever is verplicht de werknemer met een arbeidsovereenkomst voor bepaalde tijd tijdig en duidelijk in kennis te stellen van een vacature terzake van een arbeidsovereenkomst voor onbepaalde tijd.

Schakelbepaling

Dwingend recht

Arbeidsovereenkomst, getuigschrift

Vermelden transitievergoeding

Dwingend recht

Arbeidsovereenkomst, informatieplicht vacatures

2. Het bepaalde in lid 1 is niet van toepassing op een uitzendovereenkomst als bedoeld in artikel 690.

Art. 658

Arbeidsongevallen

1. De werkgever is verplicht de lokalen, werktuigen en gereedschappen waarin of waarmee hij de arbeid doet verrichten, op zodanige wijze in te richten en te onderhouden alsmede voor het verrichten van de arbeid zodanige maatregelen te treffen en aanwijzingen te verstrekken als redelijkerwijs nodig is om te voorkomen dat de werknemer in de uitoefening van zijn werkzaamheden schade lijdt.

Aansprakelijkheid voor schade

2. De werkgever is jegens de werknemer aansprakelijk voor de schade die de werknemer in de uitoefening van zijn werkzaamheden lijdt, tenzij hij aantoont dat hij de in lid 1 genoemde verplichtingen is nagekomen of dat de schade in belangrijke mate het gevolg is van opzet of bewuste roekeloosheid van de werknemer.

Dwingend recht

3. Van de leden 1 en 2 en van hetgeen titel 3 van Boek 6, bepaalt over de aansprakelijkheid van de werkgever kan niet ten nadele van de werknemer worden afgeweken.

4. Hij die in de uitoefening van zijn beroep of bedrijf arbeid laat verrichten door een persoon met wie hij geen arbeidsovereenkomst heeft, is overeenkomstig de leden 1 tot en met 3 aansprakelijk voor de schade die deze persoon in de uitoefening van zijn werkzaamheden lijdt. De kantonrechter is bevoegd kennis te nemen van vorderingen op grond van de eerste zin van dit lid.

(Zie ook: art. 162 BW Boek 6; artt. 391, 450b, 452p WvK)

Art. 658a

Re-integratieverplichtingen voor arbeidsongeschikte werknemer

1. De werkgever bevordert ten aanzien van de werknemer die in verband met ongeschiktheid ten gevolge van ziekte verhinderd is de bedongen arbeid te verrichten, de inschakeling in de arbeid in zijn bedrijf. Indien vaststaat dat de eigen arbeid niet meer kan worden verricht en in het bedrijf van de werkgever geen andere passende arbeid voorhanden is, bevordert de werkgever, gedurende het tijdvak waarin de werknemer jegens hem recht op loon heeft op grond van artikel 629, artikel 71a, negende lid, van de Wet op de arbeidsongeschiktheidsverzekering of artikel 25, negende lid, van de Wet werk en inkomen naar arbeidsvermogen, de inschakeling van de werknemer in voor hem passende arbeid in het bedrijf van een andere werkgever, tenzij de werknemer de in artikel 7, onderdeel a, van de Algemene Ouderdomswet bedoelde leeftijd heeft bereikt.

2. Uit hoofde van de uitoefening van zijn taak, bedoeld in lid 1, is de werkgever verplicht zo tijdig mogelijk zodanige maatregelen te treffen en aanwijzingen te verstrekken als redelijkerwijs nodig is, opdat de werknemer, die in verband met ongeschiktheid ten gevolge van ziekte verhinderd is de bedongen arbeid te verrichten, in staat wordt gesteld de eigen of andere passende arbeid te verrichten.

3. Uit hoofde van de uitoefening van zijn taak, bedoeld in lid 1, stelt de werkgever in overeenstemming met de werknemer een plan van aanpak op als bedoeld in artikel 71a, tweede lid, van de Wet op de arbeidsongeschiktheidsverzekering en artikel 25, tweede lid, van de Wet werk en inkomen naar arbeidsvermogen, tenzij de werknemer de in artikel 7, onderdeel a, van de Algemene Ouderdomswet bedoelde leeftijd heeft bereikt. Het plan van aanpak wordt met medewerking van de werknemer regelmatig geëvalueerd en zo nodig bijgesteld.

Passende arbeid, definitie

4. Onder passende arbeid als bedoeld in lid 1 en 2 wordt verstaan alle arbeid die voor de krachten en bekwaamheden van de werknemer is berekend, tenzij aanvaarding om redenen van lichamelijke, geestelijke of sociale aard niet van hem kan worden gevergd.

5. De werkgever en degene door wie de werkgever zich op grond van de artikelen 13, 14 en 14a van de Arbeidsomstandighedenwet laat bijstaan, verstrekken een re-integratiebedrijf als bedoeld in artikel 1 van de Wet werk en inkomen naar arbeidsvermogen gegevens voor zover deze noodzakelijk zijn voor de uitvoering van de door de werkgever aan dit bedrijf opgedragen werkzaamheden, alsmede het burgerservicenummer van de persoon wiens inschakeling in de arbeid door dat re-integratiebedrijf wordt bevorderd. Het re-integratiebedrijf verwerkt deze gegevens slechts voor zover dat noodzakelijk is voor deze werkzaamheden en gebruikt slechts met dat doel het burgerservicenummer bij die verwerking.

Eigenrisicodrager

6. Dit artikel is van overeenkomstige toepassing op de eigenrisicodrager, bedoeld in artikel 1, eerste lid, onderdeel h, van de Ziektewet en de personen, bedoeld in artikel 29, tweede lid, onderdelen a, b en c, van die wet, die laatstelijk met hem een arbeidsovereenkomst zijn aangegaan, gedurende de periode dat de eigenrisicodrager aan die personen ziekengeld moet betalen.

Art. 658b

Deskundigenverklaring

1. De rechter wijst een vordering tot nakoming van de verplichting, bedoeld in artikel 658a lid 2, af, indien bij de eis niet een verklaring is gevoegd van een deskundige, benoemd door het Uitvoeringsinstituut werknemersverzekeringen, genoemd in hoofdstuk 5 van de Wet structuur uitvoeringsorganisatie werk en inkomen, omtrent de nakoming van die verplichting door de werkgever.

2. Lid 1 geldt niet indien nakoming niet wordt betwist of het overleggen van de verklaring in redelijkheid niet van de werknemer kan worden gevergd.

3. De deskundige, die zijn benoeming heeft aanvaard, is verplicht zijn onderzoek onpartijdig en naar beste weten te volbrengen.

4. De deskundige die de hoedanigheid van arts bezit, kan de voor zijn onderzoek van belang zijnde inlichtingen over de werknemer inwinnen bij de behandelend arts of de behandelend artsen. Zij verstrekken de gevraagde inlichtingen voor zover daardoor de persoonlijke levenssfeer van de werknemer niet onevenredig wordt geschaad.

5. De rechter kan op verzoek van een der partijen of ambtshalve bevelen dat de deskundige zijn verklaring nader schriftelijk of mondeling toelicht of aanvult.

6. De werknemer wordt ter zake van een vordering als bedoeld in het eerste lid slechts in de kosten van de werkgever, bedoeld in artikel 237 van het Wetboek van Burgerlijke Rechtsvordering, veroordeeld in geval van kennelijk onredelijk gebruik van procesrecht.

7. Bij collectieve arbeidsovereenkomst of bij regeling door of namens een daartoe bevoegd bestuursorgaan kan worden bepaald dat de in het eerste lid bedoelde deskundige door een ander dan het Uitvoeringsinstituut werknemersverzekeringen, genoemd in hoofdstuk 5 van de Wet structuur uitvoeringsorganisatie werk en inkomen wordt aangewezen.

Art. 658c

De werkgever mag de werknemer niet benadelen als gevolg van het te goeder trouw en naar behoren melden van een vermoeden van een misstand als bedoeld in artikel 1, onderdeel d, van de Wet Huis voor klokkenluiders tijdens en na de behandeling van deze melding bij de werkgever of de daartoe bevoegde instantie.

Bescherming klokkenluider

Afdeling 7
Enkele bijzondere verplichtingen van de werknemer

Art. 659

1. De werknemer is verplicht de arbeid zelf te verrichten; hij kan zich daarin niet dan met toestemming van de werkgever door een derde doen vervangen.

2. De rechtsvordering tot nakoming van de arbeidsverplichting van de werknemer onder de bepaling van een dwangsom of van gijzeling is niet toegelaten.

(Zie ook: art. 30 BW Boek 6; art. 611 BW Boek 7; artt. 585, 611a Rv; art. 9 BBA)

Arbeidsverplichting werknemer

Art. 660

De werknemer is verplicht zich te houden aan de voorschriften omtrent het verrichten van de arbeid alsmede aan die welke strekken ter bevordering van de goede orde in de onderneming van de werkgever, door of namens de werkgever binnen de grenzen van algemeen verbindende voorschriften, of overeenkomst aan hem, al dan niet tegelijk met andere werknemers, gegeven.

(Zie ook: art. 613 BW Boek 7; artt. 417, 452 WvK)

Instructierecht werkgever

Art. 660a

1. De werknemer die in verband met ongeschiktheid ten gevolge van ziekte verhinderd is de bedongen arbeid te verrichten, is verplicht:

a. gevolg te geven aan door de werkgever of een door hem aangewezen deskundige gegeven redelijke voorschriften en mee te werken aan door de werkgever of een door hem aangewezen deskundige getroffen maatregelen als bedoeld in artikel 658a lid 2;

b. zijn medewerking te verlenen aan het opstellen, evalueren en bijstellen van een plan van aanpak als bedoeld in artikel 658a lid 3;

c. passende arbeid als bedoeld in artikel 658a lid 4 te verrichten waartoe de werkgever hem in de gelegenheid stelt.

2. Lid 1, aanhef en onderdeel b, is niet van toepassing op de werknemer die de in artikel 7, onderdeel a, van de Algemene Ouderdomswet bedoelde leeftijd heeft bereikt.

Verplichtingen werknemer bij ziekte

Art. 661

1. De werknemer die bij de uitvoering van de overeenkomst schade toebrengt aan de werkgever of aan een derde jegens wie de werkgever tot vergoeding van die schade is gehouden, is te dier zake niet jegens de werkgever aansprakelijk, tenzij de schade een gevolg is van zijn opzet of bewuste roekeloosheid. Uit de omstandigheden van het geval kan, mede gelet op de aard van de overeenkomst, anders dan in de vorige zin is bepaald.

2. Afwijking van lid 1 en van artikel 170 lid 3 van Boek 6 ten nadele van de werknemer is slechts mogelijk bij schriftelijke overeenkomst en slechts voor zover de werknemer te dier zake verzekerd is.

Aansprakelijkheid werknemer voor schade aan werkgever of derde

Afdeling 8
Rechten van de werknemer bij overgang van een onderneming

Art. 662

1. Voor de toepassing van deze afdeling wordt verstaan onder:

a. overgang: de overgang, ten gevolge van een overeenkomst, een fusie of een splitsing, van een economische eenheid die haar identiteit behoudt;

Werkingssfeer en definities

B7 art. 663 **Burgerlijk Wetboek Boek 7**

b. economische eenheid: een geheel van georganiseerde middelen, bestemd tot het ten uitvoer brengen van een al dan niet hoofdzakelijk economische activiteit waaronder begrepen de uitoefening van openbaar gezag.

2. Voor de toepassing van deze afdeling wordt een vestiging of een onderdeel van een onderneming of vestiging beschouwd als een onderneming.

Art. 663

Behoud van rechten bij overgang onderneming

Door de overgang van een onderneming gaan de rechten en verplichtingen die op dat tijdstip voor de werkgever in die onderneming voortvloeien uit een arbeidsovereenkomst tussen hem en een daar werkzame werknemer van rechtswege over op de verkrijger. Evenwel is die werkgever nog gedurende een jaar na de overgang naast de verkrijger hoofdelijk verbonden voor de nakoming van de verplichtingen uit de arbeidsovereenkomst, die zijn ontstaan vóór dat tijdstip.

(Zie ook: art. 309 BW Boek 2; art. 14a Wet CAO; art. 2 Wet AVV; art. 25 WOR)

Art. 664

Pensioen bij overgang onderneming

1. Artikel 663, eerste volzin, is niet van toepassing op rechten en verplichtingen van de werkgever die voortvloeien uit een pensioenovereenkomst als bedoeld in artikel 1 van de Pensioenwet indien:

a. de verkrijger aan de werknemer, bedoeld in artikel 663, een zelfde aanbod doet tot het sluiten van een pensioenovereenkomst, als hij reeds voor het tijdstip van overgang heeft gedaan aan zijn werknemers;

b. de verkrijger op grond van artikel 2 van de Wet verplichte deelneming in een bedrijfstakpensioenfonds 2000, verplicht is deel te nemen in een bedrijfstakpensioenfonds en de werknemer, bedoeld in artikel 663, gaat deelnemen in dat fonds;

c. bij collectieve arbeidsovereenkomst of bij regeling door of namens een daartoe bevoegd bestuursorgaan is afgeweken van de pensioenovereenkomst, bedoeld in de aanhef.

2. Het eerste lid is niet van toepassing indien de werknemer, bedoeld in artikel 663, voor de overgang op grond van artikel 2 van de Wet verplichte deelneming in een bedrijfstakpensioenfonds 2000, verplicht is deel te nemen in een bedrijfstakpensioenfonds en deze zelfde verplichting blijft gelden na de overgang.

Spaarregeling bij overgang onderneming

3. Artikel 663, eerste volzin, is niet van toepassing op rechten en verplichtingen van de werkgever die voortvloeien uit een spaarregeling als bedoeld in artikel 3, eerste lid, van de Pensioen- en spaarfondsenwet zoals de Pensioen- en spaarfondsenwet luidde op de dag voorafgaand aan de inwerkingtreding van de Pensioenwet indien de verkrijger de werknemer, bedoeld in artikel 663, opneemt in de spaarregeling die reeds voor het tijdstip van overgang gold voor zijn werknemers.

(Zie ook: art. 14a Wet CAO; art. 2 Wet AVV; art. 25 WOR)

Art. 665

Aanmerkelijke wijziging ten nadele, toerekening beëindiging

Met het oog op de toepassing van artikel 673 geldt de arbeidsovereenkomst als beëindigd of niet voortgezet op initiatief van de werkgever, indien de overgang van de onderneming een aanmerkelijke wijziging van de arbeidsvoorwaarden ten nadele van de werknemer tot gevolg heeft en om die reden:

a. de arbeidsovereenkomst door of op verzoek van de werknemer is beëindigd; of

b. de arbeidsovereenkomst voor bepaalde tijd na een einde van rechtswege op initiatief van de werknemer niet aansluitend is voortgezet.

Art. 665a

Informatieplicht bij overgang onderneming

Indien in een onderneming geen ondernemingsraad is ingesteld, noch een personeelsvertegenwoordiging is ingesteld krachtens artikel 35c, eerste lid, of artikel 35d, eerste lid, van de Wet op de ondernemingsraden, stelt de werkgever de eigen werknemers die betrokken zijn bij de overgang van de onderneming tijdig in kennis van

a. het voorgenomen besluit tot overgang;

b. de voorgenomen datum van de overgang;

c. de reden van de overgang;

d. de juridische, economische, en sociale gevolgen van de overgang voor de werknemers, en

e. de ten aanzien van de werknemers overwogen maatregelen.

Art. 666

Werkingssfeer art. 662 t/m 665 bij overgang van onderneming

De artikelen 662 tot en met 665 en 670 lid 8 zijn niet van toepassing op de overgang van een onderneming indien:

a. de werkgever in staat van faillissement is verklaard en de onderneming tot de boedel behoort; of

b. de werkgever een entiteit is als bedoeld in artikel 3A:2 of artikel 3A:78 van de Wet op het financieel toezicht en ten aanzien van die werkgever het instrument van overgang van de onderneming, het instrument van de overbruggingsinstelling of het instrument van afsplitsing van activa, bedoeld in artikel 3A:28, 3A:37, 3A:41, 3A:104, 3A:112, onderscheidenlijk 3A:117 van de Wet op het financieel toezicht wordt toegepast.

(Zie ook: art. 14a Wet CAO; art. 2 Wet AVV; art. 25 WOR)

Art. 666a

1. Deze afdeling is van toepassing op de overgang van een zeeschip als onderdeel van de overgang van een onderneming, indien de verkrijger onder de territoriale werkingssfeer van het Verdrag van de Europese Unie valt of de overgegane onderneming onder die werkingssfeer blijft.

2. Deze afdeling is niet van toepassing, indien de overgang uitsluitend een of meer zeeschepen betreft.

Afdeling 9
Einde van de arbeidsovereenkomst

Art. 667

1. Een arbeidsovereenkomst eindigt van rechtswege, wanneer de tijd is verstreken bij overeenkomst of bij de wet aangegeven.

2. Voorafgaande opzegging is in dat geval nodig:
a. indien zulks bij schriftelijk aangegane overeenkomst is bepaald;
b. indien volgens de wet of het gebruik opzegging behoort plaats te vinden en daarvan niet, waar zulks geoorloofd is, bij schriftelijk aangegane overeenkomst is afgeweken.

3. Een arbeidsovereenkomst als bedoeld in lid 1 kan slechts tussentijds worden opgezegd indien voor ieder der partijen dat recht schriftelijk is overeengekomen.

4. Indien een voor onbepaalde tijd aangegane arbeidsovereenkomst, die anders dan door opzegging als bedoeld in artikel 671, lid 1, onderdelen a tot en met h, of artikel 40 van de Faillissementswet of door ontbinding door de rechter is geëindigd, aansluitend of na een tussenpoos van ten hoogste zes maanden is opgevolgd door een arbeidsovereenkomst voor bepaalde tijd, is in afwijking van lid 1 voor de beëindiging van die opvolgende arbeidsovereenkomst opzegging nodig. De termijn van opzegging wordt berekend vanaf het tijdstip van totstandkoming van de arbeidsovereenkomst voor onbepaalde tijd. Dit lid is niet van toepassing indien de voor onbepaalde tijd aangegane arbeidsovereenkomst is geëindigd wegens het bereiken van de pensioengerechtigde leeftijd van de werknemer op grond van een daartoe strekkend beding.

5. Van arbeidsovereenkomsten die elkaar hebben opgevolgd als bedoeld in lid 4 is eveneens sprake indien eenzelfde werknemer achtereenvolgens in dienst is geweest bij verschillende werkgevers die, ongeacht of inzicht bestaat in de hoedanigheid en geschiktheid van de werknemer, redelijkerwijze geacht moeten worden ten aanzien van de verrichte arbeid elkaars opvolger te zijn.

6. Voor de beëindiging van een voor onbepaalde tijd aangegane arbeidsovereenkomst is voorafgaande opzegging nodig.

7. Een beding, krachtens hetwelk de arbeidsovereenkomst van rechtswege eindigt wegens het in het huwelijk treden van de werknemer of wegens het aangaan van een geregistreerd partnerschap door de werknemer, is nietig.

8. Een beding, krachtens hetwelk de arbeidsovereenkomst van rechtswege eindigt wegens zwangerschap of bevalling van de werkneemster, is nietig.

(Zie ook: artt. 647, 681, 684 BW Boek 7; artt. 390, 431, 440 WvK; artt. 40, 239 FW; art. 18 Wet CAO)

Art. 668

1. De werkgever informeert de werknemer schriftelijk uiterlijk een maand voordat een arbeidsovereenkomst voor bepaalde tijd van rechtswege eindigt:
a. over het al dan niet voortzetten van de arbeidsovereenkomst; en
b. bij voortzetting, over de voorwaarden waaronder hij de arbeidsovereenkomst wil voortzetten.

2. Lid 1 is niet van toepassing, indien:
a. bij het aangaan van de arbeidsovereenkomst schriftelijk is overeengekomen dat deze eindigt op een tijdstip dat niet op een kalenderdatum is gesteld; of
b. de arbeidsovereenkomst is aangegaan voor een periode korter dan zes maanden.

3. Indien de werkgever de verplichting, bedoeld in lid 1, aanhef en onderdeel a, in het geheel niet is nagekomen, is hij aan de werknemer een vergoeding verschuldigd gelijk aan het bedrag van het loon voor één maand. Indien de werkgever die verplichting niet tijdig is nagekomen, is hij aan de werknemer een vergoeding naar rato verschuldigd. De vergoeding is verschuldigd vanaf een maand na de dag waarop de verplichting op grond van lid 1 is ontstaan. De vergoeding is niet langer verschuldigd, indien de werkgever in staat van faillissement is verklaard, aan hem surseance van betaling is verleend of op hem de schuldsaneringsregeling natuurlijke personen van toepassing is.

4. De arbeidsovereenkomst wordt geacht voor dezelfde tijd, maar ten hoogste voor een jaar, op de vroegere voorwaarden te zijn voortgezet, indien:

B7 art. 668a **Burgerlijk Wetboek Boek 7**

a. de arbeidsovereenkomst, bedoeld in lid 1, na het verstrijken van de tijd, bedoeld in artikel 667, lid 1, wordt voortgezet en de werkgever de verplichting, bedoeld in lid 1, onderdeel a of b, niet is nagekomen; of

Voortzetting zonder tegenspraak

b. de arbeidsovereenkomst, bedoeld in lid 2, na het verstrijken van de tijd, bedoeld in artikel 667, lid 1, door partijen zonder tegenspraak wordt voortgezet.

5. Lid 4, onderdeel b, geldt tevens wanneer in de gevallen waarin opzegging nodig is, tijdige opzegging achterwege blijft en de gevolgen van de voortzetting van de arbeidsovereenkomst niet uitdrukkelijk zijn geregeld.

6. Bij of krachtens algemene maatregel van bestuur wordt bepaald wat voor de toepassing van lid 3 wordt verstaan onder loon.

Art. 668a

Ketenregeling

1. Vanaf de dag dat tussen dezelfde partijen:

a. arbeidsovereenkomsten voor bepaalde tijd elkaar met tussenpozen van ten hoogste zes maanden hebben opgevolgd en een periode van 36 maanden, deze tussenpozen inbegrepen, hebben overschreden, geldt met ingang van die dag de laatste arbeidsovereenkomst als aangegaan voor onbepaalde tijd;

b. meer dan drie voor bepaalde tijd aangegane arbeidsovereenkomsten elkaar hebben opgevolgd met tussenpozen van ten hoogste zes maanden, geldt de laatste arbeidsovereenkomst als aangegaan voor onbepaalde tijd.

Opvolgend werkgeverschap

2. Lid 1 is van overeenkomstige toepassing op elkaar opvolgende arbeidsovereenkomsten tussen een werknemer en verschillende werkgevers, die, ongeacht of inzicht bestaat in de hoedanigheid en geschiktheid van de werknemer, ten aanzien van de verrichte arbeid redelijkerwijze geacht moeten worden elkaars opvolger te zijn.

3. Lid 1, onderdeel a, is niet van toepassing op een arbeidsovereenkomst aangegaan voor ten hoogste drie maanden die onmiddellijk volgt op een tussen dezelfde partijen aangegane arbeidsovereenkomst voor 36 maanden of langer.

4. De termijn van opzegging wordt berekend vanaf het tijdstip van totstandkoming van de eerste arbeidsovereenkomst als bedoeld onder a of b van lid 1.

Afwijking bij cao

5. Bij collectieve arbeidsovereenkomst of bij regeling door of namens een daartoe bevoegd bestuursorgaan kan de periode van 36 maanden, bedoeld in lid 1, onderdeel a, worden verlengd tot ten hoogste 48 maanden en kan het aantal van drie, bedoeld in lid 1, onderdeel b, worden verhoogd naar ten hoogste zes, indien uit de overeenkomst of regeling blijkt dat voor bij die overeenkomst of regeling te bepalen functies of functiegroepen de intrinsieke aard van de bedrijfsvoering deze verlenging of verhoging vereist.

6. Bij collectieve arbeidsovereenkomst of bij regeling door of namens een daartoe bevoegd bestuursorgaan kan van lid 2 worden afgeweken ten nadele van de werknemer.

Afwijking ketenregeling bestuurder

7. Bij schriftelijke overeenkomst of bij regeling door of namens een daartoe bevoegd bestuursorgaan kan ten nadele van de bestuurder van een rechtspersoon worden afgeweken van de periode, bedoeld in lid 1, onderdeel a.

Uitsluiting ketenregeling bij ministeriële regeling

8. Bij collectieve arbeidsovereenkomst of bij regeling door of namens een daartoe bevoegd bestuursorgaan kan dit artikel buiten toepassing worden verklaard voor bepaalde functies in een bedrijfstak indien Onze Minister van Sociale Zaken en Werkgelegenheid bij ministeriële regeling deze functies heeft aangewezen, omdat het voor de functies in die bedrijfstak bestendig gebruik is en vanwege de intrinsieke aard van de bedrijfsvoering en van die functies noodzakelijk is de arbeid uitsluitend te verrichten op grond van arbeidsovereenkomsten voor bepaalde tijd, niet zijnde uitzendovereenkomsten als bedoeld in artikel 690. Bij die regeling kunnen nadere voorwaarden worden gesteld aan het buiten toepassing verklaren, bedoeld in de eerste zin.

Afwijking ketenregeling voor educatie werknemer

9. Bij collectieve arbeidsovereenkomst of bij regeling door of namens een daartoe bevoegd bestuursorgaan kan voor daarin aangewezen arbeidsovereenkomsten die uitsluitend of overwegend zijn aangegaan omwille van de educatie van de werknemer dit artikel geheel of gedeeltelijk niet van toepassing worden verklaard.

Afwijking ketenregeling voor leerweg

10. Dit artikel is niet van toepassing op arbeidsovereenkomsten die zijn aangegaan in verband met een beroepsbegeleidende leerweg als bedoeld in artikel 7.2.2. van de Wet educatie en beroepsonderwijs.

Afwijking ketenregeling voor werknemers < 18

11. Dit artikel is niet van toepassing op een arbeidsovereenkomst met een werknemer die de leeftijd van achttien jaar nog niet heeft bereikt, indien de gemiddelde omvang van de door hem verrichte arbeid ten hoogste twaalf uur per week heeft bedragen.

12. De periode, bedoeld in lid 1, onderdeel a, wordt verlengd tot ten hoogste 48 maanden, en het aantal, bedoeld in lid 1, onderdeel b, bedraagt ten hoogste zes, indien het betreft een arbeidsovereenkomst met een werknemer die de in artikel 7, onderdeel a, van de Algemene Ouderdomswet bedoelde leeftijd heeft bereikt. Voor de vaststelling of de in dit lid bedoelde periode of het bedoelde aantal arbeidsovereenkomsten is overschreden worden alleen arbeidsovereenkomsten in aanmerking genomen die zijn aangegaan na het bereiken van de in artikel 7, onderdeel a, van de Algemene Ouderdomswet bedoelde leeftijd.

Burgerlijk Wetboek Boek 7 — B7 art. 669

13. Bij collectieve arbeidsovereenkomst of bij regeling door of namens een daartoe bevoegd bestuursorgaan kunnen de tussenpozen, bedoeld in lid 1, onderdelen a en b, worden verkort tot ten hoogste drie maanden, voor bij die overeenkomst of regeling aangewezen functies, die gedurende een periode van ten hoogste negen maanden per jaar kunnen worden uitgeoefend en niet aansluitend door dezelfde werknemer kunnen worden uitgeoefend gedurende een periode van meer dan negen maanden per jaar.

14. Bij regeling van Onze Minister van Sociale Zaken en Werkgelegenheid kunnen op verzoek van de Stichting van de Arbeid de tussenpozen, bedoeld in lid 1, onderdelen a en b, worden verkort tot ten hoogste drie maanden, voor bij die regeling aan te wijzen functies, die gedurende een periode van ten hoogste negen maanden per jaar kunnen worden uitgeoefend en niet aansluitend door dezelfde werknemer kunnen worden uitgeoefend gedurende een periode van meer dan negen maanden per jaar.

15. Dit artikel is niet van toepassing op een arbeidsovereenkomst met een werknemer op een school als bedoeld in artikel 1 van de Wet op het primair onderwijs of artikel 1 van de Wet op de expertisecentra, indien die arbeidsovereenkomst is aangegaan in verband met vervanging wegens ziekte van een werknemer die een onderwijsgevende of onderwijsondersteunende functie met lesgebonden of behandeltaken bekleedt.

Art. 669

1. De werkgever kan de arbeidsovereenkomst opzeggen indien daar een redelijke grond voor is en herplaatsing van de werknemer binnen een redelijke termijn, al dan niet met behulp van scholing, in een andere passende functie niet mogelijk is of niet in de rede ligt. Herplaatsing ligt in ieder geval niet in de rede indien sprake is van verwijtbaar handelen of nalaten van de werknemer als bedoeld in lid 3, onderdeel e.

2. Herplaatsing, bedoeld in lid 1, is niet vereist, indien de werknemer een geestelijk ambt bekleedt.

3. Onder een redelijke grond als bedoeld in lid 1 wordt verstaan:

a. het vervallen van arbeidsplaatsen als gevolg van de beëindiging van de werkzaamheden van de onderneming of het, over een toekomstige periode van ten minste 26 weken bezien, noodzakelijkerwijs vervallen van arbeidsplaatsen als gevolg van het wegens bedrijfseconomische omstandigheden treffen van maatregelen voor een doelmatige bedrijfsvoering;

b. ziekte of gebreken van de werknemer waardoor hij niet meer in staat is de bedongen arbeid te verrichten, mits de periode, bedoeld in artikel 670, leden 1 en 11, is verstreken en aannemelijk is dat binnen 26 weken, of bij een werknemer die de in artikel 7, onderdeel a, van de Algemene Ouderdomswet bedoelde leeftijd heeft bereikt, 6 weken, geen herstel zal optreden en dat binnen die periode de bedongen arbeid niet in aangepaste vorm kan worden verricht;

c. het bij regelmaat niet kunnen verrichten van de bedongen arbeid als gevolg van ziekte of gebreken van de werknemer met voor de bedrijfsvoering onaanvaardbare gevolgen, mits het bij regelmaat niet kunnen verrichten van de bedongen arbeid niet het gevolg is van onvoldoende zorg van de werkgever voor de arbeidsomstandigheden van de werknemer en aannemelijk is dat binnen 26 weken, of bij een werknemer die de in artikel 7, onderdeel a, van de Algemene Ouderdomswet bedoelde leeftijd heeft bereikt, 6 weken, geen herstel zal optreden en dat binnen die periode de bedongen arbeid niet in aangepaste vorm kan worden verricht;

d. de ongeschiktheid van de werknemer tot het verrichten van de bedongen arbeid, anders dan ten gevolge van ziekte of gebreken van de werknemer, mits de werkgever de werknemer hiervan tijdig in kennis heeft gesteld en hem in voldoende mate in de gelegenheid heeft gesteld zijn functioneren te verbeteren en de ongeschiktheid niet het gevolg is van onvoldoende zorg van de werkgever voor scholing van de werknemer of voor de arbeidsomstandigheden van de werknemer;

e. verwijtbaar handelen of nalaten van de werknemer, zodanig dat van de werkgever in redelijkheid niet kan worden gevergd de arbeidsovereenkomst te laten voortduren;

f. het weigeren van de werknemer de bedongen arbeid te verrichten wegens een ernstig gewetensbezwaar, mits aannemelijk is dat de bedongen arbeid niet in aangepaste vorm kan worden verricht;

g. een verstoorde arbeidsverhouding, zodanig dat van de werkgever in redelijkheid niet kan worden gevergd de arbeidsovereenkomst te laten voortduren;

h. andere dan de hiervoor genoemde omstandigheden die zodanig zijn dat van de werkgever in redelijkheid niet kan worden gevergd de arbeidsovereenkomst te laten voortduren;

i. een combinatie van omstandigheden genoemd in twee of meer van de gronden, bedoeld in de onderdelen c tot en met e, g en h, die zodanig is dat van de werkgever in redelijkheid niet kan worden gevergd de arbeidsovereenkomst te laten voortduren.

4. Tenzij schriftelijk anders is overeengekomen, kan de werkgever de arbeidsovereenkomst, die is ingegaan voor het bereiken van een tussen partijen overeengekomen leeftijd waarop de arbeidsovereenkomst eindigt, of, indien geen andere leeftijd is overeengekomen, de in artikel 7, onderdeel a, van de Algemene Ouderdomswet bedoelde leeftijd, eveneens opzeggen in verband met of na het bereiken van de tussen partijen overeengekomen leeftijd waarop de arbeidsover-

B7 art. 670

Burgerlijk Wetboek Boek 7

eenkomst eindigt, of, indien geen andere leeftijd is overeengekomen, de in artikel 7, onderdeel a, van de Algemene Ouderdomswet bedoelde leeftijd.

Ministeriële regelingen 5. Bij regeling van Onze Minister van Sociale Zaken en Werkgelegenheid worden:
a. nadere regels gesteld met betrekking tot een redelijke grond voor opzegging, de herplaatsing van de werknemer en de redelijke termijn, bedoeld in lid 1, waarbij onderscheid kan worden gemaakt naar categorieën van werknemers;
b. regels gesteld voor het bepalen van de volgorde van opzegging bij het vervallen van arbeidsplaatsen, bedoeld in lid 3, onderdeel a.

Cao-ontslagcommissie 6. De regels, bedoeld in lid 5, onderdeel b, zijn niet van toepassing indien bij collectieve arbeidsovereenkomst of regeling door of namens een daartoe bevoegd bestuursorgaan, andere regels worden gesteld voor het bepalen van de volgorde van opzegging bij het vervallen van arbeidsplaatsen, bedoeld in lid 3, onderdeel a, en een onafhankelijke commissie als bedoeld in artikel 671a, lid 2, wordt aangewezen.

Opzegging tijdens proeftijd 7. Dit artikel is niet van toepassing op een opzegging tijdens de proeftijd.

Art. 670

Opzegverbod tijdens ziekte 1. De werkgever kan niet opzeggen gedurende de tijd dat de werknemer ongeschikt is tot het verrichten van zijn arbeid wegens ziekte, tenzij de ongeschiktheid:
a. ten minste twee jaren heeft geduurd, dan wel zes weken voor de werknemer die de in artikel 7, onderdeel a, van de Algemene Ouderdomswet bedoelde leeftijd heeft bereikt, of
b. een aanvang heeft genomen nadat een verzoek om toestemming als bedoeld in artikel 671a door het Uitvoeringsinstituut werknemersverzekeringen of door de commissie, bedoeld in artikel 671a, lid 2, is ontvangen.
Indien de ongeschiktheid wegens ziekte een aanvang heeft genomen voor de datum waarop de werknemer de in onderdeel a bedoelde leeftijd heeft bereikt, geldt vanaf die datum de in dat onderdeel genoemde termijn van zes weken, voor zover het totale tijdvak gedurende welke de werkgever niet kan opzeggen niet meer bedraagt dan twee jaren.
Voor de berekening van de termijn, bedoeld in onderdeel a, worden perioden van ongeschiktheid tot het verrichten van arbeid ten gevolge van zwangerschap voorafgaand aan het zwangerschapsverlof en perioden van ongeschiktheid tijdens het zwangerschaps- of bevallingsverlof, bedoeld in artikel 3:1, tweede en derde lid, van de Wet arbeid en zorg, niet in aanmerking genomen. Voorts worden perioden van ongeschiktheid tot het verrichten van arbeid, anders dan bedoeld in de vorige zin, samengeteld, indien zij elkaar met een onderbreking van minder dan vier weken opvolgen, of indien zij direct voorafgaan aan en aansluiten op een periode waarin zwangerschaps- of bevallingsverlof wordt genoten overeenkomstig artikel 3:1, tweede en derde lid, van de Wet arbeid en zorg, tenzij de ongeschiktheid redelijkerwijs niet geacht kan worden voort te vloeien uit dezelfde oorzaak.

Opzegverbod tijdens zwangerschap 2. De werkgever kan de arbeidsovereenkomst met een werkneemster niet opzeggen gedurende de zwangerschap. De werkgever kan ter staving van de zwangerschap een verklaring van een arts of van een verloskundige verlangen. Voorts kan de werkgever de arbeidsovereenkomst van de werkneemster niet opzeggen gedurende de periode waarin zij bevallingsverlof als bedoeld in artikel 3:1, derde lid, van de Wet arbeid en zorg geniet en na werkhervatting, gedurende het tijdvak van zes weken aansluitend op dat bevallingsverlof, dan wel aansluitend op een periode van ongeschiktheid tot het verrichten van arbeid die haar oorzaak vindt in de bevalling of de daaraan voorafgaande zwangerschap en die aansluit op dat bevallingsverlof. De werkgever kan de arbeidsovereenkomst met de werknemer voorts niet opzeggen gedurende de periode dat hij verlof geniet als bedoeld in artikel 3:1a, eerste of vierde lid, van de Wet arbeid en zorg.

Opzegverbod tijdens dienstplicht 3. De werkgever kan niet opzeggen gedurende de tijd dat de werknemer verhinderd is de bedongen arbeid te verrichten, omdat hij als dienstplichtige is opgeroepen ter vervulling van zijn militaire dienst of vervangende dienst.

Opzegverbod tijdens lidmaatschap medezeggenschapsorgaan 4. De werkgever kan de arbeidsovereenkomst niet opzeggen met de werknemer die lid is van:
1°. een ondernemingsraad, een centrale ondernemingsraad, een groepsondernemingsraad, een vaste commissie van die raden of van een onderdeelcommissie van de ondernemingsraad, of van een personeelsvertegenwoordiging;
2°. een bijzondere onderhandelingsgroep of een Europese ondernemingsraad als bedoeld in de Wet op de Europese ondernemingsraden, dan wel die krachten die wet optreedt als vertegenwoordiger bij een andere wijze van informatieverstrekking en raadpleging van werknemers;
3°. een bijzondere onderhandelingsgroep, of een SE-ondernemingsraad of als werknemersvertegenwoordiger lid is van het toezichthoudend of het bestuursorgaan van de SE als bedoeld in hoofdstuk I van de Wet rol werknemers bij Europese rechtspersonen, dan wel die krachten die wet optreedt als vertegenwoordiger bij een andere wijze van informatieverstrekking en raadpleging van werknemers;
4°. een bijzondere onderhandelingsgroep, of een SCE-ondernemingsraad of als werknemersvertegenwoordiger lid is van het toezichthoudend of het bestuursorgaan van de SCE als bedoeld in hoofdstuk 2 van de Wet rol werknemers bij Europese rechtspersonen dan wel die krachten

hoofdstuk 2 van de wet optreedt als vertegenwoordiger bij een andere wijze van informatieverstrekking en raadpleging van werknemers.
Indien de werkgever aan de ondernemingsraad of de personeelsvertegenwoordiging een secretaris heeft toegevoegd, is de eerste volzin op die secretaris van overeenkomstige toepassing.
Indien de werkgever aan de ondernemingsraad een secretaris heeft toegevoegd, is de eerste volzin van dit lid van overeenkomstige toepassing op die secretaris.

5. De werkgever kan de arbeidsovereenkomst niet opzeggen wegens het lidmaatschap van de werknemer van een vereniging van werknemers die krachtens haar statuten ten doel heeft de belangen van de leden als werknemer te behartigen dan wel wegens het verrichten van of deelnemen aan activiteiten ten behoeve van die vereniging, tenzij die activiteiten in de arbeidstijd van de werknemer worden verricht zonder toestemming van de werkgever.

Opzegverbod wegens vakbondslidmaatschap/activiteiten

6. De werkgever kan de arbeidsovereenkomst met de werknemer die daarvoor verlof heeft, niet opzeggen wegens het bijwonen van vergaderingen als bedoeld in artikel 643. Hetzelfde geldt indien tussen partijen geen overeenstemming over het verlof bestaat zolang de rechter omtrent het verlof niet heeft beschikt.

Opzegverbod wegens politiek verlof

7. De werkgever kan de arbeidsovereenkomst niet opzeggen wegens de omstandigheid dat de werknemer zijn recht op verlof als bedoeld in artikel 3:1a, eerste of vierde lid, van de Wet arbeid en zorg, zijn recht op adoptieverlof of verlof voor het opnemen van een pleegkind als bedoeld in artikel 3:2 van de Wet arbeid en zorg, zijn recht op geboorteverlof of aanvullend geboorteverlof als bedoeld in artikel 4:2 of artikel 4:2a van de Wet arbeid en zorg, op kort- en langdurend zorgverlof als bedoeld in hoofdstuk 5 van de Wet arbeid en zorg, dan wel zijn recht op ouderschapsverlof als bedoeld in hoofdstuk 6 van de Wet arbeid en zorg geldend maakt.

Opzegverbod wegens zorg- en ouderschapsverlof

8. De werkgever kan de arbeidsovereenkomst met de in zijn onderneming werkzame werknemer niet opzeggen wegens de in artikel 662, lid 2, onderdeel a, bedoelde overgang van die onderneming.

Opzegverbod wegens overgang van onderneming

9. De werkgever kan de arbeidsovereenkomst niet opzeggen wegens de omstandigheid dat de werknemer geen instemming verleent aan het werken op zondag als bedoeld in artikel 5:6, tweede lid, tweede zin of vierde lid, tweede zin, van de Arbeidstijdenwet.

Opzegverbod wegens verrichten zondagsarbeid

10. De werkgever kan de arbeidsovereenkomst niet opzeggen met een werknemer die:
a. geplaatst is op een kandidatenlijst voor een ondernemingsraad dan wel een personeelsvertegenwoordiging of korter dan twee jaar geleden lid is geweest van een ondernemingsraad, van een centrale ondernemingsraad, van een groepsondernemingsraad of van een commissie van die raden, van een personeelsvertegenwoordiging of van een bijzondere onderhandelingsgroep of een Europese ondernemingsraad, een SE-ondernemingsraad of een SCE-ondernemingsraad als bedoeld in de Wet op de Europese ondernemingsraden respectievelijk de hoofdstukken 1 respectievelijk 2 van de Wet rol werknemers bij Europese rechtspersonen dan wel korter dan twee jaar geleden krachtens een van die wetten is opgetreden als vertegenwoordiger bij een andere wijze van informatieverstrekking en raadpleging van werknemers;
b. lid is van een voorbereidingscommissie van een ondernemingsraad, van een centrale ondernemingsraad of van een groepsondernemingsraad; of
c. als deskundige werknemer als bedoeld in artikel 13, leden 1 en 2, van de Arbeidsomstandighedenwet of als deskundige persoon als bedoeld in artikel 14, lid 1, van die wet werkzaam is.

Opzegverbod wegens kandidaatlidmaatschap medezeggenschapsorgaan of ex-lidmaatschap medezeggenschapsorgaan

(Zie ook: artt. 646, 647, 667, 670b, 675, 677, 680, 681 BW Boek 7; artt. 40, 239 FW)

11. De termijn van twee jaren, bedoeld in lid 1, onderdeel a, wordt verlengd:
a. met de duur van de vertraging indien de aanvraag, bedoeld in artikel 64, eerste lid, van de Wet werk en inkomen naar arbeidsvermogen later wordt gedaan dan in of op grond van dat artikel is voorgeschreven;
b. met de duur van de verlenging van de wachttijd, bedoeld in artikel 19, eerste lid, van de Wet op de arbeidsongeschiktheidsverzekering, indien die wachttijd op grond van het zevende lid van dat artikel wordt verlengd; en
c. met de duur van het tijdvak dat het Uitvoeringsinstituut werknemersverzekeringen op grond van artikel 24, eerste lid, of artikel 25, negende lid, van de Wet werk en inkomen naar arbeidsvermogen dan wel op grond van artikel 71a, negende lid, van de Wet op de arbeidsongeschiktheidsverzekering heeft vastgesteld.

Verlenging wachttijd

12. Voor de toepassing van lid 4 en lid 10 wordt tevens onder de SE-ondernemingsraad verstaan: het orgaan dat de werknemers vertegenwoordigt in een SE die haar statutaire zetel heeft in een andere lidstaat, en dat is ingesteld krachtens de bepalingen in het nationale recht van die lidstaat ter omzetting van de richtlijn nr. 2001/86 van de Raad van de Europese Unie van 8 oktober 2001 tot aanvulling van het statuut van de Europese vennootschap met betrekking tot de rol van de werknemers (PbEG L 294).

SE-ondernemingsraad

(Zie ook: artt. 613, 629, 646, 680, 681 BW Boek 7; art. 8 ESH; artt. 97, 98 GW; artt. 40, 239 FW)

13. Voor de toepassing van het vierde lid en lid 10 wordt tevens onder de SCE-ondernemingsraad verstaan: het orgaan dat de werknemers vertegenwoordigt in een SCE die haar statutaire zetel heeft in een andere lidstaat, en dat is ingesteld krachtens de bepalingen in het nationale recht van die lidstaat ter omzetting van de richtlijn nr. 2003/72/EG van de Raad van de Europese

SCE-ondernemingsraad

B7 art. 670a

Burgerlijk Wetboek Boek 7

Unie van 22 juli 2003 tot aanvulling van het statuut van de Europese coöperatieve vennootschap met betrekking tot de rol van de werknemers (PbEG L 207).

Afwijking bij cao

14. Van lid 3 kan slechts worden afgeweken bij collectieve arbeidsovereenkomst of bij regeling door of namens een daartoe bevoegd bestuursorgaan.

Art. 670a

Beperking opzegverboden

1. Artikel 670, lid 1, onderdeel a, is niet van toepassing, indien de werknemer zonder deugdelijke grond de verplichtingen, bedoeld in artikel 660a, weigert na te komen en de werkgever de werknemer schriftelijk heeft gemaand tot nakoming van deze verplichtingen of om die reden, met inachtneming van het bepaalde in artikel 629, lid 7, de betaling van het loon heeft gestaakt.

2. Artikel 670, leden 1 tot en met 4 en lid 10, en daarmee naar aard en strekking vergelijkbare opzegverboden in een ander wettelijk voorschrift, zijn niet van toepassing, indien:

a. de werknemer schriftelijk heeft ingestemd met de opzegging;

b. het een opzegging gedurende de proeftijd betreft;

c. de opzegging geschiedt op grond van artikel 677, lid 1;

d. de opzegging geschiedt wegens de beëindiging van de werkzaamheden van de onderneming, met dien verstande dat de opzegging niet kan betreffen de werkneemster die zwangerschaps- of bevallingsverlof geniet als bedoeld in artikel 3:1 van de Wet arbeid en zorg; of

e. de opzegging geschiedt op grond van artikel 669, lid 4, voor zover de opzegging geen verband houdt met omstandigheden waarop die opzegverboden betrekking hebben.

3. Indien de opzegging geschiedt op grond van artikel 669, lid 3, onderdeel a, anders dan wegens de beëindiging van de werkzaamheden van de onderneming, en de werknemer ten minste 26 weken werkzaam is geweest op de arbeidsplaats die vervalt:

a. is artikel 670, lid 2, niet van toepassing, indien de werkzaamheden van het onderdeel van de onderneming waarin de werknemer uitsluitend of in hoofdzaak werkzaam is, worden beëindigd, met dien verstande dat de opzegging niet kan betreffen de werkneemster die zwangerschaps- of bevallingsverlof geniet als bedoeld in artikel 3:1 van de Wet arbeid en zorg;

b. is artikel 670, lid 3, niet van toepassing, indien de werkzaamheden van het onderdeel van de onderneming waarin de werknemer uitsluitend of in hoofdzaak werkzaam is, worden beëindigd;

c. is artikel 670, leden 4 en 10, niet van toepassing.

4. Lid 3 is van overeenkomstige toepassing op opzegverboden in een ander wettelijk voorschrift die naar aard en strekking vergelijkbaar zijn met de opzegverboden, bedoeld in lid 3.

5. De werknemer heeft het recht zijn instemming als bedoeld in lid 2, onderdeel a, binnen veertien dagen na de dagtekening ervan zonder opgaaf van redenen door een schriftelijke, aan de werkgever gerichte, verklaring te herroepen.

6. Op de schriftelijke instemming, bedoeld in lid 2, onderdeel a, is artikel 671, leden 3 tot en met 6, van overeenkomstige toepassing.

7. De leden 5 en 6 zijn niet van toepassing op de bestuurder van een rechtspersoon, indien herstel van de arbeidsovereenkomst op grond van Boek 2 van het Burgerlijk Wetboek niet mogelijk is, noch op een bestuurder van een vergelijkbare buitenlandse rechtspersoon.

8. Elk beding waarbij het recht, bedoeld in lid 5, wordt uitgesloten of beperkt, is nietig.

Art. 670b

Beëindigingsovereenkomst

Ontbinding beëindigingsovereenkomst zonder opgaaf van redenen

1. Een overeenkomst waarmee een arbeidsovereenkomst wordt beëindigd, is slechts geldig indien deze schriftelijk is aangegaan.

2. Indien de arbeidsovereenkomst door middel van een schriftelijke overeenkomst wordt beëindigd, heeft de werknemer het recht om deze overeenkomst zonder opgaaf van redenen, binnen veertien dagen na de datum waarop de overeenkomst tot stand is gekomen, door een schriftelijke, aan de werkgever gerichte, verklaring te ontbinden.

3. De werkgever vermeldt in de overeenkomst, bedoeld in lid 1, het recht, bedoeld in lid 2, bij gebreke waarvan de termijn, bedoeld in lid 2, drie weken bedraagt.

4. De leden 2 en 3 zijn niet van toepassing, indien partijen binnen zes maanden na een ontbinding als bedoeld in lid 2 of een herroeping als bedoeld in artikel 671, lid 2, opnieuw een overeenkomst als bedoeld in lid 1 aangaan.

5. De leden 2 tot en met 4 zijn niet van toepassing op de bestuurder van een rechtspersoon, indien herstel van de arbeidsovereenkomst op grond van Boek 2 van het Burgerlijk Wetboek niet mogelijk is, noch op een bestuurder van een vergelijkbare buitenlandse rechtspersoon.

6. Elk beding waarbij het recht, bedoeld in lid 2, wordt uitgesloten of beperkt, is nietig.

Art. 671

Geen opzegging zonder instemming werknemer, uitzonderingen

1. De werkgever kan de arbeidsovereenkomst niet rechtsgeldig opzeggen zonder schriftelijke instemming van de werknemer, tenzij:

a. voor de opzegging toestemming is verleend als bedoeld in artikel 671a;

b. de opzegging geschiedt gedurende de proeftijd;

c. de opzegging geschiedt op grond van artikel 677, lid 1;

d. de opzegging een werknemer betreft die doorgaans op minder dan vier dagen per week uitsluitend of nagenoeg uitsluitend diensten verricht ten behoeve van het huishouden van de na-

tuurlijke persoon tot wie hij in dienstbetrekking staat, waarbij onder het verrichten van diensten mede wordt verstaan het verlenen van zorg aan de leden van dat huishouden;
e. de opzegging een bestuurder van een rechtspersoon betreft van wie herstel van de arbeidsovereenkomst op grond van Boek 2 van het Burgerlijk Wetboek niet mogelijk is of een bestuurder van een vergelijkbare buitenlandse rechtspersoon;
f. de opzegging een werknemer die een geestelijk ambt bekleedt betreft;
g. de opzegging geschiedt op grond van artikel 669, lid 4; of
h. de opzegging een werknemer betreft, werkzaam bij een bijzondere school of instelling als bedoeld in artikel 1 van de Wet op het primair onderwijs, artikel 1 van de Wet op het voortgezet onderwijs, artikel 1 van de Wet op de expertisecentra, artikel 1.1.1. van de Wet educatie en beroepsonderwijs of artikel 1.1. van de Wet op het hoger onderwijs en wetenschappelijk onderzoek en de reden voor de opzegging is gelegen in handelen of nalaten van de werknemer dat onverenigbaar is met de uit de godsdienstige of levensbeschouwelijke grondslag voortvloeiende identiteit van de desbetreffende school of instelling, mits voor de opzegging toestemming is verleend door een van de werkgever onafhankelijke en onpartijdige commissie waarop de regels, bedoeld in artikel 671a, lid 2, onderdelen a tot en met d, van overeenkomstige toepassing zijn.

2. De werknemer heeft het recht zijn instemming als bedoeld in lid 1 binnen veertien dagen na de dagtekening ervan zonder opgaaf van redenen door een schriftelijke, aan de werkgever gerichte, verklaring te herroepen.

Herroeping instemming

3. Indien de werkgever de werknemer niet uiterlijk twee werkdagen na de instemming schriftelijk wijst op het recht, bedoeld in lid 2, bedraagt de termijn, bedoeld in lid 2, drie weken.

4. Voor zover op grond van lid 1 de instemming vereist was voor een rechtsgeldige opzegging, wordt na een herroeping als bedoeld in lid 2 de opzegging geacht niet te hebben plaatsgevonden.

5. De leden 2 tot en met 4 zijn niet van toepassing, indien de werknemer binnen zes maanden na een herroeping op grond van lid 2 of een ontbinding als bedoeld in artikel 670b, lid 2, opnieuw schriftelijk instemt met de opzegging van de arbeidsovereenkomst.

6. Elk beding waarbij de voorwaarde van de schriftelijke instemming, bedoeld in lid 1, of het recht, bedoeld in lid 2, wordt uitgesloten of beperkt, is nietig.

Art. 671a

1. De werkgever die voornemens is de arbeidsovereenkomst op te zeggen op grond van artikel 669, lid 3, onderdeel a of b, verzoekt hiervoor schriftelijk toestemming aan het Uitvoeringsinstituut werknemersverzekeringen, genoemd in hoofdstuk 5 van de Wet structuur uitvoeringsorganisatie werk en inkomen.

Toestemming UWV voor opzegging

2. Indien bij collectieve arbeidsovereenkomst of regeling door of namens een daartoe bevoegd bestuursorgaan een van de werkgever onafhankelijke en onpartijdige commissie is aangewezen, verzoekt de werkgever, in afwijking van lid 1, de toestemming om de arbeidsovereenkomst op te zeggen op grond van artikel 669, lid 3, onderdeel a, aan die commissie. In de collectieve arbeidsovereenkomst of regeling door of namens een daartoe bevoegd bestuursorgaan waarin die commissie wordt aangewezen, worden regels gesteld met betrekking tot:

Cao-ontslagcommissie

a. hoor en wederhoor;
b. de vertrouwelijke behandeling van overgelegde gegevens;
c. redelijke termijnen voor reacties van werkgever en werknemer; en
d. een redelijke beslistermijn.

3. De collectieve arbeidsovereenkomst, bedoeld in lid 2, is afgesloten met een of meer verenigingen van werknemers die in de onderneming of bedrijfstak werkzame personen onder hun leden tellen, die krachtens hun statuten ten doel hebben de belangen van hun leden als werknemers te behartigen, die als zodanig in de betrokken onderneming of bedrijfstak werkzaam zijn en ten minste twee jaar in het bezit zijn van volledige rechtsbevoegdheid. Ten aanzien van een vereniging van werknemers die krachtens haar statuten geacht kan worden een voortzetting te zijn van een of meer andere verenigingen van werknemers met volledige rechtsbevoegdheid, wordt de duur van de volledige rechtsbevoegdheid van de vereniging of verenigingen voor de vaststelling van de tijdsduur van twee jaar mede in aanmerking genomen.

Ten minste twee jaar volledige rechtsbevoegdheid

4. De beslissing op het verzoek, bedoeld in lid 1 of lid 2, wordt gelijktijdig schriftelijk uitgebracht aan de werkgever en de werknemer onder vermelding van de datum waarop het volledige verzoek, bedoeld in lid 1 of lid 2, is ontvangen.

Aanvang datum procedure

5. De toestemming om een arbeidsovereenkomst voor onbepaalde tijd op te zeggen op grond van artikel 669, lid 3, onderdeel a, wordt slechts verleend, indien de werkgever:

Ontslagvolgorde

a. de arbeidsrelatie met personen die niet op grond van een arbeidsovereenkomst voor onbepaalde tijd op de arbeidsplaatsen die vervallen werkzaam zijn, heeft beëindigd;
b. de arbeidsrelatie met personen die op grond van een arbeidsovereenkomst waarin de omvang van de arbeid niet is vastgelegd op de arbeidsplaatsen die vervallen werkzaam zijn, heeft beëindigd;
c. de overeenkomsten met betrekking tot ingeleende personen die op de arbeidsplaatsen die vervallen werkzaam zijn, heeft beëindigd; en

B7 art. 671b
Burgerlijk Wetboek Boek 7

Toestemming vier weken geldig

Afwijkingen

d. de arbeidsrelatie met personen die op basis van een arbeidsovereenkomst op de arbeidsplaatsen die vervallen werkzaam zijn en de in artikel 7, onderdeel a, van de Algemene Ouderdomswet bedoelde leeftijd hebben bereikt, heeft beëindigd.

6. De toestemming voor opzegging is geldig gedurende vier weken na de dagtekening van de beslissing op het verzoek, bedoeld in lid 1 of lid 2. De werkgever zegt schriftelijk op onder vermelding van de reden voor de opzegging.

7. Bij regeling van Onze Minister van Sociale Zaken en Werkgelegenheid kunnen arbeidsrelaties of overeenkomsten met betrekking tot ingeleend personeel worden aangewezen waarop lid 5 niet van toepassing is en kan worden bepaald wat mede onder de werkgever, bedoeld in lid 5, wordt verstaan.

8. Bij regeling van Onze Minister van Sociale Zaken en Werkgelegenheid worden regels gesteld met betrekking tot de procedure betreffende het verlenen van toestemming, bedoeld in lid 1.

9. Elk beding waarbij de verplichting tot het vragen van toestemming, bedoeld in lid 1 of lid 2, wordt uitgesloten of beperkt, is nietig evenals elk beding dat de termijn, bedoeld in lid 6, verruimt.

10. Bij regeling van Onze Minister van Sociale Zaken en Werkgelegenheid kunnen regels worden gesteld met betrekking tot de commissie, bedoeld in lid 2, en de procedure betreffende het verlenen van toestemming door die commissie.

11. De toestemming, bedoeld in lid 1 of lid 2, wordt niet verleend als een opzegverbod als bedoeld in artikel 670, leden 1 tot en met 4 en 10, of een met deze opzegverboden naar aard en strekking vergelijkbaar opzegverbod in een ander wettelijk voorschrift geldt, tenzij redelijkerwijs mag worden verwacht dat het opzegverbod niet meer geldt binnen vier weken na de dagtekening van de beslissing op het verzoek. Dit lid is van overeenkomstige toepassing op de toestemming, bedoeld in artikel 671, lid 1, onderdeel h.

Art. 671b

Ontbinding arbeidsovereenkomst bij kantonrechter, verzoek werkgever

Gronden voor ontbinding, opzegverboden

Ontbinding wegens bedrijfseconomische redenen Deskundigenoordeel

Re-integratieverplichtingen

Ontbinding ondanks bestaan opzegverbod

Aanvang ziekte na indiening ontbindingsverzoek Transitievergoeding bij combinatie redelijke gronden ontslag

1. De kantonrechter kan op verzoek van de werkgever de arbeidsovereenkomst ontbinden: *a.* op grond van artikel 669, lid 3, onderdelen c tot en met i; *b.* op grond van artikel 669, lid 3, onderdelen a en b, indien de toestemming, bedoeld in artikel 671a, is geweigerd; of *c.* op grond van artikel 669, lid 3, onderdelen a en b, indien er sprake is van een arbeidsovereenkomst voor bepaalde tijd die niet tussentijds kan worden opgezegd.

2. De kantonrechter kan het verzoek, bedoeld in lid 1, slechts inwilligen indien aan de voorwaarden voor opzegging van de arbeidsovereenkomst, bedoeld in artikel 669, is voldaan en er geen opzegverboden als bedoeld in artikel 670 of met deze opzegverboden naar aard en strekking vergelijkbare opzegverboden in een ander wettelijk voorschrift gelden.

3. Indien het verzoek om ontbinding is gegrond op artikel 669, lid 3, onderdeel a, is artikel 671a, leden 5 en 7, van overeenkomstige toepassing.

4. Indien het verzoek om ontbinding is gegrond op artikel 669, lid 3, onderdeel c, wijst de kantonrechter het verzoek af, indien de werkgever niet beschikt over een verklaring ter zake van een deskundige als bedoeld in artikel 629a, tenzij het overleggen van deze verklaring in redelijkheid niet van de werkgever kan worden gevergd.

5. Indien het verzoek om ontbinding is gegrond op artikel 669, lid 3, onderdeel e, in verband met het, zonder deugdelijke grond door de werknemer niet nakomen van de verplichtingen, bedoeld in artikel 660a, wijst de kantonrechter het verzoek af, indien de werkgever: *a.* de werknemer niet eerst schriftelijk heeft gemaand tot nakoming van die verplichtingen of om die reden, met inachtneming van het bepaalde in artikel 629, lid 7, de betaling van het loon heeft gestaakt; of *b.* niet beschikt over een verklaring ter zake van een deskundige als bedoeld in artikel 629a, tenzij het overleggen van deze verklaring in redelijkheid niet van de werkgever kan worden gevergd.

6. Indien de werkgever de ontbinding verzoekt op grond van artikel 669, lid 3, onderdelen b tot en met i, en een opzegverbod als bedoeld in artikel 670, leden 1 tot en met 4 en 10, of een met deze opzegverboden naar aard en strekking vergelijkbaar opzegverbod in een ander wettelijk voorschrift geldt, kan de kantonrechter, in afwijking van lid 2, het verzoek om ontbinding inwilligen, indien: *a.* het verzoek geen verband houdt met omstandigheden waarop die opzegverboden betrekking hebben; of *b.* er sprake is van omstandigheden die van dien aard zijn dat de arbeidsovereenkomst in het belang van de werknemer behoort te eindigen.

7. Het opzegverbod, bedoeld in artikel 670, lid 1, geldt niet indien de ziekte een aanvang heeft genomen nadat het verzoek om ontbinding door de kantonrechter is ontvangen.

8. Indien de kantonrechter de arbeidsovereenkomst ontbindt op grond van artikel 669, lid 3, onderdeel i, kan hij aan de werknemer een vergoeding toekennen van ten hoogste de helft van de transitievergoeding, bedoeld in artikel 673, lid 2.

9. Indien het verzoek om ontbinding een arbeidsovereenkomst voor onbepaalde tijd of een arbeidsovereenkomst voor bepaalde tijd betreft die tussentijds kan worden opgezegd, en de kantonrechter het verzoek inwilligt:

a. bepaalt hij het einde van de arbeidsovereenkomst op het tijdstip waarop de arbeidsovereenkomst bij regelmatige opzegging zou zijn geëindigd, waarbij, indien de ontbinding van de arbeidsovereenkomst niet het gevolg is van ernstig verwijtbaar handelen of nalaten van de werkgever, de duur van de periode die aanvangt op de datum van ontvangst van het verzoek om ontbinding en eindigt op de datum van dagtekening van de ontbindingsbeslissing in mindering wordt gebracht, met dien verstande dat een termijn van ten minste een maand resteert;

b. kan hij, in afwijking van onderdeel a, het einde van de arbeidsovereenkomst bepalen op een eerder tijdstip, indien de ontbinding van de arbeidsovereenkomst het gevolg is van ernstig verwijtbaar handelen of nalaten van de werknemer;

c. kan hij aan de werknemer een billijke vergoeding toekennen indien de ontbinding van de arbeidsovereenkomst het gevolg is van ernstig verwijtbaar handelen of nalaten van de werkgever.

10. Indien het verzoek om ontbinding een arbeidsovereenkomst voor bepaalde tijd betreft die niet tussentijds kan worden opgezegd, en de kantonrechter het verzoek inwilligt, bepaalt hij op welk tijdstip de arbeidsovereenkomst eindigt en:

a. kan hij de werknemer een vergoeding toekennen tot ten hoogste het bedrag gelijk aan het in geld vastgestelde loon over de termijn dat de arbeidsovereenkomst geduurd zou hebben indien deze van rechtswege zou zijn geëindigd;

b. kan hij de werknemer naast de vergoeding, bedoeld in onderdeel a, een billijke vergoeding toekennen indien de ontbinding het gevolg is van ernstig verwijtbaar handelen of nalaten van de werkgever; of

c. kan hij, indien de ontbinding van de arbeidsovereenkomst het gevolg is van ernstig verwijtbaar handelen of nalaten van de werknemer, de werkgever een vergoeding toekennen tot ten hoogste het bedrag gelijk aan het in geld vastgestelde loon over de termijn dat de arbeidsovereenkomst geduurd zou hebben indien deze van rechtswege zou zijn geëindigd.

11. Elk beding waarbij de mogelijkheid voor de werkgever om de kantonrechter te verzoeken de arbeidsovereenkomst te ontbinden, bedoeld in lid 1, wordt uitgesloten of beperkt, is nietig.

Art. 671c

1. De kantonrechter kan op verzoek van de werknemer de arbeidsovereenkomst ontbinden wegens omstandigheden die van dien aard zijn dat de arbeidsovereenkomst billijkheidshalve dadelijk of na korte tijd behoort te eindigen.

2. Indien het verzoek een arbeidsovereenkomst voor onbepaalde tijd of een arbeidsovereenkomst voor bepaalde tijd betreft die tussentijds kan worden opgezegd, en de kantonrechter het verzoek inwilligt:

a. bepaalt hij op welk tijdstip de arbeidsovereenkomst eindigt; en

b. kan hij aan de werknemer een billijke vergoeding toekennen indien de ontbinding van de arbeidsovereenkomst het gevolg is van ernstig verwijtbaar handelen of nalaten van de werkgever.

3. Indien het verzoek een arbeidsovereenkomst voor bepaalde tijd betreft die niet tussentijds kan worden opgezegd, en de kantonrechter het verzoek inwilligt, bepaalt hij op welk tijdstip de arbeidsovereenkomst eindigt en:

a. kan hij, indien hem dat met het oog op de omstandigheden billijk voorkomt, de werknemer een vergoeding toekennen tot ten hoogste het bedrag gelijk aan het in geld vastgestelde loon over de termijn dat de arbeidsovereenkomst geduurd zou hebben indien deze van rechtswege zou zijn geëindigd;

b. kan hij de werknemer naast de vergoeding, bedoeld in onderdeel a, een billijke vergoeding toekennen indien de ontbinding het gevolg is van ernstig verwijtbaar handelen of nalaten van de werkgever; of

c. kan hij, indien hem dat met het oog op de omstandigheden billijk voorkomt of de ontbinding het gevolg is van ernstig verwijtbaar handelen of nalaten van de werknemer, de werkgever een vergoeding toekennen tot ten hoogste het bedrag gelijk aan het in geld vastgestelde loon over de termijn dat de arbeidsovereenkomst geduurd zou hebben indien deze van rechtswege zou zijn geëindigd.

4. Bij regeling van Onze Minister van Sociale Zaken en Werkgelegenheid kan worden bepaald dat de kantonrechter de vergoeding, bedoeld in lid 3, onderdeel c, op een hoger bedrag kan stellen, indien de werknemer een in die regeling aan te wijzen functie in een bedrijfstak uitoefende. Uitsluitend functies in een bedrijfstak die zijn aangewezen in de ministeriële regeling, bedoeld in artikel 668a, lid 8, kunnen worden aangewezen als een functie als bedoeld in de eerste zin.

5. Elk beding waarbij de mogelijkheid voor de werknemer om de kantonrechter te verzoeken de arbeidsovereenkomst te ontbinden, bedoeld in lid 1, wordt uitgesloten of beperkt, is nietig.

Art. 672

1. Opzegging geschiedt tegen het einde van de maand, tenzij bij schriftelijke overeenkomst of door het gebruik een andere dag daarvoor is aangewezen.

B7 art. 673

2. De door de werkgever in acht te nemen termijn van opzegging bedraagt bij een arbeidsovereenkomst die op de dag van opzegging:
a. korter dan vijf jaar heeft geduurd: één maand;
b. vijf jaar of langer, maar korter dan tien jaar heeft geduurd: twee maanden;
c. tien jaar of langer, maar korter dan vijftien jaar heeft geduurd: drie maanden;
d. vijftien jaar of langer heeft geduurd: vier maanden.

3. In afwijking van lid 2 bedraagt de door de werkgever in acht te nemen termijn van opzegging één maand indien de werknemer de in artikel 7, onderdeel a, van de Algemene Ouderdomswet bedoelde leeftijd heeft bereikt.

4. De door de werknemer in acht te nemen termijn van opzegging bedraagt één maand.

Opzegtermijn arbeidsovereenkomst bij niet vastgelegde omvang arbeid

5. Indien de omvang van de arbeid niet is vastgelegd, bedraagt de door de werknemer in acht te nemen termijn van opzegging, in afwijking van lid 4, de termijn, bedoeld in artikel 628a, leden 2 en 4, of vier dagen, indien het een functie betreft die is aangewezen op grond van artikel 628a, lid 11. Lid 1 is niet van toepassing.

Verkorting opzegtermijn

6. Indien de toestemming, bedoeld in artikel 671a, lid 1 of lid 2, is verleend, wordt de door de werkgever in acht te nemen termijn van opzegging verkort met de duur van de periode die aanvangt op de datum waarop het volledige verzoek om toestemming is ontvangen en eindigt op de datum van dagtekening van de beslissing op het verzoek om toestemming, met dien verstande dat een termijn van ten minste een maand resteert.

Afwijking opzegtermijn

7. De termijn, bedoeld in lid 2 of lid 3, kan slechts worden verkort bij collectieve arbeidsovereenkomst of bij regeling door of namens een daartoe bevoegd bestuursorgaan. De termijn kan schriftelijk worden verlengd.

8. Van de termijn, bedoeld in lid 4, kan schriftelijk worden afgeweken. De termijn van opzegging voor de werknemer mag bij verlenging niet langer zijn dan zes maanden en voor de werkgever niet korter dan het dubbele van die voor de werknemer.

9. Bij collectieve arbeidsovereenkomst of bij regeling door of namens een daartoe bevoegd bestuursorgaan, mag de termijn van opzegging, bedoeld in lid 8, tweede volzin, voor de werkgever worden verkort, mits de termijn niet korter is dan die voor de werknemer.

Opzegtermijn na herstel arbeidsovereenkomst

10. Voor de toepassing van lid 2 worden arbeidsovereenkomsten geacht eenzelfde, niet onderbroken arbeidsovereenkomst te vormen in geval van herstel van de arbeidsovereenkomst ingevolge artikel 682 of artikel 683.

(Zie ook: artt. 40, 239 FW)

Onregelmatige opzegging

11. De partij die opzegt tegen een eerdere dag dan tussen partijen geldt, is aan de wederpartij een vergoeding verschuldigd gelijk aan het bedrag van het in geld vastgestelde loon over de termijn dat de arbeidsovereenkomst bij regelmatige opzegging had behoren voort te duren.

Matiging vergoeding

12. De kantonrechter kan de vergoeding, bedoeld in het lid 11, matigen indien hem dit met het oog op de omstandigheden billijk voorkomt, met dien verstande dat de vergoeding niet minder kan bedragen dan het in geld vastgestelde loon over de opzegtermijn, bedoeld in lid 2, noch minder dan het in geld vastgestelde loon voor drie maanden.

Art. 673

Transitievergoeding

1. De werkgever is aan de werknemer een transitievergoeding verschuldigd indien:
a. de arbeidsovereenkomst:
1° door de werkgever is opgezegd;
2° op verzoek van de werkgever is ontbonden; of
3° na een einde van rechtswege op initiatief van de werkgever niet aansluitend is voortgezet en voor het eindigen van de arbeidsovereenkomst geen opvolgende arbeidsovereenkomst is aangegaan, die tussentijds kan worden opgezegd en ingaat na een tussenpoos van ten hoogste zes maanden; of
b. de arbeidsovereenkomst als gevolg van ernstig verwijtbaar handelen of nalaten van de werkgever:
1° door de werknemer is opgezegd;
2° op verzoek van de werknemer is ontbonden; of
3° na een einde van rechtswege op initiatief van de werknemer niet aansluitend is voortgezet.

Hoogte transitievergoeding

2. De transitievergoeding is voor elk jaar dat de arbeidsovereenkomst heeft geduurd gelijk aan een derde van het loon per maand en een evenredig deel daarvan voor een periode dat de arbeidsovereenkomst korter dan een jaar heeft geduurd. Bij algemene maatregel van bestuur kunnen nadere regels worden gesteld over de berekeningswijze van de transitievergoeding. De transitievergoeding bedraagt maximaal € 84.000,– of een bedrag gelijk aan ten hoogste het loon over twaalf maanden indien dat loon hoger is dan dat bedrag.

3. Het bedrag, genoemd in lid 2, wordt telkens met ingang van 1 januari door Onze Minister van Sociale Zaken en Werkgelegenheid gewijzigd overeenkomstig de ontwikkeling van de contractlonen zoals deze voor het betrokken jaar, blijkens bekendmaking in de Macro-Economische Verkenningen, in het voorafgaande jaar is geraamd. Het bedrag wordt daarbij afgerond op het naaste veelvoud van € 1.000,–. Het gewijzigde bedrag is uitsluitend van toepassing indien de arbeidsovereenkomst op of na de datum van de wijziging eindigt of niet wordt voortgezet.

B7 art. 673b

4. Voor de berekening van de duur van de arbeidsovereenkomst, bedoeld in lid 2, worden: *a.* maanden waarin de gemiddelde omvang van de door de werknemer verrichte arbeid ten hoogste twaalf uur per week heeft bedragen, tot het bereiken van de achttienjarige leeftijd buiten beschouwing gelaten; en

b. een of meer voorafgaande arbeidsovereenkomsten tussen dezelfde partijen, die elkaar met tussenpozen van ten hoogste zes maanden hebben opgevolgd, samengeteld. De vorige zin is eveneens van toepassing indien de werknemer achtereenvolgens in dienst is geweest bij verschillende werkgevers die, ongeacht of inzicht bestaat in de hoedanigheid en geschiktheid van de werknemer, ten aanzien van de verrichte arbeid redelijkerwijze geacht moeten worden elkaars opvolger te zijn.

5. Indien in de in lid 4, onderdeel b, bedoelde situatie bij de beëindiging van een voorafgaande arbeidsovereenkomst:

a. een transitievergoeding is betaald, wordt een bedrag ter hoogte van de transitievergoeding die bij die beëindiging op grond van de leden 1 en 2 verschuldigd was in mindering gebracht op de transitievergoeding;

b. op grond van artikel 673b, lid 1, een voorziening is verstrekt, wordt een bedrag ter waarde van die voorziening in mindering gebracht op de transitievergoeding.

6. Onder bij of krachtens algemene maatregel van bestuur te bepalen voorwaarden kunnen op de transitievergoeding in mindering worden gebracht:

a. kosten van maatregelen in verband met het eindigen of niet voortzetten van de arbeidsovereenkomst, gericht op het voorkomen van werkloosheid of het bekorten van de periode van werkloosheid van de werknemer; en

b. kosten verband houdende met het bevorderen van de bredere inzetbaarheid van de werknemer die tijdens de arbeidsovereenkomst zijn gemaakt.

7. De transitievergoeding is niet verschuldigd indien het eindigen of niet voortzetten van de arbeidsovereenkomst:

a. geschiedt voor de dag waarop de werknemer de leeftijd van achttien jaar heeft bereikt en de gemiddelde omvang van de door hem verrichte arbeid ten hoogste twaalf uur per week heeft bedragen;

b. geschiedt in verband met of na het bereiken van een bij of krachtens wet vastgestelde of tussen partijen overeengekomen leeftijd waarop de arbeidsovereenkomst eindigt, of, indien geen andere leeftijd geldt, de in artikel 7, onderdeel a, van de Algemene Ouderdomswet bedoelde leeftijd; of

c. het gevolg is van ernstig verwijtbaar handelen of nalaten van de werknemer.

8. In afwijking van lid 7, onderdeel c, kan de kantonrechter de transitievergoeding geheel of gedeeltelijk aan de werknemer toekennen indien het niet toekennen ervan naar maatstaven van redelijkheid en billijkheid onaanvaardbaar is.

9. Indien, na een einde van rechtswege, het niet voortzetten van de arbeidsovereenkomst het gevolg is van ernstig verwijtbaar handelen of nalaten van de werkgever, kan de kantonrechter:

a. naast de transitievergoeding aan de werknemer ten laste van de werkgever een billijke vergoeding toekennen; of

b. indien de werknemer op grond van lid 7, onderdeel a, geen recht op transitievergoeding heeft, aan de werknemer ten laste van de werkgever een billijke vergoeding toekennen.

10. Bij of krachtens algemene maatregel van bestuur wordt bepaald wat voor de toepassing van lid 2 wordt verstaan onder loon.

Art. 673a

[Vervallen]

Art. 673b

1. Bij collectieve arbeidsovereenkomst of regeling door of namens een daartoe bevoegd bestuursorgaan kan worden bepaald dat de transitievergoeding, bedoeld in artikel 673, lid 1, niet is verschuldigd, indien:

a. de arbeidsovereenkomst is geëindigd of niet is voortgezet wegens omstandigheden als bedoeld in artikel 669, lid 3, onderdeel a; en

b. op grond van de collectieve arbeidsovereenkomst of regeling door of namens een daartoe bevoegd bestuursorgaan recht bestaat op een voorziening die bijdraagt aan het beperken van werkloosheid, op een redelijke financiële vergoeding, of op een combinatie daarvan.

2. De collectieve arbeidsovereenkomst, bedoeld in lid 1, onderdeel b, is afgesloten met een of meer verenigingen van werknemers die in de onderneming of bedrijfstak werkzame personen onder hun leden tellen, die krachtens hun statuten ten doel hebben de belangen van hun leden als werknemers te behartigen, die als zodanig in de betrokken onderneming of bedrijfstak werkzaam zijn en ten minste twee jaar in het bezit zijn van volledige rechtsbevoegdheid. Ten aanzien van een vereniging van werknemers die krachtens haar statuten geacht kan worden een voortzetting te zijn van een of meer andere verenigingen van werknemers met volledige rechtsbevoegdheid, wordt de duur van de volledige rechtsbevoegdheid van die vereniging of verenigingen voor de vaststelling van de tijdsduur van twee jaar mede in aanmerking genomen.

Berekening duur arbeidsovereenkomst

Kosten in mindering brengen op transitievergoeding

Geen transitievergoeding

Redelijkheid en billijkheid

Billijke vergoeding

Nadere regels

Gelijkwaardige voorziening

B7 *art. 673c*

Art. 673c

Arbeidsovereenkomst, transitievergoeding niet langer verschuldigd

1. De transitievergoeding, bedoeld in artikel 673, lid 2, is niet langer verschuldigd, indien de werkgever in staat van faillissement is verklaard, aan hem surseance van betaling is verleend of op hem de schuldsaneringsregeling natuurlijke personen van toepassing is.

2. Indien de betaling van de transitievergoeding, bedoeld in artikel 673, lid 2, leidt tot onaanvaardbare gevolgen voor de bedrijfsvoering van de werkgever, kan de transitievergoeding onder bij regeling van Onze Minister van Sociale Zaken en Werkgelegenheid te bepalen voorwaarden in termijnen worden betaald. Daarbij kan worden bepaald dat de transitievergoeding met een bij die ministeriële regeling te bepalen percentage wordt verhoogd.

Art. 673d

[Vervallen]

Art. 673e

Transitievergoeding vergoed door UWV

1. Het Uitvoeringsinstituut werknemersverzekeringen, genoemd in hoofdstuk 5 van de Wet structuur uitvoeringsorganisatie werk en inkomen, verstrekt op verzoek van de werkgever die op grond van artikel 673 een transitievergoeding verschuldigd was, een vergoeding, indien de arbeidsovereenkomst:

a. na de periode, bedoeld in artikel 670, lid 1, onderdeel a, en lid 11:

1°. is beëindigd omdat de werknemer wegens ziekte of gebreken niet meer in staat was de bedongen arbeid te verrichten; of

2°. van rechtswege is geëindigd en de werknemer op het tijdstip waarop de arbeidsovereenkomst is geëindigd, wegens ziekte of gebreken niet in staat was de bedongen arbeid te verrichten;

b. is geëindigd in verband met het vervallen van arbeidsplaatsen als gevolg van de beëindiging van de werkzaamheden van de onderneming en de werkgever, die minder dan een bij algemene maatregel van bestuur te bepalen aantal werknemers in dienst had:

1°. de in artikel 7, onderdeel a, van de Algemene Ouderdomswet bedoelde leeftijd bereikt of heeft bereikt;

2°. [dit onderdeel is nog niet in werking getreden;]

3°. is overleden.

2. De vergoeding, bedoeld in lid 1, is gelijk aan de vergoeding die de werkgever in verband met het eindigen of niet voortzetten van de arbeidsovereenkomst aan de werknemer heeft verstrekt, maar bedraagt niet meer dan het bedrag dat de werkgever op grond van artikel 673 aan de werknemer verschuldigd is, verhoogd met de kosten die op grond van artikel 673, lid 6, op dat bedrag in mindering mogen worden gebracht. De vergoeding, bedoeld in lid 1, onderdeel a, bedraagt tevens niet meer dan het bedrag dat de werkgever op grond van artikel 673, voor aftrek van de kosten, bedoeld in artikel 673, lid 6, aan de werknemer verschuldigd zou zijn bij het beëindigen of niet voortzetten van de arbeidsovereenkomst op de dag na het verstrijken van de termijn van twee jaar, bedoeld in artikel 670, lid 1, onderdeel a. Artikel 670, lid 1, laatste zin, is van overeenkomstige toepassing op de termijn, bedoeld in de vorige zin.

3. De leden 1 en 2 zijn van overeenkomstige toepassing, indien de werkgever op grond van artikel 673 een transitievergoeding verschuldigd zou zijn als de arbeidsovereenkomst, die bij overeenkomst is beëindigd, door opzegging of door ontbinding zou zijn beëindigd.

4. Bij algemene maatregel van bestuur worden nadere regels gesteld met betrekking tot lid 1, aanhef en onderdeel b.

5. Het Uitvoeringsinstituut werknemersverzekeringen herziet het besluit tot toekennen van de vergoeding, indien de vergoeding ten onrechte of tot een te hoog bedrag is toegekend. De onverschuldigd betaalde vergoeding wordt teruggevorderd en kan vervolgens bij dwangbevel worden ingevorderd.

6. In afwijking van artikel 7:10, eerste lid, van de Algemene wet bestuursrecht beslist het Uitvoeringsinstituut werknemersverzekeringen binnen dertien weken gerekend vanaf de dag na die waarop de termijn voor het indienen van het bezwaarschrift is verstreken.

7. Bij regeling van Onze Minister van Sociale Zaken en Werkgelegenheid worden regels gesteld met betrekking tot de aanvraag van de vergoeding, bedoeld in dit artikel.

Art. 674

Overlijden werknemer Arbeidsovereenkomst, overlijdensuitkering

1. De arbeidsovereenkomst eindigt door de dood van de werknemer.

2. Niettemin is de werkgever verplicht aan de nagelaten betrekkingen van de werknemer over de periode vanaf de dag na overlijden tot en met één maand na de dag van het overlijden, een uitkering te verlenen ten bedrage van het loon dat de werknemer laatstelijk rechtens toekwam.

3. Voor de toepassing van dit artikel wordt onder nagelaten betrekkingen verstaan de langstlevende der echtgenoten dan wel geregistreerde partners van wie de werknemer niet duurzaam gescheiden leefde dan wel degene met wie de werknemer ongehuwd samenleefde, bij ontstentenis van deze de minderjarige kinderen tot wie de overledene in familierechtelijke betrekking stond en bij ontstentenis van dezen degene met wie de werknemer in gezinsverband leefde en in wiens kosten van bestaan hij grotendeels voorzag. Van ongehuwd samenleven als bedoeld in de eerste zin is sprake indien twee ongehuwde personen een gezamenlijke huishouding voeren, met uitzondering van bloedverwanten in de eerste graad. Van een gezamenlijke huishouding als bedoeld in de tweede zin is sprake indien de betrokkenen hun hoofdverblijf hebben in dezelfde woning en zij blijk geven zorg te dragen voor elkaar door middel van het leveren van een bijdrage in de kosten van de huishouding dan wel op andere wijze in elkaars verzorging voorzien.

4. De overlijdensuitkering, bedoeld in lid 2, kan worden verminderd met het bedrag van de uitkering dat aan de nagelaten betrekkingen ter zake van het overlijden van de werknemer toekomt krachtens een wettelijk voorgeschreven ziekte- of arbeidsongeschiktheidsverzekering en krachtens de Toeslagenwet.

5. Lid 2 geldt niet indien de werknemer onmiddellijk voorafgaande aan het overlijden door toepassing van artikel 629 lid 3, geen aanspraak had op loon als bedoeld in artikel 629 lid 1 of indien ten gevolge van het toedoen van de werknemer geen aanspraak bestaat op een uitkering krachtens een wettelijk voorgeschreven ziekte- of arbeidsongeschiktheidsverzekering.

6. Van dit artikel kan niet ten nadele van de nagelaten betrekkingen worden afgeweken. *Dwingend recht*

(Zie ook: art. 675 BW Boek 7; art. 415e WvK; art. 54 Pw)

Art. 675

De arbeidsovereenkomst eindigt niet door de dood van de werkgever, tenzij uit de overeenkomst het tegendeel voortvloeit. Echter zijn zowel de erfgenamen van de werkgever als de werknemer bevoegd de arbeidsovereenkomst, voor een bepaalde tijd aangegaan, op te zeggen met inachtneming van de artikelen 670 en 672, als ware zij aangegaan voor onbepaalde tijd. Wanneer de nalatenschap van de werkgever ingevolge artikel 13 van Boek 4 wordt verdeeld, komt de bevoegdheid van de erfgenamen, bedoeld in de vorige zin, toe aan zijn echtgenoot of geregistreerde partner. *Overlijden werkgever*

(Zie ook: art. 674 BW Boek 7; artt. 390, 434 WvK; art. 54 Pw)

Art. 676

1. Indien een proeftijd is bedongen, is ieder der partijen, zolang die tijd niet is verstreken, bevoegd de arbeidsovereenkomst met onmiddellijke ingang op te zeggen. *Arbeidsovereenkomst, opzegging tijdens proeftijd*

2. De werkgever die de arbeidsovereenkomst opzegt, geeft de werknemer op diens verzoek schriftelijk opgave van de reden van opzegging. *Opgaaf van redenen*

(Zie ook: artt. 391, 450b, 452p WvK)

Art. 677

1. Ieder der partijen is bevoegd de arbeidsovereenkomst onverwijld op te zeggen om een dringende reden, onder onverwijlde mededeling van die reden aan de wederpartij. *Ontslag op staande voet*

2. De partij die door opzet of schuld aan de wederpartij een dringende reden heeft gegeven om de arbeidsovereenkomst onverwijld op te zeggen, is aan de wederpartij een vergoeding verschuldigd, indien de wederpartij van die bevoegdheid gebruik heeft gemaakt. *Vergoeding wegens dringende reden*

3. De vergoeding, bedoeld in lid 2, is:

a. in geval van een arbeidsovereenkomst voor onbepaalde tijd en van een arbeidsovereenkomst voor bepaalde tijd die tussentijds kan worden opgezegd, gelijk aan het bedrag van het in geld vastgestelde loon over de termijn dat de arbeidsovereenkomst bij regelmatige opzegging had behoren voort te duren;

b. in geval van een arbeidsovereenkomst voor bepaalde tijd die niet tussentijds kan worden opgezegd, gelijk aan het bedrag van het in geld vastgestelde loon over de termijn dat de arbeidsovereenkomst geduurd zou hebben indien deze van rechtswege zou zijn geëindigd.

4. De partij die een arbeidsovereenkomst voor bepaalde tijd die niet tussentijds kan worden opgezegd, in strijd met lid 1 opzegt, is aan de wederpartij een vergoeding verschuldigd gelijk aan het bedrag van het in geld vastgestelde loon over de termijn dat de arbeidsovereenkomst geduurd zou hebben indien deze van rechtswege zou zijn geëindigd. De kantonrechter kan de vergoeding, bedoeld in dit lid, matigen indien hem dit met het oog op de omstandigheden billijk voorkomt, maar tot niet minder dan het in geld vastgestelde loon voor drie maanden. De werknemer kan de kantonrechter verzoeken de opzegging te vernietigen. *Vergoeding bij onregelmatige opzegging*

5. De kantonrechter kan de vergoeding, bedoeld in lid 2: *Matiging, verhoging door kantonrechter*

a. matigen, indien hem dit met het oog op de omstandigheden billijk voorkomt, met dien verstande dat de vergoeding, bedoeld in lid 3, onderdeel a, ten minste gelijk is aan het bedrag van het in geld vastgestelde loon over de termijn dat de arbeidsovereenkomst bij toepassing van de opzegtermijn, bedoeld in artikel 672, had behoren voort te duren;

b. op een hoger bedrag stellen, indien de opzegging geschiedt door de werknemer en hem dit gelet op de omstandigheden billijk voorkomt.

6. Bij regeling van Onze Minister van Sociale Zaken en Werkgelegenheid kan worden bepaald dat de kantonrechter de vergoeding, bedoeld in lid 4, op een hoger bedrag kan stellen ten laste van de werknemer, indien de werknemer een in die regeling aan te wijzen functie in een bedrijfstak uitoefende. Uitsluitend functies in een bedrijfstak die zijn aangewezen in de ministeriële regeling, bedoeld in artikel 668a, lid 8, kunnen worden aangewezen als een functie als bedoeld in de eerste zin.

B7 art. 678

Burgerlijk Wetboek Boek 7

7. Elk beding waarbij de bevoegdheid, bedoeld in lid 1 of in lid 4, laatste zin, wordt uitgesloten of beperkt, is nietig.

Art. 678

Dringende reden voor werkgever

1. Voor de werkgever worden als dringende redenen in de zin van lid 1 van artikel 677 beschouwd zodanige daden, eigenschappen of gedragingen van de werknemer, die ten gevolge hebben dat van de werkgever redelijkerwijze niet kan gevergd worden de arbeidsovereenkomst te laten voortduren.

2. Dringende redenen zullen onder andere aanwezig geacht kunnen worden:

a. wanneer de werknemer bij het sluiten van de overeenkomst de werkgever heeft misleid door het vertonen van valse of vervalste getuigschriften, of deze opzettelijk valse inlichtingen heeft gegeven omtrent de wijze waarop zijn vorige arbeidsovereenkomst is geëindigd;

b. wanneer hij in ernstige mate de bekwaamheid of geschiktheid blijkt te missen tot de arbeid waarvoor hij zich heeft verbonden;

c. wanneer hij zich ondanks waarschuwing overgeeft aan dronkenschap of ander liederlijk gedrag;

d. wanneer hij zich schuldig maakt aan diefstal, verduistering, bedrog of andere misdrijven, waardoor hij het vertrouwen van de werkgever onwaardig wordt;

e. wanneer hij de werkgever, diens familieleden of huisgenoten, of zijn medewerknemers mishandelt, grovelijk beledigt of op ernstige wijze bedreigt;

f. wanneer hij de werkgever, diens familieleden of huisgenoten, of zijn medewerknemers verleidt of tracht te verleiden tot handelingen, strijdig met de wetten of de goede zeden;

g. wanneer hij opzettelijk, of ondanks waarschuwing roekeloos, eigendom van de werkgever beschadigt of aan ernstig gevaar blootstelt;

h. wanneer hij opzettelijk, of ondanks waarschuwing roekeloos, zich zelf of anderen aan ernstig gevaar blootstelt;

i. wanneer hij bijzonderheden aangaande de huishouding of het bedrijf van de werkgever, die hij behoorde geheim te houden, bekendmaakt;

j. wanneer hij hardnekkig weigert te voldoen aan redelijke bevelen of opdrachten, hem door of namens de werkgever verstrekt;

k. wanneer hij op andere wijze grovelijk de plichten veronachtzaamt, welke de arbeidsovereenkomst hem oplegt;

l. wanneer hij door opzet of roekeloosheid buiten staat geraakt of blijft de bedongen arbeid te verrichten.

Dwingend recht

3. Bedingen waarbij aan de werkgever de beslissing wordt overgelaten of er een dringende reden in de zin van artikel 677 lid 1 aanwezig is, zijn nietig.

(Zie ook: art. 656 BW Boek 7; artt. 382, 391, 436 WvK; artt. 225, 230, 261, 272, 285, 300, 310, 321, 326, 350 WvSr; artt. 1, 6, 9 BBA)

Art. 679

Dringende reden voor werknemer

1. Voor de werknemer worden als dringende redenen in de zin van artikel 677 lid 1 beschouwd zodanige omstandigheden, die ten gevolge hebben dat van de werknemer redelijkerwijze niet kan gevergd worden de arbeidsovereenkomst te laten voortduren.

2. Dringende redenen zullen onder andere aanwezig geacht kunnen worden:

a. wanneer de werkgever de werknemer, diens familieleden of huisgenoten mishandelt, grovelijk beledigt of op ernstige wijze bedreigt, of gedoogt dat dergelijke handelingen door een van zijn huisgenoten of ondergeschikten worden gepleegd;

b. wanneer hij de werknemer, diens familieleden of huisgenoten verleidt of tracht te verleiden tot handelingen, strijdig met de wetten of de goede zeden, of gedoogt dat een dergelijke verleiding of poging tot verleiding door een van zijn huisgenoten of ondergeschikten worden gepleegd;

c. wanneer hij het loon niet op de daarvoor bepaalde tijd voldoet;

d. wanneer hij, waar kost en inwoning overeengekomen zijn, niet op behoorlijke wijze daarin voorziet;

e. wanneer hij de werknemer wiens loon afhankelijk van de uitkomsten van de te verrichten arbeid is vastgesteld, geen voldoende arbeid verschaft;

f. wanneer hij de werknemer wiens loon afhankelijk van de uitkomsten van de te verrichten arbeid is vastgesteld, de bedongen hulp niet of niet in behoorlijke mate verschaft;

g. wanneer hij op andere wijze grovelijk de plichten veronachtzaamt welke de arbeidsovereenkomst hem oplegt;

h. wanneer hij, zonder dat de aard van de arbeidsovereenkomst dit medebrengt, de werknemer niettegenstaande diens weigering gelast arbeid in het bedrijf van een andere werkgever te verrichten;

i. wanneer de voortduring van de arbeidsovereenkomst voor de werknemer zou zijn verbonden met ernstige gevaren voor leven, gezondheid, zedelijkheid of goede naam, die niet duidelijk waren ten tijde van het sluiten van de arbeidsovereenkomst;

j. wanneer de werknemer door ziekte of andere oorzaken zonder zijn toedoen buiten staat geraakt de bedongen arbeid te verrichten.

3. Bedingen waarbij aan de werknemer de beslissing wordt overgelaten of er een dringende reden in de zin van artikel 677 lid 1 aanwezig is, zijn nietig.

(Zie ook: artt. 384, 390, 437 WvK; artt. 47, 249, 261, 285, 300 WvSr; artt. 1, 6, 9 BBA)

Art. 680

[Vervallen]

Art. 680a

De rechter is bevoegd een vordering tot doorbetaling van loon die gegrond is op de vernietigbaarheid van de opzegging van de arbeidsovereenkomst te matigen, indien toewijzing in de gegeven omstandigheden tot onaanvaardbare gevolgen zou leiden, doch op niet minder dan het in geld vastgestelde loon voor de duur van de opzegtermijn ingevolge artikel 672 noch op minder dan het in geld vastgestelde loon voor drie maanden.

Art. 681

1. De kantonrechter kan op verzoek van de werknemer de opzegging van de arbeidsovereenkomst door de werkgever vernietigen, of op zijn verzoek aan hem ten laste van de werkgever een billijke vergoeding toekennen, indien:

a. de werkgever heeft opgezegd in strijd met artikel 671;

b. de werkgever heeft opgezegd in strijd met artikel 670, een naar aard en strekking vergelijkbaar opzegverbod in een ander wettelijk voorschrift;

c. de werkgever heeft opgezegd in strijd met artikel 646, 648 of 649 of met enig ander verbod op onderscheid of in verband met de omstandigheid dat de werknemer in of buiten rechte een beroep heeft gedaan op artikel 646, 648 of 649 of op enig ander verbod op onderscheid of ter zake bijstand heeft verleend;

d. de werkgever, niet zijnde een werkgever als bedoeld in artikel 690, binnen 26 weken na een opzegging op grond van artikel 669, lid 3, onderdeel a, dezelfde werkzaamheden als die welke de werknemer verrichtte voordat de arbeidsovereenkomst werd opgezegd door een ander laat verrichten en hij de voormalige werknemer niet in de gelegenheid heeft gesteld zijn vroegere werkzaamheden op de bij de werkgever gebruikelijke voorwaarden te hervatten;

e. de werkgever, bedoeld in artikel 690, verzuimt om, indien binnen 26 weken na een opzegging op grond van artikel 669, lid 3, onderdeel a, een vacature ontstaat voor dezelfde of vergelijkbare werkzaamheden als die welke de werknemer verrichtte voordat de arbeidsovereenkomst werd opgezegd, de voormalige werknemer in de gelegenheid te stellen als kandidaat voor de terbeschikkingstelling bij de derde, bedoeld in artikel 690, te worden voorgedragen.

2. Elk beding waarbij de bevoegdheid, bedoeld in lid 1, wordt uitgesloten of beperkt, is nietig.

Art. 682

1. De kantonrechter kan op verzoek van een werknemer van wie de arbeidsovereenkomst is opgezegd met de toestemming, bedoeld in artikel 671a:

a. de werkgever veroordelen de arbeidsovereenkomst te herstellen indien de opzegging in strijd is met artikel 669, lid 1 of lid 3, onderdeel a of b;

b. aan hem, bij een opzegging in strijd met artikel 669, lid 1 of lid 3, onderdeel a, ten laste van de werkgever een billijke vergoeding toekennen indien herstel in redelijkheid niet mogelijk is vanwege een omstandigheid waarbij sprake is van ernstig verwijtbaar handelen of nalaten van de werkgever; of

c. aan hem ten laste van de werkgever een billijke vergoeding toekennen indien de opzegging wegens omstandigheden als bedoeld in artikel 669, lid 3, onderdeel b, het gevolg is van ernstig verwijtbaar handelen of nalaten van de werkgever.

2. De kantonrechter kan op verzoek van een werknemer als bedoeld in artikel 671, lid 1, onderdelen d of h:

a. de werkgever veroordelen de arbeidsovereenkomst te herstellen indien de opzegging in strijd is met artikel 669; of

b. aan hem ten laste van de werkgever een billijke vergoeding toekennen indien de opzegging het gevolg is van ernstig verwijtbaar handelen of nalaten van de werkgever.

3. De rechter kan op verzoek van een werknemer als bedoeld in artikel 671, lid 1, onderdelen e of f, aan hem ten laste van de werkgever een billijke vergoeding toekennen indien de opzegging:

a. in strijd is met artikel 669; of

b. het gevolg is van ernstig verwijtbaar handelen of nalaten van de werkgever.

4. Indien de werkgever, niet zijnde een werkgever als bedoeld in artikel 690, binnen 26 weken na de datum van de ontbindingsbeschikking op grond van artikel 669, lid 3, onderdeel a, dezelfde werkzaamheden als die welke de werknemer verrichtte door een ander laat verrichten en hij de voormalige werknemer niet in de gelegenheid heeft gesteld zijn vroegere werkzaamheden op de bij de werkgever gebruikelijke voorwaarden te hervatten, kan de kantonrechter op verzoek van de werknemer:

a. de werkgever veroordelen de arbeidsovereenkomst te herstellen met ingang van de dag waarop deze is geëindigd; of

b. aan de werknemer ten laste van de werkgever een billijke vergoeding toekennen.

B7 art. 682a

5. Indien de werkgever, bedoeld in artikel 690, verzuimt om, indien binnen 26 weken na de datum van de ontbindingsbeschikking op grond van artikel 669, lid 3, onderdeel a, een vacature ontstaat voor dezelfde of vergelijkbare werkzaamheden als die welke de werknemer verrichtte voor de ontbinding, de voormalige werknemer in de gelegenheid te stellen als kandidaat voor de terbeschikkingstelling bij de derde, bedoeld in artikel 690, te worden voorgedragen, kan de kantonrechter op verzoek van de werknemer:
a. de werkgever veroordelen de arbeidsovereenkomst te herstellen met ingang van de dag waarop deze is geëindigd; of
b. aan de werknemer ten laste van de werkgever een billijke vergoeding toekennen.

Tijdstip herstel arbeidsovereenkomst

6. Indien de kantonrechter een veroordeling tot herstel van de arbeidsovereenkomst uitspreekt als bedoeld in lid 1, onderdeel a, of lid 2, onderdeel a, bepaalt hij op welk tijdstip de arbeidsovereenkomst wordt hersteld en treft hij voorzieningen omtrent de rechtsgevolgen van de onderbreking van de arbeidsovereenkomst.

Transitievergoeding bij combinatie redelijke gronden ontslag

7. De kantonrechter kan op verzoek van een werknemer als bedoeld in artikel 671, lid 1, onderdelen d, e, f of h, aan hem ten laste van de werkgever een vergoeding toekennen van ten hoogste de helft van de transitievergoeding, bedoeld in artikel 673, lid 2, indien de werkgever de arbeidsovereenkomst heeft opgezegd op grond van artikel 669, lid 3, onderdeel i.

8. Elk beding waarbij de bevoegdheid, bedoeld in de leden 1 tot en met 5 en 7, wordt uitgesloten of beperkt, is nietig.

Dwingend recht

Art. 682a

Nadere regels bij schending wederindienstredingsvoorwaarde

Bij regeling van Onze Minister van Sociale Zaken en Werkgelegenheid kunnen regels worden gesteld met betrekking tot de artikelen 681, lid 1, onderdelen d en e, en 682, leden 4 en 5, waarin kan worden bepaald:
a. wat mede onder de werkgever, bedoeld in die artikelen, wordt verstaan;
b. in welke gevallen en onder welke voorwaarden die bepalingen niet van toepassing zijn; en
c. in welke volgorde de voormalige werknemers in de gelegenheid worden gesteld hun vroegere werkzaamheden te hervatten dan wel als kandidaat voor de terbeschikkingstelling te worden voorgedragen.

Art. 683

Hoger beroep, cassatie, geen schorsende werking

1. Indien tegen een beschikking tot ontbinding van de arbeidsovereenkomst als bedoeld in de artikelen 671b en 671c, of tot vernietiging van de opzegging als bedoeld in de artikelen 677, lid 4, en 681 of tot herstel van de arbeidsovereenkomst als bedoeld in artikel 682, hoger beroep of beroep in cassatie wordt ingesteld, schorst dit de tenuitvoerlegging van de beschikking niet.

Slechts betrekking op vergoeding

2. Hoger beroep en beroep in cassatie tegen een op verzoek van de werknemer toegewezen ontbinding kunnen uitsluitend betrekking hebben op de vergoeding, bedoeld in artikel 671c, lid 2 of lid 3.

Herstel arbeidsovereenkomst, billijke vergoeding

3. Indien de rechter in hoger beroep of na verwijzing in cassatie oordeelt dat het verzoek van de werkgever om ontbinding van de arbeidsovereenkomst ten onrechte is toegewezen of dat het verzoek van de werknemer om vernietiging van de opzegging of om herstel van de arbeidsovereenkomst ten onrechte is afgewezen, kan hij de werkgever veroordelen de arbeidsovereenkomst te herstellen of aan de werknemer een billijke vergoeding toekennen.

4. Indien de rechter een veroordeling tot herstel van de arbeidsovereenkomst uitspreekt als bedoeld in lid 3, is artikel 682, lid 6, van overeenkomstige toepassing.

Tijdstip einde arbeidsovereenkomst

5. Indien de rechter in hoger beroep of na verwijzing in cassatie oordeelt dat het verzoek van de werkgever of de werknemer om ontbinding van de arbeidsovereenkomst ten onrechte is afgewezen, bepaalt hij op welk tijdstip de arbeidsovereenkomst eindigt. De artikelen 671b en 671c zijn ten aanzien van de toekenning van een vergoeding van overeenkomstige toepassing.

6. Indien de rechter in hoger beroep of na verwijzing in cassatie oordeelt dat het verzoek van de werknemer om vernietiging van de opzegging of om herstel van de arbeidsovereenkomst ten onrechte is toegewezen, bepaalt hij op welk tijdstip de arbeidsovereenkomst eindigt.

Art. 684

Arbeidsovereenkomst, opzegging langdurige overeenkomst

1. Indien de arbeidsovereenkomst is aangegaan voor langer dan vijf jaren of voor de duur van het leven van een bepaalde persoon, is niettemin de werknemer bevoegd, van het tijdstip waarop vijf jaren sedert haar aanvang zijn verlopen, haar op te zeggen met inachtneming van een termijn van zes maanden.

Dwingend recht

2. Van dit artikel kan niet ten nadele van de werknemer worden afgeweken.
(Zie ook: art. 37 BW Boek 3; artt. 2, 248, 258 BW Boek 6; artt. 667, 670 BW Boek 7; artt. 391, 450b, 452p WvK; art. 4 Atw)

Art. 685

[Vervallen]

Art. 686

Arbeidsovereenkomst, ontbinding wegens tekortkoming in nakoming

De bepalingen van deze afdeling sluiten voor geen van beide partijen de mogelijkheid uit van ontbinding wegens een tekortkoming in de nakoming van de overeenkomst en van schadevergoeding. De ontbinding kan slechts door de rechter worden uitgesproken.
(Zie ook: art. 81 BW Boek 6; art. 677 BW Boek 7)

Art. 686a

1. Over het bedrag van de vergoeding, bedoeld in de artikelen 672, lid 11, en 677, leden 2 en 4, is de wettelijke rente verschuldigd, te rekenen vanaf de dag waarop de arbeidsovereenkomst is geëindigd. Over het bedrag van de transitievergoeding, bedoeld in de artikelen 673 en 673c, is de wettelijke rente verschuldigd, te rekenen vanaf een maand na de dag waarop de arbeidsovereenkomst is geëindigd.

2. De gedingen die op het in, bij of krachtens deze afdeling bepaalde zijn gebaseerd, worden ingeleid met een verzoekschrift.

3. In gedingen die op het in, bij of krachtens deze afdeling bepaalde zijn gebaseerd, kunnen daarmee verband houdende andere vorderingen worden ingediend met een verzoekschrift.

4. De bevoegdheid om een verzoekschrift bij de kantonrechter in te dienen vervalt:

a. twee maanden na de dag waarop de arbeidsovereenkomst is geëindigd, indien het een verzoek op grond van de artikelen 672, lid 11, 677, 681, lid 1, onderdelen a, b en c, en 682, leden 1, 2 en 3, betreft;

b. drie maanden na de dag waarop de arbeidsovereenkomst is geëindigd, indien het een verzoek op grond van de artikelen 673, 673b en 673c betreft;

c. twee maanden na de dag waarop de werknemer op de hoogte is of redelijkerwijs had kunnen zijn van de situatie, bedoeld in de artikelen 681, lid 1, onderdelen d en e, en 682, leden 4 en 5, maar ten laatste twee maanden na de dag waarop de termijn van 26 weken, bedoeld in die leden of onderdelen, is verstreken;

d. twee maanden na de dag waarop de toestemming, bedoeld in artikel 671a, is geweigerd, indien het een verzoek op grond van artikel 671b, lid 1, onderdeel b, betreft;

e. drie maanden na de dag waarop de verplichting op grond van artikel 668, lid 1, is ontstaan, indien het een verzoek op grond van artikel 668, lid 3, betreft.

5. De behandeling van de verzoeken, bedoeld in dit artikel, vangt niet later aan dan in de vierde week volgende op die waarin het verzoekschrift is ingediend.

6. Alvorens een ontbinding als bedoeld in artikel 671b of 671c waaraan een vergoeding verbonden wordt, uit te spreken, stelt de rechter de partijen van zijn voornemen in kennis en stelt hij een termijn, binnen welke de verzoeker de bevoegdheid heeft zijn verzoek in te trekken. Indien de verzoeker dat doet, zal de rechter alleen een beslissing geven omtrent de proceskosten.

7. Lid 6 is van overeenkomstige toepassing indien de rechter voornemens is een ontbinding als bedoeld in artikel 671b of 671c uit te spreken zonder daaraan een door de verzoeker verzochte vergoeding te verbinden.

8. Artikel 55 van Boek 3 van het Burgerlijk Wetboek is niet van toepassing op de artikelen 677 en 681.

9. Verzoeken op grond van deze afdeling worden gedaan aan de ingevolge de artikelen 99, 100 en 107 tot en met 109 van het Wetboek van Burgerlijke Rechtsvordering bevoegde kantonrechter.

10. De rechter kan een zaak in twee of meer zaken splitsen indien het verzoek en de in het verzoekschrift ingediende vorderingen als bedoeld in het derde lid, zich naar het oordeel van de rechter niet lenen voor gezamenlijke behandeling. In de beslissing tot splitsing vermeldt de rechter, voor zover van toepassing, het bijkomende griffierecht dat ingevolge artikel 8 van de Wet griffierechten burgerlijke zaken van partijen wordt geheven en binnen welke termijn dit griffierecht of dit verhoogde griffierecht betaald dient te worden. De gesplitste zaken worden voortgezet in de stand waarin zij zich bevinden op het moment van de splitsing.

Afdeling 10
Bijzondere bepalingen voor handelsvertegenwoordigers

Art. 687

De overeenkomst van handelsvertegenwoordiging is een arbeidsovereenkomst waarbij de ene partij, de handelsvertegenwoordiger, zich tegenover de andere partij, de patroon, verbindt tegen loon dat geheel of gedeeltelijk uit provisie bestaat, bij de totstandkoming van overeenkomsten bemiddeling te verlenen, en deze eventueel in naam van de patroon te sluiten.

(Zie ook: art. 60 BW Boek 3; art. 425 BW Boek 7)

Art. 688

1. Op de overeenkomst van handelsvertegenwoordiging zijn de artikelen 426, 429, 430 leden 2 tot en met 4, 431, 432, 433 en 434 van overeenkomstige toepassing.

2. Van de artikelen 426 lid 2, 429, 430 leden 2 tot en met 4, 431 lid 2 en 433 kan niet worden afgeweken.

3. Van de artikelen 432 lid 3 en 434 kan niet ten nadele van de handelsvertegenwoordiger worden afgeweken.

4. Van de artikelen 426 lid 1 en 431 lid 1 kan slechts schriftelijk ten nadele van de handelsvertegenwoordiger worden afgeweken.

Art. 689

Arbeidsovereenkomst handelsvertegenwoordiger, vergoeding

In afwijking van artikel 618 wordt bij de vaststelling van het bedrag van het in geld vastgestelde loon over de termijn dat de overeenkomst van handelsvertegenwoordiging bij regelmatige opzegging had behoren voort te duren, rekening gehouden met de in de voorafgaande tijd verdiende provisie en met alle andere ter zake in acht te nemen factoren.

Afdeling 11
Bijzondere bepalingen ter zake van de uitzendovereenkomst

Art. 690

Arbeidsovereenkomst, uitzendovereenkomst

De uitzendovereenkomst is de arbeidsovereenkomst waarbij de werknemer door de werkgever, in het kader van de uitoefening van het beroep of bedrijf van de werkgever ter beschikking wordt gesteld van een derde om krachtens een door deze aan de werkgever verstrekte opdracht arbeid te verrichten onder toezicht en leiding van de derde.

Art. 691

Uitzendovereenkomst, termijn

1. Op de uitzendovereenkomst is artikel 668a eerst van toepassing zodra de werknemer in meer dan 26 weken arbeid heeft verricht.

Uitzendovereenkomst, einde

2. In de uitzendovereenkomst kan schriftelijk worden bedongen dat die overeenkomst van rechtswege eindigt doordat de terbeschikkingstelling van de werknemer door de werkgever aan de derde als bedoeld in artikel 690 op verzoek van die derde ten einde komt. Indien een beding als bedoeld in de vorige volzin in de uitzendovereenkomst is opgenomen, kan de werknemer die overeenkomst onverwijld opzeggen en is op de werkgever artikel 668, leden 1, 2, 3 en 4, onderdeel a, niet van toepassing.

Tussenpozen van ten hoogste zes maanden

3. Een beding als bedoeld in lid 2 verliest zijn kracht indien de werknemer in meer dan 26 weken arbeid voor de werkgever heeft verricht. Na het verstrijken van deze termijn vervalt de bevoegdheid van de werknemer tot opzegging als bedoeld in lid 2.

Opvolgende werkgevers

4. Voor de berekening van de termijnen, bedoeld in de leden 1 en 3, worden perioden waarin arbeid wordt verricht die elkaar opvolgen met tussenpozen van ten hoogste zes maanden mede in aanmerking genomen.

Werkingssfeer

5. Voor de berekening van de termijnen, bedoeld in de leden 1 en 3, worden perioden waarin voor verschillende werkgevers arbeid wordt verricht die ten aanzien van de verrichte arbeid redelijkerwijze geacht moeten worden elkaars opvolger te zijn mede in aanmerking genomen.

Afwijken bij schriftelijke overeenkomst

6. Dit artikel is niet van toepassing op de uitzendovereenkomst waarbij de werkgever en de derde in een groep zijn verbonden als bedoeld in artikel 24b van Boek 2 dan wel de één een dochtermaatschappij is van de ander als bedoeld in artikel 24a van Boek 2.

Afwijking bij cao

7. Bij schriftelijke overeenkomst kan ten nadele van de werknemer worden afgeweken van artikel 628, lid 1, tot ten hoogste de eerste 26 weken waarin de werknemer arbeid verricht. Artikel 628, leden 5, 6 en 7, is niet van toepassing.

8. Bij collectieve arbeidsovereenkomst of bij regeling door of namens een daartoe bevoegd bestuursorgaan:

a. kunnen de termijnen, bedoeld in de leden 1, 3 en 7, worden verlengd tot ten hoogste 78 weken;

b. kan van lid 5 worden afgeweken ten nadele van de werknemer; en

c. kan de periode van 36 maanden, bedoeld in artikel 668a, lid 1, onderdeel a, worden verlengd tot ten hoogste 48 maanden en kan het aantal van drie, bedoeld in artikel 668a, lid 1, onderdeel b, worden verhoogd naar ten hoogste zes.

Art. 692

Payrollovereenkomst

De payrollovereenkomst is de uitzendovereenkomst, waarbij de overeenkomst van opdracht tussen de werkgever en de derde niet tot stand is gekomen in het kader van het samenbrengen van vraag en aanbod op de arbeidsmarkt en waarbij de werkgever alleen met toestemming van de derde bevoegd is de werknemer aan een ander ter beschikking te stellen.

Art. 692a

Payrollovereenkomst, afwijking ten nadele van werknemer

1. De artikelen 628, leden 5 en 6, en 691 zijn niet van toepassing op de payrollovereenkomst.

2. In de payrollovereenkomst kan schriftelijk worden bedongen dat voor de eerste zes maanden van de overeenkomst ten nadele van de werknemer wordt afgeweken van artikel 628, lid 1, indien deze afwijking in de functie waarin de werknemer werkzaam is bij de onderneming waar de terbeschikkingstelling plaatsvindt, bestendig gebruik is of in deze afwijking is voorzien in de collectieve arbeidsovereenkomst of bij regeling door of namens een daartoe bevoegd bestuursorgaan die van toepassing is op deze onderneming.

3. In geval van payrollovereenkomsten, die elkaar opvolgen als bedoeld in artikel 668a, kan een afwijking als bedoeld in lid 2 voor ten hoogste in totaal zes maanden worden overeengekomen.

4. Artikel 628, lid 8, is van overeenkomstige toepassing op de leden 2 en 3.

5. In de payrollovereenkomst kan alleen schriftelijk ten nadele van de werknemer worden afgeweken van bepalingen waar slechts bij collectieve arbeidsovereenkomst of bij regeling door of namens een daartoe bevoegd bestuursorgaan van kan worden afgeweken, indien voor de functie waarin de werknemer werkzaam is, in deze afwijking is voorzien in de collectieve arbeidsovereenkomst of regeling door of namens een daartoe bevoegd bestuursorgaan die van toepassing is op de onderneming waar de terbeschikkingstelling plaatsvindt. Indien in de collectieve arbeidsovereenkomst die van toepassing is op de werkgever gebruikmaking van een in de eerste volzin bedoelde afwijking uitdrukkelijk uitgesloten of beperkt is prevaleert de uitsluiting of de beperking in de collectieve arbeidsovereenkomst die van toepassing is op de werkgever.

6. Onder onderneming wordt in dit artikel verstaan de onderneming, bedoeld in artikel 1, eerste lid, onderdeel c, van de Wet op de ondernemingsraden.

Art. 693

Indien de arbeid aan boord van een zeeschip als bedoeld in artikel 695 lid 1 wordt verricht, is de derde, ongeacht het op de arbeidsovereenkomst en de overeenkomst tussen de werkgever en de derde toepasselijke recht, aansprakelijk voor de nakoming van de uit de artikelen 706 tot en met 709, 717 tot en met 720, 734 tot en met 734l voortvloeiende verplichtingen, indien de werkgever met de nakoming daarvan in gebreke is.

Inlenersaansprakelijkheid minimumloon en- vakantietoeslag zeevarenden

Afdeling 12
Bijzondere bepalingen terzake van de zee-arbeidsovereenkomst

Algemene bepalingen

Art. 694

1. De zee-arbeidsovereenkomst is de arbeidsovereenkomst, waaronder begrepen de uitzendovereenkomst, waarbij de zeevarende zich verbindt arbeid aan boord van een zeeschip te verrichten.

Zee-arbeidsovereenkomst, definitie

2. Bij algemene maatregel van bestuur kunnen, na overleg met de betrokken organisaties van scheepsbeheerders en zeevarenden, categorieën van zeevarenden worden aangewezen die niet worden aangemerkt als zeevarenden als bedoeld in lid 1.

Art. 695

1. Deze afdeling is van toepassing op zeeschepen die op grond van Nederlandse rechtsregels gerechtigd zijn de vlag van het Koninkrijk te voeren en op zeeschepen die gerechtigd zijn een andere vlag te voeren, indien de zee-arbeidsovereenkomst wordt beheerst door Nederlands recht.

Werkingssfeer, zeeschepen

2. In deze afdeling wordt onder scheepsbeheerder verstaan de scheepsbeheerder, bedoeld in artikel 1, eerste lid, onderdeel l, van de Wet zeevarenden.

Art. 696

1. Op de zee-arbeidsovereenkomst zijn de bepalingen van de afdelingen 1 tot en met 9 en 11 van deze titel van toepassing, voor zover daarvan in deze afdeling niet is afgeweken. Artikel 617 is niet van toepassing ten aanzien van de dienst aan boord van het zeeschip.

Zee-arbeidsovereenkomst, toepasselijkheid op

2. Van de artikelen 697 lid 2, 698, 699, 700, 705, 706, 709, 711, 712, 720, 721, 728 en 735 tot en met 738 van deze afdeling kan niet worden afgeweken.

Dwingend recht

3. Van de artikelen 697 lid 1, 707, 708, 710, 714, 715, 717 tot en met 719, 723, 724, 729, 730, 734 tot en met 734l en 738a tot en met 738f kan niet ten nadele van de zeevarende worden afgeweken.

Art. 697

1. De zee-arbeidsovereenkomst moet door partijen schriftelijk worden aangegaan en door hen worden ondertekend.

Zee-arbeidsovereenkomst, ondertekening

2. Ieder der partijen dient te beschikken over een ondertekend origineel exemplaar van de zee-arbeidsovereenkomst.

Art. 698

Iedere zeevarende moet aan boord kennis kunnen nemen van zijn zee-arbeidsovereenkomst en van de toepasselijke collectieve arbeidsovereenkomst of regeling door of namens een daartoe bevoegd bestuursorgaan alsmede op eenvoudige wijze duidelijke informatie kunnen krijgen over niet daarin voorkomende arbeidsvoorwaarden.

Zee-arbeidsovereenkomst, kennisneming door zeevarende

Art. 699

De zee-arbeidsovereenkomst vermeldt in ieder geval:

Zee-arbeidsovereenkomst, inhoud

1. de naam en de voornamen van de zeevarende, de dag van zijn geboorte of zijn leeftijd en zijn geboorteplaats of het onbekend zijn van een of meer van deze gegevens;
2. de naam en het adres van de werkgever;
3. de plaats en de dag van het aangaan van de zee-arbeidsovereenkomst;

4. de aanduiding van het zeeschip of de zeeschepen waarop de zeevarende zich verbindt dienst te doen of de bepaling dat hij dienst zal doen op een of meer door de werkgever aan te wijzen zeeschepen;
5. de te ondernemen reis of reizen, als deze reeds vaststaan;
6. het bedrag van het loon van de zeevarende en, voor zover van toepassing, de wijze van berekening;
7. de aanspraak op vakantie of de wijze van berekening van deze aanspraak;
8. het bedrag van het tijdens de vakantie door te betalen loon en, voor zover van toepassing, de wijze van berekening;
9. de door de werkgever aan de zeevarende te verstrekken prestaties voor geneeskundige zorg en sociale zekerheidsuitkeringen;
10. de functie waarin de zeevarende in dienst zal treden;
11. indien mogelijk, de plaats waar en de dag waarop de dienst aan boord zal aanvangen;
12. de beëindiging van de zee-arbeidsovereenkomst, namelijk:
a. indien de overeenkomst voor bepaalde tijd wordt aangegaan, de dag waarop deze arbeidsovereenkomst eindigt, met vermelding van de inhoud van artikel 722 of indien de overeenkomst voor bepaalde tijd bij de reis wordt aangegaan, de haven overeengekomen voor de beëindiging van de overeenkomst of indien de reis eindigt in een andere dan de overeengekomen haven van de inhoud van artikel 723;
b. indien de overeenkomst voor onbepaalde tijd wordt aangegaan, de inhoud van artikel 724 lid 1, eerste volzin;
13. de aanspraak van de zeevarende op repatriëring;
14. een verwijzing naar de toepasselijke collectieve arbeidsovereenkomst of regeling door of namens een daartoe bevoegd bestuursorgaan.

Art. 700

Zee-arbeidsovereenkomst, werkzaamheid na beëindiging

Een zeevarende kan niet worden beperkt in zijn bevoegdheid om na het einde van de zee-arbeidsovereenkomst op zekere wijze werkzaam te zijn.

Art. 701

Zee-arbeidsovereenkomst, aanvang

Vanaf het in de zee-arbeidsovereenkomst vastgelegde tijdstip van aanvang van de arbeidsovereenkomst heeft de zeevarende zich voor de uitoefening van zijn functie ter beschikking te houden van de werkgever. Is over de aanvang van de zee-arbeidsovereenkomst niets bepaald, dan valt deze voor de toepassing van dit artikel samen met het aangaan daarvan.

Art. 702

Zee-arbeidsovereenkomst, indiensttreding

De zeevarende is in dienst aan boord van het zeeschip vanaf het tijdstip dat hij zijn werkzaamheden aan boord aanvangt tot het tijdstip waarop hij van zijn werkzaamheden aan boord wordt ontheven of hij deze neerlegt.

Art. 703

Zee-arbeidsovereenkomst, vertegenwoordiging werkgever door kapitein

De kapitein vertegenwoordigt de werkgever in de uitvoering van de zee-arbeidsovereenkomsten met de zeevarenden, die in dienst zijn aan boord van het door hem gevoerde zeeschip.

Art. 704

Zee-arbeidsovereenkomst, bevoegdheid kantonrechter Rotterdam

1. De zeevarende is verplicht de hem door de kapitein opgedragen werkzaamheden te verrichten, ook indien het andere werkzaamheden betreft dan hij heeft te verrichten overeenkomstig de functie, waarin hij volgens de zee-arbeidsovereenkomst aan boord dienst doet.
2. De zeevarende is verplicht mee te werken aan het behoud van het zeeschip, de opvarenden en de zaken aan boord.

Art. 705

Zee-arbeidsovereenkomst, bevoegdheid kantonrechter Rotterdam

In zaken betreffende een zee-arbeidsovereenkomst of een collectieve arbeidsovereenkomst of regeling door of namens een daartoe bevoegd bestuursorgaan is, ongeacht het toepasselijke recht, de kantonrechter van de rechtbank Rotterdam bij uitsluiting bevoegd, tenzij in deze afdeling anders is bepaald.

Loon

Art. 706

Zee-arbeidsovereenkomst, wijze van voldoening loon

1. Voldoening van het in geld vastgestelde deel van het in dienst aan boord van een zeeschip verdiende loon geschiedt:
a. in de munt, waarin het in de zee-arbeidsovereenkomst is uitgedrukt;
b. in de munt, gangbaar ter plaatse van de voldoening;
c. door girale betaling als bedoeld in artikel 114 van Boek 6.
2. Indien omrekening nodig is, geschiedt deze naar de koers, bedoeld in de artikelen 124 en 126 van Boek 6.

Art. 707

1. De zeevarende kan de werkgever schriftelijk verzoeken zijn loon geheel of gedeeltelijk over te maken aan door de zeevarende aan te wijzen personen. Indien omrekening nodig is, geschiedt deze naar de koers, bedoeld in de artikelen 124 en 126 van Boek 6.

2. Het schriftelijke verzoek om beëindiging van de in lid 1 bedoelde overmaking wordt uiterlijk een maand voor de eerstvolgende betaaldag gedaan.

Zee-arbeidsovereenkomst, overmaken loon aan derden

Art. 708

1. De zeevarende heeft recht op voldoening van het in dienst aan boord van een zeeschip verdiende loon:

a. indien het naar tijdruimte is vastgesteld, in iedere haven, die het zeeschip gedurende de reis aandoet, mits zeven dagen zijn verlopen sedert de laatste uitbetaling;

b. indien het niet naar tijdruimte is vastgesteld, op de in de zee-arbeidsovereenkomst vastgelegde tijdstippen voor voldoening, of, bij stilzwijgen daarvan, door het gebruik en de billijkheid, met dien verstande dat de voldoening telkens uiterlijk na een maand geschiedt.

2. De voldoening van het in lid 1 onder a bedoelde loon geschiedt uiterlijk op de dag volgende op die van de aankomst, maar in ieder geval voor het vertrek uit de haven, met dien verstande dat de betalingen elkaar opvolgen met tussenpozen van niet meer dan een maand.

Zee-arbeidsovereenkomst, tijdstip voldoening loon

Art. 709

1. Verricht de zeevarende arbeid langer dan de door de wet of de zee-arbeidsovereenkomst bepaalde normale arbeidsduur dan heeft hij voor die extra uren recht op een toeslag op het loon, tenzij de kapitein deze arbeid noodzakelijk acht tot behoud van het schip, de opvarenden of de zaken aan boord. Het bedrag van de toeslag wordt bepaald door de zee-arbeidsovereenkomst of, bij stilzwijgen daarvan, door het gebruik of de billijkheid.

2. Bij collectieve arbeidsovereenkomst of regeling door of namens een daartoe bevoegd bestuursorgaan kan worden bepaald dat in het loon een vergoeding voor overwerk is begrepen.

3. De kapitein doet van ieder geval van overwerk aantekening in een daartoe bestemd register. Elke aantekening wordt ondertekend door de zeevarende binnen een termijn van ten hoogste een maand.

Zee-arbeidsovereenkomst, loontoeslag/vergoeding bij overwerk

Art. 710

Verricht de zeevarende andere werkzaamheden dan hij heeft te verrichten overeenkomstig de functie, waarin hij volgens de zee-arbeidsovereenkomst aan boord dienst doet, dan heeft hij recht op het daarmee overeenkomende loon indien dit hoger is dan het loon voortvloeiende uit de zee-arbeidsovereenkomst.

Zee-arbeidsovereenkomst, loontoeslag voor andere werkzaamheden

Art. 711

Werkt de zeevarende mee aan het behoud van het zeeschip, de opvarenden en de zaken aan boord, dan heeft hij recht op een buitengewone beloning voor de dagen, gedurende welke hij tot dit behoud werkzaam is geweest.

Zee-arbeidsovereenkomst, buitengewone beloning

Art. 712

Indien een zeeschip, dat niet tot het verrichten van sleepdienst is bestemd, aan een ander in open zee aangetroffen schip sleepdienst bewijst onder omstandigheden die geen aanspraak op hulploon geven, hebben de zeevarende recht op een aandeel in het sleeploon. De werkgever deelt iedere zeevarende voor de uitbetaling desgevraagd het bedrag van het sleeploon en de verdeling daarvan schriftelijk mee.

Zee-arbeidsovereenkomst, sleeploon

Art. 713

Een rechtsvordering op grond van de artikelen 709 tot en met 712 verjaart na verloop van zes maanden na het ontstaan van het vorderingsrecht.

Zee-arbeidsovereenkomst, verjaring rechtsvordering op loontoeslagen

Art. 714

Voor zover het in geld uitgedrukte deel van het loon is vastgesteld bij de reis, heeft de zeevarende recht op een evenredige verhoging van het loon, als de reis door toedoen van de scheepsbeheerder, door molest of door verblijf in een noodhaven of een andere soortgelijke reden wordt verlengd in het belang van het zeeschip, de opvarenden en de zaken aan boord.

Zee-arbeidsovereenkomst, loonsverhoging bij verlenging reis

Art. 715

De in artikel 626 bedoelde opgave wordt maandelijks verstrekt en bevat tevens een opgave van de munteenheid of de koers die afwijkt van hetgeen is overeengekomen.

Zee-arbeidsovereenkomst, loonopgave

Art. 716

Geen loon is verschuldigd voor de tijd gedurende welke de zeevarende zonder deugdelijke grond heeft geweigerd de bedongen arbeid of andere opgedragen werkzaamheden te verrichten.

Zee-arbeidsovereenkomst, geen loon bij werkweigering

Vakantie

Art. 717

1. De zeevarende verwerft over ieder jaar waarin hij gedurende de volledige overeengekomen arbeidsduur recht op loon heeft gehad, aanspraak op vakantie van ten minste 30 kalenderdagen.

Zee-arbeidsovereenkomst, vakantie

B7 art. 718

Burgerlijk Wetboek Boek 7

2. De zeevarende behoudt zijn aanspraak op vakantie over het tijdvak gedurende hetwelk hij studieverlof geniet.

3. Tot vakantie worden niet gerekend:
a. officieel of algemeen erkende feestdagen;
b. tijdelijk verlof om aan wal te gaan;
c. compensatieverlof;
d. de duur van het vervoer, bedoeld in lid 6;
e. de tijd doorgebracht in afwachting van repatriëring en de reisduur in verband met repatriëring.

4. De werkgever is verplicht om de vakantie, bedoeld in lid 1, aaneengesloten te geven. Van deze verplichting kan worden afgeweken bij collectieve arbeidsovereenkomst of regeling door of namens een daartoe bevoegd bestuursorgaan.

5. De vakantie, bedoeld in lid 1 en in artikel 641 lid 3, wordt desverzocht aan de zeevarende gegeven in de plaats waar de dienst aan boord is aangevangen, of de plaats waar de zee-arbeidsovereenkomst is aangegaan, al naar gelang die plaats het dichtst is gelegen bij de woonplaats of gewone verblijfplaats van de zeevarende. Van dit lid kan worden afgeweken bij collectieve arbeidsovereenkomst of regeling door of namens een daartoe bevoegd bestuursorgaan.

6. Indien de zeevarende genoodzaakt is de vakantie, bedoeld in lid 1 en in artikel 641 lid 3, aan te vangen op een andere plaats dan die bedoeld in lid 5, zorgt de werkgever voor kosteloos vervoer naar die andere plaats en voor betaling van de kosten van levensonderhoud gedurende dat vervoer.

7. De werkgever heeft de bevoegdheid een zeevarende die zijn vakantie, bedoeld in lid 1 en in artikel 641 lid 3, geniet, terug te roepen indien daartoe gewichtige redenen zijn en na overleg met de zeevarende. De schade die de zeevarende hierdoor lijdt, wordt door de werkgever vergoed.

8. Een rechtsvordering tot toekenning van vakantie verjaart door verloop van drie jaren na de laatste dag van het kalenderjaar waarin de aanspraak is ontstaan.

Repatriëring

Art. 718

Zee-arbeidsovereenkomst, repatriëring

1. De zeevarende heeft recht op repatriëring op een snelle en geschikte wijze, zo mogelijk per vliegtuig, naar een door hem gekozen plaats van bestemming in geval:
a. van beëindiging van de zee-arbeidsovereenkomst;
b. van ziekte die repatriëring vereist;
c. van herstel van ziekte, indien hij ter verpleging is achtergelaten buiten het land waar hij zijn woonplaats of gewone verblijfplaats heeft of de plaats waar de zee-arbeidsovereenkomst is aangegaan;
d. van schipbreuk;
e. de werkgever niet in staat is zijn wettelijke of contractuele verplichtingen na te komen wegens faillissement, verkoop van het zeeschip, verandering in de registratie van het zeeschip of wegens een andere soortgelijke reden;
f. het zeeschip koers zet naar een oorlogsgebied, terwijl de zeevarende weigert naar dat gebied te gaan, of
g. van verloop van een termijn van maximaal 12 maanden waarin de zeevarende aan boord werkzaam is geweest.

2. In geval van repatriëring is de werkgever verplicht de volgende kosten te vergoeden:
a. de reis naar de plaats van bestemming;
b. huisvesting en voeding vanaf de dag waarop de zeevarende het zeeschip heeft verlaten totdat hij de plaats van bestemming heeft bereikt;
c. loon en vergoedingen vanaf de dag dat de zeevarende het zeeschip heeft verlaten totdat hij de plaats van bestemming heeft bereikt;
d. medische behandeling, indien nodig, totdat de gezondheidstoestand van de zeevarende het toelaat naar de plaats van bestemming te reizen.

3. Als plaats van bestemming wordt aangemerkt:
a. de plaats waar de zee-arbeidsovereenkomst is aangegaan;
b. het land waar de zeevarende zijn woonplaats of gewone verblijfplaats heeft, of
c. de plaats die in de zee-arbeidsovereenkomst of de toepasselijke collectieve arbeidsovereenkomst of regeling door of namens een daartoe bevoegd bestuursorgaan is bepaald.

4. Het in lid 1 bedoelde recht vervalt indien de zeevarende niet binnen twee dagen, nadat een van de in lid 1 onder a, c, d, e, f en g genoemde omstandigheden zich heeft voorgedaan, zijn wens tot repatriëring kenbaar maakt aan de kapitein. Bij collectieve arbeidsovereenkomst of regeling door of namens een daartoe bevoegd bestuursorgaan kan een langere termijn worden overeengekomen.

5. Een afschrift van de wettelijke bepalingen inzake repatriëring is zowel in de Nederlandse als in de Engelse taal voor de zeevarende aan boord beschikbaar.

Vergoeding in geval van schipbreuk of andere ramp aan het zeeschip en in geval van overlijden van de zeevarende

Art. 719

1. De werkgever is jegens de zeevarende aansprakelijk voor de schade die de zeevarende lijdt als gevolg van schipbreuk of een andere aan het zeeschip overkomen ramp.

2. In geval van geheel of gedeeltelijk verlies van de uitrusting van de zeevarende ten gevolge van schipbreuk of andere ramp heeft de zeevarende aanspraak op een uitkering, waarvan de hoogte wordt vastgesteld bij algemene maatregel van bestuur.

3. In geval van werkloosheid ten gevolge van schipbreuk of andere ramp heeft de zeevarende aanspraak op een uitkering ter hoogte van het bij de zee-arbeidsovereenkomst in geld vastgestelde deel van het loon voor de duur van de werkloosheid, maar ten hoogste gedurende twee maanden. Indien het loon niet naar tijdruimte is vastgesteld, betreft de uitkering een bedrag gelijk aan het loon dat volgens gebruik bij vaststelling van het gehele loon naar tijdruimte wordt voldaan.

4. De uitkering, bedoeld in het derde lid, wordt verminderd met het loon waarop de zeevarende op grond van artikel 729 recht heeft.

5. Indien de zeevarende bij schipbreuk of andere ramp het leven verliest, komen de in het tweede en derde lid bedoelde uitkeringen toe aan de nagelaten betrekkingen, bedoeld in artikel 674 lid 3.

6. De vorderingen inzake de in het tweede en derde lid bedoelde uitkeringen zijn bevoorrecht op alle roerende en onroerende zaken van de werkgever. Het voorrecht staat in rang gelijk met dat, bedoeld in artikel 288, onder e, van Boek 3.

Art. 720

1. Indien de zeevarende overlijdt gedurende de dienst aan boord van het zeeschip of aan de wal in verband met de dienst aan boord, komen voor rekening van de werkgever:

a. indien de lijkbezorging plaatsvindt buiten het land waar hij zijn woonplaats of gewone verblijfplaats heeft, de daartoe gemaakte kosten;

b. indien de lijkbezorging plaatsvindt in het land waar hij zijn woonplaats of gewone verblijfplaats heeft, de kosten van en in verband met het vervoer van het stoffelijk overschot naar de woonplaats of gewone verblijfplaats in dat land, alsmede de kosten van en in verband met de daartoe noodzakelijke opgraving van het stoffelijk overschot.

2. De kapitein is verplicht te zorgen voor de aan boord achtergelaten zaken van een gedurende de reis ziek geworden, vermiste of overleden zeevarende en hij is verplicht ten overstaan van twee zeevarenden een behoorlijke beschrijving daarvan op te maken, die door hem en door deze zeevarenden wordt ondertekend. De kapitein draagt er zorg voor dat deze zaken worden afgegeven aan de zeevarende of in geval van vermissing of overlijden aan zijn nagelaten betrekkingen, bedoeld in artikel 674 lid 3.

3. Indien de woonplaats of gewone verblijfplaats van de zeevarende of zijn nagelaten betrekkingen onbekend is of de nagelaten betrekkingen onbekend zijn, is de werkgever verplicht de aan boord achtergelaten zaken gedurende drie jaren te bewaren. Na het verstrijken van deze termijn is de werkgever bevoegd de zaken te verkopen of, indien de zaken zich niet voor verkoop lenen, deze om niet aan een derde in eigendom over te dragen of te vernietigen.

4. In geval van verkoop wordt de opbrengst in de consignatiekas gestort. De in de consignatiekas gestorte opbrengst treedt in de plaats van de zaken.

Einde van de zee-arbeidsovereenkomst

Art. 721

Indien een proeftijd is overeengekomen, kan hierop geen beroep worden gedaan zolang de dienst aan boord niet is geëindigd.

Art. 722

De voor bepaalde tijd aangegane of voortgezette zee-arbeidsovereenkomst eindigt in de eerste haven, die het zeeschip aandoet nadat die tijd is verstreken en, voor zover nodig, opzegging heeft plaatsgevonden.

Art. 723

1. De zee-arbeidsovereenkomst voor bepaalde tijd, aangegaan bij de reis, eindigt na afloop van de reis of de reizen waarvoor zij is aangegaan.

2. Indien de reis eindigt in een andere haven dan overeengekomen, eindigt de zee-arbeidsovereenkomst op het tijdstip waarop de zeevarende overeenkomstig artikel 718 is gerepatrieerd. Indien het recht van de zeevarende op repatriëring is vervallen, eindigt de zee-arbeidsovereenkomst in de andere haven, bedoeld in de eerste volzin, op het moment waarop dit recht is vervallen.

Zee-arbeidsovereenkomst, vergoeding bij schipbreuk/ramp/overlijden

Zee-arbeidsovereenkomst, lijkbezorging

Zee-arbeidsovereenkomst, beëindiging na proeftijd

Zee-arbeidsovereenkomst voor bepaalde tijd, beëindiging

Zee-arbeidsovereenkomst, beëindiging overeenkomst voor bepaalde tijd na afloop reis

B7 art. 724 **Burgerlijk Wetboek Boek 7**

Art. 724

Zee-arbeidsovereenkomst voor onbepaalde tijd, beëindiging

1. Gedurende de tijd dat de zeevarende in dienst is aan boord van een zeeschip kan ieder der partijen de voor onbepaalde tijd aangegane zee-arbeidsovereenkomst door schriftelijke opzegging doen eindigen in iedere haven die wordt aangedaan met inachtneming van een termijn van opzegging van ten minste zeven dagen. De termijn van opzegging mag voor de werkgever niet korter worden gesteld dan voor de zeevarende.

2. Lid 1 is mede van toepassing als de werkgever overlijdt gedurende de tijd dat de zeevarende in dienst is aan boord van een zeeschip, en hetzij de erfgenamen van de werkgever, hetzij de zeevarende gebruik willen maken van de bevoegdheid in artikel 675.

Art. 725

Zee-arbeidsovereenkomst, tijdstip opzegging

Gedurende een reis van het zeeschip kan ieder der partijen de zee-arbeidsovereenkomst slechts op de voet van artikel 677 lid 1 opzeggen tegen het tijdstip, waarop het zeeschip zich in een haven bevindt.

Art. 726

Ontbinding zee-arbeidsovereenkomst, redenen werkgever

Behalve in de gevallen, genoemd in artikel 678 lid 2, zullen voor de werkgever dringende redenen onder andere aanwezig geacht kunnen worden, wanneer:

a. de zeevarende een opvarende van het zeeschip mishandelt, grovelijk beledigt of op ernstige wijze bedreigt of hem verleidt of tracht te verleiden tot handelingen strijdig met de wet of de goede zeden;

b. de zeevarende zich niet op grond van artikel 701 ter beschikking houdt van de werkgever;

c. de zeevarende hetzij tijdelijk, hetzij voorgoed de bevoegdheid wordt ontnomen op een zeeschip dienst te doen in de functie waarin hij zich verbonden heeft dienst te doen;

d. de zeevarende smokkelwaren aan boord heeft gebracht of daar onder zijn berusting heeft of in geval van de kapitein, hij smokkelwaren aan boord heeft gebracht, daar onder zijn berusting heeft of daar heeft toegelaten.

Art. 727

Ontbinding zee-arbeidsovereenkomst, redenen zeevarende

Behalve in de gevallen, genoemd in artikel 679 lid 2, zullen voor de zeevarende dringende redenen aanwezig geacht kunnen worden, wanneer:

a. hem orders worden gegeven die in strijd zijn met de zee-arbeidsovereenkomst of met wettelijke verplichtingen van de zeevarende;

b. het zeeschip bestemd wordt naar een haven van een land dat in een gewapend conflict is gewikkeld of naar een haven die is geblokkeerd, tenzij de zee-arbeidsovereenkomst dit uitdrukkelijk voorziet en is aangegaan na het uitbreken van het conflict of na het afkondigen van de blokkade;

c. hem orders worden gegeven te vertrekken naar een vijandelijke haven;

d. het zeeschip wordt gebruikt in een gewapend conflict;

e. het zeeschip wordt gebruikt voor het plegen van misdrijven;

f. voor hem aan boord gevaar voor mishandeling door een andere zeevarende dreigt;

g. de accommodatie, de voeding of het drinkwater aan boord niet voldoet aan het bepaalde krachtens de artikelen 48 en 48a van de Wet zeevarenden zodanig dat dit schadelijk is voor de gezondheid van de zeevarenden;

h. het zeeschip het recht verliest de vlag van het Koninkrijk te voeren;

i. de zee-arbeidsovereenkomst is aangegaan voor een of meer bepaalde reizen en het zeeschip andere reizen maakt.

Art. 728

Zee-arbeidsovereenkomst, ontbinding door kantonrechter

In afwijking van artikel 705 kan het verzoek om ontbinding van de zee-arbeidsovereenkomst, bedoeld in de artikelen 671b en 671c, mede worden gedaan aan de ingevolge de artikelen 99, 100 en 107 tot en met 109 van het Wetboek van Burgerlijke Rechtsvordering bevoegde kantonrechter.

Art. 729

Zee-arbeidsovereenkomst, ontbinding bij niet doorgaan/staken reis

1. Indien de zee-arbeidsovereenkomst is aangegaan bij de reis en ten gevolge van overmacht de reis niet aanvangt of, nadat zij is aangevangen, wordt gestaakt, eindigt de zee-arbeidsovereenkomst. De zeevarende heeft in het laatstbedoelde geval recht op schadevergoeding gelijk aan het in de zee-arbeidsovereenkomst naar tijdruimte in geld vastgestelde loon, totdat hij in het land van zijn woonplaats of gewone verblijfplaats kan zijn teruggekomen of hij eerder werk heeft gevonden.

2. Lid 1 geldt eveneens als de zeevarende zich uitsluitend verbonden heeft aan boord van een bepaald zeeschip dienst te doen en dit zeeschip vergaat, ook als de zee-arbeidsovereenkomst niet bij de reis is aangegaan.

Art. 730

Zee-arbeidsovereenkomst, ontbinding bij niet doorgaan reis door toedoen scheepsbeheerder

Indien de zee-arbeidsovereenkomst is aangegaan bij de reis en de reis door toedoen van de scheepsbeheerder niet aanvangt of, nadat zij is aangevangen, wordt gestaakt, eindigt de zee-arbeidsovereenkomst. De zeevarende heeft in die gevallen recht op schadevergoeding gelijk aan het bedrag van het voor de reis vastgestelde loon.

Art. 731

De werkgever is verplicht binnen een maand na het einde van de dienst aan boord de zeevarende een schriftelijke afrekening ter hand te stellen. Bij collectieve arbeidsovereenkomst of regeling door of namens een daartoe bevoegd bestuursorgaan kan een langere termijn worden overeengekomen.

Art. 732

Na het einde van de reis, is de zeevarende, wiens zee-arbeidsovereenkomst is geëindigd, gedurende drie werkdagen gehouden op verzoek van de kapitein mee te werken aan het opmaken van een scheepsverklaring als bedoeld in artikel 353 van het Wetboek van Koophandel. De werkgever is verplicht voor deze dagen een schadevergoeding te betalen gelijk aan het in de zee-arbeidsovereenkomst naar tijdruimte in geld vastgestelde deel van dat loon, alsmede de kosten van onderhoud en zo nodig van overnachting.

Art. 733

De kapitein die zijn zee-arbeidsovereenkomst opzegt, terwijl het door hem gevoerde zeeschip zich op reis bevindt, is verplicht de maatregelen te nemen, die in verband daarmee nodig zijn voor de veiligheid van het zeeschip, de opvarenden en de zaken aan boord, op straffe van schadevergoeding.

De zieke zeevarende

Art. 734

De zeevarende die in verband met ongeschiktheid ten gevolge van ziekte, zwangerschap of bevalling verhinderd is de bedongen arbeid te verrichten, behoudt het recht op het volle loon zolang hij aan boord is.

Art. 734a

1. De zeevarende, bedoeld in artikel 734, heeft tot zijn herstel recht op behoorlijke verpleging en geneeskundige behandeling.

2. Dit recht komt evenwel niet toe aan:
a. de zeevarende die verzekeringsplichtige is op grond van de Zorgverzekeringswet, zolang hij verblijft in Nederland;
b. de zeevarende die verblijft in het land waar hij zijn woonplaats of gewone verblijfplaats heeft.

3. Het recht eindigt, indien de zeevarende is teruggekeerd of heeft kunnen terugkeren naar het land waar hij zijn woonplaats of gewone verblijfplaats heeft.

4. Op de aanspraken, die de zeevarende heeft ingevolge dit artikel, komen de aanspraken ingevolge de Wet langdurige zorg in mindering.

Art. 734b

1. De zeevarende, bedoeld in artikel 734, die verzekerd is ingevolge de Ziektewet of op wie enige daarmee overeenkomende wettelijke regeling van een lidstaat van de Europese Unie van toepassing is, heeft, in afwijking van artikel 629 lid 1, voor een tijdvak van twaalf weken recht op 100 procent van het loon, bedoeld in artikel 629 lid 1, als hij ter verpleging is achtergelaten buiten het land waar hij zijn woonplaats of gewone verblijfplaats heeft.

2. Het recht op betaling van 100 procent van het loon eindigt zodra de zeevarende passende arbeid kan verkrijgen en verrichten dan wel is teruggekeerd of heeft kunnen terugkeren naar het land waar hij zijn woonplaats of gewone verblijfplaats heeft.

Art. 734c

Voor de berekening van het tijdvak van 104 weken, genoemd in artikel 629 lid 1, worden de periode, bedoeld in artikel 734, waarin de zeevarende ziek aan boord is en de in artikel 734b lid 1 bedoelde periode in aanmerking genomen.

Art. 734d

1. De zeevarende, bedoeld in artikel 734, die niet is verzekerd ingevolge de Ziektewet en op wie niet een daarmee overeenkomende wettelijke regeling van een lidstaat van de Europese Unie van toepassing is, heeft, zolang hij niet is hersteld en ongeacht het voortduren van de zeearbeidsovereenkomst, gedurende ten hoogste 52 weken, recht op 80 procent van het naar tijdruimte in geld vastgestelde loon, dat hij genoot toen hij ziek werd, verhoogd met de bij algemene maatregel van bestuur vast te stellen geldswaarde van andere loonbestanddelen.

2. De in lid 1 bedoelde termijn van 52 weken gaat in:
a. als de zeevarende ziek wordt, terwijl hij niet aan boord van een zeeschip in dienst is, op de dag, waarop hij ziek wordt;
b. als hij ziek wordt, terwijl hij aan boord van een zeeschip in dienst is, op de dag, waarop hij aan de wal ter verpleging wordt achtergelaten of waarop hij, nog niet hersteld, met het zeeschip terugkomt. Wordt hij ter verpleging achtergelaten buiten het land waar hij zijn woonplaats of gewone verblijfplaats heeft, dan wordt de uitkering van 80 procent gedurende de eerste 12 weken verhoogd tot 100 procent.

B7 art. 734e

3. De uitkering, bedoeld in de laatste zin van het tweede lid, eindigt zodra de zeevarende passende arbeid kan verkrijgen en verrichten dan wel is teruggekeerd of had kunnen terugkeren naar het land waar hij zijn woonplaats of gewone verblijfplaats heeft.

4. Indien de ziekte een gevolg is van opzet van de zeevarende, kan de loonaanspraak worden verbeurd of verminderd.

Art. 734e

Zee-arbeidsovereenkomst, uitkering/voorziening bij ongeval

1. De zeevarende, bedoeld in artikel 734d, die een ongeval krijgt in verband met zijn zee-arbeidsovereenkomst, heeft, ongeacht het voortduren van deze overeenkomst, recht op uitkeringen en voorzieningen overeenkomstig de artikelen 734f tot en met 734k. Indien de zeevarende tengevolge van het ongeval overlijdt, gaat dit recht over op zijn nagelaten betrekkingen, bedoeld in artikel 674 lid 3.

2. Voor de toepassing van het vorige lid en de artikelen 734f tot en met 734j worden met een ongeval in verband met de zee-arbeidsovereenkomst gelijkgesteld de ziekten, die voorkomen op een bij algemene maatregel van bestuur vast te stellen lijst van ziekten, indien de zeevarende die ziekte heeft gekregen in verband met de zee-arbeidsovereenkomst. De ziekte wordt, tenzij het tegendeel blijkt, geacht verband te houden met de zee-arbeidsovereenkomst, indien zij zich gedurende de zee-arbeidsovereenkomst of binnen een bij algemene maatregel van bestuur vast te stellen termijn na het einde van de arbeidsovereenkomst openbaart.

3. De in het tweede lid bedoelde gelijkstelling is niet van toepassing indien de zeevarende zonder deugdelijke grond ter zake van de in dat lid bedoelde ziekte geweigerd heeft een profylactische behandeling te ondergaan dan wel heeft nagelaten zich aan een zodanige behandeling te onderwerpen, ofschoon hem daartoe kosteloos gelegenheid werd geboden.

Art. 734f

Zee-arbeidsovereenkomst, loon bij tijdelijke algehele arbeidsongeschiktheid

1. De zeevarende, bedoeld in artikel 734d, heeft na afloop van de in artikel 734d bedoelde termijn van 52 weken, in geval van tijdelijke gehele ongeschiktheid tot werken, recht op een uitkering van 70 procent van zijn loon en, in geval van tijdelijke gedeeltelijke ongeschiktheid tot werken, op een uitkering ter hoogte van een in verhouding tot de verloren geschiktheid tot werken staand deel van 70 procent van zijn loon.

2. De in het eerste lid bedoelde uitkering eindigt met ingang van de dag, waarop blijvende gehele of gedeeltelijke ongeschiktheid tot werken intreedt, dan wel, indien de tijdelijke gehele of gedeeltelijke ongeschiktheid tot werken voortduurt, uiterlijk met ingang van de dag, gelegen drie jaren na afloop van de in artikel 734d bedoelde termijn van 52 weken.

3. De zeevarende, bedoeld in artikel 734d, die op de dag, gelegen na afloop van de in artikel 734d bedoelde termijn van 52 weken, blijvend geheel of gedeeltelijk ongeschikt is tot werken of binnen drie jaren na die dag blijvend geheel of gedeeltelijk ongeschikt wordt tot werken, dan wel op de dag gelegen drie jaren na vorenbedoelde dag, nog tijdelijk geheel of gedeeltelijk ongeschikt is tot werken, heeft recht op een uitkering ineens van driemaal de uitkering over een jaar, berekend naar de uitkering, waarop hij laatstelijk aanspraak had vóór de dag, waarop dat recht ontstaat. Met ingang van de dag, waarop recht ontstaat op een uitkering ineens als bedoeld in de vorige zin, kunnen ter zake van het betreffende ongeval geen rechten meer worden ontleend aan de artikelen 734e tot en met 734k.

4. Voor de toepassing van de vorige leden wordt een zeevarende geheel of gedeeltelijk ongeschikt geacht tot werken, indien hij ten gevolge van een ongeval als bedoeld in artikel 734e geheel of gedeeltelijk ongeschikt is geworden tot arbeid, die voor zijn krachten en bekwaamheden is berekend en die met het oog op zijn opleiding en vroeger beroep hem in redelijkheid kan worden opgedragen.

5. Indien de zeevarende, bedoeld in artikel 734d, niet de medewerking verleent, die redelijkerwijs van hem verlangd kan worden tot het herkrijgen van zijn gezondheid of zijn arbeidsvermogen, voor zover deze door een ongeval als bedoeld in artikel 734e zijn geschaad, zal bij de schatting van de mate van ongeschiktheid tot werken, bedoeld in de vorige leden, de toestand in aanmerking genomen kunnen worden, die waarschijnlijk zou zijn ontstaan, indien die medewerking ten volle zou zijn verleend.

Art. 734g

Zee-arbeidsovereenkomst, geneeskundige behandeling na ongeval

1. De zeevarende, bedoeld in artikel 734d, heeft ter zake van een ongeval als bedoeld in artikel 734e van de dag van het ongeval af recht op geneeskundige behandeling of vergoeding daarvoor, indien hij verblijft in of heeft kunnen terugkeren naar het land, waar hij zijn woonplaats of gewone verblijfplaats heeft, uiterlijk tot de dag, gelegen drie jaren na afloop van de in artikel 734d bedoelde termijn van 52 weken en onverminderd het bepaalde in de laatste volzin van artikel 734f lid 3. Onder geneeskundige behandeling is begrepen het verstrekken van kunstmiddelen, voor zover deze zijn geschiktheid tot werken kunnen bevorderen of tot verbetering van zijn levensomstandigheden kunnen bijdragen, alsmede het onderricht in het gebruik van die kunstmiddelen.

Nadere regels

2. Bij algemene maatregel van bestuur kunnen regels worden gesteld met betrekking tot het bepaalde in dit artikel.

Art. 734h

1. Onverminderd artikel 674 hebben de nagelaten betrekkingen, bedoeld in artikel 734e lid 1, recht op een uitkering ineens, die bedraagt:

a. voor degene, met wie de overledene ten tijde van het ongeval gehuwd was of een geregistreerd partnerschap was aangegaan: driemaal de uitkering over een jaar, berekend naar 30 procent van het loon van de overledene;

b. voor elk kind of stiefkind beneden de leeftijd van achttien jaar: driemaal de uitkering over een jaar, berekend naar 15 procent en, indien dit kind ouderloos is, berekend naar 20 procent van het loon van de overledene;

c. voor degene, met wie de overledene ten tijde van het ongeval in gezinsverband samenleefde en in wiens kosten van bestaan hij grotendeels voorzag, niet vallende onder a of b: driemaal hetgeen hij in de regel over een jaar tot diens levensonderhoud bijdroeg, doch niet meer dan driemaal de uitkering over een jaar, berekend naar 30 procent van het loon van de overledene, met dien verstande, dat, indien de betrokkene jonger is dan achttien jaar, niet meer wordt uitgekeerd dan hij als kind van de overledene zou hebben ontvangen.

2. De in het eerste lid bedoelde uitkeringen zullen tezamen niet meer bedragen dan driemaal de uitkering over een jaar, berekend naar 60 procent van het loon van de overledene. De personen, bedoeld in het eerste lid, onder c, hebben alleen recht op een uitkering, indien de personen, bedoeld onder a en b van dat lid allen hun volle uitkering hebben ontvangen. Indien de personen, bedoeld in het eerste lid, onder a en b tezamen een uitkering zouden ontvangen van meer dan driemaal de uitkering over een jaar, berekend naar 60 procent van het loon van de overledene, ondergaat elk van deze uitkeringen een evenredige vermindering.

3. Voor de toepassing van dit artikel en van artikel 734e is het bepaalde bij of krachtens artikel 8 van de Algemene nabestaandenwet van overeenkomstige toepassing.

Art. 734i

Bij algemene maatregel van bestuur kunnen regels worden gesteld ter voorkoming of beperking van samenloop van uitkeringen of voorzieningen als bedoeld in de artikelen 734 en 734d tot en met 734h met uitkeringen of voorzieningen uit andere hoofde.

Art. 734j

Onder loon van de zeevarende wordt voor de toepassing van de artikelen 734f en 734h verstaan het naar tijdruimte in geld vastgestelde loon, dat hij genoot tot het ongeval, bedoeld in artikel 734e, plaatsvond, verhoogd met de bij algemene maatregel van bestuur vast te stellen geldswaarde van andere loonbestanddelen. Hetgeen het naar tijdruimte in geld vastgestelde loon meer bedraagt dan een bij algemene maatregel van bestuur te bepalen bedrag, wordt daarbij niet in aanmerking genomen.

Art. 734k

1. Indien een daartoe door Ons erkende vereniging met volledige rechtsbevoegdheid is opgericht, is de werkgever ter waarborging van zijn tegenover de in artikel 734d bedoelde zeevarenden en hun nagelaten betrekkingen uit de artikelen 734d tot en met 734j voortvloeiende verplichtingen van rechtswege aangesloten bij die vereniging.

2. In het geval, bedoeld in het eerste lid, zijn de werkgever en de vereniging hoofdelijk verbonden tegenover de in artikel 734d bedoelde zeevarenden en hun nagelaten betrekkingen en zijn de werkgever en de scheepsbeheerder hoofdelijk verbonden tegenover de vereniging voor de nakoming van de uit de artikelen 734d tot en met 734k voortvloeiende verplichtingen.

3. Op haar verzoek kan een vereniging worden erkend als vereniging, bedoeld in het eerste lid, indien zij voldoet aan de volgende vereisten:

a. dat zij opgericht is door een of meer naar Ons oordeel representatieve organisaties van werkgevers en een of meer naar Ons oordeel representatieve organisaties van zeevarenden, al dan niet tezamen met een of meer werkgevers;

b. dat zij niet beoogt winst te maken.

4. Voor de in het derde lid bedoelde erkenning komt niet meer dan één vereniging in aanmerking.

5. De statuten van de in het eerste lid bedoelde vereniging moeten zodanige bepalingen inhouden, dat:

a. het bestuur voor de helft wordt samengesteld uit vertegenwoordigers van de werkgevers en voor de helft uit vertegenwoordigers van de zeevarenden;

b. de gezamenlijke vertegenwoordigers van de werkgevers ter vergadering evenveel stemmen uitbrengen als de gezamenlijke vertegenwoordigers van de zeevarenden;

c. de kosten van de uit de artikelen 734d tot en met 734k voortvloeiende verplichtingen met betrekking tot de in het eerste lid bedoelde zeevarenden en hun nagelaten betrekkingen, alsmede de kosten verbonden aan de vorming en instandhouding van een reserve, per jaar worden omgeslagen over de werkgevers naar rato van het loon, dat in dat jaar aan de zeevarenden is uitbetaald, waarbij onder loon wordt verstaan loon in de zin van hoofdstuk 3 van de Wet financiering sociale verzekeringen.

Zee-arbeidsovereenkomst, uitkering aan nagelaten betrekkingen

Schakelbepaling

Nadere regels

Zee-arbeidsovereenkomst, definitie loon

Zee-arbeidsovereenkomst, werkgeversvereniging

Art. 734l

Zee-arbeidsovereenkomst, uitkering verpleging/huisvesting/voeding bij ziekte

1. Na zijn herstel heeft de zeevarende, ongeacht het voortduren van de zee-arbeidsovereenkomst, recht op een uitkering, gelijk aan het naar tijdruimte in geld vastgestelde loon, dat hij genoot toen hij ziek werd, indien hij ter verpleging is achtergelaten buiten het land waar hij zijn woonplaats of gewone verblijfplaats heeft en elders dan ter plaatse waar hij zich bevond toen hij de zee-arbeidsovereenkomst met de werkgever is aangegaan.

2. De zeevarende heeft voorts recht op huisvesting en voeding.

3. De in lid 1 en 2 bedoelde rechten eindigen zodra de zeevarende passende arbeid kan verkrijgen en verrichten dan wel is teruggekeerd of heeft kunnen terugkeren naar het land waar hij zijn woonplaats of gewone verblijfplaats heeft of de plaats waar hij zich bevond toen hij de arbeidsovereenkomst met de werkgever is aangegaan.

4. Indien de ziekte een gevolg is van opzet van de zeevarende, kan de in lid 1 bedoelde uitkering worden verbeurd of verminderd.

Art. 734m

Zee-arbeidsovereenkomst, toepasselijkheid Wetboek van Burgerlijke Rechtsvordering

1. Artikel 93, aanhef en onder c, van het Wetboek van Burgerlijke Rechtsvordering is van toepassing op alle vorderingen krachtens de artikelen 734d tot en met 734k door of tegen de in lid 1 van artikel 734k bedoelde zeevarenden of hun nagelaten betrekkingen ingesteld tegen onderscheidenlijk door de in dat lid bedoelde vereniging.

2. Elk beding strijdig met enige bepaling van dit artikel of artikel 734k is nietig, behoudens dat partijen kunnen overeenkomen om een vordering als bedoeld in het eerste lid aan arbitrage te onderwerpen.

De tijdelijk aan boord van een zeeschip werkzame werknemer

Art. 735

Zee-arbeidsovereenkomst, tijdelijke werknemer

Op de arbeidsovereenkomst van de werknemer die gewoonlijk arbeid aan de wal verricht, zijn de artikelen 702, 703, 704 lid 2, 709, 711, 718 tot en 720, 725, 732, 734 tot en met 734c, 734e tot en met 734m en 738 tot en met 738f van overeenkomstige toepassing, indien en voor zolang hij gedurende de reis arbeid aan boord van een zeeschip verricht.

De arbeidsovereenkomst naar buitenlands recht

Art. 736

Zee-arbeidsovereenkomst, overeenkomst naar buitenlands recht

1. Op de arbeidsovereenkomst van een zeevarende die zich verbindt arbeid te verrichten aan boord van een zeeschip en wiens arbeidsovereenkomst wordt beheerst door buitenlands recht, zijn de artikelen 697, 699, 702 tot en met 712, 714 tot en met 725, 729, 731, 732, 734, 734a, 734d tot en met 734l en 738 tot en met 738f van overeenkomstige toepassing.

2. Op de arbeidsovereenkomst van een werknemer die gewoonlijk arbeid aan de wal verricht en wiens arbeidsovereenkomst wordt beheerst door buitenlands recht zijn de artikelen 702, 703, 704 lid 2, 705, 709, 711, 718 tot en met 720, 725, 732, 734, 734a, 734d tot en met 734l en 738 tot en met 738f van overeenkomstige toepassing, indien en voor zolang hij gedurende de reis arbeid aan boord van een zeeschip verricht.

Verplichtingen van de scheepsbeheerder

Art. 737

Zee-arbeidsovereenkomst, verplichtingen scheepsbeheerder

1. De artikelen 718 tot en met 720 zijn van overeenkomstige toepassing op personen die, anders dan op grond van een arbeidsovereenkomst en ongeacht het toepasselijke recht, werkzaamheden verrichten aan boord van een zeeschip, met dien verstande dat voor «werkgever» wordt gelezen: scheepsbeheerder.

2. De scheepsbeheerder is verplicht een verzekering in stand te houden, die in geval van repatriëring als bedoeld in artikel 718 strekt tot voorziening in de kosten, bedoeld in artikel 718, lid 2. De artikelen 738a, leden 5 tot en met 7, 738b en 738c zijn van overeenkomstige toepassing.

Art. 738

Zee-arbeidsovereenkomst, verplichtingen scheepsbeheerder

De scheepsbeheerder is aansprakelijk voor de nakoming van de uit de artikelen 706 tot en met 709, 717, 719, 720 en 734 tot en met 734l voortvloeiende verplichtingen, indien de werkgever tot nakoming daarvan onherroepelijk is veroordeeld en niet tot nakoming overgaat.

Art. 738a

Verplichtingen scheepsbeheerder bij achterlaten zeevarende

1. De scheepsbeheerder draagt zorg voor de repatriëring van de zeevarende, indien de werkgever de zeevarende heeft achtergelaten.

2. Van achterlaten van de zeevarende als bedoeld in lid 1 is sprake, indien de werkgever:

a. in gebreke blijft de kosten, bedoeld in artikel 718, lid 2, te voldoen;

b. de zeevarende heeft achtergelaten zonder de noodzakelijke verzorging en ondersteuning; of

c. zijn verplichtingen jegens de zeevarende niet nakomt, waaronder begrepen het niet voldoen van het aan de zeevarende verschuldigde loon gedurende een tijdvak van tenminste twee maanden.

3. Onder noodzakelijke verzorging en ondersteuning als bedoeld in lid 2, onder b, wordt begrepen: passende huisvesting, indien nodig kleding, voldoende voedsel, drinkwater en brandstof om aan boord van het zeeschip te kunnen overleven en noodzakelijke medische zorg.

4. De scheepsbeheerder is verplicht een verzekering in stand te houden, die in geval van achterlaten van de zeevarende strekt tot voorziening in:

a. loon en andere wettelijke of contractuele aanspraken van de zeevarende, verschuldigd over een tijdvak van ten hoogste vier maanden;

b. alle kosten die in verband met het achterlaten in redelijkheid zijn gemaakt door de zeevarende, waaronder begrepen de kosten, bedoeld in lid 2, onder a; en

c. de noodzakelijke verzorging en ondersteuning, bedoeld in lid 3, of de kosten daarvan totdat de zeevarende de plaats van bestemming heeft bereikt.

5. De verzekeraar verstrekt onverwijld op verzoek van de zeevarende en na ontvangst van de noodzakelijke gegevens betreffende zijn aanspraak de voorzieningen, bedoeld in lid 4.

6. De verzekeraar is slechts bevoegd tot tussentijdse opzegging van de verzekeringsovereenkomst, indien hij daarvan tenminste dertig dagen van te voren schriftelijk of elektronisch mededeling heeft gedaan aan de door Onze Minister van Infrastructuur en Milieu aangewezen autoriteit.

7. Geen bepaling van dit artikel doet afbreuk aan enig recht van verhaal van de verzekeraar op derden.

Art. 738b

1. Vorderingen, die krachtens artikel 738a door een verzekering worden gedekt, kunnen rechtstreeks door de zeevarende worden ingesteld tegen de verzekeraar.

2. De verzekeraar komen alle verweermiddelen toe die de scheepsbeheerder tegen de vorderingen zou hebben kunnen aanvoeren, doch hij kan geen beroep doen op de omstandigheid dat de scheepsbeheerder surseance van betaling is verleend, dat ten aanzien van de scheepsbeheerder de schuldsaneringsregeling natuurlijke personen van toepassing is of dat de scheepsbeheerder zich in staat van faillissement of vereffening bevindt. Verweermiddelen, die hij zou hebben kunnen aanvoeren tegen een door de scheepsbeheerder tegen hem ingestelde vordering, komen de verzekeraar niet toe.

3. De verzekeraar kan de scheepsbeheerder steeds in het geding roepen.

Art. 738c

De verzekeringsovereenkomst, bedoeld in artikel 738a, lid 4, voldoet aan het volgende:

a. de overeenkomst is aangegaan met een verzekeraar van wie Onze Minister van Infrastructuur en Milieu, na overleg met Onze Minister van Financiën, de financiële draagkracht tot het geven van dekking uit hoofde van artikel 738a voldoende oordeelt;

b. de gelden uit de overeenkomst kunnen, indien de verzekeraar buiten Nederland is gevestigd, feitelijk in een land naar keuze van de zeevarende ter beschikking komen;

c. uit de overeenkomst blijkt dat de zeevarende in overeenstemming met artikel 738b, lid 1, zijn vordering rechtstreeks tegen de verzekeraar kan instellen. Indien de overeenkomst een beding inhoudt dat de scheepsbeheerder zelf voor een deel in de uitkering zal bijdragen, blijkt uit de overeenkomst dat de verzekeraar niettemin jegens de zeevarende gehouden blijft tot betaling van ook dat deel;

d. uit de overeenkomst blijkt dat de verzekeraar deze slechts tussentijds kan opzeggen, indien hij daarvan tenminste dertig dagen van te voren schriftelijk of elektronisch mededeling heeft gedaan aan de door Onze Minister van Infrastructuur en Milieu aangewezen autoriteit, bedoeld in artikel 738a, lid 6.

Art. 738d

De artikelen 738a, leden 2 tot en met 7, 738b en 738c zijn van overeenkomstige toepassing op de scheepsbeheerder die tevens de werkgever van de zeevarende is.

Art. 738e

1. De scheepsbeheerder is aansprakelijk voor de schade die de zeevarende lijdt als gevolg van het niet nakomen door de werkgever van zijn contractuele verplichtingen tot vergoeding van door de zeevarende geleden schade in verband met langdurige ongeschiktheid tot werken of overlijden ten gevolge van een ongeval of ziekte in verband met de zee-arbeidsovereenkomst.

2. De scheepsbeheerder is verplicht een verzekering in stand te houden ter dekking van zijn aansprakelijkheid uit hoofde van lid 1. Artikel 738c is van overeenkomstige toepassing.

3. De verzekeraar voldoet de verschuldigde vergoeding van de schade, bedoeld in lid 1, onverwijld. Indien de aard van de langdurige ongeschiktheid tot werken, bedoeld in lid 1, de vaststelling van de omvang van de schadevergoeding bemoeilijkt, stelt de verzekeraar een voorschot beschikbaar aan de zeevarende om onbillijke gevolgen te voorkomen.

B7 art. 738f **Burgerlijk Wetboek Boek 7**

4. De verzekeraar is slechts bevoegd tot tussentijdse opzegging van de verzekeringsovereenkomst, indien hij daarvan ten minste dertig dagen van te voren schriftelijk of elektronisch mededeling heeft gedaan aan de door Onze Minister van Infrastructuur en Milieu aangewezen autoriteit.

5. De verzekeraar is verplicht om onverwijld aan de autoriteit, bedoeld in lid 4, schriftelijk of elektronisch mededeling te doen van de schorsing of beëindiging van de verzekeringsovereenkomst. De autoriteit draagt zorg dat de mededeling zo spoedig mogelijk door tussenkomst van de kapitein van het zeeschip, aan boord waarvan de zeevarende dienst doet, wordt bekend gemaakt aan de zeevarende.

6. Vorderingen tot schadevergoeding, die krachtens dit artikel door een verzekering worden gedekt, kunnen rechtstreeks door de zeevarende of in geval van zijn overlijden, door diens nagelaten betrekkingen, bedoeld in artikel 674, lid 3, worden ingesteld tegen de verzekeraar. Artikel 738b is van overeenkomstige toepassing.

Art. 738f

Verplichte aansprakelijkheidsverzekering scheepsbeheerder tevens werkgever

1. De scheepsbeheerder, die tevens de werkgever van de zeevarende is, is verplicht een verzekering in stand te houden ter dekking van zijn aansprakelijkheid uit hoofde van zijn contractuele verplichtingen tot vergoeding van door de zeevarende geleden schade in verband met langdurige ongeschiktheid tot werken of overlijden ten gevolge van een ongeval of ziekte in verband met de zee-arbeidsovereenkomst.

2. De artikelen 738c en 738e, leden 3 tot en met 6, zijn van overeenkomstige toepassing.

Afdeling 12A
Bijzondere bepalingen ter zake van de zee-arbeidsovereenkomst in de zeevisserij

Art. 739

Begripsbepalingen

In deze afdeling wordt verstaan onder:

a. zeevisserij: de bedrijfsmatige uitoefening van de zeevisserij buitengaats;

b. arbeidsovereenkomst in de zeevisserij: de zee-arbeidsovereenkomst die in het kader van de zeevisserij wordt aangegaan;

c. garantieloon: het naar tijdruimte vastgestelde loon dat door de werkgever verschuldigd is in plaats van het loon dat geheel of gedeeltelijk bestaat uit een aandeel in de vangst of de opbrengst daarvan, indien het laatstgenoemde loon lager uitkomt dan het eerstgenoemde loon.

Art. 740

Zee-arbeidsovereenkomst, zeevarende in de visserij

1. Op de arbeidsovereenkomst van de zeevarende in de zeevisserij zijn de afdelingen 1 tot en met 9 en 11 en 12 van deze titel van toepassing, voor zover daarvan in deze afdeling niet is afgeweken. De artikelen 708, 715, 717, 737 en 738a tot en met 738f zijn niet van toepassing op de arbeidsovereenkomst in de zeevisserij.

2. Van de artikelen 741, 742 en 746 tot en met 749 van deze afdeling kan niet worden afgeweken.

3. Van artikel 745 van deze afdeling kan niet ten nadele van de zeevarende in de zeevisserij worden afgeweken.

Art. 741

Zeevarende in de visserij, garantieloon

De werkgever en de zeevarende in de zeevisserij, wiens loon bestaat uit een aandeel in de vangst of de opbrengst daarvan, komen een garantieloon overeen.

Art. 742

Zeevarende in de visserij, vermelding gegevens in arbeidsovereenkomst

1. De arbeidsovereenkomst van de zeevarende in de zeevisserij vermeldt naast de in artikel 699 genoemde gegevens:

a. het garantieloon en de berekeningswijze van het aandeel van de zeevarende in de vangst of de opbrengst daarvan, voor zover het in geld vastgestelde loon geheel of gedeeltelijk bestaat in een aandeel in de vangst of de opbrengst daarvan;

b. de voorzieningen die de werkgever aan boord verstrekt aan de zeevarende;

c. de door de werkgever aan de zeevarende te verstrekken bescherming in geval van ziekte, ongeval of overlijden in verband met zijn arbeidsovereenkomst; en

d. de minimumrusttijden.

2. Voor zover de gegevens, bedoeld in het eerste lid, zijn vermeld in een toepasselijke collectieve arbeidsovereenkomst of in een regeling door of namens een daartoe bevoegd bestuursorgaan, kan worden volstaan met een verwijzing naar deze overeenkomst of regeling.

Art. 743

Zeevarende in de visserij, uitzondering verlengen loontijdvak bij loon in natura

1. Ten aanzien van de zeevarende in de zeevisserij, wiens loon geheel of gedeeltelijk bestaat uit een aandeel in de vangst of de opbrengst daarvan, kan bij collectieve arbeidsovereenkomst of regeling door of namens een daartoe bevoegd bestuursorgaan worden afgeweken van artikel 623 lid 2, met dien verstande dat het tijdvak na afloop waarvan het loon moet worden voldaan niet langer dan zes maanden is.

2. Wordt aan de zeevarende, bedoeld in het vorige lid, een voorschot betaald als bedoeld in artikel 624 lid 2, dan heeft de zeevarende geen aanspraak jegens de werkgever indien het aan

de in artikel 707 bedoelde persoon overgemaakte bedrag meer bedraagt dan aan de zeevarende verschuldigd is.

Art. 744

Artikel 709 geldt niet ten aanzien van de zeevarende in de zeevisserij wiens loon bestaat uit een aandeel in de vangst of opbrengst daarvan.

Art. 745

Voor de zeevarenden in de zeevisserij, wier loon bestaat uit een aandeel in de vangst of de opbrengst daarvan, wordt voor de toepassing van:

a. de artikelen 719 lid 3, 732, 734, 734b, 734d, 734f, 734h, 734j en 734l onder loon verstaan het voor hen bij algemene maatregel van bestuur vastgestelde bedrag, en

b. artikel 729 lid 1 onder loon verstaan het garantieloon.

Art. 746

De werkgever brengt voor de overmaking, bedoeld in artikel 707, lid 1, geen kosten in rekening bij de zeevarende in de zeevisserij.

Verplichtingen van de scheepsbeheerder

Art. 747

De artikelen 623, 624, 695, lid 1, 697, 698, 700, 702, 703 tot en met 707, 718, 719, leden 1, 2, 5 en 6, 720, 732, 734 tot en met 734m, 742, 743 en 746 zijn van overeenkomstige toepassing op personen die, anders dan op grond van een arbeidsovereenkomst, werkzaamheden verrichten in de zeevisserij, met dien verstande dat voor «werkgever» wordt gelezen: scheepsbeheerder als bedoeld in artikel 1, eerste lid, onderdeel l, van de Wet zeevarenden en in plaats van «loon» wordt gelezen: aandeel in de vangst of de opbrengst daarvan.

Art. 748

Indien de werkgever van de zeevarende in de zeevisserij de verplichtingen inzake repatriëring, bedoeld in artikel 718, niet tijdig nakomt, is de scheepsbeheerder aansprakelijk voor de nakoming daarvan.

Afdeling 12B
De maatschapsovereenkomst in de zeevisserij

Art. 749

1. Op de maatschapsovereenkomst in de zeevisserij zijn de artikelen 623, 624, 695, lid 1, 697, 698, 700, 702, 703 tot en met 707, 718, 719, leden 1, 2, 5 en 6, 720, 732, 734, 734a, 742, lid 1, 743 en 746 van overeenkomstige toepassing, met dien verstande dat in plaats van «zee-arbeidsovereenkomst» wordt gelezen «maatschapsovereenkomst», in plaats van «werkgever» wordt gelezen «scheepsbeheerder, als bedoeld in artikel 1, onderdeel l, van de Wet zeevarenden» en in plaats van «loon» wordt gelezen «aandeel in de vangst of de opbrengst daarvan».

2. Op de maatschapsovereenkomst in de zeevisserij zijn de artikelen 734d tot en met 734m van overeenkomstige toepassing, tenzij de zeevarende in de zeevisserij tegen de geldelijke gevolgen van arbeidsongeschiktheid verzekerd is bij het Sociaal Fonds voor de Maatschapsvisserij, met dien verstande dat in plaats van «zee-arbeidsovereenkomst» wordt gelezen «maatschapsovereenkomst», in plaats van «werkgever» wordt gelezen «scheepsbeheerder, als bedoeld in artikel 1, onderdeel l, van de Wet zeevarenden» en in plaats van «loon» wordt gelezen «aandeel in de vangst of de opbrengst daarvan».

Titel 12
Aanneming van werk

Afdeling 1
Aanneming van werk in het algemeen

Art. 750

1. Aanneming van werk is de overeenkomst waarbij de ene partij, de aannemer, zich jegens de andere partij, de opdrachtgever, verbindt om buiten dienstbetrekking een werk van stoffelijke aard tot stand te brengen en op te leveren, tegen een door de opdrachtgever te betalen prijs in geld.

2. Bestaat de tegenprestatie niet of niet geheel in geld, dan vindt deze titel toepassing, voor zover de aard van de tegenprestatie zich daartegen niet verzet.

B7 art. 751 Burgerlijk Wetboek Boek 7

Art. 751

Uitvoering door anderen bij aanneming van werk

De aannemer is bevoegd het werk onder zijn leiding door anderen te doen uitvoeren, en ten aanzien van onderdelen ook de leiding aan anderen over te laten, zulks onverminderd zijn aansprakelijkheid voor de deugdelijke nakoming van de overeenkomst.

Art. 752

Bepaling prijs bij aanneming van werk

1. Indien de prijs bij het sluiten van de overeenkomst niet is bepaald of slechts een richtprijs is bepaald, is de opdrachtgever een redelijke prijs verschuldigd. Bij de bepaling van de prijs wordt rekening gehouden met de door de aannemer ten tijde van het sluiten van de overeenkomst gewoonlijk bedongen prijzen en met de door hem ter zake van de vermoedelijke prijs gewekte verwachtingen.

2. Indien een richtprijs was bepaald, zal deze richtprijs met niet meer dan 10% mogen worden overschreden, tenzij de aannemer de opdrachtgever zo tijdig mogelijk voor de waarschijnlijkheid van een verdere overschrijding heeft gewaarschuwd, om hem de gelegenheid te geven het werk alsnog te beperken of te vereenvoudigen. De aannemer zal binnen de grenzen van het redelijke aan zulke beperking of vereenvoudiging moeten meewerken.

Schakelbepaling

3. Lid 2 is van overeenkomstige toepassing op aannemingen van werk waarbij de prijs afhankelijk is gesteld van de bij de overeenkomst geschatte tijdsduur voor de uitvoering van het werk.

Art. 753

Verhoging prijs bij aanneming van werk

1. Indien na het sluiten van de overeenkomst kostenverhogende omstandigheden ontstaan of aan het licht komen zonder dat zulks aan de aannemer kan worden toegerekend, zal de rechter op vordering van de aannemer de overeengekomen prijs geheel of gedeeltelijk aan de kostenverhoging kunnen aanpassen, mits de aannemer bij het bepalen van de prijs geen rekening heeft behoeven te houden met de kans op zulke omstandigheden.

2. De aannemer mag de prijs zonder tussenkomst van de rechter aanpassen, indien de kostenverhoging het gevolg is van door de opdrachtgever verschafte onjuiste gegevens welke voor de prijsbepaling van belang zijn, tenzij de aannemer de onjuistheid der gegevens vóór het vaststellen van de prijs had behoren te ontdekken.

3. Het in de leden 1 en 2 bepaalde geldt slechts indien de aannemer de opdrachtgever zo spoedig mogelijk voor de noodzaak van een prijsverhoging heeft gewaarschuwd, opdat deze tijdig hetzij gebruik kan maken van het hem in artikel 764 toegekende recht, hetzij een voorstel kan doen tot beperking of vereenvoudiging van het werk.

Art. 754

Onjuistheid/gebrek bij aanneming van werk

De aannemer is bij het aangaan of het uitvoeren van de overeenkomst verplicht de opdrachtgever te waarschuwen voor onjuistheden in de opdracht voor zover hij deze kende of redelijkerwijs behoorde te kennen. Hetzelfde geldt in geval van gebreken en ongeschiktheid van zaken afkomstig van de opdrachtgever, daaronder begrepen de grond waarop de opdrachtgever een werk laat uitvoeren, alsmede fouten of gebreken in door de opdrachtgever verstrekte plannen, tekeningen, berekeningen, bestekken of uitvoeringsvoorschriften.

Art. 755

Door opdrachtgever gewenste toevoeging/verandering bij aanneming van werk

In geval van door de opdrachtgever gewenste toevoegingen of veranderingen in het overeengekomen werk kan de aannemer slechts dan een verhoging van de prijs vorderen, wanneer hij de opdrachtgever tijdig heeft gewezen op de noodzaak van een daaruit voortvloeiende prijsverhoging, tenzij de opdrachtgever die noodzaak uit zichzelf had moeten begrijpen. Van deze bepaling kan niet ten nadele van de opdrachtgever worden afgeweken, behoudens bij een standaardregeling als bedoeld in artikel 214 van Boek 6.

Art. 756

Ontbinding overeenkomst tot aanneming van werk

1. Indien reeds vóór de vastgestelde tijd van oplevering waarschijnlijk wordt dat het werk niet op tijd of niet behoorlijk zal worden opgeleverd, kan de rechter de overeenkomst op vordering van de opdrachtgever geheel of gedeeltelijk ontbinden.

2. Indien reeds vóór de oplevering wordt dat de opdrachtgever niet op tijd of niet behoorlijk aan zijn verplichtingen zal voldoen, of dat de aannemer de overeenkomst niet zal kunnen uitvoeren ten gevolge van een omstandigheid die hem niet kan worden toegerekend, kan de rechter de overeenkomst op vordering van de aannemer geheel of gedeeltelijk ontbinden.

3. De rechter bepaalt de gevolgen van de ontbinding; hij kan de ontbinding ook doen afhangen van door hem te stellen voorwaarden.

Art. 757

Tenietgaan/verloren gaan zaak bij aanneming van werk

1. Wordt de uitvoering van het werk onmogelijk doordat de zaak waarop of waaraan het werk moet worden uitgevoerd, tenietgaat of verloren raakt zonder dat dit aan de aannemer kan worden toegerekend, dan is de aannemer gerechtigd tot een evenredig deel van de vastgestelde prijs op grondslag van de reeds verrichte arbeid en gemaakte kosten. In geval van opzet of grove schuld van de opdrachtgever is de aannemer gerechtigd tot een bedrag berekend overeenkomstig het bepaalde in artikel 764 lid 2.

2. Bevond de zaak zich echter in het geval, bedoeld in het vorige lid, onder de aannemer, dan is de opdrachtgever tot geen enkele vergoeding gehouden, tenzij het tenietgaan of verloren raken aan zijn schuld was te wijten, in welk geval het vorige lid onverminderd toepassing vindt.

Art. 757a

In geval van aanneming van een bouwwerk legt de aannemer bij de kennisgeving dat het werk klaar is om te worden opgeleverd, bedoeld in artikel 758 lid 1, een dossier aan de opdrachtgever over met betrekking tot het tot stand gebrachte bouwwerk. Het dossier bevat gegevens en bescheiden die volledig inzicht geven in de nakoming van de overeenkomst door de aannemer en de te dien aanzien uitgevoerde werkzaamheden en bevat in ieder geval:

a. tekeningen en berekeningen betreffende het tot stand gebrachte bouwwerk en de bijbehorende installaties, en een beschrijving van de toegepaste materialen en installaties, alsmede de gebruiksfuncties van het bouwwerk;

b. gegevens en bescheiden die nodig zijn voor gebruik en onderhoud van het bouwwerk.

Art. 758

1. Indien de aannemer te kennen heeft gegeven dat het werk klaar is om te worden opgeleverd en de opdrachtgever het werk niet binnen een redelijke termijn keurt en al dan niet onder voorbehoud aanvaardt dan wel onder aanwijzing van de gebreken weigert, wordt de opdrachtgever geacht het werk stilzwijgend te hebben aanvaard. Na de aanvaarding wordt het werk als opgeleverd beschouwd.

2. Na oplevering is het werk voor risico van de opdrachtgever. Derhalve blijft hij de prijs verschuldigd, ongeacht tenietgaan of achteruitgang van het werk door een oorzaak die niet aan de aannemer kan worden toegerekend.

3. De aannemer is ontslagen van de aansprakelijkheid voor gebreken die de opdrachtgever op het tijdstip van oplevering redelijkerwijs had moeten ontdekken.

Art. 759

1. Indien het werk na oplevering gebreken vertoont waarvoor de aannemer aansprakelijk is, moet de opdrachtgever, tenzij zulks in verband met de omstandigheden niet van hem kan worden gevergd, aan de aannemer de gelegenheid geven de gebreken binnen een redelijke termijn weg te nemen, onverminderd de aansprakelijkheid van de aannemer voor schade ten gevolge van de gebrekkige oplevering.

2. De opdrachtgever kan vorderen dat de aannemer de gebreken binnen redelijke termijn wegneemt, tenzij de kosten van herstel in geen verhouding zouden staan tot het belang van de opdrachtgever bij herstel in plaats van schadevergoeding.

Art. 760

1. De gevolgen van een ondeugdelijke uitvoering van het werk, die te wijten is aan gebreken of ongeschiktheid van de door de aannemer gebruikte materialen of hulpmiddelen, komen voor rekening van de aannemer.

2. Is de ondeugdelijke uitvoering echter te wijten aan gebreken of ongeschiktheid van zaken afkomstig van de opdrachtgever, daaronder begrepen de grond waarop hij een werk laat uitvoeren, dan komen de gevolgen voor zijn rekening, voor zover de aannemer niet zijn in artikel 754 bedoelde waarschuwingsplicht heeft geschonden of anderszins met betrekking tot deze gebreken in deskundigheid of zorgvuldigheid tekort is geschoten.

3. Lid 2 is van overeenkomstige toepassing in geval van fouten of gebreken in door de opdrachtgever verstrekte plannen, tekeningen, berekeningen, bestekken of uitvoeringsvoorschriften.

Art. 761

1. Elke rechtsvordering wegens een gebrek in het opgeleverde werk verjaart door verloop van twee jaren nadat de opdrachtgever ter zake heeft geprotesteerd. Indien de opdrachtgever de aannemer een termijn heeft gesteld waarbinnen deze het gebrek zal kunnen wegnemen, begint de verjaring pas te lopen bij het einde van die termijn, of zoveel eerder als de aannemer te kennen heeft gegeven het gebrek niet te zullen herstellen.

2. De rechtsvordering verjaart in ieder geval door verloop van twintig jaren na de oplevering in geval van aanneming van bouwwerken en door verloop van tien jaren na de oplevering in alle andere gevallen.

3. Indien de rechtsvordering krachtens het bepaalde in de vorige leden zou verjaren tussen het tijdstip waarop de aannemer aan de opdrachtgever heeft medegedeeld dat hij het gebrek zal onderzoeken of herstellen, en het tijdstip waarop hij het onderzoek en de pogingen tot herstel kennelijk als beëindigd beschouwt, wordt de verjaringstermijn verlengd overeenkomstig artikel 320 van Boek 3.

4. De leden 1–3 laten onverlet de bevoegdheid van de opdrachtgever om aan een vordering tot betaling van de prijs zijn recht op vermindering daarvan door gedeeltelijke ontbinding van de overeenkomst of op schadevergoeding tegen te werpen.

Art. 762

De aansprakelijkheid van de aannemer voor hem bekende verborgen gebreken die hij heeft verzwegen, kan niet worden uitgesloten of beperkt, noch kan zij aan kortere verjaringstermijnen worden onderworpen dan die voorzien in artikel 761. Verzwijging door degenen die de aannemer met de leiding over de uitvoering van het werk heeft belast, wordt gelijkgesteld met verzwijging door de aannemer.

Dossier tot stand gebracht bouwwerk, overlegging door aannemer

Oplevering bij aanneming van werk

Herstel gebrek door aannemer bij aanneming van werk

Ondeugdelijke uitvoering bij aanneming van werk

Schakelbepaling

Verjaring rechtsvordering wegens gebrek bij aanneming van werk

Verzwijging verborgen gebrek door aannemer bij aanneming van werk

Art. 763

Dood/arbeidsongeschiktheid aannemer bij aanneming van werk

Indien de aannemer na het sluiten van de overeenkomst overlijdt of duurzaam arbeidsongeschikt wordt, kan ieder der partijen de overeenkomst beëindigen, voor zover zij, gezien de aard van de overeenkomst, aan het overlijden of de duurzame arbeidsongeschiktheid een redelijk belang bij beëindiging kan ontlenen. Voor de reeds verrichte arbeid en gemaakte kosten is de opdrachtgever een naar redelijkheid en met inachtneming van alle omstandigheden te bepalen vergoeding verschuldigd.

Art. 764

Opzegging overeenkomst tot aanneming van werk

1. De opdrachtgever is te allen tijde bevoegd de overeenkomst geheel of gedeeltelijk op te zeggen.

2. In geval van zulke opzegging zal hij de voor het gehele werk geldende prijs moeten betalen, verminderd met de besparingen die voor de aannemer uit de opzegging voortvloeien, tegen aflevering door de aannemer van het reeds voltooide werk. Indien de prijs afhankelijk was gesteld van de werkelijk door de aannemer te maken kosten, wordt de door de opdrachtgever verschuldigde prijs berekend op grondslag van de gemaakte kosten, de verrichte arbeid en de winst die de aannemer over het gehele werk zou hebben gemaakt.

Afdeling 2
Bijzondere bepalingen voor de bouw van een woning in opdracht van een natuurlijk persoon die niet handelt in de uitoefening van een beroep of bedrijf

Art. 765

Werkingssfeer

Deze afdeling is van toepassing op aanneming van werk die strekt tot de bouw van een woning, bestaande uit een onroerende zaak of bestanddeel daarvan, in opdracht van een natuurlijk persoon die niet handelt in de uitoefening van een beroep of bedrijf.

Art. 765a

Aansprakelijkheid aannemer

1. Voordat de opdrachtgever gebonden is aan een overeenkomst als bedoeld in artikel 765 dan wel aan een daartoe strekkend aanbod, informeert de aannemer de opdrachtgever schriftelijk en ondubbelzinnig of en, zo ja, op welke wijze de nakoming van zijn verplichtingen tot uitvoering van het werk en zijn aansprakelijkheid voor gebreken die aan hem zijn toe te rekenen door een verzekering dan wel een andere financiële zekerheid is of zal worden gedekt. Deze informatie wordt op een voor de opdrachtgever duidelijke en begrijpelijke wijze verstrekt en ziet in ieder geval op de omvang van de verzekering of de financiële zekerheid, de dekkingsgraad, de looptijd en de som waarvoor de verzekering is afgesloten dan wel de financiële zekerheid is verstrekt.

2. De in het eerste lid bedoelde informatie vormt een integraal onderdeel van de overeenkomst.

Art. 766

Overeenkomst tot aanneming van werk met betrekking tot bouw woning

1. Een overeenkomst als bedoeld in artikel 765 wordt schriftelijk aangegaan.

2. De tussen partijen opgemaakte akte of een afschrift daarvan moet aan de opdrachtgever ter hand worden gesteld, desverlangd tegen afgifte aan de aannemer van een gedateerd ontvangstbewijs. Gedurende drie dagen na deze terhandstelling heeft de opdrachtgever het recht de overeenkomst te ontbinden. Komt, nadat de opdrachtgever van dit recht gebruik gemaakt heeft, binnen zes maanden tussen dezelfde partijen met betrekking tot dezelfde te bouwen woning opnieuw een overeenkomst tot stand, dan ontstaat het recht niet opnieuw.

Werkingssfeer

3. De leden 1–2 zijn niet van toepassing indien de overeenkomst strekt tot de bouw van een woning op grond die de opdrachtgever reeds toebehoort, en de overeenkomst niet met de koop van deze grond in verband staat.

Art. 767

Betaling bouw woning bij aanneming van werk

De opdrachtgever kan slechts worden verplicht tot het doen van betalingen die, althans bij benadering, overeenstemmen met de voortgang van de bouw of met de waarde van de aan hem overgedragen goederen, behoudens dat kan worden bedongen dat hij ter verzekering van de nakoming van zijn verplichtingen een bedrag dat niet hoger is dan 10% van de aanneemsom, in depot stort bij een notaris dan wel voor dit bedrag vervangende zekerheid stelt. Het teveel betaalde geldt als onverschuldigd betaald.

Art. 768

Inhouding maximaal 5% van aanneemsom bij oplevering woning bij aanneming van werk

1. De opdrachtgever kan, zonder beroep te doen op artikel 262 van Boek 6 en onder behoud van zijn recht op oplevering, maximaal 5% van de aanneemsom inhouden op de laatste termijn of laatste termijnen en dit bedrag in plaats van aan de aannemer te betalen, in depot storten bij een notaris.

2. De notaris brengt het bedrag in de macht van de aannemer nadat drie maanden zijn verstreken na het tijdstip van oplevering, tenzij de opdrachtgever van de in artikel 262 van Boek 6 toegekende bevoegdheid wenst gebruik te maken. In dat geval deelt de opdrachtgever aan de notaris mee tot welk bedrag het depot moet worden gehandhaafd.

3. De notaris brengt het bedrag voorts in de macht van de aannemer voor zover de opdrachtgever daarin toestemt, de aannemer vervangende zekerheid stelt of bij een uitspraak die partijen bindt, is beslist dat een depot niet of niet langer gerechtvaardigd is.

4. Indien de opdrachtgever aan de aannemer schadevergoeding verschuldigd is wegens de in lid 1 bedoelde depotstorting of de door de aannemer gestelde vervangende zekerheid, wordt deze gesteld op de wettelijke rente bedoeld in artikel 119 van Boek 6. Gedurende de drie maanden bedoeld in lid 2, is zij niet verschuldigd, zelfs niet indien geen gebreken worden geconstateerd.

Art. 769

Van deze afdeling en voor zover voor de toepassing van artikel 768 nodig, van artikel 262 van Boek 6, kan niet ten nadele van de opdrachtgever worden afgeweken, behoudens bij een standaardregeling als bedoeld in artikel 214 van Boek 6.

Dwingend recht

Titel 14
Borgtocht

Afdeling 1
Algemene bepalingen

Art. 850

1. Borgtocht is de overeenkomst waarbij de ene partij, de borg, zich tegenover de andere partij, de schuldeiser, verbindt tot nakoming van een verbintenis, die een derde, de hoofdschuldenaar, tegenover de schuldeiser heeft of zal krijgen.

Borgtocht

2. Voor de geldigheid van een borgtocht is niet vereist dat de hoofdschuldenaar deze kent.

3. Op borgtocht zijn de bepalingen omtrent hoofdelijke verbintenissen van toepassing, voor zover daarvan in deze titel niet wordt afgeweken.

Geldigheid borgtocht
Schakelbepaling

Art. 851

1. De borgtocht is afhankelijk van de verbintenis van de hoofdschuldenaar, waarvoor zij is aangegaan.

Afhankelijkheid borgtocht van verbintenis van hoofdschuldenaar

2. Borgtocht kan slechts voor toekomstige verbintenissen van de hoofdschuldenaar worden aangegaan, voor zover zij voldoende bepaalbaar zijn.

(Zie ook: art. 7 BW Boek 3)

Art. 852

1. Verweermiddelen die de hoofdschuldenaar jegens de schuldeiser heeft, kunnen ook door de borg worden ingeroepen, indien zij het bestaan, de inhoud of het tijdstip van nakoming van de verbintenis van de hoofdschuldenaar betreffen.

Bevoegdheid borg bij borgtocht

2. Indien de hoofdschuldenaar bevoegd is om ter vernietiging van de rechtshandeling waaruit de verbintenis voortspruit, een beroep op een vernietigingsgrond te doen en hem door de borg of door de schuldeiser een redelijke termijn is gesteld ter uitoefening van die bevoegdheid, is de borg gedurende die termijn bevoegd de nakoming van zijn verbintenis op te schorten.

3. Zolang de hoofdschuldenaar bevoegdelijk de nakoming van zijn verbintenis jegens de schuldeiser opschort, is ook de borg bevoegd de nakoming van zijn verbintenis op te schorten.

Art. 853

Door voltooiing van de verjaring van de rechtsvordering tot nakoming van de verbintenis van de hoofdschuldenaar, gaat de borgtocht teniet.

Tenietgaan borgtocht

Art. 854

Strekt de verbintenis van de hoofdschuldenaar tot iets anders dan tot betaling van een geldsom, dan geldt de borgtocht voor de vordering tot schadevergoeding in geld, verschuldigd op grond van niet-nakoming van die verbintenis, tenzij uitdrukkelijk anders is bedongen.

Verbintenis tot iets anders dan betaling geldsom bij borgtocht

Art. 855

1. De borg is niet gehouden tot nakoming voordat de hoofdschuldenaar in de nakoming van zijn verbintenis is tekort geschoten.

Tekortschieten hoofdschuldenaar in nakoming verbintenis bij borgtocht

2. De schuldeiser die de hoofdschuldenaar overeenkomstig artikel 82 van Boek 6 in gebreke stelt, is verplicht hiervan tegelijkertijd de borg mededeling te doen.

Art. 856

1. De borg is slechts wettelijke rente verschuldigd over het tijdvak dat hijzelf in verzuim is, tenzij de hoofdschuldenaar in verzuim is krachtens artikel 83 onder *b* van Boek 6.

Betaling kosten door borg bij borgtocht

2. De borg is gehouden de kosten van rechtsvervolging van de hoofdschuldenaar te vergoeden, indien hij tijdig door mededeling van het voornemen tot rechtsvervolging in de gelegenheid is gesteld deze kosten te voorkomen.

Afdeling 2
Borgtocht, aangegaan buiten beroep of bedrijf

Art. 857

Werkingssfeer De bepalingen van deze afdeling zijn van toepassing op borgtochten die zijn aangegaan door een natuurlijk persoon die noch handelde in de uitoefening van zijn beroep of bedrijf, noch ten behoeve van de normale uitoefening van het bedrijf van een naamloze vennootschap of besloten vennootschap met beperkte aansprakelijkheid, waarvan hij bestuurder is en alleen of met zijn medebestuurders de meerderheid der aandelen heeft.

Art. 858

Maximumbedrag bij borgtocht door natuurlijk persoon 1. Indien het bedrag van de verbintenis van de hoofdschuldenaar op het tijdstip van het aangaan van de borgtocht niet vaststaat, is de borgtocht slechts geldig, voor zover een in geld uitgedrukt maximum-bedrag is overeengekomen.

2. Overeenkomstig artikel 856 verschuldigde rente en kosten kunnen ongeacht dit maximum worden gevorderd.

Art. 859

Bewijskracht bij borgtocht door natuurlijk persoon 1. Tegenover de borg wordt de borgtocht slechts door een door hem ondertekend geschrift bewezen.

2. De borgtocht kan door alle middelen worden bewezen, indien vaststaat dat de borg de verbintenis van de hoofdschuldenaar geheel of gedeeltelijk is nagekomen.

3. Voor het bewijs van de overeenkomst die tot het aangaan van de borgtocht verplicht, geldt dezelfde eis als gesteld in lid 1 en in het geval van lid 2 dezelfde vrijheid.

Art. 860

Bezwarende voorwaarden bij borgtocht door natuurlijk persoon De borg is niet gebonden, voor zover voor zijn verbintenis meer bezwarende voorwaarden zouden gelden dan die waaronder de hoofdschuldenaar gebonden is, behoudens voor zover het betreft de wijze waarop tegenover de borg het bewijs van bestaan en omvang van de verbintenis van de hoofdschuldenaar geleverd kan worden.

Art. 861

Opzegging van borgtocht door natuurlijk persoon 1. Een borgtocht die voor toekomstige verbintenissen is aangegaan, kan:
a. te allen tijde worden opgezegd, indien zij niet voor een bepaalde duur geldt;
b. na vijf jaren worden opgezegd, indien zij wel voor een bepaalde duur geldt.
2. Na de opzegging duurt de borgtocht voor de reeds ontstane verbintenissen voort.

Verbintenis tot schadevergoeding 3. Een borg is niet verbonden voor toekomstige verbintenissen tot vergoeding van schade, waarvoor de hoofdschuldenaar jegens de schuldeiser aansprakelijk is, voor zover de schuldeiser de schade had kunnen voorkomen door een toezicht als redelijkerwijs van hem gevergd kon worden.

Verbintenis uit onverplicht verrichte rechtshandeling 4. Een borg is evenmin verbonden voor toekomstige verbintenissen uit een rechtshandeling die de schuldeiser onverplicht heeft verricht, nadat hij bekend was geworden met omstandigheden die de mogelijkheid van verhaal op de hoofdschuldenaar aanmerkelijk hebben verminderd, zulks tenzij de borg uitdrukkelijk met de rechtshandeling heeft ingestemd of deze handeling geen uitstel kon lijden.

Art. 862

Dwingend recht Niet kan ten nadele van de borg worden afgeweken:
a. van de artikelen 852-856 en 858-861;
b. van de verplichtingen die de schuldeiser krachtens artikel 154 van Boek 6 jegens de borg heeft met het oog op diens mogelijke subrogatie.

Art. 863

Schakelbepaling De bepalingen van deze afdeling zijn van overeenkomstige toepassing op overeenkomsten, waarbij iemand als bedoeld in artikel 857 zich verbindt tot een bepaalde prestatie voor het geval een derde een bepaalde verbintenis met een andere inhoud jegens de schuldeiser niet nakomt.

Art. 864

Recht op vergoeding jegens opdrachtgever bij borgtocht door natuurlijk persoon 1. Indien in opdracht en voor rekening van iemand als bedoeld in artikel 857 ter zake van de verbintenis van een ander een borgtocht of een overeenkomst als bedoeld in artikel 863 wordt aangegaan, heeft de opdrachtnemer voor hetgeen hij aan de schuldeiser heeft voldaan, geen recht op vergoeding jegens de opdrachtgever voor zover de onderhavige afdeling aan diens aansprakelijkheid als borg in de weg gestaan zou hebben. Artikel 861 is tussen opdrachtgever en opdrachtnemer van overeenkomstige toepassing.

Dwingend recht 2. Van het eerste lid kan slechts worden afgeweken, indien dit geschiedt bij een door de opdrachtgever ondertekend geschrift waarin de aard van de afwijking wordt omschreven, en het een opdracht betreft aan een bank of andere instelling die haar bedrijf van het verstrekken van borgtochten maakt.

Afdeling 3
De gevolgen van de borgtocht tussen de hoofdschuldenaar en de borg en tussen borgen en voor de verbintenis aansprakelijke niet-schuldenaren onderling

Art. 865

Op de rechtsbetrekkingen tussen hoofdschuldenaar en borg en op die tussen borgen en voor de verbintenis aansprakelijke niet-schuldenaren onderling is artikel 2 van Boek 6 van overeenkomstige toepassing.

Art. 866

1. De borg heeft voor het gehele bedrag dat hij aan hoofdsom, rente en kosten aan de schuldeiser heeft moeten voldoen, krachtens artikel 10 van Boek 6 een vordering op de hoofdschuldenaar.

2. De borg kan noch aan artikel 10, noch aan artikel 12 van Boek 6 een vordering op de hoofdschuldenaar ontlenen voor wettelijke rente over de periode waarin hij door hem persoonlijk betreffende omstandigheden in verzuim is geweest of voor kosten die hem persoonlijk betreffen of door hem in redelijkheid niet behoefden te worden gemaakt.

3. Heeft iemand zich ter zake van dezelfde verbintenis borg gesteld voor twee of meer hoofdelijk verbonden hoofdschuldenaren, dan zijn deze in afwijking van artikel 10 lid 1 en artikel 12 lid 1 van Boek 6, jegens de borg hoofdelijk verbonden voor hetgeen deze aan hoofdsom, rente en kosten op hen kan verhalen.

4. Uit de rechtsverhouding tussen de borg en een of meer hoofdschuldenaren kan iets anders voortvloeien dan de leden 1-3 meebrengen.

Art. 867

Indien de borg de verbintenis is nagekomen zonder de hoofdschuldenaar daarvan mededeling te doen en deze daarna zijnerzijds de schuldeiser heeft betaald, kan de hoofdschuldenaar tegenover de borg volstaan met overdracht aan deze van zijn vordering wegens onverschuldigde betaling op de schuldeiser.

Art. 868

Een krachtens artikel 10 van Boek 6 aangesproken hoofdschuldenaar kan de verweermiddelen die hij op het tijdstip van het ontstaan van de verhaalsvordering jegens de schuldeiser had, ook inroepen tegen de borg; de leden 2 en 4 van artikel 11 van Boek 6 zijn van overeenkomstige toepassing.

Art. 869

De borg te wiens laste de schuld is gedelgd, kan met overeenkomstige toepassing van artikel 152 van Boek 6 het onverhaalbaar gebleken gedeelte omslaan over zich zelf, zijn medeborgen en de niet-schuldenaren die voor de verbintenis aansprakelijk waren.

Art. 870

De achterborg die de verbintenis van de borg is nagekomen, kan ten behoeve van zich zelf het verhaal uitoefenen dat de borg, indien hij zelf de verbintenis was nagekomen, zou hebben gehad jegens de hoofdschuldenaar of jegens medeborgen of niet-schuldenaren die voor de verbintenis aansprakelijk waren.

Titel 15 Vaststellingsovereenkomst

Art. 900

1. Bij een vaststellingsovereenkomst binden partijen, ter beëindiging of ter voorkoming van onzekerheid of geschil omtrent hetgeen tussen hen rechtens geldt, zich jegens elkaar aan een vaststelling daarvan, bestemd om ook te gelden voor zover zij van de tevoren bestaande rechtstoestand mocht afwijken.

2. De vaststelling kan tot stand komen krachtens een beslissing van partijen gezamenlijk of krachtens een aan één van hen of aan een derde opgedragen beslissing.

3. Een bewijsovereenkomst staat met een vaststellingsovereenkomst gelijk voor zover zij een uitsluiting van tegenbewijs meebrengt.

4. Deze titel is niet van toepassing op de overeenkomst van arbitrage.

Art. 901

1. De totstandkoming van de vaststelling is gebonden aan de vereisten waaraan moet worden voldaan om de met de beslissing beoogde rechtstoestand, uitgaande van die waarvan zij mogelijk afwijkt, tot stand te brengen.

2. Ieder van de partijen is jegens de andere verplicht te verrichten hetgeen van haar zijde nodig is om aan de vereisten voor de totstandkoming van de vaststelling te voldoen.

3. Voor zover aan deze vereisten kan worden voldaan door een verklaring van partijen of een hunner, wordt deze verklaring in de vaststellingsovereenkomst besloten geacht, tenzij uit de overeenkomst anders voortvloeit.

B7 art. 902 **Burgerlijk Wetboek Boek 7**

Art. 902

Geldigheid vaststellingsovereenkomst bij strijd met dwingend recht

Een vaststelling ter beëindiging van onzekerheid of geschil op vermogensrechtelijk gebied is ook geldig als zij in strijd mocht blijken met dwingend recht, tenzij zij tevens naar inhoud of strekking in strijd komt met de goede zeden of de openbare orde.

Art. 903

Rechten van derden bij vaststellingsovereenkomst

Een vaststelling van hetgeen in het verleden rechtens is geweest, kan geen afbreuk doen aan inmiddels verkregen rechten van derden.

Art. 904

Vernietigbare beslissing vaststellingsovereenkomst

1. Indien gebondenheid aan een beslissing van een partij of van een derde in verband met inhoud of wijze van totstandkoming daarvan in de gegeven omstandigheden naar maatstaven van redelijkheid en billijkheid onaanvaardbaar zou zijn, is die beslissing vernietigbaar.

2. Indien de beslissing van een partij of een derde vernietigd wordt, nietig blijkt of niet binnen een aan die partij of derde daartoe te stellen redelijke termijn wordt verkregen, kan de rechter een beslissing geven, tenzij uit de overeenkomst of de aard van de beslissing voortvloeit dat zij op andere wijze moet worden vervangen.

Art. 905

Gevolgen van ontbinding vaststellingsovereenkomst

Indien een ontbinding van een vaststellingsovereenkomst wegens een tekortkoming in de nakoming daarvan een reeds tot stand gekomen, aan een partij of een derde opgedragen beslissing zou treffen, kan deze ontbinding niet door een eenzijdige verklaring geschieden en kan de rechter haar afwijzen op de grond dat degene die haar vordert, voldoende middelen heeft om van de wederpartij opheffing van of vergoeding voor de tekortkoming te verkrijgen.

Art. 906

Schakelbepaling

1. De bepalingen van deze titel vinden overeenkomstige toepassing, wanneer een vaststelling haar rechtsgrond elders dan in een overeenkomst vindt.

2. Artikel 904 vindt overeenkomstige toepassing wanneer aan een der partijen bij een rechtsverhouding of aan een derde de bevoegdheid is gegeven de regeling van de verhouding aan te vullen of te wijzigen.

3. Lid 2 geldt niet voor aanvulling of wijziging bij een besluit van een orgaan van een rechtspersoon, indien dit besluit krachtens artikel 15 van Boek 2 bij strijd met redelijkheid en billijkheid vernietigbaar is.

4. De leden 1 en 2 gelden niet voor zover de strekking van de betrokken bepaling in verband met de aard van de rechtsverhouding zich tegen de overeenkomstige toepassing verzet.

Art. 907

Verbindendverklaring bij schadevergoeding bij vaststellingsovereenkomst

1. Een overeenkomst strekkende tot vergoeding van schade die is veroorzaakt door een gebeurtenis of gelijksoortige gebeurtenissen, gesloten door één of meer stichtingen of verenigingen met volledige rechtsbevoegdheid met één of meer andere partijen, die zich bij deze overeenkomst hebben verbonden tot vergoeding van deze schade, kan door de rechter op gezamenlijk verzoek van deze stichtingen, verenigingen en andere partijen verbindend worden verklaard voor personen aan wie de schade is veroorzaakt, mits de stichtingen of verenigingen de belangen van deze personen ingevolge hun statuten behartigen. Onder personen aan wie de schade is veroorzaakt worden mede begrepen personen die een vordering ter zake van deze schade onder algemene of bijzondere titel hebben verkregen.

2. De overeenkomst bevat in ieder geval:

a. een omschrijving van de gebeurtenis of de gebeurtenissen waarop de overeenkomst betrekking heeft;

b. een omschrijving van de groep dan wel groepen van personen ten behoeve van wie de overeenkomst is gesloten, naar gelang van de aard en de ernst van hun schade;

c. een zo nauwkeurig mogelijke aanduiding van het aantal personen dat tot deze groep of groepen behoort;

d. de vergoeding die aan deze personen wordt toegekend;

e. de voorwaarden waaraan deze personen moeten voldoen om voor die vergoeding in aanmerking te komen;

f. de wijze waarop de vergoeding wordt vastgesteld en kan worden verkregen;

g. de naam en de woonplaats van degene aan wie in artikel 908 leden 2 en 3 bedoelde schriftelijke mededeling kan worden gedaan.

3. De rechter wijst het verzoek af indien:

a. de overeenkomst niet aan lid 2 voldoet;

b. de hoogte van de toegekende vergoedingen niet redelijk is, mede gelet op de omvang van de schade, de eenvoud en snelheid waarmee de vergoedingen verkregen kunnen worden en de mogelijke oorzaken van de schade;

c. onvoldoende zeker is dat uit de overeenkomst voortvloeiende rechten van de personen ten behoeve van wie de overeenkomst is gesloten, kunnen worden nagekomen;

d. de overeenkomst niet voorziet in de mogelijkheid van een onafhankelijke beslechting van geschillen die uit de overeenkomst kunnen voortvloeien door een ander dan de rechter die volgens de wet bevoegd zou zijn;

e. de belangen van de personen ten behoeve van wie de overeenkomst is gesloten anderszins onvoldoende gewaarborgd zijn;

f. de in lid 1 bedoelde stichtingen of verenigingen niet voldoende representatief zijn ter zake van de belangen van degenen ten behoeve van wie de overeenkomst is gesloten;

g. de groep van personen ten behoeve van wie de overeenkomst is gesloten van onvoldoende omvang is om een verbindendverklaring te rechtvaardigen;

h. er een rechtspersoon is die ingevolge de overeenkomst de vergoedingen verstrekt, en deze geen partij is bij de overeenkomst.

4. De rechter kan alvorens te beslissen de overeenkomst met instemming van partijen die de overeenkomst hebben gesloten aanvullen of wijzigen of die partijen de gelegenheid geven de overeenkomst aan te vullen of te wijzigen. De rechter vermeldt de aanvulling of wijziging in de beschikking tot verbindendverklaring.

5. Het verzoek, bedoeld in lid 1, stuit de verjaring van een rechtsvordering tot vergoeding van schade tegen de personen die zich bij de overeenkomst hebben verbonden tot vergoeding van deze schade. Een nieuwe verjaringstermijn van twee jaren begint te lopen met de aanvang van de dag, volgende op de waarop

a. definitief is beslist welke vergoeding wordt toegekend;

b. de in artikel 908 lid 2 bedoelde termijn is verstreken nadat een gerechtigde binnen die termijn een in dat lid bedoelde mededeling heeft gedaan;

c. onherroepelijk vaststaat dat het verzoek niet tot toewijzing leidt;

d. de overeenkomst overeenkomstig artikel 908 lid 4 wordt opgezegd.

6. De overeenkomst kan bepalen dat een recht op vergoeding ingevolge de overeenkomst vervalt indien een gerechtigde tot een vergoeding niet binnen een termijn van ten minste één jaar na de aanvang van de dag, volgende op die waarop hij met de opeisbaarheid van zijn vergoeding bekend is geworden, daarop aanspraak heeft gemaakt.

7. Dit artikel en de artikelen 908 tot en met 910 zijn van overeenkomstige toepassing op overeenkomsten die voor personen die door een gebeurtenis of gelijksoortige gebeurtenissen zijn benadeeld, een recht scheppen om een andere dan de in lid 1 bedoelde prestatie te vorderen of op een andere wijze een beroep op de overeenkomst te doen.

8. De personen ten behoeve van wie de overeenkomst is gesloten zijn bevoegd om gedurende de tijd dat het verzoek in behandeling is en zolang daarop niet onherroepelijk is beslist, de nakoming van op hun rustende verbintenissen op te schorten voor zover de overeenkomst voorziet in de beëindiging van een geschil daaromtrent.

Art. 908

1. Zodra het verzoek tot verbindendverklaring is toegewezen heeft de overeenkomst, bedoeld in artikel 907, tussen partijen en de gerechtigden tot een vergoeding de gevolgen van een vaststellingsovereenkomst waarbij ieder der gerechtigden als partij geldt.

Rechtsgevolgen verbindendverklaring bij schadevergoeding bij vaststellingsovereenkomst

2. De verbindendverklaring heeft geen gevolg ten aanzien van een gerechtigde tot een vergoeding die binnen een door de rechter te bepalen termijn van ten minste drie maanden na de in artikel 1017 lid 3 van het Wetboek van Burgerlijke Rechtsvordering bedoelde aankondiging van de beschikking door een schriftelijke mededeling aan de in artikel 907 lid 2, onder f, bedoelde persoon heeft laten weten niet gebonden te willen zijn. De rechter kan het de partijen die de overeenkomst hebben gesloten, toestaan, dat de gerechtigden tot een vergoeding verzocht worden om met de in de eerste zin bedoelde mededeling nadere gegevens te verstrekken. Indien de in de tweede zin bedoelde gegevens niet worden verstrekt, dan wel onjuist of onvolledig zijn, tast dat niet de geldigheid aan van de in de eerste zin bedoelde mededeling.

3. Voor een gerechtigde tot een vergoeding die bij de in lid 2 bedoelde aankondiging niet met zijn schade bekend kon zijn heeft een verbindendverklaring geen gevolg indien hij na het bekend worden van zijn schade door een schriftelijke mededeling aan de in artikel 907 lid 2, onder f, bedoelde persoon heeft laten weten niet gebonden te willen zijn. Een partij die zich bij de overeenkomst heeft verbonden tot vergoeding van schade kan een gerechtigde tot een vergoeding als bedoeld in de eerste zin schriftelijk een termijn van ten minste zes maanden stellen waarbinnen deze kan laten weten niet gebonden te willen zijn. Daarbij wordt tevens mededeling gedaan van de naam en de woonplaats van de in artikel 907 lid 2, onder f, bedoelde persoon.

4. Een beding dat een partij bij de overeenkomst ten nadele van de gerechtigden tot een vergoeding van een verbintenis bevrijdt is na een verbindendverklaring nietig, tenzij het de partijen op wie een verplichting tot vergoeding van de schade rust gezamenlijk de bevoegdheid geeft om uiterlijk binnen zes maanden na verloop van de in lid 2 bedoelde door de rechter te bepalen termijn de overeenkomst op te zeggen op de grond dat de verbindendverklaring voor te weinig gerechtigden tot een vergoeding gevolgen heeft of op een andere in de overeenkomst vermelde grond onvoldoende gevolgen heeft. Opzegging vindt in dat geval plaats door aankondiging in twee nieuwsbladen en door een schriftelijke mededeling aan de stichting of vereniging, bedoeld in artikel 907 lid 1. De partijen die de overeenkomst hebben opgezegd dragen er zorg voor dat daarvan zo spoedig mogelijk schriftelijk mededeling wordt gedaan aan de bekende gerechtigden tot een vergoeding, waarbij de partijen zich kunnen houden aan de laatste hen bekende woonplaatsen van de gerechtigden tot een vergoeding.

5. Nadat de overeenkomst verbindend is verklaard kunnen de partijen die de overeenkomst hebben gesloten zich niet beroepen op de vernietigingsgronden als bedoeld in de artikelen 44 lid 3 van Boek 3 en 228 van Boek 6, en kan een gerechtigde tot een vergoeding zich niet beroepen op de vernietigingsgrond als bedoeld in artikel 904 lid 1.

Art. 909

Beslissing over schadevergoeding bij vaststellingsovereenkomst

1. Een ingevolge de overeenkomst genomen definitieve beslissing over de vergoeding die een gerechtigde tot een vergoeding toekomt, is bindend. Indien evenwel deze beslissing, of de wijze waarop deze tot stand is gekomen, naar maatstaven van redelijkheid en billijkheid onaanvaardbaar is, is de rechter bevoegd over de vergoeding te beslissen.

2. Indien een beslissing over de toekenning van een vergoeding niet binnen een daartoe te stellen redelijke termijn wordt verkregen, is de rechter bevoegd over de vergoeding te beslissen.

3. De stichting of vereniging, bedoeld in artikel 907 lid 1, kan nadat de overeenkomst verbindend is verklaard nakoming jegens een gerechtigde tot een vergoeding vorderen, tenzij deze zich daartegen verzet.

4. De gerechtigde tot een vergoeding ontvangt krachtens de overeenkomst geen vergoeding waardoor hij in een duidelijk voordeliger positie zou geraken.

5. Indien de partij of de partijen, die zich bij de overeenkomst hebben verbonden tot de vergoeding van schade, aan hun verplichtingen uit de overeenkomst kunnen voldoen door betaling van een in de overeenkomst vastgesteld bedrag, en het totaalbedrag van de verschuldigde vergoedingen het totaal te voldoene bedrag overschrijdt, worden, nadat dit gebleken is, de nadien nog verschuldigde vergoedingen naar evenredigheid verminderd tot het beloop van het dan nog overgebleven bedrag. Naar gelang van onder meer de aard en de ernst van de schade kan in de overeenkomst een van dan de in de eerste zin afwijkende wijze van vermindering worden opgenomen. De betaling van een nog verschuldigde vergoeding kan worden opgeschort indien in verband met het in de eerste en tweede zin bepaalde op redelijke gronden kan worden betwijfeld welk bedrag dient te worden voldaan.

Art. 910

Aansprakelijkheid andere schuldenaren bij schadevergoeding bij vaststellingsovereenkomst Rechtsvordering tot uitkering restant bij schadevergoeding

1. Zijn naast de partij of partijen die zich bij de overeenkomst hebben verbonden tot de vergoeding van schade, andere schuldenaren hoofdelijk aansprakelijk, dan is artikel 14 van Boek 6 van overeenkomstige toepassing. Tenzij van een andere bedoeling blijkt, wordt de overeenkomst geacht mede een beding in te houden als in die bepaling bedoeld.

2. Indien de partij of de partijen, die zich bij de overeenkomst hebben verbonden tot de vergoeding van schade, aan hun verplichtingen uit de overeenkomst hebben voldaan door betaling van een in de overeenkomst vastgesteld bedrag en er na voldoening van de gerechtigden tot een vergoeding een restant is overgebleven, kan deze partij, of kunnen deze partijen gezamenlijk de rechter die de overeenkomst verbindend heeft verklaard, verzoeken om degene die deze gelden beheert te bevelen dit restant aan deze partij of, in geval van meer partijen, aan elke partij in evenredigheid van ieders bijdrage, uit te keren. Indien verzocht wordt om degene die de gelden beheert te bevelen het gehele of een deel van het restant uit te keren, wijst de rechter het verzoek af indien onvoldoende aannemelijk is dat na uitkering van het gehele restant alle gerechtigden tot een vergoeding zijn voldaan, dan wel onvoldoende aannemelijk is dat na uitkering van een deel van het restant alle gerechtigden tot een vergoeding nog kunnen worden voldaan. De rechter kan bevelen dat één of meer deskundigen zullen berichten over de voor het verzoek van belang zijnde punten.

Titel 16 Franchise

Art. 911

Franchiseovereenkomst, begripsbepaling

1. De franchiseovereenkomst is de overeenkomst waarbij de franchisegever aan een franchisenemer tegen vergoeding het recht verleent en de verplichting oplegt om een franchiseformule op de door de franchisegever aangewezen wijze te exploiteren voor de productie of verkoop van goederen dan wel het verrichten van diensten.

2. In deze titel wordt verstaan onder:

a. franchiseformule: operationele, commerciële en organisatorische formule voor de productie of verkoop van goederen dan wel het verrichten van diensten, die bepalend is voor een uniforme identiteit en uitstraling van de franchiseondernemingen binnen de keten waar deze formule wordt toegepast, en die in ieder geval omvat:

1°. een handelsmerk, model of handelsnaam, huisstijl of tekening; en

B7 art. 914

2°. knowhow, zijnde een geheel van niet door een intellectueel eigendomsrecht beschermde praktische informatie, voortvloeiend uit de ervaring van de franchisegever en uit de door hem uitgevoerde onderzoeken, welke informatie geheim, wezenlijk en geïdentificeerd is;
b. *afgeleide formule*: operationele, commerciële en organisatorische formule die
1°. bepalend is voor een uniforme identiteit en uitstraling van de ondernemingen waar deze formule wordt toegepast;
2°. in een of meer voor het publiek kenbare, onderscheidende kenmerken overeenstemt met een franchiseformule; en die
3°. rechtstreeks of via derden door een franchisegever wordt gebruikt voor de productie of verkoop van goederen dan wel het verrichten van diensten, die geheel of grotendeels hetzelfde zijn als de goederen of diensten waarop de onder 2° bedoelde franchiseformule ziet;
c. *franchisegever*: natuurlijke persoon of rechtspersoon die rechthebbende is op of gebruiksgerechtigde is van een franchiseformule en in de uitoefening van zijn beroep of bedrijf anderen het recht verleent deze formule mede te exploiteren;
d. *franchisenemer*: natuurlijke persoon of rechtspersoon die in de uitoefening van zijn beroep of bedrijf voor eigen rekening en risico een franchiseformule exploiteert.

Art. 912

De franchisegever en de franchisenemer gedragen zich jegens elkaar als een goed franchisegever en een goed franchisenemer.

Art. 913

1. De beoogd franchisenemer verstrekt aan de franchisegever tijdig informatie over zijn financiële positie, voor zover deze redelijkerwijs van belang is voor het sluiten van de franchiseovereenkomst.

2. De franchisegever verstrekt aan de beoogd franchisenemer tijdig:
a. het ontwerp van de franchiseovereenkomst, inclusief bijlagen;
b. een weergave van inhoud en strekking van voorschriften betreffende door de franchisenemer te betalen vergoedingen, opslagen of andere financiële bijdragen of betreffende de van hem verlangde investeringen;
c. informatie over:
1°. de wijze waarop en de frequentie waarmee het overleg tussen de franchisegever en de franchisenemers plaatsvindt, alsmede, indien aanwezig, de contactgegevens van het vertegenwoordigende orgaan van de franchisenemers;
2°. de mate waarin en de wijze waarop de franchisegever, al dan niet via een afgeleide formule, in concurrentie kan treden met de franchisenemer; en
3°. de mate waarin, de frequentie waarmee en de wijze waarop de franchisenemer kennis kan nemen van omzetgerelateerde gegevens die de franchisenemer betreffen of voor zijn bedrijfsvoering van belang zijn.

3. De franchisegever verstrekt aan de beoogd franchisenemer daarnaast tijdig de volgende informatie, voor zover deze bij hem, bij een dochtermaatschappij als bedoeld in artikel 24a van Boek 2, of bij een aan hem verbonden groepsmaatschappij als bedoeld in artikel 24b van Boek 2 beschikbaar is, en redelijkerwijs van belang is voor het sluiten van de franchiseovereenkomst:
a. informatie over zijn financiële positie; en
b. financiële gegevens met betrekking tot de beoogde locatie van de franchiseonderneming, of, bij gebreke daaraan, financiële gegevens van een of meer door de franchisegever vergelijkbaar geachte onderneming of ondernemingen, waarbij de franchisegever duidelijk maakt op welke gronden hij deze vergelijkbaar acht.

4. De franchisegever verstrekt aan de beoogd franchisenemer alle overige informatie waarvan hij weet of redelijkerwijs kan vermoeden dat deze van belang is voor het sluiten van de franchiseovereenkomst.

Art. 914

1. De verstrekking van de informatie, bedoeld in artikel 913, tweede, derde en vierde lid, geschiedt ten minste vier weken voor het sluiten van de franchiseovereenkomst.

2. Tijdens deze termijn gaat de franchisegever niet over tot:
a. wijziging van het ontwerp van de franchiseovereenkomst, tenzij deze wijziging tot voordeel van de franchisenemer strekt;
b. het sluiten met de franchisenemer van de franchiseovereenkomst of enige daarmee onlosmakelijk verbonden te achten overeenkomst, met uitzondering van een overeenkomst tot geheimhouding door de beoogd franchisenemer van de vertrouwelijke informatie die de franchisegever met het oog op het sluiten van de franchiseovereenkomst heeft verstrekt; of
c. het aanzetten tot het doen van betalingen of investeringen door de beoogd franchisenemer die samenhangen met de nog te sluiten franchiseovereenkomst.

3. Het eerste en tweede lid gelden niet ten aanzien van:
a. het sluiten van een volgende franchiseovereenkomst tussen dezelfde partijen inzake dezelfde franchiseformule;

Goed franchisegever/nemerschap

Franchiseovereenkomst, informatieverstrekking

Standstill-periode

B7 art. 915 **Burgerlijk Wetboek Boek 7**

b. het sluiten van een volgende franchiseovereenkomst als bedoeld in onderdeel a, als deze wordt gesloten tussen dezelfde franchisegever en een dochtermaatschappij als bedoeld in artikel 24a van Boek 2 van de franchisenemer of een aan hem verbonden groepsmaatschappij als bedoeld in artikel 24b van Boek 2.

Art. 915

Onderzoeksplicht franchisenemer

De beoogd franchisenemer treft binnen de grenzen van redelijkheid en billijkheid de nodige maatregelen om te voorkomen dat hij onder de invloed van onjuiste veronderstellingen overgaat tot het sluiten van de franchiseovereenkomst.

Art. 916

Informatieverplichting franchisegever

1. De franchisegever verstrekt aan de franchisenemer tijdig:
a. informatie over voorgenomen wijzigingen van de overeenkomst;
b. informatie over door hem van de franchisenemer verlangde investeringen;
c. een kennisgeving van een besluit tot gebruik, rechtstreeks door de franchisegever of via derden, van een afgeleide formule, met inbegrip van een duiding van de inhoud en de strekking van de desbetreffende afgeleide formule; en
d. overige informatie waarvan de franchisegever weet of redelijkerwijs kan vermoeden dat deze van belang is met het oog op het uitvoeren van de franchiseovereenkomst door de franchisenemer.

2. De franchisegever informeert de franchisenemer jaarlijks in hoeverre de opslagen of andere financiële bijdragen die de franchisenemer in het voorafgaande boekjaar conform de eis van de franchisegever heeft gedaan, de kosten of investeringen dekken die de franchisegever met deze bijdragen beoogt of heeft beoogd te dekken.

3. Er vindt ten minste eenmaal per jaar overleg plaats tussen de franchisegever en de franchisenemer.

Art. 917

Franchiseovereenkomst, wijze van informatieverstrekking

1. Het verstrekken van de informatie, bedoeld in de artikelen 913 en 916, geschiedt op een wijze die deze informatie ongewijzigd toegankelijk maakt voor toekomstige raadpleging gedurende een periode die is afgestemd op het doel waarvoor de informatie is verstrekt.

2. De informatie die de franchisegever verstrekt op grond van de artikelen 913 en 916, is zodanig geformuleerd en vormgegeven, dat een beoogd franchisenemer redelijkerwijs een weloverwogen besluit kan nemen over het sluiten van de franchiseovereenkomst, respectievelijk een franchisenemer kan bepalen of en in hoeverre het nodig is om zijn bedrijfsvoering aan te passen of feitelijke maatregelen te treffen.

Art. 918

Informatieverstrekking franchiseovereenkomst, nadere regels

Bij algemene maatregel van bestuur kunnen nadere regels worden gesteld over de aard, de inhoud en de wijze van verstrekking van de in de artikelen 913 en 916 bedoelde informatie.

Art. 919

Franchiserelatie, bijstand

1. De franchisegever verleent de franchisenemer de bijstand alsmede de commerciële en technische ondersteuning die redelijkerwijs en in relatie tot de aard en de strekking van de franchiseformule verwacht mag worden met het oog op de exploitatie van de franchiseformule door de franchisenemer.

2. Indien de franchisenemer een bepaalde vorm van bijstand of ondersteuning als bedoeld in het eerste lid nodig acht, maakt hij dit kenbaar aan de franchisegever en treden de franchisegever en de franchisenemer hierover met elkaar in overleg.

Art. 920

Franchiseovereenkomst, eisen inhoud

1. De franchiseovereenkomst bepaalt in ieder geval:
a. de wijze waarop wordt vastgesteld:
1° of goodwill aanwezig is in de onderneming van de franchisenemer;
2° zo ja, welke omvang deze heeft; en
3° in welke mate deze aan de franchisegever is toe te rekenen;
b. op welke wijze goodwill die redelijkerwijs is toe te rekenen aan de franchisenemer bij beëindiging van de franchiseovereenkomst aan de franchisenemer wordt vergoed, indien de franchisegever de franchiseonderneming van de betreffende franchisenemer overneemt om deze onderneming zelfstandig voort te zetten, danwel over te dragen aan een derde met wie de franchisegever een franchiseovereenkomst sluit.

2. Een beding dat de franchisenemer beperkt in zijn bevoegdheid om na het einde van de franchiseovereenkomst op zekere wijze werkzaam te zijn, is slechts geldig als:
a. het op schrift is gesteld;
b. de beperking tot uitoefening van werkzaamheden enkel betrekking heeft op goederen of diensten die concurreren met de goederen of diensten waarop de franchiseovereenkomst betrekking heeft;
c. de beperking onmisbaar is om de door de franchisegever aan de franchisenemer overgedragen knowhow te beschermen;
d. het de duur van een jaar na het einde van de franchiseovereenkomst niet overschrijdt; en

e. de geografische reikwijdte niet ruimer is dan het gebied waarbinnen de franchisenemer de franchiseformule op grond van de betreffende franchiseovereenkomst heeft geëxploiteerd.

Art. 921

1. Indien de franchisegever voornemens is met gebruikmaking van een in de franchiseovereenkomst opgenomen bepaling een wijziging in de franchiseformule door te voeren danwel voornemens is rechtstreeks of via derden een afgeleide formule te doen exploiteren zonder hiertoe de franchiseovereenkomst te wijzigen, en de franchisegever met het oog op dit voornememen:

a. een investering van de franchisenemer verlangt;

b. een verplichting van de franchisenemer tot betaling van een vergoeding, opslag of andere financiële bijdrage, anders dan de in onderdeel a bedoelde investering, invoert of wijzigt ten nadele van de franchisenemer;

c. van de franchisenemer verlangt andersoortige kosten voor zijn rekening te nemen; of

d. redelijkerwijs kan voorzien dat uitvoering van het voornemen leidt tot een derving van de omzet van de onderneming van de franchisenemer, en deze investering, vergoeding, opslag of andere financiële bijdrage of verwachte omzetderving uitstijgt boven een in de franchiseovereenkomst bepaald niveau;

heeft de franchisegever de voorafgaande instemming met de uitvoering van het betreffende voornemen nodig van:

1°. een meerderheid van de in Nederland gevestigde franchisenemers met wie de franchisegever een franchiseovereenkomst heeft gesloten betreffende de franchiseformule; of

2°. elk van de in Nederland gevestigde franchisenemers die op de in onderdeel a, b, c of d bedoelde wijze geraakt wordt door het voornemen van de franchisegever.

2. Indien de bepaling van het niveau, bedoeld in het eerste lid, ontbreekt in de franchiseovereenkomst, is de in het eerste lid bedoelde voorafgaande instemming steeds vereist, ongeacht de omvang van de verlangde investering, de financiële bijdrage respectievelijk de kosten of de omzetderving, bedoeld in het eerste lid, onderdeel a, b, c, respectievelijk d.

Art. 922

Ten aanzien van in Nederland gevestigde franchisenemers geldt dat van het bepaalde bij deze Titel niet ten nadele van hen kan worden afgeweken en dat een beding in strijd met artikel 920 nietig is, ongeacht het recht dat de franchiseovereenkomst beheerst.

Wijziging franchiseformule

Dwingend recht, geen afwijking ten nadele van franchisenemer

Titel 17
Verzekering

Afdeling 1
Algemene bepalingen

Art. 925

1. Verzekering is een overeenkomst waarbij de ene partij, de verzekeraar, zich tegen het genot van premie jegens haar wederpartij, de verzekeringnemer, verbindt tot het doen van een of meer uitkeringen, en bij het sluiten der overeenkomst voor partijen geen zekerheid bestaat, dat, wanneer of tot welk bedrag enige uitkering moet worden gedaan, of ook hoe lang de overeengekomen premiebetaling zal duren. Zij is hetzij schadeverzekering, hetzij sommenverzekering.

2. Persoonsverzekering is de verzekering welke het leven of de gezondheid van een mens betreft.

Art. 926

1. Onder uitkering is begrepen een prestatie anders dan in geld.

2. In deze afdeling wordt onder de tot uitkering gerechtigde verstaan degene die in geval van verwezenlijking van het risico krachtens de verzekering recht heeft op uitkering of door aanvaarding van de aanwijzing recht op uitkering kan krijgen.

Art. 927

De bepalingen van deze titel zijn niet van toepassing op herverzekering.

Art. 928

1. De verzekeringnemer is verplicht vóór het sluiten van de overeenkomst aan de verzekeraar alle feiten mede te delen die hij kent of behoort te kennen, en waarvan, naar hij weet of behoort te begrijpen, de beslissing van de verzekeraar of, en zo ja, op welke voorwaarden, hij de verzekering zal willen sluiten, afhangt of kan afhangen.

2. Indien de belangen van een bij het aangaan van de verzekering bekende derde worden gedekt, omvat de in lid 1 bedoelde verplichting mede de hem betreffende feiten die deze kent of behoort te kennen, en waarvan naar deze weet of behoort te begrijpen, de beslissing van de verzekeraar afhangt of kan afhangen. De vorige zin mist toepassing bij persoonsverzekering.

3. Betreft een persoonsverzekering het risico van een bekende derde die de leeftijd van zestien jaren heeft bereikt, dan omvat de mededelingsplicht mede de hem betreffende feiten die deze

Verzekering

Persoonsverzekering

Uitkering

Werkingssfeer

Mededelingsplicht verzekeringnemer bij aangaan verzekeringsovereenkomst

kent of behoort te kennen en waarvan, naar hij weet of behoort te begrijpen, de beslissing van de verzekeraar afhangt of kan afhangen.

4. De mededelingsplicht betreft niet feiten die de verzekeraar reeds kent of behoort te kennen, en evenmin feiten, die niet tot een voor de verzekeringnemer ongunstiger beslissing zouden hebben geleid. De verzekeringnemer of de derde, bedoeld in lid 2 of lid 3, kan zich er echter niet op beroepen dat de verzekeraar bepaalde feiten reeds kent of behoort te kennen indien op een daarop gerichte vraag een onjuist of onvolledig antwoord is gegeven. De mededelingsplicht betreft voorts geen feiten waarnaar ingevolge de artikelen 4 tot en met 6 van de Wet op de medische keuringen in de daar bedoelde gevallen geen medisch onderzoek mag worden verricht en geen vragen mogen worden gesteld.

5. De verzekeringnemer is slechts verplicht feiten mede te delen omtrent zijn strafrechtelijk verleden of omtrent dat van derden, voor zover zij zijn voorgevallen binnen de acht jaren die aan het sluiten van de verzekering vooraf zijn gegaan en voor zover de verzekeraar omtrent dat verleden uitdrukkelijk een vraag heeft gesteld in niet voor misverstand vatbare termen.

6. Indien de verzekering is gesloten op de grondslag van een door de verzekeraar opgestelde vragenlijst, kan deze zich er niet op beroepen dat vragen niet zijn beantwoord, of feiten waarnaar niet was gevraagd, niet zijn medegedeeld, en evenmin dat een in algemene termen vervatte vraag onvolledig is beantwoord, tenzij is gehandeld met het opzet de verzekeraar te misleiden.

Art. 929

Rechten verzekeraar bij schenden mededelingsplicht bij verzekering

1. De verzekeraar die ontdekt dat aan de in artikel 928 omschreven mededelingsplicht niet is voldaan, kan de gevolgen daarvan slechts inroepen indien hij de verzekeringnemer binnen twee maanden na de ontdekking op de niet-nakoming wijst onder vermelding van de mogelijke gevolgen.

2. De verzekeraar die ontdekt dat de verzekeringnemer heeft gehandeld met het opzet hem te misleiden of die bij kennis van de ware stand van zaken geen verzekering zou hebben gesloten, kan de overeenkomst binnen twee maanden na ontdekking met dadelijke ingang opzeggen.

3. De verzekeringnemer kan de overeenkomst met dadelijke ingang opzeggen binnen twee maanden nadat de verzekeraar overeenkomstig lid 1 heeft gehandeld of zich bij de verwezenlij-king van het risico op de niet-nakoming van de mededelingsplicht beroept. Bij persoonsverzekering kan de verzekeringnemer de beëindiging beperken tot de persoon, wiens risico het beroep op de niet-nakoming betreft.

Art. 930

Recht op uitkering verzekeringnemer bij schenden mededelingsplicht bij verzekering

1. Indien aan de in artikel 928 omschreven mededelingsplicht niet is voldaan, bestaat alleen recht op uitkering overeenkomstig de leden 2 en 3.

2. De bedongen uitkering geschiedt onverkort, indien de niet of onjuist meegedeelde feiten van geen belang zijn voor de beoordeling van het risico, zoals dit zich heeft verwezenlijkt.

3. Indien aan lid 2 niet is voldaan, maar de verzekeraar bij kennis van de ware stand van zaken een hogere premie zou hebben bedongen, of de verzekering tot een lager bedrag zou hebben gesloten, wordt de uitkering verminderd naar evenredigheid van hetgeen de premie meer of de verzekerde som minder zou hebben bedragen. Zou de verzekeraar bij kennis van de ware stand van zaken andere voorwaarden hebben gesteld, dan is slechts een uitkering verschuldigd als waren deze voorwaarden in de overeenkomst opgenomen.

4. In afwijking van de leden 2 en 3 is geen uitkering verschuldigd indien de verzekeraar bij kennis van de ware stand van zaken geen verzekering zou hebben gesloten.

5. In afwijking van de leden 2 en 3 is geen uitkering verschuldigd aan de verzekeringnemer of de derde, bedoeld in artikel 928 lid 2 of lid 3, die heeft gehandeld met het opzet de verzekeraar te misleiden. Evenmin is een uitkering verschuldigd aan de derde indien de verzekeringnemer, met het opzet de verzekeraar te misleiden, niet heeft voldaan aan de mededelingsplicht betreffende de derde.

Art. 931

Beroep op vernietigingsgronden door verzekeraar bij verzekering

De verzekeraar kan zich niet beroepen op de vernietigingsgronden als bedoeld in de artikelen 44 lid 3 van Boek 3 en 228 van Boek 6.

Art. 932

Afgifte polis bij verzekering

1. De verzekeraar geeft zo spoedig mogelijk een akte, polis genaamd, af, waarin de overeenkomst is vastgelegd. Een polis die is opgemaakt op een wijze als bedoeld in artikel 156a lid 1 van het Wetboek van Burgerlijke Rechtsvordering moet zijn voorzien van een elektronische handtekening als bedoeld in artikel 3, onderdeel 12, van verordening (EU) nr. 910/2014 van het Europees Parlement en de Raad van 23 juli 2014 betreffende elektronische identificatie en vertrouwensdiensten voor elektronische transacties in de interne markt en tot intrekking van richtlijn 1999/93/EG (PbEU 2014, L 257). De verzekeraar is niet verplicht een polis af te geven indien de aard van de overeenkomst afwijkend gebruik rechtvaardigt en de verzekeringnemer bij afgifte van de polis geen belang heeft.

2. Op wijzigingen in de overeenkomst is lid 1 van overeenkomstige toepassing.

3. Indien een door een verzekeraar afgegeven bewijsstuk verloren is gegaan, geeft hij desverlanqd tegen vergoeding van de kosten een nieuw bewijsstuk af. Indien het bewijsstuk aan toonder of order is gesteld en bij een verzekering van zaken die door middel van documenten plegen te worden verhandeld, kan de verzekeraar als voorwaarde voor het doen van een uitkering aan de houder van een nieuw bewijsstuk verlangen, dat hem door de houder gedurende de tijd dat de verzekeraar tot betaling kan worden gedwongen, zekerheid wordt gesteld. Een instemming als bedoeld in artikel 156a lid 2 van het Wetboek van Burgerlijke Rechtsvordering ziet, zolang zij niet is herroepen, eveneens op een nieuw bewijsstuk als bedoeld in de eerste zin.

Art. 933

1. Alle mededelingen waartoe de bepalingen van deze titel of de overeenkomst de verzekeraar aanleiding geven, geschieden schriftelijk. De verzekeraar kan zich daarbij houden aan de laatste hem bekende woonplaats van de geadresseerde.

2. Bij algemene maatregel van bestuur kunnen van lid 1 afwijkende regels worden gesteld ten aanzien van de verzending van mededelingen langs elektronische weg. Daarbij kunnen ook regels worden gesteld ten aanzien van de verzending aan de verzekeraar langs elektronische weg van mededelingen waartoe de bepalingen van deze titel of de overeenkomst aanleiding geven.

3. De voordracht voor een krachtens het tweede lid vast te stellen algemene maatregel van bestuur wordt niet eerder gedaan dan vier weken nadat het ontwerp aan de beide kamers der Staten-Generaal is overgelegd.

Art. 934

Het niet nakomen van de verplichting tot betaling van de vervolgpremie kan eerst leiden tot beëindiging of schorsing van de verzekeringsovereenkomst of de dekking, nadat de schuldenaar na de vervaldag onder vermelding van de gevolgen van het uitblijven van betaling vruchteloos is aangemaand tot betaling binnen een termijn van 14 dagen, aanvangende de dag na aanmaning. De eerste zin geldt niet voor het geval bedoeld in artikel 83, onder c, van Boek 6.

Art. 935

1. De verzekeraar kan hetgeen hij schuldig is aan de tot uitkering gerechtigde die geen schuldenaar van de premie is, verrekenen met opeisbare premie voor dezelfde verzekering, de schade wegens vertraging in de voldoening daarvan en de kosten, bedoeld in artikel 96 lid 2, onder c, van Boek 6. De eerste zin geldt niet bij verzekeringen die aan toonder of order zijn gesteld.

2. Bij een verzekering tegen aansprakelijkheid kan de verzekeraar in afwijking van artikel 127 lid 2 van Boek 6 geen andere premie, schade en kosten als bedoeld in lid 1 verrekenen met hetgeen hij aan de tot uitkering gerechtigde schuldig is, dan die ter zake van dezelfde verzekering.

Art. 936

1. Heeft een tussenpersoon zich bij de verzekeringsovereenkomst tegenover de verzekeraar tot betaling van premie en kosten als eigen schuld verbonden, dan is de verzekeringnemer jegens de verzekeraar gekweten voor zover de premie en kosten voor rekening van de tussenpersoon zijn gekomen of aan deze zijn voldaan. De verzekeringnemer is tot vergoeding van die premie en kosten aan de tussenpersoon gehouden.

2. Is een uitkering verschuldigd geworden, dan is de verzekeraar desverlanqd, ongeacht rechten van derden, gehouden daarvan aan de tussenpersoon zoveel af te dragen als deze ingevolge het in lid 1 bepaalde van de verzekeringnemer heeft te vorderen. Is de verzekeringnemer krachtens de verzekeringsovereenkomst tot de uitkering gerechtigd, dan heeft de verzekeraar eenzelfde verplichting ten aanzien van andere verzekeringen waarbij dezelfde nemer en dezelfde tussenpersoon zijn betrokken.

3. De verzekeraar die voornemens is een uitkering te doen aan een ander dan de tussenpersoon, verzoekt deze laatste om binnen tien dagen het bedrag op te geven, dat deze ingevolge lid 1 van de verzekeringnemer heeft te vorderen. Indien de tussenpersoon daaraan gevolg geeft, draagt de verzekeraar voor zoveel mogelijk het opgegeven bedrag aan hem af. Heeft de verzekeraar hieraan voldaan of heeft de tussenpersoon binnen de gestelde termijn niets opgegeven, dan staat het de verzekeraar vrij aan de ander de nog verschuldigde uitkering te doen. *(Zie ook: art. 287 BW Boek 7)*

4. De leden 2 en 3 missen toepassing:
a. bij verzekeringen die aan toonder of order zijn gesteld, tenzij de verzekeringnemer tot de uitkering is gerechtigd;
b. bij verplichte aansprakelijkheidsverzekering.

5. Het in lid 2, tweede zin, bepaalde mist bovendien toepassing:
a. indien op het recht op uitkering een pandrecht rust als bedoeld in artikel 229 van Boek 3, of een voorrecht als bedoeld in artikel 283 van Boek 3;
b. bij onverplichte verzekering tegen aansprakelijkheid.

6. Wanneer de tussenpersoon de uitkering namens de tot uitkering gerechtigde in ontvangst neemt, is hij bevoegd om de vergoeding als bedoeld in lid 1, tweede zin, te verrekenen met

Schakelbepaling Afgifte nieuw bewijsstuk

Schriftelijke mededelingen bij verzekering

Mededelingen langs elektronische weg

Niet-betaling vervolgpremie bij verzekering

Verrekening uitkering met opeisbare premie bij verzekering

Rechten en plichten tussenpersoon bij verzekering

hetgeen hij aan de tot uitkering gerechtigde schuldig is tot het bedrag van zijn uit de leden 2, 4 en 5 voortvloeiende aanspraken.

Art. 937

Uitkering aan tussenpersoon bij verzekering

De verzekeraar die een uitkering doet aan de tussenpersoon, is jegens de tot uitkering gerechtigde gekweten voorzover hetgeen hij aan de tot uitkering gerechtigde verschuldigd is aan deze laatste is voldaan, doch in ieder geval voorzover de tot uitkering gerechtigde door de betaling aan de tussenpersoon is gebaat.

Art. 938

Verschuldigde premie bij geen/minder risico bij verzekering

1. Behoudens het geval van opzet van de verzekeringnemer of de derde, bedoeld in artikel 928 lid 2 of lid 3 om de verzekeraar te misleiden is geen premie verschuldigd indien in het geheel geen risico is gelopen. Indien over een vol verzekeringsjaar geen risico is gelopen, is over dat jaar geen premie verschuldigd. De verzekeraar heeft recht op een billijke vergoeding van de te zijnen laste gekomen kosten.

2. Gedurende één maand na afloop van een vol verzekeringsjaar waarin geen risico is gelopen, mag elke partij de overeenkomst met ingang van het nieuwe verzekeringsjaar opzeggen. Deze opzegging heeft geen rechtskracht, indien risico is gelopen tussen de aanvang van het nieuwe verzekeringsjaar en de opzegging.

3. Is slechts risico gelopen over een kleiner aantal zaken of een kleinere hoeveelheid dan was verzekerd, dan zijn de leden 1 en 2 van toepassing voor zover geen risico is gelopen.

Art. 939

Vermindering premie bij tussentijdse opzegging van verzekering

Behalve bij opzegging wegens opzet de verzekeraar te misleiden, wordt bij tussentijdse opzegging de lopende premie naar billijkheid verminderd.

Art. 940

Opzegtermijn bij verzekering

1. Bij opzegging tegen het einde van een verzekeringsperiode teneinde verlenging van de overeenkomst te verhinderen, wordt een termijn van twee maanden in acht genomen.

2. De verzekeringnemer en, tenzij het een persoonsverzekering betreft, de verzekeraar kunnen een overeenkomst die is aangegaan voor een periode van meer dan vijf jaar, of die voor zulk een periode is verlengd, opzeggen tegen het einde van elk vijfde jaar binnen die periode. Daarbij geldt de in lid 1 genoemde termijn.

3. Indien de verzekeraar de bevoegdheid heeft bedongen de overeenkomst tussentijds op te zeggen, komt de verzekeringnemer een gelijke bevoegdheid toe. Tenzij jegens hem is gehandeld met het opzet tot misleiding neemt de verzekeraar onderscheidenlijk de verzekeringnemer daarbij een termijn van twee maanden in acht. Indien een verzekering dekking biedt tegen schade veroorzaakt door risico's als bedoeld in artikel 3:38 van de Wet op het financieel toezicht, kan, bij de verwezenlijking van een dergelijk risico of bij een dreiging van het ophanden zijn daarvan, de verzekeraar onderscheidenlijk de verzekeringnemer in afwijking van deze termijn van twee maanden, de overeenkomst met inachtneming van een termijn van zeven dagen opzeggen. De verzekeraar kan slechts tussentijds opzeggen op in de overeenkomst vermelde gronden welke van dien aard zijn dat gebondenheid aan de overeenkomst niet meer van de verzekeraar kan worden gevergd.

4. Indien de verzekeraar de voorwaarden van de overeenkomst ten nadele van de verzekeringnemer of de tot uitkering gerechtigde wijzigt, is de verzekeringnemer gerechtigd de overeenkomst op te zeggen tegen de dag waarop de wijziging ingaat, en in ieder geval gedurende één maand nadat de wijziging hem is meegedeeld.

Verbod beëindiging/wijziging door verzekeraar op grond van verzwaring gezondheidsrisico bij persoonsverzekering

5. De verzekeraar kan een persoonsverzekering niet beëindigen of wijzigen op grond van verzwaring van het gezondheidsrisico, voor zover dat is gelegen in de persoon van degene, die de verzekering betreft.

Opzegging langs elektronische weg bij persoonsverzekering

6. De verzekeringnemer kan de overeenkomst steeds langs elektronische weg opzeggen. Bij algemene maatregel van bestuur kunnen regels worden gesteld ten aanzien van de verzending van opzeggingen langs elektronische weg.

7. De voordracht voor een krachtens het zesde lid vast te stellen algemene maatregel van bestuur wordt niet eerder gedaan dan vier weken nadat het ontwerp aan de beide kamers der Staten-Generaal is overgelegd.

Art. 941

Meldingsplicht verzekeringnemer verwezenlijking risico

1. Zodra de verzekeringnemer of de tot uitkering gerechtigde van de verwezenlijking van het risico op de hoogte is, of behoort te zijn, is hij verplicht aan de verzekeraar de verwezenlijking te melden. Dit geschiedt zo spoedig als redelijkerwijs mogelijk is.

2. De verzekeringnemer en de tot uitkering gerechtigde zijn verplicht binnen redelijke termijn de verzekeraar alle inlichtingen en bescheiden te verschaffen welke voor deze van belang zijn om zijn uitkeringsplicht te beoordelen.

3. Indien door de tot uitkering gerechtigde een verplichting als bedoeld in de leden 1 of 2 niet is nagekomen, kan de verzekeraar de uitkering verminderen met de schade die hij daardoor lijdt.

4. De verzekeraar kan het vervallen van het recht op uitkering wegens niet-nakoming van een verplichting als bedoeld in de leden 1 en 2 slechts bedingen voor het geval hij daardoor in een redelijk belang is geschaad.

5. Het recht op uitkering vervalt indien de verzekeringnemer of de tot uitkering gerechtigde een verplichting als bedoeld in de leden 1 en 2 niet is nagekomen met het opzet de verzekeraar te misleiden, behoudens voor zover deze misleiding het verval van het recht op uitkering niet rechtvaardigt.

Art. 942

1. Een rechtsvordering tegen de verzekeraar tot het doen van een uitkering verjaart door verloop van drie jaren na de aanvang van de dag, volgende op die waarop de tot uitkering gerechtigde met de opeisbaarheid daarvan bekend is geworden.

Verjaring rechtsvordering tegen verzekeraar

2. De verjaring wordt gestuit door een schriftelijke mededeling, waarbij op uitkering aanspraak wordt gemaakt. Een nieuwe verjaringstermijn van drie jaren begint te lopen met de aanvang van de dag, volgende op die waarop de verzekeraar hetzij de aanspraak erkent, hetzij ondubbelzinnig heeft medegedeeld de aanspraak af te wijzen.

3. Bij verzekering tegen aansprakelijkheid wordt de verjaring in afwijking van lid 2, eerste zin, gestuit door iedere onderhandeling tussen de verzekeraar en de tot uitkering gerechtigde of de benadeelde. In dat geval begint een nieuwe verjaringstermijn van drie jaren te lopen met de aanvang van de dag, volgende op die waarop de verzekeraar hetzij de aanspraak erkent, hetzij ondubbelzinnig aan degene met wie hij onderhandelt en, indien deze een ander is, aan de tot uitkering gerechtigde heeft medegedeeld dat hij de onderhandelingen afbreekt.

Art. 943

1. Van de artikelen 931, 932, 935 lid 2, 936 en 939 kan niet worden afgeweken.

(Zie ook: art. 40 BW Boek 3)

Dwingend recht

2. Van de artikelen 933, eerste lid, eerste zin, 937, 940 leden 1, 3, 5 en 6, 941 leden 1, 2, 4 en 5 en 942 kan niet ten nadele van de verzekeringnemer of de tot uitkering gerechtigde worden afgeweken.

3. Van de artikelen 928 tot en met 930, 934 en 940 leden 2 en 4 kan niet ten nadele van de verzekeringnemer of de tot uitkering gerechtigde worden afgeweken indien de verzekeringnemer een natuurlijk persoon is en hij de verzekering sluit anders dan in de uitoefening van een beroep of bedrijf.

Afdeling 2
Schadeverzekering

Art. 944

Schadeverzekering is de verzekering strekkende tot vergoeding van vermogensschade die de verzekerde zou kunnen lijden.

Schadeverzekering

Art. 945

In deze afdeling wordt onder verzekerde verstaan degene die in geval van door hem geleden schade krachtens de verzekering recht heeft op vergoeding of door aanvaarding van de aanwijzing recht op vergoeding kan krijgen.

Verzekerde

Art. 946

1. De overeenkomst dekt slechts belangen van de verzekeringnemer, tenzij anders is overeengekomen.

Dekking belang verzekeringnemer bij schadeverzekering

2. Indien ingevolge een huwelijk of geregistreerd partnerschap een zaak in een gemeenschap valt, zijn bij een verzekering van die zaak de deelgenoten voor hun belang verzekerde.

Art. 947

De verzekeringnemer kan de aanwijzing van een derde aan wie in geval van schade een uitkering moet worden gedaan, slechts herroepen met medewerking van de verzekeraar of van de derde. Met betrekking tot een reeds gevallen schade kunnen de verzekeringnemer en de verzekeraar de aanwijzing ook niet gezamenlijk ongedaan maken.

Herroepen aanwijzing derde bij schadeverzekering

Art. 948

1. Bij overdracht van een zaak of een beperkt recht waaraan een zaak is onderworpen, gaan de rechten en verplichtingen uit de verzekering die het belang van de vervreemder bij het behoud van de zaak dekt, met het risico op de verkrijger over, ook indien het risico al voor de overdracht overgaat. Hetzelfde geldt voor bijkomstige verzekeringen die bij diezelfde overeenkomst tot stand zijn gekomen. Geen overgang vindt plaats indien zulks voortvloeit uit de rechtshandeling waarbij het goed wordt overgedragen of uit een verklaring van de nieuwe belanghebbende aan de verzekeraar.

Overgang rechten en verplichtingen bij overdracht zaak bij schadeverzekering

B7 art. 949 Burgerlijk Wetboek Boek 7

2. De overeenkomst vervalt een maand nadat zij op de nieuwe verzekerde is overgegaan, tenzij deze binnen die termijn aan de verzekeraar verklaart de overeenkomst voort te zetten. In dat geval kan de verzekeraar binnen twee maanden nadat de verklaring is afgelegd, de overeenkomst met inachtneming van een termijn van een maand opzeggen.

3. Premies verschenen voordat de nieuwe verzekerde heeft verklaard de overeenkomst voort te zetten, zijn uitsluitend door de verzekeringnemer verschuldigd.

4. Het in lid 2 bepaalde leidt niet tot verlenging van de duur van de overeenkomst noch tot beperking van het recht tot opzegging uit anderen hoofde.

5. De leden 1 tot en met 4 missen toepassing, indien de verzekering de verkrijger aanwijst als derde, bedoeld in artikel 947.

Art. 949

Houder polis/bewijsstuk bij schadeverzekering

Bij verzekeringen als bedoeld in artikel 932 lid 3, tweede zin, geldt de houder van de polis of van een ander door de verzekeraar afgegeven bewijsstuk als verzekerde, mits het verzekerde belang bij hem berust. De artikelen 253 lid 2 van Boek 6, 947, 948 en 950 missen hier toepassing.

Art. 950

Dood verzekeringnemer bij schadeverzekering

Indien de verzekeringnemer overlijdt, kunnen zijn erfgenamen en de verzekeraar de overeenkomst binnen negen maanden nadat zij met dit overlijden bekend zijn geworden met inachtneming van een termijn van een maand opzeggen. Wanneer de nalatenschap van de verzekeringnemer ingevolge artikel 13 van Boek 4 wordt verdeeld, komt de bevoegdheid van de erfgenamen, bedoeld in de vorige zin, toe aan zijn echtgenoot of geregistreerde partner.

Art. 951

Schade veroorzaakt door aard/gebrek zaak bij schadeverzekering

De verzekeraar vergoedt geen schade aan een verzekerde zaak indien die is veroorzaakt door de aard of een gebrek van die zaak.

Art. 952

Schade veroorzaakt met opzet of door roekeloosheid bij schadeverzekering

De verzekeraar vergoedt geen schade aan de verzekerde die de schade met opzet of door roekeloosheid heeft veroorzaakt.

Art. 953

Verbod erkenning bij schadeverzekering

Indien een verzekering tegen aansprakelijkheid bepaalde erkenningen door de verzekerde verbiedt, heeft overtreding van dat verbod geen gevolg voor zover de erkenning juist is. Een verbod tot erkenning van feiten heeft nimmer gevolg.

Art. 954

Uitkering aan benadeelde bij verzekering tegen aansprakelijkheid bij schadeverzekering

1. Indien in geval van een verzekering tegen aansprakelijkheid de verzekeraar ingevolge artikel 941 de verwezenlijking van het risico is gemeld, kan de benadeelde verlangen, dat indien de verzekeraar een uitkering verschuldigd is, het bedrag dat de verzekerde daarvan ter zake van de schade van de benadeelde door dood of letsel te vorderen heeft, aan hem wordt betaald.

2. De benadeelde kan zonder melding deze betaling verlangen indien de verzekerde een rechtspersoon was die heeft opgehouden te bestaan en de verplichting tot vergoeding van de schade van de benadeelde niet op een ander is overgegaan.

3. Indien de benadeelde zijn in lid 1 bedoelde bevoegdheid nog niet heeft uitgeoefend, kan de verzekeraar slechts bevrijdend aan de verzekerde betalen nadat hij de benadeelde tevergeefs verzocht heeft binnen vier weken mede te delen of hij deze bevoegdheid wil uitoefenen, of indien deze daarvan afstand heeft gedaan.

4. De verzekerde is niet bevoegd ten nadele van de benadeelde over zijn vordering op de verzekeraar te beschikken, voorzover deze vordering schade door dood of letsel betreft, noch is deze vordering in zoverre voor anderen dan de benadeelde vatbaar voor beslag.

5. Voorzover de verzekeraar in verband met overschrijding van een verzekerde som tot minder gehouden is dan het bedrag waarvoor de verzekerde aansprakelijk is, wordt de verschuldigde uitkering naar evenredigheid toegerekend aan de schade van elk der benadeelden alsmede, voorzover zij benadeelden betreft met zowel schade door dood of letsel als andere schade, aan deze onderscheiden schadesoorten. Niettemin blijft de verzekeraar die, onbekend met het bestaan van vorderingen van andere benadeelden, te goeder trouw aan een benadeelde of de verzekerde een groter bedrag dan het aan deze toekomende deel heeft uitgekeerd, jegens de andere benadeelden slechts gehouden tot het beloop van het overblijvende gedeelte van de verzekerde som. De betaling aan de benadeelden kan worden opgeschort voorzover in verband met het in de eerste zin bepaalde op redelijke gronden kan worden betwijfeld welk bedrag dient te worden voldaan.

6. De benadeelde die ter zake van zijn schade door dood of letsel een rechtsvordering instelt tegen de verzekeraar, is daartoe slechts bevoegd indien hij er zorg voor draagt dat de verzekerde tijdig in het geding wordt geroepen. Dit lijdt uitzondering in het geval, bedoeld in lid 2.

7. De leden 1 tot en met 6 missen toepassing voor zover de benadeelde schadeloos is gesteld of voor zover hem door de wet jegens de verzekeraar een eigen recht op schadevergoeding is toegekend.

Art. 955

1. De verzekerde som is het hoogste bedrag van de schadevergoeding tot uitkering waarvan de verzekeraar als gevolg van eenzelfde voorval kan worden verplicht, behoudens het bij artikel 959 bepaalde.

2. Door een uitkering als bedoeld in lid 1, wordt de verzekerde som niet verminderd.

Art. 956

Een gebouw is naar zijn herbouwwaarde, en andere zaken zijn naar hun vervangingswaarde verzekerd. Vervangingswaarde is het bedrag benodigd voor het verkrijgen van naar soort, kwaliteit, hoeveelheid, staat en ouderdom gelijkwaardige zaken.

Art. 957

1. Zodra de verzekeringnemer of de verzekerde van de verwezenlijking van het risico of het ophanden zijn daarvan op de hoogte is, of behoort te zijn, is elk hunner, naar mate hij daartoe in de gelegenheid is, verplicht binnen redelijke grenzen alle maatregelen te nemen, die tot voorkoming of vermindering van de schade kunnen leiden.

2. De verzekeraar vergoedt de kosten aan het nemen van de in lid 1 bedoelde maatregelen verbonden, en de schade aan zaken die daarbij worden ingezet.

3. Indien de verzekerde de in lid 1 bedoelde verplichting niet is nagekomen, kan de verzekeraar de uitkering verminderen met de schade die hij daardoor lijdt.

Art. 958

1. Er is totaal verlies, wanneer een zaak:

a. is tenietgegaan,

b. zo is beschadigd dat zij heeft opgehouden een zaak van de verzekerde soort te zijn, of

c. buiten de macht van de verzekerde is geraakt en herkrijging niet is te verwachten.

2. Bij totaal verlies vergoedt de verzekeraar de waarde van het verzekerde belang bij de zaak.

3. Heeft de verzekeraar in het geval van lid 1 onder c voldaan aan zijn verplichting en wordt het daarna mogelijk de zaak te herkrijgen, dan heeft de verzekeraar ter keuze van de verzekerde recht op terugbetaling van de vergoeding of op overdracht van de zaak.

4. De verzekeraar vergoedt in geval van verzekering tegen vervangings-, herbouw- of nieuwwaarde bij gedeeltelijke schade te zijner keuze hetzij de kosten van herstel en de waardevermindering naar verkoopwaarde ondanks herstel, hetzij de verzekerde waarde van de onbeschadigde zaak verminderd met de verkoopwaarde van de restanten.

5. Indien het bedrag van de verzekerde som lager is dan de waarde die aan de schadeberekening ten grondslag ligt, wordt de vergoeding volgens de leden 2 en 4 verminderd naar evenredigheid van hetgeen dat bedrag lager is dan de waarde.

Art. 959

1. De in artikel 957 bedoelde vergoeding en de redelijke kosten tot het vaststellen van de schade gemaakt, komen ten laste van de verzekeraar, ook al zou daardoor, tezamen met de vergoeding van de schade, de verzekerde som worden overschreden.

2. Indien de naar de grondslag van de verzekering berekende waarde van de onbeschadigde zaak niet ten volle is verzekerd, komt de in artikel 957 bedoelde vergoeding slechts met overeenkomstige toepassing van artikel 958 lid 5 ten laste van de verzekeraar.

Art. 960

De verzekerde zal krachtens de verzekering geen vergoeding ontvangen waardoor hij in een duidelijk voordeliger positie zou geraken. De vorige zin mist toepassing bij voorafgaande taxatie van de waarde van een zaak tot stand gekomen krachtens een aan een deskundige opgedragen beslissing of krachtens een beslissing van partijen overeenkomstig het advies van een deskundige.

Art. 961

1. Indien dezelfde schade door meer dan een verzekering wordt gedekt, kan de verzekerde met inachtneming van artikel 960 elke verzekeraar aanspreken. De verzekeraar is daarbij bevoegd de nakoming van zijn verplichting tot schadevergoeding op te schorten totdat de verzekerde de andere verzekeringen heeft genoemd.

2. Voor de toepassing van lid 1 wordt met schade die door een verzekering wordt gedekt gelijkgesteld schade die door de verzekeraar onverplicht wordt vergoed.

3. De verzekeraars hebben onderling verhaal opdat ieder zijn deel draagt, naar evenredigheid van de bedragen waarvoor een ieder afzonderlijk kan worden aangesproken. Verzekeraars hebben op gelijke voet onderling verhaal voor hun redelijke kosten tot het vaststellen van de schade, alsmede voor hun redelijke kosten van verweer in en buiten rechte. De verzekerde is jegens de verzekeraars afzonderlijk verplicht zich te onthouden van elke gedraging die ten koste van dezen afbreuk doet aan hun onderling verhaal.

4. De bij eenzelfde verzekering betrokken verzekeraars zijn niet verder aansprakelijk dan voor hun evenredig deel van hetgeen in totaal ten laste van die verzekering komt.

Art. 962

Vordering verzekerde op derde bij schadeverzekering

1. Indien de verzekerde terzake van door hem geleden schade anders dan uit verzekering vorderingen tot schadevergoeding op derden heeft, gaan die vorderingen bij wijze van subrogatie op de verzekeraar over voor zover deze, al dan niet verplicht, die schade vergoedt. De verzekerde moet zich, nadat het risico zich heeft verwezenlijkt, onthouden van elke gedraging welke aan het recht van de verzekeraar tegen die derden afbreuk doet.

2. De verzekeraar kan de vordering waarin hij is gesubrogeerd, of die hij door overdracht heeft verkregen, niet ten nadele van het recht op schadevergoeding van de verzekerde uitoefenen.

3. De verzekeraar krijgt geen vordering op de verzekeringnemer, een mede-verzekerde, de niet van tafel en bed gescheiden echtgenoot of de geregistreerde partner van een verzekerde, de andere levensgezei van een verzekerde, noch op de bloedverwanten in de rechte lijn van een verzekerde, op een werknemer of de werkgever van de verzekerde, of op degene die in dienst staat tot dezelfde werkgever als de verzekerde. Deze regel geldt niet voor zover zulk een persoon jegens de verzekerde aansprakelijk is wegens een omstandigheid die afbreuk zou hebben gedaan aan de uitkering, indien die omstandigheid aan de verzekerde zou zijn toe te rekenen.

Art. 963

Dwingend recht

1. Van de artikelen 960 en 962 lid 2 en lid 3, eerste zin, kan niet worden afgeweken.

2. Van artikel 953 kan niet ten nadele van de verzekerde worden afgeweken.

3. Van artikel 947, tweede zin, kan niet ten nadele van de derde worden afgeweken.

4. Van artikel 954 kan niet ten nadele van de benadeelde worden afgeweken.

5. Van artikel 957 lid 2 kan niet ten nadele van de verzekeringnemer of de verzekerde worden afgeweken.

6. Van artikel 959 lid 1 kan niet ten nadele van de verzekeringnemer of de verzekerde worden afgeweken voor zover de in dit lid bedoelde kosten niet het bedrag overschrijden dat gelijk is aan de verzekerde som en de verzekeringnemer een natuurlijk persoon is die de verzekering anders dan in de uitoefening van een beroep of bedrijf heeft gesloten.

Afdeling 3
Sommenverzekering

§ 1
Algemene bepalingen

Art. 964

Sommenverzekering

Sommenverzekering is de verzekering waarbij het onverschillig is of en in hoeverre met de uitkering schade wordt vergoed. Zij is slechts toegelaten bij persoonsverzekering en bij verzekeringen welke daartoe bij algemene maatregel van bestuur, zonodig binnen daarbij vast te stellen grenzen, zijn aangewezen.

Art. 965

Begripsbepalingen

In deze afdeling wordt verstaan onder verzekerde: degene op wiens leven of gezondheid de verzekering betrekking heeft; onder begunstigde: degene die tot het ontvangen van een uitkering is aangewezen. Onder uitkering zijn de bedragen, bedoeld in de artikelen 978 lid 2, 980 lid 2, 981 en 983 begrepen.

Art. 966

Aanwijzing begunstigde en onderbewindstelling recht op uitkering bij sommenverzekering

1. De verzekeringnemer kan door schriftelijke mededeling aan de verzekeraar:
a. zichzelf of, al dan niet naast zichzelf, één of meer derden als begunstigde aanwijzen, hetzij als hoofdgerechtigde, hetzij als beperkt gerechtigde;
b. het recht op uitkering onder bewind stellen;
c. een beschikking als onder a of b bedoeld herroepen of wijzigen.

2. De verzekeraar kan een aanwijzing of een wijziging daarvan afwijzen, indien zij de nakoming van zijn uitkeringsverplichting onredelijk zou bemoeilijken. Hij oefent dit recht uit door binnen een maand na de aanwijzing of de wijziging de verzekeringnemer van zijn afwijzing in kennis te stellen.

3. Het bewind over een recht op uitkering heeft dezelfde rechtsgevolgen als een bij uiterste wilsbeschikking ingesteld bewind, met dien verstande dat:
a. de termijnen bedoeld in de artikelen 178, 179 lid 2 en 180 lid 2 van Boek 4 aanvangen op het tijdstip waarop de uitkering of de eerste van een reeks uitkeringen opeisbaar wordt, en
b. het bewind, voor zover het niet in het belang van een ander dan de begunstigde is ingesteld, ook eindigt wanneer de verzekeringnemer en de begunstigde een gemeenschappelijk besluit tot opheffing schriftelijk ter kennis van de bewindvoerder brengen.

4. Een aanwijzing van een begunstigde als hoofdgerechtigde tot zekerheid geldt als een aanwijzing als pandhouder. Op een aanwijzing als hoofdgerechtigde tot aflossing van een schuld is de vorige zin van overeenkomstige toepassing, tenzij de aanwijzing is beperkt tot hetgeen ter zake aan de begunstigde is verschuldigd.

Art. 967

1. Tenzij van een andere bedoeling blijkt, vervalt de aanwijzing van een begunstigde, indien hij overlijdt vóórdat:

a. hij de aanwijzing heeft aanvaard, of

b. een uitkering waarop de aanwijzing betrekking had, opeisbaar is geworden.

2. Is de begunstigde in hoedanigheid aangeduid, dan wordt de aanwijzing vermoed te zijn gedaan ten behoeve van hem die deze hoedanigheid bezit ten tijde dat de aanwijzing volgens artikel 968, onder b tot en met d, onherroepelijk wordt. Indien de begunstigde zowel bij naam als in hoedanigheid is aangeduid, wordt de aanwijzing vermoed te zijn gedaan ten behoeve van de bij naam aangewezen begunstigde.

3. In afwijking van het in lid 2 bepaalde strekt de begunstiging steeds ten behoeve van de begunstigde wiens aanwijzing door aanvaarding onherroepelijk is geworden, terwijl hij de in de aanwijzing aangeduide hoedanigheid bezat.

4. Zijn de als zodanig aangeduide erfgenamen van de verzekeringnemer of van de verzekerde als begunstigden aangewezen, dan worden daaronder verstaan die als erfgenamen tot de nalatenschap zijn geroepen, ongeacht of zij haar hebben aanvaard. Zij zijn tot de uitkering gerechtigd in dezelfde verhouding als waarin zij tot de nalatenschap zijn geroepen.

5. Is de nalatenschap van de verzekeringnemer of van de verzekerde als begunstigde aangewezen, dan komt het recht op uitkering toe aan de erfgenamen die de nalatenschap hebben aanvaard. Zij zijn tot de uitkering gerechtigd in dezelfde verhouding als waarin zij in de nalatenschap delen.

6. Zijn als zodanig aangeduide kinderen als begunstigden aangewezen, dan worden daaronder hun afstammelingen bij plaatsvervulling begrepen.

7. Indien een uitkering door de dood van de verzekerde opeisbaar wordt en deze en een begunstigde derde gelijktijdig zijn overleden, dan wel indien beiden zijn gestorven en men niet kan weten wie het eerst is overleden, valt, tenzij van een andere bedoeling blijkt, de uitkering niet aan die begunstigde ten deel.

8. Zolang geen derde als begunstigde is aangewezen, komt het recht op uitkering toe aan de verzekeringnemer. De verzekeringnemer wordt voorts geacht zichzelf als begunstigde te hebben aangewezen voor het geval dat geen aanwijzing van een derde als begunstigde gevolg heeft.

Art. 968

De aanwijzing van een derde als begunstigde kan niet worden herroepen:

a. indien die derde haar heeft aanvaard;

b. indien het risico is geëindigd door het overlijden van de verzekerde;

c. indien een uitkering opeisbaar wordt;

d. indien dit uit de overeenkomst voortvloeit.

Art. 969

1. De begunstigde derde verkrijgt zijn recht op uitkering door aanvaarding van zijn aanwijzing. In afwijking van artikel 253 leden 3 en 4 van Boek 6 kan hij slechts aanvaarden door een tot de verzekeraar gerichte verklaring. Tenzij de aanwijzing onherroepelijk is volgens artikel 968, onder b tot en met d, kan de begunstigde slechts schriftelijk aanvaarden met op gelijke wijze aan de verzekeraar kenbaar gemaakte toestemming van de verzekeringnemer.

2. Is de aanwijzing volgens artikel 968, onder b tot en met d, onherroepelijk, dan kan de begunstigde derde zijn aanwijzing door een tot de verzekeraar gerichte verklaring afwijzen.

3. De begunstigde derde maakt de aanvaarding van zijn aanwijzing ongedaan door afstand te doen van zijn recht op uitkering.

Art. 970

1. De rechten van de verzekeringnemer uit een sommenverzekering kunnen, onverminderd de tweede zin, slechts gezamenlijk worden overgedragen. Uit een sommenverzekering voortvloeiende vorderingsrechten kunnen afzonderlijk worden overgedragen, voor zover uit de wet of de overeenkomst niet anders voortvloeit.

2. Levering van rechten uit een verzekering vereist een daartoe bestemde akte en schriftelijke mededeling daarvan aan de verzekeraar door de vervreemder of de verkrijger.

Art. 971

1. Bij het vestigen van een pandrecht op uit een sommenverzekering voortvloeiende rechten mist artikel 239 van Boek 3 toepassing.

2. Indien het pandrecht rust op een recht op uitkering, treedt voor de toepassing van de artikelen 246 en 253 van Boek 3 en artikel 490b van het Wetboek van Burgerlijke Rechtsvordering de hoofdgerechtigde voor de pandgever in de plaats. Heeft een als hoofdgerechtigde aangewezen derde zijn aanwijzing nog niet aanvaard, dan stelt de pandhouder de derde daartoe in de gelegenheid.

3. In afwijking van lid 2 kan de pandhouder een overschot als bedoeld in artikel 253 lid 1, tweede zin, van Boek 3 ook afdragen aan de verzekeraar. De verzekeraar is het bedrag verschuldigd aan de hoofdgerechtigde.

Art. 972

Schriftelijke toestemming voor uitoefening rechten door verzekeringnemer bij sommenverzekering

1. De verzekeringnemer kan zijn uit de overeenkomst voortvloeiende rechten slechts uitoefenen met schriftelijke toestemming:
a. van de begunstigde, wanneer een aanwijzing volgens artikel 968 onherroepelijk is;
b. van de beperkt gerechtigde, wanneer een beperkt recht is gevestigd op de voor de verzekeringnemer uit de overeenkomst voortvloeiende rechten, dan wel op het recht op een uitkering.
2. Indien uitoefening van de in lid 1 bedoelde rechten niet zou leiden tot wijziging van de rechtspositie van de begunstigde, onderscheidenlijk de beperkt gerechtigde, is daarvoor diens toestemming niet vereist.

Art. 973

Opzettelijk teweeggebracht risico bij sommenverzekering

Aan de overeenkomst kunnen geen rechten worden ontleend door degeen die onherroepelijk veroordeeld is ter zake dat hij de verwezenlijking van het risico opzettelijk teweeg heeft gebracht of daaraan opzettelijk meegewerkt heeft.

Art. 974

Dwingend recht

Van de vormvoorschriften van de artikelen 966 lid 1 en 969 lid 1, tweede zin, en van de artikelen 972 en 973 kan niet worden afgeweken.

§ 2
Levensverzekering

Art. 975

Levensverzekering

Levensverzekering is de in verband met het leven of de dood gesloten sommenverzekering met dien verstande dat ongevallenverzekering niet als levensverzekering wordt beschouwd.

Art. 976

Voorziening in kosten lijkbezorging bij levensverzekering

De artikelen 978 lid 1, 980 lid 1 en 981, en artikel 986 voor zover het op deze bepalingen betrekking heeft, missen toepassing bij verzekeringen strekkende tot voorziening in de kosten van lijkbezorging. Bij algemene maatregel van bestuur kunnen hiervoor nadere maatstaven worden gesteld. De waarde van deze verzekeringen en de uit deze verzekeringen voortvloeiende rechten zijn niet vatbaar voor beslag en blijven buiten het faillissement van of de toepassing van de schuldsaneringsregeling op de verzekeringnemer en vereffening van zijn nalatenschap.

Art. 977

Verbod opzegging/ontbinding door verzekeraar bij levensverzekering

1. Behoudens het elders in deze titel bepaalde kan de verzekering niet door de verzekeraar worden opgezegd of ontbonden, noch krachtens enig beding vervallen. De eerste zin staat niet in de weg aan een beding dat de verzekering eindigt of door de verzekeraar kan worden opgezegd, indien zij als gevolg van in de overeenkomst voorziene verrekening van premie, bedongen rente en kosten niet langer premievrije waarde of afkoopwaarde heeft.

Afkopen/premievrij voortzetten door verzekeraar bij levensverzekering

2. Behoudens het elders in deze afdeling bepaalde kan de verzekeraar de verzekering slechts afkopen of premievrij voortzetten met medewerking van de verzekeringnemer, verkregen na het aangaan van de overeenkomst.

Art. 978

Afkoop van levensverzekering

1. De verzekeringnemer heeft het recht de verzekering, voor zover deze stellig voorziet in een of meer uitkeringen, geheel of gedeeltelijk door de verzekeraar te doen afkopen. Door afkoop eindigt de verzekering, behoudens voor zover uit de verzekering nog uitkeringen kunnen voortvloeien. De afkoopwaarde komt de verzekeringnemer toe.

Premievrije voortzetting

2. Indien de verzekering premievrije waarde heeft, komt de verzekeringnemer het recht toe, haar premievrij te doen voortzetten. Dit recht kan worden uitgesloten voor het geval dat bij premievrijmaking tegen verminderde bedragen de hoogte van de verminderde uitkering of uitkeringen beneden een bij algemene maatregel van bestuur vast te stellen grens zou blijven.

Art. 979

Belening bij levensverzekering

1. De verzekeringnemer heeft het recht de verzekering als bedoeld in artikel 978 lid 1 tot het bedrag van de afkoopwaarde bij de verzekeraar te belenen op bij deze gebruikelijke voorwaarden.
2. De verzekeraar mag het bedrag dat hij ter zake van de belening betaalt, vermeerderd met rente en kosten, voor zover het hem niet wordt terugbetaald, in mindering brengen op de contante waarde van periodieke uitkeringen, en inhouden op betalingen uit hoofde of ten laste van de verzekering.

Art. 980

Vervolgpremie bij levensverzekering

1. Het niet-betalen van vervolgpremie heeft eerst gevolg, indien de verzekeraar na de vervaldag de verzekeringnemer, de begunstigde, indien deze zijn aanwijzing heeft aanvaard, de pandhouder en de beslaglegger door een mededeling op dat gevolg heeft gewezen en betaling binnen een daarbij op ten minste één maand gestelde termijn is uitgebleven.
2. Indien betaling is uitgebleven, wordt de verzekering die premievrije waarde heeft, premievrij voortgezet of, indien de overeenkomst daarin voorziet, voortgezet door middel van verrekening van de premie en de bedongen rente en kosten met de afkoopwaarde. Bestaat geen recht op voortzetting als in de vorige zin bedoeld, dan eindigt de verzekering, en heeft de verzekeringnemer bij een verzekering die afkoopwaarde heeft, recht op die waarde.

3. In afwijking van lid 1 kan worden bedongen dat van de vervaldag af rente en kosten verschuldigd zijn.

Art. 981

Overlijdt de verzekerde ten gevolge van een van het risico uitgesloten oorzaak en heeft de verzekering afkoopwaarde, dan wordt de verzekeraar een bedrag verschuldigd gelijk aan de afkoopwaarde berekend naar de dag voorafgaande aan het overlijden. Dat bedrag komt de begunstigde toe. Heeft de verzekering geen afkoopwaarde, maar wel premievrije waarde, dan wordt de verzekeringnemer geacht de dag vóór het overlijden het recht te hebben uitgeoefend als bedoeld in artikel 978 lid 2 en wordt de verzekerde geacht te zijn overleden door een niet van het risico uitgesloten oorzaak.

Dood verzekerde bij levensverzekering

Art. 982

1. Indien de leeftijd of het geslacht van de verzekerde onjuist is opgegeven, wordt de verzekering geacht te zijn gesloten tot de aan de juiste leeftijd of het juiste geslacht aangepaste uitkering, of uitkeringen, bij handhaving van hetgeen omtrent de premiebetaling is overeengekomen. De artikelen 929 en 930 en 983 missen in zoverre toepassing.

Leeftijd/geslacht verzekerde onjuist opgegeven bij levensverzekering

2. Lid 1 mist toepassing indien de verzekeraar bij kennis van de juiste leeftijd of het juiste geslacht geen verzekering zou hebben gesloten.

Art. 983

1. Indien een verzekeringnemer die de verzekeringnemer krachtens wet of overeenkomst kan doen afkopen, overeenkomstig artikel 929 wordt opgezegd, verkrijgt de verzekeringnemer recht op de afkoopwaarde van de dag vóór haar beëindiging.

Rechten bij niet-nakoming mededelingsplicht verzekeringnemer bij levensverzekering

2. De begunstigde verkrijgt recht op een op gelijke wijze berekend bedrag, indien de verzekeraar bij het einde van het risico een beroep doet op de gevolgen van het niet nakomen van artikel 928. Zou echter de toepassing van artikel 930 lid 2 of 3 tot een hogere uitkering leiden, dan verkrijgt de begunstigde daarop aanspraak.

3. De verzekeraar die ingevolge artikel 929 de verzekeringnemer op het niet nakomen van artikel 928 wijst onder voorbehoud van zijn rechten of die de gevolgen van dat niet nakomen inroept, stelt de begunstigde die zijn aanwijzing heeft aanvaard, en de pandhouder daarvan in kennis. In het geval, bedoeld in de eerste zin, stelt de verzekeraar ook de beslaglegger in kennis, tenzij nog geen verklaring als bedoeld in artikel 476a, eerste lid, Wetboek van Burgerlijke Rechtsvordering is gedaan.

Art. 984

1. Rust een pandrecht op de rechten van de verzekeringnemer, dan kan de pandhouder de verzekering doen afkopen, tenzij de verzekeringnemer de bevoegdheid mist de verzekering te doen afkopen. Tevens kan de pandhouder de begunstiging wijzigen ten behoeve van de verzekeringnemer, voor zover deze niet onherroepelijk is. Hij kan de verzekering slechts doen afkopen indien de schuldenaar in verzuim is gekomen en nadat hij daarna zijn voornemen tot het doen afkopen ten minste vier weken tevoren, bij aangetekende brief of bij deurwaardersexploit, aan de verzekeringnemer heeft medegedeeld. De verzekeraar is niet gehouden te onderzoeken of de schuldenaar in verzuim is. De pandhouder doet een afschrift van de brief of het exploit, bedoeld in de derde zin, toekomen aan de verzekeraar.

Rechten pandhouder bij levensverzekering

2. Om de verzekering te kunnen doen afkopen, dient de pandhouder bij de mededeling van een voornemen van afkoop tevens te vermelden dat de verzekeringnemer, tenzij deze bevoegdheid is uitgesloten, de verzekering binnen de termijn van vier weken, bedoeld in lid 1, kan belenen ter voldoening, voor zover mogelijk, van hetgeen aan de pandhouder verschuldigd is.

3. Heeft de pandhouder de verzekering doen afkopen of de verzekeringnemer deze overeenkomstig lid 2 beleend, dan rust het pandrecht nog slechts op de vordering ter zake van die afkoop of die belening.

4. De pandhouder is niet bevoegd tot verkoop overeenkomstig artikel 248 van Boek 3.

Art. 985

Een rechtsvordering tegen de verzekeraar tot het doen van een uitkering verjaart door verloop van vijf jaar na de dag waarop die vordering opeisbaar is geworden, tenzij een langere termijn is bedongen.

Verjaring rechtsvordering tegen verzekeraar bij levensverzekering

Art. 986

1. Van artikel 984 kan niet worden afgeweken.

Dwingend recht

2. Van de artikelen 977, 981 en 982 kan niet ten nadele van de verzekeringnemer, de begunstigde of de pandhouder worden afgeweken.

3. Van de artikelen 978 lid 2, 980, en 983 kan niet ten nadele van de verzekeringnemer, de begunstigde, de pandhouder of de beslaglegger worden afgeweken, indien de verzekeringnemer is een natuurlijk persoon en deze de verzekering sluit anders dan in verband met de uitoefening van een beroep of bedrijf.

4. Beperking of uitsluiting van het recht, bedoeld in artikel 978 lid 1, kan niet worden tegengeworpen aan schuldeisers van de verzekeringnemer, de curator in het faillissement van de verzekeringnemer, diens bewindvoerder in geval van surséance van betaling of toepassing van de

schuldsaneringsregeling, dan wel de vereffenaar van de nalatenschap van de verzekeringnemer. Bij een verzekering die recht geeft op periodieke uitkeringen of verstrekkingen, mist de eerste zin toepassing voor zover de ter zake voldane premies, mede op de grond dat de verzekering bepaalt dat zij niet kan worden afgekocht, voor de heffing van de inkomstenbelasting in aanmerking konden worden genomen voor de bepaling van het belastbaar inkomen uit werk en woning.

Titel 18 Lijfrente

Art. 990

Lijfrente Lijfrente is het van het in leven zijn van één of meer personen afhankelijke recht op een periodieke uitkering in geld.

Art. 991

Vordering van lijfrente bij niet-betaling uitkering **1.** Indien een uitkering op de vervaldag niet is betaald en ook binnen een maand na een schriftelijke aanmaning nog niet is voldaan, kan de gerechtigde de lijfrente, voor zover nog verschuldigd, bij een schriftelijke mededeling aan de schuldenaar omzetten in een vordering tot vergoeding van het bedrag dat is vereist voor het kopen van een gelijke lijfrente.

Opschorting nakoming bij twijfel of lijf nog in leven is **2.** Nochtans is de schuldenaar van de lijfrente bevoegd de nakoming van zijn verbintenis op te schorten indien hij op redelijke gronden betwijfelt of het lijf nog in leven is.

Art. 992

Verschuldigd bedrag over periode waarin lijf overlijdt Over een periode waarin het lijf overlijdt, is de rente slechts verschuldigd naar evenredigheid van het aantal dagen dat hij heeft geleefd. Indien de rente vooruit moest worden betaald blijft zij over de gehele termijn verschuldigd.

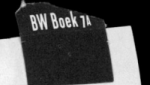

Burgerlijk Wetboek Boek 7A

Inhoudsopgave

Boek 7a	Bijzondere overeenkomsten; vervolg	Art. 1576-1576g
Vijfde titel A	[Vervallen]	Art. 1576-1576g
Afdeling 1	[Vervallen]	Art. 1576-1576g
Afdeling 2	[Vervallen]	Art. 1576h-1576x
Zevende titel	Van huur en verhuur	Art. 1584-1585
Eerste afdeeling	[Vervallen]	Art. 1584-1585
Tweede afdeeling	[Vervallen]	Art. 1586-1616
Derde afdeeling	[Vervallen]	Art. 1619-1623
Vierde afdeling	[Vervallen]	Art. 1623a-1623o
Vijfde afdeeling	[Vervallen]	Art. 1624-1636b
Zevende titel A		Art. 1637-1637c
Eerste afdeeling	Algemeene bepalingen	Art. 1637-1637c
Tweede afdeeling	Van de arbeidsovereenkomst in het algemeen	Art. 1637d-1637z
Derde afdeeling	Van de verplichtingen des werkgevers	Art. 1638-1638oo
Vierde afdeeling	Van de verplichtingen des arbeiders	Art. 1639a-1639da
Vijfde afdeeling	Van de verschillende wijzen waarop de dienstbetrekking, door arbeidsovereenkomst ontstaan, eindigt	Art. 1639e-1639x
Vijfde afdeling A		Art. 1639aa-1639dd
Zesde afdeeling	[Vervallen]	Art. 1639-1651
Negende titel	Van maatschap	Art. 1655
Eerste afdeeling	Algemeene bepalingen	Art. 1655
Tweede afdeeling	Van de verbindtenissen der vennooten onderling	Art. 1661
Derde afdeeling	Van de verbindtenissen der vennooten ten aanzien van derden	Art. 1679
Vierde afdeeling	Van de verschillende wijzen waarop de maatschap eindigt	Art. 1683
Elfde titel	[Vervallen]	Art. 1703-1712
Eerste afdeeling	[Vervallen]	Art. 1703-1712
Tweede afdeeling	[Vervallen]	Art. 1713-1716
Derde afdeeling	[Vervallen]	Art. 1719-1724
Vierde afdeeling	[Vervallen]	Art. 1725-1730
Dertiende titel	Van bruikleening	Art. 1777
Eerste afdeeling	Algemeene bepalingen	Art. 1777
Tweede afdeeling	Van de verpligtingen van dengenen die iets ter bruikleening ontvangt	Art. 1781
Derde afdeeling	Van de verpligtingen van den uitleener	Art. 1787
Veertiende titel	[Vervallen]	Art. 1791-1793
Eerste afdeeling	[Vervallen]	Art. 1791-1793
Tweede afdeeling	[Vervallen]	Art. 1796-1799
Derde afdeeling	[Vervallen]	Art. 1800-1801
Vierde afdeeling	[Vervallen]	Art. 1804-1806
Vijftiende titel	Van gevestigde of altijddurende renten	Art. 1807
Zestiende titel	Van kans-overeenkomsten	Art. 1811
Eerste afdeeling	[Vervallen]	Art. 1811
Tweede afdeeling	[Vervallen]	Art. 1813-1824
Derde afdeeling	Van spel en weddingschap	Art. 1825
Zeventiende titel	Van lastgeving	Art. 1829-1856
Negentiende titel	Van dading	Art. 1889-1901

Algemene slotbepaling

Art. 2031

Burgerlijk Wetboek Boek $7A^1$

Burgerlijk Wetboek Boek 7A, Bijzondere overeenkomsten (vervolg)

Boek 7a
Bijzondere overeenkomsten; vervolg

Vijfde titel A
[Vervallen]

Afdeling 1
[Vervallen]

Art. 1576-1576g

[Vervallen]

Afdeling 2
[Vervallen]

Art. 1576h-1576x

[Vervallen]

Zevende titel
Van huur en verhuur

Eerste afdeeling
[Vervallen]

Art. 1584-1585

[Vervallen]

Tweede afdeeling
[Vervallen]

Art. 1586-1616

[Vervallen]

Derde afdeeling
[Vervallen]

Art. 1619-1623

[Vervallen]

Vierde afdeling
[Vervallen]

Art. 1623a-1623o

[Vervallen]

Vijfde afdeling
[Vervallen]

Art. 1624-1636b

[Vervallen]

---

1 Inwerkingtredingsdatum: 01-02-1909; zoals laatstelijk gewijzigd bij: Stb. 2018, 424.

Zevende titel A

Eerste afdeeling
Algemeene bepalingen

Art. 1637-1637c

[Vervallen]

Tweede afdeeling
Van de arbeidsovereenkomst in het algemeen

Art. 1637d-1637z

[Vervallen]

Derde afdeeling
Van de verplichtingen des werkgevers

Art. 1638-1638oo

[Vervallen]

Vierde afdeeling
Van de verplichtingen des arbeiders

Art. 1639a-1639da

[Vervallen]

Vijfde afdeeling
Van de verschillende wijzen waarop de dienstbetrekking, door arbeidsovereenkomst ontstaan, eindigt

Art. 1639e-1639x

[Vervallen]

Vijfde afdeeling A

Art. 1639aa-1639dd

[Vervallen]

Zesde afdeeling
[Vervallen]

Art. 1639-1651

[Vervallen]

Negende titel
Van maatschap

Eerste afdeeling
Algemeene bepalingen

Art. 1655

Maatschap Maatschap is eene overeenkomst, waarbij twee of meerdere personen zich verbinden om iets in gemeenschap te brengen, met het oogmerk om het daaruit ontstaande voordeel met elkander te deelen.

(Zie ook: artt. 3, 26, 64, 175 BW Boek 2; artt. 166, 171 BW Boek 3; art. 124 BW Boek 5; art. 261 BW Boek 6; artt. 1658, 1661, 1670, 1672 BW Boek 7A; art. 5 Rv; artt. 15, 452g WvK)

Art. 1657

Algeheele of bijzondere maatschap Maatschappen zijn of algeheel, of bijzonder.

(Zie ook: artt. 1658, 1660 BW Boek 7A)

Art. 1658

Algeheele maatschap van winst De wet kent slechts de algeheele maatschap van winst. Zij verbiedt alle maatschappen, het zij van alle de goederen, het zij van een bepaald gedeelte van dezelve, onder eenen algemeenen titel; onverminderd de bepalingen, vastgesteld in den zevenden en achtsten titel van het eerste boek van dit Wetboek.

(Zie ook: artt. 93, 121 BW Boek 1; art. 166 BW Boek 3)

Art. 1659

De algeheele maatschap van winst bevat slechts hetgeen partijen, onder welke benaming ook, gedurende den loop der maatschap door hare vlijt zullen verkrijgen.

Art. 1660

De bijzondere maatschap is de zoodanige welke slechts betrekking heeft tot zekere bepaalde goederen, of tot derzelver gebruik, of tot de vruchten die daarvan zullen getrokken worden, of tot eene bepaalde onderneming, of tot de uitoefening van eenig bedrijf of beroep.

(Zie ook: art. 9 BW Boek 3; art. 15 WvK)

Tweede afdeeling

Van de verbindtenissen der vennooten onderling

Art. 1661

De maatschap begint van het oogenblik der overeenkomst, indien daarbij geen ander tijdstip bepaald is.

(Zie ook: artt. 64, 68, 175, 179 BW Boek 2)

Art. 1662

[1.] De inbreng van de vennoot kan bestaan in geld, goederen, genot van goederen en arbeid.

[2.] Op de inbreng van een goed zijn de bepalingen omtrent koop, op de inbreng van genot van een goed de artikelen 1584-1623 van overeenkomstige toepassing, voor zover de aard van de rechtsverhouding zich daartegen niet verzet.

(Zie ook: art. 74, 84 BW Boek 6; art. 1 BW Boek 7)

Art. 1665

Wanneer een der vennooten, voor zijne eigene rekening, eene opeischbare som te vorderen heeft van iemand die mede eene insgelijks opeischbare som verschuldigd is aan de maatschap, moet de betaling, welke hij ontvangt, op de inschuld der maatschap en op die van hemzelven, naar evenredigheid van beide die vorderingen, toegerekend worden, al ware het ook dat hij, bij de kwijting, alles in mindering of voldoening van zijne eigene inschuld mogt gebragt hebben; maar indien hij bij de kwijting bepaald heeft dat de geheele betaling zoude strekken voor de inschuld der maatschap, zal deze bepaling worden nagekomen.

(Zie ook: art. 43 BW Boek 6; art. 1666 BW Boek 7A)

Art. 1666

Indien een der vennooten zijn geheel aandeel in eene gemeente inschuld der maatschap ontvangen heeft, en de schuldenaar naderhand onvermogend is geworden, is die vennoot gehouden het ontvangene in de gemeente kas in te brengen, al had hij ook voor zijn aandeel kwijting gegeven.

(Zie ook: art. 1665 BW Boek 7A)

Art. 1670

[1.] Indien bij de overeenkomst van maatschap het aandeel van ieder vennoot in de winsten en de verliezen niet is bepaald, is elks aandeel geëvenredigd aan hetgeen hij in de maatschap heeft ingebragt.

[2.] Ten aanzien van degenen die slechts zijne nijverheid heeft ingebragt, wordt het aandeel in de winsten en de verliezen berekend gelijk te staan met het aandeel van dengenen der vennooten die het minst heeft ingebragt.

(Zie ook: artt. 105, 216 BW Boek 2; art. 172 BW Boek 3; art. 10 BW Boek 6; artt. 1655, 1672, 1680 BW Boek 7A; art. 33 WvK)

Art. 1671

[1.] De vennooten kunnen niet bedingen dat zij de regeling der hoegrootheid van hun aandeel aan een hunner of aan eenen derde zullen overlaten.

[2.] Een zoodanig beding wordt voorondersteld niet geschreven te zijn, en zullen alzoo de verordeningen van het voorgaande artikel worden in acht genomen.

(Zie ook: artt. 4, 613b, 678, 679 BW Boek 7; art. 1672 BW Boek 7A; artt. 391, 450b, 452p Rv)

Art. 1672

[1.] Het beding, waarbij aan een der vennooten alle de voordeelen mogten toegezegd zijn, is nietig.

[2.] Maar het is geoorloofd te bedingen dat alle de verliezen bij uitsluiting door een of meer der vennooten zullen gedragen worden.

(Zie ook: art. 40 BW Boek 3; art. 1671 BW Boek 7A)

Art. 1673

[1.] De vennoot die bij een bijzonder beding van de overeenkomst van maatschap met het beheer belast is, kan, zelfs in weerwil der overige vennooten, alle daden verrigten, welke tot zijn beheer betrekkelijk zijn.

B7a art. 1674

[2.] Deze magt kan, zoo lang de maatschap duurt, niet zonder gewichtige reden herroepen worden; maar indien dezelve niet bij de overeenkomst der maatschap, maar bij eene latere akte, is gegeven, is zij, even als eene eenvoudige lastgeving, herroepelijk.
(Zie ook: artt. 129, 134, 239, 244 BW Boek 2; artt. 168, 170, 171 BW Boek 3; artt. 400, 414 BW Boek 7; artt. 1676, 1679, 1681 BW Boek 7A; art. 17 Rv)

Art. 1674

Beheer door meer vennooten bij maatschap

Indien verscheidene vennooten met het beheer belast zijn, zonder dat hunne bijzondere werkzaamheden bepaald zijn, of zonder beding dat de een buiten den anderen niets zoude mogen verrigten, is ieder van hen afzonderlijk tot alle handelingen, dat beheer betreffende, bevoegd.
(Zie ook: art. 170 BW Boek 3; art. 408 BW Boek 7)

Art. 1675

Maatschap, gemeenschappelijk beheer

Indien er bedongen is dat een der beheerders niets buiten den anderen zoude mogen verrigten, vermag de eene, zonder eene nieuwe overeenkomst, niet te handelen zonder medewerking van den anderen, al mogt deze zich ook voor het oogenblik in de onmogelijkheid bevinden om aan de daden van het beheer deel te nemen.
(Zie ook: art. 170 BW Boek 3)

Art. 1676

Maatschap, regels omtrent beheer

Bij gebreke van bijzondere bedingen omtrent de wijze van beheer, moeten de volgende regelen worden in acht genomen:

1°. De vennooten worden geacht zich over en weder de magt te hebben verleend om, de een voor den anderen, te beheeren.

Hetgeen ieder van hen verrigt is ook verbindende voor het aandeel der overige vennooten, zonder dat hij hunne toestemming hebbe bekomen; onverminderd het regt van deze laatstgemelden, of van een hunner, om zich tegen de handeling, zoo lang die nog niet gesloten is, te verzetten;

2°. Ieder der vennooten mag gebruik maken van de goederen aan de maatschap toebehoorende, mits hij dezelve tot zoodanige einden gebruike, als waartoe zij gewoonlijk bestemd zijn, en mits hij zich van dezelve niet bediene tegen het belang der maatschap of op zoodanige wijze, dat de overige vennooten daardoor verhinderd worden om van die goederen, volgens hun regt, mede gebruik te maken;

3°. Ieder vennoot heeft de bevoegdheid om de overige vennooten te verpligten in de onkosten te dragen, welke tot behoud der aan de maatschap behoorende goederen noodzakelijk zijn;

4°. Geen der vennooten kan, zonder toestemming der overige, eenige nieuwigheden daarstellen ten aanzien der onroerende zaken, welke tot de maatschap behooren, al beweerde hij ook dat dezelve voor de maatschap voordeelig waren.
(Zie ook: artt. 120, 121, 284 BW Boek 3; artt. 1673, 1679, 1681 BW Boek 7A)

Art. 1678

Deelgenoot in aandeel bij maatschap

Elk der vennooten mag, zelfs zonder toestemming der overige, eenen derden persoon aannemen als deelgenoot in het aandeel hetwelk hij in de maatschap heeft; doch hij kan denzelven, zonder zoodanige toestemming, niet als medelid der maatschap toelaten, al mogt hij ook met het beheer der zaken van de maatschap belast zijn.
(Zie ook: artt. 1660, 1673, 1676 BW Boek 7A)

Derde afdeeling
Van de verbindtenissen der vennooten ten aanzien van derden

Art. 1679

Aansprakelijkheid vennoot bij maatschap

De vennooten zijn niet ieder voor het geheel voor de schulden der maatschap verbonden; en een der vennooten kan de overige niet verbinden, indien deze hem daartoe geene volmagt gegeven hebben.
(Zie ook: art. 60 BW Boek 3; art. 62 BW Boek 6; artt. 1676, 1681 BW Boek 7A; art. 18 WvK)

Art. 1680

Aansprakelijkheid voor gelijk aandeel bij maatschap

De vennooten kunnen door den schuldeischer, met wien zij gehandeld hebben, aangesproken worden, ieder voor gelijke som en gelijk aandeel, al ware het dat het aandeel in de maatschap van den eenen minder dan dat van den anderen bedroeg; ten zij, bij het aangaan der schuld, derzelver verpligting, om in evenredigheid van het aandeel in de maatschap van elk vennoot te dragen, uitdrukkelijk zij bepaald.
(Zie ook: art. 61 BW Boek 3; artt. 1670, 1681 BW Boek 7A)

Art. 1681

Handeling voor rekening van maatschap

Het beding dat eene handeling voor rekening der maatschap is aangegaan, verbindt slechts den vennoot die dezelve aangegaan heeft, maar niet de overige, ten zij de laatstgenoemde hem daartoe volmagt hadden gegeven, of de zaak ten voordeele der maatschap gestrekt hebbe.
(Zie ook: art. 60 BW Boek 3; artt. 1673, 1676 BW Boek 7A)

Burgerlijk Wetboek Boek 7A

Art. 1682

Indien een der vennooten in naam der maatschap eene overeenkomst heeft aangegaan, kan de maatschap de uitvoering daarvan vorderen.
(Zie ook: art. 171 BW Boek 3; artt. 1676, 1681 BW Boek 7A)

Vierde afdeeling
Van de verschillende wijzen waarop de maatschap eindigt

Art. 1683

Een maatschap wordt ontbonden:
1°. Door verloop van den tijd voor welken dezelve is aangegaan;
(Zie ook: artt. 1684, 1686 BW Boek 7A)
2°. Door het tenietgaan van een goed of de volbrenging der handeling, die het onderwerp der maatschap uitmaakt;
(Zie ook: art. 1660 BW Boek 7A)
3°. Door opzegging van een vennoot aan de andere vennoten;
(Zie ook: art. 1686 BW Boek 7A; art. 183 BW Boek 8)
4°. Door den dood of de curatele van één hunner, of indien hij in staat van faillissement is verklaard dan wel ten aanzien van hem de schuldsaneringsregeling natuurlijke personen van toepassing is verklaard.
(Zie ook: art. 378 BW Boek 1; art. 19 BW Boek 2; artt. 166, 189 BW Boek 3; artt. 475, 674 BW Boek 7; artt. 1611, 1648, 1688 BW Boek 7A; art. 182 BW Boek 8; artt. 1, 284 FW)

Art. 1684

[1.] De rechter kan op vordering van ieder der vennoten de maatschap wegens gewichtige redenen ontbinden.
[2.] Een zodanige ontbinding heeft geen terugwerkende kracht. De rechter kan de vordering toewijzen onder door hem te stellen voorwaarden en een partij die in de naleving van haar verplichtingen is tekortgeschoten, met overeenkomstige toepassing van artikel 277 van Boek 6 tot schadevergoeding veroordelen.
[3.] De artikelen 265-279 van Boek 6 zijn op een maatschap niet van toepassing.
(Zie ook: art. 166 BW Boek 3; artt. 1638, 1686 BW Boek 7A)

Art. 1686

[1.] Een opzegging is vernietigbaar, indien zij in strijd met de redelijkheid en billijkheid is geschied.
[2.] Een vennootschap voor bepaalde tijd of voor een bepaald werk aangegaan, kan niet worden opgezegd, tenzij dit is bedongen.
(Zie ook: art. 8 BW Boek 2; art. 12 BW Boek 3; artt. 1683, 1684 BW Boek 7A; art. 183 BW Boek 8)

Art. 1688

[1.] Indien bedongen is, dat, in geval van overlijden van een der vennooten, de maatschap met deszelfs erfgenaam, of alleen tusschen de overblijvende vennooten, zoude voortduren, moet dat beding worden nagekomen.
[2.] In het tweede geval, heeft de erfgenaam des overledenen geen verder regt dan op de verdeeling der maatschap, overeenkomstig de gesteldheid waarin dezelve zich ten tijde van dat overlijden bevond; doch hij deelt in de voordeelen en draagt in de verliezen, die de noodzakelijke gevolgen zijn van verrigtingen, welke vóór het overlijden van den vennoot, wiens erfgenaam hij is, hebben plaats gehad.
(Zie ook: art. 166 BW Boek 3; art. 1638 BW Boek 7A; art. 30 WvK)

Elfde titel
[Vervallen]

Eerste afdeeling
[Vervallen]

Art. 1703-1712

[Vervallen]

Tweede afdeeling
[Vervallen]

Art. 1713-1716

[Vervallen]

Vordering uitvoering bij maatschap

Ontbinding bij maatschap

Maatschap, ontbinding door rechter

Schakelbepaling

Maatschap, vernietiging/nietigheid ontbinding

Overlijden vennoot bij maatschap

Derde afdeeling
[Vervallen]

Art. 1719-1724

[Vervallen]

Vierde afdeeling
[Vervallen]

Art. 1725-1730

[Vervallen]

Dertiende titel
Van bruikleening

Eerste afdeeling
Algemeene bepalingen

Art. 1777

Bruikleen Bruikleening is eene overeenkomst, waarbij de eene partij aan de andere eene zaak om niet ten gebruike geeft, onder voorwaarde dat degene die deze zaak ontvangt, dezelve, na daarvan gebruik te hebben gemaakt, of na eenen bepaalden tijd, zal terug geven.
(Zie ook: art. 88 BW Boek 1; artt. 1791, 1854 BW Boek 7A)

Art. 1778

Eigendom geleende zaak bij bruikleen De uitleener blijft eigenaar van de geleende zaak.
(Zie ook: artt. 1781, 1792 BW Boek 7A)

Art. 1780

Overgang op erfgenamen bij bruikleen [1.] De verbintenissen, welke uit de bruiklening voortspruiten, gaan over op de erfgenamen van degene die ter leen geeft, onderscheidenlijk zijn echtgenoot of geregistreerde partner in het geval zijn nalatenschap overeenkomstig artikel 13 van Boek 4 wordt verdeeld, en van hem die ter leen ontvangt.

[2.] Maar indien men de uitleening gedaan heeft alleen uit aanmerking van dengenen die ter leen ontvangt, en aan deszelfs persoon in het bijzonder, kunnen deszelfs erfgenamen het verder genot van de geleende zaak niet blijven behouden.
(Zie ook: artt. 880, 1002 BW Boek 4)

Tweede afdeeling
Van de verpligtingen van dengenen die iets ter bruikleening ontvangt

Art. 1781

Bruikleen, verplichtingen lener [1.] Die iets ter leen ontvangst is gehouden, als een goed huisvader, voor de bewaring en het behoud van de geleende zaak te zorgen.

[2.] Hij mag daarvan geen ander gebruik maken dan hetwelk de aard der zaak medebrengt, of bij de overeenkomst bepaald is.
(Zie ook: artt. 199, 401, 602, 603 BW Boek 7; artt. 1596, 1777, 1782 BW Boek 7A)

Art. 1782

Aansprakelijkheid door verlies zaak bij bruikleen Indien de geleende zaak verloren gaat door een toeval, hetwelk degene die dezelve ter leen ontvangen heeft, door zijne eigene zaak te gebruiken, had kunnen voorkomen, of indien hij, slechts een van beide kunnende behouden, aan de zijne den voorrang heeft gegeven, is hij voor het verlies der andere zaak aansprakelijk.
(Zie ook: artt. 27, 74 BW Boek 6)

Art. 1783

Verlies geschatte zaak bij bruikleen Indien de zaak bij het ter leen geven geschat is, komt het verlies van dezelve, al ontstond dat ook door toeval, ten laste van dengenen die de zaak ter leen ontvangen heeft, ten ware het tegendeel mogt bedongen zijn.

Art. 1784

Waardevermindering zaak bij bruikleen Indien de zaak alleen tengevolge van het gebruik waartoe dezelve geleend is, en buiten schuld van den gebruiker, in waarde vermindert, is deze wegens die vermindering niet aansprakelijk.
(Zie ook: art. 75 BW Boek 6)

Art. 1785

Onkosten gebruik zaak bij bruikleen Indien de gebruiker, om van de geleende zaak gebruik te kunnen maken, eenige onkosten gemaakt heeft, kan hij dezelve niet terug vorderen.
(Zie ook: artt. 406, 601 BW Boek 7; art. 1789 BW Boek 7A)

Art. 1786

Indien een zaak in bruikleen is gegeven aan twee of meer personen tezamen, zijn zij hoofdelijk verbonden tot teruggave daarvan en tot vergoeding van de schade die het gevolg is van een tekortschieten in de nakoming van die verplichting, tenzij de tekortkoming aan geen van hen kan worden toegerekend.

(Zie ook: artt. 6, 74, 102 BW Boek 6; artt. 407, 606 BW Boek 7)

Bruikleen, hoofdelijke aansprakelijkheid

Derde afdeeling
Van de verpligtingen van den uitleener

Art. 1787

De uitleener kan de geleende zaak niet terug vorderen dan na verloop van den bepaalden tijd, of, bij gebreke eener dusdanige bepaling, nadat dezelve tot het gebruik waartoe zij was uitgeleend gediend heeft, of heeft kunnen dienen.

(Zie ook: art. 39 BW Boek 6; artt. 1777, 1796 BW Boek 7A)

Verplichtingen uitlener bij bruikleen

Art. 1788

Indien evenwel de uitleener, gedurende dat tijdsverloop, of voor dat de behoefte van den gebruiker opgehouden heeft, de geleende zaak, om dringende en onverwachts opkomende redenen, zelf benoodigd heeft, kan de regter, naar gelang der omstandigheden, den gebruiker noodzaken het geleende aan den uitleener terug te geven.

(Zie ook: art. 605 BW Boek 7; art. 1615 BW Boek 7A)

Rechterlijk bevel tot teruggave bij bruikleen

Art. 1789

Indien de gebruiker, gedurende de bruikleening tot behoud der zaak eenige buitengewone noodzakelijke onkosten heeft moeten maken, welke zoo dringende waren dat hij daarvan te voren aan den uitleener geene kennis heeft kunnen geven, is deze verpligt hem dezelfde te vergoeden.

(Zie ook: art. 200 BW Boek 6; art. 1785 BW Boek 7A)

Vergoeding onkosten gebruiker bij bruikleen

Art. 1790

Indien de ter leen gegevene zaak zoodanige gebreken heeft, dat daardoor aan dengenen die zich van dezelve bedient nadeel zoude kunnen worden toegebragt, is de uitleener, zoo hij die gebreken gekend, en daarvan aan den gebruiker geene kennis gegeven heeft, voor de gevolgen verantwoordelijk.

(Zie ook: art. 162 BW Boek 6; art. 9 BW Boek 7; artt. 1711, 1799 BW Boek 7A)

Gebrekkige zaak bij bruikleen

Veertiende titel
[Vervallen]

Eerste afdeeling
[Vervallen]

Art. 1791-1793

[Vervallen]

Tweede afdeeling
[Vervallen]

Art. 1796-1799

[Vervallen]

Derde afdeeling
[Vervallen]

Art. 1800-1801

[Vervallen]

Vierde afdeeling
[Vervallen]

Art. 1804-1806

[Vervallen]

Vijftiende titel
Van gevestigde of altijddurende renten

Art. 1807

Vestiging altijddurende rente

Het vestigen eener altijddurende rente is eene overeenkomst, waarbij de uitleener interessen bedingt, tegen betaling eener hoofdsom welke hij aanneemt niet terug te zullen vorderen. *(Zie ook: art. 308 BW Boek 3; art. 50 BW Boek 6)*

Art. 1808

Aflossing bij altijddurende rente

[1.] Deze rente is uit haren aard aflosbaar.

[2.] Partijen kunnen alleenlijk overeenkomen dat de aflossing niet geschieden zal dan na verloop van eenen zekeren tijd, welke niet langer dan voor tien jaren mag gesteld worden, of zonder dat zij den schuldeischer vooraf verwittigd hebben op eenen zekeren, door hen bevorens vastgestelden termijn, welke echter den tijd van een jaar niet zal mogen te boven gaan. *(Zie ook: art. 296 BW Boek 3; art. 39 BW Boek 6)*

Art. 1809

Gedwongen aflossing bij altijddurende rente

De schuldenaar eener altijddurende rente kan tot de aflossing genoodzaakt worden:

1°. Indien hij niets betaald heeft op de gedurende twee achtereenvolgende jaren verschuldigde renten;

2°. Indien hij verzuimt aan den geldschieter de bij de overeenkomst beloofde zekerheid te bezorgen;

(Zie ook: art. 51 BW Boek 6; art. 616 Rv)

3°. Indien hij in staat van faillissement is verklaard of ten aanzien van hem de schuldsaneringsregeling natuurlijke personen van toepassing is verklaard.

(Zie ook: artt. 132, 262, 284 FW)

Art. 1810

Ontheffing aflossingsverplichting bij altijddurende rente

In de twee eerste gevallen, bij het vorige artikel vermeld, kan de schuldenaar zich van de verpligting tot aflossing ontheffen, indien hij binnen de twintig dagen, te rekenen van de geregtelijke aanmaning, alle de verschenen termijnen betaalt of de beloofde zekerheid stelt. *(Zie ook: artt. 51, 81 BW Boek 6; art. 616 Rv)*

Zestiende titel
Van kans-overeenkomsten

Eerste afdeeling
[Vervallen]

Art. 1811

[Vervallen]

Tweede afdeeling
[Vervallen]

Art. 1813-1824

[Vervallen]

Derde afdeeling
Van spel en weddingschap

Art. 1825

Vordering niet toegestaan bij kansspelen en weddenschappen

De wet staat geene regtsvordering toe, ter zake van eene schuld uit spel of uit weddingschap voortgesproten.

(Zie ook: art. 3 BW Boek 6)

Art. 1826

Vordering voor sportwedstrijden bij kansspelen en weddenschappen

[1.] Onder de hier-boven staande bepaling zijn echter niet begrepen die spelen welke geschikt zijn tot ligchaamsoefening, als het schermen, wedloopen en dergelijke.

[2.] Niettemin kan de regter den eisch ontzeggen of verminderen, wanneer hem de som overmatig toeschijnt.

(Zie ook: art. 19 BW Boek 6)

Art. 1827

Dwingend recht

Van de vorige twee artikelen kan op generlei wijze worden afgeweken. *(Zie ook: art. 40 BW Boek 3; art. 5 BW Boek 6)*

Art. 1828

In geen geval, kan hij die het verlorene vrijwillig betaald heeft hetzelve terug eischen, ten ware, van den kant van dengenen die gewonnen heeft, bedrog, list of opligting hebbe plaats gehad. *(Zie ook: art. 44 BW Boek 3; artt. 5, 203 BW Boek 6; art. 326 WvSr)*

Teruggave niet mogelijk na vrijwillige betaling bij kansspelen en weddenschappen

Zeventiende titel Van lastgeving

Art. 1829-1856

[Vervallen]

Negentiende titel Van dading

Art. 1889-1901

[Vervallen]

Algemene slotbepaling

Art. 2031

[1.] De Algemene termijnenwet is niet van toepassing op de termijnen, gesteld in de artikelen 280, onder b, en 281, tweede lid van Boek 1 en 252 van Boek 3, alsmede in titel 10 van Boek 7, met uitzondering van de termijnen gesteld in artikel 686a, lid 4, van Boek 7.

Slotbepalingen

[2.] Onder algemeen erkende feestdagen worden in dit wetboek verstaan de in artikel 3 van de Algemene termijnenwet als zodanig genoemde en de bij of krachtens dat artikel daarmede gelijkgestelde dagen.

Inhoudsopgave

Boek 8	Verkeersmiddelen en vervoer	Art. 1
I	Algemene bepalingen	Art. 1
Titel 1	Algemene bepalingen	Art. 1
Titel 2	Algemene bepalingen betreffende vervoer	Art. 20
Afdeling 1	Overeenkomst van goederenvervoer	Art. 20
Afdeling 2	Overeenkomst van gecombineerd goederenvervoer	Art. 40
Afdeling 3	Overeenkomst tot het doen vervoeren van goederen	Art. 60
Afdeling 4	Overeenkomst van personenvervoer	Art. 80
Afdeling 5	Overeenkomst tot binnenlands openbaar personenvervoer	Art. 99
Afdeling 6	Overeenkomst van gecombineerd vervoer van personen	Art. 120
II	Zeerecht	Art. 160
Titel 3	Het zeeschip en de zaken aan boord daarvan	Art. 160
Afdeling 1	Rederij van het zeeschip	Art. 160
Afdeling 2	Rechten op zeeschepen	Art. 190
Afdeling 3	Voorrechten op zeeschepen	Art. 210
Afdeling 4	Voorrechten op zaken aan boord van zeeschepen	Art. 220
Afdeling 5	Slotbepalingen	Art. 230
Titel 4	Bemanning van een zeeschip	Art. 260
Afdeling 2	Kapitein	Art. 260
Titel 5	Exploitatie	Art. 360
Afdeling 1	Algemene bepalingen	Art. 360
Afdeling 2	Overeenkomst van goederenvervoer over zee	Art. 370
Afdeling 3	Overeenkomst van personenvervoer over zee	Art. 500
Afdeling 4	Enige bijzondere overeenkomsten	Art. 530
Titel 6	Ongevallen	Art. 540
Afdeling 1	Aanvaring	Art. 540
Afdeling 2	Hulpverlening	Art. 550
Afdeling 3	Avarij-grosse	Art. 610
Afdeling 4	Gevaarlijke stoffen aan boord van een zeeschip	Art. 620
Afdeling 5	Aansprakelijkheid voor schade door verontreiniging door bunkerolie	Art. 639
Paragraaf 1	algemene bepalingen en toepassingsgebied	Art. 639
Paragraaf 2	aansprakelijkheid van de scheepseigenaar	Art. 641
Paragraaf 3	verplichte verzekering	Art. 645
Paragraaf 4	[Vervallen]	Art. 654
Afdeling 6	Aansprakelijkheid voor de kosten van het lokaliseren, markeren en opruimen van een wrak	Art. 655
Titel 7	Beperking van aansprakelijkheid voor maritieme vorderingen	Art. 750
III	Binnenvaartrecht	Art. 770
Titel 8	Het binnenschip en de zaken aan boord daarvan	Art. 770
Afdeling 1	Rederij van het binnenschip	Art. 770
Afdeling 2	Rechten op binnenschepen	Art. 780
Afdeling 3	Huurkoop van teboekstaande binnenschepen	Art. 800
Afdeling 4	Voorrechten op binnenschepen	Art. 820
Afdeling 5	Voorrechten op zaken aan boord van binnenschepen	Art. 830
Afdeling 6	Slotbepalingen	Art. 840
Titel 9	Bemanning van een binnenschip	Art. 860
Afdeling 2	Schipper	Art. 860
Titel 10	Exploitatie	Art. 880
Afdeling 1	Algemene bepaling	Art. 880
Afdeling 2	Overeenkomst van goederenvervoer over binnenwateren	Art. 889
Afdeling 3	Overeenkomst van personenvervoer over binnenwateren	Art. 970
Afdeling 4	Enige bijzondere overeenkomsten	Art. 990
Titel 11	Ongevallen	Art. 1000
Afdeling 1	Aanvaring	Art. 1000
Afdeling 2	Hulpverlening	Art. 1010
Afdeling 3	Avarij-grosse	Art. 1020
Afdeling 4	Gevaarlijke stoffen aan boord van een binnenschip	Art. 1030

Burgerlijk Wetboek Boek 8 — B8

Titel 12	Beperking van aansprakelijkheid van eigenaren van binnenschepen	Art. 1060
IV	Wegvervoersrecht	Art. 1080
Titel 13	Wegvervoer	Art. 1080
Afdeling 1	Algemene bepalingen	Art. 1080
Afdeling 2	Overeenkomst van goederenvervoer over de weg	Art. 1090
Afdeling 3	Overeenkomst van personenvervoer over de weg	Art. 1139
Afdeling 4	Verhuisovereenkomst	Art. 1170
Titel 14	Ongevallen	Art. 1210
Afdeling 1	Gevaarlijke stoffen aan boord van een voertuig	Art. 1210
V	Luchtrecht	Art. 1300
Titel 15	Het luchtvaartuig	Art. 1300
Afdeling 1	Rechten op luchtvaartuigen	Art. 1300
Afdeling 2	Voorrechten op luchtvaartuigen	Art. 1315
Afdeling 3	Slotbepaling	Art. 1321
Titel 16	Exploitatie	Art. 1340
Afdeling 1	Algemene bepalingen	Art. 1340
Afdeling 2	Overeenkomst van goederenvervoer door de lucht	Art. 1350
Afdeling 3	Overeenkomst van personenvervoer door de lucht	Art. 1390
Afdeling 4	Opvolgend vervoer	Art. 1420
VI	Vervoer langs spoorstaven	Art. 1550
Titel 18	Overeenkomst van goederenvervoer over spoorwegen	Art. 1550
Afdeling 1	Algemene bepalingen	Art. 1550
Afdeling 2	Sluiting en uitvoering van de vervoerovereenkomst	Art. 1554
Afdeling 3	Aansprakelijkheid	Art. 1571
Afdeling 4	Uitoefening van rechten	Art. 1588
Afdeling 5	Onderlinge betrekkingen tussen de vervoerders	Art. 1593
Titel 19	Ongevallen	Art. 1661
Afdeling 1	Aansprakelijkheid voor spoorvoertuigen en spoorweginfrastructuur	Art. 1661
Afdeling 2	Gevaarlijke stoffen aan boord van een spoorrijtuig	Art. 1670
VII	Slotbepalingen	Art. 1700
Titel 20	Verjaring en verval	Art. 1700
Afdeling 1	Algemene bepalingen	Art. 1700
Afdeling 2	Goederenvervoer	Art. 1710
Afdeling 3	Bijzondere exploitatieovereenkomsten	Art. 1730
Afdeling 4	Overeenkomst tot het doen vervoeren van goederen	Art. 1740
Afdeling 5	Vervoer van personen	Art. 1750
Afdeling 7	Rederij	Art. 1770
Afdeling 8	Rechtsvorderingen jegens kapitein of schipper	Art. 1780
Afdeling 9	Aanvaring	Art. 1790
Afdeling 10	Hulpverlening	Art. 1820
Afdeling 11	Avarij-grosse	Art. 1830
Afdeling 12	Gevaarlijke stoffen aan boord van een zeeschip, een binnenschip, een voertuig en een spoorvoertuig	Art. 1833
Afdeling 12a	Vorderingen ter zake van kosten van het lokaliseren, markeren en opruimen van een wrak	Art. 1833b
Afdeling 13	Luchtrecht	Art. 1834
	Algemene Slotbepaling	Art.

Burgerlijk Wetboek Boek 8^1

Burgerlijk Wetboek Boek 8, Verkeersmiddelen en vervoer

Boek 8
Verkeersmiddelen en vervoer

*I
Algemene bepalingen*

*Titel 1
Algemene bepalingen*

Art. 1

Schip

1. In dit wetboek worden onder schepen verstaan alle zaken, geen luchtvaartuig zijnde, die blijkens hun constructie bestemd zijn om te drijven en drijven of hebben gedreven.

2. Bij algemene maatregel van bestuur kunnen zaken, die geen schepen zijn, voor de toepassing van bepalingen van dit wetboek als schip worden aangewezen, dan wel bepalingen van dit wetboek niet van toepassing worden verklaard op zaken, die schepen zijn.

3. Voortbewegingswerktuigen en andere machinerieën worden bestanddeel van het schip op het ogenblik dat, na hun inbouw, hun bevestiging daaraan zodanig is als deze ook na voltooiing van het schip zal zijn.

4. Onder scheepstoebehoren worden verstaan de zaken, die, geen bestanddeel van het schip zijnde, bestemd zijn om het schip duurzaam te dienen en door hun vorm als zodanig zijn te herkennen, alsmede die navigatie- en communicatiemiddelen, die zodanig met het schip zijn verbonden, dat zij daarvan kunnen worden afgescheiden, zonder dat beschadiging van betekenis aan hen of aan het schip wordt toegebracht.

(Zie ook: art. 581 Rv)

5. Behoudens afwijkende bedingen wordt het scheepstoebehoren tot het schip gerekend. Een afwijkend beding kan worden ingeschreven in de openbare registers, bedoeld in afdeling 2 van Titel 1 van Boek 3.

(Zie ook: artt. 21, 26 Kadw)

6. Voor de toepassing van het derde, het vierde en het vijfde lid van dit artikel wordt onder schip mede verstaan een schip in aanbouw.

(Zie ook: art. 426 BW Boek 1; artt. 3, 4, 24 t/m 26, 254 BW Boek 3; artt. 3, 14 BW Boek 5; artt. 2, 3, 190, 203, 214, 567, 780, 793, 824, 1000 BW Boek 8; artt. 309, 592 WvK; artt. 41, 526a, 621, 626, 635, 636, 638, 721, 726 Rv; artt. 3, 7, 85, 86, 166, 328, 381, 447a, 469 WvSr; artt. 4, 136a, 136b WvSv; art. 1 Kadw)

Art. 2

Zeeschip

1. In dit wetboek worden onder zeeschepen verstaan de schepen die als zeeschip teboekstaan in de openbare registers, bedoeld in afdeling 2 van titel 1 van Boek 3, en de schepen die niet teboekstaan in die registers en blijkens hun constructie uitsluitend of in hoofdzaak voor drijven in zee zijn bestemd.

2. Bij algemene maatregel van bestuur kunnen schepen, die geen zeeschepen zijn, voor de toepassing van bepalingen van dit wetboek als zeeschip worden aangewezen, dan wel bepalingen van dit wetboek niet van toepassing worden verklaard op schepen, die zeeschepen zijn.

3. In dit wetboek worden onder zeevisserssschepen verstaan zeeschepen, die blijkens hun constructie uitsluitend of in hoofdzaak voor de bedrijfsmatige visvangst zijn bestemd.

(Zie ook: artt. 1, 3, 172, 190, 210, 220, 230, 541, 542, 610 BW Boek 8; artt. 309, 310, 319, 374, 452 WvK; art. 1 Kadw)

Art. 3

Binnenschip

1. In dit wetboek worden onder binnenschepen verstaan de schepen die als binnenschip teboekstaan in de openbare registers, bedoeld in afdeling 2 van titel 1 van Boek 3, en de schepen die niet teboekstaan in die registers en blijkens hun constructie noch uitsluitend noch in hoofdzaak voor drijven in zee zijn bestemd.

2. Bij algemene maatregel van bestuur kunnen schepen, die geen binnenschepen zijn, voor de toepassing van bepalingen van dit wetboek als binnenschip worden aangewezen, dan wel bepa-

---

1 Inwerkingtredingsdatum: 01-04-1991; zoals laatstelijk gewijzigd bij: Stb. 2019, 174.

Burgerlijk Wetboek Boek 8 — B8 art. 13

lingen van dit wetboek niet van toepassing worden verklaard op schepen, die binnenschepen zijn.

(Zie ook: artt. 1, 2, 780, 784, 820, 830, 840, 880, 1000, 1010, 1020 BW Boek 8; artt. 309, 782 WvK; art. 1 Kadw)

Art. 3a

1. In dit wetboek worden onder luchtvaartuigen verstaan toestellen die in de dampkring kunnen worden gehouden ten gevolge van krachten die de lucht daarop uitoefent, met uitzondering van toestellen die blijkens hun constructie bestemd zijn zich te verplaatsen op een luchtkussen, dat wordt in stand gehouden tussen het toestel en het oppervlak der aarde.

Luchtvaartuig

2. Het casco, de motoren, de luchtschroeven, de radiotoestellen en alle andere voorwerpen bestemd voor gebruik in of aan het toestel, onverschillig of zij daarin of daaraan zijn aangebracht dan wel tijdelijk ervan zijn gescheiden, zijn bestanddeel van het luchtvaartuig.

3. Bij algemene maatregel van bestuur kunnen zaken die geen luchtvaartuigen zijn, voor de toepassing van bepalingen van dit wetboek als luchtvaartuig worden aangewezen, dan wel bepalingen van dit wetboek niet van toepassing worden verklaard op zaken die luchtvaartuigen zijn.

(Zie ook: art. 1576 BW Boek 7A; artt. 551, 1300 BW Boek 8; artt. 1, 24 Kadw)

Art. 3b

In dit wetboek wordt verstaan onder:

Begripsbepalingen

a. spoorvoertuig: voertuig, bestemd voor het verkeer over spoorwegen;

b. spoorweginfrastructuur: spoorwegen als bedoeld in artikel 1 van de Spoorwegwet en daarbij horende spoorweginfrastructuur als bedoeld in artikel 1 van de Spoorwegwet dan wel lokale spoorweginfrastructuur als bedoeld in artikel 1 van de Wet lokaal spoor;

c. beheerder van de spoorweginfrastructuur: de beheerder bedoeld in artikel 1 van de Spoorwegwet dan wel, indien die bepaling niet van toepassing is, degene die de spoorweginfrastructuur ter beschikking stelt, dan wel de beheerder, bedoeld in artikel 1 van de Wet lokaal spoor;

d. spoorwegonderneming: elke spoorwegonderneming als bedoeld in artikel 1 van de Spoorwegwet dan wel de vervoerder, bedoeld in artikel 1 van de Wet lokaal spoor.

Art. 4

Onder voorbehoud van artikel 552 worden in dit boek de Dollart, de Waddenzee, het IJsselmeer, de stromen, de riviermonden en andere zo nodig voor de toepassing van bepalingen van dit boek bij algemene maatregel van bestuur aan te wijzen wateren, binnen zo nodig nader bij algemene maatregel van bestuur te bepalen grenzen, als binnenwater beschouwd.

Binnenwater

(Zie ook: artt. 40, 120, 370, 500, 532, 890, 970, 990, 1010 BW Boek 8; art. 309 WvK)

Art. 5

In dit wetboek worden onder opvarenden verstaan alle zich aan boord van een schip bevindende personen.

Opvarende

(Zie ook: art. 413 BW Boek 1; artt. 1, 485, 542, 563, 612, 901, 948 BW Boek 8; artt. 309, 341, 782 WvK; artt. 4, 85 WvSr; art. 136a WvSv)

Art. 6

In dit wetboek worden de kapitein en de schipper aangemerkt als lid van de bemanning.

Bemanningsleden

(Zie ook: artt. 211, 360, 383, 517, 556, 560, 561, 562, 565, 821, 982, 1010 BW Boek 8; art. 309 WvK)

Art. 7

[Vervallen]

Art. 8

In dit wetboek worden onder bagage verstaan de zaken, die een vervoerder in verband met een door hem gesloten overeenkomst van personenvervoer op zich neemt te vervoeren met uitzondering van zaken, vervoerd onder een het vervoer van zaken betreffende overeenkomst.

Bagage

(Zie ook: artt. 100, 106, 370, 500, 612, 890, 970, 1021, 1092, 1140, 1750 BW Boek 8; art. 309 WvK)

Art. 9

[Vervallen]

Art. 10

In dit wetboek wordt onder reder verstaan de eigenaar van een zeeschip.

Reder

(Zie ook: artt. 2, 178, 190, 192, 194, 195, 203, 214, 216, 217, 228, 260, 360, 364, 461, 564, 566, 612 BW Boek 8; art. 309 WvK)

Art. 11

[Vervallen]

Art. 12

In dit boek leidt strijd met een dwingende wetsbepaling tot ambtshalve toe te passen nietigheid van de rechtshandeling.

Dwingend recht

(Zie ook: art. 40 BW Boek 3)

Art. 13

Dit boek laat onverlet enige voor Nederland van kracht zijnde internationale overeenkomst of enige wet die de aansprakelijkheid voor kernschade regelt.

Kernschade

(Zie ook: art. 94 GW; art. 5 Wet AB)

Art. 14

[Vervallen]

Titel 2
Algemene bepalingen betreffende vervoer

Afdeling 1
Overeenkomst van goederenvervoer

Art. 20

Vervoerovereenkomst bij goederenvervoer

1. De overeenkomst van goederenvervoer is de overeenkomst, waarbij de ene partij (de vervoerder) zich tegenover de andere partij (de afzender) verbindt zaken te vervoeren.
(Zie ook: artt. 8, 40, 60, 370, 890, 1090, 1170, 1710 BW Boek 8; art. 2 LVW)

2. Deze afdeling is van overeenkomstige toepassing op het vervoer van elektriciteit, warmte en koude.

Art. 21

Verplichtingen vervoerder bij goederenvervoer

De vervoerder is verplicht ten vervoer ontvangen zaken ter bestemming af te leveren en wel in de staat waarin hij hen heeft ontvangen.
(Zie ook: artt. 42, 378, 895, 1095, 1173 BW Boek 8; artt. 25, 39 LVW)

Art. 22

Onverminderd artikel 21 is de vervoerder verplicht ten vervoer ontvangen zaken zonder vertraging te vervoeren.
(Zie ook: artt. 42, 379, 896, 1096, 1174 BW Boek 8; art. 28 LVW; art. 17 CMR)

Art. 23

Aansprakelijkheid vervoerder bij goederenvervoer

De vervoerder is niet aansprakelijk voor schade, voor zover deze is veroorzaakt door een omstandigheid die een zorgvuldig vervoerder niet heeft kunnen vermijden en voor zover zulk een vervoerder de gevolgen daarvan niet heeft kunnen verhinderen.
(Zie ook: artt. 898, 1098, 1175 BW Boek 8; art. 39 LVW; art. 17 CMR)

Art. 24

Verplichtingen afzender bij goederenvervoer

De afzender is verplicht de vervoerder de schade te vergoeden die deze lijdt doordat de overeengekomen zaken, door welke oorzaak dan ook, niet op de overeengekomen plaats en tijd te zijner beschikking zijn.
(Zie ook: artt. 391, 907, 1110, 1187 BW Boek 8)

Art. 25

Bevoegdheid opzeggen overeenkomst door afzender bij goederenvervoer

1. Alvorens zaken ter beschikking van de vervoerder zijn gesteld, is de afzender bevoegd de overeenkomst op te zeggen. Hij is verplicht de vervoerder de schade te vergoeden die deze ten gevolge van de opzegging lijdt.

2. De opzegging geschiedt door een mondelinge of schriftelijke kennisgeving en de overeenkomst eindigt op het ogenblik van ontvangst daarvan.
(Zie ook: artt. 392, 908, 1111, 1188 BW Boek 8)

Art. 26

Informatieplicht afzender bij goederenvervoer

De afzender is verplicht de vervoerder omtrent de zaken alsmede omtrent de behandeling daarvan tijdig al die opgaven te doen, waartoe hij in staat is of behoort te zijn, en waarvan hij weet of behoort te weten, dat zij voor de vervoerder van belang zijn, tenzij hij mag aannemen dat de vervoerder deze gegevens kent.
(Zie ook: artt. 394, 398, 910, 914, 1114, 1118, 1191 BW Boek 8)

Art. 27

Schadevergoedingsplicht afzender bij goederenvervoer

De afzender is verplicht de vervoerder de schade te vergoeden die deze lijdt doordat de documenten, die van de zijde van de afzender voor het vervoer vereist zijn, door welke oorzaak dan ook, niet naar behoren aanwezig zijn.
(Zie ook: artt. 395, 911, 1115, 1192 BW Boek 8)

Art. 28

Opzeggen vervoerovereenkomst bij goederenvervoer

1. Wanneer vóór of bij de aanbieding van de zaken aan de vervoerder omstandigheden aan de zijde van een der partijen zich opdoen of naar voren komen, die haar wederpartij bij het sluiten van de overeenkomst niet behoefde te kennen, doch die, indien zij haar wel bekend waren geweest, redelijkerwijs voor haar grond hadden opgeleverd de vervoerovereenkomst niet of op andere voorwaarden aan te gaan, is deze wederpartij bevoegd de overeenkomst op te zeggen.

2. De opzegging geschiedt door een mondelinge of schriftelijke kennisgeving en de overeenkomst eindigt op het ogenblik van ontvangst daarvan.

3. Naar maatstaven van redelijkheid en billijkheid zijn partijen na opzegging der overeenkomst verplicht elkaar de daardoor geleden schade te vergoeden.
(Zie ook: artt. 68, 396, 912, 1116, 1193 BW Boek 8)

Art. 29

De vracht is verschuldigd na aflevering van de zaken ter bestemming. *(Zie ook: artt. 947, 1128, 1194 BW Boek 8)*

Verschuldigheid vracht bij goederenvervoer

Art. 30

1. De vervoerder is gerechtigd afgifte van zaken, die hij in verband met de vervoerovereenkomst onder zich heeft, te weigeren aan ieder, die uit anderen hoofde dan de vervoerovereenkomst recht heeft op aflevering van die zaken, tenzij op de zaken beslag is gelegd en uit de vervolging van dit beslag een verplichting tot afgifte aan de beslaglegger voortvloeit.

Rechten en verplichtingen vervoerder bij goederenvervoer

2. De vervoerder kan het recht van retentie uitoefenen op zaken, die hij in verband met de vervoerovereenkomst onder zich heeft, voor hetgeen hem door de ontvanger verschuldigd is of zal worden terzake het vervoer van die zaken. Hij kan dit recht tevens uitoefenen voor hetgeen bij wijze van rembours op de zaak drukt. Dit retentierecht vervalt zodra aan de vervoerder is betaald het bedrag waarover geen geschil bestaat en voldoende zekerheid is gesteld voor de betaling van die bedragen, waaromtrent wel geschil bestaat of welker hoogte nog niet kan worden vastgesteld. De vervoerder behoeft echter geen zekerheid te aanvaarden voor hetgeen bij wijze van rembours op de zaak drukt.

3. De in dit artikel aan de vervoerder toegekende rechten komen hem niet toe jegens een derde, indien hij op het tijdstip dat hij de zaak ten vervoer ontving, reden had te twijfelen aan de bevoegdheid van de afzender jegens die derde hem de zaak ten vervoer ter beschikking te stellen. *(Zie ook: artt. 290, 291 BW Boek 3; art. 51 BW Boek 6; artt. 69, 489, 568, 954, 1131, 1196 BW Boek 8; art. 631 Rv)*

Art. 31

Wordt de vervoerder dan wel de afzender of een ondergeschikte van een hunner buiten overeenkomst aangesproken, dan zijn de artikelen 361 tot en met 366 van overeenkomstige toepassing.

Schakelbepaling

(Zie ook: artt. 91, 116, 880, 1081, 1720 BW Boek 8)

Art. 32

Deze afdeling geldt slechts ten aanzien van niet elders in dit boek geregelde overeenkomsten van goederenvervoer.

Werkingssfeer

(Zie ook: artt. 370, 890, 1090 BW Boek 8)

Afdeling 2

Overeenkomst van gecombineerd goederenvervoer

Art. 40

De overeenkomst van gecombineerd goederenvervoer is de overeenkomst van goederenvervoer, waarbij de vervoerder (gecombineerd vervoerder) zich bij een en dezelfde overeenkomst tegenover de afzender verbindt dat het vervoer deels over zee, over binnenwateren, over de weg, over spoorwegen, door de lucht of door een pijpleiding dan wel door middel van enige andere vervoerstechniek zal geschieden.

Vergoedingenoverzicht bij gecombineerd goederenvervoer

(Zie ook: artt. 4, 20, 120, 370, 890, 1090, 1170, 1722 BW Boek 8)

Art. 41

Bij een overeenkomst van gecombineerd goederenvervoer gelden voor ieder deel van het vervoer de op dat deel toepasselijke rechtsregelen.

(Zie ook: artt. 42, 43, 101, 121, 370, 890, 1091, 1171 BW Boek 8; art. 2 CMR)

Art. 42

1. Indien de gecombineerd vervoerder de zaken niet zonder vertraging ter bestemming aflevert in de staat waarin hij hen heeft ontvangen en niet is komen vast te staan, waar de omstandigheid, die het verlies, de beschadiging of de vertraging veroorzaakte, is opgekomen, is hij voor de daardoor ontstane schade aansprakelijk, tenzij hij bewijst, dat hij op geen der delen van het vervoer, waar het verlies, de beschadiging of de vertraging kan zijn opgetreden, daarvoor aansprakelijk is.

Aansprakelijkheid vervoerder bij gecombineerd goederenvervoer

2. Nietig is ieder beding, waarbij van dit artikel wordt afgeweken. *(Zie ook: artt. 21, 22, 43, 378, 379, 895, 896, 1095, 1096, 1173, 1174 BW Boek 8)*

Dwingend recht

Art. 43

1. Indien de gecombineerd vervoerder aansprakelijk is voor schade ontstaan door beschadiging, geheel of gedeeltelijk verlies, vertraging of enig ander schadeveroorzakend feit en niet is komen vast te staan waar de omstandigheid, die hiertoe leidde, is opgekomen, wordt zijn aansprakelijkheid bepaald volgens de rechtsregelen die toepasselijk zijn op dat deel of die delen van het vervoer, waarop deze omstandigheid kan zijn opgekomen en waaruit het hoogste bedrag aan schade vergoeding voortvloeit.

Hoogste bedrag schadevergoeding bij gecombineerd goederenvervoer

2. Nietig is ieder beding, waarbij van dit artikel wordt afgeweken. *(Zie ook: art. 41 BW Boek 8)*

Dwingend recht

Art. 44

CT-document bij gecombineerd goederenvervoer

1. De gecombineerd vervoerder kan op verlangen van de afzender, geuit alvorens zaken te zijner beschikking worden gesteld, terzake van het vervoer een document (CT-document) opmaken, dat door hem wordt gedateerd en ondertekend en aan de afzender wordt afgegeven. De ondertekening kan worden gedrukt of door een stempel dan wel enig ander kenmerk van oorsprong worden vervangen.

2. Op het CT-document worden vermeld:

a. de afzender,

b. de ten vervoer ontvangen zaken met omschrijving van de algemene aard daarvan, zoals deze omschrijving gebruikelijk is,

c. een of meer der volgende gegevens met betrekking tot de onder *b* bedoelde zaken:

1°. aantal,

2°. gewicht,

3°. volume,

4°. merken,

d. de plaats waar de gecombineerd vervoerder de zaken ten vervoer heeft ontvangen,

e. de plaats waarheen de gecombineerd vervoerder op zich neemt de zaken te vervoeren,

f. de geadresseerde die, ter keuze van de afzender, wordt aangegeven hetzij bij name of andere aanduiding, hetzij als order van de afzender of van een ander, hetzij als toonder. De enkele woorden "aan order" worden geacht de order van de afzender aan te geven,

g. de gecombineerd vervoerder,

h. het aantal exemplaren van het document indien dit in meer dan één exemplaar is uitgegeven,

i. al hetgeen overigens afzender en gecombineerd vervoerder gezamenlijk goeddunkt.

3. De aanduidingen vermeld in het tweede lid onder *a* tot en met *c* worden in het CT-document opgenomen aan de hand van door de afzender te verstrekken gegevens, met dien verstande dat de gecombineerd vervoerder niet verplicht is in het CT-document enig gegeven met betrekking tot de zaken op te geven of te noemen, waarvan hij redelijke gronden heeft te vermoeden, dat het niet nauwkeurig de in werkelijkheid door hem ontvangen zaken weergeeft of tot het toetsen waarvan hij geen redelijke gelegenheid heeft gehad. De gecombineerd vervoerder wordt vermoed geen redelijke gelegenheid te hebben gehad de hoeveelheid en het gewicht van gestorte of gepompte zaken te toetsen. De afzender staat in voor de juistheid, op het ogenblik van de inontvangstneming van de zaken, van de door hem verstrekte gegevens.

4. Partijen zijn verplicht elkaar de schade te vergoeden die zij lijden door het ontbreken van in het tweede lid genoemde gegevens.

(Zie ook: artt. 411, 412, 916, 918, 919, 1119 BW Boek 8; art. 7 LVW; art. 5 CRM)

Art. 45

Verhandelbaarheid van CT-document

De verhandelbare exemplaren van het CT-document, waarin is vermeld hoeveel van deze exemplaren in het geheel zijn afgegeven, gelden alle voor één en één voor alle. Niet verhandelbare exemplaren moeten als zodanig worden aangeduid.

(Zie ook: artt. 413, 920 BW Boek 8)

Art. 46

CT-document als cognossement

1. Voor het deel van het vervoer, dat overeenkomstig de tussen partijen gesloten overeenkomst zal plaatsvinden als vervoer over zee of binnenwateren, wordt het CT-document als cognossement aangemerkt.

Vrachtbrief

2. Voor het deel van het vervoer, dat overeenkomstig de tussen partijen gesloten overeenkomst over de weg zal plaatsvinden, wordt het CT-document als vrachtbrief aangemerkt.

Spoor- of luchtvervoer document

3. Voor het deel van het vervoer, dat overeenkomstig de tussen partijen gesloten overeenkomst over spoorwegen of door de lucht zal plaatsvinden, wordt het CT-document, mits het mede aan de daarvoor gestelde vereisten voldoet, als voor dergelijk vervoer bestemd document aangemerkt.

(Zie ook: artt. 399, 916, 1119 BW Boek 8; art. 7 LVW)

Art. 47

Rechtsverhouding vervoerder en afzender bij gecombineerd vervoer

Indien een overeenkomst van gecombineerd goederenvervoer is gesloten en bovendien een CT-document is afgegeven, wordt, behoudens artikel 51 tweede lid, tweede volzin, de rechtsverhouding tussen de gecombineerd vervoerder en de afzender door de bedingen van de overeenkomst van gecombineerd goederenvervoer en niet door die van dit CT-document beheerst. Behoudens het in artikel 51 eerste lid gestelde vereiste van houderschap van het CT-document, strekt dit hun dan slechts tot bewijs van de ontvangst der zaken door de gecombineerd vervoerder.

(Zie ook: artt. 410, 917, 1123 BW Boek 8)

Art. 48

Bewijskracht van CT-document

1. Het CT-document bewijst, behoudens tegenbewijs, dat de gecombineerd vervoerder de zaken heeft ontvangen en wel zoals deze daarin zijn omschreven. Tegenbewijs tegen het CT-document wordt niet toegelaten, wanneer het is overgedragen aan een derde te goeder trouw.

2. Indien in het CT-document de clausule: "aard, gewicht, aantal, volume of merken onbekend" of enige andere clausule van dergelijke strekking is opgenomen, binden zodanige in het CT-document voorkomende vermeldingen omtrent de zaken de gecombineerd vervoerder niet, tenzij bewezen wordt dat hij de aard, het gewicht, het aantal, het volume of de merken der zaken heeft gekend of had behoren te kennen.

3. Een CT-document, dat de uiterlijk zichtbare staat of gesteldheid van de zaak niet vermeldt, levert, behoudens tegenbewijs dat ook jegens een derde mogelijk is, een vermoeden op dat de gecombineerd vervoerder die zaak voor zover uiterlijk zichtbaar in goede staat of gesteldheid heeft ontvangen.

4. Een in het CT-document opgenomen waarde-opgave schept, behoudens tegenbewijs, een vermoeden, doch bindt niet de gecombineerd vervoerder die haar kan betwisten.

5. Verwijzingen in het CT-document worden geacht slechts die bedingen daarin te voegen, die voor degeen, jegens wie daarop een beroep wordt gedaan, duidelijk kenbaar zijn. Een dergelijk beroep is slechts mogelijk voor hem, die op schriftelijk verlangen van degeen jegens wie dit beroep kan worden gedaan of wordt gedaan, aan deze onverwijld die bedingen heeft doen toekomen.

6. Dit artikel laat onverlet de bepalingen die aan cognossement of vrachtbrief een grotere bewijskracht toekennen.

7. Nietig is ieder beding, waarbij van het vijfde lid van dit artikel wordt afgeweken. *(Zie ook: artt. 11, 90 BW Boek 3; artt. 414, 415, 921, 922, 1124 BW Boek 8; art. 14 LVW)*

Dwingend recht

Art. 49

Een CT-document aan order wordt geleverd op de wijze als aangegeven in afdeling 2 van Titel 4 van Boek 3.

(Zie ook: artt. 93, 94 BW Boek 3; artt. 416, 923 BW Boek 8; artt. 110, 191 WvK)

Toepasselijkheid afd. 2 Titel 4 Boek 3 BW bij CT-document

Art. 50

Levering van het CT-document vóór de aflevering van de daarin vermelde zaken door de vervoerder geldt als levering van die zaken.

(Zie ook: art. 607 BW Boek 7; artt. 417, 924 BW Boek 8)

Levering van CT-document

Art. 51

1. Indien een CT-document is afgegeven, heeft uitsluitend de regelmatige houder daarvan, tenzij hij niet op rechtmatige wijze houder is geworden, jegens de gecombineerd vervoerder het recht aflevering van de zaken overeenkomstig de op deze rustende verplichtingen te vorderen. Onverminderd dit recht op aflevering heeft hij - en hij alleen - voor zover de gecombineerd vervoerder aansprakelijk is wegens het niet nakomen van de op hem rustende verplichting zaken zonder vertraging ter bestemming af te leveren in de staat waarin hij hen heeft ontvangen, uitsluitend het recht te dier zake schadevergoeding te vorderen.

Aflevering van CT-document

2. Jegens de houder van het CT-document, die niet de afzender was, is de gecombineerd vervoerder gehouden aan en kan hij een beroep doen op de bedingen van het CT-document. Jegens iedere houder van het CT-document kan hij de daaruit duidelijk kenbare rechten tot betaling geldend maken. Jegens de houder van het CT-document, die ook de afzender was, kan de gecombineerd vervoerder zich bovendien op de bedingen van de overeenkomst van gecombineerd goederenvervoer en op zijn persoonlijke verhouding tot de afzender beroepen.

(Zie ook: art. 86 BW Boek 3; artt. 441, 940 BW Boek 8; art. 115 WvK)

Art. 52

Van de houders van verschillende exemplaren van hetzelfde CT-document heeft hij het beste recht, die houder is van het exemplaar, waarvan ná de gemeenschappelijke voorman, die houder was van al die exemplaren, het eerst een ander houder is geworden te goeder trouw en onder bezwarende titel.

(Zie ook: artt. 460, 942 BW Boek 8)

Beste recht bij CT-document

Afdeling 3
Overeenkomst tot het doen vervoeren van goederen

Art. 60

De overeenkomst tot het doen vervoeren van goederen is de overeenkomst, waarbij de ene partij (de expediteur) zich jegens zijn wederpartij (de opdrachtgever) verbindt tot het te haren behoeve met een vervoerder sluiten van een of meer overeenkomsten van vervoer van door deze wederpartij ter beschikking te stellen zaken, dan wel tot het te haren behoeve maken van een beding in een of meer zodanige vervoerovereenkomsten.

(Zie ook: art. 418 BW Boek 7; artt. 20, 1740, 1741 BW Boek 8)

Expeditieovereenkomst bij goederenvervoer

Art. 61

1. Voor zover de expediteur de overeenkomst tot het sluiten waarvan hij zich verbond, zelf uitvoert, wordt hij zelf aangemerkt als de vervoerder uit die overeenkomst.

2. Nietig is ieder beding, waarbij van dit artikel wordt afgeweken.

(Zie ook: artt. 20, 62, 370, 890, 1090, 1170 BW Boek 8)

Expediteur als vervoerder bij goederenvervoer Dwingend recht

B8 *art. 62*

Art. 62

Verplichtingen expediteur bij goederenvervoer

1. Indien de zaken niet zonder vertraging ter bestemming worden afgeleverd in de staat, waarin zij ter beschikking zijn gesteld, is de expediteur, voor zover hij een vervoerovereenkomst die hij met een ander zou sluiten, zelf uitvoerde, verplicht zulks onverwijld aan de opdrachtgever die hem kennis gaf van de schade mede te delen.

2. Doet de expediteur de in het eerste lid bedoelde mededeling niet, dan is hij, wanneer hij daardoor niet tijdig als vervoerder is aangesproken, naast vergoeding van de schade die de opdrachtgever overigens dientengevolge leed, een schadeloosstelling verschuldigd gelijk aan de schadevergoeding, die hij zou hebben moeten voldoen, wanneer hij wel tijdig als vervoerder zou zijn aangesproken.

3. Nietig is ieder beding, waarbij van dit artikel wordt afgeweken.

(Zie ook: artt. 61, 1740 BW Boek 8)

Art. 63

Informatieplicht bij vertraging bij goederenvervoer

1. Indien de zaken niet zonder vertraging ter bestemming worden afgeleverd in de staat, waarin zij ter beschikking zijn gesteld, is de expediteur voor zover hij de vervoerovereenkomst, welke hij met een ander zou sluiten, niet zelf uitvoerde, verplicht de opdrachtgever onverwijld te doen weten welke vervoerovereenkomsten hij ter uitvoering van zijn verbintenis aanging. Hij is tevens verplicht de opdrachtgever alle documenten en gegevens ter beschikking te stellen, waarover hij beschikt of die hij redelijkerwijs kan verschaffen, voor zover deze althans kunnen dienen tot verhaal van opgekomeen schade.

Verplichtingen opdrachtgever

2. De opdrachtgever verkrijgt jegens degeen, met wie de expediteur heeft gehandeld, van het ogenblik af, waarop hij de expediteur duidelijk kenbaar maakt, dat hij hen wil uitoefenen, de rechten en bevoegdheden, die hem zouden zijn toegekomen, wanneer hij zelf als afzender de overeenkomst zou hebben gesloten. Hij kan ter zake in rechte optreden, wanneer hij overlegt een door de expediteur - of in geval van diens faillissement door diens curator - af te geven verklaring, dat tussen hem en de expediteur ten aanzien van de zaken een overeenkomst tot het doen vervoeren daarvan werd gesloten. Indien ten aanzien van de expediteur de schuldsaneringsregeling natuurlijke personen van toepassing is, geeft de bewindvoerder de verklaring af, tenzij de overeenkomst tot het doen vervoeren tot stand is gekomen na de uitspraak tot de toepassing van de schuldsaneringsregeling.

3. Komt de expediteur een verplichting als in het eerste lid bedoeld niet na, dan is hij, naast vergoeding van de schade die de opdrachtgever overigens dientengevolge leed, een schadeloosstelling verschuldigd gelijk aan de schadevergoeding die de opdrachtgever van hem had kunnen verkrijgen, wanneer hij de overeenkomst die hij sloot, zelf had uitgevoerd, verminderd met de schadevergoeding die de opdrachtgever mogelijkerwijs van de vervoerder verkreeg.

Dwingend recht

4. Nietig is ieder beding, waarbij van dit artikel wordt afgeweken.

(Zie ook: art. 1740 BW Boek 8; art. 3 FW)

Art. 64

Schadevergoedingsplicht opdrachtgever bij goederenvervoer

De opdrachtgever is verplicht de expediteur de schade te vergoeden die deze lijdt doordat de overeengekomen zaken, door welke oorzaak dan ook, niet op de overeengekomen plaats en tijd ter beschikking zijn.

(Zie ook: artt. 24, 391, 907, 1110, 1187 BW Boek 8)

Art. 65

Opzeggen overeenkomst door opdrachtgever bij goederenvervoer

1. Alvorens zaken ter beschikking zijn gesteld, is de opdrachtgever bevoegd de overeenkomst op te zeggen. Hij is verplicht de expediteur de schade te vergoeden die deze ten gevolge van de opzegging lijdt.

2. De opzegging geschiedt door schriftelijke kennisgeving en de overeenkomst eindigt op het ogenblik van ontvangst daarvan.

(Zie ook: artt. 25, 392, 908, 1111, 1188, 1740 BW Boek 8)

Art. 66

Informatieplicht opdrachtgever bij goederenvervoer

1. De opdrachtgever is verplicht de expediteur omtrent de zaken alsmede omtrent de behandeling daarvan tijdig al die opgaven te doen, waartoe hij in staat is of behoort te zijn, en waarvan hij weet of behoort te weten, dat zij voor de expediteur van belang zijn, tenzij hij mag aannemen, dat de expediteur deze gegevens kent.

2. De expediteur is niet gehouden, doch wel gerechtigd, te onderzoeken of de hem gedane opgaven juist en volledig zijn.

(Zie ook: artt. 26, 394, 910, 1114, 1191 BW Boek 8)

Art. 67

Schadevergoeding bij ontbreken documenten bij goederenvervoer

De opdrachtgever is verplicht de expediteur de schade te vergoeden die deze lijdt doordat de documenten, die van de zijde van de opdrachtgever voor het uitvoeren van de opdracht vereist zijn, door welke oorzaak dan ook, niet naar behoren aanwezig zijn.

(Zie ook: artt. 27, 395, 911, 1115, 1192 BW Boek 8)

Art. 68

1. Wanneer vóór of bij de terbeschikkingstelling van de zaken omstandigheden aan de zijde van een der partijen zich opdoen of naar voren komen, die haar wederpartij bij het sluiten van de overeenkomst niet behoefde te kennen, doch die, indien zij haar wel bekend waren geweest, redelijkerwijs voor haar grond hadden opgeleverd de overeenkomst niet of op andere voorwaarden aan te gaan, is deze wederpartij bevoegd de overeenkomst op te zeggen.

2. De opzegging geschiedt door schriftelijke kennisgeving en de overeenkomst eindigt op het ogenblik van ontvangst daarvan.

3. Naar maatstaven van redelijkheid en billijkheid zijn partijen na opzegging der overeenkomst verplicht elkaar de daardoor geleden schade te vergoeden.

(Zie ook: artt. 95, 258, 277 BW Boek 6; artt. 28, 912, 1116, 1193, 1740 BW Boek 8)

Art. 69

1. De expediteur is gerechtigd afgifte van zaken of documenten, die hij in verband met de overeenkomst onder zich heeft, te weigeren aan ieder, die uit anderen hoofde dan de overeenkomst tot doen vervoeren recht heeft op aflevering daarvan, tenzij daarop beslag is gelegd en uit de vervolging van dit beslag een verplichting tot afgifte aan de beslaglegger voortvloeit.

2. De expediteur kan het recht van retentie uitoefenen op zaken of documenten, die hij in verband met de overeenkomst onder zich heeft, voor hetgeen hem terzake van de overeenkomst door zijn opdrachtgever verschuldigd is of zal worden. Hij kan dit recht tevens uitoefenen voor hetgeen bij wijze van rembours op de zaak drukt. Dit retentierecht vervalt zodra aan de expediteur is betaald het bedrag waarover geen geschil bestaat en voldoende zekerheid is gesteld voor de betaling van die bedragen, waaromtrent wel geschil bestaat of welker hoogte nog niet kan worden vastgesteld. De expediteur behoeft echter geen zekerheid te aanvaarden voor hetgeen bij wijze van rembours op de zaak drukt.

3. De in dit artikel aan de expediteur toegekende rechten komen hem niet toe jegens een derde, indien hij op het tijdstip dat hij de zaak of het document onder zich kreeg, reden had te twijfelen aan de bevoegdheid van de opdrachtgever jegens die derde hem de zaak of dat document ter beschikking te stellen.

(Zie ook: artt. 48, 290, 291 BW Boek 3; art. 51 BW Boek 6; artt. 30, 489, 568, 954, 1131, 1196 BW Boek 8)

Art. 70

Indien een overeenkomst tot het doen vervoeren van goederen niet naar behoren wordt uitgevoerd, dan wel een zaak niet zonder vertraging ter bestemming wordt afgeleverd in de staat, waarin zij ter beschikking is gesteld, is de expediteur, die te dier zake door zijn wederpartij buiten overeenkomst wordt aangesproken, jegens deze niet verder aansprakelijk dan hij dit zou zijn op grond van de door hen gesloten overeenkomst tot het doen vervoeren van die zaak.

Art. 71

Indien een overeenkomst tot het doen vervoeren van goederen niet naar behoren wordt uitgevoerd, dan wel een zaak niet zonder vertraging ter bestemming wordt afgeleverd in de staat, waarin zij ter beschikking is gesteld, is de expediteur, die te dier zake buiten overeenkomst wordt aangesproken, behoudens de artikelen 361 tot en met 366, artikel 880 en artikel 1081, niet verder aansprakelijk dan hij dit zou zijn tegenover zijn opdrachtgever.

(Zie ook: art. 364 BW Boek 8)

Art. 72

Indien een vordering, als genoemd in het vorige artikel, buiten overeenkomst wordt ingesteld tegen een ondergeschikte van de expediteur, dan is deze ondergeschikte, mits hij de schade veroorzaakte in de werkzaamheden, waartoe hij werd gebruikt, niet verder aansprakelijk dan een dergelijke expediteur, die hem tot deze werkzaamheden gebruikte, dit op grond van het vorige artikel zou zijn.

Art. 73

Het totaal van de bedragen, verhaalbaar op de expediteur, al dan niet gezamenlijk met het bedrag, verhaalbaar op de wederpartij van degene die de vordering instelt, en hun ondergeschikten mag, behoudens in geval van schade ontstaan uit eigen handeling of nalaten van de aangesprокеne, geschied hetzij met het opzet die schade te veroorzaken, hetzij roekeloos en met de wetenschap dat die schade er waarschijnlijk uit zou voortvloeien, niet overtreffen het totaal, dat op grond van de door hen ingeroepen overeenkomst is verschuldigd.

Afdeling 4
Overeenkomst van personenvervoer

Art. 80

1. De overeenkomst van personenvervoer is de overeenkomst, waarbij de ene partij (de vervoerder) zich tegenover de andere partij verbindt een of meer personen (reizigers) te vervoeren.

B8 art. 81 — Burgerlijk Wetboek Boek 8

2. De overeenkomst van personenvervoer als omschreven in artikel 100 is geen overeenkomst van personenvervoer in de zin van deze afdeling.
(Zie ook: art. 418 BW Boek 7; artt. 120, 361, 500, 970, 1140, 1750 BW Boek 8; art. 2 LVW)

Art. 81

Aansprakelijkheid vervoerder bij personenvervoer

De vervoerder is aansprakelijk voor schade veroorzaakt door dood of letsel in verband met het vervoer aan de reiziger overkomen.
(Zie ook: artt. 105, 106, 107, 108 BW Boek 6; artt. 82, 83, 84, 105, 504, 974, 1147 BW Boek 8; art. 24 LVW)

Art. 82

Aansprakelijkheid vervoerder bij personenvervoer, overmacht

1. De vervoerder is niet aansprakelijk voor schade ontstaan door dood of letsel, voor zover deze dood of dit letsel is veroorzaakt door een omstandigheid die een zorgvuldig vervoerder niet heeft kunnen vermijden en voor zover zulk een vervoerder de gevolgen daarvan niet heeft kunnen verhinderen.

2. De vervoerder kan niet om zich van zijn aansprakelijkheid voor schade door dood of letsel van de reiziger veroorzaakt te ontheffen, beroep doen op de gebrekkigheid of het slecht functioneren van het vervoermiddel of van het materiaal waarvan hij zich voor het vervoer bedient.
(Zie ook: artt. 105, 504, 974, 1148 BW Boek 8; art. 29 LVW)

Art. 83

Aansprakelijkheid vervoerder bij nalatigheid reiziger bij personenvervoer

Indien de vervoerder bewijst, dat schuld of nalatigheid van de reiziger schade heeft veroorzaakt of daartoe heeft bijgedragen, kan de aansprakelijkheid van de vervoerder daarvoor geheel of gedeeltelijk worden opgeheven.
(Zie ook: artt. 513, 981, 1149 BW Boek 8; art. 29 LVW)

Art. 84

Dwingend recht

Nietig is ieder voor het aan de reiziger overkomen voorval gemaakt beding waarbij de ingevolge artikel 81 op de vervoerder drukkende aansprakelijkheid of bewijslast wordt verminderd op andere wijze dan in deze afdeling is voorzien.
(Zie ook: artt. 112, 520, 985, 1149 BW Boek 8)

Art. 85

Aansprakelijkheid vervoerder bij dood/letsel reiziger bij personenvervoer

1. In geval van aan de reiziger overkomen letsel en van de dood van de reiziger zijn de artikelen 107 en 108 van Boek 6 niet van toepassing op de vorderingen die de vervoerder als wederpartij van een andere vervoerder tegen deze laatste instelt.

2. De aansprakelijkheid van de vervoerder is in geval van dood of letsel van de reiziger beperkt tot een bij of krachtens algemene maatregel van bestuur te bepalen bedrag of bedragen.
(Zie ook: artt. 106, 109 BW Boek 6; artt. 110, 113, 518, 521, 983, 986, 1157, 1159 BW Boek 8; Besl.art. 85 BW Boek 8)

Art. 86

Niet-tijdige aanwezigheid reiziger bij personenvervoer

De wederpartij van de vervoerder is verplicht deze de schade te vergoeden die hij lijdt doordat de reiziger, door welke oorzaak dan ook, niet tijdig ten vervoer aanwezig is.
(Zie ook: artt. 986, 1160 BW Boek 8)

Art. 87

Ontbreken documenten bij personenvervoer

De wederpartij van de vervoerder is verplicht deze de schade te vergoeden die hij lijdt doordat de documenten met betrekking tot de reiziger, die van haar zijde voor het vervoer vereist zijn, door welke oorzaak dan ook, niet naar behoren aanwezig zijn.
(Zie ook: artt. 523, 986, 1161 BW Boek 8)

Art. 88

Opzegging vervoerovereenkomst bij personenvervoer door vervoerder

1. Wanneer vóór of tijdens het vervoer omstandigheden aan de zijde van de wederpartij van de vervoerder of de reiziger zich opdoen of naar voren komen, die de vervoerder bij het sluiten van de overeenkomst niet behoefde te kennen, doch die, indien zij hem wel bekend waren geweest, redelijkerwijs voor hem grond hadden opgeleverd de vervoerovereenkomst niet of op andere voorwaarden aan te gaan, is de vervoerder bevoegd de overeenkomst op te zeggen en de reiziger uit het vervoermiddel te verwijderen.

2. De opzegging geschiedt door een mondelinge of schriftelijke kennisgeving aan de wederpartij van de vervoerder of aan de reiziger en de overeenkomst eindigt op het ogenblik van ontvangst van de eerst ontvangen kennisgeving.

3. Naar maatstaven van redelijkheid en billijkheid zijn partijen na opzegging der overeenkomst verplicht elkaar de daardoor geleden schade te vergoeden.
(Zie ook: artt. 258, 277 BW Boek 6; artt. 524, 986, 1162 BW Boek 8)

Art. 89

Opzegging vervoerovereenkomst bij personenvervoer door wederpartij

1. Wanneer vóór of tijdens het vervoer omstandigheden aan de zijde van de vervoerder zich opdoen of naar voren komen, die diens wederpartij bij het sluiten van de overeenkomst niet behoefde te kennen, doch die, indien zij haar wel bekend waren geweest, redelijkerwijs voor haar grond hadden opgeleverd de vervoerovereenkomst niet of op andere voorwaarden aan te gaan, is deze wederpartij van de vervoerder bevoegd de overeenkomst op te zeggen.

2. De opzegging geschiedt door een mondelinge of schriftelijke kennisgeving en de overeenkomst eindigt op het ogenblik van ontvangst daarvan.

3. Naar maatstaven van redelijkheid en billijkheid zijn partijen na opzegging der overeenkomst verplicht elkaar de daardoor geleden schade te vergoeden.
(Zie ook: artt. 258, 277 BW Boek 6; artt. 525, 986, 1163 BW Boek 8)

Art. 90

1. De wederpartij van de vervoerder is steeds bevoegd de overeenkomst op te zeggen. Zij is verplicht de vervoerder de schade te vergoeden, die deze ten gevolge van de opzegging lijdt.
2. Zij kan dit recht niet uitoefenen, wanneer daardoor de reis van het vervoermiddel zou worden vertraagd.
3. De opzegging geschiedt door een mondelinge of schriftelijke kennisgeving en de overeenkomst eindigt op het ogenblik van ontvangst daarvan.
(Zie ook: artt. 527, 986, 1165 BW Boek 8)

Art. 91

Wordt de vervoerder, zijn wederpartij, de reiziger of een ondergeschikte van een hunner buiten overeenkomst aangesproken, dan zijn de artikelen 361 tot en met 366 van overeenkomstige toepassing.
(Zie ook: artt. 107, 108 BW Boek 6; artt. 13, 116, 880, 1081, 1754 BW Boek 8)

Art. 92

Deze afdeling geldt slechts ten aanzien van niet elders in dit boek geregelde overeenkomsten van personenvervoer.
(Zie ook: artt. 32, 100, 500, 970, 1140 BW Boek 8)

Afdeling 5
Overeenkomst tot binnenlands openbaar personenvervoer

Art. 99

Deze afdeling is slechts van toepassing voor zover Verordening (EU) Nr. 181/2011 van het Europees Parlement en de Raad van 16 februari 2011 betreffende de rechten van autobus- en touringcarpassagiers en tot wijziging van Verordening (EG) nr. 2006/2004 (Pb EU L 55) niet van toepassing is.

Art. 100

1. De overeenkomst van personenvervoer in de zin van deze afdeling is de overeenkomst van personenvervoer, waarbij de ene partij (de vervoerder) zich tegenover de andere partij verbindt aan boord van een vervoermiddel, geen luchtvaartuig noch luchtkussenvoertuig zijnde, een of meer personen (reizigers) en al dan niet hun handbagage binnen Nederland hetzij over spoorwegen hetzij op andere wijze en dan volgens een voor een ieder kenbaar schema van reismogelijkheden (dienstregeling) te vervoeren. Tijd- of reisbevrachting is, voor zover het niet betreft vervoer over spoorwegen, geen overeenkomst van personenvervoer in de zin van deze afdeling.
2. Als vervoerder in de zin van deze afdeling wordt tevens beschouwd de instantie die op een mogelijkerwijs afgegeven vervoerbewijs is vermeld. Wordt enig vervoerbewijs afgegeven dan zijn de artikelen 56, tweede lid, 75, eerste lid en 186, eerste lid van boek 2 niet van toepassing.
3. In deze afdeling wordt onder handbagage verstaan de bagage met inbegrip van levende dieren, die de reiziger als gemakkelijk mee te voeren, draagbare dan wel met de hand verrijdbare zaken op of bij zich heeft.
4. Bij algemene maatregel van bestuur, die voor ieder vervoermiddel onderling verschillende bepalingen kan bevatten, kunnen zaken, die geen handbagage zijn, voor de toepassing van bepalingen van deze afdeling als handbagage worden aangewezen, dan wel bepalingen van deze afdeling niet van toepassing worden verklaard op zaken, die handbagage zijn.
(Zie ook: art. 418 BW Boek 7; artt. 80, 101, 104, 361, 500, 970, 1140, 1750 BW Boek 8)

Art. 101

1. Indien een of meer vervoerders zich bij een en dezelfde overeenkomst verbinden tot vervoer met onderling al dan niet van aard verschillende vervoermiddelen, gelden voor ieder deel van het vervoer de op dat deel toepasselijke rechtsregelen.
2. Indien een voertuig dat voor het vervoer wordt gebezigd aan boord van een schip wordt vervoerd, gelden voor dat deel van het vervoer de op het vervoer te water toepasselijke rechtsregelen, met dien verstande echter dat de vervoerder zich niet kan beroepen op lichamelijke of geestelijke tekortkomingen van de bestuurder van het voertuig die in de tijd, dat de reiziger aan boord daarvan was, tot schade leidden.
(Zie ook: artt. 1148, 1150 BW Boek 8)
3. Bij de overeenkomst waarbij de ene partij zich bij een en dezelfde overeenkomst tegenover de andere partij verbindt deels tot het vervoer van personen als bedoeld in artikel 100, deels tot ander vervoer, gelden voor ieder deel van het vervoer de op dat deel toepasselijke rechtsregelen.
(Zie ook: artt. 41, 121, 1142 BW Boek 8)

Opzegging wederpartij, mits geen vertraging reis

Schakelbepaling

Werkingssfeer

Werkingssfeer

Begripsbepalingen

Handbagage, nadere regels

Rechtsregelen bij binnenlands openbaar personenvervoer

B8 art. 102

Omvang van binnenlands openbaar personenvervoer

Art. 102

1. Vervoer van personen omvat uitsluitend de tijd dat de reiziger aan boord van het vervoermiddel is, daarin instapt of daaruit uitstapt.
(Zie ook: art. 1142 BW Boek 8)

2. Vervoer van personen per schip omvat bovendien de tijd dat de reiziger te water wordt vervoerd tussen wal en schip of tussen schip en wal, indien de prijs hiervan in de vracht is inbegrepen of het voor dit hulpvervoer gebezigde schip door de vervoerder ter beschikking van de reiziger is gesteld. Het omvat echter niet de tijd dat de reiziger verblijft op een ponton, een steiger, een veerstoep of enig ander schip, dat ligt tussen de wal en het schip aan boord waarvan hij vervoerd zal worden of werd, in een stationsgebouw, op een kade of enige andere haveninstallatie.
(Zie ook: artt. 1, 501, 971, 1142 BW Boek 8)

Handbagage bij binnenlands openbaar personenvervoer

Art. 103

1. Vervoer van handbagage omvat uitsluitend de tijd dat deze aan boord van het vervoermiddel is, daarin wordt ingeladen of daaruit wordt uitgeladen, alsmede de tijd dat zij onder de hoede van de vervoerder is.

2. Vervoer van handbagage per schip omvat bovendien de tijd dat de handbagage te water wordt vervoerd tusen wal en schip of tussen schip en wal, indien de prijs hiervan in de vracht is inbegrepen of het voor dit hulpvervoer gebezigde schip door de vervoerder ter beschikking van de reiziger is gesteld. Het omvat echter niet de tijd dat de handbagage zich bevindt op een ponton, een steiger, een veerstoep of enig ander schip, dat ligt tussen de wal en het schip aan boord waarvan zij vervoerd zal worden of werd, in een stationsgebouw, op een kade of enige andere haveninstallatie, tenzij zij zich daar onder de hoede van de vervoerder bevindt.
(Zie ook: artt. 1, 501, 971, 1143 BW Boek 8)

Art. 104

[Vervallen]

Aansprakelijkheid vervoerder bij dood/letsel reiziger bij binnenlands openbaar personenvervoer

Art. 105

1. De vervoerder is aansprakelijk voor schade veroorzaakt door dood of letsel van de reiziger ten gevolge van een ongeval dat in verband met en tijdens het vervoer aan de reiziger is overkomen.

2. In afwijking van het eerste lid is de vervoerder niet aansprakelijk, voor zover het ongeval is veroorzaakt door een omstandigheid die een zorgvuldig vervoerder niet heeft kunnen vermijden en voor zover zulk een vervoerder de gevolgen daarvan niet heeft kunnen verhinderen.

3. Lichamelijke of geestelijke tekortkomingen van de bestuurder van het voertuig alsmede gebrekkigheid of slecht functioneren van het vervoermiddel of van het materiaal, waarvan hij zich voor het vervoer bedient, worden aangemerkt als een omstandigheid die een zorgvuldig vervoerder heeft kunnen vermijden en waarvan zulk een vervoerder de gevolgen heeft kunnen verhinderen. Onder materiaal wordt niet begrepen een ander vervoermiddel aan boord waarvan het vervoermiddel zich bevindt.

4. Bij de toepassing van het tweede lid wordt slechts dan rekening gehouden met een gedraging van een derde, indien geen andere omstandigheid, die mede tot het ongeval leidde, voor rekening van de vervoerder is.
(Zie ook: artt. 95, 107, 108 BW Boek 6; artt. 81, 82, 109, 112, 504, 974, 1147, 1148 BW Boek 8; artt. 24, 29 LVW)

5. In geval van vervoer over spoorwegen worden de beheerders van de spoorweginfrastructuur waarop het vervoer wordt verricht, beschouwd als personen van wier diensten de vervoerder bij de uitvoering van het vervoer gebruik maakt, en wordt die infrastructuur beschouwd als materiaal waarvan de vervoerder zich bij het vervoer bedient.

Aansprakelijkheid vervoerder voor schade/verlies bagage bij binnenlands openbaar personenvervoer

Art. 106

1. De vervoerder is aansprakelijk voor schade veroorzaakt door geheel of gedeeltelijk verlies dan wel beschadiging van handbagage of van een als bagage ten vervoer aangenomen voertuig of schip en de zaken aan boord daarvan, voor zover dit verlies of deze beschadiging is ontstaan tijdens het vervoer en is veroorzaakt
a. door een aan de reiziger overkomen ongeval dat voor rekening van de vervoerder komt, of
b. door een omstandigheid die een zorgvuldig vervoerder heeft kunnen vermijden of waarvan zulk een vervoerder de gevolgen heeft kunnen verhinderen.

2. Lichamelijke of geestelijke tekortkomingen van de bestuurder van het voertuig alsmede gebrekkigheid of slecht functioneren van het vervoermiddel of van het materiaal waarvan hij zich voor het vervoer bedient, worden aangemerkt als een omstandigheid die een zorgvuldig vervoerder heeft kunnen vermijden en waarvan zulk een vervoerder de gevolgen heeft kunnen verhinderen. Onder materiaal wordt niet begrepen een ander vervoermiddel aan boord waarvan het vervoermiddel zich bevindt.

3. Bij de toepassing van het eerste lid wordt slechts dan rekening gehouden met een gedraging van een derde, indien geen andere omstandigheid die mede tot het voorval leidde voor rekening van de vervoerder is.

4. In geval van vervoer over spoorwegen worden de beheerders van de spoorweginfrastructuur waarop het vervoer wordt verricht, beschouwd als personen van wier diensten de vervoerder bij de uitvoering van het vervoer gebruik maakt, en wordt die infrastructuur beschouwd als materiaal waarvan de vervoerder zich voor het vervoer bedient.

(Zie ook: artt. 100, 103, 109, 112, 505, 975, 1175, 1753 BW Boek 8; art. 31 LVW)

5. Dit artikel laat de artikelen 545 en 1006 onverlet.

Art. 107

De vervoerder is terzake van door de reiziger aan boord van het vervoermiddel gebrachte zaken, die hij, indien hij hun aard of gesteldheid had gekend, niet aan boord van het vervoermiddel zou hebben toegelaten en waarvoor hij geen bewijs van ontvangst heeft afgegeven, geen enkele schadevergoeding verschuldigd indien de reiziger wist of behoorde te weten dat de vervoerder de zaken niet ten vervoer zou hebben toegelaten; de reiziger is alsdan aansprakelijk voor alle kosten en schaden voor de vervoerder voortvloeiend uit de aanbieding ten vervoer of uit het vervoer zelf.

(Zie ook: artt. 508, 978, 1152 BW Boek 8)

Uitsluiting aansprakelijkheid vervoerder bij binnenlands openbaar personenvervoer

Art. 108

De vervoerder is niet aansprakelijk voor schade die is veroorzaakt door vertraging, door welke oorzaak dan ook vóór, tijdens of na het vervoer opgetreden, dan wel is veroorzaakt door welke afwijking van de dienstregeling dan ook.

(Zie ook: artt. 515, 516, 981 BW Boek 8; art. 28 LVW)

Aansprakelijkheid vervoerder bij vertraging bij binnenlands openbaar personenvervoer

Art. 109

1. Indien de vervoerder bewijst, dat schuld of nalatigheid van de reiziger schade heeft veroorzaakt of daartoe heeft bijgedragen, kan de aansprakelijkheid van de vervoerder daarvoor geheel of gedeeltelijk worden opgeheven.

Aansprakelijkheid vervoerder bij schuld/nalatigheid reiziger bij binnenlands openbaar personenvervoer

2. Indien personen van wier hulp de vervoerder bij de uitvoering van zijn verbintenis gebruik maakt, op verzoek van de reiziger diensten bewijzen, waartoe de vervoerder niet is verplicht, worden zij aangemerkt als te handelen in opdracht van de reiziger aan wie zij deze diensten bewijzen.

(Zie ook: artt. 513, 514, 981, 1155, 1156 BW Boek 8; art. 29 LVW)

Art. 110

1. De in deze afdeling bedoelde aansprakelijkheid van de vervoerder is beperkt tot bij of krachtens algemene maatregel van bestuur te bepalen bedrag of bedragen.

2. Dit artikel laat de titels 7 en 12 van dit boek onverlet.

(Zie ook: artt. 85, 518, 983, 1157 BW Boek 8; Besl.art. 110 BW Boek 8)

Nadere regels

Art. 111

1. De vervoerder kan zich niet beroepen op enige beperking van zijn aansprakelijkheid, voor zover de schade is ontstaan uit zijn eigen handeling of nalaten, geschied hetzij met het opzet die schade te veroorzaken, hetzij roekeloos en met de wetenschap dat die schade er waarschijnlijk uit zou voortvloeien.

2. Nietig is ieder beding, waarbij van dit artikel wordt afgeweken.

(Zie ook: artt. 12, 519, 984, 1158 BW Boek 8; art. 14 Wet AB)

Eigen schuld vervoerder bij binnenlands openbaar personenvervoer

Dwingend recht

Art. 112

Nietig is ieder vóór het aan de reiziger overkomen ongeval, of vóór het verlies of de beschadiging van handbagage of van als bagage ten vervoer aangenomen vaartuig of schip en de zaken aan boord daarvan, gemaakt beding, waarbij de ingevolge de artikelen 105 en 106 op de vervoerder drukkende aansprakelijkheid of bewijslast wordt verminderd op andere wijze dan in deze afdeling is voorzien.

(Zie ook: artt. 12, 84, 520, 985, 1149, 1150 BW Boek 8; art. 14 Wet AB)

Dwingend recht, beperking aansprakelijkheid

Art. 113

1. In geval van verlies of beschadiging van handbagage wordt de vordering tot schadevergoeding gewaardeerd naar de omstandigheden.

Verlies/beschadiging bagage bij binnenlands openbaar personenvervoer

2. In geval van aan de reiziger overkomen letsel en van de dood van de reiziger zijn de artikelen 107 en 108 van Boek 6 niet van toepassing op de vorderingen die de vervoerder als wederpartij van een andere vervoerder tegen deze laatste instelt.

(Zie ook: artt. 105, 106, 109 BW Boek 6; artt. 85, 521, 986, 1159 BW Boek 8; art. 24 LVW)

Binnenlands openbaar personenvervoer, toepasselijkheid art. 107 en 108 Boek 6 BW

Art. 114

Aansprakelijkheid reiziger bij binnenlands openbaar personenvervoer

1. Onverminderd artikel 107 en onverminderd artikel 179 van Boek 6 is de reiziger aansprakelijk voor schade veroorzaakt door zijn handeling of nalaten, dan wel door zijn handbagage of een als bagage aangenomen voertuig of schip en de zaken aan boord daarvan.

2. In afwijking van het eerste lid is de reiziger niet aansprakelijk, voor zover de schade is veroorzaakt door een omstandigheid die een zorgvuldig reiziger niet heeft kunnen vermijden en voor zover zulk een reiziger de gevolgen daarvan niet heeft kunnen verhinderen.

3. De hoedanigheid van een gebrek van zijn handbagage, of een als bagage aangenomen vaartuig of schip en de zaken aan boord daarvan, wordt aangemerkt als een omstandigheid die een zorgvuldig reiziger heeft kunnen vermijden en waarvan zulk een reiziger de gevolgen heeft kunnen verhinderen.

4. De schade wordt aangemerkt het door de vervoerder naar zijn redelijk oordeel vast te stellen bedrag te belopen, doch indien de vervoerder meent dat de schade meer dan € 227 beloopt moet hij zulks bewijzen.

(Zie ook: artt. 8, 509, 979, 1153 BW Boek 8)

Art. 115

Nadere regels

Behoeft deze afdeling in het belang van een goede uitvoering ervan nadere regeling, dan geschiedt dit bij algemene maatregel van bestuur.

Art. 116

Schakelbepaling

Wordt de vervoerder, zijn wederpartij, de reiziger of een ondergeschikte van een dezer buiten overeenkomst aangesproken, dan zijn de artikelen 361 tot en met 366 en 1081 van overeenkomstige toepassing.

(Zie ook: artt. 31, 91, 880 BW Boek 8)

Art. 116a

Aansprakelijkheid beheerder spoorinfrastructuur bij binnenlands openbaar personenvervoer

De beheerder van de spoorweginfrastructuur en een andere spoorwegonderneming die dezelfde spoorweginfrastructuur gebruikt, kunnen zich beroepen op de artikelen 365 en 366 op dezelfde voet als de daar bedoelde ondergeschikten dit kunnen.

Afdeling 6

Overeenkomst van gecombineerd vervoer van personen

Art. 120

Vervoerovereenkomst bij gecombineerd personenvervoer

De overeenkomst van gecombineerd vervoer van personen is de overeenkomst van personenvervoer, waarbij de vervoerder (gecombineerd vervoerder) zich bij een en dezelfde overeenkomst verbindt dat het vervoer deels over zee, over binnenwateren, over de weg, over spoorwegen, door de lucht dan wel door middel van enige andere vervoerstechniek zal geschieden.

(Zie ook: art. 418 BW Boek 7; artt. 4, 40, 80, 100, 500, 970, 1140, 1750 BW Boek 8)

Art. 121

Gecombineerd vervoer, toepasselijk recht

Bij een overeenkomst van gecombineerd vervoer van personen gelden voor ieder deel van het vervoer de op dat deel toepasselijke rechtsregelen.

(Zie ook: artt. 41, 101, 501, 971, 1142, 1143 BW Boek 8; art. 38 LVW)

II

Zeerecht

Titel 3

Het zeeschip en de zaken aan boord daarvan

Afdeling 1

Rederij van het zeeschip

Art. 160

Rederij

1. Indien een zeeschip blijkens de openbare registers bedoeld in afdeling 2 van Titel 1 van Boek 3 aan twee of meer personen gezamenlijk toebehoort, bestaat tussen hen een rederij. Wanneer de eigenaren van het schip onder een gemeenschappelijke naam optreden bestaat slechts een rederij, indien zulks uitdrukkelijk bij akte is overeengekomen en deze akte in die registers is ingeschreven.

2. De rederij is geen rechtspersoon.

(Zie ook: art. 436 BW Boek 1; art. 189 BW Boek 3; art. 1655 BW Boek 7A; artt. 2, 770, 771, 1770 BW Boek 8; artt. 16, 19 WvK; artt. 4, 621, 622, 623 Rv; art. 51 WvSr; artt. 528, 530 WvSv)

Art. 161

Lidmaatschap van rederij

Iedere mede-eigenaar is van rechtswege lid der rederij. Wanneer een lid ophoudt eigenaar te zijn, eindigt zijn lidmaatschap van rechtswege.

(Zie ook: art. 125 BW Boek 5; artt. 171, 174, 186, 199, 200 BW Boek 8)

B8 art. 171

Art. 162

De leden der rederij moeten zich jegens elkander gedragen naar hetgeen door de redelijkheid en de billijkheid wordt gevorderd.

(Zie ook: art. 8 BW Boek 2; art. 12 BW Boek 3; art. 186 BW Boek 8)

Art. 163

In iedere rederij kan een boekhouder worden aangesteld. Een vennootschap is tot boekhouder benoembaar.

(Zie ook: artt. 64, 175 BW Boek 2; art. 1655 BW Boek 7A; artt. 169, 178, 179, 186 BW Boek 8; artt. 16, 311 WvK; artt. 4, 621 Rv)

Art. 164

De boekhouder kan slechts met toestemming van de leden der rederij overgaan tot enige buitengewone herstelling van het schip of tot benoeming of ontslag van een kapitein.

(Zie ook: art. 171 BW Boek 8; art. 375 WvK)

Art. 165

De boekhouder geeft aan ieder lid der rederij op diens verlangen kennis en opening van alle aangelegenheden de rederij betreffende en inzage van alle boeken, brieven en documenten, op zijn beheer betrekking hebbende.

(Zie ook: artt. 8, 11 WvK)

Art. 166

De boekhouder is verplicht, zo dikwijls een terzake mogelijk bestaand gebruik dit medebrengt, doch in ieder geval telkens na verloop van een jaar en bij het einde van zijn beheer, binnen zes maanden aan de leden der rederij rekening en verantwoording te doen van zijn beheer met overlegging van alle bewijsstukken daarop betrekking hebbende. Hij is verplicht aan ieder van hen uit te keren wat hem toekomt.

(Zie ook: art. 173 BW Boek 3; art. 1770 BW Boek 8; art. 771 Rv)

Art. 167

Ieder lid der rederij is verplicht de rekening en verantwoording van de boekhouder binnen drie maanden op te nemen en te sluiten.

(Zie ook: art. 176 BW Boek 8; art. 4 Rv)

Art. 168

De goedkeuring der rekening en verantwoording door de meerderheid van de leden der rederij bindt slechts hen, die daartoe hebben medegewerkt, behoudens dat zij ook een lid dat aan de rekening en verantwoording niet heeft medegewerkt bindt, wanneer dit lid nalaat de rekening en verantwoording in rechte te betwisten binnen één jaar, nadat hij daarvan heeft kunnen kennis nemen en nadat de goedkeuring door de meerderheid hem schriftelijk is medegedeeld.

(Zie ook: art. 11 BW Boek 2; art. 195 BW Boek 3; art. 171 BW Boek 8; art. 621 Rv)

Art. 169

De betrekking van de boekhouder eindigt, indien over hem een provisionele bewindvoerder is benoemd, hij onder curatele is gesteld, terzake van krankzinnigheid in een gesticht is geplaatst, in staat van faillissement is verklaard of indien ten aanzien van hem de schuldsaneringsregeling natuurlijke personen van toepassing is verklaard.

Art. 170

1. Is de boekhouder lid der rederij, dan heeft hij, indien de leden zijn betrekking doen eindigen of hem een dringende reden hebben gegeven op grond waarvan hij zijnerzijds de betrekking doet eindigen, het recht te verlangen, dat zijn aandeel door de overige leden wordt overgenomen tegen zodanige prijs als deskundigen het op het tijdstip, waarop hij de overneming verlangt, waard zullen achten. Hij heeft dit recht niet, indien hij aan de leden der rederij een dringende reden heeft gegeven op grond waarvan zij de betrekking doen eindigen.

2. Hij moet van zijn verlangen tot overneming kennis geven aan de leden der rederij binnen een maand, nadat zijn betrekking is geëindigd. Wanneer aan zijn verlangen niet binnen een maand is voldaan of wanneer niet binnen twee weken na het overnemen van zijn aandeel de daarvoor bepaalde prijs aan hem is voldaan, kan de rechter op een binnen twee maanden door de boekhouder gedaan verzoek bevelen dat het schip wordt verkocht. De wijze van verkoop wordt door de rechter bepaald.

3. Door ieder van hen die tot de overneming verplicht zijn, wordt van het overgenomen aandeel een gedeelte verkregen, evenredig aan zijn aandeel in het schip.

(Zie ook: artt. 677, 678 BW Boek 7; artt. 174, 184, 186 BW Boek 8; artt. 621, 622 Rv)

Art. 171

1. Alle besluiten, de aangelegenheden der rederij betreffende, worden genomen bij meerderheid van stemmen van de leden der rederij.

(Zie ook: art. 120 BW Boek 2; art. 168 BW Boek 8)

2. Het kleinste aandeel geeft één stem; ieder groter aandeel zoveel stemmen als het aantal malen, dat in dit aandeel het kleinste begrepen is.

(Zie ook: art. 118 BW Boek 2; artt. 176, 181 BW Boek 8)

3. Besluiten tot

B8 *art. 172*

a. aanstelling van een boekhouder die geen lid is van de rederij,
(Zie ook: artt. 169, 172 BW Boek 8)
b. uitbreiding van de bevoegdheid van de boekhouder buiten de grenzen getrokken door artikel 178 eerste lid,
c. het sluiten, voor meer dan zes maanden, van een rompbevrachting, een tijdbevrachting of een overeenkomst, als genoemd in artikel 531 of artikel 991,
(Zie ook: artt. 373, 530, 892, 990 BW Boek 8)
d. ontbinding der rederij tijdens de loop van een overeenkomst tot vervoer, van een overeenkomst waarbij het schip ter beschikking van een ander is gesteld, of van een ter visvangst ondernomen reis,
(Zie ook: artt. 375, 894 BW Boek 8)
vereisen eenstemmigheid.

Art. 172

Werkingssfeer Op rederijen van zeevissersschepen is artikel 171 derde lid, onder a niet van toepassing.
(Zie ook: art. 2 BW Boek 8; art. 319 WvK)

Art. 173

Verkoop schip bij staken van stemmen bij rederij Indien tengevolge van staking der stemmen de exploitatie van het schip wordt belet, kan de rechter op een binnen twee maanden door een lid der rederij gedaan verzoek bevelen dat het schip wordt verkocht. De wijze van verkoop wordt door de rechter bepaald.
(Zie ook: art. 184 BW Boek 8; art. 621 Rv)

Art. 174

Vordering tot overneming aandeel bij rederij **1.** Indien is besloten omtrent enige buitengewone herstelling van het schip, omtrent benoeming of ontslag van de kapitein, dan wel omtrent het aangaan van een vervoerovereenkomst waarbij het schip ter beschikking van een ander wordt gesteld, kan ieder lid der rederij, dat tot het besluit niet heeft medegewerkt of daartegen heeft gestemd, verlangen dat zij die vóór het besluit hebben gestemd, zijn aandeel overnemen tegen zodanige prijs, als deskundigen het op het tijdstip, waarop hij de overneming verlangt, waard zullen achten. Hij moet van zijn verlangen tot overneming kennisgeven aan de boekhouder of, indien er geen boekhouder is, aan hen, die voorstemden, binnen een maand nadat het besluit te zijner kennis is gebracht. Wanneer aan zijn verlangen niet binnen een maand is voldaan of wanneer niet binnen twee weken na het overnemen van zijn aandeel de daarvoor bepaalde prijs aan hem is voldaan, kan de rechter op een binnen twee maanden door het lid der rederij gedaan verzoek bevelen dat het schip wordt verkocht. De wijze van verkoop wordt door de rechter bepaald.
2. Door ieder van hen die tot de overneming verplicht zijn, wordt van het overgenomen aandeel een gedeelte verkregen, evenredig aan zijn aandeel in het schip.
(Zie ook: artt. 160, 170, 184 BW Boek 8; artt. 621, 622 Rv)

Art. 175

[Vervallen]

Art. 176

Bijdrage leden aan rederij De leden der rederij moeten naar evenredigheid van hun aandeel bijdragen tot de uitgaven der rederij, waartoe bevoegdelijk is besloten.
(Zie ook: artt. 177, 181 BW Boek 8)

Art. 177

Winst-/verliesverdeling bij rederij De leden der rederij delen in de winst en het verlies naar evenredigheid van hun aandeel in het schip.
(Zie ook: art. 176 BW Boek 8)

Art. 178

Bevoegdheden/verplichtingen boekhouder bij rederij **1.** Is een boekhouder aangesteld, dan is hij, onverminderd artikel 360 eerste lid en met uitsluiting van ieder lid der rederij, in alles wat de normale exploitatie van het schip medebrengt, bevoegd voor de rederij met derden te handelen en de rederij te vertegenwoordigen.
(Zie ook: art. 130 BW Boek 2; artt. 163, 164, 171, 180, 181, 462, 564, 771, 944 BW Boek 8; art. 623 Rv)
2. Indien de rederij in het handelsregister is ingeschreven kunnen beperkingen van de bevoegdheid van de boekhouder aan derden, die daarvan onkundig waren, niet worden tegengeworpen, tenzij deze beperkingen uit dat register blijken. Is de rederij niet in het handelsregister ingeschreven, dan kunnen beperkingen van de bevoegdheid van de boekhouder aan derden slechts worden tegengeworpen, wanneer hun die bekend waren.
(Zie ook: art. 5 BW Boek 2; art. 179 BW Boek 8)
3. De boekhouder heeft alle verplichtingen na te komen, die de wet de reder oplegt.
(Zie ook: artt. 186, 192, 195, 564, 782, 785, 786 BW Boek 8; art. 447a WvSr)

Art. 179

Tegenwerpen aanstelling/ontslag boekhouder bij rederij Indien de rederij in het handelsregister is ingeschreven, kunnen de aanstelling van een boekhouder of het eindigen van diens betrekking aan derden, die daarvan onkundig waren, niet worden tegengeworpen zo lang niet inschrijving daarvan in het handelsregister heeft plaats gehad. Is de rederij niet in het handelsregister ingeschreven dan kunnen de aanstelling van een

boekhouder of het eindigen van diens betrekking aan derden slechts worden tegengeworpen wanneer dit hun bekend was.
(Zie ook: art. 5 BW Boek 2; artt. 178, 462, 771, 944 BW Boek 8)

Art. 180

1. Indien er geen boekhouder is, alsmede in geval van ontstentenis of belet van de boekhouder, wordt de rederij vertegenwoordigd en kan voor haar worden gehandeld door een of meer harer leden, mits alleen of tezamen eigenaars zijnde van meer dan de helft van het schip.

Vertegenwoordiging bij afwezigheid boekhouder bij rederij

2. In de gevallen genoemd in het eerste lid kunnen handelingen, die geen uitstel kunnen lijden, zo nodig door ieder lid zelfstandig worden verricht en is ieder lid bevoegd ten behoeve van de rederij verjaring te stuiten.
(Zie ook: artt. 186, 564 BW Boek 8)

Art. 181

Voor de verbintenissen van de rederij zijn haar leden aansprakelijk, ieder naar evenredigheid van zijn aandeel in het schip.
(Zie ook: artt. 176, 177 BW Boek 8; art. 18 WvK; art. 623 Rv)

Aansprakelijkheid leden bij rederij

Art. 182

De rederij wordt niet ontbonden door de dood van een harer leden noch door diens faillissement, het van toepassing verklaren van de schuldsaneringsregeling natuurlijke personen, plaatsing ter zake van krankzinnigheid in een gesticht of plaatsing onder curatele.
(Zie ook: art. 378 BW Boek 1; art. 1683 BW Boek 7A; artt. 184, 186 BW Boek 8; artt. 1, 284 FW)

Ontbinding van rederij

Art. 183

Het lidmaatschap der rederij kan niet worden opgezegd; evenmin kan een lid van het lidmaatschap der rederij worden vervallen verklaard.
(Zie ook: art. 1683 BW Boek 7A; art. 186 BW Boek 8)

Opzegging lidmaatschap van rederij

Art. 184

Indien tot ontbinding der rederij is besloten, moet het schip worden verkocht. Indien binnen twee maanden na het besluit het schip nog niet is verkocht, kan de rechter op een binnen twee maanden door een lid der rederij gedaan verzoek, bevelen tot deze verkoop over te gaan. De wijze van verkoop wordt door de rechter bepaald. Een besluit tot verkoop van een ingevolge artikel 170, artikel 173 of artikel 174 gegeven bevel tot verkoop van het schip staat gelijk met een besluit tot ontbinding der rederij.
(Zie ook: artt. 171, 182, 183 BW Boek 8; art. 621 Rv)

Verkoop schip na ontbinding van rederij

Art. 185

1. Na ontbinding blijft de rederij bestaan voor zover dit tot haar vereffening nodig is.

2. De boekhouder, zo die er is, is met de vereffening belast.
(Zie ook: art. 23 BW Boek 2; artt. 189, 200 BW Boek 3; art. 32 WvK)

Vereffening na ontbinding van rederij

Art. 186

Nietig is ieder beding, waarbij wordt afgeweken van de artikelen 161-163, 169, 170 eerste en tweede lid, 178 derde lid, 180, 182 en 183.

Dwingend recht

Afdeling 2
Rechten op zeeschepen

Art. 190

1. In de afdelingen 2 tot en met 5 van titel 3 worden onder schepen mede verstaan schepen in aanbouw. Onder reder wordt mede verstaan de eigenaar van een zeeschip in aanbouw.
(Zie ook: art. 217 BW Boek 8)

Begripsbepalingen

2. Indien een schip in aanbouw een schip in de zin van artikel 1 is geworden, ontstaat daardoor niet een nieuw schip.
(Zie ook: artt. 10, 780 BW Boek 8; artt. 309, 312 WvK; art. 1 Kadw)

Art. 191

In deze afdeling wordt onder de openbare registers verstaan de openbare registers, bedoeld in afdeling 2 van Titel 1 van Boek 3.
(Zie ook: artt. 1, 160, 781 BW Boek 8)

Begripsbepalingen

Art. 192

De in deze afdeling aan de reder opgelegde verplichtingen rusten, indien het schip toebehoort aan meer personen, aan een vennootschap onder firma, aan een commanditaire vennootschap of aan een rechtspersoon, mede op iedere mede-eigenaar, beherende vennoot of bestuurder.
(Zie ook: artt. 44, 129, 239, 291 BW Boek 2; artt. 10, 178, 782 BW Boek 8; artt. 16, 19 WvK; art. 447a WvSr)

Verplichtingen reder bij zeeschip

Art. 193

[Vervallen]

B8 art. 194

Teboekstelling bij zeeschip

Art. 194

1. Teboekstelling is slechts mogelijk
- van een in aanbouw zijnd zeeschip: indien het in Nederland in aanbouw is;
- van een afgebouwd zeeschip: indien het een Nederlands schip is in de zin van artikel 311 van het Wetboek van Koophandel
- dan wel ingeval het een zeevisserssschip is: indien het is ingeschreven in een krachtens artikel 3 der Visserijwet 1963 aangehouden register.

(Zie ook: art. 190 BW Boek 8; art. 312 WvK)

2. Teboekstelling is niet mogelijk van een zeeschip dat reeds teboekstaat in de openbare registers, hetzij als zeeschip hetzij als binnenschip, of in enig soortgelijk buitenlands register.

(Zie ook: art. 191 BW Boek 8)

3. In afwijking van het tweede lid is teboekstelling van een zeeschip dat in een buitenlands register teboekstaat mogelijk, wanneer dit schip, nadat de teboekstelling ervan in dat register is doorgehaald, een Nederlands schip in de zin van artikel 311 van het Wetboek van Koophandel zal zijn of wanneer dit schip als zeevisserssschip is ingeschreven in een krachtens artikel 3 der Visserijwet 1963 aangehouden register. Deze teboekstelling heeft evenwel slechts rechtsgevolg, wanneer zij binnen 30 dagen is gevolgd door aantekening in de openbare registers, dat de teboekstelling in het buitenlandse register is doorgehaald, of wanneer, ingeval de bewaarder van een buitenlands register ondanks daartoe schriftelijk tot hem gericht verzoek doorhaling weigert, van dit verzoek en van het feit dat er geen gevolg aan is gegeven, aantekening in de openbare registers is geschied.

4. De teboekstelling wordt verzocht door de reder van het zeeschip. Hij moet daarbij ter inschrijving overleggen een door hem ondertekende verklaring, dat naar zijn beste weten het schip voor teboekstelling als zeeschip vatbaar is. Indien het een verzoek tot teboekstelling als zeeschip in aanbouw betreft, gaat deze verklaring vergezeld van een bewijs dat het schip in Nederland in aanbouw is. Indien het een verzoek tot teboekstelling als zeeschip, niet zijnde een zeeschip in aanbouw of een zeevisserssschip, betreft, gaat deze verklaring vergezeld van een door of namens Onze Minister van Verkeer en Waterstaat afgegeven verklaring als bedoeld in artikel 311*a*, eerste lid, van het Wetboek van Koophandel. Indien het een verzoek tot teboekstelling als zeevisserssschip betreft, gaat deze verklaring vergezeld van een bewijs dat het schip is ingeschreven in een krachtens artikel 3 van de Visserijwet 1963 aangehouden register.

(Zie ook: art. 389ter WvSr)

5. De teboekstelling in de openbare registers heeft geen rechtsgevolg, wanneer aan de vereisten van de voorgaande leden van dit artikel niet is voldaan.

6. Bij het verzoek tot teboekstelling wordt woonplaats gekozen in Nederland. Deze woonplaats wordt in het verzoek tot teboekstelling vermeld en kan door een andere in Nederland gelegen woonplaats worden vervangen.

(Zie ook: artt. 10, 15 BW Boek 2; artt. 230, 784 BW Boek 8; artt. 311, 319 WvK; artt. 621, 622, 624 Rv)

Doorhaling teboekstelling bij zeeschip

Art. 195

1. De teboekstelling wordt slechts doorgehaald

a. op verzoek van degeen, die in de openbare registers als reder vermeld staat;

(Zie ook: art. 10 BW Boek 8)

b. op aangifte van de reder of ambtshalve

1°. als het schip is vergaan, gesloopt is of blijvend ongeschikt voor drijven is geworden;

2°. als van het schip gedurende 6 maanden na het laatste uitvaren of de dag, waartoe zich de laatst ontvangen berichten uitstrekken, in het geheel geen tijding is aangekomen, zonder dat dit aan een algemene storing in de berichtgeving kan worden geweten;

3°. als het schip door rovers of vijanden is genomen;

4°. als het schip, indien het niet in de openbare registers te boek zou staan, een binnenschip zou zijn in de zin van artikel 3 of artikel 780;

5°. als het schip niet of niet meer de hoedanigheid van Nederlands schip heeft dan wel niet of niet meer is ingeschreven in een krachtens artikel 3 der Visserijwet 1963 aangehouden register. Ambtshalve doorhaling wegens het verlies van de hoedanigheid van Nederlands schip geschiedt uitsluitend na ontvangst van een mededeling van de intrekking van een verklaring als bedoeld in artikel 311*a*, eerste lid, van het Wetboek van Koophandel. Wanneer het schip de hoedanigheid van Nederlands schip heeft verloren door toewijzing na een executie buiten Nederland, dan wel de inschrijving van het schip in een krachtens artikel 3 der Visserijwet 1963 aangehouden register is doorgehaald, vindt doorhaling slechts plaats, wanneer hetzij de reder, degenen van wier recht uit een inschrijving blijkt en de beslagleggers gelegenheid hebben gehad hun rechten op de opbrengst geldend te maken en hun daartoe ook feitelijk de gelegenheid is gegeven, hetzij deze personen hun toestemming tot de doorhaling verlenen of hun vorderingen zijn voldaan.

(Zie ook: art. 311 WvK)

2. In de in het eerste lid onder *b* genoemde gevallen is de reder tot het doen van aangifte verplicht binnen drie maanden nadat de reden tot doorhaling zich heeft voorgedaan.

3. Wanneer ten aanzien van het schip inschrijvingen of voorlopige aantekeningen ten gunste van derden bestaan, geschiedt doorhaling slechts, wanneer geen dezer derden zich daartegen verzet.

(Zie ook: artt. 199, 202 BW Boek 8)

4. Doorhaling geschiedt slechts na op verzoek van de meest gerede partij verleende machtiging van de rechter.

(Zie ook: artt. 194, 196, 230, 786, 1304 BW Boek 8; art. 311 WvK; artt. 429a, 624 Rv; art. 447a WvSr; art. 21 Kadw)

Art. 196

1. Zolang de teboekstelling in de openbare registers niet is doorgehaald heeft teboekstelling van een zeeschip in een buitenlands register of vestiging in het buitenland van rechten daarop, voor vestiging waarvan in Nederland inschrijving in de openbare registers vereist zou zijn geweest, geen rechtsgevolg.

Rechtsgevolg teboekstelling in buitenlands register bij zeeschip

2. In afwijking van het eerste lid wordt een teboekstelling of vestiging van rechten als daar bedoeld erkend, wanneer deze geschiedde onder voorwaarde van doorhaling van de teboekstelling in de openbare registers binnen 30 dagen na de teboekstelling van het schip in het buitenlandse register.

(Zie ook: artt. 194, 195, 787 BW Boek 8)

Art. 197

De enige zakelijke rechten, waarvan een in de openbare registers teboekstaand zeeschip het voorwerp kan zijn, zijn de eigendom, de hypotheek, het vruchtgebruik en de in artikel 211 en artikel 217 eerste lid onder b genoemde voorrechten.

(Zie ook: artt. 201, 227 BW Boek 3; art. 1 BW Boek 5; artt. 193, 215, 217, 230, 788 BW Boek 8)

Zeeschip, zakelijke rechten eigendom/hypotheek/vruchtgebruik van toepassing op

Art. 198

[Vervallen]

Art. 199

1. Een in de openbare registers teboekstaand zeeschip is een registergoed.

(Zie ook: art. 10 BW Boek 3)

Zeeschip is registergoed

2. Bij toepassing van artikel 301 van Boek 3 ter zake van akten die op de voet van artikel 89 leden 1 en 4 van Boek 3 zijn bestemd voor de levering van zodanig zeeschip, kan de in het eerste genoemde artikel bedoelde uitspraak van de Nederlandse rechter niet worden ingeschreven, zolang zij niet in kracht van gewijsde is gegaan.

(Zie ook: artt. 96, 98, 186 BW Boek 3; artt. 193, 195, 230, 790 BW Boek 8; art. 566 Rv; artt. 26, 31 Kadw; art. 35 FW)

Toepasselijkheid art. 301 Boek 3 BW

Art. 200

[Vervallen]

Art. 201

Eigendom, hypotheek en vruchtgebruik op een teboekstaand zeeschip worden door een bezitter te goeder trouw verkregen door een onafgebroken bezit van vijf jaren.

(Zie ook: art. 99 BW Boek 3; artt. 230, 791 BW Boek 8)

Eigendom/hypotheek/vruchtgebruik bij zeeschip

Art. 202

Onverminderd het bepaalde in artikel 260, eerste lid, van Boek 3 wordt in de notariële akte waarbij hypotheek wordt verleend op een teboekstaand zeeschip of op een recht waaraan een zodanig schip is onderworpen, duidelijk het aan de hypotheek onderworpen schip vermeld.

(Zie ook: artt. 31, 227 BW Boek 3; artt. 190, 193, 197, 203, 230, 792, 1310 BW Boek 8; artt. 183, 566 Rv; art. 35 FW)

Hypotheek bij zeeschip

Art. 203

Behoudens afwijkende, uit de openbare registers blijkende, bedingen omvat de hypotheek de zaken die uit hoofde van hun bestemming blijvend met het schip zijn verbonden en die toebehoren aan de reder van het schip. Artikel 266 van Boek 3 is niet van toepassing.

(Zie ook: artt. 227, 254 BW Boek 3; artt. 1, 10, 230, 793 BW Boek 8)

Hypotheek bij zeeschip, inhoud

Art. 204

De door hypotheek gedekte vordering neemt rang na de vorderingen, genoemd in de artikelen 210, 211, 221, 222 eerste lid, 831 en 832 eerste lid, doch vóór alle andere vorderingen, waaraan bij deze of enige andere wet een voorrecht is toegekend.

(Zie ook: artt. 21, 279 BW Boek 3; artt. 222, 230, 794, 832, 1311 BW Boek 8)

Rangorde hypotheek bij zeeschip

Art. 205

Indien de vordering rente draagt, strekt de hypotheek mede tot zekerheid voor de renten der hoofdsom, vervallen gedurende de laatste drie jaren voorafgaand aan het begin van de uitwinning en gedurende de loop hiervan. Artikel 263 van Boek 3 is niet van toepassing.

(Zie ook: artt. 230, 795, 1312 BW Boek 8; art. 128 FW)

Hypotheek bij zeeschip, rente

B8 art. 206 Burgerlijk Wetboek Boek 8

Art. 206

Hypotheek op aandeel te-boekstaand zeeschip, Boek 3 BW niet van toepassing op

Op hypotheek op een aandeel in een teboekstaand zeeschip is artikel 177 van Boek 3 niet van toepassing; de hypotheek blijft na vervreemding of toedeling van het schip in stand. *(Zie ook: artt. 215, 230, 796, 1313 BW Boek 8)*

Art. 207

Toepasselijkheid artt. 234/261/264 Boek 3 BW bij zeeschip

1. De eerste twee leden van artikel 264 van Boek 3 zijn in geval van een hypotheek waaraan een teboekstaand zeeschip is onderworpen, mede van toepassing op bevrachtingen.

2. De artikelen 234 en 261 van Boek 3 zijn op een zodanige hypotheek niet van toepassing. *(Zie ook: artt. 227 t/m 235, 260 BW Boek 3; artt. 230, 797, 1314 BW Boek 8; artt. 508, 509 Rv)*

Art. 208

Toepasselijkheid art. 217 Boek 3 BW

In geval van vruchtgebruik op een teboekstaand zeeschip zijn de bepalingen van artikel 217 van Boek 3 mede van toepassing op bevrachting voor zover die bepalingen niet naar hun aard uitsluitend op pacht, huur van bedrijfsruimte of huur van woonruimte van toepassing zijn. *(Zie ook: art. 201 BW Boek 3; art. 798 BW Boek 8)*

Afdeling 3
Voorrechten op zeeschepen

Art. 210

Voorrechten bij zeeschip

1. In geval van uitwinning van een zeeschip worden de kosten van uitwinning, de kosten van bewaking tijdens deze uitwinning of verkoop, alsmede de kosten van gerechtelijke rangregeling en verdeling van de opbrengst onder de schuldeisers uit de opbrengst van de verkoop voldaan boven alle andere vorderingen, waaraan bij deze of enige andere wet een voorrecht is toegekend.

2. In geval van verkoop van een gestrand, onttakeld of gezonken zeeschip, dat de overheid in het openbaar belang heeft doen opruimen, worden de kosten der wrakopruiming uit de opbrengst van de verkoop voldaan boven alle andere vorderingen, waaraan bij deze of enige andere wet een voorrecht is toegekend.

3. De in de vorige leden bedoelde vorderingen staan in rang gelijk en worden ponds-pondsgewijs betaald.

(Zie ook: art. 278 BW Boek 3; artt. 190, 222, 820, 832 BW Boek 8; art. 526a Rv)

Art. 210a

Toepasselijkheid art. 292 Boek 3 BW en 299b Faillissementswet bij zeeschip

Artikel 292 van Boek 3 en de artikelen 60, tweede lid, eerste zin, derde lid en vierde lid, en 299b, derde tot en met vijfde lid, van de Faillissementswet zijn op zeeschepen niet van toepassing. *(Zie ook: art. 820a BW Boek 8)*

Art. 211

Bijzondere voorrechten bij zeeschip

Boven alle andere vorderingen waaraan bij deze of enige andere wet een voorrecht is toegekend zijn, behoudens artikel 210, op een zeeschip bevoorrecht:

a. in geval van beslag: de vorderingen ter zake van kosten na het beslag gemaakt tot behoud van het schip, daaronder begrepen de kosten van herstellingen, die onontbeerlijk waren voor het behoud van het schip;

(Zie ook: art. 562a Rv)

b. de vorderingen ontstaan uit de zee-arbeidsovereenkomsten, met dien verstande dat de vorderingen met betrekking tot loon, salaris of beloningen slechts bevoorrecht zijn tot op een bedrag over een tijdvak van twaalf maanden verschuldigd;

(Zie ook: artt. 375, 396 WvK)

c. de vorderingen ter zake van hulpverlening alsmede ter zake van de bijdrage van het schip in avarij-grosse;

d. de vorderingen ter zake van havengelden en maatregelen met betrekking tot een schip die noodzakelijk waren ter waarborging van de veiligheid van de haven of van derden, met dien verstande dat dit voorrecht vervalt doordat het schip een nieuwe reis aanvangt.

(Zie ook: art. 278 BW Boek 3; artt. 6, 197, 212, 222, 224, 230, 557, 610, 821, 832, 834, 1820, 1830 BW Boek 8; art. 85 Kadw)

Art. 212

Bijzondere voorrechten bij zeeschip, renten en kosten

Wanneer een vordering uit hoofde van artikel 211 bevoorrecht is, zijn de renten hierop en de kosten ten einde een voor tenuitvoerlegging vatbare titel te verkrijgen gelijkelijk bevoorrecht. *(Zie ook: artt. 217, 223, 230, 822 BW Boek 8)*

Art. 213

Rangorde voorrechten bij zeeschip

1. De bevoorrechte vorderingen, genoemd in artikel 211, nemen rang in de volgorde, waarin zij daar zijn gerangschikt.

2. Bevoorrechte vorderingen onder dezelfde letter vermeld, staan in rang gelijk, doch de vorderingen genoemd in artikel 211 onder c nemen onderling rang naar de omgekeerde volgorde van de tijdstippen, waarop zij ontstonden.

3. In rang gelijkstaande vorderingen worden ponds-pondsgewijs betaald.
(Zie ook: artt. 224, 230, 823 BW Boek 8)

Art. 214

De voorrechten, genoemd in artikel 211, strekken zich uit tot
a. alle zaken, die uit hoofde van hun bestemming blijvend met het schip zijn verbonden en die toebehoren aan de reder van het schip;
(Zie ook: artt. 1, 10, 217 BW Boek 8)
b. de schadevergoedingen, verschuldigd voor het verlies van het schip of voor niet herstelde beschadiging daarvan, daarbij inbegrepen dat deel van een beloning voor hulpverlening, van een beloning voor vlotbrengen of van een vergoeding in avarij-grosse, dat tegenover een zodanig verlies of beschadiging staat. Dit geldt eveneens wanneer deze schadevergoedingen of vorderingen tot beloning zijn overgedragen of met pandrecht zijn bezwaard. Deze schadevergoedingen omvatten echter niet vergoedingen welke zijn verschuldigd krachtens een overeenkomst van verzekering van het schip, die dekking geeft tegen het risico van verlies of avarij. Artikel 283 van Boek 3 is niet van toepassing.
(Zie ook: art. 48 BW Boek 3; artt. 225, 230, 542, 824 BW Boek 8)

Omvang voorrechten bij zeeschip

Art. 215

1. De schuldeiser, die een voorrecht heeft op grond van artikel 211, vervolgt zijn recht op het schip, in wiens handen dit zich ook bevinde.
2. Voorrechten als bedoeld in artikel 211 kunnen worden ingeschreven in de openbare registers, bedoeld in afdeling 2 van Titel 1 van Boek 3. Artikel 24 lid 1 van Boek 3 is niet van toepassing.
(Zie ook: art. 48 BW Boek 3; artt. 197, 206, 217, 230, 825 BW Boek 8)

Zaaksgevolg schuldeiser bij zeeschip

Art. 216

De vorderingen genoemd in artikel 211, onderdelen a en c, doen een voorrecht op het schip ontstaan en zijn alsdan daarop verhaalbaar, zelfs wanneer zij zijn ontstaan tijdens de terbeschikkingstelling van het schip aan een bevrachter, dan wel tijdens de exploitatie van het schip door een ander dan de reder, tenzij aan deze de feitelijke macht over het schip door een ongeoorloofde handeling was ontnomen en bovendien de schuldeiser niet te goeder trouw was. De vorderingen genoemd in artikel 211 onder b doen een voorrecht op het schip ontstaan en zijn alsdan daarop verhaalbaar, ongeacht of de reder de werkgever is van de zeevarende.
(Zie ook: artt. 10, 217, 230, 826 BW Boek 8)

Bijzondere voorrechten bij zeeschip

Art. 217

1. Boven alle andere vorderingen, waaraan bij deze of enige andere wet een voorrecht is toegekend, doch na de bevoorrechte vorderingen genoemd in artikel 211, na de hypothecaire vorderingen, na de vorderingen genoemd in de artikelen 222 en 832 en na de vordering van de pandhouder, zijn op een zeeschip, waaronder voor de toepassing van dit artikel niet is te verstaan een zeeschip in aanbouw, bij voorrang verhaalbaar:
a. de vorderingen, die voortvloeien uit rechtshandelingen, die de reder of een rompbevrachter binden en die rechtstreeks strekken tot het in bedrijf brengen of houden van het schip, alsmede de vorderingen die tegen een uit hoofde van artikel 461 gelezen met artikel 462 of artikel 943 gelezen met artikel 944 als vervoerder aangemerkte persoon kunnen worden geldend gemaakt. Onder rechtshandeling is hier het in ontvangst nemen van een verklaring begrepen;
b. de vorderingen, die uit hoofde van afdeling 1 van titel 6 op de reder rusten;
(Zie ook: artt. 197, 215 Boek 8)
c. de vorderingen, genaamd in artikel 752 voor zover zij op de reder rusten.
2. De in het eerste lid genoemde vorderingen staan in rang gelijk en worden ponds-pondsgewijs betaald.
3. De artikelen 212, 214 onder a en 216 zijn op de in het eerste lid genoemde vorderingen van toepassing. Op de vorderingen die in het eerste lid onder *b* worden genoemd, is ook artikel 215 van toepassing.
4. Artikel 283 van Boek 3 is niet van toepassing.
(Zie ook: art. 279 BW Boek 3; artt. 10, 218, 230, 260, 360, 530, 827 BW Boek 8)

Rangorde overige vorderingen bij zeeschip

Schakelbepaling

Art. 218

Na de vorderingen genoemd in artikel 217 zijn de vorderingen genoemd in de artikelen 284 en 285 van Boek 3, voor zover zij dit niet zijn op grond van enig ander artikel van deze titel, op een zeeschip bij voorrang verhaalbaar.
(Zie ook: artt. 230, 828 BW Boek 8)

Toepasselijkheid artt. 284 en 285 Boek 3 BW

Art. 219

1. De krachtens deze afdeling verleende voorrechten gaan teniet door verloop van een jaar, tenzij de schuldeiser zijn vordering in rechte geldend heeft gemaakt. Deze termijn begint met de aanvang van de dag volgend op die, waarop de vordering opeisbaar wordt. Met betrekking tot de vordering voor hulploon begint deze termijn echter met de aanvang van de dag volgend op die, waarop de hulpverlening is beëindigd.
2. Het voorrecht gaat teniet met de vordering.

Tenietgaan voorrechten bij zeeschip

B8 art. 220

3. In geval van executoriale verkoop gaan de voorrechten mede teniet op het tijdstip waarop het proces-verbaal van verdeling wordt gesloten.
(Zie ook: artt. 227, 230, 829, 1790, 1820, 1830 BW Boek 8; art. 188 FW; art. 490 Rv)

Afdeling 4
Voorrechten op zaken aan boord van zeeschepen

Art. 220

Werkingssfeer

Deze afdeling geldt onder voorbehoud van titel 15.
(Zie ook: artt. 3a, 830, 1300 BW Boek 8)

Art. 221

Voorrecht kosten uitwinning/bewaking bij zeeschip

1. In geval van uitwinning van zaken aan boord van een zeeschip worden de kosten van uitwinning, de kosten van bewaking daarvan tijdens deze uitwinning, alsmede de kosten van gerechtelijke rangregeling en verdeling van de opbrengst onder de schuldeisers, uit de opbrengst van de verkoop voldaan boven alle andere vorderingen, waaraan bij deze of enige andere wet een voorrecht is toegekend.
2. De in het eerste lid bedoelde vorderingen staan in rang gelijk en worden ponds-pondsgewijs betaald.
(Zie ook: art. 278 BW Boek 3; artt. 210, 230, 831, 832 BW Boek 8)

Art. 222

Voorrecht kosten hulpverlening/avarij-grosse bij zeeschip

1. Op zaken aan boord van een zeeschip zijn de vorderingen ter zake van hulpverlening en van een bijdrage van die zaken in avarij-grosse bevoorrecht. Deze vorderingen nemen daartoe rang na die welke zijn genoemd in de artikelen 210, 211, 221, 820, 821 en 831, doch vóór alle andere vorderingen, waaraan bij deze of enige andere wet een voorrecht is toegekend.
(Zie ook: artt. 557, 1010, 1020 BW Boek 8)

Voorrecht kosten vervoerovereenkomst bij zeeschip

2. Op ten vervoer ontvangen zaken zijn bevoorrecht de vorderingen uit een met betrekking tot die zaken gesloten vervoerovereenkomst, dan wel uit artikel 488 of artikel 951 voortvloeiend, doch slechts voor zover aan de vervoerder door artikel 489 of artikel 954 een recht op de zaken wordt toegekend. Deze vorderingen nemen daartoe rang na die welke zijn genoemd in het eerste lid en in de artikelen 204 en 794, doch vóór alle andere vorderingen, waaraan bij deze of enige andere wet een voorrecht is toegekend.
(Zie ook: art. 279 BW Boek 3; artt. 211, 217, 223, 230, 370, 827, 832, 834, 890, 1820, 1830 BW Boek 8)

Art. 223

Voorrecht kosten hulpverlening/avarij-grosse bij zeeschip, renten en kosten

Wanneer een vordering uit hoofde van artikel 222 bevoorrecht is, zijn de renten hierop en de kosten teneinde een voor tenuitvoerlegging vatbare titel te verkrijgen gelijkelijk bevoorrecht.
(Zie ook: artt. 212, 230, 822, 833 BW Boek 8)

Art. 224

Rangorde bijzondere voorrechten bij zeeschip

1. De vorderingen ter zake van hulpverlening of bijdrage in avarij-grosse, die bevoorrecht zijn op grond van artikel 211, artikel 222 eerste lid, artikel 821 of artikel 832 eerste lid, nemen onderling rang naar de omgekeerde volgorde van de tijdstippen, waarop zij ontstonden.

Toepasselijkheid art. 284 Boek 3 BW bij zeeschip

2. De bevoorrechte vorderingen in het tweede lid van artikel 222 vermeld staan in rang gelijk.
3. De in artikel 284 van Boek 3 genoemde vordering neemt rang na de in de vorige leden genoemde vorderingen, ongeacht wanneer die vorderingen zijn ontstaan.
4. In rang gelijkstaande vorderingen worden ponds-pondsgewijs betaald.
(Zie ook: art. 279 BW Boek 3; artt. 213, 230, 834 BW Boek 8)

Art. 225

Omvang bijzondere voorrechten bij zeeschip

De voorrechten, genoemd in artikel 222, strekken zich uit tot de schadevergoedingen, verschuldigd voor verlies of niet herstelde beschadiging, daarbij inbegrepen dat deel van een beloning voor hulpverlening, van een beloning voor vlotbrengen of van een vergoeding in avarij-grosse, dat tegenover een zodanig verlies of beschadiging staat. Dit geldt eveneens wanneer deze schadevergoedingen of vorderingen tot beloning zijn overgedragen of met pandrecht zijn bezwaard. Deze schadevergoedingen omvatten echter niet vergoedingen, welke zijn verschuldigd krachtens een overeenkomst van verzekering die dekking geeft tegen het risico van verlies of avarij. Artikel 283 van Boek 3 is niet van toepassing.
(Zie ook: art. 48 BW Boek 3; artt. 214, 230, 835 BW Boek 8)

Art. 226

Verhaal bijzondere voorrechten bij zeeschip

De in artikel 222 genoemde vorderingen doen een voorrecht op de daar vermelde zaken ontstaan en zijn alsdan daarop bij voorrang verhaalbaar, ook al is hun eigenaar op het tijdstip, dat het voorrecht is ontstaan, niet de schuldenaar van deze vorderingen.
(Zie ook: art. 48 BW Boek 3; artt. 216, 230, 836 BW Boek 8)

Art. 227

Tenietgaan bijzondere voorrechten bij zeeschip

1. Met de aflevering van de zaken aan de daartoe gerechtigde gaan, behalve in het geval van artikel 559, de in artikel 222 genoemde voorrechten teniet. Zij gaan mede teniet met de vordering en door, in geval van executoriale verkoop, niet tijdig verzet te doen tegen de verdeling van de koopprijs alsmede door gerechtelijke rangregeling.

2. Zij blijven in stand, zolang de zaken op grond van de artikelen 490, 955 of 574 zijn opgeslagen of daarop op grond van artikel 626 of artikel 636 van het Wetboek van Burgerlijke Rechtsvordering beslag is gelegd.

(Zie ook: artt. 219, 230, 837, 1820, 1830 BW Boek 8)

Art. 228

De verkoper van brandstof voor de machines, van ketelwater, levensmiddelen of scheepsbenodigdheden kan het hem in afdeling 8 van Titel 1 van Boek 7 toegekende recht slechts gedurende 48 uur na het einde van de levering uitoefenen, doch zulks ook indien deze zaken zich bevinden in handen van de reder, een rompbevrachter of een tijdbevrachter van het schip.

(Zie ook: artt. 10, 373, 487, 530, 838, 950 BW Boek 8)

Reclamerecht leverancier bij zeeschip

Afdeling 5
Slotbepalingen

Art. 230

1. De afdelingen 2 tot en met 4 van titel 3 zijn niet van toepassing op zeeschepen, welke toebehoren aan het Rijk of enig openbaar lichaam en uitsluitend bestemd zijn voor de uitoefening van

a. de openbare macht of

b. niet-commerciële overheidsdienst.

2. De beschikking waarbij de in het eerste lid bedoelde bestemming is vastgesteld, kan worden ingeschreven in de openbare registers, bedoeld in afdeling 2 van Titel 1 van Boek 3. Artikel 24 lid 1 van Boek 3 is niet van toepassing;

3. De inschrijving machtigt de bewaarder tot doorhaling van de teboekstelling van het schip in de openbare registers, bedoeld in afdeling 2 van titel 1 van Boek 3.

(Zie ook: art. 840 BW Boek 8)

Werkingssfeer

Art. 231

Behoeven de in de afdelingen 2 tot en met 5 van titel 3 geregelde onderwerpen in het belang van een goede uitvoering van de wet nadere regeling, dan geschiedt dit bij of krachtens algemene maatregel van bestuur, onverminderd de bevoegdheid tot regeling krachtens de Kadasterwet.

(Zie ook: art. 841 BW Boek 8; art. 447a WvSr; Bnz; Mts 1992)

Nadere regels

Titel 4
Bemanning van een zeeschip

Afdeling 2
Kapitein

Art. 260

1. De kapitein is bevoegd die rechtshandelingen te verrichten, welke rechtstreeks strekken om het schip in bedrijf te brengen of te houden. Onder rechtshandeling is hier het in ontvangst nemen van een verklaring begrepen.

2. De kapitein is bevoegd cognossementen af te geven voor zaken, die ten vervoer zijn ontvangen en aangenomen en passagebiljetten af te geven voor met het schip te vervoeren reizigers. Tevens is hij bevoegd namens de reder en de rechthebbenden op de zaken aan boord van het schip een overeenkomst omtrent hulpverlening te sluiten alsmede om het hulploon of de bijzondere vergoeding te innen.

(Zie ook: artt. 6, 10, 211, 217, 280, 360, 383, 388, 399, 419, 461, 485, 517, 558, 559, 569, 982, 1780 BW Boek 8; artt. 309, 341 WvK; artt. 564, 565, 638 Rv; artt. 402, 405, 407 WvSr)

Bevoegdheden kapitein bij zeeschip

Art. 261

1. De kapitein is verplicht voor de belangen van de bevrachters en van de rechthebbenden op de aan boord zijnde zaken, zo mogelijk ook na lossing daarvan, te waken en de maatregelen, die daartoe nodig zijn, te nemen.

2. Indien het noodzakelijk is onverwijld ter behartiging van deze belangen rechtshandelingen te verrichten, is de kapitein daartoe bevoegd. Onder rechtshandeling is hier het in ontvangst nemen van een verklaring begrepen.

3. Voor zover mogelijk geeft hij van bijzondere voorvallen terstond kennis aan de belanghebbenden bij de betrokken goederen en handelt hij in overleg met hen en volgens hun orders.

(Zie ook: artt. 488, 860, 951, 1780 BW Boek 8; artt. 343, 357, 358 WvK; art. 638 Rv; artt. 402, 405, 407 WvSr; art. 25 LVW)

Verplichtingen kapitein bij zeeschip

Art. 262

1. Beperkingen van de wettelijke bevoegdheid van de kapitein gelden tegen derden slechts wanneer die hun bekend zijn gemaakt.

Beperking bevoegdheden kapitein bij zeeschip

B8 art. 360

2. De kapitein verbindt zichzelf slechts dan, wanneer hij de grenzen zijner bevoegdheid overschrijdt.

(Zie ook: artt. 45, 130 BW Boek 2; artt. 66, 72, 75 BW Boek 3; artt. 461, 462, 861 BW Boek 8; art. 359 WvK)

Titel 5 Exploitatie

Afdeling 1 Algemene bepalingen

Art. 360

Aansprakelijkheid reder/rompbevrachter bij exploitatie van zeeschip

1. De reder is naast een rompbevrachter met deze hoofdelijk aansprakelijk uit een deze laatste bindende rechtshandeling, die rechtstreeks strekt tot het in bedrijf brengen of houden van het schip. Onder rechtshandeling is hier het in ontvangst nemen van een verklaring begrepen.

2. Het eerste lid is niet van toepassing indien aan degeen, met wie de daar genoemde rechtshandeling wordt verricht, kenbaar is gemaakt, dat de rompbevrachter de reder niet vermag te binden dan wel deze derde wist, of zonder eigen onderzoek moest weten, dat het in het eerste lid bedoelde doel werd overschreden.

(Zie ook: art. 6 BW Boek 2)

3. Het eerste lid is niet van toepassing ten aanzien van vervoerovereenkomsten, overeenkomsten tot het verrichten van arbeid met de bemanning aangegaan en overeenkomsten als genoemd in afdeling 4 van titel 5 of afdeling 4 van titel 10.

(Zie ook: art. 6 BW Boek 8; artt. 375, 396 WvK)

4. Het eerste lid is niet van toepassing, wanneer aan de reder de feitelijke macht over het schip door een ongeoorloofde handeling was ontnomen en bovendien de schuldeiser niet te goeder trouw was.

(Zie ook: art. 216 BW Boek 8)

5. Hij, die loodsgelden, kanaal- of havengelden dan wel andere scheepvaartrechten voldoet ten behoeve van de reder, een rompbevrachter, een tijdbevrachter of de kapitein dan wel enige andere schuldenaar daarvan, wordt van rechtswege gesubrogeerd in de rechten van de schuldeiser van deze vorderingen.

(Zie ook: artt. 64, 150 t/m 154 BW Boek 6; artt. 160, 178, 217, 260, 261, 262, 370, 373, 380, 500, 530, 890, 970 BW Boek 8)

Art. 361

Begripsbepalingen

1. Onder "exploitatieovereenkomsten" worden verstaan: de bevrachtingen van het schip en de overeenkomsten tot vervoer van zaken of personen met het schip.

2. Onder "keten der exploitatieovereenkomsten" worden verstaan: de exploitatieovereenkomsten gerangschikt:

a. wat betreft bevrachtingen: te beginnen met een mogelijkerwijs aangegane rompbevrachting en vervolgens in de volgorde, waarin de bevrachters hun bevoegdheid over het schip te beschikken van elkaar afleiden.

b. wat betreft vervoerovereenkomsten, die geen bevrachting zijn: te beginnen met de vervoerovereenkomst aangegaan door een vervoerder, die de beschikking heeft over het schip of een gedeelte daarvan, en te eindigen met de vervoerovereenkomst aangegaan tussen een vervoerder met het schip en zijn wederpartij, die niet wederom op haar beurt vervoerder met het schip is.

3. Voor de toepassing van de artikelen 361 tot en met 366 wordt een reiziger aangemerkt als partij bij de te zijnen aanzien gesloten vervoerovereenkomst.

4. In de artikelen 361 tot en met 366 worden onder beschadiging mede begrepen niet-aflevering, geheel of gedeeltelijk verlies, waardevermindering en vertraagde aflevering en wordt onder letsel mede begrepen vertraagde ontscheping.

(Zie ook: artt. 31, 71, 91, 116, 382, 461, 531, 880, 943, 991, 992, 994, 1081, 1720, 1754 BW Boek 8)

Art. 362

Aansprakelijkheid wederpartij buiten exploitatieovereenkomst bij zeeschip

Indien een partij bij een exploitatieovereenkomst door haar wederpartij daarbij terzake van een bij de exploitatie van het schip ontstane schade buiten overeenkomst wordt aangesproken, dan is zij jegens die wederpartij niet verder aansprakelijk dan zij dit zou zijn op grond van de door hen gesloten overeenkomst.

(Zie ook: artt. 70, 361, 382, 559 BW Boek 8; art. 28 CMR)

Art. 363

Aansprakelijkheid andere partij buiten exploitatieovereenkomst bij zeeschip

Indien een partij bij een exploitatieovereenkomst terzake van een bij de exploitatie van het schip ontstane schade buiten overeenkomst wordt aangesproken door een andere partij bij een dusdanige overeenkomst, dan is zij tegenover deze niet verder aansprakelijk dan zij dit zou zijn als ware zij wederpartij bij de exploitatieovereenkomst, die is aangegaan door degeen die haar aanspreekt en die in de keten der exploitatieovereenkomsten tussen haar en deze laatste ligt. *(Zie ook: artt. 71, 361, 366, 382 BW Boek 8)*

Art. 364

1. Wordt een reder of een bevrachter van een schip, dan wel een vervoerder met een schip terzake van dood of letsel van een persoon of terzake van beschadiging van een zaak, buiten overeenkomst aangesproken door iemand die geen partij is bij een exploitatieovereenkomst, dan is hij tegenover deze niet verder aansprakelijk dan hij uit overeenkomst zou zijn.

2. Was met betrekking tot de persoon of zaak een vervoerovereenkomst afgesloten en is de schade ontstaan in het tijdvak waarin een vervoerder met het schip als zodanig daarvoor aansprakelijk is, dan geldt als overeenkomst, bedoeld in lid 1, de laatste in de keten der exploitatieovereenkomsten met betrekking tot die persoon of zaak aangegaan.

3. Was de persoon of zaak aan boord van het schip op grond van een overeenkomst met een partij bij een exploitatieovereenkomst, doch is het vorige lid niet van toepassing, dan geldt de eerst bedoelde overeenkomst als overeenkomst bedoeld in lid 1.

4. Was de persoon of zaak buiten overeenkomst aan boord, dan geldt een vervoerovereenkomst als overeenkomst bedoeld in lid 1.

5. De aansprakelijkheid bedoeld in lid 1, is voor de toepassing van de leden 2 en 4 die van een vervoerder, en voor de toepassing van lid 3 die van de aldaar genoemde partij. *(Zie ook: artt. 71, 361, 366, 382, 545, 1006 BW Boek 8)*

Art. 365

Wordt een vordering als genoemd in de artikelen 362 tot en met 364 buiten overeenkomst ingesteld tegen een ondergeschikte van een partij bij een exploitatieovereenkomst en kan die partij ter afwering van haar aansprakelijkheid voor de gedraging van de ondergeschikte een verweermiddel jegens de eiser ontlenen aan de overeenkomst waardoor haar aansprakelijkheid in gevolge die artikelen wordt beheerst, dan kan ook de ondergeschikte dit verweermiddel inroepen, als ware hijzelf bij de overeenkomst partij. *(Zie ook: art. 257 BW Boek 6; artt. 72, 382, 559 BW Boek 8; art. 34a LVW)*

Art. 366

Het totaal van de bedragen verhaalbaar op een derde, die partij is bij een exploitatieovereenkomst, en zijn ondergeschikten, al dan niet gezamenlijk met het bedrag verhaalbaar op de wederpartij van degeen, die de in de artikelen 363 of 364 genoemde vordering instelde en haar ondergeschikten, mag, behoudens in geval van schade ontstaan uit eigen handeling of nalaten van de aangesprokene, geschied hetzij met het opzet die schade te veroorzaken, hetzij roekeloos en met de wetenschap dat die schade er waarschijnlijk uit zou voortvloeien, niet overtreffen het totaal, dat op grond van de door hen ingeroepen overeenkomst is verschuldigd. *(Zie ook: artt. 73, 361, 382, 559 BW Boek 8; art. 34a LVW)*

Afdeling 2
Overeenkomst van goederenvervoer over zee

Art. 370

1. De overeenkomst van goederenvervoer in de zin van deze titel is de overeenkomst van goederenvervoer, al dan niet tijd- of reisbevrachting zijnde, waarbij de ene partij (de vervoerder) zich tegenover de andere partij (de afzender) verbindt aan boord van een schip zaken uitsluitend over zee te vervoeren.

2. Vervoer over zee en binnenwateren aan boord van een en eenzelfde schip, dat deze beide wateren bevaart, wordt als vervoer over zee beschouwd, tenzij het varen van dit schip over zee kennelijk ondergeschikt is aan het varen over binnenwateren, in welk geval dit varen als varen over binnenwateren wordt beschouwd.

3. Vervoer over zee en binnenwateren aan boord van een en eenzelfde schip, dat zonder eigen beweegkracht deze beide wateren bevaart, wordt beschouwd als vervoer over zee voor zover, met inachtneming tevens van het tweede lid van dit artikel, het varen van het beweegkracht overbrengende schip als varen over zee wordt beschouwd. Voor zover dit niet het geval is, wordt het als vervoer over binnenwateren beschouwd.

4. Deze afdeling is niet van toepassing op overeenkomsten tot het vervoer van poststukken ter uitvoering van de universele postdienst bedoeld in de Postwet 2009 of onder een internationale postovereenkomst. Onder voorbehoud van artikel 510 is deze afdeling niet van toepassing op overeenkomsten tot het vervoeren van bagage.

Art. 371

1. Onder gewijzigd Verdrag wordt in dit artikel verstaan het Verdrag van 25 augustus 1924 ter vaststelling van enige eenvormige regelen betreffende het cognossement (*Trb.* 1953, 109) met inbegrip van de bepaling voorkomend in onderdeel 1 van het daarbij behorende Protocol van ondertekening, zoals dat Verdrag is gewijzigd bij het te Brussel op 23 februari 1968 onder-

B8 art. 372 **Burgerlijk Wetboek Boek 8**

tekende Protocol (*Trb.* 1979, 26) en als verder gewijzigd bij het te Brussel op 21 december 1979 ondertekende Protocol (*Trb.* 1985, 122).

2. Voor de toepassing van dit artikel wordt onder verdragsstaat verstaan een staat, welke partij is bij het gewijzigd Verdrag.

3. De artikelen 1 tot en met 9 van het gewijzigd Verdrag worden toegepast op elk cognossement, dat betrekking heeft op vervoer van zaken tussen havens in twee verschillende staten, indien:

a. het cognossement is uitgegeven in een verdragsstaat, of

b. het vervoer plaats vindt vanuit een haven in een verdragsstaat, of

c. de overeenkomst, die in het cognossement is vervat of daaruit blijkt, bepaalt, dat op die overeenkomst toepasselijk zijn de bepalingen van het gewijzigd Verdrag of van enigerlei wetgeving, welke die verdragsbepalingen van kracht verklaart of in andere vorm of bewoordingen heeft overgenomen, ongeacht de nationaliteit van het schip, de vervoerder, de afzender, de geadresseerde of van iedere andere betrokken persoon.

Art. 372

Werkingssfeer Deze afdeling laat de titels 7 en 12 van dit boek onverlet.
(Zie ook: artt. 518, 891, 983 BW Boek 8; art. 642a Rv)

Art. 373

Tijd- of reisbevrachting **1.** Tijd- of reisbevrachting in de zin van deze afdeling is de overeenkomst van goederenvervoer, waarbij de vervoerder zich verbindt tot vervoer aan boord van een schip, dat hij daartoe, anders dan bij wijze van rompbevrachting, geheel of gedeeltelijk en al dan niet op tijdbasis (tijdbevrachting of reisbevrachting) ter beschikking stelt van de afzender.

Vervrachter **2.** Onder "vervrachter" is in deze afdeling de in het eerste lid genoemde vervoerder, onder "bevrachter" de aldaar genoemde afzender te verstaan.
(Zie ook: artt. 228, 502, 530, 892, 972, 1093, 1144, 1713, 1717 BW Boek 8; art. 309 WvK)

Art. 374

Werkingssfeer De wetsbepalingen omtrent huur, bewaarneming en bruikleen zijn op terbeschikkingstelling van een schip, anders dan bij wijze van rompbevrachting, niet van toepassing.
(Zie ook: art. 600 BW Boek 7; artt. 1584, 1777 BW Boek 7A; artt. 373, 503, 893, 973, 1094, 1145 BW Boek 8)

Art. 375

Eigendomsovergang bij goederenvervoer over zee **1.** Bij eigendomsovergang van een tevoren vervracht, al dan niet teboekstaand, schip op een derde volgt deze in alle rechten en verplichtingen van de vervrachter op, die nochtans naast de nieuwe eigenaar aan de overeenkomst gebonden blijft.

2. Rechten en verplichtingen, welke vóór de eigendomsovergang opeisbaar zijn geworden, gaan op de derde niet over.
(Zie ook: artt. 6, 7 BW Boek 6; art. 1612 BW Boek 7A; artt. 373, 502, 530, 801, 894, 972 BW Boek 8)

Art. 376

[Vervallen]

Art. 377

Vervoerovereenkomst onder cognossement bij goederenvervoer over zee In deze titel wordt onder vervoerovereenkomst onder cognossement verstaan de vervoerovereenkomst neergelegd in een cognossement dan wel enig soortgelijk document dat een titel vormt voor het vervoer van zaken over zee; eveneens wordt er onder verstaan de vervoerovereenkomst neergelegd in een cognossement of soortgelijk document als genoemd, dat is uitgegeven uit hoofde van een charterpartij, van het ogenblik af waarop dit cognossement of soortgelijk document de verhouding tussen de vervoerder en de houder van het cognossement beheerst.
(Zie ook: artt. 371, 1712 BW Boek 8)

Art. 378

Verplichtingen vervoerder bij goederenvervoer over zee De vervoerder is verplicht ten vervoer ontvangen zaken ter bestemming af te leveren en wel in de staat, waarin hij hen heeft ontvangen.
(Zie ook: artt. 21, 379, 387, 895, 1095 BW Boek 8; art. 25 LVW)

Art. 379

Onverminderd artikel 378 is de vervoerder verplicht ten vervoer ontvangen zaken zonder vertraging te vervoeren.
(Zie ook: artt. 22, 383, 387, 388, 422, 896, 1096 BW Boek 8; art. 370 WvK; art. 28 LVW)

Art. 380

Verplichtingen vervrachter bij goederenvervoer over zee **1.** In geval van tijdbevrachting is de vervrachter verplicht de kapitein opdracht te geven binnen de grenzen door de overeenkomst gestelde de orders van de bevrachter op te volgen. De vervrachter staat er voor in, dat de kapitein de hem gegeven opdracht nakomt.

2. De bevrachter staat er voor in, dat het schip de plekken of plaatsen, waarheen hij het ter inlading, lossing of anderszins op grond van het eerste lid beveelt te gaan, veilig kan bereiken, innemen en verlaten. Indien deze plekken of plaatsen blijken niet aan deze vereisten te voldoen, is de bevrachter slechts in zoverre niet aansprakelijk als de kapitein, door de hem gegeven orders op te volgen, onredelijk handelde.

3. Onverminderd artikel 461 wordt de bevrachter mede verbonden door en kan hij rechten ontlenen aan een rechtshandeling, die de kapitein ingevolge het eerste lid van dit artikel verricht. Onder rechtshandeling is hier het in ontvangst nemen van een verklaring begrepen. *(Zie ook: artt. 260, 360, 373, 418, 860, 897, 1717 BW Boek 8; artt. 309, 359 WvK)*

Art. 381

1. Onder een vervoerovereenkomst onder cognossement is de vervoerder verplicht vóór en bij de aanvang van de reis redelijke zorg aan te wenden voor: *a.* het zeewaardig maken van het schip; *(Zie ook: art. 343 WvK) b.* het behoorlijk bemannen, uitrusten en bevoorraden van het schip; *c.* het geschikt maken en in goede staat brengen van de ruimen, koel- en vrieskamers en alle andere delen van het schip, waarin zaken worden geladen, om deze daarin te bergen, te vervoeren en goed te houden.

Zorgplicht vervoerder bij goederenvervoer over zee

2. Onder een vervoerovereenkomst onder cognossement is de vervoerder, behoudens de artikelen 383, 388, 414 vierde lid en 423, verplicht de zaken behoorlijk en zorgvuldig te laden, te behandelen, te stuwen, te vervoeren, te bewaren, te verzorgen en te lossen. *(Zie ook: artt. 260, 382, 383, 898 BW Boek 8)*

Art. 382

1. Nietig is ieder beding in een vervoerovereenkomst onder cognossement, waardoor de vervoerder of het schip wordt ontheven van aansprakelijkheid voor verlies of beschadiging van of met betrekking tot zaken voortvloeiende uit nalatigheid, schuld of tekortkoming in het voldoen aan de verplichtingen in de artikelen 381, 399, 411, 414 eerste lid, 492, 493 of in artikel 1712 voorzien of waardoor deze aansprakelijkheid mocht worden verminderd op andere wijze dan in deze afdeling of in de artikelen 361 tot en met 366 is voorzien. Een beding, krachtens hetwelk de uitkering op grond van een gesloten verzekering aan de vervoerder komt of elk ander beding van dergelijke strekking, wordt aangemerkt als te zijn gemaakt teneinde de vervoerder van zijn aansprakelijkheid te ontheffen.

Dwingend recht

2. Niettegenstaande het eerste lid is een beding, als daar genoemd, geldig mits het betreft: *a.* een geoorloofd beding omtrent avarij-grosse; *b.* levende dieren; *c.* zaken, die feitelijk op het dek worden vervoerd mits deze in het cognossement als deklading zijn opgegeven.

(Zie ook: artt. 12, 384, 385, 386, 610, 754, 900, 902, 1099, 1100, 1102 BW Boek 8)

Art. 383

1. Onder een vervoerovereenkomst onder cognossement is noch de vervoerder noch het schip aansprakelijk voor verliezen of schaden, voortgevloeid of ontstaan uit onzeewaardigheid, tenzij deze is te wijten aan gebrek aan redelijke zorg aan de zijde van de vervoerder om het schip zeewaardig te maken, het behoorlijk te bemannen, uit te rusten of te bevoorraden, of om de ruimen, koel- en vrieskamers en alle andere delen van het schip, waarin de zaken worden geladen, geschikt te maken en in goede staat te brengen, zodat zij kunnen dienen tot het bergen, het vervoeren en het bewaren van de zaken, alles overeenkomstig het eerste lid van artikel 381. Telkens als verlies of schade is ontstaan uit onzeewaardigheid, rust de bewijslast ten aanzien van het aangewend zijn van de redelijke zorg op de vervoerder of op iedere andere persoon, die mocht beweren krachtens dit artikel van aan sprakelijkheid te zijn ontheven. *(Zie ook: artt. 504, 505, 520, 898, 947, 975, 985 BW Boek 8; art. 343 WvK)*

Aansprakelijkheid vervoerder bij onzeewaardigheid bij goederenvervoer over zee

2. Onder een vervoerovereenkomst al dan niet onder cognossement is noch de vervoerder noch het schip aansprakelijk voor verlies of schade ontstaan of voortgevloeid uit: *a.* een handeling, onachtzaamheid of nalatigheid van de kapitein, een ander lid van de bemanning, de loods of ondergeschikten van de vervoerder, gepleegd bij de navigatie of de behandeling van het schip; *(Zie ook: artt. 260, 261, 380, 860, 901 BW Boek 8) b.* brand, tenzij veroorzaakt door de persoonlijke schuld van de vervoerder; *c.* gevaren, onheilen en ongevallen van de zee of andere bevaarbare wateren; *d.* een natuurgebeuren; *e.* oorlogshandelingen; *(Zie ook: art. 437 WvK) f.* een daad van vijanden van de staat; *g.* aanhouding of maatregelen van hogerhand of gerechtelijk beslag; *h.* maatregelen van quarantaine; *i.* een handeling of een nalaten van de afzender of eigenaar der zaken of van hun agent of vertegenwoordiger; *j.* werkstakingen of uitsluitingen of stilstand of belemmering van de arbeid, tengevolge van welke oorzaak dan ook, hetzij gedeeltelijk hetzij geheel; *k.* oproer of onlusten; *l.* redding of poging tot redding van mensenlevens of goederen op zee;

Uitsluiting aansprakelijkheid vervoerder

B8 art. 384 **Burgerlijk Wetboek Boek 8**

m. verlies aan volume of gewicht of enig ander verlies, of enige andere schade, ontstaan uit een verborgen gebrek, de bijzondere aard of een eigen gebrek van de zaak;
(Zie ook: artt. 399, 411, 414, 484, 900, 1099 sub c, 1100 BW Boek 8)
n. onvoldoende verpakking;
(Zie ook: art. 1101 BW Boek 8)
o. onvoldoende of gebrekkige merken;
(Zie ook: artt. 399, 411, 1099 sub e BW Boek 8)
p. verborgen gebreken, die ondanks een redelijke zorg niet te ontdekken waren;
q. enige andere oorzaak, niet voortgevloeid uit de persoonlijke schuld van de vervoerder, noch uit schuld of nalatigheid van zijn agenten of ondergeschikten; doch de bewijslast rust op degeen, die zich op deze ontheffing beroept, en het staat aan hem aan te tonen, dat noch zijn persoonlijke schuld, noch de nalatigheid of schuld van zijn agenten of ondergeschikten heeft bijgedragen tot het verlies of de schade.

3. Onder een vervoerovereenkomst onder cognossement is de afzender niet aansprakelijk voor door de vervoerder of het schip geleden verliezen of schaden, voortgevloeid of ontstaan uit welke oorzaak dan ook, zonder dat er is een handeling, schuld of nalatigheid van hem, van zijn agenten of van zijn ondergeschikten.

4. Generlei afwijking van de koers tot redding of poging tot redding van mensenlevens of goederen op zee en generlei redelijke afwijking van de koers wordt beschouwd als een schending van enige vervoerovereenkomst en de vervoerder is niet aansprakelijk voor enig verlies of enige schade daardoor ontstaan.
(Zie ook: artt. 358a, 367 t/m 370, 638, 689, 785 WvK)

5. Het staat de afzender vrij aansprakelijkheid aan te tonen voor verlies of schade ontstaan of voortgevloeid uit de schuld van de vervoerder zelf of de schuld van zijn ondergeschikten, niet bestaande uit een handeling, onachtzaamheid of nalatigheid als in het tweede lid onder a bedoeld.
(Zie ook: artt. 392, 394, 395, 397, 899, 900, 901, 1099, 1100, 1101 BW Boek 8)

Art. 384

Het staat de vervoerder vrij geheel of gedeeltelijk afstand te doen van zijn uit de in het eerste lid van artikel 382 genoemde artikelen of uit de artikelen 383, 388, 414 vierde lid of 423 voortvloeiende rechten en ontheffingen van aansprakelijkheid of zijn uit deze artikelen voortvloeiende aansprakelijkheden en verplichtingen te vermeerderen, mits in geval van een vervoerovereenkomst onder cognossement deze afstand of deze vermeerdering blijkt uit het aan de afzender afgegeven cognossement.
(Zie ook: artt. 385, 386, 387 BW Boek 8)

Art. 385

Dwingend recht Niettegenstaande het eerste lid van artikel 382 is een beding als daar bedoeld geldig, wanneer het betreft zaken, die door hun karakter of gesteldheid een bijzondere overeenkomst rechtvaardigen en welker vervoer moet geschieden onder omstandigheden of op voorwaarden, die een bijzondere overeenkomst rechtvaardigen. Het hier bepaalde geldt echter slechts, wanneer voor het vervoer van deze zaken geen cognossement, doch een blijkens zijn bewoordingen onverhandelbaar document is afgegeven en het niet betreft een gewone handelslading, verscheept bij gelegenheid van een gewone handelsverrichting.
(Zie ook: art. 902 BW Boek 8)

Art. 386

Bijzonder beding bij goederenvervoer over zee Niettegenstaande het eerste lid van artikel 382 staat het de vervoerder en de afzender vrij in een vervoerovereenkomst enig beding, enige voorwaarde, enig voorbehoud of enige ontheffing op te nemen met betrekking tot de verplichtingen en aansprakelijkheden van de vervoerder of het schip voor het verlies of de schaden opgekomen aan de zaken of betreffende hun bewaring, verzorging of behandeling vóór het laden in en na het lossen uit het over zee vervoerende schip.

Art. 387

Rechten afzender bij goederenvervoer over zee Voor zover de vervoerder aansprakelijk is wegens niet nakomen van de op hem uit hoofde van de artikelen 378 en 379 rustende verplichtingen, heeft de afzender geen ander recht dan betaling van de in artikel 388 genoemde of de met toepassing van artikel 384 overeengekomen bedragen te vorderen.
(Zie ook: artt. 395, 441, 510, 903, 1103, 1180 BW Boek 8)

Art. 388

Aansprakelijkheid vervoerder/schip bij goederenvervoer over zee **1.** Tenzij de aard en de waarde van zaken zijn opgegeven door de afzender vóór hun inlading en deze opgave in het cognossement, indien dit is afgegeven, is opgenomen, is noch de vervoerder noch het schip in enig geval aansprakelijk voor enig verlies van of enige schade aan de zaken of met betrekking tot deze voor een bedrag hoger dan de tegenwaarde van 666,67 rekeneenheden per collo of eenheid, dan wel twee rekeneenheden per kilogram brutogewicht der verloren gegane of beschadigde zaken, waarbij het hoogste dezer bedragen in aanmerking moet worden genomen.
(Zie ook: art. 414 BW Boek 8)

2. Het totale verschuldigde bedrag wordt berekend met inachtneming van de waarde welke zaken als de ten vervoer ontvangene zouden hebben gehad zoals, ten tijde waarop en ter plaatse

waar, zij zijn afgeleverd of zij hadden moeten zijn afgeleverd. De in dit lid genoemde waarde wordt berekend naar de koers op de goederenbeurs of, wanneer er geen dergelijke koers is, naar de gangbare marktwaarde of, wanneer ook deze ontbreekt, naar de normale waarde van zaken van dezelfde aard en hoedanigheid.
(Zie ook: artt. 398, 510, 903 BW Boek 8; art. 26 LVW)

3. Wanneer een laadkist, een laadbord of dergelijk vervoergerei is gebezigd om zaken bijeen te brengen, wordt iedere collo of eenheid, die volgens vermelding in het cognossement in dat vervoergerei is verpakt, beschouwd als een collo of eenheid als in het eerste lid bedoeld. Behalve in het geval hiervoor omschreven wordt dit vervoergerei als een collo of eenheid beschouwd.

4. De rekeneenheid genoemd in dit artikel is het bijzondere trekkingsrecht zoals dat is omschreven door het Internationale Monetaire Fonds. De bedragen genoemd in het eerste lid worden omgerekend in Nederlands geld naar de koers van de dag, waarop de betaling wordt verricht. De waarde van het Nederlandse geld, uitgedrukt in bijzondere trekkingsrechten, wordt berekend volgens de waarderingsmethode die door het Internationale Monetaire Fonds op de dag van omrekening wordt toegepast voor zijn eigen verrichtingen en transacties.
(Zie ook: art. 759 BW Boek 8)

5. Noch de vervoerder noch het schip kan zijn aansprakelijkheid met een beroep op dit artikel of het vierde lid van artikel 414 beperken, wanneer bewezen is, dat de schade is ontstaan uit een handeling of nalaten van de vervoerder, geschied hetzij met het opzet schade te veroorzaken, hetzij roekeloos en met de wetenschap dat schade er waarschijnlijk uit zou voortvloeien.
(Zie ook: artt. 519, 754, 906, 1108, 1185 BW Boek 8; art. 34 LVW)

6. Bij overeenkomst tussen de vervoerder, de kapitein of de agent van de vervoerder enerzijds en de afzender anderzijds, mogen andere maximumbedragen dan die, genoemd in het eerste lid, worden bepaald, mits deze bedragen in geval van een vervoerovereenkomst onder cognossement niet lager zijn dan de in het eerste lid genoemde.

7. Noch de vervoerder noch het schip is in enig geval aansprakelijk voor verlies of schade van of aan zaken of met betrekking tot deze, indien aard of waarde daarvan door de afzender opzettelijk verkeerdelijk is opgegeven en, indien een cognossement is afgegeven, daarin verkeerdelijk is opgenomen.
(Zie ook: artt. 381, 384, 395, 398, 414, 496, 750, 903, 1103, 1180 BW Boek 8)

Art. 389

Indien met betrekking tot een zaak hulploon, een bijdrage in avarij-grosse of een schadevergoeding uit hoofde van artikel 488 is verschuldigd, wordt deze aangemerkt als een waardevermindering van die zaak.
(Zie ook: art. 198 BW Boek 6; artt. 261, 395, 567, 612, 904, 1104, 1181 BW Boek 8)

Waardevermindering zaak bij goederenvervoer over zee

Art. 390

1. De tijd- of reisbevrachter is bevoegd de overeenkomst op te zeggen, wanneer hem door de vervrachter is medegedeeld dat het schip niet op de overeengekomen plaats of tijd te zijner beschikking is of zal kunnen zijn.

Opzegging vervoerovereenkomst door tijd- of reisbevrachter bij goederenvervoer over zee

2. Hij kan deze bevoegdheid slechts uitoefenen door binnen een redelijke, niet meer dan 48 uur durende, termijn na ontvangst van een mededeling, als bedoeld in het eerste lid, het in het vijfde lid genoemde bericht te verzenden.

3. Indien bij gebreke van de ontvangst van een mededeling, als bedoeld in het eerste lid, het de bevrachter uit anderen hoofde bekend is, dat het schip niet op de overeengekomen plaats of tijd te zijner beschikking is of kan zijn, is hij, zonder dat enige ingebrekestelling is vereist, bevoegd de overeenkomst op te zeggen, doch slechts binnen een redelijke, niet meer dan 48 uur durende, termijn nadat hem dit bekend is geworden; gelijke bevoegdheid komt hem toe, indien hem na ontvangst van een mededeling, als bedoeld in het eerste lid, uit anderen hoofde bekend wordt, dat het schip op grond van andere omstandigheden dan welke de vervrachter tot zijn mededeling brachten, niet op de overeengekomen plaats of tijd te zijner beschikking is of kan zijn.

4. De in dit artikel genoemde termijn wordt geschorst op die zaterdagen, zondagen en plaatselijke feestdagen, waarop ten kantore van de bevrachter in het geheel niet wordt gewerkt.

5. De opzegging geschiedt door telegram of bericht per telex of door enig ander spoedbericht, waarvan de ontvangst duidelijk aantoonbaar is en de overeenkomst eindigt op het ogenblik van ontvangst daarvan.
(Zie ook: artt. 502, 1713 BW Boek 8)

Art. 391

De afzender is verplicht de vervoerder de schade te vergoeden die deze lijdt doordat de overeengekomen zaken, door welke oorzaak dan ook, niet op de overeengekomen plaats en tijd te zijner beschikking zijn.
(Zie ook: artt. 24, 64, 422, 1110, 1187, 1714 BW Boek 8)

Verplichtingen afzender bij goederenvervoer over zee

B8 art. 392

Burgerlijk Wetboek Boek 8

Art. 392

Bevoegdheid afzender bij goederenvervoer over zee

1. Alvorens zaken ter beschikking van de vervoerder zijn gesteld, is de afzender bevoegd de overeenkomst op te zeggen.

2. Zijn bij het verstrijken van de tijd, waarbinnen de zaken ter beschikking van de vervoerder moeten zijn gesteld, verlengd met de overligtijd, door welke oorzaak dan ook, in het geheel geen zaken ter beschikking van de vervoerder, dan is deze, zonder dat enige ingebrekestelling is vereist, bevoegd de overeenkomst op te zeggen.

3. Zijn bij het verstrijken van de in het tweede lid bedoelde tijd, door welke oorzaak dan ook, de overeengekomen zaken slechts gedeeltelijk ter beschikking van de vervoerder, dan is deze, zonder dat enige ingebrekestelling is vereist, bevoegd de overeenkomst op te zeggen dan wel de reis te aanvaarden.

4. De opzegging geschiedt door telegram of bericht per telex of door enig ander spoedberícht, waarvan de ontvangst duidelijk aantoonbaar is en de overeenkomst eindigt op het ogenblik van ontvangst daarvan, doch niet vóór lossing van de zaken.

5. Onder voorbehoud van het derde lid van artikel 383 is de afzender verplicht de vervoerder de schade te vergoeden die deze lijdt tengevolge van de opzegging of van de aanvaarding van de reis.

6. Dit artikel is niet van toepassing in geval van tijdbevrachting.

(Zie ook: artt. 25, 65, 394, 395, 908, 1111, 1112, 1113, 1188, 1189, 1190, 1716 BW Boek 8)

Art. 393

Rechten en verplichtingen vervrachter bij goederenvervoer over zee

1. In geval van reisbevrachting is de vervrachter tegen zekerheidstelling voor wat hij van de bevrachter heeft te vorderen, op diens verlangen verplicht de reis te aanvaarden met een gedeelte der overeengekomen zaken. De bevrachter is verplicht de vervrachter de dientengevolge geleden schade te vergoeden.

2. De vervrachter is bevoegd in plaats van de ontbrekende zaken andere aan te nemen. Hij is niet gehouden de vracht, die hij voor het vervoer van deze zaken ontvangt, met de bevrachter te verrekenen, behalve voor zover hij zijnerzijds van de bevrachter vergoeding van door hem geleden schade heeft geïnd of gevorderd.

(Zie ook: art. 51 BW Boek 6; artt. 373, 419, 502, 909 BW Boek 8)

Art. 394

Informatieplicht afzender bij goederenvervoer over zee

1. De afzender is verplicht de vervoerder omtrent de zaken alsmede omtrent de behandeling daarvan tijdig al die opgaven te doen, waartoe hij in staat is of behoort te zijn, en waarvan hij weet of behoort te weten, dat zij voor de vervoerder van belang zijn, tenzij hij mag aannemen dat de vervoerder deze gegevens kent.

(Zie ook: art. 510 BW Boek 8)

2. De vervoerder is niet gehouden, doch wel gerechtigd, te onderzoeken of de hem gedane opgaven juist en volledig zijn.

(Zie ook: art. 510 BW Boek 8)

3. Is bij het verstrijken van de tijd, waarbinnen de zaken ter beschikking van de vervoerder moeten zijn gesteld, door welke oorzaak dan ook, niet of slechts gedeeltelijk voldaan aan de in het eerste lid van dit artikel genoemde verplichting van de afzender, dan zijn, behalve in het geval van tijdbevrachting, het tweede, derde, vierde en vijfde lid van artikel 392 van overeenkomstige toepassing.

(Zie ook: artt. 26, 66, 383, 398, 399, 910, 1114, 1191 BW Boek 8)

Art. 395

Verplichtingen afzender t.a.v. documenten bij goederenvervoer over zee

1. De afzender is verplicht de vervoerder de schade te vergoeden die deze lijdt doordat, door welke oorzaak dan ook, niet naar behoren aanwezig zijn de documenten en inlichtingen die van de zijde van de afzender vereist zijn voor het vervoer dan wel ter voldoening aan vóór de aflevering van de zaken te vervullen douane- en andere formaliteiten.

2. De vervoerder is verplicht redelijke zorg aan te wenden dat de documenten, die in zijn handen zijn gesteld, niet verloren gaan of onjuist worden behandeld. Een door hem ter zake verschuldigde schadevergoeding zal die, verschuldigd uit hoofde van de artikelen 387, 388 en 389 in geval van verlies van de zaken, niet overschrijden.

3. De vervoerder is niet gehouden, doch wel gerechtigd, te onderzoeken of de hem gedane opgaven juist en volledig zijn.

4. Zijn bij het verstrijken van de tijd waarbinnen de in het eerste lid genoemde documenten en inlichtingen aanwezig moeten zijn, deze, door welke oorzaak dan ook, niet naar behoren aanwezig, dan zijn, behalve in het geval van tijdbevrachting, het tweede, derde, vierde en vijfde lid van artikel 392 van overeenkomstige toepassing.

(Zie ook: artt. 27, 67, 383, 398, 399, 510, 911, 1115, 1192 BW Boek 8; art. 347 WvK; art. 470 WvSr)

Art. 396

Wederzijdse opzegging vervoerovereenkomst bij goederenvervoer over zee

1. Wanneer vóór of bij de aanbieding van de zaken aan de vervoerder omstandigheden aan de zijde van een der partijen zich opdoen of naar voren komen, die haar wederpartij bij het sluiten van de overeenkomst niet behoefde te kennen, doch die, indien zij haar wel bekend waren geweest, redelijkerwijs voor haar grond hadden opgeleverd de vervoerovereenkomst niet of op andere voorwaarden aan te gaan, is deze wederpartij bevoegd de overeenkomst op te zeggen.

2. De opzegging geschiedt door telegram, bericht per telex of door enig ander spoedbericht, waarvan de ontvangst duidelijk aantoonbaar is en de overeenkomst eindigt op het ogenblik van ontvangst daarvan.

3. Naar maatstaven van redelijkheid en billijkheid zijn partijen na opzegging der overeenkomst verplicht elkaar de daardoor geleden schade te vergoeden.

Art. 397

1. De afzender is verplicht de vervoerder de schade te vergoeden, die materiaal, dat hij deze ter beschikking stelde of zaken die deze ten vervoer ontving dan wel de behandeling daarvan, de vervoerder berokkenden, behalve voor zover deze schade is veroorzaakt door een omstandigheid die een zorgvuldig afzender van de ten vervoer ontvangen zaken niet heeft kunnen vermijden en waarvan zulk een afzender de gevolgen niet heeft kunnen verhinderen.

2. Dit artikel laat de artikelen 383 derde lid, 398 en 423, alsmede de bepalingen nopens avarijgrosse onverlet.

(Zie ook: artt. 610, 913, 1020, 1117, 1715, 1719 BW Boek 8)

Art. 398

1. Ten vervoer ontvangen zaken, die een zorgvuldig vervoerder, indien hij geweten zou hebben dat zij na hun inontvangstneming gevaar zouden kunnen opleveren, met het oog daarop niet ten vervoer zou hebben willen ontvangen, mogen door hem op ieder ogenblik en op iedere plaats worden gelost, vernietigd dan wel op andere wijze onschadelijk gemaakt. Ten aanzien van ten vervoer ontvangen zaken, waarvan de vervoerder de gevaarlijkheid heeft gekend, geldt hetzelfde doch slechts dan wanneer zij onmiddellijk dreigend gevaar opleveren. De vervoerder is terzake geen enkele schadevergoeding verschuldigd en de afzender is aansprakelijk voor alle kosten en schaden voor de vervoerder voortvloeiende uit de aanbieding ten vervoer, uit het vervoer of uit de maatregelen zelf.

2. Door het treffen van de in het eerste lid bedoelde maatregel eindigt de overeenkomst met betrekking tot de daar genoemde zaken, doch, indien deze alsnog worden gelost, eerst na deze lossing. De vervoerder verwittigt zo mogelijk de afzender, degeen aan wie de zaken moeten worden afgeleverd en degeen, aan wie hij volgens de bepalingen van een mogelijkerwijs afgegeven cognossement bericht van aankomst van het schip moet zenden. Dit lid is niet van toepassing met betrekking tot zaken die de vervoerder na het treffen van de in het eerste lid bedoelde maatregel alsnog naar hun bestemming vervoert.

3. Indien zaken na beëindiging van de overeenkomst alsnog in feite worden afgeleverd, wordt vermoed, dat zij zich op het ogenblik van beëindiging van de overeenkomst bevonden in de staat, waarin zij feitelijk zijn afgeleverd; worden zij niet afgeleverd, dan wordt vermoed, dat zij op het ogenblik van beëindiging van de overeenkomst verloren zijn gegaan.

4. Indien de afzender na feitelijke aflevering een zaak niet naar haar bestemming vervoert, wordt het verschil tussen de waarden ter bestemming en ter plaatse van de aflevering, als bedoeld in de tweede volzin van het tweede lid van artikel 388, aangemerkt als waardevermindering van die zaak. Vervoert de afzender een zaak na de feitelijke aflevering alsnog naar haar bestemming, dan worden de kosten, die hij te dien einde maakt, aangemerkt als waardevermindering van die zaak.

5. Op de feitelijke aflevering is het tussen partijen overeengekomene alsmede het in deze afdeling nopens de aflevering van zaken bepaalde van toepassing, met dien verstande, dat deze feitelijke aflevering niet op grond van de eerste zin van het eerste lid of op grond van het tweede lid van artikel 484 de vracht verschuldigd doet zijn. De artikelen 490 en 491 zijn van overeenkomstige toepassing.

(Zie ook: art. 632 Rv)

6. Dit artikel laat artikel 423, alsmede de bepalingen nopens avarij-grosse onverlet.

(Zie ook: artt. 610, 1020 BW Boek 8)

7. Nietig is ieder beding, waarbij van het eerste lid van dit artikel wordt afgeweken.

(Zie ook: artt. 12, 261, 383, 394, 395, 423, 424, 425, 426, 510, 860, 914, 1118, 1716, 1718 BW Boek 8)

Art. 399

1. Na de zaken ontvangen en aangenomen te hebben, moet de vervoerder, de kapitein of de agent van de vervoerder op verlangen van de afzender aan deze een cognossement afgeven, dat onder meer vermeldt:

a. de voornaamste voor identificatie van de zaken nodige merken, zoals deze, voor de inlading van deze zaken is begonnen, door de afzender schriftelijk zijn opgegeven, mits deze merken zijn gestempeld of anderszins duidelijk zijn aangebracht op de onverpakte zaken of op de kisten of verpakkingen, die de zaken inhouden en wel zodanig, dat zij in normale omstandigheden tot het einde van de reis leesbaar zullen blijven;

b. óf het aantal der colli of het stuktal, óf de hoeveelheid óf het gewicht, al naar gelang der omstandigheden, zoals zulks door de afzender schriftelijk is opgegeven;

Verplichtingen afzender bij goederenvervoer over zee

Gevaarlijke zaken bij goederenvervoer over zee

Dwingend recht

Cognossement bij goederenvervoer over zee

B8 art. 410

c. de uiterlijk zichtbare staat en gesteldheid der zaken;
met dien verstande, dat geen vervoerder, kapitein of agent van de vervoerder verplicht zal zijn in het cognossement merken, aantal, hoeveelheid of gewicht op te geven of te noemen waarvan hij redelijke gronden heeft te vermoeden, dat zij niet nauwkeurig de in werkelijkheid door hem ontvangen zaken weergeven of tot het toetsen waarvan hij geen redelijke gelegenheid heeft gehad. De vervoerder wordt vermoed geen redelijke gelegenheid te hebben gehad de hoeveelheid en het gewicht van gestorte of gepompte zaken te toetsen.

2. Als de zaken ingeladen zijn, zal het cognossement, dat de vervoerder, kapitein of agent van de vervoerder aan de afzender afgeeft, indien deze dit verlangt, de vermelding "geladen" bevatten, mits de afzender, indien hij vooraf enig op die zaken rechtgevend document heeft ontvangen, dit tegen afgifte van het "geladen"-cognossement teruggeeft. De vervoerder, kapitein of agent van de vervoerder heeft eveneens het recht in de laadhaven op het oorspronkelijk afgegeven document de naam van het schip of van de schepen, aan boord waarvan de zaken worden geladen, en de datum of de data van inlading aan te tekenen, in welk geval het aldus aangevulde document, mits inhoudende de in dit artikel vermelde bijzonderheden, als een "geladen"-cognossement in de zin van dit artikel wordt beschouwd.

(Zie ook: artt. 44, 260, 382, 383, 384, 385, 394, 395, 412, 414, 916, 918, 1119, 1122 BW Boek 8)

Rechtsverhouding vervoerder en afzender bij goederenvervoer over zee

Art. 410

Indien een vervoerovereenkomst is gesloten en bovendien een cognossement is afgegeven, wordt, behoudens artikel 441 tweede lid, tweede volzin, de rechtsverhouding tussen de vervoerder en de afzender door de bedingen van de vervoerovereenkomst en niet door die van dit cognossement beheerst. Behoudens het in artikel 441 eerste lid gestelde vereiste van houderschap van het cognossement, strekt dit hun dan slechts tot bewijs van de ontvangst der zaken door de vervoerder.

(Zie ook: artt. 47, 917, 1123 BW Boek 8)

Schadeloosstelling bij goederenvervoer over zee

Art. 411

De afzender wordt geacht ten behoeve van de vervoerder in te staan voor de juistheid op het ogenblik van de in ontvangstneming van de door hem opgegeven merken, getal, hoeveelheid en gewicht, en de afzender zal de vervoerder schadeloos stellen voor alle verliezen, schaden en kosten, ontstaan ten gevolge van onjuistheden in de opgave van deze bijzonderheden. Het recht van de vervoerder op dergelijke schadeloosstelling beperkt in genen dele zijn aansprakelijkheid en zijn verbintenissen, zoals zij uit de vervoerovereenkomst voortvloeien, tegenover elke andere persoon dan de afzender.

(Zie ook: artt. 44, 382, 383, 1119 BW Boek 8)

Datering/ondertekening cognossement bij goederenvervoer over zee

Art. 412

1. Het cognossement wordt gedateerd en door de vervoerder ondertekend en vermeldt de voorwaarden waarop het vervoer plaatsvindt, alsmede de plaats waar en de persoon aan wie de zaken moeten worden afgeleverd. Deze wordt, ter keuze van de afzender, aangegeven hetzij bij name of andere aanduiding, hetzij als order van de afzender of van een ander, hetzij als toonder.

2. De enkele woorden "aan order" worden geacht de order van de afzender aan te geven.

(Zie ook: artt. 44, 399, 918, 919 BW Boek 8; artt. 110, 191, 347 WvK)

Verhandelbaarheid cognossement bij goederenvervoer over zee

Art. 413

Het cognossement wordt, tenzij het op naam is gesteld, afgegeven in één of meer exemplaren. De verhandelbare exemplaren, waarin is vermeld hoeveel van deze exemplaren in het geheel zijn afgegeven, gelden alle voor één en één voor alle. Niet verhandelbare exemplaren moeten als zodanig worden aangeduid.

(Zie ook: artt. 45, 412, 460, 920 BW Boek 8)

Bewijskracht cognossement bij goederenvervoer over zee

Art. 414

1. Tegenbewijs tegen het cognossement wordt niet toegelaten, wanneer het is overgedragen aan een derde te goeder trouw.

2. Indien in het cognossement de clausule: "inhoud, hoedanigheid, aantal, gewicht of maat onbekend", of enige andere clausule van dergelijke strekking is opgenomen, binden zodanige in het cognossement voorkomende vermeldingen omtrent de zaken de vervoerder niet, tenzij bewezen wordt, dat hij de inhoud of de hoedanigheid der zaken heeft gekend of had behoren te kennen of dat de zaken hem toegeteld, toegewogen of toegemeten zijn.

3. Een cognossement, dat de uiterlijk zichtbare staat of gesteldheid van de zaak niet vermeldt, levert, behoudens tegenbewijs dat ook jegens een derde mogelijk is, een vermoeden op dat de vervoerder die zaak voor zover uiterlijk zichtbaar in goede staat of gesteldheid heeft ontvangen.

4. De in het cognossement opgenomen opgave, bedoeld in artikel 388 eerste lid, schept behoudens tegenbewijs een vermoeden, doch bindt niet de vervoerder die haar kan betwisten.

(Zie ook: artt. 11, 90 BW Boek 3; artt. 48, 381, 382, 383, 384, 388, 399, 921 BW Boek 8)

Art. 415

1. Verwijzingen in het cognossement worden geacht slechts die bedingen daarin in te voegen, die voor degeen, jegens wie daarop een beroep wordt gedaan, duidelijk kenbaar zijn.

2. Een dergelijk beroep is slechts mogelijk voor hem, die op schriftelijk verlangen van degeen jegens wie dit beroep kan worden gedaan of wordt gedaan, aan deze onverwijld die bedingen heeft doen toekomen.

3. Nietig is ieder beding, waarbij van het tweede lid van dit artikel wordt afgeweken. *(Zie ook: art. 11 BW Boek 3; artt. 12, 48, 922, 1122 BW Boek 8)*

Art. 416

Een cognossement aan order wordt geleverd op de wijze als aangegeven in afdeling 2 van Titel 4 van Boek 3.

(Zie ook: artt. 93, 94 BW Boek 3; artt. 49, 412, 923 BW Boek 8; artt. 110, 191 WvK)

Art. 417

Levering van het cognossement vóór de aflevering van de daarin vermelde zaken door de vervoerder geldt als levering van die zaken.

(Zie ook: art. 607 BW Boek 7; artt. 50, 416, 924 BW Boek 8)

Art. 418

De vervoerder is verplicht de plek van inlading en lossing tijdig aan te wijzen; in geval van tijdbevrachting is echter artikel 380 van toepassing en in geval van reisbevrachting artikel 419. *(Zie ook: artt. 421, 422, 483, 925 BW Boek 8; art. 359 WvK)*

Art. 419

1. In geval van reisbevrachting is de bevrachter verplicht de plek van inlading en lossing tijdig aan te wijzen.

2. Hij moet daartoe aanwijzen een gebruikelijke plek, die terstond of binnen redelijke tijd beschikbaar is, waar het schip veilig kan komen, liggen, laden of lossen en waarvandaan het veilig kan vertrekken.

3. Wanneer de bevrachter niet aan deze verplichting voldoet of de bevrachters, als er meer zijn, niet eenstemmig zijn in de aanwijzing, is de vervrachter zonder dat enige aanmaning is vereist verplicht zelf de plek van inlading of lossing aan te wijzen.

4. Indien de bevrachter meer dan één plek aanwijst, geldt de tijd nodig voor het verhalen als gebruikte laad- of lostijd. De kosten van verhalen zijn voor zijn rekening.

5. De bevrachter staat er voor in, dat het schip op de plek, die hij op grond van het eerste lid ter inlading of lossing aanwijst, veilig kan komen, liggen, laden of lossen en daarvandaan veilig kan vertrekken. Indien deze plek blijkt niet aan deze vereisten te voldoen, is de bevrachter slechts in zoverre niet aansprakelijk als de kapitein, door de hem gegeven aanwijzing op te volgen, onredelijk handelde.

(Zie ook: artt. 373, 380, 393, 418, 420, 502, 926 BW Boek 8; art. 359 WvK)

Art. 420

Wanneer in geval van reisbevrachting de bevrachter de bevoegdheid heeft laad- of loshaven nader aan te wijzen, is artikel 419 van overeenkomstige toepassing.

(Zie ook: artt. 502, 927 BW Boek 8)

Art. 421

Behalve in geval van bevrachting is de vervoerder verplicht de zaken aan boord van het schip te laden en te stuwen.

(Zie ook: art. 929 BW Boek 8; art. 359 WvK)

Art. 422

1. Voor zover de vervoerder verplicht is tot laden, is hij gehouden zulks in de overeengekomen laadtijd te doen.

2. Voor zover de afzender verplicht is tot laden of stuwen, staat hij er voor in dat zulks in de overeengekomen laadtijd geschiedt.

3. Werd geen laadtijd vastgesteld, dan behoort de inlading te geschieden zo snel als ter plekke voor een schip als het betrokken schip gebruikelijk is.

4. Bepaalt de vervoerovereenkomst overliggeld, doch niet de overligtijd, dan wordt deze tijd vastgesteld op acht opeenvolgende etmalen of, als op de ligplek een ander aantal redelijk of gebruikelijk is, op dit aantal.

5. De wettelijke bepalingen omtrent boetebedingen zijn niet van toepassing op bedingen met betrekking tot overliggeld.

6. Schuldenaren van overliggeld en een mogelijkerwijs uit hoofde van het tweede lid verschuldigde schadevergoeding zijn tot betaling daarvan hoofdelijk verbonden.

(Zie ook: artt. 6, 102 BW Boek 6; artt. 379, 391, 392, 418, 421, 483, 931, 932 BW Boek 8; art. 359 WvK)

Art. 423

1. Onder een vervoerovereenkomst onder cognossement mogen zaken van ontvlambare, explosieve of gevaarlijke aard, tot de inlading waarvan de vervoerder, de kapitein of de agent van

Verwijzingen in cognossement bij goederenvervoer over zee

Toepasselijkheid afd. 2 Titel 4 Boek 3 BW bij goederenvervoer over zee

Levering cognossement vóór aflevering zaken bij goederenvervoer over zee

Inladings- en lossingsplek bij goederenvervoer over zee

Reisbevrachting bij goederenvervoer over zee

Aanwijzing laad- en loshaven bij goederenvervoer over zee

Laad- en stuwverplichting bij goederenvervoer over zee

Laadtijd

Liggeld

Overliggeld

Gevaarlijke zaken bij goederenvervoer over zee

B8 art. 424

de vervoerder geen toestemming zou hebben gegeven, wanneer hij de aard of de gesteldheid daarvan had gekend, te allen tijde vóór de lossing door de vervoerder op iedere plaats worden gelost of vernietigd of onschadelijk gemaakt zonder schadevergoeding, en de afzender van deze zaken is aansprakelijk voor alle schade en onkosten, middellijk of onmiddellijk voortgevloeid of ontstaan uit het inladen daarvan.

2. Indien onder een vervoerovereenkomst onder cognossement enige zaak, als bedoeld in het eerste lid, ingeladen met voorkennis en toestemming van de vervoerder, een gevaar wordt voor het schip of de lading, mag zij evenzo door de vervoerder worden gelost of vernietigd of onschadelijk gemaakt zonder enige aansprakelijkheid van de vervoerder, tenzij voor avarij-grosse, indien daartoe gronden bestaan.

(Zie ook: artt. 381, 384, 397, 398, 913, 914 BW Boek 8)

Art. 424

Einde vervoerovereenkomst bij goederenvervoer over zee

1. Behalve in geval van tijd- of reisbevrachting is de vervoerder wanneer, nadat de inlading een aanvang heeft genomen, het schip vergaat of zodanig beschadigd blijkt te zijn, dat het schip het herstel, nodig voor de uitvoering van de overeenkomst, niet waard is of dat dit herstel binnen redelijke tijd niet mogelijk is, na lossing van de zaken bevoegd de overeenkomst te beëindigen, mits hij dit zo spoedig mogelijk doet.

2. Vermoed wordt dat het vergaan of de beschadiging van het schip is te wijten aan een omstandigheid, die voor rekening van de vervoerder komt; voor rekening van de vervoerder komen die omstandigheden, die in geval van beschadiging van door hem vervoerde zaken voor zijn rekening komen.

3. De vervoerder verwittigt, zo mogelijk, de afzender, degeen aan wie de zaken moeten worden afgeleverd en degeen aan wie hij volgens de bepalingen van een mogelijkerwijs afgegeven cognossement bericht van aankomst van het schip moet zenden.

Schakelbepaling

4. Het derde, het vierde en het vijfde lid van artikel 398 zijn van toepassing.

(Zie ook: artt. 261, 425, 426, 934, 1718 BW Boek 8)

Art. 425

Opzegging bij tijd- en reisbevrachting bij goederenvervoer over zee

1. In geval van tijd- of reisbevrachting is ieder der partijen, mits zij dit zo spoedig mogelijk doet, bevoegd de overeenkomst geheel of met betrekking tot een gedeelte der zaken op te zeggen, wanneer het schip, zonder dat het vergaan is, zodanig beschadigd blijkt te zijn, dat het schip het herstel, nodig voor de uitvoering van de overeenkomst, niet waard is of dat dit herstel binnen redelijke tijd niet mogelijk is.

2. De reisbevrachter komt de hem in het eerste lid van dit artikel toegekende bevoegdheid ten aanzien van reeds aan boord ontvangen zaken niet toe, indien de vervrachter, zodra hem dit redelijkerwijs mogelijk was, heeft verklaard dat hij deze zaken, zij het niet in het bevrachte schip, ondanks de beëindiging van de overeenkomst naar hun bestemming zal vervoeren; zulk vervoer wordt vermoed op grond van de oorspronkelijke overeenkomst plaats te vinden.

3. De opzegging geschiedt door telegram of bericht per telex of door enig ander spoedbericht, waarvan de ontvangst duidelijk aantoonbaar is en de overeenkomst eindigt op het ogenblik van ontvangst daarvan, doch ten aanzien van reeds aan boord ontvangen zaken, eerst na lossing van die zaken. Een in een dergelijk telegram of bericht vervatte mededeling, dat de vervrachter zaken alsnog, doch niet in het bevrachte schip, naar hun bestemming zal vervoeren, houdt met betrekking tot die zaken opzegging van de overeenkomst in.

4. Ten aanzien van reeds ten vervoer ontvangen zaken wordt vermoed, dat de beschadiging van het schip is te wijten aan een omstandigheid, die voor rekening van de vervrachter komt; voor rekening van de vervrachter komen die omstandigheden, die in geval van beschadiging van door hem vervoerde zaken voor zijn rekening komen.

Schakelbepaling

5. Het derde, het vierde en het vijfde lid van artikel 398 zijn van toepassing met dien verstande, dat ingeval van tijdbevrachting vracht verschuldigd blijft tot op het tijdstip van de lossing der zaken.

(Zie ook: artt. 261, 424, 426, 486, 502, 935 BW Boek 8)

Art. 426

Einde vervoerovereenkomst met vergaan schip bij goederenvervoer over zee

1. In geval van tijd- of reisbevrachting eindigt de overeenkomst met het vergaan van het schip. In geval van langdurige tijdingloosheid wordt vermoed, dat het schip is vergaan te 2400 uur Universele Tijd van de dag, waarop het laatste bericht is ontvangen.

2. Ten aanzien van reeds ten vervoer ontvangen zaken wordt vermoed, dat het vergaan van het schip is te wijten aan een omstandigheid, die voor rekening van de vervrachter komt; voor rekening van de vervrachter komen die omstandigheden, die in geval van beschadiging van door hem vervoerde zaken voor zijn rekening komen.

3. Vervoert de vervrachter ondanks het vergaan van het schip zaken die reeds aan boord waren ontvangen alsnog naar hun bestemming, dan wordt in geval van reisbevrachting dit vervoer vermoed op grond van de oorspronkelijke overeenkomst plaats te vinden.

4. De vervrachter verwittigt de bevrachter zo spoedig als dit mogelijk is.

5. Het derde, het vierde en het vijfde lid van artikel 398 zijn van toepassing. *(Zie ook: artt. 261, 424, 425, 502, 936 BW Boek 8)*

Schakelbepaling

Art. 440

1. De afzender - of, indien een cognossement is afgegeven, uitsluitend de in artikel 441 bedoelde houder daarvan en dan alleen tegen afgifte van alle verhandelbare exemplaren van dit cognossement - is bevoegd, voor zover de vervoerder hieraan redelijkerwijs kan voldoen, aflevering van ten vervoer ontvangen zaken of, indien daarvoor een cognossement is afgegeven, van alle daarop vermelde zaken gezamenlijk, vóór de aankomst ter bestemmingsplaats te verlangen, mits hij de vervoerder en de belanghebbenden bij de overige lading ter zake schadeloos stelt. Hij is verplicht tot bijdragen in een avarij-grosse, wanneer de avarij-grosse handeling plaatshad met het oog op een omstandigheid, waarvan reeds vóór de aflevering is gebleken.

Bijzondere bevoegdheden afzender bij goederenvervoer over zee

2. Hij kan dit recht niet uitoefenen, wanneer door de voortijdige aflevering de reis zou worden vertraagd.

3. Zaken, die ingevolge het eerste lid zijn afgeleverd, worden aangemerkt als ter bestemming afgeleverde zaken en de bepalingen van deze afdeling nopens de aflevering van zaken, alsmede de artikelen 490 en 491 zijn van toepassing.

Schakelbepaling

(Zie ook: artt. 413, 484, 610, 937, 938, 1020, 1125 BW Boek 8; art. 15 LVW)

Art. 441

1. Indien een cognossement is afgegeven, heeft uitsluitend de regelmatige houder daarvan, tenzij hij niet op rechtmatige wijze houder is geworden, jegens de vervoerder onder het cognossement het recht aflevering van de zaken overeenkomstig de op de vervoerder rustende verplichtingen te vorderen; daarbij is artikel 387 van toepassing.

Bijzondere bevoegdheden cognossementhouder bij goederenvervoer over zee

2. Jegens de houder van het cognossement, die niet de afzender was, is de vervoerder onder cognossement gehouden aan en kan hij een beroep doen op de bedingen van dit cognossement. Jegens iedere houder van het cognossement, kan hij de uit het cognossement duidelijk kenbare rechten tot betaling geldend maken. Jegens de houder van het cognossement, die ook de afzender was, kan de vervoerder zich bovendien op de bedingen van de vervoerovereenkomst en op zijn persoonlijke verhouding tot de afzender beroepen.

(Zie ook: art. 86 BW Boek 3; artt. 253, 254 BW Boek 6; artt. 51, 410, 415, 440, 442, 461, 488, 940 BW Boek 8)

Art. 442

1. Indien bij toepassing van artikel 461 verscheidene personen als vervoerder onder het cognossement moeten worden aangemerkt zijn dezen jegens de in artikel 441 eerste lid bedoelde cognossementhouder hoofdelijk verbonden.

Hoofdelijke verbondenheid bij goederenvervoer over zee

2. In het in het eerste lid genoemde geval is ieder der vervoerders gerechtigd de uit het cognossement blijkende rechten jegens de cognossementhouder uit te oefenen en is deze jegens iedere vervoerder gekweten tot op het opeisbare bedrag dat hij op grond van het cognossement aan één hunner heeft voldaan. Titel 7 van Boek 3 is niet van toepassing.

(Zie ook: artt. 6, 102, 253, 254 BW Boek 6; artt. 410, 415, 462, 941 BW Boek 8; artt. 146, 221 WvK)

Art. 460

Van de houders van verschillende exemplaren van hetzelfde cognossement heeft hij het beste recht, die houder is van het exemplaar, waarvan ná de gemeenschappelijke voorman, die houder was van al die exemplaren, het eerst een ander houder is geworden te goeder trouw en onder bezwarende titel.

Beste recht bij goederenvervoer over zee

(Zie ook: art. 11 BW Boek 3; artt. 52, 412, 413, 441, 490, 942 BW Boek 8; art. 347 WvK)

Art. 461

1. Onverminderd de overige leden van dit artikel worden als vervoerder onder het cognossement aangemerkt hij die het cognossement ondertekende of voor wie een ander dit ondertekende alsmede hij wiens formulier voor het cognossement is gebezigd.

Vervoerder onder het cognossement bij goederenvervoer over zee

2. Indien de kapitein of een ander voor hem het cognossement ondertekende, wordt naast degene genoemd in het eerste lid, die tijd- of reisbevrachter, die vervoerder is bij de laatste overeenkomst in de keten der exploitatieovereenkomsten als bedoeld in afdeling 1 van titel 5, als vervoerder onder het cognossement aangemerkt. Indien het schip in rompbevrachting is uitgegeven wordt naast deze eventuele tijd- of reisbevrachter ook de laatste rompbevrachter als vervoerder onder het cognossement aangemerkt. Is het schip niet in rompbevrachting uitgegeven dan wordt naast de hier genoemde eventuele tijd- of reisbevrachter ook de reder als vervoerder onder het cognossement aangemerkt.

3. In afwijking van de vorige leden wordt uitsluitend de laatste rompbevrachter, onderscheidenlijk de reder, als vervoerder onder het cognossement aangemerkt indien het cognossement uitsluitend deze rompbevrachter, onderscheidenlijk de reder, uitdrukkelijk als zodanig aanwijst en, in geval van aanwijzing van de rompbevrachter, bovendien diens identiteit uit het cognossement duidelijk kenbaar is.

4. Dit artikel laat het tweede lid van artikel 262 onverlet.

5. Nietig is ieder beding, waarbij van dit artikel wordt afgeweken.

Dwingend recht

(Zie ook: artt. 12, 217, 380, 442, 480, 530, 827, 943 BW Boek 8; artt. 100, 108, 178, 189 WvK)

B8 art. 462

Art. 462

Tegenbewijs vervoerder onder cognossement bij goederenvervoer over zee

1. Het eerste lid van artikel 461 vindt geen toepassing indien een daar als vervoerder onder het cognossement aangemerkte persoon bewijst dat hij die het cognossement voor hem ondertekende daarbij de grenzen zijner bevoegdheid overschreed of dat het formulier zonder zijn toestemming is gebezigd. Desalniettemin wordt een in het eerste lid van artikel 461 bedoelde persoon als vervoerder onder het cognossement aangemerkt, indien de houder van het cognossement bewijst dat op het ogenblik van uitgifte van het cognossement, op grond van een verklaring of gedraging van hem voor wie is ondertekend of wiens formulier is gebezigd, redelijkerwijze mocht worden aangenomen, dat hij die ondertekende daartoe bevoegd was of dat het formulier met toestemming was gebezigd.

2. In afwijking van het eerste lid wordt de rederij als vervoerder onder het cognossement aangemerkt indien haar boekhouder door ondertekening van het cognossement de grenzen zijner bevoegdheid overschreed, doch zij wordt niet gebonden jegens de eerste houder van het cognossement die op het ogenblik van uitgifte daarvan wist dat de boekhouder de grenzen zijner bevoegdheid overschreed.

(Zie ook: artt. 178, 179 BW Boek 8)

3. Een beroep op het tweede lid van artikel 461 is mogelijk ook indien de kapitein door ondertekening van het cognossement of door een ander de bevoegdheid te geven dit namens hem te ondertekenen, de grenzen zijner bevoegdheid overschreed, doch dergelijk beroep staat niet open aan de eerste houder van het cognossement die op het ogenblik van uitgifte daarvan wist dat de kapitein de grenzen zijner bevoegdheid overschreed.

4. Het derde lid vindt eveneens toepassing indien hij die namens de kapitein het cognossement ondertekende daarbij de grenzen zijner bevoegdheid overschreed.

(Zie ook: artt. 217, 260, 262, 827, 944 BW Boek 8)

Art. 480

Verhaal door de vervrachter bij goederenvervoer over zee

1. Is een vervrachter ingevolge artikel 461 tot meer gehouden dan waartoe hij uit hoofde van zijn bevrachting is verplicht of ontving hij minder dan waartoe hij uit dien hoofde is gerechtigd, dan heeft hij - mits de ondertekening van het cognossement of de afgifte van het formulier plaatsvond krachtens het in de bevrachting bepaalde, dan wel op verzoek van de bevrachter - deswege op deze laatste verhaal.

2. Hetzelfde geldt voor een ingevolge het eerste lid aangesproken bevrachter, die op zijn beurt vervrachter is.

(Zie ook: artt. 502, 945 BW Boek 8)

Art. 481

Kwijting bij goederenvervoer over zee

1. De houder van het cognossement, die zich tot ontvangst van de zaken heeft aangemeld, is verplicht, voordat hij deze heeft ontvangen, het cognossement van kwijting te voorzien en aan de vervoerder af te geven.

2. Hij is gerechtigd het cognossement tot zekerheid der afgifte daarvan bij een, in geval van geschil op verzoek van de meest gerede partij door de rechter aan te wijzen, derde in bewaring te geven totdat de zaken afgeleverd zijn.

(Zie ook: artt. 483, 490, 946 BW Boek 8; art. 627 Rv)

Art. 482

Afgifte document na intrekking cognossement bij goederenvervoer over zee

1. Een door de vervoerder na intrekking van het cognossement afgegeven document dat de houder daarvan recht geeft op aflevering van in dat cognossement genoemde zaken, wordt met betrekking tot deze zaken met het cognossement gelijk gesteld. Het cognossement wordt vermoed van het hier bedoelde document deel uit te maken. Hij die dit document ondertekende of voor wie een ander dit ondertekende, noch hij wiens formulier werd gebruikt, wordt door het blote feit van deze ondertekening of dit gebruik als vervoerder onder het cognossement aangemerkt.

2. Tenzij in documenten als bedoeld in het eerste lid anders is bepaald, zijn de houders daarvan hoofdelijk verbonden voor de verbintenissen die uit het vervoer van de onder het cognossement vervoerde zaken voor de houder van dat cognossement voortvloeien.

(Zie ook: artt. 6, 102 BW Boek 6; artt. 417, 441 BW Boek 8)

Art. 483

Lossingsplicht bij goederenvervoer over zee Schakelbepaling

1. Behalve in geval van bevrachting is de vervoerder verplicht de zaken uit het schip te lossen.

2. Op de lossing van de zaken vindt artikel 422 overeenkomstige toepassing.

(Zie ook: artt. 418, 421, 490, 929, 933 BW Boek 8)

Art. 484

Verschuldigde vracht bij goederenvervoer over zee

1. De vracht is verschuldigd na aflevering van de zaken ter bestemming of ter plaatse, waar de vervoerder hen met inachtneming van artikel 440 afleverde. Is de vracht bepaald naar gewicht of omvang der zaken, dan wordt hij berekend naar deze gegevens bij aflevering.

2. Vracht die in één som voor alle zaken ter bestemming is bepaald, is, ook wanneer slechts een gedeelte van die zaken is afgeleverd, in zijn geheel verschuldigd.

B8 art. 489

3. Onder voorbehoud van het vijfde lid van dit artikel is voor zaken, die onderweg zijn verkocht omdat hun beschadigdheid verder vervoer redelijkerwijs niet toeliet, de vracht verschuldigd, doch ten hoogste tot het bedrag van hun opbrengst.

4. Vracht, die vooruit te voldoen is of voldaan is, is en blijft - behalve in geval van tijdbevrachting - in zijn geheel verschuldigd, ook wanneer de zaken niet ter bestemming worden afgeleverd. *(Zie ook: art. 373 BW Boek 8)*

5. In waardeloze toestand afgeleverde zaken worden aangemerkt als niet te zijn afgeleverd. Zaken, die niet zijn afgeleverd, of die in waardeloze toestand zijn afgeleverd, worden desalniettemin aangemerkt als afgeleverde zaken, voor zover het niet of in waardeloze toestand afleveren het gevolg is van de aard of een gebrek van de zaken, dan wel van een handeling of nalaten van een rechthebbende op of de afzender of ontvanger van de zaken.

(Zie ook: artt. 29, 383, 398, 411, 441, 486, 489, 947, 1128 BW Boek 8; art. 16 LVW)

Art. 485

Voor zaken die door een opvarende voor eigen rekening in strijd met enig wettelijk verbod worden vervoerd is de hoogste vracht verschuldigd die ten tijde van de inlading voor soortgelijke zaken kon worden bedongen. Deze vracht is verschuldigd ook wanneer de zaken niet of in waardeloze toestand ter bestemming worden afgeleverd en de ontvanger is met de verscheper hoofdelijk voor deze vracht verbonden.

(Zie ook: artt. 6, 102 BW Boek 6; artt. 5, 484, 948 BW Boek 8; art. 372 WvK)

Zaken voor eigen rekening bij goederenvervoer over zee

Art. 486

Onder voorbehoud van de laatste zinsnede van het vijfde lid van artikel 425 is in geval van tijdbevrachting vracht niet verschuldigd over de tijd, dat de bevrachter het schip niet overeenkomstig de bedingen van de bevrachting te zijner beschikking heeft

a. ten gevolge van beschadiging daarvan, dan wel

b. doordat de vervrachter in de nakoming van zijn verplichtingen te kort schiet, mits het schip meer dan 24 aaneengesloten uren niet ter beschikking van de bevrachter staat. *(Zie ook: art. 81 BW Boek 6; artt. 373, 502, 484, 949 BW Boek 8)*

Niet verschuldigde vracht bij goederenvervoer over zee

Art. 487

1. Bij tijdbevrachting komen de brandstof voor de machines, het ketelwater, de havenrechten en soortgelijke rechten en uitgaven, die verschuldigd worden ten gevolge van uitgevoerde reizen en het vervoeren van zaken, ten laste van de bevrachter. De overige lasten der exploitatie van het schip komen ten laste van de vervrachter.

2. De vervrachter is gerechtigd en verplicht de zich bij het einde van de bevrachting nog aan boord bevindende brandstof van de bevrachter over te nemen tegen de marktprijs ten tijde en ter plaatse van de oplevering van het schip.

(Zie ook: artt. 373, 502, 950 BW Boek 8)

Lasten van exploitatie schip bij goederenvervoer over zee

Art. 488

Onverminderd het omtrent avarij-grosse bepaalde en onverminderd afdeling 1 van Titel 4 van Boek 6 zijn de afzender, de ontvanger en, indien een cognossement is afgegeven, de in artikel 441 bedoelde houder daarvan, hoofdelijk verbonden de vervoerder de schade te vergoeden, geleden doordat deze zich als zaakwaarnemer inliet met de behartiging van de belangen van een rechthebbende op ten vervoer ontvangen zaken dan wel doordat de kapitein of de schipper zijn in artikel 261 of artikel 860 genoemde verplichtingen is nagekomen.

(Zie ook: artt. 6, 102 BW Boek 6; artt. 222, 389, 398, 510, 832, 951, 1129, 1195, 1714 BW Boek 8)

Hoofdelijke verbondenheid bij goederenvervoer over zee

Art. 489

1. De vervoerder is gerechtigd afgifte van zaken, die hij in verband met de vervoerovereenkomst onder zich heeft, te weigeren aan ieder, die uit anderen hoofde dan de vervoerovereenkomst recht heeft op aflevering van de zaken, tenzij op de zaken beslag is gelegd en uit de vervolging van dit beslag een verplichting tot afgifte aan de beslaglegger voortvloeit.

2. De vervoerder kan het recht van retentie uitoefenen op zaken, die hij in verband met de vervoerovereenkomst onder zich heeft, voor hetgeen hem door de ontvanger verschuldigd is of zal worden terzake van het vervoer van die zaken alsmede voor hetgeen als bijdrage in avarij-grosse op die zaken verschuldigd is of zal worden. Dit retentierecht vervalt zodra aan de vervoerder is betaald het bedrag waarover geen geschil bestaat en voldoende zekerheid is gesteld voor de betaling van die bedragen, waaromtrent wel geschil bestaat of welker hoogte nog niet kan worden vastgesteld.

3. De in dit artikel aan de vervoerder toegekende rechten komen hem niet toe jegens een derde, indien hij op het tijdstip dat hij de zaak ten vervoer ontving, reden had te twijfelen aan de bevoegdheid van de afzender jegens die derde hem de zaak ten vervoer ter beschikking te stellen.

(Zie ook: artt. 48, 290, 291 BW Boek 3; artt. 51, 52 BW Boek 6; artt. 30, 69, 222, 510, 568, 832, 954, 1131, 1196 BW Boek 8; art. 631 Rv)

Bevoegdheid vervoerder tot weigeren afgifte van zaken bij goederenvervoer over zee

B8 art. 490

Art. 490

Opslag vervoerde zaken bij goederenvervoer over zee

1. Voor zover hij die jegens de vervoerder recht heeft op aflevering van vervoerde zaken niet opkomt, weigert deze te ontvangen of deze niet met de vereiste spoed in ontvangst neemt, voor zover op zaken beslag is gelegd, alsmede indien de vervoerder gegronde redenen heeft aan te nemen, dat een houder van een cognossement die als ontvanger opkomt, desalniettemin niet tot de aflevering gerechtigd is, is de vervoerder gerechtigd deze zaken voor rekening en gevaar van de rechthebbende bij een derde op te slaan in een daarvoor geschikte bewaarplaats of lichter. Op zijn verzoek kan de rechter bepalen dat hij deze zaken, desgewenst ook in het schip, onder zichzelf kan houden of andere maatregelen daarvoor kan treffen.

2. De derde-bewaarnemer en de ontvanger zijn jegens elkaar verbonden, als ware de omtrent de bewaring gesloten overeenkomst mede tussen hen aangegaan. De bewaarnemer is echter niet gerechtigd tot afgifte dan na schriftelijke toestemming daartoe van hem, die de zaken in bewaring gaf.

(Zie ook: art. 600 BW Boek 7; artt. 227, 398, 422, 483, 424, 425, 440, 460, 510, 955, 1132, 1197 BW Boek 8; art. 628 Rv; art. 17 LVW)

Art. 491

Machtiging vervoerder tot verkoop van zaken bij goederenvervoer over zee

1. In geval van toepassing van artikel 490 kan de vervoerder, de bewaarnemer dan wel hij, die jegens de vervoerder recht heeft op de aflevering op zijn verzoek, door de rechter worden gemachtigd de zaken geheel of gedeeltelijk op de door deze te bepalen wijze te verkopen.

2. De bewaarnemer is verplicht de vervoerder zo spoedig mogelijk van de voorgenomen verkoop op de hoogte te stellen; de vervoerder heeft deze verplichting jegens degeen, die jegens hem recht heeft op de aflevering van de zaken, en jegens degeen, aan wie hij volgens de bepalingen van een mogelijkerwijs afgegeven cognossement bericht van aankomst van het schip moet zenden.

3. De opbrengst van het verkochte wordt in de consignatiekas gestort voor zover zij niet strekt tot voldoening van de kosten van opslag en verkoop alsmede, binnen de grenzen der redelijkheid, van de gemaakte kosten. Tenzij op de zaken beslag is gelegd voor een geldvordering, moet aan de vervoerder uit het in bewaring te stellen bedrag worden voldaan hetgeen hem verschuldigd is ter zake van het vervoer, alsmede een bijdrage in avarij-grosse; voor zover deze vorderingen nog niet vast staan, zal de opbrengst of een gedeelte daarvan op door de rechter te bepalen wijze tot zekerheid voor deze vorderingen strekken.

4. De in de consignatiekas gestorte opbrengst treedt in de plaats van de zaken.

(Zie ook: artt. 51, 63, 67, 70 BW Boek 6; art. 600 BW Boek 7; artt. 398, 424, 440, 510, 570, 610, 957, 1020, 1133, 1198, 1710 BW Boek 8; art. 632 Rv; art. 18 LVW)

Art. 492

Bewijsvermoeden bij weghalen zaken bij goederenvervoer over zee

1. Tenzij aan de vervoerder of zijn agent in de loshaven vóór of op het ogenblik van het weghalen van de zaken en van hun overgifte aan de krachtens de vervoerovereenkomst op de aflevering rechthebbende persoon schriftelijk kennis is gegeven van verliezen of schaden en van de algemene aard van deze verliezen of schaden, schept dit weghalen, tot op bewijs van het tegendeel, het vermoeden dat de zaken door de vervoerder zijn afgeleverd in de staat als in de vervoerovereenkomst omschreven.

2. Zijn de verliezen of schaden niet uiterlijk zichtbaar, dan moet de kennisgeving binnen drie dagen na de aflevering geschieden.

3. Schriftelijk voorbehoud is overbodig als de staat van de zaak op het ogenblik van de inontvangstneming door beide partijen gezamenlijk werd vastgesteld.

(Zie ook: art. 382 BW Boek 8)

Art. 493

Wederzijdse verplichtingen bij weghalen zaken bij goederenvervoer over zee

Indien er zekerheid of vermoeden bestaat, dat er verlies of schade is, moeten de vervoerder en de ontvanger elkaar over en weer in redelijkheid alle middelen verschaffen om het onderzoek van de zaak en het natellen van de colli mogelijk te maken.

(Zie ook: artt. 382, 495, 510, 958, 1134, 1199 BW Boek 8)

Art. 494

Gerechtelijk onderzoek naar afgeleverde zaken bij goederenvervoer over zee

1. Zowel de vervoerder als hij die jegens de vervoerder recht heeft op de aflevering, is bevoegd bij de aflevering van zaken de rechter te verzoeken een gerechtelijk onderzoek te doen plaatshebben naar de toestand waarin deze worden afgeleverd; tevens zijn zij bevoegd de rechter te verzoeken de daarbij bevonden verliezen of schaden gerechtelijk te doen begroten.

2. Indien dit onderzoek in tegenwoordigheid of na behoorlijke oproeping van de wederpartij heeft plaatsgehad, wordt het uitgebrachte rapport vermoed juist te zijn.

(Zie ook: artt. 496, 510, 959, 1135 BW Boek 8; art. 633 Rv)

Art. 495

Gerechtelijk onderzoek naar oorzaak verlies/schade bij goederenvervoer over zee

1. Zowel de vervoerder als hij die jegens de vervoerder recht heeft op de aflevering is, wanneer hij verliezen of schaden van zaken vermoedt, bevoegd de rechter te verzoeken vóór, bij of terstond na de aflevering daarvan en desgewenst aan boord van het schip een gerechtelijk onderzoek te doen plaatshebben naar de oorzaak daarvan.

2. Indien dit onderzoek in tegenwoordigheid of na behoorlijke oproeping van de wederpartij heeft plaatsgehad, wordt het uitgebrachte rapport vermoed juist te zijn.
(Zie ook: artt. 493, 496, 510, 960, 1135 BW Boek 8; art. 633 Rv)

Art. 496

1. De kosten van gerechtelijk onderzoek, als bedoeld in de artikelen 494 en 495, moeten worden voldaan door de aanvrager.

Goederenvervoer over zee, kosten gerechtelijk onderzoek

2. De rechter kan deze kosten en door het onderzoek geleden schade geheel of gedeeltelijk ten laste van de wederpartij van de aanvrager brengen, ook al zou daardoor het bedrag genoemd in het eerste lid van artikel 388 worden overschreden.
(Zie ook: artt. 510, 961, 1136 BW Boek 8; art. 633 Rv)

Afdeling 3
Overeenkomst van personenvervoer over zee

Art. 500

In deze afdeling wordt verstaan onder:

a. Verdrag: het Verdrag van Athene betreffende het vervoer van passagiers en hun bagage over zee van 1974, zoals gewijzigd bij het Protocol van 2002 (Trb. 2011, 110);

Vervoerovereenkomst bij personenvervoer over zee

b. Verordening: Verordening (EG) 392/2009 van het Europees Parlement en de Raad van 23 april 2009 betreffende de aansprakelijkheid van vervoerders van passagiers over zee bij ongevallen (Pb EU L 131);

c. Protocol van 2002: Protocol van 2002 bij het Verdrag van Athene betreffende het vervoer van passagiers en hun bagage over zee van 1974;

d. IMO richtsnoeren: Richtsnoeren van de Internationale Maritieme Organisatie (IMO) voor de uitvoering van het Verdrag van Athene (IMO Circular letter No. 2 758 van 20 november 2006);

e. overeenkomst van personenvervoer: de overeenkomst van personenvervoer, al dan niet tijd- of reisbevrachting zijnde, waarbij de ene partij (de vervoerder) zich tegenover de andere partij verbindt aan boord van een schip een of meer personen (reizigers) en al dan niet hun bagage over zee te vervoeren. De overeenkomst van personenvervoer als omschreven in artikel 100 is geen overeenkomst van personenvervoer in de zin van deze afdeling. Vervoer over zee en binnenwateren aan boord van een en eenzelfde schip, dat deze beide wateren bevaart, wordt in afwijking van artikel 121 als vervoer over zee beschouwd;

f. vervoerder: persoon door of namens wie een overeenkomst van personenvervoer is gesloten, ongeacht of het vervoer feitelijk door deze persoon dan wel door een feitelijke vervoerder wordt verzorgd;

g. feitelijke vervoerder: een andere persoon dan de vervoerder, zijnde de eigenaar, bevrachter of exploitant van een schip, die het vervoer feitelijk geheel of gedeeltelijk verricht;

h. vervoerder die het vervoer feitelijk geheel of gedeeltelijk verricht: de feitelijke vervoerder, of, voor zover de vervoerder zelf het vervoer verricht, de vervoerder;

i. reiziger: iedere persoon vervoerd op een schip krachtens een overeenkomst van personenvervoer en iedere persoon vervoerd op een schip die met toestemming van de vervoerder een voertuig of levend dier begeleidt, waarvoor een overeenkomst van goederenvervoer is gesloten;

j. schip: een zeegaand schip, met uitzondering van luchtkussenvaartuigen;

k. bagage: elk voorwerp of voertuig dat krachtens een overeenkomst van personenvervoer door de vervoerder wordt vervoerd, met uitzondering van:

$1°$. goederen of voertuigen die worden vervoerd krachtens een overeenkomst die hoofdzakelijk het vervoer van goederen betreft;

$2°$. levende dieren;

l. hutbagage: de bagage die zich in de kajuit van de reiziger bevindt, die in zijn bezit is of die hij onder zijn hoede of toezicht heeft. Behalve voor de toepassing van artikel 501 en van artikel 504, zevende lid, omvat de hutbagage de bagage die een reiziger in of op zijn voertuig heeft;

m. verlies of schade aan bagage: omvat eveneens schade voortvloeiend uit het feit dat de bagage niet binnen een redelijke periode, te rekenen vanaf de aankomst van het schip waarop de bagage is vervoerd of had moeten worden vervoerd, aan de reiziger werd afgeleverd, maar omvat niet de vertraging voortvloeiende uit arbeidsconflicten;

n. Onze Minister: de Minister van Infrastructuur en Milieu.

Art. 500a

1. Deze afdeling is van toepassing op de overeenkomst van personenvervoer voor zover daarop niet de Verordening van toepassing is.

Werkingssfeer

2. In afwijking van het eerste lid zijn op de overeenkomst van personenvervoer waarop de Verordening van toepassing is, de artikelen 509 tot en met 510, 512, 514, 515 en 521 tot en met 529k van deze afdeling van toepassing.

B8 art. 500b **Burgerlijk Wetboek Boek 8**

3. In afwijking van het eerste lid zijn op de overeenkomst van internationaal personenvervoer waarop het Verdrag noch de Verordening van toepassing is, de artikelen 529 tot en met 529k niet van toepassing.

Art. 500b

Nucleair ongeval, schade

Deze afdeling is niet van toepassing op vorderingen voor schade voortvloeiend uit een nucleair ongeval indien de exploitant van een nucleaire installatie aansprakelijk is voor dergelijke schade: *a.* krachtens het Verdrag van Parijs van 29 juli 1960 inzake wettelijke aansprakelijkheid op het gebied van de kernenergie (Trb. 1961, 27), zoals dit Verdrag is gewijzigd bij het op 28 januari 1964 te Parijs gesloten Aanvullend Protocol bij dit Verdrag (Trb. 1964, 178); of *b.* krachtens een andere regeling betreffende de aansprakelijkheid voor dergelijke schade, op voorwaarde dat die regeling ten opzichte van de personen die dergelijke schade kunnen ondergaan, tenminste even gunstig is als het onder a genoemde Verdrag.

Art. 501

Begripsbepalingen

Vervoer over zee omvat: *a.* met betrekking tot personen of hun hutbagage de tijd dat de reiziger of zijn hutbagage aan boord van het schip verblijft, de tijd van inscheping of ontscheping, alsmede de tijd dat de reiziger of zijn hutbagage te water wordt vervoerd tussen wal en schip of tussen schip en wal, indien de prijs hiervan in de vracht is inbegrepen of het voor dit hulpvervoer gebezigde schip door de vervoerder ter beschikking van de reiziger is gesteld. Vervoer over zee van personen omvat echter niet de tijd dat de reiziger verblijft in een stationsgebouw, op een kade of enige andere haveninstallatie;

b. met betrekking tot hutbagage bovendien de tijd dat de reiziger verblijft in een stationsgebouw, op een kade of enige andere haveninstallatie, indien die bagage is overgenomen door de vervoerder en niet weer aan de reiziger is afgeleverd;

c. met betrekking tot bagage die geen hutbagage is de tijd tussen het overnemen door de vervoerder hetzij te land, hetzij aan boord en de aflevering door de vervoerder.

(Zie ook: artt. 8, 102, 970, 971, 1142, 1143 BW Boek 8)

Art. 502

Tijd- of reisbevrachting bij personenvervoer over zee

1. Tijd- of reisbevrachting in de zin van deze afdeling is de overeenkomst van personenvervoer, waarbij de vervoerder (de vervrachter) zich verbindt tot vervoer aan boord van een schip dat hij daartoe, anders dan bij wijze van rompbevrachting, in zijn geheel en al dan niet op tijdbasis (tijdbevrachting of reisbevrachting) ter beschikking stelt van zijn wederpartij (de bevrachter).

Schakelbepaling

2. De in afdeling 2 van titel 5 in het bijzonder voor het geval van bevrachting gegeven bepalingen, alsmede artikel 375 zijn op deze bevrachting van overeenkomstige toepassing.

(Zie ook: artt. 373, 374, 380, 390, 393, 419, 420, 425, 426, 480, 486, 487, 530, 892, 972, 1093, 1144, 1752 BW Boek 8)

Art. 503

Wetsbepalingen huur, bewaarneming en bruikleen niet van toepassing

De wetsbepalingen omtrent huur, bewaarneming en bruikleen zijn op ter beschikkingstelling van een schip ten vervoer, anders dan bij wijze van rompbevrachting, niet van toepassing.

(Zie ook: art. 600 BW Boek 7; artt. 1584, 1777 BW Boek 7A; artt. 374, 530, 893, 973, 1094, 1145 BW Boek 8)

Art. 504

Aansprakelijkheid vervoerder bij dood/letsel reiziger bij personenvervoer over zee

1. Voor de toepassing van dit artikel: *a.* wordt onder scheepvaartincident verstaan: schipbreuk, kapseizen, aanvaring of stranden van het schip, explosie of brand aan boord, of defect aan het schip;

b. omvat schuld of nalatigheid van de vervoerder: de schuld of nalatigheid van ondergeschikten van de vervoerder, handelend binnen het kader van hun dienstverband;

c. wordt onder defect aan het schip verstaan: gebrekkig of niet functioneren of iedere niet-overeenstemming met toepasselijke veiligheidsvoorschriften van enig deel van het schip of de uitrusting ervan wanneer deze worden gebruikt voor:

1° ontsnapping, evacuatie, inscheping en ontscheping van reizigers;

2° aandrijving, besturing, veilig navigeren, afmeren of ankeren;

3° het aankomen op of vertrekken van een aanleg- of ankerplaats;

4° beperking van schade na vollopen van het schip; of

5° het te water laten van de reddingsuitrusting.

2. De aansprakelijkheid van de vervoerder krachtens dit artikel betreft slechts de schade als gevolg van incidenten die zich tijdens het vervoer hebben voorgedaan.

3. Indien schade door dood of letsel van de reiziger is veroorzaakt door een scheepvaartincident is de vervoerder aansprakelijk tot het in artikel 3, eerste lid, van het Verdrag genoemde bedrag, behoudens wijziging door de bijzondere amenderingsprocedure voorzien in artikel 23 van het Protocol. De vervoerder is echter niet aansprakelijk indien:

a. het incident het gevolg is van een daad van oorlog, vijandigheden, burgeroorlog, opstand of een natuurverschijnsel van uitzonderlijke, onvermijdelijke en onbedwingbare aard, of;

b. geheel is veroorzaakt door een handeling of verzuim van een derde met het opzet het incident te veroorzaken.

B8 art. 504b

4. Indien en voor zover de in het derde lid bedoelde schade het in artikel 3 van het Verdrag bedoelde bedrag te boven gaat, is de vervoerder verder aansprakelijk tot het in artikel 7, eerste lid, van het Verdrag genoemde bedrag, behoudens wijziging door de bijzondere amenderingsprocedure voorzien in artikel 23 van het Protocol. De vervoerder is echter niet verder aansprakelijk indien hij bewijst dat het incident dat het verlies heeft veroorzaakt niet aan zijn schuld of nalatigheid te wijten is.

5. Indien schade door dood of letsel van de reiziger niet is veroorzaakt door een scheepvaartincident, is de vervoerder aansprakelijk indien het incident dat het verlies heeft veroorzaakt aan de schuld of de nalatigheid van de vervoerder te wijten is. De aansprakelijkheid van de vervoerder is beperkt tot het in artikel 7, eerste lid, van het Verdrag genoemde bedrag, behoudens wijziging door de bijzondere amenderingsprocedure voorzien in artikel 23 van het Protocol.

6. In afwijking van het derde tot en met het vijfde lid is de vervoerder voor schade door dood of letsel van de reiziger als gevolg van een van de risico's genoemd in punt 2.2 van de IMO richtsnoeren niet verder aansprakelijk dan het laagste bedrag van de volgende bedragen:

a. 250 000 rekeneenheden per reiziger, per incident; of

b. 340 miljoen rekeneenheden per schip, per incident.

7. De vervoerder is aansprakelijk voor schade als gevolg van verlies of beschadiging van hutbagage indien het incident dat de schade heeft veroorzaakt aan de schuld of nalatigheid van de vervoerder te wijten is. Schuld of nalatigheid van de vervoerder wordt aangenomen in geval van een scheepvaartincident. De aansprakelijkheid van de vervoerder is beperkt tot het in artikel 8, eerste lid, van het Verdrag genoemde bedrag, behoudens wijziging door de bijzondere amenderingsprocedure voorzien in artikel 23 van het Protocol.

8. De vervoerder is aansprakelijk voor schade veroorzaakt door verlies of beschadiging van andere bagage dan hutbagage tenzij de vervoerder bewijst dat het incident dat de schade heeft veroorzaakt niet aan zijn schuld of nalatigheid te wijten is. De aansprakelijkheid van de vervoerder is beperkt tot de in artikel 8, tweede en derde lid, bedoelde bedragen, behoudens wijziging door de bijzondere amenderingsprocedure voorzien in artikel 23 van het Protocol.

9. De vervoerder en de reiziger kunnen overeenkomen dat de aansprakelijkheid van de vervoerder met ten hoogste de in artikel 8, vierde lid, van het Verdrag genoemde bedragen, behoudens wijziging door de bijzondere amenderingsprocedure voorzien in artikel 23 van het Protocol, kan worden verminderd in het geval van schade aan een voertuig en verlies van of schade aan andere bagage.

10. Vervoerder en reiziger kunnen uitdrukkelijk en schriftelijk hogere aansprakelijkheidsgrenzen overeenkomen dan bedoeld in dit artikel.

11. De wettelijke rente en proceskosten zijn niet begrepen in de in dit artikel bedoelde aansprakelijkheidsgrenzen.

12. Dit artikel laat onverlet enig recht van verhaal van de vervoerder jegens een derde en enig verweer gebaseerd op de nalatigheid van een reiziger op grond van artikel 513.

Art. 504a

1. Indien het vervoer geheel of gedeeltelijk door een feitelijke vervoerder wordt uitgevoerd, blijft de vervoerder aansprakelijk voor het volledige vervoer overeenkomstig de bepalingen van deze afdeling. Bovendien is de feitelijke vervoerder onderworpen aan de bepalingen van deze afdeling en kan hij zich op deze bepalingen beroepen voor het gedeelte van het vervoer dat hij zelf heeft verricht.

Aansprakelijkheid feitelijk vervoerder

2. De vervoerder is met betrekking tot het door de feitelijke vervoerder verrichte vervoer aansprakelijk jegens de reiziger voor schade door de handelingen en het verzuim van de feitelijke vervoerder en van diens ondergeschikten, vertegenwoordigers of lasthebbers in de uitoefening van hun taak.

3. Elke overeenkomst waarbij de vervoerder verplichtingen op zich neemt die niet voortvloeien uit deze afdeling of waarbij de vervoerder afstand doet van rechten die voortvloeien uit deze afdeling, zal ten opzichte van de feitelijke vervoerder slechts gevolg hebben als deze laatste daar uitdrukkelijk en schriftelijk mee heeft ingestemd.

4. Indien en voor zover de vervoerder en de feitelijke vervoerder beiden aansprakelijk zijn, zijn zij hoofdelijk verbonden.

5. Dit artikel laat onverlet enig recht op verhaal van de vervoerder en de feitelijke vervoerder.

Art. 504b

1. De in artikel 504 bedoelde aansprakelijkheidsgrenzen worden toegepast op de totale som van de schadevergoeding die kan worden verkregen in het kader van alle aansprakelijkheidsvorderingen bij dood of letsel van een reiziger of bij verlies of beschadiging van zijn bagage.

Schadevergoeding, hoogte totale som

2. Bij vervoer door een feitelijke vervoerder kan de totale som van de schadevergoeding die kan worden verkregen van de vervoerder, de feitelijke vervoerder, en hun ondergeschikten, vertegenwoordigers en lasthebbers die handelen in de uitoefening van hun taak, niet hoger zijn dan de hoogste vergoeding die de vervoerder of de feitelijke vervoerder krachtens deze afdeling kan worden opgelegd. Geen van de in dit lid genoemde personen kan aansprakelijk worden

B8 art. 504c **Burgerlijk Wetboek Boek 8**

gesteld voor een bedrag dat de aansprakelijkheidsgrens die voor hem krachtens deze afdeling van toepassing is, te boven gaat.

3. Indien een ondergeschikte, vertegenwoordiger of lasthebber van de vervoerder of van de feitelijke vervoerder zich krachtens artikel 504e kan beroepen op de in artikel 504 bedoelde aansprakelijkheidsgrenzen, gaat de totale som van de schadevergoeding die kan worden verkregen van de vervoerder of van de feitelijke vervoerder en van de ondergeschikte, vertegenwoordiger of lasthebber, die grenzen niet te boven.

Art. 504c

Schadevergoeding, geen beroep op beperking aansprakelijkheid

1. De vervoerder kan zich niet beroepen op de in artikel 504 bedoelde beperking van aansprakelijkheid, indien bewezen is dat de schade voortvloeit uit een handeling of een verzuim door de vervoerder, hetzij met het opzet die schade te veroorzaken, hetzij roekeloos en met de wetenschap dat dergelijke schade waarschijnlijk daaruit zou voortvloeien.

2. De ondergeschikte, de vertegenwoordiger of de lasthebber van de vervoerder of van de feitelijke vervoerder kan zich niet beroepen op de in het eerste lid bedoelde beperking van aansprakelijkheid indien de schade voortvloeit uit een handeling of verzuim door die ondergeschikte, vertegenwoordiger of lasthebber, hetzij met het opzet dergelijke schade te veroorzaken, hetzij roekeloos en met de wetenschap dat dergelijke schade waarschijnlijk daaruit zou voortvloeien.

Art. 504d

Schadevergoeding, samenloop

Geen vordering tot vergoeding van schade als bedoeld in deze afdeling kan tegen de vervoerder of de feitelijke vervoerder worden ingesteld anders dan in overeenstemming met deze afdeling.

Art. 504e

Schadevergoeding, rechtsvordering tegen ondergeschikte/vertegenwoordiger/lasthebber

Indien een rechtsvordering tegen een ondergeschikte, vertegenwoordiger of lasthebber van de vervoerder of van de feitelijke vervoerder wordt ingesteld tot vergoeding van schade waarop deze afdeling van toepassing is, kan die ondergeschikte, vertegenwoordiger of lasthebber, indien hij bewijst dat hij in de uitoefening van zijn functie heeft gehandeld, een beroep doen op de verweren en aansprakelijkheidsgrenzen waarop de vervoerder of de feitelijke vervoerder zich krachtens deze afdeling kan beroepen.

Art. 504f

Deze afdeling laat de titels 7 en 12 onverlet.

Art. 505-506

[Vervallen]

Art. 507

Aansprakelijkheid vervoerder voor waardevolle voorwerpen/waardepapieren bij personenvervoer over zee

De vervoerder is niet aansprakelijk voor verlies of beschadiging van geld, verhandelbare documenten, goud, zilver, juwelen, sieraden, kunstvoorwerpen of andere waardevolle zaken, tenzij deze waardevolle zaken aan de vervoerder in bewaring zijn gegeven en hij overeengekomen is hen in zekerheid te zullen bewaren, in welk geval zijn aansprakelijkheid beperkt is tot het bedrag bedoeld in artikel 504, achtste lid, tenzij, overeenkomstig artikel 504, tiende lid, in overleg tussen vervoerder en reiziger een hogere aansprakelijkheidsgrens werd vastgesteld.

(Zie ook: art. 600 BW Boek 7; artt. 517, 520, 977, 1151 BW Boek 8)

Art. 508

[Vervallen]

Art. 509

Schadevergoeding door reiziger bij personenvervoer over zee

Onverminderd artikel 179 van Boek 6 is de reiziger verplicht de vervoerder de schade te vergoeden die hij of zijn bagage deze berokkende, behalve voor zover deze schade is veroorzaakt door een omstandigheid die een zorgvuldig reiziger niet heeft kunnen vermijden en voor zover zulk een reiziger de gevolgen daarvan niet heeft kunnen verhinderen. De reiziger kan niet om zich van zijn aansprakelijkheid te ontheffen beroep doen op de hoedanigheid of een gebrek van zijn bagage.

(Zie ook: artt. 8, 114, 979, 1153 BW Boek 8)

Art. 510

Schakelbepaling

1. Onverminderd de bepalingen van deze afdeling zijn op het vervoer van bagage de artikelen 378, 387, 388 tweede lid, 389, 394 eerste en tweede lid, 395, 396, 398, 488 tot en met 491 en 493 tot en met 496 van toepassing. De in artikel 396 bedoelde opzegging kan ook mondeling geschieden. De in artikel 489 toegekende rechten en het in artikel 491 toegekende recht tot het zich laten voldoen uit het in bewaring te stellen bedrag van kosten terzake van het vervoer, kunnen worden uitgeoefend voor alles wat de wederpartij van de vervoerder of de reiziger aan de vervoerder verschuldigd is.

2. Partijen hebben de vrijheid af te wijken van in het eerste lid op hun onderlinge verhouding toepasselijk verklaarde bepalingen.

(Zie ook: artt. 8, 370, 980, 1154, 1710 t/m 1722, 1750 BW Boek 8)

Art. 511

Meldingsplicht reiziger bij schade bij personenvervoer over zee

1. De reiziger is gehouden de vervoerder schriftelijk kennis te geven:

a. in geval van uiterlijk zichtbare schade aan bagage:

(i). wat betreft hutbagage: voor of ten tijde van de ontscheping van de reiziger;

(ii). wat betreft alle andere bagage: voor of ten tijde van de aflevering;

b. in geval van niet uiterlijk zichtbare schade aan of verlies van bagage: binnen vijftien dagen na de aanvang van de dag, volgende op de dag van ontscheping of aflevering of die waarop de bagage had moeten worden afgeleverd.

2. Indien de reiziger niet aan zijn in het eerste lid van dit artikel omschreven verplichting voldoet, wordt, behoudens tegenbewijs, vermoed dat hij de bagage onbeschadigd heeft ontvangen.

3. Schriftelijke kennisgeving is overbodig indien de staat van de bagage op het ogenblik van in ontvangstneming gezamenlijk is vastgesteld of geïnspecteerd.

(Zie ook: artt. 8, 500, 505, 506, 510, 516, 981 BW Boek 8)

Art. 512

De vervoerder is niet gehouden, doch wel gerechtigd zich te overtuigen van de aard of gesteldheid van de bagage, indien hij vermoedt dat hij, de aard of gesteldheid van door de reiziger aan boord gebrachte bagage kennende, deze niet aan boord zou hebben toegelaten. De vervoerder is gehouden dit onderzoek te doen geschieden in tegenwoordigheid van de reiziger of, zo dit niet mogelijk is, in tegenwoordigheid van twee personen van wier hulp hij overigens bij de uitvoering van zijn verbintenis geen gebruik maakt.

(Zie ook: artt. 8, 394, 396, 508, 981 BW Boek 8)

Onderzoek naar bagage bij personenvervoer over zee

Art. 513

Indien de vervoerder bewijst dat schuld of nalatigheid van de reiziger schade heeft veroorzaakt of daartoe heeft bijgedragen, kan de aansprakelijkheid van de vervoerder daarvoor geheel of gedeeltelijk worden opgeheven.

(Zie ook: artt. 83, 109, 981, 1155 BW Boek 8; art. 29 LVW)

Schuld/nalatigheid reiziger bij personenvervoer over zee

Art. 514

Indien personen van wier hulp de vervoerder bij de uitvoering van zijn verbintenis gebruik maakt, op verzoek van de reiziger diensten bewijzen, waartoe de vervoerder niet is verplicht, worden zij aangemerkt als te handelen in opdracht van de reiziger aan wie zij deze diensten bewijzen.

(Zie ook: artt. 109, 981, 1156 BW Boek 8)

Dienstverlening door hulppersonen bij personenvervoer over zee

Art. 515

Behoudens artikel 516 is de vervoerder die zich, anders dan bij wijze van bevrachting, verbond tot vervoer volgens een dienstregeling, niet aansprakelijk voor schade die is veroorzaakt door vertraging, door welke oorzaak dan ook, vóór, tijdens of na het vervoer opgetreden.

(Zie ook: artt. 100, 108, 981 BW Boek 8; art. 28 LVW)

Vervoer volgens dienstverlening bij personenvervoer over zee

Art. 516-519

[Vervallen]

Art. 520

1. Nietig is ieder vóór het aan de reiziger overkomen incident of vóór het verlies of de beschadiging van bagage gemaakt beding, waarbij de ingevolge deze afdeling op de vervoerder of feitelijke vervoerder drukkende aansprakelijkheid of bewijslast wordt verminderd op andere wijze dan in deze afdeling is voorzien.

(Zie ook: artt. 12, 84, 112, 985, 1149, 1150 BW Boek 8)

Dwingend recht

2. De nietigheid van een beding als bedoeld in het eerste lid leidt niet tot de nietigheid van de vervoerovereenkomst.

Art. 521

1. In geval van verlies of beschadiging van bagage wordt de vordering tot schadevergoeding gewaardeerd naar de omstandigheden.

2. In geval van aan de reiziger overkomen letsel en van de dood van de reiziger zijn de artikelen 107 en 108 van Boek 6 niet van toepassing op de vorderingen die de vervoerder als wederpartij van een andere vervoerder tegen deze laatste instelt.

(Zie ook: artt. 105, 106, 109 BW Boek 6; artt. 85, 113, 986, 1159 BW Boek 8; art. 24 LVW)

Schadevergoeding bij personenvervoer over zee

Art. 522

De wederpartij van de vervoerder is verplicht deze de schade te vergoeden die hij lijdt doordat de reiziger, door welke oorzaak dan ook, niet tijdig ten vervoer aanwezig is.

(Zie ook: artt. 86, 986, 1160 BW Boek 8)

Schadevergoedingsplicht wederpartij bij personenvervoer over zee

Art. 523

De wederpartij van de vervoerder is verplicht deze de schade te vergoeden die hij lijdt doordat de documenten met betrekking tot de reiziger, die van haar zijde voor het vervoer vereist zijn, door welke oorzaak dan ook, niet naar behoren aanwezig zijn.

(Zie ook: artt. 87, 986, 1161 BW Boek 8)

Art. 524

1. Wanneer vóór of tijdens het vervoer omstandigheden aan de zijde van de wederpartij van de vervoerder of de reiziger zich opdoen of naar voren komen, die de vervoerder bij het sluiten van de overeenkomst niet behoefde te kennen, doch die, indien zij hem wel bekend waren geweest, redelijkerwijs voor hem grond hadden opgeleverd de vervoerovereenkomst niet of op

Opzegging vervoerovereenkomst door vervoerder bij personenvervoer over zee

B8 art. 525

andere voorwaarden aan te gaan, is de vervoerder bevoegd de overeenkomst op te zeggen en de reiziger uit het schip te verwijderen.

2. De opzegging geschiedt door een mondelinge of schriftelijke kennisgeving aan de wederpartij van de vervoerder of aan de reiziger en de overeenkomst eindigt op het ogenblik van ontvangst van de eerst ontvangen kennisgeving.

3. Naar maatstaven van redelijkheid en billijkheid zijn partijen na opzegging der overeenkomst verplicht elkaar de daardoor geleden schade te vergoeden.

(Zie ook: artt. 258, 277 BW Boek 6; artt. 88, 986, 1162 BW Boek 8)

Art. 525

Opzegging vervoerovereenkomst door wederpartij bij personenvervoer over zee

1. Wanneer vóór of tijdens het vervoer omstandigheden aan de zijde van de vervoerder zich opdoen of naar voren komen, die diens wederpartij bij het sluiten van de overeenkomst niet behoefde te kennen, doch die, indien zij haar wel bekend waren geweest, redelijkerwijs voor haar grond hadden opgeleverd de vervoerovereenkomst niet of op andere voorwaarden aan te gaan, is deze wederpartij van de vervoerder bevoegd de overeenkomst op te zeggen.

2. De opzegging geschiedt door een mondelinge of schriftelijke kennisgeving en de overeenkomst eindigt op het ogenblik van ontvangst daarvan.

3. Naar maatstaven van redelijkheid en billijkheid zijn partijen na opzegging der overeenkomst verplicht elkaar de daardoor geleden schade te vergoeden.

(Zie ook: artt. 258, 277 BW Boek 6; artt. 89, 986, 1163 BW Boek 8)

Art. 526

Einde vergoedingenoverzicht bij personenvervoer over zee

Wanneer de reiziger na verlaten van het schip niet tijdig terugkeert kan de vervoerder de overeenkomst beschouwen als op dat tijdstip te zijn geëindigd.

(Zie ook: art. 986, 1164 BW Boek 8)

Art. 527

Opzeggingsrecht wederpartij bij personenvervoer over zee

1. De wederpartij van de vervoerder is steeds bevoegd de overeenkomst op te zeggen. Zij is verplicht de vervoerder de schade te vergoeden, die deze tengevolge van de opzegging lijdt.

2. Zij kan dit recht niet uitoefenen, wanneer daardoor de reis van het schip zou worden vertraagd.

3. De opzegging geschiedt door een mondelinge of schriftelijke kennisgeving en de overeenkomst eindigt op het ogenblik van ontvangst daarvan.

(Zie ook: artt. 90, 986, 1165 BW Boek 8)

Art. 528

Ontvangstbewijs voor bagage bij personenvervoer over zee

Dwingend recht

Personenvervoer over zee, toepasselijkheid art. 56 lid 2/75 lid 1/186 lid 1 Boek 2 BW

1. Wordt terzake van het vervoer een passagebiljet, een ontvangstbewijs voor bagage of enig soortgelijk document afgegeven, dan is de vervoerder verplicht daarin op duidelijke wijze zijn naam en woonplaats te vermelden.

2. Nietig is ieder beding, waarbij van het eerste lid van dit artikel wordt afgeweken.

3. De artikelen 56 tweede lid, 75 eerste lid en 186 eerste lid van Boek 2 zijn niet van toepassing.

(Zie ook: artt. 12, 100, 260, 986, 1166 BW Boek 8; art. 5 LVW)

Art. 529

Verplichting verzekering schade reiziger van vervoerder van passagiers per Nederlands schip

1. De vervoerder die feitelijk geheel of gedeeltelijk passagiers vervoert aan boord van een in Nederland te boek staand schip dat vergunning heeft voor het vervoeren van meer dan twaalf reizigers, is verplicht een verzekering of andere financiële zekerheid, zoals een bankgarantie, in stand te houden ter dekking van de uit deze afdeling voortvloeiende aansprakelijkheid voor schade door dood of letsel van een reiziger. Het minimumbedrag van deze verplichte verzekering of andere financiële zekerheid beloopt ten minste het in artikel 4bis, eerste lid, van het Verdrag genoemde bedrag, behoudens wijziging door de bijzondere amenderingsprocedure voorzien in artikel 23 van het Protocol, per reiziger per incident.

2. De vervoerder die feitelijk geheel of gedeeltelijk passagiers vervoert aan boord van een in Nederland te boek staand schip dat vergunning heeft voor het vervoeren van meer dan twaalf passagiers, is verplicht een verzekering of andere financiële zekerheid, zoals een bankgarantie, in stand te houden ter dekking van de uit deze afdeling voortvloeiende aansprakelijkheid voor schade door dood of letsel van een reiziger ten gevolge van een van de risico's die zijn genoemd in punt 2.2 van de IMO richtsnoeren. Het minimumbedrag van deze verplichte verzekering of andere financiële zekerheid beloopt ten minste het laagste van de volgende bedragen:

– 250 000 rekeneenheden per passagier, per afzonderlijk incident, of

– 340 miljoen rekeneenheden in totaal per schip, per afzonderlijk incident.

3. De vervoerder die feitelijk geheel of gedeeltelijk passagiers vervoert aan boord van een schip dat vergunning heeft voor het vervoeren van meer dan twaalf reizigers en dat te boek staat buiten Nederland of een andere dan de Nederlandse vlag voert, is verplicht om, indien het schip een haven of laad- of losplaats in Nederland aanloopt of verlaat, of een Nederlands binnenwater bevaart, een verzekering of andere financiële zekerheid, zoals een bankgarantie, in stand te houden ter dekking van de uit deze afdeling voortvloeiende aansprakelijkheid voor schade door dood of letsel van een reiziger. Het minimumbedrag van deze verplichte verzekering of andere financiële zekerheid beloopt ten minste het in artikel 4bis, eerste lid, van het Verdrag genoemde bedrag, behoudens wijziging door de bijzondere amenderingsprocedure voorzien in artikel 23 van het Protocol, per reiziger per incident.

4. De vervoerder die feitelijk geheel of gedeeltelijk passagiers vervoert aan boord van een schip dat vergunning heeft voor het vervoeren van meer dan twaalf passagiers en dat te boek staat buiten Nederland of een andere dan de Nederlandse vlag voert, is verplicht om, indien het schip een haven of laad- of losplaats in Nederland aanloopt of verlaat, of een Nederlands binnenwater bevaart, een verzekering of andere financiële zekerheid, zoals een bankgarantie, in stand te houden ter dekking van de uit deze afdeling voortvloeiende aansprakelijkheid voor schade door dood of letsel van een reiziger ten gevolge van een van de risico's die zijn genoemd in punt 2.2 van de IMO richtsnoeren. Het minimumbedrag van deze verplichte verzekering of andere financiële zekerheid beloopt ten minste het laagste van de volgende bedragen:

– 250 000 rekeneenheden per passagier, per afzonderlijk incident, of

– 340 miljoen rekeneenheden in totaal per schip, per afzonderlijk incident.

Art. 529a

De overeenkomst tot verstrekking van financiële zekerheid als bedoeld in artikel 529, moet voldoen aan het volgende:

a. de overeenkomst moet zijn aangegaan met een verzekeraar, een bank of andere financiële instelling of een andere persoon, van wie Onze Minister, na overleg met Onze Minister van Financiën, de financiële draagkracht tot het geven van dekking voor de uit deze afdeling en het Verdrag voortvloeiende aansprakelijkheid voldoende oordeelt;

b. de gelden uit de overeenkomst moeten, indien de verstrekker van financiële zekerheid buiten Nederland is gevestigd, ook werkelijk in Nederland ter beschikking kunnen komen;

c. uit de overeenkomst moet blijken dat de benadeelde, in overeenstemming met artikel 529b en met artikel 7, tiende lid, van het Verdrag, zijn vordering rechtstreeks tegen de verstrekker van financiële zekerheid kan instellen. Indien de overeenkomst een beding inhoudt dat de vervoerder zelf voor een deel in de vergoeding van de schade zal bijdragen, moet uit de overeenkomst blijken dat de verstrekker van financiële zekerheid niettemin jegens de benadeelde terzake van schade gehouden blijft tot betaling ook van dat deel van de schadevergoeding;

d. uit de overeenkomst moet blijken dat de verstrekker van financiële zekerheid deze binnen de tijdsduur waarvoor het certificaat van artikel 529c is uitgegeven, niet eerder kan schorsen of beëindigen of zodanig wijzigen dat hij niet meer aan dit artikel voldoet, dan na verloop van drie maanden na de datum van ontvangst van een mededeling als bedoeld in artikel 529f, eerste lid, tenzij het certificaat is ingeleverd of een nieuw is afgegeven vóór het verstrijken van de termijn.

Art. 529b

1. Vorderingen tot schadevergoeding die krachtens deze afdeling door een verzekering of andere financiële zekerheid worden gedekt, mogen rechtstreeks tegen de verzekeraar of andere persoon die de financiële zekerheid stelt, worden ingesteld. In dit geval kan de verweerder, zelfs indien de vervoerder niet gerechtigd is zijn aansprakelijkheid te beperken, zijn aansprakelijkheid beperken tot het bedrag gelijk aan het verzekerde bedrag of het bedrag van de andere financiële zekerheid als bedoeld in artikel 529.

2. De verweerder komen alle verweermiddelen toe welke de vervoerder tegen de vorderingen zou hebben kunnen aanvoeren, doch hij kan geen beroep doen op de omstandigheid dat de vervoerder surséance van betaling is verleend, dat ten aanzien van de vervoerder de schuldsaneringsregeling natuurlijke personen van toepassing is, of dat de vervoerder zich in staat van faillissement of vereffening bevindt. Hij kan zich voorts verweren met een beroep op het feit dat de schade is veroorzaakt door opzettelijk wangedrag van de vervoerder zelf, doch andere verweermiddelen welke hij zou hebben kunnen aanvoeren tegen een door de vervoerder tegen hem ingestelde vordering komen hem niet toe.

3. De verweerder kan de vervoerder en de feitelijke vervoerder steeds in het geding roepen.

Art. 529c

1. Onze Minister geeft aan de vervoerder op diens verzoek een certificaat af als omschreven in artikel 4bis, tweede lid, van het Verdrag, of waarmerkt als certificaat een door de verstrekker van financiële zekerheid in deze vorm ten behoeve van de vervoerder afgegeven document, indien hem is gebleken dat de vervoerder aan zijn in artikel 529 bedoelde verplichting voldoet.

2. Bij het verzoek moet de vervoerder de volgende gegevens en stukken overleggen:

a. naam en adres van het hoofdkantoor van het bedrijf van de vervoerder die het vervoer feitelijk geheel of gedeeltelijk verricht;

b. een uittreksel uit de registratie voor schepen als bedoeld in artikel 101, eerste lid, van de Kadasterwet, vermeldende ten minste de gegevens bedoeld in artikel 85, tweede lid, onder a, c, d, e, f, g en j van die wet, alsmede de gegevens omtrent niet doorgehaalde voorlopige aantekeningen, met dien verstande dat ingeval dat uittreksel meer dan twee dagen vóór de dag der overlegging is afgegeven, op dat uittreksel een verklaring van de bewaarder van het Kadaster

Verplichting verzekering schade reiziger van vervoerder van passagiers per Nederlands schip, voorwaarden

B8 art. 529d

en de openbare registers moet voorkomen, afgegeven binnen voornoemde termijn van twee dagen, dat sedert de afgifte de op dat uittreksel vermelde gegevens geen wijziging hebben ondergaan;

c. een afschrift van de overeenkomst tot verstrekking van financiële zekerheid;

d. de naam van degene die de financiële zekerheid verstrekt en de plaats waar diens hoofdkantoor is gevestigd, alsmede, zo nodig, het kantoor waar deze zekerheid wordt verstrekt;

e. het tijdstip waarop de financiële zekerheid ingaat en het tijdstip waarop deze een einde neemt.

3. Het certificaat bevindt zich aan boord van het schip en een afschrift hiervan wordt in bewaring gegeven bij de overheidsinstantie die het register houdt waarin het schip staat ingeschreven of, indien het schip niet te boek staat in een staat die partij is bij het Verdrag, bij de overheidsinstantie van de staat die het certificaat afgeeft of waarmerkt.

Art. 529d

Geldbedragen die door de verzekeraar of door de verstrekker van een andere overeenkomstig artikel 529a verzorgde financiële zekerheid ter beschikking worden gesteld, dienen uitsluitend voor de voldoening van uit hoofde van deze afdeling ingestelde vorderingen, en enige uitbetaling van deze bedragen heeft tot gevolg dat iedere aansprakelijkheid uit hoofde van deze afdeling met een bedrag ten belope van de uitgekeerde bedragen wordt verminderd.

Art. 529e

Onze Minister wijst een verzoek als bedoeld in artikel 529c af indien de overgelegde gegevens of stukken onvoldoende of onjuist zijn, of indien de overeenkomst tot verstrekking van financiële zekerheid niet voldoet aan de daaraan bij of krachtens deze afdeling gestelde eisen.

Art. 529f

1. De vervoerder aan wie een certificaat is afgegeven, is verplicht om onverwijld aan Onze Minister schriftelijk mededeling te doen van het ongeldig worden, de schorsing of de beëindiging van de overeenkomst tot verstrekking van financiële zekerheid binnen de tijdsduur waarvoor het certificaat is afgegeven, alsmede van elke wijziging welke zich gedurende die tijdsduur voordoet in de gegevens welke bij het in artikel 529c bedoelde verzoek zijn overgelegd.

2. Onze Minister draagt zorg, dat van een mededeling als bedoeld in het eerste lid ten aanzien van een overeenkomst tot verstrekking van financiële zekerheid voor een in Nederland te boek staand schip schriftelijk kennis wordt gegeven aan het kantoor van de Dienst voor het Kadaster en de openbare registers, waar de openbare registers waarin het verzoek tot teboekstelling van het schip is ingeschreven, worden gehouden, welke kennisgeving aldaar wordt bewaard.

3. Het bestaan en de dagtekening van ontvangst van kennisgevingen als bedoeld in het tweede lid worden onverwijld vermeld in de registratie voor schepen, bedoeld in artikel 85 van de Kadasterwet. Kennisgevingen als bedoeld in het tweede lid zijn openbaar.

4. De in het eerste lid bedoelde mededeling kan behalve door de vervoerder ook worden gedaan door degene die de financiële zekerheid verstrekt.

Art. 529g

1. Onze Minister kan, na overleg met Onze Minister van Financiën, een certificaat intrekken indien door wijziging in de gegevens welke bij het in artikel 529c bedoelde verzoek zijn overgelegd of doordat die gegevens onvoldoende of onjuist blijken te zijn, het niet meer voldoet aan de bij of krachtens deze afdeling gestelde eisen, of indien er goede gronden zijn om aan te nemen dat de financiële draagkracht van de verstrekker van de financiële zekerheid onvoldoende was, of is geworden of, indien deze buiten Nederland is gevestigd, blijkt van een beletsel voor het werkelijk in Nederland beschikbaar komen van die gelden.

2. In de beschikking wordt een termijn gesteld voor de inlevering van het certificaat.

3. De werking van de beschikking wordt opgeschort totdat de beroepstermijn is verstreken of, indien beroep is ingesteld, op het beroep is beslist.

Art. 529h

1. De vervoerder is verplicht om het certificaat zo spoedig mogelijk nadat overeenkomstig artikel 529f, eerste lid, mededeling is gedaan van het ongeldig worden, de schorsing of de beëindiging van de overeenkomst tot verstrekking van financiële zekerheid, of nadat de tijdsduur waarvoor het is afgegeven is verstreken, bij Onze Minister in te leveren.

2. De vervoerder is verplicht om het certificaat ingeval van onherroepelijke intrekking bij Onze Minister in te leveren binnen de termijn bedoeld in artikel 529g, tweede lid.

Art. 529i

1. Onze Minister zendt een afschrift van elk door hem afgegeven certificaat, alsmede van elke onherroepelijke beschikking tot intrekking van een afgegeven certificaat, aan het kantoor van de Dienst voor het Kadaster en de openbare registers, welke kennisgeving aldaar wordt bewaard.

2. Artikel 529f, derde lid, is van overeenkomstige toepassing.

Art. 529j

Schakelbepaling

Nadere regels

Bij ministeriële regeling kunnen regels worden gesteld betreffende de voor de afgifte of waarmerking van een certificaat als bedoeld in artikel 529c verschuldigde vergoedingen.

Art. 529k

In afwijking van artikel 8:7 van de Algemene wet bestuursrecht is voor beroepen tegen besluiten op grond van deze afdeling de rechtbank Rotterdam bevoegd.

Afdeling 4
Enige bijzondere overeenkomsten

Art. 530

1. Onder de overeenkomst (rompbevrachting), waarbij de ene partij (de rompvervrachter) zich verbindt een schip uitsluitend ter zee terbeschikking te stellen van haar wederpartij (de rompbevrachter) zonder daarover nog enige zeggenschap te houden, ligt de exploitatie van het schip in handen van de rompbevrachter en geschiedt zij voor diens rekening.

2. Artikel 375 is van overeenkomstige toepassing.

(Zie ook: artt. 217, 228, 360, 373, 374, 461, 502, 503, 838, 990, 998, 1730 BW Boek 8)

Art. 531

1. Op de overeenkomst, waarbij de ene partij zich verbindt een schip, anders dan bij wijze van rompbevrachting, uitsluitend ter zee terbeschikking te stellen van de andere partij voor andere doeleinden dan het daarmee vervoeren van zaken of personen zijn de bepalingen nopens avarijgrosse alsmede de bepalingen van deze titel en, indien het een binnenschip betreft, artikel 880 van overeenkomstige toepassing.

2. Partijen hebben de vrijheid af te wijken van in het eerste lid op hun onderlinge verhouding toepasselijk verklaarde bepalingen.

(Zie ook: art. 3, 360, 361, 370, 500, 530, 532, 610, 991, 998, 1020, 1730 BW Boek 8)

Art. 532

Voor de toepassing van de bepalingen van deze afdeling wordt ter beschikkingstelling van een en eenzelfde schip ter zee en op binnenwateren beschouwd als terbeschikkingstelling ter zee, tenzij deze terbeschikkingstelling ter zee kennelijk ondergeschikt is aan die op binnenwateren, in welk geval zij als terbeschikkingstelling op binnenwateren wordt beschouwd.

(Zie ook: artt. 4, 370, 500, 890, 970, 998, 1730 BW Boek 8)

Titel 6
Ongevallen

Afdeling 1
Aanvaring

Art. 540

Aanvaring is de aanraking van schepen met elkaar.

(Zie ook: artt. 1, 1001 BW Boek 8; art. 358a WvK)

Art. 541

Onder voorbehoud van de Wet aansprakelijkheid olietankschepen en de afdelingen 5 en 6 van deze titel vindt het in deze afdeling omtrent aanvaring bepaalde eveneens toepassing indien schade door een zeeschip is veroorzaakt zonder dat een aanvaring plaats had.

(Zie ook: art. 2, 1002 BW Boek 8; art. 635 Rv)

Art. 542

Indien een zeeschip door een aanvaring schade heeft veroorzaakt, dan wel aan een zeeschip, deszelfs opvarenden of de zaken aan boord daarvan door een schip schade is veroorzaakt, wordt de aansprakelijkheid voor deze schade geregeld door deze afdeling.

(Zie ook: art. 162 BW Boek 6; artt. 2, 5, 750, 1003, 1060 BW Boek 8; artt. 342, 343, 358a, 785 WvK; artt. 168, 169 WvSr)

Art. 543

Indien de aanvaring is veroorzaakt door toeval, indien zij is toe te schrijven aan overmacht of indien twijfel bestaat omtrent de oorzaken der aanvaring, wordt de schade gedragen door hen, die haar hebben geleden.

(Zie ook: art. 76 BW Boek 6; art. 1004 BW Boek 8)

Art. 544

Indien de aanvaring is veroorzaakt door de schuld van één schip, is de eigenaar van het schip, dat de schuld had, verplicht de schade te vergoeden.

(Zie ook: art. 162 BW Boek 6; artt. 217, 827, 1005, 1790, 1792 BW Boek 8; art. 343 WvK; art. 635 Rv; artt. 168, 169 WvSr)

Art. 545

1. Indien twee of meer schepen gezamenlijk door hun schuld een aanvaring hebben veroorzaakt, zijn de eigenaren daarvan zonder hoofdelijkheid aansprakelijk voor de schade, toegebracht aan medeschuldige schepen en aan goederen, die zich aan boord daarvan bevinden, en hoofdelijk voor alle overige schade.

2. Is de aansprakelijkheid niet hoofdelijk, dan zijn de eigenaren van de schepen, die gezamenlijk door hun schuld de aanvaring hebben veroorzaakt, tegenover de benadeelden aansprakelijk in verhouding tot het gewicht van de schuld van hun schepen; indien echter de omstandigheden meebrengen, dat die verhouding niet kan worden vastgesteld of indien blijkt dat de schuld van deze schepen gelijkwaardig is wordt de aansprakelijkheid in gelijke delen verdeeld.

3. Is de aansprakelijkheid hoofdelijk, dan moet elk der aansprakelijke eigenaren zijn door het tweede lid van dit artikel vastgestelde aandeel in de betaling aan de schuldeiser voor zijn rekening nemen. Onder voorbehoud van artikel 364 en artikel 880 heeft hij, die meer dan zijn aandeel heeft betaald, voor het overschot verhaal op zijn medeschuldenaren, die minder dan hun aandeel hebben betaald.

(Zie ook: artt. 1, 2 BW Boek 3; artt. 6, 10 BW Boek 6; artt. 106, 505, 975, 1006, 1791 BW Boek 8; art. 635 Rv)

Art. 546

Aansprakelijkheid van schip bij aanvaring

Er bestaan geen wettelijke vermoedens van schuld met betrekking tot de aansprakelijkheid voor aanvaring; het schip, dat in aanraking komt met een andere, zo nodig behoorlijk verlichte, vaste of te bekwamer plaatse vastgemaakte zaak, geen schip zijnde, is aansprakelijk voor de schade, tenzij blijkt dat de aanraking niet is veroorzaakt door schuld van het schip.

(Zie ook: art. 1004 BW Boek 8)

Art. 547

Schuld van een loods bij aanvaring

De krachtens deze afdeling bestaande aansprakelijkheid wordt niet opgeheven ingeval de aanvaring is veroorzaakt door de schuld van een loods, zelfs niet als het gebruik van deze verplicht is.

(Zie ook: art. 1007 BW Boek 8)

Afdeling 2
Hulpverlening

Art. 550

Werkingssfeer

Deze afdeling geldt slechts onder voorbehoud van de Astronautenovereenkomst (*Trb.* 1968, 134).

(Zie ook: art. 1010 BW Boek 8)

Art. 551

Begripsbepalingen

In deze afdeling wordt verstaan onder:

a. hulpverlening: iedere daad of werkzaamheid, verricht om hulp te verlenen aan een in bevaarbaar water of in welk ander water dan ook in gevaar verkerend schip of andere zaak;

b. schip: ieder schip of ander vaartuig, dan wel iedere constructie waarmee kan worden gevaren;

c. goederen: alle zaken die niet blijvend en opzettelijk aan de kust zijn bevestigd en de in risico zijnde vracht;

d. milieuschade: aanzienlijke fysieke schade aan de gezondheid van de mens, aan de marine fauna of flora of aan hulpbronnen in kust- of binnenwateren of daaraan grenzende gebieden, veroorzaakt door verontreiniging, besmetting, brand, ontploffing of soortgelijke ingrijpende gebeurtenissen;

e. betaling: iedere krachtens deze afdeling verschuldigde beloning, vergoeding of schadeloosstelling.

(Zie ook: art. 1820 BW Boek 8)

Art. 552

Werkingssfeer

Voor de toepassing van deze afdeling worden de wateren genoemd in artikel 21 van de Wet op de strandvonderij beschouwd tot de zee, en de stranden en oevers daarvan tot het zeestrand te behoren.

(Zie ook: artt. 25, 26 BW Boek 5; artt. 4, 558, 1010 BW Boek 8)

Art. 553

Deze afdeling is niet van toepassing in geval van hulpverlening aan:

a. vaste of drijvende platforms of verplaatsbare boorinstallaties wanneer die platforms of boorinstallaties op een lokatie in bedrijf zijn voor de exploratie, exploitatie of winning van minerale rijkdommen van de zeebodem;

b. een maritiem cultuurgoed dat van prehistorisch, archeologisch of historisch belang is en zich ten minste vijftig jaar op de zeebodem bevindt.

(Zie ook: art. 230 BW Boek 8; art. 319b WvK)

Art. 554

Deze afdeling is mede van toepassing in geval van hulpverlening door of aan een oorlogsschip of ander niet-handelsschip, dat toebehoort aan, dan wel gebruikt of bevracht wordt door de Staat der Nederlanden of enige andere Staat die het Internationaal Verdrag inzake Hulpverlening, 1989 (*Trb.* 1990, 109), op die schepen van toepassing heeft verklaard.

(Zie ook: art. 563 BW Boek 8; artt. 345, 358a, 785 WvK; art. 414 WvSr)

Art. 555

De bepalingen omtrent hulpverlening zijn van overeenkomstige toepassing in geval van hulpverlening:

a. aan op het vaste zeestrand of de oevers van bevaarbaar binnenwater gezonken of aangespoelde zaken;

b. door een schip aan een luchtvaartuig.

(Zie ook: artt. 3, 5 WvSv)

Art. 556

1. Een overeenkomst omtrent hulpverlening kan op verlangen van een der partijen door de rechter geheel of gedeeltelijk worden vernietigd of gewijzigd wanneer zij is tot stand gekomen door misbruik van omstandigheden of onder invloed van gevaar en de overeengekomen voorwaarden onbillijk zijn, of de overeengekomen betaling buitensporig hoog of laag is in verhouding tot de daadwerkelijk verleende diensten.

2. Nietig is ieder beding waarbij het bepaalde in het eerste lid wordt afgeweken.

(Zie ook: artt. 6, 227, 260, 837, 860 BW Boek 8; artt. 341, 345 WvK)

Art. 557

1. Hulp aan in gevaar verkerende schepen, aan zich aan boord daarvan bevindende zaken of aan van een schip afkomstige driftige, aangespoelde of gezonken zaken mag niet worden verleend tegen een uitdrukkelijk en redelijk verbod van de reder of kapitein van het schip in. Hulp aan andere in gevaar verkerende zaken mag niet worden verleend tegen een uitdrukkelijk en redelijk verbod in van de rechthebbende op de zaak.

2. Een verbod tot hulpverlening kan steeds worden uitgevaardigd.

(Zie ook: art. 568 BW Boek 8; artt. 345, 358a, 785 WvK; art. 414 WvSr)

Art. 558

1. Het verlenen van hulp aan een schip, aan zich aan boord daarvan bevindende zaken of aan van een schip afkomstige driftige, aangespoelde of gezonken zaken staat onder leiding van de kapitein en, wanneer er geen kapitein is of deze niet optreedt, onder leiding van de rechthebbende op het schip of de zaak.

2. Bij stranding of aanspoeling aan of op het vaste zeestrand berust de leiding, wanneer kapitein noch rechthebbende optreedt, bij de strandvonder.

3. Indien het noodzakelijk is onverwijld maatregelen te treffen, geldt het in dit artikel bepaalde niet, totdat de kapitein, de rechthebbende of de strandvonder de leiding op zich heeft genomen.

(Zie ook: art. 557 BW Boek 8)

Art. 559

1. Wanneer een schip door de bemanning is verlaten en door hulpverleners of de strandvonder is overgenomen, staat het de kapitein steeds vrij naar zijn schip terug te keren en het gezag daarover te hernemen, in welk geval de hulpverleners of de strandvonder terstond het gezag aan de kapitein moeten overdragen.

2. Indien de kapitein of de rechthebbende bij de hulpverlening of ter plaatse, waar de geredde zaken worden aangebracht, tegenwoordig is en dit de hulpverlener of de strandvonder bekend is, moeten de hulpverleners of de strandvonder, onverminderd artikel 571, die zaken terstond te zijner beschikking stellen.

3. In de gevallen, waarin de geredde zaken niet op grond van het vorige lid terstond ter beschikking van de kapitein of van de rechthebbende moeten worden gesteld, moeten zij, voor zover zij tijdens de hulpverlening zich aan of op de buitengronden of het vaste zeestrand bevinden, terstond ter beschikking worden gesteld van de strandvonder.

(Zie ook: artt. 6, 227, 260, 557, 837, 860 BW Boek 8; artt. 341, 345 WvK)

Art. 560

1. De hulpverlener is jegens de reder van het schip of de rechthebbende op andere in gevaar verkerende zaken verplicht:

a. de hulpverlening met de nodige zorg uit te voeren;

b. bij de nakoming van de in onderdeel *a* bedoelde verplichting de nodige zorg te betrachten om milieuschade te voorkomen of te beperken;

c. in alle gevallen, waarin de omstandigheden dit redelijkerwijze vereisen, de bijstand in te roepen van andere hulpverleners; en

d. de tussenkomst van andere hulpverleners te aanvaarden, wanneer hiertom redelijkerwijze wordt verzocht door de reder of de kapitein van het schip of de rechthebbende op andere in gevaar verkerende zaken, met dien verstande dat het bedrag van zijn beloning niet wordt verminderd, indien mocht blijken dat het verzoek onredelijk was.

2. De reder en de kapitein van het schip of de rechthebbende op andere in gevaar verkerende zaken zijn jegens de hulpverlener verplicht:

a. gedurende de hulpverlening volledig met hem samen te werken;

b. daarbij de nodige zorg te betrachten om milieuschade te voorkomen of te beperken; en

c. wanneer het schip of de andere zaken in veiligheid zijn gebracht, teruggave daarvan te aanvaarden wanneer zulks redelijkerwijze door de hulpverlener wordt verzocht.

B8 *art. 561*

Dwingend recht

3. Nietig is ieder beding, waarbij van onderdeel *b* van het eerste of tweede lid wordt afgeweken. *(Zie ook: artt. 213, 217 BW Boek 6; artt. 6, 211, 214, 219, 222, 225, 568, 570, 610, 821, 824, 832, 835, 1010, 1020, 1820 BW Boek 8)*

Art. 561

Recht op hulploon bij hulpverlening

1. Hulp die met gunstig gevolg is verleend geeft recht op hulploon.

2. Behoudens artikel 564, is geen betaling krachtens deze afdeling verschuldigd, wanneer de hulp geen gunstig gevolg heeft gehad.

3. Hulp als omschreven in het eerste lid geeft recht op hulploon, ook al is de tot hulploon gerechtigde of hij, die gerechtigd is de vaststelling van het hulploon te vorderen, dezelfde persoon als hij die hulploon verschuldigd is.

(Zie ook: art. 200 BW Boek 6; artt. 211, 222, 224, 225, 389, 569, 577, 821, 832, 834, 835, 904, 1010, 1820 BW Boek 8; artt. 636, 637 Rv; artt. 370, 449 WvK)

Art. 562

Aansprakelijkheid buiten overeenkomst bij hulpverlening

Indien een partij bij een overeenkomst omtrent hulpverlening door haar wederpartij daarbij terzake van een bij de hulpverlening veroorzaakte schade buiten overeenkomst wordt aangesproken, is zij jegens die wederpartij niet verder aansprakelijk dan zij dit zou zijn op grond van de door hen gesloten overeenkomst. De artikelen 365 en 366 zijn van overeenkomstige toepassing.

(Zie ook: art. 362 BW Boek 8)

Art. 563

Vaststelling hulploon bij hulpverlening

1. Het bedrag van het hulploon wordt vastgesteld bij overeenkomst tussen partijen en bij gebreke daarvan door de rechter.

2. Het hulploon wordt vastgesteld met het oog op het aanmoedigen van hulpverlening, rekening houdend met de volgende criteria ongeacht de volgorde waarin zij hieronder zijn opgesomd:

a. de geredde waarde van het schip en de andere goederen;

b. de vakkundigheid en inspanningen van de hulpverleners, betoond bij het voorkomen of beperken van schade aan het milieu;

c. de mate van de door de hulpverleners verkregen gunstige uitslag;

d. de aard en ernst van het gevaar;

e. de vakkundigheid en inspanningen betoond door de hulpverleners bij de redding van het schip, de andere zaken en mensenlevens;

f. de door de hulpverleners gebruikte tijd, gemaakte kosten en geleden verliezen;

g. het risico van aansprakelijkheid en andere door de hulpverleners of hun uitrusting gelopen risico's;

h. de snelheid van de verleende diensten;

i. de beschikbaarheid en het gebruik van schepen of andere voor hulpverlening bestemde uitrusting;

j. de staat van gereedheid alsmede de doelmatigheid en de waarde van de uitrusting van de hulpverleners;

3. Voor hulp verleend aan een schip en de zaken aan boord daarvan is het hulploon uitsluitend verschuldigd door de reder van het schip, met dien verstande dat de reder een recht van verhaal heeft jegens de andere belanghebbenden voor hun onderscheiden aandeel. Voor hulp verleend aan andere zaken is het hulploon verschuldigd door de rechthebbende op die zaken.

4. Het hulploon, met uitzondering van rente en verhaalbare gerechtelijke kosten, mag de geredde waarden van het schip en de andere goederen niet overtreffen.

5. Wanneer het hulploon mede strekt tot vergoeding van gemaakte kosten en geleden schade geeft de rechter aan welke gemaakte kosten en geleden schade dit betreft.

Art. 564

Bijzondere vergoeding bij hulpverlening

1. Indien een hulpverlener hulp heeft verleend aan een schip dat zelf of wegens zijn lading schade dreigde toe te brengen aan het milieu en hij geen hulploon heeft verkregen krachtens artikel 563 dat ten minste gelijk is aan de volgens dit artikel vast te stellen bijzondere vergoeding, heeft hij recht op een bijzondere vergoeding van de zijde van de reder, gelijk aan de door hem gemaakte kosten zoals in dit artikel omschreven.

2. Indien de hulpverlener in de in het eerste lid bedoelde omstandigheden door zijn hulpverleningswerkzaamheden schade aan het milieu heeft voorkomen of heeft beperkt, kan de door de reder volgens het eerste lid aan de hulpverlener te betalen bijzondere vergoeding worden verhoogd met maximaal 30% van de door de hulpverlener gemaakte kosten. Indien echter de rechter, rekening houdend met de in het tweede lid van artikel 563 genoemde criteria, zulks billijk en rechtvaardig acht, kan hij die bijzondere vergoeding verder verhogen, maar de totale verhoging mag in geen geval meer bedragen dan 100% van de door de hulpverlener gemaakte kosten.

3. Voor de toepassing van het eerste en tweede lid worden onder kosten van de hulpverlener verstaan de voorschotten die door de hulpverlener redelijkerwijze zijn gedaan bij de hulpverlening en een billijk tarief voor uitrusting en personeel die daadwerkelijk en redelijkerwijze zijn ingezet tijdens de hulpverlening, in aanmerking nemend de criteria genoemd in artikel 563, tweede lid, onderdelen h, i en j.

4. De totale bijzondere vergoeding krachtens dit artikel wordt slechts betaald indien en voor zover deze vergoeding hoger is dan het hulploon dat de hulpverlener krachtens artikel 563 kan ontvangen.

5. Indien de hulpverlener nalatig is geweest en daardoor in gebreke is gebleven schade aan het milieu te voorkomen of te beperken, kan de rechter de krachtens dit artikel verschuldigde bijzondere vergoeding geheel of gedeeltelijk ontzeggen.

6. De rechter die een hulploon vaststelt als bedoeld in artikel 563 en een bijzondere vergoeding bepaalt als bedoeld in het eerste lid, is niet verplicht om het bedrag van het hulploon vast te stellen tot het beloop van de maximale waarde van het schip en de andere geredde goederen alvorens het bedrag van de bijzondere vergoeding te bepalen.

7. Geen bepaling van dit artikel doet afbreuk aan enig recht van verhaal van de reder van het schip.

(Zie ook: art. 166 BW Boek 3; art. 15 BW Boek 6; artt. 6, 260, 261, 860 BW Boek 8)

Art. 565

1. Geen hulploon is verschuldigd door personen wier leven is gered.

2. Niettegenstaande het in lid 1 bepaalde is voor de afzonderlijke redding van opvarenden van een schip hulploon verschuldigd door de reder.

3. Degene die mensenlevens heeft gered en heeft deelgenomen aan de werkzaamheden die zijn verricht ter gelegenheid van het ongeval dat aanleiding heeft gegeven tot de hulpverlening, is gerechtigd tot een billijk aandeel in de betaling die aan de hulpverlener is toegekend voor de redding van het schip of andere zaken of voor het voorkomen of beperken van schade aan het milieu.

Art. 566

1. Gerechtigd tot hulploon zijn die personen of groepen van personen, die hulp hebben verleend. *(Zie ook: art. 166 BW Boek 3; art. 15 BW Boek 6; artt. 6, 260, 261, 860 BW Boek 8)*

2. Indien de hulp is verleend door personen of groepen, die afhankelijk van elkaar handelen, is aan deze groepen of personen gezamenlijk slechts één bedrag als hulploon verschuldigd.

3. Indien de hulp door een schip is verleend kunnen ook de leden der bemanning, die geen hulp verleenden, tot hulploon gerechtigd zijn.

Art. 567

Afstand, jegens wie dan ook, door een lid der bemanning van zijn recht op een aandeel in het door een schip te verdienen of verdiende hulploon is nietig, tenzij het schip blijkens zijn constructie uitsluitend of in hoofdzaak voor hulpverlening of sleepdienst is bestemd of de afstand één bepaalde hulpverlening betreft.

(Zie ook: artt. 1, 6, 12 BW Boek 8)

Art. 568

1. Geen recht op betaling krachtens deze afdeling hebben zij, die hulp verleenden niettegenstaande een uitdrukkelijk en redelijk verbod als bedoeld in artikel 557, eerste lid.

2. Opvarenden kunnen wegens hulp door hen verleend aan het schip, zich aan boord daarvan bevindende zaken of daarvan afkomstige driftige, aangespoelde of gezonken zaken, slechts recht op betaling hebben, wanneer door hen diensten zijn bewezen, waartoe zij redelijkerwijs niet zijn gehouden.

3. Geen betaling is verschuldigd krachtens deze afdeling tenzij de verleende diensten verder gaan dan wat redelijkerwijs kan worden aangemerkt als een gebruikelijke uitvoering van een overeenkomst die was gesloten voordat het gevaar ontstond.

4. Indien de hulpverleners door hun schuld de hulpverlening hebben nodig gemaakt of bemoeilijkt of zich hebben schuldig gemaakt aan diefstal, verberging of andere bedriegelijke handelingen, kan de rechter de krachtens deze afdeling verschuldigde betaling geheel of gedeeltelijk ontzeggen.

(Zie ook: artt. 5, 557, 566 BW Boek 8; artt. 311, 323 WvSr)

Art. 569

1. Indien de hulp is verleend door onafhankelijk van elkaar handelende personen of groepen van personen is ieder dezer personen bevoegd vaststelling te vorderen van het hulploon of de bijzondere vergoeding die hem of de groep, waarvan hij deel uitmaakte, toekomt.

2. Indien de hulp is verleend afhankelijk van elkaar handelende personen of groepen van personen is ieder dezer personen bevoegd vaststelling te vorderen van het hulploon of de bijzondere vergoeding die aan deze personen of groepen gezamenlijk toekomt.

3. Indien door een schip hulp is verleend, is uitsluitend de reder of de kapitein bevoegd omtrent het hulploon of de bijzondere vergoeding overeen te komen. De door hem gesloten overeenkomst bindt alle tot het hulploon of de bijzondere vergoeding gerechtigden. Hij is verplicht ieder van hen vóór de uitbetaling desverlangd het bedrag van het hulploon of de bijzondere vergoeding schriftelijk mede te delen. Bij gebreke van een overeenkomst is uitsluitend hij, niet alleen gerechtigd, doch ook verplicht gerechtelijke vaststelling van het hulploon of de bijzondere vergoeding te vorderen en dit te innen.

4. In het in artikel 561, derde lid, bedoelde geval is iedere tot hulploon of bijzondere vergoeding gerechtigde bevoegd de vaststelling daarvan door de rechter te vorderen, ook al mocht over het hulploon of de bijzondere vergoeding een overeenkomst zijn gesloten.

(Zie ook: artt. 15, 213, 217 BW Boek 6; artt. 10, 178, 180, 260 BW Boek 8; art. 637 Rv)

Art. 570

Verdeling hulploon bij hulpverlening

1. De verdeling van een hulploon als bedoeld in artikel 563 tussen hulpverleners geschiedt volgens de in dat artikel genoemde criteria.

2. De verdeling van een bijzondere vergoeding als bedoeld in artikel 564 tussen hulpverleners geschiedt met in aanmerkingneming van de criteria genoemd in artikel 563, tweede lid, onderdelen h, i en j.

3. Bij geschillen omtrent de verdeling van het hulploon en de bijzondere vergoeding tussen de daartoe gerechtigden wordt deze op vordering van de meest gerede partij door de rechter vastgesteld.

(Zie ook: artt. 6, 569 BW Boek 8; art. 637 Rv)

Art. 571

Retentierecht bij hulpverlening

1. Hij, die gerechtigd is vaststelling van het hulploon te vorderen, heeft – behoudens artikel 559, eerste en derde lid – jegens ieder, die daarvan afgifte verlangt, een retentierecht op de schepen of zaken, waaraan hulp is verleend, alsmede op de schepen aan welker zich aan boord bevindende zaken hulp is verleend, voor hetgeen ter zake van hulploon is verschuldigd.

2. Ter zake van de in artikel 564 bedoelde bijzondere vergoeding kan dit retentierecht worden uitgeoefend op de schepen, waaraan hulp is verleend.

3. Dit retentierecht vervalt zodra is betaald het bedrag, waarover geen geschil tussen partijen bestaat, en voldoende zekerheid is gesteld voor de betaling van die bedragen, waaromtrent wel geschil bestaat of welker hoogte nog niet kan worden vastgesteld.

(Zie ook: artt. 290, 291 BW Boek 3; artt. 51, 52 BW Boek 6; artt. 489, 559, 569, 954 BW Boek 8; art. 637 Rv)

Art. 572

Zekerheidstelling betaling hulploon bij hulpverlening

1. Degene die krachtens deze afdeling een betaling verschuldigd is, moet op verlangen van de hulpverlener voldoende zekerheid stellen voor hetgeen hij terzake van die betaling verschuldigd is, met inbegrip van rente en kosten.

2. Het schip en de andere zaken waaraan de hulp is verleend mogen niet zonder toestemming van de hulpverlener worden verwijderd van de eerste haven of plaats waar zij na beëindiging van de hulpverlening zijn aangekomen, totdat voldoende zekerheid is gesteld voor de in het eerste lid bedoelde betaling.

(Zie ook: artt. 227, 490, 837, 955 BW Boek 8; art. 636 Rv)

Art. 573

Voorschot van bijzondere vergoeding bij hulpverlening

1. De rechter kan, voordat hij het hulploon of de bijzondere vergoeding vaststelt, bevelen dat aan degene die gerechtigd is de vaststelling daarvan te vorderen, een naar billijkheid te bepalen bedrag bij wijze van voorschot wordt betaald. De rechter kan aan dit bevel voorwaarden verbinden die gezien de omstandigheden billijk zijn, daaronder begrepen de voorwaarde dat voor de gehele of gedeeltelijke terugbetaling van het voorschot zekerheid zal worden gesteld.

2. Is krachtens artikel 572 zekerheid gesteld, dan wordt het bedrag van de gestelde zekerheid verminderd met het bedrag van het betaalde voorschot.

Art. 574

Niet opkomen rechthebbende hulploon bij hulpverlening

1. Indien de rechthebbende op de schepen of andere zaken waaraan hulp is verleend, niet opkomt, is hij, die vaststelling van het hulploon of de bijzondere vergoeding kan vorderen, gerechtigd deze voor rekening en gevaar van de rechthebbende onder zich te houden dan wel bij een derde op te slaan in een daarvoor geschikte bewaarplaats.

2. De derde-bewaarnemер en de rechthebbende zijn jegens elkaar verbonden, als ware de omtrent de bewaring gesloten overeenkomst mede tussen hen aangegaan. De bewaarnemer is echter niet gerechtigd tot afgifte dan na schriftelijke toestemming daartoe van hem, die de zaken in bewaring gaf.

(Zie ook: art. 600 BW Boek 7; artt. 227, 490, 575, 576, 837, 955 BW Boek 8; art. 636 Rv)

Art. 575

Machtiging tot verkoop bij hulpverlening

1. In geval van toepassing van artikel 574 kan hij, die gerechtigd is vaststelling van het hulploon of de bijzondere vergoeding te vorderen, de bewaarnemer dan wel de rechthebbende op de schepen of zaken, op zijn verzoek door de rechter worden gemachtigd hen geheel of gedeeltelijk op de door deze te bepalen wijze te verkopen.

2. De bewaarnemer is verplicht degene, die de zaken in bewaring gaf, zo spoedig mogelijk van de voorgenomen verkoop op de hoogte te stellen; degeen die de zaken in bewaring gaf of onder zich hield, heeft deze verplichting jegens de hem bekende rechthebbenden op de zaken.

3. De opbrengst van het verkochte wordt in de consignatiekas gestort, voor zover zij niet strekt tot voldoening van de kosten van opslag en verkoop alsmede, binnen de grenzen der redelijkheid, van de gemaakte kosten. Tenzij op de zaken beslag is gelegd voor een geldvordering, moet aan degeen, die de zaken in bewaring gaf, uit het in bewaring te stellen bedrag worden voldaan hetgeen hem terzake van hulploon of bijzondere vergoeding is verschuldigd; voor zover het hulploon of de bijzondere vergoeding nog niet vaststaat, zal de opbrengst of een gedeelte daarvan op door de rechter te bepalen wijze tot zekerheid voor deze vordering strekken.

4. De in de consignatiekas gestorte opbrengst treedt in de plaats van de zaken.

(Zie ook: artt. 51, 63, 66 t/m 70 BW Boek 6; artt. 211, 224, 491, 821, 834, 957 BW Boek 8; artt. 636, 637, 721 Rv)

Art. 576

1. Hij, die gerechtigd is tot hulploon of bijzondere vergoeding, verkrijgt de eigendom van de zaak, waaraan hulp is verleend en waarvoor geen rechthebbende is opgekomen, twee jaren na de beëindiging van de hulpverlening, mits de zaak zich op dat tijdstip nog in zijn macht bevindt en hij datgene heeft gedaan wat redelijkerwijs van hem kan worden gevergd om de rechthebbende te ontdekken en van het gevolg van de hulpverlening op de hoogte te stellen.

Eigendomsverkrijging bij hulpverlening

2. Het eerste lid vindt geen toepassing, wanneer de rechthebbende zich binnen de in dat lid genoemde termijn bij hem, die vaststelling van het hulploon of de bijzondere vergoeding kan vorderen, heeft aangemeld en aan deze de kosten van bewaring en onderhoud en tot opsporing van de rechthebbende heeft vergoed. Degeen die vaststelling van het hulploon of de bijzondere vergoeding kan vorderen is bevoegd de afgifte op te schorten totdat deze verplichting is nagekomen. Indien de rechthebbende die de zaak opeist, de verschuldigde kosten niet binnen een maand nadat ze hem zijn opgegeven, heeft voldaan, wordt hij aangemerkt zijn recht op de zaak te hebben prijsgegeven.

(Zie ook: artt. 5, 6, 10 BW Boek 5)

Art. 577

De wetsbepalingen omtrent zaakwaarneming vinden op hulpverlening geen toepassing.

Werkingssfeer

(Zie ook: art. 198 BW Boek 6)

Afdeling 3
Avarij-grosse

Art. 610

Er is een avarij-grosse handeling, wanneer - en alleen wanneer - enige buitengewone opoffering of uitgave opzettelijk en redelijkerwijs wordt verricht of gedaan voor de gemeenschappelijke veiligheid met het doel de goederen, betrokken bij een gemeenschappelijke met een zeeschip uitgevoerde onderneming, voor gevaar - hoe of door wiens toedoen dit ook zij ontstaan - te behoeden.

Avarij-grosse

(Zie ook: artt. 3, 211, 213, 214, 222, 224, 225, 382, 389, 397, 398, 423, 440, 448, 489, 491, 531, 904, 913, 914, 937, 938, 951, 954, 957, 991, 994, 1020, 1830 BW Boek 8; artt. 697, 698, 701, 702, 708, 709, 710 t/m 721 WvK; art. 638 t/m 642 Rv)

Art. 611

Alleen zodanige verliezen, schaden of onkosten, die het onmiddellijke gevolg zijn van een avarij-grosse handeling, worden als avarij-grosse toegelaten.

Werkingssfeer

Art. 612

1. Avarij-grosse wordt aan hem, die haar leed, vergoed door de reder, de belanghebbende bij verschuldigde vracht of passagegeld, de ontvanger van de lading en de eigenaren van de overige zich aan boord bevindende zaken, met uitzondering van brieven, andere poststukken of postpakketten, van bagage en van persoonlijke zaken van opvarenden die geen bagage zijn.

Vergoeding van avarij-grosse

2. In afwijking van het eerste lid draagt een motorrijtuig of schip, dat door een vervoerder in verband met een overeenkomst van personenvervoer aan boord van het schip wordt vervoerd, bij in de avarij-grosse.

(Zie ook: artt. 5, 8, 10, 500, 501, 528, 970, 971, 986, 1021 BW Boek 8)

Art. 613

De vergoedingen in avarij-grosse en de dragende waarden der in de avarij-grosse bijdragende belangen worden bovendien bepaald met inachtneming van de York-Antwerp Rules, nader omschreven bij algemene maatregel van bestuur.

Nadere regels

(Zie ook: art. 1022 BW Boek 8; Besl.art. ag 613 BW Boek 8; Besl.art. 613 BW Boek 8)

Afdeling 4
Gevaarlijke stoffen aan boord van een zeeschip

Art. 620

In deze afdeling wordt verstaan onder:

Begripsbepalingen

B8 art. 621

a. "gevaarlijke stof": een stof die als zodanig bij algemene maatregel van bestuur is aangewezen; de aanwijzing kan worden beperkt tot bepaalde concentraties van de stof, tot bepaalde in de algemene maatregel van bestuur te omschrijven gevaren die aan de stof verbonden zijn, en tot bepaalde daarin te omschrijven situaties waarin de stof zich bevindt;
b. "schip": zeeschip, niet zijnde een luchtkussenvoertuig;
c. "schade":
$1°.$ schade veroorzaakt door dood of letsel van enige persoon veroorzaakt door een gevaarlijke stof;
$2°.$ andere schade buiten het schip aan boord waarvan de gevaarlijke stof zich bevindt, veroorzaakt door die gevaarlijke stof, met uitzondering van verlies van of schade met betrekking tot andere schepen of binnenschepen en zaken aan boord daarvan, indien die schepen of binnenschepen deel uitmaken van een sleep, waarvan ook dit schip deel uitmaakt, of hecht met dit schip in een eenheid zijn gekoppeld;
$3°.$ de kosten van preventieve maatregelen en verlies of schade veroorzaakt door zulke maatregelen;
d. "preventieve maatregel": iedere redelijke maatregel ter voorkoming of beperking van schade door wie dan ook genomen met uitzondering van de overeenkomstig deze afdeling aansprakelijke persoon nadat een gebeurtenis heeft plaatsgevonden;
e. "gebeurtenis": elk feit of elke opeenvolging van feiten met dezelfde oorzaak, waardoor schade ontstaat of waardoor een ernstige en onmiddellijke dreiging van schade ontstaat;
f. "reder": de persoon die in een register waarin het schip te boek staat, als eigenaar van het schip is ingeschreven, of, bij gebreke van enige teboekstelling, de persoon die het schip in eigendom heeft.
(Zie ook: art. 197 BW Boek 6; artt. 2, 1030, 1210, 1670 BW Boek 8; Uitv.besl. Agsm)

Art. 621

Werkingssfeer

1. Deze afdeling is niet van toepassing, indien de reder jegens degene die de vordering instelt, aansprakelijk is uit hoofde van een exploitatieovereenkomst of jegens deze persoon een beroep op een exploitatieovereenkomst heeft.
2. Deze afdeling is van toepassing op de periode waarin een gevaarlijke stof zich aan boord van een schip bevindt, daaronder begrepen de periode vanaf het begin van de inlading van de gevaarlijke stof in het schip tot het einde van de lossing van die stof uit het schip.
3. Deze afdeling is niet van toepassing op schade veroorzaakt wanneer het schip uitsluitend wordt gebruikt in een niet voor publiek toegankelijk gebied en zulk gebruik een onderdeel vormt van een in dat gebied plaatsvindende bedrijfsuitoefening.
4. Op zich overeenkomstig het tweede lid aan boord bevindende stoffen als bedoeld in artikel 175 van Boek 6 is dat artikel niet van toepassing, tenzij zich het geval van het derde lid voordoet.
(Zie ook: artt. 1031, 1211, 1671 BW Boek 8)
5. Deze afdeling is niet van toepassing op schade door verontreiniging door bunkerolie zoals bedoeld in afdeling 5 van deze titel.

Art. 622

Gevaarlijke stof in vervoermiddel aan boord zeeschip

1. Indien een gevaarlijke stof zich bevindt in een vervoermiddel dat zich aan boord van een schip bevindt zonder dat de gevaarlijke stof uit dit gestapelde vervoermiddel wordt gelost, zal de gevaarlijke stof voor die periode geacht worden zich alleen aan boord van dat schip te bevinden. In afwijking van het in de vorige zin bepaalde zal, gedurende de handelingen bedoeld in artikel 623, vijfde lid, onderdelen c, d en e, de gevaarlijke stof geacht worden zich alleen aan boord van het gestapelde vervoermiddel te bevinden.
2. Indien een gevaarlijke stof zich bevindt in een schip dat wordt gesleept door een ander schip of door een binnenschip of wordt voortbewogen door een ander schip of door een binnenschip, dat hecht met dit schip in een eenheid gekoppeld is, zal de gevaarlijke stof geacht worden zich alleen aan boord van eerstgenoemd schip te bevinden.
(Zie ook: artt. 1032, 1212, 1672 BW Boek 8)

Art. 623

Aansprakelijkheid reder bij gevaarlijke stof

1. Hij die ten tijde van een gebeurtenis reder is van een schip aan boord waarvan zich een gevaarlijke stof bevindt, is aansprakelijk voor de schade door die stof veroorzaakt ten gevolge van die gebeurtenis. Bestaat de gebeurtenis uit een opeenvolging van feiten met dezelfde oorzaak, dan rust de aansprakelijkheid op degene die ten tijde van het eerste feit reder was.
2. De reder is niet aansprakelijk indien:
a. de schade is veroorzaakt door een oorlogshandeling, vijandelijkheden, burgeroorlog, opstand of natuurgebeuren van uitzonderlijke, onvermijdelijke en onweerstaanbare aard;
b. de schade uitsluitend is veroorzaakt door een handelen of nalaten van een derde, niet zijnde een persoon genoemd in het vijfde lid, onderdeel *a*, geschied met het opzet de schade te veroorzaken;
c. de afzender of enige andere persoon niet heeft voldaan aan zijn verplichting hem in te lichten over de gevaarlijke aard van de stof, en noch de reder noch de in het vijfde lid, onderdeel *a*, genoemde personen wisten of hadden behoren te weten dat deze gevaarlijk was.

3. Indien de reder bewijst dat de schade geheel of gedeeltelijk het gevolg is van een handelen of nalaten van de persoon die de schade heeft geleden, met het opzet de schade te veroorzaken, of van de schuld van die persoon, kan hij geheel of gedeeltelijk worden ontheven van zijn aansprakelijkheid tegenover die persoon.

4. De reder kan voor schade slechts uit anderen hoofde dan deze afdeling worden aangesproken in het geval van het tweede lid, onderdeel c, alsmede in het geval dat hij uit hoofde van arbeidsovereenkomst kan worden aangesproken.

5. Behoudens de artikelen 624 en 625 zijn voor schade niet aansprakelijk:

a. de ondergeschikten, vertegenwoordigers of lasthebbers van de reder of de leden van de bemanning,

b. de loods en ieder ander die, zonder bemanningslid te zijn, ten behoeve van het schip werkzaamheden verricht,

c. zij die anders dan tegen een uitdrukkelijk en redelijk verbod vanwege het schip in hulp verlenen aan het schip, de zich aan boord daarvan bevindende zaken of de opvarenden,

d. zij die op aanwijzing van een bevoegde overheidsinstantie hulp verlenen aan het schip, de zich aan boord daarvan bevindende zaken of de opvarenden,

e. zij die preventieve maatregelen nemen met uitzondering van de reder,

f. de ondergeschikten, vertegenwoordigers of lasthebbers van de in dit lid, onderdelen *b, c, d* en *e,* van aansprakelijkheid vrijgestelde personen, tenzij de schade is ontstaan uit hun eigen handelen of nalaten, geschied hetzij met het opzet die schade te veroorzaken, hetzij roekeloos en met de wetenschap dat die schade er waarschijnlijk uit zou voortvloeien.

6. De reder heeft, voor zover niet anders is overeengekomen, verhaal op de in het vijfde lid bedoelde personen, doch uitsluitend indien dezen ingevolge het slot van dit lid voor de schade kunnen worden aangesproken.

(Zie ook: artt. 622, 1033, 1213, 1673 BW Boek 8)

Art. 624

1. Indien de reder bewijst dat de gevaarlijke stof tijdens de periode bedoeld in artikel 621, tweede lid, is geladen of gelost onder de uitsluitende verantwoordelijkheid van een door hem bij name genoemde ander dan de reder of zijn ondergeschikte, vertegenwoordiger of lasthebber, zoals de afzender of ontvanger, is de reder niet aansprakelijk voor de schade als gevolg van een gebeurtenis tijdens het laden of lossen van de gevaarlijke stof en is die ander voor deze schade aansprakelijk overeenkomstig deze afdeling.

Aansprakelijkheid derde bij gevaarlijke stof

2. Indien echter de gevaarlijke stof tijdens de periode bedoeld in artikel 621, tweede lid, is geladen of gelost onder de gezamenlijke verantwoordelijkheid van de reder en een door de reder bij name genoemde ander, zijn de reder en die ander hoofdelijk aansprakelijk overeenkomstig deze afdeling voor de schade als gevolg van een gebeurtenis tijdens het laden of lossen van de gevaarlijke stof.

3. Indien is geladen of gelost door een persoon in opdracht of ten behoeve van de vervoerder of een ander, zoals de afzender of de ontvanger, is niet deze persoon, maar de vervoerder of die ander aansprakelijk.

4. Indien een ander dan de reder op grond van het eerste of het tweede lid aansprakelijk is, kan die ander geen beroep doen op artikel 623, vierde lid en vijfde lid, onderdeel b.

5. Indien een ander dan de reder op grond van het eerste of het tweede lid aansprakelijk is, zijn ten aanzien van die ander titel 7 alsmede de artikelen 642a tot en met 642z van het Wetboek van Burgerlijke Rechtsvordering van overeenkomstige toepassing, met dien verstande dat in geval van hoofdelijke aansprakelijkheid:

Schakelbepaling

a. de beperking van aansprakelijkheid krachtens titel 7 van het Wetboek van Koophandel geldt voor het geheel der naar aanleiding van eenzelfde gebeurtenis ontstane vorderingen gericht tegen beiden;

b. een fonds gevormd door één van hen overeenkomstig artikel 642c van het Wetboek van Burgerlijke Rechtsvordering wordt aangemerkt als door beiden te zijn gevormd en zulks ten aanzien van de vorderingen waarvoor het fonds werd gesteld.

6. In de onderlinge verhouding tussen de reder en de in het tweede lid van dit artikel genoemde ander is de reder niet tot vergoeding verplicht dan in geval van schuld van hemzelf of van zijn ondergeschikten, vertegenwoordigers of lasthebbers.

7. Dit artikel is niet van toepassing als tijdens de periode, bedoeld in artikel 621, tweede lid, is geladen of gelost onder de uitsluitende of gezamenlijke verantwoordelijkheid van een persoon, genoemd in artikel 623, vijfde lid, onderdeel c, d of e.

(Zie ook: artt. 1034, 1214, 1674 BW Boek 8)

Art. 625

Indien ingevolge artikel 623, tweede lid, onderdeel c, de reder niet aansprakelijk is, is de afzender of andere persoon aansprakelijk overeenkomstig deze afdeling en zijn te diens aanzien titel 7 alsmede de artikelen 642a tot en met 642z van het Wetboek van Burgerlijke Rechtsvordering

Aansprakelijkheid verzender bij gevaarlijke stof

B8 *art. 626*

van overeenkomstige toepassing. De afzender of andere persoon kan geen beroep doen op artikel 623, vierde lid.
(Zie ook: artt. 1035, 1215, 1675 BW Boek 8)

Art. 626

Schade door gevaarlijke stof

Indien schade veroorzaakt door de gevaarlijke stof redelijkerwijs niet kan worden gescheiden van schade anderszins veroorzaakt, zal de gehele schade worden aangemerkt als schade in de zin van deze afdeling.
(Zie ook: artt. 1036, 1216, 1676 BW Boek 8)

Art. 627

Hoofdelijke aansprakelijkheid reder/eigenaar/exploitant bij gevaarlijke stof

1. Wanneer door een gebeurtenis schade is veroorzaakt door gevaarlijke stoffen aan boord van meer dan één schip, dan wel aan boord van een schip en een binnenschip of een luchtkussenvoertuig, zijn de reders en de eigenaar of exploitant van de daarbij betrokken schepen, het binnenschip of het luchtkussenvoertuig, onverminderd het in artikel 623, tweede en derde lid, en artikel 624, afdeling 4 van titel 11 en afdeling 1 van titel 14 bepaalde, hoofdelijk aansprakelijk voor alle schade waarvan redelijkerwijs niet kan worden aangenomen dat zij veroorzaakt is door gevaarlijke stoffen aan boord van één of meer bepaalde schepen, binnenschip of luchtkussenvoertuig.

2. Het bepaalde in het eerste lid laat onverlet het beroep op beperking van aansprakelijkheid van de reder, eigenaar of exploitant krachtens titel 7 of titel 12, dan wel de artikelen 1218 tot en met 1220, ieder tot het voor hem geldende bedrag.
(Zie ook: artt. 1037, 1217, 1677 BW Boek 8)

Afdeling 5
Aansprakelijkheid voor schade door verontreiniging door bunkerolie

Paragraaf 1
algemene bepalingen en toepassingsgebied

Art. 639

Begripsbepalingen

In deze afdeling wordt verstaan onder:
a. «*Verdrag*»: het op 23 maart 2001 te Londen tot stand gekomen Internationaal Verdrag inzake de wettelijke aansprakelijkheid voor schade door verontreiniging door bunkerolie, 2001 (Trb. 2005, 329);
b. «*Aansprakelijkheidsverdrag*»: het op 27 november 1992 te Londen tot stand gekomen Internationaal Verdrag inzake de wettelijke aansprakelijkheid voor schade door verontreiniging door olie, 1992 (Trb. 1994, 229);
c. «*Onze Minister*»: de Minister van Verkeer en Waterstaat;
d. «*schip*», «*persoon*», «*bunkerolie*», «*preventieve maatregelen*», «*voorval*», «*schade door verontreiniging*», «*Staat waar het schip is geregistreerd*», «*brutotonnage*», «*organisatie*» en «*Secretaris-Generaal*»: hetgeen daaronder wordt verstaan in artikel 1 van het Verdrag;
e. «*scheepseigenaar*»: de eigenaar van het schip, hieronder begrepen de geregistreerde eigenaar, rompbevrachter, beheerder of degene in wiens handen de exploitatie van het schip is gelegd;
f. «*geregistreerde eigenaar*»: de persoon of personen die als eigenaar van het schip zijn geregistreerd of, indien er geen registratie heeft plaatsgevonden, de persoon of personen die het schip in eigendom hebben. Indien evenwel een schip eigendom is van een Staat en geëxploiteerd wordt door een maatschappij die in die Staat geregistreerd staat als de exploitant van het schip, betekent «geregistreerde eigenaar» een zodanige maatschappij.

Art. 640

Werkingssfeer

1. Deze afdeling is van toepassing op:
a. schade door verontreiniging door bunkerolie veroorzaakt in Nederland, de territoriale zee daaronder begrepen;
b. schade door verontreiniging door bunkerolie veroorzaakt binnen de Exclusieve Economische Zone (EEZ) van Nederland;
c. preventieve maatregelen, waar ook genomen, ter voorkoming of beperking van zodanige schade.
2. Deze afdeling is niet van toepassing:
a. op schade door verontreiniging zoals omschreven in het Aansprakelijkheidsverdrag, ongeacht of ten aanzien van die schade wel of geen schadevergoeding verschuldigd is ingevolge dat verdrag; en
b. op oorlogsschepen, ondersteuningsschepen van de marine of andere schepen die toebehoren aan of geëxploiteerd worden door een Staat en die in de betrokken periode uitsluitend worden gebruikt in overheidsdienst voor niet-commerciële doeleinden, behoudens voor zover de desbetreffende Staat anders heeft beslist en daaraan op de voet van artikel 4, derde lid, van het Verdrag genoegzaam uitvoering heeft gegeven.

Paragraaf 2 aansprakelijkheid van de scheepseigenaar

Art. 641

1. De scheepseigenaar op het tijdstip van het voorval is, behoudens het bepaalde in het derde en vierde lid, aansprakelijk voor schade door verontreiniging veroorzaakt door bunkerolie aan boord of afkomstig van het schip, met dien verstande dat indien het voorval bestaat uit een opeenvolging van feiten met dezelfde oorsprong, de aansprakelijkheid rust op degene die ten tijde van het eerste feit de scheepseigenaar was.

2. Indien meer dan een persoon aansprakelijk is op grond van het eerste lid, zijn zij hoofdelijk aansprakelijk.

3. De scheepseigenaar is niet aansprakelijk indien hij bewijst dat:

a. de schade het gevolg is van een oorlogshandeling, vijandelijkheden, burgeroorlog, opstand of natuurverschijnsel van uitzonderlijke, onvermijdelijke en onweerstaanbare aard;

b. de schade geheel en al werd veroorzaakt door een handelen of nalaten van een derde met het opzet schade te veroorzaken; of

c. de schade geheel en al werd veroorzaakt door onzorgvuldigheid of een andere onrechtmatige handeling van een overheid of andere autoriteit verantwoordelijk voor het onderhoud van vuurtorens of andere hulpmiddelen bij de navigatie, in de uitoefening van die functie.

4. Indien de scheepseigenaar bewijst dat de schade door verontreiniging geheel of gedeeltelijk het gevolg is van een handelen of nalaten van de persoon die de schade heeft geleden, met het opzet de schade te veroorzaken, of van de schuld van die persoon, kan hij geheel of gedeeltelijk worden ontheven van de aansprakelijkheid tegenover die persoon.

5. Geen vordering tot vergoeding van schade door verontreiniging kan tegen de scheepseigenaar worden ingesteld anders dan in overeenstemming met deze afdeling.

6. De scheepseigenaar heeft het recht van verhaal op derden die voor de schade uit anderen hoofde, anders dan uit overeenkomst, jegens de benadeelden aansprakelijk zijn.

Art. 642

Wanneer zich een voorval voordoet waarbij twee of meer schepen zijn betrokken en er ten gevolge daarvan schade door verontreiniging is ontstaan, zijn de eigenaren van alle daarbij betrokken schepen, tenzij deze ingevolge artikel 641 van aansprakelijkheid zijn ontheven, hoofdelijk aansprakelijk voor alle schade die redelijkerwijs niet te scheiden is. Op de onderlinge verhouding van de eigenaren van de betrokken schepen is artikel 545, derde lid, laatste volzin, van overeenkomstige toepassing.

Art. 643

De scheepseigenaar en de persoon of de personen die verzekeren of een andere financiële zekerheid stellen, kunnen hun aansprakelijkheid per voorval beperken uit hoofde van titel 7.

Art. 644

1. Vorderingen tot vergoeding van schade door verontreiniging kunnen rechtstreeks worden ingesteld tegen de verzekeraar of andere persoon die financiële zekerheid heeft gesteld ter dekking van de aansprakelijkheid van de geregistreerde eigenaar wegens schade door verontreiniging. In dit geval kan de verweerder, zelfs indien de scheepseigenaar op grond van artikel 643 niet gerechtigd is zijn aansprakelijkheid te beperken, zijn aansprakelijkheid beperken tot het bedrag gelijk aan het verzekerde bedrag of het bedrag van de andere financiële zekerheid als bedoeld in artikel 645.

2. De verweerder komen alle verweermiddelen toe welke de scheepseigenaar tegen de vorderingen zou hebben kunnen aanvoeren, doch hij kan geen beroep doen op de omstandigheid dat de scheepseigenaar surséance van betaling is verleend, dat ten aanzien van de scheepseigenaar de schuldsaneringsregeling natuurlijke personen van toepassing is, of dat de scheepseigenaar zich in staat van faillissement of vereffening bevindt. Hij kan zich voorts verweren met een beroep op het feit dat de schade is veroorzaakt door opzettelijk wangedrag van de scheepseigenaar zelf, doch andere verweermiddelen welke hij zou hebben kunnen aanvoeren tegen een door de scheepseigenaar tegen hem ingestelde vordering komen hem niet toe.

3. De verweerder kan de scheepseigenaar steeds in het geding roepen.

Paragraaf 3 verplichte verzekering

Art. 645

1. De geregistreerde eigenaar van een in Nederland teboekstaand schip met een brutotonnage van meer dan 1000 is verplicht een verzekering of andere financiële zekerheid, zoals een bankgarantie, in stand te houden voor het bedrag waartoe zijn aansprakelijkheid is beperkt berekend overeenkomstig titel 7, ter dekking van zijn aansprakelijkheid overeenkomstig het bepaalde in deze afdeling en artikel 7 van het Verdrag.

Aansprakelijkheid scheepseigenaar bij gevaarlijke stof

Hoofdelijke aansprakelijkheid scheepseigenaren bij gevaarlijke stof

Beperking aansprakelijkheid scheepseigenaren bij gevaarlijke stof

Rechtstreekse vordering scheepseigenaren bij gevaarlijke stof

Verplichting van scheepseigenaar tot instandhouding verzekering/financiële zekerheid

B8 art. 646

Burgerlijk Wetboek Boek 8

2. De geregistreerde eigenaar van een schip met een brutotonnage van meer dan 1000 dat teboekstaat buiten Nederland of een andere dan de Nederlandse vlag voert, is verplicht om, indien het schip een haven of laad- of losplaats in Nederland aanloopt of verlaat, of een Nederlands binnenwater bevaart, een verzekering of andere financiële zekerheid, zoals een bankgarantie, in stand te houden voor het bedrag waartoe zijn aansprakelijkheid is beperkt berekend overeenkomstig titel 7, ter dekking van zijn aansprakelijkheid overeenkomstig het bepaalde in deze afdeling en artikel 7 van het Verdrag.

Art. 646

Overeenkomst tot verstrekking financiële zekerheid schip

De overeenkomst tot verstrekking van financiële zekerheid ten aanzien van een schip dat teboekstaat in Nederland of dat teboekstaat in een Staat die niet partij is bij het Verdrag, of de vlag voert van zulk een Staat, moet voldoen aan het volgende:

a. de overeenkomst moet zijn aangegaan met een verzekeraar, een bank of andere financiële instelling of een andere persoon, van wie Onze Minister, na overleg met Onze Minister van Financiën, de financiële draagkracht tot het geven van dekking voor de uit deze afdeling en het Verdrag voortvloeiende aansprakelijkheid voldoende oordeelt;

b. de gelden uit de overeenkomst moeten, indien de verstrekker van financiële zekerheid buiten Nederland is gevestigd, ook werkelijk in Nederland ter beschikking kunnen komen;

c. uit de overeenkomst moet blijken dat de benadeelde, in overeenstemming met artikel 644 en met artikel 7, tiende lid, van het Verdrag, zijn vordering rechtstreeks tegen de verstrekker van financiële zekerheid kan instellen. Indien de overeenkomst een beding inhoudt dat de scheepseigenaar zelf voor een deel in de vergoeding van de schade zal bijdragen, moet uit de overeenkomst blijken dat de verstrekker van financiële zekerheid niettemin jegens de benadeelde terzake van schade gehouden blijft tot betaling ook van dat deel van de schadevergoeding;

d. uit de overeenkomst moet blijken dat de verstrekker van financiële zekerheid deze binnen de tijdsduur waarvoor het certificaat van artikel 647 is uitgegeven, niet eerder eerder kan schorsen of beëindigen of zodanig wijzigen dat hij niet meer aan dit artikel voldoet, dan na verloop van drie maanden na de datum van ontvangst van een mededeling als bedoeld in artikel 649, eerste lid, tenzij het certificaat is ingeleverd of een nieuw is afgegeven vóór het verstrijken van de termijn.

Art. 647

Certificaat financiële zekerheid van scheepseigenaar

1. Onze Minister geeft aan de geregistreerde eigenaar van een in Nederland teboekstaand schip of van een schip dat niet is teboekgesteld in een Staat die partij is, op diens verzoek een certificaat af als omschreven in artikel 7, tweede lid, van het Verdrag, of waarmerkt als certificaat een door de verstrekker van financiële zekerheid in deze vorm ten behoeve van de geregistreerde eigenaar afgegeven document, indien hem is gebleken dat de geregistreerde eigenaar aan zijn in artikel 645 bedoelde verplichting voldoet.

Informatieplicht van scheepseigenaar

2. Bij het verzoek moet de geregistreerde eigenaar de volgende gegevens en stukken overleggen:

a. de naam en woonplaats van de geregistreerde eigenaar en de plaats waar diens hoofdkantoor is gevestigd;

b. een uittreksel uit de registratie voor schepen als bedoeld in artikel 101, eerste lid, van de Kadasterwet, vermeldende ten minste de gegevens bedoeld in artikel 85, tweede lid, onder a, c, d, e, f, g en j van die wet, alsmede de gegevens omtrent niet doorgehaalde voorlopige aantekeningen, met dien verstande dat ingeval dat uittreksel meer dan twee dagen vóór de dag der overlegging is afgegeven, op dat uittreksel een verklaring van de bewaarder van het Kadaster en de openbare registers moet voorkomen, afgegeven binnen voornoemde termijn van twee dagen, dat sedert de afgifte de op dat uittreksel vermelde gegevens geen wijziging hebben ondergaan;

c. een afschrift van de overeenkomst tot verstrekking van financiële zekerheid;

d. de naam van degene die de financiële zekerheid verstrekt en de plaats waar diens hoofdkantoor is gevestigd, alsmede, zo nodig, het kantoor waar deze zekerheid wordt verstrekt;

e. het tijdstip waarop de financiële zekerheid ingaat en het tijdstip waarop deze een einde neemt.

Art. 648

Afwijzingsgronden informatieverzoek aan scheepseigenaar

Onze Minister wijst een verzoek als bedoeld in artikel 647 af indien de overgelegde gegevens of stukken onvoldoende of onjuist zijn, of indien de overeenkomst tot verstrekking van financiële zekerheid niet voldoet aan de daaraan bij of krachtens deze afdeling gestelde eisen.

Art. 649

Certificaat, onverwijlde mededeling wijzigingen

1. De geregistreerde eigenaar aan wie een certificaat is afgegeven, is verplicht om onverwijld aan Onze Minister schriftelijk mededeling te doen van het ongeldig worden, de schorsing of de beëindiging van de overeenkomst tot verstrekking van financiële zekerheid binnen de tijdsduur waarvoor het certificaat is afgegeven, alsmede van elke wijziging welke zich gedurende die tijdsduur voordoet in de gegevens welke bij het in artikel 647 bedoelde verzoek zijn overgelegd.

2. Onze Minister draagt zorg, dat van een mededeling als bedoeld in het eerste lid ten aanzien van een overeenkomst tot verstrekking van financiële zekerheid voor een in Nederland teboekstaand schip schriftelijk kennis wordt gegeven aan het kantoor van de Dienst voor het Kadaster

en de openbare registers, waar de openbare registers waarin het verzoek tot teboekstelling van het schip is ingeschreven, worden gehouden, welke kennisgeving aldaar wordt bewaard.

3. Het bestaan en de dagtekening van ontvangst van kennisgevingen als bedoeld in het tweede lid worden onverwijld vermeld in de registratie voor schepen, bedoeld in artikel 85 van de Kadasterwet. Kennisgevingen als bedoeld in het tweede lid zijn openbaar.

4. De in het eerste lid bedoelde mededeling kan behalve door de geregistreerde eigenaar ook worden gedaan door degene die de financiële zekerheid verstrekt.

Art. 650

1. Onze Minister kan, na overleg met Onze Minister van Financiën, een certificaat intrekken indien door wijziging in de gegevens welke bij het in artikel 647 bedoelde verzoek zijn overgelegd of doordat die gegevens onvoldoende of onjuist blijken te zijn, het niet meer voldoet aan de bij of krachtens deze afdeling gestelde eisen, of indien er goede gronden zijn om aan te nemen dat de financiële draagkracht van de verstrekker van de financiële zekerheid onvoldoende was, of is geworden of, indien deze buiten Nederland is gevestigd, blijkt van een beletsel voor het werkelijk in Nederland beschikbaar komen van die gelden.

2. In de beschikking wordt een termijn gesteld voor de inlevering van het certificaat.

3. De werking van de beschikking wordt opgeschort totdat de beroepstermijn is verstreken of, indien beroep is ingesteld, op het beroep is beslist.

Art. 651

1. De geregistreerde eigenaar is verplicht om het certificaat zo spoedig mogelijk nadat overeenkomstig artikel 649, eerste lid, mededeling is gedaan van het ongeldig worden, de schorsing of de beëindiging van de overeenkomst tot verstrekking van financiële zekerheid, of nadat de tijdsduur waarvoor het is afgegeven is verstreken, bij Onze Minister in te leveren.

2. De geregistreerde eigenaar is verplicht om het certificaat ingeval van onherroepelijke intrekking bij Onze Minister in te leveren binnen de termijn bedoeld in artikel 650, tweede lid.

Art. 652

1. Onze Minister zendt een afschrift van elk door hem ten aanzien van een in Nederland teboekgesteld schip afgegeven certificaat, alsmede van elke onherroepelijke beschikking tot intrekking van een ten aanzien van een in Nederland teboekgesteld schip afgegeven certificaat, aan het kantoor van de Dienst voor het Kadaster en de openbare registers, welke kennisgeving aldaar wordt bewaard.

2. Artikel 649, derde lid, is van overeenkomstige toepassing.

Art. 653

Bij of krachtens algemene maatregel van bestuur worden regels gesteld betreffende de voor de afgifte of waarmerking van een certificaat als bedoeld in artikel 647 verschuldigde vergoedingen.

Paragraaf 4
[Vervallen]

Art. 654

[Vervallen]

Afdeling 6
Aansprakelijkheid voor de kosten van het lokaliseren, markeren en opruimen van een wrak

Art. 655

In deze afdeling wordt verstaan onder:
a. «*Verdrag*»: het op 18 mei 2007 te Nairobi tot stand gekomen Internationaal Verdrag inzake het opruimen van wrakken, 2007 (Trb. 2008,115);
b. «*wrak*», «*schip*», «*maritiem ongeval*», «*gevaar*», «*geregistreerde eigenaar*», «*Staat waar het schip geregistreerd is*»: hetgeen daaronder wordt verstaan in artikel 1 van het Verdrag;
c. «*lokaliseren, markeren en opruimen*»: hetgeen daaronder wordt verstaan in het Verdrag.

Art. 656

1. De geregistreerde eigenaar is, behoudens het bepaalde in deze afdeling, aansprakelijk voor de kosten van het lokaliseren, markeren en opruimen van het wrak overeenkomstig de paragrafen 2.3 en 2.4 van hoofdstuk 2, waar nodig in samenhang met hoofdstuk 5, van de Wet bestrijding maritieme ongevallen.

2. De geregistreerde eigenaar is niet op grond van deze afdeling aansprakelijk indien hij bewijst dat het maritiem ongeval dat tot het wrak geleid heeft:
a. het gevolg is van een oorlogshandeling, vijandelijkheden, burgeroorlog, opstand of een natuurverschijnsel van uitzonderlijke, onvermijdelijke en onweerstaanbare aard;
b. in zijn geheel is veroorzaakt door een handelen of nalaten door een derde met het oogmerk schade te veroorzaken; of

Intrekking van certificaat financiële zekerheid schepen

Intrekking van certificaat financiële zekerheid schepen, onverwijlde inlevering

Nadere regels

Begripsbepalingen

Aansprakelijkheid opruimen wrak

B8 *art. 657*

c. in zijn geheel is veroorzaakt door nalatigheid of een andere onrechtmatige daad van een overheid of andere autoriteit die verantwoordelijk is voor het onderhoud van verlichting of andere navigatiehulpmiddelen bij de uitoefening van die taak.

3. Geen vordering tot vergoeding van de kosten bedoeld in het eerste lid kan tegen de geregistreerde eigenaar worden ingesteld anders dan in overeenstemming met de bepalingen van deze afdeling.

4. Geen bepaling van dit artikel doet afbreuk aan enig recht van verhaal tegenover derden.

Art. 657

1. De geregistreerde eigenaar is uit hoofde van deze afdeling niet aansprakelijk voor de kosten bedoeld in artikel 656, eerste lid, indien en voor zover de aansprakelijkheid voor dergelijke kosten in strijd zou zijn met:

a. het Internationaal Verdrag inzake de wettelijke aansprakelijkheid voor schade door verontreiniging door olie, 1969, zoals gewijzigd;

b. het Internationaal Verdrag inzake aansprakelijkheid en vergoeding voor schade in verband met het vervoer over zee van gevaarlijke en schadelijke stoffen, 1996, zoals gewijzigd;

c. het Verdrag inzake wettelijke aansprakelijkheid op het gebied van de kernenergie, 1960, zoals gewijzigd, of het Verdrag van Wenen inzake wettelijke aansprakelijkheid voor kernschade, 1963, zoals gewijzigd; of nationaal recht dat beperking van de aansprakelijkheid voor kernschade regelt of verbiedt; of

d. het Internationaal Verdrag inzake de wettelijke aansprakelijkheid voor schade door verontreiniging door bunkerolie, 2001, zoals gewijzigd;

mits het desbetreffende verdrag van toepassing en van kracht is.

2. Voor zover maatregelen uit hoofde van de Wet bestrijding maritieme ongevallen worden aangemerkt als hulpverlening overeenkomstig het op 28 april 1989 te Londen tot stand gekomen Internationaal Verdrag inzake hulpverlening, is dat verdrag van toepassing op kwesties omtrent het loon of de vergoeding verschuldigd aan de hulpverlener en met uitsluiting van de regels van deze afdeling.

Art. 658

1. Vorderingen tot vergoeding van kosten als bedoeld in artikel 656, eerste lid, kunnen rechtstreeks worden ingesteld tegen de verzekeraar of andere persoon die financiële zekerheid heeft gesteld ter dekking van de aansprakelijkheid van de geregistreerde eigenaar voor kosten bedoeld in artikel 656, eerste lid. In dit geval kan de verweerder, zelfs indien de geregistreerde eigenaar niet gerechtigd is zijn aansprakelijkheid te beperken, zijn aansprakelijkheid beperken tot het bedrag gelijk aan het verzekerde bedrag of het bedrag van de andere financiële zekerheid als bedoeld in artikel 26 van de Wet bestrijding maritieme ongevallen.

2. De verweerder komen alle verweermiddelen toe welke de geregistreerde eigenaar tegen de vorderingen zou hebben kunnen aanvoeren, doch hij kan geen beroep doen op de omstandigheid dat de geregistreerde eigenaar surseance van betaling is verleend, dat ten aanzien van de geregistreerde eigenaar de schuldsaneringsregeling natuurlijke personen van toepassing is, of dat de geregistreerde eigenaar zich in staat van faillissement of vereffening bevindt. Hij kan zich voorts verweren met een beroep op het feit dat de kosten zijn veroorzaakt door opzettelijk wangedrag van de geregistreerde eigenaar zelf, doch andere verweermiddelen welke hij zou hebben kunnen aanvoeren tegen een door de geregistreerde eigenaar tegen hem ingestelde vordering komen hem niet toe.

3. De verweerder kan de geregistreerde eigenaar steeds in het geding roepen.

Titel 7
Beperking van aansprakelijkheid voor maritieme vorderingen

Art. 750

Beperking aansprakelijkheid voor maritieme vorderingen
Begripsbepalingen

1. De reder van een schip en de hulpverlener kunnen door het stellen van één of meer fondsen als bedoeld in artikel 642c van het Wetboek van Burgerlijke Rechtsvordering hun aansprakelijkheid beperken voor de in artikel 752 genoemde vorderingen.

2. Onder reder worden in deze titel mede verstaan de bevrachter, de huurder of andere gebruiker van een schip met inbegrip van degene in wiens handen de exploitatie van een schip is gelegd. *(Zie ook: artt. 360, 363, 373, 502 BW Boek 8)*

3. Onder hulpverlener wordt in deze titel een ieder verstaan die werkzaamheden verricht in onmiddellijk verband met hulpverlening, waaronder in deze titel mede worden verstaan de in artikel 752, eerste lid, onder d, genoemde werkzaamheden of maatregelen. *(Zie ook: artt. 550, 753 BW Boek 8)*

4. Onder schip wordt in deze titel zeeschip verstaan. Een schip in aanbouw wordt voor de toepassing van deze titel mede als schip aangemerkt van het ogenblik af, dat de stapelloop aanvangt. Een luchtkussenvoertuig wordt voor de toepassing van deze titel niet als schip aangemerkt. Een platform dat is gebouwd ter exploratie of exploitatie van de natuurlijke rijkdommen van de zeebodem of van de ondergrond daarvan en dat kan drijven, wordt voor de toepassing van deze titel niet als schip aangemerkt gedurende de tijd dat het op de zeebodem rust. *(Zie ook: artt. 1, 203, 1060 BW Boek 8; art. 642a Rv)*

Art. 751

1. Indien een vordering als genoemd in artikel 752 wordt gericht tegen enige persoon voor wiens handeling, onachtzaamheid of nalatigheid de reder of de hulpverlener in beginsel aansprakelijk is, heeft deze persoon de in deze titel verleende bevoegdheid tot beperking van zijn aansprakelijkheid.

2. De verzekeraar van de aansprakelijkheid voor vorderingen, waarvoor op grond van deze titel beperking van aansprakelijkheid mogelijk is, kan zich in dezelfde mate als zijn verzekerde op die beperking beroepen.

(Zie ook: art. 1061 BW Boek 8)

Art. 752

1. Onder voorbehoud van de artikelen 753 en 754 bestaat de bevoegdheid tot beperking van aansprakelijkheid voor de hierna genoemde vorderingen ingesteld hetzij op grond van overeenkomst, hetzij buiten overeenkomst en zelfs wanneer de aansprakelijkheid uitsluitend voortvloeit uit eigendom of bezit van of een voorrecht op het schip of uit het feit, dat dit onder hoede of toezicht is van hem die zich op de beperking van aansprakelijkheid beroept:

a. vorderingen terzake van dood of letsel, dan wel terzake van verlies van of schade aan zaken (met inbegrip van schade aan kunstwerken van havens, aan dokken, waterwegen of hulpmiddelen voor de scheepvaart), opgekomen aan boord van het schip of in rechtstreeks verband met de exploitatie van het schip of met werkzaamheden ter hulpverlening, alsmede voor vorderingen terzake van schade tengevolge van een of ander;

b. vorderingen terzake van schade ontstaan door vertraging bij het vervoer over zee van lading, reizigers of hun bagage;

c. vorderingen terzake van andere schade ontstaan door inbreuk op enig niet op overeenkomst gegrond vermogensrecht en opgekomen in rechtstreeks verband met de exploitatie van het schip of met werkzaamheden ter hulpverlening;

d. vorderingen van een persoon terzake van maatregelen genomen om schade te voorkomen of te verminderen voor welke schade de daarvoor aansprakelijke persoon zijn aansprakelijkheid op grond van deze titel zou kunnen beperken, alsmede voor vorderingen terzake van verdere schade door zulke maatregelen geleden, één en ander echter met uitzondering van dusdanige vorderingen van deze aansprakelijke persoon zelf.

(Zie ook: artt. 217, 1062 BW Boek 8)

2. Aansprakelijkheid voor de in het eerste lid genoemde vorderingen kan worden beperkt, ook indien deze, al dan niet op grond van een overeenkomst, zijn ingesteld bij wijze van verhaal of vrijwaring. De aansprakelijkheid voor de vorderingen in het eerste lid genoemd onder *d, e* of *f,* kan echter niet worden beperkt voor zover deze vorderingen betrekking hebben op een vergoeding verschuldigd op grond van een overeenkomst met de aansprakelijke persoon.

Art. 753

1. Deze titel is niet van toepassing op: **Werkingssfeer**

a. vorderingen uit hoofde van hulpverlening, met inbegrip van, indien van toepassing, een vordering ter zake van een bijzondere vergoeding als bedoeld in artikel 14 van het op 28 april 1989 te Londen tot stand gekomen Internationaal Verdrag inzake hulpverlening (Trb. 1990, 109) zoals nadien gewijzigd, of bijdrage in avarij-grosse;

b. vorderingen voor schade door verontreiniging door olie, zoals deze zijn bedoeld in het op 29 november 1969 tot stand gekomen Internationaal Verdrag inzake de wettelijke aansprakelijkheid voor schade door verontreiniging door olie of in enige kracht van wet hebbende wijziging van dat Verdrag of Protocol daarbij;

c. vorderingen onderworpen aan enig internationaal verdrag of enige wet, die de beperking van aansprakelijkheid voor kernschade regelt of verbiedt;

d. vorderingen tegen de exploitant van een nucleair schip terzake van kernschade;

e. vorderingen uit hoofde van arbeidsovereenkomst tegen de reder of de hulpverlener ingesteld door zijn ondergeschikten of hun rechtverkrijgenden voor zover deze vorderingen werkzaamheden betreffen in verband met het schip of de hulpverlening, al naar gelang de aansprakelijkheid van de reder of de hulpverlener voor deze vorderingen uit hoofde van de op de arbeidsovereenkomst toepasselijke wet niet of slechts tot een hoger bedrag dan op grond van deze titel het geval ware, kan worden beperkt;

f. vorderingen ter zake van het vlotbrengen, verwijderen, vernietigen of onschadelijk maken van een zee- of binnenschip dat is gezonken, schipbreuk heeft geleden, gestrand of verlaten is, met inbegrip van alles wat aan boord van zulk een schip is of is geweest;

g. vorderingen ter zake van het verwijderen, vernietigen of onschadelijk maken van de lading van het schip.

(Zie ook: artt. 550, 610 BW Boek 8)

B8 art. 754 Burgerlijk Wetboek Boek 8

2. Wanneer iemand die op grond van deze titel bevoegd is zijn aansprakelijkheid te beperken, gerechtigd is tegen een schuldeiser een vordering geldend te maken, die voortkomt uit hetzelfde voorval, zullen de respectieve vorderingen met elkaar worden verrekend en wordt de beperking van aansprakelijkheid slechts toegepast op het daarna mogelijkerwijs overblijvende saldo.

(Zie ook: art. 1063 BW Boek 8)

Art. 754

Aansprakelijkheid bij eigen handelen of nalaten

Niemand is gerechtigd zijn aansprakelijkheid te beperken, indien bewezen is dat de schade is ontstaan door zijn eigen handeling of nalaten, geschied hetzij met het opzet die schade te veroorzaken hetzij roekeloos en met de wetenschap dat die schade er waarschijnlijk uit zou voortvloeien.

(Zie ook: artt. 388, 906, 1064 BW Boek 8; art. 642c Rv)

Art. 755

Maximale bedrag van schadefondsen bij aansprakelijkheid

1. Onverminderd het in het tweede lid bepaalde, kan de aansprakelijkheid uit hoofde van deze titel voor andere vorderingen dan die genoemd in artikel 756 die naar aanleiding van éénzelfde voorval zijn ontstaan worden beperkt tot het bedrag bepaald op grond van artikel 6, eerste lid, van het op 19 november 1976 te Londen tot stand gekomen Verdrag inzake beperking van aansprakelijkheid voor maritieme vorderingen (Trb. 1980, 23) zoals gewijzigd door artikel 3 van het Protocol van 1996, behoudens wijziging door de bijzondere amenderingsprocedure voorzien in artikel 8 van het Protocol van 1996.

2. Bij algemene maatregel van bestuur wordt het bedrag vastgesteld waartoe de aansprakelijkheid uit hoofde van deze titel kan worden beperkt voor schepen die blijkens hun constructie uitsluitend of in hoofdzaak zijn bestemd tot het vervoer van personen en waarvan de tonnage niet groter is dan 300, waarbij dat bedrag voor vorderingen bedoeld in artikel 6, eerste lid, aanhef en onder b, van het op 19 november 1976 te Londen tot stand gekomen Verdrag inzake beperking van aansprakelijkheid voor maritieme vorderingen (Trb. 1980, 23) zoals gewijzigd door het Protocol van 1996, op een lager aantal rekeneenheden kan worden gesteld dan is bepaald in genoemd artikel 6, eerste lid, aanhef en onder b, onder 1.

3. Het bedrag waartoe de aansprakelijkheid van een hulpverlener aan een schip die niet van een zee- of binnenschip uit werkzaamheden verricht of die werkzaamheden uitsluitend verricht op het schip waaraan of met betrekking waartoe hij hulp verleent, kan worden beperkt, wordt berekend naar een tonnage van 1500 ton.

Werkingssfeer

4. Voor de toepassing van deze titel wordt onder tonnage van het schip verstaan de brutotonnage van het schip berekend overeenkomstig de voorschriften voor meting vervat in Bijlage I van het op 23 juni 1969 te Londen tot stand gekomen Internationaal Verdrag betreffende de meting van schepen, 1969.

5. Op verzoek van de eigenaar kan door Onze Minister van Infrastructuur en Waterstaat een verklaring worden afgegeven betreffende de bruto-tonnage van een schip, berekend overeenkomstig de voorschriften voor meting vervat in Bijlage I van het op 23 juni 1969 te Londen tot stand gekomen Internationaal Verdrag betreffende de meting van schepen, 1969.

6. Deze verklaring wordt afgegeven tegen betaling van de kosten volgens een door Onze Minister van Infrastructuur en Waterstaat vast te stellen tarief.

(Zie ook: artt. 756, 1065 BW Boek 8; artt. 642c, 642t Rv)

7. Voor de toepassing van dit artikel en van artikel 756 wordt verstaan onder «Protocol van 1996»: het op 2 mei 1996 te Londen tot stand gekomen Protocol tot wijziging van het op 19 november 1976 te Londen tot stand gekomen Verdrag inzake beperking van aansprakelijkheid voor maritieme vorderingen (Trb. 1997, 300).

Art. 756

1. Wat betreft vorderingen ontstaan naar aanleiding van éénzelfde voorval terzake van dood of letsel van passagiers van een schip kan de reder zijn aansprakelijkheid beperken tot het bedrag bepaald in artikel 7 van het op 19 november 1976 te Londen tot stand gekomen Verdrag inzake beperking van aansprakelijkheid voor maritieme vorderingen (Trb. 1980, 23) zoals gewijzigd door artikel 4 van het Protocol van 1996, behoudens wijziging door de bijzondere amenderingsprocedure voorzien in artikel 8 van het Protocol van 1996.

(Zie ook: art. 757 BW Boek 8)

2. Onder vorderingen terzake van dood of letsel van reizigers worden voor de toepassing van dit artikel verstaan dergelijke vorderingen ingediend naar aanleiding van een voorval overkomen aan enige persoon vervoerd aan boord van het schip

a. op grond van een overeenkomst tot het vervoer van reizigers;

b. die met toestemming van de vervoerder een voertuig of levende dieren vergezelt, die worden vervoerd op grond van een overeenkomst tot goederenvervoer.

Art. 757

Aan de bedragen vermeld in de artikelen 755 en 756 wordt toegevoegd de wettelijke rente berekend van de aanvang van de dag volgende op de dag van het voorval, dat aanleiding gaf tot de vordering, tot de aanvang van de dag volgende op de dag waarop hij, die een verzoek tot

beperking van zijn aansprakelijkheid indiende, voldeed aan een hem krachtens artikel 642c van het Wetboek van Burgerlijke Rechtsvordering opgelegd bevel.
(Zie ook: artt. 119, 120 BW Boek 6)

Art. 758

1. De beperking van aansprakelijkheid als vastgesteld in artikel 755 geldt voor het geheel der naar aanleiding van éénzelfde voorval ontstane vorderingen gericht tegen
a. de persoon of personen genoemd in het tweede lid van artikel 750 en enige persoon voor wiens handeling, onachtzaamheid of nalatigheid dezen in beginsel aansprakelijk zijn, of
b. de reder van een schip die van dat schip uit hulp verleent, en de hulpverlener of hulpverleners die van dat schip uit hun werkzaamheden verricht of verrichten en enige persoon voor wiens handeling, onachtzaamheid of nalatigheid deze personen in beginsel aansprakelijk zijn, of
c. de hulpverlener of hulpverleners aan een schip die niet van een zee- of binnenschip uit werkzaamheden verricht of verrichten of die werkzaamheden verricht of verrichten uitsluitend op het schip waaraan of met betrekking waartoe hulp wordt verleend, en enige persoon voor wiens handeling, onachtzaamheid of nalatigheid deze personen in beginsel aansprakelijk zijn.
(Zie ook: artt. 751, 1066 BW Boek 8; art. 642d Rv)

2. De beperking van aansprakelijkheid als vastgesteld in artikel 756 geldt voor het geheel der naar aanleiding van éénzelfde voorval ontstane vorderingen gericht tegen de persoon of de personen die in de in artikel 750, tweede lid, genoemde betrekking staan tot het in artikel 756 bedoelde schip, en enige persoon voor wiens handeling, onachtzaamheid of nalatigheid dezen in beginsel aansprakelijk zijn.

Art. 759

De rekeneenheid, genoemd in de artikelen 755 en 756, is het bijzondere trekkingsrecht, zoals dat is omschreven door het Internationale Monetaire Fonds. De bedragen genoemd in de artikelen 755 en 756 worden omgerekend in Nederlands geld naar de koers van de dag waarop de schuldenaar voldoet aan een ingevolge artikel 642c van het Wetboek van Burgerlijke Rechtsvordering gegeven bevel tot storting of andere zekerheidsstelling. De waarde van het Nederlandse geld, uitgedrukt in bijzondere trekkingsrechten, wordt berekend volgens de waarderingsmethode die door het Internationale Monetaire Fonds op de dag van omrekening wordt toegepast voor zijn eigen verrichtingen en transacties.

III
Binnenvaartrecht

Titel 8
Het binnenschip en de zaken aan boord daarvan

Afdeling 1
Rederij van het binnenschip

Art. 770

1. Indien een binnenschip blijkens de openbare registers, bedoeld in afdeling 2 van Titel 1 van Boek 3 aan twee of meer personen gezamenlijk toebehoort, bestaat tussen hen een rederij. Wanneer de eigenaren van het schip onder een gemeenschappelijke naam optreden bestaat slechts een rederij, indien zulks uitdrukkelijk bij akte is overeengekomen en deze akte in die registers is ingeschreven.

2. De rederij is geen rechtspersoon.
(Zie ook: art. 436 BW Boek 1; art. 189 BW Boek 3; art. 1655 BW Boek 7A; artt. 3, 160, 944, 1770 BW Boek 8; artt. 16, 19 WvK; artt. 4, 621, 622 Rv; artt. 51, 447a WvSr; artt. 528, 530 WvSv)

Art. 771

Afdeling 1 van titel 3 is op de rederij van een binnenschip van overeenkomstige toepassing.
(Zie ook: art. 447a WvSr)

Afdeling 2
Rechten op binnenschepen

Art. 780

1. In de afdelingen 2 tot en met 6 van titel 8 worden onder schepen mede verstaan schepen in aanbouw.
(Zie ook: art. 827 BW Boek 8)

2. Onder binnenschepen worden in de afdelingen 2 tot en met 6 van titel 8 mede verstaan draagvleugelboten, veerponten, alsmede baggermolens, drijvende kranen, elevatoren en alle drijvende werktuigen, pontons of materiaal van soortgelijke aard, die voldoen aan de in de artikelen 1 en 3 ten aanzien van binnenschepen vermelde vereisten.

Omvang beperking van aansprakelijkheid

Bijzonder trekkingsrecht bij aansprakelijkheid

Rederij van binnenschip

Schakelbepaling

Begripsbepalingen

B8 art. 781

3. Indien een schip in aanbouw een schip in de zin van artikel 1 is geworden, ontstaat daardoor niet een nieuw schip.
(Zie ook: artt. 190, 1000 BW Boek 8; artt. 309, 312 WvK; art. 1 Kadw)

Art. 781

Begripsbepalingen In deze afdeling wordt verstaan onder:
a. het Verdrag van Genève: de op 25 januari 1965 te Genève gesloten overeenkomst inzake inschrijving van binnenschepen, met Protocollen (Trb. 1966, 228);
b. verdragsstaat: een staat waarvoor het Verdrag van Genève van kracht is;
c. verdragsregister: een buiten Nederland in een verdragsstaat gehouden register, als bedoeld in artikel 2 van het Verdrag van Genève;
d. de openbare registers: de openbare registers, bedoeld in afdeling 2 van Titel 1 van Boek 3.
(Zie ook: artt. 1, 191, 770 BW Boek 8; artt. 571, 576 Rv)

Art. 782

Hoofdelijke verbondenheid bij binnenschip De in deze afdeling aan de eigenaar opgelegde verplichtingen rusten, indien het schip toebehoort aan meer personen, aan een vennootschap onder firma, aan een commanditaire vennootschap of aan een rechtspersoon, mede op iedere mede-eigenaar, beherende vennoot of bestuurder.
(Zie ook: artt. 44, 129, 239, 291 BW Boek 2; artt. 178, jo 771, 192 BW Boek 8; artt. 16, 19 WvK; art. 447a WvSr)

Art. 783

[Vervallen]

Art. 784

Teboekstelling van binnenschip **1.** Teboekstelling is slechts mogelijk
- van een in aanbouw zijnd binnenschip: indien het in Nederland in aanbouw is;
(Zie ook: art. 780 BW Boek 8)
- van een afgebouwd binnenschip: indien aan ten minste één der volgende voorwaarden is voldaan:
a. dat de plaats, van waaruit de exploitatie van het schip gewoonlijk wordt geleid, in Nederland is gelegen;
(Zie ook: art. 10 BW Boek 1)
b. dat, wanneer de eigenaar van het schip een natuurlijke persoon is, deze Nederlander is of zijn woonplaats in Nederland heeft;
c. dat, wanneer de eigenaar van het schip een rechtspersoon of een vennootschap is, zijn zetel of de plaats van waaruit hij zijn bedrijf voornamelijk uitoefent, in Nederland is gelegen,
(Zie ook: art. 16 WvK; art. 3 BW Boek 2)
met dien verstande, dat in geval van mede-eigendom van het binnenschip de onder *b* en *c* genoemde voorwaarden niet als vervuld worden beschouwd, wanneer niet het schip tenminste voor de helft in eigendom toebehoort aan natuurlijke personen, rechtspersonen of vennootschappen, die aan deze voorwaarden voldoen.
2. Teboekstelling is niet mogelijk van een binnenschip dat reeds teboekstaat in de openbare registers, hetzij als binnenschip hetzij als zeeschip, of in een verdragsregister.
(Zie ook: art. 781 BW Boek 8)
3. In afwijking van het tweede lid is teboekstelling van een binnenschip dat in een verdragsregister teboekstaat mogelijk, wanneer dit schip, nadat de teboekstelling ervan in dat verdragsregister is doorgehaald, volgens het eerste lid kan worden teboekgesteld. Deze teboekstelling heeft evenwel slechts rechtsgevolg, wanneer zij is gevolgd door aantekening in de openbare registers, dat de teboekstelling in het verdragsregister is doorgehaald.
4. In afwijking van het tweede lid is teboekstelling van een binnenschip dat in een verdragsregister teboekstaat mogelijk, wanneer de bewaarder van dat register uit hoofde van het tweede lid van artikel 22 van Protocol no. 2 bij het Verdrag van Genève weigert het eigendomsrecht van de koper na gedwongen verkoop in te schrijven.
(Zie ook: art. 781 BW Boek 8)
5. De teboekstelling wordt verzocht door de eigenaar van het binnenschip. Hij moet daarbij ter inschrijving overleggen een door hem ondertekende verklaring, dat naar zijn beste weten het schip voor teboekstelling als binnenschip vatbaar is.
(Zie ook: art. 389ter WvSr)
6. De teboekstelling in de openbare registers heeft geen rechtsgevolg, wanneer aan de vereisten van de voorgaande leden van dit artikel niet is voldaan.
7. Bij het verzoek tot teboekstelling wordt woonplaats gekozen in Nederland. Deze woonplaats wordt in het verzoek tot teboekstelling vermeld en kan door een andere in Nederland gelegen woonplaats worden vervangen.
(Zie ook: artt. 10, 15 BW Boek 2; artt. 194, 785, 840, 1303 BW Boek 8; artt. 4, 621, 622, 624, 625 Rv)

Art. 785

1. De eigenaar van een binnenschip is verplicht de teboekstelling daarvan te verzoeken. Aan deze verplichting moet worden voldaan binnen drie maanden, nadat volgens artikel 784 teboekstelling mogelijk is.

Teboekstellingsverplichting van binnenschip

2. Geen verplichting tot teboekstelling bestaat

a. ten aanzien van vrachtschepen met minder dan 20 tonnen van 1000 kilogram laadvermogen of andere binnenschepen met minder dan 10 kubieke meters verplaatsing, zijnde de in kubieke meters uitgedrukte waterverplaatsing tussen het vlak van inzinking van het ledige binnenschip in zoet water en het vlak van de grootste toegelaten diepgang;

b. ten aanzien van afgebouwde binnenschepen, die teboekstaan in het register van een niet-verdragsstaat en in die staat voldoen aan tenminste één der in het eerste lid van artikel 3 van het Verdrag van Genève genoemde voorwaarden;

c. ten aanzien van binnenschepen, die komen van een niet-verdragsstaat en op weg zijn naar het land waar zij zullen moeten worden teboekgesteld.

(Zie ook: artt. 781, 840 BW Boek 8; art. 576 Rv; art. 447a WvSr)

Art. 786

1. De teboekstelling wordt slechts doorgehaald

a. op verzoek van degeen, die in de openbare registers als eigenaar vermeld staat

1°. als de teboekstelling niet of niet meer verplicht is;

(Zie ook: artt. 784, 785 BW Boek 8)

2°. als het schip in een verdragsregister teboekstaat onder voorwaarde van doorhaling van de teboekstelling in de openbare registers;

3°. als het schip in het register van een niet-verdragsstaat zal worden te boekgesteld en in die staat zal voldoen aan tenminste één der in het eerste lid van artikel 3 van het Verdrag van Genève genoemde voorwaarden. In dit geval heeft de doorhaling slechts rechtsgevolg, wanneer binnen 30 dagen daarna door de eigenaar wordt overgelegd een door hem ondertekende verklaring, dat het schip in het register van de genoemde staat teboekstaat en aldaar voldoet aan tenminste één der in het eerste lid van artikel 3 van het Verdrag van Genève genoemde voorwaarden.

(Zie ook: art. 781 BW Boek 8)

b. op aangifte van de eigenaar of ambtshalve

1°. als het schip vergaan is, gesloopt is of blijvend ongeschikt voor drijven is geworden;

2°. als het schip door rovers of vijanden is genomen;

3°. als het schip, indien het niet in de openbare registers teboek zou staan, een zeeschip zou zijn in de zin van artikel 2 of een dergelijk zeeschip in aanbouw;

4°. als het schip niet of niet meer voldoet aan tenminste één der in het eerste lid van artikel 784 voor teboekstelling genoemde voorwaarden;

5°. als het schip in een verdragsregister teboekstaat zonder dat daarbij de voorwaarde van doorhaling van de teboekstelling in de openbare registers is gesteld.

(Zie ook: art. 841 BW Boek 8)

2. In de in het eerste lid onder *b* genoemde gevallen is de eigenaar tot het doen van aangifte verplicht binnen drie maanden nadat de reden tot doorhaling zich heeft voorgedaan.

3. Wanneer ten aanzien van het schip inschrijvingen of voorlopige aantekeningen ten gunste van derden bestaan, geschiedt doorhaling slechts, wanneer geen dezer derden zich daartegen verzet.

(Zie ook: artt. 790, 792 BW Boek 8; art. 566 Rv)

4. Doorhaling geschiedt slechts na op verzoek van de meest gerede partij verleende machtiging van de rechter.

(Zie ook: artt. 195, 787, 811, 840, 841, 1304 BW Boek 8; artt. 429a , 624 Rv; artt. 389ter, 447a WvSr; art. 21 Kadw)

Doorhaling teboekstelling van binnenschip

Art. 787

1. Zolang de teboekstelling in de openbare registers niet is doorgehaald heeft teboekstelling van een binnenschip in een register van een niet-verdragsstaat of vestiging in een niet-verdragsstaat van rechten daarop, voor vestiging waarvan in Nederland inschrijving in de openbare registers vereist zou zijn geweest geen rechtsgevolg.

Rechtsgevolgen teboekstelling van binnenschip

2. In afwijking van het eerste lid wordt een teboekstelling of vestiging van rechten als daar bedoeld erkend, wanneer deze geschiedde onder voorwaarde van doorhaling van de teboekstelling in de openbare registers binnen 30 dagen na de teboekstelling van het schip in het buitenlandse register.

(Zie ook: artt. 196, 781, 784, 786, 840 BW Boek 8)

Art. 788

De enige zakelijke rechten, waarvan een in het register teboekstaand binnenschip het voorwerp kan zijn, zijn de eigendom, de hypotheek, het vruchtgebruik en de in artikel 821 en artikel 827 eerste lid onder b genoemde voorrechten.

Zakelijke rechten bij binnenschip

(Zie ook: artt. 201, 227 BW Boek 3; art. 1 BW Boek 5; artt. 197, 783, 825, 827, 840 BW Boek 8)

B8 art. 790 **Burgerlijk Wetboek Boek 8**

Art. 789

[Vervallen]

Art. 790

Binnenschip is registergoed

1. Een in de openbare registers teboekstaand binnenschip is een registergoed. *(Zie ook: art. 10 BW Boek 3)*

Toepasselijkheid art. 301 Boek 3 BW

2. Bij toepassing van artikel 301 van Boek 3 ter zake van akten die op de voet van artikel 89 leden 1 en 4 van Boek 3 zijn bestemd voor de levering van een zodanig binnenschip, kan de in het eerste genoemde artikel bedoelde uitspraak van de Nederlandse rechter niet worden ingeschreven, zolang zij niet in kracht van gewijsde is gegaan.
(Zie ook: artt. 96, 98, 186 BW Boek 3; artt. 199, 783, 786, 840, 1306 BW Boek 8; art. 566 Rv; art. 25 Kadw; art. 35 FW)

Art. 791

Eigendom/hypotheek/vruchtgebruik op binnenschip

Eigendom, hypotheek en vruchtgebruik op een teboekstaand binnenschip worden door een bezitter te goeder trouw verkregen door een onafgebroken bezit van vijf jaren.
(Zie ook: art. 99 BW Boek 3; artt. 201, 840, 1307 BW Boek 8)

Art. 792

Inhoud hypotheekakte bij binnenschip

Onverminderd het bepaalde in artikel 260, eerste lid, van Boek 3 wordt in de notariële akte waarbij hypotheek wordt verleend op een teboekstaand binnenschip of een recht waaraan een zodanig schip is onderworpen, duidelijk vermeld:
a. het aan de hypotheek onderworpen schip;
b. de voorwaarden voor opeisbaarheid of een verwijzing naar een op het kantoor van inschrijving ingeschreven document waarin de voorwaarden voor opeisbaarheid zijn vastgelegd;
c. de bedongen rente en het tijdstip of de tijdstippen waarop deze vervalt.
(Zie ook: artt. 31, 227 BW Boek 3; art. 35 FW)

Art. 793

Omvang hypotheek op binnenschip

Behoudens afwijkende, uit de openbare registers blijkende, bedingen omvat de hypotheek de zaken die uit hoofde van hun bestemming blijvend met het schip zijn verbonden en die toebehoren aan de eigenaar van het schip. Artikel 266 van Boek 3 is niet van toepassing.
(Zie ook: artt. 227, 254 BW Boek 3; artt. 1, 203, 840 BW Boek 8)

Art. 794

Rangorde hypothecaire vorderingen bij binnenschip

De door hypotheek gedekte vordering neemt rang na de vorderingen, genoemd in de artikelen 820, 821, 221, 222 eerste lid, 831 en 832 eerste lid, doch vóór alle andere vorderingen, waaraan bij deze of enige andere wet een voorrecht is toegekend.
(Zie ook: artt. 21, 279 BW Boek 3; artt. 204, 222, 832, 840, 1311 BW Boek 8)

Art. 795

Zekerheidstelling renten door hypotheek op binnenschip

Indien de vordering rente draagt, strekt de hypotheek mede tot zekerheid voor de renten der hoofdsom, vervallen gedurende de laatste drie jaren voorafgaand aan het begin van de uitwinning en gedurende de loop hiervan. Artikel 263 van Boek 3 is niet van toepassing.
(Zie ook: artt. 205, 840, 1312 BW Boek 8; art. 128 FW)

Art. 796

Hypotheek op aandeel in binnenschip

Op hypotheek op een aandeel in een teboekstaand binnenschip is artikel 177 van Boek 3 niet van toepassing; de hypotheek blijft na vervreemding of toedeling van het schip in stand.
(Zie ook: artt. 206, 825, 840, 1313 BW Boek 8)

Art. 797

Schakelbepaling

1. De eerste twee leden van artikel 264 van Boek 3 zijn in geval van een hypotheek waaraan een teboekstaand binnenschip is onderworpen, mede van toepassing op bevrachtingen.
2. De artikelen 234 en 261 van Boek 3 zijn op een zodanige hypotheek niet van toepassing.
(Zie ook: artt. 227 t/m 235, 260 BW Boek 3; artt. 207, 840, 1314 BW Boek 8; art. 508 Rv)

Art. 798

Vruchtgebruik op binnenschip

In geval van vruchtgebruik op een teboekstaand binnenschip zijn de bepalingen van artikel 217 van Boek 3 mede van toepassing op bevrachting voor zover die bepalingen niet naar hun aard uitsluitend op pacht, huur van bedrijfsruimte of huur van woonruimte van toepassing zijn.
(Zie ook: art. 201 BW Boek 3; art. 208 BW Boek 8)

Afdeling 3
Huurkoop van teboekstaande binnenschepen

Art. 800

Huurkoop van binnenschip

1. Scheepshuurkoop van een in het in artikel 783 genoemde register teboekstaand binnenschip komt tot stand bij een notariële akte, waarbij de koper zich verbindt tot betaling van een prijs in termijnen, waarvan twee of meer termijnen verschijnen nadat de verkoper aan de koper het schip ter beschikking heeft gesteld en de verkoper zich verbindt tot eigendomsoverdracht van

het binnenschip na algehele betaling van hetgeen door de koper krachtens de overeenkomst is verschuldigd.
(Zie ook: art. 31 BW Boek 3)

2. De overeenkomst is slechts van kracht indien daartoe schriftelijk toestemming is verkregen van degenen van wier beperkt recht of beslag blijkt uit een inschrijving in de openbare registers, die reeds bestond op de dag van de inschrijving van de in artikel 805 bedoelde hypotheek.

3. Voor de bedingen omtrent de terbeschikkingstelling van het schip kan worden verwezen naar een aan de akte te hechten en door partijen te ondertekenen geschrift.

4. De volmacht tot het aangaan van een scheepshuurkoop moet bij authentieke akte worden verleend.

(Zie ook: art. 1 BW Boek 7; artt. 1576, 1576h BW Boek 7A; artt. 792, 827, 838 BW Boek 8; artt. 38a, 232, 237a FW; artt. 1, 2 Tw hkoz; art. 26 Kadw)

Art. 801

1. De overeenkomst kan worden ingeschreven in de openbare registers, bedoeld in afdeling 2 van Titel 1 van Boek 3.

2. Bij eigendomsovergang op een derde van een schip, ten aanzien waarvan reeds een scheepshuurkoopovereenkomst was ingeschreven in de openbare registers, bedoeld in afdeling 2 van Titel 1 van Boek 3, volgt deze derde in alle rechten en verplichtingen van de scheepshuurverkoper op, die nochtans naast de nieuwe eigenaar aan de overeenkomst gebonden blijft.

3. Rechten en verplichtingen welke vóór de eigendomsovergang opeisbaar zijn geworden, gaan op de derde niet over.

(Zie ook: artt. 2, 4, 5 Tw hkoz)

Art. 802

In de artikelen 803 tot en met 812 wordt onder koper de scheepshuurkoper en onder verkoper de scheepshuurverkoper verstaan.

(Zie ook: artt. 827, 838 BW Boek 8)

Art. 803

1. Partijen zijn verplicht in de akte te vermelden welk deel van elk der te betalen termijnen strekt tot aflossing van de prijs voor de koop van het schip ("de koopsom"), welk deel strekt tot betaling van mogelijkerwijs verschuldigde rente en welk deel mogelijkerwijs betrekking heeft op de terbeschikkingstelling van het schip.

2. Nietig is ieder beding, waarbij van het eerste lid van dit artikel wordt afgeweken met dien verstande dat, bij gebreke of onduidelijkheid van de vermelding van de daar bedoelde verdeling, deze op verzoek van de meest gerede partij alsnog door de rechter wordt vastgesteld.

(Zie ook: art. 1576j BW Boek 8; artt. 2, 5 Tw hkoz)

Art. 804

Nietig is ieder beding volgens hetwelk gedurende de contractsperiode een hogere koopsom kan worden vastgesteld.

(Zie ook: art. 12 BW Boek 8; art. 10 Tw hkoz)

Art. 805

1. De verkoper is verplicht

a. het schip ter beschikking van de koper te stellen en te laten;

b. de koper te vrijwaren voor de gevolgen van

1°. een staat of eigenschap van het schip

2°. een op het schip gelegd beslag

3°. zijn faillissement of het ten aanzien van hem van toepassing verklaren van de schuldsaneringsregeling natuurlijke personen

4°. enige hem persoonlijk betreffende omstandigheid

mits deze gevolgen ertoe leiden dat het schip aan de koper niet die mate van beschikking kan verschaffen die deze bij het aangaan van de overeenkomst er van mocht verwachten. De verkoper is niet verplicht de koper te vrijwaren voor de gevolgen van een feitelijke stoornis door derden zonder bewering van recht op het schip of van een bewering van recht op het schip zonder feitelijke stoornis;

c. zorg te dragen dat ten behoeve van de koper op de dag der overeenkomst hypotheek op de eigendom van het schip wordt gevestigd ten belope van een bedrag, gelijk aan driemaal de koopsom, terzake van hetgeen de verkoper aan de koper in verband met de scheepshuurkoop of de ontbinding daarvan verschuldigd is of zal worden;

(Zie ook: art. 792 BW Boek 8)

d. zich te onthouden van iedere eigendomsoverdracht van het schip en zodra de koper zal hebben voldaan aan zijn in de overeenkomst neergelegde verplichtingen tot betaling, het schip aan dezen in eigendom over te dragen vrij van na het tot stand komen van de scheepshuurkoop gevestigde hypotheken ten gunste van derden en vrij van boven hypotheek rangnemende voorrechten en beslagen terzake van vorderingen waarvan de verkoper de schuldenaar is.

(Zie ook: artt. 1576l, 1576m BW Boek 8)

B8 art. 806

Dwingend recht

2. Nietig is ieder beding, waarbij ten nadele van de koper van het in het eerste lid onder *a, c* of *d* bepaalde wordt afgeweken, met dien verstande dat de hypotheek als daar onder *c* wordt bedoeld, wordt verleend op de door partijen nader overeen te komen voorwaarden of bij gebreke van overeenstemming daaromtrent op de voorwaarden door de rechter alsnog op verzoek van de meest gerede partij zo mogelijk in overeenstemming met het gebruik vast te stellen. *(Zie ook: art. 429a Rv)*

3. Nietig is ieder beding, waarbij ten nadele van de koper van het in het eerste lid onder *b* bepaalde wordt afgeweken ten aanzien van een feit dat de verkoper bij het aangaan van de overeenkomst kende.

4. Nietig is ieder beding, waarbij het bedrag van een door de verkoper mogelijkerwijs te betalen schadevergoeding wegens niet nakoming van zijn uit dit artikel voortvloeiende verplichtingen bij voorbaat wordt vastgesteld.
(Zie ook: artt. 12, 802 BW Boek 8)

Art. 806

Verplichtingen scheepshuurkoper bij binnenschip

De koper die aan zijn in de overeenkomst neergelegde verplichtingen tot betaling heeft voldaan, is verplicht het schip in eigendom te aanvaarden, mits dit vrij zij van hypotheken ten gunste van derden en vrij van boven hypotheek rangnemende voorrechten en beslagen terzake van vorderingen, waarvan de verkoper de schuldenaar is.
(Zie ook: artt. 802, 820, 821 BW Boek 8)

Art. 807

Rechten scheepshuurkoper bij binnenschip

1. Onder voorbehoud van artikel 808 is de koper gerechtigd door hem verschuldigde gedeelten van de termijnen die betrekking hebben op de koopsom en de rente aan te wenden tot rechtstreekse betaling van opeisbare rente en aflossingen aan schuldeisers te wier behoeve hypotheek op het schip is gevestigd.

2. Indien en voor zover het door de koper aan de verkoper verschuldigde per termijn minder bedraagt dan het bedrag dat periodiek aan rente en aflossing aan de in het eerste lid bedoelde hypothecaire schuldeiser is verschuldigd, is deze, in afwijking van artikel 29 van Boek 6 gehouden de overeenkomstig het eerste lid betaalde huurkooptermijnen te ontvangen, onverminderd de verplichting van de hypothecaire schuldenaar tot betaling van het restant verschuldigde. De hypothecaire schuldeiser is verplicht de hypothecaire schuldenaar mede te delen welke opeisbare rente en aflossingen door de koper zijn betaald.

3. Indien de koper aan de in het eerste lid bedoelde hypothecaire schuldeiser heeft doen weten, dat hij van het hem in dit artikel toegekende recht gebruik wenst te maken, is deze laatste verplicht de koper in te lichten omtrent de grootte van de nog resterende hypothecaire schuld.

4. De betalingen overeenkomstig dit artikel aan een hypothecaire schuldeiser gedaan, strekken in mindering op hetgeen de koper aan de verkoper verschuldigd is. De koper stelt de verkoper onverwijld in kennis van deze betalingen.

5. Overdracht of inpandgeving van de vordering, die de verkoper op de koper heeft of een onder de koper ten laste van de verkoper gelegd beslag, kan aan de rechten, die de koper aan de bepalingen van dit artikel ontleent, geen afbreuk doen.

6. Bij openbare, eigenmachtige of executoriale verkoop van het schip ten behoeve van een hypothecaire schuldeiser of van een beslaglegger op het schip, heeft de koper de in artikel 269 van Boek 3 bedoelde bevoegdheid. Maakt hij van dit recht gebruik, dan is het derde lid van overeenkomstige toepassing.
(Zie ook: artt. 792, 802 BW Boek 8; art. 7 Tw hkoz)

Art. 808

Voldoening resterende koopsom bij binnenschip

1. Na verloop van één jaar na het sluiten van de overeenkomst is de koper gerechtigd het restant van de verschuldigde koopsom geheel of ten dele vóór het verschijnen van de bij de overeenkomst vastgestelde termijnen te voldoen met herberekening van het rentebestanddeel in de termijnen die alsnog verschuldigd waren, zulks op de voorwaarden door partijen overeengekomen danwel overeen te komen of bij gebreke van overeenstemming daaromtrent door de rechter op verzoek van de meest gerede partij vast te stellen.

Dwingend recht

2. Nietig is ieder beding, waarbij ten nadele van de koper van dit artikel wordt afgeweken.
(Zie ook: art. 1576e BW Boek 7A; artt. 12, 802, 807 BW Boek 8; art. 12 Tw hkoz)

Art. 809

Ingebrekestelling scheepshuurkoper bij binnenschip

1. In geval de koper niet aan zijn verplichting tot betaling van de koopsom of de rente, dan wel een termijn daarvan voldoet, kan de verkoper hierop eerst een beroep doen om krachtens een daartoe mogelijkerwijs gemaakt beding teruggave van het schip te vorderen, nadat hij de koper terzake in gebreke heeft gesteld en deze, nadat hem bij die ingebrekestelling een redelijke termijn is gesteld alsnog aan zijn verplichtingen te voldoen, hiermee in gebreke blijft.

Dwingend recht

2. Nietig is ieder beding, waarbij van dit artikel wordt afgeweken.
(Zie ook: artt. 1576d, 1576q BW Boek 7A; artt. 12, 802 BW Boek 8; art. 11 Tw hkoz)

Art. 810

1. Indien de overeenkomst is ontbonden tengevolge van het in gebreke blijven van de koper te voldoen aan zijn verplichting tot betaling van de koopsom of de rente, dan wel een termijn daarvan en de verkoper of de koper dientengevolge in een betere vermogenstoestand zou geraken dan bij in stand blijven van de overeenkomst, zijn partijen verplicht onverwijld tot volledige verrekening over te gaan.

2. Ieder beding, waarbij de verkoper zich de bevoegdheid voorbehoudt de waarde van het schip te bepalen, laat de bevoegdheid van de koper deze waarde op zijn verzoek nader door de rechter te doen vaststellen, onverlet.

(Zie ook: art. 429a Rv)

3. Nietig is ieder beding, waarbij van dit artikel wordt afgeweken.

(Zie ook: art. 1576t BW Boek 7A; artt. 12, 80 BW Boek 8; artt. 38a, 237a FW; art. 11 Tw hkoz)

Art. 811

[Vervallen]

Art. 812

Nietig is ieder beding, krachtens hetwelk de overeenkomst van rechtswege eindigt.

(Zie ook: art. 12 BW Boek 8)

Afdeling 4
Voorrechten op binnenschepen

Art. 820

1. In geval van uitwinning van een binnenschip worden de kosten van uitwinning, de kosten van bewaking tijdens deze uitwinning of verkoop, alsmede de kosten van gerechtelijke rangregeling en verdeling van de opbrengst onder de schuldeisers uit de opbrengst van de verkoop voldaan boven alle andere vorderingen, waaraan bij deze of enige andere wet een voorrecht is toegekend.

2. In geval van verkoop van een gestrand, onttakeld of gezonken binnenschip, dat de overheid in het openbaar belang heeft doen opruimen, worden de kosten der wrakopruiming uit de opbrengst van de verkoop voldaan boven alle andere vorderingen, waaraan bij deze of enige andere wet een voorrecht is toegekend.

3. De in de vorige leden bedoelde vorderingen staan in rang gelijk en worden ponds-pondsgewijs betaald.

(Zie ook: art. 278 BW Boek 3; artt. 210, 222, 780, 832 BW Boek 8; art. 562a Rv)

Art. 820a

Artikel 292 van Boek 3 en de artikelen 60, tweede lid, eerste zin, derde lid en vierde lid, en 299b, derde tot en met vijfde lid, van de Faillissementswet zijn op binnenschepen niet van toepassing.

Art. 821

Boven alle andere vorderingen waaraan bij deze of enige andere wet een voorrecht is toegekend zijn, behoudens artikel 820, op een binnenschip bevoorrecht:

a. in geval van beslag: de vorderingen ter zake van kosten na het beslag gemaakt tot behoud van het schip, daaronder begrepen de kosten van herstellingen, die onontbeerlijk waren voor het behoud van het schip;

b. de vorderingen ontstaan uit de arbeidsovereenkomsten van de schipper of de andere leden der bemanning, met dien verstande dat de vorderingen met betrekking tot loon, salaris of beloningen slechts bevoorrecht zijn tot op een bedrag over een tijdvak van zes maanden verschuldigd;

c. de vorderingen ter zake van hulpverlening alsmede ter zake van de bijdrage van het schip in avarij-grosse.

(Zie ook: art. 278 BW Boek 3; artt. 6, 211, 222, 224, 788, 822, 832, 834, 840, 1010, 1020, 1820, 1830 BW Boek 8)

Art. 822

Wanneer een vordering uit hoofde van artikel 821 bevoorrecht is, zijn de renten hierop en de kosten teneinde een voor tenuitvoerlegging vatbare titel te verkrijgen gelijkelijk bevoorrecht.

(Zie ook: artt. 212, 223, 827, 840 BW Boek 8)

Art. 823

1. De bevoorrechte vorderingen, genoemd in artikel 821, nemen rang in de volgorde, waarin zij daar zijn gerangschikt.

2. Bevoorrechte vorderingen onder dezelfde letter vermeld, staan in rang gelijk, doch de vorderingen genoemd in artikel 821 onder *c* nemen onderling rang naar de omgekeerde volgorde van de tijdstippen, waarop zij ontstonden.

3. In rang gelijkstaande vorderingen worden ponds-pondsgewijs betaald.

(Zie ook: artt. 213, 224, 840 BW Boek 8)

Verrekeningsverplichting na ontbinden overeenkomst bij binnenschip

Dwingend recht

Dwingend recht

Voorrecht wegens kosten uitwinning/bewaking bij binnenschip

Voorrecht wegens kosten wrakopruiming

Faillissementswet bij binnenschip

Bijzondere voorrechten bij binnenschip

Rangorde bevoorrechte vorderingen bij binnenschip

B8 *art. 824*

Burgerlijk Wetboek Boek 8

Art. 824

Omvang bijzondere voorrechten bij binnenschip

De voorrechten, genoemd in artikel 821, strekken zich uit tot
a. alle zaken, die uit hoofde van hun bestemming blijvend met het schip zijn verbonden en die toebehoren aan de eigenaar van het schip;
(Zie ook: artt. 1, 827 BW Boek 8)
b. de schadevergoedingen, verschuldigd voor het verlies van het schip of voor niet herstelde beschadiging daarvan, daarbij inbegrepen dat deel van een beloning voor hulpverlening, van een beloning voor vlotbrengen of van een vergoeding in avarij-grosse, dat tegenover een zodanig verlies of beschadiging staat. Dit geldt eveneens wanneer deze schadevergoedingen of vorderingen tot beloning zijn overgedragen of met pandrecht zijn bezwaard. Deze schadevergoedingen omvatten echter niet vergoedingen welke zijn verschuldigd krachtens een overeenkomst van verzekering van het schip, die dekking geeft tegen het risico van verlies of avarij. Artikel 283 van Boek 3 is niet van toepassing.
(Zie ook: art. 48 BW Boek 3; artt. 214, 225, 542, 840, 1003 BW Boek 8)

Art. 825

Zaaksgevolg schuldeiser bij binnenschip

1. De schuldeiser, die een voorrecht heeft op grond van artikel 821, vervolgt zijn recht op het schip, in wiens handen dit zich ook bevinde.
2. Voorrechten als bedoeld in artikel 821 kunnen worden ingeschreven in de openbare registers bedoeld in afdeling 2 van Titel 1 van Boek 3. Artikel 24 lid 1 van Boek 3 is niet van toepassing.
(Zie ook: art. 48 BW Boek 3; artt. 215, 788, 796, 827, 840 BW Boek 8)

Art. 826

Ontstaan/verhaalbaarheid bijzondere voorrechten bij binnenschip

De vorderingen genoemd in artikel 821, doen een voorrecht op het schip ontstaan en zijn alsdan daarop verhaalbaar, zelfs wanneer zij zijn ontstaan tijdens de exploitatie van het schip door een ander dan de eigenaar, tenzij aan deze de feitelijke macht over het schip door een ongeoorloofde handeling was ontnomen en bovendien de schuldeiser niet te goeder trouw was.
(Zie ook: artt. 216, 827, 840 BW Boek 8)

Art. 827

Overige bijzondere voorrechten bij binnenschip

1. Boven alle andere vorderingen, waaraan bij deze of enige andere wet een voorrecht is toegekend, doch na de bevoorrechte vorderingen genoemd in artikel 821, na de hypothecaire vorderingen, na de vorderingen genoemd in de artikelen 222 en 832 en na de vordering van de pandhouder, zijn op een binnenschip, waaronder voor de toepassing van dit artikel niet is te verstaan een binnenschip in aanbouw, bij voorrang verhaalbaar:
a. de vorderingen, die voortvloeien uit rechtshandelingen die de eigenaar, de scheepshuurkoper of een bevrachter binden en die rechtstreeks strekken tot het in bedrijf brengen of houden van het schip, alsmede de vorderingen die tegen een uit hoofde van artikel 461 gelezen met artikel 462 of artikel 943 gelezen met artikel 944 als vervoerder aangemerkte persoon kunnen worden geldend gemaakt. Onder rechtshandeling is hier het in ontvangst nemen van een verklaring begrepen;
(Zie ook: artt. 800, 860 BW Boek 8)
b. de vorderingen, die uit hoofde van afdeling 1 van titel 6 of afdeling 1 van titel 11 op de eigenaar rusten;
(Zie ook: artt. 788, 825 BW Boek 8)
c. de vorderingen genoemd in artikel 1062 voor zover zij op de eigenaar rusten.
2. De in het eerste lid genoemde vorderingen staan in rang gelijk en worden ponds-pondsgewijs betaald.

Schakelbepaling

3. De artikelen 822, 824 onder a en 826 zijn op de in het eerste lid genoemde vorderingen van toepassing. Op de vorderingen die in het eerste lid onder *b* worden genoemd, is ook artikel 825 van toepassing.
4. Artikel 283 van Boek 3 is niet van toepassing.
(Zie ook: art. 279 BW Boek 3; artt. 217, 828, 840, 860 BW Boek 8)

Art. 828

Toepasselijkheid artt. 284 en 285 Boek 3 BW bij binnenschip

Na de vorderingen genoemd in artikel 827 zijn de vorderingen genoemd in de artikelen 284 en 285 van Boek 3, voor zover zij dit niet zijn op grond van enig ander artikel van deze titel, op een binnenschip bij voorrang verhaalbaar.
(Zie ook: artt. 218, 840 BW Boek 8)

Art. 829

Tenietgaan voorrechten bij binnenschip

1. De krachtens deze afdeling verleende voorrechten gaan te niet door verloop van een jaar, tenzij de schuldeiser zijn vordering in rechte geldend heeft gemaakt. Deze termijn begint met de aanvang van de dag volgend op die, waarop de vordering opeisbaar wordt. Met betrekking tot de vordering voor hulploon begint deze termijn echter met de aanvang van de dag volgend op die, waarop de hulpverlening is beëindigd.
2. Het voorrecht gaat teniet met de vordering.
3. In geval van executoriale verkoop gaan de voorrechten mede teniet op het tijdstip waarop het procesverbaal van verdeling wordt gesloten.
(Zie ook: artt. 219, 227, 840, 1790, 1820, 1830 BW Boek 8; art. 188 FW; art. 490 Rv)

Afdeling 5
Voorrechten op zaken aan boord van binnenschepen

Art. 830
Deze afdeling geldt onder voorbehoud van titel 15.
(Zie ook: artt. 3a, 220, 1300 BW Boek 8)

Art. 831
1. In geval van uitwinning van zaken aan boord van een binnenschip worden de kosten van uitwinning, de kosten van bewaking daarvan tijdens deze uitwinning, alsmede de kosten van gerechtelijke rangregeling en verdeling van de opbrengst onder de schuldeisers, uit de opbrengst van de verkoop voldaan boven alle andere vorderingen, waaraan bij deze of enige andere wet een voorrecht is toegekend.
2. De in het vorige lid bedoelde vorderingen staan in rang gelijk en worden ponds-pondsgewijs betaald.
(Zie ook: art. 278 BW Boek 3; artt. 221, 222, 820, 840 BW Boek 8)

Art. 832
1. Op zaken aan boord van een binnenschip zijn de vorderingen ter zake van hulpverlening en van een bijdrage van die zaken in avarij-grosse bevoorrecht. Deze vorderingen nemen daartoe rang na die welke zijn genoemd in de artikelen 210, 211, 221, 820, 821 en 831, doch vóór alle andere vorderingen, waaraan bij deze of enige andere wet een voorrecht is toegekend.
(Zie ook: artt. 557, 1010, 1020 BW Boek 8)
2. Op ten vervoer ontvangen zaken zijn bevoorrecht de vorderingen uit een met betrekking tot die zaken gesloten vervoerovereenkomst, dan wel uit artikel 488 of artikel 951 voortvloeiend, doch slechts voor zover aan de vervoerder door artikel 489 of artikel 954 een recht op de zaken wordt toegekend. Deze vorderingen nemen daartoe rang na die welke zijn genoemd in het eerste lid en in de artikelen 204 en 794, doch vóór alle andere vorderingen, waaraan bij deze of enige andere wet een voorrecht is toegekend.
(Zie ook: art. 279 BW Boek 3; artt. 217, 222, 224, 370, 821, 833, 840, 890, 1820, 1830 BW Boek 8)

Art. 833
Wanneer een vordering uit hoofde van artikel 832 bevoorrecht is, zijn de renten hierop en de kosten teneinde een voor tenuitvoerlegging vatbare titel te verkrijgen gelijkelijk bevoorrecht.
(Zie ook: artt. 223, 822, 840 BW Boek 8)

Art. 834
1. De vorderingen ter zake van hulpverlening of bijdrage in avarij-grosse, die bevoorrecht zijn op grond van artikel 211, artikel 222 eerste lid, artikel 821 of artikel 832 eerste lid, nemen onderling rang naar de omgekeerde volgorde van de tijdstippen, waarop zij ontstonden.
2. De bevoorrechte vorderingen in het tweede lid van artikel 832 vermeld staan in rang gelijk.
3. De in artikel 284 van Boek 3 genoemde vordering neemt rang na de in de vorige leden genoemde vorderingen, ongeacht wanneer die vorderingen zijn ontstaan.
4. In rang gelijkstaande vorderingen worden ponds-pondsgewijs betaald.
(Zie ook: art. 279 BW Boek 3; artt. 224, 823, 840 BW Boek 8)

Art. 835
De voorrechten, genoemd in artikel 832, strekken zich uit tot de schadevergoedingen, verschuldigd voor verlies of niet herstelde beschadiging, daarbij inbegrepen dat deel van een beloning voor hulpverlening, van een beloning voor vlotbrengen of van een vergoeding in avarij-grosse, dat tegenover een zodanig verlies of beschadiging staat. Dit geldt eveneens wanneer deze schadevergoedingen of vorderingen tot beloning zijn overgedragen of met pandrecht zijn bezwaard. Deze schadevergoedingen omvatten echter niet vergoedingen, welke zijn verschuldigd krachtens een overeenkomst van verzekering die dekking geeft tegen het risico van verlies of avarij. Artikel 283 van Boek 3 is niet van toepassing.
(Zie ook: art. 48 BW Boek 3; artt. 225, 824, 840 BW Boek 8)

Art. 836
De in artikel 832 genoemde vorderingen doen een voorrecht op de daar vermelde zaken ontstaan en zijn alsdan daarop bij voorrang verhaalbaar, ook al is hun eigenaar op het tijdstip, dat het voorrecht is ontstaan, niet de schuldenaar van deze vorderingen.
(Zie ook: art. 48 BW Boek 3; artt. 226, 826, 840 BW Boek 8)

Art. 837
1. Met de aflevering van de zaken aan de daartoe gerechtigde gaan, behalve in het geval van artikel 559, de in artikel 832 genoemde voorrechten teniet. Zij gaan mede teniet met de vordering en door, in geval van executoriale verkoop, niet tijdig verzet te doen tegen de verdeling van de koopprijs alsmede door gerechtelijke rangregeling.

Werkingssfeer

Voorrecht wegens kosten uitwinning/bewaking op zaken aan boord binnenschip

Gelijke rang

Bijzondere voorrechten op zaken aan boord binnenschip

Bijzondere voorrechten bij renten en kosten op zaken aan boord binnenschip

Bijzondere voorrechten bij hulpverlening en avarij-grosse op zaken aan boord binnenschip

Object van voorrecht op zaken aan boord binnenschip

Ontstaan en verhaalbaarheid voorrechten op zaken aan boord binnenschip

Tenietgaan voorrechten op zaken aan boord binnenschip

B8 **art. 838** **Burgerlijk Wetboek Boek 8**

2. Zij blijven in stand, zolang de zaken op grond van de artikelen 490, 955 of 574 zijn opgeslagen of daarop op grond van artikel 626 of artikel 636 van het Wetboek van Burgerlijke Rechtsvordering beslag is gelegd.
(Zie ook: artt. 227, 829, 840, 1820, 1830 BW Boek 8)

Art. 838

Reclamerecht verkoper van brandstof bij binnenschip

De verkoper van brandstof voor de machines, van ketelwater, levensmiddelen of scheepsbenodigdheden kan het hem in afdeling 8 van Titel 1 van Boek 7 toegekende recht slechts gedurende 48 uur na het einde van de levering uitoefenen, doch zulks ook indien deze zaken zich bevinden in handen van de eigenaar, de scheepshuurkoper, een rompbevrachter of een tijdbevrachter van het schip.
(Zie ook: artt. 228, 487, 800, 892, 950, 990 BW Boek 8)

Afdeling 6
Slotbepalingen

Art. 840

Slotbepalingen

1. De afdelingen 2 tot en met 5 van titel 8 zijn niet van toepassing op binnenschepen, welke toebehoren aan het Rijk of enig openbaar lichaam en uitsluitend bestemd zijn voor de uitoefening van
a. de openbare macht of
b. niet-commerciële overheidsdienst.
2. De beschikking waarbij de in het eerste lid bedoelde bestemming is vastgesteld, kan worden ingeschreven in de openbare registers, bedoeld in afdeling 2 van Titel 1 van Boek 3. Artikel 24 lid 1 van Boek 3 is niet van toepassing.
3. De inschrijving machtigt de bewaarder tot doorhaling van de teboekstelling van het schip in de openbare registers, bedoeld in afdeling 2 van titel 1 van Boek 3.
(Zie ook: art. 230 BW Boek 8)

Art. 841

Nadere regels

1. Behoeven de in de afdelingen 2 tot en met 6 van titel 8 geregelde onderwerpen in het belang van een goede uitvoering van de wet nadere regeling, dan geschiedt dit bij of krachtens algemene maatregel van bestuur, onverminderd de bevoegdheid tot regeling krachtens de Kadasterwet.
2. In de in het eerste lid bedoelde algemene maatregel van bestuur kan, in afwijking van artikel 786 tweede lid, een nadere regeling worden gegeven met betrekking tot de termijn waarbinnen de eigenaar van een binnenschip, waarop het eerste lid onder *b* ten vijfde van dat artikel van toepassing is en waarvan de teboekstelling in het buitenlandse register heeft plaatsgevonden, voordat het Verdrag van Genève voor de staat van dat register van kracht is geworden, verplicht is tot het doen van aangifte tot doorhaling van de teboekstelling.
(Zie ook: art. 231 BW Boek 8; art. 447a WvSr; Mts 1992)

Titel 9
Bemanning van een binnenschip

Afdeling 2
Schipper

Art. 860

Bevoegdheden en verplichtingen schipper van binnenschip

1. De schipper is verplicht voor de belangen van de bevrachters en van de rechthebbenden op de aan boord zijnde zaken, zo mogelijk ook na lossing daarvan, te waken en de maatregelen die daartoe nodig zijn, te nemen.
2. Indien het noodzakelijk is onverwijld ter behartiging van deze belangen rechtshandelingen te verrichten, is de schipper daartoe bevoegd. Onder rechtshandeling is hier het in ontvangst nemen van een verklaring begrepen.
3. Voor zover mogelijk geeft hij van bijzondere voorvallen terstond kennis aan de belanghebbenden bij de betrokken goederen en handelt hij in overleg met hen en volgens hun orders.
(Zie ook: artt. 1, 2 BW Boek 3; artt. 6, 261, 488, 517, 821, 827, 897, 901, 926, 927, 943, 948, 951, 982, 1010, 1780 BW Boek 8; art. 25 LVW; art. 782 WvK; artt. 402, 405, 406 WvSr; artt. 4, 564, 565, 638 Rv)

Art. 861

Beperkingen wettelijke bevoegdheid tegen derden bij binnenschip

1. Beperkingen van de wettelijke bevoegdheid van de schipper gelden tegen derden slechts wanneer die hun bekend zijn gemaakt.

2. De schipper verbindt zichzelf slechts dan, wanneer hij de grenzen zijner bevoegdheid overschrijdt.
(Zie ook: artt. 45, 130 BW Boek 2; artt. 66, 72 BW Boek 3; artt. 262, 943, 944 BW Boek 8)

Titel 10
Exploitatie

Afdeling 1
Algemene bepaling

Art. 880

Op de exploitatie van een binnenschip zijn de artikelen 361 tot en met 366 van overeenkomstige toepassing.

(Zie ook: artt. 3, 31, 70, 91, 116, 382, 461, 531, 545, 559, 943, 991, 992, 994, 1006, 1081, 1720, 1754 BW Boek 8; art. 34a LVW)

Schakelbepaling

Afdeling 2
Overeenkomst van goederenvervoer over binnenwateren

Art. 889

Partijen kunnen overeenkomen dat in afwijking van de afdelingen 1 en 2 alsmede in afwijking van afdeling 1 van titel 20 de bepalingen van het Verdrag van Boedapest inzake de overeenkomst voor het vervoer van goederen over de binnenwateren (CMNI) op het vervoer van toepassing zijn.

Schakelbepaling

Art. 890

1. De overeenkomst van goederenvervoer in de zin van deze titel is de overeenkomst van goederenvervoer, al dan niet tijd- of reisbevrachting zijnde, waarbij de ene partij (de vervoerder) zich tegenover de andere partij (de afzender) verbindt aan boord van een schip zaken uitsluitend over binnenwateren te vervoeren.

Vervoerovereenkomst bij goederenvervoer over binnenwateren

2. Vervoer over zee en binnenwateren aan boord van een en eenzelfde schip, dat deze beide wateren bevaart, wordt als vervoer over binnenwateren beschouwd, mits het varen van dit schip over zee kennelijk ondergeschikt is aan het varen over binnenwateren.

3. Vervoer over zee en binnenwateren aan boord van een en eenzelfde schip, dat zonder eigen beweegkracht deze beide wateren bevaart, wordt beschouwd als vervoer over binnenwateren voor zover, met inachtneming tevens van het tweede lid van dit artikel, het varen van het beweegkracht overbrengende schip als varen over binnenwateren wordt beschouwd. Voor zover dit niet het geval is, wordt het als vervoer over zee beschouwd.

4. Deze afdeling is niet van toepassing op overeenkomsten tot het vervoeren van poststukken ter uitvoering van de universele postdienst bedoeld in de Postwet 2009 of onder een internationale postovereenkomst. Onder voorbehoud van artikel 980 is deze afdeling niet van toepassing op overeenkomsten tot het vervoeren van bagage.

Goederenvervoer over binnenwateren, poststukken ter uitvoering van de universele postdienst

(Zie ook: art. 418 BW Boek 7; artt. 1, 4, 8, 20, 370, 500, 970, 998, 1090, 1092, 1710 BW Boek 8)

Art. 891

Deze afdeling laat de titels 7 en 12 van dit boek onverlet.

(Zie ook: artt. 372, 518, 983 BW Boek 8; art. 642a Rv)

Art. 892

1. Tijd- of reisbevrachting in de zin van deze afdeling is de overeenkomst van goederenvervoer, waarbij de vervoerder zich verbindt tot vervoer aan boord van een schip, dat hij daartoe, anders dan bij wijze van rompbevrachting, geheel of gedeeltelijk en al dan niet op tijdbasis (tijdbevrachting of reisbevrachting) ter beschikking stelt van de afzender.

Begripbepalingen

2. De overeenkomst van vletten is de tijdbevrachting strekkende tot vervoer van zaken binnen een havencomplex.

(Zie ook: art. 950 BW Boek 8)

3. Ruimtebevrachting is de reisbevrachting tegen een naar inhoud van het schip bepaalde vracht.

(Zie ook: art. 928 BW Boek 8)

4. Onder "vervrachter" is in deze afdeling de in het eerste lid genoemde vervoerder, onder "bevrachter" de aldaar genoemde afzender te verstaan.

(Zie ook: artt. 373, 502, 838, 972, 990, 1093, 1144, 1713, 1717 BW Boek 8; art. 309 WvK)

Art. 893

De wetsbepalingen omtrent huur, bewaarneming en bruikleen zijn op terbeschikkingstelling van een schip, anders dan bij wijze van rompbevrachting, niet van toepassing.

Schakelbepaling

(Zie ook: art. 600 BW Boek 7; artt. 1584, 1777 BW Boek 7A; artt. 374, 503, 973, 1094 BW Boek 8)

Art. 894

1. Bij eigendomsovergang van een tevoren vervracht, al dan niet teboekstaand, schip op een derde volgt deze in alle rechten en verplichtingen van de vervrachter op, die nochtans naast de nieuwe eigenaar aan de overeenkomst gebonden blijft.

Eigendomsovergang bevracht schip bij goederenvervoer over binnenwateren

B8 *art. 895*

2. Rechten en verplichtingen, welke vóór de eigendomsovergang opeisbaar zijn geworden, gaan op de derde niet over.
(Zie ook: artt. 6, 7 BW Boek 6; art. 1612 BW Boek 7A; artt. 375, 502, 801, 892, 972, 990 BW Boek 8; art. 34 Pw)

Art. 895

Verplichtingen vervoerder bij goederenvervoer over binnenwateren

De vervoerder is verplicht ten vervoer ontvangen zaken ter bestemming af te leveren en wel in de staat waarin hij hen heeft ontvangen.
(Zie ook: artt. 21, 378, 896, 898, 899, 900 t/m 903, 905, 1095 BW Boek 8; art. 24 LVW)

Art. 896

Onverminderd artikel 895 is de vervoerder verplicht ten vervoer ontvangen zaken zonder vertraging te vervoeren.
(Zie ook: artt. 22, 379, 903, 905, 930, 1096 BW Boek 8; art. 28 LVW)

Art. 897

Verplichtingen vervrachter bij goederenvervoer over binnenwateren

1. In geval van tijdbevrachting is de vervrachter verplicht de schipper opdracht te geven binnen de grenzen door de overeenkomst gesteld de orders van de bevrachter op te volgen. De vervrachter staat er voor in, dat de schipper de hem gegeven opdracht nakomt.

2. De bevrachter staat er voor in, dat het schip de plekken of plaatsen, waarheen hij het ter inlading, lossing of anderszins op grond van het eerste lid beveelt te gaan, veilig kan bereiken, innemen en verlaten. Indien deze plekken of plaatsen blijken niet aan deze vereisten te voldoen, is de bevrachter slechts in zoverre niet aansprakelijk als de schipper, door de hem gegeven orders op te volgen, onredelijk handelde.

3. Onverminderd artikel 943 wordt de bevrachter mede verbonden door en kan hij rechten ontlenen aan een rechtshandeling, die de schipper ingevolge het eerste lid van dit artikel verricht. Onder rechtshandeling is hier het in ontvangst nemen van een verklaring begrepen.
(Zie ook: artt. 260, 380, 860, 892, 925, 972, 1717 BW Boek 8; art. 309 WvK)

Art. 898

Aansprakelijkheid vervoerder bij overmacht bij goederenvervoer over binnenwateren

1. De vervoerder is niet aansprakelijk voor schade ontstaan door een beschadiging, voor zover deze is veroorzaakt door een omstandigheid die een zorgvuldig vervoerder niet heeft kunnen vermijden en voor zover zulk een vervoerder de gevolgen daarvan niet heeft kunnen verhinderen.

2. Ten aanzien van deugdelijkheid en geschiktheid van het schip en van het materiaal, waarvan hij zich bedient of die hij ter beschikking stelt, is van de vervoerder de zorg vereist van een zorgvuldig vervoerder, die aan boord van eigen schip vervoert en gebruik maakt van eigen materiaal. Voor ondeugdelijkheid of ongeschiktheid van materiaal, dat door afzender of ontvanger ter beschikking van de vervoerder is gesteld, is de vervoerder niet aansprakelijk, voor zover een zorgvuldig vervoerder zich van zulk materiaal zou hebben bediend.
(Zie ook: art. 902 BW Boek 8)

3. Onder beschadiging worden mede verstaan geheel of gedeeltelijk verlies van zaken, vertraging, alsmede ieder ander schade veroorzakend feit.
(Zie ook: art. 76 BW Boek 6; artt. 23, 381, 383, 899, 900 t/m 902, 1098 BW Boek 8; art. 17 CMR)

Art. 899

Bewijsvermoeden overmacht bij goederenvervoer over binnenwateren

Vermoed wordt dat een zorgvuldig vervoerder de volgende omstandigheden niet heeft kunnen vermijden:
a. brand;
b. ontploffing;
c. hitte;
d. koude;
e. optreden van knaagdieren of ongedierte;
f. bederf;
g. lekkage;
h. smelting;
i. ontvlamming;
j. corrosie.
(Zie ook: artt. 383, 383, 898, 902, 1099, 1100 BW Boek 8; art. 17 CMR)

Art. 900

Uitsluiting aansprakelijkheid bij verlies/schade zaak bij goederenvervoer over binnenwateren

Wanneer vervoerde zaken een beschadiging of een verlies lijden, waaraan zij door hun aard licht onderhevig zijn, wanneer levende dieren doodgaan of beschadigd worden, of wanneer door de afzender in een laadkist gestuwde zaken bij onbeschadigde laadkist een beschadiging of een verlies lijden, wordt vermoed dat de vervoerder noch de omstandigheid die deze beschadiging of dit verlies veroorzaakte heeft kunnen vermijden, noch heeft kunnen verhinderen, dat deze omstandigheid tot deze beschadiging of dit verlies leidde.
(Zie ook: artt. 382, 383, 898, 902, 1100 BW Boek 8; art. 17 CMR)

Art. 901

1. De vervoerder is niet aansprakelijk voor schade ontstaan door een beschadiging voor zover deze, hoe dan ook, is veroorzaakt door een handeling, onachtzaamheid of nalatigheid van één of meer opvarenden van het schip, de sleepboot of de duwboot, gepleegd bij de navigatie daarvan, tenzij de navigatiefout niet zou zijn gemaakt indien de vervoerder bij de keuze van deze personen gehandeld zou hebben als van een zorgvuldig vervoerder mag worden verwacht. Het in de vorige zin bepaalde geldt ook voor zover de beschadiging mede werd veroorzaakt door een na de navigatiefout opgekomen omstandigheid, die een zorgvuldig vervoerder heeft kunnen vermijden of waarvan zulk een vervoerder de gevolgen heeft kunnen verhinderen. Fouten gepleegd bij het samenstellen van een sleep of van een duweenheid zijn navigatiefouten als hier bedoeld.

2. Voor schade ontstaan door eigen navigatiefouten is de vervoerder slechts aansprakelijk, wanneer hij deze beging hetzij met het opzet de schade te veroorzaken, hetzij roekeloos en met de wetenschap dat die schade er waarschijnlijk uit zou voortvloeien.
(Zie ook: art. 906 BW Boek 8)

3. Onder beschadiging worden mede verstaan geheel of gedeeltelijk verlies van zaken, vertraging, alsmede ieder ander schade veroorzakend feit.
(Zie ook: artt. 5, 260, 383, 860, 898, 902 BW Boek 8)

Art. 902

1. Nietig is ieder beding, waarbij de ingevolge artikel 895 op de vervoerder drukkende aansprakelijkheid of bewijslast op andere wijze wordt verminderd dan in deze afdeling is voorzien, tenzij het betreft:

a. beschadiging opgekomen vóór of voortvloeiend uit een omstandigheid liggend vóór het laden in of na het lossen uit het schip;
(Zie ook: artt. 386, 929 BW Boek 8)

b. het vervoer van zaken, die door hun karakter of gesteldheid een bijzondere overeenkomst rechtvaardigen en welker vervoer moet geschieden onder omstandigheden of op voorwaarden, die een bijzondere overeenkomst rechtvaardigen. Het hier bepaalde geldt echter slechts, wanneer voor het vervoer van deze zaken geen cognossement aan order of toonder, doch een blijkens zijn bewoordingen onverhandelbaar document is afgegeven en het niet betreft een gewone handelslading, verscheept bij gelegenheid van een gewone handelsverrichting.
(Zie ook: artt. 385, 919 BW Boek 8)

2. In afwijking van het eerste lid staat het partijen vrij bij een in het bijzonder ten aanzien van het voorgenomen vervoer aangegane en in een afzonderlijk, niet naar in een ander geschrift voorkomende bedingen verwijzend, geschrift neergelegde overeenkomst te bedingen dat de vervoerder niet aansprakelijk is voor schade ontstaan door een beschadiging, voor zover deze is veroorzaakt door een in die overeenkomst ondubbelzinnig omschreven wijze van behandeling der zaken dan wel ondeugdelijkheid of ongeschiktheid van schip of materiaal. Ondanks zulk een beding blijft de vervoerder aansprakelijk voor door de omschreven wijze van behandeling dan wel ondeugdelijkheid of ongeschiktheid veroorzaakte beschadiging, voor zover een zorgvuldig vervoerder deze had kunnen verhinderen.
(Zie ook: art. 898 BW Boek 8)

3. Wordt voor het vervoer een cognossement of ander document afgegeven, dan moet, op straffe van nietigheid van een beding als bedoeld in het tweede lid, daarin uitdrukkelijk worden verwezen naar dit afzonderlijke geschrift.
(Zie ook: artt. 915, 916 BW Boek 8)

4. Onder beschadiging worden mede verstaan niet-aflevering en geheel of gedeeltelijk verlies van zaken.
(Zie ook: artt. 12, 382, 385, 386, 898, 899, 900, 901, 1102 BW Boek 8; art. 14 Wet AB; art. 32 LVW)

Art. 903

1. Voor zover de vervoerder aansprakelijk is wegens niet nakomen van de op hem uit hoofde van de artikelen 895 en 896 rustende verplichtingen, heeft de afzender geen ander recht dan betaling te vorderen van een bedrag, dat wordt berekend met inachtneming van de waarde welke zaken als de ten vervoer ontvangene zouden hebben gehad zoals, ten tijde waarop en ter plaatse waar, zij zijn afgeleverd of zij hadden moeten zijn afgeleverd.
(Zie ook: art. 980 BW Boek 8)

2. De in het eerste lid genoemde waarde wordt berekend naar de koers op de goederenbeurs of, wanneer er geen dergelijke koers is, naar de gangbare marktwaarde of, wanneer ook deze ontbreekt, naar de normale waarde van zaken van dezelfde aard en hoedanigheid.
(Zie ook: art. 980 BW Boek 8)

3. De vervoerder is in geen geval aansprakelijk voor verlies of schade van of aan zaken of met betrekking tot deze, indien aard of waarde daarvan door de afzender opzettelijk verkeerdelijk is opgegeven en, indien een cognossement is afgegeven, daarin verkeerdelijk is opgenomen.

4. Nietig is ieder beding, waarbij van dit artikel ten nadele van de vervoerder wordt afgeweken.
(Zie ook: artt. 12, 387, 388, 904, 911, 914, 939, 940, 1103, 1180 BW Boek 8; artt. 26, 27 LVW)

Aansprakelijkheid voor handelingen bij navigatie bij goederenvervoer over binnenwateren

Dwingend recht

Maximering aansprakelijkheid vervoerder bij goederenvervoer over binnenwateren

Dwingend recht

B8 art. 904

Waardevermindering zaak bij goederenvervoer over binnenwateren

Art. 904

1. Indien met betrekking tot een zaak hulploon, een bijdrage in avarij-grosse of een schadevergoeding uit hoofde van artikel 951 is verschuldigd, wordt deze aangemerkt als een waardevermindering van die zaak.

(Zie ook: art. 980 BW Boek 8)

Dwingend recht

2. Nietig is ieder beding, waarbij van dit artikel ten nadele van de vervoerder wordt afgeweken. *(Zie ook: art. 198 BW Boek 6; artt. 261, 389, 567, 612, 860, 911, 1104, 1181 BW Boek 8)*

Art. 905

1. Voor zover de vervoerder aansprakelijk is wegens niet nakomen van de op hem uit hoofde van de artikelen 895 en 896 rustende verplichtingen, is hij niet aansprakelijk boven bij of krachtens algemene maatregel van bestuur te bepalen bedragen.

2. Nietig is ieder beding, waarbij van dit artikel ten nadele van de vervoerder wordt afgeweken. *(Zie ook: artt. 12, 388, 518, 911, 939, 940, 961, 983, 1105, 1182 BW Boek 8; art. 30 LVW)*

Aansprakelijkheid vervoerder bij goederenvervoer over binnenwateren

Art. 906

1. De vervoerder kan zich niet beroepen op enige beperking van zijn aansprakelijkheid, voor zover de schade is ontstaan uit zijn eigen handeling of nalaten, geschied hetzij met het opzet die schade te veroorzaken, hetzij roekeloos en met de wetenschap dat die schade er waarschijnlijk uit zou voortvloeien.

Dwingend recht

2. Nietig is ieder beding, waarbij van dit artikel wordt afgeweken. *(Zie ook: artt. 12, 388, 519, 939, 940, 1108, 1185 BW Boek 8; art. 34 LVW)*

Schadevergoedingsplicht afzender bij goederenvervoer over binnenwateren

Art. 907

De afzender is verplicht de vervoerder de schade te vergoeden die deze lijdt doordat de overeengekomen zaken, door welke oorzaak dan ook, niet op de overeengekomen plaats en tijd te zijner beschikking zijn.

(Zie ook: artt. 24, 64, 391, 931, 1110, 1187, 1714 BW Boek 8)

Opzegging vervoerovereenkomst bij goederenvervoer over binnenwateren

Art. 908

1. Alvorens zaken ter beschikking van de vervoerder zijn gesteld, is de afzender bevoegd de overeenkomst op te zeggen.

2. Zijn bij het verstrijken van de tijd, waarbinnen de zaken ter beschikking van de vervoerder moeten zijn gesteld, door welke oorzaak dan ook, in het geheel geen zaken ter beschikking van de vervoerder, dan is deze, zonder dat enige ingebrekestelling is vereist, bevoegd de overeenkomst op te zeggen.

3. Zijn bij het verstrijken van de in het tweede lid bedoelde tijd, door welke oorzaak dan ook, de overeengekomen zaken slechts gedeeltelijk ter beschikking van de vervoerder dan is deze, zonder dat enige ingebrekestelling is vereist, bevoegd de overeenkomst op te zeggen dan wel de reis te aanvaarden. De afzender is op verlangen van de vervoerder in geval van opzegging van de overeenkomst verplicht tot lossing van de reeds gestuwde zaken of, in geval de vervoerder de reis aanvaardt en het vertrek van het schip zonder herstuwing van de reeds gestuwde zaken niet mogelijk is, tot deze herstuwing.

4. De opzegging geschiedt door een mondelinge of schriftelijke kennisgeving of enig ander bericht, waarvan de ontvangst duidelijk aantoonbaar is en de overeenkomst eindigt op het ogenblik van ontvangst, doch niet vóór lossing van de zaken.

5. De afzender is verplicht de vervoerder de schade te vergoeden die deze lijdt tengevolge van de opzegging, van de aanvaarding van de reis, dan wel van lossing of herstuwing van reeds ingenomen zaken.

6. Dit artikel is niet van toepassing in geval van tijdbevrachting. *(Zie ook: artt. 25, 65, 392, 910, 911, 929, 1111, 1112, 1113, 1188, 1189, 1190, 1716 BW Boek 8)*

Verplichtingen bevrachter/vervrachter bij goederenvervoer over binnenwateren

Art. 909

1. In geval van reisbevrachting is de vervrachter na ontvangst van wat hij van de bevrachter heeft te vorderen, op diens verlangen verplicht de reis te aanvaarden met een gedeelte der overeengekomen zaken. De bevrachter is verplicht de vervrachter de vracht over de niet ter beschikking gestelde zaken vóór het begin van het vervoer te voldoen.

2. De vervrachter is bevoegd in plaats van de ontbrekende zaken andere aan te nemen. Hij is niet gehouden de vracht, die hij voor het vervoer van deze zaken ontvangt, met de bevrachter te verrekenen, behalve voor zover hij zijnerzijds van de bevrachter vracht over niet ter beschikking gestelde zaken heeft geïnd of gevorderd.

3. Is vertrek niet mogelijk zonder herstuwing van de reeds gestuwde zaken, dan is de bevrachter op verlangen van de vervrachter tot deze herstuwing verplicht. Hij is bovendien verplicht de vervrachter de schade te vergoeden die deze door herstuwing van reeds ingenomen zaken lijdt. *(Zie ook: art. 51 BW Boek 6; artt. 11, 393, 892, 908, 926, 972 BW Boek 8)*

Informatieplicht afzender bij goederenvervoer over binnenwateren

Art. 910

1. De afzender is verplicht de vervoerder omtrent de zaken alsmede omtrent de behandeling daarvan tijdig al die opgaven te doen, waartoe hij in staat is of behoort te zijn, en waarvan hij

weet of behoort te weten, dat zij voor de vervoerder van belang zijn, tenzij hij mag aannemen dat de vervoerder deze gegevens kent.
(Zie ook: art. 980 BW Boek 8)

2. De vervoerder is niet gehouden, doch wel gerechtigd, te onderzoeken of de hem gedane opgaven juist en volledig zijn.
(Zie ook: art. 980 BW Boek 8)

3. Is bij het verstrijken van de tijd, waarbinnen de zaken ter beschikking van de vervoerder moeten zijn gesteld, door welke oorzaak dan ook, niet of slechts gedeeltelijk voldaan aan de in het eerste lid van dit artikel genoemde verplichting van de afzender, dan zijn, behalve in het geval van tijdbevrachting, het tweede, derde, vierde en vijfde lid van artikel 908 en het vijfde lid van artikel 911 van overeenkomstige toepassing.
(Zie ook: artt. 26, 66, 394, 916, 1114, 1191 BW Boek 8)

Art. 911

1. De afzender is verplicht de vervoerder de schade te vergoeden die deze lijdt doordat, door welke oorzaak dan ook, niet naar behoren aanwezig zijn de documenten en inlichtingen, die van de zijde van de afzender vereist zijn voor het vervoer dan wel ter voldoening aan vóór de aflevering van de zaken te vervullen douane- en andere formaliteiten.

Ontbreken/onjuistheid/onvolledigheid documenten bij goederenvervoer over binnenwateren

2. De vervoerder is verplicht redelijke zorg aan te wenden dat de documenten, die in zijn handen zijn gesteld, niet verloren gaan of onjuist worden behandeld. Een door hem terzake verschuldigde schadevergoeding zal die, verschuldigd uit hoofde van de artikelen 903 tot en met 906 in geval van verlies van de zaken, niet overschrijden.

3. De vervoerder is niet gehouden, doch wel gerechtigd, te onderzoeken of de hem gedane opgaven juist en volledig zijn.

4. Zijn bij het verstrijken van de tijd waarbinnen de in het eerste lid genoemde documenten en inlichtingen aanwezig moeten zijn, deze, door welke oorzaak dan ook, niet naar behoren aanwezig, dan zijn, behalve in het geval van tijdbevrachting, het tweede, derde, vierde en vijfde lid van artikel 908 van overeenkomstige toepassing.

5. Indien door het niet naar behoren aanwezig zijn van de in dit artikel bedoelde documenten of inlichtingen vervoer van zaken van de betrokken of van een andere afzender op de onderhavige reis wordt verlengd ten gevolge van vertraging in de aanvang of het verloop daarvan, zal de schadevergoeding niet minder bedragen dan het overliggeld over het aantal uren, waarmee het vervoer is verlengd.
(Zie ook: artt. 27, 67, 395, 916, 980, 1115, 1192 BW Boek 8; art. 470 WvSr)

Art. 912

1. Wanneer vóór of bij de aanbieding van de zaken aan de vervoerder omstandigheden aan de zijde van een der partijen zich opdoen of naar voren komen, die haar wederpartij bij het sluiten van de overeenkomst niet behoefde te kennen, doch die, indien zij haar wel bekend waren geweest, redelijkerwijs voor haar grond hadden opgeleverd de vervoerovereenkomst niet of op andere voorwaarden aan te gaan, is deze wederpartij bevoegd de overeenkomst op te zeggen.

Opzegging vervoerovereenkomst bij goederenvervoer over binnenwateren

2. De opzegging geschiedt door een mondelinge of schriftelijke kennisgeving of enig ander bericht, waarvan de ontvangst duidelijk aantoonbaar is en de overeenkomst eindigt op het ogenblik van ontvangst daarvan.

3. Naar maatstaven van redelijkheid en billijkheid zijn partijen na opzegging der overeenkomst verplicht elkaar de daardoor geleden schade te vergoeden.
(Zie ook: artt. 95, 258, 277 BW Boek 6; artt. 28, 68, 396, 980, 1116, 1193 BW Boek 8)

Art. 913

1. De afzender is verplicht de vervoerder de schade te vergoeden, die materiaal, dat hij deze ter beschikking stelde of zaken die deze ten vervoer ontving dan wel de behandeling daarvan, de vervoerder berokkenden, behalve voor zover deze schade is veroorzaakt door een omstandigheid die een zorgvuldig afzender van de ten vervoer ontvangen zaken niet heeft kunnen vermijden en waarvan zulk een afzender de gevolgen niet heeft kunnen verhinderen.
(Zie ook: artt. 397, 610, 1020, 1117, 1715, 1719 BW Boek 8)

Schadevergoedingsplicht afzender bij goederenvervoer over binnenwateren

2. Dit artikel laat artikel 914 en de bepalingen nopens avarij-grosse onverlet.

Art. 914

1. Ten vervoer ontvangen zaken, die een zorgvuldig vervoerder, indien hij geweten zou hebben dat zij na hun inontvangstneming gevaar zouden kunnen opleveren, met het oog daarop niet ten vervoer zou hebben willen ontvangen, mogen door hem op ieder ogenblik en op iedere plaats worden gelost, vernietigd dan wel op andere wijze onschadelijk gemaakt. Ten aanzien van ten vervoer ontvangen zaken, waarvan de vervoerder de gevaarlijkheid heeft gekend, geldt hetzelfde doch slechts dan wanneer zij onmiddellijk dreigend gevaar opleveren.

Gevaarlijke zaken bij goederenvervoer over binnenwateren

2. Indien de vervoerder op grond van het eerste lid gerechtigd is tot lossen, vernietigen of op andere wijze onschadelijk maken van zaken, is de afzender op verlangen van de vervoerder en wanneer hem dit redelijkerwijs mogelijk is, verplicht deze maatregel te nemen.

B8 art. 915

Burgerlijk Wetboek Boek 8

Einde vervoerovereenkomst

3. Door het treffen van de in het eerste of tweede lid bedoelde maatregel eindigt de overeenkomst met betrekking tot de daar genoemde zaken, doch, indien deze alsnog worden gelost, eerst na deze lossing. De vervoerder verwittigt zo mogelijk de afzender, degeen aan wie de zaken moeten worden afgeleverd en degeen, aan wie hij volgens de bepalingen van een mogelijkerwijs afgegeven vrachtbrief of cognossement bericht van aankomst van het schip moet zenden. Dit lid is niet van toepassing met betrekking tot zaken die de vervoerder na het treffen van de in het eerste of tweede lid bedoelde maatregel alsnog naar hun bestemming vervoert.

4. Naar maatstaven van redelijkheid en billijkheid zijn partijen na beëindiging van de overeenkomst verplicht elkaar de daardoor geleden schade te vergoeden.

5. Indien zaken na beëindiging van de overeenkomst alsnog in feite worden afgeleverd, wordt vermoed, dat zij zich op het ogenblik van beëindiging van de overeenkomst bevonden in de staat, waarin zij feitelijk zijn afgeleverd; worden zij niet afgeleverd, dan wordt vermoed, dat zij op het ogenblik van beëindiging van de overeenkomst verloren zijn gegaan.

6. Indien de afzender na feitelijke aflevering een zaak niet naar haar bestemming vervoert, wordt het verschil tussen de waarden ter bestemming en ter plaatse van de aflevering, beide als bedoeld in het tweede lid van artikel 903, aangemerkt als waardevermindering van die zaak. Vervoert de afzender een zaak na de feitelijke aflevering alsnog naar haar bestemming, dan worden de kosten die hij te dien einde maakt aangemerkt als waardevermindering van die zaak.

7. Op de feitelijke aflevering is het tussen partijen overeengekomene alsmede het in deze afdeling nopens de aflevering van zaken bepaalde van toepassing, met dien verstande, dat deze feitelijke aflevering niet op grond van de tweede zin van het eerste lid of op grond van het derde lid van artikel 947 de vracht verschuldigd doet zijn. De artikelen 955, 956 en 957 zijn van overeenkomstige toepassing.

(Zie ook: art. 632 Rv)

8. Dit artikel laat de bepalingen nopens avarij-grosse onverlet.

(Zie ook: artt. 610, 1020 BW Boek 8)

Dwingend recht

9. Nietig is ieder beding, waarbij van het eerste of het tweede lid van dit artikel wordt afgeweken.

(Zie ook: artt. 12, 261, 398, 860, 910, 934, 935, 936, 1118, 1716, 1718 BW Boek 8)

Art. 915

Vrachtbrief bij goederenvervoer over binnenwateren

1. Zowel de afzender als de vervoerder kunnen terzake van het vervoer een document (vrachtbrief) opmaken en verlangen dat dit of een mogelijkerwijs door hun wederpartij opgemaakt document, door hun wederpartij wordt getekend en aan hen wordt afgegeven. Dit document kan noch aan order noch aan toonder worden gesteld. De ondertekening kan worden gedrukt of door een stempel dan wel enig ander kenmerk van oorsprong worden vervangen.

2. In de vrachtbrief worden aan de hand van door de afzender te verstrekken gegevens vermeld:

a. de ten vervoer ontvangen zaken,

b. de plaats waar de vervoerder de zaken ten vervoer heeft ontvangen,

c. de plaats waarheen de vervoerder op zich neemt de zaken te vervoeren,

d. de geadresseerde,

e. de vracht,

f. al hetgeen overigens aan afzender en vervoerder gezamenlijk goeddunkt.

De afzender staat in voor de juistheid, op het ogenblik van inontvangstneming van de zaken, van de door hem verstrekte gegevens.

3. Ondertekening door de afzender houdt op zichzelf niet in, dat hij de juistheid erkent van de aantekeningen die de vervoerder op de vrachtbrief ten aanzien van de zaken plaatste.

(Zie ook: art. 1119 BW Boek 8)

Art. 916

Cognossement bij goederenvervoer over binnenwateren

1. Op verlangen van de afzender, geuit voor de inlading een aanvang neemt, is de vervoerder verplicht voor zaken, die hij ten vervoer ontving, een cognossement op te maken, te dateren, te ondertekenen en tegen intrekking van een ontvangstbewijs of ligcognossement, dat door hem mocht zijn afgegeven, aan de afzender af te geven. De afzender is verplicht de gegevens, die nodig zijn voor het opmaken van het cognossement te verstrekken en staat in voor de juistheid daarvan op het ogenblik van de inontvangstneming van de zaken. Op verlangen van de vervoerder is de afzender verplicht het cognossement mede te ondertekenen of hem een ondertekend afschrift daarvan ter hand te stellen.

2. Wanneer de zaken voor zij ten vervoer zijn ingeladen door de vervoerder worden ontvangen, is deze op verlangen van de afzender verplicht een ontvangstbewijs of een voorlopig cognossement op te maken, te dateren, te ondertekenen en af te geven. De afzender is verplicht de gegevens, die nodig zijn voor het opmaken van dit document, te verstrekken en hij staat in voor de juistheid daarvan op het ogenblik van de inontvangstneming van de zaken.

(Zie ook: art. 411 BW Boek 8)

3. Nadat de inlading is voltooid, is de vervoerder op verlangen van de afzender verplicht een dergelijk voorlopig cognossement hetzij om te ruilen tegen een cognossement, als in het eerste lid bedoeld, hetzij op het voorlopige cognossement de naam van het schip of de schepen, aan boord waarvan de zaken werden geladen, en de datum of de data van de inlading aan te tekenen en vervolgens deze gegevens te ondertekenen.

4. De ondertekening kan worden gedrukt of door een stempel dan wel enig ander kenmerk van oorsprong worden vervangen.

(Zie ook: artt. 44, 260, 399, 910, 911, 1119, 1122 BW Boek 8)

Art. 917

Indien een vervoerovereenkomst is gesloten en bovendien een cognossement is afgegeven, wordt, behoudens artikel 940 tweede lid, tweede volzin, de rechtsverhouding tussen de vervoerder en de afzender door de bedingen van de vervoerovereenkomst en niet door die van dit cognossement beheerst. Behoudens het in artikel 940 eerste lid gestelde vereiste van houderschap van het cognossement, strekt dit hun dan slechts tot bewijs van de ontvangst der zaken door de vervoerder.

(Zie ook: artt. 47, 410, 1123 BW Boek 8)

Art. 918

Het cognossement, voor zover het geen lijcognossement is, vermeldt de ten vervoer ontvangen zaken, de plaats waar de vervoerder hen ten vervoer heeft ontvangen, de plaats waarheen de vervoerder op zich neemt hen te vervoeren, het schip aan boord waarvan de zaken worden geladen, en de geadresseerde.

(Zie ook: artt. 44, 399, 412, 916, 919 BW Boek 8)

Art. 919

1. In het cognossement wordt de geadresseerde, ter keuze van de afzender, aangegeven hetzij bij name of andere aanduiding, hetzij als order van de afzender of van een ander, hetzij als toonder. Op verlangen van de vervoerder wordt vermeld aan wie deze kennis kan geven dat hij gereed is te lossen.

2. De enkele woorden "aan order" worden geacht de order van de afzender aan te geven.

(Zie ook: artt. 412, 923, 934 BW Boek 8; artt. 110, 191, 347 WvK)

Art. 920

De verhandelbare exemplaren van een cognossement, waarin is vermeld hoeveel van deze exemplaren in het geheel zijn afgegeven, gelden alle voor één en één voor alle.

(Zie ook: artt. 45, 413, 942 BW Boek 8)

Art. 921

1. Het cognossement bewijst, behoudens tegenbewijs, dat de vervoerder de zaken heeft ontvangen en wel wat hun aard betreft, zoals deze daarin in het algemeen zijn omschreven en overigens zoals deze daarin naar aantal, gewicht of maat zijn vermeld. Tegenbewijs tegen het cognossement wordt niet toegelaten, wanneer het is overgedragen aan een derde te goeder trouw.

2. Indien in het cognossement de clausule: "aard, aantal, maat of gewicht onbekend" of enige andere clausule van dergelijke strekking is opgenomen, binden zodanige in het cognossement voorkomende vermeldingen omtrent de zaken de vervoerder niet, tenzij bewezen wordt, dat hij de aard, het aantal, de maat of het gewicht der zaken heeft gekend of had behoren te kennen.

3. Een cognossement, dat de uiterlijk zichtbare staat of gesteldheid van de zaak niet vermeldt, levert, behoudens tegenbewijs dat ook jegens een derde mogelijk is, een vermoeden op dat de vervoerder die zaak voor zover uiterlijk zichtbaar in goede staat of gesteldheid heeft ontvangen.

4. Ondertekening door de afzender van het cognossement of van een afschrift daarvan houdt op zichzelf niet in, dat hij de juistheid erkent van de aantekeningen die de vervoerder daarop ten aanzien van de zaken plaatste.

(Zie ook: artt. 11, 90 BW Boek 3; artt. 48, 414, 916, 1124 BW Boek 8)

Art. 922

1. Verwijzingen in het cognossement worden geacht slechts die bedingen daarin in te voegen, die voor degeen, jegens wie daarop een beroep wordt gedaan, duidelijk kenbaar zijn.

2. Een dergelijk beroep is slechts mogelijk voor hem, die op schriftelijk verlangen van degeen jegens wie dit beroep kan worden gedaan of wordt gedaan, aan deze onverwijld die bedingen heeft doen toekomen.

3. Nietig is ieder beding, waarbij van het tweede lid van dit artikel wordt afgeweken.

(Zie ook: art. 11 BW Boek 3; art. 231 BW Boek 6; artt. 12, 48, 415, 1122 BW Boek 8)

Art. 923

Een cognossement aan order wordt geleverd op de wijze als aangegeven in afdeling 2 van Titel 4 van Boek 3.

(Zie ook: artt. 93, 94 BW Boek 3; artt. 49, 416, 920 BW Boek 8; artt. 110, 191 WvK)

Art. 924

Levering van het cognossement vòòr de aflevering van de daarin vermelde zaken door de vervoerder geldt als levering van die zaken.

(Zie ook: art. 607 BW Boek 7; artt. 50, 417, 923 BW Boek 8)

Rechtsverhouding vervoerder en afzender bij goederenvervoer over binnenwateren

Gegevens cognossement bij goederenvervoer over binnenwateren

Verhandelbaarheid cognossement bij goederenvervoer over binnenwateren

Bewijskracht cognossement bij goederenvervoer over binnenwateren

Verwijzingen in cognossement bij goederenvervoer over binnenwateren

Dwingend recht

Levering cognossement bij goederenvervoer over binnenwateren

B8 art. 925

Burgerlijk Wetboek Boek 8

Art. 925

Verplichtingen vervoerder bij goederenvervoer over binnenwateren

De vervoerder is verplicht de plek van inlading en lossing tijdig aan te wijzen; in geval van tijdbevrachting is echter artikel 897 van toepassing en in geval van reisbevrachting artikel 926. *(Zie ook: artt. 418, 929, 930, 931, 933 BW Boek 8)*

Art. 926

Verplichtingen bevrachter bij goederenvervoer over binnenwateren

1. In geval van reisbevrachting is de bevrachter verplicht de plek van inlading en lossing tijdig aan te wijzen.

2. Hij moet daartoe aanwijzen een plek, waar het schip veilig kan komen, liggen, laden of lossen en waarvandaan het veilig kan vertrekken.

3. Indien de aangewezen plek niet beschikbaar is, lopen laad- en lostijd zoals zij gelopen zouden hebben wanneer deze plek wel beschikbaar zou zijn geweest.

4. Wanneer de bevrachter niet aan deze verplichting voldoet, is de vervrachter zonder dat enige aanmaning is vereist bevoegd zelf de plek van inlading of lossing aan te wijzen.

5. Indien de bevrachter meer dan één plek aanwijst, geldt de tijd nodig voor het verhalen als gebruikte laad- of lostijd. De kosten van verhalen zijn voor zijn rekening.

6. De bevrachter staat er voor in, dat het schip op de plek, die hij op grond van het eerste lid ter inlading of lossing aanwijst, veilig kan komen, liggen, laden of lossen en daarvandaan veilig kan vertrekken. Indien deze plek blijkt niet aan deze vereisten te voldoen, is de bevrachter slechts in zoverre niet aansprakelijk als de schipper, door de hem gegeven aanwijzing op te volgen, onredelijk handelde.

(Zie ook: artt. 419, 925, 927, 972 BW Boek 8)

Art. 927

Schakelbepaling

Wanneer in geval van reisbevrachting de bevrachter de bevoegdheid heeft laad- of loshaven nader aan te wijzen, is artikel 926 van overeenkomstige toepassing. *(Zie ook: artt. 420, 972 BW Boek 8)*

Art. 928

Kosten en tijdverlies bij ruimtebevrachting bij goederenvervoer over binnenwateren

In geval van ruimtebevrachting zijn alle kosten en tijdverlet, veroorzaakt om het schip de plek waar het ter beschikking moet worden gesteld te doen bereiken, ten laste van de bevrachter. De vergoeding voor tijdverlet zal niet minder bedragen dan het overliggeld voor de gebezigde uren.

(Zie ook: artt. 892, 931 t/m 933, 972 BW Boek 8)

Art. 929

Verplichtingen vervoerder bij inlading/lossing bij goederenvervoer over binnenwateren

1. De vervoerder is verplicht het schip ter inlading en ter lossing beschikbaar te stellen.

Verplichtingen afzender bij inlading/lossing

2. De afzender is verplicht de zaken aan boord van het schip te laden en te stuwen en de ontvanger is verplicht hen uit het schip te lossen. Wanneer de vervoerder daarbij aanwijzingen geeft voor de veiligheid van de vaart of ter voorkoming van schade zijn zij verplicht deze op te volgen.

Art. 929a

Losstandaard bij goederenvervoer over binnenwateren

1. De vervoerder stelt het schip aan de afzender ter beschikking met ten minste de krachtens de Waterwet en bij algemene maatregel van bestuur bepaalde losstandaard. Zodra met het laden een aanvang is gemaakt, wordt het schip geacht aan dit vereiste te voldoen.

2. De afzender en de ontvanger – en in geval zij van een overslaginstallatie gebruik maken in hun plaats de exploitant daarvan – zijn jegens elkaar en jegens de vervoerder verplicht de voor ieder van hen krachtens de Wet milieubeheer of de Waterwet en bij algemene maatregel van bestuur voorgeschreven maatregelen met betrekking tot het laden en lossen van het schip te treffen. Voor zover het betreft hun onderlinge verplichtingen kunnen de afzender en de ontvanger anders overeenkomen dan uit de vorige volzin voortvloeit.

Dwingend recht

3. Nietig is ieder beding, waarbij het eerste of tweede lid op andere wijze wordt afgeweken dan volgens die leden geoorloofd is.

Art. 930

Aanvang laadtijd bij goederenvervoer over binnenwateren

1. De laadtijd gaat in op de dag volgende op die waarop de vervoerder aan de afzender of aan een door deze aangewezen persoon het schip heeft gemeld.

2. Indien het de afzender bekend is, dat het schip zich op de dag van het sluiten van de overeenkomst in de laadplaats bevindt, wordt de vervoerder beschouwd als op die dag de in het eerste lid bedoelde melding te hebben verricht.

(Zie ook: artt. 919, 925, 931 t/m 933 BW Boek 8)

Art. 931

Laadtijd/overligtijd/overliggeld bij goederenvervoer over binnenwateren

1. Voor zover de vervoerder verplicht is tot laden, is hij gehouden zulks in de overeengekomen laadtijd te doen.

2. Voor zover de afzender verplicht is tot laden of stuwen, staat hij er voor in dat zulks in de overeengekomen laadtijd geschiedt.

3. Wanneer overligtijd is bedongen, is de afzender gerechtigd deze tijd na afloop van de laadtijd voor inlading en stuwing te bezigen.

4. Bepaalt de vervoerovereenkomst overliggeld, doch niet de overligtijd, dan wordt deze tijd vastgesteld op vier opeenvolgende dagen of, als op de ligplek een ander aantal redelijk of gebruikelijk is, op dit aantal.

5. De laadtijd wordt verkort met het aantal uren, dat de belading eerder is aangevangen of de vervoerder het schip op verlangen van de afzender eerder voor belading beschikbaar hield dan het tijdstip, waarop ingevolge het eerste lid van artikel 930 de laadtijd inging. Hij wordt verlengd met het aantal uren, dat het schip na aanvang van de werktijd op de dag, waarop de laadtijd inging, nog niet voor belading beschikbaar was.

6. Laadtijd, bedongen overligtijd en de in het vierde lid bedoelde overligdagen worden, voor zover de afzender tot laden of stuwen verplicht is, verlengd met de uren, dat niet kan worden geladen of gestuwd door schuld van de vervoerder of door omstandigheden gelegen in het schip of in het materiaal van het schip waarvan de vervoerder of de afzender zich bedient. Zij nemen een einde, wanneer belading en stuwing zijn beëindigd.

(Zie ook: artt. 442, 896, 907, 908, 925, 933 BW Boek 8)

Art. 932

1. De afzender is gehouden tot betaling van overliggeld voor de overligtijd met uitzondering van de uren vermeld in de eerste zin van het zesde lid van artikel 931. Hij is bovendien verplicht de vervoerder de schade te vergoeden wanneer, door welke oorzaak dan ook, vervoer van zaken van de betrokken of van een andere afzender op de onderhavige reis wordt verlengd ten gevolge van vertraging in de aanvang of het verloop van dit vervoer, ontstaan doordat de afzender belading en stuwing niet had voltooid in de laadtijd en de bedongen of wettelijke overligtijd. Deze schadevergoeding zal niet minder bedragen dan het overliggeld over het aantal uren, waarmee het vervoer is verlengd.

Overliggeld/schadevergoeding bij goederenvervoer over binnenwateren

2. De wettelijke bepalingen omtrent boetebedingen zijn niet van toepassing op bedingen met betrekking tot overliggeld.

(Zie ook: art. 91 BW Boek 6)

3. Schuldenaren van overliggeld en een mogelijkerwijs uit hoofde van het tweede lid van artikel 931 verschuldigde schadevergoeding zijn tot betaling daarvan hoofdelijk verbonden.

(Zie ook: artt. 6, 102 BW Boek 6)

4. Voorts gelden de regels, zo nodig vastgesteld bij algemene maatregel van bestuur, ten aanzien van het aantal der laad- en losdagen, de berekening van de laad-, los- en overligtijd, het bedrag van het overliggeld, de wijze, waarop het gewicht der te vervoeren of vervoerde zaken wordt bepaald, de duur van de werktijd en de uren, waarop deze begint en eindigt, voor zover niet bij plaatselijke verordening andere uren van aanvang en einde zijn bepaald, en de vergoeding voor of het meetellen van nachten, zaterdagen, zondagen en daarmede geheel of gedeeltelijk gelijkgestelde dagen, indien des nachts of op genoemde dagen geladen, gestuwd of gelost wordt, alsmede het begin van laad- en lostijd en de dagen en uren, waarop kennisgevingen van laad- of losgereedheid kunnen worden gedaan.

(Zie ook: artt. 422, 896, 907, 925, 930, 933, 947, 956, 997 BW Boek 8; Blltb 1991)

Art. 933

De artikelen 930, 931 en 932 vinden overeenkomstige toepassing op lossen.

(Zie ook: artt. 483, 919, 947 BW Boek 8)

Schakelbepaling

Art. 934

1. Behalve in geval van tijd- of reisbevrachting is de vervoerder wanneer, nadat de inlading een aanvang heeft genomen, het schip vergaat of zodanig beschadigd blijkt te zijn, dat het herstel, nodig voor de uitvoering van de overeenkomst, niet zonder ingrijpende maatregel mogelijk is, na lossing van de zaken bevoegd de overeenkomst te beëindigen, mits hij dit zo spoedig mogelijk doet; een maatregel tot herstel, de lossing van de gehele lading noodzakelijk maakt, wordt daarbij vermoed een ingrijpende maatregel te zijn.

Einde vervoerovereenkomst bij goederenvervoer over binnenwateren

2. Vermoed wordt dat het vergaan of de beschadiging van het schip is te wijten aan een omstandigheid, die voor rekening van de vervoerder komt; voor rekening van de vervoerder komen die omstandigheden, die in geval van beschadiging van door hem vervoerde zaken voor zijn rekening komen.

3. De vervoerder verwittigt, zo mogelijk, de afzender, de geadresseerde en degeen aan wie hij volgens de bepalingen van een mogelijkerwijs afgegeven cognossement bericht van gereedheid tot lossen moet zenden.

(Zie ook: art. 919 BW Boek 8)

4. Het vijfde, het zesde en het zevende lid van artikel 914 zijn van toepassing.

(Zie ook: artt. 424, 860, 935, 936, 1718 BW Boek 8)

Schakelbepaling

B8 art. 935

Art. 935

Opzegging vervoerovereenkomst bij goederenvervoer over binnenwateren

1. In geval van tijd- of reisbevrachting is de vervrachter, mits hij dit zo spoedig mogelijk doet, bevoegd de overeenkomst geheel of met betrekking tot een gedeelte der zaken al dan niet uitdrukkelijk op te zeggen, wanneer het schip, zonder dat het vergaan is, zodanig beschadigd blijkt te zijn, dat het, naar het oordeel van de vervrachter, het herstel, nodig voor de uitvoering van de overeenkomst, niet waard is of dit herstel binnen redelijke tijd niet mogelijk is.

2. Wanneer in geval van reisbevrachting de vervrachter reeds aan boord ontvangen zaken, zij het niet in het bevrachte schip, ondanks de beëindiging van de overeenkomst, naar hun bestemming vervoert, wordt dit vervoer vermoed op grond van de oorspronkelijke overeenkomst plaats te vinden.

3. Door de opzegging eindigt de overeenkomst, doch ten aanzien van reeds aan boord ontvangen zaken, eerst na lossing van die zaken.

4. Ten aanzien van reeds ten vervoer ontvangen zaken wordt vermoed, dat de beschadiging van het schip is te wijten aan een omstandigheid, die voor rekening van de vervrachter komt; voor rekening van de vervrachter komen die omstandigheden, die in geval van beschadiging van door hem vervoerde zaken voor zijn rekening komen.

5. De vervrachter verwittigt, zo spoedig als dit mogelijk is, de bevrachter, de geadresseerde en degeen aan wie hij bericht van gereedheid tot lossen moet zenden.

Schakelbepaling

6. Het vijfde, het zesde en het zevende lid van artikel 914 zijn van toepassing met dien verstande, dat in geval van tijdbevrachting vracht verschuldigd blijft tot op het tijdstip van de lossing der zaken.

(Zie ook: artt. 425, 860, 892, 934, 936, 949, 972 BW Boek 8)

Art. 936

Einde vervoerovereenkomst door vergaan schip bij goederenvervoer over binnenwateren

1. In geval van tijd- of reisbevrachting eindigt de overeenkomst met het vergaan van het schip.

2. Ten aanzien van reeds ten vervoer ontvangen zaken wordt vermoed, dat het vergaan van het schip is te wijten aan een omstandigheid, die voor rekening van de vervrachter komt; voor rekening van de vervrachter komen die omstandigheden, die in geval van beschadiging van door hem vervoerde zaken voor zijn rekening komen.

3. Vervoert de vervrachter ondanks het vergaan van het schip zaken die reeds aan boord waren ontvangen alsnog naar hun bestemming, dan wordt in geval van reisbevrachting dit vervoer vermoed op grond van de oorspronkelijke overeenkomst plaats te vinden.

4. De vervrachter verwittigt, zo spoedig als dit mogelijk is, de bevrachter, de geadresseerde en degeen aan wie hij bericht van gereedheid tot lossen moet zenden.

Schakelbepaling

5. Het vijfde, het zesde en het zevende lid van artikel 914 zijn van toepassing.

(Zie ook: artt. 426, 892, 934, 935, 972 BW Boek 8)

Art. 937

Bevoegdheden afzender tot geven aanwijzingen bij goederenvervoer over binnenwateren

1. De afzender is, tenzij een cognossement is afgegeven, bevoegd zichzelf of een ander als geadresseerde aan te wijzen, een gegeven aanduiding van de geadresseerde te wijzigen, orders omtrent de aflevering te geven of te wijzigen dan wel aflevering van ten vervoer ontvangen zaken vóór de aankomst ter bestemming te verlangen, voor zover de vervoerder aan deze aanwijzingen redelijkerwijs kan voldoen en mits hij de vervoerder en de belanghebbenden bij de overige lading ter zake schadeloos stelt. Hij is verplicht tot bijdragen in een avarij-grosse, wanneer de avarij-grosse handeling plaatshad met het oog op een omstandigheid, waarvan reeds vóór de aflevering is gebleken. Wanneer het schip naar een niet eerder overeengekomen plaats of plek is gevaren, is hij verplicht de vervoerder terzake bovendien een redelijke vergoeding te geven.

2. Hij kan deze rechten niet uitoefenen, wanneer door het opvolgen van zijn aanwijzingen de reis zou worden vertraagd.

3. Deze rechten van de afzender vervallen al naarmate de geadresseerde op de losplek zaken ter lossing aanneemt of de geadresseerde van de vervoerder schadevergoeding verlangt omdat deze zaken niet aflevert.

Schakelbepaling

4. Zaken, die ingevolge het eerste lid zijn afgeleverd, worden aangemerkt als ter bestemming afgeleverde zaken en de bepalingen van deze afdeling nopens de aflevering van zaken, alsmede de artikelen 955, 956 en 957 zijn van toepassing.

(Zie ook: artt. 440, 610, 913, 938, 947, 1020, 1125 BW Boek 8; art. 12 CMR; art. 15 LVW)

Art. 938

Bevoegdheden cognossementshouder bij goederenvervoer over binnenwateren

1. Indien een cognossement is afgegeven, is uitsluitend de in artikel 940 bedoelde houder daarvan en dan alleen tegen afgifte van alle verhandelbare exemplaren van dit cognossement, bevoegd, voor zover de vervoerder hieraan redelijkerwijs kan voldoen, aflevering van alle daarop vermelde zaken gezamenlijk vóór de aankomst ter bestemming te verlangen, mits hij de vervoerder en de belanghebbenden bij de overige lading terzake schadeloos stelt. Hij is verplicht tot bijdragen in een avarij-grosse, wanneer de avarij-grosse handeling plaats had met het oog op een omstandigheid, waarvan reeds vóór de aflevering is gebleken. Wanneer het schip naar

B8 art. 943

een niet eerder overeengekomen plaats of plek is gevaren, is hij verplicht de vervoerder ter zake bovendien een redelijke vergoeding te geven.

2. Hij kan dit recht niet uitoefenen, wanneer door de voortijdige aflevering de reis zou worden vertraagd.

3. Zaken, die ingevolge het eerste lid zijn afgeleverd, worden aangemerkt als ter bestemming afgeleverde zaken en de bepalingen van deze afdeling nopens de aflevering van zaken, alsmede de artikelen 955, 956 en 957 zijn van toepassing.

(Zie ook: artt. 440, 610, 913, 920, 947, 1020, 1125 BW Boek 8)

Art. 939

Indien geen cognossement doch aan de afzender een vrachtbrief die een geadresseerde vermeldt is afgegeven, heeft ook deze geadresseerde jegens de vervoerder het recht aflevering van de zaken overeenkomstig de op de vervoerder rustende verplichtingen te vorderen; daarbij zijn de artikelen 903, 905 en 906 van overeenkomstige toepassing.

(Zie ook: artt. 937, 1126 BW Boek 8)

Art. 940

1. Indien een cognossement is afgegeven, heeft uitsluitend de regelmatige houder daarvan, tenzij hij niet op rechtmatige wijze houder is geworden, jegens de vervoerder onder het cognossement het recht aflevering van de zaken overeenkomstig de op de vervoerder rustende verplichtingen te vorderen; daarbij zijn de artikelen 903, 905 en 906 van toepassing.

2. Jegens de houder van het cognossement, die niet de afzender was, is de vervoerder onder cognossement gehouden aan en kan hij een beroep doen op de bedingen van dit cognossement. Jegens iedere houder van het cognossement kan hij de uit het cognossement duidelijk kenbare rechten tot betaling geldend maken. Jegens de houder van het cognossement, die ook de afzender was, kan de vervoerder zich bovendien op de bedingen van de vervoerovereenkomst en op zijn persoonlijke verhouding tot de afzender beroepen.

(Zie ook: art. 86 BW Boek 3; artt. 51, 441, 917, 922, 938, 941, 943, 951 BW Boek 8; art. 115 WvK)

Art. 941

1. Indien bij toepassing van artikel 943 verscheidene personen als vervoerder onder het cognossement moeten worden aangemerkt zijn dezen jegens de in artikel 940 eerste lid bedoelde cognossementhouder hoofdelijk verbonden.

2. In het in het eerste lid genoemde geval is ieder der vervoerders gerechtigd de uit het cognossement blijkende rechten jegens de cognossementhouder uit te oefenen en is deze jegens iedere vervoerder gekweten tot op het opeisbare bedrag dat hij op grond van het cognossement aan één hunner heeft voldaan. Titel 7 van Boek 3 is niet van toepassing.

(Zie ook: artt. 6, 102 BW Boek 6; artt. 442, 917, 922, 944 BW Boek 8; artt. 146, 221 WvK)

Art. 942

Van de houders van verschillende exemplaren van hetzelfde cognossement heeft hij het beste recht, die houder is van het exemplaar, waarvan na de gemeenschappelijke voorman, die houder was van al die exemplaren, het eerst een ander houder is geworden te goeder trouw en onder bezwarende titel.

(Zie ook: art. 11 BW Boek 3; artt. 52, 460, 919, 920, 940, 955 BW Boek 8)

Art. 943

1. Onverminderd de overige leden van dit artikel worden als vervoerder onder het cognossement aangemerkt hij die het cognossement ondertekende of voor wie een ander dit ondertekende alsmede hij wiens formulier voor het cognossement is gebezigd. Is het cognossement niet of op onleesbare wijze ondertekend, dan wordt de wederpartij van de afzender als vervoerder onder het cognossement aangemerkt.

2. Indien de schipper of een ander voor hem het cognossement ondertekende, wordt naast degenen genoemd in het eerste lid, die tijd- of reisbevrachter, die vervoerder is bij de laatste overeenkomst in de keten der exploitatieovereenkomsten als bedoeld in afdeling 1 van titel 5, als vervoerder onder het cognossement aangemerkt. Indien het schip in rompbevrachting is uitgegeven wordt naast deze eventuele tijd- of reisbevrachter ook de laatste rompbevrachter als vervoerder onder het cognossement aangemerkt. Is het schip niet in rompbevrachting uitgegeven, dan wordt naast de hiergenoemde eventuele tijd- of reisbevrachter ook de eigenaar als vervoerder onder het cognossement aangemerkt.

3. In afwijking van de vorige leden wordt uitsluitend de laatste rompbevrachter, onderscheidenlijk de eigenaar, als vervoerder onder het cognossement aangemerkt indien het cognossement uitsluitend deze rompbevrachter, onderscheidenlijk de eigenaar, uitdrukkelijk als zodanig aanwijst en, in geval van aanwijzing van de rompbevrachter, bovendien diens identiteit uit het cognossement duidelijk kenbaar is.

4. Dit artikel laat het tweede lid van artikel 861 onverlet.

5. Nietig is ieder beding, waarbij van dit artikel wordt afgeweken.

(Zie ook: artt. 12, 217, 461, 827, 897, 941, 945, 990 BW Boek 8; artt. 100, 178 WvK)

Recht geadresseerde tot vordering aflevering bij goederenvervoer over binnenwateren

Recht regelmatige cognossementshouder tot vordering aflevering bij goederenvervoer over binnenwateren

Hoofdelijke verbondenheid bij goederenvervoer over binnenwateren

Beste recht bij goederenvervoer over binnenwateren

Vervoerder onder cognossement bij goederenvervoer over binnenwateren

Dwingend recht

B8 art. 944

Art. 944

1. Het eerste lid, eerste volzin van artikel 943 vindt geen toepassing indien een daar als vervoerder onder het cognossement aangemerkte persoon bewijst dat hij die het cognossement voor hem ondertekende daarbij de grenzen zijner bevoegdheid overschreed of dat het formulier zonder zijn toestemming is gebezigd. Desalniettemin wordt een in het eerste lid, eerste volzin van artikel 943 bedoelde persoon als vervoerder onder het cognossement aangemerkt, indien de houder van het cognossement bewijst dat op het ogenblik van uitgifte van het cognossement, op grond van een verklaring of gedraging van hem voor wie is ondertekend of wiens formulier is gebezigd, redelijkerwijze mocht worden aangenomen, dat hij die ondertekende daartoe bevoegd was of dat het formulier met toestemming was gebezigd.

2. In afwijking van het eerste lid wordt de rederij als vervoerder onder het cognossement aangemerkt indien haar boekhouder door ondertekening van het cognossement de grenzen zijner bevoegdheid overschreed, doch zij wordt niet gebonden jegens de eerste houder van het cognossement die op het ogenblik van uitgifte daarvan wist dat de boekhouder de grenzen zijner bevoegdheid overschreed.

(Zie ook: artt. 711, 179 BW Boek 8)

3. Een beroep op het tweede lid van artikel 943 is mogelijk ook indien de schipper door ondertekening van het cognossement of door een ander de bevoegdheid te geven dit namens hem te ondertekenen, de grenzen zijner bevoegdheid overschreed, doch dergelijk beroep staat niet open aan de eerste houder van het cognossement die op het ogenblik van uitgifte daarvan wist dat de schipper de grenzen zijner bevoegdheid overschreed.

(Zie ook: artt. 217, 462, 827, 861 BW Boek 8)

4. Het derde lid vindt eveneens toepassing indien hij die namens de schipper het cognossement ondertekende daarbij de grenzen zijner bevoegdheid overschreed.

Art. 945

Verhaal door vervrachter bij goederenvervoer over binnenwateren

1. Is een vervrachter ingevolge artikel 943 tot meer gehouden dan waartoe hij uit hoofde van zijn bevrachting is verplicht of ontving hij minder dan waartoe hij uit dien hoofde is gerechtigd, dan heeft hij - mits de ondertekening van het cognossement of de afgifte van het formulier plaatsvond krachtens het in de bevrachting bepaalde, dan wel op verzoek van de bevrachter - deswege op deze laatste verhaal.

2. Hetzelfde geldt voor een ingevolge het eerste lid aangesproken bevrachter, die op zijn beurt vervrachter is.

(Zie ook: artt. 480, 972 BW Boek 8)

Art. 946

Kwijting cognossement bij goederenvervoer over binnenwateren

1. De houder van het cognossement, die zich tot ontvangst van de zaken heeft aangemeld, is verplicht, voordat hij deze heeft ontvangen, het cognossement van kwijting te voorzien en aan de vervoerder af te geven.

(Zie ook: art. 481 BW Boek 8)

2. Hij is gerechtigd het cognossement tot zekerheid der afgifte daarvan bij een, in geval van geschil op verzoek van de meest gerede partij door de rechter aan te wijzen, derde in bewaring te geven totdat de zaken afgeleverd zijn.

(Zie ook: art. 481 BW Boek 8)

3. Tenzij het cognossement in overeenstemming met het eerste lid van kwijting is voorzien en aan de vervoerder is afgegeven, is de ontvanger verplicht naarmate van de aflevering van de zaken ontvangstbewijzen daarvoor af te geven, voor zover althans dit de aflevering niet op onredelijke wijze vertraagt.

(Zie ook: artt. 481, 955 BW Boek 8; art. 627 Rv)

Art. 947

Verschuldigdheid vracht bij goederenvervoer over binnenwateren

1. Een derde gedeelte van de vracht, berekend over de ten vervoer ontvangen zaken, - of, wanneer een beding als "franco vracht tegen ontvangstbewijs" is gemaakt, twee derde gedeelte daarvan - is verschuldigd op het ogenblik, dat de vervoerder de zaken ten vervoer ontvangt of, wanneer door hem een vrachtbrief of cognossement wordt afgegeven, bij het afgeven hiervan. De overige vracht is verschuldigd na aflevering van de zaken ter bestemming of ter plaatse, waar de vervoerder hen met inachtneming van artikel 937 of artikel 938 afleverde. Is de vracht bepaald naar gewicht of omvang der zaken, dan wordt hij berekend naar deze gegevens bij aflevering.

2. Wanneer zaken weliswaar worden afgeleverd, doch niet ter bestemming, is distantievracht verschuldigd. Deze wordt berekend aan de hand van het door de zaken afgelegde gedeelte van het vervoer en de door de vervoerder gemaakte kosten. Hierbij wordt rekening gehouden met de gehele duur en lengte van het vervoer en het totaal van de daarvoor door de vervoerder te maken kosten.

3. Vracht, die in één som voor alle zaken is bepaald, is, ook wanneer slechts een gedeelte van die zaken ter bestemming is afgeleverd, in zijn geheel verschuldigd.

4. Vracht, die vooruit te voldoen is of voldaan is, is en blijft - behalve in geval van tijdbevrachting - in zijn geheel verschuldigd, ook wanneer de zaken niet ter bestemming worden afgeleverd. *(Zie ook: art. 892 BW Boek 8)*

5. Zaken, die niet zijn afgeleverd, worden desalniettemin aangemerkt als afgeleverde zaken voor zover het niet afleveren het gevolg is van de aard of een gebrek van de zaken, dan wel van een handeling of nalaten van een rechthebbende op of de afzender, geadresseerde of ontvanger van de zaken.

6. Wanneer de vracht in het cognossement op een lager bedrag is vastgesteld dan in de vervoerovereenkomst, is het verschil aan de vervoerder vooruit te voldoen.

7. Wanneer de afzender niet de vóór het begin van het vervoer verschuldigde vracht heeft voldaan, is de vervoerder bevoegd het vertrek van het schip op te schorten. Met toestemming van de rechter is hij gerechtigd tot het nemen van de in de artikelen 955 en 957 genoemde maatregelen. Gaat hij hiertoe over, dan zijn deze artikelen alsmede artikel 956 van toepassing. De afzender is verplicht de vervoerder de schade te vergoeden, wanneer, door welke oorzaak dan ook, vervoer van zaken van de betrokken of van een andere afzender op de onderhavige reis wordt verlengd ten gevolge van deze opschorting. Deze schadevergoeding zal niet minder bedragen dan het overliggeld over het aantal uren, waarmee het vervoer is verlengd. *(Zie ook: artt. 29, 484, 914, 916, 940, 954, 1128, 1194 BW Boek 8; art. 16 LVW)*

Art. 948

Voor zaken die door een opvarende voor eigen rekening in strijd met enig wettelijk verbod worden vervoerd is de hoogste vracht verschuldigd die ten tijde van de inlading voor soortgelijke zaken kon worden bedongen. Deze vracht is verschuldigd ook wanneer de zaken niet ter bestemming worden afgeleverd en de ontvanger is met de verscheper hoofdelijk voor deze vracht verbonden.

(Zie ook: artt. 6, 102 BW Boek 6; artt. 5, 485, 947 BW Boek 8; art. 372 WvK)

Art. 949

Onder voorbehoud van de laatste zinsnede van het zesde lid van artikel 935 is in geval van tijdbevrachting vracht niet verschuldigd over de tijd, dat de bevrachter het schip niet overeenkomstig de bedingen van de bevrachting te zijner beschikking heeft

a. ten gevolge van beschadiging daarvan, dan wel

b. doordat de vervrachter in de nakoming van zijn verplichtingen tekort schiet, mits het schip meer dan 24 aaneengesloten uren niet ter beschikking van de bevrachter staat.

(Zie ook: artt. 486, 892, 947, 972 BW Boek 8)

Art. 950

1. Bij tijdbevrachting komen de brandstof voor de voortstuwingsinstallaties en de smeerolie, de havenrechten en soortgelijke rechten en uitgaven, die verschuldigd worden ten gevolge van uitgevoerde reizen en het vervoeren van zaken, ten laste van de bevrachter. De overige lasten der exploitatie van het schip komen ten laste van de vervrachter.

2. Bij vletten komen de havengelden ten laste van de vervrachter, tenzij het schip zich begeeft naar een andere gemeente. In dat geval komen de havengelden, verschuldigd in die andere gemeente, alsmede de havengelden, verschuldigd na terugkeer in de oorspronkelijke gemeente, ten laste van de bevrachter.

(Zie ook: artt. 487, 892, 972 BW Boek 8)

Art. 951

Onverminderd het omtrent avarij-grosse bepaalde en onverminderd afdeling 1 van Titel 4 van Boek 6 zijn de afzender en de ontvanger en, indien een cognossement is afgegeven, de in artikel 940 bedoelde houder daarvan, hoofdelijk verbonden de vervoerder de schade te vergoeden, geleden doordat deze zich als zaakwaarnemer inliet met de behartiging van de belangen van een rechthebbende op ten vervoer ontvangen zaken dan wel doordat de kapitein of de schipper zijn in de artikelen 261 of 860 genoemde verplichtingen is nagekomen.

(Zie ook: artt. 6, 102 BW Boek 6; artt. 222, 488, 832, 904, 914, 980, 1129, 1195, 1714 BW Boek 8)

Art. 952

Slechts een schriftelijk en ondubbelzinnig daartoe strekkend beding ontheft de afzender van zijn verplichtingen terzake van het vervoer.

(Zie ook: art. 20 LVW)

Art. 953

1. De vervoerder is verplicht de bedragen, die als rembours op de zaak drukken, bij aflevering van de zaak van de ontvanger te innen en vervolgens aan de afzender af te dragen. Wanneer hij aan deze verplichting, door welke oorzaak dan ook, niet voldoet, is hij verplicht het bedrag van het rembours aan de afzender te vergoeden, doch indien deze geen of minder schade leed, ten hoogste tot op het bedrag van de geleden schade.

Vervoer zaken voor eigen rekening bij goederenvervoer over binnenwateren

Verschuldigdheid vracht bij goederenvervoer over binnenwateren

Kosten ten laste van bevrachter bij goederenvervoer over binnenwateren

Hoofdelijke verbondenheid jegens vervoerder bij goederenvervoer over binnenwateren

Ontheffing afzender van verplichtingen bij goederenvervoer over binnenwateren

Rembours bij goederenvervoer over binnenwateren

B8 art. 954

2. De ontvanger, die ten tijde van de aflevering weet dat een bedrag als rembours op de zaak drukt, is verplicht aan de vervoerder het door deze aan de afzender verschuldigde bedrag te voldoen.

(Zie ook: artt. 954, 1130 BW Boek 8; art. 21 CMR)

Art. 954

Recht vervoerder tot weigeren afgifte zaken bij goederenvervoer over binnenwateren Retentierecht

1. De vervoerder is gerechtigd afgifte van zaken, die hij in verband met de vervoerovereenkomst onder zich heeft, te weigeren aan ieder, die uit anderen hoofde dan de vervoerovereenkomst recht heeft op aflevering van die zaken, tenzij op de zaken beslag is gelegd en uit de vervolging van dit beslag een verplichting tot afgifte aan de beslaglegger voortvloeit.

2. De vervoerder kan het recht van retentie uitoefenen op zaken, die hij in verband met de vervoerovereenkomst onder zich heeft, voor hetgeen hem verschuldigd is of zal worden ter zake van het vervoer van die zaken alsmede voor hetgeen als bijdrage in avarij-grosse op die zaken verschuldigd is of zal worden. Hij kan dit recht tevens uitoefenen voor hetgeen bij wijze van rembours op de zaak drukt. Indien een cognossement is afgegeven, kan hij dit recht slechts uitoefenen voor wat hem door de ontvanger verschuldigd is of zal worden, tenzij het cognossement bepaalt, dat de vracht of andere vorderingen terzake van het vervoer door de afzender moeten worden voldaan; in dat geval kan hij de zaken terughouden, totdat de afzender aan zijn verplichtingen voldoet. Dit retentierecht vervalt zodra aan de vervoerder is betaald het bedrag waarover geen geschil bestaat en voldoende zekerheid is gesteld voor de betaling van die bedragen, waaromtrent wel geschil bestaat of welker hoogte nog niet kan worden vastgesteld. De vervoerder behoeft echter geen zekerheid te aanvaarden voor hetgeen bij wijze van rembours op de zaak drukt.

3. De in dit artikel aan de vervoerder toegekende rechten komen hem niet toe jegens een derde, indien hij op het tijdstip dat hij de zaak ten vervoer ontving, reden had te twijfelen aan de bevoegdheid van de afzender jegens die derde hem de zaak ten vervoer ter beschikking te stellen.

(Zie ook: artt. 48, 290, 291 BW Boek 3; artt. 51, 52 BW Boek 6; artt. 30, 69, 222, 489, 571, 832, 953, 956, 980, 1131, 1196 BW Boek 8; art. 631 Rv)

Art. 955

Opslag vervoerde zaken bij goederenvervoer over binnenwateren

1. Voor zover, nadat zo nodig de in artikel 933 bedoelde melding is geschied, hij die jegens de vervoerder recht heeft op aflevering van vervoerde zaken, niet opkomt, weigert deze te ontvangen of deze niet met de vereiste spoed in ontvangst neemt, voor zover op zaken beslag is gelegd, alsmede indien de vervoerder gegronde redenen heeft aan te nemen, dat een houder van een cognossement die als ontvanger opkomt, desalniettemin niet tot de aflevering gerechtigd is, is de vervoerder gerechtigd deze zaken voor rekening en gevaar van de rechthebbende bij een derde op te slaan in een daarvoor geschikte bewaarplaats of lichter. Op zijn verzoek kan de rechter bepalen, dat hij deze zaken, desgewenst ook in het schip, onder zichzelf kan houden of andere maatregelen daarvoor kan treffen. Hij is verplicht de afzender zo spoedig mogelijk op de hoogte te stellen.

2. De derde-bewaarnemer en de ontvanger zijn jegens elkaar verbonden, als ware de omtrent de bewaring gesloten overeenkomst mede tussen hen aangegaan. De bewaarnemer is echter niet gerechtigd tot afgifte dan na schriftelijke toestemming daartoe van hem, die de zaken in bewaring gaf.

(Zie ook: art. 600 BW Boek 7; artt. 227, 490, 569, 837, 914, 930, 931, 932, 933, 934, 935, 936, 937, 938, 942, 946, 954, 956, 957, 980, 1132, 1197 BW Boek 8; art. 628 Rv; art. 17 LVW)

Art. 956

Recht vervoerder op overliggeld/schadevergoeding bij goederenvervoer over binnenwateren

De vervoerder blijft in het geval van de artikelen 954 of 955, zolang hij de zaken niet heeft opgeslagen, voor ieder uur oponthoud gerechtigd tot overliggeld of, indien hij meer schade lijdt, tot volledige schadevergoeding.

(Zie ook: artt. 914, 932, 937, 938, 947, 980 BW Boek 8)

Art. 957

Machtiging tot verkoop bij goederenvervoer over binnenwateren

1. In geval van toepassing van artikel 955 kan de vervoerder, de bewaarnemer dan wel hij, die jegens de vervoerder recht heeft op de aflevering, op zijn verzoek door de rechter worden gemachtigd de zaken geheel of gedeeltelijk op de door deze te bepalen wijze te verkopen.

2. De bewaarnemer is verplicht de vervoerder zo spoedig mogelijk van de voorgenomen verkoop op de hoogte te stellen; de vervoerder heeft deze verplichting jegens degeen, die jegens hem recht heeft op de aflevering van de zaken, en jegens degeen aan wie hij volgens artikel 933 melding moet doen.

3. De opbrengst van het verkochte wordt in de consignatiekas gestort voor zover zij niet strekt tot voldoening van de kosten van opslag en verkoop alsmede, binnen de grenzen der redelijkheid, van de gemaakte kosten. Tenzij op de zaken beslag is gelegd voor een geldvordering, moet aan de vervoerder uit het in bewaring te stellen bedrag worden voldaan hetgeen hem verschuldigd is terzake van het vervoer, op grond van een remboursbeding, alsmede een bijdrage in avarij-grosse; voor zover deze vorderingen nog niet vaststaan, zal de opbrengst of een gedeelte daarvan op door de rechter te bepalen wijze tot zekerheid voor deze vorderingen strekken.

4. De in de consignatiekas gestorte opbrengst treedt in de plaats van de zaken. *(Zie ook: art. 51 BW Boek 6; art. 632 Rv; art. 18 LVW)*

Art. 958

Indien er zekerheid of vermoeden bestaat, dat er verlies of schade is, moeten de vervoerder en hij, die jegens de vervoerder recht heeft op de aflevering, elkaar over en weer in redelijkheid alle middelen verschaffen om het onderzoek van de zaak en het natellen van de colli mogelijk te maken.

(Zie ook: artt. 493, 960, 980, 1134, 1199 BW Boek 8)

Art. 959

1. Zowel de vervoerder als hij die jegens de vervoerder recht heeft op de aflevering is bevoegd bij de aflevering van zaken de rechter te verzoeken een gerechtelijk onderzoek te doen plaatshebben naar het gewicht, de maat of enige andere omstandigheid, die van belang is bij de vaststelling van de vracht, alsmede naar de toestand waarin de zaken worden afgeleverd; tevens zijn zij bevoegd de rechter te verzoeken de daarbij bevonden verliezen of schaden gerechtelijk te doen begroten.

2. Indien dit onderzoek in tegenwoordigheid of na behoorlijke oproeping van de wederpartij heeft plaatsgehad, wordt het uitgebrachte rapport vermoed juist te zijn. *(Zie ook: artt. 494, 961, 980, 1135 BW Boek 8; art. 633 Rv)*

Art. 960

1. Zowel de vervoerder als hij die jegens de vervoerder recht heeft op de aflevering is, wanneer hij verliezen of schaden van zaken vermoedt, bevoegd de rechter te verzoeken bij of terstond na de aflevering daarvan en desgewenst aan boord van het schip, een gerechtelijk onderzoek te doen plaatshebben naar de oorzaak daarvan.

2. Indien dit onderzoek in tegenwoordigheid of na behoorlijke oproeping van de wederpartij heeft plaatsgehad, wordt het uitgebrachte rapport vermoed juist te zijn. *(Zie ook: artt. 495, 980, 1135 BW Boek 8; art. 633 Rv)*

Art. 961

1. De kosten van gerechtelijk onderzoek, als bedoeld in de artikelen 959 en 960, moeten worden voldaan door de aanvrager.

2. De rechter kan deze kosten en door het onderzoek geleden schade geheel of gedeeltelijk ten laste van de wederpartij van de aanvrager brengen, ook al zouden daardoor de bedragen genoemd in de in artikel 905 bedoelde algemene maatregel van bestuur worden overschreden. *(Zie ook: artt. 496, 980, 1136 BW Boek 8; art. 633 Rv)*

Afdeling 3
Overeenkomst van personenvervoer over binnenwateren

Art. 970

1. De overeenkomst van personenvervoer in de zin van deze titel is de overeenkomst van personenvervoer, al dan niet tijd- of reisbevrachting zijnde, waarbij de ene partij (de vervoerder) zich tegenover de andere partij verbindt aan boord van een schip een of meer personen (reizigers) en al dan niet hun bagage uitsluitend over binnenwateren te vervoeren. Vervoer tussen wal en schip als bedoeld in artikel 501 onder *a* wordt niet als vervoer over binnenwateren aangemerkt. De overeenkomst van personenvervoer aan boord van een luchtkussenvoertuig noch de overeenkomst van personenvervoer als omschreven in artikel 100 is een overeenkomst van personenvervoer in de zin van deze afdeling.

2. Hutbagage in de zin van deze afdeling is de bagage, met uitzondering van levende dieren die de reiziger in zijn hut heeft, die hij in zijn bezit, onder zijn toezicht of in zijn macht heeft, alsmede de bagage die hij aan boord heeft van een met hem als bagage ten vervoer aangenomen voertuig of schip, doch niet dit voertuig of schip zelf.

3. Handbagage in de zin van deze afdeling is de bagage, met uitzondering van levende dieren, die de reiziger als gemakkelijk mee te voeren, draagbare dan wel met de hand verrijdbare zaken op of bij zich heeft.

(Zie ook: art. 1141 BW Boek 8)

4. Bij algemene maatregel van bestuur kunnen zaken die geen hut- of handbagage zijn voor de toepassing van bepalingen van deze afdeling als hut- of handbagage worden aangewezen, dan wel bepalingen van deze afdeling niet van toepassing worden verklaard op zaken, die hut- of handbagage zijn.

(Zie ook: art. 418 BW Boek 7; artt. 1, 4, 8, 80, 361, 500, 971, 1140, 1750 BW Boek 8)

Art. 971

Vervoer over binnenwateren omvat

a. met betrekking tot personen of hun hut- of handbagage de tijd dat de reiziger of zijn hut- of handbagage aan boord van het schip verblijft, de tijd van inscheping of ontscheping, alsmede,

B8 art. 972 — Burgerlijk Wetboek Boek 8

onder voorbehoud van artikel 501, de tijd dat de reiziger of zijn hut- of handbagage te water wordt vervoerd tussen wal en schip of tussen schip en wal, indien de prijs hiervan in de vracht is inbegrepen of het voor dit hulpvervoer gebezigde schip door de vervoerder ter beschikking van de reiziger is gesteld. Vervoer over binnenwateren van personen omvat echter niet de tijd dat de reiziger verblijft op een ponton, een steiger, een veerstoep of enig schip dat ligt tussen de wal en het schip aan boord waarvan hij vervoerd zal worden of werd, in een stationsgebouw, op een kade of enige andere haveninstallatie;

b. met betrekking tot hut- of handbagage bovendien de tijd dat de reiziger verblijft op een ponton, een steiger, een veerstoep of enig schip dat ligt tussen de wal en het schip aan boord waarvan hij vervoerd zal worden of werd, in een stationsgebouw, op een kade of enige andere haveninstallatie, indien die bagage is overgenomen door de vervoerder en niet weer aan de reiziger is afgeleverd;

c. met betrekking tot bagage die noch hut- noch handbagage is, de tijd tussen het overnemen daarvan door de vervoerder hetzij te land, hetzij aan boord en de aflevering door de vervoerder. *(Zie ook: artt. 8, 102, 501, 970, 1142, 1143 BW Boek 8)*

Art. 972

Tijd- of reisbevrachting — **1.** Tijd- of reisbevrachting in de zin van deze afdeling is de overeenkomst van personenvervoer, waarbij de vervoerder (de vervrachter) zich verbindt tot vervoer aan boord van een schip dat hij daartoe, anders dan bij wijze van rompbevrachting, in zijn geheel en al dan niet op tijdbasis (tijdbevrachting of reisbevrachting) ter beschikking stelt van zijn wederpartij (de bevrachter).

2. De in afdeling 2 van titel 10 in het bijzonder voor het geval van bevrachting gegeven bepalingen, alsmede artikel 894 zijn op deze bevrachting van overeenkomstige toepassing. *(Zie ook: artt. 373, 503, 892, 897, 909, 926, 927, 928, 935, 936, 945, 949, 950, 990, 1093, 1144, 1752 BW Boek 8)*

Art. 973

Schakelbepaling — De wetsbepalingen omtrent huur, bewaarneming en bruikleen zijn op terbeschikkingstelling van een schip ten vervoer, anders dan bij wijze van rompbevrachting, niet van toepassing. *(Zie ook: art. 600 BW Boek 7; artt. 1584, 1777 BW Boek 7A; artt. 374, 503, 893, 990, 1094, 1145 BW Boek 8)*

Art. 974

Aansprakelijkheid vervoerder bij dood/letsel reiziger bij personenvervoer over binnenwateren — **1.** De vervoerder is aansprakelijk voor schade veroorzaakt door dood of letsel van de reiziger, indien een voorval dat hiertoe leidde zich voordeed tijdens het vervoer en voor zover dit voorval is veroorzaakt door een omstandigheid die een zorgvuldig vervoerder heeft kunnen vermijden of door een omstandigheid waarvan zulk een vervoerder de gevolgen heeft kunnen verhinderen.

2. Vermoed wordt dat een zorgvuldig vervoerder de omstandigheid die leidde tot schipbreuk, aanvaring, stranding, ontploffing of brand heeft kunnen vermijden, alsmede dat zulk een vervoerder heeft kunnen verhinderen dat deze omstandigheid tot een dergelijk voorval leidde.

3. Gebrekkigheid of slecht functioneren van het schip of van het materiaal waarvan hij zich voor het vervoer bedient, wordt aangemerkt als een omstandigheid die een zorgvuldig vervoerder heeft kunnen vermijden en waarvan hij de gevolgen heeft kunnen verhinderen.

4. Bij de toepassing van dit artikel wordt slechts dan rekening gehouden met een gedraging van een derde, indien geen andere omstandigheid, die mede tot het voorval leidde, voor rekening van de vervoerder is.

(Zie ook: artt. 95, 107, 108 BW Boek 6; artt. 81, 82, 105, 504, 971, 981, 982, 985, 1147, 1148 BW Boek 8; artt. 24, 29 LVW)

Art. 975

Aansprakelijkheid vervoerder bij verlies/schade bagage bij personenvervoer over binnenwateren — **1.** De vervoerder is aansprakelijk voor schade veroorzaakt door geheel of gedeeltelijk verlies dan wel beschadiging van hut- of handbagage met uitzondering van een zaak, die zich aan boord van een als bagage ten vervoer aangenomen voertuig of schip bevindt, indien een voorval dat hiertoe leidde zich voordeed tijdens het vervoer en voor zover dit voorval is veroorzaakt door een omstandigheid die een zorgvuldig vervoerder heeft kunnen vermijden of waarvan zulk een vervoerder de gevolgen heeft kunnen verhinderen.

Schakelbepaling — **2.** Het tweede en derde lid van artikel 974 zijn van toepassing.

3. Bij de toepassing van dit artikel wordt slechts dan rekening gehouden met een gedraging van een derde, indien geen andere omstandigheid, die mede tot het voorval leidde, voor rekening van de vervoerder is.

4. Dit artikel laat de artikelen 545 en 1006 onverlet.

(Zie ook: artt. 8, 106, 505, 506, 970, 971, 976, 980, 981, 982, 985, 1150, 1753 BW Boek 8; art. 31 LVW)

Art. 976

Onder voorbehoud van artikel 975 is de vervoerder aansprakelijk voor schade veroorzaakt door geheel of gedeeltelijk verlies dan wel beschadiging van bagage, indien een voorval dat hiertoe leidde zich voordeed tijdens het vervoer en voor zover dit voorval is veroorzaakt door een

omstandigheid die een zorgvuldig vervoerder heeft kunnen vermijden of waarvan zulk een vervoerder de gevolgen heeft kunnen verhinderen.
(Zie ook: artt. 8, 506, 971, 980, 981, 982, 985, 1150, 1750 BW Boek 8; art. 25 LVW)

Art. 977

De vervoerder is niet aansprakelijk in geval van verlies of beschadiging overkomen aan geldstukken, verhandelbare documenten, goud, zilver, juwelen, sieraden, kunstvoorwerpen of andere zaken van waarde, tenzij deze zaken van waarde aan de vervoerder in bewaring zijn gegeven en hij overeengekomen is hen in zekerheid te zullen bewaren.
(Zie ook: art. 600 BW Boek 7; artt. 507, 982, 1151 BW Boek 8)

Uitsluiting aansprakelijkheid vervoerder bij personenvervoer over binnenwateren

Art. 978

De vervoerder is terzake van door de reiziger aan boord gebrachte zaken die hij, indien hij hun aard of gesteldheid had gekend, niet aan boord zou hebben toegelaten en waarvoor hij geen bewijs van ontvangst heeft afgegeven, geen enkele schadevergoeding verschuldigd indien de reiziger wist of behoorde te weten, dat de vervoerder de zaken niet ten vervoer zou hebben toegelaten; de reiziger is alsdan aansprakelijk voor alle kosten en schaden voor de vervoerder voortvloeiend uit de aanbieding ten vervoer of uit het vervoer zelf.
(Zie ook: artt. 107, 508, 979, 1152 BW Boek 8)

Art. 979

Onverminderd artikel 978 en onverminderd artikel 179 van Boek 6 is de reiziger verplicht de vervoerder de schade te vergoeden die hij of zijn bagage deze berokkende, behalve voor zover deze schade is veroorzaakt door een omstandigheid die een zorgvuldig reiziger niet heeft kunnen vermijden en voor zover zulk een reiziger de gevolgen daarvan niet heeft kunnen verhinderen. De reiziger kan niet om zich van zijn aansprakelijkheid te ontheffen beroep doen op de hoedanigheid of een gebrek van zijn bagage.
(Zie ook: artt. 8, 114, 509, 1153 BW Boek 8)

Aansprakelijkheid reiziger bij personenvervoer over binnenwateren

Art. 980

1. Onverminderd de bepalingen van deze afdeling zijn op het vervoer van bagage de artikelen 895, 903 eerste en tweede lid, 904 eerste lid, 910 eerste en tweede lid, 911, 912, 914, 951 en 954 tot en met 961 van toepassing. De in artikel 954 toegekende rechten en het in artikel 957 toegekende recht tot het zich laten voldoen uit het in bewaring te stellen bedrag van kosten terzake van het vervoer, kunnen worden uitgeoefend voor alles wat de wederpartij van de vervoerder of de reiziger aan de vervoerder verschuldigd is.

Schakelbepaling

2. Partijen hebben de vrijheid af te wijken van in het eerste lid op hun onderlinge verhouding toepasselijk verklaarde bepalingen.
(Zie ook: artt. 8, 510, 890, 1154, 1710 t/m 1722, 1750 BW Boek 8)

Art. 981

Op de overeenkomst van personenvervoer zijn de artikelen 511 tot en met 516 van overeenkomstige toepassing.
(Zie ook: art. 986 BW Boek 8)

Art. 982

1. Behoudens de artikelen 974 tot en met 977 is de vervoerder niet aansprakelijk voor schade ontstaan door een handeling, onachtzaamheid of nalatigheid van de kapitein of de schipper, een ander lid van de bemanning, de loods of de ondergeschikten van de vervoerder, gepleegd bij de navigatie van het schip.

Aansprakelijkheid vervoerder voor handelingen navigatie bij personenvervoer over binnenwateren

2. Behoudens de artikelen 974 tot en met 977 wordt generlei afwijking van de koers tot redding of poging tot redding van mensenlevens of goederen en generlei redelijke afwijking van de koers beschouwd als een schending van enige vervoerovereenkomst en de vervoerder is niet aansprakelijk voor enig verlies of enige schade daardoor ontstaan.
(Zie ook: artt. 6, 261, 517, 860, 901, 1780 BW Boek 8)

Art. 983

1. De aansprakelijkheid van de vervoerder is in geval van dood, letsel of vertraging van de reiziger en in geval van verlies, beschadiging of vertraging van diens bagage beperkt tot een bij of krachtens algemene maatregel van bestuur te bepalen bedrag of bedragen.

Uitsluiting aansprakelijkheid vervoerder bij personenvervoer over binnenwateren

2. Dit artikel laat de titels 7 en 12 van dit boek onverlet.
(Zie ook: artt. 85, 110, 518, 1157 BW Boek 8; Besl.art. 983 BW Boek 8)

Art. 984

1. De vervoerder kan zich niet beroepen op enige beperking van zijn aansprakelijkheid voor zover de schade is ontstaan uit zijn eigen handeling of nalaten, geschied hetzij met het opzet die schade te veroorzaken, hetzij roekeloos en met de wetenschap dat die schade er waarschijnlijk uit zou voortvloeien.

Aansprakelijkheid vervoerder bij schade door eigen handelen/nalaten bij personenvervoer over binnenwateren

2. Nietig is ieder beding, waarbij van dit artikel wordt afgeweken.
(Zie ook: artt. 12, 111, 519, 906, 1158 BW Boek 8)

Dwingend recht

B8 *art. 985*

Art. 985

Nietig is ieder vóór het aan de reiziger overkomen voorval of vóór het verlies of beschadiging van bagage gemaakt beding, waarbij de ingevolge de artikelen 974 tot en met 977 op de vervoerder drukkende aansprakelijkheid of bewijslast wordt verminderd op andere wijze dan in deze afdeling is voorzien.

(Zie ook: artt. 12, 84, 112, 520, 1149, 1150 BW Boek 8)

Art. 986

Schakelbepaling Op de overeenkomst van personenvervoer over binnenwateren zijn de artikelen 521 tot en met 528 van overeenkomstige toepassing.

(Zie ook: art. 981 BW Boek 8)

Afdeling 4
Enige bijzondere overeenkomsten

Art. 990

Overeenkomst rompbevrachting bij vervoer over binnenwateren **1.** Onder de overeenkomst (rompbevrachting), waarbij de ene partij (de rompvervrachter) zich verbindt een schip uitsluitend op binnenwateren terbeschikking te stellen van haar wederpartij (de rompbevrachter) zonder daarover nog enige zeggenschap te houden, ligt de exploitatie van het schip in handen van de rompbevrachter en geschiedt zij voor diens rekening.

2. Artikel 894 is van overeenkomstige toepassing.

(Zie ook: artt. 217, 228, 530, 532, 827, 838, 892, 893, 943, 972, 973, 991, 992, 994, 998, 1730 BW Boek 8)

Art. 991

Begripsbepalingen **1.** Op de overeenkomst, waarbij de ene partij zich verbindt een schip, anders dan bij wijze van rompbevrachting, uitsluitend op binnenwateren terbeschikking te stellen van de andere partij voor andere doeleinden dan het aan boord daarvan opslaan of het daarmee vervoeren van zaken of personen zijn de bepalingen nopens avarij-grosse alsmede de bepalingen van deze titel en, indien het een zeeschip betreft, de artikelen 361 tot en met 366 van overeenkomstige toepassing.

2. Partijen hebben de vrijheid af te wijken van in het eerste lid op hun onderlinge verhouding toepasselijk verklaarde bepalingen.

(Zie ook: artt. 2, 4, 531, 532, 610, 880, 890, 970, 998, 1020, 1730 BW Boek 8)

Art. 992

Ligovereenkomst **1.** De ligovereenkomst is de overeenkomst, waarbij de ene partij (de vervrachter) zich verbindt een schip anders dan bij wijze van rompbevrachting uitsluitend op binnenwateren terbeschikking te stellen van de andere partij (de bevrachter), teneinde aan boord daarvan zaken te laden, op te slaan en daaruit te lossen.

2. De ligovereenkomst kan voor bepaalde of voor onbepaalde tijd worden aangegaan. Indien zij voor bepaalde tijd is aangegaan en na afloop van die tijd stilzwijgend wordt verlengd, wordt zij vermoed een voor onbepaalde tijd aangegane overeenkomst te zijn.

3. Op de ligovereenkomst zijn de bepalingen nopens avarij-grosse alsmede de bepalingen van deze titel en, indien het een zeeschip betreft, de artikelen 361 tot en met 366 van overeenkomstige toepassing, met dien verstande, dat partijen de vrijheid hebben in hun onderlinge verhouding van deze bepalingen af te wijken.

(Zie ook: artt. 2, 4, 610, 880, 890, 893, 916, 937, 938, 998, 1020, 1730 BW Boek 8)

Art. 993

Opzegging van ligovereenkomst **1.** Indien de ligovereenkomst voor onbepaalde tijd is aangegaan, kan zij door de bevrachter zonder termijn en door de vervrachter met een termijn van tenminste zeven dagen worden opgezegd.

2. Bij opzegging door de vervrachter moet het schip na afloop van de door deze gestelde termijn door de bevrachter zijn gelost.

3. De ligprijs is verschuldigd tot en met de dag, waarop de lossing is voltooid, doch in elk geval tot en met de tweede dag volgend op de dag van de opzegging door de bevrachter.

4. De opzegging geschiedt door een mondelinge of schriftelijke kennisgeving of enig ander bericht, waarvan de ontvangst duidelijk aantoonbaar is.

(Zie ook: artt. 992, 1730 BW Boek 8)

Art. 994

Overeenkomst liggen en/of varen **1.** De overeenkomst voor liggen en/of varen is de overeenkomst, waarbij de ene partij (de vervrachter) zich verbindt een schip, anders dan bij wijze van rompbevrachting, uitsluitend op binnenwateren ter beschikking te stellen van de andere partij (de bevrachter) en waarbij de bevrachter de keuze heeft het schip slechts te laten liggen of het, na een tijd van liggen, te laten varen.

2. Het liggen wordt beheerst door het omtrent de ligovereenkomst bepaalde; op het varen zijn de bepalingen nopens avarij-grosse, alsmede de bepalingen van deze titel en, indien het een zeeschip betreft, de artikelen 361 tot en met 366 van overeenkomstige toepassing.

(Zie ook: artt. 2, 4, 610, 880, 890, 892, 916, 937, 938, 970, 1020, 1730 BW Boek 8)

Art. 995

De bevrachter heeft het recht het schip gedeeltelijk te lossen en daarna te laten varen. In dat geval is hij de vracht verschuldigd, die bij varen met de volle lading verschuldigd zou zijn geweest. *(Zie ook: artt. 937, 938, 994, 1730 BW Boek 8)*

Recht tot gedeeltelijk lossen bij vervoer over binnenwateren

Art. 996

1. De vervrachter kan, wanneer geen bepaalde ligtijd is overeengekomen, met een termijn van ten minste zeven dagen de ligtijd beëindigen door een mondelinge of schriftelijke kennisgeving aan de bevrachter, dan wel door enig ander bericht, waarvan de ontvangst duidelijk aantoonbaar is. Deelt de bevrachter aan de vervrachter niet binnen 48 uur na ontvangst van deze kennisgeving mede, dat hij het schip wenst te laten varen, dan gaat na afloop van deze termijn van 48 uur de lostijd in.

Ligtijd bij vervoer over binnenwateren

2. De ligprijs is verschuldigd tot en met de dag, waarop de lossing is voltooid, doch in elk geval tot en met de tweede dag volgend op de dag, waarop de vervrachter de in het eerste lid bedoelde mededeling deed.

(Zie ook: artt. 993, 1730 BW Boek 8)

Art. 997

1. Indien de bevrachter het schip wenst te laten varen is de vervrachter verplicht uiterlijk op de eerste werkdag volgende op die, waarop hij daarvan kennisgeving heeft ontvangen, de reis aan te vangen. Wordt hij in de aanvaarding van de reis door de bevrachter opgehouden, dan is deze verplicht hem op de voet van artikel 932 schade te vergoeden.

Aanvang reis bij vervoer over binnenwateren

2. Kan de reis door omstandigheden, die de vervrachter niet toe te rekenen zijn en die reeds bestonden ten tijde van de opdracht tot varen, niet worden aangevangen of vervolgd, dan blijft, zolang de verhindering duurt, de ligprijs verschuldigd.

(Zie ook: artt. 994, 995, 1730 BW Boek 8)

Art. 998

Voor de toepassing van de bepalingen van deze afdeling wordt ter beschikkingstelling van een en eenzelfde schip ter zee en op binnenwateren beschouwd als terbeschikkingstelling op binnenwateren, mits de terbeschikkingstelling ter zee kennelijk ondergeschikt is aan die op binnenwateren.

Werkingssfeer

(Zie ook: artt. 4, 370, 500, 532, 890, 970, 1730 BW Boek 8)

Titel 11
Ongevallen

Afdeling 1
Aanvaring

Art. 1000

Onder binnenschepen worden in deze afdeling mede verstaan draagvleugelboten, vlotten, veerponten, beweegbare delen van schipbruggen, baggermolens, drijvende kranen, elevatoren en alle drijvende werktuigen, pontons of materiaal van soortgelijke aard, die voldoen aan de in de artikelen 1 en 3 ten aanzien van binnenschepen vermelde vereisten.

Begripsbepalingen

(Zie ook: art. 780 BW Boek 8)

Art. 1001

Aanvaring is de aanraking van schepen met elkaar.

Aanvaring

(Zie ook: art. 540 BW Boek 8; art. 785 WvK)

Art. 1002

Het in deze afdeling omtrent aanvaring bepaalde vindt - voor zover niet afdeling 1 van titel 6 van toepassing is - eveneens toepassing indien schade door een binnenschip is veroorzaakt zonder dat een aanvaring plaatshad.

Begripsbepalingen

(Zie ook: artt. 541, 1000 BW Boek 8)

Art. 1003

Indien een binnenschip door een aanvaring schade heeft veroorzaakt, wordt de aansprakelijkheid voor deze schade geregeld door deze afdeling, voor zover althans niet afdeling 1 van titel 6 van toepassing is.

Aansprakelijkheid bij schade binnenschip bij aanvaring

(Zie ook: art. 162 BW Boek 6; artt. 3, 542, 827 BW Boek 8; artt. 168, 169 WvSr)

Art. 1004

1. Verplichting tot schadevergoeding op grond van deze afdeling bestaat slechts indien de schade is veroorzaakt door schuld. Er bestaat geen wettelijk vermoeden van schuld terzake van een aanvaring, doch het schip, dat in aanraking komt met een andere, zo nodig behoorlijk verlichte, vaste of te bekwamer plaats vastgemaakte zaak, geen schip zijnde, is aansprakelijk voor de schade, tenzij blijkt dat de schade niet is veroorzaakt door schuld van het schip.

Schadevergoedingsverplichting bij aanvaring

(Zie ook: art. 546 BW Boek 8)

B8 art. 1005

2. Indien de schade is veroorzaakt door toeval, indien zij is toe te schrijven aan overmacht of indien haar oorzaken niet kunnen worden vastgesteld, wordt zij gedragen door hen, die haar hebben geleden.
(Zie ook: art. 543 BW Boek 8)

3. In geval van slepen is ieder binnenschip, dat deel uitmaakt van een sleep, slechts aansprakelijk indien er schuld aan zijn zijde is.

Art. 1005

Schuld van één binnenschip bij aanvaring

Indien de schade is veroorzaakt door de schuld van één binnenschip, is de eigenaar van dit schip verplicht de schade te vergoeden.
(Zie ook: art. 162 BW Boek 6; artt. 544, 827, 1793 BW Boek 8; art. 635 Rv; artt. 168, 169 WvSr)

Art. 1006

Schuld van meerdere binnenschepen bij aanvaring

1. Indien twee of meer binnenschepen gezamenlijk door hun schuld schade hebben veroorzaakt, zijn de eigenaren daarvan zonder hoofdelijkheid aansprakelijk voor de schade, toegebracht aan medeschuldige schepen en aan goederen, die zich aan boord daarvan bevinden, en hoofdelijk voor alle overige schade.

2. Is de aansprakelijkheid niet hoofdelijk, dan zijn de eigenaren van de schepen, die gezamenlijk door hun schuld de schade hebben veroorzaakt, tegenover de benadeelden aansprakelijk in verhouding tot het gewicht van de schuld van hun schepen; indien echter de omstandigheden meebrengen, dat die verhouding niet kan worden vastgesteld of indien blijkt dat de schuld van deze schepen gelijkwaardig is, wordt de aansprakelijkheid in gelijke delen verdeeld.

3. Is de aansprakelijkheid hoofdelijk, dan moet elk der aansprakelijke eigenaren zijn door het tweede lid van dit artikel vastgestelde aandeel in de betaling aan de schuldeiser voor zijn rekening nemen. Onder voorbehoud van de artikelen 880 en 364 heeft hij, die meer dan zijn aandeel heeft betaald, voor het overschot verhaal op zijn medeschuldenaren die minder dan hun aandeel hebben betaald. Verlies, veroorzaakt door het onvermogen van een der eigenaren van de medeschuldige schepen om te betalen, wordt over de andere eigenaren omgeslagen in de door het tweede lid van dit artikel vastgestelde verhouding.
(Zie ook: artt. 1, 2 BW Boek 3; artt. 6, 10, 13 BW Boek 6; artt. 106, 505, 545, 975, 1794 BW Boek 8; art. 635 Rv)

Art. 1007

Schuld van een loods bij aanvaring

De krachtens deze afdeling bestaande aansprakelijkheid wordt niet opgeheven ingeval de schade is veroorzaakt door de schuld van een loods, zelfs niet als het gebruik van deze verplicht is.
(Zie ook: art. 547 BW Boek 8)

Afdeling 2
Hulpverlening

Art. 1010

Hulpverlening door binnenschip bij ongevallen

De hulpverlening door binnenschepen en de hulp aan binnenschepen, aan zich aan boord daarvan bevindende zaken of aan van een binnenschip afkomstige in bevaarbaar water of welk ander water dan ook driftige, aangespoelde of gezonken zaken worden geregeld door afdeling 2 van titel 6, met dien verstande dat hetgeen in die afdeling voor de reder is bepaald, wanneer het een binnenschip betreft, geldt voor de eigenaar daarvan en hetgeen voor de kapitein is bepaald, wanneer het een binnenschip betreft, geldt voor de schipper daarvan.
(Zie ook: artt. 211, 224, 550, 821, 834, 1020, 1820 BW Boek 8; artt. 636, 637 Rv)

Afdeling 3
Avarij-grosse

Art. 1020

Avarij-grosse

1. Avarij-grosse zijn de opofferingen en uitgaven redelijkerwijs verricht of gedaan bij aanwezigheid van bijzondere omstandigheden met het doel een binnenschip en de goederen aan boord daarvan uit een gemeenschappelijk gevaar, hoe of door wiens toedoen dit ook zij ontstaan, te redden.

2. Verlies van passagegeld is geen avarij-grosse.
(Zie ook: artt. 3, 7, 382, 389, 397, 398, 423, 440, 488, 489, 491, 531, 610, 821, 823, 824, 832, 834, 835, 904, 913, 914, 937, 938, 951, 957, 991, 994, 1830 BW Boek 8; art. 638 t/m 642 Rv)

Art. 1021

Werkingssfeer

1. Avarij-grosse wordt aan hem, die haar leed, vergoed door de eigenaar van het binnenschip, de belanghebbende bij de vracht, de ontvanger van de lading en de eigenaren van de overige zich aan boord bevindende zaken met uitzondering van postzendingen, mondvoorraden, passagiersbagage, zelfs wanneer geregistreerd, en van persoonlijke bezittingen.

2. In afwijking van het eerste lid draagt een motorrijtuig of schip, dat door een vervoerder in verband met een overeenkomst van personenvervoer aan boord van het binnenschip wordt vervoerd, bij in de avarij-grosse.
(Zie ook: art. 612 BW Boek 8)

Art. 1022

De vergoedingen in avarij-grosse en de dragende waarden der in de avarij-grosse bijdragende belangen worden bovendien bepaald met inachtneming van de Rijnregels I.V.R, nader omschreven bij algemene maatregel van bestuur.
(Zie ook: art. 613 BW Boek 8; Besl.art. ag 1022 BW Boek 8; Besl.art. 1022 BW Boek 8)

Vergoedingen in avarij-grosse

Afdeling 4

Gevaarlijke stoffen aan boord van een binnenschip

Art. 1030

In deze afdeling wordt verstaan onder:
a. "gevaarlijke stof": een stof die als zodanig bij algemene maatregel van bestuur is aangewezen; de aanwijzing kan worden beperkt tot bepaalde concentraties van de stof, tot bepaalde in de algemene maatregel van bestuur te omschrijven gevaren die aan de stof verbonden zijn, en tot bepaalde daarin te omschrijven situaties waarin de stof zich bevindt;
b. "schip": binnenschip, niet zijnde een luchtkussenvoertuig;
c. "schade":
1°. schade veroorzaakt door dood of letsel van enige persoon veroorzaakt door een gevaarlijke stof;
2°. andere schade buiten het schip aan boord waarvan de gevaarlijke stof zich bevindt, veroorzaakt door die gevaarlijke stof, met uitzondering van verlies van of schade met betrekking tot andere schepen of zeeschepen en zaken aan boord daarvan, indien die schepen of zeeschepen deel uitmaken van een sleep, waarvan ook dit schip deel uitmaakt, of hecht met dit schip in een eenheid zijn gekoppeld;
3°. de kosten van preventieve maatregelen en verlies of schade veroorzaakt door zulke maatregelen;
d. "preventieve maatregel": iedere redelijke maatregel ter voorkoming of beperking van schade door wie dan ook genomen met uitzondering van de overeenkomstig deze afdeling aansprakelijke persoon nadat een gebeurtenis heeft plaatsgevonden;
e. "gebeurtenis": elk feit of elke opeenvolging van feiten met dezelfde oorzaak, waardoor schade ontstaat of waardoor een ernstige en onmiddellijke dreiging van schade ontstaat;
f. "eigenaar": hij die de zeggenschap heeft over het gebruik van het schip aan boord waarvan de gevaarlijke stof zich bevindt. De persoon die in een register waarin het schip te boek staat, als eigenaar van het schip is ingeschreven, of, bij gebreke van enige teboekstelling, de persoon die het schip in eigendom heeft, wordt aangemerkt als eigenaar, tenzij hij bewijst dat ten tijde van de gebeurtenis een door hem bij name genoemde ander de zeggenschap over het gebruik van het schip had of dat op dat tijdstip een ander zonder zijn toestemming en zonder dat hij zulks redelijkerwijs kon voorkomen de zeggenschap over het gebruik van het schip had.
(Zie ook: art. 197 BW Boek 6; artt. 3, 620, 1210, 1670 BW Boek 8; Uitv.besl. Agsm)

Begripsbepalingen

Art. 1031

1. Deze afdeling is niet van toepassing, indien de eigenaar jegens degene die de vordering instelt, aansprakelijk is uit hoofde van een exploitatieovereenkomst of jegens deze persoon een beroep op een exploitatieovereenkomst heeft.
2. Deze afdeling is van toepassing op de periode waarin een gevaarlijke stof zich aan boord van een schip bevindt, daaronder begrepen de periode vanaf het begin van de inlading van de gevaarlijke stof in het schip tot het einde van de lossing van die stof uit het schip.
3. Deze afdeling is niet van toepassing op schade veroorzaakt wanneer het schip uitsluitend wordt gebruikt in een niet voor publiek toegankelijk gebied en zulk gebruik een onderdeel vormt van een in dat gebied plaatsvindende bedrijfsuitoefening.
4. Op zich overeenkomstig het tweede lid aan boord bevindende stoffen als bedoeld in artikel 175 van Boek 6 is dat artikel niet van toepassing, tenzij zich het geval van het derde lid voordoet.
(Zie ook: artt. 621, 1211, 1671 BW Boek 6)

Werkingssfeer

Art. 1032

1. Indien een gevaarlijke stof zich bevindt in een vervoermiddel dat zich aan boord van een schip bevindt zonder dat de gevaarlijke stof uit dit gestapelde vervoermiddel wordt gelost, zal de gevaarlijke stof voor die periode geacht worden zich alleen aan boord van genoemd schip te bevinden.
2. Indien een gevaarlijke stof zich bevindt in een schip dat wordt gesleept door een ander schip of door een zeeschip of wordt voortbewogen door een ander schip of door een zeeschip, dat hecht met dit schip in een eenheid gekoppeld is, zal de gevaarlijke stof geacht worden zich alleen aan boord van laatstgenoemd schip of zeeschip te bevinden.

Gevaarlijke stoffen bij vervoer over binnenwateren

B8 art. 1033 Burgerlijk Wetboek Boek 8

3. Gedurende de handelingen bedoeld in artikel 1033, vijfde lid, onderdelen *c*, *d* en *e*, zal de gevaarlijke stof geacht worden:
a. in afwijking van het eerste lid, zich alleen aan boord van het gestapelde vervoermiddel te bevinden;
b. in afwijking van het tweede lid, zich alleen aan boord van eerstgenoemd schip te bevinden.
(Zie ook: artt. 622, 1212, 1672 BW Boek 8)

Art. 1033

Aansprakelijkheid eigenaar bij vervoer van gevaarlijke stoffen

1. Hij die ten tijde van een gebeurtenis eigenaar is van een schip aan boord waarvan zich een gevaarlijke stof bevindt, is aansprakelijk voor de schade door die stof veroorzaakt ten gevolge van die gebeurtenis. Bestaat de gebeurtenis uit een opeenvolging van feiten met dezelfde oorzaak, dan rust de aansprakelijkheid op degene die ten tijde van het eerste feit eigenaar was.

2. De eigenaar is niet aansprakelijk indien:
a. de schade is veroorzaakt door een oorlogshandeling, vijandelijkheden, burgeroorlog, opstand of natuurgebeuren van uitzonderlijke, onvermijdelijke en onweerstaanbare aard;
b. de schade uitsluitend is veroorzaakt door een handelen of nalaten van een derde, niet zijnde een persoon genoemd in het vijfde lid, onderdeel *a*, geschied met het opzet de schade te veroorzaken;
c. de afzender of enige andere persoon niet heeft voldaan aan zijn verplichting hem in te lichten over de gevaarlijke aard van de stof, en noch de eigenaar, noch de in het vijfde lid, onderdeel *a*, genoemde personen wisten of hadden behoren te weten dat deze gevaarlijk was.

3. Indien de eigenaar bewijst dat de schade geheel of gedeeltelijk het gevolg is van een handelen of nalaten van de persoon die de schade heeft geleden, met het opzet de schade te veroorzaken, of van de schuld van die persoon, kan hij geheel of gedeeltelijk worden ontheven van zijn aansprakelijkheid tegenover die persoon.

4. De eigenaar kan voor schade slechts uit anderen hoofde dan deze afdeling worden aangesproken in het geval van het tweede lid, onderdeel *c*, alsmede in het geval dat hij uit hoofde van arbeidsovereenkomst kan worden aangesproken.

5. Behoudens de artikelen 1034 en 1035 zijn voor schade niet aansprakelijk:
a. de ondergeschikten, vertegenwoordigers of lasthebbers van de eigenaar of de leden van de bemanning,
b. de loods en ieder ander die, zonder bemanningslid te zijn, ten behoeve van het schip werkzaamheden verricht,
c. zij die anders dan tegen een uitdrukkelijk en redelijk verbod vanwege het schip in hulp verlenen aan het schip, de zich aan boord daarvan bevindende zaken of de opvarenden,
d. zij die op aanwijzing van een bevoegde overheidsinstantie hulp verlenen aan het schip, de zich aan boord daarvan bevindende zaken of de opvarenden,
e. zij die preventieve maatregelen nemen met uitzondering van de eigenaar,
f. de ondergeschikten, vertegenwoordigers of lasthebbers van de in dit lid, onderdelen *b*, *c*, *d* en *e*, van aansprakelijkheid vrijgestelde personen, tenzij de schade is ontstaan uit hun eigen handelen of nalaten, geschied hetzij met het opzet die schade te veroorzaken, hetzij roekeloos en met de wetenschap dat de schade er waarschijnlijk uit zou voortvloeien.

6. De eigenaar heeft, voor zover niet anders is overeengekomen, verhaal op de in het vijfde lid bedoelde personen, doch uitsluitend indien dezen ingevolge het slot van dit lid voor de schade kunnen worden aangesproken.
(Zie ook: artt. 170, 172, 175 BW Boek 6; artt. 623, 1032, 1213, 1673 BW Boek 8)

Art. 1034

Aansprakelijkheid derde bij vervoer van gevaarlijke stoffen

1. Indien de eigenaar bewijst dat de gevaarlijke stof tijdens de periode bedoeld in artikel 1031, tweede lid, is geladen of gelost onder de uitsluitende verantwoordelijkheid van een door hem bij name genoemde ander dan de eigenaar of zijn ondergeschikte, vertegenwoordiger of lasthebber, zoals de afzender of ontvanger, is de eigenaar niet aansprakelijk voor de schade als gevolg van een gebeurtenis tijdens het laden of lossen van de gevaarlijke stof en is die ander voor deze schade aansprakelijk overeenkomstig deze afdeling.

2. Indien echter de gevaarlijke stof tijdens de periode bedoeld in artikel 1031, tweede lid, is geladen of gelost onder de gezamenlijke verantwoordelijkheid van de eigenaar en een door de eigenaar bij name genoemde ander, zijn de eigenaar en die ander hoofdelijk aansprakelijk overeenkomstig deze afdeling voor de schade als gevolg van een gebeurtenis tijdens het laden of lossen van de gevaarlijke stof.

3. Indien is geladen of gelost door een persoon in opdracht of ten behoeve van de vervoerder of een ander, zoals de afzender of de ontvanger, is niet deze persoon, maar de vervoerder of die ander aansprakelijk.

4. Indien een ander dan de eigenaar op grond van het eerste of het tweede lid aansprakelijk is, kan die ander geen beroep doen op artikel 1033, vierde lid en vijfde lid, onderdeel *b*.

5. Indien een ander dan de eigenaar op grond van het eerste of het tweede lid aansprakelijk is, zijn ten aanzien van die ander titel 12 alsmede de artikelen 642a tot en met 642z van het

Wetboek van Burgerlijke Rechtsvordering van overeenkomstige toepassing, met dien verstande dat in geval van hoofdelijke aansprakelijkheid:
a. de beperking van aansprakelijkheid krachtens titel 12 geldt voor het geheel der naar aanleiding van eenzelfde gebeurtenis ontstane vorderingen gericht tegen beiden;
b. een fonds gevormd door één van hen overeenkomstig artikel 642c van het Wetboek van Burgerlijke Rechtsvordering wordt aangemerkt als door beiden te zijn gevormd en zulks ten aanzien van de vorderingen waarvoor het fonds werd gesteld.

6. In de onderlinge verhouding tussen de eigenaar en de in het tweede lid van dit artikel genoemde ander is de eigenaar niet tot vergoeding verplicht dan in geval van schuld van hemzelf of van zijn ondergeschikten, vertegenwoordigers of lasthebbers.

7. Dit artikel is niet van toepassing als tijdens de periode, bedoeld in artikel 1031, tweede lid, is geladen of gelost onder de uitsluitende of gezamenlijke verantwoordelijkheid van een persoon, genoemd in artikel 1033, vijfde lid, onderdeel c, *d* of *e.*
(Zie ook: artt. 624, 1214, 1674 BW Boek 8)

Art. 1035

Indien ingevolge artikel 1033, tweede lid, onderdeel c, de eigenaar niet aansprakelijk is, is de afzender of andere persoon aansprakelijk overeenkomstig deze afdeling en zijn te diens aanzien titel 12 alsmede de artikelen 642a tot en met 642z van het Wetboek van Burgerlijke Rechtsvordering van overeenkomstige toepassing. De afzender of andere persoon kan geen beroep doen op artikel 1033, vierde lid.
(Zie ook: artt. 625, 1215, 1675 BW Boek 8)

Aansprakelijkheid afzender bij vervoer van gevaarlijke stoffen

Art. 1036

Indien schade veroorzaakt door de gevaarlijke stof redelijkerwijs niet kan worden gescheiden van schade anderszins veroorzaakt, zal de gehele schade worden aangemerkt als schade in de zin van deze afdeling.
(Zie ook: artt. 626, 1216, 1676 BW Boek 8)

Onderscheid oorzaken schade door gevaarlijke stoffen

Art. 1037

1. Wanneer door een gebeurtenis schade is veroorzaakt door gevaarlijke stoffen aan boord van meer dan één schip, dan wel aan boord van een schip en een zeeschip of een luchtkussenvoertuig, zijn de eigenaren en de reder of de exploitant van de daarbij betrokken schepen, het zeeschip of het luchtkussenvoertuig, onverminderd het in artikel 1033, tweede en derde lid, en artikel 1034, afdeling 4 van titel 6 en afdeling 1 van titel 14 bepaalde, hoofdelijk aansprakelijk voor alle schade waarvan redelijkerwijs niet kan worden aangenomen dat zij veroorzaakt is door gevaarlijke stoffen aan boord van één of meer bepaalde schepen, zeeschip of luchtkussenvoertuig.

Hoofdelijke aansprakelijkheid bij schade door gevaarlijke stoffen aan boord van meerdere schepen

2. Het bepaalde in het eerste lid laat onverlet het beroep op beperking van aansprakelijkheid van de reder, eigenaar of exploitant krachtens titel 7 of titel 12, dan wel de artikelen 1218 tot en met 1220, ieder tot het voor hem geldende bedrag.
(Zie ook: artt. 627, 1217, 1677 BW Boek 8)

Titel 12
Beperking van aansprakelijkheid van eigenaren van binnenschepen

Art. 1060

1. De eigenaar van een binnenschip en de hulpverlener kunnen door het stellen van één of meer fondsen als bedoeld in artikel 642c van het Wetboek van Burgerlijke Rechtsvordering hun aansprakelijkheid beperken voor de in artikel 1062 genoemde vorderingen.
(Zie ook: art. 3 BW Boek 8)

Beperking aansprakelijkheid eigenaar en hulpverlener bij binnenschip

2. Onder eigenaar worden in deze titel mede verstaan de huurder of bevrachter aan wie het schip voor eigen gebruik ter beschikking gesteld wordt, alsmede de exploitant van een schip.
(Zie ook: artt. 880, 892, 994 BW Boek 8)

Eigenaar, begripsbepaling Titel 12

3. Onder hulpverlener wordt in deze titel een ieder verstaan die werkzaamheden verricht in onmiddellijk verband met hulpverlening, waaronder in deze titel mede worden verstaan de in artikel 1062, eerste lid, onder *d, e* en *f,* genoemde werkzaamheden of maatregelen.
(Zie ook: artt. 1010, 1063, lid 1 sub a BW Boek 8; art. 785 WvK)

4. Onder binnenschepen worden in deze titel mede verstaan draagvleugelboten, veerponten en kleine vaartuigen, baggermolens, drijvende kranen, elevatoren en alle andere drijvende en verplaatsbare werktuigen, pontons of materiaal van soortgelijke aard, die voldoen aan de in de artikelen 1 en 3 van dit boek ten aanzien van binnenschepen vermelde vereisten.

5. Een binnenschip in aanbouw wordt voor de toepassing van deze titel mede als binnenschip aangemerkt van het ogenblik af dat de stapelloop aanvangt. Een luchtkussenvoertuig en een schip dat als bouwwerk als bedoeld in de Woningwet wordt aangemerkt, worden voor de toepassing van deze titel niet als binnenschip aangemerkt.
(Zie ook: art. 750 BW Boek 8; art. 642a Rv)

B8 art. 1061

Gevaarlijke stof, begrips-bepaling Titel 12

6. Onder gevaarlijke stof wordt in deze titel en de daarop gebaseerde regelgeving verstaan de stof die als zodanig bij algemene maatregel van bestuur is aangewezen; de aanwijzing kan worden beperkt tot bepaalde concentraties van de stof, tot bepaalde in de algemene maatregel van bestuur te omschrijven gevaren die aan de stof verbonden zijn, en tot bepaalde daarin te omschrijven situaties waarin de stof zich bevindt.

Art. 1061

Beperking aansprakelijkheid bij binnenschip

1. Indien een vordering als genoemd in artikel 1062 wordt gericht tegen enige persoon voor wiens handeling, onachtzaamheid of nalatigheid de eigenaar of de hulpverlener in beginsel aansprakelijk is, heeft deze persoon de in deze titel verleende bevoegdheid tot beperking van zijn aansprakelijkheid.

2. De verzekeraar van de aansprakelijkheid voor vorderingen, waarvoor op grond van deze titel beperking van aansprakelijkheid mogelijk is, kan zich in dezelfde mate als zijn verzekerde op die beperking beroepen.

(Zie ook: art. 751 BW Boek 8)

Art. 1062

Vorderingen die voor beperking aansprakelijkheid in aanmerking komen

1. Onder voorbehoud van de artikelen 1063 en 1064 bestaat de bevoegdheid tot beperking van aansprakelijkheid voor de hierna genoemde vorderingen ingesteld hetzij op grond van overeenkomst, hetzij buiten overeenkomst en zelfs wanneer de aansprakelijkheid uitsluitend voortvloeit uit eigendom of bezit van of een voorrecht op het schip of uit het feit, dat dit onder hoede of toezicht is van hem die zich op de beperking van aansprakelijkheid beroept:

a. vorderingen terzake van dood of letsel, dan wel terzake van verlies van of schade aan zaken (met inbegrip van schade aan kunstwerken van havens, aan dokken, waterwegen, sluizen, stuwen, bruggen en hulpmiddelen voor de scheepvaart), opgekomen aan boord van het binnenschip of in rechtstreeks verband met de exploitatie van het binnenschip of met werkzaamheden ter hulpverlening, alsmede voor vorderingen terzake van schade tengevolge van een of ander;

b. vorderingen terzake van schade ontstaan door vertraging bij het vervoer van lading, reizigers of hun bagage;

c. vorderingen terzake van andere schade ontstaan door inbreuk op enig niet op overeenkomst gegrond vermogensrecht en opgekomen in rechtstreeks verband met de exploitatie van het binnenschip of met werkzaamheden ter hulpverlening;

d. vorderingen terzake van het vlotbrengen, verwijderen, vernietigen of onschadelijk maken van een zee- of binnenschip dat is gezonken, schipbreuk heeft geleden, gestrand of verlaten is, met inbegrip van alles wat aan boord van zulk een schip is of is geweest;

e. vorderingen terzake van het verwijderen, vernietigen of onschadelijk maken van de lading van het binnenschip;

f. vorderingen van een persoon terzake van maatregelen genomen om schade te voorkomen of te verminderen voor welke schade de daarvoor aansprakelijke persoon zijn aansprakelijkheid op grond van deze titel zou kunnen beperken, alsmede voor vorderingen terzake van verdere schade door zulke maatregelen geleden, één en ander echter met uitzondering van dusdanige vorderingen van deze aansprakelijke persoon zelf.

2. Aansprakelijkheid voor de in het eerste lid genoemde vorderingen kan worden beperkt, ook indien deze, al dan niet op grond van een overeenkomst, zijn ingesteld bij wijze van verhaal of vrijwaring. De aansprakelijkheid voor de vorderingen in het eerste lid genoemd onder *d, e* of *f,* kan echter niet worden beperkt voor zover deze vorderingen betrekking hebben op een vergoeding verschuldigd op grond van een overeenkomst met de aansprakelijke persoon.

(Zie ook: art. 752 BW Boek 8)

Art. 1063

1. Deze titel is niet van toepassing op:

a. vorderingen uit hoofde van hulpverlening of bijdrage in avarij-grosse;

(Zie ook: artt. 1010, 1020 BW Boek 8)

b. vorderingen onderworpen aan enig internationaal verdrag of enige wet, die de beperking van aansprakelijkheid voor kernschade regelt of verbiedt;

c. vorderingen tegen de exploitant van een nucleair binnenschip terzake van kernschade;

d. vorderingen uit hoofde van arbeidsovereenkomst tegen de eigenaar of de hulpverlener ingesteld door zijn ondergeschikten of hun rechtverkrijgenden voor zover deze vorderingen werkzaamheden betreffen in verband met het binnenschip of de hulpverlening, al naar gelang de aansprakelijkheid van de eigenaar of de hulpverlener voor deze vorderingen uit hoofde van de op de arbeidsovereenkomst toepasselijke wet niet of slechts tot een hoger bedrag dan op grond van deze titel het geval ware, kan worden beperkt.

2. Wanneer iemand die op grond van deze titel bevoegd is zijn aansprakelijkheid te beperken, gerechtigd is tegen een schuldeiser een vordering geldend te maken, die voortkomt uit hetzelfde voorval, zullen de respectieve vorderingen met elkaar worden verrekend en wordt de beperking van aansprakelijkheid slechts toegepast op het daarna mogelijkerwijs overblijvende saldo.

(Zie ook: art. 753 BW Boek 8)

Art. 1064

Niemand is gerechtigd zijn aansprakelijkheid te beperken, indien bewezen is dat de schade is ontstaan door zijn eigen handeling of nalaten, geschied hetzij met het opzet die schade te veroorzaken, hetzij roekeloos en met de wetenschap dat de schade er waarschijnlijk uit zou voortvloeien.

(Zie ook: artt. 388, 754, 906 BW Boek 8; art. 642c Rv)

Art. 1065

Het bedrag waartoe de aansprakelijkheid uit hoofde van deze titel voor vorderingen, naar aanleiding van éénzelfde voorval ontstaan, kan worden beperkt (het bedrag van het fonds), wordt berekend naar bij algemene maatregel van bestuur vast te stellen maatstaven welke verschillend kunnen zijn voor verschillende soorten schepen en voor een hulpverlener. Daarbij kunnen met betrekking tot de in artikel 1062, eerste lid, bedoelde vorderingen verschillende fondsen worden voorzien.

(Zie ook: art. 755 BW Boek 8; artt. 642c, 642t Rv; Uitv.besl.art. 1065 BW Boek 8)

Art. 1066

1. De beperking van aansprakelijkheid als vastgesteld krachtens de in artikel 1065 bedoelde algemene maatregel van bestuur geldt voor het geheel der naar aanleiding van éénzelfde voorval ontstane vorderingen, die niet zijn vorderingen als bedoeld in het tweede lid, gericht tegen *a.* de persoon of personen genoemd in het tweede lid van artikel 1060 en enige persoon voor wiens handeling, onachtzaamheid of nalatigheid dezen in beginsel aansprakelijk zijn, of *b.* de eigenaar van een binnenschip die van dat schip uit hulp verleent, en de hulpverlener of hulpverleners die van dat schip uit hun werkzaamheden verricht of verrichten en enige persoon voor wiens handeling, onachtzaamheid of nalatigheid deze personen in beginsel aansprakelijk zijn, of

c. de hulpverlener of hulpverleners aan een binnenschip die niet van een zee- of binnenschip uit werkzaamheden verricht of verrichten of die werkzaamheden verricht of verrichten uitsluitend op het binnenschip waaraan of met betrekking waartoe hulp wordt verleend, en enige persoon voor wiens handeling, onachtzaamheid of nalatigheid deze personen in beginsel aansprakelijk zijn.

2. De beperking van aansprakelijkheid als vastgesteld krachtens de in artikel 1065 bedoelde algemene maatregel van bestuur voor vorderingen terzake van dood of letsel van reizigers van een binnenschip geldt voor het geheel der naar aanleiding van éénzelfde voorval ontstane vorderingen gericht tegen de persoon of de personen die in de in artikel 1060, tweede lid, genoemde betrekking staan tot dat schip, en enige persoon voor wiens handeling, onachtzaamheid of nalatigheid dezen in beginsel aansprakelijk zijn.

(Zie ook: artt. 758, 1061 BW Boek 8; art. 642d Rv)

IV Wegvervoersrecht

Titel 13
Wegvervoer

Afdeling 1
Algemene bepalingen

Art. 1080

1. Bij algemene maatregel van bestuur kunnen zaken, die geen voertuigen zijn, voor de toepassing van bepalingen van deze titel als voertuig worden aangewezen, dan wel bepalingen van deze titel niet van toepassing worden verklaard op zaken, die voertuigen zijn.

2. Een takelwagen is niet een voertuig in de zin van deze titel.

(Zie ook: art. 20 BW Boek 8)

3. Een overeenkomst, waarbij de ene partij zich tegenover de andere partij verbindt een voertuig te besturen, dat hem daartoe door die andere partij ter beschikking is gesteld, is niet een overeenkomst van vervoer in de zin van deze titel.

(Zie ook: artt. 1090, 1140, 1720, 1754 BW Boek 8; art. 1 CMR)

Art. 1081

Op de exploitatie van een voertuig zijn de artikelen 361 tot en met 366 van overeenkomstige toepassing, met dien verstande dat deze artikelen eveneens van overeenkomstige toepassing zijn wanneer degene op wie krachtens artikel 2 eerste en tweede lid van de Wet Aansprakelijkheidsverzekering Motorrijtuigen de verplichting tot verzekering rust, de in artikel 6 dier wet bedoelde verzekeraar of een ondergeschikte van een dezer buiten overeenkomst wordt aangesproken. De artikelen 361 tot en met 366 zijn bovendien van overeenkomstige toepassing, indien het Waarborgfonds Motorverkeer, genoemd in artikel 23 van eerdervermelde wet, dan wel het

Beperking aansprakelijkheid bij binnenschip

Maximering bedrag aansprakelijkheid bij binnenschip

Werkingssfeer

Begripsbepalingen

Schakelbepaling

B8 art. 1090 — Burgerlijk Wetboek Boek 8

bureau, genoemd in het zesde lid van artikel 2 van die wet, of een ondergeschikte van een dezer buiten overeenkomst wordt aangesproken.
(Zie ook: artt. 31, 71, 91, 116, 880 BW Boek 8; art. 28 CMR)

Afdeling 2
Overeenkomst van goederenvervoer over de weg

Art. 1090

Vervoerovereenkomst van goederenvervoer over de weg

De overeenkomst van goederenvervoer in de zin van deze titel is de overeenkomst van goederenvervoer, al dan niet tijd- of reisbevrachting zijnde, waarbij de ene partij (de vervoerder) zich tegenover de andere partij (de afzender) verbindt door middel van een voertuig zaken uitsluitend over de weg en anders dan over spoorwegen te vervoeren.
(Zie ook: art. 418 BW Boek 8; artt. 20, 40, 370, 890, 1170, 1710 BW Boek 8; art. 1 CMR; art. 25 LVW)

Art. 1091

Werkingssfeer

Vervoer over de weg van zaken omvat voor de toepassing van artikel 1098 tweede lid, in afwijking van het elders bepaalde, het tijdvak dat het voertuig zich aan boord van een ander vervoermiddel en niet op de weg bevindt, doch dit slechts ten aanzien van zaken die daarbij niet uit dat voertuig werden uitgeladen.
(Zie ook: artt. 1142, 1171 BW Boek 8; art. 2 CMR)

Art. 1092

Poststukken bij goederenvervoer over de weg

Deze afdeling is niet van toepassing op overeenkomsten tot lijkbezorging, overeenkomsten tot het vervoeren van verhuisgoederen of overeenkomsten tot het vervoeren van poststukken door of in opdracht van een verlener van de universele postdienst, bedoeld in de Postwet 2009 of onder een internationale postovereenkomst, ter uitvoering van de universele postdienst bedoeld in de Postwet 2009. Onder voorbehoud van artikel 1154 is deze afdeling niet van toepassing op overeenkomsten tot het vervoeren van bagage.
(Zie ook: artt. 8, 370, 890, 1170 BW Boek 8; art. 1 CMR)

Art. 1093

Tijd-/reisbevrachting bij goederenvervoer over de weg

1. Tijd- of reisbevrachting in de zin van deze afdeling is de overeenkomst van goederenvervoer, waarbij de vervoerder zich verbindt tot vervoer door middel van een voertuig, dat hij daartoe in zijn geheel met bestuurder en al dan niet op tijdbasis (tijdbevrachting of reisbevrachting) ter beschikking stelt van de afzender.
2. Onder "vervrachter" is in deze afdeling de in het eerste lid genoemde vervoerder, onder "bevrachter" de aldaar genoemde afzender te verstaan.
(Zie ook: artt. 373, 892, 1144 BW Boek 8; art. 1 CMR)

Art. 1094

Werkingssfeer

De wetsbepalingen omtrent huur, bewaarneming en bruikleen zijn op terbeschikkingstelling van een voertuig met bestuurder, ten einde door middel daarvan zaken te vervoeren, niet van toepassing.
(Zie ook: art. 600 BW Boek 7; artt. 1584, 1777 BW Boek 7A; artt. 374, 503, 893, 973, 1145 BW Boek 8)

Art. 1095

Verplichtingen vervoerder bij goederenvervoer over de weg

De vervoerder is verplicht ten vervoer ontvangen zaken ter bestemming af te leveren en wel in de staat waarin hij hen heeft ontvangen.
(Zie ook: artt. 21, 378, 895, 1096, 1099, 1100, 1101, 1102, 1103, 1105, 1107, 1138, 1173 BW Boek 8; art. 17 CMR; art. 25 LVW)

Art. 1096

Onverminderd artikel 1095 is de vervoerder verplicht ten vervoer ontvangen zaken zonder vertraging te vervoeren.
(Zie ook: artt. 22, 379, 896, 1099, 1100, 1101, 1103, 1105, 1107, 1138, 1154, 1174 BW Boek 8; artt. 17, 19 CMR)

Art. 1097

Verplichtingen vervrachter bij goederenvervoer over de weg

1. In geval van bevrachting is de vervrachter verplicht de bestuurder opdracht te geven binnen de grenzen door de overeenkomst gesteld de orders van de bevrachter op te volgen. De vervrachter staat ervoor in, dat de bestuurder de hem gegeven opdracht nakomt.
2. De bevrachter staat in voor schade die de vervrachter lijdt door de plaatselijke gesteldheid van de plekken, waarheen hij de bestuurder van het voertuig op grond van het eerste lid ter inlading of lossing beveelt te gaan en hij is slechts in zoverre voor die schade niet aansprakelijk, als de bestuurder, door de hem gegeven orders op te volgen, onredelijk handelde.
(Zie ook: artt. 380, 419, 897, 926, 1144 BW Boek 8)

Art. 1098

Aansprakelijkheid vervoerder bij overmacht bij goederenvervoer over de weg

1. De vervoerder is niet aansprakelijk voor schade ontstaan door een beschadiging, voor zover deze is veroorzaakt door een omstandigheid die een zorgvuldig vervoerder niet heeft kunnen vermijden en voor zover zulk een vervoerder de gevolgen daarvan niet heeft kunnen verhinderen.

2. De vervoerder kan niet om zich van zijn aansprakelijkheid te ontheffen beroep doen op de gebrekkigheid van het voertuig of van het materiaal waarvan hij zich bedient, tenzij dit laatste door de afzender, de geadresseerde of de ontvanger te zijner beschikking is gesteld. Onder materiaal wordt niet begrepen een schip, luchtvaartuig of spoorvoertuig, waarop het voertuig zich bevindt.

3. Onder beschadiging worden mede verstaan geheel of gedeeltelijk verlies van zaken, vertraging, alsmede ieder ander schade veroorzakend feit.

(Zie ook: art. 76 BW Boek 6; artt. 23, 381, 383, 898, 1100, 1101, 1102, 1175 BW Boek 8; artt. 17, 76 CMR; art. 29 LVW)

Art. 1099

Onverminderd de artikelen 1100 en 1101 is de vervoerder, die de op hem uit hoofde van de artikelen 1095 en 1096 rustende verplichtingen niet nakwam, desalniettemin voor de daardoor ontstane schade niet aansprakelijk, voor zover dit niet nakomen het gevolg is van de bijzondere risico's verbonden aan een of meer van de volgende omstandigheden:

a. het vervoer van de zaken in een onoverdekt voertuig, wanneer dat uitdrukkelijk is overeengekomen en op de vrachtbrief is vermeld;

b. behandeling, lading, stuwing of lossing van de zaken door de afzender, de geadresseerde of personen, die voor rekening van de afzender of de geadresseerde handelen;

c. de aard van bepaalde zaken zelf, die door met deze aard zelf samenhangende oorzaken zijn blootgesteld aan geheel of gedeeltelijk verlies of aan beschadiging, in het bijzonder door ontvlamming, ontploffing, smelting, breuk, corrosie, bederf, uitdroging, lekkage, normaal kwaliteitsverlies, of optreden van ongedierte of knaagdieren;

(Zie ook: artt. 383, 900 BW Boek 8)

d. hitte, koude, temperatuurverschillen of vochtigheid van de lucht, doch slechts indien niet is overeengekomen dat het vervoer zal plaatsvinden met een voertuig speciaal ingericht om de zaken aan invloed daarvan te onttrekken;

(Zie ook: art. 899 BW Boek 8)

e. onvolledigheid of gebrekkigheid van de adressering, cijfers, letters of merken der colli;

(Zie ook: art. 383 BW Boek 8)

f. het feit dat het vervoer een levend dier betreft.

(Zie ook: artt. 382, 383, 899, 900, 1100, 1176, 1178 BW Boek 8; art. 17 CMR)

Art. 1100

Bewijsvermoeden bijzondere risico's bij goederenvervoer over de weg

1. Wanneer de vervoerder bewijst dat, gelet op de omstandigheden van het geval, het niet nakomen van de op hem uit hoofde van de artikelen 1095 en 1096 rustende verplichtingen een gevolg heeft kunnen zijn van een of meer der in artikel 1099 genoemde bijzondere risico's, wordt vermoed, dat het niet nakomen daaruit voortvloeit. Degene, die jegens de vervoerder recht heeft op de zaken, kan evenwel bewijzen, dat dit niet nakomen geheel of gedeeltelijk niet door een van deze risico's is veroorzaakt.

2. Het hierboven genoemde vermoeden bestaat niet in het in artikel 1099 onder *a* genoemde geval, indien zich een ongewoon groot tekort voordoet dan wel een ongewoon groot verlies van colli.

3. Indien in overeenstemming met het door partijen overeengekomen het vervoer plaatsvindt door middel van een voertuig, speciaal ingericht om de zaken te onttrekken aan de invloed van hitte, koude, temperatuurverschillen of vochtigheid van de lucht, kan de vervoerder ter ontheffing van zijn aansprakelijkheid ten gevolge van deze invloed slechts een beroep doen op artikel 1099 onder *c*, indien hij bewijst, dat alle maatregelen waartoe hij, rekening houdende met de omstandigheden, verplicht was, zijn genomen met betrekking tot de keuze, het onderhoud en het gebruik van deze inrichtingen en dat hij zich heeft gericht naar de bijzondere instructies bedoeld in het vijfde lid.

4. De vervoerder kan slechts beroep doen op artikel 1099 onder *f*, indien hij bewijst dat alle maatregelen, waartoe hij normaliter, rekening houdende met de omstandigheden, verplicht was, zijn genomen en dat hij zich heeft gericht naar de bijzondere instructies bedoeld in het vijfde lid.

5. De bijzondere instructies, bedoeld in het derde en het vierde lid van dit artikel, moeten aan de vervoerder vóór de aanvang van het vervoer zijn gegeven, hij moet deze uitdrukkelijk hebben aanvaard en zij moeten, indien voor dit vervoer een vrachtbrief is afgegeven, daarop zijn vermeld. De enkele vermelding op de vrachtbrief levert te dezer zake geen bewijs op.

(Zie ook: artt. 382, 899, 900, 1177, 1178 BW Boek 8; art. 18 CMR)

Art. 1101

Aansprakelijkheid vervoerder voor niet/slecht verpakte zaken bij goederenvervoer over de weg

Wanneer de vervoerder de op hem uit hoofde van de artikelen 1095 en 1096 rustende verplichtingen niet nakwam, wordt ten aanzien van

a. zaken, die onverpakt zijn, terwijl zij gelet op hun aard of de wijze van vervoer, verpakt hadden behoren te zijn, dan wel zaken die, gelet op hun aard of de wijze van vervoer, niet voldoende of niet doelmatig zijn verpakt;

B8 art. 1102

b. onverpakte zaken, die niet vallen onder de omschrijving onder *a* gegeven, indien de vervoerder bewijst, dat gelet op de omstandigheden van het geval het niet nakomen een gevolg heeft kunnen zijn van het bijzondere risico verbonden aan het onverpakt zijn,

vermoed dat de vervoerder noch de omstandigheid, die het niet nakomen veroorzaakte, heeft kunnen vermijden, noch de gevolgen daarvan heeft kunnen verhinderen en dat het niet nakomen niet is ontstaan door een of meer der in het tweede lid van artikel 1098 voor rekening van de vervoerder gebrachte omstandigheden.

(Zie ook: artt. 383, 900 BW Boek 8)

Art. 1102

Dwingend recht

1. Nietig is ieder beding, waarbij de ingevolge artikel 1095 op de vervoerder drukkende aansprakelijkheid of bewijslast op andere wijze wordt vermeerderd of verminderd dan in deze afdeling is voorzien, tenzij dit beding uitdrukkelijk en anders dan door een verwijzing naar in een ander geschrift voorkomende bedingen, is aangegaan bij een in het bijzonder ten aanzien van het voorgenomen vervoer aangegane en in een afzonderlijk geschrift neergelegde overeenkomst.

2. Bovendien is nietig ieder beding, waarbij de ingevolge artikel 1095 op de vervoerder drukkende aansprakelijkheid of bewijslast op andere wijze wordt vermeerderd of verminderd dan in deze afdeling is voorzien, wanneer dit beding

a. voorkomt in enig document, dat door een vermelding daarop is aangeduid als transportbrief of

b. tussen de vervoerder en de ontvanger is aangegaan bij de aflevering van de zaak.

(Zie ook: artt. 12, 382, 384, 385, 386, 902, 1099, 1122, 1179 BW Boek 8; art. 41 CMR; art. 32 LVW)

Art. 1103

Maximering aansprakelijkheid vervoerder bij goederenvervoer over de weg

1. Voor zover de vervoerder aansprakelijk is wegens niet nakomen van de op hem uit hoofde van de artikelen 1095 en 1096 rustende verplichtingen, heeft de afzender geen ander recht dan betaling te vorderen van een bedrag, dat wordt berekend met inachtneming van de waarde welke zaken als de ten vervoer ontvangene zouden hebben gehad zoals, ten tijde waarop en ter plaatse waar zij zijn afgeleverd of zij hadden moeten zijn afgeleverd.

2. De in het eerste lid genoemde waarde wordt berekend naar de koers op de goederenbeurs of, wanneer er geen dergelijke koers is, naar de gangbare marktwaarde of, wanneer ook deze ontbreekt, naar de normale waarde van zaken van dezelfde aard en hoedanigheid.

(Zie ook: artt. 387, 388, 903, 1102, 1106, 1107, 1115, 1126, 1154, 1180 BW Boek 8; artt. 23, 25, 27 CMR)

Art. 1104

Hoofdelijke verbondenheid bij goederenvervoer over de weg

Indien met betrekking tot een zaak een schadevergoeding uit hoofde van artikel 1129 is verschuldigd, wordt deze aangemerkt als een waardevermindering van die zaak.

(Zie ook: art. 198 BW Boek 6; artt. 389, 904, 1012, 1115, 1126, 1154, 1181 BW Boek 8)

Art. 1105

Maximering bedrag aansprakelijkheid bij goederenvervoer over de weg

Voor zover de vervoerder aansprakelijk is wegens niet nakomen van de op hem uit hoofde van de artikelen 1095 en 1096 rustende verplichtingen, is hij niet aansprakelijk boven bij of krachtens algemene maatregel van bestuur te bepalen bedragen.

(Zie ook: artt. 388, 905, 1115, 1126, 1136, 1182 BW Boek 8; art. 24 CMR; Besl.art. 1105 BW Boek 8)

Art. 1106

Inhoud vrachtbrief bij goederenvervoer over de weg

1. De afzender kan, mits de vervoerder hierin toestemt en tegen betaling van een overeen te komen bedrag, op de vrachtbrief een waarde van de zaken aangeven, die het maximum, vermeld in de in artikel 1105 genoemde algemene maatregel van bestuur, overschrijdt. In dat geval treedt het aangegeven bedrag in de plaats van dit maximum.

Dwingend recht

2. Nietig is ieder beding, ook indien het wordt aangegaan op de wijze als voorzien in het eerste lid van artikel 1102, waarbij het aldus aangegeven bedrag hoger wordt gesteld dan de in het eerste lid van artikel 1103 genoemde waarde.

(Zie ook: artt. 12, 388, 1115, 1126, 1183 BW Boek 8; artt. 23, 24 CMR)

Art. 1107

Bedrag bijzonder belang bij aflevering bij goederenvervoer over de weg

1. De afzender kan, mits de vervoerder hierin toestemt en tegen betaling van een overeen te komen bedrag, door vermelding op de vrachtbrief het bedrag van een bijzonder belang bij de aflevering voor het geval van verlies of beschadiging van vervoerde zaken en voor dat van overschrijding van een overeengekomen termijn van aflevering daarvan, vaststellen.

2. Indien een bijzonder belang bij de aflevering is aangegeven, kan, indien de vervoerder aansprakelijk is wegens niet nakomen van de op hem uit hoofde van de artikelen 1095 en 1096 rustende verplichtingen, onafhankelijk van de schadevergoedingen genoemd in de artikelen 1103 tot en met 1106 en tot ten hoogste eenmaal het bedrag van het aangegeven belang, een schadevergoeding worden gevorderd gelijk aan de bewezen bijkomende schade.

(Zie ook: artt. 1115, 1126, 1184 BW Boek 8; artt. 23, 26 CMR)

Art. 1108

1. De vervoerder kan zich niet beroepen op enige beperking van zijn aansprakelijkheid, voor zover de schade is ontstaan uit zijn eigen handeling of nalaten, geschied hetzij met het opzet die schade te veroorzaken, hetzij roekeloos en met de wetenschap dat die schade er waarschijnlijk uit zou voortvloeien.

2. Nietig is ieder beding, waarbij van dit artikel wordt afgeweken.

(Zie ook: artt. 12, 388, 906, 1115, 1126, 1158, 1185 BW Boek 8; art. 29 CMR; art. 34 LVW)

Art. 1109

1. De afzender is bevoegd de overeenkomst op te zeggen, wanneer hem door de vervoerder is medegedeeld dat geen voertuig op de overeengekomen plaats of tijd voor het vervoer aanwezig is of zal kunnen zijn.

2. Hij kan deze bevoegdheid slechts uitoefenen terstond na ontvangst van deze mededeling.

3. Indien bij gebreke van de ontvangst van een mededeling, als bedoeld in het eerste lid, het de afzender uit anderen hoofde bekend is, dat het voertuig niet op de overeengekomen plaats of tijd voor het vervoer aanwezig is of kan zijn, is hij, zonder dat enige ingebrekestelling is vereist, bevoegd de overeenkomst op te zeggen, doch slechts binnen een redelijke termijn nadat hem dit bekend was; gelijke bevoegdheid komt hem toe, indien hem na ontvangst van een mededeling, als bedoeld in het eerste lid, uit anderen hoofde bekend wordt, dat het voertuig op grond van andere omstandigheden dan welke de vervoerder tot zijn mededeling brachten, niet op de overeengekomen plaats of tijd voor het vervoer aanwezig is of kan zijn.

4. De opzegging geschiedt door een mondelinge of schriftelijke kennisgeving of enig ander bericht, waarvan de ontvangst duidelijk aantoonbaar is, en de overeenkomst eindigt op het ogenblik van ontvangst daarvan.

5. Indien de vervoerder gehouden is de schade, die de afzender door de opzegging lijdt, te vergoeden, zal deze vergoeding niet meer bedragen dan de vracht voor het overeengekomen vervoer, of, in geval van tijdbevrachting, voor terbeschikkingstelling van het voertuig gedurende 24 uur.

(Zie ook: artt. 390, 1098, 1144, 1186, 1713 BW Boek 8)

Art. 1110

De afzender is verplicht de vervoerder de schade te vergoeden die deze lijdt doordat de overeengekomen zaken, door welke oorzaak dan ook, niet op de overeengekomen plaats en tijd te zijner beschikking zijn.

(Zie ook: artt. 24, 64, 391, 907, 1187, 1714 BW Boek 8)

Art. 1111

1. Alvorens zaken ter beschikking van de vervoerder zijn gesteld is de afzender bevoegd de overeenkomst op te zeggen. Hij is verplicht aan de vervoerder de vracht, die voor het vervoer van de zaken was overeengekomen, te voldoen.

2. De opzegging geschiedt door een mondelinge of schriftelijke kennisgeving of enig ander bericht, waarvan de ontvangst duidelijk aantoonbaar is, en de overeenkomst eindigt op het ogenblik van ontvangst daarvan.

3. Dit artikel is niet van toepassing ingeval van tijdbevrachting.

(Zie ook: artt. 25, 65, 392, 908, 1116, 1188, 1716 BW Boek 8)

Art. 1112

1. Zijn bij het verstrijken van de tijd, waarbinnen de zaken ter beschikking van de vervoerder moeten zijn gesteld, door welke oorzaak dan ook, in het geheel geen zaken ter beschikking, dan is de vervoerder, zonder dat enige ingebrekestelling is vereist, bevoegd de overeenkomst op te zeggen. De afzender is verplicht hem de vracht, die voor het vervoer van de zaken was overeengekomen, te voldoen.

2. De opzegging geschiedt door een mondelinge of schriftelijke kennisgeving of enig ander bericht, waarvan de ontvangst duidelijk aantoonbaar is, en de overeenkomst eindigt op het ogenblik van ontvangst daarvan.

3. Dit artikel is niet van toepassing in geval van tijdbevrachting.

(Zie ook: artt. 392, 908, 110, 1115, 1144, 1189, 1716 BW Boek 8)

Art. 1113

1. Zijn bij het verstrijken van de tijd, waarbinnen de zaken ter beschikking van de vervoerder moeten zijn gesteld, door welke oorzaak dan ook, de overeengekomen zaken slechts gedeeltelijk ter beschikking van de vervoerder, dan is deze, zonder dat enige ingebrekestelling is vereist, bevoegd de overeenkomst op te zeggen, dan wel de reis te aanvaarden.

2. De afzender is op verlangen van de vervoerder in geval van opzegging van de overeenkomst verplicht tot lossing van de reeds gestuwde zaken of, in geval de vervoerder de reis aanvaardt en het vertrek van het voertuig zonder herstuwing van de reeds gestuwde zaken niet mogelijk is, tot deze herstuwing. Hij is verplicht de vervoerder de vracht, die voor het vervoer van de niet ter beschikking zijnde of ten gevolge van de opzegging niet vervoerde zaken was overeen-

B8 art. 1114 — Burgerlijk Wetboek Boek 8

gekomen, te voldoen en deze bovendien de schade te vergoeden, die hij lijdt ten gevolge van de opzegging, van de aanvaarding van de reis, dan wel van lossing of herstuwing van reeds ingenomen zaken.

3. De opzegging geschiedt door een mondelinge of schriftelijke kennisgeving of enig ander bericht, waarvan de ontvangst duidelijk aantoonbaar is, en de overeenkomst eindigt op het ogenblik van ontvangst daarvan.

4. Dit artikel is niet van toepassing in geval van tijdbevrachting.

(Zie ook: artt. 392, 908, 1110, 1115, 1144, 1190, 1716 BW Boek 8)

Art. 1114

Informatieplicht afzender bij goederenvervoer over de weg

1. De afzender is verplicht de vervoerder omtrent de zaken alsmede omtrent de behandeling daarvan tijdig al die opgaven te doen, waartoe hij in staat is of behoort te zijn, en waarvan hij weet of behoort te weten, dat zij voor de vervoerder van belang zijn, tenzij hij mag aannemen dat de vervoerder deze gegevens kent.

(Zie ook: art. 1154 BW Boek 8)

2. De afzender is verplicht de gegevens, die hij volgens het eerste lid aan de vervoerder moet verstrekken, zo mogelijk op of aan de te vervoeren zaken of derzelver verpakking duidelijk aan te brengen en wel zodanig, dat zij in normale omstandigheden tot het einde van het vervoer leesbaar zullen blijven.

(Zie ook: art. 1154 BW Boek 8)

3. De vervoerder is niet gehouden, doch wel gerechtigd, te onderzoeken of de hem gedane opgaven juist en volledig zijn.

(Zie ook: art. 1154 BW Boek 8)

4. Is bij het verstrijken van de tijd waarbinnen de zaken ter beschikking van de vervoerder moeten zijn gesteld, door welke oorzaak dan ook, niet of slechts gedeeltelijk voldaan aan de in het eerste of tweede lid van dit artikel genoemde verplichtingen van de afzender, dan zijn, behalve in het geval van tijdbevrachting, de artikelen 1112 en 1113 van overeenkomstige toepassing.

(Zie ook: artt. 26, 66, 394, 399, 910, 1115, 1116, 1118, 1191 BW Boek 8)

Art. 1115

Schadevergoedingsplicht bij ontbreken/onjuistheid/onvolledigheid documenten bij goederenvervoer over de weg

1. De afzender is verplicht de vervoerder de schade te vergoeden die deze lijdt doordat, door welke oorzaak dan ook, niet naar behoren aanwezig zijn de documenten en inlichtingen, die van de zijde van de afzender vereist zijn voor het vervoer dan wel ter voldoening aan vóór de aflevering van de zaken te vervullen douane- en andere formaliteiten.

2. De vervoerder is verplicht redelijke zorg aan te wenden, dat de documenten, die in zijn handen zijn gesteld niet verloren gaan of onjuist worden behandeld. Een door hem ter zake verschuldigde schadevergoeding zal die, verschuldigd uit hoofde van de artikelen 1103 tot en met 1108 in geval van verlies van de zaken, niet overschrijden.

3. De vervoerder is niet gehouden, doch wel gerechtigd, te onderzoeken of de hem gedane opgaven juist en volledig zijn.

4. Zijn bij het verstrijken van de tijd, waarbinnen de in het eerste lid genoemde documenten en inlichtingen aanwezig moeten zijn, deze, door welke oorzaak dan ook, niet naar behoren aanwezig, dan zijn, behalve in het geval van tijdbevrachting, de artikelen 1112 en 1113 van overeenkomstige toepassing.

(Zie ook: artt. 27, 67, 395, 911, 1192 BW Boek 8; art. 11 CMR)

Art. 1116

Opzegging vervoerovereenkomst door wederpartij bij goederenvervoer over de weg

1. Wanneer vóór of bij de aanbieding van de zaken aan de vervoerder omstandigheden aan de zijde van een der partijen zich opdoen of naar voren komen, die haar wederpartij bij het sluiten van de overeenkomst niet behoefde te kennen, doch die, indien zij haar wel bekend waren geweest, redelijkerwijis voor haar grond hadden opgeleverd de vervoerovereenkomst niet of op andere voorwaarden aan te gaan, is deze wederpartij bevoegd de overeenkomst op te zeggen.

2. De opzegging geschiedt door een mondelinge of schriftelijke kennisgeving of enig ander bericht, waarvan de ontvangst duidelijk aantoonbaar is, en de overeenkomst eindigt op het ogenblik van ontvangst daarvan.

3. Naar maatstaven van redelijkheid en billijkheid zijn partijen na op zegging der overeenkomst verplicht elkaar de daardoor geleden schade te vergoeden.

(Zie ook: artt. 95, 258, 277 BW Boek 6; artt. 28, 68, 396, 912, 1111, 1154, 1193 BW Boek 8)

Art. 1117

Schadevergoedingsplicht bij buitengewone schade bij goederenvervoer over de weg

1. De afzender is verplicht de vervoerder de buitengewone schade te vergoeden, die materiaal dat hij deze ter beschikking stelde of zaken die deze ten vervoer ontving, dan wel de behandeling daarvan, de vervoerder berokkenden, behalve voor zover deze schade is veroorzaakt door een omstandigheid die voor rekening van de vervoerder komt; voor rekening van de vervoerder komen die omstandigheden, die in geval van beschadiging van door hem vervoerde zaken voor zijn rekening komen.

2. Dit artikel laat artikel 1118 onverlet.
(Zie ook: artt. 397, 913, 1154, 1715, 1719 BW Boek 8; artt. 10, 22 CMR)

Art. 1118

1. Zaken ten aanzien waarvan de afzender, door welke oorzaak dan ook, niet aan zijn verplichtingen uit hoofde van het eerste en tweede lid van artikel 1114 voldeed, mogen door de vervoerder op ieder ogenblik en op iedere plaats worden gelost, vernietigd of op andere wijze onschadelijk gemaakt, doch dit slechts dan wanneer zij onmiddellijk dreigend gevaar opleveren. De vervoerder is terzake geen enkele schadevergoeding verschuldigd en de afzender is aansprakelijk voor alle kosten en schaden voor de vervoerder voortvloeiende uit de aanbieding ten vervoer, uit het vervoer of uit deze maatregelen zelf.

Gevaarlijke zaken bij goederenvervoer over de weg

2. Indien de vervoerder op grond van het eerste lid gerechtigd is tot lossen, vernietigen of op andere wijze onschadelijk maken van zaken, is de afzender op verlangen van de vervoerder en wanneer hem dit redelijkerwijs mogelijk is, verplicht deze maatregel te nemen.

3. Door het treffen van de in het eerste of tweede lid bedoelde maatregel eindigt de overeenkomst met betrekking tot de daar genoemde zaken, doch, indien deze alsnog worden gelost, eerst na deze lossing. De vervoerder verwittigt de afzender en zo mogelijk degen aan wie de zaken moeten worden afgeleverd. Dit lid is niet van toepassing met betrekking tot zaken, die de vervoerder na het treffen van de in het eerste lid bedoelde maatregel alsnog naar hun bestemming vervoert.

4. Op de feitelijke aflevering is het tussen partijen overeengekomen als mede het in deze afdeling nopens de aflevering van zaken bepaalde van toepassing. De artikelen 1132, 1133, 1137 en 1138 zijn van overeenkomstige toepassing.

5. Nietig is ieder beding, waarbij van het eerste of het tweede lid van dit artikel wordt afgeweken. *(Zie ook: artt. 12, 398, 423, 914, 1117, 1154, 1716, 1718 BW Boek 8; art. 22 CMR)*

Art. 1119

1. Zowel de afzender als de vervoerder kunnen ter zake van het vervoer een vrachtbrief opmaken en verlangen dat deze of een mogelijkerwijs door hun wederpartij opgemaakte vrachtbrief door hun wederpartij wordt getekend en aan hen wordt afgegeven. De ondertekening kan worden gedrukt of door een stempel dan wel enig ander kenmerk van oorsprong worden vervangen.

Opstellen vrachtbrief bij goederenvervoer over de weg

2. Op de vrachtbrief worden volgens de daarop mogelijkerwijs voorkomende aanwijzingen de volgende aanduidingen vermeld:

a. de afzender, als hoedanig slechts één persoon kan worden genoemd;

b. de ten vervoer ontvangen zaken;

c. de plaats waar de vervoerder de zaken ten vervoer heeft ontvangen;

d. de plaats waarheen de vervoerder op zich neemt de zaken te vervoeren;

e. de geadresseerde, als hoedanig slechts één persoon kan worden genoemd;

f. de vervoerder;

g. al hetgeen overigens aan afzender en vervoerder gezamenlijk goeddunkt.

3. De aanduidingen vermeld in het tweede lid onder *a* tot en met *e* worden in de vrachtbrief opgenomen aan de hand van door de afzender te verstrekken gegevens. De afzender staat in voor de juistheid, op het ogenblik van inontvangstneming van de zaken, van deze gegevens. De aanduiding van de vervoerder wordt in de vrachtbrief opgenomen aan de hand van door deze te verstrekken gegevens en de vervoerder staat in voor juistheid hiervan.

4. Partijen zijn verplicht elkaar de schade te vergoeden, die zij lijden door het ontbreken van in het tweede lid genoemde gegevens.

(Zie ook: artt. 399, 915, 1122, 1126 BW Boek 8; artt. 4, 5, 6, 7 CMR)

Art. 1120

De vervoerder is niet gehouden, doch vóór de afgifte van de vrachtbrief aan de afzender wel gerechtigd, te onderzoeken of de daarop omtrent de zaken vermelde gegevens juist, nauwkeurig en volledig zijn. Hij is bevoegd zijn bevindingen ten aanzien van de zaken op de vrachtbrief aan te tekenen.

Onderzoek juistheid gegevens vrachtbrief bij goederenvervoer over de weg

(Zie ook: artt. 395, 911, 1124 BW Boek 8; art. 8 CMR)

Art. 1121

Wanneer de te vervoeren zaken moeten worden geladen in verschillende voertuigen of wanneer het verschillende soorten zaken of afzonderlijke partijen betreft, hebben afzender zowel als vervoerder het recht te eisen, dat er evenveel vrachtbrieven worden opgemaakt als er voertuigen moeten worden gebruikt of als er soorten of partijen zaken zijn.

Eén vrachtbrief per voertuig bij goederenvervoer over de weg

(Zie ook: art. 1122 BW Boek 8; art. 5 CMR)

Art. 1122

1. Tenzij tussen hen een bevrachting is aangegaan, wordt op verlangen van afzender of vervoerder, mits dit te kennen is gegeven alvorens zaken ter beschikking van de vervoerder worden gesteld, de vrachtbrief voor deze zaken opgesteld in de vorm van een transportbrief. Aan de bovenvoorzijde van de vrachtbrief wordt alsdan met duidelijk leesbare letters het woord "transportbrief" geplaatst.

Transportbrief bij goederenvervoer over de weg

B8 art. 1123 — Burgerlijk Wetboek Boek 8

2. De transportbrief wordt opgemaakt in overeenstemming met de vereisten genoemd in artikel 1119 en artikel 1121.

3. Verwijzingen in de transportbrief worden geacht slechts die bedingen daarin in te voegen, die voor degeen, jegens wie daarop een beroep wordt gedaan, duidelijk kenbaar zijn. Een dergelijk beroep is slechts mogelijk voor hem, die op schriftelijk verlangen van degeen jegens wie dit beroep kan worden gedaan of wordt gedaan, aan deze onverwijld die bedingen heeft doen toekomen.

(Zie ook: artt. 415, 922 BW Boek 8)

4. Indien beide partijen zulks verlangen, kan ook in geval van bevrachting een transportbrief worden opgemaakt. Deze moet dan voldoen aan de in dit artikel gestelde eisen.

Dwingend recht

5. Nietig is ieder beding, waarbij van dit artikel wordt afgeweken.

(Zie ook: art. 11 BW Boek 3; artt. 12, 399, 916, 1102, 1119, 1120, 1121, 1123, 1124, 1125 BW Boek 8)

Art. 1123

Rechtsverhouding vervoerder en afzender/geadresseerde bij goederenvervoer over de weg

1. Indien een transportbrief is afgegeven, wordt, onder voorbehoud van het tweede lid van dit artikel, de rechtsverhouding tussen de vervoerder enerzijds en de afzender of de geadresseerde anderzijds beheerst door de bedingen van deze transportbrief.

2. Indien een vervoerovereenkomst is gesloten en bovendien een transportbrief is afgegeven, wordt de rechtsverhouding tussen de vervoerder en de afzender door de bedingen van de vervoerovereenkomst en niet door die van deze transportbrief beheerst. De transportbrief strekt hun dan slechts, en dit onder voorbehoud van artikel 1124, tot bewijs van de ontvangst der zaken door de vervoerder.

(Zie ook: artt. 47, 410, 917, 1102, 1122 BW Boek 8; art. 13 CMR)

Art. 1124

Bewijskracht vrachtbrief bij goederenvervoer over de weg

1. In de vrachtbrief vervatte gegevens omtrent de ten vervoer ontvangen zaken leveren geen bewijs op jegens de vervoerder, tenzij het gegevens betreft waarvan een zorgvuldig vervoerder de juistheid kan beoordelen.

2. Bevat de vrachtbrief een door de vervoerder afzonderlijk ondertekende verklaring dat hij de juistheid erkent van in die verklaring genoemde gegevens omtrent de ten vervoer ontvangen zaken, dan wordt tegenbewijs daartegen niet toegelaten.

3. Een vrachtbrief, die de uiterlijk zichtbare staat of gesteldheid van de zaak niet vermeldt, levert geen vermoeden op, dat de vervoerder die zaak, voor zover uiterlijk zichtbaar, in goede staat of gesteldheid heeft ontvangen.

4. Door de vervoerder op de vrachtbrief geplaatste aantekeningen, genoemd in artikel 1120, binden de afzender niet. Bevat echter de vrachtbrief een door de afzender afzonderlijk ondertekende verklaring, dat hij de juistheid van die aantekeningen erkent, dan wordt tegenbewijs daartegen niet toegelaten.

(Zie ook: artt. 11, 90 BW Boek 3; artt. 48, 414, 921, 1119, 1123, 1126 BW Boek 8; art. 9 CMR)

Art. 1125

Goederenvervoer over de weg, bevoegdheid afzender tot geven instructies

1. De afzender is bevoegd zichzelf of een ander als geadresseerde aan te wijzen, een gegeven aanduiding van de geadresseerde te wijzigen, orders omtrent de aflevering te geven of te wijzigen dan wel aflevering vóór de aankomst ter bestemming van zonder transportbrief ten vervoer ontvangen zaken of, wanneer een transportbrief is afgegeven, van alle daarop vermelde zaken, te verlangen.

2. De uitvoering van deze instructies moet mogelijk zijn op het ogenblik, dat de instructies de persoon, die deze moet uitvoeren, bereiken en zij mag noch de normale bedrijfsuitvoering van de vervoerder beletten, noch schade toebrengen aan de vervoerder of belanghebbenden bij de overige lading. Doet zij dit laatste desalniettemin, dan is de afzender verplicht de geleden schade te vergoeden. Wanneer het voertuig naar een niet eerder overeengekomen plaats is gereden, is hij verplicht de vervoerder terzake bovendien een redelijke vergoeding te geven.

3. Deze rechten van de afzender vervallen al naarmate de geadresseerde op de losplaats zaken aanneemt of de geadresseerde van de vervoerder schadevergoeding verlangt omdat deze zaken niet aflevert.

4. Zaken, die ingevolge het eerste lid zijn afgeleverd, worden aangemerkt als ter bestemming afgeleverde zaken en de bepalingen van deze afdeling nopens de aflevering van zaken, alsmede de artikelen 1132, 1133, 1137 en 1138 zijn van toepassing.

(Zie ook: artt. 440, 937, 938 BW Boek 8; art. 12 CMR)

Art. 1126

Recht geadresseerde tot vordering aflevering bij goederenvervoer over de weg

Indien aan de afzender een vrachtbrief is afgegeven, die een geadresseerde vermeldt, heeft ook deze geadresseerde jegens de vervoerder het recht aflevering van zaken overeenkomstig de op de vervoerder rustende verplichtingen te vorderen; daarbij zijn de artikelen 1103-1108 van overeenkomstige toepassing.

(Zie ook: artt. 441, 939, 940, 1119 BW Boek 8; art. 13 CMR)

Art. 1127

De ontvanger is verplicht terstond na de aflevering van de zaken een ontvangstbewijs daarvoor af te geven.

(Zie ook: art. 946 BW Boek 8)

Art. 1128

1. Vracht is - behalve in geval van tijdbevrachting - verschuldigd op het ogenblik, dat de vervoerder de zaken ten vervoer ontvangt of, wanneer een vrachtbrief wordt afgegeven, bij het afgeven hiervan.

2. Vracht, die vooruit te voldoen is of voldaan is, is en blijft - behalve in geval van tijdbevrachting - in zijn geheel verschuldigd, ook wanneer de zaken niet ter bestemming worden afgeleverd. *(Zie ook: art. 1093 BW Boek 8)*

3. Wanneer de afzender niet aan zijn uit dit artikel voortvloeiende verplichtingen heeft voldaan, is de vervoerder bevoegd het vervoer van de betrokken zaak op te schorten. Met toestemming van de rechter is hij gerechtigd tot het nemen van de in de artikelen 1132 en 1133 genoemde maatregelen. Gaat hij hiertoe over, dan zijn deze artikelen van toepassing.

(Zie ook: artt. 29, 484, 947, 1194 BW Boek 8)

Art. 1129

Onverminderd afdeling 1 van Titel 4 van Boek 6 zijn de afzender en de ontvanger hoofdelijk verbonden de vervoerder de schade te vergoeden, geleden doordat deze zich als zaakwaarnemer inliet met de behartiging van de belangen van een rechthebbende op ten vervoer ontvangen zaken.

(Zie ook: artt. 6, 102 BW Boek 6; artt. 488, 951, 1104, 1154, 1195, 1714 BW Boek 8; artt. 14, 16 CMR)

Art. 1130

1. De vervoerder is verplicht de bedragen, die als rembours op de zaak drukken, bij aflevering van de zaak van de ontvanger te innen en vervolgens aan de afzender af te dragen. Wanneer hij aan deze verplichting, door welke oorzaak dan ook, niet voldoet, is hij verplicht het bedrag van het rembours aan de afzender te vergoeden, doch indien deze geen of minder schade leed, ten hoogste tot op het bedrag van de geleden schade.

2. De ontvanger, die ten tijde van de aflevering weet dat een bedrag als rembours op de zaak drukt, is verplicht aan de vervoerder het door deze aan de afzender verschuldigde bedrag te voldoen.

(Zie ook: artt. 953, 1131, 1714 BW Boek 8; art. 21 CMR)

Art. 1131

1. De vervoerder is gerechtigd afgifte van zaken of documenten, die hij in verband met de vervoerovereenkomst onder zich heeft, te weigeren aan ieder, die uit anderen hoofde dan de vervoerovereenkomst recht heeft op aflevering daarvan, tenzij daarop beslag is gelegd en uit de vervolging van dit beslag een verplichting tot afgifte aan de beslaglegger voortvloeit.

2. De vervoerder kan het recht van retentie uitoefenen op zaken of documenten, die hij in verband met de vervoerovereenkomst onder zich heeft, voor hetgeen hem verschuldigd is of zal worden terzake van het vervoer van die zaken. Hij kan dit recht tevens uitoefenen voor hetgeen bij wijze van rembours op de zaak drukt. Dit retentierecht vervalt zodra aan de vervoerder is betaald het bedrag waarover geen geschil bestaat en voldoende zekerheid is gesteld voor de betaling van die bedragen, waaromtrent wel geschil bestaat of welker hoogte nog niet kan worden vastgesteld. De vervoerder behoeft echter geen zekerheid te aanvaarden voor hetgeen bij wijze van rembours op de zaak drukt.

3. De in dit artikel aan de vervoerder toegekende rechten komen hem niet toe jegens een derde, indien hij op het tijdstip dat hij de zaak of het document ten vervoer ontving, reden had te twijfelen aan de bevoegdheid van de afzender jegens die derde hem die zaak of dat document ten vervoer ter beschikking te stellen.

(Zie ook: artt. 48, 290, 291 BW Boek 3; artt. 51, 52 BW Boek 6; artt. 30, 69, 489, 954, 1128, 1154, 1196 BW Boek 8; art. 631 Rv; art. 13 CMR)

Art. 1132

1. Voor zover hij die jegens de vervoerder recht heeft op aflevering van vervoerde zaken niet opkomt, weigert deze te ontvangen of deze niet met de vereiste spoed in ontvangst neemt, of voor zover op zaken beslag is gelegd, is de vervoerder gerechtigd deze zaken voor rekening en gevaar van de rechthebbende bij een derde op te slaan in een daarvoor geschikte bewaarplaats. Op zijn verzoek kan de rechter bepalen dat hij deze zaken, desgewenst ook in het voertuig, onder zichzelf kan houden of andere maatregelen daarvoor kan treffen. Hij is verplicht de afzender zo spoedig mogelijk op de hoogte te stellen.

2. De derde-bewaarnemer en de ontvanger zijn jegens elkaar verbonden, als ware de omtrent de bewaring gesloten overeenkomst mede tussen hen aangegaan. De bewaarnemer is echter

Ontvangstbewijs bij goederenvervoer over de weg

Verschuldigdheid vracht bij goederenvervoer over de weg

Hoofdelijke verbondenheid bij goederenvervoer over de weg

Rembours bij goederenvervoer over de weg

Recht vervoerder tot weigeren afgifte zaken/documenten bij goederenvervoer over de weg Retentierecht

Opslaan vervoerde zaken bij goederenvervoer over de weg

B8 art. 1133 Burgerlijk Wetboek Boek 8

niet gerechtigd tot afgifte dan na schriftelijke toestemming daartoe van hem, die de zaken in bewaring gaf.
(Zie ook: art. 600 BW Boek 7; artt. 490, 569, 955, 1118, 1125, 1133, 1154, 1197 BW Boek 8; art. 628 Rv; artt. 15, 16 CMR)

Art. 1133

Machtiging tot verkoop zaken bij goederenvervoer over de weg

1. In geval van toepassing van artikel 1132, kan de vervoerder, de bewaarnemer dan wel hij die jegens de vervoerder recht heeft op de aflevering, op zijn verzoek door de rechter worden gemachtigd de zaken geheel of gedeeltelijk op de door deze te bepalen wijze te verkopen.

2. De bewaarnemer is verplicht de vervoerder zo spoedig mogelijk van de voorgenomen verkoop op de hoogte te stellen; de vervoerder heeft deze verplichting jegens degeen, die jegens hem recht heeft op de aflevering van de zaken.

3. De opbrengst van het verkochte wordt in de consignatiekas gestort voor zover zij niet strekt tot voldoening van de kosten van opslag en verkoop alsmede, binnen de grenzen der redelijkheid, van de gemaakte kosten. Tenzij op de zaken beslag is gelegd voor een geldvordering, moet aan de vervoerder uit het in bewaring te stellen bedrag worden voldaan hetgeen hem verschuldigd is ter zake van het vervoer of op grond van een remboursbeding; voor zover deze vorderingen nog niet vast staan, zal de opbrengst of een gedeelte daarvan op door de rechter te bepalen wijze tot zekerheid voor deze vorderingen strekken.

4. De in de consignatiekas gestorte opbrengst treedt in de plaats van de zaken.
(Zie ook: artt. 51, 63, 67, 70 BW Boek 6; art. 600 BW Boek 7; artt. 491, 957, 1118, 1125, 1128, 1138, 1154, 1198, 1710 BW Boek 8; art. 623 Rv; art. 16 CMR; art. 18 LVW)

Art. 1134

Verplichtingen partijen bij verlies/schade bij goederenvervoer over de weg

Indien er zekerheid of vermoeden bestaat, dat er verlies of schade is, moeten de vervoerder en hij, die jegens de vervoerder recht heeft op de aflevering, elkaar over en weer in redelijkheid alle middelen verschaffen om het onderzoek van de zaak en het natellen van de colli mogelijk te maken.
(Zie ook: artt. 493, 958, 1100, 1199 BW Boek 8; art. 30 CMR)

Art. 1135

Gerechtelijk onderzoek naar toestand afgeleverde zaken bij goederenvervoer over de weg

1. Zowel de vervoerder als hij die jegens de vervoerder recht heeft op de aflevering is bevoegd bij de aflevering van zaken de rechter te verzoeken een gerechtelijk onderzoek te doen plaatshebben naar de toestand waarin deze worden afgeleverd; tevens zijn zij bevoegd de rechter te verzoeken de daarbij bevonden verliezen of schaden gerechtelijk te doen begroten.

2. Indien dit onderzoek in tegenwoordigheid of na behoorlijke oproeping van de wederpartij heeft plaatsgehad, wordt het uitgebrachte rapport vermoed juist te zijn.
(Zie ook: artt. 494, 495, 959, 960, 1154 BW Boek 8; art. 633 Rv)

Art. 1136

Kosten gerechtelijk onderzoek bij goederenvervoer over de weg

1. De kosten van gerechtelijk onderzoek, als bedoeld in artikel 1135, moeten worden voldaan door de aanvrager.

2. De rechter kan deze kosten en door het onderzoek geleden schade geheel of gedeeltelijk ten laste van de wederpartij van de aanvrager brengen, ook al zouden daardoor de bedragen genoemd in de in artikel 1105 bedoelde algemene maatregel van bestuur worden overschreden.
(Zie ook: artt. 496, 961, 1154 BW Boek 8; art. 633 Rv)

Art. 1137

Recht om opnieuw aflevering te verlangen bij goederenvervoer over de weg

Indien binnen één jaar nadat de vervoerder aan degeen, die jegens hem recht op aflevering van zaken heeft, schadevergoeding heeft uitgekeerd ter zake van het niet afleveren van deze zaken, deze zaken of enige daarvan alsnog onder de vervoerder blijken te zijn of te zijn gekomen, is de vervoerder verplicht die afzender of die geadresseerde, die daartoe bij aangetekende brief het verlangen uitte, van deze omstandigheid bij aangetekende brief op de hoogte te brengen en heeft de afzender respectievelijk de geadresseerde gedurende dertig dagen na ontvangst van deze mededeling het recht tegen verrekening van de door hem ontvangen schadevergoeding opnieuw afleveren van deze zaken te verlangen. Hetzelfde geldt, indien de vervoerder terzake van het niet afleveren geen schadevergoeding heeft uitgekeerd, met dien verstande dat de termijn van één jaar begint met de aanvang van de dag volgende op die, waarop de zaken hadden moeten zijn afgeleverd.
(Zie ook: artt. 1118, 1125, 1138, 1154, 1200 BW Boek 8; art. 20 CMR)

Art. 1138

Schakelbepaling

Met betrekking tot ten vervoer ontvangen zaken, die de vervoerder onder zich heeft, doch ten aanzien waarvan hij niet meer uit hoofde van de vervoerovereenkomst tot aflevering is verplicht, is artikel 1133 van overeenkomstige toepassing met dien verstande, dat uit de opbrengst van het verkochte bovendien aan de vervoerder moet worden voldaan het bedrag, dat deze mogelijkerwijs voldeed ter zake van zijn aansprakelijkheid wegens het niet nakomen van de op hem uit hoofde van de artikelen 1095 en 1096 rustende verplichtingen.
(Zie ook: artt. 1118, 1125, 1154, 1201 BW Boek 8; art. 20 CMR)

Afdeling 3
Overeenkomst van personenvervoer over de weg

Art. 1139

Deze afdeling is slechts van toepassing voor zover Verordening (EU) Nr. 181/2001 van het Europees Parlement en de Raad van 16 februari 2011 betreffende de rechten van autobus- en touringcarpassagiers en tot wijziging van Verordening (EG) nr. 2006/2004 (Pb EU L 55) niet van toepassing is.

Werkingssfeer

Art. 1140

1. De overeenkomst van personenvervoer in de zin van deze titel is de overeenkomst van personenvervoer, al dan niet tijd- of reisbevrachting zijnde, waarbij de ene partij (de vervoerder) zich tegenover de andere partij verbindt aan boord van een voertuig een of meer personen (reizigers) en al dan niet hun bagage uitsluitend over de weg en anders dan over spoorwegen te vervoeren.

Vervoerovereenkomst bij personenvervoer over de weg

2. De overeenkomst van personenvervoer als omschreven in artikel 100 is niet een overeenkomst van personenvervoer in de zin van deze afdeling.

(Zie ook: art. 418 BW Boek 7; artt. 8, 361, 1081, 500, 970, 1080, 1750 BW Boek 8)

Art. 1141

1. Handbagage in de zin van deze afdeling is de bagage met inbegrip van levende dieren, die de reiziger als gemakkelijk mee te voeren, draagbare dan wel met de hand verrijdbare zaken op of bij zich heeft.

Handbagage bij personenvervoer over de weg

2. Bij algemene maatregel van bestuur kunnen zaken, die geen handbagage zijn, voor de toepassing van bepalingen van deze afdeling als handbagage worden aangewezen, dan wel bepalingen van deze afdeling niet van toepassing worden verklaard op zaken, die handbagage zijn.

(Zie ook: artt. 8, 100, 970 BW Boek 8)

Art. 1142

1. Vervoer over de weg van personen omvat uitsluitend de tijd dat de reiziger aan boord van het voertuig is, terwijl dit zich op de weg bevindt. Bovendien omvat het de tijd van zijn instappen daarin of uitstappen daaruit.

Tijdvak bij personenvervoer over de weg

2. Vervoer over de weg van personen omvat voor de toepassing van artikel 1148 tweede lid, in afwijking van het elders bepaalde, het tijdvak dat het voertuig zich aan boord van een ander vervoermiddel en niet op de weg bevindt, doch dit slechts ten aanzien van de reiziger die zich aan boord van dat voertuig bevindt of die daar in- of uitstapt.

(Zie ook: artt. 101, 102, 121, 501, 971, 1091, 1171 BW Boek 8)

Art. 1143

1. Vervoer over de weg van handbagage omvat uitsluitend de tijd dat deze aan boord van het voertuig is terwijl dit zich op de weg bevindt. Bovendien omvat het de tijd van inlading daarin en uitlading daaruit.

2. Voor bagage, die geen handbagage is, omvat het vervoer over de weg de tijd tussen het overnemen daarvan door de vervoerder en de aflevering door de vervoerder.

3. Vervoer over de weg van bagage omvat voor de toepassing van artikel 1150 tweede lid, in afwijking van het elders bepaalde, het tijdvak dat het voertuig, aan boord waarvan de bagage zich bevindt, zich aan boord van een ander vervoermiddel en niet op de weg bevindt, doch dit slechts ten aanzien van bagage, die zich aan boord van dat voertuig bevindt of die daarin wordt ingeladen dan wel daaruit wordt uitgeladen.

(Zie ook: artt. 8, 103, 501, 971 BW Boek 8)

Art. 1144

1. Tijd- of reisbevrachting in de zin van deze afdeling is de overeenkomst van personenvervoer, waarbij de vervoerder (vervrachter) zich verbindt tot vervoer aan boord van een voertuig, dat hij daartoe in zijn geheel met bestuurder en al dan niet op tijdbasis (tijdbevrachting of reisbevrachting) ter beschikking stelt van zijn wederpartij (bevrachter).

Tijd-/reisbevrachting bij personenvervoer over de weg

2. De artikelen 1093, 1097, 1109, 1112 en 1113 zijn op deze bevrachting van overeenkomstige toepassing.

Schakelbepaling

(Zie ook: artt. 373, 502, 892, 972, 1752 BW Boek 8)

Art. 1145

De wetsbepalingen omtrent huur, bewaarneming en bruikleen zijn op terbeschikkingstelling van een voertuig met bestuurder, ten einde aan boord daarvan personen te vervoeren, niet van toepassing.

Werkingssfeer

(Zie ook: art. 600 BW Boek 7; artt. 1584, 1777 BW Boek 7A; artt. 374, 503, 893, 973, 1094 BW Boek 8)

Art. 1146

[Vervallen]

B8 art. 1147

Aansprakelijkheid vervoerder bij dood/letsel reiziger bij personenvervoer over de weg

Art. 1147

De vervoerder is aansprakelijk voor schade veroorzaakt door dood of letsel van de reiziger ten gevolge van een ongeval dat in verband met en tijdens het vervoer aan de reiziger is overkomen. *(Zie ook: artt. 95, 107, 108 BW Boek 6; artt. 81, 105, 504, 974 BW Boek 8; art. 24 LVW)*

Aansprakelijkheid vervoerder bij overmacht bij personenvervoer over de weg

Art. 1148

1. De vervoerder is niet aansprakelijk voor schade door dood of letsel van de reiziger veroorzaakt, voor zover het ongeval dat hiertoe leidde, is veroorzaakt door een omstandigheid die een zorgvuldig vervoerder niet heeft kunnen vermijden en voor zover zulk een vervoerder de gevolgen daarvan niet heeft kunnen verhinderen.

2. Lichamelijke of geestelijke tekortkomingen van de bestuurder van het voertuig alsmede gebrekkigheid of slecht functioneren van het voertuig of van het materiaal, waarvan hij zich voor het vervoer bedient, worden aangemerkt als een omstandigheid die een zorgvuldig vervoerder heeft kunnen vermijden en waarvan zulk een vervoerder de gevolgen heeft kunnen verhinderen. Onder materiaal wordt niet begrepen een schip, luchtvaartuig of spoorvoertuig, aan boord waarvan het voertuig zich bevindt.

3. Bij de toepassing van dit artikel wordt slechts dan rekening gehouden met een gedraging van een derde, indien geen andere omstandigheid, die mede tot het ongeval leidde, voor rekening van de vervoerder is.

(Zie ook: artt. 82, 105, 504, 974, 1142, 1174, 1155 BW Boek 8; art. 29 LVW)

Dwingend recht

Art. 1149

Nietig is ieder vóór het aan de reiziger overkomen ongeval gemaakt beding waarbij de ingevolge artikel 1147 op de vervoerder drukkende aansprakelijkheid of bewijslast wordt verminderd op andere wijze dan in deze afdeling is voorzien.

(Zie ook: artt. 12, 84, 112, 520, 985 BW Boek 8)

Aansprakelijkheid vervoerder bij verlies/beschadiging bagage bij personenvervoer over de weg

Art. 1150

1. De vervoerder is aansprakelijk voor schade veroorzaakt door geheel of gedeeltelijk verlies dan wel beschadiging van bagage voor zover dit verlies of deze beschadiging is ontstaan tijdens het vervoer en is veroorzaakt door een omstandigheid die een zorgvuldig vervoerder heeft kunnen vermijden of waarvan zulk een vervoerder de gevolgen heeft kunnen verhinderen. Voor schade veroorzaakt door geheel of gedeeltelijk verlies dan wel beschadiging van handbagage is hij bovendien aansprakelijk voor zover dit verlies of deze beschadiging is veroorzaakt door een aan de reiziger overkomen ongeval, dat voor rekening van de vervoerder komt.

2. Lichamelijke of geestelijke tekortkomingen van de bestuurder van het voertuig alsmede gebrekkigheid of slecht functioneren van het voertuig of van het materiaal waarvan hij zich voor het vervoer bedient, worden aangemerkt als een omstandigheid die een zorgvuldig vervoerder heeft kunnen vermijden en waarvan zulk een vervoerder de gevolgen heeft kunnen verhinderen. Onder materiaal wordt niet begrepen een schip, luchtvaartuig of spoorwagon, aan boord waarvan het voertuig zich bevindt.

3. Bij de toepassing van het eerste lid wordt ten aanzien van handbagage slechts dan rekening gehouden met een gedraging van een derde, indien geen andere omstandigheid, die mede tot het voorval leidde, voor rekening van de vervoerder is.

Dwingend recht

4. Nietig is ieder vóór het verlies of de beschadiging van bagage gemaakt beding, waarbij de ingevolge dit artikel op de vervoerder drukkende aansprakelijkheid of bewijslast op andere wijze wordt verminderd dan in deze afdeling is voorzien.

(Zie ook: artt. 8, 12, 106, 505, 506, 520, 975, 976, 985, 1143, 1154, 1155, 1750, 1753 BW Boek 8; artt. 25, 31 LVW)

Uitsluiting aansprakelijkheid vervoerder bij personenvervoer over de weg

Art. 1151

De vervoerder is niet aansprakelijk in geval van verlies of beschadiging overkomen aan geldstukken, verhandelbare documenten, goud, zilver, juwelen, sieraden, kunstvoorwerpen of andere zaken van waarde, tenzij deze zaken van waarde aan de vervoerder in bewaring zijn gegeven en hij overeengekomen is hen in zekerheid te zullen bewaren.

(Zie ook: art. 600 BW Boek 7; artt. 507, 977 BW Boek 8)

Art. 1152

De vervoerder is terzake van door de reiziger aan boord van het voertuig gebrachte zaken die hij, indien hij hun aard of gesteldheid had gekend, niet aan boord van het voertuig zou hebben toegelaten en waarvoor hij geen bewijs van ontvangst heeft afgegeven, geen enkele schadevergoeding verschuldigd indien de reiziger wist of behoorde te weten, dat de vervoerder de zaken niet ten vervoer zou hebben toegelaten; de reiziger is alsdan aansprakelijk voor alle kosten en schaden voor de vervoerder voortvloeiend uit de aanbieding ten vervoer of uit het vervoer zelf.

(Zie ook: artt. 107, 508, 978, 1153 BW Boek 8)

Schadevergoedingsplicht reiziger bij personenvervoer over de weg

Art. 1153

Onverminderd artikel 1152 en onverminderd artikel 179 van Boek 6 is de reiziger verplicht de vervoerder de schade te vergoeden die hij of zijn bagage deze berokkende, behalve voor zover deze schade is veroorzaakt door een omstandigheid die een zorgvuldig reiziger niet heeft kunnen

vermijden en voor zover zulk een reiziger de gevolgen daarvan niet heeft kunnen verhinderen. De reiziger kan niet om zich van zijn aansprakelijkheid te ontheffen beroep doen op de hoedanigheid of een gebrek van zijn bagage.
(Zie ook: artt. 8, 114, 979, 1150 BW Boek 8)

Art. 1154

1. Onverminderd de bepalingen van deze afdeling zijn op het vervoer van bagage de artikelen 1095, 1096, 1103 , 1104, 1114 eerste, tweede en derde lid, 1115 eerste, tweede en derde lid, 1116 tot en met 1118, 1129 en 1131 tot en met 1138 van toepassing. De in artikel 1131 toegekende rechten en het in artikel 1133 en artikel 1138 toegekende recht tot het zich laten voldoen uit het in bewaring stellen bedrag van kosten terzake van het vervoer, kunnen worden uitgeoefend voor alles wat de wederpartij van de vervoerder of de reiziger aan de vervoerder verschuldigd is.

2. Partijen hebben de vrijheid af te wijken van in het eerste lid op hun onderlinge verhouding toepasselijk verklaarde bepalingen.
(Zie ook: artt. 8, 510, 980, 1092, 1710 t/m 1722, 1750 BW Boek 8)

Art. 1155

Indien de vervoerder bewijst dat schuld of nalatigheid van de reiziger schade heeft veroorzaakt of daartoe heeft bijgedragen, kan de aansprakelijkheid van de vervoerder daarvoor geheel of gedeeltelijk worden opgeheven.
(Zie ook: artt. 83, 109, 513, 981 BW Boek 8; art. 29 LVW)

Art. 1156

Indien personen van wier hulp de vervoerder bij de uitvoering van zijn verbintenis gebruik maakt, op verzoek van de reiziger diensten bewijzen, waartoe de vervoerder niet is verplicht, worden zij aangemerkt als te handelen in opdracht van de reiziger aan wie zij deze diensten bewijzen.
(Zie ook: artt. 109, 514, 981 BW Boek 8)

Art. 1157

De aansprakelijkheid van de vervoerder is in geval van dood, letsel of vertraging van de reiziger en in geval van verlies, beschadiging of vertraging van diens bagage beperkt tot een bij of krachtens algemene maatregel van bestuur te bepalen bedrag of bedragen.
(Zie ook: artt. 85, 110, 518, 983 BW Boek 8; Besl.art. 1157 BW Boek 8)

Art. 1158

1. De vervoerder kan zich niet beroepen op enige beperking van zijn aansprakelijkheid, voor zover de schade is ontstaan uit zijn eigen handeling of nalaten, geschied hetzij met het opzet die schade te veroorzaken, hetzij roekeloos en met de wetenschap, dat die schade er waarschijnlijk uit zou voortvloeien.

2. Nietig is ieder beding, waarbij van dit artikel wordt afgeweken.
(Zie ook: artt. 12, 111, 519, 984 BW Boek 8)

Art. 1159

1. In geval van verlies of beschadiging van bagage wordt de vordering tot schadevergoeding gewaardeerd naar de omstandigheden.

2. In geval van aan de reiziger overkomen letsel of van de dood van de reiziger zijn de artikelen 107 en 108 van Boek 3 niet van toepassing op de vorderingen die vervoerder als wederpartij van een andere vervoerder tegen deze instelt.
(Zie ook: artt. 105, 106, 109 BW Boek 6; artt. 85, 113, 521, 986 BW Boek 8; art. 24 LVW)

Art. 1160

De wederpartij van de vervoerder is verplicht deze de schade te vergoeden die hij lijdt doordat de reiziger, door welke oorzaak dan ook, niet tijdig ten vervoer aanwezig is.
(Zie ook: artt. 86, 522, 986 BW Boek 8)

Art. 1161

De wederpartij van de vervoerder is verplicht deze de schade te vergoeden die hij lijdt doordat de documenten met betrekking tot de reiziger, die van haar zijde voor het vervoer vereist zijn, door welke oorzaak dan ook, niet naar behoren aanwezig zijn.
(Zie ook: artt. 87, 523, 986 BW Boek 8)

Art. 1162

1. Wanneer vóór of tijdens het vervoer omstandigheden aan de zijde van de wederpartij van de vervoerder of de reiziger zich opdoen of naar voren komen, die de vervoerder bij het sluiten van de overeenkomst niet behoefde te kennen, doch die, indien zij hem wel bekend waren geweest, redelijkerwijs voor hem grond hadden opgeleverd de vervoerovereenkomst niet of op andere voorwaarden aan te gaan, is de vervoerder bevoegd de overeenkomst op te zeggen en de reiziger uit het voertuig te verwijderen.

B8 art. 1163 Burgerlijk Wetboek Boek 8

2. De opzegging geschiedt door een mondelinge of schriftelijke kennisgeving aan de wederpartij van de vervoerder of aan de reiziger en de overeenkomst eindigt op het ogenblik van ontvangst van de eerst ontvangen kennisgeving.

3. Naar maatstaven van redelijkheid en billijkheid zijn partijen na op zegging der overeenkomst verplicht elkaar de daardoor geleden schade te vergoeden.
(Zie ook: artt. 258, 277 BW Boek 6; artt. 88, 524, 986 BW Boek 8)

Art. 1163

Opzegging vervoerovereenkomst door wederpartij bij bijzondere omstandigheden bij personenvervoer over de weg

1. Wanneer vóór of tijdens het vervoer omstandigheden aan de zijde van de vervoerder zich opdoen of naar voren komen, die diens wederpartij bij het sluiten van de overeenkomst niet behoefde te kennen, doch die, indien zij haar wel bekend waren geweest, redelijkerwijs voor haar grond hadden opgeleverd de vervoerovereenkomst niet of op andere voorwaarden aan te gaan, is deze wederpartij van de vervoerder bevoegd de overeenkomst op te zeggen.

2. De opzegging geschiedt door een mondelinge of schriftelijke kennisgeving en de overeenkomst eindigt op het ogenblik van ontvangst daarvan.

3. Naar maatstaven van redelijkheid en billijkheid zijn partijen na opzegging der overeenkomst verplicht elkaar de daardoor geleden schade te vergoeden.
(Zie ook: artt. 258, 277 BW Boek 6; artt. 89, 525, 986 BW Boek 8)

Art. 1164

Beëindiging vervoerovereenkomst bij personenvervoer over de weg

Wanneer de reiziger na verlaten van het voertuig niet tijdig terugkeert, kan de vervoerder de overeenkomst beschouwen als op dat tijdstip te zijn geëindigd.
(Zie ook: artt. 526, 986 BW Boek 8)

Art. 1165

Opzegging vervoerovereenkomst door wederpartij bij personenvervoer over de weg

1. De wederpartij van de vervoerder is steeds bevoegd de overeenkomst op te zeggen. Zij is verplicht de vervoerder de schade te vergoeden die deze ten gevolge van de opzegging lijdt.

2. Zij kan dit recht niet uitoefenen, wanneer daardoor de reis van het voertuig zou worden vertraagd.

3. De opzegging geschiedt door een mondelinge of schriftelijke kennisgeving en de overeenkomst eindigt op het ogenblik van ontvangst daarvan.
(Zie ook: artt. 90, 527, 986 BW Boek 8)

Art. 1166

Plaatsbewijs/ontvangstbewijs bagage bij personenvervoer over de weg

Dwingend recht

Schakelbepaling

1. Wordt ter zake van het vervoer een plaatsbewijs, een ontvangstbewijs voor bagage of enig soortgelijk document afgegeven, dan is de vervoerder verplicht daarin op duidelijke wijze zijn naam en woonplaats te vermelden.

2. Nietig is ieder beding, waarbij het eerste lid van dit artikel wordt afgeweken.

3. De artikelen 56 tweede lid, 75 eerste lid en 186 eerste lid van Boek 2 zijn niet van toepassing.
(Zie ook: artt. 12, 100, 528, 986 BW Boek 8; art. 5 LVW)

Afdeling 4
Verhuisovereenkomst

Art. 1170

Wegvervoer bij verhuisovereenkomst

1. De verhuisovereenkomst in de zin van deze titel is de overeenkomst van goederenvervoer, waarbij de vervoerder (de verhuizer) zich tegenover de afzender (de opdrachtgever) verbindt verhuisgoederen te vervoeren, hetzij uitsluitend in een gebouw of woning, hetzij uitsluitend ten dele in een gebouw of woning en ten dele over de weg, hetzij uitsluitend over de weg. Vervoer over spoorwegen wordt niet als vervoer over de weg beschouwd.

2. Verhuisgoederen in de zin van deze titel zijn zaken die zich in een overdekte ruimte bevinden en die tot de stoffering, meubilering of inrichting van de ruimte bestemd zijn en als zodanig reeds zijn gebruikt met uitzondering van de zaken die volgens verkeersopvatting niet tot de gebruikelijke inhoud van die ruimte behoren.
(Zie ook: art. 5 BW Boek 3)

3. Indien partijen overeenkomen, dat het geheel van het vervoer over de weg zal worden beheerst door het geheel van de rechtsregelen, die het zouden beheersen, wanneer het andere zaken dan verhuisgoederen zou betreffen, wordt deze overeenkomst niet als verhuisovereenkomst aangemerkt.
(Zie ook: art. 418 BW Boek 7; artt. 20, 40, 370, 890, 1090, 1092, 1710 BW Boek 8; art. 1 CMR)

Art. 1171

Vervoer over de weg van verhuisgoederen omvat voor de toepassing van artikel 1175 tweede lid, in afwijking van het elders bepaalde, het tijdvak dat het voertuig aan boord waarvan de verhuisgoederen zich bevinden, zich aan boord van een ander vervoermiddel en niet op de weg bevindt, doch dit slechts ten aanzien van verhuisgoederen, die daarbij niet uit dat voertuig werden uitgeladen.
(Zie ook: artt. 1091, 1142 BW Boek 8; art. 2 CMR)

Art. 1172

De verhuizer is verplicht verhuisgoederen, die gelet op hun aard of de wijze van vervoer, ingepakt behoren te worden of uit elkaar genomen behoren te worden, in te pakken dan wel uit elkaar te nemen en ter bestemming uit te pakken, dan wel in elkaar te zetten.
(Zie ook: art. 1173 BW Boek 8)

Art. 1173

1. De verhuizer is verplicht de verhuisgoederen ter bestemming af te leveren en wel in de staat, waarin zij hem uit hoofde van artikel 1172 ter verpakking of demontage, dan wel in de staat, waarin zij hem ten vervoer ter beschikking zijn gesteld.

2. Onder afleveren wordt in deze afdeling verstaan het plaatsen van de verhuisgoederen ter bestemming op de daartoe mogelijkerwijs aangeduide plek en zulks, bij toepassing van artikel 1172, na hen te hebben uitgepakt of in elkaar gezet.
(Zie ook: artt. 21, 378, 895, 1095, 1174 t/m 1179, 1182, 1184, 1194, 1201 BW Boek 8)

Art. 1174

Onverminderd artikel 1173 is de verhuizer verplicht een aangevangen verhuizing zonder vertraging te voltooien.
(Zie ook: artt. 22, 379, 896, 1096, 1172, 1175 t/m 1178, 1180, 1182, 1201 BW Boek 8)

Art. 1175

1. Bij niet nakomen de op hem uit hoofde van de artikelen 1173 en 1174 rustende verplichtingen is de verhuizer desalniettemin voor de daardoor ontstane schade niet aansprakelijk, voor zover dit niet nakomen is veroorzaakt door een omstandigheid die een zorgvuldig verhuizer niet heeft kunnen vermijden en voor zover zulk een verhuizer de gevolgen daarvan niet heeft kunnen verhinderen.

2. De verhuizer kan niet om zich van zijn aansprakelijkheid uit hoofde van de artikelen 1173 of 1174 te ontheffen beroep doen op:
a. de gebrekkigheid van het voertuig dat voor de verhuizing wordt gebezigd;
b. de gebrekkigheid van het materiaal, waarvan hij zich bedient, tenzij dit door de opdrachtgever te zijner beschikking is gesteld; onder materiaal wordt niet begrepen een schip, luchtvaartuig of spoorvoertuig, waarop het voertuig, dat voor de verhuizing wordt gebezigd, zich bevindt;
c. de gebrekkigheid van steunpunten benut voor de bevestiging van hijswerktuigen;
d. enig door toedoen van derden, wier handelingen niet voor rekening van de opdrachtgever komen, aan de verhuisgoederen overkomen ongeval.

3. Het eerste lid van dit artikel is eveneens van toepassing ten aanzien van aansprakelijkheid van de verhuizer uit anderen hoofde dan van de artikelen 1173 of 1174.
(Zie ook: artt. 23, 383, 898, 1098, 1171, 1178 BW Boek 8)

Art. 1176

Onverminderd de artikelen 1177 en 1178 is de verhuizer, die de op hem uit hoofde van de artikelen 1173 en 1174 rustende verplichtingen niet nakwam, desalniettemin voor de daardoor ontstane schade niet aansprakelijk, voor zover dit niet nakomen het gevolg is van de bijzondere risico's verbonden aan een of meer van de volgende omstandigheden:
a. het inpakken of uit elkaar nemen, dan wel het uitpakken of in elkaar zetten van verhuisgoederen door de opdrachtgever of met behulp van enige persoon of enig middel door de opdrachtgever daartoe eigener beweging ter beschikking gesteld;
b. de keuze door de opdrachtgever - hoewel de verhuizer hem een andere mogelijkheid aan de hand deed - van een wijze van verpakking of uitvoering van de verhuisovereenkomst, die verschilt van wat voor de overeengekomen verhuizing gebruikelijk is;
c. de aanwezigheid onder de verhuisgoederen van zaken waarvoor de verhuizer, indien hij op de hoogte was geweest van hun aanwezigheid en hun aard, bijzondere maatregelen zou hebben getroffen;
d. de aard of de staat van de verhuisgoederen zelf, die door met deze aard of staat zelf samenhangende oorzaken zijn blootgesteld aan geheel of gedeeltelijk verlies of aan beschadiging.
(Zie ook: artt. 383, 899, 900, 1099, 1177 BW Boek 8)

Art. 1177

Wanneer de verhuizer bewijst dat, gelet op de omstandigheden van het geval, het niet nakomen van de op hem uit hoofde van de artikelen 1173 en 1174 rustende verplichtingen een gevolg heeft kunnen zijn van een of meer der in artikel 1176 genoemde bijzondere risico's, wordt vermoed, dat het niet nakomen daaruit voortvloeit.
(Zie ook: artt. 900, 1100, 1176 BW Boek 8)

Art. 1178

1. Wanneer de verhuizer de op hem uit hoofde van de artikelen 1173 en 1174 rustende verplichtingen niet nakwam, wordt ten aanzien van:
a. levende dieren;
b. geld, geldswaardige papieren, juwelen, uit edelmetaal vervaardigde of andere kostbare kleinodiën

B8 art. 1179 — Burgerlijk Wetboek Boek 8

vermoed dat de verhuizer noch de omstandigheid, die het niet nakomen veroorzaakte, heeft kunnen vermijden, noch de gevolgen daarvan heeft kunnen verhinderen en dat het niet nakomen niet is ontstaan door een of meer der in het tweede lid van artikel 1175 voor rekening van de verhuizer gebrachte omstandigheden.

2. De verhuizer kan geen beroep doen op het eerste lid onder *b*, indien de opdrachtgever hem de daar genoemde zaken afzonderlijk en onder opgave van hoeveelheid en waarde vóór het begin der verhuizing overhandigde.

(Zie ook: artt. 900, 1100, 1176 BW Boek 8)

Art. 1179

Dwingend recht

1. Nietig is ieder beding, waarbij de ingevolge artikel 1173 op de verhuizer drukkende aansprakelijkheid of bewijslast op andere wijze wordt verminderd dan in deze afdeling is voorzien.

2. Wanneer het verhuisgoederen betreft, die door hun karakter of gesteldheid een bijzondere overeenkomst rechtvaardigen, staat het partijen in afwijking van het eerste lid vrij de op de verhuizer drukkende aansprakelijkheid of bewijslast te verminderen, doch slechts wanneer dit beding uitdrukkelijk en anders dan door een verwijzing naar in een ander geschrift voorkomende bedingen is aangegaan bij een in het bijzonder ten aanzien van de voorgenomen verhuizing aangegane en in een afzonderlijk geschrift neergelegde overeenkomst.

(Zie ook: artt. 12, 382, 385, 902, 1102, 1180 t/m 1182 BW Boek 8)

Art. 1180

Voldoening bedrag schadevergoeding bij verhuisovereenkomst

Voor zover de verhuizer aansprakelijk is wegens niet nakomen van de op hem uit hoofde van de artikelen 1173 en 1174 rustende verplichtingen heeft de opdrachtgever geen ander recht dan te zijner keuze te vorderen betaling van een redelijk bedrag voor herstel van beschadigd verhuisgoed, dan wel betaling van een bedrag, dat wordt berekend met inachtneming van de waarde welke verhuisgoederen als die, waarop de verhuisovereenkomst betrekking heeft, zouden hebben gehad, zoals, ten tijde waarop en ter plaatse waar, zij zijn afgeleverd of zij hadden moeten zijn afgeleverd.

(Zie ook: artt. 388, 903, 1179, 1183, 1184, 1103, 1192 BW Boek 8)

Art. 1181

Waardevermindering verhuisgoed bij verhuisovereenkomst

Indien met betrekking tot een verhuisgoed een schadevergoeding uit hoofde van artikel 1195 is verschuldigd, wordt deze aangemerkt als een waardevermindering van dat verhuisgoed.

(Zie ook: artt. 389, 904, 1104, 1179, 1184, 1192 BW Boek 8)

Art. 1182

Maximering bedrag aansprakelijkheid bij verhuisovereenkomst

Voor zover de verhuizer aansprakelijk is wegens niet nakomen van de op hem uit hoofde van de artikelen 1173 en 1174 rustende verplichtingen, is hij niet aansprakelijk boven bij of krachtens algemene maatregel van bestuur te bepalen bedragen. Bij of krachtens deze maatregel kan worden vastgesteld welk bedrag van de geleden schade voor risico van de opdrachtgever blijft.

(Zie ook: artt. 388, 905, 1105, 1179, 1183, 1184, 1192 BW Boek 8; Besl.art. 1182 BW Boek 8)

Art. 1183

1. De opdrachtgever kan, mits de verhuizer hierin toestemt en tegen betaling van een overeen te komen bedrag, schriftelijk een waarde van de verhuisgoederen aangeven, die het maximum, vermeld in de in artikel 1182 genoemde algemene maatregel van bestuur, overschrijdt. In dat geval treedt het aangegeven bedrag in de plaats van dit maximum.

Dwingend recht

2. Nietig is ieder beding waarbij het aldus aangegeven bedrag hoger wordt gesteld dan het hoogste der in artikel 1180 genoemde bedragen.

(Zie ook: artt. 12, 388, 1106, 1184, 1192 BW Boek 8)

Art. 1184

Vaststelling bedrag bijzonder belang bij aflevering bij verhuisovereenkomst

1. De opdrachtgever kan, mits de verhuizer hierin toestemt en tegen betaling van een overeen te komen bedrag, schriftelijk het bedrag van een bijzonder belang bij de aflevering voor het geval van verlies of beschadiging van vervoerd verhuisgoed en voor dat van overschrijding van een overeengekomen termijn van aanvang of einde der verhuizing vaststellen.

2. Indien een bijzonder belang bij de aflevering is aangegeven, kan, indien de verhuizer aansprakelijk is wegens niet nakomen van de op hem uit hoofde van artikel 1173 rustende verplichting dan wel op grond van overschrijding van een overeengekomen termijn van aanvang of einde der verhuizing, onafhankelijk van de schadevergoedingen genoemd in de artikelen 1180 tot en met 1183 en tot ten hoogste eenmaal het bedrag van het aangegeven belang, een schadevergoeding worden gevorderd gelijk aan de bewezen bijkomende schade.

(Zie ook: artt. 1107, 1186, 1192 BW Boek 8)

Art. 1185

Aansprakelijkheid verhuizer voor schade door eigen handeling/nalaten

1. De verhuizer kan zich niet beroepen op enige beperking van zijn aansprakelijkheid, voor zover de schade is ontstaan uit zijn eigen handeling of nalaten, geschied hetzij met het opzet die schade te veroorzaken, hetzij roekeloos en met de wetenschap dat die schade er waarschijnlijk uit zou voortvloeien.

Dwingend recht

2. Nietig is ieder beding, waarbij van dit artikel wordt afgeweken.

(Zie ook: artt. 12, 388, 906, 1108, 1158, 1192 BW Boek 8)

Art. 1186

1. De opdrachtgever is bevoegd de overeenkomst op te zeggen, wanneer hem door de verhuizer is medegedeeld, dat hij niet op de overeengekomen plaats en tijd met de verhuizing een aanvang kan of zal kunnen maken.

2. Hij kan deze bevoegdheid slechts uitoefenen terstond na ontvangst van deze mededeling.

3. Indien bij gebreke van de ontvangst van een mededeling, als bedoeld in het eerste lid, het de opdrachtgever uit anderen hoofde bekend is, dat de verhuizer niet op de overeengekomen plaats of tijd met de verhuizing een aanvang maakt of kan maken, is hij, zonder dat enige ingebrekestelling is vereist, bevoegd de overeenkomst op te zeggen, doch slechts binnen een redelijke termijn, nadat hem dit bekend is geworden; gelijke bevoegdheid komt hem toe, indien hem na ontvangst van een mededeling, als bedoeld in het eerste lid, uit anderen hoofde bekend wordt, dat de verhuizer op grond van andere omstandigheden dan welke hem tot zijn mededeling brachten niet met de verhuizing op de overeengekomen plaats of tijd een aanvang maakt of kan maken.

4. De opzegging geschiedt door een mondelinge of schriftelijke kennisgeving en de overeenkomst eindigt op het ogenblik van ontvangst daarvan.

5. Indien de verhuizer gehouden is de schade, die de opdrachtgever door de opzegging lijdt, te vergoeden, zal deze vergoeding, behoudens artikel 1184, niet meer bedragen dan de overeengekomen verhuisprijs.

(Zie ook: artt. 390, 1109, 1713 BW Boek 8)

Opzegging door opdrachtgever bij verhuisovereenkomst

Verhuisovereenkomst, maximering aansprakelijkheid verhuizer

Art. 1187

De opdrachtgever is verplicht de verhuizer de schade te vergoeden, die deze lijdt doordat de overeengekomen verhuisgoederen, door welke oorzaak dan ook, niet op de overeengekomen plaats en tijd te zijner beschikking zijn.

(Zie ook: artt. 24, 391, 907, 1110, 1714 BW Boek 8)

Schadevergoedingsplicht opdrachtgever bij verhuisovereenkomst

Art. 1188

1. Alvorens verhuisgoederen ter beschikking van de verhuizer zijn gesteld, is de opdrachtgever bevoegd de overeenkomst op te zeggen. Hij is verplicht aan de verhuizer de daardoor geleden schade te vergoeden.

2. De opzegging geschiedt door een mondelinge of schriftelijke kennisgeving en de overeenkomst eindigt op het ogenblik van ontvangst daarvan.

(Zie ook: artt. 25, 392, 908, 1111, 1716 BW Boek 8)

Opzegging door opdrachtgever bij verhuisovereenkomst

Art. 1189

1. Zijn bij het verstrijken van de tijd, waarbinnen de verhuisgoederen ter beschikking van de verhuizer moeten zijn gesteld, door welke oorzaak dan ook, in het geheel geen verhuisgoederen ter beschikking, dan is de verhuizer, zonder dat enige ingebrekestelling is vereist, bevoegd de overeenkomst op te zeggen. De opdrachtgever is verplicht hem de daardoor geleden schade te vergoeden.

2. De opzegging geschiedt door een mondelinge of schriftelijke kennisgeving en de overeenkomst eindigt op het ogenblik van ontvangst daarvan.

(Zie ook: artt. 392, 908, 1112, 1192, 1716 BW Boek 8)

Opzegging door verhuizer bij verhuisovereenkomst

Art. 1190

1. Zijn bij het verstrijken van de tijd, waarbinnen de verhuisgoederen ter beschikking van de verhuizer moeten zijn gesteld, door welke oorzaak dan ook, de overeengekomen verhuisgoederen slechts gedeeltelijk ter beschikking, dan is de verhuizer op verlangen van de opdrachtgever desalniettemin verplicht de wel ter beschikking gestelde goederen te verhuizen.

2. De opdrachtgever is verplicht de verhuizer de daardoor geleden schade te vergoeden.

(Zie ook: artt. 392, 908, 1113, 1716 BW Boek 8)

Verplichtingen verhuizer bij verhuisovereenkomst

Art. 1191

1. De opdrachtgever is verplicht de verhuizer omtrent de verhuisgoederen alsmede omtrent de behandeling daarvan tijdig al die opgaven te doen, waartoe hij in staat is of behoort te zijn, en waarvan hij weet of behoort te weten, dat zij voor de verhuizer van belang zijn, tenzij hij mag aannemen dat de verhuizer deze gegevens kent.

2. De verhuizer is niet gehouden, doch wel gerechtigd, te onderzoeken of de hem gedane opgaven juist en volledig zijn.

(Zie ook: artt. 26, 394, 910, 1114, 1192 BW Boek 8)

Informatieplicht opdrachtgever bij verhuisovereenkomst

Art. 1192

1. De opdrachtgever is verplicht de verhuizer de schade te vergoeden die deze lijdt doordat, door welke oorzaak dan ook, niet naar behoren aanwezig zijn de documenten en inlichtingen, die blijkens mededeling door de verhuizer van de zijde van de opdrachtgever vereist zijn voor de verhuizing dan wel ter voldoening aan vóór de aflevering van de verhuisgoederen te vervullen douane- en andere formaliteiten.

2. De verhuizer is verplicht redelijke zorg aan te wenden, dat de documenten, die in zijn handen zijn gesteld, niet verloren gaan of onjuist worden behandeld. Een terzake door hem verschuldigde

Schadevergoedingsplicht opdrachtgever bij ontbrekende/onjuiste documenten bij verhuisovereenkomst

B8 *art. 1193*

schadevergoeding zal die, verschuldigd uit hoofde van de artikelen 1180 tot en met 1185 in geval van verlies van de verhuisgoederen, niet overschrijden.

3. De verhuizer is niet gehouden, doch wel gerechtigd, te onderzoeken of de hem gedane opgaven juist en volledig zijn.

4. Zijn bij het verstrijken van de tijd, waarbinnen de in het eerste lid genoemde documenten en inlichtingen aanwezig moeten zijn, deze, door welke oorzaak dan ook, niet naar behoren aanwezig, dan zijn de artikelen 1189 en 1190 van overeenkomstige toepassing.

(Zie ook: artt. 27, 395, 911, 1115 BW Boek 8)

Art. 1193

Opzegging door wederpartij bij bijzondere omstandigheden bij verhuisovereenkomst

1. Wanneer vóór of bij de aanbieding van de verhuisgoederen aan de verhuizer omstandigheden aan de zijde van één der partijen zich opdoen of naar voren komen, die haar wederpartij bij het sluiten van de overeenkomst niet behoefde te kennen, doch die, indien zij haar wel bekend waren geweest, redelijkerwijs voor haar grond hadden opgeleverd de verhuisovereenkomst niet of op andere voorwaarden aan te gaan, is deze wederpartij bevoegd de overeenkomst op te zeggen.

2. De opzegging geschiedt door een mondelinge of schriftelijke kennisgeving en de overeenkomst eindigt op het ogenblik van ontvangst daarvan.

3. Naar maatstaven van redelijkheid en billijkheid zijn partijen na opzegging der overeenkomst verplicht elkaar de daardoor geleden schade te vergoeden.

(Zie ook: artt. 95, 258, 277 BW Boek 6; artt. 28, 396, 912, 1116, 1188 BW Boek 8)

Art. 1194

Verschuldigdheid verhuisprijs bij verhuisovereenkomst

1. De verhuisprijs is verschuldigd op het ogenblik, dat de verhuizer de verhuisgoederen ter bestemming aflevert.

2. Indien partijen overeenkwamen, dat de verhuisprijs vóór het vertrek van het voertuig, waarin de verhuisgoederen zijn geladen, zal worden betaald en de opdrachtgever niet aan deze verplichting heeft voldaan, is de verhuizer bevoegd het vervoer van de betrokken verhuisgoederen op te schorten en is hij met toestemming van de rechter gerechtigd tot het nemen van de in de artikelen 1197 en 1198 genoemde maatregelen. Gaat hij hiertoe over, dan zijn deze artikelen van toepassing.

(Zie ook: artt. 29, 484, 947, 1128, 1173 BW Boek 8)

Art. 1195

Schadevergoedingsplicht opdrachtgever jegens verhuizer bij verhuisovereenkomst

Onverminderd afdeling 1 van Titel 4 van Boek 6 is de opdrachtgever verplicht de verhuizer de schade te vergoeden, geleden doordat deze zich als zaakwaarnemer inliet met de behartiging van de belangen van een rechthebbende op verhuisgoederen.

(Zie ook: artt. 6, 102 BW Boek 6; artt. 844, 951, 1129, 1181, 1714 BW Boek 8)

Art. 1196

Retentierecht verhuizer bij verhuisovereenkomst

De verhuizer heeft geen retentierecht op verhuisgoederen en documenten, die hij in verband met de verhuisovereenkomst onder zich heeft.

(Zie ook: artt. 30, 489, 954, 1131, 1194 BW Boek 8)

Art. 1197

Opslaan verhuisgoederen bij verhuisovereenkomst

1. Voor zover de opdrachtgever niet opkomt, weigert verhuisgoederen te ontvangen of deze niet met de vereiste spoed in ontvangst neemt, of voor zover op verhuisgoederen beslag is gelegd, is de verhuizer gerechtigd deze verhuisgoederen voor rekening en gevaar van de rechthebbende bij een derde op te slaan in een daarvoor geschikte bewaarplaats. Op zijn verzoek kan de rechter bepalen dat hij deze verhuisgoederen, desgewenst ook in het voor de verhuizing gebezigde voertuig, onder zichzelf kan houden of andere maatregelen daarvoor kan treffen. Hij is verplicht de opdrachtgever zo spoedig mogelijk op de hoogte te stellen.

2. De derde-bewaarnemer en de opdrachtgever zijn jegens elkaar verbonden, als ware de omtrent de bewaring gesloten overeenkomst mede tussen hen aangegaan. De bewaarnemer is echter niet gerechtigd tot afgifte dan na schriftelijke toestemming daartoe van hem, die de verhuisgoederen in bewaring gaf.

(Zie ook: art. 600 BW Boek 7; artt. 490, 955, 1132, 1173, 1194, 1198 BW Boek 8; art. 628 Rv)

Art. 1198

Machtiging tot verkoop verhuisgoederen bij verhuisovereenkomst

1. In geval van toepassing van artikel 1197 kan de verhuizer, de bewaarnemer dan wel de opdrachtgever door de rechter op zijn verzoek worden gemachtigd de verhuisgoederen geheel of gedeeltelijk op de door deze te bepalen wijze te verkopen.

2. De bewaarnemer is verplicht de verhuizer zo spoedig mogelijk van de voorgenomen verkoop op de hoogte te stellen; de verhuizer heeft deze verplichting jegens de opdrachtgever.

3. De opbrengst van het verkochte wordt in de consignatiekas gestort, voor zover zij niet strekt tot voldoening van de kosten van opslag en verkoop, alsmede, binnen de grenzen der redelijkheid, van de gemaakte kosten. Tenzij op de zaken beslag is gelegd voor een geldvordering, moet aan de verhuizer uit het in bewaring te stellen bedrag worden voldaan hetgeen hem verschuldigd is terzake van de verhuizing; voor zover deze vordering nog niet vaststaat, zal de opbrengst of een gedeelte daarvan op door de rechter te bepalen wijze tot zekerheid voor deze vordering strekken.

4. De in de consignatiekas gestorte opbrengst treedt in de plaats van de verhuisgoederen.

(Zie ook: artt. 51, 63, 67, 70 BW Boek 6; art. 600 BW Boek 7; artt. 491, 957, 1133, 1194, 1201, 1710 BW Boek 8; art. 632 Rv)

Art. 1199

Indien er zekerheid of vermoeden bestaat, dat er verlies of schade is, moeten de verhuizer en de opdrachtgever elkaar over en weer in redelijkheid alle middelen verschaffen om het onderzoek van de verhuisgoederen mogelijk te maken.

(Zie ook: artt. 493, 958, 1134 BW Boek 8)

Art. 1200

Indien binnen drie jaren nadat de verhuizer aan de opdrachtgever schadevergoeding heeft uitgekeerd terzake van het niet afleveren van verhuisgoederen, deze verhuisgoederen of enige daarvan alsnog onder de verhuizer blijken te zijn of te zijn gekomen, is de verhuizer verplicht de opdrachtgever van deze omstandigheid bij aangetekende brief op de hoogte te brengen en heeft de opdrachtgever gedurende dertig dagen na ontvangst van deze mededeling het recht tegen verrekening van de door hem ontvangen schadevergoeding opnieuw aflevering van deze verhuisgoederen te verlangen. Hetzelfde geldt, indien de verhuizer terzake van het niet afleveren geen schadevergoeding heeft uitgekeerd, met dien verstande dat de termijn van drie jaren begint met de aanvang van de dag volgende op die, waarop de verhuisgoederen hadden moeten zijn afgeleverd.

(Zie ook: artt. 1137, 1201 BW Boek 8)

Art. 1201

Met betrekking tot verhuisgoederen, die de verhuizer onder zich heeft, doch ten aanzien waarvan hij niet meer uit hoofde van de verhuisovereenkomst tot aflevering is verplicht, is artikel 1198 van overeenkomstige toepassing met dien verstande, dat uit de opbrengst van het verkochte bovendien aan de verhuizer moet worden voldaan het bedrag, dat deze mogelijkerwijs voldeed terzake van zijn aansprakelijkheid wegens het niet nakomen van de op hem uit hoofde van de artikelen 1173 en 1174 rustende verplichtingen.

(Zie ook: art. 1138 BW Boek 8)

Titel 14
Ongevallen

Afdeling 1
Gevaarlijke stoffen aan boord van een voertuig

Art. 1210

In deze afdeling wordt verstaan onder:

a. "*gevaarlijke stof*": een stof die als zodanig bij algemene maatregel van bestuur is aangewezen; de aanwijzing kan worden beperkt tot bepaalde concentraties van de stof, tot bepaalde in de algemene maatregel van bestuur te omschrijven gevaren die aan de stof verbonden zijn, en tot bepaalde daarin te omschrijven situaties waarin de stof zich bevindt;

b. "*schade*":

1°. schade veroorzaakt door dood of letsel van enige persoon veroorzaakt door een gevaarlijke stof;

2°. andere schade buiten het voertuig aan boord waarvan de gevaarlijke stof zich bevindt, veroorzaakt door die gevaarlijke stof, met uitzondering van verlies van of schade met betrekking tot andere voertuigen en zaken aan boord daarvan, indien die voertuigen deel uitmaken van een sleep, waarvan ook dit voertuig deel uitmaakt;

3°. de kosten van preventieve maatregelen en verlies of schade veroorzaakt door zulke maatregelen;

c. "*preventieve maatregel*": iedere redelijke maatregel ter voorkoming of beperking van schade door wie dan ook genomen met uitzondering van de overeenkomstig deze afdeling aansprakelijke persoon nadat een gebeurtenis heeft plaatsgevonden;

d. "*gebeurtenis*": elk feit of elke opeenvolging van feiten met dezelfde oorzaak, waardoor schade ontstaat of waardoor een ernstige en onmiddellijke dreiging van schade ontstaat;

e. "*exploitant*": hij die de zeggenschap heeft over het gebruik van het voertuig aan boord waarvan de gevaarlijke stof zich bevindt. Hij aan wie een kenteken als bedoeld in artikel 36, eerste lid, van de Wegenverkeerswet 1994 is opgegeven, of, bij gebreke daarvan, de eigenaar van het voertuig, wordt aangemerkt als exploitant, tenzij hij bewijst dat ten tijde van de gebeurtenis een door hem bij name genoemde ander de zeggenschap over het gebruik van het voertuig had of dat op dat tijdstip een ander zonder zijn toestemming en zonder dat hij zulks redelijkerwijs kon voorkomen de zeggenschap over het gebruik van het voertuig had.

(Zie ook: art. 197 BW Boek 6; artt. 620, 1030, 1670 BW Boek 8; Uitv.besl. Agsm)

Verplichtingen bij verlies/schade bij verhuisovereenkomst

Recht opdrachtgever om opnieuw aflevering te verlangen bij verhuisovereenkomst

Schakelbepaling

Begripsbepalingen

B8 art. 1211 Burgerlijk Wetboek Boek 8

Art. 1211

Werkingssfeer

1. Deze afdeling is niet van toepassing, indien de exploitant jegens degene die de vordering instelt, aansprakelijk is uit hoofde van een exploitatieovereenkomst of jegens deze persoon een beroep op een exploitatieovereenkomst heeft.

2. Deze afdeling is van toepassing op de periode waarin een gevaarlijke stof zich in een voertuig bevindt, daaronder begrepen de periode vanaf het begin van de inlading van de gevaarlijke stof in het voertuig tot het einde van de lossing van de stof uit het voertuig.

3. Deze afdeling is niet van toepassing op schade veroorzaakt wanneer het voertuig uitsluitend wordt gebruikt op een niet voor publiek toegankelijk terrein en zulk gebruik een onderdeel vormt van een op dat terrein plaatsvindende bedrijfsuitoefening.

4. Op zich overeenkomstig het tweede lid aan boord bevindende stoffen als bedoeld in artikel 175 van Boek 6 is dat artikel niet van toepassing, tenzij zich het geval van het derde lid voordoet.

5. Onverminderd het in het derde lid bepaalde is deze afdeling van overeenkomstige toepassing op luchtkussenvoertuigen, waar ook gebruikt.

(Zie ook: artt. 621, 1031, 1671 BW Boek 8)

Art. 1212

Gevaarlijke stoffen aan boord van gestapeld vervoermiddel

1. Indien een gevaarlijke stof zich bevindt in een vervoermiddel dat zich aan boord van een voertuig bevindt zonder dat de gevaarlijke stof uit dit gestapelde vervoermiddel wordt gelost, zal de gevaarlijke stof voor die periode geacht worden zich alleen aan boord van genoemd voertuig te bevinden.

2. Indien een gevaarlijke stof zich bevindt in een voertuig dat wordt voortbewogen door een ander voertuig, zal de gevaarlijke stof geacht worden zich alleen aan boord van het laatstgenoemde voertuig te bevinden.

3. Gedurende de handelingen bedoeld in artikel 1213, vijfde lid, onderdelen c, d en e, zal de gevaarlijke stof geacht worden:

a. in afwijking van het eerste lid, zich alleen aan boord van het gestapelde vervoermiddel te bevinden;

b. in afwijking van het tweede lid, zich alleen aan boord van eerstgenoemd voertuig te bevinden.

(Zie ook: artt. 622, 1032, 1672 BW Boek 8)

Art. 1213

Aansprakelijkheid exploitant bij gevaarlijke stoffen aan boord

1. Hij die ten tijde van een gebeurtenis exploitant is van een voertuig aan boord waarvan zich een gevaarlijke stof bevindt, is aansprakelijk voor de schade door die stof veroorzaakt ten gevolge van die gebeurtenis. Bestaat de gebeurtenis uit een opeenvolging van feiten met dezelfde oorzaak, dan rust de aansprakelijkheid op degene die ten tijde van het eerste feit exploitant was.

2. De exploitant is niet aansprakelijk indien:

a. de schade is veroorzaakt door een oorlogshandeling, vijandelijkheden, burgeroorlog, opstand of natuurgebeuren van uitzonderlijke, onvermijdelijke en onweerstaanbare aard;

b. de schade uitsluitend is veroorzaakt door een handelen of nalaten van een derde, niet zijnde een persoon genoemd in het vijfde lid, onderdeel *a*, geschied met het opzet de schade te veroorzaken;

c. de afzender of enige andere persoon niet heeft voldaan aan zijn verplichting hem in te lichten over de gevaarlijke aard van de stof, en noch de exploitant, noch de in het vijfde lid, onderdeel *a*, genoemde personen wisten of hadden behoren te weten dat deze gevaarlijk was.

3. Indien de exploitant bewijst dat de schade geheel of gedeeltelijk het gevolg is van een handelen of nalaten van de persoon die de schade heeft geleden, met het opzet de schade te veroorzaken, of van de schuld van die persoon, kan hij geheel of gedeeltelijk worden ontheven van zijn aansprakelijkheid tegenover die persoon.

4. De exploitant kan voor schade slechts uit anderen hoofde dan deze afdeling worden aangesproken in het geval van het tweede lid, onderdeel c, alsmede in het geval dat hij uit hoofde van arbeidsovereenkomst kan worden aangesproken. In het geval van het tweede lid, onderdeel c, kan de exploitant deze aansprakelijkheid beperken als ware hij op grond van deze afdeling aansprakelijk.

5. Behoudens de artikelen 1214 en 1215 zijn voor schade niet aansprakelijk:

a. de ondergeschikten, vertegenwoordigers of lasthebbers van de exploitant,

b. ieder die ten behoeve van het voertuig werkzaamheden verricht,

c. zij die anders dan tegen een uitdrukkelijk en redelijk verbod vanwege het voertuig in hulp verlenen aan het voertuig, de zich aan boord daarvan bevindende zaken of personen,

d. zij die op aanwijzing van een bevoegde overheidsinstantie hulp verlenen aan het voertuig, de zich aan boord daarvan bevindende zaken of personen,

e. zij die preventieve maatregelen nemen met uitzondering van de exploitant,

f. de ondergeschikten, vertegenwoordigers of lasthebbers van de in dit lid, onderdelen *b*, *c*, *d* en *e*, van aansprakelijkheid vrijgestelde personen, tenzij de schade is ontstaan uit hun eigen handelen of nalaten, geschied hetzij met het opzet de schade te veroorzaken, hetzij roekeloos en met de wetenschap dat die schade er waarschijnlijk uit zou voortvloeien.

6. De exploitant heeft, voor zover niet anders is overeengekomen, verhaal op de in het vijfde lid bedoelde personen, doch uitsluitend indien dezen ingevolge het slot van dit lid voor de schade kunnen worden aangesproken.

(Zie ook: artt. 170, 172, 175 BW Boek 6; artt. 623, 1033, 1673 BW Boek 8)

Art. 1214

1. Indien de exploitant bewijst dat de gevaarlijke stof tijdens de periode bedoeld in artikel 1211, tweede lid, is geladen of gelost onder de uitsluitende verantwoordelijkheid van een door hem bij name genoemde ander dan de exploitant of zijn ondergeschikte, vertegenwoordiger of lasthebber, zoals de afzender of ontvanger, is de exploitant niet aansprakelijk voor de schade als gevolg van een gebeurtenis tijdens het laden of lossen van de gevaarlijke stof en is die ander voor deze schade aansprakelijk overeenkomstig deze afdeling.

Aansprakelijkheid derde bij gevaarlijke stoffen aan boord

2. Indien echter de gevaarlijke stof tijdens de periode bedoeld in artikel 1211, tweede lid, is geladen of gelost onder de gezamenlijke verantwoordelijkheid van de exploitant en een door de exploitant bij name genoemde ander, zijn de exploitant en die ander hoofdelijk aansprakelijk overeenkomstig deze afdeling voor de schade als gevolg van een gebeurtenis tijdens het laden of lossen van de gevaarlijke stof.

3. Indien is gelost door een persoon in opdracht of ten behoeve van de vervoerder of een ander, zoals de afzender of de ontvanger, is niet deze persoon, maar de vervoerder of die ander aansprakelijk.

4. Indien een ander dan de exploitant op grond van het eerste of het tweede lid aansprakelijk is, kan die ander geen beroep doen op artikel 1213, vierde lid en vijfde lid, onderdeel b.

5. Indien een ander dan de exploitant op grond van het eerste of het tweede lid aansprakelijk is, zijn ten aanzien van die ander de artikelen 1218 tot en met 1220 van overeenkomstige toepassing, met dien verstande dat in geval van hoofdelijke aansprakelijkheid:

a. de beperking van aansprakelijkheid als bepaald krachtens artikel 1218, eerste lid, geldt voor het geheel der naar aanleiding van eenzelfde gebeurtenis ontstane vorderingen gericht tegen beiden;

b. een fonds gevormd door één van hen overeenkomstig artikel 1219 wordt aangemerkt als door beiden te zijn gevormd en zulks ten aanzien van de vorderingen waarvoor het fonds werd gesteld.

6. In de onderlinge verhouding tussen de exploitant en de in het tweede lid van dit artikel genoemde ander is de exploitant niet tot vergoeding verplicht dan in geval van schuld van hemzelf of van zijn ondergeschikten, vertegenwoordigers of lasthebbers.

7. Dit artikel is niet van toepassing als tijdens de periode, bedoeld in artikel 1211, tweede lid, is geladen of gelost onder de uitsluitende of gezamenlijke verantwoordelijkheid van een persoon, genoemd in artikel 1213, vijfde lid, onderdeel c, d of e.

(Zie ook: artt. 624, 1034, 1674 BW Boek 8)

Art. 1215

Indien ingevolge artikel 1213, tweede lid, onderdeel c, de exploitant niet aansprakelijk is, is de afzender of andere persoon aansprakelijk overeenkomstig deze afdeling en zijn te diens aanzien de artikelen 1218 tot en met 1220 van overeenkomstige toepassing. De afzender of andere persoon kan geen beroep doen op artikel 1213, vierde lid.

Aansprakelijkheid afzender bij gevaarlijke stoffen aan boord

(Zie ook: artt. 625, 1035, 1675 BW Boek 8)

Art. 1216

Indien schade veroorzaakt door de gevaarlijke stof redelijkerwijs niet kan worden gescheiden van schade anderszins veroorzaakt, zal de gehele schade worden aangemerkt als schade in de zin van deze afdeling.

Scheiden van oorzaken bij gevaarlijke stoffen aan boord

(Zie ook: artt. 626, 1036, 1676 BW Boek 8)

Art. 1217

1. Wanneer door een gebeurtenis schade is veroorzaakt door gevaarlijke stoffen aan boord van meer dan één voertuig, dan wel aan boord van een voertuig of luchtkussenvoertuig en een zeeschip, een binnenschip of een spoorrijtuig, zijn de exploitanten van de daarbij betrokken voertuigen, de reder of de eigenaar van het daarbij betrokken zeeschip of het binnenschip en de exploitant van de spoorweg waarop de gebeurtenis met het daarbij betrokken spoorrijtuig plaatsvond, onverminderd het in artikel 1213, tweede en derde lid, en artikel 1214, afdeling 4 van titel 6, afdeling 4 van titel 11 en afdeling 4 van titel 19 bepaalde, hoofdelijk aansprakelijk voor alle schade waarvan redelijkerwijs niet kan worden aangenomen dat zij veroorzaakt is door gevaarlijke stoffen aan boord van één of meer bepaalde voertuigen, luchtkussenvoertuig, zeeschip of binnenschip, of spoorrijtuig dat gebruikt werd op een bepaalde spoorweg.

Hoofdelijke aansprakelijkheid bij gevaarlijke stoffen aan boord

2. Het bepaalde in het eerste lid laat onverlet het beroep op beperking van aansprakelijkheid van de exploitant, reder of eigenaar krachtens deze afdeling, titel 7 of titel 12, dan wel de artikelen 1678 tot en met 1680, ieder tot het voor hem geldende bedrag.

(Zie ook: artt. 627, 1037, 1677 BW Boek 8)

Art. 1218

Beperking bedrag aansprakelijkheid exploitant bij gevaarlijke stoffen aan boord

1. De exploitant kan zijn aansprakelijkheid per gebeurtenis beperken tot een bij of krachtens algemene maatregel van bestuur te bepalen bedrag of bedragen die verschillend kunnen zijn voor vorderingen ter zake van dood of letsel en andere vorderingen.

2. De exploitant is niet gerechtigd zijn aansprakelijkheid te beperken indien de schade is ontstaan uit zijn eigen handelen of nalaten, geschied hetzij met het opzet die schade te veroorzaken, hetzij roekeloos en met de wetenschap dat die schade er waarschijnlijk uit zou voortvloeien.

(Zie ook: artt. 627, 1037, 1677 BW Boek 8; Uitv.besl. Agsm)

Art. 1219

Vorming schadefonds(en) door exploitant bij gevaarlijke stoffen aan boord

Ten einde zich te kunnen beroepen op de in artikel 1218 bedoelde beperking van aansprakelijkheid moet de exploitant een fonds of fondsen vormen overeenkomstig artikel 1220.

(Zie ook: artt. 627, 1037, 1677 BW Boek 8)

Art. 1220

Vaststelling maximum bedrag aansprakelijkheid exploitant bij gevaarlijke stoffen aan boord

1. Hij die gebruik wenst te maken van de hem in artikel 1218 gegeven bevoegdheid tot beperking van zijn aansprakelijkheid, verzoekt een rechtbank die bevoegd is kennis te nemen van de vorderingen tot vergoeding van schade, het bedrag waartoe zijn aansprakelijkheid is beperkt, vast te stellen en te bevelen dat tot een procedure ter verdeling van dit bedrag zal worden overgegaan.

2. Op het verzoek en de procedure ter verdeling zijn de artikelen 642a, tweede tot en met vierde lid, 642b, 642c, 642e, eerste lid, 642f tot en met 642t, eerste lid, en 642u tot en met 642z van het Wetboek van Burgerlijke Rechtsvordering van overeenkomstige toepassing.

3. Indien het krachtens artikel 1218, eerste lid, bepaalde bedrag voor vorderingen ter zake van dood of letsel onvoldoende is voor volledige vergoeding van deze vorderingen, worden deze vorderingen in evenredigheid gekort en zal het krachtens artikel 1218, eerste lid, bepaalde bedrag voor andere vorderingen naar evenredigheid worden verdeeld onder die vorderingen en de vorderingen ter zake van dood of letsel, voor zover deze onvoldaan zouden zijn.

4. De vorderingen van de exploitant ter zake van door hem vrijwillig en binnen de grenzen der redelijkheid gedane uitgaven en gebrachte offers ter voorkoming of beperking van schade staan in rang gelijk met andere vorderingen op het krachtens artikel 1218, eerste lid, bepaalde bedrag voor andere vorderingen dan die ter zake van dood of letsel.

(Zie ook: artt. 627, 1037, 1677 BW Boek 8)

V Luchtrecht

Titel 15 Het luchtvaartuig

Afdeling 1 Rechten op luchtvaartuigen

Art. 1300

Begripsbepalingen

In deze titel wordt verstaan onder:

a. het Verdrag van Genève: het op 19 juni 1948 te Genève tot stand gekomen Verdrag betreffende de internationale erkenning van rechten op luchtvaartuigen (Trb. 1952, 86);

b. Verdragsstaat: een staat waarvoor het Verdrag van Genève van kracht is;

c. verdragsregister: een buiten Nederland gehouden register als bedoeld in artikel I, eerste lid, onder ii, van het Verdrag van Genève;

d. de openbare registers: de openbare registers, bedoeld in afdeling 2 van titel 1 van Boek 3.

(Zie ook: art. 287 BW Boek 3; art. 1576 BW Boek 7A; artt. 3a, 191, 781 BW Boek 8; artt. 584a, 729 Rv; art. 59a FW)

Art. 1301

Werkingssfeer

De in deze afdeling aan de eigenaar opgelegde verplichtingen rusten, indien het luchtvaartuig toebehoort aan meer personen, aan een vennootschap onder firma, aan een commanditaire vennootschap of aan een rechtspersoon, mede op iedere mede-eigenaar, beherende vennoot of bestuurder.

(Zie ook: artt. 44, 129, 239, 291 BW Boek 2; artt. 192, 782 BW Boek 8; art. 447a WvSr)

Art. 1302

[Vervallen]

Art. 1303

Teboekstelling van luchtvaartuig

1. Teboekstelling is slechts mogelijk indien

a. het luchtvaartuig een Nederlands luchtvaartuig is in de zin van de Wet luchtvaart, en

b. het luchtvaartuig ten minste een bij algemene maatregel van bestuur vastgesteld gewicht heeft.

2. Teboekstelling is niet mogelijk van een luchtvaartuig dat reeds teboekstaat in de openbare registers, in een verdragsregister of in enig soortgelijk buitenlands register.

3. In afwijking van het tweede lid is teboekstelling van een in een verdragsregister of in enig soortgelijk register teboekstaand luchtvaartuig mogelijk, wanneer de eigenaar de eigendom van het luchtvaartuig heeft verkregen door toewijzing na een executie, welke in Nederland heeft plaatsgevonden.

4. De teboekstelling wordt verzocht door de eigenaar van het luchtvaartuig. Hij moet daarbij ter inschrijving overleggen een door hem ondertekende verklaring, dat naar zijn beste weten het luchtvaartuig voor teboekstelling vatbaar is. Deze verklaring behoeft de goedkeuring van de rechter.

(Zie ook: art. 389ter WvSr)

5. De teboekstelling in de openbare registers heeft geen rechtsgevolg, wanneer aan de vereisten van de voorgaande leden van dit artikel niet is voldaan.

6. Bij het verzoek tot teboekstelling wordt woonplaats gekozen in Nederland. Deze woonplaats wordt in het verzoek tot teboekstelling vermeld en kan door een andere in Nederland gelegen woonplaats worden vervangen.

(Zie ook: artt. 10, 15 BW Boek 2; artt. 194, 784 BW Boek 8; artt. 4, 624 Rv; IIVe-W; Maatr. lv 1996)

Art. 1304

1. De teboekstelling wordt slechts doorgehaald

a. op verzoek van degene die in de openbare registers als eigenaar vermeld staat;

b. op aangifte van de eigenaar of ambtshalve

1°. als het luchtvaartuig heeft opgehouden als zodanig te bestaan;

2°. als van het luchtvaartuig gedurende twee maanden na het laatste vertrek geen tijding is ontvangen, zonder dat dit aan een algemene storing in de berichtgeving kan worden geweten;

3°. als het luchtvaartuig niet of niet meer de hoedanigheid van Nederlands luchtvaartuig heeft;

4°. als het luchtvaartuig, na een executie in een Verdragsstaat buiten Nederland, welke plaatsvond overeenkomstig het Verdrag van Genève, in een verdragsregister teboekstaat.

2. In de in het eerste lid, onder *b*, genoemde gevallen is de eigenaar van het luchtvaartuig tot het doen van aangifte verplicht binnen drie maanden nadat de reden tot doorhaling zich heeft voorgedaan.

3. Wanneer ten aanzien van het luchtvaartuig inschrijvingen of voorlopige aantekeningen ten gunste van derden bestaan, geschiedt, behalve in het geval, genoemd in het eerste lid, onderdeel *b*, onder 4°, doorhaling slechts wanneer geen dezer derden zich daartegen verzet.

4. Doorhaling geschiedt slechts na op verzoek van de meest gerede partij verleende machtiging van de rechter.

(Zie ook: artt. 195, 786 BW Boek 8; art. 624 Rv; art. 447a WvSr)

Art. 1305

De enige zakelijke rechten waarvan een in de openbare registers teboekstaand luchtvaartuig het voorwerp kan zijn, zijn de eigendom, de hypotheek en de zakelijke rechten, bedoeld in de artikelen 1308 en 1309.

(Zie ook: art. 227 BW Boek 3; art. 1 BW Boek 5; artt. 197, 788 BW Boek 8; art. 24 Kadw)

Art. 1306

1. Een in de openbare registers teboekstaand luchtvaartuig is een registergoed.

2. Bij de toepassing van artikel 301 van Boek 3 ter zake van akten die op de voet van artikel 89, eerste en vierde lid, van Boek 3 zijn bestemd voor de levering van zodanig luchtvaartuig, kan de in het eerstgenoemde artikel bedoelde uitspraak van de Nederlandse rechter niet worden ingeschreven, zolang zij niet in kracht van gewijsde is gegaan.

(Zie ook: artt. 199, 790 BW Boek 8)

Art. 1307

Eigendom en hypotheek op een teboekstaand luchtvaartuig worden door een bezitter te goeder trouw verkregen door een onafgebroken bezit van vijf jaren.

(Zie ook: artt. 201, 791 BW Boek 8)

Art. 1308

Op een teboekstaand luchtvaartuig kan een zakelijk recht worden gevestigd, bestaande in het recht van de houder van het luchtvaartuig om na betaling van een zeker bedrag of na vervulling van enige andere voorwaarde de eigendom daarvan krachtens een door hem reeds gesloten of nog te sluiten koopovereenkomst te verkrijgen. In de notariële akte bestemd voor de vestiging van dit recht, wordt duidelijk het aan dit recht onderworpen luchtvaartuig vermeld.

(Zie ook: art. 1305 BW Boek 8; art. 584p Rv)

Art. 1309

1. Op een teboekstaand luchtvaartuig kan een zakelijk recht worden gevestigd, bestaande in het recht van de houder tot gebruik van het luchtvaartuig uit een huurovereenkomst die voor

Doorhaling teboekstelling van luchtvaartuig

Zakelijke rechten van luchtvaartuig

Registergoed van luchtvaartuig

Eigendom en hypotheek van luchtvaartuig

Koop van teboekstaand luchtvaartuig

Huur van luchtvaartuig

B8 art. 1310 **Burgerlijk Wetboek Boek 8**

ten minste zes maanden is gesloten. In de notariële akte bestemd voor de vestiging van dit recht, wordt duidelijk het aan dit recht onderworpen luchtvaartuig vermeld.

2. De huurovereenkomst geldt als titel voor de vestiging. Indien de huurovereenkomst in een notariële akte is neergelegd, die aan de eisen voor een akte van levering voldoet, geldt deze akte als akte van levering.

3. Op een huurovereenkomst ter zake van een teboekstaand luchtvaartuig is artikel 226 van Boek 7 niet van toepassing.

(Zie ook: art. 1305 BW Boek 8; art. 584p Rv)

Art. 1310

Vermelding hypotheek in notariële akte van luchtvaartuig

Onverminderd het bepaalde in artikel 260, eerste lid, van Boek 3 wordt in de notariële akte waarbij hypotheek wordt verleend op een teboekstaand luchtvaartuig, duidelijk het aan de hypotheek onderworpen luchtvaartuig vermeld.

(Zie ook: artt. 202, 792 BW Boek 8; art. 24 Kadw; art. 59a FW)

Art. 1311

Voorrang hypotheekvorde-ring van luchtvaartuig

De door hypotheek gedekte vordering neemt rang na de vorderingen, genoemd in de artikelen 1315 en 1317, doch vóór alle andere vorderingen waaraan bij deze of enige andere wet een voorrecht is toegekend.

(Zie ook: artt. 21, 279 BW Boek 3; artt. 204, 794 BW Boek 8)

Art. 1312

Werkingssfeer

Indien de vordering rente draagt, strekt de hypotheek mede tot zekerheid voor de renten der hoofdsom, vervallen gedurende de laatste drie jaren voorafgaand aan het begin van de uitwinning en gedurende de loop hiervan. Artikel 263 van Boek 3 is niet van toepassing.

(Zie ook: art. 205, 795 BW Boek 8)

Art. 1313

Toepasselijkheid art. 177 Boek 3 BW bij luchtvaartuig

Op hypotheek op een aandeel in een teboekstaand luchtvaartuig is artikel 177 van Boek 3 niet van toepassing; de hypotheek blijft na vervreemding of toedeling van het luchtvaartuig in stand.

(Zie ook: artt. 206, 796 BW Boek 8)

Art. 1314

Toepasselijkheid Boek 3 BW en artt. 544-548 Rv bij teboekstaand luchtvaartuig

Op een hypotheek op een teboekstaand luchtvaartuig zijn de artikelen 234, 261, 264, 265, 266 en 268-273 van Boek 3 en de artikelen 544-548 van het Wetboek van Burgerlijke Rechtsvordering niet van toepassing.

(Zie ook: artt. 207, 797 BW Boek 8)

Afdeling 2
Voorrechten op luchtvaartuigen

Art. 1315

Voorrang kosten bij uitwinning van luchtvaartuig

In geval van uitwinning van een luchtvaartuig dat teboekstaat in de openbare registers of in een verdragsregister, worden de kosten van uitwinning, de kosten van bewaking tijdens deze uitwinning, de kosten na het beslag gemaakt tot behoud van het luchtvaartuig, daaronder begrepen de kosten van herstellingen die onontbeerlijk waren voor het behoud daarvan, alle andere kosten in het belang van de schuldeisers gemaakt tijdens de executie, alsmede de kosten van de gerechtelijke rangregeling en verdeling van de opbrengst onder de schuldeisers uit de opbrengst van de verkoop voldaan boven alle andere vorderingen waaraan bij deze of enige andere wet een voorrecht is toegekend.

(Zie ook: art. 278 BW Boek 3; artt. 210, 820, 1311, 1317 BW Boek 8)

Art. 1316

Schakelbepaling

Artikel 292 van Boek 3 en de artikelen 60, tweede lid, eerste zin, derde lid en vierde lid, en 299b, derde tot en met vijfde lid, van de Faillissementswet zijn niet van toepassing op luchtvaartuigen die teboekstaan in de openbare registers of in een verdragsregister.

(Zie ook: artt. 210a, 810a BW Boek 8)

Art. 1317

Bijzondere voorrechten bij luchtvaartuig

1. Boven alle andere vorderingen waaraan bij deze of enige andere wet een voorrecht is toegekend zijn, behoudens artikel 1315, op een luchtvaartuig dat op het tijdstip van het ontstaan van de hierna genoemde vorderingen teboekstaat in de openbare registers of in een verdragsregister, bevoorrecht:

a. de vorderingen tot betaling van hulploon voor aan het luchtvaartuig verleende hulp;

b. de vorderingen tot betaling van buitengewone kosten, noodzakelijk voor het behoud van het luchtvaartuig.

2. Het eerste lid geldt slechts indien de hulp of de handeling tot behoud is beëindigd in Nederland of in een Verdragsstaat welks wetgeving aan de vorderingen, ontstaan vanwege deze handelingen, een voorrecht met zaaksgevolg toekent.

3. Artikel 284 van Boek 3 is niet van toepassing.

(Zie ook: art. 278 BW Boek 3; artt. 211, 821, 1311, 1318, 1319, 1320 BW Boek 8; art. 92 Kadw; artt. 59a, 299 FW)

Art. 1318

De bevoorrechte vorderingen, genoemd in artikel 1317, nemen onderling rang naar de omgekeerde volgorde van de tijdstippen waarop de gebeurtenissen plaatsvonden, waardoor zij ontstonden.

(Zie ook: artt. 213, 823 BW Boek 8)

Art. 1319

De schuldeiser die een voorrecht heeft op grond van artikel 1317, vervolgt zijn recht op het luchtvaartuig, in wiens handen dit zich ook bevinde.

(Zie ook: art. 48 BW Boek 3; artt. 215, 825 BW Boek 8)

Art. 1320

1. De krachtens deze afdeling op een luchtvaartuig verleende voorrechten gaan teniet door verloop van drie maanden, tenzij binnen die termijn het voorrecht is ingeschreven in de openbare registers of het verdragsregister waarin het luchtvaartuig teboekstaat, en bovendien het bedrag der vordering in der minne is vastgesteld dan wel langs gerechtelijke weg erkenning van het voorrecht en deszelfs omvang is gevorderd.

2. In geval van executoriale verkoop gaan de voorrechten mede teniet op het tijdstip waarop het proces-verbaal van verdeling wordt gesloten.

3. De in het eerste lid genoemde termijn begint met de aanvang van de dag volgende op die, waarop de hulpverlening of de handeling tot behoud waardoor de vordering is ontstaan, is beëindigd.

4. Voorrechten als bedoeld in artikel 1317 kunnen worden ingeschreven in de openbare registers. Artikel 24, eerste lid, van Boek 3 is niet van toepassing.

(Zie ook: art. 279 BW Boek 3; artt. 217, 827 BW Boek 8; art. 32 Kadw)

Afdeling 3
Slotbepaling

Art. 1321

Behoeven de in deze titel geregelde onderwerpen in het belang van een goede uitvoering van de wet nadere regeling, dan geschiedt dit bij of krachtens algemene maatregel van bestuur, onverminderd de bevoegdheid tot regeling krachtens de Kadasterwet.

(Zie ook: artt. 231, 841 BW Boek 8; art. 447a WvSr; IIVe+W)

Titel 16
Exploitatie

Afdeling 1
Algemene bepalingen

Art. 1340

Op de exploitatie van een luchtvaartuig zijn, onverminderd de artikelen 1360, eerste lid, en 1402, eerste lid, de artikelen 361 tot en met 366 van overeenkomstige toepassing met dien verstande dat ook hij van wiens hulp de vervoerder bij de uitvoering van zijn verbintenis gebruik maakte, mits hij handelde in de werkzaamheden waartoe hij werd gebruikt, een beroep kan doen op artikel 365.

(Zie ook: art. 76 BW Boek 6)

Art. 1341

In deze titel wordt, voor zover het betreft vervoer van personen en bagage, onder een luchtvaartuig tevens een luchtkussenvoertuig verstaan.

(Zie ook: art. 1 BW Boek 8)

Art. 1342

In deze titel wordt onder aangegeven bagage verstaan de bagage die door of namens de reiziger, voordat hij een luchtreis onderneemt, aan de vervoerder ten vervoer wordt overhandigd.

(Zie ook: artt. 8, 1394, 1395 BW Boek 8)

Art. 1343

1. Verwijzingen in een vervoerdocument worden geacht slechts die bedingen daarin in te voegen, die voor degeen, jegens wie daarop een beroep wordt gedaan, duidelijk kenbaar zijn.

(Zie ook: art. 41 BW Boek 3; art. 231 BW Boek 6)

2. Een dergelijk beroep is slechts mogelijk voor hem, die op schriftelijk verlangen van degeen jegens wie dit beroep kan worden gedaan of wordt gedaan, aan deze onverwijld die bedingen heeft doen toekomen.

3. Nietig is ieder beding waarbij het tweede lid van dit artikel wordt afgeweken.

Art. 1344

Het luchtvervoer, achtereenvolgens door verschillende vervoerders te bewerkstelligen, wordt voor de toepassing van deze titel geacht een enkel luchtvervoer te vormen, wanneer het door

Rangorde bijzondere voorrechten bij luchtvaartuig

Behoud voorrecht schuldeiser bij luchtvaartuig

Tenietgaan verleende voorrechten bij luchtvaartuig

Nadere regels

Schakelbepaling

Gelijkstelling luchtkussenvoertuig bij exploitatie luchtvoertuig

Bagage bij exploitatie luchtvoertuig

Verwijzingen in vervoerdocument bij exploitatie luchtvoertuig

Dwingend recht

Werkingssfeer

de partijen als een enkele handeling is beschouwd, onverschillig of het in de vorm van een enkele overeenkomst dan wel in de vorm van een reeks van overeenkomsten is gesloten.

Art. 1345

1. In deze titel wordt, behoudens het bepaalde in het vierde en vijfde lid van dit artikel, onder de vervoerder mede verstaan de feitelijke vervoerder, met dien verstande dat de feitelijke vervoerder slechts onderworpen is aan de bepalingen van deze titel voor wat betreft het door hem verrichte deel van het vervoer.

(Zie ook: art. 76 BW Boek 6)

2. Onder feitelijk vervoerder wordt verstaan hij die zonder vervoerder of opvolgend vervoerder als bedoeld in de artikelen 1350, 1352, 1390, 1392 of 1420 te zijn, doch met diens toestemming, het gehele in deze titel bedoelde vervoer of een deel daarvan verricht.

3. De in het tweede lid bedoelde toestemming wordt vermoed te zijn verleend.

4. Een eigen handeling of nalaten van de vervoerder of een eigen handeling of nalaten van degenen van wier hulp hij bij de uitvoering van zijn verbintenis gebruik maakte, mits gepleegd in de werkzaamheden waartoe zij werden gebruikt, kan niet leiden tot een aansprakelijkheid van de feitelijke vervoerder groter dan de in of krachtens de artikelen 1359, 1399 en 1400 vastgestelde aansprakelijkheid. Een door de vervoerder aangegaan beding dat zijn aansprakelijkheid uitbreidt buiten deze titel of waarin afstand doet van enig hem door of krachtens deze titel toegekend recht of waarbij een bijzonder belang bij de aflevering wordt vastgesteld als bedoeld in artikel 1359, eerste lid, en 1400, tweede lid, bindt de feitelijke vervoerder uitsluitend indien hij heeft toegestemd in een dergelijke beding.

5. Opdrachten als bedoeld in artikel 1373 hebben slechts uitwerking als zij tot de vervoerder zijn gericht.

Art. 1346

Toepasselijkheid Europese verordening bij exploitatie luchtvoertuig

Afdeling 3 van deze titel is slechts van toepassing voorzover niet Verordening (EG) nr. 2027/97 van de Raad betreffende de aansprakelijkheid van luchtvervoerders bij ongevallen, zoals gewijzigd bij Verordening (EG) nr. 889/2002 van het Europees Parlement en de Raad van 13 mei 2002 (PbEG L140) van toepassing is.

Art. 1347

Rekeneenheid bij exploitatie luchtvoertuig

De rekeneenheid, genoemd in deze titel, is het bijzondere trekkingsrecht, zoals dat is omschreven door het Internationale Monetaire Fonds. De bedragen in deze titel genoemd worden omgerekend in euro's naar de koers van de dag van betaling, danwel, in geval van een gerechtelijke procedure, naar die van de dag van de uitspraak. De waarde in euro's, uitgedrukt in bijzondere trekkingsrechten, wordt berekend volgens de waarderingsmethode die door het Internationale Monetaire Fonds op de dag van omrekening wordt toegepast voor zijn eigen verrichtingen en transacties.

Afdeling 2
Overeenkomst van goederenvervoer door de lucht

Art. 1350

Vervoerovereenkomst bij goederenvervoer door de lucht

1. De overeenkomst van goederenvervoer in de zin van deze titel is de overeenkomst van goederenvervoer, al dan niet tijd- of reisbevrachting zijnde, waarbij de ene partij (de vervoerder) zich tegenover de andere partij (de afzender) verbindt aan boord van een luchtvaartuig zaken uitsluitend door de lucht te vervoeren.

(Zie ook: artt. 370, 890, 1092, 1390 BW Boek 8)

Poststukken bij goederenvervoer door de lucht

2. Deze afdeling is niet van toepassing op overeenkomsten tot het vervoeren van postzendingen door of in opdracht van de verlener van de universele postdienst, bedoeld in de Postwet 2009 of onder een internationale postovereenkomst. Onder voorbehoud van artikel 1395 is deze afdeling niet van toepassing op overeenkomsten tot het vervoer van bagage.

Art. 1351

Tijdvak bij goederenvervoer door de lucht

1. Vervoer door de lucht omvat de tijd dat de zaken zich onder de hoede van de vervoerder bevinden.

(Zie ook: artt. 1391, 1394, 1395, 1406 BW Boek 8)

2. Het vervoer door de lucht omvat niet enig vervoer te land, ter zee of op de binnenwateren, bewerkstelligd buiten een luchthaven. Wanneer zodanig vervoer echter plaats heeft ter uitvoering van de luchtvervoerovereenkomst in verband met het inladen, de aflevering of de overlading, wordt schade vermoed het gevolg te zijn van een voorval tijdens het luchtvervoer. Wanneer een vervoerder, zonder toestemming van de afzender, het vervoer dat tussen de partijen is overeengekomen als luchtvervoer geheel of gedeeltelijk vervangt door een andere wijze van vervoer, wordt deze andere wijze van vervoer geacht deel uit te maken van het tijdvak van het luchtvervoer.

Art. 1352

Tijd- of reisbevrachting in de zin van deze afdeling is de overeenkomst van goederenvervoer, waarbij de vervoerder (de vervrachter) zich verbindt tot vervoer aan boord van een luchtvaartuig, dat hij daartoe, anders dan bij een overeenkomst waarbij de ene partij zich verbindt een luchtvaartuig ter beschikking te stellen van haar wederpartij zonder daarover nog enige zeggenschap te houden, geheel of gedeeltelijk en al dan niet op tijdbasis (tijdbevrachting of reisbevrachting) ter beschikking stelt van de afzender (de bevrachter).

(Zie ook: artt. 373, 972, 1144, 1365, 1392 BW Boek 8)

Tijd-/reisbevrachting bij goederenvervoer door de lucht

Art. 1353

1. De vervoerder is verplicht ten vervoer ontvangen zaken ter bestemming af te leveren en wel in de staat waarin hij deze heeft ontvangen.

(Zie ook: artt. 21, 378, 895, 1095, 1173, 1356 BW Boek 8)

2. De vervoerder is niet aansprakelijk, voorzover hij bewijst dat de schade uitsluitend het gevolg is van één of meer van de volgende omstandigheden:

a. de aard of een eigen gebrek van de zaken;

b. gebrekkige verpakking van de zaken door een ander dan de vervoerder of degenen, van wier hulp hij bij de uitvoering van zijn verbintenis gebruik maakte;

c. een oorlogshandeling of een gewapend conflict;

d. een overheidsdaad verricht in verband met de invoer, uitvoer of doorvoer van de zaken.

Verplichtingen vervoerder bij goederenvervoer door de lucht

Aansprakelijkheid vervoerder

Art. 1354

1. De vervoerder is verplicht ten vervoer ontvangen zaken zonder vertraging te vervoeren.

(Zie ook: art. 76 BW Boek 6; artt. 108, 981, 1340, 1345, 1356, 1396 BW Boek 8)

2. De vervoerder is niet aansprakelijk voor schade voortvloeiend uit vertraging, indien hij en degenen van wier hulp hij bij de uitvoering van zijn verbintenis gebruik maakte, alle maatregelen hebben genomen, die redelijkerwijs gevergd konden worden om de schade te vermijden of het hem en hun onmogelijk was die maatregelen te nemen.

Vertraging bij goederenvervoer door de lucht

Art. 1355

1. Indien de vervoerder bewijst dat schuld of nalatigheid van de persoon die schadevergoeding vordert of van de persoon aan wie hij zijn rechten ontleent, de schade heeft veroorzaakt of daartoe heeft bijgedragen, is de vervoerder geheel of gedeeltelijk ontheven van zijn aansprakelijkheid jegens die persoon voorzover die schuld of nalatigheid de schade heeft veroorzaakt of daartoe heeft bijgedragen.

(Zie ook: art. 101 BW Boek 6; artt. 83, 109, 513, 1155, 1397 BW Boek 8)

2. Dit artikel is van toepassing op alle aansprakelijkheidsbepalingen in deze afdeling.

Uitsluiting aansprakelijkheid vervoerder bij goederenvervoer door de lucht

Schakelbepaling

Art. 1356

Elk beding, strekkende om de vervoerder te ontheffen van zijn aansprakelijkheid uit hoofde van deze afdeling of om een lagere grens van aansprakelijkheid vast te stellen dan die welke krachtens deze afdeling is bepaald, is nietig, doch de nietigheid van dit beding heeft niet de nietigheid ten gevolge van de overeenkomst die onderworpen blijft aan deze titel.

(Zie ook: art. 41 BW Boek 3; art. 1398 BW Boek 8)

Dwingend recht

Art. 1357

1. Voor zover de vervoerder aansprakelijk is wegens niet nakomen van de op hem uit hoofde van artikel 1353 of artikel 1354 rustende verplichtingen, heeft de afzender geen ander recht dan betaling te vorderen van een bedrag, dat wordt berekend met inachtneming van de waarde welke zaken als de ten vervoer ontvangene zouden hebben gehad zoals, ten tijde waarop en ter plaatse waar, zij zijn afgeleverd of zij hadden moeten zijn afgeleverd.

(Zie ook: artt. 387, 388, 903, 1103, 1180, 1395 BW Boek 8)

2. De in het eerste lid genoemde waarde wordt berekend naar de koers op de goederenbeurs of, wanneer er geen dergelijke koers is, naar de gangbare marktwaarde of, wanneer ook deze ontbreekt, naar de normale waarde van zaken van dezelfde aard en hoedanigheid.

Maximering bedrag aansprakelijkheid vervoerder bij goederenvervoer door de lucht

Art. 1358

Indien met betrekking tot een zaak een schadevergoeding uit hoofde van artikel 1377 is verschuldigd, wordt deze aangemerkt als een waardevermindering van die zaak.

(Zie ook: art. 198 BW Boek 6; artt. 389, 904, 1104, 1181, 1377, 1395 BW Boek 8)

Hoofdelijke verbondenheid bij goederenvervoer door de lucht

Art. 1359

1. Bij het luchtvervoer van zaken is de aansprakelijkheid van de vervoerder in geval van vernieling, verlies, beschadiging of vertraging beperkt tot een bij algemene maatregel van bestuur te bepalen bedrag of bedragen, zulks behoudens bijzondere verklaring omtrent belang bij de aflevering, gedaan door de afzender bij de afgifte van de zaken aan de vervoerder en tegen betaling van een mogelijkerwijs verhoogd tarief. In dat geval is de vervoerder verplicht te betalen tot het bedrag van de opgegeven som, tenzij hij bewijst dat deze het werkelijk belang van de afzender bij de aflevering te boven gaat.

(Zie ook: art. 76 BW Boek 6; art. 1399 BW Boek 8)

2. Bij vernieling, verlies, beschadiging of vertraging van een gedeelte van de zaken of van enig daarin opgenomen voorwerp wordt ter bepaling van de aansprakelijkheidsgrens van de vervoer-

Aansprakelijkheidsgrens vervoerder bij goederenvervoer door de lucht

B8 art. 1360

der alleen in aanmerking genomen het totale gewicht van het betrokken collo of van de betrokken colli. Indien evenwel de vernieling, het verlies, de beschadiging of de vertraging van een gedeelte van de zaken of van enig daarin opgenomen voorwerp, de waarde van andere colli, gedekt door dezelfde luchtvrachtbrief of hetzelfde ontvangstbewijs of als die niet zijn uitgegeven, door dezelfde gegevens zoals die zijn vastgelegd in een ander middel bedoeld in artikel 1365, tweede lid, beïnvloedt, wordt het totale gewicht van deze colli in aanmerking genomen ter bepaling van de aansprakelijkheidsgrens.

3. Het eerste en het tweede lid zijn niet van toepassing op een eventuele aansprakelijkheid van de vervoerder voor de kosten van het geding met de partij tegen wie hij zich op deze bepalingen kan beroepen, inclusief rente, tenzij de vervoerder schriftelijk hetzij binnen een termijn van zes maanden na de datum van het voorval waardoor de schade werd veroorzaakt, hetzij vóór de aanvang van het proces, wanneer dit na die termijn is aanhangig gemaakt, een bedrag aan de eiser heeft aangeboden even groot als of groter dan het bedrag van de toegewezen schadevergoeding met uitsluiting van genoemde kosten van het geding.

Art. 1360

Aansprakelijkheidsgrens derde bij goederenvervoer door de lucht

1. Indien een geding op grond van schade als bedoeld in deze afdeling aanhangig wordt gemaakt tegen een persoon van wiens hulp de vervoerder bij de uitvoering van zijn verbintenis gebruik maakte, zal deze, indien hij bewijst dat hij heeft gehandeld in de werkzaamheden waartoe hij werd gebruikt, zich kunnen beroepen op de aansprakelijkheidsgrens waarop de vervoerder zich krachtens artikel 1359 kan beroepen.

(Zie ook: artt. 76, 257 BW Boek 6; artt. 72, 365, 1340, 1402 BW Boek 8)

2. Het totale bedrag van de schadevergoeding, welke in dat geval van de vervoerder en de in het eerste lid bedoelde persoon kan worden verkregen, mag de in artikel 1359 vermelde grens niet overschrijden.

Art. 1361

Schadevergoedingsplicht afzender bij goederenvervoer door de lucht

De afzender is verplicht de vervoerder de schade te vergoeden die deze lijdt doordat de overeengekomen zaken, door welke oorzaak dan ook, niet op de overeengekomen plaats en tijd te zijner beschikking zijn.

(Zie ook: artt. 24, 391, 907, 1110, 1187 BW Boek 8)

Art. 1362

Opzegging vervoerovereenkomst door afzender bij goederenvervoer door de lucht

1. Alvorens zaken ter beschikking van de vervoerder zijn gesteld, is de afzender bevoegd de overeenkomst op te zeggen.

(Zie ook: artt. 25, 392, 908, 1111 BW Boek 8)

2. Zijn bij het verstrijken van de tijd, waarbinnen de zaken ter beschikking van de vervoerder moeten zijn gesteld, door welke oorzaak dan ook, in het geheel geen zaken ter beschikking van de vervoerder, dan is deze, zonder dat enige ingebrekestelling is vereist, bevoegd de overeenkomst op te zeggen.

3. Zijn bij het verstrijken van de in het tweede lid bedoelde tijd, door welke oorzaak dan ook, de overeengekomen zaken slechts gedeeltelijk ter beschikking van de vervoerder dan is deze, zonder dat enige ingebrekestelling is vereist, bevoegd de overeenkomst op te zeggen dan wel de reis te aanvaarden.

4. De opzegging geschiedt door een kennisgeving, waarvan de ontvangst duidelijk aantoonbaar is en de overeenkomst eindigt op het ogenblik van de ontvangst daarvan doch wat betreft gedeeltelijk ter beschikking gestelde zaken niet vóór het einde der vervoerperiode daarvan.

5. De afzender is verplicht de vervoerder de schade te vergoeden die deze lijdt tengevolge van de opzegging of van de aanvaarding van de reis.

6. Dit artikel is niet van toepassing ingeval van tijdbevrachting.

Art. 1363

Opzegging vervoerovereenkomst door wederpartij bij goederenvervoer door de lucht

1. Wanneer vóór of bij de aanbieding van de zaken aan de vervoerder omstandigheden aan de zijde van een van de partijen zich opdoen of naar voren komen, die haar wederpartij bij het sluiten van de overeenkomst niet behoefde te kennen, maar die, indien zij haar wel bekend waren geweest, redelijkerwijs voor haar grond hadden opgeleverd de vervoerovereenkomst niet of op andere voorwaarden aan te gaan, is deze wederpartij bevoegd de overeenkomst op te zeggen.

(Zie ook: artt. 248, 258 BW Boek 6; artt. 396, 912, 1116, 1193, 1407 BW Boek 8)

2. De opzegging geschiedt door een kennisgeving, waarvan de ontvangst duidelijk aantoonbaar is en de overeenkomst eindigt op het ogenblik van ontvangst daarvan.

3. Naar maatstaven van redelijkheid en billijkheid zijn partijen na opzegging van de overeenkomst verplicht elkaar de daardoor geleden schade te vergoeden.

Art. 1364

Schadevergoedingsplicht afzender bij goederenvervoer door de lucht

De afzender is verplicht de vervoerder de buitengewone schade te vergoeden, die materiaal dat hij deze ter beschikking stelde of zaken die deze ten vervoer ontving, dan wel de behandeling daarvan, de vervoerder berokkenden, behalve voor zover deze schade is veroorzaakt door een omstandigheid die voor rekening van de vervoerder komt; voor rekening van de vervoerder

komen die omstandigheden, die in geval van beschadiging van door hem vervoerde zaken voor zijn rekening komen.
(Zie ook: art. 1117 BW Boek 8)

Art. 1365

1. Bij het vervoer van zaken moet een luchtvrachtbrief worden uitgereikt, die in elk geval een aanduiding van het gewicht van de zending dient te bevatten.
(Zie ook: artt. 1352, 1359, 1367, 1368, 1371, 1372, 1376, 1411 BW Boek 8)

2. De uitreiking van een luchtvrachtbrief kan worden vervangen door het gebruik van ieder ander middel waardoor de gegevens betreffende het te verrichten vervoer worden vastgelegd. Indien van zodanig ander middel gebruik wordt gemaakt, reikt de vervoerder aan de afzender, op diens verzoek, een ontvangstbewijs uit dat identificatie van de zending mogelijk maakt en toegang geeft tot de door die andere middelen vastgelegde gegevens.

3. Indien nodig voor de vervulling van de formaliteiten van douane, politie en andere overheidsinstanties, kan van de afzender worden verlangd dat hij een document uitreikt dat de aard van de zaken aanduidt. Deze bepaling schept voor de vervoerder geen enkele verplichting, verbintenis of daaruit voortvloeiende aansprakelijkheid.

4. Het eerste lid geldt niet tussen partijen bij een bevrachting.

Art. 1366

1. De luchtvrachtbrief wordt door de afzender opgemaakt in drie oorspronkelijke exemplaren.
(Zie ook: artt. 528, 986, 1166, 1368, 1372 BW Boek 8)

2. Het eerste exemplaar bevat de vermelding «voor de vervoerder»; het wordt getekend door de afzender. Het tweede exemplaar bevat de vermelding «voor de afzender»; het wordt getekend door de afzender en de vervoerder. Het derde exemplaar wordt getekend door de vervoerder en door hem, na ontvangst van de zaken, aan de afzender overhandigd.

3. De handtekening van de vervoerder en die van de afzender kunnen worden gedrukt of vervangen door een stempel dan wel langs electronische weg worden gezet.

4. Indien, op verzoek van de afzender, de vervoerder de luchtvrachtbrief opmaakt, wordt hij vermoed te handelen namens de afzender.

5. De artikelen 56, tweede lid, 75, eerste lid, en 186, eerste lid, van Boek 2 zijn niet van toepassing.

Art. 1367

Wanneer er verscheidene colli zijn:

a. heeft de vervoerder het recht van de afzender te verlangen dat hij aparte luchtvrachtbrieven opmaakt;

b. heeft de afzender het recht van de vervoerder te verlangen dat hij aparte ontvangstbewijzen uitreikt, wanneer gebruik wordt gemaakt van de in artikel 1365, tweede lid, bedoelde middelen.
(Zie ook: artt. 1368, 1372 BW Boek 8)

Art. 1368

Niet-inachtneming van de artikelen 1365 tot en met 1367 doet niet af aan het bestaan of de geldigheid van de vervoerovereenkomst, die desondanks onderworpen zal zijn aan de bepalingen van deze titel met inbegrip van die betreffende de beperking van de aansprakelijkheid.

Art. 1369

1. De afzender staat in voor de juistheid van de bijzonderheden en verklaringen betreffende de zaken die door of namens hem in de luchtvrachtbrief zijn opgenomen of die door of namens hem aan de vervoerder zijn verstrekt voor opneming in het ontvangstbewijs of in de gegevens vastgelegd door de andere middelen bedoeld in artikel 1365, tweede lid. De vorige zin is eveneens van toepassing in het geval waarin de namens de afzender handelende persoon tevens namens de vervoerder handelt.
(Zie ook: artt. 411, 916, 1119, 1366 BW Boek 8)

2. De afzender is aansprakelijk voor alle schade die door de vervoerder of door enige andere persoon jegens wie de vervoerder aansprakelijk is, wordt geleden als gevolg van de onnauwkeurigheid, onjuistheid of onvolledigheid van de bijzonderheden en verklaringen die door of namens de afzender zijn verstrekt.

3. Behoudens het bepaalde in het eerste en tweede lid van dit artikel is de vervoerder aansprakelijk voor alle schade die door de afzender of door enige andere persoon jegens wie de afzender aansprakelijk is, wordt geleden als gevolg van de onnauwkeurigheid, onjuistheid of onvolledigheid van de bijzonderheden en verklaringen die door of namens de vervoerder zijn opgenomen in het ontvangstbewijs of in de gegevens vastgelegd door de andere middelen bedoeld in artikel 1365, tweede lid.

Art. 1370

1. De afzender is verplicht de vervoerder omtrent de zaken alsmede omtrent de behandeling daarvan tijdig al die opgaven te doen, waartoe hij in staat is of behoort te zijn en waarvan hij

Uitreiking luchtvrachtbrief bij goederenvervoer door de lucht

Exemplaren luchtvrachtbrief bij goederenvervoer door de lucht

Afzonderlijke luchtvrachtbrieven bij verscheidene colli bij goederenvervoer door de lucht

Geldigheid vervoerovereenkomst bij goederenvervoer door de lucht

Aansprakelijkheid afzender voor juistheid luchtvrachtbrief bij goederenvervoer door de lucht

Informatieplicht afzender bij goederenvervoer door de lucht

B8 art. 1371

Burgerlijk Wetboek Boek 8

weet of behoort te weten dat zij voor de vervoerder van belang zijn, tenzij hij mag aannemen dat de vervoerder die gegevens kent.

(Zie ook: art. 76 BW Boek 6; artt. 20, 394, 395, 910, 1114, 1191, 1395 BW Boek 8)

2. De afzender is verplicht de inlichtingen en de documenten te verschaffen die vóór de aflevering van de zaken aan de geadresseerde nodig zijn om aan de formaliteiten inzake douane, politie of andere overheidsinstanties te voldoen. De afzender is jegens de vervoerder aansprakelijk voor alle schade die het gevolg is van het ontbreken, de onvolledigheid of de onnauwkeurigheid van die inlichtingen en documenten, behoudens in geval de schade is veroorzaakt door schuld van de vervoerder of van degenen van wier hulp hij bij de uitvoering van zijn verbintenis gebruik maakte.

3. De vervoerder is verplicht redelijke zorg aan te wenden dat de documenten, die in zijn handen zijn gesteld, niet verloren gaan of onjuist worden behandeld. Een door hem terzake verschuldigde schadevergoeding zal die, verschuldigd uit hoofde van de artikelen 1357, 1358 en 1359 in geval van verlies van de zaken, niet overschrijden.

4. De vervoerder is niet gehouden te onderzoeken of de hem gedane opgaven en de hem verschafte inlichtingen en documenten juist of voldoende zijn.

5. Is bij het verstrijken van de tijd, waarbinnen de zaken ter beschikking van de vervoerder moeten zijn gesteld, door welke oorzaak dan ook, niet of slechts gedeeltelijk voldaan aan de in het eerste lid bedoelde verplichting van de afzender of zijn bij het verstrijken van de tijd waarbinnen de in het tweede lid bedoelde documenten en inlichtingen aanwezig moeten zijn, deze, door welke oorzaak dan ook, niet naar behoren aanwezig, dan zijn, behalve in geval van tijdbevrachting, het tweede, derde, vierde en vijfde lid van artikel 1362 van overeenkomstige toepassing.

Art. 1371

Bewijskracht luchtvrachtbrief/ontvangstbewijs bij goederenvervoer door de lucht

1. De luchtvrachtbrief of het ontvangstbewijs strekt, behoudens tegenbewijs, tot bewijs van het sluiten van de overeenkomst, van de ontvangst van de zaken en van de vervoervoorwaarden die erin worden vermeld.

(Zie ook: art. 1365 BW Boek 8)

2. Opgaven in de luchtvrachtbrief of het ontvangstbewijs betreffende het gewicht, de afmetingen en de verpakking van de zaken, als ook die betreffende het aantal colli, hebben kracht van bewijs behoudens tegenbewijs; die betreffende de hoeveelheid, de omvang en de toestand van de zaken strekken tegenover de vervoerder slechts tot bewijs, voor zover zij door deze juist zijn bevonden in tegenwoordigheid van de afzender en dit juist bevinden is vastgesteld in de luchtvrachtbrief of het ontvangstbewijs of indien het betreft opgaven omtrent de uiterlijke staat van de zaken.

Art. 1372

Schakelbepaling

De artikelen 1365, eerste, tweede en vierde lid, 1366 en 1367 zijn niet van toepassing op het vervoer, dat in bijzondere omstandigheden buiten elke normale uitoefening van het luchtvaartbedrijf plaats heeft.

(Zie ook: art. 1411 BW Boek 8)

Art. 1373

Beschikkingsrecht afzender bij goederenvervoer door de lucht

1. Onder voorwaarde dat hij al de uit de vervoerovereenkomst voortvloeiende verplichtingen nakomt, heeft de afzender het recht over de zaken te beschikken hetzij door deze op de luchthaven van vertrek of van bestemming terug te nemen, hetzij door deze tijdens de reis bij een landing op te houden, hetzij door deze op de plaats van bestemming of tijdens de reis te doen afleveren aan een ander dan de oorspronkelijk aangewezen geadresseerde, hetzij door terugzending te vragen naar de luchthaven van vertrek, voor zover de uitoefening van dat recht geen nadeel toebrengt aan de vervoerder of aan de andere afzenders en met de verplichting de daaruit voortvloeiende kosten te vergoeden.

(Zie ook: artt. 1345, 1375, 1376 BW Boek 8)

2. Indien uitvoering van de opdrachten van de afzender onmogelijk is, moet de vervoerder hem daarvan onmiddellijk in kennis stellen.

3. Indien de vervoerder de opdrachten van de afzender inzake de beschikking over de zaken uitvoert zonder overlegging te vorderen van het aan deze uitgereikte exemplaar van de luchtvrachtbrief of het ontvangstbewijs, is hij, behoudens zijn recht van verhaal op de afzender, aansprakelijk voor de schade die daardoor veroorzaakt mocht worden aan de regelmatige houder van de luchtvrachtbrief of van het ontvangstbewijs.

4. Het recht van de afzender eindigt op het moment waarop dat van de geadresseerde overeenkomstig artikel 1374 begint. Indien evenwel de geadresseerde de zaken weigert, of indien hij niet kan worden bereikt, herkrijgt de afzender zijn beschikkingsrecht.

Art. 1374

Recht geadresseerde tot vordering aflevering bij goederenvervoer door de lucht

1. Tenzij de afzender het hem ingevolge artikel 1373 toekomende recht heeft uitgeoefend, heeft de geadresseerde het recht onmiddellijk na aankomst van de zaken op de plaats van bestemming van de vervoerder aflevering van de zaken te vorderen tegen betaling van de verschuldigde bedragen en onder naleving van de vervoervoorwaarden.

(Zie ook: artt. 1375, 1376 BW Boek 8)

2. Tenzij anders is bedongen, moet de vervoerder de geadresseerde onmiddellijk in kennis stellen van de aankomst van de zaken.

3. Indien het verlies van de zaken door de vervoerder wordt erkend, of indien de zaken na afloop van een termijn van zeven kalenderdagen, nadat zij hadden moeten aankomen, niet zijn aangekomen, is de geadresseerde gerechtigd de rechten die uit de overeenkomst voortvloeien, jegens de vervoerder geldend te maken.

Art. 1375

De afzender en de geadresseerde kunnen alle rechten doen gelden die hun onderscheidenlijk in de artikelen 1373 en 1374 zijn toegekend, ieder op zijn eigen naam, onverschillig of zij handelen in hun eigen belang of dat van een ander, onder voorwaarde dat zij de door de vervoerovereenkomst opgelegde verplichtingen nakomen.

(Zie ook: art. 1376 BW Boek 8)

Rechten afzender/geadresseerde bij goederenvervoer door de lucht

Art. 1376

1. De artikelen 1373, 1374 en 1375 laten de verhouding tussen de afzender en de geadresseerde onderling en de verhouding van derden, die hun rechten ontlenen aan de afzender of de geadresseerde, onverlet.

(Zie ook: art. 1365 BW Boek 8)

2. Van de in het eerste lid genoemde artikelen kan alleen worden afgeweken door een uitdrukkelijke bepaling in de luchtvrachtbrief of in het ontvangstbewijs.

Werkingssfeer

Art. 1377

Onverminderd afdeling 1 van Titel 4 van Boek 6 zijn de afzender en de geadresseerde hoofdelijk verbonden de vervoerder de schade te vergoeden, geleden doordat deze zich als zaakwaarnemer inliet met de behartiging van de belangen van een rechthebbende op ten vervoer ontvangen zaken.

(Zie ook: artt. 6, 198 BW Boek 6; artt. 488, 951, 1129, 1195, 1358, 1395 BW Boek 8)

Hoofdelijke verbondenheid bij goederenvervoer door de lucht

Art. 1378

1. De vervoerder is gerechtigd afgifte van zaken, die hij in verband met de vervoerovereenkomst onder zich heeft, te weigeren aan ieder, die uit anderen hoofde dan de vervoerovereenkomst recht heeft op aflevering van die zaken, tenzij op de zaken beslag is gelegd en uit de vervolging van dit beslag een verplichting tot afgifte aan de beslaglegger voortvloeit.

(Zie ook: art. 298 BW Boek 3; artt. 489, 954, 1131, 1395 BW Boek 8)

2. Het in het eerste lid aan de vervoerder toegekende recht komt hem niet toe jegens een derde, indien hij op het tijdstip dat hij de zaak ten vervoer ontving, reden had te twijfelen aan de bevoegdheid van de afzender jegens die derde hem de zaak ten vervoer ter beschikking te stellen.

Recht vervoerder om afgifte zaken te weigeren bij goederenvervoer door de lucht

Art. 1379

1. Voor zover hij die jegens de vervoerder recht heeft op aflevering van vervoerde zaken niet opkomt, weigert deze te ontvangen of deze niet met de vereiste spoed in ontvangst neemt, voor zover op zaken beslag is gelegd, alsmede indien de vervoerder gegronde redenen heeft aan te nemen dat hij die als gerechtigde opkomt desalniettemin niet tot de aflevering gerechtigd is, is de vervoerder gerechtigd deze zaken voor rekening en gevaar van de rechthebbende bij een derde op te slaan in een daarvoor geschikte bewaarplaats. Op zijn verzoek kan de rechter bepalen dat hij deze zaken onder zichzelf kan houden of andere maatregelen daarvoor kan treffen.

(Zie ook: art. 600 BW Boek 7; artt. 490, 955, 1132, 1395 BW Boek 8)

2. De derde-bewaarnemer en de ontvanger zijn jegens elkaar verbonden, als ware de omtrent de bewaring gesloten overeenkomst mede tussen hen aangegaan. De bewaarnemer is echter niet gerechtigd tot afgifte dan na schriftelijke toestemming daartoe van hem, die de zaken in bewaring gaf.

3. De vervoerder is verplicht voor rekening van de rechthebbende de afzender en tevens de ontvanger zo spoedig mogelijk door een kennisgeving, waarvan de ontvangst duidelijk aantoonbaar is, in kennis te stellen van de opslag en van de aanleiding daartoe.

Vervoerde zaken bij goederenvervoer door de lucht

Art. 1380

1. In geval van toepassing van artikel 1379 kan de vervoerder, de bewaarnemer dan wel hij, die jegens de vervoerder recht heeft op de aflevering, op zijn verzoek door de rechter worden gemachtigd de zaken geheel of gedeeltelijk op de door deze te bepalen wijze te verkopen.

(Zie ook: art. 67 BW Boek 6; artt. 491, 957, 1133, 1395 BW Boek 8)

2. De bewaarnemer is verplicht de vervoerder zo spoedig mogelijk van de voorgenomen verkoop op de hoogte te stellen; de vervoerder heeft deze verplichting jegens de afzender en jegens degene die jegens hem recht heeft op de aflevering van de zaken.

3. De opbrengst van het verkochte wordt in de consignatiekas gestort voor zover zij niet strekt tot voldoening van de kosten van opslag en verkoop alsmede, binnen de grenzen der redelijkheid, van de gemaakte kosten. Tenzij op de zaken beslag is gelegd voor een geldvordering, moet aan de vervoerder uit het in bewaring te stellen bedrag worden voldaan hetgeen hem verschuldigd is terzake van het vervoer; voor zover deze vorderingen nog niet vaststaan, zal de opbrengst of een gedeelte daarvan op door de rechter te bepalen wijze tot zekerheid voor deze vorderingen strekken.

Machtiging tot verkoop zaak bij goederenvervoer door de lucht

B8 art. 1381 Burgerlijk Wetboek Boek 8

4. De in de consignatiekas gestorte opbrengst treedt in de plaats van de zaken.

Art. 1381

Kosten sortering vervoerde zaken bij goederenvervoer door de lucht

De kosten van sortering van de zaken, voor zover nodig voor de juiste aflevering, zijn voor rekening van de vervoerder.

Art. 1382

Afgeleverde zaken bij goederenvervoer door de lucht

In geval van aanneming door de geadresseerde van de zaken zonder protest wordt vermoed dat deze in goede staat en in overeenstemming met het vervoerdocument of met de gegevens vastgelegd door de andere middelen bedoeld in artikel 1365, tweede lid, zijn afgeleverd. *(Zie ook: art. 414 BW Boek 8)*

Afdeling 3
Overeenkomst van personenvervoer door de lucht

Art. 1390

Vervoerovereenkomst bij personenvervoer door de lucht

De overeenkomst van personenvervoer in de zin van deze titel is de overeenkomst van personenvervoer, al dan niet tijd- of reisbevrachting zijnde, waarbij de ene partij (de vervoerder) zich tegenover de andere partij verbindt aan boord van een luchtvaartuig een of meer personen (reizigers) en al dan niet hun bagage uitsluitend door de lucht te vervoeren. *(Zie ook: artt. 500, 970, 1140, 1350 BW Boek 8)*

Art. 1391

Tijdperk bij personenvervoer door de lucht

Het tijdperk van het luchtvervoer van personen en hun niet aangegeven bagage omvat de tijd, dat de reiziger zich aan boord van het luchtvaartuig bevindt, alsmede de tijd van enige handeling verband houdend met het aan boord gaan en het verlaten van het luchtvaartuig. *(Zie ook: artt. 501, 1351, 1406 BW Boek 8)*

Art. 1392

Tijd-/reisbevrachting bij personenvervoer door de lucht

Tijd- of reisbevrachting in de zin van deze afdeling is de overeenkomst van personenvervoer, waarbij de vervoerder (de vervrachter) zich verbindt tot vervoer aan boord van een luchtvaartuig dat hij daartoe, anders dan bij een overeenkomst waarbij de ene partij zich verbindt een luchtvaartuig ter beschikking te stellen van haar wederpartij zonder daarover nog enige zeggenschap te houden, in zijn geheel en al dan niet op tijdbasis (tijdbevrachting of reisbevrachting) ter beschikking stelt van zijn wederpartij (de bevrachter). *(Zie ook: artt. 502, 972, 1144, 1352 BW Boek 8)*

Art. 1393

Aansprakelijkheid vervoerder bij dood/letsel reiziger bij personenvervoer door de lucht

De vervoerder is aansprakelijk voor schade veroorzaakt door dood of letsel van de reiziger, indien het ongeval dat de schade veroorzaakte, plaats vond tijdens de in artikel 1391 omschreven periode. *(Zie ook: artt. 105, 504, 974, 1147, 1399 BW Boek 8)*

Art. 1394

Aansprakelijkheid vervoerder bij vernieling/verlies/beschadiging bagage bij personenvervoer door de lucht

1. De vervoerder is aansprakelijk voor schade veroorzaakt door vernieling, verlies of beschadiging van aangegeven bagage indien het voorval dat de schade veroorzaakte, plaats vond tijdens de in artikel 1351 omschreven periode. De vervoerder is evenwel niet aansprakelijk voorzover de schade voortvloeide uit de aard of het eigen gebrek van de bagage. *(Zie ook: art. 76 BW Boek 6; artt. 106, 505, 975, 976, 1342 BW Boek 8)*

2. De vervoerder is aansprakelijk voor schade veroorzaakt door vernieling, verlies of beschadiging van niet aangegeven bagage, daaronder begrepen persoonlijke bezittingen, indien de schade voortvloeide uit zijn schuld of die van degenen van wier hulp hij bij de uitvoering van zijn verbintenis gebruik maakte.

Art. 1395

Schakelbepaling

1. Onverminderd deze afdeling zijn op het vervoer van aangegeven bagage de artikelen 1351, 1357, 1358, 1370, 1377, 1378, 1379 en 1380 van overeenkomstige toepassing. *(Zie ook: art. 1342 BW Boek 8)*

2. Partijen hebben de vrijheid af te wijken van in het eerste lid op hun onderlinge verhouding toepasselijk verklaarde bepalingen.

Art. 1396

Aansprakelijkheid vervoerder bij vertraging bij personenvervoer door de lucht

1. De vervoerder is aansprakelijk voor schade voortvloeiende uit vertraging in het luchtvervoer. *(Zie ook: art. 76 BW Boek 6; artt. 108, 515, 981, 1340, 1354, 1398 BW Boek 8)*

2. De vervoerder is niet aansprakelijk voor schade voorvloeiend uit vertraging, indien hij en degenen van wier hulp hij bij de uitvoering van zijn verbintenis gebruik maakte alle maatregelen hebben genomen, die redelijkerwijs gevergd konden worden om de schade te vermijden of het hem en hun onmogelijk was die maatregelen te nemen.

Art. 1397

1. Indien de vervoerder bewijst dat schuld of nalatigheid van de persoon die schadevergoeding vordert of van de persoon aan wie hij zijn rechten ontleent, de schade heeft veroorzaakt of daartoe heeft bijgedragen, is de vervoerder geheel of gedeeltelijk ontheven van zijn aansprakelijkheid jegens die persoon voorzover die schuld of nalatigheid de schade heeft veroorzaakt of daartoe heeft bijgedragen.

(Zie ook: art. 101 BW Boek 6; artt. 83, 109, 513, 1155, 1355 BW Boek 8)

2. Indien schadevergoeding wordt gevorderd wegens dood of letsel van een reiziger door een ander dan die reiziger, is de vervoerder eveneens geheel of gedeeltelijk ontheven van zijn aansprakelijkheid voorzover hij bewijst dat de schuld of nalatigheid van die reiziger de schade heeft veroorzaakt of daartoe heeft bijgedragen.

3. Dit artikel is van toepassing op alle aansprakelijkheidsbepalingen in deze afdeling, daaronder begrepen artikel 1399, eerste lid.

Art. 1398

1. Elk beding strekkende om de vervoerder te ontheffen van zijn aansprakelijkheid uit hoofde van deze afdeling of om een lagere grens van aansprakelijkheid vast te stellen dan die, welke krachtens deze afdeling is bepaald, is nietig, doch de nietigheid van dit beding heeft niet de nietigheid ten gevolge van de overeenkomst, die onderworpen blijft aan deze titel.

2. Deze bepaling laat artikel 1395, tweede lid, onverlet.

(Zie ook: art. 41 BW Boek 3; art. 1356 BW Boek 8)

Art. 1399

1. Voor schade bedoeld in artikel 1393 die een bij algemene maatregel van bestuur te bepalen bedrag of bedragen niet te boven gaat, kan de vervoerder zijn aansprakelijkheid niet beperken of uitsluiten.

2. De vervoerder is niet aansprakelijk voor schade bedoeld in artikel 1393 voorzover deze een bij algemene maatregel van bestuur te bepalen bedrag of bedragen te boven gaat, indien hij bewijst dat:

a. de schade niet te wijten was aan de schuld of nalatigheid van hem of van degenen van wier hulp hij bij de uitvoering van zijn verbintenis gebruik maakte; of

b. de schade uitsluitend te wijten was aan de schuld of nalatigheid van een derde.

3. Artikel 1359, derde lid, is van overeenkomstige toepassing.

Art. 1400

1. In geval van schade veroorzaakt door vertraging als bedoeld in artikel 1396 bij het vervoer van reizigers, is de aansprakelijkheid van de vervoerder beperkt tot een bij algemene maatregel van bestuur te bepalen bedrag of bedragen.

2. Bij het vervoer van bagage is de aansprakelijkheid van de vervoerder in geval van vernieling, verlies, beschadiging of vertraging beperkt tot een bij algemene maatregel van bestuur te bepalen bedrag of bedragen zulks behoudens bijzondere verklaring omtrent belang bij de aflevering gedaan door de reiziger bij de afgifte van de aangegeven bagage aan de vervoerder en tegen betaling van een mogelijkerwijs verhoogd tarief. In dat geval is de vervoerder verplicht te betalen tot het bedrag van de opgegeven som, tenzij hij bewijst dat deze het werkelijk belang van de reiziger bij de aflevering te boven gaat.

3. Artikel 1359, derde lid, is van overeenkomstige toepassing.

Art. 1401

De in artikel 1400 vermelde aansprakelijkheidsgrenzen zijn niet van toepassing, indien wordt bewezen dat de schade het gevolg is van een eigen handeling of nalaten van de vervoerder of van enige persoon van wiens hulp hij bij de uitvoering van zijn verbintenis gebruik maakte, welke plaats vond hetzij met het opzet schade te veroorzaken, hetzij roekeloos en met de wetenschap, dat schade er waarschijnlijk uit zou voortvloeien; in geval van een eigen handeling of nalaten van een persoon als hiervoor bedoeld moet tevens worden bewezen dat deze handelde in de uitoefening van de werkzaamheden waartoe hij werd gebruikt.

(Zie ook: art. 76 BW Boek 6; artt. 111, 519, 984, 1158 BW Boek 8)

Art. 1402

1. Indien een geding op grond van schade als bedoeld in deze afdeling aanhangig wordt gemaakt tegen een persoon van wiens hulp de vervoerder bij de uitvoering van zijn verbintenis gebruik maakte, zal deze, indien hij bewijst dat hij in de werkzaamheden waartoe hij werd gebruikt heeft gehandeld, zich kunnen beroepen op de aansprakelijkheidsgrenzen waarop de vervoerder zich krachtens de artikelen 1399 en 1400 kan beroepen.

(Zie ook: art. 257 BW Boek 6; artt. 72, 365, 1360 BW Boek 8)

2. Het totale bedrag van de schadevergoeding, welke in dat geval van de vervoerder en de in het eerste lid bedoelde persoon kan worden verkregen, mag de in artikel 1399 en artikel 1400 vermelde grenzen niet overschrijden.

B8 art. 1403 **Burgerlijk Wetboek Boek 8**

3. Het eerste en het tweede lid zijn niet van toepassing indien wordt bewezen dat de schade het gevolg is van een eigen handeling of nalaten van de in het eerste lid bedoelde persoon, welke plaats vond hetzij met het opzet schade te veroorzaken, hetzij roekeloos en met de wetenschap dat schade er waarschijnlijk uit zou voortvloeien.

Art. 1403

Toepasselijkheid artt. 107 en 108 Boek 6 BW bij personenvervoer door de lucht

In geval van aan de reiziger overkomen letsel en van de dood van de reiziger zijn de artikelen 107 en 108 van Boek 6 niet van toepassing op de vorderingen die de vervoerder als wederpartij van een andere vervoerder tegen deze laatste instelt.

(Zie ook: artt. 85, 521, 986, 1159 BW Boek 8)

Art. 1404

Schadevergoedingsverplichtingen wederpartij bij personenvervoer door de lucht

De wederpartij van de vervoerder is verplicht deze de schade te vergoeden die hij lijdt doordat de reiziger, door welke oorzaak dan ook, niet tijdig ten vervoer aanwezig is.

(Zie ook: artt. 86, 522, 986, 1160 BW Boek 8)

Art. 1405

De wederpartij van de vervoerder is verplicht deze de schade te vergoeden die hij lijdt doordat de documenten met betrekking tot de reiziger, die van haar zijde voor het vervoer vereist zijn, door welke oorzaak dan ook, niet naar behoren aanwezig zijn.

(Zie ook: artt. 87, 532, 986, 1161 BW Boek 8)

Art. 1406

Schadevergoedingsplicht reiziger bij personenvervoer door de lucht

1. Onverminderd artikel 179 van Boek 6 is de reiziger verplicht de vervoerder de schade te vergoeden, die hij of zijn bagage heeft berokkend en zulks door het blote feit, dat de gebeurtenis, die de schade veroorzaakte, plaats vond gedurende de in artikel 1391 omschreven periode, of wat betreft aangegeven bagage de in artikel 1351 omschreven periode.

(Zie ook: art. 114 BW Boek 8)

2. De schade wordt aangemerkt het door de vervoerder naar zijn redelijk oordeel vast te stellen bedrag te belopen, maar indien de vervoerder meent dat de schade meer dan 227 euro beloopt, moet hij zulks bewijzen.

Art. 1407

Opzegging vervoerovereenkomst door vervoerder bij personenvervoer door de lucht

1. Wanneer vóór of tijdens het vervoer omstandigheden aan de zijde van de wederpartij van de vervoerder of de reiziger zich opdoen of naar voren komen, die de vervoerder bij het sluiten van de overeenkomst niet behoefde te kennen, maar die, indien zij hem wel bekend waren geweest, redelijkerwijs voor hem grond hadden opgeleverd de vervoerovereenkomst niet of op andere voorwaarden aan te gaan, is de vervoerder bevoegd de overeenkomst op te zeggen en de reiziger uit het luchtvaartuig te verwijderen.

(Zie ook: artt. 248, 258 BW Boek 6; artt. 88, 524, 986, 1162, 1363 BW Boek 8)

2. De opzegging geschiedt door een kennisgeving aan de wederpartij van de vervoerder of aan de reiziger en de overeenkomst eindigt op het ogenblik van ontvangst van de eerst ontvangen kennisgeving.

3. Naar maatstaven van redelijkheid en billijkheid zijn partijen na opzegging van de overeenkomst verplicht elkaar de daardoor geleden schade te vergoeden.

Art. 1408

Opzegging vervoerovereenkomst door wederpartij bij personenvervoer door de lucht

1. Wanneer vóór of tijdens het vervoer omstandigheden aan de zijde van de vervoerder zich opdoen of naar voren komen, die diens wederpartij bij het sluiten van de overeenkomst niet behoefde te kennen, maar die, indien zij haar wel bekend waren geweest, redelijkerwijs voor haar grond hadden opgeleverd de vervoerovereenkomst niet of op andere voorwaarden aan te gaan, is deze wederpartij van de vervoerder bevoegd de overeenkomst op te zeggen.

(Zie ook: artt. 248, 258 BW Boek 6; artt. 89, 525, 986, 1163 BW Boek 8)

2. De opzegging geschiedt door een kennisgeving en de overeenkomst eindigt op het ogenblik van ontvangst daarvan.

3. Naar maatstaven van redelijkheid en billijkheid zijn partijen na opzegging der overeenkomst verplicht elkaar de daardoor geleden schade te vergoeden.

Art. 1409

Beëindiging vervoerovereenkomst wegens niet tijdig terugkeren reiziger bij personenvervoer door de lucht

Wanneer de reiziger na het verlaten van het luchtvaartuig niet tijdig terugkeert, kan de vervoerder de overeenkomst beschouwen als op dat tijdstip te zijn geëindigd.

(Zie ook: artt. 526, 986, 1164 BW Boek 8)

Art. 1410

Recht tot opzegging vervoerovereenkomst door wederpartij bij personenvervoer door de lucht

1. De wederpartij van de vervoerder is steeds bevoegd de overeenkomst op te zeggen. Zij is verplicht de vervoerder de schade te vergoeden die deze ten gevolge van de opzegging lijdt.

(Zie ook: artt. 90, 527, 986, 1165 BW Boek 8)

2. Zij kan dit recht niet uitoefenen, wanneer daardoor de reis van het luchtvaartuig zou worden vertraagd.

Burgerlijk Wetboek Boek 8 **B8** art. 1420

3. De opzegging geschiedt door een kennisgeving en de overeenkomst eindigt op het ogenblik van ontvangst daarvan.

Art. 1411

1. Bij het vervoer van reizigers moet een individueel of collectief vervoersdocument worden uitgereikt.

(Zie ook: artt. 528, 986, 1166, 1365 BW Boek 8)

2. De uitreiking van het in het eerste lid bedoelde vervoersdocument kan worden vervangen door het gebruik van ieder ander middel waardoor de gegevens betreffende de reis worden vastgelegd. Indien van zodanig ander middel gebruik wordt gemaakt, biedt de vervoerder aan de aldus vastgelegde gegevens in schriftelijke vorm aan de reiziger uit te reiken.

3. De vervoerder reikt aan de reiziger een identificatielabel uit voor elk stuk aangegeven bagage.

4. Aan de reiziger wordt een schriftelijke mededeling verstrekt inhoudende dat wanneer deze titel van toepassing is hij de aansprakelijkheid van de vervoerders regelt en kan beperken ter zake van dood of letsel en in geval van vernieling, verlies of beschadiging van bagage, alsmede in geval van vertraging.

5. Niet-inachtneming van het bepaalde in de voorgaande leden doet niet af aan het bestaan of de geldigheid van de vervoerovereenkomst, die desondanks onderworpen zal zijn aan de bepalingen van deze titel met inbegrip van die betreffende de beperking van de aansprakelijkheid.

6. Het eerste lid geldt niet tussen partijen bij een bevrachting.

7. De artikelen 56, tweede lid, 75, eerste lid, en 186, eerste lid, van Boek 2 zijn niet van toepassing.

8. Dit artikel is niet van toepassing op het vervoer dat in bijzondere omstandigheden buiten elke normale uitoefening van het luchtvaartbedrijf plaats vindt.

Art. 1412

De reiziger heeft het recht onmiddellijk na aankomst ter plaatse van zijn bestemming van de vervoerder te vorderen hem de bagage af te leveren.

(Zie ook: art. 1374 BW Boek 8)

Art. 1413

Onverminderd afdeling 1 van Titel 4 van Boek 6 is de wederpartij van de vervoerder verplicht de vervoerder de schade te vergoeden, geleden doordat deze zich als zaakwaarnemer inliet met de behartiging van de belangen van de reiziger met betrekking tot diens bagage.

(Zie ook: art. 198 BW Boek 6; artt. 1358, 1377, 1395 BW Boek 8)

Art. 1414

In geval van aanneming door de reiziger van de aangegeven bagage zonder protest wordt vermoed dat deze in goede staat en in overeenstemming met de gegevens vastgelegd door de andere middelen bedoeld in artikel 1411, tweede lid, is afgeleverd.

(Zie ook: art. 1382 BW Boek 8)

Afdeling 4
Opvolgend vervoer

Art. 1420

1. In de gevallen dat het vervoer wordt beheerst door artikel 1344 en dat het bewerkstelligd moet worden achtereenvolgens door verschillende vervoerders, is elke vervoerder die reizigers, bagage of andere zaken aanneemt onderworpen aan de in deze titel gegeven bepalingen; hij wordt aangemerkt als één der partijen die de vervoerovereenkomst hebben gesloten voor zover die overeenkomst betrekking heeft op het deel van het vervoer, dat onder zijn toezicht is bewerkstelligd.

2. In geval van zodanig vervoer hebben de reiziger of enige andere persoon die een van deze afgeleid recht heeft op schadevergoeding enkel verhaal op de vervoerder, die het vervoer heeft bewerkstelligd gedurende hetwelk het ongeval of de vertraging plaats vond, behalve in het geval dat de eerste vervoerder bij uitdrukkelijk beding de aansprakelijkheid voor het gehele vervoer op zich heeft genomen.

3. Indien het bagage en andere zaken betreft kan de reiziger respectievelijk de afzender de eerste vervoerder aanspreken; de reiziger of de geadresseerde die het recht op afgifte heeft of de reiziger heeft verhaal tegen de laatste vervoerder; zij kunnen daarenboven de vervoerder aanspreken die het vervoer heeft bewerkstelligd gedurende hetwelk de vernieling, het verlies, de beschadiging of de vertraging plaats had. Deze vervoerders zijn hoofdelijk aansprakelijk tegenover de reiziger, de afzender en de geadresseerde.

Uitreiking vervoerovereenkomst bij personenvervoer door de lucht

Schakelbepaling

Werkingssfeer

Recht op vordering bagage bij personenvervoer door de lucht

Werkingssfeer

Aanneming bagage bij personenvervoer door de lucht

Aansprakelijkheid bij opvolgend luchtvervoer

VI
Vervoer langs spoorstaven

Titel 18
Overeenkomst van goederenvervoer over spoorwegen

Afdeling 1
Algemene bepalingen

Art. 1550

Overeenkomst bij goederenvervoer over spoorwegen

1. De overeenkomst van goederenvervoer in de zin van deze titel is de overeenkomst van goederenvervoer, waarbij de ene partij (de vervoerder) zich tegenover de andere partij (de afzender) verbindt tot het vervoer van zaken uitsluitend over spoorwegen. Partijen kunnen bedingen dat de onderhavige titel van toepassing is op het vervoer over de weg of binnenwateren dat in aanvulling op het vervoer over spoorwegen plaats vindt.

(Zie ook: artt. 41, 47 BW Boek 8; art. 309 WvK; artt. 58, 59, 60 Rv; artt. 3a, 4 WAM)

Werkingssfeer

2. Deze titel is niet van toepassing op overeenkomsten tot het vervoer van postzendingen door of in opdracht van de houder van een concessie, bedoeld in de Postwet of onder een internationale postovereenkomst.

3. Deze titel is niet van toepassing op overeenkomsten tot het vervoer van bagage.

Art. 1551

Goederenvervoer over spoorwegen

Voor de toepassing van deze titel wordt verstaan onder:

a. de vervoerder: de contractuele vervoerder met wie de afzender de vervoerovereenkomst heeft gesloten, of een opvolgende vervoerder, die op grond van de vervoerovereenkomst aansprakelijk is;

b. ondervervoerder: een vervoerder die niet de vervoerovereenkomst heeft gesloten met de afzender, maar aan wie de onder *a* bedoelde vervoerder de uitvoering van het vervoer over spoorwegen, geheel of gedeeltelijk, heeft toevertrouwd;

c. intermodale transporteenheid: containers, wissellaadbakken, opleggers of andere soortgelijke bij intermodaal vervoer gebruikte laadeenheden.

d. VSG: Regeling vervoer over de spoorweg van gevaarlijke stoffen.

Art. 1552

Toepasselijkheid bepalingen over huur/bewaarneming en bruikleen bij goederenvervoer over spoorwegen

De wetsbepalingen omtrent huur, bewaarneming en bruikleen zijn niet van toepassing op terbeschikkingstelling van een spoorvoertuig ten einde door middel daarvan zaken te vervoeren in dier voege dat degene die het spoorvoertuig ter beschikking stelt, verplicht is voor de voortbeweging daarvan zorg te dragen.

Art. 1553

Dwingend recht

Elk beding dat middellijk of onmiddellijk afwijkt van het in deze titel en in artikel 1727 bepaalde is nietig, tenzij de vervoerovereenkomst niet onder bezwarende titel is gesloten. De nietigheid van dergelijke bedingen heeft niet de nietigheid van de overige bedingen van de vervoerovereenkomst tot gevolg. Niettemin kan een vervoerder een zwaardere aansprakelijkheid en zwaardere verplichtingen op zich nemen dan uit deze titel voortvloeien.

Afdeling 2
Sluiting en uitvoering van de vervoerovereenkomst

Art. 1554

Sluiting en uitvoering overeenkomst bij goederenvervoer over spoorwegen

1. Op grond van de vervoerovereenkomst is de vervoerder verplicht de zaken naar de plaats van bestemming te vervoeren en ze daar aan de geadresseerde af te leveren.

(Zie ook: art. 46 BW Boek 8)

2. De vervoerovereenkomst moet worden vastgelegd in een vrachtbrief. Het ontbreken, de onregelmatigheid of het verlies van de vrachtbrief tast evenwel noch het bestaan, noch de geldigheid van de vervoerovereenkomst aan, die onderworpen blijft aan deze titel.

3. De vrachtbrief wordt door de afzender en de vervoerder ondertekend. De handtekening kan vervangen worden door een stempel of elke andere daartoe geëigende methode.

4. De vervoerder moet de aanneming ten vervoer op de vrachtbrief op de geëigende wijze bevestigen en de afzender het vrachtbriefdupicaat overhandigen.

5. De vrachtbrief heeft niet de betekenis van een cognossement.

6. Voor iedere zending moet een vrachtbrief worden opgemaakt. Behoudens indien anders is overeengekomen tussen de afzender en de vervoerder, kan een vrachtbrief slechts betrekking hebben op de lading van één spoorwagen.

7. De vrachtbrief, met inbegrip van de duplicaat-vrachtbrief, kan ook worden opgesteld in de vorm van elektronische registratie van gegevens, die kunnen worden omgezet in leesbare letter-

tekens. De voor de registratie en verwerking van de gegevens gebruikte procedures moeten uit functioneel oogpunt gelijkwaardig zijn, in het bijzonder wat betreft de bewijskracht van de vrachtbrief, die door deze elektronische gegevens wordt gevormd.

Art. 1555

1. De vrachtbrief moet de volgende aanduidingen bevatten:

a. de plaats en datum van het opmaken ervan;

b. de naam en het adres van de afzender;

c. de naam en het adres van de vervoerder die de vervoerovereenkomst gesloten heeft;

d. de naam en het adres van degene aan wie de zaken daadwerkelijk ten vervoer werden afgegeven, indien dit niet de in c vermelde vervoerder is;

e. de plaats en datum waarop de zaken in ontvangst werden genomen;

f. de plaats van de aflevering;

g. de naam en het adres van de geadresseerde;

h. de omschrijving van de aard der zaken en de verpakkingswijze, en voor gevaarlijke zaken hun omschrijving in de VSG voorgeschreven voor het internationale spoorwegvervoer van gevaarlijke zaken;

i. het aantal colli en de voor identificatie van stukgoedzendingen vereiste bijzondere merktekens en nummers;

j. het wagennummer, in geval van vervoer van volledige wagenlading;

k. het nummer van het op eigen wielen rollend spoorvoertuig dat als te vervoeren zaak ten vervoer wordt aangeboden;

l. bovendien, bij intermodale laadeenheden, de categorie, het nummer of de voor hun identificatie vereiste andere kenmerken;

m. de brutomassa of de op andere wijze uitgedrukte hoeveelheid der zaken;

n. een nauwkeurige lijst van de door overheidsinstanties voorgeschreven bescheiden die bij de vrachtbrief zijn gevoegd of ter beschikking van de vervoerder zijn gesteld bij een nader omschreven instantie of bij een in de overeenkomst vermelde instelling;

o. de op het vervoer betrekking hebbende kosten (vrachtprijs, bijkomende kosten en andere kosten die vanaf het sluiten van de overeenkomst tot aan de aflevering ontstaan) voorzover zij door de geadresseerde moeten worden betaald of bij een andere aanduiding dat de kosten verschuldigd zijn door de geadresseerde.

2. In voorkomend geval moet de vrachtbrief bovendien de volgende aanduidingen bevatten:

a. In geval van vervoer door opvolgende vervoerders: de tot aflevering der zaken verplichte vervoerder, voorzover die met zijn instemming is ingeschreven op de vrachtbrief;

b. de kosten die de afzender voor zijn rekening neemt;

c. het bedrag van het bij de aflevering de zaken te innen rembours;

d. de aangegeven waarde der zaken en het bedrag van het bijzonder belang bij de aflevering;

e. de overeengekomen afleveringstermijn;

f. de lijst van aan de vervoerder overhandigde bescheiden, niet opgesomd in lid 1, onder n;

g. de vermeldingen door de afzender van het aantal en de beschrijving van de door hem op de wagen aangebrachte verzegelingen.

3. In de vrachtbrief kunnen de partijen bij de vervoerovereenkomst andere aanduidingen opnemen die zij nuttig achten.

Art. 1556

1. De afzender is aansprakelijk voor alle kosten en schade, die bij de vervoerder ontstaan ten gevolge van:

a. aanduidingen door de afzender op de vrachtbrief die onnauwkeurig, onjuist of onvolledig zijn of die op een andere dan de voor hen voorgeschreven plaats vermeld werden of

b. het verzuimen door de afzender om door de VSG voorgeschreven aanduidingen te vermelden.

2. Indien de vervoerder aanduidingen op de vrachtbrief vermeldt op verzoek van de afzender, wordt hij geacht te handelen in naam van de afzender, behoudens tegenbewijs.

Art. 1557

Wanneer de afzender heeft verzuimd de door de VSG voorgeschreven aanduidingen te vermelden, kan de vervoerder op elk ogenblik, al naargelang de omstandigheden vereisen, de zaken uitladen, vernietigen of onschadelijk maken zonder dat dit aanleiding geeft tot enige schadeloosstelling, behalve indien hij bij de aanneming ten vervoer van de zaken kennis had van de gevaarlijke aard van de zaken.

Art. 1558

1. Behoudens andersluidend beding tussen de afzender en de vervoerder moeten de kosten (vrachtprijs, bijkomende kosten en andere kosten, die vanaf het sluiten van de overeenkomst tot de aflevering ontstaan) door de afzender worden betaald.

2. Wanneer, op grond van een beding tussen de afzender en de vervoerder, de kosten ten laste van de geadresseerde worden gelegd en wanneer de geadresseerde noch de vrachtbrief in ontvangst genomen heeft, noch zijn rechten uit de vervoerovereenkomst overeenkomstig artikel

Inhoud vrachtbrief bij goederenvervoer over spoorwegen

Aansprakelijkheid afzender bij goederenvervoer over spoorwegen

Uitladen goederen na verzuim afzender bij goederenvervoer over spoorwegen

Kosten overeenkomst bij goederenvervoer over spoorwegen

B8 art. 1559 **Burgerlijk Wetboek Boek 8**

1565 lid 3 heeft doen gelden, noch de vervoerovereenkomst overeenkomstig artikel 1566 heeft gewijzigd, blijven de kosten ten laste van de afzender.

Art. 1559

Onderzoeksrecht vervoerder bij goederenvervoer over spoorwegen

1. De vervoerder heeft steeds het recht te onderzoeken of de vervoervoorwaarden vervuld zijn en of de zending overeenstemt met de door de afzender op de vrachtbrief vermelde gegevens. Wanneer dit onderzoek betrekking heeft op de inhoud van de zending vindt het voorzover mogelijk plaats in aanwezigheid van de rechthebbende; in het geval dat dit niet mogelijk is, doet de vervoerder beroep op twee onafhankelijke getuigen.

2. Indien de zending niet overeenstemt met de aanduidingen op de vrachtbrief of indien de voorschriften met betrekking tot het voorwaardelijk ten vervoer toelaten van de zaken niet zijn nageleefd, moet het resultaat van het onderzoek vermeld worden op het blad van de vrachtbrief dat de zaken vergezelt, en eveneens op de duplicaat-vrachtbrief, indien de vervoerder daar nog over beschikt. In dat geval komen de kosten van het onderzoek ten laste van de zaak, tenzij deze onmiddellijk betaald worden.

3. Wanneer de afzender zorg draagt voor de belading, kan hij eisen dat de vervoerder de staat van de zaken en van hun verpakking onderzoekt, alsook de juistheid van de op de vrachtbrief vermelde aanduidingen over het aantal colli, hun merktekens en nummers alsmede de brutomassa of de op andere wijze uitgedrukte hoeveelheid. De vervoerder is daartoe slechts verplicht, wanneer hem de daarvoor geëigende middelen ter beschikking staan. De vervoerder kan de kosten van het onderzoek terugvorderen. Het resultaat van de onderzoekingen wordt op de vrachtbrief vermeld.

Art. 1560

Bewijskracht vrachtbrief bij goederenvervoer over spoorwegen

1. De vrachtbrief levert volledig bewijs, behoudens tegenbewijs, van het sluiten en de inhoud van de vervoerovereenkomst, alsmede van het ten vervoer aannemen van de zaken door de vervoerder.

2. Wanneer de vervoerder zorg heeft gedragen voor de belading, levert de vrachtbrief volledig bewijs, behoudens tegenbewijs, van de staat der zaken en hun verpakking zoals vermeld op de vrachtbrief of bij ontstentenis daarvan het bewijs van hun uiterlijk goede staat bij het ten vervoer aannemen door de vervoerder en de juistheid van de vermeldingen op de vrachtbrief over het aantal der colli, hun merktekens en nummers alsmede de brutomassa of de op andere wijze uitgedrukte hoeveelheid.

3. Wanneer de afzender zorg heeft gedragen voor de belading, levert de vrachtbrief alleen volledig bewijs, behoudens tegenbewijs, van de staat der zaken en hun verpakking, zoals vermeld op de vrachtbrief en bij ontstentenis daarvan het bewijs van hun uiterlijk goede staat en de juistheid van de in lid 2 opgesomde vermeldingen, in het geval dat de vervoerder deze heeft onderzocht en het resultaat van zijn onderzoek op de vrachtbrief heeft genoteerd.

4. De vrachtbrief levert evenwel niet volledig bewijs op in het geval dat zij een met redenen omkleed voorbehoud bevat. Een voorbehoud kan met name gemotiveerd worden door het feit dat de vervoerder niet over geëigende middelen beschikte om te onderzoeken of de zending beantwoordt aan de gegevens op de vrachtbrief.

Art. 1561

Laden en lossen bij goederenvervoer over spoorwegen

1. Afzender en vervoerder komen onderling overeen wie van hen het laden en lossen der zaken moet uitvoeren. Bij gebreke van een dergelijk beding ligt voor het laden en lossen van stukgoed de verplichting bij de vervoerder, terwijl voor wagenladingen de verplichting voor het laden bij de afzender ligt en die voor het lossen na de aflevering bij de geadresseerde.

Aansprakelijkheid voor gebrekkige belading bij goederenvervoer over spoorwegen

2. De afzender is aansprakelijk voor alle gevolgen van de gebrekkige belading die hij heeft uitgevoerd en hij moet met name de door dit feit door de vervoerder geleden schade vergoeden. Het bewijs van de gebrekkige belading rust op de vervoerder.

Art. 1562

Afleveringstermijn bij goederenvervoer over spoorwegen

De afzender is jegens de vervoerder aansprakelijk voor alle schade en kosten veroorzaakt door het ontbreken of de gebrekkigheid van de verpakking, tenzij het gebrek uiterlijk zichtbaar was of de vervoerder er kennis van had bij het ten vervoer aannemen van de zaken en hij daarvoor geen voorbehoud maakte.

Art. 1563

Bescheiden/inlichtingen bij vrachtbrief bij goederenvervoer over spoorwegen

1. Met het oog op het naleven van de vereiste douane- of andere voorschriften van overheidsinstanties moet de afzender voorafgaand aan de aflevering van de zaken bij de vrachtbrief de noodzakelijke bescheiden voegen of deze aan de vervoerder ter beschikking stellen en hem alle gewenste inlichtingen verschaffen.

2. De vervoerder is niet gehouden na te gaan of deze bescheiden en inlichtingen juist en volledig zijn. De afzender is jegens de vervoerder aansprakelijk voor alle schade ontstaan door het ontbreken, de onvolledigheid of de onregelmatigheid van de bescheiden en inlichtingen, behalve in geval van schuld van de vervoerder.

3. De vervoerder is aansprakelijk voor de gevolgen van het verlies of het onregelmatig gebruik van de op de vrachtbrief vermelde en bijgevoegde of hem overhandigde bescheiden, tenzij het verlies of de door het onregelmatig gebruik van deze bescheiden veroorzaakte schade het gevolg is van omstandigheden die de vervoerder niet kon vermijden of waarvan hij de gevolgen niet kon verhinderen. De eventuele schadevergoeding bedraagt evenwel niet meer dan die in geval van verlies van de zaken.

4. De afzender, door een vermelding op de vrachtbrief, of de geadresseerde, door een opdracht overeenkomstig artikel 1566 lid 3 kan vragen:

a. dat bij het naleven van de vereiste douane- of andere overheidsvoorschriften hijzelf aanwezig is ofwel zich doet vertegenwoordigen door een gevolmachtigde om alle inlichtingen te verschaffen en de ter zake dienende opmerkingen te maken;

b. dat hijzelf de vereiste douane- of andere overheidsvoorschriften naleeft of hen doet naleven door een gevolmachtigde;

c. dat, wanneer hijzelf of zijn gevolmachtigde bij het naleven van de vereiste douane- of andere overheidsvoorschriften aanwezig is of deze laatste zelf naleeft, hij de douane- en andere kosten betaalt.

In deze gevallen mogen noch de afzender, noch de geadresseerde die het recht heeft over de zaken te beschikken, of hun gevolmachtigde de zaken in bezit nemen.

5. Indien de afzender een plaats heeft aangewezen voor het naleven van de vereiste douane- of andere overheidsvoorschriften waar dat krachtens de geldende voorschriften niet mogelijk is of indien hij voor het naleven van deze voorschriften een andere, onuitvoerbare handelwijze heeft voorgeschreven, handelt de vervoerder op de volgens hem voor de rechthebbende voordeligste wijze en deelt hij de genomen maatregelen mee aan de afzender.

6. De vervoerder kan evenwel overeenkomstig de bepalingen van lid 5 handelen, indien de geadresseerde de vrachtbrief niet in ontvangst heeft genomen binnen de termijn die is voorgeschreven door de op de plaats van bestemming geldende voorschriften.

7. De afzender moet voldoen aan de overheidsvoorschriften voor wat betreft de verpakking en de afdekking van de zaken. Indien de afzender de zaken niet overeenkomstig deze voorschriften heeft verpakt of afgedekt, kan de vervoerder daarvoor zorgen; de daardoor ontstane kosten komen ten laste van de zaken.

Art. 1564

1. De afzender en de vervoerder komen de afleveringstermijn overeen. Bij gebreke van een beding hieromtrent kan de afleveringstermijn nochtans nooit langer zijn dan die welke volgt uit de leden 2 tot en met 4.

Afleveringstermijn bij goederenvervoer over spoorwegen

2. Behoudens de leden 3 en 4 belopen de maximum afleveringstermijnen: termijn van verzenden 12 uren; termijn van vervoeren 24 uren.

3. De vervoerder kan toeslagtermijnen van bepaalde duur vaststellen: bij buitengewone omstandigheden die een ongebruikelijke verkeerstoename of ongebruikelijke moeilijkheden voor de bedrijfsuitvoering tot gevolg hebben, dan wel bij ladingen die bestemd zijn voor stations die slechts eenmaal per dag of niet dagelijks worden bediend.

De duur van de toeslagtermijnen moet opgenomen zijn in de Algemene vervoervoorwaarden.

4. De afleveringstermijn begint te lopen vanaf de aanneming ten vervoer van de zaken; hij wordt verlengd met de duur van een niet door de schuld van de vervoerder veroorzaakt oponthoud. De afleveringstermijn wordt geschorst op zaterdagen, zondagen en wettelijke feestdagen.

Art. 1565

1. De vervoerder moet de vrachtbrief afgeven en de zaken afleveren aan de geadresseerde op de voor de aflevering voorziene plaats tegen kwijting en betaling van de uit de vervoerovereenkomst voortvloeiende vorderingen.

Afgifte tegen kwijting/betaling vorderingen bij goederenvervoer over spoorwegen

2. Met de aflevering aan de geadresseerde worden, wanneer zulks overeenkomstig de op de plaats van bestemming geldende voorschriften geschiedt, gelijkgesteld:

a. de afgifte van de zaken aan de douane of belastingsinstanties in hun expeditie- of opslagruimten, wanneer die zich niet onder de hoede van de vervoerder bevinden;

b. de opslag van de zaken bij de vervoerder of de inbewaringgeving ervan bij een expediteur of in een openbare douane-entrepot.

3. Na de aankomst van de zaken op de plaats van aflevering kan de geadresseerde aan de vervoerder verzoeken hem de vrachtbrief te overhandigen en aan hem de zaken af te leveren. Indien het verlies van de zaken is vastgesteld of indien de zaken niet binnen de in artikel 1577 bedoelde termijn aangekomen zijn, kan de geadresseerde in eigen naam zijn rechten uit de vervoerovereenkomst jegens de vervoerder doen gelden.

4. De rechthebbende kan de ontvangst van de zaken weigeren, zelfs na de inontvangstname van de vrachtbrief en het betalen van vorderingen voortvloeiend uit de vervoerovereenkomst, zolang niet is overgegaan tot de onderzoeken waar hij om heeft verzocht met het oog op het vaststellen van de beweerde schade.

5. Overigens vindt de aflevering van de zaken plaats overeenkomstig de op de plaats van aflevering geldende voorschriften.

B8 art. 1566 Burgerlijk Wetboek Boek 8

6. Indien de zaken aan de geadresseerde zijn afgeleverd zonder voorafgaande inning van het rembours dat rust op de zaken, is de vervoerder gehouden de afzender de schade te vergoeden tot ten hoogste het bedrag van het rembours, onverminderd zijn regres op de geadresseerde.

Art. 1566

Rechten afzender bij goederenvervoer over spoorwegen

1. De afzender heeft het recht om over de zaken te beschikken en de vervoerovereenkomst door nadere opdrachten te wijzigen. Met name kan hij vragen aan de vervoerder
a. de zaken niet verder te vervoeren;
b. de aflevering uit te stellen;
c. de zaken aan een andere dan de op de vrachtbrief vermelde geadresseerde af te leveren;
d. de zaken op een andere dan de op de vrachtbrief vermelde plaats af te leveren.
2. Het recht van de afzender tot het wijzigen van de vervoerovereenkomst vervalt, zelfs wanneer hij de duplicaat-vrachtbrief in zijn bezit heeft, in de gevallen waarin de geadresseerde
a. de vrachtbrief in ontvangst genomen heeft;
b. de zaken aangenomen heeft;
c. zijn rechten overeenkomstig artikel 1565 lid 3 heeft doen gelden;
d. overeenkomstig lid 3 bevoegd is nadere opdrachten te geven; vanaf dat ogenblik moet de vervoerder de nadere opdrachten en aanwijzingen van de geadresseerde opvolgen.

Rechten geadresseerde bij goederenvervoer over spoorwegen

3. Het recht tot het wijzigen van de vervoerovereenkomst komt aan de geadresseerde toe vanaf het ogenblik dat de vrachtbrief opgemaakt wordt, tenzij door de afzender anders aangegeven is op de vrachtbrief.
4. Het recht van de geadresseerde tot het wijzigen van de vervoerovereenkomst vervalt wanneer hij:
a. de vrachtbrief in ontvangst heeft genomen;
b. de zaken heeft aangenomen;
c. zijn rechten overeenkomstig artikel 1565 lid 3 heeft doen gelden;
d. overeenkomstig lid 5 voorgeschreven heeft de zaken af te leveren aan een derde, en wanneer deze zijn rechten overeenkomstig artikel 1565 lid 3 heeft doen gelden.
5. Indien de geadresseerde heeft voorgeschreven de zaken aan een derde af te leveren, is deze laatste niet bevoegd om de vervoerovereenkomst te wijzigen.

Art. 1567

Wijziging vervoerovereenkomst door afzender bij goederenvervoer over spoorwegen

1. Wanneer de afzender of in geval van artikel 1566 lid 3 de geadresseerde de vervoerovereenkomst wil wijzigen door latere opdrachten, moet hij de vervoerder de duplicaat-vrachtbrief aanbieden waarop de wijzigingen aangebracht moeten zijn.

2. De afzender of in geval van artikel 1566 lid 3 de geadresseerde moet de vervoerder alle kosten en de schade vergoeden die voortvloeien uit het uitvoeren van de latere wijzigingen.
3. Het uitvoeren van latere wijzigingen moet mogelijk, geoorloofd en redelijk zijn op het ogenblik waarop de opdrachten aan degene die deze moet uitvoeren, bereiken en mag met name noch de gebruikelijke bedrijfsuitoefening van de vervoeronderneming belemmeren, noch de afzenders en geadresseerden van andere zendingen benadelen.
4. De latere wijzigingen mogen niet een splitsing van de zending tot gevolg hebben.
5. Wanneer de vervoerder, rekening houdend met de bepalingen genoemd in lid 3, de ontvangen instructies niet kan uitvoeren, moet hij onmiddellijk diegene die om de wijzigingen verzoekt, daarvan in kennis stellen.
6. In geval van schuld van de vervoerder is hij aansprakelijk voor de gevolgen van het niet of gebrekkig uitvoeren van een latere wijziging. De eventuele schadevergoeding bedraagt evenwel niet meer dan die in geval van verlies van de zaken.
7. De vervoerder die gevolg geeft aan latere wijzigingen van de afzender zonder het overleggen van de duplicaat-vrachtbrief te eisen, is jegens de geadresseerde aansprakelijk voor de daaruit voortvloeiende schade, indien de duplicaat-vrachtbrief aan deze laatste is overhandigd. De eventuele schadevergoeding bedraagt evenwel niet meer dan die in geval van verlies van de zaken.

Art. 1568

Belemmering vervoer bij goederenvervoer over spoorwegen

1. In geval van een belemmering in het vervoer beslist de vervoerder of het de voorkeur verdient de zaken verder te vervoeren dan wel of het in het belang is van de beschikkingsgerechtigde hem om instructies te verzoeken, waarbij hij aan hem alle nuttige inlichtingen waarover hij beschikt, meedeelt.
2. Indien een verder vervoer niet mogelijk is, verzoekt de vervoerder de beschikkingsgerechtigde om instructies. Indien de vervoerder deze instructies niet tijdig kan verkrijgen, moet hij die maatregelen treffen welke hem het voordeligst lijken voor de belangen van beschikkingsgerechtigde.

Art. 1569

1. In geval van een belemmering in de aflevering moet de vervoerder de afzender daarvan onverwijld op de hoogte stellen en moet hij hem om instructies verzoeken, tenzij de afzender door een vermelding op de vrachtbrief gevraagd heeft om in geval van een belemmering in de aflevering de zaken terug te zenden.

2. Wanneer de belemmering in de aflevering wegvalt, voordat instructies van de afzender de vervoerder bereiken, worden de zaken afgeleverd bij de geadresseerde. De afzender moet daarvan onverwijld in kennis worden gesteld.

3. In geval de geadresseerde weigert de zaken in ontvangst te nemen, is de afzender gerechtigd tot het geven van instructies, zelfs indien hij de duplicaat-vrachtbrief niet kan overleggen.

4. Wanneer de belemmering in de aflevering optreedt, nadat de geadresseerde de vervoerovereenkomst overeenkomstig artikel 1566 leden 3 en 5 gewijzigd heeft, moet de vervoerder deze geadresseerde inlichten.

Art. 1570

1. De vervoerder heeft recht op vergoeding van de kosten veroorzaakt door:
a. het inwinnen van instructies,
b. het uitvoeren van de ontvangen instructie,
c. het niet of niet tijdig ontvangen van door hem verzochte instructie,
d. het nemen van een beslissing overeenkomstig artikel 1568 lid 1, zonder instructies gevraagd te hebben,

tenzij deze kosten door zijn schuld veroorzaakt zijn. Hij kan met name de vrachtprijs voor het werkelijk gereden vervoertraject in rekening brengen en aanspraak maken op de daarmee overeenstemmende afleveringstermijn.

2. In de gevallen bedoeld in artikel 1568 lid 2 en in artikel 1569 lid 1 kan de vervoerder de zaken onmiddellijk en op kosten van de rechthebbende lossen. Na het lossen wordt het vervoer geacht beëindigd te zijn. De vervoerder bewaart vervolgens de zaken voor rekening van de rechthebbende. Hij kan de zaken evenwel toevertrouwen aan een derde en is dan slechts aansprakelijk voor de oordeelkundige keuze van die derde. De zaken blijven belast met de uit de vervoerovereenkomst voortvloeiende schuldvorderingen en alle andere kosten.

3. In geval van toepassing van lid 2 is artikel 1133 van overeenkomstige toepassing.

4. Indien in geval van belemmeringen in het vervoer of in de aflevering de afzender binnen redelijke tijd geen instructies meedeelt en de belemmering in het vervoer of in de aflevering niet opgelost kan worden overeenkomstig de bepalingen van de leden 2 en 3, kan de vervoerder de zaken op kosten van de afzender terugzenden of, indien zulks gerechtvaardigd is, vernietigen.

Afdeling 3
Aansprakelijkheid

Art. 1571

1. De vervoerder is aansprakelijk voor de schade ten gevolge van geheel of gedeeltelijk verlies of beschadiging van de zaken vanaf de aanneming ten vervoer tot aan de aflevering, alsmede ten gevolge van de vertraging in de aflevering.
(Zie ook: art. 23 BW Boek 8)

2. De vervoerder is van deze aansprakelijkheid ontheven voorzover het verlies, de beschadiging of de vertraging in de aflevering is veroorzaakt door schuld van de rechthebbende, door een opdracht van de rechthebbende die niet het gevolg is van de schuld van de vervoerder, door eigen gebrek van de zaak (inwendig bederf, gewichtsverlies, enz.) of door omstandigheden die de vervoerder niet kon vermijden en waarvan hij de gevolgen niet kon verhinderen. Gebrekkigheid of slecht functioneren van het materiaal waarvan de vervoerder zich bedient, daaronder begrepen de spoorweginfrastructuur, wordt niet beschouwd als een omstandigheid die de vervoerder niet kon vermijden en waarvan hij de gevolgen niet kon verhinderen.

3. De vervoerder is van deze aansprakelijkheid ontheven, voorzover het verlies of de beschadiging een gevolg is van de bijzondere risico's, verbonden aan een of meer van de volgende feiten:

a. het vervoer in open wagens, verricht krachtens een beding dat is opgenomen in op de vervoerovereenkomst toepasselijke algemene vervoervoorwaarden en uitdrukkelijk is overeengekomen en vermeld op de vrachtbrief; behalve voor de schade veroorzaakt door weersomstandigheden aan de zaken, worden de zaken geladen in intermodale transporteenheden en in gesloten wegvoertuigen die op spoorwagens vervoerd worden, niet beschouwd als vervoerd in open wagen; indien de afzender deklleden voor het vervoer van zaken in open wagens gebruikt, heeft de vervoerder dezelfde aansprakelijkheid als die bij het vervoer in open wagens zonder dekleden, zelfs als het zaken betreft die volgens de Algemene vervoervoorwaarden niet in open wagens worden vervoerd;

b. het ontbreken of de gebrekkigheid van de verpakking bij zaken die door hun aard onderhevig zijn aan verliezen of beschadigingen, wanneer ze niet of gebrekkig zijn verpakt;

c. het laden van de zaken door de afzender of het lossen door de geadresseerde;

Recht vervoerder op kostenvergoeding bij goederenvervoer over spoorwegen

Schakelbepaling

Aansprakelijkheid vervoerder bij verlies/beschadiging bij goederenvervoer over spoorwegen

d. de aard van bepaalde zaken die door met deze aard zelf samenhangende oorzaken zijn blootgesteld aan geheel of gedeeltelijk verlies of aan beschadiging zoals in het bijzonder breuk, roest, inwendig en spontaan bederf, uitdroging, vermindering in massa;

e. de onjuiste, onnauwkeurige of onvolledige aanduiding of nummering van de colli;

f. het vervoer van levende dieren;

g. vervoer dat krachtens de toepasselijke bepalingen of op de vrachtbrief vermelde bedingen tussen de afzender en de vervoerder uitgevoerd moet worden onder begeleiding, indien het verlies of de beschadiging het gevolg is van een gevaar dat de begeleiding had moeten vermijden.

Art. 1572

Aansprakelijkheid voor verlies/beschadiging spoorvoertuigen/losse onderdelen bij goederenvervoer over spoorwegen

1. In geval van een vervoer van op eigen wielen rollende spoorvoertuigen die als te vervoeren zaak ten vervoer worden aangeboden, is de vervoerder aansprakelijk voor de schade ten gevolge van het verlies of beschadiging van de spoorvoertuigen en de bestanddelen daarvan vanaf de aanneming ten vervoer tot de aflevering alsmede voor de schade ten gevolge van de overschrijding van afleveringstermijn, tenzij hij bewijst dat de schade niet door zijn schuld veroorzaakt is.

2. De vervoerder is niet aansprakelijk voor schade die het gevolg is van het verlies van de losse bestanddelen waarvan geen melding wordt gemaakt op beide zijden van het voertuig of die niet opgenomen zijn in de inventaris die het voertuig begeleidt.

Art. 1573

Rechten afzender bij goederenvervoer over spoorwegen

1. Het bewijs dat het verlies, de beschadiging of de vertraging in de aflevering door een van de in artikel 1571 lid 2 genoemde feiten is veroorzaakt, rust op de vervoerder.

2. Wanneer de vervoerder bewijst dat het verlies of de beschadiging, gelet op de omstandigheden van het geval, kan zijn ontstaan uit een of meer van de in artikel 1571 lid 3 genoemde bijzondere risico's, wordt vermoed dat het verlies of de beschadiging daardoor is veroorzaakt. De rechthebbende heeft evenwel het recht te bewijzen dat de schade geheel of gedeeltelijk niet door een van deze risico's is veroorzaakt.

3. Het vermoeden volgens lid 2 is niet van toepassing in het geval bedoeld in artikel 1571 lid 3, onder a, indien het een ongewoon groot verlies of een verlies van colli betreft.

Art. 1574

Aansprakelijkheid bij meerdere vervoerders bij goederenvervoer over spoorwegen

Wanneer een vervoer dat het onderwerp vormt van één en dezelfde vervoerovereenkomst, door meer opvolgende vervoerders wordt verricht, treedt iedere vervoerder door het overnemen van de zaken met de vrachtbrief toe tot de vervoerovereenkomst overeenkomstig de bepalingen van de vrachtbrief en neemt hij de daaruit voortvloeiende verplichtingen op zich. In dit geval is iedere vervoerder aansprakelijk voor de uitvoering van het vervoer op het gehele vervoertraject tot aan de aflevering.

(Zie ook: artt. 41, 47 BW Boek 8)

Art. 1575

Aansprakelijkheid bij inschakeling ondervervoerder bij goederenvervoer over spoorwegen

1. Wanneer de vervoerder de uitvoering van het vervoer geheel of gedeeltelijk heeft toevertrouwd aan een ondervervoerder, al dan niet op grond van een aan hem in de vervoerovereenkomst toegekende bevoegdheid, blijft de vervoerder niettemin aansprakelijk voor het volledige vervoer.

2. Alle bepalingen van deze titel die betrekking hebben op de aansprakelijkheid van de vervoerder zijn ook van toepassing op de aansprakelijkheid van de ondervervoerder met betrekking tot het door hem verrichte vervoer. Wanneer een vordering wordt ingesteld tegen zijn ondergeschikten en andere personen van wier diensten de ondervervoerder gebruik maakt bij de uitvoering van het vervoer, zijn de artikelen 1584 en 1587 van toepassing.

3. Een bijzondere overeenkomst waarin de vervoerder verplichtingen op zich neemt die niet op hem rusten krachtens deze titel, of waarin hij afziet van rechten die hem ingevolge deze titel zijn toegekend, is niet bindend voor de ondervervoerder die hiermee niet uitdrukkelijk en schriftelijk heeft ingestemd. Ongeacht of de ondervervoerder deze overeenkomst al dan niet heeft aanvaard, blijft de vervoerder niettemin gebonden aan de uit deze bijzondere overeenkomst voortvloeiende verplichtingen of afstand van rechten.

4. Wanneer en voorzover de vervoerder en de ondervervoerder aansprakelijk zijn, zijn zij hoofdelijk aansprakelijk.

5. Het totale bedrag van de schadevergoeding verschuldigd door de vervoerder, de ondervervoerder alsmede door hun ondergeschikten en andere personen van wier diensten zij gebruik maken voor de uitvoering van het vervoer is niet hoger dan de in deze titel voorgeschreven maximumbedragen.

6. Dit artikel doet geen afbreuk aan de mogelijke regresrechten tussen de vervoerder en de ondervervoerder.

Art. 1576

Aansprakelijkheid na doorzending bij goederenvervoer over spoorwegen

Wanneer een zending, die overeenkomstig deze titel verzonden is, eveneens overeenkomstig deze titel is doorgezonden en wanneer na deze doorzending een gedeeltelijk verlies of een schade is vastgesteld, wordt vermoed dat het gedeeltelijk verlies of de schade is ontstaan tijdens de laatste vervoerovereenkomst, indien de zending onder de hoede van de vervoerder is gebleven en is doorgezonden in dezelfde toestand waarin zij op de plaats van doorzending is aangekomen.

Art. 1577

1. De rechthebbende kan zonder nader bewijs de zaken als verloren beschouwen, wanneer zij niet binnen 30 dagen na afloop van de afleveringstermijn aan de geadresseerde zijn afgeleverd of te zijner beschikking zijn gesteld.

Verloren gegane zaken bij goederenvervoer over spoorwegen

2. De rechthebbende kan bij het ontvangen van de schadevergoeding voor de verloren zaken schriftelijk verzoeken er onverwijld in kennis van te worden gesteld in geval de zaken zijn teruggevonden binnen een jaar na de betaling van de schadevergoeding. De vervoerder bevestigt dit verzoek schriftelijk.

3. Binnen dertig dagen na ontvangst van de in lid 2 bedoelde kennisgeving kan de rechthebbende verzoeken dat de zaken aan hem worden afgeleverd tegen betaling van de schuldvorderingen die uit de vrachtbrief voortvloeien en tegen terugbetaling van de ontvangen schadevergoeding, onder aftrek, in voorkomend geval, van de kosten die in deze schadevergoeding begrepen zouden zijn geweest. Hij behoudt niettemin zijn in artikelen 1581 en 1583 bedoelde rechten op schadevergoeding voor overschrijding van de afleveringstermijn.

4. Bij gebreke van een in lid 2 bedoeld verzoek of van binnen de in lid 3 bedoelde termijn gegeven instructies, of indien de zaken meer dan een jaar na de betaling van de schadevergoeding teruggevonden zijn, beschikt de vervoerder daarover overeenkomstig de wetten en voorschriften die gelden op de plaats waar de zaken zich bevinden.

Art. 1578

1. In geval van geheel of gedeeltelijk verlies van de zaken moet de vervoerder, met uitsluiting van elke andere schadevergoeding, een schadevergoeding betalen berekend volgens de beursprijs, bij gebreke daarvan volgens de marktprijs en, bij gebreke van beide, volgens de gebruikelijke waarde van zaken van dezelfde aard en kwaliteit op de dag en de plaats waar de zaken in ontvangst zijn genomen.

Schadevergoeding bij verlies van zaken bij goederenvervoer over spoorwegen

2. De schadevergoeding bedraagt niet meer dan 17 rekeneenheden per ontbrekend kilogram brutomassa. De rekeneenheid is het bijzondere trekkingsrecht zoals dat is omschreven door het Internationale Monetaire Fonds. De bedragen genoemd in het eerste lid worden omgerekend in Nederlands geld naar de koers van de dag, waarop de betaling wordt verricht. De waarde van het Nederlandse geld, uitgedrukt in bijzondere trekkingsrechten, wordt berekend volgens de waarderingsmethode die door het Internationale Monetaire Fonds op de dag van omrekening wordt toegepast voor zijn eigen verrichtingen en transacties.

3. In geval van verlies van een op eigen wielen rollend spoorvoertuig dat als te vervoeren zaak ten vervoer is aangeboden of van verlies van een intermodale transporteenheid of van hun bestanddelen, is de schadevergoeding, met uitsluiting van elke andere schadevergoeding, beperkt tot de gebruikelijke waarde van het spoorvoertuig of de intermodale transporteenheid of hun bestanddelen op de dag en de plaats van het verlies. Indien het niet mogelijk is de dag of de plaats van het verlies vast te stellen, is de schadevergoeding beperkt tot de gebruikelijke waarde op de dag en de plaats van de inontvangstneming.

4. De vervoerder moet bovendien de vrachtprijs en de overige ter zake van het vervoer van de verloren zaken betaalde bedragen terugbetalen, met uitzondering van de accijnzen op zaken die vervoerd worden onder opschorting van die accijnzen.

Art. 1579

1. Met betrekking tot zaken, die ingevolge hun aard in het algemeen een gewichtsverlies ondergaan tijdens het vervoer, is de vervoerder, ongeacht de lengte van het afgelegde traject, slechts aansprakelijk voor het gedeelte van het verlies dat meer bedraagt dan:

a. twee procent van de massa voor vloeibare of in vochtige toestand aangeboden zaken;

b. één procent van de massa voor droge zaken.

Aansprakelijkheid bij gewichtsverlies bij goederenvervoer over spoorwegen

2. Op de in lid 1 bedoelde beperking van de aansprakelijkheid kan geen beroep worden gedaan, indien wordt bewezen, dat het verlies, gelet op de omstandigheden van het geval, geen gevolg is van oorzaken, die de afwijking rechtvaardigen.

3. In het geval dat meer colli met één enkele vrachtbrief zijn vervoerd, wordt het gewichtsverlies berekend voor iedere collo, wanneer de massa ervan bij vertrek afzonderlijk op de vrachtbrief is vermeld of op andere wijze kan worden vastgesteld.

4. In geval van geheel verlies van de zaak of in geval van verlies van colli vindt voor de berekening van de schadevergoeding geen aftrek plaats wegens gewichtsverlies tijdens het vervoer.

5. Dit artikel laat de artikelen 1571 en 1573 onverlet.

Art. 1580

1. In geval van beschadiging van de zaken moet de vervoerder, met uitsluiting van elke andere schadevergoeding, een schadevergoeding betalen gelijk aan de waardevermindering van de zaken. Dit bedrag wordt berekend door op de overeenkomstig artikel 1578 bepaalde waarde van de zaken het op de plaats van bestemming vastgestelde percentage van de waardevermindering toe te passen.

Schadevergoeding bij beschadiging van zaken bij goederenvervoer over spoorwegen

2. De schadevergoeding bedraagt niet meer dan:

B8 art. 1581 Burgerlijk Wetboek Boek 8

a. indien de gehele zending door de beschadiging in waarde is verminderd, het in geval van geheel verlies te betalen bedrag;
b. indien slechts een gedeelte van de zending door de beschadiging in waarde is verminderd, het in geval van verlies van het in waarde verminderde gedeelte te betalen bedrag.

3. In geval van beschadiging van een op eigen wielen rollend spoorvoertuig dat als te vervoeren zaak ten vervoer is aangeboden of van beschadiging van een intermodale transporteenheid of van hun bestanddelen wordt de aansprakelijkheid beperkt tot de herstelkosten, met uitsluiting van elke andere schadevergoeding. De schadevergoeding bedraagt niet meer dan het in geval van verlies te betalen bedrag.

4. De vervoerder moet bovendien de in artikel 1578 lid 4 vermelde kosten in de in lid 1 bepaalde verhouding terugbetalen.

Art. 1581

Schade bij overschrijden afleveringstermijn bij goederenvervoer over spoorwegen

1. Indien een schade, met inbegrip van een beschadiging, voortvloeit uit het overschrijden van de afleveringstermijn, moet de vervoerder een schadevergoeding betalen die niet meer bedraagt dan het viervoud van de vrachtprijs.

2. In geval van geheel verlies van de zaken komt de in lid 1 bedoelde schadevergoeding niet bovenop die bedoeld in artikel 1578.

3. In geval van gedeeltelijk verlies van de zaken bedraagt de in lid 1 bepaalde schadevergoeding niet meer dan het viervoud van de vrachtprijs van het niet verloren gedeelte van de zending.

4. In geval van beschadiging van zaken die niet het gevolg is van de overschrijding van de afleveringstermijn komt, in voorkomend geval, de in lid 1 bedoelde schadevergoeding bovenop die bedoeld in artikel 1580.

5. In geen geval kan de som van de in lid 1 bedoelde schadevergoeding en die van de artikelen 1578 en 1580 hoger zijn dan de schadevergoeding die verschuldigd is in geval van geheel verlies van de zaken.

6. Wanneer de afleveringstermijn overeenkomstig artikel 1564 lid 1 is vastgesteld bij overeenkomst, kan daarin in een van lid 1 afwijkende regeling tot schadevergoeding voorzien worden. Indien in dit geval de in artikel 1564 leden 2 tot en met 4 bedoelde afleveringstermijnen overschreden worden, kan de rechthebbende hetzij de schadevergoeding uit de bovenvermelde overeenkomst verlangen, hetzij de schadevergoeding die in de leden 1 tot en met 5 is voorzien.

Art. 1582

Vaststellen waarde hoger dan voorgeschreven maximumbedrag bij goederenvervoer over spoorwegen

De afzender en de vervoerder kunnen overeenkomen dat de afzender in de vrachtbrief een waarde der zaken opneemt die het in artikel 1578 lid 2 voorgeschreven maximumbedrag overschrijdt. In dat geval treedt het aangegeven bedrag in de plaats van dit maximumbedrag.

Art. 1583

Bijzonder belang bij aflevering bij goederenvervoer over spoorwegen

De afzender en de vervoerder kunnen overeenkomen dat de afzender een bijzonder belang bij de aflevering aangeeft door op de vrachtbrief een bedrag in cijfers te vermelden voor het geval van verlies of beschadiging en het geval van overschrijding van de afleveringstermijn. In geval van aangifte van een belang bij de aflevering kan boven op de in de artikelen 1578, 1580 en 1581 bedoelde schadevergoedingen de vergoeding van de overige bewezen schade verlangd worden tot ten hoogste het bedrag van het aangegeven belang.

Art. 1584

Schade bij handeling/nalaten vervoerder bij goederenvervoer over spoorwegen

De in de artikelen 1563 lid 3, 1567 leden 6 en 7, 1578, 1580 tot en met 1583 bedoelde beperkingen van aansprakelijkheid zijn niet van toepassing, indien is bewezen dat de schade is ontstaan uit een handeling of nalaten van de vervoerder geschied hetzij met het opzet die schade te veroorzaken, hetzij roekeloos en met de wetenschap dat die schade er waarschijnlijk uit zal voortvloeien.

Art. 1585

Bewijsstukken voor schadevergoeding bij goederenvervoer over spoorwegen

Indien de rechthebbende niet binnen een hem gestelde redelijke termijn de voor de definitieve regeling van de vordering nodige bewijsstukken aan de vervoerder overlegt, loopt de rente over de schadevergoeding niet tussen de afloop van deze termijn en de daadwerkelijke overlegging van de stukken.

Art. 1586

Aansprakelijkheid vervoerder voor ondergeschikten bij goederenvervoer over spoorwegen

De vervoerder is aansprakelijk voor zijn ondergeschikten en voor andere personen van wier diensten hij gebruik maakt bij de uitvoering van het vervoer, wanneer deze ondergeschikten of andere personen handelen in de uitoefening van hun werkzaamheden. De beheerders van de spoorweginfrastructuur waarop het vervoer wordt verricht, worden beschouwd als personen van wier diensten de vervoerder gebruik maakt bij de uitvoering van het vervoer.
(Zie ook: art. 170 BW Boek 6)

Art. 1587

1. In alle gevallen waar deze titel van toepassing is, kan tegen de vervoerder slechts een vordering wegens aansprakelijkheid, ongeacht de rechtsgrond, worden ingesteld onder de voorwaarden en beperkingen van deze titel.

2. Hetzelfde geldt voor een vordering ingesteld tegen de ondergeschikten en de andere personen voor wie de vervoerder krachtens artikel 1586 aansprakelijk is.

Afdeling 4
Uitoefening van rechten

Art. 1588

1. Wanneer een gedeeltelijk verlies of een beschadiging door de vervoerder wordt ontdekt of vermoed of door de rechthebbende wordt beweerd, moet de vervoerder onverwijld en zo mogelijk in aanwezigheid van de rechthebbende een proces-verbaal opmaken dat naargelang de aard van de schade, de toestand van de zaken en zo mogelijk de omvang, de oorzaak en het tijdstip van ontstaan van de schade vermeldt.

2. Een afschrift van dit proces-verbaal moet kosteloos aan de rechthebbende worden verstrekt.

3. Wanneer de rechthebbende niet met de vermeldingen in het proces-verbaal instemt, is artikel 1135 van overeenkomstige toepassing.

Art. 1589

1. Vorderingen buiten rechte met betrekking tot de vervoerovereenkomst moeten schriftelijk worden ingediend bij de vervoerder tegen wie de rechtsvordering kan worden ingesteld.

2. Vorderingen buiten rechte kunnen ingediend worden door de personen die gerechtigd zijn rechtsvorderingen in te stellen tegen de vervoerder.

3. De afzender die een vordering buiten rechte indient, moet het duplicaat-vrachtbrief overleggen. Bij gebreke daarvan moet hij de machtiging van de geadresseerde overleggen of bewijzen dat deze laatste de zaken heeft geweigerd.

4. De geadresseerde die een vordering buiten rechte indient, moet de vrachtbrief overleggen, indien deze aan hem is afgegeven.

5. De vrachtbrief, de duplicaat-vrachtbrief en de overige bescheiden die de rechthebbende bij zijn vordering buiten rechte wil voegen, moeten worden overgelegd in origineel of in voorkomend geval op verzoek van de vervoerder, in een naar behoren gewaarmerkt afschrift.

6. Bij de regeling van de vordering buiten rechte kan de vervoerder de overlegging van het origineel van de vrachtbrief, de duplicaat-vrachtbrief of het remboursbewijs verlangen om er de regeling op te vermelden.

Art. 1590

1. Behoudens de leden 3 en 4, zijn tot het instellen van de op de vervoerovereenkomst gegronde rechtsvorderingen gerechtigd:

a. de afzender tot het tijdstip waarop de geadresseerde

i. de vrachtbrief in ontvangst heeft genomen,

ii. de zaken heeft aangenomen of

iii. de hem krachtens artikel 1565 lid 3 of artikel 1566 lid 3 toekomende rechten heeft doen gelden;

b. de geadresseerde vanaf het tijdstip waarop hij

i. de vrachtbrief in ontvangst heeft genomen,

ii. de zaken heeft aangenomen of

iii. de hem krachtens artikel 1565 lid 3 of artikel 1566 lid 3 toekomende rechten heeft doen gelden.

2. Het recht van de geadresseerde om een rechtsvordering in te stellen, vervalt zodra de door hem overeenkomstig artikel 1566 lid 5 aangewezen persoon de vrachtbrief in ontvangst heeft genomen, de zaken heeft aangenomen of de hem krachtens artikel 1565 lid 3 toekomende rechten heeft doen gelden.

3. De rechtsvordering tot terugbetaling van een bedrag dat op grond van de vervoerovereenkomst betaald is, komt slechts toe aan degene die de betaling heeft gedaan.

4. De rechtsvordering met betrekking tot rembours komt slechts toe aan de afzender.

5. Om rechtsvorderingen in te stellen moet de afzender de duplicaat-vrachtbrief overleggen. Bij gebreke daarvan moet hij een machtiging van de geadresseerde overleggen of bewijzen dat deze laatste de zaken heeft geweigerd. Indien nodig moet de afzender het bewijs leveren van het ontbreken of het verlies van de vrachtbrief.

6. Om rechtsvorderingen in te stellen moet de geadresseerde de vrachtbrief overleggen, indien deze aan hem is afgegeven.

B8 art. 1591 **Burgerlijk Wetboek Boek 8**

Art. 1591

Instellen rechtsvordering bij goederenvervoer over spoorwegen

1. Behoudens de leden 3 en 4, kunnen de op de vervoerovereenkomst gegronde rechtsvorderingen uitsluitend worden ingesteld tegen de eerste of laatste vervoerder of tegen de vervoerder die dat deel van het vervoer verrichtte gedurende welke het feit dat tot de rechtsvordering heeft geleid, zich heeft voorgedaan.

2. Wanneer in geval het vervoer wordt verricht door opvolgende vervoerders, de vervoerder die de zaken moet afleveren met zijn instemming is ingeschreven op de vrachtbrief, kan overeenkomstig lid 1 de rechtsvordering tegen hem worden ingesteld, zelfs als hij de zaken of de vrachtbrief niet heeft ontvangen.

3. De rechtsvordering tot terugbetaling van een krachtens de vervoerovereenkomst betaald bedrag kan worden ingesteld tegen de vervoerder die dit bedrag heeft geïnd of tegen degene ten voordele van wie dit bedrag is geïnd.

4. De rechtsvordering ter zake van rembours kan alleen worden ingesteld tegen de vervoerder die de zaken op de plaats van afzending ten vervoer heeft aangenomen.

5. De rechtsvordering kan tegen een andere dan de in de leden 1 en 4 bedoelde vervoerders worden ingesteld als tegeneis of als verweer in een geding over een op dezelfde vervoerovereenkomst gegronde vordering.

6. Voorzover deze titel van toepassing is op de ondervervoerder, kan tegen hem eveneens een rechtsvordering worden ingesteld.

7. Indien de eiser de keuze heeft tussen meer vervoerders, vervalt zijn keuzerecht zodra de rechtsvordering tegen een van hen is ingesteld; dit geldt eveneens indien de eiser de keuze heeft tussen een of meer vervoerders en een ondervervoerder.

Art. 1592

Vermoeden van tijdige ontvangst/ontvangst in goede staat bij goederenvervoer over spoorwegen

1. Door de inontvangstneming van de zaken door de rechthebbende wordt deze vermoed de zaken in goede staat en op tijd te hebben ontvangen.

2. Dit vermoeden kan slechts worden weerlegd:
a. in geval van gedeeltelijk verlies of beschadiging, indien
i. het verlies of de beschadiging overeenkomstig artikel 1588 is vastgesteld vóór de inontvangstneming van de zaken door de rechthebbende;
ii. de vaststelling, die overeenkomstig artikel 1588 had moeten geschieden, slechts door de schuld van de vervoerder achterwege is gebleven;
b. in geval van uiterlijk niet waarneembare schade, die is vastgesteld na de inontvangstneming van de zaken door de rechthebbende, indien deze
i. de vaststelling overeenkomstig artikel 1588 onmiddellijk na de ontdekking van de schade en uiterlijk binnen zeven dagen na de inontvangstneming van de zaken verlangt, en
ii. bovendien bewijst, dat de schade tussen de aanneming ten vervoer van de zaken en de aflevering is ontstaan;
c. in geval van overschrijding van de afleveringstermijn, indien de rechthebbende zijn rechten binnen zestig dagen bij een van de in artikel 1591 lid 1 bedoelde vervoerders heeft doen gelden;
d. indien de rechthebbende bewijst dat de schade is ontstaan uit een handeling of nalaten van de vervoerder geschied hetzij met het opzet die schade te veroorzaken, hetzij roekeloos en met de wetenschap dat die schade er waarschijnlijk uit zal voortvloeien.

3. Indien de zaken overeenkomstig artikel 1576 doorgezonden zijn, vervallen de vorderingen uit een der voorafgaande vervoerovereenkomsten in geval van gedeeltelijk verlies of beschadiging als betrof het een enkele overeenkomst.

Afdeling 5
Onderlinge betrekkingen tussen de vervoerders

Art. 1593

Onderlinge betrekkingen vervoerders bij goederenvervoer over spoorwegen

1. Elke vervoerder moet aan de betrokken vervoerders het hun toekomende aandeel betalen van de kosten of andere uit de vervoerovereenkomst ontstane schuldvorderingen, die hij ofwel bij vertrek, ofwel bij aankomst heeft geïnd of had moeten innen. De wijze van betaling wordt in een overeenkomst tussen de vervoerders vastgelegd.

2. Artikel 1560 is eveneens van toepassing op de betrekkingen tussen opvolgende vervoerders.

Art. 1594

Recht van regres bij goederenvervoer over spoorwegen

1. De vervoerder die krachtens deze titel een schadevergoeding heeft betaald, heeft recht van regres jegens de bij het vervoer betrokken vervoerders overeenkomstig de volgende bepalingen:
a. de vervoerder die de schade heeft veroorzaakt, is daarvoor alleen aansprakelijk;
b. wanneer de schade is veroorzaakt door meer vervoerders, is ieder van hen aansprakelijk voor de door hem veroorzaakte schade; is deze toedeling niet mogelijk, dan wordt de schadevergoeding onder hen volgens onderdeel c verdeeld;

c. indien niet kan worden bewezen welke vervoerder de schade heeft veroorzaakt, wordt de schadevergoeding onder alle bij het vervoer betrokken vervoerders verdeeld, met uitsluiting van hen die bewijzen, dat de schade niet door hen is veroorzaakt; de verdeling geschiedt naar evenredigheid van het aandeel in de vrachtprijs dat aan iedere vervoerder toekomt.

2. In geval van onvermogen om te betalen van een van de vervoerders wordt het te zijnen laste komende en door hem niet betaalde aandeel onder de andere bij het vervoer betrokken vervoerders verdeeld naar evenredigheid van het aandeel in de vrachtprijs dat aan ieder van hen toekomt.

Art. 1595

[Dit artikel is gewijzigd in verband met de invoering van digitaal procederen. Zie voor de procedures en gerechten waarvoor digitaal procederen geldt het Overzicht gefaseerde inwerkingtreding op www.rijksoverheid.nl/KEI.]

1. De gegrondheid van de betaling verricht door de vervoerder die krachtens artikel 1594 het regres uitoefent, kan niet betwist worden door de vervoerder tegen wie het bedoeld regres wordt uitgeoefend, wanneer de schadevergoeding door de rechter is vastgesteld en wanneer deze laatstgenoemde vervoerder, naar behoren opgeroepen, de mogelijkheid is geboden tot tussenkomst in het geding. De rechter bij wie de hoofdvordering aanhangig is, stelt de termijnen voor de bezorging of betekening van het oproepingsbericht en voor de tussenkomst vast.

Uitoefening regres bij goederenvervoer over spoorwegen

2. De vervoerder die het regres uitoefent, moet zijn vordering instellen in één en hetzelfde geding tegen alle vervoerders met wie hij geen schikking heeft getroffen, op straffe van verlies van regres jegens de niet opgeroepen vervoerders.

3. De rechter beslist in één uitspraak over alle bij hem aanhangige regresvorderingen.

4. Regresvorderingen kunnen niet aanhangig worden gemaakt door het instellen van een rechtsvordering in het geding dat de rechthebbende heeft ingesteld om schadevergoeding te verlangen op grond van de vervoerovereenkomst.

[Voor overige gevallen luidt het artikel als volgt:]

Artikel 1595

1. De gegrondheid van de betaling verricht door de vervoerder die krachtens artikel 1594 het regres uitoefent, kan niet betwist worden door de vervoerder tegen wie het bedoeld regres wordt uitgeoefend, wanneer de schadevergoeding door de rechter is vastgesteld en wanneer deze laatstgenoemde vervoerder, naar behoren gedagvaard, de mogelijkheid is geboden tot tussenkomst in het geding. De rechter bij wie de hoofdvordering aanhangig is, stelt de termijnen voor de betekening van de dagvaarding en voor de tussenkomst vast.

2. De vervoerder die het regres uitoefent, moet zijn vordering instellen in één en hetzelfde geding tegen alle vervoerders met wie hij geen schikking heeft getroffen, op straffe van verlies van regres jegens de niet gedagvaarde vervoerders.

3. De rechter beslist in één uitspraak over alle bij hem aanhangige regresvorderingen.

4. Regresvorderingen kunnen niet aanhangig worden gemaakt door het instellen van een rechtsvordering in het geding dat de rechthebbende heeft ingesteld om schadevergoeding te verlangen op grond van de vervoerovereenkomst.

Art. 1596

De vervoerders kunnen onderling overeenkomsten afsluiten die afwijken van de artikelen 1593 en 1594.

Afwijkende overeenkomst tussen vervoerders bij goederenvervoer over spoorwegen

Titel 19 Ongevallen

Afdeling 1 *Aansprakelijkheid voor spoorvoertuigen en spoorweginfrastructuur*

Art. 1661

1. De aansprakelijkheid op grond van artikel 173 van Boek 6 ten aanzien van een spoorvoertuig, dat bij een spoorwegonderneming in gebruik is, rust op die spoorwegonderneming. Is het spoorvoertuig in gebruik bij een bedrijf van andere aard, dan rust deze aansprakelijkheid op dit andere bedrijf. Wordt het spoorvoertuig gebruikt door het ter beschikking te stellen voor gebruik in de uitoefening van het bedrijf van een ander, dan rust die aansprakelijkheid op die ander.

Aansprakelijkheid bij ongevallen bij goederenvervoer over spoorwegen

2. De aansprakelijkheid op grond van artikel 174 van Boek 6 ten aanzien van de spoorweginfrastructuur rust op de beheerder.

Afdeling 2
Gevaarlijke stoffen aan boord van een spoorrijtuig

Art. 1670

Begripsbepalingen In deze afdeling wordt verstaan onder:
a. "*gevaarlijke stof*": een stof die als zodanig bij algemene maatregel van bestuur is aangewezen; de aanwijzing kan worden beperkt tot bepaalde concentraties van de stof, tot bepaalde in de algemene maatregel van bestuur te omschrijven gevaren die aan de stof verbonden zijn, en tot bepaalde daarin te omschrijven situaties waarin de stof zich bevindt;
b. "*spoorvoertuig*": elk voertuig, ingericht om op spoorstaven te rijden;
c. "*schade*":
1°. schade veroorzaakt door dood of letsel van enige persoon veroorzaakt door een gevaarlijke stof;
2°. andere schade buiten het spoorvoertuig aan boord waarvan de gevaarlijke stof zich bevindt, veroorzaakt door die gevaarlijke stof, met uitzondering van verlies van of schade met betrekking tot andere spoorvoertuigen en zaken aan boord daarvan, indien die spoorvoertuigen deel uitmaken van een trein, waarvan ook dit spoorvoertuig deel uitmaakt;
3°. de kosten van preventieve maatregelen en verlies of schade veroorzaakt door zulke maatregelen;
d. "*preventieve maatregel*": iedere redelijke maatregel ter voorkoming of beperking van schade door wie dan ook genomen met uitzondering van de overeenkomstig deze afdeling aansprakelijke persoon nadat een gebeurtenis heeft plaatsgevonden;
e. "*gebeurtenis*": elk feit of elke opeenvolging van feiten met dezelfde oorzaak, waardoor schade ontstaat of waardoor een ernstige en onmiddellijke dreiging van schade ontstaat.
(Zie ook: art. 197 BW Boek 6; artt. 620, 1030, 1210 BW Boek 8; Uitv.besl. Agsm)

Art. 1671

Werkingssfeer **1.** Deze afdeling is niet van toepassing, indien de spoorwegonderneming jegens degene die de vordering instelt, aansprakelijk is uit hoofde van een exploitatieovereenkomst of jegens deze persoon een beroep op een exploitatieovereenkomst heeft.
2. Deze afdeling is van toepassing op de periode waarin een gevaarlijke stof zich in een spoorvoertuig bevindt, daaronder begrepen de periode vanaf het begin van de inlading van de gevaarlijke stof in het spoorvoertuig tot het einde van de lossing van die stof uit het spoorvoertuig.
3. Deze afdeling is niet van toepassing op schade veroorzaakt wanneer het spoorvoertuig uitsluitend wordt gebruikt op een niet voor publiek toegankelijk terrein en zulk gebruik een onderdeel vormt van een op dat terrein plaatsvindende bedrijfsuitoefening.
4. Op zich overeenkomstig het tweede lid aan boord bevindende stoffen als bedoeld in artikel 175 van Boek 6 is dat artikel niet van toepassing, tenzij zich het geval van het derde lid voordoet.
(Zie ook: artt. 621, 1031, 1211 BW Boek 8)

Art. 1672

Gevaarlijke stof aan boord van een spoorrijtuig Indien een gevaarlijke stof zich bevindt in een vervoermiddel dat zich aan boord van een spoorvoertuig bevindt zonder dat de gevaarlijke stof uit dit gestapelde vervoermiddel wordt gelost, zal de gevaarlijke stof voor die periode geacht worden zich alleen aan boord van genoemd spoorvoertuig te bevinden. Gedurende de handelingen bedoeld in artikel 1673, vijfde lid, onderdelen c, d en e, echter zal de gevaarlijke stof geacht worden zich alleen aan boord van het gestapelde vervoermiddel te bevinden.
(Zie ook: artt. 622, 1032, 1212 BW Boek 8)

Art. 1673

Aansprakelijkheid spoorwegonderneming bij gevaarlijke stoffen aan boord spoorrijtuig **1.** De spoorwegonderneming die ten tijde van een gebeurtenis met een spoorvoertuig aan boord waarvan zich een gevaarlijke stof bevindt, de zeggenschap heeft over het gebruik van dat spoorvoertuig, is aansprakelijk voor de schade door deze stof veroorzaakt ten gevolge van deze gebeurtenis. Indien de gevaarlijke stof zich bevindt in een spoorvoertuig, voortbewogen door middel van tractie, berust de zeggenschap over het gebruik van dat spoorvoertuig bij de spoorwegonderneming die de zeggenschap over de tractie heeft. Bestaat de gebeurtenis uit een opeenvolging van feiten met dezelfde oorzaak, dan rust de aansprakelijkheid op de spoorwegonderneming die ten tijde van het eerste feit de zeggenschap over het gebruik van het spoorvoertuig had.
2. De spoorwegonderneming is niet aansprakelijk indien:
a. de schade is veroorzaakt door een oorlogshandeling, vijandelijkheden, burgeroorlog, opstand of natuurgebeuren van uitzonderlijke, onvermijdelijke en onweerstaanbare aard;
b. de schade uitsluitend is veroorzaakt door een handelen of nalaten van een derde, niet zijnde een persoon genoemd in het vijfde lid, onderdeel a, geschied met het opzet de schade te veroorzaken;
c. de afzender of enige andere persoon niet heeft voldaan aan zijn verplichting hem in te lichten over de gevaarlijke aard van de stof, en noch de spoorwegonderneming, noch de in het vijfde

lid, onderdeel *a*, genoemde personen wisten of hadden behoren te weten dat deze gevaarlijk was.

3. Indien de spoorwegonderneming bewijst dat de schade geheel of gedeeltelijk het gevolg is van een handelen of nalaten van de persoon die de schade heeft geleden, met het opzet de schade te veroorzaken, of van de schuld van die persoon, kan hij geheel of gedeeltelijk worden ontheven van zijn aansprakelijkheid tegenover die persoon.

4. De spoorwegonderneming kan voor schade slechts uit anderen hoofde dan deze afdeling worden aangesproken in het geval van het tweede lid, onderdeel c, alsmede in het geval dat hij uit hoofde van arbeidsovereenkomst kan worden aangesproken. In het geval van het tweede lid, onderdeel c, kan de spoorwegonderneming deze aansprakelijkheid beperken als ware hij op grond van deze afdeling aansprakelijk.

5. Behoudens de artikelen 1674 en 1675 zijn voor schade niet aansprakelijk:

a. de ondergeschikten, vertegenwoordigers of lasthebbers van de spoorwegonderneming,

b. ieder die ten behoeve van het spoorrijtuig werkzaamheden verricht,

c. zij die anders dan tegen een uitdrukkelijk en redelijk verbod vanwege de spoorwegonderneming in hulp verlenen aan het spoorrijtuig, de zich aan boord daarvan bevindende zaken of personen,

d. zij die op aanwijzing van een bevoegde overheidsinstantie hulp verlenen aan het spoorrijtuig, de zich aan boord daarvan bevindende zaken of personen,

e. zij die preventieve maatregelen nemen met uitzondering van de spoorwegonderneming,

f. de ondergeschikten, vertegenwoordigers of lasthebbers van de in dit lid, onderdelen *b*, *c*, *d* en *e*, van aansprakelijkheid vrijgestelde personen, tenzij de schade is ontstaan uit hun eigen handelen of nalaten, geschied hetzij met het opzet die schade te veroorzaken, hetzij roekeloos en met de wetenschap dat die schade er waarschijnlijk uit zou voortvloeien.

6. De spoorwegonderneming heeft, voor zover niet anders is overeengekomen, verhaal op de in het zesde lid bedoelde personen, doch uitsluitend indien dezen ingevolge het slot van dit lid voor de schade kunnen worden aangesproken.

(Zie ook: artt. 170, 172, 175 BW Boek 6; artt. 623, 1033, 1213, 1672 BW Boek 8)

7. Voor de toepassing van dit en het volgende artikel wordt de beheerder van de door de spoorwegonderneming gebruikte spoorweginfrastructuur begrepen onder de in lid 5 onder a bedoelde personen.

Art. 1674

1. Indien de spoorwegonderneming bewijst dat de gevaarlijke stof tijdens de periode bedoeld in artikel 1671, tweede lid, is geladen of gelost onder de uitsluitende verantwoordelijkheid van een door hem bij name genoemde ander dan de spoorwegonderneming of zijn ondergeschikte, vertegenwoordiger of lasthebber, zoals de afzender of ontvanger, is de spoorwegonderneming niet aansprakelijk voor de schade als gevolg van een gebeurtenis tijdens het laden of lossen van de gevaarlijke stof en is die ander voor deze schade aansprakelijk overeenkomstig deze afdeling.

(Zie ook: art. 182 BW Boek 6)

2. Indien echter de gevaarlijke stof tijdens de periode bedoeld in artikel 1671, tweede lid, is geladen of gelost onder de gezamenlijke verantwoordelijkheid van de spoorwegonderneming en een door de spoorwegonderneming bij name genoemde ander, zijn de spoorwegonderneming en die ander hoofdelijk aansprakelijk overeenkomstig deze afdeling voor de schade als gevolg van een gebeurtenis tijdens het laden of lossen van de gevaarlijke stof.

3. Indien is geladen of gelost door een persoon in opdracht of ten behoeve van de vervoerder of een ander, zoals de afzender of de ontvanger, is niet deze persoon, maar de vervoerder of die ander aansprakelijk.

4. Indien een ander dan de spoorwegonderneming op grond van het eerste of het tweede lid aansprakelijk is, kan die ander geen beroep doen op artikel 1673, vijfde lid en zesde lid, onderdeel b.

5. Indien een ander dan de spoorwegonderneming op grond van het eerste of het tweede lid aansprakelijk is, zijn ten aanzien van die ander de artikelen 1678 tot en met 1680 van overeenkomstige toepassing, met dien verstande dat in geval van hoofdelijke aansprakelijkheid:

a. de beperking van aansprakelijkheid als bepaald krachtens artikel 1678, eerste lid, geldt voor het geheel der naar aanleiding van eenzelfde gebeurtenis ontstane vorderingen gericht tegen beiden;

b. een fonds gevormd door één van hen overeenkomstig artikel 1679 wordt aangemerkt als door beiden te zijn gevormd en zulks ten aanzien van de vorderingen waarvoor het fonds werd gesteld.

6. In de onderlinge verhouding tussen de spoorwegonderneming en de in het tweede lid van dit artikel genoemde ander is de spoorwegonderneming niet tot vergoeding verplicht dan in geval van schuld van hemzelf of van zijn ondergeschikten, vertegenwoordigers of lasthebbers.

Uitsluiting aansprakelijkheid spoorwegonderneming bij gevaarlijke stoffen aan boord spoorrijtuig

B8 *art. 1675* **Burgerlijk Wetboek Boek 8**

7. Dit artikel is niet van toepassing als tijdens de periode, bedoeld in artikel 1671, tweede lid, is geladen of gelost onder de uitsluitende of gezamenlijke verantwoordelijkheid van een persoon, genoemd in artikel 1673, zesde lid, onderdeel c, d of e.
(Zie ook: artt. 624, 1034, 1214 BW Boek 8)

Art. 1675

Aansprakelijkheid afzender/derde bij gevaarlijke stoffen aan boord spoorrijtuig

Indien ingevolge artikel 1673, derde lid, onderdeel c, de spoorwegonderneming niet aansprakelijk is, is de afzender of andere persoon aansprakelijk overeenkomstig deze afdeling en zijn te diens aanzien de artikelen 1678 tot en met 1680 van overeenkomstige toepassing. De afzender of andere persoon kan geen beroep doen op artikel 1673, vijfde lid.
(Zie ook: artt. 625, 1035, 1215 BW Boek 8)

Art. 1676

Schadeoorzaken bij gevaarlijke stoffen aan boord spoorrijtuig

Indien schade veroorzaakt door de gevaarlijke stof redelijkerwijis niet kan worden gescheiden van schade anderszins veroorzaakt, zal de gehele schade worden aangemerkt als schade in de zin van deze afdeling.
(Zie ook: artt. 626, 1036, 1216 BW Boek 8)

Art. 1677

Hoofdelijke aansprakelijkheid bij gevaarlijke stoffen aan boord spoorrijtuig

1. Wanneer door een gebeurtenis schade is veroorzaakt door gevaarlijke stoffen aan boord van een of meer spoorvoertuigen en een of meer voertuigen dan wel luchtkussenvoertuigen, zijn de spoorwegondernemingen die over het gebruik van die spoorvoertuigen de zeggenschap hadden, en de exploitanten van die voertuigen of luchtkussenvoertuigen, onverminderd het bepaalde in artikel 1673, tweede en derde lid, en artikel 1674 en afdeling 1 van titel 14 bepaalde, hoofdelijk aansprakelijk voor alle schade waarvan redelijkerwijis niet kan worden aangenomen dat zij veroorzaakt is door gevaarlijke stoffen aan boord van een bepaald spoorvoertuig of aan boord van een bepaald voertuig of luchtkussenvoertuig.
(Zie ook: art. 182 BW Boek 6)

2. Het bepaalde in het eerste lid laat onverlet het beroep op beperking van aansprakelijkheid van de spoorwegonderneming of exploitant van dat voertuig of luchtkussenvoertuig krachtens deze afdeling of de artikelen 1218 tot en met 1220, ieder tot het voor hem geldende bedrag.
(Zie ook: artt. 627, 1037, 1217 BW Boek 8)

Art. 1678

Beperking aansprakelijkheid bij gevaarlijke stoffen aan boord spoorrijtuig

1. De spoorwegonderneming kan zijn aansprakelijkheid per gebeurtenis beperken tot een bij of krachtens algemene maatregel van bestuur te bepalen bedrag of bedragen die verschillend kunnen zijn voor vorderingen ter zake van dood of letsel en andere vorderingen.

2. De spoorwegonderneming is niet gerechtigd zijn aansprakelijkheid te beperken indien de schade is ontstaan uit zijn eigen handelen of nalaten, geschied hetzij met het opzet die schade te veroorzaken, hetzij roekeloos en met de wetenschap dat die schade er waarschijnlijk uit zou voortvloeien.
(Zie ook: artt. 1217, 1218 BW Boek 8; Uitv.besl. Agsm)

Art. 1679

Schadefonds(en) bij gevaarlijke stoffen aan boord spoorrijtuig

Ten einde zich te kunnen beroepen op de in artikel 1678 bedoelde beperking van aansprakelijkheid moet de spoorwegonderneming een fonds of fondsen vormen overeenkomstig artikel 1680.
(Zie ook: artt. 1217, 1219 BW Boek 8)

Art. 1680

Vaststelling bedrag aansprakelijkheid exploitant door rechtbank

1. Hij die gebruik wenst te maken van de hem in artikel 1678 gegeven bevoegdheid tot beperking van zijn aansprakelijkheid, verzoekt een rechtbank die bevoegd is kennis te nemen van de vorderingen tot vergoeding van schade, het bedrag waartoe zijn aansprakelijkheid is beperkt, vast te stellen en te bevelen dat tot een procedure ter verdeling van dit bedrag zal worden overgegaan.
(Zie ook: artt. 1217, 1220 BW Boek 8)

2. Op het verzoek en de procedure ter verdeling zijn de artikelen 642a, tweede tot en met vierde lid, 642b, 642c, 642e, eerste lid, 642f tot en met 642t, eerste lid, en 642u tot en met 642z van het Wetboek van Burgerlijke Rechtsvordering van overeenkomstige toepassing.

3. Indien het krachtens artikel 1678, eerste lid, bepaalde bedrag voor vorderingen ter zake van dood of letsel onvoldoende is voor volledige vergoeding van deze vorderingen, worden deze vorderingen in evenredigheid gekort en zal het krachtens artikel 1678, eerste lid, bepaalde bedrag voor andere vorderingen naar evenredigheid worden verdeeld onder de vorderingen en de vorderingen ter zake van dood of letsel, voor zover deze onvoldaan zouden zijn.

4. De vorderingen van de spoorwegonderneming ter zake van door hem vrijwillig en binnen de grenzen der redelijkheid gedane uitgaven en gebrachte offers ter voorkoming of beperking van schade staan in rang gelijk met andere vorderingen op het krachtens artikel 1678, eerste lid, bepaalde bedrag voor andere vorderingen dan die ter zake van dood of letsel.

VII Slotbepalingen

Titel 20
Verjaring en verval

Afdeling 1
Algemene bepalingen

Art. 1700

1. Een beding, waarbij een wettelijke termijn van verjaring of verval wordt gewijzigd, wordt aangemerkt als een beding ter wijziging van de aansprakelijkheid van hem, aan wie een beroep op deze termijn toekomt.

2. Behoudens artikel 1701 is ieder beding nietig, waarbij van het vorige lid wordt afgeweken.
(Zie ook: artt. 12, 382 BW Boek 8)

Verjaring/verval rechtsvorderingen bij verkeer en vervoer
Dwingend recht

Art. 1701

Een termijn, bij afloop waarvan een rechtsvordering verjaart of vervalt, kan worden verlengd bij overeenkomst tussen partijen, gesloten nadat het feit, dat de rechtsvordering heeft doen ontstaan, heeft plaatsgehad. In afwijking van het eerste lid van artikel 1700 wordt een dergelijke verlenging niet aangemerkt als een wijziging van aansprakelijkheid van hem aan wie een beroep op een dergelijke termijn toekomt.
(Zie ook: art. 1712 BW Boek 8)

Verlenging verjaring/verval rechtsvordering bij verkeer en vervoer

Art. 1702

Het feit, dat een schuldenaar opzettelijk het bestaan van de schuld voor de schuldeiser verborgen houdt, is niet van invloed op een termijn van verjaring of verval.

Opzettelijk verborgen houden van schuld bij verkeer en vervoer

Afdeling 2
Goederenvervoer

Art. 1710

In artikel 1711 en in de artikelen 1713 tot en met 1720 wordt verstaan onder:
a. vervoerovereenkomst: een overeenkomst van goederenvervoer als genoemd in de afdelingen 1 van titel 2, 2 van titel 5, 2 van titel 10, 2 van titel 13 dan wel 4 van titel 13.
b. vervoerder: een vervoerder bij een vervoerovereenkomst.
(Zie ook: art. 1170 BW boek 8)
c. afzender: een afzender, cognossementhouder, geadresseerde of ontvanger bij een vervoerovereenkomst.
d. dag van aflevering: dag waarop de onder de vervoerovereenkomst te vervoeren of vervoerde zaken uit het vervoermiddel zijn afgeleverd, dan wel, indien zij niet zijn afgeleverd, onder de al dan niet tot uitvoering gekomen vervoerovereenkomst hadden moeten zijn afgeleverd. Worden zaken na voortijdige beëindiging van de vervoerovereenkomst alsnog door de vervoerder in feite afgeleverd, dan geldt de dag dezer feitelijke aflevering als dag van aflevering. Worden zaken op grond van de artikelen 491, 957, 1133 of 1198 dan wel enig beding van dusdanige strekking verkocht, dan geldt de dag van de verkoop als dag van aflevering.
(Zie ook: artt. 25, 392, 398, 424, 425, 426, 908, 914, 934, 935, 936, 1111, 1118, 1188, 1712, 1722 BW Boek 8)

Begripsbepalingen

Art. 1711

Behoudens de artikelen 1712 en 1720 verjaart een op een vervoerovereenkomst gegronde rechtsvordering door verloop van één jaar.
(Zie ook: art. 306 BW Boek 3; artt. 1713, 1714, 1750 BW Boek 8; art. 32 CMR; art. 36 LVW)

Verjaring op vervoerovereenkomst gegronde rechtsvordering bij goederenvervoer

Art. 1712

1. De vervoerder bij een vervoerovereenkomst onder cognossement, als bedoeld in artikel 377, is in ieder geval van alle aansprakelijkheid, welke dan ook, met betrekking tot de vervoerde zaken ontheven, tenzij een rechtsvordering wordt ingesteld binnen één jaar, welke termijn begint met de aanvang van de dag volgende op de dag van aflevering of de dag waarop de zaken hadden moeten zijn afgeleverd.

2. In afwijking van het eerste lid kunnen rechtsvorderingen tot verhaal op een derde zelfs na afloop van de in dat lid genoemde termijn worden ingesteld gedurende een termijn van drie maanden, te rekenen van de dag waar op degene die een zodanige rechtsvordering tot verhaal instelt ten aanzien van het van hemzelf gevorderde de zaak heeft geregeld of waarop hij te dien aanzien in rechte is aangesproken.

Termijn op vervoerovereenkomst onder cognossement gegronde rechtsvordering bij goederenvervoer

B8 art. 1713 — Burgerlijk Wetboek Boek 8

3. De in het eerste lid bedoelde termijn kan worden verlengd bij overeenkomst tussen partijen, gesloten nadat de gebeurtenis die de rechtsvordering heeft doen ontstaan, heeft plaats gehad. *(Zie ook: artt. 382, 1701, 1711, 1720 BW Boek 8)*

Art. 1713

Verjaringstermijn rechtsvordering afzender tegen vervoerder bij goederenvervoer

1. Behoudens artikel 1716 en in afwijking van artikel 1717 begint in geval van een door een afzender tegen een vervoerder ingestelde rechtsvordering terzake van niet terbeschikkingstelling van het vervoermiddel of niet aanwezig zijn daarvan, de in artikel 1711 genoemde termijn met de aanvang van de dag, volgende op de dag dat het vervoermiddel ter beschikking gesteld had moeten zijn.

2. Het eerste lid is van overeenkomstige toepassing in geval van een door een afzender tegen een vervoerder ingestelde rechtsvordering terzake van het niet aanvangen van een verhuizing. *(Zie ook: artt. 390, 1109, 1186 BW Boek 8)*

Art. 1714

Afwijkende verjaringstermijn rechtsvordering gegrond op vervoerovereenkomst bij goederenvervoer

In afwijking van artikel 1717 en behoudens artikel 1719 begint de in artikel 1711 genoemde termijn met de aanvang van de dag, volgende op de dag van aflevering, indien het een rechtsvordering betreft terzake van het

a. ten vervoer ter beschikking stellen of ontvangen van bepaalde zaken, verschaffen van opgaven, inlichtingen of documenten betreffende deze zaken, betrachten van zorg ten aanzien van deze documenten, adresseren van bepaalde zaken of aanbrengen van gegevens op die zaken of op hun verpakking;

b. laden, behandelen, stuwen, herstuwen, vervoeren, lossen, opslaan, vernietigen of onschadelijk maken van bepaalde zaken dan wel berokkenen van schade door die zaken of door in- of uitladen daarvan;

c. afleveren van bepaalde zaken, verschaffen van middelen tot onderzoek en natellen daarvan, betalen van vracht daarover of van onkosten of extra-vergoedingen in verband met deze zaken, vergoeden van de in de artikelen 488, 951, 1129 of 1195 bedoelde schade en innen en afdragen van remboursgelden;

d. invullen, aanvullen, dateren, ondertekenen of afgeven van een cognossement, vrachtbrief, ontvangstbewijs of een soortgelijk document.

(Zie ook: artt. 1710, 1715, 1716 BW Boek 8)

Art. 1715

Schakelbepaling

In afwijking van artikel 1717 en behoudens artikel 1719 is op een rechtsvordering door de vervoerder of de afzender ingesteld met betrekking tot materiaal, dat van de zijde van de afzender ter beschikking moet worden gesteld of is gesteld, artikel 1714 van overeenkomstige toepassing met dien verstande, dat in geval de vervoerder volgens de overeenkomst niet tot teruggave van het materiaal verplicht is onder de dag van aflevering daarvan mede wordt verstaan de dag waarop dit materiaal te zijner beschikking werd gesteld.

Art. 1716

Aanvang verjaringstermijn rechtsvordering gegrond op vervoerovereenkomst bij goederenvervoer

In afwijking van de artikelen 1713 en 1717 begint de in artikel 1711 genoemde termijn in geval van een rechtsvordering terzake van schade geleden door opzegging of door voortijdige beëindiging van de vervoerovereenkomst zonder opzegging, met de aanvang van de dag volgende op de dag dat de overeenkomst eindigt.

(Zie ook: artt. 25, 392, 1111 t/m 1113, 1188 t/m 1190 BW Boek 8)

Art. 1717

Aanvang verjaringstermijn rechtsvordering gegrond op tijd-/reisbevrachting bij goederenvervoer

Behoudens de artikelen 1713 tot en met 1716, 1718, 1719 en 1822 begint in geval van een rechtsvordering gegrond op een tijdbevrachting de in artikel 1711 genoemde termijn met de aanvang van de dag, volgende op die waarop de uitvoering van de overeenkomst is geëindigd; in geval van een rechtsvordering gegrond op een reisbevrachting begint deze termijn met de aanvang van de dag volgende op die waarop de reis, naar aanleiding waarvan de vordering is ontstaan, is geëindigd.

(Zie ook: artt. 373, 892, 1193 BW Boek 8)

Art. 1718

Aanvang verjaringstermijn rechtsvordering bij schadevergoeding wegens schenden informatieverplichting bij goederenvervoer

In afwijking van artikel 1717 begint de in artikel 1711 genoemde termijn in geval van een rechtsvordering tot schadevergoeding, verschuldigd doordat aan een verplichting tot verwittigen of op de hoogte stellen niet werd voldaan, met de aanvang van de dag volgende op de dag waarop deze verplichting ontstond.

(Zie ook: art. 1721 BW Boek 8)

Art. 1719

Aanvang verjaringstermijn rechtsvordering bij schadevergoeding voor verlies/beschadiging vervoermiddel bij goederenvervoer

In afwijking van de artikelen 1714, 1715 en 1717 begint in geval van een door een vervoerder ingestelde rechtsvordering tot vergoeding van schade geleden door verlies of beschadiging van een vervoermiddel de in artikel 1711 genoemde termijn met de aanvang van de dag, volgende op die waarop het verlies of de beschadiging plaatsvond.

Art. 1720

1. Behoudens artikel 1712 begint ten behoeve van een vervoerder of een afzender, voor zover deze verhaal zoekt op een partij bij een exploitatieovereenkomst, als bedoeld in artikel 361, voor hetgeen door hem aan een derde is verschuldigd, een nieuwe termijn van verjaring of verval, welke drie maanden beloopt; deze termijn begint met de aanvang van de dag, volgende op de eerste der volgende dagen:

a. de dag waarop hij, die verhaal zoekt, aan de tot hem gerichte vordering heeft voldaan of
b. de dag waarop hij, die verhaal zoekt, terzake in rechte is aangesproken of
c. de dag waarop de verjaring, waarop hij, die verhaal zoekt, beroep zou kunnen doen, is gestuit of
d. de dag waarop de termijn van de verjaring of het verval van de rechtsvordering waarvoor verhaal wordt gezocht, is verlopen, waarbij geen rekening wordt gehouden met een mogelijkerwijs door partijen overeengekomen verlenging.

2. Het eerste lid kan er niet toe leiden, dat de voor rechtsvorderingen, gegrond op de desbetreffende exploitatieovereenkomst, geldende termijn van verjaring of verval eerder verstrijkt ten aanzien van de rechtsvordering tot verhaal die op die exploitatieovereenkomst is gegrond.

3. Voor de toepassing van dit artikel wordt een overeenkomst, waarbij door de ene partij een vervoermiddel anders dan bij wijze van bevrachting en anders dan bij wijze van een overeenkomst als bedoeld in artikel 1080 derde lid, ter beschikking wordt gesteld van haar wederpartij, als exploitatieovereenkomst aangemerkt en worden de partijen bij die overeenkomst aangemerkt als vervoerder en afzender.

(Zie ook: artt. 1741, 1754 BW Boek 8)

Art. 1721

1. Indien uit hoofde van de artikelen 1710 tot en met 1720 enige rechtsvordering in verschillende termijnen verjaart of vervalt dan wel te haren aanzien het begin van de termijn, waarbinnen de rechtsvordering verjaart of vervalt, verschilt, geldt die bepaling die de termijn van verjaring of verval het laatst doet eindigen.

2. Het vorige lid laat artikel 1712 onverlet.

Art. 1722

1. De artikelen 1710 tot en met 1721 zijn van toepassing op overeenkomsten van gecombineerd goederenvervoer, met dien verstande, dat onder afzender mede de houder van een CT-document wordt verstaan en onder dag van aflevering, de dag van aflevering onder de overeenkomst van gecombineerd goederenvervoer.

2. Indien bij een overeenkomst van gecombineerd goederenvervoer aan hem die de rechtsvordering instelt niet bekend is waar de omstandigheid, die tot de rechtsvordering aanleiding gaf, is opgekomen, wordt die der in aanmerking komende bepalingen van verjaring of verval toegepast die voor hem de gunstigste is.

3. Nietig is ieder beding, waarbij van het tweede lid van dit artikel wordt afgeweken.

(Zie ook: artt. 12, 40 BW Boek 8)

Art. 1727

1. Een rechtsvordering gegrond op een overeenkomst tot goederenvervoer over spoorwegen verjaart door verloop van één jaar. De verjaringstermijn bedraagt evenwel twee jaar indien de rechtsvordering:

a. strekt tot betaling van een door de vervoerder van de geadresseerde geïnd rembours;
b. strekt tot betaling van de opbrengst van een door de vervoerder verrichte verkoop;
c. gegrond is op een schade ontstaan uit een handeling of nalaten geschied hetzij met het opzet die schade te veroorzaken, hetzij roekeloos en met de wetenschap dat die schade er waarschijnlijk uit zal voortvloeien;
d. gegrond is op één van de aan de doorzending voorafgaande vervoerovereenkomsten, in het geval bedoeld in artikel 1576.

2. De verjaring neemt een aanvang bij rechtsvorderingen:
a. tot schadevergoeding wegens geheel verlies: op de dertigste dag na afloop van de afleveringstermijn;
b. tot schadevergoeding wegens gedeeltelijk verlies, beschadiging of overschrijding van de aflevering: op de dag van de aflevering;
c. in alle overige gevallen: op de dag waarop het recht kan worden uitgeoefend.
De als begin van de verjaringstermijn vermelde dag is nimmer in deze termijn begrepen.

3. Ingeval overeenkomstig artikel 1589 een schriftelijke vordering buiten rechte met de nodige bewijsstukken is ingediend, is de verjaring geschorst tot de dag waarop de vervoerder de vordering schriftelijk afwijst en de bijgevoegde stukken terugzendt. Bij gedeeltelijke erkenning van de vordering begint de verjaringstermijn weer te lopen voor het nog betwiste gedeelte van de vordering. Het bewijs van de ontvangst van de vordering of van het antwoord en van de teruggave van de stukken rust op de partij die zich daarop beroept. Latere vorderingen buiten rechte met dezelfde inhoud schorsen de verjaring niet.

Afdeling 3
Bijzondere exploitatieovereenkomsten

Art. 1730

Verjaringstermijn rechtsvordering gegrond op exploitatie zee- of binnenschip bij bijzondere exploitatie-overeenkomsten Schakelbepaling

1. Een rechtsvordering gegrond op een overeenkomst, als bedoeld in afdeling 4 van titel 5 of afdeling 4 van titel 10, verjaart door verloop van één jaar.

2. De artikelen 1710, 1713 tot en met 1722 en 1750 tot en met 1754 zijn van overeenkomstige toepassing.
(Zie ook: artt. 531, 991, 992, 994 BW Boek 8)

Afdeling 4
Overeenkomst tot het doen vervoeren van goederen

Art. 1740

Verjaringstermijn rechtsvordering bij overeenkomst goederenvervoer

1. Behoudens artikel 1741 verjaart een op een overeenkomst tot het doen vervoeren van goederen gegronde rechtsvordering door verloop van negen maanden.
(Zie ook: art. 60 BW Boek 8)

2. De in het eerste lid bedoelde termijn begint te lopen met de aanvang van de dag, volgende op de dag van aflevering. Voor de vaststelling van deze dag vindt artikel 1710 onder d overeenkomstige toepassing. Is de rechtsvordering echter gegrond op artikel 62 of op artikel 63, dan wel op enig beding van gelijke strekking, dan begint deze termijn met de aanvang van de dag, volgende op die waarop de opdrachtgever wist, dat de expediteur niet aan zijn verplichting tot het doen van mededelingen voldeed.

3. Is de rechtsvordering gegrond op artikel 65 of artikel 68, dan begint de termijn met de aanvang van de dag, volgende op de dag dat de overeenkomst tot het doen vervoeren van goederen eindigt.
(Zie ook: art. 1711 BW Boek 8)

Art. 1741

Afwijkende verjarings-/vervaltermijn rechtsvordering bij overeenkomst goederenvervoer

1. Ten behoeve van een partij bij een overeenkomst tot het doen vervoeren van goederen, voor zover deze verhaal zoekt op haar wederpartij voor hetgeen door haar aan een derde is verschuldigd, begint een nieuwe termijn van verjaring of verval, welke drie maanden beloopt; deze termijn begint met de aanvang van de dag, volgende op de eerste der volgende dagen:
a. de dag waarop hij, die verhaal zoekt, aan de tot hem gerichte vordering heeft voldaan of
b. de dag waarop hij, die verhaal zoekt, terzake in rechte is aangesproken of
c. de dag waarop de verjaring, waar op hij, die verhaal zoekt, beroep zou kunnen doen, is gestuit of
d. de dag waarop de termijn van de verjaring of het verval van de rechtsvordering waarvoor verhaal wordt gezocht, is verlopen, waarbij geen rekening wordt gehouden met een mogelijkerwijs door partijen overeengekomen verlenging.

2. Het eerste lid kan er niet toe leiden, dat de voor rechtsvorderingen, gegrond op de desbetreffende overeenkomst tot het doen vervoeren van goederen, geldende termijn van verjaring of verval eerder verstrijkt ten aanzien van de rechtsvordering tot verhaal die op die overeenkomst tot het doen vervoeren van goederen is gegrond.
(Zie ook: artt. 60, 1720, 1754 BW Boek 8)

Afdeling 5
Vervoer van personen

Art. 1750

Verjaringstermijn rechtsvordering gegrond op overeenkomst personenvervoer

1. Behoudens de artikelen 1751 tot en met 1754 verjaart een op een overeenkomst van personenvervoer, als genoemd in de afdelingen 4 van titel 2, 5 van titel 2, 3 van titel 10 en 3 van titel 13, gegronde rechtsvordering door verloop van één jaar, welke termijn begint met de aanvang van de dag, volgende op die waarop de reiziger het vervoermiddel heeft verlaten of had moeten verlaten.

2. In afwijking van het eerste lid zijn op de verjaring van een rechtsvordering terzake van het vervoer van bagage, geen hut- of handbagage in de zin van de artikelen 100, 500, 970 of 1141, noch een als bagage ten vervoer aangenomen voertuig of schip of levend dier zijnde, de artikelen 1710 tot en met 1722 van overeenkomstige toepassing.
(Zie ook: artt. 8, 510, 980, 1154 BW Boek 8)

Art. 1750a

1. Elke rechtsvordering tot schadevergoeding op grond van afdeling 3 van titel 5, die voortvloeit uit dood of letsel van de reiziger, of uit verlies of beschadiging van de bagage, verjaart na een termijn van twee jaar.

Verjaringstermijn rechtsvordering bij dood/letsel reiziger en verlies/schade bagage bij personenvervoer

2. De verjaringstermijn begint te lopen:
a. bij letsel, vanaf de datum van ontscheping van de reiziger;
b. bij overlijden tijdens het vervoer, vanaf de datum waarop de reiziger had moeten ontschepen en, in geval van een tijdens het vervoer opgelopen letsel dat de dood van de reiziger na zijn ontscheping tot gevolg heeft, vanaf de datum van het overlijden; de verjaringstermijn mag evenwel niet langer zijn dan 3 jaar te rekenen vanaf de datum van ontscheping;
c. bij verlies of beschadiging van bagage, vanaf de ontschepingsdatum of de datum waarop deze had moeten plaatsvinden, waarbij de laatste van die twee data in aanmerking wordt genomen.

3. Verlenging of stuiting van de verjaring heeft niet tot gevolg dat een rechtsvordering uit hoofde van afdeling 3 van titel 5 kan worden ingesteld na verloop van een van de volgende termijnen:
a. een termijn van vijf jaar te rekenen vanaf de datum van de ontscheping van de reiziger of de datum waarop die had moeten plaatsvinden, waarbij de laatste van die twee data in aanmerking wordt genomen; dan wel, indien eerder
b. een termijn van drie jaar te rekenen vanaf de datum waarop de eiser op de hoogte was van het door het incident veroorzaakte letsel, verlies of schade of hiervan redelijkerwijze op de hoogte had moeten zijn.

4. Ongeacht de bepalingen van de leden 1, 2 en 3 van dit artikel kan de verjaringstermijn worden verlengd op grond van een verklaring van de vervoerder of een overeenkomst die tussen de partijen wordt gesloten nadat de grond voor een aanspraak is ontstaan. Deze verklaring of overeenkomst wordt schriftelijk opgesteld.

Art. 1751

1. Een rechtsvordering jegens de vervoerder terzake van aan een reiziger overkomen letsel verjaart door verloop van drie jaren, welke termijn begint met de aanvang van de dag, volgende op de dag van het de reiziger overkomen voorval of ongeval.

Verjaringstermijn rechtsvordering bij letsel/dood reiziger bij personenvervoer

2. Een rechtsvordering jegens de vervoerder terzake van dood van een reiziger verjaart door verloop van drie jaren, welke termijn begint met de aanvang van de dag, volgende op de dag van overlijden van de reiziger, doch welke niet langer loopt dan vijf jaren beginnend met de aanvang van de dag, volgende op de dag van het de reiziger overkomen voorval of ongeval.
(Zie ook: artt. 81, 105, 504, 974, 1174 BW Boek 8; art. 36 LVW)

Art. 1752

In geval van bevrachting strekkende tot het vervoer van personen zijn de artikelen 1713 eerste lid, 1716 tot en met 1719 en 1721 van overeenkomstige toepassing.
(Zie ook: artt. 502, 927, 1144 BW Boek 8)

Schakelbepaling

Art. 1753

1. Een rechtsvordering jegens een vervoerder terzake van dood of letsel van de reiziger of terzake van hut- of handbagage in de zin van artikel 100, 500, 970 of artikel 1141, dan wel terzake van een als bagage ten vervoer aangenomen voertuig, schip of levend dier vervalt indien de rechthebbende niet binnen een termijn van drie maanden aan de vervoerder kennis heeft gegeven van het aan de reiziger overkomen voorval of ongeval.

Vervaltermijn rechtsvordering bij letsel/dood reiziger bij personenvervoer

2. De in het eerste lid genoemde termijn begint met de aanvang van de dag, volgende op de dag van het voorval of ongeval.

3. Het eerste lid van dit artikel blijft buiten toepassing indien
a. de rechthebbende binnen de in het eerste lid genoemde termijn schriftelijk bij de vervoerder een vordering heeft ingediend;
b. het voorval of ongeval te wijten is aan schuld van de vervoerder;
c. van het voorval of ongeval geen kennis is gegeven of niet binnen de in het eerste lid genoemde termijn kennis is gegeven, het één of het ander door omstandigheden, die niet voor rekening van de rechthebbende komen;
d. de vervoerder binnen de in het eerste lid genoemde termijn uit anderen hoofde kennis had van het voorval of ongeval.

4. Voor de toepassing van dit artikel wordt een omstandigheid als bedoeld in de artikelen 106 eerste lid onder b, 505, 975 en 1150 aangemerkt als een aan de reiziger overkomen voorval of ongeval.

Art. 1754

Afwijkende verval-/verjaringstermijn bij verhaal door betrokken partij bij personenvervoer

1. Ten behoeve van een vervoerder van personen, een wederpartij van een zodanige vervoerder of een reiziger, voor zover deze verhaal zoekt op een partij bij een exploitatieovereenkomst, als bedoeld in artikel 361, dan wel op een reiziger voor hetgeen door hem aan een derde is verschuldigd, begint een nieuwe termijn van verjaring of verval, welke drie maanden beloopt; deze termijn begint met de aanvang van de dag, volgende op de eerste der volgende dagen:
a. de dag waarop hij, die verhaal zoekt, aan de tot hem gerichte vordering heeft voldaan of
b. de dag waarop hij, die verhaal zoekt, terzake in rechte is aangesproken of
c. de dag waarop de verjaring, waarop hij, die verhaal zoekt, beroep zou kunnen doen, is gestuit of
d. de dag waarop de termijn van de verjaring of het verval van de rechtsvordering waarvoor verhaal wordt gezocht, is verlopen, waarbij geen rekening wordt gehouden met een mogelijkerwijs door partijen overeengekomen verlenging.

2. Het eerste lid kan er niet toe leiden, dat de voor rechtsvorderingen, gegrond op de desbetreffende exploitatieovereenkomst, geldende termijn van verjaring of verval eerder verstrijkt ten aanzien van de rechtsvordering tot verhaal die op die exploitatieovereenkomst is gegrond.

3. Voor de toepassing van dit artikel wordt een overeenkomst, waarbij door de ene partij een vervoermiddel anders dan bij wijze van bevrachting en anders dan bij wijze van een overeenkomst als bedoeld in artikel 1080 derde lid, ter beschikking wordt gesteld van haar wederpartij, als exploitatieovereenkomst aangemerkt en worden de partijen bij die overeenkomst aangemerkt als vervoerder en diens wederpartij of reiziger.

(Zie ook: artt. 1720, 1741 BW Boek 8)

Afdeling 7
Rederij

Art. 1770

Verjaringstermijn onderlinge rechtsvordering bij rederij

Een rechtsvordering tussen de leden ener rederij als zodanig en tussen deze leden en de boekhouder als zodanig verjaart door verloop van vijf jaren.

(Zie ook: artt. 160, 770 BW Boek 8)

Afdeling 8
Rechtsvorderingen jegens kapitein of schipper

Art. 1780

Verjaringstermijn rechtsvordering tegen kapitein/schipper

1. Een rechtsvordering tegen een kapitein of schipper terzake van schade door hem toegebracht in de uitoefening van zijn werkzaamheden verjaart door verloop van twee jaren, welke termijn begint met de aanvang van de dag, volgende op de dag waarop het schadeveroorzakende voorval plaatsvond.

2. Het eerste lid is niet van toepassing op rechtsvorderingen van de werkgever van de kapitein of de schipper.

(Zie ook: artt. 1790, 1793 BW Boek 8)

Afdeling 9
Aanvaring

Art. 1790

Verjaringstermijn rechtsvordering tot schadevergoeding zeeschepen bij aanvaring

Een rechtsvordering tot vergoeding van schade veroorzaakt door een voorval, als bedoeld in afdeling 1 van titel 6, verjaart, indien zij niet op een overeenkomst is gegrond, door verloop van twee jaren, welke termijn begint met de aanvang van de dag, volgende op de dag van dit voorval.

(Zie ook: artt. 540, 541, 1792 BW Boek 8)

Art. 1791

Verjaringstermijn rechtsvordering tot verhaal overschot zeeschepen bij aanvaring

Een rechtsvordering tot verhaal van een overschot, als bedoeld in het derde lid van artikel 545, verjaart door verloop van één jaar, welke termijn begint met de aanvang van de dag, volgende op die waarop de betaling van het overschot heeft plaatsgehad.

(Zie ook: art. 1794 BW Boek 8)

Art. 1792

Verlenging verjaringstermijn rechtsvordering tot schadevergoeding zeeschepen bij aanvaring

1. De verjaringstermijn, genoemd in artikel 1790, wordt verlengd met de dagen, gedurende welke het aansprakelijk geachte schip niet in beslag kon worden genomen binnen de staat, waarin de schuldeiser woont of de hoofdzetel van zijn bedrijf is gevestigd, met dien verstande echter dat
a. indien het schip binnen de termijn, gesteld in artikel 1790, aldus in beslag kon worden genomen, deze termijn met niet meer dan drie maanden wordt verlengd;

b. indien het schip niet binnen de termijn, gesteld in artikel 1790 aldus in beslag kon worden genomen, deze termijn eindigt met de aanvang van de dag, volgende op die waarop drie maanden zijn verlopen sinds het eerste tijdstip, waarop dit beslag mogelijk was en in ieder geval met de aanvang van de dag, volgende op die waarop vijf jaren zijn verlopen sinds het tijdstip van het voorval, bedoeld in afdeling 1 van titel 6.

2. Indien een rechtsvordering als bedoeld in artikel 1790 wordt ingesteld vóór de aanvang van de dag, volgende op die waarop vijf jaren zijn verlopen sinds het tijdstip van het voorval, bedoeld in afdeling 1 van titel 6, wordt vermoed dat het aansprakelijk geachte schip voordien niet in beslag kon worden genomen binnen de staat, waarin de schuldeiser woont of de hoofdzetel van zijn bedrijf is gevestigd.

3. Bij de toepassing van dit artikel wordt geen rekening gehouden met een mogelijkerwijs door partijen overeengekomen verlenging van de in artikel 1790 gestelde termijn.

Art. 1793

Een rechtsvordering tot vergoeding van schade veroorzaakt door een voorval, als bedoeld in afdeling 1 van titel 11, verjaart, indien zij niet op een overeenkomst is gegrond, door verloop van twee jaren, welke termijn begint met de aanvang van de dag, volgende op de dag van dit voorval.

(Zie ook: artt. 1001, 1002 BW Boek 8)

Art. 1794

1. Een rechtsvordering tot verhaal van een overschot, als bedoeld in het derde lid van artikel 1006, verjaart door verloop van één jaar.

2. De termijn van deze verjaring begint met de aanvang van de dag, volgende op die waarop het bedrag van de hoofdelijke aansprakelijkheid is vastgesteld bij een in kracht van gewijsde gegaan vonnis. Indien zulk een vaststelling niet is geschied, begint de termijn van deze verjaring met de aanvang van de dag, volgende op die waarop de tot het verhaal aanleiding gevende betaling heeft plaatsgevonden. Indien de rechtsvordering betrekking heeft op de verdeling van het aandeel van een onvermogende medeschuldenaar, begint de termijn van deze verjaring echter te lopen met de aanvang van de dag, volgende op die waarop de rechthebbende kennis heeft gekregen van het onvermogen van zijn medeschuldenaar.

Afdeling 10
Hulpverlening

Art. 1820

1. Een rechtsvordering ter zake van betaling als bedoeld in artikel 551, onder e, verjaart door verloop van twee jaren, welke termijn begint met de aanvang van de dag waarop de hulpverlening is beëindigd.

2. Onverminderd het in artikel 1701 bepaalde kan de in het eerste lid bedoelde termijn worden verlengd door een verklaring van hem die de verjaring kan inroepen, gedaan nadat het feit dat de rechtsvordering heeft doen ontstaan heeft plaatsgehad.

3. In afwijking van het eerste lid kunnen rechtsvorderingen tot verhaal op een derde zelfs na afloop van de in dat lid genoemde termijn worden ingesteld gedurende een termijn van drie maanden, te rekenen van de dag waarop degene die een zodanige rechtsvordering tot verhaal instelt ten aanzien van het van hemzelf gevorderde een regeling heeft getroffen of waarop hij te dien aanzien in rechte is aangesproken.

Art. 1821-1823

[Vervallen]

Afdeling 11
Avarij-grosse

Art. 1830

1. Een rechtsvordering tot berekening en omslag van een avarij-grosse, en die tot benoeming van een dispacheur hiertoe, verjaart door verloop van één jaar.

2. De termijn van deze verjaring begint met de aanvang van de dag, volgende op de dag van het einde van de onderneming.

3. Indien de avarij-grosse geheel of gedeeltelijk uit hulploon bestaat en de vordering tot betaling van dit hulploon is ingesteld binnen de daarvoor in de artikelen 1820 en 1823 gestelde termijn, doch na verloop van een termijn van negen maanden, beginnende met de aanvang van de dag, volgende op die waarop de in het eerste lid genoemde termijn aanvangt, verjaren de in het eerste lid genoemde rechtsvorderingen door verloop van een termijn van drie maanden, welke

Verjaringstermijn rechtsvordering tot schadevergoeding binnenschepen bij aanvaring

Verjaringstermijn rechtsvordering tot verhaal overschot binnenschepen bij aanvaring

Verjaringstermijn rechtsvordering bij hulpverlening bij ongevallen

Verjaringstermijn rechtsvordering tot berekening/omslag bij avarijgrosse

B8 art. 1831 **Burgerlijk Wetboek Boek 8**

termijn begint met de aanvang van de dag, volgende op die waarop de vordering tot betaling van hulploon is ingesteld.
(Zie ook: artt. 610, 1020 BW Boek 8)

Art. 1831

Vervaltermijn recht op homologatie/herziening berekening en omslag bij avarij-grosse

Het recht homologatie dan wel herziening van een berekening en omslag van een avarij-grosse (dispache) te verzoeken vervalt door verloop van zes jaren, welke termijn begint met de aanvang van de dag, volgende op die waarop de dispache of een uittreksel daarvan aan belanghebbenden is medegedeeld.
(Zie ook: art. 639 Rv)

Art. 1832

Verjaringstermijn rechtsvordering tot betaling bijdrage bij avarij-grosse

1. Een rechtsvordering tot betaling van een bijdrage in avarij-grosse verjaart door verloop van één jaar.

2. De termijn van deze verjaring begint met de aanvang van de dag, volgende op die waarop de dispache of een uittreksel daarvan dan wel, indien een verzoek tot herziening der dispache is gedaan, de naar aanleiding daarvan opgestelde dispache of een uittreksel daarvan aan partijen is medegedeeld of aan dezen is medegedeeld, dat deze dispache ter griffie van de rechtbank is gedeponeerd, doch in geval van homologatie eerst op de dag dat de dispache bij in kracht van gewijsde gegane beschikking is gehomologeerd.
(Zie ook: artt. 389, 904 BW Boek 8)

Afdeling 12
Gevaarlijke stoffen aan boord van een zeeschip, een binnenschip, een voertuig en een spoorvoertuig

Art. 1833

Verjaringstermijn rechtsvordering bij gevaarlijke stoffen aan boord

Een rechtsvordering tot vergoeding van schade uit hoofde van de afdelingen 4 van titel 6, 4 van titel 11, 1 van titel 14 en 4 van titel 19 verjaart door verloop van drie jaren na de aanvang van de dag, volgende op die waarop de benadeelde bekend was of redelijkerwijze bekend had behoren te zijn met de schade en de daarvoor aansprakelijke persoon en in ieder geval door verloop van tien jaren na de gebeurtenis waardoor de schade is ontstaan. Indien de gebeurtenis bestond uit een opeenvolging van feiten met dezelfde oorzaak, loopt de termijn van tien jaren vanaf de dag waarop het laatste van die feiten plaatsvond.
(Zie ook: art. 306 BW Boek 3)

Art. 1833a

Een rechtsvordering tot vergoeding van schade uit hoofde van afdeling 5 van titel 6 vervalt door verloop van drie jaren na de aanvang van de dag waarop de schade is ontstaan en in ieder geval door verloop van zes jaren na de gebeurtenis waardoor de schade is ontstaan. Indien de gebeurtenis bestond uit een opeenvolging van feiten met dezelfde oorzaak, loopt de termijn van zes jaren vanaf de dag waarop het eerste van die feiten plaatsvond.

Afdeling 12a
Vorderingen ter zake van kosten van het lokaliseren, markeren en opruimen van een wrak

Art. 1833b

Vorderingen opruimen wrak

Het recht kosten uit hoofde van afdeling 6 van titel 6 te verhalen vervalt wanneer niet binnen drie jaar na de datum waarop het gevaar is vastgesteld in overeenstemming met afdeling 6 van titel 6 een vordering wordt ingesteld. In geen geval kunnen vorderingen echter worden ingesteld na zes jaar na de datum van het maritiem ongeval dat tot het wrak heeft geleid. Indien het maritiem ongeval bestaat uit een reeks feiten, loopt de termijn van zes jaar vanaf de datum van het eerste feit.

Afdeling 13
Luchtrecht

Art. 1834

Vervaltermijn rechtsvordering jegens luchtvervoerder bij schade bagage bij luchtvervoer

1. Een vordering jegens een luchtvervoerder terzake van beschadiging van aangegeven bagage of andere zaken vervalt indien de rechthebbende niet onverwijld na de ontdekking ervan en in ieder geval, wanneer het aangegeven bagage betreft, binnen een termijn van zeven dagen en, wanneer het andere zaken betreft, binnen een termijn van veertien dagen aan de vervoerder protest doet. Deze termijn vangt aan op de dag volgende op de dag van de aanneming van de zaken.

2. Een vordering jegens een luchtvervoerder terzake van vertraging in het vervoer van bagage of andere zaken vervalt indien de rechthebbende niet binnen een termijn van eenentwintig dagen aan de vervoerder protest doet. Deze termijn vangt aan op de dag volgende op de dag dat de bagage of andere zaken te zijner beschikking zijn gesteld.

3. Elk protest moet worden ingebracht door middel van een op het luchtvervoerbewijs te stellen schriftelijk voorbehoud of door enig ander document verzonden binnen de voor het protest voorgeschreven termijn.

4. Het eerste noch het tweede lid van dit artikel is van toepassing in geval van bedrog van de vervoerder.

5. In dit artikel worden onder «dagen» niet werkdagen maar kalenderdagen verstaan.

Art. 1835

Iedere vordering terzake van een overeenkomst van luchtvervoer vervalt door verloop van twee jaren, welke termijn aanvangt met de dag volgend op de dag van aankomst van het luchtvaartuig ter bestemming of de dag, waarop het luchtvaartuig had moeten aankomen of van de onderbreking van het luchtvervoer.

Vervaltermijn rechtsvordering ter zake van een luchtvervoerovereenkomst

Art. 1836

1. Indien bij een overeenkomst van gecombineerd goederenvervoer aan hem die de rechtsvordering instelt niet bekend is waar de omstandigheid, die tot de rechtsvordering aanleiding gaf, is opgekomen, wordt die der in aanmerking komende bepalingen van verjaring of verval toegepast die voor hem de gunstigste is.

Verjarings-/vervaltermijn rechtsvordering terzake van vervoerovereenkomst bij gecombineerd goederenvervoer

2. Nietig is ieder beding, waarbij van het eerste lid van dit artikel wordt afgeweken.
(Zie ook: art. 41 BW Boek 3; art. 1722 BW Boek 8)

Dwingend recht

Algemene Slotbepaling

Slotbepaling

1. De Algemene termijnenwet is niet van toepassing op de termijnen gesteld in de afdelingen 2 van titel 5, 4 van titel 5, 2 van titel 10 en 4 van titel 10.

Slotbepalingen

2. In de in het eerste lid genoemde afdelingen worden onder dag verstaan alle kalenderdagen met uitzondering van de Zondag, de Nieuwjaarsdag, de Christelijke tweede Paas- en Pinksterdagen, de beide Kerstdagen, de Hemelvaartsdag en de dag waarop de verjaardag van de Koning wordt gevierd.

Inhoudsopgave

Boek 10	Internationaal privaatrecht	Art. 1
Titel 1	Algemene bepalingen	Art. 1
Titel 2	De naam	Art. 18
Titel 3	Het huwelijk	Art. 27
Afdeling 1	Voltrekking en erkenning van de geldigheid van huwelijken	Art. 27
Afdeling 2	Rechtsbetrekkingen tussen de echtgenoten	Art. 34a
Afdeling 3	Enkele bepalingen inzake het huwelijksvermogensregime	Art. 42
Afdeling 4	Ontbinding van het huwelijk en scheiding van tafel en bed	Art. 54
Titel 4	Het geregistreerd partnerschap	Art. 60
Afdeling 1	Het aangaan van een geregistreerd partnerschap in Nederland	Art. 60
Afdeling 2	De erkenning van een buiten Nederland aangegaan geregistreerd partnerschap	Art. 61
Afdeling 3	Rechtsbetrekkingen tussen de geregistreerde partners	Art. 63a
Afdeling 4	Enkele bepalingen inzake het partnerschapsvermogensregime	Art. 70
Afdeling 5	Beëindiging in Nederland van een geregistreerd partnerschap	Art. 86
Afdeling 6	Erkenning van een buiten Nederland tot stand gekomen beëindiging van een geregistreerd partnerschap	Art. 88
Afdeling 7	Levensonderhoud	Art. 90
Afdeling 8	Overgangsrecht	Art. 91
Titel 5	Afstamming	Art. 92
Afdeling 1	Familierechtelijke betrekkingen door geboorte	Art. 92
Afdeling 2	Familierechtelijke betrekkingen door erkenning of gerechtelijke vaststelling van het vaderschap	Art. 95
Afdeling 3	Familierechtelijke betrekkingen door wettiging	Art. 98
Afdeling 4	De inhoud van familierechtelijke betrekkingen uit hoofde van afstamming	Art. 99
Afdeling 5	Erkenning van buitenslands tot stand gekomen rechterlijke beslissingen en rechtsfeiten	Art. 100
Afdeling 6	Overgangsrecht	Art. 102
Titel 6	Adoptie	Art. 103
Afdeling 1	Algemene bepalingen	Art. 103
Afdeling 2	De in Nederland uit te spreken adoptie	Art. 105
Afdeling 3	Erkenning van een buitenlandse adoptie	Art. 107
Afdeling 4	Overgangsrecht	Art. 112
Titel 7	Overige onderwerpen van familierecht	Art. 113
Afdeling 1	Ouderlijke verantwoordelijkheid en bescherming van kinderen	Art. 113
Afdeling 2	Internationale ontvoering van kinderen	Art. 114
Afdeling 3		
Afdeling 4	Levensonderhoud	Art. 116
Titel 8	Corporaties	Art. 117
Titel 9	Vertegenwoordiging	Art. 125
Titel 10	Goederenrecht	Art. 126
Afdeling 1	Algemene bepalingen	Art. 126
Afdeling 2	Het goederenrechtelijke regime met betrekking tot zaken	Art. 127
Afdeling 3	Het goederenrechtelijke regime met betrekking tot vorderingsrechten	Art. 134
Afdeling 4	Het goederenrechtelijke regime met betrekking tot aandelen	Art. 137
Afdeling 5	Het goederenrechtelijke regime met betrekking tot giraal overdraagbare effecten	Art. 140
Titel 11	Trustrecht	Art. 142
Titel 12	Erfrecht	Art. 145
Titel 13	Verbintenissen uit overeenkomst	Art. 153

Titel 14	Verbintenissen uit andere bron dan overeenkomst	Art. 157
Titel 15	Enkele bepalingen met betrekking tot het zeerecht, het binnenvaartrecht en het luchtrecht	Art. 160
Titel 16	Arbitrage	Art. 166

Burgerlijk Wetboek Boek 10^1

Burgerlijk Wetboek Boek 10, Internationaal Privaatrecht

**Boek 10
Internationaal privaatrecht**

*Titel 1
Algemene bepalingen*

Art. 1

Werkingssfeer van internationaal privaatrecht

De in dit Boek en andere wettelijke regelingen vervatte regels van internationaal privaatrecht laten de werking van voor Nederland bindende internationale en communautaire regelingen onverlet.

Art. 2

Ambtshalve toepassing van internationaal privaatrecht

De regels van internationaal privaatrecht en het door die regels aangewezen recht worden ambtshalve toegepast.

Art. 3

Procederen in internationaal privaatrecht

Op de wijze van procederen ten overstaan van de Nederlandse rechter is het Nederlandse recht van toepassing.

Art. 4

Voorvraag in internationaal privaatrecht

Indien de vraag welke rechtsgevolgen aan een feit toekomen bij wijze van voorvraag in verband met een andere, aan vreemd recht onderworpen vraag moet worden beantwoord, wordt de voorvraag beschouwd als een zelfstandige vraag.

Art. 5

Toepassing van het recht van een staat in internationaal privaatrecht

Onder de toepassing van het recht van een staat wordt verstaan de toepassing van de rechtsregels die in die staat gelden met uitzondering van het internationaal privaatrecht.

Art. 6

Toepassing vreemd recht in internationaal privaatrecht

Vreemd recht wordt niet toegepast, voor zover de toepassing ervan kennelijk onverenigbaar is met de openbare orde.

Art. 7

Bepalingen van bijzonder dwingend recht in internationaal privaatrecht

1. Bepalingen van bijzonder dwingend recht zijn bepalingen aan de inachtneming waarvan een staat zo veel belang hecht voor de handhaving van zijn openbare belangen, zoals zijn politieke, sociale of economische organisatie, dat zij moeten worden toegepast op elk geval dat onder de werkingssfeer ervan valt, ongeacht welk recht overigens van toepassing is.

2. De toepassing van het recht waarnaar een verwijzingsregel verwijst, blijft achterwege, voor zover in het gegeven geval bepalingen van Nederlands bijzonder dwingend recht toepasselijk zijn.

3. Bij de toepassing van het recht waarnaar een verwijzingsregel verwijst, kan gevolg worden toegekend aan bepalingen van bijzonder dwingend recht van een vreemde staat waarmee het geval nauw is verbonden. Bij de beslissing of aan deze bepalingen gevolg moet worden toegekend, wordt rekening gehouden met hun aard en strekking alsmede met de gevolgen die uit het toepassen of het niet toepassen van deze bepalingen zouden voortvloeien.

Art. 8

Veronderstelde nauwe band in internationaal privaatrecht

1. Het recht dat is aangewezen door een wettelijke regel die berust op een veronderstelde nauwe band met dat recht, blijft bij uitzondering buiten toepassing, indien, gelet op alle omstandigheden van het geval, kennelijk de in die regel veronderstelde nauwe band slechts in zeer geringe mate bestaat, en met een ander recht een veel nauwere band bestaat. In dat geval wordt dat andere recht toegepast.

2. Lid 1 is niet van toepassing in geval van een geldige rechtskeuze van partijen.

Art. 9

Toekenning rechtsgevolgen in internationaal privaatrecht

Aan een feit waaraan rechtsgevolgen toekomen naar het recht dat toepasselijk is volgens het internationaal privaatrecht van een betrokken vreemde staat, kunnen, ook in afwijking van het naar Nederlands internationaal privaatrecht toepasselijke recht, in Nederland dezelfde rechtsgevolgen worden toegekend voor zover de niet-toekenning van zodanige gevolgen een onaan-

---

1 Inwerkingtredingsdatum: 01-01-2012; zoals laatstelijk gewijzigd bij: Stb. 2018, 332.

vaardbare schending zou zijn van het bij partijen levende gerechtvaardigde vertrouwen of van de rechtszekerheid.

Art. 10

Voor zover een rechtskeuze is toegelaten, dient deze uitdrukkelijk te zijn gedaan of anderszins voldoende duidelijk te blijken.

Toelating rechtskeuze in internationaal privaatrecht

Art. 11

1. Of een natuurlijke persoon minderjarig is en in hoeverre hij bekwaam is rechtshandelingen te verrichten, wordt bepaald door zijn nationale recht. Indien de betrokken persoon de nationaliteit van meer dan een staat bezit en hij in een van deze staten zijn gewone verblijfplaats heeft, geldt het recht van die staat als zijn nationale recht. Heeft hij zijn gewone verblijfplaats niet in een van deze staten, dan geldt als zijn nationale recht het recht van de staat van zijn nationaliteit, waarmee hij alle omstandigheden in aanmerking genomen het nauwst verbonden is.

Minderjarigheid in internationaal privaatrecht

2. Ten aanzien van een meerzijdige rechtshandeling die valt buiten het toepassingsgebied van de Verordening (EG) Nr. 593/2008 van het Europees Parlement en de Raad van 17 juni 2008 inzake het recht dat van toepassing is op verbintenissen uit overeenkomst (Rome I) (PbEU L 177) is artikel 13 van die Verordening van overeenkomstige toepassing op het beroep op handelingsonbekwaamheid of handelingsonbevoegdheid van een natuurlijk persoon die partij is bij die rechtshandeling.

Handelingsonbekwaamheid of onbevoegdheid in internationaal privaatrecht

Art. 12

1. Een rechtshandeling is wat de vorm betreft geldig indien zij voldoet aan de vormvereisten van het recht dat op de rechtshandeling zelf van toepassing is, of van het recht van de staat waar de rechtshandeling is verricht.

Vormvereisten rechtshandeling in internationaal privaatrecht

2. Een rechtshandeling die is verricht tussen personen die zich in verschillende staten bevinden, is wat de vorm betreft geldig indien zij voldoet aan de vormvereisten van het recht dat op de rechtshandeling zelf van toepassing is, of van het recht van een van die staten, of van het recht van de staat waar een van die personen zijn gewone verblijfplaats heeft.

3. Indien de rechtshandeling is verricht door een vertegenwoordiger, wordt onder een staat als bedoeld in de leden 1 en 2, verstaan de staat waar de vertegenwoordiger zich ten tijde van het verrichten van de rechtshandeling bevindt, of waar deze op dat tijdstip zijn gewone verblijfplaats heeft.

Art. 13

Het recht dat een rechtsverhouding of rechtsfeit beheerst, is tevens van toepassing voor zover het ten aanzien van die rechtsverhouding of dat rechtsfeit wettelijke vermoedens vestigt of regels over de verdeling van de bewijslast bevat.

Wettelijke vermoedens en verdeling bewijslast in internationaal privaatrecht

Art. 14

Of een recht of rechtsvordering is verjaard of vervallen, wordt bepaald door het recht dat van toepassing is op de rechtsverhouding waaruit dat recht of die rechtsvordering is ontstaan.

Verjaren of vervallen rechtsvorderingen in internationaal privaatrecht

Art. 15

1. Indien het nationale recht van een natuurlijke persoon van toepassing is en de staat van de nationaliteit van de betrokken persoon twee of meer rechtsstelsels kent die van toepassing zijn op verschillende categorieën personen of in verschillende gebiedsdelen, bepalen de in die staat ter zake geldende regels welk van die rechtsstelsels van toepassing is.

Toepasselijkheid meerdere rechtsstelsels in internationaal privaatrecht

2. Indien het recht van de gewone verblijfplaats van een natuurlijke persoon van toepassing is en de staat van de gewone verblijfplaats van de betrokken persoon twee of meer rechtsstelsels kent die van toepassing zijn op verschillende categorieën personen, bepalen de in die staat ter zake geldende regels welk die rechtsstelsels van toepassing is.

3. Indien de in de leden 1 en 2 bedoelde regels in een staat ontbreken of in de gegeven omstandigheden niet tot aanwijzing van een toepasselijk rechtsstelsel leiden, wordt het rechtsstelsel van die staat toegepast waarmee de betrokken persoon alle omstandigheden in aanmerking genomen het nauwst verbonden is.

Art. 16

1. Indien het nationale recht van een natuurlijke persoon van toepassing is en de betrokken persoon staatloos is of zijn nationaliteit niet kan worden vastgesteld, geldt als zijn nationale recht het recht van de staat waar hij zijn gewone verblijfplaats heeft.

Staatloosheid of onbekende nationaliteit in internationaal privaatrecht

2. De rechten welke deze persoon vroeger heeft verkregen en welke uit de persoonlijke staat voortvloeien, in het bijzonder de rechten voortvloeiende uit het huwelijk, worden geëerbiedigd.

Art. 17

1. De persoonlijke staat van een vreemdeling aan wie een verblijfsvergunning als bedoeld in artikel 28 of artikel 33 van de Vreemdelingenwet 2000 is verleend, van een vreemdeling aan wie een verblijfsdocument is afgegeven waarop een aantekening als bedoeld in artikel 45c van die wet is geplaatst, alsmede van een vreemdeling die een overeenkomstige verblijfsstatus in het buitenland heeft verkregen, wordt beheerst door het recht van zijn woonplaats, of, indien hij geen woonplaats heeft, door het recht van zijn verblijfplaats.

Vreemdeling met verblijfsvergunning in internationaal privaatrecht

B10 art. 18 Burgerlijk Wetboek Boek 10

2. De rechten welke deze vreemdeling vroeger heeft verkregen en welke uit de persoonlijke staat voortvloeien, in het bijzonder de rechten voortvloeiende uit het huwelijk, worden geëerbiedigd.

Titel 2 De naam

Art. 18

De naam in internationaal privaatrecht

Deze titel geeft mede uitvoering aan de op 5 september 1980 te München tot stand gekomen Overeenkomst inzake het recht dat van toepassing is op geslachtsnamen en voornamen (Trb. 1981, 72).

Art. 19

Naam van vreemdeling

1. De geslachtsnaam en de voornamen van een vreemdeling worden bepaald door het recht van de staat waarvan hij de nationaliteit heeft. Onder recht zijn mede begrepen de regels van internationaal privaatrecht. Uitsluitend voor de vaststelling van de geslachtsnaam en de voornaam worden de omstandigheden waarvan deze afhangen beoordeeld naar dat recht.

2. Indien de vreemdeling de nationaliteit van meer dan een staat bezit en hij in een van deze staten zijn gewone verblijfplaats heeft, geldt het recht van die staat als zijn nationale recht. Heeft de betrokken persoon zijn gewone verblijfplaats niet in een van deze staten, dan geldt als zijn nationale recht het recht van de staat van zijn nationaliteit waarmee hij, alle omstandigheden in aanmerking genomen, het nauwst is verbonden.

Art. 20

Naam bij Nederlandse nationaliteit

De geslachtsnaam en de voornamen van een persoon die de Nederlandse nationaliteit bezit, worden, ongeacht de vraag of hij nog een andere nationaliteit heeft, bepaald door het Nederlandse recht. Dit geldt ook indien vreemd recht van toepassing is op de familierechtelijke betrekkingen waarvan het ontstaan of het tenietgaan gevolg kan hebben voor de geslachtsnaam.

Art. 21

Naam bij meerdere nationaliteiten

Een persoon die de nationaliteit van meer dan een staat bezit, kan de ambtenaar van de burgerlijke stand verzoeken op zijn geboorteakte een latere vermelding te plaatsen van de naam die hij voert in overeenstemming met het niet toegepaste recht van een van die Staten.

Art. 22

Naam bij verandering van nationaliteit

1. In geval van verandering van nationaliteit is het recht van de staat van de nieuwe nationaliteit van toepassing, daaronder begrepen de regels van dat recht betreffende de gevolgen van de nationaliteitsverandering voor de naam.

Naam bij verkrijging Nederlandse nationaliteit

2. De verkrijging van de Nederlandse nationaliteit door een vreemdeling brengt geen wijziging in diens geslachtsnaam en voornamen, behoudens artikel 25, onder b, van dit Boek en de artikelen 6 lid 5 en 12 van de Rijkswet op het Nederlanderschap.

Art. 23

Opstellen akte bij vaststelling naam vreemdeling

1. Indien de ambtenaar van de burgerlijke stand bij het opstellen van een akte waarin de geslachtsnaam en de voornamen van een vreemdeling moeten worden opgenomen het Nederlandse recht toepast omdat hij de inhoud van het recht dat op de vaststelling van die namen toepasselijk is niet kan vaststellen, deelt hij zijn beslissing onverwijld mede aan de officier van justitie in het arrondissement waarin de rechtbank is gelegen waar de akte in de registers van de burgerlijke stand is opgenomen.

2. De aldus opgemaakte akte kan met overeenkomstige toepassing van artikel 24 van Boek 1 op verzoek van iedere belanghebbende of op vordering van het openbaar ministerie worden verbeterd. Het verzoek van een belanghebbende wordt met toepassing van de Wet op de rechtsbijstand van rechtswege kosteloos behandeld.

Art. 24

Erkenning van buiten Nederland vastgestelde naam

1. Indien de geslachtsnaam of de voornamen van een persoon ter gelegenheid van de geboorte buiten Nederland zijn vastgelegd of als gevolg van een buiten Nederland tot stand gekomen wijziging in de persoonlijke staat zijn gewijzigd en zijn neergelegd in een overeenkomstig de plaatselijke voorschriften door een bevoegde instantie opgemaakte akte, worden de aldus vastgelegde of gewijzigde geslachtsnaam of voornamen in Nederland erkend. De erkenning kan niet wegens onverenigbaarheid met de openbare orde worden geweigerd op de enkele grond dat een ander recht is toegepast dan uit de bepalingen van deze wet zou zijn gevolgd.

2. Lid 1 laat onverlet de toepassing van artikel 25 van dit Boek.

Art. 25

Toepassing van art. 5 Boek 1 BW

1. Ter zake van de toepassing van artikel 5 van Boek 1 geldt het volgende:

a. Indien een kind buiten Nederland rechtsgeldig is erkend of gewettigd, door deze erkenning of wettiging in familierechtelijke betrekkingen tot de erkenner is komen te staan en daarbij het Nederlanderschap heeft verkregen of behouden, en indien de geslachtsnaam van dat kind niet is bepaald met inachtneming van een naamskeuze in de zin van artikel 5 lid 2 van Boek 1, kunnen de moeder en de erkenner gezamenlijk alsnog, tot twee jaar na de erkenning of de wettiging, verklaren welke van hun beider geslachtsnamen het kind zal hebben. Heeft het kind op het tijdstip van de erkenning of de wettiging de leeftijd van zestien jaren bereikt, dan kan het, tot twee jaar na de erkenning of de wettiging, zelf alsnog verklaren van wie van beide ouders het de geslachtsnaam zal hebben.

b. Indien een kind dat tijdens zijn minderjarigheid door een Nederlander is erkend of zonder erkenning door wettiging het kind van een Nederlander is geworden, door optie het Nederlanderschap verkrijgt en op het tijdstip van de optie tot zijn beide ouders in familierechtelijke betrekkingen staat, kunnen de ouders ter gelegenheid van de optie gezamenlijk verklaren welke van hun beider geslachtsnamen het kind zal hebben. Heeft het kind op het tijdstip van de optie de leeftijd van zestien jaren bereikt, dan verklaart het zelf of het de geslachtsnaam van de vader of moeder zal hebben.

c. Indien een kind als gevolg van een buiten Nederland uitgesproken adoptie het Nederlanderschap heeft verkregen en indien de geslachtsnaam van dat kind na de adoptie niet is bepaald met inachtneming van een naamskeuze in de zin van artikel 5 lid 3 van Boek 1, kunnen de ouders alsnog, tot twee jaar nadat de uitspraak in kracht van gewijsde is gegaan, gezamenlijk verklaren welke van hun beider geslachtsnamen het kind zal hebben. Heeft het kind op het tijdstip waarop de uitspraak in kracht van gewijsde gaat de leeftijd van zestien jaren bereikt, dan kan het, tot twee jaar na dat tijdstip, zelf alsnog verklaren of het de geslachtsnaam van de vader of de moeder zal hebben.

d. De in artikel 5 lid 4 van Boek 1 bedoelde verklaring houdende naamskeuze kan voor de geboorte van het kind worden afgelegd indien ten minste een van de ouders op het tijdstip van de verklaring het Nederlanderschap bezit.

e. Indien een buiten Nederland geboren kind door geboorte in familierechtelijke betrekking tot de beide ouders staat en het Nederlanderschap bezit, en indien de geslachtsnaam van dat kind in de geboorteakte niet is bepaald met inachtneming van een naamskeuze in de zin van artikel 5 lid 4 van Boek 1, kunnen de ouders gezamenlijk alsnog, tot twee jaar na de geboorte, verklaren welke van hun beider geslachtsnamen het kind zal hebben.

f. Indien het ouderschap van een kind buiten Nederland rechtsgeldig is vastgesteld en dat kind daardoor het Nederlanderschap heeft verkregen of behouden, en indien de geslachtsnaam van dat kind na de vaststelling van het ouderschap niet is bepaald met inachtneming van een naamskeuze in de zin van artikel 5, tweede lid, van Boek 1 van het Burgerlijk Wetboek, kunnen de moeder en de persoon wiens ouderschap gerechtelijk is vastgesteld alsnog, tot twee jaar na het tijdstip waarop de gerechtelijke beslissing houdende vaststelling van het ouderschap in kracht van gewijsde gaat, gezamenlijk verklaren welke van hun beider geslachtsnamen het kind zal hebben. Heeft het kind op het tijdstip waarop de beslissing houdende vaststelling van het ouderschap in kracht van gewijsde gaat, de leeftijd van zestien jaar bereikt, dan kan het, tot twee jaar na dat tijdstip, zelf alsnog verklaren van wie van beide ouders het de geslachtsnaam zal hebben.

g. Voor de in dit lid onder a – f bedoelde mogelijkheden tot naamskeuze is het onverschillig of het kind naast de Nederlandse nog een andere nationaliteit bezit.

2. In het geval onder b wordt de verklaring houdende naamskeuze afgelegd ten overstaan van de ambtenaar van de burgerlijke stand van de gemeente waar de optie voor het Nederlanderschap in ontvangst wordt genomen. In de overige gevallen kan de verklaring houdende naamskeuze worden afgelegd ten overstaan van iedere ambtenaar van de burgerlijke stand.

Art. 26

De vermelding van de geslachtsnamen en de voornamen in akten van de burgerlijke stand die vóór 1 januari 1990 in de registers zijn opgenomen, wordt op verzoek van een belanghebbende in overeenstemming met de bepalingen van deze titel gewijzigd. Heeft het verzoek betrekking op een vreemdeling, dan moet de wijziging blijken uit een door een bevoegde autoriteit van het land waarvan hij de nationaliteit bezit opgemaakt stuk. De wijzigingen worden aangebracht door de plaatsing van een latere vermelding.

Overgangsregeling bij namen vóór 1990

Titel 3 Het huwelijk

Afdeling 1
Voltrekking en erkenning van de geldigheid van huwelijken

Art. 27

Deze afdeling geeft uitvoering aan het op 14 maart 1978 te 's-Gravenhage tot stand gekomen Verdrag inzake de voltrekking en de erkenning van de geldigheid van huwelijken (Trb. 1987, 137). Zij is van toepassing op de huwelijksvoltrekking in Nederland indien, in verband met de nationaliteit of de woonplaats van de aanstaande echtgenoten, met betrekking tot de vraag welk recht de vereisten tot het aangaan van het huwelijk beheerst een keuze moet worden gedaan, alsmede op de erkenning in Nederland van in het buitenland voltrokken huwelijken. Zij is niet van toepassing op de bevoegdheid van de ambtenaar van de burgerlijke stand.

Huwelijk in internationaal privaatrecht

Art. 28

Voltrekking van huwelijk bij verschillende nationaliteiten

Het huwelijk wordt voltrokken indien ieder der aanstaande echtgenoten voldoet aan de vereisten tot het aangaan van een huwelijk van het Nederlandse recht.

Art. 29

[Vervallen]

Art. 30

Voltrekking van huwelijk in Nederland bij verschillende nationaliteiten

Wat de vorm betreft kan een huwelijk in Nederland slechts worden voltrokken ten overstaan van de ambtenaar van de burgerlijke stand met inachtneming van het Nederlandse recht, behoudens de bevoegdheid van buitenlandse diplomatieke en consulaire ambtenaren om, in overeenstemming met de voorschriften van het recht van de door hen vertegenwoordigde staat, aan de voltrekking van huwelijken mede te werken indien geen der partijen uitsluitend of mede de Nederlandse nationaliteit bezit.

Art. 31

Erkenning van buiten Nederland gesloten huwelijk

1. Een buiten Nederland gesloten huwelijk dat ingevolge het recht van de staat waar de huwelijksvoltrekking plaatsvond rechtsgeldig is of nadien rechtsgeldig is geworden, wordt als zodanig erkend.

2. Een buiten Nederland ten overstaan van een diplomatieke of consulaire ambtenaar voltrokken huwelijk dat voldoet aan de vereisten van het recht van de staat die die ambtenaar vertegenwoordigt, wordt als rechtsgeldig erkend tenzij die voltrekking in de staat waar zij plaatsvond niet was toegestaan.

3. Voor de toepassing van de leden 1 en 2 worden onder recht mede begrepen de regels van internationaal privaatrecht.

4. Een huwelijk wordt vermoed rechtsgeldig te zijn, indien een huwelijksverklaring is afgegeven door een bevoegde autoriteit.

Art. 32

Erkenning van huwelijk bij onverenigbaarheid met openbare orde

Ongeacht artikel 31 van dit Boek wordt aan een buiten Nederland gesloten huwelijk erkenning onthouden, indien deze erkenning kennelijk onverenigbaar is met de openbare orde en in ieder geval indien een der echtgenoten op het tijdstip van de sluiting van dat huwelijk:

a. reeds gehuwd was of een geregistreerd partnerschap had gesloten met een persoon die de Nederlandse nationaliteit bezat of zelf de Nederlandse nationaliteit bezat of in Nederland zijn gewone verblijfplaats had, tenzij het eerder gesloten huwelijk of geregistreerd partnerschap is ontbonden of nietig verklaard;

b. aan de andere echtgenoot in rechte lijn verwant was of de broer of zuster van die echtgenoot was, hetzij door bloedverwantschap, hetzij door adoptie, tenzij deze familierechtelijke betrekking later is verbroken vanwege het ontbreken van biologische verwantschap of herroeping van de adoptie;

c. niet de leeftijd van achttien jaar had bereikt, tenzij de echtgenoten op het moment dat erkenning van het huwelijk gevraagd wordt beiden de leeftijd van achttien jaar hebben bereikt;

d. geestelijk niet in staat was zijn toestemming te geven, tenzij deze daartoe wel in staat is op het moment dat de erkenning van het huwelijk gevraagd wordt en uitdrukkelijk met de erkenning van het huwelijk instemt; of

e. niet vrijelijk zijn toestemming tot het huwelijk had gegeven, tenzij deze uitdrukkelijk met de erkenning van het huwelijk instemt.

Art. 33

Hoofd- of voorvraag bij erkenning huwelijk

De artikelen 31 en 32 van dit Boek zijn van toepassing ongeacht of over de erkenning van de rechtsgeldigheid van een huwelijk als hoofdvraag, dan wel als voorvraag in verband met een andere vraag wordt beslist.

Art. 34

Overgangsregeling bij huwelijksvoltrekkingen vóór 1990

1. Deze afdeling is niet van toepassing op de erkenning van de geldigheid van huwelijken die zijn voltrokken voor 1 januari 1990.

2. Huwelijken die na 1 januari 1990 en voor 15 januari 1999 ten overstaan van buitenlandse diplomatieke en consulaire ambtenaren in overeenstemming met het recht van de door hen vertegenwoordigde staat zijn voltrokken worden, onverminderd artikel 6 van dit Boek, als geldig aangemerkt indien de ene partij uitsluitend of mede de Nederlandse nationaliteit bezit en de andere partij uitsluitend of mede de nationaliteit van de door de diplomatieke of consulaire ambtenaar vertegenwoordigde staat.

3. Artikel 30 van dit Boek is van toepassing op huwelijken die na 15 januari 1999 ten overstaan van buitenlandse diplomatieke en consulaire ambtenaren zijn voltrokken.

Afdeling 2

Rechtsbetrekkingen tussen de echtgenoten

Art. 34a

In deze afdeling wordt onder «de Verordening (EU) nr. 2016/1103» verstaan: de Verordening (EU) nr. 2016/1103 van de Raad van 24 juni 2016 tot uitvoering van de nauwere samenwerking op het gebied van de bevoegdheid, het toepasselijke recht en de erkenning en tenuitvoerlegging van beslissingen op het gebied van huwelijksvermogensstelsels (PbEU 2016, L 183).

Verordening (EU) nr. 2016/1103

Art. 35

1. De persoonlijke rechtsbetrekkingen tussen de echtgenoten onderling die niet worden begrepen onder de Verordening (EU) nr. 2016/1103, worden beheerst door het recht dat de echtgenoten voor of tijdens het huwelijk, al dan niet met wijziging van een eerdere aanwijzing, hebben aangewezen.

Aanwijzing toepasselijk recht bij echtgenoten met verschillende nationaliteit

2. De echtgenoten kunnen slechts een van de volgende rechtsstelsels aanwijzen:

a. het recht van de staat van een gemeenschappelijke nationaliteit van de echtgenoten, of

b. het recht van de staat waar zij elk hun gewone verblijfplaats hebben.

3. Een aanwijzing als bedoeld in dit artikel is, wat de vorm betreft, geldig indien de vormvoorschriften voor de aanwijzing van het recht dat toepasselijk is op het huwelijksvermogensregime van de echtgenoten in acht zijn genomen.

Art. 36

Bij gebreke van een aanwijzing van het toepasselijke recht worden de persoonlijke rechtsbetrekkingen tussen de echtgenoten onderling die niet worden begrepen onder de Verordening (EU) nr. 2016/1103 beheerst:

Rechtsbetrekkingen tussen echtgenoten met verschillende nationaliteit

a. door het recht van de staat van de gemeenschappelijke nationaliteit van de echtgenoten, of bij gebreke daarvan

b. door het recht van de staat waar zij elk hun gewone verblijfplaats hebben, of bij gebreke daarvan

c. door het recht van de staat waarmee zij, alle omstandigheden in aanmerking genomen, het nauwst zijn verbonden.

Art. 37

Indien de echtgenoten een nationaliteit gemeenschappelijk hebben, geldt voor de toepassing van artikel 36 van dit Boek als hun gemeenschappelijke nationale recht het recht van die nationaliteit, ongeacht of zij beiden of een hunner nog een andere nationaliteit bezitten. Bezitten de echtgenoten meer dan een gemeenschappelijke nationaliteit, dan worden zij geacht geen gemeenschappelijke nationaliteit te bezitten.

Toepasselijk recht bij gemeenschappelijke nationaliteit

Art. 38

Indien een aanwijzing als bedoeld in artikel 35 van dit Boek of een wijziging in de in artikel 36 van dit Boek genoemde omstandigheden leidt tot toepasselijkheid van een ander recht dan het voorheen toepasselijke, is dat andere recht toepasselijk vanaf het tijdstip van die aanwijzing of wijziging.

Wijziging van toepasselijk recht bij echtgenoten met verschillende nationaliteit

Art. 39-41

[Vervallen]

Afdeling 3

Enkele bepalingen inzake het huwelijksvermogensregime

Art. 42

1. In deze afdeling wordt onder de Verordening (EU) nr. 2016/1103 verstaan: de Verordening (EU) nr. 2016/1103 van de Raad van 24 juni 2016 tot uitvoering van de nauwere samenwerking op het gebied van de bevoegdheid, het toepasselijke recht en de erkenning en tenuitvoerlegging van beslissingen op het gebied van huwelijksvermogensstelsels

2. In aanvulling op de Verordening (EU) nr. 2016/1103 zijn de bepalingen van deze afdeling van toepassing.

Art. 43-44

[Vervallen]

Art. 45

Een echtgenoot wiens huwelijksvermogensregime wordt beheerst door vreemd recht kan in het in artikel 116 van Boek 1 bedoelde register een notariële akte doen inschrijven, inhoudende een verklaring dat het huwelijksvermogensregime niet wordt beheerst door het Nederlandse recht.

Notariële akte bij vreemd huwelijksvermogensregime

Art. 46

[Vervallen]

B10 art. 47 **Burgerlijk Wetboek Boek 10**

Art. 47

Verrekening of vergoeding bij voordeel uit vreemd huwelijksvermogensregime

Heeft een der echtgenoten door de toepassing op een buitenslands gelegen vermogensbestanddeel van een krachtens het internationaal privaatrecht van het land van ligging aangewezen recht een voordeel genoten dat hem niet zou zijn toegekomen indien het op grond van de Verordening (EU) nr. 2016/1103 aangewezen recht zou zijn toegepast, dan kan de andere echtgenoot daarvan verrekening of vergoeding vorderen bij de in verband met de beëindiging of wijziging van het huwelijksvermogensregime plaatsvindende afrekening.

Art. 48-50

[Vervallen]

Art. 51

1. Of een echtgenoot bij echtscheiding of scheiding van tafel en bed recht heeft op een gedeelte van de door de andere echtgenoot opgebouwde pensioenrechten, wordt beheerst door het recht dat van toepassing is op het huwelijksvermogensregime van de echtgenoten, behoudens artikel 1 lid 7 van de Wet verevening pensioenrechten bij scheiding.

2. Het voorgaande lid is van toepassing op de verevening van pensioenrechten van echtgenoten die na 1 maart 2001 van tafel en bed zijn gescheiden of wier huwelijk na 1 maart 2001 is ontbonden.

Art. 52

[Vervallen]

Art. 53

Geldigheid van aanwijzing van toepasselijk huwelijksvermogensregime vóór 1 september 1992

Een aanwijzing door de echtgenoten van het op hun huwelijksvermogensregime toepasselijke recht, of de wijziging van een zodanige aanwijzing, welke is geschied voor 1 september 1992, kan niet als ongeldig worden beschouwd op de enkele grond dat de wet een zodanige aanwijzing toen niet regelde. Dit geldt niet voor de gevallen dat op het huwelijksvermogensregime de bepalingen van het op 17 juli 1905 te 's-Gravenhage tot stand gekomen Verdrag betreffende de wetsconflicten met betrekking tot de gevolgen van het huwelijk ten opzichte van de rechten en verplichtingen der echtgenoten in hun persoonlijke betrekkingen en ten opzichte van hun goederen (Stb. 1912, 285) toepasselijk waren en de aanwijzing geschiedde voor 23 augustus 1977.

Afdeling 4
Ontbinding van het huwelijk en scheiding van tafel en bed

Art. 54

Ontbinding van huwelijk en scheiding van tafel en bed in internationaal privaatrecht

Deze afdeling geeft mede uitvoering aan:
a. het op 1 juni 1970 te 's-Gravenhage tot stand gekomen Verdrag inzake de erkenning van echtscheidingen en scheidingen van tafel en bed (Trb. 1979, 131); en
b. het op 8 september 1967 te Luxemburg tot stand gekomen Verdrag inzake de erkenning van beslissingen betreffende de huwelijksband (Trb. 1979, 130).

Art. 55

Bevoegdheid van Nederlandse rechter bij ontbinding van internationaal huwelijk

Ontbinding van het huwelijk en scheiding van tafel en bed kunnen in Nederland uitsluitend worden uitgesproken door de Nederlandse rechter.

Art. 56

Toepasselijk recht bij ontbinding van internationaal huwelijk

1. Of ontbinding van het huwelijk of scheiding van tafel en bed kan worden uitgesproken en op welke gronden, wordt bepaald door het Nederlandse recht.

2. In afwijking van lid 1 wordt het recht van de staat van een gemeenschappelijke vreemde nationaliteit van de echtgenoten toegepast indien in het geding:
a. door de echtgenoten gezamenlijk een keuze voor dit recht is gedaan of een dergelijke keuze van een van de echtgenoten onweersproken is gebleven; of
b. door een van de echtgenoten een keuze voor dit recht is gedaan en beide echtgenoten een werkelijke maatschappelijke band met het land van die gemeenschappelijke nationaliteit hebben.
3. Een rechtskeuze als bedoeld in het vorige lid moet uitdrukkelijk zijn gedaan of anderszins voldoende duidelijk blijken uit de in het verzoekschrift of het verweerschrift gebruikte bewoordingen.

Art. 57

Erkenning van in buitenland ontbonden huwelijk

1. Een in het buitenland na een behoorlijke rechtspleging verkregen ontbinding van het huwelijk of scheiding van tafel en bed wordt in Nederland erkend, indien zij is tot stand gekomen door de beslissing van een rechter of andere autoriteit en indien aan die rechter of andere autoriteit daartoe rechtsmacht toekwam.

2. Een in het buitenland verkregen ontbinding van het huwelijk of scheiding van tafel en bed die niet voldoet aan één of meer van de in lid 1 gestelde voorwaarden wordt nochtans in Nederland erkend, indien duidelijk blijkt dat de wederpartij hetzij tijdens de buitenlandse procedure uitdrukkelijk of stilzwijgend met die ontbinding of scheiding van tafel en bed heeft ingestemd, dan wel na afloop van de procedure in de uitspraak heeft berust.

Art. 58

Een ontbinding van het huwelijk in het buitenland die uitsluitend door een eenzijdige verklaring van een der echtgenoten is tot stand gekomen, wordt erkend indien:

a. de ontbinding in deze vorm overeenstemt met een nationaal recht van de echtgenoot, die het huwelijk eenzijdig heeft ontbonden;

b. de ontbinding in de staat waar zij geschiedde rechtsgevolg heeft; en

c. duidelijk blijkt dat de andere echtgenoot uitdrukkelijk of stilzwijgend met de ontbinding heeft ingestemd dan wel daarin heeft berust.

Art. 59

Ongeacht de artikelen 57 en 58 van dit Boek wordt aan een in het buitenland tot stand gekomen ontbinding van het huwelijk erkenning onthouden indien deze erkenning kennelijk onverenigbaar is met de openbare orde.

Titel 4

Het geregistreerd partnerschap

Afdeling 1
Het aangaan van een geregistreerd partnerschap in Nederland

Art. 60

1. Het aangaan van een geregistreerd partnerschap in Nederland is onderworpen aan de bepalingen van artikel 80a van Boek 1.

2. De bevoegdheid van elk van de partners om in Nederland een geregistreerd partnerschap aan te gaan wordt beheerst door het Nederlandse recht.

3. Wat de vorm betreft kan een geregistreerd partnerschap in Nederland slechts rechtsgeldig worden aangegaan ten overstaan van de ambtenaar van de burgerlijke stand met inachtneming van het Nederlandse recht, behoudens de bevoegdheid van buitenlandse diplomatieke en consulaire ambtenaren om, in overeenstemming met de voorschriften van het recht van de door hen vertegenwoordigde staat, aan het aangaan van geregistreerde partnerschappen mede te werken indien geen der partijen uitsluitend of mede de Nederlandse nationaliteit bezit.

Afdeling 2
De erkenning van een buiten Nederland aangegaan geregistreerd partnerschap

Art. 61

1. Een buiten Nederland aangegaan geregistreerd partnerschap dat ingevolge het recht van de staat waar het geregistreerd partnerschap is aangegaan rechtsgeldig is of nadien rechtsgeldig is geworden, wordt als zodanig erkend.

2. Een buiten Nederland ten overstaan van een diplomatieke of consulaire ambtenaar aangegaan geregistreerd partnerschap dat voldoet aan de vereisten van het recht van de staat die die ambtenaar vertegenwoordigt, wordt als rechtsgeldig erkend tenzij het aangaan in de staat waar dit plaatsvond niet was toegestaan.

3. Voor de toepassing van de leden 1 en 2 worden onder recht mede begrepen de regels van internationaal privaatrecht.

4. Een geregistreerd partnerschap wordt vermoed rechtsgeldig te zijn, indien een verklaring omtrent het geregistreerd partnerschap is afgegeven door een bevoegde autoriteit.

5. Ongeacht de leden 1 en 2 kan een buiten Nederland aangegaan geregistreerd partnerschap slechts als zodanig worden erkend indien het een wettelijk geregelde samenlevingsvorm betreft van twee personen die een nauwe persoonlijke betrekking onderhouden, welke samenlevingsvorm ten minste:

a. door een ter plaatse van het aangaan bevoegde autoriteit is geregistreerd;

b. het bestaan van een huwelijk of andere wettelijk geregelde samenlevingsvorm met een derde uitsluit; en

c. verplichtingen tussen de partners in het leven roept die in hoofdzaak overeenstemmen met die welke verbonden zijn aan het huwelijk.

Art. 62

Ongeacht artikel 61 van dit Boek wordt aan een buiten Nederland aangegaan geregistreerd partnerschap erkenning onthouden, indien deze erkenning kennelijk onverenigbaar is met de openbare orde.

B10 *art. 63*

Burgerlijk Wetboek Boek 10

Art. 63

Erkenning van buitenlands geregistreerd partnerschap als hoofdvraag of voorvraag

De artikelen 61 en 62 van dit Boek zijn van toepassing, ongeacht of over de erkenning van de rechtsgeldigheid van een geregistreerd partnerschap als hoofdvraag, dan wel als voorvraag in verband met een andere vraag wordt beslist.

Afdeling 3
Rechtsbetrekkingen tussen de geregistreerde partners

Art. 63a

Verordening (EU) nr. 2016/110

In deze afdeling wordt onder «de Verordening (EU) nr. 2016/1104» verstaan de Verordening (EU) nr. 2016/1104 van de Raad van 24 juni 2016 tot uitvoering van de nauwere samenwerking op het gebied van de bevoegdheid, het toepasselijke recht en de erkenning en tenuitvoerlegging van beslissingen op het gebied van de vermogensrechtelijke gevolgen van geregistreerde partnerschappen.

Art. 64

Aanwijzing toepasselijk recht op rechtsbetrekkingen tussen geregistreerd partners

1. De persoonlijke rechtsbetrekkingen tussen de partners onderling die niet worden begrepen onder de Verordening (EU) nr. 2016/1104, worden beheerst door het recht dat de partners voor of tijdens het geregistreerd partnerschap, al dan niet met wijziging van een eerdere aanwijzing, hebben aangewezen.

2. De partners kunnen slechts een rechtsstelsel aanwijzen dat het instituut van het geregistreerd partnerschap kent.

3. Een aanwijzing als bedoeld in dit artikel is, wat de vorm betreft, geldig indien de vormvoorschriften voor de aanwijzing van het recht dat toepasselijk is op het vermogensregime van de partners, in acht zijn genomen.

Art. 65

Toepasselijk recht op rechtsbetrekkingen tussen geregistreerd partners bij ontbreken aanwijzing

Bij gebreke van een aanwijzing van het toepasselijke recht worden de persoonlijke rechtsbetrekkingen die niet worden begrepen onder de Verordening (EU) nr. 2016/1104 tussen partners die in Nederland een geregistreerd partnerschap zijn aangegaan, beheerst door het Nederlandse recht. Zijn de partners buiten Nederland een geregistreerd partnerschap aangegaan, dan worden deze persoonlijke rechtsbetrekkingen tussen hen beheerst door het recht, met inbegrip van het internationaal privaatrecht, van de staat waar het geregistreerd partnerschap is aangegaan.

Art. 66

Wijziging toepasselijk recht bij geregistreerd partners

Indien een aanwijzing als bedoeld in artikel 64 leidt tot toepasselijkheid van een ander recht dan het voorheen toepasselijke, is dat andere recht toepasselijk vanaf het tijdstip van die aanwijzing.

Art. 67-69

[Vervallen]

Afdeling 4
Enkele bepalingen inzake het partnerschapsvermogensregime

Art. 70

1. In deze afdeling wordt onder de Verordening (EU) nr. 2016/1104 verstaan: de Verordening (EU) nr. 2016/1104 van de Raad van 24 juni 2016 tot uitvoering van de nauwere samenwerking op het gebied van de bevoegdheid, het toepasselijke recht en de erkenning en tenuitvoerlegging van beslissingen op het gebied van de vermogensrechtelijke gevolgen van geregistreerde partnerschappen.

2. In aanvulling op de Verordening (EU) nr. 2016/1104 zijn de bepalingen van deze afdeling van toepassing.

Art. 71-78

[Vervallen]

Art. 79

Notariële akte inhoudende toepassing van vreemd recht op partnerschapsvermogensregime

Een partner wiens partnerschapsvermogensregime wordt beheerst door vreemd recht, kan in het in artikel 116 van Boek 1 bedoelde register een notariële akte doen inschrijven, inhoudende een verklaring dat het partnerschapsvermogensregime niet wordt beheerst door het Nederlandse recht.

Art. 80

[Vervallen]

Art. 81

Verrekening van voordeel naar vreemd recht bij wijziging van partnerschapsvermogensregime

Heeft een der partners, door de toepassing op een buitenslands gelegen vermogensbestanddeel van een krachtens het internationaal privaatrecht van het land van ligging aangewezen recht, ten opzichte van de andere partner een voordeel genoten dat hem niet zou zijn toegekomen indien het op grond van de Verordening (EU) nr. 2016/1104 aangewezen recht zou zijn toegepast, dan kan die andere partner daarvan verrekening of vergoeding vorderen bij de in verband met de beëindiging of wijziging van het partnerschapsvermogensregime tussen de partners plaatsvindende afrekening.

Art. 82-84

[Vervallen]

Art. 85

Of een partner bij beëindiging van het geregistreerd partnerschap met wederzijds goedvinden of door ontbinding recht heeft op een gedeelte van de door de andere partner opgebouwde pensioenrechten, wordt beheerst door het recht dat van toepassing is op het partnerschapsvermogensregime van de partners, behoudens het bepaalde in artikel 1 lid 7 van de Wet verevening pensioenrechten bij scheiding.

Pensioenrechten na beëindiging geregistreerd partnerschap bij vreemd recht

Afdeling 5
Beëindiging in Nederland van een geregistreerd partnerschap

Art. 86

Of een in Nederland aangegaan geregistreerd partnerschap in Nederland kan worden beëindigd met wederzijds goedvinden of door ontbinding en op welke gronden, wordt bepaald door het Nederlandse recht.

Beëindiging geregistreerd partnerschap naar Nederlands recht

Art. 87

1. Of een buiten Nederland aangegaan geregistreerd partnerschap in Nederland kan worden beëindigd met wederzijds goedvinden of door ontbinding en op welke gronden, wordt bepaald door het Nederlandse recht.

Beëindiging van buiten Nederland aangegaan geregistreerd partnerschap

2. In afwijking van lid 1 is het recht van de staat waar het geregistreerd partnerschap is aangegaan toepasselijk indien in de door partners gesloten overeenkomst omtrent de beëindiging met wederzijds goedvinden van het geregistreerd partnerschap gezamenlijk een keuze voor dit recht is gedaan.

3. In afwijking van lid 1 is ten aanzien van de beëindiging door ontbinding het recht van de staat waar het geregistreerd partnerschap is aangegaan toepasselijk indien in het geding:
a. door de partners gezamenlijk een keuze voor dit recht is gedaan of een dergelijke keuze door een van de partners onweersproken is gebleven; of
b. door een van beide partners een keuze voor dit recht is gedaan en beide partners een werkelijke maatschappelijke band met die staat hebben.

4. Het Nederlandse recht bepaalt de wijze waarop de beëindiging met wederzijds goedvinden of de ontbinding van het buiten Nederland aangegane geregistreerd partnerschap geschiedt.

Afdeling 6
Erkenning van een buiten Nederland tot stand gekomen beëindiging van een geregistreerd partnerschap

Art. 88

1. Een buiten Nederland tot stand gekomen beëindiging met wederzijds goedvinden van het geregistreerd partnerschap wordt erkend indien zij aldaar rechtsgeldig tot stand is gebracht.

Erkenning van buiten Nederland tot stand gekomen beëindiging van geregistreerd partnerschap

2. Een buiten Nederland na een behoorlijke rechtspleging verkregen beëindiging door ontbinding van het geregistreerd partnerschap wordt in Nederland erkend indien zij is tot stand gekomen door de beslissing van een rechter of andere autoriteit aan wie daartoe rechtsmacht toekwam.

3. Een buiten Nederland verkregen beëindiging door ontbinding van het geregistreerd partnerschap, die niet voldoet aan een of meer van de in het vorige lid gestelde voorwaarden, wordt nochtans in Nederland erkend indien duidelijk blijkt dat de wederpartij in de buitenlandse procedure uitdrukkelijk of stilzwijgend hetzij tijdens die procedure heeft ingestemd met, hetzij zich na die procedure heeft neergelegd bij de ontbinding.

Art. 89

Ongeacht artikel 88 van dit Boek wordt aan een in het buitenland tot stand gekomen beëindiging van het geregistreerd partnerschap erkenning onthouden indien deze erkenning kennelijk onverenigbaar is met de openbare orde.

Onverenigbaarheid van buitenlandse beëindiging van geregistreerd partnerschap met openbare orde

Afdeling 7

Levensonderhoud

Art. 90

Verplichting tot levensonderhoud bij geregistreerd partnerschap naar internationaal privaatrecht

Het recht dat van toepassing is op verplichtingen tot levensonderhoud gedurende het geregistreerd partnerschap en na beëindiging daarvan wordt bepaald door

a. het op 23 november 2007 te 's-Gravenhage tot stand gekomen Protocol inzake het recht dat van toepassing is op onderhoudsverplichtingen (PbEU L 331/17), of

b. het op 2 oktober 1973 te 's-Gravenhage tot stand gekomen Verdrag inzake de wet die van toepassing is op onderhoudsverplichtingen (Trb. 1974, 86).

Afdeling 8

Overgangsrecht

Art. 91

Overgangsbepalingen

1. Deze titel is niet van toepassing op geregistreerde partnerschappen die voor 1 januari 2005 zijn aangegaan.

2. In afwijking van lid 1 is artikel 85 van dit Boek van toepassing op de verevening van pensioenrechten ingeval het geregistreerde partnerschap na 1 januari 2005 is beëindigd.

Titel 5

Afstamming

Afdeling 1

Familierechtelijke betrekkingen door geboorte

Art. 92

Toepasselijk recht op familierechtelijke betrekkingen door geboorte

1. Of een kind door geboorte in familierechtelijke betrekkingen komt te staan tot de vrouw uit wie het is geboren en de met haar gehuwde of gehuwd geweest zijnde persoon of de persoon met wie zij door een geregistreerd partnerschap is verbonden of verbonden is geweest, wordt bepaald door het recht van de staat van de gemeenschappelijke nationaliteit van de vrouw en die persoon of, indien dit ontbreekt, door het recht van de staat waar de vrouw en die persoon elk hun gewone verblijfplaats hebben, of indien ook dit ontbreekt, door het recht van de staat van de gewone verblijfplaats van het kind.

2. Wanneer de persoon, genoemd in lid 1, en de vrouw een nationaliteit gemeenschappelijk hebben, geldt voor de toepassing van lid 1 als hun nationale recht het recht van die nationaliteit, ongeacht of zij beiden dan wel een hunner nog een andere nationaliteit bezitten. Bezitten de echtgenoten of geregistreerde partners meer dan een gemeenschappelijke nationaliteit, dan worden zij geacht geen gemeenschappelijke nationaliteit te bezitten.

3. Voor de toepassing van lid 1 is bepalend het tijdstip van de geboorte van het kind, dan wel indien het huwelijk of geregistreerd partnerschap van de ouders voordien is ontbonden, dat van de ontbinding.

Art. 93

Toepasselijk recht op ontkenning van familierechtelijke betrekkingen

1. Of familierechtelijke betrekkingen als bedoeld in artikel 92 van dit Boek in een gerechtelijke procedure tot grondverklaring van een ontkenning kunnen worden tenietgedaan, wordt bepaald door het recht dat ingevolge dat artikel op het bestaan van die betrekkingen toepasselijk is.

2. Is volgens het in lid 1 bedoelde recht ontkenning niet of niet meer mogelijk, dan kan de rechter, indien zulks in het belang is van het kind en de ouders en het kind een daartoe strekkend gezamenlijk verzoek doen, een ander in artikel 92 van dit Boek genoemd recht toepassen, dan wel het recht toepassen van de staat van de gewone verblijfplaats van het kind ten tijde van de ontkenning of het Nederlandse recht.

3. Ongeacht het ingevolge lid 1 of lid 2 toepasselijke recht is in de daar bedoelde gerechtelijke procedure artikel 212 van Boek 1 van toepassing.

4. Of familierechtelijke betrekkingen tussen een kind en de met zijn moeder gehuwd of gehuwd geweest zijnde persoon of de persoon met wie zijn moeder door een geregistreerd partnerschap is verbonden of verbonden is geweest door een verklaring houdende ontkenning door de moeder ten overstaan van de ambtenaar van de burgerlijke stand kunnen worden tenietgedaan, wordt bepaald door het recht dat ingevolge artikel 92 van dit Boek op het bestaan van die betrekkingen toepasselijk is. Onverminderd de leden 1 en 2 kan een zodanige verklaring slechts worden afgelegd indien de met de moeder gehuwde of gehuwd geweest zijnde nog levende persoon respectievelijk de persoon met wie de moeder door een geregistreerd partnerschap is verbonden of de nog in levende zijn persoon met wie zij door een partnerschap verbonden is geweest erin toestemt en indien tegelijkertijd familierechtelijke betrekkingen tussen het kind en een andere persoon ontstaan of worden gevestigd.

Art. 94

1. Of tussen een vrouw en het buiten huwelijk of geregistreerd partnerschap uit haar geboren kind door geboorte familierechtelijke betrekkingen ontstaan, wordt bepaald door het recht van de staat van de nationaliteit van de vrouw. Bezit de vrouw de nationaliteit van meer dan een staat, dan is bepalend het nationale recht volgens hetwelk zodanige betrekkingen ontstaan. In elk geval ontstaan zodanige betrekkingen indien de vrouw haar gewone verblijfplaats in Nederland heeft.

2. Voor de toepassing van lid 1 is bepalend het tijdstip van de geboorte.

3. De leden 1 en 2 laten onverlet de op 12 september 1962 te Brussel tot stand gekomen Overeenkomst betreffende de vaststelling van betrekkingen tussen het onwettige kind en zijn moeder (Trb. 1963, 93).

Afdeling 2
Familierechtelijke betrekkingen door erkenning of gerechtelijke vaststelling van het vaderschap

Art. 95

1. Of erkenning door een persoon familierechtelijke betrekkingen doet ontstaan tussen hem en een kind, wordt, wat betreft de bevoegdheid van die persoon en de voorwaarden voor erkenning, bepaald door het recht van de staat waarvan die persoon de nationaliteit bezit. Bezit de persoon, genoemd in de eerste volzin, de nationaliteit van meer dan een staat, dan is bepalend het nationale recht volgens hetwelk de erkenning mogelijk is. Indien volgens het nationale recht van die persoon erkenning niet of niet meer mogelijk is, is bepalend het recht van de staat van de gewone verblijfplaats van het kind. Is zij ook volgens dat recht niet of niet meer mogelijk, dan is bepalend het recht van de staat waarvan het kind de nationaliteit bezit. Bezit het kind de nationaliteit van meer dan een staat, dan is bepalend het nationale recht volgens hetwelk de erkenning mogelijk is. Is zij ook volgens dat recht niet of niet meer mogelijk, dan is bepalend het recht van de staat van de gewone verblijfplaats van de persoon, genoemd in de eerste volzin.

2. De akte van erkenning en de latere vermelding van de erkenning vermelden het recht dat ingevolge lid 1 is toegepast.

3. Ongeacht het ingevolge lid 1 toepasselijke recht, is op de toestemming van de moeder, onderscheidenlijk het kind, tot de erkenning toepasselijk het recht van de staat waarvan de moeder, onderscheidenlijk het kind, de nationaliteit bezit. Bezit de moeder, onderscheidenlijk het kind, de nationaliteit van meer dan een staat, dan is toepasselijk het nationale recht volgens hetwelk toestemming is vereist. Bezit de moeder, onderscheidenlijk het kind, de Nederlandse nationaliteit, dan is het Nederlandse recht van toepassing, zulks ongeacht of de moeder, onderscheidenlijk het kind naast de Nederlandse nationaliteit nog een andere nationaliteit bezit. Indien het toepasselijke recht de erkenning niet kent, is toepasselijk het recht van de staat van de gewone verblijfplaats van de moeder, onderscheidenlijk het kind. Het op de toestemming toepasselijke recht bepaalt tevens of bij gebreke van toestemming deze kan worden vervangen door een rechterlijke beslissing.

4. Voor de toepassing van de voorgaande leden is bepalend het tijdstip van de erkenning en de toestemming.

Art. 96

Of en op welke wijze een erkenning kan worden tenietgedaan, wordt, wat betreft de bevoegdheid van de persoon die het kind heeft erkend en de voorwaarden voor de erkenning, bepaald door het ingevolge artikel 95 lid 1 van dit Boek toegepaste recht, en wat betreft de toestemming van de moeder, onderscheidenlijk het kind, door het recht dat ingevolge artikel 95 lid 3 van dit Boek toepasselijk is.

Art. 97

1. Of en onder welke voorwaarden ouderschap van een persoon gerechtelijk kan worden vastgesteld, wordt bepaald door het recht van de staat van de gemeenschappelijke nationaliteit van die persoon en de moeder of, indien dit ontbreekt, door het recht van de staat waar die persoon en de moeder elk hun gewone verblijfplaats hebben of, indien ook dit ontbreekt, door het recht van de staat van de gewone verblijfplaats van het kind.

2. Wanneer de persoon, genoemd in lid 1, en de moeder een nationaliteit gemeenschappelijk hebben, geldt voor de toepassing van lid 1 als hun gemeenschappelijke nationale recht het recht van die nationaliteit, ongeacht of zij beiden of een hunner nog een andere nationaliteit bezitten. Bezitten zij meer dan een gemeenschappelijke nationaliteit, dan worden zij geacht geen gemeenschappelijke nationaliteit te bezitten.

3. Voor de toepassing van lid 1 is bepalend het tijdstip van de indiening van het verzoek. Is de persoon, genoemd in lid 1, of de moeder op dat tijdstip overleden, dan is, bij gebreke van een gemeenschappelijke nationaliteit op het tijdstip van zijn overlijden, toepasselijk het recht van de staat waar die persoon en de moeder op dat tijdstip elk hun gewone verblijfplaats hadden of, indien ook dat ontbreekt, het recht van de staat van de gewone verblijfplaats van het kind op het tijdstip van de indiening van het verzoek.

Afdeling 3
Familierechtelijke betrekkingen door wettiging

Art. 98

Familierechtelijke betrekkingen door wettiging

1. Of een kind door het huwelijk van een van zijn ouders, dan wel door een nadien genomen beslissing van een rechterlijke of andere bevoegde autoriteit, wordt gewettigd, wordt bepaald door de op 10 december 1970 te Rome tot stand gekomen Overeenkomst inzake wettiging door huwelijk (Trb. 1972, 61).

2. Indien toepassing van lid 1 niet leidt tot de wettiging, kunnen familierechtelijke betrekkingen door wettiging worden gevestigd volgens het recht van de staat van de gewone verblijfplaats van het kind.

3. De leden 1 en 2 gelden niet indien een van de ouders de Nederlandse nationaliteit bezit en het huwelijk niet geldig is voltrokken in overeenstemming met de artikelen 30 en 31 van dit Boek.

4. Voor de toepassing van de voorgaande leden is bepalend het tijdstip van het huwelijk van de ouders, dan wel, bij de totstandkoming van de familierechtelijke betrekkingen door de beslissing van een rechterlijke of andere bevoegde autoriteit, het tijdstip van de indiening van het verzoek of de vordering.

Afdeling 4
De inhoud van familierechtelijke betrekkingen uit hoofde van afstamming

Art. 99

Inhoud van familierechtelijke betrekkingen uit hoofde van afstamming in internationaal privaatrecht

1. Onverminderd hetgeen ten aanzien van bijzondere onderwerpen is bepaald, wordt de inhoud van de familierechtelijke betrekkingen tussen ouders en kind bepaald door het recht van de staat van de gemeenschappelijke nationaliteit van de ouders of, indien dit ontbreekt, door het recht van de staat waar de ouders elk hun gewone verblijfplaats hebben of, indien ook dit ontbreekt, door het recht van de staat van de gewone verblijfplaats van het kind.

2. Bestaan alleen familierechtelijke betrekkingen tussen de moeder en het kind, dan wordt de inhoud van deze familierechtelijke betrekkingen bepaald door het recht van de staat van de gemeenschappelijke nationaliteit van de moeder en het kind. Bij gebreke van een gemeenschappelijke nationaliteit wordt zij bepaald door het recht van de gewone verblijfplaats van het kind.

3. Wanneer de ouders, onderscheidenlijk de moeder en het kind een nationaliteit gemeenschappelijk hebben, geldt voor de toepassing van lid 1, onderscheidenlijk lid 2 als hun nationale recht het recht van die nationaliteit, ongeacht of zij beiden of een hunner nog een andere nationaliteit bezitten. Bezitten de ouders, onderscheidenlijk de moeder en het kind meer dan een gemeenschappelijke nationaliteit, dan worden zij geacht geen gemeenschappelijke nationaliteit te bezitten.

Afdeling 5
Erkenning van buitenslands tot stand gekomen rechterlijke beslissingen en rechtsfeiten

Art. 100

Erkenning van buitenslands tot stand gekomen rechterlijke beslissingen

1. Een buitenslands tot stand gekomen onherroepelijke rechterlijke beslissing waarbij familierechtelijke betrekkingen uit hoofde van afstamming zijn vastgesteld of gewijzigd, wordt in Nederland van rechtswege erkend, tenzij:

a. er voor de rechtsmacht van de rechter kennelijk onvoldoende aanknoping bestond met de rechtssfeer van diens land;

b. aan die beslissing kennelijk geen behoorlijk onderzoek of behoorlijke rechtspleging is voorafgegaan, of

c. de erkenning van die beslissing kennelijk onverenigbaar is met de openbare orde.

2. De erkenning van de beslissing kan, ook wanneer daarbij een Nederlander betrokken is, niet wegens onverenigbaarheid met de openbare orde worden geweigerd op de enkele grond dat daarop een ander recht is toegepast dan uit deze titel zou zijn gevolgd.

3. De beslissing is niet vatbaar voor erkenning indien zij onverenigbaar is met een onherroepelijk geworden beslissing van de Nederlandse rechter inzake de vaststelling of wijziging van dezelfde familierechtelijke betrekkingen.

4. De voorgaande leden laten de toepassing van de in artikel 98lid 1 van dit Boek bedoelde overeenkomst onverlet.

Art. 101

1. Artikel 100 leden 1, onder b en c, 2 en 3 van dit Boek is van overeenkomstige toepassing op buitenslands tot stand gekomen rechtsfeiten of rechtshandelingen waarbij familierechtelijke betrekkingen zijn vastgesteld of gewijzigd, welke zijn neergelegd in een door een bevoegde instantie overeenkomstig de plaatselijke voorschriften opgemaakte akte.

2. De weigeringsgrond, bedoeld in artikel 100 lid 1, onderdeel c, van dit Boek doet zich met betrekking tot de erkenning in elk geval voor

a. indien deze is verricht door een Nederlander die naar Nederlands recht niet bevoegd zou zijn het kind te erkennen;

b. indien, wat de toestemming van de moeder of het kind betreft, niet is voldaan aan de vereisten van het recht dat ingevolge artikel 95 lid 3, van dit Boek toepasselijk is, of

c. indien de akte kennelijk op een schijnhandeling betrekking heeft.

3. De voorgaande leden laten de toepassing van de in artikel 98 lid 1, van dit Boek genoemde Overeenkomst onverlet.

Afdeling 6
Overgangsrecht

Art. 102

Deze afdeling is van toepassing op rechtsbetrekkingen die na 1 januari 2003 zijn vastgesteld of gewijzigd alsmede op de erkenning van na 1 januari 2003 buitenslands vastgestelde of gewijzigde rechtsbetrekkingen.

Titel 6
Adoptie

Afdeling 1
Algemene bepalingen

Art. 103

Voor de toepassing van deze titel wordt onder het Haags Adoptieverdrag 1993 verstaan: het op 29 mei 1993 te 's-Gravenhage tot stand gekomen verdrag inzake de bescherming van kinderen en de samenwerking op het gebied van de interlandelijke adoptie (Trb. 1993, 97).

Art. 104

Onverminderd het Haags Adoptieverdrag 1993, de Wet van 14 mei 1998 tot uitvoering van het op 29 mei 1993 te 's-Gravenhage tot stand gekomen Verdrag inzake de bescherming van kinderen en de samenwerking op het gebied van de inderlandelijke adoptie (Stb. 1998, 302) en de Wet opneming buitenlandse kinderen ter adoptie, wordt in deze titel onder adoptie verstaan de beslissing van een bevoegde autoriteit waarbij familierechtelijke betrekkingen tussen een minderjarig kind en twee personen tezamen of een persoon alleen tot stand worden gebracht.

Afdeling 2
De in Nederland uit te spreken adoptie

Art. 105

1. Op een in Nederland uit te spreken adoptie is, behoudens lid 2, het Nederlandse recht van toepassing.

2. Op de toestemming dan wel de raadpleging of de voorlichting van de ouders van het kind of van andere personen of instellingen is toepasselijk het recht van de staat waarvan het kind de nationaliteit bezit. Bezit het kind de nationaliteit van meer dan een staat, dan is toepasselijk het recht volgens hetwelk toestemming dan wel raadpleging of voorlichting vereist is. Bezit het kind de Nederlandse nationaliteit, dan is het Nederlandse recht van toepassing, ongeacht of het kind naast de Nederlandse nationaliteit nog een andere nationaliteit bezit.

3. Indien het ingevolge lid 2 op de toestemming dan wel raadpleging of voorlichting toepasselijke recht de adoptie niet kent, is het Nederlandse recht van toepassing. Het ingevolge dit lid toepasselijke recht bepaalt tevens of bij gebreke van toestemming deze kan worden vervangen door een rechterlijke beslissing.

4. Op de herroeping van een in Nederland uitgesproken adoptie is het Nederlandse recht van toepassing.

Art. 106

Een in Nederland uitgesproken adoptie heeft, wat betreft het ontstaan en de verbreking van familierechtelijke betrekkingen, de rechtsgevolgen die daaraan worden toegekend door het Nederlandse recht.

Afdeling 3
Erkenning van een buitenlandse adoptie

Art. 107

Adopties buiten het Haags Adoptieverdrag 1993

Deze afdeling heeft betrekking op adopties waarop het Haags Adoptieverdrag 1993 niet van toepassing is.

Art. 108

Erkenning van rechtswege van buitenlandse adoptie

1. Een buitenslands gegeven beslissing waarbij een adoptie tot stand is gekomen, wordt in Nederland van rechtswege erkend indien zij is uitgesproken door:
a. een ter plaatse bevoegde autoriteit van de staat waar de adoptiefouders en het kind zowel ten tijde van het verzoek tot adoptie als ten tijde van de uitspraak hun gewone verblijfplaats hadden; of
b. een ter plaatse bevoegde autoriteit van de staat waar hetzij de adoptiefouders, hetzij het kind zowel ten tijde van het verzoek tot adoptie als ten tijde van de uitspraak hun gewone verblijfplaats hadden.

2. Aan een beslissing houdende adoptie wordt erkenning onthouden indien:
a. aan die beslissing kennelijk geen behoorlijk onderzoek of behoorlijke rechtspleging is voorafgegaan, of
b. in het geval, bedoeld in lid 1, onder b, de beslissing niet is erkend in de staat waar het kind, onderscheidenlijk de staat waar de adoptiefouders zowel ten tijde van het verzoek tot adoptie als ten tijde van de uitspraak hun gewone verblijfplaats hadden; of
c. de erkenning van die beslissing kennelijk onverenigbaar is met de openbare orde.

3. Op de in lid 2, onder c, genoemde grond wordt aan een beslissing houdende adoptie in elk geval erkenning onthouden indien de beslissing kennelijk op een schijnhandeling betrekking heeft.

4. De erkenning van de beslissing kan, ook wanneer daarbij een Nederlander betrokken is, niet op de in lid 2, onder c, genoemde grond worden geweigerd enkel omdat daarop een ander recht is toegepast dan uit de bepalingen van afdeling 2 zou zijn gevolgd.

Art. 109

Erkenning van buitenlandse adoptie

1. Een buitenslands gegeven beslissing waarbij een adoptie tot stand is gekomen en die is uitgesproken door een ter plaatse bevoegde autoriteit van de staat waar het kind zowel ten tijde van het verzoek tot adoptie als ten tijde van de uitspraak zijn gewone verblijfplaats had, terwijl de adoptiefouders hun gewone verblijfplaats in Nederland hadden, wordt erkend indien:
a. de bepalingen van de Wet opneming buitenlandse kinderen ter adoptie in acht zijn genomen,
b. de erkenning van de adoptie in het kennelijk belang van het kind is, en
c. erkenning niet op een grond, bedoeld in artikel 108 lid 2 of lid 3 van dit Boek, zou worden onthouden.

2. Een adoptie als bedoeld in lid 1 wordt slechts erkend indien de rechter heeft vastgesteld dat aan de in dat lid genoemde voorwaarden voor erkenning is voldaan. Toepasselijk is de procedure van artikel 26 van Boek 1 .

3. De rechter die vaststelt dat aan de voorwaarden voor erkenning van de adoptie is voldaan, geeft ambtshalve een last tot toevoeging van een latere vermelding van de adoptie aan de daarvoor in aanmerking komende akte van de burgerlijke stand. De artikelen 25 lid 6, 25c lid 3 en 25g lid 2 van Boek 1 zijn van overeenkomstige toepassing.

Art. 110

Inhoud van erkenning van buitenlandse adoptie

1. De erkenning, bedoeld in de artikelen 108 en 109 van dit Boek, houdt tevens in de erkenning van:
a. de familierechtelijke betrekkingen tussen het kind en zijn adoptiefouders en, in voorkomend geval, de bloedverwanten van zijn adoptiefouders;
b. het gezag van de adoptiefouders over het kind;
c. de verbreking van de voordien bestaande familierechtelijke betrekkingen tussen het kind en zijn moeder en vader, onderscheidenlijk de bloedverwanten van zijn moeder en vader, indien de adoptie dit gevolg heeft in de staat waar zij plaatsvond.

2. Ingeval de adoptie in de staat waar zij plaatsvond niet tot gevolg heeft dat de voordien bestaande familierechtelijke betrekkingen worden verbroken, mist de adoptie ook in Nederland dat gevolg.

Art. 111

Omzetting in adoptie naar Nederlands recht

In het in artikel 110 lid 2 van dit Boek bedoelde geval kan, indien het kind in Nederland gewone verblijfplaats heeft en daar voor permanent verblijf bij de adoptiefouders is toegelaten, een verzoek tot omzetting in een adoptie naar Nederlands recht worden ingediend. Artikel 11 lid 2 van de Wet tot uitvoering van het op 29 mei 1993 te 's-Gravenhage tot stand gekomen Verdrag inzake de bescherming van kinderen en de samenwerking op het gebied van de interlandelijke adoptie, is van overeenkomstige toepassing. Artikel 105 lid 2 van dit Boek is van overeenkomstige toepassing op de toestemming van de ouders wier toestemming tot de adoptie vereist was.

Afdeling 4
Overgangsrecht

Art. 112

Deze titel is van toepassing op verzoeken tot adoptie die vanaf 1 januari 2004 in Nederland zijn ingediend en op de erkenning van adopties die vanaf 1 januari 2004 buitenslands tot stand zijn gekomen.

Overgangsbepalingen

Titel 7
Overige onderwerpen van familierecht

Afdeling 1
Ouderlijke verantwoordelijkheid en bescherming van kinderen

Art. 113

Op de bescherming van kinderen zijn van toepassing:
a. het op 5 oktober 1961 te 's-Gravenhage tot stand gekomen Verdrag betreffende de bevoegdheid der autoriteiten en de toepasselijke wet inzake de bescherming van minderjarigen (Trb. 1968, 101),
b. de Verordening (EG) nr. 2201/2003 van de Raad van de Europese Unie van 27 november 2003 betreffende de bevoegdheid en de erkenning en tenuitvoerlegging van beslissingen in huwelijkszaken en inzake de ouderlijke verantwoordelijkheid, en tot intrekking van verordening (EG) nr. 1347/2000 (PbEU L 338), en
c. de Uitvoeringswet internationale kinderbescherming.

Ouderlijke verantwoordelijkheid en bescherming van kinderen naar internationaal privaatrecht

Afdeling 2
Internationale ontvoering van kinderen

Art. 114

Op internationale ontvoering van kinderen zijn van toepassing:
a. het op 20 mei 1980 te Luxemburg tot stand gekomen Europese Verdrag betreffende de erkenning en de tenuitvoerlegging van beslissingen inzake het gezag over kinderen en betreffende het herstel van het gezag over kinderen (Trb. 1980, 134),
b. het op 25 oktober 1980 te 's-Gravenhage tot stand gekomen Verdrag inzake de burgerrechtelijke aspecten van internationale ontvoering van kinderen (Trb. 1987, 139),
c. de in artikel 113, onder b, van dit Boek genoemde verordening, en
d. de Wet van 2 mei 1990 tot uitvoering van het op 20 mei 1980 te Luxemburg tot stand gekomen Europese Verdrag betreffende de erkenning en de tenuitvoerlegging van beslissingen inzake het gezag over kinderen en betreffende het herstel van het gezag over kinderen, uitvoering van het op 25 oktober 1980 te 's-Gravenhage tot stand gekomen Verdrag inzake de burgerrechtelijke aspecten van internationale ontvoering van kinderen alsmede algemene bepalingen met betrekking tot verzoeken tot teruggeleiding van ontvoerde kinderen over de Nederlandse grens en de uitvoering daarvan (Stb. 1990, 202).

Internationale ontvoering van kinderen

Afdeling 3

(gereserveerd)

Afdeling 4
Levensonderhoud

Art. 116

Het recht dat toepasselijk is op verplichtingen tot levensonderhoud wordt bepaald door:
a. het op 23 november 2007 te 's-Gravenhage tot stand gekomen Protocol inzake het recht dat van toepassing is op onderhoudsverplichtingen (PbEU L 331/17),
b. het op 2 oktober 1973 te 's-Gravenhage tot stand gekomen Verdrag inzake de wet die van toepassing is op onderhoudsverplichtingen (Trb. 1974, 86), of
c. het op 24 oktober 1956 te 's-Gravenhage tot stand gekomen Verdrag nopens de wet welke op alimentatieverplichtingen jegens kinderen toepasselijk is (Trb. 1956, 144).

Verplichting tot levensonderhoud in het internationaal privaatrecht

Titel 8
Corporaties

Art. 117

In deze titel wordt verstaan onder

Begripsbepalingen

a. corporatie: een vennootschap, vereniging, coöperatie, onderlinge waarborgmaatschappij, stichting en ieder ander als zelfstandige eenheid of organisatie naar buiten optredend lichaam en samenwerkingsverband;

b. functionaris: hij die, zonder orgaan te zijn, krachtens het op de corporatie toepasselijke recht en haar statuten of samenwerkingsovereenkomst bevoegd is deze te vertegenwoordigen.

Art. 118

Toepasselijk recht bij corporaties

Een corporatie die ingevolge de oprichtingsovereenkomst of akte van oprichting haar zetel of, bij gebreke daarvan, haar centrum van optreden naar buiten ten tijde van de oprichting, heeft op het grondgebied van de staat naar welks recht zij is opgericht, wordt beheerst door het recht van die staat.

Art. 119

Onderwerpen van toepasselijk recht op corporaties

Het op een corporatie toepasselijke recht beheerst naast de oprichting in het bijzonder de volgende onderwerpen:

a. het bezit van rechtspersoonlijkheid, of van de bevoegdheid drager te zijn van rechten en verplichtingen, rechtshandelingen te verrichten en in rechte op te treden;

b. het inwendig bestel van de corporatie en alle daarmee verband houdende onderwerpen;

c. de bevoegdheid van organen en functionarissen van de corporatie om haar te vertegenwoordigen;

d. de aansprakelijkheid van bestuurders, commissarissen en andere functionarissen als zodanig jegens de corporatie;

e. de vraag wie naast de corporatie, voor de handelingen waardoor de corporatie wordt verbonden, aansprakelijk is uit hoofde van een bepaalde hoedanigheid zoals die van oprichter, vennoot, aandeelhouder, lid, bestuurder, commissaris of andere functionaris van de corporatie;

f. de beëindiging van het bestaan van de corporatie.

Art. 120

Zetelverplaatsing in het internationaal privaatrecht

Indien een rechtspersoonlijkheid bezittende corporatie haar statutaire zetel verplaatst naar een ander land en het recht van de staat van de oorspronkelijke zetel en dat van de staat van de nieuwe zetel op het tijdstip van de zetelverplaatsing het voortbestaan van de corporatie als rechtspersoon erkennen, wordt haar voortbestaan als rechtspersoon ook naar Nederlands recht erkend. Vanaf de zetelverplaatsing beheerst het recht van de staat van de nieuwe zetel de in artikel 119 van dit Boek bedoelde onderwerpen, behoudens indien ingevolge dat recht daarop het recht van de staat van de oorspronkelijke zetel van toepassing blijft.

Art. 121

Faillissement van door buitenlands recht beheerste corporatie

1. In afwijking van de artikelen 118 en 119 van dit Boek zijn de artikelen 138 en 149 van Boek 2 van toepassing dan wel van overeenkomstige toepassing op de aansprakelijkheid van bestuurders en commissarissen van een ingevolge artikel 118 of artikel 120 van dit Boek door buitenlands recht beheerste corporatie die in Nederland aan de heffing van vennootschapsbelasting onderworpen is, indien de corporatie in Nederland failliet wordt verklaard. Als bestuurders zijn eveneens aansprakelijk degenen die met de leiding van de in Nederland verrichte werkzaamheden zijn belast.

2. De rechtbank die het faillissement heeft uitgesproken is bevoegd tot de kennisneming van alle vorderingen uit hoofde van lid 1.

Art. 122

Strijd met openbare orde bij buitenlandse corporatie

1. Het openbaar ministerie kan de rechtbank te Utrecht verzoeken voor recht te verklaren dat het doel of de werkzaamheid van een corporatie die niet is een Nederlandse rechtspersoon in strijd is met de openbare orde als bedoeld in artikel 20 van Boek 2.

2. De verklaring werkt voor en tegen een ieder met ingang van de eerste dag na de dag van de uitspraak. De verklaring wordt door de zorg van de griffier geplaatst in de Staatscourant. Is de corporatie in het handelsregister ingeschreven, dan wordt de verklaring aldaar eveneens ingeschreven.

3. De rechter kan de in Nederland gelegen goederen van de corporatie desverlangt onder bewind stellen. Artikel 22 van Boek 2 is van overeenkomstige toepassing.

4. De in Nederland gelegen goederen van een corporatie ten aanzien waarvan de rechter een verklaring voor recht als bedoeld in lid 1 heeft gegeven, worden vereffend door een of meer door hem te benoemen vereffenaars. De artikelen 23 tot en met 24 van Boek 2 zijn van overeenkomstige toepassing.

Art. 123

Verboden buitenlandse corporatie

Een corporatie die niet is een Nederlandse rechtspersoon en is vermeld in de lijst, bedoeld in artikel 2 lid 3 van Verordening (EG) nr. 2580/2001 van de Raad van de Europese Unie van 27 december 2001 (PbEG L 344) inzake specifieke beperkende maatregelen tegen bepaalde personen en entiteiten met het oog op de strijd tegen terrorisme, of in Bijlage I van Verordening (EG) nr. 881/2002 van de Raad van de Europese Unie van 27 mei 2002 (PbEG L 139) tot vaststelling van bepaalde specifieke beperkende maatregelen tegen sommige personen en entiteiten die banden hebben met Usama bin Laden, het Al-Qau'ida-netwerk en de Taliban, en tot intrekking van Verordening (EG) nr. 467/2001 van de Raad tot instelling van een verbod op de uitvoer van bepaalde goederen en diensten naar Afghanistan, tot versterking van het verbod op vluchten en verlenging van de bevriezing van tegoeden en andere financiële middelen ten aanzien van de Taliban in Afghanistan, of is vermeld en met een ster aangemerkt in de Bijlage bij het Gemeenschappelijk Standpunt nr. 2001/931 van de Raad van de Europese Unie van 27 december 2001 (PbEG L 344) betreffende de toepassing van specifieke maatregelen ter bestrijding van het terrorisme, is van rechtswege verboden en niet bevoegd tot het verrichten van rechtshandelingen.

Art. 124

Deze titel laat onverlet hetgeen bepaald is bij de Wet op de formeel buitenlandse vennootschappen.

Toepasselijkheid Wet op de formeel buitenlandse vennootschappen

Titel 9
Vertegenwoordiging

Art. 125

1. Het recht dat toepasselijk is op vertegenwoordiging wordt bepaald door het op 14 maart 1978 te 's-Gravenhage tot stand gekomen Verdrag betreffende het toepasselijke recht op vertegenwoordiging (Trb. 1978, 138).

Vertegenwoordiging in het internationaal privaatrecht

2. Het verdrag is voor Nederland niet van toepassing op vertegenwoordiging inzake verzekeringen.

Titel 10
Goederenrecht

Afdeling 1
Algemene bepalingen

Art. 126

1. Deze titel laat onverlet het op 1 juli 1985 te 's-Gravenhage tot stand gekomen Verdrag inzake het recht dat toepasselijk is op trusts en inzake de erkenning van trusts (Trb. 1985, 141), alsmede titel 11 van dit Boek. Onverminderd hetgeen voortvloeit uit dat verdrag en die titel, is een rechtshandeling die strekt tot een door Nederlands recht beheerste overdracht aan de trustee van een trust als bedoeld in artikel 142 van dit Boek welke wordt beheerst door buitenlands recht, niet een ongeldige titel op de enkele grond dat die rechtshandeling tot doel heeft dat goed over te dragen tot zekerheid of de strekking mist het goed na de overdracht in het vermogen van de verkrijger te doen vallen.

Goederenrecht in het internationaal privaatrecht

2. Deze titel laat onverlet Richtlijn 2014/60/EU van het Europees Parlement en de Raad van 15 mei 2014 betreffende de teruggave van cultuurgoederen die op onrechtmatige wijze buiten het grondgebied van een lidstaat zijn gebracht en houdende wijziging van Verordening (EU) nr. 1024/2012 (PbEU 2014, L 159) alsmede de bepalingen ter implementatie van deze richtlijn in het Burgerlijk Wetboek, Wetboek van Burgerlijke Rechtsvordering en de Wet tot behoud van cultuurbezit.

Afdeling 2
Het goederenrechtelijke regime met betrekking tot zaken

Art. 127

1. Behoudens voor zover in de leden 2 en 3 anders is bepaald, wordt het goederenrechtelijke regime met betrekking tot een zaak beheerst door het recht van de staat op welks grondgebied de zaak zich bevindt.

Goederenrechtelijk regime met betrekking tot zaken

2. Behoudens artikel 160 van dit Boek wordt het goederenrechtelijke regime met betrekking tot teboekstaande schepen beheerst door het recht van de staat waar het schip teboekstaat.

3. Het goederenrechtelijke regime met betrekking tot teboekstaande luchtvaartuigen en luchtvaartuigen die uitsluitend staan ingeschreven in een nationaliteitsregister als bedoeld in artikel 17 van het op 7 december 1944 te Chicago tot stand gekomen Verdrag inzake de internationale burgerluchtvaart, Stb. 1947, H 165, wordt beheerst door het recht van de staat waar het luchtvaartuig teboekstaat of in het nationaliteitsregister is ingeschreven.

4. Het in de vorige leden bedoelde recht bepaalt in het bijzonder:

a. of een zaak roerend of onroerend is;

b. wat een bestanddeel van een zaak is;

c. of een zaak vatbaar is voor overdracht van de eigendom ervan of vestiging van een recht erop;

d. welke vereisten aan een overdracht of vestiging worden gesteld;

e. welke rechten op een zaak kunnen rusten en welke de aard en de inhoud van deze rechten zijn;

f. op welke wijze die rechten ontstaan, zich wijzigen, overgaan en tenietgaan en welke hun onderlinge verhouding is.

5. Voor de toepassing van het vorige lid, wat betreft de verkrijging, de vestiging, de overgang, de wijziging of het tenietgaan van rechten op een zaak, bepalend het tijdstip waarop de daarvoor noodzakelijke rechtsfeiten geschieden.

6. De voorgaande leden zijn van overeenkomstige toepassing in het geval van overdracht en van vestiging van rechten op zakelijke rechten.

Art. 128

Eigendomsvoorbehoud in het internationaal privaatrecht

1. De goederenrechtelijke gevolgen van een eigendomsvoorbehoud worden beheerst door het recht van de staat op welks grondgebied de zaak zich op het tijdstip van levering bevindt. Zulks laat onverlet de verbintenissen die volgens het op het beding van eigendomsvoorbehoud toepasselijke recht, daaruit kunnen voortvloeien.

2. In afwijking van de eerste zin van lid 1 kunnen partijen overeenkomen dat de goederenrechtelijke gevolgen van een eigendomsvoorbehoud van een voor uitvoer bestemde zaak worden beheerst door het recht van de staat van bestemming indien op grond van dat recht het eigendomsrecht niet zijn werking verliest totdat de prijs volledig is betaald. De aldus overeengekomen aanwijzing heeft slechts gevolg indien de zaak daadwerkelijk in de aangewezen staat van bestemming wordt ingevoerd.

3. De voorgaande leden zijn van overeenkomstige toepassing op de goederenrechtelijke gevolgen van leasing van zaken die bestemd zijn voor gebruik in het buitenland.

Art. 129

Recht van retentie in het internationaal privaatrecht

Onverminderd artikel 163, aanhef en onder a, van dit Boek worden het ontstaan en de inhoud van een recht van retentie bepaald door het recht dat de daaraan ten grondslag liggende rechtsverhouding beheerst. Een recht van retentie kan slechts geldend worden gemaakt voor zover het recht van de staat op welks grondgebied de zaak zich bevindt, zulks toelaat.

Art. 130

Overbrenging van een zaak naar een andere staat

Rechten op een zaak die overeenkomstig het ingevolge deze titel toepasselijke recht zijn verkregen of gevestigd, blijven daarop rusten, ook indien die zaak wordt overgebracht naar een andere staat. Deze rechten kunnen niet worden uitgeoefend op een wijze die onverenigbaar is met het recht van de staat op welks grondgebied de zaak zich ten tijde van die uitoefening bevindt.

Art. 131

Verkrijging van zaak van beschikkingsonbevoegde in het internationaal privaatrecht

De rechtsgevolgen van de verkrijging van een zaak van een beschikkingsonbevoegde worden beheerst door het recht van de staat op welks grondgebied de zaak zich ten tijde van die verkrijging bevond.

Art. 132

Onvrijwillig verlies van een zaak in het internationaal privaatrecht

1. Indien het bezit van een zaak onvrijwillig is verloren en na dit verlies onbekend is in welke staat de zaak zich bevindt, worden de rechtsgevolgen van goederenrechtelijke rechtshandelingen, door de eigenaar of zijn rechtsopvolger verricht, beheerst door het recht van de staat op welks grondgebied de zaak zich voor het bezitsverlies bevond.

2. Is in het in het vorige lid bedoelde geval het verlies door een verzekering gedekt, dan bepaalt het recht dat de verzekeringsovereenkomst beheerst, of en op welke wijze de eigendom op de verzekeraar overgaat.

Art. 133

Overeenkomst van internationaal vervoer

1. Het goederenrechtelijke regime met betrekking tot een zaak die krachtens een overeenkomst van internationaal vervoer wordt vervoerd, wordt beheerst door het recht van de staat van bestemming.

2. Indien het in lid 1 bedoelde vervoer plaatsvindt ter uitvoering van een koopovereenkomst of een andere overeenkomst die verplicht tot overdracht van de vervoerde zaak, of ter uitvoering van een tot vestiging van rechten op die zaak verplichtende overeenkomst, wordt, in afwijking van lid 1 een aanwijzing van het op de bedoelde overeenkomst toepasselijke recht, opgenomen in die overeenkomst, geacht mede betrekking te hebben op het goederenrechtelijke regime met betrekking tot de vervoerde zaak.

Afdeling 3
Het goederenrechtelijke regime met betrekking tot vorderingsrechten

Art. 134

Goederenrechtelijk regime met betrekking tot vorderingsrechten

Indien een vordering belichaamd is in een stuk, bepaalt het recht van de staat op welks grondgebied het stuk zich bevindt, of de vordering een vordering op naam dan wel een vordering aan toonder is.

Art. 135

1. De vatbaarheid van een vordering op naam voor overdracht dan wel voor vestiging daarop van rechten wordt beheerst door het recht dat op de vordering van toepassing is.

2. Voor het overige wordt het goederenrechtelijke regime met betrekking tot een vordering op naam beheerst door het recht dat op de tot overdracht of vestiging van rechten verplichtende overeenkomst toepasselijk is. Dat recht bepaalt in het bijzonder:

a. welke vereisten aan een overdracht of vestiging worden gesteld;

b. wie gerechtigd is tot uitoefening van de in de vordering besloten rechten;

c. welke rechten op de vordering kunnen rusten en welke de aard en de inhoud van deze rechten zijn;

d. op welke wijze die rechten zich wijzigen, overgaan en tenietgaan en welke hun onderlinge verhouding is.

3. De betrekkingen tussen de cessionaris, onderscheidenlijk de gerechtigde, en de schuldenaar, de voorwaarden waaronder de overdracht van een vordering op naam dan wel de vestiging daarop van een recht aan de schuldenaar kan worden tegengeworpen, alsmede de vraag of de schuldenaar door betaling is bevrijd, worden beheerst door het recht dat op de vordering van toepassing is.

Art. 136

1. Het goederenrechtelijke regime met betrekking tot een vordering aan toonder wordt beheerst door het recht van de staat op welks grondgebied het toonderstuk zich bevindt. Artikel 135 leden 1 en 2 van dit Boek is van overeenkomstige toepassing op de vraag welke onderwerpen door dat recht worden beheerst.

2. De betrekkingen tussen de verkrijger en de schuldenaar, de voorwaarden waaronder de overdracht van de vordering dan wel de vestiging daarop van een recht aan de schuldenaar kan worden tegengeworpen, alsmede de vraag of de schuldenaar door betaling is bevrijd, worden beheerst door het recht dat op de vordering van toepassing is.

3. De artikelen 130 en 131 van dit Boek zijn van overeenkomstige toepassing op vorderingen aan toonder.

Afdeling 4
Het goederenrechtelijke regime met betrekking tot aandelen

Art. 137

Indien een stuk een aandeelbewijs is volgens het recht dat van toepassing is op de in dat stuk vermelde uitgevende vennootschap, bepaalt het recht van de staat op welks grondgebied het aandeelbewijs zich bevindt, of het een aandeel op naam dan wel een aandeel aan toonder is.

Art. 138

1. Het goederenrechtelijke regime met betrekking tot een aandeel op naam wordt beheerst door het recht dat van toepassing is op de vennootschap die het aandeel uitgeeft dan wel heeft uitgegeven. Artikel 135 leden 1 en 2 van dit Boek is van overeenkomstige toepassing op de vraag welke onderwerpen door dat recht worden beheerst.

2. In afwijking van lid 1 kan met betrekking tot aandelen op naam in een Nederlandse naamloze vennootschap waaraan, ter bevordering van de verhandelbaarheid aan een gereglementeerde buitenlandse effectenbeurs een in de staat van vestiging van de beurs gebruikelijke vorm is gegeven, door de uitgevende vennootschap worden bepaald dat het goederenrechtelijke regime wordt beheerst door het recht van de staat van vestiging van de betrokken beurs dan wel het recht van de staat waarin met instemming van de betrokken beurs leveringen en andere goederenrechtelijke rechtshandelingen betreffende de aandelen kunnen of moeten worden verricht.

3. Een aanwijzing van het toepasselijke recht als in lid 2 bedoeld dient uitdrukkelijk, op voor belanghebbenden kenbare wijze, te worden gedaan. Tevens dient deze aanwijzing te worden bekendgemaakt in twee landelijk verspreide Nederlandse dagbladen.

4. De betrekkingen tussen de aandeelhouder, onderscheidenlijk de gerechtigde, en de vennootschap, alsmede de voorwaarden waaronder de overdracht dan wel de vestiging van een recht aan de vennootschap kan worden tegengeworpen, worden beheerst door het recht dat van toepassing is op de vennootschap die het aandeel heeft uitgegeven.

Art. 139

1. Het goederenrechtelijke regime met betrekking tot een aandeel aan toonder wordt beheerst door het recht van de staat waar het toonderstuk zich bevindt. Artikel 135 leden 1 en 2 van dit Boek is van overeenkomstige toepassing op de vraag welke onderwerpen door dat recht worden beheerst.

2. De betrekkingen tussen de aandeelhouder, onderscheidenlijk de gerechtigde, en de vennootschap, alsmede de voorwaarden waaronder de overdracht dan wel de vestiging van een recht aan de vennootschap kan worden tegengeworpen, worden beheerst door het recht dat van toepassing is op de vennootschap.

Schakelbepaling

3. De artikelen 130 en 131 van dit Boek zijn van overeenkomstige toepassing op aandelen aan toonder.

Afdeling 5
Het goederenrechtelijke regime met betrekking tot giraal overdraagbare effecten

Art. 140

Goederenrechtelijk regime met betrekking tot giraal overdraagbare effecten

Indien een aandeel behoort tot een verzameling van effecten die giraal overdraagbaar zijn, is op het goederenrechtelijke regime met betrekking tot dat aandeel afdeling 4 niet van toepassing voor zover de bepalingen daarvan afwijken van artikel 141 van dit Boek.

Art. 141

Toepasselijk recht op giraal overdraagbare effecten

1. Het goederenrechtelijke regime met betrekking tot giraal overdraagbare effecten wordt beheerst door het recht van de staat op welks grondgebied de rekening waarin de effecten worden geadministreerd, wordt gehouden.

2. Het in het vorige lid bedoelde recht bepaalt in het bijzonder:

a. welke rechten op de effecten kunnen rusten en welke de aard en de inhoud van deze rechten zijn;

b. welke vereisten aan de overdracht of de vestiging van de onder a bedoelde rechten worden gesteld;

c. wie gerechtigd is tot de uitoefening van de in de effecten besloten rechten;

d. op welke wijze de onder a bedoelde rechten zich wijzigen, overgaan en tenietgaan en welke hun onderlinge verhouding is;

e. de executie.

Titel 11
Trustrecht

Art. 142

Trustrecht in het internationaal privaatrecht

Voor de toepassing van deze titel wordt verstaan onder:

a. het Haags Trustverdrag 1985: het op 1 juli 1985 te 's-Gravenhage tot stand gekomen Verdrag inzake het recht dat toepasselijk is op trusts en inzake de erkenning van trusts (Trb. 1985 141);

b. trust: een trust als omschreven in artikel 2 van het Haags Trustverdrag 1985, die door een wilsuiting in het leven is geroepen en waarvan blijkt uit een geschrift.

Art. 143

Inschrijving trustrecht

Met betrekking tot een goed ter zake waarvan inschrijvingen kunnen plaatsvinden in een ingevolge de wet gehouden register en dat behoort tot de trustgoederen die een afgescheiden vermogen vormen, kan de trustee verlangen dat een inschrijving geschiedt op zijn naam en in zijn hoedanigheid van trustee, of op een zodanige andere wijze dat van het bestaan van de trust blijkt.

Art. 144

Toepasselijkheid Haags Trustverdrag

Bepalingen van Nederlands recht inzake eigendomsoverdracht, zekerheidsrecht of de bescherming van schuldeisers in geval van insolventie laten de in artikel 11 van het Haags Trustverdrag 1985 omschreven rechtsgevolgen van de erkenning van een trust onverlet.

Titel 12
Erfrecht

Art. 145

Erfrecht in het internationaal privaatrecht

1. Voor de toepassing van deze titel wordt verstaan onder de verordening erfrecht: de verordening (EU) nr. 650/2012 van het Europees Parlement en de Raad van 4 juli 2012 betreffende de bevoegdheid, het toepasselijke recht, de erkenning en de tenuitvoerlegging van beslissingen en de aanvaarding en de tenuitvoerlegging van authentieke akten op het gebied van erfopvolging, alsmede betreffende de instelling van een Europese erfrechtverklaring (PbEU 2012, L 201).

2. Voor de toepassing van deze titel wordt verstaan onder het Haags Erfrechtverdrag 1989: het op 1 augustus 1989 te 's-Gravenhage tot stand gekomen Verdrag inzake het recht dat van toepassing is op erfopvolging (Trb. 1994, 49).

Art. 146

[Vervallen]

Art. 147

Benadeling door buitenlands vermogensbestanddeel

1. Indien een der gerechtigden in een te vereffenen nalatenschap ten opzichte van een andere gerechtigde wordt benadeeld door de toepassing op een buitenslands gelegen vermogensbestanddeel van een krachtens het internationaal privaatrecht van het land van ligging aangewezen recht, worden de goederen, aldus overeenkomstig dat recht door die andere gerechtigde of door derden verkregen, als geldig verkregen erkend.

2. De benadeelde gerechtigde kan echter vorderen dat ter gelegenheid van de vereffening van de nalatenschap tussen hem en de bevoordeelde gerechtigde een verrekening plaatsvindt tot ten hoogste het ondervonden nadeel. Verrekening is uitsluitend mogelijk met betrekking tot goederen van de nalatenschap dan wel door vermindering van een last.

3. In de voorgaande leden wordt onder gerechtigde verstaan een erfgenaam, een legataris of een lastbevoordeelde.

Art. 148

De herroeping door de erflater van alle eerder door hem gemaakte uiterste wilsbeschikkingen wordt vermoed mede te omvatten een eerder door hem gedane aanwijzing van het recht dat de vererving van zijn nalatenschap beheerst.

Herroeping van aanwijzing erfrecht

Art. 149

1. De vereffening van de nalatenschap wordt door het Nederlandse recht beheerst indien de erflater zijn laatste gewone verblijfplaats in Nederland had. In het bijzonder zijn van toepassing de Nederlandse voorschriften inzake de gehoudenheid van de door het volgens het Haags Erfrechtverdrag 1989 toepasselijke recht aangewezen erfgenamen voor de schulden van de erflater en de voorwaarden waaronder zij hun gehoudenheid kunnen uitsluiten of beperken.

Vereffenen nalatenschap naar Nederlands recht

2. De wijze waarop de verdeling van de nalatenschap tot stand wordt gebracht, wordt door het Nederlandse recht beheerst indien de erflater zijn laatste gewone verblijfplaats in Nederland had, tenzij de deelgenoten gezamenlijk het recht van een ander land aanwijzen. Met de eisen van het goederenrecht van de plaats van ligging der activa wordt rekening gehouden.

Art. 150

1. De taak en de bevoegdheden van een door de erflater aangewezen vereffenaar worden door het Nederlandse recht beheerst indien de erflater zijn laatste gewone verblijfplaats in Nederland had.

Vereffenaar van nalatenschap naar Nederlands recht

2. De rechter kan op verlangen van een belanghebbende voorzieningen treffen om te waarborgen dat met betrekking tot de vererving van de in Nederland gelegen bestanddelen van de nalatenschap het volgens het Haags Erfrechtverdrag 1989 toepasselijke recht wordt in acht genomen. Hij kan bevelen dat in verband daarmee zekerheden worden gesteld.

Art. 151

1. De verordening erfrecht laat onverlet het op 5 oktober 1961 te 's-Gravenhage tot stand gekomen Verdrag inzake de wetsconflicten betreffende de vorm van testamentaire beschikkingen (Trb. 1980, 50). Het recht dat van toepassing is op de vorm van uiterste wilsbeschikkingen wordt bepaald door dit verdrag.

Vormvereisten uiterste wilsbeschikking in het internationaal privaatrecht

2. Een mondelinge testamentaire beschikking welke, behoudens in buitengewone omstandigheden, is gemaakt door een Nederlander die niet tevens een andere nationaliteit bezit, wordt in Nederland niet erkend.

Art. 152

1. De artikelen 147 en 148 zijn van toepassing op de erfopvolging van personen wier overlijden na 1 oktober 1996 heeft plaatsgevonden. Op de erfopvolging van personen wier overlijden op of na 17 augustus 2015 heeft plaatsgevonden is artikel 147 alleen van toepassing als het vermogensbestanddeel waarop de verrekening betrekking heeft, ligt in een staat die niet gebonden is door de verordening erfrecht.

Werkingssfeer

2. Indien de erflater voor 1 oktober 1996 het op zijn erfopvolging toepasselijke recht heeft aangewezen, wordt die aanwijzing als geldig beschouwd indien zij voldoet aan de vereisten van artikel 5 van het Haags Erfrechtverdrag 1989.

3. Indien de partijen bij een overeenkomst inzake erfopvolging voor 1 oktober 1996 het op die overeenkomst toepasselijke recht hebben aangewezen, wordt die aanwijzing als geldig beschouwd indien zij voldoet aan de vereisten van artikel 11 van het Haags Erfrechtverdrag 1989.

4. Onverminderd de voorgaande leden kan een aanwijzing door de erflater van het op de vererving van zijn nalatenschap toepasselijke recht of de wijziging van een zodanige aanwijzing, welke is geschied voor 1 oktober 1996, niet als ongeldig worden beschouwd op de enkele grond dat de wet een zodanige aanwijzing toen niet regelde.

5. De artikelen 149 en 150 zijn uitsluitend van toepassing op de erfopvolging van personen wier overlijden na 1 oktober 1996 en vóór 17 augustus 2015 heeft plaatsgevonden.

Titel 13
Verbintenissen uit overeenkomst

Art. 153

Voor de toepassing van deze titel wordt verstaan onder de verordening «Rome I»: de verordening (EG) nr. 593/2008 van het Europees Parlement en de Raad van 17 juni 2008 inzake het recht dat van toepassing is op verbintenissen uit overeenkomst (Rome I) (Pb EU L 177).

Verbintenissen uit overeenkomst in het internationaal privaatrecht

B10 *art. 154* **Burgerlijk Wetboek Boek 10**

Art. 154

Toepassing van 'Rome I' Op verbintenissen die buiten de werkingssfeer van de verordening «Rome I» en de terzake geldende verdragen vallen en die als verbintenissen uit overeenkomst kunnen worden aangemerkt, zijn de bepalingen van de verordening «Rome I» van overeenkomstige toepassing.

Art. 155

Rechtskeuze in 'Rome I' In de gevallen bedoeld in artikel 7 lid 3, tweede alinea, van de verordening «Rome I», kunnen partijen een rechtskeuze maken overeenkomstig artikel 3 van de verordening «Rome I».

Art. 156

Verzekeringsovereenkomsten in 'Rome I' Voor de toepassing van artikel 7 lid 4, onder b, van de verordening «Rome I» worden verzekeringsovereenkomsten voor de dekking van risico's waarvoor een lidstaat een verplichting oplegt om een verzekering af te sluiten, beheerst door het recht van de lidstaat die de verzekeringsplicht oplegt.

Titel 14

Verbintenissen uit andere bron dan overeenkomst

Art. 157

Verbintenissen anders dan uit overeenkomst in het internationaal privaatrecht Voor de toepassing van deze titel wordt verstaan onder de Verordening «Rome II» : de Verordening (EG) nr. 864/2007 van het Europees Parlement en de Raad van 11 juli 2007 betreffende het recht dat van toepassing is op niet-contractuele verbintenissen (Rome II) (PbEU L 199).

Art. 158

Toepassing van 'Rome II' **1.** De Verordening «Rome II» laat onverlet:

a. het op 4 mei 1971 te 's-Gravenhage tot stand gekomen Verdrag inzake de wet die van toepassing is op verkeersongevallen op de weg (Trb. 1971, 118); en

b. het op 2 oktober 1973 te 's-Gravenhage tot stand gekomen Verdrag betreffende de wet welke van toepassing is op de aansprakelijkheid wegens produkten (Trb. 1974, 84).

Art. 159

Onrechtmatige daad buiten de werkingssfeer van 'Rome II' Op verbintenissen die buiten de werkingssfeer van de verordening «Rome II» en de terzake geldende verdragen vallen en die als onrechtmatige daad kunnen worden aangemerkt, zijn de bepalingen van de Verordening «Rome II» van overeenkomstige toepassing, met dien verstande dat op verbintenissen voortvloeiend uit de uitoefening van Nederlands openbaar gezag Nederlands recht van toepassing is.

Titel 15

Enkele bepalingen met betrekking tot het zeerecht, het binnenvaartrecht en het luchtrecht

Art. 160

Verdeling van opbrengst van een teboekstaand schip in het internationaal privaatrecht **1.** Indien in Nederland in geval van faillissement of van uitwinning de opbrengst van een teboekstaand schip moet worden verdeeld, wordt de vraag of, en zo ja, tot welke omvang, een daarbij geldend gemaakte vordering bestaat, beantwoord naar het recht dat die vordering beheerst.

2. Of een vordering als bedoeld in het voorgaande lid bevoorrecht is en welke de omvang, de rangorde en de gevolgen van dat voorrecht zijn, wordt beslist naar het recht van de staat waar het schip ten tijde van de aanvang van het faillissement of de uitwinning teboekstond. Evenwel wordt bij de bepaling van de rangorde van vorderingen slechts aan die vorderingen voorrang toegekend boven door hypotheek gedekte vorderingen, die ook naar Nederlands recht een zodanige voorrang genieten.

3. Aan een vordering die naar het daarop toepasselijke recht niet op het schip bevoorrecht is, wordt geen voorrang toegekend.

4. De leden 2 en 3 zijn van overeenkomstige toepassing op de verhaalbaarheid van een vordering op het schip.

Art. 161

Toepasselijk recht op exploitatieovereenkomst van een schip **1.** De vraag of een partij bij een overeenkomst tot exploitatie van een schip, of een persoon in haar dienst of anderszins te haren behoeve werkzaam, dan wel een eigenaar van of belanghebbende bij vervoerde of te vervoeren zaken, die buiten overeenkomst wordt aangesproken, zich kan beroepen op een door hemzelf of door een ander in de keten der exploitatieovereenkomsten gesloten overeenkomst, wordt beantwoord naar het recht dat op de buiten overeenkomst ingestelde vordering van toepassing is.

2. Evenwel wordt in de verhouding tussen twee partijen bij eenzelfde exploitatieovereenkomst de in het voorgaande lid bedoelde vraag beantwoord naar het recht dat op die overeenkomst van toepassing is.

Art. 162

1. Bij vervoer van zaken onder cognossement wordt de vraag of, en zo ja, onder welke voorwaarden, naast degene die het cognossement ondertekende of voor wie een ander het ondertekende, een derde als vervoerder onder het cognossement verbonden of gerechtigd is, als ook de vraag wie drager is van de uit het cognossement voortvloeiende rechten en verplichtingen jegens de vervoerder, beantwoord naar het recht van de staat waarin de haven gelegen is, waar uit hoofde van de overeenkomst moet worden gelost, ongeacht een door de partijen bij de vervoerovereenkomst gedane rechtskeuze.

2. Evenwel worden de in lid 1 bedoelde vragen beantwoord naar het recht van de staat waarin de haven van inlading gelegen is, wat betreft de verplichtingen ter zake van het ter beschikking stellen van de overeengekomen zaken, de plaats, de wijze en de duur van de inlading.

Art. 163

Ongeacht het op de overeenkomst tot vervoer van zaken toepasselijke recht, is het recht van de staat waarin de haven gelegen is, waar de zaken ter lossing worden aangevoerd van toepassing op de vragen:

a. of, en in hoeverre, de vervoerder een recht van retentie op de zaken heeft, en

b. of, en met welke gevolgen, de vervoerder dan wel degene die jegens de vervoerder recht heeft op aflevering van de zaken, bevoegd is een gerechtelijk onderzoek te doen instellen naar de toestand waarin de zaken worden afgeleverd en, indien verlies van of schade aan de zaken of een gedeelte daarvan wordt vermoed, een gerechtelijk onderzoek te doen instellen naar de oorzaken daarvan, waaronder begrepen een begroting van de schade of het verlies.

Art. 164

Voor zo ver de aansprakelijkheid ter zake van een aanvaring in volle zee niet wordt bestreken door de Verordening «Rome II», is daarop van toepassing het recht van de staat waar de vordering wordt ingesteld. De eerste zin is eveneens van toepassing indien schade door een zeeschip is veroorzaakt zonder dat een aanvaring plaats had.

Art. 165

1. De rechten, genoemd in het op 19 juni 1948 te Genève tot stand gekomen Verdrag betreffende internationale erkenning van rechten op luchtvaartuigen (Trb. 1952, 86) worden erkend onder de voorwaarden en met de gevolgen in dat verdrag vermeld.

2. Deze erkenning werkt niet ten nadele van een beslagleggende crediteur of van de koper ter executie, wanneer de vestiging of overdracht van bedoelde rechten geschiedde door de geëxecuteerde, terwijl hij kennis droeg van het beslag.

Titel 16
Arbitrage

Art. 166

In afwijking van artikel 154 is een overeenkomst tot arbitrage materieel geldig als zij geldig is naar het recht dat partijen hebben gekozen of naar het recht van de plaats van arbitrage of, indien partijen geen rechtskeuze hebben gedaan, naar het recht dat van toepassing is op de rechtsbetrekking waarop de arbitrageovereenkomst betrekking heeft.

Art. 167

Indien een Staat, andere publiekrechtelijke rechtspersoon of staatsonderneming partij is bij een overeenkomst tot arbitrage, kan hij geen beroep doen op zijn wet of regelgeving teneinde zijn bekwaamheid of bevoegdheid tot het aangaan van de overeenkomst tot arbitrage of de vatbaarheid van het geschil voor beslissing door arbitrage te betwisten, indien de wederpartij deze regeling kende noch behoorde te kennen.

Overgangswet nieuw Burgerlijk Wetboek^1

Wet van 3 april 1969, houdende vervanging van het eerste boek van het Burgerlijk Wetboek door Boek 1 van het nieuwe Burgerlijk Wetboek en, in verband daarmede, wijziging van dit boek en de overige boeken van het Burgerlijk Wetboek, het Wetboek van Burgerlijke Rechtsvordering, het Wetboek van Strafrecht, het Wetboek van Strafvordering en andere wetten, alsmede van overgangsbepalingen (Invoeringswet Boek 1 nieuw B.W.)

Wij JULIANA, Bij de gratie Gods, Koningin der Nederlanden, Prinses van Oranje-Nassau, enz., enz., enz.

Allen, die deze zullen zien of horen lezen, saluut! doen te weten:

Alzo Wij in overweging genomen hebben, dat het wenselijk is het eerste boek van het Burgerlijk Wetboek te vervangen door Boek 1 van het nieuwe Burgerlijk Wetboek en, in verband daarmede, dit boek alsmede het tweede, derde en vierde boek en de slotbepaling van het Burgerlijk Wetboek, het Wetboek van Burgerlijke Rechtsvordering, het Wetboek van Strafrecht, het Wetboek van Strafvordering en andere wetten te wijzigen, en overgangsbepalingen vast te stellen;

Zo is het, dat Wij, de Raad van State gehoord, en met gemeen overleg dert Staten-Generaal, hebben goedgevonden en verstaan, gelijk Wij goedvinden en verstaan bij deze:

Titel 3
Algemene overgangsbepalingen in verband met de Boeken 3-10

Art. 68

Wet: Boeken 3-10

In de volgende artikelen worden onder "de wet" verstaan de in werking getreden bepalingen van de Boeken 3-10.

Art. 68a

Onmiddellijke werking

1. Van het tijdstip van haar in werking treden af is de wet van toepassing, indien op dat tijdstip is voldaan aan de door de wet voor het intreden van een rechtsgevolg gestelde vereisten, tenzij uit de volgende artikelen iets anders voortvloeit.

Voortbestaan oud recht

2. Voor zover en zolang op grond van de volgende artikelen de wet niet van toepassing is, blijft het vóór haar in werking treden geldende recht van toepassing.

Art. 69

Eerbiediging van bestaan en niet bestaan van absolute en relatieve vermogensrechten

Wanneer de wet van toepassing wordt, heeft dat niet tot gevolg dat alsdan:

a. iemand het vermogensrecht verliest dat hij onder het tevoren geldende recht had verkregen;

b. een schuld op een ander overgaat;

c. het bedrag van een vordering wordt gewijzigd;

d. een vorderingsrecht ontstaat, indien alle feiten die de wet daarvoor vereist, reeds voordien waren voltooid;

e. een goed met een beperkt recht wordt belast.

Art. 71

Contractuele verwijzing naar oude wet

Een beding dat naar een vóór het in werking treden van de wet geldend wetsartikel verwijst of de zakelijke inhoud van zo'n artikel weergeeft, wordt geacht een verwijzing naar of een weergave van de wet in te houden, tenzij zulks niet in overeenstemming zou zijn met de strekking van het beding.

Art. 72

Aanvang en duur van termijnen (korter dan een jaar)

1. Indien de wet een verjarings- of vervaltermijn op korter dan een jaar stelt, en die termijn overeenkomstig het in de wet bepaalde vóór het tijdstip van haar in werking treden zou aanvangen, dan wordt deze aanvang verschoven naar het tijdstip van het in werking treden van de wet.

2. Strekt de termijn tot vervanging van een termijn die door het tevoren geldende recht werd gesteld, dan eindigt de nieuwe termijn uiterlijk op het tijdstip waarop de vervangen termijn zou zijn voltooid.

Art. 73

Aanvang en duur van termijnen (langer dan een jaar)

1. Indien de wet een verjarings- of vervaltermijn op een jaar of langer stelt, en die termijn overeenkomstig het in de wet bepaalde vóór het tijdstip van haar in werking treden aanvangt, dan is het in de wet bepaalde omtrent aanvang, duur en aard van die termijn tot een jaar na dat tijdstip niet van toepassing.

2. De nieuwe termijn wordt geacht niet vóór afloop van dat jaar te zijn voltooid.

---

1 Inwerkingtredingsdatum: 01-01-1970; zoals laatstelijk gewijzigd bij: Stb. 2021, 194.

Art. 73a

1. In afwijking van de artikelen 72 en 73 kan een bevoegdheid die de wet toekent, niet meer worden uitgeoefend, indien de daarvoor bij de wet gestelde termijn reeds op het tijdstip van haar in werking treden is verstreken en een bevoegdheid van gelijke aard onder het tevoren geldende recht niet bestond.

Termijn bij inwerkingtreding reeds verstreken

2. Was de termijn waarbinnen volgens het tevoren geldende recht een recht of bevoegdheid moest zijn uitgeoefend, reeds verstreken op het in lid 1 bedoelde tijdstip, dan brengt de wet die een recht of bevoegdheid van gelijke aard toekent, in het rechtsgevolg van de verjaring of het verval geen verandering.

Art. 74

1. Het van toepassing worden van de wet heeft geen gevolg voor de bevoegdheid van de rechter voor wie voordien een geding is aangevangen, noch voor de aard van dat geding en voor de rechtsmiddelen tegen de uitspraak.

Lopende procedures

2. In gedingen als bedoeld in lid 1 bepaalt de rechter op verzoek van een der partijen of ambtshalve een termijn waarbinnen partijen de gelegenheid wordt geboden hun stellingen en conclusies voor zover nodig aan te passen aan de wet of aan deze of een der volgende titels. Stelt de rechter partijen tot een zodanige aanpassing in de gelegenheid, dan staat tegen die beslissing geen rechtsmiddel open; wijst de rechter een daartoe strekkend verzoek af, dan staat een rechtsmiddel daartegen slechts gelijktijdig met de einduitspraak open.

3. Het tevoren geldende recht blijft van toepassing, indien een geding als bedoeld in lid 1, in hoogste feitelijke instantie in staat van wijzen verkeert op het tijdstip waarop de wet van toepassing wordt, tenzij de rechter tot voortzetting van het geding beslist.

4. In een geding ter zake van een cassatieberoep tegen een, vóór het van toepassing worden van de wet tot stand gekomen, uitspraak blijft het voordien geldende recht van toepassing. Dit geldt mede voor de verdere behandeling van de zaak door het recht waarnaar na cassatie is verwezen, tenzij de zaak als gevolg van de cassatie door dat gerecht in haar geheel opnieuw moet worden behandeld.

Art. 75

1. De wet blijft, ook buiten de in deze en de volgende titels geregelde gevallen, buiten toepassing in zaken van overgangsrecht, indien de gelijkenis met zulke gevallen daartoe noopt of indien de toepassing onder de gegeven omstandigheden naar maatstaven van redelijkheid en billijkheid onaanvaardbaar zou zijn.

Open norm

2. Van de artikelen 69-73a wordt, behalve in de volgende titels, afgeweken op dezelfde gronden als in het vorige lid aangegeven.

Titel 4 Overgangsbepalingen in verband met Boek 3

Art. 76

Zaken die tot aan het tijdstip van het in werking treden van de wet onroerend door bestemming waren en als zodanig waren begrepen in een beslag of executie, blijven, indien de wet hen als roerend aanmerkt, ook nadien daaronder begrepen en gelden als onroerend zolang het beslag of de executie duurt, doch slechts tot aan de levering aan de koper.

Hulpzaken: beslag en executie

Art. 77

Op roerende zaken die tot aan het tijdstip van het in werking treden van de wet onroerend door bestemming waren en als zodanig aan hypotheek waren onderworpen, rust van dat tijdstip af een pandrecht. Het pandrecht komt na dat tijdstip mede te rusten op roerende zaken die als onroerend door bestemming onder het tevoren geldende recht aan de hypotheek zouden zijn onderworpen. Met betrekking tot de zaken, in de eerste en tweede zin genoemd, wordt geacht het in artikel 254 lid 1 van Boek 3 bedoelde beding te zijn gemaakt. Het pandrecht op de in de eerste zin bedoelde zaken werkt tegen de, vóór het in werking treden van de wet ontstane, rechten en vorderingen, waartegen de hypotheek kon worden ingeroepen; met betrekking tot de rangorde geldt het als gevestigd op het tijdstip waarop de zaak met hypotheek werd belast.

Hulpzaken: conversie recht van hypotheek in pandrecht

Art. 78

1. Feiten die op het tijdstip van het in werking treden van de wet kenbaar zijn uit de openbare registers voor registergoederen uit een in- of overschrijving voordien of uit een voordien door de bewaarder geplaatste aantekening, gelden voor de toepassing van de wet als feiten die overeenkomstig afdeling 2 van titel 1 van Boek 3 zijn ingeschreven, tenzij die feiten nadien niet meer hadden kunnen worden ingeschreven.

Ingeschreven feiten (fictie)

2. Artikel 21 van Boek 3 heeft geen invloed op de rangorde van rechten die reeds vóór het in werking treden der wet bestonden.

3. De artikelen 24 lid 1, 25 en 26 van Boek 3 worden eerst drie jaren na het tijdstip van het in werking treden van de wet van toepassing met betrekking tot een voor inschrijving vatbaar feit dat vóór dat tijdstip is geschied.

4. Op het ontbreken van de inschrijving van de vóór 1 januari 1950 plaatsgevonden hebbende aanleg van een net als bedoeld in artikel 20 lid 2 van Boek 5 dat op het tijdstip van het in werking treden van die bepaling nog niet is verwijderd en op inschrijfbare feiten die vóór het in werking treden van die bepaling zijn voorgevallen, en die betreffen netten waarvan de aanleg niet uit de openbare registers kenbaar is, is artikel 24 lid 1 van Boek 3 niet van toepassing.

5. Met betrekking tot een net als bedoeld in artikel 20 lid 2 van Boek 5, dat vóór 1 februari 2007 is aangelegd, begint de in het derde lid bedoelde termijn van drie jaren te lopen vanaf het tijdstip waarop artikel 155a in werking is getreden.

Art. 79

Geldige rechtshandeling

Tenzij anders is bepaald, wordt een rechtshandeling die is verricht voordat de wet daarop van toepassing wordt, niet nietig of vernietigbaar ten gevolge van een omstandigheid die de wet, in tegenstelling tot het tevoren geldende recht, aanmerkt als een grond van nietigheid of vernietigbaarheid.

Art. 80

Vernietigbare rechtshandeling

1. Een rechtshandeling die vernietigbaar was tot aan het tijdstip waarop de wet op haar van toepassing wordt, kan van dat tijdstip af niet langer worden vernietigd op grond van het gebrek dat haar tevoren aankleefde, indien de wet een zodanig gebrek niet aanmerkt als een grond van vernietigbaarheid.

2. Een rechtshandeling als bedoeld in lid 1, wordt op het daar genoemde tijdstip met terugwerkende kracht nietig, indien de wet een rechtshandeling met hetzelfde gebrek als nietig aanmerkt.

Art. 81

Nietige rechtshandeling

1. Een nietige rechtshandeling wordt op het tijdstip waarop de wet op haar van toepassing wordt, met terugwerkende kracht tot een onaantastbare bekrachtigd, indien zij heeft voldaan aan de vereisten die de wet voor een zodanige rechtshandeling stelt.

2. Een tevoren nietige rechtshandeling geldt van dat tijdstip af als vernietigbaar, indien de wet het gebrek dat haar aankleeft, als grond van vernietigbaarheid aanmerkt. Artikel 73a lid 1 is alsdan niet van toepassing indien het tevoren geldende recht een beroep op de nietigheid niet aan een bepaalde termijn bond.

3. De vorige leden gelden slechts, indien alle onmiddellijk belanghebbenden die zich op de nietigheid hadden kunnen beroepen, de handeling voordien als geldig hebben aangemerkt. Inmiddels verkregen rechten van derden behoeven aan bekrachtiging niet in de weg te staan, mits zij worden geëerbiedigd.

Art. 82

Bevoegdheid tot inroepen vernietigingsgrond

Voor de toepassing van artikel 52 lid 1 onder d van Boek 3 wordt onder een bevoegdheid tot inroeping van een vernietigingsgrond begrepen de bevoegdheid tot het inroepen van een soortgelijke vernietigingsgrond, welke iemand reeds toekwam volgens het recht dat vóór het toepasselijk worden der wet gold.

Art. 83

Bijzondere volmacht

Artikel 62 lid 2 van Boek 3 wordt één jaar na het tijdstip van het in werking treden van de wet van toepassing op een volmacht die op dat tijdstip bestaat.

Art. 85

Tenietgaan beperkt recht; afstand, vermenging

Artikel 81 lid 3 van Boek 3 geldt mede ten aanzien van beperkte rechten die vóór het in werking treden van de wet reeds door afstand en vermenging waren tenietgegaan.

Art. 86

Conversie eigendom tot zekerheid in pandrecht

1. Op het tijdstip van het in werking treden van de wet gaat een goed dat voor verpanding vatbaar is en aan een ander tot zekerheid is overgedragen, over op degene te wiens laste de zekerheid is gesteld, en wordt het belast met pandrecht ten behoeve van de voormalige eigenaar tot zekerheid.

2. Van het in lid 1 genoemde tijdstip af heeft het pandrecht de gevolgen van een pandrecht dat naar zijn strekking overeenkomt met de eigendom tot zekerheid zoals die totdien bestond.

3. Het pandrecht werkt tegen de, vóór het in werking treden van de wet ontstane, rechten op het goed en vorderingen, waartegen de eigendom tot zekerheid kon worden ingeroepen. Het geldt met betrekking tot de rangorde als gevestigd op het tijdstip waarop het goed in eigendom tot zekerheid is overgegaan.

4. De schuldeiser aan wie de rechten uit een levensverzekering met afkoopwaarde tot zekerheid waren overgedragen, kan van het tijdstip van het in werking treden van de wet af als pandhouder die verzekering belenen ter hoogte van zijn opeisbare vordering tot aan die waarde op de bij de verzekeraar gebruikelijke voorwaarden.

5. De leden 1-4 zijn niet van toepassing, indien aan de schuldenaar de uitwinning van het tot zekerheid overgedragen goed was aangezegd. Is de schuldeiser zes maanden na dat tijdstip nog niet tot de uitwinning overgegaan, dan worden die leden alsdan van toepassing. Verkeert de schuldenaar op het genoemde tijdstip in staat van faillissement, dan worden die leden eerst na afloop daarvan toepasselijk, indien de eigendom tot zekerheid is blijven bestaan.

6. Overeengekomen bedingen worden op het pandrecht van overeenkomstige toepassing, ongeacht of zij aan een na het in werking treden van de wet gevestigd pandrecht kunnen worden verbonden, met uitzondering van bedingen die worden uitgesloten door de artikelen 249-253 van Boek 3.

7. Van het in werking treden van de wet af wordt een alsdan bestaande verbintenis strekkende tot overdracht van een voor verpanding vatbaar goed tot zekerheid, aangemerkt als een verbintenis tot vestiging van een pandrecht. Levering bij voorbaat tot de overdracht van een zodanig goed tot zekerheid, die vóór dat tijdstip is geschied, geldt nadien als levering bij voorbaat tot vestiging van pandrecht daarop.

8. De partijen bij een overeenkomst die tot overdracht van goederen tot zekerheid verplicht, zijn desverlangd jegens elkaar gehouden tot medewerking aan aanpassing van die overeenkomst aan de bepalingen van titel 3.9 van Boek 3.

Art. 86a

Is vóór het tijdstip van het in werking treden van de wet een goed ter uitvoering van een voorwaardelijke verbintenis geleverd, dan geldt het als onder dezelfde voorwaarde verkregen.

Voorwaardelijke verbintenis

Art. 87

Op de rechtsverhouding tussen degene die op het tijdstip van het in werking treden van de wet nog voor een bepaalde tijd rechthebbende op een goed is, en hem die na hem verkrijgt, zijn de bepalingen omtrent verbintenissen en bevoegdheden welke uit vruchtgebruik voortvloeien, van overeenkomstige toepassing, voor zover de aard of inhoud van die rechtsverhouding zich daartegen niet verzet.

Vruchtgebruikregels van overeenkomstige toepassing bij tijdelijk recht

Art. 88

1. Artikel 86 van Boek 3 geldt gedurende een jaar na het tijdstip van het in werking treden van de wet niet voor zaken als bedoeld in het tevoren geldende artikel 2014 eerste lid van het Burgerlijk Wetboek welke vóór dat tijdstip waren ontvreemd. Na afloop van dat jaar wordt artikel 86 lid 3 van Boek 3 op die zaken van toepassing; alsdan vervalt de in artikel 2014 tweede lid bedoelde bevoegdheid tot terugvordering van de zaken, genoemd onder *a* en *b* van die bepaling. Vóór de ontvreemding op een zaak gevestigde beperkte rechten vervallen door haar overgang op de verkrijger.

Bescherming tegen beschikkingsonbevoegdheid bij gestolen en verloren zaken

2. Artikel 637 van het Burgerlijk Wetboek, zoals dat tot aan het tijdstip van het in werking treden der wet gold, blijft van toepassing met betrekking tot een ontvreemde of verloren zaak die vóór dat tijdstip door een koper te goeder trouw op een jaar- of een andere markt of op een openbare veiling is verkregen.

Art. 89

1. Indien vóór het in werking treden van de wet een eigendomsvoorbehoud is bedongen met betrekking tot een zaak die voor verpanding vatbaar is, wordt de eigendom omgezet in een pandrecht overeenkomstig artikel 237 van Boek 3, voor zover het eigendomsvoorbehoud strekt tot zekerheid van voldoening van andere vorderingen dan die genoemd in artikel 92 lid 2, eerste zin, van dat boek.

Conversie eigendomsvoorbehoud in pandrecht

2. Van het in werking treden van de wet af geldt een alsdan bestaande verbintenis tot levering betreffende goederen onder eigendomsvoorbehoud als een zodanige verbintenis onder voorbehoud van een pandrecht overeenkomstig artikel 237 van Boek 3, voor zover het eigendomsvoorbehoud strekt tot zekerheid van voldoening van andere vorderingen dan die genoemd in artikel 92 lid 2, eerste zin, van dat boek.

3. De leden 2, 3, 5, 6 en 8 van artikel 86 zijn van overeenkomstige toepassing.

Art. 90

Levering van een recht als bedoeld in artikel 668 eerste lid van het Burgerlijk Wetboek zoals dit vóór het tijdstip van het in werking treden van de wet gold, en voltooid vóór dat tijdstip, werkt jegens een persoon tegen wie het moet worden uitgeoefend en ten aanzien van wie vóór dit tijdstip volgens artikel 668 tweede lid de overdracht nog geen gevolg had, slechts nadat zij hem overeenkomstig artikel 94 van Boek 3 is medegedeeld.

Cessie (levering)

Art. 91

1. Voor de levering van een registergoed kan in plaats van een notariële akte een onderhandse akte worden gebezigd, indien die akte is opgesteld en mede-ondertekend door een persoon, bedoeld in lid 4, en deze persoon dit in het slot der akte heeft verklaard of dit in een door hem ondertekende verklaring aan de voet van de akte heeft bevestigd.

Levering registergoed

2. Lid 1 is van overeenkomstige toepassing op de akten, bedoeld in de artikelen 195 lid 1 van Boek 3, 31 lid 1 en 93 lid 2 van Boek 5, 250 en 252 lid 2 van Boek 6 en 800 van Boek 8.

3. Een persoon als bedoeld in lid 4 kan de bevoegdheden uitoefenen en de verplichtingen vervullen die bij de titels 1 en 12 van Boek 7 aan de notaris zijn toegekend of opgedragen.

4. Als een persoon, bedoeld in de leden 1 en 3, geldt degene op wie artikel II van de Wet van 28 juni 1956, *Stb.* 376, tot aan het in werking treden van de wet van toepassing was.

5. Onze Minister van Justitie kan uit hoofde van het belang van het rechtsverkeer de bevoegdheid van zulk een persoon schorsen en intrekken; schorsing en intrekking worden in de *Nederlandse Staatscourant* bekendgemaakt.

6. De voorwaarden en beperkingen, krachtens artikel II tweede lid van de Wet van 28 juni 1956, *Stb.* 376, destijds bij de ministeriële aanwijzing van een persoon gesteld, blijven van kracht.

B11 art. 92 Overgangswet nieuw Burgerlijk Wetboek (uittreksel)

Art. 92

Verkrijgende verjaring De termijnen genoemd in artikel 99 van Boek 3, lopen bij het toepasselijk worden van dat artikel op goederen die tevoren krachtens artikel 2000 van het Burgerlijk Wetboek niet door verjaring konden worden verkregen, vanaf de stuiting van de verjaring van een rechtsvordering tot beëindiging van het bezit, indien zulk een stuiting voordien had plaats gevonden.

Art. 93

Overgang van een goed bij bevrijdende verjaring Artikel 105 van Boek 3 wordt één jaar na het tijdstip van het in werking treden van de wet van toepassing met betrekking tot degene die alsdan een goed bezit, indien de verjaring van de rechtsvordering tot beëindiging van dat bezit is voltooid; hij wordt geacht dat goed niet vóórdien te hebben verkregen.

Art. 94

Verlies beperkt recht bij non-uses Indien een rechthebbende op het tijdstip van het in werking treden van de wet van zijn beperkte recht geen gebruik maakte en de termijn na afloop waarvan het dientengevolge geheel of ten dele teniet kon gaan, nog liep, wordt artikel 106 van Boek 3 een jaar na dat tijdstip van toepassing.

Art. 95

Bezit en houderschap Bezit en houderschap worden verkregen en verloren op het tijdstip van het in werking treden van de wet, indien de vereisten die de bepalingen van titel 5 van Boek 3 daarvoor stellen, reeds vóór dat tijdstip waren vervuld, doch het toen geldende recht aan de vervulling niet die gevolgen verbond. Op de verplichtingen die uit bezit en houderschap voortvloeien, is van dat tijdstip af, doch alleen voor het vervolg, de wet van toepassing.

Art. 96

Overdracht goed aan bezitter Artikel 122 van Boek 3 vindt mede toepassing met betrekking tot het bezit en het houderschap in het tijdvak dat aan het in werking treden van de wet is voorafgegaan.

Art. 100

Pand of hypotheek t.b.v. deelgenoten Artikel 177 lid 3 geldt niet voor een recht van pand of hypotheek dat vóór het in werking treden van de wet is gevestigd.

Art. 101

Verdeling gemeenschap Van het tijdstip van haar in werking treden af is de wet van toepassing op de handelingen met betrekking tot verdeling van een gemeenschap, voor zover die nog niet is voltooid en uitsluitend voor het vervolg, behalve indien dit zou nopen tot het ongedaan maken van alsdan reeds in overeenstemming met het voordien geldend recht getroffen maatregelen. De wet wordt niet van toepassing ten aanzien van de onderwerpen waaromtrent vóór het in werking treden van de wet een rechterlijke uitspraak is gevraagd.

Art. 102

Benoemde onzijdig persoon Van het tijdstip van het in werking treden der wet af is artikel 181 van Boek 3 van toepassing op een onzijdig persoon die is benoemd krachtens artikel 1117 van het Burgerlijk Wetboek zoals dat voordien gold, evenwel met handhaving van de voor hem geldende beloning.

Art. 103

Bijzondere vormen van gemeenschap Artikel 194 lid 2 van Boek 3 is niet van toepassing op een in artikel 189 lid 2 van Boek 3 bedoelde gemeenschap die op het tijdstip van het in werking treden van de wet reeds bestaat.

Art. 104

Oneigenlijk vruchtgebruik Artikel 804 van het Burgerlijk Wetboek, zoals dat tot aan het in werking treden van de wet gold, blijft van toepassing met betrekking tot de verbruikbare zaken, die waren begrepen onder een voordien aangevangen vruchtgebruik.

Art. 105

Bestemd over vruchtgebruik Artikel 204 lid 2 van Boek 3 is van toepassing op een bewind dat ten tijde van het in werking treden van de wet bestaat.

Art. 106

Ernstig tekortschieten vruchtgebruiker Artikel 221 van Boek 3 is van toepassing op een vruchtgebruik dat op het tijdstip van het in werking treden van de wet bestaat, ook indien op dat tijdstip de vruchtgebruiker reeds in ernstige mate in de nakoming van zijn verplichtingen is tekortgeschoten.

Art. 108

Pandrecht ook voor drie jaar rente Artikel 244 van Boek 3 geldt voor een pandrecht dat vóór het tijdstip van het in werking treden der wet is gevestigd zonder beperking tot de daar vermelde termijn van drie jaren. De vorige zin is mede van toepassing op een pandrecht dat overeenkomstig artikel 86 of artikel 89 door omzetting van eigendom is ontstaan.

Art. 109

Pandrecht: bevoegdheid tot parate executie Artikel 248 leden 1 en 3 van Boek 3 is van overeenkomstige toepassing op verzuim van een pandgever die niet tevens de schuldenaar is, in de nakoming van de verplichtingen die hij vóór het in werking treden van de wet op zich heeft genomen, voor zover niet artikel 233 van Boek 3 van toepassing is.

Art. 110

Uitwinning pand De artikelen 249-252 van boek 3 zijn niet van toepassing op de uitwinning van een pand, indien vóór het tijdstip van het in werking treden van de wet aan de pandgever de uitwinning van het pand reeds was aangezegd. Artikel 253 van Boek 3 is van toepassing, indien eerst na dit tijdstip het pand wordt verkocht of aan de pandhouder verblijft.

Art. 111

Artikel 1205, tweede lid, van het Burgerlijk Wetboek, zoals dat tot aan het tijdstip van het in werking treden van de wet gold, blijft van toepassing ten aanzien van schulden die op dat tijdstip bestaan.

Gordiaans retentierecht pandhouder

Art. 112

De houders van certificaten als bedoeld in artikel 259 van Boek 3, welke op het tijdstip van het in werking treden van de wet reeds bestaan, verkrijgen op dat tijdstip een pandrecht overeenkomstig de leden 2 en 3 van dat artikel.

Certificaten

Art. 113

Indien op het tijdstip van het in werking treden van de wet sinds de overschrijving in de openbare registers van een leveringsakte wegens koop of een akte van scheiding nog geen acht vrije dagen zijn verstreken, blijven de artikelen 1227 en 1228 van het Burgerlijk Wetboek, zoals die voordien golden, van toepassing.

Overschrijving leveringsakte wegens koop of akte van scheiding

Art. 114

Artikel 1229 van het Burgerlijk Wetboek, zoals dat vóór het tijdstip van het in werking treden van de wet gold, blijft van toepassing op bedongen rente over een vordering tot zekerheid waarvan vóór dat tijdstip hypotheek was gevestigd.

Rente over vordering tot zekerheid

Art. 114a

De artikelen 264, 267, 267a en 268, zoals gewijzigd of ingevoerd bij de Wet van 1 oktober 2014 (Stb. 2014, 352), zijn niet van toepassing op de executie van een registergoed, een aandeel daarin of een beperkt recht daarop, waarvan de aanzegging overeenkomstig artikel 544 van het Wetboek van Burgerlijke Rechtsvordering heeft plaatsgevonden voor de inwerkingtreding van deze wet.

Executie van registergoed

Art. 115

1. Op een beding als bedoeld in het tevoren geldende artikel 1230 van het Burgerlijk Wetboek dat vóór het tijdstip van het in werking treden van de wet is gemaakt, zijn de leden 4-8 van artikel 264 van Boek 3 gedurende een termijn van drie jaren niet van toepassing.

Huurbeding

2. Artikel 266 van Boek 3 is gedurende een termijn van drie jaren van het tijdstip van het in werking treden van de wet af niet van toepassing op een hypotheek die vóór dat tijdstip is gevestigd.

Art. 116

Indien een hypotheekhouder vóór het tijdstip van het in werking treden van de wet aan een notaris opdracht heeft gegeven tot de voorbereiding van een openbare verkoop overeenkomstig artikel 1223 tweede lid van het Burgerlijk Wetboek zoals dat voordien luidde, blijft het toen geldende recht op die verkoop van toepassing; zo alsdan de toewijzing ingevolge verkoop na dit tijdstip geschiedt, zijn de artikelen 270-273 van Boek 3 echter wel van toepassing.

Lopende openbare verkoop door hypotheekhouder

Art. 117

1. De bepalingen van de wet omtrent de rangorde waarin vorderingen uit de opbrengst van een goed moeten worden voldaan, gelden, behoudens het elders bepaalde, mede met betrekking tot vorderingen die op het tijdstip van het in werking treden van de wet bestaan.

Rangorde bij verdeling opbrengst

2. De wet is niet van toepassing op de rangorde bij de verdeling van de opbrengst van een goed dat op het tijdstip van haar in werking treden reeds ten behoeve van het verhaal is verkocht, noch op die bij de verdeling van hetgeen op een vordering op dat tijdstip reeds is geïnd.

3. Het in werking treden van de wet heeft voor de dan bestaande vorderingen geen gevolg ten aanzien van de werking van een surséance van betaling, die voordien aan de schuldenaar voorlopig is verleend.

4. De wet is niet van toepassing op de rang van vorderingen op een in staat van faillissement verklaarde schuldenaar, indien zij in werking treedt nadat de rechter-commissaris overeenkomstig artikel 108 der Faillissementswet de dag heeft bepaald waarop de vorderingen uiterlijk ter verificatie moeten zijn ingediend.

Art. 118

Artikel 283 van Boek 3 is niet van toepassing met betrekking tot een vordering tot vergoeding die op het tijdstip van het in werking treden van de wet bestaat.

Zaaksvervanging

Art. 119

Afschaffing van voorrechten op bepaalde goederen door het in werking treden van de wet heeft geen gevolg voor een voorrecht dat voordien reeds krachtens artikel 1185 onder 3° van het Burgerlijk Wetboek, zoals dat tevoren gold, aan een vordering was verbonden. De voordien geldende artikelen 1190 en 1192a van het Burgerlijk Wetboek blijven van toepassing. Het voorrecht heeft voorrang boven een pandrecht dat is gevestigd overeenkomstig artikel 237 van Boek 3, of dat, ingevolge artikel 86 lid 2 of 89 lid 1, de gevolgen van een zodanig pandrecht heeft.

Afschaffing voorrechten op bepaalde goederen

Art. 119a

1. In afwijking van artikel 68a en artikel 74, leden 2 tot en met 4, blijven voor een rechtsvordering die strekt tot bescherming van gelijksoortige belangen als bedoeld in de artikelen 305a tot

Collectieve actie, overgangsrecht

en met 305d van Boek 3 en die is ingesteld voor [datum inwerkingtreding wet] de voorwaarden van toepassing die golden voor die datum.

2. In afwijking van artikel 68a, blijven voor een rechtsvordering die strekt tot bescherming van gelijksoortige belangen als bedoeld in de artikelen 305a tot en met 305d van Boek 3 en die is ingesteld op of na [datum inwerkingtreding wet] de voorwaarden van toepassing die golden voor die datum voor zover de rechtsvordering betrekking heeft op een gebeurtenis of gebeurtenissen die heeft of hebben plaatsgevonden voor 15 november 2016.

Art. 119b

Werkingssfeer

1. Ter zake van de rechtsvordering tot vergoeding van schade die een gevolg is van verontreiniging van lucht, water of bodem, eindigt de termijn van vijf jaren bedoeld in artikel 310 lid 1 van Boek 3 niet vóór 1 januari 1997.

2. In afwijking van artikel 73 is artikel 310 lid 2 van Boek 3 van toepassing vanaf het tijdstip waarop het in werking treedt.

3. Wat voor de gebeurtenissen bedoeld in artikel 310 lid 3 van Boek 3 is bepaald, geldt ook indien de gebeurtenis is aangevangen of voorgevallen vóór het tijdstip waarop dat lid in werking treedt.

Art. 119c

Werkingssfeer

Artikel 310 lid 5 van Boek 3 is van toepassing op schadeveroorzakende gebeurtenissen die vanaf 1 februari 2004 hebben plaatsgevonden.

Art. 120

Stuiting verjaring

Over het tijdvak vóór het in werking treden van de wet wordt een verjaring waarop de wet van toepassing is, geacht te zijn gestuit door een oorzaak die volgens het tevoren geldende recht stuiting tot gevolg had.

Art. 121

Aanvang en duur van verjaringstermijn bij verlenging

1. In afwijking van artikel 73 worden aanvang en duur van een verjaringstermijn door de wet bepaald in de gevallen waarin de verjaring overeenkomstig artikel 320 van Boek 3 bij of binnen een jaar na het in werking treden van de wet wordt verlengd.

2. De artikelen 2023-2029 van het Burgerlijk Wetboek, zoals die tot aan het in werking treden van de wet golden, blijven gedurende een jaar nadien van toepassing op de gevallen waarin zij totdien toepasselijk waren, tenzij er een grond tot verlenging der verjaring overeenkomstig artikel 321 van Boek 3 bestaat. Na afloop van dat jaar wordt de verjaring geacht nimmer geschorst te zijn geweest.

Art. 122

Tenietgaan pand- en hypotheekrecht

Van het tijdstip van het in werking treden der wet af geldt artikel 323 leden 1 en 2 van Boek 3, voor zover een pand- of hypotheekrecht niet reeds eerder teniet was gegaan.

Art. 123

Tenuitvoerlegging uitspraak

Vanaf een jaar na het verstrijken van het tijdstip van het in werking treden der wet gelden de artikelen 324 en 325 van Boek 3 mede, indien de in artikel 324 bedoelde rechterlijke of arbitrale uitspraak vóór dat tijdstip is gevallen.

Art. 124

Verjaring

Artikel 2010 van het Burgerlijk Wetboek, zoals dat tevoren gold, blijft van toepassing indien na het in werking treden van de wet een beroep wordt gedaan op verjaring ingevolge een van de tevoren geldende artikelen 2005 tot en met 2008 van het Burgerlijk Wetboek.

Titel 5 Overgangsbepalingen in verband met Boek 4

Art. 125

Belastingregeling op verzoek schuldenaar

Artikel 5 van Boek 4 is van overeenkomstige toepassing op schulden die terzake van een nalatenschap onder het tevoren geldende recht zijn ontstaan.

Art. 126

Andere wettelijke rechten

1. Afdeling 2 van titel 3 van Boek 4 is uitsluitend van toepassing indien de erflater na het in werking treden van de wet is overleden.

Recht van langstlevende echtgenoot t.a.v. inboedel

2. Artikel 899b van Boek 4 van het Burgerlijk Wetboek, zoals dat tot aan het tijdstip van het in werking treden van de wet gold, blijft nadien van toepassing met betrekking tot nalatenschappen die vóór dat tijdstip zijn opengevallen.

Art. 127

Nietigheid en vernietigbaarheid uiterste wilsbeschikking

De bepalingen omtrent nietigheid en vernietigbaarheid van het tevoren geldende recht zijn, onverminderd het in artikel 79 bepaalde, niet van toepassing op een uiterste wilsbeschikking die vóór het tijdstip van het inwerking treden van de wet is gemaakt door iemand die na dat tijdstip overlijdt.

Art. 128

Bevoegdheden legitimaris

1. Is de nalatenschap voor het in werking treden van de wet opengevallen, dan kan een legitimaris zijn bevoegdheden uitsluitend overeenkomstig het tevoren geldende recht uitoefenen.

Overgangswet nieuw Burgerlijk Wetboek (uittreksel) — B11 art. 136

2. Degene die tot aan het tijdstip van het in werking treden van de wet volgens het tevoren geldende recht zijn bevoegdheden als legitimaris kon uitoefenen, behoudt die bevoegdheden gedurende een jaar nadien, indien de erflater ten minste vier jaren vóór dat tijdstip is overleden. Is de nalatenschap later, doch vóór het in werking treden van de wet opengevallen, dan behoudt de legitimaris zijn bevoegdheden totdat sedert het overlijden van de erflater vijf jaren zijn verstreken.

Art. 129

1. Indien een erflater voor het in werking treden van de wet ten behoeve van zijn niet van tafel en bed gescheiden echtgenoot of zijn geregistreerde partner een uiterste wilsbeschikking heeft gemaakt en de nalatenschap nadien is opengevallen, is de vordering van een legitimaris, voor zover deze ten laste zou komen van de echtgenoot of geregistreerde partner, eerst opeisbaar na diens overlijden. Hetzelfde geldt in het geval van een uiterste wilsbeschikking ten behoeve van een andere levensgezel, indien deze met de erflater een gemeenschappelijke huishouding voerde.

Opeisbaarheid vordering legitimaris

2. Het eerste lid is niet van toepassing voor zover uit de uiterste wilsbeschikking anders valt af te leiden.

De artikelen 87 leden 5 en 6 en 88 van Boek 4 zijn mede van toepassing.

3. Op een verdeling gemaakt met toepassing van artikel 1167 van Boek 4 van het Burgerlijk Wetboek, zoals dat gold tot aan het tijdstip van het in werking treden van de wet, is na dat tijdstip artikel 186 lid 1 van Boek 3 van het Burgerlijk Wetboek niet van toepassing.

Boedelverdeling tussen afstammelingen en echtgenoot

Art. 130

1. De artikelen 119 tot en met 123, 125 en 130 lid 3 van Boek 4 zijn mede van toepassing op een nalatenschap die vóór het tijdstip van het in werking treden van de wet is opengevallen, indien op dat tijdstip nog schulden der nalatenschap, anders dan tot periodieke betalingen, onvoldaan zijn.

Legaten

2. Artikel 124 van Boek 4 is mede van toepassing op een nalatenschap die vóór het tijdstip van het in werking treden van de wet is opengevallen, voor zover het de vruchten betreft die na dat tijdstip zijn geïnd.

Art. 131

Ingeval voor het tijdstip van het in werking treden van de wet een beding is gemaakt dat een goed van een niet van tafel en bed gescheiden echtgenoot of van een geregistreerde partner onder opschortende voorwaarde of onder opschortende tijdsbepaling zonder redelijke tegenprestatie op de andere echtgenoot of geregistreerde partner overgaat of kan overgaan, en dit beding na bedoeld tijdstip wordt toegepast in geval van overlijden van degene aan wie het goed toebehoort, is de vordering van een legitimaris, voor zover deze ten laste zou komen van de verkrijgende echtgenoot of geregistreerde partner, eerst opeisbaar na diens overlijden. Hetzelfde geldt in geval van zodanig beding ten behoeve van een andere levensgezel, mits deze met degene aan wie het goed toebehoort een gemeenschappelijke huishouding voerde en het beding bij notarieel verleden samenlevingsovereenkomst of andere notariële akte was gemaakt.

Beding onder opschortende voorwaarde/tijdsbepaling

Art. 132

De artikelen 137 tot en met 139 van Boek 4 zijn mede van toepassing op een making over de hand, die is vervat in een vóór het in werking treden van de wet gemaakte uiterste wil. Op een making als bedoeld in artikel 928 van Boek 4 van het Burgerlijk Wetboek, zoals dat voor het tijdstip van het in werking treden van de wet gold, blijft artikel 1036 van Boek 4 van het Burgerlijk Wetboek, zoals dat voor het tijdstip van het in werking treden van de wet gold, evenwel van toepassing.

Making over de hand

Art. 133

Op de benoeming van een uitvoerder van uiterste wilsbeschikkingen, gedaan voor het tijdstip van het in werking treden van de wet, is vanaf dat tijdstip of, indien de executele nadien aanvangt, vanaf dit latere tijdstip, afdeling 6 van titel 5 van Boek 4 van toepassing, tenzij aan de uitvoerder van de uiterste wilsbeschikkingen het recht van inbezitneming der nalatenschapsgoederen niet is toegekend, en behoudens voor zover bij de benoeming regelingen zijn getroffen die van afdeling 6 van titel 5 van Boek 4 afwijken.

Uitvoerder uiterste wilsbeschikking

Art. 134

Op een testamentair bewind, ingesteld bij een uiterste wil die is opgemaakt voor het tijdstip van het in werking treden van de wet, is vanaf dat tijdstip of, indien het bewind nadien van kracht wordt, vanaf dit latere tijdstip afdeling 7 van titel 5 van Boek 4 van toepassing, behoudens voor zover bepalingen in de uiterste wil daarvan afwijken.

Testamentair bewind

Art. 135

Bij het in werking treden van de wet volgen de erfgenamen van rechtswege een voordien overleden erflater op in zijn voor overgang vatbare rechten en in zijn bezit en houderschap, en worden zij van rechtswege schuldenaar van zijn schulden die niet met zijn dood zijn tenietgegaan, een en ander voor zover dat rechtsgevolg niet reeds eerder was ingetreden.

Rechtsopvolging

Art. 136

Degene die tot aan het tijdstip van het in werking treden van de wet ingevolge artikel 1070 van Boek 4 van het Burgerlijk Wetboek zoals dat voordien gold, een recht van beraad heeft, behoudt

Recht van beraad

B11 art. 137 **Overgangswet nieuw Burgerlijk Wetboek (uittreksel)**

dit totdat de daarvoor gestelde termijn is verstreken. Voor verlenging van de termijn is artikel 185 lid 3 van Boek 4 van toepassing.

Art. 137

Vereffening nalatenschap

1. Op de vereffening van een nalatenschap die vóór het tijdstip van het in werking treden van de wet is aangevangen, zijn de bepalingen van afdeling 3 van titel 6 van Boek 4 nadien zoveel mogelijk van toepassing.

2. Afdeling 3 van titel 6 van Boek 4 is van dat tijdstip af eveneens zoveel mogelijk van overeenkomstige toepassing op een voordien aangevangen afwikkeling van een nalatenschap:

a. nadat de erfgenamen overeenkomstig het tevoren geldende artikel 1078, onder 1 slot, van Boek 4 van het Burgerlijk Wetboek de daartoe behorende goederen aan de beschikking der schuldeisers en legatarissen hebben overgelaten;

b. na aanvaarding door schuldeisers van de erfgenamen volgens het tevoren geldende artikel 1107 van Boek 4 van het Burgerlijk Wetboek;

c. na boedelafscheiding volgens het tevoren geldende artikel 1153 van Boek 4 van het Burgerlijk Wetboek;

d. die onbeheerd was, overeenkomstig de regels van de tevoren geldende artikelen 1172 tot en met 1176 van Boek 4 van het Burgerlijk Wetboek;

e. waarop het tevoren geldende artikel 1081, tweede lid, van Boek 4 van het Burgerlijk Wetboek toepassing heeft gevonden.

Art. 138

Schade door onttrekken goederen aan verhaal schuldeisers

Heeft een wettelijke vertegenwoordiger van een erfgenaam, of een door de rechter benoemde vereffenaar van een nalatenschap dan wel een ander die in de gevallen, bedoeld in artikel 137 lid 2, met de afwikkeling daarvan belast was, aan de schuldeisers van de nalatenschap schade toegebracht doordat hij vóór het tijdstip van het in werking treden van de wet opzettelijk daartoe behorende goederen aan het verhaal van de schuldeisers heeft onttrokken, dan is artikel 212 van Boek 4 van toepassing of overeenkomstige toepassing, indien de vereffening of afwikkeling van die nalatenschap op dat tijdstip nog niet is voltooid.

Art. 139

Verplichting tot inbreng gift

In geval voor het in werking treden van de wet een door de wet geroepen erfgenaam in de neerdalende lijn bij een gift of in een uiterste wil niet is ontheven van zijn verplichting tot inbreng van de gedane gift, blijft deze, behoudens indien de erflater nadien anders mocht hebben beslist, ook na dat tijdstip daartoe verplicht.

Titel 6 Overgangsbepalingen in verband met Boek 5

Art. 150

Oude zakelijke rechten: registergoederen

1. Op het tijdstip van het in werking treden van de wet nog bestaande zakelijke rechten, die niet waren geregeld in het Burgerlijk Wetboek zoals dat voordien gold en die krachtens artikel 1 van de Wet van 16 mei 1829, *Stb.* 29, zijn gehandhaafd, worden registergoederen.

2. Het bestaan van een recht als bedoeld in lid 1 kan worden ingeschreven in de openbare registers, bedoeld in afdeling 2 van titel 1 van Boek 3. Op het ontbreken van de inschrijving en op inschrijfbare feiten die vóór het in werking treden van de wet zijn voorgevallen, en die betreffen rechten die niet uit de openbare registers kenbaar zijn, is artikel 24 lid 1 van Boek 3 niet van toepassing.

Grondrente; beklemming

3. Op deze rechten, alsmede op grondrenten en rechten van beklemming en van altijddurende beklemming blijven de regels van toepassing die voor hen golden vóór het in werking treden van de wet, voor zover uit de bepalingen omtrent registergoederen niet anders voortvloeit.

4. Een recht van aanwas geldt als eigendom van de bodem waarop het rust; degene die tot aan het in werking treden van de wet eigenaar van de stroom boven de bodem was, verkrijgt een beperkt recht op de bodem, dat de hem voordien toekomende bevoegdheden met betrekking tot de stroom inhoudt.

5. De overige in dit artikel bedoelde rechten gelden met inachtneming van hun bijzondere aard als beperkte rechten op de zaak waarop zij rusten.

6. De rechter kan op vordering van de eigenaar van de zaak waarop in dit artikel bedoeld beperkt recht rust, de inhoud van dat recht wijzigen, indien het ongewijzigd voortbestaan in strijd is met het algemeen belang, alsook op grond van omstandigheden welke van dien aard zijn dat naar maatstaven van redelijkheid en billijkheid ongewijzigde instandhouding niet van de eigenaar kan worden gevergd. De rechter kan de vordering toewijzen onder door hem te stellen voorwaarden; hij houdt geen rekening met omstandigheden die zich vóór het in werking treden van de wet hebben voorgedaan.

7. De leden 1-5 gelden niet voor grafrechten, zoals geregeld in de Wet op de lijkbezorging.

Art. 151

1. De artikelen 5-12 van Boek 5 gelden van het tijdstip van het in werking treden der wet af met betrekking tot roerende zaken die iemand vóór dat tijdstip als onbeheerd heeft gevonden en tot zich genomen.

2. De verplichtingen van de vinder bedoeld in artikel 5 lid 1 van Boek 5 gelden evenwel niet met betrekking tot niet kostbare zaken die de vinder langer dan een jaar vóór dat tijdstip heeft gevonden en tot zich genomen.

3. Een jaar na het tijdstip van het in werking treden van de wet verkrijgt de vinder die de zaak alsdan in zijn macht heeft, de eigendom daarvan, indien hij vóór het genoemde tijdstip de in artikel 5 lid 1 van Boek 3 omschreven aangifte of mededeling heeft gedaan of deze ingevolge het vorige lid achterwege mocht laten; ten aanzien van de vinder geldt hetzelfde, indien een gemeente de zaak in haar macht heeft.

4. Artikel 86 van Boek 3 geldt gedurende een jaar na het in werking treden van de wet niet voor zaken als bedoeld in het tevoren geldende artikel 2014 eerste lid van het Burgerlijk Wetboek welke vóór dat tijdstip waren verloren, behalve indien zij tijdens dat jaar overeenkomstig titel 2 van Boek 5 door de burgemeester van een gemeente zijn verkocht of aan een derde zijn overgedragen. Na afloop van dat jaar vervalt de in artikel 2014 tweede lid bedoelde bevoegdheid tot terugvordering van verloren zaken. Vóór het verlies op een zaak gevestigde beperkte rechten vervallen door haar overgang op de verkrijger.

5. De rechtspositie van de vinder die vóór het tijdstip van het in werking treden van de wet overeenkomstig artikel 7 van Boek 5 heeft gehandeld, gaat op dat tijdstip met de daaraan verbonden verplichtingen over op degene aan wie hij de zaak heeft afgegeven; een recht op beloning ontstaat niet.

6. De leden 1-5 zijn niet van toepassing op gevonden voorwerpen waarmee reeds vóór het in werking treden van de wet is gehandeld overeenkomstig de Wet op de strandvonderij, het Algemeen Reglement voor het vervoer op de spoorwegen of het Postbesluit.

Art. 152

De verplichting genoemd in artikel 13 van Boek 5 geldt niet, indien de schat langer dan een jaar vóór het in werking treden van de wet is ontdekt.

Schatvinding

Art. 153

Op het tijdstip van het in werking treden van de wet verliest degene die totdien eigenaar van een zaak was, de eigendom daarvan, indien de in artikel 19 van Boek 5 genoemde feiten op dat tijdstip waren voltooid.

Verlies van dieren

Art. 154

Van het tijdstip van het in werking treden van de wet af is degene die totdien eigenaar van een water was, eigenaar van de bodem onder dat water. Een beperkt recht op zulk een water komt alsdan op die bodem te rusten.

Eigendom (bodem onder) water

Art. 155

1. Artikel 20, lid 2, van Boek 5 is, te rekenen vanaf het tijdstip van het in werking treden van dit lid, mede van toepassing op een net dat voordien is aangelegd dan wel op dat tijdstip wordt aangelegd.

Werkingssfeer

2. Indien een partij op wiens kosten een net in zijn grond is aangelegd en ten behoeve van wie dit net wordt gebruikt binnen twee jaren na het tijdstip van het in werking treden van de wet houdende wijziging van de Telecommunicatiewet in verband met een herziening van het nationale beleid ten aanzien van de aanleg van kabels ten dienste van openbare elektronische communicatienetwerken (Stb. 2007, 16), een eis heeft ingeleid ter vaststelling van de eigendom van dat net en die partij dit feit heeft doen inschrijven in de openbare registers als bedoeld in artikel 16 van Boek 3 van het Burgerlijk Wetboek, is artikel 20, lid 2, van Boek 5 niet van toepassing, totdat op deze eis onherroepelijk is beslist of deze eis is ingetrokken.

Art. 155a

1. Degene die zich op 1 februari 2007 als eigenaar gedroeg, is bevoegd de aanleg van een net als bedoeld in artikel 17 lid 1 onder k van Boek 3 te doen inschrijven in de openbare registers en dat net als eigenaar over te dragen en te bezwaren.

Werkingssfeer

2. Indien de inschrijving in de openbare registers in de Nederlandse Staatscourant en in een landelijk dagblad is gepubliceerd, vervalt de bevoegdheid van derden om het net of een recht daarop te eisen na één jaar te rekenen vanaf de aanvang van de dag volgend op de dag van de laatste van deze publicaties tenzij de derde binnen deze termijn een dagvaarding betreffende een door hem ingestelde vordering als bedoeld in artikel 27 van Boek 3 heeft doen inschrijven in de openbare registers. Een recht van derden op schadevergoeding, indien daarvoor grond is, blijft in stand.

3. Gedurende drie maanden te rekenen vanaf de aanvang van de dag volgend op de dag van de laatste van de in het tweede lid bedoelde publicaties is het net niet vatbaar voor overdracht en bezwaring. Wel kunnen derden gedurende deze termijn een dagvaarding als bedoeld in het tweede lid of een exploot als bedoeld in het vijfde lid in de openbare registers doen inschrijven.

Gevonden zaken

B11 art. 156

Overgangswet nieuw Burgerlijk Wetboek (uittreksel)

4. Aan degene die na het verstrijken van de in het derde lid bedoelde termijn door overdracht of bezwaring een zakelijk recht op het net verkrijgt, kunnen geen rechten van derden worden tegengeworpen, tenzij de derde vóór de overdracht of bezwaring een dagvaarding als bedoeld in het tweede lid of een exploot als bedoeld in het vijfde lid heeft doen inschrijven of de verkrijger het recht van de derde kende.

5. Een exploot als bedoeld in de derde en vierde lid wordt gedaan aan degene die in het eerste lid bedoelde inschrijving verkreeg en houdt in dat de derde zich het recht voorbehoudt om binnen de in het tweede lid bedoelde termijn van een jaar een dagvaarding als in dat lid bedoeld in de openbare registers te doen inschrijven.

6. De publicaties bedoeld in lid 2 kunnen worden ingeschreven in de openbare registers.

Art. 156

Territoriale zee Uitbreiding van de territoriale zee na het in werking treden van de wet zal niet tot gevolg hebben dat de eigendom van haar bodem de alsdan daarmede duurzaam verenigde gebouwen en werken zal gaan omvatten.

Art. 157

Oeverlijn Van drie jaren na het tijdstip van het in werking treden van de wet af bepalen de artikelen 29 en 34 van Boek 5 wie alsdan eigenaar is van de stroken grond langs de oeverlijn van een water, tenzij vóór dat tijdstip de grens bij delimitatieovereenkomst is vastgelegd of nadien artikel 31 van Boek 5 toepassing heeft gevonden, dan wel een vordering tot vastlegging als bedoeld in artikel 32 van dat Boek is ingesteld. Artikel 30 van Boek 5 is van overeenkomstige toepassing op de vastlegging van een grens door een delimitatieovereenkomst die vóór het in werking treden van de wet is gesloten.

Art. 158

Duinvorming Artikel 35 van Boek 5 is niet van toepassing op uitbreiding van een duin ten gevolge van overstuiving door de wind vóór het in werking treden van de wet.

Art. 159

Burenrecht Van haar in werking treden af, doch alleen voor het vervolg, gelden de bepalingen der wet voor de verplichtingen uit het burenrecht.

Art. 160

Buurweg Het in werking treden van de wet brengt geen wijziging in de rechten, bevoegdheden en verplichtingen met betrekking tot een buurweg welke voordien is ontstaan; artikel 24 lid 1 van Boek 3 is niet van toepassing op de bestemming tot zulk een buurweg.

Art. 161

Verplichtingen eigenaar erf De eigenaar van een erf is, tenzij een beperkt recht iets anders meebrengt, verplicht op vordering van een nabuur de ten tijde van het in werking treden van de wet bestaande toestand in overeenstemming te brengen met hetgeen waarop die nabuur nadien op grond van titel 4 van Boek 5 aanspraak kan maken. Is die toestand echter in overeenstemming met het voordien geldende recht, dan kan de eigenaar van het erf verlangen dat de wijziging niet wordt aangebracht dan op kosten van de nabuur en tegen vooraf door deze te betalen of te verzekeren schadevergoeding.

Art. 162

Mandeligheid Bij het in werking treden van de wet bestaat mandeligheid, indien alsdan reeds is voldaan aan de vereisten die artikel 60 van Boek 5 aan het ontstaan daarvan stelt. Op dat tijdstip is een scheidsmuur, een hek of een heg gemeenschappelijk eigendom en mandelig, indien alsdan aan de vereisten daarvoor volgens artikel 62 van Boek 5 is voldaan.

Art. 163

Erfdienstbaarheid Indien vóór het in werking treden van de wet een erfdienstbaarheid door bestemming of herleving is ontstaan, kan dit ontstaan worden ingeschreven in de openbare registers, bedoeld in afdeling 2 van titel 1 van Boek 3. Op het ontbreken van de inschrijving en op inschrijfbare feiten die vóór het in werking treden van de wet zijn voorgevallen, en die betreffen rechten die niet uit de openbare registers kenbaar zijn, is artikel 24 lid 1 van Boek 3 niet van toepassing.

Art. 164

Geldelijke verplichtingen mede-eigenaren erf Indien een erf vóór het in werking treden van de wet aan twee of meer personen, hetzij als deelgenoten, hetzij als eigenaars van verschillende gedeelten daarvan, toebehoort, wordt artikel 77 lid 1 van Boek 5 op hen van toepassing met betrekking tot geldelijke verplichtingen die na het in werking treden van de wet ontstaan.

Art. 165

Wijziging, opheffing erfdienstbaarheid Een erfdienstbaarheid die op het tijdstip van het in werking treden van de wet reeds bestond, kan niet uit hoofde van artikel 78 van Boek 5 worden opgeheven. In geval van een vordering tot wijziging houdt de rechter geen rekening met omstandigheden die zich vóór dat tijdstip hebben voorgedaan.

Art. 166

Erfpacht Op een erfpacht, aangevangen vóór het tijdstip van het in werking treden van de wet, blijft artikel 766 van het vóór dat tijdstip geldende Burgerlijk Wetboek van overeenkomstige toepassing; de opzegging moet echter bij exploit geschieden.

Art. 167

Een erfpachter kan een erfpacht die op het tijdstip van het in werking treden van de wet bestaat, slechts opzeggen voor zover hij naar het voordien geldende recht tot opzegging of eenzijdige afstand zou zijn bevoegd geweest. Artikel 88 van Boek 5 is van toepassing, behalve voor zover een andere termijn voor de opzegging of afstand was bedongen.

Art. 168

Indien een erfpacht vóór het in werking treden van de wet aan twee of meer personen, hetzij als deelgenoten, hetzij als eigenaars van verschillende gedeelten van de zaak, toebehoort, wordt artikel 92 lid 1 van Boek 5 voor het eerst van toepassing met betrekking tot de eerste canon die na het in werking treden van de wet wordt verschuldigd.

Art. 169

Een erfpacht die op het tijdstip van het in werking treden van de wet reeds bestond, kan niet uit hoofde van artikel 97 lid 1 van Boek 5 worden opgeheven. In geval van een vordering tot wijziging houdt de rechter geen rekening met omstandigheden die zich vóór dit tijdstip hebben voorgedaan.

Art. 170

Artikel 99 van Boek 5 is niet van toepassing op een erfpacht die ten tijde van het in werking treden van de wet bestaat.

Art. 171

De artikelen 166-169 zijn van overeenkomstige toepassing op een recht van opstal in dezelfde gevallen waarin de artikelen op een recht van erfpacht van toepassing zijn en voor zover het opstalrecht aan de daar bedoelde regels voor erfpacht is onderworpen.

Art. 172

1. Artikel 110 van Boek 5 is, te rekenen vanaf het in werking treden van de wet, mede van toepassing op een splitsing die voordien heeft plaatsgevonden.

2. Voor zover de bepalingen van de akte van splitsing in appartementsrechten, het reglement bedoeld in artikel 111 onder *d* van Boek 5 daaronder begrepen, van een vereniging van eigenaars op het tijdstip van in werking treden van de wet afwijken van het bepaalde in afdeling 2 van titel 9 van dat boek, is dat laatste gedurende drie jaren na dat tijdstip niet van toepassing op die vereniging van eigenaars.

3. Op de vereffening van het vermogen van een vereniging van eigenaars, die nog niet is voltooid op het tijdstip van het in werking treden van de wet, zijn de artikelen 23-24 van Boek 2 van het Burgerlijk Wetboek met inachtneming van artikel 147 leden 2-4 van Boek 5 van toepassing, behalve voor zover dat zou nopen tot het ongedaan maken van alsdan reeds in overeenstemming met het voordien geldend recht getroffen maatregelen. De wet wordt niet van toepassing ten aanzien van onderwerpen waaromtrent vóór haar in werking treden een rechterlijke uitspraak is gevraagd.

4. Op een splitsing die heeft plaatsgevonden voor het tijdstip waarop de wet in werking treedt, is artikel 113 lid 1, tweede zin, van Boek 5 niet van toepassing.

5. Op een splitsing die heeft plaatsgevonden voor het tijdstip waarop de wet in werking treedt, is artikel 118a van Boek 5 gedurende drie jaren na dat tijdstip niet van toepassing.

6. Op verenigingen van eigenaars die op het tijdstip van het in werking treden van de wet niet het in artikel 126 lid 1, tweede volzin, van Boek 5, bedoelde reservefonds in stand houden, is die bepaling gedurende drie jaren na dat tijdstip niet van toepassing.

7. Op verenigingen van eigenaars die op het tijdstip van het in werking treden van de Wet verbetering functioneren verenigingen van eigenaars niet de in artikel 126 lid 2 en lid 3 van Boek 5 bedoelde jaarlijkse reservering ten behoeve van het reservefonds doen, is die bepaling gedurende drie jaren na dat tijdstip niet van toepassing.

8. Op de rechtsverhouding tussen verenigingen van eigenaars en derden die voor het tijdstip van het in werking treden van de Wet verbetering functioneren verenigingen van eigenaars een overeenkomst van geldlening hebben gesloten, blijven de artikelen 113 leden 5 en 6, 122 lid 2, tweede volzin, van toepassing zoals deze luidden voor inwerkingtreding van die wet.

9. Op een splitsing die heeft plaatsgevonden voor het tijdstip van het in werking treden van de leden 1-3 van artikel 139 van Boek 5, zoals deze leden zijn gewijzigd bij de Wet van 19 februari 2005, houdende wijziging van titel 5.9 (Appartementsrechten (Stb. 89), is het in die leden bepaalde gedurende drie jaren na dat tijdstip niet van toepassing.

Titel 7 Overgangsbepalingen in verband met Boek 6

Art. 173

1. Is voor de al dan niet toepasselijkheid van de bepalingen der wet omtrent aansprakelijkheid en schadevergoeding beslissend, of een schade vóór of na het in werking treden van de wet is ontstaan, en blijkt dit niet, dan is beslissend, of de schade voor of na het in werking treden van de wet is bekend geworden.

B11 art. 174 **Overgangswet nieuw Burgerlijk Wetboek (uittreksel)**

2. De aansprakelijkheid voor schade die is ontstaan of bekend geworden na het in werking treden van de wet, wordt, ook met betrekking tot haar omvang, naar het tevoren geldende recht beoordeeld, indien die schade voortspruit uit dezelfde gebeurtenis als een eerdere door de benadeelde geleden schade waarop dat recht van toepassing was. Hetzelfde geldt voor de aansprakelijkheid wegens iemands overlijden na het tijdstip van het in werking treden van de wet als gevolg van letsel vóór dat tijdstip is ontstaan.

Art. 174

Versterking natuurlijke verbintenis

De omzetting van een natuurlijke verbintenis in een rechtens afdwingbare bij een uiterste wilsbeschikking is niet aan de vereisten van artikel 5 van Boek 6 onderworpen, indien deze beschikking vóór het in werking treden van de wet is gemaakt, doch nadien tot uitvoering komt.

Art. 175

Hoofdelijke gebondenheid

1. De artikelen 10-13 van Boek 6 blijven buiten toepassing, indien vóór het in werking treden van de wet een schuld, al dan niet met de kosten, ten laste van een hoofdelijke schuldenaar of een derde geheel of ten dele is gedelgd voor meer dan het gedeelte dat hem aanging.

2. De artikelen 6-9 en 14 van Boek 6 zijn niet van toepassing op een vóór het in werking treden van de wet tot stand gekomen borgtocht of bedongen gebondenheid als hoofdelijke medeschuldenaar wie de schuld in zijn verhouding tot de hoofdschuldenaar niet aangaat.

3. Degene die door het tevoren geldende recht naast een ander aansprakelijk werd gesteld en aan wie deswege op die ander een verhaalsrecht toekwam, kan dat verhaalsrecht ook uitoefenen, indien zijn schuld pas na het in werking treden van de wet te zijnen laste wordt voldaan en de wet hem geen verhaalsrecht toekent.

Art. 176

Pluraliteit van schuldeisers

Is een prestatie die aan twee of meer schuldeisers is verschuldigd, vóór het tijdstip van het in werking treden van de wet nog niet geheel of ten dele betaald, dan is afdeling 3 van titel 1 van Boek 6 daarop van toepassing, tenzij vóór dat tijdstip betaling is gevorderd.

Art. 177

Nakoming

Het in werking treden van de wet doet de vorderingen bedoeld in de artikelen 33, 36 en 42 van Boek 6 ontstaan, indien alsdan aan de in die artikelen gestelde vereisten is voldaan en het tevoren geldende recht niet een zodanige vordering toekende. De termijn van verjaring van die vorderingen wordt gerekend te zijn begonnen op het tijdstip waarop de in die artikelen bedoelde vereisten waren vervuld, doch hij wordt niet voltooid voordat een jaar na het in werking treden is verstreken.

Art. 178

Plaats van aflevering soortzaken

Artikel 41, aanhef en onderdeel b, van Boek 6 geldt niet voor verbintenissen tot aflevering van een naar de soort bepaalde zaak, die voortvloeien uit een rechtsbetrekking welke vóór het in werking treden van de wet is ontstaan.

Art. 179

Kwitanties

Artikel 50 lid 1 van Boek 6 geldt niet, indien vóór het in werking treden van de wet niet meer dan twee achtereenvolgende kwitanties zijn afgegeven.

Art. 180

Opschortingsrecht

De wet bepaalt van haar in werking treden af of een bevoegdheid tot opschorting van de nakoming van een verbintenis, een retentierecht daaronder begrepen, bestaat.

Art. 181

Aanbod van gerede betaling; bewaargeving

Op een aanbod van gerede betaling of een bewaargeving, verricht vóór het in werking treden van de wet en met inachtneming van de toen geldende artikelen 1440-1448 van het Burgerlijk Wetboek, zijn de artikelen 66-71 van Boek 6 niet van toepassing.

Art. 182

Wanprestatie

Indien een schuldenaar vóór het in werking treden van de wet in de nakoming van zijn verbintenis is tekortgeschoten, is op de gevolgen van de tekortkoming de wet niet van toepassing, ook niet indien de tekortkoming nadien wordt voortgezet.

Art. 183

Verzuim van rechtswege

Artikel 83 van Boek 6 is niet van toepassing op het verstrijken van een termijn als bedoeld onder *a* van dat artikel, die voortvloeit uit een rechtsverhouding welke vóór het tijdstip van het in werking treden van de wet is ontstaan, noch op het niet nakomen van een op dat tijdstip bestaande verbintenis als bedoeld in onderdeel *b* van dat artikel.

Art. 183a

Werkingssfeer

De artikelen 96 lid 4, 119a leden 4 en 5 en 119b van Boek 6 zijn niet van toepassing op overeenkomsten die vóór het tijdstip van het in werking treden van deze bepalingen zijn gesloten.

Art. 183b

Werkingssfeer art. 119a lid 6 Boek 6

Artikel 119a, lid 6, van Boek 6, zoals gewijzigd door de wet van 18 april 2017 tot wijziging van Boek 6 van het Burgerlijk Wetboek in verband met het tegengaan van onredelijk lange betaaltermijnen (Stb. 170), wordt één jaar na het tijdstip van het in werking treden van die wet van toepassing op overeenkomsten die op dat tijdstip bestaan. In afwijking van artikel 79 geldt de nietigheid van een beding in de overeenkomst, na het verstrijken van het in de vorige zin bedoelde tijdvak; deze nietigheid heeft evenwel geen werking over het tijdvak voordat dat lid van toepassing is geworden, tenzij het beding toen reeds nietig was.

Art. 184

Artikel 130 van Boek 6 geldt niet met betrekking tot een vordering die vóór het tijdstip van in werking treden van de wet op een ander was overgegaan, of waarop vóór dat tijdstip beslag was gelegd dan wel een beperkt recht gevestigd.

Verrekening

Art. 185

Tenzij uit de tussen partijen bestaande rechtsverhouding anders voortvloeit, worden de geldvorderingen en geldschulden die vóór het tijdstip van het in werking treden van de wet zijn opgenomen in een rekening als bedoeld in artikel 140 van Boek 6, aangemerkt als op dat tijdstip verrekend voor zover dat nog niet eerder was geschied, in de volgorde waarin zij voor schuldvergelijking krachtens het voordien geldende recht waren vatbaar geworden; van dat tijdstip af is alleen het saldo verschuldigd.

Rekening-courant

Art. 186

De bevoegdheid tot tenuitvoerlegging van een executoriale titel terzake van een vordering en haar nevenrechten komt van het tijdstip van het in werking treden van de wet toe aan degene op wie de vordering vóór dat tijdstip is overgegaan, tenzij de vorige rechthebbende reeds maatregelen tot uitoefening van zijn bevoegdheid heeft genomen.

Tenuitvoerlegging executoriale titel

Art. 187

Het tevoren geldende artikel 1438, aanhef en onder 2°, van het Burgerlijk Wetboek is ook na het in werking treden van de wet van toepassing, indien de koop voordien is gesloten. De hypotheken van schuldeisers in wier rechten de koper is gesubrogeerd, blijven in stand, voor zover dit voor de uitoefening van die rechten door de koper nodig is.

Subrogatie

Art. 188

De artikelen 151 en 152 van Boek 6 zijn niet van toepassing op een subrogatie na het in werking treden van de wet, indien tevoren eveneens reeds subrogatie terzake van dezelfde vordering heeft plaatsgevonden.

Beperkingen subrogatie, omslag

Art. 189

Indien vóór het tijdstip van het in werking treden van de wet een rechtshandeling onder ontbindende voorwaarde is verricht, die naar het toen geldende recht het tenietgaan van een verbintenis door vermenging tot gevolg heeft gehad, doet de vervulling van de voorwaarde na dat tijdstip de verbintenis herleven.

Rechtshandeling onder ontbindende voorwaarde; vermenging

Art. 189a

1. Artikel 174, derde lid, van Boek 6, zoals dat is komen te luiden na de inwerkingtreding van de Mijnbouwwet, is niet van toepassing indien de gebeurtenis waardoor de schade is veroorzaakt voor de inwerkingtreding van de Mijnbouwwet heeft plaatsgevonden.

Aansprakelijkheid voor opstallen

2. Artikel 177, vierde lid, van Boek 6, zoals dat is komen te luiden na de inwerkingtreding van de Mijnbouwwet, is niet van toepassing indien de schade bekend is geworden voor de inwerkingtreding van de Mijnbouwwet.

Aansprakelijkheid voor boorgaten

Art. 190

Wordt bij het ontstaan van een vordering uit onverschuldigde betaling of ongerechtvaardigde verrijking de rechtsverhouding tussen partijen beheerst door het recht dat vóór het in werking treden van de wet gold, dan worden de afdelingen 2 en 3 van titel 4 van Boek 6 daarop niet van toepassing.

Onverschuldigde betaling; ongerechtvaardigde verrijking

Art. 190a

Afdeling 2B van titel 5 van Boek 6 en de daarmee samenhangende wijzigingen of invoegingen van de artikelen 5, 6, 7, 9, 11, 13, 19a en 67 van Boek 7 door de Implementatiewet richtlijn consumentenrechten (Stb. 2014, 140) zijn niet van toepassing op overeenkomsten die voor het tijdstip van het in werking treden van deze wet zijn gesloten. Op deze overeenkomsten blijft de tevoren geldende afdeling 9A van titel 1 van Boek 7 van het Burgerlijk Wetboek van toepassing.

Werkingssfeer

Art. 191

1. Afdeling 3 van titel 5 van Boek 6 is op algemene voorwaarden die op het tijdstip van het in werking treden van de wet reeds door een partij in haar overeenkomsten worden gebruikt, van toepassing nadat een jaar na dit tijdstip is verstreken. Gedurende die termijn is de wet evenmin van toepassing op wijzigingen in die voorwaarden na het in werking treden van de wet.

Algemene voorwaarden

2. In afwijking van artikel 79 kan een beding in algemene voorwaarden deel uitmaken van een overeenkomst, na het verstrijken van het in lid 1 bedoelde tijdvak overeenkomstig afdeling 3 van titel 5 van Boek 6 worden vernietigd; deze vernietiging heeft evenwel geen werking over het tijdvak voordat die afdeling van toepassing is geworden, tenzij het beding toen reeds vernietigbaar of nietig was.

Art. 192

Artikel 78 geldt niet voor een beding als bedoeld in artikel 252 van Boek 6 dat op het tijdstip van het in werking treden van de wet uit de openbare registers kenbaar is; de rechtsgevolgen

Kwantitatieve verplichting

die artikel 252 van Boek 6 en afdeling 2 van titel 1 van Boek 3 aan inschrijving in de openbare registers verbinden, komen slechts toe aan inschrijving na dit tijdstip.

Art. 193

Derdenbeding

De artikelen 253 lid 2 en 254-256 van Boek 6 gelden niet voor een beding ten behoeve van een derde, dat op het tijdstip van het in werking treden van de wet reeds bestaat.

Art. 194

Verweermiddel ondergeschikte

Van het tijdstip van het in werking treden van de wet af is artikel 257 van toepassing op een ondergeschikte wiens gedraging vóór dat tijdstip tot aansprakelijkheid heeft geleid.

Art. 195

Wijziging, ontbinding overeenkomst

In geval van een vordering tot wijziging of ontbinding van een overeenkomst als bedoeld in de artikelen 258 en 259 van Boek 6 houdt de rechter bij de toepassing van die artikelen geen rekening met een wijziging in de omstandigheden die zich vóór het in werking treden van de wet heeft voorgedaan.

Titel 8 Overgangsbepalingen in verband met Boek 7

Art. 196

Koop en ruil

1. Op overeenkomsten van koop en ruil die vóór het tijdstip van het in werking treden van de wet zijn gesloten, wordt titel 1 van Boek 7 een jaar na dat tijdstip van toepassing.

2. In afwijking van lid 1 worden de bepalingen van titel 1 van Boek 7 omtrent consumentenkoop niet van toepassing op een consumentenkoop die vóór dat tijdstip is gesloten.

3. In afwijking van de leden 1 en 2 is titel 1 van Boek 7 van toepassing op de gevolgen van niet nakoming in het geval dat een der partijen na het in werking treden van de wet in de nakoming van een van haar verbintenissen tekortschiet, tenzij dat tekortschieten een voortzetting van een eerdere tekortkorning is. Afdeling 8 van titel 1 van Boek 7 is van toepassing op het recht van reclame dat na het in werking treden van de wet wordt uitgeoefend; is het voordien uitgeoefend, dan blijft het tevoren geldende recht daarop van toepassing.

4. Artikel 7 is slechts van toepassing op de gevolgen van toezending van een zaak of verrichting van een dienst die na het in werking treden van de wet geschiedt.

5. Artikel 6a van Boek 7 is niet van toepassing in geval van een consumentenkoop die vóór het in werking treden van de wet is gesloten.

6. In afwijking van artikel 79 kan een beding op grond van strijd met artikel 25 lid 2 van Boek 7 worden vernietigd nadat een jaar na het tijdstip van het in werking treden van de wet is verstreken; deze vernietiging heeft evenwel geen werking ten aanzien van zaken die vóór het verstrijken van deze termijn aan de verkoper zijn geleverd.

Art. 197

Werkingssfeer

De artikelen 2, 3, 8 en 26 leden 3-5 van Boek 7 zijn niet van toepassing op koopovereenkomsten die vóór het tijdstip van het in werking treden van deze bepalingen zijn gesloten.

Art. 198

Werkingssfeer

1. De artikelen 48a-48e en 48g van Boek 7 zijn niet van toepassing op overeenkomsten die vóór het tijdstip van het in werking treden van deze bepalingen zijn gesloten.

2. Artikel 48f van Boek 7 is van toepassing vanaf het tijdstip waarop het in werking treedt.

Art. 198a

Werkingssfeer

Titel 1A van Boek 7 is niet van toepassing op overeenkomsten die vóór het inwerkingtreden van deze titel zijn gesloten.

Art. 199

Overeenkomsten op afstand

1. De bepalingen van afdeling 9A van titel 1 van Boek 7 zoals die golden tot de inwerkingtreding van de Implementatiewet richtlijn consumentenrechten (Stb. 2014, 140) zijn niet van toepassing op overeenkomsten die vóór het tijdstip van het in werking treden van die bepalingen zijn gesloten.

2. In afwijking van lid 1 zijn de artikelen 46c lid 1, 46g en 46h van Boek 7 zoals die golden tot de inwerkingtreding van de Implementatiewet richtlijn consumentenrechten (Stb. 2014, 140) van toepassing vanaf het tijdstip waarop zij in werking treden.

Art. 200*

Werkingssfeer

Afdeling 2 van titel 2A en de titels 2B en 2C zijn niet van toepassing op overeenkomsten die voor het tijdstip van het inwerkingtreden van die afdeling en die titels zijn gesloten.

Art. 200

Werkingssfeer

Titel 2D is niet van toepassing op overeenkomsten die voor het in werking treden van die titel zijn gesloten.

Art. 201

Bewind

Op een bewind ingesteld in verband met de elfde titel van Boek 7A van het Burgerlijk Wetboek, zoals deze tot aan het tijdstip van het in werking treden van de wet gold, is vanaf het tijdstip van het in werking treden van de wet afdeling 7 van titel 5 van Boek 4 van overeenkomstige toepassing, behoudens voor zover daarvan bij het bewind afwijkende regelingen zijn getroffen.

Art. 205

Procedures inzake overeenkomsten van huur en verhuur, waarin de inleidende dagvaarding is betekend dan wel het inleidende verzoekschrift is ingediend voor het tijdstip van in werking treden van titel 4 van Boek 7, worden, met inbegrip van een eis die in het geding bij wijze van reconventie is of wordt gedaan, beheerst door het recht dat voor dat tijdstip gold.

Art. 206

Bepalingen die tot nietigheid of vernietigbaarheid van een beding in een huurovereenkomst leiden, zijn met ingang van het tijdstip van in werking treden van titel 4 van Boek 7 van toepassing op de op dat tijdstip bestaande huurovereenkomsten.

Art. 206a

Artikel 215 van Boek 7 is, voor zover het veranderingen en toevoegingen aan de buitenzijde van gehuurde woonruimte betreft, niet van toepassing op huurovereenkomsten die voor het tijdstip van het in werking treden van titel 4 van Boek 7 zijn gesloten.

Art. 207

Voorzover het veranderingen van de inrichting of de gedaante van het gehuurde betreft, waartoe de huurder slechts met toestemming van de verhuurder bevoegd is, is artikel 215 van Boek 7 van toepassing, indien de verhuurder op het tijdstip van het in werking treden van titel 4 van Boek 7 een verzoek van de huurder om die toestemming te geven nog niet heeft beantwoord, mits dit verzoek niet langer dan drie maanden voor dat tijdstip is gedaan. In dat geval begint de in artikel 215 lid 2 bedoelde termijn pas op het tijdstip van de inwerkingtreding te lopen.

Art. 208

Artikel 220 lid 2 van Boek 7 is niet van toepassing, indien het door dit lid vereiste redelijke voorstel onder het voorafgaande recht is gedaan.

Art. 208a

Artikel 221 van Boek 7 is niet van toepassing op huurovereenkomsten die voor het tijdstip van het in werking treden van titel 4 van Boek 7 zijn gesloten.

Art. 208b

Artikel 224 lid 2, tweede volzin, van Boek 7 is niet van toepassing op huurovereenkomsten die voor het in werking treden van titel 4 van Boek 7 zijn gesloten.

Art. 208c

Indien de huurder voor het in werking treden van titel 4 van Boek 7 is overleden, maar op het tijdstip van die inwerkingtreding nog geen zes maanden na dit overlijden waren verstreken en de termijn van zes maanden, bedoeld in artikel 229 lid 2 van Boek 7, binnen drie maanden na het tijdstip van de inwerkingtreding zou aflopen, wordt die termijn verlengd tot drie maanden na dit tijdstip.

Art. 208d

Voor de termijn van twee maanden, bedoeld in artikel 230a lid 1 van Boek 7, wordt de tijd meegeteld die na het tijdstip waartegen schriftelijk ontruiming is aangezegd, maar voor het tijdstip van het in werking treden van titel 4 van Boek 7 is verstreken.

Art. 208e

[Vervallen]

Art. 208ea

1. De artikelen 248 lid 3 en 4 en 255a van Boek 7 zijn met ingang van het tijdstip van inwerkingtreding van de Wet maximering huurprijsverhogingen geliberaliseerde huurovereenkomsten van toepassing op de op dat tijdstip bestaande huurovereenkomsten.

2. Artikel 274 lid 1 onder d van Boek 7, zoals dat luidt met ingang van het tijdstip van inwerkingtreding van de Wet maximering huurprijsverhogingen geliberaliseerde huurovereenkomsten, is met ingang van dat tijdstip voor de duur van de werking van artikel 248 lid 3 van Boek 7 van toepassing op de op dat tijdstip bestaande huurovereenkomsten.

3. Lid 1 geldt niet voor zover partijen voor inwerkingtreding van de Wet maximering huurprijsverhogingen geliberaliseerde huurovereenkomsten een verhoging van de huurprijs zijn overeengekomen in verband met voorzieningen, veranderingen of toevoegingen als bedoeld in artikel 255a van Boek 7.

Art. 208eb

De artikelen 248 lid 3 en 4 en 255a van Boek 7 blijven na de datum waarop die leden respectievelijk dat artikel zijn vervallen van toepassing op bedingen tot verhoging van de huurprijs met een ingangsdatum voor die datum en op daarop betrekking hebbende voor of na die datum ingediende verzoeken aan de huurcommissie of vorderingen als bedoeld in artikel 262 van Boek 7.

Art. 208f

De artikelen 250 tot en met 254 van Boek 7 zijn niet van toepassing op voor het tijdstip van inwerkingtreding gedane voorstellen tot huurprijswijziging, indien de voorgestelde datum van ingang voor dat tijdstip ligt, noch op de daarop betrekking hebbende verzoeken aan de huurcommissie als bedoeld in de artikelen 253 en 254 van Boek 7, indien deze zijn ingediend op of na het hiervoor bedoelde tijdstip.

Art. 208g

Servicekosten De artikelen 259 en 260 van Boek 7 gelden vanaf het tijdstip dat sedert het tijdstip van het in werking treden van titel 4 van Boek 7 één geheel kalenderjaar is verstreken.

Art. 208h

Medehuur en voortzetting huur Artikel 270a van Boek 7 geldt niet, indien de voortzetting van de huur voor het in werking treden van titel 4 van Boek 7 is begonnen.

Art. 208ha

Toepasselijkheid Boek 7 BW op huurovereenkomsten De artikelen 271, 274, 274a tot en met 274f, 275 en 277 van Boek 7, zoals deze door de Wet doorstroming huurmarkt 2015 zijn komen te luiden, zijn niet van toepassing op huurovereenkomsten die vóór het in werking treden van die artikelen zijn gesloten.

Art. 208i

Vergoeding schade onderhuurder De verplichting tot vergoeding van de schade van de onderhuurder, bedoeld in artikel 278 lid 2 van Boek 7, kan niet geheel of ten dele worden gegrond op gedragingen van de hoofdhuurder die voor het in werking treden van dat artikel hebben plaatsgevonden.

Art. 208j

Termijn hoofdhuur bedrijfsruimte De verplichting tot vergoeding van schade van de onderhuurder, bedoeld in artikel 306 lid 2 van Boek 7, kan niet geheel of ten dele worden gegrond op gedragingen van de hoofdhuurder die voor het in werking treden van dat artikel hebben plaatsgevonden.

Art. 209

Franchiseovereenkomst Op franchiseovereenkomsten die vóór het tijdstip van het in werking treden van Titel 16 van Boek 7 zijn gesloten, worden de artikelen 920 en 921 van toepassing twee jaar na dat tijdstip.

Art. 210

Lastgeving Artikel 407 van Boek 7 is niet van toepassing op een overeenkomst van lastgeving die vóór 1 januari 1992 is gesloten.

Art. 211

Werkingssfeer **1.** Op agentuurovereenkomsten die zijn tot stand gekomen vóór 1 november 1989, blijft het totdien geldende recht tot 1 januari 1994 van toepassing.

2. Bij de bepaling van de vergoeding bedoeld in artikel 442 van Boek 7 wordt de hogere waarde die de handelsagent aan de principaal heeft verschaft in de periode vóór 1 januari 1971, buiten beschouwing gelaten, indien de agentuurovereenkomst vóór 1 januari 1994 eindigt.

3. [Wijzigt de Wet van 23 maart 1977, Stb. 153, en de wet van 5 juli 1989, Stb. 312.].

Art. 211a

Werkingssfeer **1.** Titel 2A is niet van toepassing op kredietovereenkomsten die vóór het inwerkingtreden van deze titel zijn gesloten.

2. Op kredietovereenkomsten met onbepaalde looptijd die op het tijdstip van het inwerkingtreden van titel 2A reeds liepen, zijn vanaf dat tijdstip de artikelen 62, 63, 65, 69 en 70 lid 2 van toepassing.

Art. 211b

Werkingssfeer Titel 2B is niet van toepassing op kredietovereenkomsten die vóór het in werking treden van deze titel zijn gesloten.

Art. 212

Informeren personeel over overgang bedrijf Artikel 665a van Boek 7 is niet van toepassing indien het besluit tot overgang wordt genomen of voorgenomen vóór het tijdstip waarop deze bepaling in werking treedt en de overgang op of na bedoeld tijdstip plaatsvindt.

Art. 214

Arbeidsongeschiktheid **1.** Ten aanzien van de persoon wiens eerste dag van ongeschiktheid tot het verrichten van zijn arbeid wegens ziekte is gelegen voor 1 januari 2004 blijven de artikelen 629, leden 1 tot en met 9 en lid 11, 629a en 670, met uitzondering van lid 1, van Boek 7 van toepassing, zoals deze luidden op 31 december 2003, en blijft artikel 658b van Boek 7 buiten toepassing.

2. Voor de bepaling van de eerste dag van ongeschiktheid tot het verrichten van zijn arbeid wegens ziekte, bedoeld in het eerste lid, worden perioden van ongeschiktheid tot werken geacht eenzelfde, niet onderbroken periode van ongeschiktheid te vormen, indien zij elkaar met een onderbreking van minder dan vier weken opvolgen of indien zij direct voorafgaan aan en aansluiten op een periode waarin zwangerschaps- of bevallingsverlof wordt genoten overeenkomstig artikel 3:1, tweede en derde lid, van de Wet arbeid en zorg, tenzij de ongeschiktheid redelijkerwijs niet geacht kan worden voort te vloeien uit dezelfde oorzaak.

Art. 217

Overeenkomsten van aanneming van werk **1.** Op overeenkomsten van aanneming van werk die vóór het tijdstip van het in werking treden van titel 12 van Boek 7 zijn gesloten, wordt deze titel drie jaren na dat tijdstip van toepassing.

2. In afwijking van lid 1 worden de bepalingen van afdeling 2 van titel 12 van Boek 7 niet van toepassing op een overeenkomst van aanneming van werk die vóór dat tijdstip is gesloten.

3. In afwijking van de leden 1 en 2 is titel 12 van Boek 7 van toepassing op de gevolgen van niet nakoming in het geval dat een der partijen na het in werking treden van deze titel in de nakoming van een van haar verbintenissen tekortschiet, tenzij dat tekortschieten een voortzetting van een eerdere tekortkoming is.

Art. 218

1. De artikelen 758, vierde lid, en 765a van Boek 7 zijn niet van toepassing op overeenkomsten van aanneming van werk die zijn gesloten vóór de inwerkingtreding van artikel III van de Wet kwaliteitsborging voor het bouwen.

2. Op overeenkomsten van aanneming van werk die zijn gesloten vóór de inwerkingtreding van artikel III van de Wet kwaliteitsborging voor het bouwen is artikel 768 van Boek 7 van toepassing zoals dat artikel luidde ten tijde van het sluiten van die overeenkomsten.

Art. 220

1. De afdelingen 1 en 2 van titel 14 van Boek 7 zijn niet van toepassing op een borgtocht die ten tijde van het in werking treden van de wet reeds bestaat.

2. Afdeling 3 van titel 14 van Boek 7 blijft buiten toepassing op de gevolgen van de borgtocht tussen de hoofdschuldenaar en de borg en tussen borgen en voor de verbintenis aansprakelijke niet-schuldenaren onderling, indien vóór het in werking treden van de wet aan de schuldeiser is betaald.

Art. 221

1. De artikelen 928, 931, 950, 952, 963 leden 5 en 6 en 966 lid 4 van Boek 7 zijn niet van toepassing op overeenkomsten van verzekering die vóór het tijdstip van het in werking treden van de wet zijn gesloten. Indien de voorwaarden van de overeenkomst door de verzekeraar met het oog op het in werking treden van de wet dan wel op of na het tijdstip van het in werking treden van de wet zijn gewijzigd, is het in de eerste zin bepaalde voor de leden 5 en 6 van artikel 963 van Boek 7 niet van toepassing op nadien genomen maatregelen als bedoeld in artikel 957 van Boek 7.

2. De artikelen 929 en 930 van Boek 7 zijn niet van toepassing op overeenkomsten van verzekering die vóór het tijdstip van het in werking treden van de wet zijn gesloten, indien de verzekeraar zich tegenover de verzekerde binnen een jaar nadat dit tijdstip is verstreken erop beroept dat aan de mededelingsplicht van artikel 251 van het Wetboek van Koophandel niet is voldaan.

3. De artikelen 935, 936 leden 2 tot en met 6 en 937 van Boek 7 zijn niet van toepassing met betrekking tot een uitkering die vóór het in werking treden van de wet verschuldigd is geworden.

4. Artikel 940 lid 1 onderscheidenlijk lid 2 van Boek 7 is van toepassing indien een periode als in die leden bedoeld eindigt na het tijdstip van het in werking treden van de wet.

5. Artikel 948 van Boek 7 is niet van toepassing indien een overgang van het risico vóór het tijdstip van het in werking treden van de wet heeft plaatsgevonden.

6. Artikel 954 van Boek 7 is niet van toepassing voorzover een uitkering vóór het tijdstip van het in werking treden van de wet is voldaan.

7. Ter zake van schade die door meer dan een verzekering wordt gedekt kan de verzekeraar wiens verzekering vóór het tijdstip van het in werking treden van de wet is gesloten niet op de voet van artikel 961 lid 1, eerste zin, van Boek 7 worden aangesproken dan voorzover zulks ook op grond van het tevoren geldende recht mogelijk was geweest. De eerste zin lijdt uitzondering indien de voorwaarden van de overeenkomst door de verzekeraar met het oog op het in werking treden van de wet dan wel op of na het tijdstip van het in werking treden van de wet zijn gewijzigd, doch slechts voorzover het risico zich nadien heeft verwezenlijkt.

8. Artikel 962 lid 3 van Boek 7 is niet van toepassing indien het risico zich vóór het tijdstip van het in werking treden van de wet heeft verwezenlijkt.

9. Op verzekeringen tegen gevaren van brand die vóór het tijdstip van het in werking treden van de wet zijn gesloten, blijft het tevoren geldende artikel 293 van het Wetboek van Koophandel ook na dit tijdstip van toepassing.

10. Indien vóór het tijdstip van het in werking treden van de wet tegen een verzekeraar een rechtsvordering tot het doen van een uitkering is ontstaan, is artikel 942 lid 3 van Boek 7 slechts van toepassing indien na dat tijdstip een daad van onderhandeling plaatsvindt.

Art. 222

Artikel 991 lid 1 van Boek 7 is niet van toepassing indien een uitkering vóór het tijdstip van het in werking treden van de wet opeisbaar is geworden.

Art. 223

Artikel 629, lid 2, van Boek 7, zoals dat luidde op de dag voor inwerkingtreding van artikel XIX van het Belastingplan 2007 blijft van toepassing met betrekking tot een recht op doorbetaling van het loon als bedoeld in lid 1 of 2 van artikel 629 van Boek 7, indien dat recht is ontstaan op of voor die dag.

Art. 225

Artikel 640a van Boek 7 is uitsluitend van toepassing op aanspraken op het minimum, bedoeld in artikel 634 van Boek 7, die zijn ontstaan na het tijdstip van inwerkingtreding van de wet van 26 mei 2011 inzake het afschaffen van de beperkte opbouw van minimum vakantierechten tijdens ziekte, de invoering van een vervaltermijn voor de minimum vakantiedagen en de aanpassing

Overeenkomst aanneming van werk, overgangsrecht

Borgtocht

Overgangsbepalingen

van enige andere artikelen in de regeling voor vakantie en verlof in Boek 7 van het Burgerlijk Wetboek (Stb. 318).

Art. 226

Werkingssfeer De wijzigingen in Titel 7A van Boek 7 door de Implementatiewet richtlijn pakketreizen en gekoppelde reisarrangementen zijn niet van toepassing op reisovereenkomsten die vóór inwerkingtreden van die wet zijn gesloten. Op deze reisovereenkomsten blijft de tevoren geldende titel 7A van Boek 7 van het Burgerlijk Wetboek van toepassing.

Titel 9 Overgangsbepalingen in verband met Boek 8

Art. 251

Overgangsbepalingen De overeenkomsten van vervoer en die tot het doen vervoeren van goederen, alsmede andere overeenkomsten tot het ter beschikking stellen van een schip worden beheerst door het vroegere recht, indien zij zijn gesloten vóór het tijdstip van het in werking treden van Boek 8. Hetzelfde geldt voor de wettelijke rechten en bevoegdheden die een derde aan een vervoerdocument kan ontlenen en de wettelijke verplichtingen die met betrekking daartoe op hem rusten, indien dat document vóór dat tijdstip is uitgegeven.

Art. 251a

De overeenkomsten van vervoer van goederen uitsluitend over spoorwegen worden beheerst door het vroegere recht, indien zij zijn gesloten vóór het tijdstip van het in werking treden van de wet tot vaststelling en invoering van titel 8.18 (overeenkomst van goederenvervoer over spoorwegen) van het Burgerlijk Wetboek.

Art. 252

Rangorde van vorderingen **1.** De bepalingen van Boek 8 omtrent de rangorde waarin vorderingen uit de opbrengst van een goed moeten worden voldaan, gelden mede met betrekking tot vorderingen die bestaan op het tijdstip waarop dat Boek in werking treedt.

2. Het vroegere recht is echter van toepassing op de rangorde bij de verdeling van een goed dat op het tijdstip van in werking treden van Boek 8 reeds ten behoeve van het verhaal is verkocht, en op de verdeling van hetgeen op een vordering op dat tijdstip reeds is geïnd.

3. Het vroegere recht is eveneens van toepassing op de rang van vorderingen op een in staat van faillissement verklaarde schuldenaar, indien Boek 8 in werking treedt nadat de rechter-commissaris overeenkomstig artikel 108 der Faillissementswet de dag heeft bepaald waarop die vorderingen uiterlijk ter verificatie moeten zijn ingediend.

4. Het in werking treden van Boek 8 heeft voor de dan bestaande vorderingen geen gevolg ten aanzien van de werking van een surséance van betaling, die voordien aan de schuldenaar voorlopig is verleend.

Art. 253

Bestanddelen van een schip **1.** Op voortbewegingswerktuigen en andere machinerieën die tot aan het tijdstip van het in werking treden van Boek 8 nog geen bestanddeel van een schip waren en aan een ander dan de eigenaar van het schip toebehoorden, wordt artikel 1 lid 3 van Boek 8 niet van toepassing.

2. Zaken die tot aan het in werking treden van Boek 8 als scheepstoebehoren met hypotheek waren bezwaard, blijven nadien daarmede belast, indien zij geen scheepstoebehoren in de zin van artikel 1 lid 4 van Boek 8 worden, zolang zij voldoen aan de omschrijving van het tevoren geldende artikel 309 derde lid van het Wetboek van Koophandel.

3. Zaken die tot aan het tijdstip van het in werking treden van Boek 8 scheepstoebehoren waren en als zodanig waren begrepen in een beslag of executie, blijven, ook nadat zij zelfstandig zijn geworden, daaronder begrepen en gelden, zolang beslag en executie duren, tot aan de levering aan de koper als scheepstoebehoren.

4. Het bepaalde in artikel 1 lid 5 van Boek 8 wordt drie maanden na het in werking treden van Boek 8 van toepassing op bedingen die voordien reeds tussen partijen bestonden, alsook ten aanzien van zaken die door het in werking treden van Boek 8 scheepstoebehoren worden.

Art. 254

Levering teboekstaand binnenschip of beperkt recht **1.** Voor de levering van een in het register teboekstaand binnenschip of een beperkt recht daarop kan in de plaats van een notariële akte een onderhandse akte worden gebezigd, indien die akte is opgesteld en mede-ondertekend door een door Onze Minister van Justitie aangewezen persoon als bedoeld in lid 3 en deze persoon dit in het slot der akte heeft verklaard of dit in een door hem ondertekende verklaring aan de voet van de akte heeft bevestigd.

2. Lid 1 is van overeenkomstige toepassing op akten bedoeld in artikel 800 van Boek 8.

3. Personen die voor 1 april 1991 door de arrondissementsrechtbank beëdigd zijn als makelaar in binnenschepen, worden op hun daartoe binnen een jaar na inwerkingtreding van deze wet gedaan verzoek aangewezen.

Art. 255

Artikel 160 lid 1 van Boek 8 wordt drie maanden na het tijdstip van het in werking treden van dat Boek van toepassing op een, op dat tijdstip bestaande, rederij als omschreven in het tevoren geldende artikel 323 van het Wetboek van Koophandel.

Werkingssfeer

Art. 256

De aanvaring welke heeft plaats gehad vóór het in werking treden van Boek 8 wordt beheerst door het vroegere recht. Hetzelfde geldt voor schade die door een schip is veroorzaakt, indien het ongeval vóór het in werking treden van Boek 8 heeft plaatsgevonden.

Aanvaring

Art. 256a

De wet tot wijziging van Boek 8 van het Burgerlijk Wetboek, Boek 8 van het Burgerlijk Wetboek BES en de Wet bestrijding maritieme ongevallen in verband met de schrapping van de beperking van aansprakelijkheid voor vorderingen inzake wrakopruiming is slechts van toepassing ten aanzien van aansprakelijkheid voortvloeiende uit een maritiem ongeval dat zich na de inwerkingtreding van die wet heeft voorgedaan.

Aansprakelijkheid inzake wrakopruiming, inwerkingtreding wet tot wijziging

Art. 257

Op een hulpverlening die vóór het in werking treden van Boek 8 is aangevangen, is het vroegere recht van toepassing.

Hulpverlening

Art. 258

1. De verjaring en het verval van een rechtsvordering waarvan de termijn werd bepaald door het Wetboek van Koophandel, de Wet Overeenkomst Wegvervoer of de Wet Overeenkomst Binnenlands Openbaar personenvervoer, blijft door het vroegere recht beheerst, indien de termijn vóór het in werking treden van Boek 8 is aangevangen.

Verjaring en verval van een rechtsvordering

2. De artikelen 201 en 791 van Boek 8, zoals deze artikelen zijn gewijzigd bij de Aanpassingswet Boek 8, worden, indien de daar genoemde termijnen vóór 1 januari 1992 zijn aangevangen, met ingang van 1 april 1992 van toepassing op de termijnen van verjaring van de eigendom van in de openbare registers teboekstaande zee- en binnenschepen, alsmede op die van verjaring der in die artikelen genoemde beperkte rechten daarop. Deze termijnen worden geacht niet vóór 1 april 1992 te zijn voltooid.

3. De verkrijging van een teboekstaand luchtvaartuig door verjaring, waarvan de termijn werd bepaald door de Wet teboekgestelde Luchtvaartuigen, blijft door die wet beheerst, indien de termijn vóór het in werking treden van titel 15 van Boek 8 is aangevangen.

Titel 10 Overgangsbepaling in verband met Boek 10

Art. 270

Artikel 56 van Boek 10 is slechts van toepassing op ontbinding van het huwelijk of scheiding van tafel en bed die is verzocht na het tijdstip van inwerkingtreding van deze wet.

Werkingssfeer

Art. 271

1. De artikelen 35, 36, 39, 40 en 41 van Boek 10, zoals die luidden voor inwerkingtreding van de Uitvoeringswet Verordening huwelijksvermogensstelsels en Verordening vermogensrechtelijke gevolgen geregistreerde partnerschappen, blijven van toepassing op rechtsbetrekkingen tussen de echtgenoten die op of na 1 september 1992 maar voor 29 januari 2019 in het huwelijk zijn getreden, tenzij deze echtgenoten op of na 29 januari 2019 het op hun huwelijksvermogensstelsel toepasselijke recht bepalen.

Werkingssfeer

2. Het opschrift van Titel 3, Afdeling 3, en de artikelen 42, 43, 44, 46, 47, 48, 50, 51, 52 van Boek 10, zoals die luidden voor inwerkingtreding van de Uitvoeringswet Verordening huwelijksvermogensstelsels en Verordening vermogensrechtelijke gevolgen geregistreerde partnerschappen, blijven van toepassing op het huwelijksvermogensregime van echtgenoten, die op of na 1 september 1992 maar voor 29 januari 2019 in het huwelijk zijn getreden, tenzij deze echtgenoten op of na 29 januari 2019 het op hun huwelijksvermogensstelsel toepasselijke recht bepalen.

3. De artikelen 64, 65, 67, 68 en 69 van Boek 10, zoals die luidden voor inwerkingtreding van de Uitvoeringswet Verordening huwelijksvermogensstelsels en Verordening vermogensrechtelijke gevolgen geregistreerde partnerschappen, blijven van toepassing op rechtsbetrekkingen tussen de partners die voor 29 januari 2019 een geregistreerd partnerschap zijn aangegaan, tenzij deze partners op of na 29 januari 2019 het op de vermogensrechtelijke gevolgen van hun geregistreerd partnerschap toepasselijke recht bepalen.

4. Het opschrift van Titel 4, Afdeling 4, en de artikelen 70 tot met 78, 80, 81, 82, 84 van Boek 10, zoals die luidden voor inwerkingtreding van de Uitvoeringswet Verordening huwelijksvermogensstelsels en Verordening vermogensrechtelijke gevolgen geregistreerde partnerschappen, blijven van toepassing op het vermogensregime van partners die voor 29 januari 2019 een geregistreerd partnerschap zijn aangegaan, tenzij deze partners op of na 29 januari 2019 het op de vermogensrechtelijke gevolgen van hun geregistreerd partnerschap toepasselijke recht bepalen.

Wetboek van Burgerlijke Rechtsvordering en Wetboek van Koophandel c.a.

Wetboek van Koophandel

Inhoudsopgave

	Algemeene bepaling	Art. 1
Eerste Boek	Van den koophandel in het algemeen	Art. 2-5
Eerste titel	Van kooplieden en van daden van koophandel	Art. 2-5
Tweede titel	Vervallen.	Art. 6-13
Derde titel	Van de vennootschap onder ene firma en van die bij wijze van geldschieting of "en commandite" genaamd	Art. 14
Vierde titel	Van beurzen van koophandel en tussenpersonen	Art. 59
Eerste afdeeling	Van beurzen van koophandel	Art. 59
Tweede afdeeling	Van tussenpersonen	Art. 62
Derde afdeeling	Van de agentuurovereenkomst	Art. 74-74s
Vierde afdeeling	Van de handelsreizigersovereenkomst	Art. 75-75c
Vijfde titel	Van commissionairs	Art. 76-99a
Zesde titel	Van wisselbrieven en orderbriefjes	Art. 100
Eerste afdeeling	Van de uitgifte en den vorm van den wisselbrief	Art. 100
Tweede afdeeling	Van het endossement	Art. 110
Derde afdeeling	Van de acceptatie	Art. 120
Vierde afdeeling	Van het aval	Art. 129
Vijfde afdeeling	Van den vervaldag	Art. 132
Zesde afdeeling	Van de betaling	Art. 137
Zevende afdeeling	Van het recht van regres in geval van non-acceptatie of non-betaling	Art. 142
Achtste afdeeling	Van de tusschenkomst	Art. 154
1	Algemeene bepalingen	Art. 154
2	Acceptatie bij tusschenkomst	Art. 155
3	Betaling bij tusschenkomst	Art. 158
Negende afdeeling	Van wisselexemplaren, wisselafschriften en vermiste wisselbrieven	Art. 163
1	Wisselexemplaren	Art. 163
2	Wisselafschriften	Art. 166
3	Vermiste wisselbrieven	Art. 167a
Tiende afdeeling	Van veranderingen	Art. 168
Elfde afdeeling	Van verjaring	Art. 168a
Twaalfde afdeeling	Algemene bepalingen	Art. 171
Dertiende afdeeling	Van orderbriefjes	Art. 174
Zevende titel	Van chèques, en van promessen en quitantiën aan toonder	Art. 178
Eerste afdeeling	Van de uitgifte en den vorm van de chèque	Art. 178
Tweede afdeeling	Van de overdracht	Art. 191
Derde afdeeling	Van het aval	Art. 202
Vierde afdeeling	Van de aanbieding en van de betaling	Art. 205
Vijfde afdeeling	Van de gekruiste chèque en van de verrekeningschèque	Art. 214
Zesde afdeeling	Van het recht van regres in geval van non-betaling	Art. 217
Zevende afdeeling	Van chèque-exemplaren en vermiste chèques	Art. 226
Achtste afdeeling	Van veranderingen	Art. 228
Negende afdeeling	Van verjaring	Art. 228a
Tiende afdeeling	Algemeene bepalingen	Art. 229abis
Elfde afdeeling	Van quitantiën en promessen aan toonder	Art. 229e
Achtste titel	Van reclame of terugvordering in geval van faillissement	Art. 230-245
Negende titel	[Vervallen]	Art. 246-286
Tiende titel	[Vervallen]	Art. 287-298
Eerste afdeeling	[Vervallen]	Art. 287-298
Tweede afdeeling	[Vervallen]	Art. 299-301
Derde afdeeling	[Vervallen]	Art. 302-308
Tweede Boek	Van de regten en verpligtingen uit scheepvaart voortspruitende	Art. 309
	Algemeene Bepaling	Art. 309
Eerste titel	Van zeeschepen	Art. 310
Tweede titel		Art. 320-339
Derde titel	Van den kapitein	Art. 341
Vierde titel	Van de schepelingen	Art. 393-395

B12 Wetboek van Koophandel

§ 1	Algemeene bepalingen	Art. 393-395
§ 2	Van de arbeidsovereenkomst tot de vaart ter zee	Art. 396-450d
§ 3	Van de monsterrol en het monsterboekje	Art. 450e-451j
§ 4	Van de schepelingen ter visscherij	Art. 452
§ 5	Van de schepelingen ter zeevisserij die een arbeidsovereenkomst met de zeewerkgever hebben gesloten	Art. 452a-452p
§ 6	[Vervallen]	Art. 452q-452w
Vijfde titel	Van vervrachting en bevrachting van schepen	Art. 453-459a
§ 1	Algemeene bepalingen	Art. 453-459a
§ 2	Tijd-bevrachting	Art. 460-465
Vijfde titel A	Van het vervoer van goederen	Art. 466-517d
§ 1	Algemeene bepalingen	Art. 466-517d
§ 2	Vaste lijnen	Art. 517e-517ij
§ 3	Tijd-bevrachting	Art. 517z-518g
§ 4	Reis-bevrachting	Art. 518h-520f
§ 5	Vervoer van stukgoederen	Art. 520g-520t
Vijfde titel B	Van het vervoer van personen	Art. 521-533c
§ 1	Algemeene bepalingen	Art. 521-533c
§ 2	Vaste lijnen	Art. 533d-533mbis
§ 3	Tijd-bevrachting	Art. 533n-533p
§ 4	Reis-bevrachting	Art. 533q-533u
§ 5	Vervoer van enkele personen	Art. 533v-533z
Zesde titel	Van aanvaring	Art. 534-544a
Zevende titel	Van hulp en berging	Art. 545-576
Achtste titel	Van bodemerij	Art. 577-591
Negende titel	[Vervallen]	Art. 592-618
Eerste afdeeling	[Vervallen]	Art. 592-618
Tweede afdeeling	[Vervallen]	Art. 619-623
Derde afdeeling	[Vervallen]	Art. 624-634
Vierde afdeeling	[Vervallen]	Art. 635-662
Vijfde afdeeling	[Vervallen]	Art. 663-680
Zesde afdeeling	[Vervallen]	Art. 681-685a
Tiende titel	[Vervallen]	Art. 686-695
Elfde titel	[Vervallen]	Art. 696-740
Elfde titel A	Van de beperking der aansprakelijkheid	Art. 740a-740j
Twaalfde titel	[Vervallen]	Art. 741-747
Dertiende titel	Van de binnenvaart	Art. 748-765n
Eerste afdeling	Binnenschepen en voorwerpen aan boord daarvan	Art. 748-765n
§ 1	Rechten op binnenschepen	Art. 748-765n
§ 2	Voorrechten op binnenschepen	Art. 766-774
§ 3	Voorrechten op voorwerpen aan boord van binnenschepen	Art. 775-779
Tweede afdeeling	Van den eigenaar en den gebruiker van een binnenschip	Art. 780-781
Derde afdeeling	Van den schipper en de schepelingen	Art. 782
Vierde afdeeling	Van vervrachting en bevrachting van binnenschepen in het algemeen	Art. 788-808
Vijfde afdeeling	Van het vervoer van goederen	Art. 809-854
§ 2	Beurtvaart	Art. 855-873
§ 3	Reisbevrachting	Art. 874-906
§ 4	Bevrachting voor liggen en/of varen	Art. 907-918
Zesde afdeeling	Van het vervoer van personen	Art. 919-924
Zevende afdeeling	Van het sleepen van binnenschepen	Art. 925-935
Achtste afdeeling	Van aanvaring	Art. 936-949
Negende afdeeling	Van hulp en berging	Art. 950
Tiende afdeeling	Van avarijen	Art. 951
Afdeling 10A	Van de beperking der aansprakelijkheid	Art. 951a-951g
Elfde afdeeling	[Vervallen]	Art. 952-957

Wetboek van Koophandel

Algemene slotbepaling Art. 958

Wetboek van Koophandel^1

Algemeene bepaling

Art. 1

Toepasselijkheid BW Het Burgerlijk Wetboek is, voor zoo verre daarvan bij dit Wetboek niet bijzonderlijk is afgeweken, ook op de in dit Wetboek behandelde onderwerpen toepasselijk.

Eerste Boek Van den koophandel in het algemeen

Eerste titel Van kooplieden en van daden van koophandel

Art. 2-5

[Vervallen]

Tweede titel Vervallen.

Art. 6-13

[Vervallen]

Derde titel Van de vennootschap onder ene firma en van die bij wijze van geldschieting of "en commandite" genaamd

Art. 14

[Vervallen]

Art. 15

Van toepassing zijnde regelen De in dezen titel genoemde vennootschappen worden geregeerd door de overeenkomsten van partijen, door dit Wetboek en door het Burgerlijk Regt.

Art. 16

Vennootschap onder firma De vennootschap onder eene firma is de maatschap, tot de uitoefening van een bedrijf onder eenen gemeenschappelijken naam aangegaan.
(Zie ook: art. 436 BW Boek 1; art. 345 BW Boek 2; artt. 192, 782, 1301 BW Boek 8)

Art. 17

Handelingsbevoegdheid vennoten [**1.**] Elk der vennooten, die daarvan niet is uitgesloten, is bevoegd ten name der vennootschap te handelen, gelden uit te geven en te ontvangen, en de vennootschap aan derden, en derden aan de vennootschap te verbinden.
[**2.**] Handelingen welke niet tot de vennootschap betrekkelijk zijn, of tot welke de vennooten volgens de overeenkomst onbevoegd zijn, worden onder deze bepaling niet begrepen.

Art. 18

Hoofdelijke aansprakelijkheid In vennootschappen onder eene firma is elk der vennooten, wegens de verbindtenissen der vennootschap, hoofdelijk verbonden.
(Zie ook: art. 6 t/m 14 BW Boek 6)

Art. 19

Commanditaire vennootschap [**1.**] De vennootschap bij wijze van geldschieting, anders *en commandite* genaamd, wordt aangegaan tusschen eenen persoon, of tusschen meerdere hoofdelijk verbonden vennooten, en eenen of meer andere personen als geldschieters.

Tegelijk vennootschap en c.v. [**2.**] Eene vennootschap kan alzoo te gelijker tijd zijn eene vennootschap onder eene firma, ten aanzien van de vennooten onder de firma, en eene vennootschap bij wijze van geldschieting, ten aanzien van den geldschieter.

Geen aandelenkapitaal [**3.**] De vennootschap bij wijze van geldschieting heeft geen in aandeelen verdeeld kapitaal.

Art. 20

Stille vennoot [**1.**] Behoudens de uitzondering, in het tweede lid van art. 30 voorkomende, mag de naam van den vennoot bij wijze van geldschieting in de firma niet worden gebezigd.
[**2.**] Deze vennoot mag geene daad van beheer verrigten of in de zaken van de vennootschap werkzaam zijn, zelfs niet uit kracht eener volmagt.

---

1 Inwerkingtredingsdatum: 01-10-1838; zoals laatstelijk gewijzigd bij: Stb. 2019, 416.

[3.] Hij draagt niet verder in de schade dan ten beloope der gelden, welke hij in de vennootschap heeft ingebragt of heeft moeten inbrengen, zonder dat hij immer tot teruggave van genotene winsten verpligt zij.

Art. 21

De vennoot bij wijze van geldschieting, die de bepalingen van het eerste of van het tweede lid van het vorige artikel overtreedt, is wegens alle de schulden en verbindtenissen van de vennootschap hoofdelijk verbonden.

(Zie ook: art. 6 t/m 14 BW Boek 6)

Art. 22

De vennootschappen onder eene firma moeten worden aangegaan bij authentieke of bij onderhandsche akte, zonder dat het gemis eener akte aan derden kan worden tegengeworpen.

(Zie ook: art. 183 Rv)

Art. 23

De vennooten onder eene firma zijn verpligt de vennootschap te doen inschrijven in het handelsregister, overeenkomstig de daarvoor geldende wettelijke bepalingen.

Art. 24-28

[Vervallen]

Art. 29

Zoolang de inschrijving in het handelsregister niet is geschied, zal de vennootschap onder eene firma, ten aanzien van derden, worden aangemerkt als algemeen voor alle zaken, als aangegaan voor eenen onbepaalden tijd, en als geenen der vennooten uitsluitende van het regt om voor de firma te handelen en te teekenen.

Art. 30

[1.] De firma van eene ontbondene vennootschap kan, het zij uit kracht der overeenkomst, het zij indien de gewezen vennoot, wiens naam in de firma voorkwam, daarin uitdrukkelijk toestemt, of, bij overlijden, deszelfs erfgenamen zich niet daartegen verzetten, door eenen of meer personen worden aangehouden, welke, ten blijke daarvan, eene akte moeten uitbrengen, en dezelve doen inschrijven in het handelsregister, overeenkomstig de daarvoor geldende wettelijke bepalingen.

[2.] De bepaling van het eerste lid van art. 20 is niet toepasselijk, indien de afgetredene, van vennoot onder eene firma, vennoot bij wijze van geldschieting is geworden.

Art. 31

De ontbinding eener vennootschap onder eene firma vóór den tijd bij de overeenkomst bepaald, of door afstand of opzegging tot stand gebragt, derzelver verlenging na verloop van het bepaalde tijdstip, mitsgaders alle veranderingen in de oorspronkelijke overeenkomst gemaakt, welke derden aangaan, zijn aan de voormelde inschrijving onderworpen.

Art. 32

[1.] Bij de ontbinding der vennootschap zullen de vennooten, die het regt van beheer hebben gehad, de zaken der gewezen vennootschap moeten vereffenen in naam van dezelfde firma, ten zij bij de overeenkomst anders ware bepaald, of de gezamenlijke vennooten (die bij wijze van geldschieting niet daaronder begrepen), hoofdelijk en bij meerderheid van stemmen, eenen anderen vereffenaar hadden benoemd.

[2.] Indien de stemmen staken beschiekt de regtbank, zoodanig als zij in het belang der ontbondene vennootschap meest geraden zal achten.

Art. 33

Indien de staat der kas van de ontbondene vennootschap niet toereikt om de opeischbare schulden te betalen, zullen zij, die met de vereffening belast zijn, de benoodigde penningen kunnen vorderen, welke door elk der vennooten, voor zijn aandeel in de vennootschap, zullen moeten worden ingebragt.

Art. 34

De gelden die gedurende de vereffening uit de kas der vennootschap kunnen gemist worden, zullen voorloopig worden verdeeld.

Art. 35-58

[Vervallen]

Vierde titel
Van beurzen van koophandel en tussenpersonen

Eerste afdeeling
Van beurzen van koophandel

Art. 59

De beurs van koophandel is de zamenkomst van kooplieden, schippers, tussenpersonen, kassiers en andere personen tot den koophandel in betrekking staande. Zij heeft plaats op gezag van het plaatselijk bestuur.

B12 art. 60 — Wetboek van Koophandel

Art. 60

Bepaling koersen en prijzen

[1.] Uit de handelingen en afspraken, ter beurze gesloten, worden opgemaakt de bepaling van den wisselkoers, de prijs der koopmanschappen, der assurantien, der zeevrachten, der kosten van vervoer te water en te lande, der binnen- en buitenlandsche obligatien, fondsen en andere papieren, die voor bepaling van koers vatbaar zijn.

[2.] Deze onderscheidene koersen of prijzen worden volgens plaatselijke reglementen of gebruiken opgemaakt.

Art. 61

Beurstijden

Het uur van het aangaan en afloopen der beurs, en alles wat de goede orde aldaar betreft, wordt door plaatselijke reglementen bepaald.

Tweede afdeeling
Van tussenpersonen

Art. 62

Definitie tussenpersoon

1. Onder tussenpersoon wordt verstaan degene die:
a. zijn bedrijf maakt van het verlenen van bemiddeling bij het totstandbrengen en het sluiten van overeenkomsten in opdracht en op naam van personen tot wie hij niet in een vaste dienstbetrekking staat,
b. beherend vennoot van een vennootschap of bestuurder van een rechtspersoon is die haar bedrijf maakt van het verrichten van de in onderdeel *a* genoemde handelingen, of
c. in arbeidsovereenkomst staande tot een persoon, vennootschap of rechtspersoon als bedoeld in dit artikel, namens zijn werkgever de in onderdeel *a* genoemde handelingen verricht.

2. Het in het eerste lid bedoelde bedrijf kan mede omvatten het bemonsteren en waarderen van goederen en het uitbrengen van deskundigenberichten.

Art. 63-67a

[Vervallen]

Art. 68

Aantekening overeenkomst

De tussenpersoon is verplicht van iedere door hem gesloten overeenkomst aantekening te houden; hij doet van de aantekening aan ieder der partijen terstond een door hem gewaarmerkt afschrift toekomen.

Art. 68a

[Vervallen]

Art. 68b

Monsters

[1.] Tenzij hij daarvan door partijen is ontslagen, is de tussenpersoon verplicht van elke door hem op monster verkochte partij goederen het monster, voorzien van een duidelijk herkenningsteeken, te bewaren gedurende een redelijke termijn overeenkomstig de gebruiken in de handel.

[2.] De rechter kan aan een tussenpersoon de overlegging van het door hem bewaarde monster in rechte bevelen teneinde dit te bezichtigen en hij kan daaromtrent zijn toelichting vorderen.

Art. 69

Instaan voor echtheid

De tussenpersoon die een door hem verhandelde wisselbrief of ander handelspapier aan de koper ter hand stelt, staat in voor de echtheid van de zich daarop bevindende handtekening van de verkoper.

Art. 70

Toepasselijkheid artikelen

De artikelen 68, 68b en 69 zijn van overeenkomstige toepassing op de vennootschap en de rechtspersoon die de bemiddeling door middel van tussenpersonen tot bedrijf hebben.

Art. 71-73

[Vervallen]

Derde afdeling
Van de agentuurovereenkomst

Art. 74-74s

[Vervallen]

Vierde afdeling
Van de handelsreizigersovereenkomst

Art. 75-75c

[Vervallen]

Vijfde titel
Van commissionairs

Art. 76-99a

[Vervallen]

Zesde titel
Van wisselbrieven en orderbriefjes

Eerste afdeeling
Van de uitgifte en den vorm van den wisselbrief

Art. 100

De wisselbrief behelst:
1°. de benaming "wisselbrief", opgenomen in den tekst zelf en uitgedrukt in de taal, waarin de titel is gesteld;
2°. de onvoorwaardelijke opdracht tot betaling van een bepaalde som;
3°. den naam van dengene, die betalen moet (betrokkene);
4°. de aanwijzing van den vervaldag;
5°. die van de plaats, waar de betaling moet geschieden;
6°. den naam van dengene, aan wien of aan wiens order de betaling moet worden gedaan;
7°. de vermelding van de dagteekening, alsmede van de plaats, waar de wisselbrief is getrokken;
8°. de handteekening van dengene, die den wisselbrief uitgeeft (trekker).

Inhoud wisselbrief

Art. 101

[1.] De titel, waarin ééne der vermeldingen, in het voorgaande artikel aangegeven, ontbreekt, geldt niet als wisselbrief, behoudens in de hieronder genoemde gevallen:

Ontbreken vereiste

[2.] De wisselbrief, waarvan de vervaldag niet is aangewezen, wordt beschouwd als betaalbaar op zicht.

Zichtwissel

[3.] Bij gebreke van een bijzondere aanwijzing wordt de plaats, aangegeven naast den naam van den betrokkene, geacht te zijn de plaats van betaling en tevens de plaats van het domicilie des betrokkenen.

Domicilie betrokkene

[4.] De wisselbrief, welke niet de plaats aanwijst, waar hij is getrokken, wordt geacht te zijn onderteekend in de plaats, aangegeven naast den naam des trekkers.

Plaats ondertekening

Art. 102

[1.] De wisselbrief kan aan de order van den trekker luiden.
[2.] Hij kan worden getrokken op den trekker zelf.
[3.] Hij kan worden getrokken voor rekening van eenen derde. De trekker wordt geacht voor zijne eigene rekening te hebben getrokken, indien uit den wisselbrief of uit den adviesbrief niet blijkt, voor wiens rekening zulks is geschied.

Diverse wissels

Art. 102a

[1.] Wanneer de trekker op den wisselbrief de vermelding "waarde ter incasseering", "ter incasso", "in lastgeving", of eenige andere vermelding met zich brengend een bloote opdracht tot inning, heeft geplaatst, kan de nemer alle uit den wisselbrief voortvloeiende rechten uitoefenen, maar hij kan dezen niet anders endosseeren dan bijwege van lastgeving.

Incassowissel

[2.] Bij een zoodanigen wisselbrief kunnen de wisselschuldenaren aan den houder slechts de verweermiddelen tegenwerpen, welke aan den trekker zouden kunnen worden tegengeworpen.
[3.] De opdracht, vervat in een incasso-wisselbrief, eindigt niet door den dood of de latere onbekwaamheid van den lastgever.

Art. 103

Een wisselbrief kan betaalbaar zijn aan de woonplaats van eenen derde, hetzij in de plaats, waar de betrokkene zijn domicilie heeft, hetzij in een andere plaats.

Plaats van betaling

Art. 104

[1.] In eenen wisselbrief, betaalbaar op zicht of een zekeren tijd na zicht, kan de trekker bepalen, dat de som rente draagt. In elken anderen wisselbrief wordt deze clausule voor niet geschreven gehouden.

Renteclausule

[2.] De rentevoet moet in den wisselbrief worden aangegeven. Bij gebreke hiervan wordt de renteclausule voor niet geschreven gehouden.
[3.] De rente loopt te rekenen van de dagteekening van den wisselbrief, tenzij een andere dag is aangegeven.

Art. 105

[1.] De wisselbrief, waarvan het bedrag voluit in letters en tevens in cijfers is geschreven, geldt, in geval van verschil, ten beloope van de som, voluit in letters geschreven.

Verschillen in bedragaanduiding

[2.] De wisselbrief, waarvan het bedrag meermalen is geschreven, hetzij voluit in letters, hetzij in cijfers, geldt, in geval van verschil, slechts ten beloope van de kleinste som.

B12 *art. 106* **Wetboek van Koophandel**

Art. 106

Geldige en ongeldige handteekeningen Indien de wisselbrief handteekeningen bevat van personen, die onbekwaam zijn zich door middel van eenen wisselbrief te verbinden, valsche handteekeningen, of handteekeningen van verdichte personen, of handteekeningen, welke, onverschillig om welke andere reden, de personen, die die handteekeningen hebben geplaatst of in wier naam zulks is geschied, niet kunnen verbinden, zijn de verbintenissen der andere personen, wier handteekeningen op den wisselbrief voorkomen, desnietttemin geldig.

Art. 107

Handtekeningen als vertegenwoordiger Ieder, die zijne handteekening op eenen wisselbrief plaatst als vertegenwoordiger van eenen persoon, voor wien hij niet de bevoegdheid had te handelen, is zelf krachtens den wisselbrief verbonden, en heeft, betaald hebbende, dezelfde rechten, als de beweerde vertegenwoordigde zou hebben gehad. Hetzelfde geldt ten aanzien van den vertegenwoordiger, die zijne bevoegdheid heeft overschreden.

Art. 108

Garantie van trekker [**1.**] De trekker staat in voor de acceptatie en voor de betaling.

[**2.**] Hij kan zijne verplichting, voor de acceptatie in te staan, uitsluiten; elke clausule, waarbij hij de verplichting, voor de betaling in te staan, uitsluit, wordt voor niet-geschreven gehouden.

Art. 109

Volledig gemaakte wissel Indien een wisselbrief, onvolledig ten tijde der uitgifte, is volledig gemaakt in strijd met de aangegane overeenkomsten, kan de niet-naleving van die overeenkomsten niet worden tegengeworpen aan den houder, die de wissel te goeder trouw heeft verkregen.

Art. 109a

Betaalbaarstelling De trekker is verplicht, ter keuze van den nemer, den wisselbrief te stellen betaalbaar aan den nemer zelven, of aan eenigen anderen persoon, in beide gevallen aan order of zonder bijvoeging van order dan wel met bijvoeging van eene uitdrukking, als bedoeld in artikel 110, tweede lid.

Art. 109b

Fondsbezorging De trekker, of degene voor wiens rekening de wisselbrief is getrokken, is verplicht zorg te dragen, dat de betrokkene, ten vervaldage, in handen hebbe het noodige fonds tot betaling, zelfs indien de wisselbrief bij eenen derde is betaalbaar gesteld, met dien verstande echter, dat de trekker zelf in alle gevallen aan den houder en de vroegere endossanten persoonlijk verantwoordelijk blijft.

Art. 109c

Solvabiliteit betrokkene De betrokkene wordt geacht, het noodige fonds in handen te hebben, indien hij bij het vervallen van den wisselbrief of op het tijdstip, waarop ingevolge het derde lid van artikel 142 de houder regres kan nemen, aan den trekker of aan dengene voor wiens rekening is getrokken, eene opeischbare som schuldig is, ten minste gelijkstaande met het beloop van den wisselbrief.

Tweede afdeeling
Van het endossement

Art. 110

Endossement [**1.**] Elke wisselbrief, ook die welke niet uitdrukkelijk aan order luidt, kan door middel van endossement worden overgedragen.

[**2.**] Indien de trekker in den wisselbrief de woorden: "niet aan order" of een soortgelijke uitdrukking heeft opgenomen, kan het stuk slechts worden overgedragen in den vorm en met de gevolgen van een gewone cessie. Een op zulk een wisselbrief geplaatst endossement geldt als een gewone cessie.

[**3.**] Het endossement kan worden gesteld zelfs ten voordeele van den betrokkene, al of niet acceptant, van den trekker, of van elken anderen wisselschuldenaar. Deze personen kunnen den wisselbrief opnieuw endosseeren.

Art. 111

Edossement, dwingend recht [**1.**] Het endossement moet onvoorwaardelijk zijn. Elke daarin opgenomen voorwaarde wordt voor niet-geschreven gehouden.

[**2.**] Het gedeeltelijke endossement is nietig.

[**3.**] Het endossement aan toonder geldt als endossement in blanco.

Art. 112

Plaats endossement [**1.**] Het endossement moet worden gesteld op den wisselbrief of op een daaraan vastgehecht blad (verlengstuk). Het moet worden onderteekend door den endossant.

[**2.**] Het endossement kan den geëndosseerde onvermeld laten of bestaan uit de enkele handteekening van den endossant (endossement in blanco). In het laatste geval moet het endossement, om geldig te zijn, op de rugzijde van den wisselbrief of op het verlengstuk worden gesteld.

Art. 113

Overdracht rechten [**1.**] Door het endossement worden alle uit den wisselbrief voortvloeiende rechten overgedragen.

Blanco endossement [**2.**] Indien het endossement in blanco is, kan de houder:

1°. het blanco invullen, hetzij met zijn eigen naam, hetzij met den naam van een anderen persoon;

2°. den wisselbrief wederom in blanco of aan een anderen persoon endosseeren;

3°. den wisselbrief aan eenen derde overgeven, zonder het blanco in te vullen en zonder hem te endosseeren.

Art. 114

[1.] Tenzij het tegendeel bedongen is, staat de endossant in voor de acceptatie en voor de betaling. *Verplichting endossant*

[2.] Hij kan een nieuw endossement verbieden; in dat geval staat hij tegenover de personen, aan wie de wisselbrief later is geëndosseerd, niet in voor de acceptatie en voor de betaling. *Verbod endossement*

Art. 115

[1.] Hij, die eenen wisselbrief onder zich heeft, wordt beschouwd als de rechtmatige houder, indien hij van zijn recht doet blijken door een ononderbroken reeks van endossementen, zelfs indien het laatste endossement in blanco is gesteld. De doorgehaalde endossementen worden te dien aanzien voor niet geschreven gehouden. Wanneer een endossement in blanco door een ander endossement is gevolgd, wordt de onderteekenaar van dit laatste geacht den wisselbrief door een endossement in blanco verkregen te hebben. *Rechtmatig houder*

[2.] Indien iemand, op welke wijze dan ook, het bezit van den wisselbrief heeft verloren, is de houder, die van zijn recht doet blijken op de wijze, bij het voorgaande lid aangegeven, niet verplicht den wisselbrief af te geven, indien hij deze te goeder trouw heeft verkregen. *Verloren wisselbrief*

Art. 116

Zij, die uit hoofde van den wisselbrief worden aangesproken, kunnen de verweermiddelen, gegrond op hun persoonlijke verhouding tot den trekker of tot vroegere houders, niet aan den houder tegenwerpen, tenzij deze bij de verkrijging van den wisselbrief desbewust ten nadeele van den schuldenaar heeft gehandeld. *Bescherming houder*

Art. 117

[1.] Wanneer het endossement de vermelding bevat: "waarde ter incasseering", "ter incasso", "in lastgeving", of eenige andere vermelding, met zich brengend een bloote opdracht tot inning, kan de houder alle uit den wisselbrief voortvloeiende rechten uitoefenen, maar hij kan dezen niet anders endosseeren dan bij wege van lastgeving. *Incasso-endossement*

[2.] De wisselschuldenaren kunnen in dat geval aan den houder slechts de verweermiddelen tegenwerpen, welke aan den endossant zouden kunnen worden tegengeworpen.

[3.] De opdracht, vervat in een incasso-endossement, eindigt niet door den dood of door de latere onbekwaamheid van den lastgever.

Art. 118

[1.] Wanneer een endossement de vermelding bevat: "waarde tot zekerheid", "waarde tot pand", of eenige andere vermelding, welke inpandgeving met zich brengt, kan de houder alle uit den wisselbrief voortvloeiende rechten uitoefenen, maar een door hem gesteld endossement geldt slechts als endossement bij wege van lastgeving. *Pand-endossement*

[2.] De wisselschuldenaren kunnen den houder de verweermiddelen, gegrond op hun persoonlijke verhouding tot den endossant, niet tegenwerpen, tenzij de houder bij de ontvangst van den wisselbrief desbewust ten nadeele van den schuldenaar heeft gehandeld.

Art. 119

[1.] Een endossement, gesteld na den vervaldag, heeft dezelfde gevolgen als een endossement, gesteld vóór den vervaldag. Echter heeft het endossement, gesteld na het protest van non-betaling of na het verstrijken van den termijn, voor het opmaken van het protest bepaald, slechts de gevolgen eener gewone cessie. *Endossement na vervaldag*

[2.] Behoudens tegenbewijs wordt het endossement zonder dagteekening geacht te zijn gesteld vóór het verstrijken van den termijn, voor het opmaken van het protest bepaald. *Ongedateerd endossement*

Derde afdeeling
Van de acceptatie

Art. 120

De wisselbrief kan tot den vervaldag door den houder of door iemand, die hem enkel onder zich heeft, aan den betrokkene te zijner woonplaats ter acceptatie worden aangeboden. *Aanbod ter acceptatie*

Art. 121

[1.] In elken wisselbrief kan de trekker, al dan niet met vaststelling van een termijn, bepalen, dat deze ter acceptatie moet worden aangeboden. *Verplichte aanbieding*

[2.] Hij kan in den wisselbrief de aanbieding ter acceptatie verbieden, behoudens in wisselbrieven, betaalbaar bij eenen derde, of betaalbaar in een andere plaats dan die van het domicilie des betrokkenen of betaalbaar een zekeren tijd na zicht. *Verboden aanbieding*

[3.] Hij kan ook bepalen, dat de aanbieding ter acceptatie niet kan plaats hebben vóór een bepaalden dag.

B12 art. 122 **Wetboek van Koophandel**

[4.] Tenzij de trekker heeft verklaard, dat de wisselbrief niet vatbaar is voor acceptatie, kan elke endossant, al dan niet met vaststelling van eenen termijn, bepalen, dat hij ter acceptatie moet worden aangeboden.

Art. 122

Termijn aanbieding [1.] Wisselbrieven, betaalbaar een zekeren tijd na zicht, moeten ter acceptatie worden aangeboden binnen een jaar na hunne dagteekening.

[2.] De trekker kan dezen termijn verkorten of verlengen.

[3.] De endossanten kunnen deze termijnen verkorten.

Art. 123

Verzoek tot tweede aanbieding [1.] De betrokkene kan verzoeken, dat hem een tweede aanbieding wordt gedaan den dag, volgende op de eerste. Belanghebbenden zullen zich er niet op mogen beroepen, dat aan dit verzoek geen gevolg is gegeven, tenzij het verzoek in het protest is vermeld.

[2.] De houder is niet verplicht, den ter acceptatie aangeboden wisselbrief aan den betrokkene af te geven.

Art. 124

Wijze van acceptatie [1.] De acceptatie wordt op den wisselbrief gesteld. Zij wordt uitgedrukt door het woord: "geaccepteerd", of door een soortgelijk woord; zij wordt door den betrokkene onderteekend. De enkele handteekening van den betrokkene, op de voorzijde van den wisselbrief gesteld, geldt als acceptatie.

[2.] Wanneer de wisselbrief betaalbaar is een zekeren tijd na zicht, of wanneer hij krachtens een uitdrukkelijk beding ter acceptatie moet worden aangeboden binnen een bepaalden termijn, moet de acceptatie als dagteekening inhouden den dag, waarop zij is geschied, tenzij de houder dien van de aanbieding eischt. Bij gebreke van dagteekening moet de houder dit verzuim door een tijdig protest doen vaststellen, op straffe van verlies van zijn recht van regres op de endossanten en op den trekker, die fonds heeft bezorgd.

Art. 125

Onvolledige acceptatie [1.] De acceptatie is onvoorwaardelijk, maar de betrokkene kan haar beperken tot een gedeelte van de som.

[2.] Elke andere wijziging, door den acceptant met betrekking tot het in den wisselbrief vermelde aangebracht, geldt als weigering van acceptatie. De acceptant is echter gehouden overeenkomstig den inhoud zijner acceptatie.

Art. 126

In blanco gedomicilieerde wissel [1.] Wanneer de trekker den wisselbrief op een andere plaats dan die van het domicilie des betrokkenen heeft betaalbaar gesteld, zonder eenen derde aan te wijzen, bij wien de betaling moet worden gedaan, kan de betrokkene dezen bij de acceptatie aanwijzen. Bij gebreke van zoodanige aanwijzing wordt de acceptant geacht zich verbonden te hebben zelf te betalen op de plaats van betaling.

[2.] Indien de wisselbrief betaalbaar is aan het domicilie des betrokkenen, kan deze, in de acceptatie, een adres aanwijzen, in dezelfde plaats, waar de betaling moet worden gedaan.

Art. 127

Gevolg acceptatie [1.] Door de acceptatie verbindt de betrokkene zich, den wisselbrief op den vervaldag te betalen.

[2.] Bij gebreke van betaling heeft de houder, al ware hij de trekker, tegen den acceptant een rechtstreeksche vordering, uit den wisselbrief voortspruitend, voor al hetgeen kan worden gevorderd krachtens de artikelen 147 en 148.

Art. 127a

Verplichte acceptatie Hij, die het noodige fonds in handen heeft, bijzonderlijk bestemd tot de betaling van eenen getrokken wisselbrief, is, op straffe van schadevergoeding jegens den trekker, tot de acceptatie verplicht.

Art. 127b

Belofte tot acceptatie [1.] Belofte om eenen wisselbrief te zullen accepteeren geldt niet als acceptatie, maar geeft aan den trekker eene rechtsvordering tot schadevergoeding tegen den belover, die weigert zijne belofte gestand te doen.

[2.] Deze schade bestaat in de kosten van protest en herwissel, wanneer de wisselbrief voor des trekkers eigene rekening was getrokken.

[3.] Wanneer de trekking voor rekening van eenen derde was gedaan, bestaat de schade in de kosten van protest en herwissel, en in het beloop van hetgeen de trekker, uit hoofde van de bekomene toezegging van den belover, aan dien derde, op het crediet van den wisselbrief, heeft voorgeschoten.

Art. 127c

Kennisgeving getrokken wissel De trekker is verplicht aan den betrokkene tijdig kennis of advies te geven van den door hem getrokken wisselbrief, en, bij nalatigheid daarvan, gehouden tot vergoeding van de kosten, door weigering van acceptatie of betaling uit dien hoofde gevallen.

Art. 127d

Voor derde getrokken wissel Indien de wisselbrief voor rekening van eenen derde is getrokken, is deze alleen daarvoor aan den acceptant verbonden.

Art. 128

[1.] Indien de betrokkene zijn op den wisselbrief gestelde acceptatie heeft doorgehaald vóór de teruggave van den wisselbrief, wordt de acceptatie geacht te zijn geweigerd. Behoudens tegenbewijs wordt de doorhaling geacht te zijn geschied vóór de teruggave van den wisselbrief.

[2.] Indien echter de betrokkene van zijne acceptatie schriftelijk heeft doen blijken aan den houder of aan iemand, wiens handteekening op den wisselbrief voorkomt, is hij tegenover dezen gehouden overeenkomstig den inhoud van zijne acceptatie.

Vierde afdeeling Van het aval

Art. 129

[1.] De betaling van eenen wisselbrief kan voor het geheel of een gedeelte van de wisselsom door eenen borgtocht (aval) worden verzekerd.

[2.] Deze borgtocht kan door eenen derde, of zelfs door iemand, wiens handteekening op den wisselbrief voorkomt, worden gegeven.

(Zie ook: art. 202 t/m 204 WvK)

Art. 130

[1.] Het aval wordt op den wisselbrief of op een verlengstuk gesteld.

[2.] Het wordt uitgedrukt door de woorden: "goed voor aval" of door een soortgelijke uitdrukking; het wordt door den avalgever onderteekend.

[3.] De enkele handteekening van den avalgever, gesteld op de voorzijde van den wisselbrief, geldt als aval, behalve wanneer de handteekening die is van den betrokkene of van den trekker.

[4.] Het kan ook geschieden bij een afzonderlijk geschrift of bij een brief, vermeldende de plaats, waar het is gegeven.

[5.] In het aval moet worden vermeld, voor wien het is gegeven. Bij gebreke hiervan wordt het geacht voor den trekker te zijn gegeven.

Art. 131

[1.] De avalgever is op dezelfde wijze verbonden als degenen, voor wien het aval is gegeven.

[2.] Zijne verbintenis is geldig, zelfs indien, wegens een andere oorzaak dan een vormgebrek, de door hem gewaarborgde verbintenis nietig is.

[3.] Door te betalen verkrijgt de avalgever de rechten, welke krachtens den wisselbrief kunnen worden uitgeoefend tegen dengene, voor wien het aval is gegeven en tegen degenen, die tegenover dezen krachtens den wisselbrief verbonden zijn.

Vijfde afdeeling Van den vervaldag

Art. 132

[1.] Een wisselbrief kan worden getrokken:
op zicht;
op een zekeren tijd na zicht;
op een zekeren tijd na dagteekening;
op een bepaalden dag.

[2.] Wisselbrieven met anders bepaalde vervaldagen of in termijnen betaalbaar zijn nietig.

Art. 133

[1.] De wisselbrief, getrokken op zicht, is betaalbaar bij de aanbieding. Hij moet ter betaling worden aangeboden binnen een jaar na zijne dagteekening. De trekker kan dezen termijn verkorten of verlengen. De endossanten kunnen deze termijnen verkorten.

[2.] De trekker kan voorschrijven, dat een wisselbrief niet ter betaling mag worden aangeboden vóór een bepaalden dag. In dat geval loopt de termijn van aanbieding van dien dag af.

Art. 134

[1.] De vervaldag van eenen wisselbrief, getrokken op een zekeren tijd na zicht, wordt bepaald, hetzij door de dagteekening der acceptatie, hetzij door die van het protest.

[2.] Bij gebreke van protest wordt de niet-gedagteekende acceptatie ten aanzien van den acceptant geacht te zijn gedaan op den laatsten dag van den termijn, voor de aanbieding ter acceptatie voorgeschreven.

Art. 135

[1.] De wisselbrief, getrokken op een of meer maanden na dagteekening of na zicht, vervalt op den overeenkomstigen dag van de maand, waarin de betaling moet worden gedaan. Bij gebreke van een overeenkomstigen dag vervalt een zoodanige wisselbrief op den laatsten dag van die maand.

[2.] Bij eenen wisselbrief, getrokken op een of meer maanden en een halve maand na dagteekening of na zicht, worden eerst de geheele maanden gerekend.

B12 art. 136

Wetboek van Koophandel

[**3.**] Is de vervaldag bepaald op het begin, het midden (half Januari, half Februari enz.) of op het einde van eene maand, dan wordt onder die uitdrukkingen verstaan: de eerste, de vijftiende, de laatste van die maand.

[**4.**] Onder de uitdrukkingen: "acht dagen", "vijftien dagen", moet worden verstaan niet ééne of twee weken, maar een termijn van acht of van vijftien dagen.

[**5.**] De uitdrukking "halve maand" duidt eenen termijn van vijftien dagen aan.

Art. 136

Verschillende tijdberekeningen

[**1.**] De vervaldag van eenen wisselbrief, betaalbaar op een bepaalden dag, in eene plaats, waar de tijdrekening een andere is dan die van de plaats van uitgifte, wordt geacht te zijn vastgesteld volgens de tijdrekening van de plaats van betaling.

[**2.**] De dag van uitgifte van eenen wisselbrief, getrokken tusschen twee plaatsen met verschillende tijdrekening en betaalbaar een zekeren tijd na dagteekening, wordt herleid tot den overeenkomstigen dag van de tijdrekening van de plaats van betaling en de vervaldag wordt dienovereenkomstig vastgesteld.

[**3.**] De termijnen van aanbieding der wisselbrieven worden berekend overeenkomstig de bepalingen van het voorgaande lid.

[**4.**] Dit artikel is niet van toepassing, indien uit eene in den wisselbrief opgenomen clausule of uit zijne bewoordingen een afwijkende bedoeling kan worden afgeleid.

Zesde afdeeling
Van de betaling

Art. 137

Aanbod ter betaling

[**1.**] De houder van eenen wisselbrief, betaalbaar op een bepaalden dag of een zekeren tijd na dagteekening of na zicht, moet dezen ter betaling aanbieden, hetzij den dag, waarop hij betaalbaar is, hetzij eenen der twee daaropvolgende werkdagen.

[**2.**] De aanbieding van eenen wisselbrief aan eene verrekeningskamer geldt als aanbieding ter betaling. Bij algemeenen maatregel van bestuur zullen de instellingen worden aangewezen, die in den zin van dezen Titel als verrekeningskamers worden beschouwd.

Art. 138

Uitlevering

[**1.**] Buiten het geval, in artikel 167b vermeld, kan de betrokkene, den wisselbrief betalende, vorderen, dat hem deze, van behoorlijke kwijting van den houder voorzien, wordt uitgeleverd.

Gedeeltelijke betaling

[**2.**] De houder mag niet weigeren een gedeeltelijke betaling aan te nemen.

[**3.**] In geval van gedeeltelijke betaling kan de betrokkene vorderen, dat van die betaling op den wisselbrief melding wordt gemaakt en dat hem daarvoor kwijting wordt gegeven.

Art. 139

Betaling vóór vervaldag

[**1.**] De houder van eenen wisselbrief kan niet genoodzaakt worden, vóór den vervaldag betaling te ontvangen.

[**2.**] De betrokkene, die vóór den vervaldag betaalt, doet zulks op eigen verantwoordelijkheid.

Betaling op vervaldag

[**3.**] Hij, die op den vervaldag betaalt, is deugdelijk gekweten, mits er zijnerzijds geen bedrog plaats heeft of grove schuld aanwezig is. Hij is gehouden, de regelmatigheid van de reeks van endossementen, maar niet de handteekening der endossanten te onderzoeken.

Verhaalrecht

[**4.**] Indien hij, niet bevrijdend betaald hebbende, verplicht wordt, ten tweede male te betalen, heeft hij verhaal op allen die de wissel niet te goeder trouw hebben verkregen.

Art. 140

Wissels in vreemd geld

[**1.**] Een wisselbrief, waarvan de betaling is bedongen in ander geld dan dat van de plaats van betaling, kan worden betaald in het geld van het land volgens zijne waarde op den vervaldag. Indien de schuldenaar in gebreke is, kan de houder te zijner keuze vorderen, dat de wisselsom betaald wordt in het geld van het land volgens den koers, hetzij van den vervaldag, hetzij van den dag van betaling.

[**2.**] De waarde van het vreemde geld wordt bepaald volgens de gebruiken van de plaats van betaling. De trekker kan echter voorschrijven, dat het te betalen bedrag moet worden berekend volgens een in den wisselbrief voorgeschreven koers.

[**3.**] Het bovenstaande is niet van toepassing, indien de trekker heeft voorgeschreven, dat de betaling moet geschieden in een bepaald aangeduid geld (clausule van werkelijke betaling in vreemd geld).

[**4.**] Indien het bedrag van den wisselbrief is aangegeven in geld, hetwelk dezelfde benaming, maar eene verschillende waarde heeft in het land van uitgifte en in dat van betaling, wordt men vermoed het geld van de plaats van betaling te hebben bedoeld.

Art. 141

Consignatie wisselbedrag

Bij gebreke van aanbieding ter betaling van den wisselbrief binnen den termijn, bij artikel 137 vastgesteld, heeft elke schuldenaar de bevoegdheid, het bedrag te bevoegder plaatse in consignatie te geven, op kosten en onder verantwoordelijkheid van den houder.

Zevende afdeeling
Van het recht van regres in geval van non-acceptatie of non-betaling

Art. 142

[1.] De houder kan zijn recht van regres op de endossanten, den trekker en de andere wisselschuldenaren uitoefenen:
Op den vervaldag:
indien de betaling niet heeft plaats gehad;
(Zie ook: art. 10 BW Boek 6; art. 866 BW Boek 7)
[2.] Zelfs vóór den vervaldag:
1°. indien de acceptatie geheel of gedeeltelijk is geweigerd;
2°. in geval van faillissement van den betrokkene, al of niet acceptant, of het ten aanzien van hem van toepassing verklaren van de schuldsaneringsregeling natuurlijke personen en van het oogenblik af, waarop eene hem verleende surséance van betaling is ingegaan;
3°. in geval van faillissement van den trekker of het ten aanzien van hem van toepassing verklaren van de schuldsaneringsregeling natuurlijke personen van een niet voor acceptatie vatbaren wisselbrief.
(Zie ook: art. 4 FW)

Art. 143

[1.] De weigering van acceptatie of van betaling moet worden vastgesteld bij authentieke acte (protest van non-acceptatie of van non-betaling).

[2.] Het protest van non-acceptatie moet worden opgemaakt binnen de termijnen, voor de aanbieding ter acceptatie vastgesteld. Indien, in het geval bij artikel 123, lid 1, voorzien, de eerste aanbieding heeft plaats gehad op den laatsten dag van den termijn, kan het protest nog op den volgenden dag worden gedaan.

[3.] Het protest van non-betaling van eenen wisselbrief, betaalbaar op een bepaalden dag of zekeren tijd na dagteekening of na zicht, moet worden gedaan op éénen der twee werkdagen, volgende op den dag, waarop de wisselbrief betaalbaar is. Indien het eenen wisselbrief, betaalbaar op zicht, betreft, moet het protest worden gedaan, overeenkomstig de bepalingen bij het voorgaande lid vastgesteld voor het opmaken van het protest van non-acceptatie.

[4.] Het protest van non-acceptatie maakt de aanbieding ter betaling en het protest van non-betaling overbodig.

[5.] In geval van benoeming van bewindvoerders op verzoek van den betrokkene, al of niet acceptant, tot surséance van betaling kan de houder zijn recht van regres niet uitoefenen, dan nadat de wisselbrief ter betaling aan den betrokkene is aangeboden en protest is opgemaakt.

[6.] Indien de betrokkene, al of niet acceptant, is failliet verklaard, of indien de trekker van eenen wisselbrief, welke niet vatbaar is voor acceptatie, is failliet verklaard, kan de houder, voor de uitoefening van zijn recht van regres, volstaan met overlegging van het vonnis, waarbij het faillissement is uitgesproken.

7. Het zesde lid is van overeenkomstige toepassing indien de schuldsaneringsregeling natuurlijke personen van toepassing is verklaard.
(Zie ook: art. 4 FW)

Art. 143a

[1.] De betaling van eenen wisselbrief moet gevraagd en het daarop volgende protest gedaan worden ter woonplaats van den betrokkene.

[2.] Indien de wisselbrief getrokken is om in eene andere aangewezene woonplaats of door eenen anderen aangewezen persoon, hetzij in dezelfde, hetzij in eene andere gemeente te worden betaald, moet de betaling gevraagd en het protest opgemaakt worden ter aangewezene woonplaats of aan den aangewezen persoon.

[3.] Artikel 54 van het Wetboek van Burgerlijke Rechtsvordering is van overeenkomstige toepassing.

Art. 143b

[1.] De protesten, zowel van non-acceptatie als van non-betaling, worden gedaan door een deurwaarder. Deze kan zich desverkiezende doen vergezellen door een of twee getuigen.

[2.] De protesten behelzen:
1°. een letterlijk afschrift van den wisselbrief, van de acceptatie, van de endossementen, van het aval en van de adressen daarop gesteld;
2°. de vermelding dat zij de acceptatie of betaling aan de personen, of ter plaatse in het voorgaand artikel gemeld, afgevraagd en niet bekomen hebben;
3°. de vermelding van de opgegevene reden van non-acceptatie of non-betaling;
4°. de aanmaning om het protest te teekenen, en de redenen van weigering;
5°. de vermelding, dat hij, deurwaarder, wegens die non-acceptatie of non-betaling heeft geprotesteerd.

Regresrecht

Protesten

Protesten van non-acceptatie

Protest van non-betaling

Plaats van betaling en protest

Wijze doen van protest

Inhoud protest

B12 art. 143c

Wetboek van Koophandel

[3.] Indien het protest een vermisten wisselbrief betreft, volstaat, in plaats van het bepaalde onder 1°. van het voorgaande lid, eene zoo nauwkeurig mogelijke omschrijving van den inhoud des wisselbriefs.

Art. 143c

Afschrift protest

De deurwaarders zijn verplicht, op straffe van schadevergoeding, afschrift van het protest te laten, en hiervan melding in het afschrift te maken, en hetzelve, naar orde des tijds, in te schrijven in een bijzonder register, genommerd en gewaarmerkt door de kantonrechter van de rechtbank van het arrondissement waarin hun woonplaats is gelegen, en om wijders, zulks begeerd wordende, een of meer afschriften van het protest aan de belanghebbenden te leveren.

Art. 143d

Andere wijze van protest

Als protest van non-acceptatie, onderscheidenlijk van non-betaling geldt de door dengene, aan wien de acceptatie of de betaling wordt afgevraagd, met toestemming van den houder op den wisselbrief gestelde, gedagteekende en onderteekende verklaring, dat hij dezelve weigert, tenzij de trekker heeft aangeteekend, dat hij een authentiek protest verlangt.

Art. 144

Kennisgeving van protest

[1.] De houder moet van de non-acceptatie of van de non-betaling kennis geven aan zijnen endossant en aan den trekker binnen de vier werkdagen, volgende op den dag van het protest of, indien de wisselbrief getrokken is met de clausule zonder kosten, volgende op dien der aanbieding. Elke endossant moet binnen de twee werkdagen, volgende op den dag van ontvangst der kennisgeving, de door hem ontvangen kennisgeving aan zijnen endossant mededeelen, met aanwijzing van de namen en adressen van degenen, die de voorafgaande kennisgevingen hebben gedaan, en zoo vervolgens, teruggaande tot den trekker. Deze termijnen loopen van de ontvangst der voorafgaande kennisgeving af.

[2.] Indien overeenkomstig het voorgaande lid eene kennisgeving is gedaan aan iemand, wiens handteekening op den wisselbrief voorkomt, moet gelijke kennisgeving binnen denzelfden termijn aan diens avalgever worden gedaan.

[3.] Indien een endossant zijn adres niet of op onleesbare wijze heeft aangeduid, kan worden volstaan met kennisgeving aan den voorafgaanden endossant.

[4.] Hij, die eene kennisgeving heeft te doen, kan zulks doen in iederen vorm, zelfs door enkele terugzending van den wisselbrief.

[5.] Hij moet bewijzen, dat hij de kennisgeving binnen den vastgestelden termijn heeft gedaan. Deze termijn wordt gehouden te zijn in acht genomen, wanneer een brief, die de kennisgeving behelst, binnen den genoemden termijn ter post is bezorgd.

[6.] Hij, die de kennisgeving niet binnen den bovenvermelden termijn doet, stelt zich niet bloot aan verval van zijn recht; hij is, indien daartoe aanleiding bestaat, verantwoordelijk voor de schade, door zijne nalatigheid veroorzaakt, zonder dat echter de schadevergoeding de wisselsom kan te boven gaan.

Art. 145

Clausule zonder protest

[1.] De trekker, een endossant of een avalgever kan, door de clausule "zonder kosten", "zonder protest", of een andere soortgelijke op den wisselbrief gestelde en onderteekende clausule, den houder van het opmaken van een protest van non-acceptatie of van non-betaling, ter uitoefening van zijn recht van regres, ontslaan.

[2.] Deze clausule ontslaat den houder niet van de aanbieding van den wisselbrief binnen de voorgeschreven termijnen, noch van het doen van de kennisgevingen. Het bewijs van de niet-inachtneming der termijnen moet worden geleverd door dengene, die zich daarop tegenover den houder beroept.

[3.] Is de clausule door den trekker gesteld, dan heeft zij gevolgen ten aanzien van allen, wier handteekeningen op den wisselbrief voorkomen; is zij door eenen endossant of door eenen avalgever gesteld, dan heeft zij gevolgen alleen voor dezen endossant of avalgever. Indien de houder, ondanks de door den trekker gestelde clausule, toch protest doet opmaken, zijn de kosten daarvan voor zijne rekening. Indien de clausule van eenen endossant of eenen avalgever afkomstig is, kunnen de kosten van het protest, indien dit is opgemaakt, op allen, wier handteekeningen op den wisselbrief voorkomen, worden verhaald.

Art. 146

Hoofdelijke aansprakelijkheid

[1.] Allen, die eenen wisselbrief hebben getrokken, geaccepteerd, geëndosseerd, of voor aval geteekend, zijn hoofdelijk tegenover den houder verbonden. Bovendien is ook de derde, voor wiens rekening de wisselbrief is getrokken en die de waarde daarvoor heeft genoten, jegens den houder aansprakelijk.

[2.] De houder kan deze personen, zoowel ieder afzonderlijk, als gezamenlijk, aanspreken, zonder verplicht te zijn de volgorde, waarin zij zich hebben verbonden, in acht te nemen.

[3.] Hetzelfde recht komt toe aan ieder, wiens handteekening op den wisselbrief voorkomt en die dezen, ter voldoening aan zijnen regresplicht, heeft betaald.

[4.] De vordering, ingesteld tegen éénen der wisselschuldenaren, belet niet de anderen aan te spreken, al hadden dezen zich later verbonden dan de eerst aangesprokene.

Art. 146a

[1.] De houder van eenen geprotesteerden wisselbrief heeft in geen geval eenig recht op het fonds, dat de betrokkene van den trekker in handen heeft.

[2.] Indien de wisselbrief niet is geaccepteerd, behooren die penningen, bij faillissement van den trekker of indien ten aanzien van hem de schuldsaneringsregeling natuurlijke personen van toepassing is verklaard, aan diens boedel.

[3.] In geval van acceptatie, blijft het fonds, tot het beloop van den wisselbrief, aan den betrokkene, behoudens de verplichting van dezen om jegens den houder aan zijne acceptatie te voldoen.

Art. 147

[1.] De houder kan van dengene, tegen wien hij zijn recht van regres uitoefent, vorderen: 1°. de som van den niet-geaccepteerden of niet betaalden wisselbrief met de rente, zoo deze bedongen is;

2°. de wettelijke rente, te rekenen van de vervaldag, voor wissels die in Nederland uitgegeven en betaalbaar zijn, en een rente van zes ten honderd, te rekenen van de vervaldag, voor alle overige wissels;

3°. de kosten van protest, die van de gedane kennisgevingen alsmede de andere kosten.

[2.] Zoo de uitoefening van het recht van regres vóór den vervaldag plaats heeft, wordt op de wisselsom eene korting toegepast. Deze korting wordt berekend volgens het officiëele disconto (bankdisconto), geldende ter woonplaats van den houder, op den dag van de uitoefening van het recht van regres.

Art. 148

Hij, die ter voldoening aan zijnen regresplicht den wisselbrief heeft betaald, kan van degenen, die tegenover hem regresplichtig zijn, vorderen:

1°. het geheele bedrag, dat hij betaald heeft;

2°. de wettelijke rente, te rekenen van de dag der betaling, voor wissels die in Nederland uitgegeven en betaalbaar zijn, en een rente van zes ten honderd, te rekenen van de dag der betaling, voor alle overige wissels;

3°. de door hem gemaakte kosten.

Art. 149

[1.] Elke wisselschuldenaar, tegen wien het recht van regres wordt of kan worden uitgeoefend, kan, tegen betaling ter voldoening aan zijnen regresplicht, de afgifte vorderen van den wisselbrief met het protest, alsmede een voor voldaan geteekende rekening.

[2.] Elke endossant, die ter voldoening aan zijnen regresplicht den wisselbrief heeft betaald, kan zijn endossement en dat van de volgende endossanten doorhalen.

Art. 150

Bij gedeeltelijke acceptatie kan degene, die ter voldoening aan zijnen regresplicht het niet geaccepteerde gedeelte van de wisselsom heeft betaald, vorderen, dat die betaling op den wisselbrief wordt vermeld en dat hem daarvan kwijting wordt gegeven. De houder moet hem daarenboven uitleveren een voor eensluidend geteekend afschrift van den wisselbrief, alsmede het protest, om hem de uitoefening van zijn verdere regresrechten mogelijk te maken.

Art. 151

[1.] Ieder, die een recht van regres kan uitoefenen, kan, tenzij het tegendeel bedongen is, zich de vergoeding bezorgen door middel van een nieuwen wisselbrief (herwissel), getrokken op zicht op éénen van de degenen, die tegenover hem regresplichtig zijn en betaalbaar te diens woonplaats.

[2.] De herwissel omvat, behalve de bedragen in de artikelen 147 en 148 aangegeven, de bedragen van provisie en het zegel van den herwissel.

[3.] Indien de herwissel door den houder is getrokken, wordt het bedrag bepaald volgens den koers van eenen zichtwissel, getrokken van de plaats, waar de oorspronkelijke wisselbrief betaalbaar was, op de woonplaats van den regresplichtige. Indien de herwissel is getrokken door eenen endossant, wordt het bedrag bepaald volgens den koers van eenen zichtwissel, getrokken van de woonplaats van den trekker van den herwissel op de woonplaats van den regresplichtige.

Art. 152

[1.] Na afloop van de termijnen vastgesteld: voor de aanbieding van eenen wisselbrief getrokken op zicht of zekeren tijd na zicht; voor het opmaken van het protest van non-acceptatie of van non-betaling; voor de aanbieding ter betaling in geval van beding zonder kosten, vervalt het recht van den houder tegen de endossanten, tegen den trekker, en tegen de andere wisselschuldenaren, met uitzondering van den acceptant.

[2.] Bij gebreke van aanbieding ter acceptatie binnen den door den trekker voorgeschreven termijn, vervalt het recht van regres van den houder, zoowel wegens non-betaling als wegens non-acceptatie, tenzij uit de bewoordingen van den wisselbrief blijkt, dat de trekker zich slechts heeft willen bevrijden van zijne verplichting, voor de acceptatie in te staan.

[3.] Indien de bepaling van eenen termijn voor de aanbieding in een endossement is vervat, kan alleen de endossant daarop een beroep doen.

Art. 152a

Gehoudenheid trekker tot vrijwaring

[1.] De wisselbrief van non-acceptatie of van non-betaling zijnde geprotesteerd, is niettemin de trekker, al ware het protest niet intijds gedaan, tot vrijwaring gehouden, tenzij hij bewees, dat de betrokkene op den vervaldag het noodige fonds tot betaling des wisselbriefs in handen had. Indien het vereischte fonds slechts gedeeltelijk aanwezig was, is de trekker voor het ontbrekende gehouden.

[2.] Was de wisselbrief niet geaccepteerd, dan is, ingeval van niet tijdig protest, de trekker, op straffe van tot vrijwaring te zijn gehouden, verplicht, den houder af te staan en over te dragen de vordering op het fonds, dat de betrokkene van hem ten vervaldage heeft in handen gehad, en zulks tot het beloop van den wisselbrief; en hij moet aan den houder, te diens koste, de noodige bewijzen verschaffen om die vordering te doen gelden. Indien de trekker in staat van faillissement is verklaard of ten aanzien van hem de schuldsaneringsregeling natuurlijke personen van toepassing is verklaard, zijn de curatoren onderscheidenlijk de bewindvoerders in zijnen boedel tot dezelfde verplichtingen gehouden, ten ware deze mochten verkiezen, den houder als schuldeischer, voor het beloop van den wisselbrief, toe te laten.

Art. 153

Invloed overmacht op termijnen

[1.] Wanneer de aanbieding van den wisselbrief of het opmaken van het protest binnen de voorgeschreven termijnen wordt verhinderd door een onoverkomelijk beletsel (wettelijk voorschrift van eenigen Staat of ander geval van overmacht), worden deze termijnen verlengd.

[2.] De houder is verplicht, van de overmacht onverwijld aan zijnen endossant kennis te geven, en deze kennisgeving gedagteekend en onderteekend op den wisselbrief of op een verlengstuk te vermelden; voor het overige zijn de bepalingen van artikel 144 toepasselijk.

[3.] Na het ophouden van de overmacht moet de houder onverwijld den wisselbrief ter acceptatie of ter betaling aanbieden en, indien daartoe aanleiding bestaat, protest doen opmaken.

[4.] Indien de overmacht meer dan dertig dagen, te rekenen van den vervaldag, aanhoudt, kan het recht van regres worden uitgeoefend, zonder dat de aanbieding of het opmaken van protest noodig is.

[5.] Voor wisselbrieven, getrokken op zicht of op zekeren tijd na zicht, loopt de termijn van dertig dagen van den dag, waarop de houder, al ware het vóór het einde van den aanbiedingstermijn, van de overmacht aan zijnen endossant heeft kennis gegeven; voor wisselbrieven, getrokken op zekeren tijd na zicht, wordt de termijn van dertig dagen verlengd met den zichttermijn, in den wisselbrief aangegeven.

[6.] Feiten, welke voor den houder, of voor dengene, dien hij met de aanbieding van den wisselbrief of met het opmaken van het protest belastte, van zuiver persoonlijken aard zijn, worden niet beschouwd als gevallen van overmacht.

Achtste afdeeling Van de tusschenkomst

1 Algemeene bepalingen

Art. 154

Tussenkomst in het algemeen

[1.] De trekker, een endossant, of een avalgever, kan iemand aanwijzen om, in geval van nood, te accepteeren of te betalen.

[2.] Onder de hierna vastgestelde voorwaarden kan de wisselbrief worden geaccepteerd of betaald door iemand, die tusschenkomt voor eenen schuldenaar, op wien recht van regres kan worden uitgeoefend.

[3.] De interveniënt kan een derde zijn, zelfs de betrokkene, of een reeds krachtens den wisselbrief verbonden persoon, behalve de acceptant.

[4.] De interveniënt geeft binnen den termijn van twee werkdagen van zijne tusschenkomst kennis aan dengene, voor wien hij tusschenkwam. In geval van niet-inachtneming van dien termijn is hij, indien daartoe aanleiding bestaat, verantwoordelijk voor de schade, door zijne nalatigheid veroorzaakt, zonder dat echter de schadevergoeding de wisselsom kan te boven gaan.

2 Acceptatie bij tusschenkomst

Art. 155

Acceptatie bij tussenkomst

[1.] De acceptatie bij tusschenkomst kan plaats hebben in alle gevallen, waarin de houder van eenen voor acceptatie vatbaren wisselbrief vóór den vervaldag recht van regres kan uitoefenen.

[2.] Wanneer op den wisselbrief iemand is aangewezen om dezen, in geval van nood, ter plaatse van betaling te accepteeren of te betalen, kan de houder zijn recht tegen dengene, die de aanwijzing heeft gedaan en tegen hen, die daarna hunne handteekeningen op den wisselbrief hebben geplaatst, niet vóór den vervaldag uitoefenen, tenzij hij den wisselbrief aan den aangewezen persoon heeft aangeboden, en van diens weigering tot acceptatie protest is opgemaakt.

[3.] In de andere gevallen van tusschenkomst kan de houder de acceptatie bij tusschenkomst weigeren. Indien hij haar echter aanneemt, verliest hij zijn recht van regres, hetwelk hem vóór den vervaldag toekomt tegen dengene, voor wien de acceptatie is gedaan, en tegen hen, die daarna hunne handteekeningen op den wisselbrief hebben geplaatst.

Art. 156

De acceptatie bij tusschenkomst wordt op den wisselbrief vermeld; zij wordt door den interveniënt onderteekend. Zij wijst aan, voor wien zij is geschied; bij gebreke van die aanwijzing wordt zij geacht voor den trekker te zijn geschied.

Vormvereisten

Art. 157

[1.] De acceptant bij tusschenkomst is tegenover den houder en tegenover de endossanten, die den wisselbrief hebben geëndosseerd na dengene, voor wien de tusschenkomst is geschied, op dezelfde wijze als deze laatste verbonden.

Gevolgen

[2.] Niettegenstaande de acceptatie bij tusschenkomst kunnen dengene, voor wien zij werd gedaan en degenen, die tegenover dezen resgresplichtig zijn, van den houder, indien daartoe aanleiding bestaat, tegen terugbetaling van de bij artikel 147 aangewezen som, de afgifte van den wisselbrief, van het protest en van een voor voldaan geteekende rekening vorderen.

3

Betaling bij tusschenkomst

Art. 158

[1.] De betaling bij tusschenkomst kan plaats hebben in alle gevallen, waarin, hetzij op den vervaldag, hetzij vóór den vervaldag, de houder recht van regres heeft.

Betaling bij tussenkomst

[2.] De betaling moet de geheele som beloopen, welke degene, voor wien zij heeft plaats gehad, moest voldoen.

[3.] Zij moet plaats hebben uiterlijk op den dag volgende op den laatsten dag, waarop het protest van non-betaling kan worden opgemaakt.

Art. 159

[1.] Indien de wisselbrief is geaccepteerd door interveniënten, wier domicilie ter plaatse van betaling is gevestigd, of indien personen, wier domicilie in dezelfde plaats is gevestigd, zijn aangeduid om in geval van nood te betalen, moet de houder den wisselbrief aan al die personen aanbieden, en, indien daartoe aanleiding bestaat, protest van non-betaling doen opmaken uiterlijk op den dag volgende op den laatsten dag, waarop dit kan geschieden.

Termijn aanbieding en opmaken protest

[2.] Bij gebreke van protest binnen dien termijn zijn degene, die het noodadres heeft gesteld of voor wien de wisselbrief is geaccepteerd, en de latere endossanten van hunne verbintenis bevrijd.

Art. 160

De houder, die weigert de betaling bij tusschenkomst aan te nemen, verliest zijn recht van regres op hen, die daardoor zouden zijn bevrijd.

Verlies recht van regres

Art. 161

[1.] De betaling bij tusschenkomst moet worden vastgesteld door eene kwijting, geplaatst op den wisselbrief met aanwijzing van dengene, voor wien zij is gedaan. Bij gebreke van die aanwijzing wordt de betaling geacht voor den trekker te zijn gedaan.

Kwijting

[2.] De wisselbrief en het protest, indien dit is opgemaakt, moeten worden uitgeleverd aan hem, die bij tusschenkomst betaalt.

Art. 162

[1.] Hij, die bij tusschenkomst betaalt, verkrijgt de rechten, uit den wisselbrief voortvloeiende, tegen dengene, voor wien hij heeft betaald, en tegen degenen, die tegenover dezen laatste krachtens den wisselbrief verbonden zijn. Hij mag echter den wisselbrief niet opnieuw endosseeren.

Rechtgevolgen betaling bij tussenkomst

[2.] De endossanten, volgende op dengene, voor wien de betaling heeft plaats gehad, zijn bevrijd.

[3.] Indien zich meer personen tot de betaling bij tusschenkomst aanbieden, heeft de voorkeur de betaling, welke het grootste aantal bevrijdingen teweegbrengt. De interveniënt, die desbewust in strijd hiermede handelt, verliest zijn recht van regres tegen hen, die anders zouden zijn bevrijd.

Negende afdeeling

Van wisselexemplaren, wisselafschriften en vermiste wisselbrieven

1

Wisselexemplaren

Art. 163

[1.] De wisselbrief kan in meer gelijkluidende exemplaren worden getrokken.

Wisselexemplaren

B12 art. 164 Wetboek van Koophandel

[2.] Die exemplaren moeten in den tekst zelf van den titel worden genummerd, bij gebreke waarvan elk exemplaar wordt beschouwd als een afzonderlijke wisselbrief.

[3.] Iedere houder van eenen wisselbrief, waarin niet is vermeld, dat deze in een enkel exemplaar getrokken is, kan op zijne kosten de levering van meer exemplaren vorderen. Te dien einde moet hij zich tot zijn onmiddellijken endossant wenden, die verplicht is zijne medewerking te verleenen om zijn eigen endossant aan te spreken, en zoo vervolgens, teruggaande tot den trekker. De endossanten zijn verplicht, de endossementen ook op de nieuwe exemplaren aan te brengen.

Art. 164

Bevrijdende betaling [1.] De betaling, op één der exemplaren gedaan, bevrijdt, ook al ware niet bedongen, dat die betaling de kracht der andere exemplaren te niet doet. Echter blijft de betrokkene verbonden wegens elk geaccepteerd exemplaar, dat hem niet is uitgeleverd.

[2.] De endossant, die de exemplaren aan verschillende personen heeft overgedragen, alsook de latere endossanten, zijn verbonden wegens alle exemplaren, die hunne handteekening dragen en die niet zijn uitgeleverd.

Art. 165

Verplichte uitlevering [1.] Hij, die één der exemplaren ter acceptatie heeft gezonden, moet op de andere exemplaren den naam van den persoon aanwijzen, in wiens handen dat exemplaar zich bevindt. Deze is verplicht, dit aan den rechtmatigen houder van een ander exemplaar uit te leveren.

[2.] Weigert hij dit, dan kan de houder slechts zijn recht van regres uitoefenen, nadat hij door een protest heeft doen vaststellen:

1°. dat het ter acceptatie gezonden exemplaar hem desgevraagd niet is uitgeleverd;

2°. dat hij de acceptatie of de betaling op een ander exemplaar niet heeft kunnen verkrijgen.

2 *Wisselafschriften*

Art. 166

Wisselafschriften [1.] Elke houder van eenen wisselbrief heeft het recht, daarvan afschriften te vervaardigen.

[2.] Het afschrift moet het oorspronkelijke nauwkeurig weergeven met de endossementen en alle andere vermeldingen, die er op voorkomen. Het moet aangeven, waar het afschrift ophoudt.

[3.] Het kan worden geëndosseerd en voor aval geteekend op dezelfde wijze en met dezelfde gevolgen, als het oorspronkelijke.

Art. 167

Verplichte uitlevering oorspronkelijke stuk [1.] Het afschrift moet dengene, in wiens handen het oorspronkelijke stuk zich bevindt, vermelden. Deze is verplicht het oorspronkelijke stuk aan den rechtmatigen houder van het afschrift uit te leveren.

[2.] Weigert hij dit, dan kan de houder zijn recht van regres tegen hen, die het afschrift hebben geëndosseerd of voor aval geteekend, slechts uitoefenen, nadat hij door een protest heeft doen vaststellen, dat het oorspronkelijke stuk hem desgevraagd niet is uitgeleverd.

[3.] Indien na het laatste daarop geplaatste endossement, alvorens het afschrift is vervaardigd, het oorspronkelijke stuk de clausule draagt: "van hier af geldt het endossement slechts op de copie", of eenige andere soortgelijke clausule, is een nadien op het oorspronkelijk stuk geplaatst endossement nietig.

3 *Vermiste wisselbrieven*

Art. 167a

Vermiste wissels Degene die een wisselbrief, waarvan hij houder was, vermist, kan met inachtneming van artikel 49, derde lid, van Boek 6 van het Burgerlijk Wetboek van de betrokkene betaling vragen.

Art. 167b

Vermiste vervallen wissels Degene die een wisselbrief waarvan hij houder was, en welke is vervallen, en, zoveel nodig, geprotesteerd, vermist, kan met inachtneming van artikel 49, derde lid, van Boek 6 van het Burgerlijk Wetboek, zijn rechten alleen tegen de acceptant en tegen de trekker uitoefenen.

Tiende afdeeling *Van veranderingen*

Art. 168

Verandering in tekst In geval van verandering van den tekst van eenen wisselbrief, zijn zij, die daarna hunne handteekeningen op den wisselbrief geplaatst hebben, volgens den veranderden tekst verbonden; zij, die daarvoor hunne handteekeningen op den wisselbrief geplaatst hebben, zijn verbonden volgens den oorspronkelijken tekst.

Elfde afdeeling
Van verjaring

Art. 168a

Behoudens de bepaling van het volgende artikel gaat wisselschuld te niet door alle middelen van schuldbevrijding, bij het Burgerlijk Wetboek aangewezen.

Art. 169

[**1.**] Alle rechtsvorderingen, welke uit den wisselbrief tegen den acceptant voortspruiten, verjaren door een tijdsverloop van drie jaren, te rekenen van den vervaldag.

[**2.**] De rechtsvorderingen van den houder tegen de endossanten en tegen den trekker verjaren door een tijdsverloop van een jaar, te rekenen van de dagteekening van het tijdig opgemaakte protest of, ingeval van de clausule zonder kosten, van den vervaldag.

[**3.**] De rechtsvorderingen van de endossanten tegen elkander en tegen den trekker verjaren door tijdsverloop van zes maanden, te rekenen van den dag, waarop de endossant ter voldoening aan zijn regresplicht den wisselbrief heeft betaald, of van den dag, waarop hij zelf in rechte is aangesproken.

[**4.**] De in het eerste lid bedoelde verjaring kan niet worden ingeroepen door den acceptant, indien of voor zoover hij fonds heeft ontvangen of zich ongerechtvaardigd zou hebben verrijkt; evenmin kan de in het tweede en derde lid bedoelde verjaring worden ingeroepen door den trekker, indien of voor zoover hij geen fonds heeft bezorgd noch door den trekker of de endossanten, die zich ongerechtvaardigd zouden hebben verrijkt; alles onverminderd het bepaalde in artikel 306 van Boek 3 van het Burgerlijk Wetboek.

Art. 170

[**1.**] De stuiting der verjaring is slechts van kracht tegen dengene, ten aanzien van wien de stuitingshandeling heeft plaats gehad.

[**2.**] Op de in het vorige artikel bedoelde verjaringen is artikel 321, eerste lid, onder *a-d* van Boek 3 van het Burgerlijk Wetboek niet van toepassing; in de gevallen bedoeld in artikel 321, eerste lid, onder *b* en *c*, van Boek 3 van het Burgerlijk Wetboek heeft de onbekwame of rechthebbende wiens rechtsvordering is verjaard, verhaal op de wettelijke vertegenwoordiger of bewindvoerder.

Twaalfde afdeeling
Algemeene bepalingen

Art. 171

[**1.**] De betaling van eenen wisselbrief, waarvan de vervaldag een wettelijke feestdag is, kan eerst worden gevorderd op den eerstvolgenden werkdag. Evenzoo kunnen alle andere handelingen met betrekking tot wisselbrieven, met name de aanbieding ter acceptatie en het protest, niet plaats hebben dan op eenen werkdag.

[**2.**] Wanneer ééne van die handelingen moet worden verricht binnen een zekeren termijn, waarvan de laatste dag een wettelijke feestdag is, wordt deze termijn verlengd tot den eersten werkdag, volgende op het einde van dien termijn. De tusschenliggende feestdagen zijn begrepen in de berekening van den termijn.

Art. 171a

Als wettelijke feestdag in den zin van deze Afdeeling worden beschouwd de Zondag, de Nieuwjaarsdag, de Christelijke tweede Paasch- en Pinksterdagen, de beide Kerstdagen, de Hemelvaartsdag en de verjaardag van de Koning.

Art. 172

In de wettelijke of bij overeenkomst vastgestelde termijnen is niet begrepen de dag, waarop deze termijnen beginnen te loopen.

Art. 173

Geen enkele respijtdag, noch wettelijke, noch rechterlijke, is toegestaan.

Dertiende afdeeling
Van orderbriefjes

Art. 174

Het orderbriefje behelst:

1°. hetzij de orderclausule, hetzij de benaming "orderbriefje" of "promesse aan order", opgenomen in den tekst zelf, en uitgedrukt in de taal, waarin de titel is gesteld;

2°. de onvoorwaardelijke belofte een bepaalde som te betalen;

3°. de aanwijzing van den vervaldag;

4°. die van de plaats, waar de betaling moet geschieden;

5°. den naam van dengene, aan wien of aan wiens order de betaling moet worden gedaan;

B12 art. 175 Wetboek van Koophandel

6°. de vermelding van de dagteekening, alsmede van de plaats, waar het orderbiljet is onderteekend;

7°. de handteekening van hem, die den titel uitgeeft (onderteekenaar).

Art. 175

Geen orderbriefje [**1.**] De titel, waarin ééne der vermeldingen, in het voorgaande artikel aangegeven, ontbreekt, geldt niet als orderbriefje, behoudens in de hieronder genoemde gevallen.

Betaalbaar op zicht [**2.**] Het orderbriefje, waarvan de vervaldag niet is aangewezen, wordt beschouwd als betaalbaar op zicht.

Plaatsbepaling [**3.**] Bij gebreke van een bijzondere aanwijzing wordt de plaats van de onderteekening van den titel geacht te zijn de plaats van betaling en tevens de plaats van het domicilie van den onderteekenaar.

[**4.**] Het orderbriefje, dat de plaats van zijne onderteekening niet vermeldt, wordt geacht te zijn onderteekend in de plaats, aangegeven naast den naam van den onderteekenaar.

Art. 176

Toepasselijkheid wisselrecht [**1.**] Voor zooverre zij niet onvereenigbaar zijn met den aard van het orderbriefje, zijn daarop toepasselijk de bepalingen over wisselbrieven betreffende:

het endossement (artikelen 110-119);

den vervaldag (artikelen 132-136);

de betaling (artikelen 137-141);

het recht van regres in geval van non-betaling (artikelen 142-149, 151-153);

de betaling bij tusschenkomst (artikelen 154, 158-162);

de wisselafschriften (artikelen 166 en 167);

de vermiste wisselbrieven (artikel 167a);

de veranderingen (artikel 168);

de verjaring (artikelen 168a en 169-170);

de feestdagen, de berekening der termijnen en het verbod van respijtdagen (artikelen 171, 171a, 172 en 173).

[**2.**] Eveneens zijn op het orderbriefje toepasselijk de bepalingen betreffende den wisselbrief, betaalbaar bij eenen derde of in een andere plaats dan die van het domicilie van den betrokkene (artikelen 103 en 126), de renteclausule (artikel 104), de verschillen in de vermelding met betrekking tot de som, welke moet worden betaald (artikel 105), de gevolgen van het plaatsen eener handteekening onder de omstandigheden bedoeld in artikel 106, die van de handteekening van eenen persoon, die handelt zonder bevoegdheid of die zijne bevoegdheid overschrijdt (artikel 107), en den wisselbrief in blanco (artikel 109).

[**3.**] Eveneens zijn op het orderbriefje toepasselijk de bepalingen betreffende het aval (artikelen 129-131); indien overeenkomstig hetgeen is bepaald bij artikel 130, laatste lid, het aval niet vermeldt, voor wien het is gegeven, wordt het geacht voor rekening van den onderteekenaar van het orderbriefje te zijn gegeven.

Art. 177

Plichten ondertekenaar [**1.**] De onderteekenaar van een orderbriefje is op dezelfde wijze verbonden als de acceptant van eenen wisselbrief.

[**2.**] De orderbriefjes, betaalbaar zekeren tijd na zicht, moeten ter teekening voor "gezien" aan den onderteekenaar worden aangeboden binnen den bij artikel 122 vastgestelden termijn. De zichttermijn loopt van de dagteekening van het visum, hetwelk door den onderteekenaar op het orderbriefje moet worden geplaatst. De weigering van dezen zijn visum te plaatsen, moet worden vastgesteld door een protest (artikel 124), van welks dagteekening de zichttermijn begint te loopen.

Zevende titel
Van chèques, en van promessen en quitantiën aan toonder

Eerste afdeeling
Van de uitgifte en den vorm van de chèque

Art. 178

Inhoud cheque De chèque behelst:

1°. de benaming "chèque", opgenomen in den tekst zelf en uitgedrukt in de taal, waarin de titel is gesteld;

2°. de onvoorwaardelijke opdracht tot betaling van een bepaalde som;

3°. den naam van dengene, die betalen moet (betrokkene);

4°. de aanwijzing van de plaats, waar de betaling moet geschieden;

5°. de vermelding van de dagteekening, alsmede van de plaats, waar de chèque is getrokken;

6°. de handteekening van dengene, die de chèque uitgeeft (trekker).

Art. 179

[1.] De titel, waarin ééne der vermeldingen, in het voorgaande artikel aangegeven, ontbreekt, geldt niet als chèque, behoudens in de hieronder genoemde gevallen.

[2.] Bij gebreke van een bijzondere aanwijzing, wordt de plaats, aangegeven naast den naam van den betrokkene, geacht te zijn de plaats van betaling. Indien meerdere plaatsen zijn aangegeven naast den naam van den betrokkene, is de chèque betaalbaar op de eerstaangegeven plaats.

[3.] Bij gebreke van die aanwijzingen of van iedere andere aanwijzing, is de chèque betaalbaar in de plaats, waar het hoofdkantoor van den betrokkene is gevestigd.

[4.] De chèque, welke niet de plaats aanwijst, waar zij is getrokken, wordt geacht te zijn onderteekend in de plaats, aangegeven naast den naam des trekkers.

Art. 180

De chèque moet worden getrokken op eenen bankier, die fonds onder zich heeft ter beschikking van den trekker, en krachtens een uitdrukkelijke of stilzwijgende overeenkomst, volgens welke de trekker het recht heeft per chèque over dat fonds te beschikken. In geval van niet-inachtneming van die voorschriften blijft de titel echter als chèque geldig.

Art. 181

De chèque kan niet worden geaccepteerd. Eene vermelding van acceptatie, op de chèque gesteld, wordt voor niet geschreven gehouden.

Art. 182

[1.] De chèque kan betaalbaar worden gesteld:
aan een met name genoemden persoon, met of zonder uitdrukkelijke clausule: "aan order";
aan een met name genoemden persoon, met de clausule: "niet aan order", of een soortgelijke clausule;
aan toonder.

[2.] De chèque, betaalbaar gesteld aan een met name genoemden persoon, met de vermelding: "of aan toonder", of een soortgelijke uitdrukking, geldt als chèque aan toonder.

[3.] De chèque zonder vermelding van den nemer geldt als chèque aan toonder.

Art. 183

[1.] De chèque kan aan de order van den trekker luiden.

[2.] De chèque kan worden getrokken voor rekening van eenen derde. De trekker wordt geacht voor zijn eigene rekening te hebben getrokken, indien uit de chèque of uit den adviesbrief niet blijkt, voor wiens rekening zulks is geschied.

[3.] De chèque kan op den trekker zelf getrokken worden.

Art. 183a

[1.] Wanneer de trekker op de chèque de vermelding "waarde ter incasseering", "ter incasso", "in lastgeving" of eenige andere vermelding, met zich brengend een bloote opdracht tot inning, heeft geplaatst, kan de nemer alle uit de chèque voortvloeiende rechten uitoefenen, maar hij kan deze niet anders overdragen dan bijwege van lastgeving.

[2.] Bij een zoodanige chèque kunnen de chèqueschuldenaren aan den houder slechts de verweermiddelen tegenwerpen, welke aan den trekker zouden kunnen worden tegengeworpen.

[3.] De opdracht, vervat in een incasso-chèque, eindigt niet door dood of latere onbekwaamheid van den lastgever.

Art. 184

Eene in de chèque opgenomen renteclausule wordt voor niet geschreven gehouden.

Art. 185

De chèque kan betaalbaar zijn aan de woonplaats van eenen derde, hetzij in de plaats, waar de betrokkene zijn domicilie heeft, hetzij in een andere plaats.

Art. 186

[1.] De chèque, waarvan het bedrag voluit in letters en tevens in cijfers is geschreven, geldt, in geval van verschil, ten beloope van de som, voluit in letters geschreven.

[2.] De chèque, waarvan het bedrag meermalen is geschreven, hetzij voluit in letters, hetzij in cijfers, geldt, in geval van verschil, slechts ten beloope van de kleinste som.

Art. 187

Indien de chèque handteekeningen bevat van personen, die onbekwaam zijn zich door middel van een chèque te verbinden, valsche handteekeningen of handteekeningen van verdichte personen, of handteekeningen, welke, onverschillig om welke andere reden, de personen, die die handteekeningen hebben geplaatst of in wier naam zulks is geschied, niet kunnen verbinden, zijn de verbintenissen der andere personen, wier handteekeningen op de chèque voorkomen, desnietttemin geldig.

Art. 188

Ieder, die zijne handteekening op eene chèque plaatst als vertegenwoordiger van eenen persoon, voor wien hij niet de bevoegdheid had te handelen, is zelf krachtens de chèque verbonden, en heeft, betaald hebbende, dezelfde rechten, als de beweerde vertegenwoordigde zou hebben gehad.

Geen cheque

Plaatsbepaling

Cheque op bankier

Geen acceptatie

Betaalbaarstelling

Cheque aan: order trekker, voor rekening derde

Op trekker

Incassocheque

Geen renteclausule

Gedomicilieerde cheque

Verschil in bedragaanduiding

Geldige en ongeldige handteekeningen

Handtekening als vertegenwoordiger

B12 art. 189 **Wetboek van Koophandel**

Hetzelfde geldt ten aanzien van den vertegenwoordiger, die zijne bevoegdheid heeft overschreden.

Art. 189

Garantie van trekker De trekker staat in voor de betaling. Elke clausule, waarbij hij deze verplichting uitsluit, wordt voor niet geschreven gehouden.

Art. 190

Volledig gemaakte cheque Indien eene chèque, onvolledig ten tijde der uitgifte, is volledig gemaakt in strijd met de aangegane overeenkomsten, kan de niet-naleving van die overeenkomsten niet worden tegengeworpen aan den houder, die de cheque te goeder trouw heeft verkregen.

Art. 190a

Fondsbezorging De trekker, of degene voor wiens rekening de chèque is getrokken, is verplicht zorg te dragen dat het noodige fonds tot betaling op den dag der aanbieding in handen van de betrokkene zij, zelfs indien de chèque bij eenen derde is betaalbaar gesteld, onverminderd de verplichting van den trekker overeenkomstig artikel 189.

Art. 190b

Solvabiliteit betrokkene De betrokkene wordt geacht, het noodige fonds in handen te hebben, indien hij bij de aanbieding van de chèque aan den trekker of aan dengene voor wiens rekening is getrokken, een opeischbare som schuldig is, ten minste gelijkstaande met het beloop van de chèque.

Tweede afdeeling
Van de overdracht

Art. 191

Wijze van overdracht [1.] De chèque, die betaalbaar is gesteld aan een met name genoemden persoon met of zonder uitdrukkelijke clausule: "aan order", kan door middel van endossement worden overgedragen.

[2.] De chèque, die betaalbaar is gesteld aan een met name genoemden persoon met de clausule: "niet aan order", of een soortgelijke clausule, kan slechts worden overgedragen in den vorm en met de gevolgen van een gewone cessie. Een op zulk een chèque geplaatst endossement geldt als een gewone cessie.

[3.] Het endossement kan worden gesteld zelfs ten voordeele van den trekker of van iederen anderen chèqueschuldenaar. Deze personen kunnen de chèque opnieuw endosseeren.

Art. 192

Endossement [1.] Het endossement moet onvoorwaardelijk zijn. Elke daarin opgenomen voorwaarde wordt voor niet geschreven gehouden.

[2.] Het gedeeltelijke endossement is nietig.

[3.] Eveneens is nietig het endossement van den betrokkene.

[4.] Het endossement aan toonder geldt als endossement in blanco.

[5.] Het endossement aan den betrokkene geldt slechts als kwijting, behoudens wanneer de betrokkene meer kantoren heeft en wanneer het endossement is gesteld ten voordeele van een ander kantoor dan dat, waarop de chèque is getrokken.

Art. 193

Plaats endossement [1.] Het endossement moet gesteld worden op de chèque of op een vastgehecht blad (verlengstuk). Het moet worden onderteekend door den endossant.

[2.] Het endossement kan den geëndosseerde onvermeld laten, of bestaan uit de enkele handteekening van den endossant (endossement in blanco). In het laatste geval moet het endossement om geldig te zijn, op de rugzijde van de chèque of op het verlengstuk worden gesteld.

Art. 194

Overdracht rechten [1.] Door het endossement worden alle uit de chèque voortvloeiende rechten overgedragen.

Endossement in blanco [2.] Indien het endossement in blanco is, kan de houder:

1°. het blanco invullen, hetzij met zijn eigen naam, hetzij met den naam van een anderen persoon;

2°. de chèque wederom in blanco of aan een anderen persoon endosseeren;

3°. de chèque aan eenen derde overgeven, zonder het blanco in te vullen, en zonder haar te endosseeren.

Art. 195

Instaan voor betaling [1.] Tenzij het tegendeel bedongen is, staat de endossant in voor de betaling.

Verbod endossement [2.] Hij kan een nieuw endossement verbieden; in dat geval staat hij tegenover de personen, aan wie de chèque later is geëndosseerd, niet in voor de betaling.

Art. 196

Rechtmatige houder Hij, die een door endossement overdraagbare chèque onder zich heeft, wordt beschouwd als de rechtmatige houder, indien hij van zijn recht doet blijken door een ononderbroken reeks van endossementen, zelfs indien het laatste endossement in blanco is gesteld. De doorgehaalde endossementen worden te dien aanzien voor niet geschreven gehouden. Wanneer een endossement in blanco door een ander endossement is gevolgd, wordt de onderteekenaar van dit laatste geacht, de chèque door het endossement in blanco verkregen te hebben.

Wetboek van Koophandel B12 art. 205

Art. 197

Een op eene chèque aan toonder voorkomend endossement maakt den endossant verantwoordelijk overeenkomstig de bepalingen betreffende het recht van regres; het maakt overigens den titel niet tot eene chèque aan order.

Endossement op toondercheque

Art. 198

Indien iemand, op welke wijze dan ook, het bezit van de chèque heeft verloren, is de houder, in wiens handen de chèque zich bevindt, niet verplicht de chèque af te geven, indien hij deze te goeder trouw heeft verkregen en zulks onverschillig of het betreft eene chèque aan toonder, dan wel een voor endossement vatbare chèque, ten aanzien van welke de houder op de wijze in artikel 196 voorzien van zijn recht doet blijken.

Verloren cheque

Art. 199

Zij, die uit hoofde van de chèque worden aangesproken, kunnen de verweermiddelen, gegrond op hun persoonlijke verhouding tot den trekker of tot vroegere houders, niet aan den houder tegenwerpen, tenzij deze bij de verkrijging van de chèque desbewust ten nadeele van den schuldenaar heeft gehandeld.

Bescherming houder

Art. 200

[1.] Wanneer het endossement de vermelding bevat: "waarde ter incasseering", "ter incasso", "in lastgeving" of eenige andere vermelding, met zich brengend een bloote opdracht tot inning, kan de houder alle uit de chèque voortvloeiende rechten uitoefenen, maar hij kan deze niet anders endosseeren dan bijwege van lastgeving.

Incasso-endossement

[2.] De chèqueschuldenaren kunnen in dat geval aan den houder slechts de verweermiddelen tegenwerpen, welke aan den endossant zouden kunnen worden tegengeworpen.

[3.] De opdracht, vervat in een incasso-endossement, eindigt niet door den dood of door de latere onbekwaamheid van den lastgever.

Art. 201

[1.] Het endossement, na het protest of de daarmede gelijkstaande verklaring, of na het einde van den aanbiedingstermijn op de chèque gesteld, heeft slechts de gevolgen eener gewone cessie.

Endossement na aanbiedingstermijn

[2.] Behoudens tegenbewijs, wordt het endossement zonder dagteekening geacht te zijn gesteld vóór het protest of de daarmede gelijkstaande verklaringen, of vóór het verstrijken van den in het voorgaande lid bedoelden termijn.

Endossement zonder datum

Derde afdeeling
Van het aval

Art. 202

[1.] De betaling van de chèque kan zoowel voor haar geheele bedrag als voor een gedeelte daarvan door eenen borgtocht (aval) worden verzekerd.

Borgtocht

[2.] Deze borgtocht kan door eenen derde, behalve door den betrokkene, of zelfs door iemand, wiens handteekening op de chèque voorkomt, worden gegeven.

Art. 203

[1.] Het aval wordt op de chèque of op een verlengstuk gesteld.

Vorm van aval

[2.] Het wordt uitgedrukt door de woorden: "goed voor aval", of door een soortgelijke uitdrukking; het wordt door den avalgever onderteekend.

[3.] De enkele handteekening van den avalgever, gesteld op de voorzijde van de chèque, geldt als aval, behalve wanneer de handteekening die is van den trekker.

[4.] Het kan ook geschieden bij een afzonderlijk geschrift of bij een brief, vermeldende de plaats, waar het is gegeven.

[5.] In het aval moet worden vermeld, voor wien het is gegeven. Bij gebreke hiervan wordt het geacht voor den trekker te zijn gegeven.

Art. 204

[1.] De avalgever is op dezelfde wijze verbonden als degene, voor wien het aval is gegeven.

Gevolgen van aval

[2.] Zijne verbintenis is geldig, zelfs indien, wegens een andere oorzaak dan een vormgebrek de door hem gewaarborgde verbintenis nietig is.

[3.] Door te betalen verkrijgt de avalgever de rechten, welke krachtens de chèque kunnen worden uitgeoefend tegen dengene, voor wien het aval is gegeven en tegen degenen, die tegenover dezen krachtens de chèque verbonden zijn.

Vierde afdeeling
Van de aanbieding en van de betaling

Art. 205

[1.] De chèque is betaalbaar op zicht. Elke vermelding van het tegendeel wordt voor niet geschreven gehouden.

Betaalbaar op zicht

[2.] De chèque, die ter betaling wordt aangeboden vóór den dag, vermeld als datum van uitgifte, is betaalbaar op den dag van de aanbieding.

B12 art. 206 **Wetboek van Koophandel**

Art. 206

Termijnen aanbieding ter betaling

[**1.**] De chèque, die in hetzelfde land uitgegeven en betaalbaar is, moet binnen den termijn van acht dagen ter betaling worden aangeboden. Indien echter uit de chèque zelve blijkt, dat zij bestemd is om in een ander land te circuleeren, wordt deze termijn verlengd, hetzij tot twintig, hetzij tot zeventig dagen, al naar gelang zij bestemd was in hetzelfde of in een ander werelddeel te circuleeren. Te dien aanzien worden de chèques, uitgegeven en betaalbaar in een land in Europa en bestemd om te circuleeren in een kustland van de Middellandsche Zee of omgekeerd, beschouwd als bestemd om te circuleeren in hetzelfde werelddeel.

[**2.**] De chèque, uitgegeven in het Rijk in Europa en betaalbaar in Nederlandsch-Indië, Suriname of Curaçao, of omgekeerd, moet ter betaling aangeboden worden binnen den tijd van zeventig dagen.

[**3.**] De chèque, die uitgegeven is in een ander land dan dat, waar zij betaalbaar is, moet worden aangeboden binnen een termijn, hetzij van twintig dagen, hetzij van zeventig dagen, naar gelang de plaats van uitgifte en de plaats van betaling gelegen zijn in hetzelfde of in een ander werelddeel.

[**4.**] Te dien aanzien worden de chèques, uitgegeven in een land in Europa en betaalbaar in een kustland van de Middellandsche Zee of omgekeerd, beschouwd als uitgegeven en betaalbaar in hetzelfde werelddeel.

[**5.**] De bovengenoemde termijnen beginnen te loopen van den dag, op de chèque als datum van uitgifte vermeld.

Art. 207

Tijdrekening plaats van betaling

De dag van uitgifte van eene chèque, getrokken tusschen twee plaatsen met verschillende tijdrekening, wordt herleid tot den overeenkomstigen dag van de tijdrekening van de plaats van betaling.

Art. 208

Aanbieding aan verrekeningskamer

[**1.**] De aanbieding aan eene verrekeningskamer geldt als aanbieding ter betaling.

[**2.**] Bij algemeenen maatregel van bestuur zullen de instellingen worden aangewezen, die in den zin van dezen Titel als verrekeningskamers worden beschouwd.

Art. 209

Herroeping

[**1.**] De herroeping van de chèque is slechts van kracht na het einde van den termijn van aanbieding.

[**2.**] Indien geene herroeping plaats heeft, kan de betrokkene zelfs na het einde van dien termijn betalen.

Art. 210

Geen invloed op gevolgen chèque

Noch de dood van den trekker, noch zijn na de uitgifte opkomende onbekwaamheid zijn van invloed op de gevolgen van de chèque.

Art. 211

Vorderen afgifte chèque

[**1.**] Buiten het geval, in artikel 227a vermeld, kan de betrokkene de chèque betalende, vorderen, dat hem deze, van behoorlijke kwijting van den houder voorzien, wordt uitgeleverd.

Gedeeltelijke betaling

[**2.**] De houder mag niet weigeren een gedeeltelijke betaling aan te nemen.

[**3.**] In geval van gedeeltelijke betaling kan de betrokkene vorderen, dat van die betaling op de chèque melding wordt gemaakt en dat hem daarvoor kwijting wordt gegeven.

Art. 212

Onderzoek door betrokkene

[**1.**] De betrokkene, die een door endossement overdraagbare chèque betaalt, is gehouden de regelmatigheid van de reeks van endossementen, maar niet de handteekening der endossanten te onderzoeken.

Verhaalsrecht

[**2.**] Indien hij, niet bevrijdend betaald hebbende, verplicht wordt, ten tweede male te betalen, heeft hij verhaal op allen die de chèque niet te goeder trouw hebben verkregen.

Art. 213

Chèque in vreemd geld

[**1.**] Eene chèque, waarvan de betaling is bedongen in ander geld dan dat van de plaats van betaling, kan binnen den termijn van aanbieding worden betaald in het geld van het land volgens zijne waarde op den dag van betaling. Indien de betaling niet heeft plaats gehad bij de aanbieding, kan de houder te zijner keuze vorderen, dat de chèquesom voldaan wordt in het geld van het land volgens den koers, hetzij van den dag van aanbieding, hetzij van den dag van betaling.

[**2.**] De waarde van het vreemde geld wordt bepaald volgens de gebruiken van de plaats van betaling. De trekker kan echter voorschrijven, dat het te betalen bedrag moet worden berekend volgens een in de chèque voorgeschreven koers.

[**3.**] Het bovenstaande is niet van toepassing, indien de trekker heeft voorgeschreven, dat de betaling moet geschieden in een bepaald aangeduid geld (clausule van werkelijke betaling in vreemd geld).

[**4.**] Indien het bedrag van de chèque is aangegeven in geld, hetwelk dezelfde benaming maar een verschillende waarde heeft in het land van uitgifte en in dat van betaling, wordt men vermoed het geld van de plaats van betaling te hebben bedoeld.

Vijfde afdeeling
Van de gekruiste chèque en van de verrekeningschèque

Art. 214

[1.] De trekker of de houder van eene chèque kan deze kruisen met de in het volgende artikel genoemde gevolgen.

[2.] De kruising geschiedt door het plaatsen van twee evenwijdige lijnen op de voorzijde van de chèque. Zij kan algemeen zijn of bijzonder.

[3.] De kruising is algemeen, indien zij tusschen de twee lijnen geen enkele aanwijzing bevat, of wel de vermelding: "bankier", of een soortgelijk woord; zij is bijzonder, indien de naam van eenen bankier voorkomt tusschen de twee lijnen.

[4.] De algemeene kruising kan worden veranderd in een bijzondere, maar de bijzondere kruising kan niet worden veranderd in een algemeene.

[5.] De doorhaling van de kruising of van den naam van den aangewezen bankier wordt geacht niet te zijn geschied.

Art. 215

[1.] Eene chèque met algemeene kruising kan door den betrokkene slechts worden betaald aan eenen bankier of aan eenen cliënt van den betrokkene.

[2.] Eene chèque met bijzondere kruising kan door den betrokkene slechts worden betaald aan den aangewezen bankier of, indien deze de betrokkene is, slechts aan een zijner cliënten. Echter kan de aangegeven bankier de chèque ter incasseering aan een anderen bankier overdragen.

[3.] Een bankier mag een gekruiste chèque slechts in ontvangst nemen van een van zijne cliënten of van een anderen bankier. Hij mag haar niet innen voor rekening van andere personen dan deze.

[4.] Een chèque, welke meer dan één bijzondere kruising draagt, mag door den betrokkene slechts worden betaald, indien er niet meer dan twee kruisingen zijn, waarvan de ééne strekt tot inning door eene verrekeningskamer.

[5.] De betrokkene of de bankier, die de bovenstaande bepalingen niet naleeft, is verantwoordelijk voor de schade tot beloop van het bedrag van de chèque.

Art. 216

[1.] De trekker, alsmede de houder van eene chèque, kan verbieden, dat deze in baar geld betaald wordt door op de voorzijde in schuinsche richting te vermelden: "in rekening te brengen", of een soortgelijke uitdrukking op te nemen.

[2.] In dat geval mag de chèque den betrokkene slechts aanleiding geven tot eene boeking (rekening-courant, giro of schuldvergelijking). De boeking geldt als betaling.

[3.] De doorhaling van de vermelding: "in rekening te brengen" wordt geacht niet te zijn geschied.

[4.] De betrokkene, die de bovenstaande bepalingen niet naleeft, is verantwoordelijk voor de schade tot beloop van het bedrag van de chèque.

Zesde afdeeling
Van het recht van regres in geval van non-betaling

Art. 217

De houder kan zijn recht van regres uitoefenen op de endossanten, den trekker en de andere chèqueschuldenaren, indien de chèque, tijdig aangeboden, niet wordt betaald en indien de weigering van betaling wordt vastgesteld:

1°. hetzij door een authentieke akte (protest);

2°. hetzij door eene verklaring van den betrokkene, gedagteekend en geschreven op de chèque onder vermelding van den dag van aanbieding;

3°. hetzij door een gedagteekende verklaring van eene verrekeningskamer, waarbij vastgesteld wordt, dat de chèque tijdig aangeboden en niet betaald is.

Art. 217a

[1.] Indien de non-betaling van de chèque door protest of een daarmede gelijkstaande verklaring is vastgesteld, is niettemin de trekker, al ware het protest niet in tijds gedaan of de met protest gelijkstaande verklaring niet in tijds afgegeven, tot vrijwaring gehouden, tenzij hij beweest, dat de betrokkene op den dag der aanbieding het noodige fonds tot betaling van de chèque in handen had. Indien het vereischte fonds slechts gedeeltelijk aanwezig was, is de trekker voor het ontbrekende gehouden.

[2.] In geval van niet tijdig protest of niet tijdige met protest gelijkstaande verklaring is de trekker, op straffe van tot vrijwaring te zijn gehouden, verplicht, den houder af te staan en over te dragen de vordering op het fonds, dat de betrokkene van hem op den dag der aanbieding heeft in handen gehad, en zulks tot het beloop van de chèque; en hij moet aan den houder, te diens koste, de noodige bewijzen verschaffen om die vordering te doen gelden. Indien de

Gekruiste cheque

Gekruiste cheque, gevolgen

Verrekeningscheque

Regresrecht

Gehoudenheid trekker tot vrijwaring

B12 *art. 218* **Wetboek van Koophandel**

trekker in staat van faillissement is verklaard of ten aanzien van hem de schuldsaneringsregeling natuurlijke personen van toepassing is verklaard, zijn de curatoren onderscheidenlijk de bewindvoerders in zijnen boedel tot dezelfde verplichtingen gehouden, ten ware deze mochten verkiezen, den houder als schuldeischer, voor het beloop van de chèque, toe te laten.

Art. 218

Tijd voor protest **[1.]** Het protest of de daarmede gelijkstaande verklaring moet worden gedaan vóór het einde van den termijn van aanbieding.

[2.] Indien de aanbieding plaats heeft op den laatsten dag van den termijn, kan het protest of de daarmede gelijkstaande verklaring op den eerstvolgenden werkdag worden gedaan.

Art. 218a

Plaats van betaling **[1.]** De betaling van eene chèque moet gevraagd en het daaropvolgend protest gedaan worden ter woonplaatse van den betrokkene.

[2.] Indien de chèque getrokken is om in een andere aangewezen woonplaats of door een anderen aangewezen persoon, hetzij in dezelfde, hetzij in een andere gemeente te worden betaald, moet de betaling gevraagd en het protest opgemaakt worden ter aangewezene woonplaats of aan den aangewezen persoon.

[3.] Artikel 54 van het Wetboek van Burgerlijke Rechtsvordering is van overeenkomstige toepassing.

Art. 218b

Wijze van protest **[1.]** Het protest van non-betaling wordt gedaan door een deurwaarder. Deze kan zich desverkiezende doen vergezellen door een of twee getuigen.

Inhoud protest **[2.]** Het protest behelst:

1°. een letterlijk afschrift van de chèque, van de endossementen, van het aval en van de adressen daarop gesteld;

2°. de vermelding dat zij de betaling aan de personen, of ter plaatse in het voorgaand artikel gemeld, afgevraagd en niet bekomen hebben;

3°. de vermelding van de opgegeven reden van non-betaling;

4°. de aanmaning om het protest te teekenen, en de redenen van weigering;

5°. de vermelding, dat hij, deurwaarder, wegens die non-betaling heeft geprotesteerd.

[3.] Indien het protest een vermiste chèque betreft, volstaat, in plaats van het bepaalde onder 1°. van het voorgaande lid, een zoo nauwkeurig mogelijke omschrijving van den inhoud der chèque.

Art. 218c

Afschrift protest De deurwaarders zijn verplicht, op straffe van schadevergoeding, afschrift van het protest te laten, en hiervan melding in het afschrift te maken, en hetzelve, naar orde des tijds, in te schrijven in een bijzonder register, genommerd en gewaarmerkt door de kantonrechter van de rechtbank van het arrondissement waarin hun woonplaats is gelegen, en om wijders, zulks begeerd wordende, een of meer afschriften van het protest aan de belanghebbenden te leveren.

Art. 219

Kennisgeving van non-betaling **[1.]** De houder moet van de non-betaling kennisgeven aan zijnen endossant en aan den trekker binnen de vier werkdagen, volgende op den dag van het protest of de daarmede gelijkstaande verklaring en, indien de chèque getrokken is met de clausule zonder kosten, volgende op dien der aanbieding. Elke endossant moet binnen de twee werkdagen, volgende op den dag van ontvangst der kennisgeving, de door hem ontvangen kennisgeving aan zijnen endossant mededeelen, met aanwijzing van de namen en adressen van degenen, die de voorafgaande kennisgevingen hebben gedaan, en zoo vervolgens, teruggaande tot den trekker. Deze termijnen loopen van de ontvangst der voorafgaande kennisgeving af.

[2.] Indien overeenkomstig het voorgaande lid eene kennisgeving is gedaan aan iemand, wiens handteekening op de chèque voorkomt, moet gelijke kennisgeving binnen denzelfden termijn aan diens avalgever worden gedaan.

[3.] Indien een endossant zijn adres niet of op onleesbare wijze heeft aangeduid, kan worden volstaan met kennisgeving aan den voorafgaanden endossant.

[4.] Hij, die eene kennisgeving heeft te doen, kan zulks doen in iederen vorm, zelfs door enkele terugzending van de chèque.

[5.] Hij moet bewijzen, dat hij de kennisgeving binnen den vastgestelden termijn heeft gedaan. Deze termijn wordt gehouden te zijn in acht genomen, wanneer een brief, die de kennisgeving behelst, binnen den genoemden termijn ter post is bezorgd.

[6.] Hij, die de kennisgeving niet binnen den bovenvermelden termijn doet, stelt zich niet bloot aan verval van zijn recht, hij is, indien daartoe aanleiding bestaat, verantwoordelijk voor de schade, door zijne nalatigheid veroorzaakt, zonder dat echter de schadevergoeding de chèquesom kan te boven gaan.

Art. 220

Clausule zonder protest **[1.]** De trekker, een endossant of een avalgever kan door de clausule "zonder kosten", "zonder protest", of een andere soortgelijke op de chèque gestelde en onderteekende clausule, den houder van het opmaken van een protest of een daarmede gelijkstaande verklaring ter uitoefening van zijn recht van regres ontslaan.

[2.] Deze clausule ontslaat den houder niet van de aanbieding van de chèque binnen de voorgeschreven termijnen, noch van het doen van de kennisgevingen. Het bewijs van de niet-inachtneming der termijnen moet worden geleverd door dengene, die zich daarop tegenover den houder beroept.

[3.] Is de clausule door den trekker gesteld, dan heeft zij gevolgen ten aanzien van allen, wier handteekeningen op de chèque voorkomen; is zij door eenen endossant of door eenen avalgever gesteld, dan heeft zij gevolgen alleen voor dezen endossant of avalgever. Indien de houder, ondanks de door den trekker gestelde clausule, toch de weigering van betaling doet vaststellen door protest of een daarmede gelijkstaande verklaring, zijn de kosten daarvan voor zijne rekening. Indien de clausule van eenen endossant of eenen avalgever afkomstig is, kunnen de kosten van het protest of van de daarmede gelijkstaande verklaring, indien een akte van dien aard is opgesteld, op allen, wier handteekeningen op de chèque voorkomen, worden verhaald.

Art. 221

[1.] Allen, die uit hoofde van eene chèque verbonden zijn, zijn hoofdelijk jegens den houder verbonden. Bovendien is ook de derde, voor wiens rekening de chèque is getrokken en die de waarde daarvoor heeft genoten, jegens den houder aansprakelijk.

[2.] De houder kan deze personen, zoowel ieder afzonderlijk, als gezamenlijk, aanspreken, zonder verplicht te zijn de volgorde, waarin zij zich hebben verbonden, in acht te nemen.

[3.] Hetzelfde recht komt toe aan ieder, wiens handteekening op de chèque voorkomt en die deze, ter voldoening aan zijn regresplicht, heeft betaald.

[4.] De vordering, ingesteld tegen éénen der chèqueschuldenaren, belet niet de anderen aan te spreken, al hadden dezen zich later verbonden dan de eerst aangesprокеne.

Art. 221a

[1.] De houder van eene chèque, waarvan de non-betaling door protest of een daarmede gelijk staande verklaring is vastgesteld, heeft in geen geval eenig recht op het fonds, dat de betrokkene van den trekker in handen heeft.

[2.] Bij faillissement van den trekker of indien ten aanzien van hem van de schuldsaneringsregeling natuurlijke personen van toepassing is verklaard behooren die penningen aan diens boedel.

Art. 222

De houder kan van dengene, tegen wien hij zijn recht van regres uitoefent, vorderen:

1°. de som van de niet betaalde chèque;

2°. de wettelijke rente, te rekenen van de dag der aanbieding, voor chèques die in Nederland uitgegeven en betaalbaar zijn, en een rente van zes ten honderd, te rekenen van de dag der aanbieding, voor alle overige chèques;

3°. de kosten van protest of van de daarmede gelijkstaande verklaring, die van de gedane kennisgevingen, alsmede de andere kosten.

Art. 223

Hij, die ter voldoening aan zijn regresplicht de chèque heeft betaald, kan van degenen, die tegenover hem regresslichtig zijn, vorderen:

1°. het geheele bedrag, dat hij betaald heeft;

2°. de wettelijke rente, te rekenen van de dag der betaling, voor chèques die in Nederland uitgegeven en betaalbaar zijn, en een rente van zes ten honderd, te rekenen van de dag der betaling, voor alle overige chèques;

3°. de door hem gemaakte kosten.

Art. 224

[1.] Elke chèqueschuldenaar, tegen wien het recht van regres wordt of kan worden uitgeoefend, kan, tegen betaling ter voldoening aan zijn regresplicht, de afgifte vorderen van de chèque met het protest, of de daarmede gelijkstaande verklaring, alsmede een voor voldaan geteekende rekening.

[2.] Elke endossant, die ter voldoening aan zijn regresplicht, de chèque heeft betaald, kan zijn endossement en dat van de volgende endossanten doorhalen.

Art. 225

[1.] Wanneer de aanbieding van de chèque, het opmaken van het protest, of de daarmede gelijkstaande verklaring, binnen de voorgeschreven termijnen wordt verhinderd door een onoverkomelijk beletsel (wettelijk voorschrift van eenigen Staat of ander geval van overmacht), worden deze termijnen verlengd.

[2.] De houder is verplicht van de overmacht onverwijld aan zijn endossant kennis te geven, en deze kennisgeving, gedagteekend en onderteekend op de chèque of op een verlengstuk te vermelden; voor het overige zijn de bepalingen van artikel 219 toepasselijk.

[3.] Na ophouden van de overmacht moet de houder onverwijld de chèque ter betaling aanbieden, en, indien daartoe aanleiding bestaat, de weigering van betaling doen vaststellen door protest of een daarmede gelijkstaande verklaring.

Hoofdelijke aansprakelijkheid

Houder geen recht op fonds

Vordering uit hoofde van regres

Vordering uit hoofde van regresplicht

Vorderen afgifte cheque

Doorhaling endossementen

Invloed overmacht op termijnen

B12 art. 226 **Wetboek van Koophandel**

[**4.**] Indien de overmacht meer dan vijftien dagen aanhoudt, te rekenen van den dag, waarop de houder, al ware het vóór het einde van den aanbiedingstermijn, van de overmacht aan zijnen endossant heeft kennis gegeven, kan het recht van regres worden uitgeoefend, zonder dat de aanbieding of het opmaken van protest of de daarmede gelijkstaande verklaring noodig zijn.

[**5.**] Feiten, welke voor den houder of voor dengene, dien hij met de aanbieding van de chèque of met het opmaken van het protest of de daarmede gelijkstaande verklaring belastte, van zuiver persoonlijken aard zijn, worden niet beschouwd als gevallen van overmacht.

Zevende afdeeling
Van chèque-exemplaren en vermiste chèques

Art. 226

Cheque-exemplaren Behoudens de chèques aan toonder, kan elke chèque, uitgegeven in een land en betaalbaar in een ander land of in een overzeesck gebied van hetzelfde land en omgekeerd, of wel uitgegeven en betaalbaar in een zelfde overzeesch gebied of in verschillende overzeesche gebieden van hetzelfde land, in meer gelijkluidende exemplaren worden getrokken. Wanneer eene chèque in meer exemplaren is getrokken, moeten die exemplaren in den tekst zelf van den titel worden genummerd bij gebreke waarvan elk exemplaar wordt beschouwd als een afzonderlijke chèque.

Art. 227

Bevrijdende betaling [**1.**] De betaling op één der exemplaren gedaan, bevrijdt, ook al ware niet bedongen, dat die betaling de kracht der andere exemplaren te niet doet.

[**2.**] De endossant, die de exemplaren aan verschillende personen heeft overgedragen, alsook de latere endossanten, zijn verbonden wegens alle exemplaren, die hunne handteekening dragen en die niet zijn uitgeleverd.

Art. 227a

Vermiste cheque Degene die de cheque waarvan hij houder was, vermist, kan met inachtneming van artikel 49, derde lid, van Boek 6 van het Burgerlijk Wetboek van de betrokkene betaling vragen.

Art. 227b

Vermiste vervallen cheque Degene die een cheque waarvan hij houder was, en welke is vervallen en, zoveel nodig, geprotesteerd, vermist, kan met inachtneming van artikel 49, derde lid, van Boek 6 van het Burgerlijk Wetboek zijn rechten alleen tegen de trekker uitoefenen.

Achtste afdeeling
Van veranderingen

Art. 228

Veranderingen in tekst In geval van verandering van den tekst van eene chèque zijn zij, die daarna hunne handteekeningen op de chèque geplaatst hebben, volgens den veranderden tekst verbonden; zij, die daarvoor hunne handteekeningen op de chèque geplaatst hebben, zijn verbonden volgens den oorspronkelijken tekst.

Negende afdeeling
Van verjaring

Art. 228a

Tenietgaan chequeschuld Behoudens de bepalingen van het volgende artikel gaat schuld uit eene chèque te niet door alle middelen van schuldbevrijding, bij het Burgerlijk Wetboek aangewezen.

Art. 229

Verjaringstermijnen [**1.**] De regresvorderingen van den houder tegen de endossanten, den trekker en de andere chèqueschuldenaren, verjaren door een tijdsverloop van zes maanden, te rekenen van het einde van den termijn van aanbieding.

[**2.**] De regresvorderingen van de verschillende chèqueschuldenaren tegen elkander, die gehouden zijn tot de betaling van eene chèque, verjaren door een tijdsverloop van zes maanden, te rekenen van den dag, waarop de chèqueschuldenaar ter voldoening aan zijnen regresplicht de cheque heeft betaald, of van den dag, waarop hij zelf in rechte is aangesproken.

[**3.**] De in het eerste en tweede lid bedoelde verjaring kan niet worden ingeroepen door den trekker, indien of voor zoover hij geen fonds heeft bezorgd noch door den trekker of de endossanten, die zich ongerechtvaardigd zouden hebben verrijkt; alles onverminderd het bepaalde in artikel 306 van Boek 3 van het Burgerlijk Wetboek.

Art. 229a

Stuiting verjaring [**1.**] De stuiting der verjaring is slechts van kracht tegen dengene, ten aanzien van wien de stuitingshandeling heeft plaats gehad.

Afwijking van BW [**2.**] Op de in het vorige artikel bedoelde verjaringen is artikel 321, eerste lid, onder *a-d* van Boek 3 van het Burgerlijk Wetboek niet van toepassing; in de gevallen bedoeld in artikel 321, eerste lid, onder *b* en *c*, van Boek 3 van het Burgerlijk Wetboek heeft de onbekwame of rechthebbende, wiens rechtsvordering is verjaard, verhaal op de wettelijke vertegenwoordiger of bewindvoerder.

Tiende afdeeling
Algemeene bepalingen

Art. 229abis

Met bankiers, genoemd in de voorafgaande Afdeelingen van dezen Titel worden gelijkgesteld alle personen of instellingen, die in hun werkzaamheid regelmatig gelden ter onmiddellijke beschikking van anderen houden.

Gelijkstelling met bankiers

Art. 229b

[**1.**] De aanbieding en het protest van eene chèque kunnen niet plaats hebben dan op eenen werkdag.

[**2.**] Wanneer de laatste dag van den termijn, door de wet gesteld voor het verrichten van handelingen nopens de chèque, met name voor de aanbieding en voor het opmaken van het protest of een daarmede gelijkstaande verklaring, een wettelijke feestdag is, wordt deze termijn verlengd tot den eersten werkdag, volgende op het einde van dien termijn. De tusschenliggende feestdagen zijn begrepen in de berekening van den termijn.

Einde termijn op werkdag

Art. 229bbis

Als wettelijke feestdag in den zin van deze Afdeeling worden beschouwd de Zondag, de Nieuwjaarsdag, de Christelijke tweede Paasch- en Pinksterdagen, de beide Kerstdagen, de Hemelvaartsdag en de verjaardag van de Koning.

Wettelijke feestdag

Art. 229c

In de termijnen, bij de voorafgaande Afdeelingen van dezen Titel voorzien, is niet begrepen de dag, waarop deze termijnen beginnen te loopen.

Aanvangsdatum termijnen

Art. 229d

Geen enkele respijtdag, noch wettelijke, noch rechterlijke, is toegestaan.

Geen respijtdag

Art. 229dbis

[Vervallen]

Elfde afdeeling
Van quitantiën en promessen aan toonder

Art. 229e

Quitantiën en promessen aan toonder moeten de juiste dagteekening der oorspronkelijke uitgifte bevatten.

Juiste dagtekening

Art. 229f

De oorspronkelijke uitgever van quitantiën aan toonder, door eenen derde betaalbaar, is jegens iederen houder voor de voldoening aansprakelijk gedurende tien dagen na de dagteekening, die dag niet daaronder begrepen.

Kwitantie aan toonder

Art. 229g

[**1.**] De verantwoordelijkheid van den oorspronkelijken uitgever blijft echter voortduren, tenzij hij bewees, dat hij, gedurende den bij het vorige artikel bepaalden tijd, fonds ten beloope van het uitgegeven papier bij den persoon, op wien hetzelve is afgegeven, heeft gehad.

Aansprakelijkheid uitgever

[**2.**] De oorspronkelijke uitgever is, op straffe van voortduring van zijne verantwoordelijkheid, verpligt den houder af te staan en over te dragen de vordering op het fonds, dat de persoon, op wien het papier is afgegeven van hem ten vervaldage heeft in handen gehad, en zulks ten beloope van het uitgegeven papier; en hij moet aan den houder, te diens koste, de noodige bewijzen verschaffen om die vordering te doen gelden. Indien de oorspronkelijke uitgever in staat van faillissement is verklaard of ten aanzien van hem de schuldsaneringsregeling natuurlijke personen van toepassing is verklaard, zijn de curatoren onderscheidenlijk de bewindvoerders in zijnen boedel tot dezelfde verpligtingen gehouden, ten ware deze mogten verkiezen, den houder als schuldeischer, ten beloope van het uitgegeven papier, toe te laten.

Art. 229h

Buiten den oorspronkelijken uitgever, blijft een ieder die het voormeld papier in betaling heeft gegeven, gedurende den tijd van drie dagen daarna, de dag der uitgifte niet daaronder begrepen, aansprakelijk jegens dengenen die het van hem heeft ontvangen.

Aansprakelijkheid van inbetalinggevers

Art. 229i

[**1.**] De houder eener promesse aan toonder is verpligt voldoening te vorderen binnen den tijd van drie dagen na den dag, op welken hij dat papier heeft in betaling genomen, die dag niet daaronder gerekend, en hij moet, bij wanbetaling, binnen een gelijken termijn daarna, de promesse ter intrekking aanbieden aan dengenen die hem dezelve heeft in betaling gegeven, alles op verbeurte van zijn verhaal tegen denzelven, doch onverminderd zijn regt tegen dengenen die de promesse heeft geteekend.

Promesse aan toonder

B12 art. 229j **Wetboek van Koophandel**

[**2.**] Indien bij de promesse de dag is uitgedrukt op welken dezelve betaalbaar is, begint de termijn van drie dagen eerst te loopen daags na den uitgedrukten betaaldag.

Art. 229j

Laatste dag van termijn

Indien de laatste dag van eenigen termijn, waaromtrent in deze Afdeeling eenige bepaling voorkomt, invalt op eenen wettelijken feestdag in den zin van art. 229b bis, blijft de verpligting en verantwoordelijkheid voortduren tot en met den eersten daaropvolgenden dag, welke geen wettelijke feestdag is.

Art. 229k

Verjaring rechtsvorderingen

[**1.**] Alle regtsvordering tegen de in deze Afdeeling vermelde uitgevers van papier, of tegen hen, die buiten den oorspronkelijken uitgever het papier in betaling hebben gegeven, verjaart door tijdsverloop van zes maanden, te rekenen van den dag der oorspronkelijke uitgifte.

[**2.**] De in het vorig lid bedoelde verjaring kan niet worden ingeroepen door den uitgever, indien of voor zoover hij geen fonds heeft bezorgd noch door den uitgever of door hen, die buiten den oorspronkelijken uitgever het papier in betaling hebben gegeven, voor zoover ze zich ongeregtvaardigdzouden hebben verrijkt; alles onverminderd het bepaalde in artikel 306 van Boek 3 van het Burgerlijk Wetboek.

[**3.**] Op de in dit artikel genoemde verjaringen is het tweede lid van art. 229a van toepassing.

Achtste titel
Van reclame of terugvordering in geval van faillissement

Art. 230-245

[Vervallen]

Negende titel
[Vervallen]

Art. 246-286

[Vervallen]

Tiende titel
[Vervallen]

Eerste afdeeling
[Vervallen]

Art. 287-298

[Vervallen]

Tweede afdeeling
[Vervallen]

Art. 299-301

[Vervallen]

Derde afdeeling
[Vervallen]

Art. 302-308

[Vervallen]

Tweede Boek
Van de regten en verpligtingen uit scheepvaart voortspruitende

Algemeene Bepaling

Art. 309

Begripsbepalingen

1. De betekenis van begrippen voorkomende in Boek 8 van het Burgerlijk Wetboek, met uitzondering van die voorkomende in de artikelen 5, 6, 7 en 10, geldt evenzeer voor dit wetboek.

Eerste titel
Van zeeschepen

Art. 310

In de eerste tot en met derde titel van dit boek worden onder schepen uitsluitend verstaan zeeschepen.

Art. 311

1. Een schip is een Nederlands schip indien voldaan wordt aan de volgende vereisten:
a. het schip is eigendom van een of meer:
1°. natuurlijke personen die de nationaliteit bezitten van een lidstaat van de Europese Unie, van een andere staat die partij is bij de Overeenkomst betreffende de Europese Economische Ruimte, van Zwitserland of die worden gelijkgesteld met EU-onderdanen ingevolge het van het Gemeenschapsrecht afgeleide recht;
2°. vennootschappen waarop het recht van een lidstaat van de Europese Unie, van een van de landen, eilanden of gebieden, bedoeld in artikel 299, tweede tot en met vijfde lid en zesde lid, onder c, van het EG-Verdrag, van een andere staat die partij is bij de Overeenkomst betreffende de Europese Economische Ruimte of van Zwitserland toepasselijk is;
3°. rechtspersonen, niet zijnde een vennootschap als bedoeld onder 2°, waarop het recht van een lidstaat van de Europese Unie, van een van de landen, eilanden of gebieden, bedoeld in artikel 299, tweede tot en met vijfde lid en zesde lid, onder c, van het EG-Verdrag, van een andere staat die partij is bij de Overeenkomst betreffende de Europese Economische Ruimte of van Zwitserland toepasselijk is;
4°. natuurlijke personen, vennootschappen of rechtspersonen niet bedoeld onder 1°, 2°, onderscheidenlijk 3°, die aanspraak kunnen maken op het Europese recht van vrije vestiging ingevolge een overeenkomst tussen de Europese Unie en een derde staat;
b. de eigenaar heeft in Nederland een hoofdvestiging of nevenvestiging in de zin van de Handelsregisterwet 2007;
c. een of meer natuurlijke personen die in Nederland kantoor houden zijn namens de eigenaar verantwoordelijk voor het schip, de kapitein en de overige leden van de bemanning, alsmede voor de daarmee verband houdende aangelegenheden en zijn dienaangaande alleen of tezamen beslissingsbevoegd en beschikken over vertegenwoordigingsbevoegdheid, en
d. een of meer van de natuurlijke personen als bedoeld onder c of, bij verhindering, een plaatsvervanger is bij voortduring bereikbaar en beschikt over bevoegdheden om onverwijld te kunnen handelen in situaties waarin dat geboden is.

2. Ingeval een schip eigendom is van een natuurlijke persoon die tevens kapitein is van dat schip is dat schip een Nederlands schip indien wordt voldaan aan het eerste lid, onderdeel a, onder 1° of onder 4° en onderdeel b, en er in Nederland aan de wal een vertegenwoordiger van die eigenaar is die bij voortduring bereikbaar is en beschikt over bevoegdheden om onverwijld te kunnen handelen in situaties waarin dat geboden is.

3. Ingeval de eigenaar de verantwoordelijkheid voor het beheer van zijn schip overdraagt aan een vennootschap als bedoeld in het eerste lid, onderdeel a, onder 2°, of onder 4°, en het beheer van dat schip voor rekening van de eigenaar geschiedt, is dat schip een Nederlands schip indien die vennootschap voldoet aan de vereisten, bedoeld in het eerste lid, onderdelen b tot en met d. De eigenaar behoeft in dat geval niet te voldoen aan het eerste lid, onderdelen b tot en met d. Indien de eigenaar niet voldoet aan het eerste lid, onderdeel b, kiest hij woonplaats ten kantore van de vestiging in Nederland van de vennootschap waaraan het beheer is overgedragen.

4. Een schip dat uitsluitend anders dan in de uitoefening van een beroep of bedrijf wordt gebruikt, is een Nederlands schip indien wordt voldaan aan het eerste lid, onderdeel a, onder 1°, onder 3° of onder 4° en er in Nederland aan de wal een natuurlijk persoon is met voldoende volmacht van de eigenaar om onverwijld te kunnen handelen in situaties waarin dat geboden is.

(Zie ook: artt. 319, 319b WvK; artt. 26, 64, 175, 285 BW Boek 2; artt. 171, 194 BW Boek 8)

Art. 311a

1. Door of namens Onze Minister van Verkeer en Waterstaat wordt ten behoeve van de teboekstelling, bedoeld in artikel 194 van Boek 8 van het Burgerlijk Wetboek, op verzoek van de reder aan deze een verklaring afgegeven, dat met betrekking tot zijn schip wordt voldaan aan de in artikel 311 genoemde vereisten. Indien met betrekking tot een schip niet langer wordt voldaan aan de in artikel 311 genoemde vereisten wordt deze verklaring door Onze Minister van Verkeer en Waterstaat ingetrokken. Van deze intrekking wordt, nadat de beroepstermijn is verstreken of, indien beroep is ingesteld, op het beroep is beslist, onverwijld mededeling gedaan aan de in artikel 6 van de Kadasterwet bedoelde bewaarder van het kadaster en de openbare registers van het kantoor waar het schip te boek staat.

2. Bij algemene maatregel van bestuur kunnen regels worden gesteld betreffende de schriftelijke bewijsstukken en andere gegevens die de reder bij de aanvraag van de verklaring, bedoeld in

B12 art. 311b **Wetboek van Koophandel**

het eerste lid, dient te verstrekken, alsmede betreffende het toezicht op het voldoen aan de in artikel 311 genoemde vereisten.
(Zie ook: Bnz)

3. De kosten van aanvraag en afgifte van een verklaring als bedoeld in de eerste volzin van het eerste lid, komen ten laste van de aanvrager. Het tarief voor deze kosten wordt vastgesteld bij regeling van Onze Minister van Verkeer en Waterstaat.
(Zie ook: Rts 2005)

Art. 311b

Toezicht **1.** Met het toezicht op de naleving van het bij of krachtens de artikelen 311 en 311a bepaalde, zijn belast de bij besluit van Onze Minister van Verkeer en Waterstaat aangewezen ambtenaren.

Publicatie **2.** Van een besluit als bedoeld in het eerste lid wordt mededeling gedaan door plaatsing in de *Staatscourant*.

Inlichtingen **3.** De toezichthoudende ambtenaren zijn bevoegd inlichtingen te verlangen, voor zover dat voor de vervulling van hun taak redelijkerwijs nodig is.
(Zie ook: Besl.aanw.atnr)

Art. 312

In Nederland gebouwd schip Een schip, dat hier te lande is of wordt gebouwd, wordt als een Nederlandsch schip beschouwd, totdat de bouwer het heeft opgeleverd aan hem, voor wiens rekening het is of wordt gebouwd, of wel het voor eigen rekening in de vaart heeft gebracht.

Art. 313-318v

[Vervallen]

Art. 319

Werkingssfeer Op zeevisserssschepen zijn de artikelen 311 en 312 niet van toepassing.
(Zie ook: art. 374 WvK; artt. 2, 172 BW Boek 8)

Art. 319a

[Vervallen]

Art. 319b

Tot openbare dienst bestemde schepen De bepalingen van de artikelen 311 en 312 zijn niet van toepassing op schepen, aan het Rijk of eenig openbaar lichaam toebehoorende, welke tot den openbaren dienst zijn bestemd.

Tweede titel

Art. 320-339

[Vervallen]

Art. 340

Nederlands schip In deze titel wordt verstaan onder Nederlands schip: een schip dat Nederlands is op grond van artikel 311 van dit boek, dan wel op grond van artikel 5 van de Wet nationaliteit zeeschepen in rompbevraching .

Art. 340a-340g

[Vervallen]

Derde titel
Van den kapitein

Art. 341

Opvarenden Onder opvarenden worden in dezen titel verstaan allen, die zich aan boord bevinden, buiten den kapitein.

Art. 341a-341b

[Vervallen]

Art. 342

Verplichtingen kapitein De kapitein is verplicht met zoodanige bekwaamheid en nauwgezetheid en met zoodanig beleid te handelen als voor eene behoorlijke vervulling zijner taak noodig is.

Art. 343

[1.] De kapitein is verplicht de gebruikelijke regels en de bestaande voorschriften ter verzekering van de zeewaardigheid en de veiligheid van het schip, van de veiligheid der opvarenden en der zaken aan boord, met nauwgezetheid op te volgen.

[2.] Hij onderneemt de reis niet, tenzij het schip tot het volvoeren daarvan geschikt, naar behooren uitgerust en voldoende bemand is.

Art. 344

De kapitein is verplicht overal waar de wet, de gewoonte of de voorzichtigheid dit gebiedt, zich van een loods te bedienen.

Art. 345

De kapitein mag gedurende de vaart of bij dreigend gevaar het schip niet verlaten, tenzij zijne afwezigheid volstrekt noodzakelijk is of de zorg voor lijfsbehoud hem daartoe dwingt.

Art. 346

[Vervallen]

Art. 347

[1.] De kapitein moet aan boord voorzien zijn van: de zeebrief, den meetbrief en een uittreksel uit de registratie voor schepen als bedoeld in artikel 101, eerste lid, van de Kadasterwet vermeldende tenminste de gegevens, bedoeld in artikel 85, tweede lid, onder *a, c, d, e, f, g* en *j*, van die wet, alsmede de gegevens omtrent niet doorgehaalde voorlopige aantekeningen, met dien verstande dat, ingeval dat uittreksel meer dan één dag vóór die van het laatste vertrek van het schip uit een Nederlandse haven is afgegeven, op dat uittreksel een verklaring van de bewaarder van het kadaster en de openbare registers moet voorkomen dat sedert de afgifte de op dat uittreksel vermelde gegevens blijkens de stukken, ingeschreven in de desbetreffende openbare registers tot op de dag vóór die van het vertrek, geen wijziging hebben ondergaan; het manifest der lading, de charter-partij en de cognossementen, dan wel afschriften van die stukken; de Nederlandsche wetten en reglementen op de reis van toepassing, en alle verdere noodige papieren.

Scheepspapieren enz.

[2.] Ten aanzien van de charter-partij en de cognossementen geldt deze verplichting niet in de door Ons te omschrijven omstandigheden.

Art. 348

[1.] De kapitein zorgt, dat aan boord een scheepsdagboek (*dagregister* of *journaal*) wordt gehouden, waarin alles van eenig belang, dat op de reis voorvalt, nauwkeurig wordt opgeteekend.

Scheepsdagboek

[2.] De kapitein van een schip, dat door mechanische kracht wordt voortbewogen, zorgt bovendien, dat door een lid van het machinekamer-personeel een machine-dagboek wordt gehouden.

Machinedagboek

Art. 349

[1.] Op Nederlandse schepen mogen alleen dagboeken in gebruik worden genomen, welke blad voor blad zijn genummerd.

Vereisten dagboeken

[2.] De dagboeken worden, zo mogelijk, dagelijks bijgehouden, gedagtekend en door de kapitein en de zeevarende, die hij met het houden van het boek heeft belast, ondertekend.

[3.] Bij of krachtens algemene maatregel van bestuur worden regels gesteld met betrekking tot het inrichten van de dagboeken.

(Zie ook: Bds 1970)

Art. 350

De kapitein, de eigenaar en de rompbevrachter zijn verplicht aan belanghebbenden op hunne aanvrage inzage en, tegen betaling van de kosten, afschrift van de dagboeken te geven.

Inzage dagboeken

Art. 351

Wanneer de kapitein zich in zaken van aanbelang met leden van de bemanning heeft beraden, wordt van de hem gegeven adviezen in het scheepsdagboek melding gemaakt.

Melding adviezen in dagboek

Art. 352

[Vervallen]

Art. 353

[1.] Na aankomst in een haven kan de kapitein door een notaris eene scheepsverklaring doen opmaken omtrent de voorvallen der reis.

Scheepsverklaring

(Zie ook: art. 37 WNA)

[2.] Indien het schip of de zaken aan boord schade hebben geleden of eenig buitengewoon voorval heeft plaats gehad, is de kapitein verplicht binnen 48 uren na aankomst, in de plaats van aankomst of in een nabijgelegen plaats althans eene voorloopige verklaring te doen opmaken. Eene voorloopige verklaring moet binnen acht dagen door eene volledige verklaring worden gevolgd.

[3.] De kapitein heeft zich te wenden in het Koninkrijk buiten Europa tot het bevoegde gezag en buiten het Koninkrijk tot den Nederlandschen consulairen ambtenaar of, bij ontstentenis van zoodanigen ambtenaar, tot het bevoegde gezag.

[4.] De notaris is verplicht van scheepsverklaringen tegen betaling der kosten afschrift uit te reiken aan ieder die het verlangt.

Art. 354

[1.] Bij het berekenen van de in artikel 353 genoemde wettelijke termijn tellen de Zondag en de daarmede gelijkgestelde dagen en, in het buitenland, de aldaar algemeen erkende wettelijke feestdagen niet mede.

Berekening wettelijke termijn

[2.] Met den Zondag worden gelijkgesteld de Nieuwjaarsdag, de Christelijke tweede Paasch- en Pinksterdagen, de beide Kerstdagen en de Hemelvaartsdag.

Art. 355

De door den kapitein aan te wijzen zeevarenden zijn verplicht bij het opmaken van de scheepsverklaring hunne medewerking te verleenen door van hunne bevinding verklaring af te leggen.

Medewerking aan scheepsverklaring

Art. 356

Bewijskracht De beoordeling van de bewijskracht van scheepsdagboeken en scheepsverklaringen, ten aanzien van de daarin vermelde voorvallen der reis, is voor ieder geval aan den rechter overgelaten.

Art. 357

Overboord werpen of verbruiken De kapitein is bevoegd, indien dit tot behoud van schip of lading noodzakelijk is, scheepstoebehoren en bestanddeelen van de lading zoowel over boord te werpen als te verbruiken.

Art. 358

Bevoegdheid t.a.v. levensmiddelen De kapitein is in geval van nood gedurende de reis bevoegd, levensmiddelen, welke in het bezit zijn van opvarenden of tot de lading behooren, tegen schadevergoeding tot zich te nemen, ten einde die te verbruiken in het belang van allen die zich aan boord bevinden.

Art. 358a

Verplichting hulpverlening [1.] De kapitein is verplicht aan personen, die in gevaar verkeeren, en in het bijzonder, als zijn schip bij eene aanvaring betrokken is geweest, aan de andere daarbij betrokken schepen en de personen, die zich aan boord dier schepen bevinden, de hulp te verleenen, waartoe hij bij machte is, zonder zijn eigen schip en de opvarenden daarvan aan ernstig gevaar bloot te stellen.

Opgeven naam, enz. van schip [2.] Hij is bovendien verplicht, voor zooverre hem dit mogelijk is, aan de andere bij de aanvaring betrokken schepen op te geven den naam van zijn schip, van de haven waar het thuis behoort en van de havens van waar het komt en waarheen het bestemd is.

[3.] Niet-nakoming van deze verplichtingen door den kapitein geeft geen aanspraak tegen hem, die uit welken hoofde dan ook verantwoordelijk is voor het optreden van de kapitein.

Art. 358b

Hulpbehoevende Nederlandsche zeelieden [1.] De kapitein van een Nederlandsch, naar Nederland bestemd schip, in eene buitenlandsche haven vertoevend, is verplicht, zich daar bevindende, hulpbehoevende Nederlandsche zeelieden, voorzoover aan boord voor hen plaats is, op verlangen van den Nederlandschen consulairen ambtenaar of, waar deze ontbreekt, van de plaatselijke overheid, naar Nederland over te brengen.

[2.] De kosten hiervan zijn voor rekening van den Staat. De vaststelling dier kosten geschiedt op den grondslag door Ons te bepalen.

Art. 359

Samenstelling bemanning, enz. De kapitein heeft de zorg voor alles wat met het beladen en het lossen van het schip in verband staat, voor zooverre niet andere personen daarmee zijn belast.

Art. 360-366

[Vervallen]

Art. 367

Binnenlopen onzijdige haven De kapitein, vernemende dat de vlag, waaronder hij vaart, onvrij is geworden, is verplicht in de meest in de nabijheid gelegen onzijdige haven binnen te loopen en aldaar te blijven liggen, totdat hij op veilige wijze kan vertrekken of van hem die daartoe bevoegd is stellige orders om te vertrekken heeft ontvangen.

Art. 368

Geblokkeerde haven Indien den kapitein blijkt, dat de haven, waarheen het schip is bestemd, wordt geblokkeerd, is hij verplicht in de meest geschikte in de nabijheid gelegen haven binnen te loopen.

Art. 369

[Vervallen]

Art. 370

Afwijken van koers De kapitein mag van den koers, welken hij moet volgen, afwijken ter redding van menschenlevens.

Art. 371

[Vervallen]

Art. 371a

Verstekeling Indien gedurende de reis iemand aan boord wordt ontdekt, die niet in het bezit is van een geldig reisbiljet en niet bereid of niet in staat is op eerste aanmaning van den kapitein vracht te betalen, heeft deze het recht hem aan boord werk te laten verrichten, waartoe hij in staat is, en hem bij de eerste gelegenheid die zich voordoet van boord te verwijderen.

Art. 372

Geen goederenvervoer voor eigen rekening Noch de kapitein, noch een opvarende mag voor eigen rekening goederen in het schip vervoeren, tenzij krachtens overeenkomst met of verlof van de eigenaar en, indien het schip is vervracht, ook van den bevrachter.

Art. 373

[Vervallen]

Art. 374

Zeevissersschepen [1.] Artikel 347, het tweede lid van artikel 348 en artikel 349, eerste lid, zijn niet van toepassing op zeevissersschepen.

Aan boord noodzakelijke papieren [2.] Aan boord moeten aanwezig zijn een uittreksel uit de registratie voor schepen als bedoeld in artikel 101, eerste lid, van de Kadasterwet vermeldende tenminste de gegevens, bedoeld in artikel 85, tweede lid, onder *a, c, d, e, f, g* en *j*, van die wet, alsmede de gegevens omtrent niet doorgehaalde voorlopige aantekeningen, welk uittreksel op een zodanig tijdstip moet zijn afgegeven door de bewaarder van het kadaster en de openbare registers dat de daarin vermelde gegevens overeenstemmen met die welke in de registratie voor schepen ten aanzien van het betrokken schip staan vermeld ten tijde van het uitvaren van dat schip, en de wetten en reglementen op deze schepen van toepassing.

Art. 375-387

[Vervallen]

Art. 388

Na afloop van eene reis is de kapitein verplicht de scheepspapieren aan de werkgever af te geven tegen ontvangstbewijs.

Afgeven scheepspapieren

Art. 389-392a

[Vervallen]

Vierde titel
Van de schepelingen

§ 1
Algemeene bepalingen

Art. 393-395

[Vervallen]

§ 2
Van de arbeidsovereenkomst tot de vaart ter zee

Art. 396-450d

[Vervallen]

§ 3
Van de monsterrol en het monsterboekje

Art. 450e-451j

[Vervallen]

§ 4
Van de schepelingen ter visscherij

Art. 452

[Vervallen]

§ 5
Van de schepelingen ter zeevisserij die een arbeidsovereenkomst met de zeewerkgever hebben gesloten

Art. 452a-452p

[Vervallen]

§ 6
[Vervallen]

Art. 452q-452w

[Vervallen]

Vijfde titel
Van vervrachting en bevrachting van schepen

§ 1
Algemeene bepalingen

Art. 453-459a

[Vervallen]

§ 2
Tijd-bevrachting

Art. 460-465

[Vervallen]

Vijfde titel A
Van het vervoer van goederen

§ 1
Algemeene bepalingen

Art. 466-517d

[Vervallen]

§ 2
Vaste lijnen

Art. 517e-517ij

[Vervallen]

§ 3
Tijd-bevrachting

Art. 517z-518g

[Vervallen]

§ 4
Reis-bevrachting

Art. 518h-520f

[Vervallen]

§ 5
Vervoer van stukgoederen

Art. 520g-520t

[Vervallen]

Vijfde titel B
Van het vervoer van personen

§ 1
Algemeene bepalingen

Art. 521-533c

[Vervallen]

§ 2
Vaste lijnen

Art. 533d-533mbis

[Vervallen]

§ 3
Tijd-bevrachting

Art. 533n-533p

[Vervallen]

§ 4
Reis-bevrachting

Art. 533q-533u

[Vervallen]

§ 5
Vervoer van enkele personen

Art. 533v-533z

[Vervallen]

Zesde titel
Van aanvaring

Art. 534-544a

[Vervallen]

Zevende titel
Van hulp en berging

Art. 545-576

[Vervallen]

Achtste titel
Van bodemerij

Art. 577-591

[Vervallen]

Negende titel
[Vervallen]

Eerste afdeeling
[Vervallen]

Art. 592-618

[Vervallen]

Tweede afdeeling
[Vervallen]

Art. 619-623

[Vervallen]

Derde afdeeling
[Vervallen]

Art. 624-634

[Vervallen]

Vierde afdeeling
[Vervallen]

Art. 635-662

[Vervallen]

Vijfde afdeeling
[Vervallen]

Art. 663-680

[Vervallen]

Zesde afdeeling
[Vervallen]

Art. 681-685a

[Vervallen]

Tiende titel
[Vervallen]

Art. 686-695

[Vervallen]

Elfde titel
[Vervallen]

Art. 696-740

[Vervallen]

Elfde titel A
Van de beperking der aansprakelijkheid

Art. 740a-740j

[Vervallen]

Twaalfde titel
[Vervallen]

Art. 741-747

[Vervallen]

Dertiende titel
Van de binnenvaart

Eerste afdeling
Binnenschepen en voorwerpen aan boord daarvan

§ 1
Rechten op binnenschepen

Art. 748-765n

[Vervallen]

§ 2
Voorrechten op binnenschepen

Art. 766-774

[Vervallen]

§ 3
Voorrechten op voorwerpen aan boord van binnenschepen

Art. 775-779

[Vervallen]

Tweede afdeeling
Van den eigenaar en den gebruiker van een binnenschip

Art. 780-781

[Vervallen]

Derde afdeeling
Van den schipper en de schepelingen

Art. 782

Verplichtingen schipper

[**1.**] De schipper is verplicht de gebruikelijke regels en de bestaande voorschriften ter verzekering van de deugdelijkheid en de veiligheid van het schip voor de vaart op binnenwateren, van de veiligheid der opvarenden en der zaken aan boord met nauwgezetheid op te volgen.

[**2.**] Hij onderneemt de reis niet, tenzij het schip tot het volvoeren daarvan geschikt, naar behooren uitgerust en voldoende bemand is.

(Zie ook: Bbsd)

Art. 783

[**1.**] De schipper kan na aankomst in eene haven door een notaris eene scheepsverklaring doen opmaken omtrent de voorvallen der reis. Buiten Nederland wendt hij zich tot den Nederlandschen consulairen ambtenaar of, bij ontstentenis van zoodanigen ambtenaar, tot het bevoegde gezag.

[**2.**] De notaris en de consulaire ambtenaar zijn verplicht van scheepsverklaringen tegen betaling van kosten afschrift uit te reiken aan ieder, die het verlangt.

Art. 784

[Vervallen]

Art. 785

[**1.**] De schipper is verplicht aan personen, die in gevaar verkeeren, en in het bijzonder, als zijn schip bij eene aanvaring betrokken is geweest, aan de andere daarbij betrokken schepen en de personen, die zich aan boord dier schepen bevinden, de hulp te verleenen, waartoe hij bij machte is zonder zijn eigen schip en de opvarenden daarvan aan ernstig gevaar bloot te stellen.

[**2.**] Hij is bovendien verplicht, voor zooverre hem dit mogelijk is, aan de andere bij de aanvaring betrokken schepen op te geven den naam van zijn schip, van de plaats, waar het thuis behoort, van de plaats, vanwaar het komt en waarheen het bestemd is, alsmede inzage te verstrekken van het bewijs van inschrijving in het register.

[**3.**] Niet-nakoming van deze verplichtingen door den schipper geeft geen aanspraak jegens hem, die uit welken hoofde dan ook verantwoordelijk is voor het optreden van de schipper.

Art. 786-787

[Vervallen]

Vierde afdeeling
Van vervrachting en bevrachting van binnenschepen in het algemeen

Art. 788-808

[Vervallen]

Vijfde afdeeling
Van het vervoer van goederen

Art. 809-854

[Vervallen]

§ 2
Beurtvaart

Art. 855-873

[Vervallen]

§ 3
Reisbevrachting

Art. 874-906

[Vervallen]

§ 4
Bevrachting voor liggen en/of varen

Art. 907-918

[Vervallen]

Zesde afdeeling
Van het vervoer van personen

Art. 919-924

[Vervallen]

Zevende afdeeling
Van het sleepen van binnenschepen

Art. 925-935

[Vervallen]

Doen opmaken van scheepsverklaring

Verplichting hulpverlening

Verplichte opgaven bij aanvaring

Achtste afdeeling
Van aanvaring

Art. 936-949

[Vervallen]

Negende afdeeling
Van hulp en berging

Art. 950

[Vervallen]

Tiende afdeeling
Van avarijen

Art. 951

[Vervallen]

Afdeling 10A
Van de beperking der aansprakelijkheid

Art. 951a-951g

[Vervallen]

Elfde afdeeling
[Vervallen]

Art. 952-957

[Vervallen]

Algemene slotbepaling

Art. 958

De Algemene termijnenwet is niet van toepassing op de termijnen, gesteld in de hierna genoemde onderdelen van dit wetboek:
van het eerste boek:
Artikel 82 tweede lid, Titel IV derde en vierde afdeling en de Titels VI en VII;
van het tweede boek:
de Titels III, IV en Titel IX derde afdeling.
Zij is echter wel van toepassing op de termijnen, gesteld in de artikelen 419 en 451e.

Faillissementswet B13

Inhoudsopgave

Titel I	Van faillissement	Art. 1
Eerste afdeling	Van de faillietverklaring	Art. 1
Tweede afdeling	Van de gevolgen der faillietverklaring	Art. 20
Derde afdeling	Van het bestuur over de failliete boedel	Art. 64
§ 1	Van de rechter-commissaris	Art. 64
§ 2	Van de curator	Art. 68
§ 3	Van de schuldeiserscommissie	Art. 74
§ 4	Van de vergaderingen der schuldeisers	Art. 80
§ 5	Van de rechterlijke beschikkingen	Art. 85
Vierde afdeling	Van de voorzieningen na de faillietverklaring en van het beheer des curators	Art. 87
Vijfde afdeling	Van de verificatie der schuldvorderingen	Art. 108
Vijfde afdeling A		Art. 137a
	Vereenvoudigde afwikkeling van faillissement	Art. 137a
Zesde afdeling	Van het akkoord	Art. 138
Zevende afdeling	Van de vereffening des boedels	Art. 173
Achtste afdeling	Van de rechtstoestand des schuldenaars na afloop van de vereffening	Art. 195
Negende afdeeling	[Vervallen]	Art. 198-202
Tiende afdeling	Bepalingen van internationaal recht	Art. 203
Elfde afdeling	Van rehabilitatie	Art. 206
Afdeling 11A	Van het definitieve karakter van de afwikkeling van betalingen en effectentransacties in betalings- en afwikkelingssystemen	Art. 212a
Afdeling 11AA	Van het faillissement van een bank	Art. 212g
§ 1	In Nederland gevestigde bank en buiten de Europese Economische Ruimte gevestigde bank met bijkantoor in Nederland	Art. 212g
§ 2	Bepalingen van internationaal privaatrecht	Art. 212s
Afdeling 11AB	Van het faillissement van een beleggingsonderneming in de zin van de verordening kapitaalvereisten	Art. 212oo
Afdeling 11B	Van het faillissement van een verzekeraar	Art. 213
§ 1	Definities	Art. 213
§ 2	Verzekeraars met zetel in Nederland, verzekeraars zonder vergunning met zetel in een andere lidstaat dan Nederland en verzekeraars met zetel buiten de Europese Unie met bijkantoor in Nederland	Art. 213a
§ 3	Bepalingen van internationaal privaatrecht	Art. 213n
§ 4	Verzekeraars met beperkte risico-omvang	Art. 213ff
Titel II	Van surseance van betaling	Art. 214
Eerste afdeling	Van de verlening van surseance van betaling en haar gevolgen	Art. 214
Tweede afdeling	Van het akkoord	Art. 252
Tweede afdeling A	Bijzondere bepalingen	Art. 281a
Tweede afdeling B	Van de verlening van surseance van betaling aan een beleggingsonderneming en een financiële instelling die een verklaring van ondertoezichtstelling heeft of een andere instelling	Art. 281g
Derde afdeling	Slotbepalingen	Art. 282
Titel III	Schuldsaneringsregeling natuurlijke personen	Art. 284
Eerste afdeling	Het uitspreken van de toepassing van de schuldsaneringsregeling	Art. 284
Tweede afdeling	De gevolgen van de toepassing van de schuldsaneringsregeling	Art. 295
Derde afdeling	Het bestuur over de boedel	Art. 314
Vierde afdeling	De voorzieningen na de uitspraak tot de toepassing van de schuldsaneringsregeling en de taak van de bewindvoerder	Art. 322
Vijfde afdeling	Verificatie van vorderingen	Art. 328

B13 Faillissementswet

Zesde afdeling	Het akkoord	Art. 329
Zevende afdeling	De vereffening van de boedel	Art. 347
Achtste afdeling	Termijn en beëindiging van de toepassing van de schuldsaneringsregeling	Art. 349a
Negende afdeling	Bijzondere bepalingen	Art. 358a
Tiende afdeling	Slotbepalingen	Art. 360
	Algemene slotbepaling	Art. 362
Tweede afdeling	Homologatie van een onderhands akkoord	Art. 369
§ 1	Algemene bepalingen	Art. 369
§ 2	De aanbieding van en stemming over een akkoord	Art. 370
§ 3	De homologatie van het akkoord	Art. 383
§ 4	De gevolgen van de homologatie van het akkoord	Art. 385

Faillissementswet^1

Wet van 30 september 1893, op het faillissement en de surséance van betaling

In naam van Hare Majesteit WILHELMINA, bij de gratie Gods, Koningin der Nederlanden, Prinses van Oranje-Nassau, enz., enz., enz.

Wij EMMA, Koningin-Weduwe, Regentes van het Koninkrijk;

Allen, die deze zullen zien of hooren lezen, saluut! doen te weten:

Alzoo Wij in overweging genomen hebben, dat de wettelijke bepalingen omtrent het faillissement en de surséance van betaling herziening vereischen;

Zoo is het, dat Wij, den Raad van State gehoord, en met gemeen overleg der Staten-Generaal, hebben goedgevonden en verstaan, gelijk Wij goedvinden en verstaan bij deze:

Titel I
Van faillissement

Eerste afdeling
Van de faillietverklaring

Art. 1

1. De schuldenaar, die in de toestand verkeert dat hij heeft opgehouden te betalen, wordt, hetzij op eigen aangifte, hetzij op verzoek van een of meer zijner schuldeisers, bij rechterlijk vonnis in staat van faillissement verklaard.

2. De faillietverklaring kan ook worden uitgesproken, om redenen van openbaar belang, op verzoek van het Openbaar Ministerie.

(Zie ook: artt. 136, 164, 246, 274 BW Boek 2; artt. 276, 277 BW Boek 3; art. 340 WvSr; art. 65 t/m 80 WTV; art. 31 t/m 40 WTK)

Art. 2

1. De faillietverklaring geschiedt door de rechtbank van de woonplaats des schuldenaars. *(Zie ook: art. 10 BW Boek 1; artt. 27, 66, 177, 284 BW Boek 2)*

2. Indien de schuldenaar zich buiten het Rijk in Europa heeft begeven, is de rechtbank zijner laatste woonplaats bevoegd.

3. Ten aanzien van vennoten onder one firma is de rechtbank, binnen welker gebied het kantoor der vennootschap is gevestigd, mede bevoegd.

4. Indien de schuldenaar binnen het Rijk in Europa geen woonplaats heeft, doch aldaar een beroep of bedrijf uitoefent, is de rechtbank, binnen welker gebied hij een kantoor heeft, bevoegd.

5. Wordt in het geval van het derde of vierde lid door meer dan één daartoe bevoegde rechtbank op verschillende dagen de faillietverklaring uitgesproken, dan heeft alleen de eerst gedane uitspraak rechtsgevolgen. Heeft de uitspraak van verschillende rechtbanken op dezelfde dag plaats, dan heeft alleen de uitspraak van de rechtbank, die in de wet van 10 augustus 1951, *Stb.* 347 het eerst genoemd wordt, rechtsgevolgen.

Art. 3

1. Indien een verzoek tot faillietverklaring een natuurlijke persoon betreft en hij geen verzoek heeft ingediend tot het uitspreken van de toepassing van de schuldsaneringsregeling bedoeld in titel III, geeft de griffier de schuldenaar terstond bij brief kennis dat hij binnen veertien dagen na de dag van de verzending van die brief alsnog een verzoek als bedoeld in artikel 284 kan indienen.

2. De behandeling van het verzoek tot faillietverklaring wordt geschorst totdat de in het eerste lid bedoelde termijn is verstreken.

(Zie ook: artt. 3b, 15b FW)

Art. 3a

1. Indien een verzoek tot faillietverklaring en een verzoek tot het uitspreken van de toepassing van de schuldsaneringsregeling bedoeld in titel III gelijktijdig aanhangig zijn, komt eerst het laatste in behandeling.

2. De behandeling van het verzoek tot faillietverklaring wordt geschorst totdat bij in kracht van gewijsde gegane uitspraak is beslist op het verzoek tot het uitspreken van de toepassing van de schuldsaneringsregeling.

(Zie ook: art. 236 Rv)

---

1 Inwerkingtredingsdatum: 29-09-1895; zoals laatstelijk gewijzigd bij: Stb. 2020, 414.

B13 art. 3b Faillissementswet

3. Het verzoek tot faillietverklaring vervalt van rechtswege door de uitspraak tot de definitieve toepassing van de schuldsaneringsregeling.
(Zie ook: artt. 3b, 7, 284, 287, 288 FW)

Art. 3b

Toepasselijkheid De artikelen 3 en 3a blijven buiten toepassing indien een verzoek tot faillietverklaring een schuldenaar betreft ten aanzien van wie de schuldsaneringsregeling van toepassing is.
(Zie ook: art. 312 FW)

Art. 3d

Voorrang verzoek aanwijzing herstructureringsdeskundige **1.** Als een eigen aangifte of een verzoek tot faillietverklaring en een verzoek tot aanwijzing van een herstructureringsdeskundige als bedoeld in artikel 371 gelijktijdig aanhangig zijn, komt eerst het laatste in behandeling.

2. De behandeling van de eigen aangifte of het verzoek tot faillietverklaring wordt in ieder geval geschorst totdat de rechtbank heeft beslist op het verzoek tot aanwijzing van de herstructureringsdeskundige. Wijst de rechtbank het verzoek toe, dan kondigt zij daarbij tevens overeenkomstig artikel 376 een afkoelingsperiode af en blijft de schorsing tijdens die periode van kracht.

Art. 4

Aangifte tot faillietverklaring **1.** De aangifte tot faillietverklaring wordt gedaan en het verzoek daartoe ingediend ter griffie en met de meeste spoed in raadkamer behandeld. Het Openbaar Ministerie wordt daarop gehoord. Indien de aangifte tot faillietverklaring wordt gedaan door een natuurlijk persoon, stelt de griffier deze terstond ervan in kennis dat hij, onverminderd artikel 15b, eerste lid, een verzoek als bedoeld in artikel 284 kan indienen.
(Zie ook: art. 5 FW)

Gehuwde schuldenaar **2.** Een schuldenaar die gehuwd is of een geregistreerd partnerschap is aangegaan kan slechts aangifte doen met medewerking van zijn echtgenoot onderscheidenlijk geregistreerde partner tenzij iedere gemeenschap tussen echtgenoten onderscheidenlijk geregistreerde partners, is uitgesloten.
(Zie ook: art. 6 FW; artt. 80a, 97, 98 BW Boek 1)

3. Ten aanzien ener vennootschap onder ene firma, moet de aangifte inhouden de naam en de woonplaats van elk der hoofdelijk voor het geheel verbonden vennoten.
(Zie ook: art. 16 WvK)

4. De aangifte of het verzoek tot faillietverklaring bevat zodanige gegevens dat de rechter kan beoordelen of hem rechtsmacht toekomt op grond van de verordening, genoemd in artikel 5, derde lid.
(Zie ook: artt. 136, 164, 246, 274 BW Boek 2; artt. 3, 10, 19 IW 1990; artt. 65, 78 WTV; art. 31 Wtk 1992)

Vonnis van faillietverklaring **5.** Het vonnis van faillietverklaring wordt ter openbare zitting uitgesproken en is bij voorraad, op de minuut uitvoerbaar, niettegenstaande enige daartegen gerichte voorziening.

Art. 5

Indienen door advocaat **1.** De verzoeken, bedoeld in het vorige artikel en in de artikelen 5a, 8, 9, 10, 11, 15c, tweede lid, 42a, 67, 155, 166, 198, 206, 371, eerste lid, 376, eerste lid, 378, eerste lid, 379, eerste lid, en 383, eerste lid, worden ingediend door een advocaat.
(Zie ook: art. 283 FW)

2. Het eerste lid is niet van toepassing op een hoger beroep dat wordt ingesteld tegen een beschikking van de rechter-commissaris, houdende machtiging aan de curator tot opzegging van een arbeidsovereenkomst.

Verordening insolventieprocedures **3.** Verzoeken op de voet van de artikelen 46, 72, tweede lid, onder e, en 77, vierde lid, van de verordening (EU) 2015/848 van het Europees Parlement en de Raad van 20 mei 2015 betreffende insolventieprocedures (PbEU 2015, L 141) worden ingediend door een advocaat.

Art. 5a

Verzoek opening groepscoördinatieprocedure **1.** Een verzoek tot opening van een groepscoördinatieprocedure als bedoeld in artikel 61 van de in artikel 5, derde lid, genoemde verordening kan worden gedaan door een insolventiefunctionaris bij de rechtbank, aangewezen in artikel 2.

2. Tegen een beslissing van de rechtbank als bedoeld in artikel 77, vierde lid, van de in artikel 5, derde lid, genoemde verordening, kan een bij de groepscoördinatieprocedure betrokken insolventiefunctionaris gedurende acht dagen, na de dag waarop die beslissing is genomen, in hoger beroep komen.

3. Het hoger beroep wordt ingesteld bij verzoek, in te dienen ter griffie van het rechtscollege dat bevoegd is van de zaak kennis te nemen.

4. De rechter beveelt in geval van een mondelinge behandeling de oproeping van de verzoeker in hoger beroep, de bij de groepscoördinatieprocedure betrokken coördinator en de in eerste aanleg in de procedure verschenen belanghebbenden.

5. De griffier zendt onverwijld een afschrift van de beslissing op het verzoek, bedoeld in het derde lid, aan de rechtbank.

Art. 6

1. De rechtbank kan bevelen, dat de schuldenaar worde opgeroepen, om in persoon of bij gemachtigde gehoord te worden. De griffier doet de oproeping op de wijze, bij algemene maatregel van bestuur te bepalen. Is buiten Nederland een hoofdinsolventie procedure geopend op de voet van artikel 3, eerste lid, van de in artikel 5, derde lid, genoemde verordening, dan stelt de griffier de insolventiefunctionaris of de schuldenaar als bedoeld in artikel 2, onder 3, van de in artikel 5, derde lid, genoemde verordening in de hoofdinsolventieprocedure onverwijld schriftelijk in kennis van de aanvraag onder mededeling dat deze zijn zienswijze binnen een daartoe door de rechter bepaalde termijn kenbaar kan maken.

2. Indien de schuldenaar, die is opgeroepen om gehoord te worden, gehuwd is of een geregistreerd partnerschap is aangegaan, is zijn echtgenoot onderscheidenlijk geregistreerde partner mede bevoegd om in persoon of bij gemachtigde te verschijnen.

(Zie ook: art. 4 FW)

3. De faillietverklaring wordt uitgesproken, indien summierlijk blijkt van het bestaan van feiten of omstandigheden, welke aantonen, dat de schuldenaar in de toestand verkeert dat hij heeft opgehouden te betalen, en, zo een schuldeiser het verzoek doet, ook van het vorderingsrecht van deze.

4. Ontleent de Nederlandse rechter zijn rechtsmacht aan de in artikel 5, derde lid, genoemde verordening, dan wordt in het vonnis van faillietverklaring vermeld of het een hoofdinsolventieprocedure dan wel een territoriale insolventieprocedure in de zin van de verordening betreft.

Art. 7

1. Hangende het onderzoek kan de rechtbank de verzoeker desverlagd verlof verlenen de boedel te doen verzegelen. Zij kan daaraan de voorwaarde van zekerheidstelling tot een door haar te bepalen bedrag, verbinden.

(Zie ook: art. 51 WNA)

2. De verzegeling geschiedt door een bij dit verlof aan te wijzen notaris. Buiten de verzegeling blijven zaken die onder artikel 21 vallen; in het proces-verbaal wordt een korte beschrijving daarvan opgenomen.

(Zie ook: art. 93 FW; artt. 616, 658 Rv; art. 199 WvSr)

Art. 8

1. De schuldenaar, die in staat van faillissement is verklaard, nadat hij op de aanvraag tot faillietverklaring is gehoord, heeft gedurende acht dagen, na de dag der uitspraak, recht van hoger beroep.

(Zie ook: art. 345 Rv; art. 69 Wet RO)

2. Zo hij niet is gehoord, heeft hij gedurende veertien dagen, na de dag der uitspraak, recht van verzet. Indien hij tijdens de uitspraak zich niet binnen het Rijk in Europa bevindt, wordt die termijn verlengd tot een maand.

(Zie ook: art. 143 Rv)

3. Van het vonnis, op het verzet gewezen, kan hij gedurende acht dagen, na de dag der uitspraak, in hoger beroep komen.

4. Het verzet of hoger beroep wordt ingesteld door indiening van een verzoek ter griffie van het rechtscollege, dat van de zaak kennis moet nemen. De voorzitter bepaalt terstond dag en uur voor de behandeling.

(Zie ook: art. 5 FW)

5. De schuldenaar, de schuldeiser die het faillissement heeft verzocht, en, in geval van verzet, de curator, worden opgeroepen op de wijze bepaald in de artikelen 271 tot en met 277 van het Wetboek van Burgerlijke Rechtsvordering.

6. De behandeling geschiedt op de wijze bij artikel 4 voorgeschreven.

(Zie ook: artt. 154, 219 FW)

Art. 9

1. Bij afwijzing van de aangifte of aanvraag tot faillietverklaring bestaat recht van hoger beroep, gedurende acht dagen na de dag der afwijzing.

2. Hetzelfde geldt bij vernietiging der faillietverklaring ten gevolge van verzet, in welk geval van het hoger beroep door de griffier van het gerechtshof, waarbij het is aangebracht, onverwijld wordt kennis gegeven aan de griffier van de rechtbank die de vernietiging heeft uitgesproken.

3. De instelling en behandeling van het hoger beroep geschiedt op de wijze in de artikelen 4 en 6 voorgeschreven.

(Zie ook: art. 5 FW; art. 69 Wet RO)

Art. 10

1. Elk schuldeiser, met uitzondering van hem die de faillietverklaring heeft verzocht, en elk belanghebbende heeft tegen de faillietverklaring recht van verzet gedurende acht dagen na de dag der uitspraak.

2. Het verzet wordt ingesteld door indiening van een verzoek ter griffie van het rechtscollege, dat de faillietverklaring heeft uitgesproken.

(Zie ook: art. 5 FW)

Oproeping schuldenaar

Voorwaarden voor faillietverklaring

Verzegeling boedel

Verzet en hoger beroep door schuldenaar

Hoger beroep bij afwijzing of vernietiging

Verzet door schuldeisers en belanghebbenden

3. De voorzitter bepaalt terstond dag en uur voor de behandeling.

4. De schuldenaar, de schuldeiser die het faillissement heeft verzocht, de curator en de schuldeiser of belanghebbende die het verzet heeft ingesteld, worden opgeroepen op de wijze bepaald in de artikelen 271 tot en met 277 van het Wetboek van Burgerlijke Rechtsvordering.

5. De behandeling geschiedt op de wijze bij artikel 4 voorgeschreven.

(Zie ook: art. 209 FW; art. 376 Rv)

Art. 11

Hoger beroep na afwijzing verzet

1. De schuldeiser of de belanghebbende, wiens in het vorige artikel bedoeld verzet door de rechtbank is afgewezen, heeft recht van hoger beroep, gedurende acht dagen na de dag der afwijzing.

Hoger beroep na vernietiging

2. Hetzelfde geldt, bij vernietiging der faillietverklaring door de rechtbank ten gevolge van dat verzet, voor de schuldenaar, de schuldeiser, die de faillietverklaring verzocht heeft, en het Openbaar Ministerie, in welk geval tevens het tweede lid van artikel 9 van toepassing is.

3. De instelling en behandeling van het hoger beroep geschiedt op de wijze in de artikelen 4 en 6 voorgeschreven.

(Zie ook: art. 5 FW)

4. Is het verzet bij het gerechtshof gedaan, dan is hoger beroep uitgesloten.

(Zie ook: art. 345 Rv)

Art. 12

Beroep in cassatie

1. Van het arrest, door het gerechtshof gewezen, kunnen de schuldenaar, de schuldeiser die de faillietverklaring verzocht, de in art. 10 bedoelde schuldeiser of belanghebbende en het Openbaar Ministerie, gedurende acht dagen na de dag der uitspraak, in cassatie komen.

2. Het beroep in cassatie wordt aangebracht en behandeld op de wijze bepaald in de artikelen 426 tot en met 429 van het Wetboek van Burgerlijke Rechtsvordering.

3. Indien de cassatie is gericht tegen een arrest, houdende vernietiging van het vonnis van faillietverklaring, geeft de griffier van de Hoge Raad van het verzoek tot cassatie onverwijld kennis aan de griffier van het gerechtshof dat de vernietiging heeft uitgesproken.

(Zie ook: artt. 187, 211, 221 FW; art. 99 Wet RO; art. 428 Rv)

Art. 13

Gevolgen van vernietiging

1. Indien ten gevolge van verzet, hoger beroep of cassatie de faillietverklaring wordt vernietigd, blijven niettemin geldig en verbindend voor de schuldenaar de handelingen, door de curator verricht vóór of op de dag, waarop aan het voorschrift tot aankondiging overeenkomstig artikel 15 is voldaan.

(Zie ook: art. 168 FW)

Gevolgen aanwending rechtsmiddel

2. Hangende het verzet, het hoger beroep of de cassatie kan geen raadpleging over een akkoord plaats hebben, noch tot de vereffening van de boedel buiten toestemming van de schuldenaar worden overgegaan.

(Zie ook: artt. 141, 173, 248 FW)

Art. 13a

Gevolgen vernietiging faillissement voor opgezegde arbeidsovereenkomsten

Indien de faillietverklaring wordt vernietigd wordt de opzegging van een arbeidsovereenkomst door een curator, in afwijking van artikel 13, eerste lid, met terugwerkende kracht beheerst door de wettelijke of overeengekomen regels die van toepassing zijn buiten faillissement, met dien verstande dat de termijnen, bedoeld in artikel 686a, vierde lid, van Boek 7 van het Burgerlijk Wetboek, aanvangen op het tijdstip waarop het faillissement wordt vernietigd.

Art. 14

Inhoud vonnis faillietverklaring

1. Het vonnis van faillietverklaring houdt in de benoeming van een of meer leden van de rechtbank tot rechter-commissaris in het faillissement, en de aanstelling van een of meer curators. De rechter die de faillietverklaring uitspreekt, geeft in de uitspraak tevens last aan de curator tot het openen van aan de gefailleerde gerichte brieven en telegrammen. De rechtbank vermeldt op het vonnis het tijdstip van de faillietverklaring tot op de minuut nauwkeurig.

(Zie ook: artt. 64, 68, 70, 73, 167 FW; art. 13 GW)

Kennisgeving aan postvervoerbedrijf

2. Van de faillietverklaring wordt door de griffier onverwijld kennis gegeven aan het postvervoerbedrijf of de postvervoerbedrijven die zijn aangewezen als verlener van de universele postdienst, alsmede de andere geregistreerde postvervoerbedrijven, bedoeld in de Postwet 2009. In de kennisgeving wordt melding gemaakt van de in het vorige lid bedoelde last.

(Zie ook: art. 99 FW)

Publicatie uittreksel vonnis

3. Een uittreksel uit het vonnis van faillietverklaring, houdende vermelding van de naam, de woonplaats of het kantoor en het beroep van de gefailleerde, van de naam van de rechter-commissaris, van de naam en de woonplaats of het kantoor des curators, van de dag der uitspraak, alsmede van de naam, het beroep en de woonplaats of het kantoor van ieder lid der voorlopige commissie uit de schuldeisers, zo er een benoemd is, wordt door de curator onverwijld geplaatst in de *Nederlandsche Staatscourant*.

Kennisgeving

4. Op verzoek van een insolventiefunctionaris of een schuldenaar als bedoeld in artikel 2, onder 3 en 5, van de in artikel 5, derde lid, genoemde verordening geeft de griffier van de rechtbank Den Haag onverwijld in de Staatscourant kennis van de in artikel 28 van die verordening be-

doelde gegevens. Een zodanige kennisgeving vindt in elk geval plaats wanneer de schuldenaar in Nederland een vestiging heeft in de zin van artikel 2, onder 10, van de in de eerste zin bedoelde verordening. De gegevens, bedoeld in de eerste zin, worden aan de griffier verstrekt in de Nederlandse, Engelse, Duitse of Franse taal.
(Zie ook: artt. 167, 193, 248 FW; artt. 51, 303 BW Boek 2; art. 27 Hrbeg)

Art. 14b

Benoemt de rechtbank meerdere rechters-commissarissen, dan zijn zij zowel afzonderlijk als tezamen bevoegd om de in deze wet genoemde bevoegdheden uit te oefenen.

Art. 15

1. Zodra een vonnis van faillietverklaring ten gevolge van verzet, hoger beroep of cassatie is vernietigd, en in de twee eerste gevallen de termijn, om in hoger beroep of in cassatie te komen, verstreken is zonder dat daarvan gebruik is gemaakt, wordt door de griffier van het rechtscollege, dat de vernietiging heeft uitgesproken, van die uitspraak kennis gegeven aan de curator en aan het postvervoerbedrijf of de postvervoerbedrijven die zijn aangewezen als verlener van de universele postdienst, alsmede de andere geregistreerde postvervoerbedrijven, bedoeld in de Postwet 2009.
(Zie ook: art. 99 FW)

2. Gelijke kennisgeving geschiedt, in geval van vernietiging van een vonnis van faillietverklaring in hoger beroep of cassatie, aan de griffier van de rechtbank, die het vonnis heeft gewezen.

3. De rechter, die de vernietiging van een vonnis van faillietverklaring uitspreekt, stelt tevens het bedrag vast van de faillissementskosten en van het salaris des curators. Hij brengt dit bedrag ten laste van degene, die de faillietverklaring heeft aangevraagd, van de schuldenaar, of van beide in de door de rechter te bepalen verhouding. Tegen deze beslissing staat geen rechtsmiddel open. Een bevelschrift van tenuitvoerlegging zal daarvan worden uitgegeven ten behoeve van de curator.
(Zie ook: artt. 71, 99, 168, 248 FW)

Art. 15a

Wordt faillietverklaring in hoger beroep of in cassatie uitgesproken met vernietiging van een vonnis of arrest, waarbij de aangifte of aanvrage tot faillietverklaring werd afgewezen, dan geeft de griffier van het rechtscollege, dat de faillietverklaring uitspreekt, van die uitspraak kennis aan de griffier van de rechtbank, waarbij de aangifte of aanvrage is ingediend.

Art. 15b

1. Indien redelijkerwijs niet geoordeeld kan worden dat de gefailleerde wegens hem toe te rekenen omstandigheden binnen de termijn bedoeld in artikel 3, eerste lid, geen verzoek tot het van toepassing verklaren van de schuldsaneringsregeling heeft ingediend of indien het faillissement is uitgesproken op eigen aangifte van de schuldenaar, kan de rechtbank, totdat de verificatievergadering is gehouden of, indien de verificatievergadering achterwege blijft, totdat de rechter-commissaris de beschikkingen als bedoeld in artikel 137a, eerste lid, heeft gegeven, op verzoek van de gefailleerde diens faillissement opheffen onder het gelijktijdig uitspreken van de toepassing van de schuldsaneringsregeling bedoeld in titel III.

2. De gefailleerde dient daartoe een verzoek als bedoeld in artikel 284 in bij de rechtbank waar de aangifte of het verzoek tot faillietverklaring werd ingediend. Het derde lid van artikel 284 is niet van toepassing.

3. Het eerste lid is niet van toepassing:
a. indien het faillissement is uitgesproken terwijl de schuldsaneringsregeling ten aanzien van de schuldenaar van toepassing was;
b. indien de schuldenaar in staat van faillissement verkeert door beëindiging van de toepassing van de schuldsaneringsregeling;
c. indien het faillissement is uitgesproken op grond van artikel 340, vierde lid.

4. Alvorens te beslissen kan de rechtbank de gefailleerde, de rechter-commissaris en de curator oproepen om te worden gehoord. Artikel 6, tweede lid, is van toepassing.

5. Bij toewijzing van het verzoek, spreekt de rechtbank de definitieve toepassing van de schuldsaneringsregeling uit.

6. Van de opheffing van het faillissement wordt door de griffier kennis gegeven in de aankondiging die is voorgeschreven in artikel 293. Indien in het faillissement overeenkomstig artikel 108 reeds het tijdstip voor de verificatievergadering was bepaald, zal in die aankondiging tevens mededeling worden gedaan dat die verificatievergadering niet zal worden gehouden.
(Zie ook: artt. 4, 19, 108, 247a, 287, 288, 312, 338, 350 FW)

Art. 15c

1. Tegen het vonnis, houdende uitspraak tot de opheffing van het faillissement en tot de toepassing van de schuldsaneringsregeling, kunnen noch door schuldeisers noch door andere belanghebbenden rechtsmiddelen worden ingesteld.

2. Indien de toepassing van de schuldsaneringsregeling niet is uitgesproken, heeft de gefailleerde gedurende acht dagen na de dag van de uitspraak het recht van hoger beroep. Het hoger beroep

B13 art. 15d

Faillissementswet

wordt ingesteld door indiening van een verzoek ter griffie van het gerechtshof, dat van de zaak kennis moet nemen. De griffier van het gerechtshof geeft van die indiening onverwijld kennis aan de griffier van de rechtbank.

3. De voorzitter bepaalt terstond dag en uur voor de behandeling, welke zal moeten plaatshebben binnen twintig dagen na de dag van de indiening van het verzoek. De uitspraak vindt niet later plaats dan op de achtste dag na die van de behandeling van het verzoek ter zitting. Van het arrest van het gerechtshof wordt door de griffier onverwijld mededeling gedaan aan de griffier van de rechtbank.

4. Indien het gerechtshof het faillissement handhaaft, kan de schuldenaar gedurende acht dagen na die van de uitspraak in cassatie komen. Het beroep in cassatie wordt ingesteld door indiening van een verzoek ter griffie van de Hoge Raad. De voorzitter bepaalt terstond dag en uur voor de behandeling. De griffier van de Hoge Raad geeft van het beroep in cassatie en van de uitspraak van de Hoge Raad onverwijld kennis aan de griffier van de rechtbank.

5. Zolang niet op het verzoek bedoeld in artikel 15b, tweede lid, is beslist en, indien de schuldsaneringsregeling niet is uitgesproken, hangende het hoger beroep of de cassatie, kan in het faillissement geen raadpleging over een akkoord plaatshebben, noch tot uitdeling aan de schuldeisers worden overgegaan.

(Zie ook: artt. 247b, 292 FW)

Art. 15d

Regels bij opheffing faillissement onder gelijktijdig uitspreken toepassing schuldsaneringsregeling

1. Indien het faillissement wordt opgeheven onder het gelijktijdig uitspreken van de toepassing van de schuldsaneringsregeling, gelden de volgende regelen:

a. handelingen door de curator tijdens het faillissement verricht, blijven geldend en verbindend;

b. boedelschulden, gedurende het faillissement ontstaan, gelden ook in de schuldsaneringsregeling als boedelschulden;

c. in het faillissement ingediende vorderingen gelden als ingediend in de schuldsaneringsregeling.

2. Het tijdstip, waarop de termijnen vermeld in de artikelen 43 en 45 aanvangen, wordt berekend met ingang van de dag van de faillietverklaring.

(Zie ook: artt. 247c, 312 FW)

Art. 16

Kosteloze behandeling of opheffing

1. Indien niet voldoende baten beschikbaar zijn voor de voldoening van de faillissementskosten en de overige boedelschulden, kan de rechtbank, op voordracht van de rechter-commissaris en na de schuldeiserscommissie, zo die er is, gehoord te hebben, bevelen, hetzij de kosteloze behandeling, hetzij, na verhoor of behoorlijke oproeping van de gefailleerde, en in dit geval bij beschikking in het openbaar uit te spreken, de opheffing van het faillissement.

(Zie ook: art. 74 FW)

Kosten

2. De rechter, die de opheffing van het faillissement beveelt, stelt tevens het bedrag van de faillissementskosten vast en - zo daartoe gronden aanwezig zijn - van het salaris van de curator. Hij brengt deze bedragen ten laste van de schuldenaar. Zij worden bij voorrang boven alle andere schulden voldaan.

(Zie ook: art. 71 FW)

3. Tegen deze vaststelling staat geen rechtsmiddel open. Een bevelschrift van tenuitvoerlegging zal daarvan worden uitgegeven ten behoeve van de curator.

(Zie ook: art. 85 FW)

4. In afwijking van hetgeen in het tweede lid is bepaald, komen de kosten van de in deze titel bevolen publicaties, voorzover deze niet uit de boedel kunnen worden voldaan, ten laste van de Staat. De griffier van het rechtscollege dat de opheffing heeft bevolen, draagt zorg voor de voldoening van het door de rechtbank vast te stellen bedrag dat ten laste van de Staat komt.

(Zie ook: artt. 17, 18, 19, 168 FW; art. 19 BW Boek 2)

Art. 17

Vrijstelling griffiekosten

Het bevel tot kosteloze behandeling van het faillissement heeft ten gevolge vrijstelling van griffiekosten.

(Zie ook: art. 168 FW)

Art. 18

Wijze publicatie opheffing; rechtsmiddelen nieuw verzoek

De beschikking, bevelende de opheffing van het faillissement, wordt op dezelfde wijze openbaar gemaakt als het vonnis van faillietverklaring en daartegen kunnen de schuldenaar en de schuldeisers op dezelfde wijze en binnen dezelfde termijnen opkomen, als bepaald is ten aanzien van het vonnis, waarbij een faillietverklaring wordt geweigerd. Indien na een dergelijke opheffing opnieuw aangifte of – binnen drie jaar – aanvraag tot faillietverklaring wordt gedaan, is de schuldenaar of de aanvrager verplicht aan te tonen, dat er voldoende baten aanwezig zijn om de kosten van het faillissement te bestrijden.

(Zie ook: artt. 14, 168 FW; artt. 51, 303 BW Boek 2; art. 27 Hregb)

Art. 19

Openbaar register

1. Er wordt een centraal openbaar register bijgehouden, ten behoeve waarvan de griffier van de rechtbank, voor ieder faillissement afzonderlijk, met vermelding van de dagtekening, de volgende gegevens inschrijft:

1°. een uittreksel van de rechterlijke beslissingen, waarbij de faillietverklaring uitgesproken of de uitgesproken weder opgeheven is;
(Zie ook: artt. 2, 8, 12 FW)
2°. de summiere inhoud en de homologatie van het akkoord;
(Zie ook: artt. 138, 150, 271 FW)
3°. de ontbinding van het akkoord;
(Zie ook: artt. 165, 280 FW)
4°. het bedrag van de uitdelingen bij vereffening;
(Zie ook: artt. 179, 192 FW)
5°. de opheffing van het faillissement ingevolge artikel 15b of artikel 16;
6°. de rehabilitatie;
(Zie ook: artt. 206, 212 FW)
7°. de vereisten vermeld in artikel 24, tweede lid, van de in artikel 5, derde lid, genoemde verordening;
8°. bij of krachtens algemene maatregel van bestuur aan te wijzen stukken.
2. Omtrent vorm en inhoud van het centrale register worden door Ons bij algemene maatregel van bestuur nadere regels gegeven.
3. De griffier is verplicht aan ieder kosteloze inzage van het centrale register en tegen betaling een uittreksel daaruit te verstrekken.
(Zie ook: art. 24 BW Boek 3; artt. 222a, 294 FW; Besl.art. 19 FW; Aanw.besl.Rvr.FW)
4. De griffier geeft de in het eerste lid genoemde gegevens door aan Onze Minister van Justitie of een bij algemene maatregel van bestuur aan te wijzen ander orgaan ten behoeve van het centrale register.

Art. 19a

Door Onze Minister van Justitie of, indien ingevolge artikel 19, vierde lid, een ander orgaan is aangewezen, door dat orgaan, wordt het centrale register gehouden, waarin de in artikel 19, eerste lid, genoemde gegevens worden ingeschreven.

Centraal faillissementsregister

Art. 19b

In het geval, bedoeld in artikel 14, vierde lid, worden de gegevens met betrekking tot de daar bedoelde insolventieprocedure door de griffier van de rechtbank Den Haag ingeschreven in het register.

Inschrijving gegevens insolventieprocedure in openbaar register

Tweede afdeling
Van de gevolgen der faillietverklaring

Art. 20

Het faillissement omvat het gehele vermogen van de schuldenaar ten tijde van de faillietverklaring, alsmede hetgeen hij gedurende het faillissement verwerft.
(Zie ook: art. 276 BW Boek 3)

Algeheel beslag

Art. 21

Niettemin blijven buiten het faillissement:
1°. de niet-bovenmatige roerende zaken en gezelschapsdieren vermeld in artikel 447 van het Wetboek van Burgerlijke Rechtsvordering, tenzij in het faillissement schuldeisers opkomen wegens vorderingen vermeld in artikel 448 van genoemde Wetboek, alsmede het auteursrecht in de gevallen waarin het niet vatbaar is voor beslag;
2°. hetgeen de gefailleerde door persoonlijke werkzaamheid, of als bezoldiging wegens een ambt of bediening, of als soldij, gagement, pensioen of onderstand, gedurende het faillissement verkrijgt, indien en voorzover de rechter-commissaris zulks bepaalt;
(Zie ook: art. 100 FW)
3°. de gelden, die aan de gefailleerde verstrekt worden ter voldoening aan een wettelijke onderhoudsplicht;
(Zie ook: artt. 81, 157, 169, 182, 392, 404 BW Boek 1; art. 120 AW)
4°. een door de rechter-commissaris te bepalen bedrag uit de opbrengst van het in artikel 253l, eerste en tweede lid, van Boek 1 van het Burgerlijk Wetboek bedoelde vruchtgenot, ter bestrijding van de in artikel 253l, derde lid van Boek 1 van dat wetboek vermelde lasten en van de kosten van verzorging en opvoeding van het kind.
(Zie ook: artt. 63, 67 FW)
5°. het ingevolge artikel 642c van het Wetboek van Burgerlijke Rechtsvordering in de kas der gerechtelijke consignaties gestorte bedrag;
(Zie ook: art. 642a Rv)
6°. de goederen bedoeld in artikel 60a, derde lid;
7°. een aanspraak op het tegoed van een lijfrenterekening of op de waarde van een lijfrentebeleggingsrecht als bedoeld in artikel 1.7, eerste lid, onderdeel b, van de Wet inkomstenbelasting 2001 voor zover de ter zake ingelegde bedragen voor de heffing van de inkomstenbelasting in

Buiten faillissement vallende goederen en dieren

B13 *art. 22*

Faillissementswet

aanmerking konden worden genomen voor de bepaling van het belastbare inkomen uit werk en woning.
(Zie ook: artt. 7, 93, 395 FW)

Art. 22

Uitbreiding begrip gefailleerde

In het vorige artikel wordt onder «gefailleerde» mede begrepen de echtgenoot of de geregistreerde partner van de in enige gemeenschap van goederen gehuwde onderscheidenlijk als partner geregistreerde.
(Zie ook: art. 61 FW; artt. 80a, 93, 114, 130, 131 BW Boek 2)

Art. 22a

Rechten m.b.t. levensverzekering die buiten de boedel vallen

1. Ten aanzien van een overeenkomst van levensverzekering vallen voorts buiten de boedel:
a. het recht op het doen afkopen van een levensverzekering voorzover de begunstigde of de verzekeringnemer door afkoop onredelijk benadeeld wordt;
b. het recht om de begunstiging te wijzigen, tenzij de wijziging geschiedt ten behoeve van de boedel en de begunstigde of de verzekeringnemer daardoor niet onredelijk benadeeld wordt;
c. het recht om de verzekering te belenen.

Toestemming tot uitoefenen rechten m.b.t. levensverzekering

2. Voor de uitoefening van het recht op het doen afkopen en het recht om de begunstiging te wijzigen, behoeft de curator de toestemming van de rechter-commissaris, die daarbij zonodig vaststelt tot welk bedrag deze rechten mogen worden uitgeoefend. Slechts met schriftelijke toestemming van de verzekeringnemer is de curator bevoegd tot overdracht van de verzekering.

Vervallen wijziging begunstigde levensverzekering

3. Indien de curator de begunstiging heeft gewijzigd, vervalt deze wijziging met de beëindiging van het faillissement.
(Zie ook: art. 295 FW; art. 215 BW Boek 4)

4. Indien de begunstiging na de faillietverklaring onherroepelijk wordt, kan deze onherroepelijkheid niet aan de boedel worden tegengeworpen. De verzekeraar is verplicht een uitkering, waarop de begunstiging betrekking heeft, onder zich te houden. Voor zover vaststaat dat de begunstiging niet zal worden gewijzigd, blijven de eerste en de tweede volzin buiten toepassing. Ten aanzien van de begunstigde is artikel 69 van overeenkomstige toepassing.

5. In afwijking van het vierde lid, tweede zin, kan de verzekeraar een betaling aan de begunstigde tegenwerpen aan de boedel, voorzover de curator niet bewijst dat de verzekeraar op het tijdstip van betaling op de hoogte was van het faillissement of van een daaraan voorafgegaan beslag ten laste van de verzekeringnemer. In dat geval heeft de curator verhaal op de begunstigde.

Art. 23

Verlies beschikking en beheer

Door de faillietverklaring verliest de schuldenaar van rechtswege de beschikking en het beheer over zijn tot het faillissement behorend vermogen, te rekenen van de dag waarop de faillietverklaring wordt uitgesproken, die dag daaronder begrepen.
(Zie ook: artt. 28, 52, 193, 228 FW; artt. 17, 84 BW Boek 3; art. 415 BW Boek 7; art. 1683 BW Boek 7A; art. 11 Wet RO; art. 16 Advw)

Art. 24

Na faillietverklaring ontstane verbintenissen

Voor verbintenissen van de schuldenaar, na de faillietverklaring ontstaan, is de boedel niet aansprakelijk dan voorzover deze ten gevolge daarvan is gebaat.
(Zie ook: artt. 52, 228 FW; artt. 31, 209, 276 BW Boek 6; art. 1681 BW Boek 7A)

Art. 25

Vorderingen tegen en door curator ingesteld

1. Rechtsvorderingen, welke rechten of verplichtingen tot de failliete boedel behorende ten onderwerp hebben, worden zowel tegen als door de curator ingesteld.
(Zie ook: art. 126 Rv)

2. Indien zij, door of tegen de gefailleerde ingesteld of voortgezet, een veroordeling van de gefailleerde ten gevolge hebben, heeft die veroordeling tegenover de failliete boedel geen rechtskracht.
(Zie ook: artt. 28, 30, 68, 122, 126, 228, 231 FW)

Art. 26

Vordering tot voldoening verbintenis uit de boedel

Rechtsvorderingen, die voldoening van een verbintenis uit de boedel ten doel hebben, kunnen gedurende het faillissement ook tegen de gefailleerde op geen andere dan een in artikel 110 bepaalde wijze worden ingesteld.
(Zie ook: artt. 122, 126, 231 FW)

Art. 27

Door schuldenaar reeds ingestelde vordering

1. Indien de rechtsvordering tijdens de faillietverklaring aanhangig en door de schuldenaar ingesteld is, wordt het geding ten verzoeke van de verweerder geschorst, ten einde deze gelegenheid te geven, binnen een door de rechter te bepalen termijn, de curator tot overneming van het geding op te roepen.

2. Zo deze aan die oproeping geen gevolg geeft, heeft de verweerder het recht ontslag van de instantie te vragen; bij gebreke daarvan kan het geding tussen de gefailleerde en de verweerder worden voortgezet, buiten bezwaar van de boedel.

3. Ook zonder opgeroepen te zijn, is de curator bevoegd het proces te allen tijde over te nemen en de gefailleerde buiten het geding te doen stellen.
(Zie ook: artt. 30, 68, 231 FW; art. 225 Rv)

Art. 28

1. Indien de rechtsvordering tijdens de faillietverklaring aanhangig en tegen de schuldenaar ingesteld is, is de eiser bevoegd schorsing te verzoeken, ten einde, binnen een door de rechter te bepalen termijn, de curator in het geding te roepen.

2. Door zijn verschijning neemt deze het proces over en is de gefailleerde van rechtswege buiten het geding.

3. Indien de curator verschijnende dadelijk in de eis toestemt, zijn de proceskosten van de tegenpartij geen boedelschuld.

(Zie ook: art. 237 Rv)

4. Zo de curator niet verschijnt, is op het tegen de gefailleerde te verkrijgen vonnis de bepaling van het tweede lid van artikel 25 niet toepasselijk.

(Zie ook: artt. 23, 30, 68, 231 FW; art. 225 Rv)

Art. 29

Voorzover tijdens de faillietverklaring aanhangige rechtsvorderingen voldoening ener verbintenis uit de boedel ten doel hebben, wordt het geding na de faillietverklaring geschorst, om alleen dan voortgezet te worden, indien de verificatie der vordering betwist wordt. In dit geval wordt hij, die de betwisting doet, in de plaats van de gefailleerde, partij in het geding.

(Zie ook: artt. 30, 122, 126 FW; art. 225 Rv)

Art. 30

1. Indien vóór de faillietverklaring de stukken van het geding tot het geven van een beslissing aan de rechter zijn overgelegd, zijn het tweede lid van artikel 25 en de artikelen 27-29 niet toepasselijk.

(Zie ook: artt. 45, 225, 229 Rv)

2. De artikelen 27-29 worden weer toepasselijk, indien het geding voor de rechter, bij wie het aanhangig is, ten gevolge van zijn beslissing wordt voortgezet.

(Zie ook: art. 232 Rv)

Art. 31

Indien een geding door of tegen de curator, of ook in het geval van artikel 29 tegen een schuldeiser wordt voortgezet, kan door de curator of door die schuldeiser de nietigheid worden ingeroepen van handelingen, door de schuldenaar vóór zijn faillietverklaring in het geding verricht, zo bewezen wordt dat deze door die handelingen de schuldeisers desbewust heeft benadeeld en dat dit aan zijn tegenpartij bekend was.

(Zie ook: art. 42 FW)

Art. 32

De artikelen 27 tot en met 31 zijn van overeenkomstige toepassing met betrekking tot rechtsvorderingen betreffende een goed of recht waarover de schuldenaar het beheer en de beschikking heeft verloren door de opening van een in Nederland op grond van artikel 19 van de verordening, genoemd in artikel 5, derde lid, te erkennen insolventieprocedure.

Art. 33

1. Het vonnis van faillietverklaring heeft ten gevolge, dat alle gerechtelijke tenuitvoerlegging op enig deel van het vermogen van de schuldenaar, vóór het faillissement aangevangen, dadelijk een einde neemt, en dat, ook van hetzelfde ogenblik af, geen vonnis bij lijfsdwang kan worden ten uitvoer gelegd.

(Zie ook: artt. 34, 57, 195 FW; artt. 430, 585 Rv)

2. Gelegde beslagen vervallen; de inschrijving van een desbetreffende verklaring van de rechter-commissaris machtigt de bewaarder van de openbare registers tot doorhaling. Het beslag herleeft, zodra het faillissement een einde neemt ten gevolge van vernietiging of opheffing van het faillissement, mits het goed dan nog tot de boedel behoort. Indien de inschrijving van het beslag in de openbare registers is doorgehaald, vervalt de herleving, indien niet binnen veertien dagen na de herleving een exploot is ingeschreven, waarbij van de herleving mededeling aan de schuldenaar is gedaan.

(Zie ook: art. 17 BW Boek 3; artt. 8, 38 Kadw)

3. Indien de schuldenaar zich in gijzeling bevindt, wordt hij ontslagen, zodra het vonnis van faillietverklaring in kracht van gewijsde is gegaan, behoudens toepassing van artikel 87.

4. Het bepaalde bij dit artikel geldt niet voor lijfsdwang bij vonnissen, beschikkingen en authentieke akten, waarbij een uitkering tot levensonderhoud, krachtens het Boek 1 van het Burgerlijk Wetboek verschuldigd, daaronder begrepen het verschuldigde voor verzorging en opvoeding van een minderjarige en voor levensonderhoud en studie van een meerderjarige die de leeftijd van een en twintig jaren niet heeft bereikt, is bevolen of toegezegd, alsmede beschikkingen, waarbij een uitkering, krachtens artikel 85 lid 2 van Boek 1 van het Burgerlijk Wetboek door de ene partner aan de andere partner verschuldigd, is bevolen, alsmede besluiten op grond van paragraaf 6.5 van de Participatiewet.

(Zie ook: art. 230 FW; artt. 585, 611e Rv; art. 576 WvSv; art. 72 WTV)

Art. 33a

[Vervallen]

Tegen schuldenaar reeds ingestelde vordering

Aanhangige vordering tot voldoening verbintenis uit de boedel

Stukken voor beslissing overgelegd

Nietigheid handelingen van schuldenaar

Schakelbepaling

Verval gerechtelijke tenuitvoerlegging

Ontslag uit gijzeling

Lijfsdwang in zaken levensonderhoud

B13 art. 34 Faillissementswet

Art. 34

Reeds vastgestelde goederen

Indien vóór het faillissement van de schuldenaar de uitwinning zijner goederen zo ver was gevorderd, dat de dag van de verkoop reeds was bepaald, kan de curator, op machtiging van de rechter-commissaris, de verkoop voor rekening van de boedel laten voortgaan.

(Zie ook: artt. 67, 72 FW; artt. 449, 515, 570 Rv)

Art. 35

Schuldenaar kan niet meer leveren

1. Indien op de dag van de faillietverklaring nog niet alle handelingen die voor een levering door de schuldenaar nodig zijn, hebben plaatsgevonden, kan de levering niet geldig meer geschieden.

(Zie ook: artt. 86, 196 BW Boek 2; artt. 89, 98, 120, 186, 236, 260 BW Boek 3)

2. Heeft de schuldenaar voor de dag van de faillietverklaring een toekomstig goed bij voorbaat geleverd, dan valt dit goed, indien het eerst na de aanvang van die dag door hem is verkregen, in de boedel, tenzij het gaat om nog te velde staande vruchten of beplantingen die reeds voor de faillietverklaring uit hoofde van een zakelijk recht of een huur- of pachtovereenkomst aan de schuldenaar toekwamen.

(Zie ook: artt. 97, 237, 266 BW Boek 3)

Vermoeden bekendheid faillietverklaring

3. Voor de toepassing van de artikelen 86 en 238 van Boek 3 van het Burgerlijk Wetboek wordt degene die van de schuldenaar heeft verkregen, geacht na de bekendmaking van de faillietverklaring, bedoeld in artikel 14, derde lid, diens onbevoegdheid te hebben gekend.

(Zie ook: art. 52 FW)

Art. 35a

Verkoop registergoed zonder kwalitatief beding

Indien een beding als bedoeld in artikel 252 van Boek 6 van het Burgerlijk Wetboek op de dag van de faillietverklaring nog niet in de openbare registers was ingeschreven, kan de curator het registergoed ten aanzien waarvan het is gemaakt, vrij van het beding overeenkomstig de artikelen 101 of 176 verkopen.

Art. 35b

Gift van schuldenaar

Aan een gift, door de schuldenaar gedaan onder een opschortende voorwaarde of een opschortende tijdsbepaling, die op de dag van de faillietverklaring nog niet was vervuld of verschenen, kan de begiftigde generlei recht tegen de boedel ontlenen.

Art. 36

Verlenging verjarings- en vervaltermijn

1. Wanneer een verjaringstermijn betreffende een rechtsvordering, als bedoeld in artikel 26, zou aflopen gedurende het faillissement of binnen zes maanden na het einde daarvan, loopt de termijn voort totdat zes maanden na het einde van het faillissement zijn verstreken.

2. Het eerste lid is van overeenkomstige toepassing op van rechtswege aanvangende vervaltermijnen.

Art. 36a

Termijnverlenging i.v.m. standpuntbepaling curator

Wanneer een termijn die vóór de faillietverklaring uit hoofde van artikel 55, tweede lid, van Boek 3 of artikel 88 van Boek 6 van het Burgerlijk Wetboek aan de schuldenaar was gesteld, ten tijde van de faillietverklaring nog niet was verstreken, loopt de termijn voort voorzover dit redelijkerwijze noodzakelijk is om de curator in staat te stellen zijn standpunt te bepalen. De wederpartij kan de curator daartoe een nieuwe redelijke termijn stellen.

(Zie ook: art. 99 FW)

Art. 37

Wederkerige overeenkomsten

1. Indien een wederkerige overeenkomst ten tijde van de faillietverklaring zowel door de schuldenaar als door zijn wederpartij in het geheel niet of slechts gedeeltelijk is nagekomen en de curator zich niet binnen een hem daartoe schriftelijk door de wederpartij gestelde redelijke termijn bereid verklaart de overeenkomst gestand te doen, verliest de curator het recht zijnerzijds nakoming van de overeenkomst te vorderen.

(Zie ook: artt. 55, 69 BW Boek 3; artt. 40, 80, 87, 88, 263, 265 BW Boek 6; artt. 20, 40 BW Boek 7)

2. Indien de curator zich wel tot nakoming van de overeenkomst bereid verklaart, is hij verplicht bij die verklaring voor deze nakoming zekerheid te stellen.

(Zie ook: art. 51 BW Boek 6)

3. De vorige leden zijn niet van toepassing op overeenkomsten waarbij de gefailleerde slechts verbintenissen op zich heeft genomen tot door hem persoonlijk te verrichten handelingen.

(Zie ook: artt. 68, 78, 236 FW; artt. 404, 659 BW Boek 7)

Art. 37a

Concurrente vorderingen

Voor vorderingen die de wederpartij uit hoofde van ontbinding of vernietiging van een vóór de faillietverklaring met de schuldenaar gesloten overeenkomst op deze heeft verkregen, of die strekken tot schadevergoeding ter zake van tekortschieten in de nakoming van een vóór de faillietverklaring op deze verkregen vordering, kan zij als concurrent schuldeiser in het faillissement opkomen.

(Zie ook: art. 108 FW; art. 53 BW Boek 3; artt. 87, 271 BW Boek 6)

Art. 37b

1. Een wederpartij is niet bevoegd de nakoming van zijn verbintenis die voortvloeit uit een overeenkomst tot het geregeld afleveren van gas, water, elektriciteit of verwarming, benodigd voor de eerste levensbehoeften of voor het voortzetten van de door de schuldenaar gedreven onderneming, jegens de schuldenaar op te schorten wegens het door de schuldenaar niet nakomen van een vóór de faillietverklaring ontstane verbintenis tot betaling van een geldsom.

2. Een tekortkoming door de schuldenaar in de nakoming van een verbintenis als in het eerste lid bedoeld, die plaatsvond vóór de faillietverklaring, levert geen grond op voor ontbinding van een overeenkomst als bedoeld in het eerste lid.

3. Een beroep door de wederpartij op een beding dat het faillissement, de aanvraag van het faillissement of het leggen van beslag door een derde grond oplevert voor ontbinding van een overeenkomst als bedoeld in het eerste lid, dan wel dat die overeenkomst daardoor van rechtswege zal zijn ontbonden, is slechts toegelaten met goedvinden van de curator.

(Zie ook: artt. 237b, 304 FW; artt. 262, 265 BW Boek 6)

Art. 38

Indien in het geval van artikel 37 de levering van waren, die ter beurze op termijn worden verhandeld, bedongen is tegen een vastgesteld tijdstip of binnen een bepaalde termijn, en dit tijdstip invalt of die termijn verstrijkt na de faillietverklaring, wordt de overeenkomst door de faillietverklaring ontbonden en kan de wederpartij van de gefailleerde zonder meer voor schadevergoeding als concurrent schuldeiser opkomen. Lijdt de boedel door de ontbinding schade, dan is de wederpartij verplicht deze te vergoeden.

(Zie ook: art. 237 FW; art. 269 BW Boek 6; art. 59 WvK)

Art. 38a

1. Indien de gefailleerde huurkoper is, kan zowel de curator als de verkoper de huurkoop dan wel scheepshuurkoop ontbonden verklaren.

2. Deze ontbinding heeft dezelfde gevolgen als ontbinding der overeenkomst wegens het niet nakomen door de koper van zijn verplichtingen.

3. De verkoper kan voor het hem verschuldigde bedrag als concurrent schuldeiser opkomen.

(Zie ook: artt. 232, 237a FW; art. 269 BW Boek 6; artt. 1576h, 1576t BW Boek 7A; artt. 800, 810 BW Boek 8)

Art. 39

1. Indien de gefailleerde huurder is, kan zowel de curator als de verhuurder de huur tussentijds doen eindigen, mits de opzegging geschiede tegen een tijdstip, waarop dergelijke overeenkomsten naar plaatselijk gebruik eindigen. Bovendien moet bij de opzegging de daarvoor overeengekomen of gebruikelijke termijn in acht genomen worden, met dien verstande echter, dat een termijn van drie maanden in elk geval voldoende zal zijn. Zijn er huurpenningen vooruitbetaald, dan kan de huur niet eerder opgezegd worden, dan tegen de dag, waarop de termijn, waarvoor vooruitbetaling heeft plaats gehad, eindigt. Van de dag der faillietverklaring af is de huurprijs boedelschuld.

2. Indien de gefailleerde pachter is, vindt het bovenstaande overeenkomstige toepassing.

(Zie ook: artt. 68, 78, 238, 284 FW; art. 269 BW Boek 6; artt. 201, 217, 228, 271, 290 BW Boek 7)

Art. 40

1. Werknemers in dienst van de gefailleerde kunnen de arbeidsovereenkomst opzeggen en hun kan wederkerig door de curator de arbeidsovereenkomst worden opgezegd, en wel met inachtneming van de overeengekomen of wettelijke termijnen, met dien verstande echter dat in elk geval de arbeidsovereenkomst kan worden opgezegd met een termijn van zes weken.

2. Van de dag der faillietverklaring af zijn het loon en de met de arbeidsovereenkomst samenhangende premieschulden boedelschuld.

3. Dit artikel is van overeenkomstige toepassing op agentuurovereenkomsten.

(Zie ook: artt. 68, 239, 284 FW; artt. 428, 437, 669 BW Boek 7; art. 6 BBA 1945; art. 2 WMCO)

Art. 41

1. Erfenissen, gedurende het faillissement aan de gefailleerde opkomende, worden door de curator niet anders aanvaard dan onder voorrecht van boedelbeschrijving.

(Zie ook: art. 20 FW; artt. 185, 190 BW Boek 4)

2. Tot het verwerpen ener nalatenschap behoeft de curator machtiging van de rechter-commissaris.

(Zie ook: art. 72 FW; artt. 190, 191 BW Boek 4)

Art. 42

1. De curator kan ten behoeve van de boedel elke rechtshandeling die de schuldenaar vóór de faillietverklaring onverplicht heeft verricht en waarvan deze bij dit verrichten wist of behoorde te weten dat daarvan benadeling van de schuldeisers het gevolg zou zijn, door een buitengerechtelijke verklaring vernietigen. Artikel 50, tweede lid, van Boek 3 van het Burgerlijk Wetboek is niet van toepassing.

B13 art. 42a

Faillissementswet

2. Een rechtshandeling anders dan om niet, die hetzij meerzijdig is, hetzij eenzijdig en tot een of meer bepaalde personen gericht, kan wegens benadeling slechts worden vernietigd, indien ook degenen met of jegens wie de schuldenaar de rechtshandeling verrichtte, wisten of behoorden te weten dat daarvan benadeling van de schuldeisers het gevolg zou zijn.

3. Wordt een rechtshandeling om niet wegens benadeling vernietigd, dan heeft de vernietiging ten aanzien van de bevoordeelde, die wist noch behoorde te weten dat van de rechtshandeling benadeling van de schuldeisers het gevolg zou zijn, geen werking, voorzover hij aantoont dat hij ten tijde van de faillietverklaring niet ten gevolge van de rechtshandeling gebaat was.

(Zie ook: artt. 24, 31, 43, 49, 51, 169 FW; art. 45 BW Boek 3; art. 340 WvSr)

Art. 42a

Rechtshandelingen schuldenaar met machtiging rechter

Een rechtshandeling die is verricht nadat de schuldenaar ter griffie van rechtbank een verklaring heeft gedeponeerd als bedoeld in artikel 370, derde lid, of er overeenkomstig artikel 371 door de rechtbank een herstructureringsdeskundige is aangewezen, kan niet met een beroep op het vorige artikel worden vernietigd, als de rechter op verzoek van de schuldenaar voor die rechtshandeling een machtiging heeft afgegeven. De rechter honoreert dit verzoek als:

a. het verrichten van de rechtshandeling noodzakelijk is om de door de schuldenaar gedreven onderneming tijdens de voorbereiding van een akkoord als bedoeld in de genoemde artikelen te kunnen blijven voortzetten, en

b. op het moment dat de machtiging wordt verstrekt redelijkerwijs valt aan te nemen dat de belangen van de gezamenlijke schuldeisers van de schuldenaar bij deze rechtshandeling gediend zijn, terwijl geen van de individuele schuldeisers daardoor wezenlijk in zijn belangen wordt geschaad.

Art. 43

Vermoeden wetenschap benadeling schuldeisers

1. Indien de rechtshandeling waardoor de schuldeisers zijn benadeeld, is verricht binnen een jaar voor de faillietverklaring en de schuldenaar zich niet reeds voor de aanvang van die termijn daartoe had verplicht, wordt de aan het slot van artikel 42, eerste lid, eerste zin, bedoelde wetenschap, behoudens tegenbewijs, vermoed aan beide zijden te bestaan:

1°. bij overeenkomsten, waarbij de waarde der verbintenis aan de zijde van de schuldenaar aanmerkelijk die der verbintenis aan de andere zijde overtreft;

(Zie ook: artt. 341, 343 WvSr)

2°. bij rechtshandelingen ter voldoening van of zekerheidstelling voor een niet opeisbare schuld;

(Zie ook: art. 227 BW Boek 3; artt. 25, 39 BW Boek 6; artt. 341, 343 WvSr)

3°. bij rechtshandelingen, door de schuldenaar die een natuurlijk persoon is, verricht met of jegens:

a. zijn echtgenoot, zijn pleegkind of een bloed- of aanverwant tot in de derde graad;

(Zie ook: art. 3 BW Boek 1)

b. een rechtspersoon waarin hij, zijn echtgenoot, zijn pleegkind of een bloed- of aanverwant tot in de derde graad bestuurder of commissaris is, dan wel waarin deze personen, afzonderlijk of tezamen, als aandeelhouder rechtstreeks of middellijk voor ten minste de helft van het geplaatste kapitaal deelnemen;

4°. bij rechtshandelingen, door de schuldenaar die rechtspersoon is, verricht met of jegens een natuurlijk persoon,

a. die bestuurder of commissaris van de rechtspersoon is, dan wel met of jegens diens echtgenoot, pleegkind of bloed- of aanverwant tot in de derde graad:

b. die al dan niet tezamen met zijn echtgenoot, zijn pleegkinderen en zijn bloed- of aanverwanten tot in de derde graad, als aandeelhouder rechtstreeks of middellijk voor ten minste de helft van het geplaatste kapitaal deelneemt;

c. wiens echtgenoot, pleegkinderen of bloed- of aanverwanten tot in de derde graad, afzonderlijk of tezamen, als aandeelhouder rechtstreeks of middellijk voor tenminste de helft van het geplaatste kapitaal deelnemen;

5°. bij rechtshandelingen, door de schuldenaar die rechtspersoon is, verricht met of jegens een andere rechtspersoon, indien

a. een van deze rechtspersonen bestuurder is van de andere;

b. een bestuurder, natuurlijk persoon, van een van deze rechtspersonen, of diens echtgenoot, pleegkind of bloed- of aanverwant tot in de derde graad, bestuurder is van de andere;

c. een bestuurder, natuurlijk persoon, of een commissaris van een van deze rechtspersonen, of diens echtgenoot, pleegkind of bloed- of aanverwant tot in de derde graad, afzonderlijk of tezamen, als aandeelhouder rechtstreeks of middellijk voor ten minste de helft van het geplaatste kapitaal deelneemt in de andere;

d. in beide rechtspersonen voor ten minste de helft van het geplaatste kapitaal rechtstreeks of middellijk wordt deelgenomen door dezelfde rechtspersoon, dan wel dezelfde natuurlijke persoon, al dan niet tezamen met zijn echtgenoot, zijn pleegkinderen en zijn bloed- of aanverwanten tot in de derde graad;

6°. bij rechtshandelingen, door de schuldenaar die rechtspersoon is, verricht met of jegens een groepsmaatschappij.
(Zie ook: art. 24b BW Boek 2)
(Zie ook: artt. 49, 249 FW)

2. Met een echtgenoot wordt een geregistreerde partner of een andere levensgezel gelijkgesteld.
(Zie ook: art. 432 BW Boek 1)

3. Onder pleegkind wordt verstaan hij die duurzaam als eigen kind is verzorgd en opgevoed.
(Zie ook: art. 45 FW; art. 46 BW Boek 3)

4. Onder bestuurder, commissaris of aandeelhouder wordt mede verstaan hij die minder dan een jaar vóór de rechtshandeling bestuurder, commissaris of aandeelhouder is geweest.

5. Indien de bestuurder van een rechtspersoon-bestuurder zelf een rechtspersoon is, wordt deze rechtspersoon met de rechtspersoon-bestuurder gelijkgesteld.

6. Artikel 138, tiende lid, van boek 2 van het Burgerlijk Wetboek is van toepassing ingeval de schuldenaar een rechtspersoon is.

Toepasselijkheid Burgerlijk Wetboek

Art. 45

In geval van benadeling door een rechtshandeling om niet, die de schuldenaar heeft verricht binnen één jaar vóór de faillietverklaring, wordt vermoed dat hij wist of behoorde te weten dat benadeling van de schuldeisers het gevolg van de rechtshandeling zou zijn.
(Zie ook: artt. 42, 43, 49 FW; art. 47 BW Boek 3; art. 1703 BW Boek 7A; artt. 341, 343 WvSr)

Vermoeden wetenschap benadeling schuldeisers (omkering bewijslast)

Art. 47

De voldoening door de schuldenaar aan een opeisbare schuld kan alleen dan worden vernietigd, wanneer wordt aangetoond, hetzij dat hij die de betaling ontving, wist dat het faillissement van de schuldenaar reeds aangevraagd was, en er geen sprake was van een schorsing van de behandeling van die aanvraag overeenkomstig de artikelen 3d, tweede lid, en 376, tweede lid, onder c hetzij dat de betaling het gevolg was van overleg tussen de schuldenaar en de schuldeiser, dat ten doel had laatstgenoemde door die betaling boven andere schuldeisers te begunstigen.
(Zie ook: artt. 49, 52 FW; artt. 27, 111 BW Boek 6; artt. 341, 343 WvSr)

Vernietiging voldoening opeisbare schuld

Art. 48

1. Krachtens het vorige artikel kan geen terugvordering geschieden van hem, die als houder van een papier aan order of toonder, uit hoofde zijner rechtsverhouding tot vroegere houders, tot aanneming der betaling verplicht was.

2. In dit geval is hij, te wiens bate het papier is uitgegeven, verplicht de door de schuldenaar betaalde som aan de boedel terug te geven, wanneer wordt aangetoond, hetzij dat hij bij de uitgifte van het papier de in het vorige artikel genoemde wetenschap bezat, hetzij dat de uitgifte het gevolg was van een overleg als in dat artikel bedoeld.
(Zie ook: art. 49 FW; artt. 137, 142, 176, 217, 229i WvK)

Order- en toonderpapieren

Art. 49

1. Rechtsvorderingen, gegrond op de bepalingen der artikelen 42-48, worden ingesteld door de curator.

2. Niettemin kunnen de schuldeisers op gronden, aan die bepalingen ontleend, de toelating ener vordering bestrijden.
(Zie ook: artt. 25, 68, 122 FW)

Inroepen nietigheid door curator

Bestrijding toelating door schuldeisers

Art. 50

Beëindiging van het faillissement door de homologatie van een akkoord doet de rechtsvorderingen in het vorige artikel bedoeld vervallen, tenzij het akkoord boedelafstand inhoudt, in welk geval zij ten behoeve van de schuldeisers vervolgd of ingesteld kunnen worden door de vereffenaars.
(Zie ook: artt. 138, 152, 193, 194 FW)

Gevolg einde faillissement door homologatie akkoord

Art. 51

1. Hetgeen door de vernietigde rechtshandeling uit het vermogen van de schuldenaar gegaan is, moet door hen jegens wie de vernietiging werkt, aan de curator worden teruggegeven met inachtneming van afdeling 2 van titel 4 van Boek 6 van het Burgerlijk Wetboek.
(Zie ook: art. 423 FW)

Gevolgen vernietiging rechtshandeling

2. Rechten, door derden te goeder trouw anders dan om niet op de terug te geven goederen verkregen, worden geëerbiedigd. Tegen een derde te goeder trouw die om niet heeft verkregen, heeft geen terugvordering plaats voorzover hij aantoont dat hij ten tijde van de faillietverklaring niet ten gevolge van de rechtshandeling gebaat was.
(Zie ook: art. 455 BW Boek 3)

Bescherming derde te goeder trouw

3. Het door de schuldenaar uit hoofde van de vernietigde rechtshandeling ontvangene of de waarde daarvan, wordt door de curator teruggegeven, voorzover de boedel erdoor is gebaat. Voor het tekortkomende kunnen zij jegens wie de vernietiging werkt, als concurrent schuldeiser opkomen.
(Zie ook: artt. 24, 42 FW; art. 45 BW Boek 3)

B13 art. 52 Faillissementswet

Art. 52

Voldoening aan gefailleerde

1. Voldoening na de faillietverklaring doch vóór de bekendmaking daarvan, aan de gefailleerde gedaan, tot nakoming van verbintenissen jegens deze vóór de faillietverklaring ontstaan, bevrijdt hem, die haar deed, tegenover de boedel, zolang zijn bekendheid met de faillietverklaring niet bewezen wordt.

2. Voldoening, als in het vorig lid bedoeld, na de bekendmaking der faillietverklaring aan de gefailleerde gedaan, bevrijdt tegenover de boedel alleen dan, wanneer hij, die haar deed, bewijst dat de faillietverklaring te zijner woonplaats langs de weg der wettelijke aankondiging nog niet bekend kon zijn, behoudens het recht van de curator om aan te tonen, dat zij hem toch bekend was.

3. In elk geval bevrijdt voldoening aan de gefailleerde de schuldenaar tegenover de boedel, voorzover hetgeen door hem voldaan werd ten bate van de boedel is gekomen.

(Zie ook: artt. 23, 24, 47, 240 FW; art. 34 BW Boek 6)

Art. 53

Beroep op verrekening

1. Hij die zowel schuldenaar als schuldeiser van de gefailleerde is, kan zijn schuld met zijn vordering op de gefailleerde verrekenen, indien beide zijn ontstaan vóór de faillietverklaring of voortvloeien uit handelingen, vóór de faillietverklaring met de gefailleerde verricht.

2. De vordering op de gefailleerde wordt zonodig berekend naar de regels in de artikelen 130 en 131 gesteld.

3. De curator kan geen beroep doen op artikel 136 van Boek 6 van het Burgerlijk Wetboek.

(Zie ook: artt. 205, 234 FW; artt. 127, 130 BW Boek 6)

Art. 54

Schuldoverneming

1. Niettemin is degene die een schuld aan de gefailleerde of een vordering op de gefailleerde vóór de faillietverklaring van een derde heeft overgenomen, niet bevoegd tot verrekening, indien hij bij de overneming niet te goeder trouw heeft gehandeld.

2. Na de faillietverklaring overgenomen vorderingen of schulden kunnen niet worden verrekend.

(Zie ook: art. 204, 235 FW; art. 155 BW Boek 6)

3. Degene die een verrekening verricht, is te goeder trouw als bedoeld in het eerste lid als deze verrekening:

a. geschiedt nadat de schuldenaar ter griffie van de rechtbank een verklaring heeft gedeponeerd als bedoeld in artikel 370, derde lid, of er overeenkomstig artikel 371 door de rechtbank een herstructureringsdeskundige is aangewezen, en

b. wordt verricht in het kader van de financiering van de voortzetting van de door de schuldenaar gedreven onderneming en niet strekt tot inperking van die financiering.

Art. 55

Verrekening met order- of toonderpapier

De schuldenaar van de gefailleerde die zijn schuld wil verrekenen met een vordering aan order of toonder, is gehouden te bewijzen dat hij het papier reeds op het ogenblik der faillietverklaring te goeder trouw had verkregen.

(Zie ook: artt. 123, 234 FW; art. 118 BW Boek 3)

Art. 56

Verdeling gemeenschap

Hij die met de gefailleerde deelgenoot is in een gemeenschap waarvan tijdens het faillissement een verdeling plaatsvindt, kan toepassing van artikel 184, eerste lid, van Boek 3 van het Burgerlijk Wetboek verlangen, ook als de schuld van de gefailleerde aan de gemeenschap er een is onder een nog niet vervulde opschortende voorwaarde. De artikelen 130 en 131 zijn van toepassing.

(Zie ook: art. 235 FW; art. 116 BW Boek 3)

Art. 57

Hypotheek- en pandhouder

1. Pand- en hypotheekhouders kunnen hun recht uitoefenen, alsof er geen faillissement was.

(Zie ook: artt. 268, 270, 273, 274 BW Boek 3; art. 544 Rv)

2. Bij de verdeling kunnen uit eigen hoofde mede de beperkt gerechtigden opkomen, wier recht vóór de faillietverklaring was gevestigd, maar door de executie door een pand- of hypotheekhouder is vervallen, voor hun recht op schadevergoeding, bedoeld in artikel 282 van Boek 3 van het Burgerlijk Wetboek.

(Zie ook: art. 18 FW)

3. Bij de verdeling van de opbrengst oefent de curator ten behoeve van de boedel mede de rechten uit, die de wet aan beslagleggers op het goed toekent. Hij is gehouden mede de belangen te behartigen van de bevoorrechte schuldeisers die in rang boven de voormelde pand- en hypotheekhouders en beperkt gerechtigden gaan.

(Zie ook: artt. 23, 68, 69 FW; artt. 236, 260, 269, 270, 272, 284, 285 BW Boek 3; artt. 482, 490c Rv)

4. Zo een rangregeling nodig is, wordt deze verzocht aan de voorzieningenrechter van de rechtbank waarvan de rechter-commissaris in het faillissement lid is. De verdeling geschiedt ten overstaan van deze rechter-commissaris op de wijze voorgeschreven in het Wetboek van Burgerlijke Rechtsvordering.

(Zie ook: artt. 33, 58, 59a, 110, 132, 180, 182, 188 FW; artt. 481, 552 Rv)

Art. 58

1. De curator kan de pand- en hypotheekhouders een redelijke termijn stellen om tot uitoefening van hun rechten overeenkomstig het vorige artikel over te gaan. Heeft de pand- of hypotheekhouder het onderpand niet binnen deze termijn verkocht, dan kan de curator de goederen opeisen en met toepassing van de artikelen 101 of 176 verkopen, onverminderd het recht van de pand- en hypotheekhouders op de opbrengst. De rechter-commissaris is bevoegd de termijn op verzoek van de pand- of hypotheekhouder een of meer malen te verlengen.

(Zie ook: art. 188 FW; art. 268 BW Boek 3)

2. De curator kan een met pand of hypotheek bezwaard goed tot op het tijdstip van de verkoop lossen tegen voldoening van hetgeen waarvoor het pand- of hypotheekrecht tot zekerheid strekt, alsmede van de reeds gemaakte kosten van executie.

(Zie ook: art. 59a FW; art. 249 BW Boek 3)

Art. 59

Indien de opbrengst niet toereikend is om een pand- of hypotheekhouder of een dergenen wier beperkt recht door de executie is vervallen, te voldoen, kan hij voor het ontbrekende als concurrent schuldeiser in de boedel opkomen.

(Zie ook: artt. 37a, 38, 38a, 57, 59a, 110, 132, 180 FW)

Art. 59a

1. De artikelen 57-59 zijn niet van toepassing wanneer de hypotheek rust op een luchtvaartuig dat te boek staat in de openbare registers, bedoeld in afdeling 2 van titel 1 van Boek 3 van het Burgerlijk Wetboek, of in een verdragsregister als bedoeld in artikel 1300 onder *d* van Boek 8 van het Burgerlijk Wetboek.

2. Hypotheekhouders wier rechten rusten op luchtvaartuigen als bedoeld in het vorige lid, en andere schuldeisers die op grond van artikel 1317 van Boek 8 van het Burgerlijk Wetboek een voorrecht op het luchtvaartuig hebben, kunnen hun recht uitoefenen, alsof er geen faillissement was. Artikel 57, tweede en derde lid, is van overeenkomstige toepassing.

3. De curator kan deze schuldeisers een redelijke termijn stellen om tot uitoefening van hun rechten overeenkomstig het vorige lid over te gaan. Heeft de schuldeiser het luchtvaartuig niet binnen deze termijn verkocht, dan kan de curator het luchtvaartuig verkopen. De rechter-commissaris is bevoegd de termijn op verzoek van de schuldeiser een of meer malen te verlengen.

(Zie ook: artt. 67, 182 FW)

4. Op verkoop door de curator zijn de artikelen 584d en 584f-584q van het Wetboek van Burgerlijke Rechtsvordering van overeenkomstige toepassing, met dien verstande dat de curator wordt aangemerkt als beslaglegger uit hoofde van een vordering die niet van enige voorrang is voorzien, en dat met het vonnis van faillietverklaring wordt gehandeld als voorgeschreven voor het proces-verbaal van beslag.

5. De rechter-commissaris in het faillissement kan in dat geval bepalen dat een door hem vast te stellen gedeelte van de algemene faillissementskosten als kosten van de executie in de zin van artikel 584n van het Wetboek van Burgerlijke Rechtsvordering zal gelden.

6. De curator kan het luchtvaartuig tot op het tijdstip van de verkoop lossen tegen voldoening van het daarop verschuldigde, alsmede van de reeds gemaakte kosten van executie.

7. Artikel 59 is van overeenkomstige toepassing.

Art. 60

1. De schuldeiser die retentierecht heeft op een aan de schuldenaar toebehorende zaak, verliest dit recht niet door de faillietverklaring.

(Zie ook: art. 20 FW; art. 53 BW Boek 6)

2. De zaak kan door de curator worden opgeëist en met toepassing van artikel 101 of 176 worden verkocht, onverminderd de voorrang, aan de schuldeiser in artikel 292 van Boek 3 van het Burgerlijk Wetboek toegekend. De curator kan ook, voorzover dit in het belang is van de boedel, de zaak in de boedel terugbrengen door voldoening van de vordering waarvoor het retentierecht kan worden uitgeoefend.

3. De schuldeiser kan een redelijke termijn stellen om tot toepassing van het vorige lid over te gaan. Heeft de curator de zaak niet binnen deze termijn verkocht, dan kan de schuldeiser haar verkopen met overeenkomstige toepassing van de bepalingen betreffende parate executie door een pandhouder of, als het een registergoed betreft, die betreffende parate executie door een hypotheekhouder. De rechter-commissaris is bevoegd de termijn op verzoek van de curator een of meer malen te verlengen.

(Zie ook: art. 67 FW; artt. 248, 268 BW Boek 3)

4. Betreft het een registergoed, dan dient de schuldeiser, op straffe van verval van het recht van parate executie, binnen veertien dagen na het verstrijken van de in het vorige lid bedoelde termijn, aan de curator bij exploot aan te zeggen dat hij tot executie overgaat, en dit exploot in de openbare registers te doen inschrijven.

(Zie ook: artt. 68, 110, 113, 119, 132, 143, 145, 157, 173b, 180, 182, 190, 230, 232, 257 FW; artt. 17, 24, 290 BW Boek 3; art. 52 BW Boek 6)

B13 art. 60a Faillissementswet

Art. 60a

Goederen onder bewind

1. Indien tot het vermogen van de gefailleerde onder bewind staande goederen behoren en zich schuldeisers ter verificatie hebben aangemeld, die deze goederen onbelast met het bewind kunnen uitwinnen, zal de curator deze goederen van de bewindvoerder opeisen, onder zijn beheer nemen en te gelde maken, voorzover dit voor de voldoening van deze schuldeisers uit de opbrengst nodig is. Door de opeising eindigt het bewind over het goed. De opbrengst wordt overeenkomstig deze wet onder deze schuldeisers verdeeld, voorzover zij zijn geverifieerd. De curator draagt hetgeen na deze verdeling van de opbrengst over is, aan de bewindvoerder af, tenzij de andere schuldeisers de onder bewind staande goederen onder de last van het bewind kunnen uitwinnen in welk geval het restant overeenkomstig deze wet onder deze laatste schuldeisers verdeeld wordt.

2. Indien zich slechts schuldeisers ter verificatie hebben aangemeld die de goederen onder de last van het bewind kunnen uitwinnen, worden deze goederen door de curator overeenkomstig de artikelen 101 of 176 onder die last verkocht.

3. Buiten de gevallen, bedoeld in de vorige leden, blijven de onder bewind staande goederen buiten het faillissement en wordt slechts aan de curator uitgekeerd wat de goederen netto aan vruchten hebben opgebracht.

4. De bewindvoerder is te allen tijde, zodra de curator dit verlangt, verplicht aan deze rekening en verantwoording af te leggen.

(Zie ook: art. 68 FW; artt. 380, 409, 418, 420, 431 BW Boek 1; artt. 22, 94a BW Boek 2; artt. 168, 181, 204, 221 BW Boek 3; art. 1066 BW Boek 4; art. 710 Rv)

Art. 60b

Beheer en vereffening goederen

1. Zijn krachtens het vorige artikel goederen buiten het faillissement gebleven en heeft de bewindvoerder opgehouden de schuldeisers te betalen die deze goederen onbelast met bewind kunnen uitwinnen, dan kan de rechtbank die de faillietverklaring heeft uitgesproken op verzoek van ieder van deze schuldeisers die niet in het faillissement kan opkomen, de curator opdragen ook het beheer van deze goederen op zich te nemen en voor de vereffening te hunnen behoeve zorg te dragen.

2. De bepalingen betreffende faillietverklaring en faillissement zijn van overeenkomstige toepassing.

Art. 61

Rechten echtgenoot van schuldenaar

De echtgenoot of geregistreerde partner van de schuldenaar neemt alle goederen die hem toebehoren en niet in de huwelijksgemeenschap onderscheidenlijk de gemeenschap van het geregistreerd partnerschap vallen, terug.

(Zie ook: art. 229 FW; artt. 80, 93, 114, 130, 131, 148 BW Boek 1)

Art. 62

[Vervallen]

Art. 63

Faillissement bij gemeenschap van goederen

1. Het faillissement van de persoon die in enige gemeenschap van goederen gehuwd is of in enige gemeenschap van goederen een geregistreerd partnerschap is aangegaan, wordt als faillissement van die gemeenschap behandeld. Het omvat, behoudens de uitzonderingen van artikel 21, alle goederen, die in de gemeenschap vallen, en strekt ten behoeve van alle schuldeisers, die op de goederen der gemeenschap verhaal hebben. Goederen die de gefailleerde buiten de gemeenschap heeft, strekken slechts tot verhaal van schulden die daarop verhaald zouden kunnen worden, indien er generlei gemeenschap was.

2. Bij het faillissement van een schuldenaar die in gemeenschap van goederen gehuwd is of die in gemeenschap van goederen een geregistreerd partnerschap is aangegaan, zijn de bepalingen van deze wet omtrent handelingen door de schuldenaar verricht, toepasselijk op de handelingen waardoor de gemeenschap wettig verbonden is, onverschillig wie van de echtgenoten onderscheidenlijk van de geregistreerde partners deze verrichtte.

(Zie ook: art. 42 FW; artt. 80, 93, 114 BW Boek 1)

Art. 63a

Afkoelingsperiode voor verhaal door derden

1. De rechter-commissaris kan op verzoek van elke belanghebbende of ambtshalve bij schriftelijke beschikking een afkoelingsperiode afkondigen, waarin elke bevoegdheid van derden, met uitzondering van boedelschuldeisers, tot verhaal op tot de boedel behorende goederen of tot de opeising van goederen die zich in de macht van de gefailleerde of de curator bevinden, voor een periode van ten hoogste twee maanden niet dan met zijn machtiging kan worden uitgeoefend. De rechter-commissaris kan deze periode eenmaal verlengen met een periode van ten hoogste twee maanden.

(Zie ook: art. 313 Fw)

2. De rechter-commissaris kan zijn beschikking beperken tot bepaalde derden en voorwaarden verbinden zowel aan zijn beschikking als aan de machtiging van een derde tot uitoefening van een aan deze toekomende bevoegdheid.

3. Indien een derde ter zake van zijn bevoegdheid een redelijke termijn aan de curator stelt, wordt deze termijn geschorst tijdens de afkoelingsperiode.
(Zie ook: artt. 58, 60 FW)

4. De afkoelingsperiode kan ook op verlangen van de aanvrager van het faillissement of van de schuldenaar worden afgekondigd door de rechter die de faillietverklaring uitspreekt. De afkoelingsperiode die tegelijkertijd wordt afgekondigd met de faillietverklaring heeft gevolgen vanaf de dag waarop de faillietverklaring wordt uitgesproken, die dag daaronder begrepen.
(Zie ook: artt. 67, 212b, 241a FW; art. 426 Rv)

Art. 63b

1. Ingeval de schuldenaar overeenkomstig artikel 239, eerste lid, van Boek 3 van het Burgerlijk Wetboek een pandrecht heeft gevestigd op een vordering op naam of op het vruchtgebruik van een zodanige vordering, blijft de pandhouder tijdens de afkoelingsperiode bevoegd de mededeling, bedoeld in artikel 239, derde lid, van dat Boek te doen en betalingen in ontvangst te nemen.

2. Artikel 490b, tweede lid, van het Wetboek van Burgerlijke Rechtsvordering, is van overeenkomstige toepassing, met dien verstande dat de pandhouder het volledige bedrag bij de bewaarder stort.
(Zie ook: art. 241b FW; art. 239 BW Boek 3)

Art. 63c

1. Tijdens de afkoelingsperiode kan de ontvanger die een beslag heeft gelegd als bedoeld in artikel 22, derde lid, Invorderingswet 1990, niet tot uitwinning overgaan, tenzij de rechtercommissaris anders beslist.

2. Een beslag als bedoeld in artikel 22, derde lid, van de Invorderingswet 1990 dat tijdens de afkoelingsperiode wordt gelegd op een zaak die zich op de bodem van de gefailleerde bevindt en die niet aan hem toebehoort, kan niet worden tegengeworpen aan de eigenaar van de zaak of, als daarop een pandrecht van een ander rust, aan die ander, indien deze voordat het beslag was gelegd bij deurwaardersexploot aanspraak heeft gemaakt op afgifte van de zaak.
(Zie ook: art. 241c FW)

Art. 63d

Van de goederen als bedoeld in artikel 63a, eerste lid, zijn uitgezonderd de goederen die uit hoofde van een financiëlezekerheidsovereenkomst als bedoeld in artikel 51 van Boek 7 van het Burgerlijk Wetboek zijn verpand.

Art. 63e

1. In afwijking van de artikelen 23 en 35 werkt de faillietverklaring van een schuldenaar uit hoofde van een financiëlezekerheidsovereenkomst als bedoeld in artikel 51 van Boek 7 van het Burgerlijk Wetboek niet terug tot aan het begin van de dag waarop zij wordt uitgesproken, ten aanzien van een door de schuldenaar voor het tijdstip van faillietverklaring gesloten financiëlezekerheidsovereenkomst of een overdracht, vestiging van een pandrecht of een opdracht tot verrekening op grond daarvan.

2. De artikelen 23, 24, 35, 53, eerste lid, 54, tweede lid, van deze wet, alsmede artikel 72, aanhef en onder a, van Boek 3 van het Burgerlijk Wetboek, kunnen niet aan derden worden tegengeworpen ten aanzien van een door een schuldenaar na het tijdstip van faillietverklaring gesloten financiëlezekerheidsovereenkomst als bedoeld in artikel 51 van Boek 7 van het Burgerlijk Wetboek, een overdracht of vestiging van een pandrecht op grond van een financiëlezekerheidsovereenkomst, alsmede elke rechtshandeling op grond van een financiëlezekerheidsovereenkomst vanwege verbintenissen van de schuldenaar die na het tijdstip van faillietverklaring zijn ontstaan, mits de betreffende rechtshandeling plaatsvindt op de dag van faillietverklaring en de wederpartij kan aantonen dat deze ten tijde van de rechtshandeling de faillietverklaring niet kende of behoorde te kennen.

Derde afdeling
Van het bestuur over de failliete boedel

§ 1
Van de rechter-commissaris

Art. 64

De rechter-commissaris houdt toezicht op het beheer en de vereffening van de failliete boedel.
(Zie ook: artt. 14, 68, 87, 173, 223a FW)

Art. 65

Alvorens in enige zaak, het beheer of de vereffening des faillieten boedels betreffende, een beslissing te geven, is de rechtbank verplicht de rechter-commissaris te horen.

Art. 66

1. De rechter-commissaris is bevoegd ter opheldering van alle omstandigheden, het faillissement betreffende, getuigen te horen of een onderzoek van deskundigen te bevelen. Voorts kan de rechter-commissaris een deskundige benoemen voor zover dit nodig is voor de goede en effec-

Pandrecht tijdens afkoelingsperiode

Beslag tijdens afkoelingsperiode

Uitgezonderde goederen bij financiëlezekerheidsovereenkomst

Voorwaarden faillietverklaring bij financiëlezekerheidsovereenkomst

Taak R-C

Horen van R-C

Horen van getuigen

B13 art. 67 Faillissementswet

tieve vervulling van het toezicht op het beheer en de vereffening van de failliete boedel. De kosten in verband met de benoeming van de deskundige komen ten laste van de boedel.
(Zie ook: artt. 64, 223b FW)

2. De getuigen worden bij exploot opgeroepen namens de rechter-commissaris. Artikel 177 van het Wetboek van Burgerlijke Rechtsvordering is van overeenkomstige toepassing.

Weigerachtige getuigen **3.** Bij niet-verschijning of weigering om de eed of getuigenis af te leggen, zijn de artikelen 171, 172, 173, eerste lid, eerste volzin, tweede en derde lid, 174 en 175 van het Wetboek van Burgerlijke Rechtsvordering toepasselijk.

Verschoningsrecht **4.** De echtgenoot of gewezen echtgenoot van de gefailleerde of degene met wie de gefailleerde een geregistreerd partnerschap is of was aangegaan, de kinderen en verdere afkomelingen en de ouders en grootouders van de gefailleerde kunnen zich van het geven van getuigenis verschonen.
(Zie ook: art. 165 Rv; art. 217 WvSv)

Art. 67

Hoger beroep **1.** Van alle beschikkingen van de rechter-commissaris is gedurende vijf dagen hoger beroep op de rechtbank mogelijk, te rekenen vanaf de dag waarop de beschikking is gegeven. De rechtbank beslist na verhoor of behoorlijke oproeping van de belanghebbenden.
Niettemin staat geen hoger beroep open van de beschikkingen, vermeld in de artikelen 21, 2° en 4°, 34, 58, eerste lid, 59a, derde lid, 60, derde lid, 68, tweede lid, 73a, tweede lid, 75a, 79, 93a, 94, 98, 100, 102, 125, 127, eerste en tweede lid, 137a, eerste lid, 174, 175, tweede lid, 176, eerste en tweede lid, 177, 179 en 180.

2. In afwijking van het eerste lid vangt in het geval van hoger beroep tegen een machtiging van de rechter-commissaris aan de curator tot opzegging van een arbeidsovereenkomst de termijn van vijf dagen aan op de dag dat de werknemer die het beroep instelt van de machtiging kennis heeft kunnen nemen. Op straffe van vernietigbaarheid wijst de curator de werknemer bij de opzegging op de mogelijkheid van beroep en op de termijn daarvan. Het beroep op de vernietigbaarheid geschiedt door een buitengerechtelijke verklaring aan de curator, en kan worden gedaan gedurende veertien dagen, te rekenen vanaf de dag waarop de arbeidsovereenkomst is opgezegd.

3. Bij algemene maatregel van bestuur kunnen beschikkingen van de rechter-commissaris en van de rechtbank worden aangewezen die uiterlijk de werkdag volgend op de dag van de uitspraak worden ingeschreven in het centraal openbaar register, bedoeld in artikel 19. Bij of krachtens algemene maatregel van bestuur kan worden bepaald welke informatie van de aangewezen beschikking langs de hiervoor genoemde weg wordt ingeschreven.

§ 2
Van de curator

Art. 68

Taak curator **1.** De curator is belast met het beheer en de vereffening van de failliete boedel.

2. De curator:
a. beziet bij het beheer en de vereffening van de failliete boedel of er sprake is van onregelmatigheden die het faillissement, althans mede, hebben veroorzaakt, de vereffening van de failliete boedel bemoeilijken of het tekort in het faillissement hebben vergroot;
b. informeert hierover de rechter-commissaris vertrouwelijk; en
c. doet, zo hij of de rechter-commissaris dit nodig acht, melding of aangifte van onregelmatigheden bij de bevoegde instanties.

Machtiging van R-C **3.** Alvorens in rechte op te treden, behalve waar het verificatiegeschillen betreft, alsmede in de gevallen van de artikelen 37, 39, 40, 58, tweede lid, 60, tweede en derde lid, en 60a, eerste lid, behoeft de curator machtiging van de rechter-commissaris.

4. Ingeval in Nederland geen secundaire insolventieprocedure is geopend, wordt de machtiging tot beëindiging van arbeidsovereenkomsten, bedoeld in artikel 13 van de in artikel 5, derde lid, genoemde verordening op verzoek van de insolventiefunctionaris in de hoofdinsolventieprocedure verleend door de rechter-commissaris van de rechtbank, aangewezen in artikel 2. De rechtbank benoemt de rechter-commissaris binnen vijf werkdagen na ontvangst van dit machtigingsverzoek.

Art. 69

Beroep op R-C **1.** Ieder der schuldeisers, de commissie uit hun midden benoemd en ook de gefailleerde kunnen door het indienen van een verzoek tegen elke handeling van de curator bij de rechter-commissaris opkomen, of van deze een bevel uitlokken, dat de curator een bepaalde handeling verrichte of een voorgenomen handeling nalate. Niettemin staat geen beroep open tegen de beslissing van de curator om al dan niet melding of aangifte van onregelmatigheden te doen, als bedoeld in artikel 68, tweede lid, onder c.

2. De rechter-commissaris beslist, na de curator gehoord te hebben, binnen drie dagen.

Art. 70

1. Indien meer dan één curator benoemd is, wordt voor de geldigheid hunner handelingen toestemming der meerderheid of bij staking van stemmen een beslissing van de rechter-commissaris vereist.
(Zie ook: art. 224 FW)

2. De curator, aan wie bij het vonnis van faillietverklaring een bepaalde werkkring is aangewezen, is binnen de grenzen daarvan zelfstandig tot handelen bevoegd.

Art. 71

1. Onverminderd het bepaalde in artikel 15, derde lid, wordt het salaris van de curator in elk faillissement door de rechtbank vastgesteld.

2. In geval van akkoord wordt het salaris bij het vonnis van homologatie bepaald.

3. Bij of krachtens algemene maatregel van bestuur kunnen nadere regels worden gesteld over de financiering van de werkzaamheden van de curator, bedoeld in artikel 68, tweede lid.

Art. 72

1. Het ontbreken van de machtiging van de rechter-commissaris, waar die vereist is, of de niet-inachtneming van de bepalingen vervat in de artikelen 78 en 79, heeft, voor zoveel derden betreft, geen invloed op de geldigheid van de door de curator verrichte handeling. De curator is deswege alleen jegens de gefailleerde en de schuldeisers aansprakelijk.

2. In afwijking van het eerste lid is de opzegging van een arbeidsovereenkomst door de curator zonder dat de rechter-commissaris daarvoor de machtiging, bedoeld in artikel 68, derde lid, heeft gegeven, vernietigbaar. Daarnaast is de curator jegens de gefailleerde en de werknemer aansprakelijk. Het beroep op de vernietigbaarheid geschiedt door een buitengerechtelijke verklaring aan de curator, en kan worden gedaan gedurende vijf dagen, te rekenen vanaf de dag waarop de arbeidsovereenkomst is opgezegd.
(Zie ook: artt. 34, 41, 68, 98, 103, 104 FW; art. 162 BW Boek 6)

Art. 73

1. De rechtbank heeft de bevoegdheid de curator te allen tijde, na hem gehoord of behoorlijk opgeroepen te hebben, te ontslaan en door een ander te vervangen, of hem een of meer medecurators toe te voegen, een en ander hetzij op voordracht van de rechter-commissaris, hetzij op een met redenen omkleed verzoek van een of meer schuldeisers, de commissie uit hun midden, of de gefailleerde.
(Zie ook: artt. 65, 74, 85 FW)

2. De ontslagen curator legt rekening en verantwoording van zijn beheer af aan de in zijn plaats benoemde curator.
(Zie ook: artt. 78, 162, 193 FW; art. 771 Rv)

Art. 73a

1. De curator brengt, telkens na verloop van drie maanden, een verslag uit over de toestand van de boedel. De curator legt zijn verslag neder ter griffie van de rechtbank, ter kosteloze inzage van een ieder. De neerlegging geschiedt kosteloos.
(Zie ook: art. 107 FW)

2. De termijn, bedoeld in het vorige lid, kan door de rechter-commissaris worden verlengd.

3. In zijn verslag geeft de curator aan hoe hij zich heeft gekweten van zijn taak, bedoeld in artikel 68, tweede lid, onder a en c.

§ 3

Van de schuldeiserscommissie

Art. 74

1. Bij het vonnis tot faillietverklaring of bij een latere beschikking kan de rechtbank, gelet op de omvang of de aard van het faillissement, een voorlopige schuldeiserscommissie instellen die de curator van advies dient, zolang niet tot de benoeming van een definitieve schuldeiserscommissie is beslist. De commissie bestaat uit een oneven aantal leden en vertegenwoordigt belangrijke groepen van schuldeisers.
(Zie ook: artt. 69, 167, 173a, 174 FW)

2. Indien een lid van de voorlopige commissie zijn benoeming niet aanneemt, bedankt of overlijdt, voorziet de rechtbank, uit een voordracht van een dubbeltal door de rechter-commissaris, in de daardoor ontstane vacature.

Art. 75

1. Hetzij al of niet een voorlopige schuldeiserscommissie is benoemd, raadpleegt de rechter-commissaris op de verificatievergadering de schuldeisers, na afloop der verificatie, over de benoeming van een definitieve commissie. Zo de vergadering deze wenselijk acht, gaat hij dadelijk tot de benoeming over. Deze commissie bestaat uit een oneven aantal leden en vertegenwoordigt belangrijke groepen van schuldeisers.

2. Een verslag van het hieromtrent verhandelde wordt in het proces-verbaal der vergadering opgenomen.

B13 art. 75a **Faillissementswet**

3. Indien een lid van de definitieve commissie zijn benoeming niet aanneemt, bedankt of overlijdt, voorziet de rechter-commissaris in de daardoor ontstane vacature. *(Zie ook: artt. 67, 173b FW)*

Art. 75a

Reglement werkwijze schuldeiserscommissie

1. De rechtbank dan wel de rechter-commissaris kan bij het instellen van de voorlopige of definitieve schuldeiserscommissie een reglement vaststellen over de werkwijze van de schuldeiserscommissie. Dit reglement wordt op passende wijze bekend gemaakt.

2. Na het instellen van de voorlopige of definitieve schuldeiserscommissie beslist de rechtbank dan wel de rechter-commissaris over het ontslag van leden van de schuldeiserscommissie.

Art. 76

Bevoegdheden commissie

De commissie kan te allen tijde raadpleging van de boeken, bescheiden en andere gegevensdragers, op het faillissement betrekking hebbende, vorderen. De curator is verplicht aan de commissie alle van hem verlangde inlichtingen te verstrekken.

(Zie ook: artt. 92, 105 FW)

Art. 77

Inwinnen advies commissie

Tot het inwinnen van het advies der commissie vergadert de curator met haar, zo dikwijls hij het nodig acht. In deze vergaderingen zit hij voor en voert hij de pen.

Art. 78

Inwinnen advies commissie, verplichting curator tot

1. De curator is verplicht het advies der commissie in te winnen, alvorens een rechtsvordering in te stellen of een aanhangige voort te zetten of zich tegen een ingestelde of aanhangige rechtsvordering te verdedigen, behalve waar het geldt verificatiegeschillen; omtrent het al of niet voortzetten van het bedrijf des gefailleerden; alsmede in de gevallen van de artikelen 37, 39, 40, 58, tweede lid, 73, tweede lid, 100, 101, 175, laatste lid en 177, en in het algemeen omtrent de wijze van vereffening en tegeldemaking van de boedel en het tijdstip en het bedrag der te houden uitdelingen.

2. Dit advies wordt niet vereist, wanneer de curator de commissie tot het uitbrengen daarvan, met inachtneming van een bekwamen termijn, ter vergadering heeft opgeroepen en er geen advies wordt uitgebracht.

(Zie ook: artt. 25, 27, 28, 49a, 68, 72, 84, 104, 140, 141, 173a FW)

Art. 79

Advies commissie, geen gebondenheid curator aan

De curator is niet gebonden aan het advies der commissie. Zo hij zich daarmede niet verenigt, geeft hij hiervan onmiddellijk kennis aan de commissie, die de beslissing van de rechter-commissaris kan inroepen. Zo zij verklaart dit te doen, is de curator verplicht de uitvoering van de voorgenomen, met het advies der commissie strijdige, handeling gedurende drie dagen op te schorten.

(Zie ook: artt. 67, 69, 72 FW)

§ 4

Van de vergaderingen der schuldeisers

Art. 80

R-C voorzitter Verplichte tegenwoordigheid curator

1. In de vergaderingen der schuldeisers is de rechter-commissaris voorzitter.

2. De tegenwoordigheid van de curator of van iemand, die hem met goedvinden van de rechter-commissaris vervangt, is verplicht.

(Zie ook: artt. 116, 141, 178 FW)

Art. 80a

Vergadering schuldeisers fysiek, schriftelijk of via elektronische weg

De rechter-commissaris bepaalt of een vergadering van schuldeisers fysiek, dan wel schriftelijk of met gebruikmaking van een elektronisch communicatiemiddel plaatsvindt.

Art. 81

Stemrecht

1. Op de vergaderingen van schuldeisers worden de besluiten genomen met volstrekte meerderheid van stemmen der aanwezige schuldeisers. Voor elke € 45 brengt ieder schuldeiser één stem uit. Voor vorderingen of overschietende gedeelten van vorderingen, beneden € 45, wordt mede één stem uitgebracht.

(Zie ook: artt. 145, 146, 218, 265 FW)

2. Splitsing van vorderingen, na de faillietverklaring gedaan, doet geen stemrecht verwerven.

Art. 82

Stemrecht tijdens vergadering der schuldeisers

Stemgerechtigd zijn de erkende en de voorwaardelijk toegelaten schuldeisers, alsmede de toonder ener ten name van "toonder" geverifieerde schuldvordering.

(Zie ook: artt. 121, 125, 130, 134 FW)

Art. 83

Vertegenwoordiging van schuldeiser

1. De schuldeisers kunnen ter vergadering verschijnen in persoon, bij schriftelijk gevolmachtigde of bij advocaat.

2. Ten behoeve van de schuldeisers, die zich op een vergadering hebben doen vertegenwoordigen, worden alle oproepingen voor latere vergaderingen en alle kennisgevingen aan de gevol-

machtigde gedaan, ten ware zij de curator schriftelijk verzoeken, dat die oproepingen en kennisgevingen aan hen zelve of aan een anderen gevolmachtigde geschieden.
(Zie ook: artt. 142, 150, 168, 178, 183 FW)

Art. 84

1. Behalve de door deze wet voorgeschreven vergaderingen, wordt er een vergadering van schuldeisers gehouden, zo dikwijls de rechter-commissaris dit nodig oordeelt of hem daartoe door de schuldeiserscommissie of door ten minste vijf schuldeisers, vertegenwoordigende één vijfde deel der erkende en der voorwaardelijk toegelaten schuldvorderingen, een met redenen omkleed verzoek wordt gedaan.

2. In elk geval bepaalt de rechter-commissaris dag, uur en plaats der vergadering, waartoe de stemgerechtigde schuldeisers ten minste tien dagen van te voren door de curator schriftelijk worden opgeroepen, vermeldende het in de vergadering te behandelen onderwerp.
(Zie ook: artt. 67, 74, 108, 141, 178 FW)

§ 5

Van de rechterlijke beschikkingen

Art. 85

Alle beschikkingen in zaken, het beheer of de vereffening des faillieten boedels betreffende, worden door de rechtbank in het hoogste ressort gewezen, behalve in de gevallen waarin het tegendeel is bepaald.
(Zie ook: artt. 8, 67, 154, 211, 219, 243, 272 FW; artt. 54, 55 Wet RO)

Art. 86

Alle beschikkingen in zaken, het beheer of de vereffening des faillieten boedels betreffende, ook die welke niet uitgaan van de rechtbank, zijn uitvoerbaar bij voorraad en op de minuut, tenzij het tegendeel is bepaald.
(Zie ook: artt. 4, 67, 87 FW; artt. 233, 234 Rv)

Vierde afdeling

Van de voorzieningen na de faillietverklaring en van het beheer des curators

Art. 87

1. De rechtbank kan bij het vonnis van faillietverklaring of te allen tijde daarna, doch in het laatste geval niet dan op voordracht van de rechter-commissaris, of op verzoek van de curator of van een of meer der schuldeisers en na de rechter-commissaris gehoord te hebben, bevelen, dat de gefailleerde, wegens het niet nakomen van verplichtingen welke de wet hem in verband met zijn faillissement oplegt, dan wel wegens gegronde vrees voor het niet nakomen van zodanige verplichtingen, in verzekerde bewaring worde gesteld, hetzij in een huis van bewaring, hetzij in zijn eigen woning onder het opzicht van een ambtenaar van politie, aangesteld voor de uitvoering van de politietaak, of een andere ambtenaar, voorzover die ambtenaar behoort tot een categorie die daartoe door Onze Minister van Justitie is aangewezen.

2. Het bevel hiertoe wordt door het Openbaar Ministerie ten uitvoer gelegd.

3. Dit bevel is voor niet langer dan dertig dagen geldig, te rekenen van de dag waarop het ten uitvoer is gelegd. Aan het einde van die termijn kan de rechtbank, op voordracht van de rechter-commissaris of op een verzoek en na verhoor als in het eerste lid bedoeld, het bevel voor ten hoogste dertig dagen verlengen. Daarna kan hetzelfde telkens op dezelfde wijze voor ten hoogste dertig dagen geschieden.

4. De in het eerste lid bedoelde ambtenaar die door het Openbaar Ministerie is aangewezen om zijn medewerking te verlenen aan de tenuitvoerlegging van het bevel, is bevoegd elke plaats te betreden, voorzover dat redelijkerwijs voor de vervulling van zijn taak nodig is.
(Zie ook: artt. 33, 85, 106 FW)

Art. 88

1. De rechtbank heeft de bevoegdheid, op voordracht van de rechter-commissaris, of op verzoek van de gefailleerde, deze uit de verzekerde bewaring te ontslaan, met of zonder zekerheidstelling, dat hij te allen tijde op de eerste oproeping zal verschijnen.

2. Het bedrag der zekerheidstelling wordt door de rechtbank bepaald en komt bij niet-verschijning des gefailleerden ten voordele des boedels.
(Zie ook: artt. 85, 106 FW)

Art. 89

[Vervallen]

Art. 90

1. In alle gevallen, waarin de tegenwoordigheid van de gefailleerde bij deze of gene bepaalde werkzaamheid, de boedel betreffende, vereist wordt, zal hij, zo hij zich in verzekerde bewaring bevindt, op last van de rechter-commissaris uit de bewaarplaats kunnen worden overgebracht.

B13 art. 91 Faillissementswet

2. De last hiertoe wordt door het Openbaar Ministerie ten uitvoer gelegd. *(Zie ook: artt. 67, 105, 106, 116, 144, 152, 155 FW)*

Art. 91

Toestemming tot verlaten woonplaats

Gedurende het faillissement mag de gefailleerde zonder toestemming van de rechter-commissaris zijn woonplaats niet verlaten. *(Zie ook: artt. 67, 106 FW)*

Art. 92

Bewaring van boedel

De curator zorgt, dadelijk na de aanvaarding zijner betrekking, door alle nodige en gepaste middelen voor de bewaring des boedels. Hij neemt onmiddellijk de bescheiden en andere gegevensdragers, gelden, kleinodiën, effecten en andere papieren van waarde tegen ontvangbewijs onder zich. Hij is bevoegd de gelden aan de ontvanger voor de gerechtelijke consignatiën in bewaring te geven.

(Zie ook: artt. 93, 94, 95, 102, 103, 193 FW; art. 15a BW Boek 3; art. 445 Rv; artt. 341, 343 WvSr)

Art. 93

Verzegeling boedel

1. De curator doet, zo hij of de rechter-commissaris dit nodig acht, dadelijk de boedel verzegelen door een notaris.

Buiten verzegeling vallende goederen

2. Buiten de verzegeling blijven, doch worden in het proces-verbaal kortelijk beschreven, de goederen vermeld in de artikelen 21, nr. 1 en 92, alsmede de voorwerpen tot het bedrijf van de gefailleerde vereist, indien dit wordt voortgezet. *(Zie ook: artt. 7, 67, 98 FW; art. 658 Rv)*

Art. 93a

Toegang curator

De curator heeft toegang tot elke plaats, voorzover dat redelijkerwijs voor de vervulling van zijn taak nodig is. De rechter-commissaris is bevoegd tot het geven van een machtiging als bedoeld in artikel 2 van de Algemene wet op het binnentreden. *(Zie ook: art. 67 FW)*

Art. 94

Boedelbeschrijving

1. De curator gaat zo spoedig mogelijk over tot het opmaken van een beschrijving des faillieten boedels.

2. De boedelbeschrijving kan ondershands worden opgemaakt en de waardering door de curator geschieden, een en ander onder goedkeuring van de rechter-commissaris.

3. De leden der voorlopige schuldeiserscommissie zijn bevoegd bij de beschrijving tegenwoordig te zijn.

(Zie ook: artt. 67, 74 FW; art. 671 Rv)

Art. 95

Boedelbeschrijving, staat van buiten faillissement vallende goederen

Van de goederen, vermeld in artikel 21, nr. 1, wordt een staat aan de beschrijving gehecht; die, vermeld in artikel 92, worden in de beschrijving opgenomen.

Art. 96

Opmaken staat baten en schulden

De curator gaat dadelijk na de beschrijving van de boedel over tot het opmaken van een staat, waaruit de aard en het bedrag van de baten en schulden des boedels, de namen en woonplaatsen der schuldeisers, alsmede het bedrag der vorderingen van ieder hunner blijken. *(Zie ook: artt. 94, 105, 214 FW)*

Art. 97

Nederlegging beschrijving en staat ter griffie

1. Door de curator gewaarmerkte afschriften van de boedelbeschrijving en van de staat, vermeld in het voorgaande artikel, worden ter kosteloze inzage van een ieder neergelegd ter griffie van de rechtbank van het arrondissement waarin zich de woonplaats, het kantoor of het verblijf van de gefailleerde bevindt, naar gelang de faillietverklaring is uitgesproken door het rechterlijk college van de woonplaats, het kantoor of het verblijf van de gefailleerde. *(Zie ook: artt. 107, 114 FW)*

2. De neerlegging geschiedt kosteloos. *(Zie ook: art. 17 FW)*

Art. 98

Voortzetting bedrijf van gefailleerde

De curator is bevoegd het bedrijf van de gefailleerde voort te zetten. Indien er geen commissie uit de schuldeisers is benoemd, heeft hij daartoe de machtiging van de rechter-commissaris nodig.

(Zie ook: artt. 67, 72, 74, 78, 93, 98, 173 FW)

Art. 99

Opening poststukken van gefailleerde

1. De curator opent krachtens de last bedoeld in artikel 14, de brieven en telegrammen aan de gefailleerde gericht. Die, welke niet op de boedel betrekking hebben, stelt hij terstond aan de gefailleerde ter hand. Het postvervoerbedrijf of de postvervoerbedrijven die zijn aangewezen als verlener van de universele postdienst, alsmede de andere geregistreerde postvervoerbedrijven, bedoeld in de Postwet 2009, is, na van de griffier ontvangen kennisgeving, verplicht de curator de brieven en telegrammen, voor de gefailleerde bestemd, af te geven, totdat de curator of de rechter-commissaris haar van die verplichting ontslaat of zij de kennisgeving ontvangt, bedoeld in artikel 15. De rechterlijke last tot het openen van brieven en telegrammen verliest zijn kracht op het in de vorige zin bedoelde tijdstip waarop de verplichting van de administratie tot afgifte van brieven en telegrammen eindigt.

(Zie ook: artt. 14 lid 2, 67 FW; art. 13 GW)

2. Protesten, exploten, verklaringen en termijnstellingen betreffende de boedel geschieden door en aan de curator.

(Zie ook: art. 57 FW; artt. 37, 50, 55, 69 BW Boek 3; artt. 88, 265 BW Boek 6; artt. 143, 176, 217 WvK)

Art. 100

De curator is bevoegd naar omstandigheden een door de rechter-commissaris vast te stellen som ter voorziening in het levensonderhoud van de gefailleerde en zijn huisgezin uit te keren.

(Zie ook: artt. 21, 67, 78, 173 FW)

Art. 101

1. De curator is bevoegd om goederen te vervreemden.

2. De bepaling van artikel 176 is toepasselijk.

(Zie ook: art. 175 FW)

Art. 102

1. De curator houdt alle gelden, kleinodiën, effecten en andere papieren van waarde onder zijn onmiddellijke bewaring, tenzij door de rechter-commissaris een andere wijze van bewaring wordt bepaald.

2. Gerede gelden, die voor het beheer niet nodig zijn, worden door de curator belegd ten name van de boedel op de wijze door de rechter-commissaris goed te keuren.

(Zie ook: artt. 67, 92, 103 FW)

Art. 103

Over gelden, kleinodiën, effecten en andere papieren van waarde, die, volgens bepaling van de rechter-commissaris, door een derde worden bewaard, en over belegde gelden mag de curator niet anders beschikken dan door middel van door de rechter-commissaris voor gezien getekende stukken.

(Zie ook: art. 102 FW)

Art. 104

De curator is, na ingewonnen advies van de schuldeiserscommissie, zo die er is, en onder goedkeuring van de rechter-commissaris, bevoegd vaststellingsovereenkomsten of schikkingen aan te gaan.

(Zie ook: artt. 67, 72 FW; art. 900 BW Boek 7)

Art. 105

1. De gefailleerde is verplicht de curator, de schuldeiserscommissie en de rechter-commissaris alle inlichtingen te verschaffen als dit van hem wordt verlangd, op de wijze als daarbij is bepaald. De gefailleerde licht de curator eigener beweging in over feiten en omstandigheden waarvan hij weet of behoort te weten dat deze voor de omvang, het beheer of de vereffening van de boedel van belang zijn.

2. De gefailleerde die in het buitenland vermogensbestanddelen heeft, zoals banktegoeden of onroerend goed, is verplicht:

a. de curator daarover in te lichten; en

b. alle medewerking te verlenen, waaronder zo nodig de verschaffing van een volmacht, om de curator de beschikking te geven over die buitenlandse vermogensbestanddelen.

3. Indien de gefailleerde in enige gemeenschap van goederen is gehuwd of in enige gemeenschap van goederen een geregistreerd partnerschap is aangegaan, rust de plicht om inlichtingen te geven op ieder van de echtgenoten onderscheidenlijk van de geregistreerde partners voor zover het faillissement de gemeenschap betreft.

Art. 105a

1. De gefailleerde verleent de curator alle medewerking aan het beheer en de vereffening van de boedel.

2. De gefailleerde draagt terstond de administratie en de daartoe behorende boeken, bescheiden en andere gegevensdragers volledig en ongeschonden aan de curator over. Zo nodig stelt de gefailleerde de curator alle middelen ter beschikking om de inhoud binnen redelijke termijn leesbaar te maken.

3. Indien de gefailleerde in enige gemeenschap van goederen is gehuwd of in enige gemeenschap van goederen een geregistreerd partnerschap is aangegaan, rust de plicht om medewerking te verlenen op ieder van de echtgenoten onderscheidenlijk van de geregistreerde partners voor zover het faillissement de gemeenschap betreft.

Art. 105b

1. Derden met inbegrip van accountantsorganisaties en een externe accountant, die in de uitoefening van hun beroep of bedrijf, op welke wijze dan ook, de administratie van de gefailleerde geheel of gedeeltelijk onder zich hebben, stellen die administratie en de daartoe behorende boeken, bescheiden en andere gegevensdragers desgevraagd volledig en ongeschonden aan de

B13 art. 106

Faillissementswet

curator ter beschikking, zo nodig met inbegrip van de middelen om de inhoud binnen redelijke tijd leesbaar te maken.

2. In afwijking van artikel 60 kunnen derden geen beroep op een retentierecht doen ten aanzien van de administratie van de gefailleerde die zij in de uitoefening van hun beroep of bedrijf, op welke wijze dan ook, onder zich hebben als de curator die administratie op grond van het eerste lid heeft opgevraagd.

3. Elk beding dat strijdig is met het bepaalde in het eerste of tweede lid is nietig.

Art. 106

Toepasselijkheid op bestuurders en commissarissen rechtspersoon

1. Bij het faillissement van een rechtspersoon zijn de bepalingen van de artikelen 87 tot en met 92, 105, eerste en tweede lid, alsmede 105a, eerste en tweede lid, op bestuurders en commissarissen toepasselijk alsmede op eenieder die in de drie jaar voorafgaande aan het faillissement bestuurder of commissaris was.

2. Met een bestuurder wordt voor de toepassing van het eerste lid gelijkgesteld:

a. degene die het beleid van de rechtspersoon heeft bepaald of mede heeft bepaald als ware hij bestuurder;

b. de bestuurder van een of meer rechtspersonen alsmede de vennoot van een of meer vennootschappen onder firma of commanditaire vennootschappen die bestuurder is of zijn van de failliete rechtspersoon.

3. Bij het faillissement van een vennootschap onder firma of een commanditaire vennootschap zijn de eerste twee leden van overeenkomstige toepassing.

Art. 106a

Civielrechtelijk bestuursverbod

1. Op vordering van de curator of op verzoek van het openbaar ministerie kan de rechtbank een bestuursverbod opleggen aan de bestuurder van een in artikel 3 van Boek 2 van het Burgerlijk Wetboek genoemde rechtspersoon, de gewezen bestuurder daaronder begrepen, als tijdens of in de drie jaren voorafgaand aan het uitspreken van het faillissement van die rechtspersoon:

a. door de rechter bij onherroepelijk geworden uitspraak is geoordeeld dat hij voor zijn handelen of nalaten bij die rechtspersoon aansprakelijk is, als bedoeld in de artikelen 138 of 248 van Boek 2 van het Burgerlijk Wetboek;

b. de bestuurder doelbewust namens de rechtspersoon rechtshandelingen heeft verricht, toegelaten of mogelijk gemaakt waardoor schuldeisers aanmerkelijk zijn benadeeld en die overeenkomstig de artikelen 42 of 47 bij onherroepelijk geworden uitspraak door de rechter zijn vernietigd;

c. de bestuurder, ondanks een verzoek van de curator, in ernstige mate is tekortgeschoten in de nakoming van zijn informatie- of medewerkingsverplichtingen, bedoeld in deze wet, jegens de curator;

d. de bestuurder, hetzij als zodanig, hetzij als natuurlijke persoon handelend in de uitoefening van een beroep of bedrijf, ten minste tweemaal eerder betrokken was bij een faillissement van een rechtspersoon en hem daarvan een persoonlijk verwijt treft; of

e. aan de rechtspersoon of de bestuurder ervan een boete wegens een vergrijp als bedoeld in de artikelen 67d, 67e of 67f van de Algemene wet inzake rijksbelastingen is opgelegd en deze beschikking onherroepelijk is.

2. Een bestuursverbod kan mede worden uitgesproken jegens de bestuurder van een of meer rechtspersonen die bestuurder is of zijn als bedoeld in het eerste lid.

3. De rijksbelastingdienst verstrekt op verzoek aan het openbaar ministerie of de curator de voor de toepassing van het eerste lid, onderdeel e, benodigde gegevens.

4. Met uitzondering van het eerste lid, onderdeel a, en het tweede lid, zijn de vorige leden van overeenkomstige toepassing op een natuurlijke persoon die handelt of heeft gehandeld in de uitoefening van een beroep of bedrijf.

Art. 106b

Civielrechtelijk bestuursverbod, gevolgen van

1. Een bestuurder aan wie een bestuursverbod is opgelegd, kan gedurende vijf jaar nadat de uitspraak in kracht van gewijsde is gegaan, of zoveel korter als in de uitspraak is bepaald, niet tot bestuurder of commissaris van een in artikel 3 van Boek 2 van het Burgerlijk Wetboek genoemde rechtspersoon worden benoemd. Een benoeming tot bestuurder of commissaris in weerwil van een onherroepelijk opgelegd bestuursverbod is nietig.

2. Tenzij in de uitspraak anders is bepaald, vormt het bestuursverbod voor betrokkene tevens een beletsel voor de uitoefening van zijn functie als bestuurder of commissaris bij alle op grond van artikel 106c, tweede lid, in de procedure betrokken rechtspersonen.

3. De griffier van de rechtbank, of in geval van hoger beroep, van het gerechtshof, biedt de onherroepelijke uitspraak waarin een bestuursverbod is opgelegd met bekwame spoed aan de Kamer van Koophandel aan, die terstond tot uitschrijving van de betrokken bestuurder uit het Handelsregister overgaat. Tevens wordt het bestuursverbod, voor de duur waarvoor het is opgelegd, geregistreerd bij het Handelsregister.

4. De rechtbank regelt zo nodig alle overige gevolgen van het door haar uitgesproken bestuursverbod.

5. De rechtbank kan ter verzekering van de naleving van haar uitspraak een dwangsom opleggen. Wordt de dwangsom verbeurd, dan komt deze toe aan de boedel of, als daarvan geen sprake is, aan de staat. De Minister van Veiligheid en Justitie kan de ontvangen gelden besteden aan nader door hem te bepalen doeleinden van faillissementsfraudebestrijding.

6. Een uitspraak houdende oplegging van een bestuursverbod kan niet uitvoerbaar bij voorraad worden verklaard.

Art. 106c

1. Bij een verzoek of vordering tot het opleggen van een bestuursverbod wordt een uittreksel uit het Handelsregister overgelegd van de overige rechtspersonen, bedoeld in artikel 3 van Boek 2 van het Burgerlijk Wetboek, waarvan de betrokkene bestuurder of commissaris is. De Kamer van Koophandel verstrekt dit uittreksel op verzoek van de curator of het openbaar ministerie.

2. De rechtbank stelt de in het vorige lid bedoelde rechtspersonen in de gelegenheid om hun zienswijze over het gevraagde bestuursverbod en de mogelijke gevolgen daarvan naar voren te brengen. Daarbij kunnen zij niet worden vertegenwoordigd door de bestuurder jegens wie een bestuursverbod is gevorderd of verzocht, tenzij deze de enige bestuurder van de betrokken rechtspersoon is.

3. Indien een bestuursverbod ertoe leidt dat een rechtspersoon zonder bestuurder of commissaris komt te verkeren, kan de rechtbank overgaan tot de tijdelijke aanstelling van een of meer bestuurders of commissarissen wier bezoldiging door de rechtbank wordt vastgesteld en voor rekening van de rechtspersoon komt.

4. De rechtbank bij wie een verzoek of vordering tot het opleggen van een bestuursverbod aanhangig is, kan de desbetreffende bestuurder of commissaris op verzoek van het openbaar ministerie of op vordering van de curator schorsen en zo nodig voorzien in de tijdelijke aanstelling van een of meer bestuurders of commissarissen.

5. De schorsing en de tijdelijke aanstelling van een of meer bestuurders of commissarissen kan in elke stand van het geding worden verzocht of gevorderd. Zij gelden voor ten hoogste de duur van het geding.

6. De schorsing of de tijdelijke aanstelling van een of meer bestuurders of commissarissen wordt, voor de duur van de schorsing of tijdelijke aanstelling, ingeschreven in het Handelsregister.

Art. 106d

1. Voor de toepassing van de artikelen 106a tot en met 106c wordt als bestuurder tevens aangemerkt degene die het beleid van de rechtspersoon heeft bepaald of mede heeft bepaald als ware hij bestuurder.

2. Voor de toepassing van de artikelen 106a tot en met 106c wordt met bestuurder gelijk gesteld de uitvoerende bestuurder en met de commissaris de niet uitvoerende bestuurder, indien de bestuurstaken zijn verdeeld over uitvoerende en niet uitvoerende bestuurders.

Art. 106e

De artikelen 106a tot en met 106d zijn van overeenkomstige toepassing op bestuurders, gewezen bestuurders, commissarissen en feitelijk leidinggevenden bij een Europees Economisch samenwerkingsverband, een Europese vennootschap en een Europese coöperatieve vennootschap met statutaire zetel in Nederland.

Art. 107

1. De griffier is verplicht aan elke schuldeiser op diens verzoek en op diens kosten afschrift te geven van de stukken, die ingevolge enige bepaling dezer wet ter griffie worden neergelegd of zich aldaar bevinden.

(Zie ook: art. 183 FW)

2. Evenzo is de griffier verplicht aan een ieder op diens verzoek en op diens kosten afschrift af te geven van de stukken waarvan een ieder ingevolge enige bepaling van deze wet ter griffie inzage kan verkrijgen.

(Zie ook: artt. 73a, 97, 114, 137, 148, 215, 226, 253, 263, 269 FW; art. 13 WTBZ)

Vijfde afdeling
Van de verificatie der schuldvorderingen

Art. 108

De rechter-commissaris bepaalt na het in kracht van gewijsde gaan van het vonnis van faillietverklaring zo nodig dag, uur en plaats van een of meer verificatievergaderingen, alsmede de wijze waarop wordt vergaderd overeenkomstig artikel 80a.

Art. 109

1. De curator geeft van de beschikking, bedoeld in artikel 108, onmiddellijk schriftelijk kennis aan alle bekende schuldeisers.

2. De curator stelt alle bekende schuldeisers zo spoedig mogelijk nadat het vonnis tot faillietverklaring in kracht van gewijsde is gegaan schriftelijk op de hoogte van de dag waarop uiterlijk

Civielrechtelijk bestuursverbod, nadere regels bij verzoek of vordering tot

Civielrechtelijk bestuursverbod voor feitelijk bestuurder

Civielrechtelijk bestuursverbod, toepasselijkheid op Europese rechtspersonen met statutaire zetel in Nederland

Afschrift van stukken

Kennisgeving

B13 art. 110 Faillissementswet

de schuldvorderingen moeten worden ingediend, alsmede dat de vordering niet voor verificatie in aanmerking komt, wanneer niet aan deze voorwaarde wordt voldaan.

Art. 110

Wijze van indienen vorderingen

1. De indiening der schuldvorderingen geschiedt door of bij de curator door de overlegging ener rekening of andere schriftelijke verklaring, aangevende de aard en het bedrag der vordering, vergezeld van de bewijsstukken of een afschrift daarvan, en van een opgave, of op voorrecht, pand, hypotheek of retentierecht aanspraak wordt gemaakt.

2. De schuldeisers zijn bevoegd van de curator een ontvangbewijs te vorderen.

(Zie ook: artt. 36, 108, 127, 173a, 178, 186, 257 FW; artt. 227, 276, 290 BW Boek 3; art. 642l Rv; art. 169 WTV)

3. Indien de curator een overeenkomst als bedoeld in artikel 907, eerste lid, van Boek 7 van het Burgerlijk Wetboek heeft gesloten die door de rechter verbindend is verklaard, kunnen de gerechtigden onder de overeenkomst die niet de in artikel 908, tweede lid, van Boek 7 van het Burgerlijk Wetboek bedoelde mededeling hebben gedaan, hun vordering krachtens de overeenkomst uitsluitend indienen op de wijze als in deze overeenkomst is bepaald. In afwijking van artikel 907, zesde lid, van Boek 7 van het Burgerlijk Wetboek kan de overeenkomst als bedoeld in de eerste zin, bepalen dat een vordering vervalt indien een gerechtigde onder de overeenkomst deze vordering niet indient binnen een termijn van ten minste drie maanden na de aanvang van de dag, volgende op die waarop de in artikel 908, tweede lid, van Boek 7 van het Burgerlijk Wetboek bedoelde termijn is verstreken. Op de vorderingen als bedoeld in de eerste zin, zijn de artikelen 128, 133 en 136 van overeenkomstige toepassing

Art. 110a

Standaardformulier schuldeiser

Indien sprake is van een onvolledig ingevuld standaardformulier als bedoeld in artikel 55 van de in artikel 5, derde lid, genoemde verordening, wordt de schuldeiser door de curator in de gelegenheid gesteld het standaardformulier aan te vullen.

Art. 111

Onderzoek door curator

De curator toetst de ingezonden rekeningen aan de administratie en opgaven van de gefailleerde, treedt, als hij tegen de toelating ener vordering bezwaar heeft, met de schuldeiser in overleg, en is bevoegd van deze overlegging van ontbrekende stukken alsook inzage van zijn administratie en van de oorspronkelijke bewijsstukken te vorderen.

(Zie ook: artt. 105, 173a, 258 FW; art. 10 BW Boek 2; art. 15a BW Boek 3; art. 642l Rv)

Art. 112

Voorlopig erkende en betwiste vorderingen

De curator brengt de vorderingen, die hij goedkeurt, op een lijst van voorlopig erkende schuldvorderingen, en de vorderingen, die hij betwist, op een afzonderlijke lijst, vermeldende de gronden der betwisting.

(Zie ook: art. 119, 259 FW; art. 642l Rv)

Art. 113

Voorrecht, pand, hypotheek, retentierecht

In de lijsten, bedoeld in het vorige artikel, wordt elke vordering omschreven, en aangegeven of zij naar de mening van de curator bevoorrecht of door pand of hypotheek gedekt is, of wel ter zake der vordering retentierecht kan worden uitgeoefend. Betwist de curator alleen de voorrang, of het retentierecht, zo wordt de vordering op de lijst der voorlopig erkende schuldvorderingen gebracht met aantekening van deze betwisting en de gronden daarvan.

(Zie ook: artt. 57, 119, 143 FW; artt. 227, 276, 290 BW Boek 3)

Art. 114

Nederlegging afschriftlijsten

1. Van ieder der lijsten, in artikel 112 bedoeld, wordt een afschrift door de curator ter griffie van de rechtbank neergelegd, om aldaar gedurende de zeven aan de verificatievergadering voorafgaande dagen kosteloos ter inzage te liggen van een ieder.

(Zie ook: artt. 97, 107, 173a, 173c, 178 FW)

2. De neerlegging geschiedt kosteloos.

Art. 115

Kennisgeving neerlegging; oproeping ter vergadering

Van de krachtens artikel 114 gedane neerlegging der lijsten geeft de curator aan alle bekende schuldeisers schriftelijk bericht, waarbij hij een nadere oproeping tot de verificatievergadering voegt en tevens vermeldt of een ontwerp-akkoord door de gefailleerde ter griffie is neergelegd.

(Zie ook: artt. 108, 139 FW)

Art. 116

Inlichtingen gefailleerde op vergadering

De gefailleerde neemt op een door de rechter-commissaris te bepalen wijze aan de verificatievergadering deel, ten einde aldaar alle inlichtingen over de oorzaken van het faillissement en de staat van de boedel te geven, die hem door de rechter-commissaris gevraagd worden. De schuldeisers kunnen de rechter-commissaris verzoeken omtrent bepaalde door hen op te geven punten inlichtingen aan de gefailleerde te vragen. De vragen aan de gefailleerde gesteld en de door hem gegeven antwoorden worden in het proces-verbaal opgetekend.

(Zie ook: artt. 80, 117 FW; art. 194 WvSr)

Art. 117

1. De in artikel 116 bedoelde verplichtingen van de gefailleerde rusten bij het faillissement van een rechtspersoon op elk van de in artikel 106, eerste en tweede lid, bedoelde personen als zij door de curator worden opgeroepen tot bijwoning van de verificatievergadering.

2. Het eerste lid is van overeenkomstige toepassing op een vennootschap onder firma en een commanditaire vennootschap.

Art. 118

[Vervallen]

Art. 119

1. Tijdens de verificatievergadering, dan wel, nadere verificatievergadering, worden de schuldeisers door of namens de rechter-commissaris behoorlijk geïnformeerd over de lijsten van voorlopig erkende en voorlopig betwiste schuldvorderingen. Heeft reeds publicatie van een lijst plaatsgevonden, dan kan de rechter-commissaris volstaan met verwijzing daarnaar. Ieder op die lijsten voorkomende schuldeisers is bevoegd de curator omtrent elke vordering en haar plaatsing op een der lijsten inlichtingen te vragen, of wel haar juistheid, de beweerde voorrang of het beweerde retentierecht te betwisten, of te verklaren, dat hij zich bij de betwisting van de curator aansluit.

(Zie ook: artt. 80, 112, 124 FW)

2. De curator is bevoegd op de door hem gedane voorlopige erkenning of betwisting terug te komen, of wel te vorderen, dat de schuldeiser de deugdelijkheid zijner noch door de curator, noch door een der schuldeisers betwiste schuldvordering onder ede bevestige; indien de oorspronkelijke schuldeiser overleden is, zullen de rechthebbenden onder ede moeten verklaren, dat zij te goeder trouw geloven dat de schuld bestaat en onvoldaan is.

(Zie ook: art. 120 FW; art. 207 WvSr)

3. De rechter-commissaris kan bepalen dat er een nadere verificatievergadering wordt gehouden. De rechter-commissaris stelt dag, uur, plaats en wijze waarop wordt vergaderd vast. De curator stelt de bekende schuldeisers hiervan schriftelijk in kennis.

Art. 120

1. De eed, bedoeld in het tweede lid van het vorige artikel, wordt in persoon of door een daartoe bijzonder gevolmachtigde afgelegd in handen van de rechter-commissaris, hetzij onmiddellijk op de vergadering, hetzij op een latere door de rechter-commissaris te bepalen dag. De volmacht kan ondershands worden verleend.

(Zie ook: art. 121 FW; art. 60 BW Boek 3)

2. Indien de schuldeiser, aan wie de eed is opgedragen, niet ter vergadering aanwezig is, geeft de griffier hem onmiddellijk kennis van de eedsopdracht en van de voor de eedsaflegging bepaalde dag.

3. De rechter-commissaris geeft de schuldeiser een verklaring van de eedsaflegging, tenzij de eed wordt afgelegd in een vergadering van schuldeisers, in welk geval van de aflegging aantekening wordt gehouden in het proces-verbaal dier vergadering.

(Zie ook: art. 17 FW)

Art. 121

1. De vorderingen, welke niet betwist worden, worden overgebracht op een in het procesverbaal op te nemen lijst van erkende schuldeisers. Op het papier aan order en aan toonder wordt door de curator de erkenning aangetekend.

(Zie ook: art. 134 FW; artt. 100, 174, 178 WvK)

2. De schuldvorderingen, van welke de curator de beëdiging heeft gevorderd, worden voorwaardelijk toegelaten, totdat door het al of niet afleggen van de eed, op de bij het eerste lid van artikel 120 bedoelde tijd, over haar toelating definitief zal zijn beslist.

(Zie ook: artt. 84, 125, 145 FW)

3. Het proces-verbaal der vergadering wordt ondertekend door de rechter-commissaris en de griffier.

(Zie ook: art. 148 FW)

4. De in het proces-verbaal der vergadering opgetekende erkenning ener vordering heeft in het faillissement kracht van gewijsde zaak. Alleen op grond van bedrog kan de curator vernietiging daarvan vorderen.

(Zie ook: art. 148, 196 FW; art. 44 BW Boek 3; art. 326 WvSr)

Art. 122

1. In geval van betwisting beproeft de rechter-commissaris een schikking. Indien hij partijen niet kan verenigen, en voorzover het geschil niet reeds aanhangig is, verwijst hij partijen naar een door hem te bepalen zitting van de rechtbank, zonder dat daartoe een dagvaarding wordt vereist.

(Zie ook: artt. 17, 26, 29, 67, 122a, 126 FW; art. 106 Rv; art. 9 WTBZ)

2. De advocaten, die voor partijen optreden, verklaren dit bij de oproeping der zaak ter zitting.

3. Verschijnt de schuldeiser, die de verificatie vraagt, op de bepaalde zitting niet of heeft hij het griffierecht niet tijdig voldaan, dan wordt hij geacht zijn aanvraag te hebben ingetrokken;

Toepasselijkheid op bestuurders en commissarissen rechtspersoon

Behandeling vorderingen ter vergadering

Verdaging vergadering

Eedaflegging

Lijst van erkende schuldeisers

Voorwaardelijk toegelaten vorderingen

Proces-verbaal der vergadering

Gevolg erkenning vordering

Betwisting

Renvooi-procedure

B13 art. 122a **Faillissementswet**

verschijnt hij die de betwisting doet niet of heeft hij het griffierecht niet tijdig voldaan, dan wordt hij geacht zijn betwisting te laten varen en erkent de rechter de vordering. Artikel 127a, derde en vierde lid, van het Wetboek van burgerlijke rechtsvordering is van overeenkomstige toepassing.

4. Schuldeisers, die ter verificatievergadering geen betwisting hebben gedaan, kunnen in het geding zich niet voegen noch tussenkomen.

(Zie ook: art. 119 FW)

Art. 122a

Schorsing bij homologatie van akkoord

1. Wanneer de betwisting door de curator is gedaan, wordt de loop van het rechtsgeding van rechtswege geschorst door het in kracht van gewijsde gaan van de homologatie van een akkoord in het faillissement, tenzij de stukken van het geding reeds tot het geven van een beslissing aan de rechter zijn overgelegd, in welk geval de vordering, indien zij wordt erkend, geacht wordt in het faillissement erkend te zijn, terwijl ten aanzien van de beslissing omtrent de kosten van het geding de schuldenaar in de plaats treedt van de curator.

2. Het geding wordt hervat in de stand waarin dit zich bij de schorsing bevond doordat een der partijen, met instemming van de andere partij, een daartoe strekkende akte ter rolle neemt, dan wel bij exploot verklaart dat het geding wordt hervat.

3. De partij die bij het in het tweede lid bedoelde exploot verklaart dat het geding wordt hervat, roept daarbij de andere partij op tegen de dag waarop zij de zaak ter rolle wil doen dienen. Voor deze oproeping moeten de voor de dagvaarding voorgeschreven termijnen in acht worden genomen. Partijen stellen opnieuw advocaat.

4. Wanneer de betwisting is gedaan door een mede-schuldeiser, kan het geding, nadat de homologatie van een akkoord in het faillissement in kracht van gewijsde is gegaan, door partijen worden voortgezet uitsluitend ten einde de rechter te doen beslissen over de proceskosten.

Art. 123

Bewijs betwiste vordering

De schuldeiser, wiens vordering betwist wordt, is tot staving daarvan tot geen nader of meerder bewijs gehouden, dan hij tegen de gefailleerde zelf zoude moeten leveren.

(Zie ook: art. 55 FW; art. 149 Rv)

Art. 124

Kennisgeving betwisting en verwijzing

1. Indien de schuldeiser, wiens vordering betwist wordt, niet ter vergadering aanwezig is, geeft de griffier hem onmiddellijk kennis van de gedane betwisting en verwijzing.

2. De schuldeiser kan zich in het geding op het ontbreken dier kennisgeving niet beroepen.

(Zie ook: art. 120 FW)

Art. 125

Voorwaardelijke toelating/erkenning

Vorderingen, die betwist worden, kunnen door de rechter-commissaris voorwaardelijk worden toegelaten tot een bedrag door hem te bepalen. Wanneer de voorrang betwist wordt, kan deze door de rechter-commissaris voorwaardelijk worden erkend.

(Zie ook: artt. 67, 82, 84, 119, 142, 145, 164, 181 FW)

Art. 126

Betwisting door gefailleerde

1. Ook de gefailleerde is bevoegd, onder summiere opgaaf zijner gronden, tegen de toelating ener vordering, hetzij voor het geheel, hetzij voor een gedeelte, of tegen de erkenning van de beweerde voorrang, zich te verzetten. In dit geval geschiedt in het proces-verbaal aantekening van de betwisting en van haar gronden, zonder verwijzing van partijen naar de rechtbank, en zonder dat daardoor de erkenning der vordering in het faillissement wordt verhinderd.

Geen betwisting

2. Betwisting, waarvoor geen gronden worden opgegeven, of welke niet de gehele vordering omvat en toch niet uitdrukkelijk aanwijst, welk deel wordt erkend, en welk betwist, wordt niet als betwisting aangemerkt.

(Zie ook: artt. 119, 159, 197 FW)

Art. 127

Later ingediende vorderingen

1. Vorderingen worden uiterlijk veertien dagen voor de dag van de eerste verificatievergadering, bedoeld in artikel 108, ingediend bij de curator, tenzij de rechter-commissaris anders bepaalt.

2. De rechter-commissaris kan, na raadpleging van de curator en na afweging van de gerechtvaardigde belangen van de gezamenlijke schuldeisers, bepalen dat de in het eerste lid bedoelde termijn wordt aangepast. Artikel 109 is van overeenkomstige toepassing op deze beschikking.

3. Een vordering ingediend na de dag, bedoeld in het eerste lid, wordt niet voor verificatie in behandeling genomen.

4. De uiterste dag waarop de vorderingen worden ingediend, wordt door de griffier ingeschreven in het register, bedoeld in artikel 19.

Art. 128

Interesten

Interesten, na de faillietverklaring lopende, kunnen niet geverifieerd worden, tenzij door pand of hypotheek gedekt. In dit geval worden zij pro memorie geverifieerd. Voorzover de interesten op de opbrengst van het onderpand niet batig gerangschikt worden, kan de schuldeiser uit deze verificatie geen rechten ontlenen.

(Zie ook: art. 260 FW; art. 263 BW Boek 3; art. 119 BW Boek 6; art. 1804 BW Boek 7A)

Art. 129

Een vordering onder een ontbindende voorwaarde wordt voor het gehele bedrag geverifieerd, onverminderd de werking der voorwaarde, wanneer zij vervuld wordt.
(Zie ook: art. 260 FW; art. 21 BW Boek 6; art. 483a Rv)

Art. 130

1. Een vordering onder een opschortende voorwaarde kan geverifieerd worden voor haar waarde op het ogenblik der faillietverklaring.

2. Indien de curator en de schuldeisers het niet eens kunnen worden over deze wijze van verificatie, wordt zodanige vordering voor het volle bedrag voorwaardelijk toegelaten.
(Zie ook: artt. 53, 57, 82, 142, 145, 261 FW; art. 21 BW Boek 6; art. 483b Rv)

Art. 131

1. Een vordering, waarvan het tijdstip der opeisbaarheid onzeker is, of welke recht geeft op periodieke uitkeringen, wordt geverifieerd voor haar waarde op de dag der faillietverklaring.
(Zie ook: art. 40 BW Boek 6)

2. Alle schuldvorderingen, vervallende binnen één jaar na de dag, waarop het faillissement is aangevangen, worden behandeld, alsof zij op dat tijdstip opeisbaar waren. Alle later dan één jaar daarna vervallende schuldvorderingen worden geverifieerd voor de waarde, die zij hebben na verloop van een jaar sedert de aanvang van het faillissement.
(Zie ook: art. 40 BW Boek 6; art. 1809 BW Boek 7A; art. 142 WvK)

3. Bij de berekening wordt uitsluitend gelet op het tijdstip en de wijze van aflossing, het kansgenot, waar dit bestaat, en, indien de vordering rentedragend is, op de bedongen rentevoet.
(Zie ook: art. 262 FW; art. 1811 BW Boek 7A; artt. 57, 543 WvK; art. 483c Rv)

Art. 132

1. Schuldeisers, wier vorderingen door pand, hypotheek of retentierecht gedekt of op een bepaald voorwerp bevoorrecht zijn, maar die kunnen aantonen dat een deel hunner vordering vermoedelijk niet batig gerangschikt zal kunnen worden op de opbrengst der verbonden goederen, kunnen verlangen dat hun voor dat deel de rechten van concurrente schuldeisers worden toegekend met behoud van hun recht van voorrang.

2. Het bedrag waarvoor pand- en hypotheekhouders batig gerangschikt kunnen worden, wordt bepaald met inachtneming van artikel 483e van het Wetboek van Burgerlijke Rechtsvordering met dien verstande dat voor het tijdstip van het opmaken van de staat in de plaats treedt de aanvang van de dag waarop de faillietverklaring werd uitgesproken.
(Zie ook: artt. 57, 60, 113, 143, 180 FW; artt. 227, 236, 260, 290 BW Boek 3)

Art. 133

Vorderingen, waarvan de waarde onbepaald, onzeker, niet in Nederlands geld of in het geheel niet in geld is uitgedrukt, worden geverifieerd voor hun geschatte waarde in Nederlands geld.
(Zie ook: art. 260 FW)

Art. 134

Schuldvorderingen aan toonder kunnen ten name van «toonder» geverifieerd worden. Iedere ten name van «toonder» geverifieerde vordering wordt als de vordering van een afzonderlijk schuldeiser beschouwd.
(Zie ook: artt. 82, 260 FW)

Art. 135

[Vervallen]

Art. 136

1. Indien van hoofdelijke schuldenaren een of meer in staat van faillissement verkeren, kan de schuldeiser in het faillissement van die schuldenaar, onderscheidenlijk in het faillissement van ieder dier schuldenaren opkomen voor en betaling ontvangen over het gehele bedrag, hem ten tijde der faillietverklaring nog verschuldigd, totdat zijn vordering ten volle zal zijn gekweten.

2. Een hoofdelijke schuldenaar kan, zo nodig voorwaardelijk, worden toegelaten voor de bedragen waarvoor hij op de gefailleerde, krachtens hun onderlinge rechtsverhouding als hoofdelijke medeschuldenaren, een vordering heeft verkregen of zal verkrijgen. De toelating geschiedt echter slechts:

a. voorzover de schuldeiser daarvoor zelf niet kan opkomen of, hoewel hij het kan, niet opkomt;

b. voor het geval de schuldeiser gedurende het faillissement voor het gehele bedrag waarvoor hij is opgekomen, wordt voldaan;

c. voorzover om een andere reden de toelating geen voor de concurrente schuldeisers nadelige invloed heeft op de aan hen uit te keren percenten.
(Zie ook: artt. 160, 180, 241, 260 FW; art. 6 BW Boek 6; art. 850 BW Boek 7)

Art. 137

1. Na afloop der verificatie brengt de curator verslag uit over de stand van de boedel, en geeft hij daaromtrent alle door de schuldeisers verlangde inlichtingen. Het verslag wordt, met het proces-verbaal der verificatievergadering, na afloop dier vergadering ter griffie nedergelegd ter kosteloze inzage van een ieder. De neerlegging geschiedt kosteloos.
(Zie ook: art. 107 FW)

B13 art. 137a Faillissementswet

Verzoek verbetering proces-verbaal

2. Zowel de curator, als de schuldeisers en de gefailleerde kunnen na de neerlegging van het proces-verbaal, aan de rechtbank verbetering daarvan verzoeken, indien uit de stukken zelve blijkt dat in het proces-verbaal een vergissing is geslopen.

Vijfde afdeling A

Vereenvoudigde afwikkeling van faillissement

Art. 137a

Afzien van afhandeling concurrente vorderingen; geen verificatievergadering

1. Indien aannemelijk is dat de beschikbare baten niet voldoende zijn om daaruit de concurrente vorderingen geheel of gedeeltelijk te voldoen, kan de rechter-commissaris op verzoek van de curator dan wel ambtshalve bepalen dat afhandeling van concurrente vorderingen achterwege blijft en dat geen verificatievergadering wordt gehouden.

2. De curator geeft van de in het eerste lid bedoelde beschikking onmiddellijk aan alle bekende schuldeisers schriftelijk kennis en doet daarvan aankondiging in de Staatscourant.

Schakelbepaling

3. Ingeval de in het eerste lid bedoelde beschikking is gegeven, is deze afdeling van toepassing. De vijfde afdeling vindt geen toepassing. Op niet-concurrente vorderingen zijn de artikelen 128 tot en met 136 van de vijfde afdeling van overeenkomstige toepassing. De zesde en de zevende afdeling vinden geen toepassing, tenzij hierna anders is bepaald.

Art. 137b

Bevoorrechte en gedekte vorderingen

1. De curator gaat na welke vorderingen bevoorrecht zijn of door pand, hypotheek of retentierecht gedekt zijn.

Betwisting vordering

2. Indien de curator een vordering dan wel de aan een vordering verbonden voorrang betwist, geeft hij de desbetreffende schuldeiser daarvan bericht en treedt hij met hem in overleg ter regeling van dit geschil.

3. Indien de curator geen overeenstemming bereikt met de in het vorige lid bedoelde schuldeiser, legt hij het geschil aan de rechter-commissaris voor. Artikel 122, eerste, tweede en derde lid, is van overeenkomstige toepassing.

4. De gefailleerde is bevoegd zijn bezwaren tegen een vordering dan wel tegen de aan een vordering verbonden voorrang aan de curator kenbaar te maken, die, als hij de bezwaren niet kan wegnemen, deze aan de rechter-commissaris voorlegt. Artikel 126 is van overeenkomstige toepassing.

Art. 137c

Te gelde maken boedel

1. De curator gaat over tot tegeldemaking van de boedel. De artikelen 175, tweede lid, 176 en 177 zijn van overeenkomstige toepassing.

Uitdelingslijst

2. De curator maakt een uitdelingslijst op. De lijst houdt in een staat van de ontvangsten en uitgaven (daaronder begrepen het salaris van de curator), de namen van de schuldeisers die een bevoorrechte of door pand, hypotheek of retentierecht gedekte vordering hebben, het bedrag van ieders vordering en de daarop te ontvangen uitkering.

3. Voor de vorderingen waarover een geschil als bedoeld in artikel 122 aanhangig is, trekt de curator op de lijst percenten over het volle bedrag uit, alsmede percenten voor in verband daarmee nog aan te wenden kosten. Artikel 194 is van overeenkomstige toepassing. *(Zie ook: art. 101 FW)*

Art. 137d

Goedkeuring uitdelingslijst door R-C

1. De curator legt de uitdelingslijst ter goedkeuring aan de rechter-commissaris voor.

2. De curator legt een afschrift van de door de rechter-commissaris goedgekeurde lijst alsmede een verslag over de toestand van de boedel ter griffie van de rechtbank neder om aldaar gedurende tien dagen kosteloos ter inzage te liggen voor een ieder.

3. Van de neerlegging doet de curator aankondiging in de Staatscourant.

4. De curator geeft daarvan schriftelijk bericht aan alle bekende schuldeisers, met mededeling dat de uitdelingslijst geen betrekking heeft op concurrente vorderingen.

5. Artikel 182 is van overeenkomstige toepassing. *(Zie ook: artt. 180, 183 FW)*

Art. 137e

Verzet tegen uitdelingslijst

1. Gedurende de in artikel 137d, tweede lid, genoemde termijn kan iedere schuldeiser in verzet komen tegen de ter griffie nedergelegde uitdelingslijst door inlevering van een met redenen omkleed bezwaarschrift ter griffie; hem wordt door de griffier een bewijs van ontvangst gegeven.

2. Het bezwaarschrift wordt als bijlage bij de uitdelingslijst gevoegd.

3. Het verzet door een concurrente schuldeiser kan niet worden gegrond op het enkele feit dat zijn vordering niet op de ter griffie nedergelegde uitdelingslijst is geplaatst.

4. De artikelen 185 en 187 zijn van overeenkomstige toepassing. *(Zie ook: art. 184 FW)*

Art. 137f

1. Na afloop van de termijn, genoemd in artikel 137d, tweede lid, of, indien verzet is gedaan, nadat de beschikking op het verzet in kracht van gewijsde is gegaan, verkeert de boedel van rechtswege in staat van insolventie en gaat de curator over tot het doen van de vastgestelde uitkering.

2. De artikelen 188, 189, 190, 192 en 193 zijn van overeenkomstige toepassing.

Uitkering

Art. 137g

1. Indien tijdens de vereffening baten opkomen die van zodanige omvang zijn dat uit de opbrengst daarvan ook concurrente vorderingen geheel of gedeeltelijk kunnen worden voldaan, bepaalt de rechter-commissaris dat alsnog een verificatievergadering wordt gehouden en stelt daartoe dag, uur, plaats en wijze waarop wordt vergaderd, overeenkomstig artikel 80a, vast, alsmede de dag waarop uiterlijk de vorderingen ingediend moeten worden. Artikel 108 is van toepassing.

Verificatievergadering

2. De curator geeft van de in het vorige lid genoemde beschikking onmiddellijk aan alle bekende schuldeisers kennis en doet daarvan aankondiging in de Staatscourant.

3. De vijfde, zesde en zevende afdeling zijn van toepassing.

(Zie ook: art. 194 FW)

Zesde afdeling
Van het akkoord

Art. 138

De gefailleerde is bevoegd aan zijn gezamenlijke schuldeisers een akkoord aan te bieden. De gefailleerde mist deze bevoegdheid indien de curator een overeenkomst als bedoeld in artikel 907, eerste lid, van Boek 7 van het Burgerlijk Wetboek heeft gesloten en bij de rechter een verzoek als bedoeld in dit lid is ingediend, tenzij onherroepelijk vaststaat dat dit verzoek niet tot toewijzing zal leiden. Indien de gefailleerde overeenkomstig artikel 139 een ontwerp van een akkoord ter griffie van de rechtbank heeft neergelegd, kan geen verzoek als bedoeld in artikel 907, eerste lid, van Boek 7 van het Burgerlijk Wetboek worden ingediend, tenzij het akkoord is verworpen, de homologatie van het akkoord onherroepelijk is geweigerd of door de rechter de ontbinding van het akkoord is uitgesproken.

Akkoord bij faillissement

(Zie ook: artt. 50, 75, 170, 202 FW)

Art. 139

1. Indien de gefailleerde een ontwerp van akkoord, ten minste acht dagen vóór de vergadering tot verificatie der schuldvorderingen, ter griffie van de rechtbank heeft nedergelegd, ter kosteloze inzage van een ieder, wordt daarover in die vergadering na afloop der verificatie dadelijk geraadpleegd en beslist, behoudens de bepaling van artikel 141.

Behandeling ontwerpakkoord

2. Een afschrift van het ontwerp van akkoord moet, gelijktijdig met de nederlegging ter griffie, worden toegezonden aan de curator en aan ieder der leden van de voorlopige schuldeiserscommissie.

Toezending afschrift

(Zie ook: artt. 107, 115, 253 FW)

Art. 140

De curator en de schuldeiserscommissie brengen ieder afzonderlijk ter vergadering of zo spoedig mogelijk daarna een schriftelijk advies uit over het aangeboden akkoord.

Advies over akkoord

(Zie ook: artt. 17, 64 FW)

Art. 141

De raadpleging en beslissing worden tot een volgende door de rechter-commissaris op ten hoogste drie weken later te bepalen vergadering uitgesteld:

1°. indien staande de vergadering een definitieve schuldeiserscommissie is benoemd, niet bestaande uit dezelfde personen als de voorlopige, en de meerderheid der verschenen schuldeisers van haar een schriftelijk advies over het aangeboden akkoord verlangt;

Uitstel behandeling akkoord

(Zie ook: art. 75 FW)

2°. indien het ontwerp van akkoord niet tijdig ter griffie is neergelegd en de meerderheid der verschenen schuldeisers zich voor uitstel verklaart.

(Zie ook: artt. 81, 139 FW)

(Zie ook: art. 13 FW)

Art. 142

Wanneer de raadpleging en stemming over het akkoord, ingevolge de bepalingen van het voorgaande artikel, worden uitgesteld tot een nadere vergadering, wordt daarvan door de curator onverwijld aan de niet op de verificatievergadering verschenen, erkende of voorwaardelijk toegelaten schuldeisers kennis gegeven, bij brieven vermeldende de summiere inhoud van het akkoord.

Kennisgeving van uitstel

(Zie ook: art. 83 FW)

B13 art. 143 Faillissementswet

Art. 143

Van stemming uitgesloten **1.** Van de stemming over het akkoord zijn uitgesloten de schuldeisers aan wier vordering voorrang verbonden is daaronder begrepen diegenen, wier voorrang betwist wordt, tenzij zij, vóór de aanvang der stemming, van hun voorrang ten behoeve van de boedel afstand mochten doen.

Gevolgen van afstand **2.** Deze afstand maakt hen tot concurrente schuldeisers, ook voor het geval het akkoord niet mocht worden aangenomen.

(Zie ook: artt. 57, 113, 119, 132, 257 FW; artt. 227, 236, 260, 276, 283, 288, 290 BW Boek 3)

Art. 144

Toelichting, verdediging, wijziging De gefailleerde is bevoegd tot toelichting en verdediging van het akkoord op te treden en het, staande de raadpleging, te wijzigen.

(Zie ook: artt. 152, 265 FW)

Art. 145

Vereiste meerderheid Tot het aannemen van het akkoord wordt vereist de toestemming van de gewone meerderheid van de ter vergadering verschenen erkende en voorwaardelijk toegelaten concurrente schuldeisers, die tezamen ten minste de helft van het bedrag van de door geen voorrang gedekte erkende en voorwaardelijk toegelaten schuldvorderingen vertegenwoordigen.

(Zie ook: artt. 81, 125, 130, 134, 143, 218, 268 FW; art. 345 WvSr)

Art. 146

Afwijken van vereiste meerderheid In afwijking van artikel 145 kan de rechter-commissaris op verzoek van de schuldenaar of de curator bij gemotiveerde beschikking een aangeboden akkoord vaststellen als ware het aangenomen, indien

a. drie vierde van de ter vergadering verschenen erkende en voorwaardelijk toegelaten concurrente schuldeisers voor het akkoord hebben gestemd; en

b. de verwerping van het akkoord het gevolg is van het tegenstemmen van een of meer schuldeisers die, alle omstandigheden in aanmerking genomen en in het bijzonder het percentage dat die schuldeisers, zou de boedel worden vereffend, naar verwachting aan betaling op hun vordering zullen ontvangen, in redelijkheid niet tot dit stemgedrag hebben kunnen komen.

Art. 147

Geen invloed latere veranderingen Latere veranderingen, in het getal der schuldeisers of in het bedrag der vorderingen, hebben geen invloed op de geldigheid van de aanneming, vaststelling of verwerping van het akkoord.

(Zie ook: artt. 157, 268 FW)

Art. 148

Inhoud proces-verbaal vergadering **1.** Het proces-verbaal der vergadering vermeldt de inhoud van het akkoord, de namen der verschenen stemgerechtigde schuldeisers, de door ieder hunner uitgebrachte stem, de uitslag der stemming en al wat verder op de vergadering is voorgevallen. Het wordt ondertekend door de rechter-commissaris en de griffier.

(Zie ook: art. 121 FW; art. 13 WTBZ)

Inzage ter griffie **2.** Gedurende acht dagen kan een ieder ter griffie kosteloze inzage van het proces-verbaal verkrijgen.

(Zie ook: artt. 107, 121, 269 FW)

Art. 149

Verzoek verbetering proces-verbaal Zowel de schuldeisers, die vóór gestemd hebben, als de gefailleerde, kunnen gedurende acht dagen na afloop der vergadering aan de rechtbank verbetering van het proces-verbaal verzoeken, indien uit de stukken zelve blijkt dat het akkoord door de rechter-commissaris ten onrechte als verworpen is beschouwd.

(Zie ook: artt. 150, 270 FW)

Art. 150

Bepaling zitting voor homologatie **1.** Indien het akkoord is aangenomen of vastgesteld, bepaalt de rechter-commissaris vóór het sluiten der vergadering de zitting, waarop de rechtbank de homologatie zal behandelen.

2. Bij toepassing van artikel 149 geschiedt de bepaling van de zitting door de rechtbank in haar beschikking. Van deze beschikking geeft de curator aan de schuldeisers schriftelijk kennis.

(Zie ook: art. 83 FW)

3. De zitting zal gehouden worden ten minste acht en ten hoogste veertien dagen na de stemming over het akkoord of, bij toepassing van artikel 149, na de beschikking van de rechtbank.

Art. 151

Indiening bezwaren Gedurende die tijd kunnen de schuldeisers aan de rechter-commissaris schriftelijk de redenen opgeven, waarom zij weigering der homologatie wenselijk achten.

(Zie ook: art. 153 FW)

Art. 152

Homologatie, uiteenzetting gronden op zitting m.b.t. **1.** Op de bepaalde dag wordt ter openbare zitting door de rechter-commissaris een schriftelijk rapport uitgebracht, en kan ieder der schuldeisers in persoon, bij schriftelijk gemachtigde of bij advocaat de gronden uiteenzetten, waarop hij de homologatie wenst of haar bestrijdt.

2. De gefailleerde is mede bevoegd, tot verdediging zijner belangen op te treden.

(Zie ook: artt. 90, 144, 155, 271 FW)

Art. 153

1. Op dezelfde dag, of anders zo spoedig mogelijk, geeft de rechtbank haar met redenen omklede beschikking.
(Zie ook: art. 155 FW)

2. Zij zal de homologatie weigeren:
1°. indien de baten des boedels, de som, bij het akkoord bedongen, aanmerkelijk te boven gaan;
(Zie ook: art. 60 FW)
2°. indien de nakoming van het akkoord niet voldoende is gewaarborgd;
(Zie ook: art. 165 FW)
3°. indien het akkoord door bedrog, door begunstiging van een of meer schuldeisers of met behulp van andere oneerlijke middelen is tot stand gekomen, onverschillig of de gefailleerde dan wel een ander daartoe heeft medegewerkt.
(Zie ook: art. 44 BW Boek 3; artt. 326, 344, 345 WvSr)
(Zie ook: art. 158 FW)

3. Zij kan ook op andere gronden en ook ambtshalve de homologatie weigeren.
(Zie ook: artt. 151, 272 FW)

Art. 154

Binnen acht dagen na de beschikking van de rechtbank kunnen, zo de homologatie is geweigerd, zowel de schuldeisers, die vóór het akkoord stemden, als de gefailleerde; zo de homologatie is toegestaan, de schuldeisers, die tegenstemden of bij de stemming afwezig waren, tegen die beschikking in hoger beroep komen. In het laatste geval hebben ook de schuldeisers, die vóór stemden, ditzelfde recht, doch alleen op grond van het ontdekken na de homologatie van handelingen als in artikel 153 onder 3°. genoemd.
(Zie ook: artt. 85, 272 FW; art. 69 Wet RO)

Art. 155

1. Het hoger beroep wordt ingesteld door indiening van een verzoek ter griffie van het gerechtshof, dat van de zaak moet kennis nemen. De voorzitter bepaalt terstond dag en uur voor de behandeling, welke zal moeten plaats hebben binnen twintig dagen. Van het hoger beroep wordt door de griffier van het rechtscollege, waarbij het is aangebracht, onverwijld kennis gegeven aan de griffier van de rechtbank, die de beschikking omtrent de homologatie heeft gegeven.
2. Op de behandeling van het hoger beroep zijn, met uitzondering van het bepaalde omtrent de rechter-commissaris, artikel 152 en artikel 153, eerste lid, toepasselijk.
(Zie ook: artt. 5, 272 FW; art. 9 WTBZ)

Art. 156

Cassatie wordt binnen dezelfde termijnen en op dezelfde wijze aangetekend en behandeld.
(Zie ook: artt. 12, 272 FW; art. 426 Rv)

Art. 157

Het gehomologeerde akkoord is verbindend voor alle geen voorrang hebbende schuldeisers, zonder uitzondering, onverschillig of zij al dan niet in het faillissement opgekomen zijn.
(Zie ook: artt. 57, 147, 159, 163, 273 FW)

Art. 158

Na verwerping of weigering van de homologatie van het akkoord kan de gefailleerde in hetzelfde faillissement geen akkoord meer aanbieden.
(Zie ook: artt. 153, 170, 173, 281 FW)

Art. 159

Het in kracht van gewijsde gegane vonnis van homologatie levert, in verband met het procesverbaal der verificatie, ten behoeve der erkende vorderingen, voorzover zij niet door de gefailleerde overeenkomstig artikel 126 betwist zijn, een voor tenuitvoerlegging vatbare titel op tegen de schuldenaar en de tot het akkoord als borgen toegetreden personen.
(Zie ook: artt. 107, 196, 274 FW; art. 430 Rv)

Art. 160

Niettegenstaande het akkoord behouden de schuldeisers al hun rechten tegen de borgen en andere medeschuldenaren van de schuldenaar. De rechten, welke zij op goederen van derden kunnen uitoefenen, blijven bestaan als ware geen akkoord tot stand gekomen.
(Zie ook: artt. 136, 241, 272 FW; art. 6 BW Boek 6; art. 850 BW Boek 7A)

Art. 161

Zodra de homologatie van het akkoord in kracht van gewijsde is gegaan, eindigt het faillissement. De curator draagt zorg voor de bekendmaking daarvan in de Staatscourant.
(Zie ook: artt. 50, 167, 193, 206, 276 FW)

Art. 161a

Na beëindiging van het faillissement overeenkomstig artikel 161 zijn verifieerbare vorderingen die niet binnen de termijn van artikel 127 zijn ingediend ter verificatie niet langer afdwingbaar, tenzij de schuldeiser redelijkerwijs niet in staat was de vordering binnen de bedoelde termijn voor verificatie in te dienen.

Spoed bij beslissingen

Redenen weigering homologatie

Hoger beroep

Hoger beroep door indiening verzoek ter griffie

Cassatie

Verbindendheid akkoord

Geen tweede aanbieding

Voor executie vatbare titel

Akkoord alleen t.b.v. gefailleerde

Einde faillissement

Verifieerbare vorderingen niet langer afdwingbaar

B13 art. 162 **Faillissementswet**

Art. 162

Rekening en verantwoording

1. Nadat de homologatie in kracht van gewijsde is gegaan, is de curator verplicht, ten overstaan van de rechter-commissaris rekening en verantwoording aan de schuldenaar te doen.

(Zie ook: artt. 73, 193 FW; art. 771 Rv)

Afdracht goederen enz.

2. Indien bij het akkoord geen andere bepalingen deswege zijn gemaakt, geeft de curator aan de schuldenaar tegen behoorlijke kwijting af alle goederen, gelden, boeken en papieren tot de boedel behorende.

(Zie ook: art. 92 FW)

Art. 163

Zekerheid voor preferente vorderingen

1. Het bedrag, waarop geverifieerde schuldeisers, krachtens een erkend voorrecht, aanspraak kunnen maken, alsmede de kosten van het faillissement, moeten in handen van de curator worden gestort, tenzij deswege door de schuldenaar zekerheid wordt gesteld. Zolang hieraan niet is voldaan, is de curator verplicht alle goederen en gelden tot de boedel behorende onder zich te houden, totdat dit bedrag en de bedoelde kosten aan de daarop rechthebbenden zijn voldaan.

(Zie ook: art. 121 FW)

2. Wanneer één maand na het in kracht van gewijsde gaan van het vonnis van homologatie is verlopen, zonder dat vanwege de schuldenaar de voldoening van een en ander is geschied, zal de curator daartoe overgaan uit de voorhanden baten van de boedel.

3. Het bedrag in het eerste lid bedoeld, en het deel daarvan, aan ieder schuldeiser krachtens zijn recht van voorrang toe te kennen, wordt desnodig door de rechter-commissaris begroot.

(Zie ook: art. 67 FW)

Art. 164

Voorwaardelijk erkend voorrecht

Voor zoveel betreft vorderingen, waarvan het voorrecht voorwaardelijk erkend is, bepaalt de in het vorige artikel bedoelde verplichting van de schuldenaar zich tot het stellen van zekerheid en is de curator bij gebreke daarvan slechts gehouden tot het reserveren uit de baten des boedels van het bedrag waarop het voorrecht aanspraak geeft.

(Zie ook: artt. 125, 130, 136, 189 FW; art. 51 BW Boek 6)

Art. 165

Vordering tot ontbinding

1. Ontbinding van het gehomologeerde akkoord kan door elke schuldeiser gevorderd worden, jegens wie de schuldenaar in gebreke blijft aan de inhoud daarvan te voldoen.

(Zie ook: artt. 153, 159 FW; art. 265 BW Boek 6)

Bewijslast

2. Op de schuldenaar rust het bewijs, dat aan het akkoord is voldaan.

(Zie ook: art. 150 Rv)

Uitstel

3. De rechter kan, ook ambtshalve, de schuldenaar uitstel van ten hoogste één maand verlenen, om alsnog aan zijn verplichtingen te voldoen.

(Zie ook: art. 280 FW)

Art. 166

Wijze van behandeling

De vordering tot ontbinding van het akkoord wordt op dezelfde wijze aangebracht en beslist, als ten aanzien van het verzoek tot faillietverklaring in de artikelen 4, 6-9 en 12 is voorgeschreven.

(Zie ook: artt. 5, 280 FW)

Art. 167

Heropening faillissement

1. In het vonnis, waarbij de ontbinding van het akkoord wordt uitgesproken, wordt tevens heropening van het faillissement bevolen met benoeming van een rechter-commissaris en curator, alsmede van een schuldeiserscommissie, indien er in het faillissement reeds een geweest is.

2. Bij voorkeur zullen daartoe de personen gekozen worden, die vroeger in het faillissement die betrekkingen hebben waargenomen.

Bekendmaking

3. De curator draagt zorg voor de bekendmaking van het vonnis op de wijze in artikel 14, derde lid, voorgeschreven.

(Zie ook: artt. 14, 19, 165, 280 FW)

Art. 168

Toepasselijkheid bepalingen

1. De artikelen 13, eerste lid, 15-18 en die, welke vervat zijn in de tweede, derde en vierde afdeling van deze titel, zijn bij heropening van het faillissement toepasselijk.

2. Evenzo zijn toepasselijk de bepalingen van de afdeling over de verificatie der schuldvorderingen, met dien verstande dat afdwingbaarheid van de vorderingen, bedoeld in artikel 161a, herleeft en zij ter verificatie ingediend kunnen worden, en de verificatie overigens beperkt blijft tot de schuldvorderingen die niet reeds vroeger geverifieerd zijn.

Oproep reeds geverifieerde schuldeisers

3. Niettemin worden ook de reeds geverifieerde schuldeisers tot bijwoning der verificatievergadering opgeroepen en hebben zij het recht de vorderingen, waarvoor toelating verzocht wordt, te betwisten.

(Zie ook: art. 83 FW)

Art. 169

De handelingen, door de schuldenaar in de tijd tussen de homologatie van het akkoord en de heropening van het faillissement verricht, zijn voor de boedel verbindend, behoudens de toepassing van artikel 42 en volgende zo daartoe gronden zijn.
(Zie ook: artt. 23, 131 FW)

Art. 170

1. Na de heropening van het faillissement kan niet opnieuw een akkoord aangeboden worden.

2. De curator gaat zonder verwijl tot de vereffening over.
(Zie ook: art. 173 FW)

Art. 171

1. Indien tijdens de heropening jegens enige schuldeisers reeds geheel of gedeeltelijk aan het akkoord is voldaan, worden bij de verdeling aan de nieuwe schuldeisers en diegene onder de oude, die nog geen voldoening ontvingen, de bij het akkoord toegezegde percenten, en wordt aan hen, die gedeeltelijke betaling ontvingen, hetgeen aan het toegezegde bedrag nog ontbreekt, vooruitbetaald.

2. In hetgeen alsdan nog overschiet, wordt door alle schuldeisers, zo oude als nieuwe, gelijkelijk gedeeld.
(Zie ook: art. 179 FW)

Art. 172

Het vorige artikel is eveneens toepasselijk, indien de boedel van de schuldenaar, terwijl door hem aan het akkoord nog niet volledig is voldaan, opnieuw in staat van faillissement wordt verklaard.

Art. 172a

De bepalingen van deze afdeling zijn van overeenkomstige toepassing in het geval dat een akkoord wordt aangeboden op de voet van artikel 47, eerste lid, van de verordening, genoemd in artikel 5, derde lid.

Zevende afdeling
Van de vereffening des boedels

Art. 173

1. Indien geen nadere verificatievergadering is bepaald of op de verificatievergadering geen akkoord is aangeboden of indien het aangeboden akkoord verworpen of de homologatie definitief geweigerd is, verkeert de boedel van rechtswege in staat van insolventie.
(Zie ook: artt. 139, 145, 153, 170 FW)

2. De artikelen 98 en 100 houden op van toepassing te zijn, wanneer vaststaat, dat het bedrijf van de gefailleerde niet overeenkomstig de volgende artikelen zal worden voortgezet of wanneer de voortzetting wordt gestaakt.

Art. 173a

1. Indien ter verificatievergadering geen akkoord is aangeboden of indien het aangeboden akkoord is verworpen, kan de curator of een ter vergadering aanwezige schuldeiser voorstellen, dat het bedrijf van de gefailleerde worde voortgezet.
(Zie ook: art. 98 FW)

2. De commissie uit de schuldeisers, indien deze er is, en, zo het voorstel is gedaan door een schuldeiser, de curator geven hun advies over dit voorstel.
(Zie ook: artt. 74, 79 FW)

3. Op verlangen van de curator of van een der aanwezige schuldeisers, stelt de rechter-commissaris de beraadslaging en beslissing over het voorstel uit, tot een op ten hoogste veertien dagen later te bepalen vergadering.

4. De curator geeft onverwijld aan de schuldeisers, die niet ter vergadering aanwezig waren, schriftelijk kennis van deze nadere vergadering, waarin het ingediend voorstel wordt vermeld en hun tevens de bepaling van artikel 114 wordt herinnerd.

Art. 173b

1. Het voorstel is aangenomen, indien schuldeisers, vertegenwoordigende meer dan de helft der erkende en voorwaardelijk toegelaten schuldvorderingen, welke niet door pand, hypotheek of retentierecht zijn gedekt, zich daarvóór verklaren.
(Zie ook: artt. 57, 119, 132, 143 FW)

2. In dit geval vindt, indien een schuldeiserscommissie niet bestaat, artikel 75 overeenkomstige toepassing.

3. Het proces-verbaal der vergadering vermeldt de namen der verschenen schuldeisers, de door ieder hunner uitgebrachte stem, de uitslag der stemming en al wat verder ter vergadering is voorgevallen.

4. Gedurende acht dagen kan een ieder ter griffie kosteloos inzage van het proces-verbaal vragen.

B13 art. 173c Faillissementswet

Art. 173c

Vergadering over voortzetting bedrijf

1. Indien binnen acht dagen, nadat de homologatie van een akkoord definitief is geweigerd, de curator of een schuldeiser bij de rechter-commissaris een voorstel indient tot voortzetting van het bedrijf van de gefailleerde, zal de rechter-commissaris op door hem terstond te bepalen dag, uur, plaats en, overeenkomstig artikel 80a, wijze waarop een vergadering van schuldeisers beleggen ten einde over het voorstel te doen beraadslagen en beslissen.
(Zie ook: artt. 153, 175 FW)

2. De curator roept de schuldeisers schriftelijk en ten minste tien dagen vóór de vergadering op. De oproeping bevat het ingediende voorstel en wijst de schuldeisers op het bepaalde in artikel 114.
(Zie ook: art. 109 FW)

3. Artikel 173a, tweede lid, alsmede artikel 173b zijn van toepassing.

Art. 173d

Ten onrechte als verworpen of aangenomen beschouwd

De curator en de schuldeisers kunnen gedurende acht dagen na afloop der vergadering aan de rechtbank vragen, alsnog te verklaren, dat het voorstel is aangenomen of verworpen, indien uit de stukken zelve blijkt, dat de rechter-commissaris dit ten onrechte als verworpen of aangenomen heeft beschouwd.

Art. 174

Staking voortzetting bedrijf

1. De rechter-commissaris kan op verzoek van een schuldeiser of van de curator gelasten, dat de voortzetting van het bedrijf worde gestaakt. Op dit verzoek worden gehoord de schuldeiserscommissie, indien deze er is, alsmede de curator, als het verzoek niet door hem is gedaan.
(Zie ook: artt. 67, 74 FW)

2. Bovendien kan de rechter-commissaris ieder schuldeiser en de schuldenaar horen.

Art. 175

Vereffening en verkoop

1. Indien een voorstel tot voortzetting van het bedrijf niet of niet tijdig wordt gedaan of indien het wordt verworpen, of de voortzetting wordt gestaakt, gaat de curator onmiddellijk over tot vereffening en tegeldemaking van alle baten des boedels, zonder dat daartoe de toestemming of medewerking des gefailleerden nodig is.
(Zie ook: art. 101 FW)

Enig huisraad

2. Niettemin kan de gefailleerde enig huisraad, door de rechter-commissaris aan te wijzen, worden gelaten.
(Zie ook: artt. 21, 67, 78 FW)

Verkoop bij voortzetting bedrijf

3. Ook in geval van voortzetting van het bedrijf kunnen baten van de boedel, welke voor de voortzetting niet nodig zijn, worden te gelde gemaakt.

Art. 176

Wijze van verkoop

1. De goederen worden in het openbaar of met toestemming van de rechter-commissaris ondershands verkocht. Geen toestemming van de rechter-commissaris is vereist voor zover blijkens de boedelbeschrijving de waarde van te verkopen goederen gezamenlijk niet meer bedraagt dan € 2.000, eerder door de curator verkochte goederen daarbij in aanmerking nemend.
(Zie ook: art. 101 FW)

Beschikking over andere baten

2. Over alle niet spoedig of in het geheel niet voor vereffening vatbare baten beschikt de curator op de wijze door de rechter-commissaris goed te keuren.
(Zie ook: artt. 58, 60, 67, 78 FW)

Art. 177

Vergoeding voor diensten gefailleerde

De curator kan ten behoeve der vereffening van de diensten des gefailleerden gebruik maken, tegen een door de rechter-commissaris vast te stellen vergoeding.
(Zie ook: artt. 21, 67, 78, 98, 100, 173 FW)

Art. 178

Vergadering over wijze van vereffening

Nadat de boedel insolvent is geworden, kan de rechter-commissaris, op door hem te bepalen dag, uur, plaats en, overeenkomstig artikel 80a, bepaalde wijze, een vergadering van schuldeisers beleggen om hen zo nodig te raadplegen over de wijze van vereffening van de boedel.
(Zie ook: artt. 67, 78, 83 FW)

Art. 179

Uitdeling aan schuldeisers

Zo dikwijls er, naar het oordeel van de rechter-commissaris, voldoende gerede penningen aanwezig zijn, beveelt deze een uitdeling aan de geverifieerde schuldeisers en aan de schuldeisers, bedoeld in het derde lid van artikel 110, ten aanzien van wie een beslissing is genomen over hetgeen hun krachtens de in dat lid bedoelde overeenkomst toekomt.
(Zie ook: artt. 67, 190 FW)

Art. 180

Uitdelingslijst

1. De curator maakt telkens de uitdelingslijst op en onderwerpt die aan de goedkeuring van de rechter-commissaris. De lijst houdt in een staat der ontvangsten en uitgaven (daaronder begrepen het salaris van de curator), de namen der schuldeisers, het geverifieerde bedrag van hun vorderingen dan wel het bedrag van de vorderingen waarop zij als gerechtigden onder de

in artikel 110, derde lid, bedoelde overeenkomst aanspraak maken, benevens de daarop te ontvangen uitkering.
(Zie ook: art. 67 FW; art. 91 WTBZ)

2. Voor de concurrente schuldeisers worden de door de rechter-commissaris te bepalen percenten uitgetrokken. Voor de schuldeisers die voorrang hebben, ongeacht of deze betwist wordt, en die niet reeds overeenkomstig artikel 57 of 60 lid 3 voldaan zijn wordt het bedrag uitgetrokken waarvoor zij batig gerangschikt kunnen worden op de opbrengst der goederen waarop hun voorrang betrekking heeft. Zo dit minder is dan het gehele bedrag van hun vorderingen, worden voor het ontbrekende - zo de goederen waarop hun vordering betrekking heeft nog niet verkocht zijn, voor hun hele vordering - gelijke percenten als voor de concurrente schuldeisers uitgetrokken.
(Zie ook: artt. 67, 132, 189, 192 FW)

Art. 181

Voor de voorwaardelijk toegelaten schuldvorderingen worden op de uitdelingslijst de percenten over het volle bedrag uitgetrokken.
(Zie ook: artt. 121, 125, 130, 136, 189 FW)

Voorwaardelijk toegelaten vorderingen

Art. 182

1. De algemene faillissementskosten worden omgeslagen over ieder deel van de boedel, met uitzondering van hetgeen na een executie overeenkomstig artikel 57 of artikel 60, derde lid, tweede zin, toekomt aan de pand- of hypotheekhouders, aan de schuldeisers met retentierecht en aan de beperkt gerechtigden, huurders en pachters wier recht door de executie is vervallen of verloren gegaan, maar met inbegrip van hetgeen krachtens een zodanige executie van de curator is uitgekeerd ten behoeve van een schuldeiser die boven een of meer van vormelde personen bevoorrecht was.
(Zie ook: artt. 227, 236, 260, 264, 282, 290 BW Boek 3)

Omslag faillissementskosten

2. De in het vorige lid genoemde uitzondering geldt eveneens ten aanzien van luchtvaartuigen, welke overeenkomstig de bepaling van artikel 59a door een schuldeiser zelf zijn verkocht.

Uitzonderingen

Art. 183

1. De door de rechter-commissaris goedgekeurde uitdelingslijst ligt gedurende tien dagen ter griffie van de rechtbank ter kosteloze inzage van de schuldeisers.
(Zie ook: artt. 67, 107, 187 FW; art. 9 WTBZ)

Terinzagelegging uitdelingslijst

2. Van de neerlegging wordt door de zorg van de curator aan ieder van de erkende en voorwaardelijk toegelaten schuldeisers, alsmede aan de schuldeisers als bedoeld in artikel 110, derde lid, schriftelijk kennis gegeven, met vermelding van het voor hem uitgetrokken bedrag.
(Zie ook: art. 83 FW)

3. Van de neerlegging wordt door zorg van de curator aankondiging gedaan in het nieuwsblad of de nieuwsbladen bedoeld in artikel 14, terwijl daarvan bovendien aan ieder der erkende en voorwaardelijk toegelaten schuldeisers, alsmede aan de schuldeisers als bedoeld in artikel 110, derde lid, schriftelijk kennis wordt gegeven, met vermelding van het voor hem uitgetrokken bedrag.

Art. 184

1. Gedurende de in het vorige artikel genoemde termijn kan ieder schuldeiser in verzet komen tegen de uitdelingslijst, door inlevering van een met redenen omkleed bezwaarschrift ter griffie; hem wordt door de griffier een bewijs van ontvangst afgegeven.

Bezwaarschrift tegen uitdelingslijst

2. Het bezwaarschrift wordt als bijlage bij de lijst gevoegd.
(Zie ook: art. 9 WTBZ)

Art. 185

1. Zo er verzet gedaan is, bepaalt de rechter-commissaris, onmiddellijk na afloop van de termijn van inzage, de dag, waarop het ter openbare zitting behandeld zal worden. Deze beschikking ligt ter griffie ter kosteloze inzage van een ieder. Bovendien doet de griffier daarvan aan de opposanten en de curator schriftelijk mededeling. De dag van behandeling mag niet later gesteld worden dan veertien dagen na afloop van de termijn van artikel 183.

Behandeling bezwaarschrift

2. Op de bepaalde dag wordt ter openbare zitting door de rechter-commissaris een schriftelijk rapport uitgebracht, en kan de curator en ieder der schuldeisers in persoon, bij schriftelijk gemachtigde of bij advocaat de gronden uiteenzetten ter verdediging of bestrijding van de uitdelingslijst.
(Zie ook: art. 152 FW)

3. Op dezelfde dag, of anders zo spoedig mogelijk, geeft de rechtbank haar met redenen omklede beschikking.

Art. 186

[Vervallen]

Art. 187

1. Van de beschikking der rechtbank kan binnen acht dagen, nadat zij is gegeven, beroep in cassatie worden ingesteld door de curator en door iedere schuldeiser.

Beroep in cassatie

B13 art. 188 Faillissementswet

2. Het beroep wordt ingesteld door indiening van een verzoek ter griffie van de Hoge Raad. De Voorzitter bepaalt terstond dag en uur voor de behandeling, welke zal moeten plaats hebben binnen twintig dagen. De griffier geeft van het beroep onverwijld kennis aan de griffier van de rechtbank, welke de beschikking op het verzet heeft gegeven.

3. Het beroep wordt ter openbare zitting behandeld. De curator en alle schuldeisers kunnen aan de behandeling deelnemen.

Verbindend worden uitdelingslijst **4.** Door verloop van de termijn van artikel 183, of, zo verzet is gedaan, doordat de beschikking op het verzet in kracht van gewijsde is gegaan, wordt de uitdelingslijst verbindend. *(Zie ook: art. 195 FW)*

Art. 188

Tenietgaan rechten **1.** Door levering ingevolge verkoop door de curator en de voldoening van de koopprijs gaan alle op het verkochte goed rustende hypotheken teniet en vervallen de beperkte rechten die niet tegen alle geverifieerde schuldeisers ingeroepen kunnen worden.

Verklaring **2.** De rechter-commissaris geeft desverlangd aan de koper een verklaring af van dit tenietgaan en vervallen. De verklaring kan bij of na de levering in de registers worden ingeschreven. Zij machtigt dan de bewaarder der registers tot doorhaling van de betrokken inschrijvingen.

Verkoop van schepen **3.** Op verkoop, door de curator, van tot de boedel behorende schepen, is artikel 578 van het Wetboek van Burgerlijke Rechtsvordering toepasselijk. *(Zie ook: artt. 57, 67, 132, 180 FW; artt. 17, 273 BW Boek 3; artt. 219, 829 BW Boek 8; artt. 8, 18, 48 Kadw)*

Art. 189

Voorwaardelijk toegelaten schuldeisers **1.** De uitdeling, uitgetrokken voor een voorwaardelijk toegelaten schuldeiser, wordt niet uitgekeerd, zolang niet omtrent zijn vordering beslist zal zijn. Blijkt het ten slotte dat hij niets of minder te vorderen heeft, dan komen de voor hem bestemde gelden geheel of ten dele ten bate van de andere schuldeisers.

Vorderingen met betwiste voorrang **2.** Uitdelingen bestemd voor vorderingen, welker voorrang betwist wordt, worden, voorzover zij meer bedragen dan de percenten over de concurrente vorderingen uit te keren, gereserveerd tot na de uitspraak over de voorrang. *(Zie ook: artt. 125, 130, 136, 192, 194 FW)*

Art. 190

Uitkering onder aftrek van reeds ontvangene Indien enig goed met betrekking waartoe een schuldeiser voorrang heeft, wordt verkocht nadat hem ingevolge artikel 179 in verband met het slot van artikel 180, reeds een uitkering is gedaan, wordt hem bij een volgende uitdeling het bedrag waarvoor hij op de opbrengst van goed batig gerangschikt is, niet anders uitgekeerd dan onder aftrek van de percenten die hij reeds tevoren over dit bedrag ontving. *(Zie ook: artt. 59, 132 FW)*

Art. 191

[Vervallen]

Art. 192

Onverwijlde uitkering; storting in consignatiekas Na afloop van de termijn van inzage, bedoeld bij artikel 183, of na uitspraak van het vonnis op het verzet, is de curator verplicht de vastgestelde uitkering onverwijld te doen. De uitkeringen, waarover niet binnen één maand daarna is beschikt of welke ingevolge artikel 189 gereserveerd zijn, worden door hem in de kas der gerechtelijke consignatiën gestort.

Art. 193

Einde faillissement **1.** Zodra aan de geverifieerde schuldeisers het volle bedrag hunner vorderingen is uitgekeerd, of zodra de slotuitdelingslijst verbindend is geworden, neemt het faillissement een einde, behoudens de bepaling van artikel 194. Door de curator geschiedt daarvan aankondiging op de wijze bij artikel 14 bepaald. *(Zie ook: artt. 50, 61, 187, 195, 206 FW; artt. 51, 303 BW Boek 2)*

Rekening en verantwoording **2.** Na verloop van een maand doet de curator rekening en verantwoording van zijn beheer aan de rechter-commissaris. *(Zie ook: art. 73 FW; art. 771 Rv)*

Afgifte bescheiden **3.** De boeken en papieren, door de curator in de boedel gevonden, worden door hem tegen behoorlijk bewijs aan de schuldenaar afgegeven. *(Zie ook: art. 92 FW)*

Art. 194

Verdeling nakomende baten Indien na de slotuitdeling ingevolge artikel 189 gereserveerde uitdelingen aan de boedel terugvallen, of mocht blijken dat er nog baten van de boedel aanwezig zijn, welke ten tijde der vereffening niet bekend waren, gaat de curator, op bevel van de rechtbank, tot vereffening en verdeling daarvan over op de grondslag van de vroegere uitdelingslijsten. *(Zie ook: artt. 167, 195 FW; art. 23c BW Boek 2)*

Achtste afdeling

Van de rechtstoestand des schuldenaars na afloop van de vereffening

Art. 195

Door het verbindend worden der slotuitdelingslijst herkrijgen de schuldeisers voor hun vorderingen, in zover deze onvoldaan zijn gebleven, hun rechten van executie op de goederen van de schuldenaar.

(Zie ook: artt. 33, 187, 193, 202 FW)

Art. 196

De in het vierde lid van artikel 121 bedoelde erkenning ener vordering heeft kracht van gewijsde zaak tegen de schuldenaar; het proces-verbaal der verificatievergadering levert voor de daarin als erkend vermelde vorderingen de voor tenuitvoerlegging vatbare titel op tegen de schuldenaar.

(Zie ook: artt. 159, 274 FW; artt. 236, 430 Rv)

Art. 197

De bepaling van het vorige artikel geldt niet voorzover de vordering door de gefailleerde overeenkomstig artikel 126 betwist is.

(Zie ook: art. 159 FW)

Negende afdeeling

[Vervallen]

Art. 198-202

[Vervallen]

Tiende afdeling

Bepalingen van internationaal recht

Art. 203

Schuldeisers, die na de faillietverklaring hun vordering geheel of gedeeltelijk afzonderlijk verhaald hebben op in het buitenland zich bevindende, aan hen niet bij voorrang verbonden, goederen van de in Nederland gefailleerde schuldenaar, zijn verplicht het aldus verhaalde aan de boedel te vergoeden.

(Zie ook: artt. 20, 251 FW; art. 95 BW Boek 6; art. 431 Rv)

Art. 204

1. De schuldeiser, die zijn vordering tegen de gefailleerde, geheel of gedeeltelijk, aan een derde overdraagt, ten einde deze in de gelegenheid te stellen die vordering, geheel of gedeeltelijk, afzonderlijk of bij voorrang te verhalen op in het buitenland zich bevindende goederen van de gefailleerde, is verplicht het aldus verhaalde aan de boedel te vergoeden.

2. De overdracht wordt, behoudens tegenbewijs, vermoed met dit doel te zijn geschied, als zij is gedaan met de wetenschap, dat de faillietverklaring reeds was aangevraagd of aangevraagd zou worden.

(Zie ook: artt. 54, 251, 359a FW; art. 695 BW Boek 6)

Art. 205

1. Gelijke verplichting tot vergoeding jegens de boedel rust op hem die zijn vordering of zijn schuld geheel of gedeeltelijk aan een derde overdraagt, die daardoor in staat wordt gesteld in het buitenland een door deze wet niet toegelaten verrekening in te roepen.

2. Het tweede lid van het vorige artikel is hier toepasselijk.

(Zie ook: artt. 53, 251 FW; artt. 695, 127 BW Boek 6)

Elfde afdeling

Van rehabilitatie

Art. 206

Nadat het faillissement overeenkomstig de artikelen 161 of 193 geëindigd is, is de schuldenaar of zijn zijn erfgenamen bevoegd een verzoek van rehabilitatie in te leveren bij de rechtbank, die het faillissement heeft berecht.

(Zie ook: art. 5 FW)

Art. 207

De schuldenaar of zijn erfgenamen zijn tot dit verzoek niet ontvankelijk, tenzij bij het verzoekschrift zij overgelegd het bewijs, waaruit blijkt, dat alle erkende schuldeisers, ten genoegen van elk hunner, zijn voldaan.

(Zie ook: art. 193 FW)

Art. 208

Van het verzoek wordt aankondiging gedaan in de Staatscourant.

(Zie ook: art. 14 FW)

B13 art. 209 **Faillissementswet**

Art. 209

Verzet tegen verzoek

1. Ieder erkend schuldeiser is bevoegd om binnen de tijd van twee maanden na voorschreven aankondiging verzet tegen het verzoek te doen, door inlevering van een met redenen omkleed bezwaarschrift ter griffie; hem wordt door de griffier een bewijs van ontvangst afgegeven.

2. Dit verzet zal alleen daarop kunnen gegrond zijn, dat door de verzoeker niet behoorlijk aan het voorschrift van artikel 207 is voldaan.

(Zie ook: art. 10 FW)

Art. 210

Beslissing op verzoek

Na verloop van de voormelde twee maanden zal de rechtbank, om het even of er verzet of geen verzet is gedaan, op de conclusie van het Openbaar Ministerie het verzoek toestaan of weigeren.

(Zie ook: art. 324 Rv)

Art. 211

Geen hoger beroep of cassatie

Van de beslissing der rechtbank wordt noch hoger beroep, noch cassatie toegelaten.

Art. 212

Uitspraak; aantekening in openbaar register

Het vonnis, waarbij de rehabilitatie wordt toegestaan, wordt ter openbare zitting uitgesproken, terwijl mede daarvan aantekening geschiedt in het in artikel 19 bedoelde register.

Afdeling 11A

Van het definitieve karakter van de afwikkeling van betalingen en effectentransacties in betalings- en afwikkelingssystemen

Art. 212a

Begripbepalingen

Voor de toepassing van deze afdeling en afdeling 11AA wordt verstaan onder:

a. instelling:

1°. een bank als bedoeld in artikel 1:1 van de Wet op het financieel toezicht;

2°. een financiële instelling die een verklaring van ondertoezichtstelling als bedoeld in artikel 3:110, eerste lid, van de Wet op het financieel toezicht heeft;

3°. een beleggingsonderneming als bedoeld in artikel 1:1 van de Wet op het financieel toezicht;

4°. een centrale tegenpartij, indien deze in het kader van deelname aan het systeem op grond van een overboekingopdracht tegoeden in financiële instrumenten verkrijgt;

5°. een overheidsinstantie of onderneming met overheidsgarantie;

6°. een ieder, bedoeld in artikel 3:4 van de Wet op het financieel toezicht, die een vergunning heeft als bedoeld in artikel 2:11 van die wet;

7°. een clearinginstelling als bedoeld in artikel 1:1 van de Wet op het financieel toezicht;

8°. degene die een vergunning heeft verkregen ingevolge artikel 3:4 van de Wet op het financieel toezicht;

b. systeem:

1°. een door de Minister van Financiën op grond van artikel 212d aangewezen systeem;

2°. een formele overeenkomst waarop het recht van een lidstaat van de Europese Unie of een andere staat die partij is bij de Overeenkomst betreffende de Europese Economische Ruimte van toepassing is en die door een andere lidstaat van de Europese Unie als systeem in de zin van richtlijn nr. 98/26/EG van het Europees Parlement en de Raad van de Europese Unie van 19 mei 1998 (PbEG L 166) is aangemeld bij de Europese Autoriteit voor effecten en markten; of

(Zie ook: art. 71 Wtk 1992)

3°. een formele overeenkomst tussen twee of meer deelnemers, de systeemexploitant, een afwikkelende instantie, een centrale tegenpartij, een verrekeningsinstituut of een indirecte deelnemer niet meegerekend, met gemeenschappelijke regels en standaardprocedures voor de clearing of het uitvoeren van overboekingopdrachten tussen de deelnemers, waarop het recht van een staat die geen lidstaat van de Europese Unie of partij bij de Overeenkomst betreffende de Europese Economische Ruimte is van toepassing is, indien op het systeem toezicht wordt uitgeoefend door een toezichthouder die voldoet aan bij algemene maatregel van bestuur te bepalen voorwaarden;

c. centrale tegenpartij: een lichaam dat tussen de instellingen die deelnemen aan een systeem, in staat en dat optreedt als de exclusieve tegenpartij van deze instellingen met betrekking tot hun overboekingopdrachten;

d. afwikkelende instantie: een lichaam dat aan instellingen of centrale tegenpartijen die deelnemen aan systemen, afwikkelingsrekeningen beschikbaar stelt via welke overboekingopdrachten binnen die systemen worden afgewikkeld;

e. verrekeningsinstituut: een lichaam dat verantwoordelijk is voor de berekening van de netto posities van de instellingen, een eventuele centrale tegenpartij of een eventuele afwikkelende instantie;

f. deelnemer: een instelling, een centrale tegenpartij, een afwikkelende instantie een systeemexploitant, dan wel een verrekeningsinstituut;

g. centrale bank: een centrale bank van een lidstaat van de Europese Unie, de centrale bank van een andere Staat die partij is bij de Overeenkomst betreffende de Europese Economische Ruimte, dan wel de Europese Centrale Bank;

h. bijkantoor: een duurzaam in een andere staat dan de staat van de zetel aanwezig onderdeel zonder rechtspersoonlijkheid van een instelling;

i. financieel instrument: een financieel instrument als bedoeld in artikel 1:1 van de Wet op het financieel toezicht;

j. overboekingsopdracht: een opdracht door een deelnemer om door middel van een boeking op de rekeningen van een bank, een centrale bank, een centrale tegenpartij of een afwikkelende instantie een geldsom ter beschikking van een ontvanger te stellen, of iedere opdracht die resulteert in het op zich nemen of het nakomen van een betalingsverplichting zoals gedefinieerd in de regels van het systeem of in een andere overeenkomst, dan wel een opdracht door een deelnemer om door middel van een boeking in een register of anderszins, de rechten op of de rechten ten aanzien van één of meer financiële instrumenten over te boeken;

k. insolventieprocedure: elke collectieve maatregel waarin de wetgeving van een lidstaat of van een derde land voorziet, met het oog op de liquidatie of de sanering van de deelnemer indien een dergelijke maatregel gepaard gaat met opschorting van, of oplegging van beperkingen aan overboekingen en betalingen;

l. verrekening: het in één nettovordering of nettoverplichting omzetten van vorderingen en verplichtingen die voortvloeien uit overboekingsopdrachten die een deelnemer geeft aan of ontvangt van, dan wel die deelnemers geven aan of ontvangen van, één of meer andere deelnemers, met als gevolg dat er alleen een nettovordering of een nettoverplichting ontstaat;

m. afwikkelingsrekening: een rekening bij een centrale bank, een afwikkelende instantie of een centrale tegenpartij, die gebruikt wordt voor het houden van geld of financiële instrumenten en waarmee ook transacties tussen deelnemers aan een systeem worden afgewikkeld;

n. werkdag: de periode voor afwikkeling zowel overdag als 's nachts, en die alle gebeurtenissen omvat die tijdens de bedrijfscyclus van een systeem plaatsvinden;

o. interoperabele systemen: twee of meer systemen waarvan de systeemexploitanten een onderlinge regeling hebben getroffen voor de uitvoering tussen de systemen van overboekingsopdrachten;

p. systeemexploitant: een entiteit die wettelijk aansprakelijk is voor de werking van een systeem.

Art. 212b

1. Het tijdstip waarop de faillietverklaring is uitgesproken is, in afwijking van de artikelen 23 en 35, tevens het tijdstip van waaraf de faillietverklaring van een deelnemer werkt ten aanzien van een door die deelnemer gegeven overboekingsopdracht, opdracht tot verrekening of enige uit een dergelijke opdracht voortvloeiende betaling, levering, verrekening of andere rechtshandeling die benodigd is om de opdracht volledig in het systeem of op grond van een andere overeenkomst uit te voeren of rechten en verplichtingen die voor een deelnemer zijn ontstaan ingevolge of in verband met zijn deelname aan het systeem of het zijn van partij bij een andere overeenkomst waarop het recht van een staat die geen lidstaat van de Europese Unie of partij bij de Overeenkomst betreffende de Europese Economische Ruimte is van toepassing is, indien op de overeenkomst toezicht wordt uitgeoefend door een toezichthouder die voldoet aan bij algemene maatregel van bestuur te bepalen voorwaarden. De rechtbank vermeldt dit tijdstip tot op de minuut nauwkeurig op het vonnis.

2. In afwijking van artikel 63a, geldt de afkoelingsperiode niet voor een bevoegdheid tot verhaal op tot de boedel behorende goederen of tot opeising van goederen die zich in de macht van de gefailleerde of de curator bevinden, noch voor de goederen waarop een dergelijke bevoegdheid betrekking heeft, indien de bevoegdheid is toegekend aan een centrale bank of, in verband met deelname aan het systeem of het zijn van partij bij een andere overeenkomst als bedoeld in het eerste lid, aan een andere deelnemer aan het systeem of partij bij een andere overeenkomst als bedoeld in het eerste lid.

3. De artikelen 23, 24, 35, 53, eerste lid, en 54, tweede lid, van deze wet, alsmede artikel 72, aanhef en onder a, van boek 3 van het Burgerlijk Wetboek, kunnen niet aan derden worden tegengeworpen ten aanzien van een door een deelnemer na het tijdstip van faillietverklaring van de deelnemer gegeven overboekingsopdracht, opdracht tot verrekening of enige uit een dergelijke opdracht voortvloeiende betaling, levering, verrekening of andere rechtshandeling die benodigd is om de opdracht volledig uit te voeren, indien de opdracht in het systeem of op grond van een andere overeenkomst als bedoeld in het eerste lid wordt uitgevoerd binnen een werkdag als omschreven in de regels van het systeem of in de andere overeenkomst als bedoeld in het eerste lid, gedurende welke de faillietverklaring heeft plaatsgevonden en de systeemexploitant kan aantonen dat deze op het tijdstip waarop deze opdrachten onherroepelijk worden de faillietverklaring niet kende of behoorde te kennen.

4. Het eerste en het derde lid zijn van overeenkomstige toepassing op de toekenning en op de uitoefening van een bevoegdheid als bedoeld in het tweede lid alsmede in geval van een faillietverklaring van een systeemexploitant van een interoperabel systeem die geen deelnemer is.

B13 *art. 212c* **Faillissementswet**

5. Bij interoperabele systemen stelt elk door de minister van Financiën aangewezen systeem in zijn eigen regels het tijdstip van invoering en het tijdstip van onherroepelijkheid in dat systeem zodanig vast dat er zoveel mogelijk voor wordt gezorgd dat de regels van alle betrokken interoperabele systemen in dit opzicht gecoördineerd worden. Tenzij zulks in de regels van de systemen die van de operabele systemen deel uitmaken uitdrukkelijk is bepaald, laten de regels van de andere systemen waarmee een systeem interoperabel is, de in dat systeem gehanteerde regels over het tijdstip van invoering en onherroepelijkheid onverlet.

Art. 212c

Inkennisstelling faillietverklaring

1. De griffier van de rechtbank stelt De Nederlandsche Bank N.V. terstond in kennis van de faillietverklaring van een deelnemer.

2. De Nederlandsche Bank N.V. stelt daarna terstond de door de Minister van Financiën op grond van artikel 212d aangewezen systemen, alsmede de bevoegde autoriteiten van de overige lidstaten van de Europese Unie en van de andere staten die partij zijn bij de Overeenkomst betreffende de Europese Economische Ruimte, alsmede het Europees Comité voor systeemrisico's en de Europese autoriteit voor effecten en markten, in kennis van de faillietverklaring.

3. Bij algemene maatregel van bestuur worden tevens regels gesteld met betrekking tot de inkennisstelling door De Nederlandsche Bank N.V. van de faillietverklaring aan een systeem als bedoeld in artikel 212a, onderdeel b, onder 3°. Die regels kunnen bepalen dat deelnemers gegeven aan De Nederlandsche Bank N.V. verstrekken die De Nederlandsche Bank N.V. in staat stellen aan deze verplichting van inkennisstelling te voldoen.

Art. 212d

Aanwijzing formele overeenkomst als systeem

1. De Minister van Financiën kan, De Nederlandsche Bank N.V. gehoord, als systeem aanwijzen een formele overeenkomst tussen drie of meer deelnemers, de systeemexploitant, een afwikkelende instantie, een centrale tegenpartij, een verrekeningsinstituut of een indirecte deelnemer niet meegerekend, met gemeenschappelijke regels en standaardprocedures voor de clearing of het uitvoeren van overboekingsopdrachten tussen de deelnemers, mits:

a. de deelnemers het Nederlandse recht hebben gekozen als het recht dat op die overeenkomst van toepassing is; en

b. ten minste een van de deelnemers zijn hoofdvestiging in Nederland heeft.

2. Indien dit noodzakelijk is met het oog op het vermijden van systeemrisico's, kan de Minister van Financiën, De Nederlandsche Bank N.V. gehoord, als systeem aanwijzen een formele overeenkomst tussen twee deelnemers, een afwikkelende instantie, een centrale tegenpartij, een verrekeningsinstituut of een indirecte deelnemer niet meegerekend, met gemeenschappelijke regels en standaardprocedures voor het uitvoeren van overboekingsopdrachten tussen de deelnemers, mits:

a. de deelnemers het Nederlandse recht hebben gekozen als het recht dat op die overeenkomst van toepassing is; en

b. ten minste een van de deelnemers zijn hoofdvestiging in Nederland heeft.

3. Een tussen interoperabele systemen gesloten overeenkomst vormt geen systeem.

4. Aan de beschikking tot aanwijzing als systeem en aan de beschikking tot aanwijzing als systeemexploitant kan de Minister van Financiën voorschriften verbinden.

5. De systeemexploitant stelt De Nederlandsche Bank N.V. in kennis van de instellingen die direct of indirect deelnemen aan het systeem, alsmede van elke aanvang of beëindiging van deelname door een instelling aan het systeem. De Nederlandsche Bank N.V. ontvangt de informatie namens de Minister van Financiën.

6. Van een beschikking als bedoeld in het eerste lid wordt in de Staatscourant mededeling gedaan.

7. De Minister van Financiën meldt de aangewezen systemen aan bij de Europese autoriteit voor effecten en markten.

(Zie ook: Aanw.syst. FW)

8. Een instelling deelt desgevraagd een ieder die een gerechtvaardigd belang heeft mee aan welke systemen de instelling deelneemt en verstrekt informatie over de belangrijkste regels die gelden voor de werking van die systemen.

Art. 212e

Insolventieprocedure

Ingeval een insolventieprocedure wordt geopend tegen een deelnemer, worden de rechten en de verplichtingen die zij uit of in verband met deelname aan een systeem heeft, bepaald door het recht waardoor dat systeem wordt beheerst.

Art. 212f

[Vervallen]

Afdeling 11AA
Van het faillissement van een bank

§ 1
In Nederland gevestigde bank en buiten de Europese Economische Ruimte gevestigde bank met bijkantoor in Nederland

Art. 212g

1. Voor de toepassing van deze afdeling wordt verstaan onder:

a. bank: bank als bedoeld in artikel 1:1 van de Wet op het financieel toezicht;

b. liquidatieprocedure: een collectieve procedure, het faillissement daaronder begrepen, geopend in een lidstaat, die het te gelde maken van de activa van een bank en het op toepasselijke wijze verdelen van de opbrengst onder de schuldeisers, aandeelhouders of leden behelst, en die noodzakelijkerwijs een optreden van administratieve of rechterlijke instanties behelst, daaronder begrepen de collectieve procedure die wordt afgesloten met een gerechtelijk akkoord of een andere maatregel van dezelfde strekking;

c. lidstaat: een staat die lid is van de Europese Unie alsmede een staat, niet zijnde een lidstaat van de Europese Unie, die partij is bij de overeenkomst betreffende de Europese Economische Ruimte (Trb. 1992, 132);

d. lidstaat van herkomst: de lidstaat waar aan een bank de vergunning voor de uitoefening van haar bedrijf is verleend;

e. bevoegde instanties: de administratieve of rechterlijke instanties die bevoegd zijn ter zake van liquidatieprocedures;

f. bevoegde autoriteit:

1°. een bevoegde autoriteit als bedoeld in artikel 4, eerste lid, onderdeel 40, van verordening (EU) nr. 575/2013 van het Europees Parlement en de Raad van 26 juni 2013 betreffende prudentiële vereisten voor kredietinstellingen en beleggingsondernemingen en tot wijziging van Verordening (EU) nr. 648/2012 (PbEU 2013, L 176); of

2°. een afwikkelingsautoriteit in de zin van artikel 2, eerste lid, onderdeel 18, van de richtlijn 2014/59/EU van het Europees Parlement en de Raad van 15 mei 2014 betreffende de totstandbrenging van een kader voor het herstel en de afwikkeling van kredietinstellingen en beleggingsondernemingen en tot wijziging van Richtlijn 82/891/EEG van de Raad en de Richtlijnen 2001/24/EEG, 2002/47/EG, 2001/35/EU, 2012/30EU en 2013/136/EU en de Verordeningen (EU) nr. 1093/2010 en (EU) nr. 648/2012, van het Europees Parlement en de Raad (PbEU 2014, L 173), met betrekking tot uit hoofde van die richtlijn genomen maatregelen;

g. curator: de curator of elke andere persoon of ander orgaan, aangewezen door de bevoegde instanties van een andere lidstaat dan Nederland of door een bestuursorgaan van de bank om de liquidatieprocedure uit te voeren;

h. financiële instrumenten: instrumenten, bedoeld in artikel 1:1 van de Wet op het financieel toezicht;

i. deposito: een deposito als bedoeld in artikel 1:1 van de Wet op het financieel toezicht;

j. gegarandeerd deposito: een deposito voor zover dit voor vergoeding ingevolge het depositogarantiestelsel, bedoeld in artikel 3:259, tweede lid, van de Wet op het financieel toezicht in aanmerking komt;

k. deposito-overeenkomst: de overeenkomst op grond waarvan een depositohouder een deposito houdt bij een bank;

l. overnemer: degene die deposito-overeenkomsten, activa of passiva anders dan uit hoofde van deposito-overeenkomsten overneemt, degene die bereid is zulks te doen en degene die onderzoekt of hij daartoe bereid is;

m. in aanmerking komend deposito: deposito dat valt onder de werking van het depositogarantiestelsel, bedoeld in artikel 3:259, tweede lid, van de Wet op het financieel toezicht;

n. kleine, middelgrote en micro-ondernemingen: kleine, middelgrote en mirco-ondernemingen als met betrekking tot het criterium jaaromzet gedefinieerd in de aanbeveling van de Europese Commissie van 6 mei 2003 betreffende de definitie van kleine, middelgrote en micro-ondernemingen, (PbEU 2003, L 124/16);

o. verordening gemeenschappelijk afwikkelingsmechanisme: verordening (EU) nr. 806/2014 van het Europees parlement en de Raad van 15 juli 2014 tot vaststelling van eenvormige regels en een eenvormige procedure voor de afwikkeling van kredietinstellingen en bepaalde beleggingsondernemingen in het kader van een gemeenschappelijk afwikkelingsmechanisme en een gemeenschappelijk bankenafwikkelingsfonds en tot wijziging van Verordening (EU) nr. 1093/2010 van het Europees parlement en de Raad (PbEU 2014, L 225);

p. verordening bankentoezicht: verordening (EU) Nr. 1024/2013 van de Raad van 15 oktober 2013 waarbij aan de Europese Centrale Bank specifieke taken worden opgedragen betreffende het beleid inzake het prudentieel toezicht op kredietinstellingen (PbEU 2013, L 287).

2. Voor de toepassing van deze afdeling is een bank gevestigd in:

Faillissement bankkredietinstellingen; toepasselijkheid

B13 art. 212h **Faillissementswet**

a. de staat waar de statutaire zetel is, indien het een rechtspersoon betreft die overeenkomstig het toepasselijke recht een statutaire zetel heeft; en

b. de staat waar zij haar hoofdbestuur heeft en zij feitelijk werkzaam is, indien het een andere bank betreft dan de bank, bedoeld in onderdeel a.

(Zie ook: art. 284 FW)

Art. 212h

Faillissement kredietinstelling, bevoegdheid rechtbank

1. In afwijking van artikel 2, eerste lid, geschiedt de faillietverklaring van een in Nederland gevestigde bank door de rechtbank Amsterdam.

2. Een in een andere lidstaat dan Nederland gevestigde bank die daar een vergunning heeft verkregen kan in Nederland niet in staat van faillissement worden verklaard.

3. Het eerste lid is, in afwijking van artikel 2, tweede tot en met vierde lid, van overeenkomstige toepassing op de faillietverklaring van:

a. een in een andere lidstaat dan Nederland gevestigde kredietinstelling die in die lidstaat geen vergunning heeft verkregen, en die haar bedrijf uitoefent vanuit een in Nederland gelegen bijkantoor; en

b. een in een staat die geen lidstaat is gevestigde kredietinstelling die haar bedrijf uitoefent vanuit een in Nederland gelegen bijkantoor.

Art. 212ha

Faillissementsaanvraag bank

1. De Nederlandsche Bank kan de rechtbank Amsterdam verzoeken ten aanzien van een bank of een beleggingsonderneming als bedoeld in artikel 3A:2, onderdeel b, van de Wet op het financieel toezicht het faillissement uit te spreken indien is voldaan aan de voorwaarden bedoeld in artikel 18, eerste lid, onderdelen a en b, van de verordening gemeenschappelijk afwikkelingsmechanisme. De Nederlandsche Bank deelt in haar verzoek mee dat zij niet voornemens is te besluiten tot de toepassing van een afwikkelingsmaatregel als bedoeld in Afdeling 3A:2.4 van de Wet op het financieel toezicht.

2. Een ander dan De Nederlandsche Bank N.V. kan niet het faillissement van een bank die een door de Europese Centrale Bank of De Nederlandsche Bank N.V. verleende vergunning heeft aanvragen.

3. Een bank die een door de Europese Centrale Bank of De Nederlandsche Bank N.V. verleende vergunning heeft kan aangifte doen van haar eigen faillissement. In dat geval stelt de rechtbank de Europese Centrale Bank of De Nederlandsche Bank N.V., al naar gelang de bevoegdheidsverdeling op grond van de artikelen 4 en 6 van de verordening bankentoezicht, in staat te worden gehoord alvorens te beslissen op de aangifte.

Art. 212hb

Bevoegdheid Rechtbank Amsterdam

Indien het belang van de gezamenlijke schuldeisers bij de afwikkeling van een bank met zetel in Nederland die niet een door de Europese Centrale Bank of De Nederlandsche Bank N.V. verleende vergunning heeft een bijzondere voorziening behoeft kan de rechtbank Amsterdam op verzoek van De Nederlandsche Bank N.V. het faillissement uitspreken.

Art. 212hc

[Vervallen]

Art. 212hd

Procedure behandeling faillissementsverzoek

De Nederlandsche Bank N.V. zendt een afschrift van het verzoekschrift aan de bank en geeft kennis van de inhoud van het verzoekschrift aan de bevoegde autoriteiten van de andere lidstaten waar een bijkantoor van de bank is gelegen of waarnaar zij diensten verricht vanuit haar vestigingen in een andere lidstaat.

Art. 212he

Behandeling met spoed van faillissementsverzoek

De rechtbank behandelt het verzoek van De Nederlandsche Bank N.V. tot het uitspreken van het faillissement of een aangifte door de bank met de meeste spoed op een niet openbare zitting op de voet van de rechtspleging in burgerlijke zaken, voorzover daarvan bij deze wet niet is afgeweken.

Art. 212hf

Verweer tegen faillissementsverzoek

1. De bank onderscheidenlijk de beleggingsonderneming kan, na in gelegenheid te zijn gesteld te worden gehoord, zich verweren tegen het oordeel van de Nederlandsche Bank N.V. dat is voldaan aan de voorwaarden bedoeld in artikel 212ha, eerste lid.

2. Ingeval een bank zich heeft verweerd tegen een oordeel als bedoeld in het eerste lid, verklaart de rechtbank dat verweer uitsluitend dan gegrond indien De Nederlandsche Bank N.V. in redelijkheid niet tot dat oordeel heeft kunnen komen.

Art. 212hg

Faillissement

De rechtbank spreekt het faillissement uit indien summierlijk blijkt dat zich een situatie, als bedoeld in artikel 212ha, eerste lid, voordoet.

Art. 212hga

Faillissement, benoeming R-C en curatoren

1. Bij het uitspreken van het faillissement benoemt de rechtbank een van haar leden tot rechter-commissaris en benoemt zij een of meer curatoren. De Nederlandsche Bank N.V. kan voor de benoeming van de curator of curatoren voordrachten doen.

2. Indien het verzoek wordt toegewezen, wordt de beschikking op een openbare zitting uitgesproken en wordt een uittreksel ervan onverwijld door de curator bekendgemaakt in de Staatscourant, het Publicatieblad van de Europese Unie, alsmede in ten minste twee door de rechtbank aan te wijzen Nederlandse dagbladen en ten minste twee door de rechtbank aan te wijzen landelijke dagbladen van iedere lidstaat waar een bijkantoor van de bank is gelegen of waarnaar zij diensten verricht. De uittreksels vermelden naam en zetel van de bank, de woonplaats of het kantoor van de curator alsmede de datum van de beschikking. De publicatie in de landelijke dagbladen geschiedt in de officiële taal of talen van de betrokken lidstaat. In de bekendmaking in het Publicatieblad van de Europese Unie en de landelijke dagbladen van iedere lidstaat waar de bank een bijkantoor heeft of waarnaar zij diensten verricht wordt daarenboven vermeld dat op het faillissement, behoudens uitzonderingen, Nederlands recht van toepassing is, de rechtsgrondslag, of de Europese Centrale Bank dan wel De Nederlandsche Bank N.V. de bevoegde toezichthouder is, alsmede de uiterste datum waarop tegen de beschikking beroep in cassatie kan worden ingesteld met vermelding van het volledige adres van de Hoge Raad en het onderwerp van de beschikking.

Art. 212hga*

1. De rechtbank kan tegelijk met het uitspreken van het faillissement, of daarna op verzoek van de curator aan de curator een machtiging verlenen die strekt tot het doen overgaan aan een derde van het geheel of een gedeelte van de verbintenissen van de bank, welke zij in de uitoefening van het bedrijf van bank tot het ter beschikking krijgen van gelden is aangegaan.

2. De toestemming of medewerking van een ander dan de derde is niet vereist.

Art. 212hgb

1. De rechtbank kan tegelijk met het uitspreken van het faillissement, of daarna op verzoek van de curator, aan de curator een machtiging verlenen die strekt tot wijziging, bij de overgang van verbintenissen die de bank met zetel in Nederland in de uitoefening van haar bedrijf als bank tot het ter beschikking verkrijgen van gelden is aangegaan, van die verbintenissen, met dien verstande dat de bedingen in overeenkomsten waaruit de volgende vorderingen voortvloeien daarbij niet kunnen worden gewijzigd:

a. vorderingen die door pand of hypotheek op goederen van de bank zijn gedekt;

b. termijnen van huurkoop;

c. vorderingen tot nakoming van financiëlezekerheidsovereenkomst als bedoeld in artikel 2, eerste lid, onderdeel a, van de richtlijn financiëlezekerheidsovereenkomsten; of

d. de verplichtingen die voortvloeien uit corresponderende posities en daarmee samenhangende cliëntposities als bedoeld in hoofdstuk 3b van de Wet giraal effectenverkeer, alsmede de verplichtingen met betrekking tot het stellen van zekerheid in verband met de betreffende derivatenposities, voor wat betreft de verplichtingen jegens cliënten beperkt tot de verplichtingen die kunnen worden voldaan uit het derivatenvermogen, bedoeld in artikel 49g, eerste lid, van die wet.

2. De verbintenissen kunnen overgaan met uitsluiting van enig met deze rechten en verplichtingen samenhangend recht op schadevergoeding.

3. Indien de curator na het uitspreken van het faillissement het verzoek doet, behandelt de rechtbank het verzoek met de meeste spoed op een niet openbare terechtzitting op de voet van rechtspleging in burgerlijke zaken. De Nederlandsche Bank N.V. wordt gehoord.

4. Indien de rechtbank de machtiging verleent, bepaalt de rechtbank de duur van de machtiging op ten hoogste anderhalf jaar. De curator kan verlenging van de geldigheidsduur voor telkens ten hoogste anderhalf jaar verzoeken. Zolang bij het verstrijken van de geldigheidsduur van de machtiging op een verzoek tot verlenging niet is beschikte, wordt de machtiging gehandhaafd.

5. Indien een curator voornemens is over te gaan tot overdracht van verbintenissen die een bank met zetel in Nederland in de uitoefening van haar bedrijf als bank tot het ter beschikking verkrijgen van gelden heeft aangegaan, vraagt hij daaromtrent advies van De Nederlandsche Bank N.V.. Indien de curator toestemming als bedoeld in artikel 176 vraagt, legt hij daarbij dit advies over.

Art. 212hgc

1. Zodra de overgang van rechten en verplichtingen heeft plaatsgevonden, maakt de curator de overgang en, ingeval de overeenkomst is gewijzigd, de wijzigingen bekend door plaatsing in de Staatscourant en in ten minste drie dagbladen die door de rechtbank kunnen zijn aangewezen. Ingeval de rechtbank geen dagbladen heeft aangewezen, kan de curator de overgang en de wijzigingen ook op andere wijze bekendmaken.

2. De overdracht en de wijzigingen worden ten aanzien van alle andere belanghebbenden dan de bank en de derde van kracht met ingang van de tweede dag, volgende op die van de dagtekening van de Staatscourant waarin de bekendmaking is geplaatst.

3. De Nederlandsche Bank N.V. deelt de overdracht en de wijzigingen mede aan de toezichthoudende instanties waar een bijkantoor van de bank is gelegen of waarnaar hij diensten verricht vanuit zijn vestigingen in lidstaten.

B13 art. 212hi *Faillissementswet*

Art. 212hi

Beschikking uitvoerbaar bij voorraad

1. Een beschikking als bedoeld in artikel 212hb, 212hga, eerste lid, of 212hgb, eerste lid, is uitvoerbaar bij voorraad.

2. Artikel 10 is niet van toepassing.

Art. 212hj-212hr

[Vervallen]

Art. 212i

Verzoek door DBN tot faillietverklaring bank zonder tussenkomst advocaat

De Nederlandsche Bank N.V. kan een verzoek om een bank in staat van faillissement te verklaren zonder tussenkomst van een advocaat indienen.

(Zie ook: artt. 5, 283 FW)

Art. 212j

Afschrift verzoekschrift tot faillietverklaring

De Nederlandsche Bank N.V. zendt een afschrift van haar verzoekschrift aan de bank en geeft van de inhoud daarvan kennis aan:

a. de bevoegde autoriteiten van de andere lidstaten waar de bank een bijkantoor heeft of waarheen zij diensten verricht vanuit de vestigingen in de Europese Unie, indien het een in Nederland gevestigde bank betreft;

b. de bevoegde autoriteiten van de andere Lidstaten waarheen zij diensten verricht vanuit een bijkantoor in Nederland indien het een buiten de Europese Unie gevestigde bank betreft.

Art. 212k

Intrekken vergunning bank

De Nederlandsche Bank N.V. stelt een ontwerpbesluit als bedoeld in artikel 1:104, vijfde lid, van de Wet op het financieel toezicht op of trekt de vergunning van de bank in, indien deze op het tijdstip van de faillietverklaring nog een vergunning heeft.

Art. 212l

Indien op een bank of beleggingsonderneming een maatregel als bedoeld in de afdeling 3A.1.5 van de Wet op het financiële toezicht van toepassing is tegelijkertijd met een eigen aangifte door de bank of beleggingsonderneming, vervalt de eigen aangifte van rechtswege.

Art. 212m-212ma

[Vervallen]

Art. 212n

Inkennisstelling andere lidstaten

Na de inkennisstelling, bedoeld in artikel 212c, stelt De Nederlandsche Bank N.V. onverwijld de bevoegde autoriteiten van alle andere lidstaten in kennis van het vonnis tot faillietverklaring, alsmede van de mogelijke gevolgen daarvan in het desbetreffende geval.

(Zie ook: artt. 212c, 213q FW)

Art. 212o

Bekendmaking in PbEU

1. Onverminderd artikel 14, derde lid, plaatst de curator het uittreksel van het vonnis van faillietverklaring in het Publicatieblad van de Europese Unie, alsmede in ten minste twee landelijke dagbladen van iedere andere lidstaat dan Nederland waar de bank een bijkantoor heeft of waarheen zij diensten verricht.

(Zie ook: art. 213h FW)

2. In aanvulling op de gegevens, bedoeld in artikel 14, vermeldt de curator dat het Nederlandse recht, behoudens uitzonderingen, van toepassing is.

3. De curator kan verzoeken dat het faillissement wordt ingeschreven in een openbaar register in een andere lidstaat.

4. De kosten van inschrijving op de voet van het derde lid zijn boedelschuld.

Art. 212p

Kennisgeving aan schuldeisers

1. De curator geeft van het vonnis tot faillietverklaring onmiddellijk aan alle bekende schuldeisers schriftelijk kennis.

2. De curator die op de voet van artikel 109 aan alle bekende schuldeisers kennis geeft van de in dat artikel bedoelde beschikkingen, deelt daarbij tevens mede wat de gevolgen zijn van het indienen van een vordering na het verstrijken van de termijn, bedoeld in artikel 109, eerste lid, alsmede artikel 127, eerste en tweede lid, en dat schuldeisers, daaronder begrepen de schuldeisers met een voorrecht of zakelijk zekerheidsrecht, hun vorderingen bij de curator moeten indienen, met, in het voorkomende geval, de opgave dat op een voorrecht of zakelijk zekerheidsrecht aanspraak wordt gemaakt.

3. De curator stelt alle bekende schuldeisers regelmatig op passende wijze in kennis van in ieder geval het verloop van de procedure.

Art. 212q

Formulier kennisgeving

1. De kennisgeving, bedoeld in artikel 212p, eerste lid, aan een bekende schuldeiser met gewone verblijfplaats of woonplaats in een lidstaat, geschiedt in het Nederlands met een formulier dat in alle officiële talen van de Europese Unie het opschrift draagt «Oproep tot indiening van opmerkingen betreffende schuldvorderingen. Termijnen».

2. Elke schuldeiser met gewone verblijfplaats of woonplaats in een lidstaat kan zijn vordering en schriftelijke opmerkingen betreffende zijn vordering indienen in een officiële taal van die lidstaat met een verklaring met als opschrift in de Nederlandse taal «Indiening van een vordering» onderscheidenlijk «Indiening van opmerkingen betreffende een vordering».

3. De curator kan een vertaling in het Nederlands van het stuk waarbij de vordering wordt ingediend en van de opmerkingen betreffende de vordering verlangen.

Art. 212r

In afwijking van artikel 52, tweede lid, bevrijdt voldoening na de bekendmaking van de faillietverklaring van een bank die geen natuurlijk persoon is tegenover de boedel indien degene die haar deed, bewijst dat hij niet bekend was met de faillietverklaring.

Onbekendheid met faillietverklaring

Art. 212ra

1. De volgende vorderingen worden verhaald op de boedel na de vorderingen, genoemd in artikel 288 van Boek 3 van het Burgerlijk Wetboek en voor de vorderingen van concurrente schuldeisers, in de volgende volgorde:

Bevoorrechte status gegarandeerde deposito's

a. vorderingen ter zake van gegarandeerde deposito's, met inbegrip van vorderingen van het Depositogarantiefonds die op grond van artikel 3:261, vijfde lid, van de Wet op het financieel toezicht in de rechten van de depositohouder ter zake van een vordering op de betalingsonmachtige kredietinstelling is getreden, alsmede vorderingen van het Depositogarantiefonds als bedoeld in artikel 3:265e, vierde lid, van de Wet op het financieel toezicht;

b. vorderingen ter zake van het gedeelte van in aanmerking komende deposito's dat groter is dan het bedrag van de vergoeding dat krachtens artikel 3:259, derde lid, onderdeel b, van de Wet op het financieel toezicht is vastgesteld, welke deposito's worden aangehouden door natuurlijke personen en door micro-, kleine en middelgrote ondernemingen, alsmede van deposito's, aangehouden door natuurlijke personen en door micro-, kleine en middelgrote ondernemingen die in aanmerking komende deposito's zouden zijn indien zij niet waren aangehouden in buiten de Europese Unie gelegen bijkantoren van banken met zetel in de Europese Unie.

2. Zowel binnen onderdeel a als binnen onderdeel b van het eerste lid hebben de vorderingen onderling een gelijke rang.

Art. 212rb

1. Onmiddellijk na de vorderingen van concurrente schuldeisers en voor vorderingen die op enige grond zijn achtergesteld op concurrente schuldeisers, worden vorderingen uit schuldinstrumenten als bedoeld in artikel 2, eerste lid, onderdeel 48, onder ii, van richtlijn 2014/59/EU van het Europees Parlement en de Raad van 15 mei 2014 betreffende de totstandbrenging van een kader voor het herstel en de afwikkeling van kredietinstellingen en beleggingsondernemingen en tot wijziging van Richtlijn 82/891/EEG van de Raad en de Richtlijnen 2001/24/EG, 2002/47/EG, 2004/25/EG, 2005/56/EG, 2007/36/EG, 2011/35/EU, 2012/30/EU en 2013/36/EU en de Verordeningen (EU) nr. 1093/2010 en (EU) nr. 648/2012, van het Europees Parlement en de Raad (PbEU 2014, L 173), die voldoen aan de criteria, genoemd in artikel 108, tweede lid, van die richtlijn, verhaald op de boedel.

2. De vorderingen uit schuldinstrumenten, bedoeld in het eerste lid, hebben onderling een gelijke rang.

3. Dit artikel is van toepassing op een gefailleerde die ten tijde van de uitgifte van de schuldinstrumenten een entiteit was als bedoeld in artikel 1, eerste lid, onderdelen a tot en met d, van richtlijn 2014/59/EU van het Europees Parlement en de Raad van 15 mei 2014 betreffende de totstandbrenging van een kader voor het herstel en de afwikkeling van kredietinstellingen en beleggingsondernemingen en tot wijziging van Richtlijn 82/891/EEG van de Raad en de Richtlijnen 2001/24/EG, 2002/47/EG, 2004/25/EG, 2005/56/EG, 2007/36/EG, 2011/35/EU, 2012/30/EU en 2013/36/EU en de Verordeningen (EU) nr. 1093/2010 en (EU) nr. 648/2012, van het Europees Parlement en de Raad (PbEU 2014, L 173).

§ 2

Bepalingen van internationaal privaatrecht

Art. 212s

1. Een in een andere lidstaat van herkomst dan Nederland genomen beslissing tot opening van een liquidatieprocedure met betrekking tot een bank wordt van rechtswege erkend.

Internationaal privaatrecht

2. De beslissing heeft rechtsgevolgen binnen Nederland vanaf het tijdstip dat zij rechtsgevolgen heeft in de lidstaat van herkomst.

Art. 212t

De beslissing tot opening van een liquidatieprocedure, de liquidatieprocedure zelf en de rechtsgevolgen van de liquidatieprocedure worden beheerst door het recht van de lidstaat waar de liquidatieprocedure is geopend, tenzij de wet anders bepaalt.

Opening liquidatieprocedure

Art. 212u

1. De beslissing tot opening van een liquidatieprocedure laat onverlet het goederenrechtelijke recht van een schuldeiser of een derde op een goed of goederen, zowel bepaalde goederen als gehelen van onbepaalde goederen met een wisselende samenstelling, die toebehoren aan de bank en die zich op het tijdstip waarop de beslissing tot opening van de liquidatieprocedure rechtsgevolgen heeft, bevinden op het grondgebied van een andere lidstaat dan de lidstaat van herkomst.

Opening liquidatieprocedure, nadere regels

B13 art. 212v **Faillissementswet**

Toepasselijkheid 2. Voor de toepassing van het eerste lid wordt onder goederenrechtelijk recht in ieder geval verstaan:

a. het recht een goed te gelde te maken of te laten maken en te worden voldaan uit de opbrengst van of de inkomsten uit het goed, in het bijzonder op grond van een recht van pand of recht van hypotheek;

b. het uitsluitende recht een vordering te innen, in het bijzonder op grond van een pandrecht op de vordering of op grond van een cessie tot zekerheid van de vordering;

c. het recht om een goed van een ieder die het zonder recht houdt op te eisen, van dat goed afgifte te verlangen of van dat goed een ongestoord genot te verlangen;

d. het goederenrechtelijke recht om van een goed de vruchten te trekken.

3. Voor de toepassing van het eerste lid wordt met een goederenrechtelijk recht gelijk gesteld met in een openbaar register ingeschreven recht tot verkrijging van een goederenrechtelijk recht als bedoeld in het eerste lid dat aan derden kan worden tegengeworpen.

4. Voor de toepassing van dit artikel is de lidstaat waar een goed zich bevindt:

a. met betrekking tot registergoederen en rechten op registergoederen: de lidstaat onder het gezag waarvan het desbetreffende register wordt gehouden;

b. met betrekking tot zaken, voor zover niet vallend onder onderdeel a: de lidstaat op het grondgebied waarvan de zaak zich bevindt;

c. met betrekking tot schuldvorderingen, de lidstaat op het grondgebied waarvan de derde-schuldenaar is gevestigd.

Art. 212v

Eigendomsvoorbehoud 1. Ingeval de bank een zaak heeft gekocht, laat de beslissing tot opening van een eigendomsvoorbehoud cedure onverlet de op een eigendomsvoorbehoud berustende rechten van de verkoper, indien de zaak waarop het eigendomsvoorbehoud betrekking heeft zich op het tijdstip waarop de beslissing tot opening van een liquidatieprocedure rechtsgevolgen heeft, bevindt op het grondgebied van een andere lidstaat dan de lidstaat van herkomst.

2. Ingeval de bank een zaak heeft verkocht, is de beslissing tot opening van een liquidatieprocedure geen grond voor ontbinding of beëindiging van de overeenkomst tot verkoop, en belet de liquidatieprocedure de koper niet de eigendom van de gekochte zaak te verkrijgen, indien de zaak zich op het tijdstip waarop de beslissing tot opening van de liquidatieprocedure rechtsgevolgen heeft, bevindt op het grondgebied van een andere lidstaat dan de lidstaat van herkomst.

Toepasselijkheid 3. Artikel 212u, vierde lid, is van overeenkomstige toepassing.

Art. 212w

Bevoegdheid schuldeisers Indien degene die zowel schuldeiser als schuldenaar is van de bank bevoegd is zijn schuld te verrekenen met de vordering op de bank op grond van het recht dat van toepassing is op de vordering van de bank, laat de beslissing tot opening van de liquidatieprocedure de bedoelde bevoegdheid onverlet.

Art. 212x

Benadeling schuldeisers De artikelen 212u tot en met 212w staan er niet aan in de weg dat een vordering wordt ingesteld tot nietigheid, vernietiging of het niet kunnen worden tegengeworpen van een rechtshandeling wegens de benadeling van het geheel van schuldeisers welke van die rechtshandeling het gevolg is.

Art. 212ij

Gevolgen liquidatieprocedure In afwijking van artikel 212t worden de gevolgen van een liquidatieprocedure voor arbeidsovereenkomsten en andere rechtsverhoudingen ter zake van het verrichten van arbeid uitsluitend beheerst door het recht van de lidstaat dat op die overeenkomst of rechtsverhouding van toepassing is.

Art. 212z

Toepasselijk recht In afwijking van artikel 212t worden de gevolgen van een liquidatieprocedure voor een overeenkomst die het recht geeft op het genot of de verkrijging van een onroerende zaak uitsluitend beheerst door het recht van de lidstaat op het grondgebied waarvan de onroerende zaak is gelegen. Dit recht bepaalt of een zaak roerend dan wel onroerend is.

Art. 212aa

Toepasselijk recht In afwijking van artikel 212t worden de gevolgen van een liquidatieprocedure voor de rechten van de bank op een registergoed beheerst door het recht van de lidstaat onder het gezag waarvan het register wordt gehouden.

Art. 212bb

Toepasselijk recht In afwijking van artikel 212t worden, onverminderd artikel 212hh, de gevolgen van een liquidatieprocedure voor de rechten en verplichtingen van deelnemers aan een gereglementeerde markt als bedoeld in artikel 4, eerste lid, onderdeel 21, van richtlijn 2014/65/EU van het Europees Parlement en de Raad van 15 mei 2014 betreffende markten voor financiële instrumenten en tot wijziging van Richtlijn 2002/92/EG en Richtlijn 2011/61/EU (PbEU 2014, L 173) uitsluitend beheerst door het recht dat op die markt van toepassing is.

Art. 212cc

In afwijking van artikel 212t wordt de rechtsgeldigheid van een rechtshandeling, onder bezwarende titel aangegaan door de bank na het tijdstip van opening van een liquidatieprocedure, waarmee zij beschikt over een registergoed of effecten of andere waardepapieren waarvan het bestaan of de overdracht inschrijving in een wettelijk voorgeschreven register of op een wettelijk voorgeschreven rekening veronderstelt, of die zijn geplaatst in een door het recht van een lidstaat beheerst gecentraliseerd effectendepot, beheerst door het recht van de lidstaat onder het gezag waarvan het register, de rekening of het depot wordt gehouden dan wel, indien het een onroerende zaak betreft, door het recht van de lidstaat waar de onroerende zaak is gelegen.

Art. 212dd

In afwijking van artikel 212t worden de gevolgen van de liquidatieprocedure voor een aanhangige rechtsvordering betreffende een goed waarover de bank het beheer en de beschikking heeft verloren, uitsluitend beheerst door het recht van de lidstaat waar het rechtsgeding aanhangig is.

Art. 212ee

Artikel 212t is niet van toepassing op regels betreffende de nietigheid, de vernietigbaarheid van voor het geheel van schuldeisers nadelige rechtshandelingen en evenmin op de regels die bepalen of dergelijke rechtshandelingen kunnen worden tegengeworpen, indien degene die voordeel heeft gehad bij die rechtshandeling bewijst dat:
a. die rechtshandeling wordt beheerst door het recht van een andere lidstaat dan de lidstaat van herkomst; en
b. dat recht in het gegeven geval niet voorziet in de mogelijkheid dat die rechtshandeling wordt aangetast onderscheidenlijk niet kan worden tegengeworpen.

Art. 212ff

In afwijking van artikel 212t worden de gevolgen van een liquidatieprocedure voor een overeenkomst tot verrekening als bedoeld in artikel 212a, onderdeel m, uitsluitend beheerst door het recht dat van toepassing is op die overeenkomst.

Art. 212gg

In afwijking van artikel 212t worden, onverminderd artikel 212hh, de gevolgen van een liquidatieprocedure voor een overeenkomst waarbij de ene partij, de koper, zich verbindt tot een latere overdracht van een gelijke hoeveelheid activa van dezelfde soort aan de verkoper, uitsluitend beheerst door het recht van de lidstaat dat van toepassing is op die overeenkomst.

Art. 212hh

In afwijking van artikel 212t worden de gevolgen van een liquidatieprocedure voor het uitoefenen van het rechten op financiële instrumenten waarvan het bestaan of de overdracht inschrijving in een register, op een rekening of in een in een lidstaat bijgehouden of gesitueerd gecentraliseerd effectendepot veronderstelt, uitsluitend beheerst door het recht van de lidstaat waar het register, de rekening of het gecentraliseerde effectendepot waar deze rechten zijn ingeschreven, wordt bijgehouden of is gesitueerd.

Art. 212ii

1. Behoudens de bevoegdheid tot het aanwenden van een dwangmaatregel en de bevoegdheid tot het doen van een uitspraak in een geding of een geschil heeft de curator uit een andere lidstaat van herkomst dan Nederland in Nederland de bevoegdheden die hij in de lidstaat van herkomst heeft. De wijze van uitoefenen van deze bevoegdheden in Nederland wordt beheerst door het Nederlandse recht.
2. De curator kan personen aanwijzen om hem te vertegenwoordigen of anderszins bij te staan.
3. Indien op grond van het recht van de lidstaat van herkomst personen zijn aangewezen om de curator te vertegenwoordigen of anderszins bij te staan, kunnen zij de bevoegdheden die zij hebben op grond van het recht van die lidstaat uitoefenen op het grondgebied van Nederland.

Art. 212jj

1. Voor het bewijs van aanwijzing van de curator uit een andere lidstaat dan Nederland volstaat een voor eensluidend gewaarmerkt afschrift van het aanwijzingsbesluit of van ieder ander door de bevoegde instanties van de lidstaat gegeven schriftelijke verklaring.
2. De curator uit een andere lidstaat dan Nederland toont op verlangen van een ieder tegenover wie hij zijn bevoegdheden wenst uit te oefenen een vertaling in de Nederlandse taal van het afschrift.

Art. 212kk

Op verzoek van een curator uit een andere lidstaat dan Nederland worden de gegevens met betrekking tot een liquidatieprocedure, geopend in een andere lidstaat dan Nederland, door de griffier van de rechtbank Den Haag ingeschreven in het register, bedoeld in artikel 19, eerste lid.

(Zie ook: art. 19 FW)

Art. 212ll

Indien het faillissement is uitgesproken van een bank die niet is gevestigd in een staat van de Europese Unie of een staat die partij is bij de Overeenkomst betreffende de Europese Economi-

Toepasselijk recht

Toepasselijk recht

Opening liquidatieprocedure; toepasselijkheid

Toepasselijk recht

Toepasselijk recht

Toepasselijk recht

Bevoegdheid curator uit andere lidstaat

Bewijs aanduiding curator uit andere lidstaat

Inschrijving gegevens liquidatieprocedure in register Rechtbank Den Haag

Inkennisstelling DNB

sche Ruimte en een bijkantoor in Nederland heeft, stelt de griffier van de rechtbank De Nederlandsche Bank N.V. onverwijld in kennis van de inhoud van de beschikking, alsmede van de mogelijke gevolgen daarvan in het desbetreffende geval. De Nederlandsche Bank N.V. stelt daarna onverwijld de bevoegde autoriteiten van de andere lidstaten van de Europese Unie en van de andere staten die partij zijn bij de Overeenkomst betreffende de Europese Economische Ruimte in kennis van de beschikking, alsmede van de mogelijke gevolgen daarvan in het desbetreffende geval. De Nederlandsche Bank N.V. stelt de bevoegde autoriteiten van de andere lidstaten van de Europese Unie en van de andere staten die partij zijn bij de Overeenkomst betreffende de Europese Economische Ruimte in kennis van de beschikking en van de beëindiging van de faillietverklaring.

Art. 212mm

Bijkantoren in andere lidstaten

1. Indien een bank die niet is gevestigd in een lidstaat van de Europese Unie of een staat die partij is bij de Overeenkomst betreffende de Europese Economscue Ruimte en een bijkantoor heeft in Nederland en een of meer bijkantoren in andere lidstaten, trachten zowel de rechtbank als de Nederlandsche Bank hun optreden te coördineren met de bevoegde instanties onderscheidenlijk de bevoegde autoriteiten van die andere lidstaten.

2. In het in het eerste lid bedoelde geval tracht de in Nederland benoemde curator zijn optreden te coördineren met de curatoren in de andere lidstaten waarin aan de financiële onderneming een vergunning is verleend.

Art. 212nn

Verslag curator, nadere regels

De curator kan in de verslagen, bedoeld in artikel 73a, geen gegevens of inlichtingen opnemen die de betrekking hebben op derden die betrokken zijn of zijn geweest bij pogingen de bank in staat te stellen zijn bedrijf voort te zetten.

(Zie ook: art. 213ee FW)

Art. 212nna

Toepasselijkheid bijzondere bankenregime

Indien De Nederlandsche Bank N.V. gebruik heeft gemaakt van een bevoegdheid op grond van afdeling 3A.2.5 van de Wet op het financieel toezicht ten aanzien van een entiteit als bedoeld in artikel 3A:2, onderdelen c tot en met g, van die wet, is afdeling 11AA, met uitzondering van de artikelen 212r en 212k, van overeenkomstige toepassing op het faillissement van die entiteit.

Afdeling 11AB
Van het faillissement van een beleggingsonderneming in de zin van de verordening kapitaalvereisten

Art. 212oo

Schakelbepaling

De artikelen 212h, eerste lid, 212ha tot en met 212hq, 212i, 212j, en 212l tot en met 212nn zijn van overeenkomstige toepassing op een beleggingsonderneming in de zin van de verordening kapitaalvereisten als bedoeld in artikel 1:1 van de Wet op het financieel toezicht, met dien verstande dat in artikel 212ha voor «artikel 2:11» wordt gelezen: 2:96.

Afdeling 11B
Van het faillissement van een verzekeraar

§ 1
Definities

Art. 213

Begripsbepalingen

Voor de toepassing van deze afdeling wordt verstaan onder:

a. verzekeraar: een schadeverzekeraar of levensverzekeraar als bedoeld in onderdeel d respectievelijk onderdeel e;

b. overeenkomst van schadeverzekering: een overeenkomst van schadeverzekering als bedoeld in artikel 1:1 van de Wet op het financieel toezicht;

c. overeenkomst van levensverzekering: een overeenkomst van levensverzekering als bedoeld in artikel 1:1 van de Wet op het financieel toezicht;

d. schadeverzekeraar: een schadeverzekeraar als bedoeld in artikel 1:1 van de Wet op het financieel toezicht die onder het toepassingsgebied van de richtlijn solvabiliteit II valt;

e. levensverzekeraar: een levensverzekeraar als bedoeld in artikel 1:1 van de Wet op het financieel toezicht die onder het toepassingsgebied van de richtlijn solvabiliteit II valt;

f. zetel: de plaats waar een verzekeraar of een moedermaatschappij van een verzekeraar volgens zijn of haar statuten of reglementen is gevestigd of, indien deze geen rechtspersoon is, de plaats waar die verzekeraar of die moedermaatschappij zijn of haar hoofdvestiging heeft;

g. bijkantoor: een duurzame aanwezigheid van een verzekeraar, met uitzondering van de zetel, beheerd door eigen personeel van de verzekeraar of door een zelfstandig persoon die is gemachtigd duurzaam voor de verzekeraar op te treden;

h. liquidatieprocedure: een collectieve procedure, het faillissement daaronder begrepen, geopend in een lidstaat van de Europese Unie, die het te gelde maken van de activa van een verzekeraar en het op toepasselijke wijze verdelen van de opbrengst onder de schuldeisers, aandeelhouders of leden behelst, en die noodzakelijkerwijs een optreden van de administratieve of rechterlijke instanties van die lidstaat behelst, daaronder begrepen de collectieve procedure die wordt afgesloten met een gerechtelijk akkoord of een andere maatregel van dezelfde strekking, ongeacht of de procedure op insolventie berust en ongeacht of de procedure op eigen aangifte van de verzekeraar dan wel op verzoek van een ander is geopend;

i. lidstaat: een staat die lid is van de Europese Unie of een staat, niet zijnde een lidstaat van de Europese Unie, die partij is bij de op 2 mei 1992 tot stand gekomen overeenkomst betreffende de Europese Economische Ruimte (Trb. 1992, 132);

j. lidstaat van herkomst: de lidstaat waar de verzekeraar zijn zetel heeft;

k. bevoegde instanties: de administratieve of rechterlijke instanties die bevoegd zijn ter zake van liquidatieprocedures;

l. toezichthoudende autoriteit: de instantie die in een lidstaat bij of krachtens de wet met het toezicht op het verzekeringsbedrijf is belast;

m. curator: de curator of elke andere persoon of ander orgaan, aangewezen door de bevoegde instanties van een andere lidstaat dan Nederland of door een bestuursorgaan van de verzekeraar om de liquidatieprocedure uit te voeren;

n. vordering uit hoofde van verzekering: de rechtstreekse vordering op de verzekeraar uit hoofde van een overeenkomst van verzekering of een overeenkomst tot kapitalisatieverrichtingen of beheer over collectieve pensioenfondsen als bedoeld onder punten 6 en 7 van de opsomming betreffende het bedrijf van levensverzekeraar in de Bijlage branches bij de Wet op het financieel toezicht;

o. overnemer: degene die activa of passiva overneemt, degene die bereid is zulks te doen en degene die onderzoekt of hij daartoe bereid is;

p. richtlijn solvabiliteit II: richtlijn 2009/138/EG van het Europees Parlement en de Raad van 25 november 2009 betreffende de toegang tot en uitoefening van het verzekerings- en het herverzekeringsbedrijf (Solvabiliteit II) (herschikking) (PbEU 2009, L 335);

q. moedermaatschappij: een moedermaatschappij als bedoeld in artikel 1:1 van de Wet op het financieel toezicht.

(Zie ook: art. art. 284 FW)

§ 2

Verzekeraars met zetel in Nederland, verzekeraars zonder vergunning met zetel in een andere lidstaat dan Nederland en verzekeraars met zetel buiten de Europese Unie met bijkantoor in Nederland

Art. 213a

1. In afwijking van artikel 2, eerste lid, geschiedt de faillietverklaring van een verzekeraar met zetel in Nederland door de rechtbank Amsterdam.

2. Een verzekeraar met zetel in een in een andere lidstaat dan Nederland die daar een vergunning heeft verkregen kan in Nederland niet in staat van faillissement worden verklaard.

3. Het eerste lid is, in afwijking van artikel 2, tweede tot en met vierde lid, van overeenkomstige toepassing op de faillietverklaring van:

a. een verzekeraar met zetel in een andere lidstaat dan Nederland die in die lidstaat geen vergunning heeft verkregen, en die zijn bedrijf uitoefent vanuit een in Nederland gelegen bijkantoor; en

b. een verzekeraar met zetel in een staat die geen lidstaat is, en die zijn bedrijf uitoefent vanuit een in Nederland gelegen bijkantoor.

Art. 213abis

1. De Nederlandsche Bank N.V. kan de rechtbank Amsterdam verzoeken ten aanzien van een verzekeraar het faillissement uit te spreken indien is voldaan aan de voorwaarden, bedoeld in artikel, 3A:85, eerste lid, onderdelen a en b, van de Wet op het financieel toezicht.

2. De omstandigheid dat De Nederlandsche Bank N.V. de vergunning van een verzekeraar heeft ingetrokken, staat niet eraan in de weg dat ten aanzien van de verzekeraar toepassing wordt gegeven aan deze afdeling.

3. Een ander dan De Nederlandsche Bank N.V. kan niet het faillissement van een verzekeraar die een door De Nederlandsche Bank N.V. verleende vergunning heeft of heeft gehad aanvragen.

4. De Nederlandsche Bank N.V. overlegt bij het verzoek, bedoeld in het eerste lid, een advies over de uitvoering van het faillissement door de curator.

Faillietverklaring verzekeraar met zetel in Nederland

Verzekeraar met zetel in andere lidstaat dan Nederland

Schakelbepaling

Verzoekaanvraag DNB tot faillissement verzekeraar

B13 art. 213ab *Faillissementswet*

Art. 213ab

Belang gezamenlijke schuldeisers

Indien het belang van de gezamenlijke schuldeisers bij de afwikkeling van het bedrijf van een verzekeraar die niet een door De Nederlandsche Bank N.V. verleende vergunning heeft een bijzondere voorziening behoeft, kan de rechtbank Amsterdam, onverminderd artikel 1, eerste lid, op verzoek van De Nederlandsche Bank N.V. het faillissement uitspreken.

Art. 213ac

[Vervallen]

Art. 213ad

Afschrift verzoekschrift tot faillissementsverklaring

De Nederlandsche Bank N.V. zendt een afschrift van het verzoekschrift aan de verzekeraar en geeft kennis van de inhoud van het verzoekschrift aan de toezichthoudende instanties van de andere lidstaten waar een bijkantoor van de verzekeraar is gelegen of waarnaar hij diensten verricht vanuit zijn vestigingen in een andere lidstaat.

Art. 213ad1

1. De rechtbank is bevoegd inzage te nemen of te doen nemen, door daartoe door haar aangewezen deskundigen, van zakelijke gegevens en bescheiden van de betrokken verzekeraar.

2. Degene die de gegevens onder zich heeft, verstrekt de gegevens en bescheiden binnen een door de rechtbank te bepalen termijn.

Art. 213ae

Behandeling met spoed van faillissementsverzoek

De rechtbank behandelt het verzoek van De Nederlandsche Bank N.V. tot het uitspreken van het faillissement of een aangifte door de verzekeraar met de meeste spoed op een niet openbare zitting op de voet van de rechtspleging in burgerlijke zaken, voor zover daarvan bij deze wet niet is afgeweken.

Art. 213af

Verweer tegen faillissementsverzoek

1. De verzekeraar kan, na in de gelegenheid te zijn gesteld te worden gehoord, zich verweren tegen het oordeel van De Nederlandsche Bank N.V. dat zich een situatie als bedoeld in artikel 213a bis voordoet.

2. Ingeval een verzekeraar zich heeft verweerd tegen een beslissing of oordeel als bedoeld in het eerste lid, verklaart de rechtbank dat verweer uitsluitend dan gegrond indien De Nederlandsche Bank N.V. in redelijkheid niet tot die beslissing of dat oordeel heeft kunnen komen.

Art. 213ag

Uitspraak faillissement

1. De rechtbank spreekt het faillissement uit indien summierlijk blijkt dat zich een situatie, als bedoeld in artikel 213a bis, eerste lid, voordoet.

2. Bij het uitspreken van het faillissement benoemt de rechtbank een van haar leden tot rechter-commissaris en benoemt zij een of meer curatoren. De Nederlandsche Bank N.V. kan voor de benoeming van curatoren voordrachten doen.

3. Indien het verzoek wordt toegewezen, wordt de beschikking op een openbare zitting uitgesproken en wordt een uittreksel ervan onverwijld door de curator bekendgemaakt in de Staatscourant, het Publicatieblad van de Europese Unie, alsmede in ten minste twee door de rechtbank aan te wijzen Nederlandse dagbladen en ten minste twee door de rechtbank aan te wijzen landelijke dagbladen van iedere lidstaat waar een bijkantoor van de verzekeraar is gelegen of waarnaar hij diensten verricht. De uittreksels vermelden naam en zetel van de desbetreffende verzekeraar, de woonplaats of het kantoor van de curator alsmede de datum van de beschikking. De publicatie in de landelijke dagbladen geschiedt in de officiële taal of talen van de betrokken lidstaat. In de bekendmaking in het Publicatieblad van de Europese Unie en de landelijke dagbladen van iedere lidstaat waar de verzekeraar een bijkantoor heeft of waarnaar hij diensten verricht wordt daarenboven vermeld dat op het faillissement, behoudens uitzonderingen, Nederlands recht van toepassing is, de rechtsgrondslag, dat De Nederlandsche Bank N.V. de bevoegde toezichthouder is, alsmede de uiterste datum waarop tegen de beschikking beroep in cassatie kan worden ingesteld met vermelding van het volledige adres van de Hoge Raad en het onderwerp van de beschikking.

Art. 213aga

1. De rechtbank kan tegelijk met het uitspreken van het faillissement, of daarna op verzoek van de curator aan de curator een machtiging verlenen die strekt tot het doen overgaan aan een derde van rechten en verplichtingen krachtens overeenkomst van verzekering die de verzekeraar heeft gesloten.

2. De toestemming of medewerking van een ander dan de derde is niet vereist.

Art. 213agb

1. De rechtbank kan tegelijk met het uitspreken van het faillissement, of daarna op verzoek van de curator, aan de curator een machtiging verlenen die strekt bij de overgang op een derde van rechten en verplichtingen krachtens overeenkomst van verzekering die de verzekeraar heeft gesloten, tot wijziging van die overeenkomst van verzekering.

2. De rechten en verplichtingen kunnen overgaan met uitsluiting van enig met de rechten en verplichtingen samenhangend recht op schadevergoeding.

3. Een wijziging als bedoeld in het eerste lid die betrekking heeft op een levensverzekering kan niet tot gevolg hebben dat aan verzekeringnemers meer verplichtingen worden opgelegd.

4. Ingeval de curator na het uitspreken van het faillissement het verzoek doet, behandelt de rechtbank het verzoek met de meeste spoed op een niet openbare terechtzitting op de voet van rechtspleging in burgerlijke zaken. De Nederlandsche Bank N.V. wordt gehoord.

5. Indien de rechtbank de machtiging verleent, bepaalt de rechtbank de duur van de machtiging op ten hoogste anderhalf jaar. Voor het verstrijken van de termijn kan de curator verlenging van de geldigheidsduur voor telkens ten hoogste anderhalf jaar verzoeken. Zolang bij het verstrijken van de geldigheidsduur van de machtiging op een verzoek tot verlenging niet is beschikt, wordt de machtiging gehandhaafd.

6. Indien een curator voornemens is over te gaan tot overgang van rechten en verplichtingen krachtens overeenkomst van verzekering, vraagt hij daaromtrent advies van De Nederlandsche Bank N.V.. Indien de curator toestemming als bedoeld in artikel 176 vraagt, legt hij daarbij dit advies over.

Art. 213agc

1. Zodra de overgang van rechten en verplichtingen heeft plaatsgevonden, maakt de curator de overgang en, ingeval de overeenkomst is gewijzigd, de wijzigingen bekend door plaatsing in de Staatscourant en in ten minste drie dagbladen, die door de rechtbank kunnen zijn aangewezen.

2. De overgang en de wijzigingen worden ten aanzien van alle andere belanghebbenden dan de verzekeraar en de derde van kracht met ingang van de tweede dag, volgende op die van de dagtekening van de Staatscourant waarin de bekendmaking is geplaatst.

3. De Nederlandsche Bank N.V. deelt de overgang en de wijzigingen mede aan de toezichthoudende instanties waar een bijkantoor van de verzekeraar is gelegen of waarnaar hij diensten verricht vanuit zijn vestigingen in lidstaten.

Art. 213ah

Een beschikking als bedoeld in de artikelen 213agb en 213aga, eerste lid, is uitvoerbaar bij voorraad.

Beschikking uitvoerbaar bij voorraad

Art. 213ai-213aq

[Vervallen]

Art. 213ar

1. Onverminderd artikel 1 kan De Nederlandsche Bank N.V. de rechtbank Amsterdam verzoeken het faillissement uit te spreken ten aanzien van een moedermaatschappij met zetel in Nederland van een verzekeraar als bedoeld in artikel 213abis, eerste lid, indien zich ten aanzien van die verzekeraar een situatie als bedoeld in dat artikel voordoet en De Nederlandsche Bank N.V. oordeelt dat:

Faillissementsverzoek t.a.v. moedermaatschappij met zetel in Nederland van verzekeraar

a. er ten aanzien van de moedermaatschappij tekenen zijn van een gevaarlijke ontwikkeling met betrekking tot het eigen vermogen, de solvabiliteit of de liquiditeit, onderscheidenlijk de technische voorzieningen, en redelijkerwijs is te voorzien dat die ontwikkeling niet voldoende of niet tijdig ten goede zal keren; en

b. het faillissement voor de afwikkeling van die verzekeraar of de groep, bedoeld in artikel 3:159a, onderdeel d, van de Wet op het financieel toezicht, waartoe de verzekeraar behoort nodig is.

2. Indien ten aanzien van een verzekeraar en diens moedermaatschappij de situaties, bedoeld in het eerste lid, zich voordoen, kan een ander dan De Nederlandsche Bank N.V. het faillissement van de moedermaatschappij niet aanvragen.

3. In afwijking van artikel 2, eerste lid, geschiedt de faillietverklaring van een moedermaatschappij op een verzoek van De Nederlandsche Bank N.V. als bedoeld in het eerste lid door de rechtbank Amsterdam.

4. Indien een ander dan De Nederlandsche Bank N.V. het faillissement verzoekt van een moedermaatschappij met zetel in Nederland van een verzekeraar als bedoeld in artikel 213abis, eerste lid, stelt de rechtbank De Nederlandsche Bank N.V. in staat te worden gehoord alvorens te beslissen op de aangifte of het verzoek tot faillietverklaring.

5. De artikelen 213ac tot en met 213ap zijn van overeenkomstige toepassing op een verzoek als bedoeld in het eerste lid, met dien verstande dat voor de toepassing van de artikelen 213af en 213ag voor «artikel 213abis, eerste lid,» wordt gelezen: «artikel 213ar, eerste lid,».

Art. 213b

De Nederlandsche Bank N.V. kan een verzoek om een verzekeraar in staat van faillissement te verklaren zonder tussenkomst van een advocaat indienen.

Faillissement, verzoek door DNB

Art. 213c

De Nederlandsche Bank N.V. zendt een afschrift van haar verzoekschrift aan de verzekeraar en geeft van de inhoud daarvan kennis aan:

Kennisgevingen

a. indien het een verzekeraar met zetel in Nederland betreft, de toezichthoudende autoriteiten van de andere lidstaten waar de verzekeraar een bijkantoor heeft of waarheen hij diensten verricht vanuit de vestigingen in de Europese Unie;

b. indien het een verzekeraar met zetel buiten de Europese Unie betreft, de toezichthoudende autoriteiten van de andere lidstaten waarheen hij diensten verricht vanuit een bijkantoor in

B13 art. 213d

Faillissementswet

Nederland en, indien een andere toezichthoudende autoriteit in de Europese Unie is belast met het toezicht op de solvabiliteitsmarge van de betrokken verzekeraar, die toezichthoudende autoriteit.

(Zie ook: art. 212j FW)

Art. 213d

Horen PVK

1. Op een vordering of verzoek tot faillietverklaring van een verzekeraar, eigen aangifte daaronder begrepen, wordt niet beslist dan nadat de rechter de Nederlandsche Bank N.V. in de gelegenheid heeft gesteld haar mening daaromtrent kenbaar te maken.

(Zie ook: art. 212k FW)

Intrekken vergunning verzekeraar

2. de Nederlandsche Bank N.V. trekt de vergunning van de verzekeraar in, indien deze op het tijdstip van faillietverklaring nog een vergunning heeft.

Art. 213e

Schorsing verzoek tot faillietverklaring i.v.m. noodregeling

Indien op een verzekeraar een maatregel als bedoeld in de afdeling 3A.34 van de Wet op het financieel toezicht van toepassing is tegelijkertijd met een eigen aangifte door de verzekeraar, vervalt de eigen aangifte van rechtswege.

Art. 213f

[Vervallen]

Art. 213g

Inkennisstelling PVK

1. De griffier stelt de Nederlandsche Bank N.V. onverwijld in kennis van de vonnis tot faillietverklaring en van de machtiging, bedoeld in artikel 212ag bis, eerste lid.

(Zie ook: art. 212c, 212n FW)

Inkennisstelling toezichthouders in andere lidstaten

2. de Nederlandsche Bank N.V. stelt onverwijld daarna de toezichthoudende autoriteiten van alle andere lidstaten in kennis van het vonnis tot faillietverklaring, van de overgang, bedoeld in artikel 213aga, en van de machtiging, bedoeld in artikel 212agb, alsmede van de mogelijke gevolgen daarvan in het desbetreffende geval.

Art. 213h

Publicatie uittreksel vonnis

1. Onverminderd artikel 14, eerste lid, plaatst de curator een uittreksel van het vonnis tot faillietverklaring in het Publicatieblad van de Europese Gemeenschappen en in een of meer door de rechter-commissaris aan te wijzen dagbladen.

2. In aanvulling op de gegevens, bedoeld in artikel 14, vermeldt de curator dat het Nederlandse recht, behoudens uitzonderingen, van toepassing is.

Art. 213i

Inkennisstelling bekende schuldeisers

1. De curator geeft van het vonnis tot faillietverklaring, van de overgang, bedoeld in artikel 213aga, en van de machtiging, bedoeld in artikel 212agb, eerste lid, onmiddellijk aan alle bekende schuldeisers schriftelijk kennis.

2. De curator die op de voet van artikel 109 aan alle bekende schuldeisers kennis geeft van de in dat artikel bedoelde beschikkingen, deelt daarbij tevens mede wat de gevolgen zijn van het indienen van een vordering na het verstrijken van de termijn, bedoeld in artikel 109, eerste lid, alsmede artikel 127, eerste en tweede lid, en dat schuldeisers, daaronder begrepen de schuldeisers met een voorrecht of zakelijk zekerheidsrecht, hun vorderingen bij de curator moeten indienen, met, in het voorkomende geval, de opgave dat op een voorrecht of zakelijk zekerheidsrecht aanspraak wordt gemaakt. Aan schuldeisers met een vordering uit hoofde van verzekering vermeldt de kennisgeving voorts welke de belangrijkste gevolgen van de faillietverklaring voor de overeenkomsten uit hoofde van verzekering zijn, en de rechten en verplichtingen van de verzekerde en anderen in verband met de overeenkomst van verzekering.

Art. 213j

Taal kennisgeving

1. De kennisgeving, bedoeld in artikel 213i, eerste lid, aan een bekende schuldeiser met gewone verblijfplaats of woonplaats in een lidstaat, die een vordering uit hoofde van verzekering heeft, geschiedt in een officiële taal van die lidstaat.

2. De kennisgeving, bedoeld in artikel 213i, eerste lid, aan een bekende schuldeiser met gewone verblijfplaats of woonplaats in een lidstaat , die een andere vordering heeft dan de vordering, bedoeld in het eerste lid, geschiedt in het Nederlands met een formulier dat in alle officiële talen van de Unie het opschrift draagt «Oproep tot indiening van schuldvorderingen. Termijnen».

3. Elke schuldeiser met gewone verblijfplaats of woonplaats in een lidstaat kan zijn vordering en schriftelijke opmerkingen betreffende zijn vordering indienen in een officiële taal van die lidstaat met een verklaring met als opschrift in de Nederlandse taal «Indiening van een vordering», onderscheidenlijk «Indiening van opmerkingen betreffende een vordering».

Art. 213k

Informeren over verloop procedure

1. De curator stelt alle bekende schuldeisers regelmatig op passende wijze in kennis van in ieder geval het verloop van de procedure.

(Zie ook: artt. 73a, 212p lid 3 FW)

2. de Nederlandsche Bank N.V. stelt de toezichthoudende autoriteiten van de andere lidstaten die zulks verzoeken in kennis van het verloop van de procedure.

Art. 213ka

1. Indien de wederpartij van de verzekeraar zich heeft verbonden tot het betalen van premie in termijnen en zij op het tijdstip van faillietverklaring de laatste termijn nog niet heeft voldaan en indien tevens een onzeker voorval waarop de overeenkomst van verzekering betrekking heeft zich op dat tijdstip nog kan voordoen, kan de curator eigener beweging of op schriftelijk verzoek van de wederpartij met toestemming van de rechter-commissaris verklaren of de overeenkomst wordt nagekomen, en, zo ja, of de wederpartij de voldoening van premies kan opschorten dan wel dat zij dient door te gaan met de voldoening van de premies. Artikel 37 is niet van toepassing.

2. Indien de voldoening van de premies wordt opgeschort, wordt, ingeval de verzekering een spaarelement bevat, de verhoging van het gespaarde bedrag dienovereenkomstig opgeschort.

3. Indien de curator verklaart dat de overeenkomst wordt nagekomen en de rechten en verplichtingen krachtens de overeenkomst van verzekering nadien niet overgaan op een derde, en indien tevens de wederpartij na de verklaring premies heeft voldaan, heeft, ingeval de verzekering een spaarelement bevat, de wederpartij een vordering tot teruggave van de na de verklaring voldane premies, voor zover deze premies niet hebben geleid tot een evenredige verhoging van het gespaarde bedrag na de verklaring. Ingeval de premies zijn voldaan aan de boedel, is de verplichting tot teruggave van de premies boedelschuld. Ingeval de na de verklaring voldane premies hebben geleid tot een evenredige verhoging van het gespaarde bedrag, is deze verhoging boedelschuld.

4. De rechter-commissaris kan de toestemming, bedoeld in het eerste lid, zowel per overeenkomst als voor een groep overeenkomsten geven.

Art. 213kaa

1. De curator kan eigener beweging of op schriftelijk verzoek van de wederpartij met toestemming van de rechter-commissaris de verzekering beëindigen met inachtneming van een termijn van drie maanden, indien:

a. de wederpartij van de verzekeraar op het tijdstip van de faillietverklaring aan haar verplichting tot het betalen van premie volledig heeft voldaan;

b. het een verzekering betreft op grond waarvan alleen dan een uitkering wordt gedaan indien zich een onzeker voorval voordoet voorafgaand aan een in de overeenkomst bepaald tijdstip; en

c. een onzeker voorval waarop de verzekering betrekking heeft zich nog kan voordoen.

2. Artikel 213ka, vierde lid, is van overeenkomstige toepassing.

Art. 213l

1. In afwijking van artikel 131, tweede lid, worden vorderingen uit hoofde van een verzekering, vervallende na de dag waarop het faillissement is aangevangen, geverifieerd voor de waarde die zij hebben op de dag van de aanvang van het faillissement.

2. In afwijking van het eerste lid worden vorderingen uit hoofde van een verzekering, vervallende na de dag waarop het faillissement is aangevangen, op grond een overeenkomst waarbij de wederpartij van de verzekeraar zich heeft verbonden tot het betalen van premie in termijnen en de wederpartij op het tijdstip van de faillietverklaring de laatste termijn nog niet heeft voldaan, geverifieerd voor de waarde die zij hebben op de dag van de verificatie.

3. Een vordering ter zake van de verwezenlijking na de faillietverklaring van een risico dat is verzekerd krachtens een overeenkomst van verzekering wordt geverifieerd voor haar waarde op de dag dat het risico zich verwezenlijkt.

4. Bij of krachtens algemene maatregel van bestuur kunnen regels worden gesteld met betrekking tot de waardering van activa en passiva in geval van een faillietverklaring op grond van deze afdeling.

Art. 213m

1. In geval van een faillietverklaring op grond van deze afdeling worden de boedelschulden, al naar gelang de aard van de betrokken boedelschuld hetzij omgeslagen over ieder deel van de boedel, hetzij uitsluitend van een bepaalde bate van de boedel afgetrokken. Onder boedelschulden vallen in ieder geval de kosten van inschrijving in een openbaar register in een andere lidstaat dan Nederland.

Boedelschulden

2. Onverminderd het bepaalde in het eerste lid en behoudens vorderingen door pand of hypotheek gedekt, worden in geval van faillissement van een schadeverzekeraar de volgende vorderingen verhaald op de boedel in de volgende volgorde:

Rangregeling vorderingen schadeverzekeraar

a. de vorderingen uit hoofde van verzekering betreffende periodieke uitkeringen ter zake van ziekte, letsel of overlijden van natuurlijke personen, ontstaan uit of krachtens overeenkomsten van schadeverzekering, met uitzondering evenwel van uitkeringen, krachtens overeenkomst van herverzekering aan een andere verzekeraar verschuldigd, en van uitkeringen ter zake van pensioenen, toegezegd aan werknemers of gewezen werknemers van de verzekeraar of aan hun nabestaanden;

B13 art. 213ma

Faillissementswet

b. de vorderingen van werknemers en gewezen werknemers alsmede de vorderingen van hun nabestaanden met betrekking tot reeds vervallen termijnen van pensioen voorzover de vordering niet ouder is dan een jaar;

c. de vorderingen van werknemers, niet zijnde bestuurders van de verzekeraar bij wie zij in dienst zijn, en gewezen werknemers alsmede de vorderingen van hun nabestaanden met betrekking tot in de toekomst tot uitkering komende termijnen van toegezegd pensioen;

d. de vorderingen van werknemers met betrekking tot het loon over het voorafgaande jaar en hetgeen over het lopende jaar is verschuldigd, benevens het bedrag van de verhoging van dat loon ingevolge artikel 625 van Boek 7 van het Burgerlijk Wetboek alsmede het bedrag van de uitgaven, door de werknemer voor de verzekeraar als werkgever gedaan, en de bedragen, door de verzekeraar aan de werknemer krachtens titel 10 van Boek 7 van het Burgerlijk Wetboek in verband met de beëindiging van de arbeidsovereenkomst verschuldigd;

e. de vorderingen uit hoofde van verzekering betreffende niet-periodieke uitkeringen ter zake van ziekte, letsel of overlijden van natuurlijke personen, ontstaan uit of krachtens overeenkomsten van schadeverzekering, met uitzondering evenwel van uitkeringen, krachtens overeenkomsten van herverzekering aan een andere verzekeraar verschuldigd;

f. de vorderingen uit hoofde van verzekering betreffende uitkeringen ter zake van andere dan in de onderdelen a en e bedoelde schaden, ontstaan uit overeenkomsten van schadeverzekering;

g. de vorderingen tot teruggave van bedragen die zonder rechtsgrond zijn betaald of aan de betaling waarvan de rechtsgrond is komen te ontvallen, welke betaling heeft plaatsgevonden in de veronderstelling dat daarmee premies zijn betaald;

h. de vorderingen tot vergoeding van de schade die schuldeisers met een vordering als bedoeld in de onderdelen a en e lijden doordat de bedragen die zij hebben ontvangen uit hoofde van die vorderingen niet toereikend zijn om hen te brengen in de toestand waarin zij zouden hebben verkeerd indien de verzekeraar niet in staat van faillissement was verklaard.

Rangregeling vorderingen levensverzekeraar

3. Onverminderd het bepaalde in het eerste lid en behoudens vorderingen door pand of hypotheek gedekt, worden ingeval het faillissement van een levensverzekeraar de volgende vorderingen verhaald op de boedel in de volgende volgorde:

a. de vorderingen van werknemers en gewezen werknemers alsmede de vorderingen van hun nabestaanden met betrekking tot reeds vervallen termijnen van pensioen, voorzover de vordering niet ouder is dan een jaar;

b. de vorderingen van werknemers, niet zijnde bestuurders van de verzekeraar waarbij zij in dienst zijn, en gewezen werknemers alsmede de vorderingen van hun nabestaanden met betrekking tot in de toekomst tot uitkering komende termijnen van toegezegd pensioen;

c. de vorderingen van werknemers met betrekking tot het loon over het voorafgaande jaar en hetgeen over het lopende jaar verschuldigd is, benevens het bedrag van de verhoging van dat loon ingevolge artikel 625 van Boek 7 van het Burgerlijk Wetboek alsmede het bedrag van de uitgaven, door de werknemer voor de verzekeraar gedaan, en de bedragen, door de verzekeraar aan de werknemer krachtens titel 10 van Boek 7 van het Burgerlijk Wetboek in verband met de beëindiging van de arbeidsovereenkomst verschuldigd;

d. de vorderingen uit hoofde van verzekering en rechten betreffende uitkeringen, die zijn ontstaan of nog zullen ontstaan uit overeenkomsten van levensverzekering;

e. de vorderingen tot teruggave van bedragen die zonder rechtsgrond zijn betaald of aan de betaling waarvan de rechtsgrond is komen te ontvallen, welke betaling heeft plaatsgevonden in de veronderstelling dat daarmee premies dan wel vergoedingen voor verrichtingen zijn betaald;

f. de vorderingen tot vergoeding van de schade die schuldeisers met een vordering als bedoeld in de onderdeel d lijden doordat de bedragen die zij hebben ontvangen uit hoofde van die vorderingen niet toereikend zijn om hen te brengen in de toestand waarin zij zouden hebben verkeerd indien de verzekeraar niet in staat van faillissement was verklaard.

4. Onder de vorderingen, bedoeld in het tweede lid, onderdelen a, e en f, en derde lid, onderdeel d, worden mede verstaan de vorderingen ter zake van uitkeringen krachtens lopende overeenkomsten van verzekering, ontstaan op of na de dag waarop de noodregeling is uitgesproken.

Redenen van voorrang

5. Vorderingen die niet worden genoemd in het tweede en derde lid, worden eerst dan voldaan indien de vorderingen, bedoeld in het tweede en derde lid zijn voldaan en indien vaststaat dat in de toekomst zodanige vorderingen niet meer zullen ontstaan, naar evenredigheid van elke vordering, behoudens de door de wet erkende redenen van voorrang.

6. De in het vijfde lid bedoelde redenen van voorrang gelden zowel voor vorderingen van schuldeisers met gewone verblijfplaats, woonplaats of statutaire zetel in Nederland als voor soortgelijke vorderingen van schuldeisers met gewone verblijfplaats, woonplaats of statutaire zetel in een andere lidstaat dan Nederland.

Art. 213ma

1. De curator vraagt de rechter-commissaris toestemming voor het doen van tussentijdse periodieke uitkeringen onderscheidenlijk een eenmalige uitkering voorafgaand aan de slotuitdeling, op opeisbare vorderingen:

a. betreffende uitkeringen, ontstaan krachtens overeenkomsten van levensverzekering;
b. ontstaan krachtens overeenkomsten van schadeverzekering betreffende uitkeringen ter zake van letsel, ziekte of overlijden van natuurlijke personen;
c. betreffende reeds vervallen termijnen ter zake van pensioenen, toegezegd aan werknemers of gewezen werknemers van de verzekeraar of aan hun nabestaanden;
d. ontstaan krachtens overeenkomsten van verzekering anders dan die, bedoeld in de onderdelen a tot en met c, indien deze het bedrag van € 12.500 te boven gaan, en indien het verzekerde risico zich heeft verwezenlijkt voorafgaand aan de negentigste dag na de faillietverklaring.

2. Onder een vordering als bedoeld in het eerste lid wordt mede verstaan een vordering die een begunstigde heeft doordat hij voorafgaand aan de faillietverklaring gebruik heeft gemaakt van zijn recht de verzekering of het pensioen geheel of gedeeltelijk door de verzekeraar te doen afkopen.

3. De curator doet het verzoek, bedoeld in het eerste lid, met betrekking tot vorderingen die reeds voor de dag van de faillietverklaring opeisbaar zijn geworden, uiterlijk op de negentigste dag na de faillietverklaring.

4. De curator vraagt de rechter-commissaris op verzoek van de begunstigde of de verzekeringnemer tevens toestemming voor het doen van een tussentijdse uitkering voorafgaand aan de slotuitdeling op een vordering die een schuldeiser heeft doordat degene die het recht heeft de verzekering of het pensioen geheel of gedeeltelijk door de verzekeraar af te doen kopen van dat recht na de faillietverklaring gebruik heeft gemaakt, indien het eerst na de verificatievergadering doen van een uitkering naar maatstaven van redelijkheid en billijkheid onaanvaardbare gevolgen zou hebben.

5. Indien het risico zich na de faillietverklaring heeft verwezenlijkt, vraagt de curator slechts toestemming indien de vordering ter verificatie is ingediend.

6. De curator vraagt tevens toestemming met betrekking tot de hoogte, en, in geval van periodieke uitkeringen, de frequentie daarvan.

Art. 213mb

In afwijking van artikel 213ma vraagt de curator geen toestemming voor het doen van een tussentijdse uitkering als bedoeld in artikel 213ma voorafgaand aan de slotuitdeling op:
a. vorderingen die het Zorginstituut ingevolge artikel 31, eerste lid, van de Zorgverzekeringswet gehouden is te voldoen aan de verzekerde;
b. vorderingen van het Zorginstituut waarin dat instituut op grond van artikel 31, tweede lid, van de Zorgverzekeringswet is gesubrogeerd;
c. vorderingen van een benadeelde als bedoeld in artikel 1 van de Wet aansprakelijkheidsverzekering motorrijtuigen die ter zake van dezelfde schade ingevolge artikel 25, eerste lid, onderdeel d, van die wet een recht op schadevergoeding geldend kan maken tegen het Waarborgfonds Motorverkeer;
d. vorderingen tot verhaal die het Waarborgfonds Motorverkeer op grond van artikel 27, eerste lid, tweede alinea, tweede zin, van de Wet aansprakelijkheidsverzekering motorrijtuigen heeft;
e. vorderingen die ontstaan, dan wel opeisbaar of onvoorwaardelijk zijn geworden louter door of in verband met het aanvragen van het faillissement of de faillietverklaring dan wel door een handelen of nalaten van de curator; en
f. vorderingen waarbij voor het ontstaan dan wel het opeisbaar of onvoorwaardelijk worden wilsovereenstemming met de verzekeraar of een wilsuiting van een derde is vereist, en die wilsovereenstemming of wilsuiting eerst na de faillietverklaring plaatsvindt.

Art. 213mc

1. In zijn verzoek maakt de curator aannemelijk dat het percentage dat de desbetreffende schuldeisers op hun vordering ontvangen als gevolg van de tussentijdse uitkering of de wijziging is gebaseerd op een prudente schatting van het percentage dat de schuldeisers op hun vordering zouden hebben ontvangen na de verificatievergadering indien geen tussentijdse uitkeringen waren gedaan onderscheidenlijk deze niet waren gewijzigd.

2. De rechter-commissaris geeft toestemming tenzij hij oordeelt dat de curator het bepaalde in het eerste lid niet aannemelijk heeft gemaakt.

Art. 213md

1. De curator doet de tussentijdse uitkeringen waarvoor de rechter-commissaris toestemming heeft gegeven.

2. In afwijking van het eerste lid doet de curator, indien tot aan de faillietverklaring op vorderingen, bedoeld in artikel 213ma, eerste lid, aanhef en onderdeel a tot en met d, een of meer periodieke uitkeringen zijn gedaan, zonder toestemming van de rechter-commissaris tussentijdse uitkeringen totdat de rechter-commissaris heeft beslist op een verzoek om toestemming dat is gedaan gedurende de eerste negentig dagen na de dag van de faillietverklaring, per periode voor hetzelfde bedrag als het bedrag dat de schuldeiser voorafgaand aan de faillietverklaring in eenzelfde periode ontving.

Art. 213me

1. De curator vraagt toestemming voor het doen van een uitkering als bedoeld in artikel 213ma aan ten behoeve van:
a. natuurlijke personen; en
b. rechtspersonen die op het tijdstip dat de vordering opeisbaar wordt een micro-onderneming of kleine onderneming drijven als bedoeld in artikel 3, eerste onderscheidenlijk tweede lid van de richtlijn 2014/34/EU van het Europees Parlement en van de Raad van 26 juni 2013 betreffende de jaarlijkse financiële overzichten, geconsolideerde financiële overzichten en aanverwante verslagen van bepaalde ondernemingsvormen, tot wijziging van Richtlijn 2006/43/EG van het Europees Parlement en de Raad en tot intrekking van Richtlijnen 78/660/EEG en 83/349/EEG van de Raad.

2. De curator doet aan een schuldeiser die niet een persoon is als bedoeld in het eerste lid een uitkering indien de rechter-commissaris op verzoek van die schuldeiser of een belanghebbende daartoe beslist. De rechter-commissaris beslist daartoe indien het eerst na de verificatievergadering doen van een uitkering naar maatstaven van redelijkheid en billijkheid onaanvaardbare gevolgen zou hebben.

Art. 213mf

1. Een belanghebbende die van oordeel is dat de curator in strijd met artikel 213ma of 213me, eerste lid, geen toestemming aan de rechter-commissaris vraagt voor het doen van een tussentijdse uitkering, kan de rechter-commissaris verzoeken de curator te bevelen een tussentijdse uitkering te doen.

2. De rechter-commissaris beslist, na de curator te hebben gehoord, binnen drie dagen.

3. Wanneer de rechter-commissaris het verzoek toewijst, bepaalt hij tevens de hoogte van de tussentijdse uitkering, en, in geval van periodieke uitkeringen, de frequentie daarvan.

Art. 213mg

Artikel 213ma is niet van toepassing indien een schuldeiser een vordering heeft als bedoeld in artikel 213ma op zowel de verzekeraar die in staat van faillissement is verklaard als een andere verzekeraar ter zake van dezelfde schade.

Art. 213mh

1. Indien het bedrag dat een schuldeiser aan tussentijdse periodieke uitkeringen heeft ontvangen groter is dan het bedrag waarvoor zijn vordering wordt geverifieerd, en voorafgaand aan de verificatievergadering vorderingen uit hoofde van verzekering zijn overgedragen aan een overnemer, heeft de curator, indien hij niet anders is overeengekomen met de overnemer, ter zake van het bedrag dat hij niet meer kan verrekenen doordat de vorderingen uit hoofde van verzekering en activa zijn overgedragen, een vordering op de overnemer.

2. De overnemer kan het bedrag dat hij op de vordering, bedoeld in het eerste lid, heeft voldaan aan de curator, in termijnen in mindering brengen op de uitkeringen die hij is verschuldigd uit hoofde van de op hem overgegane overeenkomst van verzekering met de desbetreffende schuldeiser.

Art. 213mi

Voor zover de boedel een vordering heeft op een schuldeiser omdat deze aan tussentijdse uitkeringen meer heeft ontvangen dan het bedrag waarvoor zijn vordering wordt geverifieerd, is deze vordering nihil, tenzij een schuldeiser meer aan tussentijdse uitkeringen heeft ontvangen dan het bedrag waarvoor zijn vordering wordt geverifieerd doordat hij niet te goeder trouw is.

Art. 213mj

De curator kan met toestemming van de rechter-commissaris een tussentijdse periodieke uitkering beëindigen of de hoogte of de frequentie daarvan wijzigen.

Art. 213mk

In afwijking van artikel 67:
a. kan beroep tegen een beschikking van de rechter-commissaris waarbij toestemming voor het doen van een tussentijdse uitkering wordt gegeven of geweigerd of waarbij een bevel als bedoeld in artikel 213mf wordt gegeven worden ingesteld door de belanghebbende wiens vordering het betreft, de curator en De Nederlandsche Bank N.V..
b. beslist de rechtbank na verhoor of behoorlijke oproeping van de belanghebbende, de curator en De Nederlandsche Bank N.V.; en
c. wordt de beschikking door de rechtbank in hoogste ressort gewezen.

§ 3
Bepalingen van internationaal privaatrecht

Art. 213n

Erkenning beslissing in andere lidstaat

1. Een in een andere lidstaat van herkomst dan Nederland genomen beslissing tot opening van een liquidatieprocedure met betrekking tot een verzekeraar wordt van rechtswege erkend.

2. De beslissing heeft rechtsgevolgen binnen Nederland vanaf het tijdstip dat zij rechtsgevolgen heeft in de lidstaat van herkomst.

Art. 213o

De beslissing tot opening van een liquidatieprocedure, de liquidatieprocedure zelf en de rechtsgevolgen van de liquidatieprocedure worden beheerst door het recht van de lidstaat van herkomst, tenzij de wet anders bepaalt.

Art. 213p

1. De beslissing tot opening van een liquidatieprocedure laat onverlet het goederenrechtelijke recht van een schuldeiser of een derde op een goed of goederen, zowel bepaalde goederen als gehelen met een wisselende samenstelling van onbepaalde goederen, die toebehoren aan de verzekeraar en die zich op het tijdstip waarop de beslissing tot opening van de liquidatieprocedure rechtsgevolgen heeft, bevinden op het grondgebied van een andere lidstaat dan de lidstaat van herkomst.

2. Voor de toepassing van het eerste lid wordt onder goederenrechtelijk recht in ieder geval verstaan:

a. het recht een goed te gelde te maken of te laten maken en te worden voldaan uit de opbrengst van of de inkomsten uit het goed, in het bijzonder op grond van een recht van pand of recht van hypotheek;

b. het uitsluitende recht een vordering te innen, in het bijzonder op grond van een pandrecht op de vordering of op grond van een cessie tot zekerheid van de vordering;

c. het recht om een goed van een ieder die het zonder recht houdt op te eisen, van dat goed afgifte te verlangen of van dat goed een ongestoord genot te verlangen;

d. het goederenrechtelijke recht om van een goed de vruchten te trekken.

3. Voor de toepassing van het eerste lid wordt met een goederenrechtelijk recht gelijk gesteld het in een openbaar register ingeschreven recht tot verkrijging van een goederenrechtelijk recht als bedoeld in het eerste lid, dat aan derden kan worden tegengeworpen.

4. Voor de toepassing van dit artikel is de lidstaat waar een goed zich bevindt:

a. met betrekking tot registergoederen en rechten op registergoederen: de lidstaat onder het gezag waarvan het desbetreffende register wordt gehouden;

b. met betrekking tot zaken, voorzover niet vallend onder onderdeel a: de lidstaat op het grondgebied waarvan de zaak zich bevindt;

c. met betrekking tot schuldvorderingen, de lidstaat op het grondgebied waarvan de derde-schuldenaar zijn statutaire zetel heeft.

Art. 213q

1. Ingeval de verzekeraar een zaak heeft gekocht, laat de beslissing tot opening van een liquidatieprocedure onverlet de op een eigendomsvoorbehoud berustende rechten van de verkoper, indien de zaak waarop het eigendomsvoorbehoud betrekking heeft zich op het tijdstip waarop de beslissing tot opening van een liquidatieprocedure rechtsgevolgen heeft, bevindt op het grondgebied van een andere lidstaat dan de lidstaat van herkomst.

(Zie ook: artt. 212v, 213s FW)

2. Ingeval de verzekeraar een zaak heeft verkocht, is de beslissing tot opening van een liquidatieprocedure geen grond voor ontbinding of beëindiging van de overeenkomst tot verkoop, en belet de liquidatieprocedure de koper niet de eigendom van de gekochte zaak te verkrijgen, indien de zaak zich op het tijdstip waarop de beslissing tot opening van een liquidatieprocedure rechtsgevolgen heeft, bevindt op het grondgebied van een andere lidstaat dan de lidstaat van herkomst.

3. Artikel 3:241, vierde lid, van de Wet op het financieel toezicht is van overeenkomstige toepassing.

Art. 213r

Indien degene die zowel schuldeiser als schuldenaar is van de verzekeraar bevoegd is zijn schuld te verrekenen met de vordering op de verzekeraar op grond van het recht dat van toepassing is op de vordering van de verzekeraar, laat de beslissing tot opening van de liquidatieprocedure de bedoelde bevoegdheid onverlet.

Art. 213s

De artikelen 213p tot en met 213r staan er niet aan in de weg dat een vordering wordt ingesteld tot nietigheid, vernietiging of het niet kunnen worden tegengeworpen van een rechtshandeling wegens de benadeling van het geheel van schuldeisers welke van die rechtshandeling het gevolg is.

Art. 213t

In afwijking van artikel 213o worden de gevolgen van een liquidatieprocedure voor arbeidsovereenkomsten en andere rechtsverhoudingen ter zake van het verrichten van arbeid uitsluitend beheerst door het recht van de lidstaat dat op die overeenkomst of rechtsverhouding van toepassing is.

Art. 213u

In afwijking van artikel 213o worden de gevolgen van een liquidatieprocedure voor een overeenkomst die het recht geeft op het genot of de verkrijging van een onroerende zaak uitsluitend

Recht staat van herkomst

Goederenrechtelijk recht

Definitie

Gelijkstelling

Uitoefenen recht op eigendomsvoorbehoud

Bevoegdheid verrekenen schuld

Actio Pauliana

Recht lidstaat; arbeidsovereenkomst

Recht lidstaat; onroerende zaak

beheerst door het recht van de lidstaat op het grondgebied waarvan de onroerende zaak is gelegen.

Art. 213v

Recht lidstaat; registergoed

In afwijking van artikel 213o worden de gevolgen van een liquidatieprocedure voor de rechten van de verzekeraar op een registergoed beheerst door het recht van de lidstaat onder het gezag waarvan het register wordt gehouden.

Art. 213w

Gereglementeerde markt

1. In afwijking van artikel 213o worden, onverminderd artikel 213p, de gevolgen van een liquidatieprocedure voor de rechten en verplichtingen van deelnemers aan een gereglementeerde markt als bedoeld in artikel 4, eerste lid, onderdeel 21, van richtlijn 2014/65/EU van het Europees Parlement en de Raad van 15 mei 2014 betreffende markten voor financiële instrumenten en tot wijziging van Richtlijn 2002/92/EG en Richtlijn 2011/61/EU (PbEU 2014, L 173) uitsluitend beheerst door het recht dat op die markt van toepassing is.

2. Het eerste lid staat er niet aan in de weg dat een vordering wordt ingesteld tot nietigheid, vernietiging of het niet kunnen worden tegengeworpen van een rechtshandeling wegens de benadeling van het geheel van schuldeisers die van die rechtshandeling het gevolg is.

Gereglementeerde markt bij liquidatieprocedure m.b.t. verzekeraar

3. Voor de toepassing van het eerste lid op een liquidatieprocedure met betrekking tot een verzekeraar, wordt onder gereglementeerde markt mede verstaan een in een staat die geen lidstaat is gelegen financiële markt die aan de volgende voorwaarden voldoet:

a. de markt is, in geval van een verzekeraar met zetel in Nederland of een verzekeraar met zetel in een staat die geen lidstaat is met een bijkantoor in Nederland, aangewezen door de Minister van Financiën of is, in geval van een verzekeraar met zetel in een andere lidstaat, erkend door een daartoe bevoegde autoriteit van die lidstaat en voldoet voorts aan vereisten die vergelijkbaar zijn met die van richtlijn 2014/65/EU van het Europees Parlement en de Raad van 15 mei 2014 betreffende markten voor financiële instrumenten en tot wijziging van Richtlijn 2002/92/EG en Richtlijn 2011/61/EU (PbEU 2014, L 173); en

b. de financiële instrumenten die op de markt worden verhandeld, zijn van een kwaliteit die vergelijkbaar is met die van de instrumenten die worden verhandeld op de gereglementeerde markten van Nederland, onderscheidenlijk de markten van de andere lidstaat.

Art. 213x

Recht lidstaat; rechtsgeldigheid na saneringsmaatregel verrichte rechtshandeling

In afwijking van artikel 213o wordt de rechtsgeldigheid van een rechtshandeling, onder bezwarende titel aangegaan door de verzekeraar na het tijdstip van opening van een liquidatieprocedure, waarmee hij beschikt over een registergoed of effecten of andere waardepapieren waarvan het bestaan of de overdracht inschrijving in een wettelijk voorgeschreven register of op een wettelijk voorgeschreven rekening veronderstelt, of die zijn geplaatst in een door het recht van een lidstaat beheerst gecentraliseerd effectendepot, beheerst door het recht van de lidstaat onder het gezag waarvan het register, de rekening of het depot wordt gehouden dan wel, indien het een onroerende zaak betreft, door het recht van de lidstaat waar de onroerende zaak is gelegen.

Art. 213ij

Recht lidstaat; lopende rechtsvordering betreffende goed dat in boedel valt

In afwijking van artikel 213o worden de gevolgen van de liquidatieprocedure voor een aanhangende rechtsvordering betreffende een goed waarover de verzekeraar het beheer en de beschikking heeft verloren, uitsluitend beheerst door het recht van de lidstaat waar het rechtsgeding aanhangig is.

Art. 213z

Actio Pauliana

Artikel 213o is niet van toepassing op regels betreffende de nietigheid, de vernietigbaarheid van voor het geheel van schuldeisers nadelige rechtshandelingen en evenmin op de regels die bepalen of dergelijke rechtshandelingen kunnen worden tegengeworpen, indien degene die voordeel heeft gehad bij die rechtshandeling bewijst dat:

a. die rechtshandeling wordt beheerst door het recht van een andere lidstaat dan de lidstaat van herkomst; en

b. dat recht in het gegeven geval niet voorziet in de mogelijkheid dat die rechtshandeling wordt aangetast respectievelijk niet kan worden tegengeworpen.

Art. 213aa

Bevoegdheden curator uit andere lidstaat

1. Behoudens de bevoegdheid tot het aanwenden van een dwangmaatregel en de bevoegdheid tot het doen van een uitspraak in een geding of een geschil heeft de curator uit een andere lidstaat van herkomst dan Nederland in Nederland de bevoegdheden die hij in de lidstaat van herkomst heeft. De wijze van uitoefenen van deze bevoegdheden in Nederland wordt beheerst door het Nederlandse recht.

Uitvoering bevoegdheden

2. Indien op grond van het recht van de lidstaat van herkomst personen zijn aangewezen om de curator te vertegenwoordigen of anderszins bij te staan, kunnen zij de bevoegdheden die zij hebben op grond van het recht van die lidstaat uitoefenen op het grondgebied van Nederland.

Art. 213bb

Afschrift als bewijs van aanwijzing

1. Voor het bewijs van aanwijzing van de curator uit een andere lidstaat dan Nederland volstaat een voor eensluidend gewaarmerkt afschrift van het aanwijzingsbesluit of van ieder ander door de bevoegde instanties van de lidstaat van herkomst gegeven schriftelijke verklaring.

2. De curator uit een andere lidstaat dan Nederland toont op verlangen van een ieder tegenover wie hij zijn bevoegdheden wenst uit te oefenen een vertaling in de Nederlandse taal van het afschrift.

Art. 213cc

Op verzoek van een curator uit een andere lidstaat dan Nederland worden de gegevens met betrekking tot een liquidatieprocedure, geopend in een andere lidstaat dan Nederland, door de griffier van de rechtbank Den Haag ingeschreven in het register, bedoeld in artikel 19, eerste lid.

Art. 213dd

1. Indien een verzekeraar met zetel buiten de Europese Unie een bijkantoor heeft in Nederland en een of meer bijkantoren in andere lidstaten, trachten zowel de rechtbank als de Nederlandsche Bank N.V. hun optreden te coördineren met de bevoegde instanties onderscheidelijk de toezichthoudende autoriteiten van de andere lidstaten waarin aan de verzekeraar een vergunning is verleend.

2. In het in het eerste lid bedoelde geval tracht de in Nederland benoemde curator zijn optreden te coördineren met de curatoren in die andere lidstaten.

Art. 213ee

De curator kan in de verslagen, bedoeld in artikel 73a, geen gegevens of inlichtingen opnemen die betrekking hebben op derden die betrokken zijn of zijn geweest bij pogingen de verzekeraar in staat te stellen haar bedrijf voort te zetten.

§ 4

Verzekeraars met beperkte risico-omvang

Art. 213ff

Deze paragraaf is van toepassing op verzekeraars met beperkte risico-omvang als bedoeld in artikel 1:1 van de Wet op het financieel toezicht.

Art. 213gg

De artikelen 213a, eerste lid, 213b, 213d, 213e, 213i en 213k, eerste lid, zijn van overeenkomstige toepassing op verzekeraars met beperkte risico-omvang.

Art. 213hh

De Nederlandsche Bank N.V. zendt een afschrift van haar verzoekschrift, bedoeld in artikel 213b, aan de verzekeraar met beperkte risico-omvang en geeft van de inhoud daarvan kennis aan:

a. indien het een verzekeraar met beperkte risico-omvang met zetel in Nederland betreft, de toezichthoudende autoriteiten van de staten die zijn aangewezen op grond van artikel 2:50, tweede lid, van de Wet op het financieel toezicht waar de verzekeraar met beperkte risico-omvang een bijkantoor heeft of waarheen hij diensten verricht vanuit vestigingen in op grond van dat artikel aangewezen staten;

b. indien het een verzekeraar met beperkte risico-omvang met zetel in een andere staat betreft, de toezichthoudende autoriteiten van andere staten die zijn aangewezen op grond van artikel 2:50 van de Wet op het financiële toezicht waarheen hij diensten verricht vanuit een bijkantoor in Nederland.

Art. 213ii

1. De griffier stelt de Nederlandsche Bank N.V. onverwijld in kennis van de beslissing tot faillietverklaring.

2. De Nederlandsche Bank N.V. stelt onverwijld daarna de toezichthoudende autoriteiten van de andere staten die zijn aangewezen op grond van artikel 2:50 van de Wet op het financiële toezicht in kennis van het vonnis tot faillietverklaring, alsmede van de mogelijke gevolgen daarvan in het desbetreffende geval.

Art. 213jj

De Nederlandsche Bank N.V. stelt de toezichthoudende autoriteiten van de staten die zijn aangewezen op grond van artikel 2:50 van de Wet op het financiële toezicht die zulks verzoeken in kennis van het verloop van de procedure.

Art. 213kk

1. In geval van faillietverklaring van een natura-uitvaartverzekeraar op grond van deze paragraaf worden de boedelschulden, al naar gelang de aard van de betrokken boedelschuld hetzij over ieder deel van de boedel omgeslagen, hetzij uitsluitend van een bepaalde bate van de boedel afgetrokken.

2. Onverminderd het bepaalde in het eerste lid en behoudens vorderingen door pand en hypotheek gedekt, worden de volgende vorderingen verhaald op de boedel in de volgende volgorde:

a. de vorderingen van werknemers en gewezen werknemers alsmede de vorderingen van hun nabestaanden met betrekking tot reeds vervallen termijnen van pensioenen, voorzover de vordering niet ouder is dan een jaar;

B13 art. 214 Faillissementswet

b. de vorderingen van werknemers, niet zijnde bestuurders van de natura-uitvaartverzekeraar waarbij zij in dienst zijn, en gewezen werknemers alsmede de vorderingen van hun nabestaanden met betrekking tot in de toekomst tot uitkering komende termijnen van toegezegd pensioen;
c. de vorderingen van werknemers met betrekking tot het loon over het voorafgaande jaar en hetgeen over het lopende jaar verschuldigd is, benevens het bedrag van de verhoging van dat loon ingevolge artikel 625 van Boek 7 van het Burgerlijk Wetboek alsmede het bedrag van de uitgaven, door de werknemer voor de natura-uitvaartverzekeraar als werkgever gedaan, en de bedragen, door de natura-uitvaartverzekeraar aan de werknemer krachtens artikel 10 van Boek 7 van het Burgerlijk Wetboek in verband met de beëindiging van de arbeidsovereenkomst verschuldigd;
d. de vorderingen en rechten betreffende prestaties, die zijn ontstaan of nog zullen ontstaan uit een natura-uitvaartverzekering, gesloten vanuit een vestiging in Nederland.

Schakelbepaling

3. Artikel 213m, vierde tot en met zesde lid, is van overeenkomstige toepassing.

4. In geval van faillietverklaring van een levensverzekeraar met beperkte risico-omvang op grond van deze paragraaf is artikel 213m, eerste, derde en vierde tot en met zesde lid, van overeenkomstige toepassing.

5. In geval van faillietverklaring van een schadeverzekeraar met beperkte risico-omvang op grond van deze paragraaf is artikel 213m, eerste, derde en vierde tot en met zesde lid, van overeenkomstige toepassing.

Titel II
Van surseance van betaling

Eerste afdeling
Van de verlening van surseance van betaling en haar gevolgen

Art. 214

Surseance van betaling

1. De schuldenaar die voorziet, dat hij met het betalen van zijn opeisbare schulden niet zal kunnen voortgaan, kan surseance van betaling aanvragen.

2. Hij zal zich daartoe, onder overlegging van een door behoorlijke bescheiden gestaafde staat als bedoeld in artikel 96, bij verzoekschrift, door hemzelf en zijn advocaat ondertekend, wenden tot de rechtbank, aangewezen in artikel 2. Het verzoekschrift bevat zodanige gegevens dat de rechter kan beoordelen of hem rechtsmacht toekomt op grond van de verordening, genoemd in artikel 5, derde lid.

3. Bij het verzoekschrift kan een ontwerp van een akkoord worden gevoegd.
(Zie ook: artt. 219, 281a FW)

4. Surseance van betaling wordt niet verleend aan een natuurlijke persoon die geen zelfstandig beroep of bedrijf uitoefent, noch aan een bank als bedoeld in artikel 212g, eerste lid, onderdeel a, noch aan een verzekeraar als bedoeld in artikel 213.
(Zie ook: artt. 223, 247 FW; art. 65 Wtv 1993; art. 31 Wtk 1992)

Art. 215

Terinzagelegging

1. Het verzoekschrift met bijbehorende stukken wordt ter griffie van de rechtbank neergelegd, ter kosteloze inzage van een ieder. Indien de schuldenaar een moedermaatschappij met zetel in Nederland van een verzekeraar met een vergunning als bedoeld in artikel 2:26a, 2:27 of 2:54a van de Wet op het financieel toezicht is stelt de griffier van de rechtbank De Nederlandsche Bank N.V. terstond in kennis van de neerlegging.
(Zie ook: artt. 107, 249, 252 FW)

Voorlopige verlening; oproeping schuldeisers

2. De rechtbank zal dadelijk de gevraagde surseance voorlopig verlenen en een of meer bewindvoerders benoemen, ten einde met de schuldenaar het beheer over diens zaken te voeren. Bovendien beveelt de rechtbank, dat de bekende schuldeisers, benevens de schuldenaar, en indien de schuldenaar een moedermaatschappij met zetel in Nederland van een verzekeraar met een vergunning als bedoeld in artikel 2:26a, 2:27 of 2:54a van de Wet op het financieel toezicht is, De Nederlandsche Bank N.V., tegen een door de rechtbank op korte termijn bepaalde dag, door de griffier bij brieven worden opgeroepen, ten einde, alvorens beslist wordt omtrent het definitief verlenen van de gevraagde surseance, op het verzoekschrift te worden gehoord. Behalve de dag worden uur en plaats der bijeenkomst daarbij vermeld, alsmede of een ontwerp van akkoord bij het verzoekschrift is gevoegd. Artikel 6, eerste lid, derde zin, en vierde lid, is van overeenkomstige toepassing.
(Zie ook: artt. 222, 225, 281c FW)

3. Als een verzoek tot verlening van surseance en een verzoek tot aanwijzing van een herstructureringsdeskundige als bedoeld in artikel 371 gelijktijdig aanhangig zijn, komt eerst het laatste in behandeling en vindt in afwijking van het tweede lid geen voorlopige verlening van surseance plaats.

4. De behandeling van het verzoek en de voorlopige verlening van surseance van betaling worden in ieder geval geschorst totdat de rechtbank heeft beslist op het verzoek tot aanwijzing van de herstructureringsdeskundige. Wijst de rechtbank het verzoek toe, dan kondigt zij daarbij tevens overeenkomstig artikel 376 een afkoelingsperiode af en blijft de schorsing tijdens die periode van kracht.

Art. 215a

1. Elke schuldeiser heeft tegen de voorlopige verlening van surseance recht van verzet gedurende acht dagen na de dag waarop de surseance voorlopig is verleend op grond van het ontbreken van internationale bevoegdheid bedoeld in artikel 5, eerste lid, van de verordening, genoemd in artikel 5, derde lid.

Voorlopige verlening; verzet schuldeisers

2. De rechter, die een voorlopige verlening van surseance intrekt, stelt tevens het bedrag vast van de kosten van de surseance van betaling en van het salaris van de bewindvoerder. Hij brengt dit bedrag ten laste van de schuldenaar. Tegen deze beslissing staat geen rechtsmiddel open. Een bevelschrift van tenuitvoerlegging zal daarvan worden uitgegeven ten behoeve van de bewindvoerder.

Voorlopige verlening; kosten intrekking

Art. 216

De griffier doet van de indiening van het verzoek, van de voorlopige verlening van surseance en het tijdstip daarvan tot op de minuut nauwkeurig, van de naam van de rechter-commissaris zo die is benoemd, van de namen en woonplaatsen der benoemde bewindvoerders en van de overeenkomstig het tweede lid van het voorgaande artikel bepaalde dag onmiddellijk aankondiging in de Staatscourant. Indien bij het verzoekschrift een ontwerp van akkoord is gevoegd, wordt daarvan in de aankondiging melding gemaakt.

Aankondiging verzoek om surseance

(Zie ook: artt. 219, 221, 245, 252, 278 FW; artt. 51, 303 BW Boek 2; art. 27 Hregb)

Art. 217

De surseance wordt geacht te zijn ingegaan bij de aanvang van de dag, waarop zij voorlopig is verleend.

Aanvang surseance

(Zie ook: art. 215 FW)

Art. 218

1. Ten bepaalden dage hoort de rechtbank in raadkamer de schuldenaar, de rechter-commissaris zo die is benoemd, de bewindvoerders en de in persoon bij schriftelijk gemachtigde of bij advocaat opgekomen schuldeisers. Iedere schuldeiser is bevoegd om, zelfs zonder opgeroepen te zijn, op te komen.

Behandeling in raadkamer

(Zie ook: art. 281e FW)

2. De rechtbank kan de schuldenaar definitief surseance verlenen, tenzij zich daartegen verklaren hetzij houders van meer dan één vierde van het bedrag der ter vergadering vertegenwoordigde, in artikel 233 bedoelde, schuldvorderingen, hetzij meer dan één derde der houders van zodanige vorderingen.

Benodigde stemmen voor afwijzing

(Zie ook: artt. 81, 145, 223 FW)

3. Over de toelating tot de stemming beslist, bij verschil, de rechtbank.

4. Surseance kan nimmer definitief worden verleend, indien er gegronde vrees bestaat, dat de schuldenaar zal trachten de schuldeisers tijdens de surseance te benadelen of het vooruitzicht niet bestaat, dat hij na verloop van tijd zijn schuldeisers zal kunnen bevredigen.

Gronden voor niet-verlening

(Zie ook: art. 242 FW)

5. De rechtbank, het verzoek afwijzende, kan bij dezelfde beschikking de schuldenaar in staat van faillissement verklaren. Wordt het faillissement niet uitgesproken, dan blijft de voorlopig verleende surseance gehandhaafd tot de beschikking der rechtbank in kracht van gewijsde is gegaan.

Faillietverklaring

(Zie ook: artt. 242, 277 FW)

6. Indien een aanvrage tot faillietverklaring, niet zijnde een verzoek als bedoeld in artikel 213ar, en een verzoek tot surseance gelijktijdig aanhangig zijn, komt eerst het verzoek tot surseance in behandeling. Indien een aanvrage tot faillietverklaring als bedoeld in artikel 213ar en een verzoek tot surseance gelijktijdig aanhangig zijn, komt eerst de aanvrage tot faillietverklaring in behandeling.

Eerst behandeling surseance

7. De beschikking op het verzoek is met redenen omkleed en wordt uitgesproken ter openbare zitting.

Beschikking in het openbaar

(Zie ook: art. 20 Wet RO)

8. In afwijking van het vijfde lid stelt de rechtbank De Nederlandsche Bank N.V. in staat te worden gehoord alvorens een moedermaatschappij met zetel in Nederland van een verzekeraar als bedoeld in artikel 213abis, eerste lid, in staat van faillissement te verklaren.

Art. 219

1. Gedurende acht dagen na de dag der uitspraak heeft, in geval van afwijzing van het verzoek, de schuldenaar, of, ingeval de surseance verleend is, iedere schuldeiser, die zich niet vóór het verlenen daarvan heeft verklaard, recht van hoger beroep.

Hoger beroep

2. Het hoger beroep wordt ingesteld door indiening van een verzoek ter griffie van het gerechtshof, dat van de zaak kennis moet nemen. De voorzitter bepaalt terstond dag en uur voor de behandeling.

Verzoekschrift

(Zie ook: art. 283 FW)

B13 art. 220 **Faillissementswet**

Kennisgeving

3. Indien het hoger beroep door een schuldeiser is ingesteld, geeft deze uiterlijk op de vierde dag volgende op die, waarop hij zijn verzoek heeft gedaan, aan de advocaat, die het verzoek tot surseance heeft ingediend, bij deurwaardersexploot kennis van het hoger beroep en van de tijd voor de behandeling bepaald. Deze kennisgeving geldt voor oproeping van de schuldenaar.

4. De griffier van het gerechtshof doet van het hoger beroep en van de tijd, voor de behandeling bepaald, aankondiging in de Staatscourant. Tevens geeft hij van het ingestelde hoger beroep aan de griffier der rechtbank kennis, neemt van deze de in artikel 214 bedoelde stukken over en legt die op zijn griffie voor een ieder ter kosteloze inzage.

Art. 220

Wijze van behandeling

1. Bij de behandeling van het hoger beroep wordt het verzoek niet opnieuw in stemming gebracht, maar ieder schuldeiser is bevoegd in persoon, bij schriftelijk gemachtigde of bij advocaat aan de bestrijding of verdediging van de uitspraak, waartegen het beroep gericht is, deel te nemen.

2. De behandeling heeft plaats in raadkamer; het arrest wordt uitgesproken ter openbare zitting.

Art. 221

Beroep in cassatie

1. Van het arrest, door het gerechtshof gewezen, kan, ingeval van afwijzing het verzoek, de schuldenaar, of, ingeval de surseance is verleend, iedere schuldeiser, die zich niet vóór het verlenen daarvan heeft verklaard, gedurende acht dagen na de dag der uitspraak, in cassatie komen.

2. Het beroep in cassatie wordt ingesteld bij een verzoekschrift, in te dienen ter griffie van de Hoge Raad. De voorzitter bepaalt terstond dag en uur voor de behandeling. *(Zie ook: art. 283 FW)*

3. De griffier van de Hoge Raad doet van het beroep in cassatie en van de tijd, voor de behandeling bepaald, aankondiging in de Staatscourant. Tevens geeft hij van het ingestelde beroep kennis aan de griffier van het gerechtshof, neemt van deze de in artikel 214 bedoelde stukken over en legt die op zijn griffie voor een ieder ter kosteloze inzage.

Schakelbepaling

4. De bepalingen van het derde lid van artikel 219 en van het tweede lid van artikel 220 vinden overeenkomstige toepassing.

Art. 222

Uitvoerbaar bij voorraad

1. De beschikking, waarbij de surseance definitief wordt toegestaan, is bij voorraad uitvoerbaar, niettegenstaande enige daartegen gerichte voorziening. *(Zie ook: artt. 4, 86 FW)*

Aankondiging

2. Zij wordt aangekondigd op de wijze, in artikel 216 voorgeschreven.

Art. 222a

Openbaar register surseance

1. Bij elke rechtbank wordt door de griffier een openbaar register aangehouden, waarin hij voor iedere surseance van betaling afzonderlijk, achtereenvolgens, met vermelding van de dagtekening, inschrijft:

1°. een uittreksel van de rechterlijke beslissingen, waarbij voorlopig of definitief surseance van betaling is verleend, waarbij deze is verlengd of waarbij de surseance van betaling is ingetrokken; *(Zie ook: artt. 215, 218, 220, 223, 242 FW)*

2°. de benoeming van een rechter-commissaris; *(Zie ook: art. 223a FW)*

3°. de summiere inhoud en de homologatie van het akkoord; *(Zie ook: artt. 252, 272 FW)*

4°. de ontbinding van het akkoord; *(Zie ook: art. 280 FW)*

5°. de vereisten vermeld in artikel 24, tweede lid, van de in artikel 5, derde lid, genoemde verordening.

2. Omtrent vorm en inhoud van het register worden bij algemene maatregel van bestuur nadere regels gegeven.

3. De griffier is verplicht aan ieder kosteloze inzage van het register en tegen betaling een uittreksel daaruit te verstrekken. *(Zie ook: artt. 19, 294 FW; Brsb; Aanw.besl.Rvr.FW)*

4. De griffier geeft de in het eerste lid onder 1° tot en met 5° genoemde gegevens door aan Onze Minister van Justitie of een bij algemene maatregel van bestuur aan te wijzen ander orgaan ten behoeve van het in artikel 222b genoemde centrale register.

Art. 222b

Centraal surseanceregister

1. Door onze Minister van Justitie of, indien ingevolge artikel 222a, vierde lid, een ander orgaan is aangewezen, door dat orgaan, wordt een centraal register gehouden, waarin de in artikel 222a, eerste lid, onder 1° tot en met 5° genoemde gegevens worden ingeschreven.

2. Omtrent vorm en inhoud van het register worden bij algemene maatregel van bestuur nadere regels gegeven.

3. Een ieder heeft kosteloos inzage in het register en kan tegen betaling een uittreksel daaruit verkrijgen.

Faillissementswet **B13** art. 227

Art. 223

1. Bij het definitief verlenen der surseance bepaalt de rechtbank haar duur ten hoogste op anderhalf jaar. Indien de surseance is geëindigd door het verloop van de termijn waarvoor zij is verleend, doen de bewindvoerders daarvan aankondiging in de Staatscourant.

2. Vóór het einde der surseance kan door de schuldenaar eenmaal of meermalen haar verlenging voor ten hoogste anderhalf jaar worden gevraagd. Het verzoek wordt behandeld op dezelfde wijze als een verzoek tot verlening van surseance. Zolang bij afloop der surseance op een verzoek tot verlenging nog niet is beschikt, blijft de surseance gehandhaafd. De door de rechtbank gewezen beschikking wordt bekendgemaakt op de wijze als in het eerste lid is bepaald. *(Zie ook: artt. 275, 283 FW)*

Art. 223a

Bij het voorlopig verlenen der surseance of bij een latere beschikking kan de rechtbank een harer leden tot rechter-commissaris benoemen, teneinde de bewindvoerders op hun verzoek van advies te dienen.

Art. 223b

1. Op verzoek van de bewindvoerders is de rechter-commissaris bevoegd ter opheldering van alle omstandigheden, de surseance betreffende, getuigen te horen of een onderzoek van deskundigen te bevelen. De getuigen worden bij exploot opgeroepen namens de rechter-commissaris. Artikel 177 het Wetboek van Burgerlijke Rechtsvordering is van overeenkomstige toepassing. *(Zie ook: art. 66 FW)*

2. Bij niet-verschijning of weigering om de eed of getuigenis af te leggen, zijn de artikelen 171, 172, 173, eerste lid, eerste volzin, tweede en derde lid, 174 en 175 van het Wetboek van Burgerlijke Rechtsvordering toepasselijk.

3. De echtgenoot of gewezen echtgenoot van de schuldenaar of degene met wie de schuldenaar een geregistreerd partnerschap is of was aangegaan, de kinderen en verdere afkomelingen en de ouders en grootouders van de schuldenaar kunnen zich van het geven van getuigenis verschonen.

(Zie ook: art. 165 Rv; art. 217 WvSv)

Art. 224

1. Indien meer dan één bewindvoerder is benoemd, wordt voor de geldigheid hunner handelingen toestemming der meerderheid of bij staking van stemmen een beslissing van de rechter-commissaris zo die is benoemd of, bij gebreke van dien, van de voorzieningenrechter der rechtbank vereist. Het tweede lid van artikel 70 vindt overeenkomstige toepassing.

2. De rechtbank kan te allen tijde een bewindvoerder, na hem gehoord of behoorlijk opgeroepen te hebben, ontslaan en door een ander vervangen of hem één of meer bewindvoerders toevoegen, een en ander op verzoek van hemzelf, van de andere bewindvoerders of van één of meer schuldeisers, op voordracht van de rechter-commissaris zo die is benoemd, dan wel ambtshalve. *(Zie ook: artt. 215, 226 FW)*

Art. 225

1. Bij het voorlopig verlenen der surseance kan de rechtbank zodanige bepalingen maken, als zij ter beveiliging van de belangen der schuldeisers nodig oordeelt.

2. Zij kan dit ook gedurende de surseance doen op voordracht van de rechter-commissaris zo die is benoemd, op verzoek van de bewindvoerders of van één of meer schuldeisers dan wel ambtshalve.

(Zie ook: artt. 226, 283 FW)

Art. 226

1. Bij het voorlopig verlenen der surseance kan de rechtbank één of meer deskundigen benoemen teneinde binnen een door haar te bepalen termijn, die zo nodig kan worden verlengd, een onderzoek naar de staat van de boedel in te stellen en een beredeneerd verslag van hun bevinding uit te brengen. Het laatste lid van artikel 225 vindt overeenkomstige toepassing.

2. Het verslag van de deskundigen bevat een met redenen omkleed oordeel over de betrouwbaarheid van de door de schuldenaar overgelegde staat en bescheiden, en over de vraag of er vooruitzicht bestaat, dat de schuldenaar na verloop van tijd zijn schuldeisers zal kunnen bevredigen. Het verslag geeft zo mogelijk de maatregelen aan, welke tot die bevrediging kunnen leiden. *(Zie ook: art. 218 FW)*

3. De deskundigen leggen hun verslag neder ter griffie van de rechtbank, ter kosteloze inzage van een ieder. De neerlegging geschiedt kosteloos.

4. Het laatste lid van artikel 224 vindt ten aanzien van de deskundigen overeenkomstige toepassing.

(Zie ook: art. 250 FW; art. 194 Rv)

Art. 227

1. De bewindvoerders brengen, telkens na verloop van drie maanden, een verslag uit over de toestand van de boedel. Met dit verslag wordt gehandeld, gelijk in het derde lid van artikel 226 is voorgeschreven.

Duur surseance

Verlenging surseance

Benoeming R-C

Getuigenverhoor; deskundigenonderzoek

Weigerachtige getuigen

Verschoningsrecht

Meerdere bewindvoerders

Ontslag of toevoeging bewindvoerder

Beveiliging belangen schuldeisers

Deskundigenverslag

Periodiek verslag van bewindvoerders

B13 *art. 228* **Faillissementswet**

2. De termijn, bedoeld in het vorige lid, kan door de rechter-commissaris zo die is benoemd of, bij gebreke van dien, de rechtbank worden verlengd.
(Zie ook: art. 73a FW)

Art. 228

Medewerking bewindvoerders vereist

1. Gedurende de surseance is de schuldenaar onbevoegd enige daad van beheer of beschikking betreffende de boedel te verrichten zonder medewerking, machtiging of bijstand van de bewindvoerders. Indien de schuldenaar in strijd daarmede gehandeld heeft, zijn de bewindvoerders bevoegd alles te doen, wat vereist wordt, om de boedel te dier zake schadeloos te houden.
(Zie ook: artt. 242, 249 FW)

2. Voor verbintenissen van de schuldenaar, zonder medewerking, machtiging of bijstand van de bewindvoerders na de aanvang der surseance ontstaan, is de boedel niet aansprakelijk, dan voorzover deze tengevolge daarvan is gebaat.
(Zie ook: artt. 23, 238, 239 FW)

Art. 229

Baten en lasten huwelijksgemeenschap

1. Indien de schuldenaar in enige gemeenschap gehuwd is of in enige gemeenschap een geregistreerd partnerschap is aangegaan, worden onder de boedel de baten en lasten van die gemeenschap begrepen.

2. Artikel 61 vindt overeenkomstige toepassing.
(Zie ook: artt. 93, 123, 128, 129, 132 BW Boek 1)

Art. 230

Opschorting betaling

1. Gedurende de surseance kan de schuldenaar niet tot betaling zijner in artikel 233 bedoelde schulden worden genoodzaakt en blijven alle tot verhaal van die schulden aangevangen executies geschorst.

Verval beslagen en gijzeling

2. De gelegde beslagen vervallen en de schuldenaar, die zich in gijzeling bevindt, wordt daaruit ontslagen, zodra de uitspraak, houdende definitieve verlening der surseance of homologatie van het akkoord, in kracht van gewijsde is gegaan, beide tenzij de rechtbank op verzoek van de bewindvoerders reeds een vroeger tijdstip daarvoor heeft bepaald. De inschrijving van een desbetreffende, op verzoek van de bewindvoerders af te geven verklaring van de rechter-commissaris of, zo geen rechter-commissaris is benoemd, van de voorzieninengenrechter van de rechtbank, machtigt de bewaarder van de openbare registers tot doorhaling.

Uitzondering preferente vorderingen

3. Het in de voorgaande leden bepaalde vindt geen toepassing ten aanzien van executies en beslagen ten behoeve van vorderingen waaraan voorrang is verbonden, voorzover het de goederen betreft, waarop de voorrang rust.
(Zie ook: artt. 227, 236, 260, 276, 282, 288 BW Boek 3)

4. Ter zake van schulden waarvoor het eerste lid geldt, is artikel 36 van overeenkomstige toepassing.
(Zie ook: art. 33 FW)

Art. 231

Aanhangige rechtsvorderingen

1. De surseance stuit de loop niet van reeds aanhangige rechtsvorderingen, noch belet het instellen van nieuwe.
(Zie ook: art. 25 FW; art. 254 Rv)

2. Indien niettemin de rechtsgedingen blotelijk betreffen de vordering van betaling ener schuld, door de schuldenaar erkend, en de eiser geen belang heeft om vonnis te verkrijgen, teneinde rechten tegen derden te doen gelden, kan de rechter, na van de erkenning der schuld akte te hebben verleend, het uitspreken van het vonnis opschorten tot na het einde der surseance.

Medewerking bewindvoerders vereist

3. De schuldenaar kan, voor zoveel betreft rechtsvorderingen, welke rechten of verplichtingen tot de boedel behorende ten onderwerp hebben, noch eisende, noch verwerende in rechte optreden, zonder medewerking der bewindvoerders.
(Zie ook: art. 27 FW)

Art. 231a

Schakelbepaling

Artikel 231 is van overeenkomstige toepassing met betrekking tot rechtsvorderingen betreffende een goed of recht waarover de schuldenaar het beheer en de beschikking heeft verloren door de opening van een in Nederland op grond van artikel 19 van de verordening, genoemd in artikel 5, derde lid, te erkennen insolventieprocedure.

Art. 232

Vorderingen buiten surseance vallende

De surseance werkt niet ten aanzien van:

1°. vorderingen waaraan voorrang is verbonden, behoudens voorzover zij niet verhaald kunnen worden op de goederen waarop de voorrang rust;
(Zie ook: art. 230 FW)

2°. vorderingen wegens kosten van levensonderhoud of van verzorging of opvoeding, verschuldigd krachtens de wet en vastgesteld bij overeenkomst of rechterlijke uitspraak, behoudens voorzover het gaat om vóór de aanvang der surseance vervallen termijnen, waarvan de rechtbank het bedrag heeft vastgesteld, waarvoor de surseance werkt;
(Zie ook: artt. 157, 158, 392, 401, 404 BW Boek 1)

3°. termijnen van huurkoop en van scheepshuurkoop.
(Zie ook: art. 237a FW; art. 1576h BW Boek 7A; art. 800 BW Boek 8)

Art. 233

De betaling van alle andere schulden, bestaande vóór de aanvang der surseance, kan, zolang de surseance duurt, niet anders plaats hebben dan aan alle schuldeisers gezamenlijk, in evenredigheid hunner vorderingen.

Gelijke behandeling schuldeisers

Art. 234

1. Hij die zowel schuldenaar als schuldeiser van de boedel is, kan zijn schuld met zijn vordering op de boedel verrekenen, indien beide zijn ontstaan vóór de aanvang van de surseance of voortvloeien uit een handeling vóór de aanvang van de surseance met de schuldenaar verricht.

Beroep op schuldvergelijking

2. De vordering op de schuldenaar wordt zo nodig berekend naar de regels in de artikelen 261 en 262 gesteld.

3. Van de zijde van de boedel kan geen beroep worden gedaan op artikel 136 van Boek 6 van het Burgerlijk Wetboek.

(Zie ook: art. 53 FW)

Art. 235

1. Niettemin is degene die een schuld aan de boedel of een vordering op de boedel vóór de aanvang van de surseance van een derde heeft overgenomen, niet bevoegd tot verrekening, indien hij bij de overneming niet te goeder trouw heeft gehandeld.

Geen beroep op schuldvergelijking

2. Na de aanvang van de surseance overgenomen vorderingen of schulden kunnen niet worden verrekend.

3. De artikelen 55 en 56 zijn van overeenkomstige toepassing.

(Zie ook: art. 54 FW)

Art. 236

1. Indien een wederkerige overeenkomst bij de aanvang van de surseance zowel door de schuldenaar als door zijn wederpartij in het geheel niet of slechts gedeeltelijk is nagekomen en de schuldenaar en de bewindvoerder zich niet binnen een hun daartoe schriftelijk door de wederpartij gestelde redelijke termijn bereid verklaren de overeenkomst gestand te doen, verliezen zij het recht hunnerzijds nakoming van de overeenkomst te vorderen.

Wederkerige overeenkomsten

2. Indien de schuldenaar en de bewindvoerder zich wel tot nakoming van de overeenkomst bereid verklaren, zijn zij verplicht desverlangd voor deze nakoming zekerheid te stellen.

3. De vorige leden zijn niet van toepassing op overeenkomsten waarbij de schuldenaar slechts verbintenissen op zich heeft genomen tot door hem persoonlijk te verrichten handelingen.

(Zie ook: art. 37 FW)

Art. 236a

Voor vorderingen die de wederpartij uit hoofde van ontbinding of vernietiging van een vóór de aanvang van de surseance met de schuldenaar gesloten overeenkomst op deze heeft verkregen, of die strekken tot schadevergoeding ter zake van tekortschíeten in de nakoming van een vóór de aanvang van de surseance op deze verkregen vordering, kan zij opkomen op de voet, in artikel 233 bepaald.

Ontbindings- of vernietigingsvordering

(Zie ook: art. 37a FW)

Art. 237

Indien in het geval van artikel 236 de levering van waren, die ter beurze op termijn worden verhandeld, bedongen is tegen een vastgesteld tijdstip of binnen een bepaalde termijn, en dit tijdstip invalt of die termijn verstrijkt na de aanvang der surseance, wordt de overeenkomst door de voorlopige verlening van surseance ontbonden en kan de wederpartij van de schuldenaar zonder meer voor schadevergoeding opkomen op de voet, in artikel 233 bepaald. Lijdt de boedel door de ontbinding schade dan is de wederpartij verplicht deze te vergoeden.

Invloed surseance op termijnhandel

(Zie ook: art. 38 FW)

Art. 237a

1. Zodra de surseance een aanvang heeft genomen, kan zowel de schuldenaar, die huurkoper is, als de verkoper de huurkoop dan wel scheepshuurkoop ontbonden verklaren.

Ontbinding (scheeps)huurkoopovereenkomst

(Zie ook: art. 1576h BW Boek 7A)

2. Deze ontbinding heeft dezelfde gevolgen als ontbinding der overeenkomst wegens het niet nakomen door de koper van zijn verplichtingen.

3. De verkoper kan voor het hem verschuldigde bedrag opkomen op de voet als in artikel 233 bepaald.

(Zie ook: artt. 38a, 232 FW; art. 1576h BW Boek 7A; artt. 800, 810 BW Boek 8)

Art. 237b

1. Een wederpartij is niet bevoegd de nakoming van zijn verbintenis die voortvloeit uit een overeenkomst tot het geregeld afleveren van gas, water, elektriciteit of verwarming, benodigd voor de eerste levensbehoeften of voor het voortzetten van de door de schuldenaar gedreven onderneming, jegens de schuldenaar op te schorten wegens het door de schuldenaar niet nakomen van een vóór de surseance ontstane verbintenis tot betaling van een geldsom.

Tekortkomingen schuldenaar vóór aanvang surseance

B13 art. 238

2. Een tekortkoming door de schuldenaar in de nakoming van een verbintenis als in het eerste lid bedoeld, die plaatsvond vóór de verlening van de surseance, levert geen grond op voor ontbinding van een overeenkomst als bedoeld in het eerste lid.

3. Een beroep door de wederpartij op een beding dat verlening van de surseance, de aanvraag van de surseance of het leggen van beslag grond oplevert voor ontbinding van een overeenkomst als bedoeld in het eerste lid, dan wel dat die overeenkomst daardoor van rechtswege zal zijn ontbonden, is slechts toegelaten met goedvinden van de schuldenaar en de bewindvoerder.

(Zie ook: artt. 37b, 304 FW; artt. 262, 265 BW Boek 2)

Art. 238

Beëindiging huur

1. Zodra de surseance een aanvang heeft genomen, kan de schuldenaar, die huurder is, met inachtneming van het bij artikel 228 bepaalde, de huur tussentijds doen eindigen, mits de opzegging geschiede tegen een tijdstip, waarop dergelijke overeenkomsten naar plaatselijk gebruik eindigen. Bovendien moet bij de opzegging de daarvoor overeengekomen of gebruikelijke termijn in acht genomen worden, met dien verstande echter, dat een termijn van drie maanden in elk geval voldoende zal zijn. Zijn de huurpenningen vooruit betaald, dan kan de huur niet eerder worden opgezegd dan tegen de dag, waarop de termijn, waarvoor vooruitbetaling heeft plaats gehad, eindigt.

Boedelschuld

2. Van de aanvang der surseance af is de huurprijs boedelschuld.

Pacht

3. Indien de schuldenaar pachter is, vindt het bovenstaande overeenkomstige toepassing. *(Zie ook: artt. 39, 236 FW)*

Art. 239

Opzegging arbeidsovereenkomst

1. Zodra de surseance een aanvang heeft genomen, kan de schuldenaar, met inachtneming van het bij artikel 228 bepaalde, aan werknemers in zijn dienst, de arbeidsovereenkomst opzeggen, met inachtneming van de overeengekomen of wettelijke termijnen, met dien verstande echter, dat in elk geval de arbeidsovereenkomst kan worden geëindigd door opzegging met een termijn van zes weken of, indien de termijn, omschreven in artikel 672 lid 2 van Boek 7 van het Burgerlijk Wetboek langer is dan zes weken, met inachtneming van die termijn.

2. Zodra de surseance een aanvang heeft genomen, behoeft bij opzegging der arbeidsovereenkomst door werknemers in dienst van de schuldenaar het bepaalde in artikel 672 lid 4 van Boek 7 van het Burgerlijk Wetboek niet in acht te worden genomen.

Boedelschuld

3. Van de aanvang der surseance af zijn het loon en de met de arbeidsovereenkomst samenhangende premieschulden boedelschuld.

Opzegging agentuurovereenkomsten

4. Dit artikel is van overeenkomstige toepassing op agentuurovereenkomsten.

(Zie ook: artt. 40, 236 FW)

Art. 240

Betaling aan de schuldenaar

1. Voldoening nadat de surseance voorlopig is verleend doch vóór de bekendmaking daarvan, aan de schuldenaar gedaan, ter vervulling van verbintenissen jegens deze vóórdien ontstaan, bevrijdt hem, die haar deed, tegenover de boedel, zolang zijn bekendheid met de voorlopige verlening van de surseance niet bewezen wordt.

2. Voldoening, als in het vorig lid bedoeld, nà de bekendmaking aan de schuldenaar gedaan, bevrijdt tegenover de boedel alleen dan, wanneer hij, die haar deed, bewijst, dat de voorlopige verlening van de surseance te zijner woonplaats langs de weg der wettelijke aankondiging nog niet bekend kon zijn, behoudens het recht van bewindvoerders om aan te tonen, dat zij hem toch bekend was.

3. In elk geval bevrijdt voldoening aan de schuldenaar hem, die haar deed, tegenover de boedel, voorzover hetgeen door hem voldaan werd ten bate van de boedel is gekomen.

(Zie ook: artt. 52, 216 FW)

Art. 241

Medeschuldenaar; borg

De surseance werkt niet ten voordele van de borgen en andere medeschuldenaren.

(Zie ook: artt. 136, 160 FW; art. 6 BW Boek 6; art. 850 BW Boek 7)

Art. 241a

Afkoelingsperiode voor verhaal door derden

1. De rechtbank kan op verzoek van elke belanghebbende of ambtshalve bij schriftelijke beschikking een afkoelingsperiode afkondigen, waarin elke bevoegdheid van derden, met uitzondering van boedelschuldeisers, tot verhaal op tot de boedel behorende goederen of tot de opeising van goederen die zich in de macht van de schuldenaar bevinden, voor een periode van ten hoogste twee maanden, niet kan worden uitgeoefend dan met machtiging van de rechtbank of, zo een rechter-commissaris is benoemd, van deze. De rechtbank kan deze periode eenmaal verlengen met een periode van ten hoogste twee maanden.

2. De rechtbank kan haar beschikking beperken tot bepaalde derden en daaraan voorwaarden verbinden. De rechtbank en rechter-commissaris kunnen voorwaarden verbinden aan een door hen gegeven machtiging van een derde tot uitoefening van een aan deze toekomende bevoegdheid.

3. Indien een derde ter zake van zijn bevoegdheid een redelijke termijn aan de curator stelt, wordt deze termijn geschorst tijdens de afkoelingsperiode.

(Zie ook: art. 63a FW)

4. De afkoelingsperiode kan ook op verlangen van de schuldenaar worden afgekondigd door de rechter die de surseance verleent. De afkoelingsperiode die wordt afgekondigd met de verlening van de surseance wordt geacht te zijn ingegaan bij de aanvang van de dag waarop de surseance voorlopig is verleend.

Art. 241b

1. Ingeval de schuldenaar overeenkomstig artikel 239, eerste lid, van Boek 3 van het Burgerlijk Wetboek een pandrecht heeft gevestigd op een vordering op naam of op het vruchtgebruik van een zodanige vordering, blijft de pandhouder tijdens de afkoelingsperiode bevoegd de mededeling, bedoeld in artikel 239, derde lid, van dat Boek, te doen en betalingen in ontvangst te nemen.

2. Artikel 490b, tweede lid, van het Wetboek van Burgerlijke Rechtsvordering, is van overeenkomstige toepassing, met dien verstande dat de pandhouder het volledige bedrag bij de bewaarder stort.

(Zie ook: art. 63b FW)

Art. 241c

1. Tijdens de afkoelingsperiode kan de ontvanger die een beslag heeft gelegd als bedoeld in artikel 22, derde lid, Invorderingswet 1990, niet tot uitwinning overgaan, tenzij de rechtbank of de rechter-commissaris zo die is benoemd, anders beslist.

2. Een beslag als bedoeld in artikel 22, derde lid, van de Invorderingswet 1990 dat tijdens de afkoelingsperiode wordt gelegd op een zaak die zich op de bodem van de schuldenaar bevindt en die niet aan hem toebehoort, kan niet worden tegengeworpen aan de eigenaar van de zaak of, als daarop een pandrecht van een ander rust, aan die ander, indien deze voordat het beslag was gelegd bij deurwaardersexploot aanspraak heeft gemaakt op afgifte van de zaak.

(Zie ook: art. 63c FW)

Art. 241d

Van de goederen als bedoeld in artikel 241a, eerste lid, zijn uitgezonderd de goederen die uit hoofde van een financiëlezekerheidsovereenkomst als bedoeld in artikel 51 van Boek 7 van het Burgerlijk Wetboek zijn verpand.

Art. 241e

1. In afwijking van artikel 217 werkt het verlenen van surseance aan een schuldenaar uit hoofde van een financiëlezekerheidsovereenkomst als bedoeld in artikel 51 van Boek 7 van het Burgerlijk Wetboek niet terug tot aan het begin van de dag waarop zij voorlopig is verleend, ten aanzien van een door de schuldenaar voor het tijdstip van het verlenen van surseance gesloten financiëlezekerheidsovereenkomst of een overdracht, vestiging van een pandrecht of een opdracht tot verrekening op grond daarvan.

2. De artikelen 217, 228, tweede lid, 234, eerste lid, 235, tweede lid, van deze wet, kunnen niet aan derden worden tegengeworpen ten aanzien van een door een schuldenaar na het tijdstip van het verlenen van surseance gesloten financiëlezekerheidsovereenkomst als bedoeld in artikel 51 van Boek 7 van het Burgerlijk Wetboek, een overdracht of vestiging van een pandrecht op grond van een financiëlezekerheidsovereenkomst, alsmede elke rechtshandeling op grond van een financiëlezekerheidsovereenkomst vanwege verbintenissen van de schuldenaar die na het tijdstip van het verlenen van surseance zijn ontstaan, mits de betreffende rechtshandeling plaatsvindt op de dag van het verlenen van surseance en de wederpartij kan aantonen dat deze ten tijde van de rechtshandeling het verlenen van surseance niet kende of behoorde te kennen.

Art. 242

1. Nadat de surseance is verleend, kan zij, op voordracht van de rechter-commissaris zo die is benoemd, op verzoek van de bewindvoerders, van één of meer der schuldeisers of ook ambtshalve door de rechtbank worden ingetrokken:

1°. indien de schuldenaar zich, gedurende de loop der surseance, aan kwade trouw in het beheer van de boedel schuldig maakt;

(Zie ook: art. 283 FW)

2°. indien hij zijn schuldeisers tracht te benadelen;

(Zie ook: art. 218 FW)

3°. indien hij handelt in strijd met artikel 228, eerste lid;

4°. indien hij nalaat te doen, wat in de bepalingen, door de rechtbank bij het verlenen der surseance of later gesteld, aan hem is opgelegd of wat naar het oordeel der bewindvoerders door hem in het belang des boedels moet worden gedaan;

5°. indien, hangende de surseance, de staat des boedels zodanig blijkt te zijn, dat handhaving der surseance niet langer wenselijk is of het vooruitzicht, dat de schuldenaar na verloop van tijd zijn schuldeisers zal kunnen bevredigen, blijkt niet te bestaan.

(Zie ook: art. 218 FW)

2. In de gevallen, vermeld onder 1° en 5°, zijn de bewindvoerders verplicht de intrekking te vragen.

3. De verzoeker, de schuldenaar en de bewindvoerders worden gehoord of behoorlijk opgeroepen. De oproeping geschiedt door de griffier tegen een door de rechtbank te bepalen dag. De beschikking is met redenen omkleed.

B13 art. 243 **Faillissementswet**

Faillietverklaring **4.** Indien op grond van dit artikel de surseance wordt ingetrokken, kan bij dezelfde beschikking de faillietverklaring van de schuldenaar worden uitgesproken. Wordt het faillissement niet uitgesproken, dan blijft de surseance gehandhaafd tot de beschikking der rechtbank in kracht van gewijsde is gegaan.

(Zie ook: artt. 247, 276, 283 FW)

5. In afwijking van het vierde lid stelt de rechtbank De Nederlandsche Bank N.V. in staat te worden gehoord alvorens de faillietverklaring uit te spreken van een moedermaatschappij met zetel in Nederland van een verzekeraar als bedoeld in artikel 213abis, eerste lid.

Art. 243

Hoger beroep **1.** Gedurende acht dagen na de dag der beschikking heeft, in geval van intrekking der surseance, de schuldenaar, en, ingeval de intrekking der surseance geweigerd is, hij, die het verzoek tot intrekking heeft gedaan, recht van hoger beroep tegen de beschikking der rechtbank.

2. Het hoger beroep wordt ingesteld door indiening van een verzoek ter griffie van het gerechtshof, dat van de zaak moet kennis nemen. De griffier van het gerechtshof geeft van die indiening terstond kennis aan die van de rechtbank.

3. De voorzitter van het gerechtshof bepaalt terstond dag en uur voor de behandeling van het verzoek. De griffier roept ten spoedigste hen, die het verzoek tot intrekking hebben gedaan, de schuldenaar en de bewindvoerders schriftelijk tegen de bepaalde dag op.

4. De beschikking van het gerechtshof wordt door de griffier terstond medegedeeld aan die van de rechtbank.

(Zie ook: art. 283 FW)

Art. 244

Beroep in cassatie **1.** Gedurende acht dagen na de beschikking van het gerechtshof kan de daarbij in het ongelijk gestelde partij in cassatie komen.

2. Het beroep in cassatie wordt ingesteld door indiening van een verzoek ter griffie van de Hoge Raad. De griffier van de Hoge Raad geeft van die indiening terstond kennis aan die van de rechtbank.

3. De voorzitter van de Hoge Raad bepaalt terstond dag en uur voor de behandeling van het verzoek. De griffier roept ten spoedigste de partijen schriftelijk tegen de bepaalde dag op. De beschikking van de Hoge Raad wordt door de griffier terstond medegedeeld aan die van de rechtbank.

Art. 245

Aankondiging intrekking Zodra een beschikking, waarbij de surseance is ingetrokken, in kracht van gewijsde is gegaan, wordt zij aangekondigd, gelijk is voorgeschreven in artikel 216.

(Zie ook: art. 222a FW; artt. 51, 303 BW Boek 2)

Art. 246

Uitstel verhoor schuldeisers **1.** Indien de rechtbank van oordeel is, dat de behandeling van het verzoek tot intrekking van de surseance niet zal zijn beëindigd vóór de dag, waarop de schuldeisers of, indien van toepassing, De Nederlandsche Bank N.V. krachtens artikel 215, tweede lid, worden gehoord, gelast zij, dat de griffier de schuldeisers schriftelijk zal mededelen, dat dit verhoor op die dag niet zal worden gehouden.

2. Zo nodig bepaalt zij later de dag waarop dit verhoor alsnog zal plaats vinden; de schuldeisers of, indien van toepassing, De Nederlandsche Bank N.V. worden door de griffier schriftelijk opgeroepen.

Art. 247

Intrekkingsverzoek schuldenaar **1.** De schuldenaar is steeds bevoegd aan de rechtbank de intrekking van de surseance te verzoeken, op grond dat de toestand des boedels hem weer in staat stelt zijn betalingen te hervatten. De bewindvoerders en, indien het een definitief verleende surseance betreft, de schuldeisers worden gehoord of behoorlijk opgeroepen.

2. Deze oproeping geschiedt schriftelijk door de griffier tegen een door de rechtbank te bepalen dag.

(Zie ook: artt. 242, 272, 283 FW)

Art. 247a

Intrekking voorlopige surseance onder gelijktijdig uitspreken toepassing schuldsaneringsregeling **1.** Uiterlijk op de achtste dag voorafgaande aan de dag bepaald overeenkomstig artikel 215, tweede lid, doch in ieder geval niet later dan twee maanden na de dag waarop de surseance voorlopig is verleend, kan de rechtbank op verzoek van de schuldenaar, zijnde een natuurlijke persoon, de hem voorlopig verleende surseance intrekken onder het gelijktijdig uitspreken van de toepassing van de schuldsaneringsregeling bedoeld in titel III.

2. De schuldenaar zal zich daartoe met een verzoek als bedoeld in artikel 284 wenden tot de rechtbank die de surseance voorlopig heeft verleend.

3. Alvorens te beslissen kan de rechtbank de schuldenaar, de rechter-commissaris en de bewindvoerder oproepen om te worden gehoord.

4. Artikel 6, tweede lid, is van toepassing.

5. Bij toewijzing van het verzoek, spreekt de rechtbank de definitieve toepassing van de schuldsaneringsregeling uit.

6. Van de intrekking van de voorlopig verleende surseance wordt door de griffier kennis gegeven in de aankondiging die is voorgeschreven in artikel 293. In die aankondiging wordt tevens mededeling gedaan dat het verhoor van de schuldeisers, bepaald overeenkomstig artikel 215, tweede lid, niet zal worden gehouden. Indien op de voet van artikel 255 of 264 reeds een tijdstip was bepaald voor de raadpleging en stemming over een akkoord, wordt in die aankondiging mededeling gedaan dat die raadpleging en stemming niet zullen plaatsvinden.

Art. 247b

1. Tegen het vonnis, houdende uitspraak tot de intrekking van de voorlopig verleende surseance en tot de toepassing van de schuldsaneringsregeling, kunnen noch door schuldeisers noch door andere belanghebbenden rechtsmiddelen worden ingesteld.

Beroep tegen uitspraak m.b.t. intrekking voorlopig verleende surseance

2. Indien het verzoek tot de toepassing van de schuldsaneringsregeling is afgewezen, heeft de schuldenaar gedurende acht dagen na de dag van de uitspraak het recht van hoger beroep. Het hoger beroep wordt ingesteld door indiening van een verzoek ter griffie van het gerechtshof, dat van de zaak kennis moet nemen. De griffier van het gerechtshof geeft van die indiening onverwijld kennis aan de griffier van de rechtbank.

3. De voorzitter bepaalt terstond dag en uur voor de behandeling, welke zal moeten plaatshebben binnen twintig dagen na de dag van de indiening van het verzoek. De uitspraak vindt niet later plaats dan op de achtste dag na die van de behandeling van het verzoek ter zitting. Van het arrest van het gerechtshof wordt door de griffier onverwijld mededeling gedaan aan de griffier van de rechtbank.

4. De schuldenaar kan van de uitspraak van het gerechtshof gedurende acht dagen na die van de uitspraak in cassatie komen. Het beroep in cassatie wordt ingesteld door indiening van een verzoek ter griffie van de Hoge Raad. De voorzitter bepaalt terstond dag en uur voor de behandeling. De griffier van de Hoge Raad geeft van het beroep in cassatie en van de uitspraak van de Hoge Raad onverwijld kennis aan de griffier van de rechtbank.

5. Zolang niet op het verzoek bedoeld in artikel 247a, tweede lid, is beslist en, indien de schuldsaneringsregeling niet is uitgesproken, hangende het hoger beroep of de cassatie, kan de surseance van betaling niet definitief worden verleend en kan geen raadpleging over een akkoord plaatshebben.

Art. 247c

1. Indien de surseance van betaling wordt ingetrokken onder het gelijktijdig uitspreken van de toepassing van de schuldsaneringsregeling, gelden de volgende regelen:

Regels m.b.t. intrekking voorlopig verleende surseance

a. de bewindvoerder in de schuldsaneringsregeling oefent de bevoegdheid uit, in artikel 228, eerste lid, tweede volzin, aan de bewindvoerder in de surseance toegekend;

b. boedelschulden, gedurende de toepassing van de surseance ontstaan, gelden ook in de toepassing van de schuldsaneringsregeling als boedelschulden;

c. in de surseance ingediende vorderingen gelden als ingediend in de schuldsaneringsregeling.

2. Artikel 249, eerste lid, onder 1° en 4°, is van overeenkomstige toepassing.

Art. 247d

In het geval van een verzoek tot omzetting als bedoeld in artikel 51, eerste lid, van de verordening, genoemd in artikel 5, derde lid, zijn, wanneer het de omzetting in een faillissement betreft, de artikelen 242, derde lid, en 243 tot en met 246 dan wel, wanneer het de omzetting in een toepassing van de schuldsaneringsregeling betreft, de artikelen 247a, derde tot en met vijfde lid, 247b, eerste lid, en 247c van overeenkomstige toepassing.

Verzoek tot omzetting

Art. 248

1. Gedurende een surseance kan faillietverklaring behoudens de mogelijkheid van artikel 213ar niet rauwelijks worden verzocht.

Faillietverklaring

2. Indien ingevolge een der bepalingen van deze titel een faillietverklaring uitgesproken wordt, vindt artikel 14 overeenkomstige toepassing; wordt ingevolge die bepalingen een faillissement vernietigd, dan vinden de artikelen 13 en 15 overeenkomstige toepassing.

(Zie ook: artt. 51, 303 BW Boek 2)

Art. 249

1. Indien de faillietverklaring wordt uitgesproken ingevolge een der bepalingen van deze titel of wel binnen één maand na het einde der surseance, gelden de volgende regelen:

Opvolgend faillissement

1°. het tijdstip, waarop de termijnen vermeld in de artikelen 43 en 45 van deze wet en in de artikelen 138, zesde lid, en 248, zesde lid, van boek 2 van het Burgerlijk Wetboek aanvangen, wordt berekend van de aanvang der surseance af;

2°. de curator oefent de bevoegdheid uit, in het eerste lid van artikel 228 aan de bewindvoerders toegekend;

3°. handelingen, door de schuldenaar met medewerking, machtiging of bijstand van de bewindvoerders verricht, worden beschouwd als handelingen van de curator en boedelschulden, gedurende de surseance ontstaan, zullen ook in het faillissement als boedelschulden gelden;

4°. de boedel is niet aansprakelijk voor verbintenissen van de schuldenaar, zonder medewerking, machtiging of bijstand van de bewindvoerders gedurende de surseance ontstaan, dan voorzover deze ten gevolge daarvan gebaat is.

B13 art. 249a Faillissementswet

Hernieuwd surseanceverzoek

2. Is opnieuw surseance verzocht, binnen een maand na afloop van een vroeger verleende, dan geldt hetgeen in het eerste lid is bepaald mede voor het tijdvak der eerstvolgende surseance.

Art. 249a

Faillissement kredietinstellingen, toepasselijkheid afdeling 3.5.6 Wet op het financieel toezicht

Indien de faillietverklaring van een beleggingsonderneming als bedoeld in artikel 1:1 van de Wet op het financieel toezicht, van een financiële instelling die een verklaring van ondertoezichtstelling als bedoeld in artikel 3:110 van die wet heeft, of van een persoon die een vergunning heeft ingevolge artikel 3:4, eerste lid van die wet, wordt uitgesproken ingevolge een bepaling van deze titel of binnen een maand na het einde van een surseance van betaling die aan een dergelijke onderneming is verleend, wordt de uitvoering van de vangnetregeling die werd uitgevoerd tijdens de surseance van betaling voortgezet tijdens het faillissement op de voet van afdeling 3.5.6 van die wet.

Art. 250

Betaling loon en voorschotten

1. Het loon van de deskundigen, benoemd ingevolge de bepaling van artikel 226, en van de bewindvoerders wordt bepaald door de rechtbank en bij voorrang voldaan.

(Zie ook: artt. 71, 180, 272 FW)

2. Dit laatste is ook van toepassing op hun verschotten en op die, door de griffier ten gevolge van de bepalingen van deze titel gedaan.

(Zie ook: artt. 216, 219, 221, 242, 244, 246, 247 FW)

Art. 250a

[Vervallen]

Art. 251

Toepasselijkheid internationaal recht

De bepalingen van internationaal recht van de artikelen 203-205 vinden bij surseance overeenkomstige toepassing.

Tweede afdeling Van het akkoord

Art. 252

Recht aanbieding akkoord

De schuldenaar is bevoegd bij of na het verzoek tot surseance aan hen, die vorderingen hebben, ten aanzien waarvan de surseance werkt, een akkoord aan te bieden.

(Zie ook: artt. 138, 214, 232 FW)

Art. 253

Nederlegging ontwerpakkoord Toezending afschrift

1. Het ontwerp van akkoord wordt, indien het niet ingevolge artikel 215 ter griffie van de rechtbank berust, aldaar neergelegd ter kosteloze inzage van een ieder.

2. Een afschrift moet zodra mogelijk aan de bewindvoerders en de deskundigen worden toegezonden.

(Zie ook: art. 139 FW)

Art. 254

Verval ontwerpakkoord

Het ontwerp van akkoord vervalt, indien, voordat het vonnis van homologatie van het akkoord in kracht van gewijsde is gegaan, een rechterlijke beslissing houdende beëindiging der surseance in kracht van gewijsde gaat.

(Zie ook: artt. 242, 247 FW)

Art. 255

Behandeling ontwerpakkoord

1. Indien het ontwerp van akkoord tegelijk met het verzoekschrift tot verlening van surseance ter griffie is nedergelegd, kan de rechtbank, de rechter-commissaris zo die is benoemd en bewindvoerders gehoord, gelasten, dat de in artikel 218 bedoelde behandeling van het verzoek niet zal plaats hebben, in welk geval zij tevens zal vaststellen:

1°. de dag, waarop uiterlijk de schuldvorderingen, ten aanzien waarvan de surseance werkt, bij de bewindvoerders moeten worden ingediend;

2°. dag en uur, waarop over het aangeboden akkoord ten overstaan van de rechter-commissaris of, bij gebreke van dien, in raadkamer zal worden geraadpleegd en beslist.

2. Tussen de dagen, onder 1°. en 2°. vermeld, moeten ten minste veertien dagen verlopen.

3. Indien de rechtbank van deze bevoegdheid geen gebruik maakt of het ontwerp van akkoord niet tegelijk met het verzoekschrift tot het verlenen van surseance ter griffie is nedergelegd, zal de rechtbank de rechter-commissaris zo die is benoemd en, bewindvoerders gehoord, de dagen en uren, in het eerste lid bedoeld, vaststellen zodra de beschikking, waarbij de surseance definitief is verleend, kracht van gewijsde heeft verkregen of, indien het ontwerp van akkoord eerst daarna ter griffie is nedergelegd, dadelijk na die nederlegging.

Art. 256

Aankondiging nederlegging ontwerpakkoord

1. De bewindvoerders doen dadelijk zowel van de in het vorige artikel bedoelde beschikking als van de neerlegging ter griffie van het ontwerp van akkoord – tenzij deze reeds ingevolge artikel 216 is bekend gemaakt – aankondiging in de Staatscourant.

(Zie ook: art. 253 FW; artt. 51, 303 BW Boek 2)

Kennisgeving

2. Zij geven tevens van een en ander bij brieven kennis aan alle bekende schuldeisers. Daarbij wordt op het bepaalde bij artikel 257, tweede lid, gewezen.

3. De schuldeisers kunnen verschijnen in persoon, bij schriftelijk gemachtigde of bij advocaat. Verschijning schuldeisers
4. De bewindvoerders kunnen vorderen, dat de schuldenaar hun een door hen te bepalen bedrag Kosten ter bestrijding van de kosten dezer aankondigingen en kennisgevingen vooraf ter hand stelt.

Art. 257

1. De indiening der schuldvorderingen geschiedt bij de bewindvoerders door de overlegging Wijze indiening vorderin- ener rekening of andere schriftelijke verklaring, aangevende de aard en het bedrag der vordering, gen vergezeld van de bewijsstukken of een afschrift daarvan.

2. Vorderingen, ten aanzien waarvan de surseance niet werkt, komen voor indiening niet in Preferente vorderingen aanmerking. Heeft nochtans indiening plaats gehad, dan werkt de surseance ook ten aanzien van die vorderingen en gaat een aan de vordering verbonden voorrecht, retentierecht, pandrecht of hypotheek verloren. Een en ander geldt niet voor zover de vordering vóór de aanvang der stemming wordt teruggenomen.
(Zie ook: art. 232 FW)

3. De schuldeisers zijn bevoegd van de bewindvoerders een ontvangbewijs te vorderen. Ontvangbewijs
(Zie ook: art. 110 FW)

Art. 257a

Artikel 110a is van overeenkomstige toepassing. Schakelbepaling

Art. 258

De bewindvoerders toetsen de ingezonden rekeningen aan de administratie en opgaven van Onderzoek der vorderin- de schuldenaar, treden, als zij tegen de toelating ener vordering bezwaar hebben, met de gen schuldeiser in overleg, en zijn bevoegd van deze overlegging van ontbrekende stukken alsook raadpleging van zijn administratie en van de oorspronkelijke bewijsstukken te vorderen.
(Zie ook: art. 111 FW; art. 10 BW Boek 2; art. 15a BW Boek 3; art. 642l Rv)

Art. 259

De bewindvoerders brengen de bij hen ingediende vorderingen op een lijst, vermeldende de Lijst van vorderingen namen en woonplaatsen der schuldeisers, het bedrag en de omschrijving der vorderingen, alsmede of en in hoever de bewindvoerders die vorderingen erkennen of betwisten.
(Zie ook: artt. 112, 263, 281d FW; art. 642l Rv)

Art. 260

1. Een rentedragende vordering wordt op de lijst gebracht met bijrekening der rente tot de Bijrekening rente aanvang der surseance.
(Zie ook: art. 128 FW; art. 119 BW Boek 6; art. 1804 BW Boek 7A)

2. De artikelen 129, 133-135 en 136, eerste en tweede lid, vinden overeenkomstige toepassing. Toepasselijke bepalingen

Art. 261

1. Een vordering onder een opschortende voorwaarde kan op de lijst gebracht worden voor Vordering onder opschor- haar waarde bij de aanvang der surseance. tende voorwaarde

2. Indien de bewindvoerders en de schuldeisers het niet eens kunnen worden over deze Voorwaardelijke toelating waardebepaling, wordt zodanige vordering voor het volle bedrag voorwaardelijk toegelaten.
(Zie ook: art. 130 FW; art. 21 BW Boek 6)

Art. 262

1. Een vordering, waarvan het tijdstip der opeisbaarheid onzeker is, of welke recht geeft op Waardebepaling nog niet periodieke uitkeringen, wordt op de lijst gebracht voor haar waarde bij de aanvang der surseance. opeisbare vorderingen

2. Alle schuldvorderingen, vervallende binnen één jaar na de aanvang der surseance, worden behandeld, alsof zij op dat tijdstip opeisbaar waren. Alle later dan één jaar daarna vervallende schuldvorderingen worden op de lijst gebracht voor de waarde, die zij hebben na verloop van een jaar na dat tijdstip.

3. Bij de berekening wordt uitsluitend gelet op het tijdstip en de wijze van aflossing, het kansgenot, waar dit bestaat, en, indien de vordering rentedragend is, op de bedongen rentevoet.
(Zie ook: art. 131 FW; art. 40 BW Boek 6; art. 1809 BW Boek 7A)

Art. 263

1. Van de in artikel 259 bedoelde lijst wordt een afschrift door de bewindvoerders ter griffie Neerlegging lijst van de rechtbank neergelegd, om aldaar gedurende de zeven dagen voorafgaande aan de vergadering, in artikel 255 bedoeld, kosteloos ter inzage te liggen voor een ieder.

2. De neerlegging geschiedt kosteloos.
(Zie ook: art. 114 FW)

Art. 264

1. De rechter-commissaris zo die is benoemd of, bij gebreke van dien, de rechtbank kan, op Uitstel behandeling ak- verzoek van de bewindvoerders of ambtshalve, de raadpleging en stemming over het akkoord koord tot een latere dag uitstellen.

2. Artikel 256 vindt alsdan overeenkomstige toepassing.
(Zie ook: art. 281c FW)

B13 *art. 265* Faillissementswet

Art. 265

Verslag bewindvoerders en deskundigen

1. Ter vergadering brengen zowel de bewindvoerders als de deskundigen, zo die er zijn, schriftelijk verslag uit over het aangeboden akkoord. Artikel 144 vindt overeenkomstige toepassing.

(Zie ook: artt. 81, 127, 140 FW)

Later ingediende vorderingen

2. Vorderingen, na afloop van de in artikel 255, 1°., genoemde termijn, doch uiterlijk twee dagen vóór de dag, waarop de vergadering zal worden gehouden, bij de bewindvoerders ingediend, worden op daartoe ter vergadering gedaan verzoek op de lijst geplaatst, indien noch de bewindvoerders, noch een der aanwezige schuldeisers daartegen bezwaar maken.

(Zie ook: artt. 127, 191 FW)

3. Vorderingen, daarna ingediend, worden niet op de lijst geplaatst.

4. De bepalingen van de twee voorgaande leden zijn niet toepasselijk, indien de schuldeiser buiten het Rijk in Europa woont en daardoor verhinderd was zich eerder aan te melden.

5. Ingeval van bezwaar, als in het tweede lid bedoeld, of van geschil over het al of niet aanwezig zijn der verhindering, in het vierde lid bedoeld, beslist de rechter-commissaris zo die is benoemd of bij gebreke van dien de rechtbank, na de vergadering te hebben geraadpleegd.

Art. 266

Betwisting of erkenning

1. De bewindvoerders zijn bevoegd ter vergadering op elke door hen gedane erkenning of betwisting terug te komen.

(Zie ook: artt. 119, 259 FW)

2. Zowel de schuldenaar als ieder verschenen schuldeiser kan een door de bewindvoerders geheel of gedeeltelijk erkende vordering betwisten.

3. Betwistingen of erkenningen, op de vergadering gedaan, worden op de lijst aangetekend.

Art. 267

Toelating tot stemming

De rechter-commissaris zo die is benoemd of bij gebreke van dien de rechtbank bepaalt of en tot welk bedrag de schuldeisers, wier vorderingen betwist zijn, tot de stemming zullen worden toegelaten.

Art. 268

Vereiste meerderheid

1. Tot het aannemen van het akkoord wordt vereist de toestemming van de gewone meerderheid van de ter vergadering verschenen erkende en toegelaten schuldeisers, die tezamen ten minste de helft van het bedrag van de erkende en toegelaten schuldvorderingen vertegenwoordigen. Geen toestemming is vereist van een erkende of toegelaten schuldeiser, voorzover zijn schuldvordering is gegrond op een verbeurde dwangsom.

(Zie ook: art. 281e FW; art. 611a Rv)

2. Artikel 147 is van overeenkomstige toepassing.

(Zie ook: art. 145 FW; art. 345 WvSr)

Art. 268a

Afwijken van vereiste meerderheid

In afwijking van artikel 268 kan de rechtbank of, zo die is benoemd, de rechter-commissaris op verzoek van de schuldenaar of de bewindvoerder bij gemotiveerde beschikking een aangeboden akkoord vaststellen als ware het aangenomen, indien:

a. drie vierde van de ter vergadering verschenen erkende en toegelaten schuldeisers voor het akkoord hebben gestemd; en

b. de verwerping van het akkoord het gevolg is van het tegenstemmen van een of meer schuldeisers die, alle omstandigheden in aanmerking genomen en in het bijzonder het percentage dat die schuldeisers, zou de boedel worden vereffend, naar verwachting aan betaling op hun vordering zullen ontvangen, in redelijkheid niet tot dit stemgedrag hebben kunnen komen.

(Zie ook: artt. 269b, 332 FW)

Art. 269

Inhoud en bijlage proces-verbaal

1. Het proces-verbaal van het verhandelde vermeldt de inhoud van het akkoord, de namen der verschenen stemgerechtigde schuldeisers, de door ieder hunner uitgebrachte stem, de uitslag der stemming en al wat verder is voorgevallen. De door de bewindvoerders opgemaakte lijst van schuldeisers, zoals zij tijdens de raadpleging is aangevuld of gewijzigd, wordt, door de rechter-commissaris zo die is benoemd en bij gebreke van dien, door de voorzieningenrechter en de griffier gewaarmerkt, aan het proces-verbaal gehecht.

(Zie ook: art. 281e FW)

2. Gedurende acht dagen kan een ieder ter griffie kosteloos inzage van het proces-verbaal verkrijgen.

(Zie ook: art. 148 FW)

Art. 269a

Kennisgeving verwerping; verzoek verbetering proces-verbaal

Indien ten overstaan van een rechter-commissaris is geraadpleegd en beslist en het akkoord verworpen is verklaard, stelt de rechter-commissaris de rechtbank onverwijld in kennis van deze verwerping door toezending van het ontwerp van akkoord en het in artikel 269 bedoelde proces-verbaal. Zowel de schuldeisers, die vóór gestemd hebben, als de schuldenaar kunnen gedurende acht dagen na afloop der vergadering aan de rechtbank verbetering van het proces-

verbaal verzoeken, indien uit de stukken zelve blijkt dat het akkoord door de rechter-commissaris ten onrechte als verworpen is beschouwd.
(Zie ook: art. 149 FW)

Art. 269b

1. Indien het akkoord is aangenomen of vastgesteld, bepaalt de rechter-commissaris vóór het sluiten der vergadering de zitting, waarop de rechtbank de homologatie zal behandelen.

2. Bij toepassing van artikel 269a geschiedt de bepaling van de zitting door de rechtbank in haar beschikking. Van deze beschikking geven de bewindvoerders schriftelijk kennis aan de schuldeisers.

3. De zitting zal gehouden worden ten minste acht en ten hoogste veertien dagen na de stemming over het akkoord of, bij toepassing van artikel 269a, na de beschikking der rechtbank.

4. Gedurende die tijd kunnen de schuldeisers aan de rechter-commissaris schriftelijk de redenen opgeven, waarom zij weigering der homologatie wenselijk achten.
(Zie ook: art. 150 FW)

Art. 270

1. Indien de raadpleging en beslissing over het akkoord in raadkamer der rechtbank heeft plaats gehad, kunnen zowel de schuldeisers, die vóór gestemd hebben, als de schuldenaar gedurende acht dagen na afloop der stemming aan het gerechtshof verbetering van het proces-verbaal verzoeken, indien uit de stukken zelve blijkt, dat het akkoord door de rechtbank ten onrechte als verworpen is beschouwd.
(Zie ook: art. 149 FW)

2. Indien het gerechtshof het proces-verbaal verbetert, bepaalt het bij zijn beschikking de dag, waarop de rechtbank de homologatie zal behandelen, welke dag gesteld wordt op niet vroeger dan acht en niet later dan veertien dagen na de beschikking. Van deze beschikking geven de bewindvoerders schriftelijk kennis aan de schuldeisers. Deze beschikking brengt van rechtswege vernietiging mede van een ingevolge artikel 277 uitgesproken faillissement.
(Zie ook: artt. 281e, 283 FW)

Art. 271

1. Indien het akkoord is aangenomen, wordt op de bepaalde dag ter openbare zitting door de rechter-commissaris zo die is benoemd een schriftelijk rapport uitgebracht en kunnen zowel de bewindvoerders als elke schuldeiser de gronden uiteenzetten, waarop zij de homologatie wensen of haar bestrijden. Artikel 152, tweede lid, vindt overeenkomstige toepassing.

2. De rechtbank kan bepalen, dat de behandeling der homologatie op een latere, terstond door haar vast te stellen, dag zal plaats vinden.

Art. 272

1. De rechtbank geeft zo spoedig mogelijk haar met redenen omklede beschikking.

2. Zij zal de homologatie weigeren:
1°. indien de baten van de boedel de bij het akkoord bedongen som te boven gaan;
(Zie ook: artt. 153, 226 FW)
2°. indien de nakoming van het akkoord niet voldoende is gewaarborgd;
3°. indien het akkoord door bedrog, door begunstiging van één of meer schuldeisers of met behulp van andere oneerlijke middelen is tot stand gekomen, onverschillig of de schuldenaar dan wel een ander daartoe heeft medegewerkt;
(Zie ook: artt. 344, 345 WvSr)
4°. indien het loon en de verschotten van de deskundigen en de bewindvoerders niet in handen van de bewindvoerders zijn gestort of daarvoor zekerheid is gesteld.
(Zie ook: art. 250 FW)

3. Zij kan ook op andere gronden en ook ambtshalve de homologatie weigeren.
(Zie ook: art. 153 FW)

4. De rechtbank, de homologatie weigerende, kan bij dezelfde beschikking de schuldenaar in staat van faillissement verklaren. Wordt het faillissement niet uitgesproken, dan eindigt de surseance zodra de beschikking, waarbij de homologatie geweigerd is, in kracht van gewijsde is gegaan. Van deze beëindiging doen de bewindvoerders aankondiging op de in artikel 216 voorgeschreven wijze.
(Zie ook: artt. 170, 277 FW)

5. In afwijking van het vierde lid stelt de rechtbank De Nederlandsche Bank N.V. in staat te worden gehoord alvorens een moedermaatschappij met zetel in Nederland van een verzekeraar als bedoeld in artikel 213abis, eerste lid, in staat van faillissement te verklaren.

6. De artikelen 154-156 en 160 vinden overeenkomstige toepassing.
(Zie ook: artt. 222a, 281e lid 5, 283 FW)

Art. 273

Het gehomologeerde akkoord is verbindend voor alle schuldeisers te wier aanzien de surseance werkt.
(Zie ook: artt. 157, 232 FW)

Bepaling zitting ter homologatie

Verzoek verbetering proces-verbaal

Vaststelling dag behandeling homologatie

Behandeling homologatie

Beslissing rechtbank weigering homologatie

Faillietverklaring

Verbindendheid akkoord

B13 art. 274 Faillissementswet

Art. 274

Voor tenuitvoerlegging vatbare titel Het in kracht van gewijsde gegane vonnis van homologatie levert, in verband met het in artikel 269 bedoelde proces-verbaal, ten behoeve der door de schuldenaar niet betwiste vorderingen een voor tenuitvoerlegging vatbare titel op tegen de schuldenaar en de tot het akkoord als borgen toegetreden personen.

(Zie ook: artt. 159, 196 FW; art. 430 Rv)

Art. 275

Verlenging surseancetermijn Zolang niet over het aangeboden akkoord uiteindelijk is beslist, eindigt de surseance niet door verloop van de termijn, waarvoor zij is verleend.

(Zie ook: artt. 161, 223 FW)

Art. 276

Einde surseance De surseance neemt een einde zodra de homologatie in kracht van gewijsde is gegaan. Van deze beëindiging doen de bewindvoerders aankondiging op de in artikel 216 voorgeschreven wijze.

(Zie ook: art. 242 FW)

Art. 277

Faillietverklaring De rechtbank kan, wanneer het akkoord niet wordt aangenomen, de schuldenaar bij vonnis in staat van faillissement verklaren. De rechtbank stelt de Nederlandsche Bank N.V. in staat te worden gehoord alvorens een moedermaatschappij met zetel in Nederland van een verzekeraar als bedoeld in artikel 213abis, eerste lid, in staat van faillissement te verklaren. Wordt het faillissement niet uitgesproken, dan eindigt de surseance zodra de termijn, in artikel 269a dan wel in artikel 270 bedoeld, ongebruikt verstreken is of verbetering van het proces-verbaal geweigerd is. Van deze beëindiging doen de bewindvoerders aankondiging op de in artikel 216 voorgeschreven wijze.

(Zie ook: artt. 218, 242, 248, 272, 281 FW)

Art. 278

Hoger beroep tegen faillietverklaring **1.** Indien de rechtbank de schuldenaar in staat van faillissement heeft verklaard, heeft deze recht van hoger beroep tegen de faillietverklaring gedurende acht dagen na de dag waarop de termijn van artikel 269a dan wel van artikel 270 ongebruikt verstreken is of verbetering van het proces-verbaal geweigerd is.

2. Het hoger beroep wordt ingesteld door indiening van een verzoek ter griffie van het gerechtshof, dat van de zaak kennis moet nemen. De voorzitter bepaalt terstond dag en uur van de behandeling.

3. De griffier doet van het hoger beroep en van dag en uur, voor de behandeling bepaald, aankondiging in de Staatscourant. Elke schuldeiser is bevoegd bij de behandeling op te komen.

(Zie ook: artt. 219, 283 FW)

Art. 279

Beroep in cassatie **1.** Tot het instellen van het beroep in cassatie is, indien het gerechtshof de faillietverklaring handhaaft, de schuldenaar en, indien het gerechtshof de faillietverklaring vernietigt, elke in hoger beroep opgekomen schuldeiser bevoegd.

2. Het beroep in cassatie wordt binnen dezelfde termijn en op dezelfde wijze als het hoger beroep ingesteld en behandeld, met dien verstande, dat de aankondiging in de Staatscourant wordt vervangen door een exploot, binnen vier dagen na de aantekening van het beroep uit te brengen aan de wederpartij.

(Zie ook: artt. 221, 283 FW)

Art. 280

Ontbinding akkoord **1.** Ten aanzien van de ontbinding van het akkoord vinden de artikelen 165 en 166 overeenkomstige toepassing.

2. Bij het vonnis, waarbij de ontbinding van het akkoord wordt uitgesproken, wordt de schuldenaar tevens in staat van faillissement verklaard.

(Zie ook: art. 283 FW)

3. In afwijking van het tweede lid stelt de rechtbank De Nederlandsche Bank N.V. in staat te worden gehoord alvorens een moedermaatschappij met zetel in Nederland van een verzekeraar als bedoeld in artikel 213abis, eerste lid, in staat van faillissement te verklaren.

Art. 281

Geen tweede akkoord **1.** In een faillissement, uitgesproken krachtens de artikelen 272, 277 of 280 kan een akkoord niet worden aangeboden.

(Zie ook: art. 170 FW)

Verordening insolventie-procedures **2.** De bepalingen van deze afdeling zijn van overeenkomstige toepassing in het geval dat een akkoord wordt aangeboden op de voet van artikel 47, eerste lid, van de verordening, genoemd in artikel 5, derde lid.

Tweede afdeling A *Bijzondere bepalingen*

Art. 281a

1. Indien er meer dan 10 000 schuldeisers zijn, behoeven op de staat, welke de schuldenaar krachtens artikel 214 bij zijn verzoek moet overleggen, de namen en woonplaatsen der schuldeisers, alsmede het bedrag der vorderingen van ieder hunner, niet te worden vermeld, doch kan worden volstaan met vermelding van de verschillende groepen van crediteuren, al naar gelang van de aard hunner vorderingen, en van het globale aantal en het globale bedrag van de gezamenlijke vorderingen van iedere groep.

2. Indien het aantal schuldeisers niet meer dan 10 000, doch wel meer dan 5000 bedraagt, kan de rechtbank toestaan dat de schuldenaar een staat overeenkomstig het vorige lid overlegt.

Art. 281b

1. Indien blijkt dat het aantal schuldeisers meer dan 5000 bedraagt, kan de rechtbank op verzoek van de bewindvoerders de voorzieningen treffen, omschreven in de artikelen 281c-281f.

2. De voorzieningen krachtens de artikelen 281d en e kunnen slechts gezamenlijk worden getroffen.

Art. 281c

De rechtbank kan bepalen dat de oproepingen van de schuldeisers, bedoeld in de artikelen 215, vierde lid, 216a, tweede lid, tweede zin, 256, tweede lid, en 264, tweede lid, niet bij brieven, doch door aankondigingen in de Staatscourant dan wel in een of meer door de rechtbank aan te wijzen nieuwsbladen zullen plaatsvinden. In dat geval bepaalt de rechtbank tevens op welke datum uiterlijk deze aankondigingen moeten geschieden en welke punten in de aankondigingen moeten worden opgenomen.

Art. 281d

De rechtbank kan bepalen, dat bepaalde soorten van vorderingen of vorderingen beneden een bepaald bedrag - dat echter niet hoger zal mogen zijn dan € 450 - niet op de lijst bedoeld in artikel 259, zullen behoeven te worden geplaatst.

Art. 281e

1. De rechtbank kan een commissie van vertegenwoordiging benoemen, bestaande uit ten minste 9 leden. Bij de samenstelling van de commissie wordt er op gelet, dat daarin personen zitting hebben die geacht kunnen worden de belangrijkste groepen van de schuldeisers te vertegenwoordigen.

2. Bij de stemmingen, bedoeld in de artikelen 218 en 268, hebben alleen de leden van de commissie stemrecht.

3. Surseance kan niet definitief worden verleend, indien zich daartegen verklaren meer dan een vierde van de ter vergadering, waarin daarover moet worden beslist, verschenen leden der commissie.

4. Tot het aannemen van een akkoord wordt vereist de toestemming van drie vierde van de ter vergadering, waarin daarover moet worden beslist, verschenen leden der commissie. Indien ter vergadering niet ten minste twee derde van de leden verschenen is, wordt de stemming over het akkoord tot een latere dag uitgesteld. Een nadere oproeping van de schuldeisers is niet vereist, doch de leden der commissie zullen door de bewindvoerders bij brieven tot de volgende vergadering worden opgeroepen. In deze vergadering wordt de stemming gehouden onafhankelijk van het aantal verschenen leden der commissie.

5. Voor de toepassing van de artikelen 269, eerste lid, eerste zin, 270 en 272, en voor de overeenkomstige toepassing van artikel 154 wordt telkens in plaats van "schuldeisers" gelezen "leden der commissie" en voor de toepassing van artikel 271 in plaats van "elke schuldeiser": elke schuldeiser en elk lid der commissie.

Art. 281f

Indien te voorzien is dat er meer dan één uitkering aan de schuldeisers zal moeten geschieden, kan de rechtbank bij de homologatie van het akkoord bepalen, dat bij de eerste uitkering aan de schuldeisers een of meer papieren aan toonder zullen worden ter hand gesteld en dat betaling van de volgende uitkeringen uitsluitend door middel van aanbieding van zodanig papier zal kunnen worden gevorderd.

Staat met vermelding groepen schuldeisers

Treffen van voorzieningen

Oproeping schuldeisers

Kleine vorderingen niet op lijst

Commissie van vertegenwoordiging

Stemrecht

Vereiste meerderheid

Toepasselijkheid op commissieleden

Tweede uitkering op papier aan toonder

Tweede afdeling B
Van de verlening van surseance van betaling aan een beleggingsonderneming en een financiële instelling die een verklaring van ondertoezichtstelling heeft of een andere instelling

Art. 281g

Verlening van surseance van betaling aan een beleggingsonderneming en een financiële instelling, toepasselijkheid afdeling 11A Rv op

De artikelen 212a, onderdelen b tot en met f, en 212b tot en met 212f zijn van overeenkomstige toepassing op de verlening van surseance van betaling aan:
a. een beleggingsonderneming als bedoeld in artikel 1:1 van de Wet op het financieel toezicht;
b. een financiële instelling als bedoeld in artikel 1:1 van de Wet op het financieel toezicht die een verklaring van ondertoezichtstelling als bedoeld in artikel 3:110 heeft;
c. een centrale tegenpartij, indien deze in het kader van deelname aan het systeem op grond van een overboekingopdracht effectentegoeden verkrijgt;
d. een overheidsinstantie of onderneming met overheidsgarantie;
e. een beleggingsonderneming met zetel in een staat die niet een lidstaat is die haar bedrijf uitoefent vanuit een in Nederland gelegen bijkantoor, met dien verstande dat:
– voor «artikel 23» wordt gelezen: artikel 217;
– voor «artikel 24» wordt gelezen: artikel 228, tweede lid;
– voor «artikel 53, eerste lid,» wordt gelezen: artikel 234, eerste lid; en
– voor «artikel 54, tweede lid,» wordt gelezen: artikel 235, tweede lid.

Art. 281h

Faillissement kredietinstellingen, toepasselijkheid afdeling 3.5.6 Wet op het financieel toezicht

Afdeling 3.5.6 van de Wet op het financieel toezicht is van overeenkomstige toepassing op een surseance van betaling die wordt verleend aan een beleggingsonderneming als bedoeld in artikel 1:1 van die wet of een financiële instelling die een verklaring van ondertoezichtstelling als bedoeld in artikel 3:110 van die wet heeft.

Derde afdeling
Slotbepalingen

Art. 282

Openstaande rechtsmiddelen

Tegen de beslissingen van de rechter, ingevolge de bepalingen van deze titel gegeven, staat geen hogere voorziening open, behalve in de gevallen, waarin het tegendeel is bepaald, en behoudens de mogelijkheid van cassatie in het belang der wet.

Art. 283

Verzoeken door procureur

1. De verzoeken, te doen ingevolge de artikelen 219, 223, 225, 242, 243, 247, 247b, tweede lid, 270, 272, laatste lid, 278 en 280, eerste lid, moeten door een advocaat zijn ondertekend, behalve wanneer een verzoek wordt gedaan door de bewindvoerders.

2. Een verzoek op de voet van artikel 51, eerste lid, van de in artikel 5, derde lid, genoemde verordening wordt ingediend door een advocaat.

Beroep in cassatie door advocaat

3. Voor het instellen van beroep in cassatie is steeds de medewerking nodig van een advocaat bij de Hoge Raad.
(Zie ook: art. 407 Rv)

Titel III
Schuldsaneringsregeling natuurlijke personen

Eerste afdeling
Het uitspreken van de toepassing van de schuldsaneringsregeling

Art. 284

Verzoek tot toepassing schuldsaneringsregeling

1. Een natuurlijke persoon kan, indien redelijkerwijs is te voorzien dat hij niet zal kunnen voortgaan met het betalen van zijn schulden of indien hij in de toestand verkeert dat hij heeft opgehouden te betalen, verzoeken de toepassing van de schuldsaneringsregeling uit te spreken.

2. Hij zal zich daartoe bij een door hem of een gevolmachtigde ondertekend verzoekschrift wenden tot de rechtbank, aangewezen in artikel 2. Indien de gevolmachtigde niet als advocaat is ingeschreven, moet een geschrift waaruit de volmacht blijkt, bij het verzoekschrift worden overgelegd. Artikel 4, vierde lid, is van overeenkomstige toepassing.

3. Een gehuwde schuldenaar of een schuldenaar die een geregistreerd partnerschap is aangegaan kan het verzoek slechts doen met medewerking van zijn echtgenoot onderscheidenlijk zijn geregistreerde partner, tenzij iedere gemeenschap van goederen tussen de echtgenoten onderscheidenlijk de geregistreerde partners is uitgesloten.

4. Een verzoek als bedoeld in het eerste lid kan ten behoeve van een natuurlijke persoon ook worden gedaan door burgemeester en wethouders van de gemeente waar die persoon woon- of verblijfplaats heeft.

5. De schuldsaneringsregeling natuurlijke personen kan niet van toepassing worden verklaard op een verzekeraar als bedoeld in artikel 213, noch op een bank als bedoeld in artikel 212g, onderdeel a.

(Zie ook: artt. 1, 4, 6, 63, 213, 288, 361 FW; artt. 97, 98 BW Boek 1)

Art. 285

1. In het verzoekschrift of in een daarbij te voegen bijlage worden opgenomen: *Bijlagen verzoekschrift*

a. een staat als bedoeld in artikel 96;

b. een opgave van de goederen van de schuldenaar, met vermelding van eventueel daarop rustende rechten van pand en hypotheek en retentierechten die daarop uitgeoefend kunnen worden;

c. een gespecificeerde opgave van de inkomsten van de schuldenaar, hoe ook genaamd en ongeacht de titel van verkrijging, die de schuldenaar pleegt te verwerven of kan verwerven, onder vermelding van de wijzigingen die daarin over de eerstvolgende drie jaar redelijkerwijs voorzienbaar zijn;

d. een gespecificeerde opgave van de vaste lasten van de schuldenaar;

e. indien de schuldenaar is gehuwd of een geregistreerd partnerschap is aangegaan, een opgave van de gegevens, bedoeld onder c en d betreffende de echtgenoot onderscheidenlijk de geregistreerde partner;

f. een met redenen omklede verklaring dat er geen reële mogelijkheden zijn om tot een buitengerechtelijke schuldregeling te komen, alsmede over welke aflossingsmogelijkheden de verzoeker beschikt, afgegeven door het college van burgemeester en wethouders van de gemeente van de woon- of verblijfplaats van de schuldenaar of een persoon als bedoeld in artikel 48, eerste lid, onderdeel c, van de Wet op het consumentenkrediet. Het college kan deze bevoegdheid mandateren aan een gemeentelijke kredietbank als bedoeld in de Wet financieel toezicht, aan instellingen als bedoeld in artikel 48, eerste lid, onderdeel b, van de Wet op het consumentenkrediet of aan krachtens het eerste lid, onderdeel d, van dat artikel aangewezen natuurlijke personen of rechtspersonen, dan wel categorieën daarvan;

g. een opgave van de aard en het bedrag van de vorderingen ter zake waarvan de schuldenaar zich als borg of anderszins als medeschuldenaar heeft verbonden;

h. indien de schuldenaar aan zijn schuldeisers een buitengerechtelijke schuldregeling heeft aangeboden die niet is aanvaard, de inhoud van het ontwerp van de schuldregeling, de reden waarom de schuldregeling niet is aanvaard alsmede met welke middelen, bij aanvaarding van de schuldregeling, bevrediging van schuldeisers zou kunnen plaatsvinden;

i. een opgave van andere gegevens van belang om een zo getrouw mogelijk beeld te bieden van de vermogens- en inkomenspositie van de schuldenaar en van de mogelijkheden voor schuldsanering.

2. De colleges van burgemeester en wethouders, een daartoe gemandateerde kredietbank, een daartoe gemandateerde instelling als bedoeld in artikel 48, onderdeel b, van de Wet op het consumentenkrediet of een daartoe aangewezen natuurlijke persoon of rechtspersoon zijn verplicht hun medewerking te verlenen aan de afgifte van verklaringen als bedoeld in het eerste lid, onderdeel f.

Art. 286

Het verzoekschrift met bijbehorende stukken, bedoeld in artikel 285, eerste lid, worden ter griffie van de rechtbank neergelegd en zijn vanaf de uitspraak tot de toepassing van de schuldsaneringsregeling ter kosteloze inzage van een ieder. De neerlegging geschiedt kosteloos.

Nederlegging en terinzagelegging verzoekschrift

Art. 287

1. De rechtbank zal met de meeste spoed op het verzoek uitspraak doen. De uitspraak geschiedt bij vonnis. Artikel 6, eerste lid, derde zin, en vierde lid, is van overeenkomstige toepassing. De toepassing van de schuldsaneringsregeling gaat in bij de aanvang van de dag waarop de rechter die toepassing heeft uitgesproken.

Uitspraak op verzoekschrift

2. Indien in of bij het verzoekschrift gegevens als bedoeld in artikel 285, eerste lid, ontbreken, kan de rechtbank de schuldenaar een termijn van ten hoogste een maand gunnen om de ontbrekende gegevens te verstrekken. De griffier brengt het orgaan of de persoon, bedoeld in artikel 285, tweede lid, hiervan onverwijld op de hoogte. Indien na deze termijn nog steeds gegevens ontbreken, wordt de schuldenaar niet-ontvankelijk verklaard.

3. Het vonnis, bedoeld in het eerste lid houdt in de benoeming van een rechter-commissaris en een bewindvoerder.

4. De rechtbank is in spoedeisende zaken bevoegd, gelet op de belangen van partijen, een voorlopige voorziening bij voorraad te geven. De voorlopige voorziening wordt gevraagd in het verzoek of, indien dit al is ingediend, door indiening van een afzonderlijk verzoek daartoe. De artikelen 256, 257 en 258 van het Wetboek van Burgerlijke Rechtsvordering zijn van overeenkomstige toepassing. Op hoger beroep zijn de artikelen 358 tot en met 362 van het Wetboek van Burgerlijke Rechtsvordering van toepassing.

5. De rechtbank geeft in het vonnis, bedoeld in het eerste lid, last aan de bewindvoerder tot het openen van aan de schuldenaar gerichte brieven en telegrammen gedurende een termijn

B13 art. 287a Faillissementswet

van dertien maanden. De bewindvoerder kan gedurende de toepassing van de schuldsaneringsregeling de rechter-commissaris verzoeken om wijziging van de termijn of om een nieuwe last gedurende een bepaalde termijn.

(Zie ook: art. 293 lid 2 FW)

6. Indien het verzoek op de voet van artikel 284, vierde lid, door burgemeester en wethouders is ingediend, wordt het verzoek niet toegewezen dan nadat de schuldenaar is opgeroepen om te worden gehoord. Dit geldt niet voor zover het verzoek strekt tot het geven van een voorlopige voorziening bij voorraad.

7. Indien het verzoek op de voet van artikel 284, vierde lid, door burgemeester en wethouders is ingediend en in het verzoek of in een daarbij gevoegde bijlage gegevens als bedoeld in artikel 285, eerste lid, ontbreken, stelt de rechtbank burgemeester en wethouders in de gelegenheid om binnen een termijn van een maand de ontbrekende gegevens te verstrekken.

Art. 287a

Instemming met schuldenregeling

1. De schuldenaar kan in het verzoekschrift, bedoeld in artikel 284, eerste lid, de rechtbank verzoeken één of meer schuldeisers die weigert of weigeren mee te werken aan een vóór indiening van het verzoekschrift aangeboden schuldregeling, te bevelen in te stemmen met deze schuldregeling.

(Zie ook: art. 292 FW; art. 561 Sv)

Horen schuldenaar/schuldeiser

2. De rechtbank stelt terstond dag, uur en plaats vast waarop zij de schuldenaar en schuldeiser of schuldeisers op wie het verzoek betrekking heeft, zal horen, onverminderd artikel 287, tweede lid.

3. De oproeping van de schuldenaar en de schuldeiser of schuldeisers geschiedt schriftelijk door de griffier. De rechter kan nader bepalen hoe deze oproeping geschiedt.

Uitspraak rechtbank

4. De rechtbank doet op de dag van de zitting of anders uiterlijk op de achtste dag daarna uitspraak op het verzoek. De uitspraak geschiedt bij vonnis.

Overeenkomstige toepassing

5. De rechtbank wijst het verzoek toe indien de schuldeiser in redelijkheid niet tot weigering van instemming met de schuldregeling heeft kunnen komen, in aanmerking genomen de onevenredigheid tussen het belang dat hij heeft bij uitoefening van de bevoegdheid tot weigering en de belangen van de schuldenaar of van de overige schuldeisers die door die weigering worden geschaad. Artikel 300, lid 1, van Boek 3 van het Burgerlijk Wetboek is van toepassing.

Toewijzing verzoek

6. Indien de rechtbank het verzoek toewijst, veroordeelt de rechtbank de schuldeiser die instemming met de schuldregeling heeft geweigerd, in de kosten.

7. De rechtbank wijst het verzoek af indien de schuldbemiddeling niet wordt uitgevoerd door een persoon of instelling als bedoeld in artikel 48, eerste lid, van de Wet op het consumentenkrediet.

Afwijzing verzoek

8. Indien de rechtbank het verzoek afwijst, beslist zij op het verzoek tot toepassing van de schuldsaneringsregeling, indien de schuldenaar het verzoek daartoe handhaaft.

Art. 287b

Voorlopige voorziening

1. Voorafgaand aan de behandeling van het verzoek, bedoeld in artikel 287a, eerste lid, kan de schuldenaar onderscheidenlijk kunnen burgemeester en wethouders indien een verzoek op de voet van artikel 284, vierde lid, is ingediend, in het verzoek, bedoeld in artikel 284, eerste lid, de rechtbank verzoeken een voorlopige voorziening te geven indien er sprake is van een bedreigende situatie.

2. Onder een bedreigende situatie, als bedoeld in het eerste lid, wordt verstaan gedwongen woningontruiming, beëindiging van de levering van gas, elektra of water of opzegging dan wel ontbinding van de zorgverzekering.

3. Artikel 287a, tweede, derde, vierde en zevende lid, is van toepassing.

4. De voorlopige voorziening strekt tot het van toepassing verklaren van de artikelen 304 of 305 alsmede tot een verbod tot het opzeggen of ontbinden van de zorgverzekering.

5. De voorlopige voorziening wordt uitgesproken voor de duur van maximaal zes maanden.

6. Een gemeentelijke kredietbank als bedoeld in de Wet financieel toezicht of een persoon of instelling als bedoeld in artikel 48, eerste lid, van de Wet op het consumentenkrediet die namens de schuldenaar de buitengerechtelijke schuldregeling die uitvoert, brengt na afloop van de voorziening, bedoeld in het eerste lid, verslag uit aan de rechtbank.

Art. 288

Afwijzing verzoek tot toepassen schuldsaneringsregeling

1. Het verzoek, bedoeld in artikel 284, eerste lid, wordt slechts toegewezen indien voldoende aannemelijk is:

a. dat de schuldenaar niet zal kunnen voortgaan met het betalen van zijn schulden;

b. dat de schuldenaar ten aanzien van het ontstaan of onbetaald laten van zijn schulden in de vijf jaar voorafgaand aan de dag waarop het verzoek is ingediend, te goeder trouw is geweest; en

c. dat de schuldenaar de uit de schuldsaneringsregeling voortvloeiende verplichtingen naar behoren zal nakomen en zich zal inspannen zoveel mogelijk baten voor de boedel te verwerven.

2. Het verzoek wordt evenwel afgewezen:

a. indien de schuldsaneringsregeling reeds op de schuldenaar van toepassing is;

b. indien de poging tot een buitengerechtelijke schuldregeling niet is uitgevoerd door een persoon of instelling als bedoeld in artikel 48, eerste lid, van de Wet op het consumentenkrediet; *c.* indien de schuldenaar schulden heeft welke voortvloeien uit een onherroepelijke veroordeling als bedoeld in artikel 358, vierde lid, ter zake van een of meer misdrijven, welke veroordeling onherroepelijk is geworden binnen vijf jaar voor de dag van indiening van het verzoek, tenzij de rechter aanleiding ziet een langere termijn in acht te nemen; of *d.* indien minder dan tien jaar voorafgaande aan de dag waarop het verzoek is ingediend, ten aanzien van de schuldenaar de schuldsaneringsregeling van toepassing is geweest, tenzij deze toepassing is beëindigd op grond van artikel 350, derde lid, onder a of b of op grond van artikel 350, derde lid, onder d, om redenen die de schuldenaar niet waren toe te rekenen. *(Zie ook: artt. 350, 358 FW)*

3. Het verzoek kan in afwijking van het eerste lid, onder b, en het tweede lid, onder c, worden toegewezen indien voldoende aannemelijk is dat de schuldenaar de omstandigheden die bepalend zijn geweest voor het ontstaan of onbetaald laten van zijn schulden, onder controle heeft gekregen.

(Zie ook: art. 350 FW)

4. Het van toepassing verklaren van de schuldsaneringsregeling kan niet worden geweigerd uitsluitend op grond dat er geen of onvoldoende vooruitzicht bestaat dat schuldeisers algehele of gedeeltelijke betaling op hun vorderingen zullen ontvangen.

5. Indien het verzoek wordt afgewezen, kan de schuldenaar niet ambtshalve in staat van faillissement worden verklaard.

(Zie ook: artt. 3a, 292 FW)

Art. 289

1. Het vonnis waarbij de toepassing van de schuldsaneringsregeling wordt uitgesproken, kan tevens de vaststelling inhouden van de dag, uur en plaats waarop de verificatievergadering zal worden gehouden.

Verificatievergadering

2. Indien de dag, uur en plaats waarop de verificatievergadering zal worden gehouden niet in het vonnis, bedoeld in het eerste lid, zijn vastgesteld, kunnen deze op een later tijdstip door de rechter-commissaris worden vastgesteld, ambtshalve, of op verzoek van de schuldenaar of van de bewindvoerder.

(Zie ook: art. 329 FW)

3. Indien de rechtbank of de rechter-commissaris de verificatievergadering bepaalt, wordt daarbij tevens de dag vastgesteld waarop uiterlijk de schuldvorderingen bij de bewindvoerder moeten worden ingediend.

4. Tussen de in het derde lid bedoelde dag en de dag van de verificatievergadering moeten ten minste veertien dagen verlopen.

5. De verificatievergadering zal niet eerder worden gehouden dan twee maanden na de dag van de uitspraak tot toepassing van de schuldsaneringsregeling.

Art. 290

1. De rechter die de toepassing van de schuldsaneringsregeling uitspreekt, kan in deze uitspraak tevens voorzieningen treffen die hij ter beveiliging van de belangen van de schuldeisers nodig oordeelt.

Voorzieningen ter beveiliging belangen schuldeisers

2. De rechter-commissaris kan dit ook terwijl de schuldsaneringsregeling van toepassing is op verzoek van de bewindvoerder of van één of meer schuldeisers dan wel ambtshalve.

(Zie ook: art. 225 FW)

Art. 291

1. De rechter kan in de uitspraak tot de toepassing van de schuldsaneringsregeling één of meer deskundigen benoemen ten einde binnen een door hem te bepalen termijn, die zo nodig kan worden verlengd, een onderzoek naar de staat van de boedel in te stellen en een beredeneerd verslag van hun bevindingen uit te brengen. Het tweede lid van artikel 290 vindt overeenkomstige toepassing.

Onderzoek deskundigen naar staat boedel

2. Het verslag bevat een met redenen omkleed oordeel over de betrouwbaarheid van de door de schuldenaar overgelegde staat en bescheiden.

Deskundigenverslag

Art. 292

1. Tegen de uitspraak tot toewijzing van het verzoek om een bevel tot instemming met een schuldregeling, bedoeld in artikel 287a, eerste lid, kunnen de schuldeisers die het verzoek betrof gedurende acht dagen na de dag van de uitspraak in hoger beroep komen.

Hoger beroep

2. Tegen de uitspraak tot toepassing van de schuldsaneringsregeling kan noch door schuldeisers noch door andere belanghebbenden verzet, hoger beroep of cassatie worden ingesteld, onverminderd overeenkomstige toepassing van artikel 215a.

3. Tegen de uitspraak tot afwijzing van het verzoek tot toepassing van de schuldsaneringsregeling kan de schuldenaar gedurende acht dagen na de dag van de uitspraak in hoger beroep komen. Wanneer het verzoek tevens een verzoek inhield als bedoeld in het eerste lid, wordt dit verzoek eveneens aan het gerechtshof voorgelegd.

B13 art. 293 **Faillissementswet**

4. Het hoger beroep wordt ingesteld door indiening van een verzoek ter griffie van het gerechtshof, dat van de zaak kennis moet nemen. De voorzitter bepaalt terstond dag en uur voor de behandeling, welke zal moeten plaatshebben binnen twintig dagen na de dag van de indiening van het verzoek. De uitspraak vindt niet later plaats dan op de achtste dag na die van de behandeling van het verzoek ter zitting.

5. Van het arrest, waarbij het verzoek van de schuldenaar bedoeld in de eerste zin van het derde lid, en indien van toepassing tevens het verzoek bedoeld in de tweede zin van het derde lid, door het gerechtshof is afgewezen, kan de schuldenaar gedurende acht dagen na die van de uitspraak in cassatie komen.

6. Van het arrest, waarbij het verzoek van de schuldeisers bedoeld in het eerste lid, door het gerechtshof is afgewezen, kunnen deze schuldeisers gedurende acht dagen na die van de uitspraak in cassatie komen.

7. Het beroep in cassatie wordt ingesteld door indiening van een verzoek ter griffie van de Hoge Raad.

8. Indien het verzoek van de schuldenaar in hoger beroep of cassatie wordt verworpen, kan de schuldenaar niet ambtshalve in staat van faillissement worden verklaard.

9. Wordt de toepassing van de schuldsaneringsregeling pas in hoger beroep of cassatie uitgesproken, dan geeft de griffier van het rechtscollege daarvan onverwijld kennis aan de griffier van de rechtbank, waarbij de schuldenaar zijn verzoek heeft ingediend. De rechtbank gaat terstond na die kennisgeving over tot benoeming van een rechter-commissaris en een bewindvoerder.

Art. 293

Openbaarmaking uitspraak

1. De griffier van de rechtbank doet van de uitspraak tot de toepassing van de schuldsaneringsregeling, van de naam, de woonplaats en het beroep van de schuldenaar, van de naam van de rechter-commissaris, van de naam en de woonplaats of het kantoor van de bewindvoerder alsmede van de dagen, uur en plaats bedoeld in artikel 289, onverwijld aankondiging in de Staatscourant.

Kennisgeving aan postvervoerbedrijf

2. De griffier van de rechtbank geeft van de toepassing van de schuldsaneringsregeling onverwijld kennis aan het postvervoerbedrijf of de postvervoerbedrijven die zijn aangewezen als verlener van de universele postdienst, alsmede de andere geregistreerde postvervoerbedrijven, bedoeld in de Postwet 2009. In de kennisgeving wordt melding gemaakt van de in artikel 287, vijfde lid, bedoelde last.

(Zie ook: artt. 329, 340, 345, 348, 350, 352, 356 FW)

Art. 294

Inschrijving schuldsaneringsregeling in openbaar register

1. Bij elke rechtbank wordt door de griffier een openbaar register gehouden, waarin hij, voor iedere van toepassing verklaarde schuldsaneringsregeling afzonderlijk, achtereenvolgens, met vermelding van de dagtekening, inschrijft:

a. een uittreksel van de rechterlijke uitspraken tot toepassing van de schuldsaneringsregeling en tot beëindiging daarvan;

b. de beëindiging en de herleving van de toepassing van de schuldsaneringsregeling bedoeld in artikel 312;

c. de summiere inhoud en de homologatie van het akkoord;

d. de ontbinding van het akkoord;

e. het bedrag van de uitdelingen;

f. de summiere inhoud van de uitspraak bedoeld in artikel 354 en 354a;

g. de datum waarop de schuldsaneringsregeling ingevolge het bepaalde in artikel 356, tweede lid, is geëindigd;

h. de vereisten vermeld in artikel 24, tweede lid, van de in artikel 5, derde lid, genoemde verordening.

2. Omtrent vorm en inhoud van het register worden bij algemene maatregel van bestuur nadere regels gegeven.

3. De griffier is verplicht aan een ieder kosteloze inzage van het register en tegen betaling een uittreksel daaruit te verstrekken.

(Zie ook: artt. 19, 222a, 287, 338, 340, 343, 349, 350, 356 FW)

4. De griffier geeft de in het eerste lid, onder a tot en met h, genoemde gegevens door aan Onze Minister van Justitie of een bij algemene maatregel van bestuur aan te wijzen ander orgaan ten behoeve van het in artikel 294a genoemde centrale register.

(Zie ook: Aanw.besl. RR; Brs)

Art. 294a

Centraal register schuldsaneringsregelingen

1. Door onze Minister van Justitie of, indien ingevolge artikel 294, vierde lid, een ander orgaan is aangewezen, door dat orgaan wordt een centraal register gehouden, waarin de in artikel 294, eerste lid, onder a tot en met h, genoemde gegevens worden ingeschreven.

2. Omtrent vorm en inhoud van het register worden bij algemene maatregel van bestuur nadere regels gegeven.

3. Een ieder heeft kosteloos inzage in het register en kan tegen betaling een uittreksel daaruit verkrijgen.

(Zie ook: artt. 19a, 222b FW)

Art. 294b

De griffier geeft voor iedere van toepassing verklaarde schuldsaneringsregeling een uittreksel van het verzoekschrift met bijlagen op grond van artikel 285 door aan Onze Minister van Justitie of, indien ingevolge artikel 294, vierde lid, een ander orgaan is aangewezen, dat orgaan ter inschrijving in het in artikel 294a bedoelde register. Onze Minister van Justitie onderscheidenlijk het orgaan, bedoeld in de eerste zin, stelt vast welke gegevens in het uittreksel worden opgenomen. Artikel 294a, derde lid, is op het uittreksel niet van toepassing.

Uittreksel verzoekschrift schuldsaneringsregeling

Tweede afdeling

De gevolgen van de toepassing van de schuldsaneringsregeling

Art. 295

1. De boedel omvat de goederen van de schuldenaar ten tijde van de uitspraak tot de toepassing van de schuldsaneringsregeling, alsmede de goederen die hij tijdens de toepassing van die regeling verkrijgt.

Boedel

2. Van het inkomen en periodieke uitkeringen onder welke benaming ook die de schuldenaar verkrijgt, wordt, onverminderd het derde lid, slechts buiten de boedel gelaten een bedrag gelijk aan de beslagvrije voet bedoeld in de artikelen 475c tot en met 475e van het Wetboek van Burgerlijke Rechtsvordering.

3. De rechter-commissaris kan op verzoek van de schuldenaar, de bewindvoerder dan wel ambtshalve bij schriftelijke beschikking het bedrag, bedoeld in het tweede lid, verhogen met een in die beschikking vast te stellen nominaal bedrag. De rechter-commissaris kan aan zijn beschikking voorwaarden verbinden en terugwerkende kracht verlenen.

4. Buiten de boedel vallen voorts:

a. de goederen die de schuldenaar, anders dan om niet, verkrijgt krachtens een tijdens de toepassing van de schuldsaneringsregeling tot stand gekomen overeenkomst indien de met die verkrijging samenhangende prestatie van de schuldenaar niet ten laste van de boedel komt;

b. de inboedel, voorzover niet bovenmatig, bedoeld in artikel 5 van Boek 3 van het Burgerlijk Wetboek;

c. hetgeen is vermeld in artikel 21, onder 1°, 3°, 5°, 6° en 7°;

d. het door de rechter of door de rechter-commissaris overeenkomstig artikel 21, onder 4°, vastgestelde bedrag.

5. Niettemin valt een goed als bedoeld in het vierde lid, onder a, in de boedel indien de waarde van dat goed de waarde van de met de verkrijging samenhangende prestatie aanmerkelijk overtreft. Artikel 22a is van overeenkomstige toepassing.

6. Ten aanzien van het tweede en vierde lid, onder c en d, is artikel 22 van overeenkomstige toepassing. Artikel 22a is van overeenkomstige toepassing.

(Zie ook: artt. 297, 311, 312, 315, 329, 324, 343, 350 FW)

Art. 295a

[Vervallen]

Art. 296

1. Door de uitspraak tot de toepassing van de schuldsaneringsregeling verliest de schuldenaar van rechtswege:

a. de bevoegdheid om over de tot de boedel behorende goederen te beschikken;

b. de bevoegdheid om ten aanzien van die goederen feitelijke handelingen te verrichten en toe te laten.

Bevoegdheden schuldenaar na de uitspraak tot toepassing schuldsaneringsregeling

2. De schuldenaar is verplicht alle goederen die tot de boedel behoren op verzoek van de bewindvoerder aan hem af te leveren.

3. De rechter-commissaris kan op verzoek van de schuldenaar of de bewindvoerder dan wel ambtshalve bij schriftelijke beschikking ten aanzien van bepaaldelijk daartoe aan te wijzen goederen bepalen dat de schuldenaar daarover het beheer heeft.

(Zie ook: art. 311 FW)

Art. 297

1. Onverminderd het bepaalde in artikel 296 is de schuldenaar zelfstandig bevoegd tot het verrichten van rechtshandelingen.

Bevoegdheid schuldenaar tot verrichten rechtshandelingen

2. De schuldenaar behoeft niettemin de toestemming van de bewindvoerder voor de volgende rechtshandelingen:

a. het aangaan van een overeenkomst inzake krediet in de zin van de Wet op het financieel toezicht;

b. overeenkomsten waarbij hij zich als borg of anderszins als medeschuldenaar verbindt, zich voor een derde sterk maakt of zich tot zekerheidstelling voor de schuld van een derde verbindt;

B13 art. 299

Faillissementswet

c. giften, met uitzondering van de gebruikelijke, voorzover niet bovenmatig.

Vernietigbaarheid rechtshandeling

3. Een rechtshandeling in strijd met het tweede lid verricht, is vernietigbaar. Slechts de bewindvoerder kan deze vernietigingsgrond inroepen.

(Zie ook: art. 312 FW; art. 50 BW Boek 3)

Art. 298

[Vervallen]

Art. 299

Vorderingen ten aanzien waarvan schuldsaneringsregeling werkt

1. De schuldsaneringsregeling werkt ten aanzien van:

a. vorderingen op de schuldenaar die ten tijde van de uitspraak tot de toepassing van de schuldsaneringsregeling bestaan;

b. vorderingen op de schuldenaar die na de uitspraak tot de toepassing van de schuldsaneringsregeling ontstaan uit hoofde van ontbinding of vernietiging van een vóór die uitspraak met de schuldenaar gesloten overeenkomst;

c. vorderingen die strekken tot schadevergoeding ter zake van tekortschieten na de uitspraak tot de toepassing van de schuldsaneringsregeling in de nakoming van een vóór die uitspraak op de schuldenaar verkregen verbintenis;

d. vorderingen op de schuldenaar die na de uitspraak tot de toepassing van de schuldsaneringsregeling ontstaan door de vervulling van een vóór die uitspraak overeengekomen ontbindende voorwaarde;

e. na de uitspraak tot de toepassing van de schuldsaneringsregeling onvoldaan gebleven vorderingen op de schuldenaar die ontstaan krachtens artikel 10 van Boek 6 van het Burgerlijk Wetboek uit hoofde van een ten tijde van de uitspraak tot de toepassing van de schuldsaneringsregeling reeds bestaande rechtsbetrekking.

2. Rechtsvorderingen die voldoening van een vordering uit de boedel ten doel hebben, kunnen gedurende de toepassing van de schuldsaneringsregeling ook tegen de schuldenaar op geen andere wijze worden ingesteld dan door aanmelding ter verificatie.

3. De artikelen 57 tot en met 59a zijn van overeenkomstige toepassing.

(Zie ook: art. 301 FW)

Art. 299a

Vorderingen uit hoofde van studieschulden

1. De schuldsaneringsregeling werkt niet ten aanzien van vorderingen uit hoofde van studieschulden waarop hoofdstuk 6 of hoofdstuk 10a van de Wet studiefinanciering 2000 van toepassing is, behoudens voorzover die vorderingen betrekking hebben op de in artikel 6.8 van die wet bedoelde achterstallige schulden die bestaan ten tijde van de uitspraak tot de toepassing van de schuldsaneringsregeling.

2. Zolang de schuldsaneringsregeling van toepassing is, wordt de aflosfase bedoeld in artikel 6.7 onderscheidenlijk 10a.4 van de Wet studiefinanciering 2000 opgeschort. Gedurende deze periode is over de studieschuld geen rente verschuldigd.

Art. 299b

Retentierecht

1. De schuldeiser die retentierecht heeft op een aan de schuldenaar toebehorende zaak, verliest dit recht niet door het van toepassing verklaren van de schuldsaneringsregeling.

2. De bewindvoerder kan, voorzover dit in het belang is van de boedel, de zaak in de boedel terugbrengen door voldoening van de vordering waarvoor het retentierecht kan worden uitgeoefend.

Parate executie

3. De schuldeiser kan de bewindvoerder een redelijke termijn stellen om tot toepassing van het tweede lid over te gaan. Heeft de bewindvoerder niet binnen deze termijn de zaak in de boedel teruggebracht, dan kan de schuldeiser haar verkopen met overeenkomstige toepassing van de bepalingen betreffende parate executie door een pandhouder of, als het een registergoed betreft, die betreffende parate executie door een hypotheekhouder. De rechter-commissaris is bevoegd de termijn op verzoek van de bewindvoerder een of meermalen te verlengen.

4. Betreft het een registergoed, dan dient de schuldeiser, op straffe van verval van het recht van parate executie, binnen veertien dagen na het verstrijken van de in het derde lid bedoelde termijn, aan de bewindvoerder bij exploot aan te zeggen dat hij tot executie overgaat, en dit exploot in de openbare registers te doen inschrijven.

5. De bewindvoerder kan de schuldeiser die overeenkomstig het derde lid het recht van parate executie kan uitoefenen, een redelijk termijn stellen daartoe over te gaan. Heeft de schuldeiser de zaak niet binnen deze termijn verkocht, dan kan de bewindvoerder haar opeisen en met toepassing van artikel 326 of 347, tweede lid, verkopen, onverminderd de voorrang, aan de schuldeiser in artikel 292 van Boek 3 van het Burgerlijk Wetboek toegekend. De rechter-commissaris is bevoegd de termijn op verzoek van de schuldeiser een of meermalen te verlengen.

(Zie ook: artt. 60, 315, 332 lid 2 FW)

Art. 300

Borgen en andere medeschuldenaren

De schuldsaneringsregeling werkt niet ten voordele van borgen en andere medeschuldenaren.

(Zie ook: artt. 136, 160, 241 FW; art. 6 BW Boek 6; art. 850 BW Boek 7)

Art. 301

1. Een vordering van de ontvanger als bedoeld in artikel 19 van de Invorderingswet 1990 (Stb. 221) is niet toegelaten.

2. Alle ten tijde van de uitspraak tot de toepassing van de schuldsaneringsregeling tot verhaal van zijn schulden aangevangen executies worden geschorst.

3. De gelegde beslagen vervallen met ingang van de dag waarop de toepassing van de schuldsaneringsregeling is uitgesproken. De inschrijving van een desbetreffende, op verzoek van de bewindvoerder af te geven verklaring van de rechter-commissaris machtigt de bewaarder van de openbare registers tot doorhaling.

4. Een vervallen beslag herleeft, zodra de toepassing van de schuldsaneringsregeling eindigt op grond van het bepaalde in artikel 350, derde lid, onder b, mits het goed dan nog tot de boedel behoort. Indien de inschrijving van het beslag in de openbare registers is doorgehaald, vervalt de herleving, indien niet binnen veertien dagen na de herleving een exploot is ingeschreven, waarbij van de herleving mededeling aan de schuldenaar is gedaan.

5. Het tweede, derde en vierde lid zijn eveneens van toepassing ten aanzien van executies en beslagen, aangevangen of gelegd ten behoeve van vorderingen welke door pand of hypotheek zijn gedekt, voorzover die executies en beslagen niet zijn aangevangen en gelegd op goederen, welke voor die vorderingen bijzonderlijk zijn verbonden.

(Zie ook: artt. 299, 338, 347 FW)

Art. 302

Indien de schuldenaar zich in gijzeling bevindt, is hij daaruit van rechtswege ontslagen door de uitspraak tot toepassing van de schuldsaneringsregeling, tenzij de gijzeling plaatsvindt anders dan wegens een vordering ten aanzien waarvan de schuldsaneringsregeling werkt.

(Zie ook: artt. 33, 87, 230, 287 FW)

Art. 303

1. Met ingang van de dag van de uitspraak tot de toepassing van de schuldsaneringsregeling is de schuldenaar wettelijke noch bedongen rente verschuldigd over vorderingen ten aanzien waarvan de schuldsaneringsregeling werkt.

2. De renteverplichting herleeft met terugwerkende kracht zodra de toepassing van de schuldsaneringsregeling is beëindigd op voet van artikel 312, tweede lid, of met ingang van de dag waarop de uitspraak tot beëindiging van de schuldsaneringsregeling krachtens artikel 350, derde lid, onder c tot en met g, in kracht van gewijsde is gegaan.

3. De rechtbank kan in de uitspraak tot toepassing van de schuldsaneringsregeling of bij beschikking het eerste lid buiten toepassing verklaren ten aanzien van rente die verschuldigd is over een vordering waarvoor een hypotheek tot zekerheid strekt die is gevestigd op het registergoed waarin de schuldenaar woonachtig is, indien dat in het belang van de boedel is. De rechter-commissaris kan dit op verzoek van de bewindvoerder bij schriftelijke beschikking verklaren indien dit in het belang van de boedel is, nadat de schuldsaneringsregeling van toepassing is verklaard.

Art. 304

1. Een wederpartij is niet bevoegd de nakoming van zijn verbintenis die voortvloeit uit een overeenkomst tot het geregeld afleveren van gas, water, elektriciteit of verwarming, benodigd voor de eerste levensbehoeften, jegens de schuldenaar op te schorten wegens het door de schuldenaar niet nakomen van een verbintenis tot betaling van een geldsom die is ontstaan vóór de uitspraak tot de toepassing van de schuldsaneringsregeling.

2. Een tekortkoming in de nakoming van de schuldenaar als in het eerste lid bedoeld, die plaatsvond vóór de uitspraak tot de toepassing van de schuldsaneringsregeling, levert geen grond op voor ontbinding van een overeenkomst als bedoeld in het eerste lid.

3. Een beroep door de wederpartij op een beding dat een uitspraak tot de toepassing van de schuldsaneringsregeling grond oplevert voor ontbinding van een overeenkomst als bedoeld in het eerste lid, dan wel dat die overeenkomst daardoor van rechtswege zal zijn ontbonden, is slechts toegelaten met goedvinden van de bewindvoerder.

(Zie ook: artt. 37b, 237b FW; artt. 262, 265 BW Boek 6)

Art. 305

1. Indien de schuldenaar huurder is, kan de bewindvoerder, of met diens machtiging de schuldenaar, de huur tussentijds doen eindigen, mits de opzegging geschiedt overeenkomstig de opzegtermijnen van de artikelen 228, lid 2, 271, lid 2, en 293, lid 2, van Boek 7 van het Burgerlijk Wetboek. Bovendien moet bij de opzegging de daarvoor overeengekomen of gebruikelijke termijn in acht genomen worden, met dien verstande echter, dat een termijn van drie maanden in elk geval voldoende zal zijn. Zijn de huurpenningen vooruit betaald, dan kan de huur niet eerder worden opgezegd dan tegen de dag, waarop de termijn, waarvoor vooruitbetaling heeft plaats gehad, eindigt.

2. Een tekortkoming door de schuldenaar in de nakoming van een financiële verplichting, voortvloeiend uit de huurovereenkomst met betrekking tot zijn woonruimte, welke tekortkoming

B13 *art. 306* **Faillissementswet**

plaatsvond vóór de uitspraak tot de toepassing van de schuldsaneringsregeling, levert geen grond op voor opzegging of ontbinding van de huurovereenkomst. Is een vonnis tot ontruiming van de woonruimte wegens een dergelijke tekortkoming uitgesproken vóór de uitspraak tot toepassing van de schuldsaneringsregeling, dan wordt de tenuitvoerlegging van het vonnis opgeschort voor de duur van de schuldsaneringsregeling, mits de lopende huurpenningen tijdig worden voldaan. De huurovereenkomst wordt voor de duur van de schuldsaneringsregeling verlengd.

3. De verhuurder is bevoegd de huur tussentijds te beëindigen indien de schuldenaar jegens de verhuurder een verplichting die ontstaat na de uitspraak tot de toepassing van de schuldsaneringsregeling, niet nakomt, mits de opzegging geschiedt tegen een tijdstip, waarop dergelijke overeenkomsten naar plaatselijk gebruik eindigen. De tweede en derde volzin van het eerste lid zijn van toepassing.

4. Indien de schuldenaar pachter is, vinden het eerste, tweede en derde lid overeenkomstige toepassing.

(Zie ook: artt. 39, 238, 311, 316 FW; artt. 1584, 1607, 1623b BW Boek 7A)

Art. 306

Nietigheid betaling ten laste niet tot de boedel behorende goederen

Een betaling ten laste van niet tot de boedel behorende goederen van de schuldenaar verricht, op vorderingen ten aanzien waarvan de schuldsaneringsregeling werkt, is nietig.

Art. 307

Verrekenen schuld

1. Hij die zowel schuldenaar als schuldeiser is van de persoon ten aanzien van wie de schuldsaneringsregeling is uitgesproken, kan zijn schuld met zijn vordering ten aanzien waarvan de schuldsaneringsregeling werkt, slechts verrekenen indien beide zijn ontstaan vóór de uitspraak tot de toepassing van de schuldsaneringsregeling.

2. Artikel 53, tweede en derde lid, is van overeenkomstige toepassing.

Art. 308

Betaling anders dan ten laste van de boedel

Een betaling door de schuldenaar anders dan ten laste van de boedel verricht, wordt niet toegerekend op een vordering ten aanzien waarvan de schuldsaneringsregeling werkt.

(Zie ook: art. 306 FW)

Art. 309

[Vervallen]

Art. 309a

Uitgezonderde verpande goederen bij financiëlezekerheidsoovereenkomst

Van de goederen als bedoeld in artikel 309, eerste lid, zijn uitgezonderd de goederen die uit hoofde van een financiëlezekerheidsovereenkomst als bedoeld in artikel 51 van Boek 7 van het Burgerlijk Wetboek zijn verpand.

Art. 310

Betaling niet tot de boedel behorende vorderingen tot betaling geldsom

1. De rechter-commissaris kan op verzoek van de bewindvoerder, van de schuldenaar dan wel ambtshalve bij schriftelijke beschikking bepalen dat betaling op niet tot de boedel behorende vorderingen van de schuldenaar tot betaling van een geldsom, moet geschieden aan de bewindvoerder. De rechter-commissaris kan de beschikking beperken tot een bepaalde periode en tot bepaalde vorderingen.

2. De bewindvoerder brengt de schuldenaren die het aangaat bij brief van de beschikking bedoeld in het eerste lid op de hoogte.

3. De door de bewindvoerder ingevolge het eerste lid ontvangen gelden behoren niet tot de boedel. De bewindvoerder voert ter zake een afzonderlijke administratie.

4. De bewindvoerder voldoet uit de door hem ingevolge het eerste lid ontvangen gelden voor en namens de schuldenaar vorderingen ten aanzien waarvan de schuldsaneringsregeling niet werkt en die ter voldoening door de rechter-commissaris zijn aangewezen.

(Zie ook: art. 315 FW)

Art. 311

Bevoegdheid uitoefening zelfstandig beroep of bedrijf voort te zetten

1. De rechter-commissaris kan op verzoek van de bewindvoerder of de schuldenaar dan wel ambtshalve bij schriftelijke beschikking bepalen dat de schuldenaar gedurende een in die beschikking vast te stellen periode bevoegd is ten behoeve van de boedel de uitoefening van zijn zelfstandig beroep of bedrijf voort te zetten. De rechter-commissaris kan een periode telkens verlengen en aan zijn beschikking voorwaarden verbinden.

2. Een beschikking als bedoeld in het eerste lid heeft tot gevolg dat de schuldenaar bevoegd is alle handelingen waartoe de bewindvoerder toestemming heeft gegeven en die voor de normale uitoefening van het beroep of bedrijf nodig zijn, te verrichten.

3. Vorderingen die voortvloeien uit een voortzetting van de uitoefening van het beroep of bedrijf waartoe de schuldenaar op grond van dit artikel bevoegd is, waaronder te begrijpen de verschuldigde huurpenningen, voorzover aan die voortzetting toe te rekenen, zijn boedelschulden.

(Zie ook: artt. 98, 295, 296, 305, 315 FW)

Art. 312

1. Gedurende de toepassing van de schuldsaneringsregeling kan de schuldenaar in staat van faillissement worden verklaard ter zake van vorderingen ten aanzien waarvan de schuldsaneringsregeling niet werkt.

2. Door de faillietverklaring van de schuldenaar eindigt de toepassing van de schuldsaneringsregeling van rechtswege. Van de beëindiging wordt door de curator melding gemaakt in de publicatie bedoeld in artikel 14, derde lid.

3. Indien tengevolge van verzet, hoger beroep of cassatie de faillietverklaring wordt vernietigd, herleeft de toepassing van de schuldsaneringsregeling van rechtswege. Daarvan wordt melding gemaakt in de aankondiging bedoeld in artikel 15, eerste lid, tweede volzin. Artikel 15d, eerste lid, is van overeenkomstige toepassing.

(Zie ook: artt. 6, 294, 295, 297, 303, 320, 343, 350, 359 FW)

Art. 313

1. De artikelen 24 tot en met 31, 34 tot en met 38a, 40 tot en met 52, 54 tot en met 56 en 60a tot en met 63a zijn van overeenkomstige toepassing.

2. De in de eerste volzin van artikel 63a, eerste lid, bedoelde beslissing kan ook op verzoek van de schuldenaar dan wel ambtshalve worden gegeven door de rechter die de toepassing van de schuldsaneringsregeling uitspreekt.

Derde afdeling
Het bestuur over de boedel

Art. 314

1. De rechter-commissaris houdt toezicht op de vervulling door de bewindvoerder van de door hem ingevolge deze titel te verrichten taken.

2. De artikelen 65 en 66 zijn van overeenkomstige toepassing.

(Zie ook: art. 64 FW)

Art. 315

1. Van alle beschikkingen van de rechter-commissaris staat gedurende vijf dagen hoger beroep op de rechtbank open. De rechtbank beslist na verhoor of behoorlijke oproeping van de belanghebbenden.

2. Niettemin kan geen hoger beroep worden ingesteld tegen de beschikkingen die zijn genomen overeenkomstig de artikelen 21, onder 4, 34, 58, eerste lid, 59a, derde lid, 94, tweede lid, 102, tweede lid, 125, 176, tweede lid, en de beschikkingen bedoeld in de artikelen 287, vijfde lid, 289, tweede lid, 290, tweede lid, 295, derde lid, 296, derde lid, artikel 299b, derde en vijfde lid, 310, eerste lid, 311, eerste lid, 316, tweede lid, 318, tweede lid, 320, tweede en vierde lid, 324, derde lid, 328a, tweede lid, 328b, vierde lid, 332, vierde lid en 347, tweede lid.

(Zie ook: artt. 67, 361 FW)

Art. 316

1. De bewindvoerder is belast met:

a. het toezicht op de naleving door de schuldenaar van diens verplichtingen die uit de schuldsaneringsregeling voortvloeien;

b. het beheer en de vereffening van de boedel.

2. Alvorens in rechte op te treden, behalve waar het verificatiegeschillen betreft, alsmede in de gevallen van de artikelen 37, 40, 58, tweede lid, 59a, zesde lid, 305, 326, eerste lid, en 349, eerste lid, behoeft de bewindvoerder machtiging van de rechter-commissaris. Artikel 72 is van overeenkomstige toepassing.

(Zie ook: artt. 68, 315 FW)

Art. 317

1. Ieder der schuldeisers van vorderingen waarvoor de schuldsaneringsregeling werkt en de schuldenaar kunnen door het indienen van een verzoek tegen elke handeling van de bewindvoerder bij de rechter-commissaris opkomen, of van deze een bevel uitlokken dat de bewindvoerder een bepaalde handeling zal verrichten of een voorgenomen handeling zal nalaten.

2. De rechter-commissaris beslist, na de bewindvoerder te hebben gehoord, binnen drie dagen op het verzoek.

(Zie ook: art. 69 FW)

Art. 318

1. De bewindvoerder brengt binnen twee maanden na de uitspraak tot toepassing van de schuldsaneringsregeling en uiterlijk tien dagen voor de dag waarop de verificatievergadering zal worden gehouden een verslag uit over de toestand van de boedel en vervolgens telkens na verloop van zes maanden een verslag over de voortgang van de schuldsaneringsregeling. De bewindvoerder legt zijn verslag neer ter griffie van de rechtbank, ter kosteloze inzage van schuldeisers. De neerlegging geschiedt kosteloos.

B13 art. 319 **Faillissementswet**

2. De in het eerste lid bedoelde termijn van zes maanden, kan op verzoek van de bewindvoerder of ambtshalve door de rechter-commissaris worden gewijzigd.

(Zie ook: artt. 73a, 315 FW)

Art. 319

Ontslag en vervanging bewindvoerder

1. De rechtbank is bevoegd de bewindvoerder, na hem gehoord of behoorlijk opgeroepen te hebben, te ontslaan en door een ander te vervangen, hetzij op voordracht van de rechter-commissaris hetzij op een met redenen omkleed verzoek van de bewindvoerder, een of meer schuldeisers dan wel de schuldenaar.

Afleggen rekening en verantwoording

2. De ontslagen bewindvoerder legt rekening en verantwoording af aan de in zijn plaats benoemde bewindvoerder.

(Zie ook: art. 73 FW)

Art. 320

Vaststellen salaris bewindvoerder; voorschotverlening

1. De rechtbank stelt het salaris van de bewindvoerder vast in het vonnis bedoeld in artikel 354, eerste lid.

2. De rechter-commissaris kan op verzoek van de bewindvoerder tijdens de toepassing van de schuldsaneringsregeling telkens voor een daarbij vast te stellen periode een voorschot op het salaris toekennen.

3. Indien de toepassing van de schuldsaneringsregeling wordt beëindigd op de voet van artikel 350 of artikel 354a, stelt de rechtbank daarbij tevens het salaris vast.

4. Eindigt de toepassing van de schuldsaneringsregeling op grond van het bepaalde in artikel 312, tweede lid, dan stelt de rechtbank het salaris vast zodra de uitspraak tot faillietverklaring in kracht van gewijsde is gegaan.

5. In geval van akkoord wordt het salaris bij het vonnis van homologatie bepaald.

6. Het salaris van de bewindvoerder wordt vastgesteld volgens bij algemene maatregel van bestuur te stellen regels.

Voorrang salaris, voorschotten en kosten publicaties boven andere schulden

Salaris deskundigen en kosten overige publicaties

7. Het salaris van de bewindvoerder is schuld van de boedel en wordt bij voorrang voldaan boven alle andere schulden en boven een betaling bedoeld in artikel 295, vijfde lid. Het in de vorige volzin bepaalde is ook van toepassing op de verschotten en op de publicaties die ingevolge deze titel zijn voorgeschreven.

8. De kosten van de ingevolge deze titel voorgeschreven publicaties die niet uit de boedel kunnen worden voldaan, en het salaris van deskundigen komen ten laste van de Staat. De griffier van de rechtbank waarbij de schuldenaar zijn verzoek tot het uitspreken van de toepassing van de schuldsaneringsregeling heeft ingediend, draagt zorg voor de voldoening van het door de rechter die het eindsalaris van de bewindvoerder bepaalt, vast te stellen bedrag dat ten laste van de Staat komt.

(Zie ook: art. 71 FW; Bsal.bw; Bsal.bs)

Art. 321

De artikelen 85 en 86 zijn van overeenkomstige toepassing.

Vierde afdeling

De voorzieningen na de uitspraak tot de toepassing van de schuldsaneringsregeling en de taak van de bewindvoerder

Art. 322

Kennisgeving verificatievergadering

De bewindvoerder geeft van de dagen, uur en plaats bedoeld in artikel 289 onverwijld aan alle bekende schuldeisers bij brieven kennis. Indien de schuldenaar een ontwerp van akkoord ter griffie heeft neergelegd, wordt daarvan eveneens melding gemaakt.

Art. 323

Bewaring boedel door bewindvoerder

De bewindvoerder zorgt, dadelijk na zijn benoeming, door alle nodige en gepaste middelen voor de bewaring van de boedel. Tenzij de rechter-commissaris anders bepaalt, neemt de bewindvoerder de tot de boedel behorende bescheiden en andere gegevensdragers, gelden, kleinodiën, effecten en andere papieren van waarde tegen ontvangstbewijs onder zich, behoudens voorzover het beheer daarover op grond van een beslissing als bedoeld in artikel 296, derde lid, toekomt aan de schuldenaar.

(Zie ook: art. 92 FW)

Art. 324

Boedelbeschrijving

1. Artikel 94, eerste en tweede lid, is van overeenkomstige toepassing.

2. Van de goederen bedoeld in artikel 295, vierde lid, wordt een staat aan de beschrijving gehecht.

3. De rechter-commissaris kan bepalen dat de bewindvoerder een staat opmaakt als bedoeld in artikel 96 ter vervanging van de staat bedoeld in artikel 285, eerste lid, onder a.

(Zie ook: art. 315 FW)

Art. 325

Een afschrift van de boedelbeschrijving en, indien toepassing is gegeven aan artikel 324, derde lid, van de staat in dat artikellid bedoeld, worden ter kosteloze inzage van een ieder neergelegd ter griffie van de rechtbank die de schuldsaneringsregeling van toepassing heeft verklaard. De neerlegging geschiedt kosteloos.

(Zie ook: art. 97 FW)

Art. 326

[Vervallen]

Art. 327

De artikelen 99 en 102 tot en met 105b en 107 zijn van overeenkomstige toepassing.

Vijfde afdeling

Verificatie van vorderingen

Art. 328

1. Op de verificatie van vorderingen zijn de artikelen 110 tot en met 116, 119 tot en met 127 (in welk laatste artikel in de plaats van 108 wordt gelezen: 289, derde lid) en 129 tot en met 137 van overeenkomstige toepassing.

2. Renten, na de uitspraak tot de toepassing van de schuldsaneringsregeling lopende ten aanzien van door pand of hypotheek gedekte vorderingen, worden pro memorie geverifieerd. Voorzover de renten op de opbrengst daarvan niet batig gerangschikt worden, kan de schuldeiser aan deze verificatie geen rechten ontlenen.

(Zie ook: artt. 289, 303 FW)

Art. 328a

1. De rechter-commissaris kan de bewindvoerder verzoeken hem binnen acht dagen na dagtekening van het verzoek te melden of hij de verificatie van de vorderingen wenst voor te leggen aan de verificatievergadering. In het bevestigende geval stelt de rechter-commissaris dag, uur en plaats vast waarop de verificatievergadering zal worden gehouden en geeft de bewindvoerder hiervan onverwijld kennis aan alle bekende schuldeisers en de schuldenaar bij schriftelijke oproeping, tenzij de rechter-commissaris anders bepaalt.

2. Indien de bewindvoerder geen verificatievergadering wenst, kan de rechter-commissaris bepalen dat de verificatievergadering slechts pro forma gehouden zal worden op een door hem te bepalen dag en plaats en dat de vorderingen als geverifieerd zullen gelden zoals door de bewindvoerder in overeenstemming met de artikelen 112, 113 en 114 aangegeven, tenzij een schuldeiser binnen acht dagen na dagtekening van de in de tweede volzin bedoelde oproeping mededeling doet aan de rechtbank dat hij gebruik wenst te maken van zijn bevoegdheid als bedoeld in de artikelen 116, tweede zin, en 119, eerste lid. De bewindvoerder geeft van deze beschikking onmiddellijk kennis aan alle bekende schuldeisers en de schuldenaar bij schriftelijke oproeping, tenzij de rechter-commissaris anders bepaalt.

3. Ontvangt de rechtbank een mededeling van een of meer schuldeisers als bedoeld in het tweede lid, dan stelt de rechter-commissaris een dag, uur en plaats vast waarop de verificatievergadering zal worden gehouden. De bewindvoerder geeft hiervan onverwijld kennis aan alle bekende schuldeisers en de schuldenaar bij schriftelijke oproeping, tenzij de rechter-commissaris anders bepaalt.

4. In geval van het tweede lid ligt een afschrift van de lijsten als bedoeld in artikel 114 ter griffie van de rechtbank ter inzage gedurende acht dagen van de dagtekening van de kennisgeving van de pro forma zitting dan wel, indien een verificatievergadering wordt gehouden, tot de dag van die vergadering.

5. Met ingang van de dag van de pro forma zitting, gelden de vorderingen als geverifieerd zoals door de bewindvoerder ingevolge artikel 112 vastgesteld.

Art. 328b

1. Vorderingen, na afloop van de in artikel 289, derde lid, genoemde termijn, doch uiterlijk twee dagen vóór de dag waarop de verificatievergadering zal worden gehouden bij de bewindvoerder ingediend, worden op daartoe ter vergadering gedaan verzoek geverifieerd, indien noch de bewindvoerder noch een van de aanwezige schuldeisers daartegen bezwaar maakt.

2. Vorderingen, ingediend na het in het eerste lid genoemde tijdstip, worden niet geverifieerd.

3. De bepalingen van het eerste en tweede lid zijn niet toepasselijk, indien de schuldeiser buiten het Rijk in Europa woont en daardoor verhinderd was zich eerder aan te melden.

4. In geval van bezwaar, zoals in het eerste lid bedoeld, of van verhindering, zoals in het derde lid bedoeld, beslist de rechter-commissaris na raadpleging van de verificatievergadering.

B13 art. 328c *Faillissementswet*

Art. 328c

1. Aan schuldeisers die ten gevolge van hun verzuim om op te komen pas geverifieerd worden nadat er reeds een uitdeling heeft plaats gehad, wordt uit de nog voorhanden baten een bedrag vooruitbetaald, evenredig aan hetgeen door de overige erkende schuldeisers reeds is ontvangen.

2. Schuldeisers met voorrang verliezen die voorrang voorzover de opbrengst van de zaak, waaraan die voorrang kleefde, bij een vroegere uitdelingslijst aan andere schuldeisers bij voorrang is toegekend.

Zesde afdeling
Het akkoord

Art. 329

Aanbieding akkoord

1. De schuldenaar is bevoegd ten aanzien van vorderingen waarvoor de schuldsaneringsregeling werkt aan de schuldeisers van die vorderingen een akkoord aan te bieden.

Nederlegging akkoord

2. Het ontwerp van akkoord wordt ter griffie van de rechtbank neergelegd ter kosteloze inzage van een ieder. De neerlegging geschiedt kosteloos.

Aanbieding akkoord na vaststelling saneringsplan

3. Aanbieding van een akkoord is ook toegelaten indien een akkoord eerder tijdens de toepassing van de schuldsaneringsregeling is verworpen of de homologatie is geweigerd. De in de vorige volzin bedoelde bevoegdheid kan één keer worden uitgeoefend.

Aanbieding akkoord voor vaststelling saneringsplan

4. De rechter-commissaris stelt dadelijk na nederlegging van het akkoord dag, uur en plaats vast waarop over het aangeboden akkoord ten overstaan van hem zal worden geraadpleegd en beslist.

Vaststelling verificatievergadering

5. Indien er nog geen dag, uur en plaats voor een verificatievergadering is bepaald, stelt de rechter-commissaris deze vast overeenkomstig artikel 289, tweede tot en met vijfde lid. Over het akkoord wordt in de vergadering na afloop van de verificatie dadelijk geraadpleegd en beslist.

Kennisgeving

6. De bewindvoerder geeft van de nederlegging en, indien van toepassing, van de dag bedoeld in het vijfde lid, onverwijld schriftelijk kennis aan alle bekende schuldeisers. Indien het vijfde lid van toepassing is, doet de bewindvoerder tevens onverwijld aankondiging in de Staatscourant van de nederlegging en van de dag bedoeld in dat lid.

Art. 330

Vervallen ontwerpakkoord

Het ontwerp van een akkoord vervalt:

a. indien de toepassing van de schuldsaneringsregeling niet wordt uitgesproken;

b. indien, voordat het vonnis van homologatie van het akkoord in kracht van gewijsde is gegaan, een rechterlijke uitspraak tot beëindiging van de toepassing van de schuldsaneringsregeling in kracht van gewijsde gaat;

c. indien de toepassing van de schuldsaneringsregeling eindigt op grond van het bepaalde in artikel 312, tweede lid.

(Zie ook: art. 350 FW)

Art. 331

[Vervallen]

Art. 332

Toelichting, verdediging en wijziging akkoord op vergadering

1. De schuldenaar is ter vergadering bevoegd tot toelichting en verdediging van het akkoord op te treden en het, staande de raadpleging, te wijzigen.

Bevoegdheid tot stemmen over akkoord

2. Tot stemming over het akkoord zijn bevoegd de schuldeisers van vorderingen ten aanzien waarvan de schuldsaneringsregeling werkt. Pandhouders, hypotheekhouders en schuldeisers als bedoeld in artikel 299b zijn tot stemmen bevoegd, indien zij vóór de aanvang van de stemming van hun recht van parate executie afstand doen. Zij herkrijgen dat recht niet, ongeacht of het akkoord wordt aanvaard, verworpen of overeenkomstig het vierde lid wordt vastgesteld.

Vereisten voor aannemen akkoord

3. Tot het aannemen van het akkoord wordt vereist:

a. de toestemming van de gewone meerderheid van de ter vergadering verschenen schuldeisers van erkende en voorwaardelijk toegelaten vorderingen waaraan voorrang is verbonden, welke tezamen ten minste de helft van het totale bedrag van hun vorderingen vertegenwoordigen; en

b. de toestemming van de gewone meerderheid van de ter vergadering verschenen erkende en voorwaardelijk toegelaten concurrente schuldeisers, welke tezamen ten minste de helft van het totale bedrag van hun vorderingen vertegenwoordigen.

Vaststellen akkoord door R-C

4. In afwijking van het derde lid kan de rechter-commissaris op verzoek van de schuldenaar of de bewindvoerder bij gemotiveerde beschikking een aangeboden akkoord vaststellen als ware het aangenomen, indien:

a. drie vierde van de ter vergadering verschenen schuldeisers van erkende en voorwaardelijk toegelaten vorderingen waaraan voorrang is verbonden en drie vierde van de concurrente schuldeisers voor het akkoord hebben gestemd; en

b. de verwerping van het akkoord het gevolg is van het tegenstemmen van een of meer ter vergadering verschenen schuldeisers die, alle omstandigheden in aanmerking genomen en in het bijzonder het percentage dat die schuldeisers, zou de toepassing van de schuldsaneringsregeling worden voortgezet, naar verwachting aan betaling op hun vorderingen zullen ontvangen, in redelijkheid niet tot dit stemgedrag hebben kunnen komen.

5. Het proces-verbaal van de vergadering vermeldt de inhoud van het akkoord, de namen van de verschenen stemgerechtigde schuldeisers, de door ieder hunner uitgebrachte stem, de uitslag van de stemming en, indien toepassing is gegeven aan het vierde lid, de beschikking van de rechter-commissaris.

6. Artikel 149 is van overeenkomstige toepassing.

(Zie ook: artt. 57, 145, 268, 315 FW)

Art. 333

[Vervallen]

Art. 333a

De bepalingen van deze paragraaf zijn van overeenkomstige toepassing in het geval dat een akkoord wordt aangeboden op de voet van artikel 47, eerste lid, van de verordening, genoemd in artikel 5, derde lid.

Art. 334

[Vervallen]

Art. 335

1. Is een akkoord aangenomen of vastgesteld, dan bepaalt de rechter-commissaris vóór het sluiten van de verificatievergadering dag en tijd voor de zitting waarop de rechtbank achtereenvolgens zal behandelen:

a. verzoeken, indien deze op de voet van artikel 149 zijn ingediend;

b. de homologatie van het akkoord, indien een akkoord is aangenomen of vastgesteld.

2. De zitting zal gehouden worden ten minste acht en ten hoogste veertien dagen na de dag waarop de verificatievergadering heeft plaatsgevonden. Artikel 151 is van overeenkomstige toepassing.

(Zie ook: art. 337 FW)

3. Is een akkoord afgewezen, dan wordt de schuldsaneringsregeling voortgezet, tenzij artikel 350 van toepassing is.

Art. 336

[Vervallen]

Art. 337

1. Op de openbare zitting, bepaald ingevolge artikel 335, eerste lid, wordt door de rechter-commissaris verslag uitgebracht.

2. Ieder van de schuldeisers ten aanzien van wier vorderingen de schuldsaneringsregeling werkt, kan in persoon, bij schriftelijk gemachtigde of bij advocaat de gronden uiteenzetten waarop hij de homologatie van een akkoord wenst of haar bestrijdt.

3. De schuldenaar is bevoegd tot verdediging van zijn belangen op te treden.

(Zie ook: artt. 149, 152, 271, 339, 341, 342 FW)

Art. 338

1. Op de dag van de zitting bedoeld in artikel 337, of anders uiterlijk op de achtste dag daarna, doet de rechtbank uitspraak.

2. Zij zal, voorzover van toepassing, eerst bij met redenen omklede beschikking uitspraak doen op verzoeken als bedoeld in artikel 149 en tot homologatie van het akkoord dan wel tot weigering daarvan. Artikel 153, tweede en derde lid, is van overeenkomstige toepassing.

3. Indien de homologatie wordt geweigerd, kan de rechter de schuldenaar niet in staat van faillissement verklaren. De schuldsaneringsregeling wordt voortgezet, tenzij artikel 350 van toepassing is.

Art. 339

1. Ten aanzien van de uitspraak tot weigering dan wel verlening van homologatie, zijn de artikelen 154, 155, eerste lid, en 156 van overeenkomstige toepassing, met dien verstande dat het recht van hoger beroep en cassatie slechts toekomt aan schuldeisers die op de zitting bedoeld in artikel 337 zijn verschenen.

2. Op de behandeling van het hoger beroep zijn de artikelen 337, tweede en derde lid, en 338, eerste lid, van overeenkomstige toepassing.

3. Wordt de homologatie in hoger beroep of cassatie vernietigd, dan geeft de griffier van het rechtscollege daarvan onverwijld kennis aan de griffier van de rechtbank.

Art. 340

1. De toepassing van de schuldsaneringsregeling eindigt van rechtswege zodra de homologatie in kracht van gewijsde is gegaan. Van de beëindiging doet de bewindvoerder aankondiging in de Staatscourant.

2. Het gehomologeerde akkoord is verbindend voor alle schuldeisers ten aanzien van wier vorderingen de schuldsaneringsregeling werkt, onverschillig of zij al dan niet in de schuldsaneringsregeling opgekomen zijn.

3. De artikelen 159, 160 en 162 tot en met 166 zijn van overeenkomstige toepassing.

Inhoud proces-verbaal vergadering

Schakelbepaling akkoord

Bepaling terechtzitting door R-C

Verslag R-C op terechtzitting

Standpunt schuldeisers

Verdediging belangen schuldenaar

Termijn uitspraak

Uitspraak tot weigering of verlening van homologatie; hoger beroep of cassatie

Beëindiging toepassing schuldsaneringsregeling

Verbindendheid akkoord

Overeenkomstige toepassing

B13 art. 347 Faillissementswet

4. Bij het vonnis waarbij de ontbinding van het akkoord wordt uitgesproken, kan de schuldenaar tevens in staat van faillissement worden verklaard indien er baten beschikbaar zijn om daaruit vorderingen geheel of gedeeltelijk te voldoen.

5. In een faillissement, uitgesproken overeenkomstig het vierde lid, kan geen akkoord worden aangeboden.

(Zie ook: artt. 157, 161, 276, 294, 312 FW)

Art. 341-346

[Vervallen]

Zevende afdeling
De vereffening van de boedel

Art. 347

Vereffening en tegeldemaking boedel na in kracht van gewijsde gaan saneringsplan

1. Zodra de toepassing van de schuldsaneringsregeling is uitgesproken, verkeert de boedel van rechtswege in staat van insolventie en gaat de bewindvoerder over tot vereffening en tegeldemaking van de tot de boedel behorende goederen voor zover daaromtrent in de uitspraak of door de rechter-commissaris niet anders is bepaald, zonder dat daartoe toestemming of medewerking van de schuldenaar nodig is.

2. De goederen worden ondershands verkocht, tenzij de rechter-commissaris bepaalt dat de verkoop in het openbaar zal geschieden.

3. Artikel 176, tweede lid, is van overeenkomstige toepassing.

(Zie ook: artt. 173, 301, 315 FW)

Art. 348

Vergadering van schuldeisers

De rechter-commissaris kan op verzoek van de schuldenaar, bewindvoerder of een schuldeiser alsmede ambtshalve op een door hem te bepalen dag, uur en plaats een vergadering van schuldeisers beleggen, teneinde hen zo nodig te raadplegen over de wijze van vereffening van de boedel alsmede over andere onderwerpen de schuldsanering betreffende en zo nodig verificatie te doen plaatsvinden van de schuldvorderingen die na afloop van de ingevolge artikel 289, derde lid, bepaalde termijn zijn ingediend en niet reeds overeenkomstig artikel 328b geverifieerd zijn. De bewindvoerder handelt ten opzichte van deze vorderingen overeenkomstig de bepalingen van de artikelen 111 tot en met 114. Hij roept de schuldeisers ten minste tien dagen vóór de vergadering, bij brieven op waarin het onderwerp van de vergadering wordt vermeld en hun tevens de bepaling van artikel 114 wordt herinnerd.

(Zie ook: art. 178 FW)

Art. 349

Uitdeling aan geverifieerde schuldeisers

1. Zo dikwijls er voldoende gerede penningen aanwezig zijn, gaat de bewindvoerder over tot een uitdeling aan de geverifieerde schuldeisers.

Niettemin vindt geen uitdeling plaats, indien de verkoop van een goed nog moet plaatsvinden en daarop pand of hypotheek rust of ten aanzien van dat goed voorrang geldt als bedoeld in artikel 292 van Boek 3 van het Burgerlijk Wetboek, dan wel op dat bepaalde goed een voorrecht rust.

Indien een goed als bedoeld in de vorige volzin in de boedel valt nadat een uitdeling heeft plaatsgevonden, heeft dat geen invloed op de geldigheid van die uitdeling.

2. De uitdeling geschiedt naar evenredigheid van ieders vordering, met dien verstande dat, zolang de vorderingen waaraan voorrang is verbonden niet volledig zijn voldaan, daarop een twee keer zo groot percentage wordt betaald als op de concurrente vorderingen.

3. Voor de toepassing van het tweede lid worden de vorderingen van de schuldeisers die voorrang hebben, ongeacht of deze wordt betwist, en die niet reeds overeenkomstig artikel 57 of 299b, derde lid, voldaan zijn, bepaald op het bedrag waarvoor zij batig gerangschikt kunnen worden op de opbrengst der goederen waarop hun voorrang betrekking heeft. Zo dit minder is dan het gehele bedrag van hun vorderingen, worden zij voor het ontbrekende als concurrent behandeld.

Opmaking uitdelingslijst

4. De bewindvoerder maakt telkens een uitdelingslijst op. De lijst houdt in een staat van de ontvangsten en uitgaven, de namen van de schuldeisers, het geverifieerde bedrag van ieders vordering, benevens de daarop te ontvangen uitkering.

5. De artikelen 181, 182 (in welk artikel in de plaats van 60, derde lid, tweede zin, wordt gelezen: 299b, derde lid, tweede volzin), 183, 184, 185, 187 tot en met 189, 192, 328c en 349aa zijn van overeenkomstige toepassing.

(Zie ook: artt. 179, 294 lid 1 sub f, 316, 356 FW)

Art. 349aa

1. De schuldeiser van wie de vordering niet of voor een te laag bedrag is geverifieerd, ook al was dit overeenkomstig zijn opgave, kan bij de overeenkomstige toepassing van artikel 184 in verzet komen. De schuldeiser dient daartoe een bezwaarschrift in met het verzoek om geverifieerd te worden uiterlijk twee dagen vóór die waarop het verzet ter openbare zitting zal behandeld worden. Voorts dient de schuldeiser de vordering of het niet-geverifieerde deel van de vordering in bij de curator en voegt een afschrift daarvan bij het bezwaarschrift.

2. De verificatie, bedoeld in het vorige lid, vindt plaats zoals bepaald bij artikel 119 en volgende, ter openbare zitting, bestemd voor de behandeling van het verzet en voordat met de behandeling van het verzet een aanvang wordt gemaakt.

3. Indien dit verzet alleen verificatie als schuldeiser tot doel heeft, en niet tevens door anderen verzet is gedaan, komen de kosten van het verzet ten laste van deze schuldeiser.

4. Door een schuldeiser bedoeld in artikel 110, derde lid, kan niet het in het eerste lid bedoelde verzet worden gedaan.

Achtste afdeling
Termijn en beëindiging van de toepassing van de schuldsaneringsregeling

Art. 349a

1. De termijn van de schuldsaneringsregeling bedraagt drie jaar, te rekenen van de dag van de uitspraak tot de toepassing van de schuldsaneringsregeling, die dag daaronder begrepen. In afwijking daarvan kan de rechter de termijn op ten hoogste vijf jaar stellen, indien voor de gehele termijn tevens een nominaal bedrag wordt vastgesteld als bedoeld in artikel 295, derde lid.

Termijn schuldsaneringsregeling

2. De rechter-commissaris kan bij schriftelijke beschikking de termijn ambtshalve, dan wel op verzoek van de bewindvoerder, de schuldenaar, of een of meer schuldeisers wijzigen. De termijn bedraagt ten hoogste vijf jaar. De bewindvoerder geeft van de gewijzigde termijn onverwijld kennis aan de schuldeisers. De rechter-commissaris dient de schuldenaar in de gelegenheid stellen te worden gehoord, alvorens te beslissen de termijn te verlengen.

3. Onder dezelfde voorwaarden kan de rechtbank in het kader van artikel 350 of 352 de termijn ambtshalve dan wel op voordracht van de rechter-commissaris of op verzoek van de bewindvoerder, schuldenaar of een of meer schuldeisers wijzigen. Tegen dit vonnis kunnen de schuldeisers die om de wijziging gevraagd hebben en kan de schuldenaar gedurende acht dagen na de dag van de uitspraak in hoger beroep komen. Artikel 351, tweede tot en met vijfde lid, is van toepassing.

Art. 350

1. De rechtbank kan de toepassing van de schuldsaneringsregeling beëindigen op voordracht van de rechter-commissaris of op verzoek van de bewindvoerder, van de schuldenaar dan wel van een of meer schuldeisers. Zij kan zulks ook ambtshalve doen.

Beëindiging schuldsaneringsregeling

2. Alvorens te beslissen roept de rechtbank de schuldenaar op teneinde door haar te worden gehoord. Tevens kan zij schuldeisers en de bewindvoerder daartoe oproepen.

3. Een beëindiging bedoeld in het eerste lid geschiedt indien:

a. de vorderingen ten aanzien waarvan de schuldsaneringsregeling werkt, zijn voldaan;

b. de schuldenaar in staat is zijn betalingen te hervatten;

c. de schuldenaar een of meer van zijn uit de schuldsaneringsregeling voortvloeiende verplichtingen niet naar behoren nakomt of door zijn doen of nalaten de uitvoering van de schuldsaneringsregeling anderszins belemmert dan wel frustreert;

d. de schuldenaar bovenmatige schulden doet of laat ontstaan;

e. de schuldenaar tracht zijn schuldeisers te benadelen;

f. feiten en omstandigheden bekend worden die op het tijdstip van de indiening van het verzoek tot toelating tot de schuldsaneringsregeling reeds bestonden en die reden zouden zijn geweest het verzoek af te wijzen overeenkomstig artikel 288, eerste en tweede lid;

g. de schuldenaar aannemelijk maakt niet in staat te zijn aan zijn uit de schuldsaneringsregeling voortvloeiende verplichtingen te voldoen.

(Zie ook: artt. 303, 320 FW)

4. De uitspraak geschiedt bij vonnis. In de gevallen bedoeld in het derde lid, onder a en b, en bij het ontbreken van enige baten voor uitdeling, blijft verificatie van vorderingen alsmede het opmaken van en uitdelingslijst achterwege en eindigt de schuldsanering door het in kracht van gewijsde gaan van het vonnis.

5. Indien de beëindiging geschiedt op grond van het bepaalde in het derde lid, onder c tot en met g, en er baten beschikbaar zijn om daaruit vorderingen geheel of gedeeltelijk te voldoen, verkeert de schuldenaar van rechtswege in staat van faillissement zodra de uitspraak in kracht van gewijsde is gegaan. De rechtbank benoemt terstond een rechter-commissaris en een curator.

6. Van de beëindiging wordt door de bewindvoerder aankondiging gedaan in de Staatscourant of, indien het vijfde lid toepassing vindt, door de curator in de publicatie bedoeld in artikel 14, derde lid.

Art. 351

1. Van het vonnis bedoeld in artikel 350 heeft, in geval van beëindiging van de toepassing van de schuldsaneringsregeling, de schuldenaar, of, in geval de beëindiging van de toepassing van de schuldsaneringsregeling geweigerd is, hij die het verzoek tot de beëindiging heeft gedaan, gedurende acht dagen na de dag van de uitspraak recht van hoger beroep.

Hoger beroep tegen beëindiging toepassing schuldsaneringsregeling

B13 art. 351a *Faillissementswet*

2. Het hoger beroep wordt ingesteld door indiening van een verzoek ter griffie van het gerechts-hof dat van de zaak kennis moet nemen. De griffier van het gerechtshof geeft van die indiening onverwijld kennis aan de griffier van de rechtbank.

(Zie ook: art. 351 FW)

3. De voorzitter bepaalt terstond dag en uur voor de behandeling, welke zal moeten plaatsvinden binnen twintig dagen na de dag van de indiening van het verzoek.

4. De uitspraak vindt niet later plaats dan op de achtste dag na die van de behandeling van het verzoek ter zitting. Van het arrest van het gerechtshof wordt door de griffier onverwijld mede-deling gedaan aan de griffier van de rechtbank.

5. Gedurende acht dagen na het arrest van het gerechtshof kan de daarbij in het ongelijk gestelde partij in cassatie komen. Het beroep in cassatie wordt ingesteld door indiening van een verzoek ter griffie van de Hoge Raad. De griffier van de Hoge Raad geeft van die indiening en van het arrest van de Hoge Raad onverwijld kennis aan de griffier van de rechtbank.

Art. 351a

Verslag bewindvoerder aan R-C

Uiterlijk drie maanden voordat de termijn volgend uit artikel 349a afloopt, brengt de bewind-voerder verslag uit aan de rechter-commissaris over de wijze waarop de schuldenaar gedurende de schuldsaneringsregeling aan zijn verplichtingen heeft voldaan.

Art. 352

Bepaling tijdstip terechtzitting behandeling beëindiging toepassing schuldsaneringsregeling

1. Indien de toepassing van de schuldsaneringsregeling niet reeds is beëindigd, bepaalt de rechtbank op voordracht van de rechter-commissaris, op verzoek van de bewindvoerder dan wel van de schuldenaar hetzij ambtshalve uiterlijk een maand vóór het einde van de termijn bedoeld in artikel 349a, dag, uur en plaats voor de zitting waarop de beëindiging van de toepassing van de schuldsaneringsregeling wordt behandeld.

2. De zitting zal niet eerder dan veertien dagen en niet later dan eenentwintig dagen na de beschikking van de rechtbank gehouden worden.

3. De bewindvoerder doet van de dag, uur, en plaats onverwijld aankondiging in de Staatscourant.

Art. 353

Schriftelijk verslag bewindvoerder

1. Voor de zitting, bepaald ingevolge artikel 352, kunnen de bewindvoerder en de schuldenaar schriftelijk worden opgeroepen. De schuldenaar en bewindvoerder worden opgeroepen indien twijfel bestaat of de schuldenaar in de nakoming van een of meer uit de schuldsaneringsregeling voortvloeiende verplichtingen niet toerekenbaar is tekortgeschoten.

Spreekrecht schuldeisers

2. De rechtbank kan iedere verschenen schuldeiser in de gelegenheid stellen in persoon, bij schriftelijk gemachtigde of bij advocaat het woord te voeren.

Art. 354

Termijn uitspraak rechtbank; tekortkoming

1. Op de dag van de zitting, of anders uiterlijk op de achtste dag daarna, doet de rechtbank bij vonnis uitspraak of de schuldenaar in de nakoming van een of meer uit de schuldsaneringsregeling voortvloeiende verplichtingen is tekortgeschoten en, indien er sprake is van een tekortkoming, of deze aan de schuldenaar kan worden toegerekend.

2. Ingeval van een toerekenbare tekortkoming, kan de rechter daarbij bepalen dat de tekortkoming, gezien haar bijzondere aard of geringe betekenis, buiten beschouwing blijft.

Art. 354a

Beëindiging schuldsaneringsregeling door rechtbank

1. Indien nog geen dag voor de verificatievergadering is bepaald en minstens een jaar is verstreken sinds de uitspraak tot toepassing van de schuldsaneringsregeling, kan de rechtbank op voordracht van de rechter-commissaris, op verzoek van de bewindvoerder dan wel van de schuldenaar een dag bepalen voor de zitting waarop de beëindiging van de toepassing van de schuldsaneringsregeling wordt behandeld. De rechtbank bepaalt die zitting slechts als de voordracht of het verzoek vergezeld gaat van een beredeneerde verklaring van de bewindvoerder omtrent de vraag of redelijkerwijs niet de verwachting bestaat dat de schuldenaar op zodanige wijze aan zijn verplichtingen kan voldoen dat voortzetting van de schuldsaneringsregeling gerechtvaardigd is. De rechter-commissaris kan de bewindvoerder bevelen deze verklaring op te stellen en aan de rechtbank en de betrokken partijen te doen toekomen.

(Zie ook: artt. 294, 320 FW)

2. De rechtbank beëindigt de schuldsanering slechts indien redelijkerwijs niet de verwachting bestaat dat de schuldenaar op zodanige wijze aan zijn verplichtingen kan voldoen dat voortzetting van de schuldsaneringsregeling gerechtvaardigd is en van omstandigheden als bedoeld in artikel 350, derde lid, onder c tot en met g niet is gebleken.

Nader onderzoek

3. De rechtbank kan een of meer keren haar beslissing aanhouden voor nader onderzoek. De rechtbank bepaalt de dag waarop de schuldsaneringsregeling eindigt.

Aankondiging in Staatscourant

4. De bewindvoerder doet van de dag, uur en plaats onverwijld aankondiging in de Staatscourant.

Art. 355

Hoger beroep

1. Van het vonnis, bedoeld in artikel 354 en in artikel 354a, kunnen de schuldeisers en de schuldenaar gedurende acht dagen na de dag van de uitspraak in hoger beroep komen.

2. Artikel 351, tweede tot en met vijfde lid, is van toepassing.

Art. 356

1. De bewindvoerder gaat, zodra de uitspraak bedoeld in artikel 354 in kracht van gewijsde is gegaan, onverwijld over tot het opmaken van een slotuitdelingslijst. Geen slotuitdelingslijst wordt opgemaakt indien de rechtbank de toepassing van de schuldsaneringsregeling heeft beëindigd op grond van artikel 354a.

2. De toepassing van de schuldsaneringsregeling is van rechtswege beëindigd zodra de slotuitdelingslijst verbindend is geworden dan wel, indien de rechtbank de toepassing van de schuldsaneringsregeling heeft beëindigd op grond van artikel 354a, zodra de uitspraak tot de beëindiging in kracht van gewijsde is gegaan. De bewindvoerder doet daarvan aankondiging in de Staatscourant.

(Zie ook: art. 294 FW)

3. Na verloop van een maand na de beëindiging doet de bewindvoerder rekening en verantwoording van zijn beheer aan de rechter-commissaris.

(Zie ook: artt. 193, 349 FW)

4. Artikel 194 is van toepassing.

Art. 357

[Vervallen]

Art. 358

1. Door de beëindiging van de toepassing van de schuldsaneringsregeling op grond van artikel 356, tweede lid, is een vordering ten aanzien waarvan de schuldsaneringsregeling werkt, voorzover deze onvoldaan is gebleven, niet langer afdwingbaar, onverschillig of de schuldeiser al dan niet in de schuldsaneringsregeling is opgekomen en onverschillig of de vordering al dan niet is geverifieerd.

2. Het eerste lid is niet van toepassing indien de rechter in het vonnis bedoeld in artikel 354 heeft vastgesteld dat de schuldenaar toerekenbaar is tekortgeschoten en de rechter daarbij geen toepassing heeft gegeven aan het tweede lid van artikel 354.

(Zie ook: artt. 358a, 361 FW; art. 3 BW Boek 6)

3. Het eerste lid is tevens van toepassing op boedelschulden, bedoeld in artikel 15d, eerste lid, onder b, voor zover deze niet uit de boedel van de schuldsaneringsregeling voldaan kunnen worden.

4. Onverminderd artikel 288, tweede lid, onder c, is bij beëindiging van de schuldsaneringsregeling het eerste lid niet van toepassing ten aanzien van vorderingen die voortvloeien uit een in kracht van gewijsde gegane strafrechtelijke veroordeling

a. tot betaling van een geldboete als bedoeld in artikel 9, eerste lid, onder 4, van het Wetboek van Strafrecht,

b. tot betaling van een geldbedrag ter ontneming van wederrechtelijk verkregen voordeel als bedoeld in artikel 36e van het Wetboek van Strafrecht,

c. tot betaling van een geldbedrag ten behoeve van het slachtoffer als bedoeld in artikel 36f van het Wetboek van Strafrecht, of

d. tot betaling van een schadevergoeding aan een benadeelde partij alsbedoeld in artikel 51a Wetboek van Strafvordering.

Met een vordering onder dit lid wordt gelijkgesteld een vordering die voortvloeit uit een in kracht van gewijsde gegane veroordeling tot betaling van schadevergoeding die is vastgesteld door de burgerlijke rechter nadat de strafrechter die over het misdrijf of de overtreding heeft geoordeeld, heeft vastgesteld dat de vordering tot betaling van schadevergoeding of een deel daarvan slechts bij de burgerlijke rechter kan worden aangebracht.

(Zie ook: art. 76a Sr; art. 3.13 WIB 2001)

5. Het eerste lid is niet van toepassing ten aanzien van een vordering waarvoor een hypotheek tot zekerheid strekt, die is gevestigd op het registergoed waarin de schuldenaar woonachtig is, indien op de rente van deze vordering artikel 303, derde lid, van toepassing is.

6. Het eerste lid is niet van toepassing indien de schuldenaar tijdens de toepassing van de schuldsaneringsregeling is overleden.

Negende afdeling

Bijzondere bepalingen

Art. 358a

1. Indien na de beëindiging van de toepassing van de schuldsaneringsregeling waardoor het rechtsgevolg bedoeld in artikel 358, eerste lid, is ingetreden, blijkt dat zich voordien feiten of omstandigheden hebben voorgedaan die grond zouden hebben opgeleverd voor de beëindiging van de toepassing van de schuldsaneringsregeling op de voet van artikel 350, derde lid, onder e, kan de rechter op verzoek van iedere belanghebbende bepalen dat artikel 358, eerste lid, verder geen toepassing vindt.

2. Alvorens te beslissen roept de rechtbank de schuldenaar op ten einde door haar te worden gehoord.

B13 art. 359 **Faillissementswet**

Hoger beroep

3. Van het vonnis kan gedurende acht dagen na de uitspraak in hoger beroep worden gekomen. Het hoger beroep wordt ingesteld door indiening van een verzoek ter griffie van het gerechtshof, dat van de zaak kennis moet nemen.

Cassatie

4. Gedurende acht dagen na het arrest van het gerechtshof kan beroep in cassatie worden ingesteld. Het beroep in cassatie wordt ingesteld door indiening van een verzoek ter griffie van de Hoge Raad.

Aankondiging uitspraak rechtbank

5. Zodra de uitspraak bedoeld in het eerste lid in kracht van gewijsde is gegaan, doet de griffier van het gerecht dat deze uitspraak heeft gedaan daarvan onverwijld aankondiging in de Staatscourant.

(Zie ook: art. 361 FW)

Art. 359

Regels indien faillietverklaring wordt uitgesproken tijdens toepassing schuldsaneringsregeling

1. Indien de faillietverklaring van de schuldenaar tijdens de toepassing van de schuldsaneringsregeling wordt uitgesproken of indien de schuldenaar ingevolge artikel 350, vijfde lid, in staat van faillissement komt te verkeren, gelden de volgende regelen:

a. handelingen tijdens de toepassing van de schuldsaneringsregeling door de bewindvoerder verricht, blijven geldend en verbindend;

b. boedelschulden, gedurende de toepassing van de schuldsaneringsregeling ontstaan, gelden als boedelschulden in het faillissement;

c. nieuwe schulden, gedurende de toepassing van de schuldsaneringsregeling ontstaan, niet zijnde boedelschulden, gelden als in het faillissement verifieerbare schulden.

d. in de schuldsaneringsregeling ingediende vorderingen gelden als ingediend in het faillissement;

e. rentevorderingen als bedoeld in artikel 303 moeten alsnog worden ingediend.

Bevoegdheid curator tot inroepen vernietigbaarheid rechtshandeling

2. De curator oefent de bevoegdheid uit, in artikel 297, derde lid, aan de bewindvoerder toegekend.

3. Het tijdstip, waarop de termijnen vermeld in de artikelen 43 en 45 aanvangen, wordt berekend met ingang van de dag van de uitspraak tot de toepassing van de schuldsaneringsregeling.

(Zie ook: artt. 15d, 247c, 312, 338, 350 FW)

Art. 359a

Overeenkomstige toepassing

De artikelen 203 tot en met 205 zijn van overeenkomstige toepassing.

Tiende afdeling
Slotbepalingen

Art. 360

Hoger beroep; cassatie in belang der wet

Tegen de beslissingen van de rechter, ingevolge de bepalingen van deze titel gegeven, staat geen hogere voorziening open, behalve in de gevallen, waarin het tegendeel is bepaald, en behoudens de mogelijkheid van cassatie in het belang der wet.

(Zie ook: art. 282 FW)

Art. 361

Ondertekening verzoeken door procureur

1. De verzoeken, te doen ingevolge de artikelen 292, eerste en derde lid, 315, eerste lid, 348, 349a, tweede lid, 350, eerste lid, 351, eerste lid, 355, eerste lid, en 358a, eerste lid, moeten door een advocaat zijn ondertekend, behalve wanneer een verzoek wordt gedaan door de bewindvoerder of, bij een verzoek ingevolge artikel 350, eerste lid, door de schuldenaar.

2. Verzoeken op de voet van artikel 46 van de in artikel 5, derde lid, genoemde verordening worden ingediend door een advocaat.

(Zie ook: art. 283 FW; art. 407 Rv)

Instellen beroep in cassatie

3. Voor het instellen van beroep in cassatie is steeds de medewerking nodig van een advocaat bij de Hoge Raad.

Algemene slotbepaling

Art. 362

Toepasselijkheid Algemene termijnenwet

1. De Algemene termijnenwet is niet van toepassing op de termijnen, gesteld in de artikelen 39, 40, 238, 239 en 305.

Toepasselijkheid Rv

2. De derde titel van het eerste boek van het Wetboek van Burgerlijke Rechtsvordering is niet van toepassing op verzoeken ingevolge deze wet, met uitzondering van de artikelen 262 en 269 van dat wetboek voor zover het verzoeken betreft die op basis van de tweede afdeling van titel IV worden ingediend in het kader van een besloten akkoordprocedure buiten faillissement of een openbare akkoordprocedure buiten faillissement.

Terugvordering staatssteun

3. De rechtbank weigert homologatie van een akkoord, bedoeld in deze wet, indien het akkoord niet voorziet in de terugbetaling van de staatssteun die ingevolge een Commissiebesluit als bedoeld in artikel 1 van de Wet terugvordering staatssteun moet worden teruggevorderd.

Tweede afdeling Homologatie van een onderhands akkoord

§ 1 *Algemene bepalingen*

Art. 369

1. Het in deze afdeling bepaalde is niet van toepassing op een natuurlijke persoon die geen zelfstandig beroep of bedrijf uitoefent, noch op een bank als bedoeld in artikel 212g, onderdeel a, of een verzekeraar als bedoeld in artikel 213, onderdeel a, als schuldenaar.

2. Het in deze afdeling ten aanzien van stemgerechtigde schuldeisers of aandeelhouders bepaalde, is van toepassing op de schuldeisers en aandeelhouders die overeenkomstig artikel 381, derde lid, stemgerechtigd zijn.

3. Als de schuldenaar een vereniging of coöperatie is, het in deze afdeling ten aanzien van aandeelhouders bepaalde van overeenkomstige toepassing op de leden.

4. Het in deze afdeling bepaalde is niet van toepassing op rechten van werknemers in dienst van de schuldenaar die voortvloeien uit arbeidsovereenkomsten in de zin van artikel 610 van Boek 7 van het Burgerlijk Wetboek.

5. Behoudens de gevallen waarin sprake is van de aanwijzing van een herstructureringsdeskundige, bedoeld in artikel 371, is het in deze afdeling bepaalde niet van toepassing als de schuldenaar in de afgelopen drie jaar een akkoord heeft aangeboden dat bij een stemming als bedoeld in artikel 381 door alle klassen is verworpen of ten aanzien waarvan de rechtbank op de voet van artikel 384 de homologatie heeft geweigerd.

6. Een akkoord kan op basis van deze afdeling naar keuze worden voorbereid en aangeboden in een besloten akkoordprocedure buiten faillissement of een openbare akkoordprocedure buiten faillissement.

7. Of de Nederlandse rechter rechtsmacht heeft om verzoeken als bedoeld in deze afdeling in behandeling te nemen wordt bepaald:

a. op grond van de in artikel 5, derde lid, genoemde verordening voor zover het verzoeken betreft die worden ingediend in het kader van een openbare akkoordprocedure buiten faillissement en de genoemde verordening van toepassing is, dan wel

b. artikel 3 van het Wetboek van Burgerlijke Rechtsvordering.

8. Het in deze afdeling ten aanzien van de rechtbank bepaalde is van toepassing op de rechtbank die ingevolge de artikelen 262 of 269 van het Wetboek van Burgerlijke Rechtsvordering relatief bevoegd is om verzoeken als bedoeld in deze afdeling in behandeling te nemen. Heeft een rechtbank zich in het kader van een besloten akkoordprocedure buiten faillissement of een openbare akkoordprocedure buiten faillissement eenmaal relatief bevoegd verklaard om kennis te nemen van een verzoek ten aanzien van een schuldenaar, dan is deze rechtbank met uitsluiting van andere relatief bevoegde rechtbanken, eveneens relatief bevoegd om kennis te nemen van alle verdere verzoeken die in die procedure op grond van deze afdeling ten aanzien van de schuldenaar worden ingediend. Bieden meerdere rechtspersonen die samen een groep vormen als bedoeld in artikel 24b van Boek 2 van het Burgerlijk Wetboek tegelijkertijd een akkoord aan op grond van deze afdeling, dan kunnen zij één van de gerechten die relatief bevoegd is, in een gezamenlijk verzoek vragen kennis te nemen van alle verzoeken die worden ingediend in het kader van de totstandkoming van een akkoord ten aanzien van deze rechtspersonen op grond van deze afdeling.

9. Verzoeken aan de rechter in het kader van deze afdeling worden in raadkamer behandeld, tenzij het akkoord wordt voorbereid en aangeboden in het kader van een openbare akkoordprocedure buiten faillissement.

10. Tegen de beslissingen van de rechtbank in het kader van deze afdeling staat geen rechtsmiddel open, tenzij anders is bepaald.

§ 2 *De aanbieding van en stemming over een akkoord*

Art. 370

1. Als een schuldenaar verkeert in een toestand waarin het redelijkerwijs aannemelijk is dat hij met het betalen van zijn schulden niet zal kunnen voortgaan, kan hij zijn schuldeisers en zijn aandeelhouders, of een aantal van hen, een akkoord aanbieden dat voorziet in een wijziging van hun rechten en dat door de rechtbank overeenkomstig artikel 384 kan worden gehomologeerd.

2. Als een derde, waaronder een borg en een medeschuldenaar, aansprakelijk is voor een schuld van de schuldenaar aan een schuldeiser als bedoeld in het eerste lid of op enigerlei wijze zekerheid heeft gesteld voor de betaling van die schuld, is artikel 160 Fw van overeenkomstige toepassing, behoudens voor zover het een akkoord betreft als bedoeld in artikel 372, eerste lid. De derde

B13 art. 371 Faillissementswet

kan voor het bedrag dat hij na de homologatie van het akkoord voldoet aan de schuldeiser geen verhaal nemen op de schuldenaar. Voldoet de derde een schuld van de schuldenaar of een deel daarvan, terwijl de schuldeiser voor die schuld of dat deel van de schuld op basis van het akkoord ook rechten aangeboden krijgt, dan gaan die rechten van rechtswege over op de derde indien en voor zover de schuldeiser als gevolg van de betaling van de derde en de op basis van het akkoord toegekende rechten, waarde zou ontvangen die het bedrag van zijn vordering, zoals deze bestond voor de homologatie van het akkoord, te boven gaat.

3. Zodra de schuldenaar start met de voorbereiding van een akkoord, deponeert hij een verklaring waaruit dit blijkt ter griffie van de rechtbank, alwaar deze gedurende uiterlijk één jaar zal blijven liggen. De deponering geschiedt kosteloos. Nadat de schuldenaar het akkoord aan de stemgerechtigde schuldeisers en aandeelhouders voorlegt, kunnen zij de verklaring kosteloos inzien totdat de rechtbank heeft beslist op het verzoek, bedoeld in artikel 383, eerste lid, dan wel totdat het verslag, bedoeld in artikel 382, is gedeponeerd en de schuldenaar daarin meedeelt dat hij een dergelijk verzoek niet zal indienen.

Akkoord aanbieden i.h.k.v. openbare akkoordprocedure buiten faillissement

4. Biedt de schuldenaar het akkoord aan in het kader van een openbare akkoordprocedure buiten faillissement, dan verzoekt hij zodra de rechter voor het eerst een beslissing heeft genomen op basis van deze afdeling, de griffier van de rechtbank Den Haag onverwijld in de registers, bedoeld in de artikelen 19 en 19a, en in de Staatscourant melding te maken van de gegevens, bedoeld in artikel 24 van de in artikel 5, derde lid, genoemde verordening.

5. Als de schuldenaar een rechtspersoon is, heeft het bestuur voor het aanbieden van een akkoord als bedoeld in het eerste lid en de uitvoering van een akkoord dat overeenkomstig artikel 384 door de rechtbank is gehomologeerd geen instemming nodig van de algemene vergadering of een vergadering van houders van aandelen van een bepaalde soort of aanduiding en, voor zover en voor zolang de volgende afwijkingen nodig zijn en zonder afbreuk te doen aan het beginsel van gelijke behandeling van aandeelhouders, zijn de artikelen 38, 96, 96a, 99, 100 lid 1, 107a en 108a en titel 5.3 van Boek 2 van het Burgerlijk Wetboek, alsmede artikel 5:25ka van de Wet op het financieel toezicht en eventuele statutaire bepalingen of tussen de rechtspersoon en haar aandeelhouders dan wel tussen twee of meer aandeelhouders onderling overeengekomen regelingen ten aanzien van de besluitvorming door de algemene vergadering of een vergadering van houders van aandelen van een bepaalde soort of aanduiding, niet van toepassing. Voor zover de uitvoering van een akkoord een besluit van de algemene vergadering of een vergadering van houders van aandelen van een bepaalde soort of aanduiding vereist, treedt het akkoord dat overeenkomstig artikel 384 door de rechtbank is gehomologeerd daarvoor in de plaats.

Art. 371

Herstructureringsdeskundige, aanwijzingsverzoek

1. Iedere schuldeiser, aandeelhouder of de krachtens wettelijke bepalingen bij de door de schuldenaar gedreven onderneming ingestelde ondernemingsraad of personeelsvertegenwoordiging kunnen bij de rechtbank een verzoek indienen tot aanwijzing van een herstructureringsdeskundige die aan de schuldeisers en aandeelhouders van een schuldenaar, of een aantal van hen, overeenkomstig deze afdeling een akkoord kan aanbieden. Ook de schuldenaar kan een dergelijk verzoek doen. In dit laatste geval is artikel 370, vijfde lid, van overeenkomstige toepassing. Wordt het verzoek toegewezen, dan kan de schuldenaar zolang de aanwijzing van de herstructureringsdeskundige duurt geen akkoord aanbieden op basis van artikel 370, eerste lid. Wel kan hij een akkoord aan de herstructureringsdeskundige overhandigen met het verzoek dit aan de stemgerechtigde schuldeisers en aandeelhouders voor te leggen.

Herstructureringsdeskundige of onderhands akkoord

2. Heeft de rechter nog niet eerder een beslissing genomen in het kader van deze afdeling, dan vermeldt de verzoeker, bedoeld in het eerste lid, in het verzoek voor welke procedure als bedoeld in artikel 369, zesde lid, hij kiest en welke redenen daaraan ten grondslag liggen. Het verzoek bevat dan ook zodanige gegevens dat de rechter kan beoordelen of hem rechtsmacht toekomt. Is het verzoek niet ingediend door de schuldenaar, dan stelt de rechtbank de schuldenaar op een door haar nader te bepalen wijze en binnen een door haar te bepalen termijn in de gelegenheid zich uit te laten over de keuze voor één van de in artikel 369, zesde lid, genoemde procedures. In geval van een geschil hierover, beslist de rechtbank welke van de in artikel 369, zesde lid, genoemde procedures toepassing vindt. Artikel 370, vierde lid, is van overeenkomstige toepassing, met dien verstande dat het in dat lid bedoelde verzoek in dit geval kan worden gedaan door de herstructureringsdeskundige of de schuldenaar.

3. Een verzoek als bedoeld in het eerste lid, wordt toegewezen als de schuldenaar verkeert in een toestand als bedoeld in artikel 370, eerste lid, tenzij summierlijk blijkt dat de belangen van de gezamenlijke schuldeisers hierbij niet gediend zijn. Een verzoek tot aanwijzing van een herstructureringsdeskundige wordt in ieder geval toegewezen als het is ingediend door de schuldenaar zelf of gesteund wordt door de meerderheid van de schuldeisers.

4. De rechtbank kan één of meer deskundigen benoemen om een onderzoek in te stellen naar de vraag of sprake is van een toestand als bedoeld in het vorige lid. Artikel 378, zesde lid, eerste en vierde zin, en het zevende en achtste lid van dit artikel zijn dan van overeenkomstige toepassing.

5. Over een verzoek als bedoeld in het eerste lid, beslist de rechtbank niet dan nadat zij de verzoeker, bedoeld in het eerste lid, de schuldenaar en de observator, bedoeld in artikel 380, zo die is aangesteld, op een door haar nader te bepalen wijze en binnen een door haar te bepalen termijn in de gelegenheid heeft gesteld een zienswijze te geven. Dit geldt ook voor de beslissingen, bedoeld in het tiende, twaalfde en dertiende lid. In de laatste drie gevallen roept de rechtbank ook de herstructureringsdeskundige op om te worden gehoord.

6. De herstructureringsdeskundige voert zijn taak doeltreffend, onpartijdig en onafhankelijk uit.

Herstructureringsdeskundige, taken en bevoegdheden

7. De herstructureringsdeskundige is gerechtigd tot raadpleging van de boeken, bescheiden en andere gegevensdragers van de schuldenaar waarvan hij kennisneming nodig acht voor een juiste vervulling van zijn taak.

8. De schuldenaar of zijn bestuurders en de aandeelhouders en commissarissen zo die er zijn, alsmede degenen die in dienst zijn van de schuldenaar, zijn verplicht de herstructureringsdeskundige alle inlichtingen te verschaffen als dit van hen wordt verlangd, op de wijze als daarbij is bepaald. Zij lichten de herstructureringsdeskundige eigener beweging in over feiten en omstandigheden waarvan zij weten of behoren te weten dat deze voor de herstructureringsdeskundige voor een juiste vervulling van zijn taak van belang zijn en verlenen alle medewerking die daarvoor nodig is.

9. Behoudens in het kader van de toepassing van het in deze afdeling bepaalde, deelt de herstructureringsdeskundige de verkregen informatie niet met derden.

10. De rechtbank bepaalt het salaris van de herstructureringsdeskundige. Ook stelt de rechtbank een bedrag vast dat de werkzaamheden van herstructureringsdeskundige en van de derden die door hem worden geraadpleegd ten hoogste mogen kosten. Dit bedrag kan gedurende het proces door de rechtbank op verzoek van de herstructureringsdeskundige worden verhoogd. Voor zover niet anders overeengekomen is, betaalt de schuldenaar deze kosten, met dien verstande dat als het verzoek tot aanwijzing van een herstructureringsdeskundige wordt gesteund door de meerderheid van de schuldeisers, de schuldeisers de kosten dragen. De rechtbank kan ten behoeve hiervan aan de aanwijzing de voorwaarde verbinden van zekerheidstelling of bijschrijving van een voorschot op de rekening van de rechtbank.

11. De herstructureringsdeskundige is niet aansprakelijk voor schade die het gevolg is van de poging om overeenkomstig deze afdeling een akkoord tot stand te brengen, tenzij hem een persoonlijk ernstig verwijt treft dat hij niet heeft gehandeld zoals in redelijkheid mag worden verlangd van een over voldoende inzicht en ervaring beschikkende herstructureringsdeskundige die zijn taak met nauwgezetheid en inzet verricht.

12. Zodra duidelijk wordt dat het niet mogelijk is om overeenkomstig deze afdeling een akkoord tot stand te brengen, stelt de herstructureringsdeskundige de rechtbank hiervan op de hoogte en verzoekt hij om de intrekking van zijn aanwijzing.

Herstructureringsdeskundige, verzoek intrekking aanwijzing

Einde van rechtswege bij homologatie

13. De aanwijzing eindigt van rechtswege zodra de rechtbank het akkoord overeenkomstig artikel 384 homologeert, tenzij de rechtbank bij haar homologatiebeslissing bepaalt dat deze nog met een door haar te bepalen termijn voortduurt. Daarnaast kan de rechtbank te allen tijde een herstructureringsdeskundige, na hem gehoord of behoorlijk opgeroepen te hebben, ontslaan en door een ander vervangen, een en ander op verzoek van hemzelf of van één of meer schuldeisers dan wel ambtshalve.

14. Heeft de rechtbank nog niet eerder een beslissing genomen in het kader van deze afdeling, en ontleent zij haar rechtsmacht aan de in artikel 5, derde lid, genoemde verordening, dan wordt in de aanwijzingsbeschikking vermeld of het een hoofdinsolventieprocedure dan wel een territoriale insolventieprocedure in de zin van de verordening betreft. Elke schuldeiser die niet al op basis van het vijfde lid in de gelegenheid is gesteld om zijn zienswijze kenbaar te maken, kan gedurende acht dagen na de melding, bedoeld in artikel 370, vierde lid, daartegen in verzet komen op grond van het ontbreken van internationale bevoegdheid als bedoeld in artikel 5, eerste lid, van de genoemde verordening.

Art. 372

1. Een akkoord als bedoeld in artikel 370, eerste lid, kan ook voorzien in de wijziging van rechten van schuldeisers jegens rechtspersonen die samen met de schuldenaar een groep vormen als bedoeld in artikel 24b van Boek 2 van het Burgerlijk Wetboek mits:

Akkoord, wijzigen rechten schuldeisers groep

a. de rechten van die schuldeisers jegens de betrokken rechtspersonen strekken tot voldoening of tot zekerheid voor de nakoming van verbintenissen van de schuldenaar of van verbintenissen waarvoor die rechtspersonen met of naast de schuldenaar aansprakelijk zijn;

b. de betrokken rechtspersonen verkeren in een toestand als bedoeld in artikel 370, eerste lid;

c. de betrokken rechtspersonen met de voorgestelde wijziging hebben ingestemd of het akkoord wordt aangeboden door een herstructureringsdeskundige als bedoeld in artikel 371, en

d. de rechtbank rechtsmacht heeft als deze rechtspersonen zelf een akkoord op grond van deze afdeling zouden aanbieden en een verzoek zouden indienen als bedoeld in artikel 383, eerste lid.

B13 art. 373 Faillissementswet

2. Bij een akkoord als bedoeld in het eerste lid:
a. verstrekt de schuldenaar, of de herstructureringsdeskundige, bedoeld in artikel 371, ook de in artikel 375 genoemde informatie ten aanzien van de in het eerste lid bedoelde rechtspersonen, en
b. toetst de rechtbank bij de behandeling van het homologatieverzoek ambtshalve dan wel op verzoek of het akkoord ten aanzien van deze rechtspersonen voldoet aan artikel 384.

3. De schuldenaar dan wel de herstructureringsdeskundige zo die is aangewezen, is bij uitsluiting bevoegd om ten behoeve van de in het eerste lid bedoelde rechtspersonen verzoeken bij de rechtbank in te dienen als bedoeld de artikelen 376, eerste lid, 378, eerste lid, 379, eerste lid, en 383, eerste lid.

Art. 373

Voorstel wijzigen of beëindigen overeenkomst

1. Als de schuldenaar verkeert in een toestand als bedoeld in artikel 370, eerste lid, kan de schuldenaar of de herstructureringsdeskundige zo die is aangewezen, aan een wederpartij met wie de schuldenaar een overeenkomst heeft gesloten, een voorstel doen tot wijziging of beëindiging van die overeenkomst. Stemt de wederpartij niet in met het voorstel, dan kan de schuldenaar of de herstructureringsdeskundige de overeenkomst tussentijds doen opzeggen, mits een akkoord is aangeboden dat overeenkomstig artikel 384 door de rechtbank wordt gehomologeerd en de rechtbank daarbij toestemming geeft voor deze eenzijdige opzegging. De opzegging vindt in dat geval van rechtswege plaats op de dag waarop het akkoord door de rechtbank is gehomologeerd tegen een door de schuldenaar of de herstructureringsdeskundige gestelde termijn. Komt deze termijn de rechtbank niet redelijk voor, dan kan zij bij de verlening van de toestemming een langere termijn vaststellen, met dien verstande, dat een termijn van drie maanden vanaf de homologatie van het akkoord in elk geval voldoende is.

Eenzijdige opzegging, vergoeding

2. Na de eenzijdige opzegging, bedoeld in het eerste lid, heeft de wederpartij recht op vergoeding van de schade die hij lijdt vanwege de beëindiging van de overeenkomst. Afdeling 10 van Titel 1 van Boek 6 van het Burgerlijk Wetboek is van toepassing. Het akkoord, bedoeld in artikel 370, eerste lid, kan voorzien in een wijziging van het toekomstige recht op schadevergoeding.

3. Het voorbereiden en aanbieden van een akkoord als bedoeld artikel 370, eerste lid, en de aanwijzing van een herstructureringsdeskundige, bedoeld in artikel 371, alsmede gebeurtenissen en handelingen die daarmee of met de uitvoering van het akkoord rechtstreeks verband houden en daarvoor redelijkerwijs noodzakelijk zijn, zijn geen grond voor wijziging van verbintenissen of verplichtingen jegens de schuldenaar, voor opschorting van de nakoming van een verbintenis jegens de schuldenaar en voor ontbinding van een met de schuldenaar gesloten overeenkomst.

4. Is overeenkomstig artikel 376 een afkoelingsperiode afgekondigd, dan geldt tijdens die periode dat een verzuim in de nakoming van de schuldenaar dat heeft plaatsgevonden vóór de afkoelingsperiode, geen grond is voor de wijziging van verbintenissen of verplichtingen jegens de schuldenaar, voor opschorting van de nakoming van een verbintenis jegens de schuldenaar en voor ontbinding van een met de schuldenaar gesloten overeenkomst voor zover zekerheid is gesteld voor de nakoming van de nieuwe verplichtingen die ontstaan tijdens de afkoelingsperiode.

Art. 374

Eenzijdige opzegging, vergoeding

1. Schuldeisers en aandeelhouders worden in verschillende klassen ingedeeld, als de rechten die zij bij een vereffening van het vermogen van de schuldenaar in faillissement hebben of de rechten die zij op basis van het akkoord aangeboden krijgen zodanig verschillend zijn dat van een vergelijkbare positie geen sprake is. In ieder geval worden schuldeisers of aandeelhouders die overeenkomstig Titel 10 van Boek 3 van het Burgerlijk Wetboek, een andere wet of een daarop gebaseerde regeling dan wel een overeenkomst bij het verhaal op het vermogen van de schuldenaar een verschillende rang hebben, in verschillende klassen ingedeeld.

Concurrente schuldeisers, indeling in klassen

2. Concurrente schuldeisers worden tezamen in één of meer aparte klassen ingedeeld, als:
a. deze schuldeisers op het moment dat het akkoord overeenkomstig artikel 381 ter stemming wordt voorgelegd, een rechtspersoon zijn als bedoeld in de artikelen 395a en 396 van Boek 2 van het Burgerlijk Wetboek of een schuldeiser bij wie op dat moment vijftig of minder personen werkzaam zijn dan wel ten aanzien waarvan uit een opgave krachtens de Handelsregisterwet 2007 blijkt dat er vijftig of minder personen werkzaam zijn met een vordering voor geleverde goederen of diensten of een vordering uit een onrechtmatige daad als bedoeld in artikel 162 van Boek 6 van het Burgerlijk Wetboek, en
b. aan deze schuldeisers op basis van het akkoord een uitkering in geld aangeboden wordt die minder bedraagt dan 20% van het bedrag van hun vorderingen of onder het akkoord een recht wordt aangeboden dat een waarde vertegenwoordigt die minder bedraagt dan 20% van het bedrag van hun vorderingen.

3. Schuldeisers met een voorrang die voortvloeit uit pand of hypotheek als bedoeld in artikel 278, eerste lid, van Boek 3 van het Burgerlijk Wetboek worden enkel voor het deel van hun vordering waarvoor de voorrang geldt in één of meer klassen van schuldeisers met een dergelijk voorrang ingedeeld, tenzij hierdoor geen verandering ontstaat in de verdeling van de waarde die met het akkoord wordt gerealiseerd. Voor het overige deel van hun vordering worden deze

schuldeisers ingedeeld in een klasse van schuldeisers zonder voorrang. Bij de bepaling van het deel van de vordering waarvoor de voorrang tot zekerheid strekt, wordt uitgegaan van de waarde die naar verwachting in een faillissement volgens de wettelijke rangorde door deze schuldeiser op basis van zijn pand- of hypotheekrechten verkregen zou zijn.

Art. 375

1. Het akkoord bevat alle informatie die de stemgerechtigde schuldeisers en aandeelhouders nodig hebben om zich voor het plaatsvinden van de stemming, bedoeld in artikel 381, een geïnformeerd oordeel te kunnen vormen over het akkoord, waaronder:

a. de naam van de schuldenaar;

b. voor zover van toepassing de naam van de herstructureringsdeskundige;

c. voor zover van toepassing, de klassenindeling en de criteria op basis waarvan de schuldeisers en aandeelhouders in één of meerdere klassen zijn ingedeeld;

d. de financiële gevolgen van het akkoord per klasse van schuldeisers en aandeelhouders;

e. de waarde die naar verwachting gerealiseerd kan worden als het akkoord tot stand komt;

f. de opbrengst die naar verwachting gerealiseerd kan worden bij een vereffening van het vermogen van de schuldenaar in faillissement;

g. de bij de berekening van de waardes, bedoeld onder e en f, gehanteerde uitgangspunten en aannames;

h. als het akkoord een toedeling van rechten aan de schuldeisers en aandeelhouders behelst: het moment of de momenten waarop de rechten zullen worden toebedeeld;

i. voor zover van toepassing, de nieuwe financiering die de schuldenaar het in het kader van de uitvoering van het akkoord aan wil gaan en de redenen waarom dit nodig is;

j. de wijze waarop de schuldeisers en aandeelhouders nadere informatie over het akkoord kunnen verkrijgen;

k. de procedure voor de stemming over het akkoord alsmede het moment waarop deze plaatsvindt dan wel waarop de stem uiterlijk moet zijn uitgebracht, en

l. voor zover van toepassing, de wijze waarop de bij de door de schuldenaar gedreven onderneming ingestelde ondernemingsraad of personeelsvertegenwoordiging overeenkomstig artikel 25 van de Wet op de ondernemingsraden gevraagd is of nog gevraagd zal worden advies uit te brengen.

2. Aan het akkoord worden gehecht:

a. een door behoorlijke bescheiden gestaafde staat van alle baten en lasten, en

b. een lijst waarop:

$1°.$ de stemgerechtigde schuldeisers en aandeelhouders bij naam worden genoemd of, als dit niet mogelijk is, de schuldeisers of aandeelhouders onder verwijzing naar één of meer categorieën worden vermeld;

$2°.$ het bedrag van hun vordering of het nominale bedrag van hun aandeel wordt gemeld, en, indien van toepassing, wordt meegedeeld in hoeverre dat bedrag wordt betwist alsmede voor welk bedrag de schuldeiser of de aandeelhouder tot de stemming wordt toegelaten, en

$3°.$ wordt meegedeeld in welke klasse of klassen zij zijn ingedeeld.

c. voor zover van toepassing, een opgave van schuldeisers of aandeelhouders die niet onder het akkoord vallen, bij naam of, als dit niet mogelijk is, onder verwijzing naar één of meer categorieën, alsmede een toelichting waarom zij niet worden meegenomen in het akkoord;

d. informatie over de financiële positie van de schuldenaar, en

e. een beschrijving van:

$1°.$ de aard, omvang en oorzaak van de financiële problemen;

$2°.$ welke pogingen zijn ondernomen om deze problemen op te lossen;

$3°.$ de herstructureringsmaatregelen die onderdeel zijn van het akkoord;

$4°.$ de wijze waarop deze maatregelen bijdragen aan een oplossing, en

$5°.$ hoeveel tijd die naar verwachting vergt om deze maatregelen uit te voeren;

f. voor zover van toepassing, een schriftelijke verklaring inhoudende welke zwaarwegende grond aanwezig is waardoor de concurrente schuldeisers, bedoeld in artikel 374, tweede lid, op basis van het akkoord een uitkering in geld aangeboden krijgen die minder bedraagt dan 20% van het bedrag van hun vorderingen of onder het akkoord een recht aangeboden krijgen dat een waarde vertegenwoordigt die minder bedraagt dan 20% van het bedrag van hun vorderingen.

3. Bij of krachtens algemene maatregel van bestuur kan worden bepaald welke informatie verder in het akkoord of in de daaraan te hechten bescheiden wordt opgenomen en op welke wijze deze informatie wordt verstrekt, alsmede kan worden voorzien in een standaardformulier.

Art. 376

1. Als de schuldenaar ter griffie van de rechtbank een verklaring heeft gedeponeerd als bedoeld in artikel 370, derde lid, en een akkoord als bedoeld in het eerste lid van dat artikel heeft aangeboden of toezegt dat hij binnen een termijn van ten hoogste twee maanden een dergelijk akkoord zal aanbieden, of er overeenkomstig artikel 371 door de rechtbank een herstructureringsdeskundige is aangewezen, kan de schuldenaar of de herstructureringsdeskundige de rechtbank verzoeken een afkoelingsperiode af te kondigen.

Akkoord, op te nemen informatie

Akkoord, bijlagen

Afkoelingsperiode, verzoek

B13 art. 376 *Faillissementswet*

Afkoelingsperiode, termijn

2. Tijdens de afkoelingsperiode, die geldt voor een termijn van ten hoogste vier maanden:
a. kan elke bevoegdheid van derden tot verhaal op goederen die tot het vermogen van de schuldenaar behoren of tot opeising van goederen die zich in de macht van de schuldenaar bevinden niet worden uitgeoefend dan met machtiging van de rechtbank, mits die derden geïnformeerd zijn over de afkondiging van de afkoelingsperiode of op de hoogte zijn van het feit dat er een akkoord wordt voorbereid;
b. kan de rechtbank op verzoek van de schuldenaar of de herstructureringsdeskundige zo die is aangewezen, beslagen opheffen, en
c. wordt de behandeling van een verzoek tot verlening van surseance, een eigen aangifte of een door een schuldeiser jegens de schuldenaar ingediend verzoek tot faillietverklaring geschorst.
3. Artikel 371, tweede lid, eerste, tweede en vijfde zin, is van overeenkomstige toepassing.
4. Het verzoek, bedoeld in het eerste lid, wordt toegewezen als summierlijk blijkt dat:
a. dit noodzakelijk is om de door de schuldenaar gedreven onderneming tijdens de voorbereiding van en de onderhandelingen over een akkoord te kunnen blijven voortzetten, en
b. op het moment dat de afkoelingsperiode wordt afgekondigd redelijkerwijs valt aan te nemen dat de belangen van de gezamenlijke schuldeisers van de schuldenaar hierbij gediend zijn en de in het tweede lid bedoelde derden, beslaglegger en schuldeiser die het faillissementsverzoek heeft ingediend, niet wezenlijk in hun belangen worden geschaad.

Afkoelingsperiode, verlenging

5. Als de schuldenaar of de herstructureringsdeskundige zo die is aangewezen, hierom verzoeken voordat de uiterste termijn voor de afkoelingsperiode, bedoeld in het tweede lid, is verstreken, kan de rechtbank deze periode verlengen met een door haar te bepalen termijn, met dien verstande dat de totale termijn met inbegrip van verlengingen niet langer kan zijn dan acht maanden. De schuldenaar of de herstructureringsdeskundige dient in zijn verzoek aannemelijk te maken dat er belangrijke vooruitgang is geboekt in de totstandkoming van het akkoord. Dit laatste wordt geacht in ieder geval aan de orde te zijn als een verzoek tot homologatie van het akkoord als bedoeld in artikel 383, eerste lid, is ingediend.

Afkoelingsperiode, geen verlenging

6. In afwijking van het vijfde lid, wordt de afkoelingsperiode niet verlengd als:
a. de afkoelingsperiode is verzocht in het kader van een besloten akkoordprocedure buiten faillissement, en
b. het centrum van de voornaamste belangen van de schuldenaar, bedoeld in artikel 3, eerste lid, van de verordening, genoemd in artikel 5, derde lid, in de drie maanden voorafgaand aan het moment dat de rechter voor het eerst een beslissing heeft genomen op basis van deze afdeling vanuit een andere lidstaat is verplaatst.
7. Ingeval de schuldenaar overeenkomstig artikel 239, eerste lid, van Boek 3 van het Burgerlijk Wetboek een pandrecht heeft gevestigd op een vordering op naam of op het vruchtgebruik van een zodanige vordering, is de pandhouder tijdens de afkoelingsperiode niet bevoegd de mededeling, bedoeld in het derde lid van dat artikel, te doen of betalingen in ontvangst te nemen dan wel te verrekenen met een vordering op de schuldenaar, mits de schuldenaar op toereikende wijze vervangende zekerheid stelt voor het verhaal van de pandhouder krachtens dat pandrecht.
8. De artikelen 241a, tweede en derde lid, 241c, 241d zijn van overeenkomstige toepassing, met dien verstande dat het bij de overeenkomstige toepassing van artikel 241a, derde lid, gaat om een termijn die aan de schuldenaar is gesteld.
9. Op verzoek van de in het tweede lid bedoelde derden, beslaglegger en schuldeiser die het faillissementsverzoek heeft ingediend, kan de rechtbank bij haar beslissing tot het afkondigen van een afkoelingsperiode of gedurende de termijn waarbinnen deze geldt, voorzieningen treffen als bedoeld in artikel 379. Bij de afkondiging van een algemene afkoelingsperiode kan de rechtbank een observator als bedoeld artikel 380 aanstellen, als zij dit nodig oordeelt ter beveiliging van de belangen van de schuldeisers of de aandeelhouders.
10. Als niet langer wordt voldaan aan het eerste en het vierde lid, heft de rechtbank de afkoelingsperiode op. Zij kan dit ambtshalve doen of op verzoek van de schuldenaar, de herstructureringsdeskundige zo die is aangewezen, of de in het tweede lid bedoelde derden, beslaglegger en schuldeiser die het faillissementsverzoek heeft ingediend.
11. De rechtbank beslist niet over het verlenen van een machtiging als bedoeld in het tweede lid, onder a, of verzoeken als bedoeld in het vijfde, negende en tiende lid dan nadat zij de schuldenaar of de herstructureringsdeskundige zo die is aangewezen, de observator, bedoeld in artikel 380, zo die is aangesteld, alsmede de in het tweede lid bedoelde derden, beslaglegger en schuldeiser die het faillissementsverzoek heeft ingediend, op een door haar nader te bepalen wijze en binnen een door haar te bepalen termijn in de gelegenheid heeft gesteld een zienswijze te geven.
12. Artikel 371, veertiende lid, is van overeenkomstige toepassing.
13. Het verzoek tot verlening van surseance, de eigen aangifte of het verzoek tot faillietverklaring, bedoeld in het tweede lid, onder c, vervalt van rechtswege zodra de rechtbank het akkoord overeenkomstig artikel 384 heeft gehomologeerd. Was de schuldeiser op het moment dat hij het verzoek tot faillietverklaring indiende, niet op de hoogte van het feit dat er een akkoord

werd voorbereid, dan beslist de rechter of de schuldenaar de kosten van het geding die de schuldeiser heeft gemaakt, moet vergoeden.

Art. 377

1. Als de schuldenaar voor de afkondiging van de afkoelingsperiode, bedoeld in artikel 376, de bevoegdheid had tot gebruik, verbruik of vervreemding van goederen, dan wel de inning van vorderingen, blijft deze bevoegdheid hem tijdens de afkoelingsperiode toekomen, voor zover dit past binnen de normale voortzetting van de onderneming die hij drijft.

2. De schuldenaar maakt alleen gebruik van de bevoegdheid, bedoeld in het eerste lid, als de belangen van de betrokken derden, voldoende zijn gewaarborgd.

3. De rechtbank heft de in het eerste lid bedoelde bevoegdheid op of beperkt het gebruik van deze bevoegdheid op verzoek van één of meer betrokken derden, als niet langer wordt voldaan aan het vorige lid. De rechtbank beslist hierover niet dan nadat zij de genoemde derden, de schuldenaar, de herstructureringsdeskundige, bedoeld in artikel 371, zo die is aangewezen, en de observator, bedoeld in artikel 380, zo die is aangesteld, op een door haar nader te bepalen wijze en binnen een door haar te bepalen termijn in de gelegenheid heeft gesteld een zienswijze te geven.

Art. 378

1. Voordat het akkoord overeenkomstig artikel 381, eerste lid, ter stemming is voorgelegd, kan de schuldenaar of de herstructureringsdeskundige, bedoeld in artikel 371, zo die is aangewezen, de rechtbank verzoeken een uitspraak te doen over aspecten die van belang zijn in het kader van het tot stand brengen van een akkoord overeenkomstig deze afdeling, waaronder:

a. de inhoud van de informatie die in het akkoord of in de daaraan gehechte bescheiden is opgenomen, als ook de door de schuldenaar gehanteerde waardes en uitgangspunten en aannames, bedoeld in artikel 375, eerste lid, onderdelen e tot en met g;

b. de klassenindeling;

c. de toelating tot de stemming van een schuldeiser of aandeelhouder;

d. de procedure voor de stemming en binnen welke termijn nadat het akkoord aan de stemgerechtigde schuldeisers en aandeelhouders is voorgelegd of hen is meegedeeld hoe zij daarvan kennis kunnen nemen, de stemming redelijkerwijs zou mogen plaatsvinden;

e. of, als alle klassen instemmen met het akkoord, een afwijzingsgrond als bedoeld in artikel 384, tweede en derde lid, alsnog aan de homologatie van het akkoord in de weg zou staan;

f. of, als niet alle klassen instemmen met het akkoord, een afwijzingsgrond als bedoeld in artikel 384, tweede, derde en vierde lid, aan de homologatie van het akkoord in de weg zou staan, en

g. of, als de schuldenaar een rechtspersoon is als bedoeld in de artikelen 381, tweede lid, en 383, tweede lid, het bestuur zonder goede reden weigert instemming te verlenen voor het in stemming brengen van het akkoord of de indiening van het homologatieverzoek.

2. Artikel 371, tweede lid, eerste, tweede en vijfde zin, is van overeenkomstige toepassing.

3. De rechtbank behandelt de verzoeken die overeenkomstig het eerste lid aan haar worden gedaan zoveel mogelijk gezamenlijk en doet deze zoveel mogelijk op één zitting af.

4. Wordt de rechter op grond van het eerste lid verzocht zich uit te laten over de toelating van een schuldeiser of aandeelhouder tot de stemming of over de hoogte van het bedrag van de vordering van een stemgerechtigde schuldeiser dan wel het nominale bedrag van het aandeel van een stemgerechtigde aandeelhouder, dan bepaalt de rechtbank of en tot welk bedrag, deze schuldeiser of aandeelhouder tot de stemming over het akkoord wordt toegelaten. Artikel 147 is van overeenkomstige toepassing.

5. Wordt de rechter op grond van het eerste lid, onderdeel g, verzocht zich uit te laten over de weigering van het bestuur om de daar bedoelde instemming te verlenen en constateert hij dat het bestuur daarvoor geen goede reden heeft, dan kan de rechter op verzoek van de herstructureringsdeskundige bepalen dat zijn beslissing dezelfde kracht heeft als de instemming van het bestuur.

6. Als zij dit nodig acht in het kader van een door haar te nemen beslissing, kan de rechtbank één of meer deskundigen benoemen om binnen een door haar te bepalen termijn, die zo nodig kan worden verlengd, een onderzoek in te stellen en een beredeneerd verslag van bevindingen uit te brengen. De deskundigen leggen hun verslag neder ter griffie van de rechtbank, ter inzage van de stemgerechtigde schuldeisers en aandeelhouders. Artikel 371, zevende en achtste lid, zijn van overeenkomstige toepassing. De rechtbank kan te allen tijde een deskundige, na hem gehoord of behoorlijk opgeroepen te hebben, ontslaan en door een ander vervangen, een en ander op verzoek van hemzelf of ambtshalve.

7. Als informatie ontbreekt om de gevraagde beslissing te kunnen geven, kan de rechtbank de schuldenaar of de herstructureringsdeskundige een redelijke termijn gunnen om de ontbrekende gegevens te verstrekken, alvorens zij een beslissing neemt als bedoeld in het eerste en vierde lid.

8. De rechtbank beslist niet als bedoeld in het eerste en vierde lid dan nadat zij de schuldenaar, de herstructureringsdeskundige zo die is aangewezen, de observator, bedoeld in artikel 380, zo die is aangesteld, en de schuldeisers en aandeelhouders van wie de belangen rechtstreeks geraakt

B13 art. 379 Faillissementswet

worden door de beslissing op een door haar nader te bepalen wijze en binnen een door haar te bepalen termijn in de gelegenheid heeft gesteld een zienswijze te geven. Wordt de rechter gevraagd om een beslissing te nemen als bedoeld in het vierde lid, dan is de vorige zin in ieder geval van toepassing op de schuldeiser of aandeelhouder, bedoeld in dat lid.

9. Beslissingen van de rechtbank op grond van dit artikel zijn slechts bindend voor die schuldeisers en aandeelhouders die op grond van het vorige lid door de rechtbank in de gelegenheid zijn gesteld om een zienswijze te geven.

10. Artikel 371, veertiende lid, is van overeenkomstige toepassing.

Art. 379

Veiligstellen belangen schuldeisers/aandeelhouders

1. Als de schuldenaar ter griffie van de rechtbank een verklaring heeft gedeponeerd als bedoeld in artikel 370, derde lid, of er overeenkomstig artikel 371 door de rechtbank een herstructureringsdeskundige is aangewezen, kan de rechtbank op verzoek van de schuldenaar of de herstructureringsdeskundige dan wel ambtshalve zodanige bepalingen maken en voorzieningen treffen als zij ter beveiliging van de belangen van de schuldeisers of de aandeelhouders nodig oordeelt.

2. Artikel 371, tweede lid, eerste, tweede en vijfde zin, en veertiende lid, is van overeenkomstige toepassing.

Art. 380

Observator, aanstelling en taken

1. Als het akkoord overeenkomstig artikel 370 door de schuldenaar wordt voorbereid, kan een voorziening als bedoeld in artikel 379 zijn de aanstelling van een observator. Deze heeft tot taak toezicht te houden op de totstandkoming van het akkoord en daarbij oog te hebben voor de belangen van de gezamenlijke schuldeisers.

2. Zodra duidelijk wordt dat het de schuldenaar niet zal lukken om overeenkomstig deze afdeling een akkoord tot stand te brengen of dat de belangen van de gezamenlijke schuldeisers worden geschaad, stelt de observator de rechtbank hiervan op de hoogte. De rechtbank stelt in dat geval de observator en de schuldenaar op een door haar nader te bepalen wijze en binnen een door haar te bepalen termijn in de gelegenheid een zienswijze te geven en verbindt hieraan de gevolgen die zij geraden acht. Een dergelijke gevolgtrekking kan zijn dat de rechtbank een herstructureringsdeskundige aanwijst als bedoeld in artikel 371.

3. Wordt na de aanstelling van een observator een verzoek ingediend tot aanwijzing van een herstructureringsdeskundige als bedoeld in artikel 371 en wijst de rechtbank dit verzoek toe, dan trekt zij daarbij de aanstelling van de observator in.

4. Artikel 371, tweede lid, eerste, tweede en vijfde zin, en het vijfde tot en met veertiende lid, is van overeenkomstige toepassing.

Art. 381

Ter inzagelegging akkoord voor belanghebbenden, termijn

1. De schuldenaar of de herstructureringsdeskundige, bedoeld in artikel 371, zo die is aangewezen, legt het akkoord gedurende een redelijke termijn die in ieder geval niet korter is dan acht dagen, voor het plaatsvinden van de stemming voor aan de stemgerechtigde schuldeisers en aandeelhouders of bericht hen hoe zij daarvan kennis kunnen nemen, zodat zij hierover een geïnformeerd oordeel kunnen vormen.

Ter inzagelegging akkoord voor belanghebbenden, voorwaarden

2. De herstructureringsdeskundige kan het akkoord alleen met instemming van de schuldenaar aan de stemgerechtigde schuldeisers en aandeelhouders voorleggen als:

a. de herstructureringsdeskundige is aangewezen op verzoek van één of meer schuldeisers of de bij de door de schuldenaar gedreven onderneming ingestelde ondernemingsraad of personeelsvertegenwoordiging, en

b. de schuldenaar of, als de schuldenaar een rechtspersoon is, de groep, bedoeld in artikel 24b van Boek 2 van het Burgerlijk Wetboek, waartoe de schuldenaar behoort, een onderneming drijft waar minder dan 250 personen werkzaam zijn en waarvan de jaaromzet in het voorgaande boekjaar € 50 miljoen of het balanstotaal aan het eind van het voorgaande boekjaar € 43 miljoen niet overschreed.

Als de schuldenaar een rechtspersoon is, mogen de aandeelhouders het bestuur niet op onredelijke wijze belemmeren instemming te verlenen.

Stemgerechtigden

3. Stemgerechtigd zijn schuldeisers en aandeelhouders van wie de rechten op basis van het akkoord worden gewijzigd.

4. Biedt de schuldenaar of de herstructureringsdeskundige een akkoord aan dat mede betrekking heeft op vorderingsrechten waarvoor geldt dat het economisch belang geheel of in overwegende mate ligt bij een ander dan de schuldeiser en waardoor die ander zich in een positie bevindt die, gegeven de omstandigheden van het geval, redelijkerwijs gelijkgesteld moet worden met die van een schuldeiser als bedoeld in het derde lid, dan kan de schuldenaar of de herstructureringsdeskundige deze ander in plaats van de schuldeiser uitnodigen naar eigen inzicht over het akkoord te stemmen. In dat geval is het in deze afdeling ten aanzien van de schuldeiser bepaalde van toepassing op de ander.

Stemming per klasse

5. Biedt de schuldenaar of de herstructureringsdeskundige een akkoord aan dat mede betrekking heeft op aandelen ten aanzien waarvan certificaten zijn uitgegeven, dan kan de schuldenaar of de herstructureringsdeskundige, de certificaathouder, in plaats van de aandeelhouder, uitnodigen om naar eigen inzicht over het akkoord te stemmen. In dat geval is het in deze afdeling ten aanzien van de aandeelhouder bepaalde van toepassing op de certificaathouders. Hetzelfde geldt voor vruchtgebruikers.

6. De stemming over het akkoord geschiedt per klasse van schuldeisers of aandeelhouders, overeenkomstig de in artikel 375, eerste lid, onderdeel k, gegeven informatie, in een fysieke of door middel van een elektronisch communicatiemiddel te houden vergadering of schriftelijk.

7. Een klasse van schuldeisers heeft met het akkoord ingestemd als het besluit tot instemming is genomen door een groep van schuldeisers die samen ten minste twee derden vertegenwoordigen van het totale bedrag aan vorderingen behorend tot de schuldeisers die binnen die klasse hun stem hebben uitgebracht.

8. Een klasse van aandeelhouders heeft met het akkoord ingestemd als het besluit tot instemming is genomen door een groep van aandeelhouders die samen ten minste twee derden vertegenwoordigen van het totale bedrag aan geplaatst kapitaal behorend tot de aandeelhouders die binnen die klasse een stem hebben uitgebracht.

Art. 382

1. De schuldenaar of de herstructureringsdeskundige, bedoeld in artikel 371, eerste lid, zo die is aangewezen, stelt zo spoedig mogelijk doch uiterlijk binnen zeven dagen na de stemming een verslag op dat vermeldt:

a. de namen van de schuldeisers en aandeelhouders of, als dit niet mogelijk is, een verwijzing naar één of meer categorieën van schuldeisers en aandeelhouders, die een stem hebben uitgebracht en of zij zich daarbij voor of tegen het akkoord hebben uitgesproken, alsmede de hoogte van het bedrag van hun vorderingen dan wel het nominale bedrag van hun aandelen;

b. de uitslag van de stemming, en

c. of de schuldenaar of de herstructureringsdeskundige voornemens zijn een verzoek als bedoeld in artikel 383, eerste lid, in te dienen, en indien dat het geval is, wat verder rondom de stemming of, indien aan de orde, bij de vergadering waarin deze heeft plaatsgevonden, is voorgevallen en relevant is in het kader van dat verzoek.

2. De schuldenaar of de herstructureringsdeskundige stelt de stemgerechtigde schuldeisers en aandeelhouders onverwijld in staat van het verslag kennis te nemen. Wordt door de schuldenaar of de herstructureringsdeskundige een verzoek gedaan als bedoeld in artikel 383, eerste lid, dan deponeert hij het verslag ter griffie van de rechtbank. Het verslag ligt aldaar ter kosteloze inzage van de stemgerechtigde schuldeisers en aandeelhouders totdat de rechtbank heeft beslist op het verzoek, bedoeld in artikel 383, eerste lid.

§ 3

De homologatie van het akkoord

Art. 383

1. Als ten minste één klasse van schuldeisers met het akkoord heeft ingestemd, kan de schuldenaar of de herstructureringsdeskundige, bedoeld in artikel 371, zo die is aangewezen, de rechtbank schriftelijk verzoeken om homologatie van het akkoord. Als het akkoord een wijziging omvat van rechten van schuldeisers met een vordering die bij een vereffening van het vermogen van de schuldenaar in faillissement naar verwachting geheel of tenminste gedeeltelijk kan worden voldaan, dient die ene klasse, bedoeld in de vorige zin, te bestaan uit schuldeisers die vallen binnen deze categorie schuldeisers.

2. De herstructureringsdeskundige kan alleen met instemming van de schuldenaar een homologatieverzoek indienen als:

a. de herstructureringsdeskundige is aangewezen op verzoek van één of meer schuldeisers of de bij de door de schuldenaar gedreven onderneming ingestelde ondernemingsraad of personeelsvertegenwoordiging;

b. niet alle klassen met het akkoord hebben ingestemd, en

c. de schuldenaar of, als de schuldenaar een rechtspersoon is, de groep, bedoeld in artikel 24b van Boek 2 van het Burgerlijk Wetboek, waartoe de schuldenaar behoort, een onderneming drijft waar minder dan 250 personen werkzaam zijn en waarvan de jaaromzet in het voorgaande boekjaar € 50 miljoen of het balanstotaal aan het eind van het voorgaande boekjaar € 43 miljoen niet overschreed.

Als de schuldenaar een rechtspersoon is, mogen de aandeelhouders het bestuur niet op onredelijke wijze belemmeren instemming te verlenen.

3. Artikel 371, tweede lid, eerste, tweede en vijfde zin, is van overeenkomstige toepassing.

4. De rechtbank bepaalt zo spoedig mogelijk bij beschikking de zitting waarop zij de homologatie behandelt. Heeft de schuldenaar een verzoek ingediend tot homologatie van een akkoord waarmee niet alle klassen hebben ingestemd en heeft de rechtbank nog geen herstructureringsdeskundige als bedoeld in artikel 371 aangewezen of een observator als bedoeld in artikel 380 aangesteld, dan stelt de rechtbank bij dezelfde beschikking alsnog een observator aan.

Verslag stemming

Homologatie van akkoord, indienen verzoek

Homologatie van akkoord, voorwaarden indienen verzoek

Homologatie, bepaling zitting

B13 art. 384 Faillissementswet

Homologatiebeschikking, schriftelijke kennisgeving

5. Van de beschikking, bedoeld in het vierde lid, geeft de schuldenaar of de herstructureringsdeskundige onverwijld schriftelijk kennis aan de stemgerechtigde schuldeisers en aandeelhouders.

6. De zitting wordt ten minste acht en ten hoogste veertien dagen nadat het homologatieverzoek is ingediend en het verslag, bedoeld in artikel 382, ter griffie ter inzage is gelegd, gehouden.

7. Als de schuldenaar of de herstructureringsdeskundige de mogelijkheid wil gebruiken om een overeenkomst overeenkomstig artikel 373, eerste lid, eenzijdig op te zeggen, dan omvat het homologatieverzoek tevens een verzoek om toestemming voor die opzegging.

8. Tot aan de dag van de zitting, bedoeld in het vierde lid, kunnen stemgerechtigde schuldeisers en aandeelhouders bij de rechtbank een met redenen omkleed schriftelijk verzoek indienen tot afwijzing van het homologatieverzoek. Tot dat moment kan ook de wederpartij bij de overeenkomst, bedoeld in het vorige lid, een met redenen omkleed schriftelijk verzoek indienen tot afwijzing van het verzoek tot verlening van toestemming voor de opzegging, bedoeld in dat lid.

9. Een schuldeiser, aandeelhouder of wederpartij als bedoeld in het vorige lid kan geen beroep doen op een afwijzingsgrond, als hij niet binnen bekwame tijd nadat hij het mogelijke bestaan van die afwijzingsgrond heeft ontdekt of redelijkerwijze had moeten ontdekken, bij de schuldenaar of de herstructureringsdeskundige zo die is aangewezen, terzake heeft geprotesteerd.

Art. 384

Homologatieverzoek, toewijzing

1. Heeft de rechtbank rechtsmacht om het verzoek tot homologatie van het akkoord in behandeling te nemen, dan geeft zij zo spoedig mogelijk haar met redenen omkleed vonnis waarbij zij dit verzoek en, indien aan de orde, een verzoek om toestemming voor de opzegging van een overeenkomst als bedoeld in artikel 383, zevende lid, toewijst, tenzij zich één of meer van de afwijzingsgronden, bedoeld in het tweede tot en met het vijfde lid, voordoet.

Homologatieverzoek, afwijzingsgronden

2. De rechtbank wijst een verzoek tot homologatie van het akkoord af als:

a. van een toestand als bedoeld in artikel 370, eerste lid, geen sprake is;

b. de schuldenaar of de herstructureringsdeskundige niet jegens alle stemgerechtigde schuldeisers en aandeelhouders heeft voldaan aan de verplichtingen, bedoeld in de artikelen 381, eerste lid, en 383, vijfde lid, tenzij de desbetreffende schuldeisers en aandeelhouders verklaren het akkoord te aanvaarden;

c. het akkoord of de daaraan gehechte bescheiden niet alle in artikel 375 voorgeschreven informatie omvatten, de klasseindeling niet voldoet aan de eisen van artikel 374 of de procedure voor de stemming niet voldeed aan artikel 381, tenzij zodanig gebrek redelijkerwijs niet tot een andere uitkomst van de stemming had kunnen leiden;

d. een schuldeiser of de aandeelhouder voor een ander bedrag tot de stemming over het akkoord had moeten worden toegelaten, tenzij die beslissing niet tot een andere uitkomst van de stemming had kunnen leiden;

e. de nakoming van het akkoord niet voldoende is gewaarborgd;

f. de schuldenaar in het kader van de uitvoering van het akkoord nieuwe financiering aan wil gaan en de belangen van de gezamenlijke schuldeisers daardoor wezenlijk worden geschaad;

g. het akkoord door bedrog, door begunstiging van één of meer stemgerechtigde schuldeisers of aandeelhouders of met behulp van andere oneerlijke middelen tot stand is gekomen, onverschillig of de schuldenaar dan wel een ander daartoe heeft meegewerkt;

h. het loon en de verschotten van de door de rechtbank ingevolge respectievelijk de artikelen 371, 378, zesde lid, en 380 aangewezen of aangestelde herstructureringsdeskundige, deskundige of observator niet zijn gestort of daarvoor geen zekerheid is gesteld, of

i. er andere redenen zijn die zich tegen de homologatie verzetten.

3. Op verzoek van één of meer stemgerechtigde schuldeisers of aandeelhouders die zelf niet met het akkoord hebben ingestemd of die ten onrechte niet tot de stemming zijn toegelaten, kan de rechtbank een verzoek tot homologatie van een akkoord, afwijzen als summierlijk blijkt dat deze schuldeisers of aandeelhouders op basis van het akkoord slechter af zijn dan bij een vereffening van het vermogen van de schuldenaar in faillissement.

4. Op verzoek van één of meer stemgerechtigde schuldeisers of aandeelhouders die zelf niet met het akkoord hebben ingestemd en zijn ingedeeld in een klasse die niet met het akkoord heeft ingestemd of die ten onrechte niet tot de stemming zijn toegelaten en in een klasse die niet met het akkoord heeft ingestemd hadden moeten worden ingedeeld, wijst de rechtbank een verzoek tot homologatie van een akkoord waarmee niet alle klassen hebben ingestemd, af als:

a. bij de verdeling van de waarde die met het akkoord wordt gerealiseerd, aan een klasse van schuldeisers als bedoeld in artikel 374, tweede lid, een uitkering in geld wordt aangeboden die minder bedraagt dan 20% van het bedrag van hun vorderingen of onder het akkoord een recht aangeboden zal worden dat een waarde vertegenwoordigt die minder bedraagt dan 20% van het bedrag van hun vorderingen, terwijl daarvoor geen zwaarwegende grond is aangetoond;

b. bij de verdeling van de waarde die met het akkoord wordt gerealiseerd ten nadele van de klasse die niet heeft ingestemd wordt afgeweken van de rangorde bij verhaal op het vermogen van de schuldenaar overeenkomstig Titel 10 van Boek 3 van het Burgerlijk Wetboek, een andere wet of een daarop gebaseerde regeling, dan wel een contractuele regeling, tenzij voor die afwijking een redelijke grond bestaat en de genoemde schuldeisers of aandeelhouders daardoor niet in hun belang worden geschaad;

c. de genoemde schuldeisers, niet zijnde schuldeisers als bedoeld in onderdeel d, op basis van het akkoord niet het recht hebben om te kiezen voor een uitkering in geld ter hoogte van het bedrag dat zij bij een vereffening van het vermogen van de schuldenaar in faillissement naar verwachting aan betaling in geld zouden ontvangen, of

d. het schuldeisers betreft met een voorrang die voortvloeit uit pand of hypotheek als bedoeld in artikel 278, eerste lid, van Boek 3 van het Burgerlijk Wetboek die de schuldenaar bedrijfsmatig een financiering heeft verstrekt en op basis van het akkoord in het kader van een wijziging van hun rechten, aandelen of certificaten hiervan aangeboden krijgen en daarnaast niet het recht hebben om te kiezen voor een uitkering in een andere vorm.

5. Op verzoek van de wederpartij bij de overeenkomst wijst de rechtbank het verzoek om toestemming voor de opzegging van een overeenkomst, bedoeld in artikel 383, zevende lid, af op de grond bedoeld in het tweede lid, onder a.

6. Artikel 378, zesde lid, is van overeenkomstige toepassing.

7. De rechtbank beslist niet als bedoeld in het eerste lid dan nadat zij de schuldenaar, de herstructureringsdeskundige zo die is aangewezen, de observator, bedoeld in artikel 380, zo die is aangesteld, en de stemgerechtigde schuldeisers of aandeelhouders, dan wel de wederpartij, zo die een verzoek tot afwijzing van het verzoek tot homologatie van het akkoord of tot verlening van toestemming voor de opzegging van de overeenkomst als bedoeld in artikel 383, achtste lid, hebben ingediend, op een door haar nader te bepalen wijze in de gelegenheid heeft gesteld een zienswijze te geven.

8. Artikel 371, veertiende lid, is van overeenkomstige toepassing.

§ 4

De gevolgen van de homologatie van het akkoord

Art. 385

Het gehomologeerde akkoord is verbindend voor de schuldenaar en voor alle stemgerechtigde schuldeisers en aandeelhouders. Heeft niet de schuldeiser of aandeelhouder, maar ingevolge artikel 381, vierde of vijfde lid, een ander over het akkoord gestemd, dan is het akkoord desalniettemin verbindend voor de schuldeiser of aandeelhouder.

Gehomologeerd akkoord, verbindendheid

Art. 386

Het vonnis van homologatie levert ten behoeve van de stemgerechtigde schuldeisers met niet door de schuldenaar betwiste vorderingen een voor tenuitvoerlegging vatbare titel op tegen de schuldenaar en tegen de tot het akkoord als borgen toegetreden personen, voor zover de schuldeisers op basis van het akkoord een vordering krijgen tot betaling van een geldsom.

Vonnis van homologatie, executoriale titel

Art. 387

1. De schuldenaar is in verzuim bij iedere tekortkoming in de nakoming van het akkoord en is verplicht de schade die de stemgerechtigde schuldeisers of aandeelhouders daardoor lijden te vergoeden, tenzij de tekortkoming hem niet kan worden toegerekend. Artikel 75 en afdeling 10 van Titel 1 van Boek 6 van het Burgerlijk Wetboek zijn van overeenkomstige toepassing.

2. In het akkoord kan de ontbinding van het akkoord worden uitgesloten. Als het akkoord hiertoe geen bepaling omvat, is artikel 165 van overeenkomstige toepassing.

Sancties bij verzuim nakoming vonnis

Ten geleide bij het Wetboek van Burgerlijke Rechtsvordering

Het wetgevingsprogramma Kwaliteit en Innovatie rechtspraak (kortweg: 'KEI') en de hieruit voortgevloeide wetten van 13 juli 2016 (*Stb.* 2016, 288-290) zijn erop gericht dat bij de civiele rechter voortaan langs elektronische weg – digitaal – wordt geprocedeerd overeenkomstig de regels van KEI-Rv. Afgezien van talloze tekstuele wijzigingen door het gehele Wetboek van Burgerlijke Rechtsvordering heen, komt KEI-Rv in de kern genomen neer op (i) de introductie van een nieuwe Afdeling 3A in Titel 1 van Boek 1 (art. 30a e.v. KEI-Rv), en (ii) een aanpassing van art. 111-115 in het kader van de vorderingsprocedure (KEI-terminologie voor de dagvaardingsprocedure). Wat betreft de inwerkingtreding van KEI-Rv moet onderscheid worden gemaakt tussen de procedures in feitelijke aanleg (ten overstaan van rechtbanken en gerechtshoven) en die in cassatie.

KEI-Rv en de procedures in feitelijke aanleg
Per 1 september 2017 is KEI-Rv in werking getreden voor vorderingszaken met verplichte procesvertegenwoordiging bij de rechtbanken Gelderland en Midden-Nederland (*Stb.* 2017, 174)), voor zover de vordering niet is ingesteld op grond van art. 254, 438 lid 2-5, 486 lid 1, 613, 642q en 771 Rv, 3:27 BW, art. 122 Fw en de Onteigeningswet. Het was toentertijd de bedoeling dat in de daaropvolgende jaren KEI-Rv verder over alle gerechten (rechtbanken en gerechtshoven) zou worden 'uitgerold' per zaaksoort, te weten (i) vorderingsprocedures, met uitzondering van kantonzaken, (ii) vorderingszaken in hoger beroep, (iii) vorderingsprocedures zonder verplichte procesvertegenwoordiging, (iv) verzoekprocedures, en (v) kort geding. Deze plannen zijn uiteindelijk niet door gegaan. Bij de zgn. Spoedwet KEI (*Stb.* 2019, 241) is de verplichting tot elektronisch procederen bij de rechtbanken Gelderland en Midden-Nederland per 1 oktober 2019 (*Stb.* 2019, 247) ingetrokken, terwijl ook de beoogde – verdere – gefaseerde invoering van KEI-Rv voor de feitelijke instanties is stopgezet. Ten gevolge hiervan is de betekenis van KEI-Rv voor de dagelijkse procespraktijk thans (september 2021) in procedures ten overstaan van rechtbanken en gerechtshoven gereduceerd tot (vrijwel) nihil.

KEI-Rv en de procedure in cassatie
In cassatie wordt sinds 1 maart 2017 (*Stb.* 2017, 16) resp. 1 april 2021 (*Stb.* 2021, 81) in vorderingsprocedures onderscheidenlijk verzoekprocedures digitaal geprocedeerd. Welke bepalingen uit KEI-Rv op deze procedures van toepassing zijn, is – kort gezegd – een 'zoekplaatje' dat neerkomt op het volgende.
In het kader van de *vorderingsprocedure* bepaalt art. 406 lid 1 met zoveel woorden dat art. 30c lid 4, art. 30h, art. 30i (met uitzondering van art. 30i lid 4 (art. 411 lid 2)), art. 30p en art. 30q KEI-Rv niet van toepassing zijn, terwijl de tweede volzin van art. 407 lid 2 hetzelfde bepaalt met betrekking tot art. 30a lid 3, aanhef en onder f en g, KEI-Rv (substantiërings- en bewijsaandraagplicht). Ten slotte zijn ook art. 30a lid 2, tweede volzin en lid 4, tweede volzin, art. 30b, art 30c lid 5, art. 30j leden 2, 4 en 6, tweede volzin en art. 30k lid 4, eerste en vierde volzin niet van toepassing. Zie in dit verband art. II onderdeel 1 (onder A) en onderdeel 6 van het Besluit van 24 april 2017 (*Stb.* 2017, 174) jo. art. II onderdeel 1 (onder A) van het Besluit van 25 januari 2017 (*Stb.* 2017, 16).
In het kader van de *verzoekprocedure* heeft de wetgever een 'tegengestelde' route bewandeld door uitdrukkelijk te bepalen welke bepalingen van KEI-Rv wel van toepassing zijn, te weten: art. 30a lid 1, art. 30a lid 2, tweede volzin, art. 30a lid 3, aanhef en onder a, b, e en h, art. 30c lid 1-3 en 6-8, art. 30d tot en met 30g; art. 30i lid 4-5, art. 30j lid 3 en 4, art. 30o lid 1, aanhef en onder a Kei-Rv. Zie in dit verband art. II onderdeel 1 (onderdeel N) van het Besluit van 4 februari 2021 (*Stb.* 2021, 81).
Vorenstaande gang van zaken heeft de redactie doen besluiten in deze uitgave de integrale tekst van het Wetboek van Burgerlijke Rechtsvordering op te nemen, zoals die luidt voor de procedures in de feitelijke instanties (rechtbanken en gerechtshoven) respectievelijk de procedures in cassatie, waarbij in het ene geval (feitelijke instanties) KEI-Rv niet en in het andere (cassatie) wel van toepassing is. Ten behoeve van de vorderings- en verzoekprocedure in cassatie wordt na art. 1077 een selectie van KEI-Rv opgenomen met daarin de integrale tekst van (i) Afdeling 3A van Titel 1 van het Eerste Boek (art. 30a-35 KEI-Rv), (ii) de Vierde Afdeling van de Tweede Titel van het Eerste Boek (art. 111-124 KEI-Rv) en (iii) art. 276 lid 1 KEI-Rv. Ter vergroting van de gebruiksvriendelijkheid wordt in een voetnoot bij de Derde Afdeling resp. de Vijfde Afdeling van Titel 11 van het Eerste Boek vermeld welke bepalingen uit Afdeling 3A op de desbetreffende procedure in cassatie al dan niet van toepassing zijn.

Wetboek van Burgerlijke Rechtsvordering **B14**

Meer informatie over het wetgevingsprogramma Kwaliteit en Innovatie rechtspraak (KEI) is te vinden op www.rechtspraak.nl.

Inhoudsopgave

Eerste Boek	De wijze van procederen voor de rechtbanken, de hoven en de Hoge Raad	Art. 1
Eerste titel	Algemene bepalingen	Art. 1
Eerste afdeling	Rechtsmacht van de Nederlandse rechter	Art. 1
Tweede afdeling	Enkelvoudige en meervoudige kamers	Art. 15
Derde afdeling	Algemene beginselen voor procedures	Art. 19
Derde A afdeling	Algemene voorschriften voor procedures	Art. 30a
Vierde afdeling	Wraking en verschoning van rechters	Art. 36
Vijfde afdeling	Het openbaar ministerie en de procureur-generaal bij de Hoge Raad	Art. 42
Vijfde A afdeling	De Autoriteit Consument en Markt en de Europese Commissie	Art. 44a
Zesde afdeling	Exploten	Art. 45
Zevende afdeling	Inlichtingen over buitenlands recht en communautair mededingingsrecht	Art. 67
Achtste afdeling	Herstel van verkeerd inleiden van een procedure, verwijzing door of naar de kantonrechter en verwijzing bij absolute onbevoegdheid	Art. 69
Negende afdeling	Slotbepaling	Art. 77
Tweede titel	De dagvaardingsprocedure in eerste aanleg	Art. 78
Eerste afdeling	Algemene bepalingen	Art. 78
Tweede afdeling	Kantonzaken	Art. 93
Derde afdeling	Relatieve bevoegdheid	Art. 99
Vierde afdeling	Dagvaarding	Art. 111
Vijfde afdeling	Verloop van de procedure	Art. 125
Zesde afdeling	Reconventie	Art. 136
Zevende afdeling	Verstek	Art. 139
Achtste afdeling	Verzet	Art. 143
Negende afdeling	Bewijs	Art. 149
§ 1	Algemene bepalingen van bewijsrecht	Art. 149
§ 2	Akten en vonnissen	Art. 156
§ 3	Openlegging van boeken, bescheiden en geschriften	Art. 162
§ 4	Getuigen	Art. 163
§ 5	Voorlopig getuigenverhoor	Art. 186
§ 6	Deskundigen	Art. 194
§ 7	Plaatsopneming en bezichtiging	Art. 201
§ 8	Voorlopig bericht of verhoor van deskundigen, voorlopige plaatsopneming en bezichtiging	Art. 202
Tiende afdeling	Incidentele vorderingen	Art. 208
§ 1	Algemene bepalingen	Art. 208
§ 2	Vrijwaring	Art. 210
§ 3	Voeging en tussenkomst	Art. 217
§ 4	Verwijzing en voeging van zaken	Art. 220
§ 5	Voorlopige voorzieningen	Art. 223
§ 6	Zekerheidstelling voor proceskosten	Art. 224
Elfde afdeling	Schorsing en hervatting	Art. 225
Twaalfde afdeling	Het vonnis	Art. 229
§ 1	Algemeen	Art. 229
§ 2	Kosten	Art. 237
Dertiende afdeling	Afbreking van de instantie	Art. 246
§ 1	Doorhaling op de rol	Art. 246
§ 2	Afstand van instantie	Art. 249
§ 3	Verval van instantie	Art. 251
Veertiende afdeling	Het kort geding	Art. 254
Derde titel	De verzoekschriftprocedure in eerste aanleg	Art. 261
Eerste afdeling	Algemene bepaling	Art. 261
Tweede afdeling	Relatieve bevoegdheid	Art. 262
Derde afdeling	Oproeping	Art. 271
Vierde afdeling	Verloop van de procedure	Art. 278
Vierde titel		Art. 303-320a

Wetboek van Burgerlijke Rechtsvordering

Vijfde titel		Art. 322-328
Zesde titel	Prorogatie van rechtspraak aan het gerechtshof	Art. 329
Zevende titel	Hoger beroep	Art. 332
Eerste afdeling	Van de zaken aan hooger beroep onderworpen	Art. 332
Tweede afdeling	Van den termijn van beroep	Art. 339
Derde afdeling	Van de regtspleging in hooger beroep en de gevolgen van hetzelve	Art. 343
Vierde afdeling	Hoger beroep tegen beschikkingen	Art. 358
Achtste titel		Art. 363-375
Negende titel	Verzet door derden	Art. 376
Tiende titel	Herroeping	Art. 382
Eerste afdeling	Herroeping van vonnissen	Art. 382
Tweede afdeling	Herroeping van beschikkingen	Art. 390
Tiende A titel	Prejudiciële vragen aan de Hoge Raad	Art. 392
Elfde titel	Cassatie	Art. 398
Eerste afdeling	Vorderingsprocedures aan cassatie onderworpen	Art. 398
Tweede afdeling	De termijn van beroep in cassatie in vorderingsprocedures en de schorsende kracht daarvan	Art. 402
Derde afdeling	Van de rechtspleging in cassatie in vorderingsprocedures	Art. 407
Vierde afdeling	Uitspraak in cassatie in vorderingsprocedures	Art. 419
Vijfde afdeling	Beroep in cassatie in verzoekprocedures	Art. 426
Tweede Boek	Van de gerechtelijke tenuitvoerlegging van vonnissen, beschikkingen en authentieke akten	Art. 430
Eerste titel	Algemene regels	Art. 430
Tweede titel	Van de gerechtelijke tenuitvoerlegging op goederen die geen registergoederen zijn	Art. 439
Eerste afdeling	Van executoriaal beslag op roerende zaken die geen registergoederen zijn	Art. 439
Eerste afdeling A	Van executoriaal beslag op rechten aan toonder of order, aandelen op naam en effecten op naam, die geen aandelen zijn	Art. 474a
Eerste afdeling B	Van executoriaal beslag op aandelen op naam in naamloze vennootschappen en besloten vennootschappen met beperkte aansprakelijkheid	Art. 474c
Tweede afdeling	Van executoriaal beslag onder derden	Art. 475
Tweede afdeling A	Van executoriaal beslag onder derden in zaken betreffende levensonderhoud en uitkering voor de huishouding	Art. 479b
Tweede afdeling B	Van executoriaal beslag onder de schuldeiser zelf	Art. 479h
Tweede afdeling c	Van executoriaal beslag op de rechten uit een sommenverzekering	Art. 479ka
§ 1	Algemene bepalingen	Art. 479ka
§ 2	Beslag ten laste van de verzekeringnemer op diens rechten uit een levensverzekering	Art. 479l
Derde afdeling	Van de verdeling van de opbrengst der executie	Art. 480
Vierde afdeling	Van executie tot afgifte van roerende zaken, die geen registergoederen zijn	Art. 491
Derde titel	Van de gerechtelijke tenuitvoerlegging op onroerende zaken	Art. 502
Eerste afdeling	Van executoriaal beslag op onroerende zaken	Art. 502
Tweede afdeling	Van executoriale verkoop van onroerende zaken	Art. 514
Derde afdeling	Van opvordering door derden	Art. 538
Vierde afdeling	Van executie door een hypotheekhouder	Art. 544
Vijfde afdeling	Van de verdeling van de opbrengst van de executie	Art. 551
Zesde afdeling	Van gedwongen ontruiming	Art. 555
Vierde titel	Van de gerechtelijke tenuitvoerlegging van schepen en luchtvaartuigen	Art. 562a
Eerste afdeling	Van executoriaal beslag op en executie van schepen	Art. 562a
Tweede afdeling	Van executoriaal beslag op en executie van luchtvaartuigen	Art. 584a
Vijfde titel	Van lijfsdwang en de tenuitvoerlegging van lijfsdwang en van dwangsom	Art. 585

B14 Wetboek van Burgerlijke Rechtsvordering

Eerste afdeling	Lijfsdwang	Art. 585
Tweede afdeling	Tenuitvoerlegging en ontslag	Art. 591
Derde afdeling	Van dwangsom	Art. 611a
Zesde titel	Van het vereffenen van schadevergoeding	Art. 612
Zevende titel	Van het stellen van zekerheid	Art. 616
Derde Boek	Van rechtspleging van onderscheiden aard	Art. 621
Eerste titel	Van rechtspleging in zaken van verkeersmiddelen en vervoer	Art. 621
Eerste Afdeling	Algemene bepalingen	Art. 621
Tweede Afdeling	Van rechtspleging inzake beperking van aansprakelijkheid van scheepseigenaren	Art. 642a
Tweede titel	Van procedures betreffende een nalatenschap of een gemeenschap	Art. 658
Eerste afdeling	Van de verzegeling	Art. 658
Tweede afdeling	Van ontzegeling	Art. 666
Derde afdeling	Van boedelbeschrijving	Art. 671
Vierde afdeling	Van geschillen in verband met verzegeling, ontzegeling en boedelbeschrijving	Art. 676
Vierde afdeling A	Rechtsmiddelen tegen beschikkingen in procedures betreffende een nalatenschap	Art. 676a
Vijfde afdeling	Van de verdeling van een gemeenschap	Art. 677
Vierde titel	Van middelen tot bewaring van zijn recht	Art. 700
Eerste afdeling	Algemene bepalingen	Art. 700
Tweede afdeling	Van conservatoir beslag in handen van de schuldenaar	Art. 711
Derde afdeling	Van conservatoir beslag op aandelen op naam, en effecten op naam die geen aandelen zijn	Art. 714
Vierde afdeling	Van conservatoir beslag onder derden	Art. 718
Vijfde afdeling	Van conservatoir beslag onder de schuldeiser zelf	Art. 724
Vijfde afdeling A	Van conservatoir beslag op de rechten uit een sommenverzekering	Art. 724a
Zesde afdeling	Van conservatoir beslag op onroerende zaken	Art. 725
Zesde afdeling A	Van conservatoir beslag op schepen	Art. 728
Zesde afdeling B	Van conservatoir beslag op luchtvaartuigen	Art. 729
Zevende afdeling	Van conservatoir beslag tot afgifte van zaken en levering van goederen	Art. 730
Achtste afdeling	Van conservatoir beslag tegen schuldenaren zonder bekende woonplaats in Nederland	Art. 765
Negende Afdeling	Van middelen tot bewaring van zijn recht op goederen der gemeenschap	Art. 768
Vijfde titel	Rekenprocedure	Art. 771
Zesde Titel	Rechtspleging in zaken betreffende het personen- en familierecht	Art. 798
Eerste afdeling	Rechtspleging in andere zaken dan scheidingszaken	Art. 798
Tweede afdeling	Rechtspleging in scheidingszaken	Art. 814
§ 1	Echtscheiding, scheiding van tafel en bed en ontbinding van het huwelijk na scheiding van tafel en bed	Art. 814
§ 2	Voorlopige voorzieningen	Art. 821
§ 3	Nevenvoorzieningen	Art. 827
§ 4	Ontbinding van een geregistreerd partnerschap	Art. 828
Zevende titel	Enige bijzondere rechtsplegingen	Art. 833-837
Eerste afdeling	Afschrift, uittreksel en inzage van akten en andere bewijsmiddelen	Art. 833-837
Afdeling 1A	Toegang tot bescheiden in zaken betreffende schending van mededingingsrecht	Art. 844
Tweede afdeling	Van gerechtelijke bewaring	Art. 853
Negende titel	Van de formaliteiten, vereist voor de tenuitvoerlegging van in vreemde Staten tot stand gekomen executoriale titels	Art. 985
Eerste afdeling	Algemene bepalingen	Art. 985
Tweede afdeling	Bijzondere bepalingen	Art. 993
Tiende titel	Van rechtspleging in zaken van rechtspersonen	Art. 995

Wetboek van Burgerlijke Rechtsvordering **B14**

Elfde titel	[Vervallen]	Art. 999-1002
Twaalfde titel	Van rechtspleging in zaken betreffende onredelijk bezwarende bedingen in algemene voorwaarden	Art. 1003
Titel 13	Van rechtspleging in zaken betreffende de teruggave van cultuurgoederen	Art. 1008
Titel 14	Van rechtspleging in zaken betreffende de verbindendverklaring van overeenkomsten strekkende tot collectieve schadeafwikkeling	Art. 1013
Titel 14a	Van rechtspleging in zaken betreffende een collectieve actie en collectieve schadeafwikkeling	Art. 1018b
Titel 15	Van rechtspleging in zaken betreffende rechten van intellectuele eigendom	Art. 1019
Titel 15a	Van rechtspleging in zaken betreffende bescherming van bedrijfsgeheimen	Art. 1019ia
Titel 16	Van rechtspleging in pachtzaken	Art. 1019j
Titel 17	Van rechtspleging in deelgeschillen betreffende letsel- en overlijdensschade	Art. 1019w
Titel 18	Van rechtspleging in zaken betreffende een arbeidsovereenkomst op grond waarvan de werknemer arbeid verricht op het continentaal plat	Art. 1019dd
Vierde Boek	Arbitrage	Art. 1020
Eerste titel	Arbitrage in Nederland	Art. 1020
Eerste afdeling	De overeenkomst tot arbitrage	Art. 1020
Eerste A afdeling	De overeenkomst tot arbitrage en de bevoegdheid van de gewone rechter	Art. 1022
Eerste B afdeling	Het scheidsgerecht	Art. 1023
Tweede afdeling	Het arbitraal geding	Art. 1036
Derde afdeling	Het arbitraal vonnis	Art. 1049
Derde A afdeling	Arbitraal hoger beroep	Art. 1061a
Vierde afdeling	De tenuitvoerlegging van het arbitraal vonnis	Art. 1062
Vijfde afdeling	De vernietiging en de herroeping van het arbitraal vonnis	Art. 1064
Zesde afdeling	Het arbitraal vonnis, houdende een vergelijk tussen de partijen	Art. 1069
Zevende afdeling	Slotbepalingen	Art. 1070
Tweede titel	Arbitrage buiten Nederland	Art. 1074

Wetboek van Burgerlijke Rechtsvordering^1

Eerste Boek
De wijze van procederen voor de rechtbanken, de hoven en de Hoge Raad

Eerste titel
Algemene bepalingen

Eerste afdeling
Rechtsmacht van de Nederlandse rechter

Art. 1

Rechtsmacht Onverminderd het omtrent rechtsmacht in verdragen en EG-verordeningen bepaalde en onverminderd artikel 13a van de Wet algemene bepalingen wordt de rechtsmacht van de Nederlandse rechter beheerst door de volgende bepalingen.
(Zie ook: art. 94 GW)

Art. 2

In zaken die bij dagvaarding moeten worden ingeleid, heeft de Nederlandse rechter rechtsmacht indien de gedaagde in Nederland zijn woonplaats of gewone verblijfplaats heeft.
(Zie ook: art. 10 BW Boek 1; artt. 13, 99 RV; art. 2 Uw EEX; art. 2 LUGA)

Art. 3

Rechtsmacht bij verzoekschrift In zaken die bij verzoekschrift moeten worden ingeleid, met uitzondering van zaken als bedoeld in de artikelen 4 en 5, heeft de Nederlandse rechter rechtsmacht indien:
a. hetzij de verzoeker of, indien er meer verzoekers zijn, een van hen, hetzij een van de in het verzoekschrift genoemde belanghebbenden in Nederland zijn woonplaats of gewone verblijfplaats heeft,
b. het verzoek betrekking heeft op een bij dagvaarding ingeleid of in te leiden geding ten aanzien waarvan de Nederlandse rechter rechtsmacht heeft, of
c. de zaak anderszins voldoende met de rechtssfeer van Nederland verbonden is.
(Zie ook: artt. 6, 261 Rv)

Art. 4

Rechtsmacht m.b.t. echtscheiding **1.** Indien de Verordening (EG) nr. 2201/2003 van de Raad van de Europese Unie van 27 november 2003 betreffende de bevoegdheid en de erkenning en tenuitvoerlegging van beslissingen in huwelijkszaken en inzake de ouderlijke verantwoordelijkheid, en tot intrekking van verordening (EG) nr. 1347/2000 (PbEU L 338) niet van toepassing is, wordt de rechtsmacht van de rechter met betrekking tot echtscheiding, scheiding van tafel en bed en ontbinding van het huwelijk na scheiding van tafel en bed, nietigverklaring, alsmede nietigheid en geldigheid van het huwelijk uitsluitend bepaald overeenkomstig de artikelen 3, 4 en 5 van deze verordening.
2. Heeft de Nederlandse rechter rechtsmacht met betrekking tot echtscheiding, scheiding van tafel en bed en ontbinding van het huwelijk na scheiding van tafel en bed, nietigheid, nietigverklaring of geldigheid van huwelijken, dan heeft hij, voorzover de in het eerste lid genoemde verordening daarop niet van toepassing is en onverminderd artikel 1, tevens rechtsmacht tot het treffen van voorlopige en bewarende maatregelen voorzover die verband houden met echtscheiding, scheiding van tafel en bed en ontbinding van het huwelijk na scheiding van tafel en bed, nietigverklaring, alsmede nietigheid en geldigheid van huwelijken.
3. Heeft de Nederlandse rechter rechtsmacht met betrekking tot echtscheiding, scheiding van tafel en bed en ontbinding van het huwelijk na scheiding van tafel en bed, nietigheid, nietigverklaring of geldigheid van huwelijken, dan heeft hij, voorzover de in het eerste lid genoemde verordening daarop niet van toepassing is en onverminderd artikel 1, tevens rechtsmacht ter zake van daarmee verband houdende nevenvoorzieningen, met dien verstande
a. dat met betrekking tot de voorzieningen als bedoeld in artikel 827, eerste lid, onder d en e, de Nederlandse rechter uitsluitend rechtsmacht heeft als de woning in Nederland is gelegen, en
b. dat met betrekking tot verzoeken tot regeling van het gezag en het omgangsrecht de Nederlandse rechter zich onbevoegd verklaart indien hij zich, wegens de geringe verbondenheid van

---

1 Red.]: Zie echter ook de Redactionele Ten Geleide bij B14.

de zaak met de rechtssfeer van Nederland, niet in staat acht het belang van het kind naar behoren te beoordelen.

4. Met betrekking tot het geregistreerd partnerschap zijn het eerste tot en met het derde lid van overeenkomstige toepassing, met dien verstande dat de Nederlandse rechter steeds rechtsmacht heeft indien het geregistreerd partnerschap in Nederland is aangegaan.

Art. 5

Onverminderd artikel 1 heeft de Nederlandse rechter in zaken betreffende ouderlijke verantwoordelijkheid geen rechtsmacht indien het kind zijn gewone verblijfplaats niet in Nederland heeft, tenzij hij zich in een uitzonderlijk geval, wegens de verbondenheid van de zaak met de rechtssfeer van Nederland, in staat acht het belang van het kind naar behoren te beoordelen.

Rechtsmacht inzake ouderlijk gezag

Art. 6

De Nederlandse rechter heeft eveneens rechtsmacht in zaken betreffende:
a. verbintenissen uit overeenkomst, indien de verbintenis die aan de eis of het verzoek ten grondslag ligt, in Nederland is uitgevoerd of moet worden uitgevoerd;
b. een individuele arbeidsovereenkomst of een agentuurovereenkomst, indien de arbeid gewoonlijk in Nederland of op een Nederlands zeeschip als bedoeld in artikel 695 lid 1 van Boek 7 van het Burgerlijk Wetboek wordt verricht of laatstelijk gewoonlijk werd verricht;
c. een individuele arbeidsovereenkomst, indien de arbeid tijdelijk in Nederland wordt verricht, voorzover het betreft een rechtsvordering met betrekking tot arbeidsvoorwaarden en arbeidsomstandigheden, welke is gegrond op artikel 2 van de Wet arbeidsvoorwaarden gedetacheerde werknemers in de Europese Unie, artikel 7, 7a, 13 of 15 van de Wet minimumloon en minimumvakantiebijslag, artikel 2a van de Wet op het algemeen verbindend en het onverbindend verklaren van bepalingen van collectieve arbeidsovereenkomsten, artikel 8, artikel 8a of 11 van de Wet allocatie arbeidskrachten door intermediairs, alsmede artikel 5, eerste lid, onder b, d, e, of f, van de Algemene wet gelijke behandeling;
d. een overeenkomst die wordt gesloten door een partij die handelt in de uitoefening van een beroep of bedrijf en een natuurlijke persoon die niet handelt in de uitoefening van een beroep of bedrijf, indien die natuurlijke persoon in Nederland zijn woonplaats of gewone verblijfplaats heeft en de partij die handelt in de uitoefening van een beroep of bedrijf aldaar commerciële of beroepsactiviteiten ontplooit, of dergelijke activiteiten met ongeacht welke middelen richt op Nederland en de overeenkomst onder die activiteiten valt;
e. verbintenissen uit onrechtmatige daad, indien het schadebrengende feit zich in Nederland heeft voorgedaan of zich kan voordoen;
(Zie ook: art. 1019a Rv)
f. zakelijke rechten op, alsmede huur en verhuur, pacht en verpachting van in Nederland gelegen onroerende zaken;
g. nalatenschappen, indien de erflater zijn laatste woonplaats of gewone verblijfplaats in Nederland had;
h. de geldigheid, de nietigheid of de ontbinding van in Nederland gevestigde vennootschappen of rechtspersonen; de geldigheid, nietigheid of rechtsgevolgen van hun besluiten of die van hun organen, dan wel de rechten en verplichtingen van hun leden of vennoten als zodanig;
i. faillissement, surséance van betaling of schuldsaneringsregeling natuurlijke personen indien het faillissement, de surséance van betaling of de toepassing van de schuldsaneringsregeling in Nederland is uitgesproken of verleend.
(Zie ook: artt. 5, 16 Uw EEX)

Rechtsmacht andere zaken

Art. 6a

Voor de toepassing van artikel 6, onderdeel a, is, tenzij anders is overeengekomen, de plaats van uitvoering in Nederland gelegen:
a. voor de koop en verkoop van roerende zaken, indien de zaken volgens de overeenkomst in Nederland geleverd werden of geleverd hadden moeten worden;
b. voor de verstrekking van diensten, indien de diensten volgens de overeenkomst in Nederland verstrekt werden of verstrekt hadden moeten worden.

Plaats van uitvoering rechtsmacht in andere zaken

Art. 7

1. Indien in zaken die bij dagvaarding moeten worden ingeleid de Nederlandse rechter ten aanzien van een van de gedaagden rechtsmacht heeft, komt hem deze ook toe ten aanzien van in hetzelfde geding betrokken andere gedaagden, mits tussen de vorderingen tegen de onderscheiden gedaagden een zodanige samenhang bestaat, dat redenen van doelmatigheid een gezamenlijke behandeling rechtvaardigen.

2. Indien in zaken die bij dagvaarding moeten worden ingeleid de Nederlandse rechter rechtsmacht heeft, komt hem deze ook toe ten aanzien van een vordering in reconventie en ten aanzien van een vordering tot vrijwaring, voeging of tussenkomst, tenzij tussen deze vorderingen en de oorspronkelijke vordering onvoldoende samenhang bestaat.
(Zie ook: art. 6 Uw EEX)

Samenhang

B14 art. 8

Wetboek van Burgerlijke Rechtsvordering

Art. 8

Rechtsmacht bij overeenkomst bepaald

1. De Nederlandse rechter heeft rechtsmacht indien partijen met betrekking tot een bepaalde rechtsbetrekking die tot hun vrije bepaling staat, bij overeenkomst een Nederlandse rechter of de Nederlandse rechter hebben aangewezen voor de kennisneming van geschillen welke naar aanleiding van die rechtsbetrekking zijn ontstaan of zullen ontstaan, tenzij daarvoor geen redelijk belang aanwezig is.

2. De Nederlandse rechter heeft geen rechtsmacht indien partijen met betrekking tot een bepaalde rechtsbetrekking die tot hun vrije bepaling staat, bij overeenkomst een rechter of de rechter van een vreemde staat bij uitsluiting hebben aangewezen voor de kennisneming van geschillen welke naar aanleiding van die rechtsbetrekking zijn ontstaan of zullen ontstaan.

3. Een overeenkomst als bedoeld in het tweede lid laat de rechtsmacht van de Nederlandse rechter onverlet indien de zaak een individuele arbeidsovereenkomst betreft of een overeenkomst als bedoeld in artikel 6, onder d.

4. Het derde lid vindt geen toepassing indien:

a. de in het tweede lid bedoelde overeenkomst is aangegaan na het ontstaan van het geschil, of

b. de werknemer, of de partij die niet handelt in de uitoefening van een beroep of bedrijf, zich op de overeenkomst beroept om zich tot de rechter van een vreemde staat te wenden.

5. Een overeenkomst als bedoeld in het eerste of het tweede lid wordt bewezen door een geschrift. Daarvoor is voldoende een geschrift dat een dergelijk beding bevat of dat verwijst naar algemene voorwaarden die een dergelijk beding bevatten, mits dat geschrift door of namens de wederpartij uitdrukkelijk of stilzwijgend is aanvaard.

6. Een overeenkomst als bedoeld in het eerste of het tweede lid dient als een afzonderlijke overeenkomst te worden beschouwd en beoordeeld. De aangewezen rechter is bevoegd te oordelen over de rechtsgeldigheid van de hoofdovereenkomst waarvan een overeenkomst als bedoeld in het eerste of het tweede lid deel uitmaakt of waarop zij betrekking heeft.

(Zie ook: artt. 1020, 1021, 1053 Rv; art. 17 Uw EEX)

Art. 9

Rechtsmacht in bijzondere situaties

Komt de Nederlandse rechter niet op grond van de artikelen 2 tot en met 8 rechtsmacht toe, dan heeft hij niettemin rechtsmacht indien:

a. het een rechtsbetrekking betreft die ter vrije bepaling van partijen staat en de gedaagde of belanghebbende in de procedure is verschenen niet uitsluitend of mede met het doel de rechtsmacht van de Nederlandse rechter te betwisten, tenzij voor rechtsmacht van de Nederlandse rechter geen redelijk belang aanwezig is,

b. een gerechtelijke procedure buiten Nederland onmogelijk blijkt, of

c. een zaak die bij dagvaarding moet worden ingeleid voldoende met de rechtssfeer van Nederland verbonden is en het onaanvaardbaar is van de eiser te vergen dat hij de zaak aan het oordeel van een rechter van een vreemde staat onderwerpt.

(Zie ook: art. 3 Rv; art. 18 Uw EEX; art. 6 EVRM)

Art. 10

Rechtsmacht voortvloeiend uit wettelijke bepalingen

De Nederlandse rechter heeft rechtsmacht in het geval, bedoeld in artikel 767, alsmede indien dit voortvloeit uit andere wettelijke bepalingen tot aanwijzing van een bevoegde rechter dan die vervat in de derde afdeling van de tweede titel en de tweede afdeling van de derde titel.

(Zie ook: artt. 621, 629, 630, 635, 637 Rv)

Art. 11

Verweer tegen rechtsmacht

Het verweer dat de Nederlandse rechter geen rechtsmacht heeft, wordt in zaken die bij dagvaarding moeten worden ingeleid op straffe van verval van het recht daartoe gevoerd vóór alle weren ten gronde.

(Zie ook: artt. 110, 1052 Rv)

Art. 12

Aanhouden behandeling

Indien een zaak voor een rechter van een vreemde staat aanhangig is gemaakt en daarin een beslissing kan worden gegeven die voor erkenning en, in voorkomend geval, voor tenuitvoerlegging in Nederland vatbaar is, kan de Nederlandse rechter bij wie nadien een zaak tussen dezelfde partijen over hetzelfde onderwerp is aangebracht, de behandeling aanhouden totdat daarin door eerstbedoelde rechter is beslist. Indien die beslissing voor erkenning en, in voorkomend geval, voor tenuitvoerlegging in Nederland vatbaar blijkt te zijn, verklaart de Nederlandse rechter zich onbevoegd. Indien het een zaak betreft die bij dagvaarding moet worden ingeleid, is artikel 11 van overeenkomstige toepassing.

(Zie ook: art. 431 Rv; art. 21 Uw EEX; art. 21 LUGA; art. 27 EG-exV)

Art. 13

Bewarende of voorlopige maatregelen

De bevoegdheid van de Nederlandse rechter tot het treffen van bewarende of voorlopige maatregelen kan niet worden betwist op de enkele grond dat hij met betrekking tot de zaak ten principale geen rechtsmacht heeft.

(Zie ook: art. 24 Uw EEX; art. 24 LUGA)

Art. 14

Voor de toepassing van de regels betreffende de rechtsmacht van de Nederlandse rechter wordt het Nederlandse gedeelte van het continentale plat gelijk gesteld met het grondgebied van Nederland.

Nederlands deel continentale plat

Tweede afdeling
Enkelvoudige en meervoudige kamers

Art. 15

1. Bij de rechtbank worden zaken, behoudens in de wet genoemde uitzonderingen, behandeld en beslist door een enkelvoudige kamer.

Rechtbank

2. Indien de zaak naar het oordeel van de enkelvoudige kamer ongeschikt is voor behandeling en beslissing door één rechter, verwijst zij deze naar een meervoudige kamer, bestaande uit drie leden. De enkelvoudige kamer kan ook in andere gevallen een zaak naar een meervoudige kamer verwijzen.

3. Verwijzing kan geschieden in elke stand van de procedure. De behandeling van een verwezen zaak wordt voortgezet in de stand waarin zij zich bevindt.

4. De meervoudige kamer kan bepalen dat de behandeling geheel of gedeeltelijk zal geschieden door een zoveel als mogelijk uit haar midden aangewezen rechter-commissaris. De rechter-commissaris oefent daarbij de bevoegdheden uit, aan de rechtbank toegekend.

5. De meervoudige kamer kan na het wijzen van een tussenvonnis de zaak verwijzen naar de enkelvoudige kamer voor verdere behandeling. Het tweede lid en het derde lid, tweede volzin, zijn van overeenkomstige toepassing.

(Zie ook: art. 8:10 Awb)

Art. 16

1. Bij het gerechtshof worden zaken, behoudens in de wet genoemde uitzonderingen, behandeld en beslist door een meervoudige kamer, bestaande uit drie raadsheren.

Gerechtshof

2. Tenzij de zaak in eerste aanleg door een meervoudige kamer is beslist, kan de meervoudige kamer naar een enkelvoudige kamer verwijzen de zaken die aanhangig zijn gemaakt ingevolge het bij of krachtens Boek 1 van het Burgerlijk Wetboek bepaalde en die naar haar oordeel daarvoor geschikt zijn.

3. Indien de verwezen zaak naar het oordeel van de enkelvoudige kamer ongeschikt is voor behandeling en beslissing door één raadsheer, wijst zij deze terug naar de meervoudige kamer.

4. Verwijzing of terugwijzing kan geschieden in elke stand van de procedure. De behandeling van een verwezen of teruggewezen zaak wordt voortgezet in de stand waarin zij zich bevindt.

5. De meervoudige kamer kan bepalen dat de behandeling geheel of gedeeltelijk zal geschieden door een zoveel als mogelijk uit haar midden aangewezen rechter-commissaris. De raadsheer-commissaris oefent daarbij de bevoegdheden uit, aan het gerechtshof toegekend.

(Zie ook: art. 8:10 Awb)

Art. 17

1. Bij de Hoge Raad worden zaken, behoudens in de wet genoemde uitzonderingen, behandeld en beslist door vijf leden van de meervoudige kamer.

Hoge Raad

2. De voorzitter van de meervoudige kamer kan bepalen dat een zaak die daarvoor naar zijn oordeel geschikt is, wordt behandeld en beslist door drie leden van die kamer. Indien de zaak naar het oordeel van een van deze leden ongeschikt is voor behandeling en beslissing door drie leden, wordt de behandeling voortgezet door vijf leden.

3. De leden kunnen bepalen dat de behandeling geheel of gedeeltelijk zal geschieden door een uit hun midden aangewezen raadsheer-commissaris. De raadsheer-commissaris oefent daarbij de bevoegdheden uit, aan de Hoge Raad toegekend.

Art. 18

1. De kamer bij welke een zaak in behandeling is, kan deze, met toestemming van het bestuur van het gerecht, verwijzen naar een andere kamer van gelijk getal. Tegen de verwijzing staat geen voorziening open.

Verwijzing

2. Vonnissen, arresten en beschikkingen, gewezen onderscheidenlijk gegeven door een meervoudige kamer, kunnen worden uitgesproken door een enkelvoudige kamer.

Derde afdeling
Algemene beginselen voor procedures

Art. 19

1. De rechter stelt partijen over en weer in de gelegenheid hun standpunten naar voren te brengen en toe te lichten en zich uit te laten over elkaars standpunten en over alle bescheiden en andere gegevens die in de procedure ter kennis van de rechter zijn gebracht, een en ander tenzij uit de wet anders voortvloeit. Bij zijn beslissing baseert de rechter zijn oordeel, ten nadele

Hoor en wederhoor

B14 art. 20 Wetboek van Burgerlijke Rechtsvordering

van een der partijen, niet op bescheiden of andere gegevens waarover die partij zich niet voldoende heeft kunnen uitlaten.
(Zie ook: artt. 23, 24, 30 Rv)

2. De rechter neemt ambtshalve of op verlangen van een van de partijen alle beslissingen die nodig zijn voor een goed verloop van de procedure.

Art. 20

Onredelijke vertraging **1.** De rechter waakt tegen onredelijke vertraging van de procedure en treft, zo nodig, op verzoek van een partij of ambtshalve maatregelen.

2. Partijen zijn tegenover elkaar verplicht onredelijke vertraging van de procedure te voorkomen.
(Zie ook: art. 6 EVRM)

Art. 21

Waarheidsplicht Partijen zijn verplicht de voor de beslissing van belang zijnde feiten volledig en naar waarheid aan te voeren. Wordt deze verplichting niet nageleefd, dan kan de rechter daaruit de gevolgtrekking maken die hij geraden acht.
(Zie ook: art. 24 Rv)

Art. 22

Bevel tot overleggen van bescheiden **1.** De rechter kan in alle gevallen en in elke stand van de procedure partijen of een van hen bevelen bepaalde stellingen toe te lichten of bepaalde, op de zaak betrekking hebbende bescheiden over te leggen.
(Zie ook: artt. 88, 131, 162 Rv)

2. Partijen kunnen dit, indien daarvoor gewichtige redenen zijn, weigeren of de rechter mededelen dat uitsluitend hij kennis zal mogen nemen van de toelichting onderscheidenlijk de bescheiden.

3. De rechter beslist of de in het tweede lid bedoelde weigering onderscheidenlijk de beperking van de kennisneming gerechtvaardigd is.

4. Indien de rechter beslist dat de weigering onderscheidenlijk de beperking niet gerechtvaardigd is, kan hij daaruit de gevolgtrekking maken die hij geraden acht.

5. Indien de rechter heeft beslist dat de weigering gerechtvaardigd is, vervalt de verplichting.

6. Indien de rechter heeft beslist dat de beperking van de kennisneming gerechtvaardigd is, kan hij slechts met toestemming van de andere partijen mede op de grondslag van die toelichting onderscheidenlijk die bescheiden uitspraak doen. Indien de toestemming wordt geweigerd, wordt de zaak verwezen naar een andere kamer.

Art. 22a

Kennisneming voorbehouden aan gemachtigde, advocaat of arts, of met bijzondere toestemming **1.** De rechter kan, indien de vrees bestaat dat kennisneming van stukken door een partij haar lichamelijke of geestelijke gezondheid zou schaden, bepalen dat deze kennisneming is voorbehouden aan een gemachtigde die advocaat of arts is dan wel daarvoor van de rechter bijzondere toestemming heeft gekregen.

2. De rechter kan, indien kennisneming van stukken door een partij de persoonlijke levenssfeer van een ander onevenredig zou schaden, bepalen dat deze kennisneming is voorbehouden aan een gemachtigde die advocaat of arts is dan wel daarvoor van de rechter bijzondere toestemming heeft gekregen.

3. De rechter kan, indien kennisneming van stukken door een partij de bescherming van een bedrijfsgeheim als bedoeld in artikel 1 van de Wet bescherming bedrijfsgeheimen onevenredig zou schaden, bepalen dat deze kennisneming is voorbehouden aan een gemachtigde die advocaat is dan wel daarvoor van de rechter bijzondere toestemming heeft gekregen. Artikel 1019ib, tweede lid, is van overeenkomstige toepassing.

Art. 22b

Gegevens en bescheiden buiten beschouwing laten De rechter kan door partijen verschafte gegevens en bescheiden buiten beschouwing laten indien zij op zijn verzoek niet aangeven ter toelichting of staving van welke stelling de gegevens of bescheiden zijn bedoeld en welk onderdeel daartoe van belang is.

Art. 23

Beslissing op alle onderdelen De rechter beslist over al hetgeen partijen hebben gevorderd of verzocht.
(Zie ook: artt. 26, 32 Rv)

Art. 24

Grondslag voor beslissing De rechter onderzoekt en beslist de zaak op de grondslag van hetgeen partijen aan hun vordering, verzoek of verweer ten gronde hebben gelegd, tenzij uit de wet anders voortvloeit.

Art. 25

Ambtshalve aanvulling De rechter vult ambtshalve de rechtsgronden aan.

Art. 26

De rechter mag niet weigeren te beslissen.
(Zie ook: art. 14a Wet RO)

Art. 27

Openbare terechtzitting **1.** De zitting is openbaar. De rechter kan evenwel gehele of gedeeltelijke behandeling met gesloten deuren of slechts met toelating van bepaalde personen bevelen:

a. in het belang van de openbare orde of de goede zeden,
b. in het belang van de veiligheid van de Staat,
c. indien de belangen van minderjarigen of de eerbiediging van de persoonlijke levenssfeer van partijen dit eisen, of
d. indien openbaarheid het belang van een goede rechtspleging ernstig zou schaden.
2. Indien iemand op een zitting de orde verstoort, kan de rechter hem laten verwijderen.
(Zie ook: artt. 19, 134 Rv)

Art. 28

1. Het is aan partijen verboden aan derden mededelingen te doen omtrent: **Verbod om mededelingen**
a. het verhandelde op een zitting met gesloten deuren of een zitting waarbij slechts bepaalde **te doen**
personen zijn toegelaten;
b. andere gegevens uit een procedure, indien de rechter zulks heeft bepaald.
2. De rechter kan het verbod, bedoeld in het eerste lid, op verzoek van een der partijen geheel of gedeeltelijk opheffen.
(Zie ook: art. 272 WvSr)

Art. 29

1. De uitspraak geschiedt in het openbaar. **Uitspraak**
(Zie ook: art. 5 Wet RO; art. 121 GW)
2. Onverminderd de artikelen 231, eerste lid, en 290, derde lid, verstrekt de griffier aan een ieder die dat verlangt afschrift van vonnissen, arresten en beschikkingen, tenzij verstrekking naar het oordeel van de griffier ter bescherming van zwaarwegende belangen van anderen, waaronder die van partijen, geheel of gedeeltelijk dient te worden geweigerd. In het laatste geval kan de griffier volstaan met verstrekking van een geanonimiseerd afschrift of uittreksel van het vonnis, het arrest of de beschikking.
3. Onder vonnissen, arresten en beschikkingen zijn begrepen stukken die bij de uitspraak zijn gevoegd. Van andere tot een procesdossier behorende stukken wordt geen afschrift of uittreksel aan derden verstrekt.
4. Van vonnissen, arresten en beschikkingen in zaken die met gesloten deuren zijn behandeld, wordt uitsluitend een geanonimiseerd afschrift of uittreksel verstrekt.
(Zie ook: art. 27 Rv)
5. Een verzoek om afschrift als bedoeld in het tweede lid dient te worden gericht tot de griffier van het gerecht dat de uitspraak heeft gedaan. Deze zal bij inwilliging van het verzoek een griffierecht in rekening brengen dat wordt vastgesteld overeenkomstig artikel 21, tweede lid, van de Wet griffierechten burgerlijke zaken.
6. Gedurende twee weken na de dagtekening van een gehele of gedeeltelijke weigering om aan een verzoek om afschrift te voldoen, kan verzoeker daartegen schriftelijk in verzet komen bij de voorzieningenrechter.
7. Tegen de beslissing van de voorzieningenrechter staat geen voorziening open.
(Zie ook: art. 838 Rv)
8. Ingevolge artikel 15, tweede lid, van verordening (EG) nr. 1/2003 van de Raad van de Europese Unie van 16 december 2002 betreffende de uitvoering van de mededingingsregels van de artikelen 81 en 82 van het Verdrag (PbEG 2003, L 1) verstrekt de griffier onverwijld een afschrift van vonnissen, arresten en beschikkingen met betrekking tot de toepassing van artikel 81 of 82 van het Verdrag tot oprichting van de Europese Gemeenschap aan de Commissie van de Europese Gemeenschappen. De verstrekking geschiedt, behalve wanneer het arresten of beschikkingen van de Hoge Raad betreft, door tussenkomst van de Raad voor de rechtspraak. Wanneer naar het oordeel van de griffier de bescherming van zwaarwegende belangen van anderen, waaronder die van partijen, daartoe aanleiding geeft, kan de griffier volstaan met de verstrekking van een geanonimiseerd afschrift van het vonnis, het arrest of de beschikking.
(Zie ook: RTBZ)

Art. 30

Vonnissen, arresten en beschikkingen houden de gronden in waarop zij rusten, tenzij uit de **Vormvoorschriften**
wet anders voortvloeit.
(Zie ook: art. 230 Rv; art. 121 GW)

Derde A afdeling
Algemene voorschriften voor procedures

Art. 30a

1. De eiser of verzoeker stelt zijn vordering in of dient zijn verzoek in door middel van een **Procesinleiding**
procesinleiding.
2. De procedures waarin een vordering wordt ingesteld, worden in dit wetboek aangeduid als vorderingsprocedures. De procedures waarin een verzoek wordt ingediend, worden in dit wetboek aangeduid als verzoekprocedures.

B14 art. 30b **Wetboek van Burgerlijke Rechtsvordering**

Vorderings- en verzoekprocedures

3. De procesinleiding vermeldt ten minste:
a. de naam en in geval van een natuurlijke persoon tevens de voornamen van de eiser of verzoeker, de door eiser gekozen woonplaats in Nederland, respectievelijk de woonplaats of, bij gebreke daarvan, het werkelijk verblijf van de verzoeker,
b. de naam en woonplaats van de verweerder bij de vordering, dan wel de bij de verzoeker bekende namen en woonplaatsen van belanghebbenden,
c. de dag waarop in de vorderingsprocedure de verweerder ten laatste als verweerder kan verschijnen, welke dag ligt ten minste vier weken en uiterlijk zes maanden na de dag van indiening van de procesinleiding bij de rechter, dan wel in geval van toepassing van artikel 113, ten minste twee weken en uiterlijk zes maanden na de dag van betekening van de procesinleiding bij de verweerder,
d. de vordering of het verzoek en de gronden waarop het berust,
e. de naam en het kantooradres van de gemachtigde of de advocaat, indien die door de eiser of verzoeker wordt aangewezen,
f. de door de verweerder tegen de vordering of de door de belanghebbende tegen het verzoek aangevoerde verweren en de gronden daarvoor,
g. de bewijsmiddelen waarover de eiser of verzoeker kan beschikken tot staving van de betwiste gronden van zijn vordering of verzoek, en de getuigen die hij daartoe kan doen horen, alsmede
h. de aanwijzing van de bevoegde rechter die van de zaak kennisneemt.

4. De procesinleiding wordt ondertekend. In zaken waarin partijen in persoon kunnen procederen, geschiedt ondertekening door de eiser of verzoeker of door zijn gemachtigde. In zaken waarin partijen niet in persoon kunnen procederen, geschiedt ondertekening door de advocaat.

Art. 30b

Vordering en verzoek gecombineerd in één procesinleiding

1. Het instellen van een vordering en het indienen van een verzoek kunnen worden gecombineerd in één procesinleiding, mits tussen de vordering en het verzoek voldoende samenhang bestaat en de Nederlandse rechter bevoegd is van beide kennis te nemen.

2. In geval van toepassing van het eerste lid zijn de bepalingen van de vorderingsprocedure van toepassing, tenzij de aard van de bepalingen zich daartegen verzet of tenzij de wet of de rechter met het oog op een goede procesorde, anders bepaalt.

3. Het vorige lid is niet van toepassing op de gevolgen van het niet tijdig betalen van griffierechten en op het instellen van hoger beroep en cassatie.

4. De rechter splitst een zaak in twee of meer zaken indien een vordering en een verzoek zich naar zijn oordeel niet lenen voor gezamenlijke behandeling. In de beslissing tot splitsing vermeldt de rechter, voor zover van toepassing, het bijkomende griffierecht dat ingevolge artikel 8 van de Wet griffierechten burgerlijke zaken van partijen wordt geheven en binnen welke termijn dit griffierecht of dit verhoogde griffierecht betaald dient te worden. De gesplitste zaken worden voortgezet in de stand waarin zij zich bevinden op het moment van de splitsing.

Art. 30c

Elektronische indiening procesinleiding

1. De eiser of verzoeker dient de procesinleiding langs elektronische weg in bij de rechter. Partijen dienen gedurende de procedure ook overige stukken langs elektronische weg in, tenzij de rechter anders bepaalt. Anderen dan partijen, die bij de procedure worden betrokken, dienen stukken langs elektronische weg in, tenzij de wet of de rechter anders bepaalt.

2. Waar dit wetboek voorschrijft dat handelingen schriftelijk geschieden, wordt hieraan langs elektronische weg voldaan, tenzij dit wetboek of de rechter anders bepaalt.

3. Onder een elektronische handtekening wordt verstaan een handtekening die bestaat uit elektronische gegevens die gehecht zijn aan of logisch verbonden zijn met andere elektronische gegevens en die worden gebruikt door de ondertekenaar om te ondertekenen. Waar in dit wetboek ondertekening is voorgeschreven, is aan dit vereiste voldaan indien het stuk is ondertekend met een elektronische handtekening die voldoet aan bij of krachtens algemene maatregel van bestuur te stellen eisen. Een stuk dat langs elektronische weg is ingediend in het digitale systeem voor gegevensverwerking van de gerechten geldt als ondertekend. Dit lid is niet van toepassing op akten als bedoeld in artikel 156 en op de ondertekening van documenten in een arbitrageprocedure ingevolge het Vierde Boek.

4. De verplichting tot indiening van stukken langs elektronische weg, als bedoeld in het eerste en het tweede lid geldt niet voor natuurlijke personen en voor verenigingen waarvan de statuten niet zijn opgenomen in een notariële akte, tenzij zij worden vertegenwoordigd door een derde die beroepsmatig rechtsbijstand verleent. Bij algemene maatregel van bestuur kunnen andere uitzonderingen op de verplichting tot stukkenwisseling langs elektronische weg als bedoeld in het eerste en het tweede lid worden gemaakt.

5. De partij die niet verplicht is tot en geen gebruik maakt van stukkenwisseling langs elektronische weg, dient de stukken als bedoeld in het eerste lid in op papier en verricht de handelingen als bedoeld in het tweede lid op papier. De griffier stelt stukken en mededelingen op papier, of indien deze partij dit wenst langs elektronische weg, aan hem ter beschikking en stelt de door deze partij ingediende stukken ter beschikking van de overige partijen, met uitzondering van het oproepingsbericht in een vorderingsprocedure.

6. Indien niet is voldaan aan de verplichtingen die voortvloeien uit de wet of de algemene maatregel van bestuur als bedoeld in artikel 30f, stelt de rechter de desbetreffende partij in de gelegenheid dit verzuim te herstellen binnen een door hem te bepalen termijn. Maakt de eiser of verzoeker van deze gelegenheid geen gebruik, dan kan hij in de vordering of het verzoek niet ontvankelijk worden verklaard dan wel kan de rechter het stuk buiten beschouwing laten.

7. In afwijking van het voorgaande lid kan de rechter bepalen dat de procedure wordt voortgezet volgens de regels die gelden voor stukkenwisseling op papier.

8. Niet-ontvankelijkverklaring wegens het ten onrechte indienen van een procesinleiding op papier of het buiten beschouwing laten van een stuk omdat het ten onrechte op papier of na afloop van een termijn is ingediend, blijft achterwege indien redelijkerwijs niet kan worden geoordeeld dat de indiener in verzuim is geweest.

Art. 30d

1. Als tijdstip waarop een bericht door de rechter langs elektronische weg is ontvangen, geldt het tijdstip waarop het bericht het digitale systeem voor gegevensverwerking van de gerechten heeft bereikt. Na elke indiening langs elektronische weg ontvangt de indiener een ontvangstbevestiging in het digitale systeem voor gegevensverwerking.

Tijdstip ontvangst elektronisch verzonden berichten

2. Als tijdstip waarop een bericht dat door de rechter is geplaatst in het in het eerste lid genoemde digitale systeem voor gegevensverwerking door de geadresseerde is ontvangen, geldt het tijdstip waarop de rechter de geadresseerde hierover een kennisgeving heeft verzonden buiten het digitale systeem voor gegevensverwerking.

3. Als tijdstip waarop een bericht dat door een partij of een andere betrokkene bij de procedure is geplaatst in het in het eerste lid genoemde digitale systeem voor gegevensverwerking door de andere partijen en betrokkenen bij de procedure is ontvangen, geldt het tijdstip waarop de rechter de betrokkenen hierover een kennisgeving heeft verzonden buiten het digitale systeem voor gegevensverwerking.

4. Indien een partij of andere betrokkene bij de procedure afziet van digitale bereikbaarheid buiten het digitale systeem voor gegevensverwerking als bedoeld in het eerste lid, zodat de kennisgeving bedoeld in het tweede en derde lid niet kan worden gezonden, geldt als tijdstip waarop een bericht als bedoeld in deze leden door hem is ontvangen, het tijdstip waarop het bericht voor hem toegankelijk is geworden in het digitale systeem voor gegevensverwerking.

Art. 30e

1. Oproepingen door de rechter, processen-verbaal en afschriften van een vonnis of beschikking, alsmede andere berichten tussen het gerecht en partijen worden langs elektronische weg ter beschikking gesteld, tenzij artikel 30c, vijfde lid, van toepassing is.

Kennisgevingen in beginsel digitaal

2. Oproepingen die bij brief geschieden, vermelden de datum van de verzending. Deze vermelding geschiedt niet slechts op de envelop.

Art. 30f

Bij of krachtens algemene maatregel van bestuur kunnen nadere regels worden gesteld over het elektronisch verkeer met de rechter, het digitale systeem voor gegevensverwerking en de verschoonbaarheid van termijnoverschrijdingen wegens verstoring van het digitale systeem voor gegevensverwerking van de gerechten of van de toegang tot dit systeem.

Digitaal berichtenverkeer, nadere regels

Art. 30g

Oproepingen van derden als partij in het geding geschieden met inachtneming van de termijnen die gelden voor de bezorging of betekening van de procesinleiding bij de belanghebbende of verweerder. Indien de oproeping niet geschiedt bij dezelfde procesinleiding waarmee de belanghebbende of verweerder in de procedure is betrokken, wordt de procesinleiding, waarmee de belanghebbende of verweerder in de procedure is betrokken, met de oproeping bij de derde bezorgd of betekend. Artikel 111, tweede lid, aanhef en onderdelen a, b, d, e, en g, artikel 128, tweede, derde en vierde lid en artikel 276 zijn van overeenkomstige toepassing.

Oproeping derden

Art. 30h

Indien de behandeling van een zaak wordt aangehouden, blijft een hernieuwde oproeping van of mededeling aan diegenen, aan wie de dag en het uur reeds mondeling ter zitting waren medegedeeld, achterwege.

Aanhouden zaak

Art. 30i

1. Iedere verweerder in een vorderingsprocedure en iedere belanghebbende in een verzoekprocedure kan binnen de daarvoor geldende termijn zijn met redenen omkleed verweer schriftelijk bij de rechter indienen.

Verweer, schriftelijk

2. In zaken waarin partijen in persoon kunnen procederen, kan verweer ook mondeling bij de rechter worden gevoerd en kunnen conclusies en akten ook mondeling ter zitting worden genomen.

Verweer, mondeling

3. Indien een partij tijdens een zitting mondeling verweer als bedoeld in het vorige lid heeft gevoerd zonder dat de wederpartij of haar gemachtigde daarbij aanwezig was, zendt de griffier een weergave van de zakelijke inhoud ervan aan de wederpartij of aan haar gemachtigde, tenzij de rechter toezending niet noodzakelijk acht.

B14 art. 30j

Wetboek van Burgerlijke Rechtsvordering

4. De verweerder brengt alle excepties en zijn verweer ten principale tegelijk naar voren, op straffe van verval van niet aangevoerde excepties en, indien niet ten principale verweer is gevoerd, van het recht om dat alsnog te doen.

5. In afwijking van het vierde lid kunnen zij die beroep willen doen op de termijn van artikel 104 van Boek 1 of van artikel 185 van Boek 4 van het Burgerlijk Wetboek, hun verweer tot dit beroep beperken.

6. Het verweerschrift vermeldt de bewijsmiddelen waarover verweerder of belanghebbende kan beschikken tot staving van de gronden van zijn verweer, en de getuigen die hij daartoe kan doen horen.

7. Het verweerschrift wordt ondertekend. In zaken waarin partijen in persoon kunnen procederen, geschiedt ondertekening door de eiser of verzoeker of door zijn gemachtigde. In zaken waarin partijen niet in persoon kunnen procederen, geschiedt ondertekening door de advocaat.

8. Het verweerschrift mag een tegenvordering of tegenverzoek bevatten, tenzij de oorspronkelijke eiser of verzoeker is opgetreden in hoedanigheid en de tegenvordering of het tegenverzoek hem persoonlijk zou betreffen of omgekeerd. Artikel 30a, derde lid, onder f en g, is van overeenkomstige toepassing.

9. De eiser of verzoeker en overige verweerders of belanghebbenden kunnen tegen een tegenvordering of tegenverzoek een verweerschrift indienen indien zij elkaars wederpartij zijn. De termijn voor het indienen van dit verweerschrift bedraagt in vorderingsprocedures voor de kantonrechter vier weken, in andere vorderingsprocedures zes weken, tenzij de wet of de rechter anders bepaalt. In verzoekzaken is artikel 282, eerste lid, van toepassing. De zaken betreffende de vordering of het verzoek en de tegenvordering of het tegenverzoek worden tegelijk behandeld en bij vonnis of beschikking beslist, tenzij de rechter anders bepaalt.

Art. 30j

Mondelinge behandeling, bepalen van

1. Zo spoedig mogelijk nadat verweerder in de procedure is verschenen als bedoeld in artikel 114, dan wel na ontvangst van de procesinleiding in een verzoekprocedure, bepaalt de rechter de dag en het uur waarop de mondelinge behandeling plaatsvindt. De termijn tussen de uitnodiging van partijen en de mondelinge behandeling is ten minste drie weken, tenzij sprake is van een behandeling in kort geding.

Mondelinge behandeling, oproeping

2. In verzoekprocedures beveelt de rechter oproeping van de verzoeker en voor zover nodig van de in de procesinleiding genoemde belanghebbenden. Bovendien kan hij te allen tijde belanghebbenden, bekende of onbekende, doen oproepen. In geval van een procesinleiding waarbij zowel een vordering is ingesteld als een verzoek is ingediend, beveelt de rechter ook de oproeping van de belanghebbende die tevens verweerder bij de vordering is.

3. De griffier roept de eiser of verzoeker en de verweerder of belanghebbenden, bedoeld in het tweede lid, op voor de plaats en de dag en het uur waarop de mondelinge behandeling plaatsvindt.

4. De oproepingen van belanghebbenden gaan vergezeld van een afschrift van de procesinleiding, tenzij een oproeping op andere wijze dan bij brief of exploot geschiedt, of de rechter anders bepaalt; in deze gevallen bevat de oproeping een korte omschrijving van het verzoek.

5. Het eerste en tweede lid zijn niet van toepassing indien de rechter zich in een verzoekprocedure aanstonds onbevoegd verklaart, de eiser of verzoeker aanstonds niet-ontvankelijk in zijn vordering of verzoek verklaart, of het verzoek toewijst.

6. De rechter kan met instemming of op verlangen van partijen de mondelinge behandeling achterwege laten en uitspraak doen. In kantonzaken kan de rechter bepalen dat de mondelinge behandeling achterwege blijft indien geen van de partijen, nadat zij zijn gewezen op hun recht te worden gehoord, binnen een door hem gestelde redelijke termijn heeft verklaard dat zij gebruik wil maken van dit recht.

Art. 30k

Mondelinge behandeling, onderwerpen

1. Tijdens de mondelinge behandeling stelt de rechter partijen in de gelegenheid hun stellingen toe te lichten en kan de rechter:

a. partijen verzoeken hem inlichtingen te geven,

b. partijen gelegenheid geven hun stellingen nader te onderbouwen,

c. een schikking beproeven,

d. met partijen overleggen hoe het vervolg van de procedure zal verlopen, en

e. die aanwijzingen geven of die proceshandelingen bevelen die hij geraden acht, voor zover de rechter dit in overeenstemming acht met de eisen van een goede procesorde.

Getuigen en partijdeskundigen horen tijdens mondelinge behandeling

2. Met voorafgaande toestemming van de rechter kunnen tijdens de mondelinge behandeling getuigen en partijdeskundigen worden gehoord. De negende afdeling van de tweede titel is van overeenkomstige toepassing, onverminderd artikel 284, eerste lid.

3. Voor zover mogelijk bericht de griffier partijen tevoren over het doel van de mondelinge behandeling.

4. Partijen verschijnen op de mondelinge behandeling in persoon of bij gemachtigde. In zaken waarin zij niet in persoon kunnen procederen, verschijnen zij bij advocaat. De rechter kan verschijning in persoon bevelen. Partijen die in persoon verschijnen, mogen zich laten bijstaan door hun gemachtigde. In zaken waarin partijen niet in persoon kunnen procederen, is de gemachtigde een advocaat.

5. Onverminderd artikel 85, dienen processtukken en andere stukken zoveel mogelijk onmiddellijk bij de indiening van de procesinleiding onderscheidenlijk het verweerschrift en tot uiterlijk tien dagen voor de mondelinge behandeling te worden ingediend, tenzij de wet een andere termijn voorschrijft. Stukken die na die termijn of ter zitting worden ingediend, worden door de rechter buiten beschouwing gelaten, tenzij artikel 30c, achtste lid, van toepassing is of de goede procesorde zich daartegen verzet.

6. Indien met het oog op de mondelinge behandeling een bevel als bedoeld in artikel 22 wordt gegeven, moeten de stukken uiterlijk op een door de rechter te bepalen dag vóór de datum van de mondelinge behandeling zijn ingediend en aan de wederpartij ter beschikking zijn gesteld.

Art. 30l

1. Tijdens de mondelinge behandeling ondervraagt de rechter partijen. Partijen kunnen elkaar vragen stellen, behoudens de bevoegdheid van de rechter om te beletten dat aan een bepaalde vraag gevolg wordt gegeven.

Inlichtingen tijdens mondelinge behandeling

2. Een verklaring omtrent door haar te bewijzen feiten kan in het voordeel van de partij die haar afgelegde geen bewijs opleveren. Overigens kan de rechter uit de afgelegde verklaringen, uit een niet-verschijnen op de mondelinge behandeling of uit een weigering om te antwoorden of het proces-verbaal te ondertekenen de gevolgtrekking maken die hij geraden acht, behoudens artikel 154.

Art. 30m

1. Indien een schikking tot stand komt, eindigt de procedure. Van de zitting waarop een schikking is bereikt, wordt een proces-verbaal opgemaakt, dat door de rechter en partijen of hun tot dat doel bijzonderlijk gevolmachtigden wordt ondertekend en waarin de verbintenissen die partijen ten gevolge van die schikking op zich nemen, worden neergelegd. De uitgifte van dit proces-verbaal geschiedt in executoriale vorm.

Schikking

2. Indien geen schikking tot stand komt, bepaalt de rechter wat de volgende proceshandeling zal zijn.

Art. 30n

1. De rechter maakt van de mondelinge behandeling proces-verbaal op:
a. indien hij dit ambtshalve of op verzoek van een partij die daarbij belang heeft, bepaalt, of
b. op verzoek van de hogerberoepsrechter of de Hoge Raad.

Proces-verbaal van mondelinge behandeling

2. Het proces-verbaal bevat ten minste de namen van de rechter of de rechters die de zaak behandelt onderscheidenlijk behandelen, die van partijen en van hun vertegenwoordigers of gemachtigden die op de mondelinge behandeling zijn verschenen, en die van de getuigen, deskundigen en tolken die op de mondelinge behandeling zijn verschenen.

3. Het proces-verbaal houdt een zakelijke samenvatting in van het verhandelde ter zitting.

4. De rechter kan bepalen dat de verklaring van een partij, getuige of deskundige geheel in het proces-verbaal zal worden opgenomen. In dat geval wordt de verklaring onverwijld op schrift gesteld en aan de partij, getuige of deskundige voorgehouden. Deze mag daarin wijzigingen aanbrengen, die op schrift worden gesteld en aan de partij, getuige of deskundige worden voorgelezen. De verklaring wordt door de partij, getuige of deskundige ondertekend. Heeft ondertekening niet plaats, dan wordt de reden daarvan in het proces-verbaal vermeld.

5. Het proces-verbaal wordt door de rechter ondertekend. Bij verhindering van de rechter wordt dit in het proces-verbaal vermeld.

6. De griffier stelt het proces-verbaal ter beschikking van partijen.

7. De rechter kan bepalen dat het proces-verbaal, bedoeld in het eerste en derde lid en in de artikelen 180, eerste lid, 198, vijfde lid, en 201, vierde lid, wordt vervangen door een door of namens hem gemaakte beeld- of geluidsopname. In dat geval kan de hogerberoepsrechter of de Hoge Raad alsnog verzoeken om een schriftelijke weergave van het proces-verbaal.

8. Bij of krachtens algemene maatregel van bestuur kunnen nadere regels worden gesteld over de toepassing van beeld- en geluidsopnamen.

Art. 30o

1. Indien dit met het oog op artikel 19 of met het oog op een goede instructie van de zaak noodzakelijk is, kan de rechter op verzoek van een partij toestaan of ambtshalve bepalen dat, in afwijking van of aanvulling op hetgeen in deze afdeling is bepaald:
a. termijnen worden verlengd of verkort,
b. partijen schriftelijk reageren op elkaars standpunten,
c. de mondelinge behandeling wordt aangehouden of in alle gevallen en in elke stand van het geding een mondelinge behandeling of andere zitting wordt gehouden,
d. voor, tijdens of na een mondelinge behandeling stukken worden ingediend en dat partijen daarop schriftelijk reageren.

Extra proceshandelingen en termijnen

2. De rechter bepaalt de termijnen voor proceshandelingen als bedoeld in het eerste lid, onder b, c en d.

B14 art. 30p **Wetboek van Burgerlijke Rechtsvordering**

Art. 30p

Mondelinge uitspraak ter zitting

1. De rechter kan, indien alle partijen op de mondelinge behandeling zijn verschenen, tijdens of na de mondelinge behandeling ter zitting mondeling uitspraak doen.

2. In afwijking van de artikelen 230 en 287 bestaat de mondelinge uitspraak uit de beslissing en de gronden van de beslissing.

3. Van de mondelinge uitspraak wordt door de rechter een proces-verbaal opgemaakt.

4. Het proces-verbaal wordt door de rechter ondertekend. Bij verhindering van de rechter wordt dit in het proces-verbaal vermeld.

5. De rechter stelt binnen twee weken na de mondelinge uitspraak een afschrift van het proces-verbaal ter beschikking van partijen. Het afschrift dat wordt verstrekt aan een partij die tot tenuitvoerlegging van de uitspraak kan overgaan, is in executoriale vorm opgemaakt.

Art. 30q

Schriftelijke uitspraak na mondelinge behandeling

1. Tenzij mondeling uitspraak wordt gedaan, doet de rechter in kantonzaken binnen vier weken en in andere zaken binnen zes weken na afloop van de mondelinge behandeling schriftelijk uitspraak.

2. In bijzondere omstandigheden kan de rechter de termijnen, genoemd in het eerste lid, verlengen. Bij een verlenging wordt mededeling gedaan aan partijen van de datum van de uitspraak.

3. Op gezamenlijk verlangen van de in het geding verschenen partijen kan de rechter de uitspraak uitstellen of achterwege laten.

Art. 30r

NCC/NCCA, bevoegdheid

1. Indien de rechtbank Amsterdam of het gerechtshof Amsterdam bevoegd is kennis te nemen van een geschil dat is ontstaan of zal ontstaan naar aanleiding van een bepaalde rechtsbetrekking die ter vrije bepaling van partijen staat en het een internationaal geschil betreft, kunnen partijen die dit uitdrukkelijk zijn overeengekomen bij de internationale handelskamer van die rechtbank («Netherlands Commercial Court») of dat gerechtshof («Netherlands Commercial Court of Appeal») procederen in de Engelse taal. Dit geldt niet voor zaken die tot de bevoegdheid van de kantonrechter behoren. Een overeenkomst als bedoeld in de eerste volzin wordt bewezen door een geschrift. Een geschrift dat een dergelijk beding bevat of dat verwijst naar algemene voorwaarden die een dergelijk beding bevatten, is daarvoor voldoende, mits het specifieke beding door of namens de wederpartij uitdrukkelijk is aanvaard.

2. In afwijking van artikel 128, derde lid, kunnen zij die een beroep willen doen op de exceptie inzake de bevoegdheid of op andere verweren die ertoe strekken dat de zaak niet behandeld moet worden door de internationale handelskamer van de rechtbank Amsterdam of van het gerechtshof Amsterdam, volstaan met deze exceptie of verweren totdat hierover is beslist. Artikel 110 is van overeenkomstige toepassing.

3. In zaken die door de voorzieningenrechter worden beslist, is, indien partijen zijn overeengekomen om bij de rechtbank Amsterdam of het gerechtshof Amsterdam in de Engelse taal te procederen als bedoeld in het eerste lid, de voorzieningenrechter van die rechtbank of dat gerechtshof, mede bevoegd voor het in de Engelse taal behandelen van de zaak.

4. In zaken als bedoeld in het eerste lid, eerste volzin, en het derde lid doet de rechter uitspraak in de Engelse taal, tenzij op verzoek van partijen de procedure in de Nederlandse taal is gevoerd. Het verweer dat de zaak niet door de internationale handelskamer van de rechtbank of van het gerechtshof Amsterdam moet worden behandeld, maar door een andere rechter, mag worden gevoerd in de Nederlandse taal. Een uitspraak over dit verweer doet de rechter in de Nederlandse taal.

5. Indien de uitspraak in de Engelse taal ingevolge een wettelijk voorschrift in een Nederlands openbaar register moet worden ingeschreven, worden de voor de inschrijving noodzakelijke onderdelen van de uitspraak tevens in de Nederlandse taal gedaan.

6. Indien de voor tenuitvoerlegging vatbare onderdelen in de uitspraak in de Engelse taal zijn gesteld en in het kader van de tenuitvoerlegging aan een derde in Nederland afschrift van de uitspraak moet worden gelaten, zorgt degene op wiens verzoek de betekening plaatsvindt voor een bijgevoegde beëdigde vertaling hiervan in de Nederlandse taal.

Art. 31

Verbeteringen

1. De rechter verbetert te allen tijde op verzoek van een partij of ambtshalve in zijn vonnis, arrest of beschikking een kennelijke rekenfout, schrijffout of andere kennelijke fout die zich voor eenvoudig herstel leent. De rechter gaat niet tot de verbetering over dan na partijen in de gelegenheid te hebben gesteld zich daarover uit te laten.

2. De verbetering wordt op een door de rechter nader te bepalen dag uitgesproken en wordt met vermelding van deze dag en van de naleving van de tweede volzin van het eerste lid op de minuut van het vonnis, het arrest of de beschikking gesteld.

3. Van de verbeterde minuut verstrekt de griffier op de dag van de uitspraak aan de in de oorspronkelijke procedure verschenen partijen een afschrift, zo nodig opgemaakt in executoriale vorm. Een eerder verstrekt afschrift opgemaakt in executoriale vorm verliest hierdoor zijn kracht. De partij die in het bezit is van een afschrift als bedoeld in de vorige zin, geeft dit af aan de griffier. Was de executie reeds aangevangen, dan kan deze met inachtneming van de verbetering worden voortgezet op grond van een na de verbetering afgegeven afschrift opgemaakt in executoriale vorm.

4. Tegen de verbetering of de weigering daarvan staat geen voorziening open.

(Zie ook: art. 1060 Rv)

Art. 32

1. De rechter vult te allen tijde op verzoek van een partij zijn vonnis, arrest of beschikking aan indien hij heeft verzuimd te beslissen over een onderdeel van het gevorderde of verzochte. De rechter gaat niet tot de aanvulling over dan na partijen in de gelegenheid te hebben gesteld zich daarover uit te laten.

Aanvulling

2. Artikel 31, tweede en derde lid, is van overeenkomstige toepassing.

3. Tegen de weigering van de aanvulling staat geen voorziening open.

(Zie ook: art. 1061 Rv)

Art. 33

1. Verzoeken en mededelingen kunnen ook elektronisch worden gedaan, indien van deze mogelijkheid voor het desbetreffende gerecht blijkt uit een voor dat gerecht vastgesteld procesreglement. Een gerecht kan een verzoek of mededeling dat tot een of meer geadresseerden is gericht, elektronisch verzenden indien de geadresseerde kenbaar heeft gemaakt dat hij daarvoor langs deze weg bereikbaar is. De bereikbaarheid langs deze weg geldt voor de duur van een procedure, tenzij de geadresseerde meedeelt dat hij haar wijzigt of intrekt. De voorgaande zinnen gelden mede voor de indiening van processtukken ter griffie en de verzending van processtukken door de griffier.

Verzoeken en mededelingen

2. Bij algemene maatregel van bestuur worden regels gegeven aangaande de betrouwbaarheid en vertrouwelijkheid van het doen van verzoeken en mededelingen en de indiening en de verzending van processtukken als bedoeld in het eerste lid en kunnen in verband met deze wijze van verzending nadere regels worden gesteld. Bij algemene maatregel van bestuur kan worden bepaald in welke gevallen het doen van verzoeken en mededelingen en de indiening en verzending van processtukken uitsluitend elektronisch kunnen plaatsvinden.

Nadere regels

3. Als tijdstip waarop een verzoek, mededeling of processtuk door een gerecht elektronisch is ontvangen, geldt het tijdstip waarop het verzoek, mededeling en processtuk een systeem voor gegevensverwerking heeft bereikt waarvoor het gerecht verantwoordelijkheid draagt. Verzendingen die voor 24.00 uur van de laatste dag van een lopende termijn zijn ontvangen, gelden als binnen de termijn ingediend.

4. Als tijdstip waarop een verzoek, mededeling of processtuk door een gerecht elektronisch is verzonden, geldt het tijdstip waarop het bericht een systeem voor gegevensverwerking heeft bereikt waarvoor het gerecht geen verantwoordelijkheid draagt.

5. De voordracht voor een krachtens het tweede lid vast te stellen algemene maatregel van bestuur wordt niet eerder gedaan dan vier weken nadat het ontwerp aan beide kamers der Staten-Generaal is overgelegd.

Art. 34

1. Wanneer een procedure na verwijzing of na toepassing van een rechtsmiddel voor een andere rechter wordt voortgezet, is de aanlegger verplicht aan de rechter over te leggen:

Voortzetting door andere rechter

a. een afschrift als bedoeld in artikel 231 onderscheidenlijk artikel 290 van het vonnis, het arrest of de beschikking waarbij de procedure is verwezen of waartegen het rechtsmiddel is aangewend;

b. afschriften van de overige op de procedure betrekking hebbende stukken.

2. De rechter kan nadere aanwijzingen geven over het tijdstip van overlegging.

3. Wanneer een procedure na verwijzing of toepassing van een rechtsmiddel voor een andere rechter wordt voortgezet, zendt de griffier van het gerecht waar de procedure aanhangig was afschriften van de op de procedure betrekking hebbende stukken op diens verzoek aan de griffier van het gerecht waar de procedure wordt voortgezet. Desverzocht zendt de griffier de stukken in origineel.

Art. 35

1. Bij algemene maatregel van bestuur kunnen nadere regels worden gesteld met betrekking tot door de rechter te stellen termijnen voor het verrichten van proceshandelingen en kunnen beperkingen worden gesteld aan de mogelijkheid om daarvoor uitstel te verkrijgen.

Nadere regels betreffende termijnen en het verloop van de procedure

2. Bij algemene maatregel van bestuur kunnen ook andere nadere regels worden gesteld betreffende het verloop van de procedure, de opmaak en inrichting van de door partijen in het geding te brengen stukken, alsmede nadere regels ter bevordering van de eenheid van de wijze van rechtspleging bij de verschillende gerechten.

B14 art. 36 **Wetboek van Burgerlijke Rechtsvordering**

Vierde afdeling
Wraking en verschoning van rechters

Art. 36

Wraking Op verzoek van een partij kan elk van de rechters die een zaak behandelen, worden gewraakt op grond van feiten of omstandigheden waardoor de rechterlijke onpartijdigheid schade zou kunnen lijden.
(Zie ook: art. 512 WvSv; art. 8:15 Awb)

Art. 37

Verzoek tot wraking **1.** Het verzoek wordt gedaan zodra de feiten of omstandigheden aan de verzoeker bekend zijn geworden.
2. Het verzoek geschiedt schriftelijk en is gemotiveerd. Na de aanvang van een zitting kan het ook mondeling geschieden.
3. Alle feiten of omstandigheden moeten tegelijk worden voorgedragen.
4. Een volgend verzoek tot wraking van dezelfde rechter wordt niet in behandeling genomen, tenzij feiten of omstandigheden voorgedragen die pas na het eerdere verzoek aan de verzoeker bekend zijn geworden.
5. Aanstonds na een verzoek tot wraking wordt de behandeling geschorst.

Art. 38

Berusten in wraking Een rechter van wie wraking is verzocht, kan in de wraking berusten.

Art. 39

Behandeling wrakingsverzoek **1.** Het verzoek tot wraking wordt zo spoedig mogelijk ter zitting behandeld door een meervoudige kamer waarin de rechter van wie wraking is verzocht, geen zitting heeft.
2. De verzoeker en de rechter van wie wraking is verzocht, worden in de gelegenheid gesteld te worden gehoord. De meervoudige kamer kan ambtshalve of op verzoek van de verzoeker of de rechter van wie wraking is verzocht, bepalen dat zij niet in elkaars aanwezigheid zullen worden gehoord.
3. De meervoudige kamer beslist zo spoedig mogelijk. De beslissing is gemotiveerd en wordt onverwijld in het openbaar uitgesproken en aan de verzoeker, de andere partijen en de rechter van wie wraking was verzocht, medegedeeld.
4. In geval van misbruik kan de meervoudige kamer bepalen dat een volgend verzoek niet in behandeling wordt genomen. Hiervan wordt in de beslissing melding gemaakt.
5. Tegen de beslissing staat geen voorziening open.
(Zie ook: art. 515 WvSv)

Art. 40

Verschoningsrecht **1.** Op grond van feiten of omstandigheden als bedoeld in artikel 36 kan elk van de rechters die een zaak behandelen, verzoeken zich te mogen verschonen.
2. Het verzoek geschiedt schriftelijk en is gemotiveerd. Na de aanvang van een zitting kan het ook mondeling geschieden.
3. Aanstonds na een verzoek zich te mogen verschonen wordt de behandeling geschorst.
(Zie ook: art. 517 WvSv)

Art. 41

Verschoningsverzoek, behandeling **1.** Het verzoek zich te mogen verschonen wordt zo spoedig mogelijk behandeld door een meervoudige kamer waarin de rechter die dat verzoek heeft gedaan, geen zitting heeft.
2. De meervoudige kamer beslist zo spoedig mogelijk. De beslissing is gemotiveerd en wordt onverwijld aan partijen en de rechter die het verzoek had gedaan, medegedeeld.
3. Tegen de beslissing staat geen voorziening open.
(Zie ook: art. 518 WvSv)

Vijfde afdeling
Het openbaar ministerie en de procureur-generaal bij de Hoge Raad

Art. 42

Bevoegdheid openbaar ministerie **1.** Het openbaar ministerie is bevoegd alle op een zaak betrekking hebbende bescheiden in te zien en op elke zitting tegenwoordig te zijn.
2. Het openbaar ministerie kan op verzoek van de rechter of een partij bescheiden waarover het beschikt, in de procedure brengen. Indien een zodanig verzoek niet wordt ingewilligd, wordt dit gemotiveerd.
3. In zaken bij de Hoge Raad zijn het eerste en het tweede lid van toepassing, met dien verstande dat voor het openbaar ministerie wordt gelezen: de procureur-generaal bij de Hoge Raad.
(Zie ook: artt. 111, 124 Wet RO)

Art. 43

Openbaar Ministerie optredend als partij **1.** Wanneer het openbaar ministerie als partij optreedt, geschieden de inleiding en de behandeling van de zaak volgens de gewone regels, voor zover daarvan in dit artikel niet is afgeweken.

2. Het openbaar ministerie kan in rechte optreden zonder advocaat. In cassatie is echter vertegenwoordiging door een advocaat bij de Hoge Raad vereist.

3. Hoger beroep en cassatie worden ingesteld door en tegen de ambtenaar van het openbaar ministerie bij het gerecht dat de beslissing waarvan beroep heeft genomen. Bij de verdere behandeling in hoger beroep treedt echter voor deze in de plaats de ambtenaar van het openbaar ministerie bij het college dat het hoger beroep behandelt. Bij de verdere behandeling in cassatie blijft als partij optreden de ambtenaar van het openbaar ministerie bij het gerecht dat de beslissing waarvan beroep heeft genomen.

4. Een beslissing omtrent de kosten wordt ten aanzien van het openbaar ministerie genomen ten name van de Staat.

Art. 44

1. Wanneer het openbaar ministerie niet als partij optreedt, wordt het gehoord indien het, al dan niet op verzoek van de rechter, de wens daartoe te kennen heeft gegeven.

Openbaar Ministerie niet optredend als partij

2. In cassatieprocedures wordt de procureur-generaal bij de Hoge Raad steeds gehoord.

3. Na de conclusie van het openbaar ministerie, onderscheidenlijk de procureur-generaal bij de Hoge Raad, is geen plaats meer voor debat door partijen. Wel kunnen partijen binnen twee weken nadat de conclusie is genomen dan wel een afschrift daarvan aan partijen is verzonden, hun schriftelijk commentaar daarop, zo nodig in een brief vervat, aan de rechter, of, bij een meervoudige kamer, aan de voorzitter, of, bij de Hoge Raad, aan de President van de Hoge Raad doen toekomen, met afschrift aan de wederpartij en het openbaar ministerie, onderscheidenlijk de procureur-generaal.

(Zie ook: art. 439 WvSv)

Vijfde A afdeling
De Autoriteit Consument en Markt en de Europese Commissie

Art. 44a

1. De Autoriteit Consument en Markt of de Europese Commissie kan, niet optredende als partij, schriftelijke opmerkingen maken ingevolge artikel 15, derde lid, eerste alinea, van verordening (EG) nr. 1/2003 van de Raad van de Europese Unie van 16 december 2002 betreffende de uitvoering van de mededingingregels van de artikelen 81 en 82 van het Verdrag (PbEG 2003, L 1), indien deze de wens daartoe te kennen heeft gegeven. Met toestemming van de rechter kan de Autoriteit Consument en Markt of de Europese Commissie ook mondelinge opmerkingen maken. De rechter kan daartoe een roldatum bepalen.

Mededinging

2. Op een verzoek ingevolge artikel 15, derde lid, tweede alinea, van de verordening verstrekt de rechter aan de Autoriteit Consument en Markt of de Europese Commissie de in die bepaling bedoelde stukken. Partijen kunnen binnen een door de rechter te bepalen termijn hun mening over de te verstrekken stukken geven.

3. Op verzoek van de rechter kan de Autoriteit Consument en Markt bijstand verlenen bij het bepalen van de omvang van de schade door een inbreuk op het mededingingsrecht als bedoeld in artikel 193k, onderdeel a, van Boek 6 van het Burgerlijk Wetboek.

4. Partijen kunnen binnen een door de rechter te bepalen termijn op de opmerkingen van de Autoriteit Consument en Markt of de Europese Commissie reageren.

Zesde afdeling
Exploten

Art. 45

1. Exploten worden door een daartoe bevoegde deurwaarder gedaan op de wijze in deze afdeling bepaald.

Vormvoorschriften

2. Een daartoe bevoegde deurwaarder kan, indien de wet dit bepaalt, ook elektronisch exploot doen.

3. Het exploot vermeldt ten minste:

a. de datum van de betekening;

b. de naam, en in het geval van een natuurlijke persoon tevens de voornamen, en de woonplaats van degene op wiens verzoek de betekening geschiedt;

c. de voornamen, de naam en het kantooradres van de deurwaarder;

d. de naam en de woonplaats van degene voor wie het exploot is bestemd;

e. degene aan wie afschrift van het exploot is gelaten, onder vermelding van diens hoedanigheid of, indien het exploot elektronisch is gedaan als bedoeld in het tweede lid, het elektronisch adres waaraan afschrift van het exploot is gelaten.

4. Indien het exploot een vordering tot ontruiming betreft van een gebouwde onroerende zaak of een gedeelte daarvan door anderen dan gebruikers of gewezen gebruikers krachtens een persoonlijk of zakelijk recht, van wie naam en woonplaats in redelijkheid niet kunnen worden

achterhaald, behoeft het deze naam en deze woonplaats niet te vermelden, noch de persoon aan wie afschrift van het exploot is gelaten.
(Zie ook: art. 61 Rv)

5. Het exploot en de afschriften daarvan worden door de deurwaarder ondertekend.
(Zie ook: art. 111 Rv)

Art. 46

Betekening in persoon

1. De deurwaarder laat een afschrift van het exploot aan degene voor wie het is bestemd in persoon of aan de woonplaats aan een huisgenoot van deze of aan een andere persoon die zich daar bevindt en van wie aannemelijk is dat deze zal bevorderen dat het afschrift degene voor wie het exploot is bestemd, tijdig bereikt. Is het exploot voor meer personen bestemd, dan verstrekt hij voor ieder van hen een afschrift.

2. Voor degene voor wie het exploot is bestemd, geldt het afschrift als het oorspronkelijke exploot.

3. Indien degene voor wie het exploot is bestemd, weigert het afschrift in ontvangst te nemen, vermeldt de deurwaarder die weigering op het exploot en wordt degene voor wie het exploot is bestemd, geacht het afschrift in persoon te hebben ontvangen. Voorts laat de deurwaarder een afschrift in een gesloten envelop aan de woonplaats, dan wel verzendt hij een afschrift per post. Zijn achterlating aan de woonplaats en verzending per post redelijkerwijs niet zinvol of niet mogelijk, dan kan de deurwaarder het afschrift in een gesloten envelop achterlaten in de macht van degene voor wie het exploot is bestemd. Artikel 47, eerste lid, derde zin, en tweede lid, zijn van overeenkomstige toepassing..

Art. 47

Betekening aan de woonplaats

1. Indien de deurwaarder aan geen van de in artikel 46, eerste lid, bedoelde personen afschrift kan laten, laat hij een afschrift aan de woonplaats achter in een gesloten envelop. Indien ook dat feitelijk onmogelijk is, bezorgt hij terstond een afschrift ter post. De deurwaarder maakt, zowel in het ene als het andere geval tevens onder vermelding van de reden van de feitelijke onmogelijkheid, van deze handelingen melding in het exploot.

2. Op de envelop waarin het afschrift ingevolge het eerste lid wordt achtergelaten of ter post wordt bezorgd, worden vermeld de naam en de woonplaats van degene voor wie het exploot is bestemd. De envelop vermeldt tevens de naam, de hoedanigheid, het kantooradres en het telefoonnummer van de deurwaarder, alsmede een aanduiding dat de inhoud de onmiddellijke aandacht behoeft.
(Zie ook: art. 13 IW 1990)

Art. 48

Betekening aan Koninklijk Huis of de Staat

Ten aanzien van de Koning, de vermoedelijke opvolger van de Koning, hun echtgenoten en de Regent, alsmede ten aanzien van de Staat, geschiedt de betekening aan het parket van de procureur-generaal bij de Hoge Raad. Indien afschrift van een voor de Staat bestemd exploot wordt gelaten aan een persoon ten parkette die daartoe is aangewezen, is het exploot gedaan aan de Staat in persoon. Indien mogelijk wordt in het exploot vermeld welk ministerie het betreft.

Art. 49

Publiekrechtelijke rechtspersonen

Ten aanzien van een rechtspersoon als bedoeld in artikel 1 van Boek 2 van het Burgerlijk Wetboek, met uitzondering van de Staat, geschiedt de betekening ter plaatse waar het bestuur zitting of kantoor houdt, of aan de persoon of de woonplaats van het hoofd van dat bestuur. Indien afschrift van het exploot wordt gelaten aan een bestuurder of aan een persoon die daartoe is aangewezen, is het exploot gedaan aan de rechtspersoon in persoon.

Art. 50

Andere rechtspersonen

Ten aanzien van andere rechtspersonen geschiedt de betekening aan hun kantoor of aan de persoon of de woonplaats van een van de bestuurders. Na de ontbinding geschiedt zij aan het kantoor, de persoon of de woonplaats van een van de vereffenaars. Indien afschrift van het exploot wordt gelaten aan een bestuurder, of, na de ontbinding, aan een vereffenaar, is het exploot gedaan aan de rechtspersoon in persoon.

Art. 51

V.o.f. en c.v.

1. Ten aanzien van vennootschappen onder firma en commanditaire vennootschappen geschiedt de betekening aan hun kantoor of aan de persoon of de woonplaats van een van de beherende vennoten. Na de ontbinding geschiedt zij aan het kantoor, de persoon of de woonplaats van een van de vereffenaars. Indien afschrift van het exploot wordt gelaten aan een beherende vennoot, of, na de ontbinding, aan een vereffenaar, is het exploot gedaan aan de vennootschap in persoon.

2. Ten aanzien van maatschappen die een gemeenschappelijke naam voeren, geschiedt de betekening aan hun kantoor.

Art. 52

Curatoren en bewindvoerders

Ten aanzien van curatoren in een faillissement, bewindvoerders in een surséance van betaling dan wel in een schuldsaneringsregeling natuurlijke personen geschiedt de betekening aan het kantoor, de persoon of de woonplaats van een van hen.

Art. 53

Bij een betekening ten aanzien van de gezamenlijke erfgenamen van een overledene kan vermelding van hun namen en woonplaatsen achterwege blijven indien deze geschiedt:
a. aan de laatste woonplaats van de overledene, mits aldaar nog de overlevende echtgenoot, geregistreerde partner of andere levensgezel, een broer, een zuster of een nabestaande in de rechte lijn woont,
b. aan de persoon of de woonplaats van een executeur of door de rechtbank benoemde vereffenaar van de nalatenschap, van een ten tijde van het overlijden fungerend curator of bewindvoerder, of, indien bij een dagvaarding verzet, hoger beroep of beroep in cassatie wordt ingesteld, aan het kantoor van de advocaat of deurwaarder bij wie de overledene laatstelijk woonplaats heeft gekozen, of
c. aan de persoon of de woonplaats van een van de erfgenamen, mits binnen een jaar na het overlijden, in welk geval het exploot tevens moet worden aangekondigd in een landelijk dagblad of een dagblad verschijnend in de streek waar de laatste woonplaats van de overledene was; een en ander onverminderd de mogelijkheid van betekening aan ieder van de erfgenamen afzonderlijk op de gewone wijze.

Art. 54

1. Ten aanzien van hen die geen bekende woonplaats in Nederland hebben, geschiedt de betekening ter plaatse van hun werkelijk verblijf.

2. Indien de woonplaats en het werkelijk verblijf onbekend zijn en het exploot een te voeren of aanhangige procedure betreft, alsmede indien in rechte worden opgeroepen houders van aandelen of andere effecten, welke niet op naam staan of waarvan de houders niet bij name bekend zijn, geschiedt de betekening aan het parket van de ambtenaar van het openbaar ministerie bij het gerecht waar de zaak moet dienen of dient. Indien de zaak dient of moet dienen bij de Hoge Raad, geschiedt de betekening aan het parket van de procureur-generaal bij de Hoge Raad. Voorts wordt een uittreksel van het exploot zo spoedig mogelijk bekend gemaakt in de Staatscourant onder vermelding van naam en kantooradres van de deurwaarder of van de advocaat van wie afschrift van het exploot kan worden verkregen.
(Zie ook: art. 27 BW Boek 3)

3. Gelijkelijk wordt gehandeld ten aanzien van rechtspersonen, bestaande of ontbonden, bij gebreke van kantoor, bestuurder of vereffenaar, of wanneer de bestuurder of vereffenaar geen bekend kantoor, bekende woonplaats of bekend werkelijk verblijf heeft.
(Zie ook: art. 27 BW Boek 3)

4. Indien het exploot niet een te voeren of aanhangige procedure betreft, geschiedt de betekening aan het parket van de ambtenaar van het openbaar ministerie bij de rechtbank binnen het rechtsgebied waarvan de verzoeker zijn woonplaats of, bij gebreke daarvan, zijn werkelijk verblijf heeft, terwijl een uittreksel van het exploot voorts bekend wordt gemaakt in de Staatscourant, onder vermelding van naam en kantooradres van de deurwaarder of van de advocaat van wie afschrift van het exploot kan worden verkregen. Heeft de verzoeker geen bekende woonplaats of bekend werkelijk verblijf in Nederland, dan geschiedt de betekening aan het parket van de ambtenaar van het openbaar ministerie bij de rechtbank Den Haag.

5. Indien het exploot ten verzoeke van de ene echtgenoot of geregistreerde partner aan de andere wordt gedaan, houdt het de naam van de raadsman van die andere echtgenoot of geregistreerde partner in, indien deze bekend is.

Art. 55

1. Ten aanzien van hen die geen bekende woonplaats of bekend werkelijk verblijf in Nederland hebben, maar van wie de woonplaats of het werkelijk verblijf buiten Nederland bekend is, geschiedt de betekening aan het parket van de ambtenaar van het openbaar ministerie, onderscheidenlijk de procureur-generaal, bedoeld in artikel 54, tweede en vierde lid, die een afschrift van het exploot ten behoeve van degene voor wie het bestemd is, toezendt aan het Ministerie van Buitenlandse Zaken of, indien de woonplaats of het werkelijk verblijf van de betrokkene zich in Aruba, Curaçao of Sint Maarten bevindt, aan het Kabinet van de Gevolmachtigd Minister van Aruba, Curaçao respectievelijk Sint Maarten in Nederland dan wel, indien de woonplaats of het werkelijk verblijf van de betrokkene zich in een van de openbare lichamen Bonaire, Sint Eustatius en Saba bevindt, aan Onze Minister van Justitie. Een tweede afschrift wordt door de deurwaarder per aangetekende brief onverwijld toegezonden aan de woonplaats of het werkelijk verblijf van de betrokkene.

2. Heeft degene voor wie het exploot bestemd is, een bekende woonplaats of een bekend werkelijk verblijf buiten Nederland in een Staat die partij is bij het op 15 november 1965 te 's-Gravenhage tot stand gekomen Verdrag inzake de betekening en de kennisgeving in het buitenland van gerechtelijke en buitengerechtelijke stukken in burgerlijke en in handelszaken (Trb. 1966, 91) en ontvangt deze het afschrift op een wijze die aldaar wordt aangemerkt als betekening in persoon, dan wordt het exploot geacht te zijn gedaan aan hem in persoon.

Erfgenamen

Woonplaats onbekend

Woonplaats buiten Nederland

B14 art. 56

Wetboek van Burgerlijke Rechtsvordering

Art. 56

Woonplaats in lidstaat EU

1. Voorzover nodig in afwijking van hetgeen elders in deze afdeling is bepaald, geschiedt de betekening ten aanzien van hen die geen bekende woonplaats of bekend werkelijk verblijf in Nederland hebben, maar wel een bekende woonplaats of bekend werkelijk verblijf hebben in een Staat waar de verordening (EG) nr. 1393/2007 van het Europees Parlement en de Raad van 13 november 2007 inzake de betekening en de kennisgeving in de lidstaten van gerechtelijke en buitengerechtelijke stukken in burgerlijke of in handelszaken («de betekening en de kennisgeving van stukken»), en tot intrekking van Verordening (EG) nr. 1348/2000 (PbEU L 324/79) van toepassing is, met inachtneming van het tweede tot en met vijfde lid.

2. Een deurwaarder die is aangewezen als verzendende instantie als bedoeld in artikel 2, eerste lid, van de verordening, verzendt een afschrift van het te betekenen stuk aan een ontvangende instantie als bedoeld in artikel 2, tweede lid, van de verordening ter betekening aan degene voor wie het stuk bestemd is. In plaats van een afschrift kan de deurwaarder ook een vertaling van het stuk verzenden in een taal als bedoeld in artikel 8, eerste lid, van de verordening. De gerechtsdeurwaarder maakt in het stuk melding van de verzending, alsmede van de volgende gegevens:

a. de datum van verzending;

b. de naam en het adres van de ontvangende instantie;

c. de wijze van verzending;

d. of een vertaling is verzonden en, zo ja, in welke taal;

e. de taal waarin het formulier als bedoeld in artikel 4, derde lid, van de verordening is ingevuld;

f. de gevraagde wijze van betekening.

3. Een deurwaarder die is aangewezen als verzendende instantie als bedoeld in artikel 2, eerste lid, van de verordening, mag een afschrift van het te betekenen stuk of een vertaling van het stuk als bedoeld in artikel 8, eerste lid, van de verordening, ook rechtstreeks verzenden aan degene voor wie het stuk bestemd is, overeenkomstig artikel 14 van de verordening. De gerechtsdeurwaarder maakt in het stuk melding van de verzending, alsmede van het volgende:

a. de datum van verzending;

b. de wijze van verzending;

c. of een vertaling is verzonden en zo ja, in welke taal;

d. de mededeling in een van de in artikel 8, eerste lid, van de verordening bedoelde talen, dat degene voor wie het stuk bestemd is, dit mag weigeren als het niet gesteld is in of niet vergezeld gaat van een vertaling in een van de in artikel 8, eerste lid, van de verordening bedoelde talen en dat geweigerde stukken naar hem moeten worden gezonden.

4. Wanneer de betekening binnen een bepaalde termijn moet worden verricht, wordt ten aanzien van degene op wiens verzoek de betekening geschiedt, de datum van verzending overeenkomstig het tweede of derde lid in aanmerking genomen als de datum van betekening.

5. Ontvangt degene voor wie het stuk bestemd is het afschrift of de vertaling op een wijze die in de desbetreffende Staat wordt aangemerkt als betekening in persoon, dan wordt het stuk geacht te zijn betekend aan hem in persoon.

(Zie ook: art. 55 Rv)

Art. 57

Huisgenoten

1. Ten aanzien van hem die met degene ten verzoeke van wie het exploot wordt gedaan de woning deelt, geschiedt de betekening aan hem in persoon.

2. Indien betekening in persoon niet kan geschieden, handelt de deurwaarder overeenkomstig artikel 47 en doet hij bovendien een afschrift van het exploot toekomen aan het parket van de ambtenaar van het openbaar ministerie bij het gerecht waarvoor de zaak moet dienen of dient, dan wel, indien het exploot niet een te voeren of aanhangige procedure betreft, bij de rechtbank binnen welker rechtsgebied de woning gelegen is. Indien de zaak dient of moet dienen bij de Hoge Raad, geschiedt de betekening aan het parket van de procureur-generaal bij de Hoge Raad. De ambtenaar van het openbaar ministerie, onderscheidenlijk de procureur-generaal, bevordert dat het exploot de betrokkene bereikt.

(Zie ook: art. 304 BW Boek 7)

Art. 58

Rederij

Ten aanzien van de eigenaar en ten aanzien van de leden dan wel de boekhouder van een rederij van een schip dat in de openbare registers, bedoeld in afdeling 2 van titel 1 van Boek 3 van het Burgerlijk Wetboek, te boek staat, indien het exploot het schip dan wel een in of krachtens Boek 8 van het Burgerlijk Wetboek geregeld onderwerp betreft, geschiedt de betekening aan de in artikel 194, zesde lid, of artikel 784, zevende lid, van Boek 8 genoemde woonplaats.

Art. 59

Opvarenden

Ten aanzien van de opvarenden van een schip die geen bekende woonplaats in Nederland hebben en die noch aan boord van dat schip, noch elders worden aangetroffen, geschiedt de betekening, indien het exploot het schip of een in of krachtens Boek 8 van het Burgerlijk Wetboek geregeld onderwerp betreft, aan boord aan de kapitein of de schipper van dat schip.

Wetboek van Burgerlijke Rechtsvordering **B14 art. 66**

Art. 60

Ten aanzien van de eigenaar van een luchtvaartuig dat in de openbare registers, bedoeld in afdeling 2 van titel 1 van Boek 3 van het Burgerlijk Wetboek, te boek staat, geschiedt de betekening, indien het exploot het luchtvaartuig dan wel een in of krachtens Boek 8 van het Burgerlijk Wetboek geregeld onderwerp betreft, aan de in artikel 1303, zesde lid, van Boek 8 van het Burgerlijk Wetboek genoemde woonplaats.

Luchtvaartuig

Art. 61

Ten aanzien van hen die verblijven in een gebouwde onroerende zaak of een gedeelte daarvan, indien het exploot een vordering tot ontruiming daarvan door anderen dan gebruikers of gewezen gebruikers krachtens een persoonlijk of zakelijk recht betreft, zonder dat de naam en de woonplaats van degenen voor wie het exploot is bestemd, alsmede de persoon aan wie afschrift wordt gelaten, worden vermeld, geschiedt de betekening op de wijze als vermeld in artikel 47, met dien verstande dat voor «aan de woonplaats» in het eerste lid van dat artikel wordt gelezen: ter plaatse, en dat degenen voor wie het exploot bestemd is, daarin en op de envelop waarin een afschrift wordt achtergelaten of ter post wordt bezorgd, worden aangeduid als: zij die verblijven in de desbetreffende onroerende zaak of een gedeelte daarvan. Voorts wordt een uittreksel van het exploot zo spoedig mogelijk bekend gemaakt in een landelijk dagblad of in een dagblad verschijnend in de streek waarin de onroerende zaak gelegen is, onder vermelding van naam en kantooradres van de deurwaarder of van de advocaat van wie afschrift van het exploot kan worden verkregen.

Onroerende zaak

Art. 62

Ten aanzien van hen die algemene voorwaarden gebruiken waarin bedingen voorkomen waarvan gesteld wordt dat zij onredelijk bezwarend zijn, geschiedt, indien ingevolge artikel 1003, onder 1°, hun naam en woonplaats niet afzonderlijk in het exploot worden vermeld, de betekening aan het parket van de procureur-generaal bij het gerecht waar de zaak aanhangig wordt gemaakt, is of laatstelijk was, terwijl een uittreksel van het exploot zo spoedig mogelijk bekend wordt gemaakt in een landelijk dagblad onder vermelding van naam en kantooradres van de deurwaarder of van de advocaat van wie afschrift van het exploot kan worden verkregen. *(Zie ook: art. 241 BW Boek 6)*

Onredelijk bezwarende bedingen

Art. 63

1. Een exploot waarbij verzet wordt gedaan of waarbij hoger beroep of beroep in cassatie wordt ingesteld, kan ook worden gedaan aan het kantoor van de advocaat of deurwaarder bij wie degene voor wie het exploot is bestemd, laatstelijk ter zake woonplaats heeft gekozen, ook indien deze een bekende woonplaats of bekend werkelijk verblijf heeft in een Staat waar de in artikel 56, eerste lid, bedoelde verordening van toepassing is. Deze advocaat of deurwaarder bevordert dat het exploot degene voor wie het is bestemd, tijdig bereikt.

Verzet, hoger beroep of beroep in cassatie

2. Aan een in verband met executie volgens wettelijk voorschrift gekozen woonplaats kunnen alle exploten worden gedaan, zelfs van verzet, hoger beroep en cassatie. *(Zie ook: artt. 74, 79, 80 Rv)*

Art. 64

1. Geen exploot mag worden gedaan tussen acht uur 's avonds en zeven uur 's ochtends.

Tijdstip van betekening

2. Evenmin mag een exploot worden gedaan op een zondag of een algemeen erkende feestdag. Indien de laatste dag van de termijn, waarbinnen het exploot kan worden gedaan, op een zondag of een algemeen erkende feestdag valt, kan het exploot de daarop volgende dag worden gedaan. *(Zie ook: art. 15 IW 1990)*

3. De voorzieningenrechter of, in kantonzaken, de kantonrechter van het gerecht, waarvoor bij dat exploot wordt gedagvaard of opgeroepen, en in alle andere gevallen de voorzieningenrechter van de rechtbank binnen het rechtsgebied waarvan het exploot wordt uitgebracht, kan, in afwijking van het eerste en tweede lid, verlof verlenen het exploot uit te brengen op alle dagen en uren.

(Zie ook: art. 438b Rv; art. 3 Atw)

Art. 65

Een exploot of akte van rechtspleging kan slechts nietig worden verklaard, indien dit exploot of deze akte lijdt aan een gebrek dat uitdrukkelijk met nietigheid is bedreigd of indien de nietigheid voortvloeit uit de aard van het gebrek.

Nietigheid

Art. 66

1. De niet-naleving van hetgeen in deze afdeling is voorgeschreven, brengt slechts nietigheid mee voor zover aannemelijk is dat degene voor wie het exploot is bestemd, door het gebrek onredelijk is benadeeld.

Onredelijke benadeling

2. Een gebrek in een exploot dat nietigheid meebrengt, kan, tenzij uit de wet anders voortvloeit, bij exploot worden hersteld. *(Zie ook: art. 120 Rv)*

B14 art. 67 **Wetboek van Burgerlijke Rechtsvordering**

Zevende afdeling
Inlichtingen over buitenlands recht en communautair mededingingsrecht

Art. 67

Inwinnen van inlichtingen **1.** Indien de rechter inlichtingen wil inwinnen overeenkomstig artikel 3 van de op 7 juni 1968 te Londen gesloten Europese Overeenkomst nopens het verstrekken van inlichtingen over buitenlands recht (Trb. 1968, 142) dan wel inlichtingen of advies wil vragen ingevolge artikel 15, eerste lid, van verordening (EG) nr. 1/2003 van de Raad van de Europese Unie van 16 december 2002 betreffende de uitvoering van de mededingingregels van de artikelen 81 en 82 van het Verdrag (PbEG 2003, L 1), doet hij aan partijen schriftelijk opgave van de te stellen vragen en de te verzenden stukken.

2. Partijen kunnen binnen een door de rechter te bepalen termijn schriftelijk hun mening omtrent de te stellen vragen en de te verzenden stukken geven.

3. De rechter stelt de inhoud van het verzoek om inlichtingen of advies in een tussenbeslissing vast. Voor zover het inlichtingen over buitenlands recht betreft, neemt hij artikel 4 van de Overeenkomst daarbij in acht.

4. Tegen deze tussenbeslissing staat geen voorziening open, voor zover het de inhoud van de te stellen vragen en de te verzenden stukken betreft.

5. Indien aan de rechter op grond van artikel 13 van de Overeenkomst aanvullende inlichtingen worden gevraagd, stelt hij partijen in de gelegenheid binnen een door hem te bepalen termijn schriftelijk op dit verzoek te reageren.

Art. 68

Afschrift **1.** De griffier zendt een afschrift van het antwoord op het verzoek om inlichtingen of van het advies aan partijen. Alsdan bepaalt de rechter de dag waarop de procedure wordt voortgezet.

2. Partijen kunnen binnen een door de rechter te bepalen termijn hun beschouwingen over het antwoord of het advies geven.

Achtste afdeling
Herstel van verkeerd inleiden van een procedure, verwijzing door of naar de kantonrechter en verwijzing bij absolute onbevoegdheid

Art. 69

Wisselbepaling; verkeerd procesinleidend stuk **1.** Indien een procedure met een verzoekschrift is ingeleid in plaats van met een dagvaarding of met een dagvaarding in plaats van met een verzoekschrift, beveelt de rechter, zo nodig, de aanlegger binnen een door de rechter te bepalen termijn op kosten van de aanlegger het stuk waarmee de procedure is ingeleid, te verbeteren of aan te vullen. De procedure is aanhangig vanaf de oorspronkelijke dag van indiening of dagvaarding.
(Zie ook: artt. 125, 278 Rv)

2. De rechter beveelt voorts, zo nodig met verwijzing naar een andere kamer, dat de procedure in de stand waarin zij zich bevindt wordt voortgezet volgens de regels die gelden voor de dagvaardingsprocedure respectievelijk de verzoekschriftprocedure.

3. Beveelt de rechter dat de procedure wordt voortgezet volgens de regels die gelden voor de dagvaardingsprocedure, dan bepaalt hij tevens een dag waarop de zaak op de rol zal komen. Heeft nog geen oproeping van de verweerder plaatsgevonden, dan beveelt hij dat deze dag door de aanlegger bij exploot aan de verweerder wordt aangezegd.

4. De rechter stelt partijen, zo nodig, in de gelegenheid hun stellingen aan de dan toepasselijke procesregels aan te passen.

5. Tegen een beslissing ingevolge het eerste, tweede, derde of vierde lid staat geen hogere voorziening open.

Art. 70

Wisselbepaling; verkeerde procedure **1.** Voor zover de rechter de eiser of verzoeker in zijn vordering of verzoek niet-ontvankelijk verklaart omdat bezwaar kon worden gemaakt, administratief beroep kon worden ingesteld of beroep bij een bestuursrechter kon worden ingesteld, wordt dit in het vonnis, het arrest of de beschikking vermeld.

2. Indien de niet-ontvankelijkheid voor de eiser of verzoeker onduidelijk kon zijn, vermeldt de rechter tevens in het vonnis, het arrest of de beschikking bij welk orgaan alsnog bezwaar kan worden gemaakt of alsnog beroep kan worden ingesteld. Het orgaan waarbij alsnog bezwaar kan worden gemaakt of alsnog beroep kan worden ingesteld, is aan die beslissing gebonden.

3. De termijn voor het alsnog indienen van het bezwaar- of beroepschrift vangt aan met ingang van de dag na die waarop het vonnis, het arrest of de beschikking onherroepelijk is geworden.
(Zie ook: art. 237 Rv; artt. 6:11, 8:71 Awb)

Art. 71

Verwijzing **1.** Moet een zaak, in behandeling bij de kantonrechter, verder worden behandeld en beslist door een kamer voor andere zaken dan kantonzaken, dan wordt de zaak daartoe op verlangen van een der partijen of ambtshalve naar een zodanige kamer verwezen.

Wetboek van Burgerlijke Rechtsvordering **B14 art. 77**

2. Moet een zaak, in behandeling bij een kamer voor andere zaken dan kantonzaken, verder worden behandeld en beslist door de kantonrechter, dan wordt de zaak daartoe op verlangen van een der partijen of ambtshalve verwezen naar een kamer voor kantonzaken.

3. De vraag of verwijzing nodig is beoordeelt de rechter, voor zover daarvoor het onderwerp van het geschil bepalend is, aan de hand van zijn voorlopig oordeel over het onderwerp van het geschil.

4. In de beslissing tot verwijzing vermeldt de rechter op welke wijze partijen in de procedure moeten verschijnen en, voor zover van toepassing, het griffierecht of het verhoogde griffierecht dat ingevolge artikel 8 van de Wet griffierechten burgerlijke zaken van partijen wordt geheven en binnen welke termijn dit griffierecht of dit verhoogde griffierecht betaald dient te worden. Artikel 111, tweede lid, aanhef en onderdeel k en onderdeel l, is van overeenkomstige toepassing. In het geval van een dagvaardingsprocedure vermeldt de rechter tevens een nieuwe roldatum en beveelt hij, indien tegen de gedaagde verstek is verleend, dat deze door de eiser bij exploot aan de gedaagde wordt aangezegd onder betekening van de beslissing tot verwijzing.

5. Tegen een verwijzing en tegen het achterwege laten van verwijzing staat geen voorziening open. De rechter naar wie de zaak is verwezen, is aan de verwijzing gebonden.

(Zie ook: art. 93 Rv; art. 3 WTBZ)

Art. 72

Indien een zaak niet behoort tot de absolute bevoegdheid van de rechter, verklaart deze zich, zo nodig ambtshalve, onbevoegd.

(Zie ook: artt. 73, 76 Rv)

Art. 73

Verklaart de rechter zich onbevoegd en is een andere gewone rechter wel bevoegd, dan verwijst hij de zaak naar deze rechter. Artikel 71, vierde lid, eerste zin, is van overeenkomstige toepassing.

Art. 74

1. Betreft de verwijzing een zaak die bij dagvaarding moet worden ingeleid, dan heeft iedere partij het recht de overige partijen bij exploot op te roepen tegen de dag waarop zij de zaak ter rolle wil doen dienen. Voor deze oproeping moeten de voor dagvaarding voorgeschreven termijnen in acht worden genomen. Het exploot kan ook worden gedaan aan het kantoor van de advocaat of deurwaarder bij wie degene voor wie het exploot bestemd is, laatstelijk ter zake woonplaats heeft gekozen. Deze advocaat of deurwaarder bevordert dat het exploot degene voor wie het is bestemd, tijdig bereikt.

2. Betreft de verwijzing een zaak die met een verzoekschrift moet worden ingeleid, dan zendt de griffier een afschrift van de beschikking aan de rechter naar wie de zaak is verwezen.

3. De procedure wordt, in de stand waarin zij zich bij de verwijzing bevindt, voortgezet voor de rechter naar wie de zaak is verwezen. Een lagere rechter is aan de verwijzing gebonden, een hogere rechter niet.

Art. 75

1. Tegen een arrest of beschikking waarbij de rechter zich onbevoegd verklaart en de zaak verwijst naar een lagere rechter, kan beroep in cassatie slechts worden ingesteld binnen acht weken, te rekenen van de dag van de uitspraak van het arrest of de beschikking.

2. Tegen een vonnis of beschikking waarbij de rechter zich onbevoegd verklaart en de zaak verwijst naar een hogere rechter, is geen hogere voorziening toegelaten.

(Zie ook: art. 110 Rv)

Art. 76

Indien de rechter in hoger beroep een vonnis of beschikking van een lagere rechter, waarbij deze zich onbevoegd had verklaard wegens ontbreken van rechtsmacht of in verband met een overeenkomst tot arbitrage, vernietigt, verwijst de rechter de zaak naar deze lagere rechter om op de hoofdzaak te worden beslist, tenzij partijen verklaren te verlangen dat de rechter in beroep de zaak aan zich houdt.

Negende afdeling
Slotbepaling

Art. 77

1. In alle procedures waarin de Koning als eiser of als verzoeker optreedt, wordt de zaak ingeleid en voortgezet ten name van en door een door hem aan te wijzen gemachtigde.

2. Alle procedures tegen de Koning worden voortgezet ten name van een door hem aan te wijzen gemachtigde. Betreft het een zaak die bij dagvaarding moet worden ingeleid, dan wordt, indien de gemachtigde niet in het geding opkomt en indien daartoe gronden zijn, het verstek verleend en vonnis gewezen ten name van de procureur-generaal bij de Hoge Raad.

(Zie ook: art. 111 Wet RO)

Absolute onbevoegdheid

Verwijzing

Oproepen bij exploot

Beroep in cassatie tegen verwijzing

Verwijzing naar lagere rechter

Koning als eiser of verzoeker

B14 art. 78 **Wetboek van Burgerlijke Rechtsvordering**

Tweede titel
De dagvaardingsprocedure in eerste aanleg

Eerste afdeling
Algemene bepalingen

Art. 78

Toepassingsgebied **1.** Deze titel is van toepassing op alle zaken waarop niet ingevolge artikel 261 de derde titel van toepassing is, en voor zover daarop niet een andere, bijzondere wettelijke regeling van toepassing is.
(Zie ook: art. 261 Rv)
2. De zaken, bedoeld in het eerste lid, worden elders in dit wetboek aangeduid als: zaken die bij dagvaarding moeten worden ingeleid.
(Zie ook: art. 111 Rv)

Art. 79

In persoon verschijnen **1.** Partijen kunnen in zaken voor de kantonrechter in persoon procederen.
(Zie ook: artt. 80, 81 Rv; art. 38 Wet RO)
Procederen bij advocaat **2.** In alle overige zaken kunnen partijen niet in persoon procederen, maar slechts bij advocaat. Zij worden geacht tot aan het eindvonnis bij de gestelde advocaat woonplaats te hebben gekozen, tenzij zij hebben verklaard een andere woonplaats te hebben gekozen. Zij kunnen de door hen gestelde advocaat niet herroepen zonder tevens een andere advocaat te stellen.
(Zie ook: artt. 82, 83, 84 Rv)

Art. 80

Gemachtigde **1.** In zaken waarin partijen in persoon kunnen procederen, kunnen zij zich laten bijstaan of zich door een gemachtigde laten vertegenwoordigen.
2. De kantonrechter kan van een gemachtigde overlegging van een schriftelijke volmacht verlangen.
3. Het tweede lid is niet van toepassing op advocaten en deurwaarders.
4. Partijen worden geacht tot aan het eindvonnis bij de gemachtigde woonplaats te hebben gekozen, tenzij zij hebben verklaard een andere woonplaats te hebben gekozen.
(Zie ook: art. 8:24 Awb)

Art. 81

Weigeren gemachtigde **1.** De kantonrechter kan bij met redenen omklede beschikking bijstand of vertegenwoordiging door een persoon tegen wie ernstige bezwaren bestaan en die geen advocaat of deurwaarder is, weigeren. De weigering geldt voor een bepaalde zaak of voor een door de kantonrechter te bepalen tijd.
2. De weigering wordt aan de desbetreffende partij en aan de in het eerste lid bedoelde persoon schriftelijk meegedeeld met vermelding van de reden van de weigering. Tevens stelt de kantonrechter de partij in de gelegenheid een andere persoon aan te wijzen. Daartoe houdt hij de zaak zo nodig aan.
3. De kantonrechter kan bepalen dat een beschikking, op grond van het eerste lid gegeven, uitvoerbaar bij voorraad is.
4. De persoon die is geweigerd, kan binnen vier weken na de verzending van de beschikking in beroep komen bij het gerechtshof.
5. Het gerechtshof beslist na de betrokken kantonrechter te hebben uitgenodigd de nodige inlichtingen te verstrekken en na de appellant te hebben gehoord.

Art. 82

Conclusies en akten **1.** In zaken waarin partijen in persoon kunnen procederen, worden conclusies en akten genomen ter terechtzitting, dan wel door indiening ter griffie vóór de roldatum.
2. In deze zaken kunnen conclusies en akten ook mondeling ter terechtzitting worden genomen.
3. In zaken waarin partijen niet in persoon kunnen procederen, worden, indien op de roldatum een terechtzitting plaatsvindt, conclusies en akten ter terechtzitting genomen. Indien niet een terechtzitting plaatsvindt, worden conclusies en akten op de roldatum genomen door indiening ter griffie vóór of op de roldatum.

Art. 83

Ondertekening **1.** In zaken waarin partijen in persoon kunnen procederen, worden de conclusies en akten, wanneer zij niet mondeling worden genomen, ondertekend door de partij van wie het stuk afkomstig is of door haar gemachtigde.
2. In zaken waarin partijen niet in persoon kunnen procederen, worden deze stukken ondertekend door de advocaat.
(Zie ook: art. 84 Rv)

Art. 84

Afschrift **1.** Conclusies en akten worden, wanneer zij ter zitting worden genomen, aan de griffier verstrekt.
(Zie ook: art. 82 Rv)

2. In zaken waarin partijen in persoon kunnen procederen, zendt de griffier zo spoedig mogelijk een afschrift van deze stukken aan de wederpartij, voor zover dit afschrift niet reeds aan haar of aan haar gemachtigde ter zitting is overhandigd.

3. Indien mondeling is geconcludeerd zonder dat de wederpartij of haar gemachtigde daarbij aanwezig was, zendt de griffier een weergave van de zakelijke inhoud van de conclusie aan de wederpartij of aan haar gemachtigde.

4. In zaken waarin partijen niet in persoon kunnen procederen, doet de advocaat uiterlijk op de roldatum een afschrift van deze stukken aan de advocaat van de wederpartij toekomen.

Art. 85

1. Indien een partij zich bij dagvaarding, conclusie of akte op enig stuk beroept, is zij verplicht een afschrift van het stuk bij te voegen, tenzij een afschrift reeds bij een eerder processtuk in dezelfde zaak was gevoegd. De in de vorige volzin bedoelde verplichting vervalt indien de wederpartij verklaart geen afschrift te verlangen.

Verplichting tot bijvoegen afschrift

2. Indien de wederpartij verklaart inzage in het stuk zelf te verlangen, is de partij die zich op het stuk beroept bovendien verplicht dit ter griffie te deponeren. In zaken waarin partijen niet in persoon kunnen procederen, kan in plaats daarvan het stuk aan de advocaat van de wederpartij tegen ontvangstbewijs worden afgegeven.

3. Indien een partij nog enig stuk in het geding wenst te brengen nadat de dag voor een verschijning van partijen ter terechtzitting of het houden van pleidooien is bepaald, zendt zij een afschrift aan de wederpartij. Tegelijkertijd verstrekt zij een afschrift van het stuk aan de griffier.

4. Indien ten aanzien van enig stuk aan enig voorschrift van dit artikel of van artikel 87, zesde lid niet is voldaan, of dermate laat dat de wederpartij dientengevolge niet voldoende in staat is zich daarover uit te laten, kan zij zich daarop tot aan het eindvonnis beroepen. In dat geval of indien zodanig beroep niet wordt gedaan, terwijl de rechter reden heeft om te veronderstellen dat de wederpartij geen afschrift van het stuk heeft ontvangen, biedt hij de wederpartij de gelegenheid zich alsnog over het stuk uit te laten, dan wel houdt hij bij zijn beslissing ten nadele van de wederpartij met het stuk geen rekening.

(Zie ook: art. 19 Rv)

Art. 86

De in artikel 85, tweede lid, bedoelde stukken worden teruggegeven binnen een week na dagtekening van het ontvangstbewijs of, op verlangen van de partij die zich op de stukken beroept, binnen een week na de kennisgeving aan de wederpartij dat de stukken ter griffie zijn gedeponeerd.

Teruggave

Art. 87

1. De rechter kan, op verzoek van partijen of van een van hen dan wel ambtshalve, in alle gevallen en in elke stand van het geding een mondelinge behandeling bevelen.

Mondelinge behandeling

2. Tijdens de mondelinge behandeling stelt de rechter partijen in de gelegenheid hun stellingen toe te lichten en kan de rechter:

Mondelinge behandeling, onderwerpen

a. partijen verzoeken hem inlichtingen te geven,

b. partijen gelegenheid geven hun stellingen nader te onderbouwen,

c. een schikking beproeven,

d. met partijen overleggen hoe het vervolg van de procedure zal verlopen, en

e. die aanwijzingen geven of die proceshandelingen bevelen die hij geraden acht, voor zover de rechter dit in overeenstemming acht met de eisen van een goede procesorde.

3. Met voorafgaande toestemming van de rechter kunnen tijdens de mondelinge behandeling getuigen en partijdeskundigen worden gehoord. De negende afdeling van de tweede titel is van overeenkomstige toepassing, onverminderd artikel 284, eerste lid.

4. Voor zover mogelijk bericht de griffier partijen tevoren over het doel van de mondelinge behandeling.

5. Partijen verschijnen op de mondelinge behandeling in persoon of bij gemachtigde. In zaken waarin zij niet in persoon kunnen procederen, verschijnen zij bij advocaat. De rechter kan verschijning in persoon bevelen. Partijen die op de mondelinge behandeling in persoon verschijnen, mogen zich laten bijstaan door hun gemachtigde. In zaken waarin partijen niet in persoon kunnen procederen, is de gemachtigde een advocaat.

6. Onverminderd artikel 85, worden processtukken en andere stukken zoveel mogelijk onmiddellijk bij dagvaarding dan wel conclusie van antwoord en tot uiterlijk tien dagen voor de mondelinge behandeling in het geding gebracht, tenzij de wet een andere termijn voorschrijft. Stukken die na die termijn of ter zitting in het geding worden gebracht, worden door de rechter buiten beschouwing gelaten, tenzij de goede procesorde zich daartegen verzet.

7. Indien met het oog op de mondelinge behandeling een bevel als bedoeld in artikel 22 wordt gegeven, moeten de stukken uiterlijk op een door de rechter te bepalen dag vóór de datum van de mondelinge behandeling zijn ingediend en aan de wederpartij ter beschikking zijn gesteld.

8. Heeft geen mondelinge behandeling plaatsgevonden, dan biedt de rechter voordat hij over de zaak beslist, aan partijen desverlangd gelegenheid hun standpunt mondeling uiteen te zetten.

B14 art. 88 Wetboek van Burgerlijke Rechtsvordering

Art. 88

Mondelinge behandeling, ondervraging en stellen van vragen

1. Tijdens de mondelinge behandeling ondervraagt de rechter partijen. Partijen kunnen elkaar vragen stellen, behoudens de bevoegdheid van de rechter om te beletten dat aan een bepaalde vraag gevolg wordt gegeven.

2. Een verklaring omtrent door haar te bewijzen feiten kan in het voordeel van de partij die haar aflegde geen bewijs opleveren. Overigens kan de rechter uit de afgelegde verklaringen, uit een niet-verschijnen op de mondelinge behandeling of uit een weigering om te antwoorden of het proces-verbaal te ondertekenen de gevolgtrekking maken die hij geraden acht, behoudens artikel 154.

Art. 89

Schikking tijdens mondelinge behandeling

1. Indien een schikking tot stand komt, eindigt de procedure. Van de zitting waarop een schikking is bereikt, wordt een proces-verbaal opgemaakt, dat door de rechter en partijen of hun tot dat doel bijzonder gevolmachtigden wordt ondertekend en waarin de verbintenissen die partijen ten gevolge van die schikking op zich nemen, worden neergelegd. De uitgifte van dit proces-verbaal geschiedt in executoriale vorm.

Geen schikking tijdens mondelinge behandeling

2. Indien geen schikking tot stand komt, bepaalt de rechter de dag waarop de zaak weer op de rol zal komen.

Art. 90

Proces-verbaal van mondelinge behandeling

1. De rechter maakt van de mondelinge behandeling proces-verbaal op:

a. indien hij dit ambtshalve of op verzoek van een partij die daarbij belang heeft, bepaalt, of

b. op verzoek van de hogerberoepsrechter of de Hoge Raad.

2. Het proces-verbaal bevat ten minste de namen van de rechter of de rechters die de zaak behandelt onderscheidenlijk behandelen, die van partijen en van hun vertegenwoordigers of gemachtigden die op de mondelinge behandeling zijn verschenen, en die van de getuigen, deskundigen en tolken die op de mondelinge behandeling zijn verschenen.

3. Het proces-verbaal houdt een zakelijke samenvatting in van het verhandelde ter zitting.

4. De rechter kan bepalen dat de verklaring van een partij, getuige of deskundige geheel in het proces-verbaal zal worden opgenomen. In dat geval wordt de verklaring onverwijld op schrift gesteld en aan de partij, getuige of deskundige voorgehouden. Deze mag daarin wijzigingen aanbrengen, die op schrift worden gesteld en aan de partij, getuige of deskundige worden voorgelezen. De verklaring wordt door de partij, getuige of deskundige ondertekend. Heeft ondertekening niet plaats, dan wordt de reden daarvan in het proces-verbaal vermeld.

5. Het proces-verbaal wordt door de rechter ondertekend. Bij verhindering van de rechter wordt dit in het proces-verbaal vermeld.

6. De griffier verstrekt zo spoedig mogelijk een afschrift van het proces-verbaal aan de eiser en de in het geding verschenen gedaagde.

7. De rechter kan bepalen dat het proces-verbaal, bedoeld in het eerste lid en derde lid, wordt vervangen door een door of namens hem gemaakte beeld- of geluidsopname. In dat geval kan de hogerberoepsrechter of de Hoge Raad alsnog verzoeken om een schriftelijke weergave van het proces-verbaal.

8. Bij of krachtens algemene maatregel van bestuur kunnen nadere regels worden gesteld over de toepassing van beeld- en geluidsopnamen.

Art. 91

Hervatting procedure na mondelinge behandeling

1. In alle gevallen waarin de rechter een dag bepaalt waarop de zaak weer op de rol zal komen, bepaalt hij tevens welke proceshandeling dan moet worden verricht.

2. Dient een zaak in enige stand van het geding wederom voor een proceshandeling ter rolle, dan geschiedt dit bij een enkelvoudige kamer.

Art. 92

Verzending per brief

Indien de griffier aan partijen stukken toezendt, geschiedt dit, tenzij de rechter anders bepaalt, bij gewone brief.

Tweede afdeling
Kantonzaken

Art. 93

Competentie

Door de kantonrechter worden behandeld en beslist:

a. zaken betreffende vorderingen met een beloop van ten hoogste € 25.000, de tot aan de dag van dagvaarding verschenen rente daarbij inbegrepen, tenzij de rechtstitel dat bedrag te boven gaat en die rechtstitel wordt betwist;

b. zaken betreffende vorderingen van onbepaalde waarde, indien er duidelijke aanwijzingen bestaan dat de vordering geen hogere waarde vertegenwoordigt dan € 25.000;

c. zaken betreffende een arbeidsovereenkomst, een collectieve arbeidsovereenkomst, algemeen verbindend verklaarde bepalingen van een collectieve arbeidsovereenkomst, een vut-overeenkomst als bedoeld in de Wet kaderregeling vut overheidspersoneel, een agentuur-, huur- of consumentenkoopovereenkomst, een overeenkomst van consumentenkrediet als bedoeld in

artikel 57 van Boek 7 van het Burgerlijk Wetboek of van goederenkrediet als bedoeld in artikel 84 van Boek 7 van het Burgerlijk Wetboek, telkens ongeacht het beloop of de waarde van de vordering;
d. andere zaken ten aanzien waarvan de wet dit bepaalt.
(Zie ook: art. 332 Rv; art. 27 HW)

Art. 94

1. Indien een zaak meer dan één vordering als bedoeld in artikel 93 onder a en b betreft, is voor de toepassing van dat artikel beslissend het totale beloop of de totale waarde van deze vorderingen.

2. Indien een zaak meer vorderingen betreft en tenminste één daarvan een vordering is als bedoeld in artikel 93 onder c of d, worden deze vorderingen alle door de kantonrechter behandeld en beslist, voor zover de samenhang tussen de vorderingen zich tegen afzonderlijke behandeling verzet.

3. In het geval van zaken in conventie en in reconventie, waarvan er tenminste één een vordering betreft als bedoeld in artikel 93 onder c of d, is het tweede lid van overeenkomstige toepassing.

4. In het geval van een hoofdzaak en een zaak in vrijwaring, waarvan er tenminste één een vordering betreft als bedoeld in artikel 93 onder c of d, worden deze vorderingen alle door de kantonrechter behandeld en beslist.

(Zie ook: artt. 20, 97 Rv)

Art. 95

Voor de toepassing van de artikelen 93 en 94 wordt mede gelet op een wijziging van de eis. *(Zie ook: art. 71 Rv)*

Art. 96

1. In alle zaken die slechts rechtsgevolgen betreffen die ter vrije bepaling van partijen staan, kunnen zij zich samen tot een kantonrechter van hun keuze wenden en zijn beslissing inroepen. Het geding wordt gevoerd op de wijze als door de kantonrechter bepaald.
(Zie ook: artt. 79, 329, 333, 355, 1019q, 1020 Rv; art. 43 Wet RO)

2. Indien slechts een van partijen zich tot de kantonrechter wendt voor toepassing van het eerste lid, wordt aan haar keuze slechts gevolg gegeven indien alle andere partijen de kantonrechter berichten dat zij instemmen met deze keuze.

Art. 97

1. Buiten de gevallen als bedoeld in artikel 94, derde lid, wordt een zaak in reconventie ook in afwijking van de artikelen 93 tot en met 96 behandeld en beslist door de rechter die de zaak in conventie behandelt en beslist, voor zover de samenhang tussen de vorderingen zich tegen afzonderlijke behandeling verzet.
(Zie ook: art. 1019q Rv)

2. Buiten de gevallen als bedoeld in artikel 94, vierde lid, wordt een zaak in vrijwaring ook in afwijking van de artikelen 93 tot en met 96 behandeld en beslist door de rechter die de hoofdzaak behandelt en beslist.

Art. 98

Indien de kantonrechter in de gevallen, bedoeld in de artikelen 94, tweede tot en met vierde lid, en 97, eerste lid, van oordeel is dat de zaak ongeschikt is voor behandeling en beslissing door één rechter, kan hij de zaak met toepassing van artikel 15, tweede lid, verwijzen naar een meervoudige kamer voor andere zaken dan kantonzaken.

Derde afdeling
Relatieve bevoegdheid

Art. 99

1. Tenzij de wet anders bepaalt, is bevoegd de rechter van de woonplaats van de gedaagde.

2. Bij gebreke van een bekende woonplaats van de gedaagde in Nederland is bevoegd de rechter van zijn werkelijk verblijf.
(Zie ook: art. 2 Rv; art. 10 BW Boek 1)

Art. 100

In zaken betreffende een individuele arbeidsovereenkomst, een agentuurovereenkomst, een collectieve arbeidsovereenkomst of algemeen verbindend verklaarde bepalingen van een collectieve arbeidsovereenkomst is mede bevoegd de rechter van de plaats waar de arbeid gewoonlijk wordt of laatstelijk gewoonlijk werd verricht. In zaken betreffende een individuele arbeidsovereenkomst is, indien de arbeid tijdelijk in Nederland wordt verricht, mede bevoegd de rechter van de plaats waar de werknemer de arbeid tijdelijk verricht, voorzover het betreft een rechtsvordering met betrekking tot arbeidsvoorwaarden en arbeidsomstandigheden, welke is gegrond op artikel 2 van de Wet arbeidsvoorwaarden gedetacheerde werknemers in de Europese Unie, artikel 7, 7a, 13 of 15 van de Wet minimumloon en minimumvakantiebijslag, artikel 2a van de Wet op het algemeen verbindend en het onverbindend verklaren van bepalingen van collectieve arbeidsovereenkomsten, artikel 8, artikel 8a of 11 van de Wet allocatie arbeidskrachten door

B14 art. 101 **Wetboek van Burgerlijke Rechtsvordering**

intermediairs, alsmede artikel 5, eerste lid, onder b, d, e, of f, van de Algemene wet gelijke behandeling.
(Zie ook: art. 93 Rv)

Art. 101

Overeenkomst tussen ongelijke partijen In zaken betreffende een overeenkomst die wordt gesloten door een partij die handelt in de uitoefening van een beroep of bedrijf en een natuurlijk persoon die niet handelt in de uitoefening van een beroep of bedrijf, is mede bevoegd de rechter van de woonplaats of, bij gebreke daarvan, van het werkelijk verblijf van die natuurlijke persoon.
(Zie ook: art. 5 BW Boek 7; art. 13 Uw EEX)

Art. 102

Verbintenissen uit onrechtmatige daad In zaken betreffende verbintenissen uit onrechtmatige daad is mede bevoegd de rechter van de plaats waar het schadebrengende feit zich heeft voorgedaan.
(Zie ook: artt. 6, 1091a Rv; art. 5 Uw EEX; art. 5 LUGA)

Art. 103

Onroerende zaken In zaken betreffende onroerende zaken is mede bevoegd de rechter binnen wiens rechtsgebied de zaak of het grootste gedeelte daarvan is gelegen. In zaken betreffende huur van woonruimte of huur van bedrijfsruimte in de zin van artikel 290 van Boek 7 van het Burgerlijk Wetboek is echter uitsluitend bevoegd de rechter binnen wiens rechtsgebied het gehuurde of het grootste gedeelte daarvan is gelegen.
(Zie ook: artt. 6, 518, 520 Rv; art. 22 EG-exV; art. 16 Uw EEX; art. 16 LUGA)

Art. 104

Nalatenschappen 1. In zaken betreffende nalatenschappen is mede bevoegd de rechter van de laatste woonplaats van de overledene.
2. In zaken betreffende schuldvorderingen ten laste van de overledene is de in het eerste lid aangewezen rechter eveneens bevoegd.
(Zie ook: artt. 6, 268 Rv)

Art. 105

Vennootschappen of rechtspersonen In zaken betreffende de geldigheid, de nietigheid of de ontbinding van vennootschappen of rechtspersonen, de geldigheid, nietigheid of rechtsgevolgen van hun besluiten of die van hun organen dan wel de rechten en verplichtingen van hun leden of vennoten als zodanig, is mede bevoegd de rechter van de woonplaats of de plaats van vestiging van de rechtspersoon of de vennootschap.
(Zie ook: art. 6 Rv; art. 15 BW Boek 2)

Art. 106

Faillissement, surséance van betaling en schuldsaneringsregelingen In zaken betreffende de toepassing van de wettelijke bepalingen inzake faillissement, surséance van betaling en schuldsaneringsregeling natuurlijke personen is mede bevoegd de rechtbank waaruit de rechter-commissaris is benoemd of, indien in geval van surséance geen rechter-commissaris is benoemd, de rechtbank die over het verzoek tot het verlenen van surséance heeft geoordeeld.
(Zie ook: art. 6 Rv)

Art. 107

Gezamenlijke behandeling Indien een rechter ten aanzien van een van de gezamenlijk in het geding betrokken gedaagden bevoegd is, is die rechter ook ten aanzien van de overige gedaagden bevoegd, mits tussen de vorderingen tegen de onderscheiden gedaagden een zodanige samenhang bestaat, dat redenen van doelmatigheid een gezamenlijke behandeling rechtvaardigen.
(Zie ook: art. 7 Rv)

Art. 108

Forumkeuze 1. Hebben partijen bij overeenkomst een rechter aangewezen voor de kennisneming van geschillen die zijn ontstaan of zullen ontstaan naar aanleiding van een bepaalde rechtsbetrekking die tot hun vrije bepaling staat, dan is die rechter bij uitsluiting bevoegd van de zaak kennis te nemen, voorzover niet uit de overeenkomst anders voortvloeit.
2. Beloopt de vordering evenwel ten hoogste € 25.000 of betreft het een individuele arbeidsovereenkomst dan wel een zaak als bedoeld in artikel 101 of artikel 103, tweede zin, dan heeft een overeenkomst als bedoeld in het eerste lid geen gevolg, tenzij:
a. zij is aangegaan na het ontstaan van het geschil, of
b. de werknemer, de partij die niet handelt in de uitoefening van beroep of bedrijf dan wel de huurder zich tot de aangewezen rechter wendt.
3. Een overeenkomst tot aanwijzing van een bevoegde rechter wordt bewezen door een geschrift. Daarvoor is voldoende een geschrift dat een dergelijk beding bevat of dat verwijst naar algemene voorwaarden die een dergelijk beding bevatten, mits dat geschrift door of namens de wederpartij uitdrukkelijk of stilzwijgend is aanvaard.
4. Een overeenkomst tot aanwijzing van een bevoegde rechter dient als een afzonderlijke overeenkomst te worden beschouwd en beoordeeld. De aangewezen rechter is bevoegd te

oordelen over de rechtsgeldigheid van de hoofdovereenkomst waarvan een overeenkomst tot aanwijzing van een bevoegde rechter deel uitmaakt of waarop zij betrekking heeft.
(Zie ook: art. 8 Rv; art. 23 EG-exV; art. 17 Uw EEX; art. 17 LUGA)

Art. 108a

[Vervallen]

Art. 109

Wijzen de artikelen 99 tot en met 108 geen bevoegde rechter aan, dan is bevoegd de rechter van de woonplaats van de eiser dan wel, indien er meer eisers zijn, elk van de eisers of, bij gebreke daarvan, de rechter te 's-Gravenhage .
(Zie ook: art. 269 Rv)

Bevoegde rechter

Art. 110

1. Het verweer dat de rechter niet relatief bevoegd is, wordt op straffe van verval van het recht daartoe gevoerd vóór alle weren ten gronde. In zaken waarin de vordering ten hoogste € 25.000 beloopt, zaken betreffende een individuele arbeidsovereenkomst en zaken als bedoeld in artikel 101 en 103, tweede zin, beoordeelt de rechter ook zonder daartoe strekkend verweer of hij relatief bevoegd is.
(Zie ook: artt. 11, 270, 1052 Rv)

Exceptie relatieve onbevoegdheid

2. Indien de rechter beslist dat niet hij, maar een andere rechter relatief bevoegd is, verwijst hij de zaak naar deze rechter. Artikel 74, eerste lid en derde lid, eerste zin, zijn van toepassing.
(Zie ook: art. 72 Rv)

3. Tegen een vonnis waarbij een verweer als bedoeld in het eerste lid wordt verworpen of de zaak naar een andere rechter wordt verwezen, is geen hogere voorziening toegelaten. De rechter naar wie de zaak is verwezen, is aan de verwijzing gebonden. De vorige zin mist toepassing indien de rechter zich tevens absoluut onbevoegd verklaart en de zaak verwijst naar een hogere rechter.

Vierde afdeling
Dagvaarding

Art. 111

1. Dagvaarding geschiedt bij exploot.
(Zie ook: artt. 45, 66 Rv)

Verplichte gegevens in de dagvaarding

2. Naast de gegevens bedoeld in artikel 45, derde lid, vermeldt het exploot van dagvaarding:
a. de door eiser gekozen woonplaats in Nederland;
b. in zaken waarin partijen in persoon kunnen procederen, indien de eiser bij gemachtigde procedeert, de naam en het adres van de gemachtigde;
c. in zaken waarin partijen niet in persoon kunnen procederen, de naam en het kantooradres van de advocaat die door de eiser wordt gesteld;
d. de eis en de gronden daarvan;
e. de aanwijzing van de rechter die van de zaak kennisneemt, onder vermelding van het adres van de zittingsplaats waar de zaak moet worden behandeld alsmede, indien de zaak moet worden behandeld in een zittingsplaats waar geen stukken kunnen worden ingediend, het adres waar stukken kunnen worden ingediend;
f. de roldatum waartegen wordt gedagvaard en, indien alsdan een terechtzitting plaatsvindt, het uur daarvan;
g. in zaken waarin partijen in persoon kunnen procederen: de wijze waarop de gedaagde in het geding moet verschijnen, te weten in persoon of vertegenwoordigd door een gemachtigde en de wijze waarop de gedaagde kan antwoorden, zoals bepaald in artikel 82, eerste en tweede lid;
h. in zaken waarin partijen niet in persoon kunnen procederen: de wijze waarop de gedaagde in het geding moet verschijnen, te weten vertegenwoordigd door een advocaat;
i. de in artikel 139 genoemde rechtsgevolgen die intreden indien de gedaagde niet op de voorgeschreven wijze in het geding verschijnt of, behalve in kantonzaken of zaken in kort geding, het door zijn verschijning verschuldigde griffierecht niet tijdig voldoet;
(Zie ook: art. 139 Rv)
j. indien er meer gedaagden zijn, het in artikel 140, derde lid, genoemde rechtsgevolg dat intreedt indien niet alle gedaagden op de voorgeschreven wijze in het geding verschijnen;
k. de mededeling of van gedaagde bij verschijning in de procedure griffierecht zal worden geheven en binnen welke termijn dit griffierecht betaald dient te worden met verwijzing naar een vindplaats van de meest recente bijlage behorende bij de Wet griffierechten burgerlijke zaken waarin de hoogte van de griffierechten staan vermeld. Hierbij wordt vermeld dat van een persoon die onvermogend is, een bij of krachtens de wet vastgesteld griffierecht voor onvermogenden wordt geheven, indien hij op het tijdstip waarop het griffierecht wordt geheven, heeft overgelegd:
1°. een afschrift van het besluit tot toevoeging, bedoeld in artikel 29 van de Wet op de rechtsbijstand, of indien dit niet mogelijk is ten gevolge van omstandigheden die redelijkerwijs niet

B14 art. 114 **Wetboek van Burgerlijke Rechtsvordering**

aan hem zijn toe te rekenen, een afschrift van de aanvraag als bedoeld in artikel 24, tweede lid, van de Wet op de Rechtsbijstand, dan wel

2°. een verklaring van het bestuur van de raad voor rechtsbijstand als bedoeld in artikel 7, derde lid, onderdeel e, van de Wet op de rechtsbijstand waaruit blijkt dat zijn inkomen niet meer bedraagt dan de inkomens, bedoeld in de algemene maatregel van bestuur krachtens artikel 35, tweede lid, van die wet;

l. indien het exploot van dagvaarding een zaak betreft waarbij meerdere gedaagden zijn betrokken, de mededeling dat van partijen die bij dezelfde advocaat verschijnen en gelijkluidende conclusies nemen of gelijkluidend verweer voeren, op basis van artikel 15 van de Wet griffierechten burgerlijke zaken slechts eenmaal een gezamenlijk griffierecht wordt geheven.

3. Het exploot van dagvaarding vermeldt de door gedaagde tegen de eis aangevoerde verweren en de gronden daarvoor. Verder vermeldt het exploot de bewijsmiddelen waarover eiser kan beschikken en de getuigen die hij kan doen horen ter staving van de aldus betwiste gronden van de eis.

(Zie ook: art. 120 Rv)

Art. 112-113

[Vervallen]

Art. 114

Termijn De gewone termijn van dagvaarding is ten minste een week. *(Zie ook: art. 119 Rv)*

Art. 115

Overige termijnen dagvaarding **1.** Indien de gedaagde een bekende woonplaats of een bekend werkelijk verblijf buiten Nederland heeft in een Staat waar de in artikel 56, eerste lid, bedoelde verordening van toepassing is, of in een Staat die in Europa is gelegen en die partij is bij het op 15 november 1965 te 's-Gravenhage tot stand gekomen Verdrag inzake de betekening en de kennisgeving in het buitenland van gerechtelijke en buitengerechtelijke stukken in burgerlijke en in handelszaken (Trb. 1966, 91), is de termijn van dagvaarding ten minste vier weken.

(Zie ook: art. 5 FW)

2. Indien de gedaagde noch in Nederland, noch in een Staat als bedoeld in het eerste lid, een bekende woonplaats of een bekend werkelijk verblijf heeft, is de termijn van dagvaarding ten minste drie maanden.

3. Indien de gedaagde in Nederland geen bekende woonplaats of bekend werkelijk verblijf heeft, is de termijn van dagvaarding in afwijking van het eerste en tweede lid ten minste een week, indien het exploot in Nederland wordt gedaan aan de gedaagde in persoon, dan wel aan een door de gedaagde voor deze zaak gekozen woonplaats.

(Zie ook: art. 55 Rv)

Art. 116

Termijn van dagvaarding voor houders van aandelen welke niet op naam staan **1.** Indien in rechte worden opgeroepen houders van aandelen of andere effecten welke niet op naam staan of waarvan de houders niet bij name bekend zijn, is de termijn van dagvaarding ten minste vier weken.

2. Deze termijn geldt eveneens indien in rechte worden opgeroepen zij die algemene voorwaarden gebruiken waarin bedingen voorkomen waarvan gesteld wordt dat zij onredelijk bezwarend zijn, in het geval dat ingevolge artikel 1003, onder 1°, hun naam en woonplaats niet afzonderlijk in het exploot worden vermeld.

(Zie ook: art. 1003 Rv; artt. 231, 233, 240 BW Boek 6)

Art. 117

Verkorting van de termijnen De in de artikelen 114, 115 en 116 genoemde termijnen kunnen op mondeling of schriftelijk verzoek van de eiser door de voorzieningenrechter of, in kantonzaken, de kantonrechter, zo nodig onder het stellen van voorwaarden, worden verkort. De beschikking wordt vermeld aan het hoofd van het exploot van dagvaarding.

(Zie ook: art. 1019q Rv)

Art. 118

Oproeping van derden **1.** Oproepingen van derden als partij in het geding geschieden met inachtneming van de voor dagvaarding geldende termijnen. Indien de oproeping niet geschiedt bij hetzelfde exploot waarmee de gedaagde is gedagvaard, wordt het exploot, waarmee de gedaagde is gedagvaard, met de oproeping aan de derde betekend. Artikel 111, tweede lid, aanhef en onderdelen g, h, i, j en k, zijn van overeenkomstige toepassing.

(Zie ook: art. 140 Rv)

2. Artikel 128, tweede, zesde en zevende lid, is van overeenkomstige toepassing.

Art. 119

Aanvang van de termijn **1.** De termijn van dagvaarding vangt aan op de dag, volgend op die waarop het exploot is uitgebracht. Wordt de dagvaarding gedaan met toepassing van artikel 56, dan vangt de termijn van dagvaarding aan op de dag, volgend op de datum van verzending als bedoeld in het tweede lid, onder a, van dat artikel.

2. Bij het bepalen van de termijn van dagvaarding wordt de roldatum niet meegerekend.

Art. 120

1. Al hetgeen in deze afdeling is voorgeschreven, wordt op straffe van nietigheid in acht genomen.

2. Een gebrek in een exploot van dagvaarding dat nietigheid meebrengt, kan bij exploot, uitgebracht voor de roldatum, worden hersteld.

3. Bij het uitbrengen van dat exploot moet de voor dagvaarding voorgeschreven termijn in acht worden genomen. Indien inachtneming van de termijn van dagvaarding meebrengt dat de roldatum niet kan worden gehandhaafd, moet een andere roldatum worden aangezegd, met vermelding van het uur indien alsdan een terechtzitting plaatsvindt.

4. Het eerste lid is niet van toepassing op hetgeen is voorgeschreven in artikel 111, derde lid. De rechter kan eiser bevelen alsnog de ontbrekende gegevens te verstrekken.

Art. 121

1. Verschijnt de gedaagde niet in het geding dan wel verzuimt hij advocaat te stellen hoewel hem dat bij dagvaarding was aangezegd, en blijkt aan de rechter dat het exploot van dagvaarding lijdt aan een gebrek dat nietigheid meebrengt, dan verleent de rechter geen verstek tegen hem. *(Zie ook: art. 139 Rv)*

2. In het geval bedoeld in het eerste lid bepaalt de rechter een nieuwe roldatum en beveelt hij dat deze door de eiser bij exploot aan de gedaagde wordt aangezegd met herstel van het gebrek op kosten van de eiser.

3. Is echter aannemelijk dat het exploot van dagvaarding de gedaagde als gevolg van het gebrek niet heeft bereikt, dan spreekt de rechter de nietigheid van het exploot uit.

Art. 122

1. Verschijnt de gedaagde in het geding, of komt hij, na bij verstek te zijn veroordeeld, in verzet, en beroept hij zich op de nietigheid van het exploot van dagvaarding, dan verwerpt de rechter dat beroep indien naar zijn oordeel het gebrek de gedaagde niet onredelijk in zijn belangen heeft geschaad. *(Zie ook: art. 66 Rv)*

2. De rechter kan echter in dit geval, zo daartoe gronden zijn, het herstel van het gebrek op kosten van de eiser bevelen.

Art. 123

1. Indien echter de eiser ten onrechte geen advocaat heeft gesteld, biedt de rechter hem en, indien in dit geval de gedaagde wel in het geding was verschenen maar eveneens ten onrechte geen advocaat had gesteld, ook deze, de gelegenheid binnen een door hem te bepalen termijn alsnog advocaat te stellen. *(Zie ook: art. 79 Rv)*

2. Indien de eiser van de hem ingevolge het eerste lid geboden gelegenheid geen gebruik maakt, wordt de gedaagde van de instantie ontslagen, met veroordeling van de eiser in de kosten.

3. Indien alleen de gedaagde van de aan partijen ingevolge het eerste lid geboden gelegenheid om alsnog advocaat te stellen, geen gebruik maakt, zijn de artikelen 139 tot en met 142 van toepassing.

4. Indien de eiser en de gedaagde alsnog advocaat hebben gesteld, wordt het geding in de stand waarin het zich bevindt, voortgezet, met dien verstande dat de rechter, indien hij reeds de dag heeft bepaald waarop hij uitspraak zal doen, partijen alsnog de gelegenheid biedt zich binnen een door hem te bepalen termijn over de zaak uit te laten. *(Zie ook: art. 19 Rv)*

5. Tegen een beslissing ingevolge het eerste, tweede of vierde lid staat geen hogere voorziening open.

Art. 124

Indien de eiser ten onrechte advocaat heeft gesteld, wordt de zaak voortgezet met inachtneming van de voorschriften voor zaken waarin partijen in persoon kunnen procederen.

Vijfde afdeling
Verloop van de procedure

Art. 125

1. Het geding is aanhangig vanaf de dag van dagvaarding.

2. Het exploot van dagvaarding wordt door de eiser ter griffie ingediend uiterlijk op de laatste dag waarop de griffie is geopend, voorafgaande aan de in de dagvaarding vermelde roldatum.

3. Bij algemene maatregel van bestuur wordt bepaald in welke gevallen de eiser een exploot van dagvaarding elektronisch kan indienen. Bij of krachtens algemene maatregel van bestuur worden regels gegeven over de voorwaarden waaronder en de wijze waarop een exploot van dagvaarding elektronisch kan worden ingediend, alsmede over de betrouwbaarheid en vertrouwelijkheid van het elektronisch indienen van het exploot van dagvaarding. Een door de griffie

Herstel van nietigheid

Gebrek in de dagvaarding

Herstel van gebrek

Ten onrechte niet stellen van advocaat

Ten onrechte stellen van advocaat

Aanhangig zijn van het geding

B14 *art. 126* **Wetboek van Burgerlijke Rechtsvordering**

gewaarmerkt afschrift van het elektronisch ingediende exploot van dagvaarding, geldt in de procedure als het in het tweede lid bedoelde exploot van dagvaarding.

4. De griffier schrijft de zaak in op de rol van een enkelvoudige kamer.

5. De aanhangigheid van het geding vervalt indien het exploot van dagvaarding niet uiterlijk op het in het tweede lid vermelde tijdstip ter griffie is ingediend, tenzij binnen twee weken na de in de dagvaarding vermelde roldatum een geldig herstelexploot is uitgebracht.

Art. 126

Vervroegen van de roldatum

1. De gedaagde kan de roldatum, vermeld in het exploot van dagvaarding, vervroegen door aan de eiser bij exploot een vroegere roldatum te doen aanzeggen, met vermelding van het uur indien alsdan een terechtzitting plaatsvindt. In zaken waarin partijen niet in persoon kunnen procederen, wordt hierbij tevens advocaat gesteld.

2. De aanzegging geschiedt op straffe van nietigheid op een termijn van ten minste een week voor de aangezegde vroegere roldatum. De gedaagde dient het exploot van aanzegging uiterlijk op de laatste dag waarop de griffie is geopend, voorafgaande aan de vervroegde roldatum, in ter griffie.

(Zie ook: artt. 66, 127 Rv)

3. Zijn er medegedaagden, dan wordt de aanzegging, voor zover zij niet mede van hen uitgaat, bij exploot ook aan hen op straffe van nietigheid gedaan met inachtneming van zodanige termijn tussen dat exploot en de vervroegde roldatum, als waarop ieder van hen, als gedaagde, volgens de wet aanspraak zou kunnen maken.

(Zie ook: art. 66 Rv)

4. Wordt door meer dan één gedaagde van het recht de roldatum te vervroegen gebruik gemaakt, dan geldt de aanzegging van de vroegste roldatum.

Art. 127

Niet-tijdige indiening

1. Indien de in artikel 125, tweede lid, bedoelde indiening ter griffie van het exploot van dagvaarding niet tijdig heeft plaats gehad, is de gedaagde bevoegd, onder overlegging van het exploot van dagvaarding, de zaak op de rol te laten inschrijven.

2. Indien de gedaagde van zijn in het eerste lid bedoelde bevoegdheid gebruik maakt, is hij tevens bevoegd, te vorderen dat hij van de instantie wordt ontslagen met veroordeling van de eiser in de kosten. In dat geval biedt de rechter gedurende een door hem te bepalen termijn aan de eiser gelegenheid om hetzij op de voet van artikel 123, eerste lid, advocaat te stellen, hetzij bij akte te verklaren dat hij wenst voort te procederen. Indien de eiser van deze gelegenheid geen gebruik maakt, wordt de vordering toegewezen.

3. Indien de gedaagde een vroegere roldatum heeft aangezegd en het exploot van aanzegging niet tijdig ter griffie heeft ingediend, blijft de oorspronkelijke, in het exploot van dagvaarding vermelde roldatum gehandhaafd.

Art. 127a

Aanhouding bij niet-voldoen griffierecht

1. De rechter houdt de zaak aan zolang de eiser het griffierecht niet heeft voldaan en de termijn genoemd in artikel 3, derde lid, van de Wet griffierechten burgerlijke zaken nog loopt.

2. Indien de eiser het griffierecht niet tijdig heeft voldaan, ontslaat de rechter de gedaagde van de instantie, met veroordeling van de eiser in de kosten. Voordat de rechter hiertoe overgaat, stelt hij eiser in de gelegenheid zich uit te laten over het niet tijdig voldoen van het verschuldigde griffierecht.

3. De rechter laat het eerste en tweede lid, eerste volzin, geheel of ten dele buiten toepassing, indien hij van oordeel is dat de toepassing van die bepaling, gelet op het belang van één of meer van de partijen bij toegang tot de rechter, zal leiden tot een onbillijkheid van overwegende aard.

4. Tegen beslissingen ingevolge het tweede en derde lid staat geen hogere voorziening open.

Art. 128

Procederen bij gemachtigde of bij advocaat

1. Indien de gedaagde bij gemachtigde of bij advocaat procedeert, deelt hij op de eerste roldatum de naam en het adres van de gemachtigde of de naam en het kantooradres van de advocaat mede.

2. De gedaagde neemt zijn met redenen omklede conclusie van antwoord op de eerste of op een door de rechter nader te bepalen roldatum, doch niet dan nadat hij het verschuldigde griffierecht heeft voldaan. De rechter houdt de zaak aan zolang de gedaagde het griffierecht niet heeft voldaan en de termijn genoemd in artikel 3, derde lid, van de Wet griffierechten burgerlijke zaken nog loopt.

(Zie ook: art. 84 Rv)

3. De gedaagde brengt alle excepties en zijn antwoord ten principale tegelijk naar voren, op straffe van verval van de niet aangevoerde excepties en, indien niet ten principale is geantwoord, van het recht om dat alsnog te doen.

4. In afwijking van het derde lid kunnen zij die beroep willen doen op de termijn van artikel 104 van Boek 1 of van artikel 185 van Boek 4 van het Burgerlijk Wetboek, hun verweer tot dit beroep beperken.

5. De conclusie van antwoord vermeldt de bewijsmiddelen waarover gedaagde kan beschikken tot staving van de gronden van zijn verweer, alsmede de getuigen die hij daartoe kan doen horen. De rechter kan gedaagde bevelen alsnog de ontbrekende gegevens te verstrekken. *(Zie ook: artt. 111, 120 Rv)*

6. Indien de verschenen gedaagde het griffierecht niet tijdig heeft voldaan, zijn de artikelen 139 tot en met 142 van toepassing behalve in het geval dat artikel 127a, tweede lid, van toepassing is.

7. Artikel 127a, derde en vierde lid, is van overeenkomstige toepassing.

Art. 129

Zolang de rechter nog geen eindvonnis heeft gewezen, kan de eiser te allen tijde zijn eis verminderen.

Verminderen van de eis

Art. 130

1. Zolang de rechter nog geen eindvonnis heeft gewezen, is de eiser bevoegd zijn eis of de gronden daarvan schriftelijk, bij conclusie of akte ter rolle, te veranderen of te vermeerderen. De gedaagde is bevoegd hiertegen bezwaar te maken, op grond dat de verandering of vermeerdering in strijd is met de eisen van een goede procesorde. De rechter beslist, partijen gehoord, zo spoedig mogelijk. De rechter kan op dezelfde grond ook ambtshalve een verandering of vermeerdering van eis buiten beschouwing laten.

Verandering of vermeerdering van de eis

2. Tegen de beslissingen van de rechter, bedoeld in het eerste lid, staat geen hogere voorziening open.

3. Indien een partij niet in het geding is verschenen, is een verandering of vermeerdering van eis tegen die partij uitgesloten, tenzij de eiser de verandering of vermeerdering tijdig bij exploot aan haar kenbaar heeft gemaakt. In laatstgenoemd geval is artikel 120, derde lid, van overeenkomstige toepassing.

(Zie ook: art. 283 Rv)

Art. 131

Nadat de gedaagde voor antwoord heeft geconcludeerd, beveelt de rechter een mondelinge behandeling als bedoeld in artikel 87, tenzij hij oordeelt dat de zaak daarvoor niet geschikt is. Uiterlijk twee weken na het in de eerste volzin bedoelde tijdstip beslist de rechter hieromtrent. Tegen deze beslissing staat geen hogere voorziening open.

Verschijning van partijen

(Zie ook: artt. 128, 147 Rv)

Art. 132

1. Indien geen mondelinge behandeling op de voet van artikel 131 is bevolen, geeft de rechter aan de eiser gelegenheid voor repliek te concluderen. Hierna kan de gedaagde voor dupliek concluderen.

Repliek en dupliek

2. Is wel een mondelinge behandeling op de voet van artikel 131 bevolen, dan wordt aan partijen slechts gelegenheid geboden voor repliek en dupliek, indien zulks met het oog op artikel 19 of met het oog op een goede instructie van de zaak noodzakelijk is.

3. De rechter staat het nemen van nog meer conclusies toe, indien zulks met het oog op artikel 19 of met het oog op een goede instructie van de zaak noodzakelijk is.

4. Tegen beslissingen over de toepassing van het tweede lid en het derde lid staat geen hogere voorziening open.

Art. 133

1. De rechter stelt de termijnen voor het nemen van de conclusies vast.

Termijnen voor het nemen van conclusies

2. Partijen kunnen uitstel vragen voor het nemen van conclusies. De rechter volgt een daartoe strekkend, eenstemmig verzoek van partijen, tenzij dit zou leiden tot onredelijke vertraging van het geding.

3. Het eerste en het tweede lid zijn van overeenkomstige toepassing op de termijnen voor het verrichten van andere proceshandelingen dan conclusies en op de mogelijkheid om daarvoor uitstel te krijgen.

4. Wanneer een proceshandeling niet is verricht binnen de daarvoor gestelde termijn en daarvoor geen uitstel kan worden verkregen, vervalt het recht om de desbetreffende proceshandeling te verrichten.

(Zie ook: art. 20 Rv)

Art. 134

[Vervallen]

Art. 135

In zaken waarin partijen in persoon kunnen procederen, stelt de griffier zo spoedig mogelijk de eiser en de in het geding verschenen gedaagde, voor zover zij niet in persoon of bij gemachtigde aanwezig waren op de terechtzitting, op de hoogte van het procesverloop.

Op de hoogte stellen van procesverloop

B14 *art. 136* **Wetboek van Burgerlijke Rechtsvordering**

Zesde afdeling
Reconventie

Art. 136

Eis van reconventie De gedaagde is bevoegd een eis in reconventie in te stellen, tenzij de eiser in conventie is opgetreden in hoedanigheid en de reconventie hem persoonlijk zou betreffen of omgekeerd.

Art. 137

Moment van indienen van eis van reconventie De eis in reconventie moet dadelijk bij het antwoord worden ingesteld. Artikel 111, derde lid, is van overeenkomstige toepassing.
(Zie ook: art. 353 Rv)

Art. 138

Beslissing in hetzelfde eindvonnis **1.** De zaken in conventie en in reconventie worden tegelijk voldongen en bij een en hetzelfde eindvonnis beslist, tenzij de rechter van oordeel is dat de zaak in conventie of die in reconventie vroeger kan worden afgedaan.

Splitsing **2.** De zaken worden gesplitst indien in één van beide zaken de rechter beveelt dat de procedure wordt voortgezet volgens de regels die gelden voor de verzoekschriftprocedure dan wel de rechter met toepassing van artikel 71 verwijst of zich absoluut onbevoegd verklaart.
(Zie ook: art. 73 Rv)

Zevende afdeling
Verstek

Art. 139

Verstekverlening Indien de gedaagde niet op de eerste of op een door de rechter nader bepaalde roldatum in het geding verschijnt dan wel verzuimt advocaat te stellen of, indien verschuldigd, het griffierecht niet tijdig voldoet hoewel hem dat bij dagvaarding was aangezegd, en de voorgeschreven termijnen en formaliteiten in acht zijn genomen, verleent de rechter verstek tegen hem en wijst hij de vordering toe, tenzij deze hem onrechtmatig of ongegrond voorkomt.
(Zie ook: artt. 121, 123, 128 Rv)

Art. 140

Verstekverlening bij meerdere gedaagden **1.** Zijn er meer gedaagden en is ten minste een van hen in het geding verschenen, dan wordt, indien ten aanzien van de overige gedaagden de voorgeschreven formaliteiten en termijnen in acht zijn genomen, tegen dezen verstek verleend en tussen de eiser en de verschenen gedaagden voortgeprocedeerd.

2. Onder verschenen gedaagde als bedoeld in het eerste lid wordt verstaan de gedaagde die in het geding is verschenen en tijdig het griffierecht heeft voldaan.

3. Tussen alle partijen wordt één vonnis gewezen, dat als een vonnis op tegenspraak wordt beschouwd.

4. Het eerste en derde lid zijn van overeenkomstige toepassing in geval van oproeping van derden als partij in het geding als bedoeld in artikel 118.

Art. 141

Kosten van het niet verschijnen/niet voldoen griffierecht De kosten die een gevolg zijn van het feit dat een partij niet in het geding is verschenen of het griffierecht niet tijdig heeft voldaan, komen ten laste van die partij, tenzij verstek was verleend op een dagvaarding die nietig wordt verklaard.

Art. 142

Alsnog in geding verschijnen/griffierecht voldoen De gedaagde tegen wie verstek is verleend, heeft, zolang het eindvonnis nog niet is gewezen, de bevoegdheid om alsnog in het geding te verschijnen, of om alsnog het griffierecht te voldoen, waardoor de gevolgen van het tegen hem verleende verstek vervallen, behalve ten aanzien van de daardoor veroorzaakte kosten.

Achtste afdeling
Verzet

Art. 143

Verzet tegen veroordeling bij verstek **1.** De gedaagde die bij verstek is veroordeeld, kan daartegen verzet doen.
(Zie ook: artt. 139, 142 Rv)

2. Het verzet moet worden gedaan bij exploot van dagvaarding binnen vier weken na de betekening van het vonnis of van enige uit kracht daarvan opgemaakte of ter uitvoering daarvan strekkende akte aan de veroordeelde in persoon, of na het plegen door deze van enige daad waaruit noodzakelijk voortvloeit dat het vonnis of de aangevangen tenuitvoerlegging aan hem bekend is. De in de eerste volzin bedoelde termijn is acht weken indien de gedaagde ten tijde van de in de eerste volzin bedoelde betekening of daad geen bekende woonplaats of bekend werkelijk verblijf in Nederland heeft, maar zijn woonplaats of werkelijk verblijf buiten Nederland bekend is.
(Zie ook: art. 55 Rv)

3. Buiten de gevallen bedoeld in het tweede lid vangt de termijn waarbinnen het verzet moet worden gedaan, aan op de dag waarop het vonnis ten uitvoer is gelegd.

4. De veroordeelde die in het vonnis heeft berust, kan daartegen niet meer in verzet komen. *(Zie ook: art. 358 Rv)*

Art. 144

Het vonnis wordt geacht ten uitvoer te zijn gelegd: **Tenuitvoerlegging**

a. in geval van gerechtelijke verkoop van goederen, na de verkoop; *(Zie ook: artt. 459, 462 Rv)*

b. in geval van derdenbeslag op een vordering, na de uitbetaling aan de beslaglegger, of, indien dit beslag wordt gelegd op een vordering tot periodieke betalingen, na de eerste uitbetaling; *(Zie ook: art. 477 Rv)*

c. in geval van tenuitvoerlegging van een veroordeling tot levering of afgifte van goederen die geen registergoederen zijn, nadat de levering of afgifte heeft plaatsgevonden;

d. in geval van gedwongen ontruiming van onroerende zaken, nadat de ontruiming heeft plaatsgevonden.

(Zie ook: art. 555 Rv)

Art. 145

Het verzet, mits tijdig en op de voorgeschreven wijze gedaan, schorst de tenuitvoerlegging van het vonnis, tenzij dit uitvoerbaar bij voorraad was verklaard. **Schorsende werking verzet**

Art. 146

1. Op het exploot van verzet is artikel 111, tweede lid, onder a tot en met c en e tot en met h van overeenkomstige toepassing, met dien verstande dat niet vermeld hoeft te worden de wijze waarop de oorspronkelijk eiser kan antwoorden, *(Zie ook: artt. 122, 143 Rv)* **Exploot van verzet**

2. Indien een eis in reconventie wordt ingesteld, vermeldt het exploot deze eis met de gronden daarvan. Artikel 111, derde lid, is van overeenkomstige toepassing.

Art. 147

1. Door het verzet wordt de instantie heropend. Het geding verloopt als in de vijfde afdeling bepaald, met dien verstande dat het exploot van verzet als conclusie van antwoord geldt. *(Zie ook: art. 136 Rv)* **Heropening door verzet**

2. Was het verstek tegen de oorspronkelijk gedaagde verleend wegens het niet tijdig voldoen van het door hem verschuldigde griffierecht, dan zorgt de oorspronkelijk gedaagde dat het verschuldigde griffierecht is voldaan op de eerste roldatum van het verzet. Is het verschuldigde griffierecht, bedoeld in de eerste zin, niet alsnog tijdig voldaan, dan bekrachtigt de rechter het verstekvonnis.

3. Was het verstek tegen de oorspronkelijk gedaagde verleend wegens het niet verschijnen in het geding, dan houdt de rechter de zaak aan zolang de gedaagde het verschuldigde griffierecht niet heeft voldaan en de termijn genoemd in artikel 3, derde lid, van de Wet griffierechten burgerlijke zaken nog loopt. De tweede zin van het tweede lid is van overeenkomstige toepassing.

4. Artikel 127a, derde en vierde lid, is van overeenkomstige toepassing.

Art. 148

Door verval van instantie na verzet vervalt ook het verstekvonnis. **Verval van instantie na verzet**

(Zie ook: artt. 251, 253 Rv)

Negende afdeling Bewijs

§ 1 Algemene bepalingen van bewijsrecht

Art. 149

1. Tenzij uit de wet anders voortvloeit, mag de rechter slechts die feiten of rechten aan zijn beslissing ten grondslag leggen, die in het geding aan hem ter kennis zijn gekomen of zijn gesteld en die overeenkomstig de voorschriften van deze afdeling zijn komen vast te staan. Feiten of rechten die door de ene partij zijn gesteld en door de wederpartij niet of niet voldoende zijn betwist, moet de rechter als vaststaand beschouwen, behoudens zijn bevoegdheid bewijs te verlangen, zo vaak aanvaarding van de stellingen zou leiden tot een rechtsgevolg dat niet ter vrije bepaling van partijen staat. *(Zie ook: artt. 24, 153, 1020 Rv)* **Vaststaande feiten of rechten**

2. Feiten of omstandigheden van algemene bekendheid, alsmede algemene ervaringsregels mogen door de rechter aan zijn beslissing ten grondslag worden gelegd, ongeacht of zij zijn gesteld, en behoeven geen bewijs. *(Zie ook: artt. 338, 339 WvSv)*

B14 art. 150 **Wetboek van Burgerlijke Rechtsvordering**

Art. 150

Bewijslast De partij die zich beroept op rechtsgevolgen van door haar gestelde feiten of rechten, draagt de bewijslast van die feiten of rechten, tenzij uit enige bijzondere regel of uit de eisen van redelijkheid en billijkheid een andere verdeling van de bewijslast voortvloeit.

Art. 151

Dwingend bewijs **1.** Dwingend bewijs houdt in dat de rechter verplicht is de inhoud van bepaalde bewijsmiddelen als waar aan te nemen dan wel verplicht is de bewijskracht te erkennen die de wet aan bepaalde gegevens verbindt.

2. Tegenbewijs, ook tegen dwingend bewijs, staat vrij, tenzij de wet het uitsluit.
(Zie ook: art. 161 Rv)

Art. 152

Bewijsmiddelen en waardering van bewijs **1.** Bewijs kan worden geleverd door alle middelen, tenzij de wet anders bepaalt.

2. De waardering van het bewijs is aan het oordeel van de rechter overgelaten, tenzij de wet anders bepaalt.

Art. 153

Bewijsovereenkomst Overeenkomsten waarbij van het wettelijke bewijsrecht wordt afgeweken, blijven buiten toepassing, wanneer zij betrekking hebben op het bewijs van feiten waaraan het recht gevolgen verbindt, die niet ter vrije bepaling van partijen staan, zulks onverminderd de gronden waarop zij krachtens het Burgerlijk Wetboek buiten toepassing blijven.
(Zie ook: art. 1020 Rv; art. 44 BW Boek 3; artt. 233, 236, 248 BW Boek 6; art. 900 BW Boek 7)

Art. 154

Gerechtelijke erkentenis **1.** Een gerechtelijke erkentenis is het in een aanhangig geding door een partij uitdrukkelijk erkennen van de waarheid van een of meer stellingen van de wederpartij.
(Zie ook: artt. 88, 149 Rv)

2. Een gerechtelijke erkentenis kan slechts worden herroepen, indien aannemelijk is dat zij door een dwaling of niet in vrijheid is afgelegd.

Art. 155

Eindvonnis door zelfde rechter ten overstaan van wie bewijs in een zaak is bijgebracht **1.** De rechter ten overstaan van wie in een zaak bewijs is bijgebracht, zal daarin zoveel als mogelijk het eindvonnis wijzen of medewijzen.

2. Van een afwijking van deze regel en de oorzaak daarvan wordt in het vonnis melding gemaakt. Tegen de afwijking staat geen voorziening open.
(Zie ook: art. 268 WvSv)

§ 2
Akten en vonnissen

Art. 156

Soorten akten **1.** Akten zijn ondertekende geschriften, bestemd om tot bewijs te dienen.
(Zie ook: art. 48 WNA)

2. Authentieke akten zijn akten in de vereiste vorm en bevoegdelijk opgemaakt door ambtenaren, aan wie bij of krachtens de wet is opgedragen op die wijze te doen blijken van door hen gedane waarnemingen of verrichtingen. Als authentieke akten worden tevens beschouwd de akten, waarvan het opmaken aan ambtenaren is voorbehouden, doch waarvan de wet het opmaken in bepaalde gevallen aan anderen dan ambtenaren opdraagt.
(Zie ook: artt. 159, 430 Rv; ; artt. 16, 292 BW Boek 1; artt. 995, 996, 1000 BW Boek 4; artt. 143b, 218b WvK; art. 226 WvSr; art. 10 Wet AB; artt. 15, 36 BBS)

3. Onderhandse akten zijn alle akten die niet authentieke akten zijn.

Art. 156a

Elektronische onderhandse akten **1.** Onderhandse akten kunnen op een andere wijze dan bij geschrift worden opgemaakt op zodanige wijze dat het degene ten behoeve van wie de akte bewijs oplevert, in staat stelt om de inhoud van de akte op te slaan op een wijze die deze inhoud toegankelijk maakt voor toekomstig gebruik gedurende een periode die is afgestemd op het doel waarvoor de akte bestemd is te dienen, en die een ongewijzigde reproductie van de inhoud van de akte mogelijk maakt.

2. Aan een wettelijke verplichting tot het verschaffen van een onderhandse akte kan alleen op een andere wijze dan bij geschrift worden voldaan met uitdrukkelijke instemming van degene aan wie de akte moet worden verschaft. Een instemming ziet, zolang zij niet is herroepen, eveneens op het verschaffen van een gewijzigde onderhandse akte. Het in de eerste zin van dit lid bepaalde lijdt uitzondering indien de akte eveneens is ondertekend door degene aan wie de akte op grond van de wet moet worden verschaft.

Art. 157

1. Authentieke akten leveren tegen een ieder dwingend bewijs op van hetgeen de ambtenaar binnen de kring van zijn bevoegdheid omtrent zijn waarnemingen en verrichtingen heeft verklaard.

(Zie ook: art. 430 Rv; artt. 26, 130 BW Boek 1)

2. Een authentieke of onderhandse akte levert ten aanzien van de verklaring van een partij omtrent hetgeen de akte bestemd is ten behoeve van de wederpartij te bewijzen, tussen partijen dwingend bewijs op van de waarheid van die verklaring, tenzij dit zou kunnen leiden tot een rechtsgevolg dat niet ter vrije bepaling van partijen staat. Onder partij wordt begrepen de rechtverkrijgende onder algemene of bijzondere titel, voor zover het desbetreffende recht is verkregen na het opmaken van de akte.

(Zie ook: art. 151 Rv)

Art. 158

1. Op een onderhandse akte waarin verbintenissen van slechts één partij zijn aangegaan of vastgelegd, is, voor zover die verbintenissen strekken tot voldoening van een geldsom, het tweede lid van artikel 157 niet van toepassing, tenzij deze partij de akte geheel met de hand heeft geschreven of heeft voorzien van een goedkeuring die de geldsom voluit in letters vermeldt.

2. Het eerste lid is niet van toepassing op aandelen in een obligatielening en op verbintenissen door de schuldenaar in de uitoefening van zijn beroep of bedrijf aangegaan.

(Zie ook: artt. 100, 109, 174, 229e WvK)

Art. 159

1. Een geschrift dat het uiterlijk heeft van een authentieke akte, geldt als zodanig behoudens bewijs van het tegendeel.

2. Een onderhandse akte waarvan de ondertekening door de partij, tegen welke zij dwingend bewijs zou leveren, stellig wordt ontkend, levert geen bewijs op, zolang niet bewezen is van wie de ondertekening afkomstig is. Is degeen tegen wie de akte wordt ingeroepen een ander dan hij die haar ondertekend zou hebben, dan kan worden volstaan met de verklaring, dat men de echtheid van de ondertekening niet erkent.

Art. 160

1. De kracht van het schriftelijke bewijs is in de oorspronkelijke akte gelegen.

(Zie ook: art. 85 Rv)

2. Grossen en gehele afschriften van een authentieke akte die volgens wettelijk voorschrift moet worden bewaard, leveren, wanneer zij zijn afgegeven door een daartoe bevoegde ambtenaar, hetzelfde bewijs op als de oorspronkelijke akte.

(Zie ook: art. 166 WvK)

Art. 161

Een in kracht van gewijsde gegaan, op tegenspraak gewezen vonnis waarbij de Nederlandse strafrechter bewezen heeft verklaard dat iemand een feit heeft begaan, levert dwingend bewijs op van dat feit.

(Zie ook: art. 162 BW Boek 6)

Art. 161a

Een onherroepelijk besluit houdende een inbreukbeslissing van de Autoriteit Consument en Markt levert onweerlegbaar bewijs op van de vastgestelde inbreuk in een procedure waarin schadevergoeding wordt gevorderd wegens een inbreuk op het mededingingsrecht als bedoeld in artikel 193k, onderdeel a, van Boek 6 van het Burgerlijk Wetboek.

§ 3

Openlegging van boeken, bescheiden en geschriften

Art. 162

1. De rechter kan in de loop van een geding, op verzoek of ambtshalve, aan partijen of aan een van hen de openlegging bevelen van de boeken, bescheiden en geschriften, die zij ingevolge de wet moeten houden, maken of bewaren.

2. Wordt aan dit bevel niet voldaan, dan kan de rechter daaruit de gevolgtrekking maken die hij geraden acht.

3. In een geding betreffende een jaarrekening kan de rechter ook ambtshalve de openlegging bevelen op straffe van een dwangsom.

(Zie ook: art. 611a Rv)

Bewijs authentieke akten

Dwingende bewijskracht van eenzijdige onderhandse schuldbekentenissen

Echtheid

Oorspronkelijke akte

Bewijskracht strafvonnis

Bewijskracht inbreukbeslissing van de Autoriteit Consument en Markt

Ambtshalve bevel tot openlegging

§ 4

Getuigen

Art. 163

Getuigenverklaring Een getuigenverklaring kan slechts als bewijs dienen, voor zover zij betrekking heeft op aan de getuige uit eigen waarneming bekende feiten.
(Zie ook: art. 342 WvSv)

Art. 164

Partij als getuige **1.** Ook partijen kunnen als getuige optreden.
(Zie ook: art. 173 Rv)

2. Indien een partij als getuige is gehoord, kan haar verklaring omtrent door haar te bewijzen feiten geen bewijs in haar voordeel opleveren, tenzij de verklaring strekt ter aanvulling van onvolledig bewijs.
(Zie ook: art. 88 Rv)

3. Indien een partij die gehouden is als getuige een verklaring af te leggen, niet ter zitting verschijnt, niet antwoordt op de haar gestelde vragen of weigert haar verklaring te ondertekenen, kan de rechter daaruit de gevolgtrekking maken die hij geraden acht.
(Zie ook: art. 88 Rv)

Art. 165

Getuigplicht **1.** Een ieder, daartoe op wettige wijze opgeroepen, is verplicht getuigenis af te leggen.
(Zie ook: artt. 192, 444 WvSr; art. 213 WvSv; art. 66 FW)

Verschoningsrecht **2.** Van deze verplichting kunnen zich verschonen:
a. de echtgenoot en de vroegere echtgenoot dan wel de geregistreerde partner en de vroegere geregistreerde partner van een partij, de bloed- of aanverwanten van een partij of van de echtgenoot of van de geregistreerde partner van een partij, tot de tweede graad ingesloten, een en ander tenzij de partij in hoedanigheid optreedt;
(Zie ook: art. 217 WvSv)
b. zij die tot geheimhouding verplicht zijn uit hoofde van hun ambt, beroep of betrekking omtrent hetgeen hun in die hoedanigheid is toevertrouwd.
(Zie ook: artt. 284, 843b Rv; art. 218 WvSv; art. 351 BW Boek 2; art. 28 Wet RO)

3. De getuige kan zich verschonen van het beantwoorden van een hem gestelde vraag, indien hij daardoor of zichzelf, of een van zijn bloed- of aanverwanten in de rechte lijn of in de zijlijn in de tweede of derde graad, of zijn echtgenoot of vroegere echtgenoot onderscheidenlijk zijn geregistreerde partner of vroegere geregistreerde partner aan het gevaar van een strafrechtelijke veroordeling ter zake van een misdrijf zou blootstellen.
(Zie ook: artt. 162, 219 WvSv)

Art. 166

Getuigenverhoor **1.** Indien bewijs door getuigen bij de wet is toegelaten, beveelt de rechter een getuigenverhoor zo vaak een van de partijen het verzoekt en de door haar te bewijzen aangeboden feiten betwist zijn en tot de beslissing van de zaak kunnen leiden. Hij kan dit ook ambtshalve doen.
(Zie ook: art. 1039 Rv)

2. Het vonnis vermeldt aan welke partij en omtrent welke feiten bewijs worden opgedragen alsmede de plaats waar, en de dag en het uur waarop de getuigen zullen worden gehoord. Plaats, dag en uur van het getuigenverhoor kunnen ook later door de rechter worden vastgesteld.

3. Het verhoor van getuigen geschiedt ter zitting.
(Zie ook: art. 4 Wet RO; art. 121 GW)

Art. 167

Gelasten persoonlijke verschijning partijen De rechter kan bepalen dat partijen bij de getuigenverhoren in persoon aanwezig moeten zijn.
(Zie ook: artt. 179, 201 Rv)

Art. 168

Getuigenverhoor tot leveren van tegenbewijs Het verhoor van getuigen tot het leveren van tegenbewijs staat van rechtswege vrij en wordt gehouden op de plaats, de dag en het uur te bepalen dadelijk na afloop van het verhoor van de voor het bewijs gehoorde getuigen of op een later tijdstip, tenzij de rechter, na overleg met partijen, dit verhoor doet plaatsvinden in aansluiting op het verhoor van de voor het bewijs gehoorde getuigen.
(Zie ook: art. 151 Rv)

Art. 169

Verzoek tot verkorting of verlenging termijnen Indien een partij verkorting of verlenging van de termijnen, bedoeld in de artikelen 166 en 168, verzoekt, wordt dit verzoek na verhoor of behoorlijke oproeping van de wederpartij beslist. Tegen de beslissing staat geen hogere voorziening open.

Art. 170

Oproepen getuigen **1.** De namen en woonplaatsen van de getuigen worden ten minste een week voor het verhoor aan de wederpartij en aan de griffier opgegeven. De belanghebbende partij roept de getuigen ten minste een week voor het verhoor bij exploot of bij aangetekende brief op. De dag van de oproeping en de dag van het verhoor worden niet meegerekend bij het bepalen van deze termijn.

Indien een partij meer getuigen heeft voorgebracht dan redelijkerwijs noodzakelijk was, kan de rechter daarmee bij de veroordeling in de kosten rekening houden.
(Zie ook: art. 237 Rv)

2. De oproeping maakt melding van dag, uur en plaats van het verhoor, van de feiten waaromtrent bewijs moet worden geleverd en van de gevolgen, verbonden aan het niet verschijnen ter zitting.
(Zie ook: artt. 172, 178 Rv; artt. 12, 444 WvSr)

Art. 171

Indien een bij aangetekende brief opgeroepen getuige niet ter zitting verschijnt, bepaalt de rechter op verzoek van de belanghebbende partij een dag waartegen de getuige bij exploot kan worden opgeroepen. Daarbij wordt de termijn, bedoeld in artikel 170, eerste lid, in acht genomen.
(Zie ook: art. 165 Rv; artt. 192, 444 WvS)

Oproepen bij exploot van niet verschenen getuige

Art. 172

De rechter kan bevelen, dat de op een oproeping bij exploot niet ter zitting verschenen getuige door de openbare macht voor hem wordt gebracht op een door hem te bepalen dag en uur om aan zijn verplichting te voldoen.
(Zie ook: art. 165 Rv; artt. 213, 287 WvSv)

Bevel medebrenging niet verschenen getuige na oproeping bij exploot

Art. 173

1. Indien een getuige weigert zijn verklaring af te leggen, kan de rechter op verzoek van de belanghebbende partij bevelen, dat hij op kosten van die partij in gijzeling zal worden gesteld totdat hij aan zijn verplichting zal hebben voldaan, met dien verstande dat de gijzeling ten hoogste een jaar kan duren. Deze bepaling is niet van toepassing als het een partij betreft die als getuige wordt gehoord.
(Zie ook: artt. 164, 178 Rv; artt. 192, 444 WvSr)

Gijzeling

2. De rechter beveelt de gijzeling slechts indien naar zijn oordeel het belang van de waarheidsvinding toepassing van die maatregel rechtvaardigt.

3. De rechter die de gijzeling heeft bevolen, beëindigt ambtshalve of op verzoek van de gegijzelde de gijzeling indien voortzetting ervan naar zijn oordeel niet meer door het belang dat met toepassing van de dwangmaatregel werd gediend, wordt gerechtvaardigd.
(Zie ook: art. 585 Rv)

Art. 174

1. Indien een getuige te ver verwijderd woont, kan de rechter het verhoor opdragen aan de rechter van gelijke rang van de woonplaats van de getuige.
(Zie ook: art. 25 Wet RO)

Rogatoire commissie binnenland

2. Het eerste lid is niet van toepassing indien het een partij betreft die als getuige wordt gehoord.
(Zie ook: art. 223b FW)

Art. 175

Indien een getuige verhinderd is uit hoofde van ziekte of anderszins om naar het gerechtsgebouw te komen, kan de rechter zich bij hem vervoegen tot het ontvangen van zijn verklaring of de rechter, in artikel 174 bedoeld, verzoeken hem te verhoren.
(Zie ook: art. 223b FW)

Verhinderde getuige

Art. 176

1. Voor zover bij verdrag of EG-verordening niet anders is bepaald, kan de rechter, indien een getuige in het buitenland woont, aan een door hem aan te wijzen autoriteit van het land waar de getuige zijn woonplaats heeft, verzoeken het verhoor, indien mogelijk onder ede, te houden, of dat verhoor opdragen aan de Nederlandse consulaire ambtenaar tot wiens ressort de woonplaats van die getuige behoort.

Rogatoire commissie buitenland

2. De rechter bepaalt dan tevens de termijn die in acht genomen moet worden bij het betekenen aan de wederpartij van de plaats, de dag en het uur waarop dit verhoor wordt gehouden en stelt mede de dag vast waarop de zaak weer op de rol zal komen.

3. Het proces-verbaal van dit getuigenverhoor heeft gelijke kracht als dat van het door de Nederlandse rechter gehouden verhoor.

Art. 177

1. Op de bepaalde dag vraagt de rechter de getuigen hun naam, voornamen, leeftijd, beroep en woon- of verblijfplaats, of zij bloed- of aanverwant zijn van de partijen of van een van hen, en zo ja in welke graad, alsmede of zij in dienstverband staan tot partijen of een van hen.

Aanvang verhoor

2. De getuigen zweren, alvorens hun getuigenis af te leggen, op de bij de wet bepaalde wijze de eed de gehele waarheid en niets dan de waarheid te zullen zeggen.
(Zie ook: artt. 184, 1019q Rv; art. 290 WvSv; Ew 1971)

Eedaflegging

3. Indien een getuige de betekenis van de eed niet voldoende kan beseffen of de leeftijd van zestien jaren nog niet heeft bereikt, wordt hij niet beëdigd, maar wordt hij aangemaand de gehele waarheid en niets dan de waarheid te zeggen. Indien het bewijs mede wordt aangenomen op de verklaring van een zodanige getuige, geeft het vonnis daarvan in het bijzonder reden.
(Zie ook: artt. 216, 360 WvSv)

B14 art. 178 **Wetboek van Burgerlijke Rechtsvordering**

4. Overigens mag de rechter aan een onbeëdigde verklaring slechts bewijs ontlenen indien hij in het vonnis vermeldt dat de eed ten onrechte niet is afgenomen en dat het niet mogelijk is de getuige opnieuw te horen.
(Zie ook: art. 184 Rv)

Art. 178

Weigering te getuigen De opgeroepen getuige die niet ter zitting verschijnt of, verschenen zijnde, weigert de eed of zijn verklaring af te leggen, kan worden veroordeeld tot vergoeding van de vergeefs aangewende kosten, onverminderd zijn aansprakelijkheid tot schadevergoeding indien daartoe gronden zijn.
(Zie ook: art. 173 Rv; art. 162 BW Boek 2)

Art. 179

Wijze van verhoor 1. De rechter hoort ieder van de getuigen buiten tegenwoordigheid van de mede ter zitting verschenen getuigen die nog niet zijn gehoord, voor zover deze laatste getuigen niet tevens partij zijn.

2. Partijen en hun raadslieden kunnen aan de getuigen vragen stellen, behoudens de bevoegdheid van de rechter om te beletten dat aan een bepaalde vraag gevolg wordt gegeven. De rechter kan ambtshalve of op verzoek van een partij getuigen tegenover elkaar of tegenover partijen of een van hen stellen.
(Zie ook: art. 167 Rv)

3. De rechter kan naar aanleiding van de getuigenverklaringen aan partijen vragen stellen. Indien het betreft het verhoor van een getuige die niet tevens partij is, kunnen ook partijen elkaar zelf of bij monde van hun raadslieden vragen stellen, behoudens de bevoegdheid van de rechter om te beletten dat aan een bepaalde vraag gevolg wordt gegeven.
(Zie ook: art. 167 Rv; art. 288 WvSv)

4. Een verklaring omtrent door haar te bewijzen feiten kan in het voordeel van de partij die haar aflegde geen bewijs opleveren. Overigens kan de rechter uit de op de voet van het derde lid afgelegde verklaringen, uit het niet-verschijnen ter zitting of uit een weigering om te antwoorden of het proces-verbaal te ondertekenen, de gevolgtrekking maken die hij geraden acht, behoudens hetgeen in artikel 154 is bepaald.
(Zie ook: artt. 164, 184 Rv)

Art. 180

Proces-verbaal 1. Van het getuigenverhoor wordt proces-verbaal opgemaakt, waarin achtereenvolgens aantekening geschiedt van de in acht genomen vormen en van al hetgeen met betrekking tot de zaak voorvalt.
(Zie ook: art. 171 t/m 178 Rv)

2. Dit proces-verbaal wordt aan iedere getuige voorgelezen voor het gedeelte dat hem betreft. Hij mag daarin zodanige veranderingen en bijvoegingen maken als hem goeddunkt.

3. De getuige ondertekent zijn verklaring. Weigert hij te ondertekenen of verklaart hij dit niet te kunnen, dan wordt die weigering of die verklaring, inhoudende de oorzaak van verhindering, in het proces-verbaal vermeld.

4. Op de door partijen afgelegde verklaringen zijn het eerste, tweede en derde lid van overeenkomstige toepassing.

5. Het proces-verbaal wordt ondertekend door de rechter voor wie het getuigenverhoor heeft plaatsgehad en door de griffier.
(Zie ook: art. 1019q Rv)

Art. 181

Geen proces-verbaal 1. In afwijking van artikel 180 behoeft in zaken die niet aan hoger beroep zijn onderworpen, geen proces-verbaal van het getuigenverhoor te worden opgemaakt. Het naar aanleiding van het getuigenverhoor te wijzen vonnis houdt, behalve de vermelding van de opgave, verklaringen en eedsaflegging bij artikel 177 aangeduid, de summiere inhoud van de afgelegde getuigenverklaringen in.

2. Het eerste lid wordt niet toegepast in zaken die in eerste aanleg door een gerechtshof worden behandeld.

Art. 182

Schadeloosstelling Indien de getuige schadeloosstelling vordert, wordt deze door de rechter begroot. Daarvan wordt melding gemaakt in het proces-verbaal. De schadeloosstelling wordt voldaan door de partij die de getuige heeft voorgebracht.
(Zie ook: art. 237 Rv; art. 57 WTBZ)

Art. 183

Uitstel verdere horen getuigen tot nadere dag In geval de getuigen niet op één dag kunnen worden gehoord, stelt de rechter het verdere horen tot een nadere dag uit en geschiedt er noch aan de ter zitting verschenen getuigen noch aan de al dan niet aldaar verschenen partij enige nieuwe oproeping.

Art. 184

Nietigheid Het nalaten van een van de in deze paragraaf voorgeschreven formaliteiten heeft, met uitzondering van artikel 177 omtrent het afleggen van de eed, alleen de nietigheid van het verhoor ten gevolge indien de belanghebbende partij daardoor in haar belangen is benadeeld en het verzuim niet kan worden hersteld; in het tegenovergestelde geval kan de rechter, zo daartoe gronden zijn, herstel van begane onregelmatigheden bevelen.

Art. 185

Na afloop van het getuigenverhoor of indien dit achterwege blijft, bepaalt de rechter de dag waarop de zaak weer op de rol zal komen.

Bepaling verder verloop procedure

§ 5

Voorlopig getuigenverhoor

Art. 186

1. In de gevallen waarin bij de wet het bewijs door getuigen is toegelaten, kan, voordat een zaak aanhangig is, op verzoek van de belanghebbende onverwijld een voorlopig getuigenverhoor worden bevolen.

(Zie ook: art. 193 Rv)

2. Tijdens een reeds aanhangig geding kan de rechter op verzoek van een partij een voorlopig getuigenverhoor bevelen.

(Zie ook: artt. 202, 351 Rv)

Art. 187

1. Het verzoek wordt gedaan aan de rechter die vermoedelijk bevoegd zal zijn van de zaak, indien deze aanhangig wordt gemaakt, kennis te nemen, of aan de rechter tot wiens absolute bevoegdheid de zaak behoort en binnen wiens rechtsgebied de personen die men als getuigen wil doen horen, of het grootste aantal van hen, woonachtig zijn of verblijven. Indien de zaak door de kantonrechter moet worden behandeld en beslist, wordt het verzoek gedaan aan de kantonrechter. De rechter beoordeelt summierlijk of hij absoluut bevoegd is en of de zaak door de kantonrechter moet worden behandeld en beslist.

2. Indien het geding reeds aanhangig is, wordt het verzoek gedaan aan de rechter waar het geding aanhangig is.

3. Het verzoekschrift houdt in:

a. de aard en het beloop van de vordering;

b. de feiten of rechten die men wil bewijzen;

c. de namen en woonplaatsen van de personen die men als getuigen wil doen horen;

d. de naam en de woonplaats van de wederpartij of de redenen waarom de wederpartij onbekend is.

4. Tenzij de wederpartij onbekend is en behoudens gevallen van onverwijlde spoed, wordt op het verzoekschrift niet eerder beschikt dan nadat een behandeling heeft plaatsgevonden, waartoe de verzoeker en de wederpartij worden opgeroepen.

Art. 188

1. Indien de rechter het verzoek toestaat, bepaalt hij de plaats, de dag en het uur waarop het voorlopig getuigenverhoor zal plaatshebben en de dag waarop uiterlijk de verzoeker een afschrift van het verzoekschrift, indien dit nog niet is toegezonden, en van de beschikking aan de wederpartij, zo die bekend is, moet doen toekomen.

2. Voor zover het verzoek wordt toegewezen, is geen hogere voorziening toegelaten.

Art. 189

De bepalingen omtrent het getuigenverhoor zijn op het voorlopig getuigenverhoor van overeenkomstige toepassing.

Art. 190

1. Met inachtneming van de termijn die krachtens artikel 188 door de rechter is bepaald, zendt de verzoeker, indien de wederpartij bekend is, haar bij aangetekende brief een afschrift van het verzoekschrift, indien dit nog niet is toegezonden, en van de beschikking van de rechter, of doet hij haar deze afschriften betekenen. Alvorens tot het houden van het voorlopig getuigenverhoor over te gaan, vergewist de rechter zich ervan dat aan dit voorschrift is voldaan.

2. Verschijnt de wederpartij bij het verhoor ter zitting, dan bepaalt de rechter na afloop daarvan op haar verzoek de plaats waar en het tijdstip waarop het voorlopig getuigenverhoor voor tegenbewijs kan plaatshebben.

(Zie ook: art. 168 Rv)

Art. 191

1. De rechter kan, op verzoek van partijen of van een van hen dan wel ambtshalve, na afloop van het voorlopig getuigenverhoor of het voorlopig getuigenverhoor voor tegenbewijs een verschijning van partijen voor een mondelinge behandeling bevelen.

2. Bij een verschijning van partijen op de mondelinge behandeling kan ook de verdere wijze van behandeling van geschillen over de vordering worden besproken. Afspraken dienaangaande worden, wanneer een partij dat verlangt, met overeenkomstige toepassing van artikel 89, eerste lid, in een proces-verbaal vastgelegd. Een beroep in rechte op deze afspraken kan niet worden gedaan, voor zover zij in strijd komen met een dwingende wetsbepaling, met fundamentele

Voorlopig getuigenverhoor

Bevoegdheid van de rechter

Inhoud verzoekschrift

Voorlopig getuigenverhoor, plaats- en tijdbepaling door rechter

Schakelbepaling

Afschrift aan wederpartij

Schikkings- of inlichtingencomparitie

B14 art. 192 **Wetboek van Burgerlijke Rechtsvordering**

beginselen van behoorlijke rechtspleging of voor zover een beroep daarop in verband met onvoorziene omstandigheden redelijkerwijs niet kan worden gedaan.

Art. 192

Bewijskracht **1.** Indien alle partijen bij het verhoor aanwezig of vertegenwoordigd zijn geweest, hebben de getuigenverklaringen in een voorlopig getuigenverhoor afgelegd, dezelfde bewijskracht als die, welke op de gewone wijze in een aanhangig geding zijn afgelegd.

2. Zijn niet alle partijen bij het voorlopig getuigenverhoor aanwezig of vertegenwoordigd geweest, dan kan de rechter de daarin afgelegde verklaringen buiten beschouwing laten.

Art. 193

Partij als getuige Indien een getuige aannemelijk maakt dat de verzoeker met het voorlopig getuigenverhoor beoogt inlichtingen van hem te verkrijgen ten behoeve van een tegen hem in te stellen vordering, houdt de rechter het verhoor met inachtneming van de bepalingen die van toepassing zijn op het verhoor van de partij als getuige. Van een en ander wordt melding gemaakt in het procesverbaal.

(Zie ook: art. 164 Rv)

§ 6

Deskundigen

Art. 194

Verhoor van deskundigen **1.** De rechter kan op verzoek van een partij of ambtshalve een bericht of een verhoor van deskundigen bevelen. Het vonnis vermeldt de punten waarover het oordeel van deskundigen wordt gevraagd.

2. De rechter benoemt bij vonnis of bij latere rolbeschikking een of meer deskundigen na overleg met partijen, met opdracht bij hem schriftelijk bericht in te leveren of aan hem mondeling verslag uit te brengen. Tegen deze benoeming staat geen hogere voorziening open.

3. De griffier zendt afschrift van deze benoeming aan de deskundigen.

4. Indien een deskundige de benoeming niet aanneemt of zijn taak niet naar behoren zal kunnen volbrengen of weigerachtig is dit te doen, kan de rechter ambtshalve of op verzoek van de meest gerede partij, na overleg met partijen, een andere deskundige in zijn plaats benoemen.

5. De rechter kan, op verzoek van een partij of ambtshalve, aan de deskundigen het geven van nadere mondelinge of schriftelijke toelichting of aanvulling bevelen, dan wel, na overleg met partijen, een of meer andere deskundigen benoemen.

(Zie ook: art. 810a Rv; art. 339 BW Boek 2)

Art. 195

Kosten De rechter kan ambtshalve of op verzoek van een of meer partijen deskundigen vragen hun kosten te begroten. Door de eisende partij wordt een door de rechter te bepalen voorschot en, indien dit is bepaald, een nader voorschot, ter zake van die kosten bijgeschreven op de rekening van het gerecht waar de zaak dient dan wel ter griffie gestort, voor zover niet bij het vonnis, bedoeld in artikel 194, eerste lid, in verband met de omstandigheden van het geding de wederpartij of beide partijen te zamen daartoe is of zijn aangewezen. Aan partijen aan wie ingevolge de Wet op de rechtsbijstand een toevoeging is verleend of ten aanzien van wie ingevolge artikel 16 van de Wet griffierechten burgerlijke zaken het griffierecht voor onvermogenden is geheven, wordt geen voorschot opgelegd. Evenmin wordt een voorschot opgelegd aan de partijen van wie geen griffierecht is geheven en ten aanzien van wie de griffier verklaart dat zij, indien van hen wel griffierecht zou zijn geheven, van hen het griffierecht voor onvermogenden geheven zou zijn. Weigert de griffier een verklaring als bedoeld in de vorige zin af te geven, dan staat daartegen verzet open op de wijze als voorzien in artikel 29 van de Wet griffierechten burgerlijke zaken.

(Zie ook: art. 231 Rv)

Art. 196

Voorschot **1.** De rechter kan, zo nodig ambtshalve, bij de bepaling van een voorschot als bedoeld in artikel 195, of nadien, een termijn vaststellen voor de voldoening van het voorschot. Deze termijn kan een of meermalen worden verlengd. Tegen beslissingen ingevolge de eerste en tweede zin staat geen hogere voorziening open.

(Zie ook: art. 20 Rv)

2. Wanneer een partij het voorschot niet binnen de daarvoor gestelde termijn voldoet, kan de rechter daaruit de gevolgtrekking maken die hij geraden acht.

Art. 197

Onderzoek door deskundige **1.** Indien de deskundigen een onderzoek moeten verrichten, bepaalt de rechter bij hun benoeming of op een later tijdstip waar en wanneer zij tot het onderzoek zullen overgaan.

2. Bij de in het eerste lid bedoelde beslissing bepaalt de rechter tevens de termijn waarbinnen de deskundigen hun schriftelijke bericht ter griffie moeten inleveren of de terechtzitting waarop zij mondeling verslag moeten uitbrengen. In het eerste geval wordt mede de dag bepaald waarop de zaak weer op de rol zal komen. In het tweede geval wordt deze dag bepaald op de terechtzitting waarop het verslag is uitgebracht.

3. Wanneer op die dag het bericht van deskundigen nog niet mocht zijn ingekomen, kan de rechter op verzoek van partijen of van een van hen een nadere roldatum bepalen. Eveneens kan een nadere terechtzitting worden bepaald, wanneer op de daarvoor vastgestelde terechtzitting het mondelinge verslag niet wordt uitgebracht.

Art. 198

1. De deskundige die zijn benoeming heeft aanvaard, is verplicht de opdracht onpartijdig en naar beste weten te volbrengen.

(Zie ook: art. 192 WvSr)

2. De deskundigen stellen hun onderzoek in, hetzij onder leiding van de rechter, hetzij zelfstandig. De deskundigen moeten bij hun onderzoek partijen in de gelegenheid stellen opmerkingen te maken en verzoeken te doen. Uit het schriftelijke bericht moet blijken of aan dit voorschrift is voldaan. Van de inhoud van de opmerkingen en verzoeken wordt in het schriftelijke bericht melding gemaakt. Indien een partij schriftelijke opmerkingen of verzoeken aan de deskundigen doet toekomen, verstrekt zij daarvan terstond afschrift aan de wederpartij.

3. Partijen zijn verplicht mee te werken aan een onderzoek door deskundigen. Wordt aan deze verplichting niet voldaan, dan kan de rechter daaruit de gevolgtrekking maken die hij geraden acht.

4. Het schriftelijke bericht is met redenen omkleed zonder dat het persoonlijke gevoelen van ieder van de deskundigen behoeft te blijken. Ieder van de deskundigen kan van zijn afwijkende mening doen blijken. Het schriftelijke bericht wordt door de deskundigen ondertekend. Indien een of meer deskundigen niet hebben ondertekend, wordt de oorzaak hiervan zo mogelijk op het schriftelijke bericht vermeld. Aan het niet ondertekenen van het bericht door een of meer deskundigen, kan de rechter de gevolgtrekking verbinden die hij geraden acht. De griffier zendt aan partijen afschrift van het schriftelijke bericht.

5. Het proces-verbaal van de slotsom van het mondelinge verslag wordt na voorlezing, behalve door de griffier, ondertekend door de rechter aan wie het verslag is uitgebracht en door de deskundigen. Verklaart een deskundige niet te kunnen ondertekenen, dan wordt die verklaring, inhoudende de oorzaak van verhindering, in het proces-verbaal vermeld.

Art. 199

1. De deskundigen hebben aanspraak op schadeloosstelling en op loon, door de rechter te begroten onder de minuut van het schriftelijke bericht of onder het van het mondelinge verslag opgemaakte proces-verbaal.

2. De griffier betaalt het bedrag ten laste van het gestorte voorschot aan de deskundigen. Indien het vastgestelde voorschot niet toereikend is, wordt voor het resterende bedrag een bevelschrift van tenuitvoerlegging op de minuut van het schriftelijke bericht uitgegeven ten laste van de in de tweede volzin van artikel 195 genoemde partij of partijen. In geval van mondeling verslag wordt dit bevelschrift gegeven op een in executoriale vorm uitgegeven uittreksel uit het proces-verbaal van dat verslag.

3. Voor zover ten gevolge van artikel 195, derde tot en met vijfde volzin, het tweede lid niet kan worden toegepast, betaalt de griffier het bedrag waarop de deskundigen aanspraak hebben ten laste van 's Rijks kas. Hangende het geding wordt het ten laste van 's Rijks kas betaalde bedrag voorlopig in debet gesteld.

Art. 200

1. De rechter kan een partij op haar verzoek toestaan deskundigen te doen horen die niet door de rechter zijn benoemd.

2. De rechter ten overstaan van wie in een zaak bewijs wordt bijgebracht, kan aan partijen toestaan, bij die gelegenheid ook zodanige deskundigen te doen horen.

3. Indien de rechter een verhoor van een zodanige deskundige heeft toegestaan, is ook de wederpartij bevoegd op dezelfde voet deskundigen te doen horen.

4. De rechter kan, op verzoek van een partij of ambtshalve, aan een zodanige deskundige het geven van nadere, mondelinge of schriftelijke, toelichting bevelen.

5. De artikelen 166, derde lid, 167 tot en met 170, 174 tot en met 177, eerste lid, 179, tweede, derde en vierde lid, en 180 tot en met 185 omtrent het getuigenverhoor zijn van overeenkomstige toepassing op het verhoor van deze deskundigen.

(Zie ook: art. 1042 Rv)

Verplichte medewerking door partijen

Schadeloosstelling

Horen van andere deskundigen

B14 art. 201 Wetboek van Burgerlijke Rechtsvordering

§ 7
Plaatsopneming en bezichtiging

Art. 201

Opnemen plaatselijke gesteldheid of bezichtiging bepaalde zaken

1. De rechter kan op verzoek van een partij of ambtshalve, vergezeld van de griffier, een plaatselijke gesteldheid opnemen of zaken bezichtigen die niet of bezwaarlijk ter zitting kunnen worden overgebracht.
(Zie ook: art. 1019r Rv)

2. Het daartoe strekkende vonnis vermeldt de plaats of de zaak welke in ogenschouw moet worden genomen, bepaalt de tijd van de plaatsopneming, de tijd en de plaats van de bezichtiging, de termijn waarbinnen het van de verrichting op te maken proces-verbaal ter griffie moet zijn neergelegd, alsmede de dag waarop de zaak weer op de rol zal komen.

3. De rechter heeft voor het doen van een plaatsopneming of een bezichtiging als bedoeld in het eerste lid, toegang tot elke plaats. Op het proces-verbaal als bedoeld in het tweede lid, zijn de artikelen 10 en 11, tweede lid, van de Algemene wet op het binnentreden van overeenkomstige toepassing.

4. Partijen worden in de gelegenheid gesteld opmerkingen te maken of verzoeken te doen. Uit het proces-verbaal moet blijken of aan dit voorschrift is voldaan. Van de inhoud van de opmerkingen of verzoeken wordt in het proces-verbaal melding gemaakt. Het proces-verbaal wordt door de rechter die de verrichting heeft gedaan, en door de griffier ondertekend. De rechter kan ter plaatse getuigen horen. De vierde paragraaf van deze afdeling is, behoudens artikel 170, hierop van toepassing.

5. De rechter kan zich tot de uitoefening van de in dit artikel toegekende bevoegdheden buiten zijn rechtsgebied begeven.

6. De reis- en verblijfkosten van de rechter en de griffier komen ten laste van de Staat.

§ 8
Voorlopig bericht of verhoor of deskundigen, voorlopige plaatsopneming en bezichtiging

Art. 202

Voorlopig bericht of verhoor van deskundigen

1. Voordat een zaak aanhangig is, kan op verzoek van de belanghebbende een voorlopig bericht of verhoor van deskundigen of een voorlopige plaatsopneming en bezichtiging worden bevolen.
(Zie ook: artt. 1020, 1047 Rv)

2. Tijdens een reeds aanhangig geding kan dit op verzoek van een partij worden bevolen.
(Zie ook: artt. 186, 633 Rv; artt. 494, 959, 1135 BW Boek 8)

Art. 203

Eisen aan verzoek

1. Het verzoek wordt gedaan aan de rechter waar het geding aanhangig is of, indien het niet aanhangig is, aan de rechter die vermoedelijk bevoegd zal zijn daarvan kennis te nemen. Indien de zaak door de kantonrechter moet worden behandeld en beslist, wordt het verzoek gedaan aan de kantonrechter. De rechter beoordeelt summierlijk of hij absoluut bevoegd is en of de zaak door de kantonrechter moet worden behandeld en beslist.
(Zie ook: art. 187 Rv)

2. Het verzoekschrift houdt in:
a. de aard en het beloop van de vordering;
b. de punten waarover het oordeel van de deskundigen wordt gevraagd of de plaats of de zaak die in ogenschouw moet worden genomen;
c. de naam en de woonplaats van de wederpartij of de redenen waarom de wederpartij onbekend is.

3. Tenzij de wederpartij onbekend is en behoudens gevallen van onverwijlde spoed, wordt op het verzoek niet eerder beschikt dan nadat een mondelinge behandeling heeft plaatsgevonden, waartoe de verzoeker en de wederpartij worden opgeroepen.
(Zie ook: art. 187 Rv)

Art. 204

Toestaan verzoek

1. Indien de rechter het verzoek toestaat, bepaalt hij tevens de uiterste dag waarop de verzoeker een afschrift van het verzoekschrift, indien dit nog niet is toegezonden, en van de beschikking aan de wederpartij, zo die bekend is, moet doen toekomen.

2. Voor zover het verzoek wordt toegewezen, is geen hogere voorziening toegelaten.
(Zie ook: art. 188 Rv)

Art. 205

Overeenkomstige toepassing

1. De bepalingen betreffende deskundigen en betreffende plaatsopneming en bezichtiging zijn van overeenkomstige toepassing.

2. Indien ten aanzien van een partij, met toepassing van het derde lid van artikel 199, het bedrag van de schadeloosstelling en het loon van deskundigen voorlopig in debet zijn gesteld, stelt de rechter op het moment van toezending van het schriftelijke bericht aan partijen of afgifte van het proces-verbaal van de slotsom van het mondelinge verslag, dan wel zo spoedig mogelijk daarna, vast welk deel van dit bedrag elk der partijen dient te dragen en veroordeelt hen dienovereenkomstig tot voldoening aan de griffier. Bij gebreke van de betaling geschiedt de invordering krachtens een door de griffier uit te vaardigen dwangbevel. Artikel 30 van de Wet griffierechten burgerlijke zaken is van overeenkomstige toepassing, met dien verstande dat de tenuitvoerlegging wordt opgeschort indien blijkt dat de veroordeling nog niet in kracht van gewijsde is gegaan.

3. Het tweede lid blijft buiten toepassing wanneer op het moment van de toezending aan de rechter is gebleken dat tussen partijen een geding aanhangig is over de vordering waarop het bericht of verhoor van deskundigen betrekking heeft.

Art. 206

Met inachtneming van de termijn, krachtens artikel 204 bepaald, zendt de verzoeker een afschrift van het verzoekschrift, indien dit nog niet is toegezonden, en de beschikking van de rechter bij aangetekende brief aan de wederpartij, zo die bekend is, of doet hij deze afschriften bij exploot aan de wederpartij betekenen. Alvorens tot de verrichting over te gaan, vergewist de rechter zich ervan dat aan dit voorschrift is voldaan.

(Zie ook: art. 190 Rv)

Art. 207

1. Indien alle partijen bij de verrichting aanwezig zijn geweest, hebben de verklaringen van de deskundigen, de plaatsopneming en de bezichtiging dezelfde bewijskracht als die, welke op de gewone wijze in een aanhangig geding hebben plaatsgehad.

(Zie ook: artt. 494, 495, 959, 960, 1135 BW Boek 8)

2. Zijn niet alle partijen aanwezig geweest, dan kan de rechter een en ander buiten beschouwing laten.

(Zie ook: art. 192 Rv)

Tiende afdeling
Incidentele vorderingen

§ 1
Algemene bepalingen

Art. 208

1. Incidentele vorderingen worden ingesteld bij dagvaarding of bij met redenen omklede conclusie. De artikelen 85, 86, 128, 133 en 134 zijn van toepassing.

(Zie ook: art. 82 Rv)

2. De rechter kan in bijzondere gevallen het nemen van conclusies van repliek en dupliek toestaan.

3. Incidentele vorderingen worden zoveel mogelijk tegelijk ingesteld.

Art. 209

Op de incidentele vorderingen wordt, indien de zaak dat medebrengt, eerst en vooraf beslist. Voor zover de hoofdzaak niet gelijktijdig is afgedaan, bepaalt de rechter bij de beslissing op het incident tevens de dag waarop de zaak weer op de rol zal komen.

(Zie ook: artt. 232, 337 Rv)

§ 2
Vrijwaring

Art. 210

1. Indien de gedaagde meent gronden te hebben om iemand in vrijwaring op te roepen en hij die oproeping niet heeft gedaan vóór de dag waarop de hoofdzaak moet dienen, neemt hij zijn daartoe strekkende, met redenen omklede conclusie vóór alle weren op de voor het nemen van de conclusie van antwoord bepaalde roldatum.

2. Indien de eiser meent gronden te hebben om iemand in vrijwaring op te roepen, neemt hij zijn daartoe strekkende, met redenen omklede conclusie uiterlijk op de roldatum, op zijn verzoek bepaald bij de verschijning van partijen ter terechtzitting op de voet van artikel 131. Vindt geen verschijning van partijen op de voet van artikel 131 plaats, dan neemt de eiser zijn conclusie uiterlijk op de voor het nemen van de conclusie van repliek bepaalde datum.

3. Indien de vordering wordt toegewezen, bepaalt de rechter de dag waarop zowel de hoofdzaak als de zaak in vrijwaring weer op de rol zullen komen. Betreft de zaak in vrijwaring een vordering die ongeacht het beloop of de waarde door de kantonrechter moet worden behandeld, dan verwijst de rechter beide zaken daarbij zo nodig, met overeenkomstige toepassing van artikel 71, naar de kantonrechter.

(Zie ook: art. 94 Rv)

Afschrift verzoek aan wederpartij

Bewijskracht

Incidentele verordeningen

Beslissing vooraf

Oproep

B14 art. 211 **Wetboek van Burgerlijke Rechtsvordering**

4. Het vonnis waarbij de dagvaarding in vrijwaring is toegestaan, behoeft aan de waarborg niet betekend te worden. De dagvaarding moet de in het vonnis vermelde beslissing behelzen; bij die dagvaarding moet de dagvaarding in de hoofdzaak in afschrift worden betekend.

5. Indien de vordering wordt afgewezen, bepaalt de rechter bij die beslissing de dag waarop de zaak weer op de rol zal komen of beveelt hij een verschijning van partijen ter terechtzitting.

Art. 211

Niet-tijdige oproeping Indien de vordering tot oproeping in vrijwaring niet tijdig is gedaan, wordt zonder uitstel in de hoofdzaak voortgeprocedeerd.

(Zie ook: art. 343 BW Boek 2; art. 244 BW Boek 6)

Art. 212

Bescherming waarborg bij zakelijke vrijwaring In geval van vrijwaring wegens uitwinning van een goed of wegens een recht waarmee het goed niet belast had mogen zijn, mag de waarborg de hoofdzaak van de gewaarborgde overnemen met dien verstande dat de gewaarborgde als partij in het geding blijft.

(Zie ook: art. 217 Rv)

Art. 213

Kosten **1.** In het geval, bedoeld in artikel 212, kan het tegen de waarborg gewezen vonnis tegen de gewaarborgde ten uitvoer worden gelegd.

2. Wat de kosten en de vordering tot schadevergoeding betreft, kunnen de vereffening en de tenuitvoerlegging slechts tegen de waarborg geschieden.

3. Indien echter de waarborg geen verhaal biedt, moet de gewaarborgde de kosten dragen en, zo daartoe gronden zijn, ook de schade vergoeden.

Art. 214

Voeging in hoofdzaak door waarborg bij eenvoudige vrijwaring In zaken van eenvoudige vrijwaring mag de waarborg zich in de hoofdzaak slechts voegen zonder de zaak van de gewaarborgde over te nemen.

Art. 215

Gelijktijdige beslissing hoofd- en vrijwaringszaak In geval de hoofdzaak en de zaak in vrijwaring tegelijk in staat van wijzen zijn, wordt daarin gelijktijdig beslist. Indien dit niet het geval is, wordt op vordering van de oorspronkelijke eiser of gedaagde de hoofdzaak afzonderlijk beslist.

Art. 216

Competentieregels t.a.v. vrijwaring Hij die ter zake van vrijwaring is gedagvaard, moet procederen voor de rechter waar de hoofdzaak aanhangig is, zelfs indien hij ontkent waarborg te zijn.

(Zie ook: art. 72 Rv)

§ 3

Voeging en tussenkomst

Art. 217

Interventie door tussenkomst en voeging Ieder die een belang heeft bij een tussen andere partijen aanhangig geding, kan vorderen zich daarin te mogen voegen of daarin te mogen tussenkomen.

(Zie ook: artt. 353, 376 Rv)

Art. 218

Incidentele conclusie Deze vordering wordt ingesteld bij incidentele conclusie vóór of op de roldatum waarop de laatste conclusie in het aanhangige geding wordt genomen.

Art. 219

Incidentele conclusie, inhoud **1.** De conclusie vermeldt:

a. de voornaam, de naam en de woonplaats van degene die de vordering instelt;

b. de vordering en de gronden waarop zij berust;

c. in zaken waarin partijen niet in persoon kunnen procederen, de naam van degene die als advocaat wordt gesteld.

2. De in het eerste lid aangeduide gegevens worden vermeld op straffe van nietigheid. Artikel 122 is van overeenkomstige toepassing.

Art. 219a

Aanhouding bij niet-voldoen griffierecht **1.** De rechter houdt de zaak aan zolang degene die vordert zich te mogen voegen of te mogen tussenkomen het griffierecht niet heeft voldaan en de termijn genoemd in artikel 5, tweede lid, van de Wet griffierechten burgerlijke zaken nog loopt.

2. Heeft degene die de vordering instelt, het griffierecht niet tijdig voldaan, dan verklaart de rechter hem niet ontvankelijk in de vordering. Voordat de rechter hiertoe overgaat, stelt hij degene die de vordering heeft ingesteld in de gelegenheid zich uit te laten over het niet tijdig voldoen van het verschuldigde griffierecht.

3. Artikel 127a, derde en vierde lid, zijn van overeenkomstige toepassing.

§ 4

Verwijzing en voeging van zaken

Art. 220

1. In zaken die reeds eerder bij een andere gewone rechter van gelijke rang aanhangig zijn gemaakt tussen dezelfde partijen over hetzelfde onderwerp, of in geval de zaak verknocht is aan een zaak die reeds bij een andere gewone rechter van gelijke rang aanhangig is, kan de verwijzing naar die andere rechter worden gevorderd. In deze zaken kan de rechter ook ambtshalve naar die andere rechter verwijzen, nadat partijen hierover zijn gehoord. Verwijzing is ook mogelijk indien één der zaken bij de kantonrechter in behandeling is en de andere niet.

2. Door de eiser kan deze vordering slechts worden ingesteld bij de inleidende dagvaarding of bij incidentele conclusie vóór het antwoord.

3. Door de gedaagde moet de vordering ingesteld bij met redenen omklede conclusie vóór alle weren op de voor het nemen van de conclusie van antwoord bepaalde roldatum.

(Zie ook: artt. 94, 125, 278, 285 Rv; art. 21 Uw EEX)

4. In het geval van verwijzing naar een andere kamer van hetzelfde gerecht vermeldt de rechter in de beslissing tot verwijzing een nieuwe roldatum alsmede, indien daarin een wijziging optreedt, op welke wijze partijen in het geding moeten verschijnen. Indien tegen de gedaagde verstek is verleend, beveelt de rechter dat de nieuwe roldatum door de eiser bij exploot aan de gedaagde wordt aangezegd onder betekening van de beslissing tot verwijzing. Artikel 221 is bij verwijzing naar een andere kamer van hetzelfde gerecht niet van toepassing.

(Zie ook: art. 71 Rv)

5. Indien bij hetzelfde gerecht één der zaken in behandeling is bij de kantonrechter en deze een vordering betreft als bedoeld in artikel 93 onder c of d, kan in de andere zaak verwijzing van die andere zaak naar de kantonrechter worden gevorderd, ook als die zaak reeds eerder aanhangig was.

(Zie ook: art. 71 Rv)

6. Artikel 71, vierde lid, eerste zin, is van overeenkomstige toepassing.

Art. 221

Indien een zaak naar een andere rechter wordt verwezen, heeft iedere partij het recht de overige partijen bij exploot op te roepen tegen de dag waarop zij de zaak ter rolle wil doen dienen. Voor deze oproeping moeten de voor dagvaarding voorgeschreven termijnen in acht worden genomen. Is met het oog op het geding voor de eerste rechter woonplaats gekozen, dan kan het in dit artikel bedoelde exploot ook aan die woonplaats worden gedaan.

Vordering verwijzing naar andere rechter

Oproepen andere partijen bij exploot na verwijzing naar ander gerecht

Art. 222

1. In geval voor dezelfde rechter tussen dezelfde partijen en over hetzelfde onderwerp tegelijk zaken aanhangig zijn, of voor dezelfde rechter verknochte zaken aanhangig zijn, kan daarvan de voeging worden gevorderd. In deze zaken kan de rechter ook ambtshalve tot voeging overgaan.

2. Artikel 220, tweede en derde lid, zijn op deze vordering van toepassing.

(Zie ook: art. 21 Uw EEX)

Vordering tot voeging na verwijzing naar ander gerecht

§ 5

Voorlopige voorzieningen

Art. 223

1. Tijdens een aanhangig geding kan iedere partij vorderen dat de rechter een voorlopige voorziening zal treffen voor de duur van het geding.

2. Deze vordering moet samenhangen met de hoofdvordering.

(Zie ook: artt. 254, 337 Rv)

Vorderen voorlopige voorziening

§ 6

Zekerheidstelling voor proceskosten

Art. 224

1. Allen zonder woonplaats of gewone verblijfplaats in Nederland die bij een Nederlandse rechter een vordering instellen of zich voegen of tussenkomen in een geding alhier, zijn verplicht op vordering van de wederpartij zekerheid te stellen voor de proceskosten en de schadevergoeding tot betaling waarvan zij veroordeeld zouden kunnen worden.

2. Geen verplichting tot het stellen van zekerheid bestaat:

a. indien dit voortvloeit uit een verdrag of uit een EG-verordening;

b. indien een veroordeling tot betaling van proceskosten en schadevergoeding op grond van het Statuut voor het Koninkrijk der Nederlanden, een verdrag, een EG-verordening of een wet ten uitvoer zal kunnen worden gelegd ter plaatse waar degene van wie zekerheid gevorderd wordt, zijn woonplaats of gewone verblijfplaats heeft;

Stellen van zekerheid

c. indien redelijkerwijs aannemelijk is dat verhaal voor een veroordeling tot betaling van proceskosten en schadevergoeding in Nederland mogelijk zal zijn;
d. indien daardoor voor degene van wie zekerheid wordt gevorderd de effectieve toegang tot de rechter zou worden belemmerd.
3. De wederpartij is bevoegd de vordering, bedoeld in het eerste lid, in te stellen vóór alle weren.
4. De partij die het stellen van zekerheid vordert, wordt niet geacht daardoor de rechtsmacht van de rechter te hebben erkend.
5. Het vonnis waarbij het stellen van zekerheid wordt bevolen, drukt de som uit tot beloop waarvan de zekerheid moet worden verstrekt.
(Zie ook: artt. 353, 414, 616 Rv; art. 51 BW Boek 6; art. 9 Wet AB; art. 31 CMR; art. 45 Uw EEX)

Elfde afdeling
Schorsing en hervatting

Art. 225

Gronden voor schorsing **1.** Gronden voor schorsing van het geding zijn:
a. de dood van een partij;
b. verandering van de persoonlijke staat van een partij;
c. het ophouden van de betrekkingen waarin een partij het geding voerde, hetzij ten gevolge van rechtsopvolging onder algemene titel op een ander, hetzij door een andere oorzaak.
2. Schorsing vindt plaats door betekening van de ingeroepen grond voor de schorsing aan de wederpartij dan wel door een daartoe strekkende akte ter rolle. Bij gebreke hiervan wordt het geding op naam van de oorspronkelijke partij voortgezet.
3. Alle proceshandelingen, verricht nadat de schorsing is ingetreden, zijn nietig.
4. Schorsing kan niet meer plaatsvinden nadat de dag is bepaald waarop het vonnis zal worden uitgesproken.

Art. 226

Schorsing van rechtswege **1.** In zaken waarin partijen niet in persoon kunnen procederen, wordt het geding van rechtswege geschorst doordat de gestelde advocaat overlijdt of doordat hij zijn hoedanigheid van advocaat verliest.
2. Artikel 225, derde en vierde lid, is van toepassing.

Art. 227

Hervatting van het geding **1.** In de gevallen, bedoeld in artikel 225, eerste lid, wordt het geding hervat in de stand waarin dit zich bij de schorsing bevond:
a. doordat de partij bij wie de grond voor de schorsing is opgekomen bij de betekening van de schorsingsgrond verklaart dat het geding wordt hervat;
b. doordat een der partijen, met instemming van de andere partij, een daartoe strekkende akte ter rolle neemt, dan wel bij exploot verklaart dat het geding wordt hervat.
2. De partij die bij de in het eerste lid, onder a, bedoelde betekening of het in het eerste lid, onder b, bedoelde exploot verklaart dat het geding wordt hervat, roept daarbij de andere partij op tegen de dag waarop zij de zaak ter rolle wil doen dienen. Voor deze oproeping moeten de voor dagvaarding voorgeschreven termijnen in acht worden genomen.
(Zie ook: art. 66 Rv)
3. In zaken waarin partijen niet in persoon kunnen procederen, stellen zij opnieuw advocaat.

Art. 228

Schorsing in geval van overlijden **1.** In geval van schorsing wegens overlijden of verlies van de hoedanigheid van de gestelde advocaat, wordt het geding hervat in de stand waarin dit zich bij de schorsing bevond doordat een der partijen, met instemming van de andere partij, een daartoe strekkende akte ter rolle neemt, dan wel bij exploot verklaart dat het geding wordt hervat.
2. Artikel 227, tweede lid, is van overeenkomstige toepassing. Partijen stellen opnieuw advocaat.

Twaalfde afdeling
Het vonnis

§ 1
Algemeen

Art. 229

Dagbepaling uitspraak De rechter bepaalt de dag waarop hij uitspraak zal doen en deelt deze dag aan de eiser en aan de in het geding verschenen gedaagde mede. Op verlangen van de in het geding verschenen partijen stelt de rechter de uitspraak uit.
(Zie ook: artt. 18, 20 Rv; art. 121 GW)

Art. 230

Inhoud van het vonnis **1.** Het vonnis vermeldt:
a. de namen en de woonplaats van de partijen, en de namen van hun gemachtigden of advocaten;

b. het verloop van het geding;
c. de slotsom van de dagvaarding en de conclusies van partijen;
d. de slotsom van de conclusie van het openbaar ministerie in de gevallen waarin het is gehoord;
e. de gronden van de beslissing, waaronder begrepen de feiten waarop de beslissing rust;
(Zie ook: art. 23 Rv)
f. de beslissing;
g. de naam van de rechter of, bij een meervoudige kamer, de namen van de rechters door wie het vonnis is gewezen;
(Zie ook: art. 1057 Rv)
h. de dag van de uitspraak.
2. Indien tegen de gedaagde of, bij meer gedaagden, tegen hen allen verstek is verleend en de vorderingen van de eiser geheel of gedeeltelijk worden toegewezen, kan ten aanzien van de ingevolge het eerste lid onder a, c, e en f te vermelden gegevens worden volstaan met verwijzing naar een door de griffier gewaarmerkt afschrift van het exploot van dagvaarding waarop het vonnis wordt gesteld of dat aan het vonnis wordt gehecht.
3. Het vonnis wordt door de rechter, of, bij een meervoudige kamer, door de voorzitter en de griffier ondertekend. Het vonnis kan ook worden ondertekend door de rechter die het uitspreekt.
(Zie ook: art. 357 WvSv; art. 121 GW; art. 1019q Rv)

Art. 231

1. Van de vonnissen verstrekt de griffier op de dag van de uitspraak een afschrift aan de eiser en aan de gedaagde die in het geding is verschenen. Betreft het een eindvonnis, dan is het afschrift dat wordt verstrekt aan een partij die tot tenuitvoerlegging van dat vonnis kan overgaan, opgemaakt in executoriale vorm.
2. De griffier verstrekt desverlangd tweede of verdere in executoriale vorm opgemaakte afschriften van een vonnis aan de partij die tot tenuitvoerlegging van dat vonnis kan overgaan, dan wel aan de rechtverkrijgenden onder algemene titel van deze partij. Artikel 29, vijfde en zesde lid, is van overeenkomstige toepassing.
3. Elk afschrift dat in executoriale vorm is opgemaakt, wordt gedagtekend.
(Zie ook: art. 290 Rv)

Verstrekken van afschrift door de griffier

Art. 232

1. De rechter kan, voordat hij definitief over de zaak beslist, een tussenvonnis wijzen.
2. Van de artikelen 230 en 231, eerste lid, kan, voor zover nodig, worden afgeweken indien een tussenvonnis wordt gewezen ter beslissing op een incidentele vordering en de wederpartij te kennen geeft tegen toewijzing geen bezwaar te hebben.

Tussenvonnis

Art. 233

1. Tenzij uit de wet of uit de aard van de zaak anders voortvloeit, kan de rechter, indien dit wordt gevorderd, verklaren dat zijn vonnis uitvoerbaar bij voorraad zal zijn niettegenstaande daartegen aan te wenden rechtsmiddelen. De rechter kan een vonnis waarbij op de voet van artikel 195 wordt beslist omtrent een voorschot ter zake van de kosten van deskundigen, ook ambtshalve uitvoerbaar bij voorraad verklaren.
2. De uitvoerbaarverklaring bij voorraad kan het gehele vonnis betreffen of een gedeelte daarvan.
3. De rechter kan aan de uitvoerbaarverklaring bij voorraad de voorwaarde verbinden dat tot een door hem te bepalen bedrag zekerheid wordt gesteld.
(Zie ook: artt. 235, 616 Rv; art. 51 BW Boek 6)

Uitvoerbaarheid bij voorraad

Art. 234

Indien het vonnis niet uitvoerbaar bij voorraad is verklaard en tegen dat vonnis een rechtsmiddel is aangewend, kan alsnog een incidentele vordering tot uitvoerbaarverklaring bij voorraad van dat vonnis worden ingesteld.
(Zie ook: artt. 208, 438 Rv)

Uitvoerbaarverklaring bij voorraad, incidentele vordering tot

Art. 235

Indien het vonnis uitvoerbaar bij voorraad is verklaard, evenwel zonder dat daaraan de voorwaarde is verbonden dat zekerheid wordt gesteld, en indien tegen dat vonnis een rechtsmiddel is aangewend, kan alsnog een daartoe strekkende incidentele vordering worden ingesteld.
(Zie ook: artt. 438, 616 Rv)

Zekerheidstelling

Art. 236

1. Beslissingen die de rechtsbetrekking in geschil betreffen en zijn vervat in een in kracht van gewijsde gegaan vonnis, hebben in een ander geding tussen dezelfde partijen bindende kracht.
2. Onder partijen worden mede begrepen de rechtverkrijgenden onder algemene of bijzondere titel, tenzij uit de wet anders voortvloeit.
3. Het gezag van gewijsde wordt niet ambtshalve toegepast.
(Zie ook: artt. 431, 1059, 1069 Rv; art. 900 BW Boek 7; art. 68 WvSr)

Gezag van gewijsde

§ 2 Kosten

Art. 237

Vaststelling van de kosten

1. De partij die bij vonnis in het ongelijk wordt gesteld, wordt in de kosten veroordeeld. De kosten mogen echter geheel of gedeeltelijk worden gecompenseerd tussen echtgenoten of geregistreerde partners of andere levensgezellen, bloedverwanten in de rechte lijn, broers en zusters of aanverwanten in dezelfde graad, alsmede indien partijen over en weer op enkele punten in het ongelijk zijn gesteld. Ook kan de rechter de kosten die nodeloos werden aangewend of veroorzaakt, voor rekening laten van de partij die deze kosten aanwendde of veroorzaakte.

2. Bij een tussenvonnis kan de beslissing over de kosten tot het eindvonnis worden aangehouden.

3. Het bedrag van de kosten waarin de verliezende partij wordt veroordeeld, wordt, voor zover die kosten vóór de uitspraak zijn gemaakt en niet aan haar zijde zijn gevallen, bij het vonnis vastgesteld.

4. De na de uitspraak ontstane kosten worden op verzoek van de partij in het voordeel van wie een kostenveroordeling is uitgesproken, begroot door de rechter die het vonnis heeft gewezen. Deze geeft daarvoor een bevelschrift af. Hiertegen is geen hogere voorziening toegelaten.

5. De rechter kan bepalen dat het griffierecht tot betaling waarvan de partij, bedoeld in het eerste of tweede lid, wordt veroordeeld, niet hoger is dan het griffierecht dat van deze partij is geheven of, in het geval dat deze partij gedaagde is in een zaak bij de kantonrechter en van haar geen griffierecht is geheven, het griffierecht dat deze partij verschuldigd zou zijn geweest als zij eiser was geweest. De rechter kan hiertoe besluiten indien hij van oordeel is dat veroordeling tot betaling van het hogere griffierecht, gelet op de proceshouding van de in het gelijk gestelde partij, zal leiden tot een onbillijkheid van overwegende aard. Hiertegen is geen hogere voorziening toegelaten.

Art. 238

Kosten voor noodzakelijke reis- en verblijfkosten

1. In zaken waarin partijen in persoon kunnen procederen, wordt, indien de wederpartij van de in het ongelijk gestelde partij zonder gemachtigde procedeert, onder de kosten waarin laatstgenoemde partij wordt veroordeeld, opgenomen een door de rechter te bepalen bedrag voor noodzakelijke reis- en verblijfkosten van die wederpartij. De rechter kan onder de kosten waarin de in het ongelijk gestelde partij wordt veroordeeld, ook opnemen een door hem te bepalen bedrag voor noodzakelijke verletkosten van de wederpartij.

2. Procedeert de wederpartij van de in het ongelijk gestelde partij met een gemachtigde, dan wordt onder die kosten een door de rechter te bepalen bedrag opgenomen voor salaris en noodzakelijke verschotten van de gemachtigde, tenzij de rechter om in het vonnis te vermelden redenen anders beslist.

(Zie ook: art. 80 Rv; artt. 400, 405 BW Boek 7)

Art. 239

Proceskosten in zaken waarin partijen niet in persoon kunnen procederen

In zaken waarin partijen niet in persoon kunnen procederen, kunnen van de kosten van de wederpartij slechts de salarissen en verschotten van de advocaat van die wederpartij ten laste van de in het ongelijk gestelde partij worden gebracht.

Art. 240

Proceskosten ter zake van ambtshandelingen gerechtsdeurwaarders

Kosten terzake van ambtshandelingen, verricht door gerechtsdeurwaarders, worden berekend overeenkomstig bij of krachtens algemene maatregel van bestuur vastgestelde tarieven.

(Zie ook: art. 15 GDW)

Art. 241

Toepasselijkheidsbeding

Ter zake van verrichtingen waarvoor de in de artikelen 237 tot en met 240 bedoelde kosten een vergoeding plegen in te sluiten, zoals die ter voorbereiding van gedingstukken en ter instructie van de zaak, kan jegens de wederpartij geen vergoeding op grond van artikel 96, tweede lid, van Boek 6 van het Burgerlijk Wetboek worden toegekend, maar zijn alleen de regels betreffende proceskosten van toepassing. Dit artikel is niet van toepassing ter zake van kosten als bedoeld in artikel 96, vijfde lid, van Boek 6 van het Burgerlijk Wetboek.

Art. 242

Ambtshalve matiging van bedragen ter vergoeding

1. De rechter kan bedragen die geacht kunnen worden te zijn bedongen ter vergoeding van proceskosten of van buitengerechtelijke kosten als bedoeld in artikel 96, tweede lid, onder b en c, van Boek 6 van het Burgerlijk Wetboek ambtshalve matigen, doch niet tot onder het bedrag van de krachtens de wet te begroten proceskosten respectievelijk het bedrag van de buitengerechtelijke kosten die, gelet op de tarieven volgens welke zodanige kosten aan de opdrachtgevers gewoonlijk in rekening worden gebracht, jegens de wederpartij redelijk zijn.

2. Het eerste lid is niet van toepassing ter zake van kosten als bedoeld in artikel 96, vijfde lid, van Boek 6 van het Burgerlijk Wetboek en geldt niet voor overeenkomsten die strekken tot regeling van een reeds gerezen geschil.

Art. 243

[Vervallen]

Art. 244

1. Indien ten aanzien van een partij, met toepassing van het derde lid van artikel 199, het bedrag van de schadeloosstelling en het loon van deskundigen voorlopig in debet zijn gesteld, veroordeelt de rechter de partij die in de kosten van het geding wordt verwezen ambtshalve om dit bedrag aan de griffier te voldoen.

2. Indien de kosten geheel of gedeeltelijk worden gecompenseerd, stelt de rechter vast welk deel van het in het eerste lid bedoelde bedrag elk der partijen dient te dragen en veroordeelt hen dienovereenkomstig tot voldoening aan de griffier.

3. De tweede zin van artikel 205, tweede lid, is van toepassing.

Art. 245

1. Indien blijkt dat een partij niet bestaat, of dat zij niet rechtsgeldig in het geding is verschenen doordat een daartoe niet bevoegde voor haar is opgetreden of tot het voeren van een geding opdracht heeft gegeven, geschiedt een veroordeling in de kosten, wanneer daartoe aanleiding is, in plaats van ten laste van de partij in naam van wie in rechte is opgetreden, ten laste van de gemachtigde of advocaat van die partij, of van degene die tot het voeren van het geding opdracht heeft gegeven, in het eerste geval onverminderd het verhaal van die advocaat of gemachtigde op zijn opdrachtgever.

2. Alvorens aldus te beslissen, stelt de rechter de betrokkene in de gelegenheid zijn standpunt naar voren te brengen en toe te lichten.

Dertiende afdeling
Afbreking van de instantie

§ 1
Doorhaling op de rol

Art. 246

1. Op verlangen van partijen wordt de zaak op de rol doorgehaald.

2. De enkele doorhaling op de rol heeft geen rechtsgevolgen. Partijen kunnen de rechtsgevolgen bij overeenkomst bepalen.

Art. 247

Indien geen van partijen er, na in de gelegenheid te zijn gesteld zich daarover uit te laten, blijk van geeft het geding te willen voortzetten, kan de zaak ook ambtshalve op de rol worden doorgehaald.

Art. 248

Indien ten aanzien van een partij, met toepassing van het derde lid van artikel 199, het bedrag van de schadeloosstelling en het loon van deskundigen voorlopig in debet zijn gesteld, beslist de rechter met overeenkomstige toepassing van artikel 244, tweede lid, welk deel van dit bedrag elk der partijen dient te dragen en veroordeelt hen dienovereenkomstig tot voldoening aan de griffier.

§ 2
Afstand van instantie

Art. 249

1. Zolang de gedaagde niet voor antwoord heeft geconcludeerd, kan de eiser afstand doen van de instantie.

2. De eiser is verplicht de proceskosten van de gedaagde te betalen.

3. Artikel 248 is van overeenkomstige toepassing.

Art. 250

1. Afstand van instantie wordt gedaan bij akte ter rolle.

2. Indien de afstand door een advocaat of een gemachtigde wordt gedaan, legt deze een hem daartoe door de eiser verstrekte bijzondere volmacht over.

3. Door afstand van instantie worden partijen van rechtswege hersteld in de toestand als ware het geding niet in deze instantie aanhangig geweest, onverminderd het bepaalde in artikel 316, tweede lid, van Boek 3 van het Burgerlijk Wetboek.

4. Ter zake van de betaling van de kosten vaardigt de rechter op verlangen van de gedaagde een bevelschrift uit. Het bevelschrift is uitvoerbaar bij voorraad.

5. Nadat hij de kosten heeft betaald, kan de eiser de vordering opnieuw instellen.

B14 art. 251 Wetboek van Burgerlijke Rechtsvordering

§ 3
Verval van instantie

Art. 251

Bepaling van roldatum **1.** Indien de proceshandeling waarvoor de zaak staat, langer dan twaalf maanden niet is verricht, bepaalt de rechter op verlangen van de wederpartij van de partij die de proceshandeling moet verrichten, een roldatum waarop deze wederpartij verval van instantie kan vorderen, dan wel kan vragen om een laatste uitstel te verlenen aan de partij die de proceshandeling moet verrichten of om vonnis te wijzen. De rechter kan hiertoe, eveneens na verloop van twaalf maanden, ook ambtshalve een roldatum bepalen.

2. De in het eerste lid bedoelde roldatum wordt in beide gevallen bepaald op een termijn van ten hoogste drie maanden.

3. Verval van instantie kan op de bepaalde roldatum slechts worden gevorderd indien het voornemen daartoe ten minste twee weken vóór die roldatum aan de nalatige partij is aangezegd.

4. De rechter wijst de vordering tot verval van instantie toe, tenzij voor of op die roldatum
a. de proceshandeling alsnog wordt verricht, of
b. de wederpartij van de partij die het verval vordert, aannemelijk maakt dat voor de vertraging van het geding een reden bestaat die deze in redelijkheid kan rechtvaardigen.

5. Indien op de ingevolge het eerste lid bepaalde roldatum de proceshandeling waarvoor de zaak staat niet alsnog is of wordt verricht, en voorts de wederpartij van degene die de proceshandeling moet verrichten geen verval van instantie vordert noch zich anderszins uitlaat over de voortgang van het geding als bedoeld in het eerste lid, wordt de zaak op de rol doorgehaald.

Art. 252

Van rechtswege compensatie van de kosten **1.** De kosten van de vervallen instantie worden van rechtswege gecompenseerd. De rechter kan echter, indien hij daartoe gronden aanwezig acht, een partij geheel of gedeeltelijk in de kosten veroordelen.

2. Artikel 248 is van overeenkomstige toepassing.

Art. 253

Herstel in oude toestand **1.** Door verval van instantie worden partijen van rechtswege hersteld in de toestand als ware het geding niet in deze instantie aanhangig geweest, onverminderd het bepaalde in artikel 316, tweede lid, van Boek 3 van het Burgerlijk Wetboek.

(Zie ook: art. 250 Rv)

2. Wordt de vordering opnieuw ingesteld, dan kan wederom gebruik worden gemaakt van in de vervallen instantie gedane gerechtelijke erkentenissen en bijgebracht bewijs.

(Zie ook: art. 282 Rv)

Veertiende afdeling
Het kort geding

Art. 254

Spoedeisende gevallen **1.** In alle spoedeisende zaken waarin, gelet op de belangen van partijen, een onmiddellijke voorziening bij voorraad wordt vereist, is de voorzieningenrechter bevoegd deze te geven.

2. Op aanvraag van de belanghebbende partij kan de voorzieningenrechter de dagvaarding bevelen tegen de dag en het uur, de zondag daarbij inbegrepen, voor elk geval te bepalen. Hij kan daarbij tevens bevelen dat de terechtzitting op een andere plaats dan in het gerechtsgebouw wordt gehouden. De voorzieningenrechter kan aan de dagbepaling voorwaarden verbinden, die door de eiser in acht moeten worden genomen. Deze voorwaarden moeten uit de dagvaarding blijken.

3. De zaak kan ook worden aangebracht op een terechtzitting, door de voorzieningenrechter te houden op de daartoe door hem te bepalen werkdagen.

4. De artikelen 127a en 128, tweede lid en zesde lid, zijn niet van toepassing.

5. In zaken die ten gronde door de kantonrechter worden behandeld en beslist is ook de kantonrechter bevoegd tot het geven van een voorziening als in deze afdeling bedoeld. Daarbij is op de kantonrechter van toepassing hetgeen omtrent de voorzieningenrechter is bepaald.

6. Indien de gevorderde voorziening betrekking heeft op een zaak betreffende het personen- en familierecht als bedoeld in de zesde titel van het derde boek is artikel 803 van overeenkomstige toepassing.

Art. 255

Procederen in persoon **1.** De gedaagde kan in de zaken, bedoeld in artikel 79, tweede lid, behalve bij advocaat ook in persoon procederen, maar niet vertegenwoordigd door een gemachtigde die geen advocaat is.

2. Partijen kunnen ook vrijwillig ter terechtzitting van de voorzieningenrechter in kort geding verschijnen. Het eerste lid is van toepassing.

3. In andere korte gedingen niet ingeleid met een dagvaarding, kunnen partijen behalve bij advocaat ook in persoon procederen, maar niet vertegenwoordigd door een gemachtigde die geen advocaat is.

Art. 256

Indien de voorzieningenrechter oordeelt dat de zaak niet geschikt is om in kort geding te worden beslist, weigert hij de voorziening.
(Zie ook: art. 438 Rv)

Art. 257

De beslissingen bij voorraad brengen geen nadeel toe aan de zaak ten principale.

Art. 258

De voorzieningenrechter kan zijn vonnis ook ambtshalve uitvoerbaar bij voorraad verklaren.
(Zie ook: art. 235 Rv)

Art. 259

Het verzet moet worden gedaan bij de voorzieningenrechter. Artikel 255, eerste lid, is niet van toepassing.

Art. 260

[Vervallen]

Derde titel
De verzoekschriftprocedure in eerste aanleg

Eerste afdeling
Algemene bepaling

Art. 261

1. Voor zover uit de wet niet anders voortvloeit, is deze titel van toepassing op alle zaken die met een verzoekschrift moeten worden ingeleid, alsmede op zaken waarin de rechter ambtshalve een beschikking geeft.
(Zie ook: artt. 43, 78 Rv)

2. Met een verzoekschrift worden ingeleid de zaken ten aanzien waarvan dit uit de wet voortvloeit.

Tweede afdeling
Relatieve bevoegdheid

Art. 262

Tenzij de wet anders bepaalt, is bevoegd:
a. de rechter van de woonplaats van hetzij de verzoeker of één van de verzoekers, hetzij één van de in het verzoekschrift genoemde belanghebbenden dan wel, als zodanige woonplaats in Nederland niet bekend is, de rechter van het werkelijk verblijf van één van hen;
(Zie ook: artt. 3, 99 Rv)
b. indien het verzoek betrekking heeft op een bij dagvaarding ingeleid of in te leiden geding, de rechter die bevoegd is van dat geding kennis te nemen, tenzij het verzoek niet behoort tot diens absolute bevoegdheid.

Art. 263

In zaken die uitsluitend betreffen de aanvulling van de registers van de burgerlijke stand of de inschrijving, doorhaling of wijziging van daarin in te schrijven of ingeschreven akten, is bevoegd de rechter binnen wiens rechtsgebied de akte is of moet worden ingeschreven. In zaken als bedoeld in de eerste zin, die betrekking hebben op krachtens Boek 1 van het Burgerlijk Wetboek BES in de registers van de burgerlijke stand van de gemeente 's-Gravenhage in te schrijven of ingeschreven akten, is bevoegd de rechter van de rechtbank Den Haag.

Art. 264

In zaken betreffende huur van gebouwde onroerende zaken of een gedeelte daarvan is uitsluitend bevoegd de rechter binnen wiens rechtsgebied het gehuurde of het grootste gedeelte daarvan is gelegen.
(Zie ook: art. 6 Rv; art. 22 EG-exV; art. 16 Uw EEX; art. 16 LUGA)

Art. 265

In zaken betreffende minderjarigen is bevoegd de rechter van de woonplaats of, bij gebreke van een woonplaats in Nederland, van het werkelijk verblijf van de minderjarige.

Art. 266

In zaken betreffende curatele, onderbewindstelling ter bescherming van meerderjarigen of mentorschap ten behoeve van meerderjarigen is bevoegd de rechter van de woonplaats of, bij gebreke van een woonplaats in Nederland, van het werkelijk verblijf van degene wiens curatele onderscheidenlijk goederen of mentorschap het betreft.
(Zie ook: art. 436 BW Boek 1)

B14 art. 267 **Wetboek van Burgerlijke Rechtsvordering**

Art. 267

Afwezigheid of vermissing In zaken van afwezigheid of vermissing is bevoegd de rechter van de verlaten woonplaats van de afwezige of vermiste. Ten aanzien van de vaststelling van overlijden is bevoegd de rechter van de rechtbank Den Haag.

Art. 268

Nalatenschappen 1. In zaken betreffende nalatenschappen is bevoegd de rechter van de laatste woonplaats van de overledene. In afwijking van de eerste zin is in zaken die volgens afdeling 7 van titel 5 van Boek 4 van het Burgerlijk Wetboek met een verzoekschrift moeten worden ingeleid, bevoegd de rechter van de woonplaats van de rechthebbende.
(Zie ook: artt. 6, 105 Rv)

2. Van de in artikel 12, vierde lid, tweede volzin, van Boek 1 van het Burgerlijk Wetboek, bedoelde beschikking wordt door de griffier afschrift gezonden aan de als uitsluitend bevoegde aangewezen kantonrechter, aan de onder curatele gestelde, de rechthebbende en degene ten behoeve van wie een mentorschap is ingesteld en voorts aan de curator, de mentor en aan ieder der bewindvoerders. Van de beslissing is geen hogere voorziening toegelaten. De kantonrechter die als uitsluitend bevoegde is aangewezen, is aan die aanwijzing gebonden.

Art. 268a

[Vervallen]

Art. 269

Bevoegdheid rechter te 's-Gravenhage Wijzen de artikelen 262 tot en met 268 geen bevoegde rechter aan, dan is de rechter te 's-Gravenhage bevoegd.

Art. 270

Verwijzing naar andere rechter 1. Indien de rechter, zonodig ambtshalve, beslist dat niet hij, maar een andere rechter van gelijke rang bevoegd is, verwijst hij de zaak in de stand waarin deze zich bevindt, naar die andere rechter. De griffier zendt een afschrift van de beschikking aan de rechter naar wie de zaak is verwezen. Verwijzing als bedoeld in dit lid vindt niet plaats indien de verzoeker en de opgeroepen belanghebbenden hebben aangegeven dat zij geen verwijzing wensen.

2. In zaken met betrekking tot echtscheiding, scheiding van tafel en bed, ontbinding van het huwelijk na scheiding van tafel en bed en ontbinding van een geregistreerd partnerschap en daarmee verband houdende verzoeken tot het treffen van een voorlopige voorziening of een nevenvoorziening, vindt een verwijzing als bedoeld in het eerste lid slechts plaats indien de andere echtgenoot of geregistreerde partner de bevoegdheid betwist.

3. Tegen de beslissing waarbij een betwisting van bevoegdheid wordt verworpen of de zaak naar een andere rechter wordt verwezen, is geen hogere voorziening toegelaten. De rechter naar wie de zaak is verwezen, is aan die verwijzing gebonden. De vorige zin mist toepassing indien de rechter zich tevens absoluut onbevoegd verklaart en de zaak verwijst naar een hogere rechter.
(Zie ook: artt. 11, 72, 110, 279 Rv)

Derde afdeling
Oproeping

Art. 271

Oproeping De oproeping van verzoekers of van in de procedure verschenen belanghebbenden geschiedt door de griffier bij gewone brief, tenzij de rechter anders bepaalt.

Art. 272

Oproeping niet in de procedure verschenen belanghebbenden De oproeping van niet in de procedure verschenen belanghebbenden van wie de woonplaats of het werkelijk verblijf onbekend zijn geschiedt door plaatsing van de oproeping in de Staatscourant. De rechter kan bepalen dat de oproeping tevens op andere wijze geschiedt. De oproeping van overige niet in de procedure verschenen belanghebbenden geschiedt door de griffier bij aangetekende brief, tenzij de rechter anders bepaalt.

Art. 273

Oproeping bij gewone brief De oproeping van een rechterlijke autoriteit, het openbaar ministerie of de raad voor de kinderbescherming geschiedt door de griffier bij gewone brief.

Art. 274

Oproeping bij gewone brief, vermelding datum Oproepingen die bij brief geschieden, vermelden de dag van de verzending. Deze vermelding geschiedt niet slechts op de envelop.

Art. 275

Aangetekend verzonden oproeping, retour ontvangen van Indien de griffier een bij aangetekende brief verzonden oproeping terug ontvangt en hem blijkt dat de geadresseerde op de dag van verzending of uiterlijk een week nadien in de daartoe bestemde registers ingeschreven stond op het op de oproeping vermelde adres, verzendt hij de oproeping onverwijld bij gewone brief. In de overige gevallen waarin de griffier de oproeping terug ontvangt, verbetert de griffier, indien mogelijk, het op de oproeping vermelde adres en verzendt hij de oproeping opnieuw bij aangetekende brief, tenzij de rechter anders bepaalt.

Art. 276

1. Oproepingen vermelden de plaats, de dag en het uur van de terechtzitting. Zij worden zo spoedig mogelijk en ten minste een week vóór die dag verzonden, tenzij de rechter anders bepaalt.

Oproeping, inhoud

2. De oproeping bevat tevens de mededeling of voor de indiening van een verweerschrift griffierecht zal worden geheven en dat indien de verweerder het verschuldigde griffierecht niet tijdig heeft voldaan de rechter het ingediende verweerschrift niet bij zijn beslissing op het verzoek betrekt, binnen welke termijn dit griffierecht betaald dient te worden, alsmede een verwijzing naar een vindplaats van de meest recente bijlage behorende bij de Wet griffierechten burgerlijke zaken waarin de hoogte van de griffierechten staan vermeld. Hierbij wordt vermeld dat van een persoon die onvermogend is, een bij of krachtens de wet vastgesteld griffierecht voor onvermogenden wordt geheven, indien hij op het tijdstip waarop het griffierecht wordt geheven heeft overgelegd:

1°. een afschrift van het besluit tot toevoeging, bedoeld in artikel 29 van de Wet op de rechtsbijstand, of indien dit niet mogelijk is ten gevolge van omstandigheden die redelijkerwijs niet aan hem zijn toe te rekenen, een afschrift van de aanvraag als bedoeld in artikel 24, tweede lid, van de Wet op de Rechtsbijstand, dan wel

2°. een verklaring van het bestuur van de raad voor rechtsbijstand als bedoeld in artikel 7, derde lid, onderdeel e, van de Wet op de rechtsbijstand waaruit blijkt dat zijn inkomen niet meer bedraagt dan de inkomens, bedoeld in de algemene maatregel van bestuur krachtens artikel 35, tweede lid, van die wet.

3. Indien het een zaak betreft waarbij meerdere belanghebbenden zijn betrokken, bevat de oproeping tevens de mededeling dat van belanghebbenden die bij dezelfde advocaat verschijnen en gelijkluidende verweerschriften indienen, op basis van artikel 15 van de Wet griffierechten burgerlijke zaken slechts eenmaal een gezamenlijk griffierecht wordt geheven.

Art. 277

1. De oproeping bij brief van verzoekers of belanghebbenden die geen bekende woonplaats of bekend werkelijk verblijf in Nederland hebben, maar wel een bekende woonplaats of een bekend werkelijk verblijf in een Staat waar de verordening 1393/2007 van het Europees Parlement en de Raad van 13 november 2007 inzake de betekening en de kennisgeving in de lidstaten van gerechtelijke en buitengerechtelijke stukken in burgerlijke of in handelszaken («de betekening en de kennisgeving van stukken»), en tot intrekking van Verordening (EG) nr. 1348/2000 (PbEU L 324/79) van toepassing is, geschiedt door rechtstreekse verzending overeenkomstig artikel 14 van de verordening. In plaats daarvan mag het gerecht ook een vertaling van de oproeping verzenden in een taal als bedoeld in artikel 8, eerste lid, van de verordening. Het gerecht maakt in de oproeping melding van de verzending, alsmede van het volgende:

Oproeping personen zonder bekende woon- of verblijfplaats in Nederland

a. de datum van verzending;
b. de wijze van verzending;
c. of een vertaling is verzonden en zo ja, in welke taal;
d. de mededeling in een van de in artikel 8, eerste lid, van de verordening bedoelde talen, dat degene voor wie het stuk bestemd is, dit mag weigeren als het niet gesteld is in of niet vergezeld gaat van een vertaling in een van de in artikel 8, eerste lid, van de verordening bedoelde talen en dat geweigerde stukken naar hem moeten worden gezonden.

2. Het gerecht mag de oproeping ook verrichten door verzending daarvan of van een vertaling daarvan als bedoeld in artikel 8, eerste lid, van de in het eerste lid bedoelde verordening aan een ontvangende instantie als bedoeld in artikel 2, tweede lid, van die verordening, ter betekening aan degene voor wie de oproeping bestemd is. Het gerecht maakt in de oproeping melding van de verzending, alsmede van volgende gegevens:

a. de datum van verzending;
b. de naam en het adres van de ontvangende instantie;
c. de wijze van verzending;
d. of een vertaling is verzonden en, zo ja, in welke taal;
e. de taal waarin het formulier als bedoeld in artikel 4, derde lid, van de verordening is ingevuld;
f. de gevraagde wijze van betekening.

Vierde afdeling
Verloop van de procedure

Art. 278

1. Het verzoekschrift vermeldt de voornamen, naam en woonplaats of, bij gebreke van een woonplaats in Nederland, het werkelijk verblijf van de verzoeker, alsmede een duidelijke omschrijving van het verzoek en de gronden waarop het berust. In zaken betreffende een nalatenschap vermeldt het verzoekschrift tevens de laatste woonplaats van de overledene of de reden waarom deze vermelding niet mogelijk is.

Inhoud verzoekschrift

B14 art. 279 **Wetboek van Burgerlijke Rechtsvordering**

2. Het verzoekschrift wordt ondertekend en ter griffie ingediend. Indien de voorzieningenrechter daarop moet beschikken, kan het aan deze ter hand worden gesteld.

3. Tenzij indiening bij de kantonrechter plaatsvindt of ingevolge bijzondere wettelijke bepaling niet door een advocaat behoeft te geschieden, wordt het verzoekschrift ondertekend door een advocaat. Het kantoor van die advocaat geldt als gekozen woonplaats van de verzoeker.

4. De griffier tekent de dag van indiening of de dag van terhandstelling aan de voorzieningenrechter op het verzoekschrift aan.

Art. 279

Oproeping

1. De rechter bepaalt, tenzij hij zich aanstonds onbevoegd verklaart of het verzoek toewijst, onverwijld dag en uur waarop de behandeling aanvangt. Hij beveelt tevens oproeping van de verzoeker en voor zover nodig van de in het verzoekschrift genoemde belanghebbenden. Bovendien kan hij te allen tijde belanghebbenden, bekende of onbekende, doen oproepen.

2. De oproepingen, behalve die van de verzoeker, gaan vergezeld van een afschrift van het verzoekschrift, tenzij een oproeping op andere wijze dan bij brief of exploot geschiedt, of de rechter anders bepaalt; in deze gevallen bevat de oproeping een korte omschrijving van het verzoek.

3. De opgeroepene verschijnt ter terechtzitting in persoon of bij een gemachtigde. In zaken waarin het verzoekschrift door een advocaat moet ingediend, verschijnt de opgeroepene in persoon of bij advocaat. De rechter kan verschijning in persoon bevelen. De opgeroepene die in persoon verschijnt, mag zich laten bijstaan door zijn raadsman. In zaken waarin het verzoekschrift door een advocaat moet worden ingediend, is de raadsman een advocaat.

4. Van het verhandelde en van de zakelijke inhoud van de afgelegde verklaringen wordt een proces-verbaal opgemaakt, dat door de rechter voor wie de mondelinge behandeling heeft plaatsgevonden, wordt ondertekend.

5. Indien de behandeling van een zaak wordt aangehouden, blijft een hernieuwde oproeping van diegenen, aan wie de dag en het uur reeds mondeling ter terechtzitting waren medegedeeld, achterwege.

6. De artikelen 87 tot en met 90 zijn van overeenkomstige toepassing, tenzij de aard van de zaak of de procedure zich hiertegen verzet.

Art. 280

Schakelbepaling

In zaken waarin de indiening van het verzoekschrift niet door een advocaat behoeft te geschieden, zijn de artikelen 80 en 81 van overeenkomstige toepassing.

(Zie ook: art. 56c Kadw)

Art. 281

Herstel van verzuim

1. Indien het verzoekschrift ten onrechte niet door een advocaat is ingediend, biedt de rechter de verzoeker de gelegenheid binnen een door hem te bepalen termijn dit verzuim te herstellen. Maakt de verzoeker van deze gelegenheid geen gebruik, dan wordt hij in het verzoek niet ontvankelijk verklaard.

(Zie ook: art. 123 Rv)

2. Tegen een beslissing ingevolge het eerste lid staat geen hogere voorziening open.

Art. 282

Indienen verweerschrift

1. Iedere belanghebbende kan tot de aanvang van de behandeling of, indien de rechter dit toestaat, in de loop van de behandeling een verweerschrift indienen. Artikel 278 is van overeenkomstige toepassing met dien verstande dat, indien de rechter dit bepaalt, indiening van een verweerschrift in de loop van de behandeling kan geschieden ter terechtzitting onder verstrekking van een afschrift aan de verzoeker en de andere opgeroepen belanghebbenden.

2. Het verweerschrift en de overgelegde bescheiden gaan vergezeld van de nodige afschriften. Tenzij de indiening overeenkomstig het eerste lid ter terechtzitting plaatsvindt, zendt de griffier onverwijld een afschrift toe aan de verzoeker en aan de andere opgeroepen belanghebbenden.

3. De griffier roept, voor zover dat nog niet is geschied, hen die verweerschriften hebben ingediend op tegen de dag van de behandeling.

4. Het verweerschrift mag een zelfstandig verzoek bevatten, mits dit betrekking heeft op het onderwerp van het oorspronkelijke verzoek. De rechter kan aan de verzoeker en aan de overige belanghebbenden gelegenheid geven tegen dit zelfstandige verzoek een verweerschrift in te dienen.

Art. 282a

Aanhouding bij niet-voldoen griffierecht

1. Voor zover bij of krachtens deze wet of een andere wet niet anders is bepaald, houdt de rechter de zaak aan zolang de verzoeker en de belanghebbende het griffierecht niet hebben voldaan en de termijn genoemd in artikel 3, vierde lid, van de Wet griffierechten burgerlijke zaken nog loopt.

2. Heeft de verzoeker het verschuldigde griffierecht niet tijdig voldaan, dan verklaart de rechter de verzoeker niet-ontvankelijk in het verzoek. Voordat de rechter hiertoe overgaat, stelt hij de verzoeker in de gelegenheid zich uit te laten over het niet tijdig voldoen van het verschuldigde griffierecht.

3. Heeft de belanghebbende het verschuldigde griffierecht niet tijdig voldaan, dan betrekt de rechter het ingediende verweerschrift niet bij zijn beslissing op het verzoek. Voordat de rechter hiertoe overgaat, stelt hij de belanghebbende in de gelegenheid zich uit te laten over het niet tijdig voldoen van het verschuldigde griffierecht.

4. De rechter laat het eerste lid, tweede lid, eerste volzin, en derde lid, eerste volzin geheel of ten dele buiten toepassing, indien hij van oordeel is dat de toepassing van die bepalingen gelet op het belang van één of meer van de partijen bij toegang tot de rechter, zal leiden tot een onbillijkheid van overwegende aard.

5. Tegen beslissingen ingevolge het tweede, derde of vierde lid staat geen hogere voorziening open.

6. Het eerste tot en met vijfde lid is niet van toepassing in zaken bij de voorzieningenrechter.

Art. 283

Zolang de rechter nog geen eindbeschikking heeft gegeven, is de verzoeker bevoegd het verzoek of de gronden daarvan te verminderen, dan wel schriftelijk te veranderen of te vermeerderen. In het geval van verandering of vermeerdering is artikel 130 van overeenkomstige toepassing. *(Zie ook: art. 130 Rv)*

Bevoegdheid tot verandering of vermeerdering van verzoek

Art. 284

1. De negende afdeling van de tweede titel is van overeenkomstige toepassing, tenzij de aard van de zaak zich hiertegen verzet. *(Zie ook: art. 149 Rv)*

Getuigenverhoor en verschoningsrecht

2. Indien de rechter een getuigenverhoor beveelt, kan hij ook door hem aangewezen personen als getuigen doen oproepen. In dit geval kan de oproeping door de griffier geschieden.

3. Het verschoningsrecht komt aan de in artikel 165, tweede lid, onder a, genoemde personen niet toe in procedures betreffende de toepassing van de bepalingen van Boek 1 van het Burgerlijk Wetboek, vervat in de titels 5, 5a en 9 tot en met 20, of van die vervat in titel 6 voor zover het betreft procedures tussen echtgenoten of geregistreerde partners. Evenwel kunnen ouders en kinderen van de echtgenoten of van de geregistreerde partners zich in procedures tot echtscheiding en tot scheiding van tafel en bed, onderscheidenlijk tot ontbinding van het geregistreerd partnerschap, verschonen.

4. De overeenkomstige toepassing van de artikelen 195 en 199 vindt aldus plaats dat de daarin bedoelde voorschotheffing, tenuitvoerlegging of voorlopige indebetstelling geschiedt ten laste van de belanghebbende die het verzoekschrift heeft ingediend dan wel mede of uitsluitend ten laste van een of meer andere door de rechter aangewezen belanghebbenden.

Art. 285

1. De rechter kan, indien een verzoekschrift over hetzelfde of een verknocht onderwerp reeds bij een andere rechter is ingediend, de verwijzing naar die andere rechter bevelen. Een verzoek daartoe kan worden gedaan tot de aanvang van de behandeling. De griffier zendt een afschrift van de beschikking aan de rechter naar wie is verwezen. *(Zie ook: art. 220 Rv)*

Bevel tot verwijzing naar andere rechter

2. Indien bij dezelfde rechter meer verzoekschriften over hetzelfde of een verknocht onderwerp zijn ingediend, kan de voeging daarvan worden bevolen. Een verzoek daartoe kan worden gedaan tot het einde van de behandeling. *(Zie ook: artt. 34, 74, 270 Rv)*

Art. 286

De rechter bepaalt na afloop van de behandeling de dag waarop hij uitspraak zal doen en deelt deze dag aan de verzoeker en de in de procedure verschenen belanghebbenden mede. Op verlangen van de verzoeker en de in de procedure verschenen belanghebbenden kan de rechter de uitspraak uitstellen. *(Zie ook: art. 229 Rv)*

Bepaling dag van uitspraak

Art. 287

1. Op een beschikking is artikel 230, eerste en derde lid, van overeenkomstige toepassing.

Schakelbepaling

2. Indien het verzoekschrift rechtstreeks aan de voorzieningenrechter ter hand is gesteld en de voorzieningenrechter toewijzend op het verzoek beschikt, is ook artikel 230, tweede lid, van overeenkomstige toepassing.

Art. 288

De rechter kan de eindbeschikking uitvoerbaar bij voorraad verklaren, met of zonder zekerheidstelling. *(Zie ook: art. 233 Rv)*

Uitvoerbaarheid bij voorraad

Art. 289

De eindbeschikking kan tevens een veroordeling in de proceskosten inhouden. Artikel 244 is van toepassing.

Veroordeling in de proceskosten

Art. 290

1. De verzoeker en iedere belanghebbende hebben recht op inzage en afschrift van het verzoekschrift, de verweerschriften, de op de zaak betrekking hebbende bescheiden en de processenverbaal.

Inzage

2. De griffier verstrekt zo spoedig mogelijk een afschrift van processen-verbaal aan de verzoeker en aan de in de procedure verschenen belanghebbenden.

(Zie ook: art. 91 Rv)

3. Van de beschikkingen verstrekt de griffier zo spoedig mogelijk een afschrift aan de verzoeker en aan de in de procedure verschenen belanghebbenden. Betreft het een eindbeschikking, dan is het afschrift dat wordt verstrekt aan degene die tot tenuitvoerlegging van de beschikking kan overgaan, opgemaakt in executoriale vorm.

(Zie ook: art. 242 Rv)

4. De griffier verstrekt desverlangt tweede of verdere in executoriale vorm opgemaakte afschriften van een beschikking aan de belanghebbende die tot tenuitvoerlegging van die beschikking kan overgaan, dan wel aan de rechtverkrijgenden onder algemene titel van deze belanghebbende. Artikel 28, vijfde en zesde lid, is van overeenkomstige toepassing.

5. Elk afschrift dat in executoriale vorm is opgemaakt, wordt gedagtekend.

Art. 291

Verzending processtukken en kennisgevingen, schakelbepaling

De verzending van processtukken en van mededelingen aan de verzoeker en belanghebbenden, geschiedt op de wijze als in de derde afdeling van deze titel voor oproepingen bepaald.

(Zie ook: art. 92 Rv)

Art. 292-302

[Vervallen]

Vierde titel

Art. 303-320a

[Vervallen]

Art. 320b

[Door vernummering vervallen]

Art. 320c

[Door vernummering vervallen]

Art. 320d

[Door vernummering vervallen]

Art. 320e

[Door vernummering vervallen]

Art. 320f

[Door vernummering vervallen]

Art. 320g

[Door vernummering vervallen]

Art. 320h

[Door vernummering vervallen]

Art. 320i

[Door vernummering vervallen]

Art. 320j

[Door vernummering vervallen]

Art. 320k

[Door vernummering vervallen]

Art. 320l

[Door vernummering vervallen]

Art. 320m

[Door vernummering vervallen]

Art. 320n

[Door vernummering vervallen]

Art. 320o

[Door vernummering vervallen]

Art. 320p

[Door vernummering vervallen]

Art. 320q

[Door vernummering vervallen]

Art. 320r

[Door vernummering vervallen]

Art. 320s

[Door vernummering vervallen]

Art. 320t

[Door vernummering vervallen]

Art. 320u

[Door vernummering vervallen]

Art. 320v
[Door vernummering vervallen]

Art. 320w
[Door vernummering vervallen]

Art. 320x
[Door vernummering vervallen]

Art. 320y
[Door vernummering vervallen]

Art. 320z
[Door vernummering vervallen]

Art. 321
[Vervallen]

Vijfde titel

Art. 322-328
[Vervallen]

Zesde titel
Prorogatie van rechtspraak aan het gerechtshof

Art. 329

In alle voor hoger beroep bij het gerechtshof vatbare geschillen over zaken die ter vrije bepaling van de partijen staan, kunnen partijen overeenomen die geschillen bij de aanvang van het geding dadelijk ter kennis te brengen van het gerechtshof dat in hoger beroep bevoegd zou zijn.
(Zie ook: artt. 76, 96, 108, 110, 333, 355, 398, 1020 Rv; art. 62 Wet RO; art. 900 BW Boek 7)

Prorogatie van rechtspraak aan Hof

Art. 330

Voogden, curators of bewindvoerders zijn hiervan niet uitgesloten, mits zij daarbij de verplichtingen in acht nemen die bij wet aan hen zijn opgelegd.
(Zie ook: artt. 249, 345, 349, 386, 409 BW Boek 1; artt. 1025, 1030, 1066 BW Boek 4; art. 104 FW)

Prorogatie van rechtspraak aan gerechtshof, bevoegdheid wettelijke vertegenwoordigers bij

Art. 331

[1.] Voor het gerechtshof gelden, bij deze rechtsgedingen, de voorschriften, ten aanzien van het rechtsgeding in eerste aanleg.
(Zie ook: art. 125 Rv)

[2.] Het gerechtshof doet uitspraak in eerste aanleg, tevens in hoogste ressort.
(Zie ook: artt. 125, 382, 398 Rv; art. 62 Wet RO)

Prorogatie van rechtspraak aan gerechtshof, schakelbepaling

Zevende titel
Hoger beroep

Eerste afdeling
Van de zaken aan hooger beroep onderworpen

Art. 332

1. Partijen kunnen van een in eerste aanleg gewezen vonnis in hoger beroep komen, tenzij de vordering waarover de rechter in eerste aanleg had te beslissen niet meer beloopt dan € 1750 of, in geval van een vordering van onbepaalde waarde, er duidelijke aanwijzingen bestaan dat de vordering geen hogere waarde vertegenwoordigt dan € 1750, een en ander tenzij de wet anders bepaalt. Voor de toepassing van de eerste zin wordt de tot aan de dag van dagvaarding in eerste aanleg verschenen rente bij de vordering inbegrepen.

2. Indien de zaak meer dan één vordering tussen dezelfde partijen betreft, is voor de toepassing van het eerste lid beslissend het totale beloop of de totale waarde van deze vorderingen.

3. Was in eerste aanleg een eis in reconventie ingesteld, dan is voor de toepassing van het eerste lid beslissend het totale beloop of de totale waarde van de vordering in conventie en van de vordering in reconventie, met dien verstande dat met betrekking tot de vordering in reconventie de rente wordt berekend tot aan de dag van instelling van de eis in reconventie. Indien echter de beide zaken zijn gesplitst en daarin afzonderlijk is beslist, zijn op elk van beide vonnissen de gewone regels voor de vatbaarheid voor hoger beroep van toepassing.
(Zie ook: art. 93 Rv; art. 60 Wet RO)

Zaken aan hoger beroep onderworpen

Art. 333

Geen hoger beroep staat open in zaken die slechts rechtsgevolgen betreffen die ter vrije bepaling van partijen staan en waarbij partijen zijn overeengekomen van hoger beroep af te zien. In zaken als bedoeld in artikel 96 staat hoger beroep slechts open indien partijen zich dat beroep, binnen de grenzen van artikel 332, hebben voorbehouden.

Hoger beroep uitgesloten als gevolg van overeenkomst tussen partijen

B14 art. 334 **Wetboek van Burgerlijke Rechtsvordering**

Art. 334

Geen hoger beroep na berusting

Elke partij welke zal berust hebben in een vonnis, kan niet meer ontvankelijk zijn om daarvan te komen in hooger beroep.

(Zie ook: artt. 143, 339, 358, 400 Rv)

Art. 335

Hoger beroep bij verstekveroordeling

1. Van veroordelingen bij verstek valt geen hooger beroep, doch indien de oorspronkelijke eischer van het vonnis in hooger beroep komt, zal de gedaagde alle zijne verdedigingen insgelijks in het hooger beroep kunnen doen gelden, zelfs bij wege van incidenteel beroep, zonder van het middel van verzet in eersten aanleg meer te kunnen gebruik maken.

(Zie ook: artt. 143, 401b Rv)

2. In afwijking van het eerste lid kan de gedaagde die niet is verschenen of het griffierecht niet tijdig heeft voldaan van een vonnis als bedoeld in artikel 140, derde lid, in hoger beroep komen, mits hij vooraf bij voorraad, tegen het stellen van zekerheid, aan het vonnis voldoet, zelfs wanneer dat vonnis niet uitvoerbaar bij voorraad was verklaard.

(Zie ook: art. 616 Rv)

Art. 336

[Vervallen]

Art. 337

Hoger beroep t.a.v. andere vonnissen

1. Van vonnissen waarbij een voorlopige voorziening wordt getroffen of geweigerd, kan hoger beroep worden ingesteld voordat het eindvonnis is gewezen.

(Zie ook: art. 223 Rv)

2. Van andere tussenvonnissen kan hoger beroep slechts tegelijk met dat van het eindvonnis worden ingesteld, tenzij de rechter anders heeft bepaald.

(Zie ook: artt. 232, 339, 358, 401a Rv)

Art. 338

[Vervallen]

Tweede afdeling
Van den termijn van beroep

Art. 339

Beroepstermijn

1. De termijn voor het instellen van hoger beroep is drie maanden, te rekenen van de dag van de uitspraak van het vonnis dan wel de dag van de mondelinge uitspraak als bedoeld in artikel 30p.

(Zie ook: art. 350 Rv)

Incidenteel beroep

2. In afwijking van het eerste lid is de termijn van beroep van een vonnis in kort geding vier weken.

3. De gedaagde in hoger beroep kan incidenteel beroep instellen, zelfs na verloop van deze termijnen en na berusting in het vonnis. Het incidenteel beroep wordt, op straffe van verval, ingesteld bij de conclusie van antwoord.

(Zie ook: art. 146 Rv)

4. De afstand van instantie laat de mogelijkheid incidenteel beroep in te stellen onverlet. De gedaagde in hoger beroep kan op de roldatum waarop de afstand van instantie is gedaan, de rechter verzoeken voor het instellen van incidenteel beroep een termijn te bepalen. De gedaagde in hoger beroep kan het incidenteel beroep ook instellen op een roldatum die binnen twee weken na de afstand van instantie bij exploot aan eiser in hoger beroep is aangezegd. Artikel 74, eerste lid, tweede tot en met vierde volzin, is van overeenkomstige toepassing.

5. Indien in eerste aanleg een vordering tot vrijwaring geheel of gedeeltelijk is afgewezen op grond van de afwijzing van de vordering in de hoofdzaak, staat het hoger beroep daartegen open tot het moment dat in de hoofdzaak in hoger beroep de conclusie van antwoord wordt genomen.

(Zie ook: art. 402 Rv)

Art. 340

Hoger beroep na beroep in cassatie

Indien tijdig beroep in cassatie van een vonnis is ingesteld, doch dit vonnis voor cassatie niet vatbaar wordt bevonden, vangt de termijn van beroep van dat vonnis opnieuw aan te rekenen van de dag der uitspraak in cassatie, mits het beroep in cassatie werd ingesteld binnen de termijn van beroep.

(Zie ook: art. 358 Rv)

Art. 341

Beroep na overlijden

Bij overlijden van de in het ongelijk gestelde partij gedurende de loop van de termijn voor het hoger beroep, kan het beroep door haar erfgenamen of rechtverkrijgenden nog worden ingesteld binnen drie maanden na het overlijden, of binnen een maand na afloop van de termijn, bedoeld in artikel 185 van Boek 4 van het Burgerlijk Wetboek.

(Zie ook: artt. 141, 225, 228, 386, 403 Rv; art. 1070 BW Boek 4)

Art. 342

[Vervallen]

Derde afdeling
Van de regtspleging in hooger beroep en de gevolgen van hetzelve

Art. 343

Het hoger beroep wordt aangevangen door een dagvaarding in dezelfde vorm en met dezelfde vereisten als die in eerste aanleg, zonder dat zij de middelen waarop het hoger beroep gegrond is, behoeft uit te drukken. Artikel 111, tweede lid, onder i, en derde lid, is niet van toepassing. In aanvulling op artikel 111, tweede lid, vermeldt de dagvaarding ook de gevolgen van niet tijdige betaling van het griffierecht.

(Zie ook: artt. 63, 65, 121, 125, 407 Rv)

Art. 344

[1.] Alle zaken die in hoger beroep bij de hogere rechter aanhangig worden gemaakt, worden ingeschreven ter rolle van een enkelvoudige kamer en door haar behandeld.

[2.] De enkelvoudige kamer verwijst een zaak, ingevolge dit artikel bij haar aanhangig, naar een meervoudige kamer indien zij dit wenselijk acht, doch uiterlijk wanneer een mondelinge behandeling als bedoeld in artikel 87 zal worden gehouden of uitspraak zal worden gedaan.

(Zie ook: artt. 15, 16, 18, 90, 408a Rv)

Art. 344a

[Vervallen]

Art. 344b

De voorschriften omtrent de behandeling in hoger beroep zijn zowel op de behandeling door de enkelvoudige als op die door de meervoudige kamer van toepassing, met dien verstande, dat degene die zitting heeft in een enkelvoudige kamer tevens de bevoegdheden bezit die aan de voorzitter van een meervoudige kamer toekomen.

Art. 345-346

[Vervallen]

Art. 347

[1.] In hoger beroep worden een conclusie van eis en een conclusie van antwoord genomen.

[2.] [Vervallen.]

[3.] Niettemin zal ingeval van incidenteel beroep of indien door den verweerder eene exceptie tegen het principaal beroep wordt aangevoerd, den appellant, op zijn verlangen, een termijn verleend worden om het incidenteel beroep of de voorgestelde exceptie bij conclusie te beantwoorden.

(Zie ook: artt. 339, 353 Rv)

Art. 348

De oorspronkelijke verweerder kan nieuwe weren van regten, eene verdediging ten principale opleverende, inbrengen, tenzij dezelve in het geding ter eerster instantie zijn gedekt, waaronder niet begrepen is het geval, dat het regt om ten principale te antwoorden ingevolge artikel 128 vervallen is.

(Zie ook: artt. 51, 306 BW Boek 3)

Art. 349

Zoo wel in het principaal als in het incidenteel beroep, kunnen de nieuwe verweringen, waarvan in het voorgaande artikel is gesproken, gedaan worden bij met redenen omkleede conclusiën.

(Zie ook: art. 347 Rv)

Art. 350

[1.] Het hooger beroep schorst de ten uitvoerlegging van het vonnis, indien daarbij niet is bepaald, dat hetzelve bij voorraad zal worden ten uitvoer gelegd in de gevallen waarin dit is toegelaten.

(Zie ook: artt. 233, 404, 432, 590, 909 Rv)

[2.] Het hoger beroep, ingesteld tegen een tussenvonnis waartegen ingevolge artikel 337, tweede lid, geen hoger beroep openstaat voordat het eindvonnis is gewezen of ingesteld met gebruikmaking van de nieuwe termijn ingevolge artikel 340, schorst de tenuitvoerlegging niet.

Art. 351

Indien hoger beroep is ingesteld tegen een vonnis dat uitvoerbaar bij voorraad is verklaard, kan de hogere rechter op vordering van een partij alsnog de tenuitvoerlegging van het vonnis schorsen.

(Zie ook: art. 235 Rv)

Art. 352

[Vervallen]

Aanvang hoger beroep

Enkelvoudige behandeling

Wijze van behandeling

Wijze van procederen in hoger beroep

Nieuwe verweermiddelen

Motivering

Schorsing tenuitvoerlegging vonnis

Schorsing tenuitvoerlegging vonnis, vordering tot

B14 art. 353 Wetboek van Burgerlijke Rechtsvordering

Art. 353

Toepasselijkheid bepalingen in hoger beroep

[1.] Voor zover uit deze titel dan wel uit een andere wettelijke regeling niet anders voortvloeit, is de tweede titel in hoger beroep van overeenkomstige toepassing, met dien verstande dat partijen slechts bij advocaat kunnen procederen, dat artikel 131 niet van toepassing is en dat geen eis in reconventie kan worden ingesteld.
(Zie ook: artt. 34, 79 Rv)

[2.] Niettemin is artikel 224 niet anders van toepassing dan behoudens de navolgende bepalingen:
De oorspronkelijke gedaagde, eischer wordende in hoger beroep, is niet gehouden tot de in dat artikel bedoelde zekerheidstelling.
De gedaagde in hooger beroep is daartoe evenmin gehouden, zelfs niet bij het instellen van incidenteel beroep.
De in eersten aanleg gestelde zekerheid blijft ook verbonden voor de kosten van hooger beroep.
De zekerheidstelling wordt gevorderd vóór alle weren van regten.
(Zie ook: art. 616 Rv)

Art. 354

[Vervallen]

Art. 355

Beroep van interlocutoire e.a. tussenvonnissen

In geval van beroep van een tussenvonnis verwijst de rechter in beroep, wanneer hij het vonnis bekrachtigt, de zaak naar de rechter in eerste aanleg om op de hoofdzaak te worden beslist.
Niettemin kan de rechter in beroep de hoofdzaak in het hoogste ressort zelf afdoen op eenstemmig verlangen van partijen of indien het geding in staat van wijzen is.
(Zie ook: art. 337 Rv)

Art. 356

Vernietiging tussenvonnis, verder verloop procedure na

Wanneer de rechter in hoger beroep een tussenvonnis vernietigt, kan hij de zaak aan zich houden om in hoger beroep op de hoofdzaak te beslissen.
(Zie ook: art. 76 Rv)

Art. 357

[Vervallen]

Vierde afdeling
Hoger beroep tegen beschikkingen

Art. 358

Hoger beroep tegen eindbeschikking

1. Tegen eindbeschikkingen in zaken als bedoeld in artikel 261 staat, behoudens berusting, hoger beroep open.

2. Door de verzoeker en door de in de procedure verschenen belanghebbenden moet het hoger beroep worden ingesteld binnen drie maanden, te rekenen van de dag van de uitspraak en door andere belanghebbenden binnen drie maanden na de betekening daarvan of nadat de beschikking hun op andere wijze bekend is geworden. De artikelen 340 en 350, tweede lid, zijn van overeenkomstige toepassing, met dien verstande dat de nieuwe termijn van hoger beroep openstaat voor degene die beroep in cassatie heeft ingesteld. Bij het beroepschrift worden zoveel afschriften gevoegd als er anderen dan hij in eerste aanleg zijn opgeroepen.
(Zie ook: artt. 27, 361 Rv)

3. De termijn loopt in zaken die volgens afdeling 7 van titel 5 van Boek 4 van het Burgerlijk Wetboek met een verzoekschrift moeten worden ingeleid, vanaf de dag van de uitspraak, behoudens voor zover het niet verschenen belanghebbenden betreft die, hoewel zij ten tijde van de indiening van het verzoekschrift bekend waren, niet bij name, en zo zij toen onbekend waren, in het geheel niet zijn opgeroepen. Voor de in de vorige zin bedoelde belanghebbenden loopt de termijn vanaf de betekening van de beschikking of het tijdstip waarop de beschikking hun op andere wijze bekend geworden is. Hetzelfde geldt in zaken betreffende executele en vereffening van een nalatenschap.

4. Van tussenbeschikkingen kan hoger beroep slechts tegelijk met dat van de eindbeschikking worden ingesteld, tenzij de rechter anders heeft bepaald.
(Zie ook: art. 337 Rv)

5. Indien hoger beroep is ingesteld, kan ondanks het verstrijken van de in de eerste zin van het tweede lid genoemde termijn en ondanks berusting ieder van de aldaar genoemde personen alsnog bij verweerschrift incidenteel hoger beroep instellen.
(Zie ook: art. 339 Rv)

Art. 359

Indienen beroepschrift

Hoger beroep wordt ingesteld door indiening van een beroepschrift ter griffie van het gerechts-hof. Het beroepschrift vermeldt, naast hetgeen ingevolge artikel 278, eerste lid, in het verzoekschrift moet worden vermeld, naam en woonplaats van hen die in eerste aanleg in de procedure zijn verschenen of bij name zijn opgeroepen.

Wetboek van Burgerlijke Rechtsvordering **B14** art. 381

Art. 360

1. Hoger beroep schorst de werking, tenzij de beschikking uitvoerbaar bij voorraad is verklaard. *(Zie ook: art. 288 Rv)*

2. Deze uitvoerbaarverklaring bij voorraad kan ook in hoger beroep geschieden. Niettegenstaande de uitvoerbaarverklaring bij voorraad in eerste aanleg kan de hogere rechter schorsing van de werking bevelen.
(Zie ook: art. 350 Rv)

3. Het hoger beroep ingesteld tegen een tussenbeschikking waartegen ingevolge artikel 358, derde lid, geen hoger beroep openstaat, schorst de werking niet.

Art. 361

1. De rechter bepaalt dag en uur waarop de behandeling aanvangt. Hij beveelt tevens oproeping van de appellant, van de verzoeker in eerste aanleg en van de in eerste aanleg in de procedure verschenen belanghebbenden. Bovendien kan hij te allen tijde belanghebbenden, bekende of onbekende, doen oproepen.

2. Indien aangaande dezelfde beschikking meer beroepschriften zijn ingediend, kan voeging worden bevolen.

3. Iedere belanghebbende kan een verweerschrift indienen. Door belanghebbenden die in hoger beroep zijn opgeroepen, moet het verweerschrift worden ingediend binnen vier weken na de toezending aan hen van een afschrift van het beroepschrift, tenzij de rechter anders bepaalt.

4. Indien een belanghebbende incidenteel hoger beroep heeft ingesteld, kunnen de appellant en de in hoger beroep opgeroepen belanghebbenden daartegen binnen vier weken na de toezending aan hen van een afschrift van het verweerschrift waarbij dit incidentele hoger beroep is ingesteld, een verweerschrift indienen, tenzij de rechter anders bepaalt.

Art. 362

Voor zover uit deze afdeling dan wel uit een andere wettelijke regeling niet anders voortvloeit, is de derde titel in hoger beroep van overeenkomstige toepassing, met dien verstande dat artikel 285 niet van toepassing is en dat geen zelfstandig verzoek kan worden gedaan.
(Zie ook: art. 271 Rv)

Achtste titel

Art. 363-375

[Vervallen]

Negende titel
Verzet door derden

Art. 376

Derden zijn bevoegd zich te verzetten tegen een vonnis hetwelk hunne regten benadeelt, indien zij noch in persoon, noch wettiglijk vertegenwoordigd, of indien zij welke zij vertegenwoordigen, in het regtsgeding niet zijn geroepen, of door voeging of tusschenkomst geene partij zijn geweest.
(Zie ook: artt. 217, 236, 382 Rv; art. 10 FW)

Art. 377

Dit verzet wordt beoordeeld door den regter, bij wien zoodanig vonnis is gewezen. Het wordt aangebragt door eene dagvaarding tegen alle de partijen tusschen welke hetzelve is gevallen, en de algemeene voorschriften wegens de wijze van procederen zijn op dit verzet toepasselijk.
(Zie ook: art. 78 Rv)

Art. 378

Indien zoodanig vonnis aan eenen derde is tegengeworpen in een regtsgeding, en het verzet daartegen is ingesteld op den voet van het vorige artikel, staat het vrij aan den regter voor wien dat regtsgeding aanhangig is, indien daartoe gronden bestaan, de schorsing van hetzelve toe te staan, tot dat het ingestelde verzet zal zijn uitgewezen.
(Zie ook: artt. 225, 386 Rv)

Art. 379

De regter die over een verzet van derden oordeelt, kan, indien daartoe gronden bestaan, de uitvoering van het aangevallen vonnis schorsen, tot dat het verzet zal zijn uitgewezen.
(Zie ook: artt. 351, 386 Rv)

Art. 380

Bij wettiging van het verzet wordt het vonnis, waartegen dit gerigt is geweest, alleen in zoo verre verbeterd als het de regten van derden heeft benadeeld, ten zij het onsplitsbare der gevallene uitspraak eene geheele vernietiging daarvan noodzakelijk mogt maken.

Art. 381

[Vervallen]

Schorsende werking

Verzoekschriftprocedure in hoger beroep, regeling voor het verloop van de

Toepasselijkheid regeling verzoekschriftprocedure in eerste aanleg

Derdenverzet

Wijze van procederen

Schorsing

Gevolgen wettiging verzet

Tiende titel Herroeping

Eerste afdeling Herroeping van vonnissen

Art. 382

Gronden voor herroeping Een vonnis dat in kracht van gewijsde is gegaan, kan op vordering van een partij worden herroepen indien:

a. het berust op bedrog door de wederpartij in het geding gepleegd,

b. het berust op stukken, waarvan de valsheid na het vonnis is erkend of bij gewijsde is vastgesteld, of

c. de partij na het vonnis stukken van beslissende aard in handen heeft gekregen die door toedoen van de wederpartij waren achtergehouden.

(Zie ook: art. 1068 Rv)

Art. 383

Termijn 1. Het rechtsmiddel moet worden aangewend binnen drie maanden nadat de grond voor de herroeping is ontstaan en de eiser daarmee bekend is geworden. De termijn vangt niet aan dan nadat het vonnis in kracht van gewijsde is gegaan.

2. Indien de partij die gronden heeft de herroeping te vorderen binnen die termijn is overleden, is artikel 341 van overeenkomstige toepassing.

Art. 384

Bevoegde rechter 1. De vordering tot herroeping wordt gebracht voor de rechter die in laatste feitelijke instantie over de zaak heeft geoordeeld.

2. Indien de Hoge Raad na vernietiging ten principale recht heeft gedaan, wordt de vordering gebracht voor de rechter van wie het vonnis of het arrest door de Hoge Raad is vernietigd.

3. Is in laatste feitelijke instantie beslist door de voorzieningenrechter in kort geding, dan wordt de vordering gebracht voor de rechtbank.

Art. 385

Eisen dagvaarding Het geding wordt ingeleid met een dagvaarding die voldoet aan de eisen van artikel 111 en wordt verder gevoerd op de wijze als in de tweede titel is bepaald.

Art. 386

Geen schorsende werking vordering tot herroeping De vordering tot herroeping schorst de tenuitvoerlegging van het vonnis niet. De rechter die over de herroeping oordeelt, kan evenwel, desgevorderd, bij voorlopige voorziening de tenuitvoerlegging schorsen.

Art. 387

Heropening van het geding De rechter die de voor herroeping aangevoerde grond of gronden juist bevindt, heropent het geding geheel of gedeeltelijk. Hij geeft partijen gelegenheid hun stellingen en verweren te wijzigen en aan te vullen.

Art. 388

Schorsende werking 1. Het vonnis waarbij het geding is heropend, schorst de tenuitvoerlegging van het bestreden vonnis in zoverre.

2. De beslissing inzake de heropening van het geding is niet vatbaar voor hoger beroep. Een vordering tot herroeping kan daartegen evenmin worden ingesteld.

Art. 389

Wijze van procederen Indien de rechter met betrekking tot het geding voor zover het is heropend, tot een ander oordeel komt, doet hij daarin opnieuw uitspraak met herroeping in zoverre van het bestreden vonnis.

Tweede afdeling Herroeping van beschikkingen

Art. 390

Herroeping van beschikkingen Een beschikking kan op verzoek van de oorspronkelijke verzoeker of van een belanghebbende worden herroepen op de gronden genoemd in artikel 382, tenzij de aard van de beschikking zich daartegen verzet.

Art. 391

Toepasselijk bewijsrecht De artikelen 382 tot en met 384 en 386 tot en met 389 zijn van overeenkomstige toepassing. Overigens wordt het verzoek tot herroeping behandeld op de wijze als in de derde titel is bepaald.

Tiende A titel
Prejudiciële vragen aan de Hoge Raad

Art. 392

1. De rechter kan in de procedure op verzoek van een partij of ambtshalve de Hoge Raad een rechtsvraag stellen ter beantwoording bij wijze van prejudiciële beslissing, indien een antwoord op deze vraag nodig is om op de vordering of het verzoek te beslissen en rechtstreeks van belang is:

a. voor een veelheid aan vorderingsrechten die gegrond zijn op dezelfde of soortgelijke feiten en uit dezelfde of soortgelijke samenhangende oorzaken voortkomen, of

b. voor de beslechting of beëindiging van talrijke andere uit soortgelijke feiten voortvloeiende geschillen, waarin dezelfde vraag zich voordoet.

De bevoegdheid, bedoeld in de vorige volzin, komt niet toe aan de rechter bij wie een verzoek, bedoeld in artikel 907, eerste lid, van Boek 7 van het Burgerlijk Wetboek, in behandeling is.

2. Alvorens de vraag te stellen, stelt de rechter partijen in de gelegenheid zich uit te laten over het voornemen om een vraag te stellen, alsmede over de inhoud van de te stellen vraag.

3. De beslissing waarbij de vraag wordt gesteld, vermeldt voorts het onderwerp van geschil, de door de rechter vastgestelde feiten en de door partijen ingenomen standpunten. Tevens bevat de beslissing een uiteenzetting dat met de beantwoording van de vraag wordt voldaan aan onderdeel a of b van het eerste lid. Tegen de beslissing om een vraag te stellen, alsmede tegen de beslissing ter zake van de inhoud van de vraag, staat geen voorziening open.

4. De griffier zendt onverwijld een afschrift van de beslissing aan de Hoge Raad. De griffier zendt afschriften van de andere op de procedure betrekking hebbende stukken op diens verzoek aan de griffier van de Hoge Raad.

5. De rechter houdt de beslissing op de vordering of het verzoek aan totdat een afschrift van de beslissing van de Hoge Raad is ontvangen.

6. Indien in een andere lopende procedure het antwoord op de vraag rechtstreeks van belang is om op de vordering of het verzoek te beslissen, kan de rechter op verzoek van een partij of ambtshalve de beslissing aanhouden totdat de Hoge Raad uitspraak heeft gedaan. Alvorens te beslissen als bedoeld in de eerste zin, stelt de rechter partijen in de gelegenheid zich daarover uit te laten. De rechter houdt de beslissing niet aan indien partijen te kennen hebben gegeven voortzetting van de procedure te verlangen. Tegen de beslissing om al dan niet aan te houden, staat geen voorziening open.

Art. 393

1. Tenzij de Hoge Raad, gehoord de procureur-generaal bij de Hoge Raad, aanstonds beslist overeenkomstig het achtste lid, stelt hij partijen in de gelegenheid om binnen een door de Hoge Raad te bepalen termijn schriftelijk opmerkingen te maken.

2. De Hoge Raad kan bepalen dat ook anderen dan partijen binnen een daartoe te bepalen termijn in de gelegenheid worden gesteld om schriftelijke opmerkingen te maken. De aankondiging hiervan geschiedt op een door de Hoge Raad te bepalen wijze.

3. Schriftelijke opmerkingen worden door een advocaat bij de Hoge Raad getekend en ter griffie van de Hoge Raad ingediend. De griffier zendt onverwijld een afschrift aan partijen.

4. Indien het belang der zaak dit geraden doet voorkomen, kan de Hoge Raad, hetzij ambtshalve, hetzij op een daartoe strekkend verzoek, een dag bepalen voor mondelinge of schriftelijke toelichting door de advocaten van partijen. De Hoge Raad kan, indien hij een mondelinge toelichting heeft bevolen, degenen die ingevolge het tweede lid schriftelijke opmerkingen hebben gemaakt, uitnodigen ter zitting aanwezig te zijn teneinde over hun opmerkingen te worden gehoord.

5. De in het vierde lid bedoelde toelichting kan worden gegeven door een andere dan de volgens het derde lid aangewezen advocaat. De daaruit voor een partij ontstane vermeerdering van kosten is niet in de in artikel 394, tweede lid, bedoelde beslissing over de kosten begrepen. Een schriftelijke toelichting wordt door de advocaat getekend en ter griffie van de Hoge Raad ingediend. De griffier zendt onverwijld een afschrift aan de door deze andere partijen gestelde advocaten bij de Hoge Raad.

6. Na het verstrijken van de termijn voor het maken van schriftelijke opmerkingen, dan wel na de mondelinge of schriftelijke toelichting, neemt de procureur-generaal bij de Hoge Raad conclusie, hetzij onmiddellijk, hetzij op een daartoe te bepalen dag. De griffier zendt onverwijld een afschrift van de conclusie aan de door partijen gestelde advocaten bij de Hoge Raad.

7. Nadat de procureur-generaal bij de Hoge Raad overeenkomstig het zesde lid conclusie heeft genomen, bepaalt de Hoge Raad de dag waarop hij zal beslissen. De Hoge Raad kan de vraag herformuleren. Tenzij de herformulering van ondergeschikte betekenis is, stelt de Hoge Raad partijen in de gelegenheid om binnen een door hem te bepalen termijn schriftelijke opmerkingen te maken.

8. De Hoge Raad ziet af van beantwoording indien hij oordeelt dat de vraag zich niet voor beantwoording bij wijze van prejudiciële beslissing leent of de vraag van onvoldoende gewicht

Prejudiciële vragen aan de Hoge Raad

Prejudiciële procedure Hoge Raad, schriftelijke opmerkingen partijen bij

is om beantwoording te rechtvaardigen. De Hoge Raad kan zich bij de vermelding van de gronden van zijn beslissing beperken tot dit oordeel.

9. Indien het antwoord op de vraag, nadat deze is gesteld, niet meer nodig is om in de procedure als bedoeld in artikel 392, eerste lid, op de vordering of het verzoek te beslissen, kan de Hoge Raad, indien hem dat geraden voorkomt, de vraag desondanks beantwoorden.

10. De Hoge Raad begroot in zijn beslissing de kosten die partijen ingevolge dit artikel hebben gemaakt.

11. De griffier zendt onverwijld een afschrift van de beslissing aan de rechter die de vraag heeft gesteld en aan partijen. De griffier zendt eveneens onverwijld aan de rechter die de vraag heeft gesteld een afschrift van de conclusie van de procureur-generaal en afschriften van de in het derde en vierde lid genoemde schriftelijke opmerkingen en schriftelijke toelichtingen.

Art. 394

Prejudiciële procedure Hoge Raad, beslissing rechter na

1. Behoudens indien het antwoord op de vraag niet meer nodig is om op de vordering of het verzoek te beslissen, beslist de rechter, nadat hij partijen de gelegenheid heeft gegeven zich schriftelijk over de uitspraak van de Hoge Raad uit te laten, met inachtneming van deze uitspraak.

2. De rechter kan onder de proceskosten waarin een partij veroordeeld wordt, ook opnemen het door de Hoge Raad begrote bedrag voor de ingevolge artikel 393, derde en vierde lid, door de wederpartij gemaakte kosten.

Art. 395

Prejudiciële vragen, schriftelijke uitspraak

In afwijking van de artikelen 30p en 30q is in een procedure inzake prejudiciële vragen geen mondelinge uitspraak mogelijk en is de uitspraak niet aan een termijn gebonden.

Art. 396-397

[Vervallen]

Elfde titel
Cassatie

Eerste afdeling
Vorderingsprocedures aan cassatie onderworpen

Art. 398

Mogelijkheid instellen cassatieberoep

Partijen kunnen beroep in cassatie instellen van:

1°. uitspraken, die hetzij in eerste en hoogste ressort hetzij in hoger beroep zijn gewezen; *(Zie ook: art. 78 Wet RO)*

2°. vonnissen die in eerste ressort op tegenspraak zijn gewezen, indien partijen nadien zijn overeengekomen het hoger beroep over te slaan.

(Zie ook: artt. 96, 329, 333 Rv; art. 62 Wet RO)

(Zie ook: art. 339 Rv)

Art. 399

Cassatie niet mogelijk (herstel)

Het beroep in cassatie staat niet open voor hem die zijn bezwaren kan doen herstellen door dezelfde rechter bij wie de zaak heeft gediend.

(Zie ook: artt. 81, 382, 426 Rv; art. 96 Wet RO)

Art. 400

Cassatie niet mogelijk (berusting)

Het beroep in cassatie staat niet open voor hem, die in de uitspraak heeft berust.

(Zie ook: artt. 143, 334, 426 Rv)

Art. 401

[Vervallen]

Art. 401a

Instellen cassatieberoep vóór einduitspraak

[1.] Van uitspraken, waarbij een voorlopige voorziening wordt toegestaan of geweigerd, kan beroep in cassatie worden ingesteld voordat de einduitspraak is gewezen.

(Zie ook: art. 51 Rv)

[2.] Van andere tussenvonnissen of tussenarresten kan beroep in cassatie slechts tegelijk met dat van het eindvonnis of eindarrest worden ingesteld, tenzij de rechter anders heeft bepaald of artikel 75, eerste lid, van toepassing is.

(Zie ook: artt. 337, 426 Rv)

Art. 401b

Beroep in cassatie niet mogelijk

[1.] Van een bij verstek gewezen uitspraak kan de niet-verschenen partij geen beroep in cassatie instellen.

[2.] Zij kan echter, indien een der andere partijen beroep in cassatie instelt, bij de Hoge Raad verweer voeren en zelfs incidenteel beroep in cassatie instellen.

(Zie ook: art. 335 Rv)

Art. 401c

[**1.**] Indien het beroep in cassatie van een bij verstek gewezen uitspraak wordt ingesteld, terwijl verzet nog open staat, kan de verweerder niet meer verzet doen, indien hij heeft gebruik gemaakt van de bevoegdheid, hem in artikel 401b, tweede lid, toegekend.

(Zie ook: art. 143 Rv)

[**2.**] Ingeval van verzet vervalt het geding bij de Hoge Raad, onverminderd het recht van partijen om, na de uitspraak op het verzet, in cassatie op te komen tegen die uitspraak, zomede van de oorspronkelijke eiser om alsdan binnen dezelfde termijn in cassatie op te komen tegen de uitspraak bij verstek voor wat betreft de beslissingen, die door het verzet niet zijn getroffen.

[**3.**] Ingeval, voordat verzet is gedaan, het geding bij de Hoge Raad geëindigd is, belet dit niet het alsnog doen van verzet. Indien de Hoge Raad ten principale uitspraak deed, moet het verzet bij hem worden gedaan. In alle gevallen is de rechter gebonden aan hetgeen de Hoge Raad omtrent rechtspunten had beslist.

Tweede afdeling
De termijnen van beroep in cassatie in vorderingsprocedures en de schorsende kracht daarvan

Art. 402

[**1.**] Het beroep in cassatie moet - behoudens in de gevallen waarin de wet een kortere cassatietermijn voorschrijft - worden ingesteld binnen drie maanden, te rekenen van de dag van de uitspraak.

[**2.**] In de gevallen, waarin de wet voor het hoger beroep een kortere termijn heeft voorgeschreven, wordt ook de termijn voor het beroep in cassatie verkort en gesteld op het dubbele van de termijn in die gevallen voor het hoger beroep bepaald.

3. Indien in de vorige instantie een vordering tot vrijwaring geheel of gedeeltelijk is afgewezen op grond van de afwijzing van de vordering in de hoofdzaak, staat het beroep in cassatie daarvan open tot het moment dat in de hoofdzaak in cassatie het verweerschrift is ingediend.

(Zie ook: artt. 339, 990 Rv; art. 12 FW; art. 27 HW)

Art. 403

1. Bij overlijden van de in het ongelijk gestelde partij gedurende de loop van de cassatietermijn vangt voor de erfgenamen of rechtverkrijgenden een nieuwe termijn aan op de dag na die van het overlijden.

(Zie ook: art. 341 Rv)

2. In ieder geval kan het beroep in cassatie nog worden ingesteld binnen vier weken na afloop van de termijn, bedoeld in artikel 185 van Boek 4 van het Burgerlijk Wetboek.

(Zie ook: art. 225 Rv; art. 104 BW Boek 3; art. 185 BW Boek 4)

Art. 404

Buiten de gevallen, waarin de rechter de voorlopige tenuitvoerlegging heeft toegestaan, heeft het beroep in cassatie schorsende kracht.

(Zie ook: artt. 145, 233, 350, 360, 433 Rv)

Art. 405

[Vervallen]

Art. 406

1. De artikelen 30c, vierde lid, 30h, 30i, 30p en 30q zijn niet van toepassing op de procedure in cassatie.

2. De Hoge Raad kan een mondelinge behandeling gelasten, waarop de artikelen 30j en 30k van overeenkomstige toepassing kunnen zijn.

Derde afdeling
Van de rechtspleging in cassatie in vorderingsprocedures^2

Art. 407

[**1.**] Het beroep in cassatie wordt ingesteld door het indienen van een procesinleiding in dezelfde vorm en met dezelfde vereisten als in eerste aanleg, behoudens de volgende leden:

(Zie ook: art. 111 Rv)

2. De procesinleiding behelst, in afwijking van artikel 30a, derde lid, onder d, de omschrijving van de middelen, waarop het beroep in cassatie steunt. Artikel 30a, derde lid, onder f en g is niet van toepassing.

(Zie ook: artt. 343, 410, 419 Rv)

[**3.**] De eiser is gehouden in de procesinleiding een advocaat bij de Hoge Raad aan te wijzen, die hem in het geding zal vertegenwoordigen, op straffe van nietigheid.

(Zie ook: art. 63 Rv)

---

2 [Red.]: Op deze procedure zijn van KEI-Rv niet van toepassing: art. 30a lid 2, tweede volzin en lid 4, tweede volzin; art. 30a lid 3, aanhef en onder f en g, art. 30b, art. 30c leden 4 en 5, art. 30h, art. 30i (met uitzondering van lid 4), art. 30j leden 2, 4 en 6, tweede volzin en art. 30k lid 4, eerste en vierde volzin, art. 30p en art. 30q KEI-Rv. Zie ook de redactionele Ten Geleide bij de aanvang van B14. Zie B15 voor de tekst van genoemde bepalingen van KEI-Rv.

B14 art. 408 **Wetboek van Burgerlijke Rechtsvordering**

[4.] Hij wordt geacht woonplaats te hebben gekozen bij die advocaat, tenzij de procesinleiding een andere gekozen woonplaats in Nederland uitdrukt.
(Zie ook: art. 409 Rv)
5. Op het oproepingsbericht van de griffier is artikel 111, tweede lid, onder d, niet van toepassing. In aanvulling op artikel 111, tweede lid, vermeldt het oproepingsbericht wel de gevolgen van niet tijdige betaling van het griffierecht.

Art. 408

[Vervallen]

Art. 408a

Enkelvoudige kamer in cassatie

1. Alle zaken worden door de enkelvoudige kamer in behandeling genomen.

[2.] De enkelvoudige kamer verwijst de zaak naar de meervoudige kamer:
a. wanneer pleidooi wordt gevraagd, tenzij volstaan zal worden met het overleggen van schriftelijke toelichtingen,
b. wanneer uitspraak zal worden gedaan,
c. steeds wanneer zij verwijzing wenselijk acht.
[3.] Is volstaan met het overleggen van schriftelijke toelichtingen, dan vindt verwijzing plaats.
[4.] [Vervallen.]
[5.] Voor de toepassing van de artikelen 412, tweede lid, 417 en 418, eerste lid geldt de schriftelijke toelichting als bedoeld in het tweede lid, onderdeel *a*, en in het derde lid als pleidooi.
(Zie ook: artt. 17, 417, 418 Rv; art. 75 Wet RO)

Art. 409

Voor verweerder optredende advocaat

1. De verweerder kan alleen verschijnen vertegenwoordigd door een advocaat bij de Hoge Raad, die verklaart als zodanig op te treden.
(Zie ook: artt. 79, 111 Rv)
2. De verweerder wordt geacht woonplaats te hebben gekozen bij zijn advocaat. Hij kan echter ook een andere woonplaats in Nederland opgeven.
(Zie ook: art. 407 Rv)

Art. 409a

Aanhouding bij niet-voldoen griffierecht

1. De Hoge Raad houdt de zaak aan zolang de eiser het griffierecht niet heeft voldaan en de termijn genoemd in artikel 3, derde lid, van de Wet griffierechten burgerlijke zaken nog loopt.
2. Indien de eiser het griffierecht niet tijdig heeft voldaan, verklaart de Hoge Raad eiser niet ontvankelijk in zijn beroep in cassatie, met veroordeling van de eiser in de kosten. Voordat de Hoge Raad hiertoe overgaat, stelt de Hoge Raad eiser in de gelegenheid zich uit te laten over het niet tijdig voldoen van het verschuldigde griffierecht.
3. Artikel 127a, derde en vierde lid, is van overeenkomstige toepassing.

Art. 410

Beroep in cassatie door verweerder

1. De verweerder, die in cassatie wil komen, doet dit, op straffe van verval van het recht daartoe, bij verweerschrift, dat alsdan een omschrijving behelst van de middelen waarop het beroep in cassatie steunt.
[2.] De verweerder is in dit incidentele beroep ontvankelijk ook na verloop van de in artikel 402 gestelde termijnen en zelfs na berusting in de uitspraak.
3. De afstand van instantie laat de mogelijkheid incidenteel cassatieberoep in te stellen onverlet. De afstand van instantie wordt op dezelfde wijze als het oproepingsbericht in hoger beroep betekend bij de nog niet verschenen verweerder. De verweerder kan binnen twee weken na de kennisgeving van de afstand van instantie aan de Hoge Raad verzoeken een termijn te bepalen voor het instellen van incidenteel cassatieberoep. De gronden van het incidenteel cassatieberoep moeten binnen twee weken na het instellen ervan bij exploot aan de wederpartij worden betekend.
(Zie ook: artt. 334, 339 Rv)

Art. 411

Verweerschrift

1. De verweerder dient zijn verweerschrift in op een door de Hoge Raad te bepalen datum. Voor de indiening wordt een termijn van vier weken verleend. Indiening geschiedt niet dan nadat de verweerder het verschuldigde griffierecht heeft voldaan. Indien de verweerder het griffierecht niet tijdig heeft voldaan, vervalt zijn recht om verweer in cassatie te voeren of om van zijn zijde in cassatie te komen.
2. Artikel 30i, vierde lid, is van toepassing in cassatie. Alleen de in artikel 30i, vijfde lid, bedoelde exceptie wordt op straffe van verval afzonderlijk voor alle weren van rechten voorgedragen.

Art. 412

Conclusie van antwoord van eiser

[1.] Ingeval van incidenteel cassatieberoep of indien door de verweerder een exceptie tegen het principale beroep wordt aangevoerd, wordt aan de eiser, op zijn verlangen, een termijn van ten hoogste vier weken verleend om het incidentele beroep of de voorgestelde exceptie bij conclusie te beantwoorden.
(Zie ook: artt. 339, 415 Rv)

[2.] Is het een noch het ander het geval en geeft de Hoge Raad geen toepassing aan artikel 80a, eerste lid, van de Wet op de rechterlijke organisatie, dan wordt onmiddellijk na het indienen van het verweerschrift de dag van pleidooi bepaald.

Bepaling dag van pleidooi

Art. 413

[Vervallen]

Art. 414

[1.] Artikel 224 is van toepassing in cassatie.

Zekerheidstelling

[2.] Niettemin is de oorspronkelijke verweerder, eiser zijnde in cassatie, niet gehouden tot zekerheidstelling.

[3.] De verweerder in cassatie is daartoe evenmin gehouden, zelfs niet bij het instellen van incidenteel cassatieberoep.

[4.] De in vroegere instanties gestelde zekerheid blijft ook verbonden voor de kosten van cassatie.

[5.] De zekerheidstelling wordt gevorderd vóór alle weren van rechten.

(Zie ook: artt. 224, 353, 616 Rv)

Art. 415

[1.] De vordering tot zekerheidstelling en alle andere incidentele vorderingen worden ingesteld bij conclusie.

Conclusies m.b.t. incidentele vorderingen

2. De verweerder in het incident dient tegelijk met de vorderingen als bedoeld in het eerste lid of op een nader door de Hoge Raad te bepalen datum zijn verweerschrift in het incident in, waarop door de Hoge Raad, na partijen, zo zij dit verlangen, en de procureur-generaal bij de Hoge Raad te hebben gehoord, afzonderlijk wordt beslist.

(Zie ook: art. 208, 418 Rv)

Art. 416

De aangewezen advocaat blijft de partij vertegenwoordigen totdat hetzij door haar een andere advocaat bij de Hoge Raad is aangewezen bij aan de wederpartij betekend exploit, hetzij de advocaat zelf aan deze laatste bij betekend exploot of ter zitting heeft aangezegd, dat hij zich aan de verdere behandeling der zaak onttrekt.

Terugtreden advocaat

(Zie ook: art. 226 Rv)

Art. 417

De pleidooien kunnen ook worden gehouden door andere dan de volgens de artikelen 407 en 409 aangewezen advocaten, zonder dat de daaruit ontstaande vermeerdering van kosten in de uitspraak over de kosten begrepen is.

Pleidooien door andere advocaten

(Zie ook: art. 134 Rv)

Art. 418

1. Na de pleidooien neemt de procureur-generaal bij de Hoge Raad conclusie, hetzij onmiddellijk, hetzij op een daartoe te bepalen dag.

Conclusie OM

2. Tenzij de Hoge Raad dadelijk uitspraak doet, bepaalt hij de dag, waarop dit zal geschieden.

Uitspraak

(Zie ook: art. 408a Rv; art. 111 Wet RO)

Art. 418a

Voor zover uit deze titel niet anders voortvloeit, zijn van de tweede titel de artikelen 111, 112, 114 tot en met 122, artikel 125, de zevende tot en met de negende afdeling, alsmede de elfde tot en met de dertiende afdeling van overeenkomstige toepassing.

Toepasselijk bewijsrecht

Vierde afdeling
Uitspraak in cassatie in vorderingsprocedures

Art. 419

[1.] De Hoge Raad bepaalt bij zijn onderzoek tot de middelen waarop het beroep in cassatie steunt.

Beperking onderzoek HR

[2.] De feitelijke grondslag der middelen kan alleen worden gevonden in de bestreden uitspraak en in de stukken van het geding.

[3.] De Hoge Raad is gebonden aan hetgeen in de bestreden uitspraak omtrent de feiten is vastgesteld.

[4.] De Hoge Raad geeft omtrent de kosten van het geding zodanige uitspraak als hij vermeent te behoren.

(Zie ook: art. 237 Rv)

Art. 420

Bij vernietiging van de bestreden uitspraak doet de Hoge Raad het geding zelf af, voor zover er niet op de voet van de navolgende bepalingen gronden zijn voor verwijzing.

Afdoen door HR zelf

(Zie ook: art. 441 WvSv)

Art. 421

Verwijzing door HR Indien na de vernietiging dient te worden beslist over feiten, waaromtrent nog geen uitspraak is gedaan, verwijst de Hoge Raad het geding, tenzij het een punt van ondergeschikte aard betreft, waarover de Hoge Raad op grond van de stukken van het geding een beslissing kan geven. *(Zie ook: art. 441 WvSv)*

Art. 422

Beslissing over niet-besliste rechtspunten Indien na de vernietiging dient te worden beslist over rechtspunten, waaromtrent nog geen uitspraak is gedaan, zal de Hoge Raad naar bevind van omstandigheden daaromtrent een beslissing geven dan wel daartoe het geding verwijzen. *(Zie ook: art. 441 WvSv)*

Art. 422a

Naar welke rechter wordt verwezen Het geding wordt verwezen naar de rechter, wiens uitspraak vernietigd is, tenzij er overeenkomstig het bepaalde bij de artikelen 76 en 355 reden is tot verwijzing naar de rechter van eerste aanleg. *(Zie ook: art. 441 WvSv)*

Art. 423

Naar welke rechter wordt verwezen De Hoge Raad kan, in stede van het geding te verwijzen naar de rechter, wiens uitspraak vernietigd is, het verwijzen naar een andere rechter en wel:

1°. wanneer de vernietigde uitspraak was gewezen door een rechtbank, naar het gerechtshof van het ressort;

2°. wanneer de vernietigde uitspraak was gewezen door een gerechtshof, naar een ander gerechtshof.

(Zie ook: art. 34 Rv; art. 441 WvSv)

Art. 424

Beslissing met inachtneming uitspraak HR De rechter, naar wie het geding is verwezen, zet de behandeling daarvan voort en beslist met inachtneming van de uitspraak van de Hoge Raad.

Art. 425

Verzet Er wordt geen verzet toegelaten tegen arresten door de Hoge Raad bij verstek in cassatie gewezen, dan alleen wanneer er gronden waren tot nietigverklaring van de dagvaarding of het beroep was ingesteld na verloop van de wettelijke termijnen en mits het verzet geschiedde binnen veertien dagen na de betekening van het arrest.

(Zie ook: artt. 143, 401b, 402, 407 Rv)

Vijfde afdeling

Beroep in cassatie in verzoekprocedures^3

Art. 426

Cassatietermijn bij beschikkingen op rekest [**1.**] Van beschikkingen kan beroep in cassatie worden ingesteld door degenen, die in een van de vorige instanties verschenen zijn, binnen drie maanden, te rekenen van de dag van de uitspraak.

(Zie ook: art. 402 Rv)

[**2.**] In de gevallen, waarin de wet voor het hoger beroep een kortere termijn heeft voorgeschreven, wordt ook de termijn voor het beroep in cassatie verkort en gesteld op het dubbele van de termijn in die gevallen voor het hoger beroep bepaald.

[**3.**] In de gevallen, waarin de wet voor het hoger beroep een ander aanvangstijdstip heeft voorgeschreven dan de dag van de uitspraak, geldt dat andere aanvangstijdstip ook voor de termijn van het beroep in cassatie.

[**4.**] De artikelen 399, 400, 401a, 403 en 404 en de artikelen 79 en 80 van de Wet op de rechterlijke organisatie zijn van overeenkomstige toepassing.

Art. 426a

Aanbrengen bij verzoekschrift [**1.**] Het beroep in cassatie wordt aangebracht bij een procesinleiding, die wordt getekend door een advocaat bij de Hoge Raad en ingediend bij deszelfs griffie.

[**2.**] De procesinleiding behelst de omschrijving van de middelen waarop het beroep in cassatie steunt.

(Zie ook: art. 407 Rv)

Art. 426b

Verzoekschrift, afschriften De verweerder heeft voor het indienen van een door een advocaat bij de Hoge Raad getekend verweerschrift een termijn van drie weken nadat de griffier hem heeft bericht over de indiening van het cassatieberoep. Artikel 276, eerste lid, is van overeenkomstige toepassing op het bericht van de griffier.

Art. 427

In cassatie bij verweerschrift [**1.**] Bij het verweerschrift kan de verweerder, ondanks het verstrijken van de in artikel 426 gestelde termijnen en ondanks berusting, van zijn zijde in cassatie komen.

(Zie ook: art. 410 Rv)

[**2.**] Artikel 426a, tweede lid, en artikel 410, derde lid, zijn van toepassing.

---

3 [Red.]: Op deze procedure zijn van KEI-Rv van toepassing: art. 30a lid 1, art. 30a lid 2, tweede volzin, art. 30a lid 3, aanhef en onder a, b, e en h, art. 30c lid 1-3 en 6-8, art. 30d tot en met 30g; art. 30i lid 4-5, art. 30j lid 3 en 4, art. 30o lid 1, aanhef en onder a, Kei-Rv. Zie ook de redactionele Ten Geleide bij de aanvang van B14. Zie B15 voor de tekst van genoemde bepalingen van KEI-Rv.

Art. 427a

1. In geval van incidenteel cassatieberoep of indien door de verweerder een exceptie tegen het principaal cassatieberoep wordt aangevoerd, kan de verzoeker tot cassatie binnen drie weken na de indiening daarvan antwoorden bij door een advocaat bij de Hoge Raad getekend verweerschrift.

2. Artikel 276, eerste lid, is van overeenkomstige toepassing op het bericht van de griffier.

Art. 427b

Artikel 282a is van overeenkomstige toepassing.

Art. 428

1. Tenzij de Hoge Raad toepassing geeft aan artikel 80a, eerste lid, van de Wet op de rechterlijke organisatie, kan de Hoge Raad, indien het belang der zaak dit geraden doet voorkomen, hetzij ambtshalve, hetzij op daartoe strekkend verzoek, een toelichting door de advocaten bevelen.

[2.] Geschiedt de toelichting mondeling, dan vindt deze voor de meervoudige kamer plaats. Wordt de toelichting schriftelijk gegeven, dan geschiedt dit voor de enkelvoudige kamer.

(Zie ook: artt. 27, 417 Rv)

[3.] De toelichting kan ook worden gegeven door andere advocaten, zonder dat de daaruit ontstaande vermeerdering van kosten in de uitspraak over de kosten begrepen is.

(Zie ook: art. 408a Rv)

Art. 428a

Voor zover uit deze afdeling niet anders voortvloeit, is artikel 284 van overeenkomstige toepassing.

(Zie ook: art. 359 BW Boek 2; art. 56d Kadw)

Art. 429

[1.] Nadat de procureur-generaal bij de Hoge Raad binnen een door de Hoge Raad te bepalen termijn schriftelijk conclusie heeft genomen, geeft de Hoge Raad zijn beschikking.

(Zie ook: artt. 328, 418 Rv)

[2.] De artikelen 419-424 zijn van overeenkomstige toepassing.

3. De griffier verstrekt onverwijld een afschrift van de beschikking aan de advocaten.

Tweede Boek

Van de gerechtelijke tenuitvoerlegging van vonnissen, beschikkingen en authentieke akten

Eerste titel

Algemene regels

Art. 430

1. De grossen van in Nederland gewezen vonnissen, van beschikkingen van de Nederlandse rechter en van in Nederland verleden authentieke akten alsmede van andere bij de wet als executoriale titel aangewezen stukken kunnen in geheel Nederland worden ten uitvoer gelegd.

(Zie ook: artt. 28, 231, 290 Rv; artt. 4, 86 FW)

2. Zij moeten aan het hoofd voeren de woorden: In naam van de Koning.

(Zie ook: art. 554 WvSv)

3. Zij kunnen niet worden ten uitvoer gelegd dan na betekening aan de partij tegen wie de executie zich zal richten.

(Zie ook: artt. 434a, 479g Rv; art. 296 BW Boek 3)

Art. 431

1. Behoudens het bepaalde in de artikelen 985-994, kunnen noch beslissingen, door vreemde rechters gegeven, noch buiten Nederland verleden authentieke akten binnen Nederland ten uitvoer worden gelegd.

2. De gedingen kunnen opnieuw bij de Nederlandse rechter worden behandeld en afgedaan.

Art. 431a

Indien de bevoegdheid tot tenuitvoerlegging van een executoriale titel op een ander overgaat, kan de executie eerst worden aangevangen of voortgezet na betekening van deze overgang aan de geëxecuteerde. Indien de rechtsopvolger bij wet is bepaald of door een fusie als bedoeld in artikel 309 of een splitsing als bedoeld in artikel 334a van Boek 2 van het Burgerlijk Wetboek vaststaat, kan worden volstaan met het schriftelijk mededelen van de overgang van de bevoegdheid tot tenuitvoerlegging aan de geëxecuteerde mits deze hierdoor niet in zijn belang wordt geschaad.

(Zie ook: art. 142 BW Boek 6)

Art. 432

Geen vonnis waarvan de voorlopige tenuitvoerlegging niet is toegestaan kan tegen een derde worden ten uitvoer gelegd, noch kan daaraan door die derde worden voldaan, dan acht dagen na betekening daarvan aan de partij die in het ongelijk is gesteld, en met overlegging van een

B14 art. 433 **Wetboek van Burgerlijke Rechtsvordering**

verklaring van de griffier dat er op zijn registers geen verzet, hoger beroep of cassatie daartegen is aangetekend.
(Zie ook: artt. 350, 404, 479g Rv)

Art. 433

Doen aantekenen van beroep De partij die verzet heeft gedaan, of hoger beroep of beroep in cassatie heeft ingesteld, heeft de bevoegdheid om daarvan ter griffie van het gerecht dat het bestreden vonnis heeft uitgesproken, in een daartoe bestemd register aantekening te doen houden, met vermelding van de namen van de partijen, de dagtekening van het vonnis en die van het verzet, het hoger beroep of het beroep in cassatie.
(Zie ook: artt. 145, 350, 404 Rv; artt. 27, 29, 301 BW Boek 3; artt. 32, 35 BW Boek 5; art. 260 BW Boek 6)

Art. 434

Machtiging van deurwaarder De overhandiging van de executoriale titel, waarvan men de uitvoering verlangt, aan de deurwaarder, machtigt hem in die zaak tot het doen van de gehele executie, uit die titel voortvloeiende, met uitzondering alleen van die bij lijfsdwang, waartoe een bijzondere volmacht vereist wordt.
(Zie ook: artt. 440, 589, 599 Rv; art. 400 BW Boek 7)

Art. 434a

Kosten van gerechtsdeurwaarders Kosten terzake van ambtshandelingen, verricht door gerechtsdeurwaarders, worden voor de bepaling van de kosten van tenuitvoerlegging in aanmerking genomen overeenkomstig bij of krachtens algemene maatregel van bestuur vastgestelde tarieven.

Art. 435

Bevoegdheid beslaglegging 1. Het staat aan de executant vrij beslag te leggen op alle voor beslag vatbare goederen, waartoe hij bevoegd is zijn vordering te verhalen.
(Zie ook: art. 598 Rv; art. 276 BW Boek 3)

Beslag op goed van derde 2. Hij is verplicht een beslag dat strekt tot verhaal op een goed dat aan een ander dan de schuldenaar toebehoort, en dat ten laste van die ander wordt gelegd, binnen acht dagen aan de schuldenaar te betekenen.
(Zie ook: artt. 626, 708 Rv)

3. Wordt een beslag van de in het vorige lid bedoelde strekking ten laste van de schuldenaar gelegd, dan is de beslaglegger verplicht het binnen acht dagen aan de ander te betekenen of, zo hij diens recht niet kent, onverwijld nadat hij van dat recht kennis heeft gekregen. Indien de ander, voordat acht dagen na deze betekening zijn verstreken, schriftelijk aan de deurwaarder mededeelt zich tegen het verhaal op zijn goed te verzetten, geldt het beslag jegens hem slechts als conservatoir en kan de executie jegens hem slechts plaatsvinden uit hoofde van een tegen hem verkregen executoriale titel om deze executie te dulden.
(Zie ook: artt. 456, 538 Rv)

Art. 436

Goederen voor openbare dienst Beslag mag niet worden gelegd op goederen, bestemd voor de openbare dienst of op goederen die De Nederlandsche Bank N.V. onder zich heeft ten behoeve van een systeem als bedoeld in artikel 212a, onder b, van de Faillissementswet.
(Zie ook: artt. 479, 703 Rv; art. 28 BW Boek 5)

Art. 437

Analoge toepassing Hetgeen omtrent de executie van een goed is bepaald, is van overeenkomstige toepassing op de executie van een beperkt recht op of een aandeel in een zodanig goed.
(Zie ook: art. 707 Rv; artt. 96, 98, 189, 226, 276 BW Boek 3)

Art. 438

Geschillen over tenuitvoerlegging 1. Geschillen die in verband met een executie rijzen, worden gebracht voor de rechtbank die naar de gewone regels bevoegd zou zijn, of in welker rechtsgebied de inbeslagneming plaatsvindt, zich een of meer van de betrokken zaken bevinden of de executie zal geschieden. In afwijking van de vorige zin worden geschillen die rijzen in verband met de executie van een door de kantonrechter afgegeven executoriale titel voor de kantonrechter gebracht die de executoriale titel heeft afgegeven.
(Zie ook: art. 435 Rv)

Vordering in kort geding 2. Tot het verkrijgen van een voorziening bij voorraad kan het geschil ook worden gebracht in kort geding voor de voorzieningenrechter van de volgens het eerste lid bevoegde rechtbank. In zaken die ten gronde door de kantonrechter worden behandeld en beslist, is ook de kantonrechter bevoegd tot het geven van deze voorziening. Daarbij is op de kantonrechter van toepassing hetgeen over de voorzieningenrechter is bepaald.
(Zie ook: artt. 12a, 289 Rv; art. 51 BW Boek 6)

3. Onverminderd zijn overige bevoegdheden kan de voorzieningenrechter desgevorderd de tenuitvoerlegging schorsen voor een bepaalde tijd of totdat op het geschil zal zijn beslist, dan wel bepalen dat de tenuitvoerlegging slechts tegen zekerheidstelling mag plaatsvinden of worden voortgezet. Hij kan beslagen, al of niet tegen zekerheidsstelling, opheffen. Hij kan gedurende de tenuitvoerlegging herstel bevelen van verzuimde formaliteiten met bepaling van welke op

het verzuim gevolgde formaliteiten opnieuw moeten worden verricht en te wiens laste de kosten daarvan zullen komen. Hij kan bepalen dat een in het geding geroepen derde de voortzetting van de tenuitvoerlegging moet gedogen dan wel zijn medewerking daaraan moet verlenen, al of niet tegen zekerheidsstelling door de executant.

4. Voor zover de zaak zich niet leent voor behandeling in kort geding, kan de voorzieningenrechter in plaats van de vordering af te wijzen de zaak op verlangen van de eiser verwijzen naar de rechtbank met bepaling van de dag waarop zij op de rol moet komen. Tegen een gedaagde die op voormeld tijdstip niet verschijnt en ook voor de voorzieningenrechter niet bij advocaat is verschenen, wordt slechts verstek verleend, zo hij tegen dit tijdstip bij exploit is opgeroepen met inachtneming van de voor dagvaarding voorgeschreven termijn, dan wel van de termijn die op verlangen van de eiser door de voorzieningenrechter bepaald is.

(Zie ook: artt. 7, 145 Rv)

5. De deurwaarder die met de executie is belast en daarbij op een bezwaar stuit dat een onverwijlde voorziening nodig maakt, kan zich met een daarvan door hem opgemaakt proces-verbaal bij de voorzieningenrechter vervoegen ten einde deze in kort geding tussen de betrokken partijen te doen beslissen. De voorzieningenrechter zal de behandeling aanhouden tot de partijen zijn opgeroepen, tenzij hij, gelet op de aard van het bezwaar, een onmiddellijke beslissing geboden acht. De deurwaarder die zijn voormelde bevoegdheid zonder instemming van de executant uitoefent, kan persoonlijk in de kosten worden veroordeeld, indien deze uitoefening nodeloos was.

(Zie ook: artt. 254, 280, 434, 434a, 446 Rv)

6. Verzet tegen de executie door een derde geschiedt door dagvaarding van zowel de executant als de geëxecuteerde.

(Zie ook: artt. 456, 476, 496, 538 Rv)

Art. 438a

1. In zaken betreffende een executie die volgens de tweede en de derde titel van dit Boek of titel 9 van Boek 3 van het Burgerlijk Wetboek worden ingeleid door indiening van een verzoek aan de voorzieningenrechter van de rechtbank, is bevoegd de voorzieningenrechter in wiens rechtsgebied de te executeren zaken zich geheel of grotendeels bevinden of de executie zal geschieden.

2. De indiening van verzoeken krachtens de artikelen 459, derde lid, 461b, 462, tweede lid, artikel 463, vijfde lid, 463a, 465, 481, eerste lid, 496, tweede lid, en 506, tweede lid, kan ook door een deurwaarder geschieden. Hetzelfde geldt voor een verzoek krachtens artikel 234, derde lid, van Boek 3 van het Burgerlijk Wetboek, indien de executie door een pandhouder geschiedt, of krachtens artikel 251 van dat Boek. Indien een deurwaarder het verzoek indient, geldt zijn kantoor als gekozen woonplaats van de verzoeker.

(Zie ook: artt. 439, 440, 474c, 475, 479i, 502, 504 Rv; art. 15 BW Boek 1)

Art. 438b

Voor zover de executie andere handelingen vergt dan het doen van een exploot, is artikel 64 van overeenkomstige toepassing, met dien verstande dat voor de overeenkomstige toepassing van het derde lid van dat artikel de plaats waar de handeling moet worden verricht, bepalend is.

Art. 438c

Wanneer voor de tenuitvoerlegging van een rechterlijke beslissing een financiële waarborg is vereist, wordt een gelijkwaardige bij een in een andere lidstaat van de Europese Unie gevestigde bank of verzekeraar gestelde waarborg erkend. Die banken moeten in een lidstaat van de Europese Unie erkend zijn overeenkomstig Richtlijn 2013/36/EU van het Europees Parlement en de Raad van 26 juni 2013 betreffende toegang tot het bedrijf van kredietinstellingen en het prudentieel toezicht op kredietinstellingen en beleggingsondernemingen, tot wijziging van Richtlijn 2002/87/EG en tot intrekking van de Richtlijnen 2006/48/EG en 2006/49/EG (PbEU 2013, L 176), en die verzekeraars overeenkomstig richtlijn 2009/138/EG van het Europees Parlement en de Raad van 25 november 2009 betreffende de toegang tot en uitoefening van het verzekerings- en het herverzekeringsbedrijf (Solvabiliteit II) (PbEU 2009, L 335).

Tweede titel

Van de gerechtelijke tenuitvoerlegging op goederen die geen registergoederen zijn

Eerste afdeling

Van executoriaal beslag op roerende zaken die geen registergoederen zijn

Art. 439

1. Het beslag op roerende zaken die geen registergoederen zijn, moet worden voorafgegaan door een exploot van een deurwaarder, houdende bevel om binnen twee dagen aan de executoriale titel te voldoen. Eerst na verloop van die termijn kan het beslag worden gelegd. Indien

Verwijzing naar gewone wijze van rechtspleging

Beslissing president op verzoek deurwaarder

Derdenverzet

Bevoegdheid voorzieningenrechter in geval van executie

Schakelbepaling

Financiële waarborg

Beslag op roerende zaken

B14 art. 440 **Wetboek van Burgerlijke Rechtsvordering**

daartoe gronden zijn, kan de voorzieningenrechter van de rechtbank, ook op mondeling verzoek van de deurwaarder, die termijn inkorten.
(Zie ook: art. 502 Rv)
2. Indien bij het betekenen van de executoriale titel tevens het voorgeschreven bevel is gedaan, wordt geen afzonderlijk bevel vereist.
(Zie ook: art. 502 Rv)
3. Bij het bevel of de betekening moet de executant tot het uiteinde der executie woonplaats kiezen ten kantore van de deurwaarder, zulks op straffe van nietigheid van het exploot. Tevens kan woonplaats worden gekozen in Nederland ten kantore van een advocaat.
(Zie ook: artt. 438a, 502 Rv)

Art. 440

Formaliteiten beslaglegging

1. Het beslag geschiedt bij een proces-verbaal van een deurwaarder dat, behalve de gewone formaliteiten, op straffe van nietigheid inhoudt:
a. de vermelding van de voornaam, naam en woonplaats van de executant en de naam en woonplaats van de geëxecuteerde;
b. de vermelding van de executoriale titel uit hoofde waarvan het beslag wordt gelegd;
c. indien het beslag niet wordt gelegd door een deurwaarder ten kantore van wie woonplaats is gekozen overeenkomstig artikel 439, derde lid, een keuze van woonplaats ten kantore van de deurwaarder die het beslag legt.
(Zie ook: art. 504 Rv)

Bijstand aan deurwaarder door getuige(n)

2. De deurwaarder kan zich doen bijstaan door een of twee getuigen, wier naam en woonplaats hij in dat geval in het proces-verbaal zal vermelden en die dat stuk mede zullen tekenen.
(Zie ook: artt. 475, 479i, 564, 565 Rv)
3. Het proces-verbaal van inbeslagneming van een motorrijtuig als bedoeld in artikel 1, sub c, Wegenverkeerswet 1994 of een aanhangwagen als bedoeld in artikel 1, sub d, Wegenverkeerswet 1994 zal onverwijld in het kentekenregister, bedoeld in artikel 42 Wegenverkeerswet 1994, worden ingeschreven. De deurwaarder zorgt ervoor dat deze inschrijving wordt beëindigd zodra het beslag is opgeheven of vervallen.

Art. 441

Beslag mits geldelijk beloop vordering bepaalbaar

1. Het beslag kan slechts worden gedaan voor een vordering waarvan het geldelijk beloop bepaalbaar is.
(Zie ook: art. 712 Rv)
2. Indien de vordering niet is vereffend, worden na het beslag alle verdere vervolgingen gestaakt, totdat de vereffening is geschied.
(Zie ook: art. 504a Rv)

Executie, kosten en verwachte opbrengst

3. Het is niet toegestaan zaken in beslag te nemen indien redelijkerwijs voorzienbaar is dat de opbrengst die gerealiseerd kan worden door het verhaal op die zaken minder bedraagt dan de kosten van de beslaglegging en de daaruit voortvloeiende executie, tenzij de schuldeiser aannemelijk kan maken dat de schuldenaar door het beslag en de executie niet op onevenredig zware wijze in zijn belangen wordt getroffen.

Art. 442

Beslag op in kentekenregister geregistreerd motorrijtuig

1. In afwijking van artikel 440, kan beslag op een in het kentekenregister geregistreerd motorrijtuig of aanhangwagen geschieden bij een proces-verbaal van een deurwaarder dat, behalve de gewone formaliteiten, op straffe van nietigheid inhoudt:
a. de vermelding van de voornaam, naam en woonplaats van de executant en de naam en woonplaats van de geëxecuteerde;
b. de vermelding van de titel uit hoofde waarvan het beslag wordt gelegd;
c. een omschrijving van het in beslag te nemen motorrijtuig of de in beslag te nemen aanhangwagen, alsmede het kenteken van het motorrijtuig of de aanhangwagen;
d. indien het beslag niet wordt gelegd door een deurwaarder ten kantore van wie woonplaats is gekozen overeenkomstig artikel 439, derde lid, een keuze van woonplaats ten kantore van de deurwaarder die het beslag legt, en
e. indien nodig, instructies inzake het afgeven van het motorrijtuig of de aanhangwagen aan de deurwaarder ten behoeve van de executie.
2. Het proces-verbaal van inbeslagneming zal onverwijld in het kentekenregister worden ingeschreven. De deurwaarder zorgt ervoor dat deze inschrijving wordt beëindigd zodra het beslag is opgeheven of vervallen.
3. Een afschrift van het proces-verbaal zal niet later dan drie dagen na de inschrijving aan de geëxecuteerde worden betekend.
4. In dit artikel wordt onder motorrijtuig verstaan een motorrijtuig als bedoeld in artikel 1, sub c, Wegenverkeerswet 1994, onder aanhangwagen een aanhangwagen als bedoeld in artikel 1, sub d, Wegenverkeerswet 1994, onder het kentekenregister het kentekenregister bedoeld in artikel 1, sub i, Wegenverkeerswet 1994 en onder kenteken een kenteken als bedoeld in artikel 1, sub g Wegenverkeerswet 1994.

Art. 443

1. De deurwaarder zal dadelijk, of uiterlijk op de volgende dag overgaan tot de meer bijzondere aanduiding der zaken die hij in beslag neemt, en zal deze op het door hem daarvan onverwijld op te maken proces-verbaal nauwkeurig beschrijven met opgave van hun getal, gewicht en maat overeenkomstig hun aard. Het proces-verbaal wordt binnen drie dagen na de inbeslagneming betekend aan de geëxecuteerde en, als er een bewaarder is, ook aan deze. *(Zie ook: artt. 435, 565 Rv)*

2. De executant mag bij de inbeslagneming niet tegenwoordig zijn dan in geval de deurwaarder zulks ter aanwijzing van de in beslag te nemen zaken noodzakelijk acht. *(Zie ook: artt. 492, 712 Rv)*

Art. 444

1. De deurwaarder heeft ter inbeslagneming en al hetgeen hieruit voortvloeit toegang tot elke plaats, voor zover dat redelijkerwijs voor de vervulling van zijn taak nodig is.

2. Indien de deuren gesloten zijn, of de opening daarvan geweigerd wordt, gelijk mede indien geweigerd wordt enige kamer of stuk huisraad te openen, alsmede wanneer bij niet-tegenwoordigheid van de geëxecuteerde er niemand gevonden wordt om hem te vertegenwoordigen, zal de deurwaarder zich vervoegen bij de burgemeester der gemeente in wiens tegenwoordigheid de opening van de deuren en van het huisraad zal worden gedaan voor zover dat redelijkerwijs nodig is. De burgemeester kan zich doen vertegenwoordigen door een ambtenaar van politie die tevens hulpofficier van justitie is. Van de tegenwoordigheid van deze ambtenaar en van hetgeen in zijn bijzijn, uit kracht van dit en de volgende drie artikelen, is verricht, zal melding gemaakt worden in het proces-verbaal van beslag.

3. Bij het binnentreden in een woning zonder toestemming van de bewoner zijn de artikelen 10 en 11, tweede lid, van de Algemene wet op het binnentreden op het proces-verbaal van beslag van overeenkomstige toepassing. Deze artikelen gelden eveneens in het geval dat na het binnentreden geen beslag wordt gelegd.

(Zie ook: art. 12 GW; artt. 438, 444a, 557, 600, 502, 712 Rv; art. 120 WvSv)

Art. 444a

1. Indien er redelijk vermoeden bestaat, dat in beslag te nemen zaken zich bevinden op een plaats, van een derde gehuurd of op andere wijze in gebruik verkregen, zodanig dat voor de toegang de medewerking van de derde nodig blijft, zal de deurwaarder, ingeval van weigering van de geëxecuteerde of de derde om de deuren, welke tot de plaats toegang geven, te openen, handelen, zoals in het vorige artikel is bepaald. Met weigering staat gelijk afwezigheid na behoorlijke sommatie om persoonlijk of bij gemachtigde te verschijnen om de deuren te openen. De deurwaarder kan inmiddels door een bewaarder beletten, dat van de plaats iets wordt weggenomen.

2. De derde is gehouden de deurwaarder op vertoon van de titel, uit krachte waarvan het beslag wordt gelegd, aanwijzing te doen van de verhuurde of op andere wijze in gebruik gegeven ruimte.

3. Zij die van het verhuren of op andere wijze in gebruik geven, als bedoeld in de vorige leden, een bedrijf maken, zijn verplicht desgewenst de deurwaarder inzage te geven van het register of de stukken, waarin de gebruikers zijn vermeld.

4. Van het ogenblik, dat de deurwaarder zich tot de derde heeft gewend om tot de inbeslagneming ingevolge dit artikel te komen, mag de derde de geëxecuteerde toegang tot de ruimte niet meer verlenen dan in tegenwoordigheid van de deurwaarder.

(Zie ook: artt. 438, 712 Rv)

Art. 444b

1. Indien de derde niet voldoet aan enige hem bij het tweede, derde en vierde lid van het vorige artikel opgelegde verplichting, kan hij worden veroordeeld tot voldoening van het bedrag der vordering, waarvoor het beslag wordt gelegd, met rente en kosten.

2. De schade, welke de derde lijdt door het openbreken der deuren, wordt, indien dit niet aan hem te wijten is, hem vergoed door de executant, behoudens het verhaal van deze op de geëxecuteerde, indien daartoe gronden aanwezig zijn. De derde kan verlangen, dat, alvorens tot het openmaken der deuren wordt overgegaan, zekerheid wordt gesteld voor de voldoening der hem verschuldigde schadevergoeding.

(Zie ook: art. 616 Rv)

3. De deurwaarder en de ambtenaar, in artikel 444 genoemd, zijn tot geheimhouding verplicht nopens de inhoud van het register en de stukken, bedoeld in het derde lid van het vorige artikel; echter wat de geëxecuteerde betreft, voor zover niet anders is vereist voor een behoorlijke vervulling van hun taak te dezen.

(Zie ook: art. 712 Rv; art. 272 WvSr)

Art. 445

Indien er bij de inbeslagneming gereed geld wordt gevonden, zal het getal en de geldsoort vermeld worden; de deurwaarder zal het geld benevens alle aandeelbewijzen, effecten en verder geldswaarde hebbend papier aan een door hem aan te wijzen financiële onderneming die ingevolge de Wet op het financieel toezicht in Nederland het bedrijf van bank mag uitoefenen of door een zodanige financiële onderneming gegarandeerd effectenbewaarbedrijf of aan de Nederlandsche Bank N.V. in gerechtelijke bewaring geven, tenzij de executant en geëxecuteerde omtrent een andere plaats van bewaring mochten zijn overeengekomen. De bewaring geschiedt ten name van de deurwaarder onder vermelding van het beslag, van de executant en van de geëxecuteerde.

(Zie ook: artt. 712, 795 Rv; art. 92 FW)

Art. 446

Bewaring andere zaken **1.** De deurwaarder kan ook andere zaken dan die bedoeld in het vorige artikel aan een door hem aan te wijzen geschikte bewaarder in gerechtelijke bewaring geven, indien dit voor het behoud van deze zaken redelijkerwijze noodzakelijk is. De tweede zin van het vorige artikel is van toepassing.

Betekening proces-verbaal **2.** De deurwaarder maakt van de inbewaringgeving een afzonderlijk proces-verbaal op, dat binnen drie dagen na de inbewaringgeving wordt betekend aan de geëxecuteerde en aan de bewaarder.

(Zie ook: artt. 506, 564, 796 Rv)

Art. 447

Beslagverbod roerende zaken **1.** Op de volgende roerende zaken mag geen beslag worden gelegd:

a. zaken die behoren tot de inboedel, bedoeld in artikel 5 van Boek 3 van het Burgerlijk Wetboek, van de door de schuldenaar bewoonde woning;

b. de kleding van de schuldenaar en van de tot zijn gezin behorende huisgenoten;

c. de in de woning aanwezige voorraad levensmiddelen;

d. zaken die de schuldenaar en de tot zijn gezin behorende huisgenoten redelijkerwijs nodig hebben voor de persoonlijke verzorging en de algemene dagelijkse levensbehoeften;

e. de in de woonruimte aanwezige zaken die de schuldenaar en de tot zijn gezin behorende huisgenoten redelijkerwijs nodig hebben voor de verwerving van de noodzakelijke middelen van bestaan, dan wel voor hun scholing of studie;

f. zaken van hoogstpersoonlijke aard;

g. gezelschapsdieren van de schuldenaar en van de tot zijn gezin behorende huisgenoten, alsmede de voor de verzorging van deze dieren noodzakelijke zaken.

2. In afwijking van het eerste lid is beslag wel toegestaan op de in het lid onder a tot en met f genoemde zaken die in de gegeven omstandigheden bovenmatig zijn. Bij algemene maatregel van bestuur kan nader worden bepaald welke zaken, hetzij afzonderlijk, hetzij door de aanwezigheid van andere, al dan niet gelijksoortige zaken, als bovenmatig zijn aan te merken. Daarbij kan voor bepaalde zaken of categorieën van zaken worden bepaald tot welke waarde bovenmatigheid niet wordt aangenomen.

3. Indien beslag wordt gelegd op een bovenmatige zaak die de geëxecuteerde of de tot zijn gezin behorende huisgenoten redelijkerwijs niet kan missen, stelt de deurwaarder de geëxecuteerde in de gelegenheid om de bovenmatige zaak te vervangen door een niet als bovenmatig aan te merken vergelijkbare zaak.

4. Bij algemene maatregel van bestuur kunnen andere dan de in het eerste lid bedoelde roerende zaken worden aangewezen waarop geen beslag mag worden gelegd.

Art. 448

Beslagverbod boeken/werktuigen/gereedschappen Een roerende zaak of gezelschapsdier als bedoeld in artikel 447, eerste lid, kan wel in beslag worden genomen voor vorderingen ter zake de verkoop, vervaardiging of het herstel van de zaak of de verkoop of verzorging van het gezelschapsdier aan de geëxecuteerde of de tot zijn gezin behorende huisgenoten.

Art. 449

Opgave datum verkoop **1.** Dag en uur van de verkoop van de in beslag genomen zaken worden aan de geëxecuteerde betekend hetzij tezamen met het proces-verbaal van inbeslagneming hetzij binnen drie dagen na de betekening daarvan.

(Zie ook: artt. 443, 447 Rv)

Executieverkoop via internet **2.** Bij een verkoop via het internet als bedoeld in artikel 463, tweede lid, wordt aan de geëxecuteerde betekend via welke website en gedurende welke periode er kan worden geboden.

Art. 451

Zorg voor bebouwing en inzameling **1.** Indien beesten of werktuigen voor de landbouw, of vruchten te velde welke reeds van de grond zijn afgescheiden, zijn in beslag genomen, kan de kantonrechter, op verzoek van de executant, en na verhoor of behoorlijke oproeping van de geëxecuteerde, een geschikte persoon aanstellen, teneinde voor de nodige bedrijfsvoering, verzorging of inzameling zorg te dragen.

(Zie ook: artt. 494, 507, 732 Rv)

2. Tegen een toewijzende beschikking krachtens het vorige lid is geen hogere voorziening toegelaten.

(Zie ook: artt. 455, 712 Rv; art. 400 BW Boek 7)

Art. 453a

1. Een vervreemding, bezwaring, onderbewindstelling of verhuring van de zaak, tot stand gekomen nadat deze in beslag genomen is, kan niet tegen de beslaglegger worden ingeroepen. *(Zie ook: artt. 475h, 505, 712 Rv)*

2. Rechten door een derde anders dan om niet verkregen, worden geëerbiedigd, mits de zaak in zijn handen is gekomen en hij toen te goeder trouw was. *(Zie ook: art. 45 BW Boek 3)*

Art. 455

1. Nog niet verantwoorde en afgedragen baten, voortgebracht door de in beslag genomen zaken, vallen mede onder het beslag en moeten aan de deurwaarder worden verantwoord en op zijn verlangen aan hem worden afgedragen, een en ander behoudens de rechten van derden, die de executant moet eerbiedigen.

2. Bestaat de bate in een vordering op een derde dan valt zij niet onder het beslag dan nadat het beslag aan de derde is betekend. De artikelen 475i, 476 en 478 zijn van overeenkomstige toepassing.

(Zie ook: artt. 455a, 474b, 507 Rv; art. 604 BW Boek 7)

Art. 455a

1. Vorderingen tot vergoeding die na inbeslagneming in de plaats van de beslagen zaak zijn getreden, daaronder begrepen vorderingen ter zake van waardevermindering van de zaak, vallen, nadat de schuldenaar uit die vordering is betekend, eveneens onder het beslag, behoudens de rechten van derden, die de executant moet eerbiedigen. Zij moeten op verlangen van de deurwaarder aan hem worden voldaan.

(Zie ook: artt. 457, 507a Rv; artt. 229, 283 BW Boek 3)

2. De artikelen 475i, 476 en 478 zijn van overeenkomstige toepassing. *(Zie ook: art. 479b Rv)*

Art. 456

1. Treft het beslag een zaak die geheel of ten dele aan een ander toebehoort of ten aanzien waarvan een ander een recht geldend kan maken dat de executant moet eerbiedigen, dan kan deze ander zich tegen verkoop waarbij zijn recht niet in acht wordt genomen tot op het tijdstip van verkoop verzetten.

(Zie ook: artt. 435, 438 Rv)

2. De eiser die in het ongelijk wordt gesteld, zal op vordering van de executant, zo daartoe gronden zijn, tot schadevergoeding worden veroordeeld.

Art. 457

1. Op de in beslag genomen zaken kan tot op het tijdstip van de verkoop opnieuw beslag worden gelegd. De beslaglegger is verplicht een zodanig beslag onverwijld te betekenen aan de deurwaarder die het eerdere beslag heeft gelegd en, zo deze er is, aan de gerechtelijke bewaarder, met vermelding van de aard van de vordering en van het beloop van het bedrag waarvoor het nieuwe beslag is gelegd of, indien de vordering nog niet is vereffend, van het geschatte bedrag. *(Zie ook: art. 480 Rv)*

2. Is het eerdere beslag gelegd op de grondslag van het Wetboek van Strafvordering dan is de beslaglegger verplicht het door hem later gelegde beslag onverwijld te betekenen aan het parket van het openbaar ministerie bij het gerecht in feitelijke aanleg waarvoor de strafzaak, op grond waarvan het eerdere beslag is gelegd, wordt of het laatst werd vervolgd.

3. Indien onder een beslag vorderingen tot vergoeding vallen, die voor in beslag genomen zaken in de plaats zijn getreden, worden deze ook door volgende beslagen op die zaken getroffen. Is een in beslag genomen zaak verloren gegaan, dan kan op die vorderingen tot op het tijdstip van de inning daarvan beslag worden gelegd met inachtneming van dezelfde formaliteiten als wanneer deze zaak zich nog onder de schuldenaar zou hebben bevonden.

(Zie ook: artt. 440, 443, 455a, 457, 712 Rv)

Art. 458

1. Indien op de zaak meer beslagen zijn gelegd, wordt zij verkocht door de beslaglegger die het oudste executoriale beslag heeft gelegd.

(Zie ook: artt. 478, 513, 704 Rv)

2. Rust op een zaak een beperkt recht dat deze beslaglegger moet eerbiedigen, maar dat niet aan een latere beslaglegger kan worden tegengeworpen, dan wordt de zaak vrij van het beperkte recht verkocht, indien deze laatste beslaglegger aan de executant, de geëxecuteerde en de beperkt gerechtigde bij exploot mededeelt dit te verlangen.

(Zie ook: art. 456 Rv; artt. 237, 282, 284 BW Boek 3)

Art. 459

1. Indien de executant in gebreke blijft om binnen vier weken na afloop van de in artikel 462 bedoelde termijn de verkoop tot stand te brengen, kan iedere beslaglegger die een executoriale titel heeft, de executie van de door hem in beslag genomen zaken overnemen door zulks bij exploot aan de executant en de geëxecuteerde aan te zeggen.

Bescherming beslaglegger i.v.m. vervreemding, etc.

Bescherming derden te goeder trouw

Verantwoorden en afdragen baten in beslag genomen zaken

Zaakvervanging

Zaakvervanging

Verzet tegen verkoop

Tweede en volgende beslagen

Zaakvervanging

Oudste executoriaal beslaglegger verkoopt

Verkoop zaak waarop beperkt recht

Overnemen executie

B14 art. 461a Wetboek van Burgerlijke Rechtsvordering

2. De overneming kan niet geschieden dan nadat aan de executant schriftelijk een redelijke termijn is gesteld om alsnog tot verkoop over te gaan.

3. Indien er meer beslagleggers zijn die de overneming verlangen, is slechts degene die het oudste executoriale beslag heeft gelegd, daartoe bevoegd, tenzij de voorzieningenrechter van de rechtbank op verzoek van de meest gerede partij anders beslist.

(Zie ook: art. 438a Rv)

4. Tegen beschikkingen krachtens het vorige lid is geen hogere voorziening toegelaten.

Art. 460-461

[Vervallen]

Art. 461a

Overname bevoegdheid pandhouder

1. Indien de in beslag genomen zaak is verpand en de pandhouder bevoegd is tot executie over te gaan, kan hij, zo nodig overeenkomstig artikel 496 afgifte van de zaak vorderende, de executie overnemen en zelf executeren met inachtneming van de bepalingen betreffende executie krachtens pandrecht.

Samenloop

2. Rusten op een zaak meer pandrechten, dan komt deze bevoegdheid uitsluitend toe aan de hoogst gerangschikte pandhouder, die tot executie wenst over te gaan.

3. De pandhouder, die van deze bevoegdheid gebruik wil maken, dient zulks uiterlijk op het tijdstip van de verkoop bij exploot aan de beslaglegger, aan te zeggen met opgave van de termijn binnen welke hij tot verkoop zal overgaan.

4. Zolang geen aanzegging als voormeld plaatsvindt, blijft de beslaglegger bevoegd de executie voort te zetten.

(Zie ook: artt. 508, 544 Rv; artt. 249, 252 BW Boek 3)

Art. 461b

Termijnstelling

1. Indien de pandhouder de in het derde lid van het vorige artikel bedoelde termijn te lang stelt dan wel binnen die termijn niet tot verkoop overgaat, kan de voorzieningenrechter van de rechtbank op verzoek van de beslaglegger een termijn bepalen binnen welke de pandhouder uiterlijk tot de verkoop moet overgaan. Volgt binnen die termijn geen verkoop, dan is de executant met uitsluiting van de pandhouder bevoegd met de executie voort te gaan.

(Zie ook: artt. 509, 545 Rv)

2. Tegen een beschikking krachtens het vorige lid is geen hogere voorziening toegelaten.

Art. 461c

Overname door schuldeiser tot gezamenlijke executie

De schuldeiser die vóór het beslag ten aanzien van in beslag genomen zaken het beding, bedoeld in artikel 254 van Boek 3 van het Burgerlijk Wetboek heeft gemaakt en van de in het tweede lid van dat artikel bedoelde bevoegdheid tot gezamenlijke executie gebruik wil maken, kan de executie overeenkomstig artikel 461a overnemen. De artikelen 544-548 zijn op de executie van deze zaken van toepassing.

(Zie ook: art. 268 BW Boek 3)

Art. 461d

Zaak bij derde

Bevindt de in beslag genomen zaak zich onder een derde en beroept deze zich erop dat hij het beslag wegens de vorm ervan of wegens een hem ten aanzien van de zaak toekomend recht niet behoeft te dulden, dan dienen bij het beslag, voor zover de executant de executie zonder eerbiediging van het ingeroepen recht of bevoegdheid wenst door te zetten, de regels betreffende het derden-beslag uit de tweede afdeling te worden gevolgd, met dien verstande dat het reeds gelegde beslag geldt als een uitsluitend op die zaken gelegd derden-beslag en vervalt indien niet binnen drie dagen nadat de derde zich erop heeft beroepen dat hij het beslag niet behoeft te dulden, aan de derde een formulier in tweevoud als bedoeld in artikel 475, is betekend.

(Zie ook: art. 712 Rv)

Art. 462

Verkooptermijn

1. De verkoop der in beslag genomen zaken mag geen plaats hebben vóór vier weken, te rekenen van de dag van de betekening aan de geëxecuteerde van het proces-verbaal, bedoeld in artikel 443, zulks op straffe van schadevergoeding.

2. Deze termijn kan verkort worden bij onderlinge toestemming van partijen of ook ten verzoeke van de meest gerede partij door de voorzieningenrechter van de rechtbank.

(Zie ook: art. 438 Rv)

Art. 463

Openbare verkoop

1. De verkoop zal in het openbaar worden gehouden ten overstaan van de deurwaarder en op een door deze daartoe aan te wijzen plaats.

(Zie ook: artt. 514, 519 Rv)

Executieverkoop via internet

2. De verkoop, bedoeld in het eerste lid, kan ook uitsluitend of gelijktijdig via het internet plaatsvinden via een algemeen toegankelijke website.

3. De website waarop de verkoop plaatsvindt, is ingericht met passende technische maatregelen om de betrouwbaarheid en veiligheid te waarborgen. Bij algemene maatregel van bestuur kunnen hieromtrent nadere regels worden gesteld.

4. Is de in beslag genomen zaak op een markt of beurs verhandelbaar, dan kan de verkoop in afwijking van de artikelen 464-466 en 469 geschieden op die markt door tussenkomst van een tussenpersoon in het vak of ter beurze door die van een bevoegde tussenpersoon overeenkomstig de regels en gebruiken die aldaar voor een gewone verkoop gelden.

5. De voorzieningenrechter van de rechtbank kan ten verzoeke van de beslaglegger of de geëxecuteerde een verkoop als in het vorige lid bedoeld ook bepalen ten aanzien van effecten aan toonder die niet ter beurze verhandelbaar zijn.

Art. 463a

Geschillen over de veilingvoorwaarden, over de wijze van verkoop of over dag, uur of plaats daarvan, dan wel, indien van toepassing, via welke website en gedurende welke periode er kan worden geboden worden op verzoek van de meest gerede partij of de deurwaarder beslist door de voorzieningenrechter van de rechtbank, onverminderd de bevoegdheid van hen wier rechten bij de executie niet worden geëerbiedigd, zich daartegen overeenkomstig artikel 438 te verzetten.

(Zie ook: art. 518 Rv)

Art. 463b

Tegen beschikkingen krachtens de artikelen 462, tweede lid, artikel 463, vijfde lid, en 463a is geen hogere voorziening toegelaten.

Art. 464

De aankondiging van de verkoop geschiedt door bekendmaking op een of meer algemeen toegankelijke websites van de plaats, de dag en het uur van de verkoop, dan wel via welke website en gedurende welke periode er kan worden geboden. Bij de aankondiging wordt de aard van de zaken aangeduid zonder vermelding van nadere bijzonderheden.

Art. 465

1. De aankondiging van de verkoop moet geschieden na de in artikel 449 bedoelde betekening en tenminste vier dagen vóór de aanvang van de verkoop, tenzij die termijn door de voorzieningenrechter van de rechtbank ten verzoeke van de meest gerede partij is verkort.

2. Tegen een beschikking krachtens het vorige lid is geen hogere voorziening toegelaten.

Art. 466

[Vervallen]

Art. 467

De deurwaarder zal aan de voet van zijn proces-verbaal van beslag aantekening moeten doen van de wijze van aankondiging van de verkoop.

Art. 469

1. De verkoop wordt gehouden bij opbod of, ter keuze van de executant, bij opbod gevolgd door afmijning en de toewijzing zal geschieden aan de meestbiedende en tegen gerede betaling of storting in handen van de deurwaarder.

2. De deurwaarder is bevoegd te vorderen, dat hem door elke bieder de geboden koopsom ter hand wordt gesteld en mag deze onder zich houden, totdat de zaak is toegewezen.

3. Stelt een bieder, na de in het vorige lid bedoelde vordering, de geboden koopsom niet aan de deurwaarder ter hand, dan wordt zijn bod niet aangenomen en wordt hij gedurende de gehele verkoping niet meer als bieder toegelaten.

4. Bij de toewijzing wordt geen rekening gehouden met biedingen die ingevolge het vorige lid niet mogen worden aangenomen.

5. Bij gebreke van betaling zal de zaak terstond weer verkocht worden ten laste van hem wien zij toegewezen is.

(Zie ook: art. 527 Rv)

Art. 470

1. Men zal met de verkoop der in beslag genomen zaken niet verder gaan dan nodig is om een opbrengst te verkrijgen, die voor betaling van de schulden en kosten voldoende is.

2. Te dien einde kan de geëxecuteerde de orde regelen, volgens welke de zaken zullen worden verkocht.

(Zie ook: artt. 480, 521 Rv)

Art. 474

De deurwaarder is verantwoordelijk voor de verkregen opbrengst en voldoet daaruit onverwijld de kosten van de executie. Hij vermeldt in zijn proces-verbaal de namen en woonplaatsen van de kopers. Indien artikel 480, tweede lid, van toepassing is, maakt de deurwaarder aan de voet van zijn proces-verbaal aantekening van de namen van de schuldeisers die beslag hebben gelegd op goederen of de opbrengst van de tenuitvoerlegging en van de beperkt gerechtigden van wie het recht door de tenuitvoerlegging is vervallen.

(Zie ook: artt. 455, 477, 480, 485, 524 Rv; artt. 253, 270, 277 BW Boek 3)

B14 art. 474a **Wetboek van Burgerlijke Rechtsvordering**

Eerste afdeling A
Van executoriaal beslag op rechten aan toonder of order, aandelen op naam en effecten op naam, die geen aandelen zijn

Art. 474a

Beslag op rechten aan toonder of order

1. Het beslag op rechten aan toonder of order geschiedt door beslag op het papier. De eerste en tweede afdeling en de tweede afdeling B zijn, voor wat betreft het daar omtrent beslag op zaken bepaalde, van overeenkomstige toepassing, tenzij uit de betreffende bepaling in verband met de aard van het recht anders volgt. Indien het recht bestaat in een opeisbare vordering, kan de executant in plaats van tot verkoop overeenkomstig de eerste afdeling over te gaan, de executie ook voortzetten door beslag onder derden overeenkomstig de tweede afdeling. *(Zie ook: art. 445 Rv)*

2. Is ter voltooiing van de executie endossement vereist, dan kan dit door de deurwaarder die met de verkoop is belast, in zijn hoedanigheid van deurwaarder worden gesteld onder vermelding van "ter executie".

3. Ingeval van verkoop moeten de voormelde rechten op de biljetten als bedoeld in artikel 464 worden omschreven, met opgave van de naam van degene jegens wie het recht bestaat, van de aard van het recht, van het bedrag van de vordering waarin het recht bestaat en van de renten welke daarbij mochten zijn bepaald.

(Zie ook: artt. 463, 475 Rv; art. 93 BW Boek 3; artt. 49, 128 BW Boek 6)

Art. 474aa

Executie rechten op naam

1. De executie van andere aandelen op naam dan die bedoeld in de volgende afdelingen en van effecten op naam die geen aandelen zijn, geschiedt met overeenkomstige toepassing van die afdeling, tenzij uit de betreffende bepaling in verband met de aard van het aandeel of effect anders voortvloeit.

Lidmaatschapsrechten

2. Lidmaatschapsrechten in verenigingen worden als effecten op naam aangemerkt, indien zij voor vervreemding vatbaar zijn.

(Zie ook: art. 34 BW Boek 2)

Art. 474b

Nog niet verantwoorde en afgedragen baten

1. Nog niet aan de geëxecuteerde verantwoorde en afgedragen baten, die voortvloeien uit een recht aan toonder of order, een aandeel op naam of een effect op naam dat geen aandeel is, en die bestaan in geld of andere waarden, vallen mede onder het beslag en moeten aan de deurwaarder worden verantwoord en op zijn verlangen aan hem worden afgedragen, een en ander behoudens de rechten van derden die de executant moet eerbiedigen. *(Zie ook: artt. 455, 507 Rv)*

Bescherming schuldenaar te goeder trouw

2. Aan de schuldenaar die de in het eerste lid bedoelde baten heeft uitgekeerd aan hem die zich door middel van het toonder- of orderpapier als gerechtigid tot die baten heeft gelegitimeerd, kan evenwel dit beslag niet worden tegengeworpen.

(Zie ook: art. 714 Rv; art. 93 BW Boek 3; art. 146 BW Boek 6)

3. De artikelen 475i, 476 en 478 zijn van overeenkomstige toepassing.

Art. 474ba

Uitoefening stemrecht

Het stemrecht verbonden aan een in beslag genomen goed als bedoeld in het vorige artikel, en andere aan een zodanig goed verbonden bevoegdheden die niet onder het vorige artikel vallen, blijven gedurende het beslag bij de geëxecuteerde. Desgevraagd is de bewaarder of, als deze ontbreekt, de deurwaarder verplicht hem daartoe een bewijsstuk af te geven en verder het nodige te verrichten om hem in de gelegenheid te stellen tot het uitoefenen van deze rechten.

Art. 474bb

Executie overige rechten

1. Rechten waarvan de executie niet elders geregeld is, en niet opeisbare rechten waarop beslag onder derden mogelijk is, kunnen met overeenkomstige toepassing van de eerste afdeling worden geëxecuteerd, tenzij uit de wet of de aard van het recht anders volgt.

(Zie ook: artt. 463, 477 Rv; art. 95 BW Boek 3)

2. De artikelen 474b en 474ba zijn onder hetzelfde voorbehoud van overeenkomstige toepassing.

3. Gaat het om een recht dat jegens een derde moet worden uitgeoefend, dan is voor het beslag tevens betekening van het beslagexploot aan de derde vereist.

4. Indien door een zodanige executie van een niet opeisbaar recht waarop beslag onder derden mogelijk is, de geëxecuteerde of een andere belanghebbende onredelijk wordt benadeeld, beveelt de voorzieningenrechter op diens vordering dat de executie wordt gestaakt. *(Zie ook: art. 438 Rv)*

Eerste afdeling B
Van executoriaal beslag op aandelen op naam in naamloze vennootschappen en besloten vennootschappen met beperkte aansprakelijkheid

Art. 474c

1. Onverminderd het bepaalde in het achtste lid van dit artikel geschiedt het beslag op aandelen op naam in een naamloze vennootschap of besloten vennootschap met beperkte aansprakelijkheid bij exploot van een deurwaarder dat, behalve de gewone formaliteiten, op straffe van nietigheid inhoudt:
a. een aanzegging aan de vennootschap van de inbeslagneming;
b. de vermelding van de voornaam, naam en woonplaats van de executant en de naam en woonplaats van de geëxecuteerde;
c. de vermelding van de executoriale titel uit hoofde waarvan het beslag wordt gelegd;
d. een keuze van woonplaats ten kantore van de deurwaarder.
(Zie ook: artt. 440, 475, 479i, 504 Rv)

2. De deurwaarder vermeldt in zijn proces-verbaal zo mogelijk het getal en de nummers der in beslag genomen aandelen.

3. Aan de vennootschap zal afschrift worden gelaten van het beslagexploot en van de executoriale titel uit hoofde waarvan het beslag wordt gelegd.
(Zie ook: art. 475 Rv)

4. In het register van aandeelhouders wordt terstond een namens de vennootschap ondertekende en door de deurwaarder mede-ondertekende aantekening geplaatst vermeldende de datum en het tijdstip van het gelegde beslag, de naam van de beslaglegger en het getal en zo mogelijk de nummers der in beslag genomen aandelen.
(Zie ook: artt. 85, 194 BW Boek 2)

5. De vennootschap en een ieder die toegang heeft tot de ruimte waar het register van aandeelhouders wordt bewaard, zijn verplicht hun medewerking aan de bepaling van het vorige lid te verlenen. Indien geen register bestaat, vermeldt de deurwaarder dit in zijn proces-verbaal.
(Zie ook: art. 474h Rv)

6. Indien voor de in beslag genomen aandelen aandeelbewijzen zijn uitgegeven, is de vennootschap verplicht, op verlangen van de deurwaarder, hem daarvan bij het uitbrengen van het exploot mededeling te doen.

7. Bij gebreke van enige medewerking als bedoeld in de drie voorafgaande leden is artikel 444b van overeenkomstige toepassing.

8. Indien het betreft aandelen op naam in vennootschappen als bedoeld in artikel 86c van boek 2 van het Burgerlijk Wetboek, welker statuten voorschrijven, dat voor levering daarvan al dan niet onder bepaalde omstandigheden afgifte van het aandeelbewijs bij de vennootschap vereist is, geschiedt het beslag bij exploot van een deurwaarder met aanzegging als in het eerste lid vermeld na voorafgaande inbeslagneming van de desbetreffende aandeelbewijzen op de wijze als omschreven in de eerste afdeling. Deze inbeslagneming en de bewaargeving, bedoeld in artikel 445, zullen onder verwijzing naar de akte of processen-verbaal, bedoeld in de artikelen 440 en 443, in het exploit worden vermeld.

Art. 474d

1. De deurwaarder zal van het gelegde beslag onverwijld, zo mogelijk op dezelfde dag, schriftelijk mededeling doen aan de geëxecuteerde.

2. Daarenboven moet, op straffe van verval van het beslag, een afschrift van het exploit binnen acht dagen na het beslag, aan de geëxecuteerde worden betekend.

3. Indien voor de in beslag genomen aandelen aandeelbewijzen zijn uitgegeven, is de geëxecuteerde verplicht aan de deurwaarder, zo mogelijk reeds bij de betekening van het exploit van beslag, de aandeelbewijzen met de eventueel daarbij behorende dividendbewijzen en talons ter hand te stellen of het nodige te verrichten opdat deze stukken hem ter hand gesteld worden. Indien voor die terhandstelling de medewerking van een derde vereist is, is die derde verplicht zijn medewerking tegen vergoeding der kosten te verlenen. Bij gebreke van medewerking van de derde is artikel 444b van overeenkomstige toepassing.

4. De deurwaarder zal, in afwachting van de executoriale verkoop, met de stukken handelen als bepaald in artikel 445.

Art. 474e

De in beslag genomen aandelen kunnen niet ten nadele van de beslaglegger worden vervreemd, bezwaard of onder bewind gesteld.
(Zie ook: artt. 453a, 475b, 505 Rv; art. 198 WvSr)

Art. 474f

Binnen acht dagen na het beslag zal de vennootschap aan de deurwaarder schriftelijk mededeling doen van rechten die vóór het exploit reeds op de in beslag genomen aandelen mochten zijn gevestigd, onder opgave van de namen en woonplaatsen der gerechtigden.

Beslag op aandelen op naam

Mededeling aan geëxecuteerde
Betekening

Uitlevering aandeelbewijzen

Geen vervreemding, bezwaring of onderbewindstelling

Mededeling van vennootschap

Art. 474g

Verzoek om bepaling verkooptermijn

1. Binnen één maand na het exploot van beslag zal de beslaglegger, op straffe van verval van het gelegde beslag, aan de rechtbank van de plaats van vestiging van de vennootschap, zo mogelijk onder overlegging van de mededeling bedoeld in het voorgaande artikel en de statuten der vennootschap, verzoeken bij beschikking te bepalen, dat en binnen welke termijn tot verkoop en overdracht van de in beslag genomen aandelen kan worden overgegaan.

2. De rechtbank gelast alvorens de gevraagde beschikking te geven de oproeping van de deurwaarder, de beslaglegger, de geëxecuteerde, de vennootschap, en, zo zij dit nodig acht, van verdere belanghebbenden, om op het verzoek te worden gehoord. Verzet tegen de verkoop door derden-rechthebbenden, kan uitsluitend geschieden door tijdige indiening van een daartoe strekkend verzoek, waarvan afschrift wordt betekend aan de beslaglegger en aan de deurwaarder, die het beslag heeft gelegd.

(Zie ook: art. 456 Rv)

3. De rechtbank zal in haar beschikking bepalen op welke wijze en onder welke voorwaarden de verkoop en overdracht dienen te geschieden.

4. De wettelijke en statutaire bepalingen ter zake van vervreemding van aandelen moeten worden in acht genomen, met dien verstande, dat alle ten aanzien van de vervreemding aan de aandeelhouder toekomende rechten en op hem drukkende verplichtingen worden uitgeoefend en nagekomen door de rechtbank. Ook de beschikking der rechtbank zal ten aanzien van deze wettelijke en statutaire bepalingen geen afwijkingen mogen inhouden behoudens voor zover inachtneming van deze bepalingen de executoriale verkoop onmogelijk zou maken.

(Zie ook: artt. 261, 474c Rv; artt. 86, 89, 195, 198 BW Boek 2)

Art. 474h

Opmaken proces-verbaal

1. Van de verkoop wordt door de deurwaarder proces-verbaal opgemaakt. Tenzij artikel 86c van boek 2 van het Burgerlijk Wetboek van toepassing is, vermeldt het proces-verbaal de gegevens als bedoeld in lid 2 van onderscheidenlijk artikel 86 en artikel 196 van dat wetboek. De koopprijs wordt de deurwaarder ter hand gesteld.

Levering aandelen

2. Tenzij artikel 86c van boek 2 van het Burgerlijk Wetboek op de vennootschap van toepassing is, is voor de levering van het aandeel vereist dat het proces-verbaal in Nederland ter registratie is aangeboden. De artikelen 86a en 196a Boek 2 van dat wetboek zijn van overeenkomstige toepassing, met dien verstande dat de aan het aandeel verbonden rechten eerst kunnen worden uitgeoefend nadat een afschrift van het proces-verbaal dat ter registratie is aangeboden en de grosse van de door de rechtbank gegeven beschikking aan de vennootschap zijn betekend. Indien het aandelen betreft in vennootschappen als bedoeld in artikel 86c van boek 2 van het Burgerlijk Wetboek geschiedt de levering door betekening van de akte en grosse voormeld en inlevering van het aandeelbewijs bij de vennootschap.

Duplicaten

3. Indien ten aanzien van andere aandelen dan die bedoeld in de laatste zin van het tweede lid van dit artikel de verkrijger daarvan niet de beschikking heeft kunnen krijgen over de aandeelbewijzen met de eventueel daarbij behorende dividendbewijzen en talons op naam, zal de vennootschap hem daarvan desverlangd en op zijn kosten duplicaten afgeven. Door de uitgifte der duplicaten verliezen de oorspronkelijke stukken hun geldigheid. Indien de bedoelde verkrijger niet de beschikking heeft kunnen krijgen over de eventueel bij de aandeelbewijzen behorende dividendbewijzen en talons aan toonder, zal de vennootschap hem daarvan desverlangd en op zijn kosten slechts duplicaten afgeven na zekerheidstelling zijnerzijds voor de door de vennootschap tengevolge van de uitgifte der duplicaten op te lopen schade.

Art. 474i

Reële executie

Bij executie van een executoriale titel tot levering van een aandeel zijn de leden 2-4 van het vorige artikel van overeenkomstige toepassing, met dien verstande dat in plaats van het procesverbaal en de beschikking, bedoeld in het tweede lid, de te executeren titel aan de vennootschap wordt betekend.

(Zie ook: artt. 86, 196 BW Boek 2; art. 300 BW Boek 3)

Tweede afdeling
Van executoriaal beslag onder derden

Art. 475

Bevel onder zich te houden

1. Het beslag op vorderingen die de geëxecuteerde op derden mocht hebben of uit een ten tijde van het beslag reeds bestaande rechtsverhouding rechtstreeks zal verkrijgen, en op hem toebehorende roerende zaken die onder derden mochten berusten en geen registergoederen zijn, geschiedt bij een exploot van een deurwaarder dat, behalve de gewone formaliteiten, op straffe van nietigheid inhoudt:

a. een bevel aan de derde om het verschuldigde of de zaken onder zich te houden op straffe van onwaarde van elke in weerwil van het beslag gedane betaling of afgifte;

(Zie ook: art. 475b Rv)

b. een vermelding van de naam, voornaam en woonplaats van de executant en de naam en woonplaats van de geëxecuteerde;
c. een vermelding van de titel uit hoofde waarvan het beslag wordt gelegd, en een opgave van hetgeen de geëxecuteerde krachtens deze titel aan de executant verschuldigd is;
d. een keuze van woonplaats ten kantore van de deurwaarder;
e. indien het beslag wordt gelegd op de vordering tot betaling van de koopsom van een onroerende zaak, nadat de koop van de zaak is ingeschreven in de openbare registers, bedoeld in afdeling 2 van titel 1 van Boek 3 van het Burgerlijk Wetboek, op de wijze die is voorgeschreven in artikel 3 van Boek 7 van het Burgerlijk Wetboek: een vermelding dat in weerwil van het beslag de koopsom aan de notaris kan worden betaald;
f. indien het beslag wordt gelegd op een vordering als bedoeld in artikel 475, eerste lid, die een natuurlijk persoon op een bank als bedoeld in artikel 1:1 Wet op het financieel toezicht heeft: een vermelding van het bedrag waarop op grond van artikel 475a, vijfde lid, het beslag niet geldig is.
(Zie ook: art. 45 Rv)
2. De deurwaarder laat aan de derde-beslagene afschrift van het beslagexploot en van de executoriale titel uit hoofde waarvan het beslag wordt gelegd, alsmede een formulier volgens een bij algemene maatregel van bestuur vast te stellen model, waarop de verklaring bedoeld in artikel 476b kan worden gedaan. De deurwaarder en de derde-beslagene kunnen overeenkomen af te zien van het laten van dit formulier.
(Zie ook: artt. 475i, 476a, 477a Rv)
3. Het afschrift van het beslagexploot, het afschrift van de executoriale titel en het formulier, bedoeld in het tweede lid, worden elektronisch gelaten aan het elektronisch adres van de derde-beslagene, mits deze derde aan een door Onze Minister van Veiligheid en Justitie aangewezen organisatie een elektronisch adres heeft opgegeven, waaraan kan worden betekend. Voor de derde-beslagene geldt het elektronische afschrift als het oorspronkelijke exploot.
4. Bij algemene maatregel van bestuur worden regels gegeven aangaande de registratie van de in het derde lid genoemde elektronische adressen. Deze regels kunnen betrekking hebben op de wijze van opgave, wijziging, afmelding en doorhaling van een elektronisch adres en de gevolgen ervan. Tevens worden bij algemene maatregel van bestuur regels gegeven aangaande de betrouwbaarheid en vertrouwelijkheid van, de voorwaarden waaronder en de wijze waarop een beslagexploot elektronisch kan worden gelaten. Het besluit tot aanwijzing van een organisatie als bedoeld in het derde lid wordt gepubliceerd in de Staatscourant.
5. De voordracht voor de krachtens het vierde lid vast te stellen algemene maatregelen van bestuur wordt niet eerder gedaan dan vier weken nadat de ontwerpen aan beide kamers der Staten-Generaal zijn overgelegd.

Art. 475a

1. Het beslag strekt zich niet uit tot vorderingen of zaken die volgens de wet niet voor beslag vatbaar zijn, noch tot vorderingen die recht geven op een volgens de wet of naar haar aard niet voor beslag vatbare prestatie.
2. Het beslag is niet geldig op het gedeelte van een vordering dat daarop wordt ingehouden krachtens de wet, uit hoofde van een ziektekostenverzekering of van een pensioenspaarregeling dan wel uit hoofde van een ondernemingsspaarregeling voor een oudedagsverzorging.
3. Het beslag strekt zich niet uit tot onkostenvergoedingen, tenzij deze als fiscaal loon van de geëxecuteerde worden beschouwd.
4. Vorderingen die recht geven op iets anders dan betaling van een geldsom of dan levering van roerende zaken die geen registergoederen zijn, of van rechten aan toonder of order, vallen slechts onder het beslag, voor zover zij in het beslagexploot uitdrukkelijk zijn omschreven.
(Zie ook: art. 479 Rv)
5. Een beslag als bedoeld in artikel 475, eerste lid, op geldmiddelen die een natuurlijk persoon aanhoudt bij een bank is slechts geldig voor zover het de bedragen genoemd in het eerste lid van artikel 475da gedurende een kalendermaand overtreft. Bij of krachtens algemene maatregel van bestuur kunnen nadere regels worden gesteld inzake de uitvoering van dit beslag.
6. Indien de geëxecuteerde op grond van de basisregistratie personen geen woonadres in Nederland heeft en hij onvoldoende andere middelen van bestaan heeft, kan de geëxecuteerde de kantonrechter verzoeken lid 5 van toepassing te verklaren.
7. In dit artikel en in artikel 475aa worden onder geldmiddelen als bedoeld in artikel 1:1 van de Wet op het financieel toezicht en onder bank wordt verstaan een bank als bedoeld in artikel 1:1 Wet op het financieel toezicht.
8. Op ingevolge artikel 642c in de consignatiekas gestorte bedragen mag geen beslag worden gelegd.

Art. 475aa

Indien de deurwaarder gerechtigd is tegen de schuldenaar beslag te leggen, is:
a. een schuldenaar verplicht aan een deurwaarder desgevraagd op te geven welke bank geldmiddelen van hem onder zich heeft; en

Afschrift exploit aan derde-beslagene

Beslagverboden

Bankbeslag, informatie opvragen i.v.m.

b. de deurwaarder bevoegd ten behoeve van het leggen van een beslag aan een bank te vragen of deze geldmiddelen van die schuldenaar onder zich heeft. De bank beantwoordt deze vraag onverwijld en stelt de schuldenaar pas in kennis hierover als er beslag is gelegd.

Art. 475ab

Beslagvrije voet, begripsbepalingen

1. In de artikelen 475a, 475d, 475da, 475e, 475ga, 475gb, 475i en 478 wordt verstaan onder: *alleenstaande:* alleenstaande als bedoeld in artikel 4, eerste lid, onderdeel a, van de Participatiewet;

alleenstaande ouder: alleenstaande ouder als bedoeld in artikel 4, eerste lid, onderdeel b, van de Participatiewet;

basisregistratie personen: basisregistratie personen als bedoeld in artikel 1.2 van de Wet basisregistratie personen;

belastbaar inkomen: gezamenlijk bedrag van de belastbare winst uit onderneming, het belastbare loon, het belastbare resultaat uit overige werkzaamheden, de belastbare periodieke uitkeringen en verstrekkingen en de belastbare inkomsten uit eigen woning, bedoeld in artikel 3.1, tweede lid, onderdelen a tot en met e, van de Wet inkomstenbelasting 2001;

coördinerende deurwaarder: deurwaarder die op grond van artikel 478 bevoegd is tot inning; *echtgenoot:* echtgenoot als bedoeld in artikel 3 van de Participatiewet;

gehuwd: gehuwd als bedoeld in artikel 3 van de Participatiewet;

kind: ten laste komend kind als bedoeld in artikel 4, eerste lid, onderdeel e, van de Participatiewet; *leefsituatie:* leefsituatie als bedoeld in artikel 475da, eerste lid;

polisadministratie: polisadministratie als bedoeld in artikel 33 van de Wet structuur uitvoeringsorganisatie werk en inkomen;

woonkosten: door de geëxecuteerde verschuldigde rekenhuur als bedoeld in artikel 5 van de Wet op de huurtoeslag, dan wel de door de geëxecuteerde maandelijks verschuldigde hypotheekrente, erfpacht en, tot ten hoogste 0,057% van de WOZ-waarde, de maandelijkse overige kosten.

2. In de artikelen 475aa, 475g en 475ga wordt onder schuldenaar mede verstaan degene met wie hij in enige gemeenschap van goederen als bedoeld in de eerste afdeling van de zevende titel van Boek 1 van het Burgerlijk Wetboek is gehuwd dan wel op die voorwaarden een geregistreerd partnerschap is aangegaan.

Art. 475b

Beslagvrije voet bij periodieke betalingen

1. Beslag onder een derde op een of meer vorderingen van de geëxecuteerde tot periodieke betalingen waaraan een beslagvrije voet is verbonden, is slechts geldig voor zover een periodieke betaling de beslagvrije voet overtreft.

2. Beslag op een vordering tot nabetaling is niet verder geldig dan indien de betaling gedurende het beslag tijdig was gedaan.

(Zie ook: artt. 479b, 720 Rv; art. 135 BW Boek 6; art. 633 BW Boek 7; art. 576 WvSv)

Art. 475c

Vorderingen met beslagvrije voet

1. Een beslagvrije voet is verbonden aan vorderingen tot periodieke betaling van:

a. uitkeringen op grond van de Participatiewet;

b. uitkeringen op grond van overige sociale zekerheidswetten, uitgezonderd kinderbijslag onder welke benaming ook;

c. uitkeringen of buitengewone pensioenen op grond van een wettelijke regeling voor oorlogsgetroffenen;

d. de bedragen – onder de naam bezoldiging of welke benaming ook – waarop een ambtenaar als bedoeld in artikel 3 van de Ambtenarenwet 2017 als zodanig uit hoofde van zijn dienstbetrekking aanspraak heeft alsmede de bedragen – onder de benaming pensioen, wachtgeld, uitkering of welke benaming ook – waarop een gewezen ambtenaar als zodanig uit hoofde van zijn vroegere dienstbetrekking aanspraak heeft of waarop zijn nagelaten betrekkingen uit hoofde van zijn overlijden aanspraak hebben;

e. loon;

f. uitkeringen uit levens-, invaliditeits-, ongevallen- of ziekengeldverzekering;

g. pensioen en lijfrente, waaronder mede worden verstaan uitkeringen ten laste van een lijfrenterekening of ten laste van de waarde van een lijfrentebeleggingsrecht als bedoeld in artikel 3.126a, vierde en zesde lid, van de Wet inkomstenbelasting 2001;

h. inkomstenbelasting begrepen in een voorlopige teruggaaf als bedoeld in artikel 13, tweede lid, van de Algemene wet inzake rijksbelastingen;

i. uitkeringen tot levensonderhoud, verschuldigd krachtens Boek 1 van het Burgerlijk Wetboek, of tot vergoeding van schade door het derven van levensonderhoud;

j. een tegemoetkoming als bedoeld in artikel 2, eerste lid, onderdeel h, van de Algemene wet inkomensafhankelijke regelingen, met uitzondering van de kinderopvangtoeslag, bedoeld in artikel 1.5 van de Wet kinderopvang en kwaliteitseisen peuterspeelzalen.

2. De beslaglegger legt beslag op de vorderingen tot periodieke betaling, bedoeld in het eerste lid, in de volgorde van de onderdelen in dit lid. Indien sprake is van meerdere vorderingen tot periodieke betaling binnen een onderdeel gaat de hoogste vordering voor.

3. In afwijking van het tweede lid kan de beslaglegger beslag leggen op een vordering tot periodieke betaling die later is opgenomen in de volgorde van de onderdelen in het eerste lid, indien hij ter invordering van zijn vordering tot aan de vastgestelde beslagvrije voet bij deze periodieke betaling kan volstaan met een beslag onder één derde en hij bij toepassing van het tweede lid genoodzaakt is onder meerdere derden beslag te leggen.

4. Indien reeds beslag ligt op een andere vordering tot periodieke betaling houdt de beslaglegger die het latere beslag legt bij de vaststelling van de hoogte van de beslagvrije voet rekening met dit beslag.

5. Bij meerdere beslagen op vorderingen tot periodieke betaling als bedoeld in het eerste lid, onderdelen a tot en met i, wordt de beslagvrije voet omgeslagen in verhouding tot de hoogte van deze betalingen voor zover toepassing van het tweede of derde lid ertoe leidt dat een opvolgend beslaglegger beslag legt op een andere vordering dan de vordering waarop reeds beslag is gelegd.

6. Een beslag dat in strijd met het tweede of derde lid wordt gelegd, kan binnen drie jaar na het leggen van het beslag worden vernietigd door de geëxecuteerde of door een andere beslaglegger.

7. Een derde-beslagene die een betaling heeft gedaan aan een deurwaarder die in strijd met artikel 475c, tweede of derde lid, een executoriaal beslag heeft gelegd dat is vernietigd, heeft niettemin bevrijdend betaald.

Art. 475d

1. Voor de vaststelling van de beslagvrije voet wordt gebruik gemaakt van het belastbaar inkomen van de schuldenaar en, indien de schuldenaar gehuwd is, de echtgenoot. De hoogte van het belastbaar inkomen wordt berekend op basis van het meest recente maandinkomen zoals dat blijkt uit de polisadministratie, tenzij dit maandinkomen geen reële afspiegeling vormt van het belastbaar inkomen omdat het maandinkomen fluctueert of er sprake is van een incidentele betaling. Of het meest recente maandinkomen een reële afspiegeling van het belastbaar inkomen vormt, wordt beoordeeld aan de hand van in de polisadministratie opgenomen gegevens over de vier meest recente maanden gerekend vanaf het moment van verstrekking, bedoeld in artikel 475ga, eerste lid. Bij of krachtens algemene maatregel van bestuur worden regels gesteld over de wijze waarop in het geval dat het meest recente maandinkomen geen reële afspiegeling van het belastbaar inkomen vormt, het belastbaar inkomen wordt berekend.

2. De vaststelling van de beslagvrije voet geldt voor de duur van twaalf maanden. Bij algemene maatregel van bestuur kan voor bepaalde categorieën periodieke betalingen een kortere termijn worden bepaald.

3. De deurwaarder of, in geval van samenloop van beslagen als bedoeld in artikel 478 de coördinerende deurwaarder, stelt de beslagvrije voet opnieuw vast, indien:

a. de termijn, bedoeld in het tweede lid, verstrijkt;

b. hij met redenen omkleed wordt geïnformeerd over een structurele wijziging van omstandigheden die van belang is voor de vaststelling van de beslagvrije voet.

4. De deurwaarder of, in geval van samenloop van beslagen als bedoeld in artikel 478 de coördinerende deurwaarder, is bevoegd de beslagvrije voet opnieuw vast te stellen indien hij op andere wijze dan bedoeld in het derde lid, onderdeel b, bekend raakt met feiten of omstandigheden die van invloed kunnen zijn op de hoogte van de beslagvrije voet.

5. Indien toepassing van het derde of vierde lid leidt tot een verhoging van de beslagvrije voet, past de deurwaarder of, in geval van samenloop van beslagen als bedoeld in artikel 478 de coördinerende deurwaarder, deze verhoging onverwijld toe vanaf het moment dat de verplichting tot het opnieuw vaststellen van de beslagvrije voet is ontstaan, onderscheidenlijk vanaf het moment dat hij bekend is geraakt met de feiten of omstandigheden die van invloed zijn op de hoogte van de beslagvrije voet.

6. De beslagvrije voet wordt vastgesteld op basis van maandbedragen.

Art. 475da

1. De beslagvrije voet bedraagt ten hoogste:

a. voor een alleenstaande: € 1.664,51;

b. voor een alleenstaande ouder: € 1.782,62;

c. voor gehuwden zonder kinderen: € 2.203,77;

d. voor gehuwden met een of meer kinderen: € 2.321,89.

2. Met inachtneming van het eerste lid bedraagt de beslagvrije voet:

a. voor een alleenstaande: $(95\% \times A) + (((C - D) / 12) \times E) + ((F \times C^2 + G \times C) - J)$;

b. voor een alleenstaande ouder: $(95\% \times A) + (((C - D) / 12) \times E) + ((H \times C^2 + I \times C) - J) + (((C - D) / 12) \times K)$;

c. voor gehuwden zonder kinderen: $(95\% \times B) + (((C - D) / 12) \times E) + ((H \times C^2 + I \times C) - J)$;

d. voor gehuwden met een of meer kinderen: $(95\% \times B) + (((C - D) / 12) \times E) + ((H \times C^2 + I \times C) - J) + (((C - (D+L)) / 12) \times K)$.

Hierbij staat:

Beslagvrije voet, algemene regels voor vaststelling

Beslagvrije voet, hoogte

B14 art. 475db

Wetboek van Burgerlijke Rechtsvordering

- A voor de norm, genoemd in artikel 21, onderdeel a, van de Participatiewet;
- B voor de norm, genoemd in artikel 21, onderdeel b, van de Participatiewet;
- C voor het tot een jaarinkomen herleide belastbaar inkomen zoals dit is vastgesteld op basis van artikel 475d, eerste lid, van de geëxecuteerde, en, indien van toepassing, zijn echtgenoot;
- D voor het drempelbedrag, bedoeld in artikel 1, eerste lid, onderdeel f, van de Wet op de zorgtoeslag, dan wel C, indien C lager is dan dit drempelbedrag;
- E voor het percentage van het toetsingsinkomen waarmee het drempelinkomen wordt vermeerderd, bedoeld in artikel 2, derde lid, van de Wet op de zorgtoeslag;
- F voor de factor a voor een eenpersoonshuishouden, bedoeld in artikel 19, tweede lid, van de Wet op de huurtoeslag;
- G voor de factor b voor een eenpersoonshuishouden, bedoeld in artikel 19, tweede lid, van de Wet op de huurtoeslag;
- H voor de factor a voor een meerpersoonshuishouden, bedoeld in artikel 19, tweede lid, van de Wet op de huurtoeslag;
- I voor de factor b voor een meerpersoonshuishouden, bedoeld in artikel 19, tweede lid, van de Wet op de huurtoeslag;
- J voor de normhuur, bedoeld in artikel 17, tweede lid, van de Wet op de huurtoeslag, dan wel bij een eenpersoonshuishouden de uitkomst van ($F x C^2 + G x C$), indien de uitkomst van ($F x C^2 + G x C$) lager is dan de genoemde normhuur, dan wel bij een meerpersoonshuishouden de uitkomst van ($H x C^2 + I x C$), indien de uitkomst van ($H x C^2 + I x C$) lager is dan de genoemde normhuur;
- K voor het percentage, bedoeld in artikel 2, zevende lid, van de Wet op het kindgebonden budget;
- L voor het bedrag, waarmee het drempelinkomen van de ouder en zijn partner op basis van artikel 2, achtste lid, van de Wet op het kindgebonden budget wordt verhoogd.

3. De uitkomst van het onderdeel (C – D) / 12) x E) in het tweede lid bedraagt ten hoogste een bedrag gelijk aan de standaardpremie, bedoeld in artikel 2, eerste lid, van de Wet op de zorgtoeslag herleid naar een maandbedrag onder aftrek van het bij de desbetreffende leefsituatie horende bedrag genoemd in artikel 23, tweede lid, van de Participatiewet.

4. Indien de geëxecuteerde op grond van de basisregistratie personen geen woonadres in Nederland heeft, bedraagt de beslagvrije voet 47,5% van de norm, genoemd in artikel 21, onderdeel b, van de Participatiewet. Indien de geëxecuteerde buiten Nederland een vaste woon- of verblijfplaats heeft, wordt de beslagvrije voet vermenigvuldigd met een bij of krachtens algemene maatregel van bestuur vastgestelde factor.

5. Indien de beslagvrije voet gelijk is aan het voor de desbetreffende leefsituatie in het eerste lid opgenomen bedrag en de geëxecuteerde woonkosten heeft die ten minste 10% meer bedragen dan de in artikel 13, eerste lid, onderdeel a, van de Wet op de huurtoeslag opgenomen rekenhuur, wordt de beslagvrije voet op verzoek van de geëxecuteerde voor de duur dat de geëxecuteerde deze woonkosten heeft, doch ten hoogste zes maanden, verhoogd met het bedrag waarmee de woonkosten de eerder genoemde rekenhuur vermeerderd met 10% ophoging overstijgen. Indien de geëxecuteerde gehuwd is, wordt dit verzoek gehonoreerd, voor zover de niet beslagen inkomsten van de echtgenoot onvoldoende zijn om de hogere woonkosten te betalen.

6. Op verzoek van de geëxecuteerde kan de op grond van het vijfde lid verhoogde beslagvrije voet nogmaals voor ten hoogste zes maanden worden verlengd, indien binnen die termijn de vordering waarvoor het beslag is gelegd volledig kan worden voldaan.

7. Indien de geëxecuteerde eigenaar is van een door hemzelf bewoonde woning en hij een belastbaar inkomen heeft dat lager is dan het voor hem geldende norminkomen, bedoeld in artikel 14, eerste lid, van de Wet op de huurtoeslag, wordt de beslagvrije voet op verzoek van de geëxecuteerde verhoogd met een bedrag waarvan de wijze van vaststelling bij of krachtens algemene maatregel van bestuur wordt vastgesteld. Indien de geëxecuteerde gehuwd is, wordt onder belastbaar inkomen als bedoeld in de vorige zin tevens verstaan het belastbaar inkomen van de echtgenoot.

8. De bedragen, genoemd in het eerste lid, zijn gelijk aan de beslagvrije voet die bij de desbetreffende leefsituatie hoort, indien de uitkomst van ($F x C^2 + G x C$) respectievelijk ($H x C^2 + I x C$) gelijk is aan het bedrag, genoemd in artikel 13, eerste lid, onderdeel a, van de Wet op de huurtoeslag. De bedragen worden met ingang van 1 januari en 1 juli van ieder jaar gewijzigd en door of namens Onze Minister van Sociale Zaken en Werkgelegenheid medegedeeld in de Staatscourant.

Art. 475db

Beslagvrije voet, vermindering

1. De beslagvrije voet, bedoeld in artikel 475da, wordt in de onderstaande volgorde verminderd met:

a. de in artikel 475c, eerste lid, onderdelen a tot en met i, genoemde niet onder beslag liggende vorderingen tot periodieke betaling inclusief vakantiebijslag van de echtgenoot van de geëxecuteerde, tot ten hoogste de helft van de beslagvrije voet, bedoeld in artikel 475da;

b. de in artikel 475c, eerste lid, onderdelen a tot en met i, genoemde niet onder beslag liggende vorderingen tot periodieke betaling inclusief vakantiebijslag van de geëxecuteerde;
c. de over het voordeel bedoeld in artikel 13bis van de Wet op de loonbelasting 1964 verschuldigde loonbelasting ten gevolge van het voor privédoeleinden aan de geëxecuteerde ter beschikking gestelde vervoermiddel, indien de geëxecuteerde heeft nagelaten om de inhouding bij aanvang van het eerste kalenderjaar volgend op het kalenderjaar waarin het beslag is gelegd te doen eindigen.

2. De hoogte van het op basis van het eerste lid, onderdelen a en b, in mindering te brengen bedrag wordt berekend op basis van het meest recente maandinkomen zoals dat blijkt uit de polisadministratie op het moment van beslaglegging, tenzij dit maandinkomen geen reële afspiegeling vormt van het belastbaar inkomen op het moment van beslaglegging omdat het maandinkomen fluctueert of er sprake is van een incidentele betaling. Bij of krachtens algemene maatregel van bestuur worden regels gesteld over de wijze waarop de hoogte van het in mindering te brengen bedrag wordt berekend. Artikel 475d, eerste lid, derde en vierde zin, is van overeenkomstige toepassing.

Art. 475dc

In afwijking van de artikelen 475da en 475db bedraagt de beslagvrije voet 95% van het maandelijkse inkomen dat de geëxecuteerde op basis van zijn vorderingen tot periodieke betaling, genoemd in artikel 475c, eerste lid, onderdelen a tot en met i, ontvangt, indien toepassing van de artikelen 475da en 475db leidt tot een beslagvrije voet die hoger is dan 95% van het maandelijkse inkomen.

Beslagvrije voet, afwijkende bepaling

Art. 475e

1. Indien de geëxecuteerde over een niet in de basisregistratie personen opgenomen vaste woon- of verblijfplaats beschikt en hij de deurwaarder die gerechtigd is ten laste van hem binnen Nederland beslag te leggen, inzicht geeft in zijn leefsituatie en zijn bronnen van inkomsten, blijft het bepaalde in artikel 475da, vierde lid, eerste zin, buiten toepassing.

Beslagvrije voet, afwijkende vaststelling bepaalde groepen

2. Indien de geëxecuteerde ter verzorging of verpleging in een daartoe bestemde inrichting is opgenomen, bedraagt de beslagvrije voet de prijs die is verschuldigd voor verzorging dan wel verpleging, verhoogd met:
a. twee derde van de bijstandsnorm, genoemd in artikel 23, eerste lid, van de Participatiewet;
b. het bedrag, genoemd in artikel 23, tweede lid, van de Participatiewet.

Art. 475f

1. Indien beslag is gelegd op een vordering tot weerkerende betalingen die niet in artikel 475c, eerste lid, is omschreven en de geëxecuteerde onvoldoende andere middelen van bestaan heeft, kan de geëxecuteerde de kantonrechter verzoeken de artikelen 475b en 475d tot en met 475e mede op die vordering van toepassing te verklaren.

Beslagvrije voet, onvoldoende andere middelen van bestaan

2. Indien bij toepassing van het eerste lid op een vordering tot weerkerende betalingen tevens beslag ligt of wordt gelegd op een vordering tot periodieke betaling als bedoeld in artikel 475c, eerste lid, is artikel 475c, vijfde lid, van overeenkomstige toepassing.

Art. 475fa

Indien de toepassing van de artikelen 475da tot en met 475e leidt tot een kennelijk onevenredige hardheid als gevolg van een omstandigheid waarmee geen rekening is gehouden bij de vaststelling van de beslagvrije voet, kan de kantonrechter op verzoek van de geëxecuteerde de beslagvrije voet voor een door hem te bepalen termijn verhogen.

Beslagvrije voet, bijzondere omstandigheden

Art. 475g

1. Een schuldenaar is verplicht aan een deurwaarder die gerechtigd is ten laste van hem beslag te leggen, desgevraagd zijn bronnen van inkomsten op te geven, alsmede voor de vaststelling van de beslagvrije voet benodigde gegevens te verstrekken voor zover deze gegevens niet door de deurwaarder kunnen worden verkregen op grond van de artikelen 475ga en 475gb.

Beslagvrije voet, verplichtingen schuldenaar en derde-beslagene

2. Een deurwaarder die gerechtigd is ten laste van een schuldenaar beslag te leggen, is bevoegd aan een ieder van wie hij vermoedt dat deze aan de schuldenaar periodieke betalingen verricht of schuldig is, te vragen of dat zo is. Een ieder is verplicht hierop desgevraagd schriftelijk te antwoorden.

3. Bij het antwoord, bedoeld in het tweede lid, wordt ten aanzien van de voor beslag vatbare periodieke betalingen informatie verstrekt over:
a. de termijn van de betalingen;
b. de omvang van de betalingen na aftrek van de inhoudingen, bedoeld in artikel 475a, tweede lid;
c. reeds gelegde beslagen alsmede vorderingen als bedoeld in artikel 19 van de Invorderingswet 1990, met vermelding van de deurwaarder die beslag heeft gelegd of, in geval van samenloop van beslagen als bedoeld in artikel 478 de coördinerende deurwaarder;
d. reeds lopende verrekeningen, waarbij indien de verrekening ziet op een vordering tot periodieke betaling genoemd in artikel 475c, eerste lid, onderdeel j, in ieder geval het maandelijks geïnde bedrag wordt vermeld;

B14 art. 475ga **Wetboek van Burgerlijke Rechtsvordering**

e. de loonbelasting over het in artikel 13bis van de Wet op de loonbelasting 1964 bedoelde voordeel ten gevolge van het tevens voor privédoeleinden ter beschikking stellen van vervoermiddelen aan de schuldenaar.

Art. 475ga

Verstrekking gegevens schuldenaar door UWV aan deurwaarder

1. Het Uitvoeringsinstituut werknemersverzekeringen, genoemd in hoofdstuk 5 van de Wet structuur uitvoeringsorganisatie werk en inkomen, verstrekt op verzoek van een deurwaarder die gerechtigd is ten laste van een schuldenaar beslag te leggen, ten behoeve van het leggen van dit beslag gegevens die het Uitvoeringsinstituut werknemersverzekeringen ten aanzien van de schuldenaar verwerkt in de polisadministratie, voor zover die noodzakelijk zijn voor het vaststellen van de beslagvrije voet, en de aard van de periodieke inkomsten van de schuldenaar en overige gegevens die door het Uitvoeringsinstituut werknemersverzekeringen in de administratie worden verwerkt, voor zover die vereist zijn voor het vaststellen van de identiteit van degene die periodieke betalingen aan de schuldenaar verricht. Indien de schuldenaar gehuwd is, verstrekt het Uitvoeringsinstituut werknemersverzekeringen op gelijke wijze gegevens met betrekking tot de hoogte van het belastbaar inkomen van de echtgenoot van de schuldenaar.

2. Bij de toepassing van het eerste lid wordt een schuldenaar aangemerkt als alleenstaande, tenzij uit de basisregistratie personen blijkt dat hij gehuwd is en zijn echtgenoot woonachtig is op zijn adres. Het Uitvoeringsinstituut werknemersverzekeringen kan afwijken van de vorige zin, indien de deurwaarder op basis van andere gegevens een andere leefsituatie kan aantonen.

3. Bij ministeriële regeling van Onze Minister van Sociale Zaken en Werkgelegenheid worden de gegevens, bedoeld in het eerste lid, nader bepaald.

Art. 475gb

Burgerservicenummer, gebruik door deurwaarder

De deurwaarder is bevoegd het burgerservicenummer van de schuldenaar en zijn echtgenoot te gebruiken voor zover dit noodzakelijk is voor:

a. het identificeren van de schuldenaar bij het leggen van beslag onder personen of instanties, bedoeld in de artikelen 475g en 475ga, die zelf gerechtigd zijn tot het gebruik van het burgerservicenummer;

b. het verkrijgen van de in de artikelen 475g en 475ga bedoelde gegevens bij de in deze artikelen genoemde personen en instanties, die zelf gerechtigd zijn tot het gebruik van het burgerservicenummer;

c. het geven van kennisgevingen die strekken tot uitvoering van zijn wettelijke taken in het kader van het beslag.

Art. 475h

Bescherming beslaglegger

1. Een vervreemding, bezwaring, afstand of onderbewindstelling van een door het beslag getroffen vordering, tot stand gekomen nadat het beslag is gelegd, kan niet tegen de beslaglegger worden ingeroepen. Hetzelfde geldt voor een in weerwil van het beslag gedane betaling of afgifte, tenzij de derde heeft gedaan wat redelijkerwijs van hem kon worden gevergd om de betaling of afgifte te voorkomen.

(Zie ook: artt. 453a, 474e, 505 Rv; art. 97 BW Boek 3; art. 130 BW Boek 6)

2. Op door het beslag getroffen zaken is artikel 453a van overeenkomstige toepassing.

3. In afwijking van het eerste lid kan een in weerwil van het beslag gedane betaling aan de notaris ten behoeve van de overdracht van een onroerende zaak tegen de beslaglegger worden ingeroepen, indien dit beslag is gelegd nadat de koop van de zaak is ingeschreven in de openbare registers, bedoeld in afdeling 2 van titel 1 van Boek 3 van het Burgerlijk Wetboek, op de wijze die is voorgeschreven in artikel 3 van Boek 7 van het Burgerlijk Wetboek.

Art. 475i

Betekening beslagexploot

1. De executant is verplicht om binnen acht dagen na het leggen van het beslag het beslagexploot aan de geëxecuteerde te doen betekenen bij gebreke waarvan de voorzieningenrechter van de rechtbank het beslag op vordering van de geëxecuteerde kan opheffen.

(Zie ook: art. 438 Rv)

2. Bij een beslag op een vordering tot periodieke betaling als bedoeld in artikel 475c, eerste lid, wordt de beslagvrije voet uiterlijk ten tijde van het betekenen van het beslagexploot schriftelijk medegedeeld aan de geëxecuteerde volgens een bij of krachtens algemene maatregel van bestuur vast te stellen model onder vermelding van de gegevens waarop de vaststelling van de beslagvrije voet is gebaseerd en de wijze waarop de beslagvrije voet is berekend. Bij de mededeling wordt de geëxecuteerde tevens gewezen op de verplichting van artikel 475g, eerste lid, en de mogelijkheden op grond van de artikelen 475da, vijfde lid en zevende, en 475e, eerste lid, om de beslagvrije voet op verzoek te verhogen.

3. Indien de geëxecuteerde binnen vier weken na ontvangst van de door de deurwaarder of, in geval van samenloop van beslagen als bedoeld in artikel 478 de coördinerende deurwaarder, afgegeven mededeling omstandigheden meldt die de beslagvrije voet verhogen, wordt hiermee rekening gehouden vanaf het moment van beslaglegging.

4. Het tweede en derde lid zijn van overeenkomstige toepassing bij de mededeling van een op grond van artikel 475d, derde en vierde lid, opnieuw vastgestelde beslagvrije voet, met dien verstande dat, indien de schuldenaar binnen vier weken na de mededeling van de opnieuw vastgestelde beslagvrije voet omstandigheden meldt die de beslagvrije voet verhogen, hiermee rekening wordt gehouden vanaf het moment dat de beslagvrije voet opnieuw is vastgesteld.

5. Indien onder de derde-beslagene ten laste van de geëxecuteerde reeds beslag is gelegd:

a. verwijst de deurwaarder indien hij bekend is met de identiteit van de coördinerende deurwaarder, in afwijking van het tweede lid, de geëxecuteerde naar de coördinerende deurwaarder onder vermelding van de mogelijkheid om wijzigingen die van invloed zijn op de hoogte van de beslagvrije voet bij de coördinerende deurwaarder te melden; en

b. verstrekt de coördinerende deurwaarder aan de andere deurwaarder op diens verzoek onverwijld schriftelijk de beslagvrije voet, alsmede de gegevens waarop deze is gebaseerd.

Art. 476

1. Een schorsing van de executie werkt tegen de derde-beslagene pas, nadat deze schorsing hem met de grond waarop zij berust schriftelijk is medegedeeld.

(Zie ook: art. 438 Rv)

2. De executie wordt mede geschorst door betekening aan de derde-beslagene van een dagvaarding, waarbij de geëxecuteerde in kort geding schorsing van de executie of opheffing van het beslag vordert, indien deze dagvaarding niet later is uitgebracht dan veertien dagen na de in artikel 475i bedoelde betekening van het beslag aan de geëxecuteerde en in het exploit van betekening aan de derde tevens mededeling van deze schorsende werking wordt gedaan.

Art. 476a

1. Zodra twee weken zijn verstreken na het leggen van het beslag, is de derde verplicht verklaring te doen van de vorderingen en zaken die door het beslag zijn getroffen. Indien de geëxecuteerde de derde dit binnen twee weken na het leggen van het beslag schriftelijk verzoekt, wordt de verklaring gedaan zodra vier weken zijn verstreken na het leggen van het beslag. Is de executie geschorst op grond van een tegen de executoriale titel gericht rechtsmiddel of een tegen de executie gericht verzet, dan loopt de termijn vanaf de betekening van de uitspraak, waarbij het rechtsmiddel is verworpen of het verzet is afgewezen, dan wel de schorsing is opgeheven of geweigerd.

2. De verklaring wordt door de derde-beslagene gedagtekend en ondertekend en bevat:

a. de met redenen omklede opgave of hij al dan niet iets aan de geëxecuteerde verschuldigd is of uit een ten tijde van het beslag reeds bestaande rechtsverhouding zal worden, dan wel of hij al dan niet iets voor deze onder zich heeft;

b. de aard en het beloop van de door het beslag getroffen vorderingen en eventueel de tijdsbepalingen of voorwaarden die daaraan zijn verbonden;

c. een gespecificeerde opgave van de door het beslag getroffen zaken;

d. een opgave van eventuele andere, onder de derde-beslagene ten laste van de geëxecuteerde liggende beslagen met vermelding van de deurwaarders die ze hebben gelegd en de tijdstippen waarop ze zijn gelegd;

e. een opgave van de aan de derde-beslagene bekende pandrechten die op door het beslag getroffen goederen rusten, met vermelding van de pandhouders;

f. de verdere gegevens die voor het vaststellen van de rechten van partijen dienstig mochten zijn.

3. Bij algemene maatregel van bestuur worden regels gegeven aangaande de kosten die door de derde-beslagene kunnen worden gerekend voor het doen van de verklaring en de afwikkeling van het beslag.

Art. 476b

1. De verklaring wordt op een bij algemene maatregel van bestuur vast te stellen wijze gericht tot de deurwaarder die het beslag heeft gelegd.

2. De verklaring gaat zo veel mogelijk vergezeld van afschrift van tot staving dienende bescheiden.

3. De deurwaarder die een verklaring heeft ontvangen, zendt binnen drie dagen afschrift daarvan aan de geëxecuteerde.

(Zie ook: art. 35 BW Boek 3)

Art. 477

1. De derde-beslagene die overeenkomstig het vorige artikel verklaring heeft gedaan, is verplicht de volgens deze verklaring verschuldigde geldsommen aan de deurwaarder te voldoen en de verschuldigde goederen of af te geven zaken te zijner beschikking te stellen.

(Zie ook: art. 480 Rv)

2. Verschuldigde geldsommen worden uitbetaald tot het bedrag waarvoor het beslag is gelegd, verminderd met de kosten van de in artikel 476b, tweede lid, bedoelde afschriften en vermeerderd met de door de deurwaarder aan de derde-beslagene op te geven kosten van executie, die door de deurwaarder uit het betaalde worden voldaan. Verschuldigde goederen of af te geven zaken mogen onder de derde worden gelaten, totdat zij voor de verdere afwikkeling van de executie nodig blijken.

(Zie ook: art. 477a Rv; art. 58 BW Boek 6)

B14 art. 477a **Wetboek van Burgerlijke Rechtsvordering**

3. Is een door het beslag getroffen vordering of een verplichting tot afgifte van een door het beslag getroffen zaak er een onder tijdsbepaling of voorwaarde, dan kan slechts betaling of afgifte na het verschijnen van het aangewezen tijdstip of de vervulling van de voorwaarde worden gevorderd.

(Zie ook: art. 39 BW Boek 6)

4. De beslaglegger is bevoegd tot opzegging, wanneer de vordering niet opeisbaar is, maar door opzegging opeisbaar gemaakt kan worden. Hij is jegens de geëxecuteerde gehouden niet onnodig van deze bevoegdheid gebruik te maken.

5. Hetgeen in handen van de deurwaarder is gesteld, wordt verder geëxecuteerd overeenkomstig de gewone regels, die voor de executie daarvan gelden.

(Zie ook: art. 480 Rv)

Art. 477a

Geen verklaring afgelegd

1. Indien de derde-beslagene in gebreke blijft verklaring te doen, wordt hij op vordering van de executant veroordeeld tot betaling van het bedrag waarvoor het beslag is gelegd als ware hij daarvan zelf schuldenaar, onverminderd zijn verplichting tot vergoeding van de schade, zo daartoe gronden zijn. De derde-beslagene tegen wie deze vordering wordt ingesteld, wordt toegelaten alsnog een gerechtelijke verklaring te doen. De kosten die in dat geval nodeloos zijn veroorzaakt, worden voor zijn rekening gebracht.

Wel verklaring afgelegd, zekerheid stellen

2. Indien de derde-beslagene wel een verklaring heeft afgelegd, is de executant bevoegd deze geheel of ten dele te betwisten dan wel aanvulling daarvan te eisen door de derde binnen twee maanden na zijn verklaring te dagvaarden tot het doen van gerechtelijke verklaring en tot betaling of afgifte van hetgeen volgens de vaststelling door de rechter aan de executant zal blijken toe te komen. Overschrijding van deze termijn doet deze bevoegdheid vervallen. De rechter kan op verlangen van de derde-beslagene, te uiten voor alle weren, bepalen dat de executant, op straffe van niet ontvankelijkheid, zekerheid moet stellen voor de proceskosten, waarin hij jegens de derde-beslagene kan worden veroordeeld.

(Zie ook: art. 478 Rv)

3. De advocaat van de executant, die een gerechtelijke verklaring ontvangt, zendt binnen drie dagen afschrift daarvan aan de geëxecuteerde.

(Zie ook: art. 476b Rv)

Niet-nakoming afgifte

4. Indien de derde-beslagene, die overeenkomstig artikel 476b verklaring heeft gedaan, zijn in artikel 477 bedoelde verplichting tot betaling of afgifte niet nakomt, wordt hij op vordering van de executant veroordeeld tot nakoming van deze verplichting, alsmede tot de vervangende schadevergoeding, die hij in geval van niet-nakoming daarvan verschuldigd zal zijn.

Bevoegde rechter

5. Tot kennisneming van de in dit artikel bedoelde vorderingen is de rechtbank bevoegd. Indien de executant bij zijn dagvaarding het beslag slechts vervolgt op vorderingen, waarvan de berechting ongeacht hun beloop of naar hun gezamenlijk beloop tot de bevoegdheid van de kantonrechter behoort, is slechts de kantonrechter bevoegd.

(Zie ook: art. 93 Rv)

Art. 477b

Gelijkgesteld met afgifte aan geëxecuteerde

1. Betaling of afgifte door de derde-beslagene overeenkomstig zijn buitengerechtelijke verklaring of krachtens een veroordeling als bedoeld in artikel 477a geldt als betaling of afgifte aan de geëxecuteerde.

2. Levering uit hoofde van de executoriale verkoop van een goed dat de derde aan de geëxecuteerde verschuldigd was en ter beschikking van de deurwaarder heeft gesteld, geldt tevens als levering van dit goed door de derde aan de geëxecuteerde. Indien het niet gaat om een roerende zaak die geen registergoed is, of een recht aan toonder of order, dient de terbeschikkingstelling schriftelijk te zijn geschied.

Verhouding derde-beslagene en geëxecuteerde

3. De derde-beslagene en de geëxecuteerde worden overigens niet gebonden door hetgeen in een vonnis ingevolge artikel 477a omtrent hun onderlinge rechtsverhouding is beslist, tenzij de derde-beslagene de geëxecuteerde tijdig in het geding heeft geroepen.

(Zie ook: artt. 218, 245 BW Boek 3)

Art. 478

Samenloop beslagen

1. Indien onder de derde-beslagene ten laste van de geëxecuteerde ook andere beslagen zijn gelegd en niet bij voorbaat vaststaat dat alle beslagleggers uit de door de derde-beslagene verschuldigde geldsommen zullen kunnen worden voldaan, int de deurwaarder die het oudste executoriale beslag heeft gelegd voor de gezamenlijke beslagleggers hetgeen de derde-beslagene heeft te betalen of af te geven.

2. Indien beslag is gelegd op een vordering als bedoeld in artikel 475c, eerste lid, en het oudste executoriale beslag is gelegd door een beslaglegger die bevoegd is zonder tussenkomst van een deurwaarder beslag te leggen voor een hoger bevoorrechte vordering dan de daaropvolgende executoriale beslagen, int in afwijking van het eerste lid deze beslaglegger. Deze beslaglegger treedt dan op als ware hij coördinerende deurwaarder. De aan de coördinerende deurwaarder toegekende bevoegdheden en verplichtingen komen in dat geval toe aan deze beslaglegger.

3. Indien de inningsbevoegde deurwaarder of beslaglegger de executie niet voortzet, wordt onder kennisgeving aan de derde-beslagene en de geëxecuteerde de inning overgenomen door de deurwaarder die op grond van het eerste lid of de beslaglegger die op grond van het tweede lid als volgende tot inning bevoegd is.

4. De inningsbevoegde deurwaarder of beslaglegger kan in onderlinge overeenstemming met een andere deurwaarder die gerechtigd is ten laste van de geëxecuteerde executoriaal beslag te leggen, de inning, onder kennisgeving aan de derde-beslagene en de geëxecuteerde, aan deze andere deurwaarder overdragen.

5. Een derde-beslagene die een betaling of afgifte heeft gedaan aan een deurwaarder die een van de andere executoriale beslagen heeft gelegd, heeft niettemin bevrijdend betaald. De deurwaarder die de gelden of goederen heeft ontvangen, draagt deze onverwijld af aan de coördinerende deurwaarder.

Samenloop, bevrijdende betaling

6. Ieder van de deurwaarders die beslag heeft gelegd en de beslaglegger, bedoeld in het tweede lid, is verplicht de anderen zodra mogelijk van het door hem gelegde beslag op de hoogte te brengen. De derde-beslagene is verplicht ieder van hen desgevraagd in te lichten omtrent andere beslagen, de namen en gekozen woonplaatsen van de andere beslagleggers en het beloop van hun vorderingen. Deze verplichtingen gelden ook voor en jegens degene op wiens last beslag is gelegd op de grondslag van het Wetboek van Strafvordering.

Samenloop, meldingsplicht deurwaarder

7. Ieder van de beslagleggers kan tussen komen in een procedure als bedoeld in artikel 477a.

Art. 479

1. Derdenbeslag onder de staat of een openbaar lichaam is, onverminderd het in artikel 436 bepaalde, toegelaten, echter slechts op bepaalde in het exploot of, in geval van het beslag als bedoeld in artikel 479g, in de kennisgeving omschreven vorderingen of zaken.

Derdenbeslag onder Staat of openbaar lichaam

2. Om redenen van openbaar belang kan de staat of het openbaar lichaam in kort geding voor de voorzieningenrechter van de rechtbank onmiddellijke opheffing van het derdenbeslag vorderen.

(Zie ook: art. 720 Rv; art. 116 AW)

Art. 479a

1. Ingeval een schuldeiser voor een vordering verhaal zoekt op een schuldenaar, die om niet of tegen een onevenredig lage vergoeding geregeld werkzaamheden of diensten voor een derde verricht welker aard en omvang zodanig zijn, dat zij gewoonlijk slechts tegen betaling worden verricht, wordt ten behoeve van die schuldeiser aangenomen, dat daarvoor een redelijke vergoeding verschuldigd is.

Diensten voor derde zonder redelijke vergoeding

2. Bij de beoordeling der vraag, of het in het vorige lid bedoelde geval zich voordoet, en, zo ja, welke vergoeding als redelijk aangenomen moet worden, worden alle omstandigheden van het geval in aanmerking genomen, in het bijzonder de aard van de verrichte werkzaamheden of diensten, de betrekkingen van verwantschap of van andere aard tussen de schuldenaar en de derde en de financiële draagkracht van deze laatste.

(Zie ook: art. 720 Rv; art. 633 BW Boek 7)

Tweede afdeling A

Van executoriaal beslag onder derden in zaken betreffende levensonderhoud en uitkering voor de huishouding

Art. 479b

Het beslag tot verhaal van een uitkering tot levensonderhoud, krachtens Boek 1 van het Burgerlijk Wetboek of bij wijze van voorlopige voorziening in verband met een geding tot echtscheiding, tot scheiding van tafel en bed, onderscheidenlijk tot ontbinding van een geregistreerd partnerschap verschuldigd, daaronder begrepen het verschuldigde voor verzorging en opvoeding van een minderjarige alsmede het beslag tot verhaal van een uitkering krachtens artikel 84, tweede lid, van Boek 1 van het Burgerlijk Wetboek door de ene partner aan de andere partner verschuldigd, worden, indien de beslagen gelegd worden op loon of andere periodieke uitkeringen, welke de geëxecuteerde van een derde te vorderen mocht hebben, gelegd en vervolgd op de wijze en met de gevolgen in de vorige afdeling bepaald, voor zover daarvan in deze afdeling niet is afgeweken.

Beslag op loon, enz. voor alimentatie

(Zie ook: artt. 475, 598a, 828a Rv; artt. 81, 156, 167, 392, 404, 406 BW Boek 1)

Art. 479c

[Vervallen]

Art. 479d

De geëxecuteerde kan te allen tijde overeenkomstig artikel 438 verzet instellen op grond dat de beslissing over de uitkering inmiddels is gewijzigd of ingetrokken of dat het recht op uitkering niet langer bestaat.

Verzet door geëxecuteerde

(Zie ook: art. 475d Rv; art. 401 BW Boek 1)

B14 art. 479e Wetboek van Burgerlijke Rechtsvordering

Art. 479e

Verplichting derde-beslagene

1. Van de dag van het beslag af is de derde-beslagene verplicht om, zolang de executant dit verlangt, naar gelang hij loon of andere periodieke uitkeringen aan de geëxecuteerde verschuldigd is het door de executant aangegeven achterstallig bedrag en de termijnen van de uitkering, tot welker verhaal het beslag is gelegd, aan de executant te betalen, tenzij onder hem beslag gelegd mocht worden wegens vorderingen van hogere of gelijke rang.

Schorsing wegens verzet

2. Verzet tegen het beslag door de geëxecuteerde schorst de verplichting tot betaling, behoudens de bevoegdheid van de voorzieningenrechter de voorlopige voortzetting van de betaling te bevelen.

Kwijting bij goede trouw

3. De derde die meer aan de executant heeft betaald dan waarop deze recht heeft, is jegens de geëxecuteerde bevrijd, voor zover dat voortvloeit uit artikel 34 van Boek 6 van het Burgerlijk Wetboek.

(Zie ook: art. 438 Rv)

Art. 479f

Vervolging derde-beslagene

De executant vervolgt de derde-beslagene, die in gebreke blijft aan zijn verplichting ingevolge het voorgaand artikel te voldoen, voor de kantonrechter.

Art. 479g

Beslag door raad voor de kinderbescherming of Landelijk Bureau Inning Onderhoudsbijdragen

1. Indien de raad voor de kinderbescherming executant is dan wel, indien ingevolge het bepaalde in artikel 408, tweede lid, van Boek 1 van het Burgerlijk Wetboek het Landelijk Bureau Inning Onderhoudsbijdragen is belast met de invordering van onderhoudsgelden, kan hij dit beslag leggen hetzij op de gewone wijze, hetzij door van de beschikking in afschrift mededeling te doen aan de derde-beslagene. In het laatste geval zendt deze die schriftelijke kennisgeving voor "gezien" getekend aan de raad voor de kinderbescherming of het Landelijk Bureau Inning Onderhoudsbijdragen terug. Eerst door deze terugzending is het beslag voltooid. Indien het beslag op deze wijze wordt gelegd, komen de in de artikelen 475g, 475ga, 475gb en 475i, tweede tot en met vijfde lid, aan de deurwaarder toegekende bevoegdheden en verplichtingen gelijkelijk toe aan de raad voor de kinderbescherming of het Landelijk Bureau Inning Onderhoudsbijdragen.

2. De raad voor de kinderbescherming en het Landelijk Bureau Inning Onderhoudsbijdragen kunnen beslag leggen op de dag, volgende op die waarop de uitkering moet geschieden, zonder voorafgaande betekening of bevel tot betaling als bedoeld in artikel 432.

3. Toezending door de executant van een afschrift der kennisgeving bij aangetekende brief aan de geëxecuteerde binnen zeven dagen na de dag, waarop die kennisgeving, voor "gezien" getekend, door de executant van de derde-beslagene is terugontvangen, geldt als de betekening, bij artikel 475i voorgeschreven.

(Zie ook: artt. 238, 407 BW Boek 1; artt. 115, 120 AW; art. 576 WvSv)

Tweede afdeling B
Van executoriaal beslag onder de schuldeiser zelf

Art. 479h

Eigen beslag

Een schuldeiser kan ook beslag leggen op de vorderingen die zijn schuldenaar op hem heeft of uit een ten tijde van het beslag reeds bestaande rechtsverhouding rechtstreeks zal verkrijgen, alsook op de aan zijn schuldenaar toebehorende roerende zaken die hij voor deze onder zich heeft en die geen registergoederen zijn.

(Zie ook: artt. 475, 475a, 724 Rv; artt. 52, 127, 130 BW Boek 6; art. 295a FW)

Art. 479i

Exploit van beslaglegging

1. Het beslag wordt gelegd bij een exploit van een deurwaarder dat, behalve de gewone formaliteiten, op straffe van nietigheid inhoudt:

a. de voornaam, naam en woonplaats van de executant en de naam en woonplaats van de geëxecuteerde;

b. een gespecificeerde opgave en omschrijving van de vorderingen en zaken waarop het beslag wordt gelegd;

c. een vermelding van de titel waarvan de tenuitvoerlegging plaatsvindt, en een opgave van hetgeen de geëxecuteerde krachtens deze titel aan de executant verschuldigd is;

d. een keuze van woonplaats ten kantore van de deurwaarder.

2. De artikelen 475a, eerste tot en met derde lid, en 475ab tot en met 475h en 475i, tweede tot en met vijfde lid zijn van overeenkomstige toepassing.

Art. 479j

Afgifte bevoegdheid

1. Veertien dagen na het leggen van het beslag is de executant bevoegd de door hem aan de geëxecuteerde verschuldigde goederen of af te geven zaken over te geven aan de deurwaarder ter executie volgens de gewone regels voor zodanige goederen of zaken voorgeschreven.

(Zie ook: artt. 476, 477, 480 Rv)

2. Door de executoriale verkoop wordt de executant bevrijd van zijn verplichting tot levering van de goederen of afgifte van de zaken aan de geëxecuteerde.

(Zie ook: art. 477b RV)

Art. 479k

Indien andere schuldeisers ten laste van de schuldenaar beslag op de vordering of de zaak hebben gelegd, is artikel 478 van overeenkomstige toepassing.

Tweede afdeling c
Van executoriaal beslag op de rechten uit een sommenverzekering

§ 1
Algemene bepalingen

Art. 479ka

1. Ten laste van degene die als begunstigde derde tot het ontvangen van een uitkering uit een sommenverzekering is aangewezen kan beslag worden gelegd onder de verzekeraar, indien:
a. de aanwijzing is aanvaard of aanvaard kan worden;
b. de aanwijzing onherroepelijk is volgens artikel 968, onder b tot en met d, van Boek 7 van het Burgerlijk Wetboek en deze zijn aanwijzing niet heeft afgewezen.

2. De begunstigde derde wordt in het geval, bedoeld in het eerste lid onder b, geacht zijn aanwijzing te hebben aanvaard voor zover de executie strekt. Heeft de aanwijzing betrekking op een uitkering uit een levensverzekering, dan blijft de eerste zin buiten toepassing zolang de begunstiging ingevolge de eerste zin van artikel 479r, eerste lid, nog kan worden gewijzigd.

Art. 479kb

1. Onder de verzekeringnemer of een begunstigde kan geen beslag worden gelegd op enig uit de verzekering voortvloeiend recht, tenzij hun rechten aan toonder of order zijn gesteld.

2. Zijn de rechten van de verzekeringnemer of de begunstigde aan toonder of order gesteld, dan kunnen deze rechten niet krachtens artikel 474a worden verkocht, doch dient de executie te worden voortgezet door beslag onder de verzekeraar overeenkomstig de tweede afdeling.

Art. 479kc

1. Aan degene die ten laste van de verzekeringnemer onder de verzekeraar heeft gelegd, kan een rechtshandeling, na de beslaglegging door of met medewerking van de verzekeringnemer met betrekking tot de verzekering verricht, niet worden tegengeworpen.

2. Aan degene die ten laste van de onherroepelijk aangewezen begunstigde beslag onder de verzekeraar heeft gelegd, kan een rechtshandeling, na de beslaglegging door of met medewerking van de begunstigde met betrekking tot de verzekering verricht, niet worden tegengeworpen.

§ 2
Beslag ten laste van de verzekeringnemer op diens rechten uit een levensverzekering

Art. 479l

Het beslag op de rechten die voor de geëxecuteerde als verzekeringnemer voortvloeien uit een overeenkomst van levensverzekering, wordt uitsluitend gelegd en vervolgd op de wijze zoals in de tweede afdeling voor de in artikel 475 bedoelde goederen is bepaald, voor zover daarvan in deze afdeling niet wordt afgeweken.

(Zie ook: art. 975 BW Boek 7)

Art. 479m

1. Nadat de verzekeraar verklaring heeft gedaan als bedoeld in artikel 476a, kan de executant de levensverzekering doen afkopen, tenzij de verzekeringnemer de bevoegdheid mist de verzekering te doen afkopen, en zulks niet het gevolg is van een beperking of uitsluiting als bedoeld in artikel 986, vierde lid, van Boek 7 van het Burgerlijk Wetboek. Tevens kan de executant de begunstiging wijzigen ten behoeve van de geëxecuteerde, voor zover deze niet reeds onherroepelijk was toen het beslag gelegd werd.

2. Ondanks het beslag kan de geëxecuteerde een uit de overeenkomst of de wet voortvloeiend recht tot belening van de levensverzekering uitoefenen ter voldoening, voor zover mogelijk, van hetgeen aan de executant verschuldigd is.

3. Het door de verzekeraar ingevolge afkoop, belening of uitkering van de levensverzekering aan de geëxecuteerde of diens rechtverkrijgenden verschuldigde bedrag, valt onder het beslag.

Art. 479n

1. De executant is verplicht bij deurwaardersexploot aan de geëxecuteerde mededeling te doen welke van de in artikel 479m, eerste lid, bedoelde rechten hij wil uitoefenen. Het exploot houdt op straffe van nietigheid de vermelding in van de mogelijkheid als bedoeld in artikel 479p tot het vorderen van een verbod van de afkoop van de verzekering of de wijziging van de begunstiging, alsmede van de daarvoor gestelde termijn. Hij doet een afschrift van het exploot toekomen aan de verzekeraar.

2. Indien de executant de levensverzekering wil doen afkopen, houdt de executant het exploot op straffe van nietigheid de vermelding in dat de geëxecuteerde binnen twee weken na de dag waarop het exploot is uitgebracht aan de executant en de verzekeraar bij aangetekende brief mededeling kan doen dat hij de levensverzekering overeenkomstig artikel 479m, tweede lid, wil belenen.

3. De executant kan de bevoegdheden als bedoeld in artikel 479m, eerste lid, uitoefenen zodra twee weken zijn verstreken na de dag waarop het exploot bedoeld in het eerste lid is uitgebracht. Heeft de geëxecuteerde een mededeling gedaan als bedoeld in het tweede lid, dan kan de executant de levensverzekering evenwel eerst doen afkopen zodra vier weken na die mededeling zijn verstreken en de belening niet heeft plaatsgevonden.

Art. 479o

Vervallen beslag

1. Indien de executant de levensverzekering heeft doen afkopen of de geëxecuteerde deze overeenkomstig artikel 479m, tweede lid, heeft beleend, vervalt het beslag met betrekking tot die verzekering zodra de verzekeraar het uit die afkoop of die belening verschuldigde bedrag aan de deurwaarder heeft voldaan.

2. Indien de executant met betrekking tot een levensverzekering de begunstiging heeft gewijzigd, vervalt die wijziging door de beëindiging van het beslag op die verzekering.

Art. 479p

Verbod tot afkoop of wijziging bij onredelijke benadeling

1. Indien de geëxecuteerde of een begunstigde door een afkoop van de levensverzekering of een wijziging van de begunstiging onredelijk zou worden benadeeld, verbiedt de voorzieningenrechter op diens vordering geheel of ten dele die afkoop of wijziging. De in de vorige volzin bedoelde vordering kan slechts worden ingesteld tot twee weken na de dag waarop het exploot bedoeld in artikel 479n, eerste lid, is uitgebracht. De in de eerste volzin bedoelde vordering kan in de gevallen, bedoeld in artikel 479r, tweede lid, eerste volzin, en derde lid, worden ingesteld tot twee weken na de dag waarop het exploot, bedoeld in artikel 479r, tweede lid, onderscheidenlijk derde lid, is uitgebracht.

2. Zolang op een vordering als bedoeld in het eerste lid niet is beslist, kan de executant de levensverzekering niet doen afkopen of de begunstiging wijzigen.

3. Bij de beslissing op een vordering tot het verbieden van de afkoop van de verzekering kan de voorzieningenrechter, ook ambtshalve, de geëxecuteerde een nadere termijn van ten hoogste vier weken toestaan voor het belenen van de verzekering.

Art. 479q

Voortzetting executie en oudste executoriaal beslag

Indien met betrekking tot een levensverzekering door verschillende schuldeisers beslag is gelegd, geschiedt de voortzetting van de executie door degene die het oudste executoriaal beslag heeft gelegd. Wordt de executie door de legger van dit beslag niet voortgezet, dan neemt degene die het daaropvolgende beslag heeft gelegd, de executie over.

Art. 479r

Onherroepelijkheid/wijziging begunstiging

1. Indien de begunstiging na de beslaglegging onherroepelijk wordt, kan deze onherroepelijkheid niet aan de executant worden tegengeworpen. De verzekeraar is verplicht een uitkering, waarop de begunstiging betrekking heeft, onder zich te houden. Voor zover vaststaat dat de begunstiging niet zal worden gewijzigd, blijven de eerste en de tweede volzin buiten toepassing.

2. Eindigt het verzekerde risico door het overlijden van de verzekeringnemer binnen twee weken na de dag waarop het in artikel 479n, eerste lid, bedoelde exploot is uitgebracht, dan kan de executant niet tot wijziging van de begunstiging overgaan tot twee weken nadat hij de begunstigde bij deurwaardersexploot van zijn voornemen tot wijziging van de begunstiging op de hoogte heeft gesteld. Hij doet een afschrift van het exploot toekomen aan de verzekeraar. De verzekeraar is verplicht aan de executant de nodige gegevens te verschaffen om de begunstigde te kunnen bereiken. Artikel 479n, eerste lid, tweede volzin, is van overeenkomstige toepassing. De eerste volzin mist toepassing wanneer de begunstigde reeds een vordering als bedoeld in artikel 479p, eerste lid, heeft ingesteld.

3. Heeft de executant nog niet overeenkomstig artikel 479n, eerste lid, of overeenkomstig het tweede lid aan de geëxecuteerde, onderscheidenlijk de begunstigde, mededeling gedaan van zijn voornemen tot wijziging van de begunstiging, dan vervalt de mogelijkheid om de begunstiging te wijzigen, indien de executant de begunstigde niet binnen een door hem aan de executant gestelde termijn van tenminste vier weken bij deurwaardersexploot van zijn voornemen tot wijziging op de hoogte heeft gesteld.

Derde afdeling
Van de verdeling van de opbrengst der executie

Art. 480

Betaling opbrengst executie

1. Indien er geen andere schuldeiser is, die op de goederen of de opbrengst van de executie beslag heeft gelegd, en evenmin een beperkt gerechtigde bekend is wiens recht door de executie

is vervallen, keert de deurwaarder de netto-opbrengst aan de executant tot het beloop van diens vordering uit. Een eventueel overschot wordt aan de geëxecuteerde afgedragen. *(Zie ook: artt. 474, 477, 485 Rv)*

2. In geval er wel schuldeisers of beperkt gerechtigden zijn, als in het eerste lid bedoeld, stort de deurwaarder de netto-opbrengst onverwijld bij een bewaarder als bedoeld in artikel 445. Indien de voormelde schuldeisers en beperkt gerechtigden alsmede de geëxecuteerde en de executant, tot overeenstemming omtrent de verdeling van de netto-opbrengst komen, keert de deurwaarder of in zijn opdracht de bewaarder aan ieder het hem toekomende uit. *(Zie ook: art. 282 BW Boek 3)*

3. Voor zover de verplichtingen welke krachtens dit artikel op de deurwaarder rusten, niet worden nageleefd, is de Staat jegens belanghebbenden voor de daaruit voor hen voortvloeiende schade met de deurwaarder hoofdelijk aansprakelijk. *(Zie ook: artt. 490b, 551 Rv)*

Aansprakelijkheid bij verzuim deurwaarder

Art. 481

1. Is na de inning van de opbrengst van de executie geen overeenstemming als bedoeld in het tweede lid van het vorige artikel tot stand gekomen, dan kan de meest gerede partij aan de voorzieningenrechter van de rechtbank binnen welker rechtsgebied de executie in hoofdzaak heeft plaats gehad, de benoeming van een rechter-commissaris verzoeken, te wiens overstaan de verdeling zal plaatsvinden.

Onenigheid over verdeling opbrengst, benoeming rechter-commissaris

2. Bij het verzoekschrift is gevoegd een staat van alle in artikel 480 bedoelde belanghebbenden met vermelding van hun woonplaatsen, op te maken door de deurwaarder.

3. Tegen een benoeming krachtens het eerste lid is geen hogere voorziening toegelaten. *(Zie ook: art. 551a Rv)*

Geen beroepsmogelijkheid

4. Artikel 282a is van toepassing.

Art. 482

1. De griffier doet onverwijld aan de voormelde belanghebbenden bij gewone brief mededeling van de benoeming van de rechter-commissaris, met vermelding van de termijn waarbinnen de in het tweede lid bedoelde aanmelding van de vorderingen moet plaatsvinden.

Mededeling benoeming R-C, aanmelding vorderingen

2. De tot voormelde belanghebbenden behorende schuldeisers, onder wie begrepen de voormelde beperkt gerechtigden, dienen binnen veertien dagen na de in het eerste lid bedoelde mededeling hun vorderingen schriftelijk, zo veel mogelijk met overlegging van bewijsstukken, bij de rechter-commissaris aan te melden teneinde overeenkomstig de door hen daarbij aan te geven rang te worden gerangschikt.

(Zie ook: artt. 552, 642g, 642l Rv; art. 108 FW)

Art. 483

Na verloop der veertien dagen bij het voorgaande artikel bepaald, zal de rechter-commissaris, naar aanleiding van de overgelegde stukken, een staat van verdeling opmaken. *(Zie ook: art. 642l Rv; art. 112 FW)*

Staat van verdeling

Art. 483a

Vorderingen onder een ontbindende voorwaarde worden in de rangschikking begrepen voor het hele bedrag, onverminderd de werking van de voorwaarde, wanneer zij vervuld wordt. *(Zie ook: art. 129 FW)*

Vordering onder ontbindende voorwaarde

Art. 483b

Vorderingen onder een opschortende voorwaarde worden in de rangschikking begrepen, hetzij voor hun waarde ten tijde van het opmaken van de staat van verdeling, hetzij op verlangen van een der schuldeisers of de geëxecuteerde, voorwaardelijk voor het hele bedrag. *(Zie ook: art. 130 FW)*

Vordering onder opschortende voorwaarde

Art. 483c

1. Niet opeisbare vorderingen en vorderingen die recht geven op periodieke uitkeringen, worden in de rangschikking begrepen voor hun waarde ten tijde van het opmaken van de staat van verdeling.

Waardebepaling nog niet openbare vorderingen

2. Bij de berekening wordt uitsluitend gelet op het tijdstip en de wijze van aflossing, het kansgenot, waar dit bestaat, en, indien de vordering rentedragend is, op de bedongen rentevoet. *(Zie ook: art. 131 FW)*

Art. 483d

Vorderingen, waarvan de waarde onbepaald of onzeker is of niet in Nederlands geld uitgedrukt, worden in de rangschikking begrepen voor hun geschatte waarde in Nederlands geld ten tijde van het opmaken van de staat van verdeling. *(Zie ook: art. 642s Rv; art. 133 FW)*

Verificatie geschatte waarde

Art. 483e

Indien een pand- of hypotheekrecht strekt tot zekerheid van vorderingen die de pand- of hypotheekhouder uit hoofde van een bestaande rechtsverhouding zal verkrijgen, kunnen deze in de rangregeling worden begrepen, hetzij voor het gehele op het tijdstip van het opmaken van de

Pand- of hypotheekrecht tot zekerheid vordering

B14 art. 483f **Wetboek van Burgerlijke Rechtsvordering**

staat reeds verschuldigde bedrag, hetzij, op verlangen van de pand- of hypotheekhouder, voorwaardelijk voor het hele bedrag waarvoor het pand- of hypotheekrecht tot zekerheid strekt. *(Zie ook: art. 231 BW Boek 3)*

Art. 483f

Voorwaardelijke toelating/erkenning Vorderingen die betwist worden, kunnen door de rechter-commissaris voorwaardelijk worden opgenomen tot een door hem te bepalen bedrag. Wanneer de voorrang betwist wordt, kan deze door de rechter-commissaris voorwaardelijk worden erkend. *(Zie ook: artt. 485, 490a Rv; artt. 125, 189 FW)*

Art. 484

Neerlegging staat van verdeling **1.** De staat wordt door de rechter-commissaris verstrekt aan alle bovengenoemde belanghebbenden en de rechter bepaalt dag en uur, waarop alle partijen zich bij de rechter-commissaris zullen kunnen vervoegen tot het voorstellen van hun tegenspraak. **2.** Indien de geëxecuteerde niet tevens de schuldenaar is, geschiedt de kennisgeving mede aan deze laatste. *(Zie ook: art. 114 FW)*

Art. 485

Bij geen tegenspraak uitbetaling **1.** Ingeval er geen tegenspraak gedaan wordt, zal de rechter-commissaris zijn proces-verbaal sluiten, en bij bevelschrift de houder van de netto-opbrengst gelasten daaruit de nog niet eerder voldane kosten te voldoen en aan de schuldeisers en de geëxecuteerde uit te betalen hetgeen hun, volgens de staat, toekomt. Het bedrag waarvoor een vordering of een daaraan verbonden voorrang voorwaardelijk is opgenomen of erkend, wordt gereserveerd tot de vordering of de voorrang vaststaat. *(Zie ook: artt. 483b, 483e, 483f, 490a Rv; artt. 179, 181 FW)*

2. De bevelschriften worden in executoriale vorm uitgegeven. *(Zie ook: art. 642s Rv)*

Art. 485a

Tegenspraak bij rechter-commissaris **1.** De tegenspraak wordt gericht tot de rechter-commissaris en op diens proces-verbaal aangetekend. *(Zie ook: art. 642p Rv; art. 184 FW)*

2. Heeft een schuldeiser als bedoeld in artikel 482, tweede lid, de daar bedoelde termijn niet in acht genomen of niet op de in artikel 484 bedoelde dag tegenspraak gedaan, dan zal hij slechts in zijn tegenspraak kunnen worden ontvangen, indien hij daarbij een redelijk belang heeft en hij de daardoor veroorzaakte kosten en schade voor zijn rekening neemt en deze tot een door de rechter-commissaris voorlopig te begroten bedrag onverwijld stort bij de bewaarder van de opbrengst. *(Zie ook: art. 642v Rv)*

Art. 486

Verwijzing naar Rb. **1.** In geval van tegenspraak verwijst de rechter-commissaris de partijen, zo hij ze niet kan verenigen, en voor zover het geschil niet reeds aanhangig is, naar een door hem te bepalen zitting van de rechtbank, zonder dat daartoe een dagvaarding is vereist.

2. De advocaten, die voor partijen optreden, verklaren dit bij het uitroepen ter zitting.

3. Verschijnt de schuldeiser, wiens vordering is tegengesproken, op de bepaalde zitting niet of heeft hij het griffierecht niet tijdig voldaan, dan wordt hij geacht de aanmelding van zijn vordering te hebben ingetrokken; verschijnt hij die de tegenspraak doet niet of heeft hij het griffierecht niet tijdig voldaan, dan wordt hij geacht zijn tegenspraak te hebben laten varen. Indien het griffierecht niet tijdig is voldaan, stelt de rechter-commissaris de desbetreffende partij eerst in de gelegenheid zich uit te laten over het niet tijdig voldoen van het verschuldigde griffierecht. Artikel 127a, derde en vierde lid, zijn van overeenkomstige toepassing.

4. Belanghebbenden die geen tegenspraak hebben gedaan, kunnen in het geding niet tussenkomen of zich voegen. *(Zie ook: art. 642q Rv; art. 122 FW)*

Art. 489

Bevelschrift tot betaling Nadat op het geschil bij in kracht van gewijsde gegane uitspraak is beslist of het geschil krachtens artikel 486, derde lid, is geëindigd, legt de meest gerede partij de uitspraak of een uittreksel uit het audiëntieblad waaruit van het niet verschijnen blijkt, aan de rechter-commissaris over. Deze sluit zijn proces-verbaal en beveelt de uitgifte van bevelschriften tot betaling overeenkomstig artikel 485. *(Zie ook: art. 642s Rv)*

Art. 490

Geen recht meer op rente Na het sluiten van het proces-verbaal van verdeling kan geen tegenspraak meer worden gedaan, hebben de belanghebbenden onderling geen recht meer op rente over hetgeen aan hen is toegedeeld, en kan geen beslag op de opbrengst van de executie meer worden gelegd.

Art. 490a

Voorwaardelijk toegelaten schuldeisers Het bedrag, uitgetrokken voor een voorwaardelijk opgenomen vordering of een voorwaardelijk erkende voorrang, wordt, zodra blijkt dat de schuldeiser niets of minder te vorderen heeft dan

wel geen of een lagere voorrang heeft, overeenkomstig de opgemaakte staat onder de schuldeisers verdeeld.
(Zie ook: art. 189 FW)

Art. 490b

1. Indien een pandhouder krachtens zijn pandrecht heeft geëxecuteerd en er beperkt gerechtigden of beslagleggers zijn als bedoeld in de derde volzin van artikel 253, eerste lid, van Boek 3 van het Burgerlijk Wetboek, wordt het daar bedoelde overschot dat van de netto-opbrengst na afhouding van het aan de pandhouder krachtens zijn rang toekomende is overgebleven, aan hen uitgekeerd overeenkomstig hetgeen zij en de pandgever omtrent de verdeling daarvan zijn overeengekomen.
(Zie ook: art. 480 Rv)

2. Is op het tijdstip dat de pandhouder tot uitkering kan overgaan, nog geen overeenstemming omtrent de verdeling bereikt, dan stort de pandhouder de opbrengst tot tenminste het bedrag van het overschot onverwijld bij een bewaarder met overeenkomstige toepassing van artikel 445 en kan de meest gerede partij, onder wie de pandhouder zelf, een rangregeling verzoeken overeenkomstig de voorgaande artikelen van deze afdeling. Indien de pandhouder zelf aan de eisen van artikel 445 voldoet, kan hij zichzelf als bewaarder aanwijzen.
(Zie ook: art. 481 Rv)

3. De rangregeling betreft het overeenkomstig het tweede lid in bewaring gegeven bedrag, mits de pandhouder binnen de in artikel 482 bedoelde termijn aan de rechter-commissaris de stukken ter hand stelt, waaruit van de verantwoording van het gestorte bedrag blijkt en binnen de in artikel 484 bedoelde termijn geen tegenspraak ter zake van het door de pandhouder afgehouden bedrag wordt gedaan.

4. Blijkt na tegenspraak de pandhouder volgens de definitief geworden staat te veel van de netto-opbrengst te hebben afgehouden, dan gelast de rechter-commissaris desverlangd bij een in executoriale vorm afgegeven bevelschrift, dat door ieder bij genoemde staat batig gerangschikte kan worden geëxecuteerd, de pandhouder het tekort tegen kwijting aan de in het tweede lid bedoelde bewaarder uit te keren.

5. Heeft de pandhouder overeenkomstig artikel 482 rangschikking van zijn vordering gevorderd of blijkt hij na tegenspraak overeenkomstig het vorige lid te veel te hebben afgehouden, dan draagt hij in de kosten van de rangregeling bij. In andere gevallen worden de kosten van de in de rangregeling betrokken pandhouder hem vergoed door degenen die zijn verantwoording betwist hebben. Desverlangd geeft de rechter-commissaris een desbetreffend bevelschrift in executoriale vorm uit.

6. Indien belanghebbenden voor het tot stand komen van een rangregeling alsnog over de verdeling overeenstemming bereiken en daarvan uit een onderhandse of authentieke akte doen blijken, keert de bewaarder ieder het hem volgens deze akte toekomende uit.
(Zie ook: artt. 480, 551a Rv; art. 271 BW Boek 3)

Art. 490c

1. Een executant die betaling heeft ontvangen, is verplicht desverlangd aan hem wiens goed is verkocht en aan de schuldenaar binnen één maand na de betaling rekening en verantwoording te doen.

2. Een schuldeiser die in de rangregeling is begrepen, kan binnen één maand na de sluiting daarvan een gelijke rekening en verantwoording vragen, indien hij daarbij een rechtstreeks belang heeft.
(Zie ook: art. 272 BW Boek 3; art. 57 FW)

Art. 490d

Beschikkingen van de rechter-commissaris krachtens de onderhavige afdeling zijn niet vatbaar voor hoger beroep.
(Zie ook: art. 67 FW)

Vierde afdeling
Van executie tot afgifte van roerende zaken, die geen registergoederen zijn

Art. 491

1. De executie tot afgifte van een roerende zaak die geen registergoed is, vangt aan met een bevel als bedoeld in artikel 439, dat van overeenkomstige toepassing is, behoudens dat de in het eerste lid van dat artikel bedoelde termijn niet behoeft te worden in acht genomen ter zake van de executie van vonnissen en beschikkingen, die uitvoerbaar bij voorraad zijn verklaard.

2. De executie geschiedt doordat de deurwaarder de zaak onder zich neemt en afgeeft aan degene die haar krachtens de executoriale titel moet ontvangen. Hij maakt van een en ander onverwijld proces-verbaal op.

B14 art. 492 **Wetboek van Burgerlijke Rechtsvordering**

3. De artikelen 440 en 443-444b zijn van overeenkomstige toepassing met dien verstande dat voor de toepassing van artikel 444b de waarde van de zaak in de plaats treedt van het bedrag van de vordering waarvoor beslag is gelegd.
(Zie ook: art. 555 t/m 557 Rv; art. 296 BW Boek 3)

Art. 492

Beslag tot verkrijging van afgifte

1. Ter inleiding van de toepassing van artikel 491 kan de deurwaarder op de zaak beslag tot verkrijging van afgifte leggen. De in artikel 439, eerste lid, bedoelde termijn behoeft daarbij niet in acht te worden genomen.
(Zie ook: artt. 709, 730 Rv)

Samenloop beslagen

2. Indien de deurwaarder bevindt dat de zaak reeds in beslag is genomen, mist artikel 491 toepassing, maar kan de deurwaarder daarop overeenkomstig het eerste lid eveneens beslag leggen. Hij is verplicht dit beslag onverwijld te betekenen aan de deurwaarder die het reeds liggende beslag heeft gelegd.
(Zie ook: artt. 457, 497 Rv)

3. De artikelen 440, 443-446, 451, 453a en 455 zijn van overeenkomstige toepassing met inachtneming van de volgende bepalingen van deze afdeling. Voor de toepassing van artikel 444b treedt de waarde van de in beslag te nemen zaak in de plaats van het bedrag van de vordering waarvoor beslag is gelegd. De artikelen 445 en 446 worden niet toegepast, zolang de zaak zich reeds in gerechtelijke bewaring bevindt. Artikel 455 is alleen van toepassing voor zover het recht op afgifte mede de daar bedoelde baten betreft.

4. Indien geen ander beslag daaraan in de weg staat, kan de deurwaarder alsnog artikel 491 toepassen. Het door hem gelegde beslag eindigt daardoor.

Art. 493

Genuszaken

Betreft het recht op afgifte een of meer naar de soort bepaalde zaken, dan zal de deurwaarder een aan dat recht beantwoordende hoeveelheid zaken van die soort onder zich of in beslag nemen, uit te kiezen door de deurwaarder tenzij de geëxecuteerde tijdig van een hem toekomende bevoegdheid tot kiezen gebruik maakt.
(Zie ook: artt. 28, 65 BW Boek 6; art. 31 BW Boek 7)

Art. 494

Te velde staande vruchten en beplantingen

1. Betreft het recht op afgifte te velde staande vruchten en beplantingen van een onroerende zaak, dan kan uit dien hoofde beslag worden gelegd op de zaak of het zakelijk recht van degene jegens wie dit recht bestaat, zulks overeenkomstig de bepalingen betreffende beslag op onroerende zaken, maar met vermelding in het proces-verbaal dat het beslag slechts ten aanzien van die vruchten of beplantingen zijn werking heeft.

2. Het beslag komt op de vruchten of beplantingen te rusten, zodra deze zijn afgescheiden. Zodra alle vruchten of beplantingen waarop het beslag betrekking heeft zijn afgescheiden, vervalt het beslag op de zaak of het zakelijk recht.
(Zie ook: art. 492 Rv)

3. Artikel 451 is, mede ter zake van de inoogsting, van overeenkomstige toepassing.
(Zie ook: artt. 216, 237, 266 BW Boek 3)

Art. 495

Toonder- of orderpapier

1. Betreft het recht op afgifte een orderpapier, dan is artikel 474a, tweede lid, van overeenkomstige toepassing.

2. Betreft het recht op afgifte een toonder- of orderpapier en is aan het daaruit voortvloeiende recht stemrecht verbonden, dan is artikel 474ba van overeenkomstige toepassing, tenzij het stemrecht blijkens de executoriale titel aan de executant toekomt.

Art. 496

Bezitloos pandrecht

1. Betreft het een executie tot afgifte op vordering van een pandhouder als bedoeld in artikel 237, derde lid, van Boek 3 van het Burgerlijk Wetboek, dan geeft de deurwaarder de zaak af aan de pandhouder of derde in wiens macht de zaak moet worden gebracht.

2. Is het pandrecht uit hoofde waarvan de afgifte geëist wordt, niet bij een authentieke akte gevestigd, dan kan de deurwaarder de zaak slechts onder zich nemen of in beslag nemen met verlof van de voorzieningenrechter van de rechtbank binnen welker rechtsgebied de zaak zich bevindt. Het verlof wordt verzocht bij een verzoekschrift waarbij de pandakte wordt overgelegd. De voorzieningenrechter beslist na summier onderzoek. Het verlof en het verzoekschrift worden, met het in artikel 491, tweede lid, bedoelde proces-verbaal, aan de pandgever betekend. Tegen een krachtens dit lid gegeven verlof is geen hogere voorziening toegelaten.
(Zie ook: artt. 700, 702 Rv)

3. Is op de zaak reeds beslag gelegd, dan kan de deurwaarder haar met handhaving van het beslag niettemin onder zich nemen, mits de pandhouder tevens overeenkomstig artikel 461a de executie van de beslaglegger overneemt. Hij betekent de in de vierde zin van het vorige lid bedoelde stukken onverwijld mede aan de deurwaarder die het beslag heeft gelegd.
(Zie ook: art. 490b Rv)

Art. 497

1. Bij samenloop van een beslag tot verkrijging van afgifte met een ander beslag, al of niet van dezelfde aard, kan de meest gerede partij zich overeenkomstig artikel 438 tot de rechter wenden.

2. Wordt op een zaak zowel beslag tot verkrijging van afgifte gelegd als tot verhaal van een geldvordering, dan geldt het beslag tot verkrijging van afgifte zo nodig tevens als een als tweede gelegd executoriaal beslag tot verhaal van de vordering tot vervangende schadevergoeding wegens uitblijven van de afgifte.

3. Een beslag tot verhaal van een vordering tot vervangende schadevergoeding wegens het uitblijven van afgifte van een zaak kan niet tegen de legger van een beslag tot verkrijging van afgifte van die zaak worden ingeroepen, indien deze andere goederen van de beslagene aanwijst die voor deze vordering voldoende verhaal bieden.

(Zie ook: art. 736 Rv; art. 96 BW Boek 1)

Art. 498

Zolang de afgifte nog niet heeft plaats gevonden, kan ieder wiens recht op de zaak de executant moet eerbiedigen, zich tegen de afgifte verzetten.

(Zie ook: art. 456 Rv)

Art. 499

Bevindt de zaak zich onder een derde die tegen de afgifte geen bezwaar maakt of zich niet te goeder trouw tegen een vordering tot afgifte aan de geëxecuteerde zou kunnen verzetten, dan geschiedt de executie overeenkomstig de voorgaande artikelen van deze afdeling. De afgifte aan de executant geldt mede als afgifte van de derde aan de geëxecuteerde.

(Zie ook: artt. 461d, 477b Rv)

Art. 500

Tot afgifte van een zaak die zich onder een derde bevindt, kan ook derdenbeslag gelegd worden. De artikelen 475-479 zijn van overeenkomstige toepassing. Het exploot van beslaglegging houdt in om de afgifte van welke zaak of zaken het gaat. De verklaring van de derde, als bedoeld in artikel 476a, betreft uitsluitend deze zaak of zaken.

(Zie ook: art. 477b Rv)

Derde titel

Van de gerechtelijke tenuitvoerlegging op onroerende zaken

Eerste afdeling
Van executoriaal beslag op onroerende zaken

Art. 502

1. Het beslag op onroerende zaken moet worden voorafgegaan door een exploot van een deurwaarder, houdende bevel om binnen twee dagen aan de executoriale titel te voldoen. Eerst na verloop van die termijn kan het beslag worden gelegd. Indien daartoe gronden zijn, kan de voorzieningenrechter van de rechtbank, ook op mondeling verzoek van de deurwaarder, die termijn inkorten.

(Zie ook: art. 3 BW Boek 3)

2. Het bevel zal melding maken van de titel uit kracht waarvan de vervolging plaats heeft en zal uitdrukken dat bij gebreke van betaling zal worden overgegaan tot executoriale maatregelen tegen de onroerende zaken van de geëxecuteerde, zulks op straffe van nietigheid van het exploot.

3. Indien bij het betekenen van de executoriale titel tevens het voorgeschreven bevel is gedaan, wordt geen afzonderlijk bevel vereist.

4. Bij het bevel of de betekening moet de executant tot het uiteinde der executie woonplaats kiezen ten kantore van de deurwaarder, zulks op straffe van nietigheid van het exploot. Tevens kan woonplaats worden gekozen in Nederland ten kantore van een advocaat.

(Zie ook: art. 439 Rv)

Art. 503

Indien de schuldeiser een jaar na het bevel heeft laten verlopen, zal hij gehouden zijn het bevel te vernieuwen.

Art. 504

1. Het beslag geschiedt bij een proces-verbaal van een deurwaarder dat, behalve de gewone formaliteiten, op straffe van nietigheid inhoudt:

a. de vermelding van de voornaam, naam en woonplaats van de executant en de naam en woonplaats van de geëxecuteerde;

b. de vermelding van de titel uit hoofde waarvan het beslag wordt gelegd;

c. de aard van de in beslag genomen onroerende zaken, hun kadastrale aanduiding, en, indien zij buiten de bebouwde kom zijn gelegen, zo veel mogelijk de grootte;

(Zie ook: art. 437 Rv)

B14 art. 504a **Wetboek van Burgerlijke Rechtsvordering**

d. indien het beslag niet wordt gelegd door een deurwaarder ten kantore van wie woonplaats is gekozen overeenkomstig artikel 439, derde lid, een keuze van woonplaats ten kantore van de deurwaarder die het beslag legt.

(Zie ook: art. 440 Rv)

Aanwijzing executerende notaris

2. In het proces-verbaal kan tevens een notaris worden aangewezen ten overstaan van wie de verkoop zal geschieden. In dat geval wordt in plaats van bij de deurwaarder, woonplaats bij de notaris gekozen.

(Zie ook: art. 514 Rv)

Art. 504a

Beslag alleen voor bepaalde vordering

1. Het beslag kan slechts worden gelegd voor een vordering waarvan het geldelijk beloop bepaalbaar is.

2. Zolang de vordering niet is vereffend, kan niet tot executoriale verkoop worden overgegaan. *(Zie ook: art. 441 Rv)*

Art. 505

Inschrijving proces-verbaal in openbare registers

1. Het proces-verbaal van inbeslagneming zal in de in afdeling 2 van titel 1 van Boek 3 van het Burgerlijk Wetboek bedoelde openbare registers worden ingeschreven. Een afschrift van het proces-verbaal zal op straffe van nietigheid van het beslag niet later dan drie dagen na de inschrijving aan de geëxecuteerde worden betekend.

(Zie ook: art. 18 BW Boek 3)

Werking vervreemding, etc. jegens beslaglegger

2. Een vervreemding, bezwaring, onderbewindstelling, verhuring of verpachting, tot stand gekomen na de inschrijving van het proces-verbaal, kan niet tegen de beslaglegger worden ingeroepen. Dit geldt niet voor verhuur van woonruimte waarop de artikelen 271 tot en met 277 van Boek 7 van het Burgerlijk Wetboek van toepassing zijn, tenzij de verhuring plaatsvond na de bekendmaking bedoeld in artikel 516 of huurder wist dat de beslaglegger door de verhuring in zijn verhaalsmogelijkheden zou worden benadeeld.

(Zie ook: artt. 453a, 474e, 475b Rv; artt. 19, 21, 45 BW Boek 3)

3. Indien de akte betreffende de vervreemding of bezwaring vóór de inschrijving van het beslag reeds was verleden, kan de vervreemding of bezwaring nog tegen de beslaglegger worden ingeroepen, mits de inschrijving van deze akte uiterlijk geschiedt de eerste dag, waarop het kantoor van de Dienst voor het kadaster en de openbare registers na de dag van de inschrijving van het beslag voor het publiek opengesteld is.

(Zie ook: artt. 24, 45 BW Boek 3; art. 35 FW)

Art. 506

Gerechtelijke bewaarder

1. De geëxecuteerde is verplicht de in beslag genomen zaken in goede staat te houden.

2. De voorzieningenrechter van de rechtbank kan op verzoek van een beslaglegger een gerechtelijke bewaarder van de zaak aanstellen.

(Zie ook: artt. 709, 766 Rv)

3. Tegen een aanstelling krachtens het vorige lid is geen hogere voorziening toegelaten. *(Zie ook: artt. 446, 451 Rv)*

Art. 507

Opbrengst onroerend goed na inschrijving

1. Vruchten en beplantingen, die ten tijde van de inschrijving zich nog op of in de zaak bevinden of te velde staan en vóór de verkoop worden geoogst, vallen mede onder het beslag, tenzij daarop rechten of beslagen van derden rusten, daaronder begrepen het pandrecht bedoeld in artikel 237, vierde lid, van Boek 3 van het Burgerlijk Wetboek.

2. Artikel 451 is, mede ter zake van de inoogsting, van toepassing.

3. Na de betekening van het ingeschreven beslag aan de huurder of pachter valt de aan de geëxecuteerde nog verschuldigde huur en pacht onder het beslag en moet zij worden betaald aan de notaris ten overstaan van wie de executie zal plaatsvinden, mits dit bij de betekening uitdrukkelijk aan de huurder of pachter met opgave van de plaats van betaling wordt medegedeeld en behoudens de rechten van derden, die de executant moet eerbiedigen. Hetgeen aan de notaris wordt betaald, wordt gerekend tot de in artikel 551 bedoelde opbrengst van de zaak. De artikelen 475i, 476 en 478 zijn van overeenkomstige toepassing.

(Zie ook: art. 455a Rv)

4. Het vorige lid is van overeenkomstige toepassing op hetgeen aan de geëxecuteerde verschuldigd is als canon uit hoofde van een erfpacht of als retributie uit hoofde van een opstalrecht of erfdienstbaarheid of als tegenprestatie ter zake van een kwalitatieve verplichting als bedoeld in artikel 252, vierde lid, van Boek 6 van het Burgerlijk Wetboek.

(Zie ook: artt. 455, 474b Rv)

Art. 507a

Zaakvervanging

1. Eveneens vallen onder het beslag vorderingen tot vergoeding die na de inschrijving in de plaats van de zaak zijn getreden, daaronder begrepen vorderingen ter zake van waardevermindering van de zaak.

2. Zij moeten met overeenkomstige toepassing van artikel 507, derde lid, aan de notaris worden voldaan, behoudens de rechten van derden, die de executant moet eerbiedigen.

(Zie ook: art. 455a Rv)

Art. 507b

1. Een beslag gelegd op een onroerende zaak nadat de koop van de zaak is ingeschreven in de openbare registers, bedoeld in afdeling 2 van titel 1 van Boek 3 van het Burgerlijk Wetboek, op de wijze die is voorgeschreven in artikel 3 van Boek 7 van het Burgerlijk Wetboek, rust na de levering van de zaak op het deel van de koopprijs dat de notaris ten behoeve van de verkoper onder zich houdt, op voorwaarde dat de levering heeft plaatsgevonden binnen de termijn genoemd in lid 4 van artikel 3 van Boek 7.

Beslag na levering

2. De artikelen 475i, 476–478 zijn van overeenkomstige toepassing.

Art. 508

Rusten op de in beslag genomen zaak een of meer hypotheken, dan zal de beslaglegger het door hem gelegde beslag uiterlijk binnen vier dagen na de inschrijving in de betreffende openbare registers aan de hypotheekhouders doen betekenen; de betekening mag geschieden aan de door deze overeenkomstig artikel 260, eerste lid, derde zin, van Boek 3 van het Burgerlijk Wetboek gekozen woonplaats.

Betekening beslag aan alle hypotheekhouders

(Zie ook: art. 260 BW Boek 3)

Art. 509

1. Indien een hypotheekhouder die uit hoofde van zijn recht bevoegd is tot executoriale verkoop, de executie wil overnemen en dit binnen veertien dagen nadat het beslag aan hem is betekend, aanzegt aan de executant met inachtneming van artikel 544, tweede lid, geschiedt de executie verder door de hypotheekhouder en zijn de desbetreffende bepalingen van toepassing.

Overnemen executie

(Zie ook: art. 515 Rv)

2. Zijn er meer hypotheekhouders, dan komt deze bevoegdheid toe aan de hoogst gerangschikte hypotheekhouder, die de in het eerste lid bedoelde aanzegging heeft gedaan.

3. Wordt niet binnen veertien dagen een aanzegging als in het eerste lid bedoeld gedaan, dan is de beslaglegger bevoegd de executie voort te zetten.

(Zie ook: art. 461a Rv; art. 268 BW Boek 3)

Art. 510-512

[Vervallen]

Art. 513

1. Indien meer schuldeisers op dezelfde zaak beslag hebben gelegd, zal de executie plaatsvinden op de vervolging van degene die het eerst overeenkomstig artikel 505, eerste lid, het procesverbaal van beslag heeft doen inschrijven.

Meer schuldeisers voor dezelfde zaak

(Zie ook: art. 458 Rv)

2. De voorzieningenrechter van de rechtbank binnen welker rechtsgebied de zaak geheel of grotendeels is gelegen, kan op verzoek van een schuldeiser wiens proces-verbaal later is ingeschreven, bepalen dat deze de executie zal overnemen:

Overnemen executie

a. in geval van arglist van de schuldeiser wiens proces-verbaal het eerst is ingeschreven, of samenspanning van deze met de geëxecuteerde;

(Zie ook: art. 45 BW Boek 3)

b. indien deze schuldeiser de executie niet met redelijke spoed voortzet.

(Zie ook: artt. 459, 545 Rv)

3. Tegen een beschikking krachtens het tweede lid is geen hogere voorziening toegelaten.

Geen beroepsmogelijkheid

4. Bij toepassing van het tweede lid wordt de overneming bij exploot aan de geëxecuteerde aangezegd.

Art. 513a

De inschrijving van het beslag kan worden doorgehaald met toepassing van de artikelen 28 en 29 van Boek 3 van het Burgerlijk Wetboek, met dien verstande dat de bewaarder mede tot doorhaling wordt gemachtigd door:

Doorhaling inschrijving waardeloos beslag

1°. een ingeschreven schriftelijke verklaring van de deurwaarder dat hij in opdracht van de executant het beslag opheft of dat het beslag is vervallen;

2°. een overeenkomstig artikel 17, eerste lid, onder *e*, van Boek 3 van het Burgerlijk Wetboek ingeschreven rechterlijke uitspraak die tot opheffing van het beslag strekt.

Tweede afdeling
Van executoriale verkoop van onroerende zaken

Art. 514

1. De executoriale verkoop geschiedt ten overstaan van een bevoegde notaris.

Executoriale verkoop ten overstaan van notaris

(Zie ook: art. 519 Rv; art. 268 BW Boek 3)

2. Zo de notaris niet reeds in het proces-verbaal van inbeslagneming is aangewezen, geschiedt de aanwijzing bij exploot aan de geëxecuteerde. Hetzelfde geldt voor de vervanging van een reeds aangewezen notaris.

(Zie ook: art. 504 Rv)

B14 art. 515 Wetboek van Burgerlijke Rechtsvordering

3. Bij een exploot als bedoeld in het tweede lid kiest de executant op straffe van nietigheid woonplaats ten kantore van de aangewezen notaris.
(Zie ook: art. 439 Rv)

Art. 515

Vaststelling datum verkoop 1. De notaris stelt binnen veertien dagen na zijn aanwijzing of, zo er hypothecaire inschrijvingen zijn, binnen veertien dagen na het ongebruikt verstrijken van de in artikel 509, eerste lid, bedoelde termijn, dag, uur en plaats van de verkoop vast.

Mededeling aan geëxecuteerde en anderen 2. Hij deelt schriftelijk dag, uur en plaats van de verkoop mede aan de geëxecuteerde en aan alle in artikel 551 bedoelde beperkt gerechtigden en schuldeisers, een en ander aan de hand van een door de bewaarder van het kadaster en de openbare registers af te geven kadastraal uittreksel inzake hypotheken en beslagen als bedoeld in artikel 100, eerste lid, van de Kadasterwet, waarin de inschrijvingen en de boekingen in de registers in de registers in voorlopige aantekeningen worden vermeld, die daartoe van belang zijn.

Art. 516

Bekendmaking verkoop 1. Geen verkoop zal kunnen plaatsvinden dan na verloop van dertig dagen, nadat zij door aankondiging op een of meer algemeen toegankelijke websites zal zijn bekend gemaakt.

2. In de bekendmakingen wordt vermeld dat het een executoriale verkoop betreft.

Art. 517

Inhoud veilcondities 1. De notaris stelt de veilingvoorwaarden vast, zulks in overleg met de executant en met inachtneming van het bepaalde in de artikelen 519, 524a en 525 lid 4. Tenminste dertig dagen voor de verkoop doet hij de in artikel 515, tweede lid, bedoelde ingeschrevenen en latere beslagleggers hiervan mededeling met toezending van een exemplaar van deze voorwaarden en plaatst hij de veilingvoorwaarden tevens op de in artikel 516, eerste lid, bedoelde website of websites.

2. Op verlangen van ieder der voormelde belanghebbenden kunnen de veilingvoorwaarden tevens inhouden dat de zaak wordt verkocht vrij van daarop rustende rechten of beperkingen, die niet tegen het recht van deze belanghebbende kunnen worden ingeroepen.
(Zie ook: artt. 458, 526 Rv)

Art. 518

Geschillen over veilcondities 1. Geschillen over de veilingvoorwaarden, over de wijze van verkoop of over dag, uur of plaats daarvan, dan wel, via welke website en gedurende welke periode er kan worden geboden, worden op verzoek van de meest gerede partij of van de notaris beslist door de voorzieningenrechter van de rechtbank in welker rechtsgebied de zaken geheel of grotendeels zijn gelegen, onverminderd de bevoegdheid van hen wier rechten bij de executie niet worden geëerbiedigd, zich daartegen overeenkomstig artikel 538 te verzetten.

Geen beroepsmogelijkheid 2. Tegen beschikkingen krachtens dit artikel is geen hogere voorziening toegelaten.
(Zie ook: art. 463a Rv)

Art. 519

Wijze van verkoop 1. De verkoop vindt in het openbaar plaats, eerst bij opbod en vervolgens bij afmijning.
(Zie ook: art. 469 Rv)

2. De openbare verkoop kan ook uitsluitend of gelijktijdig via internet plaatsvinden via een algemeen toegankelijke website.

3. De notaris bepaalt bij de verkoop via internet, in plaats van de dag, het uur en de plaats van de verkoop, bedoeld in artikel 515, via welke website en gedurende welke periode er kan worden geboden.

4. De algemeen toegankelijke website waarop de verkoop plaatsvindt is ingericht met passende technische maatregelen om de betrouwbaarheid en veiligheid te waarborgen. Bij algemene maatregel van bestuur kunnen hieromtrent nadere regels worden gesteld.

Art. 520

Onroerende zaken in verschillende arrondissementen 1. De executant kan onroerende zaken die in verschillende arrondissementen zijn gelegen, slechts gezamenlijk voor één prijs verkopen, indien zij tezamen worden geëxploiteerd of door alle belanghebbenden bij de opbrengst gezamenlijke verkoop is overeengekomen.

2. Is zulks niet overeengekomen, dan kan de voorzieningenrechter van de rechtbank binnen welker rechtsgebied de zaken grotendeels zijn gelegen op verzoek van de meest gerede partij of van de notaris bepalen dat de zaken gezamenlijk zullen worden verkocht.

3. Tegen beschikkingen krachtens het vorige lid is geen hogere voorziening toegelaten.

Art. 521

Beslaglegger heeft meer hypotheken Heeft de executant voor de schuld waarvoor hij beslag heeft gelegd tevens hypotheek op andere onroerende zaken of op beperkte rechten daarop, dan mag hij de in beslag genomen zaken slechts verkopen in geval de aan hem verhypothekeerde goederen ontoereikend zijn.

Art. 522

Niet voortgaan bij verkoop Indien meer onroerende zaken in dezelfde inbeslagneming zijn vervat en de opbrengst van het verkochte toereikend is om de executant, de beperkt gerechtigden wier recht vervalt, en de andere beslagleggers op deze zaken, met de kosten, te voldoen, zal de notaris met de verkoop der overige zaken niet verder gaan, tenzij de geëxecuteerde verklaart die verkoop te verlangen.
(Zie ook: art. 470 Rv)

Art. 523

De notaris is verplicht, voor zover hem dit mogelijk is, uiterlijk op de dag na de verkoop, van de verkoop schriftelijk kennis te geven aan de geëxecuteerde en aan alle in artikel 551 bedoelde beperkt gerechtigden en schuldeisers.

(Zie ook: art. 252 BW Boek 3)

Art. 524

De koper is gehouden de koopprijs te voldoen in handen van de notaris. Deze voldoet daaruit de kosten van de executie.

(Zie ook: artt. 474, 551 Rv; art. 270 BW Boek 3)

Art. 524a

1. Indien sprake is van een tot bewoning bestemde onroerende zaak worden, voor zover verschuldigd, aan de koper geen andere kosten of heffingen in rekening gebracht dan:

a. de overdrachtsbelasting en de omzetbelasting;

b. het honorarium van de notaris;

c. het kadastrale recht en de kosten van kadastrale recherche;

d. de kosten van ontruiming.

2. Aan de koper wordt voorafgaand aan de veiling naar beste weten een indicatie gegeven van de maximale hoogte van de kosten en heffingen die aan hem in rekening worden gebracht.

Art. 525

1. De koper verkrijgt het recht op de verkochte zaken door inschrijving van het proces-verbaal van toewijzing.

2. De bewaarder van de openbare registers weigert inschrijving, indien niet tevens een verklaring van de notaris wordt overgelegd dat de koopprijs in zijn handen is gestort en, zo het om een verkoop bedoeld in artikel 477*b*, tweede lid, gaat, tevens een schriftelijke verklaring van de derde dat hij de zaak ter beschikking heeft gesteld van de deurwaarder die het beslag onder de derde heeft gelegd.

3. De geëxecuteerde, alsmede degene die zich op het moment van de inschrijving van het proces-verbaal van toewijzing zonder recht of titel in de verkochte zaak bevindt en als zodanig niet bekend was aan de koper, zal op grond van het proces-verbaal tot ontruiming worden genoodzaakt.

4. De tot bewoning bestemde onroerende zaak is voor risico van de koper vanaf het moment van de inschrijving van het proces-verbaal van toewijzing.

Art. 526

1. Artikel 273 van Boek 3 van het Burgerlijk Wetboek is van toepassing.

2. Op de in dat artikel aangegeven wijze vervallen ook beperkte rechten die wel tegen de verkoper ingeroepen kunnen worden, indien de zaak vrij van deze rechten is verkocht overeenkomstig artikel 517, tweede lid.

Art. 527

Schiet de koper tekort in de nakoming van de koopovereenkomst, dan mag de executant ten laste van de koper de verkochte zaak met inachtneming van de artikelen 514 en volgende wederom verkopen. De executant is tot deze verkoop gehouden, indien een van de bij de opbrengst direct belanghebbenden dit verlangt.

Art. 528

De koper zal deze nieuwe verkoop kunnen voorkomen door vóór de verkoop alsnog aan de koopovereenkomst te voldoen en de met betrekking tot deze nieuwe verkoop reeds gemaakte kosten te betalen met aanbod van zekerheid voor zover deze nog niet bekend mochten zijn.

Art. 529

De koper die in de nakoming van de koopovereenkomst tekortschiet, is aansprakelijk voor het verschil tussen de prijs waarvoor hij de zaak heeft gekocht en die van de nieuwe verkoop, zonder dat hij nochtans het meerdere dat deze laatste verkoop mocht hebben opgebracht, zal kunnen vorderen; dit meerdere zal aan de schuldeisers, of zo dezen niet meer te vorderen hebben, aan degenen tegen wie het beslag gedaan is, betaald worden.

Art. 530-537j

[Vervallen]

Derde afdeling
Van opvordering door derden

Art. 538

1. Treft het beslag een zaak die geheel of ten dele aan een ander toebehoort of waarop een recht van een ander rust dat de executant moet eerbiedigen, dan kan deze ander zich tegen verkoop waarbij zijn recht niet in acht wordt genomen, tot op het tijdstip van de verkoop verzetten.

B14 *art. 539* **Wetboek van Burgerlijke Rechtsvordering**

Schadevergoeding 2. De eiser die in het ongelijk wordt gesteld, zal, op vordering van de executant, zo daartoe gronden zijn, tot schadevergoeding worden veroordeeld. *(Zie ook: artt. 438, 456 Rv)*

Art. 539

Opschorting executie door notaris De notaris aan wie een dagvaarding als bedoeld in het vorige artikel betekend wordt is bevoegd de verkoop van alle bij de executie betrokken zaken op te schorten, totdat de voorzieningenrechter van de rechtbank omtrent de schorsing van de executie zal hebben beslist op vordering van de meest gerede partij of op verlangen van de notaris, die zich daartoe bij de voorzieningenrechter kan vervoegen. *(Zie ook: art. 438 Rv; art. 234 BW Boek 3)*

Art. 540

Hernieuwde bekendmaking Indien de verkoop door het verzet is vertraagd, kan deze niet plaatsvinden dan nadat de in artikel 516 bedoelde bekendmakingen opnieuw hebben plaatsgevonden en de daar bedoelde termijn opnieuw is in acht genomen. *(Zie ook: art. 538 Rv)*

Art. 541-543

[Vervallen]

Vierde afdeling Van executie door een hypotheekhouder

Art. 544

Executie pas na aanzegging daarvan 1. De hypotheekhouder is verplicht de executie te doen inleiden door een aanzegging daarvan of van de in artikel 509 bedoelde overneming aan de hypotheekgever, de schuldenaar en hen van wier recht of beslag uit de registers blijkt en wier recht door de executoriale verkoop zal tenietgaan of vervallen.

Formaliteiten 2. De aanzegging van de executie of de overneming daarvan geschiedt bij exploit van een deurwaarder en houdt in: *a.* zo nauwkeurig mogelijk het bedrag waarvoor de hypotheekhouder uit hoofde van zijn recht tot executie wil overgaan, en de ter zake tot het tijdstip van de aanzegging reeds gemaakte kosten; *b.* de aanwijzing van de notaris ten overstaan van wie de verkoop zal plaatsvinden. *(Zie ook: art. 514 Rv)*

Overneming executie 3. Een hypotheekhouder kan de executie ook overnemen van een andere hypotheekhouder wiens recht in rang na het zijne komt, door binnen veertien dagen nadat hem de in het eerste lid bedoelde aanzegging is gedaan, van de overneming aanzegging te doen. Artikel 509 is van overeenkomstige toepassing. De vorige leden worden opnieuw in acht genomen. *(Zie ook: artt. 249, 268 BW Boek 3)*

Art. 545

Gebrekige hypotheekhouder, vaststelling termijn 1. Indien de hypotheekhouder in gebreke mocht blijven de executie met redelijke spoed voort te zetten, kan elke beslaglegger of hypotheekhouder aan de voorzieningenrechter van de rechtbank binnen welker rechtsgebied de zaken geheel of grotendeels zijn gelegen, verzoeken een termijn vast te stellen, waarbinnen de hypotheekhouder tot de verkoop of tot indiening van een verzoek tot onderhandse verkoop moet overgaan. *(Zie ook: art. 513 Rv)*

Sanctie 2. Bij overschrijding van de termijn wordt de executie voortgezet door de verzoeker met de hoogst gerangschikte hypotheek of, zo onder de verzoekers geen hypotheekhouder is, door de schuldeiser wiens beslag het eerst is ingeschreven.

Geen hogere voorziening 3. Tegen een beschikking krachtens het eerste lid is geen hogere voorziening toegelaten.

Art. 546

Bepalingen van overeenkomstige toepassing De artikelen 514, tweede lid, tweede zin, en derde lid, 515-520, 522, 523, 524a, 525, 526, tweede lid, en 527-529 zijn ook bij executie door een hypotheekhouder van toepassing met inachtneming van de volgende artikelen van deze afdeling. *(Zie ook: artt. 268, 270, 273 BW Boek 3)*

Art. 547

Aanvulling op artt. 515 en 516 1. De in artikel 515 bedoelde termijn loopt vanaf de dag van de in artikel 544 bedoelde aanzegging aan de hypotheekgever.

2. In de in artikel 516 bedoelde aankondiging dient tevens te zijn opgenomen dat tot veertien dagen vóór de voor de verkoop bepaalde dag ondershands op de te executeren zaken kan worden geboden bij een aan de notaris gerichte schriftelijke verklaring.

3. De notaris geeft van de binnengekomen biedingen onverwijld afschrift aan de executant en de geëxecuteerde. *(Zie ook: art. 268 BW Boek 3)*

Art. 548

1. Tot één week vóór de voor de verkoop bepaalde dag kan bij de voorzieningenrechter van de rechtbank het in artikel 268, tweede lid, van Boek 3 van het Burgerlijk Wetboek bedoelde verzoek dat de verkoop ondershands zal geschieden, worden ingediend.

2. Dit verzoek kan uitsluitend worden gedaan, indien tevens een volledige koopakte wordt overgelegd, zij het dat, indien het verzoek niet door de executant wordt gedaan, de akte niet door of namens hem ondertekend behoeft te zijn. Tevens dienen in afschrift te worden overgelegd de biedingen die bij de notaris zijn binnengekomen dan wel een verklaring van de notaris dat hij zulke biedingen niet heeft ontvangen.

3. Bij verzoekschrift wordt voorts een lijst overgelegd van de in artikel 544 bedoelde belanghebbenden. De griffier deelt hun onverwijld mede dat het verzoek is gedaan en dat zij op hun verlangen door de voorzieningenrechter kunnen worden gehoord.

4. Door tijdige indiening van het verzoek vervalt de voor de openbare verkoop bepaalde dag. Wordt het verzoek afgewezen, dan zal de rechter tevens de dag bepalen waarop de openbare verkoop zal plaatsvinden. Deze verkoop zal tenminste veertien dagen tevoren op de in artikel 516 bedoelde wijze worden bekendgemaakt. De voorzieningenrechter kan de verzoeker in de kosten van de bekendmaking veroordelen, onverminderd diens verplichting de door het verzoek ontstane schade te vergoeden, zo daartoe gronden zijn.

Art. 549

1. Een verzoekschrift van de hypotheekhouder tot het verkrijgen van het verlof, bedoeld in artikel 264 lid 5 van Boek 3 van het Burgerlijk Wetboek kan, behalve door een advocaat, ook door een notaris worden ingediend, in welk geval diens kantoor als gekozen woonplaats van de verzoeker geldt. Bij het verzoekschrift wordt overgelegd een niet langer dan één maand tevoren aan de huurder of, als de woonruimte in zijn plaats door een onderhuurder wordt bewoond, aan de onderhuurder door een deurwaarder uitgebracht exploit waarbij:
a. aan de huurder of onderhuurder wordt betekend de aanzegging of de overneming van de executie door de hypotheekhouder bedoeld in artikel 544;
b. aan de huurder of onderhuurder wordt aangezegd dat het beding jegens de huurder zal worden ingeroepen.

2. De voorzieningenrechter beslist niet dan na verhoor of behoorlijke oproeping van de huurder en de eventuele onderhuurders.

3. Indien het onderpand met overlating aan de koper van de bevoegdheid het beding in te roepen wordt verkocht, gaan ook de rechten uit de beschikking waarbij het verlof is verleend, op de koper over.

4. Onder de huurder in de zin van dit artikel wordt begrepen degene die ingevolge artikel 266 lid 1 of artikel 267 lid 1 van Boek 7 van het Burgerlijk Wetboek medehuurder is.

Art. 550

1. In het geval, bedoeld in het derde lid van artikel 267a van Boek 3 van het Burgerlijk Wetboek, vindt de bezichtiging plaats door tussenkomst van de deurwaarder, die hiertoe bevoegd is tot het binnentreden van de woning zonder toestemming van de bewoner en die hiervan procesverbaal opmaakt.

2. De dag waarop de bezichtiging plaatsvindt, wordt bij exploot aangekondigd, ten minste drie dagen voor de bezichtiging.

Vijfde afdeling
Van de verdeling van de opbrengst van de executie

Art. 551

1. Indien er geen andere schuldeiser is, die op het geëxecuteerde of op de koopprijs beslag heeft gelegd, en evenmin door de executie een beperkt recht vervalt, draagt de notaris aan de executant uit de netto-opbrengst van de zaak af hetgeen aan deze blijkens een door hem te dien aanzien aan de notaris afgelegde verklaring krachtens zijn executoriale titel toekomt; het overschot keert de notaris uit aan de geëxecuteerde.

2. Ingeval er wel schuldeisers of beperkt gerechtigden zijn, als in het eerste lid bedoeld, dan wel de in dat lid bedoelde verklaring wordt betwist of de notaris ernstige reden heeft te vermoeden dat zij onjuist is, stort de notaris de netto-opbrengst onverwijld bij een door hem aangewezen bewaarder die aan de in artikel 445 bedoelde eisen voldoet.

3. Wanneer de schuldeisers die op de zaak of op de koopprijs beslag hebben gelegd, de beperkt gerechtigden wier recht door de executie vervalt, en de geëxecuteerde het vóór de betaaldag van de koopsom omtrent de verdeling van de te storten som eens zijn geworden, blijft de storting achterwege en keert de notaris aan ieder het hem toekomende uit.

4. Voor zover de verplichtingen welke ingevolge dit artikel op de notaris rusten, niet worden nagekomen, is de Staat jegens belanghebbenden voor de daaruit voor hen voortvloeiende schade met de notaris hoofdelijk aansprakelijk.

B14 art. 551a

Wetboek van Burgerlijke Rechtsvordering

Executie door hypotheekhouder Dwingend recht

5. In geval van executie door een hypotheekhouder is niet dit artikel, maar artikel 270 van Boek 3 van het Burgerlijk Wetboek van toepassing.

6. Van het in dit artikel bepaalde kan in de koopvoorwaarden niet worden afgeweken. *(Zie ook: artt. 480, 490c, 524 Rv; art. 270 BW Boek 3)*

Art. 551a

Rangregeling

1. Na de betaling van de koopprijs is ieder der in het derde lid van het vorige artikel genoemde belanghebbenden bevoegd een gerechtelijke rangregeling te verzoeken.

2. Indien deze belanghebbenden met betrekking tot de verdeling alsnog tot overeenstemming komen en daarvan door een authentieke akte doen blijken aan de in artikel 551, tweede lid, bedoelde bewaarder, keert deze aan ieder het hem volgens deze akte toekomende uit. *(Zie ook: art. 271 BW Boek 3)*

Art. 552

Benoeming rechter-commissaris

1. Een gerechtelijke rangregeling, bedoeld in het vorige artikel en in artikel 271 van Boek 3 van het Burgerlijk Wetboek, wordt verzocht door aan de voorzieningenrechter van de rechtbank binnen welker rechtsgebied zich de geëxecuteerde zaken geheel of grotendeels bevinden, de benoeming van een rechter-commissaris te verzoeken, te wiens overstaan de verdeling zal plaatsvinden. Artikel 282a is van toepassing.

2. Bij het verzoekschrift wordt gevoegd een door de bewaarder van het kadaster en de openbare registers af te geven kadastraal uittreksel inzake hypotheken en beslagen als bedoeld in artikel 100, eerste lid, van de Kadasterwet, waarin de inschrijvingen en de boekingen in het register van voorlopige aantekeningen worden vermeld, die voor de aanwijzing van de in artikel 551 bedoelde belanghebbenden van belang zijn, alsmede een door de notaris af te geven staat van de schuldeisers die beslag hebben gelegd op de opbrengst van de executie of hun vordering ontlenen aan artikel 264, lid 7 van Boek 3 van het Burgerlijk Wetboek. *(Zie ook: art. 515 Rv)*

Geen beroepsmogelijkheid

3. Tegen een benoeming krachtens het eerste lid is geen hogere voorziening toegelaten.

4. Op de rangregeling zijn de artikelen 482-490a, 490c en 490d van toepassing.

Art. 553

Gezamenlijke verkoop voor één prijs, evenredige verdeling

1. Ingeval bij een executoriale verkoop meer onroerende zaken of daarop rustende rechten tezamen, dan wel een of meer onroerende zaken of daarop rustende rechten tezamen met daarbij behorende roerende zaken, zoals omschreven in artikel 254 van Boek 3 van het Burgerlijk Wetboek, voor één prijs zijn verkocht en er deelnemers aan de rangregeling zijn, wier recht of voorrang niet alle verkochte zaken of rechten betreft, deelt ieder van hen alleen mee of alleen met voorrang mee in het gedeelte van de netto-opbrengst dat naar schatting kan worden toegerekend aan de zaken of rechten waarop zijn recht of voorrang betrekking had.

2. In de in artikel 483 bedoelde staat van verdeling zal de rechter-commissaris aan de hand van de overgelegde stukken en zo nodig na verhoor van deskundigen een verdeling overeenkomstig het vorige lid voorstellen. *(Zie ook: art. 522 Rv)*

Art. 554

[Vervallen]

Zesde afdeling Van gedwongen ontruiming

Art. 555

Gedwongen ontruiming pas na deurwaardersexploot

1. De gedwongen ontruiming van onroerende zaken moet worden voorafgegaan door een exploot van een deurwaarder, houdende bevel om binnen drie dagen aan de executoriale titel te voldoen, alsmede een vermelding van de datum van ontruiming. De artikelen 502 en 503 zijn van overeenkomstige toepassing. *(Zie ook: art. 2 ATW)*

2. Indien de gedwongen ontruiming niet plaatsvindt op de datum aangegeven in het exploot, dient de nieuwe datum ten minste drie dagen voor de ontruiming te worden aangezegd aan de schuldenaar.

Art. 556

Deurwaarder ontruimt Bijstand facultatief

1. De gedwongen ontruiming geschiedt door een deurwaarder.

2. Deze kan zich doen bijstaan door een of twee getuigen, wier naam en woonplaats hij in dat geval in zijn proces-verbaal zal vermelden en die dit stuk mede zullen tekenen. *(Zie ook: artt. 440, 564 Rv)*

3. Het college van burgemeester en wethouders draagt ten laste van de executant zorg voor het meevoeren en opslaan van de roerende zaken die zich in de tot bewoning bestemde ontruimde onroerende zaak bevonden. De artikelen 5:29 en 5:30 van de Algemene wet bestuursrecht zijn van overeenkomstige toepassing.

Art. 557

Indien de deuren gesloten zijn, of de opening geweigerd wordt, gelijk mede indien geweigerd wordt enige kamer te openen, is artikel 444 van overeenkomstige toepassing.

Art. 557a

1. Tenzij zulks onverenigbaar zou zijn met het belang van degene op wiens vordering het bevel wordt gedaan, kan de rechter bepalen dat een vonnis, waarbij aan anderen dan aan gebruikers of gewezen gebruikers krachtens een persoonlijk of zakelijk recht de ontruiming wordt bevolen van een gebouwde onroerende zaak of gedeelte daarvan, binnen een door hem te bepalen termijn niet ten uitvoer kan worden gelegd, onverminderd het recht van de eerstgenoemde op vergoeding van alle geleden of te lijden schade.

2. Tenzij zulks onverenigbaar zou zijn met het belang van degene op wiens vordering het bevel tot ontruiming wordt gedaan, bepaalt de rechter dat dit bevel niet ten uitvoer kan worden gelegd, totdat hij omtrent het al dan niet bepalen van een termijn als in het vorige lid bedoeld heeft beslist, na terzake inlichtingen te hebben ingewonnen bij burgemeester en wethouders van de gemeente waarin de onroerende zaak zich bevindt. Hiertoe beveelt hij burgemeester en wethouders binnen een door hem te bepalen termijn hun schriftelijk bericht ter griffie in te leveren of op een door hem te bepalen zitting mondeling verslag te doen of door een door hen aangewezen ambtenaar te laten doen.

3. Desgevorderd kan de rechter bepalen dat een vonnis, waarbij aan anderen dan aan gebruikers of gewezen gebruikers krachtens een persoonlijk of zakelijk recht de ontruiming wordt bevolen van een gebouwde onroerende zaak of gedeelte daarvan, tot een jaar na de dag waarop het vonnis wordt uitgesproken dan wel bekrachtigd, of, indien de rechter een termijn bepaalt als bedoeld in het eerste lid, tot een jaar na de dag waarop die datum verstrijkt, ten uitvoer kan worden gelegd tegen een ieder die ten tijde van de tenuitvoerlegging zich daar bevindt of daar binnentreedt en telkens wanneer dat zich voordoet.

Art. 558

Deze afdeling is mede van toepassing, indien een gehele of gedeeltelijke al of niet tijdelijke ontruiming nodig is, omdat:

a. de executant overeenkomstig artikel 299 van Boek 3 van het Burgerlijk Wetboek is gemachtigd ten aanzien van een onroerende zaak zelf datgene te verrichten waartoe nakoming van een jegens hem bestaande verplichting zou hebben geleid; of

b. de executant krachtens de door hem verkregen uitspraak gerechtigd is werkzaamheden op of aan een onroerende zaak te verrichten en degene tegen wie de tenuitvoerlegging zich richt, gehouden is dit te gedogen.

(Zie ook: art. 79 BW Boek 6)

Art. 559-562

[Vervallen]

Vierde titel

Van de gerechtelijke tenuitvoerlegging van schepen en luchtvaartuigen

Eerste afdeling
Van executoriaal beslag op en executie van schepen

Art. 562a

In deze titel wordt onder schepen mede verstaan schepen in aanbouw.

(Zie ook: art. 1 BW Boek 8)

Art. 562b

Geschillen die in verband met een executie van schepen rijzen, kunnen, behalve voor de in artikel 438, eerste lid, aangewezen rechtbank, ook worden gebracht voor de rechtbank Rotterdam.

Art. 563

1. Het beslag op schepen moet worden voorafgegaan door een aan de eigenaar of boekhouder te betekenen exploot van een deurwaarder, houdende een bevel om binnen vierentwintig uur aan de executoriale titel te voldoen. Eerst na verloop van die termijn kan het beslag worden gelegd.

(Zie ook: artt. 10, 160 BW Boek 8)

2. Indien er echter vrees bestaat dat het schip spoedig naar een andere plaats zal vertrekken kan de voorzieningenrechter van de rechtbank in het rechtsgebied waarbinnen de inbeslagneming plaatsvindt of van de rechtbank Rotterdam, ook op mondeling verzoek van de deurwaarder, bepalen dat deze ook zonder voorafgaand bevel tot de inbeslagneming kan overgaan.

3. In dat geval zal, in afwijking van artikel 430, derde lid, de betekening van de titel tezamen met die van het proces-verbaal van inbeslagneming kunnen geschieden.

(Zie ook: artt. 2, 430, 439, 502 Rv)

Opening deuren

Termijn bij ontruiming

Geen frustratie van art. 299 bk 3 BW mogelijk

Schepen in aanbouw

Scheepsexecutiegeschillen, Rechtbank Rotterdam medebevoegd bij

Executoriale titel

B14 art. 564 **Wetboek van Burgerlijke Rechtsvordering**

Art. 564

Beslag op schepen **1.** Het beslag op schepen wordt aan boord daarvan gedaan. Artikel 444 is van overeenkomstige toepassing.

2. De deurwaarder kan zich doen bijstaan door één of twee getuigen, wier naam en woonplaats hij in dat geval in het in artikel 565 bedoelde proces-verbaal zal vermelden en die dat stuk mede zullen ondertekenen.

(Zie ook: art. 440 Rv)

3. De deurwaarder kan een bewaarder aan boord stellen en de nodige maatregelen nemen om het vertrek van het schip te beletten.

Art. 565

Proces-verbaal van beslag **1.** Het beslag geschiedt bij een proces-verbaal van een deurwaarder dat, behalve de gewone formaliteiten, op straffe van nietigheid inhoudt:

a. de vermelding de voornaam, naam en woonplaats van de executant;

b. de vermelding van de titel uit hoofde waarvan het beslag wordt gelegd;

c. een opgave van het bedrag dat krachtens deze titel aan de executant verschuldigd is;

d. de naam en de woonplaats van de eigenaar of de boekhouder, de naam van de kapitein of de schipper, telkens indien zij bekend zijn, en de naam en woonplaats van hem jegens wie de onder *b* bedoelde titel luidt, indien deze een ander is dan de eigenaar;

(Zie ook: artt. 10, 160, 260 BW Boek 8)

e. de naam, de soort en de ruimte van het schip en, zo het schip te boek staat in de openbare registers, bedoeld in afdeling 2 van titel 1 van Boek 3 van het Burgerlijk Wetboek, de gegevens omschreven in artikel 21, eerste lid onder c Kadasterwet;

(Zie ook: art. 21 Kadw)

f. de algemene omschrijving van het scheepstoebehoren.

(Zie ook: art. 581 Rv; art. 8 BW Boek 8)

(Zie ook: artt. 440, 504 Rv)

2. In het proces-verbaal moet de executant tot het einde van de executie woonplaats kiezen in Nederland:

a. in geval in het proces-verbaal een notaris wordt aangewezen ten overstaan van wie de verkoop met toepassing van artikel 570 zal plaatsvinden: bij die notaris of bij een advocaat;

(Zie ook: artt. 504, 514 Rv)

b. in geval het voornemen bestaat de verkoop met toepassing van artikel 575 te doen plaats vinden voor de rechtbank: bij een advocaat;

c. in geval de verkoop dient plaats te vinden met toepassing van artikel 576: bij de deurwaarder of bij een advocaat.

(Zie ook: artt. 438a, 439 Rv)

Betekening **3.** Het proces-verbaal wordt binnen acht dagen betekend aan de eigenaar van het schip of, als deze een rederij is en een boekhouder heeft, aan de boekhouder, alsmede aan degene jegens wie de in het eerste lid onder *b* bedoelde titel luidt, indien dit een andere is dan de eigenaar.

(Zie ook: artt. 432, 435, 566 Rv; artt. 10, 160, 210, 800 BW Boek 8)

Onbekende eigenaar **4.** Indien de eigenaar van het schip of de boekhouder niet bekend is, kan aan de eis van het vorige lid worden voldaan doordat het proces-verbaal wordt betekend aan boord aan de kapitein of de schipper of zijn plaatsvervanger; zo deze niet te bereiken zijn, vindt de betekening plaats door een afschrift van het betekende proces-verbaal aan boord van het schip aan te plakken.

(Zie ook: art. 260 BW Boek 8)

5. Artikel 435 lid 3 is niet van toepassing.

Art. 566

Inschrijving in openbare registers **1.** Het proces-verbaal van inbeslagneming van schepen die te boek staan in de openbare registers, bedoeld in afdeling 2 van titel 1 van Boek 3 van het Burgerlijk Wetboek, zal worden ingeschreven in die registers.

(Zie ook: art. 505 Rv; artt. 8, 12 Kadw)

2. Een vervreemding, bezwaring, onderbewindstelling, verhuring of vervrachting, totstandgekomen na de inschrijving van het proces-verbaal, kan niet tegen de beslaglegger worden ingeroepen.

(Zie ook: art. 505 Rv)

3. De in artikel 565, derde lid, bedoelde betekening dient tevens binnen acht dagen na de inschrijving te geschieden.

4. Artikel 513a is van overeenkomstige toepassing.

Art. 567

Beslag op niet teboekstaande schepen Een inbeslagneming van schepen die niet te boek staan in de openbare registers, bedoeld in afdeling 2 van titel 1 van Boek 3 van het Burgerlijk Wetboek, heeft tot gevolg dat een vervreemding, bezwaring, onderbewindstelling, verhuring of vervrachting, totstandgekomen na de in artikel 565, derde lid, bedoelde betekening, niet tegen de beslaglegger kan worden ingeroepen.

(Zie ook: art. 453a Rv)

Art. 568

Indien op een in beslag genomen schip dat te boek staat in de openbare registers, bedoeld in afdeling 2 van titel 1 van Boek 3 van het Burgerlijk Wetboek, een of meer hypotheken rusten, zijn de artikelen 508 en 509 van overeenkomstige toepassing.

Hypotheek

Art. 569

1. Indien meer schuldeisers op hetzelfde schip beslag hebben gelegd, zal de executie plaatsvinden op vervolging van degene die het oudste executoriale beslag heeft gelegd.

(Zie ook: artt. 458, 513 Rv)

2. De voorzieningenrechter van de rechtbank in het rechtsgebied waarbinnen de verkoop zal plaatsvinden of van de rechtbank Rotterdam, kan op verzoek van een schuldeiser die later beslag heeft gelegd, bepalen dat deze de executie zal overnemen, indien de executant de executie niet met redelijke spoed voortzet.

(Zie ook: artt. 459, 513 Rv)

3. Tegen een beschikking als bedoeld in het tweede lid is geen hogere voorziening toegelaten.

4. Bij toepassing van het tweede lid wordt de overneming bij exploot aangezegd aan de in artikel 565, derde en vierde lid, aangewezen personen.

(Zie ook: art. 513 Rv)

Meerdere schuldeisers

Art. 570

1. De executoriale verkoop geschiedt ten overstaan van een bevoegde notaris, tenzij de executant gebruik maakt van de hem in artikel 575 toegekende bevoegdheid of artikel 576 van toepassing is.

2. In geval van verkoop ten overstaan van een notaris zijn de artikelen 514, tweede en derde lid, 515, 517, tweede lid, 518, 519, eerste lid, 523, 525 en 528-540 van overeenkomstige toepassing, voor zover daarvan in de volgende bepalingen van deze afdeling niet wordt afgeweken.

(Zie ook: art. 577 Rv)

3. Artikel 517, eerste lid, is van overeenkomstige toepassing, met uitzondering van de verwijzing naar de artikelen 524a en 525 lid 4. Voorts legt de notaris een exemplaar van de veilingvoorwaarden te zijnen kantore neer ter inzage voor het publiek in plaats van plaatsing van de veilingvoorwaarden op de in artikel 516, eerste lid, bedoelde website of websites.

4. In afwijking van artikel 525 zal de geëxecuteerde op enkel vertoon van het proces-verbaal tot ontruiming worden genoodzaakt op de wijze bepaald bij de artikelen 556 en 557.

Executoriale verkoop ten overstaan van notaris

Art. 571

1. Geen verkoop zal kunnen plaatsvinden dan na verloop van veertien dagen, nadat zij bekend zal zijn gemaakt door aanplakking volgens plaatselijk gebruik, die in elk geval mede op een in het oog vallende plaats van het schip geschiedt, en door aankondiging in een ter plaatse waar het schip zich bevindt verspreid dagblad.

(Zie ook: art. 516 Rv)

2. Geldt het de verkoop van een buitenlands zeeschip, dan wordt een kennisgeving bovendien, zo mogelijk, geplaatst in één of meer door de voorzieningenrechter van de rechtbank Rotterdam, aan te wijzen nieuwsbladen van het land waartoe het schip behoort. Geldt het de verkoop van een binnenschip dat teboekstaat in een Verdragsregister als bedoeld in artikel 781 onder *d* van Boek 8 van het Burgerlijk Wetboek, dan wel in enig soortgelijk buitenlands register, dan wordt een kennisgeving bovendien, zo mogelijk, geplaatst in één of meer door de voorzieningenrechter van de rechtbank aan te wijzen nieuwsbladen van het land, waar het register wordt gehouden.

3. Geldt het de verkoop van een buitenlands zeeschip of van een binnenschip dat teboekstaat in een register als genoemd in artikel 781 onder *d* van Boek 8 van het Burgerlijk Wetboek, dan wel van een in enig soortgelijk buitenlands register teboekstaand binnenschip, dan wordt in plaats van een termijn van veertien dagen in acht genomen de door de voorzieningenrechter van de rechtbank te bepalen termijn.

4. Het in het derde lid bepaalde geldt eveneens, indien het de verkoop betreft van een binnenschip, dat niet in een der in artikel 781 van Boek 8 van het Burgerlijk Wetboek genoemde registers, noch in enig ander soortgelijk buitenlands register teboekstaat en dat een vrachtschip is van 20 of meer tonnen laadvermogen dan wel een ander binnenschip is met 10 of meer kubieke meters verplaatsing, zijnde de in kubieke meters uitgedrukte waterverplaatsing tussen het vlak van inzinking van het lege binnenschip in zoet water en het vlak van de grootste toegelaten diepgang.

5. De in het tweede tot en met vierde lid bedoelde beslissingen van de voorzieningenrechter worden gegeven op verzoek van de executant of de notaris, ten overstaan van wie de verkoop zal geschieden. Tegen toewijzing van het verzoek is geen hogere voorziening toegelaten.

Aanplakking verkoop

Verkoop buitenlands zeeschip

Verkoop niet teboekstaand binnenschip

Art. 572

De in artikel 571 bedoelde aanplakkingen en aankondigingen moeten inhouden:

a. naar gelang de verkoop zal plaatsvinden met toepassing van artikel 570, 575 of 576 de naam van de notaris ten overstaan van wie de verkoop zal geschieden, de rechtbank voor welke de verkoop zal plaatsvinden of de naam van de deurwaarder die met de verkoop is belast;

Inhoud aanplakkingen en aankondigingen

B14 art. 573 Wetboek van Burgerlijke Rechtsvordering

b. de voornaam, naam en woonplaats van de executant, alsmede de door deze met inachtneming van artikel 565, tweede lid gekozen woonplaats;

c. de titel uit hoofde waarvan de verkoop plaatsvindt, en het bedrag dat krachtens deze titel aan de executant verschuldigd is;

d. de naam en de woonplaats van de eigenaar of de boekhouder van het in beslag genomen schip, indien een en ander bekend is, alsmede van hem jegens wie de onder *c* bedoelde titel luidt, indien deze een ander is dan de eigenaar;

e. de naam van het schip;

f. de scheepsruimte;

g. de plaats waar het schip zich bevindt;

h. de plaats, de dag en het uur, waarop de verkoop zal plaatshebben.

Art. 573

Verkoop niet teboekstaand binnenschip, mededelingen aan rechthebbenden en beslagleggers bij

Vindt verkoop ten overstaan van een notaris plaats van een schip dat niet te boek staat in de openbare registers, bedoeld in afdeling 2 van titel 1 van Boek 3 van het Burgerlijk Wetboek, dan vinden de in artikel 515, tweede lid, en 517, eerste lid, bedoelde mededelingen plaats aan de rechthebbenden en beslagleggers die aan de notaris bekend zijn.

Art. 574

Schakelbepaling

In het in artikel 573 bedoelde geval is artikel 525, eerste en tweede lid, niet van toepassing, en geschiedt de levering met toepassing van de regels die ter zake van levering van een schip van de betreffende soort in acht dienen te worden genomen.

(Zie ook: art. 90 BW Boek 3)

Art. 575

Verkoop buitenlands zeeschip ter openbare terechtzitting

1. Geldt de verkoop een buitenlands zeeschip, dan kan zij ook plaats vinden voor de rechtbank ter openbare zitting. De executant verzoekt daartoe aan de rechtbank Rotterdam, bepaling van dag en uur van de verkoop. De rechtbank stelt deze vast met inachtneming van de in het tweede lid bedoelde termijnen waarbinnen geen verkoop kan plaatsvinden.

(Zie ook: art. 570 Rv)

2. De verkoop kan, onverminderd de in artikel 571 voorgeschreven termijn, niet plaats vinden voordat dertig dagen zijn verstreken nadat de executant ter griffie heeft ingediend:

a. de veilingvoorwaarden;

b. een verklaring van de deurwaarder of van een advocaat dat aan de in artikel 571, eerste lid, voorgeschreven aanplakkingen en aankondigingen is voldaan, waarbij exemplaren daarvan zijn gevoegd;

c. een door een advocaat opgestelde en ondertekende lijst van de bekende rechthebbenden en beslagleggers op het schip.

3. De executant deelt onverwijld aan de in het tweede lid onder *c* bedoelde rechthebbenden en beslagleggers schriftelijk dag en uur van de verkoop mede en dient ter griffie in een verklaring van een advocaat dat aan dit voorschrift is voldaan.

(Zie ook: artt. 515, 573 Rv)

4. Tenminste drie dagen voor de aanvang van de verkoop stelt de voorzieningenrechter van de rechtbank een staat van geschatte kosten van de executie op, die op de griffie en ter zitting ter inzage wordt gegeven.

5. De verkoop geschiedt eerst bij opbod en vervolgens bij afmijning. Met betrekking tot de veilingvoorwaarden zijn de artikelen 517, tweede lid, en 518 van overeenkomstige toepassing. De executant geeft schriftelijk van de verkoop kennis aan de geëxecuteerde en de hem bekende rechthebbenden en beslagleggers.

(Zie ook: artt. 519, 523 Rv)

6. Tegen het vonnis van verkoop en toewijzing is geen hogere voorziening toegelaten.

7. Artikel 538 is van overeenkomstige toepassing. De dagvaarding waarbij het verzet plaatsvindt, wordt mede aan de griffier betekend. Deze betekening schorst de executie.

(Zie ook: art. 438 Rv)

8. De rechtbank kan op verzoek van de executant nader dag en uur van de verkoop vaststellen. In dat geval vinden de in artikel 571, eerste lid, bedoelde aanplakkingen en aankondigingen opnieuw plaats.

(Zie ook: art. 518 Rv)

Art. 576

Verkoop als die van andere roerende zaken

1. De verkoop zal geschieden als die van andere roerende zaken, indien het beslag gelegd is op:

a. zeeschepen, waarvan de bruto-inhoud minder dan 20 kubieke meters of de brutotonnage minder dan 6 bedraagt of, in geval van een schip in aanbouw zal bedragen, en die niet te boek staan in de openbare registers, bedoeld in afdeling 2 van titel 1 van Boek 3 van het Burgerlijk Wetboek, of op

b. binnenschepen als bedoeld in het tweede lid van artikel 785 van Boek 8 onder *a* van het Burgerlijk Wetboek, die niet te boek staan in een der registers genoemd in artikel 781, onder c en d, van Boek 8 van het Burgerlijk Wetboek, noch in enig ander soortgelijk buitenlands register.

(Zie ook: art. 462 Rv)

2. De bekendmaking zal geschieden door aankondiging in een dagblad, verspreid ter plaatse waar het schip zich bevindt, en door aanplakking naar plaatselijk gebruik en in elk geval op een in het oog vallende plaats van het schip.

(Zie ook: artt. 466, 571 Rv)

Art. 577

1. De koopprijs wordt gestort in handen van de notaris, de griffier of de deurwaarder, naar gelang de verkoop plaats heeft gevonden met toepassing van artikel 570, 575 of 576, dan wel bij een door de notaris, de griffier of deurwaarder aan te wijzen bewaarder die aan de eisen van artikel 445 voldoet, telkens onverminderd de bevoegdheid van de koper om in afwachting van de betaling voldoende zekerheid te stellen.

(Zie ook: artt. 469, 524 Rv; art. 51 BW Boek 6; artt. 210, 820 BW Boek 8)

2. Bij gebreke van een zodanige betaling, bewaring of zekerheidsstelling is de executant bevoegd het schip ten laste van de koper met inachtneming van artikel 570 en volgende wederom te verkopen. De executant is tot deze verkoop gehouden, indien een van de bij de opbrengst direct belanghebbenden dit verlangt.

(Zie ook: artt. 469, 527 Rv)

Art. 578

1. Door betaling van de koopprijs, onderscheidenlijk zekerheidsstelling of in bewaringgeving overeenkomstig artikel 577, eerste lid, wordt het schip bevrijd van de daarop bij voorrang verhaalbare vorderingen en vervallen de daarop gelegde beslagen, alsook de beperkte rechten die niet tegen de verkoper ingeroepen kunnen worden of ter zake waarvan artikel 517, tweede lid, is toegepast.

(Zie ook: art. 526 Rv)

2. Ter zake van schepen die teboekstaan in het in artikel 193 van Boek 8 of 783 van Boek 8 van het Burgerlijk Wetboek genoemde register is artikel 273, tweede en derde lid, van Boek 3, van het Burgerlijk Wetboek, van overeenkomstige toepassing, met dien verstande dat bevoegd is de voorzieningenrechter van de rechtbank binnen wier rechtsgebied de verkoop heeft plaatsgevonden.

Art. 579

Bij de executie door een hypotheekhouder van een schip dat te boek staat in de openbare registers, bedoeld in afdeling 2 van titel 1 van Boek 3 van het Burgerlijk Wetboek, zijn de artikelen 544 en 545 van overeenkomstige toepassing. De executie geschiedt voorts met toepassing van de artikelen 570, 571, eerste lid, en 572.

Art. 580

Op de verdeling van de opbrengst zijn de artikelen 551-552 van overeenkomstige toepassing, met dien verstande dat het in artikel 552, eerste lid, bedoelde verzoek plaatsvindt aan de voorzieningenrechter van de rechtbank Rotterdam. Is een schip verkocht als bedoeld in artikel 576, dan zijn de artikelen 480-490a, 490c en 490d van toepassing.

Art. 581

1. In geval bij een executoriale verkoop van een schip voor één prijs mede scheepstoebehoren is verkocht, dat ten tijde van de verkoop aan een ander dan de eigenaar van het schip toebehoorde en deze ander de eigendom van het scheepstoebehoren als gevolg van de verkoop verloren heeft, wordt aan hem uit de netto-opbrengst met voorrang boven allen jegens wie hij zijn recht ten tijde van de verkoop kon inroepen, een vergoeding uitgekeerd ten bedrage van de waarde die het scheepstoebehoren ten tijde van de executie naar schatting had.

(Zie ook: art. 565 Rv; artt. 264, 282 BW Boek 3)

2. Ingeval er bij de verdeling van de netto-opbrengst deelnemers aan de rangregeling zijn, wier recht of voorrang niet gelijkelijk schip en scheepstoebehoren betreft, is artikel 553 van overeenkomstige toepassing.

Art. 582

1. De executie tot afgifte van een schip vangt aan met een bevel als bedoeld in artikel 563, dat van overeenkomstige toepassing is.

2. De executie geschiedt doordat de deurwaarder het schip, zonodig met overeenkomstige toepassing van de artikelen 556-558, onder zich neemt en afgeeft aan degene die het krachtens de executoriale titel moet ontvangen.

3. De artikelen 444-444b, 492, eerste, tweede en vierde lid, 497, 499, 500 en 564 zijn van overeenkomstige toepassing, met dien verstande dat voor de toepassing van artikel 444b de waarde van het schip in de plaats treedt van de vordering waarvoor het beslag is gelegd.

(Zie ook: art. 491 Rv)

Art. 583-584

[Vervallen]

Betaling

Bevrijdende betaling

Executie door hypotheekhouder

Verdeling van de opbrengst

Meeverkopen scheepstoebehoren van andere eigenaar

Executie tot afgifte

B14 art. 584a Wetboek van Burgerlijke Rechtsvordering

Tweede afdeling
Van executoriaal beslag op en executie van luchtvaartuigen

Art. 584a

Begripsomschrijving

1. De in artikel 1300 van Boek 8 van het Burgerlijk Wetboek opgenomen begripsomschrijvingen gelden ook voor de onderhavige afdeling.

2. In deze afdeling wordt voorts verstaan onder:

a. het Verdrag van Chicago: het op 7 december 1944 te Chicago tot stand gekomen Verdrag inzake de internationale burgerluchtvaart (*Stb.* 1947, H 165);

b. nationaliteitsregister: een register als bedoeld in artikel 17 van het Verdrag van Chicago.

Art. 584b

Executoriale titel

1. Het beslag op een luchtvaartuig dat in de openbare registers of in een verdragsregister te boek staat, moet worden voorafgegaan door een aan de geëxecuteerde te betekenen exploot van een deurwaarder, houdende een bevel om binnen vierentwintig uur aan de executoriale titel te voldoen. Eerst na verloop van die termijn kan het beslag worden gelegd.

2. De voorzieningenrechter van de rechtbank kan, ook op mondeling verzoek van de deurwaarder, bepalen dat deze ook zonder voorafgaand bevel tot inbeslagneming kan overgaan.

3. In dat geval zal, in afwijking van artikel 430, derde lid, de betekening van de titel tezamen met die van het proces-verbaal van inbeslagneming kunnen geschieden.

(Zie ook: art. 563 Rv)

Art. 584c

Proces-verbaal van beslag

1. De deurwaarder legt het beslag ter plaatse waar het luchtvaartuig zich bevindt bij een proces-verbaal dat behalve de gewone formaliteiten, op straffe van nietigheid inhoudt:

a. de vermelding van de voornaam, naam en woonplaats van de executant en de naam en woonplaats van de geëxecuteerde;

b. de vermelding van de titel uit hoofde waarvan het beslag wordt gelegd;

c. een opgave van de vordering waarvoor het beslag wordt gelegd;

d. de kentekenen van het luchtvaartuig en een korte aanduiding van de inhoud van het bewijs van inschrijving, bedoeld in artikel 29 van het Verdrag van Chicago, dan wel de vermelding dat dit hem, deurwaarder, bij navraag niet is vertoond;

e. het adres van de in artikel III, eerste lid, van het Verdrag van Genève bedoelde dienst;

f. een keuze van woonplaats ten kantore van de deurwaarder die het beslag legt en, desgewenst, in Nederland ten kantore van een advocaat.

(Zie ook: artt. 502, 565 Rv)

2. De deurwaarder kan zich doen bijstaan door een of twee getuigen, wier naam en woonplaats hij in dat geval in het procesverbaal zal vermelden en die dit stuk mede zullen ondertekenen.

(Zie ook: artt. 440, 556, 564 Rv)

3. De deurwaarder neemt de nodige maatregelen om vertrek van het luchtvaartuig te beletten. Hij is gerechtigd het luchtvaartuig of enig onderdeel daarvan in gerechtelijke bewaring te geven, waartoe hij tot verplaatsing binnen Nederland mag overgaan. De artikelen 445, tweede zin, en 446, tweede lid, zijn van overeenkomstige toepassing.

(Zie ook: artt. 446, 564, 796 t/m 797f Rv)

Art. 584d

Inschrijving in openbare registers

1. Wanneer beslag is gelegd op een luchtvaartuig dat te boek staat in de openbare registers, zal het proces-verbaal van inbeslagneming daarin worden ingeschreven.

(Zie ook: artt. 505, 566 Rv; artt. 8, 12 Kadw)

2. Wanneer beslag is gelegd op een in een verdragsregister teboekstaand luchtvaartuig, zendt de deurwaarder een door hem gewaarmerkt afschrift van het proces-verbaal ten spoedigste rechtstreeks aangetekend en zo mogelijk per luchtpost naar de in artikel III, eerste lid, van het Verdrag van Genève bedoelde dienst, alsmede aan de bewaarder van het nationaliteitsregister, waar het luchtvaartuig is ingeschreven.

Betekening

3. In elk geval zal het proces-verbaal van beslag op straffe van nietigheid binnen drie dagen na het leggen daarvan aan de geëxecuteerde worden betekend.

(Zie ook: artt. 505, 565 Rv; art. 59a FW)

Art. 584e

Vervreemding na inschrijving in openbare registers

Een vervreemding, bezwaring of onderbewindstelling tot stand gebracht na de inschrijving in de openbare registers, kan niet tegen de beslaglegger of de koper ter executie worden ingeroepen, wanneer deze totstandbrenging geschiedde door de geëxecuteerde, terwijl hij kennis droeg van het beslag.

(Zie ook: artt. 505, 566 Rv)

Art. 584f

Neerlegging ter griffie

1. De beslaglegger dient bij de rechtbank binnen het rechtsgebied waar het luchtvaartuig zich dan bevindt, een afschrift in van het proces-verbaal van inbeslagneming, alsmede een uittreksel uit de registratie voor luchtvaartuigen als bedoeld in artikel 102, eerste lid, van de Kadasterwet, dat ten minste de gegevens bevat, bedoeld in artikel 92, tweede lid, Kadasterwet, onder a, c, d, e, f, g en j, alsmede de gegevens omtrent niet doorgehaalde voorlopige aantekeningen, dan wel een soortgelijk uittreksel uit het verdragsregister.

2. Hij verzoekt voorts aan deze rechtbank:

a. benoeming van een rechter-commissaris voor de verificatie van de rechten waaraan het luchtvaartuig is onderworpen, en van de vorderingen die daarop verhaalbaar zijn;

b. vaststelling van plaats, dag en uur, waarop de verkoop en de toewijzing zullen plaats hebben. Deze dag moet tenminste 7 weken liggen na de dagtekening van de beschikking der rechtbank;

c. vaststelling van de dag, voor welke zij, die beweren rechten en vorderingen als bedoeld onder *a* te bezitten, deze bij de rechter-commissaris moeten kenbaar maken. Deze dag mag niet meer dan 4 weken voor de dag van de verkoop liggen.

Artikel 282a is van toepassing.

3. Ten minste 6 weken voor de voor de verkoop bestemde dag brengt hij deze te 's-Gravenhage ter openbare kennis op de wijze als voorgeschreven bij algemene maatregel van bestuur. Wanneer beslag is gelegd op een in een verdragsregister teboekstaand luchtvaartuig brengt hij de verkoop tevens ter openbare kennis ter plaatse, waar het nationaliteitsregister waarin het luchtvaartuig is ingeschreven, is gevestigd, op de wijze daar voorgeschreven.

4. Hij verwittigt voorts 6 weken voor de voor de verkoop bestemde dag degenen die in de registratie voor luchtvaartuigen, bedoeld in artikel 92 Kadasterwet of in een verdragsregister, als beperkt gerechtigde of beslaglegger staan vermeld, van de voorgenomen verkoop bij aangetekende brief, alsmede zo mogelijk bij per luchtpost verzonden aangetekende brief, beide gericht naar hun woonplaatsen vermeld in de registratie voor luchtvaartuigen dan wel in het verdragsregister. *(Zie ook: art. 59a FW; Maatr. lv 1996)*

Art. 584g

De kennisgevingen uit hoofde van artikel 584f derde lid, behelzen: **Kennisgeving**

a. de voornaam, de naam, en woonplaats van de executant;

b. de korte vermelding van de titel, uit kracht waarvan hij beslag heeft gelegd;

c. de vordering, waarvoor het beslag is gelegd;

d. de door hem in het proces-verbaal gekozen woonplaats;

e. de veilingvoorwaarden;

f. de door de rechtbank op grond van artikel 584f tweede lid, gegeven beschikkingen.

(Zie ook: art. 59a FW)

Art. 584h

Op verzoek van de executant kan de rechtbank ook na het verstrijken van de krachtens artikel 584f, tweede lid onder c, door haar gestelde termijn, nader plaats, dag en uur, waarop de verkoop en de toewijzing zullen plaats hebben, vaststellen alsmede een nadere dag, voor welke de in artikel 584f bedoelde vorderingen bij de rechter-commissaris moeten zijn kenbaar gemaakt. De rechtbank neemt bij deze nadere vaststelling, welke zij slechts éénmaal kan verrichten, de termijnen, vermeld in artikel 584f, in acht en stelt overigens die voorwaarden, welke haar dienstig voorkomen. De executant vervult de formaliteiten, vermeld in artikel 584f leden 3 en 4 en in artikel 584g.

Nadere vaststelling termijn

(Zie ook: art. 59a FW)

Art. 584i

[1.] Na het verstrijken van de krachtens artikel 584f, tweede lid onder c of 584h door de rechtbank gestelde termijn maakt de rechter-commissaris uit de ingediende beweringen een staat op van de in artikel 584f tweede lid, bedoelde rechten en vorderingen.

Opmaken staat van rechten en vorderingen

2. De artikelen 483a-490a 490c en 490d zijn van overeenkomstige toepassing, voor zover uit de volgende artikelen van deze afdeling niet anders voortvloeit.

(Zie ook: art. 59a FW)

Art. 584j

1. De in artikel 484 bedoelde nederlegging en mededeling vinden plaats ten minste twee weken voor de voor de verkoop vastgestelde dag.

Neerlegging staat van verdeling, termijn

2. De rechter-commissaris sluit de lijst van rechten en vorderingen niet voor het voor de verkoop vastgestelde tijdstip; tot dit tijdstip kunnen schuldeisers tegenspraak doen.

(Zie ook: art. 59a FW)

Art. 584k

1. Indien het tijdstip van de verkoop geen tegenspraak is gedaan dan tegen rechten en vorderingen die in rang na die van de executant komen, sluit de rechter-commissaris de lijst en wordt tot verkoop overgegaan.

Tegenspraak

2. Indien voor het tijdstip van verkoop wel tegenspraak als bedoeld in het vorige lid is gedaan, verdaagt de rechtercommissaris de verkoop.

3. Zodra op de tegenspraak is beslist bij een vonnis, dat in kracht van gewijsde is gegaan, sluit de rechter-commissaris op verzoek van de executant de lijst en bepaalt hij plaats, dag en uur, waarop de verkoop en de toewijzing zullen plaats hebben. Deze dag moet tenminste 7 weken liggen na de dagtekening van de beschikking van de rechter-commissaris.

B14 art. 584l **Wetboek van Burgerlijke Rechtsvordering**

4. De executant vervult in dat geval opnieuw de formaliteiten vermeld in artikel 584*f*, derde lid. Hij verwittigt voorts hen, die een bewering hebben ingediend, alsmede de in artikel 584*f*, vierde lid, bedoelde beperkt gerechtigden en beslagleggers, van de voorgenomen verkoop bij aangetekende brief, alsmede, zo mogelijk, bij per luchtpost verzonden aangetekende brief. *(Zie ook: art. 59a FW)*

Art. 584l

Rang van schuldeiser **1.** Iedere schuldeiser, wiens vordering op de door de rechter-commissaris vastgestelde lijst rang neemt boven die van de beslaglegger, kan bij de verkoop diens plaats innemen mits hij de beslaglegger ten minste 7 dagen voor de verkoop van zijn voornemen hiertoe bij aangetekende brief heeft kennis gegeven.

2. Indien de beslaglegger de uitwinning niet of niet op de bepaalde dag vervolgt, heeft iedere schuldeiser, wiens vordering op de door de rechter-commissaris vastgestelde lijst rang neemt boven die van de beslaglegger, het recht dit te doen. Dit recht vervalt, wanneer hij, na aanmaning door een belanghebbende, er binnen een redelijke termijn geen gebruik van maakt. De schuldeiser, die van dit recht gebruik wenst te maken, vervult in dat geval opnieuw de formaliteiten vermeld in artikel 584k, vierde lid; artikel 584g vindt, voor zover mogelijk, overeenkomstige toepassing.

(Zie ook: art. 59a FW)

Art. 584m

Verkoop bij opbod en afmijning **1.** De verkoop geschiedt bij opbod en vervolgens bij afmijning voor de rechter-commissaris met inachtneming van de veilingvoorwaarden zoals hiervan door de beslaglegger is kennisgegeven of zoals deze door de rechter-commissaris op verzoek van een belanghebbende nader zijn bepaald, en overigens op de door de rechter-commissaris na raadpleging van de executant te bepalen wijze.

(Zie ook: artt. 469, 519, 575 Rv)

2. De rechter-commissaris beslist over de toewijzing. Toewijzing vindt niet plaats, wanneer niet alle vorderingen, welke op de door de rechter-commissaris vastgestelde lijst als bevoorrecht boven de vordering van hem, op wiens verzoek de verkoop geschiedt, voorkomen, uit de opbrengst worden voldaan of door de koper te zijnen laste worden genomen.

3. In het in het vorige lid bedoelde geval blijven de kosten van uitwinning ten laste van hem, op wiens verzoek de verkoop geschiedt.

(Zie ook: art. 59a FW)

Art. 584n

Betaling **1.** De koopprijs wordt binnen twee dagen voldaan in handen van de griffier van de rechtbank binnen welker rechtsgebied de verkoop is geschied dan wel bij een door de griffier aan te wijzen bewaarder die aan de eisen van artikel 445 voldoet. De griffier voldoet daaruit op last van de rechter-commissaris de kosten van de executie die in het gezamenlijk belang van de schuldeisers zijn gemaakt en keert de netto-opbrengst uit overeenkomstig de door de rechter-commissaris opgestelde lijst, zodra deze gesloten is.

(Zie ook: artt. 480, 551, 580 Rv; art. 270 BW Boek 3)

2. Schiet de koper in de nakoming van de koopovereenkomst tekort, dan zijn de artikelen 527-529 van overeenkomstige toepassing.

(Zie ook: art. 577 Rv; art. 59a FW)

Art. 584o

Eigendomsverkrijging **1.** De koper verkrijgt de eigendom van een in het register teboekstaand luchtvaartuig door inschrijving van het proces-verbaal van toewijzing.

(Zie ook: art. 24 Kadw)

2. De bewaarder van de registers weigert inschrijving, indien niet tevens een verklaring van de griffier wordt overgelegd dat de koopprijs in zijn handen is gestort.

3. De koper verkrijgt de eigendom van een in het verdragsregister teboekstaand luchtvaartuig door de voldoening van de koopprijs.

(Zie ook: art. 525 Rv; art. 59a FW)

Art. 584p

Verval van rechten **1.** Tenzij in de veilingvoorwaarden anders is bepaald, vervallen door de levering aan de koper en de voldoening van de koopprijs alle op een in het register teboekstaand luchtvaartuig rustende rechten, voor zover deze niet rang nemen boven het recht van de executant, alsmede de rechten die niet op de lijst van de rechter-commissaris voorkomen. De ingeschreven overeenkomsten, bedoeld in de artikelen 1308 en 1309 van Boek 8 van het Burgerlijk Wetboek, worden ontbonden, voor zover de daaruit voortvloeiende rechten rang nemen na de vordering van de executant. Aldus waardeloos geworden inschrijvingen van hypotheken en beslagen worden ambtshalve doorgehaald.

(Zie ook: artt. 526, 578 Rv; art. 273 BW Boek 3)

2. Tenzij in de veilingvoorwaarden anders is bepaald, vervallen door de eigendomsverkrijging overeenkomstig artikel 584o, derde lid, alle in het vorige lid bedoelde rechten die op een in het verdragsregister teboekstaand luchtvaartuig rusten.
(Zie ook: art. 59a FW)

Art. 584q

Indien het beslag en de executie niet overeenkomstig deze afdeling hebben plaats gevonden, kan een ieder, die daardoor is benadeeld, binnen zes maanden na de toewijzing vorderen dat de rechtbank binnen welker rechtsgebied de verkoop is geschied de verkoop en daaropgevolgde eigendomsovergang vernietigt. Indien deze vorderingen een in het register teboekstaand luchtvaartuig betreft, moet zij op straffe van niet ontvankelijkheid binnen drie dagen na de instelling daarvan in de openbare registers worden ingeschreven.
(Zie ook: art. 59a FW ; art. 40 Kadw; art. 28 BW Boek 3)

Vernietiging

Art. 584r

1. De executie tot afgifte van een in het register of een verdragsregister teboekstaand luchtvaartuig vangt aan met een bevel als bedoeld in artikel 584b, dat van overeenkomstige toepassing is.

Bevel tot afgifte

2. De executie geschiedt doordat de deurwaarder het luchtvaartuig onder zich neemt en afgeeft aan degene die het krachtens executoriale titel moet ontvangen.

3. De artikelen 444-444b, 492, eerste, tweede en vierde lid, 497, 499, 500 en 584c zijn van overeenkomstige toepassing, met dien verstande dat voor de toepassing van artikel 444b de waarde van het luchtvaartuig in de plaats treedt van de vordering waarvoor het beslag is gelegd.
(Zie ook: art. 582 Rv)

Vijfde titel
Van lijfsdwang en de tenuitvoerlegging van lijfsdwang en van dwangsom

Eerste afdeling
Lijfsdwang

Art. 585

De rechter kan op verlangen van de schuldeiser de tenuitvoerlegging bij lijfsdwang toestaan van:

a. vonnissen en beschikkingen, voor zover zij een veroordeling tot iets anders dan het betalen van geld inhouden;

Gevallen waarin lijfsdwang is toegestaan

b. vonnissen, beschikkingen en authentieke akten waarbij een uitkering tot levensonderhoud, krachtens Boek 1 van het Burgerlijk Wetboek verschuldigd, daaronder begrepen het verschuldigde voor verzorging en opvoeding van een minderjarige en voor levensonderhoud en studie van een meerderjarige die de leeftijd van een en twintig jaren niet heeft bereikt, is bevolen of toegezegd, alsmede beschikkingen waarbij een uitkering krachtens artikel 84, tweede lid, van Boek 1 van het Burgerlijk Wetboek door de ene echtgenoot of geregistreerde partner aan de andere verschuldigd, is bevolen, en beschikkingen tot verhaal op grond van de Participatiewet.

Art. 586

Tenzij de tenuitvoerlegging bij lijfsdwang reeds was toegestaan in het vonnis of de beschikking tot nakoming waarvan dit dwangmiddel strekt, wordt een vordering tot uitvoerbaarverklaring bij lijfsdwang ingesteld bij de voorzieningenrechter van de rechtbank. De vordering wordt ingesteld en behandeld als een kort geding.
(Zie ook: art. 591 Rv)

Lijfsdwang, vordering tot uitvoerbaarverklaring bij

Art. 587

De rechter verklaart een vonnis, beschikking of akte als bedoeld in artikel 585 slechts uitvoerbaar bij lijfsdwang, indien aannemelijk is dat toepassing van een ander dwangmiddel onvoldoende uitkomst zal bieden en het belang van de schuldeiser toepassing daarvan rechtvaardigt.
(Zie ook: art. 600 Rv)

Art. 588

Uitvoerbaarheid bij lijfsdwang wordt niet uitgesproken indien de schuldenaar buiten staat is aan de verplichting waarvoor tenuitvoerlegging bij lijfsdwang wordt verlangd, te voldoen.
(Zie ook: art. 600 Rv)

Lijfsdwang niet mogelijk

Art. 589

1. De tenuitvoerlegging van de lijfsdwang duurt ter zake van dezelfde verplichting ten hoogste een jaar.

Lijfsdwang alleen uit kracht van vonnis

2. Strekt de verplichting van de schuldenaar tot nalaten, dan bepaalt de rechter de termijn gedurende welke de lijfsdwang kan worden ten uitvoer gelegd. Bij andere verplichtingen kan de rechter een termijn bepalen.

Art. 589a

[Vervallen]

B14 art. 590 **Wetboek van Burgerlijke Rechtsvordering**

Art. 590

Aanhouden van uitvoerbaarheid De rechter kan zijn beslissing over de uitvoerbaarheid bij lijfsdwang voor een door hem te bepalen termijn aanhouden.

Tweede afdeling
Tenuitvoerlegging en ontslag

Art. 591

Lijfsdwang, tenuitvoerlegging 1. Behoudens verlof tot dadelijke tenuitvoerlegging, kan lijfsdwang niet worden ten uitvoer gelegd dan een dag na betekening van het vonnis of de beschikking waarin de uitvoerbaarheid bij lijfsdwang is toegestaan.

2. Het exploot houdt mede een bevel tot nakoming in.
(Zie ook: artt. 45, 586 Rv)

Art. 592

Ingijzelingstelling 1. De deurwaarder heeft voor de ingijzelingstelling van de schuldenaar toegang tot elke plaats, voor zover dat redelijkerwijs voor de vervulling van zijn taak nodig is. Artikel 444, tweede lid, is van overeenkomstige toepassing.

2. De schuldenaar mag niet worden gegijzeld zolang een vrijgeleide duurt, waarvan de tijd moet worden bepaald door de rechter die het heeft gegeven teneinde de schuldenaar voor zich te laten verschijnen.

Art. 593

Ingijzelstelling De ingijzelingstelling kan op alle dagen en uren plaatsvinden.

Art. 594

Bijstand door getuigen bij ingijzelstelling De deurwaarder kan zich door een of twee getuigen doen bijstaan. *(Zie ook: artt. 440, 564 Rv)*

Art. 595

Bijstandverlening door sterke arm De deurwaarder kan de sterke arm verzoeken bij de aanhouding bijstand te verlenen.

Art. 596

Plaatsing gegijzelde schuldenaar in huis van bewaring De gegijzelde schuldenaar wordt overgebracht naar een huis van bewaring. *(Zie ook: art. 438 Rv)*

Art. 597

Voorschotbetaling door schuldeiser t.b.v. onderhoud schuldenaar 1. De schuldeiser schiet iedere dertig dagen een toereikende som tot onderhoud van de schuldenaar voor, volgens een bij algemene maatregel van bestuur vastgesteld tarief.

2. Indien de schuldeiser niet aan het eerste lid voldoet, is de directeur van het huis van bewaring bevoegd de schuldenaar uit de gijzeling te ontslaan.

Art. 598

Inhoud akte van ingijzelingstelling 1. Van de ingijzelingstelling en de insluiting in het huis van bewaring maakt de deurwaarder een akte op.

2. De akte vermeldt:
a. het vonnis of de beschikking waarin de tenuitvoerlegging bij lijfsdwang is toegestaan;
b. de datum van de betekening;
c. de naam, de voornamen en de woonplaats van de schuldeiser;
d. een door de schuldeiser gekozen woonplaats in de gemeente waarin de schuldenaar is ingesloten;
e. de voornamen, de naam en het kantooradres van de deurwaarder;
f. de naam en de woonplaats van de schuldenaar;
g. plaats en tijdstip van de ingijzelingstelling en, indien daarbij getuigen aanwezig waren, hun namen en woonplaatsen;
h. het voorschot van onderhoud voor ten minste dertig dagen;
i. de vermelding dat de schuldenaar een afschrift van de akte heeft ontvangen.

3. Bij het binnentreden in een woning zonder toestemming van de bewoner zijn de artikelen 10 en 11, tweede lid, van de Algemene wet op het binnentreden op de akte, bedoeld in het eerste lid, van overeenkomstige toepassing. Is na het binnentreden de schuldenaar niet gegijzeld, dan maakt de deurwaarder, met overeenkomstige toepassing van de artikelen 10 en 11, tweede lid, van de Algemene wet op het binnentreden en van het tweede lid, onder a, b, c, e, f en g, eveneens een akte op.

Art. 598a-598k
[Vervallen]

Art. 599

Register 1. De directeur van het huis van bewaring schrijft de gegevens bedoeld in artikel 598, tweede lid, onder a tot en met h, in in zijn register.

2. De deurwaarder verstrekt de directeur afschriften van het vonnis of de beschikking waarin de tenuitvoerlegging bij lijfsdwang werd toegestaan en van de akte van insluiting. Deze afschriften worden bij het in het eerste lid bedoelde register gevoegd. Indien de deurwaarder de afschriften niet verstrekt, weigert de directeur de opname van de schuldenaar.

Art. 600

De schuldenaar wordt uit de gijzeling ontslagen indien: **Ontslag uit gijzeling**

a. de schuldeiser daarin schriftelijk toestemt;

b. de schuldenaar alsnog zijn schuld met de verschenen rente betaalt dan wel zich, in het geval zijn verplichting een andere is dan de betaling van geld, onder het stellen van voldoende waarborg bereid verklaart daaraan te voldoen, een en ander onder betaling van vereffende kosten, de kosten van de gijzeling en de voorgeschoten onderhoudskosten;

c. de gijzeling een zodanig nadelige invloed op de gezondheid van de schuldenaar heeft dat zijn leven daardoor in gevaar komt;

(Zie ook: art. 588 Rv)

d. de schuldenaar buiten staat is te voldoen aan de prestatie waartoe hij verplicht is;

e. het belang van de schuldeiser voortzetting van de gijzeling niet rechtvaardigt;

(Zie ook: art. 587 Rv)

f. toepassing van een ander dwangmiddel alsnog redelijkerwijs voldoende uitkomst kan bieden.

(Zie ook: artt. 438, 587 Rv)

(Zie ook: art. 20 IW 1990)

Art. 601-611

[Vervallen]

Derde afdeling
Van dwangsom

Art. 611a

[1.] De rechter kan op vordering van een der partijen de wederpartij veroordelen tot betaling van een geldsom, dwangsom genaamd, voor het geval dat aan de hoofdveroordeling niet wordt voldaan, onverminderd het recht op schadevergoeding indien daartoe gronden zijn. Een dwangsom kan echter niet worden opgelegd in geval van een veroordeling tot betaling van een geldsom.

Opleggen dwangsom

(Zie ook: art. 1056 Rv)

[2.] De dwangsom kan ook voor het eerst in verzet of in hoger beroep worden gevorderd.

[3.] De dwangsom kan niet worden verbeurd vóór de betekening van de uitspraak waarbij zij is vastgesteld.

Verbeuren dwangsom

(Zie ook: art. 430 Rv)

[4.] De rechter kan bepalen dat de veroordeelde pas na verloop van een zekere termijn de dwangsom zal kunnen verbeuren.

(Zie ook: artt. 296, 299 BW Boek 3; artt. 27, 74 BW Boek 6)

Art. 611b

De rechter kan de dwangsom hetzij op een bedrag ineens, hetzij op een bedrag per tijdseenheid of per overtreding vaststellen. In de laatste twee gevallen kan de rechter eveneens een bedrag bepalen waarboven geen dwangsom meer verbeurd wordt.

Vaststellen dwangsom

Art. 611c

De dwangsom, eenmaal verbeurd, komt ten volle toe aan de partij die de veroordeling heeft verkregen. Deze partij kan de dwangsom ten uitvoer leggen krachtens de titel waarbij zij is vastgesteld.

Tenuitvoerlegging dwangsom

(Zie ook: art. 43 Uw EEX)

Art. 611d

[1.] De rechter die een dwangsom heeft opgelegd, kan op vordering van de veroordeelde de dwangsom opheffen, de looptijd ervan opschorten gedurende de door hem te bepalen termijn of de dwangsom verminderen in geval van blijvende of tijdelijke, gehele of gedeeltelijke onmogelijkheid voor de veroordeelde om aan de hoofdveroordeling te voldoen.

Opheffing, opschorting vermindering dwangsom

(Zie ook: art. 611e Rv; artt. 2, 74 BW Boek 6)

[2.] Voor zover de dwangsom verbeurd was voordat de onmogelijkheid intrad, kan de rechter haar niet opheffen of verminderen.

(Zie ook: art. 1056 Rv)

Art. 611e

[1.] De dwangsom kan gedurende het faillissement van de veroordeelde niet worden verbeurd.

Dwangsom en faillissement

[2.] Dwangsommen die vóór de faillietverklaring verbeurd zijn, worden in het passief van het faillissement niet toegelaten.

[3.] Het eerste en tweede lid zijn van overeenkomstige toepassing in de schuldsaneringsregeling natuurlijke personen, met dien verstande dat dwangsommen tijdens de toepassing van de schuldsaneringsregeling kunnen worden opgelegd en verbeurd ter zake van vorderingen ten aanzien waarvan de schuldsaneringsregeling niet werkt.

Art. 611f

Invloed overlijden op dwangsom

[1.] Na overlijden van de veroordeelde wordt een dwangsom die op een bepaald bedrag per tijdseenheid is vastgesteld, niet verder verbeurd, maar de vóór het overlijden verbeurde dwangsommen blijven verschuldigd. De dwangsom wordt door erfgenamen van de veroordeelde pas opnieuw verbeurd nadat de rechter die haar heeft opgelegd, aldus heeft beslist. De rechter kan het bedrag en de voorwaarden ervan wijzigen.

[2.] Andere dwangsommen kunnen, op vordering van de erfgenamen, door de rechter die ze heeft opgelegd, worden opgeheven of verminderd, hetzij blijvend hetzij tijdelijk, en, in voorkomend geval, met ingang van de dag waarop de veroordeelde overleden is.

Art. 611g

Verjaring dwangsom

[1.] Een dwangsom verjaart door verloop van zes maanden na de dag waarop zij verbeurd is.

Schorsing verjaring

[2.] De verjaring wordt geschorst door faillissement, toepassing van de schuldsaneringsregeling natuurlijke personen en ieder ander wettelijk beletsel voor tenuitvoerlegging van de dwangsom.

[3.] De verjaring wordt ook geschorst zolang degene die de veroordeling verkreeg met het verbeuren van de dwangsom redelijkerwijze niet bekend kon zijn.

(Zie ook: artt. 306, 312 BW Boek 3)

Art. 611h

Geen invloed op competentie

Voor de bepaling van de rechterlijke bevoegdheid en de vatbaarheid voor hoger beroep wordt geen rekening gehouden met de dwangsom.

(Zie ook: artt. 38, 53 Wet RO)

Art. 611i

Scheidsmannen

Onder rechter in deze afdeling worden mede scheidsmannen begrepen.

(Zie ook: art. 1056 Rv; art. 305 BW Boek 3)

Zesde titel
Van het vereffenen van schadevergoeding

Art. 612

Schadevergoeding in vonnis of op de op te maken staat

De rechter die een veroordeling tot schadevergoeding uitspreekt, begroot, voor zover hem dit mogelijk is, de schade in het vonnis. Indien begroting in het vonnis hem niet mogelijk is, spreekt hij een veroordeling uit tot schadevergoeding op te maken bij staat.

(Zie ook: art. 97 BW Boek 6)

Art. 613

Aanvang schadestaatprocedure

1. De tenuitvoerlegging van een veroordeling tot schadevergoeding op te maken bij staat, vangt aan met de betekening aan de wederpartij van een staat waarin het beloop van de schade waarvan de vereffening wordt gevorderd, gespecificeerd wordt opgegeven.

Datum terechtzitting dagvaardingsregels; competente rechter

2. Het exploot vermeldt de roldatum en, indien dan een terechtzitting wordt gehouden, het uur daarvan. De bepalingen betreffende dagvaarding zijn van overeenkomstige toepassing. Bevoegd is de rechter die in eerste instantie over de hoofdzaak heeft geoordeeld.

(Zie ook: artt. 5, 75, 133, 773 Rv)

Art. 614

Schadevergoeding in andere vorm dan geld

De schuldeiser kan in de schadestaat ook vereffening van de schade in andere vorm dan betaling van een geldsom vorderen.

(Zie ook: art. 103 BW Boek 6)

Art. 615

Nieuwe schadeposten

De schuldeiser kan, onverschillig of in de hoofdzaak reeds schadeposten waren gesteld, nieuwe posten in de schadestaat opnemen. Indien de wederpartij zich door de opneming in haar verdediging onredelijk bemoeilijkt acht, kan zij zich daartegen verzetten met overeenkomstige toepassing van artikel 130, eerste en tweede lid. Het verzet wordt in elk geval afgewezen, voor zover de schuldeiser ten tijde van de hoofdzaak niet met de schade bekend was.

Art. 615a

Uitzondering afzonderlijke gedingen

Voor de toepassing van de artikelen 123, 127, 129, 130, 139 tot en met 147, 225 tot en met 228, 249 tot en met 253 worden hoofdzaak en schadestaatprocedure als afzonderlijke gedingen beschouwd.

Art. 615b

Executoriale titel

De schuldenaar wordt veroordeeld de vastgestelde schade te voldoen. Op verlangen van de schuldeiser kan de rechter de schadeposten afzonderlijk toewijzen, zodra zij zijn komen vast te staan.

Zevende titel
Van het stellen van zekerheid

Art. 616

1. Ingeval van geschil over een krachtens vonnis of beschikking te stellen zekerheid wordt daarover op vordering van de meest gerede partij in kort geding beslist door de voorzieningenrechter van de rechtbank, door wie of door wiens college de zaak in eerste aanleg is behandeld, of, in geval van een arbitraal vonnis, van de rechtbank van het arrondissement waarin de plaats van de arbitrage is gelegen.

Competentie

2. Gaat het om een vonnis of beschikking van de kantonrechter, dan wordt de vordering voor deze ingesteld. Gaat het om een uitspraak van een gerechtshof in eerste aanleg, dan wordt de vordering ingesteld voor de voorzieningenrechter van de rechtbank die naar de gewone regels in eerste aanleg bevoegd zou zijn.

3. Zowel de rechter die het vonnis of de beschikking, bedoeld in de vorige leden, wijst als de rechter die over het geschil omtrent de te stellen zekerheid oordeelt, kan een termijn bepalen:

Termijnbepaling

a. waarbinnen de zekerheid moet worden aangeboden of gesteld, op straffe van verval van de bevoegdheid met het oog op welker uitoefening de zekerheidstelling is bevolen;

b. waarbinnen een aangeboden zekerheid door de wederpartij moet worden aanvaard of geweigerd, op straffe van verval van haar bevoegdheid zekerheidstelling te eisen.

4. De rechter die de termijn heeft bepaald, kan deze op verzoek van de meest gerede partij, in te dienen voordat de termijn is verstreken, verlengen. Tegen een beschikking krachtens dit lid is geen hogere voorziening toegelaten.

Termijnverlening; geen beroepsmogelijkheid

(Zie ook: art. 51 BW Boek 6)

Art. 617-620

[Vervallen]

Derde Boek
Van rechtspleging van onderscheiden aard

Eerste titel
Van rechtspleging in zaken van verkeersmiddelen en vervoer

Eerste Afdeling
Algemene bepalingen

Art. 621

Bevoegd tot het kennisnemen van een betwisting, als bedoeld in artikel 168 van Boek 8 van het Burgerlijk Wetboek, en van verzoeken tot verkoop als bedoeld in afdeling 1 van titel 3 van Boek 8 van dat Wetboek is de rechtbank Rotterdam. Verkoop van het schip geschiedt slechts na verhoor of behoorlijke oproeping van de leden der rederij en de boekhouder, zo er een boekhouder is.

Competentie bij betwisting rekening rederij

(Zie ook: artt. 10, 160 BW Boek 8)

Art. 622

1. Indien binnen één maand, nadat de boekhouder aan de leden der rederij kennis heeft gegeven van zijn verlangen als bedoeld in artikel 170 van Boek 8 van het Burgerlijk Wetboek, tussen hem en alle leden der rederij geen eenstemmigheid is verkregen omtrent de benoeming van de in dat artikel bedoelde deskundigen, zullen deze, in oneven getale, op verzoek van de boekhouder dan wel een lid der rederij, worden benoemd door de voorzieningenrechter van de rechtbank Rotterdam.

Benoeming deskundige

2. Indien binnen één maand, nadat een lid der rederij aan de andere leden daarvan kennis heeft gegeven van zijn verlangen als bedoeld in artikel 174 van Boek 8 van het Burgerlijk Wetboek, tussen hem en die andere leden geen eenstemmigheid is verkregen omtrent de benoeming van de in dat artikel bedoelde deskundigen, zullen deze, in oneven getale, op verzoek van het eerstgenoemde lid der rederij, worden benoemd door de voorzieningenrechter van de in het eerste lid genoemde rechtbank.

(Zie ook: art. 336 BW Boek 2)

Art. 623

Een vonnis verkregen tegen de rederij of tegen de boekhouder als zodanig kan op het gemeenschappelijke vermogen van de leden der rederij ten uitvoer worden gelegd en daarnaast voor ieders aandeel op het overige vermogen van die leden die ten dage dat de vordering, voor welke beslag wordt gelegd, is ontstaan, leden der rederij waren.

Executie op vermogen rederij

Art. 624

1. Bevoegd tot kennisneming van verzoeken tot machtiging tot doorhaling als bedoeld in de artikelen 195 of 786 van Boek 8 van het Burgerlijk Wetboek is de rechtbank Rotterdam.

Bevoegdheid rechtbank tot kennisneming en machtiging

B14 **art. 625**

Wetboek van Burgerlijke Rechtsvordering

2. Bevoegd tot kennisneming van verzoeken tot goedkeuring als bedoeld in artikel 1303, vierde lid, van Boek 8 van het Burgerlijk Wetboek en tot machtiging tot doorhaling als bedoeld in artikel 1304 van Boek 8 van het Burgerlijk Wetboek is de rechtbank van de woonplaats, bedoeld in artikel 1303, zesde lid, van Boek 8 van het Burgerlijk Wetboek.

3. Machtiging wordt slechts verleend na verhoor of behoorlijke oproeping van degenen van wier recht of beslag uit een inschrijving blijkt of te wier gunste voorlopige aantekeningen bestaan. Deze machtiging wordt door de griffier der rechtbank op het verzoekschrift aangetekend.

4. Bij de verzoeken, bedoeld in het eerste lid, is de tussenkomst van een advocaat niet vereist.

Art. 625

Rechtbank Rotterdam, exclusieve bevoegdheid

1. De rechtbank Rotterdam is in eerste aanleg bij uitsluiting bevoegd tot kennisneming van vorderingen en verzoeken betreffende:

a. het vervoer van goederen over zee of over de binnenwateren;

b. de exploitatie van een zee- of binnenschip, niet betreffende vorderingen en verzoeken over het vervoer van goederen of het vervoer van reizigers en al dan niet hun bagage;

c. het slepen of duwen van schepen;

d. hulp verleend aan een in bevaarbaar water of in welk ander water dan ook in gevaar verkerend schip of andere zaak;

e. aanvaring of schade veroorzaakt door een schip zonder dat een aanvaring plaats had;

f. schade veroorzaakt aan boord van een schip of door zaken afkomstig van een schip;

g. scheepshuurkoop;

h. avarij-grosse.

(Zie ook: art. 800 BW Boek 8)

2. In afwijking van het eerste lid is de rechtbank Rotterdam mede bevoegd tot kennisneming van de in dat lid bedoelde vorderingen en verzoeken in gevallen waarbij een of meerdere binnenschepen zijn betrokken en geen van deze schepen wordt gebruikt in de uitoefening van een beroep of bedrijf.

3. In zaken betreffende het gecombineerd goederenvervoer waarbij een deel van het vervoer over zee of over de binnenwateren plaatsvindt, is de rechtbank Rotterdam mede bevoegd.

4. Indien de vorderingen en verzoeken genoemd in het eerste lid spoedeisende zaken betreffen als bedoeld in artikel 254, is de voorzieningenrechter van de rechtbank Rotterdam mede bevoegd.

5. Betreft een zaak meerdere vorderingen of verzoeken, waarvan er ten minste één een vordering of verzoek is waarvoor de rechtbank Rotterdam bij uitsluiting bevoegd is kennis te nemen, dan worden deze vorderingen of verzoeken alle door de rechtbank Rotterdam behandeld en beslist, voor zover de samenhang tussen de vorderingen en verzoeken zich tegen afzonderlijke behandeling verzet.

6. In het geval van zaken in conventie en reconventie waarvan er ten minste één een vordering betreft als bedoeld in het eerste lid, is het vijfde lid van overeenkomstige toepassing.

7. In het geval van een hoofdzaak en een zaak in vrijwaring, waarvan er tenminste één een vordering betreft als bedoeld in het eerste lid, kunnen deze vorderingen alle door de rechtbank Rotterdam worden behandeld en beslist.

8. De artikelen 110, tweede lid en derde lid, en artikel 270, eerste lid, eerste en tweede volzin, en derde lid zijn van overeenkomstige toepassing.

Art. 626

Conservatoir beslag: termijn

1. Een vervoerder kan terzake van het hem verschuldigde conservatoir beslag leggen op onder de vervoerovereenkomst aan boord van een schip vervoerde zaken gedurende één maand na de aanvang van de dag, waarop zij niet meer aan boord van het schip zijn, zolang niet een derde te goeder trouw en anders dan om niet daarop enig recht heeft verkregen.

(Zie ook: artt. 391, 484, 907, 932, 947 BW Boek 8)

2. Het beslag wordt gelegd met toepassing van de regels betreffende conservatoir beslag op roerende zaken in handen van de schuldenaar. De artikelen 711, eerste lid, 461d en 708, tweede lid, zijn op dit beslag niet van toepassing. Het verlof tot het leggen van het beslag kan mede worden verleend door de voorzieningenrechter van de rechtbank Rotterdam.

(Zie ook: art. 711 Rv)

Art. 627

Competentie bij aanwijzing derde

De aanwijzing van een derde, als bedoeld in artikel 481 tweede lid en artikel 946 tweede lid van Boek 8 van het Burgerlijk Wetboek of in enig desbetreffend partijbeding, geschiedt ten verzoeke van de meest gerede partij door de voorzieningenrechter van de rechtbank Rotterdam.

(Zie ook: art. 261 Rv)

Art. 628

Competentie bij retentie

Op een verzoek van de vervoerder tot toestemming ten vervoer ontvangen zaken op te slaan, onder zichzelf te houden of daarvoor andere maatregelen te treffen wordt beslist door de voorzieningenrechter van de rechtbank Rotterdam.

(Zie ook: artt. 261, 626 Rv)

Art. 629

1. Bevoegd tot het kennis nemen van geschillen tussen een vervoerder en een ontvanger, die niet de afzender was, inzake overeenkomsten tot vervoer geheel of gedeeltelijk per schip van een buiten Nederland gelegen plaats naar een in Nederland gelegen plaats van eindbestemming is de rechtbank Rotterdam. Onder ontvanger wordt mede begrepen, hij, die een vordering instelt terzake van niet afgeleverde zaken.

2. Nietig is ieder beding, waarbij van het eerste lid van dit artikel wordt afgeweken, tenzij zulk een beding

a. bevoegd verklaart een rechter van een met name genoemde plaats buiten Nederland gelegen op het grondgebied van de staat waarin hetzij de vervoerder hetzij de ontvanger woonplaats heeft, dan wel

b. is neergelegd in een afzonderlijk, niet naar algemene voorwaarden verwijzend geschrift en niet een rechter binnen Nederland aanwijst.

Art. 630

Tot het kennisnemen van geschillen als bedoeld in artikel 31 van het Verdrag betreffende de overeenkomst tot internationaal vervoer van goederen over de weg is mede bevoegd de rechtbank van de plaats van in ontvangstneming der zaken of van de plaats bestemd voor de aflevering der zaken.

Art. 631

Geschillen naar aanleiding van het stellen, aanvullen of vervangen van zekerheid als bedoeld in de artikelen 30, 69 en 1131 van Boek 8 van het Burgerlijk Wetboek worden ten verzoeke van de meest gerede partij beslist door de voorzieningenrechter van de rechtbank, binnen welker rechtsgebied de aflevering plaatsvindt of moet plaatsvinden. Geschillen aanhangig gemaakt op grond van de artikelen 489 of 954 van Boek 8 van het Burgerlijk Wetboek worden beslist door de voorzieningenrechter van de rechtbank Rotterdam.

Art. 632

1. Op een verzoek tot machtiging ten vervoer ontvangen zaken te verkopen wordt beslist door de voorzieningenrechter van de rechtbank, binnen welker rechtsgebied de zaken zich bevinden. De verzoeker is verplicht bij zijn verzoek aan te geven op welke wijze of wijzen de zaken kunnen worden verkocht. Indien het verzoek gegrond is op het eerste lid van de artikelen 491 of 957 van Boek 8 van het Burgerlijk Wetboek, wordt op het verzoek beslist door de voorzieningenrechter van de rechtbank Rotterdam.

2. De voorzieningenrechter van de rechtbank zal op verzoek van de meest gerede partij in zijn beschikking bepalen dat, en zo ja, op welke wijze de opbrengst van het verkochte of een gedeelte daarvan zal strekken tot zekerheid voor nog niet vaststaande vorderingen van de vervoerder.

(Zie ook: art. 261 Rv)

Art. 633

1. Op een verzoek tot gerechtelijk onderzoek als bedoeld in de artikelen 494, 495, 959 en 960 van Boek 8 van het Burgerlijk Wetboek wordt beslist door de voorzieningenrechter van de rechtbank Rotterdam. Indien het verzoek gegrond is op artikel 1135 van Boek 8 van het Burgerlijk Wetboek, wordt op het verzoek beslist door de voorzieningenrechter van de rechtbank in het rechtsgebied waarbinnen de zaken zich bevinden. Deze wijst daarbij hetzij één, hetzij drie deskundigen aan en bepaalt op welke wijze dezen de wederpartij van de verzoeker zullen oproepen bij het onderzoek aanwezig te zijn.

2. Op een verzoek van de in het eerste lid bedoelde aanvrager tot het geheel of gedeeltelijk ten laste van zijn wederpartij brengen van de kosten van het onderzoek of de begroting als daar bedoeld, dan wel van de door dat onderzoek geleden schade, wordt beslist door de in dat lid genoemde rechter.

(Zie ook: artt. 227, 261 Rv)

Art. 634-635a

[Vervallen]

Art. 636

1. Een hulpverlener kan terzake van het hem uit hoofde van hulpverlening verschuldigde conservatoir beslag leggen op zaken, waaraan hulp is verleend doch die niet meer aan boord van het schip zijn, zolang niet een derde te goeder trouw en anders dan om niet daarop enig recht heeft verkregen.

2. De in dit artikel bedoelde beslagen kunnen niet worden gelegd op zaken die zich onder beheer van de strandvonder bevinden.

3. Tenzij het een schip betreft dat niet onder artikel 573 valt, wordt het beslag gelegd met toepassing van de regels betreffende conservatoir beslag op roerende zaken in handen van de schuldenaar, met dien verstande dat het verlof voor het leggen van conservatoir beslag mede kan worden verleend door de voorzieningenrechter van de rechtbank Rotterdam. De artikelen 711, eerste lid, 461d en 708, tweede lid, zijn op dit beslag niet van toepassing.

(Zie ook: art. 626 Rv)

Competentie bij scheepsvervoer naar Nederland

Competentie internationaal wegvervoer

Competentie bij zekerheidstelling

Machtiging tot verkoop

Gerechtelijk onderzoek

Beslag na hulpverlening

B14 art. 637 **Wetboek van Burgerlijke Rechtsvordering**

Art. 637

Schakelbepaling Betreft de zaak een verzoek als bedoeld in afdeling 2 van titel 6 van Boek 8 van het Burgerlijk Wetboek of een geschil met betrekking tot de zekerheid als bedoeld in artikel 571 van dat Boek, dan is bevoegd de voorzieningenrechter van de rechtbank Rotterdam.

Art. 638

Aanwijzing dispacheur **1.** Indien zich naar zijn mening een geval van avarij-grosse voordeed, is de eigenaar van het schip en in geval van rompbevrachting de rompbevrachter, verplicht met inachtneming van het derde lid van dit artikel binnen redelijke termijn na het einde van de onderneming een persoon (dispacheur) aan te wijzen ter berekening van de avarij-grosse en ter vaststelling van hen die recht hebben op vergoedingen en van hen te wier laste de bijdragen in de avarij-grosse komen. Hij is verplicht van deze aanwijzing tijdig mededeling te doen aan hen die naar zijn mening in de avarij-grosse moeten bijdragen.

2. Indien de in het eerste lid genoemde verplichting niet is nagekomen, is ieder die van mening is recht te hebben op een vergoeding in avarij-grosse danwel in een avarij-grosse te zullen moeten bijdragen, bevoegd de voorzieningenrechter van de rechtbank Rotterdam te verzoeken de dispacheur te benoemen. Gelijke bevoegdheid komt toe aan ieder die zich niet kan verenigen met de ingevolge het eerste lid aangewezen dispacheur.

3. Tenzij de in het tweede lid bedoelde belanghebbenden anders overeenkomen, moet de dispacheur kantoorhouden in, danwel zo dicht mogelijk bij, de plaats waar de onderneming eindigde. Ligt deze plaats in Nederland dan moet de dispacheur in Nederland kantoor houden. *(Zie ook: art. 227 Rv; art. 610 BW Boek 8)*

Art. 639

Inlichtingenverplichting **1.** De belanghebbenden bij de avarij-grosse zijn verplicht de dispacheur iedere inlichting en alle documenten, die hij ter opstelling van de dispache vraagt, te doen toekomen.

2. Indien een partij niet aan de in het eerste lid omschreven verplichting voldoet, is de dispacheur gerechtigd zich de noodzakelijke inlichtingen of documenten te verschaffen en deze worden alsdan vermoed juist te zijn.

Art. 640

Deponeren dispache De dispacheur is bevoegd een door hem ondertekend exemplaar van de dispache ter griffie van de rechtbank Rotterdam in te dienen en is alsdan verplicht, voor zover hem dit redelijkerwijs mogelijk is, alle belanghebbenden, onder toezending van een exemplaar der dispache of een uittreksel daarvan, bericht te zenden.

Art. 641

Homologeren dispache Hij, die de hem toegezonden dan wel ter griffie van de rechtbank Rotterdam ingediende dispache wenst af te wikkelen, verzoekt deze rechtbank de dispache te homologeren. Zo dit nog niet is geschied, dient hij een exemplaar van de dispache of een uittreksel daarvan ter griffie in. *(Zie ook: artt. 232, 261, 641b Rv; artt. 150, 271 FW)*

Art. 641a

Herzien dispache **1.** Ieder der in artikel 638 bedoelde personen, die zich niet met de hem toegezonden, dan wel ter griffie van de rechtbank Rotterdam gedeponeerde dispache kan verenigen, verzoekt deze rechtbank de dispache te herzien. Zo dit nog niet is geschied legt hij een exemplaar der dispache of een uittreksel daarvan ter griffie neer.

2. Wijst de rechter het in het vorige lid bedoelde verzoek af, dan homologeert hij de dispache. *(Zie ook: art. 641b Rv)*

Art. 641b

Wijziging of intrekking dispache **1.** Gaat de rechter in het geval van artikel 641 of artikel 641a niet tot homologatie over dan is de dispacheur of een mogelijkerwijs door de rechter aangewezen andere dispacheur verplicht de dispache in overeenstemming met de rechterlijke beslissing te wijzigen, dan wel haar in te trekken. In geval van intrekking wordt, tenzij de rechter anders beslist, de dispache desalniettemin wat betreft honorarium en kosten van de dispacheur gehomologeerd.

2. Gaat de rechter in het geval van artikel 641 of artikel 641a tot homologatie over, dan zijn zij die de dispache betwistten, hoofdelijk verplicht de belanghebbenden, die niet tot dergelijke betwisting overgingen, de tengevolge van de betwisting geleden schade te vergoeden.

Art. 641c

Zekerheid stellen Ieder die de dispache betwist, is op verzoek van ieder die dit niet deed, verplicht ten behoeve van deze laatste zekerheid te stellen voor de door deze laatste mogelijkerwijs geleden of te lijden schade. Geschillen naar aanleiding van het stellen, aanvullen of vervangen van deze zekerheid worden ten verzoeke van de meest gerede partij beslist door de voorzieningenrechter van de rechtbank.

Art. 641d

Executoriale titel Na het in kracht van gewijsde gaan van een beschikking van homologatie levert de dispache een voor tenuitvoerlegging vatbare titel op.

Art. 642

Tegen een beslissing van de voorzieningenrechter van de rechtbank, gegeven in de gevallen van de artikelen 621 tot en met 641d,met uitzondering van artikel 625, staat geen andere voorziening open dan cassatie in het belang van de wet.

Tweede Afdeling
Van rechtspleging inzake beperking van aansprakelijkheid van scheepseigenaren

Art. 642a

1. Wie op grond van artikel 750, artikel 751, artikel 1060 of artikel 1061 van Boek 8 van het Burgerlijk Wetboek een beroep wil doen op beperking van zijn aansprakelijkheid, verzoekt de rechtbank Rotterdam het bedrag of de bedragen vast te stellen waartoe zijn aansprakelijkheid is beperkt (het bedrag van het fonds of de fondsen), en te bevelen dat tot een procedure ter verdeling van een te stellen fonds wordt overgegaan.
(Zie ook: artt. 755, 1065 BW Boek 8)
2. Het verzoek vermeldt:
a. de naam van het schip;
b. wanneer het een zeeschip betreft de nationaliteit daarvan en wanneer het een zeevisserssschip of een binnenschip betreft zo mogelijk de plaats waarin het kantoor waar het schip te boek staat, is gelegen;
c. de naam en de woonplaats van de verzoeker;
d. het bedrag dat naar het oordeel van de verzoeker het fonds of de fondsen belopen, en de gegevens noodzakelijk ter berekening hiervan;
e. de dag en de plaats van het voorval dat aanleiding gaf tot de vorderingen ten aanzien waarvan de verzoeker zijn aansprakelijkheid meent te kunnen beperken alsmede een omschrijving daarvan;
f. de naam en de woonplaats van de aan de verzoeker bekende personen tegenover wie hij meent zich op beperking van zijn aansprakelijkheid te kunnen beroepen met een schatting van het maximum-bedrag van ieders vordering.
De verzoeker doet in het verzoekschrift een voorstel omtrent de wijze waarop hij fonds denkt te stellen.
3. Het indienen van een verzoek als in dit artikel bedoeld, vormt niet een erkenning van aansprakelijkheid.
4. De behandeling geschiedt op de dag en de tijd die door de griffier aan de in het tweede lid onder *f* bedoelde personen worden medegedeeld. Bovendien doet de griffier van het verzoek aankondiging in één of meer door de rechtbank mogelijkerwijs aan te wijzen nieuwsbladen.

Art. 642b

Wanneer naar aanleiding van hetzelfde voorval meer dan één op eenzelfde schip betrekking hebbend verzoek als bedoeld in artikel 642a is ingediend, beveelt de rechtbank alvorens op deze verzoeken te beslissen, tenzij een verzoeker zich daartegen verzet en dit verzet gegrond is bevonden, de voeging van de zaken op één fonds betrekking hebbend.

Art. 642c

1. Bij de behandeling van het in artikel 642a bedoelde verzoek kan geen beroep worden gedaan op artikel 754 of artikel 1064 van Boek 8 van het Burgerlijk Wetboek.
2. Bij toewijzing van het verzoek bepaalt de rechtbank met inachtneming van de artikelen 755 en 756 van Boek 8 van het Burgerlijk Wetboek dan wel de in artikel 1065 van dat boek bedoelde algemene maatregel van bestuur het in rekeneenheden uitgedrukte beloop van het fonds of de fondsen. Zij beveelt de verzoeker op een door haar te bepalen dag, die niet later kan liggen dan één maand na de dag der beschikking, fonds te stellen
a. hetzij door het bedrag van het fonds berekend met inachtneming van de artikelen 755, 756 en 759 van Boek 8 van het Burgerlijk Wetboek of van de in artikel 1065 van dat boek bedoelde algemene maatregel van bestuur, vermeerderd met de wettelijke rente ingevolge artikel 757 of die algemene maatregel van bestuur alsmede vermeerderd met een bedrag ter bestrijding van de kosten der procedure in de consignatiekas te storten,
b. hetzij door op andere door haar bepaalde wijze zekerheid te stellen ten belope van het onder *a* genoemde bedrag, alsnog vermeerderd met de wettelijke rente daarover van de aanvang van de dag volgende op de dag van deze laatst bedoelde zekerheidstelling tot de aanvang van de dag waarop de griffier de in artikel 642v bedoelde oproep doet uitgaan.
3. De rechtbank wijst een rechter-commissaris aan ter vaststelling van de staat van verdeling van het fonds of de fondsen en benoemt tevens een vereffenaar hiervan. Wanneer zij daartoe termen aanwezig acht, kan zij voor ieder fonds meer dan één vereffenaar benoemen.
4. Het fonds wordt gesteld ten name van de benoemde rechter-commissaris en vereffenaar, die daarover met uitsluiting van de verzoeker, doch slechts gezamenlijk, kunnen beschikken.
5. De beschikking van de rechtbank is uitvoerbaar bij voorraad. De werking van de beschikking kan door de hogere rechter niet worden geschorst.

Rechtsmiddelen

Beperking aansprakelijkheid

Voeging van zaken

Behandeling verzoek

B14 art. 642d Wetboek van Burgerlijke Rechtsvordering

6. De verzoeker die aan het bevel der rechtbank heeft voldaan, richt zich onverwijld tot haar met het verzoek dit te verklaren. Indien de rechtbank deze verklaring weigert, kan zij de verzoeker een hernieuwd bevel tot het stellen van fonds geven op een door haar te bepalen dag die niet later kan liggen dan één maand na de dag der beschikking. De verzoeker die aan dit hernieuwde bevel der rechtbank heeft voldaan, richt zich wederom tot haar met het verzoek dit te verklaren. De tweede zin van dit lid is alsdan niet van toepassing.

7. De verzoeker ten aanzien van wie de rechtbank geen verklaring als in het zesde lid bedoeld heeft gegeven, kan zijn aansprakelijkheid niet meer op grond van artikel 750, artikel 751, artikel 1060 of artikel 1061 van Boek 8 van het Burgerlijk Wetboek beperken.

8. Op de voldoening aan een bevel tot storting of andere zekerheidsstelling als bedoeld in dit artikel zijn de artikelen 45 tot en met 48 van Boek 3 van het Burgerlijk Wetboek en de artikelen 42 tot en met 49 van de Faillissementswet niet van toepassing.

(Zie ook: art. 21 FW; art. 447 Rv)

Art. 642d

Ingesteld fonds

Indien terzake van één en hetzelfde voorval een fonds is gesteld door één der personen of zijn verzekeraar genoemd in

a. artikel 758, eerste lid, onder *a* , of artikel 1066, eerste lid, onder *a*, van Boek 8 van het Burgerlijk Wetboek,

b. artikel 758, eerste lid, onder *b* , of artikel 1066, eerste lid, onder *b*, van Boek 8 van het Burgerlijk Wetboek,

c. artikel 758, eerste lid, onder *c* , of artikel 1066, eerste lid, onder *c*, van Boek 8 van het Burgerlijk Wetboek, of

d. artikel 758, tweede lid, of artikel 1066, tweede lid, van Boek 8 van het Burgerlijk Wetboek, wordt dit fonds aangemerkt als door alle onder dezelfde letter genoemde personen te zijn gesteld en zulks ten aanzien van de vorderingen waarvoor het fonds werd gesteld.

Art. 642e

Geven van een bevel door rechter

1. Indien na toewijzing van een op artikel 750 of artikel 751 van Boek 8 van het Burgerlijk Wetboek gegrond verzoek geen der schuldeisers binnen de in artikel 642g genoemde termijn betwist heeft, dat de schuldenaar zijn aansprakelijkheid kan beperken, dan wel omtrent een zodanige betwisting onherroepelijk afwijzend is beslist en een fonds is gesteld ten aanzien waarvan de rechtbank een verklaring als bedoeld in het zesde lid van artikel 642c heeft afgegeven en dat werkelijk ten bate van de schuldeiser beschikbaar is alsmede de schuldeiser zijn vordering op het fonds in rechte geldend kan maken, kan de rechter op verzoek van hem te wiens behoeve het fonds is gesteld de opheffing van beslagen die ter zake van de vorderingen waarvoor het fonds is gesteld, zijn gelegd, dan wel de teruggave van te dier zake gegeven zekerheid bevelen.

2. Indien aan de in het eerste lid gestelde vereisten is voldaan, zal de rechter op een verzoek als in het eerste lid bedoeld een bevel als in dat lid bedoeld geven, wanneer het fonds is gesteld

a. in de haven waar het ongeval waaruit aansprakelijkheid is voortgevloeid, plaats vond, of wanneer dit ongeval niet in een haven plaats vond, in de eerste haven welke het schip daarna aanliep, of

b. in de haven van ontscheping van de betrokken persoon, indien de schade is voortgevloeid uit dood of letsel van personen, of

c. met betrekking tot beschadigde lading in de haven van lossing, of

d. in de Staat waarin het beslag is gelegd.

3. Het eerste of tweede lid van dit artikel vindt slechts toepassing indien het fonds aan de schuldeiser, wat zijn vordering betreft, vrij kan worden overgemaakt.

4. Indien ten aanzien van een op artikel 1060 of artikel 1061 van het Burgerlijk Wetboek gegrond verzoek aan de in het eerste lid gestelde vereisten is voldaan, geeft de rechtbank op een verzoek als in het eerste lid bedoeld een bevel als in dat lid bedoeld.

Art. 642f

Schorsing procedures

1. Indien aan de in artikel 642e gestelde vereisten is voldaan, worden procedures terzake van vorderingen waarvoor het fonds is gesteld, geschorst overeenkomstig artikel 225, tweede lid, eerste zin, ook al waren deze reeds in staat van wijzen.

2. Behoudens de gevallen bedoeld in het derde lid wordt na schorsing van een hangende procedure het geding op verzoek van de meest gerede partij van de rol afgevoerd, wanneer

a. het verzoek van de schuldeiser tot verificatie als bedoeld in artikel 642l is afgewezen of

b. de staat van verdeling bedoeld in artikel 642v op de in dat artikel genoemde wijze is vastgesteld of

c. de vordering van de schuldeiser ingevolge artikel 642w is tenietgegaan.

3. Het geschorste geding wordt hervat, indien

a. alsnog onherroepelijk wordt beslist dat de schuldenaar zijn aansprakelijkheid niet kan beperken of

b. in een der in het tweede lid bedoelde gevallen de schuldenaar de veroordeling van de schuldeiser in de kosten van het geding vordert.

B14 art. 642l

Wetboek van Burgerlijke Rechtsvordering

4. Blijft een beroep op schorsing als bedoeld in het eerste lid van dit artikel achterwege, dan verliest een schuldenaar de bevoegdheid jegens de betrokken schuldeiser beroep te doen op zijn beperkte aansprakelijkheid.

5. Op de schorsing en de hervatting van het geding zijn artikel 225, tweede lid, tweede zin, en derde lid, en artikel 227 van overeenkomstige toepassing..

Art. 642g

1. Nadat de in artikel 642c, zesde lid, bedoelde verklaring is afgegeven bepaalt de rechter-commissaris, de vereffenaar gehoord hebbend, zo spoedig mogelijk de dag waarop uiterlijk de vorderingen op de schuldenaar, alsmede de betwistingen van diens beroep op beperking van zijn aansprakelijkheid hetzij ten aanzien van alle, hetzij ten aanzien van één of meer der schuldeisers bij de vereffenaar moeten worden ingediend.

Bepaling dag indiening vorderingen en betwistingen

2. De rechter-commissaris bepaalt, de vereffenaar gehoord hebbend, tevens de dag of de dagen met bepaling van tijd en plaats, waarop door hem zal worden overgegaan tot verificatie van de ingediende vorderingen en behandeling van betwistingen van het beroep op beperking van aansprakelijkheid. Deze dagen, tijden en plaatsen kunnen voor elk der fondsen alsmede voor één dezer fondsen verschillend zijn.

3. Tussen de in het eerste lid genoemde dag voor de indiening der vorderingen en het verrichten van betwistingen als in dat lid bedoeld en de dag der verificatiezitting of de zitting waarop deze betwistingen zullen worden behandeld, moeten tenminste acht weken verlopen.

(Zie ook: art. 108 FW)

Art. 642h

Indien een schuldenaar aantoont, dat hij op een later tijdstip niettegenstaande het eerste lid van artikel 642f gedwongen zou kunnen worden geheel of gedeeltelijk een bedrag te betalen waarvoor hij, als hij dit bedrag vóór de verdeling van het fonds had betaald, op grond van artikel 642j in de rechten van de schuldeiser zou zijn gesubrogeerd, kan de rechter-commissaris gelasten, dat voorlopig een bedrag zal worden terzijde gesteld, dat voldoende is om het de schuldenaar mogelijk te maken op dat latere tijdstip zijn rechten overeenkomstig artikel 642j geldend te maken.

Voorlopig terzijde gesteld bedrag

Art. 642i

De vereffenaar geeft van de beschikkingen genoemd in artikel 642g onverwijld bij aangetekende brief kennis aan de schuldenaar of de schuldenaren en de door dezen opgegeven schuldeisers. Bovendien doet hij, indien de rechter-commissaris zulks beveelt, van deze beschikkingen aankondiging in één of meer door de rechter-commissaris mogelijkerwijs aan te wijzen nieuwsbladen.

Bekendmaking beschikkingen

(Zie ook: art. 642w Rv;; art. 109 FW)

Art. 642j

Een bedrag dat een schuldenaar of diens verzekeraar vóór de verdeling van een fonds heeft betaald, kan door hem niet geheel of gedeeltelijk worden teruggevorderd; hij wordt voor het betaalde bedrag van rechtswege gesubrogeerd in de rechten van de schuldeiser.

Subrogatie van rechtswege

(Zie ook: art. 642h Rv)

Art. 642k

De schuldeiser die tegen het verzoek van een schuldenaar verweer voert, moet niettemin zijn vordering ter verificatie aanmelden. Hetzelfde geldt ten aanzien van een schuldeiser die twijfelt of de schuldenaar gezien de aard van de vordering met betrekking tot deze vordering jegens hem een beroep kan doen op de beperking van zijn aansprakelijkheid.

Voeren van verweer

Art. 642l

1. De indiening der schuldvorderingen geschiedt bij de vereffenaar door de overlegging van een rekening of andere schriftelijke verklaring aangevende de aard en het bedrag der vordering vergezeld van de bewijsstukken of een afschrift daarvan. De in de tweede zin van artikel 642k bedoelde schuldeiser legt bovendien over een schriftelijke verklaring bevattende de gronden van zijn daar bedoelde twijfel.

Indiening der schuldvorderingen

2. Indiening van een vordering ter verificatie wordt ten aanzien van verjaring en verval aangemerkt als het in rechte instellen van deze vordering.

3. De schuldeisers zijn bevoegd van de vereffenaar een ontvangstbewijs te vorderen.

4. De vereffenaar toetst de ingezonden rekeningen aan de administratie en opgaven van de schuldenaar, treedt, als hij tegen de toelating van een vordering bezwaar heeft, met de schuldeiser en de schuldenaar of schuldenaren in overleg en is bevoegd van dezen overlegging van ontbrekende stukken alsook raadpleging van hun administratie en van de oorspronkelijke bewijsstukken te vorderen.

5. Voor ieder fonds brengt de vereffenaar de vorderingen die hij goedkeurt op een lijst van voorlopig erkende schuldvorderingen en de vorderingen die hij betwist, op een afzonderlijke lijst vermeldende de gronden der betwisting.

6. De door de vereffenaar opgestelde lijsten liggen gedurende ten minste 21 dagen vóór de dag, voor de verificatie bestemd, ter griffie ter kosteloze inzage voor ieder. De nederlegging geschiedt kosteloos.

B14 art. 642m **Wetboek van Burgerlijke Rechtsvordering**

7. De vereffenaar vermeldt de verweerschriften ingediend tegen het verzoek door een schuldenaar gedaan vermeldende de gronden der betwisting.
(Zie ook: art. 110 FW)

Art. 642m

Oproeping tot verificatievergadering

Van de krachtens artikel 642l gedane nederlegging der lijsten geeft de vereffenaar aan alle bekende schuldeisers en de schuldenaar of schuldenaren schriftelijk bericht, waarbij hij een nadere oproeping tot de verificatievergadering voegt.

Art. 642n

Zittingen

Op de ingevolge artikel 642g bepaalde dag of dagen houdt de rechter-commissaris in tegenwoordigheid van de vereffenaar één of meer zittingen.

Art. 642o

Toelating tot verificatie na afloop termijn

1. Vorderingen ingediend na afloop van de in het eerste lid van artikel 642g genoemde termijn kunnen op verzoek van de schuldeiser door de rechter-commissaris tot de verificatie worden toegelaten.

2. Een dergelijk verzoek moet worden toegestaan, indien de schuldeiser buiten Nederland woont en daardoor verhinderd was zich eerder te melden.

3. In geval van geschil over het al dan niet aanwezig zijn der verhindering in het tweede lid bedoeld beslist de rechter-commissaris na de vergadering te hebben geraadpleegd.
(Zie ook: art. 127 FW)

Art. 642p

Betwisting vordering

1. Alle schuldeisers en schuldenaren kunnen een vordering betwisten.
(Zie ook: art. 119 FW)

2. Vorderingen die niet worden betwist, worden door de rechter-commissaris vastgesteld op het beweerde bedrag.
(Zie ook: art. 642t Rv)

3. Van de vaststelling door de rechter-commissaris geschiedt aantekening in het proces-verbaal ter zitting en op de door de vereffenaar opgestelde lijst.
(Zie ook: art. 121 FW)

Art. 642q

Verwijzing

1. In geval van betwisting ter zitting van een vordering of van het beroep op beperking van aansprakelijkheid verwijst de rechter-commissaris partijen en de schuldenaar, indien hij hen niet kan verenigen, naar een of meer door hem te bepalen zittingen van de rechtbank ter beslissing van het punt van geschil. De rechter-commissaris verwijst ook de in de tweede zin van artikel 642k bedoelde schuldeiser wiens vordering overigens niet wordt betwist, naar de zitting der rechtbank ter beslissing van de vraag of zijn vordering terecht ter verificatie werd ingediend.

2. Indien een schuldeiser wiens vordering betwist wordt, of indien een schuldenaar niet ter zitting aanwezig is, geeft de vereffenaar hem onmiddellijk per aangetekende brief kennis van iedere verwijzing.

Art. 642r

Niet verschijnen ter zitting

1. Verschijnt de schuldeiser die de verificatie vraagt, niet ter zitting van de rechtbank, dan wordt hij geacht zijn vordering voor zover zij betwist is, te hebben ingetrokken.

2. Verschijnt hij die een betwisting van enige stelling van een schuldenaar of schuldeiser deed, niet, dan wordt hij geacht deze betwisting te hebben laten varen.

3. De in het tweede lid van artikel 642q genoemde personen kunnen zich in het geding niet op het ontbreken van de daar bedoelde kennisgeving beroepen.

4. Schuldeisers die bij de indiening van hun vordering, noch ter vergadering, betwisting hebben gedaan, kunnen in het geding zich voegen noch tussenkomen; tussenkomst kan in geval van faillissement van een schuldenaar worden gevorderd door de curator in dat faillissement of, ingeval van toepassing van de schuldsaneringsregeling natuurlijke personen, door de bewindvoerder.

5. Een onherroepelijke beslissing inhoudende dat een schuldenaar zijn aansprakelijkheid ten opzichte van één of meer vorderingen niet kan beperken, heeft bindende kracht zowel jegens een schuldenaar als in geval van diens faillissement of toepassing ten aanzien van hem van de schuldsaneringsregeling natuurlijke personen jegens zijn schuldeisers.
(Zie ook: artt. 122, 328 FW)

Art. 642s

Opmaken staat van verdeling

1. Na afloop van de in artikel 642n bedoelde zittingen of, indien deze tot geschillen aanleiding hebben gegeven, nadat daarover onherroepelijk is beslist, wordt door de vereffenaar een staat van verdeling van het betrokken fonds opgemaakt en aan de goedkeuring van de rechter-commissaris onderworpen.

2. Indien onherroepelijk is beslist, dat de schuldenaar zijn aansprakelijkheid niet kan beperken, vervalt de gestelde zekerheid en wordt een gestort bedrag uitgekeerd aan hem die de storting verrichtte doch niet eerder dan één maand nadat het vonnis in kracht van gewijsde is gegaan en de vereffenaar op de in artikel 642i voorgeschreven wijze kennis heeft gegeven van de dag waarop deze uitkering zal plaatsvinden.

Art. 642t

1. Vorderingen waarvan de waarde niet in Nederlands geld is uitgedrukt, worden geverifieerd voor hun geschatte waarde in Nederlands geld.

2. Indien de schuldenaar gebruik maakte van de hem hetzij in artikel 750 of artikel 751 hetzij in artikel 1060 of artikel 1061 van Boek 8 van het Burgerlijk Wetboek gegeven bevoegdheid zijn de volgende regels van toepassing:

a. het personenfonds wordt aangewend ter voldoening van vorderingen betreffende personenschade;

b. het passagiersfonds wordt aangewend ter voldoening van vorderingen betreffende personenschade van reizigers;

c. het zakenfonds wordt aangewend ter voldoening van vorderingen betreffende zaakschade en van vorderingen betreffende personenschade voor zover deze nog onvoldaan mochten zijn na toepassing van de onder *a* genoemde regel;

d. het wrakkenfonds wordt aangewend ter voldoening van vorderingen als bedoeld in artikel 752, eerste lid, onder *d* of *e*, van Boek 8 van het Burgerlijk Wetboek;

e. het waterverontreinigingsfonds wordt aangewend ter voldoening van vorderingen terzake van kosten en schadevergoedingen verschuldigd voor waterverontreiniging als bedoeld in de algemene maatregel van bestuur ter uitvoering van artikel 1065 van Boek 8 van het Burgerlijk Wetboek;

f. indien een volgens de onder *a* tot en met *e* genoemde regels te verdelen bedrag niet voldoende is ter voldoening van de vorderingen waartoe het volgens deze regels wordt aangewend, worden deze vorderingen in evenredigheid gekort.

3. Voor de toepassing van het tweede lid wordt onder personenschade verstaan alle schade voortspruitende uit dood of letsel van personen en onder zaakschade alle schade, die niet is personenschade.

4. Onder voorbehoud van het in het tweede lid, onder *c*, bepaalde is ieder fonds uitsluitend bestemd voor de voldoening van de vorderingen met betrekking waartoe het is gesteld.

Art. 642u

1. Een door de rechter-commissaris goedgekeurde staat van verdeling van het beschikbare fonds ligt gedurende 14 dagen ter griffie van de rechtbank ter kosteloze inzage van de schuldeisers wier vorderingen zijn erkend, en van de schuldenaren. De nederlegging geschiedt kosteloos.

2. Van de nederlegging wordt door de vereffenaar aankondiging gedaan op de wijze voorgeschreven in artikel 642i, terwijl daarvan bovendien bij aangetekende brief kennis wordt gegeven aan de schuldenaren en aan ieder der schuldeisers wier vorderingen zijn erkend met vermelding van het voor hen uitgetrokken bedrag; ieder van hen kan gedurende de genoemde termijn bij de rechtbank tegen de staat van verdeling in verzet komen door indiening van een met redenen omkleed bezwaarschrift ter griffie.

3. Na afloop van de termijn geeft de rechtbank haar beschikking, nadat zij de schuldeisers en de schuldenaren heeft gehoord of behoorlijk doen oproepen. De oproeping geschiedt bij aangetekende brief door de vereffenaar.

Art. 642v

1. Nadat een staat van verdeling door de rechter-commissaris of, indien tijdig verzet is gedaan, door de rechtbank is vastgesteld, roept de griffier bij aangetekende brief de schuldeisers op het hun toekomende bedrag in ontvangst te nemen.

2. De staat ligt na de vaststelling ter griffie ter kosteloze inzage van belanghebbenden.

3. Een nog bestaand batig saldo en uitkeringen waarover niet binnen één jaar is beschikt, worden uitgekeerd aan hem die de storting verrichtte. Artikel 642s, tweede lid, is daarbij van overeenkomstige toepassing.

Art. 642w

Behoudens het vierde lid van artikel 642f gaan de vorderingen van schuldeisers die, hoewel daartoe behoorlijk opgeroepen zijnde, deze niet ter verificatie hebben aangemeld, door het in kracht van gewijsde gaan van de staat van verdeling teniet.

Art. 642x

1. De rechter-commissaris is bevoegd te allen tijde een voorlopige staat van verdeling vast te stellen. In dat geval zijn de artikelen 642s tot en met 642v van overeenkomstige toepassing.

2. De rechter-commissaris kan bevelen, dat door schuldeisers aan wie op grond van een voorlopige staat van verdeling een uitkering wordt gedaan, een door hem aan te wijzen vorm van zekerheid wordt gegeven.

Art. 642y

1. De beschikkingen van de rechter-commissaris alsmede die van de rechtbank krachtens artikel 642u, derde lid, zijn niet vatbaar voor hoger beroep, noch voor beroep in cassatie.

2. Tegen de andere uitspraken, waartoe de artikelen 642a tot en met 642z aanleiding geven, kan door de schuldenaar en door de verschenen schuldeisers binnen vier weken na de dag der uitspraak hoger beroep worden ingesteld, tenzij krachtens enige algemene regeling een kortere termijn van toepassing is. Dezelfde termijn geldt voor het beroep in cassatie.

B14 art. 642z **Wetboek van Burgerlijke Rechtsvordering**

3. Indien een rechtsmiddel wordt ingesteld, moet daarvan bij exploit worden kennis gegeven aan de griffier der rechtbank.

4. De uitspraak op het rechtsmiddel wordt door de griffier van het betrokken rechtscollege onverwijld medegedeeld aan de griffier der rechtbank, die daarvan bij aangetekende brief aan schuldeisers en schuldenaren kennis geeft.

Art. 642z

Kosten ten laste van schuldenaar

Behoudens de toepassing van artikel 289 komen de kosten voortvloeiende uit de toepassing van de artikelen 642a tot en met 642y ten laste van de schuldenaar. *(Zie ook: art. 237 Rv)*

Art. 643-657

[Vervallen]

Tweede titel Van procedures betreffende een nalatenschap of een gemeenschap

Eerste afdeling Van de verzegeling

Art. 658

Zaken die verzegeld kunnen worden

1. Zaken die tot een nalatenschap of een gemeenschap waarop afdeling 2 van titel 7 van Boek 3 van het Burgerlijk Wetboek van toepassing is behoren kunnen worden verzegeld met verlof van de kantonrechter van de rechtbank van het arrondissement waarin de verzegeling moet plaatsvinden. De verzegeling geschiedt door een bij dit verlof aan te wijzen notaris met diens zegel. Tegen het verlof is geen hogere voorziening toegelaten. *(Zie ook: art. 45 WNA)*

2. De notaris kan een bewaarder van de gelegde zegels aanstellen. *(Zie ook: art. 199 WvSr)*

Art. 659

Schakelbepaling

De artikelen 444, 444a en 444b, tweede en derde lid, zijn van overeenkomstige toepassing.

Art. 660

Wie verzegeling kan verzoeken

1. Verlof tot verzegeling kan worden verzocht:

1°. door hem die de nalatenschap kan opeisen of als deelgenoot of beperkt gerechtigde op een aandeel van de gemeenschap verdeling daarvan kan vorderen; *(Zie ook: art. 808 Rv; art. 100 BW Boek 1; artt. 880, 1002, 1005 BW Boek 4)*

2°. zo zich onder 1° bedoelde personen onbekwamen bevinden, die geen wettelijke vertegenwoordiger hebben, of, indien deze afwezig is, door een bloed- of aanverwant van de onbekwame;

3°. in geval van een nalatenschap:

a. mede door de overgebleven echtgenoot of de overgebleven partner bij een geregistreerd partnerschap of door een executeur van de nalatenschap; *(Zie ook: artt. 1056, 1174 BW Boek 4)*

b. zo noch de onder *a* bedoelde personen, noch een der erfgenamen aanwezig mocht zijn, door een dergenen die in dienst van de overledene waren of met hem samenwoonden;

c. zo de nalatenschap onder bewind staat: door de bewindvoerder;

4°. door een schuldeiser van de nalatenschap of gemeenschap, doch alleen indien hij zonder de verzegeling ernstig gevaar zou lopen zijn vordering niet te kunnen verhalen; *(Zie ook: art. 7 FW)*

5°. door een door de rechter benoemde vereffenaar van de nalatenschap of gemeenschap.

2. Het verlof wordt slechts gegeven, indien de verzoeker zijn recht of bevoegdheid en een voldoende ernstig belang bij de verzegeling summierlijk aannemelijk maakt. *(Zie ook: art. 93 FW)*

Art. 661

Verzoek door notaris; ambtshalve verzegeling

Indien in geval van een nalatenschap een der in artikel 660, eerste lid onder 1°, bedoelde personen afwezig of onbekwaam is, en geen wettelijke vertegenwoordiger heeft of deze afwezig is, kan het verlof tot verzegeling ook door een notaris worden verzocht of door de kantonrechter ambtshalve worden bevolen.

Art. 662

Proces-verbaal van verzegeling

Van de verzegeling moet door een proces-verbaal blijken, dat zal inhouden:

1°. dag en uur van de verzegeling;

2°. naam, voornaam en woonplaats van hem op wiens verzoek de verzegeling is gedaan en een keuze van woonplaats ten kantore van de notaris die de verzegeling verricht;

3°. de vermelding van het verlof tot verzegeling;

4°. de verschijning van de partijen en hun verzoeken en beweringen;

5°. de opgave van de plaatsen en de voorwerpen waarop het zegel is gezet en een korte beschrijving van de zaken die buiten verzegeling zijn gebleven;

6°. naam, woonplaats en beroep van de bewaarder als bedoeld in artikel 658, tweede lid;

7°. de eed bij de sluiting der verzegeling die in handen van de notaris moet worden afgelegd door degenen die de zaken onder zich hadden of het huis bewonen, waar de verzegeling is gedaan, dat zij niets verduisterd hebben, noch gezien hebben noch weten dat iets verduisterd is. *(Zie ook: artt. 674, 676, 839 Rv; art. 194 BW Boek 3)*

Art. 663

1. Indien bij de verzegeling boeken of papieren worden gevonden, kunnen zij door de notaris worden geopend. Indien zij voor de nalatenschap of gemeenschap of de daartoe behorende goederen of schulden van belang kunnen zijn, worden zij overgebracht naar de griffie van de rechtbank, bedoeld in artikel 658, eerste lid, of naar een andere door de notaris aan te wijzen plaats, waar zij ter beschikking van de partijen blijven.

2. Zodra blijkt dat de overgebrachte boeken of papieren niet van belang zijn of aan een derde toebehoren, zorgt de notaris voor afgifte aan de rechthebbende.

Art. 664

De notaris kan op verlangen en op kosten van elk der partijen de voorwerpen, boeken en papieren, alsmede de plaats waar zij zijn aangetroffen, doen fotograferen of kopiëren. Hij hecht de foto's of kopieën aan het proces-verbaal van verzegeling.

Art. 665

1. Indien geen tot de nalatenschap of gemeenschap behorende roerende zaken van voldoende belang worden aangetroffen, zal dit in het proces-verbaal worden vermeld en verzegeling achterwege kunnen blijven.

2. Zaken die niet voor beslag vatbaar zijn of niet zonder schade verzegeld kunnen worden, blijven buiten de verzegeling, maar worden overeenkomstig artikel 662 onder 5° in het procesverbaal beschreven.

Tweede afdeling
Van ontzegeling

Art. 666

1. De in artikel 660 onder 1° en 3° onder a bedoelde personen kunnen aan de kantonrechter die verlof tot de verzegeling gaf, verlof tot ontzegeling verzoeken. Tegen het verlof is geen hogere voorziening toegelaten.

2. Ontzegeling heeft in elk geval plaats voor zover van de nalatenschap of gemeenschap van goederen een partijen bindende boedelbeschrijving wordt opgesteld of alle partijen hun toestemming tot de ontzegeling geven en het vrije beheer over hun goederen hebben.

(Zie ook: art. 671 Rv)

Art. 667

1. De in artikel 660 onder 1° en 3° onder a bedoelde personen en degene die de verzegeling heeft uitgelokt worden opgeroepen om op het verzoek te worden gehoord, indien zij het verlangen daartoe tijdig aan de notaris die de verzegeling heeft verricht, hebben medegedeeld met opgave van de redenen van dit verlangen en van hun woonplaats.

2. Bij het verzoekschrift wordt een verklaring van de notaris overgelegd waaruit blijkt of en, zo ja, welke mededelingen zijn gedaan.

Art. 668

De ontzegeling geschiedt door de in het verlof tot ontzegeling aangewezen notaris. *(Zie ook: art. 658 Rv)*

Art. 669

De in artikel 660 onder 1° en 3° onder a bedoelde personen en degene die de verzegeling heeft uitgelokt worden door de notaris ten minste vierentwintig uur tevoren van het tijdstip van ontzegeling op de hoogte gesteld. Hetzelfde geldt voor de schuldeiser van de nalatenschap of gemeenschap die zijn verlangen daartoe tijdig aan de notaris heeft medegedeeld met opgave van zijn vordering en van zijn woonplaats.

Art. 670

Het proces-verbaal van de ontzegeling moet bevatten:

1°. dag en uur waarop zij gedaan wordt;

2°. naam, voornaam en woonplaats of gekozen woonplaats van hem die de ontzegeling verzocht heeft;

3°. vermelding van het verlof tot ontzegeling;

4°. vermelding van de in artikel 669 bedoelde mededelingen;

5°. de verschijning van partijen en hun opmerkingen;

6°. de herkenning van de zegels en de bevinding daarvan als gaaf en ongeschonden, of indien zij dit niet mochten zijn, de vermelding van de toestand waarin zij worden bevonden.

(Zie ook: art. 676 Rv)

Openen van boeken en papieren

Afgifte aan rechthebbende

Foto's en kopieën van verzegelde zaken

Achterwege blijven van verzegeling

Zaken die buiten verzegeling blijven

Verzoek tot ontzegeling

Personen die gehoord worden

Ontzegeling

Personen die op de hoogte gesteld worden van het tijdstip van ontzegeling

Proces-verbaal van ontzegeling

B14 art. 671 **Wetboek van Burgerlijke Rechtsvordering**

Derde afdeling
Van boedelbeschrijving

Art. 671

Onderhandse of notariële akte Indien alle partijen zich daarmee verenigen en het vrije beheer over hun goederen hebben, kan een voorgeschreven boedelbeschrijving plaatsvinden bij een onderhandse akte. In alle andere gevallen geschiedt zij bij notariële akte.
(Zie ook: artt. 338, 436 BW Boek 1; art. 1174 BW Boek 4)

Art. 672

Wie boedelbeschrijving kan verzoeken **1.** De kantonrechter van de rechtbank van het arrondissement waarin de boedel zich geheel of voor een groot deel bevindt, kan op verzoek van een der in artikel 660 onder 1° en 3° onder a bedoelde personen of van iemand die daarbij op andere grond voldoende belang heeft, een boedelbeschrijving bevelen door een bij dat bevel aan te wijzen notaris. Tegen het bevel is geen hogere voorziening toegelaten.
(Zie ook: art. 429a Rv)

2. Het verzoek kan worden gedaan tezamen met een verzoek strekkende tot verzegeling of tot ontzegeling.
(Zie ook: art. 658 Rv)

3. Het bevel wordt slechts gegeven, indien de verzoeker zijn recht en belang summierlijk aannemelijk maakt.
(Zie ook: art. 808a Rv; artt. 194, 205 BW Boek 3)

Art. 673

Schouw door notaris Indien de notaris nodig oordeelt de te beschrijven zaken zelf in ogenschouw te nemen, zijn de artikelen 444, 444a en 444b, tweede en derde lid, van overeenkomstige toepassing.
(Zie ook: art. 659 Rv)

Art. 674

Inhoud boedelbeschrijving De boedelbeschrijving zal bevatten:
1°. naam, voornaam en woonplaats van de verschenen of opgeroepen partijen en van de aangewezen schatters;
(Zie ook: art. 675 Rv)
2°. een korte beschrijving van alle tot de boedel behorende goederen en schulden en, zo een der partijen zulks wenst, een schatting van de waarde van de roerende zaken door een of meer door partijen aan te wijzen schatters met hun beëdiging;
3°. een opgave van de plaats waar de beschreven zaken zich bevinden, of waarheen zij zijn overgebracht;
4°. een opgave van tot de boedel behorende geldsommen;
5°. een opgave van de aangetroffen boeken en registers betreffende de boedel, die op de eerste en laatste bladzijden worden gewaarmerkt, ingeval van een notariële beschrijving door de notaris en ingeval van een onderhandse beschrijving door de partijen;
6°. vermelding van de akten die op de goederen en de schulden van de boedel betrekking hebben;
7°. ingeval van een notariële beschrijving: vermelding van de eed, af te leggen in handen van de notaris, van hen die vóór de beschrijving de goederen in hun macht hadden of het huis waarin deze zich bevinden bewoond hebben, dat zij niets hebben verduisterd, noch gezien hebben, noch weten dat iets verduisterd is.
(Zie ook: art. 662 Rv; art. 15 BW Boek 4)

Art. 675

Benoeming van schatters Indien partijen het niet eens worden over de aanwijzing van de schatters, worden deze benoemd door de notaris of in geval van een onderhandse boedelbeschrijving, door de in artikel 672 bedoelde kantonrechter.

Vierde afdeling
Van geschillen in verband met verzegeling, ontzegeling en boedelbeschrijving

Art. 676

Bevoegde rechter in kort geding Geschillen die in verband met een verzegeling, ontzegeling of boedelbeschrijving rijzen, worden in kort geding gebracht voor de voorzieningenrechter van de rechtbank in welker rechtsgebied de verzegeling is geschiedt of de te beschrijven boedel zich geheel of grotendeels bevindt.

Vierde afdeling A
Rechtsmiddelen tegen beschikkingen in procedures betreffende een nalatenschap

Art. 676a

Geen andere voorziening dan cassatie in het belang der wet staat open tegen beschikkingen ingevolge:

a. artikel 25, vierde lid, van Boek 4 van het Burgerlijk Wetboek;
b. artikel 77 van het Burgerlijk Wetboek;
c. artikel 143 lid 1, tweede zin, van Boek 4 van het Burgerlijk Wetboek;
d. artikel 147, tweede lid, van Boek 4 van het Burgerlijk Wetboek;
e. artikel 149, tweede lid, tweede zin, van Boek 4 van het Burgerlijk Wetboek;
f. artikel 150 lid 2, tweede zin, van Boek 4 van het Burgerlijk Wetboek;
g. artikel 157, vierde lid, van Boek 4 van het Burgerlijk Wetboek;
h. artikel 164, tweede lid, tweede zin, van Boek 4 van het Burgerlijk Wetboek;
i. artikel 173, derde zin, van van Boek 4 het Burgerlijk Wetboek, waarbij een machtiging als in die bepaling bedoeld wordt verleend;
j. artikel 185 lid 2 van Boek 4 van het Burgerlijk Wetboek waarbij maatregelen als in die bepaling bedoeld worden voorgeschreven;
k. artikel 185, derde lid, van Boek 4 van het Burgerlijk Wetboek;
l. artikel 191, tweede lid, van Boek 4 van het Burgerlijk Wetboek, waarbij maatregelen als in die bepaling bedoeld worden voorgeschreven;
m. artikel 192, tweede lid, van Boek 4 van het Burgerlijk Wetboek;
n. artikel 196, tweede lid, van Boek 4 van het Burgerlijk Wetboek;
o. artikel 197, tweede lid, eerste zin, van Boek 4 van het Burgerlijk Wetboek;
p. artikel 201, tweede lid, van Boek 4 van het Burgerlijk Wetboek;
q. artikel 202, eerste lid, onder a, van Boek 4 van het Burgerlijk Wetboek;
r. artikel 206, vijfde lid, tweede zin, van Boek 4 van het Burgerlijk Wetboek;
s. artikel 211, vierde lid, van Boek 4 van het Burgerlijk Wetboek;
t. artikel 215, tweede lid, tweede zin, van Boek 4 van het Burgerlijk Wetboek;
u. artikel 218, eerste lid, tweede zin, van Boek 4 van het Burgerlijk Wetboek;
v. artikel 221, tweede lid, eerste zin, van Boek 4 van het Burgerlijk Wetboek;
w. artikel 223, eerste lid, tweede zin, van Boek 4 van het Burgerlijk Wetboek;
x. artikel 226, derde lid, van Boek 4 van het Burgerlijk Wetboek, waarbij een machtiging als in die bepaling bedoeld wordt verleend.

Cassatie in belang der wet tegen beschikkingen in procedures betreffende nalatenschappen

Art. 676b

Van de beschikkingen van de rechter-commissaris ingevolge afdeling 3 van titel 6 van Boek 4 van het Burgerlijk Wetboek is gedurende vijf dagen hoger beroep op de rechtbank toegelaten, behoudens voor zover het beschikkingen betreft waartegen, indien zij door de kantonrechter waren gegeven, geen hogere voorziening is toegelaten.

Hoger beroep tegen beschikking R-C

Vijfde afdeling
Van de verdeling van een gemeenschap

Art. 677

1. Het vonnis waarbij een vordering tot verdeling van een gemeenschap wordt toegewezen zonder dat de rechter de vaststelling van de verdeling aan zich houdt, zal inhouden een bevel tot verdeling ten overstaan van een notaris, alsmede, zo partijen het over de keuze niet eens zijn, de benoeming van deze notaris. De rechter die een notaris benoemt, kan de zaak voor wat betreft hetgeen overigens ter zake van de verdeling is gevorderd, aanhouden tot is gebleken of de notaris partijen kan verenigen. De griffier van het gerecht dat de benoeming deed, zendt de notaris onverwijld een expeditie van de uitspraak.

Bevel tot verdeling

2. Op verlangen van elk der partijen kan het vonnis tevens de benoeming inhouden van een onzijdig persoon als bedoeld in artikel 181 van Boek 3 van het Burgerlijk Wetboek.

Onzijdig persoon

3. De notaris bepaalt dag en uur waarop partijen voor hem moeten verschijnen en roept hen tegen het vastgestelde tijdstip op. Indien zij niet allen verschijnen, kan hij partijen een of meer malen tegen een nieuwe dag oproepen.

Verschijning voor notaris

4. De bepalingen van deze afdeling zijn van overeenkomstige toepassing op verzoeken en beschikkingen betreffende de verdeling van een gemeenschap van goederen die door of tijdens een huwelijk of een geregistreerd partnerschap is ontstaan.
(Zie ook: artt. 166, 178, 183, 185 BW Boek 3)

Art. 678

1. Indien de notaris partijen niet kan verenigen, constateert hij dit in een proces-verbaal, waarin hij desverlangd opgeeft op welke punten partijen reeds tot overeenstemming zijn gekomen.

Geen vereniging van partijen

B14 art. 679 **Wetboek van Burgerlijke Rechtsvordering**

Vordering tot vaststelling verdeling door de rechter

2. Zolang geen volledige overeenstemming is bereikt, kan de meest gerede partij vorderen dat de rechter de wijze van verdeling gelast of zelf de verdeling vaststelt, dan wel wat overigens ter zake van hetgeen partijen verdeeld houdt, nodig mocht zijn.

3. Zolang hem geen afschrift van het in het eerste lid bedoelde proces-verbaal wordt overgelegd, kan de rechter op verlangen van elk der partijen de zaak aanhouden ten einde de notaris opnieuw gelegenheid te geven tot toepassing van het derde lid van het vorige artikel.

(Zie ook: art. 56 Rv)

Art. 679

Schatting waarde van gemeenschap

1. Indien partijen het niet eens worden over de benoeming van een deskundige om de waarde van een of meer der te verdelen goederen te schatten, geschiedt de benoeming op verzoek van de meest gerede partij door de kantonrechter van de rechtbank van het arrondissement waarin de goederen zich bevinden. Bevinden zij zich in het buitenland, dan is de kantonrechter van de rechtbank Amsterdam bevoegd.

(Zie ook: art. 675 Rv)

2. Is met betrekking tot de verdeling een procedure aanhangig, dan kan de benoeming ook, op verlangen van een der partijen of ambtshalve, worden gedaan door de rechter voor wie de zaak in eerste aanleg of in hoger beroep dient of door de rechter voor wie een getuigenverhoor of verschijning van partijen is gelast.

Art. 680

Vordering tot verdeling gehele gemeenschap

1. Indien een vordering tot verdeling, tot gelasten van de wijze van verdeling of tot vaststelling van een verdeling niet de gehele voor verdeling vatbare gemeenschap betreft, kan ieder van de gedaagden overeenkomstig de hem in de artikelen 179 en 185 van Boek 3 van het Burgerlijk Wetboek toegekende bevoegdheden eisen dat de verdeling van de gehele voor verdeling vatbare gemeenschap wordt bevolen of door de rechter zelf wordt vastgesteld.

Verdeling door de rechter

2. Indien de vordering strekt tot het verkrijgen van een bevel tot verdeling of tot de wijze van verdeling van de gehele voor verdeling vatbare gemeenschap, kan ieder van de gedaagden vaststelling van de verdeling door de rechter zelf vorderen.

Tijdstip waarop eisen gedaan moeten worden Niet-verschijning van gedaagde(n)

3. De in de vorige leden bedoelde eis moet worden gedaan voor alle weren die niet de bevoegdheid van de rechter of zekerheidstelling overeenkomstig artikel 224 betreffen.

4. Zijn een of meer partijen niet verschenen, dan doet degene die de eis heeft gedaan haar aan hem betekenen met inachtneming van de voor dagvaarding voorgeschreven termijnen en met oproeping tegen de dag waarop hij de zaak wederom ter rolle wil doen dienen. Deze dag zal niet later mogen worden gesteld dan drie maanden na de dag waartegen de op te roepen partij voor wie de langste termijn van dagvaarding geldt, op zijn vroegst gedagvaard zou mogen worden. De rechter kan, uiterlijk op de dag waartegen is opgeroepen, oproeping tegen een latere dag toestaan.

(Zie ook: art. 20 Uw EEX)

Betrokkenen in het geding roepen

5. Zijn niet allen die aan de verdeling dienen mee te werken in het geding betrokken, dan kan ieder van de gedaagden hen met overeenkomstige toepassing van het vorige lid alsnog in het geding roepen, met betekening tevens van een afschrift van de aan hem zelf uitgebrachte dagvaarding.

(Zie ook: art. 136 BW Boek 1)

Art. 681-699

[Vervallen]

Vierde titel
Van middelen tot bewaring van zijn recht

Eerste afdeling
Algemene bepalingen

Art. 700

Verlof president rechtbank

1. Voor het leggen van conservatoir beslag is verlof vereist van de voorzieningenrechter van de rechtbank binnen welker rechtsgebied zich een of meer van de betrokken zaken bevinden, dan wel, indien het beslag niet op zaken betrekking heeft, de schuldenaar of degene of een dergenen onder wie het beslag gelegd wordt, woonplaats heeft.

(Zie ook: artt. 711, 725, 730 Rv)

Inhoud verzoekschrift; summier onderzoek

2. Het verlof wordt verzocht bij een verzoekschrift waarin de aard van het te leggen beslag en van het door de verzoeker ingeroepen recht en, zo dit recht een geldvordering is, ook het bedrag of, zo dit nog niet vaststaat, het maximum bedrag daarvan, worden vermeld, onverminderd de bijzondere eisen door de wet gesteld voor een beslag van de soort waarom het gaat. De voorzieningenrechter beslist na summier onderzoek. In geval van een geldvordering stelt hij het bedrag vast waarvoor het verlof wordt verleend, met inbegrip van de kosten waarin de schuldenaar zal kunnen worden veroordeeld. Bij het verlof kan de voorzieningenrechter, onverminderd

artikel 64, derde lid, tevens verlof verlenen het beslag te leggen op alle dagen en uren. Tegen een krachtens dit lid gegeven verlof is geen hogere voorziening toegelaten.

3. Tenzij op het tijdstip van het verlof reeds een eis in de hoofdzaak is ingesteld, wordt het verlof verleend onder voorwaarde dat het instellen daarvan geschiedt binnen een door de voorzieningenrechter daartoe te bepalen termijn van ten minste acht dagen na het beslag. De voorzieningenrechter kan de termijn verlengen, indien de beslaglegger dit voor het verstrijken van de termijn verzoekt. Tegen de beschikking is geen hogere voorziening toegelaten. In het geval van een beslag als bedoeld in artikel 714 of artikel 718 moet de verlenging, om haar werking te hebben, binnen acht dagen na het tijdstip waarop de termijn zonder verlenging zou verstrijken, schriftelijk zijn medegedeeld aan de in artikel 715 bedoelde vennootschap, onderscheidenlijk de in artikel 718 bedoelde derde. Overschrijding van de termijn voor het instellen van een eis in de hoofdzaak doet het beslag vervallen.

(Zie ook: art. 710a Rv)

4. Verlof tot het leggen van beslag ten laste van een instelling als bedoeld in artikel 212a, onder a, van de Faillissementswet kan slechts worden verleend nadat de instelling in de gelegenheid is gesteld om te worden gehoord, tenzij het beslag uitsluitend op zaken betrekking heeft.

Art. 701

1. De voorzieningenrechter kan het verlof verlenen onder voorwaarde dat tot een door hem te bepalen bedrag zekerheid wordt gesteld voor schade die door het beslag kan worden veroorzaakt.

2. De zekerheid moet voor of bij de betekening van het beslagexploot aan de beslagene worden aangeboden. Voor het overige is artikel 616 van toepassing.

(Zie ook: art. 51 BW Boek 6)

Art. 702

1. Tenzij de wet anders bepaalt, wordt een conservatoir beslag gelegd met overeenkomstige toepassing van artikel 441, derde lid, en van de voorschriften, geldende voor het leggen van executoriaal beslag tot verhaal van een geldvordering op een goed van de soort als in beslag genomen wordt. In plaats van de executoriale titel wordt in het beslagexploot het in artikel 700 bedoelde verlof van de voorzieningenrechter vermeld.

2. Dit verlof en het verzoekschrift waarop het is gegeven worden tezamen met het beslagexploot aan de beslagene betekend.

Art. 703

Het beslag mag niet worden gelegd op goederen bestemd voor de openbare dienst of op goederen die De Nederlandsche Bank N.V. onder zich heeft ten behoeve van een systeem als bedoeld in artikel 212a, onder b, van de Faillissementswet.

(Zie ook: art. 436 Rv)

Art. 704

1. Zodra de beslaglegger in de hoofdzaak een executoriale titel heeft verkregen en deze voor tenuitvoerlegging vatbaar is geworden, gaat het conservatoir beslag over in een executoriaal beslag, mits de verkregen titel aan de beslagene en, zo het beslag onder een derde is gelegd, ook aan deze is betekend.

(Zie ook: art. 722 Rv)

2. Wordt de eis in de hoofdzaak afgewezen, en is deze afwijzing in kracht van gewijsde gegaan, dan vervalt daardoor tevens van rechtswege het beslag. Hetzelfde geldt, indien voor de tenuitvoerlegging van de beslissing in de hoofdzaak een rechterlijk bevelschrift of verlof nodig is, en de beslissing waarbij dit door de rechter is geweigerd in kracht van gewijsde is gegaan.

Art. 705

1. De voorzieningenrechter die verlof tot het beslag heeft gegeven kan, rechtdoende in kort geding, het beslag op vordering van elke belanghebbende opheffen, onverminderd de bevoegdheid van de gewone rechter.

(Zie ook: art. 438 Rv)

2. De opheffing wordt onder meer uitgesproken bij verzuim van op straffe van nietigheid voorgeschreven vormen, indien summierlijk van de ondeugdelijkheid van het door de beslaglegger ingeroepen recht of van het onnodige van het beslag blijkt, of, zo het beslag is gelegd voor een geldvordering, indien voor deze vordering voldoende zekerheid wordt gesteld.

3. Artikel 63, tweede lid, en artikel 438, derde lid, derde zin, vierde, vijfde en zesde lid van het Wetboek van Burgerlijke Rechtsvordering, zijn van overeenkomstige toepassing.

Art. 706

De kosten van het beslag kunnen, al of niet in de hoofdzaak, van de beslagene worden teruggevorderd, tenzij het beslag nietig, onnodig of onrechtmatig was.

Art. 707

Hetgeen is bepaald omtrent conservatoir beslag op een goed, is van overeenkomstige toepassing op conservatoir beslag op een beperkt recht op of een aandeel in een zodanig goed.

(Zie ook: art. 437 Rv)

Art. 708

Goed van een ander dan de schuldenaar

1. Hetgeen is bepaald omtrent conservatoir beslag op een goed van de schuldenaar is van overeenkomstige toepassing op conservatoir beslag op een goed waarop de schuldeiser zich kan verhalen en dat aan een ander dan de schuldenaar toebehoort. De beslaglegger is in dit geval verplicht het beslag binnen acht dagen aan de schuldenaar te betekenen.

Betekening van beslag

2. Wordt het beslag ten laste van de schuldenaar gelegd, dan is de beslaglegger verplicht het binnen acht dagen aan de ander te betekenen of, zo hij diens recht niet kent, onverwijld nadat hij van dat recht kennis heeft gekregen. Indien de ander, voordat acht dagen na deze betekening zijn verstreken, schriftelijk aan de deurwaarder mededeelt zich tegen het voorgenomen verhaal op zijn goed te verzetten, gaat het beslag jegens hem slechts over in een executoriaal beslag uit hoofde van een tegen hem verkregen executoriale titel om de executie te dulden. *(Zie ook: artt. 435, 626 Rv; art. 48 BW Boek 3)*

Art. 709

Gerechtelijke bewaring

1. Op verzoek van degene die verlof vraagt tot het leggen van conservatoir beslag op roerende zaken die geen registergoederen zijn, of die op zodanige zaken reeds beslag heeft gelegd, kan de voorzieningenrechter die het verlof geeft of heeft gegeven of in het rechtsgebied van wiens rechtbank zich een of meer van de betrokken zaken bevinden, bevelen dat zij tevens ter gerechtelijke bewaring zullen worden afgegeven aan een door de voorzieningenrechter aan te wijzen bewaarder.

(Zie ook: artt. 446, 491 Rv)

2. Een overeenkomstig verzoek kan worden gedaan door een pandhouder als bedoeld in artikel 237 van Boek 3 van het Burgerlijk Wetboek, wanneer op de verpande zaak conservatoir of executoriaal beslag is gelegd.

(Zie ook: artt. 496, 710a Rv)

3. De voorzieningenrechter wijst het verzoek niet toe dan na de beslagene en eventuele andere belanghebbenden gelegenheid te hebben gegeven te worden gehoord, tenzij bijzondere omstandigheden eisen dat het bevel terstond wordt gegeven. Tegen het bevel is geen hogere voorziening toegelaten.

(Zie ook: art. 710a Rv)

4. Artikel 701 is van overeenkomstige toepassing.

Art. 710

Onderbewindstelling

1. Indien over één of meer goederen geschil bestaat aan wie van twee of meer partijen zij toekomen, kunnen zij op vordering van elk der partijen in kort geding onder bewind worden gesteld door de voorzieningenrechter van de rechtbank in welker rechtsgebied zich een of meer van de betrokken zaken bevinden of waarvoor de hoofdzaak aanhangig is of die naar de gewone regels bevoegd zou zijn van de hoofdzaak kennis te nemen.

2. Tenzij reeds een eis in de hoofdzaak is ingesteld, vindt onderbewindstelling slechts plaats onder voorwaarde dat deze eis binnen een door de voorzieningenrechter daartoe te bepalen termijn ingesteld wordt. De voorzieningenrechter kan de termijn verlengen, indien dit voor het verstrijken van de termijn door een der partijen of de bewindvoerder wordt verzocht. Tegen de beschikking is geen hogere voorziening toegelaten. Overschrijding van de termijn doet het bewind eindigen.

(Zie ook: art. 700 Rv)

3. Door partijen op een of meer van de goederen gelegde beslagen beperken de bewindvoerder niet in de hem als zodanig toekomende bevoegdheden.

4. De bewindvoerder doet de onder het bewind staande goederen toekomen aan degene die daarop krachtens een in kracht van gewijsde gegane of uitvoerbaar bij voorraad verklaarde uitspraak recht heeft, tenzij de voorzieningenrechter anders heeft bepaald.

5. De voorzieningenrechter kan voor het bewind zodanige voorschriften geven als hij dienstig acht. Op het bewind zijn, voor zover deze voorschriften niet anders bepalen de artikelen 433 lid 1, 435, 436 leden 1-3, 437, 438 lid 1, 439, 441 lid 1, eerste zin, en 442-448 van Boek 1 van het Burgerlijk Wetboek van toepassing. Het kan door een gezamenlijk besluit van partijen of op verzoek van een hunner door de voorzieningenrechter worden opgeheven.

Art. 710a

Indiening verzoekschrift door deurwaarder

De indiening van verzoekschriften krachtens de artikelen 700, derde lid, tweede volzin, 709, tweede en derde lid, 715, tweede lid, derde volzin, en 721, tweede volzin, kan ook door een deurwaarder geschieden. Indien een deurwaarder het verzoekschrift indient, geldt zijn kantoor als gekozen woonplaats van de verzoeker.

(Zie ook: art. 438a Rv)

Tweede afdeling
Van conservatoir beslag in handen van de schuldenaar

Art. 711

1. Verlof om conservatoir beslag tot verhaal van een geldvordering te leggen op roerende zaken die geen registergoederen zijn en op rechten aan toonder of order wordt slechts verleend, indien de schuldeiser aantoont dat er gegronde vrees bestaat voor verduistering hetzij door de schuldenaar van zijn goederen hetzij, zo de voor het beslag vatbare goederen aan een ander dan de schuldenaar toebehoren, door deze ander van die goederen.
(Zie ook: art. 626 Rv)

2. De eis van vrees voor verduistering geldt niet wanneer het verlof wordt verleend aan de houder van een wisselbrief, een orderbiljet of cheque, waarvan de non-betaling door protest of een voor de cheque daarmee gelijk te stellen verklaring is vastgesteld, telkens voor hetgeen deze houder te vorderen heeft van de trekker, de acceptant, de avalist en de endossanten. Ook artikel 701 mist in dit geval toepassing.
(Zie ook: artt. 142, 217 WvK)

3. De vorige leden zijn mede van toepassing op de goederen bedoeld in artikel 474bb. Het in beslag te nemen goed moet in het in artikel 700, tweede lid, bedoelde verzoekschrift worden omschreven.

Art. 712

De artikelen 441, eerste lid, 442–445, 447, 448, 451, 453a, 455a, 457 en 461d zijn op de in het vorige artikel bedoelde beslag van overeenkomstige toepassing.

Art. 713

Wordt het beslag gelegd op een recht aan toonder of order, dan worden de in artikel 474b bedoelde baten geïnd door de bewaarder van het papier en zijn voorts dat artikel en artikel 474ba van overeenkomstige toepassing.
(Zie ook: art. 445 Rv)

Derde afdeling
Van conservatoir beslag op aandelen op naam, en effecten op naam die geen aandelen zijn

Art. 714

De bepalingen van de artikelen 474b, tweede lid, 474ba en 711, eerste en tweede lid, zijn van overeenkomstige toepassing op het conservatoir beslag tot verhaal van een geldvordering op aandelen op naam en effecten op naam die geen aandelen zijn.

Art. 715

[1.] Conservatoir beslag op aandelen op naam in een naamloze vennootschap of besloten vennootschap met beperkte aansprakelijkheid wordt gelegd op de wijze en met de gevolgen als bepaald in de artikelen 474c, 474d, 474e en 474f, met dien verstande dat het verlof van de voorzieningenrechter van de rechtbank treedt in de plaats van de executoriale titel.

[2.] Het beslagexploit houdt in waar de hoofdzaak aanhangig is of binnen welke termijn zij blijkens het verlof ingesteld moet worden. Is nog geen eis in de hoofdzaak ingesteld, dan is de beslaglegger verplicht binnen acht dagen na dit instellen een afschrift van de dagvaarding of, zo de eis op andere wijze is ingesteld, van het stuk waarbij dit geschiedde, aan de vennootschap te betekenen. De voorzieningenrechter kan deze termijn op verzoek van de beslaglegger verlengen, in dier voege dat de verlenging om haar werking te hebben binnen acht dagen na het verstrijken van de termijn schriftelijk aan de vennootschap moet zijn medegedeeld. Tegen de beschikking is geen hogere voorziening toegelaten.
(Zie ook: artt. 700, 710a Rv)

[3.] De termijn, vermeld in artikel 474g, eerste lid, eindigt eerst één maand na de dag, waarop de in kracht van gewijsde gegane executoriale titel aan de vennootschap is betekend.

Art. 716

Ten aanzien van de baten uit in beslag genomen aandelen op naam voortvloeiende geldt het beslag als een beslag onder de vennootschap. Van deze baten doet de vennootschap verklaring aan de rechtbank alvorens deze de beschikking bedoeld in artikel 474g geeft. Bij deze beschikking wordt tevens beslist omtrent de deugdelijkheid van deze verklaring, en wordt de afgifte van de baten aan de deurwaarder gelast, mits alle kosten aan de zijde van de vennootschap ter zake van de deugdelijk bevonden verklaring worden vergoed.
(Zie ook: artt. 474b, 713 Rv)

Art. 717

1. De bepalingen van de artikelen 715 en 716 zijn voor zover mogelijk eveneens van toepassing op andere aandelen op naam dan in een naamloze vennootschap of besloten vennootschap met beperkte aansprakelijkheid en op effecten op naam die geen aandelen zijn.

B14 art. 718 **Wetboek van Burgerlijke Rechtsvordering**

Lidmaatschapsrechten 2. Lidmaatschapsrechten in verenigingen worden als effecten op naam aangemerkt, indien zij voor vervreemding vatbaar zijn.
(Zie ook: art. 34 BW Boek 2)

Vierde afdeling
Van conservatoir beslag onder derden

Art. 718

Goederen waarop derdenbeslag mogelijk is Een schuldeiser kan onder derden conservatoir beslag leggen op de in artikel 475 bedoelde goederen.

Art. 719

Inhoud beslagexploit 1. Onverminderd hetgeen voortvloeit uit artikel 702, moeten op straffe van nietigheid in het beslagexploot worden vermeld het bedrag waarvoor het in artikel 700 bedoelde verlof werd verleend, alsmede waar de hoofdzaak aanhangig is of binnen welke termijn zij blijkens het verlof ingesteld moet worden.
(Zie ook: art. 715 Rv)
2. Bij het beslagexploot wordt aan de derde tevens een afschrift betekend van het verlof van de voorzieningenrechter en van het verzoekschrift waarop het is gegeven.

Art. 720

Artikelen die van overeenkomstige toepassing zijn De artikelen 475, derde lid, 475a, 475b tot en met 475i, 476a en 476b, 479 en 479a zijn van overeenkomstige toepassing. In het geval van artikel 475a, vierde lid, moet de vordering waarop het beslag wordt gelegd in het verzoekschrift waarbij verlof van de voorzieningenrechter wordt gevraagd, uitdrukkelijk worden omschreven. Verlof tot het leggen van beslag op een vordering tot een in artikel 475c vermelde periodieke betaling kan slechts worden verleend, nadat de schuldenaar is gehoord of hij de gelegenheid te worden gehoord, ongebruikt heeft laten voorbijgaan.

Art. 721

Betekening aan derde van dagvaarding in hoofdzaak De beslaglegger is op straffe van nietigheid van het beslag verplicht om, zo de eis in de hoofdzaak na het beslag wordt ingesteld, binnen acht dagen na dit instellen een afschrift van de dagvaarding of, zo de eis op andere wijze is ingesteld, van het stuk waarbij het is geschied, aan de derde te betekenen. De voorzieningenrechter kan deze termijn op verzoek van de beslaglegger verlengen, in dier voege dat de verlenging om haar werking te hebben binnen acht dagen na het verstrijken van de termijn schriftelijk aan de derde moet zijn medegedeeld. Tegen de beschikking is geen hogere voorziening toegelaten.
(Zie ook: artt. 710a, 715 Rv)

Art. 722

Betekening aan derde van executoriale titel De betekening aan de derde, in het eerste lid van artikel 704 voorgeschreven, dient te geschieden binnen één maand nadat ter zake van de hoofdvordering een executoriale titel is verkregen en deze voor tenuitvoerlegging vatbaar is geworden; blijft betekening binnen deze termijn uit, dan zullen de betalingen door de derde gedaan, van waarde zijn.

Art. 723

Aanvang termijn De in artikel 477 bedoelde verplichting van de derde en de in 477a bedoelde bevoegdheden van de executant gaan niet in voordat vier weken sedert de in het vorige artikel bedoelde betekening zijn verstreken.

Vijfde afdeling
Van conservatoir beslag onder de schuldeiser zelf

Art. 724

Goederen waarop dit beslag mogelijk is 1. Een schuldeiser kan onder zichzelf beslag leggen op de in artikel 479h bedoelde goederen. Deze goederen moeten in het in artikel 700, tweede lid, bedoelde verzoekschrift worden omschreven.
2. De artikelen 475a, eerste tot en met derde lid, en 475ab tot en met 475h en 475i, tweede tot en met vijfde lid zijn van overeenkomstige toepassing.
3. De termijn van artikel 479j, eerste lid, begint te lopen vanaf de dag dat de schuldeiser een executoriale titel heeft verkregen en deze voor tenuitvoerlegging vatbaar is geworden en aan de schuldenaar is betekend.
(Zie ook: art. 704 Rv)

Vijfde afdeling A
Van conservatoir beslag op de rechten uit een sommenverzekering

Art. 724a

1. Een schuldeiser kan conservatoir beslag leggen op de rechten die voor de verzekeringnemer voortvloeien uit een sommenverzekering. Voorts kan in de gevallen, bedoeld in artikel 479ka, eerste lid, conservatoir beslag worden gelegd ten laste van degene die tot het ontvangen van een uitkering uit sommenverzekering is aangewezen. De artikelen 479kb, eerste lid, 479kc, 479m, tweede en derde lid, 479o, eerste lid, 479p, eerste lid, eerste volzin, en 479r, eerste lid, zijn van overeenkomstige toepassing.

2. Het beslag wordt onder de verzekeraar gelegd op de wijze en met de gevolgen als in de vierde afdeling is bepaald, tenzij de rechten van de verzekeringnemer of de begunstigde aan toonder of order zijn gesteld. In het geval, bedoeld aan het slot van de eerste volzin, wordt het beslag gelegd op de wijze en met de gevolgen als in de tweede afdeling is bepaald.

Zesde afdeling
Van conservatoir beslag op onroerende zaken

Art. 725

Indien is voldaan aan de eisen die in artikel 711, eerste en tweede lid, voor het verlof worden gesteld, kan ook verlof verleend worden om beslag te leggen op een of meer bepaald aan te wijzen onroerende zaken.

Art. 726

1. De artikelen 504a, eerste lid, 505, 506, 507a, 507b en 513a zijn van overeenkomstige toepassing.

2. De termijn van artikel 508 begint te lopen vanaf de dag dat de schuldeiser een executoriale titel heeft verkregen en deze voor tenuitvoerlegging vatbaar is geworden en aan de schuldenaar is betekend.

(Zie ook: artt. 724, 728a Rv)

Art. 727

Indien de eis in de hoofdzaak niet binnen de overeenkomstig artikel 700, derde lid, bepaalde termijn is ingesteld, is de beslaglegger verplicht de inschrijving van het beslag in de openbare registers onverwijld te doen doorhalen op straffe van schadevergoeding.

(Zie ook: artt. 513a, 728b Rv)

Zesde afdeling A
Van conservatoir beslag op schepen

Art. 728

1. Tot het geven van verlof tot het leggen van conservatoir beslag op schepen zijn mede bevoegd de voorzieningenrechter van de rechtbank in het rechtsgebied waarbinnen het schip wordt verwacht en de voorzieningenrechter van de rechtbank Rotterdam.

Artikel 711, eerste lid, is niet van toepassing. Artikel 712 is evenmin van toepassing, tenzij het beslag is gelegd op een schip als bedoeld in artikel 576.

2. In het proces-verbaal van inbeslagneming kan woonplaats worden gekozen ten kantore van de deurwaarder in plaats van bij een notaris. Tevens kan woonplaats worden gekozen in Nederland ten kantore van een advocaat.

(Zie ook: artt. 565, 700 t/m 710, 730 t/m 737, 765 t/m 767 Rv)

Art. 728a

1. Artikel 708, tweede lid, is niet van toepassing. De artikelen 566, 567 en 513a zijn van overeenkomstige toepassing.

2. De termijn van artikel 508, in verbinding met artikel 568, begint te lopen vanaf de dag dat de schuldeiser een executoriale titel heeft verkregen en deze voor tenuitvoerlegging vatbaar is geworden en is betekend aan de schuldenaar jegens wie deze titel luidt.

(Zie ook: art. 726 Rv)

Art. 728b

Indien het beslag is gelegd op een schip dat te boek staat in de openbare registers, bedoeld in afdeling 2 van titel 1 van Boek 3 van het Burgerlijk Wetboek en de eis in hoofdzaak niet binnen de overeenkomstig artikel 700, derde lid, bepaalde termijn is ingesteld, is de beslaglegger verplicht de waardeloosheid van de inschrijving van het beslag onverwijld te doen inschrijven op straffe van schadevergoeding.

(Zie ook: art. 727 Rv)

Zesde afdeling B

Van conservatoir beslag op luchtvaartuigen

Art. 729

Conservatoir beslag op luchtvaartuigen

1. Deze afdeling geldt uitsluitend voor in het in de openbare registers te boek staande luchtvaartuigen en voor luchtvaartuigen van de nationaliteit van een vreemde staat, ten aanzien van welke het op 29 mei 1933 te Rome gesloten verdrag tot het vaststellen van enige eenvormige bepalingen inzake conservatoir beslag op luchtvaartuigen van kracht is.

2. De in artikel 1300 van Boek 8 van het Burgerlijk Wetboek opgenomen begripsomschrijvingen gelden ook voor de onderhavige afdeling.

(Zie ook: artt. 584a, 700 t/m 710, 730 t/m 737, 765 t/m 767 Rv)

Art. 729a

Niet voor beslag vatbare luchtvaartuigen

1. Voor beslag zijn niet vatbaar:

a. luchtvaartuigen, welke bij uitsluiting zijn bestemd voor den dienst van een vreemde Staat, postvervoer daaronder begrepen, doch met uitsluiting van handelsvervoer;

b. luchtvaartuigen, welke daadwerkelijk in dienst zijn gesteld op een geregelde luchtlijn van openbaar vervoer en de daarvoor onontbeerlijke reserveluchtvaartuigen;

c. elk ander luchtvaartuig, dat dient voor het vervoer van personen of zaken tegen betaling, wanneer het gereed staat voor zulk een vervoer te vertrekken; behalve in geval het beslag wordt gelegd voor een schuld, aangegaan ten behoeve van de reis, welke het luchtvaartuig op het punt staat te ondernemen of voor een vordering, welke tijdens de reis is ontstaan.

2. Het bepaalde in het vorige lid is niet van toepassing ten aanzien van beslag, hetwelk wordt gelegd ter zake van terugvordering van een ontvreemd luchtvaartuig.

(Zie ook: art. 703 Rv; art. 86 BW Boek 3)

Art. 729b

Geen beslag bij voldoende zekerheidstelling

1. Onverminderd het bepaalde in artikel 729a mag geen beslag op een luchtvaartuig worden gelegd, indien ter voorkoming daarvan voldoende zekerheid is gesteld. Onmiddellijke opheffing van gelegd beslag zal worden gelast, wanneer voldoende zekerheid wordt gesteld.

(Zie ook: art. 705 Rv)

2. De zekerheid is voldoende, indien zij het bedrag van de schuldvordering en de kosten dekt en uitsluitend is bestemd voor de betaling van de schuldeiser, of indien zij de waarde van het luchtvaartuig dekt, ingeval deze geringer is dan het bedrag van de schuld en de kosten.

3. Wanneer bij het aanbieden van zekerheid ter voorkoming van beslag geschil ontstaat over het bedrag of de aard van de te stellen zekerheid, beslist de voorzieningenrechter van de rechtbank, binnen welker gebied het luchtvaartuig zich bevindt, op verzoek van de meest gerede partij, na verhoor of behoorlijke oproeping.

(Zie ook: art. 51 BW Boek 6)

Art. 729c

Verplichting beslaglegger tot schadevergoeding

1. Wanneer in strijd met de overige artikelen van deze afdeling of zonder goede grond beslag op een luchtvaartuig is gelegd, is de beslaglegger gehouden de daardoor ontstane schade te vergoeden.

2. Het eerste lid is mede van toepassing, wanneer de schuldenaar zekerheid heeft moeten stellen om een beslag te voorkomen dat, ware het gelegd, in strijd met de vorige artikelen of zonder goede grond is geweest.

(Zie ook: art. 705 Rv)

Art. 729d

Bevoegdheid tot geven van verlof

1. Tot het geven van verlof tot het leggen van conservatoir beslag op luchtvaartuigen is mede bevoegd de voorzieningenrechter van de rechtbank binnen welker rechtsgebied het luchtvaartuig wordt verwacht. De artikelen 711, eerste lid, en 712 zijn niet van toepassing.

(Zie ook: art. 728 Rv)

2. Artikel 708, tweede lid, tweede zin, is niet van toepassing. De artikelen 584c-584e en 513a zijn van overeenkomstige toepassing.

(Zie ook: art. 728a Rv)

3. Indien het beslag is gelegd op een in het register teboekstaand luchtvaartuig en de eis in de hoofdzaak niet binnen de overeenkomstig artikel 700, derde lid, bepaalde termijn is ingesteld, is de beslaglegger verplicht de inschrijving van het beslag in de openbare registers onverwijld te doen doorhalen op straffe van schadevergoeding.

(Zie ook: artt. 727, 728b Rv)

Art. 729e

Executie

Indien terzake van de hoofdvordering een executoriale titel is verkregen en deze voor tenuitvoerlegging vatbaar is geworden, gaat de beslaglegger tot executie over overeenkomstig artikel 584f.

Zevende afdeling
Van conservatoir beslag tot afgifte van zaken en levering van goederen

Art. 730

Ieder die recht heeft op afgifte van een roerende zaak of levering van een goed of die zodanig recht door een rechterlijke uitspraak tot vernietiging of ontbinding kan verkrijgen, kan deze zaak of dit goed ter bewaring van dit recht in beslag nemen.
(Zie ook: artt. 491, 711 Rv; art. 300 BW Boek 3; ; art. 2 BW Boek 5)

Afgifte van een roerende zaak of levering van een goed

Art. 731

Betreft het recht op afgifte een of meer naar de soort bepaalde zaken, dan zal de deurwaarder een aan dat recht beantwoordende hoeveelheid zaken van die soort in beslag nemen, uit te kiezen door de deurwaarder, tenzij de beslagene tijdig een redelijke andere keuze doet.
(Zie ook: art. 493 Rv)

Afgifte van naar de soort bepaalde zaken

Art. 732

Betreft het recht op afgifte te velde staande vruchten of beplantingen van een onroerende zaak, dan kan uit dien hoofde beslag worden gelegd overeenkomstig artikel 494. In dat geval worden de in artikel 451 aan de kantonrechter toegekende bevoegdheden uitgeoefend door de voorzieningenrechter van de rechtbank, indien dit bij het in artikel 700, tweede lid, bedoelde verzoekschrift wordt verzocht.
(Zie ook: art. 494 Rv)

Te velde staande vruchten of beplantingen van een onroerende zaak

Art. 733

1. Hij die verdeling van een gemeenschap kan vorderen, kan de daartoe behorende goederen in beslag nemen, voor zover zij in het bijzonder in aanmerking komen om aan hem of aan de deelgenoot voor wiens aandeel hij optreedt, te worden toebedeeld.
2. Het beslag vervalt, naarmate de goederen aan een ander worden toebedeeld.
(Zie ook: artt. 658, 735 Rv; artt. 168, 178, 180, 185 BW Boek 3)

Goederen tot gemeenschap behorende

Art. 734

1. Op een beslag als bedoeld in deze afdeling zijn de voorschriften betreffende conservatoir beslag tot verhaal van geldvorderingen van overeenkomstige toepassing, behoudens voor zover dit zou leiden tot toepasselijkheid van de artikelen 447, 448 en 505, derde lid, en 541.
2. In geval van overeenkomstige toepassing van artikel 444b treedt de waarde van het in beslag te nemen goed in de plaats van het bedrag van de vordering waarvoor beslag is gelegd.
3. Artikel 474b is slechts van overeenkomstige toepassing ingeval uit hoofde van het recht waarvoor het beslag is gelegd, tevens recht op de in dat artikel bedoelde baten bestaat.
4. In het in artikel 700, tweede lid, bedoelde verzoekschrift wordt het in beslag te nemen goed omschreven. Vrees voor verduistering behoeft niet te worden gesteld.

Artikelen die van overeenkomstige toepassing zijn

Art. 734a-734d

[Vervallen]

Art. 735

1. Een beslag als bedoeld in de voorgaande artikelen, gelegd ter verkrijging van levering van een goed, blijft van kracht totdat hetzij de levering heeft plaatsgevonden, hetzij zes maanden zijn verstreken, nadat in de hoofdzaak een beslissing is verkregen die een executoriale titel oplevert en die in kracht van gewijsde is gegaan.
(Zie ook: art. 300 BW Boek 3)
2. Een beslag als bedoeld in de voorgaande artikelen van deze afdeling op een roerende zaak die geen registergoed is, gaat krachtens artikel 704, eerste lid, over in een executoriaal beslag als bedoeld in artikel 492, indien de door de beslaglegger verkregen executoriale titel tot afgifte strekt.

Duur van beslag tot levering van goed

Executoriale titel

Art. 736

1. Bij samenloop van een beslag als bedoeld in de onderhavige afdeling met een ander beslag, al of niet van dezelfde aard, kan de meest gerede partij zich tot de rechter wenden, al naar de aard van het andere beslag overeenkomstig artikel 438 of overeenkomstig artikel 705.
2. Wordt op een goed zowel beslag gelegd als bedoeld in de voorgaande artikelen van de onderhavige afdeling als tot verhaal van een geldvordering, dan geldt eerstgenoemd beslag zo nodig tevens als een conservatoir beslag, gelegd tot verhaal van de vordering tot vervangende schadevergoeding wegens uitblijven van afgifte of levering.
3. Een beslag tot verhaal van een vordering tot vervangende schadevergoeding wegens het uitblijven van afgifte of levering kan niet tegen de legger van een beslag tot verkrijging van afgifte of levering van dezelfde zaak of hetzelfde goed worden ingeroepen, indien deze andere goederen van de beslagene aanwijst die voor de vordering voldoende verhaal bieden.
(Zie ook: art. 497 Rv)

Samenloop met ander beslag

Art. 737

1. Een beslag als bedoeld in deze afdeling kan mede worden gelegd door een schuldeiser die door een rechterlijke uitspraak tot vernietiging op grond van artikel 45 van Boek 3 van het Burgerlijk Wetboek de bevoegdheid kan verkrijgen zich op het goed te verhalen.

Beslag door schuldeiser die Pauliana inroept

B14 art. 765 **Wetboek van Burgerlijke Rechtsvordering**

2. Is de vernietiging uitgesproken, dan gaat het beslag over in een conservatoir beslag op het goed tot verhaal van zijn vordering of, als te dier zake is voldaan aan de eisen van artikel 704, eerste lid, in een overeenkomstig executoriaal beslag.

Art. 738-764

[Vervallen]

Achtste afdeling
Van conservatoir beslag tegen schuldenaren zonder bekende woonplaats in Nederland

Art. 765

Vreemdelingenbeslag Indien de schuldenaar geen bekende woonplaats in Nederland heeft, kan in Nederland overeenkomstig de voorgaande afdelingen van deze titel beslag worden gelegd, zonder dat vrees voor verduistering behoeft te worden aangetoond.

Art. 766

Bewaring De beslaglegger is van rechtswege bewaarder van de in beslag genomen zaken, in geval deze zich onder hem bevinden; zo niet, dan kan daarover naar de regels betreffende executoriaal beslag een gerechtelijke bewaarder worden aangesteld.
(Zie ook: artt. 446, 506 Rv)

Art. 767

Rechterlijke bevoegdheid ten aanzien van de hoofdzaak Bij gebreke van een andere weg om een executoriale titel in Nederland te verkrijgen kan de eis in de hoofdzaak, de vordering ter zake van de beslagkosten daaronder begrepen, worden ingesteld voor de rechtbank waarvan de voorzieningenrechter het verlof tot het gelegde of het tegen zekerheidstelling voorkomen of opgeheven beslag heeft verleend. In geval van verlof tot beslag onder een derde geldt dit alleen indien het goed waarop beslag zal worden gelegd in het verzoekschrift uitdrukkelijk is omschreven.

Negende Afdeling
Van middelen tot bewaring van zijn recht op goederen der gemeenschap

Art. 768

Verzoek aan president tot verzegeling, boedelbeschrijving en conservatoir beslag **1.** Indien echtgenoten of gewezen echtgenoten dan wel geregistreerde partners of vroegere geregistreerde partners gehuwd onderscheidenlijk als partners geregistreerd zijn of waren in een gemeenschap van goederen, kan ieder van hen de voorzieningenrechter van de rechtbank verzoeken hem verlof te verlenen tot verzegeling, boedelbeschrijving en waardering van goederen der gemeenschap alsmede tot het leggen van conservatoir beslag op goederen der gemeenschap.
2. Indien nog geen verzoek tot opheffing van de gemeenschap, tot echtscheiding, tot scheiding van tafel en bed of tot ontbinding van het geregistreerd partnerschap is gedaan, is de in artikel 700 aangewezen voorzieningenrechter bevoegd. Is een zodanig verzoek reeds gedaan, dan is bevoegd de voorzieningenrechter van de rechtbank waarbij dat verzoek aanhangig is of laatstelijk was.
3. Tot het leggen van conservatoir beslag verleent de voorzieningenrechter slechts verlof indien de verzoeker aantoont dat er gegronde vrees voor verduistering van de goederen der gemeenschap bestaat.
4. Tegen een verlof als bedoeld in het eerste lid is geen hogere voorziening toegelaten.
(Zie ook: artt. 658, 671, 700 Rv)

Art. 769

Schakelbepaling **1.** Op het beslag zijn de bepalingen betreffende conservatoir beslag tot verhaal van een geldvordering van overeenkomstige toepassing met dien verstande dat geen vermelding van een bedrag wordt vereist en dat als hoofdzaak geldt het verzoek tot opheffing van de gemeenschap respectievelijk tot echtscheiding, tot scheiding van tafel en bed of tot ontbinding van het geregistreerd partnerschap, alles behoudens voor zover daarvan in de volgende artikelen niet wordt afgeweken.
2. Voor de overeenkomstige toepassing van artikel 444b treedt de waarde van het in beslag te nemen goed in de plaats van het bedrag van de vordering waarvoor het beslag wordt gelegd.
(Zie ook: art. 700 Rv)

Art. 770

Beslag onder derde **1.** Indien het beslag is gelegd onder een derde, is deze verplicht verklaring te doen van de vorderingen en zaken die door het beslag zijn getroffen. De artikelen 475-477a zijn van overeenkomstige toepassing.
2. De derde voldoet op verlangen van de deurwaarder aan zijn verplichtingen tot voldoening, afgifte of terbeschikkingstelling van de uit te keren gelden, zaken of goederen, naar gelang dit voor de afwikkeling van de verdeling van de gemeenschap nodig is.

Art. 770a

Schakelbepaling In geval van een beslag op een onroerende zaak is artikel 505, derde lid, niet van toepassing.

Art. 770b

1. Bij toewijzing van het verzoek tot opheffing van de gemeenschap respectievelijk tot echtscheiding, tot scheiding van tafel en bed of tot ontbinding van het geregistreerd partnerschap, vervalt het beslag zodra de goederen aan de andere echtgenoot of geregistreerde partner worden toegedeeld of krachtens de verdeling aan de beslaglegger geleverd.

2. Het beslag vervalt eveneens zodra een verzoek als bedoeld in lid 1 wordt ingetrokken.

3. De artikelen 704, eerste lid, 715, derde lid, 722, 723 en 724, derde lid, zijn niet van toepassing.

Art. 770c

Een eventueel overschot van een executie wordt door de deurwaarder, notaris of pandhouder onverwijld gestort bij een bewaarder als bedoeld in artikel 445 ten behoeve van de echtgenoot of geregistreerde partner aan wie dit overschot wordt toegedeeld.

Vijfde titel Rekenprocedure

Art. 771

1. Indien rekening en verantwoording moet worden gedaan aan belanghebbenden die allen of voor een deel onbekend of afwezig zijn, dagvaardt de rekenplichtige hen allen tot het opnemen en goedkeuren van de rekening op de wijze als vermeld in artikel 54, tweede lid.

2. De bekende belanghebbenden worden bovendien gedagvaard op de wijze als voor ieder van hen is bepaald in de zesde afdeling van de eerste titel van het Eerste Boek.

(Zie ook: art. 45 Rv)

3. De termijn van dagvaarding is ten minste drie maanden.

(Zie ook: art. 115 Rv; artt. 91, 337, 359, 370, 372, 383, 386, 410, 420, 422, 445 BW Boek 1; artt. 173, 204, 272 BW Boek 3; artt. 1061, 1082, 1176 BW Boek 4; art. 199 BW Boek 6; art. 403 BW Boek 7; art. 166 BW Boek 8)

Art. 772

De rekenplichtige deponeert de rekening met de daarbij behorende bescheiden ter griffie, waar deze ter inzage van de belanghebbenden ligt. De rekenplichtige vermeldt dit depot in het exploot van dagvaarding.

Art. 773

Artikel 140, eerste en derde lid, is van toepassing, met dien verstande dat de rechter, indien tegen een of meer gedaagden verstek is verleend, ambtshalve de rechtmatigheid en de gegrondheid van de vordering onderzoekt.

Art. 774

1. Wordt tegen alle belanghebbenden verstek verleend, dan onderzoekt de rechter ambtshalve de rechtmatigheid en de gegrondheid van de vordering. Indien dit onderzoek niet leidt tot afwijzing van de vordering, stelt de rechter het saldo aan de hand van de overgelegde bescheiden vast en sluit hij de rekening. Tegen dit vonnis staat geen verzet open.

2. De rechter geeft zodanige beslissing over de kosten van het geding als hij geraden acht. Een gedaagde tegen wie verstek is verleend, wordt niet verwezen in de kosten.

(Zie ook: art. 92a BW Boek 2)

Art. 775

De rekenplichtige kan zich van het onder hem berustende saldo bevrijden door storting in de consignatiekas. Deze storting kan ook op vordering van belanghebbenden worden bevolen.

Art. 776

Wordt tussen de belanghebbenden over de verdeling van een batig saldo geen overeenstemming bereikt, dan kan de meest gerede partij rangregeling overeenkomstig de voorschriften van de derde afdeling van de tweede titel van het Tweede Boek verzoeken.

Art. 777-797f

[Vervallen]

Zesde Titel Rechtspleging in zaken betreffende het personen- en familierecht

Eerste afdeling Rechtspleging in andere zaken dan scheidingszaken

Art. 798

1. Voor de toepassing van deze afdeling wordt onder belanghebbende verstaan degene op wiens rechten of verplichtingen de zaak rechtstreeks betrekking heeft. Degene die niet de ouder is en de minderjarige op wie de zaak betrekking heeft gedurende ten minste een jaar als behorende tot zijn gezin verzorgt en opvoedt, wordt aangemerkt als belanghebbende.

2. In zaken van curatele, onderbewindstelling of mentorschap worden onder belanghebbenden bovendien verstaan de echtgenoot, de geregistreerde partner of andere levensgezel en de kinderen of, bij gebreke van dezen, de ouders, broers en zusters van degene wiens curatele, goederen of mentorschap het betreft.

Art. 799

Indiening verzoekschrift

[1.] Onverminderd het bepaalde in artikel 278, eerste lid, bevat een verzoekschrift de namen en, voor zover bekend, de voornamen en de woonplaats van de belanghebbenden, alsmede van anderen wier verklaring in verband met de beoordeling van het verzoek van betekenis kan zijn.

2. Bij de indiening van het verzoekschrift ter griffie worden, voor zover nodig, overgelegd de bescheiden die kunnen dienen tot bewijs van de gestelde feiten. Eveneens worden de nodige afschriften van het verzoekschrift en de bescheiden overgelegd.

Art. 799a

Verzoekschrift, inhoud

1. Onverminderd artikel 799 vermeldt het verzoekschrift, bedoeld in de artikelen 255, eerste lid, en 260, eerste lid, van Boek 1 van het Burgerlijk Wetboek, de concrete bedreigingen in de ontwikkeling van de minderjarige alsmede de daarop afgestemde duur waarvoor de ondertoezichtstelling zal gelden.

2. Tevens vermeldt het verzoekschrift of, en zo ja, op welke wijze, de inhoud danwel de strekking van het verzoekschrift is besproken met de minderjarige en welke reactie de minderjarige hierop heeft gegeven.

Schakelbepaling

3. Het tweede lid is van overeenkomstige toepassing indien het betreft een verzoek als bedoeld in de artikelen 256, 259, 261, 265b, eerste lid, 265c, tweede lid, 265e, eerste of vierde lid, 265h, 265i, 266, 277, 327 en 328 van Boek 1 van het Burgerlijk Wetboek.

Art. 800

Afschrift aan belanghebbenden

1. Tenzij de rechter aanstonds een beschikking geeft waarbij hij zich onbevoegd verklaart of het verzoek toewijst, wordt aan de belanghebbenden, voorzover hun woonplaats bekend is, een afschrift van het verzoekschrift en van de daarbij behorende bescheiden toegezonden en worden de belanghebbenden opgeroepen voor de behandeling. Is de woonplaats niet bekend, dan wordt bij de oproeping het verzoek kort aangeduid.

2. Voorts kan de rechter bevelen dat degenen wier verklaring in verband met de beoordeling van het verzoek van betekenis kan zijn, worden opgeroepen om ter terechtzitting te verschijnen.

3. De beschikkingen tot voorlopige ondertoezichtstelling van een minderjarige en tot machtiging van de gecertificeerde instelling, bedoeld in artikel 1.1 van de Jeugdwet om een minderjarige uit huis te plaatsen, een beschikking met betrekking tot de voorlopige voogdij alsmede een beschikking als bedoeld in artikel 265i, tweede lid, van Boek 1 van het Burgerlijk Wetboek kunnen alleen dan aanstonds worden gegeven, indien de behandeling niet kan worden afgewacht zonder onmiddellijk en ernstig gevaar voor de minderjarige. Deze beschikkingen verliezen haar kracht na verloop van twee weken, tenzij de belanghebbenden binnen deze termijn in de gelegenheid zijn gesteld hun mening kenbaar te maken.

Art. 801

Termijn voor verweerschrift

1. In zaken van levensonderhoud wordt in de oproeping van de belanghebbenden een termijn vermeld waarbinnen dezen een verweerschrift kunnen indienen. Indien binnen die termijn geen verweerschrift wordt ingediend, kan, tenzij artikel 809 toepassing vindt, een mondelinge behandeling achterwege blijven.

2. De oproeping van de belanghebbende gaat in deze zaken vergezeld van de mededeling dat de rechter kan bepalen dat de mondelinge behandeling achterwege kan blijven indien binnen de voor het indienen van een verweerschrift vastgestelde termijn geen verweerschrift wordt ingediend, alsmede van de mededeling dat de indiening slechts kan geschieden door een advocaat.

(Zie ook: art. 103 Abw)

Art. 802

Ondervraging buiten gerechtsgebouw of rechtsgebied

Indien een verzoeker, een belanghebbende, of een ander wiens verklaring in verband met de beoordeling van het verzoek van betekenis kan zijn en die moet worden ondervraagd, in Nederland verblijft, doch buiten staat is zich naar het gerechtsgebouw te begeven, kan de ondervraging op diens verblijfplaats geschieden. Zou de rechter zich daartoe buiten zijn rechtsgebied moeten begeven, dan kan hij een rechter binnen wiens rechtsgebied de betrokkene verblijft, verzoeken de ondervraging te verrichten.

(Zie ook: art. 200 Rv)

Art. 803

Behandeling achter gesloten deuren

1. In verband met de belangen van minderjarigen of de eerbiediging van de persoonlijke levenssfeer van belanghebbenden, geschiedt de mondelinge behandeling met gesloten deuren.

2. De rechter kan evenwel op verzoek van een belanghebbende bepalen dat de mondelinge behandeling geheel of gedeeltelijk openbaar is, indien zwaarwegende belangen bij openbaarheid daartoe aanleiding geven en de belangen als bedoeld in het eerste lid zich daartegen niet verzetten.

Art. 804

Beschikking

Na afloop van de mondelinge behandeling deelt de rechter aan de ter zitting verschenen personen mede op welke zitting de beschikking zal worden uitgesproken.

Art. 805

1. De griffier verstrekt of verzendt onverwijld een afschrift van de beschikking aan de verzoeker, de verschenen belanghebbenden en de niet verschenen belanghebbenden aan wie een afschrift van het verzoekschrift is verzonden. De griffier verstrekt of verzendt eveneens een afschrift van een beschikking die een minderjarige of de herroeping van een adoptie betreft, aan de raad voor de kinderbescherming, tenzij de beschikking het levensonderhoud van de minderjarige betreft.

2. De griffier vermeldt daarbij de termijn waarbinnen en de wijze waarop hoger beroep kan worden ingesteld.

3. Bij beschikkingen betreffende het verstrekken van levensonderhoud verstrekt de griffier aan de verzoeker en aan de in de procedure verschenen belanghebbenden de berekeningen van de behoefte en de draagkracht die mede aan de beschikking ten grondslag liggen.

Art. 806

1. In afwijking van het bepaalde in het tweede lid van artikel 358 kan van een beschikking hoger beroep worden ingesteld:

a. door de verzoeker en degenen aan wie een afschrift van de beschikking is verstrekt of verzonden, binnen drie maanden na de dag van de uitspraak;

b. door andere belanghebbenden binnen drie maanden na de betekening daarvan of nadat de beschikking hun op andere wijze bekend is geworden.

2. Op de procedure in hoger beroep zijn de artikelen 799 tot en met 805, eerste lid, van overeenkomstige toepassing.

Art. 807

Tegen beschikkingen ingevolge

a. de artikelen 257 en 259, alsmede de artikelen 262b, 263, derde lid, 264 en 265, met uitzondering van beschikkingen ingevolge artikel 265f, tweede lid, van Boek 1 van het Burgerlijk Wetboek;

b. artikel 278, lid 2 van Boek 1 van het Burgerlijk Wetboek;

c. artikel 253s of 336a van Boek 1 van het Burgerlijk Wetboek;

d. artikel 435, tweede lid, van Boek 1 van het Burgerlijk Wetboek;

e. artikel 452, tweede lid, van Boek 1 van het Burgerlijk Wetboek,

staat geen andere voorziening open dan cassatie in het belang der wet.

Art. 808

Zaken betreffende minderjarigen die bij de rechtbank aanhangig worden gemaakt, uitgezonderd die welke het levensonderhoud van een minderjarige betreffen, worden behandeld door de kinderrechter. Indien deze de zaak naar de meervoudige kamer verwijst, neemt de kinderrechter aan de mondelinge behandeling deel.

Art. 808a-808j

[Vervallen]

Art. 809

1. In zaken betreffende minderjarigen, uitgezonderd die welke het levensonderhoud van een minderjarige betreffen die de leeftijd van zestien jaren nog niet heeft bereikt, beslist de rechter niet dan na de minderjarige van twaalf jaren of ouder in de gelegenheid te hebben gesteld hem zijn mening kenbaar te maken, tenzij het naar het oordeel van de rechter een zaak van kennelijk ondergeschikt belang betreft. De rechter kan minderjarigen die de leeftijd van twaalf jaren nog niet hebben bereikt, in de gelegenheid stellen hem hun mening kenbaar te maken op een door hem te bepalen wijze. Hetzelfde geldt in zaken betreffende het levensonderhoud van minderjarigen die de leeftijd van zestien jaren nog niet hebben bereikt.

2. In zaken betreffende curatele, onderbewindstelling en mentorschap is de eerste volzin van het eerste lid van overeenkomstige toepassing ten aanzien van de onder curatele te stellen of gestelde persoon, ten aanzien van degene wiens goederen het betreft alsmede ten aanzien van de persoon ten behoeve van wie mentorschap is verzocht of is ingesteld.

(Zie ook: artt. 378, 431, 450 BW Boek 1)

3. Indien de gelegenheid waarop de minderjarige zijn mening kenbaar kan maken niet kan worden afgewacht zonder onmiddellijk en ernstig gevaar voor de minderjarige, kan de rechter de beschikkingen tot voorlopige ondertoezichtstelling van een minderjarige en tot machtiging van de gecertificeerde instelling, bedoeld in artikel 1.1 van de Jeugdwet om een minderjarige uit huis te plaatsen, een beschikking met betrekking tot de voorlopige voogdij alsmede een beschikking als bedoeld in artikel 265i, tweede lid, van Boek 1 van het Burgerlijk Wetboek geven zonder toepassing van het eerste lid. Deze beschikkingen verliezen haar kracht na verloop van twee weken, tenzij de minderjarige binnen deze termijn in de gelegenheid is gesteld zijn mening kenbaar te maken.

4. Indien de minderjarige van de in het eerste en derde lid bedoelde gelegenheid geen gebruik heeft gemaakt, kan de rechter een nadere dag bepalen, waarop hij voor hem gebracht zal worden. Verschijnt de minderjarige alsdan wederom niet, dan kan de zaak zonder hem worden behandeld.

(Zie ook: artt. 241, 271, 331 BW Boek 1)

B14 art. 810 Wetboek van Burgerlijke Rechtsvordering

Art. 810

Advies van de raad voor de kinderbescherming

1. De rechter kan in zaken betreffende minderjarigen, uitgezonderd die welke zijn levensonderhoud betreffen, indien hij dit met het oog op de beoordeling van de belangen van de minderjarige noodzakelijk acht, het advies van de raad voor de kinderbescherming inwinnen. Hij kan de raad daartoe in elke stand van de zaak oproepen.

(Zie ook: art. 238 BW Boek 1)

2. De raad voor de kinderbescherming kan in deze zaken eigener beweging zijn mening schriftelijk aan de rechter kenbaar maken of ter terechtzitting verschijnen, indien de raad dit met het oog op de beoordeling van de belangen van de minderjarige noodzakelijk acht.

3. De raad voor de kinderbescherming ontvangt daartoe onverwijld een afschrift van het verzoekschrift, en wordt tijdig het tijdstip van de terechtzitting op de hoogte gesteld.

4. Indien de zaak evenwel de ondertoezichtstelling van een minderjarige betreft, de toepassing of overeenkomstige toepassing van de artikelen 264 en 265 van Boek 1 van het Burgerlijk Wetboek daaronder niet begrepen, dan wel de beëindiging van het ouderlijk gezag of van de voogdij, beslist de rechter niet dan na verhoor of behoorlijke oproeping daartoe van de raad voor de kinderbescherming.

Art. 810a

Inzage door de ouder in het deskundigenrapport

1. In zaken betreffende minderjarigen, uitgezonderd zaken als bedoeld in het tweede lid alsmede die welke het levensonderhoud van een minderjarige betreffen, beslist de rechter pas nadat een ouder, indien deze daarom verzoekt, in de gelegenheid is gesteld een rapport van een niet door de rechter benoemde deskundige over te leggen, mits dat mede tot de beslissing van de zaak kan leiden en het belang van het kind zich daartegen niet verzet.

Benoeming van een deskundige

2. In zaken betreffende de ondertoezichtstelling van minderjarigen of de beëindiging van het ouderlijk gezag of van de voogdij, benoemt de rechter op verzoek van een ouder en na overleg met die ouder een deskundige, mits dat mede tot de beslissing van de zaak kan leiden en het belang van het kind zich daartegen niet verzet.

3. In de in het tweede lid genoemde zaken wordt het aan de in dat lid bedoelde deskundige toekomende bedrag overeenkomstig bij algemene maatregel van bestuur te stellen regels door de rechter vastgesteld en ten laste van 's Rijks kas door de griffier aan de deskundige betaald. Van de ouder kan een bijdrage worden gevraagd overeenkomstig bij algemene maatregel van bestuur te stellen regels.

Art. 811

Belanghebbenden in zaken van minderjarigen

1. In zaken betreffende minderjarigen worden als belanghebbenden bij het recht op inzage en afschrift, als bedoeld in artikel 290, van door de raad voor de kinderbescherming of het openbaar ministerie overgelegde bescheiden alsmede van door een deskundige op verzoek van de rechter overgelegde bescheiden aangemerkt:

a. de verzoekers,

b. de ouders en voogden,

c. degenen die de minderjarige als behorende tot hun gezin verzorgen en opvoeden en die uit dien hoofde een nauwe persoonlijke betrekking met het kind hebben, en

d. de minderjarige van twaalf jaren of ouder, tenzij de rechter is gebleken dat hij niet in staat is tot een redelijke waardering van zijn belangen ter zake.

2. Inzage of afschrift kan evenwel worden geweigerd door de rechter aan wie de bescheiden zijn overgelegd, op een van de onder *e* en *g* van het tweede lid van artikel 10 van de Wet openbaarheid van bestuur genoemde gronden.

3. Tegen de beschikking staat geen andere voorziening open dan cassatie in het belang der wet.

Art. 812

Recht op afgeven van minderjarigen

1. Iedere beschikking betreffende de gezagsuitoefening over minderjarigen, de beschikkingen ingevolge de artikelen 253s, 265b, 326 en 336a van Boek 1 van het Burgerlijk Wetboek daaronder begrepen, geeft degene aan wie deze minderjarigen ingevolge de beschikking tijdelijk of blijvend worden toevertrouwd, van rechtswege het recht tot het aan hem doen afgeven van deze minderjarigen, zonodig met behulp van de sterke arm.

2. Een beschikking als bedoeld in artikel 253a, eerste en tweede lid, of artikel 377a, tweede lid, van Boek 1 van het Burgerlijk Wetboek kan slechts met de sterke arm ten uitvoer worden gelegd voorzover dit bij die beschikking is bepaald.

Art. 813

Medewerking van het OM

1. Het openbaar ministerie verleent zo nodig zijn medewerking:

a. tot de voorgeleiding van een minderjarige voor de rechter ingevolge artikel 809 van dit Wetboek;

b. tot de overbrenging van een minderjarige in verband met een uithuisplaatsing ingevolge de artikelen 265b en 326 van Boek 1 van het Burgerlijk Wetboek;

c. tot de afgifte van minderjarigen, als bedoeld in artikel 812;

d. tot de tenuitvoerlegging der beschikkingen, bedoeld in artikel 278, tweede lid, van Boek 1 van het Burgerlijk Wetboek.

Wetboek van Burgerlijke Rechtsvordering

B14 art. 816

2. De ambtenaar van politie, aangesteld voor de uitvoering van de politietaak, die door het openbaar ministerie is aangewezen om de in lid 1 bedoelde medewerking te verlenen, heeft toegang tot elke plaats, voor zover dat redelijkerwijs voor de vervulling van zijn taak nodig is. *(Zie ook: art. 10 WOBP; art. 2 PolW; artt. 1, 2 Awob)*

Tweede afdeling Rechtspleging in scheidingszaken

§ 1 Echtscheiding, scheiding van tafel en bed en ontbinding van het huwelijk na scheiding van tafel en bed

Art. 814

[Vervallen]

Art. 815

1. Onverminderd het in artikel 278, eerste lid, bepaalde vermeldt het verzoekschrift: **Inhoud verzoekschrift**

a. de naam, de voornamen en voorzover bekend de woonplaats en de werkelijke verblijfplaats van de echtgenoot die niet de verzoeker is;

b. voorzover bekend de naam van diens raadsman;

c. de naam en de voornamen en voorzover bekend de woonplaats en de werkelijke verblijfplaats van ieder minderjarig kind van de echtgenoten te zamen of van een van hen.

2. Het verzoekschrift bevat een door beide echtgenoten ondertekend ouderschapsplan ten aanzien van: **Ouderschapsplan**

a. hun gezamenlijke minderjarige kinderen over wie de echtgenoten al dan niet gezamenlijk het gezag uitoefenen;

b. de minderjarige kinderen over wie de echtgenoten ingevolge artikel 253sa of 253t het gezag gezamenlijk uitoefenen.

3. In het ouderschapsplan worden in ieder geval afspraken opgenomen over:

a. de wijze waarop de echtgenoten de zorg- en opvoedingstaken, bedoeld in artikel 247 van Boek 1 van het Burgerlijk Wetboek, verdelen of het recht en de verplichting tot omgang, bedoeld in artikel 377a, eerste lid, van Boek 1 van het Burgerlijk Wetboek vormgeven;

b. de wijze waarop de echtgenoten elkaar informatie verschaffen en raadplegen omtrent gewichtige aangelegenheden met betrekking tot de persoon en het vermogen van de minderjarige kinderen;

c. de kosten van de verzorging en opvoeding van de minderjarige kinderen.

4. Het verzoekschrift vermeldt over welke van de gevraagde voorzieningen overeenstemming is bereikt en over welke van de gevraagde voorzieningen een verschil van mening bestaat met de gronden daarvoor. Tevens vermeldt het verzoekschrift op welke wijze de kinderen zijn betrokken bij het opstellen van het ouderschapsplan.

5. Bij de indiening van het verzoekschrift moeten worden overgelegd:

a. een afschrift of uittreksel van de huwelijksakte;

b. bescheiden betreffende de gronden waarop de rechter ingevolge artikel 4 rechtsmacht heeft;

c. een afschrift of uittreksel van de akte van geboorte van ieder minderjarig kind van de echtgenoten te zamen of van een van hen;

d. de processtukken die betrekking hebben op de voorlopige voorzieningen, bedoeld in de artikelen 822 en 823, indien deze zijn gevraagd;

e. indien het een verzoek tot ontbinding van het huwelijk na scheiding van tafel en bed betreft: een authentiek afschrift van de rechterlijke uitspraak waarbij de scheiding van tafel en bed is uitgesproken.

6. Indien het ouderschapsplan, bedoeld in het tweede lid, of de stukken, bedoeld in het vijfde lid, onderdelen a tot en met c, redelijkerwijs niet kunnen worden overgelegd, kan worden volstaan met overlegging van andere stukken of kan op andere wijze daarin worden voorzien, een en ander ter beoordeling van de rechter.

7. Indien ten behoeve van minderjarige kinderen voorzieningen moeten worden getroffen, zendt de griffier onverwijld een afschrift van het verzoekschrift aan de raad voor de kinderbescherming.

Art. 816

1. Betreft het een verzoek van één der echtgenoten, dan doet de verzoeker binnen veertien dagen na de indiening van het verzoekschrift een afschrift daarvan betekenen aan de andere echtgenoot. Uiterlijk op een in het exploit vermeld tijdstip kan de andere echtgenoot hetzij een verweerschrift indienen, hetzij om uitstel te dier zake verzoeken. Het exploit vermeldt dat een en ander slechts kan geschieden door een advocaat. Het originele exploit moet ter griffie worden ingediend. **Verzoek één der echtgenoten**

2. Het tijdstip dat ingevolge lid 1 in het exploit moet worden vermeld, wordt bepaald met inachtneming van een termijn van ten minste zes weken, te rekenen vanaf de dag van de beteke-

B14 art. 817

Wetboek van Burgerlijke Rechtsvordering

ning. Heeft de andere echtgenoot geen bekende woonplaats in Nederland, dan bedraagt deze termijn ten minste drie maanden.

3. Indien het bepaalde in lid 1 of lid 2 niet in acht is genomen, of indien het exploit anderszins lijdt aan een gebrek, zijn de artikelen 120 en 121 van overeenkomstige toepassing.

4. Indien de andere echtgenoot tijdig om uitstel heeft verzocht, alsmede indien een ingediend verweerschrift een zelfstandig verzoek bevat, bepaalt de rechter een termijn waarbinnen de andere echtgenoot respectievelijk de echtgenoot die het oorspronkelijke verzoekschrift heeft ingediend, een verweerschrift kan indienen.

5. Op eensluidend verzoek van de echtgenoten verlengt de rechter de termijn bedoeld in lid 4, tenzij dit leidt tot onredelijke vertraging van het geding. Hij kan deze termijn ook verlengen op verzoek van een der echtgenoten of ambtshalve.

Art. 817

Geestesstoornis andere echtgenoot

1. Betreft het een verzoek van een der echtgenoten, terwijl de andere echtgenoot op grond van een geestesstoornis verblijft in een ziekenhuis, verpleeghuis, verpleeginrichting of een psychiatrische inrichting als bedoeld in het derde lid, dan vermeldt het verzoekschrift het feit van dit verblijf.

Toevoeging advocaat

2. In het geval bedoeld in het eerste lid beveelt de rechter het bestuur van de raad voor rechtsbijstand aan deze echtgenoot een advocaat toe te voegen indien hij nog geen advocaat heeft en bepaalt hij tevens een nieuwe termijn voor het indienen van een verweerschrift. Bij algemene maatregel van bestuur worden regels gesteld voor de vergoeding die de advocaat ontvangt voor de door hem verleende rechtsbijstand.

3. Onder een psychiatrische inrichting wordt verstaan een accommodatie als bedoeld in artikel 1:1, onderdeel b, van de Wet verplichte geestelijke gezondheidszorg, of als bedoeld in artikel 1, eerste lid, onderdeel b, van de Wet zorg en dwang psychogeriatrische en verstandelijk gehandicapte cliënten.

Art. 818

Achterwege laten behandeling ter terechtzitting

1. In afwijking van het bepaalde in artikel 279, eerste lid, kan een behandeling ter terechtzitting achterwege blijven indien er geen minderjarige kinderen zijn die ingevolge artikel 809 in de gelegenheid moeten worden gesteld hun mening kenbaar te maken en er, wanneer het een verzoek van een der echtgenoten betreft, niet tijdig verweer is gevoerd.

Verwijzing naar mediator

2. De rechter kan de echtgenoten naar een mediator verwijzen met als doel om de echtgenoten in onderling overleg tot afspraken over één of meer gevolgen van de echtscheiding te laten komen indien het verzoekschrift of de behandeling ter terechtzitting daartoe aanleiding geeft.

Uitstel behandeling

3. Op een eensluidend mondeling of schriftelijk verzoek van de echtgenoten wordt de behandeling niet aangevangen of voortgezet voor het verstrijken van een door hen aangeduide termijn, tenzij dit leidt tot onredelijke vertraging van het geding.

Verweerschrift

4. Indien tijdig een verweerschrift is ingediend dat een zelfstandig verzoek bevat, vangt de behandeling niet aan voordat tegen dit verzoek een verweerschrift is ingediend dan wel de daarvoor geldende termijn ongebruikt is verstreken.

5. De behandeling geschiedt, indien mogelijk, in één zitting.

6. De artikelen 802 en 803 zijn van overeenkomstige toepassing.

Art. 819

Overnemen onderling getroffen regelingen

De rechter kan op verzoek van de echtgenoten of van een van hen de getroffen onderlinge regelingen, daaronder begrepen afspraken omtrent uitkeringen tot levensonderhoud en omtrent de kosten van verzorging en opvoeding van een minderjarige, geheel of gedeeltelijk in de beschikking opnemen.

Art. 820

Hoger beroep ondanks niet-verschijnen

1. In afwijking van het bepaalde van artikel 358, tweede lid, kan een echtgenoot die in eerste aanleg niet in de procedure is verschenen, tegen een beschikking waarbij een verzoek tot echtscheiding, scheiding van tafel en bed of ontbinding van het huwelijk na scheiding van tafel en bed is toegewezen, hoger beroep instellen binnen drie maanden na de betekening van deze beschikking aan hem in persoon dan wel binnen drie maanden nadat zij op andere wijze is betekend en overeenkomstig het tweede lid openlijk bekend is gemaakt.

2. De openlijke bekendmaking geschiedt door plaatsing van een uittreksel van de beschikking in de *Staatscourant*. Het uittreksel bevat de dagtekening van de beschikking en de aanduiding van de rechter die haar heeft gewezen, alsmede de naam, voornamen en woonplaats van ieder der echtgenoten.

Kennisgeving door griffier

3. Indien hoger beroep of beroep in cassatie is ingesteld tegen een beschikking als bedoeld in het eerste lid, moet de griffier van het gerecht waarbij dit beroep is ingesteld, terstond het gerecht dat de bestreden beschikking heeft gegeven, daarvan op de hoogte stellen.

Gevolgen van beroep tegen nevenvoorzieningen

4. Indien een echtgenoot slechts hoger beroep of beroep in cassatie heeft ingesteld tegen een beslissing omtrent nevenvoorzieningen, kan de andere echtgenoot na het verstrijken van de voor het instellen van het desbetreffende rechtsmiddel geldende termijn of na berusting geen beroep meer instellen tegen de uitspraak voorzover daarbij een verzoek tot echtscheiding,

scheiding van tafel en bed of ontbinding van het huwelijk na scheiding van tafel en bed is toegewezen.

5. In hoger beroep en in cassatie zijn de artikelen 802, 803 en 817 van overeenkomstige toepassing.

Art. 820a

[Vervallen]

§ 2

Voorlopige voorzieningen

Art. 821

1. In zaken van echtscheiding of scheiding van tafel en bed kan ieder der echtgenoten om voorlopige voorzieningen als bedoeld in de artikelen 822 en 823 verzoeken. Een verzoek tot voorlopige voorzieningen kan worden gedaan tot het tijdstip waarop een zodanige voorziening, indien gegeven, ingevolge artikel 826 haar kracht verliest.

2. De mondelinge behandeling vangt niet later aan dan in de derde week volgende op die waarin de voorziening is gevraagd.

3. De rechter beslist zo spoedig mogelijk na de mondelinge behandeling.

4. De beschikking houdende voorlopige voorzieningen, gegeven voordat een verzoek tot echtscheiding of tot scheiding van tafel en bed is gedaan, verliest haar kracht, indien niet binnen vier weken na haar dagtekening een verzoek tot echtscheiding of tot scheiding van tafel en bed is gedaan.

5. De artikelen 810 en 812 zijn van overeenkomstige toepassing.

Art. 822

1. De rechter kan bij beschikking voor de duur van het geding:

a. bepalen dat één der echtgenoten bij uitsluiting gerechtigd zal zijn tot het gebruik van de echtelijke woning met bevel dat de andere echtgenoot die woning dient te verlaten en deze verder niet mag betreden;

(Zie ook: art. 83 BW Boek 1; art. 1623g BW Boek 7A)

b. bevelen dat ieder der echtgenoten aan de andere echtgenoot beschikbaar zal stellen de goederen tot diens dagelijks gebruik strekkend, alsmede de goederen strekkend tot het dagelijks gebruik der kinderen;

c. bepalen aan wie der echtgenoten ieder minderjarig kind van de echtgenoten te zamen zal worden toevertrouwd, waarbij tevens, indien het kind niet reeds in de macht van die echtgenoot mocht zijn, de afgifte van dat kind aan hem zal worden bevolen, en bovendien het bedrag bepalen dat de andere echtgenoot voor de verzorging en opvoeding van ieder der kinderen moet betalen;

(Zie ook: art. 812 Rv; art. 82 BW Boek 3)

d. een regeling vaststellen inzake de verdeling van de zorg- en opvoedingstaken of de omgang tussen het kind en de echtgenoot die niet het gezag uitoefent alsmede inzake het verschaffen van informatie dan wel het raadplegen van de echtgenoten over de minderjarige kinderen van de echtgenoten;

e. het bedrag bepalen dat de ene echtgenoot moet betalen voor het levensonderhoud van de andere echtgenoot.

(Zie ook: artt. 821, 826 Rv)

2. De voorzieningen, bedoeld in het eerste lid, vangen aan op de dag van de dagtekening der beschikking, tenzij de rechter een eerdere of latere aanvangsdag heeft vastgesteld.

(Zie ook: artt. 81, 84 BW Boek 1)

Art. 823

1. De rechter is bevoegd op verzoek van een echtgenoot of van de raad voor de kinderbescherming een kind onder toezicht te stellen als bedoeld in artikel 255 van Boek 1 van het Burgerlijk Wetboek.

2. Artikel 826 is niet van toepassing.

(Zie ook: art. 240 BW Boek 1)

Art. 824

1. Tegen de op grond van artikel 822 gegeven beschikkingen en tegen de beschikkingen tot wijziging of intrekking daarvan staan geen hogere voorzieningen open, behoudens cassatie in het belang der wet.

(Zie ook: artt. 95, 98 Wet RO)

2. Op een verzoek van de echtgenoten of van één van hen kan een beschikking, als bedoeld in artikel 822, door de rechtbank die of het gerechtshof dat de beschikking heeft gegeven, worden gewijzigd of ingetrokken, indien de omstandigheden na de dagtekening der beschikking in zodanige mate zijn gewijzigd of indien bij het geven van de beschikking in zodanige mate van onjuiste of onvolledige gegevens is uitgegaan, dat, alle betrokken belangen in aanmerking ge-

Procedure voorlopige voorzieningen

Behandeling

Duur van voorlopige voorziening

Inhoud voorlopige voorziening

Aanvangsdag

Voorlopige schorsing van ouderlijke macht

Uitsluitend cassatie mogelijk

B14 art. 825 **Wetboek van Burgerlijke Rechtsvordering**

nomen, de voorziening niet in stand kan blijven. Artikel 821, tweede tot en met vijfde lid, is van overeenkomstige toepassing.

(Zie ook: art. 826 Rv)

Art. 824a-824b

[Vervallen]

Art. 825

Echtgenoten zijn belanghebbenden

Als belanghebbenden bij het recht op inzage en afschrift, bedoeld in artikel 290, van de bescheiden die betrekking hebben op de voorlopige voorzieningen, worden aangemerkt de echtgenoten met dien verstande dat in zaken betreffende minderjarigen artikel 811 van toepassing is.

Art. 825a-825g

[Vervallen]

Art. 826

Einde voorlopige voorziening

1. De voorlopige voorzieningen verliezen hun kracht zodra een beschikking waarbij de echtscheiding of de scheiding van tafel en bed is uitgesproken, wordt ingeschreven in de registers van de burgerlijke stand onderscheidenlijk het huwelijksgoederenregister, aangewezen in artikel 116 van Boek 1 van het Burgerlijk Wetboek, of zodra de mogelijkheid daartoe vervalt, met dien verstande dat:

a. de voorlopige voorziening bedoeld in artikel 822, eerste lid, onderdeel a, haar kracht behoudt totdat de beslissing op een verzoek als bedoeld in artikel 266 lid 5 van Boek 7 van het Burgerlijk Wetboek, indien dit verzoek is gedaan, in kracht van gewijsde gaat;

b. indien een verzoek tot voorziening in het gezag is gedaan of door de rechter ambtshalve in het gezag wordt voorzien, de voorlopige voorzieningen die op de kinderen betrekking hebben, hun kracht behouden totdat het gezag overeenkomstig artikel 253p van Boek 1 van het Burgerlijk Wetboek is begonnen;

c. de voorlopige voorziening bedoeld in artikel 822, eerste lid, onderdeel e, haar kracht behoudt totdat de beslissing op een verzoek als bedoeld in artikel 156 van het Eerste Boek van het Burgerlijk Wetboek, indien dit verzoek is gedaan, bij toewijzing voor tenuitvoerlegging vatbaar wordt dan wel bij afwijzing in kracht van gewijsde gaat.

2. De voorlopige voorzieningen verliezen eveneens hun kracht zodra een verzoek tot echtscheiding of tot scheiding van tafel en bed wordt ingetrokken, alsmede zodra een beschikking waarbij een verzoek tot echtscheiding of tot scheiding van tafel en bed wordt afgewezen, in kracht van gewijsde gaat.

§ 3
Nevenvoorzieningen

Art. 827

Mogelijke nevenvoorzieningen

1. Ingeval de echtscheiding, de scheiding van tafel en bed of de ontbinding van het huwelijk na scheiding van tafel en bed wordt uitgesproken, kan de rechter als nevenvoorziening de navolgende voorzieningen treffen:

a. toekenning van een uitkering tot levensonderhoud aan een echtgenoot ten laste van de andere echtgenoot;

b. voorzieningen met betrekking tot de verdeling van de gemeenschap of bij huwelijkse voorwaarden overeengekomen verrekening van inkomsten of van vermogen;

c. voorzieningen betreffende het gezag over, de verdeling van de zorg- en opvoedingstaken over, de vaststelling van de hoofdverblijfplaats van of de omgang met, de informatie en raadpleging over en een bijdrage in de kosten van verzorging en opvoeding van minderjarige kinderen van de echtgenoten;

(Zie ook: artt. 407, 408 BW Boek 1)

alsmede, ingeval de echtscheiding of de scheiding van tafel en bed wordt uitgesproken:

d. toepassing van artikel 165, eerste lid, of van artikel 175, eerste lid, van Boek 1 van het Burgerlijk Wetboek;

e. toepassing van artikel 266 lid 5 van Boek 7 van het Burgerlijk Wetboek;

f. een andere voorziening dan bedoeld in de onderdelen a tot en met e, mits deze voldoende samenhang vertoont met het verzoek tot echtscheiding, scheiding van tafel en bed of ontbinding van het huwelijk na scheiding van tafel en bed, en niet te verwachten is dat de behandeling daarvan tot onnodige vertraging van het geding zal leiden.

2. Ten aanzien van nevenvoorzieningen als bedoeld in het eerste lid, onderdeel c, zijn de artikelen 808, 809, eerste lid, 810, 810a, 811 en 812 van toepassing, en komt, in afwijking van het bepaalde in artikel 358, het recht van hoger beroep slechts toe aan de ouders, voorzover dezen tot het gezag bevoegd zijn, alsmede aan de raad voor de kinderbescherming.

3. Indien aan de rechter blijkt dat een verzoek tot toekenning van een uitkering tot levensonderhoud aan een echtgenoot ten laste van de andere echtgenoot als voorwaarde is verbonden

aan verlening van bijstand, stelt de rechter de gemeente die de voorwaarde heeft gesteld, in de gelegenheid schriftelijk of ter zitting haar mening omtrent de vordering kenbaar te maken.
(Zie ook: art. 108 Abw)

Art. 827a-827p

[Vervallen]

§ 4
Ontbinding van een geregistreerd partnerschap

Art. 828

Op een ontbinding van een geregistreerd partnerschap zijn de bepalingen over de rechtspleging in scheidingszaken van overeenkomstige toepassing.
(Zie ook: art. 80 e BW Boek 1)

Art. 828a-832

[Vervallen]

Zevende titel
Enige bijzondere rechtsplegingen

Eerste afdeling
Afschrift, uittreksel en inzage van akten en andere bewijsmiddelen

Art. 833-837

[Vervallen]

Art. 838

1. De griffiers en andere bewaarders van openbare registers moeten daarvan, zonder rechterlijk bevel, tegen betaling van de hun toekomende rechten, afschrift of uittreksel verstrekken aan eenieder die daarom vraagt, op straffe van vergoeding van kosten, schaden en renten.
2. Het eerste lid geldt niet, voor zover artikel 29 van toepassing is.
(Zie ook: art. 430 Rv; art. 26 BW Boek 1; artt. 16, 30 BW Boek 3; art. 554 WvSv; art. 14 WTBZ)

Art. 839-843

[Vervallen]

Art. 843a

[1.] Hij die daarbij rechtmatig belang heeft, kan op zijn kosten inzage, afschrift of uittreksel vorderen van bepaalde bescheiden aangaande een rechtsbetrekking waarin hij of zijn rechtsvoorgangers partij zijn, van degene die deze bescheiden te zijner beschikking of onder zijn berusting heeft. Onder bescheiden worden mede verstaan: op een gegevensdrager aangebrachte gegevens.
[2.] De rechter bepaalt zo nodig de wijze waarop inzage, afschrift of uittreksel zal worden verschaft.
3. Hij die uit hoofde van zijn ambt, beroep of betrekking tot geheimhouding verplicht is, is niet gehouden aan deze vordering te voldoen, indien de bescheiden uitsluitend uit dien hoofde te zijner beschikking staan of onder zijn berusting zijn.
4. Degene die de bescheiden te zijner beschikking of onder zijn berusting heeft, is niet gehouden aan deze vordering te voldoen, indien daarvoor gewichtige redenen zijn, alsmede indien redelijkerwijs kan worden aangenomen kan worden dat een behoorlijke rechtsbedeling ook zonder verschaffing van de gevraagde gegevens is gewaarborgd.

Art. 843b

[1.] Hij die een bewijsmiddel heeft verloren, kan van degene die de beschikking heeft over bescheiden die tot bewijs kunnen dienen van enig feit waarop het verloren bewijsmiddel betrekking had, of die zodanige bescheiden onder zijn berusting heeft, vorderen daarvan te zijnen behoeve op zijn kosten, voor zover nodig, inzage, afschrift, of uittreksel te verschaffen. Onder bescheiden worden mede verstaan: op een gegevensdrager aangebrachte gegevens.
[2.] De rechter bepaalt zonodig de wijze waarop inzage, afschrift of uittreksel zal worden verschaft.
[3.] Hij die uit hoofde van zijn ambt, beroep of betrekking tot geheimhouding verplicht is, is niet gehouden aan deze vordering te voldoen, indien de bescheiden uitsluitend uit dien hoofde te zijner beschikking staan of onder zijn berusting zijn.

Ontbinding geregistreerd partnerschap

Afschrift op uittreksel openbare registers

Inzage van onderhandse akte verschaffen

Inzage van geschrift in geval van verloren bewijsmiddel

Afdeling 1A
Toegang tot bescheiden in zaken betreffende schending van mededingingsrecht

Art. 844

Toegang tot bescheiden in zaken betreffende schending van mededingingsrecht

1. Deze afdeling is van toepassing op zaken waarin inzage, afschrift of uittreksel van bescheiden als bedoeld in artikel 843a wordt gevorderd wegens een inbreuk op het mededingingsrecht als bedoeld in artikel 193k, onderdeel a, van Boek 6 van het Burgerlijk Wetboek.

2. Voor de toepassing van deze afdeling wordt onder een mededingingsautoriteit verstaan een mededingingsautoriteit als bedoeld in artikel 193k, onderdeel c, van Boek 6 van het Burgerlijk Wetboek.

Art. 845

Inzage, afschrift of uittreksel van bescheiden weigeren wegens gewichtige redenen

In afwijking van het in artikel 843a, vierde lid, bepaalde is degene die bescheiden omtrent een vordering tot schadevergoeding wegens een inbreuk op het mededingingsrecht te zijner beschikking of onder zijn berusting heeft, niet gehouden inzage, afschrift of uittreksel daarvan te verschaffen, indien daarvoor gewichtige redenen zijn.

Art. 846

Inzagerecht, uitzondering op

1. Geen inzage, afschrift of uittreksel wordt verschaft van de volgende, enkel uit het dossier van een mededingingsautoriteit afkomstige bescheiden:
a. clementieverklaringen, en
b. verklaringen met het oog op een schikking.

2. De in het eerste lid bedoelde bescheiden leveren geen bewijs op voor een vordering tot schadevergoeding wegens een inbreuk op het mededingingsrecht.

Art. 847

Inzagerecht

1. Onverminderd het in artikel 843a bepaalde wordt omtrent een vordering tot schadevergoeding wegens een inbreuk op het mededingingsrecht pas inzage, afschrift of uittreksel verschaft van de volgende, enkel uit het dossier van een mededingingsautoriteit afkomstige bescheiden:
a. informatie die door een natuurlijke persoon of een rechtspersoon specifiek voor de procedure van de mededingingsautoriteit is opgesteld,
b. informatie die de mededingingsautoriteit in de loop van de procedure heeft opgesteld en aan partijen heeft gezonden, en
c. verklaringen met het oog op een schikking die zijn ingetrokken,
nadat de mededingingsautoriteit een besluit heeft genomen of de procedure anderszins heeft beëindigd.

2. De in het eerste lid bedoelde bescheiden leveren geen bewijs op voor een vordering tot schadevergoeding wegens een inbreuk op het mededingingsrecht voordat de mededingingsautoriteit een besluit heeft genomen of de procedure anderszins heeft beëindigd.

Art. 848

Bewijsmateriaal verkregen via toegang tot dossier mededingingsautoriteit

Onverminderd het in de artikelen 846 en 847 bepaalde levert aan een natuurlijk persoon of rechtspersoon verschafte inzage, afschrift of uittreksel van enkel uit het dossier van een mededingingsautoriteit afkomstige bescheiden slechts bewijs op voor een vordering tot schadevergoeding wegens een inbreuk op het mededingingsrecht voor die persoon of zijn rechtsopvolgers.

Art. 849

Verstrekking door mededingingsautoriteit

Onverminderd het in artikel 843a en deze afdeling bepaalde verschaft een mededingingsautoriteit slechts inzage, afschrift of uittreksel van bescheiden omtrent een vordering tot schadevergoeding wegens een inbreuk op het mededingingsrecht, indien er geen andere partij is die de bescheiden redelijkerwijs kan verschaffen.

Art. 850

Beslissing rechter

De rechter neemt bij de beslissing over het verschaffen van inzage in, afschrift of uittreksel van bescheiden in een dossier van een mededingingsautoriteit omtrent een vordering tot schadevergoeding wegens een inbreuk op het mededingingsrecht steeds in overweging of de doeltreffendheid van de publieke handhaving van het mededingingsrecht dient te worden gewaarborgd.

Art. 851-852

[Vervallen]

Tweede afdeling
Van gerechtelijke bewaring

Art. 853

Bevoegdheid voorzieningenrechter rechtbank

Behalve in de andere in de wet vermelde gevallen kan een zaak in gerechtelijke bewaring worden gesteld op een in kort geding gegeven bevel van de voorzieningenrechter van de rechtbank.
(Zie ook: artt. 445, 506, 709, 766 Rv;; art. 257 BW Boek 3; art. 66 BW Boek 6; art. 600 BW Boek 7; artt. 490, 955 BW Boek 8))

Art. 854

De rechter die de gerechtelijke bewaring van een bepaalde zaak beveelt, kan iedere daartoe geschikte persoon die bereid is deze benoeming te aanvaarden, als gerechtelijke bewaarder van die zaak aanwijzen. Hetzelfde geldt voor de deurwaarder die gebruik maakt van zijn bevoegdheid om een zaak in bewaring te stellen krachtens artikel 446 en die ter plaatse geen voor zodanige zaken aangewezen gerechtelijke bewaarder tegen een redelijk loon tot de bewaring bereid vindt.

De persoon van de bewaarder

Art. 855

1. Degene die gerechtelijke bewaring verlangt van een roerende zaak die geen registergoed is, geeft bij de inbewaringgeving aan de bewaarder de wettelijke bepaling of het rechterlijk bevel op uit hoofde waarvan de bewaring zal geschieden. De bewaarder geeft hem een ontvangstbewijs waarop deze bepaling of dit bevel is vermeld.

De aard van de bewaring

2. Degene die de zaak in bewaring heeft gegeven, is verplicht hiervan zo spoedig mogelijk schriftelijk mededeling te doen aan degenen tegen wie de bewaring zich richt en daarbij op te geven op welke grond de inbewaringstelling geschiedt.

Art. 856

1. De gerechtelijke bewaring van een zaak geschiedt op de voorwaarden die door de bewaarder gewoonlijk voor zaken van dezelfde soort worden overeengekomen, of, bij gebreke daarvan, volgens de regels die krachtens het Burgerlijk Wetboek op de overeenkomst van toepassing zijn, telkens tenzij de rechter die de gerechtelijke bewaring beveelt, anders bepaalt.

Gebruik van algemene voorwaarden door bewaarder

(Zie ook: art. 600 BW Boek 7)

2. De inbewaringsteling kan aldus geschieden dat de bewaarder de zaak mag afgeven aan degene tegen wie de bewaring zich richt, mits deze tevoren aan zijn verplichtingen jegens de bewaargeyer heeft voldaan. Van een zodanig beding wordt melding gemaakt in de mededeling, bedoeld in artikel 855, tweede lid.

(Zie ook: art. 66 BW Boek 6)

3. De rechter die de gerechtelijke bewaring heeft bevolen, of anders de voorzieningenrechter van de rechtbank, kan op verzoek van de bewaarder of een belanghebbende de voorwaarden vaststellen of wijzigen of een gerechtelijke bewaarder aanwijzen die de gerechtelijke bewaring van de oorspronkelijke zal overnemen. De indiening van het verzoekschrift kan ook door een deurwaarder geschieden, voor zover de bewaring haar grond vindt in een beslag.

Vaststelling of wijziging voorwaarden door rechter

Art. 857

1. De kosten van de bewaring worden aan de bewaarder voldaan door degene die de zaak in bewaring heeft doen geven of het bevel tot bewaring heeft uitgelokt, onverminderd de rechten van hemzelf tegen degenen die jegens hem voor de kosten aansprakelijk zijn.

Kosten van bewaring

(Zie ook: art. 601 BW Boek 7)

2. De bewaarder heeft voor al hetgeen hem ter zake van de bewaring toekomt een retentierecht op de in bewaring gestelde zaken, dat hij kan uitoefenen tegen ieder die recht op afgifte van die zaken mocht hebben.

(Zie ook: art. 290 BW Boek 3)

Art. 858

1. Wanneer de kosten van de bewaring niet op tijd aan de bewaarder worden voldaan, kan deze op een door de voorzieningenrechter van de rechtbank op zijn verzoek te bepalen wijze het in bewaring gestelde verkopen; de opbrengst treedt voor het in bewaring gestelde in de plaats en wordt, na aftrek van de kosten van bewaring en van de verkoop, ten behoeve van belanghebbenden in de consignatiekas gestort.

Verkoop van het inbewaringgestelde door bewaarder

2. Ingeval de bewaring haar grond vindt in een beslag, wijst de voorzieningenrechter het verzoek niet toe dan nadat de beslagene is opgeroepen om te worden gehoord.

Oproeping beslagene

(Zie ook: art. 860 Rv)

3. Tegen een toewijzende beschikking krachtens dit artikel is geen hogere voorziening toegelaten.

4. Van dit artikel kan niet bij de overeenkomst van bewaargeving worden afgeweken, tenzij de rechter krachtens artikel 856 anders bepaalt.

Dwingend recht

Art. 859

Indien degene die de zaak in bewaring heeft doen geven, in verband daarmee ten aanzien van de zaak een verzekering heeft gesloten, kan hij de door hem betaalde premies en kosten op dezelfde voet als de kosten van de bewaring terugvorderen van degenen die jegens hem voor de kosten aansprakelijk zijn, tenzij het niet redelijk was om de verzekering te sluiten.

Premies en kosten van verzekering

Art. 860

1. Een gerechtelijke bewaring kan op vordering van elke belanghebbende in kort geding, al of niet tegen zekerheidstelling, worden opgeheven door de voorzieningenrechter die de bewaring heeft bevolen of in het rechtsgebied van wiens rechtbank de zaken zich bevinden. De voorzieningenrechter bepaalt desverlangd aan wie de bewaarder de zaak dient af te geven.

Opheffing gerechtelijke bewaring

2. Opheffing van het beslag waarin de gerechtelijke bewaring haar grond vindt, heeft van rechtswege tevens opheffing van de bewaring tot gevolg. De bewaarder is verplicht tot afgifte van de zaak aan de beslagene.

B14 art. 861 Wetboek van Burgerlijke Rechtsvordering

3. Opheffing van de bewaring doet niet af aan de rechten van de bewaarder tot het tijdstip van de afgifte.

(Zie ook: art. 857 Rv)

Art. 861

Afgifte zaak van deurwaarder die met executoriale verkoop is belast

1. In geval van een gerechtelijke bewaring die haar grond vindt in een beslag tot verhaal van een geldvordering, geeft de bewaarder het in bewaring gestelde op verzoek van de deurwaarder die met de executoriale verkoop is belast, tijdig aan deze af.

2. Is een zaak in bewaring gesteld in afwachting van de beslissing wie op afgifte daarvan recht heeft, dan geeft de bewaarder haar af aan degene aan wie zij krachtens een in kracht van gewijsde gegane of uitvoerbaar bij voorraad verklaarde beslissing toekomt.

(Zie ook: artt. 710, 857 Rv)

Art. 862-984

[Vervallen]

Negende titel

Van de formaliteiten, vereist voor de tenuitvoerlegging van in vreemde Staten tot stand gekomen executoriale titels

Eerste afdeling
Algemene bepalingen

Art. 985

Rechterlijk verlof tot tenuitvoerlegging

Wanneer een beslissing, gegeven door de rechter van een vreemde Staat, in Nederland uitvoerbaar is krachtens een verdrag of krachtens de wet, wordt zij niet ten uitvoer gelegd dan na daartoe verkregen rechterlijk verlof. De zaak zelf wordt niet aan een nieuw onderzoek onderworpen. Tot de kennisneming van het verzoek om verlening van het verlof zijn bevoegd de rechtbank van het arrondissement waar de wederpartij van de verzoeker woonplaats heeft en die van het arrondissement waar de tenuitvoerlegging wordt verlangd.

(Zie ook: artt. 431, 992, 994 Rv)

Art. 986

Wijze van behandeling verzoekschrift

[1.] Het verlof tot tenuitvoerlegging wordt gevraagd bij verzoekschrift. Het verzoekschrift wordt ingediend door een advocaat en houdt tevens in de keuze van een woonplaats binnen het arrondissement van de rechtbank.

[2.] Bij het verzoekschrift wordt een authentiek afschrift van de beslissing overgelegd, benevens de stukken, waardoor kan worden vastgesteld dat zij uitvoerbaar is in het land, waar zij is gewezen.

[3.] De rechtbank kan legalisatie van het afschrift van de beslissing en van de overige in het tweede lid bedoelde stukken verlangen. Zij kan tevens eisen, dat de beslissing en de overige overgelegde stukken worden vertaald in het Nederlands, en dat deze vertaling voor eensluidend wordt verklaard hetzij door een in Nederland toegelaten beëdigde vertaler, hetzij door een beëdigde vertaler, toegelaten in het land waar de beslissing is gegeven, hetzij door de diplomatieke of consulaire vertegenwoordiger van bedoeld land in Nederland.

[4.] Bij ongenoegzaamheid der overgelegde stukken wordt de verzoeker de gelegenheid tot aanvulling gegeven.

(Zie ook: art. 26 BW Boek 1)

Art. 987

Verhoor verplicht

[1.] De rechtbank geeft haar beschikking met bekwame spoed, doch niet dan na verhoor, althans behoorlijke oproeping, van de partijen tegen wie de tenuitvoerlegging wordt verlangd.

[2.] De rechtbank bepaalt dag en uur voor het verhoor, alsmede de termijn, bij de oproepingen in acht te nemen.

[3.] De oproepingen geschieden vanwege de verzoeker bij deurwaardersexploot. De verzoeker legt de bewijzen van oproeping vóór of bij het verhoor aan de rechtbank over.

[4.] De rechtbank kan, indien een opgeroepene niet verschijnt, zijn nadere oproeping bevelen. Hetzelfde geldt, indien een partij ten onrechte niet is opgeroepen.

[5.] De verzoeker en de andere partijen verschijnen bij advocaat.

[6.] Na afloop van het verhoor deelt de rechter mede, wanneer de uitspraak zal plaatsvinden.

Art. 988

Beschikking van rechtbank

[1.] De beschikking der rechtbank is met redenen omkleed en wordt in het openbaar uitgesproken.

[2.] De beschikking is uitvoerbaar bij voorraad zonder zekerheidstelling, voorzover de rechtbank niet anders beslist.

[3.] Ten aanzien van de proceskosten is het bepaalde in de artikelen 237, 239 en 245 van toepassing.

Art. 989

Geen verzet mogelijk

[1.] De beschikking der rechtbank is niet vatbaar voor verzet.

[2.] Partijen kunnen tegen de beschikking hoger beroep instellen binnen een maand na de dag van de uitspraak. Het wordt gebracht voor het gerechtshof.

[3.] In geval van hoger beroep vinden de artikelen 986-988 en 989, eerste lid, overeenkomstige toepassing, met dien verstande dat ook de oorspronkelijke verzoeker wordt verhoord, althans behoorlijk opgeroepen.

Art. 990

Partijen kunnen tegen de beschikking van het gerechtshof beroep in cassatie instellen binnen een maand na de dag waarop zij is gegeven. De artikelen 988, eerste lid, en 989, eerste lid, vinden overeenkomstige toepassing.

Art. 991

[Vervallen]

Art. 992

De bepalingen van deze titel zijn slechts van toepassing, voor zover een verdrag of een bijzondere wet geen afwijkende voorzieningen inhoudt.

(Zie ook: art. 994 Rv)

Tweede afdeling
Bijzondere bepalingen

Art. 993

[1.] De bepalingen van de Eerste Afdeling van deze titel zijn overeenkomstige toepassing, wanneer een in een vreemde Staat verleden authentieke akte in Nederland uitvoerbaar is krachtens verdrag of wet, met dien verstande dat de voorzieningenrechter der rechtbank treedt in de plaats van de rechtbank.

(Zie ook: art. 431 Rv)

[2.] Wij behouden Ons voor bij algemene maatregel van bestuur te bepalen, dat onder dit artikel tevens zullen vallen niet eerder in deze titel bedoelde, in vreemde Staten tot stand gekomen executoriale titels, welke krachtens verdrag of wet in Nederland uitvoerbaar zijn.

Art. 994

De bepalingen van deze titel zijn niet van toepassing op uitspraken van internationale organen.

Tiende titel
Van rechtspleging in zaken van rechtspersonen

Art. 995

[1.] In de zaken die ingevolge het bij of krachtens Boek 2 van het Burgerlijk Wetboek bepaalde met een verzoek worden ingeleid, is, tenzij anders is bepaald, bevoegd de rechter van de woonplaats van de rechtspersoon. Nadat de rechtspersoon is opgehouden te bestaan blijft deze rechter bevoegd in zaken betreffende de vereffening, de benoeming van bewaarders van boeken en bescheiden en het verlenen van machtiging tot inzage in boeken en bescheiden.

(Zie ook: art. 429a Rv; art. 10 BW Boek 1)

[2.] Het verzoekschrift vermeldt, onverminderd het in artikel 278 bepaalde, de naam en de woonplaats van de rechtspersoon.

[3.] De rechter gelast in ieder geval de oproeping van de rechtspersoon.

Art. 996

Hoger beroep moet worden ingesteld binnen drie maanden, te rekenen van de dag van de uitspraak van de eindbeschikking in zaken.

a. tot ontbinding van een rechtspersoon of tot verkrijging van een verklaring dat en op welk tijdstip een rechtspersoon ingevolge haar statuten is ontbonden;

(Zie ook: artt. 15, 19, 22, 31, 70, 181 BW Boek 2)

b. tot verkrijging van een machtiging tot omzetting van een rechtspersoon;

(Zie ook: art. 20 BW Boek 2)

c. tot doorhaling, aanvulling of wijziging van hetgeen is ingeschreven in het in artikel 29 lid 1 of in artikel 289 lid 1 van Boek 2 van het Burgerlijk Wetboek bedoelde register;

d. tot wijziging van de statuten van een stichting;

(Zie ook: art. 294 BW Boek 2)

e. tot nietigverklaring van een wijziging van de statuten van een stichting, en

(Zie ook: art. 295 BW Boek 2)

f. tot wijziging van of voorziening in het bestuur van een stichting.

Art. 997

[1.] Het verzet van een schuldeiser onderscheidenlijk een wederpartij overeenkomstig de artikelen 100 lid 3, 182 lid 3, 316 lid 2, 334l, of 404 lid 5 van boek 2 van het Burgerlijk Wetboek wordt door de rechter met de meeste spoed behandeld. Indien verschillende verzoeken zijn ingediend, wordt op alle tezamen beschikt.

Afschrift exploit van dagvaarding

[2.] Van de dag waarop de mondelinge behandeling zal plaatsvinden, wordt door de griffier aankondiging gedaan in de *Nederlandse Staatscourant* en in een landelijk verspreid dagblad.

[3.] Voorts geeft de griffier kennis aan het kantoor van het handelsregister, waar de vennootschap is ingeschreven.

[4.] De rechtbank hoort de schuldeisers onderscheidenlijk de wederpartijen die zijn verschenen.

[5.] Hoger beroep moet binnen drie weken na de dagtekening van de eindbeschikking worden ingesteld bij de ondernemingskamer van het gerechtshof Amsterdam. De voorgaande leden vinden in hoger beroep overeenkomstige toepassing.

(Zie ook: art. 66 Wet RO)

Art. 997a

1. Een afschrift van het exploit van dagvaarding waarbij een vordering bij de rechtbank wordt ingesteld als bedoeld in de artikelen 336, 342 en 343 van boek 2 van het Burgerlijk Wetboek wordt onverwijld door de eiser aan de vennootschap betekend.

2. Binnen twee weken na de betekening stelt de vennootschap de niet gedagvaarde aandeelhouders schriftelijk in kennis van de inhoud van de dagvaarding.

3. Van ieder vonnis wordt een afschrift de griffier behalve aan partijen tevens aan de vennootschap toegezonden. Een afschrift van het vonnis als bedoeld in artikel 340 van boek 2 van het Burgerlijk Wetboek wordt onverwijld door de eiser aan de gedaagden en de vennootschap betekend.

4. Tegen het vonnis is geen verzet van derden mogelijk als bedoeld in artikel 376 van dit wetboek.

Art. 998

[Vervallen]

Elfde titel

[Vervallen]

Art. 999-1002

[Vervallen]

Twaalfde titel

Van rechtspleging in zaken betreffende onredelijk bezwarende bedingen in algemene voorwaarden

Art. 1003

Burgerlijke rechtsvordering bij verenigingszaken

Bij vorderingen als bedoeld in de artikelen 240 en 242 van Boek 6 van het Burgerlijk Wetboek kan als volgt worden afgeweken van het bepaalde in artikel 111, tweede lid:

1°. Een exploit dat bestemd is zowel voor een vereniging die ten doel heeft de behartiging van belangen van personen die een beroep of bedrijf uitoefenen, alsook voor de leden van deze vereniging, alsmede een exploit dat bestemd is voor de gewezen leden van een in eerste aanleg medegedagvaarde, doch inmiddels ontbonden vereniging als hiervoor bedoeld, behoeft de naam en de woonplaats van deze leden of gewezen leden niet afzonderlijk te vermelden.

2°. Een exploit dat wordt uitgebracht zowel ten verzoeke van een vereniging die ten doel heeft de behartiging van belangen van personen die een beroep of bedrijf uitoefenen, alsook ten verzoeke van de leden van deze vereniging, alsmede een exploit dat wordt uitgebracht ten verzoeke van de gewezen leden van een in eerste aanleg mede-gedagvaarde, doch inmiddels ontbonden vereniging als hiervoor bedoeld, behoeft de voornaam, de naam en de woonplaats van deze leden of gewezen leden niet afzonderlijk te vermelden.

Art. 1004

Burgerlijke rechtsvordering bij verenigingszaken

Een verzoekschrift als bedoeld in artikel 242, tweede lid, van Boek 6 van het Burgerlijk Wetboek, dat wordt ingediend namens of mede namens de leden van een vereniging die ten doel heeft de behartiging van belangen van personen die een beroep of bedrijf uitoefenen, dan wel namens of mede namens de gewezen leden van een in eerste aanleg mede-gedagvaarde, doch inmiddels ontbonden vereniging als hiervoor bedoeld, behoeft, in afwijking van het bepaalde in artikel 278, de voornamen, de naam en de woonplaats of het werkelijk verblijf van deze verzoekers niet afzonderlijk te vermelden.

Art. 1005

Burgerlijke rechtsvordering bij verenigingszaken

In geval van een vordering als bedoeld in artikel 240 van Boek 6 van het Burgerlijk Wetboek waarbij de in artikel 1003 onder 1° bedoelde gegevens niet in het exploot werden vermeld, kan het beroep in cassatie slechts worden ingesteld door degenen die in eerste aanleg verschenen zijn.

Art. 1006

Burgerlijke rechtsvordering bij verenigingszaken

Bovendien gelden in geval van een vordering of verzoek als bedoeld in de artikelen 240 en 242 van Boek 6 van het Burgerlijk Wetboek, indien de in de artikelen 1003 en 1004 bedoelde gegevens niet in het exploit of in het verzoekschrift werden vermeld, de navolgende bijzondere voorzieningen:

1°. De artikelen 237, 239 en 289, worden toegepast als vormden de hiervoor bedoelde vereniging en haar leden, onderscheidenlijk de gewezen leden van een ontbonden vereniging, tezamen één partij. Niet verschenen of gewezen leden worden niet in de kosten van het geding verwezen.

2°. Op vordering onderscheidenlijk verzoek van ieder der partijen kan de rechter, indien gerede twijfel bestaat of de wederpartij voor de proceskosten voldoende verhaal zal bieden, in elk stadium van de procedure bevelen dat terzake van de betaling der proceskosten zekerheid wordt gesteld.

Titel 13

Van rechtspleging in zaken betreffende de teruggave van cultuurgoederen

Art. 1008

Een lid-staat van de Europese Unie of een andere staat die partij is bij de Overeenkomst betreffende de Europese Economische Ruimte kan voor de naar de regels van dit Wetboek bevoegde rechtbank een rechtsvordering tot teruggave van een roerende zaak die een cultuurgoed is in de zin van artikel 2, onder 1, van Richtlijn 2014/60/EU van het Europees Parlement en de Raad van 15 mei 2014 betreffende de teruggave van cultuurgoederen die op onrechtmatige wijze buiten het grondgebied van een lid-staat zijn gebracht en houdende wijziging van Verordening (EU) nr. 1024/2012 (PbEU 2014, L 159), instellen tegen de bezitter of, bij ontstentenis van een bezitter, tegen de houder van de zaak, mits de zaak na 31 december 1992 op onrechtmatige wijze buiten zijn grondgebied is gebracht zonder dat deze onrechtmatigheid inmiddels is opgeheven, met dien verstande dat voor de Republiek Oostenrijk geldt dat de zaak na 30 juni 1994 buiten het grondgebied van deze staat dient te zijn gebracht, dat voor de Republiek Finland, de Republiek IJsland, het Koninkrijk Noorwegen en het Koninkrijk Zweden geldt dat de zaak na 31 december 1994 buiten het grondgebied van de desbetreffende staat dient te zijn gebracht en dat voor het Vorstendom Liechtenstein geldt dat de zaak na 30 april 1995 buiten het grondgebied van deze staat dient te zijn gebracht.

(Zie ook: artt. 86a, 88, 99, 238, 310 b BW Boek 3)

Art. 1009

Op straffe van nietigheid dienen te zamen met de dagvaarding te worden betekend:

a. een document waarin de roerende zaak waarvan de teruggave wordt gevorderd, wordt beschreven, en waarin wordt verklaard dat deze zaak een beschermd cultuurgoed is in de zin van de richtlijn, bedoeld in artikel 1008, en

b. een verklaring van de staat die de vordering heeft ingesteld, dat de roerende zaak waarop de vordering tot teruggave betrekking heeft, op onrechtmatige wijze buiten zijn grondgebied is gebracht.

Art. 1010

De centrale autoriteit, aangewezen krachtens artikel 4 van de richtlijn, bedoeld in artikel 1008, kan ten behoeve van de lid-staat van de Europese Unie of ten behoeve van de andere staat die partij is bij de Overeenkomst betreffende de Europese Economische Ruimte die aanspraak op teruggave van een cultuurgoed maakt, de nodige maatregelen nemen, zoals het doen leggen van conservatoir beslag, het in bewaring of onder bewind doen stellen van de zaak, en het vorderen van voorlopige voorzieningen in kort geding, zulks onverminderd de bevoegdheid te dier zake van de desbetreffende staat zelf.

Art. 1011

De kosten die voortvloeien uit de uitvoering van een beslissing van een rechtbank tot teruggave van een roerende zaak ingevolge artikel 1008, komen ten laste van de staat die rechtsvordering heeft ingesteld. Dit geldt ook voor de kosten inzake de maatregelen die door de centrale autoriteit, aangewezen krachtens artikel 4 van de richtlijn, zijn genomen voor het materiële behoud van het cultuurgoed, bedoeld in artikel 5, onder 4, van de richtlijn. Hieronder vallen tevens de kosten, bedoeld in artikel 1010.

Art. 1011a

1. Een rechtsvordering tot teruggave van een roerende zaak, gegrond op artikel 6.7 van de Erfgoedwet, wordt ingesteld tegen de bezitter of, bij ontstentenis van een bezitter, tegen de houder van het cultuurgoed voor de naar de regels van dit wetboek bevoegde rechter.

2. Op straffe van nietigheid dienen tezamen met de dagvaarding te worden betekend:

a. een document waarin de roerende zaak waarvan teruggave wordt gevorderd, wordt beschreven en waaruit blijkt dat deze zaak een cultuurgoed is in de zin van artikel 6.1, onder c, van de Erfgoedwet en derhalve van wezenlijk belang voor het cultureel erfgoed van de verdragsstaat waaruit het cultuurgoed afkomstig is;

b. een verklaring van de verdragsstaat waaruit het cultuurgoed afkomstig is, dat dit cultuurgoed buiten het grondgebied van die staat is geraakt met schending van de regels die door die staat in overeenstemming met de doelstellingen van het Unesco-verdrag 1970, bedoeld in artikel

6.1, onder a, van de Erfgoedwet zijn vastgesteld ter zake van de uitvoer en de eigendomsoverdracht van cultuurgoederen, dan wel dat dit cultuurgoed is ontvreemd in de verdragsstaat.

Art. 1011b

Teruggave cultuurgoed, maatregelen

Onze Minister van Onderwijs, Cultuur en Wetenschap kan ten behoeve van een verdragsstaat die aanspraak op teruggave van een cultuurgoed maakt, de nodige maatregelen als bedoeld in artikel 1010 nemen.

Art. 1011c

Teruggave cultuurgoed, kosten

De kosten die voortvloeien uit de uitvoering van een rechterlijke beslissing tot teruggave van een roerende zaak ingevolge artikel 1011a, komen ten laste van de staat die de rechtsvordering heeft ingesteld. Indien de vordering is ingesteld door de rechthebbende op het cultuurgoed komen die kosten ten laste van die rechthebbende. Hetzelfde geldt voor de kosten, gemaakt voor het materiële behoud van het cultuurgoed en voor de kosten van eventuele voorlopige maatregelen, als bedoeld in artikel 1010.

Art. 1011d

Teruggave cultuurgoed, schorsing tenuitvoerlegging

Indien het cultuurgoed bij teruggave bloot komt te staan aan gevaar, kan de rechter de tenuitvoerlegging van een op grond van artikel 1011a verkregen uitspraak schorsen tot het moment waarop het cultuurgoed bij teruggave geen gevaar meer loopt.

Art. 1012

Cultuurgoed, bepaling eigendom teruggegeven

De eigendom van een cultuurgoed waarvan ingevolge artikel 1008 door een lidstaat of ingevolge artikel 1011a door een verdragsstaat teruggave is gevorderd, wordt na de teruggave bepaald door het nationale recht van de staat die de rechtsvordering tot teruggave heeft ingesteld.

Titel 14

Van rechtspleging in zaken betreffende de verbindendverklaring van overeenkomsten strekkende tot collectieve schadeafwikkeling

Art. 1013

Schadevergoedingsovereenkomst, verzoekprocedure

1. Het verzoekschrift waarmee het verzoek, bedoeld in artikel 907, eerste lid, van Boek 7 van het Burgerlijk Wetboek wordt ingeleid, vermeldt:
a. de namen en de woonplaatsen van de verzoekers;
b. een omschrijving van de gebeurtenis of de gebeurtenissen waarop de overeenkomst betrekking heeft;
c. een korte omschrijving van de overeenkomst;
d. een duidelijke omschrijving van het verzoek en de gronden waarop het berust.
2. Aan het verzoekschrift wordt de overeenkomst als bijlage toegevoegd.
3. Het gerechtshof Amsterdam is bij uitsluiting bevoegd tot kennisneming van een verzoek in eerste aanleg als in dit artikel bedoeld.
4. In afwijking van artikel 282, tweede lid, behoeft geen afschrift van een verweerschrift en de overgelegde bescheiden verzonden te worden aan de personen ten behoeve van wie de overeenkomst is gesloten. De rechter kan, in afwijking van artikel 290, eerste en tweede lid, bevelen, dat het verzoekschrift, de verweerschriften, de op de zaak betrekking hebbende bescheiden en de processen-verbaal en zonodig een vertaling hiervan in één of meer andere talen dan de Nederlandse taal op één of meer door hem aan te wijzen internetadressen worden geplaatst, zodanig dat deze door de personen ten behoeve van wie de overeenkomst is gesloten ten behoeve van latere kennisneming kunnen worden opgeslagen. Tevens kan de rechter bevelen dat de verzoekers desverlangt aan een persoon ten behoeve van wie de overeenkomst is gesloten afschriften verstrekken van de in de tweede zin genoemde stukken.
5. De oproeping van de aan de verzoekers bekende personen ten behoeve van wie de overeenkomst is gesloten geschiedt bij gewone brief, tenzij de rechter anders bepaalt. Bovendien geschiedt de oproeping door aankondiging daarvan in één of meer door de rechter aan te wijzen nieuwsbladen, waarbij tevens rechtspersonen als bedoeld in artikel 1014 worden opgeroepen. Hierbij wordt naast de plaats, de dag en het uur van de terechtzitting telkens op een door de rechter aan te geven wijze melding gemaakt van een korte omschrijving van de overeenkomst en van de gevolgen van toewijzing van het verzoek. Tevens wordt vermeld op welke wijze inzage en afschrift kan worden verkregen van de in het vierde lid genoemde stukken en wordt gewezen op de bevoegdheid om een verweerschrift in te dienen. Tenzij de rechter anders bepaalt, dragen de verzoekers zorg voor de oproeping ingevolge dit lid. De rechter kan gelasten dat de in dit lid bedoelde informatie ook op andere wijze wordt bekend gemaakt. Indien de curator in faillissement de overeenkomst heeft gesloten, gelast de rechter de verzoekers oproeping op een door hem te bepalen wijze van bekende en onbekende schuldeisers. Indien er personen zijn ten behoeve van wie de overeenkomst is gesloten, die geen woonplaats of verblijf in Nederland hebben en een voor Nederland bindende internationale of Unie-regeling niet een wijze van oproeping voorschrijft, gelast de rechter oproeping op een door hem bepaalde wijze van deze personen, zonodig in één of meer andere talen dan de Nederlandse taal.

6. De rechter kan bevelen dat verzoekers de namen en woonplaatsen van de aan hen bekende personen ten behoeve van wie de overeenkomst is gesloten, uiterlijk op een door de rechter te bepalen dag en op een door hem te bepalen wijze aan hem worden overgelegd. De verzoekers kunnen zich daarbij houden aan de laatste hun bekende woonplaatsen van de in de eerste zin bedoelde personen.

7. De rechter kan, indien hij de dag en het uur van de behandeling bepaalt, tevens bepalen dat verweerschriften in afwijking van artikel 282, eerste lid, uiterlijk voor een door hem vast te stellen tijdstip voor de behandeling moeten worden ingediend. Artikel 282, vierde lid, mist toepassing.

8. De rechter kan, op verzoek van partijen of van een van hen dan wel ambtshalve, in elke stand van de procedure een verschijning van partijen ter terechtzitting bevelen teneinde het verloop van de procedure te bespreken en daaromtrent aanwijzingen te verstrekken en bevelen te geven. Partijen verschijnen ter terechtzitting in persoon of bij advocaat. Van het verhandelde wordt een proces-verbaal opgemaakt, dat door de rechter en de griffier wordt ondertekend. Tegen de beslissing om al dan niet een verschijning te bevelen, staat geen voorziening open.

Art. 1014

Een stichting of vereniging met volledige rechtsbevoegdheid die ingevolge haar statuten de belangen van personen behartigt ten behoeve van wie de overeenkomst is gesloten, kan een verweerschrift indienen.

Schadevergoedingsovereenkomst, verweerschrift

Art. 1015

1. Procedures betreffende geschillen in de beëindiging waarvan de overeenkomst voorziet, worden door de indiening van het verzoek, bedoeld in artikel 907, eerste lid, van Boek 7 van het Burgerlijk Wetboek, van rechtswege geschorst, ook indien reeds de dag is bepaald waarop het vonnis, het arrest of de beschikking zal worden uitgesproken.

Schadevergoedingsovereenkomst, schorsing lopende procedures

2. Het geschorste geding wordt overeenkomstig artikel 227, eerste lid, hervat:

a. voor zover in de procedure om een beslissing wordt verzocht ter zake van een geschil in de beëindiging waarvan de overeenkomst niet voorziet;

b. indien de in artikel 908, tweede lid, van Boek 7 van het Burgerlijk Wetboek bedoelde termijn is verstreken, nadat een gerechtigde onder de overeenkomst binnen die termijn de in dat lid bedoelde mededeling heeft gedaan;

c. indien onherroepelijk vaststaat dat het verzoek niet tot toewijzing zal leiden;

d. indien de overeenkomst overeenkomstig artikel 908, vierde lid, van Boek 7 van het Burgerlijk Wetboek wordt opgezegd;

e. indien de behandeling van het verzoek met het oog op de belangen van een gerechtigde onder de overeenkomst en alle omstandigheden in aanmerking genomen, onaanvaardbaar lang duurt en naar verwachting nog onaanvaardbaar lang zal duren;

f. indien de partijen in de geschorste procedure daarmee instemmen.

3. Artikel 907, vijfde lid, van Boek 7 van het Burgerlijk Wetboek is niet van toepassing op hetgeen in een ingevolge het tweede lid hervat geding wordt gevorderd.

4. Behoudens de gevallen, bedoeld in het tweede lid, wordt na schorsing van een hangende procedure het geding op verzoek van de meest gerede partij van de rol afgevoerd indien de in artikel 908, tweede lid, van Boek 7 van het Burgerlijk Wetboek bedoelde termijn is verstreken.

5. De artikelen 225, tweede lid, tweede zin, en derde lid en 227, tweede en derde lid, zijn van toepassing.

Art. 1016

1. De rechter kan bevelen dat één of meer deskundigen zullen berichten over de voor het verzoek van belang zijnde punten.

Schadevergoedingsovereenkomst, deskundigenbericht

2. Behoudens de toepassing van artikel 289 kan de rechter bepalen dat de kosten voortvloeiende uit de toepassing van de bepalingen van deze titel ten laste komen van één of meer verzoekers.

Art. 1017

1. Een afschrift van de beschikking wordt door de griffier schriftelijk zo spoedig mogelijk verstrekt aan de verzoekers.

Schadevergoedingsovereenkomst, beschikking tot verbindendverklaring

2. De beschikking en de overeenkomst die daarbij verbindend is verklaard liggen ter griffie ter inzage en afschrift van de gerechtigden onder de overeenkomst. De rechter kan, in plaats daarvan, bevelen dat de beschikking en de overeenkomst en zonodig een vertaling hiervan in één of meer andere talen dan de Nederlandse taal op één of meer door hem aan te wijzen internetadressen worden geplaatst, zodanig dat deze door de gerechtigden onder de overeenkomst ten behoeve van latere kennisneming kunnen worden opgeslagen. Tevens kan de rechter bevelen dat de verzoekers desverlangt aan een gerechtigde onder de overeenkomst afschriften verstrekken van de beschikking en de overeenkomst.

3. Aan de bekende gerechtigden onder de overeenkomst en aan de in de procedure verschenen rechtspersonen als bedoeld in artikel 1014, wordt zo spoedig mogelijk schriftelijk mededeling gedaan van de beschikking tot verbindendverklaring, tenzij de rechter anders bepaalt. Bovendien wordt van de verbindendverklaring zo spoedig mogelijk aankondiging gedaan in één of meer door de rechter aan te wijzen nieuwsbladen. Hierbij wordt telkens op een door de rechter aan te geven wijze melding gemaakt van een korte omschrijving van de overeenkomst, in het bijzonder de wijze waarop vergoeding kan worden verkregen of anderszins een beroep op de overeenkomst kan worden gedaan en, indien de overeenkomst dat bepaalt, de termijn waarbinnen daarop aanspraak dient te worden gemaakt, alsmede van de gevolgen van de verbindendverklaring, en worden de termijn waarbinnen en de wijze waarop de gerechtigden onder de overeenkomst zich de gevolgen van de verbindendverklaring kunnen bevrijden, vermeld. Tevens wordt vermeld op welke wijze inzage en afschrift kan worden verkregen van de beschikking en de overeenkomst die daarbij verbindend is verklaard. De rechter kan bevelen dat ook van andere dan de in dit lid genoemde gegevens melding wordt gemaakt. Tenzij de rechter anders bepaalt, dragen de verzoekers zorg voor de in dit lid bedoelde melding en aankondiging. De rechter kan gelasten dat de in dit lid bedoelde gegevens ook op andere wijze bekend worden gemaakt. Indien er gerechtigden onder de overeenkomst zijn die geen woonplaats of verblijf in Nederland hebben en een voor Nederland bindende internationale of Unie-regeling niet een wijze van aankondiging voorschrijft, gelast de rechter aankondiging op een door hem te bepalen wijze ten behoeve van deze gerechtigden, zonodig in één of meer andere talen dan de Nederlandse taal.

4. Zo spoedig mogelijk nadat het verzoek tot verbindendverklaring onherroepelijk is afgewezen, dragen de verzoekers er zorg voor dat de personen ten behoeve van wie de overeenkomst is gesloten, daar op een door de rechter te bepalen wijze van op de hoogte worden gebracht.

5. De verzoekers kunnen het gerechtshof Amsterdam verzoeken om ter uitvoering van de in het derde en vierde lid bedoelde meldingen en aankondigingen nadere aanwijzingen te verstrekken.

Art. 1018

Schadevergoedingsovereenkomst, beroep en herroeping

1. Beroep in cassatie staat uitsluitend open indien het verzoek wordt afgewezen en kan uitsluitend door de verzoekers gezamenlijk worden ingesteld.

2. Herroeping staat uitsluitend open voor de in artikel 907, eerste lid, van Boek 7 van het Burgerlijk Wetboek bedoelde stichtingen of verenigingen gezamenlijk, en voor de overige verzoekers gezamenlijk. Indien de in de eerste zin bedoelde stichtingen of verenigingen zijn ontbonden, staat herroeping open voor een stichting of vereniging, bedoeld in artikel 1014. Herroeping van de beschikking op verzoek van stichtingen en verenigingen als bedoeld in de eerste of tweede zin, heeft geen gevolgen voor een gerechtigde onder de overeenkomst die zich tegen die gevolgen verzet.

Art. 1018a

Schadevergoedingsovereenkomst, verschijning ter terechtzitting

1. Indien een veelheid aan personen door een gebeurtenis of gelijksoortige gebeurtenissen is benadeeld, kan, voordat een zaak aanhangig is, de rechtbank, teneinde een overeenkomst, bedoeld in artikel 907, eerste lid, van Boek 7 van het Burgerlijk Wetboek, te beproeven, op verzoek van een stichting of vereniging, bedoeld in artikel 907, derde lid, onderdeel f, van Boek 7 van het Burgerlijk Wetboek en van de persoon of personen die voor deze gebeurtenis of gebeurtenissen verantwoordelijk worden gehouden, dan wel op verzoek van een van hen, een verschijning ter zitting van deze partijen bevelen.

2. Het verzoekschrift vermeldt:

a. de naam en woonplaats van de verzoeker of verzoekers;

b. de naam en woonplaats van de in het eerste lid bedoelde partijen waarvan verschijning wordt verzocht;

c. een omschrijving van de gebeurtenis of gebeurtenissen waarop het verzoek betrekking heeft;

d. een omschrijving van het geschil of de geschillen die partijen verdeeld houdt;

e. een omschrijving van het verzoek.

3. Indien de rechter het verzoek toestaat, bepaalt hij de plaats, de dag en het uur waarop de verschijning zal plaatsvinden. Verzoekers en andere partijen, die daartoe zijn opgeroepen, zijn verplicht te verschijnen. Indien een verzoeker of partij als bedoeld in de tweede zin niet verschijnt, kan zij worden veroordeeld tot vergoeding van de vergeefs aangewende kosten van degenen die wel zijn verschenen.

4. Bij een verschijning ter zitting kan besproken worden hoe verzoekers en de opgeroepen partijen de totstandkoming van een in het eerste lid bedoelde overeenkomst zullen trachten te bereiken. Ook kan een andere wijze van beëindiging van geschillen ter zake van de in het eerste lid bedoelde gebeurtenis of gebeurtenissen worden besproken. Artikel 191, tweede lid, tweede en derde zin, is van toepassing.

Titel 14a

Van rechtspleging in zaken betreffende een collectieve actie en collectieve schadeafwikkeling

Art. 1018b

1. Deze titel is van toepassing op procedures betreffende een vordering als bedoeld in artikel 305a en 305c van Boek 3 van het Burgerlijk Wetboek. Met uitzondering van artikel 1018c, eerste lid, is deze titel niet van toepassing op zaken als bedoeld in artikel 254.

2. De tweede titel van het Eerste Boek is van toepassing, tenzij in deze titel anders is bepaald.

3. Artikel 93 is niet van toepassing.

Art. 1018c

1. Onverminderd artikel 111, tweede lid, vermeldt de dagvaarding waarmee de collectieve vordering bedoeld in artikel 305a van Boek 3 van het Burgerlijk Wetboek wordt ingesteld:

a. een omschrijving van de gebeurtenis of de gebeurtenissen waarop de collectieve vordering betrekking heeft;

b. een omschrijving van de personen tot bescherming van wier belangen de collectieve vordering strekt;

c. een omschrijving van de mate waarin de te beantwoorden feitelijke en rechtsvragen gemeenschappelijk zijn;

d. een omschrijving van de wijze waarop voldaan is aan de ontvankelijkheidseisen van artikel 305a, eerste tot en met derde lid, van Boek 3 van het Burgerlijk Wetboek of van de gronden waarop het zesde lid van dat artikel van toepassing is;

e. de gegevens die de rechter in staat stellen om voor deze collectieve vordering een Exclusieve Belangenbehartiger aan te wijzen, voor het geval andere collectieve vorderingen voor dezelfde gebeurtenis overeenkomstig artikel 1018d worden ingesteld;

f. de verplichting van de eiser om van de zaak aantekening te maken in het register, bedoeld in het tweede lid, en om te vermelden wat ingevolge dit artikel de gevolgen zijn van die aantekening.

2. Op straffe van niet ontvankelijkheid wordt in afwijking van artikel 125, tweede lid, het exploot van dagvaarding ter griffie ingediend binnen twee dagen na de dag van dagvaarding, onder gelijktijdige aantekening van de dagvaarding in het centraal register voor collectieve acties als bedoeld in artikel 305a, zevende lid, van Boek 3 van het Burgerlijk Wetboek. De aantekening gaat vergezeld van een afschrift van de dagvaarding.

3. Tenzij de rechter eiser aanstonds niet ontvankelijk verklaart overeenkomstig het tweede lid, houdt hij de zaak aan totdat een termijn van drie maanden na aantekening in het register, bedoeld in het tweede lid, is verstreken. Tenzij ingevolge artikel 1018d, tweede lid, deze termijn is verlengd of een andere collectieve vordering voor dezelfde gebeurtenis of gebeurtenissen is ingesteld, wordt na het verstrijken van de termijn de behandeling van de zaak voortgezet in de stand waarin zij zich bevindt.

4. De in artikel 128, tweede lid, bedoelde roldatum voor het nemen van de conclusie van antwoord wordt bepaald op een termijn van zes weken nadat de in het derde lid bedoelde termijn is verstreken.

5. Inhoudelijke behandeling van de collectieve vordering vindt slechts plaats indien en nadat de rechter heeft beslist:

a. dat eiser voldoet aan de ontvankelijkheidseisen van artikel 305a, eerste tot en met derde lid, van Boek 3 van het Burgerlijk Wetboek of dat niet aan deze eisen behoeft te worden voldaan op grond van het zesde lid van dit artikel;

b. dat de eiser voldoende aannemelijk heeft gemaakt dat het voeren van deze collectieve vordering efficiënter en effectiever is dan het instellen van een individuele vordering doordat de te beantwoorden feitelijke en rechtsvragen in voldoende mate gemeenschappelijk zijn, het aantal personen tot bescherming van wier belangen de vordering strekt, voldoende is en, indien de vordering strekt tot schadevergoeding, dat zij alleen dan wel gezamenlijk een voldoende groot financieel belang hebben;

c. dat niet summierlijk van de ondeugdelijkheid van de collectieve vordering blijkt op het moment waarop het geding aanhangig wordt.

In afwijking van artikel 128, derde lid, mag de verweerder volstaan met de verweren die betrekking hebben op het onder a tot en met c genoemde, totdat hierover is beslist.

6. Indien een collectieve vordering voor dezelfde gebeurtenis of gebeurtenissen wordt ingesteld na het aanhangig worden van de collectieve vordering bedoeld in het eerste lid maar voordat de termijn bedoeld in artikel 1018d is aangevangen, wordt de zaak, zo nodig na verwijzing, gevoegd met de reeds aanhangige collectieve vordering als bedoeld in het tweede lid, onder a.

Art. 1018d

1. Binnen drie maanden na de aantekening in het register als bedoeld in artikel 1018c, tweede lid, kan een rechtspersoon als bedoeld in artikel 305a van Boek 3 van het Burgerlijk Wetboek een collectieve vordering instellen voor dezelfde gebeurtenis of gebeurtenissen als waarop de

Schakelbepaling

Procesinleiding collectieve vordering

Termijn instellen collectieve vordering

B14 art. 1018e **Wetboek van Burgerlijke Rechtsvordering**

collectieve vordering bedoeld in artikel 1018c, eerste lid, betrekking heeft, over gelijksoortige feitelijke en rechtsvragen, onder vermelding van de aantekening. De collectieve vordering wordt ingesteld bij dezelfde rechtbank als waar de eerder in het register aangetekende collectieve vordering is ingesteld. Artikel 1018c, eerste lid, is van toepassing.

2. De rechter kan de in het vorige lid bedoelde termijn met maximaal drie maanden verlengen indien binnen een maand na de aantekening een rechtspersoon als bedoeld in artikel 305a van Boek 3 van het Burgerlijk Wetboek ter griffie heeft laten aantekenen dat hij een collectieve vordering wil instellen voor dezelfde gebeurtenis of gebeurtenissen als waarop de collectieve vordering bedoeld in artikel 1018c, eerste lid, betrekking heeft, onder vermelding van de aantekening in het register, maar dat de termijn van drie maanden niet volstaat.

3. Voor de toepassing van het eerste Boek worden de overeenkomstig dit artikel ingestelde collectieve vorderingen na inschrijving op de rol gezamenlijk behandeld als een zaak. De in de dagvaarding vermelde roldatum ligt vier weken na het verstrijken van de termijn op grond van het eerste en tweede lid.

Art. 1018e

Exclusieve belangenbehartiger

1. De rechter wijst uit de eisers die overeenkomstig artikel 1018c of 1018d een collectieve vordering hebben ingesteld en voldoen aan de eisen voor ontvankelijkheid van artikel 305a, eerste tot en met derde lid, van Boek 3 van het Burgerlijk Wetboek, de meest geschikte eiser aan als exclusieve belangenbehartiger, waarbij hij de volgende omstandigheden in aanmerking neemt:

a. de omvang van de groep personen voor wie de eiser opkomt;

b. de grootte van het door deze groep vertegenwoordigde financiële belang;

c. andere werkzaamheden die de eiser verricht voor de personen voor wie hij opkomt in of buiten rechte;

d. eerdere door de eiser verrichte werkzaamheden of ingestelde collectieve vorderingen.

Tegen deze uitspraak staat geen rechtsmiddel open.

2. De rechter beoordeelt daarnaast wat de collectieve vordering precies inhoudt, voor welke nauw omschreven groep personen de exclusieve belangenbehartiger de belangen in deze collectieve vordering behartigt en of de aan een bepaalde plaats gebonden aard van de collectieve vordering aanleiding geeft voor behandeling van de zaak bij een ander gerecht.

3. De eiser die als exclusieve belangenbehartiger wordt aangewezen, treedt in deze procedure op voor de belangen van alle personen in de nauw omschreven groep, bedoeld in het tweede lid, en als vertegenwoordiger van de niet als exclusieve belangenbehartiger aangewezen eisers. De niet als exclusieve belangenbehartiger aangewezen eisers blijven partij in de procedure. De exclusieve belangenbehartiger verricht de proceshandelingen. De rechter kan bepalen dat ook de niet aangewezen eisers proceshandelingen mogen verrichten.

4. Als de aard van de collectieve vordering of van de eisers of de belangen van de personen voor wie zij opkomen daartoe aanleiding geven, kan de rechter ervoor kiezen om verschillende exclusieve belangenbehartigers in een collectieve actie aan te wijzen.

5. De uitspraak ingevolge dit artikel wordt door de exclusieve belangenbehartiger aangetekend in het in artikel 1018c, tweede lid, bedoelde register.

Art. 1018f

Gevolgen procedure collectieve vordering

1. De procedure over een collectieve vordering heeft geen gevolg voor en leidt niet tot gebondenheid van personen behorend tot de nauw omschreven groep personen wier belangen in deze collectieve vordering worden behartigd indien zij binnen een door de rechter te bepalen termijn van ten minste een maand na de in het derde lid bedoelde aankondiging van de uitspraak, bedoeld in artikel 1018e, eerste en tweede lid, door een schriftelijke mededeling aan de griffie hebben laten weten zich van de behartiging van hun belangen in deze collectieve vordering te willen bevrijden. Een eerdere collectieve stuiting van de verjaring van de vordering stuit de verjaring slechts ten aanzien van deze personen indien zij binnen zes maanden, nadat zij zich ingevolge dit artikel van de behartiging van hun belangen in de collectieve vordering hebben bevrijd, een individuele stuitingshandeling voor deze vordering verrichten. Is het aantal personen, dat zich ingevolge dit artikel van de behartiging van hun belangen in de collectieve vordering heeft bevrijd, te groot om de voortzetting van de procedure te rechtvaardigen, dan kan de rechter beslissen dat deze niet wordt voortgezet.

2. De uitspraak waarbij de exclusieve belangenbehartiger is aangewezen en waarbij de collectieve vordering en de nauw omschreven groep personen wier belangen de exclusieve belangenbehartiger in deze collectieve vordering behartigt, staan omschreven, ligt ter griffie ter inzage van deze personen. Tevens wordt hiervan aantekening gemaakt in het in artikel 1018c, tweede lid, bedoelde register. De rechter kan bevelen dat de uitspraak en zo nodig een vertaling hiervan in één of meer andere talen dan de Nederlandse taal op één of meer door hem aan te wijzen internetadressen worden geplaatst, waaronder de internetpagina van de exclusieve belangenbehartiger als bedoeld in het tweede lid, onder d, van artikel 305a van Boek 3 van het Burgerlijk Wetboek, zodanig dat deze door de genoemde personen ten behoeve van latere kennisneming kunnen worden opgeslagen.

3. Bij gewone brief wordt aan de bekende personen wier belangen de exclusieve belangenbehartiger in deze collectieve vordering behartigt, zo spoedig mogelijk mededeling gedaan van de aanwijzing van de exclusieve belangenbehartiger en de collectieve vordering en de nauw omschreven groep personen wier belangen de exclusieve belangenbehartiger in deze collectieve vordering behartigt, tenzij de rechter anders bepaalt. Bovendien wordt hiervan zo spoedig mogelijk aankondiging gedaan in één of meer door de rechter aan te wijzen nieuwsbladen. Hierbij wordt telkens op een door de rechter aan te geven wijze melding gemaakt van de wijze waarop deze personen zich overeenkomstig het eerste lid van de behartiging van hun belangen in deze collectieve vordering kunnen bevrijden, of overeenkomstig het vijfde lid met de behartiging van hun belangen in deze collectieve vordering instemmen. Tevens wordt vermeld op welke wijze inzage of afschrift kan worden verkregen van de uitspraak. De rechter kan bevelen dat ook van andere dan de in dit lid genoemde gegevens melding wordt gemaakt. Tenzij de rechter anders bepaalt, draagt de exclusieve belangenbehartiger zorg voor de in dit lid bedoelde melding en aankondiging. De rechter kan gelasten dat de in dit lid bedoelde gegevens ook op andere wijze bekend worden gemaakt. Indien er personen tot de nauw omschreven groep personen behoren wier belangen de exclusieve belangenbehartiger in deze collectieve vordering behartigt, die geen woonplaats of verblijf in Nederland hebben en een voor Nederland bindende internationale of Unie-regeling niet een wijze van aankondiging voorschrijft, gelast de rechter aankondiging op een door hem te bepalen wijze ten behoeve van deze personen, zo nodig in één of meer andere talen dan de Nederlandse taal.

4. Voor personen die zich ingevolge dit artikel van de behartiging van hun belangen in de collectieve vordering hebben bevrijd, kan geen vordering als bedoeld in artikel 305a van Boek 3 van het Burgerlijk Wetboek worden ingesteld, gebaseerd op soortgelijke feitelijke en rechtsvragen voor dezelfde gebeurtenis of gebeurtenissen.

5. Voor personen behorend tot de nauw omschreven groep personen wier belangen in deze collectieve vordering worden behartigd en die geen woonplaats of verblijf in Nederland hebben, heeft de procedure over de collectieve vordering gevolg en leidt deze tot gebondenheid, indien zij binnen een door de rechter te bepalen termijn van ten minste een maand na de in het derde lid bedoelde aankondiging van de uitspraak, bedoeld in artikel 1018e, eerste en tweede lid, door een schriftelijke mededeling aan de griffie hebben laten weten in te stemmen met de behartiging van hun belangen in deze collectieve vordering. Op verzoek van een partij kan de rechter bepalen dat, in afwijking van dit lid, het eerste lid van toepassing is op personen behorend tot de nauw omschreven groep personen wier belangen in deze collectieve vordering worden behartigd en die geen woonplaats of verblijf in Nederland hebben.

Art. 1018g

Na aanwijzing van een exclusieve belangenbehartiger als bedoeld in artikel 1018e stelt de rechter een termijn voor het beproeven van een overeenkomst die in elk geval het in artikel 907, tweede lid, onderdelen a tot en met f, van Boek 7 van het Burgerlijk Wetboek bepaalde bevat en, indien geen overeenkomst als in deze bepaling bedoeld wordt bereikt, voor het aanvullen van de gronden van de vordering en het verweer voor zover de gedaagde gebruik heeft gemaakt van zijn bevoegdheid bedoeld in artikel 1018c, vijfde lid, laatste zin.

Beproeven overeenkomst

Art. 1018h

1. Indien partijen een vaststellingsovereenkomst als bedoeld in artikel 907, tweede lid van Boek 7 van het Burgerlijk Wetboek sluiten, wordt deze ter goedkeuring aan de rechter voorgelegd.

Vaststellingsovereenkomst ter goedkeuring

2. Op de goedkeuring van de overeenkomst zijn de artikelen 1013, eerste en tweede lid, en vierde tot en met achtste lid, 1014, 1016 en artikel 907 van Boek 7 van het Burgerlijk Wetboek van overeenkomstige toepassing.

3. Op een goedgekeurde overeenkomst zijn de artikelen 1017, tweede tot en met vierde lid, en de artikelen 908, eerste, derde en vijfde lid, 909 en 910 van Boek 7 van het Burgerlijk Wetboek van overeenkomstige toepassing. De rechter kan nadere aanwijzingen geven voor de in artikel 1017 bedoelde meldingen en aankondigingen.

4. De exclusieve belangenbehartiger draagt zorg voor aankondiging van de goedgekeurde overeenkomst op de internetpagina als bedoeld in het tweede lid, onder d, van artikel 305a van Boek 3 van het Burgerlijk Wetboek en voor aantekening in het in artikel 1018c, tweede lid, bedoelde register.

5. Op de goedgekeurde overeenkomst is artikel 1018f, eerste tot en met vierde lid, van overeenkomstige toepassing.

6. Uitsluitend tegen de weigering van de goedkeuring staat beroep in cassatie open, dat uitsluitend door partijen gezamenlijk kan worden ingesteld. Artikel 1018, tweede lid, is van overeenkomstige toepassing.

Art. 1018i

1. Betreft de collectieve vordering een vordering tot schadevergoeding in geld, dan kan de rechter alvorens een collectieve schadeafwikkeling vast te stellen, de overlegging door de exclusieve belangenbehartiger en de gedaagde bevelen van een voorstel voor een collectieve schade-

Collectieve vordering tot schadevergoeding

afwikkeling. Dit voorstel bevat in ieder geval het in artikel 907, tweede lid, onderdelen a tot en met f, van Boek 7 van het Burgerlijk Wetboek bepaalde voor:

a. de personen behorend tot de nauw omschreven groep personen wier belangen in deze collectieve vordering worden behartigd die zich niet overeenkomstig artikel 1018f van de behartiging van hun belangen in de procedure en de uitspraak hebben bevrijd, en

b. de personen behorend tot de nauw omschreven groep personen wier belangen in deze collectieve vordering worden behartigd en die geen woonplaats of verblijf in Nederland hebben en die overeenkomstig artikel 1018f met de behartiging van hun belangen in deze collectieve vordering hebben ingestemd.

De rechter bepaalt de termijn waarbinnen partijen een voorstel dienen over te leggen. Wordt aan deze verplichting niet voldaan, dan kan de rechter daaruit de gevolgtrekking maken die hij geraden acht.

2. De rechter stelt, mede aan de hand van de in het eerste lid bedoelde voorstellen, een collectieve schadeafwikkeling vast die strekt tot vergoeding door gedaagde van de schade van de in het eerste lid, onder a en b, bedoelde personen. De rechter draagt er zorg voor dat hij voor de toepassing van de tiende afdeling van de eerste titel van Boek 6 van het Burgerlijk Wetboek de schadevergoeding voor deze personen waar mogelijk in categorieën vaststelt, dat de collectieve schadeafwikkeling in ieder geval het in artikel 907, tweede lid, onderdelen a tot en met f, van Boek 7 van het Burgerlijk Wetboek bepaalde, bevat, dat de hoogte van de daarbij toegekende vergoedingen redelijk is en dat de belangen van de personen voor wie de collectieve schadeafwikkeling wordt vastgesteld ook anderszins voldoende gewaarborgd zijn. Artikel 907, eerste lid, laatste zin, en zesde lid, van Boek 7 van het Burgerlijk Wetboek zijn van overeenkomstige toepassing.

3. Alvorens een in het tweede lid bedoelde collectieve schadeafwikkeling vast te stellen, kan de rechter bevelen dat één of meer deskundigen zullen berichten over de voor de inhoud van de collectieve schadeafwikkeling van belang zijnde punten.

Art. 1018j

Collectieve schadeafwikkeling, uitspraak per gewone brief

1. Bij gewone brief wordt aan de bekende personen ten behoeve van wie de collectieve schadeafwikkeling is vastgesteld, zo spoedig mogelijk mededeling gedaan van de uitspraak waarbij deze is vastgesteld, tenzij de rechter anders bepaalt. Bovendien wordt van de uitspraak zo spoedig mogelijk aankondiging gedaan in één of meer door de rechter aan te wijzen nieuwsbladen. Hierbij wordt telkens op een door de rechter aan te geven wijze melding gemaakt van een korte omschrijving van de collectieve schadeafwikkeling, in het bijzonder de wijze waarop vergoeding van de gedaagde kan worden verkregen of anderszins een beroep op de collectieve schadeafwikkeling kan worden gedaan en, indien de collectieve schadeafwikkeling dat bepaalt, de termijn waarbinnen daarop aanspraak dient te worden gemaakt. Tevens wordt vermeld op welke wijze inzage en afschrift kan worden verkregen van de uitspraak waarbij de collectieve schadeafwikkeling is vastgesteld. De rechter kan bevelen dat ook van andere dan de in dit lid genoemde gegevens melding wordt gemaakt. Tenzij de rechter anders bepaalt, draagt de gedaagde zorg voor de in dit lid bedoelde melding en aankondiging. De rechter kan gelasten dat de in dit lid bedoelde gegevens ook op andere wijze bekend worden gemaakt. Indien er personen ten behoeve van wie de collectieve schadeafwikkeling is vastgesteld zijn die geen woonplaats of verblijf in Nederland hebben en een voor Nederland bindende internationale of Unie-regeling niet een wijze van aankondiging voorschrijft, gelast de rechter aankondiging op een door hem te bepalen wijze ten behoeve van deze personen, zo nodig in één of meer andere talen dan de Nederlandse taal.

2. De exclusieve belangenbehartiger draagt zorg voor aankondiging van de in het vorige lid bedoelde uitspraak op de internetpagina als bedoeld in het tweede lid, onder d, van artikel 305a van Boek 3 van het Burgerlijk Wetboek en voor plaatsing in het in artikel 1018c, tweede lid, bedoelde register.

Art. 1018k

Uitspraak collectieve schadeafwikkeling verbindend

1. Zodra een uitspraak ingevolge deze titel onherroepelijk is geworden, is deze voor ieder der partijen en voor de in artikel 1018i, eerste lid, onder a en b, bedoelde personen, verbindend. Tenzij de uitspraak uitvoerbaar bij voorraad is verklaard, kunnen deze personen vanaf het tijdstip waarop de uitspraak onherroepelijk is geworden aanspraak maken op een vergoeding op de wijze en onder de voorwaarden vermeld in de uitspraak waarbij een collectieve schadeafwikkeling is vastgesteld.

2. Voor een persoon als bedoeld in artikel 1018i, eerste lid, onder a, die bij de in artikel 1018f, derde lid, bedoelde aankondiging niet met zijn schade bekend kon zijn, heeft een uitspraak ingevolge deze titel geen gevolg indien hij na het bekend worden van zijn schade door een schriftelijke mededeling aan de gedaagde of, indien een collectieve schadeafwikkeling is vastgesteld, aan de in artikel 907, tweede lid, onder g, van Boek 7 van het Burgerlijk Wetboek, bedoelde persoon, heeft laten weten niet gebonden te willen zijn. De gedaagde kan een persoon als bedoeld in het eerste lid schriftelijk een termijn van ten minste zes maanden stellen waarbinnen deze kan laten weten niet gebonden te willen zijn. Bij een uitspraak ingevolge deze titel waarbij een collectieve schadeafwikkeling is vastgesteld overeenkomstig artikel 1018i moet de gedaagde daarbij ook mededeling doen van de persoon bedoeld in artikel 907, tweede lid, onder g.

Art. 1018l

1. Indien summierlijk van de ondeugdelijkheid van de vordering is gebleken, kan de rechter in zijn uitspraak voor de toepassing van de tweede paragraaf van de twaalfde afdeling van de tweede titel van het eerste Boek de salarissen van de advocaat van de wederpartij ten laste van de in het ongelijk gestelde partij maximaal vervijfvoudigen, tenzij de billijkheid zich daartegen verzet.

2. Een uitspraak ingevolge artikel 1018i houdt tevens een veroordeling in de kosten in waarbij de rechter voor zover nodig in afwijking van de tweede paragraaf van de twaalfde afdeling van de tweede titel van het eerste Boek de in het ongelijk gestelde partij desgevorderd kan veroordelen in redelijke en evenredige gerechtskosten en andere kosten die de in het gelijk gestelde partij heeft gemaakt, tenzij de billijkheid zich daartegen verzet.

Art. 1018m

1. Procedures tussen degene of degenen tegen wie de collectieve vordering ingevolge deze titel zich richt, en een persoon tot bescherming van wier belangen de procedure over de collectieve vordering wordt gevoerd en die zich overeenkomstig artikel 1018f aan de behartiging van hun belangen in de procedure en de uitspraak heeft bevrijd, kunnen op verzoek van de meest gerede partij worden geschorst indien de procedure betrekking heeft op gelijksoortige feitelijke en rechtsvragen voor dezelfde gebeurtenis of gebeurtenissen, ook indien reeds de dag is bepaald waarop het vonnis, het arrest of de beschikking zal worden uitgesproken.

2. Het geschorste geding wordt overeenkomstig artikel 227, eerste lid, hervat:
a. indien de schorsing langer dan een jaar heeft geduurd en de meest gerede partij om opheffing van de schorsing heeft verzocht;
b. indien in de procedure over de collectieve vordering een uitspraak is gedaan en deze onherroepelijk is geworden.

Titel 15
Van rechtspleging in zaken betreffende rechten van intellectuele eigendom

Art. 1019

Deze titel is van toepassing op de handhaving van rechten van intellectuele eigendom ingevolge de Auteurswet, de Wet op de naburige rechten, de Databankenwet, de Rijksoctrooiwet 1995, het Benelux-verdrag inzake de intellectuele eigendom (merken en tekeningen of modellen), de Wet houdende regelen inzake de bescherming van oorspronkelijke topografieën van halfgeleiderprodukten, de Zaaizaad- en plantgoedwet 2005, op procedures krachtens de artikelen 5 en 5a Handelsnaamwet, op procedures inzake geografische benamingen krachtens artikel 14 Landbouwkwaliteitswet en op handhaving van rechten van intellectuele eigendom ingevolge verordening (EG) nr. 40/94 van de Raad van 20 december 1993 inzake het Gemeenschapsmerk (PbEG 1994, L11), verordening (EG) nr. 2100/94 van de Raad van 27 juli 1994 inzake het communautaire kwekersrecht (PbEG L 227) en verordening (EG) nr. 6/2002 van de Raad van 12 december 2001 betreffende Gemeenschapsmodellen (PbEG 2002, L3).

Art. 1019a

1. Een verbintenis uit onrechtmatige daad wegens inbreuk op een recht van intellectuele eigendom geldt als een rechtsbetrekking als bedoeld in artikel 843a.

2. In de procedure op de voet van artikel 843a kan ook overlegging gevorderd worden van ander bewijsmateriaal dat zich in de macht van de wederpartij bevindt.

3. De rechter wijst de vordering af voor zover de bescherming van vertrouwelijke informatie niet is gewaarborgd. Artikel 843a, vierde lid, is niet van toepassing.
(Zie ook: art. 162 BW Boek 6; artt. 6, 102 Rv)

Art. 1019b

1. De voorzieningenrechter kan verlof verlenen tot het treffen van voorlopige maatregelen ter bescherming van bewijs aan de verzoeker die voldoende aannemelijk heeft gemaakt dat er inbreuk op zijn recht van intellectuele eigendom is gemaakt of dreigt te worden gemaakt. Tot deze maatregelen ter bescherming van bewijs kunnen behoren, naast de reeds in de wet geregelde maatregelen, conservatoir bewijsbeslag, gedetailleerde beschrijving en monsterneming ter zake van vermeend inbreukmakende roerende zaken, bij de productie daarvan gebruikte materialen en werktuigen en op de inbreuk betrekking hebbende documenten.

2. De rechter bepaalt zo nodig de wijze waarop beschrijving plaatsvindt of monsters worden genomen en wat met de monsters dient te gebeuren.

3. Deze maatregelen worden genomen zo nodig zonder dat de wederpartij wordt gehoord, met name indien het aannemelijk is dat uitstel de verzoeker onherstelbare schade zal berokkenen, of indien er een aantoonbaar gevaar voor verduistering of verlies van bewijs bestaat.

4. Verlof tot het treffen van de gevraagde maatregel wordt niet gegeven voor zover de bescherming van vertrouwelijke informatie niet is gewaarborgd.

Veroordeling in de kosten bij collectieve schadeafhandeling

Schorsing procedures bij collectieve vordering

Toepassingsbereik

Relatie tot art. 843a

Voorlopige maatregelen

B14 art. 1019c Wetboek van Burgerlijke Rechtsvordering

Art. 1019c

Bewijsbeslag

1. Conservatoir beslag tot bescherming van bewijs wordt gelegd met overeenkomstige toepassing van de voorschriften betreffende middelen tot bewaring van zijn recht, met uitzondering van artikel 709, derde lid.

2. Zodra in de hoofdzaak is beslist en deze beslissing in kracht van gewijsde is gegaan, vervalt het beslag van rechtswege. Zijn de beslagen zaken in gerechtelijke bewaring gegeven, dan is de bewaarder verplicht tot afgifte daarvan aan de beslagene, tenzij de rechter op vordering van eiser anders heeft bepaald. De rechter kan op verzoek van partijen of ambtshalve nadere aanwijzingen geven.

(Zie ook: art. 700 Rv)

Art. 1019d

Beschrijving en monsterneming

1. Beschrijving geschiedt door een deurwaarder ter plaatse waar de zaken, bedoeld in artikel 1019b, eerste lid, zich bevinden. De deurwaarder zal de zaken op het door hem daarvan onverwijd op te maken proces-verbaal nauwkeurig beschrijven met opgave van hun beweerdelijk inbreukmakende kenmerken, getal, gewicht en maat overeenkomstig hun aard. Tot deze beschrijving kan ook behoren het op enigerlei wijze vastleggen van de zaken op beeld- of geluidsmateriaal dat wordt gevoegd bij het proces-verbaal en daarvan deel uitmaakt. Het proces-verbaal vermeldt het rechterlijk verlof. De artikelen 440, tweede lid, 443, 444, 444a en 444b zijn van overeenkomstige toepassing.

2. Monsterneming geschiedt door een deurwaarder ter plaatse waar de zaken, bedoeld in artikel 1019b, eerste lid, zich bevinden. De voorschriften betreffende middelen tot bewaring van zijn recht zijn van overeenkomstige toepassing, met uitzondering van artikel 709, derde lid. Hij zal van elk soort der zaken ten hoogste drie exemplaren aan een door de voorzieningenrechter aan te wijzen bewaarder in gerechtelijke bewaring geven, tenzij de rechter anders bepaalt.

3. Zodra in de hoofdzaak is beslist en deze beslissing in kracht van gewijsde is gegaan, is de bewaarder verplicht tot afgifte van de monsters aan de beslagene, tenzij de rechter op vordering van eiser anders heeft bepaald. De rechter kan op verzoek van partijen of ambtshalve nadere aanwijzingen geven.

Art. 1019e

Onmiddellijke voorziening bij voorraad

1. In spoedeisende zaken, met name indien uitstel onherstelbare schade voor de houder van het recht van intellectuele eigendom zou veroorzaken, is de voorzieningenrechter bevoegd een onmiddellijke voorziening bij voorraad te geven op een verzoek om tegen de vermeende inbreukmaker een bevel uit te vaardigen teneinde een dreigende inbreuk op het recht van intellectuele eigendom van de houder te voorkomen, zonder de vermeende inbreukmaker op te roepen. Onder dezelfde voorwaarden kan een onmiddellijke voorziening bij voorraad worden gegeven tegen een tussenpersoon wiens diensten door een derde worden gebruikt om op een recht van intellectuele eigendom inbreuk te maken.

2. De voorzieningenrechter kan het verzoek toewijzen onder voorwaarde dat tot een door hem te bepalen bedrag zekerheid wordt gesteld.

3. De vermeende inbreukmaker en de tussenpersoon wiens diensten door een derde worden gebruikt om op een recht van intellectuele eigendom inbreuk te maken, kunnen vorderen dat de voorzieningenrechter die de beschikking inhoudende het bevel genoemd in het eerste lid heeft gegeven, de beschikking herziet, rechtdoende in kort geding.

(Zie ook: art. 254 Rv)

Art. 1019f

Verstrekken van informatie

1. Indien de eiser informatie wenst te verkrijgen van een derde die op commerciële schaal inbreukmakende goederen in zijn bezit heeft of gebruikt, die op commerciële schaal diensten verleent die bij de inbreuk worden gebruikt, of die door een van deze derden is aangewezen als zijnde betrokken bij de productie, fabricage of distributie van deze goederen of bij het verlenen van deze diensten, kan de rechter op gerechtvaardigde en redelijke vordering van de eiser een getuigenverhoor bevelen over al hetgeen de derde bekend is over de herkomst en de distributiekanalen van de inbreukmakende goederen of diensten. Dit verhoor heeft enkel betrekking op het verkrijgen van de in dit lid bedoelde informatie.

2. Naast of in plaats van verhoor van een getuige ter zitting, kan ook overlegging gevraagd worden van de in het tweede lid bedoelde informatie in schriftelijke vorm door de getuige.

(Zie ook: artt. 166, 180, 1041 Rv)

Art. 1019g

Schadevergoeding bij ten onrechte gelegd beslag

De rechter kan op vordering van degene die is getroffen door

a. een beslag dat is gelegd ingevolge artikel 28, derde lid, Auteurswet 1912, artikel 17, tweede lid, Wet op de naburige rechten, de artikelen 2.22, tweede lid, en 3.18, tweede lid, Beneluxverdrag inzake de intellectuele eigendom (merken en tekeningen of modellen), artikel 70, negende lid, Zaaizaad- en plantgoedwet 2005 en artikel 14, negende lid, Landbouwkwaliteitswet,

b. een maatregel als bedoeld in artikel 1019b, eerste lid,

c. een bevel als bedoeld in artikel 1019e, eerste lid, of

d. enige andere voorlopige maatregel die is opgelegd krachtens een in artikel 1019 bedoeld recht van intellectuele eigendom, tot voorkoming van een dreigende inbreuk of houdende een verbod op inbreukmakende handelingen of een verbod jegens een tussenpersoon, gelasten dat degene die om deze maatregel heeft gevraagd de door deze maatregel toegebrachte schade op passende wijze vergoedt, indien het beslag ten onrechte is gelegd of het beslag is opgeheven dan wel voor zover de maatregel niet had behoren te worden getroffen of het bevel niet had behoren te worden gegeven of indien wordt vastgesteld dat er geen inbreuk was gemaakt of dreigde.

Art. 1019h

Voor zover nodig in afwijking van de tweede paragraaf van de twaalfde afdeling van de tweede titel van het eerste Boek en in afwijking van artikel 843a, eerste lid, wordt de in het ongelijk gestelde partij desgevorderd veroordeeld in redelijke en evenredige gerechtskosten en andere kosten die de in het gelijk gestelde partij heeft gemaakt, tenzij de billijkheid zich daartegen verzet.

Kostenverooordeling

Art. 1019i

1. Bij het treffen van een voorlopige voorziening bepaalt de voorzieningenrechter een redelijke termijn voor het instellen van de eis in de hoofdzaak. De voorlopige voorziening verliest haar kracht wanneer een eis in de hoofdzaak niet binnen die termijn is ingesteld en de gedaagde een daartoe strekkende verklaring bij de griffie indient. Is de verklaring ingediend na het verstrijken van de gestelde termijn, dan verliest de voorlopige voorziening haar kracht met de indiening van de verklaring.

Redelijke termijn voor instellen van de eis in de hoofdzaak

2. Heeft de voorzieningenrechter geen termijn als bedoeld in het eerste lid gesteld, dan verliest de voorlopige voorziening haar werking door een verklaring als bedoeld in het eerste lid, wanneer na ten minste 31 dagen, waarvan ten minste 20 werkdagen, geen eis in de hoofdzaak is ingesteld.

3. Bij een verklaring als bedoeld in het eerste lid wordt een afschrift overgelegd van het vonnis. Is daartegen een rechtsmiddel ingesteld, dan wordt dit in de verklaring vermeld. De gedaagde zendt zo spoedig mogelijk een afschrift van zijn verklaring aan de eiser.

Titel 15a

Van rechtspleging in zaken betreffende bescherming van bedrijfsgeheimen

Art. 1019ia

Deze titel is van toepassing op de gerechtelijke procedures tot bescherming van bedrijfsgeheimen ingevolge de Wet bescherming bedrijfsgeheimen.

Bescherming bedrijfsgegevens, reikwijdte titel 15a

Art. 1019ib

1. Het is aan partijen, hun advocaten of andere vertegenwoordigers, getuigen, deskundigen en andere personen die deelnemen aan gerechtelijke procedures betreffende het onrechtmatig verkrijgen, gebruiken of openbaar maken van een bedrijfsgeheim, of die toegang hebben tot de documenten die deel uitmaken van deze gerechtelijke procedures, verboden bedrijfsgeheimen of vermeende bedrijfsgeheimen te gebruiken of openbaar te maken die de rechter op verzoek van een partij als vertrouwelijk heeft aangemerkt en die hun ter kennis zijn gekomen als gevolg van een dergelijke deelname of toegang.

Verbod gebruik/openbaring als vertrouwelijk aangemerkte bedrijfsgeheimen

2. Het in het eerste lid bedoelde verbod blijft van kracht na beëindiging van de gerechtelijke procedures. De verplichting houdt op te bestaan indien:

a. bij in kracht van gewijsde gegaan vonnis tussen partijen is vastgesteld dat het vermeende bedrijfsgeheim niet voldoet aan de in artikel 1 van de Wet bescherming bedrijfsgeheimen bepaalde voorwaarden, of

Verbod gebruik/openbaring als vertrouwelijk aangemerkte bedrijfsgeheimen, einde

b. na verloop van tijd de desbetreffende informatie algemeen bekend wordt bij of gemakkelijk toegankelijk wordt voor personen binnen de kringen die zich gewoonlijk bezighouden met de desbetreffende informatie.

De rechter kan het verbod op verzoek van een der partijen geheel of gedeeltelijk opheffen.

3. De rechter kan op verzoek, indien dat nodig is om de vertrouwelijkheid te bewaren van een bedrijfsgeheim of een vermeend bedrijfsgeheim dat tijdens de procedure wordt gebruikt of genoemd, ten minste de volgende maatregelen nemen:

a. de toegang tot door partijen of derden ingediende documenten die het bedrijfsgeheim of het vermeende bedrijfsgeheimen bevatten geheel of gedeeltelijk beperken tot een gelimiteerd aantal personen;

b. de toegang tot zittingen waar het bedrijfsgeheim of het vermeende bedrijfsgeheim openbaar kan worden gemaakt, en de toegang tot het proces-verbaal van deze zittingen of de beeld- of geluidsopname en de schriftelijke weergave als bedoeld in artikel 30n, zevende lid, geheel of gedeeltelijk beperken tot een gelimiteerd aantal personen;

c. een niet-vertrouwelijke versie van de rechterlijke uitspraken ter beschikking stellen aan anderen dan degenen die tot het gelimiteerd aantal personen bedoeld onder a en b behoren, waarin de delen die het bedrijfsgeheim bevatten, zijn geschrapt of bewerkt.

B14 art. 1019ic **Wetboek van Burgerlijke Rechtsvordering**

4. De rechter neemt, bij de beslissing over de in het derde lid genoemde maatregelen en de beoordeling van de evenredigheid daarvan, de rechtmatige belangen van partijen en derden en de mogelijke schade voor een van partijen en derden als gevolg van het bevelen of afwijzen van de maatregelen in acht.

5. Het aantal personen, bedoeld in het derde lid, onder a en b, is niet groter dan nodig om te voldoen aan het recht van partijen op een doeltreffende voorziening en op een eerlijk proces en omvat ten minste één natuurlijk persoon van elke partij alsmede de advocaten of andere vertegenwoordigers van partijen bij de procedure.

Art. 1019ic

Voorlopige voorziening ter bescherming bedrijfsgeheimen

1. De voorzieningenrechter kan een vordering of verzoek van een houder van een bedrijfsgeheim tot het gelasten van voorlopige maatregelen ter bescherming van bedrijfsgeheimen als bedoeld in artikel 5, eerste en tweede lid, van de Wet bescherming bedrijfsgeheimen toewijzen onder voorwaarde dat tot een door hem te bepalen bedrag zekerheid wordt gesteld voor schade die door de voorlopige maatregel kan worden geleden door verweerder en derden.

2. Een voorlopige voorziening verliest haar kracht wanneer de desbetreffende informatie niet meer als bedrijfsgeheim kan worden aangemerkt, op gronden die niet aan de verweerder kunnen worden toegerekend.

3. Op het treffen van een voorlopige voorziening is artikel 1019i van overeenkomstige toepassing.

Art. 1019id

Schade als gevolg van voorlopige voorziening, vergoeding

De rechter kan op vordering van degene die is getroffen door een voorlopige maatregel als bedoeld in artikel 5, eerste of tweede lid, van de Wet bescherming bedrijfsgeheimen gelasten dat degene die om deze maatregel heeft gevraagd de door deze maatregel toegebrachte schade op passende wijze vergoedt:

a. wanneer de maatregel zijn kracht verliest krachtens artikel 1019ic, derde lid;

b. wanneer de maatregel vervalt als gevolg van enig handelen of nalaten van eiser; of

c. indien wordt vastgesteld dat er geen sprake was van het onrechtmatig verkrijgen, gebruiken of openbaar maken van het bedrijfsgeheim of dreiging daarvan.

Art. 1019ie

Kostenveroordeling

1. Voor zover nodig in afwijking van de tweede paragraaf van de twaalfde afdeling van de tweede titel van het eerste Boek en in afwijking van artikel 843a, eerste lid, kan de rechter de in het ongelijk gestelde partij desgevorderd veroordelen in redelijke en evenredige gerechtskosten en andere kosten die de in het gelijk gestelde partij heeft gemaakt, tenzij de billijkheid zich daartegen verzet.

2. Bij algemene maatregel van bestuur kunnen regels worden gesteld in welke gevallen de rechter de in het ongelijk gestelde partij kan veroordelen in de kosten, bedoeld in het eerste lid.

Titel 16
Van rechtspleging in pachtzaken

Art. 1019j

Rechtspleging in pachtzaken

Door de pachtkamer van de rechtbank bedoeld in artikel 48 van de Wet op de rechterlijke organisatie, worden behandeld en beslist alle zaken betreffende

a. een pachtovereenkomst als bedoeld in de vijfde titel van Boek 7 van het Burgerlijk Wetboek;

b. een overeenkomst tot wijziging of beëindiging van een pachtovereenkomst;

c. een overeenkomst tot het aangaan van een pachtovereenkomst;

d. een overeenkomst waarbij persoonlijke zekerheid wordt gesteld voor de nakoming van een pachtovereenkomst;

e. een overeenkomst als bedoeld in de artikelen 399c of 399e van Boek 7 van het Burgerlijk Wetboek;

f. een overeenkomst tussen de afgaande en opkomende pachter, verband houdende met de overgang van het bedrijf;

g. vorderingen tot ontruiming van het gepachte door de pachter of de gewezen pachter en tot opeising van het verpachte van de pachter of gewezen pachter;

h. vorderingen tot schadevergoeding of betaling van het bedrag, bedoeld in de artikelen 373, eerste en derde lid, en 377, derde en vierde lid, van Boek 7 van het Burgerlijk Wetboek;

i. vorderingen tot terugbetaling van te veel betaalde pacht;

j. vorderingen tot vergoeding van schade wegens onrechtmatig gebruik van het gepachte, nadat de pachtovereenkomst is geëindigd.

Art. 1019k

Competentie pachtkamer

1. Indien een zaak niet behoort tot de bevoegdheid van de pachtkamer, verklaart deze zich zonodig ambtshalve onbevoegd. Behoort de zaak tot de bevoegdheid van de gewone rechter, dan verwijst de pachtkamer de zaak naar de gewone rechter die ingevolge de voor de betreffende zaak geldende bepalingen bevoegd is.

2. Indien een zaak behoort tot de bevoegdheid van de pachtkamer, maar bij een andere gewone rechter is ingediend, verklaart deze zich ambtshalve onbevoegd en verwijst hij de zaak naar de bevoegde pachtkamer.
(Zie ook: artt. 72, 216 Rv)

Art. 1019l

1. Indien een zaak meer vorderingen betreft en ten minste één daarvan een zaak als bedoeld in artikel 1019j onder a tot en met j, worden al deze vorderingen door de pachtkamer behandeld en beslist, voor zover de samenhang tussen de vorderingen zich tegen afzonderlijke behandeling verzet.

2. In het geval van een vordering in conventie en in reconventie, waarvan ten minste één een vordering betreft als bedoeld in artikel 1019j, is het eerste lid van overeenkomstige toepassing.

3. In geval van een hoofdzaak en een zaak in vrijwaring waarvan er ten minste één een vordering betreft als bedoeld in artikel 1019j, worden deze vorderingen alle door de pachtkamer behandeld en beslist.

Art. 1019m

Voor de toepassing van de artikelen 1019j tot en met 1019l wordt mede gelet op een wijziging van eis.

Art. 1019n

Indien binnen de in de wet gestelde termijn een verzoek is ingediend bij de grondkamer en deze beslist, dat zij niet bevoegd is daarvan kennis te nemen, kan het verzoek, indien de pachtkamer van de rechtbank bevoegd is daarvan kennis te nemen en een wettelijke termijn, binnen welke het verzoek bij de pachtkamer moet worden ingediend of de vordering moet worden ingesteld, niet meer kan worden in acht genomen, niettemin nog binnen een maand na de beslissing van de grondkamer bij de pachtkamer worden ingediend of kan de vordering binnen dezelfde termijn worden ingesteld. Hetzelfde geldt, indien een dergelijke beslissing door de Centrale Grondkamer wordt bevestigd dan wel door haar de grondkamer alsnog niet bevoegd wordt verklaard van het verzoek kennis te nemen.

Art. 1019o

1. Het hoger beroep van de vonnissen en beschikkingen van de pachtkamer van de rechtbanken wordt ingesteld bij de pachtkamer van het gerechtshof Arnhem-Leeuwarden, bedoeld in artikel 69 van de Wet op de rechterlijke organisatie
(Zie ook: art. 132 Pw)

2. De termijn van hoger beroep bedraagt één maand na de dag van de uitspraak.

Art. 1019p

De pachtkamer van het gerechtshof neemt kennis van alle jurisdictie geschillen tussen de pachtkamers van de rechtbanken.
(Zie ook: art. 69 RO)

Art. 1019q

1. Op zaken, bedoeld in artikel 1019j, zijn de gewone regels van procesrecht van toepassing, voor zover daarvan niet in deze titel wordt afgeweken.

2. De pachtkamer van de rechtbank treedt in de plaats van de kantonrechter behoudens in de gevallen voorzien bij de artikelen 117, 177, eerste lid, 180, vijfde lid, en 230, derde lid. De artikelen 96–97 zijn niet van toepassing.

Art. 1019r

1. Onverminderd het in artikel 201 bepaalde is de pachtkamer bevoegd, zo vaak zulks haar nodig voorkomt, in elke stand van de procedure, de staat van de onroerende zaak door een of meer van haar leden te doen opnemen, mits de griffier hiervan ten minste twee dagen voor de opneming aan partijen heeft kennis gegeven. Van de opneming wordt proces-verbaal opgemaakt.

2. De pachtkamer van het gerechtshof Arnhem-Leeuwarden kan de kosten van een plaatsopneming geheel of ten dele ten laste van de Staat brengen.

Art. 1019s

1. De pachtkamer van een rechtbank kan bepalen dat de behandeling van de zaak geheel of gedeeltelijk zal geschieden door een uit haar midden aangewezen rechter-commissaris. De rechter-commissaris oefent daarbij de bevoegdheden uit, aan de pachtkamer toegekend.
(Zie ook: artt. 15, 17 Rv)

2. De pachtkamer van het gerechtshof kan bepalen dat de behandeling geheel of gedeeltelijk zal geschieden door een uit haar midden aangewezen raadsheer-commissaris. De raadsheer-commissaris oefent daarbij de bevoegdheid uit, aan de pachtkamer van het gerechtshof toegekend.

Art. 1019t

1. Met betrekking tot de schriftelijke vastlegging van pachtovereenkomsten of van overeenkomsten tot wijziging of beëindiging van pachtovereenkomsten gelden de volgende bepalingen.

2. De griffier van de pachtkamer van de rechtbank zendt binnen veertien dagen na de uitspraak van het vonnis, waarbij de overeenkomst schriftelijk wordt vastgelegd, drie gewaarmerkte afschriften van het vonnis aan de bevoegde grondkamer.

Relatieve competentie

Wraking

Deelgeschillen betreffende letsel- en overlijdensschade

Deelgeschillen betreffende letsel- en overlijdensschade, bevoegde rechter bij

Deelgeschillen betreffende letsel- en overlijdensschade, inhoud verzoekschrift bij

3. De griffier van de pachtkamer van het gerechtshof Arnhem-Leeuwarden geeft onverwijld aan de grondkamer kennis van een ingesteld beroep. De grondkamer houdt alsdan de behandeling aan, totdat omtrent de uitslag van het beroep bericht is ontvangen.

4. Indien de pachtkamer van het gerechtshof in afwijking van de beslissing van de pachtkamer van de rechtbank de overeenkomst niet vastlegt, dan wel niet tot een andere beslissing dan de eerste rechter komt, geeft de griffier daarvan onverwijld kennis aan de bevoegde grondkamer.

5. Indien de pachtkamer van het gerechtshof Arnhem-Leeuwarden, in afwijking van de beslissing van de pachtkamer van de rechtbank, de overeenkomst vastlegt, dan wel de overeenkomst anders vastlegt, zendt de griffier van de pachtkamer van het gerechtshof binnen veertien dagen na de uitspraak van het vonnis drie gewaarmerkte afschriften van het vonnis aan de bevoegde grondkamer.

6. De griffier van de Hoge Raad geeft onverwijld aan de grondkamer kennis van een ingesteld beroep in cassatie. De grondkamer houdt alsdan de behandeling aan, totdat omtrent de uitslag van beroep bericht is ontvangen. De griffier van de Hoge Raad geeft onverwijld aan de grondkamer kennis van die uitslag.

Art. 1019u

In zaken als bedoeld in artikel 1019j die met een verzoek moeten worden ingeleid, is de pachtkamer bevoegd van de rechtbank binnen welker rechtsgebied het gepachte of het grootste deel daarvan is gelegen. Indien het een hoeve betreft, is de pachtkamer bevoegd van de rechtbank binnen welker rechtsgebied het hoofdgebouw, tot de hoeve behorend, gelegen is.

Art. 1019v

De bepalingen betreffende wraking en verschoning van rechters zijn van overeenkomstige toepassing op de deskundige leden van de pachtkamers van de rechtbanken en de pachtkamer van het gerechtshof, bedoeld in de artikelen 48, derde lid, en 69, tweede lid, van de Wet op de rechterlijke organisatie en hun plaatsvervangers.

Titel 17

Van rechtspleging in deelgeschillen betreffende letsel- en overlijdensschade

Art. 1019w

1. Indien een persoon een ander aansprakelijk houdt voor schade die hij lijdt door dood of letsel, kan ieder van hen of kunnen zij gezamenlijk, ook voordat de zaak ten principale aanhangig is, de rechter verzoeken te beslissen over een geschil omtrent of in verband met een deel van hetgeen ter zake tussen hen rechtens geldt en waarvan de beëindiging kan bijdragen aan de totstandkoming van een vaststellingsovereenkomst over de vordering als bedoeld in artikel 1019x, derde lid, onder a.

2. Onder een persoon die schade door dood of letsel lijdt, wordt mede begrepen de persoon die een vordering ter zake van deze schade onder algemene titel heeft verkregen, alsmede de persoon die een vordering op grond van artikel 107 van Boek 6 van het Burgerlijk Wetboek heeft.

3. Een verzoek als bedoeld in het eerste lid kan ook worden gedaan in het geval dat een benadeelde ingevolge artikel 954 van Boek 7 van het Burgerlijk Wetboek, dan wel uit hoofde van een aan hem door de wet toegekend eigen recht op schadevergoeding, betaling van een verzekeraar verlangt.

Art. 1019x

1. Het verzoek wordt gedaan aan de rechter die vermoedelijk bevoegd zal zijn van de zaak, indien deze ten principale aanhangig wordt gemaakt, kennis te nemen. Indien de zaak door de kantonrechter moet worden behandeld en beslist, wordt het verzoek gedaan aan de kantonrechter. De rechter beoordeelt summierlijk of hij absoluut bevoegd is en of de zaak door de kantonrechter moet worden behandeld en beslist.

2. Indien een der partijen reeds eerder een verzoek als bedoeld in artikel 1019w, eerste lid, heeft gedaan, wordt het verzoek gedaan aan de rechter die het eerdere verzoek behandeld of laatstelijk behandeld heeft. Onverminderd artikel 71 is deze rechter tevens bevoegd kennis te nemen van de zaak ten principale indien deze wordt aangebracht. Indien de zaak ten principale reeds aanhangig is, wordt het verzoek gedaan aan de rechter voor wie de zaak ten principale aanhangig is.

3. Het verzoekschrift vermeldt naast de in artikel 278, eerste lid, bedoelde gegevens:

a. de aard en het vermoedelijke beloop van de vordering;

b. een omschrijving van het deelgeschil;

c. een zakelijk overzicht van de inhoud en het verloop van de onderhandelingen over de vordering;

d. de naam en de woonplaats van de wederpartij.

4. Indien over de vordering reeds eerder een verzoek als bedoeld in artikel 1019w, eerste lid, is gedaan, wordt daarvan melding gemaakt en worden de processtukken en, indien gegeven, de beschikking bij het verzoekschrift gevoegd.

Art. 1019ij

1. De rechter kan, op verzoek van partijen of van een van hen dan wel ambtshalve, een verschijning van partijen voor een mondelinge behandeling bevelen.

2. Op de mondelinge behandeling kan ook de vraag hoe partijen verder zullen trachten een vaststellingsovereenkomst te bereiken, of de verdere wijze van behandeling van geschillen over de vordering, worden besproken. Artikel 191, tweede lid, tweede en derde zin, is van toepassing.

Art. 1019z

De rechter wijst het verzoek af voor zover de verzochte beslissing naar zijn oordeel onvoldoende kan bijdragen aan de totstandkoming van een vaststellingsovereenkomst.

Art. 1019aa

1. De rechter begroot de kosten bij de behandeling van het verzoek aan de zijde van de persoon die schade door dood of letsel lijdt in de beschikking en neemt daarbij alle redelijke kosten als bedoeld in artikel 96, tweede lid, van Boek 6 van het Burgerlijk Wetboek in aanmerking.

2. De in het eerste lid bedoelde kosten gelden als kosten als bedoeld in artikel 96, tweede lid, van Boek 6 van het Burgerlijk Wetboek, met dien verstande dat in afwijking van het derde lid van die bepaling de regels betreffende de proceskosten niet van toepassing zijn in het geval de vordering ten principale aanhangig is gemaakt.

3. Artikel 289 is niet van toepassing.

Art. 1019bb

Tegen de beschikking op het verzoek staat geen voorziening open, onverminderd artikel 1019cc, derde lid.

Art. 1019cc

1. Voor zover in de beschikking uitdrukkelijk en zonder voorbehoud is beslist op een of meer geschilpunten tussen partijen betreffende hun materiële rechtsverhouding, is de rechter daaraan in de procedure ten principale op dezelfde wijze gebonden als wanneer de beslissing zou zijn opgenomen in een tussenvonnis in die procedure.

2. Indien de beschikking tevens een veroordeling van een der partijen inhoudt, komt aan die veroordeling in de procedure ten principale geen verdergaande betekenis toe dan wanneer zij zou zijn opgenomen in een tussen partijen gewezen vonnis in kort geding.

3. In de procedure ten principale kan van de beschikking, voor zover zij beslissingen als bedoeld in het eerste lid bevat, bij het gerechtshof hoger beroep worden ingesteld als van een tussenvonnis:

a. binnen drie maanden, te rekenen van de eerste roldatum, dan wel, indien de beschikking nadien is gegeven, binnen drie maanden, te rekenen van de dag van de uitspraak van de beschikking, met dien verstande dat de appellant, binnen de grenzen van artikel 332, in het hoger beroep slechts ontvankelijk zal zijn, indien de rechter in eerste aanleg deze mogelijkheid heeft geopend op een daartoe binnen dezelfde termijn door een der partijen gedaan verzoek, waarover de wederpartij is gehoord;

b. tegelijk met het hoger beroep van het eindvonnis.

Titel 18

Van rechtspleging in zaken betreffende een arbeidsovereenkomst op grond waarvan de werknemer arbeid verricht op het continentaal plat

Art. 1019dd

1. De kantonrechter van de rechtbank Noord-Holland is mede bevoegd kennis te nemen van zaken betreffende een arbeidsovereenkomst, op grond waarvan de werknemer arbeid verricht op het continentaal plat.

2. De grossen als bedoeld in artikel 430, eerste lid, betreffende zaken als bedoeld in het eerste lid van dit artikel kunnen mede op het continentaal plat worden ten uitvoer gelegd.

3. Geschillen die in verband met de executie betreffende zaken als bedoeld in het eerste lid van dit artikel rijzen, kunnen mede worden gebracht voor de rechtbank Noord-Holland.

4. Het verlof vereist voor het leggen van conservatoir beslag op zaken die zich op het continentaal plat bevinden kan mede worden verzocht aan de voorzieningenrechter van de rechtbank Noord-Holland.

5. Onder continentaal plat als bedoeld in deze titel wordt verstaan: de exclusieve economische zone van het Koninkrijk, bedoeld in artikel 1 van de Rijkswet instelling exclusieve economische zone, voor zover deze grenst aan de territoriale zee van Nederland.

Vierde Boek Arbitrage

Eerste titel Arbitrage in Nederland

Eerste afdeling De overeenkomst tot arbitrage

Art. 1020

Overeenkomst tot arbitrage

1. Partijen kunnen bij overeenkomst geschillen die tussen hen uit een bepaalde, al dan niet uit een overeenkomst voortvloeiende, rechtsbetrekking zijn ontstaan dan wel zouden kunnen ontstaan, aan arbitrage onderwerpen.

(Zie ook: art. 900 BW Boek 7)

Compromis; arbitraal beding

2. De overeenkomst tot arbitrage, bedoeld in het eerste lid, betreft zowel het compromis waarbij de partijen zich verbinden om een tussen hen bestaand geschil aan arbitrage te onderwerpen als het arbitraal beding waarbij de partijen zich verbinden om geschillen die tussen hen zouden kunnen ontstaan, aan arbitrage te onderwerpen.

Begrenzing arbitragegebied

3. De overeenkomst tot arbitrage mag niet leiden tot de vaststelling van rechtsgevolgen welke niet ter vrije bepaling van de partijen staan.

(Zie ook: artt. 96, 108, 329 Rv)

Uitbreiding arbitragegebied

4. Bij overeenkomst kunnen tevens aan arbitrage worden onderworpen:
a. de enkele vaststelling van de hoedanigheid of van de toestand van zaken;
b. de enkele bepaling van de hoogte van een schadevergoeding of van een verschuldigde geldsom;
c. de aanvulling of wijziging van de rechtsbetrekking als bedoeld in het eerste lid.

(Zie ook: art. 900 BW Boek 7)

Statuten; reglement

5. Onder de overeenkomst tot arbitrage wordt mede begrepen een arbitraal beding dat is opgenomen in de partijen bindende statuten of reglementen.

Arbitragereglement

6. Een arbitragereglement, waarnaar in een overeenkomst tot arbitrage wordt verwezen, wordt geacht deel van die overeenkomst uit te maken.

Art. 1021

Bewijsvoorschrift

De overeenkomst tot arbitrage wordt bewezen door een geschrift. Daarvoor is voldoende een geschrift dat in arbitrage voorziet of dat verwijst naar algemene voorwaarden welke in arbitrage voorzien en dat door of namens de wederpartij uitdrukkelijk of stilzwijgend is aanvaard. De overeenkomst tot arbitrage kan tevens worden bewezen door elektronische gegevens. Artikel 227a, eerste lid, van Boek 6 van het Burgerlijk Wetboek is van overeenkomstige toepassing.

Eerste A afdeling De overeenkomst tot arbitrage en de bevoegdheid van de gewone rechter

Art. 1022

Bevoegdheid gewone rechter bij overeenkomst tot arbitrage

De rechter, bij wie een geschil aanhangig is gemaakt waarover een overeenkomst tot arbitrage is gesloten, verklaart zich onbevoegd, indien een partij zich voor alle weren op het bestaan van deze overeenkomst beroept, tenzij de overeenkomst ongeldig is.

(Zie ook: artt. 1065, 1074 Rv)

Art. 1022a

Bevoegdheid gewone rechter bij overeenkomst tot arbitrage

Een overeenkomst tot arbitrage belet niet dat een partij de gewone rechter verzoekt om een maatregel tot bewaring van recht dan wel zich wendt tot de voorzieningenrechter van de rechtbank of de kantonrechter in kort geding overeenkomstig artikel 254.

Art. 1022b

Bevoegdheid gewone rechter bij overeenkomst tot arbitrage

Een overeenkomst tot arbitrage belet niet dat een partij de gewone rechter verzoekt een voorlopig getuigenverhoor, een voorlopig deskundigenbericht, een voorlopige plaatsopneming en bezichtiging, of inzage, afschrift of uittreksel van bepaalde bescheiden te bevelen.

Art. 1022c

Bevoegdheid gewone rechter bij overeenkomst tot arbitrage

Indien in de gevallen, genoemd in de artikelen 1022a en 1022b, een partij zich voor alle weren beroept op het bestaan van een overeenkomst tot arbitrage, verklaart de rechter zich uitsluitend bevoegd, indien de gevraagde beslissing niet of niet tijdig in arbitrage kan worden gekregen.

Eerste B afdeling Het scheidsgerecht

Art. 1023

De arbiter

Iedere handelingsbekwame, natuurlijke persoon kan tot arbiter worden benoemd. Geen persoon is om reden van zijn nationaliteit van benoeming uitgesloten, tenzij de partijen met het oog op de onpartijdigheid en de onafhankelijkheid van het scheidsgerecht anders zijn overeengekomen.

Art. 1024

1. Het compromis bevat een aanduiding van hetgeen de partijen aan arbitrage wensen te onderwerpen.

(Zie ook: art. 1027 Rv)

2. Door het sluiten van een compromis is de zaak aanhangig, tenzij de partijen een andere wijze van aanhangig maken zijn overeengekomen.

(Zie ook: art. 1027 Rv)

Art. 1025

1. Ingeval van een arbitraal beding is een zaak aanhangig op de dag van de ontvangst van een schriftelijke mededeling, waarbij een partij aan haar wederpartij bericht, tot arbitrage over te gaan. Die mededeling bevat een aanduiding van hetgeen de partij, die de zaak aanhangig maakt, aan arbitrage wenst te onderwerpen.

(Zie ook: art. 1027 Rv)

2. De partijen kunnen overeenkomen dat de zaak op een andere wijze aanhangig wordt gemaakt dan voorzien in dit artikel.

(Zie ook: art. 1027 Rv)

Art. 1026

1. Een scheidsgerecht heeft een oneven aantal arbiters. Het kan ook uit een arbiter bestaan.

2. Ingeval de partijen het aantal arbiters niet zijn overeengekomen, of indien een overeengekomen wijze van bepaling van het aantal niet wordt uitgevoerd en de partijen niet alsnog tot overeenstemming komen over het aantal, wordt dat aantal op verzoek van de meest gerede partij bepaald door de voorzieningenrechter van de rechtbank.

(Zie ook: art. 1072 Rv)

3. Indien de partijen een even aantal arbiters zijn overeengekomen, benoemen deze arbiters een aanvullend arbiter als voorzitter van het scheidsgerecht.

4. Bij gebreke van overeenstemming tussen de arbiters wordt deze aanvullend arbiter, tenzij de partijen anders zijn overeengekomen, op verzoek van de meest gerede partij benoemd door de voorzieningenrechter van de rechtbank.

(Zie ook: art. 1072 Rv)

5. Artikel 1027, vierde lid, is van overeenkomstige toepassing op het bepaalde in het tweede en het vierde lid.

Art. 1027

1. De arbiter of arbiters worden benoemd op de wijze zoals de partijen zijn overeengekomen. De partijen kunnen de benoeming van de arbiter of arbiters, of van een of meer hunner, aan een derde opdragen. Indien geen wijze van benoeming is overeengekomen, worden de arbiter of arbiters door de partijen gezamenlijk benoemd.

2. De benoeming dient te geschieden binnen drie maanden nadat de zaak aanhangig is, tenzij de arbiter of arbiters reeds voordien zijn benoemd. Indien evenwel een der gevallen bedoeld in artikel 1026, tweede lid, zich voordoet, vangt de termijn van drie maanden aan op de dag dat het aantal der arbiters is bepaald. De termijnen kunnen door de partijen bij overeenkomst worden bekort of verlengd.

3. Vindt de benoeming van de arbiter of arbiters niet binnen de in het vorige lid bedoelde termijn plaats, dan worden de ontbrekende arbiter of arbiters, op verzoek van de meest gerede partij, benoemd door de voorzieningenrechter van de rechtbank. De wederpartij wordt in de gelegenheid gesteld, te worden gehoord.

(Zie ook: art. 1072 Rv)

4. De voorzieningenrechter of de derde benoemt de arbiter of arbiters ongeacht de vraag of de overeenkomst tot arbitrage geldig is. Door mede te werken aan de benoeming van de arbiter of arbiters verliezen de partijen niet het recht om een beroep te doen op de onbevoegdheid van het scheidsgerecht wegens het ontbreken van een geldige overeenkomst tot arbitrage.

(Zie ook: artt. 1065, 1073 Rv)

Art. 1028

1. Indien bij overeenkomst of anderszins aan een der partijen een bevoorrechte positie bij de benoeming van de arbiter of arbiters is toegekend, kan ieder der partijen, in afwijking van de overeengekomen benoemingsregeling, de voorzieningenrechter van de rechtbank verzoeken de arbiter of arbiters te benoemen.

(Zie ook: art. 1072 Rv)

2. Een partij zal het verzoek als bedoeld in het eerste lid moeten indienen binnen drie maanden nadat de zaak aanhangig is, op straffe van verval van recht om zich later te beroepen op de bevoorrechte positie bij de benoeming van de arbiter of arbiters in het arbitraal geding of bij de gewone rechter. De partijen kunnen de termijn bij overeenkomst verlengen.

3. De wederpartij van de verzoeker wordt in de gelegenheid gesteld, te worden gehoord. Artikel 1027, vierde lid, is van overeenkomstige toepassing.

B14 art. 1029 Wetboek van Burgerlijke Rechtsvordering

Art. 1029

Aanvaarding opdracht door arbiter

1. Een arbiter aanvaardt zijn opdracht schriftelijk. Een arbiter kan slechts van zijn opdracht worden ontheven in de gevallen, bedoeld in het tweede tot en met het vijfde lid van dit artikel, tenzij de partijen anders zijn overeengekomen.

Ontheffing van opdracht

2. Een arbiter die zijn opdracht heeft aanvaard, kan op eigen verzoek daarvan worden ontheven hetzij met instemming van de partijen, hetzij door een door de partijen aangewezen derde of, bij gebreke daarvan, door de voorzieningenrechter van de rechtbank.
(Zie ook: art. 1072 Rv)

3. Een arbiter die zijn opdracht heeft aanvaard, kan door de partijen gezamenlijk van zijn opdracht worden ontheven.

4. Een arbiter die zijn opdracht heeft aanvaard, kan, indien hij rechtens of feitelijk niet meer in staat is zijn opdracht te vervullen, op verzoek van een der partijen van zijn opdracht worden ontheven door een door de partijen aangewezen derde of, bij gebreke daarvan, door de voorzieningenrechter van de rechtbank.
(Zie ook: art. 1072 Rv)

5. Een scheidsgerecht dat zijn opdracht heeft aanvaard kan, indien het, ondanks herhaalde aanmaning, zijn opdracht, alle omstandigheden in aanmerking genomen, op onaanvaardbare trage wijze uitvoert, op verzoek van een der partijen van zijn opdracht worden ontheven door de door partijen aangewezen derde of, bij gebreke daarvan, door de voorzieningenrechter van de rechtbank.

Art. 1030

Vervanging van ontheven of overleden arbiter

1. Een arbiter die ingevolge artikel 1029, tweede, derde of vierde lid, dan wel een scheidsgerecht dat ingevolge artikel 1029, vijfde lid, van zijn opdracht is ontheven, wordt vervangen volgens de regelen die van toepassing waren op de oorspronkelijke benoeming, tenzij de partijen een andere wijze van vervanging zijn overeengekomen. Hetzelfde geldt ingeval van overlijden van een arbiter.

2. Indien de partijen in de overeenkomst tot arbitrage de arbiter of arbiters met name hebben aangewezen, vindt vervanging in de in het eerste lid bedoelde gevallen eveneens plaats, tenzij de partijen zijn overeengekomen dat de overeenkomst tot arbitrage alsdan eindigt.

3. Ingeval van vervanging is het geding van rechtswege geschorst, tenzij de partijen anders zijn overeengekomen. Na de schorsing wordt het geding voortgezet in de stand waarin het zich bevindt, tenzij de partijen anders zijn overeengekomen.
(Zie ook: art. 1035 Rv)

Art. 1031

Beëindiging opdracht van scheidsgerecht

De partijen kunnen gezamenlijk de opdracht van het scheidsgerecht beëindigen.

Art. 1032

[Vervallen]

Art. 1033

Wraking van arbiter, wraking van secretaris

1. Een arbiter kan worden gewraakt indien gerechtvaardigde twijfel bestaat aan zijn onpartijdigheid of onafhankelijkheid.

2. Een door een partij benoemde arbiter kan door die partij slechts worden gewraakt om redenen welke haar na de benoeming bekend zijn geworden.

3. Een partij kan een door een derde of door de voorzieningenrechter van de rechtbank benoemde arbiter niet wraken, indien zij in diens benoeming heeft berust, tenzij de reden tot wraking haar eerst later bekend is geworden.
(Zie ook: art. 36 Rv)

Art. 1034

Disclosure

1. Een als arbiter aangezochte persoon die het vermoeden heeft dat hij zou kunnen worden gewraakt, doet daarvan schriftelijk mededeling aan degene die hem heeft aangezocht, onder vermelding van de vermoedelijke redenen tot wraking.

2. Een tot arbiter benoemde persoon doet de in het eerste lid bedoelde mededeling aan de partijen zodra zijn benoeming heeft plaatsgevonden, tenzij zij deze mededeling reeds hebben ontvangen.

3. Een arbiter die hangende het arbitraal geding het vermoeden krijgt dat hij zou kunnen worden gewraakt, doet daarvan onder vermelding van de vermoedelijke redenen tot wraking schriftelijk mededeling aan de partijen en, indien het scheidsgerecht uit meer arbiters bestaat, aan de mede-arbiters.

Art. 1035

Procedure voor wraking

1. De wrakende partij brengt de wraking onder opgave van redenen schriftelijk ter kennis van de betrokken arbiter, de wederpartij en, indien het scheidsgerecht uit meerdere arbiters bestaat, de mede-arbiters. De kennisgeving wordt gedaan binnen vier weken na de dag van ontvangst van de mededeling als bedoeld in artikel 1034 of, bij gebreke daarvan, binnen vier weken nadat de reden tot wraking aan de wrakende partij bekend is geworden.

2. Trekt een gewraakte arbiter zich niet binnen twee weken na de dag van de ontvangst van een tijdig uitgebrachte kennisgeving als bedoeld in het eerste lid terug, dan wordt over de gegrondheid van de wraking op verzoek van de meest gerede partij door de voorzieningenrechter van de rechtbank beslist. Het verzoek wordt gedaan binnen twee weken na de dag van ontvangst van de schriftelijke mededeling van de gewraakte arbiter dat hij zich niet terugtrekt, of bij gebreke daarvan, binnen zes weken na de dag van ontvangst van de kennisgeving.

3. Trekt de gewraakte arbiter zich terug of wordt diens wraking door de voorzieningenrechter van de rechtbank gegrond bevonden, dan wordt hij vervangen volgens de regelen welke van toepassing waren op zijn oorspronkelijke benoeming, tenzij de partijen een andere wijze van vervanging zijn overeengekomen. Artikel 1030, tweede en derde lid, is van overeenkomstige toepassing.

4. Trekt een gewraakte arbiter zich terug, dan impliceert dit niet een aanvaarding van de gegrondheid van de redenen tot wraking.

5. Het scheidsgerecht kan het arbitraal geding schorsen vanaf de dag van ontvangst van de tijdig uitgebrachte kennisgeving, als bedoeld in het eerste lid, of nadien, hangende de wrakingsprocedure, vanaf het moment dat het scheidsgerecht daarvoor in aanmerking acht te komen. Indien de wraking niet ontvankelijk dan wel niet gegrond wordt bevonden, wordt het geding, indien het geschorst was, hervat in de stand waarin het zich bevindt.

6. Bij overeenkomst kunnen de partijen de termijnen als bedoeld in het eerste en tweede lid van dit artikel verkorten of verlengen.

7. Bij overeenkomst kunnen partijen voorzien in de behandeling van een verzoek tot wraking door een onafhankelijke derde anders dan de voorzieningenrechter van de rechtbank.

8. Een partij die redenen heeft een arbiter te wraken, legt deze redenen aan een verzoek tot wraking overeenkomstig de bepalingen van dit artikel ten grondslag op straffe van verval van recht zich daarop later in het arbitraal geding of bij de rechter te beroepen.

Art. 1035a

Indien het scheidsgerecht zich laat bijstaan door een secretaris, zijn de artikelen 1033 tot en met 1035 van overeenkomstige toepassing.

Schakelbepaling

Tweede afdeling
Het arbitraal geding

Art. 1036

1. Onverminderd de bepalingen van dwingend recht in deze titel, wordt het arbitraal geding gevoerd op de wijze als door de partijen is overeengekomen. Voorzover de partijen niet in de regeling van het arbitraal geding hebben voorzien, wordt dit, onverminderd het bepaalde in deze titel, gevoerd op de wijze als door het scheidsgerecht bepaald.

Wijze van gedingvoering

2. Het scheidsgerecht behandelt de partijen op voet van gelijkheid. Het scheidsgerecht stelt de partijen over en weer in de gelegenheid hun standpunten naar voren te brengen en toe te lichten en zich uit te laten over elkaars standpunten en over alle bescheiden en andere gegevens die in het geding ter kennis van het scheidsgerecht zijn gebracht. Bij zijn beslissing baseert het scheidsgerecht zijn oordeel ten nadele van een der partijen niet op bescheiden en andere gegevens waarover die partij zich niet voldoende heeft kunnen uitlaten.

3. Het scheidsgerecht waakt tegen onredelijke vertraging van het geding en treft zo nodig, op verzoek van een partij of uit eigen beweging, maatregelen. Partijen zijn tegenover elkaar verplicht onredelijke vertraging van het geding te voorkomen.

Art. 1037

1. De plaats van arbitrage wordt door de partijen bij overeenkomst bepaald en bij gebreke daarvan door het scheidsgerecht. Door de bepaling van de plaats van arbitrage is tevens de plaats van de uitspraak vastgesteld.

Plaats van arbitrage; plaats van uitspraak

(Zie ook: art. 1073 Rv)

2. Indien de plaats van arbitrage noch door de partijen noch door het scheidsgerecht is bepaald, geldt de plaats van de uitspraak, door het scheidsgerecht in het vonnis vermeld, als plaats van arbitrage.

3. Het scheidsgerecht kan zitting houden, beraadslagen, getuigen en deskundigen horen op elke andere plaats, in of buiten Nederland, die het daartoe geschikt acht, tenzij de partijen anders zijn overeengekomen. Het scheidsgerecht is bevoegd om een van zijn leden aan te wijzen om de zitting als bedoeld in de vorige zin te houden, tenzij de partijen anders zijn overeengekomen. *(Zie ook: art. 1039 Rv)*

Plaats van zitting

Art. 1038

1. De partijen kunnen in het geding in persoon verschijnen of zich doen vertegenwoordigen door een advocaat dan wel door een bijzonderlijk daartoe schriftelijk gevolmachtigde.

Aanwezigheid van partijen

2. De partijen kunnen zich in het geding door personen van hun keuze doen bijstaan. *(Zie ook: artt. 20, 133, 137, 140, 144 Rv)*

B14 art. 1038a **Wetboek van Burgerlijke Rechtsvordering**

Art. 1038a

Wisselen van memoriën **1.** Tenzij de partijen anders zijn overeengekomen, worden de eiser en de verweerder door het scheidsgerecht in de gelegenheid gesteld een memorie van eis respectievelijk een memorie van antwoord in te dienen.

2. Tenzij de partijen anders zijn overeengekomen, is het scheidsgerecht vrij te bepalen of nadere memoriën kunnen worden ingediend.

Art. 1038b

Mondelinge toelichting Het scheidsgerecht stelt, op verzoek van een der partijen of uit eigen beweging, de partijen in de gelegenheid hun zaak op een zitting mondeling toe te lichten, tenzij de partijen anders zijn overeengekomen.

Art. 1038c

Tegenvordering **1.** Een tegenvordering is toelaatbaar indien daarop dezelfde arbitrageovereenkomst als waarop de vordering is gebaseerd van toepassing is dan wel diezelfde arbitrageovereenkomst door de partijen uitdrukkelijk of stilzwijgend van toepassing is verklaard.

2. Tenzij de partijen anders zijn overeengekomen, wordt een tegenvordering als bedoeld in het eerste lid dadelijk bij memorie van antwoord ingesteld.

Art. 1038d

Wijziging van een vordering c.q. tegenvordering Een partij kan zijn vordering respectievelijk tegenvordering of de gronden daarvan veranderen of vermeerderen gedurende de arbitrale procedure, op voorwaarde dat de wederpartij daardoor in zijn verdediging niet onredelijk wordt bemoeilijkt of het geding daardoor niet onredelijk wordt vertraagd.

Art. 1039

Op voet van gelijkheid **1.** De bewijsvoering, de toelaatbaarheid van de bewijsmiddelen, de bewijslastverdeling en de waardering van het bewijs staan ter vrije bepaling van het scheidsgerecht, tenzij de partijen anders zijn overeengekomen.

(Zie ook: art. 1028 Rv)

2. Het scheidsgerecht is bevoegd om een van zijn leden aan te wijzen om getuigen of deskundigen te horen dan wel om een plaatsopneming of bezichtiging te houden, tenzij de partijen anders zijn overeengekomen.

Art. 1040

Bescheiden overleggen **1.** Tenzij de partijen anders zijn overeengekomen, gaan de memoriën als bedoeld in artikel 1038a zoveel mogelijk vergezeld van de bescheiden waarop de partijen zich beroepen.

2. Het scheidsgerecht kan, op verzoek van een der partijen of uit eigen beweging, inzage, afschrift of uittreksel van bepaalde, op het geschil betrekking hebbende bescheiden bevelen van de partij die deze bescheiden tot zijn beschikking heeft, tenzij de partijen anders zijn overeengekomen. Het scheidsgerecht bepaalt de voorwaarden waaronder en de wijze waarop inzage, afschrift of uittreksel van bescheiden wordt verschaft.

Art. 1041

Getuigenverhoor **1.** Het scheidsgerecht kan, op verzoek van een der partijen of uit eigen beweging, partijen bevelen om bewijs te leveren door het horen van getuigen en deskundigen, tenzij de partijen anders zijn overeengekomen.

2. Het scheidsgerecht kan de vorm bepalen waarin de verklaringen van de getuigen en de deskundigen worden gegeven, tenzij de partijen anders zijn overeengekomen.

3. Indien een mondeling verhoor van getuigen of deskundigen plaatsvindt, bepaalt het scheidsgerecht tijdstip en plaats van het verhoor en de wijze waarop het verhoor zal geschieden.

4. Indien het scheidsgerecht het nodig oordeelt, hoort het de getuigen nadat dezen op de bij de wet bepaalde wijze de eed hebben gezworen de gehele waarheid en niets dan de waarheid te zullen zeggen.

Art. 1041a

Weigerachtige getuige **1.** Indien een getuige niet vrijwillig verschijnt dan wel, verschenen zijnde, weigert een verklaring af te leggen, kan het scheidsgerecht aan de partij die dit verzoekt, toestaan om zich, binnen een door het scheidsgerecht te bepalen termijn, te wenden tot de voorzieningenrechter van de rechtbank met het verzoek een rechter-commissaris te benoemen voor wie het getuigenverhoor zal plaatsvinden.

2. Het verhoor vindt plaats op dezelfde wijze als in gewone zaken, met dien verstande dat de arbiter of arbiters door de griffier van de rechtbank in de gelegenheid worden gesteld bij het getuigenverhoor aanwezig te zijn en aan de getuige vragen te stellen.

3. De griffier van de rechtbank zendt ten spoedigste het proces-verbaal van het verhoor aan het scheidsgerecht en aan de partijen.

4. Het scheidsgerecht kan het geding schorsen tot de dag dat het scheidsgerecht het verslag van het verhoor heeft ontvangen.

Art. 1042

Deskundigenbericht **1.** Tenzij de partijen anders zijn overeengekomen, kan het scheidsgerecht een of meer deskundigen benoemen tot het uitbrengen van een advies. Het scheidsgerecht kan de partijen raadplegen over de aan de deskundigen te verstrekken opdracht. Het scheidsgerecht zendt ten spoedigste een afschrift van de benoeming en van de aan deskundigen gegeven opdracht aan de partijen.

2. Het scheidsgerecht kan van een partij verlangen, de deskundige de vereiste inlichtingen te verschaffen en de benodigde medewerking te verlenen.

3. Op verzoek van een der partijen worden de deskundigen in een zitting van het scheidsgerecht gehoord. Indien een partij zulk een verzoek wenst te doen, deelt zij dit ten spoedigste mede aan het scheidsgerecht en aan de wederpartij.

4. Onverminderd het in het derde lid bepaalde stelt het scheidsgerecht de partijen in de gelegenheid zich uit te laten over het advies van de door het scheidsgerecht benoemde deskundigen, tenzij de partijen anders zijn overeengekomen.

Art. 1042a

Het scheidsgerecht kan, op verzoek van een der partijen of uit eigen beweging, in of buiten Nederland, een plaatselijke gesteldheid opnemen of zaken bezichtigen, tenzij de partijen anders zijn overeengekomen. Het scheidsgerecht stelt de partijen in de gelegenheid bij de plaatsopneming of bezichtiging aanwezig te zijn.

Plaatsopneming en bezichtiging

Art. 1043

Het scheidsgerecht kan in elke stand van het geding de persoonlijke verschijning van de partijen bevelen voor het geven van inlichtingen dan wel teneinde een vergelijk te beproeven. *(Zie ook: artt. 87, 1069 Rv)*

Inlichtingen; schikkingscomparitie

Art. 1043a

1. Blijft de eiser, ofschoon daartoe behoorlijk in de gelegenheid gesteld, in gebreke zijn eisen in te dienen of naar behoren toe te lichten, zonder daartoe gegronde redenen aan te voeren, dan kan het scheidsgerecht bij vonnis, of op een andere wijze die het scheidsgerecht daartoe geschikt acht, een einde maken aan het arbitraal geding.

In gebreke blijven eiser

2. Blijft de verweerder, ofschoon daartoe behoorlijk in de gelegenheid gesteld, in gebreke verweer te voeren, zonder daartoe gegronde redenen aan te voeren, dan kan het scheidsgerecht aanstonds vonnis wijzen.

3. Bij het vonnis, bedoeld in het tweede lid, wordt de eis toegewezen, tenzij deze aan het scheidsgerecht onrechtmatig of ongegrond voorkomt. Het scheidsgerecht kan, alvorens vonnis te wijzen, van de eiser het bewijs van een of meer van zijn stellingen verlangen.

Art. 1043b

1. Tijdens een aanhangig arbitraal geding ten gronde kan het scheidsgerecht, op verzoek van een der partijen, een voorlopige voorziening, met uitzondering van bewarende maatregelen als bedoeld in de vierde titel van het Derde Boek, treffen. De voorlopige voorziening moet samenhangen met de vordering of tegenvordering in het aanhangige arbitraal geding.

Voorlopige voorziening

2. Bij overeenkomst kunnen de partijen een afzonderlijk daartoe te benoemen scheidsgerecht, binnen de grenzen gesteld bij artikel 254, eerste lid, de bevoegdheid verlenen, ongeacht of het arbitraal geding ten gronde aanhangig is, op verzoek van een der partijen, een voorlopige voorziening te treffen, met uitzondering van bewarende maatregelen als bedoeld in de vierde titel van het Derde Boek.

3. Het scheidsgerecht, bedoeld in het eerste en tweede lid, kan in samenhang met de voorlopige voorziening van iedere partij het stellen van afdoende zekerheid verlangen.

4. Tenzij het scheidsgerecht anders bepaalt, geldt een uitspraak van het scheidsgerecht over het verzoek een voorlopige voorziening te treffen als een arbitraal vonnis; daarop zijn de bepalingen van de derde tot en met de vijfde afdeling van deze titel van toepassing.

5. Het scheidsgerecht kan, op eenparig verzoek van de partijen, onder vermelding van het verzoek, in plaats van een uitspraak over een voorlopige voorziening dadelijk een uitspraak ten gronde doen. Een zodanige uitspraak ten gronde geldt als een arbitraal vonnis; daarop zijn de bepalingen van de derde tot en met de vijfde afdeling van deze titel van toepassing.

6. Het scheidsgerecht kan, op eenparig verzoek van de partijen, onder vermelding van het verzoek, een arbitraal vonnis als bedoeld in het vierde lid omzetten in een arbitraal vonnis als bedoeld in het vijfde lid.

Art. 1044

1. Tenzij de partijen anders zijn overeengekomen, kan het scheidsgerecht door tussenkomst van de voorzieningenrechter van de rechtbank Den Haag een verzoek om inlichtingen doen als bedoeld in artikel 3 van de op 7 juni 1968 te Londen gesloten Europese Overeenkomst nopens het verstrekken van inlichtingen over buitenlands recht (*Trb.* 1968, 142). De voorzieningenrechter zendt het verzoek, tenzij het hem nutteloos voorkomt, ten spoedigste aan het orgaan als bedoeld in artikel 2 van de Overeenkomst en deelt dit aan het scheidsgerecht mede. *(Zie ook: art. 67 Rv)*

Inlichtingen over buitenlands recht

2. Het scheidsgerecht kan het geding schorsen tot de dag dat het scheidsgerecht het antwoord op het verzoek om inlichtingen heeft ontvangen.

Art. 1045

1. Tenzij de partijen anders zijn overeengekomen, kan op schriftelijk verzoek van een derde die enig belang heeft bij een arbitraal geding, het scheidsgerecht hem toestaan om zich daarin

Voeging; tussenkomst

B14 art. 1045a

Wetboek van Burgerlijke Rechtsvordering

te voegen of tussen te komen, mits tussen de partijen en de derde dezelfde overeenkomst tot arbitrage geldt of van kracht wordt als tussen de oorspronkelijke partijen.

2. Het scheidsgerecht zendt ten spoedigste een afschrift van het verzoek aan de partijen.

3. Het scheidsgerecht stelt de partijen in de gelegenheid hun mening kenbaar te maken. Het scheidsgerecht kan de derde in de gelegenheid stellen zijn mening kenbaar te maken.

4. Door de toelating van de voeging of tussenkomst wordt de derde in het arbitraal geding partij.

5. Na de toelating van een voeging of tussenkomst regelt het scheidsgerecht de verdere gang van het geding, tenzij de partijen daarin bij overeenkomst hebben voorzien.

Art. 1045a

Vrijwaring

1. Op schriftelijk verzoek van een partij kan het scheidsgerecht deze toestaan een derde schriftelijk in vrijwaring op te roepen, mits tussen de belanghebbende partij en de derde dezelfde arbitrageovereenkomst geldt of van kracht als tussen de oorspronkelijke partijen.

2. De oproep wordt ten spoedigste in afschrift gezonden aan het scheidsgerecht en aan de wederpartij.

3. Het scheidsgerecht stelt de partijen en de derde in de gelegenheid hun mening kenbaar te maken.

4. Het scheidsgerecht laat de vrijwaring niet toe indien het scheidsgerecht het op voorhand onaannemelijk acht dat de derde verplicht zal zijn de nadelige gevolgen van een eventuele veroordeling van de belanghebbende partij te dragen dan wel van oordeel is dat door een vrijwaringsprocedure onredelijke of onnodige vertraging van het geding te verwachten valt.

5. Na de toelating van een vrijwaring regelt het scheidsgerecht de verdere gang van het geding, tenzij de partijen daarin bij overeenkomst hebben voorzien.

Art. 1046

Samenvoeging van arbitrale gedingen

1. Ten aanzien van een in Nederland aanhangig arbitraal geding kan een partij een door de partijen daartoe aangewezen derde verzoeken de samenvoeging met een ander in of buiten Nederland aanhangig arbitraal geding te gelasten, tenzij de partijen anders zijn overeengekomen. Bij gebreke van een door partijen daartoe aangewezen derde kan de voorzieningenrechter van de rechtbank te Amsterdam worden verzocht de samenvoeging van een in Nederland aanhangig arbitraal geding te gelasten met een ander in Nederland aanhangig arbitraal geding, tenzij de partijen anders zijn overeengekomen.

2. Samenvoeging kan worden gelast voorzover zij geen onredelijke vertraging van de aanhangige gedingen oplevert, mede gezien de stand waarin zij zich bevinden en er tussen de arbitrale gedingen een zo nauwe band bestaat dat een goede rechtsbedeling vraagt om gelijktijdige behandeling en berechting, teneinde te vermijden dat bij afzonderlijke berechting van de zaken onverenigbare beslissingen worden gegeven.

3. De derde of de voorzieningenrechter kan, nadat hij alle partijen en, indien benoemd, de arbiters in de gelegenheid heeft gesteld hun mening kenbaar te maken, het verzoek toewijzen dan wel afwijzen. Zijn beslissing wordt aan alle partijen en de betrokken scheidsgerechten schriftelijk medegedeeld.

4. Indien de derde of de voorzieningenrechter samenvoeging beveelt, benoemen de partijen in onderling overleg de arbiter of arbiters, in oneven getale, en bepalen zij, welke regelen op het samengevoegde geding van toepassing zullen zijn. Indien de partijen daarover binnen een door een derde of de voorzieningenrechter te stellen termijn geen overeenstemming kunnen bereiken, benoemt de derde of de voorzieningenrechter, op verzoek van de meest gerede partij, de arbiter of arbiters en bepaalt hij, zo nodig, welke regelen op het samengevoegde geding van toepassing zullen zijn. De derde of de voorzieningenrechter bepaalt zo nodig voor de arbiter of arbiters die als gevolg van de samenvoeging van hun opdracht worden ontheven, de beloning voor de reeds door hen verrichte werkzaamheden. Artikel 1027, vierde lid, is van overeenkomstige toepassing.

Art. 1047

Kwaliteitsarbitrage

Ingeval van arbitrage omtrent zaken als bedoeld in artikel 1020, vierde lid, onder a, blijft, behoudens de artikelen 1037 en 1048, het in deze afdeling bepaalde buiten toepassing. Het geding wordt alsdan gevoerd op de wijze als door de partijen is overeengekomen of, voor zover de partijen daarin niet hebben voorzien, als door het scheidsgerecht bepaald.

Art. 1048

Tijdstip vonnis

De bepaling van het tijdstip waarop het vonnis zal worden gewezen, is het scheidsgerecht voorbehouden.

(Zie ook: art. 1031 Rv)

Art. 1048a

Rechtsverwerking in arbitraal geding

Een partij die in het geding is verschenen maakt zonder onredelijke vertraging bezwaar bij het scheidsgerecht met een afschrift aan de wederpartij zodra zij weet of redelijkerwijs behoort te weten dat is gehandeld in strijd met of is nagelaten te handelen overeenkomstig enige bepalingen van de tweede afdeling van deze titel, de overeenkomst tot arbitrage dan wel een opdracht, beslissing of maatregel van het scheidsgerecht. Laat een partij dit na, dan vervalt het recht daarop nadien, in het arbitraal geding of bij de gewone rechter, alsnog een beroep te doen.

Derde afdeling
Het arbitraal vonnis

Art. 1049

1. Het scheidsgerecht kan een geheel of gedeeltelijk eindvonnis dan wel een tussenvonnis wijzen. Van een geheel of gedeeltelijk eindvonnis is sprake wanneer het gevorderde in een vonnis geheel of gedeeltelijk bij dictum wordt afgedaan.

2. Indien een scheidsgerecht een vonnis wijst dat blijkens het dictum deels een tussenvonnis en deels een eindvonnis vormt, is een dergelijk vonnis een gedeeltelijk eindvonnis.

Art. 1050-1051

[Vervallen]

Art. 1052

1. Het scheidsgerecht is gerechtigd, over zijn bevoegdheid te oordelen.
(Zie ook: art. 1065 Rv)

2. Een partij die in het arbitraal geding is verschenen, dient een beroep op de onbevoegdheid van het scheidsgerecht op de grond dat een geldige overeenkomst tot arbitrage ontbreekt, voor alle weren te doen, op straffe van verval van haar recht op dat ontbreken later, in het arbitraal geding of bij de gewone rechter, alsnog een beroep te doen, tenzij dit beroep wordt gedaan op de grond dat het geschil volgens artikel 1020, derde lid, niet vatbaar is voor arbitrage.
(Zie ook: artt. 154, 1065, 1076 Rv)

3. Een partij die aan de samenstelling van het scheidsgerecht heeft medegewerkt, kan in het arbitraal geding of bij de gewone rechter geen beroep doen op de onbevoegdheid van het scheidsgerecht op de grond dat het scheidsgerecht in strijd met de daarvoor geldende regelen is samengesteld. Een partij die in het arbitraal geding is verschenen en die niet aan de samenstelling van het scheidsgerecht heeft medegewerkt, dient het beroep op de onbevoegdheid van het scheidsgerecht op de grond dat het scheidsgerecht in strijd met de daarvoor geldende regelen is samengesteld, voor alle weren te doen, op straffe van verval van haar recht daarop later, in het arbitraal geding of bij de gewone rechter, alsnog een beroep te doen.
(Zie ook: artt. 1065, 1076 Rv)

4. De beslissing, waarbij het scheidsgerecht zich bevoegd verklaart, kan slechts tegelijk met een daaropvolgend geheel of gedeeltelijk eindvonnis met de rechtsmiddelen, genoemd in artikel 1064, worden bestreden.
(Zie ook: art. 1065 Rv)

5. Indien en voorzover het scheidsgerecht zich onbevoegd heeft verklaard op grond van het ontbreken van een geldige overeenkomst tot arbitrage als bedoeld in het tweede lid, is de gewone rechter bevoegd van de zaak kennis te nemen. Indien en voorzover het scheidsgerecht zich onbevoegd heeft verklaard op een andere grond, blijft de overeenkomst tot arbitrage van kracht, tenzij de partijen anders zijn overeengekomen.

6. De onbevoegdverklaring als bedoeld in het vorige lid, geldt als een arbitraal vonnis waarop de eerste afdeling B tot en met de vijfde afdeling van deze titel van toepassing is.

Art. 1053

De overeenkomst tot arbitrage dient als een afzonderlijke overeenkomst te worden beschouwd en beoordeeld. Het scheidsgerecht is bevoegd te oordelen over het bestaan en de rechtsgeldigheid van de hoofdovereenkomst waarvan de overeenkomst tot arbitrage deel uitmaakt of waarop zij betrekking heeft.

Art. 1054

1. Het scheidsgerecht beslist naar de regelen des rechts.

2. Ingeval de partijen een rechtskeuze hebben gedaan, beslist het scheidsgerecht naar de door de partijen aangewezen regelen des rechts. Indien een dergelijke rechtskeuze niet heeft plaatsgevonden, beslist het scheidsgerecht volgens de regelen des rechts die het in aanmerking acht te komen.

3. Het scheidsgerecht beslist als goede personen naar billijkheid, indien de partijen het daartoe bij overeenkomst opdracht hebben gegeven.

4. In alle gevallen houdt het scheidsgerecht rekening met de toepasselijke handelsgebruiken.
(Zie ook: art. 248 BW Boek 6)

Art. 1055

[Vervallen]

Art. 1056

In de gevallen waarin de gewone rechter een dwangsom kan opleggen, is een scheidsgerecht daartoe eveneens bevoegd. Onverminderd de toepasselijkheid van de artikelen 611a tot en met 611h dient in de gevallen, bedoeld in artikel 611d, om de opheffing, de opschorting of de vermindering van de dwangsom bij het scheidsgerecht te worden verzocht, en indien de opdracht van het scheidsgerecht niet voortduurt, te worden verzocht aan de voorzieningenrechter van de rechtbank van het arrondissement waarin de plaats van de arbitrage is gelegen.

Art. 1057

Besluitvorming

1. Het scheidsgerecht beslist, indien het uit meer arbiters bestaat, bij meerderheid van stemmen, tenzij de partijen anders zijn overeengekomen. Indien het scheidsgerecht uit meer arbiters bestaat, kunnen procedurele zaken van ondergeschikt belang door de voorzitter worden beslist indien daartoe door de mede-arbiters bevoegdheid is verleend, tenzij de partijen anders zijn overeengekomen.

Schriftelijk vonnis Ondertekening

2. Het vonnis wordt op schrift gesteld en door de arbiter of arbiters ondertekend.

3. Weigert een minderheid van de arbiters te ondertekenen, dan wordt daarvan door de andere arbiters in het door hen ondertekende vonnis melding gemaakt. Een overeenkomstige melding vindt plaats, indien een minderheid niet in staat is te ondertekenen en niet verwacht kan worden dat het beletsel daartoe binnen korte tijd zal zijn opgeheven.

Inhoud vonnis

4. Het vonnis bevat, naast de beslissing, in elk geval:

a. de namen en woonplaatsen van de arbiter of arbiters;

b. de namen en woonplaatsen van de partijen;

c. de dagtekening van de uitspraak;

d. de plaats van de uitspraak;

e. de gronden voor de in het vonnis gegeven beslissing.

(Zie ook: artt. 30, 230, 1060, 1065 Rv; art. 5 Wet RO)

5. In afwijking van het vierde lid, onder e, bevat het vonnis geen gronden voor de gegeven beslissing indien:

a. het vonnis uitsluitend betreft de enkele vaststelling van de hoedanigheid of van de toestand van zaken als bedoeld in artikel 1020, vierde lid, onder a;

b. de vastlegging van een vergelijk als bedoeld in artikel 1069; of

c. in alle andere gevallen, nadat de arbitrage aanhangig is gemaakt, de partijen schriftelijk overeenkomen dat geen gronden voor de beslissing worden gegeven.

Art. 1058

Afschrift vonnis; depot vonnis

1. Het scheidsgerecht draagt er zorg voor dat ten spoedigste:

a. het origineel van het vonnis, of een afschrift hiervan gewaarmerkt door een arbiter of de door partijen aangewezen derde, aan de partijen wordt verzonden;

b. het origineel van een geheel of gedeeltelijk eindvonnis wordt nedergelegd ter griffie van de rechtbank binnen welker arrondissement de plaats van de arbitrage is gelegen, voor zover de partijen dit zijn overeengekomen.

(Zie ook: art. 1037 Rv)

Einde opdracht

2. Het vonnis wordt geacht te zijn verzonden indien vier weken na de dagtekening van het vonnis zijn verstreken.

3. Onverminderd het bepaalde in de artikelen 1060, 1061 en 1065a eindigt de opdracht van het scheidsgerecht door verzending van het laatste eindvonnis aan partijen of in het geval bedoeld in het eerste lid onder b, door nederlegging ter griffie van de rechtbank van het laatste eindvonnis.

4. Van een nedergelegd vonnis wordt geen afschrift of uittreksel aan derden verstrekt.

5. Tenzij de partijen andere termijnen als bedoeld in de artikelen 1060, 1061, 1061c zijn overeengekomen, geldt een termijn van drie maanden na de dag van nederlegging van het vonnis ter griffie van de rechtbank, indien partijen nederlegging zijn overeengekomen.

Art. 1059

Gezag van gewijsde

1. Beslissingen die de rechtsbetrekking in geschil betreffen en zijn vervat in een in kracht van gewijsde gegaan arbitraal vonnis hebben in een ander geding tussen dezelfde partijen gezag van gewijsde met ingang van de dag waarop zij zijn gegeven. Artikel 236, tweede en derde lid, is van overeenkomstige toepassing.

(Zie ook: art. 1064 Rv)

2. Het eerste lid geldt niet voor beslissingen als bedoeld in artikel 1043b betreffende een voorlopige voorziening.

3. Een in kracht van gewijsde gegaan arbitraal vonnis als bedoeld in het eerste lid heeft bindende kracht tussen dezelfde partijen in een ander geding met ingang van de dag waarop het is gewezen.

Art. 1060

Reken- of schrijffout

1. Een partij kan binnen een termijn als overeengekomen tussen de partijen of tot drie maanden na de dag van verzending van het vonnis, het scheidsgerecht schriftelijk verzoeken een kennelijke rekenfout, schrijffout of andere kennelijke fout die zich voor eenvoudig herstel leent in het vonnis te verbeteren.

2. Indien de gegevens, genoemd in artikel 1057, vierde lid, onder a tot en met d, onjuist zijn vermeld of geheel of gedeeltelijk in het vonnis ontbreken, kan een partij binnen een termijn als overeengekomen tussen de partijen of tot drie maanden na de dag van verzending van het vonnis, het scheidsgerecht schriftelijk de verbetering van die gegevens verzoeken.

3. Een verzoek als bedoeld in het eerste of tweede lid, wordt door het scheidsgerecht in afschrift aan de wederpartij gezonden.

4. Het scheidsgerecht kan, binnen een termijn als overeengekomen tussen de partijen of tot drie maanden na de dag van verzending van het vonnis, ook uit eigen beweging tot de verbetering, bedoeld in het eerste of het tweede lid, overgaan.

5. Voordat het scheidsgerecht op het verzoek, bedoeld in het eerste of tweede lid, beslist, of uit eigen beweging tot de verbetering als bedoeld in het vierde lid beslist, over te gaan, stelt het de partijen in de gelegenheid zich daarover uit te laten.

6. Gaat het scheidsgerecht tot de verbetering over, dan wordt deze door het scheidsgerecht op het origineel en op de afschriften van het vonnis aangebracht en ondertekend, dan wel in een apart door het scheidsgerecht ondertekend stuk vermeld, welk stuk geacht wordt deel uit te maken van het vonnis. De artikelen 1057, eerste tot en met het derde lid, en artikel 1058, eerste lid, zijn van overeenkomstige toepassing.

7. Wijst het scheidsgerecht het verzoek tot de verbetering af, dan deelt het dit schriftelijk aan de partijen mede.

8. Het verzoek, bedoeld in het eerste en tweede lid, schort de mogelijkheid tot tenuitvoerlegging niet op, tenzij de voorzieningenrechter gewichtige redenen aanwezig acht om die mogelijkheid wel op te schorten totdat over het verzoek is beslist. Het bepaalde in artikel 1070 is op de beschikking van de voorzieningenrechter van toepassing. Hetzelfde geldt als het scheidsgerecht overeenkomstig het vierde lid uit eigen beweging tot verbetering overgaat.

Art. 1061

1. Heeft het scheidsgerecht nagelaten, te beslissen omtrent een of meer vorderingen of tegenvorderingen welke aan zijn oordeel waren onderworpen, dan kan de meest gerede partij, binnen een tussen partijen overeengekomen termijn of tot drie maanden na de dag van verzending van het vonnis, het scheidsgerecht verzoeken, een aanvullend vonnis te wijzen.

Aanvullend vonnis

2. Het verzoek wordt door het scheidsgerecht in afschrift aan de wederpartij gezonden.

3. Voordat het scheidsgerecht op het verzoek beslist, stelt het de partijen in de gelegenheid zich daarover uit te laten.

4. Een aanvullend vonnis geldt als een arbitraal vonnis; daarop zijn de bepalingen van de derde tot en met de vijfde afdeling van deze Titel van toepassing.

Apart arbitraal vonnis

(Zie ook: art. 1057 Rv)

5. Wijst het scheidsgerecht het verzoek tot een aanvullend vonnis af, dan deelt het zulks schriftelijk aan de partijen mede. Een afschrift van deze mededeling, getekend door een arbiter of de secretaris van het scheidsgerecht, kan, overeenkomstig het bepaalde in artikel 1058, eerste lid, onderdeel b ter griffie van de rechtbank worden nedergelegd.

Derde A afdeling Arbitraal hoger beroep

Art. 1061a

Indien de partijen arbitraal hoger beroep zijn overeengekomen, is het bepaalde in deze titel van toepassing voorzover in deze afdeling niet anders is bepaald of de aard van het arbitraal hoger beroep zich daartegen verzet.

Arbitraal hoger beroep

Art. 1061b

Arbitraal hoger beroep tegen een arbitraal vonnis is slechts mogelijk indien de partijen daarin bij overeenkomst hebben voorzien. Deze overeenkomst dient te voldoen aan de vereisten van de artikelen 1020 en 1021 alsmede aan de vereisten van de artikelen 166 en 167 van Boek 10 van het Burgerlijk Wetboek.

Arbitraal hoger beroep

Art. 1061c

Binnen een termijn als overeengekomen tussen de partijen of tot drie maanden na de dag van verzending van het vonnis, kunnen partijen arbitraal hoger beroep instellen.

Arbitraal hoger beroep, termijn instellen

Art. 1061d

1. Arbitraal hoger beroep kan worden ingesteld tegen een geheel eindvonnis en een laatste gedeeltelijk eindvonnis.

Arbitraal hoger beroep, mogelijkheid tot instellen

2. Tenzij de partijen anders zijn overeengekomen, kan eveneens arbitraal hoger beroep worden ingesteld tegen andere gedeeltelijke eindvonnissen.

3. Tegen een tussenvonnis, met uitzondering van een vonnis op grond van artikel 1043b, eerste lid, kan arbitraal hoger beroep slechts tegelijk met dat van het geheel of gedeeltelijk eindvonnis worden ingesteld, tenzij de partijen anders zijn overeengekomen.

Art. 1061e

Tegen een op de voet van artikel 1046, vierde lid, gewezen arbitraal vonnis staat arbitraal hoger beroep open, indien en voorzover alle bij het samengevoegde geding betrokken partijen bij overeenkomst in zodanig hoger beroep hebben voorzien. Deze overeenkomst dient te voldoen aan de vereisten van de artikelen 1020 en 1021 alsmede aan de vereisten van de artikelen 166 en 167 van Boek 10 van het Burgerlijk Wetboek.

Arbitraal geding, hoger beroep bij samengevoegd

B14 art. 1061f

Wetboek van Burgerlijke Rechtsvordering

Art. 1061f

Arbitraal geding, hoger beroep bij bevoegdheid- en onbevoegdheidverklaring door het scheidsgerecht

1. Ingeval van onbevoegdverklaring door het scheidsgerecht als bedoeld in artikel 1052, vijfde lid, tweede zin, is arbitraal hoger beroep toegelaten.

2. Ingeval van bevoegdverklaring en onbevoegdverklaring door het scheidsgerecht zijn de bepalingen van artikel 1052, vierde en vijfde lid, van toepassing nadat in hoger beroep uitspraak is gedaan, of de voor dit beroep geldende termijn ongebruikt is verstreken dan wel eerder, indien door ieder der partijen schriftelijk van hoger beroep afstand is gedaan, of later, op het moment van voortijdige beëindiging van het hoger beroep.

Art. 1061g

Arbitraal hoger beroep, dwangsom bij

1. De dwangsom als bedoeld in artikel 1056 kan ook voor het eerst in arbitraal hoger beroep worden gevorderd.

2. In afwijking van het bepaalde in artikel 1056, dient in de gevallen bedoeld in artikel 611d de opheffing, de opschorting of de vermindering van de dwangsom te worden verzocht aan het scheidsgerecht in hoger beroep, indien en voor zolang de opdracht van dat scheidsgerecht voortduurt.

Art. 1061h

Arbitraal hoger beroep, aanvulling vonnis in

Het in eerste aanleg gewezen arbitraal vonnis kan slechts in arbitraal hoger beroep worden aangevuld overeenkomstig artikel 1061. Het verzoek daartoe moet binnen de voor het hoger beroep geldende termijn worden gedaan. De partijen kunnen bij overeenkomst van het in dit artikel bepaalde afwijken.

Art. 1061i

Arbitraal hoger beroep, uitvoerbaarverklaring bij voorraad van vonnis in eerste aanleg bij

1. Tenzij uit de wet of uit de aard van de zaak anders voortvloeit, kan het scheidsgerecht in eerste aanleg, indien dit wordt gevorderd, verklaren dat zijn vonnis uitvoerbaar bij voorraad zal zijn niettegenstaande arbitraal hoger beroep. De uitvoerbaarverklaring bij voorraad kan het gehele vonnis betreffen of een gedeelte daarvan. Het scheidsgerecht kan aan de uitvoerbaarverklaring bij voorraad de voorwaarde verbinden dat tot een door het scheidsgerecht te bepalen bedrag zekerheid wordt gesteld.

2. Indien het vonnis niet uitvoerbaar bij voorraad is verklaard door het scheidsgerecht in eerste aanleg en tegen dat vonnis arbitraal hoger beroep is ingesteld, kan een vordering tot uitvoerbaarverklaring bij voorraad worden ingesteld bij het scheidsgerecht in arbitraal hoger beroep. Op deze vordering zal, de wederpartij gehoord, dadelijk worden beslist. De tweede en derde zin van het eerste lid zijn van overeenkomstige toepassing.

3. Indien het vonnis uitvoerbaar bij voorraad is verklaard door het scheidsgerecht in eerste aanleg, evenwel zonder dat daaraan de voorwaarde is verbonden dat zekerheid wordt gesteld, en indien tegen dat vonnis arbitraal hoger beroep is ingesteld, kan een daartoe strekkende vordering worden ingesteld bij het scheidsgerecht in arbitraal hoger beroep. Op deze vordering zal, de wederpartij gehoord, dadelijk worden beslist.

Art. 1061j

Arbitraal hoger beroep, uitzonderingen op bindende kracht van vonnis bij

In afwijking van het bepaalde in artikel 1059, derde lid, heeft een in eerste aanleg gewezen arbitraal vonnis bindende kracht tussen dezelfde partijen in een ander geding met ingang van de dag waarop de voor het arbitraal hoger beroep geldende termijn ongebruikt is verstreken, of eerder, met ingang van de dag waarop schriftelijk van hoger beroep afstand is gedaan, of later, op het moment van voortijdige beëindiging van het hoger beroep, dan wel met ingang van de dag waarop in hoger beroep uitspraak is gedaan, indien en voorzover het vonnis in eerste aanleg in dat hoger beroep is bevestigd.

Art. 1061k

Weigering uitvoering arbitraal vonnis

1. Een in eerste aanleg gewezen arbitraal vonnis dat uitvoerbaar bij voorraad is verklaard, en een arbitraal vonnis dat is gewezen in arbitraal hoger beroep, kan worden tenuitvoergelegd overeenkomstig de bepalingen van de vierde afdeling van deze titel. In aanvulling op artikel 1063, eerste lid, kan de voorzieningenrechter van de rechtbank tenuitvoerlegging van het arbitraal vonnis ook weigeren, indien in strijd met artikel 1061i tenuitvoerlegging bij voorraad is bevolen.

2. Een in eerste aanleg gewezen arbitraal vonnis dat niet uitvoerbaar bij voorraad is verklaard kan slechts worden tenuitvoergelegd overeenkomstig de bepalingen van de vierde afdeling van deze titel nadat de voor het arbitraal hoger beroep geldende termijn ongebruikt is verstreken, of indien en voorzover het in hoger beroep is bevestigd, dan wel eerder, indien schriftelijk van hoger beroep afstand is gedaan, dan wel later, op het moment van voortijdige beëindiging van het hoger beroep.

Art. 1061l

Rechtsmiddelen tegen eindvonnis in arbitraal hoger beroep

1. Tegen een geheel of gedeeltelijk eindvonnis gewezen in arbitraal hoger beroep staan slechts de rechtsmiddelen van vernietiging en van herroeping op de voet van de vijfde afdeling van deze titel open.

2. Vernietiging of herroeping van een arbitraal vonnis gewezen in arbitraal hoger beroep brengt van rechtswege de vernietiging of herroeping van het in eerste aanleg gewezen arbitraal vonnis met zich mede, tenzij de rechter bepaalt dat het in eerste aanleg gewezen arbitraal vonnis in stand blijft.

3. Tegen een in eerste aanleg gewezen geheel of gedeeltelijk arbitraal eindvonnis staan slechts de rechtsmiddelen van vernietiging en van herroeping op de voet van de vijfde afdeling van deze titel open indien de voor het arbitraal hoger beroep geldende termijn ongebruikt is verstreken dan wel eerder indien door ieder der partijen schriftelijk van hoger beroep afstand is gedaan. In afwijking van artikel 1064a, tweede lid, vervalt de bevoegdheid tot het instellen van een vordering tot vernietiging van een zodanig vonnis drie maanden na de dag waarop de voor het arbitraal hoger beroep geldende termijn is verstreken.

4. Ten aanzien van een arbitraal tussenvonnis gewezen in eerste aanleg of in hoger beroep is, met inachtneming van het in dit artikel bepaalde, artikel 1064a, derde lid, van overeenkomstige toepassing.

Vierde afdeling
De tenuitvoerlegging van het arbitraal vonnis

Art. 1062

1. De tenuitvoerlegging in Nederland van een arbitraal vonnis kan eerst plaatsvinden nadat de voorzieningenrechter van de rechtbank van het arrondissement waarin de plaats van arbitrage is gelegen daartoe op verzoek van een der partijen verlof heeft verleend.

2. Het verlof wordt aangetekend op het origineel van het vonnis of, zo geen nederlegging heeft plaatsgevonden, opgenomen in een beschikking. De griffier zendt ten spoedigste aan de partijen een gewaarmerkt afschrift van het vonnis, met het daarop aangetekend verlof tot tenuitvoerlegging of een gewaarmerkt afschrift van de beschikking waarbij het verlof tot tenuitvoerlegging is verleend.

3. Verleent de voorzieningenrechter van de rechtbank het verlof tot tenuitvoerlegging, dan staan de wederpartij van de verzoeker slechts de rechtsmiddelen genoemd in artikel 1064, open.

4. Vernietiging of herroeping van het arbitraal vonnis brengt van rechtswege die van het verlof tot tenuitvoerlegging met zich mede.

Art. 1063

1. De voorzieningenrechter van de rechtbank kan de tenuitvoerlegging van het arbitraal vonnis slechts weigeren, indien hem na een summierlijk onderzoek is gebleken dat het aannemelijk is dat het vonnis zal worden vernietigd op een van de gronden genoemd in artikel 1065, eerste lid, of herroepen op een van de gronden genoemd in artikel 1068, eerste lid, dan wel indien in strijd met artikel 1056 een dwangsom is opgelegd. In dit laatste geval betreft de weigering alleen de tenuitvoerlegging van de dwangsom.

(Zie ook: art. 1065 Rv)

2. Als de termijn voor het instellen van een vordering tot vernietiging als bedoeld in artikel 1064a ongebruikt is verstreken, dan kan de voorzieningenrechter van de rechtbank het verlof tot tenuitvoerlegging van het arbitraal vonnis slechts weigeren, indien hem na een summierlijk onderzoek is gebleken dat het aannemelijk is dat het vonnis in strijd is met artikel 1065, eerste lid, onder e.

3. De griffier zendt ten spoedigste aan de partijen een gewaarmerkt afschrift van de beschikking van de voorzieningenrechter van de rechtbank waarbij het verlof tot tenuitvoerlegging wordt geweigerd.

4. Tegen de beschikking waarbij het verlof tot tenuitvoerlegging wordt geweigerd, kan hoger beroep bij het gerechtshof worden ingesteld.

5. Indien het verlof tot tenuitvoerlegging ook in hoger beroep niet wordt verleend, kan beroep in cassatie worden ingesteld.

6. Indien in hoger beroep of na beroep in cassatie het verlof tot tenuitvoerlegging alsnog wordt verleend, is het bepaalde in artikel 1062, derde lid, van overeenkomstige toepassing.

Vijfde afdeling
De vernietiging en de herroeping van het arbitraal vonnis

Art. 1064

Tegen een geheel of gedeeltelijk arbitraal eindvonnis staan slechts de rechtsmiddelen van vernietiging en van herroeping op de voet van het bepaalde in deze afdeling open.

Art. 1064a

1. De vordering tot vernietiging wordt ingesteld bij het gerechtshof van het ressort waarin de plaats van arbitrage is gelegen. Indien de plaats van arbitrage is gelegen in het ressort Amsterdam en partijen dit uitdrukkelijk zijn overeengekomen, kan de vordering tot vernietiging worden

Verlof tot tenuitvoerlegging arbitraal vonnis

Gronden voor weigering

Arbitraal vonnis, vernietiging en herroeping van

Arbitraal vonnis, vordering tot vernietiging van

B14 art. 1065 Wetboek van Burgerlijke Rechtsvordering

ingesteld bij de internationale handelskamer van het gerechtshof Amsterdam («Netherlands Commercial Court of Appeal»). Artikel 30r is van overeenkomstige toepassing.

2. De bevoegdheid tot het instellen van de vordering tot vernietiging vervalt drie maanden na de dag van verzending van het vonnis. Indien de partijen zijn overeengekomen gebruik te maken van het in artikel 1058, eerste lid, onderdeel b, bepaalde, vervalt deze bevoegdheid drie maanden na de dag van nederlegging van het vonnis. Wordt echter het vonnis, voorzien van een verlof tot tenuitvoerlegging, aan de wederpartij betekend, dan kan die partij, ongeacht het verstreken zijn van de termijn van drie maanden genoemd in de vorige zin, alsnog binnen drie maanden na deze betekening de vordering tot vernietiging instellen.

3. Tegen een arbitraal tussenvonnis kan de vordering tot vernietiging slechts worden ingesteld tezamen met de vordering tot vernietiging van het geheel of gedeeltelijk eindvonnis.

4. Alle gronden tot vernietiging moeten, op straffe van verval van het recht daartoe, in de dagvaarding worden voorgedragen.

5. Tegen een uitspraak op grond van het eerste lid kan beroep in cassatie worden ingesteld. Partijen kunnen overeenkomen dat geen beroep in cassatie kan worden ingesteld tegen een uitspraak op grond van het eerste lid, tenzij een van hen een natuurlijk persoon is niet handelend in de uitoefening van een beroep of bedrijf.

Art. 1065

Gronden voor vernietiging

1. Vernietiging kan slechts plaatsvinden op een of meer van de navolgende gronden:

a. een geldige overeenkomst tot arbitrage ontbreekt;

(Zie ook: art. 1052 Rv)

b. het scheidsgerecht is in strijd met de daarvoor geldende regelen samengesteld;

(Zie ook: art. 1052 Rv)

c. het scheidsgerecht heeft zich niet aan zijn opdracht gehouden;

d. het vonnis is niet overeenkomstig het in artikel 1057 bepaalde ondertekend of niet met redenen omkleed;

e. het vonnis, of de wijze waarop dit tot stand kwam, is in strijd met de openbare orde.

(Zie ook: art. 1063 Rv)

2. De grond, bedoeld onder *a* van het eerste lid, kan niet tot vernietiging leiden in het geval genoemd in artikel 1052, tweede lid.

3. De grond, bedoeld onder *b* van het eerste lid, kan niet tot vernietiging leiden in de gevallen genoemd in de artikelen 1028, tweede lid, en 1052, derde lid.

4. De grond, bedoeld onder *c* van het eerste lid, kan niet tot vernietiging leiden indien het niet houden aan de opdracht niet van ernstige aard is. Evenmin kan de grond, bedoeld onder *c* van het eerste lid, tot vernietiging leiden indien de partij die deze aanvoert heeft nagelaten ter zake bezwaar te maken overeenkomstig artikel 1048a.

Gedeeltelijke vernietiging

5. Betreft een grond voor vernietiging slechts een deel van het arbitraal vonnis, dan wordt het niet vernietigd voor het resterende deel, voorzover dit, gelet op de inhoud en strekking van het vonnis, niet in onverbrekelijk verband met het te vernietigen deel staat.

6. Indien en voorzover het scheidsgerecht heeft nagelaten, uitspraak te doen omtrent een of meer van de vorderingen of tegenvorderingen welke aan zijn oordeel waren onderworpen, kan de vordering tot vernietiging op de grond, bedoeld in het eerste lid, onder *c*, slechts worden ingesteld indien een aanvullend vonnis, bedoeld in artikel 1061, eerste lid, is gewezen dan wel een verzoek tot aanvulling, bedoeld in artikel 1061, eerste lid, geheel of ten dele is afgewezen.

Afwijkende termijn

7. In afwijking van het bepaalde in artikel 1064a, tweede lid, vervalt de termijn voor het instellen van de in het vorige lid bedoelde vordering tot vernietiging drie maanden na de dag van verzending van het aanvullend vonnis dan wel van de mededeling der afwijzing, bedoeld in artikel 1061, vijfde lid. Indien de partijen zijn overeengekomen gebruik te maken van het in artikel 1058, eerste lid, onderdeel b, bepaalde, vervalt de termijn voor het instellen van de in het vorige lid bedoelde vordering tot vernietiging drie maanden na de dag van nederlegging van het aanvullend vonnis dan wel van de mededeling der afwijzing, bedoeld in artikel 1061, vijfde lid. Het in de eerste en tweede zin bepaalde is van overeenkomstige toepassing op de verbetering van het vonnis, bedoeld in artikel 1060.

Art. 1065a

Schorsing vernietigingsprocedure en terugverwijzing naar scheidsgerecht

1. Het gerechtshof kan, op verzoek van een partij of uit eigen beweging, de vernietigingsprocedure schorsen voor een door het gerechtshof te bepalen termijn om het scheidsgerecht in staat te stellen de grond tot vernietiging ongedaan te maken door het heropenen van het arbitraal geding dan wel door het nemen van een andere maatregel als het scheidsgerecht geraden acht. Tegen een beslissing van het gerechtshof staat geen hogere voorziening open.

2. Voordat het scheidsgerecht beslist, stelt het de partijen in de gelegenheid te worden gehoord.

3. Indien het scheidsgerecht van oordeel is dat de grond tot vernietiging ongedaan kan worden gemaakt, wijst het een dienovereenkomstig arbitraal vonnis dat in plaats komt van het vonnis waarvan vernietiging is gevorderd.

4. Na de schorsing van de vernietigingsprocedure, beslist het gerechtshof overeenkomstig hetgeen het, de omstandigheden in aanmerking genomen, passend acht.

Art. 1066

1. De vordering tot vernietiging schorst de tenuitvoerlegging van het vonnis niet.

2. De rechter die omtrent de vernietiging oordeelt, kan echter, indien daartoe gronden zijn, op verzoek van de meest gerede partij, de tenuitvoerlegging schorsen totdat over de vordering tot vernietiging onherroepelijk is beslist.

3. Het verzoek tot schorsing wordt door de griffier van het gerechtshof ten spoedigste aan de wederpartij in afschrift toegezonden.

4. De rechter beslist niet op het verzoek dan nadat de wederpartij in de gelegenheid is gesteld, zich daarover uit te laten.

5. Bij toewijzing van het verzoek kan de rechter bepalen dat door de verzoeker zekerheid wordt gesteld. Bij afwijzing van het verzoek kan de rechter bepalen dat de wederpartij zekerheid stelt.

6. Ingeval van schorsing van de tenuitvoerlegging kan de meest gerede partij de rechter verzoeken, de schorsing op te heffen. Het derde tot en met vijfde lid zijn van overeenkomstige toepassing.

Geen schorsende werking

Zekerheidsstelling

Opheffing schorsing

Art. 1067

Zodra het arrest waarbij een arbitraal vonnis is vernietigd onherroepelijk is geworden, herleeft de bevoegdheid van de gewone rechter, indien en voorzover het arbitraal vonnis is vernietigd op grond van het ontbreken van een geldige overeenkomst tot arbitrage. Indien en voorzover het arbitraal vonnis wordt vernietigd op een andere grond, blijft de overeenkomst tot arbitrage van kracht, tenzij de partijen anders zijn overeengekomen.

Gewone rechter weer bevoegd

Art. 1068

1. Herroeping kan slechts plaats vinden op een of meer van de navolgende gronden:
a. het vonnis berust geheel of ten dele op na de uitspraak ontdekt bedrog, door of met medeweten van de wederpartij in de arbitrale procedure gepleegd;
b. het vonnis berust geheel of ten dele op bescheiden die na de uitspraak blijken vals te zijn;
c. een partij heeft na de uitspraak bescheiden die op de beslissing van het scheidsgerecht van invloed zouden zijn geweest en door toedoen van de wederpartij zijn achtergehouden, in handen gekregen.

2. De vordering tot herroeping wordt binnen drie maanden nadat het bedrog of de valsheid in geschrifte bekend is geworden of een partij de nieuwe bescheiden in handen heeft gekregen, aangebracht voor het gerechtshof van het ressort waarin de plaats van arbitrage is gelegen. Artikel 1066 is van overeenkomstige toepassing.

3. Indien de rechter de voor herroeping aangevoerde grond of gronden juist bevindt, vernietigt hij het vonnis geheel of gedeeltelijk. De artikelen 1065a en 1067 zijn van overeenkomstige toepassing.

(Zie ook: art. 382 Rv)

Gronden voor rekest civiel

Termijn

Zesde afdeling

Het arbitraal vonnis, houdende een vergelijk tussen de partijen

Art. 1069

1. Indien de partijen gedurende een arbitraal geding tot een vergelijk komen, kan op gezamenlijk verzoek het scheidsgerecht de inhoud daarvan in een arbitraal vonnis vastleggen. Het scheidsgerecht kan het verzoek zonder opgave van redenen weigeren.
(Zie ook: art. 1043 Rv)

2. Het arbitraal vonnis, houdende een vergelijk tussen de partijen, geldt als een arbitraal vonnis waarop de bepalingen van de derde tot en met de vijfde afdeling van deze Titel van toepassing zijn, met dien verstande dat:
a. het vonnis slechts kan worden vernietigd op de grond dat het in strijd is met de openbare orde; en
b. het vonnis, in afwijking van het bepaalde in artikel 1057, niet de gronden waarop het berust, behoeft te bevatten.

Vonnis houdende vergelijk

Bijzonderheden

Zevende afdeling

Slotbepalingen

Art. 1070

Tegen beschikkingen van de voorzieningenrechter van de rechtbank, als bedoeld in de eerste tot en met de derde afdeling van deze Titel, staat geen voorziening open.

Hoogste ressort

Art. 1071

In de gevallen bedoeld in de artikelen 1026, tweede en vierde lid, 1027, derde lid, 1028, eerste lid, 1029, tweede, vierde en vijfde lid, 1041a, eerste lid, 1044, eerste lid en 1062, eerste lid, behoeven het verzoekschrift en, voorzover van toepassing, het verweerschrift niet door een advocaat te worden ingediend.
(Zie ook: artt. 1031, 1035, 1041, 1046, 1056 Rv)

Geen bijstand van advocaat bij indiening verzoekschrift/verweerschrift

B14 *art. 1072* **Wetboek van Burgerlijke Rechtsvordering**

Art. 1072

Aanwijzing president De partijen kunnen bij overeenkomst de voorzieningenrechter van een bepaalde rechtbank als bevoegde voorzieningenrechter aanwijzen voor zaken als bedoeld in de artikelen 1026, tweede en vierde lid, 1027, derde lid, 1028, eerste lid, 1029, tweede, vierde en vijfde lid, 1035, tweede lid, en 1041a, eerste lid.

Art. 1072a

Schakelbepaling Voorzover in deze titel niet anders is bepaald, zijn de artikelen 261 tot en met 291 van toepassing op zaken welke ingevolge het bij deze titel bepaalde met een verzoek worden ingediend.

Art. 1072b

Digitaal procederen **1.** Indien de geadresseerde kenbaar heeft gemaakt dat hij daarvoor langs deze weg bereikbaar is en het scheidsgerecht daarmee instemt, kan, voorzover in enige bepaling van deze titel voor een overeenkomst, processtuk, mededeling, verzoek of handeling de schriftelijke vorm wordt vereist, dit ook op elektronische wijze geschieden, behalve voorzover het een handeling betreft die geschiedt in een gerechtelijke procedure, tenzij dit wordt toegestaan in laatstgenoemde procedure. De bereikbaarheid langs deze weg geldt voor de duur van het arbitraal geding, tenzij de geadresseerde meedeelt dat hij haar wijzigt of, voor zover partijen deze mogelijkheid zijn overeengekomen, intrekt.

2. Onder bescheiden als bedoeld in deze titel worden mede verstaan op een gegevensdrager aangebrachte gegevens, alsmede langs elektronische weg ingediende gegevens.

3. Het vonnis als bedoeld in artikel 1057, tweede lid, kan ook in elektronische vorm worden opgemaakt door het te voorzien van een gekwalificeerde handtekening als bedoeld in artikel 3, onderdeel 12, van verordening (EU) nr. 910/2014 van het Europees Parlement en de Raad van 23 juli 2014 betreffende elektronische identificatie en vertrouwensdiensten voor elektronische transacties in de interne markt en tot intrekking van richtlijn 1999/93/EG (PbEU 2014, L 257).

4. In plaats van een persoonlijke verschijning van een getuige, een deskundige of een partij, kan het scheidsgerecht bepalen dat de desbetreffende persoon door middel van elektronische middelen rechtstreeks in contact staat met het scheidsgerecht en, voorzover van toepassing, met anderen. Het scheidsgerecht bepaalt, in overleg met de betrokkenen, welke elektronische middelen daartoe worden gebruikt en op welke wijze dit geschiedt.

5. Een mededeling of handeling die langs elektronische weg geschiedt of een processtuk dat langs elektronische weg wordt ingediend, wordt geacht te zijn verzonden op het tijdstip waarop het bericht een systeem voor gegevensverwerking heeft bereikt waarvoor de verzender geen verantwoordelijkheid draagt.

Art. 1072c

Overlijden procespartij **1.** Het overlijden van een partij doet de overeenkomst tot arbitrage noch de opdracht van het scheidsgerecht eindigen, tenzij de partijen anders zijn overeengekomen.

2. Het scheidsgerecht schorst het geding voor een door hem te bepalen termijn. Het scheidsgerecht kan, op verzoek van de rechtsopvolgers van een overleden partij, deze termijn verlengen. Het scheidsgerecht stelt de wederpartij in de gelegenheid, op het verzoek te worden gehoord.

3. Na de schorsing wordt het geding voortgezet in de stand waarin het zich bevindt, tenzij de partijen anders zijn overeengekomen.

4. Indien de partij die gronden heeft de vernietiging of herroeping van een arbitraal vonnis te vorderen binnen de termijnen genoemd in artikel 1064a, tweede lid, en artikel 1065, zevende lid, respectievelijk artikel 1068, tweede lid, overlijdt, is artikel 341 van overeenkomstige toepassing.

Art. 1073

Arbitrage binnen Nederland **1.** Het in deze Titel bepaalde is van toepassing indien de plaats van arbitrage in Nederland is gelegen.

(Zie ook: art. 1037 Rv)

2. Ingeval de partijen de plaats van arbitrage niet hebben bepaald, kan de benoeming of de wraking van de arbiter of arbiters of de aan het scheidsgerecht toegevoegde secretaris met toepassing van de voorzieningen in de eerste afdeling B van deze Titel reeds plaatsvinden, indien ten minste een der partijen in Nederland woont dan wel feitelijk verblijf houdt.

Tweede titel
Arbitrage buiten Nederland

Art. 1074

Arbitrage buiten Nederland De rechter in Nederland bij wie een geschil aanhangig is gemaakt waarover een overeenkomst tot arbitrage is gesloten en waaruit voortvloeit dat arbitrage buiten Nederland moet plaatsvinden, verklaart zich onbevoegd, indien een partij zich voor alle weren op het bestaan van deze overeenkomst beroept, tenzij de overeenkomst ongeldig is onder het op die overeenkomst toepasselijke recht.

(Zie ook: art. 1022 Rv)

Art. 1074a

De overeenkomst waaruit voortvloeit dat arbitrage buiten Nederland moet plaatsvinden, belet niet dat een partij de Nederlandse rechter verzoekt om een maatregel tot bewaring van recht of zich wendt tot de voorzieningenrechter van de rechtbank of de kantonrechter in kort geding overeenkomstig artikel 254.

Bevoegdheid gewone rechter

Art. 1074b

Een overeenkomst tot arbitrage waaruit voortvloeit dat arbitrage buiten Nederland moet plaatsvinden, belet niet dat een partij de Nederlandse rechter verzoekt een voorlopig getuigenverhoor, een voorlopig deskundigenbericht of een voorlopige plaatsopneming en bezichtiging in Nederland te bevelen.

Bevoegdheid tot treffen van voorlopige bewijsmaatregelen

Art. 1074c

Een overeenkomst tot arbitrage waaruit voortvloeit dat arbitrage buiten Nederland moet plaatsvinden, belet niet dat een partij de gewone rechter verzoekt een rechter-commissaris te benoemen indien een getuige die in Nederland woont of feitelijk verblijf houdt, niet vrijwillig verschijnt. In dat geval zijn de bepalingen van artikel 1041a, eerste tot en met derde lid, van overeenkomstige toepassing.

Bevoegdheid tot benoemen rechter-commissaris

Art. 1074d

Indien in de gevallen, genoemd in de artikelen 1074a tot en met 1074c, een partij zich voor alle weren beroept op het bestaan van een overeenkomst tot arbitrage, verklaart de rechter zich uitsluitend bevoegd, indien de gevraagde beslissing niet of niet tijdig in arbitrage kan worden gekregen.

Bevoegdheid gewone rechter

Art. 1075

1. Een in een vreemde Staat gewezen arbitraal vonnis waarop een erkennings- en tenuitvoerleggingsverdrag van toepassing is, kan, op verzoek van een der partijen, in Nederland worden erkend en ten uitvoer gelegd.

(Zie ook: art. 1063 Rv)

2. De artikelen 985 tot en met 991 zijn van overeenkomstige toepassing voor zover het verdrag geen afwijkende voorzieningen inhoudt en met dien verstande dat het gerechtshof in de plaats treedt van de rechtbank en de termijn voor beroep in cassatie drie maanden bedraagt.

3. De artikelen 261 tot en met 291 zijn van toepassing op het verzoek voorzover niet anders is bepaald in het tweede lid van dit artikel.

Erkenning van tenuitvoerlegging onder een verdrag

Art. 1076

1. Is geen erkennings- en tenuitvoerleggingsverdrag van toepassing of laat een toepasselijk verdrag toe, zich te beroepen op de wet van het land waar de erkenning of tenuitvoerlegging wordt verzocht, dan kan een in een vreemde Staat gewezen arbitraal vonnis in Nederland worden erkend en kan daarvan in Nederland de tenuitvoerlegging door een van de partijen worden verzocht, tegen overlegging van het origineel of een gewaarmerkt afschrift, van de overeenkomst tot arbitrage en van het arbitraal vonnis, tenzij:

A. de partij tegen wie de erkenning of tenuitvoerlegging wordt verzocht, stelt en bewijst dat:

a. een geldige overeenkomst tot arbitrage ontbreekt onder het op die overeenkomst toepasselijke recht;

(Zie ook: art. 1065 Rv)

b. het scheidsgerecht in strijd met de daarvoor geldende regelen is samengesteld;

(Zie ook: art. 1065 Rv)

c. het scheidsgerecht zich niet aan zijn opdracht heeft gehouden;

(Zie ook: art. 1064 Rv)

d. tegen het arbitraal vonnis hoger beroep bij arbiters of de rechter openstaat in het land waar het arbitraal vonnis is gewezen;

e. het arbitraal vonnis is vernietigd door een bevoegde autoriteit van het land waar dat vonnis is gewezen;

B. de rechter oordeelt dat de erkenning of tenuitvoerlegging strijdig is met de openbare orde.

2. De grond onder A*a* van het eerste lid leidt niet tot weigering van erkenning of tenuitvoerlegging, indien de partij die zich daarop beroept, in het arbitraal geding is verschenen en heeft nagelaten voor alle weren een beroep te doen op de onbevoegdheid van het scheidsgerecht op grond dat een geldige overeenkomst tot arbitrage ontbreekt.

(Zie ook: art. 1052 Rv)

3. De grond onder A*b* van het eerste lid leidt niet tot weigering van erkenning of tenuitvoerlegging, indien de partij die zich daarop beroept, aan de samenstelling van het scheidsgerecht heeft medegewerkt of indien de partij die niet aan de samenstelling van het scheidsgerecht heeft medegewerkt, in het arbitraal geding is verschenen en heeft nagelaten voor alle weren een beroep te doen op de onbevoegdheid van het scheidsgerecht op de grond dat het scheidsgerecht in strijd met de daarvoor geldende regelen is samengesteld.

(Zie ook: art. 1052 Rv)

4. De grond onder A sub c van het eerste lid leidt niet tot weigering van de erkenning of tenuitvoerlegging, indien het niet houden aan de opdracht niet van ernstige aard is. Evenmin kan

Erkenning en tenuitvoerlegging buiten een verdrag

de grond onder A sub c van het eerste lid leiden tot weigering van de erkenning of tenuitvoerlegging, indien de partij die deze aanvoert aan het geding heeft deelgenomen zonder daarop tijdig een beroep te doen, hoewel haar bekend was dat het scheidsgerecht zich niet aan zijn opdracht hield.

(Zie ook: art. 1054 Rv)

5. Is meer of anders toegewezen dan gevorderd, dan is het arbitraal vonnis voor gedeeltelijke erkenning of tenuitvoerlegging vatbaar voorzover het anders of meer toegewezene kan worden gescheiden van het overige gedeelte van het vonnis.

(Zie ook: art. 1064 Rv)

6. De artikelen 985 tot en met 991 zijn van overeenkomstige toepassing, met dien verstande dat het gerechtshof in de plaats treedt van de rechtbank, de termijn voor beroep in cassatie drie maanden bedraagt en geen bescheiden behoeven te worden overgelegd waaruit blijkt dat het arbitraal vonnis uitvoerbaar is in het land waar het is gewezen.

7. De artikelen 261 tot en met 291 zijn van toepassing op het verzoek voorzover niet anders is bepaald in het zesde lid van dit artikel.

8. Indien de vernietiging van een in een vreemde Staat gewezen arbitraal vonnis is verzocht aan de bevoegde autoriteit van het land waar dat vonnis is gewezen, is, indien in Nederland de erkenning of tenuitvoerlegging wordt verzocht, artikel 1066, tweede tot en met het zesde lid, van overeenkomstige toepassing.

(Zie ook: art. 1065 Rv)

Art. 1077 Algemene slotbepaling

Toepasselijkheid Algemene termijnenwet

1. De Algemene termijnenwet is niet van toepassing op de termijn gesteld in de artikelen 443, eerste lid, eerste zin, en 479g, tweede lid.

2. Voor de toepassing van de Algemene termijnenwet worden de termijnen, gesteld in de artikelen 114 tot en met 116, als termijnen in de zin van artikel 1, tweede lid, van die wet aangemerkt.

3. Onder algemeen erkende feestdagen worden in dit wetboek verstaan de in artikel 3 van de Algemene termijnenwet als zodanig genoemde en de bij of krachtens dat artikel daarmede gelijkgestelde dagen.

Uittreksel bepalingen digitaal procederen $(KEI-Rv)^1$

Eerste Boek
De wijze van procederen voor de rechtbanken, de hoven en de Hoge Raad

Eerste titel
Algemene bepalingen

Derde A afdeling
Algemene voorschriften voor procedures

Art. 30a

1. De eiser of verzoeker stelt zijn vordering in of dient zijn verzoek in door middel van een procesinleiding.

2. De procedures waarin een vordering wordt ingesteld, worden in dit wetboek aangeduid als vorderingsprocedures. De procedures waarin een verzoek wordt ingediend, worden in dit wetboek aangeduid als verzoekprocedures.

3. De procesinleiding vermeldt ten minste:

a. de naam en in geval van een natuurlijke persoon tevens de voornamen van de eiser of verzoeker, de woonplaats van eiser en de door hem gekozen woonplaats in Nederland, respectievelijk de woonplaats of, bij gebreke daarvan, het werkelijk verblijf van de verzoeker,

b. de naam en woonplaats van de verweerder bij de vordering, dan wel de bij de verzoeker bekende namen en woonplaatsen van belanghebbenden,

c. de dag waarop in de vorderingsprocedure de verweerder ten laatste als verweerder kan verschijnen, welke dag ligt ten minste vier weken en uiterlijk zes maanden na de dag van indiening van de procesinleiding bij de rechter, dan wel in geval van toepassing van artikel 113, ten minste twee weken en uiterlijk zes maanden na de dag van betekening van de procesinleiding bij de verweerder,

d. de vordering of het verzoek en de gronden daarvan,

e. de naam en het kantooradres van de gemachtigde of de advocaat, indien die door de eiser of verzoeker wordt gesteld,

f. de door de verweerder tegen de vordering of de door de belanghebbende tegen het verzoek aangevoerde verweren en de gronden daarvoor,

g. de bewijsmiddelen waarover de eiser of verzoeker kan beschikken tot staving van de betwiste gronden van zijn vordering of verzoek, en de getuigen die hij daartoe kan doen horen, alsmede

h. de aanwijzing van de bevoegde rechter die van de zaak kennisneemt.

4. De procesinleiding wordt ondertekend. In zaken waarin partijen niet in persoon kunnen procederen, geschiedt ondertekening door de advocaat.

Art. 30b

1. Het instellen van een vordering en het indienen van een verzoek kunnen worden gecombineerd in één procesinleiding, mits tussen de vordering en het verzoek voldoende samenhang bestaat en de Nederlandse rechter bevoegd is van beide kennis te nemen.

2. In geval van toepassing van het eerste lid zijn de bepalingen van de vorderingsprocedure van toepassing, tenzij de aard van de bepalingen zich daartegen verzet of tenzij de wet of de rechter met het oog op een goede procesorde, anders bepaalt.

3. Het vorige lid is niet van toepassing op de gevolgen van het niet tijdig betalen van griffierechten en op het instellen van hoger beroep en cassatie.

4. De rechter splitst een zaak in twee of meer zaken indien een vordering en een verzoek zich naar zijn oordeel niet lenen voor gezamenlijke behandeling. In de beslissing tot splitsing vermeldt de rechter, voor zover van toepassing, het bijkomende griffierecht dat ingevolge artikel 8 van de Wet griffierechten burgerlijke zaken van partijen wordt geheven en binnen welke termijn dit griffierecht of dit verhoogde griffierecht betaald dient te worden. De gesplitste zaken worden voortgezet in de stand waarin zij zich bevinden op het moment van de splitsing.

---

1 [Red.]: Zie echter ook de Redactionele Ten Geleide bij B14.

B15 art. 30c

Uittreksel bepalingen digitaal procederen (KEI-Rv)

Art. 30c

Procesinleiding, elektronische indiening

1. De eiser of verzoeker dient de procesinleiding langs elektronische weg in bij de rechter. Partijen dienen gedurende de procedure ook overige stukken langs elektronische weg in, tenzij de rechter anders bepaalt. Anderen dan partijen, die bij de procedure worden betrokken, dienen stukken langs elektronische weg in, tenzij de wet of de rechter anders bepaalt.

2. Waar dit wetboek voorschrijft dat handelingen schriftelijk geschieden, wordt hieraan langs elektronische weg voldaan, tenzij dit wetboek of de rechter anders bepaalt.

3. Waar in dit wetboek ondertekening is voorgeschreven, is tevens aan dit vereiste voldaan indien het stuk is ondertekend met een elektronische handtekening die voldoet aan bij of krachtens algemene maatregel van bestuur te stellen eisen. Een stuk dat langs elektronische weg is ingediend in het digitale systeem voor gegevensverwerking van de gerechten geldt als ondertekend. Dit lid is niet van toepassing op akten als bedoeld in artikel 156 en op de ondertekening van documenten in een arbitrageprocedure ingevolge het Vierde Boek.

4. Bij algemene maatregel van bestuur kunnen andere uitzonderingen op de verplichting tot stukkenwisseling langs elektronische weg als bedoeld in het eerste en het tweede lid worden gemaakt, en kan indiening of terbeschikkingstelling van stukken en mededelingen langs elektronische weg worden uitgesloten.

5. [Dit lid is nog niet in werking getreden.]

6. Indien niet is voldaan aan de verplichtingen die voortvloeien uit de wet of de algemene maatregel van bestuur als bedoeld in artikel 30f, stelt de rechter de desbetreffende partij in de gelegenheid dit verzuim te herstellen binnen een door hem te bepalen termijn. Maakt de eiser of verzoeker van deze gelegenheid geen gebruik, dan kan hij in de vordering of het verzoek niet ontvankelijk worden verklaard dan wel kan de rechter het stuk buiten beschouwing laten.

7. In afwijking van het voorgaande lid kan de rechter bepalen dat de procedure wordt voortgezet volgens de regels die gelden voor stukkenwisseling op papier.

8. Niet-ontvankelijkverklaring wegens het ten onrechte indienen van een procesinleiding op papier of het buiten beschouwing laten van een stuk omdat het ten onrechte op papier of na afloop van een termijn is ingediend, blijft achterwege indien redelijkerwijs niet kan worden geoordeeld dat de indiener in verzuim is geweest.

Art. 30d

Tijdstip ontvangst elektronisch verzonden berichten

1. Als tijdstip waarop een bericht door de rechter langs elektronische weg is ontvangen, geldt het tijdstip waarop het bericht het digitale systeem voor gegevensverwerking van de gerechten heeft bereikt. Na elke indiening langs elektronische weg ontvangt de indiener een ontvangstbevestiging in het digitale systeem voor gegevensverwerking.

2. Als tijdstip waarop een bericht dat door de rechter is geplaatst in het in het eerste lid genoemde digitale systeem voor gegevensverwerking door de geadresseerde is ontvangen, geldt het tijdstip waarop de rechter de geadresseerde hierover een kennisgeving heeft verzonden buiten het digitale systeem voor gegevensverwerking.

3. Als tijdstip waarop een bericht dat door een partij of een andere betrokkene bij de procedure is geplaatst in het in het eerste lid genoemde digitale systeem voor gegevensverwerking door de andere partijen en betrokkenen bij de procedure is ontvangen, geldt het tijdstip waarop de rechter de betrokkenen hierover een kennisgeving heeft verzonden buiten het digitale systeem voor gegevensverwerking.

4. Indien een partij of andere betrokkene bij de procedure afziet van digitale bereikbaarheid buiten het digitale systeem voor gegevensverwerking als bedoeld in het eerste lid, zodat de kennisgeving bedoeld in het tweede en derde lid niet kan worden gezonden, geldt als tijdstip waarop een bericht als bedoeld in deze leden door hem is ontvangen, het tijdstip waarop het bericht voor hem toegankelijk is geworden in het digitale systeem voor gegevensverwerking.

Art. 30e

Kennisgevingen in beginsel digitaal

1. Oproepingen door de rechter, processen-verbaal en afschriften van een vonnis of beschikking, alsmede andere berichten tussen het gerecht en partijen worden langs elektronische weg ter beschikking gesteld, tenzij artikel 30c, vijfde lid, van toepassing is.

2. Oproepingen die bij brief geschieden, vermelden de datum van de verzending. Deze vermelding geschiedt niet slechts op de envelop.

Art. 30f

Digitaal berichtenverkeer, nadere regels

Bij of krachtens algemene maatregel van bestuur kunnen nadere regels worden gesteld over het elektronisch verkeer met de rechter, het digitale systeem voor gegevensverwerking en de verschoonbaarheid van termijnoverschrijdingen wegens verstoring van het digitale systeem voor gegevensverwerking van de gerechten of van de toegang tot dit systeem.

Art. 30g

Oproeping derden bij digitaal procederen

Oproepingen van derden als partij in het geding geschieden met inachtneming van de termijnen die gelden voor de betekening van de procesinleiding bij de belanghebbende of verweerder. Indien de oproeping niet geschiedt bij dezelfde procesinleiding waarmee de belanghebbende of verweerder in de procedure is betrokken, wordt de procesinleiding, waarmee de belanghebbende of verweerder in de procedure is betrokken, met de oproeping bij de derde betekend.

Artikel 111, tweede lid, aanhef en onderdelen a, b, d, e, en g, artikel 128, tweede, derde en vierde lid en artikel 276 zijn van overeenkomstige toepassing. Artikel 112 is niet van toepassing.

Art. 30h

Indien de behandeling van een zaak wordt aangehouden, blijft een hernieuwde oproeping van of mededeling aan diegenen, aan wie de dag en het uur reeds mondeling ter zitting waren medegedeeld, achterwege.

Art. 30i

1. Iedere verweerder in een vorderingsprocedure en iedere belanghebbende in een verzoekprocedure kan binnen de daarvoor geldende termijn zijn met redenen omkleed verweer schriftelijk bij de rechter indienen.

2. [Dit lid is nog niet in werking getreden.]

3. [Dit lid is nog niet in werking getreden.]

4. De verweerder brengt alle excepties en zijn verweer ten principale tegelijk naar voren, op straffe van verval van niet aangevoerde excepties en, indien niet ten principale verweer is gevoerd, van het recht om dat alsnog te doen.

5. In afwijking van het vierde lid kunnen zij die beroep willen doen op de termijn van artikel 104 van Boek 1 of van artikel 185 van Boek 4 van het Burgerlijk Wetboek, hun verweer tot dit beroep beperken.

6. Het verweerschrift vermeldt de bewijsmiddelen waarover verweerder of belanghebbende kan beschikken tot staving van de gronden van zijn verweer, en de getuigen die hij daartoe kan doen horen.

7. Het verweerschrift wordt ondertekend. In zaken waarin partijen niet in persoon kunnen procederen, geschiedt ondertekening door de advocaat.

8. Het verweerschrift mag een tegenvordering of tegenverzoek bevatten, tenzij de oorspronkelijke eiser of verzoeker is opgetreden in hoedanigheid en de tegenvordering of het tegenverzoek hem persoonlijk zou betreffen of omgekeerd. Artikel 30a, derde lid, onder f en g, is van overeenkomstige toepassing.

9. De eiser of verzoeker en overige verweerders of belanghebbenden kunnen tegen een tegenvordering of tegenverzoek een verweerschrift indienen indien zij elkaars wederpartij zijn. De termijn voor het indienen van dit verweerschrift bedraagt in vorderingsprocedures voor de kantonrechter vier weken, in andere vorderingsprocedures zes weken, tenzij de wet of de rechter anders bepaalt. In verzoekzaken is artikel 282, eerste lid, van toepassing. De zaken betreffende de vordering of het verzoek en de tegenvordering of het tegenverzoek worden tegelijk behandeld en bij vonnis of beschikking beslist, tenzij de rechter anders bepaalt.

Art. 30j

1. Zo spoedig mogelijk nadat verweerder in de procedure is verschenen als bedoeld in artikel 114, dan wel na ontvangst van de procesinleiding in een verzoekprocedure, bepaalt de rechter de dag en het uur waarop de mondelinge behandeling plaatsvindt. Met inachtneming van de dag waarop verweerder ten laatste zijn verweerschrift kan indienen als bedoeld in artikel 111, tweede lid, onder c, bedraagt de termijn tussen de uitnodiging van partijen en de mondelinge behandeling ten minste drie weken, tenzij sprake is van een behandeling in kort geding.

2. [Dit lid is nog niet in werking getreden.]

3. De griffier roept de eiser of verzoeker en de verweerder of belanghebbenden, bedoeld in het tweede lid, op voor de plaats en de dag en het uur waarop de mondelinge behandeling plaatsvindt.

4. De oproepingen van belanghebbenden gaan vergezeld van een afschrift van de procesinleiding, tenzij een oproeping op andere wijze dan bij brief of exploot geschiedt, of de rechter anders bepaalt; in deze gevallen bevat de oproeping een korte omschrijving van het verzoek.

5. Het eerste en tweede lid zijn niet van toepassing indien de rechter zich in een verzoekprocedure aanstonds onbevoegd verklaart, de eiser of verzoeker aanstonds niet-ontvankelijk in zijn vordering of verzoek verklaart, of het verzoek toewijst.

6. De rechter kan met instemming of op verlangen van partijen de mondelinge behandeling achterwege laten en uitspraak doen.

Art. 30k

1. Tijdens de mondelinge behandeling stelt de rechter partijen in de gelegenheid hun stellingen toe te lichten en kan de rechter:

a. partijen verzoeken hem inlichtingen te geven,

b. partijen gelegenheid geven hun stellingen nader te onderbouwen,

c. een schikking beproeven,

d. met partijen overleggen hoe het vervolg van de procedure zal verlopen, en

e. die aanwijzingen geven of die proceshandelingen bevelen die hij geraden acht, voor zover de rechter dit in overeenstemming acht met de eisen van een goede procesorde.

2. Met voorafgaande toestemming van de rechter kunnen tijdens de mondelinge behandeling getuigen en partijdeskundigen worden gehoord. De negende afdeling van de tweede titel is van overeenkomstige toepassing, onverminderd artikel 284, eerste lid.

Aanhouden zaak bij digitaal procederen

Mondelinge behandeling bepalen bij digitaal procederen

Mondelinge behandeling bij digitaal procederen

B15 art. 30l

Uittreksel bepalingen digitaal procederen (KEI-Rv)

3. Voor zover mogelijk bericht de griffier partijen tevoren over het doel van de mondelinge behandeling.

4. In zaken waarin zij niet in persoon kunnen procederen, verschijnen zij bij advocaat, met uitzondering van belanghebbenden. De rechter kan verschijning in persoon bevelen. In zaken waarin partijen niet in persoon kunnen procederen, is de gemachtigde een advocaat.

5. Onverminderd artikel 85, dienen processtukken en andere stukken zoveel mogelijk onmiddellijk bij de indiening van de procesinleiding onderscheidenlijk het verweerschrift en tot uiterlijk tien dagen voor de mondelinge behandeling te worden ingediend, tenzij de wet een andere termijn voorschrijft. Stukken die na die termijn of ter zitting worden ingediend, worden door de rechter buiten beschouwing gelaten, tenzij artikel 30c, achtste lid, van toepassing is of de goede procesorde zich daartegen verzet.

6. Indien met het oog op de mondelinge behandeling een bevel als bedoeld in artikel 22 wordt gegeven, moeten de stukken uiterlijk op een door de rechter te bepalen dag vóór de datum van de mondelinge behandeling zijn ingediend en aan de wederpartij ter beschikking zijn gesteld.

Art. 30l

Inlichtingen tijdens mondelinge behandeling bij digitaal procederen

1. Tijdens de mondelinge behandeling ondervraagt de rechter partijen. Partijen kunnen elkaar vragen stellen, behoudens de bevoegdheid van de rechter om te beletten dat aan een bepaalde vraag gevolg wordt gegeven.

2. Een verklaring omtrent door haar te bewijzen feiten kan in het voordeel van de partij die haar aflegde geen bewijs opleveren. Overigens kan de rechter uit de afgelegde verklaringen, uit een niet-verschijnen op de mondelinge behandeling of uit een weigering om te antwoorden of het proces-verbaal te ondertekenen de gevolgtrekking maken die hij geraden acht, behoudens artikel 154.

Art. 30m

Schikking bij digitaal procederen

1. Indien een schikking tot stand komt, eindigt de procedure. Van de zitting waarop een schikking is bereikt, wordt een proces-verbaal opgemaakt, dat door de rechter en partijen of hun tot dat doel bijzonderlijk gevolmachtigden wordt ondertekend en waarin de verbintenissen die partijen ten gevolge van die schikking op zich nemen, worden neergelegd. De uitgifte van dit proces-verbaal geschiedt in executoriale vorm.

2. Indien geen schikking tot stand komt, bepaalt de rechter wat de volgende proceshandeling zal zijn.

Art. 30n

Proces-verbaal bij digitaal procederen

1. De rechter maakt van de mondelinge behandeling proces-verbaal op:
a. indien hij dit ambtshalve of op verzoek van een partij die daarbij belang heeft, bepaalt, of
b. op verzoek van de hogerberoepsrechter of de Hoge Raad.

2. Het proces-verbaal bevat ten minste de namen van de rechter of de rechters die de zaak behandelt onderscheidenlijk behandelen, die van partijen en van hun vertegenwoordigers of gemachtigden die op de mondelinge behandeling zijn verschenen, en die van de getuigen, deskundigen en tolken die op de mondelinge behandeling zijn verschenen.

3. Het proces-verbaal houdt een zakelijke samenvatting in van het verhandelde ter zitting.

4. De rechter kan bepalen dat de verklaring van een partij, getuige of deskundige geheel in het proces-verbaal zal worden opgenomen. In dat geval wordt de verklaring onverwijld op schrift gesteld en aan de partij, getuige of deskundige voorgehouden. Deze mag daarin wijzigingen aanbrengen, die op schrift worden gesteld en aan de partij, getuige of deskundige worden voorgelezen. De verklaring wordt door de partij, getuige of deskundige ondertekend. Heeft ondertekening niet plaats, dan wordt de reden daarvan in het proces-verbaal vermeld.

5. Het proces-verbaal wordt door de rechter ondertekend. Bij verhindering van de rechter wordt dit in het proces-verbaal vermeld.

6. De griffier stelt het proces-verbaal ter beschikking van partijen.

7. De rechter kan bepalen dat het proces-verbaal, bedoeld in het eerste en derde lid en in de artikelen 180, eerste lid, 198, vijfde lid, en 201, vierde lid, wordt vervangen door een door of namens hem gemaakte beeld- of geluidsopname. In dat geval kan de hogerberoepsrechter of de Hoge Raad alsnog verzoeken om een schriftelijke weergave van het proces-verbaal.

8. Bij of krachtens algemene maatregel van bestuur kunnen nadere regels worden gesteld over de toepassing van beeld- en geluidsopnamen.

Art. 30o

Extra proceshandelingen bij digitaal procederen

1. Indien dit met het oog op artikel 19 of met het oog op een goede instructie van de zaak noodzakelijk is, kan de rechter op verzoek van een partij toestaan of ambtshalve bepalen dat, in afwijking van of aanvulling op hetgeen in deze afdeling is bepaald:
a. termijnen worden verlengd of verkort,
b. partijen schriftelijk reageren op elkaars standpunten,
c. de mondelinge behandeling wordt aangehouden of in alle gevallen en in elke stand van het geding een mondelinge behandeling of andere zitting wordt gehouden,
d. voor, tijdens of na een mondelinge behandeling stukken worden ingediend en dat partijen daarop schriftelijk reageren.

Uittreksel bepalingen digitaal procederen (KEI-Rv)

B15 *art. 31*

2. De rechter bepaalt de termijnen voor proceshandelingen als bedoeld in het eerste lid, onder b, c en d.

Art. 30p

1. De rechter kan, indien alle partijen op de mondelinge behandeling zijn verschenen, tijdens of na de mondelinge behandeling ter zitting mondeling uitspraak doen.

Mondelinge uitspraak bij digitaal procederen

2. In afwijking van de artikelen 230 en 287 bestaat de mondelinge uitspraak uit de beslissing en de gronden van de beslissing.

3. Van de mondelinge uitspraak wordt door de rechter een proces-verbaal opgemaakt.

4. Het proces-verbaal wordt door de rechter ondertekend. Bij verhindering van de rechter wordt dit in het proces-verbaal vermeld.

5. De rechter stelt binnen twee weken na de mondelinge uitspraak een afschrift van het proces-verbaal ter beschikking van partijen. Het afschrift dat wordt verstrekt aan een partij die tot tenuitvoerlegging van de uitspraak kan overgaan, is in executoriale vorm opgemaakt.

Art. 30q

1. Tenzij mondeling uitspraak wordt gedaan, doet de rechter in kantonzaken binnen vier weken en in andere zaken binnen zes weken na afloop van de mondelinge behandeling of na het verrichten van de laatste proceshandeling schriftelijk uitspraak.

Schriftelijke uitspraak bij digitaal procederen

2. In bijzondere omstandigheden kan de rechter de termijnen, genoemd in het eerste lid, verlengen. Bij een verlenging wordt mededeling gedaan aan partijen van de datum van de uitspraak.

3. Op gezamenlijk verlangen van de in het geding verschenen partijen kan de rechter de uitspraak uitstellen of achterwege laten.

Art. 30r

1. Indien de rechtbank Amsterdam of het gerechtshof Amsterdam bevoegd is kennis te nemen van een geschil dat is ontstaan of zal ontstaan naar aanleiding van een bepaalde rechtsbetrekking die ter vrije bepaling van partijen staat en het een internationaal geschil betreft, kunnen partijen die dit uitdrukkelijk zijn overeengekomen bij de internationale handelskamer van die rechtbank («Netherlands Commercial Court») of dat gerechtshof («Netherlands Commercial Court of Appeal») procederen in de Engelse taal. Dit geldt niet voor zaken die tot de bevoegdheid van de kantonrechter behoren. Een overeenkomst als bedoeld in de eerste volzin wordt bewezen door een geschrift. Een geschrift dat een dergelijk beding bevat of dat verwijst naar algemene voorwaarden die een dergelijk beding bevatten, is daarvoor voldoende, mits het specifieke beding door of namens de wederpartij uitdrukkelijk is aanvaard.

NCC/NCCA, bevoegdheid

2. In afwijking van artikel 30i, vierde lid, kunnen zij die een beroep willen doen op de exceptie inzake de bevoegdheid of op andere verweren die ertoe strekken dat de zaak niet behandeld moet worden door de internationale handelskamer van de rechtbank Amsterdam of van het gerechtshof Amsterdam, volstaan met deze exceptie of verweren totdat hierover is beslist. Artikel 110 is van overeenkomstige toepassing.

3. In zaken die door de voorzieningenrechter worden beslist is, indien partijen zijn overeengekomen om bij de rechtbank Amsterdam of het gerechtshof Amsterdam in de Engelse taal te procederen als bedoeld in het eerste lid, de voorzieningenrechter van die rechtbank of dat gerechtshof, mede bevoegd voor het in de Engelse taal behandelen van de zaak.

4. In zaken als bedoeld in het eerste lid, eerste volzin, en het derde lid doet de rechter uitspraak in de Engelse taal, tenzij op verzoek van partijen de procedure in de Nederlandse taal is gevoerd. Het verweer dat de zaak niet door de internationale handelskamer van de rechtbank of van het gerechtshof Amsterdam moet worden behandeld, maar door een andere rechter, mag worden gevoerd in de Nederlandse taal. Een uitspraak over dit verweer doet de rechter in de Nederlandse taal.

5. Indien de uitspraak in de Engelse taal ingevolge een wettelijk voorschrift in een Nederlands openbaar register moet worden ingeschreven, worden de voor de inschrijving noodzakelijke onderdelen van de uitspraak tevens in de Nederlandse taal gedaan.

6. Indien de voor tenuitvoerlegging vatbare onderdelen in de uitspraak in de Engelse taal zijn gesteld en in het kader van de tenuitvoerlegging aan een derde in Nederland afschrift van de uitspraak moet worden gelaten, zorgt degene op wiens verzoek de betekening plaatsvindt voor een bijgevoegde beëdigde vertaling hiervan in de Nederlandse taal.

Art. 31

1. De rechter verbetert te allen tijde op verzoek van een partij of ambtshalve in zijn vonnis, arrest of beschikking een kennelijke rekenfout, schrijffout of andere kennelijke fout die zich voor eenvoudig herstel leent. De rechter gaat niet tot de verbetering over dan na partijen in de gelegenheid te hebben gesteld zich daarover uit te laten.

Verbeteringen

2. De verbetering wordt op een door de rechter nader te bepalen dag uitgesproken en wordt met vermelding van deze dag en van de naleving van de tweede volzin van het eerste lid in het vonnis, het arrest of de beschikking verwerkt.

3. Van het verbeterde vonnis of arrest of de verbeterde beschikking stelt de griffier op de dag van de uitspraak aan de in de oorspronkelijke procedure verschenen partijen een afschrift ter beschikking, zo nodig opgemaakt in executoriale vorm. Een eerder verstrekt afschrift opgemaakt

B15 art. 32 **Uittreksel bepalingen digitaal procederen (KEI-Rv)**

in executoriale vorm verliest hierdoor zijn kracht. Was de executie reeds aangevangen, dan kan deze met inachtneming van de verbetering worden voortgezet op grond van een na de verbetering afgegeven afschrift opgemaakt in executoriale vorm.

4. Tegen de verbetering of de weigering daarvan staat geen voorziening open. *(Zie ook: art. 1060 Rv)*

Art. 32

Aanvulling

1. De rechter vult te allen tijde op verzoek van een partij zijn vonnis, arrest of beschikking aan indien hij heeft verzuimd te beslissen over een onderdeel van het gevorderde of verzochte. De rechter gaat niet tot de aanvulling over dan na partijen in de gelegenheid te hebben gesteld zich daarover uit te laten.

2. Artikel 31, tweede en derde lid, is van overeenkomstige toepassing.

3. Tegen de weigering van de aanvulling staat geen voorziening open. *(Zie ook: art. 1061 Rv)*

Art. 33

Verzoeken en mededelingen

1. Verzoeken en mededelingen kunnen ook elektronisch worden gedaan, indien van deze mogelijkheid voor het desbetreffende gerecht blijkt uit een voor dat gerecht vastgesteld procesreglement. Een gerecht kan een verzoek of mededeling dat tot een of meer geadresseerden is gericht, elektronisch verzenden indien de geadresseerde kenbaar heeft gemaakt dat hij daarvoor langs deze weg bereikbaar is. De bereikbaarheid langs deze weg geldt voor de duur van een procedure, tenzij de geadresseerde meedeelt dat hij haar wijzigt of intrekt. De voorgaande zinnen gelden mede voor de indiening van processtukken ter griffie en de verzending van processtukken door de griffier.

Nadere regels

2. Bij algemene maatregel van bestuur worden regels gegeven aangaande de betrouwbaarheid en vertrouwelijkheid van het doen van verzoeken en mededelingen en de indiening en de verzending van processtukken als bedoeld in het eerste lid en kunnen in verband met deze wijze van verzending nadere regels worden gesteld. Bij algemene maatregel van bestuur kan worden bepaald in welke gevallen het doen van verzoeken en mededelingen en de indiening en verzending van processtukken uitsluitend elektronisch kunnen plaatsvinden.

3. Als tijdstip waarop een verzoek, mededeling of processtuk door een gerecht elektronisch is ontvangen, geldt het tijdstip waarop het verzoek, mededeling en processtuk een systeem voor gegevensverwerking heeft bereikt waarvoor het gerecht verantwoordelijkheid draagt. Verzendingen die voor 24.00 uur van de laatste dag van een lopende termijn zijn ontvangen, gelden als binnen de termijn ingediend.

4. Als tijdstip waarop een verzoek, mededeling of processtuk door een gerecht elektronisch is verzonden, geldt het tijdstip waarop het bericht een systeem voor gegevensverwerking heeft bereikt waarvoor het gerecht geen verantwoordelijkheid draagt.

5. De voordracht voor een krachtens het tweede lid vast te stellen algemene maatregel van bestuur wordt niet eerder gedaan dan vier weken nadat het ontwerp aan beide kamers der Staten-Generaal is overgelegd.

Art. 34

Voortzetting door andere rechter

Wanneer een procedure na verwijzing of toepassing van een rechtsmiddel voor een andere rechter wordt voortgezet, stelt de griffier van het gerecht waar de procedure aanhangig was afschriften van het vonnis, het arrest of de beschikking en de op de procedure betrekking hebbende stukken ambtshalve ter beschikking van de griffier van het gerecht waar de procedure wordt voortgezet.

Art. 35

Nadere regels betreffende termijnen en het verloop van de procedure

1. Bij algemene maatregel van bestuur kunnen nadere regels worden gesteld met betrekking tot door de rechter te stellen termijnen voor het verrichten van proceshandelingen en kunnen beperkingen worden gesteld aan de mogelijkheid om daarvoor uitstel te verkrijgen.

2. Bij algemene maatregel van bestuur kunnen ook andere nadere regels worden gesteld betreffende het verloop van de procedure, de opmaak en inrichting van de door partijen in het geding te brengen stukken, alsmede nadere regels ter bevordering van de eenheid van de wijze van rechtspleging bij de verschillende gerechten.

Tweede titel *De vorderingsprocedure in eerste aanleg*

Vierde afdeling Oproeping

Art. 111

Oproepingsbericht

1. De griffier stuurt de eiser een oproepingsbericht na ontvangst van de procesinleiding.

2. In het oproepingsbericht neemt de griffier de inhoud en de datum van indiening van de procesinleiding op en vermeldt hij ten minste:

a. [dit onderdeel is nog niet in werking getreden;]

b. in zaken waarin partijen niet in persoon kunnen procederen: de wijze waarop de verweerder in de procedure moet verschijnen, te weten vertegenwoordigd door een advocaat;
c. de dag waarop de verweerder ten laatste zijn verweerschrift kan indienen, welke dag in kantonzaken vier weken en in andere zaken zes weken ligt na de dag waarop hij als verweerder in de procedure is verschenen als bedoeld in artikel 114;
d. de in artikel 139 genoemde rechtsgevolgen die intreden indien de verweerder bij een vordering niet verschijnt in de procedure als verweerder als bedoeld in artikel 114, of, behalve in kantonzaken of zaken in kort geding, het door zijn verschijning verschuldigde griffierecht niet tijdig voldoet;
e. indien er verschillende verweerders zijn, het in artikel 140, derde lid, genoemde rechtsgevolg dat intreedt indien niet alle verweerders op de voorgeschreven wijze in de procedure verschijnen;
f. indien het een zaak betreft met verschillende verweerders, de mededeling dat van partijen die bij dezelfde advocaat verschijnen en gelijkluidende stukken indienen of gelijkluidend verweer voeren, op basis van artikel 15 van de Wet griffierechten burgerlijke zaken slechts eenmaal een gezamenlijk griffierecht wordt geheven;
g. de mededeling of van verweerders bij verschijning in de procedure een griffierecht zal worden geheven en binnen welke termijn dit griffierecht betaald dient te worden met verwijzing naar een vindplaats van de meest recente bijlage behorende bij de Wet griffierechten burgerlijke zaken waarin de hoogte van de griffierechten staan vermeld. Hierbij wordt vermeld dat van een persoon die onvermogend is, een bij of krachtens de wet vastgesteld griffierecht wordt geheven, indien hij op het tijdstip waarop het griffierecht wordt geheven heeft overgelegd:
$1°.$ het besluit tot toevoeging, bedoeld in artikel 29 van de Wet op de rechtsbijstand, of indien dit niet mogelijk is ten gevolge van omstandigheden die redelijkerwijs niet aan hem zijn toe te rekenen, de aanvraag als bedoeld in artikel 24, tweede lid, van de Wet op de Rechtsbijstand, dan wel
$2°.$ een verklaring van het bestuur van de raad voor rechtsbijstand, als bedoeld in artikel 7, derde lid, onder 3, van de Wet op de rechtsbijstand, waaruit blijkt dat zijn inkomen niet meer bedraagt dan de inkomens, bedoeld in de algemene maatregel van bestuur krachtens artikel 35, tweede lid, van die wet;
h. [dit onderdeel is nog niet in werking getreden.]

Art. 112

1. Het oproepingsbericht als bedoeld in artikel 111 wordt bij de verweerder bij exploot betekend of door eiser op andere wijze bezorgd, binnen twee weken na de dag van indiening van de procesinleiding, tenzij de wet anders bepaalt. Het exploot van betekening van het oproepingsbericht wordt door de eiser ingediend uiterlijk op de dag, voorafgaande aan de dag waarop de verweerder ten laatste kan verschijnen, tenzij verweerder eerder is verschenen.

Oproepingsbericht bij exploot betekend of op andere wijze bezorgd

2. Heeft de eiser het oproepingsbericht bezorgd op andere wijze, bedoeld in het eerste lid, en verschijnt de verweerder niet uiterlijk op de laatste dag waarop hij diende te verschijnen, dan kan eiser binnen twee weken na de dag waarop verweerder uiterlijk diende te verschijnen, het oproepingsbericht doen betekenen bij de verweerder. De termijn om te verschijnen als bedoeld in artikel 30a, derde lid, onder c, wordt in dat geval verlengd met vier weken na de laatste dag waarop de verweerder diende te verschijnen, bedoeld in de eerste volzin.

3. Indien eiser de oproeping bij exploot als bedoeld in het tweede lid achterwege laat, wordt hij niet-ontvankelijk verklaard in zijn vordering.

4. [Dit lid is nog niet in werking getreden.]

5. Indien het tweede lid van toepassing is, kunnen het oproepingsbericht en de procesinleiding door de deurwaarder worden verbeterd of aangevuld, met uitzondering van wijziging van eis. In dat geval vervangen dit gewijzigde oproepingsbericht en deze gewijzigde procesinleiding het eerdere oproepingsbericht onderscheidenlijk de eerdere procesinleiding. De termijn om te verschijnen als bedoeld in de laatste volzin van het tweede lid, wordt in het oproepingsbericht gewijzigd.

Art. 113

1. In afwijking van artikel 112 kan de eiser een oproepingsbericht bij exploot laten betekenen alvorens hij de procesinleiding indient.

Oproepingsbericht betekenen vóór indiening procesinleiding

2. De deurwaarder stelt het oproepingsbericht op overeenkomstig artikel 30a, derde lid, en artikel 111, tweede lid, onder a tot en met h, en neemt de inhoud van de procesinleiding op in het oproepingsbericht.

3. Na betekening van het oproepingsbericht dient eiser onverwijld het exploot van betekening, het oproepingsbericht en de procesinleiding in.

Art. 114

Een verweerder geldt als in de procedure verschenen:
a. [dit onderdeel is nog niet in werking getreden;]
b. [dit onderdeel is nog niet in werking getreden;]

Verweerder geldt als verschenen in procedure

c. in alle overige zaken, indien hij binnen de door de eiser gestelde termijn, bedoeld in de artikelen 30a, derde lid, onder c, 115 en 116, advocaat stelt.

Art. 115

Overige termijnen dagvaarding

1. Indien de verweerder een bekende woonplaats of een bekend werkelijk verblijf buiten Nederland heeft in een Staat waar de in artikel 56, eerste lid, bedoelde verordening van toepassing is, is de termijn om te verschijnen minimaal vier weken en maximaal zes maanden. In afwijking van artikel 30a, derde lid, onder c, vangt de termijn van verschijning aan op de dag na die waarop het oproepingsbericht aan de verweerder is betekend of aan hem is kennisgegeven op een wijze overeenkomstig de voormelde verordening en wordt de termijn van verschijning in de procesinleiding opgenomen in plaats van de dag van verschijning. De eiser dient het bewijs van betekening of van kennisgeving aan de verweerder onverwijld in, zodra hij hierover beschikt.

2. Indien de verweerder een bekende woonplaats of een bekend werkelijk verblijf buiten Nederland heeft in een Staat die partij is bij het op 15 november 1965 te 's-Gravenhage tot stand gekomen Verdrag inzake de betekening en de kennisgeving in het buitenland van gerechtelijke en buitengerechtelijke stukken in burgerlijke en in handelszaken (Trb. 1966, 91) of indien de verweerder noch in Nederland, noch in een Staat als bedoeld in het eerste lid of in een Staat als bedoeld in voormeld Verdrag, maar in een andere staat een bekende woonplaats of een bekend werkelijk verblijf heeft, is de termijn om te verschijnen in afwijking van artikel 30a, derde lid, onder c, minimaal drie maanden en maximaal twaalf maanden. Deze termijn vangt aan na de dag van indiening van de procesinleiding bij de rechter, dan wel in geval van toepassing van artikel 113, na de dag van betekening aan het parket van de ambtenaar van het openbaar ministerie, onderscheidenlijk de procureur-generaal, bedoeld in artikel 54, tweede lid en vierde lid. De eiser dient het bewijs van betekening of van kennisgeving aan de verweerder onverwijld in, zodra hij hierover beschikt.

Art. 116

Termijn van dagvaarding voor houders van aandelen welke niet op naam staan

1. Indien in rechte worden opgeroepen houders van aandelen of andere effecten die niet op naam staan of waarvan de houders niet bij naam bekend zijn, is de termijn om te verschijnen, in afwijking van artikel 30a, derde lid, onder c, ten minste zes weken.

2. Deze termijn geldt eveneens indien in rechte worden opgeroepen zij die algemene voorwaarden gebruiken waarin bedingen voorkomen waarvan gesteld wordt dat zij onredelijk bezwarend zijn, in het geval dat ingevolge artikel 1003, onder 1°, hun naam en woonplaats niet afzonderlijk in het exploot worden vermeld.

(Zie ook: art. 1003 Rv; artt. 231, 233, 240 BW Boek 6)

Art. 117

Verkorting van de termijnen

De in de artikelen 30a, derde lid, onder c, 115 en 116 genoemde termijnen kunnen op mondeling of schriftelijk verzoek van de eiser door de voorzieningenrechter of, in kantonzaken, de kantonrechter, zo nodig onder het stellen van voorwaarden, worden verkort. De beschikking wordt vermeld in de procesinleiding of het exploot.

(Zie ook: art. 1019q Rv)

Art. 118-119

[Vervallen]

Art. 120

Herstel van nietigheid

1. Al hetgeen in artikel 30a, derde en vierde lid, en in deze afdeling is voorgeschreven, wordt op straffe van nietigheid in acht genomen.

2. Een gebrek in een exploot van betekening van het oproepingsbericht dat nietigheid meebrengt, kan bij exploot, uitgebracht voor de datum van verschijning van verweerder, worden hersteld.

3. Bij het uitbrengen van dat exploot moeten de voor de oproeping voorgeschreven termijnen in acht worden genomen, tenzij de rechter anders bepaalt.

4. Het eerste lid is niet van toepassing op hetgeen is voorgeschreven in artikel 30a, derde lid onder f en g. De rechter kan eiser bevelen alsnog de ontbrekende gegevens te verstrekken.

Art. 121

Gebrek in de dagvaarding

1. Verschijnt de verweerder niet in het geding hoewel hem dat bij exploot was aangezegd, en blijkt aan de rechter dat het exploot lijdt aan een gebrek dat nietigheid meebrengt, dan verleent de rechter geen verstek tegen hem.

(Zie ook: art. 139 Rv)

2. In het geval bedoeld in het eerste lid bepaalt de rechter een nieuwe uiterste datum voor verschijning en beveelt hij dat deze door de eiser bij exploot aan de verweerder wordt aangezegd met herstel van het gebrek en met inachtneming van artikel 120, derde lid, op kosten van de eiser.

3. Is echter aannemelijk dat het exploot van betekening van het oproepingsbericht de verweerder als gevolg van het gebrek niet heeft bereikt, dan spreekt de rechter de nietigheid van het exploot uit.

Art. 122

1. Verschijnt de verweerder in het geding, of komt hij, na bij verstek te zijn veroordeeld, in verzet, en beroept hij zich op de nietigheid van het exploot van betekening van het oproepingsbericht, dan verwerpt de rechter dat beroep indien naar zijn oordeel het gebrek de verweerder niet onredelijk in zijn belangen heeft geschaad.

(Zie ook: art. 66 Rv)

2. De rechter kan echter in dit geval, zo daartoe gronden zijn, het herstel van het gebrek op kosten van de eiser bevelen.

Herstel van gebrek

Art. 123

1. Indien echter de eiser ten onrechte geen advocaat heeft gesteld, biedt de rechter hem en, indien in dit geval de verweerder wel in het geding was verschenen maar eveneens ten onrechte geen advocaat had gesteld, ook deze, de gelegenheid binnen een door hem te bepalen termijn alsnog advocaat te stellen.

(Zie ook: art. 79 Rv)

2. Indien de eiser van de hem ingevolge het eerste lid geboden gelegenheid geen gebruik maakt, wordt de verweerder van de instantie ontslagen, met veroordeling van de eiser in de kosten.

3. Indien alleen de verweerder van de aan partijen ingevolge het eerste lid geboden gelegenheid om alsnog advocaat te stellen, geen gebruik maakt, zijn de artikelen 139 tot en met 142 van toepassing.

4. Indien de eiser en de verweerder alsnog advocaat hebben gesteld, wordt het geding in de stand waarin het zich bevindt, voortgezet, met dien verstande dat de rechter, indien hij reeds de dag heeft bepaald waarop hij uitspraak zal doen, partijen alsnog de gelegenheid biedt zich binnen een door hem te bepalen termijn over de zaak uit te laten.

(Zie ook: art. 19 Rv)

5. Tegen een beslissing ingevolge het eerste, tweede of vierde lid staat geen hogere voorziening open.

Ten onrechte niet stellen van advocaat

Art. 124

Indien de eiser ten onrechte advocaat heeft gesteld, wordt de zaak voortgezet met inachtneming van de voorschriften voor zaken waarin partijen in persoon kunnen procederen.

Ten onrechte stellen van advocaat

Aanvullende wetgeving bij Burgerlijk Wetboek en Wetboek van Koophandel

Wet verevening pensioenrechten bij scheiding^1

Wet van 28 april 1994, tot vaststelling van regels met betrekking tot de verevening van pensioenrechten bij echtscheiding of scheiding van tafel en bed (Wet verevening pensioenrechten bij scheiding) en daarmede verband houdende wijzigingen in andere wetten

Art. 1

1. Voor de toepassing van het bij of krachtens deze wet bepaalde wordt verstaan onder: *Begripsbepalingen*
a. scheiding: echtscheiding of scheiding van tafel en bed dan wel beëindiging van het geregistreerd partnerschap anders dan door de dood, vermissing of omzetting van een geregistreerd partnerschap in een huwelijk;
b. tijdstip van scheiding: ingeval van echtscheiding dan wel beëindiging van het geregistreerd partnerschap anders dan door de dood, vermissing of omzetting van een geregistreerd partnerschap in een huwelijk: de datum van inschrijving van de beschikking in de registers van de burgerlijke stand;
ingeval van scheiding van tafel en bed: de datum van inschrijving van de beschikking in het huwelijksgoederenregister, aangewezen in artikel 116 van Boek 1 van het Burgerlijk Wetboek;
c. uitvoeringsorgaan: de natuurlijke of rechtspersoon, die tot uitbetaling van pensioen gehouden is;
d. pensioen: ouderdomspensioen;
e. werkgever: de werkgever van de tot verevening verplichte echtgenoot;
f. partnerpensioen: weduwen- en weduwnaarspensioen dan wel pensioen ten behoeve van de achtergebleven geregistreerde partner, waaronder begrepen bijzonder weduwen- en weduwnaarspensioen onderscheidenlijk bijzonder pensioen ten behoeve van de achtergebleven geregistreerde partner.

2. Voor de toepassing van het bij of krachtens deze wet bepaalde wordt mede verstaan onder
a. echtgenoot: eerdere echtgenoot dan wel geregistreerde partner of eerdere geregistreerde partner;
b. aanspraak op pensioen: uitzicht op pensioen;
c. pensioen: een herberekend arbeidsongeschiktheidspensioen of een uit hoofde van ziekte of gebreken ingevolge de in het vierde lid, onder *d*, genoemde wetten toegekend pensioen dat naar diensttijd is berekend, een en ander met ingang van de dag waarop de pensioengerechtigde leeftijd, bedoeld in artikel 7a, eerste lid, van de Algemene Ouderdomswet, is bereikt;
d. huwelijkse voorwaarden: voorwaarden van een geregistreerd partnerschap;
e. huwelijksvermogensregime: partnerschapsvermogensregime;
f. huwelijkssluiting: registratie van een partnerschap;
g. hertrouwen: het aangaan van een huwelijk na een geregistreerd partnerschap, het aangaan van een geregistreerd partnerschap na een huwelijk dan wel het opnieuw aangaan van een geregistreerd partnerschap.

3. Voor de toepassing van het bij of krachtens deze wet bepaalde wordt onder pensioen niet verstaan een ingegaan tijdelijk pensioen of een aanspraak op tijdelijk pensioen op grond van regelingen ingevolge welke alleen een recht op uitkering van pensioen bestaat indien aan betrokkenen aansluitend aan hun dienstverband dat tijdelijk pensioen wordt dan wel zal worden uitgekeerd.

4. Deze wet is van toepassing op pensioen ingevolge: *Werkingssfeer*
a. een pensioenregeling op grond van een pensioenovereenkomst als bedoeld in artikel 1 van de Pensioenwet; alsmede een pensioenovereenkomst die is gesloten met een directeur-grootaandeelhouder als bedoeld in artikel 1 van de Pensioenwet;
b. een pensioenregeling die van toepassing is op degenen, voor wie met toepassing van:
1. de Wet betreffende verplichte deelneming in een bedrijfspensioenfonds, zoals deze luidde voor de inwerkingtreding van artikel 2, eerste lid, van de Wet verplichte deelneming in een bedrijfstakpensioen 2000, de deelneming in dat bedrijfstakpensioenfonds verplicht was gesteld, voorzover de regeling niet onder onderdeel a viel, of
2. Wet verplichte deelneming in een bedrijfstakpensioenfonds 2000, de deelneming in dat bedrijfstakpensioenfonds verplicht is gesteld, voorzover de regeling niet onder onderdeel a valt.
c. de bij of krachtens de Kaderwet militaire pensioenen vastgestelde bepalingen;
d. de Algemene pensioenwet politieke ambtsdragers (*Stb.* 1979, 519);

---

1 Inwerkingtredingsdatum: 22-12-1993; zoals laatstelijk gewijzigd bij: Stb. 2018, 228.

B16 art. 2 — Wet verevening pensioenrechten bij scheiding

e. de Wet op het notarisambt;
g. [vervallen;]
h. een beroepspensioenregeling als bedoeld in artikel 1, onderdeel e, van de Wet verplichte beroepspensioenregeling;
i. een pensioenregeling op grond van een pensioenovereenkomst tussen een natuurlijk persoon en degene, die met hem een overeenkomst heeft tot het verrichten van huiselijke of andere persoonlijke diensten;
j. de pensioenregeling welke van toepassing is op werknemers in de sociale werkvoorziening.

5. Deze wet is voorts van toepassing op pensioen als bedoeld in:
a. de Samenloopregeling Indonesische pensioenen 1960 (*Stb.* 1963, 212);
b. de Wet aanpassing pensioenvoorzieningen Bijstandskorps (*Stb.* 1965, 550).

6. De wet is voorts mede van toepassing op pensioen dat is opgebouwd uit middelen welke ten laste komen van het Fonds Voorheffing Pensioenverzekering, bedoeld in artikel 3 van de Wet tot bevriezing van het kinderbijslagbedrag voor het eerste kind, alsmede oprichting van het Fonds Voorheffing Pensioenverzekering (*Stb.* 1972, 702) zoals deze wet luidde op de dag voor inwerkingtreding van de Wet privatisering FVP en op pensioen dat is opgebouwd uit middelen welke ten laste komen van de stichting die op grond van artikel 2, eerste lid, van de Wet privatisering FVP, zoals dit artikel luidde op de dag voor het tijdstip van inwerkingtreding van artikel IIA van de Verzamelwet pensioenen 2017, is aangewezen.

7. Het vierde, vijfde en zesde lid gelden ongeacht het recht dat van toepassing is op het huwelijksvermogensregime van de echtgenoten.

8. Indien op het huwelijksvermogensregime van de echtgenoten Nederlands recht van toepassing is, is de wet voorts van toepassing op pensioenen ingevolge een buitenlandse pensioenregeling die niet is een pensioenregeling als bedoeld in het vierde, vijfde of zesde lid met dien verstande dat een recht op uitbetaling als bedoeld in artikel 2 slechts bestaat jegens de andere echtgenoot.

Nadere regels

9. Bij algemene maatregel van bestuur kunnen uitkeringen ingevolge enigerlei regeling worden aangemerkt als pensioen in de zin van deze wet.

Art. 2

Pensioenrechten, verevening bij scheiding

1. In geval van scheiding en voor zover de ene echtgenoot na de huwelijkssluiting en voor de scheiding pensioenaanspraken heeft opgebouwd, heeft de andere echtgenoot overeenkomstig het bepaalde bij of krachtens deze wet recht op pensioenverevening, tenzij de echtgenoten de toepasselijkheid van deze wet hebben uitgesloten bij huwelijkse voorwaarden of bij een bij geschrift gesloten overeenkomst met het oog op de scheiding.

2. Ingevolge het in het eerste lid bedoelde recht op verevening ontstaat jegens het uitvoeringsorgaan een recht op uitbetaling van een deel van elk van de uit te betalen termijnen van het pensioen, mits binnen twee jaar na het tijdstip van scheiding van die scheiding en van het tijdstip van scheiding door een van beide echtgenoten mededeling is gedaan aan het uitvoeringsorgaan door middel van een formulier waarvan het model wordt vastgesteld door Onze Minister van Sociale Zaken en Werkgelegenheid en bekend gemaakt in de *Staatscourant*. Een recht op uitbetaling jegens het uitvoeringsorgaan sluit een recht op uitbetaling jegens de tot verevening verplichte echtgenoot uit. Ingeval partijen de toepasselijkheid van deze wet hebben uitgesloten moeten zij een gewaarmerkt afschrift of uittreksel van de in het eerste lid bedoelde overeenkomst aan het uitvoeringsorgaan overleggen. Indien de echtgenoten zulks nalaten kan deze overeenkomst niet aan het uitvoeringsorgaan worden tegengeworpen, zelfs indien de overeenkomst ingeschreven was in het openbaar huwelijksgoederenregister bedoeld in artikel 116, Boek 1 van het Burgerlijk Wetboek.

3. De uitbetaling geschiedt onder de voorwaarden vermeld in de toepasselijke regeling. Indien het tijdstip van scheiding voor pensioeningang ligt of daarmee samenvalt, gaat de uitbetaling in op het tijdstip van pensioeningang, met dien verstande dat deze uitbetaling niet eerder ingaat dan een maand na de datum waarop het uitvoeringsorgaan het in het tweede lid bedoelde formulier heeft ontvangen. Indien het tijdstip van scheiding na pensioeningang ligt, gaat de uitbetaling in een maand na de datum waarop het uitvoeringsorgaan het in het tweede lid bedoelde formulier heeft ontvangen.

4. Het recht op uitbetaling eindigt op het tijdstip waarop het recht op pensioen eindigt of met het einde van de maand waarin de tot verevening gerechtigde echtgenoot is overleden. Het recht op uitbetaling eindigt eveneens met het einde van de maand waarin de echtgenoten een schriftelijke mededeling aan het uitvoeringsorgaan hebben gedaan, dat zij met elkaar zijn hertrouwd dan wel, ingeval van scheiding van tafel en bed, in het huwelijksgoederenregister, aangewezen in artikel 116 van Boek 1 van het Burgerlijk Wetboek, hebben doen inschrijven dat de scheiding heeft opgehouden te bestaan.

5. Na ontvangst van het in het tweede lid bedoelde formulier verstrekt het uitvoeringsorgaan aan de tot verevening gerechtigde echtgenoot een bewijsstuk waaruit de tijdens het huwelijk opgebouwde aanspraak waarop de verevening zal worden gebaseerd blijkt alsmede de in het

Wet verevening pensioenrechten bij scheiding

derde lid bedoelde ingangsdatum van de uitbetaling. De andere echtgenoot ontvangt daarvan een afschrift.

6. De tot verevening gerechtigde echtgenoot heeft een recht op uitbetaling jegens de andere echtgenoot indien niet ingevolge het tweede lid een recht op uitbetaling jegens het uitvoeringsorgaan is ontstaan, alsmede indien de uitbetaling ingevolge het derde lid ingaat na pensioeningang. In dit laatste geval houdt het recht op uitbetaling jegens de andere echtgenoot op zodra de uitbetaling door het uitvoeringsorgaan ingaat. Op het recht op uitbetaling jegens de andere echtgenoot is het bepaalde bij of krachtens deze wet van overeenkomstige toepassing.

Art. 3

1. Het deel bedoeld in artikel 2, tweede lid, bedraagt de helft van het pensioen dat zou moeten worden uitbetaald indien:

a. de tot verevening verplichte echtgenoot uitsluitend gedurende de deelnemingsjaren tussen de huwelijkssluiting en het tijdstip van scheiding zou hebben deelgenomen;

b. hij op het tijdstip van scheiding de deelneming beëindigd zou hebben; en

c. hij tijdens de periode dat hij recht op pensioen heeft gehuwd of geregistreerd zou zijn.

2. Indien het pensioen voor of na ingang daarvan wordt verhoogd of verlaagd, wordt het bedrag dat voortvloeit uit het eerste lid verhoogd of verlaagd met een evenredig deel van de verhoging of verlaging van het pensioen.

3. Een pensioen wordt niet verevend, indien op het tijdstip van scheiding het deel van dat pensioen, waarop recht op uitbetaling ontstaat, het in artikel 66, eerste lid, van de Pensioenwet genoemde bedrag niet te boven gaat.

Art. 3a

1. In afwijking van artikel 1, eerste lid, onderdeel a, respectievelijk onderdeel b, wordt onder scheiding respectievelijk tijdstip van scheiding in geval van scheiding van tafel en bed in dit artikel verstaan:

scheiding: ontbinding van het huwelijk na scheiding van tafel en bed;

tijdstip van scheiding: de datum waarop het huwelijk is ontbonden na scheiding van tafel en bed.

2. Indien het huwelijk of geregistreerd partnerschap van een directeur-grootaandeelhouder als bedoeld in artikel 1 van de Pensioenwet eindigt door scheiding, verkrijgt zijn gewezen echtgenoot een aanspraak op partnerpensioen als de directeur-grootaandeelhouder ten behoeve van die gewezen echtgenoot zou hebben verkregen indien op het tijdstip van de scheiding de pensioenopbouw zou zijn beëindigd, anders dan door overlijden of het bereiken van de pensioengerechtigde leeftijd.

3. Indien het huwelijk of geregistreerd partnerschap van een gewezen directeur-grootaandeelhouder als bedoeld in artikel 1 van de Pensioenwet eindigt door scheiding, verkrijgt zijn gewezen echtgenoot een aanspraak op partnerpensioen als de directeur-grootaandeelhouder ten behoeve van die gewezen echtgenoot heeft verkregen bij beëindiging van de pensioenopbouw, anders dan door overlijden of het bereiken van de pensioengerechtigde leeftijd.

4. Het tweede en het derde lid vinden geen toepassing, indien de directeur-grootaandeelhouder en zijn echtgenoot bij huwelijkse voorwaarden of bij een bij geschrift gesloten overeenkomst met het oog op de scheiding anders overeenkomen.

5. Het uitvoeringsorgaan verstrekt aan de gewezen echtgenoot een bewijs van diens aanspraak.

6. De aanspraak op partnerpensioen ten behoeve van de echtgenoot van een directeur-grootaandeelhouder kan zonder toestemming van die echtgenoot niet bij overeenkomst tussen de directeur-grootaandeelhouder en het uitvoeringsorgaan of de werkgever worden verminderd.

Art. 4

1. Bij huwelijkse voorwaarden of bij een bij geschrift gesloten overeenkomst met het oog op de scheiding kunnen de echtgenoten in afwijking van artikel 3, aanhef en onderdeel *a* van het eerste lid, overeenkomen het deel bedoeld in artikel 2, tweede lid, te bepalen op een door hen te kiezen vast percentage dan wel de in artikel 3, eerste lid, onder a, nader bepaalde periode te wijzigen. Het bij geschrift met het oog op de scheiding door de echtgenoten overeen te komen deel kan niet worden bepaald op een percentage dat op het tijdstip van scheiding resulteert in een pensioenaanspraak gelijk aan of lager dan het in artikel 3, derde lid, bedoelde bedrag.

2. Mits de echtgenoten binnen twee jaar na het tijdstip van scheiding een gewaarmerkt afschrift of uittreksel van de in het eerste lid bedoelde overeenkomst aan het uitvoeringsorgaan hebben overgelegd, is het uitvoeringsorgaan gebonden aan hetgeen door de echtgenoten is overeengekomen doch slechts voor wat betreft de periode gelegen na ontvangst van het afschrift of uittreksel van de overeenkomst. Indien de echtgenoten zulks nalaten kan deze overeenkomst niet aan het uitvoeringsorgaan worden tegengeworpen, zelfs indien de overeenkomst ingeschreven was in het openbaar huwelijksgoederenregister bedoeld in artikel 116, Boek 1 van het Burgerlijk Wetboek.

3. Na ontvangst van het afschrift of uittreksel van de in het eerste lid bedoelde overeenkomst verstrekt het uitvoeringsorgaan aan de tot verevening gerechtigde echtgenoot een bewijsstuk als bedoeld in het vijfde lid van artikel 2. De andere echtgenoot ontvangt daarvan een afschrift.

Verevening pensioenrechten bij scheiding, uit te betalen deel

Verevening pensioenrechten bij scheiding, scheiding van tafel en bed

Verevening pensioenrechten bij scheiding, gewezen echtgenoot directeur-grootaandeelhouder

Verevening pensioenrechten bij scheiding, afwijking bij huwelijkse voorwaarden of schriftelijke overeenkomst

B16 art. 5

Wet verevening pensioenrechten bij scheiding

Art. 5

1. Bij huwelijkse voorwaarden of bij een bij geschrift gesloten overeenkomst met het oog op de scheiding kunnen de echtgenoten in geval van echtscheiding dan wel beëindiging van het geregistreerd partnerschap anders dan door de dood of vermissing overeenkomen, dat artikel 2, tweede tot en met zesde lid, buiten toepassing blijft en dat de echtgenoot die anders een recht op uitbetaling van pensioen zou hebben verkregen in de plaats van dat recht en zijn aanspraak op partnerpensioen jegens het uitvoeringsorgaan een eigen recht op pensioen verkrijgt. De overeenkomst is slechts geldig indien aan de overeenkomst een verklaring van het betrokken uitvoeringsorgaan is gehecht dat het instemt met bedoelde omzetting.

2. Mits de echtgenoten binnen twee jaar na het tijdstip van scheiding een gewaarmerkt afschrift of uittreksel van de in het eerste lid bedoelde overeenkomst aan het uitvoeringsorgaan hebben overgelegd, is het uitvoeringsorgaan gebonden aan hetgeen door de echtgenoten is overeengekomen doch slechts voor wat betreft de periode gelegen na ontvangst van het afschrift of uittreksel van de overeenkomst. Indien de echtgenoten zulks nalaten kan deze overeenkomst niet aan het uitvoeringsorgaan worden tegengeworpen, zelfs indien de overeenkomst ingeschreven was in het openbaar huwelijksgoederenregister bedoeld in artikel 116, Boek 1 van het Burgerlijk Wetboek.

3. Na ontvangst van het afschrift of uittreksel van de in het eerste lid bedoelde overeenkomst verstrekt het uitvoeringsorgaan aan de tot verevening gerechtigde echtgenoot een bewijsstuk van zijn eigen recht op pensioen. De andere echtgenoot ontvangt daarvan een afschrift; hij ontvangt voorts een opgave van zijn verminderd pensioen.

Verevening pensioenrechten bij scheiding, in rekening brengen kosten

Nadere regels

Art. 6

1. Het uitvoeringsorgaan is bevoegd om de kosten van een verevening voor de helft aan ieder der echtgenoten in rekening te brengen dan wel in mindering te brengen op de aan hen uit te betalen bedragen.

2. Met betrekking tot de in het eerste lid bedoelde kosten kunnen door onze Minister van Sociale Zaken en Werkgelegenheid in overeenstemming met onze Ministers wie dat aangaat nadere regels worden gesteld.

Werkingssfeer

Art. 7

1. Voor de toepassing van wettelijke en andere bepalingen met betrekking tot beslag, inhouding en korting wordt het deel van het pensioen dat niet aan de tot verevening verplichte echtgenoot wordt uitbetaald geacht niet tot diens pensioen te behoren.

2. Voor de toepassing van wettelijke en andere bepalingen met betrekking tot de mogelijkheid om te beschikken over pensioen of een aanspraak op pensioen wordt het deel van het pensioen of de aanspraak op een deel van het pensioen, welk deel niet aan de tot verevening verplichte echtgenoot wordt uitbetaald, geacht niet tot diens pensioen onderscheidenlijk aanspraak op pensioen te behoren.

3. Afkoop in de zin van de toepasselijke regeling is slechts toegestaan indien met de pensioenbelangen van de tot verevening gerechtigde echtgenoot op redelijke wijze rekening is gehouden.

4. Met betrekking tot de berekening en het recht op uitbetaling van het pensioen van de tot verevening gerechtigde echtgenoot in geval van waardeoverdracht als bedoeld in artikel 1 van de Pensioenwet, alsmede hetgeen daarmee overeenkomt in de overheidspensioenwetten kunnen door onze Minister van Sociale Zaken en Werkgelegenheid in overeenstemming met onze Ministers wie dat aangaat nadere regels worden gesteld.

5. Voor de toepassing van wettelijke bepalingen met betrekking tot een volmacht tot invordering van pensioen wordt het deel van het pensioen dat niet aan de tot verevening verplichte echtgenoot wordt uitbetaald geacht niet tot diens pensioen te behoren.

Verevening pensioenrechten bij scheiding, verlaging/verhoging uit te betalen deel

Art. 8

1. Indien een pensioen wordt verlaagd of verhoogd, uitsluitend wegens ingang op een vroeger of later tijdstip dan het op grond van de desbetreffende regeling normale tijdstip, wordt het deel, bedoeld in artikel 2, tweede lid, op overeenkomstige wijze verlaagd of verhoogd.

2. Indien een pensioen wordt verminderd wegens samenloop met één of meer andere te verevenen pensioenen wordt het deel, bedoeld in artikel 2, tweede lid, op overeenkomstige wijze verminderd.

Verevening pensioenrechten bij scheiding, informatieplicht

Art. 9

De echtgenoten, het uitvoeringsorgaan en de werkgever zijn gehouden desgevraagd elkaar over en weer die gegevens te verstrekken die noodzakelijk zijn voor de vaststelling van de rechten en verplichtingen die uit deze wet voortvloeien.

Nadere regels

Art. 10

Bij ministeriële regeling worden door onze Minister van Sociale Zaken en Werkgelegenheid in overeenstemming met onze Ministers wie dat aangaat nadere regels gesteld voor de berekening van pensioen dat betrekking heeft op de deelnemingsjaren gelegen voor de datum van inwerkingtreding van deze wet.

Wet verevening pensioenrechten bij scheiding

B16 *art. 12*

Art. 11

Indien de echtgenoten bij huwelijkse voorwaarden gemaakt voor de inwerkingtreding van deze wet algehele gemeenschap van goederen tussen hen hebben uitgesloten of beperkt, vindt verevening van pensioenrechten als bedoeld in deze wet plaats, tenzij de echtgenoten bij huwelijkse voorwaarden of bij een bij geschrift gesloten overeenkomst met het oog op de scheiding uitdrukkelijk anders hebben bepaald.

Overgangsbepalingen

Art. 12

1. Deze wet is niet van toepassing op een scheiding die heeft plaatsgevonden voor de datum van inwerkingtreding van deze wet.

2. Niettemin is deze wet van overeenkomstige toepassing op een scheiding die heeft plaatsgevonden vóór 27 november 1981, mits het huwelijk ten minste 18 jaren heeft geduurd en er tijdens het huwelijk minderjarige kinderen waren van de echtgenoten te zamen of van één van hen, en met dien verstande dat het deel bedoeld in artikel 2, tweede lid, slechts één vierde bedraagt van het pensioen dat ingevolge artikel 3, eerste en tweede lid, zou moeten worden uitbetaald, en dat er geen recht op pensioenverevening is voor zover reeds aantoonbaar rekening is gehouden met de omstandigheid dat de tot verevening gerechtigde echtgenoot geen of onvoldoende pensioen had opgebouwd. Ook in geval van een geschil hieromtrent tussen de echtgenoten is het uitvoeringsorgaan gehouden tot uitbetaling ingevolge artikel 2, derde lid, zolang de rechter niet op verzoek van een der echtgenoten anders beslist.

3. Een recht op verevening ingevolge het tweede lid ontstaat slechts indien de mededeling, bedoeld in artikel 2, tweede lid, plaatsvindt binnen twee jaar na de inwerkingtreding van deze wet. Artikel 2, zesde lid, is niet van toepassing.

B17 Wet op de ondernemingsraden

Inhoudsopgave

Hoofdstuk I	Algemene bepalingen	Art. 1
Hoofdstuk II	De instelling van ondernemingsraden	Art. 2
Hoofdstuk III	Samenstelling en werkwijze van de ondernemingsraden	Art. 6
Hoofdstuk IV	Het overleg met de ondernemingsraad	Art. 23
Hoofdstuk IVA	Bijzondere bevoegdheden van de ondernemingsraad	Art. 25
Hoofdstuk IVB	Het verstrekken van gegevens aan de ondernemingsraad	Art. 31
Hoofdstuk IVC	Verdere bevoegdheden van de ondernemingsraad	Art. 32
Hoofdstuk V	De centrale ondernemingsraden en de groepsondernemingsraden	Art. 33
Hoofdstuk VA	De medezeggenschap in kleine ondernemingen	Art. 35a
Hoofdstuk VI	De algemene geschillenregeling	Art. 36
Hoofdstuk VII	De bedrijfscommissies	Art. 37
Hoofdstuk VIIA	Bijzondere taak Sociaal-Economische Raad	Art. 46a
Hoofdstuk VII B	Bijzondere bepalingen voor ondernemingsraden bij de overheid	Art. 46d
Hoofdstuk VIII	Overgangs- en slotbepalingen	Art. 47

Wet op de ondernemingsraden^1

Wet van 28 januari 1971, houdende nieuwe regelen omtrent de medezeggenschap van de werknemers in de onderneming door middel van ondernemingsraden

Wij JULIANA, bij de gratie Gods, Koningin der Nederlanden, Prinses van Oranje-Nassau, enz., enz., enz.

Allen, die deze zullen zien of horen lezen, saluut! doen te weten:

Alzo Wij in overweging genomen hebben, dat het wenselijk is nieuwe regelen te stellen omtrent de medezeggenschap van de werknemers in de onderneming door middel van ondernemingsraden;

Zo is het, dat Wij, de Raad van State gehoord, en met gemeen overleg der Staten-Generaal, hebben goedgevonden en verstaan, gelijk Wij goedvinden en verstaan bij deze:

Hoofdstuk I Algemene bepalingen

Art. 1

1. Voor de toepassing van het bij of krachtens deze wet bepaalde wordt verstaan onder: *Begripsbepalingen*

a. Onze Minister: Onze Minister van Sociale Zaken en Werkgelegenheid;

b. Raad: De Sociaal-Economische Raad, bedoeld in de Wet op de Sociaal-Economische Raad;

c. onderneming: elk in de maatschappij als zelfstandige eenheid optredend organisatorisch verband waarin krachtens arbeidsovereenkomst of krachtens publiekrechtelijke aanstelling arbeid wordt verricht;

d. ondernemer: de natuurlijke persoon of de rechtspersoon die een onderneming in stand houdt;

e. bestuurder: hij die alleen dan wel te zamen met anderen in een onderneming rechtstreeks de hoogste zeggenschap uitoefent bij de leiding van de arbeid;

f. bedrijfscommissie: de bevoegde bedrijfscommissie, bedoeld in de artikelen 37 en 46.

2. Voor de toepassing van het bij of krachtens deze wet bepaalde wordt onder in de onderneming werkzame personen verstaan: degenen die in de onderneming werkzaam zijn krachtens een publiekrechtelijke aanstelling bij dan wel krachtens een arbeidsovereenkomst met de ondernemer die de onderneming in stand houdt. Personen die in meer dan één onderneming van dezelfde ondernemer werkzaam zijn, worden geacht uitsluitend werkzaam te zijn in die onderneming van waaruit hun werkzaamheden worden geleid.

3. Voor de toepassing van het bij of krachtens deze wet bepaalde wordt onder in de onderneming werkzame personen mede verstaan:

a. degenen die in het kader van werkzaamheden van de onderneming daarin ten minste 24 maanden werkzaam zijn krachtens een uitzendovereenkomst als bedoeld in artikel 690 van Titel 7.10 van het Burgerlijk Wetboek, en

b. degenen die krachtens een publiekrechtelijke aanstelling bij dan wel krachtens arbeidsovereenkomst met de ondernemer werkzaam zijn in een door een andere ondernemer in stand gehouden onderneming.

4. Voor de toepassing van het bij of krachtens deze wet bepaalde worden de bestuurder of de bestuurders van een onderneming geacht niet te behoren tot de in de onderneming werkzame personen.

Hoofdstuk II De instelling van ondernemingsraden

Art. 2

1. De ondernemer die een onderneming in stand houdt waarin in de regel ten minste 50 personen werkzaam zijn, is in het belang van het goed functioneren van de onderneming in al haar doelstellingen verplicht om ten behoeve van het overleg met en de vertegenwoordiging van de in de onderneming werkzame personen een ondernemingsraad in te stellen en jegens deze raad de voorschriften, gesteld bij of krachtens deze wet, na te leven.

Ondernemingsraad, instelling

2. Indien in een onderneming na de instelling van een ondernemingsraad niet langer in de regel ten minste 50 personen werkzaam zijn, houdt de ondernemingsraad van rechtswege op

---

1 Inwerkingtredingsdatum: 01-04-1971; zoals laatstelijk gewijzigd bij: Stb. 2019, 173.

te bestaan bij het eindigen van de lopende zittingsperiode van de raad, tenzij de ondernemer toepassing geeft aan artikel 5a, tweede lid.

Art. 3

Ondernemingsraad, meerdere ondernemingen

1. De ondernemer die twee of meer ondernemingen in stand houdt waarin tezamen in de regel ten minste 50 personen werkzaam zijn stelt voor alle of voor een aantal van die ondernemingen tezamen een gemeenschappelijke ondernemingsraad in indien dit bevorderlijk is voor een goede toepassing van deze wet in de betrokken ondernemingen.

2. Het eerste lid is van overeenkomstige toepassing ten aanzien van in een groep verbonden ondernemers, die twee of meer ondernemingen in stand houden, waarin tezamen in de regel ten minste 50 personen werkzaam zijn. De betrokken ondernemers wijzen een tot hun groep behorende ondernemer aan, die voor de toepassing van deze wet namens hen als ondernemer optreedt ten opzichte van de gemeenschappelijke ondernemingsraad.

3. De ondernemingen waarvoor een gemeenschappelijke ondernemingsraad is ingesteld, worden beschouwd als één onderneming in de zin van deze wet.

Art. 4

Ondernemingsraad, onderdelen van onderneming

1. De ondernemer die een onderneming in stand houdt waarin in de regel ten minste 50 personen werkzaam zijn stelt voor een onderdeel van die onderneming een afzonderlijke ondernemingsraad in indien dit bevorderlijk is voor een goede toepassing van deze wet in de onderneming.

2. Het onderdeel waarvoor een afzonderlijke ondernemingsraad is ingesteld, wordt beschouwd als een onderneming in de zin van deze wet.

Art. 5

Ondernemingsraad, ontheffing instelling

1. De Raad kan, indien bijzondere omstandigheden een goede toepassing van deze wet in de betrokken onderneming in de weg staan, aan een ondernemer op diens verzoek ten aanzien van een door hem in stand gehouden onderneming schriftelijk voor ten hoogste vijf jaren ontheffing verlenen van de verplichting tot het instellen van een ondernemingsraad. De Raad kan een dergelijke ontheffing uitsluitend verlenen indien voor wat betreft de informatie aan en de raadpleging van werknemers over de in het zesde lid genoemde onderwerpen door de ondernemer voorzieningen zijn getroffen om te waarborgen dat wordt voldaan aan het zevende en achtste lid.

2. De Raad stelt de verenigingen van werknemers, bedoeld in artikel 9, tweede lid, onder a, in de gelegenheid over het verzoek om ontheffing te worden gehoord.

3. Aan een ontheffing kunnen voorschriften worden verbonden.

4. Zolang op een verzoek om ontheffing niet onherroepelijk is beslist, geldt de in artikel 2, eerste lid, bedoelde verplichting niet.

5. In dit artikel wordt verstaan onder:

a. informatie: het verstrekken van gegevens door de ondernemer aan de werknemers opdat zij kennis kunnen nemen van het onderwerp en het kunnen bestuderen;

b. raadpleging: de gedachtewisseling en de totstandbrenging van een dialoog tussen de werknemers en de ondernemer.

6. Informatie en raadpleging behelzen:

a. informatie over de recente en de waarschijnlijke ontwikkeling van de activiteiten en de economische situatie van de onderneming;

b. informatie en raadpleging over de situatie, de structuur en de waarschijnlijke ontwikkeling van de werkgelegenheid binnen de onderneming, alsmede over eventuele geplande anticiperende maatregelen met name in geval van bedreiging van de werkgelegenheid;

c. informatie en raadpleging over beslissingen die ingrijpende veranderingen voor de arbeidsorganisatie of de arbeidsovereenkomsten kunnen meebrengen.

7. Het tijdstip en de wijze van informatieverstrekking alsmede de inhoud van de informatie moeten zodanig zijn dat de werknemers de informatie adequaat kunnen bestuderen en zo nodig de raadpleging kunnen voorbereiden.

8. Raadpleging geschiedt:

a. op een tijdstip, met middelen en met een inhoud die passend zijn;

b. op het relevante niveau van directie en vertegenwoordiging, afhankelijk van het te bespreken onderwerp;

c. op basis van de door de ondernemer te verstrekken informatie en van het advies dat de werknemers kunnen uitbrengen;

d. op zodanige wijze dat de werknemers met de ondernemer kunnen samenkomen en een met redenen omkleed antwoord op hun advies kunnen krijgen;

e. met het doel een akkoord te bereiken over de in het zesde lid, onder c, bedoelde beslissingen, die onder de bevoegdheden van de ondernemer vallen.

Art. 5a

Ondernemingsraad, verplichting instelling op grond van cao

1. Het bij of krachtens deze wet bepaalde is mede van toepassing wanneer een ondernemer op grond van een collectieve arbeidsovereenkomst of een regeling van arbeidsvoorwaarden vastgesteld door een publiekrechtelijk orgaan verplicht is voor een door hem in stand gehouden onderneming een ondernemingsraad in te stellen. Wanneer de collectieve arbeidsovereenkomst of een regeling van arbeidsvoorwaarden vastgesteld door een publiekrechtelijk orgaan de ondernemer niet langer verplicht tot het instellen van de ondernemingsraad, houdt deze van rechtswege op te bestaan bij het eindigen van de lopende zittingsperiode van de raad, tenzij de ondernemer toepassing geeft aan het tweede lid.

2. De ondernemer kan voor een door hem in stand gehouden onderneming, ten aanzien waarvan niet of niet langer een verplichting bestaat tot het instellen van een ondernemingsraad, besluiten vrijwillig een ondernemingsraad in te stellen of in stand te houden. Het bij of krachtens deze wet bepaalde is van toepassing, zodra de ondernemer dat besluit schriftelijk heeft meegedeeld aan de bedrijfscommissie. De ondernemer kan deze ondernemingsraad op grond van een belangrijke wijziging van de omstandigheden opheffen bij het eindigen van de lopende zittingsperiode van de raad. De ondernemer deelt zijn besluit tot opheffing van de ondernemingsraad schriftelijk mee aan de bedrijfscommissie.

Ondernemingsraad, vrijwillige instelling

Hoofdstuk III Samenstelling en werkwijze van de ondernemingsraden

Art. 6

1. Een ondernemingsraad bestaat uit leden die door de in de onderneming werkzame personen rechtstreeks uit hun midden worden gekozen. Hun aantal bedraagt in een onderneming met minder dan 50 personen 3 leden; met 50 tot 100 personen 5 leden; met 100 tot 200 personen 7 leden; met 200 tot 400 personen 9 leden; met 400 tot 600 personen 11 leden; met 600 tot 1000 personen 13 leden; met 1000 tot 2000 personen 15 leden; en zo vervolgens bij elk volgend duizendtal personen 2 leden meer, tot ten hoogste 25 leden. De ondernemingsraad kan met toestemming van de ondernemer in zijn reglement zowel een afwijkend aantal leden vaststellen, als bepalen dat voor een of meer leden van de ondernemingsraad een plaatsvervanger wordt gekozen. Een plaatsvervangend ondernemingsraadslid heeft dezelfde rechten en verplichtingen als het lid dat hij vervangt.

Ondernemingsraad, samenstelling

2. Kiesgerechtigd zijn de personen die gedurende ten minste 6 maanden in de onderneming werkzaam zijn geweest.

3. Verkiesbaar tot lid van de ondernemingsraad zijn de personen die gedurende ten minste een jaar in de onderneming werkzaam zijn geweest.

4. De ondernemer en de ondernemingsraad kunnen, indien dit bevorderlijk is voor een goede toepassing van deze wet in de onderneming, gezamenlijk een of meer groepen van personen die anders dan op grond van een arbeidsovereenkomst met de ondernemer, dan wel krachtens publiekrechtelijke aanstelling regelmatig in de onderneming arbeid verrichten, aanmerken als in de onderneming werkzame personen, dan wel een of meer groepen van die personen niet langer aanmerken als in de onderneming werkzame personen. Komen de ondernemer en de ondernemingsraad niet tot overeenstemming, dan kan ieder van hen een beslissing van de kantonrechter vragen.

5. De ondernemingsraad kan in zijn reglement afwijken van hetgeen in het tweede en derde lid van dit artikel ten aanzien van de diensttijd is bepaald indien dit bevorderlijk is voor een goede toepassing van deze wet in de onderneming.

6. Tijdens een zittingsperiode van de ondernemingsraad kan geen wijziging worden gebracht in het aantal leden van de raad op grond van vermeerdering of vermindering van het aantal in de onderneming werkzame personen.

Art. 7

De ondernemingsraad kiest uit zijn midden een voorzitter en een of meer plaatsvervangende voorzitters. De voorzitter, of bij diens verhindering een plaatsvervangende voorzitter, vertegenwoordigt de ondernemingsraad in rechte.

Ondernemingsraad, voorzitter

Art. 8

1. De ondernemingsraad maakt een reglement waarin de onderwerpen worden geregeld die bij of krachtens deze wet ter regeling aan de ondernemingsraad zijn opgedragen of overgelaten. Het reglement bevat geen bepalingen die in strijd zijn met de wet of die een goede toepassing van deze wet in de weg staan. Alvorens het reglement vast te stellen, stelt de ondernemingsraad de ondernemer in de gelegenheid zijn standpunt kenbaar te maken. De ondernemingsraad verstrekt onverwijld een exemplaar van het vastgestelde reglement aan de ondernemer.

Ondernemingsraad, reglement

2. De Raad kan ten aanzien van de inhoud van het reglement bij verordening nadere regelen stellen voor alle of een groep van ondernemingen. In het laatste geval wordt de betrokken bedrijfscommissie gehoord. Een verordening van de Raad behoeft de goedkeuring van Onze Minister. Een goedgekeurde verordening wordt in de *Staatscourant* bekend gemaakt.

B17 art. 9 **Wet op de ondernemingsraden**

3. Indien de Raad een verordening als bedoeld in het tweede lid vaststelt, brengen de betrokken ondernemingsraden binnen een jaar na de bekendmaking van de goedgekeurde verordening in de *Staatscourant*, de bepalingen in hun reglement die in strijd zijn met deze verordening daarmee in overeenstemming.

Art. 9

Ondernemingsraad, verkiezing leden

1. De verkiezing van leden van de ondernemingsraad geschiedt bij geheime schriftelijke stemming en aan de hand van een of meer kandidatenlijsten.

2. Een kandidatenlijst kan worden ingediend door:

a. een vereniging van werknemers, die in de onderneming werkzame kiesgerechtigde personen onder haar leden telt, krachtens haar statuten ten doel heeft de belangen van haar leden als werknemers te behartigen en als zodanig in de betrokken onderneming of bedrijfstak werkzaam is en voorts ten minste twee jaar in het bezit is van volledige rechtsbevoegdheid, mits zij met haar leden in de onderneming over de samenstelling van de kandidatenlijst overleg heeft gepleegd. Ten aanzien van een vereniging die krachtens haar statuten geacht kan worden een voortzetting te zijn van een of meer andere verenigingen met volledige rechtsbevoegdheid van werknemers, wordt de duur van de volledige rechtsbevoegdheid van die vereniging of verenigingen voor de vaststelling van de tijdsduur van twee jaar mede in aanmerking genomen;

b. iedere in de onderneming werkzame kiesgerechtigde persoon of groep van personen, niet zijnde lid van een vereniging als bedoeld onder a welke een kandidatenlijst heeft ingediend.

3. De ondernemingsraad kan in zijn reglement bepalen, dat voor bepaalde groepen van in de onderneming werkzame personen, dan wel voor bepaalde onderdelen van de onderneming afzonderlijke kandidatenlijsten worden ingediend, ten einde als grondslag te dienen voor de verkiezing door de betrokken personen of onderdelen van een tevens in het reglement te bepalen aantal leden van de ondernemingsraad. Indien de ondernemingsraad van deze bevoegdheid gebruik heeft gemaakt, gelden de in het tweede lid ten aanzien van het indienen van kandidatenlijsten gestelde eisen voor iedere aangewezen groep of ieder aangewezen onderdeel afzonderlijk.

4. De ondernemingsraad treft, indien dit bevorderlijk is voor een goede toepassing van deze wet in de onderneming, voorzieningen in zijn reglement opdat de verschillende groepen van de in de onderneming werkzame personen zoveel mogelijk in de ondernemingsraad vertegenwoordigd kunnen zijn.

Art. 10

Nadere regels

De ondernemingsraad stelt in zijn reglement nadere regelen betreffende de kandidaatstelling, de inrichting van de verkiezingen en de vaststelling van de uitslag daarvan, alsmede betreffende de vervulling van tussentijdse vacatures in de onderneming.

Art. 11

Ondernemingsraad, bekendmaking uitslag verkiezing

1. De ondernemingsraad draagt er zorg voor, dat de uitslag van de verkiezingen bekend wordt gemaakt aan de ondernemer, aan de in de onderneming werkzame personen, alsmede aan degenen die kandidatenlijsten hebben ingediend.

Ondernemingsraad, bekendmaking namen leden

2. Hij draagt er zorg voor, dat de namen en de functies in de onderneming van de leden van de ondernemingsraad blijvend worden vermeld op een plaats die vrij toegankelijk is voor alle in de onderneming werkzame personen, op zodanige wijze dat daarvan gemakkelijk kennis kan worden genomen.

Art. 12

Ondernemingsraad, zittingsperiode leden

1. De leden van de ondernemingsraad treden om de drie jaren tegelijk af. Zij zijn terstond herkiesbaar.

2. De ondernemingsraad kan, in afwijking van het eerste lid, in zijn reglement bepalen, dat de leden om de twee jaren of om de vier jaren tegelijk aftreden, dan wel om de twee jaren voor de helft aftreden. De ondernemingsraad kan voorts beperkingen vaststellen ten aanzien van de herkiesbaarheid.

3. Wanneer een lid van de ondernemingsraad ophoudt in de onderneming werkzaam te zijn, eindigt van rechtswege zijn lidmaatschap van de ondernemingsraad.

4. De leden van de ondernemingsraad kunnen te allen tijde als zodanig ontslag nemen. Zij geven daarvan schriftelijk kennis aan de voorzitter en aan de ondernemer.

5. Hij die optreedt ter vervulling van een tussentijds opengevallen plaats, treedt af op het tijdstip waarop degene in wiens plaats hij komt had moeten aftreden.

Art. 13

Ondernemingsraad, vrijstelling werkzaamheden leden

1. Op verzoek van de ondernemer of van de ondernemingsraad kan de kantonrechter voor een door hem te bepalen termijn een lid van de ondernemingsraad uitsluiten van alle of bepaalde werkzaamheden van de ondernemingsraad. Het verzoek kan uitsluitend worden gedaan, door de ondernemer op grond van het feit dat het betrokken ondernemingsraadlid het overleg van de ondernemingsraad met de ondernemer ernstig belemmert, en door de ondernemingsraad op grond van het feit dat de betrokkene de werkzaamheden van de ondernemingsraad ernstig belemmert.

2. Alvorens een verzoek in te dienen stelt de verzoeker de betrokkene in de gelegenheid over het verzoek te worden gehoord. De ondernemer en de ondernemingsraad stellen elkaar in kennis van een overeenkomstig het eerste lid ingediend verzoek.

Art. 14

1. De ondernemingsraad regelt in zijn reglement zijn werkwijze.

Ondernemingsraad, inhoud reglement

2. Het reglement bevat in ieder geval voorschriften omtrent:
a. de gevallen waarin de ondernemingsraad ten behoeve van de uitoefening van zijn taak bijeenkomt;
b. de wijze van bijeenroeping van de ondernemingsraad;
c. het aantal leden dat aanwezig moet zijn om een vergadering te kunnen houden;
d. de uitoefening van het stemrecht in de vergaderingen;
e. de voorziening in het secretariaat;
f. het opmaken en het bekendmaken aan de ondernemer, de leden van de ondernemingsraad en aan de andere in de onderneming werkzame personen van de agenda van de vergaderingen van de ondernemingsraad;
g. het tijdstip waarop de ondernemer, de leden van de ondernemingsraad en de andere in de onderneming werkzame personen uiterlijk in kennis dienen te worden gesteld van de agenda, welk tijdstip niet later kan worden gesteld dan 7 dagen vóór de vergadering, behoudens in spoedeisende gevallen;
h. het opmaken en het bekendmaken aan de ondernemer, de leden van de ondernemingsraad en aan de andere in de onderneming werkzame personen van de verslagen van de vergaderingen van de ondernemingsraad en van het jaarverslag van de ondernemingsraad.

Art. 15

1. De ondernemingsraad kan de commissies instellen die hij voor de vervulling van zijn taak redelijkerwijze nodig heeft. De ondernemingsraad legt zijn voornemen om een commissie in te stellen schriftelijk voor aan de ondernemer, met vermelding van de taak, samenstelling, bevoegdheden en werkwijze van de door hem in te stellen commissie. Bij bezwaar van de ondernemer kan de ondernemingsraad een beslissing van de kantonrechter vragen.

Ondernemingsraad, commissies

2. De ondernemingsraad kan met inachtneming van het eerste lid vaste commissies instellen voor de behandeling van door hem aangewezen onderwerpen. De ondernemingsraad kan in het instellingsbesluit van een vaste commissie zijn rechten en bevoegdheden ten aanzien van deze onderwerpen, met uitzondering van de bevoegdheid tot het voeren van rechtsgedingen, geheel of gedeeltelijk aan de betrokken commissie overdragen. In een vaste commissie kunnen naast een meerderheid van leden van de ondernemingsraad ook andere in de onderneming werkzame personen zitting hebben.

3. De ondernemingsraad kan met inachtneming van het eerste lid voor onderdelen van de onderneming onderdeelcommissies instellen voor de behandeling van de aangelegenheden van die onderdelen. De ondernemingsraad kan in het instellingsbesluit van een onderdeelcommissie aan deze commissie de bevoegdheid toekennen tot het plegen van overleg met degene die de leiding heeft van het betrokken onderdeel. In dat geval gaan de rechten en bevoegdheden van de ondernemingsraad ten aanzien van de aangelegenheden van het onderdeel, met uitzondering van de bevoegdheid tot het voeren van rechtsgedingen, over naar de onderdeelcommissie, tenzij de ondernemingsraad besluit een bepaalde aangelegenheid zelf te behandelen. In een onderdeelcommissie kunnen naast een of meer leden van de ondernemingsraad uitsluitend in het betrokken onderdeel werkzame personen zitting hebben.

4. De ondernemingsraad kan met inachtneming van het eerste lid voorbereidingscommissies instellen ter voorbereiding van door de ondernemingsraad te behandelen onderwerpen. Een voorbereidingscommissie kan geen rechten of bevoegdheden van de ondernemingsraad uitoefenen. Een voorbereidingscommissie kan slechts voor een bepaalde, door de ondernemingsraad in het instellingsbesluit te vermelden, tijd worden ingesteld. In een voorbereidingscommissie kunnen naast een of meer leden van de ondernemingsraad ook andere in de onderneming werkzame personen zitting hebben.

5. Ten aanzien van de leden van door de ondernemingsraad ingestelde commissies, die geen lid zijn van de ondernemingsraad, is artikel 13 van overeenkomstige toepassing.

Art. 16

1. De ondernemingsraad kan een of meer deskundigen uitnodigen tot het bijwonen van een vergadering van de raad, met het oog op de behandeling van een bepaald onderwerp. Hij kan een zodanige uitnodiging ook doen aan een of meer bestuurders van de onderneming, dan wel aan een of meer personen als bedoeld in artikel 24, tweede lid.

Ondernemingsraad, deskundigen

2. De leden van de ondernemingsraad kunnen in de vergadering aan de in het eerste lid bedoelde personen inlichtingen en adviezen vragen.

3. Een deskundige kan eveneens worden uitgenodigd een schriftelijk advies uit te brengen.

4. De voorgaande leden zijn van overeenkomstige toepassing ten aanzien van de commissies van de ondernemingsraad.

Art. 17

Ondernemingsraad, voorzieningen

1. De ondernemer is verplicht de ondernemingsraad, de commissies van die raad, en, indien de ondernemer aan de ondernemingsraad een secretaris heeft toegevoegd, de secretaris van die raad het gebruik toe te staan van de voorzieningen waarover hij als zodanig kan beschikken en die de ondernemingsraad, de commissies en de secretaris van die raad voor de vervulling van hun taak redelijkerwijze nodig hebben. De ondernemer stelt de ondernemingsraad en de commissies van die raad in staat de in de onderneming werkzame personen te raadplegen en stelt deze personen in de gelegenheid hieraan hun medewerking te verlenen, een en ander voor zover dat redelijkerwijs noodzakelijk is voor de vervulling van de taak van de raad en de commissies.

Ondernemingsraad, vergaderingen

2. De ondernemingsraad en de commissies van die raad vergaderen zoveel mogelijk tijdens de normale arbeidstijd.

3. De leden van de ondernemingsraad en de leden van de commissies van die raad behouden voor de tijd gedurende welke zij ten gevolge van het bijwonen van een vergadering van de ondernemingsraad of van een commissie van die raad niet de bedongen arbeid hebben verricht, hun aanspraak op loon dan wel bezoldiging.

Art. 18

Ondernemingsraad, beraad/overleg

1. De ondernemer is verplicht de leden van de ondernemingsraad en de leden van de commissies van die raad, gedurende een door de ondernemer en de ondernemingsraad gezamenlijk vast te stellen aantal uren per jaar, in werktijd en met behoud van loon dan wel bezoldiging de gelegenheid te bieden voor onderling beraad en overleg met andere personen over aangelegenheden waarbij zij in de uitoefening van hun taak zijn betrokken, alsmede voor kennisneming van de arbeidsomstandigheden in de onderneming.

Ondernemingsraad, scholing/vorming

2. De ondernemer is verplicht de leden van de ondernemingsraad en de leden van een vaste commissie of onderdeelcommissie, bedoeld in artikel 15, tweede lid, onderscheidenlijk derde lid, gedurende een door de ondernemer en de ondernemingsraad gezamenlijk vast te stellen aantal dagen per jaar, in werktijd en met behoud van loon dan wel bezoldiging de gelegenheid te bieden de scholing en vorming van voldoende kwaliteit te ontvangen welke zij in verband met de vervulling van hun taak nodig oordelen.

Ondernemingsraad, vaststelling aantal uren en dagen

3. De ondernemer en de ondernemingsraad stellen het aantal uren, bedoeld in het eerste lid, en het aantal dagen, bedoeld in het tweede lid, vast op een zodanig aantal als de betrokken leden van de ondernemingsraad en van de commissies van die raad voor de vervulling van hun taak redelijkerwijze nodig hebben. Daarbij wordt in acht genomen dat het aantal uren niet lager vastgesteld kan worden dan zestig per jaar en het aantal dagen:

a. voor leden van een in het tweede lid bedoelde commissie die niet tevens lid zijn van de ondernemingsraad, niet lager vastgesteld kan worden dan drie per jaar;

b. voor leden van de ondernemingsraad die niet tevens lid zijn van een in het tweede lid bedoelde commissie, niet lager vastgesteld kan worden dan vijf per jaar; en

c. voor leden van de ondernemingsraad die tevens lid zijn van een commissie, niet lager vastgesteld kan worden dan acht per jaar.

4. De ondernemingsraad, alsmede ieder lid van de ondernemingsraad of van een commissie van die raad kan de kantonrechter verzoeken te bepalen dat de ondernemer gevolg dient te geven aan hetgeen is bepaald in het eerste, het tweede en het derde lid.

Art. 19

[Vervallen]

Art. 20

Ondernemingsraad, geheimhoudingsplicht

1. De leden van de ondernemingsraad en de leden van de commissies van die raad, alsmede de overeenkomstig artikel 16 geraadpleegde deskundigen zijn verplicht tot geheimhouding van alle zaken- en bedrijfsgeheimen die zij in hun hoedanigheid vernemen, alsmede van alle aangelegenheden ten aanzien waarvan de ondernemer, dan wel de ondernemingsraad of de betrokken commissie hun geheimhouding heeft opgelegd of waarvan zij, in verband met opgelegde geheimhouding, het vertrouwelijk karakter moeten begrijpen. Het voornemen om geheimhouding op te leggen wordt zoveel mogelijk vóór de behandeling van de betrokken aangelegenheid medegedeeld. Degene die de geheimhouding oplegt, deelt daarbij tevens mee, welke schriftelijk of mondeling verstrekte gegevens onder de geheimhouding vallen en hoelang deze dient te duren, alsmede of er personen zijn ten aanzien van wie de geheimhouding niet in acht behoeft te worden genomen.

2. Het eerste lid is van overeenkomstige toepassing ten aanzien van degenen die met het secretariaat van de ondernemingsraad of van een commissie van die raad zijn belast.

3. De in het eerste lid bedoelde verplichting geldt niet tegenover hen die ingevolge een rechterlijke opdracht zijn belast met een onderzoek naar de gang van zaken in de onderneming.

4. De in het eerste lid bedoelde verplichting geldt voorts niet tegenover hem die door een lid van de ondernemingsraad of door een lid van een commissie van die raad wordt benaderd voor overleg, mits de ondernemer, onderscheidenlijk degene die de geheimhouding heeft opgelegd, vooraf toestemming heeft gegeven voor het overleg met de betrokken persoon en deze laatste schriftelijk heeft verklaard, dat hij zich ten aanzien van de betrokken aangelegenheid tot geheimhouding verplicht. In dat geval is ten aanzien van de bedoelde persoon het eerste lid van overeenkomstige toepassing.

5. Een weigering de in het vorige lid bedoelde toestemming te verlenen, wordt door de ondernemer, onderscheidenlijk door degene die geheimhouding heeft opgelegd, met redenen omkleed.

6. De plicht tot geheimhouding vervalt niet door beëindiging van het lidmaatschap van de ondernemingsraad of van de betrokken commissie, noch door beëindiging van de werkzaamheden van de betrokkene in de onderneming.

7. De ondernemingsraad, alsmede ieder lid van de ondernemingsraad of van een commissie van de raad, alsmede een overeenkomstig artikel 16 geraadpleegde deskundige en ieder die met het secretariaat van de ondernemingsraad of van een commissie van de raad is belast kan de kantonrechter verzoeken de opgelegde geheimhouding op te heffen op de grond dat de ondernemer bij afweging van de betrokken belangen niet in redelijkheid tot het opleggen van geheimhouding had kunnen besluiten.

Art. 21

De ondernemer draagt er zorg voor, dat de in de onderneming werkzame personen die staan of gestaan hebben op een kandidatenlijst als bedoeld in artikel 9, alsmede de leden en de gewezen leden van de ondernemingsraad en van de commissies van de raad niet uit hoofde van hun kandidaatstelling of van hun lidmaatschap van de ondernemingsraad of van een commissie van de raad worden benadeeld in hun positie in de onderneming. Indien de ondernemer aan de ondernemingsraad een secretaris heeft toegevoegd is de eerste volzin op de secretaris van overeenkomstige toepassing. Op degene die het initiatief neemt of heeft genomen tot het instellen van een ondernemingsraad is de eerste volzin van overeenkomstige toepassing. De ondernemingsraad, alsmede iedere in de onderneming werkzame persoon als in de eerste tot en met derde volzin bedoeld, kan de kantonrechter verzoeken te bepalen dat de ondernemer gevolg dient te geven aan hetgeen in de eerste tot en met derde volzin is bepaald. Ten aanzien van personen die krachtens publiekrechtelijke aanstelling in de onderneming werkzaam zijn, treedt een andere kamer van de rechtbank in de plaats van de kantonrechter.

Art. 22

1. De kosten die redelijkerwijze noodzakelijk zijn voor de vervulling van de taak van de ondernemingsraad en de commissies van de raad komen ten laste van de ondernemer.

2. Met inachtneming van het bepaalde in het eerste lid komen de kosten van het overeenkomstig artikel 16 en artikel 23a, zesde lid, raadplegen van een deskundige door de ondernemingsraad of een commissie van de raad, alsmede de kosten van het voeren van rechtsgedingen door de ondernemingsraad slechts ten laste van de ondernemer, indien hij van de te maken kosten vooraf in kennis is gesteld. De eerste volzin is niet van toepassing wanneer uitvoering is gegeven aan het vierde lid.

3. Met inachtneming van het eerste lid komen de kosten van scholing en vorming, bedoeld in artikel 18, tweede lid, ten laste van de ondernemer. De Raad kan voor verschillende kosten verbonden aan scholing en vorming richtbedragen vaststellen.

4. De ondernemer kan in overeenstemming met de ondernemingsraad de kosten die de ondernemingsraad en de commissies van de raad in enig jaar zullen maken, voor zover deze geen verband houden met artikel artikelen 17 en 18, eerste lid, vaststellen op een bepaald bedrag, dat de ondernemingsraad naar eigen inzicht kan besteden. Kosten waardoor het hier bedoelde bedrag zou worden overschreden, komen slechts ten laste van de ondernemer voor zover hij in het dragen daarvan toestemt.

Art. 22a

In rechtsgedingen tussen de ondernemer en de ondernemingsraad kan de ondernemingsraad niet in de proceskosten worden veroordeeld.

Hoofdstuk IV Het overleg met de ondernemingsraad

Art. 23

1. De ondernemer en de ondernemingsraad komen met elkaar bijeen binnen twee weken nadat hetzij de ondernemingsraad hetzij de ondernemer daarom onder opgave van redenen heeft verzocht.

2. In de in het eerste lid bedoelde overlegvergaderingen worden de aangelegenheden, de onderneming betreffende, aan de orde gesteld, ten aanzien waarvan hetzij de ondernemer, hetzij de ondernemingsraad overleg wenselijk acht of waarover ingevolge het bij of krachtens deze wet bepaalde overleg tussen de ondernemer en de ondernemingsraad moet plaatsvinden. In ondernemingen waarin in de regel ten minste 100 personen werkzaam zijn, worden ten minste eenmaal per jaar in de overlegvergadering in ieder geval besproken de hoogte en de inhoud van de in artikel 31d, eerste en tweede lid, bedoelde arbeidsvoorwaardelijke regelingen en afspraken, en de ontwikkeling van de beloningsverhoudingen ten opzichte van het voorgaande

Ondernemingsraad, bescherming positie leden

Ondernemingsraad, kosten

Ondernemingsraad, proceskosten

Ondernemingsraad, overleg met ondernemer

jaar per verschillende groep van de in de onderneming werkzame personen. De ondernemingsraad is bevoegd omtrent de bedoelde aangelegenheden voorstellen te doen en standpunten kenbaar te maken. Onder de aangelegenheden, de onderneming betreffende, is niet begrepen het beleid ten aanzien van, alsmede de uitvoering van een bij of krachtens een wettelijk voorschrift aan de ondernemer opgedragen publiekrechtelijke taak, behoudens voor zover deze uitvoering de werkzaamheden van de in de onderneming werkzame personen betreft.

3. De ondernemingsraad is ook buiten de overlegvergadering bevoegd aan de ondernemer voorstellen te doen omtrent de in het tweede lid bedoelde aangelegenheden. Een dergelijk voorstel wordt schriftelijk en voorzien van een toelichting aan de ondernemer voorgelegd. De ondernemer beslist over het voorstel niet dan nadat daarover ten minste éénmaal overleg is gepleegd in een overlegvergadering. Na het overleg deelt de ondernemer zo spoedig mogelijk schriftelijk en met redenen omkleed aan de ondernemingsraad mee, of en in hoeverre hij overeenkomstig het voorstel zal besluiten.

4. Het overleg wordt voor de ondernemer gevoerd door de bestuurder van de onderneming. Wanneer een onderneming meer dan één bestuurder heeft, bepalen dezen te zamen wie van hen overleg pleegt met de ondernemingsraad.

5. De in het vorige lid bedoelde bestuurder kan zich in geval van verhindering of ten aanzien van een bepaald onderwerp laten vervangen door een medebestuurder. Heeft de onderneming geen meerhoofdíg bestuur, dan kan de bestuurder zich bij verhindering doen vervangen door een persoon als bedoeld in artikel 24, tweede lid, of door een in de onderneming werkzame persoon die beschikt over bevoegdheden om namens de ondernemer overleg te voeren met de ondernemingsraad.

6. De bestuurder of degene die hem vervangt kan zich bij het overleg laten bijstaan door een of meer medebestuurders, personen als bedoeld in artikel 24, tweede lid, of in de onderneming werkzame personen.

7. Ten aanzien van de overlegvergadering, bedoeld in het tweede lid, tweede zin, is artikel 24, tweede en derde lid, van overeenkomstige toepassing.

Art. 23a

Ondernemingsraad, overlegvergadering

1. Een overlegvergadering kan slechts worden gehouden, indien ten aanzien van de ondernemingsraad wordt voldaan aan de bepalingen die ingevolge het reglement van de ondernemingsraad gelden voor het houden van een vergadering van die raad. Alle leden van de ondernemingsraad kunnen in de vergadering het woord voeren.

2. De overlegvergadering wordt, tenzij de ondernemer en de ondernemingsraad te zamen een andere regeling treffen, beurtelings geleid door de bestuurder of degene die hem ingevolge artikel 23, vijfde lid, vervangt en de voorzitter of de plaatsvervangende voorzitter van de ondernemingsraad.

3. De secretaris van de ondernemingsraad treedt op als secretaris van de overlegvergadering, tenzij de ondernemer en de ondernemingsraad te zamen een andere persoon als secretaris aanwijzen.

4. De agenda van de overlegvergadering bevat de onderwerpen die door de ondernemer of door de ondernemingsraad bij de secretaris voor het overleg zijn aangemeld. Het verslag van de overlegvergadering behoeft de goedkeuring van de ondernemer en de ondernemingsraad.

5. De ondernemer en de ondernemingsraad maken gezamenlijk afspraken over de gang van zaken bij de overlegvergadering en over de wijze en het tijdstip waarop de agenda en het verslag van de overlegvergadering aan de in de onderneming werkzame personen bekend worden gemaakt.

6. Ten aanzien van de overlegvergadering zijn de artikelen 17 en 22 van overeenkomstige toepassing. Zowel de ondernemingsraad als de ondernemer kan een of meer deskundigen uitnodigen tot het bijwonen van een overlegvergadering, indien dit voor de behandeling van een bepaald onderwerp redelijkerwijze nodig is. Zij stellen elkaar hiervan tijdig vooraf in kennis.

Art. 23b

Ondernemingsraad, overlegvergadering

1. Tijdens een overlegvergadering kunnen zowel door de ondernemer als door de ondernemingsraad besluiten worden genomen.

2. Een overlegvergadering wordt door de voorzitter geschorst, wanneer de ondernemer of de ondernemingsraad ten aanzien van een bepaald onderwerp afzonderlijk beraad wenselijk acht.

Art. 23c

Overeenkomstige toepassing

Indien de ondernemingsraad aan een onderdeelcommissie de bevoegdheid heeft toegekend tot het plegen van overleg met degene die de leiding heeft van het betrokken onderdeel, zijn ten aanzien van dat overleg de artikelen 17, 22, 23, 23a, tweede, vierde en zesde lid, 23b, 24, eerste lid, 25, 27, 28, 31a, eerste, zesde en zevende lid, 31b en 31c van overeenkomstige toepassing. In dit overleg kunnen geen aangelegenheden worden behandeld die in het overleg met de ondernemingsraad worden behandeld.

Art. 24

1. In de overlegvergadering wordt ten minste tweemaal per jaar de algemene gang van zaken van de onderneming besproken. De ondernemer doet in dit kader mededeling over besluiten die hij in voorbereiding heeft met betrekking tot de aangelegenheden als bedoeld in de artikelen 25 en 27. Daarbij worden afspraken gemaakt wanneer en op welke wijze de ondernemingsraad in de besluitvorming wordt betrokken.

2. Indien de onderneming in stand wordt gehouden door een naamloze vennootschap, een besloten vennootschap met beperkte aansprakelijkheid, een coöperatie of een onderlinge waarborgmaatschappij, zijn bij de in het eerste lid bedoelde besprekingen de commissarissen van de vennootschap, de coöperatie of de onderlinge waarborgmaatschappij, als die er zijn, dan wel een of meer vertegenwoordigers uit hun midden aanwezig. Wordt ten minste de helft van de aandelen van de vennootschap middellijk of onmiddellijk voor eigen rekening gehouden door een andere vennootschap, dan rust de hiervoor bedoelde verplichting op de bestuurders van de laatstbedoelde vennootschap, dan wel op een of meer door hen aangewezen vertegenwoordigers. Wordt de onderneming in stand gehouden door een vereniging of een stichting, dan zijn de bestuursleden van de vereniging of de stichting, dan wel een of meer vertegenwoordigers uit hun midden aanwezig. De ondernemingsraad kan in een bepaald geval besluiten, dat aan dit lid geen toepassing behoeft te worden gegeven.

3. Het in het vorige lid bepaalde geldt niet ten aanzien van een onderneming die in stand wordt gehouden door een ondernemer die ten minste vijf ondernemingen in stand houdt waarvoor een ondernemingsraad is ingesteld waarop de bepalingen van deze wet van toepassing zijn, dan wel door een ondernemer die deel uitmaakt van in een groep verbonden ondernemers die te zamen ten minste vijf ondernemingsraden hebben ingesteld waarop de bepalingen van deze wet van toepassing zijn.

Hoofdstuk IVA Bijzondere bevoegdheden van de ondernemingsraad

Art. 25

1. De ondernemingsraad wordt door de ondernemer in de gelegenheid gesteld advies uit te brengen over elk door hem voorgenomen besluit tot:

a. overdracht van de zeggenschap over de onderneming of een onderdeel daarvan;

b. het vestigen van, dan wel het overnemen of afstoten van de zeggenschap over, een andere onderneming, alsmede het aangaan van, het aanbrengen van een belangrijke wijziging in of het verbreken van duurzame samenwerking met een andere onderneming, waaronder begrepen het aangaan, in belangrijke mate wijzigen of verbreken van een belangrijke financiële deelneming vanwege of ten behoeve van een dergelijke onderneming;

c. beëindiging van de werkzaamheden van de onderneming of van een belangrijk onderdeel daarvan;

d. belangrijke inkrimping, uitbreiding of andere wijziging van de werkzaamheden van de onderneming;

e. belangrijke wijziging in de organisatie van de onderneming, dan wel in de verdeling van bevoegdheden binnen de onderneming;

f. wijziging van de plaats waar de onderneming haar werkzaamheden uitoefent;

g. het groepsgewijze werven of inlenen van arbeidskrachten;

h. het doen van een belangrijke investering ten behoeve van de onderneming;

i. het aantrekken van een belangrijk krediet ten behoeve van de onderneming;

j. het verstrekken van een belangrijk krediet en het stellen van zekerheid voor belangrijke schulden van een andere ondernemer, tenzij dit geschiedt in de normale uitoefening van werkzaamheden in de onderneming;

k. invoering of wijziging van een belangrijke technologische voorziening;

l. het treffen van een belangrijke maatregel in verband met de zorg van de onderneming voor het milieu, waaronder begrepen het treffen of wijzigen van een beleidsmatige, organisatorische en administratieve voorziening in verband met het milieu;

m. vaststelling van een regeling met betrekking tot het zelf dragen van het risico, bedoeld in artikel 40, eerste lid, van de Wet financiering sociale verzekeringen;

n. het verstrekken en het formuleren van een adviesopdracht aan een deskundige buiten de onderneming betreffende een der hiervoor bedoelde aangelegenheden.

Het onder *b* bepaalde, alsmede het onder *n* bepaalde, voor zover dit betrekking heeft op een aangelegenheid als bedoeld onder b, is niet van toepassing wanneer de andere onderneming in het buitenland gevestigd is of wordt en redelijkerwijs niet te verwachten is dat het voorgenomen besluit zal leiden tot een besluit als bedoeld onder c-f ten aanzien van een onderneming die door de ondernemer in Nederland in stand wordt gehouden.

Ondernemingsraad, beroep tegen besluit ondernemer

2. De ondernemer legt het te nemen besluit schriftelijk aan de ondernemingsraad voor. Het advies moet op een zodanig tijdstip worden gevraagd, dat het van wezenlijke invloed kan zijn op het te nemen besluit.

3. Bij het vragen van advies wordt aan de ondernemingsraad een overzicht verstrekt van de beweegredenen voor het besluit, alsmede van de gevolgen die het besluit naar te verwachten valt voor de in de onderneming werkzame personen zal hebben en van de naar aanleiding daarvan voorgenomen maatregelen.

4. De ondernemingsraad brengt met betrekking tot een voorgenomen besluit als bedoeld in het eerste lid geen advies uit dan nadat over de betrokken aangelegenheid ten minste éénmaal overleg is gepleegd in een overlegvergadering. Ten aanzien van de bespreking van het voorgenomen besluit in de overlegvergadering is artikel 24, tweede lid, van overeenkomstige toepassing.

5. Indien na het advies van de ondernemingsraad een besluit als in het eerste lid bedoeld wordt genomen, wordt de ondernemingsraad door de ondernemer zo spoedig mogelijk van het besluit schriftelijk in kennis gesteld. Indien het advies van de ondernemingsraad niet of niet geheel is gevolgd, wordt aan de ondernemingsraad tevens medegedeeld, waarom van dat advies is afgeweken. Voor zover de ondernemingsraad daarover nog niet heeft geadviseerd, wordt voorts het advies van de ondernemingsraad ingewonnen over de uitvoering van het besluit.

6. Tenzij het besluit van de ondernemer overeenstemt met het advies van de ondernemingsraad, is de ondernemer verplicht de uitvoering van zijn besluit op te schorten tot een maand na de dag waarop de ondernemingsraad van het besluit in kennis is gesteld. De verplichting vervalt wanneer de ondernemingsraad zulks te kennen geeft.

Art. 26

1. De ondernemingsraad kan bij de ondernemingskamer van het gerechtshof Amsterdam beroep instellen tegen een besluit van de ondernemer als bedoeld in artikel 25, vijfde lid, hetzij wanneer dat besluit niet in overeenstemming is met het advies van de ondernemingsraad, hetzij wanneer feiten of omstandigheden bekend zijn geworden, die, waren zij aan de ondernemingsraad bekend geweest ten tijde van het uitbrengen van zijn advies, aanleiding zouden kunnen zijn geweest om dat advies niet uit te brengen zoals het is uitgebracht.

2. Het beroep wordt ingeleid door indiening van een verzoek, binnen een maand nadat de ondernemingsraad van het in het eerste lid bedoelde besluit in kennis is gesteld.

3. De ondernemer wordt van het ingestelde beroep in kennis gesteld.

4. Het beroep kan uitsluitend worden ingesteld ter zake dat de ondernemer bij afweging van de betrokken belangen niet in redelijkheid tot zijn besluit had kunnen komen.

5. De ondernemingskamer behandelt het verzoek met de meeste spoed. Alvorens te beslissen kan zij, ook ambtshalve, deskundigen, alsmede in de onderneming werkzame personen horen. Indien de ondernemingskamer het beroep gegrond bevindt, verklaart zij dat de ondernemer bij afweging van de betrokken belangen niet in redelijkheid tot het betrokken besluit had kunnen komen. Zij kan voorts, indien de ondernemingsraad daarom heeft verzocht, een of meer van de volgende voorzieningen treffen:

a. het opleggen van de verplichting aan de ondernemer om het besluit geheel of ten dele in te trekken, alsmede om aan te wijzen gevolgen van dat besluit ongedaan te maken;

b. het opleggen van een verbod aan de ondernemer om handelingen te verrichten of te doen verrichten ter uitvoering van het besluit of van onderdelen daarvan.

Een voorziening van de ondernemingskamer kan door derden verworven rechten niet aantasten.

6. Het is verboden een verplichting of een verbod als bedoeld in het vorige lid niet na te komen, onderscheidenlijk te overtreden.

7. De ondernemingskamer kan haar beslissing op een verzoek tot het treffen van voorzieningen voor een door haar te bepalen termijn aanhouden, indien beide partijen daarom verzoeken, dan wel indien de ondernemer op zich neemt het besluit waartegen beroep is ingesteld, in te trekken of te wijzigen, of bepaalde gevolgen van het besluit ongedaan te maken.

8. Nadat het verzoekschrift is ingediend kan de ondernemingskamer, zo nodig onverwijld, voorlopige voorzieningen treffen. Het vijfde lid, vierde en vijfde volzin, en het zesde lid, zijn van overeenkomstige toepassing.

9. Van een beschikking van de ondernemingskamer staat uitsluitend beroep in cassatie open.

Art. 27

Ondernemingsraad, instemming met besluit ondernemer

1. De ondernemer behoeft de instemming van de ondernemingsraad voor elk door hem voorgenomen besluit tot vaststelling, wijziging of intrekking van:

a. regelingen op grond van een pensioenovereenkomst, een winstdelingsregeling of een spaarregeling;

b. een arbeids- en rusttijdenregeling of een vakantieregeling;

c. een belonings- of een functiewaarderingssysteem;

d. een regeling op het gebied van de arbeidsomstandigheden, het ziekteverzuim of het reintegratiebeleid;

e. een regeling op het gebied van het aanstellings-, ontslag- of bevorderingsbeleid;

f. een regeling op het gebied van de personeelsopleiding;

g. een regeling op het gebied van de personeelsbeoordeling;
h. een regeling op het gebied van het bedrijfsmaatschappelijk werk;
i. een regeling op het gebied van het werkoverleg;
j. een regeling op het gebied van de behandeling van klachten;
k. een regeling omtrent het verwerken van alsmede de bescherming van de persoonsgegevens van de in de onderneming werkzame personen;
l. een regeling inzake voorzieningen die gericht zijn op of geschikt zijn voor waarneming van of controle op aanwezigheid, gedrag of prestaties van de in de onderneming werkzame personen;
m. een procedure voor het omgaan met het melden van een vermoeden van een misstand, als bedoeld in artikel 2, eerste lid, van de Wet Huis voor klokkenluiders;
een en ander voor zover betrekking hebbende op alle of een groep van de in de onderneming werkzame personen.

2. De ondernemer legt het te nemen besluit schriftelijk aan de ondernemingsraad voor. Hij verstrekt daarbij een overzicht van de beweegredenen voor het besluit, alsmede van de gevolgen die het besluit naar te verwachten valt voor de in de onderneming werkzame personen zal hebben. De ondernemingsraad beslist niet dan nadat over de betrokken aangelegenheid ten minste éénmaal overleg is gepleegd in een overlegvergadering. Na het overleg deelt de ondernemingsraad zo spoedig mogelijk schriftelijk en met redenen omkleed zijn beslissing aan de ondernemer mee. Na de beslissing van de ondernemingsraad deelt de ondernemer zo spoedig mogelijk schriftelijk aan de ondernemingsraad mee welk besluit hij heeft genomen en met ingang van welke datum hij dat besluit zal uitvoeren.

3. De in het eerste lid bedoelde instemming is niet vereist, voor zover de betrokken aangelegenheid voor de onderneming reeds inhoudelijk is geregeld in een collectieve arbeidsovereenkomst of een regeling van arbeidsvoorwaarden vastgesteld door een publiekrechtelijk orgaan. Instemming is eveneens niet vereist voor zover ter zake van een aangelegenheid als bedoeld in het eerste lid, onderdeel a, sprake is van verplichte deelneming in een bedrijfstakpensioenfonds als bedoeld in artikel 1 van de Pensioenwet.

4. Heeft de ondernemer voor het voorgenomen besluit geen instemming van de ondernemingsraad verkregen, dan kan hij de kantonrechter toestemming vragen om het besluit te nemen. De kantonrechter geeft slechts toestemming, indien de beslissing van de ondernemingsraad om geen instemming te geven onredelijk is, of het voorgenomen besluit van de ondernemer gevergd wordt door zwaarwegende bedrijfsorganisatorische, bedrijfseconomische of bedrijfssociale redenen.

5. Een besluit als bedoeld in het eerste lid, genomen zonder de instemming van de ondernemingsraad of de toestemming van de kantonrechter, is nietig, indien de ondernemingsraad tegenover de ondernemer schriftelijk een beroep op de nietigheid heeft gedaan. De ondernemingsraad kan slechts een beroep op de nietigheid doen binnen een maand nadat hetzij de ondernemer hem zijn besluit overeenkomstig de laatste volzin van het tweede lid heeft medegedeeld, hetzij - bij gebreke van deze mededeling - de ondernemingsraad is gebleken dat de ondernemer uitvoering of toepassing geeft aan zijn besluit.

6. De ondernemingsraad kan de kantonrechter verzoeken de ondernemer te verplichten zich te onthouden van handelingen die strekken tot uitvoering of toepassing van een nietig besluit als bedoeld in het vijfde lid. De ondernemer kan de kantonrechter verzoeken te verklaren dat de ondernemingsraad ten onrechte een beroep heeft gedaan op nietigheid als bedoeld in het vijfde lid.

7. Onder regelingen op grond van een pensioenovereenkomst als bedoeld in het eerste lid, onderdeel a, worden mede verstaan regelingen opgenomen in een uitvoeringsovereenkomst als bedoeld in artikel 1 van de Pensioenwet of een uitvoeringsreglement als bedoeld in onderdeel b van de definitie van uitvoeringsreglement in artikel 1 van de Pensioenwet, die van invloed zijn op de pensioenovereenkomst waaronder in ieder geval worden begrepen: regelingen over de wijze waarop de verschuldigde premie wordt vastgesteld, de maatstaven voor en de voorwaarden waaronder toelagverlening plaatsvindt en de keuze voor onderbrenging bij een bepaalde pensioenuitvoerder, pensioeninstelling uit een andere lidstaat of verzekeraar met zetel buiten Nederland als bedoeld in artikel 23, eerste lid, van de Pensioenwet.

Art. 28

1. De ondernemingsraad bevordert zoveel als in zijn vermogen ligt de naleving van de voor de onderneming geldende voorschriften op het gebied van de arbeidsvoorwaarden, alsmede van de voorschriften op het gebied van de arbeidsomstandigheden en arbeids- en rusttijden van de in de onderneming werkzame personen.

Ondernemingsraad, bevordering naleving arbeidsvoorwaarden en arbeidsomstandigheden
Ondernemingsraad, bevordering werkoverleg

2. De ondernemingsraad bevordert voorts naar vermogen het werkoverleg, alsmede het overdragen van bevoegdheden in de onderneming, zodat de in de onderneming werkzame personen zoveel mogelijk worden betrokken bij de regeling van de arbeid in het onderdeel van de onderneming waarin zij werkzaam zijn.

Ondernemingsraad, waken tegen discriminatie

3. De ondernemingsraad waakt in het algemeen tegen discriminatie in de onderneming en bevordert in het bijzonder de gelijke behandeling van mannen en vrouwen alsmede de inschakeling van gehandicapten en minderheden in de onderneming.

Ondernemingsraad, bevordering zorg voor milieu

4. De ondernemingsraad bevordert naar vermogen de zorg van de onderneming voor het milieu, waaronder begrepen het treffen of wijzigen van beleidsmatige, organisatorische en administratieve voorzieningen in verband met het milieu.

Art. 29

Ondernemingsraad, benoeming bestuursleden instellingen

De ondernemingsraad heeft het recht, al dan niet uit zijn midden, een door de ondernemer te bepalen aantal, maar ten minste de helft, te benoemen van de bestuursleden van door de ondernemer ten behoeve van in de onderneming werkzame personen opgerichte instellingen, behoudens voor zover bij of krachtens de wet op andere wijze in het bestuur van een instelling is voorzien.

Art. 30

Ondernemingsraad, advisering over benoeming en ontslag bestuurder

1. De ondernemingsraad wordt door de ondernemer in de gelegenheid gesteld advies uit te brengen over elk door hem voorgenomen besluit tot benoeming of ontslag van een bestuurder van de onderneming.

2. Het advies moet op een zodanig tijdstip worden gevraagd, dat het van wezenlijke invloed kan zijn op het te nemen besluit.

3. De ondernemer stelt de ondernemingsraad in kennis van de beweegredenen voor het besluit en verstrekt voorts in het geval van een benoeming gegevens waaruit de ondernemingsraad zich een oordeel kan vormen over de betrokkene, in verband met diens toekomstige functie in de onderneming. Artikel 25, vierde lid en vijfde lid, eerste en tweede volzin, is van overeenkomstige toepassing.

Hoofdstuk IVB
Het verstrekken van gegevens aan de ondernemingsraad

Art. 31

Ondernemingsraad, verstrekken gegevens door ondernemer

1. De ondernemer is verplicht desgevraagd aan de ondernemingsraad en aan de commissies van die raad tijdig alle inlichtingen en gegevens te verstrekken die deze voor de vervulling van hun taak redelijkerwijze nodig hebben. De inlichtingen en gegevens worden desgevraagd schriftelijk verstrekt.

2. De ondernemer is verplicht aan de ondernemingsraad bij het begin van iedere zittingsperiode schriftelijk gegevens te verstrekken omtrent:

a. de rechtsvorm van de ondernemer, waarbij indien de ondernemer een niet-publiekrechtelijke rechtspersoon is, mede de statuten van de rechtspersoon moeten worden verstrekt;

b. indien de ondernemer een natuurlijke persoon, een maatschap of een niet-rechtspersoonlijkheid bezittende vennootschap is: de naam en de woonplaats van onderscheidenlijk die persoon, de maten of de beherende vennoten;

c. indien de ondernemer een rechtspersoon is: de naam en de woonplaats van de commissarissen of de bestuursleden;

d. indien de ondernemer deel uitmaakt van een aantal in een groep verbonden ondernemers: de ondernemers die deel uitmaken van die groep, de zeggenschapsverhoudingen waardoor zij onderling zijn verbonden, alsmede de naam en de woonplaats van degenen die ten gevolge van de bedoelde verhoudingen feitelijke zeggenschap over de ondernemer kunnen uitoefenen;

e. de ondernemers of de instellingen met wie de ondernemer, anders dan uit hoofde van zeggenschapsverhoudingen als bedoeld onder *d*, duurzame betrekkingen onderhoudt die van wezenlijk belang kunnen zijn voor het voortbestaan van de onderneming, alsmede de naam en de woonplaats van degenen die ten gevolge van zodanige betrekkingen feitelijke zeggenschap over de ondernemer kunnen uitoefenen;

f. de organisatie van de onderneming, de naam en de woonplaats van de bestuurders en van de belangrijkste overige leidinggevende personen, alsmede de wijze waarop de bevoegdheden tussen de bedoelde personen zijn verdeeld.

3. Het tweede lid, onderdeel *d*, strekt zich ook uit tot de ondernemer die deel uitmaakt van een internationale groep van ondernemingen. Het tweede lid, onderdeel *e*, strekt zich ook uit tot de ondernemer die anders dan uit hoofde van zeggenschapsverhoudingen als bedoeld in de vorige zin, duurzame betrekkingen met buitenlandse ondernemers of instellingen onderhoudt.

4. De ondernemer is verplicht de ondernemingsraad zo spoedig mogelijk in kennis te stellen van wijzigingen die zich in de in het tweede lid bedoelde gegevens hebben voorgedaan.

Art. 31a

Ondernemingsraad, verstrekken financiële gegevens door ondernemer

1. De ondernemer verstrekt, mede ten behoeve van de bespreking van de algemene gang van zaken van de onderneming, ten minste tweemaal per jaar aan de ondernemingsraad mondeling of schriftelijk algemene gegevens omtrent de werkzaamheden en de resultaten van de onderneming in het verstreken tijdvak, in het bijzonder met betrekking tot aangelegenheden als bedoeld in artikel 25.

Wet op de ondernemingsraden

B17 art. 31c

2. Indien de onderneming in stand wordt gehouden door een stichting of vereniging als bedoeld in artikel 360, derde lid, van boek 2 van het Burgerlijk Wetboek, een coöperatie, een onderlinge waarborgmaatschappij, een naamloze vennootschap of een besloten vennootschap met beperkte aansprakelijkheid, verstrekt de ondernemer zo spoedig mogelijk na de vaststelling van zijn jaarrekening een exemplaar van de jaarrekening en het bestuursverslag in de Nederlandse taal en de daarbij te voegen overige gegevens, als bedoeld in artikel 392 van Boek 2 van het Burgerlijk Wetboek, ter bespreking aan de ondernemingsraad. De mededeling die een rechtspersoon ingevolge artikel 362, zesde lid, laatste volzin, van Boek 2 van het Burgerlijk Wetboek moet verstrekken geschiedt gelijktijdig met die aan de algemene vergadering.

3. Indien de financiële gegevens van een ondernemer die deel uitmaakt van in een groep verbonden ondernemers zijn opgenomen in een geconsolideerde jaarrekening als bedoeld in artikel 405 van Boek 2 van het Burgerlijk Wetboek, verstrekt de ondernemer ter bespreking aan de ondernemingsraad deze geconsolideerde jaarrekening, het bestuursverslag en de overige gegevens, bedoeld in artikel 392 van dat boek, van de rechtspersoon die de geconsolideerde jaarrekening heeft opgesteld. Indien de financiële gegevens van zulk een ondernemer niet in een geconsolideerde jaarrekening zijn opgenomen, verstrekt de ondernemer in plaats hiervan ter bespreking aan de ondernemingsraad schriftelijke gegevens waaruit de ondernemingsraad zich een inzicht kan vormen in het gezamenlijke resultaat van de ondernemingen van die groep ondernemers.

4. Indien de jaarrekening van de ondernemer betrekking heeft op meer dan één onderneming, verstrekt de ondernemer aan de ondernemingsraad tevens schriftelijke gegevens waaruit deze zich een inzicht kan vormen in de mate waarin de onderneming waarvoor hij is ingesteld tot het gezamenlijke resultaat van die ondernemingen heeft bijgedragen. Het voorgaande is van overeenkomstige toepassing, indien een geconsolideerde jaarrekening, als bedoeld in het derde lid, wordt verstrekt.

5. Indien de onderneming in stand wordt gehouden door een ondernemer op wie het tweede lid van dit artikel niet van toepassing is, verstrekt de ondernemer bij algemene maatregel van bestuur aangewezen vervangende schriftelijke gegevens ter bespreking aan de ondernemingsraad. Het derde en vierde lid van dit artikel zijn van overeenkomstige toepassing.

6. De ondernemer doet, mede ten behoeve van de bespreking van de algemene gang van zaken van de onderneming, ten minste tweemaal per jaar aan de ondernemingsraad mondeling of schriftelijk mededeling omtrent zijn verwachtingen ten aanzien van de werkzaamheden en de resultaten van de onderneming in het komende tijdvak, in het bijzonder met betrekking tot aangelegenheden als bedoeld in artikel 25, alsmede met betrekking tot alle investeringen in binnenland en buitenland.

7. Indien de ondernemer met betrekking tot de onderneming een meerjarenplan, dan wel een raming of een begroting van inkomsten of uitgaven pleegt op te stellen, wordt dat plan, onderscheidenlijk die raming of die begroting, dan wel een samenvatting daarvan, met een toelichting aan de ondernemingsraad verstrekt en in de bespreking betrokken. Het derde en vierde lid van dit artikel zijn van overeenkomstige toepassing.

Art. 31b

1. De ondernemer verstrekt, mede ten behoeve van de bespreking van de algemene gang van zaken van de onderneming, ten minste éénmaal per jaar aan de ondernemingsraad schriftelijk algemene gegevens inzake de aantallen en de verschillende groepen van de in de onderneming werkzame personen, alsmede inzake het door hem in het afgelopen jaar ten aanzien van die personen gevoerde sociale beleid, in het bijzonder met betrekking tot aangelegenheden als bedoeld in de artikelen 27, 28 en 29. Deze gegevens worden kwantitatief zodanig gespecificeerd dat daaruit blijkt welke uitwerking de verschillende onderdelen van het sociale beleid hebben gehad voor afzonderlijke bedrijfsonderdelen en functiegroepen.

Ondernemingsraad, verstrekken personeelsgegevens door ondernemer

2. De ondernemer doet daarbij tevens mondeling of schriftelijk mededeling van zijn verwachtingen ten aanzien van de ontwikkeling van de personeelsbezetting in het komende jaar, alsmede van het door hem in dat jaar te voeren sociale beleid, in het bijzonder met betrekking tot aangelegenheden als bedoeld in de artikelen 27, 28 en 29.

3. De ondernemer verstrekt, mede ten behoeve van de bespreking van de algemene gang van zaken van de onderneming, tevens ten minste éénmaal per jaar aan de ondernemingsraad schriftelijk algemene gegevens inzake de op grond van een uitzendovereenkomst in de onderneming werkzame personen en doet daarbij tevens mondeling of schriftelijk mededeling ten aanzien van de te verwachten ontwikkelingen wat betreft het aantal op basis van een uitzendovereenkomst werkzame personen in het komende jaar.

Art. 31c

De ondernemer doet aan de ondernemingsraad zo spoedig mogelijk mededeling van zijn voornemen tot het verstrekken van een adviesopdracht aan een deskundige buiten de onderneming, met betrekking tot een aangelegenheid als bedoeld in artikel 27.

Ondernemingsraad, mededeling van adviesopdracht aan deskundige door ondernemer

Art. 31d

Ondernemingsraad, informatierecht inkomen topkader/bestuur/toezichthouder

1. De ondernemer verstrekt, mede ten behoeve van de bespreking van de algemene gang van zaken van de onderneming, ten minste eenmaal per jaar aan de ondernemingsraad schriftelijk informatie over de hoogte en inhoud van de arbeidsvoorwaardelijke regelingen en afspraken per verschillende groep van de in de onderneming werkzame personen.

2. De ondernemer verstrekt daarbij tevens schriftelijke informatie over de hoogte en inhoud van de arbeidsvoorwaardelijke regelingen en afspraken met het bestuur dat de rechtspersoon vertegenwoordigt en het totaal van de vergoedingen, dat wordt verstrekt aan het toezichthoudend orgaan, bedoeld in artikel 24, tweede lid.

3. Ten aanzien van het eerste en tweede lid wordt inzichtelijk gemaakt met welk percentage deze arbeidsvoorwaardelijke regelingen en afspraken zich verhouden tot elkaar en tot die van het voorgaande jaar.

4. Indien een groep, als bedoeld in het eerste lid, het bestuur of het toezichthoudend orgaan, bedoeld in het tweede lid, uit minder dan vijf personen bestaat, is het mogelijk om voor de toepassing van deze leden twee of meer functies samen te voegen, zodat een groep van ten minste vijf personen ontstaat.

5. De ondernemer is verplicht de ondernemingsraad zo spoedig mogelijk te kennis te stellen van belangrijke wijzigingen die in deze regelingen en afspraken worden aangebracht.

6. Dit artikel is uitsluitend van toepassing op ondernemingen waarin in de regel ten minste 100 personen werkzaam zijn.

Art. 31e

Ondernemingsraad, toepasselijkheid informatierecht

De artikelen 23, tweede lid, tweede zin, en 31d zijn niet van toepassing op:

a. de besloten vennootschap met beperkte aansprakelijkheid waarvan een van de bestuurders of commissarissen een natuurlijk persoon is die een direct of indirect belang heeft in de rechtspersoon overeenkomstig artikel 4.6 van de Wet inkomstenbelasting 2001, of

b. de rechtspersoon waarop de artikelen 396 of 397 van titel 9 van Boek 2 van het Burgerlijk Wetboek van toepassing zijn.

Art. 31f

Informatieplicht ondernemer m.b.t. voorgenomen wijzigingen van uitvoeringsovereenkomsten

De ondernemer is verplicht de ondernemingsraad zo spoedig mogelijk schriftelijk te informeren over elke voorgenomen vaststelling, wijziging of intrekking van een uitvoeringsovereenkomst als bedoeld in artikel 1 van de Pensioenwet of een uitvoeringsreglement als bedoeld in onderdeel b van de definitie van uitvoeringsreglement in artikel 1 van de Pensioenwet.

Hoofdstuk IVC Verdere bevoegdheden van de ondernemingsraad

Art. 32

Aanvullend recht

1. Bij collectieve arbeidsovereenkomst of een regeling van arbeidsvoorwaarden vastgesteld door een publiekrechtelijk orgaan kunnen aan de ondernemingsraad of aan de ondernemingsraden van de bij die overeenkomst of die regeling betrokken onderneming of ondernemingen verdere bevoegdheden dan in deze wet genoemd worden toegekend.

2. Bij schriftelijke overeenkomst tussen de ondernemer en de ondernemingsraad kunnen aan de ondernemingsraad meer bevoegdheden dan de in deze wet genoemde worden toegekend en kunnen aanvullende voorschriften over de toepassing van het bij of krachtens deze wet bepaalde worden gegeven. De ondernemer zendt een afschrift van de overeenkomst aan de bedrijfscommissie.

3. Indien aan de ondernemingsraad op grond van dit artikel een adviesrecht of instemmingsrecht is toegekend, is het advies of de instemming van de ondernemingsraad niet vereist, voor zover de aangelegenheid voor de onderneming reeds inhoudelijk is geregeld in een collectieve arbeidsovereenkomst of in een regeling, vastgesteld door een publiekrechtelijk orgaan.

4. Indien in de overeenkomst aan de ondernemingsraad een recht op advies of instemming wordt gegeven over andere voorgenomen besluiten dan genoemd in de artikelen 25 onderscheidenlijk 27, zijn de artikelen 26 onderscheidenlijk 27, vierde tot en met zesde lid, van overeenkomstige toepassing.

Art. 32a-32c

[Vervallen]

Hoofdstuk V De centrale ondernemingsraden en de groepsondernemingsraden

Art. 33

Centrale ondernemingsraad, instelling

1. De ondernemer die twee of meer ondernemingsraden heeft ingesteld stelt tevens voor de door hem in stand gehouden ondernemingen een centrale ondernemingsraad in indien dit bevorderlijk is voor een goede toepassing van deze wet ten aanzien van deze ondernemingen.

2. De ondernemer die meer dan twee ondernemingsraden heeft ingesteld stelt voor een aantal van de door hem in stand gehouden ondernemingen een groepsondernemingsraad in indien dit bevorderlijk is voor een goede toepassing van deze wet ten aanzien van deze ondernemingen.

3. Het eerste en tweede lid zijn van overeenkomstige toepassing ten aanzien van in een groep verbonden ondernemers, die te zamen twee of meer ondernemingsraden hebben ingesteld. De betrokken ondernemers wijzen een tot hun groep behorende ondernemer aan, die voor de toepassing van deze wet namens hen als ondernemer optreedt ten opzichte van de centrale ondernemingsraad of de groepsondernemingsraad.

Art. 34

1. Een centrale ondernemingsraad bestaat uit leden, gekozen door de betrokken ondernemingsraden uit de leden van elk van die raden. Voor ieder lid kan een plaatsvervanger worden gekozen, die dezelfde rechten en verplichtingen heeft als het lid dat hij vervangt.

2. Indien een of meer groepsondernemingsraden zijn ingesteld, kan de centrale ondernemingsraad in zijn reglement bepalen, dat die raad, in afwijking van het bepaalde in het eerste lid, geheel of ten dele zal bestaan uit leden, gekozen door de betrokken groepsondernemingsraden uit de leden van die raden. Voor ieder aldus gekozen lid kan een plaatsvervanger worden gekozen, die dezelfde rechten en verplichtingen heeft als het lid dat hij vervangt.

3. Het aantal leden dat uit elke ondernemingsraad of groepsondernemingsraad kan worden gekozen, wordt vastgesteld in het reglement van de centrale ondernemingsraad. Het reglement bevat voorts voorzieningen dat de verschillende groepen van de in de betrokken ondernemingen werkzame personen zoveel mogelijk in de centrale ondernemingsraad vertegenwoordigd zijn. De betrokken ondernemingsraden of groepsondernemingsraden worden over de vaststelling van de betrokken bepalingen van het reglement gehoord.

4. Een centrale ondernemingsraad kan in zijn reglement bepalen dat van die raad, behalve de in het derde lid bedoelde leden, ook deel kunnen uitmaken vertegenwoordigers van ondernemingen die door de in artikel 33 bedoelde ondernemer of ondernemers in stand worden gehouden, maar ten aanzien waarvan geen verplichting tot het instellen van een ondernemingsraad geldt. De centrale ondernemingsraad regelt in zijn reglement het aantal en de wijze van verkiezing van de bedoelde vertegenwoordigers.

5. Wanneer een lid van een centrale ondernemingsraad of zijn plaatsvervanger ophoudt lid te zijn van de ondernemingsraad of van de groepsondernemingsraad die hem heeft gekozen, eindigt van rechtswege zijn lidmaatschap van de centrale ondernemingsraad. Het zelfde geldt wanneer een vertegenwoordiger van een onderneming als bedoeld in het vierde lid ophoudt in de betrokken onderneming werkzaam te zijn. De uitsluiting, bedoeld in artikel 13, van een ondernemingsraadlid of van een groepsondernemingsraadlid, die tevens lid is van een centrale ondernemingsraad, heeft tot gevolg dat de betrokkene ook van deelname aan de werkzaamheden van de centrale ondernemingsraad is uitgesloten.

6. Ten aanzien van de centrale ondernemingsraad zijn de artikelen 7, 8, 10-14, 15, eerste, tweede, vierde en vijfde lid, en 16-22 van overeenkomstige toepassing.

7. Ten aanzien van een groepsondernemingsraad zijn de voorgaande leden, met uitzondering van het tweede lid, van overeenkomstige toepassing.

Art. 35

1. Ten aanzien van de centrale ondernemingsraden en de groepsondernemingsraden zijn de artikelen 22a tot en met 32, met uitzondering van de artikelen 23c en 24, derde lid, van overeenkomstige toepassing, met dien verstande dat door die raden uitsluitend aangelegenheden worden behandeld die van gemeenschappelijk belang zijn voor alle of voor de meerderheid van de ondernemingen waarvoor zij zijn ingesteld en ongeacht of ten aanzien van die aangelegenheden bevoegdheden toekomen aan de afzonderlijke ondernemingsraden.

2. Indien bevoegdheden ten aanzien van aangelegenheden als bedoeld in het eerste lid toekomen aan afzonderlijke ondernemingsraden, gaan deze over naar de centrale ondernemingsraad, onderscheidenlijk de groepsondernemingsraad, met dien verstande dat een groepsondernemingsraad geen aangelegenheden behandelt die door de centrale ondernemingsraad worden behandeld.

Hoofdstuk VA De medezeggenschap in kleine ondernemingen

Art. 35a

[Vervallen]

Art. 35b

1. De ondernemer die een onderneming in stand houdt waarin in de regel ten minste 10 personen maar minder dan 50 personen werkzaam zijn en waarvoor geen ondernemingsraad of een personeelsvertegenwoordiging is ingesteld, is verplicht de in deze onderneming werkzame personen tenminste tweemaal per kalenderjaar in de gelegenheid te stellen gezamenlijk met hem bijeen te komen. Hij is voorts verplicht met de in de onderneming werkzame personen

B17 art. 35c **Wet op de ondernemingsraden**

bijeen te komen, wanneer tenminste een vierde van hen daartoe een met redenen omkleed verzoek doet.

2. In de in het eerste lid bedoelde vergaderingen worden de aangelegenheden, de onderneming betreffende, aan de orde gesteld ten aanzien waarvan de ondernemer of in de onderneming werkzame personen overleg wenselijk achten. Iedere in de onderneming werkzame persoon is bevoegd omtrent deze aangelegenheden voorstellen te doen en standpunten kenbaar te maken.

3. Indien de ondernemer de onderneming niet zelf bestuurt, wordt het overleg voor hem gevoerd door de bestuurder van de onderneming. De ondernemer en de bestuurder kunnen zich bij verhindering laten vervangen door een in de onderneming werkzame persoon die bevoegd is om namens de ondernemer overleg met de werknemers te voeren.

4. In de in het eerste lid bedoelde vergaderingen wordt tenminste eenmaal per jaar de algemene gang van zaken van de onderneming besproken. De ondernemer verstrekt daartoe mondeling of schriftelijk algemene gegevens omtrent de werkzaamheden en de resultaten van de onderneming in het afgelopen jaar, alsmede omtrent zijn verwachtingen dienaangaande in het komende jaar. Voor zover de ondernemer verplicht is zijn jaarrekening en bestuursverslag ter inzage van een ieder neer te leggen, worden in de Nederlandse taal gestelde exemplaren van deze jaarstukken ter bespreking aan de in de onderneming werkzame personen verstrekt. De ondernemer verstrekt voorts mondeling of schriftelijk algemene gegevens inzake het door hem ten aanzien van de in de onderneming werkzame personen gevoerde en te voeren sociale beleid.

5. De in de onderneming werkzame personen worden door de ondernemer, in een vergadering als bedoeld in het eerste lid, in de gelegenheid gesteld advies uit te brengen over elk door hem voorgenomen besluit dat kan leiden tot verlies van de arbeidsplaats of tot een belangrijke verandering van de arbeid, de arbeidsvoorwaarden of de arbeidsomstandigheden van tenminste een vierde van de in de onderneming werkzame personen. Het advies wordt op een zodanig tijdstip gevraagd dat het van wezenlijke invloed kan zijn op het te nemen besluit. De in de eerste volzin bedoelde verplichting geldt niet, indien en voor zover de betrokken aangelegenheid voor de onderneming reeds inhoudelijk geregeld is in een collectieve arbeidsovereenkomst of in een regeling, vastgesteld door een publiekrechtelijk orgaan.

Informatieplicht ondernemer over pensioen

6. De ondernemer is verplicht desgevraagd aan de in de onderneming werkzame personen alle inlichtingen en gegevens te verstrekken inzake de arbeidsvoorwaarde pensioen die zij redelijkerwijze nodig hebben ten behoeve van de in het eerste lid bedoelde vergaderingen. De inlichtingen of gegevens worden schriftelijk verstrekt, indien de ondernemer deze schriftelijk beschikbaar heeft.

7. De ondernemer is verplicht de in de onderneming werkzame personen zo spoedig mogelijk te informeren over elke voorgenomen vaststelling, wijziging of intrekking van een uitvoeringsovereenkomst als bedoeld in artikel 1 van de Pensioenwet of een uitvoeringsreglement als bedoeld in onderdeel b van de definitie van uitvoeringsreglement in artikel 1 van de Pensioenwet. De informatie wordt schriftelijk verstrekt, indien de ondernemer de informatie schriftelijk beschikbaar heeft.

8. De in de voorgaande leden bedoelde verplichtingen gelden niet ten aanzien van personen die nog geen zes maanden in de onderneming werkzaam zijn. Zij vervallen wanneer de ondernemer met toepassing van artikel 5a een ondernemingsraad heeft ingesteld, maar treden weer in werking wanneer de ondernemingsraad op grond van artikel 5a, eerste lid, ophoudt te bestaan of overeenkomstig het tweede lid van dat artikel is opgeheven.

Art. 35c

Personeelsvertegenwoordiging in onderneming met minder dan 50 personen

1. De ondernemer die een onderneming in stand houdt waarin in de regel ten minste 10 personen maar minder dan 50 personen werkzaam zijn en waarvoor geen ondernemingsraad is ingesteld, kan een personeelsvertegenwoordiging instellen, bestaande uit ten minste drie personen die rechtstreeks gekozen zijn bij geheime schriftelijke stemming door en uit in de onderneming werkzame personen.

2. Op verzoek van de meerderheid van de in de onderneming werkzame personen stelt de ondernemer de in het eerste lid bedoelde personeelsvertegenwoordiging in.

3. Indien toepassing is gegeven aan het eerste lid, is artikel 5a, tweede lid, derde en vierde volzin, van overeenkomstige toepassing. De artikelen 7, 13, 17, 18, eerste en tweede lid, 21, 22, eerste lid, tweede lid, voor zover het betreft de kosten van het voeren van rechtsgedingen, derde en vierde lid, 22a, 27, eerste lid, onderdeel b, voor zover het betreft een arbeids- en rusttijdenregeling, en onderdeel d, derde tot en met zesde lid, 31, eerste lid, 32, 35b, vierde en vijfde lid, behoudens de in dat lid bedoelde arbeidsomstandigheden, en zevende lid, en 36 zijn van overeenkomstige toepassing.

4. De ondernemer legt een voorgenomen besluit als bedoeld in artikel 27, eerste lid, onderdeel b, voor zover het betreft een arbeids- en rusttijdenregeling, en onderdeel d, schriftelijk aan de personeelsvertegenwoordiging voor. Hij verstrekt daarbij een overzicht van de beweegredenen voor het besluit, alsmede van de gevolgen die het besluit naar te verwachten valt voor de in de onderneming werkzame personen zal hebben. De personeelsvertegenwoordiging beslist niet dan nadat over de betrokken aangelegenheid ten minste éénmaal met de ondernemer overleg is gepleegd. Na het overleg deelt de personeelsvertegenwoordiging zo spoedig mogelijk schriftelijk en met redenen omkleed zijn beslissing aan de ondernemer mee. Na de beslissing van de personeelsvertegenwoordiging deelt de ondernemer zo spoedig mogelijk schriftelijk aan de personeelsvertegenwoordiging mee welk besluit hij heeft genomen en met ingang van welke datum hij dat besluit zal uitvoeren.

5. De personeelsvertegenwoordiging kan met toestemming van de ondernemer commissies instellen of deskundigen uitnodigen. Ten aanzien van het uitnodigen van deskundigen is toestemming niet vereist, wanneer de deskundige geen kosten in rekening brengt of wanneer de kosten door de personeelsvertegenwoordiging bestreden worden uit een bedrag als bedoeld in artikel 22, derde lid. Heeft de ondernemer toestemming gegeven voor het raadplegen van een deskundige, dan komen de kosten daarvan te zijnen laste.

6. Inlichtingen en gegevens bestemd voor de personeelsvertegenwoordiging, die volgens artikel 31, eerste lid, schriftelijk moeten worden verstrekt, mogen door de ondernemer ook mondeling worden verstrekt. In afwijking hiervan wordt informatie met betrekking tot de arbeidsvoorwaarde pensioen altijd schriftelijk verstrekt, indien de ondernemer de informatie schriftelijk beschikbaar heeft.

7. De ondernemer is verplicht met de personeelsvertegenwoordiging in overleg te treden over de arbeidsvoorwaarde pensioen, indien de personeelsvertegenwoordiging daartoe een met redenen omkleed verzoek doet.

Art. 35d

1. De ondernemer die een onderneming in stand houdt waarin in de regel minder dan 10 personen werkzaam zijn en waarvoor geen ondernemingsraad is ingesteld, kan een personeelsvertegenwoordiging, als bedoeld in artikel 35c, eerste lid, instellen.

Personeelsvertegenwoordiging in onderneming met minder dan 10 personen

2. De artikelen 5a, tweede lid, derde en vierde volzin, 7, 13, 17, 18, eerste en tweede lid, 21, 22, eerste lid, tweede lid, voor zover het betreft de kosten van het voeren van rechtsgedingen, en derde lid, 22a, 27, eerste lid, onderdeel b, voor zover het betreft een arbeids- en rusttijdenregeling, onderdeel d, derde tot en met zesde lid, 31, eerste lid, 32 en 36 zijn van overeenkomstige toepassing.

3. Artikel 35c, vierde lid, is van overeenkomstige toepassing, en het vijfde en zesde lid zijn van toepassing.

Hoofdstuk VI De algemene geschillenregeling

Art. 36

1. Iedere belanghebbende kan de kantonrechter verzoeken te bepalen dat de ondernemer of de ondernemingsraad gevolg dient te geven aan hetgeen bij of krachtens deze wet is bepaald omtrent het instellen of in stand houden van een ondernemingsraad, het vaststellen van een voorlopig of een definitief reglement van de ondernemingsraad, de kandidaatstelling voor en de verkiezing van de leden van de ondernemingsraad, alsmede omtrent het bekend maken van agenda's en verslagen van vergaderingen, een en ander voor zover dit van de ondernemer of de ondernemingsraad afhangt.

Ondernemingsraad, geschillenregeling

2. De ondernemingsraad en de ondernemer kunnen de kantonrechter verzoeken te bepalen dat de ondernemer, onderscheidenlijk de ondernemingsraad gevolg dient te geven aan hetgeen overigens bij of krachtens deze wet is bepaald, een en ander voor zover dit van de ondernemer onderscheidenlijk de ondernemingsraad afhangt.

3. Een verzoekschrift aan de kantonrechter met betrekking tot de naleving van artikel 25 ten aanzien van een besluit als in dat artikel bedoeld, wordt niet ontvankelijk verklaard, indien blijkt dat de ondernemingsraad voor of na de indiening van het verzoekschrift tegen dat besluit beroep heeft ingesteld bij de ondernemingskamer van het gerechtshof Amsterdam.

4. Een verzoek aan de kantonrechter op grond van artikel 27, vierde en zesde lid is niet ontvankelijk indien met betrekking tot dezelfde aangelegenheid een eis is gesteld als bedoeld in de Arbeidsomstandighedenwet.

5. De kantonrechter kan in zijn uitspraak aan de ondernemer, onderscheidenlijk de ondernemingsraad de verplichting opleggen om bepaalde handelingen te verrichten of na te laten. Het is de ondernemer verboden een zodanige verplichting niet na te komen. Wanneer de ondernemingsraad een zodanige verplichting niet nakomt, kan de kantonrechter de ondernemingsraad ontbinden, onder oplegging van de verplichting aan de raad tot het doen verkiezen van een nieuwe ondernemingsraad. Blijft de ondernemingsraad in gebreke, dan kan de kantonrechter de ondernemer machtigen een nieuwe ondernemingsraad te doen verkiezen.

6. De voorgaande leden zijn van overeenkomstige toepassing ten aanzien van de naleving van hetgeen bij of krachtens deze wet is bepaald met betrekking tot een centrale ondernemingsraad en een groepsondernemingsraad.

B17 art. 36a

Wet op de ondernemingsraden

Art. 36a

Ondernemingsraad, geschillenregeling

Iedere in de onderneming werkzame persoon, met uitzondering van een persoon als bedoeld in artikel 35b, achtste lid, alsmede een vereniging van werknemers, die één of meer in de onderneming werkzame personen onder haar leden telt, die krachtens haar statuten ten doel heeft de belangen van haar leden als werknemers te behartigen en als zodanig in de betrokken onderneming of bedrijfstak werkzaam is en voorts tenminste twee jaar in het bezit is van volledige rechtsbevoegdheid, kan de kantonrechter verzoeken te bepalen dat de ondernemer gevolg dient te geven aan artikel 35b.

Hoofdstuk VII De bedrijfscommissies

Art. 37

Bedrijfscommissie, instelling

1. Voor groepen van ondernemingen worden door de Raad, ter behandeling van aangelegenheden betreffende de ondernemingsraden, de centrale ondernemingsraden, de groepsondernemingsraden van deze ondernemingen, de personeelsvertegenwoordiging en de vergadering als bedoeld in artikel 35b, commissies ingesteld, bedrijfscommissies genaamd.

2. Een bedrijfscommissie bestaat uit een door de Raad na overleg met de in artikel 38 bedoelde organisaties van ondernemers en van werknemers te bepalen even aantal leden, ten minste zes bedragende, en een gelijk aantal plaatsvervangende leden.

Art. 38

Bedrijfscommissie, benoeming

1. De leden en de plaatsvervangende leden van een bedrijfscommissie worden voor de helft benoemd door de door de Raad daartoe aangewezen representatieve organisatie of organisaties van ondernemers en voor de helft door de door de Raad daartoe aangewezen representatieve organisatie of organisaties van werknemers.

2. De Raad bepaalt het aantal leden en plaatsvervangende leden dat elke aangewezen organisatie kan benoemen.

Art. 39

Bedrijfscommissie, samenstelling/werkwijze

1. De Raad stelt bij verordening nadere regelen omtrent de samenstelling en de werkwijze van de bedrijfscommissies. Daarbij wordt aan deze commissies de bevoegdheid verleend commissies, al dan niet uit haar midden, in te stellen. De bedrijfscommissie kan de aldus ingestelde commissies machtigen haar bevoegdheden uit te oefenen.

Bedrijfscommissie, voorzitter

2. De Raad stelt voorts regelen omtrent het voorzitterschap van de bedrijfscommissies. Daarbij wordt aan deze commissies de bevoegdheid toegekend, een voorzitter buiten de leden der commissie te kiezen, al dan niet met stemrecht.

Art. 40

Bedrijfscommissie, verslaggeving

1. Iedere bedrijfscommissie brengt jaarlijks aan Onze Minister en aan de Raad verslag uit van haar werkzaamheden in het afgelopen kalenderjaar.

Nadere regels

2. Onze Minister kan regelen stellen ten aanzien van de verslaggeving.

Art. 41

Bedrijfscommissie, kosten

1. De kosten van een bedrijfscommissie worden, voor zover daarin niet op andere wijze wordt voorzien, door de in artikel 38 bedoelde organisaties van ondernemers en werknemers gedragen, naar evenredigheid van het aantal leden dat zij benoemen.

2. Wanneer een organisatie in gebreke blijft binnen de termijn, door de bedrijfscommissie gesteld, haar bijdrage in de kosten van de bedrijfscommissie te voldoen, kan de Raad de aanwijzing van die organisatie intrekken, onverminderd de aansprakelijkheid van de organisatie tot het betalen van haar aandeel in de reeds gemaakte kosten. Door de intrekking vervalt het lidmaatschap van de bedrijfscommissie van de door die organisatie benoemde leden en plaatsvervangende leden, te rekenen van het tijdstip waarop het besluit van de Raad bij de bedrijfscommissie inkomt.

Art. 42

Schakelbepaling

Ten aanzien van de voorzitters, de leden en de plaatsvervangende leden van de bedrijfscommissies, alsmede ten aanzien van de personen die met het secretariaat van een bedrijfscommissie zijn belast, is artikel 20, eerste en zesde lid, van overeenkomstige toepassing.

Art. 43-45

[Vervallen]

Art. 46

Bedrijfscommissie, aanwijzing

1. Indien voor de behandeling van aangelegenheden betreffende een ondernemingsraad, een centrale ondernemingsraad, een groepsondernemingsraad, een personeelsvertegenwoordiging of een vergadering als bedoeld in artikel 35b meer dan één bedrijfscommissie bevoegd zou zijn, wijst de Raad de commissie aan die voor de behandeling van de betrokken aangelegenheden als de krachtens deze wet bevoegde commissie zal optreden.

2. Indien een ondernemer of een aantal in een groep verbonden ondernemers meerdere ondernemingen in stand houdt waarvoor meer dan één bedrijfscommissie bevoegd zou zijn, kan de Raad voor die ondernemingen een afzonderlijke bedrijfscommissie instellen dan wel de commissie aanwijzen die voor de behandeling van de aangelegenheden betreffende de ondernemingsraden, personeelsvertegenwoordigingen en vergaderingen als bedoeld in artikel 35b van deze ondernemingen als de krachtens deze wet bevoegde commissie optreedt.

Hoofdstuk VIIA Bijzondere taak Sociaal-Economische Raad

Art. 46a

Onverminderd hetgeen hem is toebedeeld in deze wet en de daarop berustende bepalingen, heeft de Raad tot taak de medezeggenschap in ondernemingen te bevorderen.

Medezeggenschap, taak Sociaal-Economische Raad bij

Art. 46b-46c

[Vervallen]

Hoofdstuk VII B Bijzondere bepalingen voor ondernemingsraden bij de overheid

Art. 46d

Ten aanzien van een onderneming, waarin uitsluitend of nagenoeg uitsluitend krachtens publiekrechtelijke aanstelling arbeid wordt verricht en ten aanzien van een onderneming die overheidswerkgever is in de zin van de Ambtenarenwet 2017 gelden de volgende bijzondere bepalingen:

Ondernemingsraad, overheid

a. Voor de toepassing van deze wet wordt als bestuurder in de zin van deze wet niet aangemerkt 1°. bij een ministerie: de minister of een staatssecretaris;

2°. bij een provincie: de commissaris van de Koning, een lid van gedeputeerde staten of een lid van provinciale staten;

3°. bij een gemeente: de burgemeester, een lid van het college van burgemeester en wethouders of een lid van de gemeenteraad;

4°. bij een waterschap: de voorzitter, een lid van het dagelijks bestuur van een waterschap of een lid van het algemeen bestuur;

5°. bij de Kamers der Staten-Generaal: de voorzitter van de Kamer of een lid;

6°. bij de Raad van State: de vice-president of een lid;

7°. bij de Algmene Rekenkamer: de president of een lid van de Algemene Rekenkamer;

8°. bij de Nationale ombudsman: de Nationale ombudsman of een substituut-ombudsman.

b. Voor de toepassing van artikel 23, tweede lid, zijn onder de aangelegenheden de onderneming betreffende niet begrepen de publiekrechtelijke vaststelling van taken van publiekrechtelijke lichamen en onderdelen daarvan, noch het beleid ten aanzien van en de uitvoering van die taken, behoudens voor zover het betreft de gevolgen daarvan voor de werkzaamheden van de in de onderneming werkzame personen.

c. Voor de toepassing van onderdeel b bij de rechtbanken, de gerechtshoven, de Centrale Raad van Beroep en het College van Beroep voor het bedrijfsleven, zijn onder de aangelegenheden de onderneming betreffende tevens niet begrepen het beleid ten aanzien van en de uitvoering van de rechterlijke taken als bedoeld in artikel 23, tweede en derde lid, van de Wet op de rechterlijke organisatie, behoudens voorzover het de gevolgen daarvan betreft voor de werkzaamheden van de in de onderneming werkzame personen.

d. De in de artikelen 5, 8, tweede en derde lid, 37, 38, 39 en 41, tweede lid, van deze wet aan de Raad toegekende bevoegdheden worden uitgeoefend door de Minister van Binnenlandse Zaken.

e. Voor de toepassing van artikel 38, eerste lid, kunnen behalve een representatieve organisatie of organisaties van ondernemers ook een of meerdere ministers aangewezen worden.

f. De verordenende bevoegdheid van de Raad, met uitzondering van de bevoegdheid genoemd in artikel 46a, strekt zich niet uit tot ondernemingen waarin uitsluitend of nagenoeg uitsluitend krachtens publiekrechtelijke aanstelling arbeid wordt verricht.

g. Indien op grond van het bepaalde in onderdeel d de Minister van Binnenlandse Zaken een bedrijfscommissie heeft ingesteld, dient deze onverminderd het bepaalde in artikel 40, eerste lid, aan de Minister van Binnenlandse Zaken verslag uit te brengen. De Minister van Binnenlandse Zaken doet dit verslag toekomen aan de betrokken werkgevers of verenigingen van werkgevers en de centrales van overheidspersoneel, verenigd in de Raad voor het Overheidspersoneelsbeleid.

h. Voor het behandelen van en beslissen op verzoeken als bedoeld in artikelen 27 en 36, ter zake van een rechtbank, is bevoegd de kantonrechter werkzaam bij de volgende rechtbank:

1°. terzake van de rechtbank Amsterdam: de rechtbank Noord-Holland;

2°. terzake van de rechtbank Den Haag: de rechtbank Rotterdam;

3°. ter zake van de rechtbank Gelderland: de rechtbank Overijssel;

4°. terzake van de rechtbank Limburg: de rechtbank Oost-Brabant;

5°. terzake van de rechtbank Midden-Nederland: de rechtbank Noord-Nederland

B17 art. 46e

6°. terzake van de rechtbank Noord-Holland: de rechtbank Amsterdam;
7°. ter zake van de rechtbank Noord-Nederland: de rechtbank Midden-Nederland;
8°. terzake van de rechtbank Oost-Brabant: de rechtbank Zeeland-West-Brabant;
9°. ter zake van de rechtbank Overijssel: de rechtbank Gelderland;
10°. terzake van de rechtbank Rotterdam: de rechtbank Den Haag;
11°. terzake van de rechtbank Zeeland-West-Brabant: de rechtbank Limburg.
i. Een beroep als bedoeld in artikel 26, eerste lid, ter zake van het gerechtshof Amsterdam, wordt ingesteld bij het gerechtshof Den Haag.

Art. 46e

Ondernemingsraad, bevoegdheden minister BiZa

1. De in artikel 46d aan de Minister van Binnenlandse Zaken toegekende bevoegdheden worden uitgeoefend na overleg met de betrokken werkgevers of verenigingen van werkgevers en de centrales van overheidspersoneel, verenigd in de Raad voor het Overheidspersoneelsbeleid.
2. In het in het eerste lid bedoelde overleg hebben de centrales van overheidspersoneel evenveel stemmen als de betrokken werkgevers of verenigingen van werkgevers.
3. Voor een besluit als bedoeld in de artikelen 8, tweede en derde lid en 39 van deze Wet behoeft Onze Minister van Binnenlandse Zaken de instemming van twee derde van de deelnemers aan het in het eerste lid bedoelde overleg. Voor een besluit als bedoeld in de artikelen 5, 37, 38 en 41, tweede lid, van deze Wet behoeft Onze Minister van Binnenlandse Zaken de instemming van de meerderheid van de deelnemers aan het in het eerste lid bedoelde overleg.

Hoofdstuk VIII
Overgangs- en slotbepalingen

Art. 47

Nadere regels

Bij of krachtens algemene maatregel van bestuur kunnen nadere regelen worden gesteld ter bevordering van een goede uitvoering van deze wet.

Art. 48

Ondernemingsraad, voorlopig reglement

1. De ondernemer op wie de verplichting tot het instellen van een ondernemingsraad rust, treft bij voorlopig reglement, voor zover nodig, de voorzieningen die tot de bevoegdheid van de ondernemingsraad behoren, totdat de ondernemingsraad zelf die bevoegdheid uitoefent. De vereniging of verenigingen van werknemers, bedoeld in artikel 9, tweede lid, onder a, worden over het voorlopige reglement gehoord.
2. Ten aanzien van het voorlopige reglement is artikel 8, eerste lid, eerste en tweede volzin en tweede lid, van overeenkomstige toepassing. Het voorlopige reglement vervalt op het tijdstip waarop de ondernemingsraad het in artikel 8 bedoelde reglement heeft vastgesteld.
3. De voorgaande leden zijn van overeenkomstige toepassing ten aanzien van de ondernemer of de ondernemers die een centrale ondernemingsraad of een groepsondernemingsraad hebben ingesteld.

Art. 49

Ondernemingsraad, inlichtingen omtrent functioneren

1. De ondernemer op wie de verplichting tot het instellen van een of meer ondernemingsraden rust, alsmede de betrokken ondernemingsraden, verstrekken desgevraagd aan een daartoe door Onze Minister aangewezen onder hem ressorterende ambtenaar inlichtingen omtrent het instellen en het functioneren van deze ondernemingsraden.
2. Het eerste lid is van overeenkomstige toepassing ten aanzien van de ondernemer of de ondernemers die een centrale ondernemingsraad of een groepsondernemingsraad hebben ingesteld, alsmede ten aanzien van die raden.

Art. 49a

[Vervallen]

Art. 50

Overgangsbepalingen

Voor de jaren 2006 en 2007 wordt in artikel 25, eerste lid, onderdeel m, voor «artikel 40, aanhef en eerste lid, onderdeel b» gelezen: artikel 122d, tweede lid.

Art. 51

De bedrijfscommissies, door de Raad ingesteld krachtens de Wet op de Ondernemingsraden (*Stb.* 1950, K 174), worden geacht door de Raad te zijn ingesteld krachtens deze wet.

Art. 52

[Vervallen]

Art. 53

Werkingssfeer

1. Deze wet is niet van toepassing op de in de Wet op het hoger onderwijs en wetenschappelijk onderzoek bedoelde openbare academische ziekenhuizen, Koninklijke Nederlandse Akademie van Wetenschappen en Koninklijke Bibliotheek noch op de Nederlandse organisatie voor wetenschappelijk onderzoek. De wet stelt regels omtrent het besluit van het bestuur van een bekostigde instelling voor hoger onderwijs als bedoeld in artikel 1.2, onderdeel a, van de Wet op het hoger onderwijs en wetenschappelijk onderzoek of deze wet met uitzondering van Hoofdstuk VII B al dan niet van toepassing is op die instelling.

Wet op de ondernemingsraden — B17 art. 54

2. Bij algemene maatregel van bestuur kan op voordracht van de Minister van Onderwijs, Cultuur en Wetenschap worden bepaald dat de in de eerste volzin van het eerste lid opgenomen uitzondering niet geldt voor één of meer van bedoelde instellingen. Daarbij kan tevens worden bepaald dat Hoofdstuk VII B van deze wet niet van toepassing is.

3. Hoofdstuk VII B is niet van toepassing op openbare instellingen als bedoeld in de Wet educatie en beroepsonderwijs.

4. [Wijzigt de Wet op het hoger onderwijs en wetenschappelijk onderzoek en de Wet op de Nederlandse organisatie voor wetenschappelijk onderzoek.]

Art. 53a

Deze wet is niet van toepassing op het Ministerie van Defensie en de daaronder ressorterende diensten, bedrijven of instellingen.

Werkingssfeer, Ministerie van Defensie

Art. 53b

Deze wet is niet van toepassing op de rechterlijke ambtenaren werkzaam bij de Hoge Raad.

Werkingssfeer, rechterlijke ambtenaren Hoge Raad

Art. 53c

Deze wet is niet van toepassing op:
a. de leden van de Raad van State;
b. de leden van de Algemene Rekenkamer;
c. de Nationale ombudsman en de substituut-ombudsmannen.

Werkingssfeer, Raad van State/Algemene Rekenkamer/ombudsman

Art. 54

1. Deze wet kan worden aangehaald als Wet op de ondernemingsraden.

Citeertitel

2. Zij treedt in werking op een door Ons te bepalen tijdstip.

Inwerkingtreding

Wet op de Europese ondernemingsraden^1

Wet van 23 januari 1997 tot uitvoering van richtlijn nr. 94/45/EG van de Raad van de Europese Unie van 22 september 1994 inzake de instelling van een Europese ondernemingsraad of van een procedure in ondernemingen of concerns met een communautaire dimensie ter informatie en raadpleging van de werknemers (Wet op de Europese ondernemingsraden)

Wij Beatrix, bij de gratie Gods, Koningin der Nederlanden, Prinses van Oranje-Nassau, enz. enz. enz.

Allen, die deze zullen zien of horen lezen, saluut! doen te weten:

Alzo Wij in overweging genomen hebben, dat het noodzakelijk is uitvoering te geven aan de richtlijn nr. 94/45/EG van de Raad van de Europese Unie van 22 september 1994 inzake de instelling van een Europese ondernemingsraad of van een procedure in ondernemingen of concerns met een communautaire dimensie ter informatie en raadpleging van de werknemers;

Zo is het, dat Wij, de Raad van State gehoord, en met gemeen overleg der Staten-Generaal, hebben goedgevonden en verstaan, gelijk Wij goedvinden en verstaan bij deze:

Hoofdstuk 1 Algemene bepalingen

Art. 1

Begripsbepalingen

1. In deze wet wordt verstaan onder:

a. betrokken staat: een lid-staat van de Europese Unie of een andere staat die partij is bij de Overeenkomst betreffende de Europese Economische Ruimte;

b. richtlijn: de richtlijn nr. 2009/38/EG van het Europees Parlement en de Raad van de Europese Unie van 6 mei 2009 inzake de instelling van een Europese ondernemingsraad of van een procedure in ondernemingen of concerns met een communautaire dimensie ter informatie en raadpleging van de werknemers (PbEU 2009, L 122);

c. een communautaire onderneming: een onderneming, die sinds twee jaar in ten minste twee betrokken staten elk gemiddeld ten minste 150 werknemers en in de betrokken staten samen gemiddeld ten minste 1000 werknemers heeft, tenzij zij behoort tot een communautaire groep;

d. een communautaire groep: het geheel van ondernemingen bestaande uit een moederonderneming als bedoeld in artikel 2 en de onderneming of ondernemingen waarover zij de zeggenschap uitoefent en waarvan:

1°. ten minste twee ondernemingen in verschillende betrokken staten zijn gevestigd en

2°. sinds twee jaar ten minste een onderneming gemiddeld ten minste 150 werknemers in een betrokken staat en een andere onderneming gemiddeld ten minste 150 werknemers in een andere betrokken staat heeft en

3°. alle ondernemingen tezamen sinds twee jaar gemiddeld ten minste 1000 werknemers in de betrokken staten hebben;

e. grensoverschrijdende aangelegenheden: aangelegenheden die voor de gehele communautaire onderneming of voor de gehele communautaire groep van belang zijn, of voor ten minste twee ondernemingen of vestigingen van een communautaire onderneming of een communautaire groep in twee verschillende betrokken staten;

f. hoofdbestuur: in het geval van een communautaire onderneming: het bestuur van deze onderneming; in het geval van een communautaire groep: het bestuur van de moederonderneming, bedoeld in artikel 2;

g. informatieverstrekking: het verstrekken van gegevens over grensoverschrijdende aangelegenheden door het hoofdbestuur of een ander passender bestuursniveau aan werknemersvertegenwoordigers, op een zodanig tijdstip, op een zodanige wijze en met een zodanige inhoud dat werknemersvertegenwoordigers zich een grondig oordeel kunnen vormen over de gevolgen en, desgewenst, raadpleging met het hoofdbestuur of een ander passender bestuursniveau kunnen voorbereiden;

h. raadpleging: het instellen van een dialoog en de uitwisseling van standpunten over voorgestelde maatregelen tussen het hoofdbestuur of een ander passender bestuursniveau en werknemersvertegenwoordigers, op een zodanig tijdstip, op een zodanige wijze en met een zodanige inhoud dat werknemersvertegenwoordigers in staat zijn op basis van de verstrekte informatie over voorgestelde maatregelen ten aanzien van grensoverschrijdende aangelegenheden waarmee

---

1 Inwerkingtredingsdatum: 05-02-1997; zoals laatstelijk gewijzigd bij: Stb. 2017, 484.

de raadpleging verband houdt, binnen een redelijke termijn advies uit te brengen, waarmee rekening kan worden gehouden bij het nemen van het besluit.

2. Indien een communautaire onderneming haar woonplaats of zetel buiten de betrokken staten heeft, wordt als hoofdbestuur aangemerkt:

a. een daartoe door de communautaire onderneming aangewezen persoon, belast met de feitelijke leiding van een van haar vestigingen binnen een betrokken staat, dan wel, bij gebreke van zodanige aanwijzing:

b. degene of degenen die zijn belast met de feitelijke leiding van de vestiging die het grootste aantal werknemers heeft in één betrokken staat.

3. Indien de moederonderneming, bedoeld in artikel 2, haar woonplaats of zetel buiten de betrokken staten heeft, kan zij als haar vertegenwoordiger aanwijzen het bestuur van een groepsonderneming met woonplaats of zetel binnen de betrokken staten. Bij gebreke van zulk een aanwijzing wordt het bestuur van de groepsonderneming met woonplaats of zetel binnen de betrokken staten die het grootste aantal werknemers heeft in één betrokken staat, als zodanig aangemerkt.

4. Handelen of nalaten door het hoofdbestuur, bedoeld in het eerste lid, onderdeel e onderscheidenlijk het derde lid, wordt toegerekend aan de natuurlijke persoon of rechtspersoon, die de communautaire onderneming of de moederonderneming onderscheidenlijk de in het derde lid bedoelde groepsonderneming in stand houdt.

Art. 2

1. In deze wet wordt onder moederonderneming verstaan: de onderneming die binnen een communautaire groep direct of indirect een overheersende zeggenschap kan uitoefenen op een andere onderneming en die zelf geen onderneming is waarover door een andere onderneming direct of indirect een overheersende zeggenschap wordt uitgeoefend. Een onderneming wordt, tenzij het tegendeel blijkt, vermoed moederonderneming te zijn, indien zij:

a. meer dan de helft van de leden van het bestuursorgaan of van het leidinggevend dan wel toezichthoudend orgaan van de andere onderneming kan benoemen, of

b. meer dan de helft van de stemrechten in de algemene vergadering van de andere onderneming kan uitoefenen of

c. de meerderheid van het geplaatste kapitaal van de andere onderneming verschaft.

2. Voor de toepassing van het eerste lid worden onder de rechten van de moederonderneming ten aanzien van het kapitaal, het stemrecht en de benoeming mede begrepen:

a. de overeenkomstige rechten van andere ondernemingen waarop zij overheersende zeggenschap uitoefent;

b. de overeenkomstige rechten van personen of organen die handelen onder eigen naam doch voor rekening van de moederonderneming of van een of meer van haar groepsondernemingen.

3. Voor de toepassing van het eerste lid worden de rechten ten aanzien van het kapitaal en het stemrecht niet toegerekend aan een onderneming, indien zij deze voor rekening van anderen houdt.

4. Voor de toepassing van het eerste lid worden stemrechten, verbonden aan verpande aandelen, toegerekend aan de pandhouder, indien hij mag bepalen hoe de rechten worden uitgeoefend. Zijn de aandelen evenwel verpand voor een lening die de pandhouder heeft verstrekt in de gewone uitoefening van zijn bedrijf, dan worden de stemrechten hem slechts toegerekend, indien hij deze in eigen belang heeft uitgeoefend.

5. Geen moederonderneming is een onderneming als bedoeld in artikel 3, vijfde lid, onder a. of c. van Verordening (EG) 139/2004 van de Raad van 20 januari 2004 betreffende de controle op concentraties van ondernemingen (PbEG 2004 L 24).

6. Het recht dat op een onderneming van toepassing is, bepaalt of die onderneming een moederonderneming is als bedoeld in het eerste lid. Indien dat recht niet het recht van een betrokken staat is, wordt dat bepaald door het recht dat van toepassing is op de groepsonderneming, waarvan het bestuur de moederonderneming vertegenwoordigt krachtens artikel 1, derde lid.

7. Indien meer ondernemingen van een groep aan een of meer criteria van het eerste lid voldoen,

a. wordt de onderneming die voldoet aan het criterium, bedoeld in het eerste lid, onderdeel a aangemerkt als moederonderneming, waarbij het benoemingsrecht met betrekking tot het leidinggevend orgaan voorrang heeft;

b. heeft, indien toepassing van onderdeel a niet leidt tot aanmerking van één onderneming als moederonderneming, het criterium, bedoeld in het eerste lid, onderdeel b, voorrang boven dat, bedoeld in het eerste lid, onderdeel c;

een en ander onverminderd het bewijs dat een andere onderneming een overheersende invloed kan uitoefenen.

Art. 3

1. In deze wet wordt, voor zover het in Nederland werkzame personen betreft, onder werknemer verstaan: degene die krachtens een arbeidsovereenkomst werkzaam is in de communautaire

Europese ondernemingsraad, definitie moederonderneming

Europese ondernemingsraad, definitie (vertegenwoordiger) werknemer

B18 art. 4

Wet op de Europese ondernemingsraden

onderneming of de communautaire groep, en voor zover het in de overige betrokken staten werkzame personen betreft: hetgeen het recht van die betrokken staat daaronder verstaat.

2. Voor de toepassing van de artikelen 4, achtste tot en met tiende lid, 7, 8, tweede lid, en 11, derde lid, onderdeel e, zesde en achtste lid, wordt onder vertegenwoordigers van werknemers verstaan: hetgeen daaronder wordt verstaan krachtens het recht van de betrokken staat waarin die werknemers werkzaam zijn; voor Nederland zijn dat ondernemingsraden.

Art. 4

Europese ondernemingsraad, rechten en verplichtingen leden

1. Ten aanzien van de in Nederland werkzame werknemers die lid zijn van een bijzondere onderhandelingsgroep of van een Europese ondernemingsraad dan wel optreden als vertegenwoordigers bij een andere wijze van informatieverstrekking en raadpleging van werknemers, gelden het tweede tot en met het zevende lid.

2. Deze werknemers behouden hun aanspraak op loon voor de tijd gedurende welke zij niet de bedongen arbeid hebben verricht ten gevolge van het bijwonen van een vergadering van de bijzondere onderhandelingsgroep of van de Europese ondernemingsraad, dan wel van een vergadering in het kader van de andere wijze van informatieverstrekking en raadpleging.

3. Voor zover dat redelijkerwijs noodzakelijk is voor de vervulling van hun taak, wordt hun in werktijd en met behoud van loon de gelegenheid geboden tot onderling beraad en overleg met andere personen over aangelegenheden waarbij zij in de uitoefening van hun functie zijn betrokken en om scholing en vorming te ontvangen. Aan hen worden voorzieningen ter beschikking gesteld, die zij in de uitoefening van hun taak redelijkerwijs nodig hebben.

4. Zij zijn verplicht tot geheimhouding van alle zaken- en bedrijfsgeheimen die zij in hun hoedanigheid vernemen, alsmede van alle aangelegenheden ten aanzien waarvan hun geheimhouding is opgelegd of waarvan zij, in verband met opgelegde geheimhouding, het vertrouwelijke karakter moeten begrijpen. Deze verplichting geldt ook voor personen die een functie als bedoeld in het eerste lid vervullen zonder werknemer te zijn.

5. De verplichting tot geheimhouding geldt niet tegenover hem die wordt benaderd voor overleg of als deskundige als bedoeld in de artikelen 12 en 20, mits het hoofdbestuur of degene die de geheimhouding heeft opgelegd, vooraf daarvoor toestemming heeft gegeven en de betrokken persoon schriftelijk heeft verklaard dat hij zich ten aanzien van de betrokken aangelegenheid tot geheimhouding verplicht. In dat geval is ten aanzien van de bedoelde persoon de geheimhoudingsplicht van toepassing.

6. De plicht tot geheimhouding vervalt niet door beëindiging van de in het eerste lid bedoelde functie, noch door beëindiging van de werkzaamheden van de betrokkene in de onderneming.

7. De werkgever draagt er zorg voor, dat degenen die kandidaat staan of gestaan hebben voor een functie als bedoeld in het eerste lid, alsmede degenen die deze functie vervullen of hebben vervuld, niet uit hoofde hiervan worden benadeeld in hun positie in de onderneming.

8. Onverminderd enige op hen rustende verplichting tot geheimhouding informeren de werknemers, die lid zijn van een Europese ondernemingsraad dan wel optreden als vertegenwoordigers bij een andere procedure van informatieverstrekking en raadpleging van werknemers, de werknemersvertegenwoordigers binnen de communautaire onderneming of groep, of, als die er niet zijn, alle werknemers over de inhoud en de resultaten van de informatie- en raadplegingsprocedure die overeenkomstig deze wet heeft plaatsgevonden.

9. Iedere in Nederland werkzame werknemer of werknemersvertegenwoordiger kan van de werkgever verlangen dat deze hem gegevens verstrekt die benodigd zijn voor de opening van onderhandelingen als bedoeld in artikel 8, eerste lid. Deze gegevens bevatten in ieder geval een overzicht van het aantal werknemers dat bij de communautaire onderneming of groep werkzaam is en de verdeling van deze werknemers over de verschillende betrokken staten.

10. De werkgever van een in Nederland werkzame werknemer die is aangewezen of gekozen als lid van een bijzondere onderhandelingsgroep of van een Europese ondernemingsraad doet van die verkiezing of aanwijzing mededeling aan het hoofdbestuur.

Art. 5

Europese ondernemingsraad, vorderen naleving wet

1. Iedere belanghebbende kan de ondernemingskamer van het gerechtshof Amsterdam verzoeken te bepalen dat gevolg dient te worden gegeven aan hetgeen is bepaald bij deze wet, met uitzondering van artikel 4, voor zo ver het tweede lid niet anders bepaalt, of bij een overeenkomst als bedoeld in de artikelen 11 of 24. Een bijzondere onderhandelingsgroep of de leden daarvan en een Europese ondernemingsraad, ingesteld krachtens deze wet, kunnen niet in de proceskosten van deze procedure worden veroordeeld.

2. De bijzondere onderhandelingsgroep of de leden daarvan en een Europese ondernemingsraad kunnen aan de ondernemingskamer van het gerechtshof Amsterdam verzoeken om:

a. krachtens artikel 4, vierde en vijfde lid, 11, zevende lid of 19, zesde lid, opgelegde geheimhouding op te heffen op de grond dat degene die de geheimhouding heeft opgelegd bij afweging van de betrokken belangen niet in redelijkheid tot het opleggen van geheimhouding had kunnen besluiten;

b. degene die informatie heeft geweigerd krachtens artikel 11, zevende lid, of 19, zesde lid, te verplichten tot het verstrekken van informatie op de grond dat deze bij afweging van de betrokken belangen niet in redelijkheid tot het weigeren van informatie had kunnen besluiten.

Hoofdstuk 2 Informatieverstrekking en raadpleging van werknemers in Nederlandse communautaire ondernemingen en groepen

Paragraaf 1 Algemene bepalingen

Art. 6

1. Dit hoofdstuk is van toepassing op een communautaire onderneming en een moederonderneming met woonplaats of zetel in Nederland.

Werkingssfeer

2. Ingeval een communautaire onderneming of moederonderneming haar woonplaats of zetel buiten de betrokken staten heeft, is dit hoofdstuk van toepassing, indien de in artikel 1, tweede en derde lid, bedoelde vestiging onderscheidenlijk groepsonderneming woonplaats of zetel heeft in Nederland.

Art. 7

1. Een communautaire onderneming of de moederonderneming verstrekt aan werknemers of hun vertegenwoordigers gegevens die benodigd zijn voor de opening van onderhandelingen als bedoeld in artikel 8, eerste lid. Deze gegevens bevatten in ieder geval een overzicht van het aantal werknemers dat bij de communautaire onderneming of groep werkzaam is en de verdeling van deze werknemers over de verschillende betrokken staten.

Europese ondernemingsraad, informatieplicht aantal werknemers

2. Indien na de instelling van de bijzondere onderhandelingsgroep belangrijke wijzigingen optreden in de gegevens, bedoeld in het eerste lid, verstrekt een communautaire onderneming of moederonderneming zo spoedig mogelijk na deze wijziging een gewijzigd overzicht aan de bijzondere onderhandelingsgroep en, indien die situatie zich voordoet, aan de werknemers of hun vertegenwoordigers van een communautaire onderneming of groep uit een betrokken staat die nog niet in de bijzondere onderhandelingsgroep zijn vertegenwoordigd.

Paragraaf 2 Overeenkomsten omtrent informatieverstrekking en raadpleging

Art. 8

1. Het hoofdbestuur kan een bijzondere onderhandelingsgroep oprichten teneinde daarmee in onderhandeling te treden over een overeenkomst tot instelling van een Europese ondernemingsraad, al dan niet overeenkomstig paragraaf 3, of tot een regeling waarbij op een andere wijze wordt voorzien in het verstrekken van inlichtingen aan en het raadplegen van werknemers of hun vertegenwoordigers over grensoverschrijdende aangelegenheden.

Bijzondere onderhandelingsgroep, oprichting

2. Het hoofdbestuur is verplicht tot instelling van een bijzondere onderhandelingsgroep als bedoeld in het eerste lid, indien van ten minste 100 werknemers of hun vertegenwoordigers afkomstig uit tenminste twee ondernemingen of vestigingen in ten minste twee verschillende betrokken staten een schriftelijk verzoek daartoe is ontvangen. Indien een verzoek daartoe is ontvangen door een tot de communautaire onderneming of groep behorende vestiging of onderneming, draagt het hoofdbestuur er zorg voor dat het verzoek onverwijld naar hem wordt doorgezonden en dat van de doorzending mededeling wordt gedaan aan de verzoekers.

3. De in het tweede lid bedoelde verplichting geldt, indien de bijzondere onderhandelingsgroep een besluit heeft genomen als bedoeld in artikel 11, tweede lid, niet gedurende twee jaar na het nemen van dat besluit, tenzij het hoofdbestuur en de bijzondere onderhandelingsgroep anders zijn overeengekomen.

Art. 9

1. De bijzondere onderhandelingsgroep bestaat uit een zodanig aantal vertegenwoordigers van de werknemers van de communautaire onderneming of groep dat is gewaarborgd dat per betrokken staat een lid wordt gekozen of aangewezen voor elke 10%, of een deel daarvan, van de werknemers die in de betrokken staat werkzaam zijn, berekend over het totale aantal werknemers dat bij de communautaire onderneming of groep in alle betrokken staten tezamen werkzaam is.

Bijzondere onderhandelingsgroep, samenstelling

2. Elk lid wordt gekozen of aangewezen overeenkomstig het recht van de betrokken staat waarin hij werkzaam is.

3. Het aantal leden van de bijzondere onderhandelingsgroep en de zetelverdeling wordt in overeenstemming gehouden met het eerste lid. Indien het aantal leden uit een betrokken staat wijzigt zonder dat met betrekking tot die zetels een nieuwe verkiezing of aanwijzing heeft plaatsgevonden, hebben de voor de betrokken staat zitting hebbende leden voor de toepassing van artikel 13 samen zoveel stemmen als overeenkomt met het aantal leden dat voor die betrokken staat krachtens het eerste lid is vastgesteld en vertegenwoordigen zij samen de in die betrokken staat werkzame werknemers van de communautaire onderneming of groep in een door hen te bepalen verhouding, dan wel, indien daarover geen overeenstemming wordt bereikt, naar verhouding van het aantal werknemers dat zij vertegenwoordigden voor de wijziging.

Art. 10

Bijzondere onderhandelingsgroep, aanwijzing leden in Nederland

1. Met betrekking tot de Nederlandse vestigingen en ondernemingen worden de leden van de bijzondere onderhandelingsgroep aangewezen, dan wel wordt hun aanwijzing ingetrokken, door de bij de vestigingen of ondernemingen ingestelde ondernemingsraden.

2. Indien met betrekking tot ondernemingsraden als bedoeld in het eerste lid een of meer centrale ondernemingsraden zijn ingesteld, geschiedt de aanwijzing of intrekking door die raad of raden.

3. Indien geen centrale ondernemingsraad is ingesteld, maar wel een of meer groepsondernemingsraden, geschiedt de aanwijzing of intrekking door die raad of raden.

4. Indien niet alle ondernemingsraden of groepsondernemingsraden zijn vertegenwoordigd in een centrale ondernemingsraad of groepsondernemingsraden, geschiedt de aanwijzing of intrekking door de centrale onderscheidenlijk groepsondernemingsraad of raden en de nietvertegenwoordigde ondernemingsraden gezamenlijk.

5. Indien er geen enkele ondernemingsraad is ingesteld, worden de leden van de bijzondere onderhandelingsgroep gekozen door de gezamenlijke in Nederland werkzame werknemers van de communautaire onderneming of groep. De verkiezing geschiedt bij geheime schriftelijke stemming, waarbij elke werknemer één stem heeft. Ten behoeve van de verkiezing is een vereniging van werknemers, die bedoelde werknemers onder haar leden telt, krachtens haar statuten ten doel heeft de belangen van haar leden als werknemers te behartigen en als zodanig binnen de betrokken onderneming of groep werkzaam is en voorts in het bezit is van volledige rechtsbevoegdheid, bevoegd een kandidatenlijst in te dienen, mits zij met haar leden binnen de onderneming of groep over de samenstelling van de kandidatenlijst overleg heeft gepleegd.

6. Bij de toepassing van het eerste tot en met vierde lid worden werknemers van Nederlandse vestigingen of ondernemingen die niet in een ondernemingsraad, groepsondernemingsraad of centrale ondernemingsraad vertegenwoordigd zijn in de gelegenheid gesteld zich over de als lid van de bijzondere onderhandelingsgroep aan te wijzen personen uit te spreken.

Art. 11

Bijzondere onderhandelingsgroep, instelling Europese ondernemingsraad

1. Na de oprichting van de bijzondere onderhandelingsgroep belegt het hoofdbestuur met deze een vergadering teneinde te onderhandelen over een overeenkomst als bedoeld in artikel 8, eerste lid. Het stelt de groep in de gelegenheid om bijeen te komen voor en na deze vergadering.

2. Zolang een overeenkomst als bedoeld in artikel 8, eerste lid, niet tot stand is gekomen, kan de bijzondere onderhandelingsgroep besluiten om geen onderhandelingen aan te gaan, dan wel reeds lopende onderhandelingen af te breken.

Bijzondere onderhandelingsgroep, reglement Europese ondernemingsraad

3. Indien het hoofdbestuur en de bijzondere onderhandelingsgroep overeenkomen een Europese ondernemingsraad in te stellen, dan wordt bij overeenkomst tevens het reglement van de raad vastgesteld. Tenzij het hoofdbestuur en de bijzondere onderhandelingsgroep anders overeenkomen, regelt het reglement tenminste de volgende aangelegenheden:

a. voor welke vestigingen of ondernemingen van de communautaire onderneming of groep de Europese ondernemingsraad is ingesteld;

b. de omvang en samenstelling van de raad, waarbij werknemers zoveel mogelijk evenwichtig vertegenwoordigd worden, en de zittingsduur van zijn leden;

c. het werkterrein en de bevoegdheden van de raad;

d. de wijze waarop de raad wordt ingelicht en geraadpleegd;

e. de wijze waarop de informatieverstrekking en raadpleging van de raad en de informatieverstrekking en raadpleging van de vertegenwoordigers van werknemers, bedoeld in artikel 3, tweede lid, aan elkaar worden gekoppeld, rekening houdend met hun bevoegdheden;

f. de frequentie, duur en plaats van de vergaderingen van de raad;

g. de financiële en materiële middelen waarover de raad kan beschikken;

h. indien binnen de raad een beperkt comité wordt ingesteld: de samenstelling, de aanwijzingsprocedure, de taakomschrijving en het reglement daarvan.

4. Indien het hoofdbestuur en de bijzondere onderhandelingsgroep een andere procedure van informatieverstrekking en raadpleging van werknemers of hun vertegenwoordigers dan de instelling van een Europese ondernemingsraad overeenkomen, wordt bij overeenkomst tevens vastgelegd op welke wijze dit zal gebeuren. Daarbij wordt tenminste voorzien in het navolgende:

a. voor welke vestigingen of ondernemingen van de communautaire onderneming of groep de procedure geldt;

b. hoe de werknemers of hun vertegenwoordigers worden ingelicht en geraadpleegd over grensoverschrijdende aangelegenheden die belangrijke gevolgen voor de werknemers hebben;

c. de wijze waarop de werknemers of hun vertegenwoordigers over de in onderdeel *b* bedoelde aangelegenheden kunnen vergaderen;

d. de financiële en materiële middelen die voor de uitvoering van de procedure ter beschikking worden gesteld.

5. Het hoofdbestuur en de bijzondere onderhandelingsgroep kunnen overeenkomen dat voor delen van de communautaire onderneming of groep afzonderlijke Europese ondernemingsraden zullen worden ingesteld, dan wel afzonderlijke procedures zullen gelden. Eveneens kunnen zij overeenkomen dat voor een of meer delen van de communautaire onderneming of groep een of meer Europese ondernemingsraden worden ingesteld en voor andere delen een of meer procedures zullen gelden.

6. De overeenkomst tussen het hoofdbestuur en de bijzondere onderhandelingsgroep houdt bepalingen in omtrent de datum van inwerkingtreding, de duur van de overeenkomst, de wijze waarop de overeenkomst kan worden gewijzigd of opgezegd, de gevallen waarin en wijze waarop wordt onderhandeld over een nieuwe overeenkomst en de wijze waarop de overeenkomst wordt aangepast aan wijzigingen in de structuur of grootte van de communautaire onderneming of groep en in de aantallen werknemers die in de betrokken staten werkzaam zijn. Indien deze bepalingen niet inhouden, dat werknemers of hun vertegenwoordigers van ondernemingen of vestigingen, die na het sluiten van de overeenkomst tot de communautaire onderneming of groep zijn gaan behoren, binnen twee jaar worden betrokken bij de vernieuwing of aanpassing daarvan dan wel niet binnen twee jaar worden vertegenwoordigd in de Europese ondernemingsraad of bij de andere procedure van informatieverstrekking en raadpleging, is het hoofdbestuur verplicht om een nieuw samengestelde bijzondere onderhandelingsgroep in te stellen indien tenminste 100 zodanige werknemers of hun vertegenwoordigers daarom verzoeken.

7. Het hoofdbestuur behoeft geen informatie te verstrekken, voor zover dat in redelijkheid het functioneren van de communautaire onderneming of de groep ernstig zou belemmeren dan wel schaden. Het hoofdbestuur kan terzake van de informatieverstrekking geheimhouding opleggen, indien daarvoor een redelijke grond bestaat; zoveel mogelijk vóór de behandeling van de betrokken aangelegenheid wordt meegedeeld, welke grond bestaat voor het opleggen van de geheimhouding, welke schriftelijk of mondeling verstrekte gegevens onder de geheimhouding vallen, hoelang deze dient te duren, alsmede of er personen zijn ten aanzien van wie de geheimhouding niet in acht behoeft te worden genomen.

8. Indien de overeenkomst geen regels bevat als bedoeld in het derde lid, onderdeel e, vangt, in het geval er beslissingen worden overwogen, die waarschijnlijk belangrijke wijzigingen in de arbeidsorganisatie of de arbeidsovereenkomsten met zich brengen, de informatieverstrekking en raadpleging van de raad en de informatieverstrekking en raadpleging van de vertegenwoordigers van werknemers, bedoeld in artikel 3, tweede lid, zoveel mogelijk gelijktijdig aan.

9. Het hoofdbestuur staat in voor de naleving van rechten en verplichtingen, opgenomen in de overeenkomst.

Art. 12

1. De bijzondere onderhandelingsgroep kan zich in de onderhandelingen doen bijstaan door een of meer deskundigen van haar keuze, waaronder vertegenwoordigers van bevoegde en erkende werknemersorganisaties op communautair niveau als bedoeld in artikel 154 van het Verdrag betreffende de werking van de Europese Unie. Deze deskundigen kunnen op verzoek van de bijzondere onderhandelingsgroep als adviseur aanwezig zijn in de vergaderingen, bedoeld in artikel 11, eerste lid.

2. De kosten die redelijkerwijze noodzakelijk zijn voor de vervulling van de taak van de bijzondere onderhandelingsgroep komen ten laste van de communautaire onderneming of de moederonderneming. Voor de kosten van het raadplegen van een of meer deskundigen of van het voeren van rechtsgedingen geldt dit slechts, indien de communautaire onderneming of de moederonderneming vooraf van de te maken kosten in kennis is gesteld.

Art. 13

1. Ieder lid van de bijzondere onderhandelingsgroep heeft, onverminderd artikel 9, derde lid, één stem. De bijzondere onderhandelingsgroep besluit bij volstrekte meerderheid van het aantal uitgebrachte stemmen.

2. Een besluit als bedoeld in artikel 11, tweede lid, behoeft een meerderheid van twee derden van het aantal uitgebrachte stemmen.

3. Een besluit tot het aangaan van een overeenkomst als bedoeld in artikel 11, eerste lid, behoeft tenminste zoveel stemmen als overeenkomt met de meerderheid van het aantal stemmen dat kan worden uitgebracht wanneer de bijzondere onderhandelingsgroep voltallig vergadert.

Art. 14

1. Het hoofdbestuur draagt er zorg voor dat binnen de communautaire onderneming of groep de samenstelling van de bijzondere onderhandelingsgroep alsmede het tijdstip waarop een vergadering als bedoeld in artikel 11 zal worden gehouden, wordt bekendgemaakt.

2. Het hoofdbestuur stelt tevens de bevoegde en erkende werknemers- en werkgeversorganisaties op communautair niveau als bedoeld in artikel 154 van het Verdrag betreffende werking

Bijzondere onderhandelingsgroep, bijstand deskundigen

Bijzondere onderhandelingsgroep, stemrecht leden

Bijzondere onderhandelingsgroep, bekendmaking samenstelling/vergadertijdstip

van de Europese Unie, in kennis van de samenstelling van de bijzondere onderhandelingsgroep, alsmede van het begin van de onderhandelingen, bedoeld in artikel 8, eerste lid.

Art. 14a

Bijzondere onderhandelingsgroep, oprichting bij structuurwijziging

1. Indien de structuur van de communautaire onderneming of groep, ingrijpend wordt gewijzigd en in de toepasselijke overeenkomsten daarover geen of strijdige bepalingen zijn opgenomen start het hoofdbestuur op eigen initiatief of op schriftelijk verzoek van ten minste 100 werknemers of hun vertegenwoordigers afkomstig uit ten minste twee ondernemingen of vestigingen in ten minste twee verschillende betrokken staten de in artikel 8, eerste lid, bedoelde onderhandelingen en richt daartoe een bijzondere onderhandelingsgroep op.

2. Behalve de overeenkomstig artikel 9 gekozen of aangewezen leden van de bijzondere onderhandelingsgroep, zijn ten minste drie leden van de bestaande Europese ondernemingsraad of van elk van de bestaande Europese ondernemingsraden lid van de bijzondere onderhandelingsgroep.

3. Tijdens de onderhandelingen, bedoeld in het eerste lid, blijven de bestaande Europese ondernemingsraad of -raden functioneren in overeenstemming met de toepasselijke overeenkomst of overeenkomsten, dan wel blijft een andere procedure van informatieverstrekking en raadpleging van werknemers van toepassing, indien die is overeengekomen.

Paragraaf 3
Subsidiaire bepalingen over informatieverstrekking en raadpleging buiten overeenkomst

Art. 15

Europese ondernemingsraad, instellingsverplichting

Het hoofdbestuur is verplicht overeenkomstig deze paragraaf een Europese ondernemingsraad in te stellen indien:

a. het hoofdbestuur er blijk van heeft gegeven niet binnen zes maanden na de ontvangst van een verzoek als bedoeld in artikel 8, tweede lid, te zullen onderhandelen met een bijzondere onderhandelingsgroep;

b. het hoofdbestuur en de bijzondere onderhandelingsgroep geen overeenkomst als bedoeld in artikel 8, eerste lid hebben gesloten binnen drie jaar na de ontvangst van een verzoek als bedoeld in artikel 8, tweede lid, dan wel, indien het hoofdbestuur de bijzondere onderhandelingsgroep eigener beweging heeft ingesteld, binnen drie jaar na de datum van de instelling, tenzij een besluit als bedoeld in artikel 11, tweede lid, van kracht is.

Art. 16

Europese ondernemingsraad, vertegenwoordigingspercentage werknemers

1. De Europese ondernemingsraad bestaat uit een zodanig aantal vertegenwoordigers van de werknemers van de communautaire onderneming of groep dat is gewaarborgd dat per betrokken staat een lid wordt gekozen of aangewezen voor elke 10%, of een deel daarvan, van de werknemers die in de betrokken staat werkzaam zijn, berekend over het totale aantal werknemers dat bij de communautaire onderneming of groep in alle betrokken staten tezamen werkzaam is.

Europese ondernemingsraad, verkiezing leden

2. Elk lid wordt gekozen of aangewezen overeenkomstig het recht van de betrokken staat waar hij werkzaam is.

Europese ondernemingsraad, zetelverdeling

3. Het aantal leden van Europese ondernemingsraad en de zetelverdeling wordt in overeenstemming gehouden met het eerste lid. Indien het aantal leden uit een betrokken staat wijzigt zonder dat met betrekking tot die zetels een nieuwe verkiezing of aanwijzing heeft plaatsgevonden, hebben de voor die betrokken staat zitting hebbende leden voor de toepassing van de relevante bepalingen inzake de stemverhoudingen binnen de Europese ondernemingsraad samen zoveel stemmen als overeenkomt met het aantal leden dat voor die betrokken staat krachtens het eerste lid is vastgesteld en vertegenwoordigen zij samen de in die betrokken staat werkzame werknemers van de communautaire onderneming of groep in een door hen te bepalen verhouding, dan wel, indien daarover geen overeenstemming wordt bereikt, naar verhouding van het aantal werknemers dat zij vertegenwoordigden voor de wijziging.

Art. 17

Europese ondernemingsraad, verkiezing leden Nederlandse vestiging/onderneming

1. Met betrekking tot de Nederlandse vestigingen en ondernemingen worden de leden van de Europese ondernemingsraad aangewezen of verkozen, dan wel wordt hun aanwijzing ingetrokken, overeenkomstig artikel 10, met dien verstande dat de leden zitting hebben voor de duur van vier jaren.

2. Alleen werknemers van de communautaire onderneming of groep kunnen als lid worden aangewezen of verkozen. Het lidmaatschap eindigt van rechtswege wanneer het lid ophoudt werknemer te zijn.

Europese ondernemingsraad, lid van bemanning zeeschip

3. Een lid van een bijzondere onderhandelingsgroep of van de Europese ondernemingsraad of diens plaatsvervanger, die lid is van de bemanning van een zeeschip, heeft het recht deel te nemen aan een vergadering van de bijzondere onderhandelingsgroep of van de Europese Ondernemingsraad of aan elke andere raadpleging die wordt georganiseerd, indien dat lid of die plaatsvervanger ten tijde van de vergadering niet op zee is of zich bevindt in een haven in een ander land dan waar de rederij is gevestigd. Voor zover mogelijk wordt een vergadering zo ge-

Wet op de Europese ondernemingsraden B18 art. 19

pland dat het lid of diens plaatsvervanger op eenvoudige wijze aan de vergadering kan deelnemen. Voor zover het lid of diens plaatsvervanger verhinderd is een vergadering bij te wonen, wordt geprobeerd de inbreng van het lid of diens plaatsvervanger langs andere weg te verkrijgen.

Art. 18

1. De Europese ondernemingsraad kiest uit zijn midden een voorzitter en een of meer plaatsvervangende voorzitters. De voorzitter, of bij diens verhindering de plaatsvervangende voorzitter, vertegenwoordigt de Europese ondernemingsraad in rechte.

Europese ondernemingsraad, voorzitter

2. De Europese ondernemingsraad kan uit zijn midden een beperkt comité bestaande uit ten hoogste vijf leden kiezen.

Europese ondernemingsraad, beperkt comité

3. De Europese ondernemingsraad stelt een reglement van orde vast. Alvorens het reglement wordt vastgesteld wordt het hoofdbestuur in de gelegenheid gesteld zijn standpunt kenbaar te maken. Indien een beperkt comité is gekozen, worden in het reglement de bevoegdheden van dat comité vastgesteld, alsmede de voorzieningen die noodzakelijk zijn om zijn werkzaamheden te kunnen uitvoeren.

Europese ondernemingsraad, reglement van orde

Art. 19

1. De informatieverstrekking aan de Europese ondernemingsraad betreft in ieder geval:
a. de structuur, de economische en financiële situatie, de vermoedelijke ontwikkeling van de activiteiten, de productie en de afzet van de communautaire onderneming of groep;
b. de stand en de vermoedelijke ontwikkeling van de werkgelegenheid, de investeringen, wezenlijke veranderingen in de organisatie, de invoering van nieuwe werkmethoden of productieprocessen, de zorg voor het milieu, fusie, of inkrimping van ondernemingen, vestigingen of belangrijke onderdelen daarvan.

Europese ondernemingsraad, informatieverstrekking

2. Het hoofdbestuur informeert zo spoedig mogelijk de Europese ondernemingsraad of het beperkte comité over alle bijzondere omstandigheden en voorgenomen besluiten die aanzienlijke gevolgen hebben voor de belangen van de werknemers, in het bijzonder betreffende verplaatsing of sluiting van ondernemingen, vestigingen of belangrijke onderdelen daarvan of collectief ontslag.

3. De raadpleging van de Europese ondernemingsraad verloopt op zodanige wijze dat deze met het hoofdbestuur of een ander passender bestuursniveau binnen de communautaire onderneming of groep met een eigen beslissingsbevoegdheid inzake de te behandelen onderwerpen bijeen kan komen en een met redenen omkleed antwoord op zijn adviezen kan krijgen. Raadpleging betreft in ieder geval de onderwerpen, bedoeld in het eerste lid, onderdeel b, en het tweede lid.

4. Het hoofdbestuur en de Europese ondernemingsraad komen ten minste één maal per kalenderjaar in vergadering bijeen. In de vergadering wordt de Europese ondernemingsraad aan de hand van een door het hoofdbestuur opgesteld schriftelijk rapport geïnformeerd en geraadpleegd over de ontwikkeling van de activiteiten en de vooruitzichten van de communautaire onderneming of groep. Het hoofdbestuur draagt er zorg voor dat deze jaarlijkse vergadering binnen de communautaire onderneming of groep wordt bekendgemaakt.

5. Indien de Europese ondernemingsraad of het beperkte comité dat verzoekt, komt deze met het hoofdbestuur of een ander geschikter bestuursniveau binnen de communautaire onderneming of groep met een eigen beslissingsbevoegdheid inzake de te behandelen onderwerpen in vergadering bijeen, om aan de hand van een door de communautaire onderneming of groep opgesteld schriftelijk rapport over de in het tweede lid genoemde omstandigheden en voorgenomen besluiten nader te worden geïnformeerd en geraadpleegd. Voor een vergadering met het beperkte comité worden mede uitgenodigd de leden van de Europese ondernemingsraad die mede gekozen of aangewezen zijn door de werknemers van de vestigingen of ondernemingen die door de betreffende omstandigheden of voorgenomen besluiten rechtstreeks worden geraakt. De vergadering doet geen afbreuk aan de bevoegdheden van het hoofdbestuur.

6. Het hoofdbestuur behoeft geen informatie te verstrekken, voor zover dat in redelijkheid het functioneren van de communautaire onderneming of groep ernstig zou belemmeren dan wel schaden. Het hoofdbestuur kan terzake van de informatieverstrekking geheimhouding opleggen, indien daarvoor een redelijke grond bestaat. Zoveel mogelijk voor de behandeling van de betrokken aangelegenheid wordt meegedeeld, welke grond bestaat voor het opleggen van de geheimhouding, welke schriftelijk of mondeling verstrekte gegevens onder de geheimhouding vallen, hoelang deze duurt, alsmede of er personen zijn ten aanzien van wie de geheimhouding niet in acht behoeft te worden genomen.

7. Het hoofdbestuur stelt de Europese ondernemingsraad of het beperkt comité in de gelegenheid om bijeen te komen voor en na elke vergadering met het hoofdbestuur.

8. Het voorzitterschap van een bijeenkomst als bedoeld in het vierde of vijfde lid wordt, tenzij anders wordt afgesproken, afwisselend bekleed door het hoofdbestuur en de Europese ondernemingsraad.

Art. 20

Europese ondernemingsraad, bijstand deskundigen

1. De Europese ondernemingsraad en het beperkt comité kunnen zich doen bijstaan door deskundigen van hun keuze voor zover dit voor het verrichten van hun taken noodzakelijk is.

2. De kosten die redelijkerwijze noodzakelijk zijn voor de vervulling van de taak van de Europese ondernemingsraad en het beperkt comité komen ten laste van de communautaire onderneming of de moederonderneming. De verplichting tot het dragen van de kosten van door de Europese ondernemingsraad ingeschakelde deskundigen beperkt zich tot één deskundige per agendaonderwerp, tenzij de Europese ondernemingsraad en de communautaire onderneming of de moederonderneming anders overeenkomen.

3. De eerste volzin van het tweede lid is eveneens van toepassing op het voeren van rechtsgedingen, echter onder de voorwaarde dat de communautaire onderneming of de moederonderneming vooraf van de te maken kosten in kennis is gesteld.

Art. 21

Europese ondernemingsraad, evaluatie

1. Uiterlijk vier jaar na zijn instelling besluit de Europese ondernemingsraad, al dan niet op voorstel van het hoofdbestuur, of het wenselijk is met het hoofdbestuur in onderhandeling te treden over het sluiten van een overeenkomst als bedoeld in artikel 8, eerste lid.

2. De artikelen 11, derde tot en met zesde lid, en 13, eerste en derde lid, zijn van overeenkomstige toepassing, met dien verstande dat de Europese ondernemingsraad hierbij in de plaats treedt van de bijzondere onderhandelingsgroep.

Art. 22

Europese ondernemingsraad, bekendmaking samenstelling/vergadertijdstip

Het hoofdbestuur draagt er zorg voor dat binnen de communautaire onderneming of groep de samenstelling van de Europese ondernemingsraad alsmede het tijdstip waarop een vergadering als bedoeld in artikel 19 zal worden gehouden, wordt bekendgemaakt.

Hoofdstuk 3 Informatieverstrekking en raadpleging van werknemers in niet-Nederlandse communautaire ondernemingen en groepen

Art. 23

Europese ondernemingsraad, niet-Nederlandse communautaire onderneming of groep

Indien ter uitvoering van de richtlijn in een andere betrokken staat dan Nederland bij een communautaire onderneming of groep een bijzondere onderhandelingsgroep dan wel een Europese ondernemingsraad als bedoeld in de bijlage bij de richtlijn wordt ingesteld, zijn op de Nederlandse vestigingen of ondernemingen van die communautaire onderneming of groep de artikelen 10 en 17 van overeenkomstige toepassing.

Hoofdstuk 4 Slotbepalingen

Art. 24

Werkingssfeer

1. Deze wet is, behoudens de artikelen 5 en 14a, niet van toepassing ten aanzien van een communautaire onderneming of groep die voor 5 februari 1997 partij was bij een of meer in werking getreden overeenkomsten, mits deze overeenkomsten voorzien in een regeling terzake van informatieverstrekking aan en raadpleging van de werknemers over grensoverschrijdende aangelegenheden, en die gesloten zijn met een werknemersvertegenwoordiging die de communautaire onderneming of groep redelijkerwijis representatief mocht achten voor de werknemers uit de betrokken staten.

2. Deze wet, zoals die luidde op de dag voor de inwerkingtreding van de Wet van 7 november 2011 tot wijziging van de Wet op de Europese ondernemingsraden in verband met de uitvoering van richtlijn 2009/38/EG van het Europees Parlement en de Raad van de Europese Unie van 6 mei 2009 (PbEU 2009, L 122), houdende herschikking van richtlijn 94/45/ EG, inzake de instelling van een Europese ondernemingsraad of van een procedure in ondernemingen of concerns met een communautaire dimensie ter informatie en raadpleging van de werknemers blijft, behoudens de artikelen 5 en 14a, van toepassing op een communautaire onderneming of groep die partij is bij een overeenkomst als bedoeld in artikel 8, eerste lid, betrekking hebbend op het hele personeelsbestand, die in de periode van 5 juni 2009 tot 5 juni 2011 is ondertekend of herzien.

3. Artikel 11, negende lid, is van overeenkomstige toepassing.

4. Dit artikel is van overeenkomstige toepassing op een communautaire onderneming of groep, die met ingang van 15 december 1999 onder de werking van deze wet zou komen te vallen uitsluitend als gevolg van het gaan gelden van de richtlijn voor het Verenigd Koninkrijk, maar die op die datum partij is bij een of meer in werking getreden overeenkomsten als bedoeld in het eerste lid.

Art. 25

1. Voor de toepassing van artikel 9 behoeft slechts rekening te worden gehouden met die betrokken staten, waar de communautaire onderneming of groep werknemers heeft en waarvan de wetgeving ter uitvoering van de richtlijn in werking is getreden.

2. Indien een overeenkomst als bedoeld in artikel 8 niet een bepaling bevat, dat werknemers of hun vertegenwoordigers van ondernemingen of vestigingen van de communautaire onderneming of groep in betrokken staten, waarmee overeenkomstig het eerste lid geen rekening is gehouden bij de samenstelling van de bijzondere onderhandelingsgroep, binnen twee jaar na de inwerkingtreding van de wetgeving van die betrokken staat ter uitvoering van de richtlijn worden betrokken bij de vernieuwing of aanpassing van de overeenkomst dan wel binnen die termijn worden vertegenwoordigd in de Europese ondernemingsraad of bij de andere procedure van inlichting en raadpleging, wordt die overeenkomst herzien met inachtneming van artikel 9.

Art. 26

[Vervallen]

Art. 27

Deze wet treedt in werking met ingang van 22 september 1996. Indien het *Staatsblad* waarin deze wet wordt geplaatst wordt uitgegeven na 21 september 1996, treedt zij in werking met ingang van de dag na de datum van uitgifte van het *Staatsblad* waarin zij wordt geplaatst.

Art. 28

Deze wet wordt aangehaald als: Wet op de Europese ondernemingsraden.

Slotbepalingen

Inwerkingtreding

Citeertitel

Handelsregisterwet 2007^1

Wet van 22 maart 2007, houdende regels omtrent een basisregister van ondernemingen en rechtspersonen (Handelsregisterwet 2007)

Wij Beatrix, bij de gratie Gods, Koningin der Nederlanden, Prinses van Oranje-Nassau, enz. enz. enz.

Allen, die deze zullen zien of horen lezen, saluut! doen te weten:

Alzo Wij in overweging genomen hebben, dat het ter bevordering van een goede vervulling van publiekrechtelijke taken wenselijk is om het handelsregister uit te breiden en om te vormen tot een basisregister van ondernemingen en rechtspersonen;

Zo is het, dat Wij, de Raad van State gehoord, en met gemeen overleg der Staten-Generaal, hebben goedgevonden en verstaan, gelijk Wij goedvinden en verstaan bij deze:

Hoofdstuk 1 Begripsbepalingen

Art. 1

Begripsbepalingen

1. In deze wet en de daarop rustende bepalingen wordt verstaan onder:

a. Onze Minister: Onze Minister van Economische Zaken en Klimaat;

b. onderneming: een onderneming als bedoeld in artikel 5;

c. rechtspersoon: een rechtspersoon als bedoeld in artikel 6;

d. publiekrechtelijke rechtspersoon: een publiekrechtelijke rechtspersoon als bedoeld in artikel 1 van Boek 2 van het Burgerlijk Wetboek;

e. kerkgenootschap: een kerkgenootschap als bedoeld in artikel 2 van Boek 2 van het Burgerlijk Wetboek;

f. basisregister: een verzameling gegevens waarvan bij wet is bepaald dat deze authentieke gegevens bevat;

g. authentiek gegeven: een in een basisregister opgenomen gegeven dat bij of krachtens wet als authentiek wordt aangemerkt;

h. handelsregister: het register, bedoeld in artikel 2;

i. Kamer: de Kamer van Koophandel, genoemd in artikel 2 van de Wet op de Kamer van Koophandel;

j. vestiging: een gebouw of complex van gebouwen waar duurzame uitoefening van de activiteiten van een onderneming of rechtspersoon plaatsvindt;

k. hoofdvestiging: een door een onderneming of een rechtspersoon als zodanig aangemerkte vestiging;

l. nevenvestiging: een vestiging niet zijnde de hoofdvestiging;

m. hoofdnederzetting: een in Nederland gelegen nevenvestiging van een buiten Nederland gevestigde onderneming of rechtspersoon of, indien er meer nevenvestigingen zijn, de door een onderneming of rechtspersoon als hoofdnederzetting aangemerkte nevenvestiging;

n. verordening 2137/85: verordening (EEG) nr. 2137/85 van de Raad van de Europese Gemeenschappen van 25 juli 1985 tot instelling van Europese economische samenwerkingsverbanden (EESV) (PbEG L 199);

o. verordening 2157/2001: verordening (EG) nr. 2157/2001 van de Raad van de Europese Unie van 8 oktober 2001 betreffende het statuut van de Europese vennootschap (SE) (PbEG L 294);

p. uiteindelijk belanghebbende: uiteindelijk belanghebbende als bedoeld in artikel 10a, eerste lid, van de Wet ter voorkoming van witwassen en financieren van terrorisme;

q. Financiële inlichtingen eenheid: de Financiële inlichtingen eenheid, bedoeld in artikel 12, eerste lid, van de Wet ter voorkoming van witwassen en financieren van terrorisme.

2. Onder publiekrechtelijke rechtspersoon wordt mede verstaan een Europese groepering voor territoriale samenwerking als bedoeld in artikel 1 van verordening (EG) nr. 1082/2006 van het Europees Parlement en de Raad van de Europese Unie van 5 juli 2006 betreffende een Europese groepering voor territoriale samenwerking (EGTS) (PbEU L 210).

---

1 Inwerkingtredingsdatum: 01-01-2008; zoals laatstelijk gewijzigd bij: Stb. 2020, 491.

Hoofdstuk 2 Het handelsregister

§ 2.1 *Instellen handelsregister*

Art. 2

Er is een handelsregister van ondernemingen en rechtspersonen:
a. ter bevordering van de rechtszekerheid in het economisch verkeer;
b. voor de verstrekking van gegevens van algemene, feitelijke aard omtrent de samenstelling van ondernemingen en rechtspersonen ter bevordering van de economische belangen van handel, industrie, ambacht en dienstverlening;
c. voor het registreren van alle ondernemingen en rechtspersonen als onderdeel van de gegevenshuishouding die bijdraagt aan het efficiënt functioneren van en de rechtshandhaving door de overheid;
d. voor het registreren van uiteindelijk belanghebbenden ter voorkoming van het gebruik van het financiële stelsel voor het witwassen van geld en terrorismefinanciering.

Art. 3

1. Het handelsregister wordt gehouden door de Kamer.
2. Ten aanzien van verwerkingen ten behoeve van het handelsregister is de Kamer verwerkingsverantwoordelijke.
3. De Kamer kan met machtiging van Onze Minister werkzaamheden laten verrichten door een verwerker.

Art. 4

1. Onze Minister stelt bij ministeriële regeling een systeembeschrijving vast. De systeembeschrijving geeft de inrichting en werking van het handelsregister aan.
2. De Kamer draagt zorg voor een goede beschikbaarheid, werking en beveiliging van het handelsregister.

§ 2.2 *Inhoud handelsregister*

Art. 5

In het handelsregister worden de volgende ondernemingen ingeschreven:
a. een onderneming die in Nederland is gevestigd en die toebehoort aan een naamloze vennootschap, een besloten vennootschap met beperkte aansprakelijkheid, een vennootschap onder firma, een commanditaire vennootschap, een maatschap, een rederij, een coöperatie, een onderlinge waarborgmaatschappij, een vereniging, een stichting, een kerkgenootschap of een publiekrechtelijke rechtspersoon;
b. een onderneming die in Nederland gevestigd is en die toebehoort aan een natuurlijke persoon;
c. een onderneming die toebehoort aan een Europese naamloze vennootschap, een Europese coöperatieve vennootschap of een Europees economisch samenwerkingsverband die volgens haar statuten haar zetel in Nederland heeft;
d. een onderneming die toebehoort aan een buitenlandse rechtspersoon die een hoofd- of een nevenvestiging in Nederland heeft;
e. een onderneming die in Nederland is gevestigd en die toebehoort aan een ander dan genoemd in onderdeel a tot en met d;
f. een onderneming die niet in Nederland is gevestigd en die toebehoort aan een in Nederland opgerichte maatschap, vennootschap onder firma, commanditaire vennootschap of rederij.

Art. 6

1. In het handelsregister worden de volgende rechtspersonen die volgens hun statuten hun zetel in Nederland hebben ingeschreven:
a. een naamloze vennootschap, een besloten vennootschap met beperkte aansprakelijkheid, een Europese naamloze vennootschap, een Europees economisch samenwerkingsverband, een Europese coöperatieve vennootschap, een coöperatie en een onderlinge waarborgmaatschappij;
b. een vereniging met volledige rechtsbevoegdheid, een vereniging van eigenaars, een stichting en overige privaatrechtelijke rechtspersonen;
c. een publiekrechtelijke rechtspersoon, met dien verstande dat in plaats van de Staat de ministeries, bedoeld in artikel 2.1, eerste lid, van de Comptabiliteitswet 2016 en de dienstonderdelen van een ministerie die overeenkomstig artikel 2.20 van de Comptabiliteitswet 2016 zijn aangewezen worden ingeschreven.
2. Een vereniging zonder volledige rechtsbevoegdheid kan worden ingeschreven.
3. Bij algemene maatregel van bestuur wordt bepaald op welke wijze de organisatie waarvan een of meer kerkgenootschappen deel uitmaken, wordt ingeschreven in het handelsregister en

B19 art. 7 **Handelsregisterwet 2007**

tevens kan worden bepaald of en in hoeverre zelfstandige onderdelen of lichamen waarin zij zijn verenigd moeten worden ingeschreven in het handelsregister.

4. De voordracht voor een krachtens het derde lid vast te stellen algemene maatregel van bestuur wordt niet eerder gedaan dan vier weken nadat het ontwerp aan beide kamers der Staten-Generaal is overgelegd.

Onderdelen publiekrechtelijke rechtspersonen

5. Bij algemene maatregel van bestuur kan worden bepaald dat, in aanvulling op het eerste lid, onderdeel c, onderdelen van een publiekrechtelijke rechtspersoon kunnen worden ingeschreven in het handelsregister.

Art. 7

Onderneming toebehorend aan rechtspersoon

Indien aan een rechtspersoon als bedoeld in artikel 6 een onderneming toebehoort die als zodanig overeenkomstig artikel 5 moet worden ingeschreven, geldt de inschrijving van de onderneming tevens als inschrijving van de rechtspersoon.

Art. 8

Aanwijzing andere rechtspersonen

Bij algemene maatregel van bestuur:

a. kunnen andere rechtspersonen worden aangewezen die worden ingeschreven in het handelsregister indien dit noodzakelijk is voor het toereikend functioneren van het handelsregister;

b. kan nader worden bepaald wanneer sprake is van een onderneming.

Art. 9

Gegevens onderneming

In het handelsregister worden over een onderneming opgenomen:

a. een door de Kamer toegekend uniek nummer;

b. de handelsnaam of de handelsnamen;

c. de datum van aanvang, voortzetting of beëindiging;

d. degene aan wie de onderneming toebehoort;

e. de vestigingen.

Art. 10

Gegevens van degene aan wie een onderneming toebehoort

1. In het handelsregister worden over degene aan wie een onderneming toebehoort, indien deze een rechtspersoon is, de in artikel 12 genoemde gegevens opgenomen.

2. In het handelsregister worden over degene aan wie een onderneming toebehoort, indien deze een natuurlijke persoon is, opgenomen:

a. het burgerservicenummer, bedoeld in artikel 1, onderdeel b, van de Wet algemene bepalingen burgerservicenummer, het geslacht, de geboorteplaats en het geboorteland;

b. de naam;

c. het adres;

d. de geboortedatum;

e. de datum van overlijden.

3. In het handelsregister worden over degene aan wie een onderneming toebehoort, die geen rechtspersoon en geen natuurlijke persoon is, opgenomen:

a. een door de Kamer toegekend uniek nummer;

b. de naam;

c. de datum van aanvang, voortzetting of beëindiging;

d. de rechtsvorm;

e. de leden, maten of vennoten, met uitzondering van de commanditaire vennoten, en:

$1°.$ indien deze natuurlijke personen zijn,

– het burgerservicenummer, bedoeld in artikel 1, onderdeel b, van de Wet algemene bepalingen burgerservicenummer, het geslacht, de geboorteplaats en het geboorteland,

– de naam,

– het adres,

– de geboortedatum,

– de datum van overlijden;

$2°.$ indien deze geen natuurlijke personen zijn,

– een door een kamer toegekend uniek nummer,

– de naam;

– de rechtsvorm en de statutaire zetel,

– de datum van aanvang of beëindiging.

Art. 11

Handelsregister, gegevens vestiging onderneming

1. In het handelsregister worden over een vestiging van een onderneming opgenomen:

a. een door de Kamer toegekend uniek nummer;

b. de handelsnaam of handelsnamen;

c. het post- en bezoekadres;

d. de datum van ingebruikname en beëindiging.

2. Indien een onderneming meerdere vestigingen heeft, wordt in het handelsregister opgenomen welke vestiging de hoofdvestiging of de hoofdnederzetting is.

Art. 12

Gegevens rechtspersoon

In het handelsregister worden over een rechtspersoon opgenomen:

a. een door de Kamer toegekend uniek nummer;
b. de naam;
c. de rechtsvorm en de statutaire zetel;
d. de datum van aanvang of beëindiging.

Art. 13

In het handelsregister worden over een activiteit van een rechtspersoon waaraan geen onderneming toebehoort opgenomen:

a. een door de Kamer toegekend uniek nummer voor de activiteiten van de rechtspersoon, tenzij er sprake is van een publiekrechtelijke rechtspersoon;
b. de datum van aanvang, voortzetting of beëindiging;
c. de vestigingen.

Art. 14

1. In het handelsregister worden over een vestiging van een rechtspersoon waaraan geen onderneming toebehoort opgenomen:
a. een door de Kamer toegekend uniek nummer;
b. de naam;
c. het post- en bezoekadres;
d. de datum van ingebruikname of beëindiging.

2. Indien een rechtspersoon meerdere vestigingen heeft, wordt in het handelsregister opgenomen welke vestiging de hoofdvestiging of de hoofdnederzetting is.

Art. 15

De in artikel 9 tot en met 14 genoemde gegevens zijn authentieke gegevens.

Art. 15a

1. In het handelsregister wordt opgenomen wie de uiteindelijk belanghebbende is of de uiteindelijk belanghebbenden zijn van vennootschappen of andere juridische entiteiten als bedoeld in artikel 10a, tweede lid, van de Wet ter voorkoming van witwassen en financieren van terrorisme die overeenkomstig de artikelen 5 of 6, eerste lid, zijn ingeschreven in het handelsregister, met uitzondering van verenigingen van eigenaars en overige privaatrechtelijke rechtspersonen als bedoeld in artikel 6, eerste lid, onderdeel b.

2. In het handelsregister wordt over een uiteindelijk belanghebbende opgenomen:
a. het burgerservicenummer, bedoeld in artikel 1, onderdeel b, van de Wet algemene bepalingen burgerservicenummer, indien dat aan hem is toegekend;
b. een fiscaal identificatienummer van een ander land dan Nederland waarvan hij ingezetene is, indien dat door zijn woonstaat aan hem is toegekend;
c. de naam, de geboortemaand en het geboortejaar, de woonstaat en de nationaliteit;
d. de geboortedag, de geboorteplaats, het geboorteland en het woonadres;
e. de aard van het door de uiteindelijk belanghebbende gehouden economische belang en de omvang van dit belang, aangeduid in bij algemene maatregel van bestuur vast te stellen klassen.

3. In het handelsregister worden ten aanzien van een uiteindelijk belanghebbende gedeponeerd:
a. afschriften van de documenten op grond waarvan de gegevens, bedoeld in het tweede lid, onderdelen a, b, c en d, zijn geverifieerd;
b. afschriften van de documenten, behorende tot bij algemene maatregel van bestuur aan te wijzen categorieën, waaruit de aard en omvang van het economische belang, bedoeld in het tweede lid, onderdeel e, blijken.

Art. 16

1. In het handelsregister worden gegevens opgenomen die noodzakelijk zijn voor een goede vastlegging en verstrekking van de in artikel 9 tot en met 14 bedoelde gegevens en gegevens omtrent de herkomst van die gegevens.

2. In het handelsregister wordt indien een authentiek gegeven in onderzoek is, een aantekening opgenomen dat het gegeven in onderzoek is.

Art. 16a

1. In het handelsregister wordt de door een publiekrechtelijke rechtspersoon verleende volmacht tot het verrichten van privaatrechtelijke rechtshandelingen opgenomen.

2. Artikel 25 is niet van toepassing op de in het eerste lid bedoelde gegevens.

Art. 16b

1. In het handelsregister wordt over een rechtspersoon dan wel een onderneming een indicatie van het aantal arbeidsverhoudingen opgenomen, samengesteld op basis van gegevens uit de polisadministratie, bedoeld in artikel 33 van de Wet structuur uitvoeringsorganisatie werk en inkomen, met een aanduiding van de verhouding naar in ieder geval geslacht en arbeidsduur.

2. Bij algemene maatregel van bestuur worden regels gesteld ter uitvoering van het eerste lid, betreffende in ieder geval de werkwijze omtrent het opnemen van de indicatie van het aantal arbeidsverhoudingen in het handelsregister en de samenstelling van die indicatie.

3. De artikelen 25 en 32, derde en vierde lid, zijn niet van toepassing op de in het eerste lid bedoelde gegevens.

Art. 17

Opnemen andere gegevens

1. Bij algemene maatregel van bestuur kan worden bepaald:
a. dat andere gegevens dan de in artikel 9 tot en met 14 genoemde gegevens in het handelsregister worden opgenomen of dat bescheiden bij het handelsregister worden gedeponeerd voor zover dit van belang is voor de in artikel 2 genoemde doelen en er geen gewichtige redenen zijn die zich daartegen verzetten;
b. dat in het handelsregister opgenomen gegevens worden overgenomen uit een ander basisregister;
c. dat voor de in artikel 6, eerste lid, onderdeel c, en artikel 6, derde lid, bedoelde rechtspersonen bepaalde in artikel 12, 13 en 14 bedoelde gegevens niet behoeven te worden ingeschreven.

2. De voordracht voor een krachtens het eerste lid vast te stellen algemene maatregel van bestuur wordt niet eerder gedaan dan vier weken nadat het ontwerp aan beide kamers der Staten-Generaal is overgelegd.

Hoofdstuk 3 De inschrijving in het handelsregister

Art. 18

Handelsregister, inschrijfprocedure

1. Tot het doen van opgave ter inschrijving in het handelsregister is verplicht degene aan wie een onderneming toebehoort, of, indien het de inschrijving betreft van een rechtspersoon als bedoeld in artikel 6, eerste lid, onderdeel a en b, het tweede lid en derde lid, ieder der bestuurders van de rechtspersoon.

2. Indien het eerste lid niet van toepassing is, is tot het doen van opgave ter inschrijving in het handelsregister verplicht degene die belast is met de dagelijkse leiding van een onderneming of rechtspersoon.

3. Indien geen van de in het eerste lid bedoelde personen in Nederland is gevestigd, is tot het doen van de opgave tevens verplicht degene die in Nederland belast is met de dagelijkse leiding van een onderneming of rechtspersoon.

4. Indien een onderneming of rechtspersoon buiten Nederland is gevestigd, is tot het doen van de opgave tevens verplicht degene die belast is met de dagelijkse leiding van de hoofdnederzetting of, indien die er niet is, de door de onderneming of rechtspersoon aangewezen gevolmachtigde handelsagent.

5. Tot het doen van opgave ter inschrijving in het handelsregister is een publiekrechtelijke rechtspersoon verplicht.

6. Bij algemene maatregel van bestuur kunnen andere personen worden aangewezen die verplicht of bevoegd zijn tot het doen van daarbij aangewezen opgaven.

Art. 19

Handelsregister, inschrijving in

1. De daartoe verplichte personen doen, met inachtneming van het bij algemene maatregel van bestuur bepaalde, de opgaven die de Kamer nodig heeft om ervoor te zorgen dat de in artikel 9 tot en met 14, 15a, tweede lid, en 16a, eerste lid, genoemde en de in artikel 17, onderdeel a, bedoelde gegevens te allen tijde juist en volledig in het handelsregister ingeschreven zijn.

2. Het eerste lid is van overeenkomstige toepassing op het deponeren van bescheiden.

3. Op berichtenverkeer met betrekking tot enige inschrijving of doorhaling in het handelsregister tussen de Kamer en een onderneming, niet zijnde een dienstverrichter als bedoeld in artikel 1 van de Dienstenwet die onder de reikwijdte van die wet valt, zijn de paragrafen 3.3, 3.4 en artikel 5, tweede lid, van de Dienstenwet van overeenkomstige toepassing.

4. Regels die op grond van artikel 5, derde lid, van de Dienstenwet bij of krachtens algemene maatregel van bestuur zijn gesteld, zijn van overeenkomstige toepassing op berichtenverkeer als bedoeld in het derde lid.

5. Het derde en vierde lid zijn niet van toepassing op:
a. uitwisseling van gegevens of bescheiden die betrekking hebben op procedures van bezwaar, beroep of andere rechterlijke procedures of vormen van geschilbeslechting;
b. het verrichten van betalingen.

Art. 19a

Handelsregister, deponering langs elektronische weg

1. Bij algemene maatregel van bestuur wordt voor daarbij aangewezen rechtspersonen bepaald dat voor daarbij aangewezen bescheiden waarvan bij of krachtens de wet is voorgeschreven dat die bij het handelsregister worden gedeponeerd, deponering daarvan uitsluitend langs elektronische weg plaatsvindt en worden regels gesteld over de wijze waarop de deponering moet plaatsvinden.

2. Voor aangewezen bescheiden als bedoeld in het eerste lid, waarvan de inhoud betrekking heeft op enig boekjaar, wordt bij de in het eerste lid bedoelde algemene maatregel van bestuur tevens bepaald vanaf welk boekjaar de in het eerste lid bedoelde verplichting daarop van toepassing is.

3. De Kamer draagt zorg voor het langs elektronische weg kunnen ontvangen van aangewezen bescheiden als bedoeld in het eerste lid op de in dat lid genoemde algemene maatregel van bestuur vastgestelde wijze.

4. Bij algemene maatregel van bestuur kan worden bepaald dat de Kamer ondersteunende voorzieningen beschikbaar stelt, voor zover dit ten behoeve van het deponeren van op grond van het eerste lid aangewezen bescheiden door op grond van het eerste lid aangewezen rechtspersonen noodzakelijk is.

Art. 20

1. De opgave voor de eerste inschrijving van een onderneming wordt gedaan binnen een periode van twee weken, die begint een week vóór en eindigt een week ná de aanvang van de bedrijfsuitoefening. De opgave voor de eerste inschrijving van een rechtspersoon wordt gedaan binnen één week na het plaatsvinden van het feit ten gevolge waarvan de verplichting tot inschrijving ontstaat.

Handelsregister, termijn inschrijving

2. De andere voorgeschreven opgaven worden gedaan uiterlijk een week na het plaatsvinden van het feit ten gevolge waarvan de verplichting tot de opgave ontstaat.

3. De verplichting tot het doen van een opgave eindigt zodra die opgave is gedaan door iemand anders die daartoe verplicht of bevoegd was of, voor zover de Kamer bevoegd is tot het wijzigen van gegevens, zodra de Kamer de desbetreffende wijziging heeft ingeschreven.

4. Bij of krachtens algemene maatregel van bestuur worden regels gesteld over:

Nadere regels

a. de wijze waarop gegevens in het handelsregister worden opgenomen;

b. de termijnen voor het opnemen van gegevens in het handelsregister;

c. de actualiteit van het overnemen van een gegeven uit een ander basisregister.

5. Met toepassing van artikel 28, eerste lid, laatste zinsnede, van de Dienstenwet is paragraaf 4.1.3.3. van de Algemene wet bestuursrecht niet van toepassing op een opgave ter inschrijving in het handelsregister.

Hoofdstuk 4
De verstrekking en het gebruik van gegevens

§ 4.1

De verstrekking van gegevens, algemeen

Art. 21

1. De in de artikelen 9, 10, met uitzondering van het tweede lid, onderdeel a en het derde lid, onderdeel e, onder 1°, eerste gedachtestreepje, 11, 12, 13, 14, 15a, tweede lid, met uitzondering van de onderdelen a, b en d, 16, tweede lid, en 16a, eerste lid, genoemde gegevens, de in artikel 17, eerste lid, onderdeel a, bedoelde gegevens, en de krachtens wettelijk voorschrift gedeponeerde bescheiden, met uitzondering van de bescheiden, bedoeld in artikel 15a, derde lid, kunnen door een ieder worden ingezien.

Handelsregister, inzage gegevens

2. Een handtekening kan niet in elektronische vorm worden ingezien.

Art. 22

1. De Kamer verstrekt op elektronisch verzoek, indien gewenst in elektronische vorm, een afschrift van of uittreksel uit de gegevens en bescheiden, bedoeld in artikel 21.

Handelsregister, gegevensverstrekking

2. De Kamer verstrekt op elektronisch verzoek gegevens van algemene, feitelijke aard omtrent de samenstelling van ondernemingen en rechtspersonen uit het handelsregister ter bevordering van de economische belangen van handel, industrie, ambacht en dienstverlening. Bij het verstrekken van gegevens omtrent de samenstelling van ondernemingen en rechtspersonen worden deze gegevens niet gerangschikt naar natuurlijke personen.

3. Een verzoek als bedoeld in het eerste of tweede lid wordt mede door de Kamer in behandeling genomen indien het op andere dan elektronische wijze is gedaan.

4. In afwijking van het eerste lid verstrekt de Kamer een handtekening niet in elektronische vorm.

Art. 23

Bij algemene maatregel van bestuur kunnen ter bescherming van de persoonlijke levenssfeer van de personen die in het handelsregister staan ingeschreven voor daarbij aangewezen gegevens of bescheiden of categorieën van gegevens of bescheiden, beperkingen worden vastgesteld ten aanzien van het bepaalde in de artikelen 21, 22 en 28.

Nadere regels

§ 4.2

Publicatie inschrijvingen

Art. 24

1. Heeft de opgave van een gegeven ter inschrijving in het handelsregister betrekking op een naamloze vennootschap, een besloten vennootschap met beperkte aansprakelijkheid, een Europese naamloze vennootschap, een Europees economisch samenwerkingsverband, een Europese

Handelsregister, mededeling inschrijving

coöperatieve vennootschap of een andere bij algemene maatregel van bestuur aangewezen rechtspersoon of vennootschap, dan draagt de Kamer er zorg voor dat daarvan zo spoedig mogelijk mededeling wordt gedaan in een door Onze Minister aangewezen publicatieblad of een ander, even doeltreffend instrument, dat ten minste het gebruik van een systeem omvat dat in chronologische volgorde via een centraal elektronisch platform toegang tot de openbaar gemaakte informatie biedt.

2. Het eerste lid is mede van toepassing op een wijziging van het ingeschrevene en op een deponering van bescheiden.

Nadere regels

3. Bij algemene maatregel van bestuur kunnen gegevens en bescheiden worden aangewezen waarvoor het eerste of tweede lid niet geldt.

§ 4.3 *Derdenwerking*

Art. 25

Handelsregister, derdenwerking

1. Op een feit dat door inschrijving of deponering moet worden bekendgemaakt, kan tegenover derden die daarvan onkundig waren geen beroep worden gedaan zolang de inschrijving of deponering en, voor zover van toepassing, de in artikel 24 bedoelde mededeling niet hebben plaatsgevonden.

2. Indien de derde aantoont dat hij onmogelijk kennis heeft kunnen nemen van een mededeling als bedoeld in artikel 24 kan hij zich erop beroepen dat hij van het bekendgemaakte feit onkundig was, mits dit beroep betrekking heeft op hetgeen heeft plaatsgevonden binnen vijftien dagen nadat de mededeling was geschied. De Algemene Termijnenwet is op deze termijn niet van toepassing.

3. Degene aan wie een onderneming toebehoort, de ingeschreven rechtspersoon of de degene die enig feit heeft opgegeven of verplicht is enig feit op te geven, kan aan derden die daarvan onkundig waren niet de onjuistheid of onvolledigheid van de inschrijving of van de in artikel 24 bedoelde mededeling tegenwerpen. Met de inschrijving wordt de deponering van bescheiden gelijkgesteld.

4. Dit artikel is niet van toepassing ten aanzien van:

a. artikel 811, tweede lid, van Boek 7 van het Burgerlijk Wetboek;

b. opgaven betreffende aangelegenheden die ingevolge enig wettelijk voorschrift – niet zijnde Boek 2 van het Burgerlijk Wetboek, verordening 2137/85 of verordening 2157/2001 – ook op andere wijze worden bekend gemaakt;

c. de bij algemene maatregel van bestuur aangewezen gegevens;

d. de gegevens, bedoeld in artikel 15a, tweede lid, en de bescheiden, bedoeld in artikel 15a, derde lid.

Art. 26

Handelsregister, mededeling EG

De Kamer draagt zorg voor mededeling aan het Bureau voor officiële publicaties der Europese Gemeenschappen als bedoeld in artikel 39, tweede lid, van verordening 2137/85 en artikel 14, derde lid, van verordening 2157/2001.

§ 4.4 *Verplichte vermelding nummer*

Art. 27

Handelsregister, verplichte vermelding inschrijvingsnummer

1. De volgende in het handelsregister ingeschreven ondernemingen of rechtspersonen zorgen ervoor dat op alle van die onderneming of die rechtspersoon uitgaande brieven, orders, facturen, offertes en andere aankondigingen, met uitzondering van reclames, is vermeld onder welk nummer deze in het handelsregister is ingeschreven:

a. de in artikel 5 en 6, eerste lid, onderdeel a, genoemde ondernemingen en rechtspersonen;

b. de in artikel 6, eerste lid, onderdeel b, genoemde rechtspersonen, tenzij stukken uitgaan van een rechtspersoon waaraan geen onderneming toebehoort.

2. Het in het eerste lid bedoelde nummer is het nummer, bedoeld in artikel 9, onderdeel a, of in artikel 13, onderdeel a.

3. Bij ministeriële regeling kan vrijstelling worden verleend van het in het eerste lid bepaalde. Een vrijstelling kan niet worden verleend:

a. aan Europese economische samenwerkingsverbanden;

b. voor zover het betreft brieven en orders, aan naamloze vennootschappen, besloten vennootschappen met beperkte aansprakelijkheid en Europese naamloze vennootschappen.

Hoofdstuk 5 Verstrekking van gegevens aan bestuursorganen en andere bevoegde autoriteiten en gebruik van gegevens door bestuursorganen

§ 5.1 Verstrekking aan bestuursorganen en andere bevoegde autoriteiten

Art. 28

1. De in artikel 10, tweede lid, onderdeel a, en derde lid, onderdeel e, onder 1°, eerste gedachtestreepje, en artikel 16, eerste lid, bedoelde gegevens kunnen worden ingezien door een bestuursorgaan in het kader van de uitoefening van zijn wettelijke taak of bevoegdheid of een rechtspersoon met een overheidstaak als bedoeld in artikel 1, eerste lid, onderdeel a, van de Wet bevordering integriteitsbeoordelingen door het openbaar bestuur in het kader van de uitoefening van zijn wettelijke bevoegdheid.

2. De in artikel 15a, tweede lid, onderdelen a, b en d, genoemde gegevens en de in artikel 15a, derde lid, genoemde bescheiden kunnen door de Financiële inlichtingen eenheid of een bij algemene maatregel van bestuur aangewezen bevoegde autoriteit worden ingezien.

3. Artikel 22 is van overeenkomstige toepassing op verstrekking van gegevens als bedoeld in het eerste of tweede lid.

4. Bij het verstrekken van gegevens omtrent de samenstelling van ondernemingen en rechtspersonen aan een bestuursorgaan als bedoeld in artikel 1:1, eerste lid, onderdeel a, van de Algemene wet bestuursrecht of rechtspersoon met een overheidstaak als bedoeld in artikel 1, onder a, van de Wet bevordering integriteitsbeoordelingen door het openbaar bestuur worden deze gegevens uitsluitend gerangschikt naar natuurlijke personen indien het verzoek daartoe wordt gedaan door:

a. Onze Minister van Veiligheid en Justitie ten behoeve van de taak, bedoeld in artikel 2, eerste lid, van de Wet controle op rechtspersonen of ten behoeve van de uitvoering van de Vreemdelingenwet 2000;

b. een officier van justitie ten behoeve van de opsporing van strafbare feiten;

c. de rijksbelastingdienst voor de uitvoering van zijn taken;

d. het Uitvoeringsinstituut werknemersverzekeringen of de Sociale verzekeringsbank, bedoeld in de Wet structuur uitvoeringsorganisatie werk en inkomen, of Onze Minister van Sociale Zaken en Werkgelegenheid voor de uitvoering van hun bij of krachtens wet opgedragen taken;

e. burgemeesters en wethouders voor de uitvoering van de Wet gemeentelijke schulphulpverlening, Participatiewet, de Wet inkomensvoorziening oudere en gedeeltelijk arbeidsongeschikte werkloze werknemers en de Wet inkomensvoorziening oudere en gedeeltelijk arbeidsongeschikte gewezen zelfstandigen;

f. het Bureau bevordering integriteitsbeoordelingen door het openbaar bestuur ten behoeve van het geven van een advies als bedoeld in artikel 9 van de Wet bevordering integriteitsbeoordelingen door het openbaar bestuur en een bestuursorgaan als bedoeld in artikel 1:1, eerste lid, onderdeel a, van de Algemene wet bestuursrecht of rechtspersoon met een overheidstaak als bedoeld in artikel 1, onder a, van die wet, in het geval waarin hij bevoegd is tot toepassing van de Wet bevordering integriteitsbeoordelingen door het openbaar bestuur;

g. de Autoriteit Consument en Markt voor de uitvoering van haar taken;

h. de raad van bestuur van de Autoriteit Financiële Markten voor de uitvoering van zijn taken;

i. [vervallen;]

j. Onze verantwoordelijke Minister als bedoeld in de Uitvoeringswet screeningsverordening buitenlandse directe investeringen, indien deze op grond van artikel 4, tweede lid, onderdeel a, van die wet gebruik maakt van gegevens uit het handelsregister;

k. Onze Minister van Sociale Zaken en Werkgelegenheid en de colleges van burgemeester en wethouders voor hun taak, bedoeld in artikel 1.47a van de Wet kinderopvang.

5. Bij het verstrekken van gegevens en bescheiden omtrent de uiteindelijk belanghebbenden worden deze gegevens uitsluitend gerangschikt naar natuurlijke personen, indien het verzoek daartoe wordt gedaan door de Financiële inlichtingen eenheid of een krachtens het tweede lid aangewezen bevoegde autoriteit, voor zover de Financiële inlichtingen eenheid of die bevoegde autoriteit handelt in het kader van de uitoefening van haar wettelijke taak of bevoegdheid.

6. De Kamer verstrekt de gegevens en bescheiden omtrent een uiteindelijk belanghebbende aan de Financiële inlichtingen eenheid of aan een krachtens het tweede lid aangewezen bevoegde autoriteit op een zodanige wijze dat de vennootschap of andere juridische entiteit, bedoeld in artikel 15a, eerste lid, geen weet heeft van de verstrekking.

Art. 29

Vervallen

§ 5.2
Gebruik door bestuursorganen

Art. 30

Handelsregister, gebruik door bestuursorganen

1. Een bestuursorgaan als bedoeld in artikel 1:1, eerste lid, onderdeel a, van de Algemene wet bestuursrecht dat bij de vervulling van zijn taak informatie over een onderneming of rechtspersoon nodig heeft die in de vorm van een authentiek gegeven beschikbaar is in het handelsregister, gebruikt voor die informatie dat gegeven.

2. Het eerste lid is niet van toepassing indien:

a. in het handelsregister is opgenomen dat een gegeven in onderzoek is;

b. het bestuursorgaan een melding doet als bedoeld in artikel 32, eerste lid;

c. bij wettelijk voorschrift anders is bepaald;

d. een goede vervulling van de taak van het bestuursorgaan door de onverkorte toepassing van het eerste lid wordt belet.

§ 5.3
Eenmalige gegevensverstrekking

Art. 31

Handelsregister, eenmalige gegevensverstrekking

Een onderneming of rechtspersoon aan wie door een bestuursorgaan als bedoeld in artikel 1:1, eerste lid, onderdeel a, van de Algemene wet bestuursrecht een gegeven wordt gevraagd, waarop artikel 30, eerste lid, van toepassing is, behoeft dat gegeven niet mede te delen, behoudens voor zover het gegeven noodzakelijk wordt geacht voor een deugdelijke vaststelling van de identiteit van de onderneming of rechtspersoon.

Hoofdstuk 6
Wijziging van de in het handelsregister opgenomen gegevens

Art. 32

Handelsregister, melding gewijzigde gegevens

1. Een bestuursorgaan dat gerede twijfel heeft over de juistheid van een authentiek gegeven dat hij verstrekt heeft gekregen uit het handelsregister, doet hiervan melding aan een kamer.

2. Een bestuursorgaan dat gerede twijfel heeft over de juistheid van het ontbreken van een authentiek gegeven in het handelsregister, doet hiervan melding aan een kamer.

Art. 33

Handelsregister, melding met betrekking tot gegevens uit ander register

Indien de melding betrekking heeft op een gegeven dat ingevolge artikel 17, onderdeel b, uit een ander register is overgenomen, zendt de Kamer deze melding aan de beheerder van het register waaruit dit gegeven afkomstig is.

Art. 34

Handelsregister, wijziging gegevens in onderzoek

1. Indien een melding als bedoeld in artikel 32, eerste lid, niet is doorgezonden naar de beheerder van een ander register, tekent de Kamer binnen een bij ministeriële regeling vastgestelde termijn aan dat het gegeven in onderzoek is, tenzij de Kamer binnen deze termijn beslist over de wijziging van dat gegeven.

2. Indien een gegeven in onderzoek is, beslist de Kamer over wijziging van dat gegeven.

3. Indien een beslissing, bedoeld in het eerste of tweede lid, leidt tot wijziging van de gegevens, doet de Kamer onverwijld schriftelijk mededeling aan een tot opgave verplichte persoon.

4. De Kamer verwijdert de aantekening dat een gegeven in onderzoek is indien een besluit als bedoeld in het tweede lid niet tot wijziging van gegevens leidt.

Art. 35

Schakelbepaling

De beslissing, bedoeld in artikel 34, tweede lid, geldt als een besluit in de zin van de Algemene wet bestuursrecht.

Art. 36

Handelsregister, bezwaar/beroep tegen wijziging

1. Indien tegen een beslissing, bedoeld in artikel 34, eerste en tweede lid, bezwaar wordt gemaakt of beroep wordt ingesteld, tekent, voor zover dit nog niet het geval is, de Kamer in het handelsregister aan dat een gegeven in onderzoek is.

2. Nadat op het bezwaar of beroep onherroepelijk is beslist, schrijft de Kamer indien nodig een wijziging in het handelsregister in en verwijdert de Kamer de aantekening dat een gegeven in onderzoek is.

Art. 37

Schakelbepaling

Op een melding als bedoeld in artikel 32, tweede lid, zijn de artikelen 33, 34, tweede en derde lid, 35 en 36 van overeenkomstige toepassing.

Art. 38

Schakelbepaling

1. Indien de Kamer gerede twijfel heeft over de juistheid van authentieke gegevens, zijn de artikelen 33 tot en met 36 van overeenkomstige toepassing.

2. Bij algemene maatregel van bestuur kunnen niet-authentieke gegevens worden aangewezen waarop het eerste lid van overeenkomstige toepassing is.

3. Op een verzoek als bedoeld in de artikelen 16 en 17 van de Algemene verordening gegevensbescherming, zijn de artikelen 33 tot en met 36 van overeenkomstige toepassing.

Art. 38a

1. Een krachtens artikel 28, tweede lid, aangewezen bevoegde autoriteit doet melding aan de Kamer van iedere discrepantie die zij aantreft tussen een gegeven omtrent een uiteindelijk belanghebbende dat zij verstrekt heeft gekregen uit het handelsregister en de informatie over die uiteindelijk belanghebbende waarover zij uit anderen hoofde beschikt.

UBO, melding bij discrepantie verkregen gegevens

2. Het eerste lid is niet van toepassing indien nakoming van de in dat lid neergelegde verplichting de uitoefening van de wettelijke taak of bevoegdheid van de betreffende bevoegde autoriteit onnodig zou doorkruisen.

3. Op een melding als bedoeld in het eerste lid is het bepaalde bij of krachtens de artikelen 33, 34, 35 en 36 van toepassing.

Art. 39

Bij of krachtens algemene maatregel van bestuur worden nadere regels gesteld met betrekking tot:

Nadere regels

a. de melding, bedoeld in artikel 32;
b. de doorzending van de melding, bedoeld in artikel 33;
c. het plaatsen van de aantekening in onderzoek, bedoeld in artikel 34, eerste lid;
d. het besluit over de melding, bedoeld in artikel 34, tweede lid;
e. de gegevens die over de terugmelding en het onderzoek in het register worden opgenomen ingevolge artikel 16, eerste lid;
f. de criteria om een inschrijving te weigeren.

Hoofdstuk 7 Kwaliteitscontrole van het handelsregister

Art. 40

De Kamer treft maatregelen die ertoe strekken te waarborgen dat het handelsregister juist, actueel en volledig is.

Handelsregister, kwaliteitswaarborgen

Art. 41

1. De Kamer laat eens per drie jaar de uitvoering van deze wet alsmede de juistheid van de in het handelsregister opgenomen gegevens controleren door een accountant als bedoeld in artikel 393 van Boek 2 van het Burgerlijk Wetboek.

Handelsregister, Kwaliteitscontrole

2. Bij of krachtens algemene maatregel van bestuur kunnen nadere regels betreffende de controle worden gesteld, waaronder regels omtrent de elementen die de controle moet bevatten.

3. De Kamer zendt aan Onze Minister een afschrift van de controleresultaten en maakt deze controleresultaten openbaar. Onze Minister zendt een uittreksel van deze controleresultaten aan de Autoriteit persoonsgegevens.

4. Indien uit de controle, bedoeld in het eerste lid, blijkt dat niet voldaan wordt aan bij of krachtens algemene maatregel van bestuur te stellen voorwaarden, laat de Kamer binnen een jaar een hercontrole uitvoeren op die onderdelen die bij de eerdere controle niet voldeden aan de gestelde voorwaarden. Het tweede lid is van overeenkomstige toepassing.

5. De in het eerste lid bedoelde accountant heeft ten behoeve van een controle als bedoeld in het eerste of derde lid inzage in het handelsregister. De Kamer verleent hiertoe de nodige medewerking.

6. Eenieder die is betrokken bij een controle als bedoeld in het eerste of vierde lid is verplicht tot geheimhouding van de gegevens waarover hij de beschikking heeft gekregen, behoudens voor zover enig wettelijk voorschrift hem tot mededeling verplicht of uit zijn taak de noodzaak tot mededeling voortvloeit.

7. Bij ministeriële regeling worden regels gesteld over de vergoeding van de kosten van de controle. Een hercontrole als bedoeld in het vierde lid wordt niet vergoed.

Art. 41a

1. De Kamer stelt een protocol op, dat betrekking heeft op:

Handelsregister, kwaliteitsprotocol

a. de beschikbaarheid, werking en beveiliging van het handelsregister, bedoeld in artikel 4, tweede lid;
b. de juistheid, actualiteit en volledigheid van het handelsregister, bedoeld in artikel 40, eerste lid;
c. de controle, bedoeld in artikel 41, eerste lid;
d. de procedure voor de behandeling van klachten, bedoeld in artikel 48.

2. Het protocol behoeft de goedkeuring van Onze Minister. Onze Minister handelt daarbij in overeenstemming met Onze Minister van Financiën en Onze Minister van Justitie en Veiligheid voor het deel van het handelsregister dat betrekking heeft op de gegevens en bescheiden omtrent uiteindelijk belanghebbenden.

3. De goedkeuring kan worden onthouden wegens strijd met het recht of het algemeen belang.

Hoofdstuk 8 Toezicht en handhaving

§ 8.1

[Vervallen]

Art. 42-46

[Vervallen]

§ 8.2 *Handhaving*

Art. 47

Handelsregister, handhaving

Het is verboden te handelen in strijd met dan wel niet te voldoen aan een bij of krachtens deze wet gestelde verplichting tot het doen van een opgave ter inschrijving in het handelsregister.

Art. 47a

Last onder dwangsom bij onjuiste gegevens UBO

Onze Minister van Financiën kan een last onder dwangsom opleggen ter zake van overtreding van artikel 47, indien er sprake is van het handelen in strijd met artikel 19, eerste lid, voor zover de daartoe verplichte persoon niet de opgave doet die de Kamer nodig heeft om ervoor te zorgen dat de in artikel 15a, tweede lid, bedoelde gegevens te allen tijde juist en volledig zijn ingeschreven in het handelsregister.

Art. 47b

Bestuurlijke boete bij onjuiste gegevens UBO

1. Onze Minister van Financiën kan een bestuurlijke boete opleggen ter zake van overtreding van artikel 47, indien er sprake is van het handelen in strijd met artikel 19, eerste lid, voor zover de daartoe verplichte persoon niet de opgave doet die de Kamer nodig heeft om ervoor te zorgen dat de in artikel 15a, tweede en derde lid, bedoelde gegevens en bescheiden te allen tijde juist en volledig zijn ingeschreven in het handelsregister.

2. De op grond van het eerste lid op te leggen bestuurlijke boete bedraagt ten hoogste het bedrag dat is vastgesteld voor de vierde categorie, bedoeld in artikel 23, vierde lid, van het Wetboek van Strafrecht.

§ 8.3 *Klachtenbehandeling*

Art. 48

Handelsregister, klachtenbehandeling

De Kamer draagt zorg voor een procedure voor de behandeling van klachten over de uitvoering van deze wet. Bij de behandeling van klachten wordt de procedure, bedoeld in titel 9.1 van de Algemene wet bestuursrecht gevolgd.

Hoofdstuk 9 Financiën

Art. 49

Handelsregister, Inschrijfvergoeding

1. Bij algemene maatregel van bestuur kan worden bepaald dat een onderneming of rechtspersoon die een opgave doet tot eerste inschrijving in het handelsregister daarvoor eenmalig een vergoeding verschuldigd is (inschrijfvergoeding). De voordracht voor deze algemene maatregel van bestuur wordt niet eerder gedaan dan vier weken nadat het ontwerp aan beide kamers der Staten-Generaal is overgelegd.

2. Bij of krachtens algemene maatregel van bestuur worden voorschriften vastgesteld voor het bepalen van de hoogte van de inschrijfvergoeding waarbij rechtsvorm van de onderneming of rechtspersoon en de wijze waarop opgave wordt gedaan in aanmerking kunnen worden genomen.

3. Zelfstandige onderdelen van een kerkgenootschap en lichamen waarin zij zijn verenigd zijn de inschrijfvergoeding, bedoeld in het eerste lid, niet verschuldigd bij een opgave ter inschrijving ingevolge artikel 6, derde lid.

4. De inschrijfvergoeding is verschuldigd zonder dat deze bij beschikking is vastgesteld.

5. Bij algemene maatregel van bestuur wordt de betalingstermijn vastgesteld.

Art. 50

Handelsregister, kosten inzage/verstrekking gegevens

1. Voor de inzage of de verstrekking van gegevens is een bij of krachtens algemene maatregel van bestuur te bepalen vergoeding verschuldigd, welke kan variëren naar de wijze van inzage of verstrekking van gegevens en de hoeveelheid gegevens.

2. Artikel 9, derde lid, van de Wet hergebruik van overheidsinformatie is van toepassing op de vergoeding, bedoeld in het eerste lid.

3. De verplichting tot betaling van een vergoeding als bedoeld in het eerste lid geldt niet indien het verzoek om gegevens wordt gedaan door de directeur-generaal van de statistiek op grond van artikel 33, vierde lid, van de Wet op het Centraal bureau voor de statistiek.

4. De in het eerste lid bedoelde vergoeding is verschuldigd zonder dat dit bij beschikking is vastgesteld.

5. Bij algemene maatregel van bestuur wordt de betalingstermijn vastgesteld.

6. Bij of krachtens algemene maatregel van bestuur kunnen regels worden gesteld met betrekking tot de bestuursorganen door wie, de gevallen waarin en de voorwaarden waaronder de vergoeding voor de inzage of de verstrekking van gegevens door middel van een abonnement wordt voldaan.

Art. 50a

De Kamer is bevoegd de betaling van een vergoeding of bijdrage af te dwingen door het uitvaardigen van een dwangbevel.

Handelsregister, dwangbevel tot betaling van vergoeding of bijdrage

Art. 50b

1. Voor de identificatiecode voor juridische entiteiten (Legal Entity Identifier), bedoeld in de artikelen 9, onderdeel f, en 12, onderdeel e, welke door de Kamer wordt uitgegeven, is een bij of krachtens algemene maatregel van bestuur te bepalen eenmalige uitgiftevergoeding en een jaarlijkse vergoeding verschuldigd.

Legal Entity Identifier, vergoeding

2. De in het eerste lid bedoelde vergoedingen zijn verschuldigd zonder dat deze bij beschikking zijn vastgesteld.

3. Bij algemene maatregel van bestuur wordt de betalingstermijn vastgesteld.

Hoofdstuk 10 Overige bepalingen

Art. 51

Indien in deze wet geregelde of daarmee verband houdende onderwerpen in het belang van een goede uitvoering van de wet of in het belang van de uitvoering van een bindend besluit van de Raad van de Europese Unie of de Commissie van de Europese Gemeenschappen regeling of nadere regeling behoeven, kan deze geschieden bij algemene maatregel van bestuur.

Nadere regels

Art. 51a

Het recht, bedoeld in artikel 2, eerste lid, van de Databankenwet is, ten aanzien van het handelsregister, voorbehouden aan de Kamer.

Handelsregister, gegevens databank

Art. 52

Onze Minister overlegt periodiek met een representatieve vertegenwoordiging van de gebruikers van het handelsregister over de inhoud, de inrichting, de werking en de beveiliging van het handelsregister.

Handelsregister, overleg Minister met gebruikers

Hoofdstuk 11 Wijziging andere wetten

Art. 53

[Wijzigt de Wet op de kamers van koophandel en fabrieken 1997.]

Art. 54

[Wijzigt de Wet op de economische delicten.]

Art. 55

[Wijzigt de Wet op de bedrijfsorganisatie.]

Art. 55a

[Wijzigt het Burgerlijk Wetboek Boek 2 en de Wet op de formeel buitenlandse vennootschappen.]

Art. 55b

[Wijzigt het Burgerlijk Wetboek Boek 6.]

Art. 55c

[Wijzigt het Wetboek van Koophandel.]

Art. 55d

[Wijzigt de Wet documentatie vennootschappen.]

Art. 55e

[Wijzigt de Uitvoeringswet verordening Europese coöperatieve vennootschap, de Uitvoeringswet verordening Europese vennootschap en de Uitvoeringswet Verordening tot instelling van Europese economische samenwerkingsverbanden.]

Art. 55f

[Wijzigt de Kieswet.]

Art. 55g

[Wijzigt de Wet nationaliteit zeeschepen in rompbevrachting.]

B19 art. 55h **Handelsregisterwet 2007**

Art. 55h

[Wijzigt de Uitvoeringswet Visserijverdrag 1967.]

Art. 55i

[Wijzigt de Wet inkomensvoorziening oudere en gedeeltelijk arbeidsongeschikte gewezen zelfstandigen, de Wet inkomensvoorziening oudere en gedeeltelijk arbeidsongeschikte werkloze werknemers, de Wet structuur uitvoeringsorganisatie werk en inkomen, de Wet werk en bijstand en de Wet werk en inkomen kunstenaars.]

Hoofdstuk 12 Overgangs- en slotbepalingen

Art. 56

Uitschakelbepaling De Handelsregisterwet 1996 vervalt.

Art. 57

Overgangsbepalingen **1.** Opgaven ter inschrijving in het handelsregister en deponering van bescheiden waartoe de verplichting ontstaat als gevolg van de inwerkingtreding van deze wet, worden gedaan binnen 18 maanden na inwerkingtreding van deze wet.

2. Indien op het tijdstip van inwerkingtreding van deze wet in het handelsregister gegevens staan ingeschreven die niet op grond van een wettelijk voorschrift behoeven te worden ingeschreven, haalt de Kamer de gegevens binnen drie maanden na het eerder genoemde tijdstip door.

3. In afwijking van artikel 20, tweede lid, doen vennootschappen en andere juridische entiteiten die op het tijdstip van inwerkingtreding van de Implementatiewet registratie uiteindelijk belanghebbenden van vennootschappen en andere juridische entiteiten zijn ingeschreven in het handelsregister, de eerste opgave van gegevens en deponering van bescheiden als bedoeld in artikel 15a, tweede en derde lid, binnen 18 maanden na dat tijdstip.

Art. 58

Bij ministeriële regeling kunnen, in overeenstemming met Onze betrokken Ministers, gegevens worden aangewezen die eenmalig worden gebruikt om ondernemingen en rechtspersonen die thans niet in het handelsregister zijn opgenomen, in te schrijven in het handelsregister.

Art. 59

1. In afwijking van artikel 30 kunnen gedurende zes jaar na de inwerkingtreding van artikel 30 bij ministeriële regeling, in overeenstemming met Onze betrokken Ministers, bestuursorganen worden aangewezen voor wie de in artikel 30 genoemde verplichting uitsluitend geldt.

2. In afwijking van artikel 32 kunnen gedurende zes jaar na de inwerkingtreding van artikel 32 bij ministeriële regeling, in overeenstemming met Onze betrokken Ministers, bestuursorganen worden aangewezen voor wie de in artikel 32 genoemde verplichting uitsluitend geldt.

Art. 60

In afwijking van artikel 41 geschiedt de controle, bedoeld in artikel 41, gedurende zes jaar na de inwerkingtreding van artikel 41, eens per twee jaar.

Art. 61

Bij algemene maatregel van bestuur kan gedurende vier jaar na de inwerkingtreding van artikel 2, met het oog op een goede invoering van deze wet regels stellen waarbij zo nodig kan worden afgeweken van het bepaalde bij en krachtens deze wet.

Art. 62

[Wijzigt deze wet.]

Art. 62a

[Wijzigt de Postwet.]

Art. 62b

[Wijzigt kamerstuk 30536.]

Art. 63

Handelsregister, evaluatie wet Onze Minister zendt binnen vier jaar na de inwerkingtreding van deze wet aan de Staten-Generaal een verslag over de doeltreffendheid en de effecten van deze wet in de praktijk.

Art. 64

Inwerkingtreding De artikelen van deze wet treden in werking op een bij koninklijk besluit te bepalen tijdstip, dat voor verschillende artikelen en onderdelen daarvan verschillend kan worden vastgesteld.

Art. 65

Citeertitel Deze wet wordt aangehaald als: Handelsregisterwet met vermelding van het jaartal van het Staatsblad waarin zij zal worden geplaatst.

Handelsregisterbesluit 2008^1

Besluit van 18 juni 2008, houdende de vaststelling van een nieuw Handelsregisterbesluit 2008 (Handelsregisterbesluit 2008)

Wij Beatrix, bij de gratie Gods, Koningin der Nederlanden, Prinses van Oranje-Nassau, enz. enz.

Op voordracht van de Staatssecretaris van Economische Zaken van 12 februari 2008 nr. WJZ/8012689;

Gelet op artikelen 6, derde lid, 8, onderdeel b, 17, eerste lid, 18, achtste lid, 19, eerste lid, 20, vierde lid, 23, 24, derde lid, 24, 25, vierde lid, onderdeel c, 38, tweede lid en 39 van de Handelsregisterwet 2007;

De Raad van State gehoord (advies van 14 maart 2008, nr. W10.02.0067/III)

Gezien het nader rapport van de Staatssecretaris van Economische Zaken van 13 juni 2008 WJZ8066664;

Hebben goedgevonden en verstaan:

Hoofdstuk 1 Begripsbepalingen

Art. 1

1. In dit besluit en de daarop berustende bepalingen wordt verstaan onder: *Begripsbepalingen*

a. wet: de Handelsregisterwet 2007;

b. werkzame personen: de al dan niet in dienst van de betrokken onderneming werkzame werknemers, de meewerkende eigenaren en de meewerkende gezinsleden van een eigenaar, steeds voorzover zij doorgaans ten minste 15 uur per week werkzaam zijn;

c. verordening 1435/2003: de verordening (EG) nr. 1435/2003 van de Raad van de Europese Unie van 22 juli 2003 betreffende het statuut van de Europese coöperatieve vennootschap (SCE) (PbEU L 207);

d. richtlijn 68/151/EEG: richtlijn (EEG) nr. 68/151 van de Raad van de Europese Gemeenschappen van 9 maart 1968 met betrekking tot de openbaarmakingsvereisten voor bepaalde soorten ondernemingen (PbEG 1968 L 65);

e. melding: een melding als bedoeld in artikel 32, eerste of tweede lid, van de wet;

f. persoonlijke gegevens:

1°. indien deze betrekking hebben op een natuurlijk persoon, de gegevens, genoemd in artikel 10, tweede lid van de wet, de geslachtsaanduiding en de handtekening;

2°. indien deze betrekking hebben op een rechtspersoon naar Nederlands recht, het nummer genoemd in artikel 12, onderdeel a, van de wet, de naam en het bezoekadres;

3°. indien deze betrekking hebben op een rederij, maatschap, vennootschap onder firma of commanditaire vennootschap naar Nederlands recht, het nummer genoemd in artikel 10, derde lid onderdeel a, van de wet, de naam en het bezoekadres;

4°. indien deze betrekking hebben op een rechtspersoon of vennootschap naar buitenlands recht, de naam, het bezoekadres, het nummer waaronder de rechtspersoon of vennootschap in het buitenlandse register is ingeschreven, de naam van dat register en de plaats en het land waar het register wordt gehouden.

2. In dit besluit en de daarop berustende bepalingen wordt mede verstaan onder:

a. handtekening: een elektronische handtekening als bedoeld in artikel 3, onderdelen 10, 11 en 12, van verordening (EU) nr. 910/2014 van het Europees Parlement en de Raad van 23 juli 2014 betreffende elektronische identificatie en vertrouwensdiensten voor elektronische transacties in de interne markt en tot intrekking van richtlijn 1999/93/EG (PbEU 2014, L 257);

b. commissaris: een lid van een toezichthoudend orgaan.

Art. 2

1. Van een onderneming is sprake indien een voldoende zelfstandig optredende organisatorische eenheid van één of meer personen bestaat waarin door voldoende inbreng van arbeid of middelen, ten behoeve van derden diensten of goederen worden geleverd of werken tot stand worden gebracht met het oogmerk daarmee materieel voordeel te behalen.

Onderneming, definitie

2. Van een onderneming is geen sprake indien er naar het oordeel van de Kamer onvoldoende omvang van activiteiten of omzet is.

---

1 Inwerkingtredingsdatum: 01-07-2008; zoals laatstelijk gewijzigd bij: Stb. 2021, 208.

Hoofdstuk 2 Opgave ter inschrijving

Art. 3

Handelsregister, opgave ter inschrijving

1. Voor het doen van een opgave ter inschrijving in het handelsregister bij de Kamer wordt gebruik gemaakt van een door de Kamer vastgesteld formulier dat kosteloos verkrijgbaar is.

2. De Kamer kan ermee instemmen dat een opgave op andere wijze geschiedt dan in het eerste lid bepaald.

3. Voor zover de Kamer niet op grond van de Dienstenwet of artikel 19 van de wet zorg draagt voor de mogelijkheid tot elektronische uitwisseling van gegevens en bescheiden, draagt de Kamer er zorg voor dat gegevens en bescheiden langs elektronische weg ontvangen kunnen worden indien voor die gegevens en bescheiden een plicht tot neerlegging bestaat op grond van richtlijn nr. 68/151/EEG van de Raad van de Europese Gemeenschappen van 9 maart 1968 strekkende tot het coördineren van de waarborgen, welke in de Lid-Staten worden verlangd van de vennootschappen in de zin van de tweede alinea van artikel 58 van het Verdrag, om de belangen te beschermen zowel van de deelnemers in deze vennootschappen als van derden, zulks ten einde die waarborgen gelijkwaardig te maken (PbEG L 65).

4. Een wijziging van de richtlijn, genoemd in het derde lid, gaat voor de toepassing van het bij of krachtens dit besluit bepaalde gelden met ingang van de dag waarop aan de betrokken wijzigingsrichtlijn uitvoering moet zijn gegeven.

Art. 4

Handelsregister, onderzoek inschrijving

1. De Kamer onderzoekt of een opgave afkomstig is van iemand die tot het doen ervan bevoegd is, en of de opgave juist is, tenzij in Nederland of een andere lidstaat van de Europese Unie of van de Europese Economische Ruimte reeds onderzoek naar gelijkwaardige eisen is verricht en hieruit blijkt dat de opgave aan de eisen voldoet.

2. De Kamer kan bij een onderzoek nadere bewijsstukken vragen.

3. Indien de Kamer ervan overtuigd is dat de opgave is gedaan door iemand die tot het doen ervan bevoegd is en van oordeel is dat de opgave juist is, gaat zij onverwijld over tot inschrijving.

Art. 5

Handelsregister, gronden weigering inschrijving

1. De Kamer weigert om tot inschrijving over te gaan indien zij er niet van overtuigd is dat de opgave afkomstig is van een tot opgave bevoegd persoon.

2. De Kamer kan weigeren om tot inschrijving over te gaan indien:

a. de opgave strijdig is met een wettelijk voorschrift, het recht, de openbare orde of de goede zeden;

b. de opgave innerlijk strijdig of onvolledig is;

c. de opgave strijdig is met de reeds over de onderneming of rechtspersoon opgenomen gegevens;

d. de opgave strijdig is met gegevens uit een ander basisregister;

e. de Kamer gerede twijfel heeft over de juistheid van de opgave.

3. Indien de Kamer degene die de opgave doet in de gelegenheid heeft gesteld de opgave aan te vullen of te wijzigen, stelt zij indien nodig de opgave weer ter beschikking van degene die de opgave heeft gedaan.

Art. 6

Handelsregister, verplichte opgave ter inschrijving

1. Tot het doen van een opgave ter inschrijving in het handelsregister van alle gegevens betreffende de onderneming of rechtspersoon is verplicht:

a. de bestuurder van een publiekrechtelijke rechtspersoon;

b. de bestuurder van een rechtspersoon, bedoeld in artikelen 24 tot en met 26;

c. de beheerder in Nederland, bedoeld in artikel 24, derde lid, 25, derde lid, onderdeel b, en 26, derde lid, onderdeel b;

d. de bewindvoerder, bedoeld in artikel 37, eerste lid, onder a.

Handelsregister, verstrekking gegevens ter inschrijving

2. Tot het doen van een opgave ter inschrijving van de volgende gegevens is verplicht:

a. betreffende de aankondigingen krachtens artikel 390 van Boek 1 van het Burgerlijk Wetboek, hij die met de bekendmaking ervan is belast;

b. betreffende de aankondigingen ingevolge de Wet op het financieel toezicht, hij die met de bekendmaking ervan in de Staatscourant is belast;

c. betreffende het bedrag van het geplaatste kapitaal, bedoeld in artikel 22, tweede lid, en 25, derde lid onderdeel c en vierde lid, de houder van het register, bedoeld in artikel 1:107 van de Wet op het financieel toezicht, indien de daartoe verplichte personen een melding hebben gedaan op grond van artikel 5:34 van de Wet op het financieel toezicht;

d. betreffende de ontbinding van een vennootschap of rechtspersoon en betreffende de voltooiing van de vereffening van een Europees economisch samenwerkingsverband of van een vennootschap of rechtspersoon als bedoeld in de artikelen 24, 25 en 26, de vereffenaar van een ontbonden vennootschap of rechtspersoon;

e. betreffende een uitspraak als bedoeld in artikel 37 en 39, eerste lid, de griffier van het rechtscollege dat de uitspraak heeft gedaan.

Art. 7

Bij de opgave ter inschrijving van een Europese naamloze vennootschap, een Europees economisch samenwerkingsverband en een Europese coöperatieve vennootschap worden tevens gegevens en bewijsstukken overgelegd waaruit blijkt dat voldaan is aan de voorwaarden voor inschrijving ingevolge verordening 2137/85, verordening 2157/2001 en verordening 1435/2003.

Hoofdstuk 3 In te schrijven rechtspersonen

Art. 8

1. In het handelsregister wordt een kerkgenootschap als bedoeld in artikel 2 van Boek 2 van het Burgerlijk Wetboek, dat geen deel uitmaakt van een organisatie als bedoeld in artikel 6, derde lid, van de wet, ingeschreven.

2. In het handelsregister wordt een kerkgenootschap als bedoeld in artikel 2, van Boek 2, van het Burgerlijk Wetboek, dat deel uitmaakt van een organisatie als bedoeld in artikel 6, derde lid, van de wet, die geen rechtspersoonlijkheid heeft, ingeschreven.

3. In het handelsregister kan een onderdeel van de Staat der Nederlanden worden ingeschreven, dat geen onderdeel is van een ministerie of een dienstonderdeel van een ministerie, als bedoeld in artikel 6, eerste lid, onderdeel c, van de wet.

Hoofdstuk 4 Op te nemen gegevens

§ 1 *Algemene gegevens*

Art. 9

1. Een wijziging van hetgeen in het handelsregister is opgenomen, wordt opgegeven met vermelding van de datum waarop de wijziging is ingegaan.

2. De Kamer vermeldt zo mogelijk de datum waarop de wijziging is ingegaan indien tot wijziging wordt besloten op grond van de artikelen 34 tot en met 36 van de wet.

3. In het handelsregister wordt, indien een gegeven geen derdenwerking heeft ingevolge artikel 50, een aantekening opgenomen dat het gegeven geen derdenwerking heeft.

Art. 10

In het handelsregister worden indien degene aan wie een onderneming toebehoort is ingeschreven in een buitenlands register voor ondernemingen, opgenomen, het registratienummer uit dat register, de naam van het register en de plaats en het land waar het register gehouden wordt.

§ 2 *Algemene gegevens van de onderneming*

Art. 11

In het handelsregister worden over een onderneming opgenomen:

a. het aantal werkzame personen, onderverdeeld naar vestiging, op de eerste werkdag na 30 april van enig kalenderjaar;

b. een korte aanduiding van de uitgeoefende activiteit of activiteiten;

c. de naam van de berichtenbox van het centraal loket, bedoeld in artikel 5, eerste lid, onderdeel a, onder 2° van de Dienstenwet.

Art. 11a

1. Een onderneming zonder vestiging in Nederland kan worden ingeschreven in het handelsregister, indien de activiteiten van de onderneming in Nederland zelfstandig zouden kwalificeren als een onderneming in de zin van artikel 2.

2. In het handelsregister wordt over een onderneming zonder vestiging in Nederland het adres opgenomen waarop degene aan wie de onderneming toebehoort fysiek bereikbaar is.

Art. 12

1. Indien een onderneming één of meer gevolmachtigde handelsagenten heeft die in Nederland werkzaam zijn, dan worden hun persoonlijke gegevens en de inhoud van hun volmacht in het handelsregister opgenomen.

2. In het handelsregister kunnen gegevens over overige gevolmachtigden van een onderneming worden opgenomen. In dat geval worden hun persoonlijke gegevens en de inhoud van hun volmacht opgenomen.

Art. 13

In het handelsregister worden over een onderneming die toebehoort aan een rechtspersoon in oprichting opgenomen, de persoonlijke gegevens van ieder die handelt namens deze rechtspersoon in oprichting.

§ 3

Algemene gegevens van een rechtspersoon

Art. 14

Handelsregister, algemene gegevens rechtspersoon

In het handelsregister kunnen gegevens over gevolmachtigden van een rechtspersoon worden opgenomen. In dat geval worden hun persoonlijke gegevens en de inhoud van hun volmacht opgenomen.

Art. 15

Handelsregister, op te nemen gegevens rechtspersoon

1. In het handelsregister worden over een rechtspersoon opgenomen:
a. een korte aanduiding van de uitgeoefende activiteit of activiteiten;
b. het postadres.

2. In het handelsregister worden over een rechtspersoon waaraan geen onderneming toebehoort en die geen vestiging heeft, opgenomen:
a. het bezoekadres;
b. het telefoonnummer, het faxnummer, het e-mailadres en het internetadres;
c. de naam van de berichtenbox van het centraal loket, bedoeld in artikel 5, eerste lid, onderdeel a, onder 2° van de Dienstenwet.

§ 4

Specifieke gegevens afhankelijk van de rechtsvorm

§ 4.1

Eenmanszaak

Art. 16

Handelsregister, gegevens eenmanszaak

In het handelsregister worden indien een onderneming toebehoort aan een natuurlijk persoon de handtekening en de geslachtsaanduiding van deze persoon opgenomen.

§ 4.2

Vennootschap onder firma, commanditaire vennootschap, maatschap en rederij

Art. 17

Handelsregister, gegevens v.o.f./c.v./maatschap/rederij

In het handelsregister worden over een vennootschap onder firma, een commanditaire vennootschap of een maatschap opgenomen:
a. van iedere maat of niet-commanditaire vennoot, de datum van zijn toetreding en uittreding en
1° indien deze een natuurlijk persoon is, de geslachtsaanduiding en de handtekening;
2° indien deze een rechtspersoon of vennootschap naar Nederlands recht is, het bezoekadres;
3° indien deze een rechtspersoon of vennootschap naar buitenlands recht is, het bezoekadres, het nummer waaronder de rechtspersoon of vennootschap in het buitenlandse register is ingeschreven, de naam van dat register en de plaats en het land waar het register wordt gehouden;
b. de duur waarvoor de vennootschap of maatschap is aangegaan.

Art. 18

Handelsregister, overige op te nemen gegevens c.v.

In het handelsregister worden over een commanditaire vennootschap, naast de gegevens van artikel 17, opgenomen:
a. het aantal commanditaire vennoten;
b. het geldbedrag en de waarde van de goederen die de commanditaire vennoten gezamenlijk aan de vennootschap ter beschikking hebben gesteld of overeengekomen zijn ter beschikking te zullen stellen.

Art. 19

Handelsregister, gegevens v.o.f./c.v./maatschap m.b.t. rechten van derden

In het handelsregister wordt voorts over een vennootschap onder firma, een commanditaire vennootschap of een maatschap opgenomen al hetgeen de overeenkomst bevat ter bepaling van de rechten van derden.

Art. 20

Handelsregister, op te nemen gegevens rederij

In het handelsregister worden over een rederij opgenomen:
a. van ieder lid van de rederij, de datum van zijn toetreding en uittreding en
1° indien deze een natuurlijk persoon is, de geslachtsaanduiding en de handtekening;
2° indien deze een rechtspersoon of vennootschap naar Nederlands recht is, het bezoekadres;
3° indien deze een rechtspersoon of vennootschap naar buitenlands recht is, het bezoekadres, het nummer waaronder de rechtspersoon of vennootschap in het buitenlandse register is ingeschreven, de naam van dat register en de plaats en het land waar het register wordt gehouden;
b. de persoonlijke gegevens van de boekhouder, de datum waarop hij bij de rederij als zodanig in en uit functie is getreden;
c. de bevoegdheid van de boekhouder om de rederij te vertegenwoordigen.

§ 4.3

Rechtspersonen, Vennootschappen en het Europees economisch samenwerkingsverband

§ 4.3.1

[Gereserveerd]

Art. 21 [Gereserveerd]

§ 4.3.2

NV, BV, Europese NV en Europese Coöperatieve Vennootschap

Art. 22

1. In het handelsregister worden over een naamloze vennootschap, een besloten vennootschap met beperkte aansprakelijkheid, een Europese naamloze vennootschap of een Europese coöperatieve vennootschap opgenomen:

a. de persoonlijke gegevens van iedere bestuurder en commissaris, van ieder lid van het besturend orgaan, of van ieder lid van het leidinggevende orgaan, de datum waarop hij bij de vennootschap als zodanig in en uit functie is getreden en of hij bevoegd is de vennootschap alleen of gezamenlijk handelend met een of meer anderen te vertegenwoordigen;

b. de persoonlijke gegevens van anderen dan de bestuurders aan wie de statuten de bevoegdheid tot vertegenwoordiging toekennen en de inhoud van de bevoegdheid;

c. het geplaatste kapitaal en het gestorte deel ervan;

d. [vervallen;]

e. de persoonlijke gegevens met uitzondering de handtekening van de houder van alle aandelen in het kapitaal van de vennootschap of van een deelgenoot in een huwelijksgemeenschap dan wel een gemeenschap van een geregistreerd partnerschap waartoe alle aandelen in het kapitaal van de vennootschap behoren, de aandelen gehouden door de vennootschap of haar dochtermaatschappijen niet meegeteld;

f. indien zulks het geval is, dat de statuten van de vennootschap beantwoorden aan de artikelen 158 tot en met 161 en 164 of de artikelen 268 tot en met 271 en 274 van boek 2 van het Burgerlijk Wetboek.

2. Indien een vennootschap als bedoeld in het eerste lid een beleggingsmaatschappij met veranderlijk kapitaal als bedoeld in artikel 76a van Boek 2 van het Burgerlijk Wetboek is, wordt het bedrag opgegeven van het ingeschreven kapitaal op de eerste werkdag na 30 april. Tussentijds kunnen in het handelsregister wijzigingen van het ingeschreven kapitaal worden opgegeven.

3. In het handelsregister wordt over een naamloze vennootschap, een Europese naamloze vennootschap en een Europese coöperatieve vennootschap opgenomen:

a. het maatschappelijk kapitaal en wordt het bedrag van het geplaatste kapitaal en het gestorte deel ervan, bedoeld in het eerste lid, onderdeel c, onderverdeeld naar soort, indien er verschillende soorten aandelen zijn;

b. indien niet volgestorte aandelen zijn uitgegeven, de persoonlijke gegevens met uitzondering van de handtekening van de houders van zulke aandelen, met vermelding van het aandelenbezit van iedere houder en van het daarop gestorte bedrag.

4. In het handelsregister wordt opgenomen of een bestuurder al dan niet uitvoerend is.

§ 4.3.3

Europees economisch samenwerkingsverband

Art. 23

1. In het handelsregister worden over een Europees economisch samenwerkingsverband opgenomen:

a. de persoonlijke gegevens van iedere bestuurder en commissaris en de datum waarop hij in en uit functie is getreden, en of hij bevoegd is het samenwerkingsverband alleen of gezamenlijk handelend met een of meer anderen te vertegenwoordigen;

b. indien een beding is gemaakt als bedoeld in artikel 26, tweede lid, tweede alinea, van verordening 2137/85, de inhoud van dat beding;

c. indien een bestuurder niet een natuurlijke persoon is, de persoonlijke gegevens van een ieder die als vertegenwoordiger in de zin van artikel 19, tweede lid, van verordening 2137/85 is aangewezen en de datum waarop hij als vertegenwoordiger is aangewezen.

2. Bij het handelsregister wordt gedeponeerd een authentiek afschrift of een door een opgaveplichtige gewaarmerkt afschrift van de oprichtingsovereenkomst in de Nederlandse, Duitse, Engelse of Franse taal.

Handelsregister, gegevens NV/BV/Europese NV/Europese Coöperatieve vennootschap

Handelsregister, gegevens Europees economisch samenwerkingsverband

§ 4.3.4
Niet-Nederlandse rechtspersonen en vennootschappen

Art. 24

Handelsregister, gegevens niet-Nederlandse rechtspersonen en vennootschappen

1. Indien een in Nederland gevestigde onderneming of een in Nederland gelegen nevenvestiging van een buiten Nederland gevestigde onderneming toebehoort aan een vennootschap als bedoeld in richtlijn 68/151/EEG, opgericht naar het recht van een andere staat dan Nederland en die staat partij is bij de Overeenkomst betreffende de Europese Economische Ruimte, zijn de artikelen 15, 22 en 23 niet van toepassing.

2. In het handelsregister wordt over een vennootschap als bedoeld in het eerste lid opgenomen, de persoonlijke gegevens van iedere bestuurder en commissaris, de datum waarop hij in en uit functie is getreden en of hij bevoegd is de vennootschap alleen of handelend met een of meer anderen te vertegenwoordigen.

3. In het handelsregister worden over de in het eerste lid bedoelde onderneming of nevenvestiging opgenomen, de persoonlijke gegevens van de bij de onderneming of de hoofdnederzetting werkzame beheerder of een andere vergelijkbare gevolmachtigde, zijn functie en de datum waarop hij bij de onderneming of de hoofdnederzetting als zodanig in en uit functie is getreden en de inhoud van zijn volmacht.

4. Bij het handelsregister wordt gedeponeerd een authentiek afschrift of een door een opgaveplichtige gewaarmerkt afschrift van de oprichtingsakte van de vennootschap en van de statuten, indien deze in een afzonderlijke akte zijn opgenomen in de Nederlandse, Duitse, Engelse of Franse taal.

5. Bij het handelsregister wordt telkens het meest recente exemplaar van de boekhoudbescheiden van de vennootschap gedeponeerd, voor zover en in de vorm waarin de vennootschap deze in het land van haar statutaire zetel openbaar moet maken, in de Nederlandse, Duitse, Engelse of Franse taal.

Art. 25

Handelsregister, gegevens niet-Nederlandse rechtspersonen en vennootschappen opgericht naar niet-EER-recht

1. Indien een in Nederland gevestigde onderneming of een in Nederland gelegen nevenvestiging van een buiten Nederland gevestigde onderneming toebehoort aan een vennootschap opgericht naar het recht van een staat die geen partij is bij de Overeenkomst betreffende de Europese Economische Ruimte, met een rechtsvorm die vergelijkbaar is met een vennootschap als bedoeld in richtlijn 68/151/EEG, zijn de artikelen 15, 22 en 23 niet van toepassing.

2. In het handelsregister worden over een vennootschap als bedoeld in het eerste lid opgenomen: *a.* de persoonlijke gegevens van iedere bestuurder en commissaris van de vennootschap, de datum waarop hij bij de vennootschap als zodanig in en uit functie is getreden, of hij bevoegd is de vennootschap alleen of gezamenlijk handelend met een of meer anderen te vertegenwoordigen en de inhoud van zijn bevoegdheid; *b.* onder het recht van welk land de vennootschap valt.

3. In het handelsregister worden over de in het eerste lid bedoelde onderneming of nevenvestiging opgenomen: *a.* indien de hoofdvestiging van de onderneming buiten Nederland is gelegen, het post- en bezoekadres van de hoofdvestiging van de onderneming; *b.* de persoonlijke gegevens van de bij de onderneming of de hoofdnederzetting werkzame beheerder of een andere vergelijkbare gevolmachtigde, zijn functie en de datum waarop hij bij de onderneming of de hoofdnederzetting als zodanig in en uit functie is getreden, en de inhoud van zijn volmacht; *c.* het bedrag van het geplaatste kapitaal van de vennootschap op de eerste werkdag na 30 april van de vennootschap.

4. In aanvulling op de opgave, bedoeld in het derde lid, onder c, kunnen in het handelsregister tussentijds wijzigingen van het ingeschreven kapitaal worden opgegeven.

5. Artikel 24, vierde en vijfde lid, zijn van overeenkomstige toepassing.

Art. 26

Handelsregister, gegevens niet-Nederlandse rechtspersonen en vennootschappen opgericht naar recht van ander land dan Nederland

1. Indien een in Nederland gevestigde onderneming of een in Nederland gelegen nevenvestiging van een buiten Nederland gevestigde onderneming toebehoort aan een vennootschap of rechtspersoon opgericht naar het recht van een ander land dan Nederland, niet zijnde een vennootschap als bedoeld in de artikelen 24 en 25, zijn de artikelen 15 en 18 tot en met 23 niet van toepassing.

2. In het handelsregister worden over de in het eerste lid bedoelde vennootschap of rechtspersoon opgenomen: *a.* de persoonlijke gegevens van iedere vennoot, bestuurder en commissaris van de vennootschap of rechtspersoon, de datum waarop hij bij de vennootschap of rechtspersoon als zodanig in en uit functie is getreden, of hij bevoegd is de vennootschap of rechtspersoon alleen of gezamenlijk met een of meer anderen te vertegenwoordigen en de inhoud van zijn bevoegdheid; *b.* onder het recht van welk land de vennootschap of rechtspersoon valt.

3. In het handelsregister worden over de in het eerste lid bedoelde onderneming of nevenvestiging opgenomen:

a. indien de hoofdvestiging van de onderneming buiten Nederland is gelegen, het post- en bezoekadres van de hoofdvestiging van de onderneming en hetgeen ingevolge de wetgeving van het desbetreffende land omtrent de onderneming in het register aldaar wordt opgenomen of op andere wijze wordt openbaar gemaakt;

b. de persoonlijke gegevens van de bij de onderneming of de hoofdnederzetting werkzame beheerder of een andere dergelijke gevolmachtigde, zijn functie, de datum waarop hij bij de onderneming of de hoofdnederzetting als zodanig in en uit functie is getreden en de inhoud van zijn volmacht.

4. Artikel 24, vierde lid, voor zover het een rechtspersoon betreft, en vijfde lid, zijn van overeenkomstige toepassing.

5. In afwijking van het tweede lid, onderdeel a, worden over een rechtspersoon met meer dan 20 vennoten, niet de in dat lid genoemde gegevens opgenomen over de vennoten die niet aan de Nederlandse vestiging van de rechtspersoon zijn verbonden.

Art. 27

1. In geval van wijziging van de oprichtingsovereenkomst van een Europees economisch samenwerkingsverband en van de statuten van een rechtspersoon als bedoeld in de artikelen 24 tot en met 26 wordt gedeponeerd:

a. een authentiek afschrift van de notariële akte die van de wijziging is opgemaakt of, indien van de wijziging geen notariële akte is opgemaakt, een door een opgaveplichtige gewaarmerkt afschrift van de wijziging;

b. een doorlopende tekst van de oprichtingsovereenkomst en van de statuten zoals die tengevolge van de aangebrachte wijziging luiden.

2. Deze bescheiden zijn in de Nederlandse, Duitse, Engelse of Franse taal.

§ 4.3.5

Vereniging, coöperatie, onderlinge waarborgmaatschappij en stichting

Art. 28

1. In het handelsregister worden over een vereniging met volledige rechtsbevoegdheid, coöperatie of onderlinge waarborgmaatschappij opgenomen:

a. de persoonlijke gegevens van iedere bestuurder en commissaris en de datum waarop hij in en uit functie is getreden en of hij bevoegd is de rechtspersoon alleen of gezamenlijk handelend met een of meer anderen te vertegenwoordigen;

b. de persoonlijke gegevens van anderen dan de bestuurders aan wie de statuten bevoegdheid tot vertegenwoordiging toekennen, en de inhoud van de bevoegdheid.

2. In het handelsregister wordt opgenomen dat de statuten van een coöperatie of onderlinge waarborgmaatschappij beantwoorden aan de artikelen 63f tot en met 63j van Boek 2 van het Burgerlijk Wetboek, indien zulks het geval is.

3. Indien een vereniging zonder volledige rechtsbevoegdheid in het handelsregister wordt ingeschreven, worden de gegevens bedoeld in het eerste lid in het handelsregister opgenomen.

Art. 29

In het handelsregister worden over een stichting opgenomen:

a. de persoonlijke gegevens van iedere bestuurder en ieder lid van het toezichthoudend orgaan en de datum waarop hij bij de stichting als zodanig in en uit functie is getreden, of hij bevoegd is de stichting alleen of gezamenlijk handelend met een of meer anderen te vertegenwoordigen;

b. de persoonlijke gegevens van anderen dan de bestuurders aan wie de statuten bevoegdheid tot vertegenwoordiging toekennen, en de inhoud van de bevoegdheid.

§ 4.3.6

Vereniging van eigenaars

Art. 30

In het handelsregister worden over een vereniging van eigenaars opgenomen:

a. de persoonlijke gegevens van iedere bestuurder en de datum waarop hij in en uit functie is getreden, en de inhoud van zijn bevoegdheid de vereniging te vertegenwoordigen.

b. een authentiek afschrift van de notariële akte, dan wel een authentiek uittreksel van de notariële akte bevattende de statuten;

c. een authentiek afschrift van de notariële akte van wijziging en de gewijzigde statuten.

Handelsregister, wijziging oprichtingsovereenkomst van Europees economisch samenwerkingsverband

Handelsregister, gegevens vereniging/coöperatie/onderlinge waarborgmaatschappij/stichting

Handelsregister, gegevens stichting

Handelsregister, gegevens vereniging van eigenaars

B20 art. 31 Handelsregisterbesluit 2008

§ 4.3.7
Kerkgenootschap

Art. 31

Handelsregister, gegevens kerkgenootschap

1. In het handelsregister wordt over een organisatie met rechtspersoonlijkheid waarvan een of meer kerkgenootschappen deel uitmaken als bedoeld in artikel 6, derde lid van de wet opgenomen:
a. het post- en bezoekadres;
b. het telefoonnummer, het faxnummer, het e-mailadres en het internetadres.

2. In het handelsregister worden over een kerkgenootschap, als bedoeld in artikel 8, eerste dan wel tweede lid, opgenomen:
a. het post- en bezoekadres;
b. het telefoonnummer, het faxnummer, het e-mailadres en het internetadres;

3. Als gegevens, als bedoeld in artikel 17, eerste lid, onderdeel c, van de wet worden voor kerkgenootschappen en lichamen, in de zin van artikel 2 van Boek 2 van het Burgerlijk Wetboek aangewezen:
a. de statutaire zetel, bedoeld in artikel 12, onderdeel c, van de wet;
b. de datum van aanvang, bedoeld in artikel 12, onderdeel d, van de wet;
c. de datum van aanvang, bedoeld in artikel 13, onderdeel b, van de wet;
d. de gegevens, bedoeld in artikel 13, onderdeel c, en artikel 14 van de wet.

4. In het handelsregister kunnen over een kerkgenootschap of een zelfstandig onderdeel daarvan, in de zin van artikel 2 van Boek 2 van het Burgerlijk Wetboek worden opgenomen:
a. de naam;
b. het post- en bezoekadres;
c. het telefoonnummer, het faxnummer, het e-mailadres en het internetadres;
d. de gegevens, genoemd in het derde lid.

§ 4.3.7a
Pensioenfondsen

Art. 31a

Handelsregister, gegevens pensioenfonds

In het handelsregister wordt over een pensioenfonds als bedoeld in artikel 1 van de Pensioenwet opgenomen of een bestuurder al dan niet uitvoerend is.

§ 4.3.8
Overige privaatrechtelijke rechtspersonen

Art. 32

Handelsregister, gegevens overige privaatrechtelijke rechtspersonen

In het handelsregister worden over overige privaatrechtelijke rechtspersonen als bedoeld in artikel 6, eerste lid, onderdeel b, van de wet opgenomen:
a. de persoonlijke gegevens van ieder lid van het besturend en toezichthoudend orgaan en de datum waarop hij in en uit functie is getreden, of hij bevoegd is de rechtspersoon alleen of gezamenlijk handelend met een of meer anderen te vertegenwoordigen en de inhoud van deze bevoegdheid;
b. de persoonlijke gegevens van anderen dan de bestuurders aan wie de statuten of reglementen bevoegdheid tot vertegenwoordiging toekennen, en de inhoud van de bevoegdheid;
c. de oprichtingsakte of statuten, waaruit de rechtspersoonlijkheid blijkt.

§ 4.3.9
Publiekrechtelijke rechtspersoon

Art. 33

Handelsregister, gegevens publiekrechtelijke rechtspersoon

Als gegevens als bedoeld in artikel 17, eerste lid, onderdeel c, van de wet, worden voor publiekrechtelijke rechtspersonen aangewezen:
a. de statutaire zetel, bedoeld in artikel 12, onderdeel c, van de wet;
b. de datum van aanvang, bedoeld in artikel 12, onderdeel d, of artikel 13, onderdeel b, van de wet.

Art. 34

Handelsregister, op te nemen gegevens publiekrechtelijke rechtspersoon

In het handelsregister worden over een onderneming die toebehoort aan een publiekrechtelijke rechtspersoon opgenomen, de naam van iedere bestuurder en ieder lid van het toezichthoudend orgaan, of hij bevoegd is de rechtspersoon te vertegenwoordigen en de inhoud van deze bevoegdheid.

§ 5 *Vestiging*

Art. 35

In het handelsregister worden over een vestiging opgenomen:
a. het telefoonnummer, het faxnummer, het e-mailadres en het internetadres;
b. een korte aanduiding van de uitgeoefende activiteit of activiteiten.

§ 5a *Functionarissen*

Art. 35a

Over een bestuurder of een gevolmachtigde of een andere functionaris die niet een natuurlijk persoon is en die niet is ingeschreven in het handelsregister kan een door de Kamer toe te kennen uniek nummer worden opgenomen. De Belastingdienst verstrekt daartoe op verzoek van de Kamer de bij hem bekende nummers van deze gevolmachtigden of functionarissen.

§ 5b *Gegevens uiteindelijk belanghebbenden*

Art. 35b

1. In het geval een natuurlijke persoon wordt aangemerkt als uiteindelijk belanghebbende op grond van het houden van aandelen, stemrechten of een eigendomsbelang, wordt de omvang van het economisch belang van die uiteindelijk belanghebbende in het handelsregister aangeduid in een van de volgende klassen:
a. groter dan 25 tot en met 50 procent;
b. groter dan 50 tot en met 75 procent;
c. groter dan 75 tot en met 100 procent.

2. In het handelsregister worden afschriften van de volgende categorieën documenten of relevante delen daarvan gedeponeerd, voor zover daaruit de aard en omvang van het economisch belang van de betrokken uiteindelijk belanghebbende blijken:
a. aandeelhoudersregister;
b. statuten;
c. certificaathoudersregister;
d. oprichtingsakte;
e. andere notariële akte;
f. ledenregister;
g. contract van oprichting;
h. inschrijving in het handelsregister;
i. organogram; of
j. overige relevante documenten over de aard en omvang van het gehouden economisch belang of documenten op grond waarvan de feitelijke zeggenschap kan worden uitgeoefend.

§ 6 *Bijzondere gegevens*

Art. 36

1. Indien een minderjarige, aan wie een onderneming toebehoort, die niet-commanditair vennoot of lid van een rederij is, handlichting heeft verkregen, worden in het handelsregister opgenomen, de datum waarop de handlichting is verkregen en de bevoegdheden die de minderjarige daarbij zijn toegekend.

2. Bij de opgave ter inschrijving wordt de datum van uitgave en het nummer van de Staatscourant overgelegd waarin de rechterlijke beschikking inzake de handlichting is openbaar gemaakt, of een authentiek afschrift van de beschikking met vermelding van de dagtekening en het nummer van die Staatscourant.

Art. 37

In geval van onderbewindstelling als bedoeld in titel 18 of titel 19 van Boek 1 of titel 5, afdeling 7, van Boek 4 van het Burgerlijk Wetboek, artikel 8, onder b, of 29, eerste lid, onder b, van de Wet op de economische delicten van een onderneming, een aandeel in een vennootschap of in een rederij worden in het handelsregister opgenomen:
a. de persoonlijke gegevens van de bewindvoerder en de datum waarop hij in en uit functie is getreden;
b. de rechterlijke beslissingen inzake zijn bevoegdheid als bedoeld in de artikelen 437, tweede lid, en 441, tweede lid, onderdeel f, en derde lid, van Boek 1 van het Burgerlijk Wetboek;

c. de omstandigheid of het bewind is ingesteld in het belang van de rechthebbende, in het belang van een ander dan de rechthebbende, dan wel zowel in het belang van de rechthebbende als een of meer anderen of in een gemeenschappelijk belang zoals bedoeld in artikel 167 van Boek 4 Burgerlijk Wetboek, de bevoegdheden van de bewindvoerder zoals geregeld in de uiterste wil overeenkomstig artikel 171 lid 1 en de rechterlijke beslissing inzake de bevoegdheid van de bewindvoerder als bedoeld in artikel 171 lid 2 van Boek 4 Burgerlijk Wetboek;
d. de aanvang en het einde van het bewind.

Art. 38

Handelsregister, curatele

In geval van curatele van degene aan wie een onderneming toebehoort, van een vennoot of lid van een rederij, worden in het handelsregister opgenomen alle aankondigingen die krachtens artikel 390 van Boek 1 van het Burgerlijk Wetboek in de Staatscourant worden opgenomen.

Art. 39

Handelsregister, faillissement/surseance/schuldsanering

In het handelsregister worden opgenomen:
a. de rechterlijke uitspraak houdende faillietverklaring, verlening van surseance van betaling of het van toepassing verklaren van de schuldsaneringsregeling natuurlijke personen betreffende degene die als eigenaar van een onderneming, als vennoot of als lid van een rederij in het handelsregister is ingeschreven of betreffende een ingeschreven rechtspersoon;
b. de vernietiging van een zodanige uitspraak;
c. het einde van het faillissement, de surseance van betaling of de toepassing van de schuldsaneringsregeling natuurlijke personen;
d. in geval van faillietverklaring, verlening van surseance van betaling of het van toepassing verklaren van de schuldsaneringsregeling natuurlijke personen: de naam en het adres van de rechter-commissaris, en van de curator of de bewindvoerder.

Art. 40

Handelsregister, ontbinding vennootschap/rechtspersoon

1. In het handelsregister wordt de ontbinding van een vennootschap of rechtspersoon opgenomen, onder vermelding van datum van de ontbinding, de persoonlijke gegevens, de bevoegdheid van ieder der vereffenaars en de datum waarop hij vereffenaar is geworden.
2. Indien de ontbinding een vennootschap betreft als bedoeld in artikel 24 worden in het handelsregister opgenomen de bevoegdheden van de vereffenaars, indien die in het land waar de vennootschap is gevestigd openbaar gemaakt moeten worden. Indien de ontbinding een vennootschap of rechtspersoon als bedoeld in de artikelen 25 en 26 betreft, worden mede opgenomen de bevoegdheden van de vereffenaars.

Handelsregister, voltooiing vereffening Europees economisch samenwerkingsverband

3. De voltooiing van de vereffening van een Europees economisch samenwerkingsverband of van een vennootschap of rechtspersoon als bedoeld in de artikelen 24, 25 en 26, wordt in het handelsregister opgenomen.

Art. 41

Handelsregister, aankondiging op grond van Wet financieel toezicht

Alle aankondigingen die ingevolge de Wet op het financieel toezicht in de Staatscourant worden opgenomen, worden tevens opgenomen in het handelsregister.

§ 7 *Ondersteunende gegevens*

Art. 42

Handelsregister, ondersteunende gegevens

In het handelsregister worden over de melding en het onderzoek alle gegevens opgenomen die de Kamer noodzakelijk acht voor het functioneren van het register.

Hoofdstuk 5 Gegevens uit andere basisregisters afkomstig

Art. 43

Handelsregister, gegevens basisregistratie personen

De persoonlijke gegevens van natuurlijke personen, met uitzondering van de handtekening, worden overgenomen uit de basisregistratie personen, met inbegrip van de datum waarop wijzigingen van die gegevens zijn ingegaan.

Art. 44

Handelsregister, termijn verwerking gegevens basisregistratie personen

De gegevens die worden overgenomen uit de basisregistratie personen verschillen ten hoogste 72 uur met de gegevens in die basisregistratie.

Hoofdstuk 6 Wijzigen van opgenomen gegevens

Art. 45

1. De melding wordt gedaan door middel van een bij ministeriële regeling vastgesteld formulier.

2. De melding bevat ten minste:
a. het unieke nummer, bedoeld in artikel 12, onderdeel a, van de wet, van de rechtspersoon die de melding doet;
b. de naam, het telefoonnummer en het correspondentieadres van een contactpersoon voor de melding;
c. voorzover bekend, alle op de melding betrekking hebbende unieke nummers bedoeld in artikel 9 tot en met 14 van de wet;
d. het gegeven waarop de melding betrekking heeft;
e. indien mogelijk een indicatie van het juiste gegeven met onderbouwende stukken;
f. de datum van de melding en de datum van de constatering van de vermoedelijke onjuistheid van het gegeven.
3. Indien de melding betrekking heeft op een onderneming of rechtspersoon die niet in het register is opgenomen wordt dat op het formulier aangegeven.
4. Indien de melding betrekking heeft op een gegeven dat is overgenomen uit een ander basisregister, zendt de Kamer de melding binnen één werkdag door aan de beheerder van dat register.

Art. 46

Een aantekening, dat een gegeven in onderzoek is, wordt geplaatst bij het gegeven waarop de melding betrekking heeft.

Art. 47

De Kamer informeert het bestuursorgaan dat een melding heeft gedaan over:
a. het besluit dat de Kamer neemt naar aanleiding van de melding;
b. het feit dat tegen het onder a bedoelde besluit bezwaar is gemaakt en de beslissing op dat bezwaar;
c. het feit dat beroep is ingediend en de onherroepelijk geworden rechterlijke uitspraak in dat beroep.

Art. 48

Als gegevens als bedoeld in artikel 38, tweede lid, van de wet worden de in artikel 15a van de wet en de in hoofdstuk 4 genoemde gegevens aangewezen.

Art. 49

Indien bij rechterlijke uitspraak hetgeen in het handelsregister is opgenomen geheel of gedeeltelijk onrechtmatig is verklaard, doet de Kamer op verzoek van een belanghebbende daarvan aantekening in het register.

Hoofdstuk 7 Uitzondering derdenwerking

Art. 50

Als gegevens bedoeld in artikel 25, vierde lid, onderdeel c, van de wet, worden alle gegevens aangewezen over een onderneming of rechtspersoon die voor het eerst is opgenomen in het handelsregister zonder een opgave door een daartoe bevoegd persoon, zolang de handtekening van degene die tot het doen van opgave verplicht is, niet in het handelsregister is opgenomen.

Hoofdstuk 8 Verstrekking van gegevens

Art. 51

1. Het adres van een:
a. bestuurder, gewezen bestuurder,
b. commissaris of gewezen commissaris,
c. gevolmachtigde of gewezen gevolmachtigde,
d. enig aandeelhouder of gewezen enig aandeelhouder,
e. houder of gewezen houder van niet volgestorte aandelen,
f. vereffenaar of gewezen vereffenaar of
g. beheerder of gewezen beheerder, bedoeld in artikel 24, derde lid, artikel 25, derde lid, onder b, of artikel 26, derde lid, onder b
van een rechtspersoon kan niet worden ingezien, behalve door bestuursorganen, als bedoeld in artikel 1:1, eerste lid, onderdeel a, van de Algemene wet bestuursrecht, advocaten, deurwaarders, notarissen en de in artikel 28, derde lid, van de wet genoemde organisaties.

Handelsregister, wijziging gegevens

Handelsregister, aantekening onderzoek

Handelsregister, informeren bestuursorgaan over wijziging gegevens

Handelsregister, niet-authentieke gegevens

Handelsregister, aantekening m.b.t. onrechtmatig verklaarde gegevens

Handelsregister, uitzondering derdenwerking

Handelsregister, verstrekking gegevens

B20 art. 51a **Handelsregisterbesluit 2008**

2. Het eerste lid is niet van toepassing op bestuurders van verenigingen zonder volledige rechtsbevoegdheid, verenigingen van eigenaars en overige privaatrechtelijke rechtspersonen, bedoeld in artikel 6, eerste lid, onderdeel b, van de wet.

3. Het adres van een natuurlijk persoon kan op zijn verzoek worden afgeschermd tegen inzage door anderen dan bestuursorganen, als bedoeld in artikel 1:1, eerste lid, onderdeel a, van de Algemene wet bestuursrecht, advocaten, deurwaarders, notarissen en de in artikel 28, derde lid, van de wet genoemde organisaties, indien:

a. er sprake is van een waarschijnlijke dreiging;

b. het woonadres in het handelsregister niet kan worden ingezien met betrekking tot een andere onderneming;

c. betrokkene niet beschikt over een openbaar telefoonnummer;

d. deze persoon zelf maatregelen heeft genomen om de bekendheid van zijn adres te verminderen, en

e. het belang van afscherming zwaarder weegt dan de rechtszekerheid in het economisch verkeer.

Art. 51a

Als bevoegde autoriteiten, bedoeld in artikel 28, tweede lid, van de wet, worden aangewezen:

a. de toezichthoudende autoriteiten, bedoeld in artikel 1d, eerste lid van de Wet ter voorkoming van witwassen en financieren van terrorisme, voor wat betreft de uitvoering van hun taak op grond van die wet;

b. Onze Minister van Financiën in het kader van de uitvoering van zijn taak, bedoeld in de artikelen 47a en 47b van de Handelsregisterwet 2007;

c. de instanties, bedoeld in artikel 1:93, eerste lid, onderdeel f, van de Wet op het financieel toezicht, in het kader van hun wettelijke taken;

d. de bijzondere opsporingsdiensten, bedoeld in artikel 2 van de Wet op de bijzondere opsporingsdiensten, in het kader van hun wettelijke taken;

e. de Dienst Justis, het Bureau Bibob, de Militaire inlichtingen- en veiligheidsdienst, de Koninklijke Marechaussee en de Rijksrecherche, in het kader van hun wettelijke taken.

Art. 51b

1. De gegevens, bedoeld in artikel 15a, tweede lid, onderdeel c, van de wet, kunnen op verzoek van de uiteindelijk belanghebbende worden afgeschermd tegen inzage door anderen dan de Financiële inlichtingen eenheid, de bevoegde autoriteiten, bedoeld in artikel 51a, banken en andere financiële ondernemingen, bedoeld in artikel 1a, tweede en derde lid, van de Wet ter voorkoming van witwassen en financieren van terrorisme, en natuurlijke personen, bedoeld in artikel 1a, vierde lid, onderdeel d, van de Wet ter voorkoming van witwassen en financieren van terrorisme.

2. Een verzoek tot afscherming wordt alleen toegekend indien:

a. de uiteindelijk belanghebbende een persoon betreft als bedoeld in artikel 42, eerste lid, onderdeel c, van de Politiewet 2012, niet zijnde leden van het koninklijk huis, of een persoon betreft over wier veiligheid de politie op grond van die wet waakt; of

b. de uiteindelijk belanghebbende de leeftijd van achttien jaren nog niet heeft bereikt, door de kantonrechter onder curatele is gesteld als bedoeld in artikel 378 van Boek 1 van het Burgerlijk Wetboek, door de kantonrechter onder bewind is gesteld als bedoeld in artikel 431 van Boek 1 van het Burgerlijk Wetboek of in het buitenland handelingsonbekwaam is verklaard.

3. Indien de Kamer een verzoek als bedoeld in het eerste lid ontvangt, schermt zij de betrokken gegevens onverwijld af. De afscherming eindigt:

a. in het geval het verzoek wordt afgewezen: nadat het besluit onherroepelijk is;

b. in het geval het verzoek wordt toegekend op grond van het tweede lid, onderdeel a: vijf jaar na de datum van toekenning van het verzoek;

c. in het geval het verzoek wordt toegekend op grond van het tweede lid, onderdeel b: de dag dat de uiteindelijk belanghebbende de leeftijd van achttien jaren bereikt of de dag dat de handelingsonbekwaamheid eindigt.

4. De termijn, bedoeld in het derde lid, onderdeel b, wordt telkens met vijf jaar verlengd voor zover de persoon op dat moment voldoet aan het tweede lid, onderdeel a.

5. Jaarlijks worden statistische gegevens gepubliceerd over het aantal afschermingen dat op grond van dit artikel is toegekend, met in begrip van de gronden waarop die afschermingen zijn toegekend.

Art. 51c

De gegevens en afschriften, bedoeld in artikel 15a, tweede en derde lid, van de wet, kunnen tot tien jaar na uitschrijving van de juridische entiteit uit het handelsregister worden ingezien.

Art. 52

Handelsregister, aanwijzing niet-Nederlandse rechtspersonen en vennootschappen

1. Als rechtspersonen en vennootschappen, bedoeld in artikel 24, eerste lid, van de wet, worden aangewezen:

a. de Europese coöperatieve vennootschap;

b. de vennootschappen, bedoeld in artikelen 24 en 25;

c. de vennootschappen bedoeld in artikel 17, voor zover de niet-commanditaire vennoten daarvan kapitaalvennootschappen naar buitenlands recht zijn.

2. Als gegevens en bescheiden, bedoeld in artikel 24, derde lid, van de wet, worden aangewezen, alle gegevens ten aanzien waarvan geen publicatieplicht geldt op grond van een bindend besluit van de Raad van de Europese Unie of de Europese Commissie.

Art. 53

[Wijzigt dit besluit.]

Hoofdstuk 9 Slotartikelen

Art. 54

De artikelen van dit besluit treden in werking op een bij koninklijk besluit te bepalen tijdstip dat voor de verschillende artikelen of onderdelen daarvan verschillend kan worden vastgesteld.

Inwerkingtreding

Art. 55

Dit besluit wordt aangehaald als: Handelsregisterbesluit met vermelding van het jaartal van het Staatsblad waarin het zal worden geplaatst.

Citeertitel

Handelsnaamwet^1

Wet van 5 juli 1921, houdende bepalingen omtrent de handelsnaam

Wij WILHELMINA, bij de gratie Gods, Koningin der Nederlanden, Prinses van Oranje-Nassau, enz., enz., enz.

Allen, die deze zullen zien of hooren lezen, salut! doen te weten:

Alzoo Wij in overweging genomen hebben, dat het noodzakelijk is wettelijke bepalingen vast te stellen omtrent den handelsnaam;

Zoo is het, dat Wij, den Raad van State gehoord, en met gemeen overleg der Staten-Generaal, hebben goedgevonden en verstaan, gelijk Wij goedvinden en verstaan bij deze:

Art. 1

Handelsnaam Onder handelsnaam verstaat deze wet de naam waaronder een onderneming wordt gedreven.

Art. 2

Overgang handelsnaam De handelsnaam gaat over bij erfopvolging en is vatbaar voor overdracht, doch een en ander slechts in verbinding met de onderneming, die onder die naam wordt gedreven.

Art. 3

Misleiding omtrent de eigendom onderneming **1.** Het is de eigenaar ener onderneming verboden een handelsnaam te voeren, die in strijd met de waarheid aanduidt, dat de onderneming, geheel of gedeeltelijk aan een ander zou toebehoren.

2. Het eerste lid is mede van toepassing, indien de in de handelsnaam voorkomende aanduiding slechts in zo geringe mate van de naam van die ander afwijkt, dat dientengevolge bij het publiek verwarring van deze met de eigenaar der onderneming, te duchten is.

3. Het eerste lid is niet van toepassing, indien de handelsnaam en de onderneming afkomstig zijn van iemand, die die naam heeft gevoerd niet in strijd met deze wet.

Art. 4

Misleiding omtrent de rechtsvorm onderneming **1.** Het is verboden een handelsnaam te voeren, die in strijd met de waarheid aanduidt, dat de onderneming zou toebehoren aan een of meer personen, handelende als een vennootschap onder een firma, als een vennootschap en commandite of een rederij, of wel aan een naamloze vennootschap, een besloten vennootschap met beperkte aansprakelijkheid, een onderlinge waarborgmaatschappij, een coöperatie, een vereniging of aan een stichting.

2. In de handelsnaam duidt de vermelding van meer dan één persoon, ook al worden hun namen niet genoemd, aan, dat de onderneming toebehoort aan personen, handelende als een vennootschap onder een firma; de woorden "en compagnie", dat de onderneming toebehoort aan personen, handelende als een vennootschap onder een firma of aan een of meer personen, handelende als een vennootschap *en commandite*; het woord "maatschappij", dat de onderneming toebehoort aan een naamloze vennootschap, aan een besloten vennootschap met beperkte aansprakelijkheid of aan een vereniging, en het woord "fonds" aan een stichting; alles voor zover niet uit de handelsnaam in zijn geheel het tegendeel blijkt.

3. Het eerste lid is niet van toepassing, indien de handelsnaam wordt gevoerd door één persoon zonder vennoten, en die naam en de onderneming afkomstig zijn van een vennootschap onder een firma of van een vennootschap *en commandite*, die die handelsnaam heeft gevoerd niet in strijd met deze wet.

Art. 5

Verbod verwarringwekkende handelsnaam Het is verboden een handelsnaam te voeren, die, vóórdat de onderneming onder die naam werd gedreven, reeds door een ander rechtmatig gevoerd werd, of die van diens handelsnaam slechts in geringe mate afwijkt, een en ander voor zover dientengevolge, in verband met de aard der beide ondernemingen en de plaats, waar zij gevestigd zijn, bij het publiek verwarring tussen die ondernemingen te duchten is.

Art. 5a

Verbod op grond van ouder merk Het is verboden een handelsnaam te voeren, die het merk bevat, waarop een ander ter onderscheiding van zijn fabrieks- of handelswaren recht heeft, dan wel een aanduiding, die van zodanig merk slechts in geringe mate afwijkt, voor zover dientengevolge bij het publiek verwarring omtrent de herkomst van de waren te duchten is.

Art. 5b

Misleiding omtrent aard van de onderneming Het is verboden een handelsnaam te voeren, welke een onjuiste indruk geeft van de onder die naam gedreven onderneming, voor zover dientengevolge misleiding van het publiek te duchten is.

---

1 Inwerkingtredingsdatum: 15-10-1922; zoals laatstelijk gewijzigd bij: Stb. 2016, 290.

Art. 6

1. Indien een handelsnaam wordt gevoerd in strijd met deze wet, kan ieder belanghebbende, onverminderd zijn vordering krachtens titel 3 van Boek 6 van het Burgerlijk Wetboek, de kantonrechter verzoeken degene die de verboden handelsnaam voert, te veroordelen, daarin zodanige door de rechter te bepalen wijziging aan te brengen, dat de gestelde onrechtmatigheid wordt opgeheven.

Verzoek belanghebbende aan kantonrechter tot wijziging handelsnaam

2. Het verzoekschrift wordt gericht tot de rechtbank van het arrondissement waarin de onderneming is gevestigd, die onder de verboden handelsnaam wordt gedreven. Is de onderneming buiten het rijk in Europa gevestigd, doch heeft zij in dat rijk een filiaal of bijkantoor, of wordt zij aldaar vertegenwoordigd door een gevolmachtige handelsagent, dan is de rechtbank van het arrondissement waarin dat filiaal of bijkantoor of die handelsagent is gevestigd, bevoegd. Indien volgens de voorgaande bepalingen geen rechtbank bevoegd is, is de rechtbank van het arrondissement waarin de woonplaats des verzoekers is gelegen bevoegd. Is de onderneming in meer dan één arrondissement gevestigd, dan is bevoegd de rechtbank van elk van deze arrondissementen, ter keuze van de verzoeker. Hetzelfde geldt ingeval de onderneming buiten het rijk in Europa is gevestigd, doch in meer dan één arrondissement een filiaal of bijkantoor heeft of door een gevolmachtige handelsagent vertegenwoordigd wordt. Het verzoekschrift wordt behandeld door de kantonrechter.

3. Het verzoekschrift wordt aan de wederpartij betekend. De kantonrechter beschikt niet op het verzoekschrift dan na verhoor of behoorlijke oproeping van partijen.

4. De griffier zendt een afschrift van de beslissing van de kantonrechter aan partijen. Binnen een maand na de dag van de verzending van dit afschrift kan door hem, die daarbij geheel of gedeeltelijk in het ongelijk is gesteld, hoger beroep worden ingesteld bij het gerechtshof, dat in raadkamer beslist. Het derde lid vindt overeenkomstige toepassing.

5. De griffier zendt een afschrift van de beslissing van het gerechtshof aan partijen. Binnen één maand na de dag van de verzending van dit afschrift kan door hem, die daarbij geheel of gedeeltelijk in het ongelijk is gesteld, beroep in cassatie worden ingesteld. Het daartoe strekkend verzoekschrift wordt aan de wederpartij betekend.

6. De rechter kan de voorlopige tenuitvoerlegging van zijn beschikking bevelen.

Art. 6a

1. Het verzoek bedoeld in het eerste lid van het vorige artikel kan ook gedaan worden door de Kamer van Koophandel.

Verzoek tot wijziging door Kamer van Koophandel

2. De Kamer van Koophandel, binnen welker ressort de ingevolge artikel 6, tweede lid, bevoegde rechter zetelt, is tot het doen van het verzoek bevoegd.

3. Het verzoekschrift wordt door de griffier toegezonden aan de eigenaar van de onderneming, van welke wijziging van de handelsnaam wordt verzocht, en zo nodig aan andere belanghebbenden. De kantonrechter beslist niet dan na verhoor of behoorlijke oproeping van degenen aan wie het verzoekschrift is toegezonden.

4. Het vierde, vijfde en zesde lid van het vorige artikel vinden overeenkomstige toepassing.

Art. 6b

De voorzieningenrechter kan op vordering van eiser tijdelijke voortzetting van de vermeende strijd met de artikelen 5 of 5a toestaan onder de voorwaarde dat de verweerder zekerheid stelt voor vergoeding van de door eiser geleden schade.

Zekerheidstelling

Art. 6c

1. Indien een handelsnaam wordt gevoerd in strijd met de artikelen 5 of 5a, kan de rechter in passende gevallen de schadevergoeding vaststellen als een forfaitair bedrag.

Schadevergoeding

2. De rechter kan op vordering van degene die de handelsnaam voert gelasten dat op kosten van degene die heeft gehandeld in strijd met de artikelen 3 tot en met 5b passende maatregelen worden getroffen tot verspreiding van informatie over de uitspraak.

Art. 7

1. Hij die een handelsnaam voert in strijd met deze wet, wordt gestraft met een geldboete van de tweede categorie.

Strafbaar feit

2. Het feit wordt beschouwd als overtreding.

3. Indien tijdens het plegen van de overtreding nog geen twee jaren zijn verlopen sedert een vroegere veroordeling van de schuldige wegens gelijke overtreding onherroepelijk is geworden, kan hechtenis van ten hoogste veertien dagen of geldboete van de tweede categorie worden opgelegd. Onder vroegere veroordeling wordt mede verstaan een vroegere veroordeling door een strafrechter in een andere lidstaat van de Europese Unie wegens soortgelijke feiten.

4. De ambtenaar van het openbaar ministerie kan, alvorens tot vervolging van het strafbaar feit over te gaan, degene die de verboden handelsnaam voert, de wijziging mededelen, die de ambtenaar nodig voorkomt om de onrechtmatigheid van de handelsnaam op te heffen; daarbij wordt een bekwame termijn gesteld om de wijziging aan te brengen. Wordt de wijziging binnen de gestelde termijn aangebracht, dan is het recht tot strafvordering vervallen.

Verval van recht tot strafvordering

Art. 8

[Vervallen]

B21 art. 9 **Handelsnaamwet**

Art. 9

[Bevat wijzigingen in andere regelgeving.]

Slot- en overgangsbepalingen

Art. 10

Citeertitel Deze wet kan worden aangehaald onder de titel "Handelsnaamwet".

Art. 11

Inwerkingtreding **1.** Deze wet treedt in werking op een door Ons te bepalen tijdstip.

2. Indien bij het in werking treden dezer wet een handelsnaam wordt gevoerd in strijd met deze wet kan te dier zake gedurende vier maanden na dat tijdstip geen rechtsmiddel worden aangewend.

3. Wanneer de uitdrukking "niet in strijd met deze wet" aan het slot van artikelen 3 en 4 betreft het voeren van een handelsnaam vóór het in werking treden dezer wet, betekent zij: niet in strijd met deze wet, indien zij tijdens het voeren van de handelsnaam van kracht geweest ware.

Wet giraal effectenverkeer^1

Wet van 8 juni 1977, houdende bepalingen betreffende het giraal effectenverkeer

Wij Juliana, bij de gratie Gods, Koningin der Nederlanden, Prinses van Oranje-Nassau, enz., enz.

Allen, die deze zullen zien of horen lezen, saluut! doen te weten:

Alzo Wij in overweging genomen hebben dat het wenselijk is wettelijke bepalingen vast te stellen betreffende het giraal effectenverkeer;

Zo is het, dat Wij, de Raad van State gehoord, en met gemeen overleg der Staten-Generaal, hebben goedgevonden en verstaan, gelijk Wij goedvinden en verstaan bij deze:

Hoofdstuk 1 Algemene bepalingen

Art. 1

In deze wet en de daarop berustende bepalingen wordt verstaan onder:

aangesloten instelling: rechtspersoon die als zodanig door een centraal instituut is toegelaten;

centraal instituut: een centrale effectenbewaarinstelling als bedoeld in artikel 2 van Verordening (EU) nr. 909/2014 van het Europees parlement en de Raad van 23 juli 2014 betreffende de verbetering van de effectenafwikkeling in de Europese Unie, betreffende centrale effectenbewaarinstellingen en tot wijziging van Richtlijnen 98/26/EG en 2014/65/EU en Verordening (EU) nr. 236/2012 (PbEU 2014, L 257);

effect: financieel instrument als bedoeld in onderdeel a, b of c van de definitie van financieel instrument in artikel 1:1 van de Wet op het financieel toezicht en een ander financieel instrument waarvan een centraal instituut heeft bepaald dat het tot een girodepot kan behoren;

intermediair: aangesloten instelling, beleggingsonderneming of bank in de zin van artikel 1:1 van de Wet op het financieel toezicht waaraan het op grond van die wet is toegestaan beleggingsdiensten te verlenen respectievelijk het bedrijf van bank uit te oefenen;

Onze Minister: Onze Minister van Financiën;

verzamelbewijs: document waarin effecten aan toonder van één soort zijn belichaamd die tot een verzameldepot of een girodepot behoren.

Art. 2-6

[Vervallen]

Art. 7

Indien het een beleggingsonderneming of bank als bedoeld in de definitie van intermediair op grond van de Wet op het financieel toezicht niet langer is toegestaan zijn beroep of bedrijf uit te oefenen, geldt deze wet alsof de beleggingsonderneming of bank nog intermediair in de zin van deze wet is voor zover dit nodig is voor de afwikkeling van de bestaande verzameldepots.

Begripsbepalingen

Wet Giraal effectenverkeer, toepasselijkheid na intrekking toestemming uitoefening beroep/bedrijf

Art. 8

1. Effecten aan toonder behoren per soort slechts tot een verzameldepot of een girodepot indien zij:

a. door middel van een verzamelbewijs in bewaring worden gegeven bij een intermediair onderscheidenlijk een centraal instituut;

b. ten name van een intermediair worden bewaard door een instelling in het buitenland waaraan het op grond van het op die instelling van toepassing zijnde recht is toegestaan ten name van cliënten rekeningen in effecten te administreren of aan te houden;

c. ten name van een centraal instituut worden bewaard door een instelling in het buitenland waaraan het op grond van het op die instelling van toepassing zijnde recht is toegestaan ten name van cliënten rekeningen in effecten te administreren of aan te houden; of

d. ten name van een intermediair onderscheidenlijk een centraal instituut worden bewaard door een in het buitenland gevestigd centraal instituut of een instelling in het buitenland met een vergelijkbare functie dat is erkend op grond van artikel 25, vierde tot en met elfde lid, van Verordening (EU) Nr. 909/2014 van het Europees parlement en de Raad van 23 juli 2014 betreffende de verbetering van de effectenafwikkeling in de Europese Unie, betreffende centrale effectenbewaarinstellingen en tot wijziging van Richtlijnen 98/26/EG en 2014/65/EU en Verordening (EU) nr. 236/2012 (PbEU 2014, L 257).

2. In afwijking van het eerste lid zullen indien een buitenlands recht van toepassing is op effecten die behoren tot een verzameldepot en die anders dan door middel van een verzamelbewijs

Wet Giraal effectenverkeer, effecten aan toonder

---

1 Inwerkingtredingsdatum: 15-07-1977; zoals laatstelijk gewijzigd bij: Stb. 2019, 423.

B22 art. 8a **Wet giraal effectenverkeer**

in bewaring worden gegeven, die effecten blijven behoren tot het desbetreffende verzameldepot indien dat buitenlands recht niet voorziet in de mogelijkheid van omzetting.

Art. 8a

Giraal effectenverkeer, uitgesloten effecten

Tot een verzameldepot en een girodepot kunnen niet behoren effecten op naam voor de levering waarvan een notariële akte is voorgeschreven en waarvan tevens de overdraagbaarheid bij de statuten respectievelijk de voorwaarden van uitgifte is beperkt of uitgesloten, tenzij deze zijn toegelaten tot de handel op een handelsplatform als bedoeld in artikel 1:1 van de Wet op het financieel toezicht als bedoeld in artikel 1:1 van de Wet op het financieel toezicht.

Art. 8b

Giraal effectenverkeer, opname gegevens in register bij levering effecten op naam

Indien effecten op naam zijn geleverd aan een intermediair of aan een centraal instituut, kan in het desbetreffende register van de uitgevende instelling, de naam en het adres van de intermediair onderscheidenlijk het centraal instituut worden opgenomen, met vermelding van de datum waarop die aandelen zijn gaan behoren tot het verzameldepot onderscheidenlijk girodepot, de datum van de erkenning of betekening, alsmede van het op ieder aandeel gestorte bedrag.

Hoofdstuk 2 Verzameldepot

Titel 1 Algemeen

Art. 9

Verzameldepot

1. Alleen een intermediair kan een verzameldepot in de zin van deze wet houden.

2. Ten aanzien van iedere soort effecten bestaat een afzonderlijk verzameldepot.

Art. 10

Verzameldepot, inhoud

Tot een verzameldepot behoren:

a. alle effecten van de betreffende soort die onder de intermediair berusten, voor de intermediair worden bewaard of aan de intermediair zijn geleverd, met uitzondering van effecten aan toonder ten aanzien waarvan de intermediair tot afzonderlijke bewaring verplicht is;

b. het ten name van de intermediair staande aandeel in het verzameldepot van effecten van de betreffende soort bij een andere intermediair;

c. het ten name van de aangesloten instelling staande aandeel in het in hoofdstuk 3 bedoelde girodepot van effecten van de betreffende soort;

d. het ten name van de intermediair staande tegoed terzake van effecten van de betreffende soort, dat wordt aangehouden bij een instelling in het buitenland;

e. in het geval dat effecten als bedoeld onder a verloren zijn gegaan, de rechten daaruit of de daarvoor in de plaats getreden vorderingen tot vergoeding, alsmede hetgeen uit hoofde daarvan is ontvangen;

f. alle overige goederen die geacht moeten worden in de plaats te zijn getreden van onder a bedoelde effecten, van een onder b of c bedoeld aandeel of van een onder d bedoeld tegoed.

Art. 11

Verzameldepot, beheer

1. De intermediair is belast met het beheer van het verzameldepot.

2. Hij kan tegenover derden de rechten van degenen aan wie het verzameldepot toebehoort, uitoefenen, indien dit voor een goed beheer dienstig kan zijn.

3. Het tweede lid is niet van toepassing op het recht tot bijeenroeping van een vergadering van aandeelhouders of houders van andere effecten, tot het bijwonen van en het woordvoeren in een zodanige vergadering, tot het uitoefenen van stemrecht en tot het doen instellen van een onderzoek naar het beleid en de gang van zaken van een rechtspersoon als bedoeld in artikel 345 van Boek 2 van het Burgerlijk Wetboek.

4. De intermediair is bevoegd tot een door hem gehouden verzameldepot behorende toonderstukken, te vervangen door een door de instelling die de effecten heeft uitgegeven terzake van die effecten af te geven verzamelbewijs. Op het verzamelbewijs wordt, indien van toepassing, vermeld dat de intermediair door een aantekening op het verzamelbewijs te plaatsen dit mede betrekking kan doen hebben op andere effecten van dezelfde soort, en kan bewerkstelligen dat het verzamelbewijs niet langer betrekking heeft op een of meer effecten waarop het voorafgaand aan de plaatsing van de aantekening betrekking had.

5. De intermediair is bevoegd effecten aan toonder als bedoeld in het vierde lid op naam te doen stellen.

6. De intermediair oefent de in het vierde en vijfde lid genoemde bevoegdheden uitsluitend uit met instemming van de instelling die de effecten heeft uitgegeven.

Art. 12

Verzameldepot, bewaargeving of levering effecten

1. Bewaargeving van effecten aan toonder aan een intermediair of levering van effecten op naam aan een intermediair ter opname in het verzameldepot heeft tot gevolg dat degene aan wie de effecten toebehoorden op het tijdstip waarop zij door de intermediair ter bewaring in ontvangst zijn genomen dan wel aan de intermediair zijn geleverd, alsdan in het verzameldepot gerechtigd wordt als deelgenoot gezamenlijk met hen die daarin op dat tijdstip reeds gerechtigd waren. Voor zover de effecten bezwaard waren met een beperkt recht, komt dit op zijn aandeel te rusten.

2. Bewaargeving van effecten aan toonder of levering van effecten op naam door de instelling die de effecten heeft uitgegeven aan een intermediair ter opname van die effecten in een verzameldepot, heeft tot gevolg dat degene ten gunste van wie de effecten worden uitgegeven in het verzameldepot gerechtigd wordt als deelgenoot, gezamenlijk met hen die daarin op dat tijdstip reeds gerechtigd waren.

3. Het aandeel wordt berekend naar evenredigheid van de hoeveelheid van de in bewaring gegeven of geleverde effecten.

4. De vorige leden zijn ten aanzien van effecten aan toonder niet van toepassing indien de intermediair zich tot afzonderlijke bewaring heeft verplicht.

Art. 13

Indien effecten aan toonder uit anderen hoofde dan bewaargeving aan een intermediair worden toevertrouwd, zijn de bepalingen betreffende de in het eerste lid van het vorige artikel bedoelde bewaargeving van overeenkomstige toepassing, tenzij de rechtsverhouding meebrengt dat de intermediair tot afzonderlijke bewaring verplicht is.

Verzameldepot, verkrijging effecten door intermediair

Art. 14

1. Verkrijging van effecten door een intermediair uit hoofde van een levering door een beschikkingsonbevoegde heeft tot gevolg dat degene aan wie de effecten toebehoorden op het tijdstip waarop zij aan de intermediair zijn geleverd, alsdan in het verzameldepot gerechtigd wordt als deelgenoot gezamenlijk met hen die daarop op dat tijdstip reeds gerechtigd waren. Voor zover de effecten bezwaard waren met een beperkt recht, komt dit op zijn aandeel te rusten.

Verzameldepot, levering effecten door beschikkingsonbevoegde

2. Indien de effecten aan toonder luiden en de intermediair de effecten te goeder trouw verkregen heeft, is het eerste lid niet van toepassing en is de overdracht van de effecten aan de intermediair geldig.

3. Indien de effecten op naam luiden is het eerste lid niet van toepassing en is de overdracht van de effecten aan de intermediair geldig indien de intermediair de effecten te goeder trouw heeft verkregen en de onbevoegdheid voortvloeit uit de ongeldigheid van een vroegere overdracht die niet het gevolg was van onbevoegdheid van de toenmalige overdrager.

Art. 15

De intermediair draagt desgewenst zorg dat de deelgenoten het aan de effecten verbonden stemrecht, ieder tot de hoeveelheid waarvoor hij in de aanwezige effecten deelgenoot is, kunnen uitoefenen.

Verzameldepot, stemrecht

Titel 2

Vervreemding en bezwaring

Art. 16

1. Behoort een verzameldepot toe aan twee of meer deelgenoten, dan kan ieder over zijn aandeel daarin, of over een gedeelte van dat aandeel, beschikken. Een deelgenoot kan met instemming van de intermediair ook beschikken over een gedeelte van een effect, met dien verstande dat uitoefening van aan een aandeel, of van aan een gedeelte van dat aandeel verbonden stemrechten niet mogelijk is voor zover dat aandeel onderscheidenlijk dat gedeelte van dat aandeel niet overeenkomt met een of meer effecten.

Verzameldepot, deelgenoten

2. Een deelgenoot kan niet beschikken over zijn aandeel in een tot een verzameldepot behorend goed afzonderlijk.

Art. 17

Levering van een aandeel in een verzameldepot geschiedt door bijschrijving op naam van de verkrijger in het daartoe bestemde deel van de administratie van de intermediair.

Verzameldepot, levering aandeel

Art. 18

Voor zover een bijschrijving van effecten geschiedt tot een grotere hoeveelheid dan waarover de intermediair bevoegd was te beschikken, maakt hij de verkrijger geen deelgenoot in het verzameldepot. Was de verkrijger te goeder trouw op het tijdstip dat hij van de bijschrijving kennis kreeg, dan wordt hij niettemin deelgenoot naar evenredigheid van de bijgeschreven hoeveelheid.

Verzameldepot, overschrijding toegestane aantal effecten

Art. 19

1. Een overdracht van een aandeel aan de intermediair is ondanks onbevoegdheid van de vervreemder geldig, indien de intermediair te goeder trouw was op het tijdstip van de bijschrijving op zijn naam.

Verzameldepot, overdracht door onbevoegde vervreemder

2. Een overdracht van een aandeel aan een ander dan de intermediair in opdracht van de in het vorige lid bedoelde vervreemder is geldig, indien de verkrijger te goeder trouw was op het tijdstip dat hij van de bijschrijving kennis kreeg.

B22 art. 20 *Wet giraal effectenverkeer*

Art. 20

Verzameldepot, pandrecht 1. Vestiging van een pandrecht op een aandeel in een verzameldepot ten behoeve van een ander dan de intermediair geschiedt door bijschrijving ten name van de pandhouder in de administratie van de intermediair.

2. Ondanks onbevoegdheid van de pandgever is de vestiging van het pandrecht geldig, indien de pandhouder op het tijdstip dat hij van de bijschrijving kennis kreeg, te goeder trouw was.

Art. 21

Verzameldepot, vestiging pandrecht door intermediair **1.** Vestiging van een pandrecht op een aandeel in een verzameldepot ten behoeve van de intermediair geschiedt door overeenkomst tussen de pandgever en de instelling.

2. Ondanks de onbevoegdheid van de pandgever is de vestiging van het pandrecht geldig, indien de pandhouder op het tijdstip van het ontstaan te goeder trouw was.

Art. 22

Verzameldepot, verzuim schuldenaar Onverminderd het bepaalde in artikel 54 van Boek 7 van het Burgerlijk Wetboek, is de pandhouder in geval van verzuim van de schuldenaar bevoegd effecten van de desbetreffende soort en hoeveelheid, overeenkomstig de op de uitoefening van pandrecht op de betreffende soort effecten toepasselijke wettelijke bepalingen, te doen verkopen en vervolgens het daarmee corresponderende aandeel in het verzameldepot te doen leveren door bijschrijving als in deze wet bedoeld.

Art. 23

Verzameldepot, vruchtgebruik Vestiging van een vruchtgebruik op een aandeel in een verzameldepot geschiedt door bijschrijving ten name van de vruchtgebruiker in de administratie van de intermediair.

Art. 24

Verzameldepot, executoriaal derdenbeslag Indien onder een intermediair executoriaal derdenbeslag is gelegd op het aandeel van een deelgenoot in een verzameldepot, is de beslaglegger bevoegd effecten van de desbetreffende soort en hoeveelheid, overeenkomstig de op de executie van een beslag op de betreffende effecten toepasselijke wettelijke bepalingen, te doen verkopen en vervolgens het daarmee corresponderende aandeel in het verzameldepot te doen leveren door bijschrijving als in deze wet bedoeld.

Art. 25

Verzameldepot, verbod op beslag onder intermediair op ten name van andere intermediair staand aandeel in Beslag onder een intermediair op een ten name van een andere intermediair staand aandeel in een verzameldepot is niet toegelaten.

Titel 3
Uitlevering en verdeling

Art. 26

Verzameldepot, uitlevering **1.** Voor zover uitlevering op grond van het derde lid en het vierde lid mogelijk is, heeft een deelgenoot recht op uitlevering van de hoeveelheid effecten waarvoor hij deelgenoot is. Uitlevering van een gedeelte van een effect is niet mogelijk.

2. Is het verzameldepot niet toereikend om aan iedere deelgenoot de in het eerste lid bedoelde hoeveelheid effecten uit te leveren, dan levert de intermediair aan een deelgenoot slechts zoveel effecten uit als in verband met de rechten van de andere deelgenoten mogelijk is.

3. Effecten worden uit een verzameldepot slechts uitgeleverd:
a. ter opname in een depot van een in het buitenland gevestigd centraal instituut of een buitenlandse instelling met een functie vergelijkbaar met die van een centraal instituut; of
b. ter opname in een verzameldepot van een andere intermediair of, indien de instelling die de effecten heeft uitgegeven daarmee heeft ingestemd, een depot van een instelling in het buitenland waaraan het op grond van het op die instelling van toepassing zijnde recht is toegestaan ten name van cliënten rekeningen in effecten te administreren, indien alle effecten van de desbetreffende soort worden uitgeleverd.

4. In afwijking van het derde lid worden effecten op verzoek van een deelgenoot uit een verzameldepot uitgeleverd indien de uitlevering noodzakelijk is voor de deelgenoot om een aan de effecten verbonden recht uit te kunnen oefenen. De effecten worden onverwijld teruggeleverd ter opname in het verzameldepot zodra het niet langer noodzakelijk is voor de betreffende deelgenoot de effecten in eigen naam te houden voor het uitoefenen van het hiervoor bedoelde recht.

Art. 27

Verzameldepot, verdeling ontoereikend depot **1.** De verdeling van een verzameldepot dat niet toereikend is om aan iedere deelgenoot de hoeveelheid effecten, waarvoor hij deelgenoot is, te leveren, geschiedt overeenkomstig de volgende regels.

2. Aan ieder der deelgenoten worden naar evenredigheid van zijn aandeel zoveel effecten geleverd als in verband met de rechten van de andere deelgenoten mogelijk is. Blijft een hoeveelheid effecten over die voor een zodanige verdeling te klein is, dan worden zij, tenzij de deelgenoten anders overeenkomen en voor zover mogelijk, verkocht op een handelsplatform, als bedoeld in artikel 1:1 van de Wet op het financieel toezicht of een met een handelsplatform vergelijkbaar systeem uit een staat die geen lidstaat is en wordt de opbrengst onder de deelgenoten naar evenredigheid van ieders aandeel verdeeld.

3. Andere tot het verzameldepot behorende goederen worden op de daartoe meest geschikte wijze te gelde gemaakt en de opbrengst wordt onder de deelgenoten naar evenredigheid van ieders aandeel verdeeld.

Art. 28

1. Indien de intermediair die het verzameldepot houdt, zelf deelgenoot is, wordt hem bij toepassing van het voorgaande artikel slechts toegedeeld hetgeen overblijft, nadat de andere deelgenoten zoveel hebben ontvangen, dat zij niets meer uit hoofde van hun aandeel hebben te vorderen.

Verzameldepot, aangesloten instelling is zelf deelgenoot

2. Het eerste lid geldt niet, indien de intermediair bewijst dat het tekort is ontstaan door omstandigheden die hem niet kunnen worden toegerekend.

Art. 29

Levert de intermediair aan een deelgenoot meer effecten uit dan waartoe hij ingevolge de drie voorgaande artikelen bevoegd is, dan kan het teveel uitgeleverde door de intermediair worden teruggevorderd, tenzij de deelgenoot op het tijdstip van de uitlevering te goeder trouw was.

Verzameldepot, terugvordering teveel uitgeleverde effecten

Art. 30

1. De intermediair is tot uitlevering bevoegd zonder medewerking van de andere deelgenoten.

Verzameldepot, bevoegdheid tot uitlevering

2. Uitlevering van effecten aan toonder geschiedt door terbeschikkingstelling van de effecten aan de deelgenoot. Uitlevering van effecten op naam geschiedt door levering ter uitlevering uit het verzameldepot.

Art. 31

1. Voor zover uitlevering op grond van artikel 26 mogelijk is, komt bij de uitlevering van effecten uit hoofde van een aandeel waarop een beperkt recht of beslag rust dit beperkte recht of beslag mede op de uitgeleverde effecten te rusten.

Verzameldepot, uitlevering aandeel waarop beperkt recht of beslag rust

2. Het eerste lid is bij uitkering als bedoeld in artikel 27, tweede lid, tweede volzin en derde lid van overeenkomstige toepassing.

Art. 32

Degene die overeenkomstig artikel 12, eerste lid, een hoeveelheid effecten in bewaring heeft gegeven of heeft geleverd maar daarvoor geen deelgenoot is, wordt vermoed bevoegd te zijn de rechten van de deelgenoot uit de artikelen 15, 26, 27 en 49db uit te oefenen.

Verzameldepot, bevoegdheid bewaargever

Titel 4
Faillissement

Art. 33

1. In geval van faillissement van de intermediair is de curator belast met het beheer van het verzameldepot. Hij brengt het verzameldepot tot verdeling met inachtneming van de bepalingen van deze wet. Indien het bedrijf van de gefailleerde instelling overeenkomstig artikel 98 van de Faillissementswet wordt voortgezet, is de curator bevoegd tot verdeling van het verzameldepot over te gaan.

Verzameldepot, faillissement aangesloten instelling

2. Het eerste lid is van overeenkomstige toepassing ingeval de schuldsaneringsregeling natuurlijke personen ten aanzien van de intermediair van toepassing is, met dien verstande dat in de plaats van artikel 98 van de Faillissementswet wordt gelezen artikel 311 van die wet.

Hoofdstuk 3
Girodepot

Titel 1
Algemeen

Art. 34

1. Alleen een centraal instituut kan girodepots in de zin van deze wet houden.

Girodepot

2. Het centraal instituut bepaalt welke effecten tot een door hem gehouden girodepot kunnen behoren.

3. Het centraal instituut bepaalt welke effecten die tot een door hem gehouden girodepot kunnen behoren, voor de toepassing van deze wet als effecten van dezelfde soort worden beschouwd.

4. Ten aanzien van iedere soort effecten die tot een girodepot kunnen behoren bestaat een afzonderlijk girodepot.

B22 art. 35 *Wet giraal effectenverkeer*

5. Een aangesloten instelling is bevoegd tot bewaargeving of levering ter opname in het girodepot van tot een verzameldepot behorende effecten aan een centraal instituut zonder de medewerking van de andere deelgenoten.

Art. 35

Girodepot, inhoud

Tot een girodepot behoren:

a. alle effecten van de betreffende soort die onder het centraal instituut berusten, voor het centraal instituut worden bewaard of aan het centraal instituut zijn geleverd;

b. het ten name van het centraal instituut staande tegoed terzake van effecten van de betreffende soort, dat wordt aangehouden bij instellingen in het buitenland;

c. in het geval dat effecten als bedoeld onder *a* verloren zijn gegaan, de rechten daaruit of de daarvoor in de plaats getreden vorderingen tot vergoeding, alsmede hetgeen uit hoofde daarvan is ontvangen;

d. alle overige goederen die geacht moeten worden in de plaats te zijn getreden van onder *a* bedoelde effecten of van een onder *b* bedoeld tegoed.

Art. 36

Girodepot, beheer

1. Een centraal instituut is belast met het beheer van de door hem gehouden girodepots.

2. Het centraal instituut kan tegenover derden de rechten van degenen aan wie een girodepot toebehoort, uitoefenen, indien dit voor een goed beheer dienstig kan zijn.

3. Het tweede lid is niet van toepassing op het recht tot bijeenroeping van een vergadering van aandeelhouders of houders van andere effecten, tot het bijwonen van en het woord voeren in een zodanige vergadering, tot het uitoefenen van stemrecht en tot het doen instellen van een onderzoek naar het beleid en de gang van zaken van een rechtspersoon, als bedoeld in artikel 345 van Boek 2 van het Burgerlijk Wetboek.

4. Het centraal instituut is bevoegd effecten aan toonder die tot een girodepot behoren te vervangen door een verzamelbewijs. Het centraal instituut kan bepalen dat in de tekst van een aldus door hem te verkrijgen verzamelbewijs een regeling is opgenomen als bedoeld in het vijfde lid.

5. Indien in de tekst van een verzamelbewijs dat tot een girodepot behoort een daartoe strekkende regeling is opgenomen, kan het centraal instituut door een aantekening op het stuk te plaatsen dit mede betrekking doen hebben op een of meer andere effecten van dezelfde soort, dan wel bewerkstelligen dat het stuk niet langer betrekking heeft op een of meer van de effecten waarop het voorafgaand aan de plaatsing van de aantekening betrekking had.

6. Het centraal instituut is bevoegd tot een girodepot behorende effecten die aan toonder luiden, op naam te doen stellen.

7. Het centraal instituut oefent de in het vierde tot en met zesde lid genoemde bevoegdheden uitsluitend uit met instemming van de instelling die de effecten heeft uitgegeven.

Art. 37

Girodepot, aangesloten instelling

1. Alleen een aangesloten instelling kan effecten in bewaring hebben of aanhouden bij een centraal instituut.

2. De rechten jegens het centraal instituut worden door de aangesloten instelling op eigen naam uitgeoefend voor hen aan wie de effecten toebehoren.

Art. 38

Girodepot, bewaargeving of levering effecten

1. Zij aan wie de in bewaring gegeven effecten aan toonder of ter opname in een girodepot geleverde effecten op naam toebehoorden op het tijdstip waarop zij door het centraal instituut ter bewaring in ontvangst zijn genomen dan wel aan het centraal instituut zijn geleverd, worden vanaf dat tijdstip in het girodepot gerechtigd als deelgenoten, gezamenlijk met hen die in dat girodepot op het tijdstip van de bewaargeving of levering reeds gerechtigd waren.

2. Bewaargeving van effecten aan toonder of levering van effecten op naam door de instelling die de effecten heeft uitgegeven aan een centraal instituut ter opname van die effecten in een girodepot, heeft tot gevolg dat de aangesloten instelling ten gunste van wie de effecten worden bijgeschreven, alsdan in het girodepot gerechtigd wordt als deelgenoot, gezamenlijk met hen die daarinop dat tijdstip reeds gerechtigd waren. De effecten maken vanaf het moment van opname in het girodepot deel uit van de verzameldepots van de desbetreffende aangesloten instellingen.

3. Het aandeel in een girodepot staat op naam van de aangesloten instelling.

4. Het aandeel wordt berekend naar evenredigheid van de hoeveelheid van de door de aangesloten instelling ingebrachte of geleverde effecten, dan wel door de instelling die de effecten heeft uitgegeven overeenkomstig het tweede lid geleverde effecten.

Art. 39

Girodepot, stemrecht

Een centraal instituut draagt zorg dat de aangesloten instellingen kunnen voldoen aan hun in artikel 15 bedoelde verplichting ten aanzien van het aan de effecten verbonden stemrecht.

Titel 2

Vervreemding en bezwaring

Art. 40

1. Het ten name van een aangesloten instelling staande aandeel in een girodepot is overdraagbaar. Een gedeelte van zodanig aandeel is eveneens overdraagbaar.

2. Het aandeel in een tot een girodepot behorend goed afzonderlijk is niet overdraagbaar.

Art. 41

1. Levering tussen aangesloten instellingen van een aandeel in een girodepot geschiedt door bijschrijving op naam van de verkrijgende instelling in het daartoe bestemde deel van de administratie van het centraal instituut.

2. Ondanks onbevoegdheid van die instelling is een overdracht van een aandeel geldig, indien de verkrijgende instelling op het tijdstip dat zij van de bijschrijving kennis kreeg, te goeder trouw was.

Art. 42

1. Vestiging van een pandrecht ten behoeve van een andere aangesloten instelling op een aandeel in een girodepot geschiedt door bijschrijving ten name van de andere instelling in de administratie van het centraal instituut.

2. Artikel 20, tweede lid, en artikel 22 zijn van overeenkomstige toepassing.

Art. 43

1. Een centraal instituut is verplicht van een door hem verrichte bijschrijving terstond een kennisgeving te zenden aan de aangesloten instelling op wier naam de bijschrijving heeft plaatsgevonden.

2. Van het voorgaande lid kan niet bij overeenkomst worden afgeweken.

Art. 44

Beslag onder een centraal instituut op een ten name van een aangesloten instelling staand aandeel in een girodepot is niet toegelaten.

Titel 3

Uitlevering en verdeling

Art. 45

1. Voor zover uitlevering op grond van het derde lid en het vierde lid mogelijk is, heeft een aangesloten instelling recht op uitlevering van de haar toekomende hoeveelheid effecten. Uitlevering van een gedeelte van een effect is niet mogelijk.

2. Is het girodepot niet toereikend om aan iedere aangesloten instelling die in het eerste lid bedoelde hoeveelheid effecten uit te leveren, dan levert het centraal instituut aan een aangesloten instelling slechts zoveel effecten uit als in verband met de rechten van de andere aangesloten instellingen mogelijk is.

3. Effecten worden uit een girodepot slechts uitgeleverd:

a. ter opname in een depot van een in het buitenland gevestigd centraal instituut of een buitenlandse instelling met een functie vergelijkbaar met die van een centraal instituut; of

b. ter opname in een verzameldepot van een intermediair of, indien de instelling die de effecten heeft uitgegeven daarmee heeft ingestemd, een depot van een instelling in het buitenland waaraan het op grond van het op die instelling van toepassing zijnde recht is toegestaan ten name van cliënten rekeningen in effecten te administreren, indien alle effecten van de desbetreffende soort worden uitgeleverd.

4. In afwijking van het derde lid worden effecten op verzoek van een aangesloten instelling uit een girodepot uitgeleverd indien de uitlevering noodzakelijk is voor de deelgenoot om een aan de effecten verbonden recht uit te kunnen oefenen. De effecten worden onverwijld teruggeleverd ter opname in het verzameldepot zodra het niet langer noodzakelijk is voor de betreffende deelgenoot de effecten in eigen naam te houden voor het uitoefenen van het hiervoor bedoelde recht.

Art. 46

De verdeling van een girodepot dat niet toereikend is om aan iedere instelling de haar toekomende hoeveelheid effecten uit te leveren, geschiedt door overeenkomstige toepassing van artikel 27, tweede en derde lid.

Art. 47

Levert een centraal instituut aan een instelling meer effecten uit dan waartoe het ingevolge de vorige twee artikelen bevoegd is, dan kan het teveel uitgeleverde door het centraal instituut worden teruggevorderd, tenzij de instelling op het tijdstip van de uitlevering te goeder trouw was.

Art. 48

Een centraal instituut is tot uitlevering bevoegd zonder medewerking van de andere instellingen op wier naam aandelen in het girodepot staan.

Girodepot, aandeel overdraagbaar

Girodepot, levering aandeel in girodepot

Girodepot, pandrecht

Girodepot, kennisgeving bijschrijving

Girodepot, verbod op derdenbeslag

Girodepot, uitlevering

Girodepot, verdeling ontoereikend depot

Girodepot, terugvordering teveel uitgeleverde effecten

Girodepot, bevoegdheid tot uitlevering

B22 *art. 49*

Wet giraal effectenverkeer

Art. 49

Girodepot, pandrecht

1. Bij uitlevering van effecten uit hoofde van een aandeel waarop een pandrecht rust, komt dit pandrecht mede op de uitgeleverde effecten te rusten.

2. Het eerste lid is bij uitkeringen als bedoeld in artikel 27, tweede lid, tweede zin, en derde lid van overeenkomstige toepassing.

Hoofdstuk 3a Identificatie van aandeelhouders, doorgifte van informatie en facilitering van de uitoefening van aandeelhoudersrechten

Art. 49a

Begripsbepalingen

Voor de toepassing van het ingevolge dit hoofdstuk bepaalde wordt verstaan onder:

a. effecten met een aandelenkarakter:

$1°$. verhandelbare aandelen als bedoeld in artikel 79, eerste lid, van Boek 2 van het Burgerlijk Wetboek;

$2°$. verhandelbare aandelen die zijn uitgegeven door een rechtspersoon, opgericht naar het recht van een andere lidstaat als bedoeld in artikel 1:1 van de Wet op het financieel toezicht dan Nederland, die gelijk te stellen zijn met aandelen als bedoeld onder $1°$;

$3°$. certificaten van aandelen of andere met certificaten van aandelen gelijk te stellen verhandelbare waardebewijzen;

b. instelling in het buitenland: een instelling met zetel in het buitenland waaraan het op grond van het op die instelling van toepassing zijnde recht is toegestaan ten name van cliënten rekeningen in effecten te administreren of aan te houden.

c. aandeelhouder:

$1°$. degene die voor eigen rekening een tegoed, luidend in effecten met een aandelenkarakter aanhoudt bij een aangesloten instelling, intermediair of instelling in het buitenland, of

$2°$. beheerder van een beleggingsinstelling als bedoeld in artikel 1:1 van de Wet op het financieel toezicht.

d. uitgevende instelling: vennootschap naar Nederlands recht of een rechtspersoon opgericht naar het recht van een andere lidstaat als bedoeld in artikel 1:1 van de Wet op het financieel toezicht dan Nederland, niet zijnde een beleggingsinstelling als bedoeld in artikel 1:1 van de Wet op het financieel toezicht, waarvan effecten zijn toegelaten tot de handel op een gereglementeerde markt.

e. bewaarketen: een of meer van de volgende partijen gezamenlijk voor zover die door de uitgevende instelling of met haar medewerking uitgegeven effecten met een aandelenkarakter van een soort bewaren: centraal instituut, intermediair, bewaarder van een beleggingsinstelling als bedoeld in artikel 1:1 van de Wet op het financieel toezicht of instelling in het buitenland.

Art. 49b

Effecten met aandelenkarakter, uitgevende instelling

1. Een uitgevende instelling kan:

a. een centraal instituut schriftelijk verzoeken tot verstrekking van de naam, het adres, in voorkomend geval de unieke identificatiecode voor rechtspersonen, en, indien aanwezig, het e-mailadres van iedere aangesloten instelling die als deelgenoot in het girodepot gerechtigd is tot door de uitgevende instelling of met haar medewerking uitgegeven effecten met een aandelenkarakter, alsmede van het tegoed van iedere aangesloten instelling luidend in zodanige effecten in dat girodepot, de categorieën of klassen van de effecten en de datum sinds welke de effecten worden aangehouden;

b. een intermediair van wie de uitgevende instelling weet of redelijkerwijs mag aannemen dat deze een verzameldepot houdt van door de uitgevende instelling of met haar medewerking uitgegeven effecten met een aandelenkarakter, schriftelijk verzoeken tot verstrekking van de naam, het adres, in voorkomend geval de unieke identificatiecode voor rechtspersonen en, indien aanwezig, het e-mailadres van iedere deelgenoot in dat verzameldepot alsmede van het tegoed van iedere deelgenoot luidend in zodanige effecten in dat verzameldepot, de categorieën of klassen van de effecten en de datum sinds welke de effecten worden aangehouden;

c. een instelling in het buitenland van wie de uitgevende instelling weet of redelijkerwijs mag aannemen dat zij, beroepsmatig en anders dan als aandeelhouder, door de uitgevende instelling of met haar medewerking uitgegeven effecten met een aandelenkarakter bewaart, administreert of aanhoudt, schriftelijk verzoeken tot verstrekking van de naam, het adres, in voorkomend geval de unieke identificatiecode voor rechtspersonen, het tegoed luidend in zodanige effecten en, indien aanwezig, het e-mailadres van iedere cliënt voor wie zij een tegoed luidend in effecten met een aandelenkarakter bewaart, administreert of aanhoudt alsmede van het tegoed van iedere cliënt luidend in zodanige effecten dat bij de instelling wordt aangehouden, de categorieën of klassen van de effecten en de datum sinds welke de effecten worden aangehouden; of

d. een bewaarder van een beleggingsinstelling als bedoeld in artikel 1:1 van de Wet op het financieel toezicht van wie de uitgevende instelling weet of redelijkerwijs mag aannemen dat hij door de uitgevende instelling of met haar medewerking uitgegeven effecten met een aandelenkarakter bewaart, administreert of aanhoudt, schriftelijk verzoeken tot verstrekking van de naam, het adres, in voorkomend geval de unieke identificatiecode voor rechtspersonen en, indien aanwezig, het e-mailadres van de beheerder van die beleggingsinstelling alsmede van het tegoed van de beheerder luidend in zodanige effecten dat bij de bewaarder wordt aangehouden, de categorieën of klassen van de effecten en de datum sinds welke de effecten worden aangehouden.

2. Een uitgevende instelling kan een partij in de bewaarketen verzoeken tot verstrekking van de naam, het adres, in voorkomend geval de unieke identificatiecode voor rechtspersonen, en, indien aanwezig, het e-mailadres van iedere aandeelhouder die door de uitgevende instelling of met haar medewerking uitgegeven effecten met een aandelenkarakter aanhoudt, alsmede het tegoed in zodanige effecten, de categorieën of klassen van de effecten en de datum sinds welke de effecten worden aangehouden.

3. In afwijking van het eerste en het tweede lid kan een uitgevende instelling met zetel in Nederland de verzoeken, bedoeld in het eerste en tweede lid, slechts doen ten aanzien van aandeelhouders die ten minste een tweehonderdste deel van het geplaatste kapitaal van de uitgevende instelling vertegenwoordigen.

4. De partij in de bewaarketen met zetel in Nederland tot wie het verzoek, bedoeld in het eerste of het tweede lid, is gericht verstrekt de verzochte gegevens onverwijld aan de uitgevende instelling, of een door haar aangewezen derde.

5. In afwijking van het vierde lid geleidt de partij in de bewaarketen met zetel in Nederland tot wie het verzoek, bedoeld in het tweede lid, is gericht en die niet of niet volledig over de gevraagde gegevens beschikt, het verzoek telkens onverwijld door aan de partijen in de bewaarketen voor wie zij de effecten met een aandelenkarakter bewaren. Wanneer het verzoek de partijen bereikt die over de verzochte gegevens, of een deel daarvan, beschikken verstrekken die vervolgens de verzochte gegevens onverwijld aan de uitgevende instelling of een door haar aangewezen derde.

6. Op schriftelijk verzoek, gedaan in een periode vanaf zestig dagen tot de tweeënveertigste dag voor die van de algemene vergadering, van een aandeelhouder die op het moment van het verzoek alleen of gezamenlijk met andere aandeelhouders tenminste een tiende gedeelte van het geplaatste kapitaal van een uitgevende instelling vertegenwoordigt, identificeert de uitgevende instelling aandeelhouders van door haar of met haar medewerking uitgegeven effecten met een aandelenkarakter door middel van het doen van verzoeken als bedoeld in het eerste lid.

7. Uiterlijk op het moment van het eerste verzoek als bedoeld in het eerste lid doet de uitgevende instelling hierover een mededeling op haar website, onder vermelding van de mogelijkheid van verzending van informatie overeenkomstig artikel 49c, de mogelijke data van die verzending en de uiterlijke data voor terbeschikkingstelling van informatie door aandeelhouders.

8. Bij ministeriële regeling kunnen regels worden gesteld met betrekking tot de wijze waarop een verzoek op grond van het eerste of vijfde lid wordt gedaan en beantwoord.

Art. 49c

1. Op schriftelijk verzoek van een aandeelhouder die alleen of gezamenlijk met andere aandeelhouders tenminste een honderdste gedeelte van het geplaatste kapitaal van een uitgevende instelling vertegenwoordigt of rechthebbende is op een bedrag van aandelen of certificaten daarvan met een gezamenlijke waarde van tenminste € 250 000, verzendt de uitgevende instelling, indien deze beschikt over op grond van artikel 49b, eerste lid, onder b, c of d, verkregen gegevens, door de aandeelhouder ter beschikking gestelde informatie welke verband houdt met een onderwerp dat is geagendeerd voor de algemene vergadering aan de aandeelhouders van de uitgevende instelling. De uitgevende instelling verzendt de informatie met de meeste spoed, in elk geval binnen drie werkdagen na ontvangst van het verzoek of plaatst deze informatie met de meeste spoed, in elk geval binnen drie werkdagen, op haar website, waar deze informatie tenminste tot en met de dag van de algemene vergadering beschikbaar wordt gehouden.

2. In afwijking van het eerste lid is de uitgevende instelling niet verplicht tot verzending van informatie die minder dan zeven werkdagen voor de algemene vergadering door haar wordt ontvangen.

3. Indien een uitgevende instelling ter uitvoering van het eerste lid informatie verzendt, vermeldt zij de naam van de verzoeker.

4. In afwijking van het eerste lid is een uitgevende instelling evenmin verplicht informatie te verzenden:

a. waarvan een onjuist of misleidend signaal uitgaat of te duchten is met betrekking tot de uitgevende instelling; of

b. die van zodanige aard is dat verzending naar maatstaven van redelijkheid en billijkheid niet van de uitgevende instelling kan worden verlangd.

5. De uitgevende instelling plaatst informatie die zij uit eigen beweging of op schriftelijk verzoek van een aandeelhouder heeft verzonden onverwijld na verzending op haar website. De uitgevende instelling houdt de informatie gedurende tenminste een jaar op de website toegankelijk.

B22 art. 49d **Wet giraal effectenverkeer**

6. Voor de toepassing van dit artikel wordt als aandeelhouder beschouwd degene die aandeelhouder is op de peildatum die is vermeld in het laatst gedane verzoek, bedoeld in artikel 49b, eerste lid.

7. Indien door de aandeelhouder, bedoeld in het zesde lid, een overeenkomst is gesloten met een derde op grond waarvan deze derde naar eigen goeddunken stemmen kan uitbrengen en de aandeelhouder informatie van de uitgevende instelling ontvangt, verstrekt hij de naam, het adres en het emailadres van de derde aan de uitgevende instelling en stuurt hij de informatie die van de uitgevende instelling is ontvangen onverwijld door aan de derde.

8. Indien door de aandeelhouder, bedoeld in het zesde lid, toepassing is gegeven aan artikel 88, derde lid, onderscheidenlijk 89, derde lid, van boek 2 van het Burgerlijk Wetboek en de aandeelhouder informatie van de uitgevende instelling ontvangt, verstrekt hij de naam, het adres en het emailadres van de vruchtgebruiker of pandhouder aan de uitgevende instelling en stuurt hij de informatie die van de uitgevende instelling is ontvangen onverwijld door aan de vruchtgebruiker of pandhouder.

Nadere regels

9. Bij ministeriële regeling kunnen regels worden gesteld voor de wijze waarop het in het eerste lid bedoelde verzoek wordt gedaan en de wijze waarop een uitgevende instelling hieraan uitvoering geeft.

Art. 49d

Effecten met aandelenkarakter, geheimhoudingsplicht uitgevende instelling

1. De uitgevende instelling is verplicht tot geheimhouding van de in artikel 49b, eerste en tweede lid en artikel 49c, zevende en achtste lid bedoelde gegevens, waarvan zij kennis neemt en verwerkt deze gegevens op een behoorlijke en zorgvuldige wijze.

2. Indien een uitgevende instelling aan een derde volmacht heeft verleend om namens haar een verzoek als bedoeld in artikel 49b, eerste en tweede lid, te doen en de verzochte gegevens te ontvangen, is deze derde verplicht tot geheimhouding van de in artikel 49b, eerste en tweede lid en artikel 49c, zevende en achtste lid, bedoelde gegevens waarvan hij kennis neemt en verwerkt deze gegevens op een behoorlijke en zorgvuldige wijze.

3. De uitgevende instelling of, indien van toepassing, de derde aan wie de uitgevende instelling een volmacht heeft verleend om namens haar een verzoek als bedoeld in artikel 49b, eerste en tweede lid, te doen, verwerkt de in artikel 49b, eerste en tweede lid en artikel 49c, zevende en achtste lid, bedoelde gegevens niet verder op een wijze die onverenigbaar is met de doeleinden waarvoor ze zijn verkregen.

4. De uitgevende instelling of, indien van toepassing, de derde aan wie de uitgevende instelling een volmacht heeft verleend om namens haar een verzoek als bedoeld in artikel 49b, eerste en tweede lid, te doen, legt passende technische en organisatorische maatregelen ten uitvoer om de in de in artikel 49b, eerste en tweede lid en artikel 49c, zevende en achtste lid, bedoelde gegevens te beveiligen tegen verlies of enige vorm van onrechtmatige verwerking.

5. Partijen in de bewaarketen, de uitgevende instelling of, indien van toepassing, de derde aan wie de uitgevende instelling een volmacht heeft verleend, bewaren de persoonsgegevens, bedoeld in artikel 49b, eerste en tweede lid, niet langer dan twaalf maanden nadat zij ervan op de hoogte zijn geraakt dat de betrokkene niet langer ten minste twee honderdste van het geplaatste kapitaal van de uitgevende instelling vertegenwoordigt.

6. Rechtspersonen hebben het recht om gegevens betreffende hun identiteit die door de uitgevende instelling met zetel in Nederland verkregen zijn naar aanleiding van een verzoek als bedoeld in artikel 49b, eerste en tweede lid, te corrigeren wanneer deze onvolledig of onjuist zijn gebleken.

7. Een partij in de bewaarketen die een verzoek als bedoeld in artikel 49b, eerste of tweede lid, beantwoordt kan niet worden aangesproken voor overtreding van een civielrechtelijk of bestuursrechtelijk beding op grond waarvan geheimhouding van deze gegevens verplicht is.

Art. 49da

Effecten met aandelenkarakter, informatieverstrekking uitgevende instelling

1. Een uitgevende instelling met zetel in Nederland verstrekt tijdig en op gestandaardiseerde wijze aan een partij in de bewaarketen de informatie die benodigd is om de aandeelhouders in staat te stellen de rechten uit te oefenen die uit hun effecten met aandelenkarakter voortvloeien en die aan alle houders van de effecten met aandelenkarakter van die soort is gericht, of wanneer die informatie reeds voor de aandeelhouders beschikbaar is op de website van de uitgevende instelling, het bericht met daarin de plaats op de website waar die informatie beschikbaar is.

Onverwijlde informatieverstrekking door partijen in bewaarketen

2. De partij in de bewaarketen met zetel in Nederland die de informatie of het bericht, bedoeld in het eerste lid, heeft ontvangen verstrekt die onverwijld aan de aandeelhouder of een door de aandeelhouder aangewezen derde.

3. In afwijking van het tweede lid verstrekt de partij in de bewaarketen met zetel in Nederland die de informatie of het bericht, bedoeld in het eerste lid, niet rechtstreeks aan de aandeelhouder of een door de aandeelhouder aangewezen derde kan verstrekken omdat die partij de effecten met aandelenkarakter niet rechtstreeks namens de aandeelhouder bewaart, die informatie of dat bericht onverwijld aan de partijen in de bewaarketen voor wie hij de effecten met een aandelenkarakter bewaart. Wanneer het bericht de partij bereikt die de effecten met een aandelenkarakter bewaart voor de aandeelhouder verstrekt die vervolgens de informatie of het bericht onverwijld aan de aandeelhouder of een door de aandeelhouder aangewezen derde.

4. Het eerste tot en met het derde lid zijn niet van toepassing indien de uitgevende instelling met zetel in Nederland de in het eerste lid bedoelde informatie of het bericht rechtstreeks aan alle aandeelhouders of aan door de aandeelhouders aangewezen derden verstrekt.

5. Partijen in de bewaarketen met zetel in Nederland die informatie hebben ontvangen afkomstig van de aandeelhouder met betrekking tot de uitoefening van rechten die voortvloeien uit zijn effecten met aandelenkarakter verstrekken die informatie onverwijld overeenkomstig de aanwijzingen van de aandeelhouder aan de uitgevende instelling.

6. In afwijking van het vijfde lid verstrekt de partij in de bewaarketen met zetel in Nederland die de informatie, bedoeld in het vijfde lid, niet rechtstreeks aan de uitgevende instelling kan verstrekken omdat zij de effecten met aandelenkarakter niet rechtstreeks voor de uitgevende instelling bewaart, de informatie aan de partij in de bewaarketen die voor haar de effecten met aandelenkarakter bewaart. Wanneer de informatie de partij bereikt die de effecten met aandelenkarakter voor de uitgevende instelling bewaart, verstrekt die de informatie vervolgens onverwijld aan de uitgevende instelling.

Art. 49db

1. Partijen in de bewaarketen met zetel in Nederland faciliteren de uitoefening van de rechten door de aandeelhouder door ten minste:

a. regelingen te treffen die noodzakelijk zijn om te zorgen dat de aandeelhouder of een door hem aangewezen derde in staat is om deze rechten zelf uit te oefenen; of

b. ten behoeve van de aandeelhouder de rechten voortvloeiend uit de effecten met aandelenkarakter uit te oefenen met de uitdrukkelijke machtiging en instructie van de aandeelhouder.

2. Indien de uitgevende instelling de bevestiging van de geldige registratie en telling van de uitgebrachte stemmen, bedoeld in artikel 120, zesde lid, van Boek 2 van het Burgerlijk Wetboek, niet rechtstreeks aan de aandeelhouder of een door de aandeelhouder aangewezen derde kan verstrekken verstrekt hij die bevestiging aan een partij in de bewaarketen die de bevestiging vervolgens onverwijld aan de aandeelhouder of een door de aandeelhouder aangewezen derde verstrekt.

3. Indien een partij in de bewaarketen met zetel in Nederland de bevestiging, bedoeld in het tweede lid, niet rechtstreeks aan de aandeelhouder of een door de aandeelhouder aangewezen derde kan verstrekken, geeft hij de bevestiging onverwijld door aan de volgende partijen in die bewaarketen voor wie hij de effecten met een aandelenkarakter bewaart. Wanneer de bevestiging de partij bereikt die de effecten met een aandelenkarakter bewaart voor de aandeelhouder verstrekt die vervolgens de informatie of het bericht onverwijld aan de aandeelhouder of een door de aandeelhouder aangewezen derde.

Art. 49dc

1. Partijen in de bewaarketen met zetel in Nederland maken voor elke dienst die overeenkomstig dit hoofdstuk wordt aangeboden afzonderlijk de kosten openbaar die in rekening kunnen worden gebracht bij aandeelhouders, vennootschappen of andere partijen in de bewaarketen.

2. De kosten, bedoeld in het eerste lid, zijn niet-discriminatoir en evenredig met de daadwerkelijk gemaakte kosten.

Art. 49e

1. Indien een verzoek als bedoeld in artikel 49b, eerste lid, onderdeel a, b of d, of tweede lid en artikel 49da, tweede of derde lid, geheel of gedeeltelijk niet wordt beantwoord, kan de rechtbank binnen wiens arrondissement de partij in de bewaarketen tot wie het verzoek is gericht is gevestigd, op vordering van de uitgevende instelling of een derde aan wie de uitgevende instelling een volmacht heeft verleend degene tot wie het verzoek is gericht bevelen het gedane verzoek na te komen.

2. Indien een verzoek als bedoeld in artikel 49da, vijfde lid en artikel 49db, eerste lid, niet wordt beantwoord, kan de rechtbank binnen wiens arrondissement de partij in de bewaarketen tot wie het verzoek is gericht is gevestigd, op vordering van de aandeelhouder of een derde aan wie de aandeelhouder een volmacht heeft verleend degene tot wie het verzoek is gericht bevelen het gedane verzoek na te komen.

3. De bevoegdheid om de vordering in te stellen vervalt door verloop van drie maanden vanaf de dag waarop de uitgevende instelling van de niet-beantwoording kennis heeft genomen of heeft kunnen nemen.

Hoofdstuk 3b Derivatenvermogen

Art. 49f

Voor de toepassing van dit hoofdstuk wordt verstaan onder:

a. centrale tegenpartij: centrale tegenpartij als bedoeld in artikel 2 van verordening (EU) nr. 648/2012 (EMIR);

Effecten met aandelenkarakter, facilitering uitoefening rechten aandeelhouder

Effecten met aandelenkarakter, openbaarheid kosten verleende diensten

Effecten met aandelenkarakter, vordering tot identificatie investeerders

Derivatenvermogen, begripsbepalingen

b. cliënt: degene voor wie een tussenpersoon een derivatenpositie aangaat of beheert;

c. cliëntpositie: derivatenpositie die een tussenpersoon houdt voor een cliënt;

d. corresponderende positie: de derivatenpositie die een tussenpersoon met een derde is aangegaan in verband met het aangaan van een cliëntpositie, en die overeenkomt met de betreffende cliëntpositie;

e. derivatenpositie: de rechten en verplichtingen die voortvloeien uit een financieel instrument als bedoeld in onderdeel d tot en met j van de definitie van financieel instrument in artikel 1:1 van de Wet op het financieel toezicht, voor zover die rechten en verplichtingen betrekking hebben op de bedingen die de kern van de prestaties aangeven;

f. derivatenvermogen: afgescheiden deel van het vermogen van een tussenpersoon waartoe alle corresponderende posities behoren alsmede alle rechten en verplichtingen met betrekking tot het stellen van zekerheid ten behoeve van corresponderende posities;

g. tussenpersoon: beleggingsonderneming, bank of clearinginstelling als bedoeld in artikel 1:1 van de Wet op het financieel toezicht, met zetel in Nederland waaraan het op grond van die wet is toegestaan beleggingsdiensten te verlenen onderscheidenlijk het bedrijf van bank of clearinginstelling uit te oefenen, die voor rekening en risico van haar cliënten corresponderende posities aangaat;

h. verordening (EU) nr. 648/2012 (EMIR): verordening (EU) nr. 648/2012 van het Europees parlement en de Raad van 4 juli 2012 inzake otc-derivaten, centrale tegenpartijen en transactieregisters (PbEU 2012, L 201);

i. zekerheid: goederen die strekken tot waarborg van de verplichtingen voortvloeiend uit derivatenposities, of de goederen die daarvoor in de plaats moeten worden geacht te zijn getreden.

Art. 49g

Derivatenvermogen uitgezonderd van regeling artikel 3:276 BW

1. In afwijking van artikel 276 van boek 3 van het Burgerlijk Wetboek dient het derivatenvermogen uitsluitend tot voldoening van vorderingen die voortvloeien uit de met de corresponderende posities samenhangende cliëntposities, en vorderingen met betrekking tot de in verband met die cliëntposities gestelde zekerheden.

2. Een tussenpersoon legt in zijn administratie vast welke corresponderende posities behoren tot het derivatenvermogen. De tussenpersoon legt voor iedere cliëntpositie vast welke corresponderende positie is aangegaan.

3. Indien zowel een cliëntpositie als de daarmee corresponderende positie gelijktijdig worden beëindigd, wordt een eventuele restvordering die de cliënt na de beëindiging heeft op de tussenpersoon voor zover mogelijk voldaan uit de restvordering die de tussenpersoon heeft uit hoofde van het beëindigen van de corresponderende positie en de in verband daarmee gestelde zekerheden. Voor het niet-voldane gedeelte heeft de cliënt een vordering op de tussenpersoon.

4. Indien een cliëntpositie wordt beëindigd zonder dat de daarmee corresponderende positie wordt beëindigd, maakt de corresponderende positie geen deel meer uit van het derivatenvermogen en is een eventuele restvordering van de cliënt na beëindiging van de cliëntpositie een vordering op de tussenpersoon, waarbij de cliënt een voorrecht heeft op de derivatenpositie die correspondeerde met de beëindigde cliëntpositie en de in verband daarmee gestelde zekerheden.

5. Indien een corresponderende positie wordt beëindigd voordat de daarmee samenhangende cliëntpositie wordt beëindigd, blijven eventuele restvorderingen uit hoofde van die corresponderende positie en de in verband daarmee gestelde zekerheden beschikbaar voor het voldoen van de vorderingen uit hoofde van de daarmee samenhangende cliëntpositie. Indien de vorderingen van de cliënt daarmee niet volledig kunnen worden voldaan, heeft hij voor het nietvoldane gedeelte een vordering op de tussenpersoon.

6. Beslag onder een tussenpersoon op het derivatenvermogen is niet toegelaten. Beslag onder een centrale tegenpartij of een tussenpersoon op cliëntposities die worden aangehouden voor een tussenpersoon onderscheidenlijk een andere tussenpersoon is niet toegelaten, voor zover die cliëntposities samenhangen met posities die behoren tot het derivatenvermogen van laatstbedoelde tussenpersoon.

7. Indien het een tussenpersoon op grond van de Wet op het financieel toezicht niet langer is toegestaan zijn beroep of bedrijf uit te oefenen, blijft het derivatenvermogen bestaan voor zover het reeds bestaande derivatenposities betreft.

Art. 49h

Derivatenvermogen, faillissement tussenpersoon

1. In geval van het faillissement van een tussenpersoon wijst de curator een deskundige aan die onder verantwoordelijkheid van de curator is belast met het beheer van de corresponderende posities, de daarmee samenhangende cliëntposities en de in verband met deze posities gestelde zekerheden. Indien het faillissement een beleggingsonderneming betreft vindt de aanwijzing plaats met instemming van de Stichting Autoriteit Financiële Markten. Indien het faillissement een bank of clearinginstelling betreft vindt de aanwijzing plaats met instemming van De Nederlandsche Bank N.V.

2. De curator verleent zijn medewerking aan de overdracht, bedoeld in artikel 48, vijfde of zesde lid, van verordening (EU) nr. 648/2012 (EMIR), alsmede de overdracht van de daarmee samenhangende cliëntposities en, met inachtneming van het vierde lid, de in verband daarmee gestelde zekerheden.

3. Indien de in het tweede lid bedoelde overdracht niet slaagt, kan de curator het derivatenvermogen en de daarmee samenhangende cliëntposities en, met inachtneming van het vierde lid, de in verband daarmee gestelde zekerheden, geheel of gedeeltelijk overdragen aan een andere tussenpersoon, of een met een tussenpersoon vergelijkbare instelling in het buitenland waaraan het op grond van het op die instelling van toepassing zijnde recht is toegestaan beleggingsdiensten te verlenen, onverminderd het recht van cliënten of de centrale tegenpartijen op voortijdige beëindiging van hun posities.

4. Indien de tussenpersoon in verband met de corresponderende posities bij de centrale tegenpartijen zekerheid heeft gesteld en de waarde daarvan op het tijdstip van faillietverklaring onvoldoende is om de vorderingen tot teruggave van gestelde zekerheden te voldoen uit hoofde van de daarmee samenhangende cliëntposities, worden de rechten van de tussenpersoon jegens de centrale tegenpartijen inzake de terug te geven zekerheden over de betreffende cliënten verdeeld naar rato van de waarde van de door hen gestelde zekerheden, onverminderd het voorrecht bedoeld in artikel 53 lid 3 van boek 7 van het Burgerlijk Wetboek.

5. In afwijking van het vorige lid behouden cliënten die vermogensscheiding per individuele cliënt als bedoeld in artikel 39, derde lid, van verordening (EU) nr. 648/2012 (EMIR) hebben bedongen, het recht op volledige teruggave van de zekerheden die zij bij de tussenpersoon hebben gesteld, en die de tussenpersoon in verband met de betreffende corresponderende derivatenposities heeft gesteld bij de centrale tegenpartij.

6. Het tweede tot en met vijfde lid is van overeenkomstige toepassing indien niet een centrale tegenpartij wederpartij is bij de corresponderende posities, maar een andere tussenpersoon.

7. Indien de vordering van een wederpartij bij een derivatenpositie niet of niet volledig kan worden voldaan uit het derivatenvermogen, kan die wederpartij voor het niet-voldane gedeelte een vordering ter verificatie aanmelden bij de curator.

8. De curator zorgt ervoor dat, uiterlijk op het tijdstip waarop het faillissement van de tussenpersoon is geëindigd, alle derivatenposities die deel uitmaken van het derivatenvermogen en de daarmee samenhangende cliëntposities zijn beëindigd of overgedragen aan een andere tussenpersoon, tenzij het bedrijf van de gefailleerde instelling overeenkomstig artikel 98 van de Faillissementswet wordt voortgezet.

Hoofdstuk 4 Overgangs- en slotbepalingen

Art. 50-50a

[Vervallen]

Art. 50b

1. Indien ten aanzien vaneffecten een verzameldepot kan bestaan, en zodanige effecten op dat tijdstip worden bewaard door een bewaarbedrijf, is dit bewaarbedrijf bevoegd deze effecten aan de bewaargever uit te leveren door ze namens hem in bewaring te geven aan de met het bewaarbedrijf verbonden intermediair.

Overgangsbepaling

2. Beperkte rechten die rusten op de vordering van de bewaargever op hetbewaarbedrijf tot uitlevering van niet afzonderlijk voor de bewaargever bewaarde effecten, komen te rusten op de overeenkomstig het eerste lid uitgeleverde effecten. Is op een zodanige vordering beslag gelegd, dan is het bewaarbedrijf niet bevoegd tot uitlevering van effecten overeenkomstig het eerste lid.

3. In dit artikel wordt onder een bewaarbedrijf verstaan een rechtspersoon die krachtens haar statuten uitsluitend of hoofdzakelijk ten doel heeft de bewaring van financiële instrumenten als bedoeld in artikel 1:1 van de Wet op het financieel toezicht.

Art. 50c

In afwijking van artikel 26 of 45 kunnen effecten tot uiterlijk zes maanden na het tijdstip van inwerkingtreding van deze bepaling worden uitgeleverd aan een deelgenoot onderscheidenlijk een aangesloten instelling, met inachtneming van het op het tijdstip voorafgaande aan de inwerkingtreding van deze wet met betrekking tot uitlevering bepaalde.

Overgangsbepaling

Art. 50d

1. Indien effecten aan toonder behoren tot een verzameldepot of een girodepot, maar niet zijn belichaamd in een verzamelbewijs, kunnen de met deze effecten corresponderende aandelen in een verzameldepot of girodepot vanaf 1 januari 2013 niet meer worden geleverd op grond van artikel 17 of artikel 41.

Overgangsbepaling

2. Een instelling die effecten aan toonder heeft uitgegeven die zijnopgenomen in een verzameldepot of een girodepot zet deze effecten voor 1 januari 2013 om in een verzamelbewijs of in effecten op naam.

3. Indien de voorwaarden waaronder effecten aan toonder zijn uitgegeven niet voorzien in de mogelijkheid die effecten om te zetten in verzamelbewijzen of een procedure om de voorwaarden

aan te passen, kan de uitgevende instelling van die effecten eenzijdig de voorwaarden wijzigen om een omzetting als bedoeld in het tweede lid mogelijk te maken.

4. Indien een buitenlands recht dat op effecten van toepassing is niet voorziet in de mogelijkheid van omzetting, zullen de effecten in afwijking van het eerste lid wel geleverd kunnen worden op grond van artikel 17 of artikel 41.

Art. 51

Inwerkingtreding **1.** Deze wet treedt in werking op een door Ons te bepalen tijdstip.

Citeertitel **2.** Zij kan worden aangehaald als "Wet giraal effectenverkeer".

Wet op het financeel toezicht^1

Wet van 28 september 2006, houdende regels met betrekking tot de financiële markten en het toezicht daarop (Wet op het financieel toezicht)

Wij Beatrix, bij de gratie Gods, Koningin der Nederlanden, Prinses van Oranje-Nassau, enz. enz. enz.

Allen, die deze zullen zien of horen lezen, saluut! doen te weten:

Alzo Wij in overweging genomen hebben, dat de hervorming van het toezicht op de financiële markten naar een functioneel ingericht toezicht, herziening van de wetgeving met betrekking tot dat toezicht noodzakelijk maakt;

Zo is het, dat Wij, de Raad van State gehoord, en met gemeen overleg der Staten-Generaal, hebben goedgevonden en verstaan, gelijk Wij goedvinden en verstaan bij deze:

1
Algemeen deel

Hoofdstuk 1.1
Inleidende bepalingen

Afdeling 1.1.1
Definities

Art. 1:1

In deze wet en de daarop berustende bepalingen wordt, voorzover niet anders is bepaald, verstaan onder:

aanbieden:

a. het in de uitoefening van een beroep of bedrijf rechtstreeks of middellijk doen van een voldoende bepaald voorstel tot het als wederpartij aangaan van een overeenkomst met een consument inzake een financieel product dat geen financieel instrument, premiepensioenvordering of verzekering is of het in de uitoefening van een beroep of bedrijf aangaan, beheren of uitvoeren van een dergelijke overeenkomst;

b. het in de uitoefening van een beroep of bedrijf rechtstreeks of middellijk doen van een voldoende bepaald voorstel tot het als wederpartij aangaan van een overeenkomst waarbij een premiepensioenvordering ontstaat of het in de uitoefening van een beroep of bedrijf aangaan, beheren of uitvoeren van een dergelijke overeenkomst;

c. het in de uitoefening van een beroep of bedrijf rechtstreeks of middellijk doen van een voldoende bepaald voorstel tot het als wederpartij aangaan van een overeenkomst inzake een verzekering of het in de uitoefening van een beroep of bedrijf aangaan, beheren of uitvoeren van een dergelijke overeenkomst; of

d. het rechtstreeks of middellijk doen van een voldoende bepaald voorstel tot het als wederpartij aangaan van een overeenkomst inzake een recht van deelneming in een beleggingsinstelling of een icbe of het rechtstreeks of middellijk vragen of verkrijgen van gelden of andere goederen van een cliënt ter deelneming in een beleggingsinstelling of een icbe;

aanbieder: degene die aanbiedt;

aangewezen staat: een staat die op grond van deze wet is aangewezen als staat waar toezicht wordt uitgeoefend op afwikkelondernemingen, beleggingsinstellingen, clearinginstellingen, natura-uitvaartverzekeraars onderscheidenlijk wisselinstellingen dat in voldoende mate waarborgen biedt ten aanzien van de belangen die deze wet beoogt te beschermen;

aanmeldingstermijn: de periode gedurende welke de effecten waarop een openbaar bod betrekking heeft, kunnen worden aangemeld;

accountant: een accountant als bedoeld in artikel 393, eerste lid, van Boek 2 van het Burgerlijk Wetboek;

adviseren:

a. het in de uitoefening van een beroep of bedrijf aanbevelen van een of meer specifieke financiële producten, met uitzondering van premiepensioenvordering, verzekeringen en financiële instrumenten, aan een bepaalde consument; of

---

1 Inwerkingtredingsdatum: 01-01-2007; zoals laatstelijk gewijzigd bij: Stb. 2020, 262.

Begripsbepalingen

B23 art. 1:1 Wet op het financieel toezicht (uittreksel)

b. het in de uitoefening van een beroep of bedrijf aanbevelen van een of meer specifieke overeenkomsten waarbij een premiepensioenvordering ontstaat, van een of meer specifieke verzekeringen of van een of meer specifieke financiële instrumenten aan een bepaalde cliënt;

adviseur: degene die adviseert;

Afwikkelingsraad: de Afwikkelingsraad, genoemd in artikel 42 van de verordening gemeenschappelijk afwikkelingsmechanisme;

afwikkeldiensten: werkzaamheden, gericht op:

a. het doorzenden door een ander dan een aanbieder van communicatienetwerken van door betalers langs elektronische weg gedane verzoeken aan hun betaaldienstverleners om onmiddellijke bevestiging dat de door de betalers geïnitieerde betaalopdrachten aan de door de betaaldienstverleners gestelde voorwaarden voldoen;

b. het goedkeuren van verzoeken als bedoeld onder a, namens een betalende betaaldienstverlener; of

c. het salderen;

afwikkelonderneming: degene die afwikkeldiensten verleent;

afwikkelonderneming met zetel in een niet-aangewezen staat: afwikkelonderneming met zetel in een staat buiten Nederland die niet op grond van artikel 2:3.0c, derde lid, is aangewezen als staat waar toezicht op afwikkelondernemingen wordt uitgeoefend dat in voldoende mate waarborgen biedt ten aanzien van de belangen die deze wet beoogt te beschermen;

Agentschap: het agentschap, bedoeld in artikel 1, eerste lid, van verordening nr. (EG) 713/2009 van het Europees Parlement en de Raad van 13 juli 2009 tot oprichting van het Agentschap voor de samenwerking tussen energieregulatoren (Pb EU 2009, L 211);

algoritmische handel: handel in financiële instrumenten waarbij een computeralgoritme automatisch en met weinig of geen menselijk ingrijpen individuele parameters van orders bepaalt, niet zijnde een systeem dat wordt gebruikt voor:

a. het uitsluitend routeren van orders naar een of meer handelsplatformen;

b. het verwerken van orders waarbij geen sprake is van het bepalen van handelsparameters;

c. de bevestiging van orders; of

d. het na de handel verwerken van uitgevoerde transacties;

Autoriteit Financiële Markten: Stichting Autoriteit Financiële Markten;

bank: een kredietinstelling als bedoeld in artikel 4, eerste lid, onderdeel 1, van de verordening kapitaalvereisten, niet zijnde een kredietunie met zetel in Nederland, met dien verstande dat, tenzij anders bepaald, met een bank wordt gelijkgesteld de houder van een vergunning als bedoeld in artikel 3:4;

bankspaardeposito eigen woning: spaarrekening eigen woning als bedoeld in artikel 10bis.5 van de Wet inkomstenbelasting 2001;

basisbetaalrekening: een betaalrekening, met inbegrip van bijbehorende betaalinstrumenten, waarbij debetstand niet mogelijk is;

beëindigingsrecht: een recht om een overeenkomst te beëindigen of om verplichtingen uit hoofde van een overeenkomst te versnellen, voortijdig te beëindigen of te verrekenen, dan wel een soortgelijk beding dat een verplichting van een partij bij de overeenkomst opschort, wijzigt of nietig verklaart of een beding dat het ontstaan belet van een verplichting uit hoofde van de overeenkomst die anders zou zijn ontstaan;

beheerder van een beleggingsinstelling: degene die in de uitoefening van een beroep of bedrijf het beheer voert over een of meer beleggingsinstellingen;

beheerder van een icbe: degene die in de uitoefening van een beroep of bedrijf het beheer voert over een of meer icbe's;

beheren van een beleggingsinstelling: als beheerder verrichten van de werkzaamheden, bedoeld in bijlage I van de richtlijn beheerders van alternatieve beleggingsinstellingen;

beheren van een individueel vermogen: in de uitoefening van een beroep of bedrijf, anders dan als beheerder van een beleggingsinstelling of beheerder van icbe, op discretionaire basis voeren van het beheer over financiële instrumenten die toebehoren aan een persoon dan wel over aan deze persoon toebehorende middelen ter belegging in financiële instrumenten op grond van een door deze persoon gegeven opdracht;

beleggerscompensatiestelsel: een stelsel omtrent een garantie voor vorderingen van beleggers in verband met beleggingsverrichtingen op banken, beleggingsondernemingen of financiële instellingen waaraan het is toegestaan beleggingsdiensten te verlenen, tegen het risico dat deze financiële ondernemingen hun verplichtingen met betrekking tot die vorderingen niet kunnen nakomen;

beleggingsfonds: een niet in een beleggingsmaatschappij ondergebracht vermogen waarin ter collectieve belegging gevraagde of verkregen gelden of andere goederen zijn of worden opgenomen teneinde de deelnemers in de opbrengst van de beleggingen te doen delen;

beleggingsinstelling: beleggingsinstelling als bedoeld in artikel 4, eerste lid, onderdeel a, van de richtlijn beheerders van alternatieve beleggingsinstellingen in de vorm van een beleggingsfonds of een beleggingsmaatschappij;

beleggingsinstelling met zetel in een niet-aangewezen staat: een beleggingsinstelling met zetel buiten Nederland in een staat, niet zijnde een lidstaat, die niet op grond van artikel 2:66, eerste lid, is aangewezen als staat waar toezicht wordt uitgeoefend op beleggingsinstellingen dat in voldoende mate waarborgen biedt ten aanzien van de belangen die deze wet beoogt te beschermen;

beleggingsmaatschappij: een rechtspersoon die gelden of andere goederen ter collectieve belegging vraagt of verkrijgt teneinde de deelnemers in de opbrengst van de beleggingen te doen delen, niet zijnde een maatschappij voor collectieve belegging in effecten;

beleggingsobject:

a. een zaak, een recht op een zaak of een recht op het al dan niet volledige rendement in geld of een gedeelte van de opbrengst van een zaak, niet zijnde een product als bedoeld in de onderdelen b tot en met i van de definitie van financieel product in dit artikel, welke anders dan om niet wordt verkregen, bij welke verkrijging aan de verkrijger een rendement in geld in het vooruitzicht wordt gesteld en waarbij het beheer van de zaak hoofdzakelijk wordt uitgevoerd door een ander dan de verkrijger; of

b. een ander bij algemene maatregel van bestuur aan te wijzen recht;

beleggingsonderneming: degene die een beleggingsdienst verleent of een beleggingsactiviteit verricht;

beleggingsonderneming in de zin van de verordening kapitaalvereisten: een beleggingsonderneming die een beleggingsonderneming is als bedoeld in artikel 4, eerste lid, onderdeel 2, van de verordening kapitaalvereisten;

beleggingsonderneming met systematische interne afhandeling: beleggingsonderneming die op georganiseerde, frequente, systematische en aanzienlijke basis voor eigen rekening buiten een georganiseerde handelsfaciliteit, gereglementeerde markt of multilaterale handelsfaciliteit orders van cliënten uitvoert zonder een multilateraal systeem te exploiteren en waarbij de vooraf bepaalde limieten voor frequente en systematische basis en voor een aanzienlijke basis beiden worden overschreden of de beleggingsonderneming ervoor kiest om onder de regeling voor beleggingsondernemingen met systematische interne afhandeling te vallen;

bemiddelaar: degene die bemiddelt;

bemiddelen:

a. alle werkzaamheden in de uitoefening van een beroep of bedrijf gericht op het als tussenpersoon tot stand brengen van een overeenkomst inzake een ander financieel product dan een financieel instrument, krediet, premiepensioenvordering of verzekering tussen een consument en een aanbieder;

b. alle werkzaamheden in de uitoefening van een beroep of bedrijf gericht op het als tussenpersoon tot stand brengen van een overeenkomst inzake krediet tussen een consument en een aanbieder of op het assisteren bij het beheer en de uitvoering van een dergelijke overeenkomst;

c. alle werkzaamheden in de uitoefening van een beroep of bedrijf gericht op het als tussenpersoon tot stand brengen van een overeenkomst waarbij een premiepensioenvordering ontstaat tussen een cliënt en een premiepensioeninstelling of op het assisteren bij het beheer en de uitvoering van een dergelijke overeenkomst; of

d. alle werkzaamheden in de uitoefening van een beroep of bedrijf gericht op het als tussenpersoon tot stand brengen van een verzekering tussen een cliënt en een verzekeraar of op het assisteren bij het beheer en de uitvoering van een verzekering;

e. het in de uitoefening van beroep of bedrijf op basis van criteria die een cliënt via een website of andere media kiest, verstrekken van informatie aan een cliënt over een of meer financiële producten, met uitzondering van een financieel instrument of het opstellen van een ranglijst van het desbetreffende financieel product, met inbegrip van prijsvergelijkingen of productvergelijkingen, of het verstrekken van een korting op de premie of de rente, indien de cliënt via een website of andere media het desbetreffende financieel product kan afsluiten;

betaaldienst: bedrijfswerkzaamheid als bedoeld in de bijlage bij de richtlijn betaaldiensten;

betaaldienstagent: persoon die bij de uitvoering van betaaldiensten voor rekening van een betaalinstelling of elektronischgeldinstelling optreedt;

betaaldienstgebruiker: persoon die in de hoedanigheid van betaler, betalingsbegunstigde of beide van een betaaldienst gebruik maakt;

betaaldienstverlener: degene die zijn bedrijf maakt van het verlenen van betaaldiensten;

betaalinitiatiedienst: een dienst voor het initiëren van een betaalopdracht op verzoek van de betaaldienstgebruiker, met betrekking tot een betaalrekening die bij een andere betaaldienstverlener wordt aangehouden;

betaalinitiatiedienstverlener: een betaaldienstverlener die de in bijlage I, punt 7, van de richtlijn betaaldiensten, bedoelde bedrijfsactiviteiten uitoefent;

betaalinstelling: een betaaldienstverlener waaraan een vergunning als bedoeld in artikel 2:3a is verleend;

betaalinstrument: gepersonaliseerd instrument of gepersonaliseerde instrumenten of het geheel van procedures, overeengekomen tussen de betaaldienstgebruiker en de betaaldienstverlener, waarvan gebruik wordt gemaakt voor het initiëren van een betaalopdracht;

betaalopdracht: door een betaler of betalingsbegunstigde aan zijn betaaldienstverlener gegeven opdracht om een betalingstransactie uit te voeren;

betaalrekening: op naam van een of meer betaaldienstgebruikers aangehouden rekening die voor de uitvoering van betalingstransacties wordt gebruikt, als bedoeld in artikel 4 van de richtlijn betaaldiensten;

betaler: persoon die houder is van een betaalrekening en een betalingstransactie vanaf die betaalrekening toestaat, hetzij bij ontbreken van een betaalrekening, een persoon die een betaalopdracht geeft;

betalingsbegunstigde: persoon die de beoogde ontvanger is van de geldmiddelen waarop een betalingstransactie betrekking heeft;

betalingssysteem: een geldovermakingssysteem met formele en gestandaardiseerde regelingen en gemeenschappelijke regels voor de verwerking, clearing of afwikkeling van betalingstransacties;

betalingstransactie: een door of voor rekening van de betaler of door de betalingsbegunstigde geïnitieerde handeling waarbij geldmiddelen worden gedeponeerd, overgemaakt of opgenomen, ongeacht of er onderliggende verplichtingen tussen de betaler en de betalingsbegunstigde zijn;

bewaarder: degene die belast is met de bewaring van de activa van een beleggingsinstelling of icbe;

bewindvoerder:

a. de autoriteit in een andere lidstaat die bevoegd is tot de toepassing van een afwikkelingsinstrument en de uitoefening van afwikkelingsbevoegdheden, bedoeld in de richtlijn herstel en afwikkeling van banken en beleggingsondernemingen;

b. de autoriteit in een andere lidstaat die bevoegd is tot de toepassing van een afwikkelingsinstrument en de uitoefening van afwikkelingsbevoegdheden die vergelijkbaar zijn met de in hoofdstuk 3A:2 bedoelde maatregelen;

c. degene die is aangewezen door de bestuurlijke of rechterlijke instanties in een andere lidstaat om andere saneringsmaatregelen met betrekking tot banken, beleggingsondernemingen of verzekeraars uit te voeren;

bieder: een natuurlijk persoon, rechtspersoon of vennootschap, dan wel enig naar buitenlands recht daarmee vergelijkbaar lichaam of samenwerkingsverband, door wie of namens wie al dan niet tezamen met een of meer andere natuurlijke personen, rechtspersonen, vennootschappen of daarmee vergelijkbare lichamen of samenwerkingsverbanden een openbaar bod wordt voorbereid of uitgebracht, dan wel is uitgebracht;

bijdragende onderneming: bijdragende onderneming als bedoeld in artikel 1 van de Pensioenwet;

bijkantoor:

a. duurzaam in een andere staat dan de staat van de zetel aanwezige onderdelen zonder rechtspersoonlijkheid van een financiële onderneming die geen verzekeraar is; of

b. duurzaam in een andere staat dan de staat van de zetel aanwezige onderdelen zonder rechtspersoonlijkheid van een verzekeraar alsmede elke andere duurzame aanwezigheid van een verzekeraar, beheerd door eigen personeel van de verzekeraar of door een zelfstandig persoon die is gemachtigd duurzaam voor de verzekeraar op te treden;

binnenlandse fusie: fusie tussen icbe's met zetel in Nederland waarvan ten minste een van de betrokken beheerders een beheerder van een icbe is die op grond van artikel 2:123, vijfde lid, in een andere lidstaat rechten van deelneming mag aanbieden in een door hem beheerde icbe met zetel in Nederland;

buitenlandse beheerder van een beleggingsinstelling: beheerder van een beleggingsinstelling, niet zijnde een Nederlandse beheerder van een beleggingsinstelling;

burgerservicenummer: het burgerservicenummer, bedoeld in artikel 1, onderdeel b, van de Wet algemene bepalingen burgerservicenummer;

centrale kredietinstelling: een bank die met betrekking tot een groep banken tot welke groep die bank zelf ook behoort, het beleid mede bepaalt;

clearinginstelling: degene die zijn bedrijf maakt van het sluiten van overeenkomsten betreffende financiële instrumenten met een centrale tegenpartij die optreedt als exclusieve wederpartij bij deze overeenkomsten, waarvan de bedingen die de kern van de prestaties aangeven overeenkomsten met de bedingen die deel uitmaken van overeenkomsten, gesloten door derden of door hemzelf in zijn hoedanigheid van partij, op een handelsplatform en die in de laatstbedoelde overeenkomsten de kern van de prestaties aangeven;

clearinginstelling met zetel in een niet-aangewezen staat: een clearinginstelling met zetel in een staat buiten Nederland die niet op grond van artikel 2:6, tweede lid, is aangewezen als staat waar toezicht op clearinginstellingen wordt uitgeoefend dat in voldoende mate waarborgen biedt ten aanzien van de belangen die deze wet beoogt te beschermen;

co-assurantie binnen de Unie: een directe schadeverzekering betreffende grote risico's, in co-assurantie gesloten, waarbij:

a. de schadeverzekeraar die als eerste schadeverzekeraar optreedt, zijn verplichtingen uit hoofde van de schadeverzekering is aangegaan vanuit een vestiging in een andere lidstaat dan de lidstaat waarin ten minste een van de overige co-assuradeuren zulks heeft gedaan; en

b. het risico in een lidstaat is gelegen;

consument: een niet in de uitoefening van zijn bedrijf of beroep handelende natuurlijke persoon aan wie een financiële onderneming een financiële dienst verleent;

coördinator: de coördinator, die ingevolge artikel 10, eerste lid, van de richtlijn financiële conglomeraten verantwoordelijk is voor de coördinatie en de uitoefening van het aanvullend toezicht op een financieel conglomeraat;

datarapporteringsdienst:

a. het in de uitoefening van beroep of bedrijf exploiteren van een goedgekeurde publicatieregeling als bedoeld in artikel 4, eerste lid, onderdeel 52, van de richtlijn markten voor financiële instrumenten 2014;

b. het in de uitoefening van beroep of bedrijf verstrekken van een consolidated tape als bedoeld in artikel 4, eerste lid, onderdeel 53, van de richtlijn markten voor financiële instrumenten 2014;

c. het in de uitoefening van beroep of bedrijf exploiteren van een goedgekeurd rapporteringsmechanisme als bedoeld in artikel 4, eerste lid, onderdeel 54, van de richtlijn markten voor financiële instrumenten 2014;

datarapporteringsdienstverlener: degene die een datarapporteringsdienst verleent;

deelnemende onderneming: een moederonderneming, een onderneming die een richtlijndeelneming bezit of een onderneming die met een andere onderneming verbonden is door het feit dat zij daarover een centrale leiding uitoefent krachtens een door deze ondernemingen gesloten overeenkomst of een bepaling in de statuten van een of meer van deze ondernemingen, dan wel door het feit dat de bestuurs-, leidinggevende, of toezichthoudende organen van deze ondernemingen gedurende het boekjaar en tot de opstelling van de geconsolideerde jaarrekening in meerderheid bestaan uit dezelfde personen;

deelnemer: aandeelhouder of deelgerechtigde in een beleggingsinstelling of icbe;

deposito: een tegoed dat wordt gevormd door op een rekening staande gelden of dat tijdelijk uit normale banktransacties voortvloeit, en dat een bank onder de toepasselijke wettelijke en contractuele voorwaarden dient terug te betalen, met inbegrip van een termijndeposito en een spaardeposito, met uitzondering van een tegoed waarvan:

a. het bestaan alleen kan worden aangetoond met behulp van een financieel instrument, tenzij het een spaarproduct betreft dat wordt belichaamd in certificaat van deposito dat op naam luidt en dat op 2 juli 2014 bestond in een lidstaat;

b. de hoofdsom niet a pari terugbetaalbaar is;

c. de hoofdsom alleen a pari terugbetaalbaar is uit hoofde van een door de bank of door een derde verstrekte garantie of overeenkomst;

depositogarantiestelsel: een stelsel omtrent een garantie voor vorderingen van depositohouders op banken tegen het risico dat deze banken hun verplichtingen met betrekking tot die vorderingen niet kunnen nakomen;

digitale inhoud: in digitale vorm geproduceerde of geleverde goederen of in digitale vorm geproduceerde en verleende diensten die uitsluitend binnen een technisch apparaat kunnen worden gebruikt of verbruikt, en waarbij op geen enkele wijze fysieke goederen of diensten worden gebruikt of verbruikt;

directe elektronische toegang: een voorziening waarbij een cliënt of lid van een handelsplatform of een deelnemer aan een handelsplatform een persoon toestaat van zijn handelscode gebruik te maken, zodat die persoon in staat is orders met betrekking tot een financieel instrument langs elektronische weg direct aan een handelsplatform door te geven, met inbegrip van:

a. een voorziening waarbij de persoon de infrastructuur van de cliënt, de deelnemer of het lid gebruik maakt en de verbindingssystemen die door de cliënt, de deelnemer of het lid beschikbaar worden gesteld om de orders door te geven; of

b. een voorziening waarbij de infrastructuur, bedoeld in onderdeel a, niet door de persoon wordt gebruikt;

dochteronderneming:

a. dochteronderneming als bedoeld in artikel 22, eerste tot en met vijfde lid, van de richtlijn jaarrekening; of

b. een onderneming waarin, naar het oordeel van de Nederlandsche Bank, een moederonderneming feitelijk een overheersende invloed uitoefent;

waarbij een dochteronderneming van een dochteronderneming eveneens wordt aangemerkt als dochteronderneming van de moederonderneming;

doelvennootschap: de instelling waarvan effecten zijn uitgegeven waarop een openbaar bod is aangekondigd, wordt uitgebracht of dient te worden uitgebracht;

B23 art. 1:1

Wet op het financieel toezicht (uittreksel)

duurzame drager: een hulpmiddel dat een persoon in staat stelt om aan hem persoonlijk gerichte informatie op te slaan op een wijze die deze informatie toegankelijk maakt voor toekomstig gebruik gedurende een periode die is afgestemd op het doel waarvoor de informatie kan dienen, en die een ongewijzigde reproductie van de opgeslagen informatie mogelijk maakt;

effect:

a. een verhandelbaar aandeel of een ander daarmee gelijk te stellen verhandelbaar waardebewijs of recht niet zijnde een appartementsrecht;

b. een verhandelbare obligatie of een ander verhandelbaar schuldinstrument; of

c. elk ander door een rechtspersoon, vennootschap of instelling uitgegeven verhandelbaar waardebewijs waarmee een in onderdeel a of b bedoeld effect door uitoefening van de daaraan verbonden rechten of door conversie kan worden verworven of dat in geld wordt afgewikkeld;

eigenwoningschuld: eigenwoningschuld als bedoeld in artikel 10bis.9 van de Wet inkomstenbelasting 2001;

elektronisch geld: geldswaarde die elektronisch of magnetisch is opgeslagen die een vordering op de uitgever vertegenwoordigt, die is uitgegeven in ruil voor ontvangen geld om betalingstransacties te verrichten als bedoeld in artikel 4, punt 5, van de richtlijn betaaldiensten, en waarmee betalingen kunnen worden verricht aan een andere persoon dan de uitgever;

elektronische weg: elektronische apparatuur voor de verwerking, met inbegrip van digitale compressie, opslag en verzending van gegevens via draden, radio, optische technologieën of andere elektromagnetische middelen;

elektronischecommunicatiedienst: een dienst als bedoeld in artikel 2, onderdeel c, van richtlijn 2002/21/EG van het Europees Parlement en de Raad van 7 maart 2002 inzake een gemeenschappelijk regelgevingskader voor elektronischecommunicatienetwerken en -diensten (PbEU 2002, L 108);

elektronischecommunicatienetwerk: een netwerk als bedoeld in artikel 2, onderdeel a, van richtlijn 2002/21/EG van het Europees Parlement en de Raad van 7 maart 2002 inzake een gemeenschappelijk regelgevingskader voor elektronischecommunicatienetwerken en -diensten (PbEU 2002, L 108);

elektronischgeldinstelling: degene die zijn bedrijf maakt van de uitgifte van elektronisch geld;

entiteit voor risico-acceptatie: instelling, niet zijnde een verzekeraar, die door een verzekeraar overgedragen risico's accepteert en de acceptatie van die risico's uitsluitend financiert door van derden gelden aan te trekken terzake waarvan de terugbetalingsverplichtingen zijn achtergesteld bij de betalingsverplichtingen die ontstaan uit het accepteren van de overgedragen risico's;

entiteit voor risico-acceptatie met zetel in een niet-aangewezen staat: entiteit voor risico-acceptatie met zetel in een staat die geen lidstaat is die niet op grond van artikel 2:54d, tweede lid, is aangewezen als staat waar toezicht op entiteiten voor risico-acceptatie wordt uitgeoefend dat in voldoende mate waarborgen biedt ten aanzien van de belangen die deze wet beoogt te beschermen;

EU-moederinstelling: een EU-moederinstelling als bedoeld in artikel 4, eerste lid, onderdeel 29, van de verordening kapitaalvereisten;

EU-moederonderneming:

a. een EU-moederinstelling;

b. een financiële holding die geen dochteronderneming is van een bank of beleggingsonderneming met zetel in een lidstaat of van een financiële holding of gemengde financiële holding met zetel in een lidstaat; of

c. een gemengde financiële moederholding die geen dochteronderneming is van een bank of beleggingsonderneming waaraan een vergunning is verleend in een lidstaat of van een financiële holding of gemengde financiële holding met zetel in een lidstaat;

Europese bank: bank met zetel in een andere lidstaat die aldaar voor de uitoefening van haar bedrijf een vergunning heeft;

Europese beleggingsinstelling:

a. beleggingsinstelling die een vergunning heeft of geregistreerd is in een lidstaat; of

b. beleggingsinstelling met zetel in een lidstaat anders dan bedoeld onder a;

Europese beleggingsonderneming: beleggingsonderneming met zetel in een andere lidstaat die aldaar voor de uitoefening van haar bedrijf een vergunning heeft;

Europese herverzekeraar: herverzekeraar met zetel in een andere lidstaat die aldaar een vergunning heeft voor de uitoefening van zijn bedrijf die overeenkomt met die in artikel 2:26a;

Europese levensverzekeraar of schadeverzekeraar: levensverzekeraar of schadeverzekeraar met zetel in een andere lidstaat die aldaar een vergunning heeft voor de uitoefening van zijn bedrijf als bedoeld in artikel 14 van de richtlijn solvabiliteit II;

Europese toezichthoudende autoriteiten: de Europese Autoriteit voor effecten en markten, de Europese Autoriteit voor verzekeringen en bedrijfspensioenen en de Europese Bankautoriteit;

feeder-beleggingsinstelling: beleggingsinstelling als bedoeld in artikel 4, eerste lid, onderdeel m, van de richtlijn beheerders van alternatieve beleggingsinstellingen;

Wet op het financieel toezicht (uittreksel)   B23 art. 1:1

feeder-icbe: een icbe die ten minste 85 procent van het beheerd vermogen belegt in rechten van deelneming in een master-icbe;

financieel conglomeraat: een financieel conglomeraat als bedoeld in artikel 2, punt 14, van de richtlijn financiële conglomeraten;

financieel instrument:

a. effect;

b. geldmarktinstrument;

c. recht van deelneming in een beleggingsinstelling of icbe, niet zijnde een effect;

d. optie, future, swap, rentetermijncontract of ander derivatencontract dat betrekking heeft op effecten, valuta, rentevoeten of rendementen, emissierechten, of andere afgeleide instrumenten, indexen of maatstaven en dat kan worden afgewikkeld door middel van materiële aflevering of in contanten;

e. optie, future, swap, termijncontract of ander derivatencontract dat betrekking heeft op grondstoffen en in contanten moet of mag worden afgewikkeld naar keuze van een van de partijen, tenzij de reden het in gebreke blijven is of een andere gebeurtenis die beëindiging van het contract tot gevolg heeft;

f. optie, future, swap of ander derivatencontract dat betrekking heeft op grondstoffen, dat kan worden afgewikkeld door middel van materiële levering en wordt verhandeld op een georganiseerde handelsfaciliteit, gereglementeerde markt of een multilaterale handelsfaciliteit met uitzondering van een voor de groothandel bestemd energieproduct verhandeld op een georganiseerde handelsfaciliteit dat door middel van materiële levering moet worden afgewikkeld;

g. andere optie, future, swap of termijncontract dan bedoeld onder f of ander derivatencontract dat betrekking heeft op grondstoffen, kan worden afgewikkeld door middel van materiële levering en niet voor commerciële doeleinden bestemd is, en dat de kenmerken van andere afgeleide financiële instrumenten heeft;

h. afgeleid instrument voor de overdracht van kredietrisico;

i. financieel contract ter verrekening van verschillen;

j. optie, future, swap, termijncontract of ander derivatencontract met betrekking tot klimaatvariabelen, vrachttarieven, inflatiepercentages of andere officiële economische statistieken, en dat contant moet, of, op verzoek van één der partijen, kan worden afgewikkeld, anderszins dan op grond van een verzuim of een ander ontbindend element of ander derivatencontract met betrekking tot activa, rechten, verbintenissen, indices of maatregelen dan hiervoor vermeld en dat de kenmerken van andere afgeleide financiële instrumenten bezit, waarbij onder meer in aanmerking wordt genomen of deze financiële instrumenten op een georganiseerde handelsfaciliteit, gereglementeerde markt of multilaterale handelsfaciliteit worden afgewikkeld;

k. emissierecht bestaande uit een eenheid waarvan is vastgesteld dat deze in overeenstemming is met de vereisten van Richtlijn 2003/87/EG van het Europees Parlement en de Raad van 13 oktober 20013 tot vaststelling van een regeling voor de handel in broeikasgasemissierechten binnen de Gemeenschap en tot wijziging van Richtlijn 96/61/EG van de Raad (PbEU 2003, L 275);

financieel product:

a. een beleggingsobject;

b. een betaalrekening met inbegrip van de daaraan verbonden betaalfaciliteiten;

c. elektronisch geld;

d. een financieel instrument;

e. krediet;

f. een spaarrekening met inbegrip van de daaraan verbonden spaarfaciliteiten;

g. een verzekering die geen herverzekering is;

h. een premiepensioenvordering; of

i. een bij algemene maatregel van bestuur aan te wijzen ander product;

financiële dienst:

a. aanbieden;

b. adviseren over andere financiële producten dan financiële instrumenten;

c. beheren van een beleggingsinstelling of beheren van een icbe;

d. bemiddelen;

e. herverzekeringsbemiddelen;

f. optreden als clearinginstelling;

g. optreden als gevolmachtigde agent of ondergevolmachtigde agent; of

h. verlenen van een beleggingsdienst;

i. verrichten van een beleggingsactiviteit;

financiëledienstverlener: degene die een ander financieel product dan een financieel instrument aanbiedt, die adviseert over een ander financieel product dan een financieel instrument of die bemiddelt, herverzekeringsbemiddelt, optreedt als gevolmachtigd agent of optreedt als ondergevolmachtigde agent;

financiële holding: financiële holding als bedoeld in artikel 4, eerste lid, onderdeel 20, van de verordening kapitaalvereisten;

financiële instelling: financiële instelling als bedoeld in artikel 4, eerste lid, onderdeel 26, van de verordening kapitaalvereisten;

financiële onderneming:

a. een afwikkelonderneming;
b. een bank;
c. een beheerder van een beleggingsinstelling;
d. een beheerder van een icbe;
e. een beleggingsinstelling;
f. een beleggingsonderneming;
g. een betaaldienstverlener;
h. een bewaarder;
i. een clearinginstelling;
j. een entiteit voor risico-acceptatie;
k. een financiëledienstverlener;
l. een financiële instelling;
m. een icbe;
n. een kredietunie;
o. een pensioenbewaarder;
p. een premiepensioeninstelling;
q. een verzekeraar; of
r. [vervallen door verlettering;]
s. een wisselinstelling.

fonds voor collectieve belegging in effecten: niet in een maatschappij voor collectieve belegging in effecten ondergebracht vermogen waarin ter collectieve belegging gevraagde of verkregen gelden of andere goederen zijn of worden opgenomen teneinde de deelnemers in de opbrengst van de beleggingen te doen delen;

gecontroleerde onderneming:

a. dochtermaatschappij als bedoeld in artikel 24a van Boek 2 van het Burgerlijk Wetboek; of
b. onderneming waarover een persoon overheersende zeggenschap kan uitoefenen;

gedelegeerde verordening markten voor financiële instrumenten 2014 inzake organisatorische eisen: gedelegeerde verordening (EU) nr. 2017/565 van de Commissie van 25 april 2016 houdende aanvulling van Richtlijn 2014/65/EU van het Europees Parlement en de Raad wat betreft de door beleggingsondernemingen in acht te nemen organisatorische eisen en voorwaarden voor de bedrijfsuitoefening en wat betreft de definitie van begrippen voor de toepassing van genoemde richtlijn (PbEU 2017, L 87);

gekwalificeerde belegger:

a. professionele belegger, tenzij deze heeft verzocht om als niet-professionele belegger te worden behandeld overeenkomstig bijlage II, afdeling I, van de richtlijn markten voor financiële instrumenten 2014 en artikel 45, derde lid, onderdeel b, van de gedelegeerde verordening markten voor financiële instrumenten 2014 inzake organisatorische eisen;
b. een persoon die op verzoek wordt behandeld als professionele belegger overeenkomstig bijlage II, afdelingen I en II, van de richtlijn markten voor financiële instrumenten 2014; of
c. een in aanmerking komende tegenpartij, tenzij deze heeft verzocht om als niet-professionele belegger te worden behandeld overeenkomstig artikel 45, derde lid, aanhef en onderdeel a, van de gedelegeerde verordening markten voor financiële instrumenten 2014 inzake organisatorische eisen;

gekwalificeerde deelneming: een rechtstreeks of middellijk belang van ten minste tien procent van het geplaatste kapitaal van een onderneming of het rechtstreeks of middellijk kunnen uitoefenen van ten minste tien procent van de stemrechten in een onderneming, of het rechtstreeks of middellijk kunnen uitoefenen van een daarmee vergelijkbare zeggenschap in een onderneming, waarbij bij het bepalen van het aantal stemrechten dat iemand in een onderneming heeft, tot diens stemrechten mede worden gerekend de stemmen waarover hij beschikt of geacht wordt te beschikken op grond van artikel 5:45;

geldmiddelen: chartaal geld, giraal geld of elektronisch geld;

geldwisseltransactie: transactie waarbij munten of bankbiljetten worden omgewisseld tegen andere munten of bankbiljetten en waarbij de geldmiddelen niet op een betaalrekening worden aangehouden;

gemeentelijke kredietbank: een aanbieder van krediet, opgericht door een of meer gemeenten;

gemengde financiële holding: gemengde financiële holding als bedoeld in artikel 2, punt 15, van de richtlijn financiële conglomeraten;

gemengde holding: een moederonderneming die geen bank, financiële holding of gemengde financiële holding is en die ten minste één bank of één beleggingsonderneming in de zin van de verordening kapitaalvereisten als dochteronderneming heeft;

gemengde verzekeringsholding: een moederonderneming die geen gemengde financiële holding, herverzekeraar, levensverzekeraar, schadeverzekeraar of verzekeringsholding is, en die een herverzekeraar, levensverzekeraar of schadeverzekeraar met zetel in een lidstaat als dochteronderneming heeft;

geoorloofde debetstand: door een aanbieder van krediet aan een consument toegestaan debetsaldo van een rekening;

georganiseerde handelsfaciliteit: een multilateraal systeem, niet zijnde een gereglementeerde markt of multilaterale handelsfaciliteit, waarin meerdere koopintenties en verkoopintenties van derden met betrekking tot obligaties, gestructureerde financiële producten, emissierechten en afgeleide financiële instrumenten op zodanige wijze op elkaar inwerken dat daaruit een overeenkomst voortvloeit;

geregistreerde gedekte obligatie: obligatie, behorend tot een categorie die:
a. is opgenomen in een lijst waarvan de gegevens door de Europese Commissie op grond van artikel 52, vierde lid, van de richtlijn beleggingsinstellingen ter beschikking zijn gesteld aan het publiek, of
b. is geregistreerd overeenkomstig artikel 3:33a, eerste lid, en is opgenomen in een openbaar register als bedoeld in artikel 1:107, eerste lid;

gereglementeerde entiteit: een gereglementeerde entiteit als bedoeld in artikel 2, punt 4, van de richtlijn financiële conglomeraten;

gereglementeerde informatie: informatie die een uitgevende instelling of een persoon die zonder toestemming van de uitgevende instelling de toelating van haar effecten tot de handel op een gereglementeerde markt heeft aangevraagd, algemeen verkrijgbaar stelt op grond van artikel 17 van de verordening marktmisbruik, artikel 5:25c tot en met 5:25e of 5:25h;

gereglementeerde markt: multilateraal systeem dat meerdere koop- en verkoopintenties van derden met betrekking tot financiële instrumenten – binnen dit systeem en volgens de niet-discretionaire regels van dit systeem – samenbrengt of het samenbrengen daarvan vergemakkelijkt op zodanige wijze dat er een overeenkomst uit voortvloeit met betrekking tot financiële instrumenten die volgens de regels en de systemen van die markt tot de handel zijn toegelaten, en dat regelmatig en overeenkomstig de geldende regels inzake de vergunningverlening en het doorlopende toezicht werkt;

gevolmachtigde agent: degene die optreedt als gevolmachtigde agent;

grensoverschrijdende fusie: een fusie tussen
a. een icbe met zetel in Nederland en een icbe met zetel in een andere lidstaat; of
b. icbe's met zetel in Nederland die opgaan in een nieuw op te richten icbe met zetel in een andere lidstaat;

groepstoezichthouder: een toezichthouder of toezichthoudende instantie die is aangewezen ingevolge de criteria, bedoeld in artikel 247 van de richtlijn solvabiliteit II;

grondstoffenderivaat: een financieel instrument als bedoeld in:
a. onderdeel c van de definitie van effect met betrekking tot een grondstof of een onderliggende waarde als bedoeld in onderdeel j van de definitie van financieel instrument;
b. de onderdelen e, f, g en j van de definitie van financieel instrument;

grote risico's:
a. de risico's die behoren tot de in de bij deze wet behorende Bijlage branches genoemde branches Casco rollend spoorwegmaterieel, Luchtvaartuigcasco, Casco zee- en binnenschepen, Vervoerde zaken, Aansprakelijkheid luchtvaartuigen en Aansprakelijkheid zee- en binnenschepen;
b. de risico's die behoren tot de in de bij deze wet behorende Bijlage branches genoemde branches Krediet en Borgtocht, voorzover de verzekeringnemer handelt in de uitoefening van een beroep of bedrijf en het risico daarop betrekking heeft; of
c. de risico's die behoren tot de in de bij deze wet behorende Bijlage branches genoemde branches Voertuigcasco, Brand en Natuurevenementen, Andere schaden aan zaken, Aansprakelijkheid motorrijtuigen, Aansprakelijkheid wegvervoer, Algemene aansprakelijkheid en diverse geldelijke verliezen, voorzover de verzekeringnemer voldoet aan ten minste twee van de volgende vereisten:
1°. de waarde van de activa volgens de balans bedraagt meer dan € 6.200.000;
2°. de netto-omzet over het voorafgaande boekjaar bedraagt meer dan € 12.800.000;
3°. het gemiddeld aantal werknemers over het voorafgaande boekjaar bedraagt meer dan 250;
waarbij bovengenoemde vereisten, indien de verzekeringnemer deel uitmaakt van een groep waarvan de geconsolideerde jaarrekening overeenkomstig de richtlijn jaarrekening wordt opgesteld, worden toegepast op basis van de geconsolideerde jaarrekening en indien de verzekeringnemer deel uitmaakt van een samenwerkingsverband, bovengenoemde vereisten gelden voor de participanten in het samenwerkingsverband gezamenlijk;

handelen voor eigen rekening: met eigen kapitaal handelen in financiële instrumenten, hetgeen resulteert in het uitvoeren van transacties;

handelsplatform:

a. georganiseerde handelsfaciliteit;
b. gereglementeerde markt; of
c. multilaterale handelsfaciliteit;
handelsportefeuille: handelsportefeuille als bedoeld in artikel 4, eerste lid, onderdeel 86, van de verordening kapitaalvereisten;
hefboomfinanciering: methode als bedoeld in artikel 4, eerste lid, onderdeel v, van de richtlijn beheerders van alternatieve beleggingsinstellingen;
herverzekeraar: degene die zijn bedrijf maakt van het sluiten van herverzekeringen voor eigen rekening en het afwikkelen van die herverzekeringen;
herverzekeraar met zetel in een niet-aangewezen staat: herverzekeraar met zetel in een staat die geen lidstaat is die niet op grond van artikel 2:26d, derde lid, of krachtens artikel 172 van de richtlijn solvabiliteit II is aangewezen als staat waar toezicht op herverzekeraars wordt uitgeoefend dat in voldoende mate waarborgen biedt ten aanzien van de belangen die deze wet beoogt te beschermen;
herverzekering: verzekering waarbij risico's worden geaccepteerd:
a. door een verzekeraar en die worden overgedragen door een verzekeraar;
b. door een herverzekeraar en die worden overgedragen door een instelling voor bedrijfspensioenvoorziening als bedoeld in artikel 6, eerste lid, van de richtlijn instellingen voor bedrijfspensioenvoorziening, of een daarmee overeenkomende instelling met zetel in een staat die geen lidstaat is;
herverzekeringsbemiddelaar: degene die herverzekeringsbemiddelt;
herverzekeringsbemiddelen: alle werkzaamheden in de uitoefening van een beroep of bedrijf gericht op het als tussenpersoon tot stand brengen van een overeenkomst waarbij risico's uit overeenkomsten inzake een verzekering worden overgenomen of op het assisteren bij het beheer en de uitvoering van een dergelijke overeenkomst;
hypothecair krediet:
a. overeenkomst inzake krediet met een consument, bij het aangaan waarvan een recht van hypotheek wordt gevestigd of die wordt gewaarborgd door een andere vergelijkbare zekerheid op voor bewoning bestemde onroerende zaken, strekkende tot verhaal bij voorrang van de vordering tot voldoening van de door de consument verschuldigde betaling, dan wel met betrekking waartoe reeds een zodanig recht is gevestigd of die gewaarborgd wordt door een recht op voor bewoning bestemde onroerende zaken;
b. overeenkomst inzake krediet met een consument voor het verkrijgen of het behouden van eigendomsrechten betreffende grond of een bestaand of gepland gebouw;
IAS-verordening: verordening (EG) nr. 1606/2002 van het Europees Parlement en de Raad van de Europese Unie van 19 juli 2002 betreffende de toepassing van internationale standaarden voor jaarrekeningen (PbEG L 243);
in aanmerking komende tegenpartij:
a. bank;
b. beheerder van een beleggingsinstelling of beheerder van een icbe;
c. beheerder van een pensioenfonds of van een daarmee vergelijkbare rechtspersoon of vennootschap;
d. beleggingsinstelling of icbe;
e. beleggingsonderneming;
f. nationaal of regionaal overheidslichaam of overheidslichaam die de overheidsschuld beheert;
g. centrale bank;
h. financiële instelling;
i. internationale of supranationale publiekrechtelijke organisatie of daarmee vergelijkbare internationale organisatie;
j. pensioenfonds of daarmee vergelijkbare rechtspersoon of vennootschap;
k. verzekeraar;
icbe: maatschappij voor collectieve belegging in effecten of fonds voor collectieve belegging in effecten, in de vorm van:
a. een instelling als bedoeld in artikel 1, tweede lid, van de richtlijn instellingen voor collectieve belegging in effecten;
b. een feeder-icbe; of
c. een master-icbe die ten minste twee feeder-icbe's als deelnemer heeft en waarvan de rechten van deelneming verhandelbaar zijn en op verzoek van de deelnemers ten laste van de activa direct of indirect worden ingekocht of terugbetaald;
institutionele belegger:
a. beleggingsinstelling;
b. icbe;
c. levensverzekeraar;
d. pensioenfonds; of
e. premiepensioeninstelling;

B23 art. 1:1

intragroepsovereenkomsten en -posities: elke overeenkomst en de daaruit voortvloeiende financiële verhoudingen tussen een financiële onderneming in een richtlijngroep en hetzij een ander richtlijngroepslid hetzij een met een richtlijngroepslid in een formele of feitelijke zeggenschapsstructuur verbonden persoon;

krediet:

a. het aan een consument ter beschikking stellen van een geldsom, ter zake waarvan de consument gehouden is een of meer betalingen te verrichten;

b. het aan een consument verlenen van een dienst of verschaffen van het genot van een roerende zaak, financieel instrument of beleggingsobject, dan wel het aan een consument of een derde ter beschikking stellen van een geldsom ter zake van het aan die consument verlenen van een dienst of verschaffen van het genot van een roerende zaak, financieel instrument of beleggingsobject, ter zake waarvan de consument gehouden is een of meer betalingen te verrichten, met uitzondering van doorlopende dienstverlening en doorlopende levering van dezelfde soort roerende zaken, financiële instrumenten of beleggingsobjecten, waarbij de consument gehouden is in termijnen te betalen zolang de doorlopende dienstverlening of doorlopende levering plaatsvindt;

kredietunie: coöperatie waarvan de leden op grond van hun beroep of bedrijf zijn toegelaten tot het lidmaatschap van de coöperatie, die haar bedrijf maakt van:

a. het bij haar leden aantrekken van opvorderbare gelden; en

b. het voor eigen rekening verrichten van kredietuitzettingen aan haar leden ten behoeve van de beroeps- of bedrijfsuitoefening van die leden;

levensverzekeraar: degene die zijn bedrijf maakt van het sluiten van levensverzekeringen voor eigen rekening en het afwikkelen van die levensverzekeringen;

levensverzekering: een levensverzekering als bedoeld in artikel 975 van Boek 7 van het Burgerlijk Wetboek, met dien verstande dat de prestatie van de levensverzekeraar uitsluitend in geld geschiedt, of een natura-uitvaartverzekering als bedoeld in dit artikel;

lidstaat: een staat die lid is van de Europese Unie alsmede een staat, niet zijnde een lidstaat van de Europese Unie, die partij is bij de Overeenkomst betreffende de Europese Economische Ruimte;

lidstaat van herkomst van de beheerder van een beleggingsinstelling: lidstaat waar de beheerder zijn zetel heeft of de in overeenstemming met hoofdstuk VII van de richtlijn beheerders van alternatieve beleggingsinstellingen vastgestelde referentielidstaat van de beheerder;

lidstaat van herkomst van de beleggingsinstelling:

a. lidstaat waar de beleggingsinstelling een vergunning heeft of geregistreerd is of, indien van toepassing, de lidstaat waar de beleggingsinstelling voor de eerste keer een vergunning heeft gekregen of geregistreerd is; of

b. lidstaat waar de beleggingsinstelling zijn zetel heeft, indien de beleggingsinstelling niet onder onderdeel a valt;

limietorder: een order om een financieel instrument tegen de opgegeven limietkoers of een betere koers en voor een gespecificeerde omvang te kopen of te verkopen;

maatschappij voor collectieve belegging in effecten: rechtspersoon voor collectieve belegging in effecten die gelden of andere goederen ter collectieve belegging vraagt of verkrijgt teneinde de deelnemers in de opbrengst van de beleggingen te doen delen;

marketmaker: persoon die op de financiële markten doorlopend blijk geeft van de bereidheid voor eigen rekening te handelen door financiële instrumenten tegen door hem vastgestelde prijzen te kopen en te verkopen;

marktexploitant: persoon die een gereglementeerde markt beheert of exploiteert;

master-beleggingsinstelling: een beleggingsinstelling als bedoeld in artikel 4, eerste lid, onderdeel y, van de richtlijn beheerders van alternatieve beleggingsinstellingen;

master-icbe: een icbe die:

a. ten minste een feeder-icbe onder haar deelnemers heeft;

b. zelf geen feeder-icbe is; en

c. niet belegt in rechten van deelneming in een feeder-icbe;

moedermaatschappij: een rechtspersoon die een of meer dochtermaatschappijen heeft als bedoeld in artikel 24a van Boek 2 van het Burgerlijk Wetboek;

moederonderneming:

a. moederonderneming als bedoeld in artikel 22, eerste tot en met vijfde lid, van de richtlijn jaarrekening; of

b. een onderneming die, naar het oordeel van de Nederlandsche Bank, feitelijk een overheersende invloed op een andere onderneming uitoefent;

multilateraal systeem: een systeem of faciliteit waarin meerdere koopintenties en verkoopintenties van derden met betrekking tot financiële instrumenten op elkaar kunnen inwerken;

multilaterale handelsfaciliteit: een multilateraal systeem dat meerdere koop- en verkoopintenties van derden met betrekking tot financiële instrumenten, binnen dit systeem en volgens de niet-

discretionaire regels, samenbrengt op zodanige wijze dat er een overeenkomst uit voortvloeit overeenkomstig de geldende regels inzake de vergunningverlening en het doorlopende toezicht;

natura-uitvaartverzekeraar: degene die, geen levensverzekeraar zijnde, zijn bedrijf maakt van het sluiten van natura-uitvaartverzekeringen voor eigen rekening en het afwikkelen van die natura-uitvaartverzekeringen;

natura-uitvaartverzekeraar met zetel in een niet-aangewezen staat: een natura-uitvaartverzekeraar met zetel in een staat buiten Nederland die niet op grond van artikel 2:50, tweede lid, is aangewezen als staat waar toezicht op natura-uitvaartverzekeraars wordt uitgeoefend dat in voldoende mate waarborgen biedt ten aanzien van de belangen die deze wet beoogt te beschermen;

natura-uitvaartverzekering: een verzekering in verband met de verzorging van de uitvaart van een natuurlijke persoon waarbij de verzekeraar zich verbindt tot het leveren van een prestatie die niet tevens inhoudt het doen van een geldelijke uitkering;

Nederlandsche Bank: De Nederlandsche Bank N.V.;

Nederlandse bank: bank met zetel in Nederland die voor de uitoefening van haar bedrijf een vergunning heeft;

Nederlandse beheerder van een beleggingsinstelling: beheerder van een beleggingsinstelling, welke beheerder:

a. zetel in Nederland heeft;

b. een vergunning heeft als bedoeld in artikel 2:65 en zetel heeft in een staat, niet zijnde een lidstaat, die niet door onze Minister op grond van artikel 2:66 is aangewezen; of

c. Nederland in overeenstemming met artikel 2:69a heeft aangewezen als de referentielidstaat;

Nederlandse beleggingsinstelling: beleggingsinstelling met zetel in Nederland;

Nederlandse beleggingsonderneming: een beleggingsonderneming in de zin van de verordening kapitaalvereisten met zetel in Nederland, die voor de uitoefening van haar bedrijf een vergunning heeft;

Nederlandse EU-moederbank: Nederlandse moederbank die zelf geen dochteronderneming is van een bank of beleggingsonderneming of van een financiële holding of gemengde financiële holding met zetel in een lidstaat;

Nederlandse EU-moederbeleggingsonderneming: Nederlandse moederbeleggingsonderneming die zelf geen dochteronderneming is van een bank of beleggingsonderneming of van een financiële holding of gemengde financiële holding met zetel in een lidstaat;

Nederlandse financiële EU-moederholding: financiële holding met zetel in Nederland die geen dochteronderneming is van een Nederlandse of Europese bank of beleggingsonderneming of van een financiële holding of gemengde financiële holding met zetel in een lidstaat;

Nederlandse financiële moederholding: financiële holding met zetel in Nederland die zelf geen dochteronderneming is van een Nederlandse bank of Nederlandse beleggingsonderneming of van een financiële holding of gemengde financiële holding met zetel in Nederland;

Nederlandse gemengde financiële EU-moederholding: Nederlandse gemengde financiële holding die geen dochteronderneming is van een bank of beleggingsonderneming waaraan een vergunning is verleend in een lidstaat of van een financiële holding of gemengde financiële holding met zetel in een lidstaat;

Nederlandse gemengde financiële moederholding: gemengde financiële holding met zetel in Nederland die zelf geen dochteronderneming is van een Nederlandse bank of Nederlandse beleggingsonderneming of van een financiële holding of gemengde financiële holding met zetel in Nederland;

Nederlandse herverzekeraar, levensverzekeraar of schadeverzekeraar: herverzekeraar, levensverzekeraar of schadeverzekeraar met zetel in Nederland die voor de uitoefening van zijn bedrijf een vergunning heeft als bedoeld in artikel 14 van de richtlijn solvabiliteit II;

Nederlandse moederbank: bank met zetel in Nederland die een bank, beleggingsonderneming, financiële instelling of een onderneming die nevendiensten verricht als dochteronderneming heeft of die een deelneming heeft in een dergelijke financiële onderneming en die zelf geen dochteronderneming is van een andere Nederlandse beleggingsonderneming, Nederlandse bank, financiële holding of gemengde financiële holding met zetel in Nederland;

Nederlandse moederbeleggingsonderneming: beleggingsonderneming met zetel in Nederland die een bank, beleggingsonderneming, financiële instelling of een onderneming die nevendiensten verricht als dochteronderneming heeft of die een deelneming heeft in een dergelijke financiële onderneming en die zelf geen dochteronderneming is van een andere Nederlandse beleggingsonderneming, Nederlandse bank, financiële holding of gemengde financiële holding met zetel in Nederland;

nevendienst:

a. bewaring en beheer van financiële instrumenten voor rekening van cliënten, met inbegrip van bewaarneming en daarmee samenhangende diensten zoals contanten- of zekerhedenbeheer en met uitsluiting van het aanhouden van effectenrekeningen bovenaan de houderschapsketen als bedoeld in afdeling A, onder 2, van de bijlage bij de verordening centrale effectenbewaarinstellingen;

b. het verstrekken van kredieten of leningen aan een belegger om deze in staat te stellen een transactie in financiële instrumenten te verrichten, bij welke transactie de onderneming die het krediet of de lening verstrekt, als partij optreedt;

c. advisering aan ondernemingen inzake kapitaalstructuur, bedrijfsstrategie en daarmee samenhangende aangelegenheden, alsmede advisering en dienstverrichting op het gebied van fusies en overnames van ondernemingen;

d. valutawisseldiensten voorzover deze samenhangen met het verrichten van beleggingsdiensten;

e. onderzoek op beleggingsgebied en financiële analyse of andere vormen van algemene aanbevelingen in verband met transacties in financiële instrumenten;

f. dienst in verband met het overnemen van financiële instrumenten;

g. beleggingsdienst of -activiteit alsmede nevendienst die verband houden met de onderliggende waarde van de financiële instrumenten, als bedoeld in de definitie van financieel instrument onder e, f, g of i voor zover deze in verband staan met het verlenen van beleggings- of nevendiensten;

niet-Europese bank: bank met zetel in een staat die geen lidstaat is die aldaar voor de uitoefening van haar bedrijf een vergunning heeft;

niet-Europese beleggingsinstelling: beleggingsinstelling, niet zijnde een Europese beleggingsinstelling;

niet-Europese beleggingsonderneming: beleggingsonderneming waaraan een vergunning is verleend in een staat die geen lidstaat is waar naar het oordeel van de Nederlandsche Bank het prudentieel toezicht ten minste gelijkwaardig is aan het prudentieel toezicht op grond van deze wet;

niet-Europese herverzekeraar, levensverzekeraar of schadeverzekeraar: herverzekeraar, levensverzekeraar of schadeverzekeraar met zetel in een staat die geen lidstaat is die aldaar een vergunning heeft voor de uitoefening van zijn bedrijf;

niet-professionele belegger: een cliënt die niet een professionele belegger is;

onderbemiddelaar: een bemiddelaar die bemiddelt voor een andere bemiddelaar;

ondergevolmachtigde agent: degene die optreedt als ondergevolmachtigde agent;

onderneming die nevenactiviteiten verricht: een onderneming die activiteiten verricht die ten opzichte van de hoofdactiviteiten van een beleggingsonderneming of bank het karakter van ondersteunende activiteit hebben;

Onze Minister: Onze Minister van Financiën;

openbaar bod: een door middel van een openbare mededeling gedaan aanbod als bedoeld in artikel 217, eerste lid, van Boek 6 van het Burgerlijk Wetboek op effecten, dan wel een uitnodiging tot het doen van een aanbod op effecten, waarbij de bieder het oogmerk heeft deze effecten te verwerven;

optreden als gevolmachtigde agent: het in de uitoefening van een beroep of bedrijf als gevolmachtigde van een verzekeraar voor diens rekening sluiten van een verzekering met een cliënt;

optreden als ondergevolmachtigde agent: het in de uitoefening van een beroep of bedrijf op grond van een ondervolmacht afgegeven door een gevolmachtigde agent of door een ondergevolmachtigde agent als gevolmachtigde van een verzekeraar voor diens rekening sluiten van een verzekering met een cliënt;

opvorderbare gelden: deposito's of andere terugbetaalbare gelden als bedoeld in de definitie van kredietinstelling in artikel 4, eerste lid, onderdeel 1, van de verordening kapitaalvereisten;

overwegende zeggenschap: het kunnen uitoefenen van ten minste 30 procent van de stemrechten in een algemene vergadering van een naamloze vennootschap;

personen met wie in onderling overleg wordt gehandeld: natuurlijke personen, rechtspersonen of vennootschappen met wie, onderscheidenlijk waarmee wordt samengewerkt op grond van een overeenkomst met als doel het verwerven van overwegende zeggenschap in een naamloze vennootschap of, indien de samenwerking geschiedt met de doelvennootschap, het dwarsbomen van het welslagen van een aangekondigd openbaar bod op die vennootschap; de volgende categorieën natuurlijke personen, rechtspersonen of vennootschappen worden in elk geval geacht in onderling overleg te handelen:

1°. rechtspersonen of vennootschappen die met elkaar deel uitmaken van een groep als bedoeld in artikel 24b van boek 2 van het Burgerlijk Wetboek;

2°. natuurlijke personen, rechtspersonen of vennootschappen en de door hen gecontroleerde ondernemingen;

persoon: een natuurlijke persoon of rechtspersoon;

pensioenbewaarder: rechtspersoon die belast is met de bewaring van het vermogen van een premiepensioeninstelling of een pensioenfonds voor zover dat voortvloeit uit de uitvoering van pensioenregelingen;

pensioendeelnemer: natuurlijke persoon die op grond van zijn beroepswerkzaamheden gerechtigd zal zijn pensioenuitkeringen te ontvangen overeenkomstig de bepalingen van een pensioenregeling;

pensioenfonds:

a. een bedrijfstakpensioenfonds als bedoeld in artikel 1 van de Pensioenwet;
b. een ondernemingspensioenfonds als bedoeld in artikel 1 van de Pensioenwet;
c. een algemeen pensioenfonds als bedoeld in artikel 1 van de Pensioenwet; of
d. een beroepspensioenfonds als bedoeld in artikel 1 van de Wet verplichte beroepspensioenregeling alsmede het pensioenfonds, bedoeld in artikel 113a, eerste lid, van de Wet op het notarisambt;

pensioengerechtigde: natuurlijke persoon die pensioenuitkeringen ontvangt;
pensioenregeling: overeenkomst, trustakte of voorschriften waarin bepaald is welke pensioenuitkeringen worden toegezegd en onder welke voorwaarden;
pensioenuitkering: uitkering die wordt uitbetaald bij het bereiken of naar verwachting bereiken van de pensioendatum, of, wanneer deze een aanvulling op die uitkering vormen en op bijkomende wijze worden verstrekt, in de vorm van betalingen bij overlijden, arbeidsongeschiktheid of beëindiging van de werkzaamheid, dan wel in de vorm van ondersteunende betalingen of diensten in geval van ziekte, behoeftigheid of overlijden;
pensioenvermogen: het vermogen inzake een pensioenregeling;
plaatselijke onderneming: degene die uitsluitend voor eigen rekening of voor rekening van beleggingsondernemingen die tot de markten zijn toegelaten, of deze beleggingsondernemingen een prijs geeft voorzover de uitvoering en afwikkeling van de transacties geschieden onder de verantwoordelijkheid van en worden gegarandeerd door een clearinginstelling met zetel in Nederland, handelt op de markten voor:
a. opties ter verwerving of vervreemding van financiële instrumenten;
b. rechten op overdracht op termijn van goederen of gelijkwaardige instrumenten die gericht zijn op verrekening in geld;
c. andere afgeleide financiële instrumenten; of
d. financiële instrumenten waarop de afgeleide financiële instrumenten, bedoeld in de onderdelen a tot en met c, betrekking hebben, uitsluitend om posities op markten voor die afgeleide financiële instrumenten af te dekken;
premie: de in geld uitgedrukte prestatie door de verzekeringnemer te leveren uit hoofde van een verzekering, daaronder niet begrepen de assurantiebelasting;
premiepensioeninstelling: onderneming die is opgericht met als doel om premieregelingen en andere regelingen waarbij de premiepensioeninstelling geen verzekeringstechnisch risico draagt uit te voeren welke op grond van de toepasselijke wetgeving zijn aangemerkt als arbeidsgerelateerde pensioenregelingen;
premiepensioenvordering: vordering van een pensioendeelnemer of pensioengerechtigde op een premiepensioeninstelling vanwege een toegezegde pensioenuitkering;
premieregeling: pensioenregeling inzake een vastgestelde premie die uiterlijk op de pensioendatum wordt omgezet in een pensioenuitkering en waarbij de betaalde premie wordt belegd tot aan de datum van omzetting in een pensioenuitkering;
professionele belegger:
a. bank;
b. beheerder van een beleggingsinstelling;
c. beheerder van een icbe;
d. beheerder van een pensioenfonds of van een daarmee vergelijkbare rechtspersoon of vennootschap;
e. beleggingsinstelling;
f. beleggingsonderneming;
g. nationaal of regionaal overheidslichaam of overheidslichaam dat de overheidsschuld beheert;
h. centrale bank;
i. financiële instelling;
j. internationale of supranationale publiekrechtelijke organisatie of daarmee vergelijkbare internationale organisatie;
k. icbe;
l. marketmaker;
m. onderneming wiens belangrijkste activiteit bestaat uit het beleggen in financiële instrumenten, het verrichten van securitisaties of andere financiële transacties;
n. pensioenfonds of daarmee vergelijkbare rechtspersoon of vennootschap;
o. persoon of vennootschap die voor eigen rekening handelt in grondstoffen en grondstoffenderivaten;
p. plaatselijke onderneming;
q. rechtspersoon of vennootschap die aan twee van de volgende omvangvereisten voldoet:
$1°.$ een balanstotaal van ten minste € 20 000 000;
$2°.$ een netto-omzet van ten minste € 40 000 000;
$3°.$ een eigen vermogen van ten minste € 2 000 000;
r. verzekeraar;
professionele marktpartij:

a. gekwalificeerde belegger;
b. dochteronderneming van een gekwalificeerde belegger die wordt betrokken in het toezicht op geconsolideerde basis op de gekwalificeerde belegger; of
c. andere bij algemene maatregel van bestuur als professionele marktpartij aangewezen persoon of vennootschap;
prospectusverordening: verordening (EU) nr. 2017/1129 van het Europees Parlement en de Raad van 14 juni 2017 betreffende het prospectus dat moet worden gepubliceerd wanneer effecten aan het publiek worden aangeboden of tot de handel op een gereglementeerde markt worden toegelaten en tot intrekking van Richtlijn 2003/71/EG (PbEU 2017, L 168);
provisie: beloning of vergoeding, in welke vorm dan ook, voor het bemiddelen of adviseren ter zake van een financieel product of het verlenen van een beleggingsdienst of nevendienst;
raamovereenkomst voor betaaldiensten: overeenkomst die de uitvoering beheerst van afzonderlijke en opeenvolgende betalingstransacties en die de verplichtingen en voorwaarden voor de opening van een betaalrekening kan omvatten;
rechtsbijstandverzekeraar: een schadeverzekeraar die de branche Rechtsbijstand uitoefent;
reclame-uiting: iedere vorm van informatieverstrekking die dient ter aanprijzing van of een wervend karakter kent ter zake van een bepaalde financiële dienst of een bepaald financieel product;
registerhouder:
a. voorzover het register betrekking heeft op financiële ondernemingen die werkzaamheden mogen verrichten ingevolge de afdelingen 2.2A.1 tot en met 2.2.4B en 2.3A.1 tot en met 2.3.4A en op gegevens die op grond van het Deel Prudentieel toezicht financiële ondernemingen worden geregistreerd: de Nederlandsche Bank;
b. voorzover het register betrekking heeft op financiële ondernemingen die werkzaamheden mogen verrichten ingevolge de afdelingen 2.2.5 tot en met 2.2.13 en 2.3.5 tot en met 2.3.8 en op gegevens die op grond van het Deel Gedragstoezicht financiële ondernemingen of het Deel Gedragstoezicht financiële markten worden geregistreerd: de Autoriteit Financiële Markten;
rekeninginformatiedienst: een online dienst voor het verstrekken van geconsolideerde informatie over een of meer betaalrekeningen die de betaaldienstgebruiker bij een andere betaaldienstverlener of bij meer dan één betaaldienstverlener aanhoudt;
rekeninginformatiedienstverlener: een betaaldienstverlener die de in bijlage I, onder punt 8, van de richtlijn betaaldiensten bedoelde bedrijfsactiviteiten uitoefent;
relevante toezichthoudende instanties: relevante bevoegde autoriteiten als bedoeld in artikel 2, punt 17, van de richtlijn financiële conglomeraten;
richtlijn aandeelhoudersrechten: richtlijn 2007/36/EG van het Europees Parlement en de Raad van 11 juli 2007 betreffende de uitoefening van bepaalde rechten van aandeelhouders in beursgenoteerde vennootschappen (PbEU 2007, L 184);
richtlijn beheerders van alternatieve beleggingsinstellingen: richtlijn nr. 2011/61/EU van het Europees Parlement en de Raad van de Europese Unie van 8 juni 2011 inzake beheerders van alternatieve beleggingsinstellingen en tot wijziging van de Richtlijnen 2003/41/EG en 2009/65/EG en van de Verordeningen (EG) Nr. 1060/2009 en (EU) Nr. 1095/2010 (PbEU 2011, L 174);
richtlijn betaaldiensten: richtlijn 2015/2366 EU van het Europees Parlement en de Raad van 25 november 2015 betreffende betaaldiensten in de interne markt, houdende wijziging van de Richtlijnen 2002/65/EG, 2009/110/EG en 2013/36/EU en Verordening (EU) nr. 1093/2010 en houdende intrekking van Richtlijn 2007/64/EG (PbEU 2015, L 337);
richtlijn betaalrekeningen: richtlijn nr. 2014/92/EU van het Europees Parlement en de Raad van 23 juli 2014 betreffende de vergelijkbaarheid van de in verband met betaalrekeningen aangerekende vergoedingen, het overstappen naar een andere betaalrekening en de toegang tot betaalrekeningen met basisfuncties (PbEU 2014, L 257);
richtlijn depositogarantiestelsels: richtlijn nr. 2014/49/EU van het Europees parlement en de Raad van 16 april 2014 inzake de depositogarantiestelsels (herschikking) (PbEU 2014, L 173);
richtlijn financiële conglomeraten: richtlijn 2002/87/EG van het Europees Parlement en de Raad van 16 december 2002 betreffende het aanvullende toezicht op kredietinstellingen, verzekeringsondernemingen en beleggingsondernemingen in een financieel conglomeraat en tot wijziging van de Richtlijnen 73/239/EEG, 79/267/EEG, 92/49/EEG, 92/96/EEG, 93/6/EEG en 93/22/EEG van de Raad en van de Richtlijnen 98/78/EG en 2000/12/EG van het Europees Parlement en de Raad (PbEU 2002, L 35);
richtlijn financiëlezekerheidsovereenkomsten: richtlijn nr. 2002/47/EG van het Europees parlement en de Raad van 6 juni 2002 betreffende financiëlezekerheidsovereenkomsten (PbEU 2002, L 168);
richtlijn herstel en afwikkeling van banken en beleggingsondernemingen: richtlijn nr. 2014/59/EU van het Europees parlement en de Raad van 15 mei 2014 betreffende de totstandbrenging van een kader voor het herstel en de afwikkeling van kredietinstellingen en beleggingsondernemingen en tot wijziging van Richtlijn 82/891/EEG van de Raad en de Richtlijnen 2001/24/EG, 2002/47/EG, 2004/25/EG, 2005/56/EG, 2007/36/EG, 2011/35/EU, 2012/30/EU en 2013/36/EU

en Verordeningen (EU) nr. 1093/2010 en (EU) nr. 648/2012, van het Europees parlement en de Raad (PbEU 2014, L 173);

richtlijn hypothecair krediet: richtlijn 2014/17/EU van het Europees Parlement en de Raad van 4 februari 2014 inzake kredietovereenkomsten voor consumenten met betrekking tot voor bewoning bestemde onroerende goederen en tot wijziging van de Richtlijnen 2008/48/EG en 2013/36/EU en Verordening (EU) nr. 1093/2010 (PbEU 2014, L 60/34);

richtlijn instellingen voor bedrijfspensioenvoorziening: richtlijn 2016/2341/EU van het Europees Parlement en de Raad van 14 december 2016 betreffende de werkzaamheden van en het toezicht op instellingen voor bedrijfspensioenvoorziening (IBPV's) (PbEU 2016, L 354);

richtlijn instellingen voor collectieve belegging in effecten: richtlijn nr. 2009/65/EG van het Europees Parlement en de Raad van de Europese Unie van 13 juli 2009 tot coördinatie van de wettelijke en bestuursrechtelijke bepalingen betreffende bepaalde instellingen voor collectieve belegging in effecten (icbe's) (PbEU 2009, L 302);

richtlijn jaarrekening: richtlijn 2013/34/EU van het Europees Parlement en de Raad van 26 juni 2013 betreffende de jaarlijkse financiële overzichten, geconsolideerde financiële overzichten en aanverwante verslagen van bepaalde ondernemingsvormen, tot wijziging van Richtlijn 2006/43/EG van het Europees Parlement en de Raad en tot intrekking van Richtlijnen 78/660/EEG en 83/349/EEG van de Raad (PbEU 2013, L 182);

richtlijn kapitaalvereisten: richtlijn 2013/36/EU van het Europees Parlement en de Raad van 26 juni 2103 betreffende toegang tot het bedrijf van kredietinstellingen en het prudentieel toezicht op kredietinstellingen en beleggingsondernemingen, tot wijziging van Richtlijn 2002/87/EG en tot intrekking van de Richtlijnen 2006/48/EG en 2006/49/EG (PbEU 2013, L 176);

richtlijn markten voor financiële instrumenten: richtlijn nr. 2004/39/EG van het Europese Parlement en de Raad van de Europese Unie van 21 april 2004 betreffende markten voor financiële instrumenten, tot wijziging van de Richtlijnen 85/611/EEG en 93/6/EEG van de Raad en van Richtlijn 2000/12/EG van het Europees Parlement en de Raad en houdende intrekking van Richtlijn 93/22/EEG van de Raad (PbEU L 145);

richtlijn markten voor financiële instrumenten 2014: richtlijn nr. 2014/65/EU van het Europees Parlement en de Raad van 15 mei 2014 betreffende markten voor financiële instrumenten en tot wijziging van richtlijn 2002/92/EG en richtlijn 2011/61/EU (herschikking) (PbEU 2014, L 173);

richtlijn solvabiliteit II: richtlijn 2009/138/EG van het Europees Parlement en de Raad van 25 november 2009 betreffende de toegang tot en uitoefening van het verzekerings- en het herverzekeringsbedrijf (Solvabiliteit II) (herschikking) (PbEU 2009, L 335);

richtlijn transparantie: richtlijn nr. 2004/109/EG van het Europees Parlement en de Raad van de Europese Unie van 15 december 2004 betreffende de transparantievereisten die gelden voor informatie over uitgevende instellingen waarvan effecten tot de handel op een gereglementeerde markt zijn toegelaten en tot wijziging van Richtlijn 2001/34/EG (PbEU L 390);

richtlijn verzekeringsdistributie: richtlijn nr. 2016/97/EU van het Europees Parlement en de Raad van 20 januari 2016 betreffende verzekeringsdistributie (herschikking) (PbEU 2016, L 26);

richtlijndeelneming:

a. een deelneming als bedoeld in artikel 24c, eerste lid, eerste volzin, of tweede lid, van Boek 2 van het Burgerlijk Wetboek;

b. een rechtstreeks of middellijk belang van twintig procent of meer in het geplaatst kapitaal van een onderneming, of het rechtstreeks of middellijk kunnen uitoefenen van twintig procent of meer van de stemrechten in een onderneming; of

c. indien het een verzekeringsrichtlijngroep betreft: een deelneming als bedoeld in onderdeel b of een rechtstreeks of middellijk belang in het geplaatst kapitaal van een onderneming dan wel het rechtstreeks of middellijk kunnen uitoefenen van de stemrechten in een onderneming waarop naar het oordeel van de Nederlandsche Bank feitelijk een significante invloed wordt uitgeoefend;

richtlijngroep:

a. het geheel van een moederonderneming, haar dochterondernemingen, andere ondernemingen waarin de moederonderneming of een of meer van haar dochterondernemingen een deelneming heeft; of

b. ondernemingen die zijn verbonden door een centrale leiding die bestaat krachtens een met deze ondernemingen gesloten overeenkomst of een bepaling in de statuten van een of meer van deze ondernemingen, dan wel door het feit dat de bestuurs-, leidinggevende, of toezichthoudende organen van deze ondernemingen gedurende het boekjaar en tot de opstelling van de geconsolideerde jaarrekening in meerderheid bestaan uit dezelfde personen;

richtlijngroepslid: een onderneming die behoort tot een richtlijngroep;

risicoconcentratie: alle door de richtlijngroepsleden in een financieel conglomeraat ingenomen potentieel verliesgevende posities die groot genoeg zijn om de solvabiliteit of de financiële positie in het algemeen van de gereglementeerde entiteiten in het conglomeraat in gevaar te brengen;

salderen: vaststellen van geldelijke vorderingen of verplichtingen van betaaldienstverleners uit hoofde van betaalopdrachten van betaaldienstgebruikers;
saneringsmaatregel:
a. de toepassing van een afwikkelingsinstrument of de uitoefening van afwikkelingsbevoegdheden als bedoeld in de richtlijn herstel en afwikkeling van banken en beleggingsondernemingen;
b. de toepassing van een afwikkelingsinstrument of de uitoefening van afwikkelingsbevoegdheden, bedoeld in hoofdstuk 3A.2 of een daarmee vergelijkbare maatregelen die zijn genomen in een andere lidstaat;
c. een maatregel, anders dan bedoeld in de onderdelen a en b, genomen in een andere lidstaat, die enigerlei optreden van de aldaar bevoegde instanties behelst en bestemd is om de financiële positie van een bank of een verzekeraar in stand te houden of te herstellen, en van dien aard is dat de maatregel bestaande rechten van derden aantast;
schadeverzekeraar: degene die zijn bedrijf maakt van het sluiten van schadeverzekeringen voor eigen rekening en het afwikkelen van die schadeverzekeringen;
schadeverzekering:
a. schadeverzekering als bedoeld in artikel 944 van Boek 7 van het Burgerlijk Wetboek, niet zijnde een natura-uitvaartverzekering;
b. ongevallenverzekering; of
c. sommenverzekering als bedoeld in artikel 964 van Boek 7 van het Burgerlijk Wetboek, niet zijnde een levensverzekering of een financieel instrument,
met dien verstande dat voor de toepassing van deze wet een verzekering slechts als schadeverzekering wordt aangemerkt indien sprake is van een uitkeringsplicht ten gevolge van een onzeker voorval of een onzekere omstandigheid waardoor de verzekerde in zijn belangen wordt getroffen;
securitisatieverordening: Verordening (EU) nr. 2017/2402 van het Europees Parlement en de Raad van 12 december 2017 tot vaststelling van een algemeen kader voor securitisatie en tot instelling van een specifiek kader voor eenvoudige, transparante en gestandaardiseerde securitisatie, en tot wijziging van de Richtlijnen 2009/65/EG, 2009/138/EG en 2011/61/EU en de Verordeningen (EG) nr. 1060/2009 en (EU) nr. 648/2012 (PbEU 2017, L 347);
SEPA-verordening: Verordening (EU) nr. 260/2012 van het Europees Parlement en de Raad van 14 maart 2012 tot vaststelling van technische en bedrijfsmatige vereisten voor overmakingen en automatische afschrijvingen in euro en tot wijziging van Verordening (EG) nr. 924/2009 (PbEU 2012, L94);
staat waar het risico is gelegen:
a. de staat waar de zaken waarop een schadeverzekering betrekking heeft zich bevinden, indien de schadeverzekering betrekking heeft op een onroerende zaak, dan wel op een onroerende zaak en op de inhoud daarvan, voorzover deze door dezelfde schadeverzekering wordt gedekt;
b. de staat van registratie, van voertuigen of vaartuigen van om het even welke aard waarop een schadeverzekering betrekking heeft;
c. de staat waar een verzekeringnemer een verzekering heeft gesloten, indien het een schadeverzekering betreft met een looptijd van vier maanden of minder die betrekking heeft op tijdens een reis of vakantie gelopen risico's, ongeacht de branche;
d. in alle andere gevallen van schadeverzekering, de staat waar de verzekeringnemer zijn gewone verblijfplaats heeft, of, indien de verzekeringnemer een rechtspersoon is, de staat waar zich elke duurzame, vaste inrichting van deze rechtspersoon bevindt waarop de verzekering betrekking heeft;
subfonds: administratief afgescheiden gedeelte van het vermogen van een beleggingsinstelling of icbe waarvoor een separaat beleggingsbeleid wordt gevoerd en waarin specifiek voor dat gedeelte ter collectieve belegging gevraagde of verkregen gelden of andere goederen zijn of worden opgenomen teneinde de deelnemers in de opbrengst van de beleggingen te doen delen onder specifiek voor dat gedeelte geldende voorwaarden;
techniek van hoogfrequente algoritmische handel: een algoritmische handelstechniek die wordt gekenmerkt door:
a. een infrastructuur die is bedoeld om netwerklatencies en andere latenties te minimaliseren, daaronder begrepen ten minste een van de volgende faciliteiten voor het invoeren van algoritmische orders: co-locatie, proximity hosting of directe elektronische toegang met hoge snelheid;
b. het initiëren, genereren, geleiden of uitvoeren van orders door het systeem, zonder menselijk ingrijpen, voor afzonderlijke handelstransacties of orders; en
c. een groot aantal orders, noteringen of annuleringen binnen de handelsdag;
techniek voor communicatie op afstand: ieder middel dat, zonder gelijktijdige fysieke aanwezigheid van een financiële onderneming en een consument of cliënt, kan worden gebruikt voor het verlenen van financiële diensten;
toezichthoudende instantie: een buitenlandse overheidsinstantie of een buitenlandse van overheidswege aangewezen instantie, die is belast met het toezicht op financiële markten of op personen die op de markten werkzaam zijn;

B23 art. 1:1 **Wet op het financieel toezicht (uittreksel)**

toezichthouder: de Nederlandsche Bank of de Autoriteit Financiële Markten, ieder voor zover belast met de uitoefening van taken ingevolge deze wet;

uitbesteden: het door een financiële onderneming verlenen van een opdracht aan een derde tot het ten behoeve van die financiële onderneming verrichten van werkzaamheden:

a. die deel uitmaken van of voortvloeien uit het uitoefenen van haar bedrijf of het verlenen van financiële diensten; of

b. die deel uitmaken van de wezenlijke bedrijfsprocessen ter ondersteuning daarvan;

uitgevende instelling: een ieder die effecten heeft uitgegeven of voornemens is effecten uit te geven;

uitvoering van orders voor rekening van cliënten: in de uitoefening van beroep of bedrijf optreden om overeenkomsten te sluiten tot verkoop of aankoop van een of meer financiële instrumenten voor rekening van cliënten met inbegrip van het sluiten van overeenkomsten tot verkoop van door een bank of beleggingsonderneming uitgegeven financiële instrumenten op het tijdstip van de uitgifte ervan;

uitvoeringskosten: uitgaven die rechtstreeks verband houden met de uitvoering van een order met betrekking tot een financieel instrument en die ten laste komen van de cliënt;

uitvoeringsverordening instellingen voor collectieve belegging in effecten: verordening (EU) nr. 584/2010 van de Europese Commissie van 1 juli 2010 tot uitvoering van Richtlijn 2009/65/EG van het Europees Parlement en de Raad van de Europese Unie wat betreft de vorm en inhoud van de gestandaardiseerde kennisgeving en icbe-verklaring, het gebruik van elektronische communicatie tussen bevoegde autoriteiten voor kennisgevingsdoeleinden, alsook procedures voor onderzoeken en verificaties ter plaatse en de uitwisseling van informatie tussen bevoegde autoriteiten (PbEU L 176);

vangnetregeling: het beleggerscompensatiestelsel of het depositogarantiestelsel;

verbonden agent: persoon die, onder de volledige en onvoorwaardelijke verantwoordelijkheid van slechts één beleggingsonderneming voor wier rekening hij optreedt de beleggingsdiensten als bedoeld in onderdeel a, d, e of f van de definitie van verlenen van een beleggingsdienst verleent en deze diensten of nevendiensten bij cliënten aanbeveelt;

verbonden onderneming: een dochteronderneming, een andere onderneming waarin een richtlijndeelneming bestaat of een onderneming die met een andere onderneming verbonden is door een door die andere onderneming uitgeoefende centrale leiding krachtens een door deze ondernemingen gesloten overeenkomst of een bepaling in de statuten van een of meer van deze ondernemingen, dan wel door het feit dat de bestuurs-, leidinggevende, of toezichthoudende organen van deze ondernemingen gedurende het boekjaar en tot de opstelling van de geconsolideerde jaarrekening in meerderheid bestaan uit dezelfde personen;

verlenen van een beleggingsdienst:

a. in de uitoefening van een beroep of bedrijf ontvangen en doorgeven van orders van cliënten met betrekking tot financiële instrumenten;

b. in de uitoefening van beroep of bedrijf voor rekening van die cliënten uitvoeren van orders met betrekking tot financiële instrumenten;

c. beheren van een individueel vermogen;

d. in de uitoefening van beroep of bedrijf adviseren over financiële instrumenten;

e. in de uitoefening van beroep of bedrijf overnemen of plaatsen van financiële instrumenten bij aanbieding ervan als bedoeld in de prospectusverordening met plaatsingsgarantie;

f. in de uitoefening van beroep of bedrijf plaatsen van financiële instrumenten bij aanbieding ervan als bedoeld in de prospectusverordening zonder plaatsingsgarantie;

vermogensbeheerder: degene die een individueel vermogen beheert;

verordening 1227/2011: verordening (EU) nr. 1227/2011 van het Europees Parlement en de Raad van 25 oktober 2011 betreffende de integriteit en transparantie van de groothandelsmarkt voor energie (PbEU 2011, L 326), alsmede de door de Europese Commissie vastgestelde gedelegeerde en uitvoeringshandelingen op grond van verordening 1227/2011;

verordening (EU) nr. 1093/2010: verordening (EU) nr. 1093/2010 van het Europees Parlement en de Raad van 24 november 2010 tot oprichting van een Europese toezichthoudende autoriteit (Europese Bankautoriteit), tot wijziging van Besluit nr. 716/2009/EG en tot intrekking van Besluit 2009/78/EG van de Commissie (PbEU 2010, L 331);

verordening (EU) nr. 1095/2010: verordening (EU) nr. 1095/2010 van het Europees Parlement en de Raad van de Europese Unie van 24 november 2010 tot oprichting van een Europese toezichthoudende autoriteit (Europese Autoriteit voor effecten en markten) tot wijziging van Besluit nr. 7176/2009/EG en tot intrekking van Besluit 2009/78/EG van de Commissie (Pb EU 2010, L 331);

verordening bankentoezicht: verordening (EU) Nr. 1024/2013 van de Raad van 15 oktober 2013 waarbij aan de Europese Centrale Bank specifieke taken worden opgedragen betreffende het beleid inzake het prudentieel toezicht op kredietinstellingen (PbEU 2013, L 287);

verordening centrale effectenbewaarinstellingen: verordening (EU) nr. 909/2014 van het Europees parlement en de Raad van 23 juli 2014 betreffende de verbetering van de effectenafwikkeling in de Europese Unie, betreffende centrale effectenbewaarinstellingen en tot wijziging van Richtlijnen 98/26/EG en 2014/65/EU en Verordening (EU) nr. 236/2012 (PbEU 2014, L 257);

verordening essentiële-informatiedocumenten: verordening (EU) nr. 1286/2014 van het Europees Parlement en de Raad van 26 november 2014 over essentiële-informatiedocumenten voor verpakte retailbeleggingsproducten en verzekeringsgebaseerde beleggingsproducten (PRIIPs) (PbEU 2014, L 352);

verordening financiële benchmarks: verordening (EU) nr. 2016/1011 van het Europees Parlement en de Raad van 8 juni 2016 betreffende indices die worden gebruikt als benchmarks voor financiële instrumenten en financiële overeenkomsten of om de prestatie van beleggingsfondsen te meten en tot wijziging van Richtlijnen 2008/48/EG en 2014/17/EU en Verordening (EU) nr. 596/2014 (PbEU 2016, L 171);

verordening gemeenschappelijk afwikkelingsmechanisme: verordening (EU) nr. 806/2014 van het Europees parlement en de Raad van 15 juli 2014 tot vaststelling van eenvormige regels en een eenvormige procedure voor de afwikkeling van kredietinstellingen en bepaalde beleggingsondernemingen in het kader van een gemeenschappelijk afwikkelingsmechanisme en een gemeenschappelijk bankenafwikkelingsfonds en tot wijziging van Verordening (EU) nr. 1093/2010 van het Europees parlement en de Raad (PbEU 2014, L 225);

verordening grensoverschrijdende betalingen: verordening (EG) Nr. 924/2009 van het Europees Parlement en de Raad van 16 september 2009 betreffende grensoverschrijdende betalingen in de Gemeenschap en tot intrekking van Verordening (EG) nr. 2560/2001 (PbEU L 266);

verordening kapitaalvereisten: verordening (EU) nr. 575/2013 van het Europees Parlement en de Raad van 26 juni 2013 betreffende prudentiële vereisten voor kredietinstellingen en beleggingsondernemingen en tot wijziging van Verordening (EU) nr. 648/2012 (PbEU 2013, L 176);

verordening markten voor financiële instrumenten: verordening (EU) nr. 600/2014 van het Europees parlement en de Raad van 15 mei 2014 betreffende markten in financiële instrumenten en tot wijziging van Verordening (EU) nr. 648/2012 (PbEU 2014, L 173);

verordening marktmisbruik: verordening (EU) nr. 596/2014 van het Europees Parlement en de Raad van 16 april 2014 betreffende marktmisbruik (PbEU 2014, L 173/1);

verordening ratingbureaus: verordening (EG) nr. 1060/2009 van het Europees Parlement en de Raad van 16 september 2009 inzake ratingbureaus (PbEU L 302);

verrichten van diensten:

a. voor zover het entiteiten voor risico-acceptatie betreft: het door een entiteit voor risico-acceptatie accepteren van een risico dat is gelegen in een andere staat dan de vestiging van waaruit het risico wordt geaccepteerd;

b. voor zover het verzekeraars betreft:

1°. het door een herverzekeraar sluiten van een herverzekering betreffende een risico dat is gelegen in een andere staat dan die waar de vestiging van waaruit de verzekering wordt gesloten;

2°. het door een levensverzekeraar sluiten van een levensverzekering vanuit een vestiging, gelegen in een andere staat dan die waar de verzekeringnemer zijn gewone verblijfplaats heeft, of waar zich, indien de verzekeringnemer een rechtspersoon is, de vestiging van deze rechtspersoon bevindt waarop de verzekering betrekking heeft;

3°. het door een natura-uitvaartverzekeraar sluiten van een natura-uitvaartverzekering vanuit een vestiging, gelegen in een andere staat dan die waar de verzekeringnemer zijn gewone verblijfplaats heeft;

4°. het door een schadeverzekeraar sluiten van een schadeverzekering betreffende een risico dat is gelegen in een andere staat dan de vestiging van waaruit de verzekering wordt gesloten;

verrichten van een beleggingsactiviteit:

a. in de uitoefening van beroep of bedrijf handelen voor eigen rekening;

b. in de uitoefening van een beroep of bedrijf exploiteren van een georganiseerde handelsfaciliteit;

c. in de uitoefening van een beroep of bedrijf exploiteren van een multilaterale handelsfaciliteit;

vertegenwoordiger van een verzekeraar: degene die door een levensverzekeraar, natura-uitvaartverzekeraar of schadeverzekeraar is aangesteld om hem te vertegenwoordigen in een andere staat dan de staat van de zetel van die verzekeraar bij de uitoefening van de bevoegdheden van die verzekeraar en bij de naleving van de voorschriften die in eerstbedoelde staat voor die verzekeraar gelden;

verzekeraar: herverzekeraar, levensverzekeraar, natura-uitvaartverzekeraar of schadeverzekeraar;

verzekeraar met beperkte risico-omvang: een verzekeraar die ingevolge artikel 4, 7 of 10 van de richtlijn solvabiliteit II is uitgesloten van het toepassingsgebied van die richtlijn en geen gebruik heeft gemaakt van de mogelijkheid, bedoeld in artikel 4, vijfde lid, van die richtlijn om een vergunning aan te vragen of te behouden;

verzekering:

a. herverzekering;

b. levensverzekering;

c. natura-uitvaartverzekering; of

d. schadeverzekering;

verzekering met een beleggingscomponent: een levensverzekering, met uitzondering van een levensverzekering die uitsluitend uitkeert bij overlijden, een verzekering die fiscaal gefaciliteerd is om te voorzien in een pensioeninkomen of een natura-uitvaartverzekering, waarbij de afkoopwaarde of de uitkering van de verzekering afhankelijk is van ontwikkelingen op de financiële markten of andere markten;

verzekeringsholding: een moederonderneming die geen gemengde financiële holding is, een herverzekeraar, levensverzekeraar of schadeverzekeraar met zetel in een lidstaat als dochteronderneming heeft en die uitsluitend of hoofdzakelijk richtlijndeelnemingen houdt in dochterondernemingen die herverzekeraars, levensverzekeraars of schadeverzekeraars zijn;

verzekeringsrichtlijngroep: een richtlijngroep als bedoeld in artikel 213, tweede lid, onderdelen a tot en met d, van de richtlijn solvabiliteit II;

vestiging: bijkantoor of zetel;

vordering uit hoofde van verzekering:

a. een rechtstreekse vordering op de verzekeraar van een verzekerde, verzekeringnemer, begunstigde of benadeelde, met inbegrip van een vordering ter zake van voor deze personen gereserveerde bedragen, zo lang nog niet alle elementen van de vordering bekend zijn;

b. een vordering tot terruggave van premies die een verzekeraar heeft ontvangen in de niet beantwoorde verwachting dat een overeenkomst van verzekering zou worden afgesloten dan wel heeft ontvangen op grond van een verzekering die is ontbonden of vernietigd; of

c. een vordering uit hoofde van een overeenkomst tot kapitalisatieverrichtingen of tot beheer over collectieve pensioenfondsen als bedoeld onder punten 6 en 7 van de opsomming betreffende het bedrijf van levensverzekeraar in de Bijlage branches bij deze wet, met inbegrip van een vordering tot teruggave van betalingen voor verrichtingen die een verzekeraar heeft ontvangen in de niet beantwoorde verwachting dat een overeenkomst tot kapitalisatieverrichtingen of tot beheer over collectieve pensioenfondsen zou worden gesloten dan wel heeft ontvangen op grond van een overeenkomst tot kapitalisatieverrichtingen of beheer die is ontbonden of vernietigd;

wisselinstelling: degene die zijn bedrijf maakt van het verrichten van wisseltransacties;

wisselinstelling met zetel in een niet-aangewezen staat: een wisselinstelling met zetel in een staat buiten Nederland die niet op grond van artikel 2:54l, tweede lid, is aangewezen als staat waar toezicht op wisselinstellingen wordt uitgeoefend dat in voldoende mate waarborgen biedt ten aanzien van de belangen die deze wet beoogt te beschermen;

wisseltransactie:

a. een geldwisseltransactie;

b. het uitbetalen van munten of bankbiljetten op vertoon van een creditcard of tegen inlevering van een document als bedoeld in artikel 1:5a, tweede lid, onderdeel g;

c. een bij algemene maatregel van bestuur aan te wijzen andere aanverwante activiteit;

zetel: de plaats waar een onderneming volgens haar statuten of reglementen is gevestigd of, indien zij geen rechtspersoon is, de plaats waar de onderneming haar hoofdvestiging heeft.

4
Deel Gedragstoezicht financiële ondernemingen

Hoofdstuk 4.1
Inleidende bepalingen

Afdeling 4.1.1
Reikwijdte

Art. 4:1

Gedragstoezicht financiële ondernemingen, werkingssfeer

1. Dit deel is, voor zover niet anders is bepaald, van toepassing op:

a. financiëledienstverleners waaraan het ingevolge hoofdstuk 2.2 is toegestaan in Nederland financiële diensten te verlenen of die een verklaring van ondertoezichtstelling als bedoeld in artikel 3:110 hebben, en hebben voldaan aan artikel 3:110, vierde of vijfde lid;

b. beleggingsondernemingen met zetel in Nederland of in een staat die geen lidstaat is waaraan het ingevolge hoofdstuk 2.2 is toegestaan beleggingsdiensten te verlenen of beleggingsactiviteiten te verrichten;

c. beheerders van beleggingsinstellingen waaraan het ingevolge afdeling 2.2.7 is toegestaan in Nederland beleggingsinstellingen te beheren dan wel rechten van deelneming in een beleggingsinstelling in Nederland aan te bieden en de aan die beleggingsinstellingen verbonden bewaarders;

d. icbe's waaraan het ingevolge afdeling 2.2.7 is toegestaan in Nederland rechten van deelneming aan te bieden, de beheerders van die icbe's en de aan die icbe's verbonden bewaarders;

e. clearinginstellingen waaraan het ingevolge afdeling 2.2.1 is toegestaan in Nederland hun bedrijf uit te oefenen voorzover ze optreden voor cliënten met zetel in Nederland;

f. betaaldienstverleners;
g. pensioenbewaarders; en
h. datarapporteringsdienstverleners waaraan het ingevolge afdeling 2.2.12a is toegestaan in Nederland datarapporteringsdiensten te verlenen.

2. De artikelen 4:9, derde lid, 4:14, tweede lid, aanhef en onderdeel c, 4:19, 4:20, eerste tot en met derde en zesde lid, 4:22, eerste lid, 4:23, 4:24, 4:89, 4:90, 4:90a, 4:90b, 4:90c, 4:90d en de artikelen 14 tot en met 26 van de verordening markten voor financiële instrumenten, alsmede de regels die bij of krachtens die artikelen zijn vastgesteld, zijn van toepassing op beleggingsondernemingen met een bijkantoor in Nederland waaraan het ingevolge paragraaf 2.2.12.2 is toegestaan in Nederland beleggingsdiensten te verlenen of beleggingsactiviteiten te verrichten, met uitzondering van beleggingsondernemingen als bedoeld in artikel 2:102a.

3. Het ingevolge dit deel bepaalde, met uitzondering van de artikelen 4:9, 4:10 en 4:37e, is niet van toepassing op buitenlandse beheerders van beleggingsinstellingen waarvan Nederland de lidstaat van ontvangst is als bedoeld in artikel 4, eerste lid, onderdeel r, van de richtlijn beheerders van alternatieve beleggingsinstellingen die vanuit een in Nederland gelegen bijkantoor Nederlandse beleggingsinstellingen beheren of rechten van deelneming in beleggingsinstellingen in Nederland aanbieden.

4. Het ingevolge dit deel bepaalde, is niet van toepassing op buitenlandse beheerders van beleggingsinstellingen waarvan Nederland de lidstaat van ontvangst is als bedoeld in artikel 4, eerste lid, onderdeel r, van de richtlijn beheerders van alternatieve beleggingsinstellingen die via het verrichten van diensten Nederlandse beleggingsinstellingen beheren of rechten van deelneming in beleggingsinstellingen in Nederland aanbieden.

5. Het ingevolge dit deel bepaalde is niet van toepassing op beheerders van beleggingsinstellingen als bedoeld in artikel 2:66a, eerste en tweede lid, tenzij de beheerder op vrijwillige basis een vergunning als bedoeld in artikel 2:65 heeft verkregen.

6. Het ingevolge dit deel bepaalde, met uitzondering van artikel 4:37p, is niet van toepassing op beheerders als bedoeld in artikel 2:70, tweede lid, of artikel 2:70a, derde lid.

7. Het ingevolge dit deel bepaalde, met uitzondering van de artikelen 4:9, derde lid, 4:14, tweede lid, aanhef en onderdeel c, 4:19, 4:20, eerste tot en met derde en zesde lid, 4:22, eerste lid, 4:23, 4:24, 4:89 en 4:90, is niet van toepassing op beheerders van een beleggingsinstelling als bedoeld in artikel 2:98, derde lid, die vanuit een in Nederland gelegen bijkantoor activiteiten of diensten als bedoeld in artikel 6, vierde lid, van de richtlijn beheerders van alternatieve beleggingsinstellingen verrichten of verlenen.

8. Het ingevolge dit deel bepaalde is niet van toepassing op beheerders van beleggingsinstellingen met zetel in een andere lidstaat die via het verrichten van diensten in Nederland activiteiten of diensten als bedoeld in artikel 6, vierde lid, van de richtlijn beheerders van alternatieve beleggingsinstellingen verrichten of verlenen.

Art. 4:2

1. Met uitzondering van de artikelen 4:36 en 4:37 is dit deel niet van toepassing op het aanbieden van krediet door een gemeentelijke kredietbank indien voor de bedrijfsvoering van die gemeentelijke kredietbank op grond van artikel 4:37, eerste lid, een reglement is vastgesteld.

Toepasselijkheid hoofdstuk 4

2. De artikelen 4:9, eerste lid, en 4:10 zijn niet van toepassing op personen die het dagelijks beleid van een gemeentelijke kredietbank bepalen, die het beleid van een gemeentelijke kredietbank bepalen of mede bepalen of die onderdeel zijn van een orgaan dat is belast met het toezicht op het beleid en de algemene gang van zaken van een gemeentelijke kredietbank en tevens lid of voorzitter zijn van een gemeenteraad dan wel deel uitmaken van een college van burgemeester en wethouders.

Art. 4:2a

Het ingevolge dit deel bepaalde is niet van toepassing op het in de uitoefening van een beroep of bedrijf als gevolmachtigde of ondergevolmachtigde van een herverzekeraar voor diens rekening sluiten van een herverzekering met een natura-uitvaartverzekeraar, levensverzekeraar of schadeverzekeraar of andere herverzekeraar.

Toepasselijkheid m.b.t. herverzekeringen

Art. 4:2b

[Vervallen]

Art. 4:2c

Met uitzondering van afdeling 4.2.4, de paragrafen 4.3.1.8 en 4.3.8.1. en de artikelen 4:17, 4:19, eerste tot en met derde lid, 4:22 en 4:25 is het ingevolge dit deel bepaalde niet van toepassing op het aanbieden van financiële producten als bedoeld in onderdeel b van de definitie van financieel product in artikel 1:1.

Toepasselijkheid m.b.t. aanbieden financiële producten

Art. 4:2d

Met uitzondering van de artikelen 4:19, 4:22, 4:33, 4:34 en 4:35 is dit deel niet van toepassing op financiële diensten met betrekking tot een geoorloofde debetstand waarbij de consument is gehouden binnen drie maanden af te lossen.

Toepasselijkheid m.b.t. kortlopend consumentenkrediet

Art. 4:2e

Toepasselijkheid m.b.t. gestructureerde deposito's

Het bij of krachtens de artikelen 4:9, derde lid, 4:11, eerste en derde tot en vijfde lid, 4:14, eerste en tweede lid, 4:15, tweede lid, onderdeel b, onder 2°, 4:16, 4:18a tot en met 4:18e, 4:19, 4:20, 4:22, eerste lid, 4:23, 4:24, 4:25, 4:88, 4:89 en 4:90 bepaalde met betrekking tot beleggingsondernemingen is van overeenkomstige toepassing op banken of beleggingsondernemingen die aan cliënten gestructureerde deposito's als bedoeld in artikel 4, eerste lid, onderdeel 43, van de richtlijn markten voor financiële instrumenten 2014 verkopen of aan hen advies verlenen met betrekking tot gestructureerde deposito's.

Afdeling 4.1.2
Bijzondere bepalingen

Art. 4:3

Financiële onderneming, verbod optreden als tussenpersoon voor niet-professionele marktpartijen

1. Het is een ieder verboden in Nederland of vanuit Nederland in een andere lidstaat als dienst van de informatiemaatschappij als bedoeld in artikel 15d, derde lid, van Boek 3 van het Burgerlijk Wetboek in de uitoefening van een beroep of bedrijf als tussenpersoon werkzaamheden te verrichten ten behoeve van het van het publiek aantrekken of ter beschikking verkrijgen van opvorderbare gelden.

Financiële onderneming, uitzonderingen verbod optreden als tussenpersoon

2. Het eerste lid is niet van toepassing op:
a. banken die een door de Europese Centrale Bank of de Nederlandsche Bank verleende vergunning als bedoeld in artikel 2:11, eerste lid, of 2:20, eerste lid, hebben en banken met zetel in een andere lidstaat die hun bedrijf uitoefenen vanuit een in Nederland gelegen bijkantoor of door middel van het verrichten van diensten naar Nederland, die hebben voldaan aan het in artikel 2:15 of 2:16 bepaalde met betrekking tot het verrichten van de werkzaamheden, bedoeld onder 1 in bijlage I bij de richtlijn kapitaalvereisten;
b. banken met zetel in een andere lidstaat die een door de toezichthoudende instantie van die lidstaat verleende vergunning hebben voor het uitoefenen van hun bedrijf en die hebben voldaan aan de in die andere lidstaat geldende verplichtingen voor het verrichten van diensten naar een andere lidstaat;
c. de lidstaten, alsmede de regionale of lokale overheden van de lidstaten;
d. beleggingsondernemingen die een door de Autoriteit Financiële Markten verleende vergunning als bedoeld in artikel 2:96 hebben;
e. beleggingsondernemingen met zetel in een andere lidstaat die beleggingsdiensten verlenen of beleggingsactiviteiten verrichten door middel van het verrichten van diensten naar Nederland, die hebben voldaan aan artikel 2:102; en
f. bemiddelaars die voor het bemiddelen in een betaalrekening of spaarrekening een door de Autoriteit Financiële Markten verleende vergunning als bedoeld in artikel 2:80, eerste lid, hebben.

Financiële onderneming, vrijstelling verbod optreden als tussenpersoon

3. Bij ministeriële regeling kan vrijstelling worden geregeld van het eerste lid.

Financiële onderneming, ontheffing verbod optreden als tussenpersoon

4. De Autoriteit Financiële Markten kan op aanvraag, al dan niet voor bepaalde tijd, ontheffing verlenen van het eerste lid, indien de aanvrager aantoont dat de belangen die dit deel beoogt te beschermen anderszins voldoende worden beschermd. Bij of krachtens algemene maatregel van bestuur kunnen regels worden gesteld waaraan de houder van een ontheffing dient te voldoen en met betrekking tot het verlenen van een ontheffing.

Art. 4:4

Financiële onderneming, sanctiebevoegdheden AFM

1. Indien een financiële onderneming die geen door de Autoriteit Financiële Markten verleende vergunning heeft de ingevolge dit deel gestelde regels die op haar van toepassing zijn niet naleeft, kan de Autoriteit Financiële Markten aan die financiële onderneming een verbod opleggen de met die regels strijdige activiteiten te verrichten.

Werkingssfeer

2. Het eerste lid heeft geen betrekking op de afwikkeling van overeenkomsten die gesloten zijn voor het tijdstip waarop het verbod wordt opgelegd.

Financiële onderneming met zetel in andere staat, kennisgeving verbod AFM

3. Indien de in het eerste lid bedoelde financiële onderneming haar zetel heeft in een andere staat stelt de Autoriteit Financiële Markten de toezichthoudende instantie van die andere staat in kennis van het door haar opgelegde verbod.

Werkingssfeer

4. Het eerste tot en met het derde lid zijn niet van toepassing op:
a. buitenlandse beheerders van beleggingsinstellingen met zetel in een andere lidstaat of beheerders van icbe's met zetel in een andere lidstaat;
b. verbonden bemiddelaars als bedoeld in artikel 2:81, tweede en derde lid;
c. verbonden agenten als bedoeld in artikel 2:97, vijfde lid en artikel 2:98, tweede lid;
d. bemiddelaars in verzekeringen of hypothecair krediet met zetel in een andere lidstaat;
e. financiëledienstverleners met zetel in een andere lidstaat die het bedrijf van financiële instelling, bank of verzekeraar uitoefenen; en
f. herverzekeringsbemiddelaars met zetel in een andere lidstaat.

Art. 4:4a

De Autoriteit Financiële Markten kan aan een beleggingsonderneming met systematische interne afhandeling een verbod opleggen tot het uitoefenen van het bedrijf van beleggingsonderneming met systematische interne afhandeling, indien de beleggingsonderneming de ingevolge paragraaf 4.3.7.3 gestelde regels die op haar van toepassing zijn niet naleeft.

Verbod op het uitoefenen van het bedrijf van beleggingsonderneming met systematische interne afhandeling

Art. 4:4b

[Vervallen]

Art. 4:5

1. Voor de toepassing van het bepaalde ingevolge dit deel met betrekking tot het verlenen van financiële diensten, met uitzondering van het aanbieden van rechten van deelneming in een beleggingsinstelling of een icbe, geldt het handelen en het nalaten te handelen van een aangesloten onderneming als bedoeld in artikel 2:105, eerste en tweede lid, als het handelen onderscheidenlijk het nalaten te handelen van de rechtspersoon, bedoeld in artikel 2:105, eerste lid, onderscheidenlijk de rechtspersoon, bedoeld in artikel 2:105, vierde lid.

Financiële onderneming, rechtsbevoegdheid bij verlenen financiële diensten

2. De rechtspersoon als bedoeld in artikel 2:105, eerste lid, maakt bij de Autoriteit Financiële Markten onverwijld melding van de aansluiting van een onderneming als bedoeld in artikel 2:105, tweede lid, en van de beëindiging van de aansluiting van een aangesloten onderneming als bedoeld in artikel 2:105, eerste of tweede lid.

Rechtspersonen met volledige rechtsbevoegdheid, meldingsplicht (beëindiging) aansluiting onderneming

3. Bij of krachtens algemene maatregel van bestuur kunnen regels worden gesteld met betrekking tot de wijze waarop de melding, bedoeld in het tweede lid, wordt gedaan, de gegevens die daarbij worden verstrekt en de bescheiden die daarbij worden overgelegd.

Nadere regels

Art. 4:6

1. Een aanbieder of een bemiddelaar in verzekeringen die niet langer verantwoordelijk is voor een verbonden bemiddelaar als bedoeld in artikel 2:81, tweede lid respectievelijk derde lid, maakt daarvan onverwijld melding aan de Autoriteit Financiële Markten en de betrokken bemiddelaar.

Aanbieder financiële producten, meldingsplicht beëindiging verantwoordelijkheid voor bemiddelaar

2. Bij of krachtens algemene maatregel van bestuur kunnen regels worden gesteld met betrekking tot de wijze waarop de melding, bedoeld in het eerste lid, wordt gedaan, de gegevens die daarbij worden verstrekt en de bescheiden die daarbij worden overgelegd.

Art. 4:6a

1. Een onderneming die, alleen of samen met een andere onderneming, aan het hoofd staat van een groep waartoe een financiële onderneming behoort waarop het ingevolge dit deel bepaalde van toepassing is, onthoudt zich van gedragingen of een beleid dat tot gevolg heeft dat die financiële onderneming in strijd handelt met het ingevolge dit deel bepaalde.

Financiële onderneming, gedragscode overkoepelend onderdeel concern

2. Ten aanzien van de onderneming, bedoeld in het eerste lid, is artikel 1:75 van overeenkomstige toepassing.

Schakelbepaling

Afdeling 4.1.3
Vrijstelling

Art. 4:7

1. Bij ministeriële regeling kan vrijstelling worden geregeld van het ingevolge dit deel bepaalde.

Financiële onderneming, vrijstelling

2. Indien aan een vrijstelling als bedoeld in het eerste lid het voorschrift wordt verbonden dat bij een aanbod of in reclame-uitingen of documenten waarin een aanbod in het vooruitzicht wordt gesteld of in andere onverplichte precontractuele informatie wordt vermeld dat de vrijgestelde activiteit niet onder toezicht staat van de Autoriteit Financiële Markten, wordt deze vermelding gedaan op door de Autoriteit Financiële Markten vast te stellen wijze.

Hoofdstuk 4.2
Regels voor het werkzaam zijn op de financiële markten betreffende alle financiële diensten

Afdeling 4.2.1
Geschiktheid, betrouwbaarheid en integriteit

Art. 4:8

1. Deze afdeling is niet van toepassing op:
a. beheerders van een icbe met zetel in een andere lidstaat die geen icbe's met zetel in Nederland beheren of rechten van deelneming in icbe's in Nederland aanbieden, icbe's met zetel in een andere lidstaat en de eventueel aan die icbe's verbonden bewaarders;

Werkingssfeer

B23 art. 4:9 **Wet op het financieel toezicht (uittreksel)**

b. beheerders van beleggingsinstellingen met zetel in een aangewezen staat en beleggingsinstellingen met zetel in een aangewezen staat en de aan die beleggingsinstellingen verbonden bewaarders;

c. beheerders van beleggingsinstellingen met zetel in een andere lidstaat en op beheerders van beleggingsinstellingen met een andere lidstaat als lidstaat van herkomst en de aan die beleggingsinstellingen verbonden bewaarders;

d. bemiddelaars in verzekeringen met zetel in een andere lidstaat;

e. financiëledienstverleners met zetel in een andere lidstaat of een aangewezen staat die het bedrijf van financiële instelling, bank of verzekeraar uitoefenen;

f. herverzekeringsbemiddelaars met zetel in een andere lidstaat.

2. Deze afdeling, met uitzondering van artikel 4:11, is niet van toepassing op beheerders van een icbe met zetel in een andere lidstaat die vanuit een in Nederland gelegen bijkantoor icbe's met zetel in Nederland beheren of rechten van deelneming in icbe's in Nederland aanbieden.

3. Deze afdeling is niet van toepassing op beheerders met zetel in een andere lidstaat die via het verrichten van diensten instellingen voor collectieve belegging in effecten met zetel in Nederland beheren of rechten van deelneming in instellingen voor collectieve belegging in effecten in Nederland aanbieden.

4. Deze afdeling, met uitzondering van artikel 4:9, derde en vierde lid, is niet van toepassing op beleggingsondernemingen die voor de uitoefening van het bedrijf van bank een door de Europese Centrale Bank of de Nederlandsche Bank verleende vergunning hebben of voor de uitoefening van het bedrijf van financiële instelling een door de Nederlandsche Bank verleende verklaring van ondertoezichtstelling hebben.

5. Deze afdeling, met uitzondering van artikel 4:9, tweede, vierde en vijfde lid, is niet van toepassing op financiëledienstverleners die voor de uitoefening van het bedrijf van bank, elektronischgeldinstelling of verzekeraar een door de Nederlandsche Bank dan wel de Europese Centrale Bank verleende vergunning hebben of voor de uitoefening van het bedrijf van financiële instelling een door de Nederlandsche Bank verleende verklaring van ondertoezichtstelling hebben.

6. Deze afdeling, met uitzondering van artikel 4:9, tweede, vierde en vijfde lid, is niet van toepassing op een aanbieder van of bemiddelaar in hypothecair krediet met zetel in een andere lidstaat die bevoegd is in zijn lidstaat van herkomst zijn bedrijf uit te oefenen en die vanuit een in Nederland gelegen bijkantoor of door middel van het verrichten van diensten naar Nederland, zijn bedrijf uitoefent.

7. Deze afdeling is niet van toepassing op premiepensioeninstellingen.

7. Deze afdeling is niet van toepassing op bemiddelaars in verzekeringen en herverzekeringsbemiddelaars met zetel in Nederland, ten aanzien waarvan de Autoriteit Financiële Markten met de toezichthoudende instantie van een andere lidstaat is overeengekomen dat die instantie als bevoegde autoriteit optreedt in de zin van artikel 7, eerste lid, van de richtlijn verzekeringsdistributie.

8. In afwijking van het eerste lid, onderdelen d en f, is deze afdeling van toepassing op bemiddelaars in verzekeringen en herverzekeringsbemiddelaars met hoofdvestiging in Nederland en zetel in een andere lidstaat, ten aanzien waarvan de Autoriteit Financiële Markten met de toezichthoudende instantie van die andere lidstaat is overeengekomen dat de Autoriteit Financiële Markten als bevoegde autoriteit optreedt in de zin van artikel 7, eerste lid, van de richtlijn verzekeringsdistributie.

Art. 4:9

Financiële onderneming, geschiktheid

1. Het dagelijks beleid van een beheerder van een beleggingsinstelling, beleggingsmaatschappij, beheerder van een icbe, maatschappij voor collectieve belegging in effecten, beleggingsonderneming, bewaarder, datarapporteringsdienstverlener, financiëledienstverlener of pensioenbewaarder wordt bepaald door personen die geschikt zijn in verband met de uitoefening van het bedrijf van de financiële onderneming. Indien binnen de financiële onderneming een orgaan is belast met toezicht op het beleid en de algemene gang van zaken van de financiële onderneming, wordt dit toezicht gehouden door personen die geschikt zijn voor de uitoefening van dit toezicht.

Financiële dienstverlener, vakbekwaamheid werknemers

2. Een financiëledienstverlener draagt zorg voor de vakbekwaamheid van zijn werknemers en van andere natuurlijke personen die zich onder zijn verantwoordelijkheid rechtstreeks bezighouden met het verlenen van financiële diensten aan consumenten of, indien het financiële diensten met betrekking tot verzekeringen of herverzekeringen betreft, cliënten. Bij of krachtens algemene maatregel van bestuur kunnen ter uitvoering van bindende EU-rechtshandelingen regels worden gesteld met betrekking tot de vakbekwaamheid van andere dan de in de eerste volzin bedoelde natuurlijke personen.

3. Een beleggingsonderneming draagt zorg voor de vakbekwaamheid van haar werknemers en van andere natuurlijke personen die onder haar verantwoordelijkheid cliënten informeren over financiële instrumenten, beleggingsdiensten of nevendiensten of zich rechtstreeks bezighouden met het adviseren van cliënten over financiële instrumenten.

4. Bij of krachtens algemene maatregel van bestuur worden regels gesteld met betrekking tot de vakbekwaamheid van werknemers en andere natuurlijke personen als bedoeld in het tweede en derde lid en de in dat verband vereiste diploma's of certificaten, alsmede regels met betrekking tot de afgifte van die diploma's of certificaten en de daaraan ten grondslag liggende examens. Bij de maatregel kan worden bepaald dat Onze Minister, met inachtneming van bij die maatregel te stellen regels, exameninstituten kan erkennen die bevoegd zijn tot het afnemen van examens. Daarbij kunnen tevens regels worden gesteld met betrekking tot het toezicht op de naleving van die regels.

5. Bij of krachtens algemene maatregel van bestuur worden regels gesteld met betrekking tot de doorberekening van de kosten die verband houden met de uitvoering van de krachtens het vierde lid gestelde regels aan de in dat lid bedoelde exameninstituten.

6. De Autoriteit Financiële Markten kan op aanvraag geheel of gedeeltelijk, al dan niet voor bepaalde tijd, ontheffing verlenen van het tweede lid en het op grond van het vierde lid bepaalde, indien de aanvrager aantoont dat daaraan redelijkerwijs niet kan worden voldaan en dat de doeleinden die dit artikel beoogt te bereiken anderszins worden bereikt.

7. Indien het dagelijks beleid van een datarapporteringsdienstverlener of van een multilaterale handelsfaciliteit die wordt geëxploiteerd door een marktexploitant waaraan een vergunning als bedoeld in artikel 5:26, eerste lid, is verleend, wordt bepaald door dezelfde personen als degenen die het dagelijks beleid van de door de marktexploitant geëxploiteerde gereglementeerde markt bepalen, worden die personen geacht te voldoen aan het eerste lid.

8. Voor de toepassing van het eerste lid, tweede zin, wordt een datarapporteringsdienstverlener gelijkgesteld met een financiële onderneming.

9. Bij ministeriële regeling kunnen regels worden gesteld met betrekking tot een door personen als bedoeld in het eerste lid in het kader van de geschiktheid af te leggen eed of belofte.

Art. 4:9.0a

1. De samenstelling en het functioneren van het bestuur van een beleggingsonderneming en, voor zover aanwezig, van het orgaan dat is belast met toezicht op het beleid en de algemene gang van zaken, voldoet aan het bepaalde ingevolge artikel 91 van de richtlijn kapitaalvereisten, met dien verstande dat:

a. het bepaalde in het derde lid, tweede volzin, en het vierde tot en met zesde lid van dat artikel toepassing vindt indien een beleggingsonderneming significant is;

b. de artikelen 132a, 142a, 242a en 252a van Boek 2 van het Burgerlijk Wetboek niet van toepassing zijn op significante beleggingsondernemingen als bedoeld in onderdeel a; en

c. voor de toepassing van het bepaalde in het derde lid van dat artikel als uitvoerende bestuursfunctie worden aangemerkt de functies van bestuurder en van uitvoerende bestuurder, indien de bestuurstaken bij een rechtspersoon zijn verdeeld over uitvoerende bestuurders en niet uitvoerende bestuurders, en als niet-uitvoerende bestuursfunctie worden aangemerkt de functies van commissaris en van niet uitvoerende bestuurder, indien de bestuurstaken bij een rechtspersoon zijn verdeeld over uitvoerende bestuurders en niet uitvoerende bestuurders.

2. De Autoriteit Financiële Markten kan leden van het bestuur van een beleggingsonderneming die significant is toestemming verlenen om een extra niet-uitvoerende bestuursfunctie te vervullen dan op grond van artikel 91, derde tot en met vijfde lid, van de richtlijn kapitaalvereisten is toegestaan.

3. Bij of krachtens algemene maatregel van bestuur wordt bepaald wanneer een beleggingsonderneming als bedoeld in het eerste lid, gezien haar omvang, interne organisatie en aard, schaal en complexiteit van werkzaamheden, significant is en kunnen nadere regels worden gesteld betreffende de geschiktheid van de personen, bedoeld in artikel 4:9, eerste lid, alsmede betreffende de samenstelling en het functioneren van het bestuur en van het orgaan belast met toezicht.

Art. 4:9a

1. Er is een informatiesysteem inzake beroepskwalificaties, beheerd door Onze Minister. Dit systeem bevat een systematisch geordende verzameling van gegevens met betrekking tot de vakbekwaamheid van werknemers en andere natuurlijke personen als bedoeld in artikel 4:9, tweede lid, en de door hen op grond van het vierde lid van dat artikel behaalde beroepskwalificaties, erkende beroepskwalificaties of afgelegde examens.

2. Het informatiesysteem heeft tot doel aan erkende exameninstituten als bedoeld in artikel 4:9, vierde lid, tweede volzin, en aan Onze Minister, gegevens te verstrekken ten behoeve van de uitvoering van de krachtens artikel 4:9, vierde en vijfde lid, gestelde regels. Voorts heeft het informatiesysteem tot doel gegevens te verstrekken aan de Autoriteit Financiële Markten ten behoeve van het toezicht op de naleving van de bij of krachtens artikel 4:9, tweede lid en derde lid, eerste volzin, gestelde regels.

3. Tot de gegevens, bedoeld in het eerste lid, behoort tevens het burgerservicenummer.

4. Erkende exameninstituten en Onze Minister zijn ten behoeve van de uitvoering van de krachtens artikel 4:9, vierde en vijfde lid, gestelde regels bevoegd de in het informatiesysteem opgenomen burgerservicenummers te verwerken.

B23 art. 4:9c

Wet op het financieel toezicht (uittreksel)

Nadere regels

5. Bij of krachtens algemene maatregel van bestuur worden nadere regels gesteld omtrent het informatiesysteem. De bij algemene maatregel van bestuur te stellen regels hebben in ieder geval betrekking op de in het systeem op te nemen gegevens en de verwerking van die gegevens.

Art. 4:9c

Toepasselijkheid

Artikel 4:9, tweede, vierde en vijfde lid, is niet van toepassing op werknemers die werken voor het in een andere lidstaat gelegen bijkantoor van waaruit:
a. een aanbieder van hypothecair krediet, die een vergunning of verklaring heeft als bedoeld in artikel 2:61, zijn bedrijf uitoefent;
b. een bemiddelaar in hypothecair krediet, die een vergunning of verklaring heeft als bedoeld in artikel 2:80, eerste lid, of artikel 2:81, eerste lid, zijn bedrijf uitoefent.

Art. 4:10

Financiële onderneming, betrouwbaarheid toezichthoudende personen

1. Het beleid van een beheerder van een beleggingsinstelling, beleggingsmaatschappij, beheerder van een icbe, maatschappij voor collectieve belegging in effecten, beleggingsonderneming, bewaarder, datarapporteringsdienstverlener, financiëledienstverlener of pensioenbewaarder wordt bepaald of mede bepaald door personen wier betrouwbaarheid buiten twijfel staat. Indien binnen de financiële onderneming een orgaan is belast met toezicht op het beleid en de algemene gang van zaken van de financiële onderneming wordt dit toezicht gehouden door personen wier betrouwbaarheid buiten twijfel staat.

2. De betrouwbaarheid van een persoon als bedoeld in het eerste lid staat buiten twijfel wanneer dat eenmaal door een toezichthouder voor de toepassing van deze wet is vastgesteld, zolang niet een wijziging in de relevante feiten of omstandigheden een redelijke aanleiding geeft tot een nieuwe beoordeling.

Nadere regels

3. Bij of krachtens algemene maatregel van bestuur worden regels gesteld met betrekking tot de wijze waarop wordt vastgesteld dat de betrouwbaarheid van een persoon als bedoeld in het eerste lid buiten twijfel staat en welke feiten en omstandigheden daarbij in aanmerking worden genomen alsmede met betrekking tot de misdrijven die, indien begaan door die persoon, met het oog op de belangen die de wet beoogt te beschermen, tot de vaststelling leiden dat de betrouwbaarheid van die persoon niet buiten twijfel staat.

4. Voor de toepassing van het eerste lid wordt een datarapporteringsdienstverlener gelijkgesteld met een financiële onderneming.

Art. 4:11

Financiële onderneming, integriteit

1. Een beheerder van een icbe, icbe, beleggingsonderneming, bewaarder van een icbe, datarapporteringsdienstverlener of pensioenbewaarder voert een adequaat beleid dat een integere uitoefening van zijn onderscheidenlijk haar bedrijf waarborgt. Hieronder wordt verstaan dat:
a. belangenverstrengeling wordt tegengegaan;
b. wordt tegengegaan dat de financiële onderneming of haar werknemers strafbare feiten of andere wetsovertredingen begaan die het vertrouwen in de financiële onderneming of in de financiële markten kunnen schaden;
c. wordt tegengegaan dat wegens haar cliënten het vertrouwen in de financiële onderneming of in de financiële markten kan worden geschaad; en
d. wordt tegengegaan dat andere handelingen door de financiële onderneming of haar werknemers worden verricht die op een dusdanige wijze ingaan tegen hetgeen volgens het ongeschreven recht in het maatschappelijk verkeer betaamt, dat hierdoor het vertrouwen in de financiële onderneming of in de financiële markten ernstig kan worden geschaad.

2. Een financiëledienstverlener voert een adequaat beleid dat een integere uitoefening van zijn bedrijf waarborgt. Hieronder wordt verstaan dat wordt tegengegaan dat de financiëledienstverlener of zijn werknemers strafbare feiten of andere wetsovertredingen begaan die het vertrouwen in de financiëledienstverlener of in de financiële markten kunnen schaden. Bij algemene maatregel van bestuur kunnen andere onderwerpen worden aangewezen die tot de integere uitoefening van het bedrijf van een financiëledienstverlener worden gerekend.

Nadere regels

3. Bij of krachtens algemene maatregel van bestuur kunnen regels worden gesteld met betrekking tot de minimumvoorwaarden waaraan het beleid, bedoeld in het eerste en tweede lid, moet voldoen.

Financiële onderneming, rechtsbevoegdheid bij verlenen financiële diensten

4. Een financiële onderneming als bedoeld in het eerste of tweede lid verstrekt aan de Autoriteit Financiële Markten bij algemene maatregel van bestuur te bepalen informatie over incidenten die verband houden met de onderwerpen, bedoeld in het eerste en tweede lid.

5. De Autoriteit Financiële Markten kan op aanvraag geheel of gedeeltelijk, al dan niet voor bepaalde tijd, ontheffing verlenen van het op grond van het derde lid bepaalde, met uitzondering van het met betrekking tot het verlenen van een beleggingsdienst of verrichten van een beleggingsactiviteit of nevendienst bepaalde, indien de aanvrager aantoont dat daaraan redelijkerwijis niet kan worden voldaan en dat de doeleinden die dit artikel beoogt te bereiken anderszins worden bereikt.

6. Voor de toepassing van het eerste lid wordt een datarapporteringsdienstverlener gelijkgesteld met een financiële onderneming.

Afdeling 4.2.2
Structurering en inrichting

Art. 4:12

1. De artikelen 4:13, 4:14, 4:15a, 4:16 en 4:17 zijn niet van toepassing op beheerders van icbe's met zetel in een andere lidstaat die geen icbe met zetel in Nederland beheren of rechten van deelneming in icbe's in Nederland aanbieden, icbe's met zetel in een andere lidstaat en de eventueel aan die instellingen verbonden bewaarders.

2. De artikelen 4:13, 4:15, 4:15a en 4:17 zijn niet van toepassing op:
a. bemiddelaars in verzekeringen met zetel in een andere lidstaat;
b. financiëledienstverleners met zetel in een andere lidstaat of een aangewezen staat die het bedrijf van financiële instelling, bank of verzekeraar uitoefenen;
c. herverzekeringsbemiddelaars met zetel in een andere lidstaat; en
d. premiepensioeninstellingen.

3. Artikel 4:17 is niet van toepassing op clearinginstellingen met zetel in een aangewezen staat.

4. Artikel 4:13, het ingevolge artikel 4:14, tweede lid, aanhef en onderdelen a en b, bepaalde en artikel 4:15a zijn niet van toepassing op beleggingsondernemingen die voor de uitoefening van het bedrijf van bank een door de Europese Centrale Bank of de Nederlandsche Bank verleende vergunning hebben of voor de uitoefening van het bedrijf van financiële instelling een door de Nederlandsche Bank verleende verklaring van ondertoezichtstelling hebben.

5. De artikelen 4:13 en 4:15a zijn niet van toepassing op financiëledienstverleners die voor de uitoefening van het bedrijf van bank, elektronischgeldinstelling of verzekeraar een door de Nederlandsche Bank dan wel de Europese Centrale Bank verleende vergunning hebben of voor de uitoefening van het bedrijf van financiële instelling een door de Nederlandsche Bank verleende verklaring van ondertoezichtstelling hebben.

6. De artikelen 4:13, 4:14, 4:15a, 4:16 en 4:17 zijn niet van toepassing op beheerders van een icbe met zetel in een andere lidstaat die via het verrichten van diensten icbe's met zetel in Nederland beheren of rechten van deelneming in icbe's in Nederland aanbieden.

7. De artikelen 4:13 en 4:15a is niet van toepassing op beheerders van een icbe met zetel in een andere lidstaat die vanuit een in Nederland gelegen bijkantoor icbe's met zetel in Nederland beheren of rechten van deelneming in icbe's in Nederland aanbieden.

8. De artikelen 4:13, 4:15a en 4:16 zijn niet van toepassing op beheerders van beleggingsinstellingen met zetel in een aangewezen staat, beleggingsinstellingen met zetel in een aangewezen staat en de eventueel aan die beleggingsinstellingen verbonden bewaarders.

9. De artikelen 4:13, 4:15a en 4:16 zijn niet van toepassing op beheerders met zetel in een andere lidstaat of beheerders met een andere lidstaat als lidstaat van herkomst.

10. De artikelen 4:13, 4:15, 4:15a en 4:17 zijn niet van toepassing op bemiddelaars in verzekeringen en herverzekeringsbemiddelaars met zetel in Nederland, ten aanzien waarvan de Autoriteit Financiële Markten met de toezichthoudende instantie van een andere lidstaat is overeengekomen dat die instantie als bevoegde autoriteit optreedt in de zin van artikel 7, eerste lid, van de richtlijn verzekeringsdistributie.

11. In afwijking van het tweede lid, onderdelen a en c, zijn de artikelen 4:13, 4:15, 4:15a en 4:17 van toepassing op bemiddelaars in verzekeringen en herverzekeringsbemiddelaars met hoofdvestiging in Nederland en zetel in een andere lidstaat, ten aanzien waarvan de Autoriteit Financiële Markten met de toezichthoudende instantie van die andere lidstaat is overeengekomen dat de Autoriteit Financiële Markten als bevoegde autoriteit optreedt in de zin van artikel 7, eerste lid, van de richtlijn verzekeringsdistributie.

Art. 4:13

1. Een beheerder van een beleggingsinstelling, beheerder van een icbe, beleggingsmaatschappij, maatschappij voor collectieve belegging in effecten, beleggingsonderneming, bewaarder, financiëledienstverlener of pensioenbewaarder is niet met personen verbonden in een formele of feitelijke zeggenschapsstructuur die in zodanige mate ondoorzichtig is dat deze een belemmering vormt of kan vormen voor het adequaat uitoefenen van toezicht op de beheerder van een beleggingsinstelling, beheerder van een icbe, de door de beheerder van een beleggingsinstelling, beheerder van een icbe beheerde beleggingsinstellingen onderscheidenlijk icbe's, de beleggingsmaatschappij, maatschappij voor collectieve belegging in effecten, de beleggingsonderneming, de bewaarder onderscheidenlijk de financiëledienstverlener.

2. Een beheerder van een beleggingsinstelling, beheerder van een icbe, beleggingsmaatschappij, maatschappij voor collectieve belegging in effecten, beleggingsonderneming, bewaarder, financiëledienstverlener of pensioenbewaarder is niet met personen verbonden in een formele of feitelijke zeggenschapsstructuur indien het recht van een staat die geen lidstaat is, dat op die personen van toepassing is, een belemmering vormt of kan vormen voor het adequaat uitoefenen van toezicht op de beheerder van een beleggingsinstelling, beheerder van een icbe, de door de beheerder van een beleggingsinstelling, beheerder van een icbe beheerde beleggingsinstellingen onderscheidenlijk icbe's, de beleggingsmaatschappij, maatschappij voor collectieve belegging

Werkingssfeer

Financiële dienstverlener/bewaarder beleggingsonderneming, zeggenschapsstructuur

B23 art. 4:14 **Wet op het financieel toezicht (uittreksel)**

in effecten, de beleggingsonderneming, de bewaarder onderscheidenlijk de financiëledienstverlener.

Art. 4:14

Beheerder/bewaarder beleggingsonderneming, bedrijfsvoering

1. Een beheerder van een beleggingsinstelling, een beheerder van een icbe, beleggingsinstelling, icbe, beleggingsonderneming, bewaarder, datarapporteringsdienstverlener of pensioenbewaarder richt de bedrijfsvoering zodanig in dat deze een beheerste en integere uitoefening van zijn onderscheidenlijk haar bedrijf waarborgt.

Nadere regels

2. Bij of krachtens algemene maatregel van bestuur worden regels gesteld met betrekking tot het eerste lid. Deze regels hebben betrekking op:

a. het beheersen van bedrijfsprocessen en bedrijfsrisico's;

b. integriteit, waaronder wordt verstaan het tegengaan van:

1°. belangenverstrengeling;

2°. het begaan van strafbare feiten of andere wetsovertredingen door de financiële onderneming of haar werknemers die het vertrouwen in de financiële onderneming of in de financiële markten kunnen schaden;

3°. relaties met cliënten of deelnemers die het vertrouwen in de financiële onderneming of in de financiële markten kunnen schaden; en

4°. andere handelingen door de financiële onderneming of haar werknemers die op een dusdanige wijze ingaan tegen hetgeen volgens het ongeschreven recht in het maatschappelijk verkeer betaamt, dat hierdoor het vertrouwen in de financiële onderneming of in de financiële markten ernstig kan worden geschaad; en

c. ordelijke en transparante financiëlemarktprocessen, zuivere verhoudingen tussen marktpartijen en zorgvuldige behandeling van cliënten en deelnemers, waaronder wordt verstaan:

1°. het waarborgen van de informatieverstrekking aan cliënten of deelnemers;

2°. het waarborgen van de vastlegging van de relatie met de cliënten of deelnemers;

3°. het waarborgen van de zorgvuldige behandeling van cliënten of deelnemers;

4°. het tegengaan van belangenconflicten tussen de financiële onderneming en cliënten of deelnemers en tussen de cliënten of deelnemers onderling;

5°. het waarborgen van de rechten van cliënten of deelnemers; en

6°. andere bij algemene maatregel van bestuur te bepalen onderwerpen.

Clearinginstelling, bedrijfsvoering zetel in Nederland en bijkantoren in andere staat

3. Onverminderd de artikelen 3:17 en 3:27 kunnen bij of krachtens algemene maatregel van bestuur ten aanzien van clearinginstellingen met zetel in Nederland en bijkantoren van clearinginstellingen met zetel in een niet-aangewezen staat regels worden gesteld met betrekking tot de onderwerpen, bedoeld in het tweede lid, onderdeel c.

Schakelbepaling

4. Onverminderd artikel 3:17 is het tweede lid, aanhef en onderdeel c, van overeenkomstige toepassing op premiepensioeninstellingen.

Beheerder/bewaarder beleggingsonderneming, bedrijfsvoering

5. De Autoriteit Financiële Markten kan op aanvraag geheel of gedeeltelijk, al dan niet voor bepaalde tijd, ontheffing verlenen van het op grond van het tweede lid bepaalde, met uitzondering van het met betrekking tot het verlenen van een beleggingsdienst of verrichten van een beleggingsactiviteit of nevendienst bepaalde, indien de aanvrager aantoont dat daaraan redelijkerwijs niet kan worden voldaan en dat de doeleinden die dit artikel beoogt te bereiken anderszins worden bereikt.

6. Voor de toepassing van het tweede lid wordt een datarapporteringsdienstverlener gelijkgesteld met een financiële onderneming.

Art. 4:14a

Centrale effectenbewaarinstelling, procedures voor het melden van inbreuken

Een centrale effectenbewaarinstelling als bedoeld in de verordening centrale effectenbewaarinstellingen beschikt over passende procedures voor het melden van inbreuken, bedoeld in artikel 65 van die verordening.

Art. 4:15

Financiële dienstverlener, bedrijfsvoering

1. Een financiëledienstverlener die niet het bedrijf van financiële instelling, bank of verzekeraar uitoefent, richt de bedrijfsvoering zodanig in dat deze een beheerste en integere uitoefening van zijn bedrijf waarborgt.

2. Bij of krachtens algemene maatregel van bestuur kunnen regels worden gesteld met betrekking tot het eerste lid. Deze regels hebben betrekking op:

a. integriteit, waaronder wordt verstaan:

1°. het tegengaan van het begaan van strafbare feiten en andere wetsovertredingen door de financiëledienstverlener of zijn werknemers die het vertrouwen in de financiëledienstverlener of in de financiële markten kunnen schaden; en

2°. het nemen van maatregelen met betrekking tot andere bij algemene maatregel van bestuur aan te wijzen onderwerpen die tot de integere uitoefening van het bedrijf van een financiëledienstverlener worden gerekend; en

b. ordelijke en transparante financiëlemarktprocessen, zuivere verhoudingen tussen marktpartijen en zorgvuldige behandeling van cliënten en consumenten, waaronder wordt verstaan:

1°. het waarborgen van de informatieverstrekking aan cliënten of consumenten; en

2°. het waarborgen van de zorgvuldige behandeling van cliënten of consumenten.

3. In aanvulling op het ingevolge het tweede lid, aanhef en onderdeel b, bepaalde kunnen bij algemene maatregel van bestuur regels worden gesteld met betrekking tot het tegengaan van belangenconflicten tussen de financiëledienstverlener en cliënten en tussen cliënten onderling voor zover het gaat om het adviseren of bemiddelen in een verzekering met een beleggingscomponent door een financiëledienstverlener.

4. Het ingevolge het tweede lid, aanhef en onderdeel b, bepaalde is van overeenkomstige toepassing op financiëledienstverleners die het bedrijf van financiële instelling, bank of verzekeraar uitoefenen.

5. Het ingevolge het derde lid bepaalde is van overeenkomstige toepassing op financiëledienstverleners die het bedrijf van verzekeraar uitoefenen voor zover het gaat om het aanbieden van of adviseren over een verzekering met een beleggingscomponent.

6. De Autoriteit Financiële Markten kan op aanvraag geheel of gedeeltelijk, al dan niet voor bepaalde tijd, ontheffing verlenen van het op grond van het tweede lid bepaalde, indien de aanvrager aantoont dat daaraan redelijkerwijs niet kan worden voldaan en dat de doeleinden die dit artikel beoogt te bereiken anderszins worden bereikt.

Art. 4:15a

1. Een beheerder van een beleggingsinstelling, beleggingsmaatschappij, beheerder van een icbe, maatschappij voor collectieve belegging in effecten, beleggingsonderneming, bewaarder van een icbe, financiëledienstverlener of pensioenbewaarder beschikt over procedures en maatregelen die waarborgen dat natuurlijke personen die in Nederland werkzaam zijn onder haar verantwoordelijkheid en wier werkzaamheden het risicoprofiel van de onderneming wezenlijk kunnen beïnvloeden of die zich rechtstreeks bezighouden met het verlenen van financiële diensten, een eed of belofte afleggen.

Financiële dienstverlener, eed of belofte

2. Een financiële onderneming als bedoeld in het eerste lid draagt er zorg voor dat de in dat lid bedoelde eed of belofte wordt nageleefd.

3. Het eerste lid is niet van toepassing op natuurlijke personen als bedoeld in artikel 4:9 die reeds in het kader van de geschiktheid een eed of belofte afleggen.

4. Bij ministeriële regeling kunnen nadere regels worden gesteld met betrekking tot de eed of belofte, bedoeld in het eerste lid.

Werkingssfeer
Nadere regels

Art. 4:16

1. Indien een financiële onderneming werkzaamheden uitbesteedt aan een derde, draagt die financiële onderneming er zorg voor dat deze derde de ingevolge dit deel met betrekking tot die werkzaamheden op de uitbestedende financiële onderneming van toepassing zijnde regels naleeft.

Financiële onderneming, naleving regels bedrijfsvoering bij uitbesteding werkzaamheden

2. Een beheerder van een beleggingsinstelling, beheerder van een icbe, bewaarder, betaalinstelling of elektronischgeldinstelling besteedt bij algemene maatregel van bestuur aan te wijzen werkzaamheden niet uit.

3. Bij of krachtens algemene maatregel van bestuur:
a. worden in verband met het toezicht op de naleving van het ingevolge dit deel bepaalde, regels gesteld met betrekking tot het uitbesteden van werkzaamheden door financiële ondernemingen;
b. worden regels gesteld met betrekking tot de beheersing van risico's die verband houden met het uitbesteden van werkzaamheden door beheerders van beleggingsinstellingen, beheerders van icbe's, bewaarders en beleggingsondernemingen; en
c. worden regels gesteld met betrekking tot de tussen een beheerder van een beleggingsinstelling, beheerder van een icbe, bewaarder of beleggingsonderneming en de derde te sluiten overeenkomst inzake het uitbesteden van werkzaamheden.

Nadere regels

4. Het ingevolge dit artikel bepaalde is niet van toepassing op het uitbesteden van werkzaamheden door een bewaarder aan centrale effectenbewaarinstellingen als bedoeld in artikel 2, eerste lid, onder 1, van de verordening centrale effectenbewaarinstellingen en centrale effectenbewaarinstellingen met zetel in een staat die geen lidstaat is als bedoeld in artikel 2, eerste lid, onder 2.

Art. 4:17

1. Een beheerder van een icbe, beleggingsonderneming die beleggingsdiensten verleent, een betaaldienstverlener, clearinginstelling of financiëledienstverlener draagt zorg voor een adequate behandeling van klachten van cliënten, consumenten of deelnemers over betaaldiensten, financiële diensten of financiële producten van de financiële onderneming. Hiertoe:
a. beschikt de financiële onderneming over een interne klachtenprocedure, gericht op een spoedige en zorgvuldige behandeling van klachten; en
b. is de financiële onderneming aangesloten bij een door Onze Minister op grond van artikel 16, eerste lid, van de Implementatiewet buitengerechtelijke geschillenbeslechting consumenten aangewezen instantie tot beslechting van geschillen met betrekking tot betaaldiensten, financiële diensten of financiële producten van de financiële onderneming, tenzij er geen zodanige instantie is.

Financiële onderneming, behandeling klachten over diensten/producten

2. Het eerste lid, onderdeel b, is niet van toepassing op financiële ondernemingen voorzover zij:

Werkingssfeer

a. beleggingsdiensten uitsluitend voor professionele beleggers verlenen; of
b. optreden als clearinginstelling.

Financiële onderneming, afhandeling klachten over diensten/producten door geschilleninstanties

3. Bij algemene maatregel van bestuur kunnen regels worden gesteld met betrekking tot de afhandeling van klachten. Voorts kunnen, in aanvulling op de Implementatiewet buitengerechtelijke geschillenbeslechting consumenten gestelde regels, bij algemene maatregel van bestuur nadere regels worden gesteld met betrekking tot de aan instanties of procedures voor buitengerechtelijke beslechting van geschillen als bedoeld in het eerste lid, onderdeel b, te stellen eisen, alsmede regels met betrekking tot de door die instanties aan Onze Minister te verstrekken informatie.

Afdeling 4.2.3
Zorgvuldige dienstverlening

Art. 4:18

Werkingssfeer

1. Deze afdeling is niet van toepassing op:
a. herverzekeringsbemiddelaars;
b. financiële diensten met betrekking tot de verzekering van grote risico's;
c. het aanbieden van premiepensioenenvorderingen.

Begripsbepaling

2. Voor de toepassing van het ingevolge de artikelen 4:19, 4:20, 4:21 en 4:22 bepaalde wordt onder natura-uitvaartverzekering mede verstaan een overeenkomst die strekt tot fondsvorming ter voldoening van de verzorging van de uitvaart van een natuurlijke persoon, indien de overeenkomst wordt aangegaan door een natura-uitvaartverzekeraar en voor de natura-uitvaartverzekeraar geen beleggingsrisico met zich brengt.

3. Voor de toepassing van de artikelen 4:19, 4:20, 4:21, 4:23 en 4:24a wordt onder nevendienst tevens verstaan een dienst die samen met een krediet aan de consument wordt aangeboden.

Art. 4:18a

Financiële onderneming, zorgvuldige dienstverlening

1. Een beleggingsonderneming kwalificeert haar cliënten als in aanmerking komende tegenpartij, professionele belegger of als niet-professionele belegger en stelt hen daarvan in kennis.

2. De beleggingsonderneming informeert haar cliënten op een duurzame drager dat zij kunnen verzoeken om een andere kwalificatie en informeert hen over het daaruit voortvloeiende lagere of hogere beschermingsniveau.

Art. 4:18b

Toepasselijkheid

1. De artikelen 4:19, eerste en derde lid, 4:20, vierde en vijfde lid, 4:22, tweede tot en met vierde lid, 4:23, 4:24, 4:89, 4:90, tweede lid, 4:90a, 4:90b en 4:90d, eerste lid, zijn niet van toepassing op het ontvangen en doorgeven van orders en het uitvoeren van orders of rechtstreeks daarmee verband houdende nevendiensten met in aanmerking komende tegenpartijen.

2. Een beleggingsonderneming kan een professionele belegger als bedoeld in onderdeel q van de definitie van professionele belegger in artikel 1:1, of een onderneming met zetel in een andere lidstaat die geen in aanmerking komende tegenpartij is in de zin van artikel 1:1 en in die lidstaat wordt aangemerkt als in aanmerking komende tegenpartij, kwalificeren als in aanmerking komende tegenpartij indien de cliënt heeft ingestemd met die kwalificatie.

3. Een beleggingsonderneming kan, in afwijking van het eerste lid, op verzoek van een in aanmerking komende tegenpartij elk van de artikelen 4:19, eerste en derde lid, 4:20, vierde en vijfde lid, 4:22, tweede tot en met vierde lid, 4:23, eerste en tweede lid, vierde lid, 4:24, 4:89, 4:90, 4:90a, 4:90b en 4:90d, eerste lid, jegens die partij per transactie of in het algemeen toepassen.

4. Een onderneming die voldoet aan artikel 4:18c, eerste en tweede lid, kan de beleggingsonderneming verzoeken om als in aanmerking komende tegenpartij te worden aangemerkt indien zij voor de beleggingsdiensten of beleggingsactiviteiten, bedoeld in het eerste lid, als professionele belegger is aangemerkt op grond van artikel 4:18c, derde lid.

Art. 4:18c

Niet-professionele belegger aanmerken als professionele belegger

1. Een beheerder van een beleggingsinstelling of beleggingsonderneming kan een niet-professionele belegger op diens verzoek als professionele belegger aanmerken indien hij naar het oordeel van de beheerder van een beleggingsinstelling of beleggingsonderneming over voldoende deskundigheid, kennis en ervaring met betrekking tot de aard van de beoogde beleggingsdiensten, beleggingsactiviteiten of nevendiensten beschikt om zelf beleggingsbeslissingen te nemen en de daaraan verbonden risico's in te schatten.

2. Een niet-professionele belegger wordt geacht over voldoende deskundigheid, kennis en ervaring als bedoeld in het eerste lid te beschikken indien hij voldoet aan ten minste twee van de volgende drie criteria:

1°. tijdens de voorafgaande vier kwartalen heeft de cliënt op de desbetreffende markt per kwartaal gemiddeld tien transacties van significante omvang verricht;

2°. de omvang van de portefeuille financiële instrumenten en deposito's in geld van de niet-professionele belegger is groter dan € 500 000; of

3°. de niet-professionele belegger is gedurende ten minste een jaar werkzaam of werkzaam geweest in de financiële sector, waar hij een beroep uitoefent of heeft uitgeoefend waarbij kennis van de beoogde beleggingsdiensten, beleggingsactiviteiten of nevendiensten vereist is of was.

3. In een overeenkomst tussen de beheerder van een beleggingsinstelling of beleggingsonderneming en de niet-professionele belegger wordt gespecificeerd voor welke beleggingsdiensten, soorten financiële instrumenten of transacties de kwalificatie als professionele belegger geldt.

4. Bij algemene maatregel van bestuur worden regels gesteld met betrekking tot de te volgen procedure.

Nadere regels

Art. 4:18d

1. Een beheerder van een beleggingsinstelling of beleggingsonderneming kan een cliënt die professionele belegger is op diens verzoek of op eigen initiatief per beleggingsdienst, transactie of in het algemeen als niet-professionele belegger aanmerken. De beheerder van een beleggingsinstelling of beleggingsonderneming stelt een cliënt die professionele belegger is ervan in kennis dat hij kan verzoeken om als niet-professionele belegger te worden aangemerkt, tenzij de beheerder van een beleggingsinstelling of beleggingsonderneming een beleidslijn heeft vastgelegd waaruit blijkt dat zij een dergelijk verzoek niet zal inwilligen.

Beheerder/bewaarder beleggingsonderneming, bedrijfsvoering

2. Indien de beheerder van een beleggingsinstelling of beleggingsonderneming en de cliënt overeenkomen dat de cliënt als niet-professionele belegger wordt aangemerkt, wordt dat vastgelegd in een overeenkomst. Daarin wordt bepaald voor welke beleggingsdiensten, soorten financiële instrumenten of transacties de kwalificatie als niet-professionele belegger geldt.

Art. 4:18e

1. Een beheerder van een beleggingsinstelling of beleggingsonderneming legt gedragsregels en procedures vast met betrekking tot het al dan niet kwalificeren van haar cliënten als professionele belegger.

Beheerder/bewaarder beleggingsonderneming, gedragsregels en procedures m.b.t. kwalificatie als professionele belegger

2. Indien een beheerder van een beleggingsinstelling of beleggingsonderneming constateert dat een niet-professionele belegger structureel niet meer voldoet aan de voorwaarden om als professionele belegger in aanmerking te komen, merkt zij hem aan als niet-professionele belegger en stelt zij hem daarvan in kennis

Art. 4:19

1. Een financiële onderneming draagt er zorg voor dat de door of namens haar verstrekte of beschikbaar gestelde informatie ter zake van een financieel product, financiële dienst of nevendienst, waaronder reclame-uitingen, geen afbreuk doet aan ingevolge deze wet te verstrekken of beschikbaar te stellen informatie.

Financiële onderneming, wettelijke vereisten informatieverstrekking

2. De door een financiële onderneming aan cliënten verstrekte of beschikbaar gestelde informatie, waaronder reclame-uitingen, ter zake van een financieel product, financiële dienst of nevendienst is correct, duidelijk en niet misleidend.

3. De financiële onderneming draagt er zorg voor dat het commerciële oogmerk van de verstrekte of beschikbaar gestelde informatie als zodanig herkenbaar is.

Art. 4:20

1. Voorafgaand aan het adviseren, het verlenen van een beleggingsdienst, het verlenen van een nevendienst of de totstandkoming van een overeenkomst inzake een financieel product niet zijnde een financieel instrument verstrekt een beleggingsonderneming of financiëledienstverlener de consument of, indien het een financieel instrument of verzekering betreft, de cliënt informatie voor zover dit redelijkerwijs relevant is voor een adequate beoordeling van die dienst of dat product. Bij of krachtens algemene maatregel van bestuur kunnen regels worden gesteld met betrekking tot de in de vorige volzin bedoelde informatie. Deze regels kunnen onder meer betrekking hebben op de informatie die wordt verschaft met betrekking tot de uitoefening door de consument of cliënt van de in artikel 230x, eerste en tweede lid, van Boek 6 van het Burgerlijk Wetboek bedoelde rechten.

Financiële onderneming, adequate informatie aan consument voorafgaand aan advies

2. Bij algemene maatregel van bestuur kan worden bepaald dat een financiële onderneming in daarbij te bepalen gevallen in afwijking van het eerste lid, eerste volzin, de in dat lid bedoelde informatie geheel of gedeeltelijk na het aangaan van de overeenkomst verstrekt.

3. Gedurende de looptijd van een overeenkomst inzake een financieel product, financiële dienst of nevendienst verstrekt een beleggingsonderneming of financiëledienstverlener de consument, of, indien het een financieel instrument of verzekering betreft, de cliënt tijdig informatie over:

a. wezenlijke wijzigingen in de informatie, bedoeld in het eerste lid, voor zover deze wijzigingen redelijkerwijs relevant zijn voor de consument onderscheidenlijk de cliënt; en

b. bij of krachtens algemene maatregel van bestuur aan te wijzen andere onderwerpen.

4. Bij of krachtens algemene maatregel van bestuur kunnen regels worden gesteld met betrekking tot de gevallen waarin en de wijze waarop een financiële onderneming gedurende de looptijd van een overeenkomst informatie moet verstrekken.

B23 art. 4:21 **Wet op het financieel toezicht (uittreksel)**

5. Bij algemene maatregel van bestuur kan worden bepaald dat de informatie, bedoeld in het derde lid, in daarbij aan te wijzen gevallen uitsluitend op verzoek van de consument onderscheidenlijk de cliënt wordt verstrekt.

6. De in dit artikel bedoelde informatie mag in gestandaardiseerde vorm worden verstrekt.

7. De Autoriteit Financiële Markten kan op aanvraag geheel of gedeeltelijk, al dan niet voor bepaalde tijd, ontheffing verlenen van het op grond van dit artikel bepaalde, voorzover dat geen betrekking heeft op het verlenen van een beleggingsdienst of nevendienst, indien de aanvrager aantoont dat daaraan redelijkerwijs niet kan worden voldaan en dat de doeleinden die dit artikel beoogt te bereiken anderszins worden bereikt.

Art. 4:21

Financiële onderneming, informatieverstrekking door bemiddelaar

Indien een financiëledienstverlener een financiële dienst verleent door tussenkomst van een bemiddelaar, gevolmachtigde agent of een ondergevolmachtigde agent wordt de informatie, bedoeld in artikel 4:20, eerste en derde lid, verstrekt door deze bemiddelaar, gevolmachtigde agent of ondergevolmachtigde agent, tenzij de desbetreffende financiële onderneming en de bemiddelaar, gevolmachtigde agent onderscheidenlijk ondergevolmachtigde agent zijn overeengekomen dat de financiële onderneming zelf aan artikel 4:20, eerste en derde lid, voldoet.

Art. 4:22

Nadere regels

1. Bij of krachtens algemene maatregel van bestuur kunnen regels worden gesteld met betrekking tot de informatieverstrekking door een financiële onderneming over een financieel product, financiële dienst of nevendienst.

2. Bij of krachtens algemene maatregel van bestuur kunnen tevens ter uitvoering van titel III van de richtlijn betaaldiensten regels worden gesteld met betrekking tot de informatieverstrekking door een betaaldienstverlener over betaaldiensten.

3. De Autoriteit Financiële Markten kan op aanvraag geheel of gedeeltelijk, al dan niet voor bepaalde tijd, ontheffing verlenen van het op grond van het eerste lid bepaalde, voorzover dat geen betrekking heeft op het verlenen van een beleggingsdienst of nevendienst, indien de aanvrager aantoont dat daaraan redelijkerwijs niet kan worden voldaan en dat de doeleinden die dit artikel beoogt te bereiken anderszins worden bereikt.

Werkingssfeer

4. Artikel 1:23 is niet van toepassing ten aanzien van de regels, bedoeld in het tweede lid.

Art. 4:22a

Financiële onderneming, door cliënt verstrekte informatie

1. Voorafgaand aan de totstandkoming van een overeenkomst van verzekering stelt een financiëledienstverlener op basis van de door de cliënt verstrekte informatie de wensen en behoeften van de cliënt vast.

2. De financiëledienstverlener draagt er zorg voor dat uitsluitend informatie wordt verstrekt over verzekeringen die aansluiten bij de wensen en behoeften van de cliënt.

3. Het eerste en tweede lid zijn van overeenkomstige toepassing op verzekeringen die worden aangeboden samen met een ander financieel product of financiële dienst als onderdeel van een pakket of van dezelfde overeenkomst.

Art. 4:23

Financiële onderneming, informatieverstrekking en toelichting advies aan consument

1. Indien een financiële onderneming een consument of, indien het een financieel instrument of verzekering betreft, cliënt adviseert of een individueel vermogen beheert:

a. wint zij in het belang van de consument onderscheidenlijk de cliënt informatie in over diens financiële positie, kennis, ervaring, doelstellingen en risicobereidheid, voorzover dit redelijkerwijs relevant is voor haar advies of het beheren van het individuele vermogen;

b. draagt zij er zorg voor dat haar advies of de wijze van het beheer van het individuele vermogen, voorzover redelijkerwijs mogelijk, mede is gebaseerd op de in onderdeel *a* bedoelde informatie; en

c. licht zij, indien het advisering betreft met betrekking tot financiële producten die geen financiële instrumenten zijn, de overwegingen toe die ten grondslag liggen aan haar advies voorzover dit nodig is voor een goed begrip van haar advies.

2. Indien een financiële onderneming bij het verlenen van een financiële dienst die geen beleggingsdienst is, een consument of, indien het een verzekering betreft, cliënt niet adviseert, maakt zij dat bij aanvang van haar werkzaamheden ten behoeve van de consument onderscheidenlijk de cliënt aan deze kenbaar.

Financiële onderneming, informatieverstrekking aan niet-professionele belegger

3. Indien een beleggingsonderneming een niet-professionele belegger adviseert, verstrekt zij de niet-professionele belegger gelijktijdig met het advies of in ieder geval voordat een transactie wordt verricht een geschiktheidsverklaring op een duurzame drager waarin het advies wordt gespecificeerd en waarin is opgenomen hoe het advies aan de voorkeuren, beleggingsdoelstellingen en andere kenmerken van de niet-professionele belegger beantwoordt.

4. Indien sprake is van het beheren van een individueel vermogen verstrekt de beleggingsonderneming aan de niet-professionele belegger een periodieke geschiktheidsverklaring waarin wordt ingegaan op de manier waarop de belegging nog beantwoordt aan de voorkeuren, doelstellingen en andere kenmerken van de niet-professionele belegger.

5. Indien sprake is van adviseren of beheren van een individueel vermogen in combinatie met een andere financiële dienst of financieel product, wordt bij de beoordeling van de geschiktheid

nagegaan of de gehele dienstverlening of de combinatie van de financiële dienst en het financieel product geschikt is. Het eerste, tweede, en zesde lid (nieuw) is van overeenkomstige toepassing.

6. Bij of krachtens algemene maatregel van bestuur kunnen regels worden gesteld met betrekking tot:

a. de informatie, bedoeld in het eerste lid, onderdeel a, en de wijze waarop deze informatie wordt ingewonnen;

b. de wijze, bedoeld in het eerste lid, onderdeel b, waarop een beleggingsonderneming bij haar advies over financiële instrumenten of het beheren van het individueel vermogen rekening houdt met de ingewonnen informatie;

c. de wijze waarop de toelichting, bedoeld in het eerste lid, onderdeel c, wordt gegeven;

d. de wijze waarop de financiële onderneming de consument onderscheidenlijk de cliënt kenbaar maakt dat zij niet adviseert; en

e. de gevallen waarin de informatie, bedoeld in het derde lid, na het verrichten van de transactie kan worden verstrekt.

7. Het derde lid en het bij of krachtens het zesde lid, aanhef en onderdeel e, bepaalde is van overeenkomstige toepassing op financiëledienstverleners die een cliënt adviseren over een verzekering met een beleggingscomponent.

8. De Autoriteit Financiële Markten kan op aanvraag geheel of gedeeltelijk, al dan niet voor bepaalde tijd, ontheffing verlenen van het op grond van het zesde lid bepaalde, voorzover dat geen betrekking heeft op het adviseren over financiële instrumenten of het beheren van een individueel vermogen, indien de aanvrager aantoont dat daaraan redelijkerwijs niet kan worden voldaan en dat de doeleinden die dit artikel beoogt te bereiken anderszins worden bereikt.

Art. 4:24

1. Indien een financiële onderneming zonder daarbij tevens te adviseren een andere beleggingsdienst dan het beheren van een individueel vermogen of een bij algemene maatregel van bestuur aan te wijzen andere financiële dienst verleent, wint zij informatie in over de kennis en ervaring van de consument, of, indien het een financieel instrument of verzekering betreft, de cliënt met betrekking tot de desbetreffende financiële dienst of financieel product, opdat zij kan beoordelen of deze dienst of dat product passend is voor de consument onderscheidenlijk de cliënt.

2. Indien sprake is van het verlenen van een beleggingsdienst als bedoeld in het eerste lid in combinatie met een andere financiële dienst of financieel product, dient bij de beoordeling van de passendheid te worden nagegaan of de gehele dienstverlening of de combinatie van de financiële dienst en het financieel product passend is.

3. Indien de financiële onderneming op basis van de in het eerste lid bedoelde informatie van mening is dat de financiële dienst niet passend is voor de consument of de cliënt, waarschuwt zij deze.

4. Indien de consument of de cliënt geen of onvoldoende informatie verschaft over zijn kennis en ervaring, waarschuwt de financiële onderneming de consument onderscheidenlijk de cliënt dat zij als gevolg daarvan niet in staat is na te gaan of de financiële dienst voor hem passend is.

5. Het eerste tot en met vierde lid zijn niet van toepassing op het op initiatief van de cliënt verlenen van een beleggingsdienst als bedoeld in onderdeel a of b van de definitie van het verlenen van een beleggingsdienst in artikel 1:1, voor zover niet tevens sprake is van een nevendienst als bedoeld in onderdeel b van de definitie van nevendienst in artikel 1:1, met betrekking tot:

a. aandelen die tot de handel van een gereglementeerde markt of een met een gereglementeerde markt vergelijkbaar systeem uit een staat die geen lidstaat is dat door de Europese Commissie als gelijkwaardig is erkend in overeenstemming met artikel 25, vierde lid, onderdeel a, tweede, derde en vierde alinea, van de richtlijn markten voor financiële instrumenten 2014 of een multilaterale handelsfaciliteit zijn toegelaten, voor zover het geen rechten van deelneming in beleggingsinstellingen of aandelen die een afgeleid instrument omvatten betreft;

b. instrumenten die gewoonlijk op de geldmarkt worden verhandeld, met uitzondering van instrumenten die een afgeleid instrument behelzen of een structuur hebben die het moeilijk maakt voor de cliënt te begrijpen welk risico eraan verbonden is;

c. obligaties of andere vormen van gesecuritiseerde schuld die op een gereglementeerde markt, een met een gereglementeerde markt vergelijkbaar systeem uit een staat die geen lidstaat is of op een multilaterale handelsfaciliteit zijn toegelaten, met uitzondering van die welke een afgeleid instrument behelzen of een structuur hebben die het moeilijk maakt voor de cliënt om te begrijpen welk risico eraan verbonden is;

d. rechten van deelneming in een icbe, met uitzondering van de gestructureerde icbe's, bedoeld in artikel 36, eerste lid, tweede alinea, van Verordening (EU) nr. 583/2010 van 1 juli 2010 tot uitvoering van Richtlijn 2009/65/EG van het Europees Parlement en de Raad wat betreft essentiële beleggersinformatie en de voorwaarden waaraan moet worden voldaan als de essentiële beleggersinformatie of het prospectus op een andere duurzame drager dan papier of via een website wordt verstrekt (PbEU 2010, L 176);

e. gestructureerde deposito's als bedoeld in artikel 4, eerste lid, onderdeel 43, van de richtlijn markten voor financiële instrumenten 2014, met uitzondering van deposito's die het voor de

Nadere regels

Financiële dienstverlening, beoordeling geschiktheid financiële dienst

Financiële onderneming, ontoereikende informatieverschaffing door cliënt Werkingssfeer

cliënt moeilijk maken het rendementsrisico of de kosten van het vervroegd uitstappen in te schatten;

f. bij algemene maatregel van bestuur aan te wijzen andere financiële instrumenten, indien de financiële onderneming voorafgaand aan het verlenen van de beleggingsdienst de cliënt kenbaar maakt dat zij de geschiktheid van de financiële dienst of het financieel product voor de cliënt niet heeft beoordeeld.

Nadere regels

6. Bij of krachtens algemene maatregel van bestuur kunnen regels worden gesteld met betrekking tot de inhoud van de informatie, bedoeld in het eerste lid, de wijze waarop deze wordt ingewonnen, de wijze waarop de beoordeling van de passendheid van de financiële dienst of het financieel product voor de consument of cliënt plaatsvindt, en de inhoud en de vorm van de waarschuwing, bedoeld in het derde en vierde lid.

Financiële onderneming, kenbaar maken van waarschuwingen

7. De waarschuwingen bedoeld in het derde en vierde lid, en het kenbaar maken, bedoeld in het vijfde lid, mogen in gestandaardiseerde vorm geschieden.

Art. 4:24a

Financiële dienstverlener, belangen consument/begunstigde

1. Een financiëledienstverlener neemt op zorgvuldige wijze de gerechtvaardigde belangen van de consument of begunstigde in acht.

2. Een financiëledienstverlener die adviseert, handelt in het belang van de consument of begunstigde.

3. De Autoriteit Financiële Markten geeft met betrekking tot het eerste en tweede lid slechts toepassing aan artikel 1:75 bij evidente misstanden die het vertrouwen in de financiëledienstverlener of in de financiële markten kunnen schaden.

4. Onze Minister zendt binnen drie jaar na de inwerkingtreding van dit artikel aan de Staten-Generaal een verslag over de doeltreffendheid en de effecten van dit artikel in de praktijk.

Art. 4:25

Financiële onderneming, zorgvuldige behandeling consument/cliënt

1. Een financiële onderneming houdt zich bij de behandeling van de deelnemer, de consument of, indien het een financieel instrument of verzekering betreft, de cliënt aan bij of krachtens algemene maatregel van bestuur te stellen nadere regels met betrekking tot de in acht te nemen zorgvuldigheid. Onder nadere regels met betrekking tot de in acht te nemen zorgvuldigheid worden mede verstaan regels met betrekking tot de kosten die de financiële onderneming in rekening brengt indien de deelnemer, consument of cliënt een overeenkomst inzake een financiële dienst of een financieel product beëindigt en een overeenkomst met betrekking tot die financiële dienst onderscheidenlijk dat financieel product aangaat met een andere financiële onderneming.

2. De Autoriteit Financiële Markten kan op aanvraag geheel of gedeeltelijk, al dan niet voor bepaalde tijd, ontheffing verlenen van het op grond van het eerste lid bepaalde, voorzover dat geen betrekking heeft op het adviseren over financiële instrumenten of het beheren van een individueel vermogen, indien de aanvrager aantoont dat daaraan redelijkerwijs niet kan worden voldaan en dat de doeleinden die dit artikel beoogt te bereiken anderszins worden bereikt.

Nadere regels

3. De voordracht voor een op grond van het eerste lid vast te stellen algemene maatregel van bestuur die strekt tot wijziging van een reeds op grond van dat lid vastgestelde algemene maatregel van bestuur, wordt niet eerder gedaan dan vier weken nadat het ontwerp aan beide kamers der Staten-Generaal is overgelegd, behoudens indien het vaststellen van de algemene maatregel van bestuur naar het oordeel van Onze Minister spoedeisend is.

Art. 4:25a

Nadere regels

1. Bij of krachtens algemene maatregel van bestuur kunnen regels worden gesteld met betrekking tot:

a. de beloning of vergoeding, in welke vorm ook, voor het aanbieden, adviseren, bemiddelen of optreden als gevolmachtigde agent of ondergevolmachtigde agent inzake een financieel product, en de wijze van uitbetaling daarvan;

b. een verbod op het verschaffen of ontvangen van nader aan te wijzen provisies.

2. De Autoriteit Financiële Markten kan op aanvraag geheel of gedeeltelijk, al dan niet voor bepaalde tijd, ontheffing verlenen van de krachtens het eerste lid gestelde regels, indien de aanvrager aantoont dat daaraan redelijkerwijs niet kan worden voldaan en dat de doeleinden die dit artikel beoogt te bereiken anderszins worden bereikt.

Art. 4:25b

Financiële dienstverlener, informatieverstrekking aan consument/cliënt

1. Voorafgaand aan het verlenen van een financiële dienst inzake een financieel product, ter zake waarvan een verbod geldt voor het verschaffen of ontvangen van bepaalde provisies op grond van artikel 4:25a eerste lid, onderdeel b, informeert de financiëledienstverlener de consument of, indien het een verzekering betreft, de cliënt over:

a. de aard en reikwijdte van de dienstverlening;

b. de wijze waarop de financiëledienstverlener wordt beloond;

c. de kosten van de dienstverlening die de consument of, indien het een verzekering betreft, cliënt betaalt;

d. de belangen van de financiëledienstverlener die van invloed kunnen zijn op de dienstverlening aan de consument of cliënt; en

e. bij algemene maatregel van bestuur aan te wijzen onderwerpen die relevant kunnen zijn voor de adequate beoordeling van de dienstverlening door de consument of cliënt.

2. Voorafgaand aan het verlenen van een financiële dienst inzake een financieel product, anders dan producten waarvoor het eerste lid geldt, informeert de bemiddelaar of adviseur, die het aanbevolen financieel product niet tevens aanbiedt, de consument of, indien het een verzekering betreft, de cliënt over:

a. de aard en reikwijdte van de dienstverlening;

b. de wijze waarop de bemiddelaar of adviseur, die het aanbevolen financieel product niet tevens aanbiedt, wordt beloond, alsmede in bij of krachtens algemene maatregel van bestuur te bepalen gevallen, de hoogte van de beloning of vergoeding;

c. de belangen van de bemiddelaar of adviseur, die het aanbevolen financieel product niet tevens aanbiedt, die van invloed kunnen zijn op de dienstverlening aan de consument of de cliënt; en

d. bij algemene maatregel van bestuur aan te wijzen andere onderwerpen.

3. Bij of krachtens algemene maatregel van bestuur kunnen regels worden gesteld met betrekking tot vorm, inhoud, moment en wijze van verstrekking van de informatie, bedoeld in het eerste en tweede lid.

4. Indien bij het verlenen van een financiële dienst meerdere financiëledienstverleners zijn betrokken, kan bij of krachtens algemene maatregel van bestuur worden bepaald op wie de verplichting rust de informatie, bedoeld in het eerste of tweede lid, te verstrekken.

Art. 4:25c

Indien een beleggingsonderneming van een andere beleggingsonderneming de opdracht krijgt om beleggingsdiensten of nevendiensten voor een cliënt te verlenen:

a. kan zij vertrouwen op de gegevens over de cliënt die zijn verstrekt door de andere beleggingsonderneming die de opdracht heeft gegeven;

b. mag zij erop vertrouwen dat het door de andere onderneming aan de cliënt verstrekte advies over financiële instrumenten of de voorgestelde wijze van beheer van het individuele vermogen van de cliënt overeenkomt met hetgeen bij of krachtens deze wet daaromtrent is bepaald.

Art. 4:25d

Een betaaldienstverlener neemt bij het uitoefenen van zijn bedrijf Titel 7B van Boek 7 van het Burgerlijk Wetboek in acht.

Art. 4:25e

De Autoriteit Financiële Markten kan een financiële onderneming waaraan een bestuurlijke sanctie of maatregel als bedoeld in artikel 24, tweede lid, van de verordening essentiële-informatiedocumenten is opgelegd wegens overtreding van die verordening, verplichten een directe mededeling tot de betrokken niet-professionele belegger te richten waarin hem informatie over de bestuursrechtelijke sanctie of maatregel wordt gegeven en hem wordt meegedeeld waar klachten of schadevorderingen kunnen worden ingediend.

Afdeling 4.2.4
Meldingsplichten

Art. 4:26

1. Een financiële onderneming meldt wijzigingen met betrekking tot onderwerpen waarover ingevolge artikel 2:3.0d, eerste lid, 2:13, tweede lid, 2:22, tweede lid, 2:32, tweede lid, 2:33, tweede lid, 2:42, tweede lid, 2:43, tweede lid, 2:58, tweede lid, 2:63, tweede lid, 2:67, derde lid, 2:67b, tweede lid, 2:68, derde lid, 2:72, tweede lid, 2:73, eerste lid, 2:78, tweede lid, 2:83, tweede lid, 2:89, tweede lid, 2:94, tweede lid, 2:99, derde lid, 2:105, vijfde lid, 2:125, eerste lid, 2:126, eerste lid, 2:130, eerste lid, 3:110, tweede lid, 4:5, derde lid, 4:10, derde lid, 4:37c, zevende lid, 4:50, eerste lid, of 4:71, derde lid, verstrekking van gegevens is voorgeschreven aan de Autoriteit Financiële Markten.

2. Een beheerder van een beleggingsinstelling en beheerder van een icbe of beleggingsonderneming meldt wijzigingen met betrekking tot onderwerpen waarover ingevolge artikel 2:122, tweede lid, 2:122a, tweede lid, 2:127, tweede lid, of 2:129, eerste lid, verstrekking van gegevens is voorgeschreven aan de Autoriteit Financiële Markten en aan de toezichthoudende instantie van de lidstaat waar de financiële onderneming financiële diensten verleent.

3. Een beheerder van een beleggingsinstelling en beheerder van een icbe meldt wijzigingen met betrekking tot onderwerpen waarover artikel 2:72, tweede lid, verstrekking van gegevens is voorgeschreven aan de Autoriteit Financiële Markten.

4. Een beheerder van een beleggingsinstelling en beheerder van een icbe meldt wijzigingen met betrekking tot onderwerpen waarover ingevolge artikel 2:123, tweede lid, verstrekking van gegevens is voorgeschreven aan de toezichthoudende instantie van de lidstaat waar de beheerder van een beleggingsinstelling en beheerder van een icbe financiële diensten verleent.

B23 art. 4:27 Wet op het financieel toezicht (uittreksel)

5. Een beheerder van een belegginginstelling of een beheerder van een icbe meldt onverwijld aan de Autoriteit Financiële Markten of de toezichthoudende instantie van elke lidstaat waar rechten van deelneming in de beleggingsinstelling of icbe worden verhandeld, indien hij de inkoop of terugbetaling van rechten van deelneming in een door hem beheerde beleggingsinstelling of icbe opschort.

6. Een beleggingsonderneming die een vergunning heeft voor het verlenen van de beleggingsdienst, bedoeld in onderdeel b van de definitie van verlenen van een beleggingsdienst in artikel 1:1, en het verrichten van de beleggingsactiviteit, bedoeld in onderdeel a van de definitie van verrichten van een beleggingsactiviteit in artikel 1:1, en voornemens is het bedrijf van beleggingsonderneming met systematische interne afhandeling uit te oefenen in transacties in aandelen die tot de handel op een gereglementeerde markt zijn toegelaten, meldt dat aan de Autoriteit Financiële Markten.

7. Een beleggingsonderneming die niet langer het bedrijf van beleggingsonderneming met systematische interne afhandeling uitoefent, doet daarvan mededeling aan de Autoriteit Financiële Markten.

8. Een beleggingsonderneming die een vergunning heeft als bedoeld in artikel 2:96, eerste lid, van de Wet op het financieel toezicht, die nevendiensten verleent, meldt dat onverwijld aan de Autoriteit Financiële Markten.

Nadere regels **9.** Bij of krachtens algemene maatregel van bestuur wordt, onder vermelding van de te volgen procedures, bepaald welke wijzigingen, bedoeld in het eerste en tweede lid, worden gemeld, welke gegevens daarbij worden verstrekt en, indien van toepassing, onder welke voorwaarden de wijzigingen ten uitvoer mogen worden gelegd.

Art. 4:27

Financiële onderneming, meldingsplicht accountant aan AFM

1. Een accountant die het onderzoek uitvoert van de jaarrekening van een afwikkelonderneming met zetel in Nederland, een beheerder van een beleggingsinstelling met zetel in Nederland, een Nederlandse beleggingsinstelling, een beheerder van een icbe met zetel in Nederland, een icbe met zetel in Nederland, een beleggingsonderneming, betaalinstelling, clearinginstelling, elektronischgeldinstelling, bank of verzekeraar met zetel in Nederland, meldt de Autoriteit Financiële Markten zo spoedig mogelijk elke omstandigheid waarvan hij bij de uitvoering van het onderzoek kennis heeft gekregen en die in strijd is met op grond van dit deel opgelegde verplichtingen.

2. Een accountant die het onderzoek uitvoert van de jaarrekening van een afwikkelonderneming met zetel in Nederland, een beheerder van een beleggingsinstelling met zetel in Nederland, een Nederlandse beleggingsinstelling, een beheerder van een icbe met zetel in Nederland, een icbe met zetel in Nederland, of een beleggingsonderneming met zetel in Nederland, meldt de Autoriteit Financiële Markten zo spoedig mogelijk elke omstandigheid waarvan hij bij de uitvoering van het onderzoek kennis heeft gekregen en die leidt tot weigering van het afgeven van een verklaring omtrent de getrouwheid of tot het maken van voorbehouden.

Nadere regels **3.** Het eerste en tweede lid zijn van overeenkomstige toepassing op een accountant die naast het onderzoek van de jaarrekening van de financiële onderneming, bedoeld in het eerste onderscheidenlijk tweede lid, ook het onderzoek uitvoert van de jaarrekening van een andere persoon met welke de financiële onderneming in een formele of feitelijke zeggenschapsstructuur is verbonden.

Financiële onderneming, meldingsplicht accountant aan AFM

4. De accountant, bedoeld in het tweede lid, verstrekt zo spoedig mogelijk bij algemene maatregel van bestuur te bepalen inlichtingen aan de Autoriteit Financiële Markten ten behoeve van het toezicht op de financiële onderneming. Bij algemene maatregel van bestuur worden regels gesteld met betrekking tot de in acht te nemen procedures.

5. De Autoriteit Financiële Markten stelt de financiële onderneming in de gelegenheid aanwezig te zijn bij de melding, bedoeld in het eerste of tweede lid, en bij het verstrekken van inlichtingen, bedoeld in het vierde lid, door de accountant.

6. De accountant die op grond van het eerste, tweede of derde lid tot een melding of op grond van het vierde lid tot het verstrekken van inlichtingen aan de Autoriteit Financiële Markten is overgegaan, is niet aansprakelijk voor schade die een derde dientengevolge lijdt, tenzij aannemelijk wordt gemaakt dat gelet op alle feiten en omstandigheden in redelijkheid niet tot melding of tot het verstrekken van inlichtingen had mogen worden overgegaan.

Werkingssfeer **7.** Het tweede lid en vierde lid zijn niet van toepassing op accountants die het onderzoek uitvoeren van de jaarrekening van een beleggingsonderneming die voor de uitoefening van het bedrijf van bank een door de Europese Centrale Bank of de Nederlandsche Bank verleende vergunning heeft.

Afdeling 4.2.4a
Kennisgevingsverplichtingen

Art. 4:27a

1. Een centrale tegenpartij als bedoeld in verordening (EU) nr. 648/2012 van het Europees parlement en de Raad van 4 juli 2012 inzake otc-derivaten, centrale tegenpartijen en transactieregisters (PbEU 2012, L 201) geeft de Autoriteit Financiële Markten schriftelijk kennis van het voornemen tot een substantiële wijziging van de wijze waarop zij uitvoering geeft aan de artikelen 36 tot en met 39 van die verordening.

Financiële onderneming, instemmingsvereiste

2. Een centrale effectenbewaarinstelling als bedoeld in de verordening centrale effectenbewaarinstellingen geeft de Autoriteit Financiële Markten schriftelijk kennis van het voornemen tot een substantiële wijziging van de wijze waarop zij uitvoering geeft aan de artikelen 26 tot en met 38 en 48 tot en met 53 van die verordening.

3. Bij of krachtens algemene maatregel van bestuur wordt, onder vermelding van de te volgen procedures, bepaald van welke wijzigingen kennis wordt gegeven, welke gegevens daarbij worden verstrekt en, indien van toepassing, onder welke voorwaarden de wijzigingen ten uitvoer worden gelegd.

Afdeling 4.2.5
[Vervallen]

Art. 4:28-4:30

[Vervallen]

Hoofdstuk 4.3

Aanvullende regels voor het werkzaam zijn op de financiële markten betreffende bepaalde financiële diensten

Afdeling 4.3.1
Aanbieden

§ 4.3.1.1
Beleggingsobjecten

Art. 4:30a

1. Een aanbieder van een beleggingsobject beschikt over een website en heeft daarop een beleggingsobjectprospectus beschikbaar. Op verzoek van een consument verstrekt de aanbieder deze onverwijld kosteloos een beleggingsobjectprospectus.

Beleggingsobject, wijze van aanbieden

2. Indien een beleggingsobject wordt aangeboden door tussenkomst van een bemiddelaar wordt het beleggingsobjectprospectus, bedoeld in het eerste lid, door de bemiddelaar verstrekt, tenzij de aanbieder en de bemiddelaar zijn overeengekomen dat de aanbieder zelf aan deze verplichting voldoet. Het eerste lid is van overeenkomstige toepassing.

3. Het beleggingsobjectprospectus, bedoeld in het eerste lid, bevat uitsluitend bij algemene maatregel van bestuur te bepalen gegevens die op bij of krachtens algemene maatregel van bestuur te bepalen wijze in het beleggingsobjectprospectus worden opgenomen. Bij algemene maatregel van bestuur kunnen nadere regels worden gesteld met betrekking tot de wijze van verstrekking van het beleggingsobjectprospectus.

4. Onder bij algemene maatregel van bestuur te stellen regels kan worden afgeweken van de verplichting een beleggingsobjectprospectus beschikbaar te hebben en te verstrekken.

5. Artikel 4:19, tweede lid, is van overeenkomstige toepassing op het beleggingsobjectprospectus, bedoeld in het eerste lid.

Schakelbepaling

§ 4.3.1.2
Elektronisch geld

Art. 4:31

1. Een elektronischgeldinstelling geeft elektronisch geld uitsluitend uit tegen de nominale waarde en in ruil voor ontvangen geld.

Elektronischgeldinstelling, bevoegde handelingen

2. Een elektronischgeldinstelling kent aan een houder van elektronisch geld geen voordelen toe die samenhangen met de lengte van de periode dat die houder het elektronisch geld aanhoudt.

3. Een elektronischgeldinstelling wisselt geldmiddelen die door haar worden ontvangen met de intentie deze om te wisselen voor elektronisch geld, direct om in elektronisch geld.

4. Bij of krachtens algemene maatregel van bestuur kunnen regels worden gesteld met betrekking tot de omwisseling bedoeld in het derde lid.

B23 art. 4:31a

Wet op het financieel toezicht (uittreksel)

Art. 4:31a

Elektronischgeldinstelling, terugbetalen nominale waarde aangehouden elektronisch geld

Een elektronischgeldinstelling betaalt de nominale waarde van het aangehouden elektronisch geld terug wanneer de houder van het elektronisch geld daarom verzoekt en neemt daarbij artikel 521a van Boek 7 van het Burgerlijk Wetboek in acht.

Art. 4:31b

Elektronischgeldinstelling, overeenkomst m.b.t. terugbetalingsrechten

Een elektronischgeldinstelling legt de terugbetalingsrechten van personen die betalingen met het door de elektronischgeldinstelling uitgegeven elektronisch geld aanvaarden, vast in een overeenkomst met die personen.

§ 4.3.1.3
Krediet

Art. 4:32

Aanbieder krediet, deelname aan stelsel kredietregistratie

1. Een aanbieder van krediet neemt deel aan een stelsel van kredietregistratie dat aan alle aanbieders van krediet die gevestigd zijn in een lidstaat toegang biedt onder dezelfde voorwaarden.

2. Indien een aanbieder van krediet op grond van de raadpleging van een stelsel van kredietregistratie besluit een consument geen krediet te verlenen, stelt hij de consument onverwijld en kosteloos in kennis van het resultaat van deze raadpleging en van de details van het geraadpleegde gegevensbestand.

3. Onder bij algemene maatregel van bestuur te stellen regels kan worden afgeweken van het eerste lid.

Art. 4:33

Aanbieder krediet, informatieverstrekking aan consument

1. Voorafgaand aan de totstandkoming van een overeenkomst inzake krediet verstrekt de aanbieder van krediet, indien van toepassing op basis van de door de consument kenbaar gemaakte voorkeur en verstrekte informatie, aan de consument informatie met het oog op een adequate beoordeling van het krediet.

2. Bij algemene maatregel van bestuur kan worden bepaald dat in afwijking van het eerste lid een aanbieder van krediet in daarbij te bepalen gevallen de in het eerste lid bedoelde informatie geheel of gedeeltelijk na het aangaan van de overeenkomst verstrekt.

3. Bij of krachtens algemene maatregel van bestuur worden regels gesteld omtrent de voorwaarden waaraan de informatie, bedoeld in het eerste lid, voldoet.

4. Bij of krachtens algemene maatregel van bestuur kunnen vormen van krediet worden aangewezen waarop het eerste lid niet van toepassing is.

5. Artikel 4:19, tweede lid, is van overeenkomstige toepassing op de informatie, bedoeld in het eerste lid.

6. Het eerste lid is niet van toepassing op een aanbieder van krediet indien het krediet wordt aangeboden door tussenkomst van een bemiddelaar, anders dan als nevenactiviteit.

Art. 4:34

Aanbieder krediet, verplichte verificatie draagkracht consument

1. Voor de totstandkoming van een overeenkomst inzake krediet, of een belangrijke verhoging van de kredietlimiet, dan wel de som van de bedragen die op grond van een bestaande overeenkomst inzake krediet aan de consument ter beschikking zijn gesteld, wint een aanbieder van krediet in het belang van de consument informatie in over diens financiële positie en beoordeelt hij, ter voorkoming van overkreditering van de consument, of het aangaan van de overeenkomst onderscheidenlijk de belangrijke verhoging verantwoord is.

2. De aanbieder gaat geen overeenkomst inzake krediet aan met een consument en gaat niet over tot een belangrijke verhoging van de kredietlimiet of de som van de bedragen die op grond van een bestaande kredietovereenkomst aan de consument ter beschikking zijn gesteld indien dit, met het oog op overkreditering van de consument, onverantwoord is.

3. Bij of krachtens algemene maatregel van bestuur kunnen regels worden gesteld met betrekking tot het eerste en tweede lid.

Art. 4:35

Aanbieder kredieten, maximale kredietvergoeding

Bij algemene maatregel van bestuur kunnen regels worden gesteld met betrekking tot de ten hoogste toegelaten kredietvergoeding bij krediet, niet zijnde hypothecair krediet.

Art. 4:36

Gemeentelijke kredietbank, oprichting/opheffing

Een gemeentelijke kredietbank wordt opgericht en opgeheven bij een daartoe strekkend besluit van de gemeenteraad of door middel van het treffen van een gemeenschappelijke regeling door gemeenteraden van twee of meer gemeenten.

Art. 4:37

Gemeentelijke kredietbank, reglement bedrijfsvoering

1. Voor de bedrijfsvoering van een gemeentelijke kredietbank wordt een reglement vastgesteld door het college van burgemeester en wethouders of, indien de gemeentelijke kredietbank is ingesteld door middel van het treffen van een gemeenschappelijke regeling, door de betrokken gemeenteraden van de aan de regeling deelnemende gemeenten, waarin voor het aanbieden van krediet in het kader van het uitoefenen van haar publieke taak ten minste voorschriften staan opgenomen die overeenkomen met het ingevolge de afdelingen 4.2.1, 4.2.2, en 4.2.3, de artikelen 4:32 en 4:33, paragraaf 4.3.8.1. en titel 2A, afdeling 2, van Boek 7 van het Burgerlijk Wetboek en Hoofdstuk V van de Wet op het consumentenkrediet bepaalde.

2. Het toezicht op de naleving van het reglement door de gemeentelijke kredietbank:

a. wordt uitgevoerd door het algemeen bestuur van de gemeentelijke kredietbank, in het geval dat de gemeentelijke kredietbank is opgericht door middel van het treffen van een gemeenschappelijke regeling en geen privaatrechtelijke rechtsvorm heeft;

b. wordt in het geval dat de gemeentelijke kredietbank een privaatrechtelijke rechtsvorm heeft gewaarborgd doordat:

1°. de meerderheid van het bestuur wordt benoemd op voordracht van een gemeenteraad of een college van burgemeester en wethouders van een of meer gemeenten waarvoor de gemeentelijke kredietbank werkzaamheden verricht;

2°. de meerderheid van de Raad van Toezicht wordt benoemd op voordracht van een gemeenteraad of van een college van burgemeester en wethouders van een of meer gemeenten waarvoor de gemeentelijke kredietbank werkzaamheden verricht;

3°. de jaarrekening en begroting van de gemeentelijke kredietbank worden goedgekeurd door een gemeenteraad of door een college van burgemeester en wethouders van een of meer gemeenten waarvoor de gemeentelijke kredietbank werkzaamheden verricht; of

c. wordt, indien de onderdelen a en b niet van toepassing zijn, uitgevoerd door het college van burgemeester en wethouders.

3. De vereisten genoemd in het tweede lid, onderdeel b, onder 1° tot en met 3°, zijn niet van toepassing op een gemeentelijke kredietbank met een privaatrechtelijke rechtsvorm indien een negatief exploitatiesaldo wordt aangezuiverd door een of meer gemeenten waarvoor de gemeentelijke kredietbank werkzaam is.

Art. 4:37a

[Vervallen]

§ 4.3.1.4

Rechten van deelneming in een beleggingsinstelling

Art. 4:37b

Het ingevolge deze afdeling bepaalde, met uitzondering van de artikelen 4:37l tot en met 4:37z, is niet van toepassing op buitenlandse beheerders van beleggingsinstellingen met zetel in een aangewezen staat.

Art. 4:37c

1. Een beheerder van een beleggingsinstelling is een rechtspersoon.

2. Een Nederlandse beheerder van een beleggingsinstelling als bedoeld in onderdeel a van de definitie van Nederlandse beheerder van een beleggingsinstelling in artikel 1:1, heeft zijn hoofdkantoor in Nederland.

3. Ten minste twee natuurlijke personen bepalen het dagelijks beleid van een Nederlandse beheerder van een beleggingsinstelling of beleggingsmaatschappij.

4. Een beleggingsmaatschappij heeft een aparte beheerder tenzij de beleggingsmaatschappij, een eigen vermogen heeft van ten minste € 300 000.

5. De beheerder mag rechten van deelneming in een feeder-beleggingsinstelling slechts aanbieden indien de master-beleggingsinstelling haar zetel in een lidstaat heeft en wordt beheerd door een vergunninghoudende beheerder met zetel in een lidstaat.

6. In afwijking van het vijfde lid mag de beheerder met zetel in Nederland rechten van deelneming in een feeder-beleggingsinstelling met zetel in een lidstaat met een niet-Europese master-beleggingsinstelling of met een Europese master-beleggingsinstelling die niet wordt beheerd door een vergunninghoudende Europese beheerder aanbieden in Nederland, indien:

a. rechten van deelneming uitsluitend worden aangeboden aan gekwalificeerde beleggers;

b. de staat waar de beleggingsinstelling is gevestigd niet op de lijst van niet-coöperatieve landen en gebieden van de Financial Action Task Force of diens opvolger staat; en

c. de Autoriteit Financiële Markten en de toezichthoudende instantie van de staat waar de beleggingsinstelling, is gevestigd een samenwerkingsovereenkomst hebben gesloten die ten minste een efficiënte informatie-uitwisseling waarborgt en die de Autoriteit Financiële Markten in staat stelt haar toezichthoudende taken uit te voeren.

7. De beheerder verstrekt ten minste twintig werkdagen voor de datum waarop hij voornemens is de rechten van deelneming aan te bieden aan de Autoriteit Financiële Markten:

a. een programma van werkzaamheden waarin wordt vermeld welke beleggingsinstelling hij voornemens is aan te bieden en waar de beleggingsinstelling gevestigd is;

b. het fondsreglement of de statuten;

c. de naam van de aan de beleggingsinstelling verbonden bewaarder;

Gemeentelijke kredietbank, toezicht op reglement bedrijfsvoering

Werkingssfeer

Beheerder beleggingsinstelling, vergunningseisen

B23 art. 4:37d

Wet op het financieel toezicht (uittreksel)

d. een beschrijving van de beleggingsinstelling of, indien van toepassing, de voor deelnemers beschikbare informatie over de beleggingsinstelling;

e. indien het een feeder-beleggingsinstelling betreft, informatie over de vestigingsplaats van de master-beleggingsinstelling;

f. de informatie, bedoeld in artikel 4:37l of 5:3;

g. indien van toepassing, de regeling waarmee wordt voorkomen dat rechten van deelneming worden aangeboden aan niet-professionele beleggers.

8. Tenzij de beheerder met het beheer van de beleggingsinstelling of anderszins niet aan de toepasselijke wetgeving zal voldoen, deelt de Autoriteit Financiële Markten uiterlijk twintig werkdagen na ontvangst van de informatie, bedoeld in zevende lid, aan de beheerder mee dat de rechten van deelneming aangeboden mogen worden in Nederland.

9. Indien de rechten van deelneming niet mogen worden aangeboden, deelt de Autoriteit Financiële Markten dit binnen de in het vorige lid bedoelde termijn aan de beheerder mee.

10. Bij of krachtens algemene of krachtens maatregel van bestuur kunnen regels worden gesteld ten aanzien van de vorm en inhoud van de in zevende lid bedoelde informatie.

11. Indien de beheerder een beheerder is als bedoeld in onderdeel c van de definitie van Nederlandse beheerder van een beleggingsinstelling in artikel 1:1, deelt de Autoriteit Financiële Markten de Europese Autoriteit voor effecten en markten en, indien van toepassing, de toezichthoudende instantie van de lidstaat van herkomst van de beleggingsinstelling mede dat de beheerder de rechten van deelneming in de beleggingsinstelling in Nederland mag aanbieden.

12. Indien de beheerder een beheerder is als bedoeld in onderdeel c van de definitie van Nederlandse beheerder van een beleggingsinstelling in artikel 1:1, en de Autoriteit Financiële Markten instemt met een wijziging in de informatie, bedoeld in het zesde lid, deelt zij dit onverwijld mede aan de Europese Autoriteit voor effecten en markten, indien de wijziging betrekking heeft op het beëindigen van het aanbieden van rechten van deelneming en beleggingsinstellingen of op het voornemen om rechten van deelneming in andere beleggingsinstellingen aan te bieden.

Art. 4:37d

Beheerder beleggingsinstelling, naleving aan gestelde regels

1. Indien een beleggingsinstelling of een derde namens een Nederlandse beheerder van een beleggingsinstelling zorg draagt voor de naleving door de beheerder van het ingevolge deze wet bepaalde en de beheerder deze naleving onvoldoende kan waarborgen, meldt hij dit onverwijld aan de Autoriteit Financiële Markten en, indien van toepassing, aan de toezichthoudende instantie van de lidstaat van herkomst van de beleggingsinstelling.

2. De Autoriteit Financiële Markten kan de beheerder opdragen om zich in te spannen om ervoor te zorgen dat de door hem beheerde beleggingsinstelling of de derde, bedoeld in het eerste lid, namens hem zorg draagt voor de naleving van de bij of krachtens deze wet aan de beheerder gestelde regels.

3. Indien de beleggingsinstelling of de derde ook na de in het tweede lid bedoelde inspanningen blijvend niet zorg draagt voor naleving van het ingevolge deze wet bepaalde ten aanzien van de beheerder, meldt de beheerder dit aan de Autoriteit Financiële Markten. De Autoriteit Financiële Markten kan het besluit nemen dat de betrokken beheerder niet langer een bepaalde beleggingsinstelling mag beheren.

4. De Autoriteit Financiële Markten stelt de toezichthoudende instantie van de lidstaat waar de beheerder rechten van deelneming in de beleggingsinstelling aanbiedt van het besluit, bedoeld in het derde lid, onverwijld in kennis van het besluit.

Art. 4:37e

Beheerder beleggingsinstelling, verplichtingen inzake belangenconflicten

1. De beheerder van een beleggingsinstelling richt zijn bedrijfsvoering zodanig in dat maatregelen kunnen worden genomen om mogelijke belangenconflicten te identificeren, voorkomen, beheersen en controleren. De beheerder treft maatregelen om te voorkomen dat de belangen van door hem beheerde beleggingsinstellingen of hun deelnemers worden geschaad door een belangenconflict.

2. Indien het niet mogelijk is om schadelijke gevolgen van belangenconflicten voor de belangen van deelnemers te voorkomen, informeert een beheerder de potentiële deelnemers in een door hem beheerde beleggingsinstelling over de aard van mogelijke belangenconflicten. De beheerder voert een adequaat beleid inzake de omgang met dergelijke belangenconflicten.

Nadere regels

3. Bij of krachtens algemene maatregel van bestuur worden regels gesteld met betrekking tot het bepaalde in het eerste en tweede lid.

Art. 4:37f-4:37i

[Vervallen]

Art. 4:37j

Beleggingsinstelling, houder van juridische eigendom activa

1. De juridische eigendom van de activa van een beleggingsfonds wordt gehouden door een entiteit met als enig statutair doel het houden van de juridische eigendom van de activa van een of meer beleggingsfondsen, al dan niet tezamen met het bewaren en administreren van de activa.

Wet op het financieel toezicht (uittreksel) — B23 art. 4:37k

2. Indien op grond van het beleggingsbeleid een reëel risico bestaat dat het vermogen van het beleggingsfonds en het eigen vermogen van de entiteit die de juridische eigendom van de activa houdt ontoereikend zullen zijn voor voldoening van vorderingen als bedoeld in het vijfde lid, wordt de juridische eigendom van de activa van een beleggingsfonds gehouden door een entiteit met als enig statutair doel het houden van de juridische eigendom van de activa uitsluitend ten behoeve van dat beleggingsfonds, al dan niet tezamen met het bewaren en administreren van de activa.

3. De Autoriteit Financiële Markten kan op aanvraag geheel of gedeeltelijk, al dan niet voor bepaalde tijd, ontheffing verlenen van het eerste lid, indien de aanvrager aantoont dat daaraan redelijkerwijs niet kan worden voldaan en dat de doeleinden die dat lid beoogt te bereiken anderszins worden bereikt.

4. Het tweede lid is niet van toepassing ten aanzien van de activa van subfondsen.

5. Het vermogen van een beleggingsinstelling is een afgescheiden vermogen dat uitsluitend dient tot voldoening van vorderingen die voortvloeien uit:

a. schulden die verband houden met het beheer, het bewaren en het houden van de juridische eigendom van de activa van de beleggingsinstelling, en die volgens de informatie, bedoeld in artikel 4:37m, eerste lid, ten laste kunnen worden gebracht van het vermogen van de beleggingsinstelling; en

b. rechten van deelneming.

6. Indien het vermogen van een beleggingsinstelling bij vereffening ontoereikend is voor voldoening van alle vorderingen, bedoeld in het vijfde lid, dient het eigen vermogen van de beleggingsinstelling ter voldoening van de vorderingen in de volgorde van het vijfde lid.

7. In afwijking van het vijfde lid zijn andere vorderingen verhaalbaar op het vermogen van een beleggingsinstelling indien vaststaat dat de in het vijfde lid bedoelde vorderingen zullen kunnen worden voldaan en dat in de toekomst dergelijke vorderingen niet meer zullen ontstaan.

8. Indien de in het vijfde lid bedoelde vorderingen niet volledig uit het vermogen van de beleggingsinstelling kunnen worden voldaan, dient het vermogen van de entiteit die de juridisch eigendom van de activa van de beleggingsinstelling houdt eerst ter voldoening van de vorderingen in volgorde van het vijfde lid en vervolgens van de overige vorderingen, behoudens de door de wet erkende andere redenen van voorrang.

Art. 4:37k

1. Een beheerder van een Nederlandse beleggingsinstelling:

a. heeft procedures met betrekking tot de waardering van de activa van de door hem beheerde Nederlandse beleggingsinstellingen;

b. voert ten minste een maal per jaar een waardering van de activa van de door hem beheerde Nederlandse beleggingsinstellingen uit of ziet toe dat een waardering van de activa wordt uitgevoerd door een externe taxateur;

c. bepaalt ten minste een maal per jaar de intrinsieke waarde per recht van deelneming in de door hem beheerde Nederlandse beleggingsinstellingen;

d. draagt er zorg voor dat in de statuten of het fondsreglement van de beleggingsinstelling vermelden op welke wijze de deelnemers in kennis worden gesteld van de waardering, bedoeld in onderdeel b, en de intrinsieke waarde, bedoeld in onderdeel c; en

e. stelt de deelnemers in kennis over de waarderingen, bedoeld in onderdeel b, en de intrinsieke waarde, bedoeld in onderdeel c, overeenkomstig de statuten of het fondsreglement van de beleggingsinstelling.

2. Indien een beheerder van een Nederlandse beleggingsinstelling een waardering als bedoeld in het eerste lid, onderdeel b, uitvoert, voldoet hij aan de bij of krachtens algemene maatregel van bestuur te stellen regels.

3. Indien een externe taxateur een waardering als bedoeld in het eerste lid, onderdeel b, uitvoert, toont de beheerder van een Nederlandse beleggingsinstelling die de externe taxateur heeft aangesteld aan dat is voldaan aan de bij of krachtens algemene maatregel van bestuur te stellen regels.

4. Indien een Nederlandse beheerder van een beleggingsinstelling een externe taxateur aanstelt, stelt hij hiervan de Autoriteit Financiële Markten in kennis.

5. De Autoriteit Financiële Markten kan de Nederlandse beheerder van een beleggingsinstelling verplichten:

a. een andere externe taxateur aan te stellen indien de externe taxateur niet voldoet aan de bij of krachtens algemene maatregel van bestuur te bepalen regels, bedoeld in het derde lid; en

b. de procedures met betrekking tot de waardering van de activa van de door hem beheerde beleggingsinstellingen en de waarderingen van de activa van de door hem beheerde beleggingsinstellingen te laten controleren door een externe taxateur of accountant indien de waardering niet wordt uitgevoerd door een onafhankelijke externe taxateur.

6. Bij of krachtens algemene maatregel van bestuur worden regels gesteld met betrekking tot de waardering van de activa van de door een beheerder beheerde Nederlandse beleggingsinstel-

Beheerder beleggingsinstelling, verplichtingen inzake activa

Nadere regels

B23 art. 4:37l **Wet op het financieel toezicht (uittreksel)**

lingen en de berekening van de intrinsieke waarde per recht van deelneming in die beleggingsinstellingen.

Art. 4:37l

Beheerder beleggingsinstelling, aanbieden rechten van deelneming

1. Indien een beheerder van een beleggingsinstelling rechten van deelneming in een door hem beheerde beleggingsinstelling in Nederland aanbiedt, verstrekt hij aan beleggers voordat zij die rechten verwerven een prospectus over die beleggingsinstelling.

2. De beheerder van een beleggingsinstelling actualiseert het prospectus, bedoeld in het eerste lid, zodra daartoe aanleiding bestaat.

3. Indien een beleggingsinstelling bestaat uit subfondsen, neemt de beheerder de specifiek voor een subfonds geldende voorwaarden op in het prospectus van de beleggingsinstelling.

Nadere regels

4. Bij of krachtens algemene maatregel van bestuur worden regels gesteld met betrekking tot het prospectus, bedoeld in het eerste lid.

Werkingssfeer

5. Het eerste tot en met vierde lid zijn niet van toepassing op beheerders van beleggingsinstellingen die beleggingsinstellingen beheren waarvan de rechten van deelneming verhandelbaar zijn en niet op verzoek van de deelnemers ten laste van de activa direct of indirect worden ingekocht of terugbetaald, voor zover de beleggingsinstelling ingevolge het deel Gedragstoezicht financiële markten een prospectus dient op te stellen.

Art. 4:37m

Beheerder beleggingsinstelling, aanbieden rechten van deelneming

Nadere regels

1. Indien een beheerder van een beleggingsinstelling rechten van deelneming in een door hem beheerde beleggingsinstelling in Nederland aanbiedt, verstrekt hij aan de deelnemers in de beleggingsinstelling krachtens het tweede lid te bepalen informatie.

2. Bij of krachtens algemene maatregel van bestuur worden regels gesteld met betrekking tot de inhoud van de informatie en de frequentie van de informatieverstrekking.

Art. 4:37n

Beheerder beleggingsinstelling, informatieverplichting aan AFM

Een Nederlandse beheerder van een beleggingsinstelling verstrekt aan de Autoriteit Financiële Markten de bij of krachtens algemene maatregel van bestuur te bepalen gegevens met betrekking tot de wijze waarop de beheerder beleggingsinstellingen beheert, de beleggingsinstellingen die hij beheert, de beleggingen van de beleggingsinstellingen en de markten waarop de beleggingsinstellingen actief zijn.

Art. 4:37o

Beheerder beleggingsinstelling, informatieverstrekking jaarrekening/jaarverslag aan AFM

1. Een Nederlandse beheerder van een beleggingsinstelling verstrekt binnen zes maanden na afloop van het boekjaar aan de Autoriteit Financiële Markten een jaarrekening en een bestuursverslag van:

a. de door hem beheerde Europese beleggingsinstellingen; of

b. de door hem beheerde beleggingsinstellingen waarin hij rechten van deelneming aanbiedt in een lidstaat.

2. Een buitenlandse beheerder van een beleggingsinstelling verstrekt binnen zes maanden na afloop van het boekjaar aan de Autoriteit Financiële Markten een jaarrekening en een bestuursverslag van de door hem beheerde Nederlandse beleggingsinstellingen.

3. De jaarrekening, bedoeld in het eerste en tweede lid, wordt opgesteld overeenkomstig de jaarrekeningstandaarden van:

a. de lidstaat van herkomst van de beleggingsinstelling; en

b. de staat die geen lidstaat is waar de beleggingsinstelling haar zetel heeft.

4. De jaarrekening en het bestuursverslag, bedoeld in het eerste en tweede lid, zijn voorzien van een verklaring omtrent de getrouwheid, afgegeven door een accountant dan wel door een deskundige die ingevolge het recht van de staat waar de beleggingsinstelling haar zetel heeft, bevoegd is de jaarrekening en het bestuursverslag te onderzoeken.

5. Een jaarrekening en een bestuursverslag, als bedoeld in het eerste en tweede lid, worden op verzoek verstrekt aan deelnemers.

Nadere regels

6. Bij of krachtens algemene maatregel van bestuur worden regels gesteld met betrekking tot de verstrekking en inhoud van de jaarrekening en het bestuursverslag, bedoeld in het eerste, tweede en vijfde lid.

Werkingssfeer

7. Het eerste tot en met het zesde lid zijn niet van toepassing op beheerders van beleggingsinstellingen die beleggingsinstellingen beheren waarvan de rechten van deelneming zijn toegelaten tot de handel op een in Nederland gelegen of functionerende gereglementeerde markt en niet op verzoek van de deelnemers ten laste van de activa direct of indirect worden ingekocht of terugbetaald.

Art. 4:37p

Nadere regels

1. Bij of krachtens algemene maatregel van bestuur worden aanvullende regels gesteld met betrekking tot de bedrijfsvoering, de informatie aan beleggers en deelnemers, informatie aan toezichthoudende instanties, bevoegdheden van toezichthoudende instanties en adequate behandeling van deelnemers. Deze aanvullende regels zijn van toepassing voor zover een beheerder van een beleggingsinstelling rechten van deelneming aanbiedt aan niet-professionele beleggers in Nederland, tenzij de beheerder van een beleggingsinstelling rechten van deelneming aanbiedt:

a. die slechts kunnen worden verworven tegen een tegenwaarde van ten minste € 100.000 per deelnemer; of

b. die een nominale waarde per recht hebben van ten minste € 100.000.

2. Bij algemene maatregel van bestuur kan worden bepaald dat de Autoriteit Financiële Markten volgens daarbij te stellen regels ontheffing kan verlenen van de krachtens het eerste lid gestelde regels.

Art. 4:37pa

1. Een beleggingsmaatschappij die wordt beheerd door een beheerder van een beleggingsinstelling waarvan de vergunning is ingetrokken of een beleggingsmaatschappij waarvan de vergunning is ingetrokken, kan op verzoek van de Autoriteit Financiële Markten door de rechtbank worden ontbonden.

Ontbinding beleggingsmaatschappij

2. Het vermogen van een beleggingsfonds dat wordt beheerd door een beheerder van een beleggingsinstelling waarvan de vergunning is ingetrokken, kan op verzoek van de Autoriteit Financiële Markten door een of meer door de rechtbank aan te wijzen vereffenaars binnen een door de rechtbank te bepalen termijn worden vereffend.

3. Een beleggingsmaatschappij of het vermogen van een beleggingsfonds kan tevens op verzoek van de Autoriteit Financiële Markten door de rechtbank worden ontbonden onderscheidenlijk door een of meer door de rechtbank aan te wijzen vereffenaars binnen een door de rechtbank te bepalen termijn worden vereffend, indien:

a. de vergunning van de beheerder van de beleggingsinstelling zodanig is gewijzigd dat die vergunning niet langer strekt tot het beheer van het beleggingsfonds of de beleggingsmaatschappij;

b. de beleggingsinstelling of haar beheerder:

1°. binnen een termijn van twaalf maanden na de oprichting geen activiteiten heeft verricht;

2°. uitdrukkelijk te kennen heeft gegeven dat de beleggingsinstelling geen activiteiten zal verrichten;

3°. haar onderscheidenlijk zijn activiteiten gedurende een termijn van meer dan zes maanden heeft gestaakt;

4°. kennelijk heeft opgehouden beleggingsinstelling te zijn;

5°. niet voldoet aan deze wet; of

6°. niet of niet genoegzaam uitvoering heeft gegeven aan een aanwijzing als bedoeld in artikel 1:75.

4. De ontbinding, bedoeld in het eerste of derde lid, en de vereffening, bedoeld in het tweede of derde lid, vindt niet eerder plaats dan nadat het besluit tot intrekking of wijziging van de vergunning onherroepelijk is geworden.

5. Dit artikel is uitsluitend van toepassing in het geval de rechten van deelneming in de beleggingsinstelling of de beleggingsmaatschappij worden aangeboden aan niet-professionele beleggers in Nederland.

§ 4.3.1.4.a

Informatieverplichtingen voor beheerders van beleggingsinstellingen betreffende controle of zeggenschap in niet-beursgenoteerde uitgevende instellingen

Art. 4:37q

In deze paragraaf en de daarop berustende bepalingen wordt, indien van toepassing in afwijking van artikel 1:1, verstaan onder:

Begripsbepalingen

a. aandeel:

1°. een verhandelbaar aandeel als bedoeld in artikel 79, eerste lid, van Boek 2 van het Burgerlijk Wetboek;

2°. een verhandelbaar aandeel als bedoeld in artikel 190, eerste lid, van Boek 2 van het Burgerlijk Wetboek;

3°. een certificaat van een aandeel of een ander met een certificaat van een aandeel gelijk te stellen verhandelbaar waardebewijs;

4°. elk ander door een rechtspersoon, vennootschap of instelling opgericht naar het recht van een andere lidstaat, uitgegeven verhandelbaar waardebewijs dat gelijk te stellen is met onderdeel 1°, 2° of 3°; of

5°. een verhandelbaar aandeel als bedoeld in artikel 4 van Verordening nr. 1435/2003 (EG) van de Raad van 22 juli 2003 betreffende het statuut voor een Europese Coöperatieve Vennootschap (PbEU 2003, L 207);

b. niet-beursgenoteerde uitgevende instelling: uitgevende instelling met zetel in een lidstaat waarvan geen aandelen zijn toegelaten tot de handel op een gereglementeerde markt;

c. stemmen: stemmen die op aandelen kunnen worden uitgebracht;

d. drempelwaarde: een percentage van de stemmen, waarvan het bereiken, overschrijden of onderschrijden door een beleggingsinstelling die aandelen houdt of verwerft, of stemmen kan uitbrengen of verwerft, leidt tot een verplichting voor de beheerder van de beleggingsinstelling tot het doen van een melding ingevolge artikel 4:37s;

e. controle: het rechtstreeks of middellijk kunnen uitoefenen van meer dan 50 procent van de stemrechten in de algemene vergadering van een niet-beursgenoteerde uitgevende instelling;

f. aandeelhouder: degene die aandelen in een niet-beursgenoteerde uitgevende instelling houdt en van wie naam en adres:

1°. bekend zijn bij de beheerder van een beleggingsinstelling;

2°. ter beschikking kunnen worden gesteld aan de beheerder door de niet-beursgenoteerde uitgevende instelling; of

3°. zijn opgenomen in een register waartoe de beheerder toegang heeft of kan krijgen.

Art. 4:37r

Werkingssfeer

1. Deze paragraaf is uitsluitend van toepassing op de Nederlandse beheerder van een beleggingsinstelling die:

a. het beheer voert over een of meer beleggingsinstellingen die, alleen of gezamenlijk op grond van een daartoe strekkende overeenkomst, controle verkrijgen in een niet-beursgenoteerde uitgevende instelling; of

b. op grond van een overeenkomst samenwerkt met een andere beheerder van een beleggingsinstelling en de door hen beheerde beleggingsinstellingen gezamenlijk controle verkrijgen in een niet-beursgenoteerde uitgevende instelling.

2. In afwijking van het eerste lid, is artikel 4:37s tevens van toepassing op de Nederlandse beheerder van een beleggingsinstelling die:

a. het beheer voert over een of meer beleggingsinstellingen die alleen of gezamenlijk op grond van een daartoe strekkende overeenkomst, zeggenschap verkrijgen in een niet-beursgenoteerde uitgevende instelling; of

b. op grond van een overeenkomst samenwerkt met een andere beheerder van een beleggingsinstelling en de door hen beheerde beleggingsinstellingen gezamenlijk zeggenschap verkrijgen in een niet-beursgenoteerde uitgevende instelling.

3. Deze paragraaf is niet van toepassing indien de desbetreffende niet-beursgenoteerde uitgevende instelling:

a. minder dan 250 werkzame personen heeft en een jaaromzet van minder dan € 50 miljoen of een jaarlijks balanstotaal van minder dan € 43 miljoen heeft; of

b. een entiteit die is opgericht met als bijzonder doel het kopen, bewaren of beheren van vastgoed is.

Art. 4:37s

Beleggingsinstelling, beschikking stemmen in niet-beursgenoteerde uitgevende instelling

1. Indien een beleggingsinstelling de beschikking verkrijgt of verliest over stemmen in een niet-beursgenoteerde uitgevende instelling waardoor het percentage van de stemmen waarover de beleggingsinstelling beschikt een drempelwaarde bereikt, overschrijdt dan wel onderschrijdt, meldt de beheerder dat zo spoedig mogelijk doch uiterlijk binnen tien werkdagen aan de Autoriteit Financiële Markten.

2. De drempelwaarden, bedoeld in het eerste lid, zijn: 10 procent, 20 procent, 30 procent, 50 procent en 75 procent.

Nadere regels

3. Bij of krachtens algemene maatregel van bestuur kunnen regels worden gesteld met betrekking tot de gegevens die bij een melding als bedoeld in dit artikel dienen te worden verstrekt en de wijze van melden.

Art. 4:37t

Beheerder beleggingsinstelling, informatieverplichting bij controle niet-beursgenoteerde uitgevende instelling

1. De beheerder van een beleggingsinstelling stelt indien een door hem beheerde beleggingsinstelling controle verkrijgt in een niet-beursgenoteerde uitgevende instelling, de aandeelhouders, de Autoriteit Financiële Markten en de niet-beursgenoteerde uitgevende instelling daarvan zo spoedig mogelijk doch uiterlijk binnen tien werkdagen in kennis. Bij de kennisgeving verstrekt de beheerder de bij of krachtens algemene maatregel van bestuur te bepalen gegevens.

2. De beheerder van een beleggingsinstelling houdt indien een door hem beheerde beleggingsinstelling controle verkrijgt in een niet-beursgenoteerde uitgevende instelling, voor de aandeelhouders, de Autoriteit Financiële Markten en de niet-beursgenoteerde uitgevende instelling de volgende informatie beschikbaar:

a. de identiteit van de beheerder;

b. het beleid ter voorkoming en beheer van belangenconflicten; en

c. het beleid inzake de communicatie met betrekking tot de niet-beursgenoteerde uitgevende instelling en met name met betrekking tot de werknemers van de desbetreffende niet-beursgenoteerde uitgevende instelling.

3. De beheerder van een beleggingsinstelling doet indien een door hem beheerde beleggingsinstelling controle verkrijgt in een niet-beursgenoteerde uitgevende instelling, een mededeling of draagt er zorg voor dat de beleggingsinstelling mededeling doet aan de aandeelhouders en de niet-beursgenoteerde uitgevende instelling met betrekking tot de:

a. voornemens van de beleggingsinstelling omtrent de toekomst van de niet-beursgenoteerde uitgevende instelling; en *b.* te verwachten gevolgen voor het in dienst houden van de werknemers en bestuurders van de niet-beursgenoteerde uitgevende instelling, met inbegrip van mogelijke belangrijke wijzigingen in de arbeidsvoorwaarden, indien de onder a bedoelde voornemens worden uitgevoerd.

4. De beheerder van een beleggingsinstelling verzoekt indien een door hem beheerde beleggingsinstelling controle verkrijgt in een niet-beursgenoteerde uitgevende instelling, het bestuur van de niet-beursgenoteerde uitgevende instelling om de vertegenwoordigers van de werknemers van de niet-beursgenoteerde uitgevende instelling of, bij ontstentenis van die vertegenwoordigers, de werknemers zelf onverwijld op de hoogte te stellen van de verkrijging van controle door de beleggingsinstelling en de informatie, bedoeld in het eerste tot en met derde lid.

5. De beheerder van een beleggingsinstelling verstrekt indien een door hem beheerde beleggingsinstelling controle verkrijgt in een niet-beursgenoteerde uitgevende instelling aan de Autoriteit Financiële Markten en aan de deelnemers van de beleggingsinstelling, informatie over de wijze van financiering van de verkrijging van controle door de beleggingsinstelling.

Art. 4:37u

1. Indien een beleggingsinstelling controle verkrijgt in een niet-beursgenoteerde uitgevende instelling:

a. verzoekt de beheerder van de beleggingsinstelling de niet-beursgenoteerde uitgevende instelling binnen de volgens de toepasselijke recht geldende termijn een bestuursverslag op te maken en daarin de bij of krachtens algemene maatregel van bestuur te bepalen gegevens op te nemen en verzoekt het bestuur van de niet-beursgenoteerde uitgevende instelling het bestuursverslag ter beschikking te stellen aan de vertegenwoordigers van de werknemers van de niet-beursgenoteerde uitgevende instelling of, bij ontstentenis van die vertegenwoordigers, aan de werknemers zelf; of

b. neemt de beheerder van de beleggingsinstelling de bij of krachtens algemene maatregel van bestuur te bepalen gegevens, bedoeld in onderdeel a, op in de jaarrekening en het bestuursverslag van de beleggingsinstelling, bedoeld in artikel 4:37o.

2. Indien het eerste lid, onderdeel a, is toegepast stelt de beheerder van de beleggingsinstelling het bestuursverslag, bedoeld in het eerste lid, onderdeel a, ter beschikking aan de deelnemers van de beleggingsinstelling binnen zes maanden na afloop van het boekjaar, doch niet later dan de volgens het toepasselijke recht geldende termijn voor het opstellen van het bestuursverslag van de niet-beursgenoteerde uitgevende instelling.

3. Indien het eerste lid, onderdeel b, is toegepast, verzoekt de beheerder van de beleggingsinstelling het bestuur van de niet-beursgenoteerde uitgevende instelling de gegevens, bedoeld in het eerste lid, onderdeel b, binnen zes maanden na afloop van het boekjaar ter beschikking te stellen aan de vertegenwoordigers van de werknemers van de niet-beursgenoteerde uitgevende instelling of, bij ontstentenis van die vertegenwoordigers, aan de werknemers zelf.

Art. 4:37v

1. Gedurende 24 maanden vanaf het tijdstip waarop een beleggingsinstelling controle verkrijgt in een niet-beursgenoteerde uitgevende instelling onthoudt de beheerder van de beleggingsinstelling zich van het bevorderen, steunen of opdragen van de volgende rechtshandelingen door de niet-beursgenoteerde uitgevende instelling:

a. winstuitkeringen, indien:

1°. op de datum van sluiting van het voorgaande boekjaar het eigen vermogen van de niet-beursgenoteerde uitgevende instelling, zoals dat blijkt uit de jaarrekening, is gedaald of ingevolge de uitkering zou dalen beneden het bedrag van het geplaatste kapitaal, vermeerderd met de reserves die krachtens de wet of de statuten niet mogen worden uitgekeerd, met dien verstande dat het geplaatste kapitaal wordt verminderd met het bedrag van het deel daarvan dat nog niet behoeft te worden gestort, wanneer dit deel niet als activa op de balans is opgenomen; en

2°. de uitkering hoger is dan het bedrag van de resultaten van het laatste afgesloten boekjaar, vermeerderd met de overgebrachte winst en met de bedragen die zijn onttrokken aan de daarvoor beschikbare reserves en verminderd met het overgebrachte verlies en met de krachtens wet of statuten aan de reserves toegevoegde bedragen;

b. kapitaalvermindering, tenzij de kapitaalvermindering tot doel heeft verliezen aan te zuiveren of bedragen op te nemen in een reserve, op voorwaarde dat deze reserve ten gevolge van de storting niet groter wordt dan tien procent van het bedrag van het verminderde geplaatste kapitaal;

c. terugbetaling op aandelen;

d. verkrijging van eigen aandelen, met inbegrip van eventueel eerder verkregen aandelen die de niet-beursgenoteerde uitgevende instelling in portefeuille houdt en aandelen die door een persoon in eigen naam maar voor rekening van de niet-beursgenoteerde uitgevende instelling zijn verkregen, waardoor het eigen vermogen daalt beneden het bedrag bedoeld onderdeel a, onder 1°.

2. Het eerste lid, onderdeel d, is niet van toepassing ten aanzien van aandelen die:

a. op de vennootschap overgaan onder algemene titel;

Beheerder beleggingsinstelling, verplichting tot opnemen aanvullende informatie in jaarverslag

Beheerder beleggingsinstelling, voorschriften handelen bij controle niet-beursgenoteerde uitgevende instelling

Werkingssfeer

B23 art. 4:37w **Wet op het financieel toezicht (uittreksel)**

b. zijn volgestort en om niet worden verkregen of financiële ondernemingen worden verkregen als een provisie bij aankoop;

c. die worden verkregen krachtens een wettelijke verplichting of een rechterlijke beslissing ter bescherming van de aandeelhouders met een minderheidsdeelneming, in het bijzonder bij fusies, wijziging van het doel of de rechtsvorm van de vennootschap, bij zetelverplaatsing naar het buitenland of bij invoering van beperkingen van de overdraagbaarheid van aandelen;

d. die worden verkregen van een aandeelhouder omdat ze niet zijn volgestort;

e. die worden verkregen ten einde aandeelhouders met minderheidsdeelneming in verbonden vennootschappen schadeloos te stellen;

f. die zijn volgestort en die worden verkregen bij een gerechtelijke verkoop die plaatsvindt ter voldoening van een schuld van de eigenaar van die aandelen aan de vennootschap; of

g. die zijn volgestort en die zijn uitgegeven door een beleggingsmaatschappij met een vast kapitaal in de zin van artikel 15, vierde lid, tweede volzin van richtlijn nr. 1977/91/EEG van de Raad van de Europese Gemeenschappen van 13 december 1976 betreffende de oprichting van de naamloze vennootschap en die op verzoek van de beleggers zijn verkregen door deze beleggingsmaatschappij of een met haar verbonden vennootschap (PbEU 1977, L 026). Artikel 15, vierde lid, derde alinea, onderdeel a, van richtlijn 1977/91/EEG is van toepassing. Deze verkrijgingen mogen niet tot gevolg hebben dat het eigen vermogen daalt beneden het bedrag van het geplaatste kapitaal, vermeerderd met de reserves die volgens de wet niet mogen worden uitgekeerd.

Beheerder beleggingsinstelling, informatieverplicting bij controle nietbeursgenoteerde uitgevende instelling

3. Indien de beheerder van de beleggingsinstelling namens de beleggingsinstelling stemrecht heeft in vergaderingen van de bestuursorganen van de niet-beursgenoteerde uitgevende instelling, stemt de beheerder gedurende 24 maanden vanaf het tijdstip waarop de beleggingsinstelling controle verkrijgt in de niet-beursgenoteerde uitgevende instelling niet voor winstuitkeringen, kapitaalverminderingen, terugbetaling op aandelen en verkrijging van eigen aandelen als bedoeld in het eerste en tweede lid door de niet-beursgenoteerde uitgevende instelling.

4. Gedurende 24 maanden vanaf het tijdstip waarop een beleggingsinstelling controle verkrijgt in een niet-beursgenoteerde uitgevende instelling spant de beheerder van de beleggingsinstelling zich in om winstuitkeringen, kapitaalverminderingen, terugbetaling op aandelen en verkrijging van eigen aandelen als bedoeld in het eerste en tweede lid door de niet-beursgenoteerde uitgevende instelling te verhinderen.

§ 4.3.1.4.b
Informatieverplichtingen voor beheerders van beleggingsinstellingen betreffende controle in uitgevende instellingen

Art. 4:37w

Begripsbepalingen

In deze paragraaf en de daarop berustende bepalingen wordt, indien van toepassing in afwijking van artikel 1:1, verstaan onder:

a. aandeel:

1°. een verhandelbaar aandeel als bedoeld in artikel 79, eerste lid, van Boek 2 van het Burgerlijk Wetboek;

2°. een certificaat van een aandeel of een ander met een certificaat van een aandeel gelijk te stellen verhandelbaar waardebewijs; of

3°. elk ander door een rechtspersoon, vennootschap of instelling opgericht naar het recht van een andere lidstaat uitgegeven verhandelbaar waardebewijs dat gelijk te stellen is met onderdeel 1°of 2°;

b. uitgevende instelling: uitgevende instelling met statutaire zetel in een lidstaat waarvan aandelen zijn toegelaten tot de handel op een gereglementeerde markt;

c. controle: het rechtstreeks of middellijk kunnen uitoefenen van het percentage stemrechten in een algemene vergadering van een uitgevende instelling dat door de lidstaat waar de uitgevende instelling haar statutaire zetel heeft is vastgesteld overeenkomstig artikel 5, derde lid, richtlijn nr. 2004/25/EG van het Europees Parlement en de Raad van 21 april 2004 betreffende het openbaar overnamebod (PbEU 2004, L 142);

d. aandeelhouder: degene die aandelen in een uitgevende instelling houdt en van wie naam en adres:

1°. bekend zijn bij de beheerder van een beleggingsinstelling;

2°. ter beschikking kunnen worden gesteld aan de beheerder door de uitgevende instelling; of

3°. zijn opgenomen in een register waartoe de beheerder toegang heeft of kan krijgen.

Art. 4:37x

Werkingssfeer

1. Deze paragraaf is uitsluitend van toepassing op de Nederlandse beheerder van een beleggingsinstelling die:

a. het beheer voert over een of meer beleggingsinstellingen die, alleen of gezamenlijk op grond van een daartoe strekkende overeenkomst, controle verkrijgen in een uitgevende instelling; of *b.* op grond van een overeenkomst samenwerkt met een andere beheerder van een beleggingsinstelling en de door hen beheerde beleggingsinstellingen gezamenlijk controle verkrijgen in een uitgevende instelling.

2. Deze paragraaf is niet van toepassing indien de desbetreffende uitgevende instelling:
a. minder dan 250 werkzame personen heeft en een jaaromzet van minder dan € 50 miljoen of een jaarlijks balanstotaal van minder dan € 43 miljoen heeft; of
b. een entiteit is die is opgericht met als bijzonder doel het kopen, bewaren of beheren van vastgoed.

Art. 4:37y

1. De beheerder van een belegginginstelling houdt indien een door hem beheerde beleggingsinstelling controle verkrijgt in een uitgevende instelling, voor de aandeelhouders, de Autoriteit Financiële Markten en de uitgevende instelling de volgende informatie beschikbaar:
a. de identiteit van de beheerder;
b. het beleid ter voorkoming en beheer van belangenconflicten; en
c. het beleid inzake de communicatie met betrekking tot de uitgevende instelling en met name met betrekking tot de werknemers van de desbetreffende uitgevende instelling.

2. De beheerder van een belegginginstelling verzoekt indien een door hem beheerde beleggingsinstelling controle verkrijgt in een uitgevende instelling, het bestuur van de uitgevende instelling om de vertegenwoordigers van de werknemers van de uitgevende instelling of, bij ontstentenis van die vertegenwoordigers, de werknemers zelf onverwijld op de hoogte te stellen van de verkrijging van controle door de beleggingsinstelling en de informatie, bedoeld in het eerste lid.

Art. 4:37z

1. Gedurende 24 maanden vanaf het tijdstip waarop een beleggingsinstelling controle verkrijgt in een uitgevende instelling onthoudt de beheerder van de beleggingsinstelling zich van het bevorderen, steunen of opdragen van de volgende rechtshandelingen door de uitgevende instelling:

a. winstuitkeringen, indien:
$1°.$ op de datum van sluiting van het voorgaande boekjaar het eigen vermogen van de uitgevende instelling, zoals dat blijkt uit de jaarrekening, is gedaald of ingevolge de uitkering zou dalen beneden het bedrag van het geplaatste kapitaal, vermeerderd met de reserves die krachtens de wet of de statuten niet mogen worden uitgekeerd, met dien verstande dat het geplaatste kapitaal wordt verminderd met het bedrag van het deel daarvan dat nog niet behoeft te worden gestort, wanneer dit deel niet als activo op de balans is opgenomen; en
$2°.$ de uitkering hoger is dan het bedrag van de resultaten van het laatste afgesloten boekjaar, vermeerderd met de overgebrachte winst en met de bedragen die zijn onttrokken aan de daarvoor beschikbare reserves en verminderd met het overgebrachte verlies en met de krachtens wet of statuten aan de reserves toegevoegde bedragen;
b. kapitaalvermindering, tenzij de kapitaalvermindering tot doel heeft verliezen aan te zuiveren of bedragen op te nemen in een reserve, op voorwaarde dat deze reserve ten gevolge van de storting niet groter wordt dan tien procent van het bedrag van het verminderde geplaatste kapitaal;
c. terugbetaling op aandelen;
d. verkrijging van eigen aandelen, met inbegrip van eventueel eerder verkregen aandelen die de uitgevende instelling in portefeuille houdt en aandelen die door een persoon in eigen naam maar voor rekening van de uitgevende instelling zijn verkregen, waardoor het eigen vermogen daalt beneden het bedrag bedoeld onderdeel a, onder $1°.$

2. Het eerste lid, onderdeel d, is niet van toepassing ten aanzien van aandelen die:
a. op de vennootschap overgaan onder algemene titel;
b. zijn volgestort en om niet worden verkregen of financiële ondernemingen worden verkregen als een provisie bij aankoop;
c. die worden verkregen krachtens een wettelijke verplichting of een rechterlijke beslissing ter bescherming van de aandeelhouders met een minderheidsdeelneming, in het bijzonder bij fusies, wijziging van het doel of de rechtsvorm van de vennootschap, bij zetelverplaatsing naar het buitenland of bij invoering van beperkingen van de overdraagbaarheid van aandelen;
d. die worden verkregen van een aandeelhouder omdat ze niet zijn volgestort;
e. die worden verkregen ten einde aandeelhouders met minderheidsdeelneming in verbonden vennootschappen schadeloos te stellen;
f. die zijn volgestort en die worden verkregen bij een gerechtelijke verkoop die plaatsvindt ter voldoening van een schuld van de eigenaar van die aandelen aan de vennootschap; of
g. die zijn volgestort en die zijn uitgegeven door een beleggingsmaatschappij met een vast kapitaal in de zin van artikel 15, vierde lid, tweede volzin van richtlijn nr. 1977/91/EEG van de Raad van de Europese Gemeenschappen van 13 december 1976 betreffende de oprichting van de naamloze vennootschap en die op verzoek van de beleggers zijn verkregen door deze beleggingsmaatschappij of een met haar verbonden vennootschap (PbEU 1977, L 026). Artikel 15,

Beheerder beleggingsinstelling, informatieverplichthing bij controle uitgevende instelling

Beheerder beleggingsinstelling, onthouding rechtshandelingen

Werkingssfeer

vierde lid, derde alinea, onderdeel a, van richtlijn 1977/91/EEG is van toepassing. Deze verkrijgingen mogen niet tot gevolg hebben dat het eigen vermogen daalt beneden het bedrag van het geplaatste kapitaal, vermeerderd met de reserves die volgens de wet niet mogen worden uitgekeerd.

Beheerder beleggingsinstelling, onthouding rechtshandelingen

3. Indien de beheerder van de beleggingsinstelling namens de beleggingsinstelling stemrecht heeft in vergaderingen van de organen van de niet-beursgenoteerde uitgevende instelling, stemt de beheerder gedurende 24 maanden vanaf het tijdstip waarop de beleggingsinstelling controle verkrijgt in de uitgevende instelling niet voor winstuitkeringen, kapitaalverminderingen, terugbetaling op aandelen en verkrijging van eigen aandelen als bedoeld in het eerste en tweede lid door de uitgevende instelling.

Beheerder beleggingsinstelling, inspanningsver- plichting gedurende 24 maanden na controle

4. Gedurende 24 maanden vanaf het tijdstip waarop een beleggingsinstelling controle verkrijgt in een uitgevende instelling spant de beheerder van de beleggingsinstelling zich in om winstuitkeringen, kapitaalverminderingen, terugbetaling op aandelen en verkrijging van eigen aandelen als bedoeld in het eerste en tweede lid door de uitgevende instelling te verhinderen.

§ 4.3.1.4.c
Rechten van deelneming in een icbe

Art. 4:38

Werkingssfeer

1. Deze paragraaf, met uitzondering van de artikelen 4:53, aanhef en onderdeel b, en 4:62, is niet van toepassing op beheerders met zetel in een andere lidstaat die via het verrichten van diensten instellingen voor collectieve belegging in effecten met zetel in Nederland beheren of rechten van deelneming in instellingen voor collectieve belegging in effecten in Nederland aanbieden, instellingen voor collectieve belegging in effecten met zetel in een andere lidstaat en de eventueel aan die instellingen verbonden bewaarders.

2. Deze paragraaf, met uitzondering van de artikelen 4:53, aanhef en onderdeel b, 4:59a tot en met 4:59e en 4:62, is niet van toepassing op beheerders met zetel in een andere lidstaat die vanuit een in Nederland gelegen bijkantoor icbe's met zetel in Nederland beheren of rechten van deelneming in icbe's in Nederland aanbieden.

Art. 4:39

Beleggingsinstelling, dagelijks beleid

Ten minste twee natuurlijke personen bepalen het dagelijks beleid van een beheerder van een icbe, maatschappij voor collectieve belegging in effecten, bewaarder van een icbe of pensioenbewaarder.

Art. 4:40

Beleggingsinstelling, dagelijks beleid vanuit Nederland

De personen die het dagelijks beleid van een beheerder van een icbe of maatschappij voor collectieve belegging in effecten met zetel in Nederland bepalen, verrichten hun werkzaamheden in verband daarmee vanuit Nederland.

Art. 4:41

[Vervallen]

Art. 4:42

Beheerder icbe, rechtsvorm

Een beheerder van een icbe is een rechtspersoon.

Art. 4:43

[Vervallen]

Art. 4:44

Icbe, juridische eigendom activa

1. De juridische eigendom van de activa van een fonds voor collectieve belegging in effecten wordt gehouden door een entiteit met als enig statutair doel het houden van de juridische eigendom van de activa van een of meer fondsen voor collectieve belegging in effecten, al dan niet tezamen met het bewaren en administreren van de activa.

2. Indien op grond van het beleggingsbeleid een reëel risico bestaat dat het vermogen van het fonds voor collectieve belegging in effecten en het eigen vermogen van de entiteit die de juridische eigendom van de activa houdt, ontoereikend zullen zijn voor voldoening van vorderingen als bedoeld in artikel 4:45, eerste lid, wordt de juridische eigendom van de activa van een fonds voor collectieve belegging in effecten gehouden door een entiteit met als enig statutair doel het houden van de juridische eigendom van de activa uitsluitend ten behoeve van dat fonds, al dan niet tezamen met het bewaren en administreren van de activa.

3. De Autoriteit Financiële Markten kan op aanvraag geheel of gedeeltelijk, al dan niet voor bepaalde tijd, ontheffing verlenen van het eerste lid, indien de aanvrager aantoont dat daaraan redelijkerwijs niet kan worden voldaan en dat de doeleinden die dat lid beoogt te bereiken anderszins worden bereikt.

4. Het tweede lid is niet van toepassing ten aanzien van de activa van subfondsen.

5. De Autoriteit Financiële Markten kan op aanvraag geheel of gedeeltelijk, al dan niet voor bepaalde tijd, ontheffing verlenen van het eerste lid indien de aanvrager aantoont dat daaraan redelijkerwijs niet kan worden voldaan en dat de doeleinden die dat lid beoogt te bereiken anderszins worden bereikt.

Art. 4:45

1. Het vermogen van een icbe is een afgescheiden vermogen dat uitsluitend dient tot voldoening van vorderingen die voortvloeien uit:

a. schulden die verband houden met het beheer, het bewaren en het houden van de juridische eigendom van de activa van de icbe, en die volgens de informatie, bedoeld in artikel 4:22, eerste lid, ten laste kunnen worden gebracht van het vermogen van de icbe; en

b. rechten van deelneming.

2. Indien het vermogen van een icbe bij vereffening ontoereikend is voor voldoening van de vorderingen, dient het vermogen van het icbe ter voldoening van de vorderingen in de volgorde van het eerste lid.

3. In afwijking van het eerste lid zijn andere vorderingen verhaalbaar op het vermogen van een icbe indien vaststaat dat de in het eerste lid bedoelde vorderingen zullen kunnen worden voldaan en dat in de toekomst dergelijke vorderingen niet meer zullen ontstaan.

4. Indien de in het eerste lid bedoelde vorderingen niet volledig uit het vermogen van het icbe kunnen worden voldaan, dient het eigen vermogen van de entiteit die de juridische eigendom houdt van de activa van het icbe eerst ter voldoening van de vorderingen in de volgorde van het eerste lid en vervolgens van de overige vorderingen, behoudens de door de wet erkende andere redenen van voorrang.

Art. 4:46

1. Een beheerder van een icbe beschikt over een website.

2. De beheerder rangschikt informatie op de website, voorzover relevant, per afzonderlijke door hem beheerde icbe.

3. De beheerder vermeldt het adres van de website in het prospectus, bedoeld in artikel 4:49, eerste lid, in de halfjaarcijfers en in het bestuursverslag van de beheerder en de door hem beheerde icbe's, bedoeld in artikel 4:51, eerste en tweede lid.

4. Indien de beheerder ingevolge deze wet beschikbaar te stellen of te verstrekken informatie op zijn website publiceert of anderszins in elektronische vorm beschikbaar stelt, vermeldt hij daarbij dat desgevraagd een afschrift van die informatie wordt verstrekt en, indien van toepassing, welke kosten daaraan verbonden zijn.

Art. 4:46a

1. Telkens wanneer een icbe rechten van deelneming aanbiedt, verkoopt, inkoopt of daarop terugbetaalt, bepaalt de beheerder van een icbe de intrinsieke waarde van de rechten van deelneming en publiceert hij deze onverwijld op zijn website, onder vermelding van het moment waarop de bepaling van de intrinsieke waarde plaatsvond.

2. De Autoriteit Financiële Markten kan op aanvraag geheel of gedeeltelijk, al dan niet voor bepaalde tijd, ontheffing verlenen van de verplichting de intrinsieke waarde te publiceren, indien de aanvrager aantoont dat daaraan redelijkerwijs niet kan worden voldaan en dat de doeleinden die met de verplichting worden beoogd te bereiken anderszins worden bereikt.

Art. 4:47

1. Een beheerder van een icbe heeft op zijn website de voorwaarden die gelden tussen een door hem beheerde icbe en de deelnemers beschikbaar.

2. Een beheerder van een icbe maakt een voorstel tot wijziging van de voorwaarden als bedoeld in het eerste lid bekend in een advertentie in een landelijk verspreid Nederlands dagblad of aan het adres van iedere deelnemer alsmede op zijn website. De beheerder van een icbe licht het voorstel tot wijziging van de voorwaarden toe op zijn website. Gelijktijdig met de bekendmaking van het voorstel tot wijziging stelt de beheerder van een icbe de Autoriteit Financiële Markten hiervan in kennis. Bij algemene maatregel van bestuur worden regels gesteld ten aanzien van de inhoud van de advertentie en de toelichting op de website van de beheerder van een icbe.

3. Een beheerder van een icbe maakt een wijziging van de voorwaarden als bedoeld in het eerste lid bekend in een advertentie in een landelijk verspreid Nederlands dagblad of aan het adres van iedere deelnemer alsmede op zijn website voor zover deze wijziging afwijkt van het voorstel, bedoeld in het tweede lid. De beheerder van een icbe licht de wijziging van de voorwaarden toe op zijn website. Gelijktijdig met de bekendmaking van de wijziging stelt de beheerder van een icbe de Autoriteit Financiële Markten hiervan in kennis.

4. Indien door de wijziging van de voorwaarden, bedoeld in het eerste lid, rechten of zekerheden van de deelnemers worden verminderd of lasten aan de deelnemers worden opgelegd, wordt de wijziging tegenover de deelnemers niet ingeroepen voordat een maand is verstreken na de bekendmaking, bedoeld in het tweede lid, en kunnen de deelnemers binnen deze periode onder de gebruikelijke voorwaarden uittreden.

5. Indien door de wijziging van de voorwaarden, bedoeld in het eerste lid, het beleggingsbeleid van de icbe wordt gewijzigd, wordt de wijziging niet ingevoerd voordat een maand is verstreken na de bekendmaking, bedoeld in het tweede lid, en kunnen de deelnemers binnen deze periode onder de gebruikelijke voorwaarden uittreden.

B23 art. 4:48 Wet op het financieel toezicht (uittreksel)

Rechten van deelneming, ontheffing bekendmaking wijziging voorwaarden

6. De Autoriteit Financiële Markten kan op aanvraag geheel of gedeeltelijk, al dan niet voor bepaalde tijd, ontheffing verlenen van het tweede lid, eerste volzin, het derde lid, eerste volzin, het vierde of het vijfde lid, indien de aanvrager aantoont dat daaraan redelijkerwijs niet kan worden voldaan en dat de doeleinden die met die verplichting worden beoogd te bereiken anderzins worden bereikt.

Art. 4:48

Beheerder icbe, registratiedocument

1. Een beheerder van een icbe heeft op zijn website een registratiedocument beschikbaar waarin gegevens zijn opgenomen over de beheerder, de icbe's die hij beheert of voornemens is te beheren en de eventueel daaraan verbonden bewaarders.

Nadere regels

2. Bij algemene maatregel van bestuur worden regels gesteld met betrekking tot de gegevens die het registratiedocument ten minste moet bevatten.

Beheerder icbe, registratiedocument

3. De Autoriteit Financiële Markten kan op aanvraag geheel of gedeeltelijk, al dan niet voor bepaalde tijd, ontheffing verlenen van het eerste lid, indien de aanvrager aantoont dat daaraan redelijkerwijs niet kan worden voldaan en dat de doeleinden die het eerste lid beoogt te bereiken anderzins worden bereikt.

Art. 4:49

Beheerder icbe, prospectus over beheerde instellingen

1. Een beheerder van een icbe heeft op zijn website een prospectus beschikbaar over elke door hem beheerde icbe.

2. Het prospectus bevat ten minste:

a. de gegevens die voor beleggers noodzakelijk zijn om zich een oordeel te vormen over de icbe en de daaraan verbonden kosten en risico's;

b. een verklaring van de beheerder van een icbe dat hijzelf, de icbe en de eventueel daaraan verbonden bewaarder voldoen aan de bij of krachtens deze wet gestelde regels en dat het prospectus voldoet aan de bij of krachtens deze wet gestelde regels;

c. een mededeling van een accountant, onder vermelding van zijn naam en kantooradres, dat het prospectus de ingevolge deze wet voorgeschreven gegevens bevat;

d. het registratiedocument van de beheerder van een icbe, bedoeld in artikel 4:48, eerste lid; en

e. bij algemene maatregel van bestuur te bepalen andere gegevens die op bij of krachtens algemene maatregel van bestuur te bepalen wijze in het prospectus worden opgenomen.

3. Indien een icbe bestaat uit subfondsen, neemt de beheerder van een icbe de specifiek voor een subfonds geldende voorwaarden op in het prospectus van de icbe.

4. Een beheerder van een icbe actualiseert de gegevens die in het prospectus zijn opgenomen zodra daartoe aanleiding bestaat.

5. De Autoriteit Financiële Markten kan verlangen dat het prospectus in een of meer door haar te bepalen talen beschikbaar wordt gesteld indien dit, gelet op de voorgenomen verspreiding van het prospectus, noodzakelijk is voor een adequate informatieverschaffing aan het publiek.

6. De Autoriteit Financiële Markten kan op aanvraag geheel of gedeeltelijk, al dan niet voor bepaalde tijd, ontheffing verlenen van het eerste of derde lid, alsmede van ingevolge het tweede lid bepaalde, indien de aanvrager aantoont dat daaraan redelijkerwijs niet kan worden voldaan en dat de doeleinden die het eerste lid beoogt te bereiken anderzins worden bereikt.

Art. 4:50

Beheerder icbe, informativerplichting beheerder

1. Een beheerder van een icbe verstrekt ten minste twee weken voordat rechten van deelneming in een door hem beheerde icbe worden aangeboden aan de Autoriteit Financiële Markten ten behoeve van opname van de icbe in het register, bedoeld in artikel 1:107, de volgende gegevens:

a. de naam en het adres van de beheerder van de icbe;

b. de naam en het adres van de icbe;

c. indien van toepassing: de namen van de personen die het dagelijks beleid van de maatschappij voor collectieve belegging in effecten bepalen, de namen van de personen die het beleid van de maatschappij voor collectieve belegging in effecten bepalen of mede bepalen en de namen van de personen die onderdeel zijn van een orgaan dat belast is met het toezicht op het beleid en de algemene gang van zaken van de maatschappij voor collectieve belegging in effecten;

d. de naam en het adres van de eventueel aan de icbe verbonden bewaarder;

e. de wijze van in- en verkoop van rechten van deelneming;

f. een beschrijving van het beleggingsbeleid van de icbe;

g. de eventuele notering op een gereglementeerde markt;

h. de beoogde datum van het aanbieden van de rechten van deelneming; en

i. indien van toepassing: het fondsreglement van het fonds voor collectieve belegging in effecten.

2. De beheerder van een icbe stelt bij het aanbieden van de rechten van deelneming of bij de schriftelijke aankondiging dat de rechten van deelneming zullen worden aangeboden, het prospectus, bedoeld in artikel 4:49, het fondsreglement of de statuten van de icbe en, voor zover openbaar gemaakt, de jaarrekening van de icbe over de twee voorafgaande jaren algemeen en kosteloos beschikbaar en publiceert deze informatie op zijn website. In iedere bekendmaking waarin deze rechten van deelneming worden aangeboden, worden de plaatsen vermeld waar het prospectus voor het publiek verkrijgbaar is.

3. De Autoriteit Financiële Markten kan op aanvraag geheel of gedeeltelijk, al dan niet voor bepaalde tijd, ontheffing verlenen van het tweede lid, indien de aanvrager aantoont dat daaraan redelijkerwijs niet kan worden voldaan en dat de doeleinden die dat lid beoogt te bereiken anderszins worden bereikt.

Art. 4:51

1. Een beheerder van een icbe of icbe verstrekt binnen vier maanden na afloop van het boekjaar aan de Autoriteit Financiële Markten een jaarrekening, een bestuursverslag en overige gegevens als bedoeld in de artikelen 361, eerste lid, 391, eerste lid, onderscheidenlijk 392, eerste lid, onderdelen a tot en met h, van Boek 2 van het Burgerlijk Wetboek.

2. Een beheerder van een icbe of icbe verstrekt binnen negen weken na afloop van de eerste helft van het boekjaar halfjaarcijfers aan de Autoriteit Financiële Markten.

3. De beheerder van een icbe of icbe stelt de jaarrekening, het bestuursverslag en de overige gegevens, bedoeld in het eerste lid, en de halfjaarcijfers, bedoeld in het tweede lid, op overeenkomstig Titel 9 van Boek 2 van het Burgerlijk Wetboek, met uitzondering van artikel 396, zevende lid, van Boek 2 van het Burgerlijk Wetboek, voor zover het de vrijstelling van de verplichting, bedoeld in artikel 393, eerste lid, van Boek 2 van het Burgerlijk Wetboek, betreft, en artikel 403 van Boek 2 van het Burgerlijk Wetboek voor zover het een beheerder van een icbe betreft.

4. Indien een icbe bestaat uit subfondsen, neemt de beheerder van een icbe of de icbe de relevante financiële gegevens met betrekking tot de subfondsen op in de jaarrekening, het bestuursverslag en de overige gegevens, bedoeld in het eerste lid, en de halfjaarcijfers, bedoeld in het tweede lid, van de icbe.

5. Bij of krachtens algemene maatregel van bestuur worden regels gesteld met betrekking tot de verstrekking en de inhoud van de jaarrekening, het bestuursverslag en de overige gegevens, bedoeld in het eerste lid, en van de halfjaarcijfers, bedoeld in het tweede lid.

6. Onverminderd het bepaalde in Titel 9 van Boek 2 van het Burgerlijk Wetboek kan de Autoriteit Financiële Markten op aanvraag geheel of gedeeltelijk, al dan niet voor bepaalde tijd, ontheffing verlenen van het eerste, tweede of derde lid of van het op grond van het vijfde lid bepaalde, indien de aanvrager aantoont dat daaraan redelijkerwijs niet kan worden voldaan en dat de doeleinden die dit artikel beoogt te bereiken anderszins worden bereikt.

Art. 4:52

1. Een beheerder van een icbe of icbe maakt binnen vier maanden na afloop van het boekjaar de jaarrekening, het bestuursverslag en de overige gegevens, bedoeld in artikel 4:51, eerste lid, openbaar.

2. Een beheerder van een icbe of icbe maakt binnen negen weken na afloop van de eerste helft van het boekjaar de halfjaarcijfers, bedoeld in artikel 4:51, tweede lid, openbaar.

3. Bij of krachtens algemene maatregel van bestuur worden regels gesteld met betrekking tot de openbaarmaking van de jaarrekening, het bestuursverslag en de overige gegevens, bedoeld in het eerste lid, en van de halfjaarcijfers, bedoeld in het tweede lid.

4. De Autoriteit Financiële Markten kan op aanvraag geheel of gedeeltelijk, al dan niet voor bepaalde tijd, ontheffing verlenen van het eerste of tweede lid of het op grond van het derde lid bepaalde, indien de aanvrager aantoont dat daaraan redelijkerwijs niet kan worden voldaan en dat de doeleinden die dit artikel beoogt te bereiken anderszins worden bereikt.

Art. 4:52a

Ten minste een maal per jaar voert een onafhankelijke deskundige een waardering uit van de activa van een icbe die geen financiële instrumenten zijn die zijn toegelaten tot de handel op een gereglementeerde markt, een multilaterale handelsfaciliteit of een met een gereglementeerde markt of multilaterale handelsfaciliteit vergelijkbaar systeem uit een staat die geen lidstaat is.

Art. 4:52b

[Vervallen]

Art. 4:53

Indien van de in Nederland gevoerde of te voeren naam van een beheerder van een icbe of een icbe gevaar voor verwarring of misleiding is te duchten, kan de Autoriteit Financiële Markten verlangen dat de beheerder van een icbe onderscheidenlijk de icbe:

a. de naam wijzigt; of

b. een verklarende vermelding aan de naam toevoegt.

Art. 4:54

1. Een maatschappij voor collectieve belegging in effecten die wordt beheerd door een beheerder van een icbe waarvan de vergunning is ingetrokken of een maatschappij voor collectieve belegging in effecten waarvan de vergunning is ingetrokken, kan op verzoek van de Autoriteit Financiële Markten door de rechtbank worden ontbonden.

2. Het vermogen van een fonds voor collectieve belegging in effecten dat wordt beheerd door een beheerder van een icbe waarvan de vergunning is ingetrokken, kan op verzoek van de Au-

B23 art. 4:55 Wet op het financieel toezicht (uittreksel)

toriteit Financiële Markten door een of meer door de rechtbank aan te wijzen vereffenaars binnen een door de rechtbank te bepalen termijn worden vereffend.

3. Een maatschappij voor collectieve belegging in effecten of het vermogen van een fonds voor collectieve belegging in effecten kan tevens op verzoek van de Autoriteit Financiële Markten door de rechtbank worden ontbonden onderscheidenlijk door een of meer door de rechtbank aan te wijzen vereffenaars binnen een door de rechtbank te bepalen termijn worden vereffend, indien:

a. de vergunning van de beheerder van de icbe zodanig is gewijzigd dat die vergunning niet langer strekt tot het beheer van het fonds voor collectieve belegging in effecten of de maatschappij voor collectieve belegging in effecten;

b. de icbe of haar beheerder:

1°. binnen een termijn van twaalf maanden na de oprichting geen activiteiten heeft verricht;

2°. uitdrukkelijk te kennen heeft gegeven dat de icbe geen activiteiten zal verrichten;

3°. haar onderscheidenlijk zijn activiteiten gedurende een termijn van meer dan zes maanden heeft gestaakt;

4°. kennelijk heeft opgehouden icbe te zijn;

5°. niet voldoet aan deze wet; of

6°. niet of niet genoegzaam uitvoering heeft gegeven aan een aanwijzing als bedoeld in artikel 1:75.

4. De ontbinding, bedoeld in het eerste of derde lid, en de vereffening, bedoeld in het tweede of derde lid, vindt niet eerder plaats dan nadat het besluit tot intrekking of wijziging van de vergunning onherroepelijk is geworden.

Art. 4:55

Beheerder icbe, opschorten inkoop/terugbetaling rechten van deelneming

Indien een beheerder van een icbe de inkoop of terugbetaling van rechten van deelneming in een door hem beheerde icbe opschort, stelt hij de toezichthoudende instantie van elke lidstaat waar de rechten van deelneming in de icbe worden verhandeld, onverwijld daarvan op de hoogte.

Art. 4:55a

[Vervallen]

Art. 4:55b

Beheerder master-icbe, opschorten verkoop inkoop/terugbetaling/inschrijving rechten van deelneming

Indien een beheerder van een master-icbe de inkoop, terugbetaling of inschrijving van rechten van deelneming in een door hem beheerde master-icbe tijdelijk opschort, kan een beheerder van een feeder-icbe onverminderd artikel 4:55 besluiten in dezelfde periode de inkoop, terugbetaling of inschrijving van rechten van deelneming in de door hem beheerde feeder-icbe op te schorten.

Art. 4:56-4:57b

[Vervallen]

Art. 4:57c

Accountants master-icbe/feeder-icbe, overeenkomst tot uitwisseling van informatie

1. Indien een master-icbe en een feeder-icbe verschillende accountants hebben, sluiten de accountants een overeenkomst tot uitwisseling van informatie.

2. Een accountant van een feeder-icbe betrekt in zijn accountantsverslag het accountantsverslag van de master-icbe. Indien de afsluitingsdatum van het boekjaar van de master-icbe afwijkt van de afsluitingsdatum van het boekjaar van de feeder-icbe stelt de accountant van de master-icbe een ad hoc-verslag op, waarvan de afsluitingsdatum gelijk is aan de afsluitingsdatum van het boekjaar van de feeder-icbe.

3. Een accountant van een feeder-icbe vermeldt in zijn accountantsverslag:

a. de door hem geconstateerde onregelmatigheden in het accountantsverslag van de master-icbe; en

b. de gevolgen van deze onregelmatigheden voor de feeder-icbe.

4. Een accountant als bedoeld in het eerste lid is niet aansprakelijk voor een beperking van de informatieverstrekking aan de andere accountant vanwege een contractuele beperking die voortvloeit uit een overeenkomst met derden of ingevolge de wet is bepaald.

Nadere regels

5. Bij of krachtens algemene maatregel van bestuur kunnen regels worden gesteld met betrekking tot de overeenkomst, bedoeld in het eerste lid.

Art. 4:58

Maatschappij voor collectieve beleggingen in effecten, aparte beheerder

Een maatschappij voor collectieve belegging in effecten heeft een aparte beheerder tenzij de maatschappij een eigen vermogen heeft van ten minste € 300 000.

Art. 4:59

Beheerder icbe, toelatings-eisen

Een beheerder van een icbe heeft zijn zetel in een lidstaat.

Art. 4:59a

1. Een beheerder van een icbe voert een adequaat beleid ter zake van het voorkomen van belangenconflicten.

2. Een beheerder van een icbe zorgt ervoor dat de door hem beheerde icbe's en de deelnemers van de door hem beheerde icbe's op billijke wijze worden behandeld in het geval dat een belangenconflict onvermijdelijk blijkt te zijn.

3. Bij of krachtens algemene maatregel van bestuur kunnen regels worden gesteld met betrekking tot het beleid, bedoeld in het eerste lid.

Art. 4:59b

1. Een beheerder van een icbe zet zich op eerlijke, billijke en professionele wijze in voor de door hem beheerde icbe's en de deelnemers van de door hem beheerde icbe's en onthoudt zich van gedragingen die schadelijk zijn voor de integriteit van de markt.

2. Bij of krachtens algemene maatregel van bestuur kunnen regels worden gesteld met betrekking tot de verwerking van orders, het verstrekken van informatie aan deelnemers over de uitgevoerde opdrachten tot inschrijving, inkoop of terugbetaling van rechten van deelneming en het verschaffen of ontvangen van een beloning of vergoeding, in welke vorm dan ook, in verband met het beheer van beleggingen en de administratie.

Art. 4:59c

1. Bij het uitvoeren van orders namens icbe's neemt een beheerder van een icbe alle redelijke maatregelen om het best mogelijke resultaat voor de door hem beheerde icbe's te behalen, rekening houdend met de prijs, de kosten, de snelheid, de waarschijnlijkheid van uitvoering en afwikkeling, de omvang en de aard van de order en alle andere voor de uitvoering van de order relevante aspecten.

2. Bij de bepaling van het relatieve gewicht van de factoren, bedoeld in het eerste lid, neemt de beheerder van een icbe de volgende aspecten in aanmerking:

a. de doelstellingen, beleggingsstrategie en risico's met betrekking tot de icbe's, zoals opgenomen in het prospectus, de statuten of het fondsreglement van de desbetreffende icbe's;

b. de kenmerken van de order;

c. de kenmerken van de financiële instrumenten waarop de order betrekking heeft; en

d. de kenmerken van de plaatsen van uitvoering waar de order kan worden geplaatst.

3. Teneinde te voldoen aan het eerste lid stelt een beheerder van een icbe adequate regelingen vast en ziet hij toe op de naleving van deze regelingen. Een beheerder van een icbe stelt in ieder geval een beleid vast dat hem in staat stelt om bij de uitvoering van orders voor de door hem beheerde icbe's het best mogelijke resultaat te behalen.

4. Met de uitvoering van een order wordt pas een begin gemaakt na instemming van de maatschappij voor collectieve belegging in effecten met het orderuitvoeringsbeleid.

5. Een beheerder van een icbe stelt de deelnemers van de icbe's in kennis van het orderuitvoeringsbeleid en over wezenlijke veranderingen daarvan.

6. Een beheerder van een icbe ziet periodiek toe op de doeltreffendheid van zijn uitvoeringsregelingen en orderuitvoeringsbeleid om tekortkomingen te achterhalen en te corrigeren. Het orderuitvoeringsbeleid wordt jaarlijks geëvalueerd. Een dergelijke evaluatie wordt ook telkens verricht wanneer zich een wezenlijke verandering voordoet in de mogelijkheden van de beheerder van een icbe om het best mogelijke resultaat te behalen voor de door hem beheerde icbe's.

7. Een beheerder van een icbe zorgt ervoor dat hij kan aantonen dat de orders die hij namens de icbe heeft uitgevoerd in overeenstemming zijn met het orderuitvoeringsbeleid.

Art. 4:59d

1. Een beheerder van een icbe neemt alle redelijke maatregelen om het best mogelijke resultaat voor de door hem beheerde icbe's te behalen bij het plaatsen van orders met betrekking tot financiële instrumenten bij derden. Daarbij rekening houdend met de factoren, bedoeld in artikel 4:59c, eerste lid, en het relatieve gewicht van deze factoren dat wordt bepaald aan de hand van de criteria, bedoeld in artikel 4:59c, tweede lid.

2. De beheerder van een icbe stelt een beleid vast dat hem in staat stelt te voldoen aan het eerste lid. In het beleid worden voor alle categorieën van financiële instrumenten de derden genoemd bij wie de orders worden geplaatst. De genoemde derden moeten beschikken over orderuitvoeringsregelingen die de beheerder van een icbe in staat stellen aan zijn verplichtingen uit hoofde van dit artikel te voldoen wanneer hij orders ter uitvoering plaatst bij deze derden.

3. De beheerder van een icbe verstrekt de deelnemers van de icbe's voldoende informatie over het overeenkomstig het tweede lid vastgestelde beleid en over wezenlijke veranderingen daarvan.

4. De beheerder van een icbe houdt periodiek toezicht op de doeltreffendheid van het beleid, bedoeld in het tweede lid, en met name op de uitvoeringskwaliteit van de in het beleid genoemde derden en corrigeert in voorkomend geval eventuele tekortkomingen.

5. De beheerder van een icbe evalueert jaarlijks het vastgestelde beleid, bedoeld in het tweede lid, en gaat daarbij met name de kwaliteit van uitvoering van orders van icbe's door de in dit beleid genoemde derden na en corrigeert eventuele tekortkomingen in het beleid.

Beheerder icbe, voorkomen belangenconflicten

Nadere regels

Beheerder icbe, inzet voor instellingen/deelnemers

Nadere regels

Beheerder icbe, uitvoeren orders

Beheerder icbe, eisen aan beleid

B23 art. 4:59e Wet op het financieel toezicht (uittreksel)

Een dergelijke evaluatie wordt ook telkens verricht wanneer zich een wezenlijke verandering voordoet in de mogelijkheden van de beheerder van een icbe om steeds het best mogelijke resultaat voor de door hem beheerde icbe's te behalen.

6. De beheerder van een icbe zorgt ervoor dat hij kan aantonen dat de orders die hij namens de icbe heeft geplaatst, in overeenstemming zijn met het beleid, bedoeld in het tweede lid.

Art. 4:59e

Beheerder icbe, eisen aan uitvoering orders Nadere regels

1. Een beheerder van een icbe past procedures en regelingen toe die een onmiddellijke, billijke en vlotte uitvoering van orders namens de icbe's garanderen.

2. Bij of krachtens algemene maatregel van bestuur worden regels gesteld met betrekking tot de procedures en regelingen, bedoeld in het eerste lid.

Art. 4:60

Icbe, toelatingseisen

1. Het statutaire doel of reglementaire doel van een icbe is uitsluitend het beleggen met toepassing van het beginsel van risicospreiding in bij algemene maatregel van bestuur aan te wijzen financiële instrumenten.

2. De rechten van deelneming in een icbe worden zonder beperkingen in Nederland aangeboden en worden op verzoek van een deelnemer direct of indirect ten laste van de activa van de icbe ingekocht of terugbetaald.

3. Het is een icbe verboden haar statuten of reglementen zodanig te wijzigen dat zij niet meer voldoet aan het eerste en tweede lid.

4. Een wijziging van de statuten of reglementen als bedoeld in het derde lid is nietig. Op verzoek van het openbaar ministerie benoemt de rechter een bewindvoerder met de macht om de gevolgen van de nietige handeling ongedaan te maken.

5. Bij het ongedaan maken van de gevolgen van de nietige handeling handelt de bewindvoerder mede in het belang van de deelnemers in de icbe.

Art. 4:61

Nadere regels

1. Bij algemene maatregel van bestuur worden nadere regels gesteld met betrekking tot de bedrijfsvoering van en informatieverstrekking door icbe's en bij of krachtens algemene maatregel van bestuur worden regels gesteld met betrekking tot het beleggen door icbe's.

2. Bij algemene maatregel van bestuur kan worden bepaald dat de Autoriteit Financiële Markten volgens daarbij te stellen regels ontheffing kan verlenen van het op grond van het eerste lid bepaalde met betrekking tot het beleggen door instellingen voor collectieve belegging in effecten.

Art. 4:61a

Master-icbe, liquidatie

1. Een master-icbe maakt een voornemen tot liquidatie bekend aan haar deelnemers en aan de toezichthoudende instantie van de lidstaat van de zetel van de feeder-icbe.

2. De master-icbe wordt niet geliquideerd voordat drie maanden zijn verstreken na de bekendmaking, bedoeld in het eerste lid.

3. Indien een master-icbe met zetel in Nederland of met zetel in een andere lidstaat wordt geliquideerd, wordt een feeder-icbe eveneens geliquideerd, tenzij de Autoriteit Financiële Markten instemt met een belegging van de feeder-icbe als bedoeld in het vierde lid.

4. Indien een master-icbe wordt geliquideerd kan een feeder-icbe na instemming van de Autoriteit Financiële Markten:

a. ten minste 85 procent van haar beheerd vermogen beleggen in rechten van deelneming in een andere master-icbe; of

b. haar statuten of fondsreglement zodanig wijzigen dat zij wordt omgezet in een icbe niet zijnde een feeder-icbe.

Nadere regels

5. Bij of krachtens algemene maatregel van bestuur kunnen regels worden gesteld met betrekking tot de te volgen procedure voor het verkrijgen van instemming, bedoeld in het vierde lid.

Art. 4:61b

Master-icbe, fusie/splitsing

1. Indien een master-icbe fuseert met een andere icbe of wordt gesplitst in twee of meer icbe's, wordt een feeder-icbe geliquideerd tenzij de Autoriteit Financiële Markten instemt met het voornemen van de feeder-icbe om:

a. ten minste 85 procent van haar beheerd vermogen te beleggen in rechten van deelneming in een master-icbe of een andere icbe ontstaan als gevolg van de fusie of splitsing;

b. ten minste 85 procent van haar beheerd vermogen te beleggen in rechten van deelneming in een master-icbe die niet is ontstaan als gevolg van de fusie of splitsing; of

c. haar statuten of fondsreglement zodanig te wijzigen dat zij wordt omgezet in een icbe, niet zijnde een feeder-icbe.

2. Indien de feeder-icbe een besluit neemt als bedoeld in het eerste lid, onderdeel b of c, stelt de master-icbe de feeder-icbe in de gelegenheid om voor het ingaan van de fusie of splitsing de rechten van deelneming in de master-icbe ter inkoop of terugbetaling aan de master-icbe aan te bieden.

3. Een verdwijnende master-icbe verstrekt zestig dagen voor de beoogde ingangsdatum van de fusie of splitsing informatie over de voorgenomen fusie, met inachtneming van het ingevolge artikel 4:62g, eerste lid, bepaalde onderscheidenlijk daarmee vergelijkbare informatie over de voorgenomen splitsing aan haar deelnemers en aan de toezichthoudende instantie van de lidstaat van de zetel van haar feeder-icbe's.

4. Bij of krachtens algemene maatregel van bestuur kunnen regels worden gesteld met betrekking tot de te volgen procedure voor het verkrijgen van instemming met het voornemen, bedoeld in het eerste lid.

Art. 4:62

1. Een beheerder van een icbe die in Nederland rechten van deelneming aanbiedt in een door hem beheerde icbe met zetel in een andere lidstaat stelt in Nederland de gegevens en bescheiden met betrekking tot die icbe die hij openbaar dient te maken overeenkomstig de regels, gesteld door de andere lidstaat, beschikbaar. De gegevens en bescheiden worden verstrekt op de wijze zoals ingevolge deze wet is bepaald.

2. De essentiële beleggersinformatie, bedoeld in artikel 78, eerste lid, van de richtlijn instellingen voor collectieve belegging in effecten, wordt verstrekt in de Nederlandse of een andere door de Autoriteit Financiële Markten goedgekeurde taal.

3. De gegevens en bescheiden, bedoeld in het eerste lid, met uitzondering van de essentiële beleggersinformatie, worden verstrekt in de Nederlandse taal, een andere door de Autoriteit Financiële Markten goedgekeurde taal of in een taal die in de internationale financiële kringen gebruikelijk is.

4. De beheerder, bedoeld in het eerste lid, draagt met inachtneming van de toepasselijke Nederlandse wettelijke bepalingen zorg voor de uitkeringen op, de inkoop van of terugbetaling op de rechten van deelneming in Nederland.

§ 4.3.1.4d
Fusie tussen icbe's

Art. 4:62a

Een binnenlandse en grensoverschrijdende fusie kan plaatsvinden door een rechtshandeling van twee of meer icbe's waarbij:

a. een bestaande icbe onder algemene titel alle activa en passiva van de verdwijnende icbe verkrijgt en waarbij de deelnemers van de verdwijnende icbe rechten van deelneming verkrijgen in de verkrijgende icbe, eventueel met een bijbetaling van maximaal tien procent van de intrinsieke waarde van deze rechten van deelneming;

b. door twee of meer icbe's een nieuwe icbe wordt opgericht die onder algemene titel alle activa en passiva verkrijgt van de verdwijnende icbe en waarbij de deelnemers van de verdwijnende icbe rechten van deelneming verkrijgen in de op te richten icbe, eventueel met een bijbetaling van maximaal tien procent van de intrinsieke waarde van deze rechten van deelneming; of

c. een verdwijnende icbe blijft bestaan totdat haar schulden zijn voldaan en haar netto activa worden samengevoegd met die van een verkrijgende icbe en waarbij de deelnemers van de verdwijnende icbe rechten van deelneming verkrijgen in de verkrijgende icbe.

Art. 4:62b

1. Een verdwijnende icbe met zetel in Nederland stelt de Autoriteit Financiële Markten in kennis van een voorgenomen fusie met een verkrijgende icbe.

2. De verdwijnende icbe geeft geen uitvoering aan de voorgenomen fusie voordat de Autoriteit Financiële Markten daarmee heeft ingestemd.

3. De kennisgeving van de voorgenomen fusie geschiedt onder opgave van bij of krachtens algemene maatregel van bestuur te bepalen gegevens en in de bij of krachtens algemene maatregel van bestuur te bepalen taal.

4. De Autoriteit Financiële Markten beoordeelt de mogelijke gevolgen van de voorgenomen fusie voor de deelnemers van de betrokken icbe met zetel in Nederland teneinde na te gaan of aan de deelnemers de juiste informatie zal worden verstrekt.

5. De Autoriteit Financiële Markten kan aan de verdwijnende icbe met zetel in Nederland voorschrijven dat de te verstrekken informatie aan haar deelnemers wordt verduidelijkt.

6. Indien de door de verdwijnende icbe, bedoeld in het eerste lid, ingediende gegevens onvolledig zijn, stelt de Autoriteit Financiële Markten de icbe hiervan binnen tien werkdagen na ontvangst van de gegevens, bedoeld in het derde lid, op de hoogte en stelt zij haar binnen een redelijke termijn in de gelegenheid om de gegevens aan te vullen.

7. Indien de gegevens, bedoeld in het derde lid volledig zijn, verstrekt de Autoriteit Financiële Markten bij een grensoverschrijdende fusie een afschrift van die gegevens aan de toezichthoudende instantie van de verkrijgende icbe met zetel in een andere lidstaat.

Art. 4:62c

1. Bij een grensoverschrijdende fusie kan de Autoriteit Financiële Markten aan de verkrijgende icbe met zetel in Nederland voorschrijven dat de te verstrekken informatie aan haar deelnemers wordt aangepast binnen vijftien werkdagen na ontvangst van de volledige informatie, bedoeld in artikel 39, tweede lid, van de richtlijn instellingen voor collectieve belegging in effecten van de toezichthoudende instantie van de lidstaat van de zetel van de verdwijnende icbe. De Auto-

Nadere regels

Beheerder icbe, aanbieden rechten van deelneming

Icbe, fusies

Fusie icbe, informeren AFM

Fusie icbe, informeren lidstaat verdwijnende instelling

riteit Financiële Markten doet hiervan mededeling aan de toezichthoudende instantie van de lidstaat van de zetel van de verdwijnende icbe.

2. De Autoriteit Financiële Markten deelt de toezichthoudende instantie van de lidstaat van de zetel van de verdwijnende icbe binnen twintig werkdagen na ontvangst van de door de verkrijgende icbe aangepaste informatie mede of de informatie adequaat is aangepast.

Art. 4:62d

Fusie icbe, instemming met binnenlandse fusie

1. De Autoriteit Financiële Markten stemt in met een voorgenomen binnenlandse fusie indien: *a.* de voorgenomen fusie voldoet aan het ingevolge de artikelen 4:62b, 4:62e en 4:62f bepaalde; *b.* de beheerder van een icbe van de verkrijgende icbe op grond van artikel 2:123, vijfde lid, rechten van deelneming kan aanbieden in de lidstaten waar de verdwijnende icbe haar rechten van deelneming mag aanbieden; en *c.* de te verstrekken informatie aan de deelnemers van de verdwijnende icbe en de verkrijgende icbe volledig is.

Fusie icbe, instemming met grensoverschrijdende fusie

2. De Autoriteit Financiële Markten stemt in met een voorgenomen grensoverschrijdende fusie indien: *a.* de voorgenomen fusie voldoet aan het ingevolge de artikelen 4:62b, 4:62c, 4:62e en 4:62f bepaalde; *b.* de verkrijgende icbe op grond van artikel 93 van de richtlijn instellingen voor collectieve belegging in effecten rechten van deelneming in Nederland mag aanbieden of in de andere lidstaten waar de verdwijnende icbe haar rechten van deelneming mag aanbieden; en *c.* de te verstrekken informatie aan de deelnemers volledig is.

Fusie icbe, in kennis stellen aanvrager

3. De Autoriteit Financiële Markten stelt binnen twintig werkdagen, na ontvangst van de volledige informatie, de aanvrager in kennis van haar besluit om al dan niet in te stemmen met de voorgenomen fusie.

4. In geval van een grensoverschrijdende fusie als bedoeld in het tweede lid stelt de Autoriteit Financiële Markten de toezichthoudende instantie van de verkrijgende icbe in kennis van haar besluit om al dan niet in te stemmen met de voorgenomen fusie.

Art. 4:62e

Fusie icbe, gemeenschappelijk fusievoorstel Nadere regels

1. De verdwijnende icbe en de verkrijgende icbe stellen een gemeenschappelijk fusievoorstel op.

2. Bij algemene maatregel van bestuur worden regels gesteld met betrekking tot de inhoud van het gemeenschappelijk fusievoorstel en de controle van de juistheid van de in het gemeenschappelijk fusievoorstel opgenomen gegevens.

Art. 4:62f

Fusie icbe, accountantsonderzoek

1. Een verdwijnende icbe vraagt een accountant om onderzoek te doen naar de juistheid van de volgende gegevens: *a.* de criteria voor de waardering van de activa en, indien van toepassing, de passiva voor de berekening van de ruilverhouding; *b.* de intrinsieke waarde per recht van deelneming; *c.* de berekeningsmethode voor de ruilverhouding van de rechten van deelneming; en *d.* de feitelijke ruilverhouding.

2. De accountant stelt van het onderzoek naar de juistheid van de gegevens, bedoeld in het eerste lid, een verslag op.

3. Een afschrift van het verslag van de accountant wordt door de beheerder van een icbe van de verdwijnende icbe of van de verkrijgende icbe op verzoek kosteloos verstrekt aan de deelnemers van de bij de fusie betrokken icbe's, de Autoriteit Financiële Markten en de betrokken toezichthoudende instanties.

Art. 4:62g

Fusie icbe, informeren deelnemers

1. Een verdwijnende icbe en een verkrijgende icbe verstrekken hun deelnemers kosteloos correcte en nauwkeurige informatie over de voorgenomen fusie.

2. De informatie, bedoeld in het eerste lid, wordt aan de deelnemers verstrekt nadat de Autoriteit Financiële Markten en indien van toepassing de betrokken toezichthoudende instantie met de fusie heeft ingestemd.

3. De informatie wordt aan de deelnemers verstrekt ten minste dertig dagen voor de laatste dag waarop de deelnemers hun rechten van deelneming kunnen laten inkopen, terugbetalen of zo mogelijk omzetten in rechten van deelneming in een andere icbe.

Nadere regels

4. Bij of krachtens algemene maatregel van bestuur kunnen regels worden gesteld met betrekking tot de inhoud, de vorm en de wijze waarop de informatie over de voorgenomen fusie wordt verstrekt.

Art. 4:62h

Fusie icbe, rechten deelnemers

1. Nadat de deelnemers van een verdwijnende icbe en een verkrijgende icbe in kennis zijn gesteld van de voorgenomen fusie ingevolge artikel 4:62g worden de deelnemers door de betrokken icbe in de gelegenheid gesteld hun rechten van deelneming zonder andere kosten dan de kosten ter dekking van de desinvesteringskosten in de situaties zoals omschreven in de prospectussen van de betrokken icbe's, in te laten kopen, terug te laten betalen of zo mogelijk om te laten zetten in rechten van deelneming in een andere icbe met een soortgelijk beleggingsbeleid dat wordt beheerd door dezelfde beheerder van een icbe of door een andere beheerder van een icbe waarmee de beheerder van een icbe is verbonden door een gezamenlijke bedrijfsvoering, een gezamenlijke zeggenschapsuitoefening of door een gekwalificeerde deelneming.

2. De deelnemers kunnen op grond van het eerste lid hun rechten van deelneming zonder kosten in laten kopen, terug laten betalen of zo mogelijk om laten zetten in rechten van deelneming in een andere icbe tot vijf werkdagen voor de dag waarop de verhouding voor de omruiling van de rechten van deelneming wordt bepaald op grond van artikel 4:62j, eerste of tweede lid.

3. Onverminderd het eerste en tweede lid kan een beheerder van een icbe, in afwijking van artikel 4:55, een inschrijving op of, de inkoop of terugbetaling van de rechten van deelneming tijdelijk opschorten na instemming van de Autoriteit Financiële Markten indien dit in het belang is van de deelnemers.

Art. 4:62i

Een icbe die een aparte beheerder van een icbe heeft, brengt de juridische kosten, administratiekosten of advieskosten in verband met de voorbereiding en de afronding van een fusie in rekening bij de beheerder van een icbe.

Fusie icbe, kostenverrekening

Art. 4:62j

1. In geval van een binnenlandse fusie, wordt de verhouding voor de omruiling van rechten van deelneming in de verdwijnende icbe tegen rechten van deelneming in de verkrijgende icbe en de relevante intrinsieke waarde bij betaling in contanten bepaald op de dag waarop de fusie van kracht wordt.

Fusie icbe, bepalen verhouding omruiling rechten

2. Indien de verhouding voor de omruiling van rechten van deelneming en de bepaling van de intrinsieke waarde, bedoeld in het eerste lid, op de dag waarop de fusie van kracht wordt niet mogelijk is, wordt deze bepaald voor de eerst volgende dag waarop de verhandeling van de rechten van deelneming in de verkrijgende icbe mogelijk is.

3. In geval van een grensoverschrijdende fusie zijn het eerste en tweede lid van overeenkomstige toepassing op een verkrijgende icbe met zetel in Nederland.

4. De beheerder van een icbe van een verkrijgende icbe met zetel in Nederland maakt de ingangsdatum van de fusie bekend in een advertentie in een landelijk verspreid Nederlands dagblad alsmede op zijn website. Gelijktijdig met de bekendmaking van de ingangsdatum van de fusie stelt de beheerder van een icbe tevens de Autoriteit Financiële Markten hiervan in kennis.

5. Een van kracht geworden binnenlandse of grensoverschrijdende fusie kan niet meer worden vernietigd. Artikel 323 van Boek 2 van het Burgerlijk Wetboek is niet van toepassing.

Werkingssfeer

Art. 4:62k

In geval van een fusie op grond van artikel 4:62a stelt de beheerder van een icbe van de verkrijgende icbe de bewaarder van de verkrijgende icbe in kennis van de overdracht van de activa en in voorkomend geval van de passiva.

Fusie icbe, kennisgeving overdracht activa

§ 4.3.1.4e
Bewaarders

Art. 4:62l

Deze paragraaf is niet van toepassing op:

Toepasselijkheid

a. beheerders van een icbe met zetel in een andere lidstaat die geen icbe's met zetel in Nederland beheren, icbe's met zetel in een andere lidstaat en de aan die icbe's verbonden bewaarders;

b. beheerders van een beleggingsinstelling met zetel in een andere lidstaat die geen beleggingsinstellingen met zetel in Nederland beheren, beleggingsinstellingen met zetel in een andere lidstaat en de eventueel aan die beleggingsinstellingen verbonden bewaarders;

c. beheerders van beleggingsinstellingen met zetel in een aangewezen staat die geen beleggingsinstellingen met zetel in Nederland beheren, en beleggingsinstellingen met zetel in een aangewezen staat en de aan die beleggingsinstellingen verbonden bewaarders.

Art. 4:62m

1. Een beheerder van een beleggingsinstelling of beheerder van een icbe treft maatregelen opdat de activa van een door hem beheerde beleggingsinstelling of icbe ten behoeve van de deelnemers worden bewaard door een onafhankelijke bewaarder.

Bewaarder van een beleggingsinstelling of icbe

2. De beheerder gaat met de bewaarder mede ten behoeve van de beleggingsinstelling of icbe en de deelnemers een schriftelijke overeenkomst inzake bewaring aan.

3. Bij of krachtens algemene maatregel van bestuur kunnen regels worden gesteld met betrekking tot de onafhankelijkheid van de bewaarder, bedoeld in het eerste lid.

4. Bij algemene maatregel van bestuur worden regels gesteld met betrekking tot de taken van de bewaarder en de inhoud van de tussen de beheerder en de bewaarder te sluiten overeenkomst.

B23 art. 4:62n

Wet op het financieel toezicht (uittreksel)

Art. 4:62n

Instellingen die als bewaarder van een beleggingsinstelling of icbe kunnen optreden

Een beheerder van een beleggingsinstelling of een beheerder van een icbe stelt als bewaarder aan:
a. een rechtspersoon met een vergunning op grond van artikel 2:3g;
b. een bank met zetel in een lidstaat en met een vergunning als bedoeld in artikel 8 van de richtlijn kapitaalvereisten;
c. een beleggingsonderneming met zetel in een lidstaat en met een vergunning als bedoeld in artikel 5 van de richtlijn markten voor financiële instrumenten en die voldoet aan artikel 2:3g, tweede lid, onderdeel b; of
d. een bij ministeriële regeling van artikel 2:3g, eerste lid, vrijgestelde bewaarder.

Art. 4:62o

Bewaarder, vestigingsplaats

1. Een Nederlandse beheerder van een beleggingsinstelling stelt als bewaarder van een Europese beleggingsinstelling slechts aan een bewaarder die is gevestigd in de lidstaat van herkomst van de beleggingsinstelling.

2. Een Nederlandse beheerder van een beleggingsinstelling stelt als bewaarder van een niet-Europese beleggingsinstelling slechts aan een bewaarder die is gevestigd:
a. in de staat waarin de beleggingsinstelling gevestigd is; of
b. in de lidstaat van herkomst van de beheerder.

3. Als bewaarder van een belegginginstelling als bedoeld in het tweede lid, aanhef, kan, in afwijking van artikel 4:62n, een entiteit optreden van dezelfde aard als de financiële ondernemingen, bedoeld in artikel 4:62n, eerste lid, onderdeel b of c, indien deze entiteit is onderworpen aan effectieve prudentiële regelgeving en toezicht dat dezelfde strekking heeft als bedoeld in artikel 4:62n, eerste lid, onderdelen b en c, en dat daadwerkelijk wordt uitgevoerd.

4. Een beheerder van een icbe stelt als bewaarder slechts aan een bewaarder die is gevestigd in de lidstaat van herkomst van de icbe.

5. Bij of krachtens algemene maatregel van bestuur worden nadere regels gesteld met betrekking tot het derde lid.

Art. 4:62p

Bewaarder van Nederlandse beleggingsinstelling en van een icbe, aansprakelijkheid van

1. Een bewaarder is jegens de Nederlandse beleggingsinstelling of de icbe aansprakelijk voor verlies van een in bewaring genomen financieel instrument.

2. In geval van verlies van een in bewaring genomen financieel instrument geeft de bewaarder onverwijld een financieel instrument van hetzelfde type of het overeenkomstige bedrag terug aan de beleggingsinstelling of icbe.

3. De bewaarder kan zijn aansprakelijkheid voor verlies van de in bewaring gegeven financiële instrumenten jegens de beleggingsinstelling respectievelijk icbe niet beperken of uitsluiten.

4. De bewaarder is aansprakelijk voor andere verliezen dan het verlies van een financieel instrument als bedoeld in het eerste lid jegens de beleggingsinstelling respectievelijk icbe indien hij door opzet of nalatigheid niet voldoet aan het ingevolge deze wet bepaalde.

5. Bedingen in een overeenkomst in strijd met het eerste, tweede of vierde lid zijn nietig.

6. Bij algemene maatregel van bestuur kunnen nadere regels worden gesteld met betrekking tot de voorwaarden waaronder en de omstandigheden waarin in bewaring genomen financiële instrumenten als verloren beschouwd voor de toepassing van dit artikel.

Art. 4:62q

Bewaarder, nadere regels m.b.t. aansprakelijkheid

1. In afwijking van artikel 4:62p kan een bewaarder van een Nederlandse beleggingsinstelling indien hij werkzaamheden uitbesteedt als bedoeld in artikel 4:16, zijn aansprakelijkheid voor verlies van de in bewaring gegeven financiële instrumenten jegens de beleggingsinstelling of de deelnemers uitsluiten indien:
a. hij een schriftelijke overeenkomst met de derde die de uitbestede werkzaamheden verricht, heeft gesloten waarin zijn aansprakelijkheid voor tekortkomingen van de derde wordt uitgesloten en op grond waarvan de beleggingsinstelling, de deelnemer of de bewaarder namens hen, op dezelfde voet als waarin oorspronkelijk de bewaarder kon worden aangesproken, de derde kan aanspreken wegens schade door dat verlies; en
b. hij een schriftelijke overeenkomst met de beleggingsinstelling of de beheerder heeft gesloten waarin deze instemt met de uitsluiting van de aansprakelijkheid van de bewaarder, waarin een objectieve reden voor die uitsluiting is opgenomen en, indien van toepassing, op grond waarvan hij namens de beleggingsinstelling of de deelnemers de derde voor de schade kan aanspreken.

2. Bij algemene maatregel van bestuur kunnen nadere regels worden gesteld met betrekking tot de aansprakelijkheid van de bewaarder voor verlies van in bewaring gegeven financiële instrumenten indien op grond van wetgeving van een staat die geen lidstaat is bepaalde financiële instrumenten door een entiteit in die staat in bewaring moeten worden genomen.

Art. 4:62r

1. De bewaarder van een Nederlandse beleggingsinstelling of de bewaarder van een icbe verstrekt binnen zes maanden na afloop van het boekjaar aan de Autoriteit Financiële Markten een jaarrekening, een bestuursverslag en overige gegevens als bedoeld in de artikelen 361, eerste lid, 391, eerste lid, onderscheidenlijk 392, eerste lid, onderdelen a tot en met h, van Boek 2 van het Burgerlijk Wetboek.

2. De bewaarder stelt de jaarrekening, het bestuursverslag en de overige gegevens, bedoeld in het eerste lid, op overeenkomstig internationale jaarrekeningstandaarden of Titel 9 van Boek 2 van het Burgerlijk Wetboek, met uitzondering van artikel 396, zevende lid, van Boek 2 van het Burgerlijk Wetboek, voor zover het de vrijstelling van de verplichting, bedoeld in artikel 393, eerste lid, van Boek 2 van het Burgerlijk Wetboek, betreft.

3. De bewaarder maakt binnen zes maanden na afloop van het boekjaar de jaarrekening en het bestuursverslag openbaar.

4. Bij of krachtens algemene maatregel van bestuur kunnen regels worden gesteld met betrekking tot de verstrekking en de inhoud van de jaarrekening, het bestuursverslag en de overige gegevens, bedoeld in het eerste lid.

5. Onverminderd het bepaalde in Titel 9 van Boek 2 van het Burgerlijk Wetboek kan de Autoriteit Financiële Markten op aanvraag geheel of gedeeltelijk, al dan niet voor bepaalde tijd, ontheffing verlenen van het eerste tot en met derde lid of het op grond van het vierde lid bepaalde, indien de aanvrager aantoont dat daaraan redelijkerwijs niet kan worden voldaan en dat de doeleinden die dit artikel beoogt te bereiken anderszins worden bereikt.

Art. 4:62s

1. Een bewaarder handelt eerlijk, billijk, professioneel en in het belang van de beleggingsinstelling of icbe en haar deelnemers.

2. Een bewaarder verricht geen activiteiten die kunnen leiden tot belangenconflicten tussen hem en de beheerder, de belegginginstelling, de icbe, de deelnemers in de beleggingsinstelling of de deelnemers in de icbe, tenzij de bewaarder zijn bewaartaken functioneel en hiërarchisch gescheiden heeft van zijn andere, mogelijkerwijs, conflicterende taken, en de potentiële belangenconflicten naar behoren zijn geïdentificeerd, beheerd, gecontroleerd en medegedeeld aan de deelnemers in de desbetreffende beleggingsinstelling of icbe.

Art. 4:62t

1. De bewaarder van een icbe verstrekt aan de beheerder periodiek een overzicht van alle activa van de icbe.

2. De bewaarder houdt alle gegevens van door hem verrichte diensten en transacties bij die de Autoriteit Financiële Markten redelijkerwijs nodig heeft ten behoeve van het toezicht op de naleving van het ingevolge deze wet bepaalde door de bewaarder.

Art. 4:62u

1. De bewaarder van een beleggingsinstelling mag de bij hem in bewaring gegeven activa niet hergebruiken tenzij de beheerder van de beleggingsinstelling vooraf uitdrukkelijk zijn toestemming heeft verleend.

2. De bewaarder van een icbe hergebruikt de bij hem in bewaring gegeven activa niet voor eigen rekening.

3. Onder hergebruik als bedoeld in het eerste en tweede lid wordt verstaan elke transactie met betrekking tot de in bewaring gegeven activa, met inbegrip van overdragen, als zekerheid verstrekken, verkopen of uitlenen.

4. De bewaarder van een icbe mag de activa hergebruiken indien:

a. het hergebruik voor rekening van de icbe is;

b. de bewaarder de instructies van de beheerder voor rekening van icbe uitvoert;

c. het hergebruik ten goede komt aan de icbe en in het belang is van de deelnemers; en

d. de transactie wordt gedekt door een liquide zekerheid van hoge kwaliteit die door de icbe wordt ontvangen door overdracht onder bijzondere titel.

5. De marktwaarde van de zekerheid, bedoeld in het vierde lid, onderdeel d, bedraagt ten minste de marktwaarde van de hergebruikte activa vermeerderd met een toeslag.

Art. 4:62v

1. De bewaarder van een master-icbe meldt aan de Autoriteit Financiële Markten, de feeder-icbe of, indien van toepassing, de beheerder en bewaarder van de feeder-icbe onregelmatigheden waarvan zij bij de uitvoering van haar werkzaamheden ten aanzien van de master-icbe kennis heeft gekregen en die geacht worden een negatief effect op feeder-icbe te zullen hebben.

2. Bij of krachtens algemene maatregel van bestuur kunnen nadere regels worden gesteld met betrekking tot de onregelmatigheden, bedoeld in het eerste lid.

B23 art. 4:62w **Wet op het financieel toezicht (uittreksel)**

Art. 4:62w

Bewaarder, overeenkomst tot informatie-uitwisseling tussen verschillende

1. Indien een master-icbe en een feeder-icbe verschillende bewaarders hebben, sluiten de bewaarders een overeenkomst tot uitwisseling van informatie.

2. Een feeder-icbe verstrekt aan haar bewaarder alle informatie over de master-icbe die de bewaarder nodig heeft voor de uitvoering van haar taken.

3. Een bewaarder als bedoeld in het eerste lid is niet aansprakelijk voor een beperking van informatieverstrekking aan de andere bewaarder vanwege een contractuele beperking die voortvloeit uit een overeenkomst met derden of ingevolge de wet is bepaald.

4. Bij of krachtens algemene maatregel van bestuur kunnen regels worden gesteld met betrekking tot de overeenkomst, bedoeld in het eerste lid.

§ 4.3.1.5
Verzekeringen

Art. 4:63

Levensverzekering/natura-uitvaartverzekering, bedenktijd verzekeringnemer

1. Een levensverzekeraar of natura-uitvaartverzekeraar draagt er zorg voor dat in een individuele levensverzekering met een looptijd van meer dan zes maanden onderscheidenlijk in een natura-uitvaartverzekering uitdrukkelijk wordt bepaald dat de verzekeringnemer gedurende dertig kalenderdagen vanaf de dag waarop hij van het sluiten van de verzekering in kennis is gesteld, de verzekering met onmiddellijke ingang schriftelijk of door middel van een voor de verzekeraar beschikbare en toegankelijke duurzame drager kan opzeggen.

2. De kennisgeving van het sluiten van de verzekering, bedoeld in het eerste lid, geschiedt schriftelijk of op een voor de verzekeringnemer beschikbare en toegankelijke duurzame drager binnen vier weken na het sluiten van de verzekering.

3. De opzegging door de verzekeringnemer heeft tot gevolg dat hij en de levensverzekeraar onderscheidenlijk natura-uitvaartverzekeraar met ingang van het tijdstip waarop de verzekeraar deze opzegging heeft ontvangen, worden ontheven van alle uit deze verzekering voortvloeiende verplichtingen.

Schakelbepaling

4. Dit artikel is van overeenkomstige toepassing op overeenkomsten die strekken tot fondsvorming ter voldoening van de verzorging van de uitvaart van natuurlijke personen.

Art. 4:63a

Aanvullende verzekeringen op levering roerende zaak/verlening dienst

1. Indien een verzekering een aanvulling is op de levering van een roerende zaak of de verlening van een dienst, als onderdeel van een pakket of van dezelfde overeenkomst, biedt de desbetreffende verzekeraar de cliënt de mogelijkheid de roerende zaak of de dienst afzonderlijk aan te schaffen.

2. Rechtshandelingen verricht in strijd met het eerste lid zijn vernietigbaar tenzij de rechtshandeling betrekking heeft op verzekeringen met een beleggingscomponent.

3. Dit artikel is niet van toepassing op verzekeringen in aanvulling op een betaalrekening niet zijnde een basisbetaalrekening.

Art. 4:64

Werkingssfeer

De artikelen 4:65 tot en met 4:69 zijn niet van toepassing op:

a. rechtsbijstandverzekeraars met zetel in een andere lidstaat;

b. door een verzekeraar verleende rechtsbijstand voorzover deze betrekking heeft op risico's die verband houden met het gebruik van zeeschepen; en

c. door een verzekeraar als bijkomend risico bij de branche Hulpverlening verleende rechtsbijstand in een andere staat dan die waar de verzekerde zijn woonplaats heeft, voorzover:

1°. deze rechtsbijstand deel uitmaakt van een verzekering die alleen betrekking heeft op hulpverlening; en

2°. in de overeenkomst afzonderlijk is verklaard dat de rechtsbijstanddekking is beperkt tot rechtsbijstand in een andere staat dan die waar de verzekerde zijn woonplaats heeft en slechts een aanvulling vormt op de hulpverlening.

Art. 4:65

Rechtsbijstandverzekeraar, toelatingseisen

1. Een rechtsbijstandverzekeraar die uitsluitend de branche Rechtsbijstand uitoefent:

a. richt zijn bedrijfsvoering zodanig in dat de personeelsleden die zich bezighouden met de rechtsbijstandschaderegeling of met het geven van juridische adviezen met betrekking tot deze schaderegeling, niet tegelijkertijd dezelfde of soortgelijke werkzaamheden verrichten ten behoeve van een andere verzekeraar waarmee hij financiële, commerciële of administratieve banden heeft en die een andere branche uitoefent;

b. vertrouwt de werkzaamheden met betrekking tot de rechtsbijstandschaderegeling toe aan een juridisch zelfstandig schaderegelingkantoor en vermeldt dit schaderegelingkantoor in de overeenkomst inzake de rechtsbijstanddekking; of

c. neemt in de overeenkomst inzake de rechtsbijstanddekking de bepaling op dat de verzekerde, zodra hij uit hoofde van de verzekering recht heeft op rechtsbijstand, de behartiging van zijn belangen mag toevertrouwen aan een advocaat of een andere rechtens bevoegde deskundige van zijn keuze.

2. Een rechtsbijstandverzekeraar die naast de branche Rechtsbijstand een andere branche uitoefent:

a. vertrouwt de werkzaamheden met betrekking tot de rechtsbijstandschaderegeling toe aan een juridisch zelfstandig schaderegelingkantoor en vermeldt dit schaderegelingkantoor in de overeenkomst inzake de rechtsbijstanddekking; of

b. neemt in de overeenkomst inzake de rechtsbijstanddekking de bepaling op dat de verzekerde, zodra hij uit hoofde van de verzekering recht heeft op rechtsbijstand, de behartiging van zijn belangen mag toevertrouwen aan een advocaat of een andere rechtens bevoegde deskundige van zijn keuze.

3. Een rechtsbijstandverzekeraar vertrouwt werkzaamheden met betrekking tot de rechtsbijstandschaderegeling alleen toe aan een schaderegelingkantoor als bedoeld in het eerste lid, onderdeel b, en het tweede lid, onderdeel a, dat zijn bedrijfsvoering zodanig inricht dat de personeelsleden en de leden van het leidinggevende orgaan die zich bezighouden met de rechtsbijstandschaderegeling of met het geven van juridische adviezen met betrekking tot deze schaderegeling, niet tezelftertijd dezelfde of soortgelijke werkzaamheden verrichten ten behoeve van een andere branche van een verzekeraar waarmee het schaderegelingkantoor financiële, commerciële of administratieve banden heeft.

Art. 4:66

Indien een overeenkomst van verzekering tevens risico's van een andere branche dekt, draagt een rechtsbijstandverzekeraar er zorg voor dat de inhoud van de rechtsbijstanddekking wordt opgenomen in een afzonderlijke overeenkomst of in een afzonderlijk hoofdstuk van de overeenkomst.

Rechtsbijstandverzekering, dekking risico's van andere branche

Art. 4:67

1. Een rechtsbijstandverzekeraar draagt er zorg voor dat in de overeenkomst inzake de rechtsbijstanddekking uitdrukkelijk wordt bepaald dat het de verzekerde vrij staat een advocaat of een andere rechtens bevoegde deskundige te kiezen:

a. om zijn belangen in een gerechtelijke of administratieve procedure te verdedigen, te vertegenwoordigen of te behartigen; of

b. indien zich een belangenconflict voordoet.

2. Dit artikel is niet van toepassing op rechtsbijstandverzekeraars die toepassing hebben gegeven aan artikel 4:65, eerste lid, onderdeel c, of 4:65, tweede lid, onderdeel b.

Rechtsbijstandverzekering, recht verzekerde op advocaat

Art. 4:68

1. Een rechtsbijstandverzekeraar draagt er zorg voor dat in de overeenkomst inzake de rechtsbijstanddekking uitdrukkelijk wordt voorzien in een scheidsrechterlijke procedure of een andere procedure die met een scheidsrechterlijke procedure vergelijkbare garanties inzake objectiviteit biedt, teneinde te bepalen welke gedragslijn er bij verschil van mening tussen de verzekeraar onderscheidenlijk het juridisch zelfstandig schaderegelingkantoor en de verzekerde zal worden gevolgd voor de regeling van het geschil waarvoor een beroep op de rechtsbijstandverzekering wordt gedaan.

2. Dit artikel is niet van toepassing op rechtsbijstandverzekeraars die toepassing hebben gegeven aan artikel 4:65, eerste lid, onderdeel c, of artikel 4:65, tweede lid, onderdeel b.

Rechtsbijstandsdekking, garanties inzake objectiviteit

Art. 4:69

1. Een rechtsbijstandverzekeraar draagt er zorg voor dat telkens wanneer zich een belangenconflict voordoet of er een verschil van mening bestaat over de regeling van het geschil de verzekerde op de hoogte wordt gebracht van het in artikel 4:67 bedoelde recht of van de mogelijkheid gebruik te maken van de in artikel 4:68 bedoelde procedure.

2. Dit artikel is niet van toepassing op rechtsbijstandverzekeraars die toepassing hebben gegeven aan artikel 4:65, eerste lid, onderdeel c, of artikel 4:65, tweede lid, onderdeel b.

Rechtsbijstandverzekering, informeren verzekerde over procedure belangenconflict

Art. 4:70

1. Een schadeverzekeraar die de branche Aansprakelijkheid motorrijtuigen uitoefent vanuit een vestiging in Nederland:

a. is aangesloten bij het bureau, bedoeld in artikel 2, zesde lid, van de Wet aansprakelijkheidsverzekering motorrijtuigen;

b. komt zijn verplichtingen na jegens het Waarborgfonds Motorverkeer uit hoofde van de artikelen 24, eerste lid, en 24a, eerste lid, van de Wet aansprakelijkheidsverzekering motorrijtuigen;

c. komt zijn verplichtingen na tot kennisgeving uit hoofde van artikel 13, eerste lid, van de Wet aansprakelijkheidsverzekering motorrijtuigen jegens het overheidsorgaan aldaar bedoeld; en

d. zorgt ervoor dat zijn voorwaarden van verzekering voldoen aan de door de Wet aansprakelijkheidsverzekering motorrijtuigen gestelde eisen.

Schadeverzekeraar branche Aansprakelijkheid motorvoertuigen, toelatingseisen

2. Een schadeverzekeraar met zetel in Nederland die de branche Aansprakelijkheid motorrijtuigen uitoefent of een schadeverzekeraar met zetel in een staat die geen lidstaat is die de branche Aansprakelijkheid motorrijtuigen uitoefent vanuit een in Nederland gelegen bijkantoor stelt in iedere andere lidstaat een persoon als schaderegelaar aan. De schaderegelaar is belast

Schadeverzekeraar branche Aansprakelijkheid motorvoertuigen, aanstelling schaderegelaar met het namens de schadeverzekeraar behandelen en afwikkelen van vorderingen van benadeelden die aanspraak kunnen maken op schadevergoeding ten gevolge van feiten veroorzaakt door deelneming aan het verkeer van motorrijtuigen die gewoonlijk zijn gestald en verzekerd in een andere lidstaat dan die van de woonplaats van de benadeelde en die zich ofwel hebben voorgedaan in een andere lidstaat dan die van de woonplaats van de benadeelde, ofwel in een staat die geen lidstaat is waar een nationaal bureau werkzaam is dat overeenkomt met het bureau, bedoeld in artikel 2, zesde lid, van de Wet aansprakelijkheidsverzekering motorrijtuigen.

Schaderegelaar branche Aansprakelijkheid motorvoertuigen, toelatingseisen

3. De schaderegelaar heeft zijn vestiging in de lidstaat waar hij is aangesteld. Vorderingen van benadeelden als bedoeld in het tweede lid behandelt hij en wikkelt hij af in de officiële taal of de officiële talen van die lidstaat.

4. De schaderegelaar houdt zich namens de schadeverzekeraar niet bezig met de uitoefening van het bedrijf van verzekeraar. Evenmin wordt hij beschouwd als een vestiging van de schadeverzekeraar in de zin van verordening (EG) nr. 44/2001 van de Raad van de Europese Unie van 22 december 2000 betreffende de rechterlijke bevoegdheid, de erkenning en de tenuitvoerlegging van beslissingen in burgerlijke en handelszaken (PbEG L 12), of in de zin van het Verdrag van Brussel van 27 september 1968 betreffende de rechterlijke bevoegdheid en de tenuitvoerlegging van de beslissingen in burgerlijke en handelszaken (PbEG C 27).

5. De schadeverzekeraar, bedoeld in het tweede lid, meldt binnen twee weken na de aanvang van de uitoefening van de branche Aansprakelijkheid motorrijtuigen aan het Informatiecentrum, bedoeld in artikel 27b van de Wet aansprakelijkheidsverzekering motorrijtuigen, en aan het informatiecentrum in iedere andere lidstaat de naam en het adres van de door hem in iedere lidstaat aangestelde schaderegelaar. De schadeverzekeraar stelt de in de eerste volzin bedoelde informatiecentra binnen twee weken in kennis van een wijziging in de naam of het adres van de desbetreffende schaderegelaar.

Schadeverzekeraar branche Aansprakelijkheid motorvoertuigen, verzoek tot schadevergoeding

6. De schadeverzekeraar van degene die de schade heeft veroorzaakt, zijn schaderegelaar of het bureau, bedoeld in artikel 2, zesde lid, van de Wet aansprakelijkheidsverzekering motorrijtuigen, geeft binnen drie maanden na de datum waarop een benadeelde zijn verzoek tot schadevergoeding heeft ingediend:

a. een met redenen omkleed voorstel tot schadevergoeding indien de aansprakelijkheid niet wordt betwist en de omvang van de schade is vastgesteld; of

b. een met redenen omkleed antwoord op alle punten van het verzoek tot schadevergoeding indien de aansprakelijkheid wordt betwist of de omvang van de schade nog niet volledig is vastgesteld.

Artikel 119 van Boek 6 van het Burgerlijk Wetboek is van toepassing.

7. De schadeverzekeraar, bedoeld in de aanhef van het eerste lid, legt binnen twee weken na de aanvang van de uitoefening van de branche Aansprakelijkheid motorrijtuigen aan de Autoriteit Financiële Markten een door hem ondertekende verklaring over dat zijn voorwaarden van verzekering voldoen aan de door de Wet aansprakelijkheidsverzekering motorrijtuigen gestelde eisen.

8. De Autoriteit Financiële Markten kan op aanvraag ontheffing verlenen van het eerste of tweede lid aan een schadeverzekeraar die geen aansprakelijkheden dekt ten aanzien waarvan de Wet aansprakelijkheidsverzekering motorrijtuigen van toepassing is en die de risico's van de branche Aansprakelijkheid motorrijtuigen uitsluitend als bijkomende risico's dekt.

Art. 4:71

Schadeverzekeraar branche Aansprakelijkheid motorvoertuigen, zetel buiten Nederland

1. Een schadeverzekeraar met zetel buiten Nederland die de branche Aansprakelijkheid motorrijtuigen uitoefent door middel van het verrichten van diensten naar Nederland:

a. is aangesloten bij het bureau, bedoeld in artikel 2, zesde lid, van de Wet aansprakelijkheidsverzekering motorrijtuigen;

b. komt zijn verplichtingen na jegens het Waarborgfonds Motorverkeer uit hoofde van de artikelen 24, eerste lid, en 24a, eerste lid, van de Wet aansprakelijkheidsverzekering motorrijtuigen;

c. komt zijn verplichtingen na tot kennisgeving uit hoofde van artikel 13, eerste lid, van de Wet aansprakelijkheidsverzekering motorrijtuigen jegens het overheidsorgaan aldaar bedoeld;

d. zorgt ervoor dat zijn voorwaarden van verzekering voldoen aan de door de Wet aansprakelijkheidsverzekering motorrijtuigen gestelde eisen; en

e. heeft een persoon als schade-afhandelaar aangesteld die zijn vestiging in Nederland heeft en die belast is met het namens hem afwikkelen van vorderingen van benadeelden als bedoeld in artikel 1 van de Wet aansprakelijkheidsverzekering motorrijtuigen.

Schadeverzekeraar branche Aansprakelijkheid motorvoertuigen, schade-afhandeling

2. De schade-afhandelaar beschikt over voldoende bevoegdheden om de schadeverzekeraar zowel in als buiten rechte te vertegenwoordigen.

3. Binnen twee weken na de aanvang van het verrichten van diensten in de branche Aansprakelijkheid motorrijtuigen legt de schadeverzekeraar aan de Autoriteit Financiële Markten de akte van aanstelling van de schade-afhandelaar over waaruit diens naam, adres en bevoegdheden blijken.

4. Bij of krachtens algemene maatregel van bestuur worden regels gesteld met betrekking tot: *Nadere regels*
a. de omstandigheden waaronder de schade-afhandelaar ophoudt schade-afhandelaar te zijn; en
b. de opvolging van de schade-afhandelaar.

5. Binnen twee weken na de aanvang van het verrichten van diensten in de branche Aansprakelijkheid motorrijtuigen legt de schadeverzekeraar aan de Autoriteit Financiële Markten een door hem ondertekende verklaring over dat zijn voorwaarden van verzekering voldoen aan de door de Wet aansprakelijkheidsverzekering motorrijtuigen gestelde eisen.

6. De Autoriteit Financiële Markten kan op aanvraag ontheffing verlenen van het eerste lid aan een schadeverzekeraar die geen aansprakelijkheden dekt ten aanzien waarvan de Wet aansprakelijkheidsverzekering motorrijtuigen van toepassing is en die de risico's van de branche Aansprakelijkheid motorrijtuigen uitsluitend als bijkomende risico's dekt.

7. In geval van co-assurantie binnen de Unie is dit artikel slechts van toepassing op de schadeverzekeraar die als eerste schadeverzekeraar optreedt.

§ 4.3.1.5a
Uitkeringsproduct

Art. 4:71.0a

1. Een aanbieder van een uitkeringsproduct biedt de consument de mogelijkheid om uiterlijk op de ingangsdatum van de periodieke uitkeringen voortvloeiend uit een lijfrenteverzekering, lijfrenterekening of lijfrentebeleggingsrecht als bedoeld in de artikelen 3.125, eerste lid, onderdelen a of c, of 3.126a, vierde lid, aanhef en onderdeel a, onder 1°, 2° of 3°, van de Wet inkomstenbelasting 2001 de keuze te maken om een deel van de aanspraak op die uitkeringen als bedrag ineens uit te laten keren, waarbij wordt voldaan aan artikel 3.133, elfde en twaalfde lid, van de Wet inkomstenbelasting 2001.

Uitkeringsproduct

2. Onder een uitkeringsproduct als bedoeld in het eerste lid wordt verstaan een product waarbij het bedrag dat is opgebouwd door middel van een lijfrenteverzekering, lijfrenterekening of lijfrentebeleggingsrecht als bedoeld in artikelen 3.125, eerste lid, onderdeel a of c, of 3.126a, vierde lid, aanhef en onderdeel a, onder 1°, 2° of 3°, van de Wet inkomstenbelasting 2001 periodiek wordt uitgekeerd aan de consument.

3. Het eerste lid is van overeenkomstige toepassing op opgebouwde aanspraken op periodieke uitkeringen voortvloeiend uit nettolijfrenten als bedoeld in artikel 5.16 van de Wet inkomstenbelasting 2001 voor zover sprake is van een lijfrenteverzekering, lijfrenterekening of lijfrentebeleggingsrecht als bedoeld in de artikelen 3.125, eerste lid, aanhef en onderdelen a of c, of 3.126a, vierde lid, aanhef, onderdeel a, onder 1°, 2°, 3°, van de Wet inkomstenbelasting 2001. In dat geval is artikel 3.133, elfde lid, onderdeel c, van de Wet inkomstenbelasting 2001 niet van toepassing.

§ 4.3.1.6
Premiepensioenvorderingen

Art. 4:71a

1. Het pensioenvermogen is een afgescheiden vermogen dat, onverminderd het vijfde lid, uitsluitend dient tot voldoening van vorderingen die voortvloeien uit:
a. kosten die verband houden met het beheer van de pensioenregeling en het bewaren van het pensioenvermogen en die volgens de overeenkomst bedoeld in artikel 4:71c, eerste lid, ten laste kunnen worden gebracht van het pensioenvermogen; en
b. rechten van pensioendeelnemers en pensioengerechtigden.

Premiepensioenvordering, verhaal op pensioenvermogen

2. Indien het pensioenvermogen bij vereffening ontoereikend is voor voldoening van de vorderingen, dient het pensioenvermogen ter voldoening van de vorderingen in de volgorde van het eerste lid.

3. In afwijking van het eerste lid zijn andere vorderingen verhaalbaar op het pensioenvermogen indien vaststaat dat de in het eerste lid bedoelde vorderingen zullen kunnen worden voldaan en dat in de toekomst dergelijke vorderingen niet meer zullen ontstaan, naar evenredigheid van elke vordering, behoudens de door de wet erkende redenen van voorrang.

4. Indien de in het eerste lid bedoelde vorderingen niet volledig uit het pensioenvermogen kunnen worden voldaan, dient het vermogen van de entiteit die de juridische eigendom houdt van het pensioenvermogen eerst ter voldoening van de vorderingen in de volgorde van het eerste lid en vervolgens van de overige vorderingen, naar evenredigheid van elke vordering, behoudens de door de wet erkende andere redenen van voorrang.

5. In geval van een faillietverklaring van een premiepensioeninstelling of een pensioenbewaarder worden de boedelschulden, overeenkomstig de bepalingen van de Faillissementswet, al naar

Premiepensioenvordering, faillietverklaring

gelang de aard van de betrokken boedelschuld hetzij omgeslagen over ieder deel van de boedel, hetzij uitsluitend van een bepaalde bate van de boedel afgetrokken. Onder boedelschulden vallen in ieder geval de kosten van inschrijving in een openbaar register in een andere lidstaat.

Art. 4:71b

Premiepensioenvordering, overdracht eigendom pensioenvermogen

1. Indien op grond van het beleggingsbeleid dat wordt gevoerd in verband met een pensioenregeling een reëel risico bestaat dat het pensioenvermogen en het eigen vermogen van de premiepensioeninstelling ontoereikend zullen zijn voor voldoening van vorderingen als bedoeld in artikel 4:71a, eerste lid, draagt de premiepensioeninstelling de eigendom van het pensioenvermogen ten behoeve van de pensioendeelnemers en pensioengerechtigden over aan een onafhankelijke pensioenbewaarder die uitsluitend het pensioenvermogen behorende bij die pensioenregeling bewaart.

2. Als pensioenbewaarder treedt slechts op een rechtspersoon met als enig statutair doel het zijn van eigenaar van het pensioenvermogen en het zijn van schuldenaar van schulden van het pensioenvermogen inzake een pensioenregeling.

3. De premiepensioeninstelling treft maatregelen opdat de pensioenbewaarder slechts met haar medewerking over de bestanddelen van het pensioenvermogen zal beschikken.

Art. 4:71c

Premiepensioenvordering, premieregeling

1. Een premiepensioeninstelling voert een premieregeling slechts uit nadat zij terzake daarvan met de bijdragende onderneming een overeenkomst heeft gesloten.

Premiepensioenvordering, overdracht eigendom pensioenvermogen

2. Een premiepensioeninstelling draagt de eigendom van een pensioenvermogen slechts over aan een pensioenbewaarder nadat zij met deze een overeenkomst inzake het beheer en de bewaring van het pensioenvermogen heeft gesloten.

Nadere regels

3. Bij algemene maatregel van bestuur worden regels gesteld met betrekking tot de inhoud van de in de vorige leden bedoelde overeenkomsten.

Art. 4:71d

Premiepensioenvordering, informatieverlening premiepensioeninstelling

1. Een premiepensioeninstelling draagt er zorg voor dat de door of namens haar verstrekte informatie aan pensioendeelnemers of pensioengerechtigden geen afbreuk doet aan ingevolge het derde tot en met zesde lid te verstrekken informatie.

2. De informatie, bedoeld in het eerste lid, is feitelijk juist, begrijpelijk en niet misleidend.

3. Onverminderd de informatie die moet worden verstrekt aan pensioendeelnemers of pensioengerechtigden op grond van het op de pensioenregeling toepasselijke recht, verstrekt een premiepensioeninstelling pensioendeelnemers en pensioengerechtigden:

a. op hun verzoek:

$1°.$ de jaarrekening en het bestuursverslag in verband met de premieregeling die hen recht geeft op het ontvangen van een pensioenuitkering of ingevolge waarvan de pensioengerechtigden een pensioenuitkering ontvangen;

$2°.$ de in artikel 3:267a bedoelde verklaring inzake de beleggingsbeginselen;

b. bij wijzigingen in de voorschriften van een pensioenregeling, binnen een redelijke termijn alle informatie die redelijkerwijs relevant is voor een adequate beoordeling van die wijzigingen.

4. Een premiepensioeninstelling verstrekt pensioendeelnemers op hun verzoek alle informatie die voor hen redelijkerwijs relevant is voor een adequate beoordeling van:

a. indien van toepassing, het niveau van de uitkering in geval van beëindiging van de dienstbetrekking;

b. wanneer de pensioendeelnemer de verantwoordelijkheid voor beleggingen heeft overgenomen, alle beschikbare beleggingsmogelijkheden, indien van toepassing, en de feitelijke beleggingsportefeuille, evenals gegevens over de risicopositie en de kosten in verband met de beleggingen;

c. de modaliteiten voor de overdracht van aanspraken op een andere instelling ingeval van beëindiging van de dienstbetrekking.

5. Een premiepensioeninstelling verstrekt pensioendeelnemers jaarlijks beknopte informatie over de situatie van de premiepensioeninstelling en over de actuele waarde van de totale individuele aanspraken.

6. Een premiepensioeninstelling verstrekt een pensioengerechtigde bij zijn pensionering of op het moment dat de premiepensioeninstelling tot het uitbetalen van een andere uitkering dan een uitkering in verband met de pensionering verschuldigd wordt, alle informatie die redelijkerwijs relevant is voor een adequate beoordeling van de uitkering waarop de pensioengerechtigde aanspraak kan maken en de wijze van uitbetaling van deze uitkering.

§ 4.3.1.7 *Provisie*

Art. 4:71e

Nadere regels

Bij of krachtens algemene maatregel van bestuur kunnen regels worden gesteld met betrekking tot de provisie die een aanbieder betaalt of verschaft en de wijze van uitbetaling daarvan.

§ 4.3.1.8

Basisbetaalrekening

Art. 4:71f

1. Een bank die in Nederland betaalrekeningen aan consumenten aanbiedt, stelt consumenten die rechtmatig in de Europese Unie verblijven op verzoek in de gelegenheid een basisbetaalrekening in euro's aan te vragen en te gebruiken, ongeacht de nationaliteit of woonplaats van de consument en ongeacht enige andere grond als bedoeld in artikel 21 van het Handvest van de grondrechten van de Europese Unie.

Basisbetaalrekening, basisfuncties

2. Voor de toepassing van deze paragraaf wordt onder consumenten die rechtmatig in de Europese Unie verblijven mede verstaan consumenten die in de Europese Unie verblijven en die geen vast adres hebben dan wel in afwachting zijn van de beslissing op een asielaanvraag of die om wettelijke of feitelijke redenen niet kunnen worden uitgezet.

3. Een basisbetaalrekening omvat de diensten, genoemd in artikel 17, eerste lid, van de richtlijn betaalrekeningen, voor zover de aangezochte bank die diensten ook aanbiedt aan consumenten die een andere betaalrekening dan een basisbetaalrekening aanhouden bij de betreffende bank.

4. De bank opent een basisbetaalrekening uiterlijk tien werkdagen na ontvangst van de volledige aanvraag, tenzij een of meer van de weigeringsgronden, bedoeld in artikel 4:71g van toepassing zijn.

5. De bank verplicht de aanvrager bij het openen van een basisbetaalrekening niet tot het afnemen van andere diensten of producten, tenzij het gaat om de verplichting tot het deelnemen in het eigen vermogen van de betreffende bank en de bank alle consumenten hiertoe verplicht bij het openen van een betaalrekening.

6. De bank biedt de diensten, bedoeld in het derde lid, kosteloos of tegen een redelijke vergoeding aan. De bank brengt niet meer dan een redelijke vergoeding in rekening bij de consument in geval van niet-nakoming van de verbintenissen uit hoofde van de raamovereenkomst voor betaaldiensten.

7. Het is een bank als bedoeld in het eerste lid niet toegestaan om basisbetaalrekeningen uitsluitend via internet aan te bieden.

Art. 4:71g

1. Een bank weigert een basisbetaalrekening te openen, indien de bank bij het openen daarvan niet kan voldoen aan de bij of krachtens de Wet ter voorkoming van witwassen en financieren van terrorisme gestelde eisen.

Basisbetaalrekening, limitatieve opsomming gronden tot weigering van aanvraag tot verstrekking van

2. Een bank mag voorts het openen van een basisbetaalrekening weigeren indien de aanvrager: *a.* niet kan aantonen een werkelijk belang te hebben bij het openen van een basisbetaalrekening in Nederland;
b. bij een in Nederland gevestigde bank een aanvraag voor een basisbetaalrekening heeft lopen of reeds een betaalrekening aanhoudt bij een andere in Nederland gevestigde bank, waarmee hij gebruik kan maken van de diensten, genoemd in artikel 17, eerste lid, van de richtlijn betaalrekeningen, tenzij de aanvrager verklaart ervan in kennis te zijn gesteld dat die betaalrekening zal worden opgeheven;
c. minder dan acht jaar geleden onherroepelijk is veroordeeld voor een misdrijf als bedoeld in de artikelen 225, 227a, 326, 341, 420 bis of 420 ter van het Wetboek van strafrecht;
d. een basisbetaalrekening had die op grond van artikel 4:71i, eerste lid, onderdeel f, minder dan twee jaar geleden is beëindigd; of
e. weigert om desgevraagd de in het derde lid bedoelde verklaring te ondertekenen.

3. Het is de bank toegestaan om, alvorens een basisbetaalrekening te openen, bij andere in Nederland gevestigde banken na te gaan of de aanvrager aldaar reeds een betaalrekening aanhoudt of heeft aangevraagd. De bank mag de aanvrager verzoeken om een verklaring te ondertekenen waaruit blijkt dat hij geen andere betaalrekening aanhoudt of heeft aangevraagd bij een in Nederland gevestigde bank.

Art. 4:71h

1. Binnen tien werkdagen na ontvangst van de volledige aanvraag informeert de bank de aanvrager over de weigering een basisbetaalrekening te openen.

Basisbetaalrekening, mededeling over weigering aanvraag

2. De weigering, bedoeld in het eerste lid, geschiedt schriftelijk en kosteloos, en onder opgaaf van redenen, tenzij dit laatste in strijd zou zijn met de Wet ter voorkoming van witwassen en financieren van terrorisme of met de nationale veiligheid of de openbare orde.

3. Indien een bank weigert een basisbetaalrekening te openen, stelt de bank de aanvrager op de hoogte van:
a. de interne klachtenprocedure, bedoeld in artikel 4:17;

b. het recht van de consument om een klacht in te dienen bij de Autoriteit Financiële Markten en het Klachteninstituut Financiële Dienstverlening, met vermelding van de contactgegevens van de Autoriteit Financiële Markten en het Klachteninstituut Financiële Dienstverlening.

Art. 4:71i

Basisbetaalrekening, limitatieve opsomming gronden eenzijdige opheffing door bank van overeenkomst tot

1. Een bank kan een overeenkomst met de houder van de basisbetaalrekening of een raamovereenkomst waarin toegang tot een basisbetaalrekening wordt geregeld eenzijdig beëindigen indien de houder van die rekening:

a. gedurende meer dan 24 opeenvolgende maanden op de basisbetaalrekening geen transacties heeft verricht;

b. een tweede betaalrekening, waarmee hij gebruik kan maken van de in artikel 17, eerste lid, van de richtlijn betaalrekeningen genoemde diensten, bij een andere in Nederland gevestigde bank heeft;

c. niet langer rechtmatig in de Europese Unie verblijft;

d. onherroepelijk is veroordeeld voor een misdrijf als bedoeld in de artikelen 225, 227a, 326, 341, 420 bis of 420 ter van het Wetboek van strafrecht;

e. onjuiste of onvolledige informatie heeft verstrekt om toegang tot de basisbetaalrekening te verkrijgen en verstrekking van de juiste en volledige informatie ertoe zou hebben geleid dat de bank het openen van een basisbetaalrekening zou hebben geweigerd op grond van artikel 4:71g; of

f. de basisbetaalrekening opzettelijk heeft gebruikt voor het plegen van strafbare feiten.

2. Indien de bank voornemens is de overeenkomst te beëindigen op grond van het eerste lid, onderdeel a, b of c, stelt zij de rekeninghouder twee maanden voor de beëindiging van de overeenkomst hiervan in kennis.

3. Indien de bank de overeenkomst beëindigt op grond van het eerste lid, onderdeel d, e of f, beëindigt zij de overeenkomst onmiddellijk en stelt zij de rekeninghouder hiervan in kennis.

4. Artikel 4:71h, derde lid, is van overeenkomstige toepassing op de kennisgeving, bedoeld in het tweede en derde lid.

Art. 4:71j

Basisbetaalrekening, vergelijkingswebsite m.b.t. kosten vergoeding voor

1. Onze Minister draagt zorg voor de kosteloze toegang van consumenten tot ten minste één vergelijkingswebsites als bedoeld in artikel 7, eerste lid, van de richtlijn betaalrekeningen, die voldoet aan het bepaalde in artikel 7, derde lid, van die richtlijn.

2. Bij ministeriële regeling kunnen nadere regels worden gesteld met betrekking tot de in het eerste lid bedoelde vergelijkingswebsite.

3. De Autoriteit Financiële Markten plaatst op haar website een verwijzing naar de in het eerste lid bedoelde vergelijkingswebsite.

Afdeling 4.3.2
[Vervallen]

Art. 4:72

[Vervallen]

Afdeling 4.3.3
Bemiddelen

§ 4.3.3.1
[Vervallen]

Art. 4:73

[Vervallen]

§ 4.3.3.2
Krediet

Art. 4:74

Bemiddelaar/onderbemiddelaar in krediet, verbod op bedingen beloning/vergoeding van derden

1. Het is een bemiddelaar in krediet of een onderbemiddelaar in krediet verboden ter zake van het krediet een beloning of vergoeding, in welke vorm dan ook, te bedingen of te aanvaarden van dan wel in rekening te brengen aan een ander dan de aanbieder van het krediet onderscheidenlijk de bemiddelaar in krediet voor wie de onderbemiddelaar bemiddelt.

2. Bij algemene maatregel van bestuur kunnen, teneinde een zorgvuldige bemiddeling in krediet te bevorderen, regels worden gesteld met betrekking tot de in het eerste lid bedoelde beloning of vergoeding en de wijze van uitbetaling daarvan.

3. Onder bij algemene maatregel van bestuur te stellen regels kan worden afgeweken van het eerste lid.

4. Rechtshandelingen verricht in strijd met het eerste lid zijn vernietigbaar.

Art. 4:74a

Artikel 4:33, eerste tot en met vierde lid, is van overeenkomstige toepassing op een bemiddelaar in krediet, tenzij de bemiddelaar slechts bij wijze van nevenactiviteit bemiddelt in krediet.

Art. 4:74b

1. Een bemiddelaar in hypothecair krediet beschikt over een beroepsaansprakelijkheidsverzekering of een daarmee vergelijkbare voorziening.

2. Bij of krachtens algemene maatregel van bestuur kunnen regels worden gesteld met betrekking tot de beroepsaansprakelijkheidsverzekering en de daarmee vergelijkbare voorziening.

3. Bij ministeriële regeling wordt de hoogte vastgesteld van de dekking van de beroepsaansprakelijkheidsverzekering en de daarmee vergelijkbare voorziening.

4. Het eerste tot en met derde lid is niet van toepassing op:

a. bemiddelaars in hypothecair krediet die een door de Nederlandsche Bank verleende vergunning voor uitoefenen van het bedrijf van bank hebben;

b. bemiddelaars in hypothecair krediet die een door de Nederlandsche Bank verleende vergunning voor uitoefenen van het bedrijf van verzekeraar hebben;

c. bemiddelaars in hypothecair krediet als bedoeld in artikel 2:81, tweede lid, voor zover de aanbieder van hypothecair krediet voor wie zij bemiddelen een vergunning heeft op grond waarvan het aanbieden van hypothecair krediet is toegestaan;

d. bemiddelaars in hypothecair krediet met zetel in een andere lidstaat.

Art. 4:74c

Een bemiddelaar in hypothecair krediet met statutaire zetel in Nederland heeft zijn hoofdkantoor in Nederland.

§ 4.3.3.3 *Verzekeringen*

Art. 4:75

1. Een adviseur of bemiddelaar in verzekeringen beschikt over een beroepsaansprakelijkheidsverzekering of een daarmee vergelijkbare voorziening.

2. Bij of krachtens algemene maatregel van bestuur kunnen regels worden gesteld met betrekking tot de beroepsaansprakelijkheidsverzekering en de daarmee vergelijkbare voorziening.

3. Bij ministeriële regeling wordt de hoogte vastgesteld van de dekking van de beroepsaansprakelijkheidsverzekering en de daarmee vergelijkbare voorziening.

4. Het eerste tot en met derde lid zijn niet van toepassing op:

a. bemiddelaars in verzekeringen die een door de Europese Centrale Bank of de Nederlandsche Bank verleende vergunning voor het uitoefenen van het bedrijf van bank hebben;

b. bemiddelaars in verzekeringen die een door de Nederlandsche Bank verleende vergunning voor het uitoefenen van het bedrijf van verzekeraar hebben;

c. bemiddelaars in verzekeringen als bedoeld in artikel 2:81, derde lid, voor zover de bemiddelaars in verzekeringen voor wie zij bemiddelen een vergunning als bedoeld in artikel 2:80, eerste lid, hebben;

d. bemiddelaars in verzekeringen als bedoeld in artikel 2:81, tweede lid, voorzover de verzekeraars voor wie zij bemiddelen een door de Nederlandsche Bank verleende vergunning voor het uitoefenen van het bedrijf van verzekeraar hebben; en

e. bemiddelaars in verzekeringen met zetel in een andere lidstaat.

5. De Autoriteit Financiële Markten kan op aanvraag geheel of gedeeltelijk, al dan niet voor bepaalde tijd, ontheffing verlenen van het op grond van het tweede lid bepaalde, indien de aanvrager aantoont dat daaraan redelijkerwijs niet kan worden voldaan en dat de doeleinden die dit artikel beoogt te bereiken anderszins worden bereikt.

Art. 4:75a

1. Indien een verzekering een aanvulling is op de levering van een roerende zaak of de verlening van een dienst, als onderdeel van een pakket of van dezelfde overeenkomst, biedt de desbetreffende bemiddelaar in verzekeringen de cliënt de mogelijkheid de roerende zaak of de dienst afzonderlijk aan te schaffen.

2. Rechtshandelingen verricht in strijd met het eerste lid zijn vernietigbaar tenzij de rechtshandeling betrekking heeft op verzekeringen met een beleggingscomponent.

3. Dit artikel is niet van toepassing op verzekeringen in aanvulling op een betaalrekening niet zijnde een basisbetaalrekening.

Afdeling 4.3.4

Herverzekeringsbemiddelen

Art. 4:76

Herverzekeringsbemiddelaar, beroepsaansprakelijkheidsverzekering

1. Een herverzekeringsbemiddelaar beschikt over een beroepsaansprakelijkheidsverzekering of een daarmee vergelijkbare voorziening.

2. Bij of krachtens algemene maatregel van bestuur kunnen regels worden gesteld met betrekking tot de beroepsaansprakelijkheidsverzekering en de daarmee vergelijkbare voorziening.

3. Bij ministeriële regeling wordt de hoogte vastgesteld van de dekking van de beroepsaansprakelijkheidsverzekering en de daarmee vergelijkbare voorziening.

4. Het eerste tot en met derde lid zijn niet van toepassing op:

a. herverzekeringsbemiddelaars die een door de Europese Centrale Bank of de Nederlandsche Bank verleende vergunning voor het uitoefenen van het bedrijf van bank hebben;

b. herverzekeringsbemiddelaars die een door de Nederlandsche Bank verleende vergunning voor het uitoefenen van het bedrijf van verzekeraar hebben; en

c. herverzekeringsbemiddelaars met zetel in een andere lidstaat.

5. De Autoriteit Financiële Markten kan op aanvraag geheel of gedeeltelijk, al dan niet voor bepaalde tijd, ontheffing verlenen van het op grond van het tweede lid bepaalde, indien de aanvrager aantoont dat daaraan redelijkerwijs niet kan worden voldaan en dat de doeleinden die dit artikel beoogt te bereiken anderszins worden bereikt.

Afdeling 4.3.4a

Verlenen van afwikkeldiensten

Art. 4:76a

Afwikkelonderneming, vrije toegang tot diensten en systemen

Nadere regels

1. Een afwikkelonderneming biedt eerlijke en vrije toegang tot haar diensten en systemen op basis van objectieve, risicogebaseerde en openbaar gemaakte deelnemingscriteria.

2. Bij of krachtens algemene maatregel van bestuur kunnen nadere regels worden gesteld met betrekking tot het eerste lid.

Art. 4:76b

Afwikkelonderneming, tijdige en effectieve dienstverlening

1. Een afwikkelonderneming draagt zorg voor het tijdig en efficiënt verlenen van haar diensten.

2. De afwikkelonderneming beschikt over mechanismen waarmee periodiek het kostenniveau, prijsniveau en serviceniveau en de efficiëntie van de door haar verleende diensten worden beoordeeld.

Nadere regels

3. Bij of krachtens algemene maatregel van bestuur worden nadere regels gesteld met betrekking tot het eerste en tweede lid.

Art. 4:76c

Afwikkelonderneming, gebruik van internationaal aanvaarde communicatieprocedures en standaarden

1. Een afwikkelonderneming maakt gebruik van internationaal aanvaarde communicatieprocedures en -standaarden ter ondersteuning van een efficiënte dienstverlening, of bevordert het gebruik daarvan.

Nadere regels

2. Bij of krachtens algemene maatregel van bestuur worden nadere regels gesteld met betrekking tot het eerste lid.

Art. 4:76d

Afwikkelonderneming, inzicht in risico's en kosten]

1. Een afwikkelonderneming biedt de betaaldienstverleners waarmee zij een overeenkomst heeft gesloten, inzicht in de financiële risico's en de kosten die zijn verbonden aan de afwikkeldiensten, en verstrekt aan hen de bij of krachtens algemene maatregel van bestuur te bepalen gegevens.

Nadere regels

2. Bij of krachtens algemene maatregel van bestuur worden nadere regels gesteld met betrekking tot het eerste lid.

Afdeling 4.3.5

Optreden als clearinginstelling

Art. 4:77

Clearinginstelling, toelatingseisen

1. De voorwaarden die een clearinginstelling hanteert voor toelating van cliënten zijn objectief en openbaar.

2. Een clearinginstelling voert een adequaat beleid ter zake van het voorkomen van belangenconflicten tussen haar en haar cliënten en tussen haar cliënten onderling.

3. Een clearinginstelling zorgt ervoor dat haar cliënten op billijke wijze worden behandeld in het geval dat een belangenconflict onvermijdelijk blijkt te zijn.

4. Bij of krachtens algemene maatregel van bestuur kunnen nadere regels worden gesteld met betrekking tot het eerste en tweede lid.

5. De Autoriteit Financiële Markten kan op aanvraag geheel of gedeeltelijk, al dan niet voor bepaalde tijd, ontheffing verlenen van het op grond van het eerste of tweede lid bepaalde, indien de aanvrager aantoont dat daaraan redelijkerwijs niet kan worden voldaan en dat de doeleinden die dat lid beoogt te bereiken anderszins worden bereikt.

Art. 4:78

1. Bij algemene maatregel van bestuur kunnen regels worden gesteld met betrekking tot de informatieverstrekking door een clearinginstelling aan de cliënt gedurende de looptijd van een overeenkomst.

Clearinginstelling, informatieverstrekking aan cliënten

2. Bij of krachtens algemene maatregel van bestuur kunnen regels worden gesteld met betrekking tot informatieverstrekking door een clearinginstelling aan de Autoriteit Financiële Markten ten behoeve van het toezicht op de naleving van dit deel.

Afdeling 4.3.6
Optreden als gevolmachtigde agent of ondergevolmachtigde agent

Art. 4:79

1. De aan een gevolmachtigde agent of ondergevolmachtigde agent te verlenen volmacht of ondervolmacht wordt schriftelijk verleend en wordt opgemaakt overeenkomstig een bij ministeriële regeling vast te stellen model.

Verzekeringen, verlenen (onder)volmacht aan (onder)gevolmachtigd agent

2. Een volmacht kan door de volmachtverlenende verzekeraar worden beperkt.

3. Een ondervolmacht kan zowel door de volmachtverlenende verzekeraar als door diens gevolmachtigde, zolang de volmacht van de gevolmachtigde van kracht is, worden beperkt. De ondergevolmachtigde geldt jegens de verzekeraar niet als derde.

4. Beperkingen van de volmacht of de ondervolmacht kunnen niet aan derden worden tegengeworpen.

Art. 4:80

1. De beëindiging van een volmacht van een gevolmachtigde agent heeft geen werking tegen derden tot het tijdstip waarop de verzekeraar of de gevolmachtigde agent van die beëindiging mededeling heeft gedaan aan de Autoriteit Financiële Markten en de Autoriteit Financiële Markten het register, bedoeld in artikel 1:107, heeft aangepast.

Verzekeringen, beëindiging volmacht aan gevolmachtigd agent

2. Ingeval een volmacht is beëindigd, kan de verzekeraar de gevolmachtigde agent wiens volmacht is vervallen, belasten met het beheer en de afwikkeling van de door hem gevormde verzekeringsportefeuille. De verzekeraar kan ook op andere wijze in het beheer en de afwikkeling van die portefeuille voorzien.

3. De artikelen 1:104, derde lid, en 4:4, tweede lid, zijn niet van toepassing op de gevolmachtigde agent, indien de verzekeraar in geval van beëindiging van de volmacht gebruik maakt van het in het tweede lid bedoelde recht om op een andere wijze dan door belasting van de gevolmachtigde agent te voorzien in het beheer en de afwikkeling van de door de gevolmachtigde agent gevormde verzekeringsportefeuille.

Art. 4:81

1. Het bepaalde in artikel 4:80 met betrekking tot een gevolmachtigde agent is van overeenkomstige toepassing op een ondergevolmachtigde agent.

Schakelbepaling

2. Voor de toepassing van het eerste lid wordt onder de verzekeraar, bedoeld in artikel 4:80, mede verstaan de gevolmachtigde agent in zijn hoedanigheid van verlener van ondervolmachten.

Afdeling 4.3.7
Verlenen van beleggingsdiensten, verrichten van beleggingsactiviteiten en systematische interne afhandeling

§ 4.3.7.1
Algemeen

Art. 4:82

De artikelen 4:83, 4:84, en 4:87, tweede lid, onderdeel b, zijn niet van toepassing op beleggingsondernemingen die voor de uitoefening van het bedrijf van bank een door de Europese Centrale Bank of de Nederlandsche Bank verleende vergunning hebben of voor de uitoefening van het bedrijf van financiële instelling een door de Nederlandsche Bank verleende verklaring van ondertoezichtstelling hebben. Artikel 4:85, eerste lid, is niet van toepassing op beleggingsondernemingen die voor de uitoefening van het bedrijf van bank een door de Europese Centrale Bank of de Nederlandsche Bank verleende vergunning hebben.

Werkingssfeer

B23 art. 4:83 **Wet op het financieel toezicht (uittreksel)**

Art. 4:83

Beleggingsonderneming, dagelijks beleid

1. Ten minste twee natuurlijke personen bepalen het dagelijks beleid van een beleggingsonderneming.

2. De Autoriteit Financiële Markten kan op aanvraag ontheffing verlenen van het eerste lid aan een beleggingsonderneming die een natuurlijke persoon is en maatregelen heeft genomen die, gelet op de aard en de omvang van haar werkzaamheden, adequaat zijn om anderszins een beheerste en integere bedrijfsvoering te waarborgen en de belangen van haar cliënten te beschermen.

3. Het tweede lid is van overeenkomstige toepassing ten aanzien van rechtspersonen en vennootschappen die door een natuurlijke persoon worden geleid.

Art. 4:84

Beleggingsonderneming, vestigingsplaats dagelijksbeleidbepalers

1. De personen die het dagelijks beleid van een beleggingsonderneming met zetel in Nederland bepalen, verrichten hun werkzaamheden in verband daarmee vanuit Nederland.

2. De personen die het dagelijks beleid bepalen van een in Nederland gelegen bijkantoor van een beleggingsonderneming met zetel in een staat die geen lidstaat is, verrichten hun werkzaamheden in verband daarmee vanuit dat bijkantoor.

Art. 4:85

Beleggingsonderneming, verstrekken jaargegevens aan AFM

1. Een beleggingsonderneming met zetel in Nederland verstrekt binnen zes maanden na afloop van het boekjaar aan de Autoriteit Financiële Markten een jaarrekening, een bestuursverslag en overige gegevens als bedoeld in de artikelen 361, eerste lid, 391, eerste lid, onderscheidenlijk 392, eerste lid, onderdelen a tot en met h, van Boek 2 van het Burgerlijk Wetboek.

2. Voorzover de beleggingsonderneming, bedoeld in het eerste lid, niet aan Titel 9 van Boek 2 van het Burgerlijk Wetboek is onderworpen, is die titel, met uitzondering van artikel 396, zevende lid, voor zover het de vrijstelling van de verplichting, bedoeld in artikel 393, eerste lid, van Boek 2 van het Burgerlijk Wetboek, betreft, van overeenkomstige toepassing op de jaarrekening, het bestuursverslag en de overige gegevens, bedoeld in het eerste lid.

3. Bij of krachtens algemene maatregel van bestuur worden regels gesteld met betrekking tot de verstrekking van de jaarrekening, het bestuursverslag en de overige gegevens, bedoeld in het eerste lid.

4. Een beleggingsonderneming met zetel in een staat die geen lidstaat is, verstrekt binnen zes maanden na afloop van het boekjaar een jaarrekening en een bestuursverslag aan de Autoriteit Financiële Markten. Het derde lid is van overeenkomstige toepassing.

5. De jaarrekening van de beleggingsonderneming, bedoeld in het vierde lid, is voorzien van een verklaring omtrent de getrouwheid, dan wel een met een verklaring omtrent de getrouwheid overeenkomende verklaring, afgegeven door een accountant, dan wel door een deskundige die ingevolge het recht van de staat waar de beleggingsonderneming haar zetel heeft, bevoegd is de jaarrekening te onderzoeken.

6. Onverminderd het bepaalde in Titel 9 van Boek 2 van het Burgerlijk Wetboek kan de Autoriteit Financiële Markten op aanvraag geheel of gedeeltelijk, al dan niet voor bepaalde tijd, ontheffing verlenen van dit artikel, indien de aanvrager aantoont dat daaraan redelijkerwijs niet kan worden voldaan en dat de doeleinden die dit artikel beoogt te bereiken anderszins worden bereikt.

Art. 4:86

Beleggingsonderneming, verstrekken informatie aan AFM

Bij of krachtens algemene maatregel van bestuur kunnen regels worden gesteld met betrekking tot informatieverstrekking door een beleggingsonderneming aan de Autoriteit Financiële Markten ten behoeve van het toezicht op de naleving van dit deel.

Art. 4:87

Beleggingsonderneming, bescherming rechten cliënt op in bewaring gegeven financiële instrumenten

1. Een beleggingsonderneming treft adequate maatregelen:

a. ter bescherming van de rechten van cliënten op aan hen toebehorende gelden en financiële instrumenten; en

b. ter voorkoming van het gebruik van die gelden of financiële instrumenten, behoudens uitdrukkelijke instemming van de cliënt indien het financiële instrumenten betreft, voor eigen rekening door de beleggingsonderneming.

2. Bij of krachtens algemene maatregel van bestuur kunnen nadere regels worden gesteld met betrekking tot:

a. de maatregelen ter bescherming van de rechten van de cliënt en ter voorkoming van het gebruik van financiële instrumenten of gelden van de cliënt; en

b. de wijze waarop instemming kan worden verkregen van de cliënt voor het gebruik van diens financiële instrumenten voor eigen rekening door de beleggingsonderneming.

3. Het is een verbonden agent niet toegestaan financiële instrumenten dan wel gelden die toebehoren aan een cliënt onder zich te houden.

Art. 4:87a

1. Een beleggingsonderneming die optreedt als tussenpersoon in de zin van hoofdstuk 3b van de Wet giraal effectenverkeer draagt zorg voor een adequate administratie van het derivatenvermogen, zodanig dat aan artikel 49g, tweede lid van die wet wordt voldaan.

2. Ter voldoening van het eerste lid wordt de administratie op zodanige wijze gevoerd en worden de boeken, bescheiden en andere gegevensdragers op zodanige wijze bewaard dat in elk geval te allen tijde op eenvoudige wijze de rechten en verplichtingen die deel uitmaken van het derivatenvermogen en van de daarmee samenhangende cliëntposities kunnen worden gekend.

Art. 4:88

1. Een beleggingsonderneming, met inbegrip van haar bestuurders, werknemers en verbonden agenten of een persoon die rechtstreeks of onrechtstreeks is verbonden door een zeggenschapsband, voert een adequaat beleid ter zake van het voorkomen en beheersen van belangenconflicten tussen haar en haar cliënten en tussen haar cliënten onderling.

2. Een beleggingsonderneming zorgt ervoor dat haar cliënten op billijke wijze worden behandeld in het geval dat een belangenconflict onvermijdelijk blijkt te zijn. In dat geval stelt een beleggingsonderneming – alvorens over te gaan tot het doen van zaken – haar cliënten op de hoogte van het belangenconflict.

3. Bij of krachtens algemene maatregel van bestuur kunnen regels worden gesteld met betrekking tot het in het eerste lid bedoelde beleid en het informeren van cliënten bij een belangenconflict als bedoeld in het tweede lid.

4. Onverminderd het bepaalde in artikel 4:12, eerste lid, onderdeel c, richt een beleggingsonderneming met zetel in een andere lidstaat de bedrijfsvoering van een in Nederland gelegen bijkantoor zodanig in dat deze niet in strijd is met het eerste en tweede lid.

5. De Autoriteit Financiële Markten kan op aanvraag geheel of gedeeltelijk, al dan niet voor bepaalde tijd, ontheffing verlenen van het op grond van het derde lid bepaalde, indien de aanvrager aantoont dat daaraan redelijkerwijs niet kan worden voldaan en dat de doeleinden die dit artikel beoogt te bereiken anderszins worden bereikt.

Art. 4:89

1. Een beleggingsonderneming legt met betrekking tot iedere cliënt een dossier aan met documenten waarin de wederzijdse rechten en verplichtingen van de beleggingsonderneming en de cliënt zijn beschreven.

2. De rechten en plichten, bedoeld in het eerste lid, kunnen worden beschreven door middel van verwijzing naar andere documenten of wetteksten.

Art. 4:89a

1. Een beleggingsonderneming sluit geen financiëlezekerheidsovereenkomst tot overdracht als bedoeld in artikel 51, onderdeel b, van Boek 7 van het Burgerlijk Wetboek met als doel om huidige of toekomstige verplichtingen, al dan niet voorwaardelijk, van een niet-professionele belegger te waarborgen of af te dekken.

2. Bij of krachtens algemene maatregel van bestuur kunnen regels worden gesteld met betrekking tot de voorwaarden waaronder het sluiten van een financiëlezekerheidsovereenkomst met een in aanmerking komende tegenpartij of professionele belegger is toegestaan.

Art. 4:89b

1. Een verbonden agent informeert de cliënt bij het opnemen van contact over of voorafgaande aan het verlenen van een beleggingsdienst, als bedoeld in de onderdelen a, d en e van de definitie van het verlenen van een beleggingsdienst in artikel 1:1, over de volgende onderwerpen:

a. in welke hoedanigheid hij optreedt;

b. dat hij een contractuele verplichting heeft uitsluitend voor een beleggingsonderneming op te treden, hij deelt de cliënt tevens de naam van de beleggingsonderneming mede;

c. op welke wijze hij wordt beloond; en

d. bij algemene maatregel van bestuur aan te wijzen andere onderwerpen.

2. Bij of krachtens algemene maatregel van bestuur kunnen regels worden gesteld met betrekking tot:

a. de vorm en wijze van verstrekking van de in het eerste lid bedoelde informatie; en

b. de beloning of de vergoeding het verrichten van de beleggingsdiensten, in welke vorm ook, en de wijze van uitbetaling daarvan.

3. Artikel 4:19, tweede lid, is van overeenkomstige toepassing op de op grond van het eerste lid verstrekte informatie.

4. De Autoriteit Financiële Markten kan op aanvraag geheel of gedeeltelijk, al dan niet voor bepaalde tijd, ontheffing verlenen van het op grond van het tweede lid bepaalde, indien de aanvrager aantoont dat daaraan redelijkerwijs niet kan worden voldaan en dat de doeleinden die dit artikel beoogt te bereiken anderszins worden bereikt.

B23 art. 4:90 Wet op het financieel toezicht (uittreksel)

Art. 4:90

Beleggingsonderneming, behartiging belangen cliënten

1. Een beleggingsonderneming zet zich bij het verlenen van beleggingsdiensten of nevendiensten op eerlijke, billijke en professionele wijze in voor de belangen van haar cliënten, handelt ook bij het verrichten van beleggingsactiviteiten eerlijk, billijk en professioneel en onthoudt zich van gedragingen die schadelijk zijn voor de integriteit van de markt.

2. Bij algemene maatregel van bestuur worden regels gesteld met betrekking tot de verwerking van orders en het verschaffen of ontvangen van een provisie bij het verlenen van een beleggingsdiensten of nevendiensten.

Art. 4:90a

Bemiddelaar, best execution

1. Bij het uitvoeren van orders met betrekking tot financiële instrumenten voor rekening van cliënten neemt een beleggingsonderneming toereikende maatregelen om het best mogelijke resultaat voor hen te behalen, rekening houdend met de prijs van de financiële instrumenten, de uitvoeringskosten, de snelheid, de waarschijnlijkheid van uitvoering en afwikkeling, de omvang, de aard en alle andere voor de uitvoering van de order relevante aspecten. In geval van een specifieke instructie van de cliënt met betrekking tot een order of een specifiek aspect van een order voert een beleggingsonderneming die specifieke instructie uit.

2. Bij het uitvoeren van een order voor een niet-professionele belegger gaat een beleggingsonderneming voor de bepaling van het best mogelijke resultaat uit van de totale tegenprestatie. Deze bestaat uit de prijs van het financiële instrument en de uitvoeringskosten.

3. Wanneer in het orderuitvoeringsbeleid van de beleggingsonderneming meerdere plaatsen van uitvoering genoemd zijn waar een order kan worden uitgevoerd, vergelijkt de beleggingsonderneming de resultaten die voor de cliënt zouden worden behaald bij het uitvoeren van de order op elk van die plaatsen van uitvoering. Bij deze vergelijking houdt de beleggingsonderneming rekening met de eigen provisies en kosten voor de uitvoering van de order op elk van de in aanmerking komende plaatsen van uitvoering.

Art. 4:90b

Beleggingsonderneming, orderuitvoeringsbeleid

1. Teneinde te voldoen aan de verplichting, bedoeld in artikel 4:90a, eerste lid, stelt een beleggingsonderneming adequate regelingen vast en ziet zij toe op de naleving van deze regelingen. Een beleggingsonderneming stelt in ieder geval een beleid vast dat haar in staat stelt om bij de uitvoering van orders met betrekking tot financiële instrumenten van haar cliënten het best mogelijke resultaat te behalen als bedoeld in artikel 4:90a, eerste lid, en past dit beleid toe.

2. Het orderuitvoeringsbeleid, bedoeld in het eerste lid, omvat voor elke klasse financiële instrumenten informatie over de plaatsen van uitvoering en de factoren die de keuze van de plaats van uitvoering beïnvloeden. Het vermeldt in elk geval de plaatsen van uitvoering die de beleggingsonderneming in staat stellen om consistent het best mogelijke resultaat voor de uitvoering van orders van cliënten te behalen.

3. Een beleggingsonderneming verstrekt haar cliënten deugdelijke informatie over haar orderuitvoeringsbeleid waarin op een duidelijke, voldoende nauwkeurige en voor cliënten gemakkelijk te begrijpen wijze wordt uitgelegd hoe de beleggingsonderneming orders voor cliënten zal uitvoeren. Wanneer het orderuitvoeringsbeleid voorziet in de mogelijkheid om orders anders dan op een handelsplatform uit te voeren, brengt de beleggingsonderneming haar cliënten van deze mogelijkheid op de hoogte. De beleggingsonderneming deelt een cliënt na uitvoering van een order voor diens rekening mee op welke plaats van uitvoering die order werd uitgevoerd.

4. Met de uitvoering van een order met betrekking tot een financieel instrument wordt pas na instemming van de cliënt met het orderuitvoeringsbeleid een begin gemaakt.

5. Met de uitvoering van een order met betrekking tot een financieel instrument anders dan op een handelsplatform wordt pas na toestemming van de cliënt een begin gemaakt.

6. Indien een specifieke instructie strijdig is met het orderuitvoeringsbeleid wordt de order niet of in overeenstemming met die specifieke instructie uitgevoerd. Het orderuitvoeringsbeleid kan niet inhouden dat een order in strijd met specifieke instructies kan worden uitgevoerd.

7. Een beleggingsonderneming stelt met inachtneming van de ingevolge artikel 27, tiende lid, onderdeel b, van de richtlijn markten voor financiële instrumenten 2014 gestelde regels jaarlijks informatie over de kwaliteit van de uitvoering alsmede voor elke categorie financiële instrumenten een overzicht van de belangrijkste vijf plaatsen van uitvoering voor de beleggingsonderneming in termen van handelsvolumes over het voorgaande jaar algemeen verkrijgbaar.

8. Een beleggingsonderneming ziet toe op de doeltreffendheid van haar regelingen en beleid voor orderuitvoering om tekortkomingen te achterhalen en te corrigeren. Bij een dergelijke beoordeling houdt de beleggingsonderneming in ieder geval rekening met de informatie die op grond van het zevende lid en artikel 4:90e algemeen verkrijgbaar is gesteld.

9. Een beleggingsonderneming geeft haar cliënten kennis van wezenlijke wijzigingen in haar orderuitvoeringsregelingen of haar orderuitvoeringsbeleid.

10. Op verzoek van een cliënt toont een beleggingsonderneming aan deze cliënt aan dat zij voor hem een order heeft uitgevoerd in overeenstemming met het orderuitvoeringsbeleid, tenzij de order of een specifiek aspect van de order is uitgevoerd volgens een specifieke instructie van de cliënt.

11. Voor de toepassing van dit artikel wordt onder plaats van uitvoering verstaan: handelsplatform, beleggingsonderneming met systematische interne afhandeling, marketmaker of andere liquiditeitsverschaffer of entiteit die in een staat die geen lidstaat is een soortgelijke taak verricht als die van een van de voornoemde partijen.

12. Bij algemene maatregel van bestuur kunnen regels worden gesteld met betrekking tot de informatieverstrekking aan niet-professionele beleggers over het orderuitvoeringsbeleid, bedoeld in het derde lid, eerste volzin.

Art. 4:90c

[Vervallen]

Art. 4:90d

1. Een beleggingsonderneming past procedures en regelingen toe die een onmiddellijke, billijke en vlotte uitvoering van orders met betrekking tot financiële instrumenten van cliënten garanderen ten opzichte van orders van andere cliënten of de handelsposities van de beleggingsonderneming zelf. Deze procedures of regelingen stellen de beleggingsonderneming in staat om vergelijkbare orders van cliënten op volgorde van het tijdstip van ontvangst uit te voeren.

Beleggingsonderneming, verwerking van orders van cliënten

2. Indien een limietorder van een cliënt inzake tot de handel op een gereglementeerde markt toegelaten aandelen of op een handelsplatform verhandelde aandelen vanwege de marktomstandigheden niet onmiddellijk wordt uitgevoerd, maakt de beleggingsonderneming de bewuste limietorder van de cliënt onmiddellijk op zodanige wijze openbaar dat andere marktdeelnemers daar gemakkelijk kennis van kunnen krijgen, tenzij de cliënt uitdrukkelijk andere instructies geeft.

3. De Autoriteit Financiële Markten kan op aanvraag ontheffing verlenen van het tweede lid indien de limietorder van aanzienlijke omvang is in verhouding tot de normale marktomvang.

4. Bij algemene maatregel van bestuur kunnen regels worden gesteld met betrekking tot de procedures en regelingen, bedoeld in het eerste lid.

Art. 4:90e

1. Een plaats van uitvoering als bedoeld in artikel 4:90b, elfde lid, of, indien het een handelsplatform betreft, de exploitant daarvan, stelt met inachtneming van de ingevolge artikel 27, tiende lid, onderdeel a, van de richtlijn markten voor financiële instrumenten 2014 gestelde regels ten minste jaarlijks kosteloos gegevens algemeen verkrijgbaar over de kwaliteit van de uitvoering van transacties op de betrokken plaats van uitvoering.

Beleggingsonderneming, bewaarplicht m.b.t. transacties in financiële instrumenten

2. Een marketmaker of andere liquiditeitsverschaffer of een entiteit die in een staat die geen lidstaat is daarmee vergelijkbare activiteiten verricht, stelt alleen gegevens algemeen verkrijgbaar ten aanzien van transacties in financiële instrumenten die niet onder de in artikel 23, eerste lid, of artikel 28, eerste lid, van de verordening markten voor financiële instrumenten opgenomen handelsverplichtingen vallen.

Art. 4:91

Indien een beleggingsonderneming die lid is van of deelneemt aan een gereglementeerde markt waarvoor een vergunning als bedoeld in artikel 5:26, eerste lid, is verleend, ingevolge de op grond van artikel 5:27, eerste lid, te hanteren regels verplicht is ter medewerking aan de controle op de naleving van die regels persoonsgegevens als bedoeld in artikel 4 van de Algemene verordening gegevensbescherming te verstrekken, behoeft de beleggingsonderneming voor deze verstrekking niet de toestemming van degene op wie de persoonsgegevens betrekking hebben.

Beleggingsonderneming, verstrekken persoonsgegevens ter controle naleving regels

§ 4.3.7.2

Exploiteren van een georganiseerde handelsfaciliteit of een multilaterale handelsfaciliteit

Art. 4:91.0a

Deze paragraaf is van overeenkomstige toepassing op een marktexploitant die een georganiseerde handelsfaciliteit of multilaterale handelsfaciliteit exploiteert.

Werkingssfeer

Art. 4:91a

1. Een beleggingsonderneming die een georganiseerde handelsfaciliteit of multilaterale handelsfaciliteit exploiteert, stelt transparante regels en procedures vast die een billijke en ordelijke handel garanderen en legt objectieve criteria vast voor de efficiënte uitvoering van orders.

Georganiseerde of multilaterale handelsfaciliteit, regels en procedures

2. Onder de in het eerste lid bedoelde regels en procedures worden in ieder geval regels en procedures verstaan voor een gezond beheer van de technische werking van het systeem en doeltreffende voorzorgsmaatregelen om met systeemverstoringen verband houdende risico's te ondervangen.

3. De beleggingsonderneming stelt transparante regels vast met betrekking tot de criteria aan de hand waarvan wordt vastgesteld welke financiële instrumenten via haar systeem kunnen worden verhandeld.

4. De beleggingsonderneming zorgt voor toegang tot voldoende publieke informatie opdat de gebruikers van haar handelsfaciliteit zich een beleggingsoordeel kunnen vormen, rekening houdend met zowel de aard van de gebruikers als de categorieën verhandelde financiële instrumenten.

5. De beleggingsonderneming stelt op objectieve criteria gebaseerde transparante en niet-discriminerende regels voor toegang tot de georganiseerde handelsfaciliteit of multilaterale handelsfaciliteit vast en handhaaft deze regels. De beleggingsonderneming maakt deze regels openbaar.

6. De beleggingsonderneming licht de gebruikers van de georganiseerde handelsfaciliteit of multilaterale handelsfaciliteit terdege in over hun respectieve verantwoordelijkheden in het kader van de afwikkeling van de via deze faciliteit uitgevoerde transacties.

7. De beleggingsonderneming treft de nodige voorzieningen om een efficiënte afwikkeling van de volgens de systemen van de georganiseerde handelsfaciliteit of multilaterale handelsfaciliteit uitgevoerde transacties te bevorderen.

8. Indien een effect dat tot de handel op een gereglementeerde markt is toegelaten zonder instemming van de uitgevende instelling op een georganiseerde handelsfaciliteit of multilaterale handelsfaciliteit wordt verhandeld, is deze uitgevende instelling niet onderworpen aan enigerlei verplichting op het gebied van te verstrekken informatie met betrekking tot deze georganiseerde handelsfaciliteit of multilaterale handelsfaciliteit.

9. De beleggingsonderneming geeft onmiddellijk gevolg aan een aanwijzing die de Autoriteit Financiële Markten op grond van artikel 1:77d geeft om de handel in een financieel instrument op te schorten of te onderbreken alsmede aan een op grond van artikel 1:77e gedane uitspraak van de Rechtbank Rotterdam om een financieel instrument van de handel uit te sluiten.

10. De beleggingsonderneming verstrekt met inachtneming van de ingevolge artikel 18, elfde lid, van de richtlijn markten voor financiële instrumenten 2014 gestelde regels de Autoriteit Financiële Markten en de Europese Autoriteit voor effecten en markten een beschrijving van de werking van de georganiseerde handelsfaciliteit of multilaterale handelsfaciliteit alsmede een lijst van de deelnemers, leden of gebruikers van de georganiseerde handelsfaciliteit of multilaterale handelsfaciliteit.

11. De artikelen 5:30a tot en met 5:30d zijn van overeenkomstige toepassing op een beleggingsonderneming die een georganiseerde handelsfaciliteit of multilaterale handelsfaciliteit exploiteert.

Art. 4:91aa

Georganiseerde of multilaterale handelsfaciliteit, minimaal aantal leden/gebruikers

Een georganiseerde handelsfaciliteit of multilaterale handelsfaciliteit heeft ten minste drie daadwerkelijk actieve leden of gebruikers, die elk met betrekking tot de prijsvorming kunnen inwerken op de andere leden of gebruikers van de georganiseerde handelsfaciliteit of multilaterale handelsfaciliteit.

Art. 4:91ab

Georganiseerde of multilaterale handelsfaciliteit, gesynchroniseerde beursklokken

Een beleggingsonderneming die een georganiseerde handelsfaciliteit of multilaterale handelsfaciliteit exploiteert en haar deelnemers of leden synchroniseren de beursklokken die zij hanteren om de datum en tijd van aan te melden verrichtingen te registreren.

Art. 4:91b

Georganiseerde of multilaterale handelsfaciliteit, toezicht handhaving regels en procedures

1. Een beleggingsonderneming die een georganiseerde handelsfaciliteit of multilaterale handelsfaciliteit exploiteert, stelt effectieve regelingen en procedures vast met betrekking tot deze handelsfaciliteit en handhaaft deze regelingen en procedures om er regelmatig op toe te zien of haar deelnemers, leden en gebruikers haar regels naleven.

2. De beleggingsonderneming ziet toe op de orders met inbegrip van verrichte transacties en annuleringen die de deelnemers, leden en gebruikers van de georganiseerde handelsfaciliteit of multilaterale handelsfaciliteit via haar systemen verrichten opdat zij inbreuken op de regelingen en procedures, bedoeld in het eerste lid, handelsvoorwaarden die de ordelijke werking van de markt verstoren, gedragingen die op marktmisbruik kunnen wijzen of systeemstöringen in verband met een financieel instrument, kan vaststellen.

3. De beleggingsonderneming meldt ernstige inbreuken als bedoeld in het tweede lid aan de Autoriteit Financiële Markten.

4. De beleggingsonderneming verstrekt onmiddellijk de toepasselijke informatie aan de Autoriteit Financiële Markten, het Openbaar Ministerie of opsporingsambtenaren die bevoegd zijn op grond van de Wet op de economische delicten en verleent haar volledige medewerking aan de Autoriteit Financiële Markten, het Openbaar Ministerie of deze opsporingsambtenaren bij het onderzoeken of vervolgen van gedragingen die op marktmisbruik kunnen wijzen die zich in of via haar systemen hebben voorgedaan.

Art. 4:91c

Georganiseerde of multilaterale handelsfaciliteit, opschorting/onderbreking handel

1. Een beleggingsonderneming die een georganiseerde handelsfaciliteit of multilaterale handelsfaciliteit exploiteert, kan de handel in een financieel instrument niet opschorten, niet onderbreken of een financieel instrument niet van de handel uitsluiten, indien het financieel instrument niet aan de regels van de handelsfaciliteit voldoet, indien een dergelijke maatregel de belangen van de beleggers of de ordelijke werking van de markt aanzienlijk zou kunnen schaden.

2. De beleggingsonderneming die de handel in een financieel instrument opschort, onderbreekt of een financieel instrument van de handel uitsluit, doet hetzelfde voor afgeleide financiële instrumenten als bedoeld in de onderdelen d tot en met j van de definitie van financieel instrument in artikel 1:1 die verband houden met dat financieel instrument, indien dit noodzakelijk is ter ondersteuning van de doelstellingen van de opschorting, onderbreking of uitsluiting van de handel van het financieel instrument.

3. De beleggingsonderneming die de handel in een financieel instrument en eventueel hiermee verband houdende afgeleide financiële instrumenten opschort, onderbreekt of van de handel uitsluit, maakt deze beslissing openbaar en stelt de Autoriteit Financiële Markten daarvan in kennis.

4. Bij de toepassing van het eerste en tweede lid neemt de beleggingsonderneming de ingevolge artikel 32, tweede lid, van de richtlijn markten voor financiële instrumenten 2014 gestelde regels in acht en bij de toepassing van het derde lid neemt de beleggingsonderneming de ingevolge artikel 32, derde lid, van die richtlijn gestelde regels in acht.

Art. 4:91d

1. Een beleggingsonderneming die een multilaterale handelsfaciliteit exploiteert, stelt niet-discretionaire regels vast voor de uitvoering van orders en implementeert deze regels.

Georganiseerde of multilaterale handelsfaciliteit, geen orders voor eigen rekening

2. De beleggingsonderneming die een multilaterale handelsfaciliteit exploiteert, voert geen orders van cliënten uit voor eigen rekening.

Art. 4:91da

1. Een beleggingsonderneming die een georganiseerde handelsfaciliteit exploiteert treft regelingen om de uitvoering van orders van cliënten op de georganiseerde handelsfaciliteit voor eigen rekening, of met het kapitaal van een entiteit die tot dezelfde groep of rechtspersoon als de beleggingsonderneming behoort, te voorkomen.

Georganiseerde of multilaterale handelsfaciliteit, matched principle trading

2. In afwijking van het eerste lid is het de beleggingsonderneming uitsluitend toegestaan voor eigen rekening te handelen, met uitzondering van matched principal trading, als het een order van een cliënt betreft in een staatsobligatie waarvoor geen liquide markt als bedoeld in artikel 4, eerste lid, onderdeel 25, van de richtlijn markten voor financiële instrumenten 2014 bestaat.

3. In afwijking van het eerste lid maakt de beleggingsonderneming uitsluitend gebruik van matched principal trading wanneer het gaat om obligaties, gestructureerde financieringsproducten, emissierechten en bepaalde afgeleide financiële instrumenten en uitsluitend wanneer de cliënt hier mee heeft ingestemd.

4. De beleggingsonderneming past geen matched principal trading toe ten aanzien van orders van cliënten met betrekking tot afgeleide financiële instrumenten die op grond van artikel 5 van Verordening nr. 648/2012 van het Europees Parlement en de Raad van 4 juli 2012 betreffende otc-derivaten, centrale tegenpartijen en transactieregisters (PbEU 2012, L 201) aan de clearingverplichting onderworpen zijn.

5. Het is niet toegestaan om de exploitatie van een beleggingsonderneming met systematische interne afhandeling en een georganiseerde handelsfaciliteit binnen dezelfde juridische entiteit te laten plaatsvinden.

6. Een verbinding tussen een georganiseerde handelsfaciliteit en een andere georganiseerde handelsfaciliteit of beleggingsonderneming met systematische interne afhandeling is zodanig dat interactie tussen een in een georganiseerde handelsfaciliteit ingevoerde order en een in een andere georganiseerde handelsfaciliteit of beleggingsonderneming met systematische interne afhandeling ingevoerde order niet mogelijk is.

7. Een beleggingsonderneming kan als marketmaker optreden op een door een andere beleggingsonderneming geëxploiteerde georganiseerde handelsfaciliteit, tenzij de beleggingsonderneming nauwe banden als bedoeld in artikel 4, eerste lid, onderdeel 35, van de richtlijn markten voor financiële instrumenten 2014 heeft met die andere beleggingsonderneming.

8. De beleggingsonderneming voert de orders op de door haar geëxploiteerde georganiseerde handelsfaciliteit op discretionaire basis uit en beschikt over discretionaire ruimte bij de beslissing:
a. tot het plaatsen of intrekken van een order op de georganiseerde handelsfaciliteit;
b. om een order van een cliënt niet te matchen met andere orders die beschikbaar zijn in de systemen van de georganiseerde handelsfaciliteit, mits zij handelt in overeenstemming met de instructies van de cliënt en het bepaalde ingevolge de artikelen 4:90a en 4:90b.

9. De beleggingsonderneming bepaalt de wijze waarop orders in het systeem van de door haar geëxploiteerde georganiseerde handelsfaciliteit worden gematcht.

10. De beleggingsonderneming kan, overeenkomstig het eerste en derde tot en met zevende lid en onverminderd het tweede lid, voor een systeem dat transacties in andere financiële instrumenten dan aandelen regelt onderhandelingen tussen cliënten faciliteren teneinde twee of meer potentieel met elkaar verenigbare handelsintenties in een transactie bij elkaar te brengen.

B23 art. 4:91e

Wet op het financieel toezicht (uittreksel)

11. Voor de toepassing van dit artikel wordt onder *matched principal trading* verstaan: matched principal trading als bedoeld in artikel 4, eerste lid, onderdeel 38, van de richtlijn markten voor financiële instrumenten 2014.

Art. 4:91e

Ontheffing

De Autoriteit Financiële Markten kan op aanvraag geheel of gedeeltelijk, al dan niet voor bepaalde tijd, ontheffing verlenen van deze paragraaf indien de aanvrager aantoont dat de belangen die dit deel beoogt te beschermen anderszins voldoende worden beschermd.

§ 4.3.7.2a
Mkb-groeimarkt

Art. 4:91ea

Mkb-groeimarkt, aanwijzing door AFM op aanvraag

1. De Autoriteit Financiële Markten wijst op aanvraag van een beleggingsonderneming of een marktexploitant die een in Nederland gelegen of beheerde multilaterale handelsfaciliteit exploiteert deze handelsfaciliteit aan als mkb-groeimarkt en registreert die aanwijzing in het openbaar register, bedoeld in artikel 1:107, eerste lid, indien de multilaterale handelsfaciliteit beschikt over regelingen, systemen en procedures die waarborgen dat:

a. ten minste vijftig procent van de uitgevende instellingen waarvan de financiële instrumenten tot de handel op de multilaterale handelsfaciliteit zijn toegelaten op het tijdstip van de registratie en in ieder daaropvolgend kalenderjaar kwalificeren als kleine of middelgrote ondernemingen;

b. passende criteria zijn vastgesteld voor de initiële en doorlopende toelating tot de handel op de mkb-groeimarkt van financiële instrumenten van uitgevende instellingen;

c. bij de initiële toelating van een financieel instrument tot de handel op een als mkb-groeimarkt geregistreerde multilaterale handelsfaciliteit voldoende informatie openbaar wordt gemaakt door de uitgevende instelling die potentiële beleggers in staat stelt om met kennis van zaken te kunnen beslissen om al dan niet in het financieel instrument te beleggen;

d. de door of namens een uitgevende instelling, waarvan de financiële instrumenten zijn toegelaten tot de handel op de multilaterale handelsfaciliteit, opgemaakte periodieke financiële verslaggeving algemeen verkrijgbaar wordt gesteld;

e. uitgevende instellingen als bedoeld in artikel 3, eerste lid, onderdeel 21, van de verordening marktmisbruik op de mkb-groeimarkt, personen met leidinggevende verantwoordelijkheid binnen de uitgevende instellingen en met deze personen nauw verbonden personen voldoen aan het bepaalde ingevolge de verordening marktmisbruik;

f. de wettelijk voorgeschreven informatie met betrekking tot de uitgevende instellingen op de mkb-groeimarkt wordt opgeslagen en openbaar gemaakt; en

g. marktmisbruik op de mkb-groeimarkt wordt voorkomen en opgespoord overeenkomstig het bepaalde ingevolge de verordening marktmisbruik.

2. Voor de toepassing van het eerste lid, onderdeel a, wordt onder kleine of middelgrote onderneming verstaan: een onderneming die op de grondslag van de eindejaarskoersen van de voorgaande drie kalenderjaren een gemiddelde marktkapitalisatie van minder dan € 200.000.000 had.

3. De Autoriteit Financiële Markten kan de registratie als mkb-groeimarkt doorhalen, indien:

a. de beleggingsonderneming of marktexploitant die de als mkb-groeimarkt geregistreerde multilaterale handelsfaciliteit exploiteert daartoe een aanvraag heeft ingediend;

b. de als mkb-groeimarkt geregistreerde multilaterale handelsfaciliteit niet langer voldoet aan de bij of krachtens het eerste lid gestelde regels.

4. Het eerste lid laat onverlet dat de beleggingsonderneming of marktexploitant die een door de Autoriteit Financiële Markten geregistreerde mkb-groeimarkt exploiteert nadere eisen stelt aan de uitgevende instellingen waarvan financiële instrumenten zijn toegelaten tot de handel op de multilaterale handelsfaciliteit.

5. Een financieel instrument dat is toegelaten tot de handel op een door de Autoriteit Financiële Markten geregistreerde mkb-groeimarkt kan uitsluitend op een andere mkb-groeimarkt worden verhandeld, indien de uitgevende instelling die het financieel instrument heeft uitgegeven daarover is geïnformeerd en hij daartegen geen bezwaren naar voren brengt. In dat geval gelden voor de uitgevende instelling geen verplichtingen met betrekking tot de regels omtrent het behoorlijk ondernemingsbestuur van de andere mkb-groeimarkt of de informatieverstrekking met betrekking tot de andere mkb-groeimarkt.

6. Bij of krachtens algemene maatregel van bestuur kunnen nadere regels worden gesteld met betrekking tot:

a. de passende criteria, bedoeld in het eerste lid, onderdeel b;

b. de informatie, bedoeld in het eerste lid, onderdeel c, en de wijze waarop deze informatie openbaar wordt gemaakt;

c. de periodieke financiële verslaggeving, bedoeld in het eerste lid, onderdeel d.

§ 4.3.7.3
[Vervallen]

Art. 4:91f-4:91k

[Vervallen]

§ 4.3.7.4
[Vervallen]

Art. 4:91l

[Vervallen]

§ 4.3.7.5
Algoritmische handel, directe elektronische toegang en het optreden als clearinginstelling

Art. 4:91m

Deze paragraaf is van overeenkomstige toepassing op deelnemers of leden van een multilaterale handelsfaciliteit of gereglementeerde markt die op grond van de artikelen 1:15, 1:18, onderdelen c, f en h, niet vergunningplichtig zijn.

Werkingssfeer

Art. 4:91n

1. Een beleggingsonderneming die zich bezighoudt met algoritmische handel stelt met inachtneming van de ingevolge artikel 17, zevende lid, onderdeel a, van de richtlijn markten voor financiële instrumenten 2014 gestelde regels de Autoriteit Financiële Markten en de toezichthoudende instantie van de lidstaat van het handelsplatform waar de beleggingsonderneming zich als lid van of deelnemer aan het handelsplatform met algoritmische handel bezighoudt, hiervan in kennis.

Algoritmische handel, informatieplicht aan AFM en toezichthoudende instantie

2. De beleggingsonderneming beschikt over interne procedures om met inachtneming van de ingevolge artikel 17, zevende lid, onderdeel a, van de richtlijn markten voor financiële instrumenten 2014 gestelde regels te waarborgen dat haar handelssystemen:

a. voldoende capaciteit hebben, aan gepaste handelsdrempels en handelslimieten onderworpen zijn, en te voorkomen dat foutieve orders worden verzonden of dat de systemen anderszins op zodanige wijze functioneren dat dit de ordelijke werking van de markt kan verstoren; en

b. niet kunnen worden aangewend voor een doel dat in strijd is met de verordening marktmisbruik of met de regels van een handelsplatform waarmee de beleggingsonderneming is verbonden.

3. Een beleggingsonderneming die zich met een techniek voor hoogfrequente algoritmische handel bezighoudt, bewaart met inachtneming van de ingevolge artikel 17, zevende lid, onderdeel d, van de richtlijn markten voor financiële instrumenten 2014 gestelde regels de gegevens van al haar geplaatste orders, met inbegrip van annuleringen van orders, uitgevoerde orders en prijsopgaven op de handelsplatformen.

4. Een beleggingsonderneming die zich ter uitvoering van een marketmakingstrategie bezighoudt met algoritmische handel, dient, met inachtneming van de ingevolge artikel 17, zevende lid, onderdelen a, b en c, van de richtlijn markten voor financiële instrumenten 2014 gestelde regels en rekening houdend met de liquiditeit, de schaal en de aard van de specifieke markt en met de kenmerken van de verhandelde financiële instrumenten:

a. de marketmaking doorlopend te verrichten gedurende een bepaald deel van de handelstijden van het handelsplatform, behalve in geval van bijzondere omstandigheden, met als gevolg dat het handelsplatform op regelmatige en voorspelbare wijze van liquiditeit wordt voorzien;

b. over een overeenkomst met het handelsplatform te beschikken, waarin ten minste de verplichtingen van de beleggingsonderneming, bedoeld in onderdeel a, zijn gespecificeerd; en

c. over interne procedures te beschikken die waarborgen dat de beleggingsonderneming te allen tijde voldoet aan de verplichtingen van de overeenkomst, bedoeld in onderdeel b.

5. Voor de toepassing van dit artikel wordt een beleggingsonderneming die zich bezighoudt met algoritmische handel, als deelnemer aan of lid van een handelsplatform bij het handelen voor eigen rekening, geacht een marketmakingstrategie uit te voeren, indien haar strategie onder meer bestaat uit het gelijktijdig op een of meerdere handelsplatformen afgeven van concurrerende vaste biedprijzen en laatprijzen voor een of meer financiële instrumenten, zodat de gehele markt op regelmatige en frequente basis van liquiditeit wordt voorzien.

6. Bij of krachtens algemene maatregel van bestuur kunnen regels worden gesteld met betrekking tot de vorm en inhoud van de kennisgeving, bedoeld in het eerste lid, en de vorm voor het bewaren van de gegevens, bedoeld in het derde lid.

B23 art. 4:91o

Wet op het financieel toezicht (uittreksel)

Art. 4:91o

Directe elektronische toegang tot handelsplatform, interne procedures

1. Een beleggingsonderneming die directe elektronische toegang tot een handelsplatform verleent, beschikt over interne procedures om de passendheid van directe elektronische toegang voor personen die van directe elektronische toegang gebruik maken te toetsen en die beletten dat deze personen vooraf vastgestelde handelsdrempels en kredietdrempels overschrijden, en draagt er zorg voor dat zij voldoen aan het bepaalde ingevolge deze wet en de regels van het handelsplatform.

2. De beleggingsonderneming ziet toe op transacties in financiële instrumenten die door middel van directe elektronische toegang worden verricht teneinde inbreuken op de regels van het handelsplatform, handelsvoorwaarden die de ordelijke werking van de markt verstoren of gedragingen die op marktmisbruik kunnen wijzen, te onderkennen. De beleggingsonderneming stelt de Autoriteit Financiële Markten in kennis van de door haar geconstateerde inbreuken.

3. De beleggingsonderneming beschikt over een overeenkomst tussen haar en de cliënt waarin de uit de dienstverlening, bedoeld in het eerste lid, voortvloeiende rechten en plichten zijn vastgelegd, en waarin tevens is vastgelegd dat de beleggingsonderneming verantwoordelijk blijft voor de naleving van deze wet.

4. De beleggingsonderneming die directe elektronische toegang tot een handelsplatform verleent, stelt daarvan de Autoriteit Financiële Markten en het handelsplatform in kennis.

5. Bij of krachtens algemene maatregel van bestuur kunnen regels worden gesteld met betrekking tot de vorm en inhoud van de kennisgeving, bedoeld in het tweede en vierde lid.

6. Bij de toepassing van dit artikel neemt de beleggingsonderneming de ingevolge artikel 17, zevende lid, onderdeel a, van de richtlijn markten voor financiële instrumenten 2014 gestelde regels in acht.

Art. 4:91p

Clearinginstelling, beheerste en integere bedrijfsvoering

1. Een beleggingsonderneming die voor andere personen als clearinginstelling optreedt, beschikt over een beheerste en integere bedrijfsvoering om te waarborgen dat zij uitsluitend clearingdiensten verricht voor personen die geschikt zijn en dat aan die personen passende eisen worden gesteld om de risico's voor de beleggingsonderneming en de markt te verminderen.

2. De beleggingsonderneming sluit met de personen, bedoeld in het eerste lid, een overeenkomst waarin de uit de dienstverlening voortvloeiende rechten en plichten zijn vastgelegd.

3. Bij de toepassing van dit artikel neemt de beleggingsonderneming de ingevolge artikel 17, zevende lid, onderdeel a, van de richtlijn markten voor financiële instrumenten 2014 gestelde regels in acht.

Afdeling 4.3.7a
Verzekeringen met een beleggingscomponent

Art. 4:91q

Schakelbepaling, verzekeringen met beleggingscomponent

Het bij of krachtens de artikelen 4:88, eerste tot en met derde lid, en 4:89, eerste en vijfde lid, bepaalde is van overeenkomstige toepassing op het aanbieden van verzekeringen met een beleggingscomponent of het adviseren over of bemiddelen in verzekeringen met een beleggingscomponent door adviseurs of bemiddelaars in verzekeringen, gevolmachtigde agenten, ondergevolmachtigde agenten of verzekeraars.

Afdeling 4.3.8
Onderlinge verhouding financiële ondernemingen

§ 4.3.8.1
Verhouding tussen aanbieder, (onder)bemiddelaar en (onder-)gevolmachtigde agent

Art. 4:92

Werkingssfeer

1. Met uitzondering van artikel 4:93 is het ingevolge deze paragraaf bepaalde met betrekking tot de verhouding tussen een aanbieder en een bemiddelaar van overeenkomstige toepassing op:

a. de verhouding tussen een gevolmachtigde agent en een bemiddelaar;

b. de verhouding tussen een ondergevolmachtigde agent en een bemiddelaar; en

c. de verhouding tussen een bemiddelaar en een onderbemiddelaar.

2. Het bepaalde in deze paragraaf met betrekking tot de verhouding tussen een aanbieder en een gevolmachtigde agent is van overeenkomstige toepassing op:

a. de verhouding tussen een gevolmachtigde agent en een ondergevolmachtigde agent; en

b. de verhouding tussen een ondergevolmachtigde agent en een andere ondergevolmachtigde agent waaraan hij een ondervolmacht heeft verleend.

Art. 4:93

1. Een aanbieder draagt er zorg voor dat een bemiddelaar als bedoeld in artikel 2:81, tweede lid, via welke hij overeenkomsten met consumenten of, indien het verzekeringen betreft, cliënten aangaat, voldoet aan het ingevolge deze wet bepaalde.

2. Bij algemene maatregel van bestuur kunnen regels worden gesteld met betrekking tot de wijze waarop de aanbieder er zorg voor draagt dat de bemiddelaar voldoet aan het ingevolge deze wet bepaalde.

3. Een bemiddelaar in verzekeringen met een vergunning als bedoeld in artikel 2:80, eerste lid, draagt er zorg voor dat een verbonden bemiddelaar als bedoeld in artikel 2:81, derde lid, die voor hem bemiddelt voldoet aan het ingevolge deze wet bepaalde.

4. Bij algemene maatregel van bestuur kunnen regels worden gesteld met betrekking tot de wijze waarop de bemiddelaar in verzekeringen er zorg voor draagt dat de verbonden bemiddelaar in verzekeringen voldoet aan het ingevolge deze wet bepaalde.

5. De Autoriteit Financiële Markten kan op aanvraag geheel of gedeeltelijk, al dan niet voor bepaalde tijd, ontheffing verlenen van het krachtens het tweede lid bepaalde, indien de aanvrager aantoont dat daaraan redelijkerwijs niet kan worden voldaan en dat de doeleinden die dit artikel beoogt te bereiken anderszins worden bereikt.

Art. 4:94

1. Een aanbieder die voor de eerste maal door tussenkomst van een bepaalde bemiddelaar een overeenkomst inzake een financieel product aangaat, gaat daartoe pas over nadat hij zich ervan heeft vergewist dat de bemiddelaar voor het bemiddelen in dat financiële product niet handelt in strijd met het verbod, bedoeld in artikel 2:80, eerste lid, en dat aan de bemiddelaar geen verbod als bedoeld in artikel 1:58, tweede lid, of 4:4, eerste lid, is opgelegd.

2. De aanbieder gaat eenmaal per twaalf maanden en indien hij in het kader van de normale bedrijfsvoering signalen ontvangt die bij hem daaromtrent twijfel oproepen na of de bemiddelaar door wiens tussenkomst hij overeenkomsten inzake financiële producten aangaat of die hem assisteert bij het beheer en de uitvoering van een overeenkomst inzake een krediet of verzekering, met betrekking tot deze activiteit niet handelt in strijd met het verbod, bedoeld in artikel 2:80, eerste lid, of dat aan de bemiddelaar met betrekking tot deze activiteit geen verbod als bedoeld in artikel 1:58, tweede lid, of 4:4, eerste lid, is opgelegd.

3. Indien de bemiddelaar, bedoeld in het tweede lid, handelt in strijd met het verbod, bedoeld in artikel 2:80, eerste lid, of aan hem een verbod als bedoeld in artikel 1:58, tweede lid, of 4:4, eerste lid, is opgelegd, gaat de aanbieder geen overeenkomsten inzake financiële producten meer aan door tussenkomst van de bemiddelaar. De bemiddelaar kan de aanbieder assisteren bij het beheer en de uitvoering van reeds aangegane overeenkomsten inzake een krediet of verzekering voorzover het de bemiddelaar op grond van artikel 1:104, derde lid, of 4:4, tweede lid, is toegestaan overeenkomsten af te wikkelen.

Art. 4:95

1. Een aanbieder gaat pas over tot het verlenen van een volmacht nadat hij zich ervan heeft vergewist dat de gevolmachtigde agent niet handelt in strijd met het verbod, bedoeld in artikel 2:92, eerste lid, en aan de gevolmachtigde agent geen verbod als bedoeld in artikel 4:4, eerste lid, is opgelegd.

2. De aanbieder gaat eenmaal per twaalf maanden en indien hij in het kader van de normale bedrijfsvoering signalen ontvangt die bij hem daaromtrent twijfel oproepen na of de gevolmachtigde agent waaraan hij een volmacht heeft verleend niet handelt in strijd met het verbod, bedoeld in artikel 2:92, eerste lid, of dat aan de gevolmachtigde agent geen verbod als bedoeld in artikel 4:4, eerste lid, is opgelegd.

3. Indien de gevolmachtigde agent, bedoeld in het tweede lid, handelt in strijd met het verbod, bedoeld in artikel 2:92, eerste lid, of aan hem een verbod als bedoeld in artikel 4:4, eerste lid, is opgelegd, beëindigt de aanbieder de volmacht. De aanbieder kan de gevolmachtigde agent belasten met het beheer en de afwikkeling van de door hem gevormde verzekeringsportefeuille voorzover het de gevolmachtigde agent op grond van artikel 1:104, derde lid, of 4:4, tweede lid, is toegestaan overeenkomsten af te wikkelen.

Art. 4:96

1. Indien een bemiddelaar in het kader van de normale bedrijfsvoering signalen ontvangt dat een aanbieder voor welke hij bemiddelt voor het aanbieden van dat financiële product handelt in strijd met een in hoofdstuk 2.2 neergelegd verbod op het zonder daartoe verleende vergunning uitoefenen van een bedrijf of verlenen van een financiële dienst of dat aan de aanbieder een verbod als bedoeld in artikel 1:58, tweede lid, of 4:4, eerste lid, is opgelegd, bemiddelt hij niet meer voor de aanbieder, behoudens voorzover het de aanbieder op grond van artikel 1:104, derde lid, of artikel 4:4, tweede lid, is toegestaan overeenkomsten af te wikkelen.

2. Indien een gevolmachtigde agent in het kader van de normale bedrijfsvoering signalen ontvangt dat een aanbieder voor welke hij optreedt als gevolmachtigde agent handelt in strijd met een in hoofdstuk 2.2 neergelegd verbod op het zonder daartoe verleende vergunning uitoefenen van een bedrijf of verlenen van een financiële dienst of dat aan de aanbieder een verbod als bedoeld in artikel 1:58, tweede lid, of 4:4, eerste lid, is opgelegd, treedt hij niet meer op als gevolmachtigde agent voor de aanbieder, behoudens voorzover het de aanbieder op grond van artikel 1:104, derde lid, of 4:4, tweede lid, is toegestaan overeenkomsten af te wikkelen.

Art. 4:97

Aanbieder, verificatie naleving vergunningplicht door bemiddelaar/gevolmachtigd agent

1. Indien een aanbieder in het kader van de normale bedrijfsvoering constateert dat een bemiddelaar of een gevolmachtigde agent het ingevolge artikel 4:9, 4:10, 4:15, 4:74b of 4:75 bepaalde overtreedt, meldt de aanbieder de geconstateerde overtreding onverwijld aan de Autoriteit Financiële Markten.

2. Indien een aanbieder in het kader van de normale bedrijfsvoering constateert dat een bemiddelaar of een gevolmachtigde agent het ingevolge deze wet bepaalde, met uitzondering van het ingevolge artikel 4:9, 4:10, 4:15, 4:74b of 4:75 bepaalde, stelselmatig overtreedt, meldt de aanbieder de geconstateerde overtredingen onverwijld aan de Autoriteit Financiële Markten.

3. Bij algemene maatregel van bestuur kunnen nadere regels worden gesteld met betrekking tot de gevallen waarin de aanbieder een overtreding als bedoeld in het eerste en tweede lid, meldt. Bij of krachtens algemene maatregel van bestuur kunnen nadere regels worden gesteld met betrekking tot de wijze waarop de aanbieder een overtreding meldt.

Art. 4:98

Aanbieder, aansprakelijkheid bij melding overtreding

Degene die tot een melding op grond van artikel 4:97 is overgegaan, is niet aansprakelijk voor schade die een derde dientengevolge lijdt, tenzij aannemelijk wordt gemaakt dat gelet op alle feiten en omstandigheden in redelijkheid niet tot melding had mogen worden overgegaan.

Art. 4:99

Financiële ondernemingen, onderlinge informatie

1. Financiële ondernemingen stellen elkaar over en weer in staat te voldoen aan hetgeen ingevolge dit deel is bepaald, voorzover zij daarvoor van elkaar afhankelijk zijn.

2. Bij of krachtens algemene maatregel van bestuur kunnen nadere regels worden gesteld met betrekking tot de gevallen waarin en de wijze waarop financiële ondernemingen elkaar in staat stellen om aan dit deel te voldoen.

3. De Autoriteit Financiële Markten kan op aanvraag geheel of gedeeltelijk, al dan niet voor bepaalde tijd, ontheffing verlenen van het krachtens het tweede deel bepaalde indien de aanvrager aantoont dat daaraan redelijkerwijs niet kan worden voldaan en dat de doeleinden die dit artikel beoogt te bereiken anderszins worden bereikt.

§ 4.3.8.2
Verhouding tussen beleggingsondernemingen onderling en tussen beleggingsondernemingen en verbonden agenten

Art. 4:100

Beleggingsonderneming, verificatie naleving vergunningplicht door andere onderneming

1. Een beleggingsonderneming die voor de eerste maal een beleggingsdienst als bedoeld in onderdeel a, b of d van de definitie van verlenen van een beleggingsdienst in artikel 1:1 verleent voor een andere beleggingsonderneming of een beleggingsdienst verleent voor cliënten die worden aangebracht door een andere beleggingsonderneming gaat daartoe pas over nadat zij zich ervan heeft vergewist dat de andere beleggingsonderneming niet handelt in strijd met het verbod, bedoeld in artikel 2:96, eerste lid, of dat aan de andere beleggingsonderneming geen verbod als bedoeld in artikel 1:58, tweede lid, of 4:4, eerste lid, is opgelegd.

2. De beleggingsonderneming gaat eenmaal per twaalf maanden en indien zij in het kader van de normale bedrijfsvoering signalen ontvangt die bij haar daaromtrent twijfel oproepen na of de andere beleggingsonderneming, bedoeld in het eerste lid, niet handelt in strijd met het verbod, bedoeld in artikel 2:96, eerste lid, of dat aan de andere beleggingsonderneming geen verbod als bedoeld in artikel 1:58, tweede lid, of 4:4, eerste lid, is opgelegd.

3. Indien de andere beleggingsonderneming, bedoeld in het eerste lid, handelt in strijd met het verbod, bedoeld in artikel 2:96, eerste lid, of aan haar een verbod als bedoeld in artikel 1:58, tweede lid, of 4:4, eerste lid, is opgelegd, verleent de beleggingsonderneming vanaf het moment waarop zij van die strijd onderscheidenlijk dat verbod kennis draagt geen beleggingsdiensten meer voor de andere beleggingsonderneming of voor cliënten die worden aangebracht door de andere beleggingsonderneming.

Art. 4:100a

Beleggingsonderneming via agent, voorkomen negatieve effecten andere werkzaamheden

1. Een beleggingsonderneming die door tussenkomst van een verbonden agent beleggingsdiensten verleent als bedoeld in onderdeel a, d, e of f van de definitie van verlenen van een beleggingsdienst in artikel 1:1, treft afdoende maatregelen ter voorkoming van eventuele negatieve gevolgen die andere werkzaamheden van de betrokken verbonden agent, waarop deze wet niet van toepassing is, kunnen hebben voor de werkzaamheden van de betrokken verbonden agent die hij voor rekening van de beleggingsonderneming verricht.

2. Bij algemene maatregel van bestuur kunnen regels worden gesteld met betrekking tot de wijze waarop de beleggingsonderneming er zorg voor draagt dat de verbonden agent voldoet aan het ingevolge deze wet bepaalde.

3. De Autoriteit Financiële Markten kan op aanvraag geheel of gedeeltelijk, al dan niet voor bepaalde tijd, ontheffing verlenen van het krachtens het tweede lid bepaalde, indien de aanvrager aantoont dat daaraan redelijkerwijs niet kan worden voldaan en dat de doeleinden die dit artikel beoogt te bereiken anderszins worden bereikt.

Art. 4:100b

1. Een beleggingsonderneming die voornemens is voor de eerste maal door tussenkomst van een bepaalde verbonden agent beleggingsdiensten te verlenen, als bedoeld in onderdeel a, d, e of f van de definitie van verlenen van een beleggingsdienst in artikel 1:1, gaat daartoe pas over nadat de beleggingsonderneming de verbonden agent heeft aangemeld bij de Autoriteit Financiële Markten, en de Autoriteit Financiële Markten de verbonden agent heeft ingeschreven in het register, als bedoeld in artikel 1:107.

Beleggingsonderneming via agent, aanmelding bij AFM

2. De beleggingsonderneming gaat eenmaal per twaalf maanden en indien hij in het kader van de normale bedrijfsvoering signalen ontvangt die bij hem daaromtrent twijfel oproepen, na of de verbonden agent door wiens tussenkomst hij beleggingsdiensten verleent als bedoeld in onderdeel a, d of e van de definitie van het verlenen van een beleggingsdienst in artikel 1:1, met betrekking tot deze activiteit niet handelt in overeenstemming met het ingevolge deze wet bepaalde.

3. Indien de verbonden agent, bedoeld in het tweede lid, handelt in strijd met het ingevolge deze wet bepaalde, verleent de beleggingsonderneming geen beleggingsdiensten meer door tussenkomst van de verbonden agent.

Art. 4:100c

Indien een verbonden agent in het kader van de normale bedrijfsvoering signalen ontvangt dat een beleggingsonderneming voor wier rekening hij beleggingsdiensten verleent als bedoeld in onderdeel a, d, e of f van de definitie van verlenen van een beleggingsdienst in artikel 1:1, in strijd handelt met een in hoofdstuk 2.2 geregeld verbod op het zonder daartoe verleende vergunning uitoefenen van een bedrijf of verlenen van een financiële dienst of dat aan de beleggingsonderneming een verbod als bedoeld in artikel 1:58, tweede lid, 1:104, derde lid, of 4:4, eerste lid, is opgelegd, verleent hij geen beleggingsdiensten meer voor rekening van de beleggingsonderneming, behoudens voorzover het beleggingsdiensten betreft ten aanzien waarvan het de beleggingsonderneming is toegestaan overeenkomsten af te wikkelen op grond van artikel 1:58, tweede lid, of artikel 4:4, tweede lid.

Beleggingsonderneming via agent, beëindigen dienstverlening door agent bij aanwijzing fraude onderneming

Art. 4:100d

1. Indien een beleggingsonderneming in het kader van de normale bedrijfsvoering constateert dat een verbonden agent die door haar is aangemeld bij de Autoriteit Financiële Markten als bedoeld in artikel 2:97, vijfde lid, onderdeel b, het ingevolge deze wet bepaalde overtreedt, meldt de beleggingsonderneming de geconstateerde overtreding onverwijld aan de Autoriteit Financiële Markten.

Beleggingsonderneming via agent, beëindiging dienstverlening door onderneming bij aanwijzing fraude agent

2. Bij algemene maatregel van bestuur kunnen regels worden gesteld met betrekking tot de gevallen waarin de beleggingsonderneming een overtreding als bedoeld in het eerste lid, meldt. Bij of krachtens algemene maatregel van bestuur kunnen nadere regels worden gesteld met betrekking tot de wijze waarop de beleggingsonderneming een overtreding meldt.

Art. 4:100e

Degene die tot een melding op grond van artikel 4:100d is overgegaan, is niet aansprakelijk voor schade die een derde dientengevolge lijdt, tenzij aannemelijk wordt gemaakt dat gelet op alle feiten en omstandigheden in redelijkheid niet tot melding had mogen worden overgegaan.

Beleggingsonderneming via agent, aansprakelijkheid na melding

Art. 4:100f

Een beleggingsonderneming die, direct of indirect, deelnemingsrechten in een beleggingsinstelling aanbiedt gaat daartoe pas over nadat zij zich ervan heeft vergewist dat de rechten van deelneming overeenkomstig deze wet mogen worden aangeboden.

Beleggingsonderneming, wettige aanbieding deelnemingsrechten

§ 4.3.8.3

Verhouding tussen financiële ondernemingen bij financiële diensten met betrekking tot verzekeringen

Art. 4:101

Het bepaalde in deze paragraaf met betrekking tot de verhouding tussen een verzekeraar en een bemiddelaar is van overeenkomstige toepassing op:

Schakelbepaling

a. de verhouding tussen een gevolmachtigde agent en een bemiddelaar;
b. de verhouding tussen een ondergevolmachtigde agent en een bemiddelaar; en
c. de verhouding tussen een bemiddelaar en een onderbemiddelaar.

Art. 4:102

Een verzekering die door bemiddeling van een bemiddelaar tot stand is gekomen of naar de portefeuille van een bemiddelaar is overgeboekt, behoort in de relatie tot de betrokken verzekeraar tot de portefeuille van die bemiddelaar zolang die verzekering daaruit niet is overgeboekt.

Verzekering, duur beheer door bemiddelaar

Art. 4:103

Verzekering, toestemming bemiddelaar bij overboeken (deel) portefeuille naar andere bemiddelaar

1. Een verzekeraar boekt niet zonder toestemming van de bemiddelaar of diens rechtverkrijgenden een deel of het geheel van diens portefeuille over naar de portefeuille van een andere bemiddelaar.

2. In afwijking van het eerste lid boekt de verzekeraar op schriftelijk verzoek van een cliënt diens verzekering uit de portefeuille van een bemiddelaar over naar die van een andere bemiddelaar, tenzij de verzekeraar gegronde bezwaren heeft tegen die bemiddelaar.

3. Het eerste en tweede lid zijn van overeenkomstige toepassing op het door een verzekeraar in eigen beheer nemen van een verzekering.

4. De verzekeraar verleent op schriftelijk verzoek van een bemiddelaar zijn medewerking aan de gehele of gedeeltelijke overdracht van de portefeuille van die bemiddelaar aan een andere bemiddelaar, tenzij de verzekeraar gegronde bezwaren heeft tegen die bemiddelaar.

Art. 4:104

Bemiddelaar verzekeringen, premie-incasso

1. Tenzij anders wordt overeengekomen of de bemiddelaar zich bij de verzekering tegenover de verzekeraar tot betaling van premie en kosten als eigen schuld heeft verbonden, verzorgt bij schadeverzekeringen de bemiddelaar voor de verzekeraar het incasso van de premies. Ter zake van dit premie-incasso is hij jegens de verzekeraar te allen tijde rekening en verantwoording schuldig.

2. Het eerste lid is niet van toepassing op betalingsbeschermers of individuele arbeidsongeschiktheidsverzekeringen. Onder betalingsbeschermer wordt verstaan: een verzekering ter dekking van het risico dat de verzekeringnemer betalingsverplichtingen uit hoofde van een overeenkomst inzake krediet niet kan nakomen.

3. Tenzij tussen een verzekeraar en een bemiddelaar anders is overeengekomen kan de verzekeraar bepalen dat de bemiddelaar niet langer gerechtigd is tot premie-incasso, indien:

a. de bemiddelaar niet meer is ingeschreven in het register, bedoeld in artikel 1:107;

b. de bemiddelaar het premie-incasso in ernstige mate verwaarloost;

c. de bemiddelaar in gebreke blijft namens de verzekeraar door hem geïnde premies tijdig aan deze af te dragen; of

d. de bemiddelaar zich schuldig heeft gemaakt aan handelingen, die de vrees wettigen dat hij niet zal voldoen aan zijn uit het premie-incasso voortvloeiende verplichtingen.

4. In de gevallen waarin op grond van het derde lid het premie-incasso door een bemiddelaar eindigt, wordt dit door de verzekeraar overgenomen.

5 Deel Gedragstoezicht financiële markten

Hoofdstuk 5.1
Regels voor het aanbieden van effecten

Art. 5:1

Verantwoordelijkheid voor informatie in prospectus

1. De verantwoordelijkheid voor de informatie die in een prospectus, en in enige aanvulling daarvan, wordt verstrekt, berust bij ten minste de uitgevende instelling of bij haar leidinggevend, toezichthoudend of besturend orgaan, de aanbieder, de aanvrager van een toelating tot de handel op een gereglementeerde markt of de garant.

2. De verantwoordelijkheid voor de in een registratiedocument als bedoeld in artikel 6 van de prospectusverordening of een universeel registratiedocument als bedoeld in artikel 9 van de prospectusverordening verstrekte informatie rust in de gevallen waarin een registratiedocument of een universeel registratiedocument een onderdeel vormt van een goedgekeurd prospectus op de personen, bedoeld in het eerste lid.

3. Het eerste lid is van overeenkomstige toepassing, onverminderd de artikelen 5:25c en 5:25d, indien de krachtens die artikelen te verstrekken informatie in een universeel registratiedocument is opgenomen.

Art. 5:2

Aansprakelijkheid voor informatie in prospectus

De personen die verantwoordelijk zijn voor de in het prospectus opgenomen informatie zijn niet louter op grond van de samenvatting, bedoeld in de artikelen 7 en 15, eerste lid, tweede alinea, van de prospectusverordening, met inbegrip van een vertaling daarvan, aansprakelijk, tenzij de samenvatting, wanneer zij samen met de andere delen van het prospectus wordt gelezen, misleidend, inaccuraat of inconsistent is, of de samenvatting, wanneer zij samen met de andere delen van het prospectus wordt gelezen, niet de essentiële informatie bevat ter ondersteuning van beleggers wanneer zij overwegen in de effecten te beleggen.

Art. 5:3

Prospectus, op te nemen gegevens

Indien een beleggingsinstelling een prospectus ingevolge de prospectusverordening dient op te stellen, neemt de beheerder van de beleggingsinstelling de bij of krachtens algemene maatregel van bestuur te bepalen gegevens op in het prospectus of in een gelijktijdig met het prospectus algemeen verkrijgbaar te stellen document.

Art. 5:4

1. Bij ministeriële regeling kan vrijstelling worden verleend van artikel 3, eerste lid, van de prospectusverordening. Aan deze vrijstelling kunnen voorschriften worden verbonden.

Vrijstelling verplichting om prospectus te publiceren

2. Indien aan een vrijstelling het voorschrift wordt verbonden dat ter zake van een aanbieding van effecten aan het publiek waarvoor geen prospectus algemeen verkrijgbaar behoeft te worden gesteld dat is goedgekeurd door de Autoriteit Financiële Markten, zulks wordt vermeld bij het aanbod, in reclame-uitingen en in documenten waarin een dergelijke aanbieding of toelating in het vooruitzicht wordt gesteld, wordt deze vermelding gedaan op door de Autoriteit Financiële Markten vast te stellen wijze.

Art. 5:5-5:25

[Vervallen]

Hoofdstuk 5.1a

Regels voor informatievoorziening door uitgevende instellingen

Afdeling 5.1a.1

Afdeling 5.1a.1 Informatieverplichtingen voor uitgevende instellingen waarvan effecten zijn toegelaten tot de handel op een gereglementeerde markt en waarvan Nederland lidstaat van herkomst is

§ 5.1a.1.1

Inleidende bepalingen

Art. 5:25a

1. Voor de toepassing van dit hoofdstuk wordt, voor zover nodig in afwijking van artikel 1:1, verstaan onder:

Begripsbepalingen

a. aandeelhouder: degene die middellijk of onmiddellijk houder is, al dan niet voor eigen rekening, van aandelen of certificaten van aandelen in een uitgevende instelling;

b. accountant: een accountant als bedoeld in artikel 393, eerste lid, van Boek 2 van het Burgerlijk Wetboek of indien een uitgevende instelling zetel heeft in een andere lidstaat een externe accountant die, op grond van de wetgeving van die lidstaat ter implementatie van artikel 34 van de richtlijn jaarrekening, bevoegd is tot controle van de jaarrekening;

c. lidstaat van herkomst: lidstaat van herkomst als bedoeld in artikel 2, eerste lid, onderdeel i, van de richtlijn transparantie;

d. obligatie: effect als bedoeld in onderdeel b van de definitie van effect in artikel 1:1, niet zijnde een effect dat met een aandeel gelijk te stellen is of dat door middel van conversie of door uitoefening van een daaraan verbonden recht recht geeft tot het verkrijgen van aandelen of met aandelen gelijk te stellen waardepapieren.

2. Een uitgevende instelling maakt haar lidstaat van herkomst bekend op de wijze zoals is bepaald bij of krachtens de artikelen 5:25m, 5:25p en 5:25w.

3. Een uitgevende instelling maakt haar lidstaat van herkomst bekend door, voor zover van toepassing, de toezichthoudende instantie van de lidstaat waar zij haar zetel heeft, de toezichthoudende instantie van de lidstaat van herkomst en de toezichthoudende instanties van alle lidstaten waar de effecten van de uitgevende instelling zijn toegelaten tot de handel op een gereglementeerde markt van haar lidstaat van herkomst in kennis te stellen.

4. Het tweede lid is niet van toepassing op een uitgevende instelling die overeenkomstig artikel 2, eerste lid, onderdeel i, van de richtlijn transparantie een lidstaat van herkomst heeft gekozen en de toezichthoudende instantie van deze lidstaat van herkomst hiervan voor 27 november 2015 in kennis heeft gesteld, tenzij de uitgevende instelling op of na 27 november 2015 een andere lidstaat van herkomst kiest.

Art. 5:25b

1. Deze afdeling is uitsluitend van toepassing op uitgevende instellingen waarvan effecten zijn toegelaten tot een gereglementeerde markt en waarvan Nederland lidstaat van herkomst is.

Toepasselijkheid

2. Indien certificaten van aandelen zijn toegelaten tot de handel op een gereglementeerde markt, wordt voor de toepassing van dit hoofdstuk de instelling die de onderliggende aandelen heeft uitgegeven aangemerkt als uitgevende instelling, voor zover die certificaten met haar medewerking zijn uitgegeven.

3. Dit hoofdstuk is niet van toepassing op:

Werkingssfeer

a. beleggingsinstellingen waarvan de rechten van deelneming op verzoek van de deelnemers ten laste van de activa direct of indirect worden ingekocht of terugbetaald; en

b. icbe's.

B23 art. 5:25c **Wet op het financieel toezicht (uittreksel)**

4. In afwijking van het eerste lid is artikel 5:25a, tweede en derde lid, eveneens van toepassing op uitgevende instellingen met een andere lidstaat van herkomst waarvan effecten slechts zijn toegelaten tot de handel op een in Nederland gelegen gereglementeerde markt.

§ 5.1a.1.2
Periodieke verplichtingen voor uitgevende instellingen

Art. 5:25c

Uitgevende instelling, periodieke verplichting

1. Binnen vier maanden na afloop van het boekjaar stelt een uitgevende instelling haar opgemaakte jaarlijkse financiële verslaggeving algemeen verkrijgbaar. De jaarlijkse financiële verslaggeving wordt gedurende een periode van ten minste tien jaar beschikbaar gehouden voor het publiek.

2. De jaarlijkse financiële verslaggeving omvat:

a. de door een accountant gecontroleerde jaarrekening;

b. het bestuursverslag; en

c. verklaringen van de bij de uitgevende instelling als ter zake verantwoordelijk aangewezen personen, met duidelijke vermelding van naam en functie, van het feit dat, voor zover hun bekend,

1°. de jaarrekening een getrouw beeld geeft van de activa, de passiva, de financiële positie en de winst of het verlies van de uitgevende instelling en de gezamenlijk in de consolidatie opgenomen ondernemingen; en

2°. het bestuursverslag een getrouw beeld geeft omtrent de toestand op de balansdatum, de gang van zaken gedurende het boekjaar van de uitgevende instelling en van de met haar verbonden ondernemingen waarvan de gegevens in haar jaarrekening zijn opgenomen en dat in het bestuursverslag de wezenlijke risico's waarmee de uitgevende instelling wordt geconfronteerd, zijn beschreven.

3. Indien de uitgevende instelling zetel heeft in Nederland wordt voor de toepassing van dit artikel verstaan onder:

a. de jaarrekening: de jaarrekening, bedoeld in artikel 361 van Boek 2 van het Burgerlijk Wetboek alsmede de gegevens die op grond van artikel 392, eerste lid, van Boek 2 van het Burgerlijk Wetboek hieraan moeten worden toegevoegd;

b. het bestuursverslag: het bestuursverslag, bedoeld in artikel 391 van Boek 2 van het Burgerlijk Wetboek.

4. Indien de uitgevende instelling zetel heeft in een andere lidstaat wordt voor de toepassing van dit artikel verstaan onder:

a. de jaarrekening: de jaarrekening die met inachtneming van het recht van die lidstaat ter uitvoering van de richtlijn jaarrekening en, voor zover toepasselijk, overeenkomstig artikel 3 van de IAS-verordening goedgekeurde voorschriften is opgemaakt, alsmede de door de accountant, die belast was met de controle van die jaarrekening, ondertekende en gedagtekende verklaring over de door hem uitgevoerde controle en, indien de uitgevende instelling tevens moederonderneming in de zin van de richtlijn jaarrekening is, de jaarrekening die is opgemaakt met inachtneming van het recht van die lidstaat ter uitvoering van de richtlijn jaarrekening;

b. het bestuursverslag: het bestuursverslag dat is opgesteld met inachtneming van het recht van die lidstaat ter uitvoering van de artikelen 19 en 20 van de richtlijn jaarrekening.

5. Indien de uitgevende instelling zetel heeft in een staat die geen lidstaat is en Nederland lidstaat van herkomst is, geeft de uitgevende instelling ten aanzien van de jaarrekening en het bestuursverslag overeenkomstige toepassing aan het derde lid.

6. Indien een beleggingsinstelling de jaarlijkse financiële verslaggeving ingevolge dit deel opstelt, neemt de beheerder van de beleggingsinstelling de bij of krachtens algemene maatregel van bestuur te bepalen gegevens op in de jaarlijkse financiële verslaggeving of in een gelijktijdig met de jaarlijkse financiële verslaggeving algemeen verkrijgbaar te stellen document.

7. Indien tussen het algemeen verkrijgbaar stellen van de jaarlijkse financiële verslaggeving en de vaststelling daarvan, feiten of omstandigheden blijken die onontbeerlijk zijn voor het vormen van een verantwoord oordeel omtrent het vermogen, het resultaat, de solvabiliteit en de liquiditeit van de uitgevende instelling als bedoeld in artikel 362, zesde lid, eerste volzin, van Boek 2 van het Burgerlijk Wetboek, stelt de uitgevende instelling onverwijld een bericht hieromtrent algemeen verkrijgbaar.

8. Indien de vastgestelde jaarlijkse financiële verslaggeving afwijkt van de opgemaakte jaarlijkse financiële verslaggeving, stelt de uitgevende instelling na vaststelling onverwijld een bericht hieromtrent algemeen verkrijgbaar.

9. Indien de uitgevende instelling een mededeling als bedoeld in artikel 362, zesde lid, van Boek 2 van het Burgerlijk Wetboek doet, stelt de uitgevende instelling deze mededeling onverwijld algemeen verkrijgbaar.

Art. 5:25d

1. Zo spoedig mogelijk, doch uiterlijk drie maanden na afloop van de eerste zes maanden van het boekjaar maakt een uitgevende instelling de halfjaarlijkse financiële verslaggeving op en stelt zij deze algemeen verkrijgbaar. De halfjaarlijkse financiële verslaggeving wordt gedurende een periode van ten minste tien jaar beschikbaar gehouden voor het publiek.

2. De halfjaarlijkse financiële verslaggeving omvat:

a. de halfjaarrekening;

b. het halfjaarlijks bestuursverslag; en

c. verklaringen van de bij de uitgevende instelling als ter zake verantwoordelijk aangewezen personen, met duidelijke vermelding van naam en functie, van het feit dat, voor zover hun bekend,:

$1°.$ de halfjaarrekening een getrouw beeld geeft van de activa, de passiva, de financiële positie en de winst of het verlies van de uitgevende instelling en de gezamenlijke in de consolidatie opgenomen ondernemingen; en

$2°.$ het halfjaarlijks bestuursverslag een getrouw overzicht geeft van de in het achtste en, voor zover van toepassing, negende lid bedoelde informatie.

3. Indien de halfjaarlijkse financiële verslaggeving is gecontroleerd of beperkt is beoordeeld door een accountant wordt de door hem ondertekende en gedagtekende verklaring of beoordeling samen met de halfjaarlijkse financiële verslaggeving algemeen verkrijgbaar gesteld.

4. Indien de halfjaarlijkse financiële verslaggeving niet door een accountant is gecontroleerd of beperkt is beoordeeld, wordt dat door de uitgevende instelling in haar halfjaarlijks bestuursverslag vermeld.

5. De halfjaarrekening van een uitgevende instelling met zetel in Nederland:

a. wordt opgemaakt met inachtneming van de ter zake overeenkomstig artikel 3 van de IAS-verordening goedgekeurde voorschriften, indien de uitgevende instelling op grond van Titel 9 van Boek 2 van het Burgerlijk Wetboek verplicht is een geconsolideerde jaarrekening op te maken; of

b. bevat de verkorte balans, de verkorte winst- en verliesrekening en de toelichtingen daarop, indien de uitgevende instelling niet verplicht is een geconsolideerde jaarrekening op te maken.

6. De halfjaarrekening van een uitgevende instelling met zetel in een andere lidstaat:

a. wordt opgemaakt met inachtneming van de ter zake overeenkomstig artikel 3 van de IAS-verordening goedgekeurde voorschriften, indien de uitgevende instelling naar het recht van die lidstaat verplicht is een geconsolideerde jaarrekening op te maken; of

b. bevat de verkorte balans, de verkorte winst- en verliesrekening en de toelichtingen daarop, indien de uitgevende instelling niet verplicht is een geconsolideerde jaarrekening op te maken.

7. Bij het opmaken van de verkorte balans en de verkorte winst- en verliesrekening, bedoeld in het vijfde lid, onderdeel b en zesde lid, onderdeel b, past de uitgevende instelling dezelfde beginselen en grondslagen inzake indeling en waardering toe als bij de jaarlijkse financiële verslaggeving.

8. Het halfjaarlijks bestuursverslag bevat ten minste een opsomming van belangrijke gebeurtenissen die zich de eerste zes maanden van het desbetreffende boekjaar hebben voorgedaan en het effect daarvan op de halfjaarrekening, alsmede een beschrijving van de voornaamste risico's en onzekerheden voor de overige zes maanden van het desbetreffende boekjaar.

9. Indien van een uitgevende instelling aandelen zijn toegelaten tot de handel op een gereglementeerde markt, bevat het halfjaarlijks bestuursverslag eveneens de belangrijkste transacties met verbonden partijen.

10. Indien de uitgevende instelling zetel heeft in een staat die geen lidstaat is en Nederland lidstaat van herkomst is, geeft de uitgevende instelling ten aanzien van de halfjaarrekening en het halfjaarlijks bestuursverslag overeenkomstige toepassing aan het vijfde en het zevende lid.

Art. 5:25e

Binnen zes maanden na afloop van het boekjaar stelt een uitgevende instelling die actief is in de sectoren, bedoeld in artikel 41 van de richtlijn jaarrekening, haar opgemaakte jaarlijkse verslag over betalingen aan overheden algemeen verkrijgbaar. Het verslag wordt gedurende een periode van ten minste tien jaar beschikbaar gehouden voor het publiek.

Art. 5:25f

[Vervallen]

Art. 5:25g

1. De artikelen 5:25c en 5:25d zijn niet van toepassing op staten, regionale of lokale overheidslichamen, internationaalrechtelijke organisaties waarbij lidstaten zijn aangesloten, de Europese Centrale Bank, het Europees Stabiliteitsmechanisme, elk ander mechanisme dat is gecreëerd met als doel de financiële stabiliteit van de Europese monetaire unie te bewaren door middel van het verlenen van tijdelijke financiële bijstand aan de lidstaten die de euro als munt hebben en de nationale centrale banken van lidstaten.

2. De artikelen 5:25c en 5:25d zijn niet van toepassing op uitgevende instellingen die uitsluitend obligaties of andere effecten zonder aandelenkarakter als bedoeld in artikel 2, onderdeel c, van

B23 art. 5:25h **Wet op het financieel toezicht (uittreksel)**

de prospectusverordening, uitgeven met een nominale waarde per eenheid van ten minste € 100 000 of de tegenwaarde daarvan, op de datum van uitgifte, in een andere munteenheid.

3. In afwijking van het tweede lid zijn de artikelen 5:25c en 5:25d niet van toepassing op uitgevende instellingen die uitsluitend obligaties uitgeven die tot de handel op een gereglementeerde markt in de Europese Unie zijn toegelaten en waarvan de nominale waarde per eenheid ten minste € 50 000 bedraagt of de tegenwaarde daarvan, op de datum van uitgifte, in een andere munteenheid, en die al voor 31 december 2010 tot de handel op een gereglementeerde markt in de Europese Unie waren toegelaten, zulks voor de looptijd van deze obligaties.

§ 5.1a.1.3
Incidentele verplichtingen voor uitgevende instellingen

Art. 5:25h

Uitgevende instelling, incidentele verplichting

1. Een uitgevende instelling waarvan aandelen tot de handel op een gereglementeerde markt zijn toegelaten stelt onverwijld informatie omtrent wijzigingen in de rechten die aan door haar uitgegeven aandelen van een bepaalde klasse zijn verbonden algemeen verkrijgbaar. De eerste volzin is van overeenkomstige toepassing op door de uitgevende instelling uitgegeven rechten op het verwerven van aandelen.

2. Een uitgevende instelling waarvan andere effecten, dan bedoeld in het eerste lid, eerste volzin, zijn toegelaten tot de handel op een gereglementeerde markt, stelt onverwijld informatie omtrent wijzigingen in de rechten van houders van de eerstgenoemde effecten algemeen verkrijgbaar. Onder wijzigingen in de rechten van houders als bedoeld in de eerste volzin worden eveneens verstaan wijzigingen in de voorwaarden die verbonden zijn aan de effecten, indien die wijzigingen van invloed kunnen zijn op die rechten.

Art. 5:25i

[Vervallen]

Afdeling 5.1a.2
Regels voor uitgevende instellingen met Nederland als lidstaat van herkomst

§ 5.1a.2.1
Inleidende bepalingen

Art. 5:25j

Reikwijdte

1. Deze afdeling is uitsluitend van toepassing op uitgevende instellingen waarvan effecten zijn toegelaten tot de handel op een gereglementeerde markt en waarvan Nederland lidstaat van herkomst is.

2. In afwijking van het eerste lid is artikel 5:25ka, eerste tot en met vierde lid, uitsluitend van toepassing op uitgevende instellingen waarvan aandelen zijn toegelaten tot de handel op een gereglementeerde markt en die zetel hebben in Nederland.

3. In afwijking van het eerste lid is artikel 5:25k, vierde lid, onderdelen a en b, niet van toepassing op uitgevende instellingen waarvan effecten zijn toegelaten tot de handel op een gereglementeerde markt, die Nederland als lidstaat van herkomst hebben en die zetel hebben in Nederland.

§ 5.1a.2.2
Specifieke informatie voor aandeelhouders en obligatiehouders

Art. 5:25k

Uitgevende instelling, informatie voor aandeelhouders/obligatiehouders

1. Een uitgevende instelling behandelt aandeelhouders die zich in gelijke omstandigheden bevinden op dezelfde wijze bij het geven van informatie en bij het doorberekenen van daarmee gepaard gaande kosten.

2. Het is een uitgevende instelling verboden een aandeelhouder te beletten zijn rechten door middel van verstrekking van een volmacht uit te oefenen.

3. Een uitgevende instelling stelt in Nederland faciliteiten en informatie ter beschikking aan haar aandeelhouders ten behoeve van de uitoefening van hun rechten en zorgt ervoor dat de integriteit van gegevens bij die uitoefening gewaarborgd blijft.

4. Een uitgevende instelling:

a. stelt bij de oproeping voor de algemene vergadering de aandeelhouders in kennis van de plaats, het tijdstip en de agenda van de algemene vergadering alsmede het recht om de vergadering bij te wonen;

b. stelt uiterlijk bij aanvang van de algemene vergadering de aandeelhouders in kennis van het totale aantal aandelen en stemmen;

c. stelt aan iedere aandeelhouder die stemrecht heeft in de algemene vergadering al dan niet op verzoek een volmachtformulier ter beschikking;

d. verstrekt een volmacht aan een bank tot het voldoen van de vorderingen die de aandeelhouders op haar hebben;

e. maakt berichten bekend of verspreidt circulaires die betrekking hebben op de vaststelling en de betaling van dividenden; en

f. verschaft informatie aan aandeelhouders over de uitgifte van nieuwe aandelen, waarbij tevens informatie wordt verstrekt over eventuele regelingen voor de toewijzing, inschrijving, of conversie.

5. Een uitgevende instelling kan informatie langs elektronische weg aan de aandeelhouders verzenden, indien:

a. de algemene vergadering hiermee heeft ingestemd;

b. de verzending langs elektronische weg niet afhankelijk is van de locatie van de zetel of woonplaats van een aandeelhouder of een persoon als bedoeld in artikel 5:45, eerste tot en met zesde, achtste of negende lid;

c. voorzieningen zijn getroffen opdat de aandeelhouder of de persoon die stemrecht uit kan oefenen, daadwerkelijk wordt ingelicht; en

d. een aandeelhouder of een natuurlijke persoon, rechtspersoon of vennootschap als bedoeld in artikel 5:45, eerste tot en met zesde lid, de mogelijkheid wordt geboden om de informatie desgewenst op papier te ontvangen.

Art. 5:25kbis

Indien een houder van aandelen in een uitgevende instelling met zetel in Nederland verzoekt ter behandeling een onderwerp op te nemen in de agenda van de algemene vergadering, vermeldt de houder in het verzoek het percentage in het geplaatst kapitaal dat de aandelen vertegenwoordigen waarover hij overeenkomstig de artikelen 5:33 en 5:45 en de daarop berustende bepalingen beschikt of geacht wordt te beschikken. In het verzoek vermeldt de houder tevens het percentage in het geplaatst kapitaal dat de financiële instrumenten, waarover hij beschikt en die een shortpositie met betrekking tot de aandelen inhouden, vertegenwoordigen. Wordt het verzoek door twee of meerdere houders gedaan dan vermelden zij de bedoelde percentages in het geplaatst kapitaal die zij gezamenlijk vertegenwoordigen. Bij of krachtens algemene maatregel van bestuur kunnen regels worden gesteld met betrekking tot de bepaling van een shortpositie als bedoeld in dit artikel.

Uitgevende instelling, verzoek tot in behandeling nemen onderwerp

Art. 5:25ka

1. Een uitgevende instelling stelt uiterlijk op de tweeënveertigste dag voor de dag van de algemene vergadering de aandeelhouders via haar website in kennis van de volgende informatie:

a. de oproeping tot de algemene vergadering, onder vermelding van de plaats, het tijdstip, de agenda en het recht om de vergadering bij te wonen;

b. voor zover van toepassing, aan de algemene vergadering voor te leggen documenten;

c. de aan de algemene vergadering voor te leggen ontwerpbesluiten, of indien geen ontwerpbesluit aan de algemene vergadering zal worden voorgelegd, een toelichting van het bestuur van de uitgevende instelling met betrekking tot ieder te behandelen onderwerp;

d. voor zover van toepassing, door aandeelhouders ingediende ontwerpbesluiten met betrekking tot door hen ter behandeling ingediende onderwerpen die zijn opgenomen in de agenda van de algemene vergadering, alsmede de op grond van artikel 5:25k bis door die aandeelhouders verstrekte informatie met betrekking tot verplichte melding van het percentage in het geplaatste kapitaal dat de aandelen en financiële instrumenten waarover die aandeelhouders beschikken, alleen of gezamenlijk, vertegenwoordigen;

e. voor zover van toepassing, een volmachtformulier en een formulier voor uitoefening van het stemrecht per brief.

Uitgevende instelling, informatie m.b.t. algemene vergadering van aandeelhouders

2. Een uitgevende instelling stelt uiterlijk op de tweeënveertigste dag voor de dag van de algemene vergadering de aandeelhouders via haar website in kennis van het totale aantal aandelen en stemrechten op de dag van de oproeping. Indien het totale aantal aandelen en stemrechten op de registratiedatum, bedoeld in artikel 119 van Boek 2 van het Burgerlijk Wetboek gewijzigd is, stelt de uitgevende instelling op de eerste werkdag na de registratiedatum de aandeelhouders via haar website tevens in kennis van het totale aantal aandelen en stemrechten op de registratiedatum.

3. Uiterlijk 15 dagen na de dag van de algemene vergadering plaatst de uitgevende instelling de overeenkomstig artikel 120, vierde of vijfde lid van boek 2 van het Burgerlijk Wetboek vastgestelde stemmingsresultaten op haar website.

4. De uitgevende instelling houdt de overeenkomstig dit artikel op de website geplaatste informatie gedurende tenminste een jaar daarop toegankelijk.

5. Indien de oproeping van de algemene vergadering, bedoeld in het eerste en tweede lid, plaatsvindt onder toepassing van een bepaling in de statuten als bedoeld in artikel 115, derde lid, van Boek 2 van het Burgerlijk Wetboek, dan stelt de uitgevende instelling, in afwijking van het eerste en tweede lid, de aandeelhouders uiterlijk op de dag van de oproeping in kennis van de in die leden bedoelde informatie.

Art. 5:25l

Uitgevende instelling, informatie voor obligatiehouders

1. Een uitgevende instelling behandelt obligatiehouders die zich in gelijke omstandigheden bevinden op dezelfde wijze bij het geven van informatie en bij het doorberekenen van daarmee gepaard gaande kosten.

2. Het is een uitgevende instelling met zetel in Nederland verboden een obligatiehouder te beletten zijn rechten door middel van verstrekking van een volmacht uit te oefenen.

3. Een uitgevende instelling stelt in Nederland faciliteiten en informatie ter beschikking aan haar obligatiehouders ten behoeve van de uitoefening van hun rechten en zorgt ervoor dat de integriteit van gegevens bij die uitoefening gewaarborgd blijft.

4. Een uitgevende instelling:

a. roept een vergadering van obligatiehouders bijeen door middel van de bekendmaking van berichten of verspreiding van circulaires, en stelt hen daarbij in kennis van de plaats, het tijdstip en de agenda van de vergadering, van de rechten inzake conversie, omruiling of aflossing van de obligaties, van de regelingen omtrent inschrijving voor de vergadering alsmede van het recht om de vergadering bij te wonen;

b. stelt aan iedere obligatiehouder die stemrecht heeft in een vergadering van obligatiehouders gelijktijdig al dan niet op verzoek een volmachtformulier ter beschikking; en

c. verstrekt een volmacht aan een bank tot het voldoen van de vorderingen die de obligatiehouders op de uitgevende instelling hebben.

5. Een vergadering van obligatiehouders vindt in Nederland plaats. Indien alleen houders van obligaties met een nominale waarde per eenheid van ten minste € 100 000 worden uitgenodigd, kan de uitgevende instelling ook een vergaderplaats in een andere lidstaat kiezen, mits in die lidstaat alle nodige faciliteiten en informatie ter beschikking worden gesteld opdat deze obligatiehouders hun rechten kunnen uitoefenen. De uitgevende instelling kan een vergaderplaats in een andere lidstaat kiezen als alleen houders van obligaties met een nominale waarde per eenheid van ten minste € 50 000 of de tegenwaarde daarvan, op de datum van uitgifte, in een andere munteenheid, worden uitgenodigd, en die obligaties al voor 31 december 2010 tot de handel op een gereglementeerde markt in de Europese Unie waren toegelaten, zulks voor de looptijd van deze obligaties, mits in die andere lidstaat alle nodige faciliteiten en informatie ter beschikking worden gesteld opdat deze obligatiehouders hun rechten kunnen uitoefenen.

6. Een uitgevende instelling kan informatie langs elektronische weg aan de obligatiehouders verzenden, indien:

a. een vergadering van obligatiehouders hiermee heeft ingestemd;

b. de verzending langs elektronische weg niet afhankelijk is van de locatie van de zetel of woonplaats van een obligatiehouder of diens gevolmachtigde;

c. voorzieningen zijn getroffen zodat de houder van een obligatie daadwerkelijk wordt ingelicht; en

d. een obligatiehouder de mogelijkheid wordt geboden om de informatie desgewenst op papier te ontvangen.

§ 5.1a.2.3

Wijze van algemeen verkrijgbaar stellen en deponeren van informatie

Art. 5:25m

Uitgevende instelling, algemeenverkrijgbaarheid gereglementeerde informatie

1. Een uitgevende instelling stelt gereglementeerde informatie op niet-discriminatoire wijze algemeen verkrijgbaar. De uitgevende instelling maakt daarbij gebruik van media waarvan redelijkerwijs mag worden aangenomen dat een snelle en doeltreffende verspreiding van de gereglementeerde informatie in alle lidstaten is gewaarborgd.

2. De algemeenverkijgbaarstelling, bedoeld in het eerste lid, vindt plaats door middel van een persbericht dat gelijktijdig wordt uitgebracht in Nederland alsmede in elke andere lidstaat waar de door de uitgevende instelling uitgegeven financiële instrumenten met haar instemming zijn toegelaten tot de handel op een gereglementeerde markt of waar ter zake van die instrumenten met haar instemming verzocht is om toelating tot de handel op een dergelijke markt.

3. Indien het gereglementeerde informatie betreft als bedoeld in artikel 5:25c, 5:25d of 5:25e, kan de uitgevende instelling in het persbericht volstaan met een aankondiging waarin wordt verwezen naar de website van de uitgevende instelling waar de informatie volledig beschikbaar is.

4. Onze Minister wijst een instantie aan die zorg draagt voor de centrale opslag van gereglementeerde informatie.

5. De uitgevende instelling zendt de gereglementeerde informatie gelijktijdig met de algemeenverkrijgbaarstelling aan de instantie, bedoeld in het vierde lid, alsmede indien deze niet als zodanig is aangewezen aan de Autoriteit Financiële Markten.

6. De uitgevende instelling brengt geen kosten in rekening voor het algemeen verkrijgbaar stellen van de gereglementeerde informatie.

Wet op het financieel toezicht (uittreksel)

B23 art. 5:25p

7. Indien door een persoon zonder toestemming van de uitgevende instelling om toelating tot de handel op een gereglementeerde markt van door de uitgevende instelling uitgegeven effecten is verzocht, rusten de bij of krachtens het eerste, tweede, vijfde en zesde lid geldende verplichtingen op die persoon.

8. Het eerste en tweede lid zijn niet van toepassing op uitgevende instellingen waarvan uitsluitend effecten tot de handel zijn toegelaten op ten hoogste een in een andere lidstaat gelegen of functionerende gereglementeerde markt.

9. De Autoriteit Financiële Markten, zendt gereglementeerde informatie als bedoeld in artikel 5:25c, negende lid, binnen drie dagen na de toezending als bedoeld in het vijfde lid aan het handelsregister.

Art. 5:25n

[Vervallen]

Art. 5:25o

1. Een uitgevende instelling met zetel in Nederland zendt binnen vijf dagen na vaststelling van de jaarrekening de vastgestelde jaarrekening aan de Autoriteit Financiële Markten.

2. Een uitgevende instelling met zetel in Nederland die de jaarrekening niet binnen zes maanden na afloop van het boekjaar heeft vastgesteld, doet daarvan onverwijld mededeling aan de Autoriteit Financiële Markten.

3. De Autoriteit Financiële Markten zendt binnen drie dagen na de toezending, bedoeld in het eerste lid, of de mededeling, bedoeld in het tweede lid, de jaarrekening aan het handelsregister, bedoeld in artikel 394, eerste of tweede lid, van Boek 2 van het Burgerlijk Wetboek. Indien het een mededeling betreft als bedoeld in het tweede lid, wordt de opgemaakte jaarrekening, bedoeld in artikel 5:25c, aan het handelsregister toegestuurd onder vermelding van het feit dat deze niet is vastgesteld.

4. Gelijktijdig met de jaarrekening zendt de uitgevende instelling aan de Autoriteit Financiële Markten het bestuursverslag, bedoeld in artikel 391 van Boek 2 van het Burgerlijk Wetboek, en de gegevens die op grond van artikel 392 van Boek 2 van het Burgerlijk Wetboek aan de jaarrekening en het bestuursverslag worden toegevoegd.

5. Gelijktijdig met de jaarrekening zendt de Autoriteit Financiële Markten het bestuursverslag en de overige gegevens, bedoeld in het vierde lid, aan het handelsregister.

§ 5.1a.2.4

Taal van de informatie

Art. 5:25p

1. Een uitgevende instelling stelt de gereglementeerde informatie met betrekking tot effecten die uitsluitend tot de handel op een in Nederland gelegen of functionerende gereglementeerde markt zijn toegelaten, algemeen verkrijgbaar in de Nederlandse of Engelse taal.

2. Een uitgevende instelling stelt de gereglementeerde informatie met betrekking tot effecten die zowel zijn toegelaten tot de handel op een in Nederland gelegen of functionerende gereglementeerde markt als tot de handel op een gereglementeerde markt in een andere lidstaat, algemeen verkrijgbaar:

a. in de Nederlandse of Engelse taal; en

b. in een taal die door de toezichthoudende instantie van die andere lidstaat wordt aanvaard of een taal die in de internationale financiële kringen gebruikelijk is.

3. Een uitgevende instelling stelt de gereglementeerde informatie met betrekking tot effecten die niet in Nederland maar in een andere lidstaat zijn toegelaten tot de handel op een gereglementeerde markt, algemeen verkrijgbaar:

a. in een taal die door de toezichthoudende instantie van die lidstaat wordt aanvaard; of

b. in een taal die in internationale financiële kringen gebruikelijk is.

4. De artikelen 362, zevende lid, 391, eerste lid, 394, eerste en vierde lid, 403, eerste lid, onderdelen d en e, en 408, eerste lid, onderdeel d, van Boek 2 van het Burgerlijk Wetboek zijn met betrekking tot de in die artikelen geregelde taalkeuze niet van toepassing op gereglementeerde informatie, gesteld in een taal als bedoeld in het eerste, tweede of derde lid.

5. Een uitgevende instelling stelt de gereglementeerde informatie met betrekking tot effecten met een nominale waarde per eenheid van ten minste € 100 000 of, indien het effecten in een andere munteenheid dan de euro betreft, met een nominale waarde per eenheid die op de datum van uitgifte omgerekend ten minste gelijk is aan € 100 000, die tot de handel op een in Nederland of in een andere lidstaat gelegen of functionerende gereglementeerde markt zijn toegelaten, in afwijking van het tweede lid, algemeen verkrijgbaar:

a. in een taal die door de toezichthoudende instantie van die lidstaat wordt aanvaard; of

b. in een taal die in internationale financiële kringen gebruikelijk is.

6. Een uitgevende instelling stelt de gereglementeerde informatie met betrekking tot effecten met een nominale waarde per eenheid van ten minste € 50 000 of, indien het effecten in een andere munteenheid dan de euro betreft, met een nominale waarde per eenheid die op datum

Werkingssfeer

Schakelbepaling

Uitgevende instelling, termijnen verslaglegging

Uitgevende instelling, taal informatieverstrekking

van uitgifte omgerekend ten minste gelijk is aan € 50 000, die al voor 31 december 2010 tot de handel op een in Nederland of in een andere lidstaat gelegen of functionerende gereglementeerde markt zijn toegelaten, in afwijking van het tweede lid, zulks voor de looptijd van deze obligaties, algemeen verkrijgbaar:

a. in een taal die door de toezichthoudende instantie van die lidstaat wordt aanvaard; of

b. in een taal die in internationale financiële kringen gebruikelijk is.

7. Indien de effecten, bedoeld in het eerste tot en met het vijfde lid, zonder toestemming van de uitgevende instelling tot de handel op een gereglementeerde markt zijn toegelaten, rusten de verplichtingen, bedoeld in het eerste tot en met vierde lid, op de persoon die om de toelating heeft verzocht.

Afdeling 5.1a.3

Algemeenverkrijgbaarstelling informatie bij andere lidstaat van herkomst

Art. 5:25q

Uitgevende instelling, algemeenverkrijgbaarstelling informatie bij andere lidstaat

Een uitgevende instelling met een andere lidstaat van herkomst waarvan effecten zijn toegelaten tot de handel op een in Nederland gelegen of functionerende gereglementeerde markt en niet op een in een andere lidstaat gelegen of functionerende markt, stelt de gereglementeerde informatie met betrekking tot die effecten die zij naar het recht van die lidstaat algemeen verkrijgbaar moet stellen, tevens algemeen verkrijgbaar op de wijze zoals is bepaald bij of krachtens de artikelen 5:25m en 5:25w.

Afdeling 5.1a.4

Toezicht op de naleving, vrijstellingen, ontheffingen en nadere regels

Art. 5:25r

AFM, informatie van accountants

1. Indien de Autoriteit Financiële Markten op grond van artikel 5:16 van de Algemene wet bestuursrecht inlichtingen van een accountant vordert met betrekking tot door hem uitgevoerde controles als bedoeld in dit hoofdstuk, vormt de verstrekking van deze inlichtingen geen inbreuk op diens wettelijke of contractuele geheimhoudingsplicht.

2. De medewerking van een accountant aan een vordering als bedoeld in de vorige volzin leidt voor hem niet tot aansprakelijkheid.

Art. 5:25s

Schakelbepaling

1. Artikel 1:75, eerste lid, is van overeenkomstige toepassing ten aanzien van een uitgevende instelling of persoon die zonder toestemming van een uitgevende instelling om toelating van effecten van die uitgevende instelling tot de handel op een gereglementeerde markt heeft verzocht, indien die uitgevende instelling of persoon niet voldoet aan het bepaalde bij of krachtens de artikelen 5:25c, eerste lid, 5:25d, eerste of derde lid, 5:25e, 5:25h, 5:25m, eerste, vijfde of zevende lid, 5:25p, 5:25q, 5:25v, derde lid, of 5:25w.

2. Een op grond van artikel 1:75, eerste lid, gegeven aanwijzing ten aanzien van een uitgevende instelling of persoon als bedoeld in het eerste lid, strekt niet tot aantasting van overeenkomsten tussen de uitgevende instelling of persoon waaraan zij is gegeven en derden.

Art. 5:25t

AFM, openbaarmaking gegevens

Gegevens die de Autoriteit Financiële Markten heeft ontvangen van een toezichthoudende instantie van een andere lidstaat worden alleen openbaar gemaakt met de uitdrukkelijke toestemming van die toezichthoudende instantie en worden uitsluitend gebruikt voor doeleinden waarmee deze instantie heeft ingestemd.

Art. 5:25u

Nadere regels

Bij ministeriële regeling kan vrijstelling worden verleend van de artikelen 5:25c en 5:25d aan uitgevende instellingen waarvan bepaalde klassen van obligaties zijn toegelaten tot een in Nederland gelegen of functionerende gereglementeerde markt ter uitvoering van de artikelen 8, tweede en derde lid, en 30, derde en vierde lid, van de richtlijn transparantie.

Art. 5:25v

Uitgevende instelling, eisen financiële verslaggeving

1. Uitgevende instellingen met zetel in een staat die geen lidstaat is en waarvan Nederland lidstaat van herkomst is kunnen hun op grond van artikel 5:25c, eerste lid, algemeen verkrijgbaar te stellen jaarlijkse financiële verslaggeving en hun op grond van artikel 5:25d, eerste lid, algemeen verkrijgbaar te stellen halfjaarlijkse financiële verslaggeving opmaken overeenkomstig de in die staat geldende wettelijke voorschriften, indien die voorschriften voldoen aan de vereisten, gesteld in een op grond van artikel 23, vierde of zevende lid, van de richtlijn transparantie genomen bindend besluit van de Europese Commissie. De overige leden van artikel 5:25c of 5:25d blijven buiten toepassing.

Nadere regels

2. Bij ministeriële regeling kan vrijstelling worden verleend van artikel 5:25e, 5:25h, 5:25k, 5:25l, 5:34, 5:35, 5:38, eerste lid, of 5:47, aanhef en onderdeel b, aan uitgevende instellingen met zetel in een staat die geen lidstaat is en waarvan Nederland lidstaat van herkomst is:

a. indien het recht in die staat tenminste aan die bepalingen gelijkwaardige verplichtingen bevat en op de naleving daarvan toezicht wordt uitgeoefend dat in voldoende mate waarborgen biedt ter bescherming van de belangen die bedoelde bepalingen beogen te beschermen, of
b. ter uitvoering van een op grond van artikel 23 van de richtlijn transparantie genomen bindend besluit van de Europese Commissie.

3. Een uitgevende instelling als bedoeld in het tweede lid stelt de informatie die zij naar het recht van de staat van haar zetel openbaar moet maken tevens algemeen verkrijgbaar overeenkomstig het bepaalde ingevolge het bepaalde bij of krachtens de artikelen 5:25m, 5:25p en 5:25w en zendt deze gereglementeerde informatie gelijktijdig met de algemeenverkrijgbaarstelling aan de instantie, bedoeld in artikel 5:25m, vierde lid, alsmede, indien deze niet als zodanig is aangewezen, aan de Autoriteit Financiële Markten.

Art. 5:25w

1. Bij algemene maatregel van bestuur kunnen nadere regels worden gesteld met betrekking tot in dit hoofdstuk geregelde onderwerpen ter uitvoering van een bindend besluit van de Europese Commissie dat gebaseerd is op de richtlijn transparantie.

Nadere regels

2. Bij algemene maatregel van bestuur kunnen nadere regels worden gesteld met betrekking tot de inhoud en het deponeren van het verslag, bedoeld in artikel 5:25e, en de wijze van opslag van gereglementeerde informatie door de instantie, bedoeld in artikel 5:25m, vierde lid.

Hoofdstuk 5.2

Regels voor toegang tot de Nederlandse financiële markten voor marktexploitanten en voor het exploiteren of beheren van een gereglementeerde markt

Afdeling 5.2.1
Toegang tot de Nederlandse financiële markten voor marktexploitanten

Art. 5:25x

In dit hoofdstuk en de daarop berustende bepalingen wordt onder gereglementeerde markt mede verstaan een platform voor de veiling van emissierechten als bedoeld in hoofdstuk VII van Verordening (EU) nr. 1031/2010 van de Europese Commissie van 12 november 2010 inzake de tijdstippen, het beheer en andere aspecten van de veiling van broeikasgasemissierechten overeenkomstig Richtlijn 2003/87/EG van het Europees Parlement en de Raad tot vaststelling van een regeling voor de handel in broeikasgasemissierechten binnen de Gemeenschap (PbEU L 302).

Werkingssfeer

Art. 5:26

1. Het is verboden in Nederland zonder een daartoe door Onze Minister verleende vergunning een gereglementeerde markt te exploiteren of te beheren.

Marktexploitanten, vergunningplicht

2. Het eerste lid is niet van toepassing op het exploiteren of beheren van een gereglementeerde markt met zetel in een andere lidstaat waarvoor door de toezichthoudende instantie van die andere lidstaat een vergunning is verleend voor zover de marktexploitant in Nederland passende voorzieningen treft om de in Nederland gevestigde leden of deelnemers op afstand beter in staat te stellen toegang te krijgen tot deze markt en erop te handelen.

3. Onze Minister kan op aanvraag geheel of gedeeltelijk ontheffing verlenen van het eerste lid, indien de aanvrager aantoont dat de doeleinden die dit hoofdstuk beoogt te bereiken anderszins worden bereikt.

Art. 5:27

1. Onze Minister verleent op aanvraag een vergunning als bedoeld in artikel 5:26, eerste lid, indien de aanvrager aantoont dat de marktexploitant zijn zetel heeft in Nederland en dat zal worden voldaan het bepaalde ingevolge:

Marktexploitanten, eisen vergunningverlening

a. artikel 5:29 met betrekking tot de geschiktheid en de betrouwbaarheid van de in dat artikel bedoelde personen;
b. de artikelen 5:30 en 5:32, eerste lid, met betrekking tot de regels van de gereglementeerde markt;
c. artikel 5:30, aanhef en onderdeel f, met betrekking tot de financiële middelen om een ordelijke werking van de gereglementeerde markt te bevorderen;
d. de artikelen 5:30a tot en met 5:30e met betrekking tot de organisatorische eisen en regels om een ordelijke werking van en de continuïteit van de dienstverlening op de gereglementeerde markt te waarborgen;
e. artikel 5:32a, eerste lid, onderdeel a, met betrekking tot de regels inzake de toelating van financiële instrumenten tot de handel op de gereglementeerde markt; en
f. artikel 5:32b met betrekking tot de regels inzake de toegang tot de gereglementeerde markt.

2. De aanvraag van de vergunning geschiedt onder opgave van bij of krachtens algemene maatregel van bestuur te bepalen gegevens.

B23 art. 5:28

Wet op het financieel toezicht (uittreksel)

3. De marktexploitant draagt er zorg voor dat de in het eerste lid bedoelde regels, hun toepassing en de controle op de naleving van die regels, zullen voldoen aan hetgeen nodig is met het oog op de belangen die deze wet beoogt te beschermen.

4. De marktexploitant meldt elke voorgenomen wijziging in de regels, bedoeld in het eerste lid, of in de controle op de naleving daarvan en van elke voorgenomen wijziging met betrekking tot onderwerpen waarover ingevolge de in het eerste lid genoemde artikelen gegevens worden verstrekt aan de Autoriteit Financiële Markten.

Nadere regels

5. Bij of krachtens algemene maatregel van bestuur kan worden bepaald welke gegevens bij de wijzigingen als bedoeld in het vierde lid worden verstrekt, hoe de melding plaatsvindt en, indien van toepassing, onder welke voorwaarden de wijzigingen ten uitvoer mogen worden gelegd.

6. Van een besluit tot verlening van een vergunning als bedoeld in het eerste lid en van de intrekking daarvan doet Onze Minister mededeling in de Staatscourant.

Afdeling 5.2.2
Het exploiteren of beheren van een gereglementeerde markt

Art. 5:28

Marktexploitanten, definitie marktexploitant

Voor de toepassing van het ingevolge deze afdeling bepaalde wordt onder «marktexploitant» verstaan: een marktexploitant waaraan een vergunning als bedoeld in artikel 5:26, eerste lid, is verleend.

Art. 5:29

Marktexploitanten, dagelijks beleid

1. Het dagelijks beleid van een marktexploitant wordt bepaald door personen die geschikt zijn in verband met de uitoefening van het bedrijf van de gereglementeerde markt. Indien binnen de marktexploitant een orgaan is belast met toezicht op het beleid en de algemene gang van zaken van de gereglementeerde markt, wordt dit toezicht gehouden door personen die geschikt zijn in verband met de uitoefening van dit toezicht.

2. Het beleid van de marktexploitant wordt bepaald of mede bepaald door personen wier betrouwbaarheid buiten twijfel staat. Indien binnen de marktexploitant een orgaan is belast met toezicht op het beleid en de algemene gang van zaken van de gereglementeerde markt, wordt dit toezicht gehouden door personen wier betrouwbaarheid buiten twijfel staat.

3. De betrouwbaarheid van een persoon als bedoeld in het tweede lid staat buiten twijfel wanneer dat eenmaal door een toezichthouder voor de toepassing van deze wet is vastgesteld, zolang niet een wijziging in de relevante feiten of omstandigheden een redelijke aanleiding geeft tot een nieuwe beoordeling.

Nadere regels

4. Bij of krachtens algemene maatregel van bestuur worden regels gesteld met betrekking tot de wijze waarop wordt vastgesteld of de betrouwbaarheid van een persoon als bedoeld in het tweede lid buiten twijfel staat en welke feiten en omstandigheden daarbij in aanmerking worden genomen, alsmede met betrekking tot de misdrijven die, indien begaan door die persoon, met het oog op de belangen die de wet beoogt te beschermen, tot de vaststelling leiden dat de betrouwbaarheid van die persoon niet buiten twijfel staat.

5. De marktexploitant meldt aan de Autoriteit Financiële Markten de naam, het adres en de woonplaats van de personen, bedoeld in het eerste of tweede lid, en de wijzigingen met betrekking tot deze gegevens voor zover deze betrekking hebben op de personen, bedoeld in het eerste of tweede lid.

6. De marktexploitant legt een voorgenomen wijziging van de in het tweede lid bedoelde personen ter instemming voor aan de Autoriteit Financiële Markten.

Art. 5:29a

Marktexploitanten, dagelijks beleid nadere regels

1. De samenstelling en het functioneren van het bestuur van een marktexploitant en, voor zover aanwezig, van het orgaan dat binnen de onderneming is belast met toezicht op het beleid en de algemene gang van zaken, voldoet aan het bepaalde ingevolge artikel 45, tweede tot en met zesde lid, van de richtlijn markten voor financiële instrumenten 2014, met dien verstande dat:

a. het bepaalde in artikel 45, tweede lid, met uitzondering van de eerste alinea, van die richtlijn alleen toepassing vindt indien een marktexploitant significant is;

b. de artikelen 132a, 142a, 242a en 252a van Boek 2 van het Burgerlijk Wetboek niet van toepassing zijn op significante marktexploitanten als bedoeld in onderdeel a; en

c. voor de toepassing van het bepaalde in het tweede lid van artikel 45 van de richtlijn markten voor financiële instrumenten 2014 als uitvoerende bestuursfunctie worden aangemerkt de functies van bestuurder en van uitvoerend bestuurder, indien de bestuurstaken bij een rechtspersoon zijn verdeeld over uitvoerende bestuurders en niet-uitvoerende bestuurders, en als niet-uitvoerende bestuursfunctie worden aangemerkt de functies van commissaris en van niet-uitvoerende bestuurder, indien de bestuurstaken bij een rechtspersoon zijn verdeeld over uitvoerende bestuurders en niet-uitvoerende bestuurders.

2. De Autoriteit Financiële Markten kan leden van het bestuur van een gereglementeerde markt toestemming verlenen om een extra aanvullende niet-uitvoerende bestuursfunctie te vervullen dan op grond van artikel 45, tweede lid, onderdeel a, van de richtlijn markten voor financiële instrumenten 2014 is toegestaan.

3. Bij of krachtens algemene maatregel van bestuur wordt bepaald wanneer een marktexploitant als bedoeld in het eerste lid, gezien zijn omvang, interne organisatie en aard, schaal en complexiteit van werkzaamheden, significant is en kunnen nadere regels worden gesteld betreffende de geschiktheid van de personen, bedoeld in artikel 5:29, eerste lid, alsmede betreffende de samenstelling en het functioneren van het bestuur en van het orgaan belast met toezicht, bedoeld in het eerste lid.

Art. 5:30

1. Een marktexploitant zorgt ervoor dat de gereglementeerde markt:

a. beschikt over regels en procedures voor het signaleren en beheersen van potentiële negatieve gevolgen voor de exploitatie of de goede werking van de gereglementeerde markt of voor haar deelnemers van conflicten tussen de belangen van de gereglementeerde markt, de eigenaars of de marktexploitant;

b. adequaat is toegerust voor de beheersing van de risico's waaraan zij is blootgesteld door in ieder geval te beschikken over regels en procedures om alle risico's van betekenis voor de exploitatie te signaleren en doeltreffende maatregelen te treffen om deze risico's te beperken;

c. beschikt over regels en procedures voor een gezond beheer van de technische werking van het systeem en over doeltreffende voorzorgsmaatregelen om met systeemverstoringen verband houdende risico's te ondervangen;

d. beschikt over transparante, niet-discretionaire regels en procedures die voor een billijke en ordelijke handel zorgen, alsmede over objectieve criteria voor de doelmatige uitvoering van orders;

e. beschikt over doeltreffende regels en procedures voor een doelmatige en tijdige afhandeling van via haar systemen uitgevoerde transacties; en

f. beschikt over voldoende financiële middelen om een ordelijke werking van de markt te bevorderen, gelet op de aard en omvang van de op de markt uitgevoerde transacties en de aard en omvang van de risico's waaraan zij is blootgesteld.

2. Bij of krachtens algemene maatregel van bestuur kunnen regels worden gesteld met betrekking tot het in het eerste lid, onderdeel f, bepaalde.

3. De marktexploitant voert geen orders van cliënten uit voor eigen rekening op een door hem geëxploiteerde gereglementeerde markt.

Art. 5:30a

1. Een marktexploitant zorgt ervoor dat de door hem geëxploiteerde gereglementeerde markt beschikt over systemen, procedures en regelingen om:

a. te waarborgen dat zijn handelssystemen voldoende capaciteit hebben om volumepieken in orders en orderberichten op te vangen, in staat zijn een ordelijke handel onder zeer gespannen marktomstandigheden te waarborgen, volledig zijn getest om te waarborgen dat aan deze voorwaarden wordt voldaan;

b. de continuïteit van de bedrijfsuitoefening te waarborgen teneinde de continuïteit van de dienstverlening te waarborgen in geval van een storing van zijn handelssystemen;

c. orders af te wijzen die van tevoren vastgestelde volumedrempels en prijsdrempels overschrijden of duidelijk foutief zijn;

d. deelnemers en leden te verplichten algoritmen te testen waarbij zij omgevingen aanbiedt om deze tests te faciliteren; en

e. in uitzonderlijke gevallen een transactie te kunnen annuleren, wijzigen of corrigeren.

2. De marktexploitant beschikt over parameters die ertoe kunnen leiden dat de handel tijdelijk wordt stilgelegd of beperkt, indien op de gereglementeerde markt of op een aanverwante markt gedurende een korte periode aanzienlijke koersbewegingen in een financieel instrument zijn. De marktexploitant stelt de Autoriteit Financiële Markten in kennis van deze parameters en elke materiële wijziging daarvan.

3. De marktexploitant stelt de Autoriteit Financiële Markten in kennis van het stilleggen van de handel van een financieel instrument op de gereglementeerde markt, indien de gereglementeerde markt van essentieel belang is voor de liquiditeit van het financieel instrument.

4. Bij de toepassing van dit artikel neemt de marktexploitant de ingevolge artikel 48, twaalfde lid, onderdelen a, b en g, van de richtlijn markten voor financiële instrumenten 2014 gestelde regels in acht.

5. Bij of krachtens algemene maatregel van bestuur kunnen nadere regels worden gesteld met betrekking tot de systemen, procedures en regelingen, bedoeld in het eerste lid, de parameters, bedoeld in het tweede lid, en de kennisgeving aan de Autoriteit Financiële Markten, bedoeld in het tweede en derde lid.

Art. 5:30b

1. Een marktexploitant zorgt ervoor dat de door hem geëxploiteerde gereglementeerde markt:

Marktexploitanten, eisen gereglementeerde markt

Marktexploitanten, vereiste systemen/procedures/regelingen

a. overeenkomsten sluit met beleggingsondernemingen die op de door hem geëxploiteerde gereglementeerde markt een marketmakingstrategie uitvoeren en over regelingen beschikt die waarborgen dat met een voldoende aantal beleggingsondernemingen overeenkomsten worden gesloten die hen verplicht om concurrerende biedprijzen en laatprijzen af te geven zodat de markt op regelmatige en frequente basis van liquiditeit wordt voorzien, indien dit vereiste geschikt is voor de aard en de omvang van de handel op de gereglementeerde markt;

b. door middel van markeringen van deelnemers of leden kan aangeven welke orders het resultaat zijn van algoritmische handel, welke algoritmen voor de totstandkoming van de orders zijn gebruikt en welke personen de orders hebben geïnitieerd en verstrekt deze informatie op verzoek aan de Autoriteit Financiële Markten;

c. beschikt over transparante, billijke en niet-discriminerende regels inzake co-locatiediensten;

d. beschikt over transparante, billijke en niet-discriminerende vergoedingsstructuren, met inbegrip van uitvoeringsvergoedingen, nevenvergoedingen en eventuele kortingen, die geen stimulansen inhouden om orders te plaatsen, te wijzigen of te annuleren of transacties uit te voeren op een wijze die leiden tot onordelijke handelsomstandigheden of marktmisbruik; en

e. verplichtingen tot marketmaking oplegt voor specifieke aandelen of een samenstelling van aandelen in ruil voor eventuele kortingen in de vergoedingsstructuur.

2. Voor de toepassing van dit artikel wordt een beleggingsonderneming die zich bezighoudt met algoritmische handel en die als deelnemer aan of lid van een handelsplatform voor eigen rekening handelt, geacht een marketmakingstrategie uit te voeren, indien zij onder meer gelijktijdig op een of meerdere handelsplatformen concurrerende vaste biedprijzen en laatprijzen voor financiële instrumenten afgeeft teneinde de gehele markt op regelmatige en frequente basis te voorzien van liquiditeit.

3. Bij de toepassing van dit artikel neemt de marktexploitant de ingevolge artikel 48, twaalfde lid, onderdelen d en f, van de richtlijn markten voor financiële instrumenten 2014 gestelde regels in acht.

4. Bij of krachtens algemene maatregel van bestuur kunnen nadere regels worden gesteld met betrekking tot de inhoud van de overeenkomst, bedoeld in het eerste lid, onderdeel a, en de vorm en inhoud van de op verzoek van de Autoriteit Financiële Markten te verstrekken informatie, bedoeld in het eerste lid, onderdeel b.

Art. 5:30c

Marktexploitanten, eisen voor toestaan directe elektronische toegang

1. Een marktexploitant die op een door hem geëxploiteerde gereglementeerde markt directe elektronische toegang toestaat:

a. beschikt over systemen, procedures en regelingen om te waarborgen dat directe elektronische toegang uitsluitend wordt verleend door deelnemers of leden van de gereglementeerde markt, waaraan door de Europese Centrale Bank of de Nederlandsche Bank een vergunning is verleend voor het uitoefenen van het bedrijf van bank of beleggingsonderneming;

b. stelt normen vast met betrekking tot risicocontroles en drempels voor de handel via directe elektronische toegang;

c. is in staat om onderscheid te maken tussen orders of handelstransacties van een persoon die van directe elektronische toegang gebruik maakt en andere orders of handelstransacties van de betrokken deelnemer of het betrokken lid en, indien nodig, om eerstgenoemde orders of handelstransacties afzonderlijk stop te zetten; en

d. beschikt over regels om de verlening van directe elektronische toegang op te schorten of te beëindigen, indien de persoon die gebruik maakt van directe elektronische toegang niet aan dit artikel voldoet.

2. Een deelnemer of lid als bedoeld in het eerste lid, onderdeel a, die directe elektronische toegang verleent tot een gereglementeerde markt beschikt over interne procedures om de passendheid van directe elektronische toegang voor personen die hiervan gebruik willen maken te toetsen en draagt er zorg voor dat bij het uitvoeren van orders en handelstransacties via directe elektronische toegang de toepasselijke regels worden nageleefd.

3. Bij de toepassing van dit artikel neemt de marktexploitant de ingevolge artikel 48, twaalfde lid, onderdeel c, van de richtlijn markten voor financiële instrumenten 2014 gestelde regels in acht.

Art. 5:30d

Schakelbepaling, artikel 49 richtlijn markten voor financiële instrumenten 2014

1. Een marktexploitant past met inachtneming van de ingevolge artikel 49, derde en vierde lid, van de richtlijn markten voor financiële instrumenten 2014 gestelde regels regelingen toe met betrekking tot de minimale verhandelingseenheid voor aandelen, representatieve certificaten, beursverhandelde rechten van deelneming in beleggingsinstellingen en icbe's, certificaten en soortgelijke financiële instrumenten.

2. Bij of krachtens algemene maatregel van bestuur kunnen nadere regels worden gesteld met betrekking tot de regelingen, bedoeld in het eerste lid.

Art. 5:30e

1. Een marktexploitant en deelnemers aan of leden van de door hem geëxploiteerde gereglementeerde markt synchroniseren de beursklokken die zij gebruiken om de datum en tijd van aan te melden verrichtingen te registreren.

2. De marktexploitant en deelnemers aan of leden van de door hem geëxploiteerde gereglementeerde markt nemen bij de toepassing van dit artikel de ingevolge artikel 50, tweede lid, van de richtlijn markten voor financiële instrumenten 2014 gestelde regels in acht.

Art. 5:31

1. Indien een marktexploitant werkzaamheden uitbesteedt aan een derde, draagt de marktexploitant er zorg voor dat deze derde de ingevolge dit deel met betrekking tot die werkzaamheden van toepassing zijnde regels naleeft.

2. Bij of krachtens algemene maatregel van bestuur:

a. kunnen in verband met het toezicht op de naleving van het ingevolge dit deel bepaalde, regels worden gesteld met betrekking tot het uitbesteden van werkzaamheden door marktexploitanten;

b. kunnen regels worden gesteld met betrekking tot de beheersing van risico's die verband houden met het uitbesteden van werkzaamheden door marktexploitanten; en

c. kunnen regels worden gesteld met betrekking tot de tussen marktexploitanten en derden te sluiten overeenkomsten met betrekking tot het uitbesteden van werkzaamheden.

3. Een marktexploitant is niet met personen verbonden in een formele of feitelijke zeggenschapstructuur die in zodanige mate ondoorzichtig is dat deze een belemmering vormt of kan vormen voor het adequaat toezicht op de naleving van deze wet door de marktexploitant.

4. Een marktexploitant is niet met personen verbonden in een formele of feitelijke zeggenschapstructuur indien het recht van een staat die geen lidstaat is, dat op die personen van toepassing is, een belemmering vormt of kan vormen voor het adequaat uitoefenen van toezicht op de naleving van deze wet door de marktexploitant.

Art. 5:32

1. Een marktexploitant stelt effectieve regels en procedures vast om er regelmatig op toe te zien of de leden van of deelnemers aan de gereglementeerde markt deze regels doorlopend naleven, en past deze regels toe.

2. De marktexploitant ziet toe op de orders, met inbegrip van de verrichte transacties en annuleringen, die de deelnemers of leden via de gereglementeerde markt verrichtten, opdat hij inbreuken op de regels en procedures, bedoeld in het eerste lid, handelsvoorwaarden die de ordelijke werking van de markt verstoren, gedragingen die op marktmisbruik kunnen wijzen of systeemverstoringen met betrekking tot een financieel instrument, kan vaststellen.

3. De marktexploitant meldt ernstige inbreuken als bedoeld in het tweede lid aan de Autoriteit Financiële Markten.

4. De marktexploitant verstrekt onverwijld de toepasselijke informatie aan de Autoriteit Financiële Markten, het Openbaar Ministerie of opsporingsambtenaren die bevoegd zijn op grond van de Wet op de economische delicten en verleent haar volledige medewerking aan de Autoriteit Financiële Markten, het Openbaar Ministerie of deze opsporingsambtenaren bij het onderzoeken of vervolgen van gedragingen die op marktmisbruik kunnen wijzen die zich in of via zijn systemen hebben voorgedaan.

Art. 5:32a

1. Een marktexploitant stelt met inachtneming van de ingevolge artikel 51, zesde lid, van de richtlijn markten voor financiële instrumenten 2014 gestelde regels duidelijke en transparante regels vast:

a. inzake de toelating van financiële instrumenten tot de handel op de gereglementeerde markt;

b. om te verifiëren dat uitgevende instellingen die financiële instrumenten hebben uitgegeven die tot de handel op de gereglementeerde markt worden toegelaten hun verplichtingen betreffende de initiële, doorlopende of incidentele informatieverstrekking nakomen;

c. die de toegang van de leden van of deelnemers aan de gereglementeerde markt tot openbaar gemaakte informatie vergemakkelijken; en

d. om regelmatig te verifiëren of de tot de handel op de gereglementeerde markt toegelaten financiële instrumenten aan de toelatingsvoorwaarden voldoen.

2. De marktexploitant zorgt voor een doeltreffende handhaving van de in het eerste lid bedoelde regels.

3. De marktexploitant kan effecten die reeds zijn toegelaten tot de handel op een andere gereglementeerde markt zonder toestemming van de uitgevende instelling toelaten tot de handel op de gereglementeerde markt indien ten aanzien van die effecten is voldaan aan de prospectusverordening. De marktexploitant stelt de uitgevende instelling van de toelating in kennis.

4. Een uitgevende instelling is niet verplicht de in het eerste lid, onderdeel b, bedoelde informatie te verstrekken aan een marktexploitant die zonder haar toestemming haar effecten tot de handel heeft toegelaten.

B23 art. 5:32b

Wet op het financieel toezicht (uittreksel)

Art. 5:32b

Marktexploitanten, regels voor toegang tot handel/lidmaatschap gereglementeerde markt

1. Een marktexploitant zorgt voor op objectieve criteria gebaseerde, transparante en niet-discriminerende regels met betrekking tot de toegang tot de handel op of het lidmaatschap van de gereglementeerde markt, en zorgt voor een doeltreffende handhaving van deze regels.

2. De regels, bedoeld in het eerste lid, bevatten verplichtingen voor de leden van of deelnemers aan de gereglementeerde markt die voortvloeien uit:
a. de oprichting en het beheer van de gereglementeerde markt;
b. de regels inzake transacties op de gereglementeerde markt;
c. de beroepsnormen die gelden voor het personeel van de op de gereglementeerde markt werkzaam zijnde beleggingsondernemingen;
d. de door de gereglementeerde markt vastgestelde voorwaarden voor leden of deelnemers die geen beleggingsonderneming zijn;
e. de regels en procedures voor de clearing en afwikkeling van transacties die op de gereglementeerde markt zijn uitgevoerd.

3. De regels, bedoeld in het eerste lid, voorzien in de mogelijkheid van rechtstreekse deelneming of deelneming op afstand van beleggingsondernemingen.

Nadere regels

4. Bij of krachtens algemene maatregel van bestuur kunnen regels worden gesteld met betrekking tot de regels, bedoeld in het eerste lid.

5. De marktexploitant neemt geen verplichtingen op in de regels, bedoeld in het eerste lid, die in strijd zijn met de belangen die deze wet beoogt te beschermen.

Art. 5:32c

Marktexploitanten, toelating lid/deelnemer gereglementeerde markt

Als lid van of deelnemer aan een gereglementeerde markt ten behoeve waarvan een vergunning als bedoeld in artikel 5:26, eerste lid, is verleend, kunnen slechts worden toegelaten:
a. beleggingsondernemingen;
b. banken;
c. personen die:
1°. daartoe geschikt zijn en wier betrouwbaarheid buiten twijfel staat;
2°. over toereikende bekwaamheden en bevoegdheden voor de handel beschikken;
3°. voor zover van toepassing, adequate organisatorische regelingen hebben getroffen;
4°. over voldoende middelen beschikken voor de activiteiten die zij als lid of deelnemer vervullen, rekening houdend met de verschillende financiële regelingen die de marktexploitant eventueel heeft vastgesteld om de adequate afwikkeling van transacties te garanderen.

Art. 5:32d

Marktexploitanten, verklaring van geen bezwaar

1. Het is verboden, anders dan na verkregen verklaring van geen bezwaar, een gekwalificeerde deelneming te houden, te verwerven of te vergroten dan wel enige zeggenschap verbonden aan een gekwalificeerde deelneming uit te oefenen in een marktexploitant.

2. Onze Minister verleent op aanvraag een verklaring van geen bezwaar voor een handeling als bedoeld in het eerste lid, tenzij:
a. de handeling ertoe zou kunnen leiden of zou leiden dat de betrokken marktexploitant in een formele of feitelijke zeggenschapsstructuur wordt verbonden met personen die in zodanige mate ondoorzichtig is dat deze een belemmering zou vormen voor het adequaat uitoefenen van de controle op de naleving van de voor de gereglementeerde markt geldende regels;
b. de handeling zou kunnen leiden of zou leiden tot een invloed op de betrokken marktexploitant of effect op de door hem geëxploiteerde of beheerde gereglementeerde markt die een bedreiging vormt voor de belangen die deze wet beoogt te beschermen; of
c. de handeling een bedreiging voor de gezonde en prudente bedrijfsvoering van de marktexploitant zou kunnen vormen.

3. Van de afgifte van een verklaring van geen bezwaar als bedoeld in het eerste lid wordt mededeling gedaan in de Staatscourant, behoudens voor zover de publicatie zou kunnen leiden of zou leiden tot onevenredige bevoordeling of benadeling van belanghebbenden.

4. Onze Minister kan aan de verklaring van geen bezwaar beperkingen stellen en voorschriften verbinden op grond van de in het tweede lid genoemde overwegingen.

5. Indien het houden, het verwerven of het vergroten van een gekwalificeerde deelneming als bedoeld in het eerste lid is verricht zonder dat voor die handeling een verklaring van geen bezwaar is verkregen of de aan de verklaring van geen bezwaar gestelde beperkingen in acht zijn genomen, maakt degene die deze handeling heeft verricht deze binnen een door Onze Minister te bepalen termijn ongedaan dan wel neemt hij de beperkingen alsnog in acht binnen een door Onze Minister te bepalen termijn. Deze verplichting vervalt op het tijdstip waarop en voor zover voor de desbetreffende handeling alsnog een verklaring van geen bezwaar wordt verleend dan wel de niet in acht genomen beperkingen worden ingetrokken.

6. Indien het uitoefenen van enige zeggenschap verbonden aan een gekwalificeerde deelneming in een marktexploitant geschiedt, zonder dat voor het houden van de gekwalificeerde deelneming dan wel voor het uitoefenen van die zeggenschap een verklaring van geen bezwaar is verkregen dan wel de aan de verklaring van geen bezwaar gestelde beperkingen in acht zijn genomen, is

een mede door de uitgeoefende zeggenschap tot stand gekomen besluit vernietigbaar. Het besluit kan worden vernietigd op vordering van Onze Minister dan wel van de marktexploitant waarin zeggenschap is uitgeoefend. Het besluit wordt in dat geval door de rechtbank binnen wier rechtsgebied de marktexploitant is gevestigd, vernietigd indien het besluit zonder dat de desbetreffende zeggenschap zou zijn uitgeoefend anders zou hebben geluid dan wel niet zou zijn genomen, tenzij voor het tijdstip van de uitspraak alsnog een verklaring van geen bezwaar wordt verleend, of de niet in acht genomen beperkingen worden ingetrokken. De rechtbank regelt voor zover nodig de gevolgen van de vernietiging.

7. Indien aan een verklaring van geen bezwaar als bedoeld in het eerste lid voorschriften zijn verbonden of beperkingen zijn gesteld, neemt de houder van de verklaring van geen bezwaar de voorschriften of beperkingen in acht.

Art. 5:32e

Een marktexploitant biedt beleggingsondernemingen met zetel in een andere lidstaat die een door de toezichthoudende instantie van die lidstaat verleende vergunning hebben voor het verlenen van beleggingsdiensten als bedoeld in onderdeel b van de definitie van verlenen van een beleggingsdienst in artikel 1:1 of het verrichten van beleggingsactiviteiten als bedoeld in onderdeel a van de definitie van verrichten van een beleggingsactiviteit in artikel 1:1, en die aan de overige voorwaarden voor lidmaatschap of deelname voldoen, de mogelijkheid om aan de handel op de gereglementeerde markt waarvoor een vergunning als bedoeld in artikel 5:26, eerste lid, is verleend, deel te nemen:

a. vanuit een bijkantoor in Nederland; of

b. anders dan vanuit een bijkantoor in Nederland, indien de handelsprocedures en -systemen van de gereglementeerde markt geen fysieke aanwezigheid vergen voor het verrichten van transacties op die markt.

Marktexploitanten, deelneming aan gereglementeerde markt aan beleggingsonderneming in andere lidstaat

Art. 5:32f

1. Een marktexploitant die voornemens is om in een andere lidstaat passende voorzieningen te treffen waardoor in die lidstaat gevestigde leden of deelnemers beter in staat zijn toegang te krijgen tot deze markt en daarop te handelen, deelt dit voornemen aan de Autoriteit Financiële Markten mede.

2. De Autoriteit Financiële Markten stelt, binnen een maand na ontvangst van de mededeling, bedoeld in het eerste lid, de desbetreffende lidstaat in kennis van het voornemen.

Marktexploitanten, kennisgeving AFM van voornemens toegang in andere lidstaat

Art. 5:32g

1. Een marktexploitant kan de handel op een door hem geëxploiteerde gereglementeerde markt in een financieel instrument niet opschorten, niet onderbreken of een financieel instrument niet van de handel uitsluiten, indien het financieel instrument niet aan de regels van de gereglementeerde markt voldoet, indien een dergelijke maatregel de belangen van de beleggers of de ordelijke werking van de gereglementeerde markt aanzienlijk zou kunnen schaden.

2. De marktexploitant die de handel in een financieel instrument opschort, onderbreekt of een financieel instrument van de handel uitsluit, doet hetzelfde voor afgeleide financiële instrumenten als bedoeld in de onderdelen d tot en met j van de definitie van financieel instrument in artikel 1:1 die verband houden met dat financieel instrument, indien dit noodzakelijk is ter ondersteuning van de doelstellingen van de opschorting, onderbreking of uitsluiting van het onderliggende financieel instrument.

3. De marktexploitant die de handel in een financieel instrument en eventueel hiermee verband houdende afgeleide financiële instrumenten opschort, onderbreekt of van de handel uitsluit, maakt deze beslissing openbaar en stelt de Autoriteit Financiële Markten daarvan in kennis.

4. Bij de toepassing van het eerste en tweede lid neemt de marktexploitant de ingevolge artikel 52, tweede lid, van de richtlijn markten voor financiële instrumenten 2014 gestelde regels in acht en bij de toepassing van het derde lid neemt de marktexploitant de ingevolge artikel 52, derde lid, van die richtlijn gestelde regels in acht.

Marktexploitanten, verbod opschorten/onderbreken/uitsluiten handel financieel instrument

Art. 5:32h-5:32j

[Vervallen]

Art. 5:32k

1. Een marktexploitant maakt de prijs, de omvang en het tijdstip van de via de gereglementeerde markt uitgevoerde transacties in de tot de handel toegelaten aandelen openbaar.

2. De marktexploitant maakt de informatie, bedoeld in het eerste lid, openbaar tegen redelijke commerciële voorwaarden en binnen een tijdsspanne die real time zo dicht mogelijk benadert.

3. De Autoriteit Financiële Markten kan, op aanvraag, de marktexploitant toestaan om de in het eerste lid bedoelde openbaarmaking uit te stellen op basis van de soort of de omvang van de transactie, indien:

a. zij heeft ingestemd met de voorgenomen voorzieningen voor de uitgestelde openbaarmaking; en

b. de marktexploitant duidelijke informatie over deze voorzieningen verstrekt aan de marktdeelnemers en het beleggerspubliek.

Marktexploitant, openbaarmaking prijzen

B23 art. 5:32l

Wet op het financieel toezicht (uittreksel)

4. De marktexploitant die aan beleggingsondernemingen die ingevolge artikel 4:91n de de prijs, de omvang en het tijdstip van de uitgevoerde transacties openbaar moeten maken, toegang verleent tot de voorzieningen die zij gebruikt om de in het eerste lid bedoelde informatie openbaar te maken, doet dit tegen redelijke commerciële voorwaarden en op niet-discriminerende basis.

Nadere regels

5. Bij algemene maatregel van bestuur kan worden bepaald dat het eerste tot en met het vierde lid van overeenkomstige toepassing zijn ten aanzien van andere financiële instrumenten dan aandelen.

Werkingssfeer

6. Het eerste lid is niet van toepassing ten aanzien van rechten van deelneming in: *a.* een beleggingsinstelling die op verzoek van de houder ten laste van de activa direct of indirect worden ingekocht of terugbetaald; en *b.* een icbe.

Art. 5:32l

Marktexploitant, informatieverstrekking over eigendomsstructuur aan AFM

1. Een marktexploitant: *a.* verstrekt aan de Autoriteit Financiële Markten informatie betreffende zijn eigendomsstructuur en die van de door hem geëxploiteerde of beheerde gereglementeerde markt, in het bijzonder over de identiteit en omvang van belangen van partijen die in een positie verkeren om invloed van betekenis op de bedrijfsvoering van de gereglementeerde markt uit te oefenen; *b.* meldt elke eigendomsoverdracht die aanleiding geeft tot een wijziging in de kring van de personen die invloed van betekenis op de exploitatie van de gereglementeerde markt uitoefenen aan de Autoriteit Financiële Markten; en *c.* maakt de in onderdelen a en b bedoelde informatie openbaar.

2. De marktexploitant verstrekt periodiek aan de Autoriteit Financiële Markten een lijst van de leden van en deelnemers aan de gereglementeerde markt.

3. De marktexploitant legt een voorgenomen wijziging als bedoeld in het eerste lid, onderdeel b, ter instemming voor aan de Autoriteit Financiële Markten.

4. De Autoriteit Financiële Markten stemt in met een voorgenomen wijziging als bedoeld in het eerste lid, onderdeel b, tenzij deze wijziging een objectieve en aantoonbare bedreiging voor de gezonde en prudente bedrijfsvoering van de gereglementeerde markt zou kunnen vormen.

Art. 5:32m

Marktexploitant, gebruikmaking systemen voor de afwikkeling van transacties in financiële instrumenten

Een marktexploitant zal de gebruikmaking van systemen voor de afwikkeling van de op de betrokken gereglementeerde markten verrichte transacties in financiële instrumenten niet verbieden, tenzij: *a.* de koppelingen en voorzieningen tussen het door de betrokken leden of deelnemers gekozen systeem en andere systemen of faciliteiten, de doelmatige en economische afwikkeling van de betrokken transacties niet kunnen worden gegarandeerd; of *b.* de technische voorwaarden voor de afwikkeling van de op die markt uitgevoerde transacties via het aangewezen systeem naar het oordeel van de Autoriteit Financiële Markten geen goede en ordelijke werking van de financiële markten mogelijk maken.

Hoofdstuk 5.3

Regels voor het melden van stemmen, kapitaal, zeggenschap en kapitaalbelang in uitgevende instellingen

Afdeling 5.3.1
Inleidende bepaling

Art. 5:33

Begripsbepalingen

1. In dit hoofdstuk en de daarop berustende bepalingen wordt, indien van toepassing in afwijking van artikel 1:1, verstaan onder: *a.* uitgevende instelling: *1°.* een naamloze vennootschap naar Nederlands recht waarvan aandelen als bedoeld in onderdeel b, onder 1° of 2°, zijn toegelaten tot de handel op een gereglementeerde markt; *2°.* een rechtspersoon met een andere lidstaat van herkomst waarvan aandelen als bedoeld in onderdeel b, onder 1° of 2°, slechts zijn toegelaten tot de handel op een gereglementeerde markt waarvoor een vergunning als bedoeld in artikel 5:26, eerste lid, is verleend; *3°.* een rechtspersoon opgericht naar het recht van een staat die geen lidstaat is waarvan aandelen als bedoeld in onderdeel b, onder 1° of 2°, zijn toegelaten tot de handel op een gereglementeerde markt waarvoor een vergunning als bedoeld in artikel 5:26, eerste lid, is verleend; *b.* aandeel: *1°.* een verhandelbaar aandeel als bedoeld in artikel 79, eerste lid, van Boek 2 van het Burgerlijk Wetboek; *2°.* een certificaat van een aandeel of een ander met een certificaat van een aandeel gelijk te stellen verhandelbaar waardebewijs;

3°. elk ander verhandelbaar waardebewijs, niet zijnde een optie als bedoeld onder 4°, ter verwerving van een onder 1° bedoeld aandeel of van een onder 2° bedoeld waardebewijs;
4°. een optie ter verwerving van een onder 1° bedoeld aandeel of van een onder 2° bedoeld waardebewijs;
c. meldingsplichtige: een persoon die ingevolge dit hoofdstuk verplicht is tot het doen van een melding;
d. stemmen: stemmen die op aandelen kunnen worden uitgebracht, met inbegrip van rechten ingevolge een overeenkomst tot verkrijging van stemmen;
e. kapitaal: het geplaatste kapitaal van een uitgevende instelling;
f. substantiële deelneming: ten minste 3 procent van de aandelen of het kunnen uitbrengen van ten minste 3 procent van de stemmen, waarbij tot het aantal stemmen dat een persoon kan uitbrengen mede worden gerekend de stemmen waarover hij beschikt of wordt geacht te beschikken op grond van artikel 5:45;
g. drempelwaarde: een percentage van het kapitaal of de stemmen, waarvan het bereiken, overschrijden of onderschrijden door een persoon die aandelen houdt of verwerft, of stemmen kan uitbrengen of verwerft, leidt tot een verplichting tot het doen van een melding ingevolge dit hoofdstuk.
2. In dit hoofdstuk en de daarop berustende bepalingen wordt onder uitgevende instelling niet verstaan:
a. een beleggingsmaatschappij waarvan de rechten van deelneming op verzoek van de deelnemers ten laste van de activa van deze beleggingsmaatschappij direct of indirect worden ingekocht of terugbetaald; of
b. een maatschappij voor collectieve belegging in effecten.
3. Bij algemene maatregel van bestuur kan worden bepaald wat onder een optie als bedoeld in het eerste lid, onderdeel b, onder 4°, wordt verstaan.

Afdeling 5.3.2
Meldingen door uitgevende instellingen betreffende het kapitaal en de stemmen

Art. 5:34
1. Een uitgevende instelling meldt onverwijld aan de Autoriteit Financiële Markten het totaal van de wijzigingen van haar kapitaal waardoor dit kapitaal ten opzichte van de vorige melding ingevolge dit artikel met een procent of meer is gewijzigd. De uitgevende instelling kan tevens aan de Autoriteit Financiële Markten op een tijdstip voorafgaand aan het tijdstip van de in het tweede lid bedoelde periodieke melding de overige wijzigingen van haar kapitaal melden.
2. De uitgevende instelling meldt periodiek aan de Autoriteit Financiële Markten het totaal van de wijzigingen van haar kapitaal waarvoor geen verplichting tot melding bestaat op grond van het eerste lid, eerste volzin, voorzover zij deze wijzigingen niet reeds heeft gemeld overeenkomstig het eerste lid, tweede volzin. Bij algemene maatregel van bestuur worden de periode waarop de melding betrekking heeft en de termijn waarbinnen de melding moet hebben plaatsgevonden vastgesteld.

Art. 5:35
1. Een uitgevende instelling meldt onverwijld aan de Autoriteit Financiële Markten elke wijziging in haar stemmen die niet voortvloeit uit een wijziging als bedoeld in artikel 5:34, tweede lid. Indien een wijziging in de stemmen voortvloeit uit een wijziging als bedoeld in artikel 5:34, eerste lid, tweede volzin, kan de uitgevende instelling deze wijziging gelijktijdig met die wijziging melden aan de Autoriteit Financiële Markten.
2. De uitgevende instelling meldt periodiek aan de Autoriteit Financiële Markten het totaal van de wijzigingen in de stemmen waarvoor geen verplichting tot onverwijlde melding bestaat ingevolge het eerste lid, eerste volzin, voorzover zij deze wijzigingen niet reeds heeft gemeld overeenkomstig het eerste lid, tweede volzin. Bij algemene maatregel van bestuur worden de periode waarop de melding betrekking heeft en de termijn waarbinnen de melding moet hebben plaatsgevonden vastgesteld.
3. De uitgevende instelling meldt onverwijld aan de Autoriteit Financiële Markten elke uitgifte of intrekking met haar medewerking van aandelen als bedoeld in artikel 5:33, eerste lid, onderdeel b, onder 2°, voorzover deze betrekking heeft op een procent of meer van haar kapitaal. De uitgevende instelling kan tevens aan de Autoriteit Financiële Markten op elk tijdstip voorafgaand aan het tijdstip van de in het vierde lid bedoelde periodieke melding elke overige uitgifte of intrekking van aandelen als bedoeld in artikel 5:33, eerste lid, onderdeel b, onder 2°, melden.
4. Een uitgevende instelling meldt periodiek aan de Autoriteit Financiële Markten het totaal met haar medewerking uitgegeven of ingetrokken aandelen als bedoeld in artikel 5:33, eerste lid, onderdeel b, onder 2°, waarvoor geen verplichting tot onverwijlde melding bestaat ingevolge het derde lid, eerste volzin, voorzover zij deze niet reeds heeft gemeld overeenkomstig het derde lid, tweede volzin. Bij algemene maatregel van bestuur worden de periode waarop de melding betrekking heeft en de termijn waarbinnen de melding moet hebben plaatsgevonden vastgesteld.

Nadere regels

Melding aan AFM, wijziging kapitaal

Melding aan AFM, wijziging stemmen

Melding aan AFM, wijziging uitgifte/intrekking aandelen

B23 art. 5:36 Wet op het financieel toezicht (uittreksel)

Art. 5:36

Melding aan AFM, kapitaal/stemmen/uitgegeven aandelen door nieuwe uitgevende instelling

Een naamloze vennootschap naar Nederlands recht of een rechtspersoon die is opgericht naar het recht van een staat die geen lidstaat is en die een uitgevende instelling wordt, meldt onverwijld aan de Autoriteit Financiële Markten haar onderscheidenlijk zijn kapitaal en haar onderscheidenlijk zijn stemmen, alsmede de met haar onderscheidenlijk zijn medewerking uitgegeven aandelen als bedoeld in artikel 5:33, eerste lid, onderdeel b, onder 2°.

Art. 5:37

Nadere regels

Bij algemene maatregel van bestuur worden regels gesteld met betrekking tot de gegevens die bij een melding als bedoeld in deze afdeling dienen te worden verstrekt en de wijze van melden.

Afdeling 5.3.3
Meldingen door aandeelhouders en andere stemgerechtigden betreffende wijzigingen in zeggenschap en kapitaalbelang

Art. 5:38

Melding aan AFM, over-/onderschrijding drempelwaarde percentage kapitaal/stemmen

1. Een ieder die de beschikking krijgt of verliest over aandelen als bedoeld in artikel 5:33, eerste lid, onderdeel b, onder 1° en 2°, of de aandelen als bedoeld in artikel 5:33, eerste lid, onderdeel b, onder 3° en 4°, waardoor, gezamenlijk of afzonderlijk, naar hij weet of behoort te weten, het percentage van het kapitaal waarover hij beschikt een drempelwaarde bereikt, overschrijdt dan wel onderschrijdt, meldt dat onverwijld aan de Autoriteit Financiële Markten.

2. Een ieder die de beschikking krijgt of verliest over stemmen die kunnen worden uitgebracht op aandelen als bedoeld in artikel 5:33, eerste lid, onderdeel b, onder 1° en 2°, of op aandelen als bedoeld in artikel 5:33, eerste lid, onderdeel b, onder 3° en 4°, waardoor, gezamenlijk of afzonderlijk, naar hij weet of behoort te weten, het percentage van de stemmen waarover hij beschikt een drempelwaarde bereikt, overschrijdt dan wel onderschrijdt, meldt dat onverwijld aan de Autoriteit Financiële Markten.

3. Een ieder die de beschikking krijgt of verliest over financiële instrumenten die een shortpositie met betrekking tot de aandelen vertegenwoordigen waardoor, naar hij weet of behoort te weten, de shortpositie waarover hij beschikt, uitgedrukt in het percentage van het kapitaal, een drempelwaarde bereikt, overschrijdt dan wel onderschrijdt, meldt dat onverwijld aan de Autoriteit Financiële Markten. Bij of krachtens algemene maatregel van bestuur kunnen regels worden gesteld met betrekking tot de bepaling van een shortpositie als bedoeld in dit lid.

4. De drempelwaarden, bedoeld in het eerste, tweede en derde lid, zijn: 3 procent, 5 procent, 10 procent, 15 procent, 20, procent, 25 procent, 30 procent, 40 procent, 50 procent, 60 procent, 75 procent en 95 procent.

5. Bij algemene maatregel van bestuur kan worden bepaald in welke gevallen een meldingsplichtige behoort te weten dat hij een drempelwaarde bereikt, overschrijdt dan wel onderschrijdt.

Art. 5:39

Melding aan AFM, verwerking in register van over-/onderschrijding drempelwaarde

1. Een ieder wiens percentage van het kapitaal of van de stemmen waarover hij beschikt, naar hij weet of behoort te weten, een drempelwaarde bereikt, overschrijdt dan wel onderschrijdt als gevolg van een wijziging die ingevolge een melding als bedoeld in artikel 5:34 of 5:35 door de Autoriteit Financiële Markten in het register, bedoeld in artikel 1:107, is verwerkt, meldt dat aan de Autoriteit Financiële Markten. De melding vindt plaats uiterlijk op de vierde handelsdag na de in de vorige volzin bedoelde verwerking in het register. Bij algemene maatregel van bestuur kan worden bepaald wat onder handelsdag wordt verstaan.

2. Een ieder die beschikt over financiële instrumenten die een shortpositie met betrekking het kapitaal vertegenwoordigen, welke shortpositie, uitgedrukt in het percentage van het kapitaal, naar hij weet of behoort te weten, een drempelwaarde bereikt, overschrijdt dan wel onderschrijdt als gevolg van een wijziging die ingevolge een melding als bedoeld in artikel 5:34 of 5:35 door de Autoriteit Financiële Markten in het register, bedoeld in artikel 1:107, is verwerkt, meldt dat aan de Autoriteit Financiële Markten. De melding vindt plaats uiterlijk op de vierde handelsdag na de in de vorige volzin bedoelde verwerking in het register. Bij algemene maatregel van bestuur kan worden bepaald wat onder handelsdag wordt verstaan en kunnen regels worden gesteld met betrekking tot de bepaling van een shortpositie als bedoeld in dit lid.

3. De drempelwaarden, bedoeld in het eerste en tweede lid, eerste volzin, zijn: 3 procent, 5 procent, 10 procent, 15 procent, 20, procent, 25 procent, 30 procent, 40 procent, 50 procent, 60 procent, 75 procent en 95 procent.

Nadere regels

4. Bij algemene maatregel van bestuur kan worden bepaald in welke gevallen een meldingsplichtige behoort te weten dat hij een drempelwaarde bereikt, overschrijdt dan wel onderschrijdt.

Art. 5:40

Melding aan AFM, verkrijging/verliezen aandelen met bijzonder statutair recht

Een ieder die de beschikking krijgt of verliest over een of meer aandelen met een bijzonder statutair recht inzake de zeggenschap in een uitgevende instelling, meldt dat onverwijld aan de Autoriteit Financiële Markten. Aan deze verplichting is voldaan, indien terzake van hetzelfde feit een melding is gedaan op grond van artikel 5:38, eerste lid.

Art. 5:41

[Vervallen]

Art. 5:42

Een ieder die ophoudt een gecontroleerde onderneming te zijn en die beschikt over een substantiële deelneming of een of meer aandelen met een bijzonder statutair recht inzake de zeggenschap in een uitgevende instelling, meldt dat onverwijld aan de Autoriteit Financiële Markten.

Art. 5:43

1. Een ieder die op het tijdstip waarop een naamloze vennootschap naar Nederlands recht een uitgevende instelling wordt, naar hij weet of behoort te weten, beschikt over een substantiële deelneming of een of meer aandelen met een bijzonder statutair recht inzake de zeggenschap in deze uitgevende instelling, meldt dat onverwijld aan de Autoriteit Financiële Markten.

2. Een ieder die op het tijdstip waarop een rechtspersoon die is opgericht naar het recht van een staat die geen lidstaat is een uitgevende instelling wordt, naar hij weet of behoort te weten, beschikt over een substantiële deelneming in deze uitgevende instelling, meldt dat onverwijld aan de Autoriteit Financiële Markten.

3. Bij algemene maatregel van bestuur kan worden bepaald in welke gevallen een meldingsplichtige behoort te weten dat hij beschikt over een substantiële deelneming in een uitgevende instelling.

Art. 5:44

Bij algemene maatregel van bestuur worden regels gesteld met betrekking tot de gegevens die bij een melding als bedoeld in deze afdeling dienen te worden verstrekt en de wijze van melden.

Afdeling 5.3.4
Bijzondere bepalingen en uitzonderingen op de meldingsplicht betreffende wijzigingen in zeggenschap en kapitaalbelang

Art. 5:45

1. Iemand beschikt over de aandelen die hij houdt, alsmede over de stemmen die hij kan uitbrengen als houder van aandelen.

2. Iemand beschikt over de stemmen die hij als vruchtgebruiker of pandhouder kan uitbrengen, indien het toepasselijke recht daarin voorziet en is voldaan aan de daarvoor geldende wettelijke vereisten.

3. Iemand wordt geacht te beschikken over de aandelen die zijn gecontroleerde onderneming houdt, alsmede over de stemmen die zijn gecontroleerde onderneming kan uitbrengen. Een gecontroleerde onderneming wordt geacht niet te beschikken over aandelen of stemmen.

4. Iemand wordt geacht te beschikken over de aandelen die door een derde voor zijn rekening worden gehouden, alsmede over de stemmen die deze derde kan uitbrengen.

5. Iemand wordt geacht te beschikken over de stemmen waarover een derde beschikt, indien hij met deze derde een overeenkomst heeft gesloten die voorziet in een duurzaam gemeenschappelijk beleid inzake het uitbrengen van de stemmen.

6. Iemand wordt geacht te beschikken over de stemmen waarover een derde beschikt met wie hij een overeenkomst heeft gesloten waarin een tijdelijke en betaalde overdracht van deze stemmen is geregeld.

7. De beheerder van een beleggingsfonds of de beheerder van een fonds voor collectieve belegging in effecten wordt geacht te beschikken over de aandelen die de bewaarder houdt en de daaraan verbonden stemmen. De rechtspersoon die de juridische eigendom van een beleggingsfonds of een fonds voor collectieve belegging in effecten houdt, wordt geacht niet te beschikken over de aandelen of stemmen.

8. Aandelen en stemmen die deel uitmaken van een gemeenschap worden toegerekend aan de deelgenoten in deze gemeenschap in evenredigheid met hun gerechtigdheid daarin. In afwijking van de vorige volzin worden stemmen die deel uitmaken van een wettelijke gemeenschap van goederen als bedoeld in artikel 93 van Boek 1 van het Burgerlijk Wetboek toegerekend aan de echtgenoot van wiens zijde de stemmen in de gemeenschap zijn gevallen als bedoeld in artikel 97 van Boek 1 van het Burgerlijk Wetboek.

9. Iemand wordt geacht te beschikken over de stemmen die hij als gevolmachtigde naar eigen goeddunken kan uitbrengen.

10. Iemand wordt geacht te beschikken over de aandelen alsmede de daaraan verbonden stemmen indien hij:

a. een financieel instrument houdt waarvan de waardestijging mede afhankelijk is van de waardestijging van aandelen of daaraan verbonden uitkeringen en op grond waarvan hij geen recht heeft op verwerving van een aandeel als bedoeld in artikel 5:33, eerste lid, onderdeel b;

b. op basis van een optie verplicht kan worden om aandelen als bedoeld in artikel 5:33, eerste lid, onderdeel b, te kopen; of

Melding aan AFM, ophouden dochtermaatschappij te zijn

Melding aan AFM, nieuwe naamloze vennootschap

Melding aan AFM, nieuwe rechtspersoon opgericht naar recht van niet-lidstaat

Nadere regels

Meldingsplicht, toerekening

B23 art. 5:46

Wet op het financieel toezicht (uittreksel)

c. een ander contract heeft gesloten op grond waarvan hij een met een aandeel als bedoeld in artikel 5:33, eerste lid, onderdeel b, vergelijkbare economische positie heeft.

Werkingssfeer

11. Het derde lid is, volgens bij algemene maatregel van bestuur te stellen regels, niet van toepassing op degene wiens gecontroleerde onderneming:

a. een beheerder of beheerder van een icbe is die de stemmen die zijn verbonden aan de aandelen die worden gehouden door de beleggingsinstelling of icbe waarover hij het beheer voert, dan wel de stemmen waarover hij ingevolge het zevende lid, eerste volzin, wordt geacht te beschikken, naar eigen goeddunken kan uitbrengen; of

b. een vermogensbeheerder is die de stemmen die zijn verbonden aan de aandelen waarover hij het beheer voert naar eigen goeddunken kan uitbrengen.

12. Het vijfde lid is niet van toepassing op een melding als bedoeld in artikel 5:43a.

Art. 5:46

Melding aan AFM, uitzonderingen op meldingsplicht

1. De verplichtingen, bedoeld in afdeling 5.3.3, zijn, voorzover de aandelen en de daaraan verbonden stemmen in de uitoefening van hun bedrijf en gedurende een korte periode worden gehouden, niet van toepassing op:

a. clearinginstellingen, voorzover zij niet ook het bedrijf van bank of elektronischgeldinstelling uitoefenen;

b. afwikkelende instanties als bedoeld in artikel 212a, onderdeel d, van de Faillissementswet; en

c. nationale centrale banken die onderdeel uitmaken van het Europees Stelsel van Centrale Banken, bedoeld in artikel 282, eerste lid, van het Verdrag betreffende de werking van de Europese Unie, voorzover de stemmen niet worden uitgebracht.

2. De verplichtingen, bedoeld in afdeling 5.3.3, zijn niet van toepassing op:

a. bewaarnemers van aandelen, voor zover de aandelen en de daaraan verbonden stemmen worden gehouden in de uitoefening van hun bedrijf en de bewaarnemers de aan deze aandelen verbonden stemmen niet naar eigen goeddunken kunnen uitbrengen;

b. personen, voor zover de werkzaamheden verrichten als bedoeld in onderdeel a van de definitie van verrichten van een beleggingsactiviteit in artikel 1:1, die de beschikking krijgen of verliezen over aandelen en de daaraan verbonden stemmen waardoor, naar zij weten of behoren te weten, het percentage van het kapitaal of de stemmen waarover zij beschikken de drempelwaarde van drie procent of vijf procent bereikt, overschrijdt of onderschrijdt, voorzover deze geen invloed uitoefenen in het bestuur van de desbetreffende uitgevende instelling en in hun lidstaat van herkomst als bedoeld in artikel 5:25a, eerste lid, onderdeel c, een vergunning hebben voor de uitoefening van hun bedrijf;

c. personen die in het kader van de stabilisatie zoals omschreven in hoofdstuk III van verordening (EG) nr. 2273/2003 van de Commissie van de Europese Gemeenschappen van 22 december 2003 tot uitvoering van Richtlijn 2003/6/EG van het Europees Parlement en de Raad wat de uitzonderingsregeling voor terugkoopprogramma's en voor de stabilisatie van financiële instrumenten betreft (PbEU 2003, L 336) de beschikking krijgen of verliezen over aandelen en de daaraan verbonden stemmen, voor zover de stemmen niet worden uitgebracht of anderszins worden gebruikt om invloed uit te oefenen in het bestuur van de uitgevende instelling.

Vaststellen drempelwaarden, financiële ondernemingen waarvan aandelen/stemmen niet in aanmerking genomen worden

3. Voor het vaststellen of de drempelwaarden, bedoeld in de artikelen 5:38, vierde lid, of 5:39, derde lid, worden bereikt of overschreden, worden aandelen en de daaraan verbonden stemmen die tot de handelsportefeuille van één van de hierna te noemen financiële ondernemingen behoren niet in aanmerking genomen, voor zover deze aandelen of stemmen niet meer dan vijf procent bedragen in het kapitaal of de stemmen van een uitgevende instelling en indien de stemmen niet worden uitgebracht of anderszins worden gebruikt om invloed uit te oefenen in het bestuur van de uitgevende instelling:

a. financiële ondernemingen die voor het uitoefenen van het bedrijf van bank een door de Europese Centrale Bank of de Nederlandsche Bank verleende vergunning hebben;

b. financiële ondernemingen die voor het uitoefenen van het bedrijf van financiële instelling een door de Nederlandsche Bank op grond van het Deel Prudentieel toezicht financiële ondernemingen verleende verklaring van ondertoezichtstelling hebben;

c. financiële ondernemingen die voor het verlenen van beleggingsdiensten of verrichten van beleggingsactiviteiten een door de Autoriteit Financiële Markten op grond van het Deel Markttoegang financiële ondernemingen verleende vergunning hebben;

d. beleggingsondernemingen met zetel in een andere lidstaat die van de toezichthoudende instantie van die andere lidstaat een vergunning hebben verkregen als bedoeld in artikel 5, eerste lid, eerste volzin, van richtlijn nr. 2004/39/EEG van het Europees Parlement en de Raad van de Europese Unie van 21 april 2004 betreffende markten voor financiële instrumenten, tot wijziging van de richtlijnen nr. 85/611/EEG en nr. 93/6/EEG van de Raad en richtlijn nr. 2000/12/EG van het Europees Parlement en de Raad en houdende intrekking van richtlijn nr. 93/22/EEG van de Raad (PbEU L 145);

e. banken met zetel in een andere lidstaat die van de toezichthoudende instantie van die andere lidstaat een vergunning hebben verkregen als bedoeld in artikel 8, eerste lid, van de richtlijn kapitaalvereisten; en

f. financiële instellingen met zetel in een andere lidstaat die voor de uitoefening van hun bedrijf een door de toezichthoudende instantie van die lidstaat verleende verklaring van ondertoezichtstelling hebben die overeenkomt met de verklaring, bedoeld in artikel 3:110.

4. Bij algemene maatregel van bestuur kunnen regels worden gesteld met betrekking tot het eerste, tweede of derde lid.

5. Indien een in het eerste, tweede of derde lid bedoelde onderneming of instelling op het tijdstip waarop het eerste, tweede of derde lid niet langer van toepassing is de aandelen nog houdt dan wel de stemmen nog kan uitbrengen, wordt zij geacht op dat tijdstip de beschikking te hebben verkregen over deze aandelen en stemmen.

Art. 5:46a

De verplichtingen, bedoeld in de artikelen 5:38, derde lid, en 5:39, tweede lid, zijn niet van toepassing op:

Melding aan AFM, uitzonderingen

a. transacties die in verband met activiteiten als bedoeld in artikel 2, eerste lid, onderdeel k, van Verordening (EU) nr. 236/2012 van het Europees Parlement en de Raad van 14 maart 2012 betreffende short selling en bepaalde aspecten van kredietverzuimswaps (PbEU 2012, L 86) worden verricht door personen die voldoen aan de in dat artikel genoemde voorwaarden;

b. personen als bedoeld in artikel 17, vierde lid, van de in onderdeel a genoemde verordening die voldoen aan de in dat artikel genoemde voorwaarden;

c. personen als bedoeld in artikel 5:46, eerste lid.

Art. 5:47

Met betrekking tot aandelen of stemmen in een rechtspersoon als bedoeld in artikel 5:33, eerste lid, onderdeel a, onder 2°, of in een rechtspersoon die is opgericht naar het recht van een staat die geen lidstaat is en waarvan aandelen zijn toegelaten tot de handel op een gereglementeerde markt waarvoor een vergunning als bedoeld in artikel 5:26, eerste lid, is verleend en voor welke rechtspersoon Nederland een lidstaat van ontvangst is als bedoeld in artikel 2, eerste lid, onderdeel n, van richtlijn nr. 2004/109/EG van het Europees Parlement en de Raad van de Europese Unie van 15 december 2004 betreffende de transparantievereisten die gelden voor informatie over uitgevende instellingen waarvan effecten tot de handel op een gereglementeerde markt zijn toegelaten en tot wijziging van richtlijn 2001/34/EG (PbEU L 390):

Rechtspersoon die is opgericht naar het recht van niet-lidstaat, uitzonderingen meldingsplicht

a. zijn de artikelen 5:40, 5:41 en 5:42 niet van toepassing;

b. gelden, in afwijking van artikel 5:38, vierde lid, voor de in artikel 5:38, eerste en tweede lid, genoemde verplichtingen tot het doen van een melding de drempelwaarden 5 procent en 10 procent, indien de meldingsplichtige een uitgevende instelling is die verplicht is tot melding als gevolg van het verkrijgen of verliezen van de beschikking over eigen aandelen; en

c. gelden, in afwijking van de artikelen 5:38, vierde lid, en 5:39, derde lid, voor de in de artikelen 5:38, eerste en tweede lid, en 5:39, eerste lid, genoemde verplichtingen tot het doen van een melding de drempelwaarden 5 procent, 10 procent, 15 procent, 20 procent, 25 procent, 30 procent, 50 procent en 75 procent.

Afdeling 5.3.5

Meldingen door bestuurders en commissarissen betreffende zeggenschap en kapitaalbelang

Art. 5:48

1. In dit artikel en de daarop berustende bepalingen wordt, in afwijking van artikel 5:33, eerste lid, onderdeel a, onder uitgevende instelling verstaan: een naamloze vennootschap naar Nederlands recht waarvan aandelen als bedoeld in artikel 5:33, eerste lid, onderdeel b, onder 1° of 2°, zijn toegelaten tot de handel op een gereglementeerde markt.

Uitgevende instelling, definitie

2. In dit artikel en de daarop berustende bepalingen wordt onder gelieerde uitgevende instelling verstaan: elke andere uitgevende instelling:

Gelieerde uitgevende instelling, definitie

1°. waarmee de uitgevende instelling in een groep is verbonden of waarin de uitgevende instelling een deelneming heeft en waarvan de meest recent vastgestelde omzet ten minste 10 procent van de geconsolideerde omzet van de uitgevende instelling bedraagt;

2°. die rechtstreeks of middellijk meer dan 25 procent van het kapitaal van de uitgevende instelling verschaft.

3. Een bestuurder of commissaris van een uitgevende instelling meldt aan de Autoriteit Financiële Markten de aandelen en stemmen in de uitgevende instelling en de gelieerde uitgevende instellingen waarover hij beschikt. Deze meldingen worden gedaan binnen twee weken na de aanwijzing of benoeming als bestuurder of commissaris.

Melding aan AFM, bezit aandelen/stemmen van bestuurder/commissaris

4. Een bestuurder of commissaris van een naamloze vennootschap die een uitgevende instelling wordt in de zin van het eerste lid, meldt onverwijld aan de Autoriteit Financiële Markten de aandelen en stemmen in de uitgevende instelling en de gelieerde uitgevende instellingen waarover hij beschikt. Aan de verplichting op grond van de vorige volzin is voldaan, indien terzake van hetzelfde feit een melding is gedaan op grond van artikel 5:43, eerste lid.

5. Een bestuurder of commissaris van een uitgevende instelling ten opzichte waarvan een andere naamloze vennootschap een gelieerde uitgevende instelling wordt in de zin van het tweede lid, meldt onverwijld aan de Autoriteit Financiële Markten de aandelen en stemmen in de desbetreffende gelieerde uitgevende instelling waarover hij beschikt. Aan de verplichting op grond van de vorige volzin is voldaan, indien terzake van hetzelfde feit een melding is gedaan op grond van artikel 5:43.

6. Een bestuurder of commissaris van een uitgevende instelling meldt onverwijld aan de Autoriteit Financiële Markten elke wijziging in de aandelen in de uitgevende instelling en de gelieerde uitgevende instellingen waarover hij beschikt. Aan de verplichting op grond van de vorige volzin is voldaan, indien terzake van hetzelfde feit een melding is gedaan op grond van artikel 5:38, eerste lid, of 5:40, eerste volzin.

7. Een bestuurder of commissaris van een uitgevende instelling meldt onverwijld aan de Autoriteit Financiële Markten elke wijziging in de stemmen in de uitgevende instelling en de gelieerde uitgevende instellingen waarover hij beschikt. Aan de verplichting op grond van de vorige volzin is voldaan, indien terzake van hetzelfde feit een melding is gedaan op grond van artikel 5:38, tweede lid.

8. Een uitgevende instelling meldt het feit dat een bestuurder of commissaris niet langer in functie is onverwijld aan de Autoriteit Financiële Markten.

9. Indien een bestuurder van een uitgevende instelling een rechtspersoon is, zijn het derde tot en met het achtste lid van overeenkomstige toepassing op de natuurlijke personen die het dagelijks beleid van deze rechtspersoon bepalen, alsmede op de natuurlijke personen die toezicht houden op het beleid van het bestuur en de algemene gang van zaken in deze rechtspersoon.

10. Bij algemene maatregel van bestuur worden regels gesteld met betrekking tot de gegevens die bij een melding als bedoeld in dit artikel dienen te worden verstrekt en de wijze van melden.

Afdeling 5.3.6
Registratie van meldingen

Art. 5:49

Melding aan AFM, melding en registratie bezit aandelen/stemmen van bestuurder/commissaris

1. Behoudens het bepaalde in het derde lid, doet de Autoriteit Financiële Markten, nadat zij een melding heeft ontvangen, onverwijld mededeling van deze melding aan de desbetreffende uitgevende instelling en aan de meldingsplichtige. De in de eerste volzin bedoelde mededeling strekt voor de meldingsplichtige tot bewijs dat deze aan zijn verplichting tot het doen van een melding heeft voldaan.

2. De Autoriteit Financiële Markten doet onverwijld na de in artikel 1:107, derde lid, onderdeel c, onder 1°, bedoelde verwerking in het register mededeling van de inhoud van de melding aan de desbetreffende uitgevende instelling.

3. Indien de Autoriteit Financiële Markten de verwerking van een melding in het register, bedoeld in artikel 1:107, heeft opgeschort op grond van artikel 5:51, tweede lid, verwerkt zij de in het tweede lid bedoelde gegevens, in afwijking van artikel 1:107, derde lid, onderdeel c, onder 1°, in elk geval in dat register binnen een werkdag volgend op de werkdag waarop de gevorderde inlichtingen zijn verkregen dan wel, indien de gevorderde inlichtingen niet zijn verkregen, zodra zij verwerking in dat register mogelijk acht. De Autoriteit Financiële Markten doet in dat geval onverwijld na de in de vorige volzin bedoelde verwerking mededeling van de melding aan de meldingsplichtige en mededeling van de inhoud van de melding aan de desbetreffende uitgevende instelling. De in de tweede volzin bedoelde mededeling strekt voor de meldingsplichtige tot bewijs dat deze aan zijn verplichting tot het doen van een melding heeft voldaan.

Afdeling 5.3.7
Overige regels

Art. 5:50

Melding aan AFM, kennisgeving onjuiste melding

Indien een uitgevende instelling, op grond van een mededeling als bedoeld in artikel 5:49, tweede lid, of derde lid, tweede volzin, vermoedt dat een onjuiste melding is gedaan, stelt zij de Autoriteit Financiële Markten daarvan onverwijld in kennis.

Art. 5:51

Melding aan AFM, onjuiste melding

1. De Autoriteit Financiële Markten kan degene die een onjuiste melding heeft gedaan of ten onrechte geen melding heeft gedaan door middel van het geven van een aanwijzing verplichten om binnen een door haar gestelde redelijke termijn alsnog een juiste melding te doen.

2. De Autoriteit Financiële Markten kan de verwerking van een melding in het register, bedoeld in artikel 1:107, voor de duur van het vorderen van inlichtingen als bedoeld in artikel 1:74 opschorten. Zij doet mededeling van de opschorting aan de desbetreffende uitgevende instelling en de desbetreffende meldingsplichtige.

3. Indien een melding onjuist is en de melding niet is hersteld of indien een melding ten onrechte niet is gedaan en de juiste melding achterwege blijft, kan de Autoriteit Financiële Markten de naar haar oordeel juiste gegevens in het register bedoeld in artikel 1:107 opnemen, nadat zij daarvan mededeling heeft gedaan aan de desbetreffende uitgevende instelling en de desbetreffende meldingsplichtige.

Art. 5:52

1. Indien een melding waartoe dit hoofdstuk verplicht niet overeenkomstig dit hoofdstuk is gedaan, kan de rechtbank van de plaats waar de desbetreffende uitgevende instelling haar zetel heeft op vordering van degene die krachtens het tweede lid daartoe bevoegd is, de in het vierde lid genoemde maatregelen treffen. Indien een melding betrekking heeft op een uitgevende instelling die haar zetel buiten Nederland heeft, is de rechtbank Den Haag bevoegd.

Melding aan AFM, maatregelen bij onjuiste melding

2. Tot het instellen van de vordering zijn bevoegd:

a. houders van aandelen die alleen of gezamenlijk beschikken over een substantiële deelneming;

b. houders van een of meer aandelen met een bijzonder statutair recht inzake de zeggenschap in de uitgevende instelling; en

c. de desbetreffende uitgevende instelling.

3. De bevoegdheid om de vordering in te stellen vervalt door verloop van drie maanden vanaf de dag waarop degene die bevoegd is de vordering in te stellen van de overtreding kennis heeft genomen of heeft kunnen nemen.

4. De maatregelen, bedoeld in het eerste lid, zijn:

a. veroordeling van de desbetreffende meldingsplichtige tot melding overeenkomstig dit hoofdstuk;

b. schorsing van het recht op uitbrengen van de stemmen in de desbetreffende uitgevende instelling waarover de meldingsplichtige beschikt gedurende een door de rechtbank te bepalen periode van ten hoogste drie jaren;

c. schorsing van een besluit van de algemene vergadering van de desbetreffende uitgevende instelling totdat over een maatregel als bedoeld in onderdeel d onherroepelijk is beslist;

d. vernietiging van een besluit van de algemene vergadering van de desbetreffende uitgevende instelling, indien aannemelijk is dat dit besluit niet zou zijn genomen indien de stemmen waarover de desbetreffende meldingsplichtige beschikt niet zouden zijn uitgebracht; of

e. een bevel aan de desbetreffende meldingsplichtige om zich gedurende een door de rechtbank te bepalen periode van ten hoogste vijf jaren te onthouden van het verkrijgen van de beschikking over aandelen of stemmen van de desbetreffende uitgevende instelling.

5. Een maatregel als bedoeld in het vierde lid, onderdeel b of e, geldt niet voor aandelen die ten titel van beheer worden gehouden door een ander dan de desbetreffende meldingsplichtige, tenzij de desbetreffende meldingsplichtige bevoegd is om zich deze aandelen te verschaffen of te bepalen hoe de daaraan verbonden stemmen worden uitgeoefend.

6. De rechtbank regelt zo nodig de gevolgen van de door haar getroffen maatregelen.

7. De rechtbank kan op vordering van degene die de oorspronkelijke vordering heeft ingesteld of van degene tegen wie de maatregel is gericht de periode, bedoeld in het vierde lid, onderdeel b of e, verkorten.

8. Een maatregel als bedoeld in het vierde lid, onderdeel d, kan niet uitvoerbaar bij voorraad worden verklaard.

9. Indien de vordering, bedoeld in het eerste lid, betrekking heeft op aandelen die niet door de desbetreffende meldingsplichtige zelf worden gehouden of op stemmen die hij niet zelf als aandeelhouder, pandhouder of vruchtgebruiker kan uitbrengen, roept de eiser de desbetreffende houder, pandhouder of vruchtgebruiker in het geding op, zo deze aan de eiser bekend is.

10. Een onmiddellijke voorziening bij voorraad kan slechts worden gevorderd bij de voorzieningenrechter van de rechtbank die op grond van het eerste lid bevoegd is. De vordering kan slechts betrekking hebben op de maatregelen, bedoeld in het vierde lid, onderdelen a, b, c en e. Het vijfde en negende lid zijn van overeenkomstige toepassing.

Hoofdstuk 5.4
Regels voor het optreden op markten in financiële instrumenten

Afdeling 5.4.1
[Vervallen]

Art. 5:53

[Vervallen]

Afdeling 5.4.2
[Vervallen]

Art. 5:54-5:55

[Vervallen]

§ 5.4.2.1
[Vervallen]

Art. 5:56-5:58a

[Vervallen]

§ 5.4.2.2
[Vervallen]

Art. 5:59-5:65

[Vervallen]

§ 5.4.2.3
[Vervallen]

Art. 5:66-5:67

[Vervallen]

Art. 5:68

Financiële onderneming met verklaring ondertoezichtstelling, integriteitsregels bedrijfsvoering

1. Een vestiging in Nederland van een bank, beheerder, beheerder van een icbe, beleggingsinstelling, icbe, beleggingsonderneming, clearinginstelling, financiële instelling die een verklaring van ondertoezichtstelling als bedoeld in artikel 3:110, eerste lid, heeft, pensioenfonds, premiepensioeninstelling of verzekeraar houdt zich aan bij of krachtens algemene maatregel van bestuur te stellen regels met betrekking tot een integere bedrijfsvoering ten aanzien van haar optreden op markten in financiële instrumenten. Deze regels strekken er in elk geval toe dat de in de vorige volzin bedoelde onderneming:

a. interne voorschriften vaststelt met betrekking tot het omgaan met voorwetenschap respectievelijk met betrekking tot privé-transacties in financiële instrumenten door bestuurders en personeelsleden;

b. effectieve regels en procedures vaststelt voor het melden van inbreuken op de verordening marktmisbruik;

c. belangenverstrengeling die te maken heeft met transacties in financiële instrumenten beheerst; en

d. adequate controlemechanismen heeft ten behoeve van de naleving van de in de aanhef bedoelde regels.

Nadere regels Financiële onderneming met verklaring ondertoezichtstelling, ontheffing integriteitsregels bedrijfsvoering

2. Bij ministeriële regeling kan vrijstelling worden geregeld van het eerste lid.

3. De Autoriteit Financiële Markten kan op aanvraag geheel of gedeeltelijk, al dan niet voor bepaalde tijd, ontheffing verlenen van het ingevolge het eerste lid bepaalde, indien de aanvrager aantoont dat daaraan redelijkerwijs niet volledig kan worden voldaan en dat de doeleinden die dit artikel beoogt te bereiken anderszins voldoende worden bereikt.

Art. 5:69

Schakelbepaling

Met betrekking tot de naleving van het ingevolge artikel 5:68 bepaalde is artikel 1:75, eerste lid, van overeenkomstige toepassing ten aanzien van pensioenfondsen.

Hoofdstuk 5.5
Openbaar bod op effecten

Afdeling 5.5.1
Regels omtrent verplichte biedingen

Art. 5:70

Openbaar overnamebod, verplicht bod

1. Een ieder die alleen of tezamen met personen met wie in onderling overleg wordt gehandeld, rechtstreeks of middellijk, overwegende zeggenschap verkrijgt in een naamloze vennootschap met zetel in Nederland waarvan aandelen of met medewerking van de naamloze vennootschap uitgegeven certificaten van aandelen, zijn toegelaten tot de handel op een gereglementeerde markt, brengt een openbaar bod uit op alle aandelen en op alle met medewerking van de naamloze vennootschap uitgegeven certificaten van aandelen en kondigt dit na afloop van de in artikel 5:72, eerste lid, bedoelde periode onverwijld aan dan wel op een eerder tijdstip.

2. De artikelen 1:72 en 1:74 zijn niet van toepassing op deze afdeling.

Art. 5:71

1. Artikel 5:70, eerste lid, is niet van toepassing op degene die:

a. overwegende zeggenschap verkrijgt in een naamloze vennootschap die een maatschappij voor collectieve belegging in effecten is of een beleggingsmaatschappij is, waarvan de rechten van deelneming, op verzoek van de deelnemers, ten laste van de activa direct of indirect worden ingekocht of terugbetaald;

b. overwegende zeggenschap verkrijgt door gestanddoening van een openbaar bod dat was gericht tot alle aandelen van een naamloze vennootschap of tot alle met medewerking van een vennootschap uitgegeven certificaten van aandelen van de naamloze vennootschap, indien hij als gevolg van de gestanddoening meer dan 50 procent van de stemrechten in de algemene vergadering van de naamloze vennootschap kan uitoefenen;

c. een van de doelvennootschap onafhankelijke rechtspersoon is die ten doel heeft het behartigen van de belangen van de doelvennootschap en de met haar verbonden onderneming en die de aandelen na aankondiging van een openbaar bod voor de duur van maximaal twee jaar gaat houden ter bescherming van de doelvennootschap;

d. een van de doelvennootschap onafhankelijke rechtspersoon is die met medewerking van de vennootschap certificaten van aandelen heeft uitgegeven;

e. overwegende zeggenschap verkrijgt in het kader van een overdracht van het belang dat overwegende zeggenschap verschaft binnen een groep als bedoeld in artikel 24b van Boek 2 van het Burgerlijk Wetboek of tussen een rechtspersoon of vennootschap en zijn of haar dochtermaatschappij;

f. overwegende zeggenschap verkrijgt in een naamloze vennootschap waaraan voorlopige surseance van betaling is verleend of die in staat van faillissement is verklaard;

g. overwegende zeggenschap verkrijgt door erfopvolging;

h. overwegende zeggenschap verkrijgt gelijktijdig met de verkrijging van overwegende zeggenschap in dezelfde naamloze vennootschap door één of meer andere natuurlijke personen, rechtspersonen of vennootschappen, met dien verstande dat de in artikel 5:70, eerste lid, bedoelde verplichting rust op degene die de meeste stemrechten kan uitoefenen;

i. overwegende zeggenschap houdt op het tijdstip dat de aandelen of de met medewerking van de vennootschap uitgegeven certificaten van aandelen voor de eerste maal tot de handel op een gereglementeerde markt worden toegelaten;

j. bewaarnemer van aandelen is, voorzover deze de aan de aandelen verbonden stemrechten niet naar eigen goeddunken kan uitbrengen;

k. overwegende zeggenschap verkrijgt door het aangaan van een huwelijk of van een geregistreerd partnerschap met een persoon die reeds overwegende zeggenschap in de desbetreffende naamloze vennootschap heeft.

2. Bij algemene maatregel van bestuur kunnen nadere regels worden gesteld met betrekking tot het eerste lid, aanhef en onderdelen c en d.

3. Artikel 5:70, eerste lid, is niet van toepassing op de Staat der Nederlanden of een ingevolge artikel 6:2, vierde lid, aangewezen rechtspersoon, die in het algemeen belang overwegende zeggenschap in een financiële onderneming verkrijgt.

Nadere regels

Werkingssfeer

Art. 5:72

1. De verplichting tot het uitbrengen van een openbaar bod vervalt indien degene op wie zij rust overwegende zeggenschap verliest binnen dertig dagen na het verkrijgen daarvan, tenzij:

a. het verlies van de overwegende zeggenschap het gevolg is van overdracht van een belang aan een natuurlijke persoon, rechtspersoon of vennootschap die een beroep kan doen op artikel 5:71, eerste lid; of

b. degene op wie de verplichting rust in deze periode zijn stemrechten heeft uitgeoefend.

2. De ondernemingskamer van het gerechtshof Amsterdam kan op verzoek van degene op wie de verplichting tot het uitbrengen van een openbaar bod rust de periode, bedoeld in het eerste lid, met maximaal zestig dagen verlengen. De ondernemingskamer neemt bij zijn beslissing alle betrokken belangen in acht.

3. De ondernemingskamer kan op verzoek van de doelvennootschap, iedere houder van aandelen van de doelvennootschap en iedere houder van met medewerking van de doelvennootschap uitgegeven certificaten van aandelen bepalen dat degene die overwegende zeggenschap verkrijgt als bedoeld in artikel 5:70, eerste lid, niet verplicht is tot het uitbrengen van het in dat lid bedoelde bod, indien de financiële toestand van de doelvennootschap en de met haar verbonden onderneming daartoe aanleiding geeft.

4. Het eerste en tweede lid zijn van overeenkomstige toepassing op degene die bij het verkrijgen van overwegende zeggenschap op grond van artikel 5:71, eerste lid, onderdeel h, was uitgezonderd van de verplichting tot het uitbrengen van een openbaar bod en welke uitzondering is komen te vervallen, met dien verstande dat de termijn van dertig dagen ingaat op het tijdstip waarop de uitzondering is komen te vervallen.

Openbaar bod, vrijstellingen biedplicht

Openbaar bod, gratieregelng/vervallen biedplicht

Art. 5:72a

Afbouwen belang binnen beperkte tijd

1. Degene die overwegende zeggenschap verkrijgt in een vennootschap als bedoeld in artikel 5:70, eerste lid, doet daarover onverwijld een openbare mededeling.

2. Indien een natuurlijke persoon, rechtspersoon of vennootschap als bedoeld in het eerste lid de overwegende zeggenschap verliest op de wijze, bedoeld in artikel 5:72, eerste lid, of een verzoek doet als bedoeld in artikel 5:72, tweede of derde lid, doet hij daarover eveneens onverwijld een openbare mededeling alsmede over de uitspraak van de ondernemingskamer, bedoeld in artikel 5:72, tweede of derde lid.

Art. 5:73

Openbaar bod, sancties bij overtreding biedingsregels

1. Indien artikel 5:70 wordt overtreden legt de ondernemingskamer van het gerechtshof Amsterdam op verzoek van de doelvennootschap, iedere houder van aandelen van de doelvennootschap, iedere houder van met medewerking van de doelvennootschap uitgegeven certificaten van aandelen of een rechtspersoon als bedoeld in artikel 305a van Boek 3 van het Burgerlijk Wetboek aan een degene die overwegende zeggenschap heeft verworven een bevel op tot het uitbrengen van een openbaar bod overeenkomstig het bij of krachtens dit hoofdstuk bepaalde.

2. De ondernemingskamer kan op verzoek van de in het eerste lid bedoelde verzoeker tevens de volgende maatregelen treffen:

a. schorsing van de uitoefening van het stemrecht door degene die overwegende zeggenschap heeft verworven gedurende een door de ondernemingskamer te bepalen periode;

b. een verbod aan degene die overwegende zeggenschap heeft verworven op deelname aan de algemene vergadering gedurende een door de ondernemingskamer te bepalen periode;

c. tijdelijke overdracht ten titel van beheer van aandelen door degene die overwegende zeggenschap heeft verworven;

d. schorsing of vernietiging van besluiten van de algemene vergadering.

3. De ondernemingskamer kan op verzoek van de in het eerste lid genoemde personen en degene die overwegende zeggenschap heeft verworven een bevel geven aan degene op wie de overwegende zeggenschap rust om binnen een door de ondernemingskamer te bepalen periode het belang dat hem overwegende zeggenschap verschaft af te bouwen, indien:

a. de verplichting tot het uitbrengen van een openbaar bod leidt tot een concentratie in de zin van artikel 3 van verordening (EG) nr. 139/2004 van de Raad van de Europese Unie van 20 januari 2004 betreffende de controle op concentraties van ondernemingen (de «EG-concentratieverordening») (PbEU L 24) en de Europese Commissie deze onverenigbaar heeft verklaard met de interne markt op basis van artikel 8, derde lid, van de genoemde verordening,

b. de Autoriteit Consument en Markt een vergunning in de zin van artikel 41 van de Mededingingswet heeft geweigerd, of

c. in een geval als bedoeld in artikel 39, tweede lid, onderdeel a, van de Mededingingswet de vergunning niet binnen vier weken is aangevraagd, dan wel de aanvraag om een vergunning is ingetrokken.

4. Op verzoek van degene die het verzoek, bedoeld in het eerste lid, heeft ingediend, kan de ondernemingskamer een voorlopige voorziening treffen.

5. De ondernemingskamer kan op verzoek van de in het eerste lid genoemde personen, aan de personen, bedoeld in artikel 5:72a, eerste of tweede lid, een bevel geven tot het doen van een openbare mededeling als bedoeld in artikel 5:72a, eerste of tweede lid. Het vierde lid is van overeenkomstige toepassing.

6. De ondernemingskamer regelt zo nodig de gevolgen van de door haar getroffen maatregelen.

7. Tegen beschikkingen van de ondernemingskamer uit hoofde van dit artikel staat uitsluitend beroep in cassatie open.

Afdeling 5.5.2
Uitbrengen van een openbaar bod en de bevoegdheid tot goedkeuren van een biedingsbericht

Art. 5:74

Openbaar bod, noodzaak biedingsbericht

1. Het is verboden een openbaar bod uit te brengen op effecten die zijn toegelaten tot de handel op een gereglementeerde markt waarvoor een vergunning als bedoeld in artikel 5:26, eerste lid, is verleend, tenzij voorafgaand aan het bod een biedingsbericht algemeen verkrijgbaar is gesteld dat is goedgekeurd door de Autoriteit Financiële Markten of door een toezichthoudende instantie van een andere lidstaat.

Biedingsbericht, goedkeuringsbevoegdheid AFM

2. De Autoriteit Financiële Markten kan het biedingsbericht goedkeuren, indien:

a. de doelvennootschap zetel heeft in Nederland en de effecten zijn toegelaten tot de handel op een gereglementeerde markt waarvoor een vergunning als bedoeld in artikel 5:26, eerste lid, is verleend;

b. de doelvennootschap zetel heeft in een andere lidstaat, de effecten zijn toegelaten tot de handel op een gereglementeerde markt waarvoor een vergunning als bedoeld in artikel 5:26,

eerste lid, is verleend en de effecten niet tevens in die andere lidstaat zijn toegelaten tot de handel op een gereglementeerde markt;
c. de doelvennootschap zetel heeft in een andere lidstaat, de effecten zijn toegelaten tot de handel op een gereglementeerde markt waarvoor een vergunning als bedoeld in artikel 5:26, eerste lid, is verleend en tevens in een andere lidstaat dan waar de doelvennootschap zetel heeft en de effecten het eerst tot de handel zijn toegelaten op een gereglementeerde markt in Nederland;
d. de doelvennootschap zetel heeft in een andere lidstaat, de effecten gelijktijdig en voor het eerst zijn toegelaten tot de handel op een gereglementeerde markt waarvoor een vergunning als bedoeld in artikel 5:26, eerste lid, is verleend en in een andere lidstaat dan waar de doelvennootschap zetel heeft en de doelvennootschap voor goedkeuring door de Autoriteit Financiële Markten heeft gekozen;
e. de doelvennootschap zetel heeft in een andere staat, niet zijnde een lidstaat, en de effecten zijn toegelaten tot de handel op een gereglementeerde markt waarvoor een vergunning als bedoeld in artikel 5:26, eerste lid, is verleend;
f. de doelvennootschap een beleggingsinstelling is waarvan de rechten van deelneming op verzoek van de houder ten laste van de activa direct of indirect worden ingekocht of terugbetaald, zetel heeft in een andere lidstaat, de effecten zijn toegelaten tot de handel op een gereglementeerde markt waarvoor een vergunning als bedoeld in artikel 5:26, eerste lid, is verleend, en de effecten tevens in die lidstaat zijn toegelaten tot de handel op een gereglementeerde markt.
3. Indien het tweede lid, onderdeel d, van toepassing is, stelt de doelvennootschap de Autoriteit Financiële Markten, de desbetreffende toezichthoudende instantie in de lidstaat waar de gereglementeerde markt is gelegen, alsmede de marktexploitant waaraan een vergunning als bedoeld in artikel 5:26, eerste lid, is verleend en de desbetreffende marktexploitant van de in een andere lidstaat gelegen gereglementeerde markt op de eerste handelsdag in kennis van haar keuze. De doelvennootschap maakt deze keuze openbaar met inachtneming van artikel 5:25m.
4. De bieder neemt in elke openbare mededeling met betrekking tot het openbaar bod een verwijzing op naar het goedgekeurde biedingsbericht.

Afdeling 5.5.3
Voorschriften indien de Autoriteit Financiële Markten bevoegd is het biedingsbericht goed te keuren

Art. 5:75

1. Deze afdeling is van toepassing op openbare biedingen terzake waarvan de Autoriteit Financiële Markten ingevolge artikel 5:74, tweede lid, het biedingsbericht kan goedkeuren.
2. Artikel 5:76, tweede lid, aanhef en onderdeel a, is mede van toepassing op openbare biedingen op effecten die zijn uitgegeven door een doelvennootschap die zetel heeft in Nederland welke zijn toegelaten tot de handel op een gereglementeerde markt.
3. In afwijking van het eerste lid is artikel 5:76, tweede lid, aanhef en onderdeel c, van toepassing op openbare biedingen terzake waarvan het biedingsbericht is goedgekeurd door een toezichthoudende instantie van een andere lidstaat.

Art. 5:76

1. De Autoriteit Financiële Markten keurt een biedingsbericht goed indien het voldoet aan bij algemene maatregel van bestuur te stellen regels met betrekking tot de gegevens die in het biedingsbericht worden opgenomen.
2. Bij of krachtens algemene maatregel van bestuur kunnen met het oog op een adequate functionering van de effectenmarkten of de positie van de beleggers op die markten regels worden gesteld met betrekking tot:
a. de voorbereiding van, het aankondigen van, het uitbrengen van, het verloop van de procedure van, de gestanddoening van en te verstrekken informatie omtrent een openbaar bod;
b. de door een bieder te leveren tegenprestatie, en
c. het stellen van aanvullende eisen aan een biedingsbericht dat is goedgekeurd door een toezichthoudende instantie van een andere lidstaat, alsmede met betrekking tot het verschaffen van een biedingsbericht.

Art. 5:77

1. De Autoriteit Financiële Markten maakt binnen tien werkdagen na ontvangst van de aanvraag van goedkeuring van het biedingsbericht haar besluit omtrent de goedkeuring bekend aan de aanvrager.
2. Ingeval artikel 4:5 van de Algemene wet bestuursrecht wordt toegepast gaat de termijn, bedoeld in het eerste lid, in op het moment dat de aanvrager van goedkeuring de aanvullende informatie heeft verstrekt. Artikel 4:15 van de Algemene wet bestuursrecht is niet van toepassing. De aanvrager wordt binnen een termijn van tien werkdagen na het indienen van de aanvraag in kennis gesteld van de uitnodiging, bedoeld in artikel 4:5 van de Algemene wet bestuursrecht.

Werkingssfeer

Biedingsbericht, voorwaarden goedkeuring

Nadere regels

Biedingsbericht, procedure goedkeuring

B23 art. 5:78 Wet op het financieel toezicht (uittreksel)

Art. 5:78

Biedingsbericht, termijn mededeling door bieder na goedkeuring

Binnen zes werkdagen nadat een besluit houdende goedkeuring aan hem bekend is gemaakt, brengt de bieder zijn bod uit door het goedgekeurde biedingsbericht algemeen verkrijgbaar te stellen of doet hij een openbare mededeling dat hij geen openbaar bod zal uitbrengen.

Afdeling 5.5.4
Aanvullende voorschriften, vrijstelling en ontheffing

Art. 5:78a

Biedingsbericht, goedkeuring AFM

De artikelen 5:79, 5:80a en 5:80b zijn van toepassing op openbare biedingen ten zake waarvan de Autoriteit Financiële Markten ingevolge artikel 5:74, tweede lid, het biedingsbericht kan goedkeuren.

Art. 5:79

Openbaar bod, verbod verwerving dezelfde soort effecten tegen gunstiger voorwaarden

Indien de bieder zijn openbaar bod gestand heeft gedaan, is het hem gedurende een periode van een jaar nadat het biedingsbericht algemeen verkrijgbaar is gesteld niet toegestaan effecten van de soort waarop het openbaar bod betrekking had, direct of indirect, te verwerven tegen voor de rechthebbende van die effecten gunstiger voorwaarden dan volgens het openbaar bod.

Art. 5:80

Openbaar bod, verbod verlening medewerking bij strijdigheid met regels

1. Artikel 1:75, eerste lid, is van overeenkomstige toepassing ten aanzien van een bieder of doelvennootschap, indien die bieder of doelvennootschap niet voldoet aan de bij of krachtens de artikelen 5:74, eerste lid, 5:76, tweede lid, 5:78 of 5:79 gestelde regels.

2. Indien de Autoriteit Financiële Markten constateert dat een openbaar bod in strijd met de bij of krachtens dit hoofdstuk gestelde regels wordt voorbereid, aangekondigd, of uitgebracht, kan hij een daarbij betrokken beleggingsonderneming door het geven van een aanwijzing gelasten zich te onthouden van medewerking aan het openbaar bod.

Nadere regels

3. Bij algemene maatregel van bestuur kunnen nadere regels worden gesteld met betrekking tot de bevoegdheid op grond van het tweede lid.

Art. 5:80a

Openbaar bod, billijke prijs

1. Degene die verplicht is een openbaar bod uit te brengen brengt dit uit tegen een billijke prijs.

2. De billijke prijs is de hoogste prijs die tijdens het jaar voorafgaande aan de aankondiging van het verplichte bod door de bieder of door de personen met wie deze in onderling overleg handelt voor effecten van dezelfde categorie of klasse als waarop het verplichte bod betrekking heeft is betaald.

Nadere regels

3. Bij algemene maatregel van bestuur wordt bepaald wat de billijke prijs is, indien:
a. door de bieder of de personen met wie deze in onderling overleg handelt effecten worden verkregen voor een hogere prijs dan de billijke prijs;
b. door de bieder in de periode van een jaar voorafgaand aan de aankondiging van het verplichte bod geen effecten zijn verworven van dezelfde categorie of klasse als waarop het verplichte bod betrekking heeft.

4. De billijke prijs luidt in effecten, geld of een combinatie van effecten en geld. Bij algemene maatregel van bestuur worden hieromtrent nadere regels gesteld.

Art. 5:80b

Openbaar bod, verzoek aan Ondernemingskamer afwijkende prijs als billijke prijs vast te stellen

1. Indien de verplichting bestaat tot het uitbrengen van een openbaar bod, kan de ondernemingskamer van het gerechtshof Amsterdam op verzoek van de bieder, de doelvennootschap, een andere houder van aandelen van de doelvennootschap of een houder van met medewerking van de doelvennootschap uitgegeven certificaten een billijke prijs vaststellen, waarbij kan worden afgeweken van het bij of krachtens artikel 5:80a, tweede of derde lid, bepaalde.

2. Het verzoek wordt met redenen omkleed en vermeldt in welk opzicht de billijke prijs moet worden aangepast. Het verzoek wordt ingediend uiterlijk twee weken nadat het bod is uitgebracht. De ondernemingskamer behandelt het verzoek met de meeste spoed.

3. Het verzoek is niet ontvankelijk indien de billijke prijs op grond van artikel 5:80a, tweede of derde lid, minder dan 10 procent afwijkt van de gemiddelde beurskoers tijdens de periode van drie maanden voorafgaand aan de indiening van het verzoek.

4. De ondernemingskamer kan het verzoek alleen toewijzen als de verzoeker door de billijke prijs, bedoeld in artikel 5:80a, onevenredig in zijn belang wordt getroffen.

Nadere regels

5. Bij algemene maatregel van bestuur kunnen nadere regels worden gesteld met betrekking tot de gevolgen van de toewijzing van een verzoek voor het verloop van de procedure en de te verstrekken informatie omtrent een openbaar bod.

Art. 5:81

Openbaar bod, vrijstellingen/ontheffingen

1. Bij algemene maatregel van bestuur kan vrijstelling worden verleend van het bij of krachtens artikel 5:70 bepaalde. Aan een vrijstelling kunnen beperkingen worden gesteld en voorschriften worden verbonden met het oog op een adequate functionering van de effectenmarkten en de positie van de beleggers daarop. De voordracht voor de algemene maatregel van bestuur bedoeld in de eerste volzin wordt niet eerder gedaan dan vier weken nadat het ontwerp aan beide kamers der Staten-Generaal is overgelegd.

2. Bij ministeriële regeling kan vrijstelling worden verleend van het bij of krachtens artikel 5:74, eerste lid, 5:76, eerste en tweede lid of artikel 5:79 bepaalde. Aan een vrijstelling kunnen beperkingen worden gesteld en voorschriften worden verbonden met het oog op een adequate functionering van de effectenmarkten en de positie van de beleggers daarop.

3. De Autoriteit Financiële Markten kan op verzoek, geheel of gedeeltelijk, ontheffing verlenen van het bij of krachtens artikel 5:74, eerste lid, 5:76, eerste en tweede lid, 5:78 of 5:79 bepaalde, indien de aanvrager aantoont dat daaraan redelijkerwijs niet kan worden voldaan en de doeleinden die deze artikelen beogen te bereiken anderszins voldoende worden bereikt.

Art. 5:82

Een krachtens artikel 5:71, tweede lid, 5:76, tweede lid, 5:80a, derde of vierde lid, of 5:80b, vijfde lid, vastgestelde algemene maatregel van bestuur wordt aan beide kamers der Staten-Generaal overgelegd. Hij treedt in werking op een tijdstip dat nadat vier weken na de overlegging zijn verstreken bij koninklijk besluit wordt vastgesteld, tenzij binnen die termijn door of namens een der kamers of door ten minste een vijfde van het grondwettelijk aantal leden van een der kamers de wens te kennen wordt gegeven dat de inwerkingtreding van de algemene maatregel van bestuur bij wet wordt geregeld. In dat geval wordt een daartoe strekkend voorstel van wet zo spoedig mogelijk ingediend. Indien het voorstel van wet wordt ingetrokken of indien een van de beide kamers van de Staten-Generaal besluit het voorstel niet aan te nemen, wordt de algemene maatregel van bestuur ingetrokken.

Openbaar bod, voorhangprocedure nadere regels

Art. 5:83

Een ontheffing van het verbod, bedoeld in artikel 6a, eerste lid, van de Wet toezicht effectenverkeer 1995 of de vereisten, bedoeld in artikel 6a, derde lid, van de Wet toezicht effectenverkeer 1995 die is verleend op grond van artikel 6c, eerste lid, van de Wet toezicht effectenverkeer 1995 berust vanaf het tijdstip van inwerkingtreding van de Wet op het financieel toezicht op artikel 5:81, derde lid.

Openbaar bod, juridische grondslag ontheffing verbod

Hoofdstuk 5.6
Regels over het toepassen van een gedragscode door institutionele beleggers

Art. 5:86

1. Een institutionele belegger met zetel in Nederland en een belegd vermogen waartoe aandelen of certificaten van aandelen behoren die zijn toegelaten tot de handel op een gereglementeerde markt, een multilaterale handelsfaciliteit of een met een gereglementeerde markt of multilaterale handelsfaciliteit vergelijkbaar systeem uit een staat die geen lidstaat is doet mededeling over de naleving van de principes en best practice bepalingen van de op grond van artikel 391, vijfde lid, van Boek 2 van het Burgerlijk Wetboek aangewezen gedragscode, die zijn gericht tot de institutionele belegger. Indien de institutionele belegger die principes of best practice bepalingen in het laatst afgesloten boekjaar niet of niet geheel heeft nageleefd of niet voornemens is deze in het lopende en daarop volgende boekjaar geheel na te leven, doet hij daarvan gemotiveerd opgave.

Institutionele belegger, melding naleving gedragscode

2. De institutionele belegger doet de mededeling en opgave, bedoeld in het eerste lid, ten minste eenmaal per boekjaar:

a. in zijn bestuursverslag;

b. op zijn website; of

c. aan het adres van iedere deelnemer of cliënt die daarmee vooraf uitdrukkelijk heeft ingestemd.

3. Onder deelnemer in de zin van het tweede lid wordt tevens verstaan een deelnemer als bedoeld in artikel 1 van de Pensioenwet of artikel 1 van de Wet verplichte beroepspensioenregeling.

4. Artikel 1:25 is niet van toepassing op de voorgaande leden.

Art. 5:87

Bij ministeriële regeling kan vrijstelling worden geregeld van artikel 5:86.

Nadere regels

Hoofdstuk 5.6a
Transparantieregels ter bevordering van langetermijnbetrokkenheid aandeelhouders

Afdeling 5.6a.1
Inleidende bepalingen

Art. 5:87a

Voor de toepassing van dit hoofdstuk wordt, voor zover nodig in afwijking van artikel 1:1, verstaan onder:

Begripsbepalingen

a. institutionele belegger: institutionele belegger als bedoeld in artikel 2, onderdeel e, van de richtlijn aandeelhoudersrechten, met zetel in Nederland, voor zover deze rechtstreeks of via

een vermogensbeheerder als bedoeld in artikel 2, onderdeel f, van de richtlijn aandeelhoudersrechten belegt in aandelen die zijn toegelaten tot de handel op een gereglementeerde markt;
b. vermogensbeheerder: vermogensbeheerder als bedoeld in artikel 2, onderdeel f, van de richtlijn aandeelhoudersrechten, met zetel in Nederland, voor zover deze namens institutionele beleggers belegt in aandelen die zijn toegelaten tot de handel op een gereglementeerde markt;
c. stemadviseur: volmachtadviseur als bedoeld in artikel 2, onderdeel g, van de richtlijn aandeelhoudersrechten, met zetel of bijkantoor in Nederland, voor zover deze diensten verleent aan aandeelhouders met betrekking tot aandelen van vennootschappen met een statutaire zetel in een lidstaat die zijn toegelaten tot de handel op een gereglementeerde markt.

Art. 5:87b

Werkingssfeer Artikel 1:25 is niet van toepassing op dit hoofdstuk.

Afdeling 5.6a.2
Betrokkenheidsbeleid van institutionele beleggers en vermogensbeheerders, beleggingsstrategie van institutionele beleggers en overeenkomsten met vermogensbeheerders

Art. 5:87c

Betrokkenheidsbeleid **1.** Een institutionele belegger of vermogensbeheerder heeft een betrokkenheidsbeleid en maakt dit beleid openbaar op zijn website.

2. Het betrokkenheidsbeleid, bedoeld in het eerste lid, bevat een beschrijving van:
a. de wijze waarop de institutionele belegger of vermogensbeheerder toeziet op de vennootschappen waarin is belegd ten aanzien van relevante aangelegenheden, waaronder de strategie, de financiële en niet-financiële prestaties en risico's, de kapitaalstructuur, maatschappelijke en ecologische effecten en corporate governance van de vennootschappen waarin is belegd;
b. de wijze waarop de institutionele belegger of vermogensbeheerder een dialoog voert met de vennootschappen waarin is belegd;
c. de wijze waarop de institutionele belegger of vermogensbeheerder de stemrechten en andere aan aandelen verbonden rechten uitoefent;
d. de wijze waarop de institutionele belegger of vermogensbeheerder samenwerkt met andere aandeelhouders;
e. de wijze waarop de institutionele belegger of vermogensbeheerder communiceert met relevante belanghebbenden van de vennootschappen waarin is belegd; en
f. de wijze waarop belangenconflicten beheerst worden die verband houden met de betrokkenheid van de institutionele belegger of vermogensbeheerder.

3. Een institutionele belegger of vermogensbeheerder maakt ten minste eenmaal per boekjaar op zijn website openbaar op welke wijze het betrokkenheidsbeleid, bedoeld in het eerste lid, is uitgevoerd. Deze opgave bevat ten minste de wijze waarop de institutionele belegger of vermogensbeheerder heeft gestemd op de algemene vergadering van de vennootschappen waarin is belegd, waaronder het stemgedrag, een toelichting op de belangrijkste stemmingen en het gebruik van de diensten van stemadviseurs als bedoeld in artikel 2, onderdeel g, van de richtlijn aandeelhoudersrechten.

4. Indien een institutionele belegger of vermogensbeheerder in het laatst afgesloten boekjaar de bepalingen uit het eerste tot en met derde lid niet of niet geheel heeft nageleefd of niet voornemens is deze in het lopende en daarop volgende boekjaar geheel na te leven, doet hij daarvan ten minste eenmaal per boekjaar gemotiveerd opgave op zijn website.

5. Indien een vermogensbeheerder het betrokkenheidsbeleid, bedoeld in het eerste lid, van een institutionele belegger uitvoert met inbegrip van stemmingen, bevat de website van de institutionele belegger een verwijzing naar de website van de vermogensbeheerder waar de bedoelde steminformatie voor het publiek beschikbaar is.

6. De bij of krachtens de artikelen 4:14, tweede lid, onderdeel c, onder 4°, 4:37e en 4:88, eerste lid, gestelde regels inzake de beheersing van belangenconflicten zijn van overeenkomstige toepassing op de betrokkenheidsactiviteiten van de institutionele belegger of vermogensbeheerder.

Art. 5:87d

Beleggingsstrategie **1.** Een institutionele belegger maakt openbaar op welke wijze de belangrijkste elementen van zijn beleggingsstrategie zijn afgestemd op het profiel en de looptijd van zijn verplichtingen, waaronder in het bijzonder zijn langetermijnverplichtingen, en op welke wijze deze elementen bijdragen aan de middellange en langetermijnprestaties van zijn portefeuille.

2. Indien een vermogensbeheerder als bedoeld in artikel 2, onderdeel f, van de richtlijn aandeelhoudersrechten, namens een institutionele belegger belegt in aandelen die zijn toegelaten tot de handel op een gereglementeerde markt, maakt de institutionele belegger de volgende informatie over zijn overeenkomst met die vermogensbeheerder openbaar:
a. de wijze waarop de overeenkomst die vermogensbeheerder aanzet tot het in overeenstemming brengen van zijn beleggingsstrategie en beleggingsbeslissingen met het profiel en de looptijd

van de verplichtingen, in het bijzonder de langetermijnverplichtingen, van de institutionele belegger;

b. de wijze waarop de overeenkomst die vermogensbeheerder aanzet tot het nemen van beleggingsbeslissingen op basis van de beoordeling van de financiële en niet-financiële prestaties op de middellange tot lange termijn van de vennootschap waarin is belegd en tot betrokkenheid bij deze vennootschap ter verbetering van diens prestatie op de middellange tot lange termijn;

c. de wijze waarop de methode en tijdshorizon die voor de evaluatie van de prestaties van die vermogensbeheerder worden gebruikt en de vergoeding voor de vermogensbeheersdiensten overeenstemmen met het profiel en de looptijd van de verplichtingen, in het bijzonder de langetermijnverplichtingen, van de institutionele belegger, en de absolute langetermijnprestaties in aanmerking nemen;

d. de wijze waarop de institutionele belegger toeziet op de aan de omloopsnelheid van de portefeuille verbonden kosten die die vermogensbeheerder maakt alsmede de wijze waarop de beoogde omloopsnelheid van de portefeuille wordt vastgesteld en daarop wordt toegezien; en

e. de looptijd van de overeenkomst tussen de institutionele belegger en die vermogensbeheerder.

3. Indien de overeenkomst tussen de institutionele belegger en de vermogensbeheerder de informatie, bedoeld in het tweede lid, niet of niet geheel bevat, doet de institutionele belegger daarvan gemotiveerd opgave.

4. De institutionele belegger maakt de informatie, bedoeld in het eerste tot en met derde lid, openbaar op zijn website. De institutionele belegger actualiseert deze informatie ten minste eenmaal per boekjaar tenzij er geen sprake is van een materiële wijziging van die informatie.

5. In afwijking van het vierde lid, kan een verzekeraar als bedoeld in artikel 3:73c, eerste lid, de informatie, bedoeld in het eerste tot en met derde lid, opnemen in het rapport over zijn solvabiliteit en financiële positie, bedoeld in artikel 3:73c, eerste lid.

Afdeling 5.6a.3
Transparantie vermogensbeheerders en stemadviseurs

Art. 5:87e

1. Een vermogensbeheerder informeert de institutionele belegger waarmee hij een overeenkomst inzake het beheer van vermogen is aangegaan ten minste eenmaal per boekjaar op welke wijze zijn beleggingsstrategie of de uitvoering daarvan in overeenstemming is met de overeenkomst en op welke wijze deze overeenkomst bijdraagt aan de middellange- tot langetermijnprestaties van de portefeuille van de institutionele belegger.

Informatieverplichting vermogensbeheerders over beleggingsstrategie

2. De informatie, bedoeld in het eerste lid, omvat een rapportage over:

a. de belangrijkste materiële middellange- tot langetermijnrisico's die aan de beleggingen zijn verbonden;

b. de samenstelling, omloopsnelheid en kosten van de portefeuille;

c. het gebruik van stemadviseurs als bedoeld in artikel 2, onderdeel g, van de richtlijn aandeelhoudersrechten voor betrokkenheidsactiviteiten;

d. het beleid van de vermogensbeheerder inzake het sluiten van overeenkomsten waarin een tijdelijke en betaalde overdracht van deze stemmen is geregeld en op welke wijze dat in voorkomend geval wordt toegepast ten behoeve van zijn betrokkenheidsactiviteiten, met name tijdens de algemene vergadering van de vennootschappen waarin is belegd; en

e. of en zo ja, de wijze waarop de vermogensbeheerder beleggingsbesluiten neemt op basis van een beoordeling van de middellange- tot langetermijnprestaties, waaronder de niet-financiële prestaties van de vennootschap waarin is belegd, welke belangenconflicten in verband met betrokkenheidsactiviteiten zijn ontstaan en op welke wijze de vermogensbeheerder daarmee is omgegaan.

3. Indien de informatie, bedoeld in het eerste lid, algemeen verkrijgbaar is gesteld, is het eerste lid niet van toepassing.

4. Een beheerder van een beleggingsinstelling of icbe verstrekt de informatie, bedoeld in het eerste lid, ten minste op verzoek aan de deelnemers van de door hem beheerde beleggingsinstelling of icbe.

Art. 5:87f

1. Een stemadviseur op wie een gedragscode van toepassing is, maakt een verwijzing naar de gedragscode openbaar en doet mededeling over de naleving van die gedragscode. Een stemadviseur die de gedragscode in het laatst afgesloten boekjaar niet of niet geheel heeft nageleefd of niet voornemens is deze in het lopende en daarop volgende boekjaar geheel na te naleven danwel op wie geen gedragscode van toepassing is, doet daarvan gemotiveerd opgave.

Openbaarheid naleving gedragscode stemadviseur

2. Een stemadviseur maakt de mededeling en opgave, bedoeld in het eerste lid, openbaar op zijn website en actualiseert deze ten minste eenmaal per boekjaar.

3. Een stemadviseur maakt ten minste de volgende informatie over de totstandkoming van zijn onderzoek, advies en stemadviezen ten minste eenmaal per boekjaar openbaar op zijn website:

a. de hoofdkenmerken van de gebruikte methoden en modellen;

b. de belangrijkste informatiebronnen;

c. de vastgestelde procedures om de kwaliteit van het onderzoek, het advies, de stemadviezen en de kwalificaties van de betrokken personeelsleden te garanderen;

d. of en zo ja, op welke wijze de stemadviseur met nationale marktomstandigheden, nationale wet- en regelgeving en voor de vennootschap kenmerkende omstandigheden rekening houdt;

e. de hoofdkenmerken van het stembeleid dat de stemadviseur voor iedere markt toepast;

f. of en zo ja, de omvang en aard van de dialoog van de stemadviseur met de vennootschap waarop zijn onderzoek, advies of stemadviezen betrekking hebben en met de belanghebbenden van de vennootschap, en

g. het beleid ter voorkoming en beheersing van mogelijke belangenconflicten.

4. De stemadviseur houdt de informatie, bedoeld in het derde lid, gedurende ten minste 3 jaar vanaf openbaarmaking beschikbaar voor het publiek.

5. Indien de stemadviseur de informatie, bedoeld in het derde lid, samen met de informatie, bedoeld in het eerste lid, overeenkomstig het tweede lid openbaar heeft gemaakt, is openbaarmaking overeenkomstig het derde lid niet van toepassing.

6. Een stemadviseur stelt belangenconflicten of zakelijke relaties die de totstandkoming van zijn onderzoek, advies of stemadviezen kunnen beïnvloeden, onverwijld vast en maakt deze onverwijld bekend aan zijn cliënten onder vermelding van de maatregelen die zijn genomen om de vastgestelde belangenconflicten te voorkomen en te beheersen.

Hoofdstuk 5.7 Regels voor de toegang tot betalingssystemen

Art. 5:88

Betalingssysteem, toegang

1. Onverminderd het bepaalde in Hoofdstuk 3 en 4 van de Mededingingswet, wordt de toegang van betaaldienstverleners tot een betalingssysteem niet afhankelijk gesteld van andere regels dan regels die objectief, niet-discriminerend en evenredig zijn en noodzakelijk zijn voor de bescherming van het betalingssysteem tegen specifieke risico's en voor de bescherming van de financiële en operationele stabiliteit van het betalingssysteem.

2. Een aanbieder van een betalingssysteem stelt het gebruik van het systeem door betaaldienstverleners, betaaldienstgebruikers en andere aanbieders van betalingssystemen in ieder geval niet afhankelijk van:

a. voorwaarden die de effectieve deelname aan een ander betalingssysteem belemmeren;

b. voorwaarden die, wat de rechten, plichten en aanspraken van een deelnemer aan het betalingssysteem betreft, een ongelijke behandeling inhouden van betaaldienstverleners met een vergunning op grond van artikel 2:3b, eerste lid, en betaaldienstverleners waarop een vrijstelling als bedoeld in artikel 2:3d van toepassing is; of

c. enigerlei beperking op grond van de institutionele status.

3. Het eerste en tweede lid zijn niet van toepassing op:

a. systemen als bedoeld in artikel 212a, onderdeel b, van de Faillissementswet;

b. betalingssystemen waaraan slechts betaaldienstverleners deelnemen die deel uitmaken van een richtlijngroep.

4. Een aan een systeem als bedoeld in artikel 212a, onderdeel b, van de Faillissementswet deelnemende betaaldienstverlener die toestaat dat een vergunninghoudende betaaldienstverlener via het systeem overboekingsopdrachten doorgeeft, biedt deze mogelijkheid desgevraagd overeenkomstig het eerste lid op objectieve, evenredige en onder niet-discriminerende voorwaarden aan andere vergunninghoudende of geregistreerde betaaldienstverleners.

5. In geval van een weigering verstrekt de aan een betalingssysteem deelnemende betaaldienstverlener de verzoekende betaaldienstverlener een opgave van de redenen voor de weigering. De deelnemende betaaldienstverlener verstrekt een afschrift van deze opgave aan de Autoriteit Consument en Markt.

Art. 5:88a

Toegang betaalinstelling tot betaalrekeningsdiensten, objectieve voorwaarden

1. Onverminderd het bepaalde in hoofdstukken 3 en 4 van de Mededingingswet, zijn de voorwaarden die door banken worden verbonden aan de toegang van betaalinstellingen tot betaalrekeningsdiensten objectief, niet-discriminerend en evenredig. Deze toegang is voldoende om betaalinstellingen in staat te stellen op onbelemmerde en efficiënte wijze betaaldiensten aan te bieden.

2. Een weigering van toegang wordt door de bank onder volledige opgave van redenen gemeld bij de Autoriteit Consument en Markt.

3. Het eerste en tweede lid zijn van overeenkomstige toepassing op de toegang van betaaldienstverleners die geheel of gedeeltelijk zijn vrijgesteld van artikel 2:3a, eerste lid.

Hoofdstuk 5.8
Toezicht op ratingbureaus

Art. 5:89

1. Onze Minister wijst de toezichthouder aan die belast is met het toezicht op de naleving van de verordening ratingbureaus.

2. Indien toepassing is gegeven aan het eerste lid, zijn met het toezicht op de naleving van de verordening ratingbureaus belast de bij besluit van de toezichthouder aangewezen personen.

3. De artikelen 1:72, tweede lid, 1:73, 1:74 en artikel 1:75, eerste en vierde lid, zijn van overeenkomstige toepassing.

Hoofdstuk 5.9
Positielimieten en positiebeheerscontroles voor grondstoffenderivaten

Afdeling 5.9.1
Positielimieten

Art. 5:89a

1. De Autoriteit Financiële Markten stelt met toepassing van de berekeningsmethode, bedoeld in artikel 57, derde lid, van de richtlijn markten voor financiële instrumenten 2014 en volgens de procedure van artikel 57, vijfde lid, van die richtlijn een positielimiet vast voor ieder grondstoffenderivaat dat wordt verhandeld op een in Nederland gelegen of beheerd handelsplatform teneinde marktmisbruik te voorkomen en ordelijke koersvormingsvoorwaarden en afwikkelingsvoorwaarden te bevorderen en publiceert deze op haar website.

2. Een positielimiet voorziet in een duidelijke kwalitatieve drempel voor de maximumomvang van de positie in een grondstoffenderivaat die een persoon mag aanhouden en voldoet aan de in artikel 57, negende lid, van de richtlijn markten voor financiële instrumenten 2014 gestelde eisen.

3. De Autoriteit Financiële Markten wijzigt met toepassing van de berekeningsmethode, bedoeld in het eerste lid, een door haar vastgestelde positielimiet, indien zij vaststelt dat de leverbare voorraad of het totaal van de openstaande contracten aanzienlijk wijzigt of ingeval van een andere aanzienlijke wijziging op de markt.

4. De Autoriteit Financiële Markten kan op aanvraag beslissen dat een positielimiet niet van toepassing is op posities in grondstoffenderivaten en in economische zin gelijkwaardige otc-contracten, die door of voor rekening van een niet-financiële entiteit worden aangehouden, waarvan met inachtneming van de ingevolge artikel 57, twaalfde lid, onderdelen a en f, van de richtlijn markten voor financiële instrumenten 2014 gestelde regels, objectief kan worden vastgesteld dat zij de risico's verminderen die rechtstreeks verband houden met de commerciële activiteiten met betrekking tot de onderliggende grondstoffen van de niet-financiële entiteit.

Art. 5:89b

1. Het is een in Nederland gevestigde persoon niet toegestaan op enig moment een nettopositie in een grondstoffenderivaat aan te houden die de positielimiet, bedoeld in artikel 57, eerste lid, van de richtlijn markten voor financiële instrumenten 2014, die op het grondstoffenderivaat van toepassing is, overschrijdt.

2. De nettopositie, bedoeld in het eerste lid, wordt berekend op basis van alle posities die de persoon aanhoudt in het grondstoffenderivaat en in economisch gelijkwaardige otc-derivatencontracten en de posities in deze financiële instrumenten die voor zijn rekening worden aangehouden op geaggregeerd groepsniveau.

Art. 5:89c

1. De Autoriteit Financiële Markten stelt een unieke positielimiet als bedoeld in artikel 57, zesde lid, van de richtlijn markten voor financiële instrumenten 2014 vast, die wordt toegepast op alle handel in het grondstoffenderivaat waarop de unieke positielimiet van toepassing is, indien het handelsplatform met het grootste handelsvolume in dat grondstoffenderivaat in Nederland is gelegen of wordt beheerd.

2. De Autoriteit Financiële Markten stelt de unieke positielimiet, bedoeld in het eerste lid, vast volgens de procedure, bedoeld in artikel 57, zesde lid, van de richtlijn markten voor financiële instrumenten 2014.

Art. 5:89d

1. De Autoriteit Financiële Markten kan in geval van bijzondere omstandigheden positielimieten vaststellen die restrictiever zijn dan de positielimieten die met toepassing van de berekeningsmethode, bedoeld in artikel 57, derde lid, van de richtlijn markten voor financiële instrumenten 2014 kunnen worden vastgesteld. De Autoriteit Financiële Markten maakt van deze bevoegdheid slechts gebruik, indien dit gelet op de liquiditeit en de ordelijke werking van de desbetreffende markt objectief gerechtvaardigd en evenredig is.

Toezicht op ratingbureaus, aanwijzing toezichthouder

Positielimiet

Unieke positielimiet, vaststelling door AFM

Positielimiet, bijzondere omstandigheden

2. Indien de Autoriteit Financiële Markten voornemens is een restrictieve positielimiet als bedoeld in het eerste lid vast te stellen, meldt zij dit voornemen op haar website onder vermelding van de bijzonderheden van die restrictieve positielimiet.

3. Een met toepassing van het eerste lid vastgestelde restrictieve positielimiet geldt voor de duur van ten hoogste zes maanden gerekend vanaf het tijdstip van publicatie van de restrictieve positielimiet. De Autoriteit Financiële Markten kan deze periode telkens verlengen met ten hoogste zes maanden, indien de redenen voor de restrictie van toepassing blijven.

4. Indien de Autoriteit Financiële Markten voornemens is een restrictieve positielimiet als bedoeld in het eerste lid vast te stellen, meldt zij dit voornemen met redenen omkleed aan de Europese Autoriteit voor effecten en markten, met het verzoek daarover te adviseren.

5. Indien de Autoriteit Financiële Markten na een negatief advies van de Europese Autoriteit voor effecten en markten over de toepassing van het eerste lid een restrictieve positielimiet vaststelt, meldt zij dit onverwijld en met redenen omkleed op haar website.

Afdeling 5.9.2 Positiebeheerscontroles

Art. 5:89e

Positiebeheerscontroles

1. Een beleggingsonderneming of marktexploitant die een in Nederland gelegen handelsplatform exploiteert of beheert waarop wordt gehandeld in grondstoffenderivaten past positiebeheerscontroles toe teneinde marktmisbruik te voorkomen en ordelijke koersvormingsvoorwaarden en afwikkelingsvoorwaarden te bevorderen. De beleggingsonderneming of marktexploitant stelt de Autoriteit Financiële Markten op de hoogte van de kenmerken van de positiebeheerscontroles.

2. Een positiebeheerscontrole voldoet aan de in artikel 57, negende lid, van de richtlijn markten voor financiële instrumenten 2014 gestelde regels.

3. Bij algemene maatregel van bestuur kunnen nadere regels worden gesteld met betrekking tot de bevoegdheden van de beleggingsonderneming of marktexploitant, bedoeld in het eerste lid.

Afdeling 5.9.3 Rapportages

Art. 5:89f

Rapportages

1. Een beleggingsonderneming of marktexploitant die een in Nederland gelegen handelsplatform exploiteert of beheert waarop wordt gehandeld in grondstoffenderivaten, emissierechten of van emissierechten afgeleide instrumenten, publiceert wekelijks een rapport van de geaggregeerde posities van de personen die in deze financiële instrumenten op het handelsplatform handelen, indien zowel het aantal personen dat posities in een bepaald financieel instrument aanhoudt als de totale omvang van hun openstaande posities in deze financiële instrumenten de beide ingevolge artikel 58, zesde lid, van de richtlijn markten voor financiële instrumenten 2014 vastgestelde drempelwaarden overschrijdt.

2. De beleggingsonderneming of marktexploitant zendt een afschrift van het rapport, bedoeld in het eerste lid, aan de Autoriteit Financiële Markten en de Europese Autoriteit voor effecten en markten.

3. De Autoriteit Financiële Markten kan de beleggingsonderneming of marktexploitant, bedoeld in het eerste lid, verplichten ten minste een keer per dag een volledige uitsplitsing te verstrekken van de handelsposities in grondstoffenderivaten, emissierechten of van emissierechten afgeleide instrumenten van de personen die op het handelsplatform handelen in deze financiële instrumenten.

4. Bij de toepassing van het eerste lid neemt de beleggingsonderneming of marktexploitant de ingevolge artikel 58, vijfde en zevende lid, van de richtlijn markten voor financiële instrumenten 2014 gestelde regels in acht en bij de toepassing van het derde lid neemt de beleggingsonderneming of marktexploitant de ingevolge artikel 58, vijfde lid, van de richtlijn markten voor financiële instrumenten gestelde regels in acht.

Art. 5:89g

1. Een beleggingsonderneming die buiten een handelsplatform handelt in grondstoffenderivaten, emissierechten of van emissierechten afgeleide instrumenten verstrekt ten minste een keer per dag een uitsplitsing van zijn posities alsmede die van zijn cliënten, de cliënten van die cliënten tot aan de eindcliënt in op een handelsplatform verhandelde grondstoffenderivaten, emissierechten of van emissierechten afgeleide instrumenten en daarmee economisch gelijkwaardige otc-derivatencontracten aan de toezichthoudende instantie van de lidstaat waarin het handelsplatform is gelegen of functioneert.

2. Indien door de beleggingsonderneming verhandelde grondstoffenderivaten, emissierechten of van emissierechten afgeleide instrumenten in aanzienlijke hoeveelheden worden verhandeld op handelsplatformen in meer dan een lidstaat, verstrekt de beleggingsonderneming een uitsplitsing als bedoeld in het eerste lid aan de toezichthoudende instantie van de lidstaat van het handelsplatform met het grootste handelsvolume in de relevante grondstoffenderivaten, emissierechten of van emissierechten afgeleide instrumenten.

3. Bij de toepassing van het eerste en tweede lid neemt de beleggingsonderneming de ingevolge artikel 58, vijfde lid, van de richtlijn markten voor financiële instrumenten 2014 gestelde regels in acht.

Art. 5:89ga

Het rapport, bedoeld in artikel 5:89f, eerste lid, en de uitsplitsingen, bedoeld in de artikelen 5:89f, derde lid, en 5:89g, eerste lid, voldoen aan de in artikel 58, vierde lid, van de richtlijn markten voor financiële instrumenten 2014 gestelde regels.

Rapportages, regels m.b.t.

Art. 5:89h

Een deelnemer of lid van een gereglementeerde markt of een multilaterale handelsfaciliteit en een cliënt van een georganiseerde handelsfaciliteit rapporteert dagelijks aan de exploitant van het handelsplatform waarop hij in grondstoffenderivaten handelt de bijzonderheden van de posities die hij aanhoudt in op dat handelsplatform verhandelde grondstoffenderivaten alsmede van de posities in de financiële instrumenten van zijn cliënten, de cliënten van die cliënten tot aan de eindcliënt.

Afdeling 5.9.4
Aanvullende toezichtbevoegdheden

Art. 5:89i

1. De Autoriteit Financiële Markten kan een persoon door middel van het geven van een aanwijzing verplichten om met betrekking tot een grondstoffenderivaat waarop een positielimiet als bedoeld in artikel 57, eerste lid, van de richtlijn markten voor financiële instrumenten 2014 van toepassing is geen nieuwe overeenkomsten af te sluiten dan wel binnen een door de Autoriteit Financiële Markten gestelde redelijke termijn de omvang van de positie in het grondstoffenderivaat af te bouwen, indien de positielimiet overschreden dreigt te worden.

Aanvullende toezichtbevoegdheden AFM

2. De Autoriteit Financiële Markten kan een aanwijzing als bedoeld in het eerste lid eveneens geven, indien zij door een toezichthoudende instantie van een andere lidstaat in kennis wordt gesteld van een besluit dat een persoon geen nieuwe overeenkomsten mag afsluiten met betrekking tot een bepaald grondstoffenderivaat dan wel de desbetreffende persoon de omvang van een door hem aangehouden positie in een grondstoffenderivaat dient af te bouwen.

3. De Autoriteit Financiële Markten stelt de toezichthoudende instanties van de overige lidstaten en de Europese Autoriteit voor effecten en markten in kennis van een besluit tot het geven van een aanwijzing als bedoeld in het eerste of tweede lid uiterlijk 24 uur voordat het besluit wordt genomen.

4. De Autoriteit Financiële Markten kan vanwege vereiste spoed afwijken van de termijn van 24 uur, bedoeld in het derde lid.

5. Indien een besluit tot het geven van een aanwijzing als bedoeld in het eerste of tweede lid betrekking heeft op voor de groothandel bestemde energieproducten als bedoeld in artikel 4, eerste lid, onderdeel 58, van de richtlijn markten voor financiële instrumenten 2014, stelt de Autoriteit Financiële Markten het Agentschap voor de samenwerking tussen energieregulators, bedoeld in artikel 1, eerste lid, van de Verordening (EG) nr. 713/2009 van het Europees Parlement en de Raad van 13 juli 2009 tot oprichting van een Agentschap voor de samenwerking tussen energieregulators (PbEU 2009, L 211), daarvan in kennis.

Besluit openbare biedingen Wft^1

Besluit van 12 september 2007, houdende implementatie van richtlijn nr. 2004/25/EG van het Europees Parlement en de Raad van de Europese Unie van 21 april 2004 betreffende het openbaar overnamebod (PbEU L 142) en houdende modernisering van de regels met betrekking tot het openbaar overnamebod (Besluit openbare biedingen Wft)

Wij Beatrix, bij de gratie Gods, Koningin der Nederlanden, Prinses van Oranje-Nassau, enz. enz. enz.

Op voordracht van Onze Minister van Financiën van 20 april 2006, FM 2006-00982;

Gelet op richtlijn nr. 2004/25/EG van het Europees Parlement en de Raad van de Europese Unie van 21 april 2004 betreffende het openbaar overnamebod (PbEU L 142) en de artikelen 1:40, vijfde lid, 1:81, eerste en tweede lid, 5:56, zesde lid, 5:59, vierde lid, 5:71, tweede lid, 5:76, tweede lid, 5:80a, derde en vierde lid, en 5:80b, vijfde lid, van de Wet op het financieel toezicht; De Raad van State gehoord (advies d.d. 29 mei 2006, nr. W06.06.0124/IV)

Gezien het nader rapport van Onze Minister van Financiën van 6 september 2007, FM 2006-01349;

Hebben goedgevonden en verstaan:

Hoofdstuk 1 Inleidende bepalingen

Art. 1

Begripsbepalingen

In dit besluit wordt verstaan onder:

a. wet: Wet op het financieel toezicht;

b. volledig bod: openbaar bod dat de geboden prijs of ruilverhouding vermeldt en dat strekt tot verwerving van alle effecten van de doelvennootschap van dezelfde categorie of klasse, niet zijnde een verplicht bod;

c. partieel bod: openbaar bod dat de geboden prijs of ruilverhouding vermeldt en dat strekt tot verwerving van minder dan 30 procent van de stemrechten in de algemene vergadering van de doelvennootschap;

d. tenderbod: openbaar bod waarbij de bieder de rechthebbenden van effecten van de doelvennootschap uitnodigt om die effecten tegen een door de rechthebbenden te bepalen tegenprestatie aan de bieder aan te bieden en dat strekt tot verwerving van minder dan 30 procent van de stemrechten in de algemene vergadering van de doelvennootschap;

e. verplicht bod: openbaar bod dat op grond van artikel 5:70, eerste lid van de wet, wordt uitgebracht of dient te worden uitgebracht of een openbaar bod dat op grond van het recht van een andere lidstaat wordt uitgebracht of dient te worden uitgebracht en terzake waarvan de Autoriteit Financiële Markten op grond van artikel 5:74, tweede lid, van de wet het biedingsbericht kan goedkeuren.

Art. 2

Werkingssfeer

1. De artikelen 2a, 3 tot en met 10, 12 tot en met 17, 18a, 19, 21, 20a, 22a, 23, 24, eerste en derde lid, 25 en 26 tot en met 26 zijn van toepassing op openbare biedingen op effecten terzake waarvan de Autoriteit Financiële Markten op grond van artikel 5:74, tweede lid, van de wet, het biedingsbericht kan goedkeuren.

2. De artikelen 18, 20, 22, 24, tweede lid, en 27 zijn van toepassing op openbare biedingen op effecten van een doelvennootschap die zetel heeft in Nederland welke zijn toegelaten tot de handel op een gereglementeerde markt.

Art. 2a

Openbare bieding, verplichtingen bieder

1. Op verzoek van een uitgevende instelling waarvan effecten zijn toegelaten tot de handel op een gereglementeerde markt waarvoor een vergunning als bedoeld in artikel 5:26, eerste lid, van de wet is verleend, kan de Autoriteit Financiële Markten degene die terzake van de uitgevende instelling informatie openbaar heeft gemaakt waaruit de indruk kan ontstaan dat hij overweegt om een openbaar bod op die effecten voor te bereiden, ertoe verplichten:

a. binnen 6 weken nadat hij door de Autoriteit Financiële Markten van de verplichting in kennis is gesteld een openbare mededeling te doen waarin hij een openbaar bod, niet zijnde een verplicht bod, aankondigt als bedoeld in artikel 5, eerste of tweede lid, op die effecten of binnen diezelfde termijn een openbare mededeling te doen die inhoudt dat hij geen voornemen heeft tot het aankondigen of uitbrengen van een openbaar bod; en

---

1 Inwerkingtredingsdatum: 28-10-2007; zoals laatstelijk gewijzigd bij: Stb. 2017, 300.

b. onverwijld nadat hij door de Autoriteit Financiële Markten in kennis is gesteld van de verplichting, bedoeld in onderdeel a, hierover een openbare mededeling te doen.

2. Indien de openbare mededeling, bedoeld in het eerste lid, onderdeel a, inhoudt dat degene die de mededeling doet geen voornemen heeft tot het aankondigen of uitbrengen van een openbaar bod, is het hem en de personen met wie hij in onderling overleg handelt, gedurende 6 maanden na die openbare mededeling niet toegestaan een openbaar bod aan te kondigen of uit te brengen op de in het eerste lid bedoelde effecten.

3. De Autoriteit Financiële Markten geeft gevolg aan het verzoek, bedoeld in het eerste lid, indien de verzoeker nadelige gevolgen ondervindt van het uitblijven van duidelijkheid omtrent het al dan niet aankondigen of uitbrengen van een openbaar bod.

4. Indien gedurende de termijn, bedoeld in het tweede lid, door een derde een openbaar bod wordt aangekondigd op de in het eerste lid bedoelde effecten, is het in het tweede lid bedoelde verbod niet langer van toepassing.

5. Indien degene die verplicht is tot het doen van de openbare mededeling, bedoeld in het eerste lid, onderdeel a, niet aan die verplichting voldoet, is het hem en de personen met wie hij in onderling overleg handelt gedurende 9 maanden niet toegestaan een openbaar bod aan te kondigen of uit te brengen op de in het eerste lid bedoelde effecten.

6. De termijn, bedoeld in het vijfde lid, vangt aan 6 weken nadat degene die verplicht is tot het doen van de openbare mededeling, bedoeld in het eerste lid, onderdeel a, daarvan door de Autoriteit Financiële Markten in kennis is gesteld.

7. Indien gedurende de termijn, bedoeld in het vijfde lid, door een derde een openbaar bod wordt aangekondigd op de in het eerste lid bedoelde effecten is het in het vijfde lid bedoelde verbod niet langer van toepassing.

8. Het is degene die verplicht is tot het doen van de openbare mededelingen en personen met wie hij in onderling overleg handelt niet toegestaan zich gedurende de periode, bedoeld in het tweede en vijfde lid, in de positie te brengen dat zij overwegende zeggenschap verkrijgen in de uitgevende instelling.

9. Indien het achtste lid wordt overtreden kan de ondernemingskamer van gerechtshof Amsterdam op verzoek van de doelvennootschap een bevel geven aan degene op wie de overwegende zeggenschap rust om binnen een door de ondernemingskamer te bepalen periode het belang dat hem de overwegende zeggenschap verschaft af te bouwen. Artikel 5:73, tweede lid, vierde, vijfde en zesde lid, van de wet zijn van overeenkomstige toepassing.

Art. 3

1. Een openbaar bod is, onder gelijke voorwaarden, gericht tot alle rechthebbenden van effecten van eenzelfde categorie of klasse.

2. De bieder kan van het openbaar bod uitsluiten effecten van de desbetreffende categorie of klasse die op het tijdstip van de aankondiging van het bod nog niet waren toegelaten tot de handel op de desbetreffende gereglementeerde markt.

3. Vanaf het tijdstip waarop een openbaar bod is aangekondigd tot en met het tijdstip waarop een openbare mededeling is gedaan omtrent de gestanddoening, is het de bieder of personen met wie hij in onderling overleg handelt niet toegestaan een ander openbaar bod aan te kondigen of uit te brengen op dezelfde categorie of klasse effecten van de doelvennootschap.

4. Een openbaar bod is onherroepelijk vanaf het tijdstip waarop de bieder het bod heeft uitgebracht overeenkomstig artikel 10, eerste lid.

Art. 4

1. Indien ingevolge dit besluit een openbare mededeling is vereist wordt deze openbare mededeling onverwijld en overeenkomstig het bij of krachtens artikel 17, eerste lid, tweede alinea, van de verordening marktmisbruik bepaalde gedaan. Artikel 17, vierde lid, van de verordening marktmisbruik is van overeenkomstige toepassing.

2. Indien op grond van artikel 17, eerste lid, van de verordening marktmisbruik informatie openbaar is gemaakt kan een op grond van dit besluit vereiste openbare mededeling omtrent dezelfde informatie achterwege blijven.

3. Een bieder doet een openbare mededeling over informatie als bedoeld in artikel 7, eerste lid, van de verordening marktmisbruik voor zover die rechtstreeks op hem betrekking heeft of verband houdt met het voorgenomen, aangekondigde of uitgebrachte openbaar bod.

4. Ter zake van het uitstellen van de openbaarmaking van informatie als bedoeld in artikel 2a, eerste lid, onderdeel a, 5, eerste, tweede of vierde lid, 5a, 5b, eerste lid, 6, eerste lid, 7, eerste tot en met vierde en zesde lid, 10, derde lid, 13, eerste lid, 15, tweede, vierde lid en 16, eerste lid of 17, eerste lid, bestaat geen rechtmatig belang als bedoeld in artikel 17, vierde lid, onderdeel a, van de verordening marktmisbruik.

Openbare bieding, openbaar bod

Openbaar bod, openbare mededeling

Hoofdstuk 2 Algemene bepalingen omtrent openbare biedingen

§ 2.1 *Aankondigen van een openbaar bod*

Art. 5

Openbaar bod, aankondiging

1. Een bieder en een doelvennootschap kondigen, ieder voor zover het hem of haar aangaat, een openbaar bod, niet zijnde een verplicht bod, aan door middel van een openbare mededeling, uiterlijk zodra tussen de bieder en de doelvennootschap, al dan niet voorwaardelijke, overeenstemming is bereikt over het uit te brengen openbaar bod. De mededeling bevat de namen van de bieder en de doelvennootschap en, voor zover van toepassing, de voorgenomen prijs of ruilverhouding en de op dat moment reeds vastgestelde voorwaarden waarvan de verplichting tot het uitbrengen of nakomen van het openbaar bod afhankelijk zal worden gesteld.

2. Een openbaar bod, niet zijnde een verplicht bod, is aangekondigd indien een bieder zonder, al dan niet voorwaardelijke, overeenstemming te hebben bereikt, concrete informatie over de inhoud van het voorgenomen openbaar bod openbaar heeft gemaakt, tenzij de instelling die de effecten heeft uitgegeven waarop het voorgenomen openbaar bod betrekking heeft onverwijld na openbaarmaking van de concrete informatie door de bieder door middel van een openbare mededeling meedeelt dat zij met de bieder overleg voert. Voor de toepassing van dit lid is in ieder geval concrete informatie openbaar gemaakt indien de bieder de naam noemt van de instelling die de effecten heeft uitgegeven waarop het voorgenomen openbaar bod betrekking heeft in combinatie met:

a. een voorgenomen prijs of ruilverhouding; of

b. een concreet omschreven voorgenomen tijdschema voor het verloop van het voorgenomen openbaar bod.

Openbaar bod, aankondiging verplicht bod

3. Een verplicht bod is aangekondigd, indien:

a. een aankondiging als bedoeld in artikel 5:70, eerste lid, van de wet is gedaan;

b. een door de ondernemingskamer van gerechtshof Amsterdam getroffen maatregel als bedoeld in artikel 5:73, eerste lid, van de wet, onherroepelijk is geworden; of

c. naar het recht van een andere lidstaat vaststaat dat een openbaar bod verplicht dient te worden uitgebracht en daarover door de doelvennootschap een openbare mededeling is gedaan op grond van artikel 17, eerste lid, van de verordening marktmisbruik.

Openbaar bod, melding

4. Vanaf het tijdstip waarop een openbaar bod is aangekondigd tot en met het tijdstip waarop het is uitgebracht of waarop een openbare mededeling is gedaan omtrent het niet uitbrengen van het bod, doen de bieder en de doelvennootschap, ieder met betrekking tot door henzelf verrichte transacties, een openbare mededeling over iedere door hen verrichte transactie in de effecten waarop het openbaar bod betrekking heeft of de effecten die in ruil worden aangeboden en van iedere met betrekking tot die effecten door hen gesloten overeenkomst. De mededeling bevat informatie over de hoeveelheid en categorie of klasse van deze effecten, de daarvoor geldende voorwaarden, waaronder de prijs of ruilverhouding, en de omvang van de bestaande onderlinge rechtstreekse of middellijke kapitaaldeelnemingen.

5. De mededeling, bedoeld in het vierde lid, wordt telkens onverwijld gedaan nadat de betrokken transactie of overeenkomst is verricht onderscheidenlijk is gesloten, met dien verstande dat ten hoogste een keer per dag een mededeling hoeft te worden gedaan.

Art. 5a

Openbaar bod, mededeling wijze van berekening en hoogte te verwachten prijs

Uiterlijk bij de aankondiging van een verplicht bod doet de bieder een openbare mededeling over de wijze van berekenen en de hoogte van de te verwachten billijke prijs, bedoeld in artikel 5:80a van de wet.

Art. 5b

Openbaar bod, verval bij aankondiging verplicht bod

1. Indien een verplicht bod is aangekondigd, vervalt een reeds door de bieder uitgebracht openbaar bod op dezelfde categorie of klasse effecten van rechtswege, tenzij de bieder door middel van een openbare mededeling meedeelt dat het uitgebrachte bod wordt voortgezet als een verplicht bod.

2. Indien in de openbare mededeling, bedoeld in het eerste lid, is vermeld dat het uitgebrachte bod wordt voortgezet als een verplicht bod vervallen van rechtswege de voorwaarden, bedoeld in artikel 12. Indien de billijke prijs, bedoeld in artikel 5:80a van de wet, hoger is dan de voorgenomen of geboden prijs of ruilverhouding van het oorspronkelijke openbaar bod, verhoogt de bieder de prijs of ruilverhouding tot de billijke prijs. Artikel 15, vierde lid, tweede volzin, is van overeenkomstige toepassing.

3. Indien de in het oorspronkelijk uitgebrachte openbaar bod geboden prijs hoger is dan de billijke prijs, vindt geen aanpassing van de prijs plaats.

4. Indien de bieder een openbare mededeling doet als bedoeld in het eerste lid, vangt de in artikel 14, eerste lid, bedoelde aanmeldingstermijn in afwijking van artikel 14, tweede lid, niet eerder aan dan op de eerste werkdag volgend op het doen van de openbare mededeling.

5. Rechthebbenden op effecten die voorafgaand aan de openbare mededeling, bedoeld in het eerste lid, hun effecten hebben aangemeld kunnen deze aanmelding binnen zeven werkdagen na de openbare mededeling herroepen.

6. De openbare mededeling, bedoeld in het eerste lid, bevat in elk geval een opsomming van feiten, omstandigheden en gebeurtenissen die tot het verplichte bod hebben geleid en, voor zover van toepassing,:

a. informatie over het vervallen van voorwaarden;

b. de aangepaste geboden prijs of ruilverhouding;

c. de wijze waarop de bieder zorg draagt dat hij zal voldoen aan artikel 15, vierde lid, tweede volzin; en

d. de aangepaste aanmeldingstermijn.

Art. 6

1. Indien de voorgenomen prijs of ruilverhouding of, in geval van een partieel bod of een tenderbod, het voorgenomen percentage of aantal van de effecten tot de verkrijging waarvan het openbaar bod strekt, na aankondiging definitief is vastgesteld of gewijzigd, doen de bieder en de doelvennootschap, ieder voor zover het hem of haar aangaat, een openbare mededeling hierover, onder vermelding van deze prijs of ruilverhouding of dit percentage of aantal.

2. Indien door een doelvennootschap na aankondiging van een openbaar bod effecten worden uitgegeven of rechten tot het nemen of verkrijgen van door de doelvennootschap uit te geven effecten worden toegekend, doet de doelvennootschap een openbare mededeling hierover, onder vermelding van de naam van degene die de bedoelde effecten of rechten verwerft, voorzover deze naam bij haar bekend is, het nominale bedrag daarvan en de prijs of uitgiftekoers. De eerste volzin is van toepassing tot en met het tijdstip waarop overeenkomstig artikel 16 een openbare mededeling wordt gedaan over de gestanddoening of de niet-gestanddoening van het openbaar bod, dan wel overeenkomstig artikel 7, eerste lid, een openbare mededeling wordt gedaan over het niet indienen van een aanvraag tot goedkeuring van het biedingsbericht.

Art. 7

1. De bieder doet binnen vier weken na de aankondiging van het bod een openbare mededeling, inhoudende dat:

a. hij binnen een door hem te bepalen en te noemen periode een aanvraag tot goedkeuring van het biedingsbericht indient bij de Autoriteit Financiële Markten; of

b. hij geen aanvraag tot goedkeuring van het biedingsbericht zal indienen.

2. Ingeval van een verplicht bod, doet de bieder, in afwijking van het eerste lid, binnen vier weken na de aankondiging van het bod een openbare mededeling inhoudende dat hij binnen een door hem te bepalen en te noemen periode een aanvraag tot goedkeuring van het biedingsbericht indient bij de Autoriteit Financiële Markten.

3. De in het eerste lid, onderdeel a, en in het tweede lid bedoelde door de bieder te bepalen en te benoemen periode bedraagt, gerekend vanaf de aankondiging van het bod, ten hoogste 12 weken. Indien de bieder er niet in slaagt binnen de door hem benoemde periode de aanvraag tot goedkeuring van het biedingsbericht in te dienen, doet hij daarvan onverwijld een openbare mededeling. De in de eerste volzin genoemde uiterste termijn blijft onverkort van toepassing. Aan de verplichting tot het doen van de openbare mededeling, bedoeld in de tweede volzin, is voldaan, indien terzake van hetzelfde feit door de bieder een mededeling is gedaan op grond van artikel 4, derde lid, of informatie algemeen verkrijgbaar is gesteld op grond van artikel 17, eerste lid, van de verordening marktmisbruik.

4. De bieder draagt er zorg voor dat hij uiterlijk op het tijdstip van indiening van de aanvraag tot goedkeuring van het biedingsbericht, bedoeld in het eerste en tweede lid, een vergoeding in geld kan opbrengen of alle redelijke maatregelen heeft getroffen om enige andere vorm van vergoeding te kunnen verstrekken om het bod gestand te kunnen doen. Wanneer de bieder de genoemde vergoeding kan opbrengen of de genoemde maatregelen heeft getroffen, doet hij een openbare mededeling hierover. In de mededeling omschrijft de bieder nauwkeurig op welke wijze door hem zorg wordt gedragen voor het kunnen opbrengen van de vergoeding of welke maatregelen door hem zijn getroffen om enige andere vorm van vergoeding te kunnen verstrekken.

5. De bieder die in verband met de vergoeding, bedoeld in het vierde lid, een algemene vergadering dient te houden, heeft de in het vorige lid genoemde maatregelen getroffen, indien hij uiterlijk op het tijdstip van indiening van de aanvraag tot goedkeuring van het biedingsbericht een openbare mededeling doet dat een algemene vergadering zal plaatsvinden. De vergadering wordt ten minste zeven werkdagen voor het einde van de aanmeldingstermijn gehouden.

6. Indien de algemene vergadering, bedoeld in het vijfde lid, heeft plaatsgevonden, doet de bieder een openbare mededeling over de uitkomsten daarvan en over de gevolgen van deze uitkomsten voor het openbaar bod. Indien de bieder in verband met de in de eerste volzin be-

Openbaar bod, vaststelling/wijziging prijs- of ruilverhouding

Openbaar bod, uitgifte effecten

Openbaar bod, aanvraag tot goedkeuring

doelde uitkomsten gelijktijdig een openbare mededeling als bedoeld in artikel 12, derde lid, doet, kan de in de eerste volzin bedoelde mededeling achterwege blijven.

7. Indien de bieder een openbare mededeling als bedoeld in het eerste lid, onderdeel a, heeft gedaan maar geen bod uitbrengt overeenkomstig artikel 10, eerste lid, is het hem en personen met wie hij in onderling overleg handelt gedurende 6 maanden na het uiterlijke tijdstip voor indiening van de aanvraag tot goedkeuring van het biedingsbericht niet toegestaan een openbaar bod aan te kondigen of uit te brengen op effecten van dezelfde uitgevende instelling Artikel 2a, vierde lid, is van overeenkomstige toepassing.

8. Indien de bieder een openbare mededeling als bedoeld in het eerste lid, onderdeel b, heeft gedaan, is het hem en personen met wie hij in onderling overleg handelt gedurende 6 maanden na de openbare mededeling niet toegestaan een openbaar bod aan te kondigen of uit te brengen op effecten van dezelfde uitgevende instelling Artikel 2a, vierde lid, is van overeenkomstige toepassing.

9. Indien de bieder na de aankondiging van het bod geen aanvraag tot goedkeuring van het biedingsbericht indient, is het hem en personen met wie hij in onderling overleg handelt gedurende 6 maanden na het uiterlijke tijdstip voor indiening van de aanvraag tot goedkeuring van het biedingsbericht niet toegestaan een openbaar bod aan te kondigen of uit te brengen op effecten van dezelfde uitgevende instelling. Artikel 2a, vierde lid, is van overeenkomstige toepassing.

10. Het is de bieder en personen met wie hij in onderling overleg handelt niet toegestaan zich gedurende de periode, bedoeld in het zevende, achtste en negende lid, in de positie te brengen dat zij overwegende zeggenschap verkrijgen in de uitgevende instelling.

11. Indien het tiende lid wordt overtreden kan de ondernemingskamer van gerechtshof Amsterdam op verzoek van de doelvennootschap een bevel geven aan degene op wie de overwegende zeggenschap rust om binnen een door de ondernemingskamer te bepalen periode het belang dat hem de overwegende zeggenschap verschaft af te bouwen. Artikel 5:73, tweede lid, vierde, vijfde en zesde lid, van de wet zijn van overeenkomstige toepassing.

§ 2.2 *Goedkeuring van een biedingsbericht*

Art. 8

Openbaar bod, goedkeuring biedingsbericht

1. De Autoriteit Financiële Markten keurt het biedingsbericht goed, indien in het biedingsbericht alle gegevens zijn opgenomen die voor een redelijk geïnformeerde en zorgvuldig handelende persoon van belang zijn voor het vormen van een verantwoord oordeel over het openbaar bod, waaronder:

a. in geval van een volledig bod, de gegevens, bedoeld in de bijlagen A en B;
b. in geval van een partieel bod, de gegevens, bedoeld in de bijlagen A en C;
c. in geval van een tenderbod, de gegevens, bedoeld in de bijlagen A en D; of
d. in geval van een verplicht bod, de gegevens, bedoeld in de bijlagen A en E; en

de gegevens niet met elkaar in strijd zijn of in tegenspraak zijn met andere bij de Autoriteit Financiële Markten aanwezige informatie omtrent de doelvennootschap of de bieder, en in een voor een redelijk geïnformeerde en zorgvuldig handelende persoon begrijpelijke vorm worden gepresenteerd.

2. Indien een bod uitsluitend of mede strekt tot overneming van effecten in ruil voor door de bieder of door een andere vennootschap dan de bieder uitgegeven effecten, keurt de Autoriteit Financiële Markten het biedingsbericht goed, indien het naast de toepasselijke gegevens, bedoeld in het eerste lid, de in bijlage F opgenomen gegevens bevat en de gegevens niet met elkaar in strijd zijn of in tegenspraak zijn met andere bij de Autoriteit Financiële Markten aanwezige informatie omtrent de doelvennootschap of de bieder en worden gepresenteerd in een vorm die voor een redelijk geïnformeerde en zorgvuldig handelende persoon begrijpelijk is.

Art. 9

Openbaar bod, verklaring van goedkeuring

1. Indien de Autoriteit Financiële Markten het biedingsbericht heeft goedgekeurd, verstrekt zij op verzoek van de bieder aan de toezichthoudende instantie van een andere lidstaat waar de desbetreffende effecten tot de handel op een gereglementeerde markt zijn toegelaten, een verklaring dat het biedingsbericht is opgesteld in overeenstemming met richtlijn nr. 2004/25/EG van het Europees Parlement en de Raad van de Europese Unie van 21 april 2004 betreffende het openbaar overnamebod (PbEU L 142), alsmede een afschrift van het goedgekeurde biedingsbericht.

2. De Autoriteit Financiële Markten verstrekt de verklaring, bedoeld in het eerste lid, en het afschrift van het goedgekeurde biedingsbericht binnen drie werkdagen na ontvangst van het verzoek. Indien het verzoek wordt gedaan voordat goedkeuring is verleend, verstrekt de Autoriteit Financiële Markten de verklaring binnen een werkdag nadat de goedkeuring is verleend.

Art. 9a

Indien de Autoriteit Financiële Markten het biedingsbericht heeft goedgekeurd, maar de bieder geen bod uitbrengt overeenkomstig artikel 10, eerste lid, is het hem en personen met wie hij in onderling overleg handelt gedurende 6 maanden na de openbare mededeling, bedoeld in artikel 5:78 van de wet, niet toegestaan een openbaar bod aan te kondigen of uit te brengen op effecten van dezelfde uitgevende instelling Artikel 2a, vierde lid, is van overeenkomstige toepassing.

Openbaar bod, geen tweede bod door dezelfde bieder binnen 6 maanden

§ 2.3

Uitbrengen van een openbaar bod

Art. 10

1. De bieder brengt zijn bod uit door het goedgekeurde biedingsbericht algemeen verkrijgbaar te stellen door middel van:

Openbaar bod, uitbrengen

a. een bekendmaking in een landelijk verspreid dagblad;

b. een drukwerk dat kosteloos kan worden verkregen ten kantore van de houder van iedere gereglementeerde markt waar de effecten waarop het openbaar bod wordt gedaan, tot de handel zijn toegelaten;

c. plaatsing op zijn website of op die van de doelvennootschap;

d. plaatsing op de website van de houder van iedere gereglementeerde markt waar de effecten tot de handel zijn toegelaten; of

e. plaatsing op de website van de Autoriteit Financiële Markten, indien deze mogelijkheid wordt geboden.

2. Indien het biedingsbericht op andere wijze dan als bedoeld in het eerste lid, aanhef en onderdeel b, algemeen verkrijgbaar is gesteld, verstrekt de bieder aan een ieder die daarom verzoekt kosteloos een afschrift van het biedingsbericht.

3. De bieder doet een openbare mededeling over het algemeen verkrijgbaar stellen van het biedingsbericht, onder vermelding van de vindplaats.

4. De bieder stelt onverwijld na de algemeenverkrijgbaarstelling van het biedingsbericht de vertegenwoordigers van haar werknemers of, bij ontstentenis van de vertegenwoordigers, de werknemers zelf van het openbaar bod in kennis, onder gelijktijdige terbeschikkingstelling van het biedingsbericht.

Art. 11

1. Indien een bieder voornemens is een openbaar bod uit te brengen op effecten welke zijn toegelaten tot de handel op een in Nederland gelegen of functionerende gereglementeerde markt en de Autoriteit Financiële Markten niet ingevolge artikel 5:74, tweede lid, van de wet bevoegd is tot goedkeuring van een biedingsbericht, zendt de bieder voorafgaand aan het uitbrengen van het bod een door de toezichthoudende instantie van een andere lidstaat goedgekeurd biedingsbericht toe aan de Autoriteit Financiële Markten.

Openbaar bod, goedkeuring door buitenlandse toezichthoudende instantie

2. Terzake van een openbaar bod als bedoeld in het eerste lid kan de Autoriteit Financiële Markten de bieder door het geven van een aanwijzing verplichten aanvullende informatie in het biedingsbericht of in een aanvullend document op te nemen, indien die informatie specifiek is voor de Nederlandse financiële markten en betrekking heeft op de formaliteiten die moeten worden vervuld om het openbaar bod te aanvaarden of om de tegenprestatie te ontvangen die bij de gestanddoening van het openbaar bod verschuldigd is, dan wel betrekking heeft op voorschriften van belastingrecht die van toepassing zullen zijn op de tegenprestatie die aan de houders van effecten wordt geboden. De Autoriteit Financiële Markten besluit hiertoe uiterlijk vijf werkdagen na ontvangst van het biedingsbericht.

Openbaar bod, aanwijzing AFM

3. Indien het biedingsbericht, bedoeld in het eerste lid, is opgesteld in een andere dan de Nederlandse of de Engelse taal, stelt de bieder gelijktijdig met het uitbrengen van het openbaar bod een Nederlandse vertaling algemeen verkrijgbaar overeenkomstig artikel 10. Indien het biedingsbericht is opgesteld in de Engelse taal, stelt de bieder gelijktijdig met het uitbrengen van het openbaar bod een Nederlandse samenvatting, die ten minste een verwijzing bevat naar het onderliggende biedingsbericht en de gegevens, bedoeld in de onderdelen 4, 5, 6, 9 en 10 van paragraaf 1 van bijlage A, algemeen verkrijgbaar overeenkomstig artikel 10.

Art. 12

1. De bieder deelt de voorwaarden waarvan hij de nakoming van het openbaar bod afhankelijk stelt, uiterlijk gelijktijdig met het uitbrengen van het bod openbaar mede. Deze voorwaarden maken onderdeel uit van het openbaar bod.

Openbaar bod, voorwaarden

2. De bieder stelt de verplichting tot nakoming niet afhankelijk van een voorwaarde waarvan de vervulling afhankelijk is van zijn wil. De bieder formuleert met het oog daarop een voorwaarde op zodanige wijze dat deze duidelijk en, waar mogelijk, objectief meetbaar is.

3. Zodra is komen vast te staan dat een door de bieder gestelde voorwaarde niet wordt vervuld, doet de bieder een openbare mededeling hierover, alsmede over zijn beslissing of op grond van het niet vervullen van de voorwaarde het openbaar bod vervalt.

4. Indien de openbare mededeling, bedoeld in het derde lid, het besluit bevat dat het openbare bod vervalt, is het de bieder en personen met wie hij in onderling overleg handelt gedurende 6 maanden na de openbare mededeling niet toegestaan een openbaar bod aan te kondigen of uit te brengen op effecten van dezelfde uitgevende instelling. Artikel 2a, vierde lid, is van overeenkomstige toepassing.

Art. 13

Openbaar bod, openbaar-making transacties

1. Vanaf het tijdstip waarop het openbaar bod is uitgebracht tot en met het tijdstip waarop een openbare mededeling is gedaan omtrent de gestanddoening of het tijdstip waarop een mededeling als bedoeld in artikel 17, vierde lid, is gedaan, doen de bieder en de doelvennootschap, ieder met betrekking tot door henzelf verrichte transacties, een openbare mededeling over iedere door hen verrichte transactie in de effecten waarop het openbaar bod betrekking heeft of de effecten die in ruil worden aangeboden en van iedere met betrekking tot die effecten door hen gesloten overeenkomst. In de mededeling wordt melding gedaan van de hoeveelheid en categorie of klasse van deze effecten, de daarvoor geldende voorwaarden, waaronder de prijs of ruilverhouding, en de omvang van de bestaande onderlinge rechtstreekse of middellijke kapitaaldeelnemingen.

2. Op de mededeling, bedoeld in het eerste lid, is artikel 5, vijfde lid, van overeenkomstige toepassing.

§ 2.4 *Aanmelding van effecten*

Art. 14

Openbaar bod, aanmeldingstermijn effecten

1. De bieder die een openbaar bod uitbrengt, stelt een aanmeldingstermijn.

2. De aanmeldingstermijn vangt niet eerder aan dan op de eerste werkdag volgend op het uitbrengen van het openbaar bod. De aanmeldingstermijn vangt niet later aan dan op de derde werkdag volgend op de termijn, bedoeld in artikel 5:78 van de wet.

3. De aanmeldingstermijn van een volledig bod of een verplicht bod is, gerekend van de dag waarop de gelegenheid tot aanmelding is opengesteld tot en met de dag waarop de gelegenheid tot aanmelding wordt gesloten, niet korter dan acht weken.

4. De aanmeldingstermijn van een partieel bod of een tenderbod is, gerekend vanaf de dag waarop de gelegenheid tot aanmelding is opengesteld tot en met de dag waarop de gelegenheid tot aanmelding wordt gesloten, niet korter dan twee weken.

5. De aanmeldingstermijn is niet langer dan tien weken, gerekend van de dag waarop de gelegenheid tot aanmelding is opengesteld tot en met de dag waarop de gelegenheid tot aanmelding wordt gesloten.

Art. 15

Openbaar bod, verlengen aanmeldingstermijn

1. De bieder kan de aanmeldingstermijn eenmaal verlengen. De verlenging bedraagt, onverminderd het tweede lid, ten minste twee weken en niet meer dan tien weken, gerekend vanaf de einddatum van de oorspronkelijke termijn.

2. De bieder kan uiterlijk op de derde werkdag na het einde van de oorspronkelijke termijn besluiten tot verlenging van de aanmeldingstermijn en doet na dit besluit een openbare mededeling hierover, onder vermelding van de einddatum van de aldus verlengde termijn.

3. Rechthebbenden van effecten die vóór het einde van de oorspronkelijke termijn hun effecten hebben aangemeld kunnen tijdens de verlengingsperiode deze aanmelding herroepen.

4. De bieder kan gedurende de, al dan niet overeenkomstig het eerste, tweede of vijfde lid verlengde, aanmeldingstermijn de geboden prijs verhogen. De bieder draagt er zorg voor dat hij voor de verhoging van de geboden prijs een vergoeding in geld kan opbrengen of alle redelijke maatregelen heeft getroffen om enige andere vorm van vergoeding te kunnen verstrekken om het bod gestand te kunnen doen. De bieder doet een openbare mededeling over de verhoging van de geboden prijs en over de wijze waarop hij zal voldoen aan de tweede volzin. Indien de verhoging van de prijs meebrengt dat de samenstelling van de geboden prijs wijzigt en de verhoging niet alleen bestaat uit geld, vindt verhoging van de prijs plaats door middel van algemeenverkrijgbaarstelling van een document.

5. Indien voor het tijdstip waarop de aanmeldingstermijn eindigt door een derde een openbaar bod op dezelfde categorie of klasse van effecten wordt aangekondigd of uitgebracht, kan de bieder de, al dan niet verlengde, aanmeldingstermijn verlengen tot het einde van de aanmeldingstermijn van dat openbaar bod.

6. Indien een verzoek als bedoeld in artikel 5:80b van de wet is gedaan wordt de, al dan niet verlengde, aanmeldingstermijn, indien deze is aangevangen, opgeschort tot en met het tijdstip waarop de beslissing van de ondernemingskamer uitvoerbaar bij voorraad is verklaard of, indien de beslissing niet uitvoerbaar bij voorraad wordt verklaard, tot en met het tijdstip waarop deze onherroepelijk is geworden. Indien het verzoek is gedaan voorafgaand aan de aanvang van de aanmeldingstermijn, wordt de aanvang van de aanmeldingstermijn opgeschort tot en met het tijdstip, bedoeld in de vorige volzin.

7. De bieder doet een openbare mededeling over een opschorting of herleving van de aanmeldingstermijn als bedoeld in het zesde lid.

8. Rechthebbenden van effecten die hun effecten hebben aangemeld voordat een verzoekschrift is ingediend, houdende een verzoek als bedoeld in artikel 5:80b van de wet, kunnen indien het verzoek is toegewezen deze aanmelding binnen zeven werkdagen herroepen, nadat de beslissing van de ondernemingskamer uitvoerbaar bij voorraad is verklaard of onherroepelijk is geworden en voor het einde van de aanmeldingstermijn. Het negende lid, derde volzin, is van overeenkomstige toepassing.

9. Indien de geboden prijs is verhoogd en de resterende, al dan niet verlengde, aanmeldingstermijn korter is dan zeven werkdagen, komt aan de rechthebbenden op de effecten een periode van zeven werkdagen toe waarbinnen zij hun effecten kunnen aanmelden. De aanmeldingstermijn wordt van rechtswege verlengd met de resterende duur van de periode van zeven werkdagen indien deze periode zich uitstrekt tot na de, al dan niet verlengde, aanmeldingstermijn. De bieder kan gedurende de van rechtswege verlengde aanmeldingstermijn, bedoeld in de vorige volzin, geen beroep doen op het vierde lid.

10. Indien de geboden prijs is verhoogd op of binnen zeven werkdagen voor het einde van de oorspronkelijke aanmeldingstermijn en de bieder besluit tot verlenging van de aanmeldingstermijn als bedoeld in het tweede lid, wordt de duur van een van rechtswege verlengde aanmeldingstermijn als bedoeld in het negende lid, tweede volzin, in mindering gebracht op de duur van de verlengde aanmeldingstermijn.

Art. 15a

1. Het document, bedoeld in artikel 15, vierde lid, laatste volzin, bevat alle gegevens die voor een redelijk geïnformeerde en zorgvuldig handelende persoon van belang zijn voor het vormen van een verantwoord oordeel over de verhoging van de geboden prijs, waaronder in ieder geval:

a. een beschrijving van de verhoging van de prijs waaruit de gewijzigde samenstelling en verhoging van de prijs tot uitdrukking komt;

b. ingeval van verhoging van de prijs met een vergoeding in effecten, de informatie, bedoeld in bijlage F, met uitzondering van de informatie bedoeld in subonderdeel 1.4 van bijlage F, tenzij deze informatie reeds is opgenomen in het prospectus voor uitgifte van nieuwe effecten. Indien dit het geval is, kan worden volstaan met een verwijzing naar de informatie, bedoeld in de vorige volzin;

c. de wijze waarop de bieder zorg draagt dat hij zal voldoen aan artikel 15, vierde lid, tweede volzin; en

d. de aangepaste aanmeldingstermijn.

2. Het document wordt algemeen verkrijgbaar gesteld overeenkomstig artikel 10. Het document maakt na de algemeenverkrijgbaarstelling deel uit van het biedingsbericht.

3. Rechthebbenden op effecten die hun effecten hebben aangemeld voordat het document algemeen verkrijgbaar is gesteld, kunnen binnen zeven werkdagen na de algemeenverkrijgbaarstelling van het document deze aanmelding herroepen.

§ 2.5 *Gestanddoening*

Art. 16

1. De bieder doet uiterlijk op de derde werkdag na het einde van de aanmeldingstermijn een openbare mededeling of hij het openbaar bod gestand doet. Indien de bieder het bod niet gestand doet, deelt hij de reden hiervan openbaar mede.

2. De bieder vermeldt de totale waarde, het aantal en het daarbij behorende percentage van de ingevolge het openbaar bod aangemelde effecten, alsmede het totale aantal en het corresponderende percentage van effecten dat na de aanmeldingstermijn in zijn bezit is.

3. De bieder kan het openbaar bod gestand doen indien effecten tot een geringer bedrag, aantal of percentage zijn aangemeld dan het bedrag, aantal onderscheidenlijk percentage van welker aanbieding binnen de aanmeldingstermijn hij zijn verplichting tot gestanddoening van het bod afhankelijk stelde.

4. Indien de openbare mededeling, bedoeld in het eerste lid, inhoudt dat de bieder het bod niet gestand doet, is het de bieder en de personen met wie hij in onderling overleg handelt gedurende 6 maanden na de openbare mededeling niet toegestaan een openbaar bod aan te kondigen of uit te brengen op effecten van dezelfde uitgevende instelling. Artikel 2a, vierde lid, is van overeenkomstige toepassing.

Art. 17

1. De bieder kan binnen drie werkdagen na gestanddoening van het openbaar bod aan de rechthebbenden van de effecten waarop het openbaar bod betrekking had en die hun effecten niet hebben aangemeld de mogelijkheid geven om deze effecten aan te bieden tegen dezelfde

Openbaar bod, inhoud document over prijsverhoging

Openbaar bod, openbare mededeling

Openbaar bod, gelegenheid tot aanbieden effecten na gestanddoening

voorwaarden die golden voor het gestand gedane openbaar bod. De bieder doet hierover een openbare mededeling waarin ten minste wordt vermeld:

a. de reden waarom de bieder overgaat tot het geven van deze mogelijkheid;

b. de termijn waarbinnen de effecten aangemeld kunnen worden; en

c. dat het oorspronkelijke biedingsbericht van toepassing is.

2. De in het eerste lid, onder b, bedoelde termijn vangt aan op de eerste werkdag volgend op die van de openbare mededeling, bedoeld in de aanhef van het eerste lid, en is niet langer dan twee weken.

3. Vanaf het tijdstip waarop de openbare mededeling over de gestanddoening wordt gedaan tot en met het tijdstip waarop de in het eerste lid, onder b, bedoelde termijn eindigt is artikel 13 van overeenkomstige toepassing.

4. De bieder doet uiterlijk op de derde werkdag na het einde van de in het eerste lid, onder b, bedoelde termijn een openbare mededeling over het aantal en het percentage van de effecten dat aangeboden is binnen deze termijn en het totale aantal en het totale percentage van de effecten dat in zijn bezit is.

Hoofdstuk 3

Bijzondere bepalingen voor een volledig bod, een partieel bod, een tenderbod en een verplicht bod

§ 3.1

Een volledig bod

Art. 18

Openbare bieding, volledig bod

1. De doelvennootschap met zetel in Nederland waarop een volledig bod is uitgebracht roept haar aandeelhouders op voor een na de openbare mededeling van de verkrijgbaarstelling van het biedingsbericht en ten minste zes werkdagen voor het einde van de aanmeldingstermijn te houden algemene vergadering ter bespreking van het uitgebrachte openbaar bod.

2. De doelvennootschap stelt uiterlijk vier werkdagen voor de in het eerste lid bedoelde vergadering een bericht voor haar aandeelhouders algemeen verkrijgbaar dat ten minste de in bijlage G bedoelde informatie inhoudt.

3. Over de algemeenverkrijgbaarstelling van het bericht, bedoeld in het tweede lid, doet de doelvennootschap een openbare mededeling.

4. Indien voor het einde van de aanmeldingstermijn door een derde een openbaar bod op dezelfde effecten wordt uitgebracht, behoeft de doelvennootschap niet opnieuw toepassing te geven aan het eerste tot en met het derde lid, maar doet zij een openbare mededeling van haar standpunt met betrekking tot het door de derde uitgebrachte openbaar bod.

5. Indien de Autoriteit Financiële Markten niet ingevolge artikel 5:74, tweede lid, van de wet bevoegd is tot goedkeuring van het biedingsbericht, zendt de doelvennootschap het bericht, bedoeld in het tweede lid, gelijktijdig met de algemeenverkrijgbaarstelling van het bericht toe aan de Autoriteit Financiële Markten.

Art. 18a

Openbaar bod, volledig bod op doelvennootschap buiten Nederland

Indien een volledig bod is uitgebracht op een doelvennootschap met zetel buiten Nederland en de Autoriteit Financiële Markten ingevolge artikel 5:74, tweede lid, van de wet bevoegd is tot goedkeuring van het biedingsbericht, stelt de doelvennootschap uiterlijk tien werkdagen voor het einde van de aanmeldingstermijn een bericht voor haar aandeelhouders algemeen verkrijgbaar dat ten minste de in bijlage G bedoelde informatie inhoudt. Artikel 18, derde en vierde lid, zijn van overeenkomstige toepassing.

Art. 19

1. De bieder betaalt, indien hij het volledig bod gestand doet, steeds voor alle ingevolge dat volledig bod aangemelde effecten de hoogste prijs die op grond van het biedingsbericht, al dan niet verhoogd op grond van artikel 15, vierde lid, is geboden of op grond van een transactie als bedoeld in artikel 5, vierde lid, of 13, eerste lid, met uitzondering van in regelmatig verkeer op een gereglementeerde markt of een met een gereglementeerde markt vergelijkbaar systeem uit een staat die geen lidstaat is tot stand gekomen transacties, is betaald.

2. Het is de bieder niet toegestaan zich gedurende de van rechtswege verlengde aanmeldingstermijn, bedoeld in artikel 15, negende lid, tweede volzin, in de positie te brengen dat hij in verband met een transactie als bedoeld in artikel 5, vierde lid, of 13, eerste lid, een hogere vergoeding dient te voldoen dan de prijs die als gevolg van de toepasselijkheid van artikel 15, vierde of zesde lid, is verhoogd.

§ 3.2
Een partieel bod

Art. 20

1. De doelvennootschap met zetel in Nederland waarop een partieel bod is uitgebracht stelt uiterlijk vier werkdagen voor het einde van de aanmeldingstermijn een bericht voor haar aandeelhouders verkrijgbaar dat ten minste de in bijlage G bedoelde informatie inhoudt.

2. Artikel 18, derde tot en vijfde lid, is van overeenkomstige toepassing.

Art. 20a

Indien een partieel bod is uitgebracht op een doelvennootschap met zetel buiten Nederland en de Autoriteit Financiële Markten ingevolge artikel 5:74, tweede lid, van de wet bevoegd is tot goedkeuring van het biedingsbericht, stelt de doelvennootschap uiterlijk tien werkdagen voor het einde van de aanmeldingstermijn een bericht voor haar aandeelhouders algemeen verkrijgbaar dat ten minste de in bijlage G bedoelde informatie inhoudt. Artikel 18, derde en vierde lid, zijn van overeenkomstige toepassing.

Art. 21

1. Indien de bieder na verkrijging van de naar aanleiding van het partieel bod aangeboden effecten direct of indirect ten minste over 30 procent van de stemrechten in de algemene vergadering van de doelvennootschap zal beschikken, doet hij zijn partieel bod gestand met hantering van een non-discriminatoire systematiek, waarbij ten hoogste 30 procent minus één stem van de stemrechten kan worden verkregen. Bij ministeriële regeling kunnen regels worden gesteld omtrent de systematiek van gestanddoening.

2. Artikel 19 is van overeenkomstige toepassing.

§ 3.3
Een tenderbod

Art. 22

1. De doelvennootschap met zetel in Nederland waarop een tenderbod is uitgebracht stelt, uiterlijk vier werkdagen voor het einde van de aanmeldingstermijn een bericht voor haar aandeelhouders verkrijgbaar dat ten minste de in bijlage G bedoelde informatie inhoudt.

2. Artikel 18, derde tot en met vijfde lid, is van overeenkomstige toepassing.

Art. 22a

Indien een tenderbod is uitgebracht op een doelvennootschap met zetel buiten Nederland en de Autoriteit Financiële Markten ingevolge artikel 5:74, tweede lid, van de wet bevoegd is tot goedkeuring van het biedingsbericht, stelt de doelvennootschap uiterlijk tien werkdagen voor het einde van de aanmeldingstermijn een bericht voor haar aandeelhouders algemeen verkrijgbaar dat ten minste de in bijlage G bedoelde informatie inhoudt. Artikel 18, derde en vierde lid, zijn van overeenkomstige toepassing.

Art. 23

1. De bieder doet het tenderbod gestand indien de beoogde verkrijging mogelijk is tegen een door de bieder in het biedingsbericht te vermelden prijs per aandeel.

2. Indien de bieder na verkrijging van de naar aanleiding van het tenderbod aangeboden effecten direct of indirect ten minste 30 procent van de stemrechten in de algemene vergadering van de doelvennootschap zal vertegenwoordigen, doet hij zijn bod gestand met hantering van een non-discriminatoire systematiek, waarbij ten hoogste 30 procent minus één stem van deze stemrechten kan worden verkregen. Bij ministeriële regeling kunnen regels worden gesteld omtrent de systematiek van gestanddoening.

3. De bieder betaalt, bij gestanddoening voor alle aangeboden effecten van dezelfde categorie of klasse de hoogste prijs waartegen enig effect van de desbetreffende categorie of klasse is aangeboden.

§ 3.4
Een verplicht bod

Art. 24

1. De bieder stelt de gestanddoening van een verplicht bod niet afhankelijk van voorwaarden.

2. Indien een verplicht bod is uitgebracht op een doelvennootschap met zetel in Nederland, stelt de doelvennootschap uiterlijk tien werkdagen voor het einde van de aanmeldingstermijn een bericht voor haar aandeelhouders algemeen verkrijgbaar dat ten minste de in bijlage G bedoelde informatie inhoudt. Artikel 18, derde tot en met vijfde lid zijn van overeenkomstige toepassing.

3. Indien een verplicht bod is uitgebracht op een doelvennootschap met zetel buiten Nederland en de Autoriteit Financiële Markten ingevolge artikel 5:74, tweede lid, van de wet bevoegd is tot goedkeuring van het biedingsbericht, stelt de doelvennootschap uiterlijk tien werkdagen voor het einde van de aanmeldingstermijn een bericht voor haar aandeelhouders algemeen verkrijgbaar dat ten minste de in bijlage G bedoelde informatie inhoudt. Artikel 18, derde en vierde lid zijn van overeenkomstige toepassing.

Art. 25

1. Indien na de aankondiging van het verplicht bod en voor het einde van de aanmeldingstermijn, bedoeld in artikel 14, of, voor zover van toepassing, voor het einde van de verlengde aanmeldingstermijn, bedoeld in artikel 15, door de bieder of de personen waarmee deze in onderling overleg handelt effecten worden verkregen voor een hogere prijs dan de billijke prijs, bedoeld in artikel 5:80a van de wet, verhoogt de bieder de prijs tot ten minste de hoogste prijs die is betaald voor de aldus verworven effecten. Artikel 15, vierde lid, tweede en derde volzin, is van overeenkomstige toepassing.

2. Indien de bieder in de periode van een jaar voorafgaand aan de aankondiging van het verplichte bod geen effecten heeft verworven van dezelfde categorie of klasse als waarop het verplicht bod betrekking heeft, is de billijke prijs gelijk aan de prijs van de gemiddelde beurskoers van die effecten op een gereglementeerde markt waarop de effecten in die periode toegelaten waren tot de handel.

3. Indien een op grond van artikel 5:80b van de wet gedaan verzoek tot het vaststellen van de billijke prijs door de ondernemingskamer van gerechtshof Amsterdam is toegewezen, wordt de billijke prijs geacht de in het biedingsbericht vermelde billijke prijs te vervangen, op het moment dat de beslissing van de ondernemingskamer uitvoerbaar bij voorraad is verklaard of onherroepelijk is geworden.

4. De bieder doet een openbare mededeling over de toewijzing door de ondernemingskamer van het verzoek tot vaststelling van de billijke prijs. De bieder vermeldt daarbij de hoogte van de vastgestelde billijke prijs en de gevolgen die deze prijs heeft voor de financiering van het bod, en in geval van een ruilbod, de gevolgen die deze prijs heeft voor de financiële stabiliteit van de vennootschap waarvan effecten in ruil worden aangeboden.

Art. 26

1. De billijke prijs luidt in effecten, geld of een combinatie van effecten en geld.

2. De billijke prijs kan uitsluitend in effecten luiden, indien het een categorie of klasse van effecten betreft die liquide is en tot de handel op een gereglementeerde markt is toegelaten.

3. De billijke prijs luidt in elk geval ook in geld indien de bieder, alleen of gezamenlijk met de personen waarmee deze in onderling overleg handelt, gedurende de in artikel 25, tweede lid, bedoelde periode, tegen contante betaling effecten waaraan vijf procent of meer van de stemrechten in de algemene vergadering van de doelvennootschap is verbonden, heeft verkregen.

Hoofdstuk 4

Informatieverstrekking aan werknemers of vertegenwoordigers daarvan

Art. 27

Openbare bieding, informatieverstrekking aan werknemers

1. De doelvennootschap met zetel in Nederland stelt onverwijld na de algemeenverkrijgbaarstelling van het biedingsbericht de vertegenwoordigers van haar werknemers of, bij ontstentenis van die vertegenwoordigers, de werknemers zelf van het openbaar bod in kennis, onder gelijktijdige terbeschikkingstelling van het biedingsbericht.

2. Een bericht als bedoeld in artikel 18, tweede lid, 20, eerste lid of 22, eerste lid, wordt gelijktijdig met het algemeen verkrijgbaar stellen ervan verstrekt aan de vertegenwoordigers van de werknemers van de doelvennootschap of, bij ontstentenis van zodanige vertegenwoordigers, aan de werknemers van de doelvennootschap zelf.

Hoofdstuk 5

Wijzigingen van andere besluiten

Art. 28

[Wijzigt het Besluit bekostiging financieel toezicht.]

Art. 29

[Wijzigt het Besluit boetes Wft.]

Art. 30

[Wijzigt het Besluit marktmisbruik Wft.]

Art. 31

[Wijzigt het Besluit artikel 10 overnamerichtlijn.]

Hoofdstuk 6 Overgangs- en slotbepalingen

Art. 32

1. Indien voorafgaand aan de inwerkingtreding van dit besluit een openbaar bod is aangekondigd, blijft op dat openbaar bod het recht van toepassing zoals dat gold op het tijdstip waarop het bod is aangekondigd. Het in de vorige volzin bedoelde recht blijft van toepassing tot en met het tijdstip waarop een openbare mededeling omtrent het besluit van de bieder om het openbaar bod niet uit te brengen wordt gedaan of het tijdstip waarop een op grond van dat recht uitgebracht openbaar bod met inachtneming van dat recht gestand is gedaan en levering en betaling van de aangeboden effecten heeft plaatsgevonden.

Overgangsbepalingen

2. Indien voorafgaand aan de inwerkingtreding van dit besluit een openbaar bod is aangekondigd en na de inwerkingtreding van dit besluit door een derde een openbaar bod wordt aangekondigd, of na het aankondigen van dat openbaar bod door deze bieder of die derde een nieuw openbaar bod wordt aangekondigd op dezelfde effecten van een doelvennootschap, is op ieder, hiervoor genoemd (aangekondigd) openbaar bod het recht van toepassing zoals dat gold op het tijdstip waarop het eerstbedoelde bod is aangekondigd. Het in de vorige volzin bedoelde recht blijft van toepassing tot en met het tijdstip waarop met betrekking tot ieder hiervoor genoemд (aangekondigd) openbaar bod een openbare mededeling is gedaan omtrent het besluit van de bieder om het openbaar bod niet uit te brengen of met inachtneming van het op dat openbaar bod toepasselijke recht gestanddoening en levering en betaling van de aangeboden effecten heeft plaatsgevonden.

Art. 33

De bedragen, bedoeld in artikel 28 worden in afwijking van artikel 9 van het Besluit bekostiging financieel toezicht in het jaar 2007 vastgesteld binnen vier weken na inwerkingtreding van dit besluit.

Art. 34

[Wijzigt het Besluit toezicht effectenverkeer 1995.]

Art. 35

Dit besluit treedt in werking op een bij koninklijk besluit te bepalen tijdstip.

Inwerkingtreding

Art. 36

Dit besluit wordt aangehaald als: Besluit openbare biedingen Wft.

Citeertitel

Besluit artikel 10 overnamerichtlijn^1

Besluit van 5 april 2006 tot uitvoering van artikel 10 van Richtlijn 2004/25/EG van het Europees Parlement en de Raad van de Europese Unie van 21 april 2004 betreffende het openbaar overnamebod (Besluit artikel 10 overnamerichtlijn)

Wij Beatrix, bij de gratie Gods, Koningin der Nederlanden, Prinses van Oranje-Nassau, enz. enz. enz.

Op de voordracht van Onze Minister van Justitie van 8 juli 2005, nr. 5362278/05/6;

Gelet op artikel 10 van Richtlijn 2004/25/EG van het Europees Parlement en de Raad van de Europese Unie van 21 april 2004 betreffende het openbaar overnamebod en artikel 391 lid 5 van boek 2 van het Burgerlijk Wetboek;

De Raad van State gehoord (advies van 28 september 2005, nr. W03.05.0309/I);

Gezien het nader rapport van Onze Minister van Justitie van 28 maart 2006, Directie Wetgeving, nr. 5411517/06/6;

Hebben goedgevonden en verstaan:

Art. 1

Openbaar overnamebod, inhoud bestuursverslag vennootschap

1. In het bestuursverslag van een vennootschap, waarvan aandelen of met medewerking van de vennootschap uitgegeven certificaten van aandelen zijn toegelaten tot de handel op een gereglementeerde markt als bedoeld in de Wet op het financieel toezicht, wordt mededeling gedaan omtrent:

a. de kapitaalstructuur van de vennootschap, het bestaan van verschillende soorten aandelen en de daaraan verbonden rechten en plichten en het percentage van het geplaatste kapitaal dat door elke soort wordt vertegenwoordigd;

b. elke beperking door de vennootschap van de overdracht van aandelen of met medewerking van de vennootschap uitgegeven certificaten van aandelen;

c. deelnemingen in de vennootschap waarvoor een meldingsplicht bestaat overeenkomstig de artikelen 5:34, 5:35 en 5:43 van de Wet op het financieel toezicht;

d. bijzondere zeggenschapsrechten verbonden aan aandelen en de naam van de gerechtigde;

e. het mechanisme voor de controle van een regeling, die rechten toekent aan werknemers om aandelen in het kapitaal van de vennootschap of een dochtermaatschappij te nemen of te verkrijgen, wanneer de controle niet rechtstreeks door de werknemers wordt uitgeoefend;

f. elke beperking van stemrecht, termijnen voor de uitoefening van stemrecht en de uitgifte, met medewerking van de vennootschap, van certificaten van aandelen;

g. elke overeenkomst met een aandeelhouder, voor zover aan de vennootschap bekend, die aanleiding kan geven tot beperking van de overdracht van aandelen of met medewerking van de vennootschap uitgegeven certificaten van aandelen of tot beperking van het stemrecht;

h. de voorschriften betreffende benoeming en ontslag van bestuurders en commissarissen en wijziging van de statuten;

i. de bevoegdheden van het bestuur, in het bijzonder tot de uitgifte van aandelen van de vennootschap en de verkrijging van eigen aandelen door de vennootschap;

j. belangrijke overeenkomsten waarbij de vennootschap partij is en die tot stand komen, worden gewijzigd of ontbonden onder de voorwaarde van een wijziging van zeggenschap over de vennootschap nadat een openbaar bod in de zin van artikel 5:70 van de Wet op het financieel toezicht is uitgebracht, alsmede de gevolgen van die overeenkomsten, tenzij de overeenkomsten of gevolgen zodanig van aard zijn dat de vennootschap door de mededeling ernstig wordt geschaad;

k. elke overeenkomst van de vennootschap met een bestuurder of werknemer die voorziet in een uitkering bij beëindiging van het dienstverband naar aanleiding van een openbaar bod in de zin van artikel 5:70 van de Wet op het financieel toezicht.

2. Een toelichtend verslag omtrent de mededelingen bedoeld in het eerste lid wordt opgenomen in het bestuursverslag.

3. Het eerste lid is niet van toepassing op een beleggingsmaatschappij of maatschappij voor collectieve belegging in effecten in de zin van artikel 1:1 van de Wet op het financieel toezicht, waarvan de rechten van deelneming, op verzoek van de deelnemers, ten laste van de activa van deze beleggingsmaatschappij of maatschappij voor collectieve belegging in effecten direct of indirect worden ingekocht of terugbetaald.

Art. 2

Inwerkingtreding

Dit besluit treedt in werking op een bij koninklijk besluit te bepalen tijdstip.

---

1 Inwerkingtredingsdatum: 31-12-2006; zoals laatstelijk gewijzigd bij: Stb. 2015, 350.

Art. 3
Dit besluit wordt aangehaald als: Besluit artikel 10 overnamerichtlijn. *Citeertitel*

Besluit inhoud bestuursverslag^1

Besluit van 23 december 2004 tot vaststelling van nadere voorschriften omtrent de inhoud van het jaarverslag

Wij Beatrix, bij de gratie Gods, Koningin der Nederlanden, Prinses van Oranje-Nassau, enz. enz. enz.

Op de voordracht van Onze Minister van Justitie van 24 november 2004, Directie Wetgeving, nr. 5320900/04/6;

Gelet op artikel 391 lid 4 en 5 van boek 2 van het Burgerlijk Wetboek;

De Raad van State gehoord (advies van 17 december 2004, nr. W03.04.0572/I);

Gezien het nader rapport van Onze Minister van Justitie van 23 december 2004, Directie Wetgeving, nr. 5327207/04/6;

Hebben goedgevonden en verstaan:

Art. 1

1. Dit besluit is van toepassing op een vennootschap waarvan effecten zijn toegelaten tot de handel op een gereglementeerde markt als bedoeld in artikel 1:1 van de Wet op het financieel toezicht.

2. Een vennootschap waarvan uitsluitend effecten, niet zijnde aandelen, zijn toegelaten tot de handel op een gereglementeerde markt als bedoeld in artikel 1:1 van de Wet op het financieel toezicht, is vrijgesteld van toepassing van artikel 2a lid 2 en de artikelen 3 en 3a onder b en c, tenzij van deze vennootschap aandelen zijn toegelaten tot de handel op een multilaterale handelsfaciliteit als bedoeld in artikel 1:1 van de Wet op het financieel toezicht.

3. Artikel 3 lid 1 is van toepassing op een vennootschap waarvan aandelen of certificaten van aandelen zijn toegelaten tot de handel op:

a. een gereglementeerde markt als bedoeld in artikel 1:1 van de Wet op het financieel toezicht of een met een gereglementeerde markt vergelijkbaar systeem uit een staat die geen lidstaat is als bedoeld in dat artikel;

b. een multilaterale handelsfaciliteit als bedoeld in artikel 1:1 van de Wet op het financieel toezicht of een met een multilaterale handelsfaciliteit vergelijkbaar systeem uit een staat die geen lidstaat is als bedoeld in dat artikel indien het bedrag van de activa van de vennootschap volgens de balans met toelichting of, indien de vennootschap een geconsolideerde balans op stelt, volgens de geconsolideerde balans met toelichting, meer bedraagt dan € 500 miljoen; tenzij de vennootschap een beleggingsmaatschappij of maatschappij voor collectieve belegging in effecten als bedoeld in artikel 1:1 van de Wet op het financieel toezicht is die geen beheerder is als bedoeld in dat artikel.

4. Artikel 3a, onder d, is slechts van toepassing op een vennootschap waarvan effecten zijn toegelaten tot de handel op een gereglementeerde markt als bedoeld in artikel 1:1 van de Wet op het financieel toezicht en die op twee opeenvolgende balansdata, zonder onderbreking nadien op twee opeenvolgende balansdata, niet heeft voldaan aan ten minste twee van de vereisten, bedoeld in artikel 397 lid 1 van boek 2 van het Burgerlijk Wetboek.

Art. 2

Als gedragscode bedoeld in artikel 391 lid 5 van boek 2 van het Burgerlijk Wetboek wordt aangewezen de Nederlandse corporate governance code van 8 december 2016 zoals gepubliceerd in Staatscourant nr. 45259 d.d. 21 augustus 2017.

Art. 2a

1. De vennootschap maakt een verklaring inzake corporate governance openbaar:

a. als specifiek onderdeel van of als bijlage bij het bestuursverslag, of

b. langs elektronische weg waardoor de verklaring rechtstreeks en permanent toegankelijk is, mits de vennootschap in het bestuursverslag vermeldt waar de verklaring voor het publiek elektronisch beschikbaar is.

2. De verklaring bevat ten minste de mededelingen, genoemd in de artikelen 3 tot en met 3b.

3. Indien gebruik wordt gemaakt van de mogelijkheid van lid 1, onder b, wordt de verklaring geacht onderdeel uit te maken van het bestuursverslag.

Art. 3

1. De vennootschap doet mededeling over de naleving van de principes en best practice bepalingen van de in artikel 2 aangewezen gedragscode die zijn gericht tot het bestuur of de raad van commissarissen van de vennootschap. Indien de vennootschap die principes of best practice

---

1 Inwerkingtredingsdatum: 31-12-2004; zoals laatstelijk gewijzigd bij: Stb. 2017, 332.

bepalingen niet heeft nageleefd of niet voornemens is deze in het lopende en daaropvolgende boekjaar na te leven, doet zij daarvan gemotiveerd opgave.
2. Lid 1 is ook van toepassing op een andere gedragscode die de vennootschap vrijwillig naleeft en op alle relevante informatie over de corporate-governancepraktijken die anders dan krachtens wettelijke bepaling worden toegepast naast de in artikel 2 genoemde gedragscode.
3. Bij de mededeling, bedoeld in lid 1 vermeldt de vennootschap waar de tekst van de gedragscodes, bedoeld in artikel 2 respectievelijk in lid 2, voor het publiek beschikbaar is. In geval van de naleving van de corporate-governancepraktijken, bedoeld in lid 2, maakt de vennootschap deze beschikbaar voor het publiek.

Art. 3a

De vennootschap doet mededeling omtrent:
a. de belangrijkste kenmerken van het beheers- en controlesysteem van de vennootschap in verband met het proces van financiële verslaggeving van de vennootschap en van de groep waarvan de financiële gegevens in de jaarrekening zijn opgenomen;
b. het functioneren van de aandeelhoudersvergadering en haar voornaamste bevoegdheden en de rechten van de aandeelhouders en hoe deze kunnen worden uitgeoefend, voor zover dit niet onmiddellijk uit de wet volgt;
c. de samenstelling en het functioneren van het bestuur en de raad van commissarissen en hun commissies;
d. het diversiteitsbeleid met betrekking tot de samenstelling van het bestuur en de raad van commissarissen. De vennootschap vermeldt daarbij de doelstellingen van het beleid, alsmede de wijze waarop het beleid is uitgevoerd en de resultaten daarvan in het afgelopen boekjaar. Indien de vennootschap geen diversiteitsbeleid heeft, doet zij gemotiveerd opgave van de redenen daarvoor.

Art. 3b

Voor zover het Besluit artikel 10 overnamerichtlijn van toepassing is op de vennootschap, neemt zij in de verklaring, genoemd in artikel 2a, de mededeling op die zij moet doen ingevolge artikel 1 lid 1, onderdelen c, d, f, h en i, van dat besluit en neemt zij de gegevens op, genoemd in artikel 392 lid 1, onder e, van Boek 2 van het Burgerlijk Wetboek. Indien de verklaring wordt afgelegd op een wijze als bedoeld in artikel 2a lid 1 onder b, kan de verklaring een verwijzing bevatten naar het bestuursverslag waar de mededelingen en de gegevens krachtens het Besluit artikel 10 overnamerichtlijn en artikel 392 lid 1, onder e, beschikbaar zijn.

Art. 3c

De accountant bedoeld in artikel 393 lid 1 van Boek 2 van het Burgerlijk Wetboek gaat na of de verklaring inzake corporate governance overeenkomstig dit besluit is opgesteld en met de jaarrekening verenigbaar is, en of de verklaring in het licht van de tijdens het onderzoek van de jaarrekening verkregen kennis en begrip omtrent de rechtspersoon en zijn omgeving, materiële onjuistheden bevat.

Art. 4

Dit besluit wordt aangehaald als: Besluit inhoud bestuursverslag.

Art. 5

Dit besluit treedt in werking met ingang van de dag na de datum van uitgifte van het Staatsblad waarin zij wordt geplaatst.

SER-Fusiegedragsregels 2015^1

Besluit van de Sociaal-Economische Raad van 18 september 2015, houdende fusiegedragsregels ter bescherming van de belangen van in de onderneming werkzame personen (SER-Fusiegedragsregels 2015)

De Sociaal-Economische Raad,

Gelet op artikel 2 van de Wet op de Sociaal-Economische Raad;

Besluit op te stellen en af te kondigen de volgende fusiegedragsregels ter bescherming van de belangen van in de onderneming werkzame personen, in acht te nemen bij het voorbereiden en tot stand brengen van fusies van ondernemingen:

Paragraaf 1 Definities

Art. 1

Begripsbepalingen

1. In dit besluit wordt verstaan onder:

a. onderneming:

elk in de maatschappij als zelfstandige eenheid optredend organisatorisch verband, waarin krachtens arbeidsovereenkomst of krachtens publiekrechtelijke aanstelling arbeid wordt verricht.

b. ondernemer:

de natuurlijke persoon of de rechtspersoon die een onderneming in stand houdt.

c. in de onderneming werkzame personen:

i. degenen die in de onderneming werkzaam zijn krachtens een publiekrechtelijke aanstelling bij dan wel krachtens een arbeidsovereenkomst met de ondernemer die de onderneming in stand houdt. Personen die in meer dan één onderneming van dezelfde ondernemer werkzaam zijn, worden geacht uitsluitend werkzaam te zijn in de onderneming van waaruit hun werkzaamheden worden geleid.

ii. onder in de onderneming werkzame personen worden mede verstaan:

a. degenen die in het kader van werkzaamheden van de onderneming daarin ten minste 24 maanden werkzaam zijn krachtens een uitzendovereenkomst als bedoeld in artikel 690 van Boek 7 van het Burgerlijk Wetboek, en

b. degenen die krachtens een publiekrechtelijke aanstelling bij dan wel krachtens arbeidsovereenkomst met de ondernemer werkzaam zijn in een door een andere ondernemer in stand gehouden onderneming.

d. samenstel van ondernemingen:

twee of meer ondernemingen die in stand worden gehouden:

i. door één ondernemer;

ii. door twee of meer ondernemers die met elkaar zijn verbonden in een groep in de zin van artikel 24b van Boek 2 van het Burgerlijk Wetboek; of

iii. door twee of meer ondernemers op basis van een onderlinge regeling tot samenwerking.

e. fusie:

verkrijging of overdracht van de zeggenschap, direct of indirect, over een onderneming of een onderdeel daarvan, alsmede de vorming van een samenstel van ondernemingen.

f. verenigingen van werknemers:

verenigingen met volledige rechtsbevoegdheid die krachtens hun statuten tot doel hebben de belangen van hun leden als in de onderneming werkzame personen te behartigen en:

i. van wier kandidatenlijst bij de laatstgehouden verkiezingen ten minste één lid is gekozen in de ondernemingsraad van een bij de fusie betrokken in Nederland gevestigde onderneming;

ii. welke betrokken zijn bij een regeling van lonen en andere arbeidsvoorwaarden die geldt voor een bij de fusie betrokken in Nederland gevestigde onderneming; of

iii. waarvan is gebleken dat zij in de twee voorafgaande kalenderjaren als zodanig regelmatig werkzaam zijn geweest ten behoeve van hun leden in een bij de fusie betrokken in Nederland gevestigde onderneming.

2. Indien de Fusiegedragsregels ingevolge artikel 2, tweede lid, op een onderneming van toepassing zijn, worden – in afwijking van de omschrijving van 'verenigingen van werknemers' in artikel 1, eerste lid, onder f – als verenigingen van werknemers aangemerkt:

---

1 Inwerkingtredingsdatum: 01-10-2015; zoals laatstelijk gewijzigd bij: Stcrt. 2016, 60313.

verenigingen met volledige rechtsbevoegdheid die krachtens hun statuten tot doel hebben de belangen van hun leden als in de onderneming werkzame personen te behartigen en welke partij zijn bij die collectieve arbeidsovereenkomst.

Paragraaf 2 Werkingssfeer

Art. 2

1. De in paragraaf 3 opgenomen gedragsregels dienen in acht te worden genomen:
a. indien bij een fusie ten minste één in Nederland gevestigde onderneming is betrokken waarin in de regel 50 of meer personen werkzaam zijn; of
b. indien een bij een fusie betrokken onderneming deel uitmaakt van een samenstel van ondernemingen en in de daartoe behorende in Nederland gevestigde ondernemingen tezamen in de regel 50 of meer personen werkzaam zijn.
2. Bij collectieve arbeidsovereenkomst kunnen de Fusiegedragsregels van toepassing worden verklaard op andere dan de ondernemingen, bedoeld in het eerste lid.
3. De in paragraaf 3 opgenomen gedragsregels gelden niet indien:
a. alle bij de fusie betrokken ondernemingen behoren tot hetzelfde samenstel van ondernemingen;
b. de fusie berust op het personen-, familie-, faillissements- of erfrecht;
c. bij de onderneming of de gezamenlijke ondernemingen waarin de zeggenschap door fusie overgaat in de regel minder dan 10 personen werkzaam zijn;
d. de fusie niet tot de Nederlandse rechtssfeer behoort.

Paragraaf 3 Gedragsregels

Art. 3 In kennis stellen verenigingen van werknemers

1. Vóórdat over de voorbereiding of totstandkoming van een fusie een openbare mededeling wordt gedaan, worden de verenigingen van werknemers van de inhoud daarvan in kennis gesteld.
2. Indien een algemeen voor het effectenverkeer geldend voorschrift zich tegen voorafgaande kennisgeving verzet, vindt, in afwijking van het eerste lid, de kennisgeving aan de verenigingen van werknemers plaats uiterlijk op het moment waarop de openbare mededeling wordt gedaan.
3. De verplichtingen, bedoeld in het eerste en tweede lid, rusten op degenen op wie verplichtingen worden gelegd in de artikelen 4 tot en met 6.

Art. 4 Verstrekken gegevens aan verenigingen van werknemers

1. Voordat zij overeenstemming over een fusie bereiken, geven partijen van de voorbereiding van de fusie kennis aan de verenigingen van werknemers en geven zij gevolg aan hetgeen in de volgende leden van dit artikel is bepaald.
2. Partijen verstrekken aan de verenigingen van werknemers een uiteenzetting inzake de motieven voor de fusie, de voornemens met betrekking tot het in verband daarmee te voeren ondernemingsbeleid alsmede de in dat kader te verwachten sociale, economische en juridische gevolgen van de fusie en de in samenhang daarmee voorgenomen maatregelen.
De uiteenzetting, bedoeld in dit lid, wordt schriftelijk verstrekt, tenzij met de verenigingen van werknemers anders is overeengekomen.
3. Partijen stellen de verenigingen van werknemers in de gelegenheid hun oordeel te geven over de in voorbereiding zijnde fusie vanuit het gezichtspunt van het belang van de in de onderneming werkzame personen.
4. Partijen stellen de verenigingen van werknemers in de gelegenheid in een bespreking aandacht te besteden aan:
a. de grondslagen van het in verband met de fusie te voeren ondernemingsbeleid met inbegrip van de sociale, economische en juridische aspecten daarvan;
b. de grondslagen van maatregelen tot het voorkomen, wegnemen of verminderen van eventuele nadelige gevolgen voor de in de onderneming werkzame personen, waaronder het verstrekken van financiële tegemoetkomingen;
c. het tijdstip en de wijze waarop de in de onderneming werkzame personen zullen worden ingelicht;
d. de verslaggeving van de in het kader van dit artikel gevoerde bespreking(en), met dien verstande dat eventueel gemaakte verslagen aan ieder van de deelnemers aan de betrokken bespreking(en) worden verstrekt.
5. Partijen verstrekken desgevraagd over de onderwerpen, bedoeld in het tweede en vierde lid, aan de verenigingen van werknemers nadere gegevens, voor zover die gegevens voor hun oordeelsvorming redelijkerwijs nodig moeten worden geacht en voor zover de verstrekking ervan redelijkerwijs kan worden gevergd.

6. Partijen geven aan het eerste tot en met vijfde lid op zodanige wijze uitvoering dat het oordeel van de verenigingen van werknemers van wezenlijke invloed kan zijn op het al dan niet totstandkomen van de fusie en op de modaliteiten daarvan.

7. Partijen stellen de betrokken ondernemingsraden in de gelegenheid kennis te nemen van het oordeel van de verenigingen van werknemers, bedoeld in het zesde lid, opdat die ondernemingsraden daarmee rekening kunnen houden bij het uitbrengen van een advies als bedoeld in artikel 25, van de Wet op de ondernemingsraden.

8. Met partijen, bedoeld in dit artikel, zijn bedoeld de natuurlijke en/of rechtspersonen die partij zullen zijn bij de overeenkomst die strekt tot het tot stand brengen van de fusie. De verplichtingen ten opzichte van de verenigingen van werknemers, bedoeld in het eerste tot en met zevende lid, rusten op ieder van deze partijen.

Art. 5 Openbaar bod

Openbaar bod

1. De bieder die het voornemen heeft om, anders dan op grond van overeenstemming als bedoeld in artikel 4, eerste lid, door middel van een openbaar bod een fusie tot stand te brengen, geeft voor zover mogelijk toepassing aan artikel 4.

2. Het bestuur van de doelvennootschap op de aandelen waarvan een openbaar bod wordt uitgebracht, geeft eveneens voor zover mogelijk toepassing aan artikel 4.

Art. 6 Geleidelijke aankoop ter beurze

Geleidelijke aankoop ter beurze

Degene die voornemens is een fusie in de zin van artikel 1, eerste lid, onder e, tot stand te brengen door middel van geleidelijke aankoop ter beurze van (rechten op) aandelen, moet voor zover mogelijk artikel 4 toepassen.

Paragraaf 4 Geheimhouding

Art. 7

Geheimhouding

1. Over de kennisgevingen, bedoeld in artikel 3, eerste lid, en artikel 4, eerste lid, dienen verenigingen van werknemers geheimhouding te betrachten, tenzij het tegendeel schriftelijk aan hen is meegedeeld. De geheimhouding duurt totdat de voorgenomen fusie openbaar is, tenzij fusiepartijen en verenigingen van werknemers anders overeenkomen.

2. Ten aanzien van gegevens die in het kader van artikel 4 moeten worden verstrekt geldt een geheimhoudingsplicht indien aan de betrokken vereniging(en) van werknemers vóór het verstrekken van die gegevens schriftelijk geheimhouding is verzocht. Degene die de geheimhouding verzoekt, deelt daarbij tevens mede hoe lang de geheimhouding dient te duren.

3. Een vereniging van werknemers kan binnen drie werkdagen na ontvangst van het verzoek, bedoeld in het tweede lid, de geheimhouding afwijzen. Ten opzichte van de vereniging van werknemers die dat doet, behoeven de in artikel 4 neergelegde gedragsregels niet in acht te worden genomen, tenzij zij tijdig en schriftelijk alsnog geheimhouding aanvaardt. Een vereniging van werknemers die niet binnen de bovengenoemde termijn geheimhouding afwijst, wordt verondersteld deze te aanvaarden.

4. Een vereniging van werknemers kan de Geschillencommissie Fusiegedragsregels verzoeken de geheimhouding, bedoeld in het eerste of tweede lid, (gedeeltelijk) op te heffen als de vereniging van werknemers op grond van door haar aan te voeren feiten en omstandigheden bij afweging van de betrokken belangen in redelijkheid niet of niet langer kan worden gehouden aan de geheimhoudingsverplichtingen voortvloeiend uit het eerste of tweede lid.

Paragraaf 5 Melding van fusies aan de Sociaal-Economische Raad

Art. 8

Melding aan SER

1. Tezelfdertijd dat degene die aan de verenigingen van werknemers de kennisgeving, bedoeld in artikel 4, eerste lid, doet, of zou moeten doen indien een vereniging van werknemers aanwezig zou zijn, zendt deze een overeenkomstige kennisgeving aan het secretariaat van de Sociaal-Economische Raad, hierna te noemen: de Raad.

2. Het secretariaat van de Raad heeft tot taak te bevorderen dat de kennisgeving, bedoeld in artikel 4, eerste lid, wordt gedaan en kan de inlichtingen verlangen die het voor de uitvoering van deze taak nodig heeft.

3. Indien partijen een kennisgeving, als bedoeld in het eerste lid, doen aan het secretariaat van de Raad en van mening zijn dat de Fusiegedragsregels niet van toepassing zijn op de (in voorbereiding zijnde) fusie kan het secretariaat van de Raad een verkorte kennisgeving zenden aan de betrokken vereniging(en) van werknemers. Op de verkorte kennisgeving is artikel 7, eerste lid, van overeenkomstige toepassing.

Paragraaf 6 Geschillencommissie Fusiegedragsregels

Art. 9 Geschillencommissie Fusiegedragsregels

1. Er is een commissie van de Raad ter behandeling van geschillen over de naleving van de Fusiegedragsregels.
2. De commissie is genaamd 'Geschillencommissie Fusiegedragsregels'.
3. De commissie wordt hierna aangeduid als 'de Geschillencommissie'.

Art. 10 Samenstelling

1. De Geschillencommissie bestaat uit vijf leden en vijf plaatsvervangende leden. De artikelen 5 en 9 van de Wet op de Sociaal-Economische Raad zijn van overeenkomstige toepassing. De leden, bedoeld in het tweede lid, hebben geen persoonsgebonden plaatsvervanger; de leden, bedoeld in het vijfde lid, wel.
2. Drie leden en drie plaatsvervangende leden zijn juristen. De Raad kan overigens regels stellen omtrent de verenigbaarheid van het lidmaatschap van de Geschillencommissie met andere functies.
3. De leden en plaatsvervangende leden worden benoemd door het dagelijks bestuur van de Raad.
4. Het dagelijks bestuur van de Raad benoemt uit de leden, bedoeld in het tweede lid, de voorzitter van de Geschillencommissie. De beide andere leden, bedoeld in het tweede lid, fungeren als plaatsvervangend voorzitter.
5. Voor de benoeming van de overige leden en plaatsvervangende leden stelt het dagelijks bestuur van de Raad voor het ene (plaatsvervangend) lid de daarvoor naar zijn oordeel in aanmerking komende organisaties van ondernemers gezamenlijk en voor het andere (plaatsvervangend) lid de daarvoor naar zijn oordeel in aanmerking komende verenigingen van werknemers gezamenlijk in de gelegenheid een voordracht te doen.

Art. 11 Benoemingstermijn

1. De voorzitter, de leden en de plaatsvervangende leden van de Geschillencommissie worden benoemd voor een periode van vier jaar. Zij kunnen terstond opnieuw worden benoemd.
2. Op voordracht van de Geschillencommissie kan de Raad een lid van de Geschillencommissie, wiens handelen of nalaten ernstig nadeel toebrengt aan de goede gang van zaken bij de Geschillencommissie of aan het in haar gestelde vertrouwen, tussentijds ontslaan.

Art. 12 Machtiging dagelijks bestuur Raad

De Raad kan zijn dagelijks bestuur machtigen namens hem toepassing te geven aan artikel 11, tweede lid.

Art. 13 Onafhankelijkheid en onpartijdigheid

Een lid van de Geschillencommissie voorkomt belangenverstrengeling. Hij doet datgene wat mogelijk is om belangenverstrengeling of de schijn daarvan te vermijden en maakt geen misbruik van zijn positie. Indien noodzakelijk, treedt in zijn plaats een plaatsvervangend lid van de Geschillencommissie op.

Art. 14 Vervanging van een lid

1. Een of meer partijen kunnen op grond van feiten en omstandigheden waardoor getwijfeld kan worden aan de onpartijdigheid of onafhankelijkheid van een lid van de Geschillencommissie verzoeken het betreffende lid te vervangen.
2. Dit verzoek tot vervanging dient zo spoedig mogelijk schriftelijk en met redenen omkleed bij de Geschillencommissie te worden ingediend. Tijdens de mondelinge behandeling kan dit verzoek ook mondeling worden gedaan.
3. Indien het lid van de Geschillencommissie waarvan vervanging wordt verzocht zich niet uit eigen beweging terugtrekt, beslissen de overige leden van de Geschillencommissie onverwijld over het verzoek tot vervanging nadat zowel het betrokken lid als de partij(en), die om de vervanging van het betrokken lid heeft (hebben) verzocht, is (zijn) gehoord.
4. De beslissing over het verzoek tot vervanging is gemotiveerd en wordt per omgaande aan de partij(en) die om de vervanging heeft (hebben) verzocht en de andere partij(en) meegedeeld.
5. Staken de stemmen bij een beslissing, bedoeld in het derde lid, dan wordt het verzoek tot vervanging geacht te zijn toegewezen.

Art. 15 Geheimhouding

1. De leden van de Geschillencommissie en hun plaatsvervangers zijn verplicht tot geheimhouding van alle zaken- en bedrijfsgeheimen welke zij in hun hoedanigheid vernemen.
2. Zij zijn voorts verplicht tot geheimhouding van alle aangelegenheden ten aanzien waarvan de voorzitter van de Geschillencommissie hun geheimhouding heeft opgelegd of waarvan zij het vertrouwelijk karakter moeten begrijpen.

Art. 16 Secretariaat

1. De Geschillencommissie wordt bijgestaan door een secretariaat.
2. De secretaris van de Geschillencommissie en de overige leden van haar secretariaat worden benoemd door de algemeen secretaris van de Raad.

B27 art. 17

Schakelbepaling

3. Op de leden van het secretariaat is artikel 15 van overeenkomstige toepassing.

Paragraaf 7
Procedure bij de Geschillencommissie

Art. 17 Afwijkend aantal leden Geschillencommissie

Afwijkend ledenaantal Geschillencommissie Nadere regels

1. Indien de aard van een aan haar voorgelegd geschil zulks toelaat, kan de Geschillencommissie de behandeling ervan opdragen aan een uit drie van haar leden te vormen kamer.

2. De Geschillencommissie kan nadere regels stellen betreffende haar werkwijze. Deze regels mogen niet strijdig zijn met de bepalingen van dit besluit.

3. De Geschillencommissie kan nadere regels stellen betreffende de werkwijze van haar secretariaat. Deze regels behoeven de goedkeuring van de algemeen secretaris van de Raad.

Reglement werkwijze

4. De regels omtrent de werkwijze van de Geschillencommissie, bedoeld in het tweede lid, en de regels omtrent de werkwijze van haar secretariaat, bedoeld in het derde lid, worden opgenomen in een 'Reglement werkwijze Geschillencommissie Fusiegedragsregels'.

Art. 18 Aanhangig maken van geschillen

Aanhangig maken geschillen

1. Bij de Geschillencommissie kunnen geschillen slechts aanhangig worden gemaakt door een of meer verenigingen van werknemers en door een of meer bij de totstandbrenging van de fusie betrokken partijen.

2. Een vereniging van werknemers kan bij de Geschillencommissie een geschil aanhangig maken over de niet- of niet behoorlijke naleving van de Fusiegedragsregels door een of meer bij de totstandbrenging van de fusie betrokken partijen.

3. Een bij de totstandbrenging van een fusie betrokken partij kan bij de Geschillencommissie een geschil aanhangig maken over de niet- of niet behoorlijke naleving van de Fusiegedragsregels door een of meer verenigingen van werknemers.

4. Als bij de totstandbrenging van de fusie betrokken partijen worden beschouwd degenen, bedoeld in artikel 3, derde lid.

Art. 19 Wijze van aanhangig maken van geschillen

Wijze van aanhangig maken geschillen

Een geschil, bedoeld in artikel 18, moet aanhangig worden gemaakt bij schriftelijk verzoek dat bij het secretariaat van de Geschillencommissie moet worden ingediend. Het schriftelijk verzoek moet worden ingediend binnen een termijn eindigende een maand na openbaarmaking door of namens een of meer bij de totstandbrenging van de fusie betrokken partijen dat de fusie al dan niet doorgang vindt.

Art. 20 Inhoud schriftelijk verzoek

Inhoud schriftelijk verzoek

1. Een schriftelijk verzoek bevat:

a. de naam en de woonplaats of vestigingsplaats van de verzoekende partij of partijen;

b. de naam en de woonplaats of de vestigingsplaats van de als verweerder aan te merken partij of partijen;

c. een omschrijving van de omstandigheden die tot het geschil aanleiding hebben gegeven en de conclusies die daaruit door de verzoekende partij of partijen worden getrokken;

d. een aanduiding van de beslissing die aan de Geschillencommissie wordt gevraagd.

2. Indien het schriftelijk verzoek wordt ingediend door een gemachtigde van de verzoekende partij, niet zijnde een advocaat, moet bij het schriftelijk verzoek een machtiging zijn gevoegd.

Art. 21 Ontvankelijkheid

Ontvankelijkheid verzoekende partij

1. Na ontvangst van het schriftelijk verzoek gaat de voorzitter van de Geschillencommissie na of de verzoekende partij ontvankelijk is.

2. De voorzitter kan de verzoekende partij schriftelijk en gemotiveerd niet-ontvankelijk verklaren.

3. De secretaris van de Geschillencommissie zendt een afschrift van de beslissing van de voorzitter tot niet-ontvankelijkverklaring aan de verzoekende partij of partijen en aan de verwerende partij of partijen.

4. Binnen 14 dagen na verzending van het afschrift van de beslissing tot niet-ontvankelijkheid kan de verzoeker schriftelijk en gemotiveerd bij de Geschillencommissie aangeven het niet eens te zijn met deze beslissing (de bezwaren).

5. De Geschillencommissie verklaart bij schriftelijke en gemotiveerde beslissing de bezwaren gegrond of ongegrond. Indien de bezwaren gegrond worden verklaard, vervalt de beslissing van de voorzitter.

6. De secretaris van de Geschillencommissie zendt een afschrift van de beslissing van de Geschillencommissie terzake van de bezwaren aan de verzoekende partij of partijen en aan de verwerende partij of partijen.

Art. 22 Schriftelijk verweer

Ontvankelijkheid verzoekende partij

1. De secretaris van de Geschillencommissie zendt een afschrift van het schriftelijk verzoek aan de als verweerder aan te merken partij of partijen.

2. Binnen een maand nadat het schriftelijk verzoek in afschrift is toegezonden kan door de verwerende partij of partijen bij de Geschillencommissie een schriftelijk verweer worden ingediend.

3. Indien het schriftelijk verweer wordt ingediend door een gemachtigde, niet zijnde een advocaat, moet bij het schriftelijk verweer een machtiging worden gevoegd.

4. De secretaris zendt terstond een afschrift van het schriftelijk verweer aan de verzoekende partij of partijen.

Art. 23 Mondelinge behandeling

1. Zo spoedig mogelijk na de schriftelijke behandeling, bedoeld in artikel 20 tot en met 22, houdt de Geschillencommissie een mondelinge behandeling in de zaak.

2. De secretaris van de Geschillencommissie stelt ieder der partijen tijdig in kennis van plaats, datum en tijdstip van de mondelinge behandeling.

Art. 24 Nadere gegevens opvragen

1. De Geschillencommissie kan in iedere stand van de procedure een of meer partijen verzoeken schriftelijk nadere gegevens te verstrekken.

2. De secretaris van de Geschillencommissie zendt een afschrift van het desbetreffende verzoek, alsmede van de aan de Geschillencommissie verstrekte schriftelijke gegevens, aan de andere partij of partijen.

Art. 25 Geheimhouding

1. Op verzoek van een partij kan de Geschillencommissie met betrekking tot gegevens die aan de andere partij of partijen hetzij schriftelijk, hetzij tijdens de mondelinge behandeling worden verstrekt, geheimhouding opleggen.

2. Bij het verzoek, bedoeld in het eerste lid, dient te worden aangegeven van welke gegevens geheimhouding wordt verzocht.

Art. 26 Verschijnen tijdens mondelinge behandeling

1. Tijdens de mondelinge behandeling in de zaak voor de Geschillencommissie kunnen partijen zelf verschijnen en optreden dan wel bij gemachtigde. Partijen kunnen zich laten bijstaan door een advocaat of andere adviseur.

2. Indien een partij zich laat bijstaan door een adviseur, niet zijnde een advocaat, dient die adviseur voorafgaande aan de mondelinge behandeling een machtiging van de desbetreffende partij te overleggen.

Art. 27 Getuigen of deskundigen

1. De Geschillencommissie kan zich tijdens de mondelinge behandeling laten voorlichten door getuigen of deskundigen.

2. Partijen kunnen tijdens de mondelinge behandeling getuigen of deskundigen door de Geschillencommissie doen horen, mits zij dit voornemen ten minste een week vóór de zitting aan de Geschillencommissie en aan de andere partij of partijen hebben kenbaar gemaakt.

3. Partijen en hun advocaat of adviseur zijn bevoegd om tijdens de mondelinge behandeling vragen te stellen aan de getuigen of deskundigen, bedoeld in het eerste en tweede lid.

Art. 28 Openbaarheid mondelinge behandeling

1. De mondelinge behandeling voor de Geschillencommissie is openbaar.

2. De Geschillencommissie kan bepalen dat de behandeling van de zaak geheel of gedeeltelijk met gesloten deuren plaatsvindt indien een openbare behandeling een goede rechtspleging of de belangen van de betrokkene(n) ernstig zou schaden.

Art. 29 Afwijking van termijnen

De Geschillencommissie kan van de genoemde termijnen afwijken en eveneens aan partijen afwijking toestaan. Zij draagt er zorg voor dat een redelijke termijn van afhandeling van het geschil verzekerd blijft.

Paragraaf 8 Beslissing van de Geschillencommissie

Art. 30 Schriftelijke beslissing

1. Zo spoedig mogelijk nadat de Geschillencommissie de behandeling van de zaak heeft gesloten, neemt zij een beslissing, die schriftelijk wordt vastgelegd.

2. De beslissing wordt genomen bij meerderheid van stemmen.

Art. 31 Motivering van beslissing

De beslissing van de Geschillencommissie wordt met redenen omkleed en houdt de gronden in waarop zij rust.

Art. 32 Soorten beslissingen

1. Indien de Geschillencommissie het door een vereniging van werknemers ingediende bezwaar gegrond bevindt, beslist zij dat een bij de totstandbrenging van een fusie betrokken partij een of meer van de Fusiegedragsregels niet of niet naar behoren heeft nageleefd.

2. Indien de Geschillencommissie het door een bij de totstandbrenging van een fusie betrokken partij ingediende bezwaar gegrond bevindt, beslist zij dat een vereniging van werknemers een of meer van de Fusiegedragsregels niet of niet naar behoren heeft nageleefd.

3. Zowel in het geval, bedoeld in het eerste lid, als het geval, bedoeld in het tweede lid, kan de Geschillencommissie oordelen dat de niet-naleving of niet behoorlijke naleving een ernstig karakter draagt en in ernstige mate verwijtbaar is.

Art. 33 Openbare beslissing

Openbaarheid beslissing

1. Binnen een week nadat de Geschillencommissie haar beslissing heeft genomen, zendt de secretaris een afschrift daarvan aan alle partijen.

2. De beslissing van de Geschillencommissie is openbaar.

3. Op grond van door haar te beoordelen zwaarwegende belangen kan de Geschillencommissie de namen van partijen of andere onderdelen weglaten in de beslissing, bedoeld in het tweede lid.

Paragraaf 9 Slotbepalingen

Art. 34

Uitschakelbepaling

Het SER-besluit Fusiegedragsregels 2000 wordt ingetrokken.

Art. 35

Inwerkingtreding

Dit besluit treedt in werking met ingang van 1 oktober 2015.

Art. 36

Citeertitel

Dit besluit wordt aangehaald als: SER-Fusiegedragsregels 2015.

Kadasterwet^1

Wet van 3 mei 1989, houdende regelen met betrekking tot de openbare registers voor registergoederen, alsmede met betrekking tot het kadaster

Wij Beatrix, bij de gratie Gods, Koningin der Nederlanden, Prinses van Oranje-Nassau, enz. enz. enz.

Allen, die deze zullen zien of horen lezen, saluut! doen te weten:

Alzo Wij in overweging genomen hebben, dat het wenselijk is, mede ter uitvoering van artikel *3.1.2.1,* tweede lid, van het Burgerlijk Wetboek, nieuwe regelen vast te stellen met betrekking tot de openbare registers voor registergoederen, alsmede met betrekking tot het kadaster (Kadasterwet);

Zo is het, dat Wij, de Raad van State gehoord, en met gemeen overleg der Staten-Generaal, hebben goedgevonden en verstaan, gelijk Wij goedvinden en verstaan bij deze:

Hoofdstuk 1 Algemene bepalingen

Art. 1

1. In deze wet en de daarop berustende bepalingen wordt verstaan onder: **Begripsbepalingen**

ambtenaar: ambtenaar van de Dienst;

authentiek gegeven: in een basisregistratie opgenomen gegeven dat bij wettelijk voorschrift als authentiek is aangemerkt;

basisregistratie: verzameling gegevens, waarvan bij wet is bepaald dat deze een basisregistratie vormt;

bewaarder: bewaarder als bedoeld in artikel 6;

brondocument:

1°. in de openbare registers ingeschreven of anderszins door de Dienst gehouden document, of

2°. besluit of gewaarmerkt afschrift daarvan;

catalogus basisregistratie topografie: catalogus basisregistratie topografie als bedoeld in artikel 98a, derde lid;

Dienst: Dienst voor het kadaster en de openbare registers als bedoeld in artikel 2 van de Organisatiewet Kadaster;

geografisch gegeven:

1°. in artikel 98a, tweede lid, genoemd geografisch object;

2°. identificerend objectnummer als bedoeld in artikel 98a, derde lid, of een ander in de catalogus basisregistratie topografie daarmee gelijkgesteld identificerend kenmerk, dat aan het betreffende geografisch object wordt toegekend, of

3°. ander kenmerk als bedoeld in artikel 98a, derde lid, dat in de catalogus basisregistratie topografie wordt genoemd;

kadastrale grens: op basis van inlichtingen van belanghebbenden en met gebruikmaking van de bescheiden, bedoeld in artikel 50, door de Dienst vastgestelde grens tussen percelen;

kadastrale grootte: indicatieve omvang van een perceel, berekend door de Dienst;

kadastrale kaart: kadastrale kaart als bedoeld in artikel 48, derde lid;

Onze Minister: Onze Minister van Volkshuisvesting, Ruimtelijke Ordening en Milieubeheer;

openbare registers: openbare registers als bedoeld in artikel 16 van Boek 3 van het Burgerlijk Wetboek juncto artikel 8, eerste lid;

perceel: kadastraal geïdentificeerd en met kadastrale grenzen begrensd deel van het Nederlands grondgebied;

rechtspersoon: privaatrechtelijke of publiekrechtelijke rechtspersoon, met inbegrip van de openbare vennootschap met rechtspersoonlijkheid;

registratie: registratie of basisregistratie.

2. De begripsomschrijvingen, opgenomen in de artikelen 1, 2, 3, eerste lid, 8 en 10 van Boek 3, de artikelen 1, 2, 3, 3a, 190 en 780 van Boek 8 van het Burgerlijk Wetboek en artikel 312 van het Wetboek van Koophandel, gelden ook voor de onderhavige wet.

Art. 1a

1. Er is een basisregistratie kadaster, bestaande uit administratieve gegevens met betrekking **Basisregistratie kadaster** tot onroerende zaken en de landelijke kadastrale kaart.

---

1 Inwerkingtredingsdatum: 01-01-1992; zoals laatstelijk gewijzigd bij: Stb. 2020, 262.

B28 art. 2 Kadasterwet

Basisregistratie topografie

2. Er is voorts een basisregistratie topografie, bestaande uit:
a. een landsdekkend topografisch bestand op een schaalniveau van 1:10 000, en
b. landsdekkende topografische bestanden op een schaalniveau kleiner dan 1:10 000.

Art. 2

Kadastrale aanduiding

Bij of krachtens algemene maatregel van bestuur worden regelen gesteld omtrent de wijze van kadastrale aanduiding van onroerende zaken en appartementsrechten.

Art. 2a

Doeleinden

De Dienst heeft, onverminderd het bepaalde in andere wettelijke voorschriften, als doeleinden:
a. de bevordering van de rechtszekerheid ten aanzien van registergoederen:
1°. in het rechtsverkeer;
2°. in het economisch verkeer;
3°. in het bestuurlijk verkeer tussen burgers en bestuursorganen;
b. de bevordering van een doelmatige geo-informatie-infrastructuur;
c. een doelmatige informatievoorziening van de overheid ten behoeve van de goede vervulling van publiekrechtelijke taken en de nakoming van wettelijke verplichtingen door bestuursorganen, en
d. ondersteuning en bevordering van de economische activiteiten.

Art. 3

Taken van de Dienst

1. De Dienst heeft, onverminderd het bepaalde in andere wettelijke voorschriften, tot taak:
a. het houden van de openbare registers;
b. het houden en bijwerken van de basisregistratie kadaster;
c. het instandhouden van een net van coördinaatpunten;
d. het houden en bijwerken van een registratie voor schepen;
e. het houden en bijwerken van een registratie voor luchtvaartuigen;
f. het uniform, consistent en landsdekkend verzamelen, geometrisch vastleggen, beheren en cartografisch weergeven van geografische gegevens alsmede het houden en bijwerken van de basisregistratie topografie;
g. het in opdracht van Onze Minister van Defensie vervaardigen, verzamelen en bijwerken van geografische gegevens ten behoeve van de krijgsmacht, het uniform en consistent overeenkomstig diens opdracht cartografisch weergeven van die gegevens en het aan Onze Minister van Defensie verstrekken van inlichtingen omtrent die gegevens;
h. het bevorderen van de kenbaarheid van de ligging van ondergrondse kabels en leidingen en fysieke infrastructuur alsmede het bevorderen van de oriëntatie over geplande civiele werken in de zin van hoofdstuk 5a van de Telecommunicatiewet;
i. het verstrekken van inlichtingen omtrent gegevens die de Dienst heeft gekregen in het kader van de uitvoering van de taken, bedoeld in de onderdelen a tot en met f;
j. het bevorderen van de toegankelijkheid en de uitwisselbaarheid van gegevens als bedoeld in de onderdelen a tot en met f;
k. het vervaardigen en verstrekken van informatie door verwerking van gegevens als bedoeld in de onderdelen a tot en met f, voor zover het vervaardigen en verstrekken van die informatie niet onverenigbaar zijn met de doeleinden, genoemd in artikel 2a;
l. het in opdracht van een of meer van Onze Ministers verrichten van werkzaamheden of het aan een of meer van Onze Ministers verstrekken van informatie over gegevens als bedoeld in de onderdelen a tot en met f ter nakoming van op Nederland rustende internationale verplichtingen uit verdragen en overeenkomsten of daarop gebaseerde besluiten overeenkomstig die verdragen, overeenkomsten of besluiten;
m. het houden en beheren van de landelijke voorziening, bedoeld in artikel 26 van de Wet basisregistratie adressen en gebouwen, alsmede het verlenen van inzage in die voorziening en het verstrekken van de daarin opgenomen gegevens overeenkomstig artikel 32, eerste lid, onderdeel b, van die wet;
n. het houden en beheren van de landelijke voorziening WOZ, bedoeld in artikel 37aa van de Wet waardering onroerende zaken, alsmede het verlenen van inzage in die voorziening en het verstrekken van de daarin opgenomen gegevens overeenkomstig de artikelen 37aa en 40b van die wet, en
o. het houden van en verwerken van geografische gegevens in de basisregistratie grootschalige topografie, bedoeld in artikel 2 van de Wet basisregistratie grootschalige topografie, alsmede het verlenen van inzage in die basisregistratie en het verstrekken van de daarin opgenomen gegevens overeenkomstig artikel 22 van die wet.

2. Bij algemene maatregel van bestuur kunnen aan de Dienst andere taken dan genoemd in het eerste lid worden opgedragen of marktactiviteiten worden toegestaan, voorzover die taken en marktactiviteiten verband houden met de taken, genoemd in het eerste lid, en niet onverenigbaar zijn met de doeleinden, genoemd in artikel 2a. Bij algemene maatregel van bestuur kan worden bepaald dat Onze Minister nadere regels kan stellen met betrekking tot de uitvoering van de bij die maatregel opgedragen taken of toegestane marktactiviteiten.

Kadasterwet **B28** art. 6

Art. 3a

1. De Dienst verzamelt persoonsgegevens als bedoeld in artikel 4 van de Algemene verordening gegevensbescherming voor de doeleinden, genoemd in artikel 2a, onverminderd het bepaalde in andere wettelijke voorschriften.

Algemene verordening gegevensbescherming

2. De Dienst verwerkt geen persoonsgegevens in verband met de totstandbrenging of de instandhouding van een directe relatie tussen de Dienst of een derde en de betrokkene met het oog op werving voor commerciële of charitatieve doelen.

Art. 3b

Ten aanzien van verwerkingen als bedoeld in artikel 3a is het bestuur van de Dienst verwerkingsverantwoordelijke, bedoeld in artikel 4 van de Algemene verordening gegevensbescherming.

Verwerkingsverantwoordelijke is Dienst voor het kadaster en de openbare registers

Art. 3c

[Vervallen]

Art. 3d

Beveiliging gegevens

1. Ter waarborging van de kwaliteit van de verwerking van gegevens die de Dienst heeft verkregen in het kader van de vervulling van de hem opgedragen taken, legt het bestuur van de Dienst passende technische en organisatorische maatregelen ten uitvoer om die gegevens te beveiligen tegen verlies, aantasting en onbevoegde wijziging, kennisneming of verstrekking, onverminderd het bepaalde daaromtrent bij of krachtens deze wet. Bij het nemen van de maatregelen, bedoeld in de eerste zin, houdt het bestuur van de Dienst rekening met de stand van de techniek, de kosten van tenuitvoerlegging en de desbetreffende risico's.

2. De maatregelen, bedoeld in het eerste lid, omvatten ten minste:

a. maatregelen met betrekking tot personen die in dienst zijn van of werkzaam zijn voor de Dienst, voorzover betrokken bij de verwerking van de te beveiligen gegevens;

b. maatregelen met betrekking tot de toegang tot gebouwen en ruimten waarin de te beveiligen gegevens zijn opgeslagen door de Dienst;

c. maatregelen met betrekking tot een deugdelijke werking en beveiliging van de apparatuur en programmatuur die bij het verwerken van de te beveiligen gegevens worden ingezet;

d. maatregelen met betrekking tot het beheer van de te beveiligen gegevens, waaronder mede verstaan die welke strekken tot het waarborgen dat de te beveiligen gegevens zijn opgeslagen op gegevensdragers met een voldoende kwaliteit en levensduur;

e. maatregelen met betrekking tot de gevallen waarin onbevoegd is kennisgenomen van de te beveiligen gegevens of die onbevoegd zijn gewijzigd of verstrekt, en

f. maatregelen met betrekking tot calamiteiten.

3. Indien de Dienst gegevens te zijnen behoeve laat verwerken door een persoon die niet rechtstreeks aan zijn gezag is onderworpen, draagt het bestuur van de Dienst er zorg voor dat die verwerker voldoende waarborgen biedt ten aanzien van de technische en organisatorische beveiligingsmaatregelen met betrekking tot de te verrichten verwerkingen. Het bestuur van de Dienst ziet toe op en draagt zorg voor de naleving van die maatregelen door die verwerker.

4. Het bestuur van de Dienst draagt er zorg voor dat eenmaal per jaar door een of meer deskundigen de toereikendheid van de genomen en ten uitvoer gelegde beveiligingsmaatregelen, bedoeld in het eerste en derde lid, wordt gecontroleerd, daaronder mede verstaan de toereikendheid van het toezicht op de naleving en effectuering van die maatregelen. Een deskundige als bedoeld in de eerste zin is niet betrokken of betrokken geweest bij de voorbereiding, vaststelling en uitvoering van de beveiligingsmaatregelen.

Art. 4

Vestigingen en openingstijden

Het bestuur van de Dienst bepaalt:

a. op welke plaatsen de Dienst kantoor houdt;

b. op welke plaatsen en gedurende welke tijden stukken ter inschrijving in de openbare registers kunnen worden aangeboden, en

c. op welke plaatsen en gedurende welke tijden loket wordt gehouden voor het publiek.

Art. 4a-5

[Vervallen]

Art. 6

1. Onder de benaming van bewaarder van het kadaster en de openbare registers worden door het bestuur van de Dienst ten minste twee bewaarders benoemd.

Bewaarder

2. Tot bewaarder kunnen uitsluitend worden benoemd zij die:

Benoembaarheid

a. op grond van het met goed gevolg afleggen van het afsluitend examen van een opleiding op het gebied van het recht aan een universiteit of de Open Universiteit waarop de Wet op het hoger onderwijs en wetenschappelijk onderzoek betrekking heeft, het recht om de titel meester te voeren, hebben verkregen;

b. een door het bestuur van de Dienst voldoende verklaarde opleiding van gelijkwaardige aard hebben, of

B28 art. 7 Kadasterwet

c. in het bezit zijn van een ten aanzien van het beroep van bewaarder verleende erkenning van beroepskwalificaties als bedoeld in artikel 5 van de Algemene wet erkenning EU-beroepskwalificaties.

Bij algemene maatregel van bestuur kunnen nadere regels worden gesteld met betrekking tot de beroepsvereisten, bedoeld in onderdeel a.

Waarneming **3.** Bij afwezigheid, belet, ontstentenis of schorsing van een bewaarder wordt hij vervangen door een of meer van de andere bewaarders door het bestuur van de Dienst aan te wijzen op een daarbij door dat bestuur te bepalen wijze.

4. Het bestuur van de Dienst kan een of meer personen behorend tot het personeel van de Dienst belasten met de waarneming van het ambt van bewaarder.

Art. 7

Taken bewaarder **1.** De bewaarder is, onverminderd het bepaalde bij of krachtens deze of een andere wet, belast met:

a. het verrichten van inschrijvingen in de openbare registers en het stellen van aantekeningen in die registers, en

b. het bijwerken van de basisregistratie kadaster, de registratie voor schepen en de registratie voor luchtvaartuigen.

2. De bewaarder kan met betrekking tot een of meer van zijn bevoegdheden die hem zijn toegekend bij of krachtens deze of een andere wet, mandaat of machtiging verlenen aan een of meer personen behorend tot het personeel van de Dienst. Verlening van mandaat of machtiging behoeft de instemming van het bestuur van de Dienst, voorzover het mandaat of de machtiging wordt verleend aan personeel van de Dienst dat niet werkzaam is onder verantwoordelijkheid van de bewaarder.

3. Het bestuur van de Dienst wijst een bewaarder aan als hoofdbewaarder belast met de verdeling van de werkzaamheden tussen hem en de andere bewaarder of bewaarders, indien er meer dan twee bewaarders zijn benoemd. Het bestuur van de Dienst kan richtlijnen en instructies geven aan de hoofdbewaarder met betrekking tot de verdeling, bedoeld in de eerste zin.

4. Het bestuur van de Dienst kan richtlijnen en instructies geven aan de bewaarder met betrekking tot:

a. het verrichten van werkzaamheden en het uitoefenen van bevoegdheden die hem zijn opgedragen onderscheidenlijk toegekend bij of krachtens deze of een andere wet, en

b. de toepassing van het tweede lid, eerste zin.

Art. 7a

Bevoegdheid tot binnentreden/onderzoeksbevoegdheid **1.** Personen die door de Dienst, het bestuur van de Dienst of een daartoe op grond van een wettelijk voorschrift bevoegde functionaris van de Dienst zijn belast met aan de uitvoering van de aan de Dienst opgedragen taken verbonden werkzaamheden, zijn bevoegd, met medenoming van de benodigde apparatuur en andere hulpmiddelen, elke plaats te betreden, onverminderd artikel 2 van de Algemene wet op het binnentreden, en daar een waarneming, meting of graving te verrichten en daarop of daarin een teken te stellen, voorzover dat redelijkerwijs nodig is voor de vervulling van hun taak ter uitvoering van aan de Dienst opgedragen taken.

Verplichting tot medewerking **2.** De eigenaar, de beperkt gerechtigde en de gebruiker van een registergoed zijn verplicht aan een persoon als bedoeld in het eerste lid binnen de door hem gestelde redelijke termijn alle medewerking te verlenen die deze redelijkerwijs kan vorderen bij de uitoefening van zijn bevoegdheden, genoemd in het eerste lid, met dien verstande dat de toegang slechts wordt verleend tussen acht uur 's morgens en zes uur 's avonds en dat die niet behoeft te worden verleend op zaterdagen, zondagen en algemeen erkende feestdagen.

3. De eigenaar, de beperkt gerechtigde en de gebruiker van een gebouw en grond zijn verplicht te gedogen dat daarop of daarin een teken wordt gesteld ter uitvoering van aan de Dienst opgedragen taken. De eerste zin is van overeenkomstige toepassing op het aanbrengen van een brandmerk op een schip als bedoeld in artikel 21, eerste lid, onderdeel c.

Politiedwang **4.** Indien de toegang wordt geweigerd, verschaffen de personen, bedoeld in het eerste lid, zich zo nodig toegang met behulp van de sterke arm. Indien het verrichten van de handelingen, bedoeld in het eerste lid, niet wordt toegestaan of de medewerking, bedoeld in het tweede lid, niet wordt verleend, zijn de personen, bedoeld in het eerste lid, bevoegd het verrichten van de handelingen, bedoeld in het eerste lid, zo nodig met behulp van de sterke arm mogelijk te maken.

Schadevergoeding **5.** De schade die uit de toepassing van het eerste of derde lid voortvloeit, wordt door de Dienst vergoed. Het verzoek om schadevergoeding wordt ingediend bij het bestuur van de Dienst. De vordering tot schadevergoeding staat ter kennisneming van de kantonrechter van de rechtbank van het arrondissement waarin de plaats van vestiging van de Dienst is gelegen. Tegen de uitspraak staat geen rechtsmiddel open.

Art. 7b

Legitimatiebewijs **1.** Een persoon als bedoeld in artikel 7a, eerste lid, draagt bij het verrichten van de werkzaamheden, bedoeld in artikel 7a, eerste lid, een legitimatiebewijs bij zich, dat is uitgegeven door het bestuur van de Dienst, en toont zijn legitimatiebewijs desgevraagd terstond.

Kadasterwet B28 art. 7g

2. Het legitimatiebewijs bevat een foto van de betrokken persoon en vermeldt in elk geval zijn naam en hoedanigheid.

3. Het model van het legitimatiebewijs wordt vastgesteld bij regeling van het bestuur van de Dienst.

Art. 7c

De artikelen 2:13 tot en met 2:17 van de Algemene wet bestuursrecht zijn van overeenkomstige toepassing op het elektronische berichtenverkeer verbonden aan het houden van de openbare registers en het verstrekken van inlichtingen daaruit, tenzij bij of krachtens deze wet anders is bepaald.

Overeenkomstige toepassing

Art. 7d

1. De bevoegdheden die op grond van artikel 2:15, eerste lid, van de Algemene wet bestuursrecht aan een bestuursorgaan zijn toegekend, komen uitsluitend toe aan het bestuur van de Dienst.

2. Het bestuur van de Dienst kan de ingevolge het eerste lid aan hem toekomende bevoegdheden uitsluitend uitoefenen door het vaststellen van regelingen.

Bevoegdheden bestuur

Art. 7e

1. Indien in deze wet wordt voorgeschreven dat een document van een elektronische handtekening wordt voorzien, wordt een elektronische handtekening gebruikt als bedoeld in artikel 3, onderdeel 12, van verordening (EU) nr. 910/2014 van het Europees Parlement en de Raad van 23 juli 2014 betreffende elektronische identificatie en vertrouwensdiensten voor elektronische transacties in de interne markt en tot intrekking van richtlijn 1999/93/EG (PbEU 2014, L 257).

Elektronische handtekening, eisen

2. In afwijking van het eerste lid kan, indien in deze wet een elektronische handtekening van de bewaarder wordt voorgeschreven, gebruikgemaakt worden van een elektronisch zegel als bedoeld in artikel 3, onderdeel 27, van verordening (EU) nr. 910/2014 van het Europees Parlement en de Raad van 23 juli 2014 betreffende elektronische identificatie en vertrouwensdiensten voor elektronische transacties in de interne markt en tot intrekking van richtlijn 1999/93/EG (PbEU 2014, L 257).

Elektronische zegel, eisen

3. Een certificaat waarop een in deze wet voorgeschreven elektronische handtekening is gebaseerd, bevat geen pseudoniem.

Hoofdstuk 1a Bepalingen omtrent authentieke gegevens en de inhoud en inrichting van registraties

Titel 1 Authentieke gegevens

Art. 7f

1. De basisregistraties kadaster en topografie bevatten authentieke gegevens krachtens een wet.

Authentieke gegevens, definitie

2. Onverminderd artikel 48, vierde lid, zijn de in de basisregistratie kadaster opgenomen gegevens, bedoeld in artikel 48, tweede lid, onderdelen a tot en met d, en derde lid, onderdelen a tot en met c, authentieke gegevens.

3. De in de basisregistratie topografie opgenomen gegevens, bedoeld in artikel 98a, eerste tot en met derde lid, zijn authentieke gegevens.

Art. 7g

1. Bij algemene maatregel van bestuur kan worden bepaald dat in de basisregistratie kadaster of basisregistratie topografie een ander bij die maatregel als authentiek aan te wijzen gegeven wordt opgenomen dan de gegevens, bedoeld in artikel 7f, tweede of derde lid, indien:

Authentieke gegevens, nadere bepaling bij AMvB

a. de kenbaarheid van het betreffende gegeven van belang blijkt voor de uitoefening van een publiekrechtelijke taak door bestuursorganen, en

b. er geen gewichtige redenen zijn die zich daartegen verzetten.

2. Bij algemene maatregel van bestuur kan worden bepaald dat een daarbij aangewezen authentiek gegeven uit een andere basisregistratie dan bedoeld in artikel 1a, of een ander gegeven dan een authentiek gegeven, wordt opgenomen, respectievelijk wordt toegevoegd aan de in een registratie opgenomen gegevens, bedoeld in artikel 48, 85, 92 of 98a, indien:

a. de kenbaarheid van het gegeven van belang blijkt voor het rechtsverkeer of economisch verkeer, en

b. er geen gewichtige redenen zijn die zich daartegen verzetten.

3. Indien een authentiek gegeven of deel daarvan als bedoeld in artikel 7f, tweede of derde lid, of een gegeven als bedoeld in artikel 48, 85, 92 of 98a, krachtens een wet tot instelling van een andere basisregistratie dan de basisregistratie kadaster of topografie als authentiek wordt aangemerkt, geldt dat gegeven daarna als een uit die andere basisregistratie overgenomen authentiek gegeven.

B28 art. 7h **Kadasterwet**

4. Bij regeling van Onze Minister kunnen voorschriften worden gegeven omtrent de door de Dienst in acht te nemen norm met betrekking tot de actualiteit van een uit een andere basisregistratie over te nemen authentiek gegeven.

5. In geval van spoed kan in afwijking van het eerste of tweede lid, voor de gevallen, bedoeld in die leden, bij regeling van Onze Minister een bij die regeling aan te wijzen gegeven in een registratie worden opgenomen.

6. Na de plaatsing in het Staatsblad of de Staatscourant van een krachtens het eerste of tweede lid vastgestelde algemene maatregel van bestuur respectievelijk van een krachtens het vijfde lid vastgestelde ministeriële regeling wordt een voorstel van wet tot regeling van het betrokken onderwerp zo spoedig mogelijk bij de Staten-Generaal ingediend. Indien het voorstel wordt ingetrokken of indien een van de beide kamers der Staten-Generaal besluit het voorstel niet aan te nemen, wordt de algemene maatregel van bestuur of de ministeriële regeling onverwijld ingetrokken. Wordt het voorstel tot wet verheven, dan wordt de algemene maatregel van bestuur of de ministeriële regeling ingetrokken op het tijdstip van inwerkingtreding van die wet.

Art. 7h

Authentieke gegevens, onderscheiding d.m.v. kenmerk

1. In de basisregistratie kadaster wordt een authentiek gegeven als bedoeld in artikel 7f, tweede lid, en 7g, eerste lid, door middel van een kenmerk onderscheiden van in die basisregistratie opgenomen andere dan authentieke gegevens.

2. In een registratie wordt een authentiek gegeven dat is overgenomen uit een andere basisregistratie dan bedoeld in artikel 1a, door middel van een kenmerk onderscheiden van gegevens die authentiek zijn ingevolge deze wet.

Art. 7i

Authentieke gegevens, regels voor inrichting en houden van registratie

1. Het bestuur van de Dienst stelt regels voor de inrichting en het houden van een registratie.

2. Het bestuur van de Dienst kan voorts regels stellen omtrent de wijze van weergave van de in een registratie opgenomen gegevens.

Art. 7j

Authentieke gegevens, waarborg juistheid en volledigheid

1. Het bestuur van de Dienst draagt er zorg voor dat de weergave van een krachtens deze wet in de basisregistratie kadaster opgenomen authentiek gegeven overeenstemt met dat gegeven, als opgenomen in het betreffende brondocument of, ingeval een vorenbedoeld authentiek gegeven wordt afgeleid uit een brondocument, dat dat authentieke gegeven juist en volledig daaruit is afgeleid.

2. Het bestuur van de Dienst draagt er voorts zorg voor dat:

a. een in de basisregistratie topografie opgenomen geografisch object als bedoeld in artikel 98a, tweede lid, in overeenstemming is met:

1°. de fysieke werkelijkheid ten tijde van de laatste bijhouding van het geografisch gebied waarin dat geografisch object is gelegen, en

2°. de actuele fysieke werkelijkheid, voorzover er zich een aanmerkelijke verandering voordoet of heeft voorgedaan ten opzichte van de laatste bijhouding van het betreffende geografisch gebied;

b. een in de basisregistratie topografie opgenomen geografisch gegeven voldoet aan de kwaliteitseisen, gesteld in de catalogus basisregistratie topografie, en

c. een koppeling mogelijk wordt gemaakt tussen de basisregistratie topografie en een andere basisregistratie voor wat betreft een authentiek gegeven dat uit die andere basisregistratie is overgenomen, tenzij bij wettelijk voorschrift anders is bepaald.

3. Voorzover in een registratie een authentiek gegeven uit een andere basisregistratie dan bedoeld in artikel 1a is overgenomen, draagt het bestuur van de Dienst er zorg voor dat:

a. de weergave van dat authentieke gegeven in die registratie overeenstemt met dat gegeven, als opgenomen in die andere basisregistratie, tenzij dat verschil in weergave wordt veroorzaakt door een norm als bedoeld in artikel 7g, vierde lid, en

b. de actualiteit van dat authentieke gegeven voldoet aan een zodanige norm.

Titel 2
Gebruik en verstrekking van authentieke gegevens

Art. 7k

Authentieke gegevens, gebruik van

1. Indien een bestuursorgaan bij de vervulling van zijn publiekrechtelijke taak een gegeven nodig heeft dat krachtens deze wet als authentiek gegeven in de basisregistratie kadaster of topografie beschikbaar is, gebruikt het dat authentieke gegeven.

2. Een bestuursorgaan kan een ander gegeven gebruiken dan een krachtens deze wet beschikbaar authentiek gegeven, indien:

a. bij het betreffende authentieke gegeven de aantekening «in onderzoek» is geplaatst;

b. het een melding heeft gedaan overeenkomstig artikel 7n, eerste lid, 7o, eerste lid, of 7p, eerste lid;

c. het door toepassing van het eerste lid zijn publiekrechtelijke taak niet naar behoren kan vervullen, of

d. bij wettelijk voorschrift anders is bepaald dan in het eerste lid.

3. Voorzover bij de uitoefening van een publiekrechtelijke taak gebruik wordt gemaakt van een topografische ondergrond, is een bestuursorgaan niet gehouden toepassing te geven aan het eerste lid, ingeval de uitoefening van die taak is gediend met gebruikmaking van een topografische ondergrond met een schaalniveau groter dan 1:10 000.

4. In afwijking van het eerste lid kunnen bestuursorganen van gemeenten die op 1 januari 2006 beschikten over een in eigen beheer vervaardigde topografische ondergrond met een schaalniveau van 1:10 000 bij de vervulling van een publiekrechtelijke taak tot een bij regeling van Onze Minister per gemeente te bepalen tijdstip, mits gelegen voor 1 januari 2010, gebruik maken van de eigen topografische ondergrond.

Art. 7l

Een natuurlijk persoon of rechtspersoon, aan wie door een bestuursorgaan gevraagd wordt om een gegeven te verstrekken dat krachtens deze wet als authentiek gegeven in de basisregistratie kadaster of topografie beschikbaar is, behoeft dat gegeven niet te verstrekken, behoudens:

Authentieke gegevens, verstrekking van

a. ingeval bij het betreffende authentieke gegeven de aantekening «in onderzoek» is geplaatst;

b. in geval van bijhouding of vernieuwing van de basisregistratie kadaster, van herinrichting, verkaveling of reconstructie van een bij wettelijk voorschrift aangewezen gebied, van voorbereiding van herinrichting, verkaveling of reconstructie of van bijhouding van de basisregistratie topografie;

c. in geval van opsporing of onderzoek naar overtreding van een wettelijk voorschrift of van controle op de naleving van een wettelijk voorschrift;

d. in geval van dreiging van, of het zich voordoen van, een oproerige beweging, wanordelijkheden, verstoring van de openbare orde, rampen of zware ongevallen;

e. ingeval bij wettelijk voorschrift anders is bepaald, of

f. ingeval het gegeven noodzakelijk is voor een deugdelijke vaststelling van de identiteit van betrokkene.

Titel 3 Terugmelding

Art. 7m

1. Een bestuursorgaan meldt aan de Dienst, onder opgaaf van redenen, zijn gerede twijfel omtrent de juistheid van een in een registratie overgenomen gegeven dat krachtens een andere wet dan deze wet als authentiek is aangemerkt.

Terugmelding van een in een registratie overgenomen gegeven

2. De Dienst zendt een melding als bedoeld in het eerste lid onverwijld door aan de beheerder van de betreffende basisregistratie, en doet daarvan mededeling aan het bestuursorgaan dat de melding heeft gedaan.

Art. 7n

1. Een bestuursorgaan meldt aan de Dienst, onder opgaaf van redenen, zijn gerede twijfel omtrent de juistheid van een in de basisregistratie kadaster opgenomen gegeven dat krachtens deze wet als authentiek is aangemerkt.

Terugmelding van een in een basisregistratie opgenomen gegeven

2. De Dienst neemt na ontvangst van een melding als bedoeld in het eerste lid een beslissing omtrent wijziging van het betreffende authentieke gegeven. Indien de Dienst die beslissing niet binnen een dag na ontvangst van die melding heeft genomen, tekent de Dienst in de basisregistratie kadaster, of ingeval de melding betrekking heeft op een gegeven als bedoeld in artikel 48, derde lid, onderdeel a, b of c, in een afzonderlijk register, aan dat het betreffende gegeven «in onderzoek» is.

3. De Dienst verwijdert de aantekening dat een authentiek gegeven «in onderzoek» is uit de basisregistratie kadaster of het afzonderlijk register tegelijk met de verwerking van de wijziging in die basisregistratie of, indien een melding als bedoeld in het eerste lid niet tot wijziging leidt, met de beslissing om het authentieke gegeven niet te wijzigen.

4. De beslissing, bedoeld in het tweede en derde lid, is een besluit in de zin van de Algemene wet bestuursrecht.

5. De Dienst bericht het bestuursorgaan dat een melding heeft gedaan als bedoeld in het eerste lid onverwijld over een handeling of beslissing als bedoeld in het tweede of derde lid.

6. De Dienst doet onverwijld schriftelijk mededeling aan de belanghebbende van zijn beslissing op grond van het tweede of derde lid, indien die beslissing heeft geleid tot een wijziging van het betreffende authentieke gegeven.

Art. 7o

1. Een bestuursorgaan meldt aan de Dienst, onder opgaaf van redenen, zijn gerede twijfel omtrent het in overeenstemming zijn van een krachtens deze wet als authentiek aangemerkt gegeven in de basisregistratie topografie met de fysieke werkelijkheid ten tijde van de laatste

Terugmelding van een in een basisregistratie topografie opgenomen gegeven

B28 art. 7p **Kadasterwet**

bijhouding van het geografisch gebied, waarin het geografische object, waarop dat gegeven betrekking heeft, is gelegen.

2. De Dienst neemt na ontvangst van een melding als bedoeld in het eerste lid een beslissing omtrent wijziging van het betreffende authentieke gegeven. Indien de Dienst die beslissing niet binnen een dag na ontvangst van de betreffende melding heeft genomen, registreert de Dienst in een afzonderlijk register de melding, het betreffende authentieke gegeven en de aantekening «in onderzoek» bij dat gegeven.

3. Indien de Dienst niet binnen een dag na ontvangst van de melding, bedoeld in het eerste lid, een beslissing heeft genomen omtrent de wijziging van het betreffende authentieke gegeven, neemt de Dienst die beslissing uiterlijk binnen zes weken na het tijdstip waarop volgens de catalogus basisregistratie topografie de bijhouding is beëindigd.

4. De Dienst verwijdert de aantekening dat een authentiek gegeven «in onderzoek» is uit het register, bedoeld in het tweede lid, tegelijk met de verwerking van de wijziging in de basisregistratie topografie of, indien de betreffende melding niet tot wijziging heeft geleid, met de beslissing om het authentieke gegeven niet te wijzigen.

5. De Dienst bericht het bestuursorgaan dat een melding heeft gedaan als bedoeld in het eerste lid onverwijld over een handeling of beslissing als bedoeld in het tweede, derde of vierde lid.

Art. 7p

Tussentijdse wijziging authentieke gegevens in de basisregistratie topografie

1. Voorzover zich een aanmerkelijke verandering voordoet of heeft voorgedaan in de fysieke werkelijkheid ten opzichte van de laatste bijhouding van het betreffende geografisch gebied, kan een bestuursorgaan aan de Dienst, onder opgaaf van redenen, melden dat het noodzakelijk of wenselijk is de betreffende authentieke gegevens in de basisregistratie topografie op een eerder tijdstip dan bij de eerstvolgende bijhouding van dat gebied te wijzigen.

2. De Dienst registreert na ontvangst van een melding als bedoeld in het eerste lid de melding, het betreffende authentieke gegeven en de aantekening «in onderzoek» in het register, bedoeld in artikel 7o, tweede lid. De Dienst bericht het bestuursorgaan dat de melding heeft gedaan onverwijld over die handeling.

3. De Dienst beslist op een melding als bedoeld in het eerste lid uiterlijk binnen zes weken na ontvangst daarvan, met dien verstande dat de Dienst die termijn één keer kan verlengen met ten hoogste vier weken.

4. Indien de Dienst beslist om gevolg te geven aan de in de melding, bedoeld in het eerste lid, gevraagde actualisering, handelt de Dienst overeenkomstig artikel 7o, vierde lid, en bericht de Dienst het bestuursorgaan dat een melding heeft gedaan als bedoeld in het eerste lid onverwijld over zijn beslissing en de handelingen die hij overeenkomstig artikel 7o, vierde lid, heeft verricht.

5. Indien de Dienst beslist om geen gevolg te geven aan de in de melding, bedoeld in het eerste lid, gevraagde actualisering, blijft de aantekening «in onderzoek» staan en tekent de Dienst bij de melding zijn beslissing aan om de actualisering te doen plaatsvinden bij de eerstvolgende bijhouding. Na beëindiging van die bijhouding is op de beslissing en de kennisgeving daarvan aan het bestuursorgaan dat de melding heeft gedaan artikel 7o, derde tot en met vijfde lid, van overeenkomstige toepassing, met dien verstande dat in het vijfde lid van dat artikel voor «tweede, derde of vierde lid» wordt gelezen: vierde lid.

Art. 7q

Nadere regels

Bij regeling van Onze Minister kunnen regels worden gesteld omtrent:

a. de gevallen waarin een melding als bedoeld in artikel 7m, eerste lid, 7n, eerste lid, of 7o, eerste lid, achterwege kan blijven, of

b. een beperking van de kring van bestuursorganen die verplicht zijn toepassing te geven aan artikel 7m, eerste lid, 7n, eerste lid, of 7o, eerste lid, of gebruik kunnen maken van de bevoegdheid, bedoeld in artikel 7p, eerste lid.

Art. 7r

Bezwaar of beroep tegen wijziging authentiek gegeven opgenomen in basisregistratie kadaster

1. Indien ten aanzien van een beslissing over wijziging van een authentiek gegeven dat is opgenomen in de basisregistratie kadaster bezwaar wordt gemaakt of beroep wordt ingesteld, tekent de Dienst in de basisregistratie kadaster, of ingeval het betreffende gegeven een gegeven is als bedoeld in artikel 48, derde lid, onderdeel a, b of c, in een afzonderlijk register, aan dat het betreffende authentieke gegeven «in onderzoek» is.

2. Indien de beslissing op bezwaar of de rechterlijke uitspraak op het beroep strekt tot wijziging van een in de basisregistratie kadaster opgenomen authentiek gegeven, verwerkt de Dienst die wijziging in die basisregistratie.

3. Indien onherroepelijk is beslist op het bezwaar of beroep, verwijdert de Dienst de aantekening dat het betreffende authentieke gegeven «in onderzoek» is.

Titel 4

Ambtshalve correctie en correctie op verzoek

Art. 7s

1. Indien de Dienst constateert dat de weergave van een authentiek gegeven als bedoeld in artikel 7f, tweede lid, of 7g, eerste lid, in de basisregistratie kadaster niet in overeenstemming is met dat gegeven, als opgenomen in een brondocument of, ingeval een authentiek gegeven wordt afgeleid uit een brondocument, dat gegeven niet juist en volledig daaruit is afgeleid, herstelt de Dienst ambtshalve dat gegeven in die basisregistratie. De artikelen 7n, vierde en zesde lid, en 7r zijn van overeenkomstige toepassing.

2. Indien de Dienst constateert dat een in de basisregistratie topografie opgenomen geografisch gegeven niet in overeenstemming is met:

a. de fysieke werkelijkheid ten tijde van de laatste bijhouding van het geografisch gebied, waarin het geografische object, waarop dat gegeven betrekking heeft, is gelegen, of

b. de actuele fysieke werkelijkheid, in geval van een aanmerkelijke verandering ten opzichte van de laatste bijhouding van het betreffende geografisch gebied, kan de Dienst dat gegeven in de basisregistratie topografie ambtshalve herstellen dan wel, indien het betreft een geval als bedoeld in onderdeel a, dat herstel opschorten tot de eerstvolgende bijhouding, bedoeld in de catalogus basisregistratie topografie. De Dienst tekent zowel een geconstateerde onjuistheid als de correctie daarvan aan in het register, bedoeld in artikel 7o, tweede lid.

3. Indien de Dienst ten aanzien van de weergave van een in een registratie opgenomen ander gegeven dan een authentiek gegeven een constatering als bedoeld in het eerste lid doet, zijn dat lid alsmede de artikelen 7n, vierde en zesde lid, en 7r van overeenkomstige toepassing.

Art. 7t

1. Indien een belanghebbende gerede twijfel heeft omtrent de juistheid van een in de basisregistratie kadaster opgenomen gegeven dat krachtens deze wet als authentiek is aangemerkt, dan wel omtrent de juistheid van een uit een andere basisregistratie dan genoemd in artikel 1a in de basisregistratie kadaster of de registratie voor schepen of luchtvaartuigen overgenomen authentiek gegeven, kan die belanghebbende onder opgaaf van redenen aan de Dienst een verzoek tot herstel van dat gegeven in de basisregistratie kadaster doen. De artikelen 7n, tweede tot en met vierde en zesde lid, en 7r zijn van overeenkomstige toepassing indien het verzoek betrekking heeft op een in de basisregistratie kadaster opgenomen gegeven dat krachtens deze wet als authentiek is aangemerkt, en artikel 7m, tweede lid, is van overeenkomstige toepassing indien het verzoek betrekking heeft op een uit een andere basisregistratie overgenomen gegeven.

2. Het eerste lid is vanovereenkomstige toepassing indien een belanghebbende gerede twijfel heeft omtrent de juistheid van een ander dan een authentiek gegeven in de basisregistratie kadaster of de registratie voor schepen of luchtvaartuigen.

3. De Dienst registreert een verzoek als bedoeld in het eerste of derde lid alsmede de beslissing op dat verzoek.

Titel 5

Kwaliteit, voorbehoud databankenrecht en relatieve competentie

Art. 7u

1. De Dienst draagt er zorg voor dat de juistheid en volledigheid van de authentieke gegevens, genoemd in de artikelen 48, tweede lid, onderdelen a tot en met e, en derde lid, onderdelen a tot en met c, 98a, eerste tot en met derde lid, en bedoeld in artikel 7g, eerste lid, ten minste:

a. één keer per drie jaar worden gecontroleerd door een, door het bestuur van de Dienst aangewezen, onafhankelijke deskundige, en

b. één keer per jaar door dat bestuur worden gecontroleerd in de jaren dat de controle door die deskundige achterwege blijft.

2. Het bestuur van de Dienst stelt voorafgaand aan de controle, bedoeld in het eerste lid, onderdeel a, een controleprotocol op, dat in ieder geval de elementen van de controle bevat. Het bestuur kan daarbij bepalen welke authentieke gegevens, landelijk of voor een daarbij aan te geven beperkt geografisch gebied, dienen te worden onderzocht.

3. De Dienst maakt het controleprotocol bekend in de Staatscourant.

4. De Dienst geeft kennis van de terinzagelegging van de resultaten van de controle, bedoeld in het eerste lid, aanhef en onder a, op de in artikel 12 van de Bekendmakingswet bepaalde wijze.

Art. 7v

Het recht, bedoeld in artikel 2, eerste lid, van de Databankenwet, ten aanzien van de basisregistratie kadaster, de basisregistratie topografie, alsmede de registraties voor schepen en luchtvaartuigen, is voorbehouden aan de Dienst.

Art. 7w

[Vervallen]

Ambtshalve correctie

Correctie op verzoek belanghebbende

Waarborgen kwaliteit authentieke gegevens

Voorbehoud databankenrecht

Hoofdstuk 2 Openbare registers voor registergoederen

Titel 1 Algemene bepalingen

Afdeling 1
Omschrijving en vorm van de openbare registers; aantekeningen in de openbare registers; wijze van bewaren van de openbare registers; vervaardiging en vervanging van duplicaten van de openbare registers en van duplicaten van andere bij de openbare registers te bewaren stukken

Art. 8

Openbare registers voor registergoederen

1. De openbare registers waarin feiten die voor de rechtstoestand van registergoederen van belang zijn, worden ingeschreven, zijn:

a. de registers van inschrijving van feiten die betrekking hebben op onroerende zaken, schepen en luchtvaartuigen en op de rechten waaraan die onderworpen zijn;

b. het register van voorlopige aantekeningen waarin de aanbieding van stukken waarvan de inschrijving door de bewaarder ingevolge artikel 20 van Boek 3 van het Burgerlijk Wetboek is geweigerd, wordt aangetekend onder vermelding van de gerezen bedenkingen, en waarin de aanbieding van notariële verklaringen wordt geboekt in de gevallen, bedoeld in artikel 37, eerste lid, onderdeel c.

2. Het bestuur van de Dienst stelt nadere regels met betrekking tot de vorm van de registers, bedoeld in het eerste lid. Het bestuur van de Dienst kan daarbij een onderscheid maken met betrekking tot:

a. onroerende zaken en de rechten waaraan die zijn onderworpen, onderscheidenlijk schepen en de rechten waaraan die zijn onderworpen, onderscheidenlijk luchtvaartuigen en de rechten waaraan die zijn onderworpen, en

b. in elektronische vorm en in andere vorm gehouden gedeelten van die registers.

Voorzover bij de vaststelling van de regels, bedoeld in de eerste zin, de tweede zin, aanhef, in verbinding met onderdeel a toepassing heeft gevonden, zijn de bij of krachtens deze wet gestelde regels omtrent verrichtingen ten aanzien van die registers van toepassing op de registers voor de desbetreffende goederen. Het bestuur van de Dienst kan nadere regels stellen omtrent de wijze van toepassing van de regels, bedoeld in de derde zin.

3. Bij regeling van het bestuur van de Dienst worden vastgesteld, onverminderd het bepaalde dienaangaande bij of krachtens deze of een andere wet, de gevallen waarin in de registers, bedoeld in het eerste lid, door de bewaarder aantekeningen worden gesteld, de aard van die aantekeningen en de wijze waarop die worden gesteld. Het bestuur van de Dienst kan daarbij bepalen dat in door hem nader te bepalen gevallen de aantekening wordt geplaatst in een door de bewaarder op te maken, te dagtekenen en te ondertekenen stuk dat hij onverwijld ambtshalve inschrijft in de openbare registers. Het bestuur van de Dienst stelt indien de tweede zin toepassing vindt, tevens de vorm van dat stuk vast.

Art. 9

Eisen openbare registers

1. Het bestuur van de Dienst draagt zorg dat de openbare registers zodanig duurzaam worden bewaard dat de inhoud ervan naar de eisen van openbaarheid binnen redelijke termijn voor raadpleging beschikbaar is.

2. De inhoud van de openbare registers kan worden gehouden op papieren, elektronische of andere gegevensdragers.

3. Het bestuur van de Dienst kan ten aanzien van door hem aan te wijzen openbare registers of gedeelten ervan, de inhoud overbrengen op andere gegevensdragers van dezelfde of een andere soort, mits de overbrenging geschiedt met juiste en volledige weergave van alle desbetreffende gegevens, ter waarborging waarvan het bestuur van de Dienst passende maatregelen ten uitvoer legt. Het bestuur van de Dienst kan bepalen dat meer dan een duplicaat van dezelfde of een andere soort als bedoeld in de eerste zin wordt vervaardigd. Het bestuur van de Dienst draagt in elk geval zorg dat van de openbare registers zo spoedig mogelijk ten minste een duplicaat in dubbel aanwezig is, waarbij artikel 3d, eerste lid, tweede zin, van overeenkomstige toepassing is.

4. Het bestuur van de Dienst kan bepalen dat een ingevolge het derde lid vervaardigd duplicaat de inhoud vervangt van de openbare registers of gedeelten ervan waarvan dat duplicaat een afschrift is.

5. De duplicaten, bedoeld in het derde en vierde lid, hebben dezelfde bewijskracht als de inhoud van de registers die is geplaatst op de oorspronkelijke gegevensdragers onderscheidenlijk als de oorspronkelijke inhoud van de registers.

6. Van elke vervaardiging van een duplicaat en vervanging als bedoeld in het derde onderscheidenlijk vierde lid wordt een verklaring opgemaakt, die ten minste een specificatie bevat van de desbetreffende vervaardiging onderscheidenlijk vervanging, en aangeeft op grond waarvan zij is geschied. Het bestuur van de Dienst stelt de vorm van de verklaring vast, en wanneer en door wie zij wordt opgemaakt en ondertekend.

7. Het bestuur van de Dienst stelt met inachtneming van het eerste tot en met zesde lid nadere regels omtrent de wijze waarop de openbare registers worden gehouden. Daarbij wordt in elk geval geregeld de wijze waarop voor gebruik niet langer geschikte of beschikbare duplicaten als bedoeld in het derde lid worden vervangen door nieuwe duplicaten.

Art. 9a

Artikel 9 is van overeenkomstige toepassing op in vreemde of Friese taal gestelde stukken als bedoeld in artikel 41, derde lid.

Overeenkomstige toepassing

Afdeling 2
Plaats van inschrijving

Art. 10

Bij algemene maatregel van bestuur wordt geregeld waar stukken ter verkrijging van inschrijving van feiten die betrekking hebben op onroerende zaken, schepen, luchtvaartuigen, en rechten waaraan die zaken zijn onderworpen, kunnen worden aangeboden, met dien verstande dat bij regeling van het bestuur van de Dienst een of meer elektronische postadressen van de Dienst worden vastgesteld.

Nadere regels

Afdeling 3
Vereisten voor inschrijving en de wijze waarop deze geschiedt

Art. 10a

Voor inschrijving van een feit in de openbare registers, bedoeld in artikel 8, eerste lid, onderdeel a, is vereist een stuk dat voldoet aan de vereisten, bedoeld in hoofdstuk 2, titel 2, onverminderd hetgeen wordt bepaald bij verdrag en bij of krachtens deze of een andere wet.

Eisen inschrijving in openbare registers

Art. 10b

1. Stukken als bedoeld in artikel 10a worden in papieren of elektronische vorm ter inschrijving in de openbare registers aangeboden, onverminderd de artikelen 11a, eerste tot en met vierde lid, en 11b, vijfde en zesde lid.

Aanbieding in papieren of elektronische vorm

2. Bij regeling van Onze Minister worden met betrekking tot in te schrijven stukken met een papieren vorm, regels gesteld met betrekking tot de wijze waarop daarin voorkomende doorhalingen van de oorspronkelijke tekst, aangebrachte gewijzigde tekst en daarop geplaatste ondertekeningen worden weergegeven in het afschrift en uittreksel, bedoeld in artikel 11b, eerste lid, tenzij de aard van het desbetreffende stuk meebrengt dat die regels worden gesteld bij of krachtens een andere dan deze wet.

3. Bij of krachtens algemene maatregel van bestuur kunnen regels worden gesteld omtrent de wijze waarop een elektronisch afschrift en een elektronisch uittreksel van een tot het register van de gerechtsdeurwaarder behorend stuk wordt vervaardigd ten behoeve van het in elektronische vorm aanbieden van dit stuk ter inschrijving in de in artikel 8, eerste lid, onder a, bedoelde openbare registers.

Nadere regels

Art. 11

1. Indien een stuk als bedoeld in artikel 10a in papieren vorm wordt aangeboden, wordt tevens een afschrift van dat stuk aangeboden, voorzien van een verklaring van eensluidendheid.

Eisen inschrijving in openbare registers

2. De bewaarder is niet gehouden de juistheid van de verklaring, bedoeld in het eerste lid, te onderzoeken. De Dienst is niet aansprakelijk voor schade voortvloeiend uit een onjuistheid en onvolledigheid in het afschrift.

3. Bij regeling van Onze Minister wordt de vorm vastgesteld van de verklaring, bedoeld in het eerste lid, en wordt bepaald, onverminderd het bepaalde bij of krachtens een andere wet, door wie die verklaring wordt ondertekend.

4. Bij regeling van Onze Minister kan voor bijzondere gevallen worden bepaald dat geen afschrift als bedoeld in het eerste lid behoeft te worden aangeboden. In die gevallen vervaardigt de Dienst het afschrift van het ter inschrijving aangeboden stuk. De Dienst is aansprakelijk voor schade voortvloeiend uit een onjuistheid en onvolledigheid in het afschrift, ontstaan ten gevolge van de vervaardiging ervan.

5. Bij regeling van Onze Minister worden regels gesteld met betrekking tot:
a. de eisen waaraan tekeningen die deel uitmaken van in papieren vorm ter inschrijving aangeboden stukken, voldoen, en
b. indien het zevende lid, eerste zin, toepassing heeft gevonden, de gevallen waarin van een tekening een niet op een formulier als bedoeld in het zevende lid gesteld afschrift wordt aangeboden, in welke gevallen dat afschrift wordt voorzien van een verklaring van eensluidendheid waarop het tweede en derde lid van overeenkomstige toepassing zijn.

B28 art. 11a **Kadasterwet**

6. Bij regeling van het bestuur van de Dienst worden regels gesteld met inachtneming waarvan het in het eerste lid bedoelde afschrift wordt vervaardigd en aangeboden.

7. Bij regeling van het bestuur van de Dienst kan worden bepaald dat het in het eerste lid bedoelde afschrift van het stuk wordt gesteld op een door de Dienst verstrekt formulier. Bij toepassing van de eerste zin worden bij die regeling tevens de vorm vastgesteld van dat formulier en regels gesteld met inachtneming waarvan dat formulier wordt ingevuld en aangeboden.

Art. 11a

Eisen aan elektronische bestanden

1. Een stuk als bedoeld in artikel 10a kan slechts in elektronische vorm ter inschrijving worden aangeboden, indien het tezamen met het verzoek tot inschrijving, bedoeld in artikel 11b, tweede lid, wordt verzonden door middel van een bericht en de aanbieder ervan voldoet aan de door het bestuur van de Dienst bij regeling te stellen regels met betrekking tot:

a. het formaat van de in elektronische vorm aan de bewaarder toe te zenden bestanden waaruit een zodanig bericht bestaat;

b. de indeling van die bestanden;

c. het uitwisselingsprotocol voor de berichten, bedoeld in de aanhef;

d. de waarborging en controleerbaarheid van de integriteit van die berichten;

e. de waarborging van de continuïteit en de beveiliging van het in elektronische vorm verzenden van die berichten;

f. de wijze waarop elektronische bestanden waaruit dat bericht bestaat, ter inschrijving kunnen worden aangeboden, en

g. de wijze waarop degene die voornemens is stukken in elektronische vorm ter inschrijving aan te bieden, dat voornemen uiterlijk mededeelt aan de bewaarder voordat hij voor de eerste keer daartoe overgaat, de daarbij te verstrekken gegevens en de wijze en het tijdstip van mededeling van wijzigingen in die gegevens.

Bij de regeling, bedoeld in de eerste zin, worden vastgesteld de voorwaarden waaronder een persoon als bedoeld in onderdeel g, de bewaarder kan verzoeken om voor hem een afwijkend uitwisselingsprotocol vast te stellen, alsmede de wijze waarop een zodanig verzoek kan worden gedaan.

2. De bewaarder aanvaardt een aan hem elektronisch toegezonden bericht als bedoeld in het eerste lid niet, indien de aanbieder niet heeft voldaan aan het bepaalde bij of krachtens het eerste lid. Het bestuur van de Dienst bepaalt de wijze waarop en de termijn waarbinnen de bewaarder aan de aanbieder mededeling doet van die niet-aanvaarding en de wijze van bewaren van berichten als bedoeld in de eerste zin. Artikel 20 van Boek 3 van het Burgerlijk Wetboek is niet van toepassing op niet aanvaarde berichten.

3. Indien op grond van het niet voldaan hebben aan het bepaalde bij of krachtens het eerste lid, met uitzondering van onderdeel g, meer dan een bericht van een aanbieder niet is aanvaard, kan de bewaarder beslissen dat hij andere berichten door die aanbieder aan hem verzonden na een in die beslissing te noemen tijdstip, niet aanvaardt. Het bestuur van de Dienst bepaalt de wijze waarop en de termijn waarbinnen de bewaarder aan de aanbieder mededeling doet van zijn beslissing en de inhoud van die mededeling. Op een niet aanvaard bericht als bedoeld in de eerste zin is artikel 20 van Boek 3 van het Burgerlijk Wetboek niet van toepassing.

4. Bij regeling van het bestuur van de Dienst worden vastgesteld de procedure met inachtneming waarvan en de voorwaarden waaronder een aanbieder als bedoeld in het derde lid op zijn verzoek in papieren vorm in de gelegenheid wordt gesteld om de bewaarder aan te tonen dat hij in staat is bij het in elektronische vorm toezenden van stukken ter inschrijving, te voldoen aan de regels, bedoeld in het eerste lid, onderdelen a tot en met f, alsmede de wijze waarop een zodanig verzoek kan worden gedaan. Van de uitkomsten van het onderzoek, bedoeld in de eerste zin, geeft de bewaarder aan de verzoeker met bekwame spoed een verklaring af, waarvan de inhoud en de wijze van verzenden door het bestuur van de Dienst worden vastgesteld. Een verklaring als bedoeld in de tweede zin doet een beslissing als bedoeld in het derde lid vervallen, indien daaruit blijkt dat de verzoeker heeft aangetoond dat hij in staat is bij het in elektronische vorm toezenden van stukken ter inschrijving, te voldoen aan de regels, bedoeld in het eerste lid, onderdelen a tot en met f.

5. Bij regeling van het bestuur van de Dienst worden regels gesteld omtrent de voorwaarden waaronder en de wijze waarop een netwerkbeheerder ten behoeve van het elektronisch verzenden en ontvangen van berichten in verband met het in elektronische vorm aanbieden van stukken ter inschrijving, een permanente aansluiting kan verkrijgen op het door de Dienst gehouden systeem.

6. Bij regeling van het bestuur van de Dienst kan worden bepaald ten aanzien van welke andere dan de gevallen, bedoeld in het tweede lid, een persoon als bedoeld in het eerste lid, onderdeel g, kan verzoeken om, indien een van de door hem bij zijn verzoek aangegeven soorten van die gevallen zich voordoet met betrekking tot door hem verzonden berichten als bedoeld in het eerste lid, het desbetreffende door hem gedaan verzoek tot inschrijving aan te merken als te zijn ingetrokken. Bij regeling van het bestuur van de Dienst worden regels gesteld omtrent de wijze en het tijdstip waarop uiterlijk en aan welke bewaarder het verzoek, bedoeld in de eerste zin, wordt gedaan.

Art. 11b

1. Indien een stuk als bedoeld in artikel 10a in elektronische vorm ter inschrijving wordt aangeboden, is het desbetreffende afschrift of het woordelijk gelijkluidend uittreksel voorzien van een verklaring, inhoudende dat het inhoudelijk een volledige en juiste weergave is van de inhoud van het stuk waarvan het een afschrift is onderscheidenlijk van de desbetreffende gedeelten van het stuk waarvan het een uittreksel is, en van een elektronische handtekening. Artikel 11, tweede lid, is van overeenkomstige toepassing.

Eisen aan elektronische bestanden, verklaring

2. Indien een stuk in elektronische vorm ter inschrijving wordt aangeboden biedt de aanbieder tezamen met dat stuk eveneens in elektronische vorm een verzoek tot inschrijving aan. Een verzoek als bedoeld in de eerste zin mag op meer dan een stuk betrekking hebben. Bij regeling van het bestuur van de Dienst worden de vorm en inhoud van dat verzoek vastgesteld.

3. Bij regeling van Onze Minister wordt vastgesteld:
a. de vorm van de verklaring, bedoeld in het eerste lid, en
b. van wiens elektronische handtekening stukken als bedoeld in het eerste lid worden voorzien.

4. Bij regeling van Onze Minister wordt vastgesteld in welke gevallen en op welke wijze het ambt, de hoedanigheid of functie van de persoon, bedoeld in het derde lid, onderdeel b, wordt opgenomen in een bericht als bedoeld in artikel 11a, eerste lid, eerste zin. Indien in de regeling, bedoeld in de eerste zin, wordt bepaald dat dat ambt, die hoedanigheid of functie als specifiek attribuut wordt vermeld in het certificaat waarop de elektronische handtekening is gebaseerd, wordt bij die regeling bepaald de wijze waarop de betrokken certificatiedienstverlener zich vergewist dat de betrokkene ten tijde van de afgifte van het certificaat dat ambt, die hoedanigheid of functie bekleedde of toekwam.

5. Ten aanzien van tekeningen die deel uitmaken van in elektronische vorm ter inschrijving aan te bieden stukken is artikel 11, vijfde lid, van overeenkomstige toepassing. Bij regeling van Onze Minister kunnen worden vastgesteld de gevallen waarin tekeningen en andere stukken die deel uitmaken van een in elektronische vorm aan te bieden stuk, afzonderlijk in papieren vorm ter inschrijving kunnen worden aangeboden. Ten aanzien van stukken die in de elektronische vorm ter inschrijving worden aangeboden kan, voorzover ter verkrijging van inschrijving door de aanbieder stukken voor bewijs worden overgelegd die niet worden ingeschreven, Onze Minister bij regeling:
a. vaststellen de gevallen waarin de overlegging in elektronische vorm kan plaatsvinden, en
b. regels stellen waaraan in elektronische vorm over te leggen stukken voldoen.

6. In de gevallen waarop een regeling als bedoeld in het vijfde lid, tweede zin, van toepassing is, en in de gevallen waarop een regeling als bedoeld in het vijfde lid, derde zin, niet van toepassing is, vindt:
a. de aanbieding van tekeningen en andere stukken als bedoeld in het vijfde lid, tweede zin, die in papieren vorm worden aangeboden, en
b. de overlegging van stukken als bedoeld in het vijfde lid, derde zin, die in papieren vorm worden overgelegd,
plaats binnen de bij regeling van Onze Minister vast te stellen termijn.

7. Bij regeling van Onze Minister wordt bepaald de wijze waarop de aanbieder een in elektronische vorm ter inschrijving aan te bieden stuk en:
a. elk in papieren vorm aan te bieden stuk dat deel uitmaakt van eerstbedoeld stuk, of
b. elk stuk in papieren vorm dat voor bewijs wordt overgelegd bij de aanbieding van eerstbedoeld stuk maar niet mede wordt ingeschreven,
voorziet van een onderlinge verwijzing door middel van een uniek kenmerk.
Bij de regeling, bedoeld in de eerste zin, wordt vastgesteld waaruit dat kenmerk bestaat en hoe dit desgevraagd aan een aanbieder wordt verstrekt door de bewaarder.

8. Het bestuur van de Dienst stelt de termijn vast gedurende welke en de wijze waarop overgelegde stukken als bedoeld in het vijfde lid, derde zin, worden bewaard.

9. Artikel 11, zevende lid, is van overeenkomstige toepassing.

10. Bij regeling van Onze Minister kan worden bepaald in welke gevallen en onder welke voorwaarden de Dienst van tekeningen en andere stukken die deel uitmaken van een in elektronische vorm ter inschrijving aan te bieden stuk, voorafgaande aan die aanbieding een afschrift in elektronische vorm vervaardigt en onder een uniek kenmerk bewaart met het uitsluitend doel dat daarnaar in dat later aan te bieden stuk kan worden verwezen op een bij de regeling vast te stellen wijze. Een verwijzing als bedoeld in de eerste zin heeft tot gevolg dat het stuk waarnaar in het ter inschrijving aangeboden stuk wordt verwezen, deel uitmaakt van het aan te bieden stuk. Artikel 11, vierde lid, tweede zin, alsmede het zevende lid, tweede zin, en achtste lid van dit artikel zijn van overeenkomstige toepassing.

11. In afwijking van het eerste lid, eerste zin, is, indien een document dat betrekking heeft op de inschrijving van een beperkingenbesluit als bedoeld in de Wet kenbaarheid publiekrechtelijke beperkingen onroerende zaken dan wel een daarop betrekking hebbende beslissing in adminis-

B28 art. 11c Kadasterwet

tratief beroep, rechterlijke uitspraak of vervallenverklaring, ter inschrijving wordt aangeboden, het afschrift of uittreksel, bedoeld in dat lid, niet voorzien van een elektronische handtekening en vindt authenticatie plaats overeenkomstig bij ministeriële regeling te geven regels.

Art. 11c

Aantekening ontvangst

1. Elk stuk dat ter inschrijving wordt aangeboden, wordt door de bewaarder met bekwame spoed voorzien van een aantekening omtrent dag, uur en minuut van aanbieding en een uniek stukidentificatienummer, met dien verstande dat indien een stuk in elektronische vorm ter inschrijving wordt aangeboden die gegevens bij het desbetreffende stuk in het desbetreffende elektronisch gedeelte van de openbare registers worden geplaatst. Het bestuur van de Dienst regelt waaruit dit stukidentificatienummer bestaat en de wijze waarop het wordt gevormd.

2. Bij ontvangst van een in elektronische vorm aangeboden stuk wordt in het desbetreffende elektronisch gedeelte van de openbare registers een aantekening geplaatst waaruit blijkt dat het stuk de status «aangeboden» heeft, en worden daarin andere door het bestuur van de Dienst vast te stellen gegevens vermeld die op de aanbieding betrekking hebben.

3. Het bestuur van de Dienst stelt de vorm vast van de aantekeningen, bedoeld in het eerste en tweede lid.

Art. 12

Wijze van inschrijven

1. De inschrijving geschiedt:

a. wat betreft stukken die in papieren vorm ter inschrijving zijn aangeboden: door het plaatsen op het afschrift van het stuk, bedoeld in artikel 11, eerste lid, van een door de bewaarder te ondertekenen aantekening dat het stuk is ingeschreven, en

b. wat betreft stukken die in elektronische vorm ter inschrijving zijn aangeboden: door het plaatsen in het desbetreffende elektronisch gedeelte van de openbare registers bij het stuk van een aantekening waaruit blijkt dat het stuk de status «ingeschreven» heeft, voorzien van de naam van de bewaarder, en in de gevallen, bedoeld in artikel 11b, vijfde lid, tweede zin, door tevens op de stukken die deel uitmaken van het in de elektronische vorm aangeboden stuk, een door de bewaarder te ondertekenen aantekening te plaatsen dat het stuk is ingeschreven. Het bestuur van de Dienst stelt de vorm vast van de aantekeningen, bedoeld in de eerste zin, onderdelen a en b.

2. Het bestuur van de Dienst stelt regels met betrekking tot:

a. de rangschikking en de wijze van opberging van de afschriften, bedoeld in artikel 11, eerste lid, en

b. de bewaring van de bestanden waaruit een bericht als bedoeld in artikel 11a, eerste lid, onderdeel a, bestaat, en van bestanden die bij een zodanig bericht zijn gevoegd.

Art. 13

Verklaring van inschrijving

1. Indien stukken in papieren vorm ter inschrijving zijn aangeboden, worden zij na de inschrijving, bedoeld in artikel 12, eerste lid, aan de aanbieder teruggegeven nadat zij zijn voorzien van een door de bewaarder ondertekende verklaring van inschrijving vermeldende ten minste dag, uur en minuut van aanbieding, en het stukidentificatienummer, bedoeld in artikel 11c. Het bestuur van de Dienst stelt de vorm vast van de verklaring, bedoeld in de eerste zin, en kan de inhoud ervan nader vaststellen.

Bewijs van inschrijving

2. Indien stukken in elektronische vorm ter inschrijving zijn aangeboden, wordt na hun inschrijving aan de aanbieder toegezonden een bewijs van inschrijving houdende mededeling van de verrichte inschrijving en vermeldende ten minste de gegevens, bedoeld in het eerste lid, eerste zin, welk bewijs door de bewaarder wordt ondertekend of, indien het in de elektronische vorm wordt opgemaakt en toegezonden, wordt voorzien van een elektronische handtekening van de bewaarder. Het bestuur van de Dienst stelt regels met betrekking tot de vorm, wijze en het tijdstip van verzenden van het bewijs van inschrijving en kan de inhoud ervan nader vaststellen.

Overeenkomstige toepassing

3. Indien artikel 11b, vijfde lid, tweede zin, toepassing heeft gevonden en indien in het geval, bedoeld in het tweede lid, stukken die deel uitmaken van het in te schrijven stuk in papieren vorm ter inschrijving zijn aangeboden, is het eerste lid van overeenkomstige toepassing op die stukken.

Art. 14

Inschrijving na onterechte weigering

Op de inschrijving van een feit waarvan de inschrijving alsnog is bevolen overeenkomstig artikel 20, tweede lid, van Boek 3 van het Burgerlijk Wetboek of opnieuw is verzocht als bedoeld in artikel 20, vierde lid, tweede zin, van Boek 3 van dat wetboek, zijn de artikelen 10a tot en met 13 van toepassing, voorzover daarvan in de artikelen 14a en 14b niet wordt afgeweken.

Art. 14a

Hernieuwd verzoek tot inschrijving

1. Voor een inschrijving als bedoeld in artikel 14 wordt vereist, indien het oorspronkelijke stuk in papieren vorm ter inschrijving is aangeboden, het oorspronkelijk aangeboden stuk dat is voorzien van de verklaring, bedoeld in artikel 15a, eerste lid.

2. De inschrijving geschiedt door op het afschrift van het stuk, bedoeld in artikel 11, eerste lid, een door de bewaarder te ondertekenen aantekening te plaatsen inhoudende dat het stuk is ingeschreven onder vermelding van het tijdstip van de hernieuwde aanbieding.

3. Artikel 13, eerste lid, is van overeenkomstige toepassing.

Art. 14b

1. Voor een inschrijving als bedoeld in artikel 14 wordt vereist, indien het oorspronkelijke stuk in elektronische vorm ter inschrijving is aangeboden, een hernieuwd verzoek tot inschrijving dat in elk geval vermeldt het stukidentificatienummer van het oorspronkelijk aangeboden stuk en is voorzien van een elektronische handtekening. Indien artikel 11b, vijfde lid, tweede zin, toepassing heeft gevonden en indien in het geval, bedoeld in de eerste zin, stukken die deel uitmaken van het oorspronkelijk ter inschrijving aangeboden stuk in papieren vorm ter inschrijving zijn aangeboden, wordt tevens vereist de hernieuwde aanbieding van diezelfde stukken voorzien van de door de bewaarder bij de oorspronkelijke aanbieding daarop gestelde gegevens, bedoeld in artikel 11c, eerste lid, onverminderd het tweede lid. Artikel 11b, zesde lid, is van overeenkomstige toepassing.

2. Bij regeling van Onze Minister worden nadere regels gesteld met betrekking tot: *a.* de vorm en inhoud van het verzoek, bedoeld in het eerste lid, en van wiens elektronische handtekening dat verzoek wordt voorzien, en *b.* de gevallen waarin een hernieuwde aanbieding als bedoeld in het eerste lid, tweede zin, achterwege kan blijven.

3. De inschrijving geschiedt in de gevallen, bedoeld in het eerste lid, eerste zin, door in het desbetreffende elektronisch gedeelte van de openbare registers de voorlopige aantekening door te halen en door het plaatsen bij het stuk van een aantekening waaruit blijkt het tijdstip van de hernieuwde aanbieding en dat het stuk de status «ingeschreven» heeft, en, in de gevallen, bedoeld in het eerste lid, tweede zin, door tevens op de stukken die deel uitmaken van het in elektronische vorm aangeboden stuk, een aantekening te plaatsen ten aanzien waarvan het bepaalde omtrent de in dit lid eerstgenoemde aantekening van overeenkomstige toepassing is. Het bestuur van de Dienst stelt de vorm vast van de aantekeningen, bedoeld in de eerste zin.

4. Artikel 13, tweede en derde lid, is van overeenkomstige toepassing, met dien verstande dat de bewaarder in de gevallen, bedoeld in het eerste lid, tweede zin, op de stukken die deel uitmaken van het in de elektronische vorm aangeboden stuk, een aantekening plaatst ten aanzien waarvan artikel 13, eerste lid, van overeenkomstige toepassing is.

Afdeling 4
Voorlopige aantekeningen en bewijs van ontvangst

Art. 15

De boeking, bedoeld in artikel 20, eerste lid, van Boek 3 van het Burgerlijk Wetboek, geschiedt in het register van voorlopige aantekeningen met vermelding van de gerezen bedenkingen, en, voorzover bekend, van de naam en woonplaats met adres van de aanbieder, met dien verstande dat met betrekking tot een stuk dat in elektronische vorm ter inschrijving is aangeboden, die vermelding plaatsvindt in het desbetreffende elektronisch gedeelte van de openbare registers bij dat stuk onder gelijktijdige aantekening van de status «niet-ingeschreven». Het bestuur van de Dienst stelt de vorm vast van de aantekening, bedoeld in de eerste zin.

Art. 15a

1. Indien een stuk in papieren vorm ter inschrijving is aangeboden, wordt na de boeking, bedoeld in artikel 15, dat stuk voorzien van een door de bewaarder ondertekende verklaring van niet-inschrijving, vermeldende ten minste:
a. dag, uur en minuut van aanbieding;
b. het stukidentificatienummer, bedoeld in artikel 11c, eerste lid, onder verwijzing naar de boeking in het register van voorlopige aantekeningen, en
c. de gerezen bedenkingen,
en wordt het aan de aanbieder teruggegeven. Het voor inschrijving vereiste, aangeboden afschrift van het stuk wordt in bewaring genomen. Artikel 12, tweede lid, onderdeel a, is van overeenkomstige toepassing.

2. Indien het voor inschrijving vereiste afschrift niet is aangeboden, vervaardigt de Dienst een afschrift van het stuk, bedoeld in het eerste lid, overeenkomstig door het bestuur van de Dienst te stellen regels. De Dienst is aansprakelijk voor de schade voortvloeiend uit een onjuistheid en onvolledigheid in het afschrift. De eerste en tweede zin zijn van overeenkomstige toepassing op de stukken, bedoeld in artikel 15, waarop ten aanzien van de inschrijving artikel 11, vierde lid, van toepassing is.

3. Het bestuur van de Dienst stelt regels over de gevallen waarin de Dienst een afschrift vervaardigt van het stuk waarvan de inschrijving is geweigerd, en op welke wijze die vervaardiging geschiedt, indien:
a. het afschrift, bedoeld in artikel 11, eerste lid, niet is vervaardigd of aangeboden met inachtneming van de regels, bedoeld in artikel 11, zesde lid, dan wel
b. het formulier, bedoeld in artikel 11, zevende lid, indien dat lid toepassing heeft gevonden, niet is ingevuld of aangeboden met inachtneming van de regels, bedoeld in dat lid.

Hernieuwd verzoek tot inschrijving bij elektronische inschrijving

Nadere regels

Aantekening hernieuwde aanbieding

Overeenkomstige toepassing

Voorlopige aantekening weigering inschrijving stuk in elektronische vorm

Voorlopige aantekening weigering inschrijving stuk in papieren vorm

B28 art. 15b **Kadasterwet**

Artikel 12, tweede lid, onderdeel a, is van overeenkomstige toepassing. Het aangeboden afschrift blijft berusten ten kantore van de Dienst en wordt voorzover mogelijk opgeborgen in het register van voorlopige aantekeningen bij het desbetreffende door de Dienst vervaardigde afschrift.

Overeenkomstige toepassing

4. Artikel 15 en het eerste lid zijn van overeenkomstige toepassing op de boeking van de aanbieding van een stuk, dat krachtens artikel 37, tweede lid, op bevel van de rechter kan worden ingeschreven.

Art. 15b

Bewijs van niet-inschrijving

1. Indien een stuk in elektronische vorm ter inschrijving is aangeboden, wordt na de boeking, bedoeld in artikel 15, aan de aanbieder toegezonden een bewijs van niet-inschrijving vermeldende ten minste de gegevens, bedoeld in artikel 15a, eerste lid, eerste zin, welk bewijs door de bewaarder wordt ondertekend of, indien het in elektronische vorm wordt opgemaakt en toegezonden, wordt voorzien van een elektronische handtekening van de bewaarder. Het bestuur van de Dienst stelt regels met betrekking tot de vorm, wijze en het tijdstip van verzenden van het bewijs van niet-inschrijving. Het bestuur kan nadere regels stellen met betrekking tot de inhoud van het bewijs van niet-inschrijving. Artikel 12, tweede lid, is van overeenkomstige toepassing.

2. Indien artikel 11b, vijfde lid, tweede zin, toepassing heeft gevonden en indien in het geval, bedoeld in het eerste lid, eerste zin, stukken die deel uitmaken van het in te schrijven stuk in papieren vorm ter inschrijving zijn aangeboden zonder het voor inschrijving vereiste afschrift, vervaardigt de Dienst een afschrift van de desbetreffende stukken overeenkomstig door het bestuur van de Dienst te stellen regels. De Dienst is aansprakelijk voor de schade voortvloeiend uit een onjuistheid en onvolledigheid in het afschrift. De eerste en tweede zin zijn van overeenkomstige toepassing met betrekking tot de stukken, bedoeld in artikel 15, waarop ten aanzien van de inschrijving artikel 11, vierde lid, van toepassing is.

3. Artikel 15 en het eerste lid zijn van overeenkomstige toepassing op de boeking van de aanbieding van een stuk, dat krachtens artikel 37, tweede lid, op bevel van de rechter kan worden ingeschreven.

Art. 16

Overige aantekeningen in register voorlopige aantekeningen

1. Van aan de bewaarder uitgebrachte dagvaardingen als bedoeld in artikel 20, vierde lid, van Boek 3 van het Burgerlijk Wetboek, en van uitspraken van de voorzieningenrechter in kort geding, aangespannen ter verkrijging van het bevel, bedoeld in artikel 20, tweede lid, van Boek 3 van dat wetboek, wordt aantekening gehouden in het register van voorlopige aantekeningen overeenkomstig door het bestuur van de Dienst te stellen regels.

2. Het bestuur van de Dienst stelt regels met betrekking tot de wijze waarop in het register van voorlopige aantekeningen de boeking, bedoeld in artikel 15, geschiedt, en met betrekking tot de wijze van doorhaling van voorlopige aantekeningen.

3. Het eerste lid is van overeenkomstige toepassing op dagvaardingen uitgebracht aan de bewaarder ter verkrijging van een bevel van de rechter tot inschrijving van een notariële verklaring als bedoeld in artikel 37, eerste lid, onderdeel c. Het tweede lid is van overeenkomstige toepassing op de boeking, bedoeld in artikel 37, tweede lid, eerste zin, en de doorhaling van een zodanige boeking in het register van voorlopige aantekeningen.

Art. 17

Bewijs van ontvangst

1. Het bestuur van de Dienst stelt:

a. de vorm vast van het bewijs van ontvangst, bedoeld in artikel 18 van Boek 3 van het Burgerlijk Wetboek, dat door de bewaarder wordt ondertekend, met dien verstande dat indien het in elektronische vorm wordt opgemaakt en toegezonden aan de aanbieder, het wordt voorzien van een elektronische handtekening van de bewaarder, en

b. regels met betrekking tot de wijze waarop op het bewijs van ontvangst, bedoeld in onderdeel a, indien het in papieren vorm is afgegeven, de verrichte inschrijving desgevraagd wordt aangetekend, bedoeld in artikel 19, derde lid, van Boek 3 van het Burgerlijk Wetboek.

2. Het bestuur van de Dienst stelt nadere regels met betrekking tot de inhoud van het bewijs van ontvangst, bedoeld in het eerste lid, onderdeel a, met dien verstande dat daarin in elk geval wordt vermeld het aantal van de overgelegde maar niet mede in te schrijven stukken als bedoeld in artikel 44, onder vermelding van hun kenmerken als bedoeld in artikel 11b, zevende lid.

3. Het bestuur van de Dienst stelt regels met betrekking tot de wijze en het tijdstip van verstrekken van het bewijs van ontvangst.

Titel 2

Vereisten met betrekking tot in te schrijven stukken

Afdeling 1
Algemene vereisten waaraan in te schrijven stukken moeten voldoen

Art. 18

1. Onverminderd de overige uit deze titel voortvloeiende eisen moet een ter inschrijving aangeboden notariële akte, notariële verklaring of authentiek afschrift of uittreksel van een zodanige akte of verklaring vermelden:

1°. naam, voornamen, geboortedatum en -plaats, woonplaats met adres en burgerlijke staat van de natuurlijke personen die blijkens het aangeboden stuk daarbij als partij zijn opgetreden;

2°. rechtsvorm, naam en woonplaats met adres van de rechtspersonen die blijkens het aangeboden stuk daarbij als partij zijn opgetreden;

3°. ten aanzien van natuurlijke en rechtspersonen die blijkens het aangeboden stuk voormelde partijen hebben vertegenwoordigd: de in de onderdelen a en b bedoelde gegevens, met uitzondering van de burgerlijke staat, alsmede de grond van hun bevoegdheid, met dien verstande dat voor natuurlijke personen die een kantoor houden of werkzaam zijn op een kantoor ten aanzien van aangelegenheden die dit kantoor betreffen in plaats van de woonplaats met adres ook het kantooradres vermeld kan worden.

Indien opgave van één of meer van deze gegevens niet mogelijk is, worden de redenen daarvan vermeld.

2. Andere ter inschrijving aangeboden stukken vermelden, zo mogelijk, dezelfde gegevens als in het eerste lid omschreven, tenzij anders voortvloeit uit hetgeen de wet voor een stuk van de aard als waarom het gaat, ten aanzien van de vermelding van voornamen, namen en woonplaatsen voorschrijft.

3. In elk geval worden de in het eerste lid omschreven gegevens opgegeven van de partij ten behoeve van wie de aanbieding ter inschrijving geschiedt. Zo het ter inschrijving aangeboden stuk één of meer van deze gegevens niet vermeldt en naar zijn aard niet voor aanvulling te dier zake vatbaar is, wordt vermelding van de ontbrekende gegevens en, zo opgave van één of meer dezer gegevens niet mogelijk is, de vermelding van de redenen daarvan in een nadere door of namens die partij ondertekende verklaring alsnog op het stuk gesteld of daaraan gehecht.

4. Zo een partij geen woonplaats in Nederland heeft, kiest zij ter zake van de inschrijving een woonplaats in Nederland.

5. Indien een partij in een ter inschrijving aangeboden stuk woonplaats heeft gekozen, wordt niettemin daarin ook de wettelijke woonplaats met adres vermeld.

Art. 19

Ingeval het ter inschrijving aangeboden stuk betrekking heeft op een bepaald reeds eerder ingeschreven stuk, bevat het een verwijzing naar dit eerdere stuk overeenkomstig door Onze Minister daartoe vast te stellen regelen.

Art. 20

1. Indien een stuk ter inschrijving wordt aangeboden en het daarin vermelde in te schrijven feit betrekking heeft op een onroerende zaak of op een recht waaraan een zodanige zaak is onderworpen, vermeldt dit stuk de aard, de plaatselijke aanduiding zo deze er is, en de kadastrale aanduiding van die onroerende zaak onderscheidenlijk van de onroerende zaak die aan dat recht is onderworpen. Indien het in te schrijven feit betrekking heeft op een appartementsrecht, wordt in het ter inschrijving aangeboden stuk vermeld de plaatselijke aanduiding van het desbetreffende gedeelte van het gebouw dat is bestemd om als afzonderlijk geheel te worden gebruikt, alsmede de aard en de kadastrale aanduiding van dat appartementsrecht.

2. Onze Minister kan regelen vaststellen omtrent de wijze waarop de plaatselijke aanduiding, bedoeld in het eerste lid, in het ter inschrijving aangeboden stuk wordt vermeld.

Art. 21

1. Indien het in te schrijven feit betrekking heeft op een in de registratie voor schepen, bedoeld in artikel 85, te boek staand schip of op een recht waaraan een zodanige zaak is onderworpen, bevat het ter inschrijving aangeboden stuk:

a. de naam van het schip met vermelding van het gebruik waartoe het is bestemd, en zijn bruto-inhoud of bruto-tonnage dan wel, indien het een binnenschip betreft, zijn laadvermogen in tonnen van 1.000 kilogram of verplaatsing in kubieke meters;

b. het type en de inrichting van het schip, het materiaal waarvan de romp is gemaakt, jaar en plaats van de bouw, en, voor zover het een schip met een mechanische voortstuwing betreft, ook al betreft het slechts een hulpmotor, het aantal motoren, het type, vermogen en de fabrikant van elke motor, alsmede het fabrieksnummer daarvan met aanduiding van de plaats waar dit nummer is aangebracht;

c. het nummer waaronder de teboekstelling van het schip in de openbare registers is geschied, de aanwijzing van de rubriek waartoe dat schip behoort, de aanduiding van het kantoor van

B28 art. 22 Kadasterwet

de Dienst waar de teboekstelling is geschied, en het jaar van teboekstelling, welke gegevens tezamen in genoemde volgorde het brandmerk van het schip vormen.

Onderscheiding van rubrieken van schepen

2. Bij algemene maatregel van bestuur worden regelen gesteld omtrent de in het eerste lid, onder *c*, bedoelde onderscheiding van rubrieken van schepen.

3. Het bepaalde in het eerste lid is niet van toepassing op ter inschrijving aangeboden rechterlijke uitspraken. Deze stukken kunnen, onverminderd andere vereisten gesteld bij of krachtens wet, echter slechts worden ingeschreven, indien en voor zover de identiteit van het desbetreffende schip voldoende vaststaat.

Vermelding van uitsluitend naam en brandmerk

4. In afwijking van het bepaalde in het eerste lid kan worden volstaan met het vermelden van de naam van het schip en de in dat lid, onder *c*, genoemde gegevens in het ter inschrijving aangeboden stuk, indien dat stuk betreft:

a. de doorhaling van de teboekstelling van een schip, bedoeld in de artikelen 195, eerste lid, en 786, eerste lid, van Boek 8 van het Burgerlijk Wetboek;

b. de aangifte van de eigenaar inhoudende dat het schip een wijziging heeft ondergaan waardoor de beschrijving van het schip in de registratie voor schepen, bedoeld in artikel 85, tweede lid, onder f en g, niet meer aan de werkelijkheid beantwoordt;

c. een afwijkend beding, als bedoeld in artikel 1, vijfde lid, van Boek 8 van het Burgerlijk Wetboek, dan wel

d. de verandering van een door de eigenaar van een schip in een ingeschreven stuk gekozen woonplaats.

Het bepaalde in de eerste zin is ook van toepassing op de inschrijving van stukken als bedoeld in de artikelen 32, eerste lid, 38, eerste lid, en 39, eerste lid.

Art. 22

In ter inschrijving aangeboden stukken te vermelden objectgegevens (luchtvaartuigen)

1. Indien het in te schrijven feit betrekking heeft op een in de registratie voor luchtvaartuigen, bedoeld in artikel 92, te boek staand luchtvaartuig of op een recht waaraan een zodanige zaak is onderworpen, bevat het ter inschrijving aangeboden stuk:

a. het nationaliteitskenmerk en het inschrijvingskenmerk, bedoeld in artikel 3.2, eerste lid, van de Wet luchtvaart;

b. de naam en woonplaats van de fabrikant en het type van het luchtvaartuig, jaar en plaats van de bouw, het serienummer zo het luchtvaartuig dat heeft met vermelding van de plaats waar dit nummer is aangebracht, en het aantal motoren, het type, vermogen en de fabrikant van elke motor, alsmede het fabrieksnummer daarvan met aanduiding van de plaats waar dit nummer is aangebracht;

c. de maximaal toegelaten startmassa van het luchtvaartuig en, indien het luchtvaartuig een naam voert, de naam ervan;

d. het nummer waaronder de teboekstelling van het luchtvaartuig in de openbare registers is geschied.

2. Artikel 21, derde lid, is van overeenkomstige toepassing.

Art. 23

Ontbreken van verwijzingen/objectgegevens; nadere verklaring

Vermeldt een ter inschrijving aangeboden stuk niet één of meer der gegevens, in de artikelen 19-22 voor een zodanig stuk voorgeschreven, en is het naar zijn aard niet voor aanvulling te dier zake vatbaar, dan wordt de vermelding van de ontbrekende gegevens in een nadere, door degene die de inschrijving verlangt, ondertekende verklaring alsnog op het stuk gesteld of daaraan gehecht.

Afdeling 2
Vereisten waaraan ter inschrijving aangeboden stukken moeten voldoen in verband met de aard van het in te schrijven feit

Art. 24

Akte van levering

1. Ter inschrijving van een akte van levering, vereist voor de overdracht van een registergoed, voor de vestiging, afstand of wijziging van een beperkt recht dat een registergoed is, of voor de overgang van een registergoed na toedeling uit hoofde van de verdeling van een gemeenschap, wordt aangeboden een authentiek afschrift dan wel een authentiek uittreksel van de notariële akte betreffende deze levering. In geval van vestiging van een recht van hypotheek op een schip in aanbouw wordt mede ter inschrijving aangeboden een verklaring van een ambtenaar van de Dienst belast met het aanbrengen van brandmerken op te boek staande schepen of van een andere door de bewaarder daarmee belaste persoon, inhoudende dat de bouw van het schip nog niet is voltooid.

2. Het ter inschrijving aangeboden stuk, bedoeld in het eerste lid, bevat in elk geval:

a. de titel op grond waarvan de levering plaatsvindt en, in geval van vestiging van een recht van hypotheek, tevens:

1°. een aanduiding van de vordering waarvoor het recht van hypotheek tot zekerheid strekt, of van de feiten aan de hand waarvan die vordering zal kunnen worden bepaald;

Kadasterwet B28 art. 26

2°. het bedrag waarvoor het recht van hypotheek wordt gevestigd of, wanneer dit bedrag nog niet vaststaat, het maximumbedrag dat uit hoofde van dat recht van hypotheek op het goed kan worden verhaald;

3°. in geval van vestiging van een recht van hypotheek op een teboekstaand zeeschip of op een recht waaraan een zodanige zaak is onderworpen, bovendien: een duidelijke vermelding van het aan de hypotheek onderworpen schip;

4°. in geval van vestiging van een recht van hypotheek op een teboekstaand binnenschip of op een recht waaraan een zodanige zaak is onderworpen, bovendien: een duidelijke vermelding van het aan de hypotheek onderworpen schip, de voorwaarden voor opeisbaarheid of een verwijzing naar een op het kantoor van inschrijving ingeschreven document waarin deze voorwaarden zijn vastgelegd, alsmede de bedongen rente en de tijdstippen waarop deze vervalt;

5°. in geval van vestiging van een recht van hypotheek op een teboekstaand luchtvaartuig, bovendien: een duidelijke vermelding van het aan de hypotheek onderworpen luchtvaartuig;

b. de wettelijke benaming van het recht, op de levering waarvan het ter inschrijving aangeboden stuk betrekking heeft of, ingeval dat recht geen wettelijke benaming heeft:

1°. de gangbare benaming, dan wel de vermelding dat het recht geen gangbare benaming heeft;

2°. de wetsbepaling volgens welke het recht kan worden gevestigd of een geregistgord is;

3°. in geval van een recht als bedoeld in artikel 150, eerste lid, van de Overgangswet nieuw Burgerlijk Wetboek, de omschrijving van de inhoud van dat recht.

3. Het eerste lid, eerste zin, en tweede lid zijn van overeenkomstige toepassing op de inschrijving van het proces-verbaal van toewijzing, bedoeld in de artikelen 525, eerste lid, en 584 *a*, eerste lid, van het Wetboek van Burgerlijke Rechtsvordering, onverminderd hetgeen in ieder van de artikelen in het tweede lid is bepaald.

4. Het aangeboden stuk mag op meer leveringen, als bedoeld in het eerste lid, betrekking hebben, voor zover voor ieder daarvan aan de in de vorige leden gestelde eisen is voldaan. Betreft het stuk een overdracht onder voorbehoud van een beperkt recht of van een beding, als bedoeld in artikel 252 van Boek 6 van het Burgerlijk Wetboek, dan wordt de vestiging van dit recht dan wel het op zich nemen van het beding afzonderlijk en duidelijk vermeld, bij gebreke waarvan de inschrijving van het stuk geacht wordt niet mede dit recht of dit beding te betreffen.

5. Het eerste lid, eerste zin, is van overeenkomstige toepassing op de inschrijving van een akte van grensvastlegging, opgemaakt krachtens de artikelen 31 of 35, derde lid, van Boek 5 van het Burgerlijk Wetboek, alsmede op de inschrijving van een akte van splitsing, als bedoeld in artikel 109, eerste lid, van Boek 5 van dat wetboek, en een akte tot wijziging of opheffing van een zodanige splitsing.

6. Het eerste lid, eerste zin, is van overeenkomstige toepassing op de inschrijving van een akte van vernieuwing als bedoeld in artikel 77.

Art. 25

1. Ter inschrijving van een rechterlijke uitspraak die voor een akte van levering in de plaats treedt of die krachtens een andere wet dan de Wet kenbaarheid publiekrechtelijke beperkingen onroerende zaken kan worden ingeschreven, wordt een expeditie van de rechterlijke uitspraak aangeboden, alsmede:

a. indien de rechterlijke uitspraak slechts inschrijfbaar is, nadat zij in kracht van gewijsde is gegaan: een verklaring van de griffier van het gerecht dat de uitspraak heeft gedaan, inhoudende dat daartegen geen gewoon rechtsmiddel meer openstaat;

b. indien de onder *a* bedoelde eis voor inschrijfbaarheid niet is gesteld en de rechterlijke uitspraak niet uitvoerbaar bij voorraad is: een verklaring van de griffier van het gerecht dat de uitspraak heeft gedaan, inhoudende:

1°. hetzij dat daartegen geen gewoon rechtsmiddel meer openstaat, hetzij dat hem drie maanden na de uitspraak niet van het instellen van een gewoon rechtsmiddel is gebleken;

2°. zo het rechtsmiddel bij verzoekschrift moet worden ingesteld, dat ook de griffier van het gerecht waar dit verzoekschrift moet worden ingediend, niet van het instellen van een rechtsmiddel is gebleken;

c. indien voor de inschrijving betekening aan de veroordeelde vereist is, een door de deurwaarder getekend afschrift van het exploot waarbij de betekening is geschied.

2. Ter inschrijving van een beslissing van de rechter van een vreemde Staat wordt een authentiek afschrift van deze beslissing aangeboden.

3. Bestaat de rechterlijke uitspraak in een verlof tot tenuitvoerlegging van een beslissing van arbiters, dan wordt ook een afschrift van deze beslissing aangeboden, getekend door de griffier van het gerecht waarvan de president het verlof gaf.

Art. 26

1. Ter inschrijving van een rechtshandeling naar burgerlijk recht die krachtens wetsbepaling kan worden ingeschreven, worden, tenzij anders is bepaald, aangeboden authentieke afschriften van een door een notaris met inachtneming van artikel 37 opgemaakte verklaring, inhoudende dat de rechtshandeling naar de verklaring van degene die de inschrijving verlangt, is verricht en wat zij inhoudt, en van de daaraan gehechte stukken waaruit die rechtshandeling blijkt.

Meer leveringen; vermelding van voorbehouden beperkte rechten/bedingen

Akte van grensvastlegging; appartementsrechten

Rechterlijke uitspraak

Buitenlands vonnis

Arbitrale beslissing

Rechtshandeling naar burgerlijk recht

B28 art. 27 **Kadasterwet**

2. Ingeval voor de rechtshandeling of de inschrijving daarvan een notariële akte is vereist, wordt aangeboden een authentiek afschrift of een authentiek uittreksel van die akte.

3. Ingeval van de rechtshandeling een notariële akte is opgemaakt, zonder dat dit vereist was, kan naar keuze van degene die de inschrijving verlangt het eerste of tweede lid worden toegepast.

Eenzijdige rechtshandeling

4. Ingeval het gaat om een eenzijdige tot één of meer bepaalde personen gerichte rechtshandeling, kan worden volstaan met aanbieding van een aan die persoon of personen uitgebracht exploit, waarbij die rechtshandeling is verricht of tijdig bevestigd, of een authentiek afschrift daarvan.

Scheepshuurkoopovereenkomst

5. Ingeval de rechtshandeling betreft een scheepshuurkoopovereenkomst waarop artikel 800, tweede lid, van Boek 8 van het Burgerlijk Wetboek van toepassing is, worden ter inschrijving aangeboden hetzij authentieke afschriften van de in het eerste lid van dat artikel bedoelde notariële akte en van de daaraan gehechte stukken inhoudende de in het tweede lid van dat artikel bedoelde toestemming, hetzij een authentiek uittreksel van die akte en authentieke afschriften van die stukken.

Afwijkend beding ex art. 1 van Boek 8 BW

6. Ter inschrijving van een afwijkend beding, als bedoeld in artikel 1, vijfde lid, van Boek 8 van het Burgerlijk Wetboek, wordt, in afwijking van het bepaalde in het eerste lid, een door de eigenaar van het schip ondertekende verklaring aangeboden, waarin het scheepstoebehoren ten aanzien waarvan het afwijkend beding is gemaakt, eenduidig is omschreven.

Art. 27

Inschrijving verkrijging registergoederen; verklaring van erfrecht

Inschrijving executele/bewind/benoeming vereffenaar; verklaring van erfrecht

1. Ter inschrijving van erfopvolgingen die registergoederen betreffen, wordt een authentiek afschrift van een door een notaris opgemaakte verklaring van erfrecht als bedoeld in artikel 188 van Boek 4 van het Burgerlijk Wetboek aangeboden, waaruit de erfopvolging blijkt.

2. Ter inschrijving van een executele, een bij uiterste wilsbeschikking ingesteld bewind of de benoeming van een vereffenaar van de nalatenschap wordt een authentiek afschrift van een verklaring van erfrecht als bedoeld in artikel 188 van Boek 4 van het Burgerlijk Wetboek aangeboden, waaruit de executele, het bewind onderscheidenlijk de benoeming blijkt. De eerste zin laat onverlet de mogelijkheid van inschrijving van de benoeming van een vereffenaar door inschrijving van de desbetreffende rechterlijke uitspraak.

Inschrijving verkrijging registergoederen door Staat; verklaring notaris

3. Ter inschrijving van een verkrijging door de Staat van registergoederen krachtens artikel 189 van Boek 4 van het Burgerlijk Wetboek wordt een authentiek afschrift van een verklaring van een notaris aangeboden, waarin deze vermeldt dat het registergoed door de Staat krachtens dat artikel is verkregen.

Inschrijving afgifte registergoederen aan Staat; verklaring vereffenaar

4. Ter inschrijving van afgifte aan de Staat van registergoederen krachtens artikel 226, eerste en tweede lid, van Boek 4 van het Burgerlijk Wetboek wordt aangeboden een verklaring van de vereffenaar waarin deze vermeldt op welk tijdstip het registergoed aan de Staat is afgegeven.

Inschrijving verval registergoederen aan Staat; verklaring Minister van Financiën

5. Ter inschrijving van het verval aan de Staat van registergoederen of hetgeen daarvoor in de plaats is gekomen krachtens artikel 226, vierde lid, van Boek 4 van het Burgerlijk Wetboek wordt aangeboden een verklaring van Onze Minister van Financiën, inhoudende dat tijdens het in dat artikel genoemde tijdvak van twintig jaren die goederen niet zijn opgeëist.

Art. 27a

Inschrijving erfopvolging registergoederen, Europese erfrechtverklaring

1. Onverminderd artikel 27 kan ter inschrijving van erfopvolgingen die registergoederen betreffen, een gewaarmerkt afschrift van een Europese erfrechtverklaring als bedoeld in artikel 62, eerste lid, van de verordening (EU) nr. 650/2012 van het Europees Parlement en de Raad van 4 juli 2012 betreffende de bevoegdheid, het toepasselijke recht, de erkenning en de tenuitvoerlegging van beslissingen en de aanvaarding en de tenuitvoerlegging van authentieke akten op het gebied van erfopvolging, alsmede betreffende de instelling van een Europese erfrechtverklaring (PbEU 2012, L 201), worden aangeboden, waaruit de erfopvolging blijkt.

2. Het in het eerste lid bedoelde gewaarmerkte afschrift van een Europese erfrechtverklaring wordt ook aangeboden ter inschrijving van een legaat, executele of de benoeming van een beheerder van de nalatenschap als bedoeld in artikel 63 van de in het eerste lid bedoelde verordening.

Art. 28

Nalatenschap; inschrijving aanvaarding onder voorrecht van boedelbeschrijving en verwerping

1. Ter inschrijving van de aanvaarding van een nalatenschap onder het voorrecht van boedelbeschrijving of de verwerping van een nalatenschap wordt een door de griffier getekend uittreksel uit het boedelregister aangeboden, inhoudende de verklaring betreffende de aanvaarding of de verwerping die krachtens artikel 191 van Boek 4 van het Burgerlijk Wetboek in het boedelregister is ingeschreven.

2. Het eerste lid is van overeenkomstige toepassing op de inschrijving van de verklaring betreffende aanvaarding of verwerping van een legaat bedoeld in artikel 2, derde lid, van de Uitvoeringswet Verordening erfrecht.

Art. 29

Afstand van een huwelijksgemeenschap of gemeenschap van geregistreerd partnerschap

Ter inschrijving van de afstand van een huwelijksgemeenschap of van een gemeenschap van geregistreerd partnerschap wordt een door de griffier getekend uittreksel uit het huwelijksgoederenregister aangeboden, inhoudende de verklaring betreffende de afstand, die krachtens artikel 104 van Boek 1 van het Burgerlijk Wetboek in het huwelijksgoederenregister is ingeschreven.

Art. 30

1. Ter inschrijving van de vervulling van een voorwaarde, gesteld in een ingeschreven voorwaardelijke rechtshandeling, of van de verschijning van een onzeker tijdstip, aangeduid in de aan een ingeschreven rechtshandeling verbonden tijdsbepaling, worden aangeboden authentieke afschriften van een door een notaris met inachtneming van artikel 37 opgemaakte verklaring, inhoudende dat naar de verklaring van degene die de inschrijving verlangt, de voorwaarde is vervuld, onderscheidenlijk het tijdstip is verschenen, en van de daaraan gehechte stukken waaruit van deze vervulling of verschijning blijkt.

Vervulling van een voorwaarde; verschijning van een onzeker tijdstip

2. Het vorige lid is van overeenkomstige toepassing op de inschrijving van de dood van de vruchtgebruiker van een registergoed. De verklaring van de notaris houdt in dit geval tevens in:

Dood van de vruchtgebruiker van een registergoed

a. het tijdstip van overlijden van de vruchtgebruiker, en
b. of het vruchtgebruik is vervallen, dan wel bij wie het vruchtgebruik na de dood van de vruchtgebruiker is verbleven.

Art. 31

Op de inschrijving van reglementen en andere regelingen die tussen medegerechtigden in registergoederen zijn vastgesteld, zijn van overeenkomstige toepassing:

Reglement en andere regelingen tussen medegerechtigden in registergoederen

a. voor zover het reglement of de regeling door de rechter is vastgesteld: artikel 25;
b. voor zover het reglement of de regeling bij rechtshandeling is vastgesteld: artikel 26, eerste en derde lid.

Art. 32

1. Ter inschrijving van een proces-verbaal van inbeslagneming wordt dit proces-verbaal of een door de deurwaarder of een advocaat getekend afschrift daarvan aangeboden. Artikel 18, tweede-vijfde lid, is niet van toepassing.

Proces-verbaal van inbeslagneming

2. Ingeval een proces-verbaal van inbeslagneming van een luchtvaartuig in het buitenland is opgemaakt door een deurwaarder of andere volgens de daar geldende wet hiertoe bevoegde persoon, kan ook een zodanig proces-verbaal ter inschrijving worden aangeboden.

3. Ter inschrijving van een der in de artikelen 211 en 821 van Boek 8 van het Burgerlijk Wetboek genoemde voorrechten, wordt aangeboden een door een deurwaarder ondertekend verzoek tot inschrijving van het voorrecht, inhoudende naar de verklaring van degene die de inschrijving verlangt:

Voorrecht op schepen

a. de aanduiding van de vordering waar het om gaat;
b. het beloop der vordering ten tijde van het ondertekenen door de deurwaarder van het verzoek, of van de feiten aan de hand waarvan die vordering zal kunnen worden bepaald;
c. de omschrijving van het voorrecht door vermelding van het wettelijk voorschrift, op grond waarvan aan die vordering het voorrecht is toegekend, en
d. het tijdstip waarop de vordering is ontstaan. Indien het verzoek van de deurwaarder ter inschrijving wordt aangeboden na verloop van de termijn, genoemd in artikel 219, eerste lid, onderscheidenlijk artikel 829, eerste lid, van Boek 8 van het Burgerlijk Wetboek, wordt ter inschrijving tevens aangeboden een stuk waaruit blijkt dat de schuldeiser zijn vordering binnen die termijn in rechte heeft geldend gemaakt, op de inschrijving van welk bewijsstuk artikel 38 van overeenkomstige toepassing is.

4. Op de inschrijving van een voorrecht, als bedoeld in artikel 1320, eerste lid, van Boek 8 van het Burgerlijk Wetboek is het bepaalde in de eerste zin van het derde lid van overeenkomstige toepassing. Indien het verzoek van de deurwaarder ter inschrijving wordt aangeboden drie maanden of langer na het in die zin, onder *d*, bedoelde tijdstip, wordt ter inschrijving tevens aangeboden een stuk waaruit blijkt dat binnen de in artikel 1320, eerste lid, van Boek 8 van het Burgerlijk Wetboek genoemde termijn:

Voorrecht op luchtvaartuigen

a. het bedrag der vordering in der minne is vastgesteld, dan wel
b. langs gerechtelijke weg erkenning van het voorrecht en de omvang ervan is gevorderd, op de inschrijving van welk bewijsstuk in het onder *b* bedoelde geval artikel 38 van overeenkomstige toepassing is.

Art. 33

1. Ter inschrijving van een verandering in de voornaam of de geslachtsnaam van tot registergoederen gerechtigde natuurlijke personen wordt een door of namens deze persoon ondertekend stuk aangeboden, inhoudende de gegevens, bedoeld in artikel 18, eerste lid, onder 1°, met vermelding van de oude en de nieuwe naam of voornaam, en de dag waarop de verandering is ingegaan. Indien de verandering blijkt uit de registers van de burgerlijke stand, wordt een uittreksel daaruit overgelegd, dat de verandering relateert. In andere gevallen wordt een ander bewijsstuk betreffende deze verandering overgelegd.

Verandering in de voornaam/geslachtsnaam

2. Ter inschrijving van de naamsverandering van een rechtspersoon wordt een opgave van een notaris aangeboden, inhoudende de gegevens, bedoeld in artikel 18, eerste lid, onder 2°,

Naamsverandering van een rechtspersoon

B28 art. 34 **Kadasterwet**

met vermelding van de oude en de nieuwe naam en de dag waarop de verandering is ingegaan. Gaat het om een publiekrechtelijke rechtspersoon, dan kan deze de opgave zelf doen.

Omzetting van een rechtspersoon

3. Ter inschrijving van een omzetting van een rechtspersoon wordt een opgave van een notaris aangeboden, inhoudende de in artikel 18, eerste lid, onder 2°, bedoelde gegevens, met vermelding van de oude en nieuwe rechtsvorm, de oude en nieuwe naam alsmede van de dag waarop de omzetting van kracht is geworden. Het bepaalde in de eerste zin is van overeenkomstige toepassing op een omzetting, als bedoeld in artikel 8, eerste en tweede lid, van de Wet van 28 juni 1989 (*Stb.* 245), houdende uitvoering van de Verordening nr. 2137/85 van de Raad van de Europese Gemeenschappen van 25 juli 1985 tot instelling van Europese economische samenwerkingsverbanden (*PbEG* L 199/1).

Fusie van rechtspersonen

4. Ter inschrijving van een fusie van rechtspersonen wordt een opgave van een notaris aangeboden, inhoudende met betrekking tot elk der fuserende rechtspersonen en, zo de verkrijgende rechtspersoon een door hen samen bij de fusie opgerichte nieuwe rechtspersoon is, tevens met betrekking tot die rechtspersoon de in artikel 18, eerste lid, onder 2°, bedoelde gegevens, met vermelding wie de verkrijgende rechtspersoon is alsmede van de dag waarop de fusie van kracht is geworden.

Splitsing van rechtspersonen

5. Ter inschrijving van een splitsing van rechtspersonen wordt een opgave van een notaris aangeboden, inhoudende met betrekking tot elke partij bij de splitsing en, zo bij de splitsing verkrijgende rechtspersonen worden opgericht, tevens met betrekking tot die rechtspersonen de in artikel 18, eerste lid, onder 2°, bedoelde gegevens, met vermelding op welke verkrijgende rechtspersoon welke registergoederen zijn overgegaan alsmede van de dag waarop de splitsing van kracht is geworden.

Art. 34

Verjaring

Ter inschrijving van een verjaring wordt een authentiek afschrift van een door een notaris met inachtneming van artikel 37 opgemaakte verklaring aangeboden, inhoudende dat naar de verklaring van degene die de inschrijving verlangt, de verjaring is ingetreden, alsmede

a. welk registergoed door verjaring is verkregen, dan wel welk beperkt recht op een registergoed is tenietgegaan;

b. tegen wie de verjaring werkt, indien dit bekend is;

c. welke feiten tot de verjaring hebben geleid, en

d. dat de verjaring wordt betwist of niet wordt betwist door degene tegen wie zij werkt, zo dit bekend is.

Art. 35

Verklaring van waardeloosheid

1. Ter inschrijving van een of meer verklaringen van waardeloosheid als bedoeld in artikel 28 van Boek 3 van het Burgerlijk Wetboek worden aangeboden authentieke afschriften van een door een notaris opgemaakte verklaring, inhoudende dat degenen te wier behoeve de inschrijving zou hebben gestrekt, schriftelijk hebben verklaard dat zij waardeloos is, en van deze schriftelijke verklaringen die aan die notariële verklaring zijn gehecht.

Inhoud van de verklaring van waardeloosheid

2. Tenzij de inschrijving een hypotheek of een beslag betreft, vermelden de in het eerste lid bedoelde schriftelijke verklaringen van degenen te wier behoeve de inschrijving zou hebben gestrekt, tevens de feiten waarop de waardeloosheid berust, en houdt de in dat lid bedoelde verklaring van de notaris tevens in dat de vermelde feiten een rechtsgrond voor de waardeloosheid van de inschrijving opleveren.

3. Ter inschrijving van een verklaring als bedoeld in artikel 273 van Boek 3 van het Burgerlijk Wetboek wordt aangeboden een authentiek afschrift van die verklaring.

4. Ter inschrijving van een verklaring als bedoeld in artikel 274 van Boek 3 van het Burgerlijk Wetboek wordt aangeboden een authentiek afschrift van de desbetreffende authentieke akte.

Art. 36

Einde van het nut van een mandelige zaak

1. Ter inschrijving van het feit dat het nut van een mandelige zaak voor elk der erven is geëindigd, wordt een door een authentiek afschrift van een door een notaris met inachtneming van artikel 37 opgemaakte verklaring aangeboden, inhoudende dat naar de verklaring van hen die de inschrijving verlangen, het nut voor elk der erven is geëindigd. Werken niet alle rechthebbenden op de mandelige zaak mee, dan vermeldt de notaris in zijn verklaring de reden daarvan.

Bestaan van oude zakelijke rechten vóór 1838

2. Ter inschrijving van het bestaan van een recht, als bedoeld in artikel 150, eerste lid, van de Overgangswet nieuw Burgerlijk Wetboek (*Stb.* 1976, 396), worden aangeboden authentieke afschriften van een door een notaris met inachtneming van artikel 37 opgemaakte verklaring, waarin het bestaan van het recht wordt geconstateerd, en die tevens inhoudt:

a. de omschrijving van de inhoud van het recht;

b. zo mogelijk, de gangbare benaming ervan dan wel de verklaring, dat dat recht niet een zodanige benaming heeft, en

c. wie de rechthebbende op dat recht is,

alsmede van de aan die verklaring gehechte stukken waaruit van een en ander blijkt.

Ontstaan erfdienstbaarheid door bestemming of herleving

3. Ter inschrijving van het ontstaan van een erfdienstbaarheid door bestemming of herleving, bedoeld in artikel 163, eerste zin, van de Overgangswet nieuw Burgerlijk Wetboek, worden aangeboden authentieke afschriften van een door een notaris met inachtneming van artikel 37

opgemaakte verklaring, waarin het ontstaan van de erfdienstbaarheid wordt geconstateerd, en die tevens inhoudt:
a. de omschrijving van de inhoud van de erfdienstbaarheid, en
b. wie de rechthebbende op dat recht is,
alsmede van de aan die verklaring gehechte stukken waaruit van een en ander blijkt.
4. Op de inschrijving van de aanleg en verwijdering van een net als bedoeld in artikel 17, eerste lid, onder k, van Boek 3 van het Burgerlijk Wetboek, is artikel 26, eerste lid, van overeenkomstige toepassing.
5. Ter inschrijving van de publicaties bedoeld in artikel 155a lid 2 van de Overgangswet nieuw Burgerlijk Wetboek wordt een authentiek afschrift van een door een notaris met inachtneming van artikel 37 opgemaakte verklaring aangeboden, inhoudende op welke datum die publicaties zijn geschied en in welk landelijk dagblad de publicatie heeft plaatsgevonden. Ter inschrijving van een exploot als bedoeld in artikel 155a, vijfde lid, van de Overgangswet nieuw Burgerlijk Wetboek wordt een door de deurwaarder of een advocaat getekend afschrift daarvan aangeboden.

Art. 37

1. Een notariële verklaring, als bedoeld in de artikelen 26, 30, 34 en 36, houdt behalve hetgeen in deze artikelen is voorgeschreven, tevens in een verklaring van de notaris:
a. hetzij dat allen die als partij bij het in te schrijven feit betrokken zijn aan de notaris hebben medegedeeld met de inschrijving in te stemmen;
b. hetzij dat bewijsstukken aan hem zijn overgelegd en aan de verklaring gehecht, die genoegzaam aantonen dat het in te schrijven feit zich inderdaad heeft voorgedaan dan wel, in geval van een verklaring als bedoeld in artikel 36, tweede lid, dat het recht bestaat;
c. hetzij dat hij niet aan het onder *a* en *b* gestelde kan voldoen.
2. In het in het eerste lid, onder c, bedoelde geval boekt de bewaarder de aanbieding van de notariële verklaring slechts in het register van voorlopige aantekeningen en kan inschrijving alleen plaatsvinden op bevel van de rechter. Het tweede, derde en vierde lid, eerste volzin, alsmede het vijfde en zesde lid van artikel 20 van Boek 3 van het Burgerlijk Wetboek zijn van overeenkomstige toepassing met dien verstande, dat het bevel slechts wordt gegeven, indien de eiser naast de bewaarder allen die als partij bij het in te schrijven feit zijn betrokken, tijdig in het geding heeft geroepen.
3. De kosten van het geding blijven voor rekening van de eiser, tenzij de vordering ondanks verweer wordt toegewezen, in welk geval degene die het verweer heeft gevoerd in de kosten wordt veroordeeld.
4. Wanneer het aangeboden stuk ook overigens niet aan de vereisten voor inschrijving voldoet, vermeldt de bewaarder bij de voorlopige aantekening tevens de gerezen bedenkingen en is artikel 20 van Boek 3 van het Burgerlijk Wetboek in dier voege van toepassing dat het daarbedoelde bevel slechts tezamen met dat uit hoofde van het tweede lid kan worden gevorderd.

Art. 37a

Een notariële verklaring als bedoeld in de artikelen 26, 27, derde lid, 30, 31, onder b, juncto 26, eerste lid, 34, 35, 36 en 46a, wordt opgemaakt bij notariële akte.

Afdeling 3
Vereisten waaraan stukken moeten voldoen, aangeboden ter inschrijving van het instellen van een rechtsvordering, van het indienen van een verzoek, van tegen rechterlijke uitspraken ingestelde rechtsmiddelen of van de waardeloosheid van zodanige inschrijvingen

Art. 38

[Dit artikel is gewijzigd in verband met de invoering van digitaal procederen. Zie voor de procedures en gerechten waarvoor digitaal procederen geldt het Overzicht gefaseerde inwerkingtreding op www.rijksoverheid.nl/KEI.]
1. Ter inschrijving van de instelling van een rechtsvordering of de indiening van een verzoek ter verkrijging van een rechterlijke uitspraak die de rechtstoestand van een registergoed betreft, wordt aangeboden:
a. in geval van instelling van de rechtsvordering: een door de deurwaarder of een advocaat getekend afschrift van de procesinleiding;
b. in geval van instelling van de rechtsvordering door een ander stuk: een afschrift daarvan getekend door een advocaat of door de griffier van het gerecht waar de zaak aanhangig is;
c. in geval van een verzoekschrift: een afschrift daarvan met aantekening van de dag waarop het verzoekschrift is ingekomen ter griffie, getekend door een advocaat of door de griffier van het gerecht waar het verzoekschrift is ingediend.
2. Artikel 18, tweede-vijfde lid, is niet van toepassing, behoudens dat het aangeboden stuk in elk geval de naam en een ter zake van het geding gekozen woonplaats met adres van degene te wiens behoeve de aanbieding geschiedt, moet bevatten.
[Voor overige gevallen luidt het artikel als volgt:]

Nadere inhoudsvereisten voor notariële verklaringen ex de artt. 26, 30, 34 en 36

Boeking in het register van voorlopige aantekeningen

Opmaken notariële verklaring

Instelling van een rechtsvordering/indiening van een verzoekschrift ter verkrijging van een rechterlijke uitspraak

B28 art. 39 **Kadasterwet**

Artikel 38

1. Ter inschrijving van de instelling van een rechtsvordering of de indiening van een verzoek ter verkrijging van een rechterlijke uitspraak die de rechtstoestand van een registergoed betreft, wordt aangeboden:

a. in geval van instelling van de rechtsvordering door een dagvaarding: een door de deurwaarder of een advocaat getekend afschrift daarvan;

b. in geval van instelling van de rechtsvordering door een ander stuk: een afschrift daarvan getekend door een advocaat of door de griffier van het gerecht waar de zaak aanhangig is;

c. in geval van een verzoekschrift: een afschrift daarvan met aantekening van de dag waarop het verzoekschrift is ingekomen ter griffie, getekend door een advocaat of door de griffier van het gerecht waar het verzoekschrift is ingediend.

2. Artikel 18, tweede-vijfde lid, is niet van toepassing, behoudens dat het aangeboden stuk in elk geval de naam en een ter zake van het geding gekozen woonplaats met adres van degene te wiens behoeve de aanbieding geschiedt, moet bevatten.

Art. 39

[Dit artikel is gewijzigd in verband met de invoering van digitaal procederen. Zie voor de procedures en gerechten waarvoor digitaal procederen geldt het Overzicht gefaseerde inwerkingtreding op www.rijksoverheid.nl/KEI.]

Instelling van een rechtsmiddel tegen een rechterlijke uitspraak

1. Ter inschrijving van de instelling van een rechtsmiddel tegen een rechterlijke uitspraak, als bedoeld in artikel 38, wordt aangeboden:

a. ingeval het rechtsmiddel wordt ingesteld door het instellen van een rechtsvordering: een door de deurwaarder of een advocaat getekend afschrift van de procesinleiding;

b. ingeval het rechtsmiddel wordt ingesteld bij verzoekschrift: een afschrift daarvan met aantekening van de dag waarop het verzoekschrift is ingekomen ter griffie, getekend door een advocaat of de griffier van het gerecht waar het verzoekschrift is ingediend;

c. ingeval het rechtsmiddel wordt ingesteld bij een ander stuk: een afschrift daarvan, getekend door een advocaat of de griffier van het gerecht dat op het aangewende rechtsmiddel beslist.

2. Artikel 18, tweede-vijfde lid, is niet van toepassing, behoudens dat het aangeboden stuk in elk geval de naam en een ter zake van het geding gekozen woonplaats met adres van degene te wiens behoeve de aanbieding geschied moet bevatten.

[Voor overige gevallen luidt het artikel als volgt:]

Artikel 39

1. Ter inschrijving van de instelling van een rechtsmiddel tegen een rechterlijke uitspraak, als bedoeld in artikel 38, wordt aangeboden:

a. ingeval het rechtsmiddel wordt ingesteld bij dagvaarding: een door de deurwaarder of een advocaat getekend afschrift daarvan;

b. ingeval het rechtsmiddel wordt ingesteld bij verzoekschrift: een afschrift daarvan met aantekening van de dag waarop het verzoekschrift is ingekomen ter griffie, getekend door een advocaat of de griffier van het gerecht waar het verzoekschrift is ingediend;

c. ingeval het rechtsmiddel wordt ingesteld bij een ander stuk: een afschrift daarvan, getekend door een advocaat of de griffier van het gerecht dat op het aangewende rechtsmiddel beslist.

2. Artikel 18, tweede-vijfde lid, is niet van toepassing, behoudens dat het aangeboden stuk in elk geval de naam en een ter zake van het geding gekozen woonplaats met adres van degene te wiens behoeve de aanbieding geschied moet bevatten.

Art. 40

Waardeloosheid van een inschrijving van een ingestelde rechtsvordering/verzoekschrift dan wel van een ingesteld rechtsmiddel

Ter inschrijving van de waardeloosheid van een overeenkomstig artikel 38 of artikel 39 verkregen inschrijving, kan ook worden aangeboden

a. een daartoe strekkende verklaring, afgegeven door een deurwaarder of advocaat die optreedt voor de eiser, de verzoeker of degene die het rechtsmiddel heeft ingesteld;

b. een rechterlijke uitspraak die ertoe strekt dat een zodanige inschrijving waardeloos is.

Afdeling 4
Overige bepalingen betreffende inschrijvingen

Art. 41

In vreemde of Friese taal gestelde stukken

1. Ter inschrijving van een feit dat is opgenomen in een stuk gesteld in een vreemde of de Friese taal, wordt naast dat ter inschrijving aangeboden stuk een letterlijke vertaling in het Nederlands ter inschrijving aangeboden, vervaardigd en voor overeensstemmend verklaard door een voor die taal als bevoegd toegelaten beëdigd vertaler, of, indien het een in te schrijven notariële akte in de Friese taal betreft, door de notaris voor wie de akte is verleden.

2. Het bepaalde in het eerste lid lijdt uitzondering ingeval met betrekking tot luchtvaartuigen een proces-verbaal van inbeslagneming, opgemaakt in het buitenland door een deurwaarder of door een andere volgens de daar geldende wet daartoe bevoegde persoon en gesteld in een vreemde taal, aan de bewaarder wordt toegezonden of bij deze wordt ingeleverd. Alsdan wordt door de zorg van de bewaarder zo spoedig mogelijk een vertaling van een zodanig proces-verbaal vervaardigd door een in Nederland toegelaten beëdigd vertaler.

3. De vertalingen worden ingeschreven in plaats van de in de vreemde of Friese taal gestelde stukken, die onder de bewaarder blijven berusten.

Art. 42

1. Op de inschrijving van stukken tot verbetering van onjuistheden en onvolledigheden in ingeschreven stukken, zijn de bepalingen, gegeven bij of krachtens dit hoofdstuk, van overeenkomstige toepassing, onverminderd het tweede lid.

Stukken tot rectificatie

2. Ter verbetering van een onjuistheid en onvolledigheid bestaand uit een kennelijke schrijffout en een kennelijke misslag in de tekst van een ingeschreven notariële akte of notariële verklaring, als bedoeld in de artikelen 26, 27, eerste lid, 30, 34, 35, 36 en 46a, kan ook worden ingeschreven een proces-verbaal als bedoeld in artikel 45, tweede lid, tweede zin, van de Wet op het notarisambt.

Art. 43

Indien het ter inschrijving aangeboden stuk waarin het in te schrijven feit is opgenomen, niet voldoet aan de vereisten, gesteld in de artikelen 18-42, kan het met ontbrekende gegevens worden aangevuld door een verklaring aan de voet van het stuk, ondertekend door degene die bevoegd is tot het opmaken en ondertekenen van een zodanig stuk, een en ander voor zover de aard van het stuk zich daartegen niet verzet.

Ontbrekende gegevens: voetverklaring

Art. 44

1. Stukken die voor bewijs bij de aanbieding van een stuk worden overgelegd, worden slechts mede ingeschreven, indien de wet dit eist of de aanbieder dit verlangt, tenzij bij wet is bepaald dat de desbetreffende stukken niet worden ingeschreven.

Inschrijving van overgelegde stukken

2. Onverminderd artikel 17, tweede lid, maakt de bewaarder, overeenkomstig door het bestuur van de Dienst te stellen regels, melding van de overlegging van stukken:

a. voorzover die in papieren vorm ter inschrijving zijn aangeboden: op het ter inschrijving aangeboden stuk en op het afschrift van dat stuk, en

b. voorzover die in elektronische vorm ter inschrijving zijn aangeboden: in het desbetreffende elektronisch gedeelte van de openbare registers bij dat stuk.

3. Stukken die worden overgelegd maar waarvan de inschrijving niet wordt voorgeschreven of verlangd, worden onverwijld aan de aanbieder teruggegeven. De eerste zin is niet van toepassing indien artikel 11b, vijfde lid, derde zin, toepassing heeft gevonden en het stuk in elektronische vorm is overgelegd.

Art. 45

1. Bij algemene maatregel van bestuur kunnen regelen worden gesteld omtrent de vereisten waaraan stukken dienen te voldoen die worden aangeboden ter inschrijving van andere inschrijfbare feiten dan die waarop de artikelen 24-40 betrekking hebben, voor zover dit niet reeds in deze dan wel bij of krachtens een andere wet is geschied.

Inschrijvingsvereisten omtrent andere feiten dan die genoemd in de artt. 20-40

2. Voor zover bij de in het eerste lid bedoelde maatregel niet anders is bepaald, wordt ter inschrijving van een beschikking of van een uitspraak waarbij een beschikking werd vernietigd, ingetrokken of gewijzigd, een afschrift van de beschikking onderscheidenlijk van de uitspraak aangeboden, afgegeven door het bestuursorgaan onderscheidenlijk het rechterlijk orgaan dat de beschikking of de uitspraak gaf.

Beschikkingen van bestuursorganen

Titel 3

Inschrijfbaarheid van andere stukken en van verandering van woonplaats

Art. 46

1. Naast feiten die voor de rechtstoestand van registergoederen van belang zijn, kunnen in de openbare registers tevens algemene voorwaarden, modelreglementen en andere stukken, die niet op een bepaald registergoed betrekking hebben, worden ingeschreven, met het uitsluitend doel dat daarnaar in later ter inschrijving aangeboden stukken kan worden verwezen. De artikelen 18, 19, 20, eerste lid, eerste zin, 22 en 30 van Boek 3 van het Burgerlijk Wetboek en 117, eerste en tweede lid zijn van overeenkomstige toepassing.

Inschrijving stukken zonder zelfstandige betekenis

2. Ter inschrijving van een stuk als bedoeld in het eerste lid wordt naast dat stuk aangeboden, indien het in papieren vorm ter inschrijving wordt aangeboden, een afschrift van dat stuk voorzien van een verklaring van eensluidendheid. Artikel 11, tweede tot en met zevende lid, is van overeenkomstige toepassing.

3. Ter inschrijving van een stuk als bedoeld in het eerste lid is, indien het in elektronische vorm ter inschrijving wordt aangeboden, vereist een afschrift van dat stuk als bedoeld in artikel 11b, eerste lid. De artikelen 11, tweede lid, en 11b, tweede tot en met negende lid, zijn van overeenkomstige toepassing.

4. De artikelen 18 tot en met 23 zijn niet van toepassing. Bij algemene maatregel van bestuur kunnen regels worden gesteld waaraan ter inschrijving aangeboden stukken als bedoeld in het eerste lid, voldoen. Bij regeling van Onze Minister worden regels gesteld met betrekking tot de wijze waarop de verwijzing in de latere stukken geschiedt.

5. Een verwijzing als bedoeld in het vierde lid heeft tot gevolg dat het stuk waarnaar in een ter inschrijving aangeboden stuk wordt verwezen, deel uitmaakt van de inschrijving die op grond van het aangeboden stuk plaatsvindt.

Art. 46a

Inschrijving bijhoudingsverklaring

1. Ter voorkoming van een onjuiste of onvolledige bijhouding als bedoeld in de artikelen 54, eerste lid, onderdeel a, 78, eerste lid, 87, eerste lid, onderdeel a, en 94, eerste lid, onderdeel a, kan met betrekking tot bij regeling van Onze Minister vast te stellen gevallen een door een notaris opgemaakte bijhoudingsverklaring worden ingeschreven, inhoudende dat naar zijn verklaring hem gebleken is dat in een eerder ingeschreven, door hem verleden notariële akte voor een juiste en volledige bijhouding van dat stuk kennelijk benodigde gegevens ontbreken en dat die gegevens uitsluitend ten behoeve van een juiste en volledige bijhouding van dat stuk in die verklaring worden vermeld. De inschrijving van een bijhoudingsverklaring kan slechts plaatsvinden indien die verklaring ter inschrijving wordt aangeboden voor de afloop van een periode van tien dagen die aanvangt met de eerste dag volgend op die waarop het desbetreffende stuk is ingeschreven, waarbij niet meegerekend worden de dagen waarop de kantoren van de Dienst niet voor het publiek zijn opengesteld voor het aanbieden van stukken ter inschrijving in de openbare registers.

2. Ter inschrijving van een bijhoudingsverklaring als bedoeld in het eerste lid wordt aangeboden, indien dit in papieren vorm geschiedt, die verklaring of een authentiek afschrift daarvan, en een afschrift van die verklaring, onderscheidenlijk van dat authentieke afschrift, voorzien van een verklaring van eensluidendheid. Artikel 11, tweede tot en met zevende lid, is van overeenkomstige toepassing.

3. Ter inschrijving van een bijhoudingsverklaring als bedoeld in het eerste lid is, indien het in elektronische vorm ter inschrijving wordt aangeboden, vereist een afschrift van dat stuk als bedoeld in artikel 11b, eerste lid. De artikelen 11, tweede lid, en 11b, tweede tot en met vijfde lid, tweede zin, zesde, zevende en negende lid, zijn van overeenkomstige toepassing.

4. De artikelen 18 en 20 tot en met 23 zijn niet van toepassing.

Art. 47

Inschrijfbaarheid van een verandering van een gekozen woonplaats

1. Een verandering van een in een ingeschreven stuk gekozen woonplaats, een alsnog ter zake van een inschrijving gedane keuze van woonplaats en de opheffing van een gekozen woonplaats kunnen worden ingeschreven. Ter inschrijving van de verandering, keuze of opheffing wordt een door of namens de belanghebbende ondertekende verklaring aangeboden die de nieuwe en de vorige gekozen dan wel wettelijke woonplaats vermeldt, alsmede de datum van ingang.

Gevolg van de inschrijving van een gekozen woonplaats

2. Een krachtens artikel 18, vierde lid, van deze wet of de artikelen 260, eerste lid, van Boek 3 of 252, tweede lid, van Boek 6 van het Burgerlijk Wetboek gekozen woonplaats, heeft, ongeacht of zij met het oorspronkelijke stuk dan wel krachtens het eerste lid is ingeschreven, geen ander gevolg dan dat

a. daar exploiten kunnen worden uitgebracht die de inschrijving betreffen, ter zake waarvan woonplaats werd gekozen;

b. daar de door of krachtens de wet voorgeschreven mededelingen en kennisgevingen van de bewaarder en de Dienst kunnen worden gedaan.

3. Door of krachtens deze wet voorgeschreven mededelingen en kennisgevingen worden in elk geval gedaan aan de laatste bij de Dienst bekende woonplaats van de belanghebbende. In geval van overlijden van een persoon die tot een registergoed gerechtigd was, worden zodanige mededelingen en kennisgevingen aan zijn rechtsopvolgers gedaan aan het laatste bij de Dienst bekende adres van de boedel.

Hoofdstuk 3 Basisregistratie kadaster en net van coördinaatpunten

Titel 1 Basisregistratie kadaster

Art. 48

Basisregistratie kadaster

1. De basisregistratie kadaster ontsluit de openbare registers door middel van:

a. de kadastrale aanduiding van een onroerende zaak en van een appartementsrecht, en

b. de naam van de eigenaar van, of beperkt gerechtigde met betrekking tot een onroerende zaak, met uitzondering van de rechthebbende op een erfdienstbaarheid.

2. De basisregistratie kadaster bevat:

a. de kadastrale aanduiding van onroerende zaken en van appartementsrechten;

b. naam, voornamen, adres, geboortedatum en burgerlijke staat van de eigenaar van, beperkt gerechtigde met betrekking tot, of beslaglegger op, een onroerende zaak of, ingeval die e igenaar, gerechtigde of beslaglegger een rechtspersoon is, de rechtsvorm;

c. de wettelijke benaming van de beperkte rechten waaraan een onroerende zaak is onderworpen, en van de beslagen die op die zaak of dat beperkte recht zijn gelegd, als ook, of die zaak of dat beperkte recht onder bewind staat of ten aanzien daarvan een beding als bedoeld in artikel 252 van Boek 6 van het Burgerlijk Wetboek is ingeschreven;

d. de kadastrale grootte van een perceel;

e. de gegevens met betrekking tot beperkingenbesluiten, alsmede daarop betrekking hebbende beslissingen in administratief beroep, rechterlijke uitspraken en verklaringen met betrekking tot het vervallen van een publiekrechtelijke beperking, die krachtens de Wet kenbaarheid publiekrechtelijke beperkingen onroerende zaken in de openbare registers zijn ingeschreven;

f. gegevens die krachtens een andere wet dan die genoemd in onderdeel e aan de Dienst ter inschrijving in de openbare registers, respectievelijk ter opneming in de basisregistratie kadaster, worden aangeboden;

g. ten aanzien van een eigenaar en beperkt gerechtigde als bedoeld in onderdeel b: een verwijzing naar alle in de openbare registers ingeschreven of geboekte stukken, voorzover die stukken betreffen onroerende zaken en rechten waaraan die zaken zijn onderworpen;

h. ten aanzien van een onroerende zaak en een appartementsrecht: een verwijzing naar alle daarop betrekking hebbende, in de openbare registers ingeschreven of geboekte stukken, alsmede naar door de Dienst verkregen inlichtingen of verrichte waarnemingen als bedoeld in artikel 54, eerste lid, onderdelen c en d;

i. voorzover op een onroerende zaak een recht van hypotheek rust, het bedrag waarvoor de hypotheek is gevestigd, of indien dit bedrag nog niet vaststaat, het maximumbedrag dat uit hoofde van een hypotheek op het goed kan worden verhaald, en voorzover bekend, de rentevoet;

j. feitelijke gegevens met betrekking tot een onroerende zaak, een beperkt recht met betrekking tot die zaak of een appartementsrecht, voorzover die een nadere omschrijving, een beperking, een begunstiging of een kenmerk bevatten, die voor het rechtsverkeer of de landelijke kadastrale kaart van belang zijn, of voorzover die betrekking hebben op het beheer, de domicilie of de beschikkingsbevoegdheid van de eigenaar van, beperkt gerechtigde met betrekking tot, of de beslaglegger op, een onroerende zaak, een beperkt recht of een appartementsrecht;

k. het aandeel van een eigenaar of beperkt gerechtigde als bedoeld in onderdeel b in geval van een gemeenschap.

3. De basisregistratie kadaster bevat voorts de landelijke kadastrale kaart. Die kaart is toegankelijk door middel van een coördinaat in het net van coördinaatpunten, bedoeld in artikel 52, of door middel van de kadastrale aanduiding van een perceel. De landelijke kadastrale kaart bevat:

a. de afbeelding van de kadastrale grenzen van een perceel, weergegeven in het net van coördinaatpunten, bedoeld in artikel 52;

b. de kadastrale aanduiding van een perceel;

c. de rijksgrens en de grens van een provincie of gemeente;

d. een voorstelling van de omtrek van een hoofd- of bijgebouw op een perceel, met dien verstande dat de omtrek van een bijgebouw uitsluitend wordt weergegeven indien die weergave naar het oordeel van de Dienst nodig is voor een goede oriëntatie op de kadastrale kaart.

4. Een gegeven als bedoeld in het tweede lid, onderdeel f, kan krachtens een andere wet dan deze wet als authentiek worden aangemerkt.

5. De detaillering, verbijzondering en beschrijving van gegevens als bedoeld in het tweede en derde lid, en in artikel 7g, eerste, tweede en vijfde lid, vinden plaats in de door het bestuur van de Dienst vastgestelde catalogus basisregistratie kadaster.

6. Het bestuur van de Dienst maakt de vastgestelde of gewijzigde catalogus basisregistratie kadaster bekend in de Staatscourant.

7. Het tweede lid, onderdelen b, g en k, vindt ten aanzien van erfdienstbaarheden slechts toepassing, voorzover dat wordt bepaald bij regeling van het bestuur van de Dienst.

Titel 2

Kaartenbestand, daaraan ten grondslag liggende bescheiden en net van coördinaatpunten

Art. 49

[Vervallen]

Art. 50

De aan de kadastrale kaart ten grondslag liggende bescheiden bevatten in elk geval de landmeetkundige gegevens van hetgeen op die kaart wordt weergegeven.

Inhoud van bescheiden betreffende kaarten

Art. 51

1. Het bestuur van de Dienst stelt regelen vast omtrent de inrichting van de kadastrale kaart.

Inrichting der kaarten

2. Het bestuur van de Dienst stelt tevens regelen vast omtrent de vorm van de aan de kadastrale kaart ten grondslag liggende bescheiden.

B28 *art. 52* **Kadasterwet**

Art. 52

Net van coördinaatpunten **1.** Er is een net van coördinaatpunten waarvan de coördinaten worden vastgelegd in het stelsel van de Rijksdriehoeksmeting en in het stelsel van het Europese referentiesysteem voor geodesie en navigatie.

2. Het bestuur van de Dienst stelt regelen vast omtrent de registratie en de weergave van de in het eerste lid genoemde punten.

Hoofdstuk 4 Bijwerking van de basisregistratie kadaster en het net van coördinaatpunten

Titel 1 Bijwerking van de basisregistratie kadaster

Afdeling 1 Algemene bepalingen

Art. 53

Bijwerking van het kadaster Bijwerking vindt plaats als bijhouding dan wel als vernieuwing.

Art. 54

Gevallen en gronden van bijhouding **1.** Bijhouding vindt, onverminderd het bepaalde bij of krachtens deze of een andere wet, plaats op grond van:

a. veranderingen blijkens in de openbare registers ingeschreven stukken, voorzover die betrekking hebben op onroerende zaken en rechten waaraan die zaken zijn onderworpen;

b. een wijziging als bedoeld in artikel 7n of 7t;

c. inlichtingen van een eigenaar van, of beperkt gerechtigde met betrekking tot, een onroerende zaak, of van diens rechtsopvolger onder algemene titel;

d. waarnemingen van een met meting belaste ambtenaar omtrent een feit als bedoeld in de artikelen 29 en 35 van Boek 5 van het Burgerlijk Wetboek, of omtrent de feitelijke gesteldheid van een onroerende zaak.

2. Bijhouding van de basisregistratie kadaster vindt ook plaats met betrekking tot voorlopige aantekeningen terzake van stukken betreffende onroerende zaken en rechten waaraan die zaken zijn onderworpen en doorhalingen daarvan in het register van voorlopige aantekeningen.

Art. 55

Vernieuwing van het kadaster Vernieuwing vindt plaats op grond van veranderingen, voor zover deze blijken uit in de openbare registers ingeschreven akten van vernieuwing, als bedoeld in artikel 77.

Art. 56

Wijze van bijwerking De wijze van bijwerking wordt, onverminderd het bepaalde bij of krachtens deze of een andere wet, bij of krachtens algemene maatregel van bestuur geregeld in dier voege:

a. dat na een inschrijving de bijwerking terstond aanvangt, en

b. dat tenminste ingeval een bijwerking leidt tot het wijzigen of aanvullen van de in de basisregistratie kadaster vermeld staande gegevens betreffende de eigenaars of beperkt gerechtigden, de kadastrale aanduiding dan wel de grootte, in de registratie wordt vermeld op grond van welk ingeschreven of ander stuk een bijwerking heeft plaatsgevonden.

Art. 56a

Toepasselijkheid van de Awb **1.** Op beschikkingen inzake de bijwerking, genomen krachtens hoofdstuk 4 van deze wet, zijn de artikelen 4:7, 4:8 en 3:40 van de Algemene wet bestuursrecht niet van toepassing.

2. Het voorstel van vernieuwing, als bedoeld in artikel 76, tweede lid, geldt als een beschikking.

Art. 56b

Bezwaarschrift tegen beschikkingen inzake bijwerking **1.** Tenzij het betreft een beschikking als bedoeld in artikel 71, 72 of 78, eerste lid, kan een belanghebbende bezwaar maken tegen een beschikking inzake de bijwerking, vastgesteld krachtens hoofdstuk 4, nadat die bijwerking is voltooid.

2. Voorzover een beschikking als bedoeld in het eerste lid betrekking heeft op een gegeven dat krachtens deze wet als authentiek wordt aangemerkt en ten aanzien van die beschikking bezwaar wordt gemaakt of beroep wordt ingesteld, handelt de Dienst overeenkomstig artikel 7r.

Art. 56c-56e

[Vervallen]

Afdeling 2
Bijhouding

§ 1
Bijhouding op grond van in de openbare registers, bedoeld in artikel 8, eerste lid, onderdeel a, ingeschreven stukken betreffende onroerende zaken en rechten waaraan die zaken zijn onderworpen, met uitzondering van notariële akten van vernieuwing

Art. 57

1. Indien een meting noodzakelijk is ten behoeve van de bijhouding, doet de Dienst van het voornemen daartoe mededeling aan de personen die volgens de bij de Dienst bekende gegevens als eigenaar, beperkt gerechtigde, met uitzondering van evenwel de hypotheekhouders en de rechthebbenden op erfdienstbaarheden zo die er zijn, of anderszins bij de bijhouding belanghebbenden zijn. De mededeling houdt in elk geval in de dag en het uur waarop de aanwijzing die de grondslag vormt voor de meting, zal plaatsvinden.

2. Onze Minister stelt regelen vast omtrent de wijze waarop de in het vorige lid bedoelde mededeling wordt gedaan.

3. De in het eerste lid bedoelde belanghebbenden verschaffen, indien naar het oordeel van de met de meting belaste ambtenaar nodig door aanwijzing ter plaatse, de door deze ambtenaar voor de bijhouding benodigde inlichtingen. Bij of krachtens algemene maatregel van bestuur worden regelen gesteld omtrent de bijhouding voor de gevallen waarin één of meer belanghebbenden niet de voor de bijhouding benodigde inlichtingen of onderling tegenstrijdige inlichtingen verschaffen.

4. De ambtenaar maakt een relaas van zijn bevindingen, dat mede de door de meting verkregen gegevens bevat.

5. De bijhouding vindt plaats mede op grondslag van het relaas van bevindingen indien het eerste-vierde lid toepassing heeft gevonden.

6. Op vertoon van een bewijs van de in artikel 58, eerste lid, bedoelde bekendmaking worden aan belanghebbenden op het desbetreffende kantoor van de Dienst kosteloos nadere inlichtingen omtrent de uitkomsten van de meting verschaft, indien het eerste-vierde lid toepassing heeft gevonden. Onze Minister stelt nadere regelen vast omtrent de wijze waarop deze inlichtingen worden verschaft.

Art. 58

1. Ingeval de bijhouding waartoe een ingeschreven stuk aanleiding geeft, met betrekking tot een gehandhaafd perceel dan wel een nieuw gevormd perceel is voltooid en heeft geleid tot wijziging of aanvulling van de in de basisregistratie kadaster vermeld staande gegevens betreffende de eigenaars of beperkt gerechtigden, de kadastrale aanduiding dan wel de grootte van de onroerende zaak waarop het ingeschreven feit betrekking heeft, wordt het resultaat van die bijhouding aan belanghebbenden door toezending of uitreiking bekendgemaakt. Met betrekking tot een rechthebbende op een erfdienstbaarheid vindt het bepaalde in de eerste zin slechts toepassing, voor zover een regeling van het bestuur van de Dienst als bedoeld in artikel 48, derde lid, is vastgesteld.

2. De verzending ingevolge het eerste lid vindt op één en dezelfde dag plaats.

3. Indien in een geval, als bedoeld in het eerste lid, het ingeschreven stuk is een akte van toedeling, als bedoeld in de artikelen 89, eerste lid, van de Reconstructiewet Midden-Delfland (*Stb.* 1977, 233), 95, eerste lid, van de Herinrichtingswet Oost-Groningen en de Gronings-Drentse Veenkoloniën (*Stb.* 1977, 694) en 207, eerste lid, van de Landinrichtingswet (*Stb.* 1985, 299), of een ruilakte als bedoeld in artikel 81, eerste lid, van de Wet inrichting landelijk gebied, of een ruilakte als bedoeld in artikel 90, eerste lid, van de Reconstructiewet concentratiegebieden vindt het bepaalde in de vorige leden geen toepassing.

Art. 59

1. Blijkt de in het ingeschreven stuk voorkomende feitelijke omschrijving van de onroerende zaak waarop het stuk betrekking heeft, onverenigbaar met hetgeen de met de meting belaste ambtenaar overeenkomstig artikel 57, derde lid, door de belanghebbenden ter plaatse is aangewezen, of is de kadastrale aanduiding van die zaak in dat stuk onjuist of onvolledig, dan vindt artikel 58, eerste-derde lid, slechts toepassing voor zover bijhouding naar de krachtens het volgende lid vast te stellen regelen mogelijk is.

2. Bij of krachtens algemene maatregel van bestuur wordt geregeld in hoeverre en op welke wijze bijhouding plaatsvindt, indien de in het eerste lid bedoelde gevallen zich voordoen, in dier voege dat de bijhouding waartoe het ingeschreven stuk aanleiding geeft, eerst wordt voltooid, nadat een stuk tot verbetering, als bedoeld in artikel 42, is ingeschreven in de in artikel 8, eerste lid, onder a, bedoelde openbare registers.

B28 art. 66 **Kadasterwet**

Rectificatieverzoek via de bekendmaking van de beslissing

3. De beslissing om toepassing aan het eerste lid te geven wordt met bekwame spoed genomen. Indien het ingeschreven stuk is opgemaakt door een notaris, wordt de beslissing tevens aan hem medegedeeld. De bekendmaking van de beslissing gaat vergezeld van een verzoek een stuk tot verbetering, als bedoeld in artikel 42, in te schrijven in de openbare registers, bedoeld in artikel 8, eerste lid, onder a. Artikel 58, tweede lid, is van overeenkomstige toepassing.

4. Bij de bekendmaking wordt gewezen op het gevolg voor de bijhouding dat de wet aan het niet-inschrijven van een stuk tot verbetering, als bedoeld in artikel 42, verbindt.

5. Het bepaalde in de vorige leden is van overeenkomstige toepassing ingeval de kadastrale aanduiding van een appartementsrecht in een ingeschreven stuk onjuist of onvolledig blijkt te zijn.

Art. 60-63

[Vervallen]

§ 2
Bijhouding op grond van inlichtingen of waarnemingen omtrent feiten, bedoeld in de artikelen 29 en 35 van Boek 5 van het Burgerlijk Wetboek

Art. 64-65

[Vervallen]

Art. 66

Verzoek tot bijhouding inzake aanwas/afslag

1. Ingeval een belanghebbende, bedoeld in artikel 54, eerste lid, onder c, meent dat zich een feit heeft voorgedaan, als bedoeld in artikel 29 dan wel in artikel 35 van Boek 5 van het Burgerlijk Wetboek, kan hij de Dienst verzoeken, daarnaar een onderzoek in te stellen. Binnen acht weken na ontvangst van de aanvraag wordt de beslissing op het verzoek genomen.

Mededeling omtrent het voornemen tot onderzoek ter plaatse

2. In geval van toewijzing van het verzoek wordt door de Dienst van het voornemen tot het houden van een onderzoek ter plaatse mededeling gedaan overeenkomstig artikel 57, eerste lid. Artikel 57, tweede lid, is van overeenkomstige toepassing.

Art. 67

Onderzoek ter plaatse

1. De met het onderzoek belaste ambtenaar gaat ter plaatse na of een feit, als bedoeld in artikel 29 dan wel in artikel 35 van Boek 5 van het Burgerlijk Wetboek, zich heeft voorgedaan. Artikel 57, derde lid, is van overeenkomstige toepassing.

Relaas van bevindingen

2. De ambtenaar maakt een relaas van zijn bevindingen. Indien ten behoeve van het onderzoek een meting plaatsvindt, worden de daardoor verkregen gegevens eveneens opgenomen in het relaas van bevindingen.

Art. 68

Beslissing omtrent bijhouding; mededeling

1. Indien het onderzoek ter plaatse aanleiding geeft tot bijhouding, vindt deze plaats op grondslag van het relaas van bevindingen. Artikel 58, eerste en tweede lid, is van overeenkomstige toepassing.

2. Indien het onderzoek ter plaatse geen aanleiding geeft tot bijhouding, wordt daarvan mededeling gedaan aan de verzoeker en de overige bij de bijhouding belanghebbenden.

Art. 69

[Vervallen]

Art. 70

Ambtshalve onderzoek naar aanwas/afslag

1. De Dienst is bevoegd, ook zonder een verzoek, als bedoeld in artikel 66, eerste lid, een onderzoek, als bedoeld in artikel 67, eerste lid, in te stellen indien er redenen zijn om aan te nemen dat zich met betrekking tot onroerende zaken feiten hebben voorgedaan, als bedoeld in de artikelen 29 en 35 van Boek 5 van het Burgerlijk Wetboek. Van het voornemen tot een onderzoek wordt door de Dienst mededeling gedaan overeenkomstig artikel 57, eerste lid. De artikelen 57, tweede en derde lid, en 67, tweede lid, zijn van overeenkomstige toepassing.

2. Indien de Dienst gebruik heeft gemaakt van de in het vorige lid bedoelde bevoegdheid en het onderzoek ter plaatse aanleiding heeft gegeven tot bijhouding, vindt bijhouding plaats op grondslag van het relaas van bevindingen. Artikel 58, eerste en tweede lid, is van overeenkomstige toepassing.

3. Ingeval het onderzoek geen aanleiding geeft tot bijhouding is artikel 68, tweede lid, van overeenkomstige toepassing.

§ 3
Bijhouding op grond van inlichtingen of waarnemingen omtrent de feitelijke gesteldheid van onroerende zaken

Art. 71

Wijze van bijhouding inzake de feitelijke gesteldheid

De wijze van bijhouding op grond van inlichtingen of waarnemingen omtrent de feitelijke gesteldheid van onroerende zaken wordt geregeld door het bestuur van de Dienst.

§ 4
Bijhouding met betrekking tot voorlopige aantekeningen en doorhalingen daarvan

Art. 72

De wijze van bijhouding in de basisregistratie kadaster met betrekking tot voorlopige aantekeningen terzake van stukken betreffende onroerende zaken en rechten waaraan die zaken zijn onderworpen en doorhalingen daarvan in het register van voorlopige aantekeningen wordt geregeld door het bestuur van de Dienst.

Wijze van bijhouding inzake voorlopige aantekeningen

§ 5
Bijhouding inzake splitsing of samenvoeging van percelen, ambtshalve of op verzoek

Art. 73

1. De Dienst kan besluiten tot splitsing of samenvoeging van percelen in bij of krachtens algemene maatregel van bestuur te bepalen gevallen. Artikel 58, eerste en tweede lid, is van overeenkomstige toepassing.

Splitsing/samenvoeging van percelen; ambtshalve en op verzoek

2. Een eigenaar van, of een beperkt gerechtigde met betrekking tot, een onroerende zaak, kan in bij of krachtens algemene maatregel van bestuur te bepalen gevallen een verzoek tot splitsing of samenvoeging van percelen doen met betrekking tot die onroerende zaak, indien hij daarbij een redelijk belang heeft. Indien het verzoek afkomstig is van een beperkt gerechtigde moet de eigenaar van die onroerende zaak door de Dienst worden gehoord alvorens tot bijhouding kan worden overgegaan.

3. Indien naar zijn oordeel nodig wint de daarmee belaste ambtenaar ter plaatse nadere inlichtingen in. Van het voornemen daartoe wordt alsdan mededeling gedaan overeenkomstig artikel 57, eerste lid. Artikel 57, tweede en derde lid, is van overeenkomstige toepassing.

4. Voorts is artikel 67, tweede lid, van overeenkomstige toepassing.

5. Voor zover het verzoek wordt toegewezen, vindt de bijhouding plaats op grondslag van het relaas van bevindingen. Artikel 58, eerste en tweede lid, is van overeenkomstige toepassing.

Afdeling 3
Vernieuwing

Art. 74

In bij algemene maatregel van bestuur te bepalen gevallen is de Dienst bevoegd te onderzoeken of de gegevens betreffende de rechtstoestand, de grootte en feitelijke gesteldheid van onroerende zaken, alsmede de gegevens betreffende de rechtstoestand van de rechten waaraan deze onroerende zaken onderworpen zijn, die zijn weergegeven in de basisregistratie kadaster en de bescheiden, bedoeld in artikel 50, juist en volledig zijn.

Vernieuwing van het kadaster

Art. 75

1. Vóór de aanvang van een onderzoek van vernieuwing maakt de Dienst het voornemen daartoe openbaar overeenkomstig door Onze Minister vast te stellen regels. Bij algemene maatregel van bestuur kan voor daarin omschreven gevallen worden bepaald dat openbaarmaking achterwege kan blijven op de grond dat het bereiken van alle belanghebbenden door het bepaalde in het tweede lid voldoende gewaarborgd is.

Openbaarmaking van het voornemen tot het instellen van een onderzoek van vernieuwing; wijze van openbaar maken

2. De Dienst doet in elk geval van een voornemen tot een onderzoek van vernieuwing per brief mededeling aan de eigenaar en beperkt gerechtigde met betrekking tot de onroerende zaak, waarop de vernieuwing betrekking heeft, alsmede aan de personen die bij de Dienst anderszins als belanghebbenden bij de vernieuwing bekend zijn. Artikel 57, eerste lid, tweede zin, en tweede lid, is van overeenkomstige toepassing.

3. Een voornemen tot een onderzoek van vernieuwing wordt bij het desbetreffende perceel in de basisregistratie kadaster vermeld volgens door het bestuur van de Dienst vast te stellen regelen.

4. In de brief, bedoeld in het tweede lid, wordt gewezen op de in artikel 78, tweede en derde lid, genoemde gevolgen die de wet aan de vernieuwing verbindt.

Art. 76

1. De met het onderzoek van vernieuwing belaste ambtenaar wint, zonodig ter plaatse, inlichtingen in, verzoekt zonodig om overlegging of openlegging van bescheiden en doet de nodige waarnemingen. De belanghebbenden, bedoeld in artikel 75, tweede lid, dienen, indien naar het oordeel van de ambtenaar nodig door aanwijzing ter plaatse, de door de ambtenaar voor de vernieuwing benodigde inlichtingen te verschaffen en daartoe zonodig bescheiden over te leggen of open te leggen. Artikel 67, tweede lid, is van overeenkomstige toepassing.

Onderzoek ter plaatse; informatieplicht van belanghebbenden

2. Op de grondslag van het relaas van bevindingen worden voorstellen van vernieuwing gemaakt. Alvorens daartoe wordt overgegaan, wordt nagegaan of na het onderzoek van vernieuwing met betrekking tot de onroerende zaak waarop het voorstel betrekking heeft, nog bijhoudingen hebben plaatsgevonden. Is dat het geval dan wordt in het voorstel afzonderlijk melding gemaakt van die bijhoudingen, overeenkomstig door het bestuur van de Dienst vast te stellen

Voorstel van vernieuwing; grondslag en inhoud

B28 art. 77 Kadasterwet

regelen. Elk voorstel bevat in elk geval de gegevens omtrent de rechten, de rechthebbenden, de grootte, de kadastrale aanduiding van de onroerende zaak waarop het betrekking heeft, zoals deze luiden op de dag waarop het voorstel is opgemaakt.

3. Bij het maken van een voorstel van vernieuwing wordt geen acht geslagen op niet-ingeschreven feiten waarvan het rechtsgevolg slechts kan intreden door inschrijving daarvan in de openbare registers.

In voorstel op te nemen gegevens omtrent hypotheken en beslagen

4. In het voorstel worden de gegevens omtrent rechten van hypotheek en inbeslagnemingen, zoals deze blijken uit de in de openbare registers ingeschreven stukken, ongewijzigd overgenomen. Indien tijdens het onderzoek is gebleken dat de omvang van de onroerende zaak waarop het recht van hypotheek is gevestigd of waarop beslag is gelegd, wijziging heeft ondergaan, wordt bij het opmaken van het voorstel op die wijziging acht geslagen.

In voorstel op te nemen gegevens omtrent erfdienstbaarheden

5. In het voorstel worden slechts gegevens omtrent die erfdienstbaarheden vermeld welke in de basisregistratie kadaster zijn vermeld, of, indien niet daarin vermeld, waarvan het bestaan aannemelijk is geworden op grond van inlichtingen, bescheiden of waarnemingen, als bedoeld in het eerste lid.

Bekendmaking van het voorstel van vernieuwing; bezwaar en beroep

6. Het voorstel van vernieuwing wordt bekend gemaakt aan belanghebbenden. Artikel 58, tweede lid, is van overeenkomstige toepassing. Bij toepassing van artikel 56b bevat de beslissing van de ambtenaar op het bezwaarschrift alle gegevens uit het voorstel van vernieuwing omtrent de rechten, de rechthebbenden, de kadastrale aanduiding en de grootte van de onroerende zaak, waarop de vernieuwing betrekking heeft, ook die waarvan de juistheid door belanghebbenden niet is betwist.

Terinzagelegging van het voorstel

7. Het bestuur van de Dienst maakt het voorstel van vernieuwing bekend overeenkomstig artikel 3:42 van de Algemene wet bestuursrecht. Van de indiening van bezwaarschriften en het instellen van beroep, alsmede van daarop gegeven beslissingen wordt bij het voorstel melding gemaakt overeenkomstig door het bestuur van de Dienst vast te stellen regelen.

Art. 77

Opmaken van een akte van vernieuwing door een notaris; ondertekening der akte

1. Voorzover tegen een voorstel van vernieuwing geen, of niet tijdig, bezwaren zijn ingediend, de beslissing op bezwaar onherroepelijk is geworden of de rechtbank uitspraak heeft gedaan, wordt door een daartoe door de Dienst aangewezen notaris een akte van vernieuwing opgemaakt. De akte wordt door de Dienst ondertekend.

Inhoud van een akte van vernieuwing

2. Een akte van vernieuwing kan op één of meer voorstellen van vernieuwing betrekking hebben. De akte bevat ten aanzien van elke onroerende zaak waarop de vernieuwing betrekking heeft, het relaas van bevindingen, de inhoud van het voorstel van vernieuwingen en, ingeval er onherroepelijk op bezwaar is beslist of door de rechtbank uitspraak is gedaan, die beslissing of uitspraak. Bescheiden die tijdens het onderzoek aan de met het onderzoek van vernieuwing belaste ambtenaar worden overgelegd, worden in de akte vermeld en daaraan in afschrift gehecht.

Vermelding aan de voet van de akte van bijhoudingen sedert het voorstel van vernieuwing

3. Tevens worden overeenkomstig door het bestuur van de Dienst vast te stellen regelen aan de voet van de akte van vernieuwing ten aanzien van elke onroerende zaak waarop de vernieuwing betrekking heeft, afzonderlijk vermeld de in artikel 76, tweede lid, bedoelde bijhoudingen alsmede die bijhoudingen, zo die hebben plaatsgevonden, welke zich hebben voorgedaan tussen het tijdstip van de dagtekening van het voorstel van vernieuwing en dat van de dagtekening van de akte van vernieuwing.

4. Een bezwaar of beroep ter zake van een bijhouding, als bedoeld in het vorige lid, kan op verzoek van de belanghebbende gevoegd worden behandeld met bezwaren of beroepen ter zake van een voorstel van vernieuwing. De behandeling kan op verzoek van de belanghebbende ook worden aangehouden tot na het verlijden van de akte van vernieuwing.

Inschrijving in de openbare registers

5. De akte van vernieuwing wordt ingeschreven in de openbare registers.

Art. 78

Vernieuwing na de inschrijving

1. Na de inschrijving, bedoeld in artikel 77, vijfde lid, wordt de basisregistratie kadaster met bekwame spoed vernieuwd op de voet van de akte van vernieuwing.

Rechtsgevolgen van de vernieuwing

2. Zij die volgens de akte van vernieuwing rechthebbende zijn op een daarin opgenomen onroerende zaak of recht dat geen recht van hypotheek is, gelden voor de toepassing van de verjaring, bedoeld in artikel 99 van Boek 3 van het Burgerlijk Wetboek, met ingang van de dag van de inschrijving als bezitter te goeder trouw van die zaak of dat recht zoals zij in de akte worden omschreven.

3. De in artikel 106 van Boek 3 van het Burgerlijk Wetboek bedoelde rechtsvordering van een beperkt gerechtigde, wiens recht niet in de akte van vernieuwing is opgenomen, verjaart in elk geval door verloop van tien jaren na de dag van de inschrijving van deze akte.

Afdeling 4
Metingen

Art. 79

Metingen

Het bestuur van de Dienst stelt nadere regelen vast omtrent de in deze titel voorziene metingen.

Afdeling 5
Overige bepalingen

Art. 80

Bij regeling van het bestuur van de Dienst kan worden bepaald dat in door het bestuur van de Dienst vast te stellen gevallen bij een kennisgeving van het resultaat van een bijhouding, als bedoeld in afdeling 2, of bij een voorstel van vernieuwing, als bedoeld in artikel 76, tweede lid, een kaart wordt gevoegd weergevend de onroerende zaken ten aanzien waarvan de bijwerking heeft plaatsgevonden, onderscheidenlijk zal plaatsvinden.

Kaart bij de kennisgeving van het resultaat van de bijhouding/voorstel van vernieuwing

Art. 81

1. Bij regeling van Onze Minister wordt bepaald, onverminderd hetgeen daaromtrent op grond van andere bepalingen van deze titel reeds is of wordt bepaald, welke gegevens eveneens ten minste in de in deze titel voorziene relazen van bevindingen en voorstellen van vernieuwing worden vermeld. Het bestuur van de Dienst stelt nadere regelen vast omtrent de vorm van de relazen van bevindingen en de voorstellen van vernieuwing.

Nadere regels

2. Bij regeling van Onze Minister kunnen tevens nadere voorschriften worden gegeven inzake de vorm van de akte van vernieuwing.

Art. 82

Het bestuur van de Dienst stelt de vorm vast van de in deze titel voorziene mededelingen, kennisgevingen alsmede van de in deze titel voorziene te geven beslissingen op bezwaarschriften. Indien artikel 80 toepassing heeft gevonden stelt het bestuur van de Dienst tevens de vorm vast van de in dat artikel bedoelde kaart.

Vaststellen vormvoorschriften mededelingen/kennisgevingen/beslissingen op bezwaarschriften

Titel 2
Bijhouding van het net van coördinaatpunten

Art. 83

Het bestuur van de Dienst stelt regelen vast omtrent de bijhouding van het net van coördinaatpunten, bedoeld in artikel 52, eerste lid.

Bijhouding van het net van coördinaatpunten

Titel 3
[Vervallen]

Art. 84

[Vervallen]

Hoofdstuk 5
Registratie voor schepen

Titel 1
Inhoud van de registratie voor schepen

Art. 85

1. De registratie voor schepen ontsluit de openbare registers door middel van:
a. de naam van de eigenaar van, of beperkt gerechtigde met betrekking tot, een schip, en
b. het brandmerk van een schip.

Registratie schepen, toegang tot openbare registers

2. De registratie voor schepen bevat:
a. naam, voornamen, adres of verblijfplaats, geboortedatum en burgerlijke staat van de eigenaar van, beperkt gerechtigde met betrekking tot, of beslaglegger op, een schip of, ingeval die eigenaar, gerechtigde of beslaglegger een rechtspersoon is, de rechtsvorm;
b. ten aanzien van een eigenaar en beperkt gerechtigde als bedoeld in onderdeel a: een verwijzing naar alle op hen betrekking hebbende in de openbare registers ingeschreven of geboekte stukken, voorzover die stukken betreffen schepen en rechten waaraan de schepen zijn onderworpen;
c. de wettelijke benaming van de beperkte rechten waaraan de schepen onderworpen zijn, en van de beslagen die op de schepen of beperkte rechten zijn gelegd, als ook of die schepen of beperkte rechten onder bewind staan, alsmede of ten aanzien daarvan zijn ingeschreven:
1°. een beding, als bedoeld in artikel 252 van Boek 6 van het Burgerlijk Wetboek;
2°. een afwijkend beding, als bedoeld in artikel 1, vijfde lid, van Boek 8 van het Burgerlijk Wetboek onder vermelding van het scheepstoebehoren ten aanzien waarvan het afwijkend beding is gemaakt, en
3°. voorrechten, genoemd in artikel 211 dan wel in artikel 821 van Boek 8 van het Burgerlijk Wetboek;
d. de naam en het brandmerk, bedoeld in artikel 21, eerste lid, onder c;
e. de dagtekening der teboekstelling;

Registratie schepen, inhoud

B28 art. 86 **Kadasterwet**

f. het type, de inrichting, het materiaal waarvan de romp is gemaakt, jaar en plaats van de bouw en, voor zover het een schip met mechanische voortstuwing betreft, ook al betreft het slechts een hulpmotor, het aantal motoren, het type, vermogen en de fabrikant van elke motor, alsmede het fabrieksnummer daarvan met aanduiding van de plaats waar dit nummer is aangebracht; *g.* indien het een binnenschip betreft, het laadvermogen in tonnen van 1.000 kilogram of de verplaatsing in kubieke meters, zoals vermeld in de meetbrief, dan wel, indien het een zeeschip of een zeevisserssschip betreft, de bruto-inhoud in kubieke meters of de bruto-tonnage, zoals vermeld in de meetbrief; ingeval geen meetbrief is vereist, het laadvermogen, de verplaatsing, de bruto-inhoud dan wel de bruto-tonnage, zoals kan worden vastgesteld aan de hand van de verstrekte gegevens; zolang een schip in aanbouw is, wordt het laadvermogen, de verplaatsing, de bruto-inhoud dan wel de bruto-tonnage geschat;
h. ten aanzien van elk schip een verwijzing naar alle daarop betrekking hebbende, in de openbare registers ingeschreven stukken en in het register van voorlopige aantekeningen geboekte stukken, alsmede door de Dienst verkregen inlichtingen als bedoeld in artikel 87, eerste lid, onder b;
i. elk register waarin het schip heeft te boek gestaan;
j. voorzover op een schip een recht van hypotheek rust, ten minste de gegevens, genoemd in artikel 48, tweede lid, onderdeel i;
k. gegevens die worden opgenomen op grond van andere wettelijke bepalingen;
l. in geval van mede-eigendom of een rederij: het aandeel van ieder der deelgenoten of reders.
3. De gegevens, bedoeld in het tweede lid en artikel 7g, tweede en vijfde lid, omtrent en de bescheiden betreffende schepen waarvan de teboekstelling is doorgehaald, blijven deel uitmaken van de registratie voor schepen.
4. De detaillering, verbijzondering en beschrijving van gegevens als bedoeld in het tweede lid en in artikel 7g, tweede en vijfde lid, vinden plaats in de door het bestuur van de Dienst vastgestelde catalogus registratie voor schepen. Het bestuur van de Dienst maakt de vastgestelde of gewijzigde catalogus overeenkomstig artikel 48, zesde lid, bekend.

Titel 2
Bijwerking van de registratie voor schepen

Afdeling 1
Algemene bepalingen

Art. 86

Bijwerking door bijhouding

Bijwerking vindt plaats als bijhouding.

Art. 87

Gevallen, gronden en wijze van bijhouding

1. Bijhouding vindt, onverminderd het bepaalde bij of krachtens deze of een andere wet, plaats op grond van:
a. veranderingen blijkens in de openbare registers ingeschreven stukken, voorzover die betrekking hebben op schepen en rechten waaraan die schepen zijn onderworpen, of
b. wijzigingen met betrekking tot gegevens van de eigenaar of beperkt gerechtigde, voorzover die blijken uit een basisregistratie of uit andere door de eigenaar of beperkt gerechtigde overgelegde stukken.
2. Bijhouding van de registratie voor schepen vindt ook plaats met betrekking tot voorlopige aantekeningen terzake van stukken betreffende schepen en rechten waaraan die schepen zijn onderworpen en doorhalingen daarvan in het register van voorlopige aantekeningen.
3. De wijze van bijhouding wordt, onverminderd het bepaalde bij of krachtens deze of een andere wet, bij of krachtens algemene maatregel van bestuur geregeld, in dier voege:
a. dat na een inschrijving de bijhouding terstond aanvangt, en
b. dat in de registratie wordt vermeld op grond van welk ingeschreven of ander stuk een bijhouding heeft plaatsgevonden.
4. Artikel 72 is van overeenkomstige toepassing.

Art. 87a

Toepasselijkheid van de Awb

Op beschikkingen inzake de bijhouding, genomen krachtens hoofdstuk 5 van deze wet, zijn de artikelen 4:7, 4:8 en 3:40 van de Algemene wet bestuursrecht niet van toepassing.

Art. 87b

Bezwaar door belanghebbenden

1. Belanghebbenden kunnen tegen beschikkingen inzake de bijwerking, genomen krachtens deze titel, bezwaar maken nadat zij is voltooid.
2. Geen bezwaar staat open tegen bijhoudingen als bedoeld in artikel 87, tweede lid.

Afdeling 2
Bijhouding op grond van in de openbare registers, bedoeld in artikel 8, eerste lid, onderdeel a, ingeschreven stukken betreffende schepen en rechten waaraan die schepen zijn onderworpen

Art. 88

1. Ingeval de bijhouding waartoe een ingeschreven stuk aanleiding geeft, met betrekking tot een schip is voltooid en heeft geleid tot wijziging of aanvulling van de in de registratie voor schepen vermeld staande gegevens betreffende de eigenaars of beperkt gerechtigden, dan wel de naam van het schip waarop het ingeschreven feit betrekking heeft, wordt het resultaat van die bijhouding door toezending of uitreiking aan belanghebbenden bekendgemaakt.

2. Artikel 58, tweede lid, is voorts van overeenkomstige toepassing.

Art. 89

1. Ingeval blijkt dat in een stuk dat is ingeschreven in de openbare registers, bedoeld in artikel 8, eerste lid, onderdeel a, één of meer der in dat stuk vermelde gegevens, als bedoeld in artikel 21, eerste lid, onverenigbaar zijn met de in de registratie voor schepen vermeld staande gegevens ten aanzien van het schip waarop het in te schrijven feit betrekking heeft, vindt artikel 88 slechts toepassing voor zover bijhouding mogelijk is ingevolge de op grond van het volgende lid vast te stellen regelen.

2. Bij of krachtens algemene maatregel van bestuur wordt geregeld in hoeverre en op welke wijze bijhouding plaatsvindt, indien een geval, als bedoeld in het eerste lid zich voordoet, in dier voege dat de bijhouding waartoe het ingeschreven stuk aanleiding geeft, eerst wordt voltooid nadat een stuk tot verbetering, als bedoeld in artikel 42, is ingeschreven in de in artikel 8, eerste lid, onderdeel a, bedoelde openbare registers.

3. Artikel 59, derde en vierde lid, is van overeenkomstige toepassing.

Art. 90

[Vervallen]

Afdeling 3
[Vervallen]

Art. 91

[Vervallen]

Hoofdstuk 6 Registratie voor luchtvaartuigen

Titel 1
Inhoud van de registratie voor luchtvaartuigen

Art. 92

1. De registratie voor luchtvaartuigen ontsluit de openbare registers door middel van:
a. de naam van de eigenaar van, of beperkt gerechtigde met betrekking tot, een luchtvaartuig;
b. het in artikel 22, eerste lid, onderdeel a, bedoelde inschrijvingskenmerk, en
c. het in artikel 22, eerste lid, onderdeel d, bedoelde boekingsnummer.

2. De registratie voor luchtvaartuigen bevat:
a. naam, voornamen, adres, geboortedatum en burgerlijke staat van de eigenaar van, beperkt gerechtigde met betrekking tot, of beslaglegger op een luchtvaartuig of, ingeval die eigenaar, gerechtigde of beslaglegger een rechtspersoon is, de rechtsvorm;
b. ten aanzien van een eigenaar en beperkt gerechtigde als bedoeld in onderdeel a: een verwijzing naar alle op hen betrekking hebbende in de openbare registers, bedoeld in artikel 8, eerste lid, ingeschreven stukken of geboekte stukken, voorzover die stukken betreffen luchtvaartuigen en rechten waaraan die luchtvaartuigen zijn onderworpen;
c. de wettelijke benaming van de beperkte rechten waaraan de luchtvaartuigen onderworpen zijn, en van de beslagen die op de luchtvaartuigen of beperkte rechten zijn gelegd, als ook of die luchtvaartuigen of beperkte rechten onder bewind staan, alsmede of ten aanzien daarvan zijn ingeschreven:
1°. een beding, als bedoeld in artikel 252 van Boek 6 van het Burgerlijk Wetboek, en
2°. voorrechten als bedoeld in artikel 1317 van Boek 8 van het Burgerlijk Wetboek;
d. het nationaliteitskenmerk en het inschrijvingskenmerk, bedoeld in artikel 3.2, eerste lid, van de Wet luchtvaart;
e. de naam en woonplaats van de fabrikant, het type, jaar en plaats van de bouw, het serienummer, zo het luchtvaartuig dat heeft, met de aanduiding van de plaats waar dit nummer is aangebracht, het aantal motoren, het type, vermogen en de fabrikant van elke motor, alsmede het fabrieksnummer daarvan met de aanduiding van de plaats waar dit nummer is aangebracht;

Kennisgeving omtrent het resultaat van de bijhouding

Onjuistheid/onvolledigheid in de vermelding van de beschrijving, naam of brandmerk van een schip: beperkte bijhouding

Registratie luchtvaartuigen, toegang tot openbare registers

Registratie luchtvaartuigen, inhoud

B28 art. 93 **Kadasterwet**

f. de maximaal toegelaten startmassa;

g. de dagtekening van de teboekstelling en het boekingsnummer, bedoeld in artikel 22, eerste lid, onderdeel d;

h. ten aanzien van elk luchtvaartuig een verwijzing naar alle daarop betrekking hebbende, in de openbare registers ingeschreven stukken en in het register van voorlopige aantekeningen geboekte stukken, alsmede door de Dienst verkregen inlichtingen als bedoeld in artikel 94, eerste lid, onder b;

i. elk register waarin het luchtvaartuig heeft te boek gestaan;

j. voorzover op een luchtvaartuig een recht van hypotheek rust, ten minste de gegevens, genoemd in artikel 48, tweede lid, onderdeel i;

k. gegevens die worden opgenomen op grond van andere wettelijke bepalingen;

l. in geval van een gemeenschap, het aandeel van ieder der deelgenoten.

3. Artikel 85, derde lid, is van overeenkomstige toepassing.

4. De detaillering, verbijzondering en beschrijving van gegevens als bedoeld in het tweede lid en in artikel 7g, tweede en vijfde lid, vinden plaats in de door het bestuur van de Dienst vastgestelde catalogus registratie voor luchtvaartuigen. Het bestuur van de Dienst maakt de vastgestelde of gewijzigde catalogus overeenkomstig artikel 48, zesde lid, bekend.

Titel 2

Bijwerking van de registratie voor luchtvaartuigen

Afdeling 1
Algemene bepalingen

Art. 93

Bijwerking door bijhouding

Bijwerking vindt plaats als bijhouding.

Art. 94

Gevallen, gronden en wijze van bijhouding

1. Bijhouding vindt, onverminderd het bepaalde bij of krachtens deze of een andere wet, plaats op grond van:

a. veranderingen blijkens in de openbare registers ingeschreven stukken, voorzover die betrekking hebben op luchtvaartuigen en rechten waaraan die luchtvaartuigen zijn onderworpen, of

b. wijzigingen met betrekking tot gegevens van de eigenaar of beperkt gerechtigde, voorzover die blijken uit een basisregistratie of uit andere door de eigenaar of beperkt gerechtigde overgelegde stukken.

2. Bijhouding van de registratie voor luchtvaartuigen vindt ook plaats met betrekking tot voorlopige aantekeningen terzake van stukken betreffende luchtvaartuigen en rechten waaraan die luchtvaartuigen zijn onderworpen en doorhalingen daarvan in het register van voorlopige aantekeningen.

3. De wijze van bijhouding wordt, onverminderd het bepaalde bij of krachtens deze of andere wet, bij of krachtens algemene maatregel van bestuur geregeld, in dier voege:

a. dat na een inschrijving de bijhouding terstond aanvangt, en

b. dat in de registratie wordt vermeld op grond van welk ingeschreven of ander stuk een bijhouding heeft plaatsgevonden.

4. Artikel 72 is van overeenkomstige toepassing.

Art. 94a

Toepasselijkheid van de Algemene wet bestuursrecht

Op beschikkingen inzake de bijhouding, genomen krachtens hoofdstuk 6 van deze wet, zijn de artikelen 4:7, 4:8 en 3:40 van de Algemene wet bestuursrecht niet van toepassing.

Art. 94b

Bezwaar door belanghebbenden

1. Belanghebbenden kunnen tegen beschikkingen inzake de bijwerking, genomen krachtens deze titel, bezwaar maken nadat zij is voltooid.

2. Geen bezwaar staat open tegen bijhoudingen als bedoeld in artikel 94, tweede lid.

3. Artikel 56b, tweede lid, is van overeenkomstige toepassing.

Afdeling 2
Bijhouding op grond van in de openbare registers, bedoeld in artikel 8, eerste lid, onderdeel a, ingeschreven stukken betreffende luchtvaartuigen en rechten waaraan die luchtvaartuigen zijn onderworpen

Art. 95

Kennisgeving omtrent het resultaat van de bijhouding

1. Ingeval de bijhouding waartoe een ingeschreven stuk aanleiding geeft, met betrekking tot een luchtvaartuig is voltooid en heeft geleid tot wijziging of aanvulling van de in de registratie voor luchtvaartuigen vermeld staande gegevens betreffende de eigenaars of beperkt gerechtigden, dan wel de naam van het luchtvaartuig waarop het ingeschreven feit betrekking heeft, wordt het resultaat van die bijhouding door toezending of uitreiking aan belanghebbenden bekendgemaakt.

2. Artikel 58, tweede lid, is voorts van overeenkomstige toepassing.

Art. 96

1. Ingeval blijkt dat in een stuk, dat is ingeschreven in de openbare registers, bedoeld in artikel 8, eerste lid, onderdeel a, één of meer der in dat stuk vermelde gegevens, als bedoeld in artikel 22, eerste lid, onverenigbaar zijn met de in de registratie voor luchtvaartuigen vermeld staande gegevens ten aanzien van het luchtvaartuig waarop het in te schrijven feit betrekking heeft, vindt artikel 95 slechts toepassing voor zover bijhouding mogelijk is ingevolge op grond van het volgende lid vast te stellen regelen.

Onjuistheid/onvolledigheid in de vermelding van de beschrijving, naam en kenmerken van een luchtvaartuig

2. Bij of krachtens algemene maatregel van bestuur wordt geregeld in hoeverre en op welke wijze bijhouding plaatsvindt indien een geval, als bedoeld in het eerste lid, zich voordoet, in dier voege dat de bijhouding waartoe het ingeschreven stuk aanleiding geeft, eerst wordt voltooid nadat een stuk tot verbetering, als bedoeld in artikel 42, is ingeschreven in de in artikel 8, eerste lid, onderdeel a, bedoelde openbare registers.

Rectificatieverzoek

3. Artikel 59, derde en vierde lid, is van overeenkomstige toepassing.

Art. 97

[Vervallen]

Afdeling 3
[Vervallen]

Art. 98

[Vervallen]

Hoofdstuk 6a Basisregistratie topografie

Art. 98a

1. De basisregistratie topografie is toegankelijk door middel van een identificerend objectnummer of een locatie op de kaart.

Basisregistratie topografie

2. De basisregistratie topografie bevat de volgende geografische objecten met hun cartografische weergave:

a. wegdeel;
b. spoorbaandeel;
c. waterdeel;
d. bebouwing;
e. terrein;
f. inrichtingselement;
g. reliëf;
h. registratief gebied;
i. geografisch gebied, en
j. functioneel gebied.

3. De basisregistratie topografie bevat ten aanzien van elk geografisch object als bedoeld in het tweede lid een identificerend objectnummer en beschrijvende, geometrische, cartografische, temporele en meta-kenmerken overeenkomstig de door het bestuur van de Dienst vastgestelde catalogus basisregistratie topografie. Het bestuur van de Dienst maakt de vastgestelde of gewijzigde catalogus overeenkomstig artikel 48, zesde lid, bekend.

4. De geografische objecten, bedoeld in het tweede lid, worden bewerkt overeenkomstig de regels en procedures als opgenomen in de catalogus basisregistratie topografie.

5. De meta-kenmerken, bedoeld in het derde lid, hebben in ieder geval betrekking op de beschrijving van de oorsprong en de kwaliteit of nauwkeurigheid van de geografische objecten.

Art. 98b

[Vervallen]

Hoofdstuk 7 Verstrekking van inlichtingen; kadastraal recht

Titel 1 Verstrekking van inlichtingen

Afdeling 1 Verstrekking van inlichtingen uit de openbare registers, de registraties, het net van coördinaatpunten en de bescheiden, bedoeld in artikel 50

Art. 99

Inzage openbare registers

1. Desgevraagd verleent de Dienst inzage van de openbare registers en geeft hij af of zendt toe voor eensluidend gewaarmerkte afschriften of uittreksels van de in die registers ingeschreven of geboekte stukken, en getuigschriften omtrent het al dan niet bestaan van inschrijvingen of voorlopige aantekeningen betreffende een registergoed of een persoon.

2. Indien met betrekking tot een registergoed in het register van voorlopige aantekeningen, bedoeld in artikel 8, eerste lid, onderdeel b, voorlopige aantekeningen zijn gesteld die nog niet zijn doorgehaald, wordt op de getuigschriften inzake dat registergoed melding gemaakt van die nog niet doorgehaalde voorlopige aantekeningen.

Art. 100

Inzage kadastrale registratie

1. Desgevraagd verleent de Dienst inzage van de basisregistratie kadaster en de bescheiden, bedoeld in artikel 50, en geeft hij voor eensluidend gewaarmerkte afschriften of uittreksels daarvan af of zendt die toe.

Nadere regels

2. Bij of krachtens algemene maatregel van bestuur worden regels gesteld met betrekking tot de gevallen waarin de verstrekking van inlichtingen uit de kadastrale kaarten en de daaraan ten grondslag liggende bescheiden na een verzoek daartoe in papieren vorm te velde kan plaatsvinden, en met betrekking tot de daarbij in acht te nemen regels.

Informatieverstrekking coördinaatpunten

3. Desgevraagd verstrekt de Dienst inlichtingen over het net van coördinaatpunten.

Art. 101

Informatieverstrekking registratie schepen

1. Desgevraagd verleent de Dienst inzage van de registratie voor schepen en van andere documenten betreffende schepen die niet zijn ingeschreven in de openbare registers en geeft hij voor eensluidend gewaarmerkte afschriften of uittreksels daarvan af of zendt die toe.

2. De Dienst kan desgevraagd een verklaring afgeven, inhoudende dat een schip ten aanzien waarvan bij het desbetreffende verzoek door de betrokkene ten minste zodanige gegevens worden bekend gesteld dat de identiteit van het schip voldoende vaststaat, niet te boek staat noch heeft te boek gestaan.

Art. 102

Informatieverstrekking registratie luchtvaartuigen

1. Desgevraagd verleent de Dienst inzage van de registratie voor luchtvaartuigen en van andere documenten betreffende luchtvaartuigen die niet zijn ingeschreven in de openbare registers en geeft hij voor eensluidend gewaarmerkte afschriften of uittreksels daarvan af of zendt die toe.

2. De Dienst kan desgevraagd een verklaring afgeven, inhoudende dat een luchtvaartuig ten aanzien waarvan bij het desbetreffende verzoek door de betrokkene ten minste het nationaliteitskenmerk en het inschrijvingskenmerk, bedoeld in artikel 3.2, eerste lid, van de Wet luchtvaart worden bekend gesteld, niet te boek staat noch heeft te boek gestaan.

Art. 102a

Informatieverstrekking geografische gegevens

Desgevraagd verstrekt de Dienst inlichtingen over de geografische gegevens, bedoeld in artikel 3, eerste lid, onderdeel f, en verleent de Dienst inzage van de daaraan ten grondslag liggende bescheiden.

Art. 103

Verklaring informatieverstrekking

1. Desgevraagd geeft de Dienst een verklaring af dat sedert het tijdstip waarop een getuigschrift, afschrift of uittreksel als bedoeld in de artikelen 99 tot en met 102 door hem is afgegeven, in de daarin vermelde gegevens geen wijziging is opgetreden.

2. Het eerste lid is niet van toepassing op afschriften en uittreksels van de kadastrale kaart.

Art. 104

Informatieverstrekking aan overheidslichamen

1. Onverminderd artikel 100, eerste lid, verstrekt de Dienst desgevraagd aan gemeenten en andere publiekrechtelijke lichamen voor hun grondgebied een afschrift van de basisregistratie kadaster.

2. Door het bestuur van de Dienst worden in overleg met betrokkenen regels gesteld met betrekking tot de wijze waarop door de Dienst, al of niet periodiek, grote hoeveelheden gegevens uit de basisregistratie kadaster aan gemeenten en andere publiekrechtelijke lichamen worden verstrekt.

3. Op de verstrekking van gegevens, bedoeld in het eerste en tweede lid, zijn de artikelen 108 tot en met 110 van overeenkomstige toepassing, met dien verstande dat bij de vaststelling van

de hoogte van het verschuldigde kadastraal recht rekening wordt gehouden met besparingen die voortvloeien uit het feit dat grote hoeveelheden gegevens tegelijkertijd worden verstrekt.

Art. 105

1. Bij of krachtens algemene maatregel van bestuur worden regels gesteld met betrekking tot de voorwaarden waaronder en de wijze waarop een permanente aansluiting kan worden verkregen op, voorzover in elektronische vorm gehouden, de openbare registers, de basisregistratie kadaster, de registratie voor schepen en de registratie voor luchtvaartuigen.

2. Het bestuur van de Dienst kan aan gemeenten die beschikken over een permanente aansluiting als bedoeld in het eerste lid, desgevraagd de bevoegdheid geven daaruit gegevens aan derden te verschaffen. Bij algemene maatregel van bestuur worden regels gesteld met betrekking tot de voorwaarden waaronder een bevoegdheid als bedoeld in de eerste zin wordt verleend en de gevallen waarin de verlening van die bevoegdheid kan worden ingetrokken.

Art. 106

1. De bewaarder is belast met de verstrekking van de inlichtingen, bedoeld in de artikelen 99, 100, eerste lid, voorzover betreffend de basisregistratie kadaster, en 101, 102 en 103.

2. Het bestuur van de Dienst kan andere personen behorend tot het personeel van de Dienst dan de bewaarder belasten met de verstrekking van de inlichtingen, bedoeld in het eerste lid.

3. Het bestuur van de Dienst wijst ambtenaren aan die belast zijn met de verstrekking van de inlichtingen, bedoeld in artikel 100, met uitzondering van inlichtingen uit de basisregistratie kadaster, en artikel 102a.

Art. 107

Het bestuur van de Dienst stelt vast:

a. de vorm van de afschriften, uittreksels, getuigschriften en verklaringen, bedoeld in de artikelen 99 tot en met 102a, alsmede de gevallen waarin de Dienst getuigschriften opmaakt;

b. de wijze en plaats van raadpleging van de openbare registers, de basisregistratie kadaster en de bescheiden, bedoeld in artikel 50, de registratie voor schepen en andere documenten betreffende schepen, de registratie voor luchtvaartuigen en andere documenten betreffende luchtvaartuigen, de geografische gegevens en de aan die gegevens ten grondslag liggende bescheiden;

c. de vorm van de verklaring, bedoeld in artikel 103, en de wijze waarop de afschriften, uittreksels en getuigschriften, bedoeld in dat artikel, worden voorzien van die verklaring;

d. de wijze waarop de waarmerking, bedoeld in de artikelen 99 tot en met 102, van in papieren vorm te verstrekken afschriften, uittreksels en getuigschriften als bedoeld in de artikelen 99 tot en met 102 plaatsvindt;

e. de wijze waarop in elektronische vorm te verstrekken getuigschriften, afschriften, uittreksels en verklaringen als bedoeld in de artikelen 99 tot en met 102 worden gewaarmerkt, waartoe zij ten minste worden voorzien van een elektronische handtekening van de bewaarder en welke waarmerking wat betreft afschriften en uittreksels mede omvat de waarmerking voor eensluidendheid;

f. de wijze waarop inlichtingen over het net van coördinaatpunten worden verstrekt, en

g. de wijze waarop inlichtingen over geografische gegevens als bedoeld in artikel 3, eerste lid, onderdeel f, worden verstrekt en de wijze waarop inzage wordt verleend van de aan die geografische gegevens ten grondslag liggende bescheiden.

Afdeling 2
Bepalingen in verband met de bescherming van de persoonlijke levenssfeer

Art. 107a

1. Artikel 15 van de Algemene verordening gegevensbescherming is niet van toepassing ingeval de verstrekking van inlichtingen ingevolge deze titel persoonsgegevens betreft.

2. Een beslissing tot afwijzing van een verzoek om inlichtingen ingevolge deze titel, geldt als een besluit in de zin van de Algemene wet bestuursrecht. De artikelen 56b, eerste lid, en 58, eerste en tweede lid, zijn van overeenkomstige toepassing.

Art. 107b

Ter bescherming van de persoonlijke levenssfeer van personen die in de basisregistratie kadaster, de registratie voor schepen en in de registratie voor luchtvaartuigen vermeld staan, kunnen bij of krachtens algemene maatregel van bestuur voor daarbij aangewezen soort of soorten van persoonsgegevens beperkingen worden vastgesteld ten aanzien van de verstrekking van inlichtingen als bedoeld in de artikelen 99 tot en met 107. Daarbij kunnen tevens regels worden vastgesteld voor de behandeling van verzoeken tot afscherming van persoonsgegevens.

Art. 107c

De Dienst kan slechts een verzameling van persoonsgegevens verstrekken in een zodanige vorm dat daarop rechtstreeks een geautomatiseerde verwerking mogelijk is ten aanzien van een op voorhand onbepaalde groep van personen, indien dit voortvloeit uit een van de doeleinden, genoemd in artikel 2a, de aanvrager deze gegevens kan verwerken op één van de gronden, bedoeld in artikel 6, eerste lid, onder c tot en met f, van de Algemene verordening gegevensbescherming en zulks is toegestaan bij algemene maatregel van bestuur.

Titel 2 kadastraal recht

Art. 108

1. Onder de naam van kadastraal recht zijn betrokkenen aan de Dienst wegens het verrichten door de Dienst van werkzaamheden ter uitvoering van de taken, bedoeld in artikel 3, vergoedingen verschuldigd overeenkomstig de door de Dienst vastgestelde regels.

2. De tarieven van het kadastraal recht worden tot geen hoger bedrag vastgesteld dan wordt vereist tot dekking van de ten laste van de Dienst komende kosten van het verrichten van de werkzaamheden, bedoeld in het eerste lid.

3. Artikel 9, derde lid, van de Wet hergebruik van overheidsinformatie is van toepassing op de vergoedingen bedoeld in het eerste lid.

4. Het bestuur van de Dienst stelt regelen vast omtrent de wijze waarop het kadastraal recht wordt verrekend met de door de betrokkene betaalde of nog te betalen andere vergoedingen.

5. Bij het aanbieden ter goedkeuring, bedoeld in artikel 17 van de Kaderwet zelfstandige bestuursorganen, vermeldt het bestuur van de Dienst over de voorgestelde vergoedingen de zienswijze van de raad van toezicht, bedoeld in artikel 3 van de Organisatiewet Kadaster, en de reactie van de gebruikersraad, bedoeld in artikel 16 van die wet.

Art. 109

In de regeling, bedoeld in artikel 108, eerste lid, kan de Dienst regels stellen met betrekking tot de gevallen waarin en de verrichtingen ten aanzien waarvan in die gevallen geen kadastraal recht is verschuldigd.

Art. 110

Het bestuur van de Dienst is bevoegd om in bijzondere gevallen vrijstelling, vermindering of teruggaaf van kadastraal recht te verlenen.

Hoofdstuk 8 Wijziging van de kadastrale aanduiding van onroerende zaken en appartementsrechten anders dan in geval van bijwerking; opnieuw vaststellen van de grootte van percelen; herstel van kennelijke misslagen begaan bij de bijwerking en van onregelmatigheden begaan bij het houden van de openbare registers

Art. 110a

Op beschikkingen, genomen krachtens hoofdstuk 8 van deze wet, zijn de artikelen 4:7, 4:8 en 3:40 van de Algemene wet bestuursrecht niet van toepassing.

Art. 111

1. De Dienst is bevoegd om, anders dan ingevolge de bepalingen omtrent de bijwerking, bedoeld in hoofdstuk 4, in door Onze Minister te bepalen gevallen de kadastrale aanduiding van onroerende zaken en appartementsrechten te wijzigen en de grootte van percelen opnieuw vast te stellen. Het bestuur van de Dienst stelt regelen vast omtrent de wijze waarop wijzigingen, als bedoeld in de eerste zin, in de basisregistratie kadaster worden weergegeven.

2. Indien de Dienst ambtshalve de kadastrale aanduiding van een onroerende zaak of van een appartementsrecht wijzigt, als bedoeld in het eerste lid, is artikel 58, eerste lid, van overeenkomstige toepassing. Tegen deze wijziging staat generlei voorziening open.

3. Indien de Dienst ambtshalve de grootte van een perceel opnieuw vaststelt, als bedoeld in het eerste lid, en deze afwijkt van de in de basisregistratie kadaster vermeld staande grootte vóór de herberekening, zijn de artikelen 56b, eerste lid, en 58, eerste en tweede lid, van overeenkomstige toepassing.

Art. 112-115

[Vervallen]

Art. 116

Het bestuur van de Dienst stelt regels met betrekking tot de wijze waarop een vergissing, verzuim of een andere onregelmatigheid begaan door de bewaarder bij de inschrijving van stukken in de openbare registers, bij het stellen daarin van aantekeningen, bij de boeking van stukken in het register van voorlopige aantekeningen, of bij de doorhaling van voorlopige aantekeningen, wordt hersteld.

Hoofdstuk 9 Overige en slotbepalingen

Art. 117

1. De Dienst is jegens betrokkenen aansprakelijk voor de schade die zij lijden, doordat in strijd met de wet een inschrijving is geweigerd of geschied.

Aansprakelijkheden van de Staat

2. De Dienst is eveneens aansprakelijk voor alle verdere vergissingen, verzuimen, vertragingen of andere onregelmatigheden van zijn ambtenaren, gepleegd bij het houden van de openbare registers of bij het opmaken of afgeven van afschriften, uittreksels en getuigschriften.

3. De Dienst is jegens betrokkenen aansprakelijk voor vergissingen, verzuimen of andere onregelmatigheden door de Dienst gepleegd bij het bijwerken van de basisregistratie kadaster en de bescheiden, bedoeld in artikel 50, alsmede van de registratie voor schepen en de registratie voor luchtvaartuigen.

4. De Dienst is eveneens aansprakelijk voor alle vergissingen, verzuimen of andere onregelmatigheden van de Dienst, begaan bij het in papieren vorm en in elektronische vorm verstrekken van inlichtingen uit de basisregistratie kadaster en de bescheiden, bedoeld in artikel 50, alsmede uit de registratie voor schepen en de registratie voor luchtvaartuigen.

5. De Dienst is aansprakelijk voor schade die is veroorzaakt door een vergissing, verzuim of een andere onregelmatigheid door hem begaan bij:

a. het vervaardigen, verzamelen, houden en bijwerken van geografische gegevens en het uniform en consistent cartografisch weergeven van die gegevens, bedoeld in artikel 3, eerste lid, onderdelen f en g, en

b. het in papieren vorm en in elektronische vorm verstrekken van inlichtingen omtrent geografische gegevens, bedoeld in artikel 3, eerste lid, onderdelen g en i.

6. De Dienst is aansprakelijk voor de schade die is veroorzaakt door een vergissing, verzuim of andere onregelmatigheid van de Dienst, door hem begaan bij de registratie van gegevens, bedoeld in artikel 6 van de Wet informatie-uitwisseling bovengrondse en ondergrondse netten en netwerken, en de uitwisseling of de verstrekking van gegevens, bedoeld in de artikelen 10, 13, 17, 19 en 20 van die wet. De Dienst is niet aansprakelijk voor schade die voortvloeit uit het door de Dienst verstrekken van informatie die afkomstig is van derden en inhoudelijk onjuist blijkt te zijn, of het niet tijdig ontvangen of kunnen verstrekken van informatie die afkomstig is van derden door handelen of nalaten van die derden.

7. De Dienst is aansprakelijk voor de schade die is veroorzaakt door een vergissing, verzuim, vertraging of andere onregelmatigheid van de Dienst, door hem begaan bij het houden of beheren van de landelijke voorziening, bedoeld in artikel 26 van de Wet basisregistratie adressen en gebouwen, dan wel bij het verlenen van inzage in die voorziening of het verstrekken van de daarin opgenomen gegevens. Het zesde lid, tweede volzin, is van overeenkomstige toepassing.

8. De Dienst is aansprakelijk voor de schade die is veroorzaakt door een vergissing, verzuim, vertraging of andere onregelmatigheid van de Dienst, door hem begaan bij het houden of beheren van de landelijke voorziening WOZ, bedoeld in artikel 37aa van de Wet waardering onroerende zaken, dan wel bij het verstrekken van de daarin opgenomen gegevens. Het zesde lid, tweede volzin, is van overeenkomstige toepassing.

9. De Dienst is aansprakelijk voor de schade die is veroorzaakt door een vergissing, verzuim, vertraging of andere onregelmatigheid van de Dienst, door hem begaan bij het houden van de basisregistratie grootschalige topografie, bedoeld in artikel 2, tweede lid, van de Wet basisregistratie grootschalige topografie, bij het verwerken van gegevens in die basisregistratie als bedoeld in artikel 18 van die wet, dan wel bij het verlenen van inzage in of het verstrekken van gegevens uit die basisregistratie. Het zesde lid, tweede volzin, is van overeenkomstige toepassing.

10. Het bestuur van de Dienst kan regels stellen met betrekking tot de aansprakelijkheid voor de gevolgen van storingen in de middelen die de Dienst gebruikt bij elektronische gegevens uitwisseling als bedoeld in deze wet.

Art. 118

1. Door het bestuur van de Dienst te nemen beslissingen en te stellen regels als bedoeld in deze wet, worden geplaatst in de *Staatscourant*.

Publicatie in Staatscourant

2. Het eerste lid is niet van toepassing op de beslissingen, bedoeld in de artikelen 6, 7, tweede tot en met vierde lid, 8, derde lid, derde zin, 9, derde, vierde en zesde lid, 9a, 11a, tweede lid, tweede zin, derde lid, tweede zin, en vierde lid, tweede zin, 11b, achtste lid, 11c, tweede en derde lid, 12, eerste lid, tweede zin, 13, eerste lid, tweede zin, en tweede lid, derde zin, 14, 17, eerste lid, onderdeel a, 46, derde lid, tweede zin, 82, 107, onderdelen a en c tot en met e, 110 en op de regels, bedoeld in de artikelen 8, tweede lid, eerste en vierde zin, en 17, eerste lid, onderdeel b.

Art. 118a

Indien in deze wet geregelde of daarmee verband houdende onderwerpen in het belang van een goede uitvoering van deze wet of in het belang van de uitvoering van een voor Nederland verbindend besluit van de Raad van de Europese Unie of de Commissie van de Europese Ge-

Nadere regels bij AMvB

B28 *art. 119* **Kadasterwet**

meenschappen regeling of nadere regeling behoeven, kan deze geschieden bij algemene maatregel van bestuur.

Art. 119

Citeertitel
Inwerkingtreding

1. Deze wet kan worden aangehaald als "Kadasterwet".
2. Zij treedt in werking op een door Ons te bepalen tijdstip.

Wet aansprakelijkheidsverzekering motorrijtuigen^1

Wij JULIANA, bij de gratie Gods, Koningin der Nederlanden, Prinses van Oranje-Nassau, enz., enz., enz.

Allen, die deze zullen zien of horen lezen, saluut! doen te weten:

Alzo Wij in overweging genomen hebben, dat het in verband met het op 7 januari 1955 te Brussel tussen Nederland, België en Luxemburg gesloten verdrag betreffende de verplichte aansprakelijkheidsverzekering in zake motorrijtuigen (*Trb.* 1955, nr. 16), en de aanvullende overeenkomst hierop van 3 juli 1956 (*Trb.* 1956, nr. 75) noodzakelijk, en ook overigens wenselijk is, een regeling te treffen omtrent de verplichte verzekering tegen burgerrechtelijke aansprakelijkheid waartoe motorrijtuigen aanleiding kunnen geven;

Zo is het, dat Wij, de Raad van State gehoord, en met gemeen overleg der Staten-Generaal, hebben goedgevonden en verstaan, gelijk Wij goedvinden en verstaan bij deze:

Hoofdstuk 1 Algemene bepalingen

Art. 1

Begripsbepalingen

Voor de toepassing van deze wet worden verstaan onder

motorrijtuigen: alle rij- of voertuigen, bestemd om anders dan langs spoorstaven over de grond te worden voortbewogen uitsluitend of mede door een mechanische kracht, op of aan het rij- of voertuig zelf aanwezig dan wel door electrische tractie met stroomtoevoer van elders; als een deel daarvan wordt aangemerkt al hetgeen aan het rij- of voertuig is gekoppeld of na koppeling daarvan is losgemaakt of losgeraakt, zolang het nog niet buiten het verkeer tot stilstand is gekomen;

verzekerden: zij wier aansprakelijkheid overeenkomstig de bepalingen van deze wet is gedekt;

benadeelden: zij die schade hebben geleden welke grond oplevert voor toepassing van deze wet, alsmede hun rechtverkrijgenden;

vergunning: een vergunning die een schadeverzekeraar ingevolge de Wet op het financieel toezicht behoeft voor de uitoefening van de branche Aansprakelijkheid motorrijtuigen;

verzekeraar: een schadeverzekeraar die ingevolge de Wet op het financieel toezicht in Nederland zijn bedrijf in de branche Aansprakelijkheid motorrijtuigen mag uitoefenen, en het bureau, bedoeld in artikel 2, zesde lid, dat is belast met de afwikkeling van de schade welke in Nederland is veroorzaakt door motorrijtuigen die gewoonlijk in het buitenland zijn gestald, en van de afwikkeling van de schade welke in een van de krachtens artikel 3, derde lid, aangewezen landen is veroorzaakt door motorrijtuigen die gewoonlijk in Nederland zijn gestald;

weg: een weg waarop de omschrijving van het begrip "wegen" in artikel 1, eerste lid, onderdeel b, van de Wegenverkeerswet 1994 van toepassing is; onder "weg" wordt mede verstaan een vaartuig dat wordt gebruikt bij de uitoefening van een veerdienst;

terrein: een terrein dat toegankelijk is voor het publiek of voor een zeker aantal personen die het recht hebben daar te komen;

kenteken: een kenteken als bedoeld in artikel 36 van de Wegenverkeerswet 1994;

Waarborgfonds Motorverkeer en fonds: de krachtens artikel 23, eerste lid, aangewezen rechtspersoon;

gevaarlijke stof: een stof als bedoeld in artikel 1210, onderdeel a, van Boek 8 van het Burgerlijk Wetboek;

gebeurtenis: een gebeurtenis als bedoeld in artikel 1210, onderdeel d, van Boek 8 van het Burgerlijk Wetboek;

exploitant: een exploitant als bedoeld in artikel 1210, onderdeel e, van Boek 8 van het Burgerlijk Wetboek;

lidstaat: een lidstaat van de Europese Unie;

Informatiecentrum: de krachtens artikel 27b, eerste lid, aangewezen rechtspersoon;

Schadevergoedingsorgaan: de krachtens artikel 27k, eerste lid, aangewezen rechtspersoon;

schaderegelaar: een schaderegelaar als bedoeld in artikel 4:70, tweede lid, van de Wet op het financieel toezicht.

---

1 Inwerkingtredingsdatum: 01-07-1964; zoals laatstelijk gewijzigd bij: Stb. 2017, 82.

Art. 2

Aansprakelijkheidsverzekering motorrijtuigen, verplichte verzekering

1. De bezitter van een motorrijtuig en degene op wiens naam dit in het kentekenregister is ingeschreven, zijn verplicht voor het motorrijtuig een verzekering te sluiten en in stand te houden welke aan de bij en krachtens deze wet gestelde bepalingen voldoet, indien dat motorrijtuig op een weg wordt geplaatst of daarmee op een weg wordt gereden, indien buiten een weg met dat motorrijtuig op een terrein aan het verkeer wordt deelgenomen of indien dat motorrijtuig in het kentekenregister is ingeschreven en tenaamgesteld.

2. In afwijking van het vorige lid rust de verplichting tot verzekering niet op de bezitter, maar op de houder die:

a. het motorrijtuig op grond van een overeenkomst van huurkoop onder zich heeft, of

b. het motorrijtuig in vruchtgebruik heeft, of

c. anderszins het motorrijtuig, anders dan als bezitter, tot duurzaam gebruik onder zich heeft.

3. De verplichting tot verzekering met betrekking tot een motorrijtuig dat in het kentekenregister is ingeschreven en tenaamgesteld, wordt opgeheven, indien het motorrijtuig buiten gebruik wordt gesteld en gehouden door plaatsing daarvan buiten een weg, gevolgd door een door de verzekeraar overeenkomstig artikel 13 aan de Dienst Wegverkeer, bedoeld in artikel 4a van de Wegenverkeerswet 1994, gedane kennisgeving van schorsing van de verzekering wegens buitengebruikstelling van het motorrijtuig. De in de vorige zin bedoelde opheffing van de verzekeringsplicht eindigt, zodra de verzekeraar overeenkomstig artikel 13 aan de Dienst Wegverkeer kennis heeft gegeven van de beëindiging van de schorsing, zodra het motorrijtuig zich op een weg bevindt of zodra het deelneemt aan het verkeer op een terrein. Bij of krachtens algemene maatregel van bestuur kunnen omtrent het in dit lid bepaalde nadere regels en voorwaarden worden gesteld. De in dit lid bedoelde opheffing van de verzekeringsplicht vindt slechts plaats, indien de tenaamstelling van het desbetreffende motorrijtuig in het kentekenregister is geschorst overeenkomstig artikel 67 van de Wegenverkeerswet 1994.

4. De verplichting tot verzekering is geschorst, zolang een door een ander gesloten verzekering overeenkomstig de bepalingen van deze wet met betrekking tot het motorrijtuig van kracht is. De verplichting tot verzekering is echter niet geschorst gedurende de in artikel 13, vierde lid, en de in artikel 13a, zevende lid, tweede volzin, bedoelde periode. Hetzelfde geldt voor de periode die voortvloeit uit artikel 13a, zesde lid, tweede volzin.

5. De verzekering moet zijn gesloten bij een schadeverzekeraar die ingevolge de Wet op het financieel toezicht in Nederland zijn bedrijf in de branche Aansprakelijkheid motorrijtuigen mag uitoefenen.

Aansprakelijkheidsverzekering motorrijtuigen, in buitenland gestalde motorrijtuigen

6. Het eerste lid is niet van toepassing op motorrijtuigen die gewoonlijk in het buitenland zijn gestald, mits een voor dat doel door Onze Minister van Financiën erkend bureau, dat rechtspersoon met volledige rechtsbevoegdheid is, of groep van verzekeraars, dan wel een, bij algemene maatregel van bestuur daartoe erkende, in Nederland gevestigde buitenlandse instantie tegenover de benadeelden de verplichting op zich heeft genomen de schade, door die motorrijtuigen veroorzaakt, overeenkomstig de bepalingen van deze wet te vergoeden.

7. Voor de toepassing van deze wet worden geacht gewoonlijk in Nederland te zijn gestald:

a. motorrijtuigen die zijn voorzien van een kenteken, ongeacht of het een permanent of tijdelijk kenteken betreft;

b. motorrijtuigen die ten onrechte niet zijn voorzien van een kenteken dan wel van een buitenlands kenteken, of zijn voorzien van een kenteken dan wel van een buitenlands kenteken dat niet overeenkomt of niet langer overeenkomt met het motorrijtuig, die in Nederland betrokken raken bij een ongeval, uitsluitend met het oog op het afwikkelen van een vordering door het bureau, bedoeld in het zesde lid, of het Waarborgfonds Motorverkeer;

c. motorrijtuigen, die vanuit een andere lidstaat naar Nederland worden verzonden, vanaf de aanvaarding van de levering door de koper, gedurende een periode van maximaal 30 dagen, zelfs indien het motorrijtuig niet officieel in Nederland is geregistreerd.

Voor de toepassing van deze wet worden geacht gewoonlijk in het buitenland te zijn gestald:

d. motorrijtuigen waarvoor een bijzonder kenteken met beperkte geldigheidsduur overeenkomstig een door Onze Minister van Verkeer en Waterstaat vastgesteld model is opgegeven;

e. motorrijtuigen die van de toepassing van artikel 36, eerste lid, van de Wegenverkeerswet 1994 zijn uitgezonderd en waarvoor een militair registratienummer is opgegeven;

f. motorrijtuigen die in een ander land krachtens de aldaar geldende wettelijke regeling zijn geregistreerd of van een verzekeringsplaat of ander onderscheidingsteken zijn voorzien.

8. Tot de motorrijtuigen met betrekking waartoe het bureau de in het zesde lid bedoelde verplichting op zich neemt, behoren in ieder geval de motorrijtuigen, welke gewoonlijk zijn gestald in een land dat ter uitvoering van deze bepaling bij algemene maatregel van bestuur is aangewezen, voor zover bij die maatregel daarvoor geen uitzondering is gemaakt.

9. De schadeverzekeraars die ingevolge de Wet op het financieel toezicht in Nederland hun bedrijf in de branche Aansprakelijkheid motorrijtuigen mogen uitoefenen, betalen jaarlijks aan het bureau, bedoeld in het zesde lid, de door het bureau te bepalen bijdragen, berekend op basis van de in Nederland geboekte premie of het aantal en de aard van de door ieder van hen in Nederland verzekerde motorrijtuigen.

Art. 3

1. De verzekering moet tegen betaling van één enkele premie, gedurende de gehele looptijd van de verzekering, met inbegrip van de perioden waarin het motorrijtuig zich op het grondgebied van een andere lidstaat bevindt, dekken de burgerrechtelijke aansprakelijkheid, waartoe het motorrijtuig in het verkeer aanleiding kan geven, van iedere bezitter, houder en bestuurder van het verzekerde motorrijtuig, alsmede van degenen die daarmede worden vervoerd, zulks met uitzondering van de burgerrechtelijke aansprakelijkheid van hen die zich na het sluiten van de verzekering door diefstal of geweldpleging de macht over het motorrijtuig hebben verschaft en van hen die, dit wetende, dat motorrijtuig zonder geldige reden gebruiken.

2. De verzekering moet de schade omvatten, welke aan personen en aan zaken wordt toegebracht door feiten die zijn voorgevallen op het grondgebied waarop de Overeenkomst betreffende de Europese Economische Ruimte van toepassing is. Hierin is begrepen de schade, toegebracht aan personen die onder welke titel ook, worden vervoerd door het motorrijtuig, dat de schade veroorzaakt; de zaken, door dat motorrijtuig vervoerd, kunnen van de verzekering worden uitgesloten, behoudens wanneer het betreft zaken, toebehorende aan personen, vervoerd krachtens een ingevolge de Wet personenvervoer 2000 geldige vergunning. (*Stb.* 1987, 175)

3. De verzekering moet de schade omvatten welke aan personen en zaken wordt toegebracht door feiten, voorgevallen in bij algemene maatregel van bestuur aangewezen landen. De hoogte van de dekking van de schade, die bedoeld in het tweede lid daaronder begrepen, wordt bepaald door de wetgeving van het land waar het feit is voorgevallen dan wel door de wetgeving van het land waar het motorrijtuig gewoonlijk is gestald, indien in laatstbedoeld land de dekking hoger is. Indien het bureau, bedoeld in artikel 2 zesde lid, een zodanige schade heeft verrekend, heeft het voor het betaalde bedrag verhaal op degene op wie de verplichting tot verzekering rust, voor zover deze verplichting niet overeenkomstig het bepaalde in dit lid is nagekomen.

4. In afwijking van het bepaalde in het derde lid moet ten aanzien van motorrijtuigen, als bedoeld in artikel 6 van de Richtlijn van de Raad van de Europese Gemeenschappen van 24 april 1972 inzake de onderlinge aanpassing van de wetgevingen der Lid-Staten betreffende de verzekering tegen de wettelijke aansprakelijkheid waartoe deelneming aan het verkeer van motorrijtuigen aanleiding kan geven en de controle op de verzekering tegen deze aansprakelijkheid (*Pb. EG*, 2 mei 1972, L 103), gewijzigd bij de Richtlijn van de Raad van 19 december 1972 (*Pb. EG*, 28 december 1972, L 291, rectificatie *Pb. EG*, 23 maart 1973, L75), de verzekering de schade omvatten welke aan personen en zaken wordt toegebracht door feiten, voorgevallen op het grondgebied waar de Overeenkomst betreffende de Europese Economische Ruimte van toepassing is.

5. De verzekering moet de burgerrechtelijke aansprakelijkheid voor de door het motorrijtuig veroorzaakte schade dekken zoals die aansprakelijkheid voortvloeit uit de toepasselijke wet.

Art. 3a

1. Indien het een motorrijtuig betreft waarvan het maximaal toelaatbare gewicht hoger is dan 3500 kilogram, dient de verzekering voorts te dekken de aansprakelijkheid van de exploitant waartoe een gevaarlijke stof, aan boord van dat motorrijtuig, aanleiding kan geven en die is gebaseerd op de eerste afdeling van de veertiende titel van Boek 8 van het Burgerlijk Wetboek.

2. De in het eerste lid bedoelde dekking moet zich uitstrekken tot de aansprakelijkheid voor de schade, bedoeld in artikel 1210, onderdeel *b*, van Boek 8 van het Burgerlijk Wetboek, welke wordt toegebracht door gebeurtenissen die hebben plaatsgevonden op het grondgebied waarop de Overeenkomst betreffende de Europese Economische Ruimte van toepassing is. Hierin is begrepen de schade, toegebracht aan personen die onder welke titel ook, worden vervoerd door het motorrijtuig dat de schade veroorzaakt; de zaken, door dat motorrijtuig vervoerd, kunnen van de verzekering worden uitgesloten.

3. Dekking moet zich voorts uitstrekken tot de aansprakelijkheid voor de schade welke wordt toegebracht door gebeurtenissen die hebben plaatsgevonden in bij algemene maatregel van bestuur aangewezen landen. De hoogte van de dekking van de schade, die bedoeld in het tweede lid daaronder begrepen, wordt bepaald door de wetgeving van het land waar de gebeurtenis heeft plaatsgevonden dan wel door de wetgeving van het land waar het motorrijtuig gewoonlijk is gestald, indien in laatstbedoeld land de dekking hoger is. Indien het bureau, bedoeld in artikel 2, zesde lid, een zodanige schade heeft verrekend, heeft het voor het betaalde bedrag verhaal op degene op wie de verplichting tot verzekering rust, voor zover deze verplichting niet overeenkomstig het bepaalde in dit lid is nagekomen.

4. In afwijking van het bepaalde in het derde lid moet ten aanzien van motorrijtuigen, als bedoeld in het eerste lid en als bedoeld in artikel 6 van de Richtlijn nr. 72/166/EEG van de Raad van de Europese Gemeenschappen van 24 april 1972 inzake de onderlinge aanpassing van de wetgevingen der Lid-Staten betreffende de verzekering tegen de wettelijke aansprakelijkheid

Aansprakelijkheidsverzekering motorrijtuigen, dekking

Aansprakelijkheidsverzekering motorrijtuigen, dekking motorrijtuigen zwaarder dan 3500 kilogram

waartoe deelneming aan het verkeer van motorrijtuigen aanleiding kan geven en de controle op de verzekering tegen deze aansprakelijkheid (*PbEG* L 103), gewijzigd bij Richtlijn, nr. 72/430/EEG van de Raad van de Europese Gemeenschappen van 19 december 1972 (*PbEG* L 291, rectificatie *PbEG* 1973, L 75), nadien gewijzigd bij Richtlijn, nr. 84/5/EEG van de Raad van de Europese Gemeenschappen van 30 december 1983, (*PbEG* 1984, L 8), de verzekering de schade omvatten welke wordt toegebracht door gebeurtenissen die hebben plaatsgevonden op het grondgebied waarop de Overeenkomst betreffende de Europese Economische Ruimte van toepassing is.

5. De dekking moet zich uitstrekken tot de aansprakelijkheid voor de schade, bedoeld in artikel 1210, onderdeel *b*, van Boek 8 van het Burgerlijk Wetboek, veroorzaakt door de gevaarlijke stof aan boord van het in het eerste lid bedoelde motorrijtuig, zoals die aansprakelijkheid voortvloeit uit de toepasselijke wet.

Art. 4

Aansprakelijkheidsverzekering motorrijtuigen, uitzonderingen dekking

1. De verzekering behoeft niet te dekken de aansprakelijkheid voor schade toegebracht aan de bestuurder van het motorrijtuig dat het ongeval veroorzaakt.

2. Indien het een verzekering als bedoeld in artikel 3a betreft, dient de verzekering tevens te dekken de aansprakelijkheid, bedoeld in de eerste afdeling van de veertiende titel van Boek 8 van het Burgerlijk Wetboek, voor schade, toegebracht aan de bestuurder van het motorrijtuig aan boord waarvan zich de gevaarlijke stof bevindt die de gebeurtenis heeft veroorzaakt, indien die bestuurder uit hoofde van een arbeidsverhouding met de verzekeringsplichtige het motorrijtuig bestuurde, tenzij de verzekeringsplichtige een vennootschap onder firma, een besloten vennootschap of een naamloze vennootschap is waaraan de bestuurder van het motorrijtuig zelf leiding geeft.

3. Van de verzekering kan worden uitgesloten de schade die voortvloeit uit het deelnemen van het motorrijtuig aan snelheids-, regelmatigheids- of behendigheidsritten en -wedstrijden, waarvoor de in artikel 148 van de Wegenverkeerswet 1994 bedoelde ontheffing is verleend.

Art. 5

Aansprakelijkheidsverzekering motorrijtuigen, betaling schadeloosstelling

Indien de overeenkomst een beding inhoudt dat de verzekerde persoonlijk voor een deel in de vergoeding van de schade zal bijdragen, blijft de verzekeraar niettemin jegens de benadeelde gehouden tot betaling van de schadeloosstelling die krachtens de overeenkomst ten laste van de verzekerde blijft.

Art. 5a

De verzekeringnemer heeft te allen tijde het recht van de verzekeraar een verklaring te verzoeken omtrent de ingediende schadevorderingen of het ontbreken daarvan ten aanzien van het door de verzekering gedekte motorrijtuig of de gedekte motorrijtuigen gedurende ten minste de laatste 5 voorafgaande jaren van de looptijd van de verzekering. De verzekeraar verstrekt deze verklaring binnen 15 dagen na indiening van het verzoek.

Art. 6

Aansprakelijkheidsverzekering motorrijtuigen, eigen recht benadeelde op schadevergoeding

1. De benadeelde heeft jegens de verzekeraar door wie de aansprakelijkheid volgens deze wet is gedekt, een eigen recht op schadevergoeding. Dit eigen recht kan evenwel niet worden uitgeoefend indien een fonds of fondsen zijn gevormd overeenkomstig artikel 1220 van Boek 8 van het Burgerlijk Wetboek. Het tenietgaan van zijn schuld aan de verzekerde bevrijdt de verzekeraar niet jegens de benadeelde, tenzij deze is schadeloos gesteld.

2. Indien er bij een ongeval of een gebeurtenis meer dan een benadeelde is en het totaalbedrag van de verschuldigde schadeloosstellingen de verzekerde som overschrijdt, worden de rechten van de benadeelden tegen de verzekeraar naar evenredigheid teruggebracht tot het beloop van die som. Niettemin blijft de verzekeraar die, onbekend met het bestaan van vorderingen van andere benadeelden, te goeder trouw aan een benadeelde een groter bedrag dan het aan deze toekomende deel heeft uitgekeerd, jegens die anderen of, indien een fonds of fondsen zijn gevormd overeenkomstig artikel 1220 van Boek 8 van het Burgerlijk Wetboek, jegens degene die dat fonds of die fondsen heeft gevormd slechts gehouden tot het beloop van het overblijvende gedeelte van de verzekerde som.

Art. 7

[Dit artikel is gewijzigd in verband met de invoering van digitaal procederen. Zie voor de procedures en gerechten waarvoor digitaal procederen geldt het Overzicht gefaseerde inwerkingtreding op www.rijksoverheid.nl/KEI.]

Aansprakelijkheidsverzekering motorrijtuigen, dagvaarding

1. Voor de uitvoering van de bepalingen van deze wet kan de verzekeraar door de benadeelde worden opgeroepen, hetzij voor de rechter van de plaats van het feit, waaruit de schade is ontstaan, hetzij voor de rechter van de woonplaats van de benadeelde, hetzij voor de rechter van de zetel van de verzekeraar.

2. De aansprakelijke persoon kan door de benadeelde worden opgeroepen, hetzij voor de rechter van de plaats van het feit, waaruit de schade is ontstaan, hetzij voor de rechter van de woonplaats van de benadeelde, hetzij voor de rechter van de woonplaats van de aansprakelijke persoon.

[Voor overige gevallen luidt het artikel als volgt:]

Artikel 7

1. Voor de uitvoering van de bepalingen van deze wet kan de verzekeraar door de benadeelde worden gedagvaard, hetzij voor de rechter van de plaats van het feit, waaruit de schade is ontstaan, hetzij voor de rechter van de woonplaats van de benadeelde, hetzij voor de rechter van de zetel van de verzekeraar.

2. De aansprakelijke persoon kan door de benadeelde worden gedagvaard, hetzij voor de rechter van de plaats van het feit, waaruit de schade is ontstaan, hetzij voor de rechter van de woonplaats van de benadeelde, hetzij voor de rechter van de woonplaats van de aansprakelijke persoon.

Art. 8

De verzekerden moeten van ieder ongeval en iedere gebeurtenis waarvan zij kennis dragen, mededeling doen aan de verzekeraar, indien bij dat ongeval of die gebeurtenis het verzekerde motorrijtuig is betrokken en schade is ontstaan tot welker dekking door verzekering deze wet verplicht. De verzekeringnemer moet aan de verzekeraar alle door de verzekeringsovereenkomst voorgeschreven inlichtingen en bescheiden verschaffen. De overige verzekerden moeten aan de verzekeraar op zijn verzoek alle nodige inlichtingen en bescheiden verschaffen.

Art. 9

[Dit artikel is gewijzigd in verband met de invoering van digitaal procederen. Zie voor de procedures en gerechten waarvoor digitaal procederen geldt het Overzicht gefaseerde inwerkingtreding op www.rijksoverheid.nl/KEI.]

1. Aan een vonnis gewezen in een geschil ter zake van door een motorrijtuig veroorzaakte schade, komt tegenover de verzekeraar, de verzekerde of de benadeelde gezag van gewijsde toe, indien zij in het geding de positie van een procespartij hebben gehad.

2. Voorts kan het vonnis dat is gewezen in een geschil tussen de benadeelde en de verzekerde, worden tegengeworpen aan de verzekeraar, indien is komen vast te staan dat de laatste in feite de leiding van het geding op zich heeft genomen; aan de verzekeraar staat alsdan geen tegenbewijs open tegen de bij gewijsde als bewezen aangenomen feiten.

3. De verzekeraar kan de verzekerde in het geding roepen, dat door de benadeelde tegenover hem wordt ingesteld. De oproeping dient te geschieden door het indienen van een procesinleiding voordat het verweerschrift wordt ingediend. De in het geding geroepene heeft de positie van een procespartij.

[Voor overige gevallen luidt het artikel als volgt:]

Artikel 9

1. Aan een vonnis gewezen in een geschil ter zake van door een motorrijtuig veroorzaakte schade, komt tegenover de verzekeraar, de verzekerde of de benadeelde gezag van gewijsde toe, indien zij in het geding de positie van een procespartij hebben gehad.

2. Voorts kan het vonnis dat is gewezen in een geschil tussen de benadeelde en de verzekerde, worden tegengeworpen aan de verzekeraar, indien is komen vast te staan dat de laatste in feite de leiding van het geding op zich heeft genomen; aan de verzekeraar staat alsdan geen tegenbewijs open tegen de bij gewijsde als bewezen aangenomen feiten.

3. De verzekeraar kan de verzekerde in het geding roepen, dat door de benadeelde tegenover hem wordt ingesteld. De oproeping dient te geschieden door middel van dagvaarding voor het nemen van de conclusie van antwoord. De in het geding geroepene heeft de positie van een procespartij.

Art. 10

1. Een uit deze wet voortvloeiende rechtsvordering van de benadeelde tegen de verzekeraar verjaart door verloop van drie jaar te rekenen van het feit waaruit de schade is ontstaan.

2. In afwijking van het eerste lid verjaart een rechtsvordering tot vergoeding van schade als bedoeld in artikel 1210, onderdeel *b*, van Boek 8 van het Burgerlijk Wetboek, van de benadeelde tegen de verzekeraar door verloop van drie jaren na de aanvang van de dag, volgende op die waarop de benadeelde bekend was of redelijkerwijze bekend had behoren te zijn met de schade en de daarvoor aansprakelijke persoon, en in ieder geval door verloop van tien jaren na de gebeurtenis waardoor de schade is ontstaan.

3. Indien de gebeurtenis bestond uit een opeenvolging van feiten met dezelfde oorzaak, loopt de termijn van tien jaren, bedoeld in het tweede lid, vanaf de dag waarop het laatste van die feiten plaatsvond.

4. Handelingen die de verjaring van de rechtsvordering van een benadeelde tegen een verzekerde stuiten, stuiten tevens de verjaring van de rechtsvordering van de benadeelde tegen de verzekeraar. Handelingen die de verjaring van de rechtsvordering van een benadeelde tegen de verzekeraar stuiten, stuiten tevens de verjaring van de rechtsvordering van de benadeelde tegen de verzekerden.

B29 art. 11 *Wet aansprakelijkheidsverzekering motorrijtuigen*

5. De verjaring wordt ten opzichte van een verzekeraar gestuit door iedere onderhandeling tussen de verzekeraar en de benadeelde. Een nieuwe termijn van drie jaar begint te lopen te rekenen van het ogenblik waarop een van de partijen bij deurwaardersexploot of aangetekende brief aan de andere partij heeft kennisgegeven dat zij de onderhandelingen afbreekt.

Art. 11

1. Geen uit de wettelijke bepalingen omtrent de verzekeringsovereenkomst of uit deze overeenkomst zelf voortvloeiende nietigheid, verweer of verval kan door een verzekeraar aan een benadeelde worden tegengeworpen. Het bepaalde in de vorige zin geldt niet met betrekking tot het bedrag, waarmede het van de verzekeraar gevorderde de krachtens artikel 22 vastgestelde som of sommen overschrijdt.

2. Het eerste lid is jegens de aansprakelijke persoon van overeenkomstige toepassing wanneer de verzekeraar wordt verzocht om een bedrag te voldoen in verband met de vorming van een fonds of fondsen overeenkomstig artikel 1220 van Boek 8 van het Burgerlijk Wetboek.

Art. 12

Aansprakelijkheidsverzekering motorrijtuigen, einde verzekering

1. De verzekering met betrekking tot een motorrijtuig dat een kenteken behoeft, eindigt, wanneer de verplichting tot verzekering op een ander overgaat. De verzekeringnemer moet binnen acht dagen na de overgang daarvan mededeling doen aan de verzekeraar. Indien de overgang het gevolg is van het overlijden van de verzekeringnemer, rust de verplichting tot mededeling op diens erfgenamen en is de termijn, binnen welke de mededeling moet zijn verricht, dertig dagen.

2. De verzekering met betrekking tot een motorrijtuig dat geen kenteken behoeft, eindigt niet, wanneer de verplichting tot verzekering op een ander overgaat.

3. Van het bepaalde in dit artikel kan bij overeenkomst worden afgeweken.

Art. 13

Aansprakelijkheidsverzekering motorrijtuigen, kennisgeving aan Dienst Wegverkeer

1. De verzekeraar is verplicht ten aanzien van de verzekering waartoe deze wet verplicht met betrekking tot een motorrijtuig dat een kenteken behoeft aan de Dienst Wegverkeer, bedoeld in artikel 4a van de Wegenverkeerswet 1994, kennis te geven van:

a. het sluiten van de verzekering;

b. de beëindiging, de vernietiging en de ontbinding van de verzekering;

c. de in artikel 2, derde lid, bedoelde schorsing van de verzekering en de beëindiging van die schorsing;

d. iedere andere schorsing van de verzekering of van de dekking, alsmede het einde van die schorsing.

2. De Dienst Wegverkeer houdt een register aan waarin de in het eerste lid genoemde kennisgevingen worden aangetekend, alsmede de door de verzekeraars gedane kennisgevingen, bedoeld in artikel 13a, tweede lid en zesde lid.

3. Geen kennisgeving behoeft echter te geschieden, indien ten gevolge van het sluiten van een nieuwe verzekering tussen dezelfde partijen en ten aanzien van hetzelfde motorrijtuig het in artikel 3 bedoelde risico zonder onderbreking blijft gedekt.

4. De verplichtingen van de verzekeraar jegens de benadeelde blijven bestaan voor ongevallen en gebeurtenissen welke plaats vinden binnen 16 dagen na de aanvang van de dag, volgende op die waarop volgens de kennisgeving van de verzekeraar de verzekering is beëindigd, vernietigd, ontbonden of geschorst of de dekking is geschorst, mits de kennisgeving binnen 30 dagen na de aanvang van die dag bij de Dienst Wegverkeer is gedaan. Indien de verzekeraar de kennisgeving niet binnen de in de vorige zin bedoelde termijn van 30 dagen heeft gedaan, blijven zijn verplichtingen jegens de benadeelde bestaan voor ongevallen en gebeurtenissen welke plaats vinden binnen 16 dagen na de aanvang van de dag, volgende op die waarop de kennisgeving bij de Dienst Wegverkeer is ingediend. De Algemene termijnenwet is op de in dit lid genoemde termijnen niet van toepassing.

5. Deze verplichtingen eindigen echter van rechtswege door het van kracht worden van een nieuwe verzekering welke ten aanzien van hetzelfde motorrijtuig het in artikel 3 bedoelde risico dekt.

6. Een kennisgeving overeenkomstig het eerste lid wordt mede gedaan ten aanzien van verzekeringen waartoe deze wet verplicht met betrekking tot motorrijtuigen die voor herstel of bewerking ter beschikking zijn gesteld van een natuurlijke persoon of een rechtspersoon en die zijn voorzien van een kenteken dat niet voor een bepaald voertuig is opgegeven, overeenkomstig het bepaalde bij of krachtens artikel 37, derde lid van de Wegenverkeerswet 1994.

7. De verzekeraar die als zodanig in het register wordt aangewezen, kan de benadeelde niet tegenwerpen dat hij niet de in de eerste zin van het eerste lid van artikel 6 bedoelde verzekeraar is, tenzij hij aantoont dat de registratie ten onrechte is geschied of dat zijn verplichtingen op grond van een kennisgeving overeenkomstig het eerste lid, onder *b*, *c* of *d*, niettemin jegens de benadeelde zijn geëindigd.

8. Voor de uitvoering van dit artikel en van artikel 13a worden bij of krachtens algemene maatregel van bestuur nadere regels gesteld.

Wet aansprakelijkheidsverzekering motorrijtuigen **B29** art. 16

Art. 13a

1. Een kennisgeving als bedoeld in artikel 13, eerste lid, wordt mede gedaan ten aanzien van verzekeringen tot het dekken van de burgerrechtelijke aansprakelijkheid waartoe in het verkeer aanleiding wordt gegeven door motorrijtuigen die behoren tot de bedrijfsvoorraad van een overeenkomstig artikel 62 van de Wegenverkeerswet 1994 erkende natuurlijke persoon of rechtspersoon.

2. De verzekeraar is verplicht aan de Dienst Wegverkeer kennis te geven van het sluiten van een verzekering als bedoeld in het eerste lid door een natuurlijke persoon of een rechtspersoon als bedoeld in artikel 62 van de Wegenverkeerswet 1994.

3. De natuurlijke persoon of rechtspersoon, bedoeld in artikel 62 van de Wegenverkeerswet 1994, is verplicht aan de Dienst Wegverkeer kennis te geven van het opnemen van het motorrijtuig in de bedrijfsvoorraad. De Dienst Wegverkeer bevestigt deze kennisgeving voor ontvangst.

4. De kennisgeving, bedoeld in het tweede lid, geldt tezamen met de voor ontvangst bevestigde kennisgeving, bedoeld in het derde lid, als de kennisgeving, bedoeld in artikel 13, eerste lid, onder a .

5. De voor ontvangst door de Dienst Wegverkeer bevestigde mededeling waaruit blijkt dat het motorrijtuig de bedrijfsvoorraad verlaat, geldt als de kennisgeving door de verzekeraar van het einde van de dekking met betrekking tot het motorrijtuig.

6. De verzekeraar is verplicht aan de Dienst Wegverkeer kennis te geven van de beëindiging, de vernietiging, de ontbinding en de schorsing van de verzekering. Artikel 13, vierde lid, is van overeenkomstige toepassing.

7. De dekking met betrekking tot het motorrijtuig eindigt van rechtswege doordat de mededeling aan de Dienst Wegverkeer waaruit blijkt dat het motorrijtuig de bedrijfsvoorraad verlaat door de Dienst Wegverkeer voor ontvangst wordt bevestigd. De verplichtingen van de verzekeraar jegens de benadeelde blijven echter bestaan voor ongevallen welke plaatsvinden binnen 16 dagen na de aanvang van de dag, volgende op die waarop de mededeling aan de Dienst Wegverkeer waaruit blijkt dat het motorrijtuig de bedrijfsvoorraad verlaat, door de Dienst Wegverkeer voor ontvangst is bevestigd.

Art. 14

1. De bestuurder van een motorrijtuig dat geen kenteken behoeft, alsmede de bestuurder van een motorrijtuig als bedoeld in artikel 2, zevende lid, onder d en e, moet, tenzij bij of krachtens algemene maatregel van bestuur anders is bepaald, bij zich hebben een bij of krachtens die maatregel voorgeschreven bewijs van verzekering. De bestuurder van een motorrijtuig die bij een ongeval of een gebeurtenis is betrokken, is verplicht, wanneer hij ingevolge het bepaalde in dit lid een document bij zich moet hebben, dit behoorlijk ter inzage te verstrekken aan degenen die eveneens bij dat ongeval of die gebeurtenis zijn betrokken.

Aansprakelijkheidsverzekering motorrijtuigen, bewijs verzekering

2. De verplichtingen van de verzekeraar die een bewijs van verzekering heeft uitgereikt, eindigen slechts door het verloop van een termijn van 16 dagen na afloop van de periode waarvoor het bewijs is afgegeven. De Algemene termijnenwet is op deze termijn niet van toepassing.

3. Deze verplichtingen eindigen echter van rechtswege na het van kracht worden van een nieuwe verzekering welke ten aanzien van hetzelfde motorrijtuig het in artikel 3 bedoelde risico dekt.

4. In afwijking van het tweede lid eindigen de verplichtingen van het bureau bedoeld in artikel 2, zesde lid, door verloop van de geldigheidsduur van het, voor het motorrijtuig afgegeven, internationale verzekeringsbewijs, indien die verplichtingen uit de afgifte van dat bewijs voortvloeien.

Art. 15

1. De verzekeraar die ingevolge deze wet de schade van een benadeelde geheel of ten dele vergoedt, ofschoon de aansprakelijkheid voor die schade niet door een met hem gesloten verzekering was gedekt, heeft voor het bedrag der schadevergoeding verhaal op de aansprakelijke persoon. Het bepaalde in de vorige zin geldt niet ten aanzien van de aansprakelijke persoon, die niet is de verzekeringnemer, tenzij hij niet te goeder trouw mocht aannemen dat zijn aansprakelijkheid door een verzekering was gedekt.

Aansprakelijkheidsverzekering motorrijtuigen, verhaal schadevergoeding

2. De verzekeraar kan zich bovendien voor de gevallen waarin hij volgens de wet of de verzekeringsovereenkomst gerechtigd mocht zijn de uitkering te weigeren of te verminderen, een recht van verhaal voorbehouden tegen de verzekeringnemer, en indien daartoe grond bestaat, tegen de verzekerde die niet is de verzekeringnemer.

Art. 16

Van een bepaling van deze wet kan slechts worden afgeweken, indien de bevoegdheid daartoe uit de bepaling zelve blijkt.

Dwingend recht

Hoofdstuk 2 Vrijstellingen

Art. 17

Aansprakelijkheidsverzekering motorrijtuigen, vrijstelling Staat

1. De Staat is vrijgesteld van de verplichting tot het sluiten van een verzekering. Indien een motorrijtuig waarvoor de vrijstelling geldt, aanleiding geeft tot burgerrechtelijke aansprakelijkheid, heeft de benadeelde jegens de Staat de rechten welke hij overeenkomstig deze wet anders tegenover de verzekeraar zou hebben, terwijl de bepaling van artikel 7 van overeenkomstige toepassing is. In de gevallen genoemd in artikel 4, eerste lid, komt de benadeelde echter niet op grond van het bepaalde in de vorige zin voor een uitkering in aanmerking.

2. De bestuurder van een motorrijtuig, waarvan de Staat de bezitter of de houder, als bedoeld in artikel 2, tweede lid, is, moet een bewijs bij zich hebben, waaruit van de vrijstelling blijkt. Het model van dit bewijs wordt vastgesteld door Onze Minister van Financiën, na overleg met Onze Minister van Verkeer en Waterstaat.

3. Wij behouden Ons voor bij algemene maatregel van bestuur vrijstelling van de verplichting tot het sluiten van een verzekering te verlenen met betrekking tot bepaalde soorten van motorrijtuigen welke nauwelijks gevaar opleveren.

Art. 18

Aansprakelijkheidsverzekering motorrijtuigen, vrijstelling gemoedsbezwaarde

1. Van de verplichting tot het sluiten van een verzekering kunnen, op een daartoe aan Onze Minister van Financiën gedaan verzoek, worden vrijgesteld de in artikel 2, eerste en tweede lid, bedoelde personen die gemoedsbezwaren hebben tegen het sluiten van een verzekering. Rechtspersonen kunnen van de in de vorige zin bedoelde verplichting worden vrijgesteld, indien natuurlijke personen die bij die rechtspersonen betrokken zijn gemoedsbezwaren hebben tegen het sluiten van een verzekering. Bij algemene maatregel van bestuur kunnen omtrent het in de vorige zin bepaalde nadere regels worden gesteld. Het bepaalde in de tweede en derde zin van het eerste lid van het vorige artikel is, ingeval een vrijstelling is verleend, van overeenkomstige toepassing.

2. Het verzoek geschiedt door indiening bij Onze Minister van Financiën van een door de verzoeker ondertekende verklaring, waarvan het model door Onze genoemde Minister wordt vastgesteld. Uit de verklaring moet blijken dat de verzoeker overwegende gemoedsbezwaren heeft tegen elke verzekering, welke ook, en dat hij mitsdien noch zichzelf noch iemand anders noch hem toebehorende goederen heeft verzekerd.

Art. 19

Aansprakelijkheidsverzekering motorrijtuigen, bewijs van vrijstelling

1. Indien de in artikel 18 tweede lid bedoelde verklaring naar het oordeel van Onze Minister van Financiën overeenkomstig de waarheid is, verleent hij de verzoeker de gevraagde vrijstelling. Ten bewijze van de vrijstelling reikt hij voor elk van de motorrijtuigen waarvan de vrijgestelde de bezitter, degene, op wiens naam deze in het kentekenregister zijn ingeschreven, dan wel de in artikel 2, tweede lid, bedoelde houder is, tegen betaling een bewijs uit, dat ten hoogste een jaar geldig is. De bestuurders van deze motorrijtuigen moeten een geldig bewijs van vrijstelling bij zich hebben. Zolang de vrijstelling geldt, wordt het bewijs op verzoek van de vrijgestelde tegen betaling van jaar tot jaar vernieuwd. Het model van dit bewijs wordt vastgesteld door Onze voornoemde Minister.

2. Onze Minister van Financiën kan de verleende vrijstelling intrekken:

a. op verzoek van de vrijgestelde;

b. indien de gemoedsbezwaren, op grond waarvan vrijstelling is verleend, naar zijn oordeel niet langer geacht kunnen worden te bestaan;

c. indien gedurende een termijn van tenminste één jaar geen bewijs van vrijstelling is uitgereikt;

d. indien de vrijgestelde in gebreke blijft binnen twee maanden het bedrag, verschuldigd voor het verkrijgen van een in het eerste lid bedoeld bewijs, te betalen.

3. Bij of krachtens algemene maatregel van bestuur kunnen nadere regelen omtrent het in de vorige leden bepaalde worden gesteld.

Art. 20

Aansprakelijkheidsverzekering motorrijtuigen, kosten vrijstelling

Onze Minister van Financiën stelt jaarlijks het bedrag vast dat de verzoekers zijn verschuldigd voor het verkrijgen van het in het vorig artikel bedoelde bewijs.

Art. 21

Onze Minister van Financiën betaalt jaarlijks de uit hoofde van het vorige artikel ontvangen bedragen aan het fonds.

Hoofdstuk 3 Verzekerde sommen

Art. 22

De som of sommen, waarvoor de in deze wet bedoelde verzekering ten minste moet zijn gesloten, worden door Ons bij algemene maatregel van bestuur bepaald.

Aansprakelijkheidsverzekering motorrijtuigen, minimaal verzekerde som

Hoofdstuk 4 Het Waarborgfonds Motorverkeer

Art. 23

1. Onze Minister van Justitie en Onze Minister van Financiën wijzen een rechtspersoon met volledige rechtsbevoegdheid aan, die onder de naam Waarborgfonds Motorverkeer tot taak heeft in de gevallen, in artikel 25 genoemd, aan de benadeelden hun schade te vergoeden overeenkomstig het bepaalde in artikel 26.

Aansprakelijkheidsverzekering motorrijtuigen, aanwijzing Waarborgfonds Motorverkeer

2. Een aanwijzing als bedoeld in het eerste lid vindt slechts plaats, indien de rechtspersoon aan de volgende eisen voldoet:

a. hij dient in staat te zijn de in het eerste lid bedoelde taak naar behoren te vervullen;

b. de voorwaarden dienen aanwezig te zijn voor een zodanige besluitvorming binnen de rechtspersoon dat een onafhankelijke vervulling van de in het eerste lid bedoelde taak is gewaarborgd.

3. Onze Minister van Justitie en Onze Minister van Financiën kunnen een aanwijzing als bedoeld in het eerste lid intrekken indien de rechtspersoon naar hun oordeel niet meer aan de in het tweede lid vermelde eisen voldoet, dan wel indien de rechtspersoon anderszins zijn taak niet meer onafhankelijk vervult.

4. Intrekking van een in het eerste lid bedoelde aanwijzing geschiedt onder gelijktijdige voorziening door Onze Minister van Justitie en Onze Minister van Financiën in de in het eerste lid bedoelde taak, waaromtrent zij nadere regels kunnen stellen. De intrekking heeft de ontbinding van de rechtspersoon ten gevolge en doet de vermogensbestanddelen daarvan onder algemene titel op de Staat overgaan.

5. Een aanwijzing en een intrekking van een aanwijzing als bedoeld in dit artikel worden in de *Staatscourant* bekend gemaakt.

Art. 23a

Het fonds kan zijn statuten niet wijzigen, tenzij de wijziging de instemming heeft van Onze Minister van Justitie en Onze Minister van Financiën. De artikelen 10:28 tot en met 10:31 van de Algemene wet bestuursrecht zijn van overeenkomstige toepassing.

Aansprakelijkheidsverzekering motorrijtuigen, wijziging statuten Waarborgfonds Motorverkeer

Art. 23b

1. Het fonds verstrekt aan Onze Minister van Justitie en Onze Minister van Financiën alle gevraagde inlichtingen omtrent de uitvoering van zijn taak.

Aansprakelijkheidsverzekering motorrijtuigen, informatieplicht Waarborgfonds Motorverkeer

2. Het fonds zendt jaarlijks binnen zes maanden na afloop van het boekjaar aan Onze Minister van Justitie en Onze Minister van Financiën de balans en de staat van baten en lasten alsmede het bestuursverslag over het betrokken boekjaar. Deze stukken worden met inachtneming van artikel 24, derde en vierde lid, opgesteld en gaan vergezeld van een verklaring omtrent de getrouwheid, afgelegd door een accountant als bedoeld in artikel 393, eerste lid, van Boek 2 van het Burgerlijk Wetboek.

Art. 24

1. De schadeverzekeraars die ingevolge de Wet op het financieel toezicht in Nederland hun bedrijf in de branche Aansprakelijkheid motorrijtuigen mogen uitoefenen, betalen jaarlijks aan het fonds een door het fonds te bepalen bedrag, berekend op basis van het aantal en de aard van de door ieder van hen in Nederland verzekerde motorrijtuigen. Het fonds bepaalt op overeenkomstige wijze jaarlijks tevens het door de Staat aan het fonds te betalen bedrag. De bepaling bedoeld in de vorige volzinnen geschiedt uiterlijk op 30 juni van ieder jaar. De storting moet geschieden binnen een maand na het besluit tot bepaling van het verschuldigde bedrag.

Aansprakelijkheidsverzekering motorrijtuigen, bijdragen aan Waarborgfonds Motorverkeer

2. Bij de bepaling van dit bedrag worden in aanmerking genomen de over het verleden door het fonds verkregen overschotten of geleden tekorten. Tevens wordt rekening gehouden met de in het komende jaar te verwachten schadelast.

3. De bedragen bedoeld in artikel 21 worden door het fonds afzonderlijk geadministreerd en worden uitsluitend aangewend tot betaling van schade en kosten, waartoe aanleiding wordt gegeven door motorrijtuigen met betrekking waartoe krachtens artikel 19, eerste lid, een geldig bewijs van vrijstelling is uitgereikt, en ter dekking van de kosten verbonden aan de behandeling van de verzoeken om vrijstelling en aan de uitreiking van de in artikel 19, eerste lid, bedoelde bewijzen.

4. Echter brengt het fonds van de krachtens artikel 21 ontvangen bedragen jaarlijks een bedrag over naar zijn algemene middelen; voor de vaststelling hiervan gelden dezelfde maatstaven als die welke krachtens het eerste lid worden gebezigd.

Art. 24a

Aansprakelijkheidsverzekering motorrijtuigen, waarborging verplichtingen Waarborgfonds

1. De schadeverzekeraars die ingevolge de Wet op het financieel toezicht in Nederland hun bedrijf in de branche Aansprakelijkheid motorrijtuigen mogen uitoefenen, alsmede de Staat, waarborgen, ieder overeenkomstig het aantal en de aard van de door hen in Nederland verzekerde motorrijtuigen, onderscheidenlijk overeenkomstig het aantal en de aard van de motorrijtuigen waarvan de Staat de bezitter of de houder als bedoeld in artikel 2, tweede lid, is, de verplichtingen van het fonds.

2. De Staat waarborgt voorts de verplichtingen van het fonds, voor zover de bedragen in het derde lid van artikel 24 bedoeld, niet toereikend zijn tot vergoeding van schade, waartoe door de in genoemd artikellid bedoelde motorrijtuigen aanleiding is gegeven.

Art. 25

Aansprakelijkheidsverzekering motorrijtuigen, recht op schadevergoeding

1. Een benadeelde kan, wanneer er een burgerrechtelijke aansprakelijkheid voor de door een motorrijtuig veroorzaakte schade of een zodanige aansprakelijkheid als bedoeld in artikel 3a bestaat, een recht op schadevergoeding tegen het fonds geldend maken:

a. wanneer niet kan worden vastgesteld wie de aansprakelijke persoon is, tenzij aannemelijk is, dat de benadeelde niet tot die vaststelling heeft gedaan, wat redelijkerwijs van hem kon worden verwacht;

b. wanneer de verplichting tot verzekering niet is nagekomen;

c. wanneer de schade voortvloeit uit een handelen of nalaten van degene die zich door diefstal of geweldpleging de macht over het motorrijtuig heeft verschaft of van hem die, dit wetende, dat motorrijtuig zonder geldige reden gebruikt, en de verzekeraar, de Staat, of degene, die krachtens artikel 18 is vrijgesteld van de verzekeringsplicht deswege niet aansprakelijk is;

d. in geval van onvermogen van de verzekeraar, daaronder begrepen de situatie waarin een verzekeraar verkeert als gevolg van een door de Nederlandsche Bank N.V. genomen besluit tot afwikkeling als bedoeld in artikel 3A:85 van de Wet op het financieel toezicht voor zover door dat besluit de benadeelde minder zou ontvangen dan zonder dat besluit;

e. wanneer op grond van een vrijstelling krachtens de artikelen 17, derde lid, of 18 een verzekering niet is afgesloten.

2. Het fonds is jegens het bureau, bedoeld in artikel 2 zesde lid, voorts aansprakelijk voor hetgeen dit bureau heeft betaald ter zake van de schade, in een van de krachtens artikel 3, derde lid, aangewezen landen veroorzaakt door een motorrijtuig dat gewoonlijk in Nederland is gestald en met betrekking waartoe krachtens artikel 19, eerste lid, een geldig bewijs van vrijstelling is uitgereikt. Op de aansprakelijkheid van het fonds ingevolge de vorige zin is het bepaalde in de eerste vijf leden van artikel 26 niet van toepassing.

3. Het fonds geeft in de gevallen bedoeld in het eerste lid aan degenen die zich tot hem wenden voor vergoeding van de rechtstreeks door hen geleden schade, aan de hand van de inlichtingen die het op zijn verzoek van hen heeft verkregen, een met redenen omkleed antwoord met betrekking tot zijn tussenkomst.

4. Indien het fonds en een verzekeraar het niet eens zijn over de vraag wie van hen de schade moet vergoeden, dient degene die als eerste werd aangesproken, tot vergoeding van de schade over te gaan. Indien mocht blijken dat de ander geheel of gedeeltelijk tot vergoeding van de schade gehouden is, zal deze tot verrekening overgaan.

Art. 26

Aansprakelijkheidsverzekering motorrijtuigen, aansprakelijkheid Waarborgfonds

1. Het fonds is niet aansprakelijk voor schade, voor zover deze de som of sommen, vastgesteld krachtens artikel 22, overtreft.

2. Het fonds is niet aansprakelijk tegenover de benadeelde die ingevolge artikel 4, eerste en tweede lid, van het recht op een uitkering kan worden uitgesloten.

3. Het fonds is niet aansprakelijk voor de schade, bedoeld in artikel 4, derde lid, noch voor schade aan zaken, door het motorrijtuig vervoerd.

4. Het fonds is in een geval als bedoeld in artikel 25, eerste lid, onder a, jegens een benadeelde voor de schade aan diens zaken slechts aansprakelijk voor zover deze schade meer bedraagt dan een bedrag dat bij algemene maatregel van bestuur wordt vastgesteld; met betrekking tot het deel van de schade dat geringer is dan dit bedrag, ontstaat voor het fonds geen aansprakelijkheid doordat een andere benadeelde de vordering tot vergoeding daarvan verkrijgt.

5. Het fonds is slechts aansprakelijk, indien de benadeelde aantoont dat hij alle bekende als zodanig aansprakelijke personen en, voor zover de aansprakelijkheid van deze personen volgens deze wet verzekerd behoort te zijn, hun verzekeraars tot betaling heeft aangemaand.

6. In afwijking van het vijfde lid kan ingeval van onvermogen van de verzekeraar de aanmaning achterwege blijven jegens de verzekerde aansprakelijke persoon; in dat geval is het fonds evenwel slechts aansprakelijk, voor zover de verplichting tot schadevergoeding van de verzekeraar door erkenning of bij gewijsde is komen vast te staan. Voor zover het fonds de vordering van de benadeelde jegens de verzekeraar heeft voldaan, treedt het fonds in alle rechten, welke de benadeelde terzake van de vordering heeft.

7. De artikelen 6, tweede lid, 7 en 9 zijn van overeenkomstige toepassing ten opzichte van het fonds.

8. Artikel 10 is van overeenkomstige toepassing op de rechtsvordering van de benadeelde tegenover het fonds.

Art. 27

1. Het fonds heeft een recht van verhaal tegen:
a. alle aansprakelijke personen;
b. degene die zijn verplichting tot verzekering niet is nagekomen met betrekking tot het motorrijtuig waarmee de schade is veroorzaakt of met betrekking tot het motorrijtuig aan boord waarvan de gevaarlijke stof zich bevond waarmee de schade is veroorzaakt; of
c. de waarborgfondsen van die lidstaten die gebruik maken van de mogelijkheid om bepaalde typen motorrijtuigen of bepaalde motorrijtuigen met een speciaal kenteken vrij te stellen van de verzekeringsplicht.

Het bepaalde onder a en b geldt in het geval van artikel 25, eerste lid onder d, slechts voor zover aan de verzekeraar een recht van verhaal zou zijn toegekomen. Het fonds heeft voorts tegenover de verzekeraars van de aansprakelijke personen de rechten van een benadeelde.

2. Het fonds heeft overigens tegenover de aansprakelijke personen dezelfde rechten als een verzekeraar tegenover de verzekerden.

Hoofdstuk 4a Het Informatiecentrum

Art. 27a

Voor de toepassing van dit hoofdstuk wordt verstaan onder:
a. benadeelden: zij die schade hebben geleden, veroorzaakt door motorrijtuigen die gewoonlijk zijn gestald en verzekerd in een lidstaat, alsmede hun rechtverkrijgenden;
b. verzekeraar: de verzekeraar die in een lidstaat in het bezit is van een vergunning als bedoeld in artikel 14 of 162 van richtlijn 2009/138/EG van het Europees Parlement en de Raad van 25 november 2009 betreffende de toegang tot en uitoefening van het verzekerings- en het herverzekeringsbedrijf (Solvabiliteit II) (PbEU 2009, L 335);
c. richtlijn nr. 72/166/EEG: richtlijn nr. 72/166/EEG van de Raad van de Europese Gemeenschappen van 24 april 1972 inzake de onderlinge aanpassing van de wetgevingen der Lid-Staten betreffende de verzekering van de wettelijke aansprakelijkheid waartoe de deelneming aan het verkeer van motorrijtuigen aanleiding kan geven en de controle op de verzekering tegen deze aansprakelijkheid (PbEG L 103).

Art. 27b

1. Onze Minister van Justitie en Onze Minister van Financiën wijzen een rechtspersoon met volledige rechtsbevoegdheid aan als Informatiecentrum dat tot taak heeft informatie te verstrekken aan benadeelden teneinde hen in staat te stellen een vordering tot schadevergoeding in te dienen.

2. Een aanwijzing vindt slechts plaats, indien de rechtspersoon aan de volgende eisen voldoet:
a. hij dient in staat te zijn de in het eerste lid bedoelde taak naar behoren te vervullen;
b. de voorwaarden dienen aanwezig te zijn voor een zodanige besluitvorming binnen de rechtspersoon dat een onafhankelijke vervulling van de in het eerste lid bedoelde taak is gewaarborgd.

3. Onze Minister van Justitie en Onze Minister van Financiën kunnen een aanwijzing intrekken indien de rechtspersoon naar hun oordeel niet meer aan de in het tweede lid vermelde eisen voldoet, dan wel indien de rechtspersoon anderszins zijn taak niet meer onafhankelijk vervult.

4. Intrekking van een aanwijzing geschiedt onder gelijktijdige voorziening door Onze Minister van Justitie en Onze Minister van Financiën in de in het eerste lid bedoelde taak, waaromtrent zij nadere regels kunnen stellen.

5. Een aanwijzing en een intrekking van een aanwijzing worden in de Staatscourant bekend gemaakt.

Art. 27c

Het Informatiecentrum kan zijn statuten niet wijzigen, tenzij de wijziging door Onze Minister van Justitie en Onze Minister van Financiën is goedgekeurd.

Aansprakelijkheidsverzekering motorrijtuigen, recht van verhaal Waarborgfonds

Begripsbepalingen

Aansprakelijkheidsverzekering motorrijtuigen, aanwijzing Informatiecentrum

Aansprakelijkheidsverzekering motorrijtuigen, statuten Informatiecentrum

B29 art. 27d

Wet aansprakelijkheidsverzekering motorrijtuigen

Art. 27d

Aansprakelijkheidsverzekering motorrijtuigen, informatieplicht Informatiecentrum

Het Informatiecentrum verstrekt aan Onze Minister van Justitie en Onze Minister van Financiën alle gevraagde inlichtingen omtrent de uitvoering van zijn taak.

Art. 27e

Aansprakelijkheidsverzekering motorrijtuigen, bekostiging Informatiecentrum

Bij de aanwijzing, bedoeld in artikel 27b, eerste lid, wordt bepaald op welke wijze de werkzaamheden van het Informatiecentrum ter uitvoering van zijn taak, worden bekostigd.

Art. 27f

Aansprakelijkheidsverzekering motorrijtuigen, gegevensverzameling Informatiecentrum

1. Het Informatiecentrum coördineert ter uitvoering van de hem op grond van artikel 27b, eerste lid, opgelegde taak de verzameling en verstrekking van de volgende gegevens:
a. de kentekens van de motorrijtuigen die gewoonlijk in Nederland zijn gestald;
1°. de polisnummers van de verzekeringen, bedoeld in de artikelen 3 en 3a en, indien de verzekering is beëindigd, vernietigd of ontbonden, de datum waarop de dekking is geëindigd;
2°. het nummer van het internationale verzekeringsbewijs of van de grensverzeekeringspolis dat, onderscheidenlijk die is afgegeven voor motorrijtuigen waarvoor de in artikel 4, onder b, van richtlijn 72/166/EEG bepaalde afwijking geldt;
c. de namen en adressen van de verzekeraars en de schaderegelaars;
d. de lijst van motorrijtuigen waarvoor in een of meer lidstaten overeenkomstig artikel 4, onder a en b, van richtlijn nr. 72/166/EEG wordt afgeweken van de verplichte verzekering tegen burgerrechtelijke aansprakelijkheid, waartoe deze in het verkeer aanleiding kunnen geven;
e. met betrekking tot motorrijtuigen als bedoeld onder d:
1°. de naam van de autoriteit of de instantie die overeenkomstig de tweede alinea van artikel 4, onder a, van richtlijn nr. 72/166/EEG, is belast met de schadevergoeding aan de benadeelden, indien de procedure van artikel 2, tweede lid, eerste streepje van die richtlijn niet van toepassing is en indien voor het motorrijtuig de afwijking geldt van artikel 4, onder a, van die richtlijn;
2°. de naam van de instantie waaronder het motorrijtuig ressorteert in de lidstaat waar het gewoonlijk is gestald, indien voor het motorrijtuig de afwijking geldt van artikel 4, onder b, van richtlijn nr. 72/166/EEG.

2. De in het eerste lid, onder a, b en c, genoemde gegevens worden bewaard gedurende zeven jaar na de doorhaling van de inschrijving van het motorrijtuig in het kentekenregister, bedoeld in artikel 42, eerste lid, van de Wegenverkeerswet 1994 of van de beëindiging van de dekking.

Art. 27g

Aansprakelijkheidsverzekering motorrijtuigen, gegevensverstrekking Informatiecentrum

Indien een benadeelde binnen zeven jaar te rekenen van het feit waaruit de schade is ontstaan, daartoe een verzoek indient, verstrekt het Informatiecentrum onverwijld de volgende informatie:
a. de naam en het adres van de verzekeraar van het motorrijtuig waarmee de schade is veroorzaakt;
b. het polisnummer; en
c. de naam en het adres van de schaderegelaar van de verzekeraar, bedoeld onder a.

Art. 27h

1. Indien een benadeelde er rechtmatig belang bij heeft, deelt het Informatiecentrum hem naam en adres van de bezitter, van degene, op wiens naam het motorrijtuig in het kentekenregister is ingeschreven of van de houder van het motorrijtuig mee. Het Informatiecentrum informeert daartoe in het bijzonder bij:
a. de verzekeraar; of
b. de Dienst Wegverkeer.

2. Indien voor het motorrijtuig de afwijking geldt van artikel 4, onder a, van richtlijn nr. 72/166/EEG deelt het Informatiecentrum de benadeelde de naam mee van de autoriteit of de instantie die overeenkomstig de tweede alinea van artikel 4, onder a, van die richtlijn is belast met de schadevergoeding aan de benadeelden, indien de procedure van artikel 2, tweede lid, eerste streepje, van die richtlijn niet van toepassing is.

3. Indien voor het motorrijtuig de afwijking geldt van artikel 4, onder b, van richtlijn nr. 72/166/EEG deelt het Informatiecentrum de benadeelde de naam mee van de instantie waaronder het motorrijtuig ressorteert in de lidstaat waar het gewoonlijk is gestald.

Art. 27i

Aansprakelijkheidsverzekering motorrijtuigen, internationale samenwerking Informatiecentrum

Het Informatiecentrum werkt samen met de informatiecentra die in de andere lidstaten zijn aangewezen.

Hoofdstuk 4b Het Schadevergoedingsorgaan

Art. 27j

Voor de toepassing van dit hoofdstuk wordt verstaan onder:
a. schade: schade ten gevolge van feiten, veroorzaakt door deelneming aan het verkeer van motorrijtuigen die gewoonlijk zijn gestald en verzekerd in een andere lidstaat dan Nederland en die zich ofwel hebben voorgedaan in een andere lidstaat dan die van de woonplaats van de benadeelde, ofwel in een staat buiten de Europese Unie waar een bureau, groep van verzekeraars of instantie werkzaam is dat onderscheidenlijk die overeenkomt met het bureau, bedoeld in artikel 2, zesde lid;
b. benadeelden: personen met woonplaats in Nederland die schade als bedoeld in onderdeel a hebben geleden, alsmede hun rechtverkrijgenden, evenwel met uitsluiting van verzekeraars, uitvoeringsinstellingen als bedoeld in artikel 41, derde lid, van de Organisatiewet sociale verzekeringen 1997, en andere instanties die door vergoeding van de schade in de rechten van deze personen zijn getreden;
c. verzekeraar: de verzekeraar die in een lidstaat in het bezit is van een vergunning als bedoeld in artikel 6 of artikel 23 van richtlijn 73/239/EEG van de Raad van de Europese Gemeenschappen van 24 juli 1973 tot coördinatie van de wettelijke en bestuursrechtelijke bepalingen betreffende de toegang tot het directe verzekeringsbedrijf, met uitzondering van de levensverzekeringsbranches, en de uitoefening daarvan (PbEG L 228).

Begripsbepalingen

Art. 27k

1. Onze Minister van Justitie en Onze Minister van Financiën wijzen een rechtspersoon met volledige rechtsbevoegdheid aan als Schadevergoedingsorgaan dat tot taak heeft in de gevallen, genoemd in artikel 27o, eerste lid, schade te vergoeden aan benadeelden.

Aansprakelijkheidsverzekering motorrijtuigen, aanwijzing Schadevergoedingsorgaan

2. Een aanwijzing vindt slechts plaats, indien de rechtspersoon aan de volgende eisen voldoet:
a. hij dient in staat te zijn de in het eerste lid bedoelde taak naar behoren te vervullen;
b. de voorwaarden dienen aanwezig te zijn voor een zodanige besluitvorming binnen de rechtspersoon dat een onafhankelijke vervulling van de in het eerste lid bedoelde taak is gewaarborgd.
3. Onze Minister van Justitie en Onze Minister van Financiën kunnen een aanwijzing intrekken, indien de rechtspersoon naar hun oordeel niet meer aan de in het tweede lid vermelde eisen voldoet, dan wel indien de rechtspersoon anderszins zijn taak niet meer onafhankelijk vervult.
4. Intrekking van een aanwijzing geschiedt onder gelijktijdige voorziening door Onze Minister van Justitie en Onze Minister van Financiën in de in het eerste lid bedoelde taak, waaromtrent zij nadere regels kunnen stellen.
5. Een aanwijzing en een intrekking van een aanwijzing worden in de Staatscourant bekend gemaakt.

Art. 27l

Het Schadevergoedingsorgaan kan zijn statuten niet wijzigen, tenzij de wijziging door Onze Minister van Justitie en Onze Minister van Financiën is goedgekeurd.

Aansprakelijkheidsverzekering motorrijtuigen, statuten Schadevergoedingsorgaan

Art. 27m

1. Het Schadevergoedingsorgaan verstrekt aan Onze Minister van Justitie en Onze Minister van Financiën alle gevraagde inlichtingen omtrent de uitvoering van zijn taak.

Aansprakelijkheidsverzekering motorrijtuigen, informatieplicht Schadevergoedingsorgaan

2. Het Schadevergoedingsorgaan zendt jaarlijks binnen zes maanden na afloop van het boekjaar aan Onze Minister van Justitie en Onze Minister van Financiën de balans en de staat van baten en lasten alsmede het bestuursverslag over het betrokken boekjaar. Deze stukken gaan vergezeld van een verklaring omtrent de getrouwheid, afgelegd door een accountant als bedoeld in artikel 393, eerste lid, van Boek 2 van het Burgerlijk Wetboek.

Art. 27n

Bij de aanwijzing, bedoeld in artikel 27k, eerste lid, wordt bepaald op welke wijze de vergoeding door het Schadevergoedingsorgaan van schade als bedoeld in artikel 27r, wordt bekostigd.

Aansprakelijkheidsverzekering motorrijtuigen, bekostiging schadevergoeding

Art. 27o

1. Een benadeelde kan, wanneer er een burgerrechtelijke aansprakelijkheid voor schade bestaat, een verzoek schadevergoeding indienen bij het Schadevergoedingsorgaan, indien:
a. binnen drie maanden na de datum waarop hij zijn verzoek tot schadevergoeding heeft ingediend bij de verzekeraar van het motorrijtuig waarmee de schade is veroorzaakt, of bij diens

Aansprakelijkheidsverzekering motorrijtuigen, verzoek schadevergoeding

B29 art. 27p *Wet aansprakelijkheidsverzekering motorrijtuigen*

schaderegelaar in Nederland, die verzekeraar of die schaderegelaar hem geen met redenen omkleed antwoord op het verzoek heeft verstrekt;
b. de verzekeraar heeft nagelaten om in Nederland een schaderegelaar aan te stellen;
c. de verzekeraar niet kan worden geïdentificeerd binnen twee maanden na het voorvallen van het feit waaruit de schade is ontstaan; of
d. het motorrijtuig niet kan worden geïdentificeerd.
2. Een benadeelde kan geen verzoek tot schadevergoeding indienen bij het Schadevergoedingsorgaan:
a. in het geval, bedoeld in het eerste lid, onderdeel b, indien hij zijn verzoek tot schadevergoeding rechtstreeks heeft ingediend bij de verzekeraar en hij binnen drie maanden na de indiening van het verzoek een met redenen omkleed antwoord heeft ontvangen; of
b. indien hij rechtstreeks tegen de verzekeraar een rechtsvordering heeft ingesteld.

Art. 27p

Aansprakelijkheidsverzekering motorrijtuigen, behandeling verzoek schadevergoeding

1. Het Schadevergoedingsorgaan neemt het verzoek tot schadevergoeding in behandeling binnen twee maanden nadat de benadeelde het verzoek heeft ingediend.

2. Het Schadevergoedingsorgaan beëindigt de behandeling van het verzoek zodra de verzekeraar of diens schaderegelaar in Nederland binnen de in het eerste lid genoemde periode van twee maanden alsnog een met redenen omkleed antwoord op het verzoek heeft gegeven.

Art. 27q

Het Schadevergoedingsorgaan stelt de navolgende partijen onmiddellijk in kennis van het bij hem ingediende verzoek tot schadevergoeding met de mededeling dat het verzoek binnen twee maanden na de indiening ervan in behandeling wordt genomen:
a. de verzekeraar van het motorrijtuig waarmee de schade is veroorzaakt, of diens schaderegelaar;
b. het schadevergoedingsorgaan in de lidstaat van vestiging van de verzekeraar, bedoeld in onderdeel a; en
c. indien deze bekend is, de persoon die de schade heeft veroorzaakt.

Art. 27r

Aansprakelijkheidsverzekering motorrijtuigen, uitbetaling schadevergoeding

Het Schadevergoedingsorgaan gaat slechts over tot vergoeding van schade, indien de benadeelde aantoont dat hij alle bekende als zodanig aansprakelijke personen en, voor zover de aansprakelijkheid van deze personen behoort te zijn verzekerd volgens de desbetreffende wetgeving van de lidstaat waar het motorrijtuig waarmee de schade is veroorzaakt, gewoonlijk is gestald, hun verzekeraars of hun schaderegelaars in Nederland tot betaling heeft aangemaand.

Art. 27s

Aansprakelijkheidsverzekering motorrijtuigen, hoogte schadevergoeding

Het Schadevergoedingsorgaan vergoedt geen schade, hoger dan de wettelijk vastgelegde bedragen in de lidstaat waar het feit heeft plaatsgevonden waaruit de schade is ontstaan, dan wel in de lidstaat waar het motorrijtuig gewoonlijk is gestald, indien in laatstbedoelde lidstaat de dekking hoger is.

Art. 27t

Aansprakelijkheidsverzekering motorrijtuigen, recht van verhaal Schadevergoedingsorgaan

1. Na vergoeding van schade aan een benadeelde heeft het Schadevergoedingsorgaan recht van verhaal:
a. in de in artikel 27o, eerste lid, onderdelen a en b genoemde gevallen op het schadevergoedingsorgaan in de lidstaat van vestiging van de verzekeraar van het motorrijtuig waarmee de schade is veroorzaakt;
b. in het in artikel 27o, eerste lid, onderdeel c genoemde geval op het nationale waarborgfonds in de lidstaat waar het motorrijtuig waarmee de schade is veroorzaakt gewoonlijk is gestald, dat overeenkomt met het Waarborgfonds Motorverkeer;
c. in het in artikel 27o, eerste lid, onderdeel d genoemde geval op het nationale waarborgfonds in de lidstaat waar het feit heeft plaatsgevonden waaruit de schade is ontstaan, dat overeenkomt met het Waarborgfonds Motorverkeer;
d. indien het ongeval is veroorzaakt door een motorrijtuig uit een staat buiten de Europese Unie, waar een bureau, groep van verzekeraars of instantie werkzaam is dat, onderscheidenlijk die overeenkomt met het bureau, bedoeld in artikel 2, zesde lid, en waarvan de verzekeraar binnen twee maanden na het ongeval niet kan worden geïdentificeerd, op het nationale waarborgfonds in de lidstaat waar het feit heeft plaatsgevonden waaruit de schade is ontstaan, dat overeenkomt met het Waarborgfonds Motorverkeer.
2. Indien een schadevergoedingsorgaan uit een andere lidstaat een persoon in diens lidstaat schade heeft vergoed op basis van wetgeving die overeenkomt met artikel 27o en daarna verhaal zoekt op het Schadevergoedingsorgaan, restitueert het Schadevergoedingsorgaan de door het schadevergoedingsorgaan uit die andere lidstaat betaalde bedrag. Het Schadevergoedingsorgaan meldt de naam van de betrokken verzekeraar aan de Pensioen- & Verzekeringskamer.
3. Indien op het Schadevergoedingsorgaan verhaal is genomen door een schadevergoedingsorgaan uit een andere lidstaat, heeft het voor het betaalde bedrag verhaal op degene die burgerrechtelijk aansprakelijk is of op diens verzekeraar.

Hoofdstuk 5
Gevolgen van het intrekken van de vergunning of het opleggen van een verbod ter zake van acquisitie

Art. 28

1. De artikelen 5 tot en met 15 blijven van toepassing op een schadeverzekeraar als bedoeld in artikel 1:1 van de Wet op het financieel toezicht met betrekking tot de schade tengevolge van een ongeval of een gebeurtenis dat heeft plaatsgehad voor of binnen 30 dagen na de intrekking van de vergunning dan wel de intrekking van een overeenkomstige vergunning indien het een verzekeraar met zetel in een andere lidstaat betreft, of het besluit als bedoeld in artikel 1:58, tweede lid, van de Wet op het financieel toezicht. De Algemene Termijnenwet is op deze termijn niet van toepassing.

2. Degene die met een verzekeraar die niet of niet meer in het bezit is van een vergunning dan wel een overeenkomstige vergunning indien het een verzekeraar met zetel in een andere lidstaat betreft, of ten aanzien van wie een besluit is genomen als bedoeld in artikel 1:58, tweede lid, van de Wet op het financieel toezicht, een verzekering heeft gesloten waartoe deze wet verplicht, kan deze verzekering door opzegging beëindigen; de verzekeraar geeft alsdan de vooruitbetaalde premie terug voor het gedeelte dat evenredig is aan het op de datum van de ontvangst der opzegging nog niet verstreken gedeelte van de termijn, waarvoor de premie werd betaald, onder aftrek van een door de Nederlandsche Bank N.V. te bepalen percentage van het terug te betalen bedrag aan onkosten.

Art. 29

[Vervallen]

Hoofdstuk 6
Verbods- en strafbepalingen

Art. 30

1. Hij, die als bezitter, dan wel als degene op wiens naam een motorrijtuig in het kentekenregister is ingeschreven, dan wel als houder in de zin van artikel 2, tweede lid, een motorrijtuig op een weg doet rijden of laat staan of toelaat dat daarmede op een weg wordt gereden of gestaan, of buiten een weg met een motorrijtuig deelneemt of toelaat dat daarmede wordt deelgenomen aan het verkeer op een terrein zonder dat hij voor dat motorrijtuig een verzekering overeenkomstig deze wet heeft gesloten en in stand gehouden, wordt gestraft met hechtenis van ten hoogste drie maanden of geldboete van de tweede categorie.

2. De in het vorige lid genoemde personen worden met gelijke straf gestraft, indien zij voor een motorrijtuig dat in het kentekenregister is ingeschreven en tenaamgesteld niet een verzekering overeenkomstig deze wet hebben gesloten en in stand gehouden.

3. De in het eerste lid genoemde personen zijn niet strafbaar, indien op hen de verplichting tot verzekering niet rust.

4. De bestuurder van een motorrijtuig die daarmede op een weg rijdt of staat of buiten een weg met een motorrijtuig deelneemt aan het verkeer op een terrein zonder dat er voor dat motorrijtuig een verzekering overeenkomstig deze wet is gesloten en in stand gehouden, wordt gestraft met hechtenis van ten hoogste drie maanden of geldboete van de tweede categorie.

5. De in het vorige lid bedoelde bestuurder is niet strafbaar indien:

a. met betrekking tot het motorrijtuig vrijstelling van de verplichting tot verzekering is verleend en een geldig bewijs van die vrijstelling is uitgereikt;

b. een in artikel 2, zesde lid, bedoeld bureau, groep van verzekeraars of buitenlandse instantie de verplichting op zich heeft genomen de door het motorrijtuig veroorzaakte schade overeenkomstig de bepalingen van deze wet te vergoeden.

6. Bij veroordeling wegens een strafbaar feit, omschreven in het eerste, tweede of vierde lid, kan de schuldige de bevoegdheid worden ontzegd motorrijtuigen te besturen voor de tijd van ten hoogste één jaar en ingeval tijdens het plegen van het strafbare feit nog geen vijf jaar zijn verlopen na het einde van de tijdsduur, waarvoor bij een vroegere onherroepelijke veroordeling de schuldige de bevoegdheid motorrijtuigen te besturen is ontzegd, voor de tijd van ten hoogste vijf jaren. Met een veroordeling wordt een strafbeschikking gelijkgesteld. Onder vroegere onherroepelijke veroordeling wordt mede verstaan een vroegere onherroepelijke veroordeling door een strafrechter in een andere lidstaat van de Europese Unie. Overigens zijn de bepalingen van de Wegenverkeerswet 1994, betreffende de bijkomende straf van ontzegging van de rijbevoegdheid motorrijtuigen te besturen van overeenkomstige toepassing.

7. Bij veroordeling wegens een strafbaar feit, omschreven in het eerste, tweede of vierde lid, kan de rechter tevens de schuldige de bijkomende straf van betaling van een bedrag van ten hoogste € 2.723 aan het Waarborgfonds Motorverkeer opleggen. Artikel 24a van het Wetboek van Strafrecht en de artikelen 6:4:2 en 6:4:7 van het Wetboek van Strafvordering zijn van overeenkomstige toepassing.

B29 art. 31 *Wet aansprakelijkheidsverzekering motorrijtuigen*

8. De in het vorige lid bedoelde bijkomende straf wordt ten uitvoer gelegd met overeenkomstige toepassing van de artikelen 6:1:1, 6:1:2, 6:4:1, 6:4:3, 6:4:5, 6:4:6 en 6:4:8 van het Wetboek van Strafvordering. Het openbaar ministerie draagt er zorg voor, dat de geïnde bedragen tegen kwijting aan het Waarborgfonds Motorverkeer worden uitgekeerd.

Art. 31

Aansprakelijkheidsverzekering motorrijtuigen, tonen verzekeringsbewijs

Op de eerste vordering van de personen, belast met de opsporing van de in deze wet strafbaar gestelde feiten is de bestuurder van een motorrijtuig verplicht het rijtuig te doen stilhouden en indien hij ingevolge artikel 14 eerste lid, artikel 17 tweede lid of artikel 19 eerste lid een document bij zich moet hebben, dit behoorlijk ter inzage af te geven.

Art. 32

Aansprakelijkheidsverzekering motorrijtuigen, inleveren ongeldig vrijstellingsbewijs

De houder van een bewijs als bedoeld in artikel 19 eerste lid is verplicht dit, wanneer het ongeldig is geworden, op eerste aanmaning bij het bevoegde gezag in te leveren.

Art. 33

Aansprakelijkheidsverzekering motorrijtuigen, straffen

Handelen in strijd met de artikelen 31 en 32 wordt gestraft met hechtenis van ten hoogste dertig dagen of geldboete van de tweede categorie.

Art. 34

Aansprakelijkheidsverzekering motorrijtuigen, aantonen dekking aansprakelijkheid

1. Indien uit het door de Dienst Wegverkeer aangehouden register niet blijkt dat ten aanzien van een motorrijtuig met betrekking waartoe gedurende een bepaald tijdvak een verplichting tot verzekering bestaat of heeft bestaan, gedurende dat tijdvak is voldaan aan de verzekeringsplicht uit hoofde van deze wet, kan een ambtenaar als bedoeld in artikel 37 van degene, op wiens naam dat motorrijtuig in het kentekenregister is ingeschreven, vorderen dat hij aantoont dat niettemin aan de verzekeringsplicht gedurende dat tijdvak voldaan is.

2. Degene tot wie de vordering is gericht, kan daaraan voldoen door binnen een nader door de in het eerste lid bedoelde ambtenaar te bepalen termijn, welke echter niet korter mag zijn dan veertien dagen, een van een verzekeraar afkomstig geschrift op een hem opgegeven plaats ter inzage te verstrekken. Uit het geschrift moet blijken dat gedurende het tijdvak de aansprakelijkheid waartoe het motorrijtuig aanleiding kan geven, was gedekt door een verzekering overeenkomstig deze wet. De verzekeraar is gehouden een zodanig geschrift af te geven zo spoedig mogelijk, doch in ieder geval binnen tien dagen, nadat hem een daartoe strekkend verzoek heeft bereikt.

3. Degene die niet aan de in het eerste lid bedoelde vordering voldoet, wordt gestraft met een hechtenis van ten hoogste drie maanden of geldboete van de tweede categorie. Het zesde tot en met het achtste lid van artikel 30 zijn van overeenkomstige toepassing.

Art. 35

Aansprakelijkheidsverzekering motorrijtuigen, straffen

Overtreding van het bepaalde bij of krachtens algemene maatregel van bestuur, voor zover die overtreding uitdrukkelijk als strafbaar feit is aangemerkt, wordt gestraft met hechtenis van ten hoogste dertig dagen of geldboete van de tweede categorie.

Art. 36

Aansprakelijkheidsverzekering motorrijtuigen, overtredingen

De bij of krachtens deze wet strafbaar gestelde feiten zijn overtredingen.

Art. 37

Aansprakelijkheidsverzekering motorrijtuigen, opsporingsambtenaren

Met de opsporing van de strafbare feiten, bedoeld in dit hoofdstuk, zijn, behalve de ambtenaren bedoeld in artikel 141 van het Wetboek van Strafvordering, belast de ambtenaren, die krachtens artikel 159 van de Wegenverkeerswet 1994 zijn aangewezen tot opsporing van strafbare feiten.

Hoofdstuk 7 Slotbepalingen

Art. 38

Nadere regels

1. Voor de uitvoering van deze wet kunnen bij of krachtens algemene maatregel van bestuur nadere regelen worden gesteld.

Aansprakelijkheidsverzekering motorrijtuigen, informatieverstrekking Dienst Wegverkeer

2. Inlichtingen omtrent de nakoming van de verplichting tot verzekering worden op aanvraag en tegen betaling, op de door de Dienst Wegverkeer vastgestelde wijze, van het daarvoor door deze dienst vastgestelde tarief door deze dienst verstrekt. Bij algemene maatregel van bestuur wordt vastgesteld wie tot betaling van het tarief is gehouden. Artikel 4*q*, eerste lid, van de Wegenverkeerswet 1994 is van overeenkomstige toepassing.

Art. 39

[Bevat wijzigingen in andere regelgeving.]

Art. 40

[Vervallen]

Art. 41
De bepalingen van deze wet treden in werking op door Ons te bepalen tijdstippen.

Art. 42
Deze wet kan worden aangehaald als: Wet aansprakelijkheidsverzekering motorrijtuigen.

Inwerkingtreding

Citeertitel

Uitvoeringswet huurprijzen woonruimte^1

Wet van 21 november 2002, houdende integratie van de Huurprijzenwet woonruimte en de Wet op de huurcommissies in een uitvoeringswet huurprijzen woonruimte onder gelijktijdige overheveling van een deel van de tekst van de Huurprijzenwet woonruimte naar de nieuwe titel 7.4 van Boek 7 van het Burgerlijk Wetboek (Uitvoeringswet huurprijzen woonruimte)

Wij Beatrix, bij de gratie Gods, Koningin der Nederlanden, Prinses van Oranje-Nassau, enz. enz. enz.

Allen, die deze zullen zien of horen lezen, saluut! doen te weten:

Alzo Wij in overweging genomen hebben dat het wenselijk is tegelijk met het voorstel van wet tot herziening van Boek 7A van het Burgerlijk Wetboek, waarbij een aantal bepalingen van de Huurprijzenwet woonruimte naar de nieuwe titel 7.4 van Boek 7 van dat wetboek wordt overgeheveld, de overige bepalingen van de Huurprijzenwet woonruimte en die van de Wet op de huurcommissies te integreren in een nieuw wetsvoorstel en deze bepalingen waar mogelijk te vereenvoudigen, alsmede op een aantal plaatsen inhoudelijke wijzigingen aan te brengen;

Zo is het, dat Wij, de Raad van State gehoord, en met gemeen overleg der Staten-Generaal, hebben goedgevonden en verstaan, gelijk Wij goedvinden en verstaan bij deze:

Hoofdstuk I Algemeen

§ 1 *Begripsomschrijvingen*

Art. 1

Begripsbepalingen

1. In deze wet en de daarop berustende bepalingen wordt verstaan onder:

ao. bestuur: bestuur als bedoeld in artikel 3a, tweede lid;

a. gebrek: gebrek als bedoeld in artikel 7:241 van het Burgerlijk Wetboek;

b. huurcommissie: huurcommissie als bedoeld in artikel 3a;

c. inflatiepercentage: het onmiddellijk voorafgaand aan de datum van 1 juli, ieder jaar in januari door het Centraal Bureau voor de Statistiek bekendgemaakte percentage, waarmee de consumentenprijzen (alle huishoudens) ten opzichte van het aan die bekendmaking voorafgaande jaar zijn verhoogd;

d. Onze Minister: Onze Minister voor Wonen en Rijksdienst;

e. zittingscommissie: zittingscommissie als bedoeld in artikel 21, eerste lid.

2. In deze wet en de daarop berustende bepalingen wordt onder woonruimte, zelfstandige woning, woonwagen, standplaats, prijs, huurprijs, huishoudinkomen, inkomenstoetsjaar, peiljaar, kosten voor nutsvoorzieningen met een individuele meter, servicekosten en energieprestatievergoeding verstaan hetgeen daaronder wordt verstaan in afdeling 5 van titel 7.4 van Boek 7 van het Burgerlijk Wetboek.

§ 2 *Reikwijdte*

Art. 2

Werkingssfeer

Deze wet is niet van toepassing op overeenkomsten van huur en verhuur van woonruimte die een gebruik betreffen, dat naar zijn aard slechts van korte duur is.

Art. 3

1. Op huurovereenkomsten waarop ingevolge artikel 7:247 van het Burgerlijk Wetboek onderafdeling 2 van afdeling 5 van titel 7.4 van Boek 7 van het Burgerlijk Wetboek ten dele van toepassing is, is deze wet slechts van toepassing voorzover dat uit die onderafdeling voortvloeit.

Huurprijs, vaststelling huurprijs bij aanvang bewoning

2. Bij algemene maatregel van bestuur wordt het in artikel 7:247 van het Burgerlijk Wetboek bedoelde bedrag van de huurprijs bij aanvang van de bewoning vastgesteld, waarboven ingevolge dat artikel voornoemde onderafdeling ten dele van toepassing is.

---

1 Inwerkingtredingsdatum: 01-08-2003; zoals laatstelijk gewijzigd bij: Stb. 2021, 194.

Hoofdstuk II

Instelling, inrichting, samenstelling en taken van de huurcommissie

§ 1

Instelling, inrichting en samenstelling van de huurcommissie

Art. 3a

1. Er is een huurcommissie.

2. De huurcommissie bestaat uit een bestuur en minimaal vier en maximaal tien zittingsvoorzitters. Daarnaast bestaat de huurcommissie uit zittingsleden uit de kring van huurders onderscheidenlijk de kring van verhuurders. Voor de behandeling van geschillen als bedoeld in artikel 4a kunnen ook personen van buiten de kring van huurders onderscheidenlijk de kring van verhuurders zittingslid zijn. Het bestuur bestaat uit een voorzitter en een plaatsvervangend voorzitter.

3. Het bestuur en de zittingsvoorzitters hebben tot taak binnen de huurcommissie de eenheid en de kwaliteit van de uitspraken, adviezen en verklaringen te bevorderen. Zij kunnen met het oog hierop regels stellen. Bij de uitvoering van deze taak treden zij niet in de procesrechtelijke behandeling van, de inhoudelijke beoordeling van alsmede de beslissing in een concrete zaak.

4. Indien ten aanzien van het stellen van de regels, bedoeld in het derde lid, tussen het bestuur enerzijds en de zittingsvoorzitters gezamenlijk anderzijds een verschil van mening bestaat, beslist het bestuur. Indien binnen het bestuur een verschil van mening bestaat, beslist de voorzitter. Indien binnen de kring van zittingsvoorzitters een verschil van mening bestaat, wordt onderling bij meerderheid van stemmen beslist, waarbij bij een staking van de stemmen binnen die kring het bestuur beslist.

5. In afwijking van artikel 20 van de Kaderwet zelfstandige bestuursorganen, heeft het bestuur, in plaats van het zelfstandig bestuursorgaan, de bevoegdheden en taken die zijn genoemd in dat artikel.

Art. 3b

1. De voorzitter, de plaatsvervangend voorzitter en de zittingsvoorzitters worden door Onze Minister benoemd, geschorst en ontslagen. De voorzitter en de plaatsvervangend voorzitter worden benoemd voor een tijdvak van zes jaar en kunnen voor maximaal een aansluitend tijdvak van zes jaar als voorzitter onderscheidenlijk plaatsvervangend voorzitter worden herbenoemd. De zittingsvoorzitters worden over de benoeming en herbenoeming van de voorzitter en de plaatsvervangend voorzitter gehoord. De zittingsvoorzitters worden benoemd voor een tijdvak van vier jaar en kunnen voor maximaal twee aansluitende tijdvakken van vier jaar als zittingsvoorzitter worden herbenoemd. Het bestuur wordt over de benoeming en herbenoeming van de zittingsvoorzitters gehoord.

2. Aan de voorzitter en de zittingsvoorzitters moet op grond van het afleggen van een examen van een opleiding in het wetenschappelijk onderwijs door een universiteit dan wel de Open Universiteit waarop de Wet op het hoger onderwijs en wetenschappelijk onderzoek betrekking heeft, de graad Bachelor op het gebied van het recht en tevens de graad Master op het gebied van het recht zijn verleend, dan wel moeten de voorzitter en de zittingsvoorzitters op grond van het afleggen van een examen van een opleiding aan een universiteit dan wel de Open Universiteit waarop de Wet op het hoger onderwijs en wetenschappelijk onderzoek betrekking heeft, het recht om de titel meester te voeren hebben verkregen, of blijk hebben gegeven op andere wijze de voor de functie van voorzitter onderscheidenlijk zittingsvoorzitter benodigde kennis te hebben verworven.

3. Onverminderd artikel 13, eerste lid, van de Kaderwet zelfstandige bestuursorganen, mogen de voorzitter, de plaatsvervangend voorzitter en de zittingsvoorzitters niet metterdaad betrokken zijn bij de uitoefening van een bedrijf dat werkzaam is of mede werkzaam is op het gebied van woonruimte, noch is het hen toegestaan beroepsmatig betrokken te zijn bij het beheer van en de beschikking over woonruimte dan wel deel uit te maken van het bestuur van een vereniging, vennootschap of stichting die daarbij is betrokken, of aangesloten te zijn bij een bewonerscommissie als bedoeld in artikel 1, eerste lid, onderdeel g, van de Wet op het overleg huurders verhuurder.

4. De voorzitter, de plaatsvervangend voorzitter en de zittingsvoorzitters genieten een bezoldiging, een vergoeding voor reis- en verblijfkosten en verdere vergoedingen volgens bij ministeriële regeling te geven regels. Hun rechtspositie wordt nader geregeld bij algemene maatregel van bestuur.

Art. 3c

Het bestuur geeft leiding aan de werkzaamheden van de huurcommissie en de administratieve ondersteuning.

Huurcommissie, instelling
Huurcommissie, samenstelling

Huurcommissie, taak

Huurcommissie, benoeming/schorsing/ontslag (plv.) voorzitters

Huurcommissie, taak bestuur

B30 art. 3d

Uitvoeringswet huurprijzen woonruimte

Art. 3d

Huurcommissie, benoeming/schorsing/ontslag zittingsleden

1. De zittingsleden worden op voordracht van het bestuur door Onze Minister benoemd, geschorst en ontslagen. De voordracht vindt plaats na overleg tussen het bestuur en de door Onze Minister daartoe aangewezen betrokken organisaties, die geacht kunnen worden de belangen van de huurders, onderscheidenlijk de belangen van de verhuurders te behartigen. De zittingsleden worden benoemd voor een tijdvak van vier jaar en kunnen voor maximaal twee aansluitende tijdvakken van vier jaar als zittingslid worden herbenoemd.

2. Tot zittingslid worden slechts benoemd personen die over voldoende deskundigheid beschikken om bij te dragen aan een behoorlijke uitoefening van de ingevolge de wet aan de huurcommissie opgedragen taken.

3. De benoeming van de zittingsleden geschiedt zodanig dat de belangen van de huurders, onderscheidenlijk de belangen van de verhuurders gelijkelijk in de huurcommissie zijn vertegenwoordigd.

4. Onze Minister neemt binnen zes weken nadat de voordracht is gedaan een beslissing over de benoeming.

5. De zittingsleden genieten een vergoeding voor reis- en verblijfkosten en verdere vergoedingen volgens bij ministeriële regeling te geven regels.

Art. 3e

Huurcommissie, leeftijdsgrens (plv.) voorzitters

Onverminderd artikel 12, tweede lid, van de Kaderwet zelfstandige bestuursorganen, worden de voorzitter, de plaatsvervangend voorzitter en de zittingsvoorzitters ook ontslagen indien zij de leeftijd van zeventig jaren hebben bereikt.

Art. 3f

Huurcommissie, vaststelling bestuursreglement

1. Het bestuur stelt een bestuursreglement vast, gehoord de zittingsvoorzitters. Het reglement behoeft de goedkeuring van Onze Minister. Artikel 11, tweede lid, van de Kaderwet zelfstandige bestuursorganen is van overeenkomstige toepassing.

2. In het bestuursreglement worden de hoofdlijnen van de inrichting en de werkwijze van de organisatie van de huurcommissie, alsmede de zittingslocaties vastgesteld.

Art. 3g

Huurcommissie, instelling Raad van Advies

1. Er is een Raad van Advies. De Raad bestaat uit negen leden, die afkomstig zijn uit de door Onze Minister aangewezen organisaties van huurders en verhuurders en onafhankelijke organisaties of personen, waarbij de organisaties van huurders en verhuurders in de Raad gelijkelijk zijn vertegenwoordigd. De leden hebben een deskundigheid die relevant is in het kader van de advisering, bedoeld in het vijfde lid, en mogen niet tegelijkertijd deel uitmaken van de huurcommissie of van een zittingscommissie.

2. De leden worden door Onze Minister benoemd, geschorst en ontslagen. Zij worden benoemd voor een tijdvak van vier jaar en kunnen voor een aansluitend tijdvak van vier jaar als lid van de Raad worden herbenoemd.

3. Onze Minister stelt met inachtneming van het eerste lid bij iedere benoeming de door hem daartoe aangewezen organisaties, die geacht kunnen worden de belangen van de huurders, onderscheidenlijk de belangen van de verhuurders, te behartigen, gedurende negen weken in de gelegenheid een aanbeveling te doen. Indien binnen een categorie van organisaties, die geacht kunnen worden de belangen van de huurders, onderscheidenlijk de belangen van de verhuurders, te behartigen, meer dan één organisatie is aangewezen om een aanbeveling te doen, stelt Onze Minister de betrokken organisaties slechts in de gelegenheid gezamenlijk een aanbeveling te doen.

4. De benoeming van de leden die afkomstig zijn uit de door Onze Minister aangewezen onafhankelijke organisaties of personen vindt plaats op voordracht van het bestuur en na overleg tussen het bestuur en die organisaties of personen. Onze Minister neemt binnen zes weken na het doen van de voordracht een beslissing over de benoeming.

5. De Raad adviseert het bestuur over algemene aspecten van de huurgeschillenbeslechting, bedoeld in artikel 4, en de beslechting van de geschillen, bedoeld in artikel 4a, alsmede over de meerjarenstrategie, de ontwerpbegroting, het conceptjaarplan, de conceptjaarrekening en het conceptjaarverslag en kan het op verzoek dan wel uit eigen beweging in kennis stellen van de binnen de Raad levende standpunten. De Raad wordt voorts over de benoeming, de herbenoeming en het ontslag, behoudens het ontslag vanwege het bereiken van de voor hen geldende pensioengerechtigde leeftijd, van de voorzitter en de plaatsvervangend voorzitter gehoord. In het bestuursreglement, bedoeld in artikel 3f, worden nadere regels gesteld omtrent de uitoefening van de taken en de bevoegdheden van de Raad en de wijze waarop het bestuur met de Raad overleg voert.

Schakelbepaling

6. Artikel 3d, vijfde lid, is van overeenkomstige toepassing.

Art. 3h

Huurcommissie, administratieve ondersteuning

Onze Minister voorziet in de administratieve ondersteuning van de huurcommissie.

Art. 3i

1. Het bestuur houdt een openbaar register aan, waarin met weglating van de namen van de betrokken huurders, verhuurders, bewonerscommissies als bedoeld in artikel 1, eerste lid, onderdeel g, van de Wet op het overleg huurders verhuurder en huurdersorganisaties als bedoeld in artikel 1, eerste lid, onderdeel f, van die wet de slotwoorden van de uitspraken van de huurcommissie en van de voorzittersuitspraken zijn opgenomen.

2. Bij ministeriële regeling kunnen regels worden gegeven omtrent de inrichting van het register.

Art. 3j

1. In afwijking van artikel 22, eerste lid, van de Kaderwet zelfstandige bestuursorganen, strekt de bevoegdheid van Onze Minister tot het vernietigen van besluiten zich niet uit tot de uitspraken, de adviezen en de verklaringen van de huurcommissie onderscheidenlijk de voorzitter.

2. Onze Minister treedt bij de uitvoering van de bevoegdheden, toegedeeld bij of krachtens de wet en de in het eerste lid genoemde wet niet in de procedurele behandeling van, de inhoudelijke beoordeling van alsmede de beslissing in een concrete zaak of in categorieën van zaken.

§ 2

Taken van de huurcommissie

Art. 4

1. De huurcommissie heeft de in het tweede tot en met vijfde lid en in de artikelen 4a en 5 aangegeven taken.

2. De huurcommissie doet uitspraak:

0a. ingevolge artikel 7:248, vierde lid, van het Burgerlijk Wetboek over verhoging van de huurprijs;

a. ingevolge artikel 7:249 van het Burgerlijk Wetboek over de redelijkheid van de overeengekomen aanvangshuurprijs;

b. ingevolge artikel 7:253 van het Burgerlijk Wetboek over de redelijkheid van het voorstel tot verhoging van de huurprijs;

c. ingevolge artikel 7:254 van het Burgerlijk Wetboek over de redelijkheid van het voorstel tot verlaging van de huurprijs;

d. ingevolge de artikelen 7:255 en 7:255a van het Burgerlijk Wetboek over het bedrag van de verhoging van de huurprijs na de totstandkoming van voorzieningen, veranderingen of toevoegingen;

e. ingevolge artikel 7:257 van het Burgerlijk Wetboek over de in rekening te brengen huurprijs bij vermindering van het woongenot als gevolg van een gebrek;

f. ingevolge artikel 7:258 van het Burgerlijk Wetboek over de huurprijs en het voorschotbedrag aan kosten voor nutsvoorzieningen met een individuele meter en servicekosten indien tussen partijen slechts een prijs en niet een huurprijs is overeengekomen;

g. ingevolge artikel 7:260 van het Burgerlijk Wetboek over de betalingsverplichting met betrekking tot de kosten voor nutsvoorzieningen met een individuele meter en servicekosten;

h. ingevolge artikel 7:261 van het Burgerlijk Wetboek over het voorschotbedrag van de kosten voor nutsvoorzieningen met een individuele meter;

i. ingevolge artikel 7:261a van het Burgerlijk Wetboek over de energieprestatievergoeding;

j. ingevolge artikel 54a, zesde lid, van de Woningwet over het voorstel tot huurverlaging als bedoeld in het eerste lid van dat artikel of het ontbreken daarvan.

3. De huurcommissie doet uitspraak in gevallen waarin als gevolg van een uitspraak als bedoeld in de artikelen 7:249 en 7:257 van het Burgerlijk Wetboek de in rekening te brengen huurprijs in verband met gebreken is verlaagd, omtrent het verholpen zijn van die gebreken.

4. De huurcommissie doet uitspraak indien ingevolge artikel 20, zesde lid, verzet is gedaan tegen een uitspraak van de voorzitter.

5. Indien de verhuurder een door de huurder bij hem schriftelijk ingediende klacht over de gedraging van de verhuurder in het kader van de door de verhuurder op basis van de tussen partijen geldende huurovereenkomst aan de huurder geleverde producten en verrichte diensten van de huurder niet binnen een redelijke termijn na indiening van de klacht inhoudelijk heeft behandeld dan wel indien de huurder niet instemt met de beoordeling van de klacht door de verhuurder, kan de huurder tot uiterlijk een jaar na het tijdstip waarop de gedraging van de verhuurder heeft plaatsgevonden de huurcommissie verzoeken uitspraak te doen in het geschil dat voortvloeit uit die klacht. Een gedraging van een persoon die werkzaam is onder de verantwoordelijkheid van de verhuurder, wordt aangemerkt als een gedraging van die verhuurder. Onder een gedraging wordt niet verstaan een gedraging ten aanzien van het toe- en afwijzen van een woonruimte, een wanbetaling, een huurbeëindiging of het afsluiten van nutsvoorzieningen.

6. De huurcommissie is niet bevoegd een uitspraak te doen indien het verzoek, bedoeld in het vijfde lid, betrekking heeft op:

a. een gedraging ten aanzien waarvan door een rechterlijke instantie uitspraak is gedaan,

B30 art. 4a

Uitvoeringswet huurprijzen woonruimte

b. een gedraging ten aanzien waarvan een procedure bij een rechterlijke instantie aanhangig is.

Art. 4a

De huurcommissie doet uitspraak in geschillen over:
a. het voeren van overleg en het verschaffen van informatie als bedoeld in de Wet op het overleg huurders verhuurder;
b. het bevorderen van de werkzaamheden van een bewonerscommissie als bedoeld in die wet;
c. het vergoeden van kosten van een huurdersorganisatie als bedoeld in die wet;
d. overige verplichtingen die voortvloeien uit die wet;
e. het voeren van overleg als bedoeld in de artikelen 43, tweede lid, 53, tweede lid, tweede volzin en 55b, tweede lid, van de Woningwet.

Art. 5

Huurcommissie, inlichtingen/verklaringen/advies

1. De huurcommissie verstrekt desverzocht aan de rechter nadere inlichtingen over een door haar gedane uitspraak, alsmede, ingeval zij geen uitspraak heeft gedaan, indien de rechter geacht kan worden daarbij belang te hebben, over de aan een woonruimte toe te kennen kwaliteit en een voor die woonruimte redelijk te achten huurprijs.

2. De huurcommissie verstrekt desverzocht verklaringen aan Onze Minister en aan publiekrechtelijke lichamen die geacht kunnen worden daarbij belang te hebben, over de aan een woonruimte toe te kennen kwaliteit, de gebreken ten aanzien van die woonruimte en een voor die woonruimte redelijk te achten huurprijs. De hierbedoelde verklaring wordt niet gegeven, indien het belang van de verklaring is gelegen in de beoordeling door de verzoeker van een huurovereenkomst als bedoeld in artikel 3. Bij ministeriële regeling kunnen voor de uitvoering van de in de eerste volzin bedoelde taak nadere regels worden gegeven.

3. De huurcommissie geeft ten aanzien van een huurovereenkomst als bedoeld in artikel 3 desverzocht advies over aangelegenheden waaromtrent de huurcommissie bevoegd zou zijn uitspraak te doen indien artikel 3 daaraan niet in de weg zou staan. De huurcommissie geeft een dergelijk advies slechts voorzover in de huurovereenkomst of anderszins tussen partijen is afgesproken dat de desbetreffende aangelegenheden bij geschil aan de huurcommissie worden voorgelegd.

Art. 6

Huurcommissie, taak voorzitter

1. De voorzitter heeft tot taak:
a. in afwijking van artikel 4, eerste lid, in de in het tweede, derde en vijfde lid van dat artikel aangegeven gevallen en over geschillen als bedoeld in artikel 4a uitspraak te doen indien ten aanzien van een aan de huurcommissie gedaan verzoek een van de in artikel 20, eerste lid, bedoelde gevallen zich voordoet;
b. in de gevallen van een verzoek van de Belastingdienst/Toeslagen als bedoeld in artikel 5, tweede lid, van de Wet op de huurtoeslag binnen zes weken een verklaring te verstrekken omtrent de redelijkheid van de huurprijs en de juistheid van andere gegevens betreffende de woonruimte waarvoor een aanvraag om een huurtoeslag is ingediend, een en ander voorzover van belang voor de toepassing van genoemde wet.

2. De voorzitter kan zich bij de uitoefening van de taken, bedoeld in het eerste lid, laten vervangen door een zittingsvoorzitter.

§ 3

Aan de Staat verschuldigde vergoeding

Art. 7

Huurcommissie, door verzoeker aan de Staat verschuldigde vergoeding bij uitspraak

1. Voor het door de huurcommissie doen van een uitspraak als bedoeld in artikel 4, tweede, derde of de vijfde lid, is door de verzoeker een voorschot op de voor hem geldende vergoeding aan de Staat, bedoeld in het tweede lid, verschuldigd of door de partij die niet de verzoeker is, de voor hem geldende vergoeding, bedoeld in dat lid. Het bedrag van dat voorschot en die vergoeding wordt bij algemene maatregel van bestuur vastgesteld, mede aan de hand van het gegeven of de verzoeker of de partij die niet de verzoeker is een huurder of een verhuurder is en het aantal malen in drie achtereenvolgende kalenderjaren dat de huurcommissie uitspraak heeft gedaan op basis van een verzoek als bedoeld in de artikelen 7: 249 en 7: 258, derde lid, van het Burgerlijk Wetboek, en daarbij, gelet op de strekking van het verzoekschrift, heeft geoordeeld dat de verhuurder de in het ongelijk gestelde partij is. De huurcommissie kan van de krachtens de algemene maatregel van bestuur vastgestelde bedragen, bedoeld in de tweede volzin, afwijken voor zover de toepassing gelet op het belang dat die bedragen beogen te beschermen naar haar oordeel zal leiden tot een onbillijkheid van overwegende aard.

2. Bij het doen van een uitspraak geeft de huurcommissie gemotiveerd aan welke partij en tot welk bedrag een vergoeding aan de Staat verschuldigd is. Indien de huurcommissie van oordeel is dat de huurder niet ingevolge artikel 7:253, tweede lid, tweede volzin, van het Burgerlijk Wetboek gegevens met betrekking tot het huishoudinkomen heeft verstrekt, kan zij gemotiveerd uitspreken dat de verhuurder deze vergoeding niet is verschuldigd. Deze vergoeding is, in andere gevallen dan dat, bedoeld in de tweede volzin, verschuldigd door de partij die naar het oordeel van de huurcommissie geheel of voor het grootste deel, gelet op de strekking van het verzoekschrift, de in het ongelijk gestelde partij is. Indien de huurcommissie, in andere gevallen dan dat, bedoeld in de tweede volzin, van oordeel is dat beide partijen in ongeveer gelijke mate in het ongelijk worden gesteld, kan zij gemotiveerd uitspreken dat elke partij de helft van de voor hem geldende vergoeding aan de Staat verschuldigd is. In gevallen waarin de voorzitter bevoegd is tot het doen van een uitspraak, komen de in de eerste tot en met vierde volzin bedoelde bevoegdheden toe aan de voorzitter.

3. Indien naar het oordeel van de huurcommissie, gelet op de strekking van het verzoekschrift, en in andere gevallen dan die, bedoeld in het tweede lid, tweede volzin,

a. de verzoeker de geheel of voor het grootste deel in het gelijk gestelde partij is, wordt:

$1°.$ de bij wijze van voorschot betaalde voor hem geldende vergoeding terugbetaald, en

$2°.$ bij de partij die niet de verzoeker is, de voor hem geldende vergoeding ingevorderd, dan wel

b. beide partijen in ongeveer gelijke mate in het ongelijk worden gesteld, wordt:

$1°.$ de helft van de bij wijze van voorschot door de verzoeker betaalde voor hem geldende vergoeding terugbetaald, en

$2°.$ bij de partij die niet de verzoeker is, de helft van de voor hem geldende vergoeding ingevorderd.

4. Het bestuur roept de verzoeker bij schriftelijk bericht op, onder kennisgeving van de ontvangst van het verzoek, tot betaling van het in het eerste lid bedoelde voorschot op de vergoeding, voor zover dit op dat tijdstip nog niet is voldaan, binnen vier weken na de datum van verzending van dat bericht.

5. Ingeval de verzoeker het voorschot op de vergoeding niet binnen de in het vierde lid genoemde termijn heeft voldaan, wordt het verzoek niet-ontvankelijk verklaard, tenzij redelijkerwijs niet kan worden geoordeeld dat de verzoeker in verzuim is geweest.

6. Het betaalde voorschot op de vergoeding:

a. wordt aan de verzoeker terugbetaald indien tussen partijen een vaststellingsovereenkomst als bedoeld in artikel 7: 900 van het Burgerlijk Wetboek is gesloten;

b. wordt voor de helft aan de verzoeker terugbetaald, indien de verzoekende partij binnen drie weken na de verzending van het rapport van het voorbereidend onderzoek, bedoeld in artikel 28, derde lid, te kennen geeft het geschil niet voort te zetten;

c. wordt niet aan de verzoeker terugbetaald indien het verzoek na die termijn wordt ingetrokken.

7. Het bestuur roept de partij die niet de verzoeker is bij schriftelijk bericht op tot betaling van de in het derde lid, onderdeel a, onder $2°$, of onderdeel b, onder $2°$, bedoelde vergoeding binnen vier weken na de datum van verzending van dat bericht. Onze Minister kan die vergoeding invorderen bij dwangbevel.

8. De voorzitter is bevoegd op verzoek van de verzoeker of de partij die niet de verzoeker is vrijstelling te verlenen van de aan de Staat verschuldigde vergoeding, bedoeld in het eerste lid en tweede lid. Zolang niet is beslist op een aanvraag om vrijstelling, wordt de in het vierde en zevende lid genoemde termijn opgeschort. Bij ministeriële regeling wordt bepaald in welke gevallen de voorzitter van de bevoegdheid, bedoeld in de eerste volzin, gebruik kan maken. Artikel 6, tweede lid, is van overeenkomstige toepassing.

9. De huurcommissie kan bij gelijkluidende of nagenoeg gelijkluidende verzoeken ten aanzien van de partij die niet de verzoeker is en een verhuurder is, indien deze, naar het oordeel van de huurcommissie, gelet op de strekking van het verzoekschrift, de geheel of voor het grootste deel in het ongelijk gestelde partij is, dan wel in ongeveer gelijke mate als de partij die de verzoeker is in het ongelijk wordt gesteld, afwijken van het eerste lid, eerste volzin, voor zover toepassing gelet op het belang dat die volzin beoogt te beschermen naar haar oordeel zal leiden tot een onbillijkheid van overwegende aard.

10. Indien de partij die, gelet op de strekking van het verzoekschrift, in het ongelijk wordt gesteld, uitsluitend in het ongelijk wordt gesteld op grond van een eigen oordeel van de huurcommissie ten aanzien van de waardering van de energieprestatie van de woonruimte, dat afwijkt van een voor de woonruimte, overeenkomstig de op grond van artikel 120 van de Woningwet gegeven regels omtrent de energieprestatie van gebouwen, afgegeven energieprestatiecertificaat, is die partij, in afwijking van het eerste lid, eerste volzin, geen vergoeding als bedoeld in dat lid verschuldigd.

Art. 7a

1. Voor het door de huurcommissie doen van een uitspraak als bedoeld in artikel 4a, is door de verzoeker een vergoeding aan de Staat verschuldigd.

2. Het bedrag van de in het eerste lid bedoelde vergoeding wordt bij algemene maatregel van bestuur vastgesteld.

3. Op verzoek van een verzoeker, is de voorzitter bevoegd vrijstelling te verlenen van de aan de Staat verschuldigde vergoeding, bedoeld in het eerste lid. Bij ministeriële regeling wordt

B30 art. 8

Uitvoeringswet huurprijzen woonruimte

bepaald in welke gevallen de voorzitter van de bevoegdheid, bedoeld in de eerste volzin, gebruik kan maken. Artikel 6, tweede lid, is van overeenkomstige toepassing.

4. Het vierde, vijfde en zesde lid van artikel 7 zijn van overeenkomstige toepassing.

Art. 8

Huurcommissie, door verzoeker aan de Staat verschuldigde vergoeding bij advies

Voor het door de huurcommissie uitbrengen van een advies als bedoeld in artikel 5, derde lid, is door de verzoeker een vergoeding aan de Staat verschuldigd, waarvan het bedrag bij algemene maatregel van bestuur wordt vastgesteld, mede aan de hand van het gegeven of de verzoeker een huurder of een verhuurder is.

Hoofdstuk IIa

Art. 8a

Verhuurderbijdrage

Onder de naam verhuurderbijdrage legt de huurcommissie een bijdrage op ter bestrijding van de geraamde lasten van de huurcommissie in één kalenderjaar.

Art. 8b

Begripsbepalingen

In dit hoofdstuk wordt verstaan onder:

bijdragejaar: kalenderjaar waarover de verhuurderbijdrage is verschuldigd;

huurwoning: in Nederland gelegen voor verhuur bestemde woning die ingevolge artikel 16 van de Wet waardering onroerende zaken als één onroerende zaak wordt aangemerkt en waarvan de huurprijs niet hoger is dan het bedrag, genoemd in artikel 13, eerste lid, onderdeel a, van de Wet op de huurtoeslag, met uitzondering van een woning die wordt verhuurd in het kader van het hotel-, pension-, kamp- en vakantiebestedingsbedrijf aan personen die in de woning voor een korte periode verblijf houden.

Art. 8c

Genothebbenden

Indien er ter zake van een huurwoning meer dan één genothebbende krachtens eigendom, bezit of beperkt recht is, wordt voor de verhuurderbijdrage de huurwoning in aanmerking genomen bij degene aan wie de beschikking, bedoeld in artikel 22 van de Wet waardering onroerende zaken, ter zake van die huurwoning op de voet van artikel 24, derde en vierde lid, van die wet is bekendgemaakt.

Art. 8d

Bijdrageplichtige verhuurderbijdrage

Bijdrageplichtig voor de verhuurderbijdrage is de verhuurder die op grond van artikel 1.9 van de Wet maatregelen woningmarkt 2014 II over het kalenderjaar voorafgaande aan het bijdragejaar in de verhuurderheffing is betrokken en die bij aanvang van dat kalenderjaar het genot krachtens eigendom, bezit of beperkt recht heeft van meer dan 50 huurwoningen.

Art. 8e

Verhuurderbijdrage, totale opbrengst

1. De totale opbrengst van de verhuurderbijdrage komt overeen met het geraamde bedrag op de begroting van Wonen en Rijksdienst over het bijdragejaar.

2. Om de verhuurderbijdrage te berekenen wordt het geraamde bedrag omgeslagen over de verhuurders naar rato van het aantal huurwoningen, waarbij de eerste 50 woningen niet worden meegeteld.

Art. 8f

Verhuurderbijdrage, verschuldigdheid

De verhuurderbijdrage wordt verschuldigd op uiterlijk 31 december van het bijdragejaar.

Art. 8g

Verhuurderbijdrage invorderen bij dwangbevel

De huurcommissie kan de verhuurderbijdrage invorderen bij dwangbevel.

Hoofdstuk III

Toetsingscriteria en uitspraken huurcommissie

§ 1

Algemeen

Art. 9

Huurcommissie, indienen verzoek

1. Een verzoek aan de huurcommissie wordt schriftelijk ingediend.

2. De huurcommissie toetst bij aan haar gedane verzoeken of voldaan is aan de voor die verzoeken bij of krachtens titel 4 van Boek 7 van het Burgerlijk Wetboek, bij de Wet op het overleg huurders verhuurder en bij of krachtens deze wet gestelde voorschriften.

3. In geval van een verzoek als bedoeld in artikel 7:260, eerste lid, van het Burgerlijk Wetboek is het verzoek niet-ontvankelijk indien het voorwerp van geschil een bedrag van minder dan € 36 beloopt.

4. In geval van een verzoek als bedoeld in de artikelen 7: 254, 7: 255, tweede lid, 7:255a, derde lid, 7: 257, tweede lid, 7: 261, derde lid, van het Burgerlijk Wetboek is het verzoek niet-ontvankelijk indien het voorwerp van geschil een bedrag van minder dan € 3 per maand beloopt.

Uitvoeringswet huurprijzen woonruimte

B30 art. 10a

5. De bedragen, genoemd in het derde en vierde lid, kunnen bij ministeriële regeling hoger of lager worden gesteld.

Art. 9a

1. Indien binnen een wooncomplex als bedoeld in artikel 1 van de Wet op het overleg huurders verhuurder sprake is van gelijkluidende of nagenoeg gelijkluidende verzoeken kunnen deze door ten minste de helft van de partijen die een woonruimte huren binnen dat wooncomplex of deel van dat wooncomplex collectief worden ingediend. Die partijen zijn daarbij elk het voorschot op de vergoeding aan de Staat, bedoeld in artikel 7, tweede lid, verschuldigd.

Huurcommissie, collectief verzoek

2. Indien het verzoek naar het oordeel van de voorzitter niet voldoet aan de in het eerste lid genoemde vereisten, wordt het verzoek opgevat als per afzonderlijke woonruimte of groep van woonruimten ingediend. Artikel 6, tweede lid, is van overeenkomstige toepassing.

3. De huurcommissie kan ten aanzien van de partijen, bedoeld in het eerste lid, indien die, naar het oordeel van de huurcommissie, gelet op de strekking van het verzoekschrift, de geheel of voor het grootste deel in het ongelijk gestelde partijen zijn, dan wel in ongeveer gelijke mate als de partij die niet de verzoeker is in het ongelijk worden gesteld, afwijken van artikel 7, eerste lid, eerste volzin, voor zover toepassing gelet op het belang dat die volzin beoogt te beschermen naar haar oordeel zal leiden tot een onbillijkheid van overwegende aard.

Art. 10

1. Bij of krachtens algemene maatregel van bestuur worden regels gegeven voor de waardering van de kwaliteit van een woonruimte, van de redelijkheid van de huurprijs en van wijziging daarvan, waarbij onderscheid kan worden gemaakt tussen woonruimte waarvoor de eigenaar een voor die woonruimte, overeenkomstig de op grond van artikel 120 van de Woningwet gegeven regels omtrent de energieprestatie van gebouwen, afgegeven energieprestatiecertificaat aan de huurder heeft verstrekt of indien dat niet het geval is daartoe op grond van die regels wel verplicht was, en overige woonruimte.

Nadere regels

2. Bij ministeriële regeling wordt het maximale huurverhogingspercentage vastgesteld. Dit percentage wordt vastgesteld mede aan de hand van het gegeven of het huishoudinkomen over het peiljaar of het inkomenstoetsjaar van de op het tijdstip van de in het voorstel tot verhoging van de huurprijs genoemde ingangsdatum in de woonruimte wonende huurder en overige bewoners hoger is dan het krachtens artikel 48, eerste lid, van de Woningwet bepaalde bedrag, die huurder of die overige bewoner de pensioengerechtigde leeftijd, bedoeld in artikel 7a, eerste lid, van de Algemene Ouderdomswet, heeft bereikt, die huurder deel uitmaakt van een huishouden van 4 of meer personen, en of die woonruimte een zelfstandige woning vormt.

Energieprestatiecertificaat, nadere regels waardering woonruimte

3. Het maximale huurverhogingspercentage voor huurovereenkomsten als bedoeld in artikel 7:247 van het Burgerlijk Wetboek in enig jaar is gelijk aan (het gemiddelde van de prijsindexcijfers van de maanden december t-2 tot en met november t-1) / (het gemiddelde van de prijsindexcijfers van de maanden december t-3 tot en met november t-2) vermeerder met één procentpunt, waarbij de prijsindexcijfers de cijfers uit de «Consumentenprijsindex Alle Huishoudens» van het Centraal Bureau voor de Statistiek zijn en de gemiddelde prijsindexcijfers worden berekend uit de prijsindexcijfers vermeld in het nummer van het Statistisch Bulletin, waarin het indexcijfer van november t-1 respectievelijk november t-2, al dan niet voorlopig, wordt gepubliceerd.

Huurverhogingspercentage, vaststelling maximale

Art. 10a

1. In afwijking van artikel 10, tweede lid, kan de huurprijs worden verhoogd tot ten hoogste: *a.* het bedrag dat voor dat jaar is voorzien in de bij aanvang van de huur overeengekomen stapsgewijze verhoging van de huurprijs, bedoeld in artikel 7:252c onder a BW; *b.* het bedrag van de huurprijs direct voorafgaand aan de datum waarop de huurprijs overeenkomstig artikel 7:252c onder b BW niet is verhoogd respectievelijk is verlaagd, vermeerderd met de som van ten hoogste de krachtens artikel 10, tweede lid, toegelaten verhogingen over de jaren sinds die datum.

Huurverhogingspercentage, nadere regels vaststelling maximale

De onder b bedoelde verhoging leidt niet tot een hogere huurprijs dan het op de ingangsdatum van de voorgestelde huurverhoging in artikel 13, eerste lid, onderdeel a, van de Wet op de huurtoeslag genoemde bedrag, tenzij de huurprijs op de dag voor de datum waarop de huurprijs niet is verhoogd respectievelijk is verlaagd, lager is dan wel op de dag na die datum hoger is dan het op die dag in dat artikel genoemde bedrag.

2. In afwijking van artikel 10, derde lid, kan de huurprijs, indien niet eerder dan drie jaar voor de ingangsdatum van de huurverhoging de huurprijs op schriftelijk verzoek van de huurder niet is verhoogd respectievelijk is verlaagd, worden verhoogd tot ten hoogste het bedrag van de huurprijs direct voorafgaand aan de datum waarop de huurprijs niet is verhoogd respectievelijk is verlaagd vermeerderd met de som van ten hoogste de krachtens artikel 10, derde lid, toegelaten verhogingen over de jaren sinds die datum. De in de eerste zin bedoelde verhoging leidt niet tot een hogere huurprijs dan het op de ingangsdatum van de voorgestelde huurverhoging in artikel 13, eerste lid, onderdeel a, van de Wet op de huurtoeslag genoemde bedrag, tenzij de huurprijs op de dag voor de datum waarop de huurprijs niet is verhoogd respectievelijk is verlaagd, lager is dan wel op de dag na die datum hoger is dan het op die dag in dat artikel genoemde bedrag.

§ 2 *Aanvangshuurprijs*

Art. 11

Huurprijs, redelijkheid overeengekomen huurprijs

1. In geval van een verzoek als bedoeld in artikel 7:249 van het Burgerlijk Wetboek doet de huurcommissie uitspraak omtrent de redelijkheid van de overeengekomen huurprijs. Als een dergelijk verzoek wordt mede aangemerkt een verzoek ingevolge artikel 6, eerste lid, aanhef en onderdeel b, indien een aanvraag om een huurtoeslag voor de desbetreffende woonruimte is ingediend binnen de in artikel 7: 249 van het Burgerlijk Wetboek bedoelde termijn en indien en zodra de voorzitter op dat verzoek een verklaring heeft afgegeven waaruit blijkt dat de overeengekomen huurprijs hoger is dan de bij de desbetreffende woonruimte behorende maximale huurprijsgrens.

2. De huurcommissie toetst in dat geval de redelijkheid van de overeengekomen huurprijs aan de krachtens artikel 10, eerste lid, gegeven regels.

3. Indien de huurcommissie de overeengekomen huurprijs niet redelijk acht, vermeldt zij in haar uitspraak de huurprijs die zij redelijk acht.

4. In geval sprake is van een huurovereenkomst als bedoeld in artikel 3 spreekt de huurcommissie, indien de beoordeling, bedoeld in het tweede lid, zou leiden tot een huurprijs boven de in artikel 7:247 van het Burgerlijk Wetboek genoemde grens, uit dat de door partijen overeengekomen huurprijs redelijk is. Indien de huurprijs na de uitspraak van de huurcommissie en in voorkomend geval na de vaststelling ervan door de rechter onherroepelijk is komen vast te staan en niet boven die grens uitkomt, is artikel 7:247 op die huurovereenkomst niet langer van toepassing.

5. De huurcommissie beoordeelt de kwaliteit van de woonruimte en de redelijkheid van de huurprijs naar de toestand op de datum van ingang van de huurovereenkomst.

Art. 12

Huurprijs, in rekening te brengen huurprijs bij gebreken

1. In geval van een verzoek als bedoeld in artikel 7:249 van het Burgerlijk Wetboek spreekt de huurcommissie tevens uit of zij van oordeel is dat de overeengekomen huurprijs of de op grond van artikel 11, derde lid, redelijk geachte huurprijs, gelet op de gebreken ten aanzien van de woonruimte, in rekening dient te worden gebracht. Indien de huurcommissie van oordeel is dat die huurprijs, gelet op de gebreken, niet in rekening dient te worden gebracht, geeft zij deze gebreken in de uitspraak aan en vermeldt zij een in verhouding tot die gebreken lagere huurprijs als de in rekening te brengen huurprijs.

2. Bij of krachtens algemene maatregel van bestuur worden regels gegeven die de huurcommissie bij de beoordeling van de redelijkheid van de in rekening te brengen huurprijs in acht neemt.

3. De huurcommissie vermeldt in de uitspraak de datum van ingang van de in rekening te brengen lagere huurprijs, zijnde de ingangsdatum van de huurovereenkomst.

4. De huurcommissie bepaalt in de uitspraak dat, nadat de in die uitspraak genoemde gebreken zijn verholpen, de in rekening te brengen lagere huurprijs niet meer van toepassing is met ingang van de eerste dag van de maand, volgend op die waarin de opheffing van die gebreken heeft plaatsgevonden.

5. Indien tussen huurder en verhuurder geen overeenstemming bestaat over het al dan niet verholpen zijn van de gebreken, doet de huurcommissie daarover op verzoek van de verhuurder uitspraak. In voorkomend geval geeft zij daarbij aan in welke maand de opheffing heeft plaatsgevonden.

§ 3 *Verhoging van de huurprijs*

Art. 12a

Huurcommissie, uitspraak over redelijkheid huurprijsverhoging (art. 7:248 BW)

In geval van een verzoek als bedoeld in artikel 7:248, vierde lid, van het Burgerlijk Wetboek doet de huurcommissie uitspraak over de redelijkheid van de huurprijsverhoging die volgt uit het in het derde lid van dat artikel bedoelde beding. De huurcommissie toetst de huurprijsverhoging aan het krachtens artikel 10, derde lid, geldende maximale huurverhogingspercentage dan wel artikel 10a, tweede lid. De huurcommissie vermeldt in de uitspraak de ingangsdatum van de huurprijsstijging, zijnde de uit de huurovereenkomst voortvloeiende datum, alsmede tot welke huurprijs toepassing van de tweede zin leidt.

Art. 13

Huurprijs, verhoging

1. In geval van een verzoek als bedoeld in artikel 7:253 van het Burgerlijk Wetboek doet de huurcommissie uitspraak omtrent de redelijkheid van de huurprijsverhoging die staat vermeld in het daaraan ten grondslag liggende voorstel. De huurcommissie spreekt uit welke huurprijsverhoging zij redelijk acht, in welk geval zij tevens aangeeft tot welke huurprijs die huurprijsverhoging leidt, dan wel dat zij een huurprijsverhoging niet redelijk acht.

2. De huurcommissie vermeldt in de uitspraak de datum van ingang van de huurprijsverhoging, zijnde de in het in het eerste lid bedoelde voorstel vermelde datum van ingang, dan wel een latere datum indien de wet zulks voorschrijft.

3. De huurcommissie toetst het voorstel tot huurprijsverhoging aan het krachtens artikel 10, tweede lid, geldende maximale huurverhogingspercentage dan wel artikel 10a.

4. Bij de beoordeling van de kwaliteit van de woonruimte worden voorzieningen die de huurder onverplicht voor eigen rekening heeft aangebracht en waardoor het woongerief geacht kan worden te zijn gestegen, buiten beschouwing gelaten.

5. De huurcommissie toetst het voorstel tot huurprijsverhoging, indien de huurder bezwaar heeft gemaakt tegen de woningwaardering in het voorstel, dan wel indien de huurprijs, vermeerderd met de voorgestelde huurprijsverhoging, de maximale huurprijsgrens zou kunnen overschrijden, tevens aan de krachtens artikel 10, eerste lid, gegeven regels met betrekking tot de waardering van de kwaliteit van een woonruimte. Daarbij vormt de huurcommissie slechts een eigen oordeel over de kwaliteit van de woonruimte, voorzover de kwaliteit al dan niet op onderdelen voorwerp van geschil is tussen partijen. De huurcommissie vormt zich daarbij geen eigen oordeel over de energieprestatie van de woonruimte, indien de eigenaar een voor die woonruimte, overeenkomstig de op grond van artikel 120 van de Woningwet gegeven regels omtrent de energieprestatie van gebouwen, afgegeven energieprestatiecertificaat aan de huurder heeft verstrekt. Indien sprake is van een voorstel tot verhoging van de huurprijs als bedoeld in artikel 7: 252a, eerste lid, van het Burgerlijk Wetboek, toetst de huurcommissie, voor zover het huishoudinkomen in het peiljaar voorwerp van geschil is tussen partijen, tevens of dat huishoudinkomen lager is dan of gelijk is aan het in artikel 10, tweede lid, bedoelde bedrag, dan wel hoger is dan dat bedrag.

6. De huurcommissie beoordeelt de kwaliteit van de woonruimte en de redelijkheid van de wijziging van de huurprijs naar de toestand, met uitzondering van de bepaling van de hoogte van het huishoudinkomen, op het tijdstip van de in het voorstel tot verhoging van de huurprijs genoemde ingangsdatum.

§ 4

Verlaging van de huurprijs

Art. 14

1. In geval van een verzoek als bedoeld in artikel 7:254 van het Burgerlijk Wetboek doet de huurcommissie uitspraak omtrent de redelijkheid van de huurprijsverlaging die staat vermeld in het daaraan ten grondslag liggende voorstel. De huurcommissie spreekt uit welke huurprijsverlaging zij redelijk acht, in welk geval zij tevens aangeeft tot welke huurprijs die huurprijsverlaging leidt, dan wel dat zij een huurprijsverlaging niet redelijk acht.

Huurprijs, verlaging

2. Indien sprake is van een voorstel tot verlaging van de huurprijs als bedoeld in artikel 7:252b, eerste lid, van het Burgerlijk Wetboek:

a. toetst de huurcommissie, voor zover het huishoudinkomen voorwerp van geschil is tussen partijen, of dat huishoudinkomen in het peiljaar:

1°. gelijk is aan of lager is dan het in artikel 14, derde lid, van de Wet op de huurtoeslag bedoelde bedrag, of

2°. gelijk is aan of lager is dan het in artikel 10, tweede lid, bedoelde bedrag,

b. is de huurprijs na een daling van het huishoudinkomen als bedoeld in artikel 7:252b, eerste lid, van het Burgerlijk Wetboek niet hoger dan de huurprijs die zou hebben gegolden, indien die over het tijdvak dat loopt van het tijdstip van het doen van het voorstel, bedoeld in de aanhef van dat artikellid, tot het tijdstip dat twee jaar daaraan voorafgaat, mede gebaseerd was geweest op het lagere huishoudinkomen en het daarmee corresponderende lagere maximale huurverhogingspercentage, en

c. is de huurprijs na een daling van het huishoudinkomen als bedoeld in artikel 7:252b, eerste lid, aanhef en onder 1°, van het Burgerlijk Wetboek voorts niet hoger dan het krachtens artikel 3, tweede lid, vastgestelde bedrag.

3. Artikel 13, tweede, vierde, vijfde, eerste en tweede volzin, en zesde lid, is van overeenkomstige toepassing.

Schakelbepaling

Art. 14a

Huurcommissie, uitspraak over huurprijsverlaging (art. 54a Woningwet)

In geval van een verzoek als bedoeld in artikel 54a, zesde lid, van de Woningwet spreekt de huurcommissie uit tot welke huurprijs toepassing van artikel 54a, eerste lid, van de Woningwet leidt en dat de verlaagde huurprijs ingaat op het tijdstip dat de verlaging blijkens het voorstel, bedoeld in artikel 54a, eerste lid, van de Woningwet had moeten ingaan of bij het ontbreken van een dergelijk voorstel op de eerste dag van de tweede kalendermaand na de datum van indiening van het verzoek.

B30 art. 15

Uitvoeringswet huurprijzen woonruimte

§ 5

Verhoging van de huurprijs na de totstandkoming van voorzieningen, veranderingen of toevoegingen

Art. 15

Huurprijs, wijziging na totstandkoming voorzieningen/veranderingen/toevoegingen

1. In geval van een verzoek als bedoeld in artikel 7:255 van het Burgerlijk Wetboek doet de huurcommissie uitspraak omtrent de huurprijswijziging die zij redelijk acht. De huurcommissie vermeldt in de uitspraak dat de overeengekomen huurprijs redelijk is dan wel welke de huurprijs is die zij redelijk acht, alsmede de datum van ingang van de huurprijswijziging, zijnde de eerste dag van de maand, volgend op die waarin de voorzieningen, veranderingen of verbeteringen zijn gereedgekomen.

2. De huurcommissie toetst of het bedrag van de verhoging van de huurprijs in redelijke verhouding staat tot de door de verhuurder gemaakte kosten met betrekking tot de voorzieningen, veranderingen of toevoegingen. De artikelen 10, eerste lid, en 13, vierde lid, zijn van overeenkomstige toepassing.

Art. 15a

Huurcommissie, uitspraak over redelijke huurprijswijziging (art. 7:255a BW)

In geval van een verzoek als bedoeld in artikel 7:255a, derde lid, van het Burgerlijk Wetboek doet de huurcommissie uitspraak omtrent de huurprijswijziging die zij redelijk acht. Artikel 15, eerste lid, tweede volzin, en tweede lid, eerste volzin, is van overeenkomstige toepassing.

§ 6

De in rekening te brengen huurprijs bij vermindering van het woongenot als gevolg van een gebrek

Art. 16

Huurprijs, in rekening te brengen huurprijs bij vermindering woongenot door gebrek

1. In geval van een verzoek als bedoeld in artikel 7:257, tweede lid, van het Burgerlijk Wetboek doet de huurcommissie uitspraak of zij van oordeel is dat de overeengekomen huurprijs, in verband met de gebreken ten aanzien van de woonruimte, in rekening dient te worden gebracht. Indien de commissie van oordeel is dat die huurprijs, in verband met de gebreken, niet in rekening dient te worden gebracht, geeft zij deze gebreken in de uitspraak aan en vermeldt zij een in verhouding tot die gebreken lagere huurprijs als de in rekening te brengen huurprijs.

2. De huurcommissie neemt bij haar oordeel de krachtens artikel 12, tweede lid, vastgestelde regels in acht, met dien verstande dat de huurcommissie zich slechts een eigen oordeel over de gebreken vormt, voorzover deze aan de verhuurder door middel van de in artikel 7:207 van het Burgerlijk Wetboek bedoelde kennisgeving door de huurder zijn gemeld, alsmede over de gebreken die van zodanige aard of samenhang zijn dat ze ook zonder aanzegging aan de verhuurder bekend moesten zijn, zulks naar de toestand op het tijdstip waarop de bedoelde kennisgeving door de huurder is verzonden.

3. De huurcommissie vermeldt in de uitspraak de datum van ingang van de in rekening te brengen lagere huurprijs, zijnde de eerste dag van de maand, volgend op die waarin de in het tweede lid bedoelde aanzegging door de huurder aan de verhuurder is verzonden.

Schakelbepaling

4. Artikel 12, vierde en vijfde lid, is van overeenkomstige toepassing.

§ 7

De huurprijs en het voorschotbedrag aan kosten voor nutsvoorzieningen met een individuele meter en servicekosten indien tussen partijen slechts een prijs en niet een huurprijs is overeengekomen

Art. 17

Huurprijs, redelijkheid

1. In geval van een verzoek als bedoeld in artikel 7:258 van het Burgerlijk Wetboek oordeelt de huurcommissie dat de voorgestelde huurprijs redelijk is als deze niet lager dan 55% van de overeengekomen prijs en het voorgestelde voorschotbedrag voor de kosten voor nutsvoorzieningen en servicekosten niet lager dan 25% van de overeengekomen prijs is. Indien de huurcommissie van oordeel is dat de voorgestelde huurprijs niet redelijk is, stelt zij deze vast op 55% van de overeengekomen prijs en, voor zover nodig, het voorgestelde voorschotbedrag op 25% van de overeengekomen prijs.

2. Indien de huurcommissie van oordeel is dat niet een huurprijs is overeengekomen, vermeldt zij in haar uitspraak dat de door haar uitgesproken huurprijs en het voorschotbedrag voor de servicekosten in de plaats treden van de overeengekomen prijs met ingang van de eerste dag van de maand, volgend op die waarin het verzoek is ontvangen.

Art. 17a

Huurprijs, ambtshalve vaststelling

1. Ingeval bij een verzoek als bedoeld in artikel 7:249, 7:253, 7:254, 7:255, 7:257, tweede lid, 7:260 of 7:261, derde lid, van het Burgerlijk Wetboek, blijkt dat de huurovereenkomst meer omvat dan het enkele gebruik van de woonruimte en bij die overeenkomst slechts de hoogte van de prijs en niet die van de huurprijs is vastgesteld, kan de huurcommissie, voordat een uitspraak wordt gegeven, ambtshalve de huurprijs vaststellen op 55% van de overeengekomen prijs en, voor zover nodig, het voorschotbedrag voor de kosten voor nutsvoorzieningen met een individuele meter en servicekosten op 25% van de overeengekomen prijs.

2. Artikel 17, tweede lid, is van overeenkomstige toepassing.

§ 8

De betalingsverplichting met betrekking tot de kosten voor nutsvoorzieningen met een individuele meter en servicekosten

Art. 18

1. In geval van een verzoek als bedoeld in artikel 7:260 van het Burgerlijk Wetboek doet de huurcommissie uitspraak omtrent de betalingsverplichting van de huurder met betrekking tot de servicekosten.

Servicekosten, betalingsverplichting huurder

2. De huurcommissie toetst de kosten voor nutsvoorzieningen met een individuele meter aan de voor de berekening daarvan geldende wettelijke voorschriften en aan de redelijkheid.

3. Indien de verhuurder gebruik heeft gemaakt van het formulier, genoemd in artikel 7:260, derde lid, van het Burgerlijk Wetboek, toetst de huurcommissie de servicekosten aan de voor de berekening daarvan geldende wettelijke voorschriften en aan de redelijkheid.

4. Indien de verhuurder geen gebruik heeft gemaakt van het formulier, bedoeld in artikel 7:260, derde lid, van het Burgerlijk Wetboek, dan wel indien dat formulier onvolledig is ingevuld, stelt de huurcommissie de servicekosten vast op een bij ministeriële regeling vastgesteld bedrag of indien de zaak of dienst door de verhuurder niet is geleverd op € 0.

§ 9

Het voorschotbedrag van de kosten voor nutsvoorzieningen met een individuele meter

Art. 19

1. In geval van een verzoek als bedoeld in artikel 7:261 van het Burgerlijk Wetboek doet de huurcommissie uitspraak omtrent de redelijkheid van het voorschotbedrag voor de kosten voor nutsvoorzieningen met een individuele meter.

Kosten nutsvoorziening, voorschotbedrag

2. De huurcommissie beoordeelt of het voorschotbedrag voor de kosten voor nutsvoorzieningen met een individuele meter, indien nodig herleid tot een bedrag per jaar, in aanzienlijke mate afwijkt van hetgeen in redelijke verhouding staat tot de in het desbetreffende jaar te verwachten kosten voor nutsvoorzieningen met een individuele meter. Indien de huurcommissie van oordeel is dat daarvan sprake is, spreekt zij uit welk voorschotbedrag van de kosten voor nutsvoorzieningen met een individuele meter in redelijke verhouding staat tot de te verwachten kosten voor nutsvoorzieningen met een individuele meter.

3. De in het tweede lid bedoelde te verwachten kosten voor nutsvoorzieningen met een individuele meter worden gesteld op het bedrag van de kosten voor nutsvoorzieningen met een individuele meter, opgenomen in het laatstelijk in de drie voorafgaande kalenderjaren door de verhuurder verstrekte verrekenoverzicht inzake de desbetreffende of soortgelijke serviceposten, verhoogd met het percentage waarmee de consumentenprijsindex voor werknemersgezinnen sedertdien is verhoogd. Indien geen verrekenoverzicht in de in de eerste volzin bedoelde periode is verstrekt, worden bedoelde kosten gesteld op de daarvoor als gebruikelijk aan te merken kosten.

4. De huurcommissie vermeldt in haar uitspraak dat het door haar uitgesproken voorschotbedrag in de plaats treedt van het overeengekomen voorschotbedrag met ingang van de eerste dag van de maand, volgend op die waarin het verzoek is ontvangen.

§ 9a

De energieprestatievergoeding

Art. 19bis

1. In geval van een verzoek als bedoeld in artikel 7:261a van het Burgerlijk Wetboek doet de huurcommissie uitspraak omtrent de redelijkheid van de betalingsverplichting van de huurder ter zake van de energieprestatievergoeding. De huurcommissie toetst daarbij aan de in de leden 2 en 3 bedoelde regels.

Energieprestatievergoeding

2. De energieprestatievergoeding is gebaseerd op een door de verhuurder gegarandeerde minimale productie van duurzaam opgewekte finale energie op basis van een gegarandeerde maximale netto warmtevraag en bedraagt ten hoogste een bij of krachtens algemene maatregel van bestuur vastgesteld bedrag.

3. Bij of krachtens algemene maatregel van bestuur kunnen nadere regels worden gegeven met betrekking tot de gevallen waarin en de voorwaarden waaronder de energieprestatievergoeding kan worden overeengekomen.

B30 art. 19a

§ 10

Geschillen die voortvloeien uit de Wet op het overleg huurders verhuurder

Art. 19a

Huurcommissie, schending van verplichting door verhuurder

1. Indien de huurcommissie constateert dat sprake is van een schending door de verhuurder van een verplichting die voortvloeit uit de Wet op het overleg huurders verhuurder waardoor de verzoeker is benadeeld, kan zij bepalen dat, voor zover het geschil betrekking heeft op voorgenomen beleid van een verhuurder als bedoeld in artikel 1, eerste lid, onderdeel d, van de Wet op het overleg huurders verhuurder, de uitvoering van dat beleid wordt opgeschort totdat het verzuim is hersteld.

2. Indien de huurcommissie wordt verzocht te bepalen dat een genomen besluit van een verhuurder als bedoeld in artikel 1, eerste lid, onderdeel d, van de Wet op het overleg huurders verhuurder, tot wijziging van zijn beleid niet mag worden uitgevoerd, kan de huurcommissie bepalen dat een zodanig besluit niet mag worden uitgevoerd, indien:

a. dat besluit afwijkt van een advies als bedoeld in artikel 5, eerste lid, van die wet, en

b. die verhuurder de beslissing tot afwijking van dat advies niet heeft onderbouwd, of hij naar het oordeel van de huurcommissie onder afweging van de betrokken belangen niet in redelijkheid tot afwijking van dat advies had kunnen komen.

3. De huurcommissie doet in geval van een geschil over de hoogte van de vergoeding, bedoeld in artikel 7, eerste lid, van de Wet op het overleg huurders verhuurder, uitspraak over de redelijkheid van de vergoeding. De huurcommissie spreekt uit welke vergoeding zij redelijk acht.

§ 11

Geschillen die voortvloeien uit klachten

Art. 19aa

Gegegrondheid klacht gedraging verhuurder

Indien de huurcommissie constateert dat de klacht, bedoeld in artikel 4, vijfde lid, betrekking heeft op een gedraging van de verhuurder als bedoeld in dat artikellid waardoor de huurder is benadeeld, kan zij uitspreken dat de klacht gegrond is.

Hoofdstuk IIIa Bescherming van persoonsgegevens

Art. 19b

Huurcommissie, bescherming persoonsgegevens

1. De verhuurder vraagt en gebruikt de gegevens, die overeenkomstig artikel 7: 252a, vierde tot en met zesde lid, van het Burgerlijk Wetboek worden verstrekt, uitsluitend voor het doen van een voorstel tot verhoging van de huurprijs als bedoeld in het eerste lid van dat artikel.

2. De betrokken gegevens, bedoeld in het eerste lid, worden bewaard totdat op het betrokken voorstel, bedoeld in artikel 7:252a, eerste lid, van het Burgerlijk Wetboek, onherroepelijk is beslist of de voorgestelde verhoging van de huurprijs geacht wordt te zijn overeengekomen.

3. De verhuurder voert ten behoeve van een getrouwe weergave van de uitvoering en een effectief uitvoeringsproces een zodanige administratie dat de juiste, volledige en tijdige vastlegging is gewaarborgd van de gegevens met betrekking tot het huishoudinkomen die verband houden met de toepassing van artikel 7: 252a, vierde tot en met zesde lid, van het Burgerlijk Wetboek.

4. Een ieder die kennis neemt van de gegevens, die overeenkomstig artikel 7: 252a, vierde tot en met zesde lid, van het Burgerlijk Wetboek worden verstrekt, is verplicht tot geheimhouding van die gegevens, behoudens voor zover enig wettelijk voorschrift hem tot mededeling verplicht of uit zijn taak de noodzaak tot mededeling voortvloeit.

5. Indien de verhuurder in strijd handelt met het eerste, tweede, derde of vierde lid kan de inspecteur, bedoeld in artikel 7:252a, tweede lid, onderdeel e, van het Burgerlijk Wetboek, het afgeven van de huishoudverklaring, bedoeld in het tweede lid, onderdeel c, van dat artikel, weigeren.

Art. 19c

Overzicht gegevens verhuurder

De rijksbelastingdienst verstrekt jaarlijks aan het bestuur een overzicht van, indien sprake is van een verhuurder die krachtens eigendom, bezit of beperkt recht het genot heeft van meer dan 50 huurwoningen, de naam-, adres- en woonplaatsgegevens en de gegevens over het aantal huurwoningen van de verhuurders die op grond van artikel 1.9 van de Wet maatregelen woningmarkt 2014 II over het kalenderjaar voorafgaande aan het bijdragejaar in de verhuurderheffing zijn betrokken ten behoeve van de heffing en de inning van de verhuurderbijdrage. Hierbij wordt uitgegaan van de gegevens van de verhuurderheffing zoals die uiterlijk op 30 juni van het bijdragejaar luiden alsmede de aanvullingen en correcties die uiterlijk op die datum hebben plaatsgevonden.

Art. 19d

Heffen en innen verhuurderbijdrage

1. Het bestuur vraagt en gebruikt de gegevens, bedoeld in artikel 19c, uitsluitend voor het heffen en het innen van de verhuurderbijdrage.

2. De betrokken gegevens, bedoeld in het eerste lid, worden bewaard totdat de verhuurderbijdrage onherroepelijk is geworden.

3. Het bestuur voert ten behoeve van een getrouwe weergave van de uitvoering en een effectief uitvoeringsproces een zodanige administratie dat de juiste, volledige en tijdige vastlegging is gewaarborgd van de gegevens met betrekking tot de bijdrage.

Hoofdstuk IV Voorzittersuitspraken

Art. 20

1.

Huurcommissie, uitspraak voorzitter

a. De voorzitter doet onverwijld, in ieder geval binnen vier weken na het verstrijken van de in artikel 7, vierde lid, genoemde termijn, dan wel, indien de in dat artikellid bedoelde oproep niet behoeft te worden gedaan, na het tijdstip waarop de aldaar bedoelde vergoeding van de verzoeker is ontvangen, of binnen vier weken na het voorbereidend onderzoek, bedoeld in artikel 28, schriftelijk en met redenen omkleed uitspraak, indien:

1°. het verzoek kennelijk niet-ontvankelijk is,

2°. het verzoek kennelijk redelijk of niet redelijk is,

3°. het voorstel dat ten grondslag ligt aan het verzoek, kennelijk redelijk of niet redelijk is,

4°. de aan het verzoek ten grondslag liggende bezwaren kennelijk gegrond of ongegrond zijn of

5°. de bezwaren tegen het aan het verzoek ten grondslag liggende voorstel kennelijk ongegrond zijn.

b. Onverminderd onderdeel a doet de voorzitter binnen vier maanden na het verstrijken van de in artikel 7, vierde lid, genoemde termijn, dan wel, indien de in dat artikellid bedoelde oproep niet behoeft te worden gedaan, na het tijdstip waarop de aldaar bedoelde vergoeding van de verzoeker is ontvangen of binnen vier maanden na het voorbereidend onderzoek, bedoeld in artikel 28, desverzocht tevens schriftelijk en met redenen omkleed uitspraak indien in de huurovereenkomst of anderszins tussen partijen is afgesproken dat de desbetreffende aangelegenheden bij geschil aan de voorzitter kunnen worden voorgelegd.

2. Van een kennelijk redelijk verzoek is in ieder geval sprake in het geval, bedoeld in artikel 7:253, vijfde lid, van het Burgerlijk Wetboek, tenzij:

a. de huurcommissie in een eerdere uitspraak heeft uitgesproken dat op grond van artikel 7:257 van het Burgerlijk Wetboek een lagere huurprijs redelijk is en de in die uitspraak genoemde gebreken nog niet zijn verholpen;

b. het percentage van de in het voorstel opgenomen huurverhoging het in artikel 10, tweede lid, bedoelde maximale huurverhogingspercentage te boven gaat, in welk geval het verzoek slechts kennelijk redelijk is, voorzover het dat percentage niet overschrijdt.

3. De voorzitter vermeldt in voorkomende gevallen in de uitspraak, bedoeld in het eerste lid, onderdeel a, tot welke huurprijs zijn uitspraak leidt, alsmede de datum van ingang. Hetgeen in deze wet is bepaald met betrekking tot een uitspraak van de huurcommissie is van overeenkomstige toepassing op de uitspraak van de voorzitter, bedoeld in het eerste lid, onderdeel b.

4. Artikel 7 dan wel, voor geschillen als bedoeld in artikel 4a, artikel 7a is van overeenkomstige toepassing, met dien verstande dat voor door de huurcommissie doen van een uitspraak op het verzet, bedoeld in het zesde en zevende lid, niet opnieuw de in artikel 7 onderscheidenlijk artikel 7a bedoelde vergoeding aan de Staat verschuldigd is.

Schakelbepaling

5. Het bestuur zendt onverwijld een afschrift van de voorzittersuitspraak aan partijen.

6. Tegen de uitspraak, bedoeld in het eerste lid, kan de huurder, verhuurder, huurdersorganisatie of bewonerscommissie binnen drie weken na verzending van het afschrift van die uitspraak schriftelijk en gemotiveerd in verzet gaan bij de huurcommissie. De voorzitter wijst in zijn uitspraak partijen op deze mogelijkheid, alsook op de vorm en de termijn die daarbij in acht genomen moeten worden.

7. Is de huurcommissie van oordeel dat het verzet, bedoeld in het zesde lid, gegrond is, dan vervalt de uitspraak, bedoeld in het eerste lid, en wordt het aan de in het eerste lid bedoelde uitspraak ten grondslag liggende verzoek overeenkomstig hoofdstuk III door de huurcommissie in behandeling genomen.

8. Indien geen van de in het zesde lid genoemde partijen binnen de in dat lid genoemde termijn in verzet is gegaan, is hetgeen in artikel 7:262 van het Burgerlijk Wetboek dan wel artikel 8a van de Wet op het overleg huurders verhuurder is bepaald met betrekking tot een uitspraak van de huurcommissie, van overeenkomstige toepassing op de uitspraak van de voorzitter.

Hoofdstuk V Werkwijze van de huurcommissie

§ 1 *Algemene bepalingen*

Art. 21

Huurcommissie, vorming zittingscommissies

1. Het bestuur vormt voor de behandeling van zaken ter zitting bij bestuursreglement als bedoeld in artikel 3f zittingscommissies.

2. De zittingscommissie houdt zitting in het arrondissement waarbinnen de woonruimte waarop het geschil betrekking heeft, is gelegen. Indien daartoe aanleiding bestaat kan het bestuur bepalen dat de zittingscommissie zitting houdt in een ander arrondissement dat binnen een redelijke afstand van die woonruimte ligt, waarbij een goede balans tussen enerzijds de laagdrempeligheid van de huurcommissie en anderzijds een efficiënte werkwijze wordt bevorderd.

3. Het bestuur wijst bij bestuursreglement als bedoeld in artikel 3f ten minste drie zittingslocaties als bedoeld in artikel 3f, tweede lid, aan waar een zittingscommissie geschillen als bedoeld in artikel 4a kan behandelen.

Art. 22

Huurcommissie, samenstelling zittingscommissies

1. De zittingscommissie houdt zitting en beraadslaagt met een zittingsvoorzitter en twee zittingsleden, waarvan een zittingslid afkomstig is uit de kring van huurders en een zittingslid afkomstig is uit de kring van verhuurders.

2. De voorzitter kan optreden als zittingsvoorzitter.

3. In afwijking van het eerste lid kunnen personen die niet uit de kring van huurders onderscheidenlijk de kring van verhuurders voortkomen, zittingslid zijn van een zittingscommissie die geschillen behandelt als bedoeld in artikel 4a. Artikel 3d, derde lid, is van overeenkomstige toepassing.

Art. 23-27

[Vervallen]

§ 2 *De voorbereiding van de zitting*

Art. 28

Huurcommissie, voorbereidend onderzoek

1. Alvorens een voorbereidend onderzoek in te stellen of een uitspraak te doen als bedoeld in artikel 4, tweede, derde of vijfde lid, of artikel 4a, wordt de partij die niet de verzoeker is, door het bestuur in kennis gesteld van de inhoud van het verzoek. Alvorens een uitspraak te doen als bedoeld in artikel 4, tweede, derde of vijfde lid, artikel 4a of artikel 5, eerste lid, wordt een voorbereidend onderzoek ingesteld. Een zodanig onderzoek blijft achterwege indien de beschikbare stukken naar het oordeel van de voorzitter voldoende zijn ter voorbereiding van de besluitvorming.

2. Het voorbereidend onderzoek wordt ingesteld door het bestuur. In bijzondere gevallen kan de zittingsvoorzitter het onderzoek instellen.

3. Van het voorbereidend onderzoek wordt een schriftelijk rapport opgemaakt.

4. In de gevallen waarin de voorzitter geen uitspraak als bedoeld in artikel 20, eerste lid, doet, bepaalt het bestuur de dag en het uur, waarop het verzoek ter zitting van een zittingscommissie zal worden behandeld, zodra het voorbereidend onderzoek naar het oordeel van de voorzitter voltooid is, of, indien dit onderzoek ingevolge het eerste lid niet wordt ingesteld, reeds aanstonds.

5. Het bestuur legt de op de zaak betrekking hebbende stukken tot de dag van de zitting ter inzage voor partijen of hun schriftelijk gemachtigden.

6. Het bestuur geeft partijen van de gegevens omtrent de zitting onverwijld, doch ten minste twee weken voor de dag van de behandeling van het verzoek ter zitting, kennis. De kennisgeving gaat vergezeld van een afschrift van het in het derde lid bedoelde rapport of bevat de mededeling dat ter zake geen voorbereidend onderzoek nodig is geacht, zulks onder vermelding van de redenen die tot dat oordeel hebben geleid. De kennisgeving bevat voorts de mededeling dat de stukken overeenkomstig het vijfde lid ter inzage liggen.

Art. 29

Huurcommissie, behandeling gelijkluidende verzoeken

De voorzitter is bevoegd verzoeken welke gelijkluidend dan wel nagenoeg gelijkluidend zijn gevoegd door de huurcommissie te laten behandelen.

Art. 30

Huurcommissie, meerdere verzoeken omtrent dezelfde woonruimte

1. Indien door een partij omtrent dezelfde woonruimte gelijktijdig meerdere verzoeken zijn ingediend, worden deze gevoegd behandeld.

2. Indien omtrent dezelfde woonruimte een verzoek als bedoeld in artikel 7:257 van het Burgerlijk Wetboek en een verzoek als bedoeld in artikel 7:253 van dat wetboek bij de huurcommissie zijn ingediend, beslist de huurcommissie op het eerstgenoemde verzoek alvorens op het andere verzoek te beslissen, tenzij de indiening van het eerstgenoemde verzoek heeft plaatsgevonden na het tijdstip waarop volgens het andere verzoek de wijziging van de huurprijs dient in te gaan.

Art. 31

1. Voor de aanvang van de behandeling van het verzoek ter zitting kunnen de zittingsvoorzitter en elk van de aan de zitting deelnemende zittingsleden door een van de partijen worden gewraakt op grond van feiten of omstandigheden, die het vormen van een onpartijdig oordeel zouden kunnen bemoeilijken.

Huurcommissie, feiten/omstandigheden die onpartijdig oordeel bemoeilijken

2. Op grond van zodanige feiten of omstandigheden kan de zittingsvoorzitter, alsmede elk van de aan de zitting deelnemende zittingsleden, zich verschonen.

3. De zittingsvoorzitter en de aan de zitting deelnemende zittingsleden, uitgezonderd de persoon ten aanzien van wie ingevolge het eerste of tweede lid wraking, onderscheidenlijk verschoning, wordt gevraagd, beslissen zo spoedig mogelijk of de wraking, onderscheidenlijk de verschoning, wordt toegestaan. In geval van staking van stemmen is het verzoek tot wraking of verschoning toegestaan. De behandeling van de zaak kan in dat geval tot een door de zittingsvoorzitter te bepalen dag en uur worden aangehouden.

§ 3
De zitting

Art. 32

1. De zittingen van een zittingscommissie zijn openbaar.

Huurcommissie, openbaarheid zittingen

2. In het belang van de openbare orde of op verzoek van een van de partijen, indien haar belangen dit eisen, kan de zittingscommissie besluiten dat de zitting met gesloten deuren zal worden gehouden.

3. De beraadslaging en de beslissing over een verzoek als bedoeld in het tweede lid en artikel 31, derde lid, geschiedt buiten aanwezigheid van partijen of derden.

Art. 33

[Vervallen]

Art. 34

1. De zittingsvoorzitter heeft de leiding van de zitting.

Huurcommissie, behandeling verzoek ter zitting

2. De zittingsvoorzitter en de aan de zitting deelnemende zittingsleden van de zittingscommissie maken zich voor de aanvang van de behandeling van het verzoek bekend en ondervragen vervolgens partijen of hun gemachtigden alsmede door partijen voor de aanvang van de zitting aan de zittingsvoorzitter opgegeven getuigen en deskundigen.

3. Partijen worden daarbij in de gelegenheid gesteld door tussenkomst van de zittingsvoorzitter ter zake dienende vragen tot elkaar te richten.

4. Voordat de behandeling ter zitting wordt gesloten, heeft ieder van de partijen het recht het woord te voeren.

5. Zodra de behandeling ter zitting gesloten is, deelt de zittingsvoorzitter mede wanneer uitspraak zal worden gedaan.

6. Indien een nader onderzoek noodzakelijk blijkt of indien een onderzoek alsnog wenselijk wordt geacht, kan de zittingsvoorzitter tot het instellen daarvan besluiten. In dat geval zijn de verdere bepalingen over het voorbereidend onderzoek van overeenkomstige toepassing.

7. Een zittingscommissie beraadslaagt buiten aanwezigheid van partijen of derden, beslist daarbij bij meerderheid van stemmen en baseert haar uitspraken uitsluitend op hetgeen ter zitting is besproken en op de stukken die overeenkomstig artikel 28, vijfde lid, ter inzage zijn gelegd.

Art. 35

Indien een machtiging als bedoeld in artikel 2:1, tweede lid, van de Algemene wet bestuursrecht ontbreekt, kan een zittingscommissie de zaak aanhouden totdat de betrokken partij in de gelegenheid is geweest op de juiste wijze in zijn vertegenwoordiging te voorzien.

Huurcommissie, aanhouding zaak

Art. 36

Bij de zittingen is een ambtenaar van de administratieve ondersteuning van de huurcommissie aanwezig. Hij houdt aantekening van al hetgeen daar wordt behandeld met vermelding van de zakelijke inhoud van de verklaringen van de door de zittingscommissie gehoorde personen.

Huurcommissie, aanwezigheid ambtenaar ter zitting

B30 art. 37 — Uitvoeringswet huurprijzen woonruimte

§ 4
De uitspraak en verdere bepalingen

Art. 37

Huurcommissie, uitspraak

1. De huurcommissie doet binnen vier maanden na het verstrijken van de in artikel 7, vierde lid, genoemde termijn, dan wel, indien de in dat artikellid bedoelde oproep niet behoeft te worden gedaan, na het tijdstip waarop de aldaar bedoelde vergoeding van de verzoeker is ontvangen, schriftelijk en met redenen omkleed uitspraak. In geval van een geschil als bedoeld in artikel 4a doet de huurcommissie uitspraak binnen acht weken na het verstrijken van de in artikel 7, vierde lid, genoemde termijn. In afwijking van de eerste en tweede volzin doet de huurcommissie in het geval dat de in de eerste, dan wel, tweede volzin genoemde termijn niet kan worden gehaald, uitspraak binnen een door de huurcommissie aan te geven langere termijn, mits zij aan beide partijen daarvan voor het verstrijken van de in de eerste, dan wel, tweede volzin genoemde termijn schriftelijk en met redenen omkleed heeft kennisgegeven.

2. De uitspraken van de huurcommissie vermelden de namen van degenen die aan de behandeling van de zaak ter zitting hebben deelgenomen. Zij worden door de desbetreffende zittingsvoorzitter ondertekend.

3. Het bestuur zendt onverwijld een afschrift van de uitspraak van de huurcommissie aan partijen.

4. De huurcommissie wijst in haar uitspraak partijen op de in artikel 7:262 van het Burgerlijk Wetboek bedoelde mogelijkheid zich tot de rechter te wenden, alsook op de vorm en de termijn die daarbij in acht moeten worden genomen.

5. Indien in de uitspraak wordt vastgesteld dat een woonruimte een of meer gebreken vertoont die het woongenot ernstig schaden zendt het bestuur bovendien afschrift aan de inspecteur, bedoeld in artikel 1, eerste lid, van de Woningwet, en aan burgemeester en wethouders van de gemeente waarin de woonruimte is gelegen.

Art. 38

Huurcommissie, onpartijdigheid

De voorzitter, de plaatsvervangend voorzitter, de zittingsvoorzitters, de zittingsleden en de ambtenaren van de administratieve ondersteuning mogen zich, indien dit de onpartijdigheid in gevaar brengt, direct noch indirect in enig bijzonder onderhoud of gesprek inlaten met partijen of hun raadslieden, noch enige bijzondere onderrichting, memorie of geschriften aannemen over enige aangelegenheid, welke aanhangig is of waarvan zij weten of vermoeden, dat deze aanhangig zal worden bij de huurcommissie.

Art. 39

Huurcommissie, inzage en nemen afschrift boeken en andere zakelijke bescheiden van verhuurder

1. Het bestuur kan, voor zover dat redelijkerwijs voor de uitoefening van de taken van de huurcommissie, bedoeld in de artikelen 4, tweede tot en met vijfde lid, 4a en 5, en de taken van de voorzitter, bedoeld in artikel 6, eerste lid, nodig is, van de verhuurder inzage en het nemen van afschrift vorderen van boeken en andere zakelijke bescheiden.

2. De verhuurder is verplicht van hem krachtens het eerste lid gevorderde inzage en nemen van afschrift van boeken en andere zakelijke bescheiden te verlenen, een en ander op de wijze en binnen de termijn, door het bestuur te bepalen.

3. Het niet voldoen aan de in het tweede lid omschreven verplichting wordt gestraft met een geldboete van de tweede categorie. Het strafbare feit is een overtreding.

Art. 40

Huurcommissie, toegang woon- en bedrijfsruimten

1. De zittingsvoorzitter en de zittingsleden hebben toegang tot alle woon- en bedrijfsruimten, alsmede tot ruimte die als zodanig kan worden gebruikt, voorzover dat redelijkerwijs voor de uitoefening van hun taak nodig is. Zij kunnen zich bij het betreden door bepaalde, door hen aan te wijzen personen doen vergezellen. Zo nodig verschaffen zij zich de toegang met behulp van de sterke arm.

2. Dit artikel is niet van toepassing op geschillen als bedoeld in artikel 4a.

Art. 41

Huurcommissie, uitspraak huurcommissie

1. Wanneer de huurcommissie op een verzoek van de huurder of op een verzoek van de huurder of de verhuurder uitspraak heeft gedaan als bedoeld in artikel 4, vijfde lid, eerste zin, onderscheidenlijk artikel 4a, onderdeel e, worden de huurder en de verhuurder geacht te zijn overeengekomen wat in die uitspraak is vastgesteld, tenzij een van hen binnen acht weken nadat aan hen afschrift van die uitspraak is verzonden, een beslissing van de rechter heeft gevorderd over het punt waarover de huurcommissie om een uitspraak was verzocht.

2. Tegen een beslissing krachtens dit artikel is geen hogere voorziening toegelaten.

Art. 42-45

[Vervallen]

Hoofdstuk VI Overgangs- en slotbepalingen

Art. 46

Een voordracht voor een krachtens artikel 3, tweede lid, 7, eerste lid, 7a, eerste lid, 8, artikel 10, eerste of derde lid, of 12, tweede lid, vast te stellen algemene maatregel van bestuur wordt niet eerder gedaan dan vier weken nadat het ontwerp aan beide kamers der Staten-Generaal is overgelegd.

Overgangsbepalingen

Art. 47

Bij ministeriële regeling kunnen:

a. ter uitvoering van artikel 7:253 van het Burgerlijk Wetboek regels worden gegeven met betrekking tot de voorwaarden waaraan het in het tweede lid van dat artikel bedoelde schrijven van de verhuurder aan de huurder dient te voldoen, en

b. ter uitvoering van artikel 7:257 van het Burgerlijk Wetboek regels worden gegeven met betrekking tot de voorwaarden waaraan een kennisgeving van de huurder aan de verhuurder van een gebrek dient te voldoen.

Art. 48

[Vervallen]

Art. 49

De op het tijdstip van inwerkingtreding van deze wet bij een huurcommissie aanhangige verzoeken worden met toepassing van het vóór het tijdstip van inwerkingtreding van deze wet geldende recht behandeld door de huurcommissie.

Art. 50

De toepasselijkheid van de bepalingen van deze wet kan niet bij overeenkomst worden uitgesloten of beperkt.

Art. 51

In elke na het verstrijken van de termijn, bedoeld in artikel 7:260, tweede lid, van het Burgerlijk Wetboek, ingestelde rechtsvordering ter zake van de vergoedingen, bedoeld in het eerste lid van dat artikel, wordt een uitspraak van de huurcommissie dan wel beschikking van de rechter omtrent de betalingsverplichting van de huurder met betrekking tot deze vergoedingen overgelegd.

Art. 52

In elke rechtsvordering ter zake van hetgeen onverschuldigd mocht zijn betaald in verband met een overeenkomst als bedoeld in artikel 7:258 van het Burgerlijk Wetboek waarbij partijen slechts de hoogte van de prijs en niet die van de huurprijs zijn overeengekomen, wordt een uitspraak van de huurcommissie, als bedoeld in artikel 17, dan wel een beschikking van de rechter, als bedoeld in artikel 7:262 van het Burgerlijk Wetboek overgelegd.

Art. 53

Onze Minister zendt binnen drie jaar na inwerkingtreding van artikel 4a van de Uitvoeringswet huurprijzen woonruimte aan de Staten-Generaal een verslag over de doeltreffendheid en de effecten van de beslechting van de geschillen, bedoeld in artikel 4a, door de huurcommissie.

Art. 53a

Onverminderd artikel 53 zendt Onze Minister voor Wonen en Rijksdienst binnen vijf jaar na inwerkingtreding van deze wet aan de Staten-Generaal een verslag over de doeltreffendheid en de effecten van deze wet in de praktijk.

Evaluatiebepaling

Art. 53b-53d

[Vervallen]

Art. 54

1. De Huurprijzenwet woonruimte wordt ingetrokken.
2. De Wet op de huurcommissies wordt ingetrokken.

Uitschakelbepalingen

Art. 55

Indien het bij koninklijke boodschap van 2 juli 1998 ingediende voorstel van wet tot vaststelling van titel 7.4 (Huur) van het Burgerlijk Wetboek (kamerstukken II 1997/98, 26 089, nrs. 1–2), na tot wet te zijn verheven, in werking treedt, treedt deze wet op hetzelfde tijdstip in werking.

Inwerkingtreding

Art. 56

Deze wet wordt aangehaald als: Uitvoeringswet huurprijzen woonruimte.

Citeertitel

Wet op het consumentenkrediet^1

Wet van 4 juli 1990, houdende regels met betrekkking tot het consumentenkrediet

Wij Beatrix, bij de gratie Gods, Koningin der Nederlanden, Prinses van Oranje-Nassau, enz. enz. enz.

Allen, die deze zullen zien of horen lezen, saluut! doen te weten:

Alzo Wij in overweging genomen hebben, dat het wenselijk is nieuwe regels te geven met betrekking tot het consumentenkrediet, mede ter vervanging van de bepalingen van de Wet op het consumptief geldkrediet (*Stb.* 1972, 399) en de Wet op het afbetalingsstelsel 1961 (*Stb.* 1976, 515) en, in verband daarmee, de Colportagewet (*Stb.* 1973, 438) te wijzigen en voorts, dat de richtlijn (EEG) nr. 87/102 van de Raad van de Europese Gemeenschappen, van 22 december 1986, betreffende de harmonisatie van de wettelijke en bestuursrechtelijke bepalingen der Lid-Staten inzake het consumentenkrediet (*PbEG* L 42), noodzaakt tot het vaststellen van een aantal wettelijke bepalingen met betrekking tot het consumentenkrediet;

Zo is het, dat Wij, de Raad van State gehoord, en met gemeen overleg der Staten-Generaal, hebben goedgevonden en verstaan, gelijk Wij goedvinden en verstaan bij deze:

Hoofdstuk I

[Vervallen]

Afdeling 1

[Vervallen]

Art. 1

In deze wet en de daarop berustende bepalingen wordt verstaan onder:

a. krediettransactie: iedere overeenkomst en ieder samenstel van overeenkomsten met de strekking dat:

1°. door of vanwege de eerste partij (de kredietgever) aan de tweede partij (de kredietnemer) een geldsom ter beschikking wordt gesteld en de tweede partij aan de eerste partij een of meer betalingen doet,

2°. door of vanwege de eerste partij (de kredietgever) aan de tweede partij (de kredietnemer) het genot van een roerende zaak wordt verschaft of een bij algemene maatregel van bestuur aangewezen dienst wordt verleend en de tweede partij aan de eerste partij een of meer betalingen doet, of

3°. door of vanwege de eerste partij (de kredietgever) aan de tweede partij (de kredietnemer), dan wel ten behoeve van deze aan een derde partij (de leverancier) een geldsom ter beschikking wordt gesteld ter zake van het verschaffen van het genot van een roerende zaak of het verlenen van een bij algemene maatregel van bestuur aangewezen dienst aan de tweede partij, en de tweede partij aan de eerste partij of aan de derde partij een of meer betalingen doet;

b. [vervallen;]

c. [vervallen;]

d. [vervallen;]

e. [vervallen;]

f. [vervallen;]

g. [vervallen;]

h. [vervallen;]

i. [vervallen;]

j. [vervallen;]

k. [vervallen;]

l. [vervallen;]

m. [vervallen;]

n. gemeentelijke kredietbank: een instelling voor kredietverlening, opgericht door een of meer gemeenten.

---

1 Inwerkingtredingsdatum: 01-11-1990; zoals laatstelijk gewijzigd bij: Stb. 2018, 424.

Wet op het consumentenkrediet

B31 art. 1

Afdeling 2
[Vervallen]

Art. 2-4

[Vervallen]

Afdeling 3
[Vervallen]

Art. 5-8

[Vervallen]

Hoofdstuk II
[Vervallen]

Afdeling 1
[Vervallen]

Art. 9-19

[Vervallen]

Afdeling 2
[Vervallen]

Art. 20-22

[Vervallen]

Afdeling 3
[Vervallen]

Art. 23-25

[Vervallen]

Hoofdstuk III
[Vervallen]

Art. 26-29

[Vervallen]

Hoofdstuk IV
[Vervallen]

Afdeling 1
[Vervallen]

Art. 30-32

[Vervallen]

Afdeling 2
[Vervallen]

Art. 33

[Vervallen]

Afdeling 3
[Vervallen]

Art. 34-39

[Vervallen]

Afdeling 4
[Vervallen]

Art. 40-43

[Vervallen]

Afdeling 5
[Vervallen]

Art. 44-46

[Vervallen]

Hoofdstuk V
Schuldbemiddeling

Art. 47

Krediettransactie, schuldbemiddeling

1. Schuldbemiddeling is verboden.

2. Onder schuldbemiddeling wordt verstaan het in de uitoefening van een bedrijf of beroep, anders dan door het aangaan van een krediettransactie, verrichten van diensten, gericht op de totstandkoming van een regeling met betrekking tot de bestaande schuldenlast van een natuurlijke persoon, geheel of gedeeltelijk voortvloeiend uit een of meer krediettransacties.

Art. 48

Krediettransactie, uitzonderingen op verbod schuldbemiddeling

1. Het in artikel 47, eerste lid, bedoelde verbod is niet van toepassing op schuldbemiddeling:
a. om niet;
b. door gemeenten, gemeentelijke kredietbanken of instellingen, die zich in opdracht en voor rekening van gemeenten met schuldbemiddeling bezighouden;
c. door advocaten, curatoren en bewindvoerders ingevolge de Faillissementswet of ingevolge artikel 383, zevende lid, dan wel artikel 435, zevende lid, van Boek 1 van het Burgerlijk Wetboek, notarissen, deurwaarders, registeraccountants en accountants-administratieconsulenten;
d. door natuurlijke personen of rechtspersonen, dan wel categorieën daarvan, aan te wijzen bij algemene maatregel van bestuur.

Krediettransactie, certificaat en vergoeding schuldbemiddeling

2. Bij algemene maatregel van bestuur kan worden bepaald dat voor het verrichten van schuldbemiddeling als bedoeld in het eerste lid een certificaat is vereist en dat de vergoeding voor schuldbemiddeling voor ingevolge het eerste lid, onder *d*, aangewezen personen of categorieën van personen niet meer mag bedragen dan een daarbij te bepalen percentage van het bedrag van de schulden, voor zover daaromtrent een regeling is tot stand gekomen, dat de vergoeding niet meer mag bedragen dan de kosten van de bemiddeling, alsmede dat geen vergoeding mag worden bedongen, in rekening gebracht of aanvaard indien geen regeling is tot stand gekomen. Deze regels kunnen verschillen naar gelang van de aangewezen personen of categorieën van personen, waarop zij betrekking hebben.

3. Nietig is een overeenkomst, voor zover daarbij wordt afgeweken van het bij of krachtens het tweede lid bepaalde.

Art. 48a

Krediettransactie, toezicht

Met het toezicht op de naleving van het bij of krachtens dit hoofdstuk bepaalde zijn belast de bij ministeriële regeling aangewezen personen.

Hoofdstuk VI
[Vervallen]

Art. 49

[Vervallen]

Hoofdstuk VII

Art. 50-56

[Vervallen]

Hoofdstuk VIII
[Vervallen]

Art. 57-63

[Vervallen]

Hoofdstuk IX
[Vervallen]

Art. 64-68

[Vervallen]

Hoofdstuk X
[Vervallen]

Art. 69-78

[Vervallen]

Wet op het algemeen verbindend en het onverbindend verklaren van bepalingen van collectieve arbeidsovereenkomsten^1

Wet van 25 mei 1937, tot het algemeen verbindend en het onverbindend verklaren van bepalingen van collectieve arbeidsovereenkomsten

Wij WILHELMINA, bij de gratie Gods, Koningin der Nederlanden, Prinses van Oranje-Nassau, enz., enz., enz.

Allen, die deze zullen zien of hooren lezen, salut! doen te weten:

Alzoo Wij in overweging genomen hebben, dat het wenschelijk is regelen vast te stellen betreffende het algemeen verbindend en het onverbindend verklaren van bepalingen van collectieve arbeidsovereenkomsten;

Zoo is het, dat Wij, den Raad van State gehoord, en met gemeen overleg der Staten-Generaal, hebben goedgevonden en verstaan, gelijk Wij goedvinden en verstaan bij deze:

Art. 1

Begripsbepalingen

Deze wet verstaat onder:

a. "Onze Minister": Onze Minister van Sociale Zaken;

b. "verbindendverklaring": de in artikel 2 bedoelde algemeen verbindendverklaring;

c. "verbindend verklaarde bepalingen": bepalingen eener collectieve arbeidsovereenkomst, welke ingevolge artikel 2 algemeen verbindend zijn verklaard.

Art. 2

Cao, verbindendverklaring

1. Onze Minister kan bepalingen van eene collectieve arbeidsovereenkomst, die in het geheele land of in een gedeelte des lands voor eene - naar zijn oordeel belangrijke - meerderheid van de in een bedrijf werkzame personen gelden, in het geheele land of in dat gedeelte des lands algemeen verbindend verklaren. Deze bepalingen zijn dan, behalve in de gevallen door Onzen Minister uitgezonderd, binnen dat gebied verbindend voor alle werkgevers en werknemers ten aanzien van arbeidsovereenkomsten, die naar den aard van den arbeid, waarop zij betrekking hebben, onder de collectieve arbeidsovereenkomst vallen of zouden vallen, hetzij deze arbeidsovereenkomsten op het tijdstip, waarop de werking der verbindendverklaring aanvangt, reeds gesloten zijn, hetzij zij daarna gesloten worden.

2. De verbindendverklaring geschiedt, behoudens voor commissies als bedoeld in artikel 671a, tweede lid, van Boek 7 van het Burgerlijk Wetboek en fondsen, die uit hun aard een meer permanent karakter dragen en ten aanzien waarvan een langer tijdvak kan gelden, voor een tijdvak van ten hoogste twee jaren behoudens verlenging. Het tijdstip, waarop de werking der verbindendverklaring eindigt, kan daarbij niet later worden gesteld dan het vroegste tijdstip, waarop de collectieve arbeidsovereenkomst, hetzij ingevolge het bij die overeenkomst bepaalde, hetzij ingevolge artikel 19 der Wet op de collectieve arbeidsovereenkomst zou kunnen eindigen.

3. Verbindendverklaring heeft geen terugwerkende kracht.

4. Indien de verbindend verklaarde bepalingen aannemingen van werk en overeenkomsten van opdracht betreffen, vindt hetgeen in deze wet omtrent arbeidsovereenkomsten, werkgevers en werknemers is bepaald, overeenkomstige toepassing.

5. Van de verbindendverklaring zijn uitgesloten bepalingen eener collectieve arbeidsovereenkomst, die ten doel hebben:

a. de beslissing van den rechter omtrent twistgedingen uit te sluiten;

b. dwang uit te oefenen op werkgevers of werknemers om zich bij eene vakvereeniging van werkgevers of werknemers aan te sluiten;

c. eene ongelijke behandeling van georganiseerden en ongeorganiseerden teweeg te brengen;

d. de werknemers te betrekken bij de handhaving van regelingen betreffende de prijzen, die voor goederen of diensten door de werkgevers van derden gevorderd zullen worden, en betreffende de voorwaarden, waaronder door de werkgevers aan derden zal worden geleverd.

Art. 2a

Cao, bescherming rechten dienstverrichters d.m.v. algemeen verbindend verklaarde bepalingen

1. De dienstverrichter als bedoeld in artikel 1, eerste lid, van de Wet arbeidsvoorwaarden gedetacheerde werknemers in de Europese Unie, waarborgt voor zijn gedetacheerde werknemers, wier arbeidsovereenkomst wordt beheerst door een ander recht dan het Nederlandse recht, de arbeidsvoorwaarden en -omstandigheden die zijn neergelegd in verbindend verklaarde bepa-

---

1 Inwerkingtredingsdatum: 01-10-1937; zoals laatstelijk gewijzigd bij: Stb. 2020, 496.

lingen, of bij algemene maatregel van bestuur aangewezen bepalingen, die betrekking hebben op:

a. maximale werktijden en minimale rusttijden;

b. het minimale aantal vakantie- en verlofdagen, gedurende welke de verplichting van de werkgever om loon te betalen bestaat;

c. beloning, waartoe in ieder geval behoren:

1°. het geldende periodeloon in de schaal;

2°. de van toepassing zijnde arbeidsduurverkorting per week, maand, jaar of periode;

3°. toeslagen voor overwerk, verschoven uren en onregelmatigheid, met inbegrip van feestdagentoeslag en ploegentoeslag;

4°. tussentijdse loonsverhoging;

5°. kostenvergoeding: toeslagen of vergoeding van uitgaven voor de kosten die noodzakelijk zijn vanwege de uitoefening van de functie, waaronder begrepen reis-, maaltijd- en verblijfkosten voor werknemers die beroepshalve van huis zijn;

6°. periodieken;

7°. eindejaarsuitkeringen;

8°. extra vergoedingen in verband met vakantie;

d. voorwaarden voor het ter beschikking stellen van werknemers;

e. gezondheid, veiligheid en hygiëne op het werk;

f. beschermende maatregelen met betrekking tot de arbeidsvoorwaarden en arbeidsomstandigheden van kinderen, jongeren en van zwangere of pas bevallen werknemers;

g. gelijke behandeling van mannen en vrouwen, alsmede andere bepalingen ter voorkoming en bestrijding van discriminatie; en

h. voorwaarden van huisvesting van werknemers, indien de dienstontvanger als bedoeld in artikel 1, eerste lid, van de Wet arbeidsvoorwaarden gedetacheerde werknemers in de Europese Unie huisvesting ter beschikking stelt aan werknemers die zich niet op hun gewone werkplaats in Nederland bevinden.

2. Tot de beloning, bedoeld in het eerste lid, onderdeel c, behoren niet:

a. bijdragen aan pensioenen als bedoeld in artikel 1 van de Pensioenwet dan wel artikel 1, eerste lid, van de Wet verplichte beroepspensioenregeling;

b. bovenwettelijke socialezekerheidsaanspraken;

c. toeslagen die worden uitgekeerd als vergoeding van daadwerkelijk in verband met de detachering gemaakte kosten, zoals reis-, maaltijd- en verblijfkosten.

3. Indien niet uit de arbeidsvoorwaarden en -omstandigheden die van toepassing zijn op het dienstverband blijkt of, en zo ja welke, onderdelen van een toeslag in verband met detachering worden uitgekeerd als vergoeding voor kosten die daadwerkelijk verband houden met de detachering of die onderdeel zijn van de beloning, wordt de volledige toeslag geacht te zijn uitgekeerd als vergoeding van daadwerkelijk in verband met de detachering gemaakte kosten als bedoeld in het tweede lid, onderdeel c.

4. Wanneer de detachering meer dan twaalf maanden bedraagt, waarborgt de dienstverrichter voor zijn gedetacheerde werknemers vanaf de dertiende maand alle verbindend verklaarde bepalingen die zijn neergelegd in de collectieve arbeidsovereenkomst die van toepassing is op grond van het eerste lid, met uitzondering van de bepalingen inzake procedures, formaliteiten en voorwaarden van de sluiting en de beëindiging van de arbeidsovereenkomst en inzake aanvullende bedrijfspensioenregelingen.

5. De in het vierde lid genoemde termijn van twaalf maanden bedraagt achttien maanden indien de dienstverrichter, gedurende de laatste drie maanden van de periode van ten hoogste twaalf maanden waarin de detachering plaatsvindt, aan Onze Minister een gemotiveerde kennisgeving verstrekt, dat de in eerste instantie opgegeven vermoedelijke duur van de werkzaamheden zal worden overschreden tot ten hoogste achttien maanden. Wanneer de detachering in geval van verdere verlenging meer dan achttien maanden bedraagt, waarborgt de dienstverrichter de in het vierde lid bedoelde arbeidsvoorwaarden en -omstandigheden vanaf de negentiende maand.

6. Indien een gedetacheerde werknemer door de dienstverrichter wordt vervangen door een andere gedetacheerde werknemer die op dezelfde plaats hetzelfde werk uitvoert, is de duur van de detachering de totale duur van de perioden van detachering van de afzonderlijke gedetacheerde werknemers gezamenlijk.

7. Bij algemene maatregel van bestuur kunnen nadere regels worden gesteld met betrekking tot het eerste lid, onder meer over de voorwaarden onder welke andere dan verbindend verklaarde bepalingen gelden voor dienstverrichters en hun gedetacheerde werknemers.

Art. 2b

1. Door de overgang van een onderneming, als bedoeld in artikel 662 van Boek 7 van het Burgerlijk Wetboek, gaan de rechten en verplichtingen welke op dat tijdstip voor de werkgever in die onderneming ten aanzien van daar werkzame werknemers voortvloeien uit bepalingen omtrent arbeidsvoorwaarden welke hij krachtens een besluit tot verbindendverklaring op grond

Cao, nakoming bij overgang onderneming

van artikel 2 van deze wet verplicht is na te komen, van rechtswege over op de verkrijger van de onderneming.

2. De rechten en verplichtingen die ingevolge het eerste lid overgaan, eindigen op het tijdstip waarop de verkrijger ten aanzien van de arbeid, verricht door de in het eerste lid bedoelde werknemers, gebonden wordt aan een na de overgang van de onderneming tot stand gekomen collectieve arbeidsovereenkomst dan wel op het tijdstip waarop de verkrijger ten aanzien van die arbeid krachtens een na de overgang genomen besluit tot verbindendverklaring op grond van artikel 2 van deze wet, verplicht wordt bepalingen van een collectieve arbeidsovereenkomst na te komen. De rechten en verplichtingen eindigen voorts zodra de werking der verbindendverklaring eindigt.

Art. 3

Dwingend recht

1. Elk beding tusschen den werkgever en den werknemer, strijdig met verbindend verklaarde bepalingen, is nietig; in plaats van zoodanig beding gelden de verbindend verklaarde bepalingen.

2. De nietigheid kan steeds worden ingeroepen door vereenigingen met volledige rechtsbevoegdheid van werkgevers of werknemers, waarvan leden partij zijn bij eene arbeidsovereenkomst, waarop de verbindend verklaarde bepalingen van toepassing zijn.

3. Bij gebreke van bepalingen in eene arbeidsovereenkomst omtrent aangelegenheden, geregeld in verbindend verklaarde bepalingen, gelden die verbindend verklaarde bepalingen.

4. De in het tweede lid bedoelde vereenigingen kunnen van werkgevers of werknemers, die in strijd handelen met verbindend verklaarde bepalingen, vergoeding vorderen van de schade, die zij of hare leden daardoor lijden. Voor zover de schade in ander nadeel dan vermogensschade bestaat, zal als vergoeding een naar billijkheid te bepalen bedrag verschuldigd zijn.

Art. 4

Cao, verzoek tot verbindendverklaring

1. De verbindendverklaring kan alleen geschieden op verzoek van één of meer werkgevers of één of meer vereenigingen van werkgevers of werknemers, die partij zijn bij de collectieve arbeidsovereenkomst.

2. De indiening van een verzoek tot verbindendverklaring en de inbreng van bedenkingen als bedoeld in het derde lid geschieden met inachtneming van de daaromtrent door Onze Minister gegeven voorschriften, waarbij kan worden bepaald dat de indiening van het verzoek en de inbreng van bedenkingen uitsluitend langs elektronische weg kunnen geschieden. Indien Onze Minister bepaalt dat dit uitsluitend langs elektronische weg kan geschieden, dan kan hij tevens bepalen in welke gevallen dit uitzondering kan leiden.

3. Door Onzen Minister wordt van de indiening van het verzoek mededeeling gedaan in de *Staatscourant*. Daarbij wordt een termijn bepaald, binnen welken bedenkingen schriftelijk bij hem kunnen worden ingebracht.

4. Onze Minister kan omtrent het verzoek tot verbindendverklaring in overleg treden met de Stichting van de Arbeid.

5. Voor de behandeling van een verzoek tot verbindendverklaring is door den aanvrager eene vergoeding verschuldigd, volgens een door Onzen Minister vast te stellen tarief. Onze Minister kan vorderen, dat de aanvrager voor de voldoening van die kosten eene waarborgsom stort.

Art. 4a

Cao, verlenging verbindendverklaring

1. De verlenging van de verbindendverklaring, bedoeld in artikel 2, tweede lid, eerste zin, kan alleen geschieden op verzoek van alle werkgevers of verenigingen van werkgevers en werknemers, die partij zijn bij de collectieve arbeidsovereenkomst.

2. De verlenging van de verbindendverklaring geschiedt voor ten hoogste een jaar.

Schakelbepaling

3. De artikelen 4, tweede lid en derde lid, eerste zin, en 5, tweede lid, zijn van overeenkomstige toepassing.

Art. 5

Cao, besluit omtrent verbindendverklaring

1. Het besluit, waarbij de verbindendverklaring wordt uitgesproken, houdt in:

a. eene opgaaf van de bepalingen, waarop de verbindendverklaring betrekking heeft;

b. eene opgaaf van het tijdstip, waarop de verbindendverklaring begint te werken en dat, waarop hare werking eindigt;

c. voor zoover noodig eene omschrijving van het gebied, waar en van de werkzaamheden, waarop de verbindend verklaarde bepalingen van toepassing zijn.

2. Van een besluit omtrent verbindendverklaring wordt mededeling gedaan door plaatsing in de *Staatscourant*.

3. Van de verbindendverklaring wordt aanteekening gehouden in een register, dat ingericht is volgens voorschriften door Onzen Minister gegeven. De collectieve arbeidsovereenkomsten, waarvan bepalingen verbindend zijn verklaard, worden als bijlagen bij het register bewaard.

4. Het in het vorige lid bedoelde register met bijlagen ligt voor een ieder kosteloos ter inzage. Schriftelijke inlichtingen, het register betreffende, worden tegen betaling der kosten vanwege Onzen Minister aan een ieder verstrekt.

Art. 6

Cao, intrekking verbindendverklaring

1. Onze Minister is bevoegd te allen tijde de verbindendverklaring in te trekken.

2. Indien Onze Minister overweegt de verbindendverklaring van bepalingen van eene collectieve arbeidsovereenkomst in te trekken, geeft hij daarvan kennis aan hen, die bij de collectieve arbeidsovereenkomst partij zijn en stelt hen in de gelegenheid hunne bezwaren daartegen schriftelijk of mondeling kenbaar te maken. Voorts kan Onze Minister ter zake in overleg treden met de Stichting van de Arbeid.

3. Intrekking van de verbindendverklaring heeft geen terugwerkende kracht.

4. Van de intrekking wordt aanteekening gehouden in het register, bedoeld in artikel 5, derde lid.

Art. 7

Het bepaalde in de artikelen 2 tot en met 6 vindt overeenkomstige toepassing, indien de verbindendverklaring betreft wijzigingen in de bepalingen van collectieve arbeidsovereenkomsten, die ingevolge artikel 2 algemeen verbindend zijn verklaard.

Cao, wijziging

Art. 7a

1. Indien een verzoek is gedaan aan Onze Minister om een uitzondering te maken op de algemeen verbindend verklaarde bepalingen van een collectieve arbeidsovereenkomst, beslist Onze Minister op dit verzoek niet eerder dan op het moment dat de bepalingen van de collectieve arbeidsovereenkomst algemeen verbindend zijn verklaard.

Cao, verzoek om uitzondering

2. Indien tegen een besluit inzake het al dan niet maken van een uitzondering op de algemeen verbindend verklaarde bepalingen van een collectieve arbeidsovereenkomst bezwaar is gemaakt, beslist Onze Minister op dat bezwaar, in afwijking van artikel 7:10, eerste lid, van de Algemene wet bestuursrecht, binnen veertien weken gerekend vanaf de dag na die waarop de termijn voor het indienen van het bezwaarschrift is verstreken.

Art. 8

1. Onze Minister kan bepalingen van een collectieve arbeidsovereenkomst onverbindend verklaren, indien het algemeen belang zulks vereischt.

Cao, onverbindendverklaring

2. Indien Onze Minister overweegt één of meer bepalingen van eene collectieve arbeidsovereenkomst onverbindend te verklaren, geeft hij daarvan kennis aan hen, die bij de collectieve arbeidsovereenkomst partij zijn en stelt hen in de gelegenheid hunne bedenkingen daartegen schriftelijk of mondeling kenbaar te maken.

3. Onverbindendverklaring heeft geen terugwerkende kracht.

4. Van het besluit, waarbij de onverbindendverklaring wordt uitgesproken, wordt mededeling gedaan door plaatsing in de *Staatscourant*. Van de onverbindendverklaring wordt aantekening gehouden in het register, bedoeld in artikel 5, derde lid.

Art. 9

1. Bij onverbindendverklaring van eene bepaling van eene collectieve arbeidsovereenkomst wordt deze bepaling geacht geen deel meer uit te maken van de collectieve arbeidsovereenkomst.

Cao, gevolgen onverbindendverklaring

2. Elk op het tijdstip van het in werking treden der onverbindendverklaring bestaand beding tusschen een werkgever en een werknemer, berustende op de onverbindend verklaarde bepaling, is nietig.

Art. 10

1. Indien een of meer verenigingen van werkgevers of van werknemers, op wier verzoek een verbindendverklaring is uitgesproken, het vermoeden gegrond achten, dat in een onderneming een of meer der verbindend verklaarde bepalingen niet worden nageleefd, kunnen zij met het oog op het instellen van een rechtsvordering, als bedoeld in artikel 3, Onze Minister verzoeken een onderzoek daarnaar te doen instellen. Onze Minister draagt het onderzoek op aan daartoe door hem aangewezen onder hem ressorterende ambtenaren. Onze Minister verstrekt een verslag aan de vereniging, die om het onderzoek heeft gevraagd over hetgeen uit het onderzoek is gebleken. Daarbij kunnen gegevens worden verwerkt betreffende het in de onderneming naleven van de Wet minimumloon en minimumvakantiebijslag, de Wet allocatie arbeidskrachten door intermediairs, de Wet arbeidsvoorwaarden gedetacheerde werknemers in de Europese Unie, de Arbeidstijdenwet en de daarop berustende bepalingen, of de Arbeidsomstandighedenwet en de daarop berustende bepalingen. Het verslag bevat geen gegevens waaruit de identiteit van een in het onderzoek betrokken werknemer kan worden afgeleid.

Cao, onderzoek naar naleving

2. Indien een naar het oordeel van Onze Minister in aanmerking komende rechtspersoon met volledige rechtsbevoegdheid die door een of meer verenigingen van werkgevers of van werknemers is belast of mede is belast met het toezicht op de naleving van algemeen verbindend verklaarde bepalingen van een collectieve arbeidsovereenkomst, het vermoeden gegrond acht, dat in een onderneming een of meer van die verbindend verklaarde bepalingen niet worden nageleefd, kan hij met het oog op dat toezicht op de naleving Onze Minister verzoeken een onderzoek daarnaar te doen instellen. Onze Minister draagt het onderzoek op aan daartoe door hem aangewezen onder hem ressorterende ambtenaren. Onze Minister verstrekt een verslag aan de rechtspersoon, die om het onderzoek heeft gevraagd over hetgeen uit het onderzoek is gebleken. Daarbij kunnen gegevens worden verwerkt betreffende het in de onderneming naleven van de Wet minimumloon en minimumvakantiebijslag, de Wet allocatie arbeidskrachten door intermediairs, de Wet arbeidsvoorwaarden gedetacheerde werknemers in de Europese Unie, de

Arbeidstijdenwet en de daarop berustende bepalingen, of de Arbeidsomstandighedenwet en de daarop berustende bepalingen. Het verslag bevat geen gegevens waaruit de identiteit van een in het onderzoek betrokken werknemer kan worden afgeleid.

3. Titel 5.2 van de Algemene wet bestuursrecht is van overeenkomstige toepassing.

4. Bij ministeriële regeling kunnen nadere regels worden gesteld met betrekking tot het in het eerste en tweede lid genoemde verslag.

Art. 10a

Cao, handhaving arbeidsvoorwaarden en -omstandigheden gedetacheerde werknemers

1. Onze Minister kan op verzoek van een of meer verenigingen van werkgevers of van werknemers de bij algemene maatregel van bestuur aangewezen gegevens, verkregen op grond van artikel 8 van de Wet arbeidsvoorwaarden gedetacheerde werknemers in de Europese Unie, verstrekken om na te gaan of algemeen verbindend verklaarde bepalingen van collectieve arbeidsovereenkomsten, die gelden voor gedetacheerde werknemers, worden nageleefd.

2. Onze Minister kan op verzoek van een rechtspersoon met volledige rechtsbevoegdheid, die door de organisaties van werkgevers en werknemers is belast of mede is belast met het toezicht op de naleving van collectieve arbeidsovereenkomsten, bij algemene maatregel van bestuur aangewezen gegevens, verkregen op grond van artikel 8 van de Wet arbeidsvoorwaarden gedetacheerde werknemers in de Europese Unie, verstrekken ten behoeve van de uitvoering van het toezicht op de naleving van collectieve arbeidsovereenkomsten, die gelden voor gedetacheerde werknemers.

3. Onze Minister is bevoegd om op verzoek van een of meer verenigingen van werkgevers of van werknemers bij algemene maatregel van bestuur aangewezen gegevens over dienstverrichters, dan wel de voor de uitbetaling van het loon verantwoordelijke natuurlijke personen of rechtspersonen, bedoeld in de Wet arbeidsvoorwaarden gedetacheerde werknemers in de Europese Unie, die in het kader van de administratieve samenwerking, bedoeld in artikel 4 van die wet, verkregen zijn van andere lidstaten, of die worden verwerkt door de door Onze Minister aangewezen ambtenaren op grond van artikel 4, tweede lid, van die wet en in verband met het toezicht op de naleving, bedoeld in artikel 5 van die wet, te verstrekken om na te gaan of algemeen verbindend verklaarde bepalingen van collectieve arbeidsovereenkomsten die gelden voor gedetacheerde werknemers, worden nageleefd.

4. Onze Minister is bevoegd om op verzoek van een rechtspersoon met volledige rechtsbevoegdheid, die door de organisaties van werkgevers en werknemers is belast of mede is belast met het toezicht op de naleving van collectieve arbeidsovereenkomsten bij algemene maatregel van bestuur aangewezen gegevens over dienstverrichters, dan wel de voor de uitbetaling van het loon verantwoordelijke natuurlijke personen of rechtspersonen, bedoeld in de Wet arbeidsvoorwaarden gedetacheerde werknemers in de Europese Unie, die in het kader van de administratieve samenwerking, bedoeld in artikel 4 van die wet verkregen zijn van andere lidstaten, of die worden verwerkt door de door Onze Minister aangewezen ambtenaren op grond van artikel 4, tweede lid, van die wet en in verband met het toezicht op de naleving, bedoeld in artikel 5 van die wet, te verstrekken ten behoeve van de uitvoering van het toezicht op de naleving van collectieve arbeidsovereenkomsten, die gelden voor gedetacheerde werknemers.

Art. 10b

Cao, Stichting van de Arbeid

Indien Onze Minister heeft vastgesteld dat de Stichting van de Arbeid heeft opgehouden te bestaan of de haar krachtens deze wet toekomende taak te vervullen, treden voor de toepassing van de artikelen 4, vierde lid, en 6, tweede lid, tweede volzin, in haar plaats de krachtens artikel 17, eerste lid, van de Wet op de loonvorming door Ons aangewezen centrale organisaties van werkgevers en van werknemers.

Art. 10c

Cao, mandatering bevoegdheden

Onze Minister kan een onder hem ressorterende ambtenaar mandaat verlenen tot het uitoefenen van de bevoegdheden, bedoeld in de artikelen 2, eerste lid, en 6, eerste lid.

Art. 11

[Bevat wijzigingen in andere regelgeving.]

Art. 12

[Bevat wijzigingen in andere regelgeving.]

Art. 13

[Bevat wijzigingen in andere regelgeving.]

Art. 14

Nadere regels

Hetgeen nog ter voorbereiding van het in werking treden van deze wet en tot hare uitvoering noodig is, wordt bij algemeenen maatregel van bestuur geregeld.

Art. 15

Citeertitel

Deze wet kan worden aangehaald onder den titel: "Wet op het algemeen verbindend en het onverbindend verklaren van bepalingen van collectieve arbeidsovereenkomsten".

Art. 16

Inwerkingtreding

Deze wet treedt in werking op een door Ons te bepalen tijdstip.

Wet op de collectieve arbeidsovereenkomst^1

Wet van 24 december 1927, houdende nadere regeling van de Collectieve Arbeidsovereenkomst

Wij WILHELMINA, bij de gratie Gods, Koningin der Nederlanden, Prinses van Oranje-Nassau, enz., enz., enz.

Allen, die deze zullen zien of hooren lezen, saluut! doen te weten:

Alzoo Wij in overweging genomen hebben, dat het wenschelijk is nadere regelen te stellen betreffende de collectieve arbeidsovereenkomst;

Zoo is het, dat Wij, den Raad van State gehoord, en met gemeen overleg der Staten-Generaal, hebben goedgevonden en verstaan, gelijk Wij goedvinden en verstaan bij deze:

Art. 1

[1.] Onder collectieve arbeidsovereenkomst wordt verstaan de overeenkomst, aangegaan door een of meer werkgevers of een of meer verenigingen met volledige rechtsbevoegdheid van werkgevers en een of meer verenigingen met volledige rechtsbevoegdheid van werknemers, waarbij voornamelijk of uitsluitend worden geregeld arbeidsvoorwaarden, bij arbeidsovereenkomsten in acht te nemen.

Begripsbepalingen

[2.] Zij kan ook betreffen aannemingen van werk en overeenkomsten van opdracht. Hetgeen in deze wet omtrent arbeidsovereenkomsten, werkgevers en werknemers is bepaald, vindt dan overeenkomstige toepassing.

[3.] Nietig is het beding, waarbij een werkgever verplicht wordt arbeiders van een bepaald ras of met een bepaalde godsdienst, levensbeschouwelijke of politieke overtuiging of leden van een bepaalde vereniging in dienst te nemen of waarbij hij zich verplicht, te weigeren hen in dienst te nemen.

Art. 2

Eene vereeniging van werkgevers of van werknemers is slechts bevoegd tot het aangaan van collectieve arbeidsovereenkomsten, indien de statuten der vereeniging deze bevoegdheid met name noemen.

Cao, bevoegdheid vakorganisatie

Art. 3

Eene collectieve arbeidsovereenkomst kan slechts worden aangegaan bij eene authentieke of onderhandsche akte.

Cao, akte

Art. 4

Eene vereeniging, welke eene collectieve arbeidsovereenkomst heeft aangegaan, draagt zorg dat ieder harer leden, die bij de overeenkomst betrokken is, zoo spoedig mogelijk den woordelijken inhoud der overeenkomst in zijn bezit heeft. Indien door de partijen eene toelichting op de collectieve arbeidsovereenkomst is opgesteld, geldt deze verplichting ook ten aanzien van de toelichting.

Cao, exemplaar voor leden

Art. 5

In geval van wijziging van de collectieve arbeidsovereenkomst en van uitdrukkelijke verlenging van haren duur vinden de bepalingen van de twee voorgaande artikelen overeenkomstige toepassing.

Cao, wijziging en verlenging

Art. 6

Eene wijziging van bepalingen in de statuten eener vereeniging, welke het nakomen, het wijzigen, het verlengen of het opzeggen van collectieve arbeidsovereenkomsten betreffen, werkt niet ten aanzien van eene vóór de statutenwijziging door de vereeniging aangegane collectieve arbeidsovereenkomst, tenzij de andere partijen bij die overeenkomst daarin toestemmen.

Cao, wijziging statuten vakorganisatie

Art. 7

[1.] Wanneer het tijdstip, waarop de werking der collectieve arbeidsovereenkomst aanvangt, niet bij de overeenkomst zelve is bepaald, vangt die werking aan met ingang van den vijftienden dag, volgende op dien, waarop de overeenkomst is aangegaan.

Cao, aanvang werking

[2.] Wanneer bij de collectieve arbeidsovereenkomst niet anders is bepaald, strekt hare werking zich, van het tijdstip waarop deze aanvangt, mede uit over op dat tijdstip reeds aangegane arbeidsovereenkomsten.

Art. 8

[1.] Eene vereeniging, welke eene collectieve arbeidsovereenkomst heeft aangegaan, is gehouden te bevorderen, in de mate als de goede trouw medebrengt, dat hare leden de daarbij te hunnen aanzien gestelde bepalingen nakomen.

Cao, nakoming door leden vakorganisatie

---

1 Inwerkingtredingsdatum: 01-09-1928; zoals laatstelijk gewijzigd bij: Stb. 2006, 706.

B33 art. 9 Wet op de collectieve arbeidsovereenkomst

[2.] De vereeniging staat voor hare leden slechts in, voor zooverre zulks in de overeenkomst is bepaald.

Art. 9

Cao, gebondenheid [1.] Allen, die tijdens den duur der collectieve arbeidsovereenkomst, te rekenen van het tijdstip waarop zij is aangegaan, lid zijn of worden eener vereeniging, welke de overeenkomst heeft aangegaan, en bij de overeenkomst zijn betrokken, zijn door die overeenkomst gebonden.

[2.] Zij zijn tegenover elk der partijen bij de collectieve arbeidsovereenkomst gehouden al datgene, wat te hunnen aanzien bij die overeenkomst is bepaald, te goeder trouw ten uitvoer te brengen, als hadden zij zelve zich daartoe verbonden.

Art. 10

Cao, gebondenheid bij einde lidmaatschap [1.] De leden eener vereeniging, die door eene collectieve arbeidsovereenkomst gebonden zijn, blijven ook na het verlies van het lidmaatschap door die overeenkomst gebonden.

[2.] Die gebondenheid eindigt, wanneer de overeenkomst na het verlies van het lidmaatschap wordt gewijzigd. In geval van verlenging van de overeenkomst na het verlies van het lidmaatschap duurt de gebondenheid voort tot het tijdstip, waarop de overeenkomst zonder deze verlenging zou zijn geëindigd.

Art. 11

Cao, ontbinding vakorganisatie Ontbinding eener vereeniging, welke eene collectieve arbeidsovereenkomst heeft aangegaan, heeft geen invloed op de rechten en verplichtingen, welke uit die overeenkomst voortvloeien.

Art. 12

Dwingend recht [1.] Elk beding tusschen een werkgever en een werknemer, strijdig met eene collectieve arbeidsovereenkomst door welke zij beiden gebonden zijn, is nietig; in plaats van zoodanig beding gelden de bepalingen der collectieve arbeidsovereenkomst.

[2.] De nietigheid kan steeds worden ingeroepen door elk der partijen bij de collectieve arbeidsovereenkomst.

Art. 13

Cao Bij gebreke van bepalingen in eene arbeidsovereenkomst omtrent aangelegenheden, geregeld in eene collectieve arbeidsovereenkomst door welke zoowel de werkgever als de werknemer gebonden zijn, gelden de bepalingen der collectieve arbeidsovereenkomst.

Art. 14

Cao, ongeorganiseerde werknemers Wanneer bij de collectieve arbeidsovereenkomst niet anders is bepaald, is de werkgever, die door die overeenkomst gebonden is, verplicht, tijdens den duur dier overeenkomst hare bepalingen omtrent arbeidsvoorwaarden ook na te komen bij de arbeidsovereenkomsten, als in de collectieve arbeidsovereenkomst bedoeld, welke hij aangaat met werknemers, die door de collectieve arbeidsovereenkomst niet gebonden zijn.

Art. 14a

Cao, overgang onderneming [1.] Door de overgang van een onderneming, als bedoeld in artikel 662 van Boek 7 van het Burgerlijk Wetboek, gaan de rechten en verplichtingen welke op dat tijdstip voor de werkgever in die onderneming ten aanzien van daar werkzame werknemers voortvloeien uit bepalingen omtrent arbeidsvoorwaarden van een collectieve arbeidsovereenkomst waaraan hij gebonden is, van rechtswege over op de verkrijger van de onderneming.

[2.] De rechten en verplichtingen die ingevolge het eerste lid overgaan, eindigen op het tijdstip waarop de verkrijger ten aanzien van de arbeid, verricht door de in het eerste lid bedoelde werknemers, gebonden wordt aan een na de overgang van de onderneming tot stand gekomen collectieve arbeidsovereenkomst dan wel op het tijdstip waarop de verkrijger ten aanzien van die arbeid krachtens een na de overgang genomen besluit tot verbindendverklaring op grond van artikel 2 van de Wet op het algemeen verbindend en het onverbindend verklaren van bepalingen van collectieve arbeidsovereenkomsten verplicht wordt bepalingen na te komen van een collectieve arbeidsovereenkomst. De rechten en verplichtingen eindigen voorts zodra de op het tijdstip van de overgang lopende geldingsduur van de collectieve arbeidsovereenkomst verstrijkt.

3. In afwijking van het eerste en het tweede lid zijn op de rechten en verplichtingen van de werkgever die voortvloeien uit een bepaling in een collectieve arbeidsovereenkomst, die betrekking heeft op een pensioenregeling als bedoeld in artikel 1 van de Pensioenwet, dan wel een spaarregeling als bedoeld in artikel 3 van de Pensioen- en spaarfondsenwet zoals dat artikel luidde op de dag voorafgaand aan de inwerkingtreding van de Pensioenwet, de artikelen 663 en 664 van Boek 7 van het Burgerlijk Wetboek van toepassing.

Art. 15

Cao, schadevergoeding Eene vereeniging, welke eene collectieve arbeidsovereenkomst heeft aangegaan, kan, indien eene der andere partijen bij die overeenkomst of een der leden van dezen handelt in strijd met eene harer of zijner verplichtingen, vergoeding vorderen niet alleen voor de schade, welke zij zelve dientengevolge lijdt, doch ook voor die, welke hare leden lijden.

Art. 16

Cao, immateriële schade Voor zover de schade in ander nadeel dan vermogensschade bestaat, zal als vergoeding een naar billijkheid te bepalen bedrag verschuldigd zijn.

Art. 17

Bij de collectieve arbeidsovereenkomst kan met betrekking tot de schadevergoeding eene voorziening worden getroffen, welke afwijkt van het bepaalde bij de twee voorgaande artikelen.

Aanvullend recht

Art. 18

Eene collectieve arbeidsovereenkomst kan niet voor langeren tijd dan vijf jaren worden aangegaan; behoudens verlenging, zoodanig dat de partijen nimmer langer verbonden zijn dan vijf achtereenvolgende jaren, te rekenen van het tijdstip waarop de verlenging wordt overeengekomen.

Cao, duur maximaal 5 jaar

Art. 19

[1.] Wanneer eene collectieve arbeidsovereenkomst voor een bepaalden tijd is aangegaan, wordt zij, zoo niet bij de overeenkomst anders is bepaald, geacht telkens voor gelijken tijd, doch ten hoogste voor een jaar, te zijn verlengd, behoudens opzegging; de termijn van opzegging is, tenzij bij de overeenkomst anders is bepaald, een twaalfde gedeelte van den tijd, waarvoor zij oorspronkelijk is aangegaan.

Cao, verlenging

[2.] Wanneer de tijd, waarvoor eene collectieve arbeidsovereenkomst wordt aangegaan, niet bij de overeenkomst is bepaald, wordt zij geacht te zijn aangegaan voor een jaar met verlenging telkens voor gelijken tijd, behoudens opzegging tenminste eene maand vóór het einde van het jaar.

Art. 20

De opzegging van eene collectieve arbeidsovereenkomst moet worden gedaan aan alle partijen bij die overeenkomst. Zij kan slechts geschieden bij aangeteekenden brief of bij deurwaardersexploit.

Cao, opzegging

Art. 21

Wanneer bij de collectieve arbeidsovereenkomst niet anders is bepaald, heeft eene opzegging door eene der partijen ten gevolge dat de overeenkomst voor alle partijen eindigt.

Cao, einde

Art. 22

[Bevat wijzigingen in andere regelgeving.]

Art. 23

[Bevat wijzigingen in andere regelgeving.]

Art. 24

[Bevat wijzigingen in andere regelgeving.]

Art. 25

De gevolgen van eene collectieve arbeidsovereenkomst, van kracht bij de inwerkingtreding van deze wet, worden beoordeeld naar het voordien geldende recht, totdat na die inwerkingtreding de overeenkomst wordt gewijzigd of haar duur uitdrukkelijk wordt verlengd, in welk geval voor het vervolg de bepalingen van deze wet toepassing vinden.

Overgangsbepalingen

Art. 26

Ten aanzien van vereenigingen, welke op het tijdstip van de inwerkingtreding dezer wet partij zijn of in de twee daaraan voorafgaande jaren partij geweest zijn bij eene collectieve arbeidsovereenkomst, vindt artikel 2 eerst twee jaren na die inwerkingtreding toepassing.

Art. 27

[1.] Deze wet treedt in werking op een door Ons te bepalen tijdstip.

Inwerkingtreding

[2.] Zij kan worden aangehaald onder den titel: "Wet op de collectieve arbeidsovereenkomst".

Citeertitel

Wet melding collectief ontslag^1

Wet van 24 maart 1976, houdende regelen inzake melding van collectief ontslag

Wij Juliana, bij de gratie Gods, Koningin der Nederlanden, Prinses van Oranje-Nassau, enz., enz., enz.

Allen, die deze zullen zien of horen lezen, saluut! doen te weten:

Alzo Wij in overweging genomen hebben, dat het wenselijk is werkgevers die voornemens zijn tot collectief ontslag van werknemers over te gaan, te verplichten dit te melden;

Zo is het, dat Wij, de Raad van State gehoord, en met gemeen overleg der Staten-Generaal, hebben goedgevonden en verstaan, gelijk Wij goedvinden en verstaan bij deze:

§ 1 Algemene bepalingen

Art. 1

Begripsbepalingen

1. In deze wet wordt verstaan onder:

a. Onze Minister, Onze Minister van Sociale Zaken en Werkgelegenheid;

b. werkgever en *werknemer:* partijen bij een arbeidsovereenkomst als bedoeld in artikel 610, eerste lid, van Boek 7 van het Burgerlijk Wetboek;

c. het Uitvoeringsinstituut werknemersverzekeringen: het Uitvoeringsinstituut werknemersverzekeringen, genoemd in hoofdstuk 5 van de Wet structuur uitvoeringsorganisatie werk en inkomen;

d. commissie: de commissie, bedoeld in artikel 671a, tweede lid, van Boek 7 van het Burgerlijk Wetboek;

e. werkgebied: een door Onze Minister vastgesteld gebied.

2. Bij ministeriële regeling kunnen categorieën van personen, voor de toepassing van deze wet, gelijk worden gesteld met werknemers als bedoeld in het eerste lid, onderdeel b.

Art. 2

Werkingssfeer

1. Deze wet is niet van toepassing op het beëindigen van:

a. een arbeidsovereenkomst uitsluitend om redenen die de persoon van de werknemer betreffen;

b. een arbeidsovereenkomst tijdens de proeftijd.

2. Deze wet is voorts niet van toepassing op het beëindigen van arbeidsovereenkomsten wegens het aflopen van de seizoenarbeid voor het verrichten waarvan zij werden aangegaan. Onze Minister kan arbeid aanwijzen, die voor de toepassing van de vorige volzin in ieder geval als seizoenarbeid wordt beschouwd. Een zodanige aanwijzing wordt in de *Nederlandse Staatscourant* bekend gemaakt.

§ 2 Verplichting tot melding collectief ontslag

Art. 3

Collectief ontslag, verplichte melding

1. Een werkgever die voornemens is de arbeidsovereenkomsten van ten minste twintig werknemers, werkzaam in één werkgebied, op een of meer binnen een tijdvak van drie maanden gelegen tijdstippen te beëindigen, meldt dit ter tijdige raadpleging schriftelijk aan de belanghebbende verenigingen van werknemers. Een gelijke schriftelijke melding doet hij aan het Uitvoeringsinstituut werknemersverzekeringen; in geval van faillissement of toepassing ten aanzien van hem van de schuldsaneringsregeling natuurlijke personen alleen op verzoek van het Uitvoeringsinstituut werknemersverzekeringen.

2. De raadpleging, bedoeld in het eerste lid, heeft ten minste betrekking op de mogelijkheden om de collectieve ontslagen te voorkomen of in aantal te verminderen alsook op de mogelijkheid de gevolgen ervan te verzachten, door het nemen van sociale begeleidingsmaatregelen, meer bepaald om bij te dragen tot de herplaatsing of de omscholing van de werknemers ten aanzien van wie bij de werkgever het voornemen bestaat de arbeidsovereenkomst te beëindigen.

Collectief ontslag, vereniging van werknemers

3. Als belanghebbende vereniging van werknemers wordt beschouwd een vereniging van werknemers, die in de onderneming werkzame personen onder haar leden telt, krachtens haar statuten ten doel heeft de belangen van haar leden als werknemers te behartigen, als zodanig in de betrokken onderneming of bedrijfstak werkzaam is, voorts ten minste twee jaar in het bezit is van rechtspersoonlijkheid en als zodanig aan de werkgever bekend is. Deze bekendheid

---

1 Inwerkingtredingsdatum: 01-12-1976; zoals laatstelijk gewijzigd bij: Stb. 2017, 484.

Wet melding collectief ontslag B34 art. 6

wordt verondersteld, indien de vereniging aan de werkgever schriftelijk heeft te kennen gegeven dat zij prijs stelt op meldingen van voornemens als bedoeld in het eerste lid.

Art. 4

1. De werkgever doet bij de meldingen, bedoeld in artikel 3, eerste lid, opgave van de overwegingen die tot het daar bedoelde voornemen hebben geleid.

2. De werkgever doet bij de meldingen voorts zo nauwkeurig mogelijk opgave van:
a. het aantal werknemers wier arbeidsovereenkomsten hij voornemens is te beëindigen, met een onderverdeling naar beroep of functie, leeftijd en geslacht, alsmede het aantal werknemers dat hij gewoonlijk in dienst heeft;
b. het tijdstip of de tijdstippen waarop hij de arbeidsovereenkomsten volgens zijn voornemen zal beëindigen;
c. de criteria die aangelegd zullen worden bij het selecteren van de voor ontslag in aanmerking komende werknemers;
d. de wijze van berekening van eventuele afvloeiingsuitkeringen;
e. de wijze waarop hij voornemens is de arbeidsovereenkomsten met zijn werknemers te beëindigen.

3. De werkgever doet de melding het Uitvoeringsinstituut werknemersverzekeringen vergezeld gaan van een afschrift van de melding aan de belanghebbende verenigingen van werknemers. Hij zendt aan deze verenigingen een afschrift van de melding aan het Uitvoeringsinstituut werknemersverzekeringen.

4. Ten slotte geeft de werkgever bij de melding aan het Uitvoeringsinstituut werknemersverzekeringen op:
a. of voor de onderneming waarin de betrokken werknemers werkzaam zijn, een ondernemingsraad is ingesteld;
b. of het voornemen van de werkgever verband houdt met een besluit als bedoeld in artikel 25, eerste lid, van de Wet op de ondernemingsraden; en zo ja,
c. het tijdstip waarop de ondernemingsraad over het betrokken besluit is of zal worden geraadpleegd, dan wel daarvan in kennis gesteld en geraadpleegd over de uitvoering daarvan.

5. De werkgever houdt het Uitvoeringsinstituut werknemersverzekeringen op de hoogte van de raadpleging van de belanghebbende verenigingen van werknemers en van de ondernemingsraad.

6. Het derde tot en met vijfde lid zijn niet van toepassing op het beëindigen van een arbeidsovereenkomst ten gevolge van faillissement van de werkgever of toepassing ten aanzien van hem van de schuldsaneringsregeling natuurlijke personen.

Art. 5

Indien bij een melding aan het Uitvoeringsinstituut werknemersverzekeringen de ingevolge artikel 4, eerste t/m vierde lid vereiste gegevens niet volledig zijn verstrekt, zendt het Uitvoeringsinstituut werknemersverzekeringen aan de werkgever een schriftelijke mededeling, aangevende welke gegevens nog ontbreken. Zolang de ontbrekende gegevens niet zijn verstrekt, wordt de melding geacht niet te zijn gedaan.

Art. 5a

1. De arbeidsovereenkomst kan niet eerder door de werkgever worden opgezegd, op verzoek van de werkgever door de rechter worden ontbonden of op initiatief van de werkgever door middel van een beëindigingsovereenkomst worden beëindigd, dan een maand nadat het voornemen daartoe is gemeld, tenzij uit een verklaring van de belanghebbende verenigingen van werknemers blijkt dat zij zijn geraadpleegd en dat zij zich met de beëindigingen kunnen verenigen.

2. Het eerste lid is niet van toepassing indien een arbeidsovereenkomst wordt beëindigd ten gevolge van het faillissement van de werkgever of toepassing ten aanzien van hem van de schuldsaneringsregeling natuurlijke personen.

Art. 6

1. Het Uitvoeringsinstituut werknemersverzekeringen of de commissie neemt verzoeken om toestemming tot het mogen opzeggen van de arbeidsovereenkomsten van werknemers niet eerder in behandeling, dan wel neemt verzoeken waarop het nog niet heeft beslist niet verder in behandeling dan nadat:
a. de werkgever aan de verplichting tot melding heeft voldaan; en
b. uit een schriftelijke verklaring van de werkgever blijkt dat de belanghebbende verenigingen van werknemers en de ondernemingsraad zijn geraadpleegd.

2. Het Uitvoeringsinstituut werknemersverzekeringen of de commissie kan de verplichting tot raadpleging, bedoeld in het eerste lid, onderdeel b, buiten toepassing laten indien de werkgever aannemelijk maakt dat de naleving hiervan de herplaatsing van de met ontslag bedreigde werknemers of de werkgelegenheid van de overige werknemers in de betrokken onderneming in gevaar zou brengen.

3. Een besluit als bedoeld in het tweede lid behoeft de goedkeuring van Onze Minister. De goedkeuring kan slechts worden onthouden wegens strijd met het recht of het algemeen belang.

Collectief ontslag, te verstrekken gegevens

Werkingssfeer

Collectief ontslag, ontbrekende gegevens

Collectief ontslag, wachttijd

Collectief ontslag, behandeling UWV of commissie

B34 art. 6a

Wet melding collectief ontslag

Art. 6a

Collectief ontslag, bedrijfs-economische redenen

1. Een verzoek van de werkgever om de arbeidsovereenkomst met een werknemer om bedrijfseconomische redenen te ontbinden kan de rechter slechts inwilligen, indien hij zich ervan heeft vergewist of het verzoek verband houdt met een voorgenomen beëindiging als bedoeld in artikel 3, eerste lid, en zo ja, of bij het verzoekschrift een schriftelijke verklaring is gevoegd van:
a. het Uitvoeringsinstituut werknemersverzekeringen waaruit blijkt dat aan de verplichting tot melding is voldaan; en
b. de werkgever waaruit blijkt dat de belanghebbende verenigingen van werknemers en de ondernemingsraad zijn geraadpleegd.
2. Indien niet is voldaan aan de verplichting tot raadpleging, bedoeld in het eerste lid, onderdeel b, kan de rechter een verzoek om de arbeidsovereenkomst te ontbinden slechts inwilligen, zo nodig met buiten toepassing laten van de termijn, bedoeld in artikel 5a, eerste lid, indien de werkgever aannemelijk maakt dat de naleving van die verplichting de herplaatsing van de met ontslag bedreigde werknemers of de werkgelegenheid van de overige werknemers in de betrokken onderneming in gevaar zou brengen.

§ 3 Gevolgen van niet-naleving meldingsplicht

Art. 7

Collectief ontslag, vernietigingsgronden

1. De opzegging door de werkgever, behoudens in het geval het Uitvoeringsinstituut werknemersverzekeringen of de commissie daarvoor toestemming heeft verleend met toepassing van artikel 6, tweede en derde lid, en een op initiatief van de werkgever gesloten beëindigingsovereenkomst kunnen op verzoek van de werknemer door de kantonrechter worden vernietigd, indien:
a. de werkgever niet aan de verplichting tot melding heeft voldaan;
b. de werkgever de belanghebbende verenigingen van werknemers en de ondernemingsraad, niet heeft geraadpleegd; of
c. niet is voldaan aan artikel 5a, eerste lid.
2. In plaats van de opzegging door de werkgever of de beëindigingsovereenkomst te vernietigen, kan de kantonrechter op verzoek van de werknemer aan hem ten laste van de werkgever een billijke vergoeding toekennen.
3. De werknemer kan tot twee maanden na de dag waarop hij redelijkerwijs op de hoogte had kunnen zijn van het feit dat de werkgever niet heeft voldaan aan één of meer verplichtingen als bedoeld in het eerste of tweede lid, maar uiterlijk tot zes maanden na de opzegging van de arbeidsovereenkomst of het aangaan van de beëindigingovereenkomst een verzoek doen als bedoeld in het eerste of tweede lid.
4. Elk beding waarbij de bevoegdheid, bedoeld in het eerste of tweede lid, wordt uitgesloten of beperkt, is nietig.

Art. 7a

Collectief ontslag, raadpleging werknemersvereniging

Voor de toepassing van deze wet wordt de werkgever geacht aan de verplichting tot raadpleging van een belanghebbende vereniging van werknemers te hebben voldaan indien deze vereniging:
a. geen gevolg geeft aan een schriftelijke uitnodiging daartoe van de werkgever, mits die uitnodiging ten minste twee weken voor de datum van het overleg door de vereniging is ontvangen; of
b. schriftelijk heeft aangegeven af te zien van raadpleging.

§ 4 Slotbepalingen

Art. 8

Collectief ontslag, geheimhoudingsplicht

Ieder die uit hoofde van zijn functie bij een vereniging van werknemers of in een commissie die het Uitvoeringsinstituut werknemersverzekeringen van advies dient, kennis neemt van een melding als bedoeld in artikel 3, eerste lid is verplicht tot geheimhouding van deze melding en van de inhoud daarvan, indien de werkgever dit bij die melding, onder opgave van redenen, uitdrukkelijk heeft verzocht. Deze verplichting vervalt zodra de verzoeken om toestemming tot het mogen opzeggen van de arbeidsovereenkomst of verzoeken om ontbinding van de arbeidsovereenkomst in behandeling worden genomen, dan wel zoveel eerder als daaromtrent overeenstemming wordt bereikt tussen de werkgever en de verenigingen van werknemers aan welke de melding is gedaan.

Art. 9

Citeertitel Inwerkingtreding

1. Deze wet kan worden aangehaald als: Wet melding collectief ontslag.
2. Zij treedt in werking op een door Ons te bepalen tijdstip.

Wet op de loonvorming^1

Wet van 12 februari 1970, houdende regelen met betrekking tot de loonvorming

Wij JULIANA, bij de gratie Gods, Koningin der Nederlanden, Prinses van Oranje-Nassau, enz., enz., enz.

Allen, die deze zullen zien of horen lezen, saluut! doen te weten:

Alzo Wij in overweging genomen hebben, dat het wenselijk is de voorschriften van de derde titel van het Buitengewoon Besluit Arbeidsverhoudingen 1945 (*Stb.* 1963, 271) door andere regelen met betrekking tot de totstandkoming van lonen en andere arbeidsvoorwaarden te vervangen;

Zo is het, dat Wij, de Raad van State gehoord, en met gemeen overleg der Staten-Generaal, hebben goedgevonden en verstaan, gelijk Wij goedvinden en verstaan bij deze:

§ 1 Algemene bepalingen

Art. 1

Voor de toepassing van het bij of krachtens deze wet bepaalde wordt verstaan onder: *Begripsbepalingen*

a. Onze Minister: Onze Minister van Sociale Zaken en Werkgelegenheid;

b. werknemer:

1°. degene die in dienst van een ander arbeid verricht;

2°. degene die in de zelfstandige uitoefening van een bedrijf of beroep persoonlijk arbeid voor een ander verricht - tenzij hij zodanige arbeid in de regel voor meer dan twee anderen verricht of zich daarbij door meer dan twee personen, niet zijnde zijn echtgenoot of geregistreerde partner of een bij hem inwonend bloed- of aanverwant of pleegkind, laat bijstaan, dan wel deze arbeid voor hem slechts een bijkomstige werkzaamheid is;

Abusievelijk [wordt door Stb. 1997/660 onderdeel c i.p.v. onderdeel b gewijzigd.]c. *werkgever:* de natuurlijke persoon of rechtspersoon in wiens dienst dan wel voor wie de onder *b,* onderscheidenlijk sub 1° en sub 2°, bedoelde werknemer arbeid verricht;

d. arbeidsverhouding: de rechtsbetrekking tussen een werknemer en diens werkgever;

e. loon: arbeidsvoorwaarde, regelende de vergoeding van de werkgever aan de werknemer ter zake van diens arbeid.

Art. 2

1. Deze wet is niet van toepassing op de arbeidsverhouding van: *Werkingssfeer*

a. personen op wie artikel 3 van de Ambtenarenwet 2017 van toepassing is;

b. personen die een geestelijk ambt bekleden.

2. Deze wet is voorts niet van toepassing op arbeidsverhoudingen, behorende tot een bij algemene maatregel van bestuur daartoe aangewezen categorie.

3. In afwijking van het eerste lid is deze wet van toepassing op de dienstbetrekking, bedoeld in de Wet sociale werkvoorziening.

Art. 3

[Vervallen]

§ 2 Aanmelding van collectieve arbeidsovereenkomsten

Art. 4

1. Van het sluiten, wijzigen of opzeggen van een collectieve arbeidsovereenkomst, doen partijen mededeling aan Onze Minister. Daarbij wordt de tekst van de gesloten overeenkomst dan wel van de gewijzigde bepalingen daarvan alsmede een toelichting daarop overgelegd. *Collectieve arbeidsovereenkomst, bekendmaking*

2. Onze Minister stelt zo spoedig mogelijk na ontvangst van de mededeling en de bescheiden bedoeld in het eerste lid partijen hiervan in kennis.

3. Een collectieve arbeidsovereenkomst of wijziging daarvan kan eerst in werking treden met ingang van de dag volgende op die waarop Onze Minister de in het tweede lid bedoelde kennisgeving heeft verzonden.

---

1 Inwerkingtredingsdatum: 01-01-1969; zoals laatstelijk gewijzigd bij: Stb. 2019, 483.

B35 art. 5 **Wet op de loonvorming**

§ 3 Voorzieningen ter regeling van arbeidsvoorwaarden

Art. 5

Collectieve arbeidsovereenkomst, vaststelling door minister

1. Onze Minister kan, op gezamenlijk verzoek van een of meer werkgevers of verenigingen met volledige rechtsbevoegdheid van werkgevers enerzijds en een of meer verenigingen met volledige rechtsbevoegdheid van werknemers anderzijds, voor een bij zijn besluit te bepalen tijdvak van ten hoogste twee jaar te hunnen aanzien regelingen vaststellen van dezelfde inhoud als een collectieve arbeidsovereenkomst. Deze regelingen kunnen echter geen bepalingen behelzen als bedoeld in artikel 2, vijfde lid, van de Wet op het algemeen verbindend en het onverbindend verklaren van bepalingen van collectieve arbeidsovereenkomsten (*Stb.* 1937, 801).

2. Alvorens aan het eerste lid toepassing te geven stelt Onze Minister organisaties van werkgevers en van werknemers, welke naar zijn oordeel op centraal niveau hiervoor in aanmerking komen, in de gelegenheid hem hun zienswijze ter zake kenbaar te maken.

3. Onze Minister wijst een verzoek als bedoeld in het eerste lid niet af zonder de verzoekers in de gelegenheid te hebben gesteld hem hun bedenkingen daartegen kenbaar te maken.

4. Regelingen, vastgesteld krachtens het eerste lid, hebben dezelfde rechtskracht als een tussen verzoekers geldende collectieve arbeidsovereenkomst.

Art. 6

Arbeidsverhoudingen, vaststelling door minister

1. Onze Minister kan regelingen van dezelfde inhoud als een collectieve arbeidsovereenkomst, voor een bij zijn besluit te bepalen tijdvak van ten hoogste twee jaar, eveneens vaststellen met betrekking tot arbeidsverhoudingen, behorende tot een bij zijn besluit daartoe aangewezen categorie. Artikel 5, eerste lid, tweede volzin, is van toepassing.

2. Toepassing van het eerste lid kan uitsluitend geschieden op verzoek van de Stichting van de Arbeid dan wel op verzoek van al dan niet in de Stichting van de Arbeid vertegenwoordigde centrale organisaties van werkgevers of van werknemers, van een werkgever, van een vereniging met volledige rechtsbevoegdheid van werkgevers of van een zodanige vereniging van werknemers.

Vaststelling kan slechts geschieden nadat niet in de Stichting van de Arbeid vertegenwoordigde organisaties van werkgevers en van werknemers, welke naar het oordeel van Onze Minister op centraal niveau hiervoor in aanmerking komen, in de gelegenheid zijn gesteld hem hun zienswijze ter zake kenbaar te maken. Vaststelling anders dan op verzoek van de Stichting van de Arbeid kan daarenboven slechts geschieden met haar instemming.

Indien een verzoek als bedoeld in de eerste volzin is gedaan door een centrale organisatie van werkgevers of van werknemers, blijft de tweede volzin ten aanzien van de verzoeker buiten toepassing.

3. Van de indiening van een verzoek als bedoeld in het tweede lid doet Onze Minister mededeling in de *Staatscourant*. Daarbij bepaalt hij een termijn, binnen welke hem bedenkingen tegen de gevraagde toepassing van het eerste lid schriftelijk kunnen worden kenbaar gemaakt.

4. Onze Minister wijst een verzoek als bedoeld in het tweede lid niet af zonder de verzoeker in de gelegenheid te hebben gesteld hem zijn bedenkingen daartegen kenbaar te maken.

5. Regelingen, vastgesteld krachtens het eerste lid, hebben dezelfde rechtskracht als krachtens artikel 2 van de Wet op het algemeen verbindend en het onverbindend verklaren van bepalingen van collectieve arbeidsovereenkomsten algemeen verbindend verklaarde bepalingen van zodanige overeenkomsten.

§ 4 Onverbindendverklaring van collectieve arbeidsovereenkomsten

Art. 7-9

[Vervallen]

§ 5 Andere maatregelen in het algemeen sociaal-economisch belang

Art. 10

Arbeidsvoorwaarden, maatregelen in sociaaleconomische noodsituatie

1. Onze Minister kan, indien naar zijn oordeel een zich plotseling voordoende noodsituatie van de nationale economie, veroorzaakt door één of meer schoksgewijze optredende externe factoren, het nemen van maatregelen ten aanzien van het peil van de loonkosten vereist, algemene regelen vaststellen betreffende lonen en andere op geld waardeerbare arbeidsvoorwaarden.

2. Een regeling op grond van het eerste lid dient gepaard te gaan met de aankondiging van andere maatregelen welke in verband met het zich voordoen van de aldaar bedoelde noodsituatie vereist zijn. Voorts dient, indien een regeling op grond van het eerste lid wordt vastgesteld, voorzien te worden in een adequate bescherming van de levensstandaard van de werknemers.

3. Het tijdvak waarvoor een krachtens het eerste lid genomen besluit geldt omvat een bij het besluit vast te stellen periode die niet langer is dan zes maanden. Deze periode kan één maal worden verlengd met een termijn van ten hoogste zes maanden.

4. Onze Minister kan vrijstelling, of, op verzoek, ontheffing verlenen van de krachtens het eerste lid gestelde regelen. Een vrijstelling of ontheffing kan onder beperkingen worden verleend en daaraan kunnen voorschriften worden verbonden.

5. Het is de werkgever verboden te handelen in strijd met krachtens het eerste en vierde lid gestelde regelen en voorschriften.

Art. 11

Elk beding tussen een werkgever en een werknemer alsmede elke bepaling in een collectieve arbeidsovereenkomst strijdig met de krachtens artikel 10, eerste lid, gestelde regelen, is nietig, behoudens voor zover vrijstelling of ontheffing is verleend. In plaats van zodanig beding of zodanige bepaling gelden die regelen.

Dwingend recht

Art. 12

1. Alvorens aan artikel 10, eerste lid, onderscheidenlijk artikel 10, vierde lid, voorzover vrijstelling betreffende, toepassing te geven voert Onze Minister terzake overleg met de Stichting van de Arbeid, alsmede met niet in de Stichting van de Arbeid vertegenwoordigde organisaties van werkgevers en van werknemers, welke naar zijn oordeel op centraal niveau hiervoor in aanmerking komen.

Arbeidsvoorwaarden, overleg over maatregelen in sociaaleconomische noodsituatie

2. In geval het in het eerste lid bedoelde overleg niet heeft plaatsgevonden binnen een week nadat een uitnodiging daartoe door Onze Minister is gedaan, geldt het aldaar bepaalde niet, met dien verstande dat Onze Minister in dat geval na het vaststellen van een regeling zo spoedig mogelijk alsnog, op de voet van het in dat lid bepaalde, overgaat tot het voeren van overleg over het al dan niet handhaven of wijzigen van de regeling.

3. Indien een regeling op grond van artikel 10, eerste lid, wordt voorbereid, wordt, nadat het in het eerste lid bedoelde overleg heeft plaatsgevonden dan wel de in het tweede lid bedoelde termijn van een week is verstreken, de zakelijke inhoud daarvan schriftelijk medegedeeld aan de beide Kamers der Staten-Generaal. De regeling wordt niet eerder vastgesteld dan nadat een week is verstreken na die mededeling.

4. Het bepaalde in de voorafgaande leden is van overeenkomstige toepassing ten aanzien van een verlenging als bedoeld in artikel 10, derde lid.

§ 6 Slotbepalingen

Art. 13

[Vervallen]

Art. 14

Onze Minister kan regelen stellen, inhoudende op welke wijze een mededeling als bedoeld in artikel 4, eerste lid, dan wel een verzoek als bedoeld in artikel 5, eerste lid, of 6, tweede lid, moet worden ingediend en welke gegevens daarbij moeten worden verstrekt, waarbij kan worden bepaald dat dit, in afwijking van artikel 2:14, eerste lid, van de Algemene wet bestuursrecht, uitsluitend langs elektronische weg kan geschieden, tenzij naar het oordeel van Onze Minister sprake is van omstandigheden die zich daartegen verzetten.

Nadere regels

Art. 15

1. Onze Minister wijst ambtenaren aan, belast met het inwinnen van gegevens omtrent de algemene ontwikkeling van lonen en andere op geld waardeerbare arbeidsvoorwaarden.

2. De artikelen 5:13, 5:16, 5:17 en 5:20 van de Algemene wet bestuursrecht zijn van overeenkomstige toepassing.

Arbeidsvoorwaarden, inwinnen gegevens

Art. 16

Met het toezicht op de naleving van het bij of krachtens deze wet bepaalde zijn belast de bij besluit van Onze Minister aangewezen ambtenaren.

Arbeidsvoorwaarden, toezicht op naleving

Art. 17

1. Indien Onze Minister heeft vastgesteld dat de Stichting van de Arbeid heeft opgehouden te bestaan of de haar krachtens deze wet toekomende taak te vervullen, treden voor de toepassing van de artikelen 5, tweede lid, 6, tweede lid, en 12, eerste lid, in haar plaats de door Ons aangewezen centrale organisaties van werkgevers en van werknemers. Voor aanwijzing komen slechts in aanmerking de naar Ons oordeel algemeen erkende centrale representatieve organisaties van werkgevers en van werknemers.

Stichting van de Arbeid, overname taken

2. In het geval, bedoeld in het eerste lid, kan Onze Minister slechts overgaan tot toepassing van artikel 6, eerste lid, na de krachtens het eerste lid aangewezen organisaties in de gelegenheid te hebben gesteld hem hun zienswijze ter zake kenbaar te maken.

Art. 18

[Vervallen]

B35 art. 19 Wet op de loonvorming

Art. 19

Arbeidsvoorwaarden, bekendmaking

Van een besluit als bedoeld in artikel 5, eerste lid, 6, eerste lid, 10, eerste of vierde lid, voor zover het de vrijstelling betreft, 14, 15, 16 of 17, eerste lid, wordt mededeling gedaan door plaatsing in de *Staatscourant*.

Art. 20

Arbeidsvoorwaarden, burgerlijke rechtsvordering

1. Onverminderd het in de artikelen 131 en 241 van Boek 2 (Rechtspersonen) van het Burgerlijk Wetboek bepaalde, worden burgerlijke rechtsvorderingen van werkgevers of werknemers welke voortvloeien uit niet-naleving van het bij of krachtens deze wet bepaalde, geacht betrekkelijk te zijn tot een arbeidsovereenkomst.

Toepasselijkheid

2. Artikel 5 van de Wet op de economische delicten (*Stb.* 1950, K 258) is niet van toepassing op voorzieningen ter zake van de overtreding van voorschriften, gesteld bij of krachtens artikel 10.

Art. 21

[Bevat wijzigingen in andere regelgeving.]

Art. 22

[Bevat wijzigingen in andere regelgeving.]

Art. 23

[Bevat wijzigingen in andere regelgeving.]

Art. 24

[Bevat wijzigingen in andere regelgeving.]

Art. 25

[Bevat wijzigingen in andere regelgeving.]

Art. 26-27

[Vervallen]

Art. 28

Citeertitel

1. Deze wet kan worden aangehaald als: Wet op de loonvorming.

Inwerkingtreding

2. Zij treedt in werking op een door Ons te bepalen tijdstip.

Auteurswet **B36**

Inhoudsopgave

Hoofdstuk I	Algemeene bepalingen	Art. 1
§ 1	De aard van het auteursrecht	Art. 1
§ 2	De maker van het werk	Art. 4
§ 3	De werken, waarop auteursrecht bestaat	Art. 10
§ 4	Het openbaar maken	Art. 12
§ 5	Het verveelvoudigen	Art. 13
§ 6	De beperkingen van het auteursrecht	Art. 15
Hoofdstuk Ia	De exploitatieovereenkomst	Art. 25b
Hoofdstuk II	De uitoefening en de handhaving van het auteursrecht en bepalingen van strafrecht	Art. 26
Hoofdstuk III	De duur van het auteursrecht	Art. 37
Hoofdstuk IV	Bijzondere bepalingen betreffende het volgrecht	Art. 43
Hoofdstuk IVa	Bijzondere bepalingen betreffende verruimde licenties	Art. 44
§ 1	Verruimde licenties met betrekking tot werken die niet in de handel verkrijgbaar zijn	Art. 44
§ 2	Verruimde licenties in het algemeen	Art. 45
Hoofdstuk V	Bijzondere bepalingen betreffende filmwerken	Art. 45a
Hoofdstuk VI	Bijzondere bepalingen betreffende computerprogramma's	Art. 45h
Hoofdstuk VII	Bescherming van na het verstrijken van de beschermingsduur openbaar gemaakte werken	Art. 45o
Hoofdstuk VIII	Overgangs- en slotbepalingen	Art. 46

Auteurswet^1

Wet van 23 september 1912, houdende nieuwe regeling van het auteursrecht

Wij WILHELMINA, bij de gratie Gods, Koningin der Nederlanden, Prinses van Oranje-Nassau, enz., enz., enz.

Allen, die deze zullen zien of hooren lezen, salut! doen te weten:

Alzoo Wij in overweging genomen hebben, dat het wenschelijk is eene nieuwe regeling van het auteursrecht vast te stellen;

Zoo is het, dat Wij, den Raad van State gehoord, en met gemeen overleg der Staten-Generaal, hebben goedgevonden en verstaan, gelijk Wij goedvinden en verstaan bij deze:

Hoofdstuk I Algemeene bepalingen

§ 1
De aard van het auteursrecht

Art. 1

Begripsbepalingen

Het auteursrecht is het uitsluitend recht van den maker van een werk van letterkunde, wetenschap of kunst, of van diens rechtverkrijgenden, om dit openbaar te maken en te verveelvoudigen, behoudens de beperkingen, bij de wet gesteld.

Art. 2

Overgang en overdracht auteursrecht

1. Het auteursrecht gaat over bij erfopvolging en is vatbaar voor gehele of gedeeltelijke overdracht.

2. De maker, of zijn rechtverkrijgende, kan aan een derde een licentie verlenen voor het geheel of een gedeelte van het auteursrecht.

3. De levering vereist voor gehele of gedeeltelijke overdracht, alsmede de verlening van een exclusieve licentie, geschiedt bij een daartoe bestemde akte. De overdracht of de verlening van een exclusieve licentie omvat alleen die bevoegdheden die in de akte staan vermeld of die uit de aard en de strekking van de titel of licentieverlening noodzakelijkerwijs voortvloeien.

4. Het auteursrecht dat toekomt aan de maker van een werk, alsmede, na het overlijden van de maker, het auteursrecht op niet openbaar gemaakte werken dat toekomt aan degene die het als erfgenaam of legataris van de maker heeft verkregen, is niet vatbaar voor beslag.

5. Het derde lid, tweede volzin, en het vierde lid zijn niet van toepassing op een maker als bedoeld in artikel 7 en 8.

Art. 3

Wanneer een maker van een werk van letterkunde, wetenschap of kunst het auteursrecht aan een uitgever heeft overgedragen of in licentie heeft gegeven, dan vormt deze overdracht of licentie voor de uitgever een afdoende rechtsgrondslag om aanspraak te maken op een deel van de vergoedingen voor het gebruik van het werk in het kader van de beperkingen op het overgedragen of in licentie gegeven recht.

§ 2
De maker van het werk

Art. 4

Vermoeden van makerschap

1. Behoudens bewijs van het tegendeel wordt voor den maker gehouden hij die op of in het werk als zoodanig is aangeduid, of bij gebreke van zulk eene aanduiding, degene, die bij de openbaarmaking van het werk als maker daarvan is bekend gemaakt door hem, die het openbaar maakt.

2. Wordt bij het houden van een niet in druk verschenen mondelinge voordracht geen mededeling omtrent de maker gedaan, dan wordt, behoudens bewijs van het tegendeel, voor de maker gehouden hij die de mondelinge voordracht houdt.

Art. 5

Verzamelwerk

1. Van een werk van letterkunde, wetenschap of kunst, hetwelk bestaat uit afzonderlijke werken van twee of meer personen, wordt, onverminderd het auteursrecht op ieder werk afzonderlijk, als de maker aangemerkt degene, onder wiens leiding en toezicht het gansche werk is tot stand gebracht, of bij gebreke van dien, degene, die de verschillende werken verzameld heeft.

---

1 Inwerkingtredingsdatum: 01-11-1912; zoals laatstelijk gewijzigd bij: Stb. 2021, 248.

2. Als inbreuk op het auteursrecht op het gansche werk wordt beschouwd het verveelvoudigen of openbaar maken van eenig daarin opgenomen afzonderlijk werk, waarop auteursrecht bestaat, door een ander dan den maker daarvan of diens rechtverkrijgenden.

3. Is zulk een afzonderlijk werk niet te voren openbaar gemaakt, dan wordt, tenzij tusschen partijen anders is overeengekomen, als inbreuk op het auteursrecht op het gansche werk beschouwd het verveelvoudigen of openbaar maken van dat afzonderlijk werk door den maker daarvan of diens rechtverkrijgenden, indien daarbij niet het werk vermeld wordt, waarvan het deel uitmaakt.

Art. 6

Indien een werk is tot stand gebracht naar het ontwerp van een ander en onder diens leiding en toezicht, wordt deze als de maker van dat werk aangemerkt.

Onder leiding en toezicht

Art. 7

Indien de arbeid, in dienst van een ander verricht, bestaat in het vervaardigen van bepaalde werken van letterkunde, wetenschap of kunst, dan wordt, tenzij tusschen partijen anders is overeengekomen, als de maker van die werken aangemerkt degene, in wiens dienst de werken zijn vervaardigd.

Werkgeversauteursrecht

Art. 8

Indien eene openbare instelling, eene vereeniging, stichting of vennootschap, een werk als van haar afkomstig openbaar maakt, zonder daarbij eenig natuurlijk persoon als maker er van te vermelden, wordt zij, tenzij bewezen wordt, dat de openbaarmaking onder de bedoelde omstandigheden onrechtmatig was, als de maker van dat werk aangemerkt.

Werken door instellingen e.d. openbaar gemaakt

Art. 9

Indien op of in eenig in druk verschenen exemplaar van het werk de maker niet, of niet met zijn waren naam, is vermeld, kan tegenover derden het auteursrecht ten behoeve van den rechthebbende worden uitgeoefend door dengene, die op of in dat exemplaar van het werk als de uitgever ervan is aangeduid, of bij gebreke van zoodanige aanduiding, door dengene, die op of in het exemplaar van het werk als de drukker ervan is vermeld.

Gedrukte werken zonder naamsvermelding auteur

§ 3

De werken, waarop auteursrecht bestaat

Art. 10

1. Onder werken van letterkunde, wetenschap of kunst verstaat deze wet:
1°. boeken, brochures, nieuwsbladen, tijdschriften en andere geschriften;
2°. tooneelwerken en dramatisch-muzikale werken;
3°. mondelinge voordrachten;
4°. choreografische werken en pantomimes;
5°. muziekwerken met of zonder woorden;
6°. teeken-, schilder-, bouw- en beeldhouwwerken, lithografieën, graveer- en andere plaatwerken;
7°. aardrijkskundige kaarten;
8°. ontwerpen, schetsen en plastische werken, betrekkelijk tot de bouwkunde, de aardrijkskunde, de plaatsbeschrijving of andere wetenschappen;
9°. fotografische werken;
10. filmwerken;
11°. werken van toegepaste kunst en tekeningen en modellen van nijverheid;
12°. computerprogramma's en het voorbereidend materiaal;
en in het algemeen ieder voortbrengsel op het gebied van letterkunde, wetenschap of kunst, op welke wijze of in welken vorm het ook tot uitdrukking zij gebracht.

Werken

2. Verveelvoudigingen in gewijzigde vorm van een werk van letterkunde, wetenschap of kunst, zoals vertalingen, muziekschikkingen, verfilmingen en andere bewerkingen, zomede verzamelingen van verschillende werken, worden, onverminderd het auteursrecht op het oorspronkelijke werk, als zelfstandige werken beschermd.

Bewerking

3. Verzamelingen van werken, gegevens of andere zelfstandige elementen, systematisch of methodisch geordend, en afzonderlijk met elektronische middelen of anderszins toegankelijk, worden, onverminderd andere rechten op de verzameling en onverminderd het auteursrecht of andere rechten op de in de verzameling opgenomen werken, gegevens of andere elementen, als zelfstandige werken beschermd.

Databanken

Art. 11

Er bestaat geen auteursrecht op wetten, besluiten en verordeningen, door de openbare macht uitgevaardigd, noch op rechterlijke uitspraken en administratieve beslissingen.

Overheidsregelingen en overheidsbeslissingen

§4

Het openbaar maken

Art. 12

Opbaarmaken **1.** Onder de openbaarmaking van een werk van letterkunde, wetenschap of kunst wordt mede verstaan:

1°. de openbaarmaking van eene verveelvoudiging van het geheel of een gedeelte van het werk;

2°. de verbreiding van het geheel of een gedeelte van het werk of van eene verveelvoudiging daarvan, zoolang het niet in druk verschenen is;

3°. het verhuren of uitlenen van het geheel of een gedeelte van een exemplaar van het werk met uitzondering van bouwwerken en werken van toegepaste kunst, of van een verveelvoudiging daarvan die door de rechthebbende of met zijn toestemming in het verkeer is gebracht;

4°. de voordracht, op- of uitvoering of voorstelling in het openbaar van het geheel of een gedeelte van het werk of van eene verveelvoudiging daarvan;

5°. het uitzenden van een in een radio- of televisieprogramma opgenomen werk door middel van een satelliet of een andere zender of een omroepnetwerk als bedoeld in artikel 1.1 van de Mediawet 2008;

6°. de openbaarmaking door middel van doorgifte van een werk via de kabel of langs andere weg.

Verhuren **2.** Onder verhuren als bedoeld in het eerste lid, onder 3°, wordt verstaan het voor een beperkte tijd en tegen een direct of indirect economisch of commercieel voordeel voor gebruik ter beschikking stellen.

Uitlenen **3.** Onder uitlenen als bedoeld in het eerste lid, onder 3°, wordt verstaan het voor een beperkte tijd en zonder direct of indirect economisch of commercieel voordeel voor gebruik ter beschikking stellen door voor het publiek toegankelijke instellingen.

Familiekring, vriendenkring **4.** Onder een voordracht, op- of uitvoering of voorstelling in het openbaar wordt mede begrepen die in besloten kring, tenzij deze zich beperkt tot de familie-, vrienden- of daaraan gelijk te stellen kring, en voor de toegang tot de voordracht, op- of uitvoering of voorstelling geen betaling, in welke vorm ook, geschiedt. Hetzelfde geldt voor een tentoonstelling.

Onderwijs **5.** Onder een voordracht, op- of uitvoering of voorstelling in het openbaar wordt niet begrepen die welke uitsluitend dient tot het onderwijs dat vanwege de overheid of vanwege een rechtspersoon zonder winstoogmerk wordt gegeven, voor zover de voordracht, op- of uitvoering of voorstelling deel uitmaakt van het schoolwerkplan of leerplan voor zover van toepassing, of tot een wetenschappelijk doel. De eerste volzin is mede van toepassing op het digitale gebruik ter toelichting bij het vorenbedoeld onderwijs dat plaatsvindt onder verantwoordelijkheid van een onderwijsinstelling door middel van een beveiligde elektronische omgeving die alleen toegankelijk is voor de leerlingen of studenten en het onderwijzend personeel van de onderwijsinstelling, mits:

1°. het gebruik gelijktijdig met de voordracht, op- of uitvoering of voorstelling plaatsvindt;

2°. het gebruik, met inbegrip van de handelingen tot reproductie die voor de openbaarmaking noodzakelijk zijn, wordt gerechtvaardigd voor het te bereiken niet-commerciële doel; en

3°. de bron, waaronder de naam van de maker, wordt vermeld, tenzij dit niet mogelijk blijkt.

Uitzonderingen **6.** Als afzonderlijke openbaarmaking wordt niet beschouwd de gelijktijdige uitzending van een in een radio- of televisieprogramma opgenomen werk door hetzelfde organisme dat dat programma oorspronkelijk uitzendt.

Satellietuitzendingen **7.** Onder het uitzenden van een in een radio- of televisieprogramma opgenomen werk door middel van een satelliet wordt verstaan de handeling waarbij de programmadragende signalen voor ontvangst door het publiek onder controle en verantwoordelijkheid van de omroeporganisatie worden ingevoerd in een ononderbroken mededelingenketen die naar de satelliet en terug naar de aarde voert. Indien de programmadragende signalen in gecodeerde vorm worden uitgezonden, is er sprake van het uitzenden van een in een radio- of televisieprogramma opgenomen werk door middel van een satelliet, indien de middelen voor het decoderen van de uitzending door of met toestemming van de omroeporganisatie ter beschikking van het publiek worden gesteld.

8. Onder de doorgifte van een werk via de kabel wordt verstaan de gelijktijdige, ongewijzigde en integrale doorgifte, door middel van een kabel- of microgolfsysteem, aan het publiek, van een oorspronkelijke uitzending, al dan niet via de ether, ook per satelliet, van een in een radio- of televisieprogramma opgenomen werk die voor ontvangst door het publiek bestemd is, ongeacht de wijze waarop degene die de doorgifte verzorgt de programmadragende signalen van de omroeporganisatie ten behoeve van de doorgifte verkrijgt.

9. Onder de doorgifte van een werk langs andere weg wordt verstaan de gelijktijdige, ongewijzigde en integrale doorgifte, anders dan de doorgifte via de kabel, bedoeld in het achtste lid, van een oorspronkelijke uitzending, per draad of via de ether, met inbegrip van satellietuitzending, met uitzondering van een online uitzending, van een in een radio- of televisieprogramma opgenomen werk, die voor het publiek bestemd is, ongeacht de wijze waarop degene die de doorgifte verzorgt de programmadragende signalen van de omroeporganisatie ten behoeve van de doorgifte verkrijgt. Indien een internettoegangsdiensт als bedoeld in Verordening (EU) 2015/2120 van het Europees Parlement en de Raad van 25 november 2015 tot vaststelling van maatregelen betreffende open-internettoegang en tot wijziging van Richtlijn 2002/22/EG inzake de universele dienst en gebruikersrechten met betrekking tot elektronische-communicatienetwerken en -diensten en Verordening (EU) nr. 531/2012 betreffende roaming op openbare mobiele communicatienetwerken binnen de Unie (PbEU 2015, L 310) de doorgifte verzorgt, is alleen sprake van de doorgifte van een werk langs andere weg als het een beveiligde doorgifte betreft die geschiedt aan daartoe geautoriseerde gebruikers.

Art. 12a

1. Indien de maker het verhuurrecht, bedoeld in artikel 12, eerste lid, onder 3°, met betrekking tot een op een fonogram vastgelegd werk van letterkunde, wetenschap of kunst aan de producent daarvan heeft overgedragen, is de producent de maker een billijke vergoeding verschuldigd voor de verhuur.

2. Van het in het eerste lid bedoelde recht op een billijke vergoeding kan geen afstand worden gedaan.

Art. 12b

Indien een exemplaar van een werk van letterkunde, wetenschap of kunst door of met toestemming van de maker of zijn rechtverkrijgende voor de eerste maal in een van de lidstaten van de Europese Unie of in een staat die partij is bij de Overeenkomst betreffende de Europese Economische Ruimte in het verkeer is gebracht door eigendomsoverdracht, dan vormt het anderszins in het verkeer brengen van dat exemplaar, met uitzondering van verhuur en uitlening, geen inbreuk op het auteursrecht.

Art. 12c

Wanneer een omroeporganisatie de programmadragende signalen rechtstreeks aanlevert bij degene die de uitzending van een werk via de kabel of langs andere weg verzorgt zonder dat de omroeporganisatie de signalen zelf gelijktijdig uitzendt, is er sprake van een enkele openbaarmaking van een in een radio- of televisieprogramma opgenomen werk waarvoor de omroeporganisatie en degene die de programmadragende signalen uitzendt ieder voor zijn eigen bijdrage aan die openbaarmaking verantwoordelijk is.

§ 5

Het verveelvoudigen

Art. 13

Onder de verveelvoudiging van een werk van letterkunde, wetenschap of kunst wordt mede verstaan de vertaling, de muziekschikking, de verfilming of tooneelbewerking en in het algemeen iedere gehele of gedeeltelijke bewerking of nabootsing in gewijzigden vorm, welke niet als een nieuw, oorspronkelijk werk moet worden aangemerkt.

Art. 13a

Onder de verveelvoudiging van een werk van letterkunde, wetenschap of kunst wordt niet verstaan de tijdelijke reproductie die van voorbijgaande of incidentele aard is, en die een integraal en essentieel onderdeel vormt van een technisch procédé dat wordt toegepast met als enig doel *a)* de doorgifte in een netwerk tussen derden door een tussenpersoon of *b)* een rechtmatig gebruik van een werk mogelijk te maken, en die geen zelfstandige economische waarde bezit.

Art. 14

Onder het verveelvoudigen van een werk van letterkunde, wetenschap of kunst wordt mede verstaan het vastleggen van dat werk of een gedeelte daarvan op enig voorwerp dat bestemd is om een werk ten gehore te brengen of te vertonen.

§ 6

De beperkingen van het auteursrecht

Art. 15

1. Als inbreuk op het auteursrecht op een werk van letterkunde, wetenschap of kunst wordt niet beschouwd het overnemen van berichten of artikelen over actuele economische, politieke, godsdienstige of levensbeschouwelijke onderwerpen alsmede van werken van dezelfde aard die in een dag-, nieuws- of weekblad, tijdschrift, radio- of televisieprogramma of ander medium dat eenzelfde functie vervult, zijn openbaar gemaakt, indien:

1°. het overnemen geschiedt door een dag-, nieuws- of weekblad of tijdschrift, in een radio- of televisieprogramma of ander medium dat een zelfde functie vervult;

2°. artikel 25 in acht wordt genomen;

3°. de bron, waaronder de naam van de maker, op duidelijke wijze wordt vermeld; en

4°. het auteursrecht niet uitdrukkelijk is voorbehouden.

Vergoedingsplicht fonogrammenproducent bij verhuren

Uitputting

Verveelvoudigen

Tijdelijke reproductie van voorbijgaande of incidentele aard

Geluid- of beeldvastlegging

Overneming door de pers

B36 art. 15a — Auteurswet

2. Dit artikel is mede van toepassing op het overnemen in een andere taal dan de oorspronkelijke.

Art. 15a

Citeren

1. Als inbreuk op het auteursrecht op een werk van letterkunde, wetenschap of kunst wordt niet beschouwd het citeren uit een werk in een aankondiging, beoordeling, polemiek of wetenschappelijke verhandeling of voor een uiting met een vergelijkbaar doel mits:
1°. het werk waaruit geciteerd wordt rechtmatig openbaar gemaakt is;
2°. het citeren in overeenstemming is met hetgeen naar de regels van het maatschappelijk verkeer redelijkerwijs geoorloofd is en aantal en omvang der geciteerde gedeelten door het te bereiken doel zijn gerechtvaardigd;
3°. artikel 25 in acht wordt genomen; en
4°. voor zover redelijkerwijs mogelijk, de bron, waaronder de naam van de maker, op duidelijke wijze wordt vermeld.

2. Onder citeren wordt in dit artikel mede begrepen het citeren in de vorm van persoverzichten uit in een dag-, nieuws- of weekblad of tijdschrift verschenen artikelen.

3. Dit artikel is mede van toepassing op het citeren in een andere taal dan de oorspronkelijke.

Art. 15b

Werk vanwege de overheid openbaar gemaakt

Als inbreuk op het auteursrecht op een door of vanwege de openbare macht openbaar gemaakt werk van letterkunde, wetenschap of kunst, waarvan de openbare macht de maker of rechtverkrijgende is, wordt niet beschouwd verdere openbaarmaking of verveelvoudiging daarvan, tenzij het auteursrecht, hetzij in het algemeen bij wet, besluit of verordening, hetzij in een bepaald geval blijkens mededeling op het werk zelf of bij de openbaarmaking daarvan uitdrukkelijk is voorbehouden. Ook als een zodanig voorbehoud niet is gemaakt, behoudt de maker echter het uitsluitend recht, zijn werken, die door of vanwege de openbare macht zijn openbaar gemaakt, in een bundel verenigd te doen verschijnen.

Art. 15c

Leenvergoeding

1. Als inbreuk op het auteursrecht op een werk van letterkunde, wetenschap of kunst wordt niet beschouwd het uitlenen als bedoeld in artikel 12, eerste lid, onder 3°, van het geheel of een gedeelte van een exemplaar van het werk of van een verveelvoudiging daarvan die door de rechthebbende of met zijn toestemming in het verkeer is gebracht, mits degene die de uitlening verricht of doet verrichten een billijke vergoeding betaalt. De eerste zin is niet van toepassing op een werk als bedoeld in artikel 10, eerste lid, onder 12° tenzij dat werk onderdeel uitmaakt van een van gegevens voorziene informatiedrager en uitsluitend dient om die gegevens toegankelijk te maken.

Onderwijs en wetenschap

2. Instellingen van onderwijs en instellingen van onderzoek en de aan die instellingen verbonden bibliotheken en de Koninklijke Bibliotheek in haar hoedanigheid van onderzoeksinstelling zijn vrijgesteld van de betaling van een vergoeding voor uitlenen als bedoeld in het eerste lid.

Openbare bibliotheekvoorzieningen

3. Openbare bibliotheekvoorzieningen, die in overwegende mate door gemeenten, provincies, het rijk of het openbaar lichaam Bonaire, Sint Eustatius of Saba worden gesubsidieerd of in stand gehouden, zijn voor het uitlenen van op basis van de artikelen 15i of 15j, eerste lid, onder 1° of 2°, omgezette werken of een onder artikel 15k door een toegelaten entiteit ingevoerd omgezet werk aan bij die voorzieningen ingeschreven personen met een handicap, vrijgesteld van betaling van de vergoeding, bedoeld in het eerste lid.

Hoogte leenvergoeding

4. De in het eerste lid bedoelde vergoeding is niet verschuldigd indien de betalingsplichtige kan aantonen dat de maker of diens rechtverkrijgende afstand heeft gedaan van het recht op een billijke vergoeding. De maker of diens rechtverkrijgende dient de afstand schriftelijk mee te delen aan de in de artikelen 15d en 15f bedoelde rechtspersonen.

Art. 15d

Hoogte leenvergoeding

De hoogte van de in artikel 15c, eerste lid, bedoelde vergoeding wordt vastgesteld door een door Onze Minister van Justitie in overeenstemming met Onze Minister van Onderwijs, Cultuur en Wetenschappen aan te wijzen stichting waarvan het bestuur zodanig is samengesteld dat de belangen van de makers of hun rechtverkrijgenden en de ingevolge artikel 15c, eerste lid, betalingsplichtigen op evenwichtige wijze worden behartigd. De voorzitter van het bestuur van deze stichting wordt benoemd door Onze Minister van Justitie in overeenstemming met Onze Minister van Onderwijs, Cultuur en Wetenschappen. Het aantal bestuursleden van deze stichting dient oneven te zijn.

Art. 15e

Bevoegde rechter

Geschillen met betrekking tot de in artikel 15c, eerste lid, bedoelde vergoeding worden in eerste aanleg bij uitsluiting beslist door de rechtbank Den Haag.

Art. 15f

Betaling aan incasso-organisatie

1. De betaling van de in artikel 15c bedoelde vergoeding dient te geschieden aan een door Onze Minister van Justitie in overeenstemming met Onze Minister van Onderwijs, Cultuur en Wetenschappen aan te wijzen naar hun oordeel representatieve rechtspersoon, die met uitsluiting van anderen belast is met de inning en de verdeling van deze vergoeding. In aangelegenheden betreffende de vaststelling van de hoogte van de vergoeding en de inning daarvan alsmede de uitoefening van het uitsluitende recht vertegenwoordigt de in de vorige zin bedoelde rechtspersoon de rechthebbenden in en buiten rechte.

2. De rechtspersoon, bedoeld in het eerste lid, staat onder toezicht van het College van Toezicht, bedoeld in de Wet toezicht collectieve beheersorganisaties auteurs- en naburige rechten.

3. De verdeling van de geïnde vergoedingen geschiedt overeenkomstig een reglement, dat is opgesteld door de rechtspersoon, bedoeld in het eerste lid, en dat is goedgekeurd door het College van Toezicht, bedoeld in de Wet toezicht collectieve beheersorganisaties auteurs- en naburige rechten.

Art. 15g

Degene die tot betaling van de in artikel 15c, eerste lid, bedoelde vergoeding verplicht is, is gehouden, voor zover geen ander tijdstip is overeengekomen, vóór 1 april van ieder kalenderjaar aan de in artikel 15f, eerste lid, bedoelde rechtspersoon opgave te doen van het aantal rechtshandelingen, bedoeld in artikel 15c. Hij is voorts gehouden desgevraagd aan deze rechtspersoon onverwijld de bescheiden of andere informatiedragers ter inzage te geven, waarvan kennisneming noodzakelijk is voor de vaststelling van de verschuldigdheid en de hoogte van de vergoeding.

Opgave aantal uitleningen

Art. 15h

Tenzij anders overeengekomen, wordt niet als inbreuk op het auteursrecht op een werk van letterkunde, wetenschap of kunst beschouwd het door middel van een besloten netwerk beschikbaar stellen van een werk dat onderdeel uitmaakt van verzamelingen van voor het publiek toegankelijke bibliotheken, onderwijsinstellingen en musea of archieven die niet het behalen van een direct of indirect economisch of commercieel voordeel nastreven, door middel van daarvoor bestemde terminals in de gebouwen van de instellingen aan individuele leden van het publiek voor onderzoek of privé-studie.

Raadpleging in bibliotheken, onderwijsinstellingen, musea en archieven

Art. 15i

1. Als inbreuk op het auteursrecht op een werk van letterkunde, wetenschap of kunst wordt niet beschouwd de verveelvoudiging of openbaarmaking die uitsluitend bestemd is voor mensen met een handicap, mits deze direct met de handicap verband houdt, van niet commerciële aard is en wegens die handicap noodzakelijk is, onverminderd het bepaalde in artikel 15j.

Handicap

2. Voor de verveelvoudiging of openbaarmaking, bedoeld in het eerste lid, is ten behoeve van de maker of diens rechtverkrijgenden een billijke vergoeding verschuldigd.

Billijke vergoeding

Art. 15j

1. Als inbreuk op het auteursrecht op een werk van letterkunde, wetenschap of kunst, wordt niet beschouwd iedere handeling die noodzakelijk is voor:

Omzetting voor leesgehandicapte, geen inbreuk

$1°.$ het omzetten van een gepubliceerd geschrift in een voor een leesgehandicapte toegankelijke vorm door een leesgehandicapte of een namens hem optredende persoon, mits de leesgehandicapte rechtmatig toegang heeft tot het gepubliceerde geschrift, het omgezette werk uitsluitend bestemd is voor gebruik door de leesgehandicapte en de integriteit van het gepubliceerde geschrift zoveel mogelijk geëerbiedigd wordt;

$2°.$ het omzetten van een gepubliceerd geschrift in een voor een leesgehandicapte toegankelijke vorm door een toegelaten entiteit, mits de toegelaten entiteit rechtmatig toegang heeft tot het gepubliceerde geschrift, het omgezette werk uitsluitend bestemd is voor gebruik door een leesgehandicapte, en de integriteit van het gepubliceerde geschrift zoveel mogelijk geëerbiedigd wordt; en

$3°.$ het openbaar maken van een omgezet werk als bedoeld onder 2, door een toegelaten entiteit aan een leesgehandicapte woonachtig in of een andere toegelaten entiteit gevestigd in een lidstaat van de Europese Unie of een staat die partij is bij het Leesgehandicaptenverdrag, mits de openbaarmaking geschiedt met het oog op uitsluitend gebruik door de leesgehandicapte en plaatsvindt zonder winstoogmerk.

2. Bij overeenkomst kan niet worden afgeweken van het in het eerste lid bepaalde.

3. Bij algemene maatregel van bestuur kan worden bepaald dat de in Nederland gevestigde toegelaten entiteit voor het omzetten of openbaar maken, bedoeld in het eerste lid, onder $2°$ en $3°$, ten behoeve van de maker of diens rechtverkrijgenden een billijke vergoeding is verschuldigd. Daarbij kunnen nadere regels worden gegeven en voorwaarden worden gesteld.

Art. 15k

Als inbreuk op het auteursrecht op een werk van letterkunde, wetenschap of kunst wordt niet beschouwd de invoer door een leesgehandicapte of een toegelaten entiteit van een omgezet werk door een toegelaten entiteit in een andere lidstaat van de Europese Unie of een staat die partij is bij het Leesgehandicaptenverdrag. Hier kan niet van worden afgeweken bij overeenkomst.

Omgezet werk, invoer

Art. 15l

1. Een toegelaten entiteit die een omgezet werk grensoverschrijdend openbaar maakt op basis van artikel 15j, eerste lid, onder $3°$, dan wel invoert op basis van artikel 15k, heeft beleid om te waarborgen dat zij:

Omgezet werk, waarborgen toegelaten entiteit

$1°.$ omgezette werken uitsluitend openbaar maakt aan leesgehandicapten of andere toegelaten entiteiten;

B36 art. 15m **Auteurswet**

2°. passende maatregelen neemt om de ongeoorloofde verveelvoudiging of openbaarmaking van omgezette werken te ontmoedigen;

3°. getuigt van de nodige zorgvuldigheid bij, en registers bijhoudt van, de handelingen die zij uitvoert met gepubliceerde geschriften en omgezette werken; en

4°. op haar website, in voorkomend geval, of via andere online- of offlinekanalen, informatie publiceert en actualiseert over de manier waarop zij voldoet aan de verplichtingen van het bepaalde onder 1° tot en met 3°;

2. Een toegelaten entiteit die een omgezet werk grensoverschrijdend openbaar maakt op basis van artikel 15j, eerste lid, onder 3°, dan wel invoert op basis van artikel 15k, verstrekt desgevraagd aan een leesgehandicapte, een andere toegelaten entiteit of de maker of diens rechtverkrijgenden:

1°. de lijst met omgezette werken, alsmede de beschikbare vormen; en

2°. de naam en de contactgegevens van de toegelaten entiteiten waarmee zij omgezette werken heeft uitgewisseld.

Begripsbepalingen art. 15j, 15k en 15l

Art. 15m

Voor de toepassing van de artikelen 15j, 15k en 15l wordt verstaan onder:

a. leesgehandicapte: een persoon

1°. die blind is;

2°. met een visuele handicap die niet zodanig kan worden verbeterd dat de persoon het gezichtsvermogen krijgt dat wezenlijk gelijkwaardig is aan dat van een persoon zonder een dergelijke handicap en waardoor de persoon niet in staat is in wezenlijk dezelfde mate als een persoon zonder een dergelijke handicap gedrukte werken te lezen;

3°. met een waarnemings- of andere leeshandicap waardoor de persoon niet in staat is in wezenlijk dezelfde mate als een persoon zonder een dergelijke handicap gedrukte werken te lezen; of

4°. die anderszins, ten gevolge van een fysieke handicap, niet in staat is een boek vast te houden of te hanteren, dan wel scherp te zien of zijn ogen te bewegen in een mate die gewoonlijk voor het lezen noodzakelijk wordt geacht;

b. gepubliceerd geschrift: een werk van letterkunde, wetenschap of kunst in de vorm van een boek, dagblad, krant, tijdschrift of ander soort geschrift, notaties met inbegrip van bladmuziek en daarmee samenhangende illustraties, op om het even welke drager, met inbegrip van audioformaten, dat wordt beschermd door het auteursrecht en dat is openbaar gemaakt;

c. omgezet werk: een werk dat in een alternatieve vorm is omgezet waarmee dat werk voor een leesgehandicapte toegankelijk wordt, onder meer om de toegang tot het werk voor die leesgehandicapte even eenvoudig en gemakkelijk te maken als voor personen zonder leeshandicap;

d. toegelaten entiteit: een entiteit die door een lidstaat is gemachtigd of erkend om zonder winstoogmerk onderwijs, opleiding, aangepast lezen of toegang tot informatie aan leesgehandicapten te bieden. Hieronder wordt mede verstaan openbare instellingen of organisaties zonder winstoogmerk die leesgehandicapten dezelfde diensten aanbieden als een van hun hoofdactiviteiten, institutionele verplichtingen of in het kader van hun taken van openbaar belang;

e. Leesgehandicaptenverdrag: het op 27 juni 2013 te Marrakesh tot stand gekomen Verdrag van Marrakesh tot bevordering van de toegang tot gepubliceerde werken voor personen die blind zijn, visueel gehandicapt of anderszins een leeshandicap hebben.

Art. 15n

1. Als inbreuk op het auteursrecht op een werk van letterkunde, wetenschap of kunst wordt niet beschouwd de reproductie door onderzoeksorganisaties en cultureel erfgoedinstellingen om met het oog op wetenschappelijk onderzoek tekst- en datamining te verrichten op het werk waartoe zij rechtmatige toegang hebben.

2. De reproductie bedoeld in het eerste lid wordt opgeslagen met een passend niveau van bescherming en mag worden bewaard voor doeleinden in verband met wetenschappelijk onderzoek.

3. De makers van werken van letterkunde, wetenschap of kunst en hun rechtverkrijgenden kunnen maatregelen nemen met het oog op de veiligheid en de integriteit van de netwerken en databanken waar die werken zijn opgeslagen. Deze maatregelen gaan niet verder dan wat nodig is om die doelstelling te verwezenlijken.

4. Van de bepalingen in dit artikel kan niet bij overeenkomst worden afgeweken.

Art. 15o

1. Onverminderd het bepaalde in artikel 15n wordt een reproductie in het kader van tekst- en datamining niet als inbreuk op het auteursrecht op een werk van letterkunde, wetenschap of kunst beschouwd mits degene die de tekst- en datamining verricht rechtmatig toegang heeft tot het werk en het auteursrecht door de maker of zijn rechtverkrijgenden niet uitdrukkelijk op passende wijze is voorbehouden, zoals door middel van machinaal leesbare middelen bij een online ter beschikking gesteld werk.

2. De reproductie gemaakt overeenkomstig het in het eerste lid bepaalde mag worden bewaard zolang dit nodig is voor tekst- en datamining.

Art. 16

1. Als inbreuk op het auteursrecht op een werk van letterkunde, wetenschap of kunst wordt niet beschouwd de verveelvoudiging of openbaarmaking van gedeelten ervan uitsluitend ter toelichting bij het onderwijs, voor zover dit door het beoogde, niet-commerciële doel wordt gerechtvaardigd, mits:

Overneming t.b.v. onderwijs

1°. het werk waaruit is overgenomen rechtmatig openbaar gemaakt is;

2°. het overnemen in overeenstemming is met hetgeen naar de regels van het maatschappelijk verkeer redelijkerwijs geoorloofd is;

3°. artikel 25 in acht wordt genomen;

4°. Voor zover redelijkerwijs mogelijk, de bron, waaronder de naam van de maker, op duidelijke wijze wordt vermeld; en

5°. aan de maker of zijn rechtverkrijgenden een billijke vergoeding wordt betaald.

2. Waar het geldt een kort werk of een werk als bedoeld in artikel 10, eerste lid onder 6°., onder 9°. of onder 11°. mag voor hetzelfde doel en onder dezelfde voorwaarden het gehele werk worden overgenomen.

3. Waar het het overnemen in een compilatiewerk betreft, mag van dezelfde maker niet meer worden overgenomen dan enkele korte werken of korte gedeelten van zijn werken, en waar het geldt werken als bedoeld in artikel 10, eerste lid onder 6°., onder 9°. of onder 11°. niet meer dan enkele van die werken en in zodanige verveelvoudiging, dat deze door haar grootte of door de werkwijze, volgens welke zij vervaardigd is, een duidelijk verschil vertoont met het oorspronkelijke met dien verstande, dat wanneer van deze werken er twee of meer verenigd openbaar zijn gemaakt, die verveelvoudiging slechts ten aanzien van een daarvan geoorloofd is.

Compilatiewerk

4. De bepalingen van dit artikel zijn mede van toepassing ten aanzien van het overnemen in een andere taal dan de oorspronkelijke.

5. De bepalingen van dit artikel zijn mede van toepassing op digitaal gebruik dat plaatsvindt onder verantwoordelijkheid van een onderwijsinstelling door middel van een beveiligde elektronische omgeving die alleen toegankelijk is voor de leerlingen of studenten en het onderwijzend personeel van de onderwijsinstelling.

6. Van de bepalingen in dit artikel kan niet bij overeenkomst worden afgeweken.

Art. 16a

Als inbreuk op het auteursrecht op een werk van letterkunde, wetenschap of kunst wordt niet beschouwd een korte opname, weergave en mededeling ervan in het openbaar in een foto-, film-, radio- of televisiereportage voor zover zulks voor het behoorlijk weergeven van de actuele gebeurtenis welke het onderwerp der reportage uitmaakt, gerechtvaardigd is en mits, voor zover redelijkerwijs mogelijk, de bron, waaronder de naam van de maker, duidelijk wordt vermeld.

Reportages van actuele gebeurtenissen

Art. 16b

1. Als inbreuk op het auteursrecht op een werk van letterkunde, wetenschap of kunst wordt niet beschouwd de verveelvoudiging welke beperkt blijft tot enkele exemplaren en welke uitsluitend dient tot eigen oefening, studie of gebruik van de natuurlijke persoon die zonder direct of indirect commercieel oogmerk de verveelvoudiging vervaardigt of tot het verveelvoudigen uitsluitend ten behoeve van zichzelf opdracht geeft.

Privé fotokopiëren

2. Waar het geldt een dag-, nieuws- of weekblad of een tijdschrift of een boek of de partituur of de partijen van een muziekwerk en de in die werken opgenomen andere werken, blijft die verveelvoudiging bovendien beperkt tot een klein gedeelte van het werk, behalve indien het betreft:

Klein gedeelte

a. werken, waarvan naar redelijkerwijs mag worden aangenomen geen nieuwe exemplaren tegen betaling, in welke vorm ook, aan derden ter beschikking zullen worden gesteld;

b. in een dag-, nieuws- of weekblad of tijdschrift verschenen korte artikelen, berichten of andere stukken.

3. Waar het geldt een werk, als bedoeld bij artikel 10, eerste lid, onder 6°, moet de verveelvoudiging door haar grootte of door de werkwijze, volgens welke zij vervaardigd is, een duidelijk verschil vertonen met het oorspronkelijke werk.

4. Indien een ingevolge dit artikel toegelaten verveelvoudiging heeft plaatsgevonden, mogen de vervaardigde exemplaren niet zonder toestemming van de maker of zijn rechtverkrijgenden aan derden worden afgegeven, tenzij de afgifte geschiedt ten behoeve van een rechterlijke of bestuurlijke procedure.

Geen afgifte aan derden

5. Bij algemene maatregel van bestuur kan worden bepaald dat voor de verveelvoudiging, bedoeld in het eerste lid, ten behoeve van de maker of diens rechtverkrijgenden een billijke vergoeding is verschuldigd. Daarbij kunnen nadere regelen worden gegeven en voorwaarden worden gesteld.

Billijke vergoeding

6. Dit artikel is niet van toepassing op het reproduceren, bedoeld in artikel 16c, noch op het nabouwen van bouwwerken.

Reproduceren en bouwwerken

Art. 16c

1. Als inbreuk op het auteursrecht op een werk van letterkunde, wetenschap of kunst wordt niet beschouwd het reproduceren van het werk of een gedeelte ervan op een voorwerp dat be-

Audio-, video- en elektronisch privé kopiëren

B36 art. 16d Auteurswet

stemd is om een werk ten gehore te brengen, te vertonen of weer te geven, mits het reproduceren geschiedt zonder direct of indirect commercieel oogmerk en uitsluitend dient tot eigen oefening, studie of gebruik van de natuurlijke persoon die de reproductie vervaardigt.

Billijke vergoeding **2.** Voor het reproduceren, bedoeld in het eerste lid, is ten behoeve van de maker of diens rechtverkrijgenden een billijke vergoeding verschuldigd. De verplichting tot betaling van de vergoeding rust op de fabrikant of de importeur van de voorwerpen, bedoeld in het eerste lid.

3. Voor de fabrikant ontstaat de verplichting tot betaling van de vergoeding op het tijdstip dat de door hem vervaardigde voorwerpen in het verkeer kunnen worden gebracht. Voor de importeur ontstaat deze verplichting op het tijdstip van invoer.

4. De verplichting tot betaling van de vergoeding vervalt indien de ingevolge het tweede lid betalingsplichtige een voorwerp als bedoeld in het eerste lid uitvoert.

5. De vergoeding is slechts eenmaal per voorwerp verschuldigd.

AMvB **6.** Bij algemene maatregel van bestuur kunnen nadere regelen worden gegeven met betrekking tot de voorwerpen ten aanzien waarvan de vergoeding, bedoeld in het tweede lid, verschuldigd is. Bij algemene maatregel van bestuur kunnen voorts nadere regelen worden gegeven en voorwaarden worden gesteld ter uitvoering van het bepaalde in dit artikel met betrekking tot de hoogte, verschuldigdheid en vorm van de billijke vergoeding.

7. Indien een ingevolge dit artikel toegelaten reproductie heeft plaatsgevonden, mogen voorwerpen als bedoeld in het eerste lid niet zonder toestemming van de maker of zijn rechtverkrijgenden aan derden worden afgegeven, tenzij de afgifte geschiedt ten behoeve van een rechterlijke of bestuurlijke procedure.

Databank **8.** Dit artikel is niet van toepassing op het verveelvoudigen van een met elektronische middelen toegankelijke verzameling als bedoeld in artikel 10, derde lid.

Art. 16d

Betaling aan incasso-organisatie **1.** De betaling van de in artikel 16c bedoelde vergoeding dient te geschieden aan een door Onze Minister van Justitie aan te wijzen, naar zijn oordeel representatieve rechtspersoon, die belast is met de inning en de verdeling van deze vergoeding overeenkomstig een reglement, dat is opgesteld door deze rechtspersoon, en dat is goedgekeurd door het College van Toezicht, bedoeld in de Wet toezicht collectieve beheersorganisaties auteurs- en naburige rechten. In aangelegenheden betreffende de inning en vergoeding vertegenwoordigt deze rechtspersoon de makers of hun rechtverkrijgenden in en buiten rechte.

2. De rechtspersoon, bedoeld in het eerste lid, staat onder toezicht van het College van Toezicht, bedoeld in de Wet toezicht collectieve beheersorganisaties auteurs- en naburige rechten.

Art. 16e

Hoogte van de vergoeding De hoogte van de in artikel 16c bedoelde vergoeding wordt vastgesteld door een door Onze Minister van Justitie aan te wijzen stichting waarvan het bestuur zodanig is samengesteld dat de belangen van de makers of hun rechtverkrijgenden en de ingevolge artikel 16c, tweede lid, betalingsplichtigen op evenwichtige wijze worden behartigd. De voorzitter van het bestuur van deze stichting wordt benoemd door Onze Minister van Justitie.

Art. 16f

Opgave aantal en speelduur geïmporteerde of vervaardigde voorwerpen Degene die tot betaling van de in artikel 16c bedoelde vergoeding verplicht is, is gehouden onverwijld of binnen een met de in artikel 16d, eerste lid, bedoelde rechtspersoon overeengekomen tijdvak opgave te doen aan deze rechtspersoon van het aantal van de door hem geïmporteerde of vervaardigde voorwerpen, bedoeld in artikel 16c, eerste lid. Hij is voorts gehouden aan deze rechtspersoon op diens aanvrage onverwijld die bescheiden ter inzage te geven, waarvan kennisneming noodzakelijk is voor de vaststelling van de verschuldigdheid en de hoogte van de vergoeding.

Art. 16g

Competentie Geschillen met betrekking tot de vergoeding, bedoeld in de artikelen 15i, 15j, 16, 16b, 16c en 16h, worden in eerste aanleg bij uitsluiting beslist door de rechtbank Den Haag.

Art. 16ga

Verplichtingen koper **1.** De verkoper van de in artikel 16c, eerste lid bedoelde voorwerpen is gehouden aan de in artikel 16d, eerste lid, bedoelde rechtspersoon op diens aanvraag onverwijld die bescheiden ter inzage te geven waarvan de kennisneming noodzakelijk is om vast te stellen of de in artikel 16c, tweede lid, bedoelde vergoeding door de fabrikant of de importeur betaald is.

2. Indien de verkoper niet kan aantonen dat de vergoeding door de fabrikant of de importeur betaald is, is hij verplicht tot betaling daarvan aan de in artikel 16d, eerste lid, bedoelde rechtspersoon, tenzij uit de in het eerste lid genoemde bescheiden blijkt wie de fabrikant of de importeur is.

Art. 16h

Geen inbreuk, mits vergoeding wordt betaald **1.** Een reprografische verveelvoudiging van een artikel in een dag-, nieuws- of weekblad of een tijdschrift of van een klein gedeelte van een boek en van de in zo'n werk opgenomen andere werken wordt niet beschouwd als inbreuk op het auteursrecht, mits voor deze verveelvoudiging een vergoeding wordt betaald.

2. Een reprografische verveelvoudiging van het gehele werk wordt niet beschouwd als inbreuk op het auteursrecht, indien van een boek naar redelijkerwijs mag worden aangenomen geen nieuwe exemplaren tegen betaling, in welke vorm dan ook, aan derden ter beschikking worden gesteld, mits voor deze verveelvoudiging een vergoeding wordt betaald.

3. Bij algemene maatregel van bestuur kan worden bepaald dat ten aanzien van de verveelvoudiging van werken als bedoeld bij artikel 10, eerste lid, onder 1°, van het in een of meer der voorgaande leden bepaalde mag worden afgeweken ten behoeve van de uitoefening van de openbare dienst, alsmede ten behoeve van de vervulling van taken waarmee in het algemeen belang werkzame instellingen zijn belast. Daarbij kunnen nadere regelen worden gegeven en nadere voorwaarden worden gesteld.

Art. 16i

De vergoeding, bedoeld in artikel 16h, wordt berekend over iedere pagina waarop een werk als bedoeld in het eerste en tweede lid van dat artikel reprografisch verveelvoudigd is.

Bij algemene maatregel van bestuur wordt de hoogte van de vergoeding vastgesteld en kunnen nadere regelen en voorwaarden worden gesteld.

Berekening vergoeding

Art. 16j

Een met inachtneming van artikel 16h vervaardigde reprografische verveelvoudiging mag, zonder toestemming van de maker of zijn rechtverkrijgende, alleen worden afgegeven aan personen die in dezelfde onderneming, organisatie of instelling werkzaam zijn, tenzij de afgifte geschiedt ten behoeve van een rechterlijke of administratieve procedure.

Afgifte binnen eigen organisatie

Art. 16k

De verplichting tot betaling van de vergoeding, bedoeld in artikel 16h, vervalt door verloop van drie jaar na het tijdstip waarop de verveelvoudiging vervaardigd is.

De vergoeding is niet verschuldigd indien de betalingsplichtige kan aantonen dat de maker of diens rechtverkrijgende afstand heeft gedaan van het recht op de vergoeding.

Verval betalingsverplichtingen

Art. 16l

1. De betaling van de vergoeding, bedoeld in artikel 16h, dient te geschieden aan een door Onze Minister van Justitie aan te wijzen, naar zijn oordeel representatieve rechtspersoon, die met uitsluiting van anderen belast is met de inning en de verdeling van deze vergoeding.

2. In aangelegenheden betreffende de inning van de vergoeding vertegenwoordigt de rechtspersoon, bedoeld in het eerste lid, de makers of hun rechtverkrijgenden in en buiten rechte.

3. De rechtspersoon, bedoeld in het eerste lid, hanteert voor de verdeling van de geïnde vergoedingen een reglement. Het reglement behoeft de goedkeuring van het College van Toezicht, bedoeld in de Wet toezicht collectieve beheersorganisaties auteurs- en naburige rechten.

4. De rechtspersoon, bedoeld in het eerste lid, staat onder toezicht van het College van Toezicht, bedoeld in de Wet toezicht collectieve beheersorganisaties auteurs- en naburige rechten.

5. Het eerste en tweede lid vinden geen toepassing voorzover degene tot betaling van de vergoeding verplicht is, kan aantonen dat hij met de maker of zijn rechtverkrijgende overeengekomen is dat hij de vergoeding rechtstreeks aan deze zal betalen.

Stichting Reprorecht

Art. 16m

Degene die de vergoeding, bedoeld in artikel 16h, dient te betalen aan de rechtspersoon, bedoeld in artikel 16l, eerste lid, is gehouden aan deze opgave te doen van het totale aantal reprografische verveelvoudigingen dat hij per jaar maakt.

De opgave, bedoeld in het eerste lid, behoeft niet gedaan te worden, indien per jaar minder dan een bij algemene maatregel van bestuur te bepalen aantal reprografische verveelvoudigingen gemaakt wordt.

Opgave aantal reprografische verveelvoudigingen

Art. 16n

1. Als inbreuk op het auteursrecht op een werk van letterkunde, wetenschap of kunst wordt niet beschouwd de reproductie ervan door een cultureel erfgoedinstelling indien:

1°. de reproductie geschiedt met als doel het behoud van het werk en de reproductie daarvoor noodzakelijk is; en

2°. het werk permanent deel uitmaakt van de collectie van de cultureel erfgoedinstelling.

2. Van het in het eerste lid bepaalde kan niet bij overeenkomst worden afgeweken.

Restauratie e.d.

Art. 16o

1. Als inbreuk op het auteursrecht op een werk van letterkunde, wetenschap of kunst als bedoeld in artikel 10, eerste lid, onder 1, 5 of 10, wordt niet beschouwd de reproductie of beschikbaarstelling door voor het publiek toegankelijke bibliotheken, onderwijsinstellingen en musea, alsmede archieven en instellingen voor cinematografisch of audiovisueel erfgoed die niet het behalen van een direct of indirect economisch of commercieel voordeel nastreven, van een voor het eerst in een lidstaat van de Europese Unie of in een staat die partij is bij de Overeenkomst betreffende de Europese Economische Ruimte openbaar gemaakt werk mits:

a. het werk deel uitmaakt van de eigen verzameling van de hiervoor bedoelde organisaties;

b. de rechthebbende op het werk na een zorgvuldig onderzoek als bedoeld in artikel 16p niet is geïdentificeerd en opgespoord; en

Verweesde werken in bibliotheken, onderwijsinstellingen, musea, archieven e.d.

c. de reproductie en beschikbaarstelling geschiedt in het kader van de uitoefening van een publieke taak, in het bijzonder het behouden en restaureren van de werken en het verstrekken van voor culturele en onderwijsdoeleinden bestemde toegang tot de werken uit de eigen verzameling van de hiervoor bedoelde organisaties.

2. Indien aan twee of meer personen het auteursrecht toekomt op het werk en na een zorgvuldige onderzoek niet alle rechthebbenden zijn geïdentificeerd en opgespoord, kan het werk alleen worden gereproduceerd en beschikbaar gesteld indien de opgespoorde rechthebbende met betrekking tot de rechten waarover hij beschikt daarvoor toestemming verleent. De organisaties, genoemd in het eerste lid, vermelden bij de beschikbaarstelling de geïdentificeerde, maar niet opgespoorde rechthebbende(n).

3. Een werk dat niet eerder is openbaar gemaakt, kan worden gereproduceerd en beschikbaar gesteld, overeenkomstig het eerste lid, indien het werk met toestemming van de rechthebbende in de in het eerste lid onder a bedoelde verzameling is opgenomen en redelijkerwijs aannemelijk is dat de rechthebbende zich niet tegen de reproductie en beschikbaarstelling zou verzetten.

4. De organisaties, genoemd in het eerste lid, mogen met de reproductie en beschikbaarstelling inkomsten generen op voorwaarde dat deze inkomsten uitsluitend dienen ter vergoeding van de kosten van de digitalisering en beschikbaarstelling van de in het eerste lid bedoelde werken.

Art. 16p

Onderzoek

1. Het zorgvuldig onderzoek naar de rechthebbende, als bedoeld in artikel 16o, eerste lid, onder b, wordt uitgevoerd door voor ieder werk als bedoeld in artikel 16o, eerste lid, en voor ieder daarin opgenomen werk van letterkunde, wetenschap of kunst de voor de desbetreffende categorie van werken geschikte bronnen voor het opsporen van rechthebbenden te raadplegen. Op voordracht van Onze Minister van Onderwijs, Cultuur en Wetenschap worden bij algemene maatregel van bestuur regels gegeven ten aanzien van de bij het onderzoek te raadplegen bronnen.

2. Het onderzoek vindt plaats in de lidstaat waarin het werk voor het eerst is openbaar gemaakt. Voor filmwerken vindt het onderzoek plaats in de lidstaat waar de producent zijn zetel of gewone woonplaats heeft.

3. Voor een werk als bedoeld in artikel 16o, derde lid, vindt het onderzoek plaats in de lidstaat waar de organisatie die het werk met toestemming van de rechthebbende in de eigen verzameling heeft opgenomen, is gevestigd.

4. Indien er aanwijzingen zijn dat informatie over de rechthebbende aanwezig is in een andere lidstaat, worden ook de in die lidstaat voor een zorgvuldig onderzoek voorgeschreven bronnen geraadpleegd.

5. De organisaties, bedoeld in artikel 16o, eerste lid, houden bij welke bronnen in het kader van het onderzoek zijn geraadpleegd en welke informatie hieruit is voortgekomen. De organisaties verstrekken de volgende gegevens aan een op voordracht van Onze Minister van Onderwijs, Cultuur en Wetenschap bij of krachtens algemene maatregel van bestuur aan te wijzen instantie, ten behoeve van doorgeleidíng aan het Harmonisatiebureau voor de Interne Markt:
a. de resultaten van het zorgvuldig onderzoek dat door de organisaties is verricht en dat tot de conclusie heeft geleid dat het werk verweesd is;
b. de wijze waarop het werk zal worden gebruikt;
c. de contactgegevens van de organisaties; en
d. voor zover van toepassing, iedere wijziging in de status van het werk.
Op voordracht van Onze Minister van Onderwijs, Cultuur en Wetenschap worden bij of krachtens algemene maatregel van bestuur nadere regels gesteld over de aan te leveren gegevens en de wijze van aanleveren.

6. Voor verweesde werken opgenomen in de databank van het Harmonisatiebureau, genoemd in het vijfde lid, is voor de reproductie en beschikbaarstelling als bedoeld in artikel 16o, eerste lid, een zorgvuldig onderzoek als bedoeld in artikel 16o, eerste lid, onder b, niet noodzakelijk.

Art. 16q

Beëindiging status verweesd werk

Het gebruik van een werk van letterkunde, wetenschap of kunst overeenkomstig artikel 16o, eerste lid, wordt beëindigd indien een rechthebbende met betrekking tot de rechten waar hij over beschikt, gebruik maakt van de mogelijkheid om de status van verweesd werk te beëindigen. De organisaties bedoeld in artikel 16o, eerste lid, zijn aan de rechthebbende een billijke vergoeding verschuldigd voor het gebruik dat op grond van artikel 16o van het werk is gemaakt.

Art. 16r

Beschikbaarstelling

Voor de toepassing van de artikelen 16o, 16p, 16q en 17 wordt onder beschikbaarstelling verstaan het, per draad of draadloos, beschikbaar stellen van een werk van letterkunde, wetenschap of kunst voor het publiek op zodanige wijze dat de leden van het publiek op een door hen gekozen individuele plaats en tijd toegang hebben tot het werk.

Art. 17

Verweesde werken en publieke media-instellingen

Als inbreuk op een werk van letterkunde, wetenschap of kunst als bedoeld in artikel 10, eerste lid, onder 5 of 10, wordt niet beschouwd de reproductie of beschikbaarstelling door een publieke media-instelling als bedoeld in Hoofdstuk 2 van de Mediawet 2008 van een in een lidstaat van de Europese Unie of in een staat die partij is bij de Overeenkomst betreffende de Europese Economische Ruimte openbaar gemaakt werk als bedoeld in artikel 16o, eerste lid, onder b, dat door de publieke media-instelling is geproduceerd vóór 1 januari 2003 en is gearchiveerd. De artikelen 16o tot en met 16r zijn van overeenkomstige toepassing.

Art. 17a

Bij algemene maatregel van bestuur kunnen in het algemeen belang regelen worden gesteld nopens de uitoefening van het recht van de maker van een werk of zijn rechtverkrijgenden met betrekking tot de openbaarmaking van een werk door uitzending van een radio- of televisieprogramma via radio of televisie, of een ander medium dat eenzelfde functie vervult. De algemene maatregel van bestuur, bedoeld in de eerste volzin, kan bepalen, dat zodanig werk in Nederland mag worden openbaar gemaakt zonder voorafgaande toestemming van de maker of zijn rechtverkrijgenden, indien de uitzending plaats vindt vanuit Nederland dan wel vanuit een staat die geen partij is bij de Overeenkomst betreffende de Europese Economische Ruimte. Zij die bevoegd zijn een werk zonder voorafgaande toestemming openbaar te maken, zijn desalniettemin verplicht de rechten van de maker, bedoeld in artikel 25, te eerbiedigen en aan de maker of zijn rechtverkrijgenden een billijke vergoeding te betalen, welke bij gebreke van overeenstemming op vordering van de meest gerede partij door de rechter zal worden vastgesteld, die tevens het stellen van zekerheid kan bevelen. Het hiervoor bepaalde is niet van toepassing op het uitzenden van een in een radio- of televisieprogramma opgenomen werk door middel van een satelliet.

Openbaarmaking door radio- en tv-uitzendingen, nadere regels

Art. 17b

1. Tenzij anders is overeengekomen, sluit de bevoegdheid tot openbaarmaking door uitzending van een radio- of televisieprogramma via radio of televisie, of een ander medium dat eenzelfde functie vervult niet in de bevoegdheid het werk vast te leggen.

2. De omroeporganisatie die bevoegd is tot de openbaarmaking, bedoeld in het eerste lid, is echter gerechtigd met haar eigen middelen en uitsluitend voor uitzending van haar eigen radio- of televisieprogramma's het ter uitzending bestemde werk tijdelijk vast te leggen. De omroeporganisatie, die dientengevolge gerechtigd is tot vastlegging, is desalniettemin verplicht de rechten van de maker van het werk, bedoeld in artikel 25, te eerbiedigen.

3. Vastleggingen die met inachtneming van het tweede lid zijn vervaardigd en een uitzonderlijke documentaire waarde bezitten, mogen in officiële archieven worden bewaard.

Vastlegging van door radio of tv uit te zenden werken

Art. 17c

Als inbreuk op het auteursrecht op een werk van letterkunde of kunst wordt niet beschouwd de gemeentezang en de instrumentale begeleiding daarvan tijdens een eredienst.

Zang en muziek tijdens eredienst

Art. 17d

Een krachtens de artikelen 15j, derde lid, 16b, vijfde lid, 16c, zesde lid, 16h, derde lid, 16m, tweede lid, 17a, 29a, vierde en vijfde lid, 29c, zevende lid, 44, vierde lid, of 45, tweede lid, vastgestelde algemene maatregel van bestuur of een wijziging daarvan treedt niet eerder in werking dan acht weken na de datum van uitgifte van het Staatsblad waarin hij is geplaatst. Van de plaatsing wordt onverwijld mededeling gedaan aan de beide Kamers der Staten-Generaal.

Tijdstip inwerkingtreding AMvB's

Art. 18

Als inbreuk op het auteursrecht op een werk als bedoeld in artikel 10, eerste lid, onder 6°, of op een werk, betrekkelijk tot de bouwkunde als bedoeld in artikel 10, eerste lid, onder 8°, dat is gemaakt om permanent in openbare plaatsen te worden geplaatst, wordt niet beschouwd de verveelvoudiging of openbaarmaking van afbeeldingen van het werk zoals het zich aldaar bevindt. Waar het betreft het overnemen in een compilatiewerk, mag van dezelfde maker niet meer worden overgenomen dan enkele van zijn werken.

Werken in openbare plaatsen

Art. 18a

Als inbreuk op het auteursrecht op een werk van letterkunde, wetenschap of kunst wordt niet beschouwd de incidentele verwerking ervan als onderdeel van ondergeschikte betekenis in een ander werk.

Incidentele verwerking van ondergeschikte betekenis

Art. 18b

Als inbreuk op het auteursrecht op een werk van letterkunde, wetenschap of kunst wordt niet beschouwd de openbaarmaking of verveelvoudiging ervan in het kader van een karikatuur, parodie of pastiche mits het gebruik in overeenstemming is met hetgeen naar de regels van het maatschappelijk verkeer redelijkerwijs geoorloofd is.

Parodie

Art. 18c

1. Als inbreuk op een werk van letterkunde, wetenschap of kunst wordt niet beschouwd het voor niet-commerciële doeleinden beschikbaar stellen voor het publiek van het werk door een cultureel erfgoedinstelling mits:

1°. het werk niet in de handel verkrijgbaar is;

2°. het werk permanent deel uitmaakt van de collectie van de erfgoedinstelling;

3°. het werk beschikbaar wordt gesteld op een niet-commerciële website; en

4°. de naam van de maker wordt vermeld, tenzij dit niet mogelijk blijkt.

2. De artikelen 44, derde tot en met vijfde lid, en 44b zijn van overeenkomstige toepassing.

B36 art. 19 **Auteurswet**

3. Dit artikel is niet van toepassing op soorten werken waarvoor een collectieve beheersorganisatie als bedoeld in artikel 1, onderdeel d, van de Wet toezicht en geschillenbeslechting collectieve beheersorganisaties auteurs- en naburige rechten bestaat die voldoet aan het in artikel 44, eerste lid, onder 1°. bepaalde.

Art. 19

Portretten ingevolge opdracht vervaardigd

1. Als inbreuk op het auteursrecht op een portret wordt niet beschouwd de verveelvoudiging daarvan door, of ten behoeve van, den geportretteerde of, na diens overlijden, zijne nabestaanden.

2. Bevat eene zelfde afbeelding het portret van twee of meer personen, dan staat die verveelvoudiging aan ieder hunner ten aanzien van andere portretten dan zijn eigen slechts vrij met toestemming van die andere personen of, gedurende tien jaren na hun overlijden, van hunne nabestaanden.

3. Ten aanzien van een fotografisch portret wordt mede niet als inbreuk op het auteursrecht beschouwd het openbaar maken daarvan in een nieuwsblad of tijdschrift door of met toestemming van een der personen, in het eerste lid genoemd, mits daarbij de naam des makers, voor zoover deze op of bij het portret is aangeduid, vermeld wordt.

4. Dit artikel is slechts van toepassing ten aanzien van portretten, welke vervaardigd zijn ingevolge eene opdracht, door of vanwege de geportretteerde personen, of te hunnen behoeve aan den maker gegeven.

Art. 20

Openbaarmaking niet zonder toestemming geportretteerde

1. Tenzij anders is overeengekomen is degene, wien het auteursrecht op een portret toekomt, niet bevoegd dit openbaar te maken zonder toestemming van den geportretteerde of, gedurende tien jaren na diens overlijden, van diens nabestaanden.

2. Bevat eene zelfde afbeelding het portret van twee of meer personen, dan is ten aanzien van de gansche afbeelding de toestemming vereischt van alle geportretteerden of, gedurende tien jaren na hun overlijden, van hunne nabestaanden.

3. Het laatste lid van het voorgaande artikel is van toepassing.

Art. 21

Openbaar maken van een niet in opdracht vervaardigd portret niet zonder toestemming

Is een portret vervaardigd zonder daartoe strekkende opdracht, den maker door of vanwege den geportretteerde, of te diens behoeve, gegeven, dan is openbaarmaking daarvan door dengene, wien het auteursrecht daarop toekomt, niet geoorloofd, voor zoover een redelijk belang van den geportretteerde of, na zijn overlijden, van een zijner nabestaanden zich tegen de openbaarmaking verzet.

Art. 22

Verveelvoudiging en openbaarmaking op last van justitie

1. In het belang van de openbare veiligheid alsmede ter opsporing van strafbare feiten mogen afbeeldingen van welke aard ook door of vanwege de justitie worden verveelvoudigd of openbaar gemaakt.

2. Als inbreuk op het auteursrecht op een werk van letterkunde, wetenschap of kunst wordt niet beschouwd het overnemen ervan ten behoeve van de openbare veiligheid of om het goede verloop van een bestuurlijke, parlementaire of gerechtelijke procedure of de berichtgeving daarover te waarborgen.

Art. 23

Tentoonstellen en afbeelden in catalogus

Tenzij anders overeengekomen, is de eigenaar, bezitter of houder van een teken-, schilder-, bouw- of beeldhouwwerk of een werk van toegepaste kunst bevoegd dat werk te verveelvoudigen of openbaar te maken voor zover dat noodzakelijk is voor openbare tentoonstelling of openbare verkopen van dat werk, een en ander met uitsluiting van enig ander commercieel gebruik.

Art. 24

Rechten schilder na auteursrecht overdracht

Tenzij anders is overeengekomen blijft de maker van eenig schilderwerk, niettegenstaande de overdracht van zijn auteursrecht, bevoegd gelijke schilderwerken te vervaardigen.

Art. 24a

Rechtmatige gebruiker databank

1. Als inbreuk op het auteursrecht op een verzameling als bedoeld in artikel 10, derde lid, wordt niet beschouwd de verveelvoudiging, vervaardigd door de rechtmatige gebruiker van de verzameling, die noodzakelijk is om toegang te verkrijgen tot en normaal gebruik te maken van de verzameling.

2. Indien de rechtmatige gebruiker slechts gerechtigd is tot het gebruik van een deel van de verzameling geldt het eerste lid slechts voor de toegang tot en het normaal gebruik van dat deel.

3. Bij overeenkomst kan niet ten nadele van de rechtmatige gebruiker worden afgeweken van het eerste en tweede lid.

Art. 25

Persoonlijkheidsrechten

1. De maker van een werk heeft, zelfs nadat hij zijn auteursrecht heeft overgedragen, de volgende rechten:

a. het recht zich te verzetten tegen openbaarmaking van het werk zonder vermelding van zijn naam of andere aanduiding als maker, tenzij het verzet zou zijn in strijd met de redelijkheid;

b. het recht zich te verzetten tegen de openbaarmaking van het werk onder een andere naam dan de zijne, alsmede tegen het aanbrengen van enige wijziging in de benaming van het werk of in de aanduiding van de maker, voor zover deze op of in het werk voorkomen, dan wel in verband daarmede zijn openbaar gemaakt;

c. het recht zich te verzetten tegen elke andere wijziging in het werk, tenzij deze wijziging van zodanige aard is, dat het verzet zou zijn in strijd met de redelijkheid;

d. het recht zich te verzetten tegen elke misvorming, verminking of andere aantasting van het werk, welke nadeel zou kunnen toebrengen aan de eer of de naam van de maker of aan zijn waarde in deze hoedanigheid.

2. De in het eerste lid genoemde rechten komen, na het overlijden van de maker tot aan het vervallen van het auteursrecht, toe aan de door de maker bij uiterste wilsbeschikking aangewezene.

Uiterste wilsbeschikking

3. Van het recht, in het eerste lid, onder *a* genoemd kan afstand worden gedaan. Van de rechten onder *b* en *c* genoemd kan afstand worden gedaan voor zover het wijzigingen in het werk of in de benaming daarvan betreft.

Wijzigingsbevoegdheid

4. Heeft de maker van het werk het auteursrecht overgedragen dan blijft hij bevoegd in het werk zodanige wijzigingen aan te brengen als hem naar de regels van het maatschappelijk verkeer te goeder trouw vrijstaan. Zolang het auteursrecht voortduurt komt gelijke bevoegdheid toe aan de door de maker bij uiterste wilsbeschikking aangewezene, als redelijkerwijs aannemelijk is, dat ook de maker de wijzigingen zou hebben goedgekeurd.

Art. 25a

1. In deze paragraaf worden onder nabestaanden verstaan de ouders, de echtgenoot of de geregistreerde partner en de kinderen. De aan de nabestaanden toekomende bevoegdheden kunnen zelfstandig door ieder van hen worden uitgeoefend. Bij verschil van mening kan de rechter een voor hen bindende beslissing geven.

Nabestaanden van geportretteerden

2. In deze paragraaf wordt onder onderzoeksorganisatie verstaan een universiteit, inclusief de bibliotheken ervan, een onderzoeksinstelling of een andere entiteit die hoofdzakelijk tot doel heeft wetenschappelijk onderzoek te verrichten of onderwijsactiviteiten te verrichten die ook de verrichting van wetenschappelijk onderzoek omvatten:

1°. zonder winstoogmerk of door herinvestering van alle winst in haar wetenschappelijk onderzoek, of

2°. op grond van een door een staat die partij is bij de Europese Unie of Europese Economische Ruimte, erkende taak van algemeen belang;

op zodanige wijze dat de toegang tot de door zulk wetenschappelijk onderzoek voortgebrachte resultaten niet op preferentiële basis kan worden aangewend door een onderneming die een beslissende invloed heeft op dit soort organisatie.

3. In deze paragraaf wordt onder tekst- en datamining verstaan een geautomatiseerde analysetechniek die gericht is op de ontleding van tekst en gegevens in digitale vorm om informatie te genereren zoals, maar niet uitsluitend, patronen, trends en onderlinge verbanden.

4. In deze paragraaf wordt onder instelling voor cultureel erfgoed verstaan: een voor het publiek toegankelijke bibliotheek of een voor het publiek toegankelijk museum, een archief of een instelling voor cinematografisch of audio(visueel) erfgoed.

Hoofdstuk Ia De exploitatieovereenkomst

Art. 25b

1. Dit hoofdstuk is van toepassing op een overeenkomst die de verlening van exploitatiebevoegdheid ten aanzien van het auteursrecht van de maker aan een wederpartij tot doel heeft.

Exploitatieovereenkomst

2. Artikel 25f, eerste en tweede lid, is van toepassing op een overeenkomst waarbij de maker het auteursrecht geheel of gedeeltelijk overdraagt of waarbij door de maker een exclusieve licentie is verleend.

3. Dit hoofdstuk is niet van toepassing op de maker als bedoeld in de artikelen 7 en 8. Met uitzondering van artikel 25f is dit hoofdstuk niet van toepassing op overeenkomsten die door een maker worden gesloten met een collectieve beheersorganisatie of onafhankelijke beheersorganisatie als bedoeld in artikel 1 van de Wet toezicht en geschillenbeslechting collectieve beheersorganisaties auteurs- en naburige rechten.

4. Dit hoofdstuk is van overeenkomstige toepassing op de natuurlijke persoon die het auteursrecht als erfgenaam of legataris van de maker heeft verkregen.

Art. 25c

1. De maker heeft recht op een in de overeenkomst te bepalen billijke vergoeding voor de verlening van exploitatiebevoegdheid.

Billijke vergoeding

2. Onze Minister van Onderwijs, Cultuur en Wetenschap kan, een bij algemene maatregel van bestuur, op voordracht van Onze voornoemde Minister, aan te wijzen adviesorgaan gehoord, de hoogte van een billijke vergoeding vaststellen voor een specifieke branche en voor een bepaalde periode na overleg met Onze Minister van Veiligheid en Justitie. De vaststelling van een billijke vergoeding geschiedt met inachtneming van het belang van het behoud van de culturele

B36 art. 25ca **Auteurswet**

diversiteit, de toegankelijkheid van cultuur, een doelstelling van sociaal beleid en het belang van de consument.

3. Onze Minister van Onderwijs, Cultuur en Wetenschap gaat alleen over tot vaststelling als bedoeld in het tweede lid op gezamenlijk verzoek van een in de desbetreffende branche bestaande vereniging van makers en een exploitant of een vereniging van exploitanten. Het verzoek bevat een gezamenlijk gedragen advies inzake een billijke vergoeding, alsmede een duidelijke afbakening van de branche waarop het verzoek betrekking heeft.

4. Een vereniging als bedoeld in het derde lid is representatief en onafhankelijk. Uit de statuten van de vereniging blijkt dat zij tot doel heeft Onze Minister van Onderwijs, Cultuur en Wetenschap een advies als bedoeld in het derde lid uit te brengen.

5. Bij of krachtens algemene maatregel van bestuur kunnen nadere regels worden gesteld in verband met de indiening van het verzoek door verenigingen van makers en exploitanten en de vaststelling van een billijke vergoeding door de Minister van Onderwijs, Cultuur en Wetenschap.

6. Indien de maker exploitatiebevoegdheden heeft verleend ten aanzien van een exploitatie op een ten tijde van sluiting van de overeenkomst nog onbekende wijze en de wederpartij gaat hiertoe over, is hij de maker hiervoor een aanvullende billijke vergoeding verschuldigd. Is de bevoegdheid door de wederpartij van de maker overgedragen aan een derde die tot de bedoelde exploitatie overgaat, dan kan de maker de aanvullende billijke vergoeding van de derde vorderen.

Art. 25ca

1. De maker die aan zijn wederpartij een exploitatiebevoegdheid heeft verleend, wordt door die wederpartij of zijn rechtsopvolger ten minste eens per jaar en rekening houdend met de specifieke kenmerken van elke sector geïnformeerd over de exploitatie van het werk, met name wat betreft de exploitatiewijzen, de daarmee gegenereerde inkomsten en de verschuldigde vergoeding. De informatie dient actueel, relevant en volledig te zijn.

2. Indien de wederpartij of zijn rechtsopvolger ten behoeve van de exploitatie aan een derde een licentie heeft verleend en de wederpartij of zijn rechtsopvolger ten aanzien van onder de licentie vallende exploitatie niet over alle informatie bedoeld in het eerste lid beschikt, verstrekt de licentienemer aan de maker en de wederpartij of zijn rechtsopvolger, op verzoek van één van hen, de ontbrekende informatie. De maker ontvangt van de wederpartij of zijn rechtsopvolger desgevraagd informatie over de identiteit van de licentienemer.

3. De informatieverplichting geldt niet, indien het aandeel van de maker bij de totstandkoming van het gehele werk niet significant is, tenzij de maker aantoont dat hij de informatie nodig heeft om een beroep op artikel 25d te kunnen doen.

4. Indien de administratieve lasten van het verstrekken van de informatie gelet op de exploitatie-inkomsten van het werk aantoonbaar onevenredig zouden zijn, is de informatieplicht beperkt tot de onder de omstandigheden redelijkerwijs te verwachten informatie.

Art. 25d

Bestsellerbepaling

1. De maker kan in rechte een aanvullende billijke vergoeding vorderen van zijn wederpartij, indien de overeengekomen vergoeding gelet op de wederzijdse prestaties een onevenredigheid vertoont in verhouding tot de opbrengst van de exploitatie van het werk.

2. Indien de onevenredigheid tussen de vergoeding van de maker en de opbrengst van de exploitatie van het werk is ontstaan nadat het auteursrecht door de wederpartij van de maker aan een derde is overgedragen of gelicentieerd, kan de maker de vordering als bedoeld in het eerste lid tegen de derde instellen voor zover de opbrengst van de exploitatie van het werk aan deze derde toekomt.

Art. 25e

Onvoldoende exploitatie

1. De maker kan de overeenkomst geheel of gedeeltelijk ontbinden indien de wederpartij het auteursrecht op het werk niet binnen een redelijke termijn na het sluiten van de overeenkomst in voldoende mate exploiteert of, na het aanvankelijk verrichten van exploitatiehandelingen, het auteursrecht niet langer in voldoende mate exploiteert. De voorgaande zin is niet van toepassing indien het aan de maker is toe te rekenen dat het auteursrecht binnen de termijn niet in voldoende mate wordt geëxploiteerd.

2. Indien het auteursrecht aan meerdere makers toebehoort en de bijdrage van de maker geen scheidbaar werk vormt, kan de maker de overeenkomst alleen ontbinden met instemming van de andere makers. Indien een maker zijn instemming onthoudt en de overige makers hierdoor onevenredig worden benadeeld, kan de ontbinding van de overeenkomst uitsluitend in rechte geschieden.

3. Voorzover exploitatie door de wederpartij niet blijvend onmogelijk is, ontstaat de bevoegdheid tot ontbinding van de overeenkomst pas nadat de maker aan de wederpartij schriftelijk een redelijke termijn heeft gegund het werk alsnog in voldoende mate te exploiteren en exploitatie binnen deze termijn uitblijft.

4. Op verzoek van de maker verstrekt de wederpartij voor het verstrijken van de termijn bedoeld in het derde lid hem een schriftelijke opgave van de omvang van de exploitatie.

5. In overeenstemming met artikel 6:267 BW vindt ontbinding van de overeenkomst plaats door een schriftelijke verklaring van de maker aan de wederpartij. Op vordering van de maker kan de ontbinding van de overeenkomst ook door de rechter worden uitgesproken.

6. Indien het auteursrecht door de wederpartij van de maker is overgedragen aan een derde, kan de maker zijn uit de ontbinding voortvloeiende rechten ook tegen deze derde geldend maken, nadat hij deze zo spoedig mogelijk schriftelijk van de ontbinding mededeling heeft gedaan.

7. Indien de wederpartij of de derde niet binnen een hem gestelde redelijke termijn tot teruglevering van het auteursrecht overgaat, kan de rechter op vordering van de maker een in de gegeven omstandigheden redelijk bedrag vaststellen dat de wederpartij dan wel de derde aan de maker dient te vergoeden, naast de mogelijk aan de maker verschuldigde schadevergoeding.

Art. 25f

1. Een beding dat voor een onredelijk lange of onvoldoende bepaalde termijn aanspraken op de exploitatie van toekomstige werken van de maker inhoudt, is vernietigbaar.

2. Een beding dat, gelet op de aard en inhoud van de overeenkomst, de wijze waarop de overeenkomst tot stand is gekomen, de wederzijds kenbare belangen van partijen of de overige omstandigheden van het geval, voor de maker onredelijk bezwarend is, is vernietigbaar.

3. Indien door de wederpartij is bedongen dat de overeenkomst tussentijds kan worden opgezegd, geldt deze bevoegdheid onder gelijke voorwaarden eveneens voor de maker.

Art. 25fa

De maker van een kort werk van wetenschap waarvoor het onderzoek geheel of gedeeltelijk met Nederlandse publieke middelen is bekostigd, heeft het recht om dat werk na verloop van een redelijke termijn na de eerste openbaarmaking ervan, om niet beschikbaar te stellen voor het publiek, mits de bron van de eerste openbaarmaking daarbij op duidelijke wijze wordt vermeld.

Art. 25g

1. Onze Minister van Veiligheid en Justitie kan een geschillencommissie aanwijzen voor de beslechting van geschillen tussen een maker en zijn wederpartij of een derde inzake de toepassing van artikel 25c, eerste en zesde lid, 25d, 25e of 25f.

2. Wordt het geschil niet binnen drie maanden nadat afschrift van de uitspraak van de geschillencommissie aan partijen werd verzonden bij de rechter aanhangig gemaakt, dan wordt hetgeen in de uitspraak is vastgesteld na het verstrijken van deze termijn geacht te zijn overeengekomen tussen partijen.

3. Een geschil kan ook ten behoeve van makers aanhangig worden gemaakt door een stichting of vereniging met volledige rechtsbevoegdheid voorzover zij de belangen van makers ingevolge haar statuten behartigt.

4. Bij of krachtens algemene maatregel van bestuur kunnen nadere regels worden gesteld omtrent de financiering, samenstelling, inrichting, procedures, bekostiging, werkwijze van en toezicht op de geschillencommissie.

Art. 25h

1. Van het bepaalde in dit hoofdstuk kan door de maker geen afstand worden gedaan.

2. Ongeacht het recht dat de overeenkomst beheerst, zijn de bepalingen van dit hoofdstuk van toepassing indien:

a. de overeenkomst bij gebreke van een rechtskeuze zou worden beheerst door Nederlands recht, of;

b. de exploitatiehandelingen geheel of in overwegende mate in Nederland plaatsvinden of dienen plaats te vinden.

Hoofdstuk II De uitoefening en de handhaving van het auteursrecht en bepalingen van strafrecht

Art. 26

Indien twee of meer personen een gemeenschappelijk auteursrecht op een zelfde werk toekomt, kan, tenzij anders is overeengekomen, de handhaving van dit recht door ieder hunner geschieden.

Art. 26a

1. Het recht om toestemming te verlenen voor de openbaarmaking door middel van doorgifte van een werk via de kabel of langs andere weg kan uitsluitend worden uitgeoefend door een collectieve beheersorganisatie als bedoeld in artikel 1, onderdeel d, van de Wet toezicht en geschillenbeslechting collectieve beheersorganisaties auteurs- en naburige rechten, ongeacht of de collectieve beheersorganisatie in Nederland of een andere lidstaat van de Europese Unie of de Europese Economische Ruimte is gevestigd.

2. De in het eerste lid bedoelde collectieve beheersorganisaties zijn ook bevoegd de belangen te behartigen van rechthebbenden die daartoe geen opdracht hebben gegeven, indien het betreft

Onredelijk bezwarende bedingen

Geschillencommissie

Dwingend recht en IPR

Handhaving gemeenschappelijk auteursrecht

Uitoefening van het recht om toestemming te geven voor kabeluitzending

de uitoefening van dezelfde rechten als in de statuten vermeld. Indien meerdere collectieve beheersorganisaties zich blijkens hun statuten de behartiging van de belangen van dezelfde categorie rechthebbenden ten doel stellen, kan de rechthebbende een van hen aanwijzen als bevoegd tot de behartiging van zijn belangen. Voor rechthebbenden die geen opdracht hebben gegeven als bedoeld in de tweede zin gelden de rechten en verplichtingen die voortvloeien uit een overeenkomst die een tot de uitoefening van dezelfde rechten bevoegde collectieve beheersorganisatie heeft gesloten met betrekking tot de in het eerste lid bedoelde uitzending, onverkort.

3. Vorderingen jegens de in het eerste lid bedoelde collectieve beheersorganisatie terzake van de door deze geïnde gelden vervallen door verloop van drie jaren na de aanvang van de dag volgende op die waarop de in het eerste lid bedoelde doorgifte heeft plaatsgevonden.

4. Dit artikel is niet van toepassing op de openbaarmaking door middel van doorgifte van een werk via de kabel of langs andere weg, indien die rechten door een omroeporganisatie worden uitgeoefend met betrekking tot haar eigen uitzendingen, ongeacht of het om de eigen rechten van die organisatie gaat, dan wel om rechten die haar door andere auteursrechthebbenden zijn overgedragen.

Art. 26b

Onderhandelingen over de toestemming

Partijen zijn verplicht de onderhandelingen over de toestemming voor de openbaarmaking door middel van doorgifte, bedoeld in artikel 26a, eerste lid, te goeder trouw te voeren en niet zonder geldige reden te verhinderen of te belemmeren.

Art. 26c

Bemiddelaars

1. Indien over de openbaarmaking door middel van doorgifte, bedoeld in artikel 26a, eerste lid, geen overeenstemming kan worden bereikt, kan iedere partij een beroep doen op een of meer bemiddelaars. De bemiddelaars worden zodanig geselecteerd dat over hun onafhankelijkheid en onpartijdigheid in redelijkheid geen twijfel kan bestaan.

2. De bemiddelaars verlenen bijstand bij het voeren van de onderhandelingen en zijn bevoegd aan de partijen voorstellen te betekenen. Tot drie maanden na de dag van ontvangst van de voorstellen van de bemiddelaars kan een partij zijn bezwaren tegen deze voorstellen betekenen aan de andere partij. De voorstellen van de bemiddelaars binden de partijen, tenzij binnen de in de vorige zin bedoelde termijn door een van hen bezwaren zijn betekend. De voorstellen en de bezwaren worden aan de partijen betekend overeenkomstig het bepaalde in de eerste titel, zesde afdeling, van het eerste boek van het Wetboek van Burgerlijke Rechtsvordering.

Art. 26d

Verbod tegen tussenpersoon

De rechter kan op vordering van de maker, tussenpersonen wier diensten door derden worden gebruikt om inbreuk op het auteursrecht te maken, bevelen de diensten die worden gebruikt om die inbreuk te maken, te staken.

Art. 26e

Zekerheidstelling in plaats van verbod

De voorzieningenrechter kan op vordering van de maker of zijn rechtverkrijgende tijdelijke voortzetting van de vermeende inbreuk toestaan onder de voorwaarde dat zekerheid wordt gesteld voor vergoeding van de door de maker of zijn rechtverkrijgende geleden schade. Onder dezelfde voorwaarden kan de rechter voortzetting van de dienstverlening door de tussenpersoon als bedoeld in artikel 26d toestaan.

Art. 27

Schadevergoeding na auteursrechtoverdracht

1. Niettegenstaande de gehele of gedeeltelijke overdracht van zijn auteursrecht blijft de maker bevoegd een rechtsvordering ter verkrijging van schadevergoeding in te stellen tegen degene, die inbreuk op het auteursrecht heeft gemaakt.

2. In passende gevallen kan de rechter de schadevergoeding vaststellen als een forfaitair bedrag.

3. De in het eerste lid bedoelde rechtsvordering ter verkrijging van schadevergoeding wegens inbreuk op het auteursrecht komt na het overlijden van de maker toe aan zijn erfgenamen of legatarissen tot aan het vervallen van het auteursrecht.

Art. 27a

Winstafdracht

1. Naast schadevergoeding kan de maker of zijn rechtverkrijgende vorderen dat degene die de inbreuk op het auteursrecht heeft gemaakt, wordt veroordeeld de door deze ten gevolge van de inbreuk genoten winst af te dragen en dienaangaande rekening en verantwoording af te leggen.

Licentienemer

2. De maker of diens rechtverkrijgende kan de in het eerste lid bedoelde vorderingen of een van deze ook namens of mede namens een licentienemer instellen, onverminderd de bevoegdheid van deze laatste in een al of niet namens hem of mede namens hem door de maker of diens rechtverkrijgende ingesteld geding tussen te komen om rechtstreeks de door hem geleden schade vergoed te krijgen of om zich een evenredig deel van de door de verweerder af te dragen winst te doen toewijzen. De in het eerste lid bedoelde vorderingen of een van deze kan een licentienemer slechts instellen als hij de bevoegdheid daartoe van de maker of diens rechtverkrijgende heeft bedongen.

Art. 28

Recht op afgifte voorwerpen en gelden

1. Het auteursrecht geeft aan de gerechtigde de bevoegdheid om roerende zaken, die geen geregistergoederen zijn en die in strijd met dat recht zijn openbaar gemaakt of een niet geoorloofde verveelvoudiging vormen of die materialen of werktuigen zijn die voornamelijk bij de schepping of vervaardiging van deze zaken zijn gebruikt, als zijn eigendom op te eisen dan wel onttrekking aan het verkeer, vernietiging of onbruikbaarmaking daarvan te vorderen. Teneinde tot vernietiging of onbruikbaarmaking over te gaan, kan de gerechtigde de afgifte van deze zaken vorderen.

2. Gelijke bevoegdheid tot opeising bestaat:

a. ten aanzien van het bedrag van de toegangsgelden betaald voor het bijwonen van een voordracht, een op- of uitvoering of een tentoonstelling of voorstelling, waardoor inbreuk op het auteursrecht wordt gemaakt;

b. ten aanzien van andere gelden waarvan aannemelijk is dat zij zijn verkregen door of als gevolg van inbreuk op het auteursrecht.

3. De bepalingen van het Wetboek van Burgerlijke Rechtsvordering betreffende beslag en executie tot afgifte van roerende zaken die geen registergoederen zijn, zijn van toepassing. Bij samenloop met een ander beslag gaat degene die beslag heeft gelegd krachtens dit artikel voor.

4. De maatregelen, bedoeld in het eerste lid, worden op kosten van de verweerder uitgevoerd, tenzij bijzondere redenen dit beletten.

5. Ten aanzien van onroerende zaken, schepen of luchtvaartuigen, waardoor inbreuk op een auteursrecht wordt gemaakt, kan de rechter op vordering van de gerechtigde gelasten dat de verweerder daarin zodanige wijziging zal aanbrengen dat de inbreuk wordt opgeheven.

6. Tenzij anders is overeengekomen, heeft de licentienemer het recht de uit het eerste tot en met vijfde lid voortvloeiende bevoegdheden uit te oefenen, voor zover deze strekken tot bescherming van de rechten waarvan de uitoefening hem is toegestaan.

7. Gelijke bevoegdheid als bedoeld in het eerste lid bestaat ten aanzien van de inrichtingen, producten en onderdelen als bedoeld in artikel 29a alsmede de reproducties van werken als bedoeld in artikel 29b, die geen registergoederen zijn.

8. Bij de beoordeling van de maatregelen die de gerechtigde of diens licentienemer kan vorderen ingevolge de bevoegdheden, genoemd in het eerste, tweede en zevende lid, houdt de rechter rekening met de noodzakelijke evenredigheid tussen de ernst van de inbreuk en de gevorderde maatregelen en met de belangen van derden.

9. De rechter kan op vordering van de gerechtigde degene die inbreuk op diens recht heeft gemaakt, bevelen al hetgeen hem bekend is omtrent de herkomst en distributiekanalen van de goederen of diensten die inbreuk maken, aan de gerechtigde mee te delen en alle daarop betrekking hebbende gegevens aan deze te verstrekken. Onder dezelfde voorwaarden kan dit bevel worden gegeven aan een derde die op commerciële schaal inbreukmakende goederen in zijn bezit heeft of gebruikt, die op commerciële schaal diensten verleent die bij de inbreuk worden gebruikt, of die door een van deze derden is aangewezen als zijnde betrokken bij de productie, fabricage of distributie van deze goederen of bij het verlenen van deze diensten. Deze derde kan zich verschonen van het verstrekken van informatie die bewijs zou vormen van deelname aan een inbreuk op een recht van intellectuele eigendom door hem zelf of door de andere in artikel 165, derde lid, Wetboek van Burgerlijke Rechtsvordering bedoelde personen.

10. De rechter kan op vordering van de gerechtigde gelasten dat op kosten van degene die inbreuk op diens auteursrecht heeft gemaakt passende maatregelen worden getroffen tot verspreiding van informatie over de uitspraak.

Art. 29

1. De in artikel 28, eerste lid, bedoelde bevoegdheid kan niet worden uitgeoefend ten aanzien van zaken die onder personen berusten, die niet in soortgelijke zaken handeldrijven en deze uitsluitend voor eigen gebruik hebben verkregen, tenzij zij zelf inbreuk op het betreffende auteursrecht hebben gemaakt.

Voorwerpen voor eigen gebruik

2. De vordering, bedoeld in artikel 28, vijfde lid, kan slechts worden ingesteld tegen de eigenaar of houder van de zaak, die schuld heeft aan de inbreuk op het betreffende auteursrecht.

Art. 29a

1. Voor de toepassing van dit artikel wordt onder «technische voorzieningen» verstaan technologie, inrichtingen of onderdelen die in het kader van hun normale werking dienen voor het voorkomen of beperken van handelingen ten aanzien van werken, die door de maker of zijn rechtverkrijgenden niet zijn toegestaan. Technische voorzieningen worden geacht «doeltreffend» te zijn indien het gebruik van een beschermd werk door de maker of zijn rechtverkrijgenden wordt beheerst door middel van toegangscontrole of door toepassing van een beschermingsprocédé zoals encryptie, vervorming of andere transformatie van het werk of een kopieerbeveiliging die de beoogde bescherming bereikt.

Technische beschermingsmaatregelen

2. Degene, die doeltreffende technische voorzieningen omzeilt en dat weet of redelijkerwijs behoort te weten, handelt onrechtmatig.

Onrechtmatige daad (1)

3. Degene die diensten verricht of inrichtingen, producten of onderdelen vervaardigt, invoert, distribueert, verkoopt, verhuurt, adverteert of voor commerciële doeleinden bezit die:

a) aangeboden, aangeprezen of in de handel gebracht worden met het doel om de beschermende werking van doeltreffende technische voorzieningen te omzeilen, of

Onrechtmatige daad (2)

B36 art. 29b **Auteurswet**

b) slechts een commercieel beperkt doel of nut hebben anders dan het omzeilen van de beschermende werking van doeltreffende technische voorzieningen, of
c) vooral ontworpen, vervaardigd of aangepast worden met het doel het omzeilen van de doeltreffende technische voorzieningen mogelijk of gemakkelijker te maken,
handelt onrechtmatig.

AMvB

4. Bij algemene maatregel van bestuur kunnen regelen worden vastgesteld die de maker of zijn rechtverkrijgenden er toe verplichten aan de gebruiker van een werk van letterkunde, wetenschap of kunst voor doeleinden als omschreven in de artikelen 15i, 16b, 16c, 16h, 17b en 22 van deze wet de nodige middelen te verschaffen om van deze beperkingen te profiteren, mits de gebruiker rechtmatig toegang tot het door de technische voorziening beschermde werk heeft. Het bepaalde in de voorgaande zin geldt niet ten aanzien van werken die onder contractuele voorwaarden aan gebruikers beschikbaar worden gesteld op een door hen individueel gekozen plaats en tijd.

5. Bij algemene maatregel van bestuur kunnen regels worden vastgesteld die de maker of zijn rechtverkrijgende er toe verplichten aan de gebruiker van een werk van letterkunde, wetenschap of kunst voor het gebruik als omschreven in de artikelen 15j, 15n, 15o, 16, 16n van deze wet de nodige middelen te verschaffen om van deze beperkingen te profiteren, mits de gebruiker rechtmatig toegang tot het werk heeft dat door de technische voorziening is beschermd.

Art. 29b

Manipulatie van elektronische informatie betreffende het beheer van rechten

1. Degene die opzettelijk en zonder daartoe gerechtigd te zijn elektronische informatie betreffende het beheer van rechten verwijdert of wijzigt, of werken van letterkunde, wetenschap of kunst waaruit op ongeoorloofde wijze dergelijke informatie is verwijderd of waarin op ongeoorloofde wijze dergelijke informatie is gewijzigd, verspreidt, ter verspreiding invoert, uitzendt of anderszins openbaar maakt, en weet of redelijkerwijs behoort te weten dat hij zodoende aanzet tot inbreuk op het auteursrecht, dan wel een dergelijke inbreuk mogelijk maakt, vergemakkelijkt of verbergt, handelt onrechtmatig.

2. Onder «informatie betreffende het beheer van rechten» wordt in dit artikel verstaan alle door de maker of zijn rechtverkrijgenden verstrekte informatie welke verbonden is met een verveelvoudiging van een werk of bij de openbaarmaking van een werk bekend wordt gemaakt, die dient ter identificatie van het werk, dan wel van de maker of zijn rechtverkrijgenden, of informatie betreffende de voorwaarden voor het gebruik van het werk, alsmede de cijfers of codes waarin die informatie is vervat.

Art. 29c

1. Een aanbieder van een onlinedienst voor het delen van inhoud maakt de door de gebruikers van zijn dienst aangeboden werken van letterkunde, wetenschap of kunst openbaar, wanneer hij het publiek daartoe toegang verleent. Indien de aanbieder van een onlinedienst voor het delen van inhoud daarvoor toestemming heeft verkregen van de makers, of hun rechtverkrijgenden, geldt die toestemming ook voor de openbaarmaking door gebruikers, tenzij die gebruikers op commerciële basis handelen of hun activiteit significante inkomsten genereert. De aanbieder van een onlinedienst voor het delen van inhoud verstrekt de makers, of hun rechtverkrijgenden, op hun verzoek adequate informatie over het gebruik van werken waarvoor hij toestemming heeft verkregen.

2. De aanbieder van een onlinedienst voor het delen van inhoud die geen toestemming heeft verkregen, is aansprakelijk voor de inbreuk op het openbaarmakingsrecht, tenzij hij aantoont dat:

1°. hij zich naar beste vermogen heeft ingespannen om toestemming te verkrijgen; en

2°. hij zich naar beste vermogen heeft ingespannen om, in overeenstemming met de hoge industriële normen van professionele toewijding, ervoor te zorgen dat bepaalde werken ten aanzien waarvan de makers of hun rechtverkrijgenden hem relevante en noodzakelijke informatie hebben verstrekt, niet beschikbaar zijn; en in ieder geval

3°. hij, na ontvangst van een voldoende onderbouwde kennisgeving van makers of hun rechtverkrijgenden, de gemelde werken snel van zijn website heeft verwijderd of de toegang daartoe onmogelijk heeft gemaakt, en hij in overeenstemming met het onder 2°. bepaalde zich naar beste vermogen heeft ingespannen om te voorkomen dat de gemelde werken in de toekomst weer worden aangeboden.

3. Bij het bepalen of de aanbieder van een onlinedienst voor het delen van inhoud zijn verplichtingen uit het tweede lid is nagekomen, wordt gelet op het proportionaliteitsbeginsel onder meer rekening gehouden met de volgende elementen:

1°. het type, het publiek en de omvang van de diensten en het soort werken die door de gebruikers van de onlinedienst voor het delen van inhoud zijn aangeboden; en

2°. de beschikbaarheid van passende en doeltreffende middelen om aan het in het tweede lid, onderdeel 2°., bepaalde gevolg te geven en de kosten daarvan voor de aanbieder van de onlinedienst voor het delen van inhoud.

4. De aanbieder van een onlinedienst voor het delen van inhoud verstrekt de makers, of hun rechtverkrijgenden, op hun verzoek adequate informatie over de maatregelen die zijn getroffen en de wijze waarop die worden uitgevoerd om aan het in de onderdelen 2°. en 3°. van het tweede lid bepaalde te voldoen.

5. De aanbieder van een onlinedienst voor het delen van inhoud stelt de gebruikers van zijn dienst in de algemene voorwaarden op de hoogte van de beperkingen op het auteursrecht. De samenwerking tussen de aanbieder van een onlinedienst voor het delen van inhoud en de makers, of hun rechtverkrijgenden, leidt niet tot het voorkomen van de beschikbaarheid van door gebruikers geüploade werken die geen inbreuk maken op het auteursrecht, ook niet wanneer het gebruik van deze werken onder een beperking valt.

6. De toepassing van dit artikel leidt niet tot een algemene toezichtsverplichting.

7. De aanbieder van een onlinedienst voor het delen van inhoud stelt een klachtenprocedure in op grond waarvan gebruikers klachten kunnen indienen over de wijze waarop aan het in de onderdelen 2°. en 3°. van het tweede lid bepaalde gevolg wordt gegeven. De aanbieder van een onlinedienst voor het delen van inhoud geeft, gehoord de maker of zijn rechtverkrijgende van het werk in kwestie, een doeltreffend, snel en aan menselijke toetsing onderworpen oordeel. De aanbieder van een onlinedienst voor het delen van inhoud regelt ook dat de makers, of hun rechtverkrijgenden, en gebruikers beroep kunnen instellen bij een onpartijdige geschillencommissie die een doeltreffend, snel en aan menselijke toetsing onderworpen oordeel geeft.

8. Bij algemene maatregel van bestuur kunnen nadere regels worden gegeven over de toepassing van dit artikel.

9. Voor de toepassing van dit artikel wordt onder een aanbieder van een onlinedienst voor het delen van inhoud verstaan een aanbieder van een dienst van de informatiemaatschappij die als belangrijkste of een van de belangrijkste doelstellingen heeft een grote hoeveelheid door de gebruikers van de dienst aangeboden werken van letterkunde, wetenschap of kunst op te slaan en toegankelijk te maken voor het publiek, waarbij hij deze werken ordent en promoot met een winstoogmerk. Aanbieders van diensten als online-encyclopedieën zonder winstoogmerk, onderwijs- of wetenschappelijke gegevensbanken zonder winstoogmerk, platforms voor het ontwikkelen en delen van opensourcesoftware, aanbieders van elektronische communicatiediensten, onlinemarktplaatsen en business-to-business clouddiensten en clouddiensten waarmee gebruikers informatie kunnen opslaan voor eigen gebruik, zijn geen aanbieders van een onlinedienst voor het delen van inhoud.

Art. 29d

1. In afwijking van het in artikel 29c, tweede lid, bepaalde is een aanbieder van een onlinedienst voor het delen van inhoud die zijn dienst minder dan drie jaar aanbiedt in de Europese Unie of de Europese Economische Ruimte en een jaaromzet heeft van minder dan 10 miljoen euro, niet aansprakelijk voor de inbreuk op het openbaarmakingsrecht, indien hij aantoont dat:

1°. hij zich naar beste vermogen heeft ingespannen om toestemming te verkrijgen; en

2°. hij, na ontvangst van een voldoende onderbouwde kennisgeving van de maker of zijn rechtverkrijgende, het gemelde werk snel van zijn website heeft verwijderd of de toegang daartoe onmogelijk heeft gemaakt.

2. De aanbieder van een onlinedienst voor het delen van inhoud, bedoeld in het eerste lid, waarvan het gemiddelde aantal maandelijkse unieke bezoekers meer dan 5 miljoen bedraagt, berekend op basis van het voorafgaande kalenderjaar, is niet aansprakelijk voor de inbreuk op het openbaarmakingsrecht, indien hij aantoont dat:

1°. hij zich naar beste vermogen heeft ingespannen om toestemming te verkrijgen; en

2°. hij, na ontvangst van een voldoende onderbouwde kennisgeving van de maker of zijn rechtverkrijgende, de gemelde werken snel van zijn website heeft verwijderd of de toegang daartoe onmogelijk heeft gemaakt en hij zich naar beste vermogen heeft ingespannen om te voorkomen dat de gemelde werken in de toekomst weer worden aangeboden.

3. Bij het bepalen of de aanbieder van een onlinedienst voor het delen van inhoud zijn verplichtingen uit het eerste en tweede lid is nagekomen, wordt gelet op het proportionaliteitsbeginsel onder meer rekening gehouden met de volgende elementen:

1°. het type, het publiek en de omvang van de diensten en het soort werken die door de gebruikers van de onlinedienst voor het delen van inhoud zijn aangeboden; en

2°. de beschikbaarheid van passende en doeltreffende middelen om aan het in het tweede lid, onderdeel 2°., bepaalde gevolg te geven en de kosten daarvan voor de aanbieder van de onlinedienst voor het delen van inhoud.

Art. 29e

Artikel 196c lid 1 van Boek 6 van het Burgerlijk Wetboek is niet van toepassing, voor zover een aanbieder van een onlinedienst voor het delen van inhoud de door de gebruikers van zijn dienst aangeboden werken van letterkunde, wetenschap of kunst openbaar maakt onder de in de artikelen 29c en 29d gestelde voorwaarden.

Art. 30

Indien iemand zonder daartoe gerechtigd te zijn een portret openbaar maakt gelden ten aanzien van het recht van den geportretteerde dezelfde bepalingen als in de artikelen 28 en 29 met betrekking tot het auteursrecht zijn gesteld.

Portretrecht; beslag

B36 art. 30a **Auteurswet**

Art. 30a

Bemiddeling inzake muziekauteursrecht; Buma

1. Voor het als bedrijf verleenen van bemiddeling in zake muziekauteursrecht, al of niet met het oogmerk om winst te maken, is de toestemming vereischt van Onzen Minister van Justitie.

2. Onder het verleenen van bemiddeling inzake muziekauteursrecht wordt verstaan het, al of niet op eigen naam, ten behoeve van de makers van muziekwerken of hunne rechtverkrijgenden, sluiten of ten uitvoer leggen van overeenkomsten betreffende de uitvoering in het openbaar of de uitzending in een radio- of televisieprogramma, door tekens, geluid of beelden, van die werken, of hunne verveelvoudigingen, in hun geheel of gedeeltelijk.

3. Met de uitvoering of de uitzending in een radio- of televisieprogramma van muziekwerken wordt gelijkgesteld de uitvoering of de uitzending in een radio- of televisieprogramma van dramatisch-muzikale werken, choreografische werken en pantomimes en hunne verveelvoudigingen, indien deze ten gehoore worden gebracht zonder te worden vertoond.

4. Overeenkomsten als bedoeld bij het tweede lid, welke worden aangegaan zonder dat de ingevolge het eerste lid vereischte ministerieele toestemming is verkregen, zijn nietig.

5. Bij algemeene maatregel van bestuur worden nadere voorschriften gegeven omtrent de toestemming bedoeld in het eerste lid.

6. Het toezicht op degene die de ministeriële toestemming heeft verkregen wordt uitgeoefend door het College van Toezicht, bedoeld in de Wet toezicht collectieve beheersorganisaties auteurs- en naburige rechten.

Art. 30b

Voorwaarden aan administratie belangenorganisatie

1. Op verzoek van een of meer naar het oordeel van Onze Minister van Justitie en van Onze Minister van Economische Zaken representatieve organisaties van bedrijfs- of beroepsgenoten die rechtspersonen met volledige rechtsbevoegdheid zijn en die ten doel hebben de behartiging van belangen van personen die beroeps- of bedrijfsmatig werken van letterkunde, wetenschap of kunst invoeren in Nederland, openbaar maken of verveelvoudigen, kunnen voornoemde ministers gezamenlijk bepalen dat door hen aangewezen beroeps- of bedrijfsgenoten verplicht zijn hun administratie te voeren op een nader door hen aan te geven wijze.

2. Hij die de in het vorige lid bedoelde verplichting niet nakomt, wordt gestraft met een geldboete van de tweede categorie. Het feit is een overtreding.

Art. 31

Opzettelijke inbreuk (1)

Hij, die opzettelijk inbreuk maakt op eens anders auteursrecht, wordt gestraft met gevangenisstraf van ten hoogste zes maanden of geldboete van de vierde categorie.

Art. 31a

Opzettelijke inbreuk (2)

Hij die opzettelijk een voorwerp waarin met inbreuk op eens anders auteursrecht een werk is vervat,

a. openlijk ter verspreiding aanbiedt,

b. ter verveelvoudiging of ter verspreiding voorhanden heeft,

c. invoert, doorvoert, uitvoert of

d. bewaart uit winstbejag

wordt gestraft met gevangenisstraf van ten hoogste één jaar of geldboete van de vijfde categorie.

Art. 31b

Piraterij

Hij die van het plegen van de misdrijven, als bedoeld in de artikelen 31 en 31a, zijn beroep maakt of het plegen van deze misdrijven als bedrijf uitoefent, wordt gestraft met gevangenisstraf van ten hoogste vier jaar of geldboete van de vijfde categorie.

Art. 32

Inbreuk te kwader trouw

Hij die een voorwerp waarvan hij redelijkerwijs kan vermoeden dat daarin met inbreuk op eens anders auteursrecht een werk is vervat,

a. openlijk ter verspreiding aanbiedt;

b. ter verveelvoudiging of ter verspreiding voorhanden heeft;

c. invoert, doorvoert, uitvoert of

d. bewaart uit winstbejag

wordt gestraft met geldboete van de derde categorie.

Art. 32a

Kraakmiddelen

Hij die opzettelijk middelen die uitsluitend bestemd zijn om het zonder toestemming van de maker of zijn rechtverkrijgende verwijderen van of het ontwijken van een technische voorziening ter bescherming van een werk als bedoeld in artikel 10, eerste lid, onder 12°, te vergemakkelijken

a. openlijk ter verspreiding aanbiedt,

b. ter verspreiding voorhanden heeft,

c. invoert, doorvoert, uitvoert of

d. bewaart uit winstbejag

wordt gestraft met gevangenisstraf van ten hoogste zes maanden of geldboete van de vierde categorie.

Art. 33

Misdrijven

De feiten strafbaar gesteld in de artikelen 31, 31a, 31b, 32 en 32a zijn misdrijven.

Auteurswet **B36 art. 36b**

Art. 34

1. Hij die opzettelijk in enig werk van letterkunde, wetenschap of kunst, waarop auteursrecht bestaat, in de benaming daarvan of in de aanduiding van de maker wederrechtelijk enige wijziging aanbrengt of wel met betrekking tot een zodanig werk op enige andere wijze, welke nadeel zou kunnen toebrengen aan de eer of de naam van de maker of aan zijn waarde in deze hoedanigheid, het werk aantast, wordt gestraft met gevangenisstraf van ten hoogste zes maanden of geldboete van de vierde categorie.

Inbreuk op persoonlijkheidsrechten

2. Het feit is een misdrijf.

Art. 35

1. Hij die zonder daartoe gerechtigd te zijn een portret in het openbaar ten toon stelt of op andere wijze openbaar maakt, wordt gestraft met geldboete van de vierde categorie.

Inbreuk op portretrecht

2. Het feit is eene overtreding.

Art. 35a

1. Hij die, zonder dat de vereischte toestemming van Onzen Minister van Justitie is verkregen, handelingen verricht, die behooren tot een bedrijf als bedoeld bij artikel 30a, wordt gestraft met geldboete van de vierde categorie.

Onbevoegde bemiddeling inzake muziekauteursrecht

2. Het feit wordt beschouwd als eene overtreding.

Art. 35b

1. Hij die in een schriftelijke aanvrage of opgave, dienende om in het bedrijf van degene, die met toestemming van Onze Minister van Justitie bemiddeling verleent inzake muziekauteursrecht, te worden gebezigd bij de vaststelling van het wegens auteursrecht verschuldigde, opzettelijk een onjuiste of onvolledige mededeling doet, wordt gestraft met hechtenis van ten hoogste drie maanden of of geldboete van de derde categorie.

Onjuiste opgave aan Buma

2. Het feit is een overtreding.

Art. 35c

Degene die een schriftelijke opgave aan de in artikel 16d, eerste lid, bedoelde rechtspersoon, dienende voor de vaststelling van het op grond van artikel 16c verschuldigde, opzettelijk nalaat dan wel in een dergelijke opgave opzettelijk een onjuiste of onvolledige mededeling doet, wordt gestraft met hechtenis van ten hoogste drie maanden of geldboete van de derde categorie. Het feit wordt beschouwd als een overtreding.

Onjuiste opgave aan Thuiskopie

Art. 35d

Degene die een opgave als bedoeld in artikel 15g opzettelijk nalaat dan wel in een dergelijke opgave opzettelijk een onjuiste mededeling doet, wordt gestraft met hechtenis van ten hoogste drie maanden of geldboete van de derde categorie. Het feit wordt beschouwd als een overtreding.

Onjuiste opgave aan Leenrecht

Art. 36

1. De door den strafrechter verbeurd verklaarde verveelvoudigingen worden vernietigd; echter kan de rechter bij het vonnis bepalen, dat zij aan dengene, wien het auteursrecht toekomt, zullen worden afgegeven, indien deze zich daartoe ter griffie aanmeldt binnen eene maand nadat de uitspraak in kracht van gewijsde is gegaan.

Verbeurdverklaarde verveelvoudigingen

2. Door de afgifte gaat de eigendom van de verveelvoudigingen op den rechthebbende over. De rechter zal kunnen gelasten, dat de afgifte niet zal geschieden dan tegen eene bepaalde, door den rechthebbende te betalen vergoeding, welke ten bate komt van den Staat.

Art. 36a

De opsporingsambtenaren kunnen te allen tijde tot het opsporen van bij deze wet strafbaar gestelde feiten inzage vorderen van alle bescheiden of andere gegevensdragers waarvan inzage voor de vervulling van hun taak redelijkerwijze nodig is, bij hen die in de uitoefening van hun beroep of bedrijf werken van letterkunde, wetenschap of kunst invoeren, doorvoeren, uitvoeren, openbaar maken of verveelvoudigen.

Bevoegdheden opsporingsambtenaren

Art. 36b

1. De opsporingsambtenaren zijn bevoegd, tot het opsporen van de bij deze wet strafbaar gestelde feiten en ter inbeslagneming van het geen daarvoor vatbaar is, elke plaats te betreden.

Binnentreding opsporingsambtenaren

2. Indien hun de toegang wordt geweigerd, verschaffen zij zich die desnoods met inroeping van de sterke arm.

3. In woningen treden zij tegen de wil van de bewoner niet binnen dan op vertoon van een schriftelijke bijzondere last van of in tegenwoordigheid van een officier van justitie of een hulpofficier van justitie. Van dit binnentreden wordt door hen binnen vierentwintig uren procesverbaal opgemaakt.

Art. 36c

[Vervallen]

Hoofdstuk III
De duur van het auteursrecht

Art. 37

Duur van het auteursrecht

1. Het auteursrecht vervalt door verloop van 70 jaren, te rekenen van de 1e januari van het jaar, volgende op het sterfjaar van de maker.

2. De duur van een gemeenschappelijk auteursrecht op een zelfde werk, aan twee of meer personen als gezamenlijke makers daarvan toekomende, wordt berekend van de 1e januari van het jaar, volgende op het sterfjaar van de langstlevende hunner.

Art. 38

Bijzondere regelingen

1. Het auteursrecht op een werk, ten aanzien waarvan de maker niet is aangeduid of niet op zodanige wijze dat zijn identiteit buiten twijfel staat, vervalt door verloop van 70 jaren, te rekenen van de 1e januari van het jaar, volgende op dat, waarin de eerste openbaarmaking van het werk rechtmatig heeft plaatsgehad.

2. Hetzelfde geldt ten aanzien van werken, waarvan een openbare instelling, een vereniging, stichting of vennootschap als maker wordt aangemerkt, tenzij de natuurlijke persoon, die het werk heeft gemaakt, als zodanig is aangeduid op of in exemplaren van het werk, die zijn openbaar gemaakt.

3. Indien de maker vóór het verstrijken van de in het eerste lid genoemde termijn zijn identiteit openbaart, zal de duur van het auteursrecht op dat werk worden berekend naar de bepalingen van artikel 37.

Art. 39

Verval van auteursrecht

Voor werken, waarvan de duur van het auteursrecht niet wordt berekend naar de bepalingen van artikel 37 en die niet binnen 70 jaren na hun totstandkoming op rechtmatige wijze zijn openbaar gemaakt, vervalt het auteursrecht.

Art. 40

Duur auteursrecht op een filmwerk

Het auteursrecht op een filmwerk vervalt door verloop van 70 jaren, te rekenen van de 1e januari van het jaar, volgende op het sterfjaar van de langstlevende van de volgende personen: de hoofdregisseur, de scenarioschrijver, de schrijver van de dialogen en degene die ten behoeve van het filmwerk de muziek heeft gemaakt.

Art. 40a

Auteursrecht bij verschillende personen

Indien in het geval van een muziekwerk met woorden het auteursrecht op de muziek en het auteursrecht op de woorden berusten bij verschillende personen, vervalt het auteursrecht door verloop van 70 jaren, te rekenen van de 1e januari van het jaar volgende op het sterfjaar van de langstlevende van hen.

Art. 41

Werken die in verschillende banden e.d. zijn verschenen

Ten aanzien van werken, in verschillende banden, delen, nummers of afleveringen verschenen, wordt voor de toepassing van artikel 38 iedere band, deel, nummer of aflevering als een afzonderlijk werk aangemerkt.

Art. 42

Auteursrecht, verstreken in land van oorsprong

In afwijking voor zooverre van de bepalingen van dit hoofdstuk kan in Nederland geenerlei beroep worden gedaan op auteursrecht, waarvan de duur in het land van oorsprong van het werk reeds verstreken is. Het in de eerste zin bepaalde geldt niet voor werken waarvan de maker onderdaan is van een lid-staat van de Europese Unie of een staat die partij is bij de Overeenkomst betreffende de Europese Economische Ruimte van 2 mei 1992.

Hoofdstuk IV
Bijzondere bepalingen betreffende het volgrecht

Art. 43

Originelen van kunstwerken en professionele kunsthandelaar, begripbepalingen

In dit hoofdstuk en de daarop berustende bepalingen wordt verstaan onder:

a. originelen van kunstwerken:

1°. een werk van grafische of beeldende kunst, zoals afbeeldingen, collages, schilderijen, tekeningen, gravures, prenten, lithografieën, beeldhouwwerken, tapisserieën, keramische werken, glaswerk en foto's, voor zover dit door de maker zelf is vervaardigd, of het een exemplaar betreft dat anderszins als origineel van een kunstwerk wordt beschouwd.

2°. exemplaren van werken als bedoeld in onder 1°, die door de maker zelf of op zijn gezag in een beperkte oplage zijn vervaardigd.

b. professionele kunsthandelaar: de natuurlijke persoon of rechtspersoon die zijn beroep of bedrijf maakt van de koop of verkoop van originelen van kunstwerken of van het als tussenpersoon tot stand brengen van koopovereenkomsten met betrekking tot originelen van kunstwerken.

Art. 43a

Volgrecht

1. Het volgrecht is het recht van de maker en van zijn rechtverkrijgenden krachtens erfopvolging om bij iedere verkoop van een origineel van een kunstwerk waarbij een professionele kunsthandelaar is betrokken, met uitzondering van de eerste vervreemding door de maker, een vergoeding te ontvangen.

2. Het volgrecht is niet overdraagbaar, uitgezonderd in het geval van overdracht krachtens legaat.

3. Van het volgrecht kan geen afstand worden gedaan.

4. De vergoeding bedoeld in het eerste lid is opeisbaar vanaf het tijdstip dat de koopprijs van het origineel van het kunstwerk opeisbaar is, doch uiterlijk vanaf drie maanden na het totstandkomen van de koopovereenkomst.

Art. 43b

Bij algemene maatregel van bestuur wordt de hoogte van de vergoeding, bedoeld in artikel 43a, eerste lid, vastgesteld en kunnen regelen worden gesteld omtrent de verschuldigdheid van de vergoeding.

AMvB

Art. 43c

1. De verplichting tot betaling van de vergoeding, bedoeld in artikel 43a, eerste lid, rust op de bij de verkoop betrokken professionele kunsthandelaar. Indien meer dan één professionele kunsthandelaar bij een verkoop is betrokken, zijn zij hoofdelijk voor deze vergoeding aansprakelijk.

Betalingsverplichting

2. Een rechtsvordering tot betaling van de vergoeding bedoeld in artikel 43a, eerste lid, verjaart door verloop van vijf jaren na de aanvang van de dag, volgende op die waarop de rechthebbende zowel met de opeisbaarheid van de vergoeding als met de tot de betaling van de vergoeding verplichte persoon bekend is geworden, en in ieder geval door verloop van twintig jaren na het tijdtip waarop de vergoeding opeisbaar is geworden.

Art. 43d

De gerechtigde op het volgrecht kan gedurende drie jaar na het tijdstip waarop de vergoeding bedoeld in artikel 43a, eerste lid, opeisbaar is geworden, van degene die verplicht is tot betaling van de vergoeding alle inlichtingen verlangen die noodzakelijk zijn om de betaling van de vergoeding veilig te stellen.

Inlichtingen

Art. 43e

1. Het volgrecht vervalt op het tijdstip waarop het auteursrecht vervalt.

Verval volgrecht

2. In afwijking van het eerste lid is bij een verkoop van een origineel van een kunstwerk tot 1 januari 2010 de vergoeding, bedoeld in artikel 43a, eerste lid, niet verschuldigd aan de rechtverkrijgenden van de maker krachtens erfopvolging.

3. Bij algemene maatregel van bestuur kan de in het tweede lid bedoelde periode worden verlengd tot uiterlijk 1 januari 2012.

Art. 43f

Onverminderd het bepaalde in artikel 43g is dit hoofdstuk van toepassing op originelen van kunstwerken die op 1 januari 2006 in ten minste één lidstaat van de Europese Unie of een staat die partij is bij de Overeenkomst betreffende de Europese Economische Ruimte van 2 mei 1992 beschermd worden door de nationale wetgeving op het gebied van het auteursrecht.

Volgrecht originelen, reikwijdte

Art. 43g

1. Dit hoofdstuk is van toepassing op makers van originelen van kunstwerken die:

Volgrecht makers, reikwijdte

a. onderdaan zijn van één van de lidstaten van de Europese Unie en hun rechtverkrijgenden;

b. onderdaan zijn van een staat die partij is bij de Overeenkomst betreffende de Europese Economische Ruimte van 2 mei 1992 en hun rechtverkrijgenden; of

c. hun gewone verblijfplaats in Nederland hebben en hun rechtverkrijgenden.

2. Dit hoofdstuk is voorts van toepassing op makers van originelen van kunstwerken en hun rechtverkrijgenden die onderdaan zijn van een staat, niet zijnde een lidstaat van de Europese Unie of van een staat die partij is bij de Overeenkomst betreffende de Europese Economische Ruimte van 2 mei 1992, in de mate waarin en de duur waarvoor die staat het volgrecht erkent ten behoeve van makers van originelen van kunstwerken uit de lidstaten van de Europese Unie en de staten die partij zijn bij de Overeenkomst betreffende de Europese Economische Ruimte van 2 mei 1992 en hun rechtverkrijgenden.

Hoofdstuk IVa Bijzondere bepalingen betreffende verruimde licenties

§ 1

Verruimde licenties met betrekking tot werken die niet in de handel verkrijgbaar zijn

Art. 44

1. Een collectieve beheersorganisatie als bedoeld in artikel 1, onderdeel d, van de Wet toezicht en geschillenbeslechting collectieve beheersorganisaties auteurs- en naburige rechten die een niet-exclusieve licentie voor niet-commerciële doeleinden verleent aan een cultureel erfgoedinstelling als bedoeld in artikel 25a, vierde lid, voor het reproduceren en openbaar maken van

niet in de handel verkrijgbare werken van letterkunde, wetenschap of kunst die permanent deel uitmaken van de collectie van die erfgoedinstelling, is bevoegd om ook de belangen te behartigen van makers of hun rechtverkrijgenden die de collectieve beheersorganisatie niet door middel van overdracht, licentieverlening of een andere overeenkomst hebben gemachtigd om de rechten ten behoeve van hen te beheren als het de uitoefening van dezelfde rechten betreft als in haar statuten vermeld, mits:

1°. de collectieve beheerorganisatie, op basis van haar machtigingen, voldoende representatief is voor de makers in het soort werken in kwestie en voor de rechten die het onderwerp uitmaken van de licentie; en

2°. alle makers of hun rechtverkrijgenden gelijk worden behandeld met betrekking tot de voorwaarden van de licentie.

2. Bevoegd tot het verlenen van een licentie als bedoeld in het eerste lid is de collectieve beheersorganisatie die representatief is voor het Rijk binnen Europa.

3. Een maker of zijn rechtverkrijgende kan zijn werk van letterkunde, wetenschap of kunst te allen tijde in het algemeen of voor specifieke gevallen uitsluiten van een door een collectieve beheersorganisatie aan een cultureel erfgoedinstelling te verlenen of verleende licentie, ook na het sluiten van de licentie of na het begin van het gebruik van het werk.

4. Voor de toepassing van dit artikel wordt een werk van letterkunde, wetenschap of kunst geacht niet in de handel verkrijgbaar te zijn indien na een redelijke inspanning te goeder trouw kan worden aangenomen dat het werk niet of niet meer via gebruikelijke handelskanalen beschikbaar is voor het publiek. Onze Minister van Onderwijs, Cultuur en Wetenschap kan bij algemene maatregel van bestuur nadere regels geven over wanneer een werk of een verzameling van werken wordt geacht niet in de handel verkrijgbaar te zijn.

5. Dit artikel is niet van toepassing op verzamelingen van werken van letterkunde, wetenschap of kunst die niet in de handel verkrijgbaar zijn, indien er aanwijzingen zijn dat de verzamelingen voornamelijk bestaan uit:

1°. werken die voor het erst zijn gepubliceerd of, bij gebreke van publicatie, voor het eerst zijn uitgezonden in een staat die geen partij is bij de Europese Unie of de Europese Economische Ruimte, met uitzondering van cinematografische of audiovisuele werken;

2°. cinematografische of audiovisuele werken waarvan de producenten hun hoofdkantoor of hun gewone verblijfplaats hebben in een staat die geen partij is bij de Europese Unie of de Europese Economische Ruimte; of

3°. werken van onderdanen van een staat die geen partij is bij de Europese Unie of de Europese Economische Ruimte, waarvan na een redelijke inspanning de plaats van eerste publicatie of uitzending overeenkomstig onderdeel 1°, dan wel hoofdkantoor of gewone verblijfplaats overeenkomstig onderdeel 2°, niet kon worden vastgesteld;

tenzij de collectieve beheersorganisatie op basis van haar machtigingen voldoende representatief is voor de makers of zijn rechtverkrijgenden van de staat die geen partij is bij de Europese Unie of Europese Economische Ruimte als bedoeld in onderdeel 1°, van het eerste lid.

Art. 44a

Een overeenkomstig artikel 44 verleende licentie kan betrekking hebben op het gebruik door een cultureel erfgoedinstelling van niet in de handel verkrijgbare werken van letterkunde, wetenschap of kunst in alle lidstaten van de Europese Unie en Europese Economische Ruimte.

Art. 44b

1. Een collectieve beheersorganisatie die licenties verstrekt als bedoeld in dit hoofdstuk, zorgt ervoor dat informatie met het oog op:

1°. de identificatie van de werken;

2°. de mogelijkheden van de makers of zijn rechtverkrijgenden als bedoeld in artikel 44, derde lid; en

3°. de partijen bij de verleende licenties, de gedekte grondgebieden en de toegestane gebruikswijzen;

ten minste zes maanden voordat de werken openbaar worden gemaakt door de cultureel erfgoedinstelling, te raadplegen is in het portaal dat is ingesteld en wordt beheerd door het Bureau voor intellectuele eigendom van de Europese Unie als bedoeld in Verordening (EU) nr. 386/2012.

2. Een collectieve beheersorganisaties die licenties verstrekt als bedoeld in dit hoofdstuk, treft aanvullende passende publicitaire maatregelen in het Rijk in Europa als dat noodzakelijk is om de algemene bekendheid van de makers of zijn rechtverkrijgenden met de regeling te vergroten. Indien er aanwijzingen zijn, zoals de oorsprong van de werken van letterkunde, wetenschap of kunst, om aan te nemen dat het bewustzijn van de makers of zijn rechtverkrijgenden doeltreffender elders zou kunnen worden verhoogd, dan strekken de in de eerste volzin bedoelde maatregelen zich ook daartoe uit.

§ 2

Verruimde licenties in het algemeen

Art. 45

1. Een collectieve beheersorganisatie als bedoeld in artikel 1, onderdeel d, van de Wet toezicht en geschillenbeslechting collectieve beheersorganisaties auteurs- en naburige rechten die een niet-exclusieve licentie verleent voor het gebruik van werken van letterkunde, wetenschap of kunst, is bevoegd om binnen het Rijk in Europa op het overeenkomstig het tweede lid bepaalde toepassingsgebied ook de belangen te behartigen van makers of hun rechtverkrijgenden die de collectieve beheersorganisatie niet door middel van overdracht, licentieverlening of een andere overeenkomst hebben gemachtigd om de rechten ten behoeve van hen te beheren als het de uitoefening van dezelfde rechten betreft als in haar statuten vermeld, mits:

1°. de collectieve beheerorganisatie, op basis van haar machtigingen, voldoende representatief is voor de makers in het soort werken in kwestie, en voor de rechten die het onderwerp uitmaken van de licentie, binnen het Rijk in Europa;

2°. alle makers of hun rechtverkrijgenden gelijk worden behandeld inclusief met betrekking tot de voorwaarden van de licentie;

3°. de makers of hun rechtverkrijgenden die geen machtigingen hebben verleend te allen tijde in het algemeen of voor specifieke gevallen het gebruik van hun werken kunnen verbieden, ook na het sluiten van de licentie of na het begin van het gebruik van het werk; en

4°. de collectieve beheersorganisatie ervoor zorgt dat informatie betreffende de mogelijkheid om licenties te verlenen ingevolge dit artikel, de ingevolge dit artikel verleende licenties en de mogelijkheden van makers of hun rechtverkrijgenden als bedoeld in het eerste lid, onder 3°., ten minste zes maanden voordat de werken worden gebruikt, op een passende en doeltreffende wijze is te raadplegen.

2. Bij algemene maatregel van bestuur wordt het toepassingsgebied van de licenties met een verruimde werking vastgesteld. Het toepassingsgebied wordt vastgesteld op basis van een verzoek van de collectieve beheersorganisatie. Het verzoek bevat de gronden voor de vaststelling van het toepassingsgebied. Alvorens het toepassingsgebied vast te stellen wordt advies gevraagd aan het College van Toezicht als bedoeld in artikel 1, onderdeel b, van de Wet toezicht en geschillenbeslechting collectieve beheersorganisaties auteurs- en naburige rechten.

Hoofdstuk V Bijzondere bepalingen betreffende filmwerken

Art. 45a

1. Onder filmwerk wordt verstaan een werk dat bestaat uit een reeks beelden met of zonder geluid, ongeacht de wijze van vastlegging van het werk, indien het is vastgelegd.

2. Onverminderd het in de artikelen 7 en 8 bepaalde worden als de makers van een filmwerk aangemerkt de natuurlijke personen die tot het ontstaan van het filmwerk een daartoe bestemde bijdrage van scheppend karakter hebben geleverd.

3. Producent van het filmwerk is de natuurlijke of rechtspersoon die verantwoordelijk is voor de totstandbrenging van het filmwerk met het oog op de exploitatie daarvan.

Art. 45b

Indien een van de makers zijn bijdrage tot het filmwerk niet geheel tot stand wil of kan brengen, kan hij zich, tenzij schriftelijk anders overeengekomen is, niet verzetten tegen het gebruik door de producent van die bijdrage, voor zover deze reeds tot stand is gebracht, ten behoeve van de voltooiing van het filmwerk. Voor de door hem tot stand gebrachte bijdrage geldt hij als maker in de zin van artikel 45a.

Art. 45c

Het filmwerk geldt als voltooid op het tijdstip waarop het vertoningsgereed is. Tenzij schriftelijk anders overeengekomen is, beslist de producent wanneer het filmwerk vertoningsgereed is.

Art. 45d

1. Tenzij de makers en de producent van een filmwerk schriftelijk anders zijn overeengekomen, worden de makers geacht aan de producent het recht overgedragen te hebben om vanaf het in artikel 45c bedoelde tijdstip het filmwerk te verhuren en anderszins openbaar te maken, dit te verveelvoudigen in de zin van artikel 14, er ondertitels bij aan te brengen en de teksten ervan na te synchroniseren. Het vorenstaande geldt niet ten aanzien van degene die ten behoeve van het filmwerk de muziek heeft gemaakt en degene die de bij de muziek behorende tekst heeft gemaakt. Ongeacht de wijze van overdracht is de producent aan de makers voor de overdracht van rechten en de exploitatie van het filmwerk een billijke vergoeding verschuldigd. Van het recht op een billijke vergoeding kan geen afstand worden gedaan.

2. Onverminderd het in artikel 26a bepaalde is eenieder die het filmwerk openbaar maakt als bedoeld in artikel 12, eerste lid, onder 6°, aan de makers van het filmwerk die deze rechten aan de producent hebben overgedragen, een proportionele billijke vergoeding verschuldigd. Bij

Filmwerk

Filmproducent

Onvoltooide bijdragen

Voltooiing filmwerk

Filmwerk, overdracht

Filmwerk, vergoeding uitzending

B36 art. 45e **Auteurswet**

een openbaarmaking als bedoeld in artikel 12c is enkel degene die het filmwerk uitzendt aan de makers van het filmwerk die deze rechten aan de producent hebben overgedragen, een proportionele billijke vergoeding verschuldigd. Eenieder die het filmwerk op andere wijze dan vorenbedoeld mededeelt aan het publiek, met uitzondering van de beschikbaarstelling van het filmwerk op zodanige wijze dat het filmwerk voor de leden van het publiek op een door hen individueel gekozen plaats en tijd toegankelijk is, is aan de hoofdregisseur en de scenarioschrijver van het filmwerk die deze rechten aan de producent heeft overgedragen, een proportionele billijke vergoeding verschuldigd. Van het recht op een proportionele billijke vergoeding kan geen afstand worden gedaan.

3. Het recht op de vergoeding, bedoeld in het tweede lid, wordt uitgeoefend door een collectieve beheersorganisatie als bedoeld in artikel 1, onderdeel d, van de Wet toezicht en geschillenbeslechting collectieve beheersorganisaties auteurs- en naburige rechten. Artikel 26a, tweede en derde lid, is van overeenkomstige toepassing.

4. Degene die de in het tweede lid bedoelde vergoeding verschuldigd is, is gehouden aan de collectieve beheersorganisaties bedoeld in het derde lid de bescheiden of andere informatiedragers ter inzage te geven, waarvan de kennisneming noodzakelijk is voor de vaststelling van de verschuldigdheid, de hoogte en de verdeling van de vergoeding.

5. Bij algemene maatregel van bestuur kunnen nadere regels worden gegeven over de uitoefening van het recht bedoeld in het tweede lid.

6. Het recht op een proportionele billijke vergoeding bedoeld in het tweede lid is niet van toepassing op een filmwerk waarvan de exploitatie als zodanig niet het doel is.

7. Artikel 25d en artikel 25e zijn van overeenkomstige toepassing. Artikel 25c, tweede tot en met zesde lid, en artikel 25g zijn van overeenkomstige toepassing op de billijke vergoeding bedoeld in het eerste lid.

Art. 45e

Recht op vermelding naam

Iedere maker heeft met betrekking tot het filmwerk naast de rechten, bedoeld in artikel 25, eerste lid, onder b, c en d, het recht

a. zijn naam op de daarvoor gebruikelijke plaats in het filmwerk te doen vermelden met vermelding van zijn hoedanigheid of zijn bijdrage aan het filmwerk;

b. te vorderen dat het onder a bedoelde gedeelte van het filmwerk mede wordt vertoond;

c. zich te verzetten tegen vermelding van zijn naam op het filmwerk, tenzij dit verzet in strijd met de redelijkheid zou zijn.

Art. 45f

Vermoeden afstand van wijzigingsrecht

De maker wordt, tenzij schriftelijk anders overeengekomen is, verondersteld tegenover de producent afstand gedaan te hebben van het recht zich te verzetten tegen wijzigingen als bedoeld in artikel 25, eerste lid onder c, in zijn bijdrage.

Art. 45g

Auteursrecht op eigen bijdrage

Iedere maker behoudt, tenzij schriftelijk anders overeengekomen is, het auteursrecht op zijn bijdrage, indien deze een van het filmwerk scheidbaar werk vormt. Na het in artikel 45c bedoelde tijdstip mag iedere maker, tenzij schriftelijk anders overeengekomen is, zijn bijdrage afzonderlijk openbaar maken en verveelvoudigen, mits hij daardoor geen schade toebrengt aan de exploitatie van het filmwerk.

Art. 45ga

Indien partijen over de beschikbaarstelling voor het publiek op een filmwerk op een video-on-demanddienst geen overeenstemming kunnen bereiken, kunnen zij beroep doen op één of meer bemiddelaars. De bemiddelaars helpen de partijen bij de onderhandelingen en het sluiten van overeenkomsten. In voorkomend geval kunnen de bemiddelaars daartoe voorstellen aan partijen doen.

Hoofdstuk VI Bijzondere bepalingen betreffende computerprogramma's

Art. 45h

Verhuurrecht

Voor het openbaar maken door middel van verhuren van het geheel of een gedeelte van een werk als bedoeld in artikel 10, eerste lid, onder 12°, of van een verveelvoudiging daarvan die door de rechthebbende of met zijn toestemming in het verkeer is gebracht, is de toestemming van de maker of zijn rechtverkrijgende vereist.

Art. 45i

Verveelvoudiging

Onverminderd het bepaalde in artikel 13 wordt onder het verveelvoudigen van een werk als bedoeld in artikel 10, eerste lid, onder 12°, mede verstaan het laden, het in beeld brengen, de uitvoering, de transmissie of de opslag, voor zover voor deze handelingen het verveelvoudigen van dat werk noodzakelijk is.

Art. 45j

Verveelvoudiging door rechtmatige gebruiker

Tenzij anders is overeengekomen, wordt niet als inbreuk op het auteursrecht op een werk als bedoeld in artikel 10, eerste lid, onder 12°, beschouwd de verveelvoudiging, vervaardigd door de rechtmatige verkrijger van een exemplaar van eerder genoemd werk, die noodzakelijk is voor het met dat werk beoogde gebruik. De verveelvoudiging, als bedoeld in de eerste zin, die geschiedt in het kader van het laden, het in beeld brengen of het verbeteren van fouten, kan niet bij overeenkomst worden verboden.

Art. 45k

Als inbreuk op het auteursrecht op een werk als bedoeld in artikel 10, eerste lid, onder 12°, wordt niet beschouwd de verveelvoudiging, vervaardigd door de rechtmatige gebruiker van eerder genoemd werk, die dient als reservekopie indien zulks voor het met dat werk beoogde gebruik noodzakelijk is.

Reservekopie

Art. 45l

Hij die bevoegd is tot het verrichten van de in artikel 45i bedoelde handelingen, is mede bevoegd tijdens deze handelingen de werking van dat werk waar te nemen, te bestuderen en te testen teneinde de daaraan ten grondslag liggende ideeën en beginselen te achterhalen.

Analyse

Art. 45m

1. Als inbreuk op het auteursrecht op een werk als bedoeld in artikel 10, eerste lid, onder 12°, worden niet beschouwd het vervaardigen van een kopie van dat werk en het vertalen van de codevorm daarvan, indien deze handelingen onmisbaar zijn om de informatie te verkrijgen die nodig is om de interoperabiliteit van een onafhankelijk vervaardigd computerprogramma met andere computerprogramma's tot stand te brengen, mits:

Analyse om tot interoperabele computerprogramma's te komen

a. deze handelingen worden verricht door een persoon die op rechtmatige wijze de beschikking heeft gekregen over een exemplaar van het computerprogramma of door een door hem daartoe gemachtigde derde;

b. de gegevens die noodzakelijk zijn om de interoperabiliteit tot stand te brengen niet reeds snel en gemakkelijk beschikbaar zijn voor de onder a bedoelde personen;

c. deze handelingen beperkt blijven tot die onderdelen van het oorspronkelijke computerprogramma die voor het tot stand brengen van de interoperabiliteit noodzakelijk zijn.

2. Het is niet toegestaan de op grond van het eerste lid verkregen informatie:

a. te gebruiken voor een ander doel dan het tot stand brengen van de interoperabiliteit van het onafhankelijk vervaardigde computerprogramma;

b. aan derden mede te delen, tenzij dit noodzakelijk is voor het tot stand brengen van de interoperabiliteit van het onafhankelijk vervaardigde computerprogramma;

c. te gebruiken voor de ontwikkeling, de produktie of het in de handel brengen van een computerprogramma, dat niet als een nieuw, oorspronkelijk werk kan worden aangemerkt of voor andere, op het auteursrecht inbreuk makende handelingen.

Art. 45n

De artikelen 15n, 16b en 16c en hoofdstuk IA zijn niet van toepassing op werken als bedoeld in artikel 10, eerste lid, onder 12°.

Computerprogramma's en beperkingen in AW

Hoofdstuk VII Bescherming van na het verstrijken van de beschermingsduur openbaar gemaakte werken

Art. 45o

1. Hij die een niet eerder uitgegeven werk voor de eerste maal rechtmatig openbaar maakt na het verstrijken van de duur van het auteursrecht, geniet het in artikel 1 genoemde uitsluitende recht.

Bescherming van na het verstrijken van de beschermingsduur openbaar gemaakte werken

2. Het in het eerste lid genoemde recht vervalt door verloop van 25 jaren, te rekenen van de 1e januari van het jaar, volgende op dat, waarin de eerste openbaarmaking van dat werk rechtmatig heeft plaatsgehad.

3. Het in het eerste lid en in het tweede lid bepaalde geldt tevens voor niet eerder uitgeven werken die nooit door het auteursrecht zijn beschermd en waarvan de maker meer dan 70 jaren geleden is overleden.

Hoofdstuk VIII Overgangs- en slotbepalingen

Art. 46

1. Bij het in werking treden van deze wet vervalt de wet van 28 Juni 1881 (*Staatsblad* nr. 124), tot regeling van het auteursrecht.

Uitschakelbepaling

2. Echter blijft artikel 11 van laatstgenoemde wet van kracht ten aanzien van werken en vertalingen, vóór bedoeld tijdstip ingezonden.

Uitschakelbepaling, uitzondering

Art. 47

1. Deze wet is van toepassing op alle werken van letterkunde, wetenschap of kunst, welke hetzij vóór, hetzij na haar in werking treden voor de eerste maal, of binnen dertig dagen na de

Werkingssfeer/IPR

B36 art. 47a **Auteurswet**

eerste uitgave in een ander land, zijn uitgegeven in Nederland, alsmede op alle zodanige niet of niet aldus uitgegeven werken, welker makers zijn Nederlanders.

2. Voor de toepassing van het voorgaande lid worden met Nederlanders gelijkgesteld de makers die geen Nederlander zijn maar die hun gewone verblijfplaats in Nederland hebben, voor zover het betreft niet uitgegeven werken of werken die zijn uitgegeven nadat de maker zijn gewone verblijfplaats in Nederland heeft verkregen.

3. Een werk is uitgegeven in de zin van dit artikel wanneer het met toestemming van de maker in druk is verschenen of in het algemeen wanneer met toestemming van de maker een zodanig aanbod van exemplaren daarvan, van welke aard ook, heeft plaatsgevonden dat daardoor, gelet op de aard van het werk, wordt voorzien in de redelijke behoeften van het publiek.

4. De opvoering van een toneelwerk of muziek-dramatisch werk, de uitvoering van een muziekwerk, de vertoning van een filmwerk, de voordracht of de uitzending in een radio- of televisieprogramma van een werk en de tentoonstelling van een kunstwerk worden niet als een uitgave aangemerkt.

5. Ten aanzien van bouwwerken en van werken van beeldende kunst die daarmede één geheel vormen, wordt het bouwen van het bouwwerk of het aanbrengen van het werk van beeldende kunst als uitgave aangemerkt.

6. Onverminderd het bepaalde in de voorgaande leden is deze wet van toepassing op filmwerken, indien de producent daarvan in Nederland zijn zetel of zijn gewone verblijfplaats heeft.

Art. 47a

Werken uit Nederlands-Indië en Nederlands-Nieuw-Guinea

Deze wet blijft van toepassing op alle werken van letterkunde, wetenschap of kunst, welke voor de eerste maal vóór 27 december 1949 in Nederlandsch-Indië of vóór 1 oktober 1962 in Nederlands-Nieuw-Guinea door of vanwege de maker zijn uitgegeven.

Art. 47b

Toepassing op satellietuitzendingen

1. Deze wet is van toepassing op het uitzenden van een in een radio- of televisieprogramma opgenomen werk door middel van een satelliet, indien de handeling, bedoeld in artikel 12, zevende lid, in Nederland plaatsvindt.

2. Deze wet is voorts van toepassing op het uitzenden van een in een radio- of televisieprogramma opgenomen werk door middel van een satelliet, indien:

a. de handeling, bedoeld in artikel 12, zevende lid, plaatsvindt in een land dat niet tot de Europese Unie behoort of dat niet partij is bij de Overeenkomst betreffende de Europese Economische Ruimte van 2 mei 1992;

b. het land waar de handeling, bedoeld in artikel 12, zevende lid, plaatsvindt niet het niveau van bescherming biedt, voorzien in hoofdstuk II van richtlijn nr. 93/83/EEG van de Raad van de Europese Gemeenschappen van 27 september 1993 tot coördinatie van bepaalde voorschriften betreffende het auteursrecht en naburige rechten op het gebied van de satellietomroep en de doorgifte via de kabel (PbEG L 248); en

c. hetzij de programmadragende signalen naar de satelliet worden doorgezonden vanuit een grondstation in Nederland, hetzij een omroeporganisatie, die in Nederland haar hoofdvestiging heeft, opdracht heeft gegeven tot de uitzending en geen gebruik wordt gemaakt van een grondstation in een lid-staat van de Europese Unie of in een staat die partij is bij de Overeenkomst betreffende de Europese Economische Ruimte van 2 mei 1992.

Art. 47c

1. Iedere openbaarmaking van een werk van letterkunde, wetenschap of kunst in:

a. radioprogramma's;

b. televisieprogramma's die:

i. nieuws- en actualiteitenprogramma's betreffen; of

ii. volledig door de omroeporganisatie, bedoeld in artikel 1.1. van de Mediawet, gefinancierd zijn;

door middel van een ondersteunende onlinedienst die door of onder controle en verantwoordelijkheid van de omroeporganisatie wordt uitgevoerd, alsmede de reproductie die noodzakelijk is voor het aanbieden van deze dienst of voor de toegang tot of het gebruik van deze dienst, wordt geacht enkel plaats te vinden in Nederland, indien de omroeporganisatie hier haar hoofdvestiging heeft. Het vorenstaande is niet van toepassing op televisie-uitzendingen van sportevenementen en de daarin vervatte werken van letterkunde, wetenschap en kunst.

2. Bij het vaststellen van de hoogte van de verschuldigde vergoeding voor een in het eerste lid bedoelde openbaarmaking van een werk wordt rekening gehouden met alle aspecten van de ondersteunende onlinedienst, zoals kenmerken van die dienst, waaronder de duur van de online beschikbaarheid van de programma's, het luisteraars- of kijkerspubliek en de aangeboden taalversies. Het vorenstaande staat er niet aan de in de weg dat de vergoeding wordt gebaseerd op de inkomsten van de omroeporganisatie.

3. Het in het eerste lid bedoelde vermoeden doet geen afbreuk aan de contractuele vrijheid van de maker van een werk van letterkunde, wetenschap of kunst, of zijn rechtverkrijgenden, en omroeporganisaties om, in overeenstemming met het Unierecht, de exploitatie van het auteursrecht te beperken.

4. Voor de toepassing van dit artikel wordt onder een ondersteunende onlinedienst verstaan het online aanbieden van radio- of televisieprogramma's gelijktijdig met of voor een bepaalde periode na de uitzending ervan door de omroeporganisatie, alsmede van materiaal dat een ondersteuning vormt van die uitzending.

Art. 47d

1. Het gebruik van een werk van letterkunde, wetenschap of kunst dat uitsluitend dient ter toelichting bij het onderwijs op grond van de artikelen 12, vijfde lid, en 16 door middel van een beveiligde elektronische omgeving wordt geacht uitsluitend plaats te vinden in de lidstaat van de Europese Unie en de Europese Economische Ruimte waar de onderwijsinstelling is gevestigd.

2. Het gebruik van een werk dat niet in de handel verkrijgbaar is door een cultureel erfgoedinstelling overeenkomstig het in artikel 18c bepaalde wordt geacht uitsluitend plaats te vinden in de lidstaat van de Europese Unie en de Europese Economische Ruimte waar het cultureel erfgoedinstelling is gevestigd.

Art. 48

Deze wet erkent geen auteursrecht op werken, waarop het auteursrecht op het tijdstip van haar in werking treden krachtens een der artikelen 13 of 14 der wet van 28 Juni 1881 (*Staatsblad* nr. 124), tot regeling van het auteursrecht, was vervallen, noch op werken, waarvan op bedoeld tijdstip het kopijrecht vervallen was krachtens artikel 3 der wet van den 25sten Januari 1817 (*Staatsblad* nr. 5), de rechten bepalende die in de Nederlanden, ten opzichte van het drukken en uitgeven van letter- en kunstwerken, kunnen worden uitgeoefend.

Reeds vervallen auteursrechten

Art. 49

Het auteursrecht, verkregen krachtens de wet van 28 Juni 1881 (*Staatsblad* nr. 124), tot regeling van het auteursrecht, zoomede het kopijrecht of eenig recht van dezen aard, onder eene vroegere wetgeving verkregen en door genoemde wet gehandhaafd, blijft na het in werking treden van deze wet gehandhaafd.

Handhaving auteursrechten steunend op de vorige wet

Art. 50-50b

[Vervallen]

Art. 50c

1. Hij die vóór 1 september 1912, niet in strijd met de bepalingen van de wet van 28 juni 1881 (*Stb.* 124) tot regeling van het auteursrecht, noch met die van enig tractaat in Nederland of Nederlandsch-Indië enige verveelvoudiging van een werk van letterkunde, wetenschap of kunst, niet zijnde een nadruk van het geheel of een gedeelte van een zodanig werk, als bedoeld bij artikel 10, 1°, 2°, 5° of 7°, heeft uitgegeven, verliest door het in werking treden van deze wet niet de bevoegdheid om de vóór dat tijdstip uitgegeven verveelvoudiging, ook wat betreft later vervaardigde exemplaren, te verspreiden en te verkopen. Deze bevoegdheid gaat over bij erfopvolging en is vatbaar voor geheele of gedeeltelijke overdracht. Het tweede lid van artikel 47 vindt overeenkomstige toepassing.

Verspreiding van onder de vorige wet uitgegeven kopieën, behoudens rechterlijke opheffing der bevoegdheid of schadevergoeding

2. Niettemin kan de rechter, op het schriftelijk verzoek van dengene wien het auteursrecht op het oorspronkelijk werk toekomt, hetzij de in het eerste lid genoemde bevoegdheid geheel of gedeeltelijk opheffen, hetzij den verzoeker ter zake van de uitoefening dier bevoegdheid eene schadeloosstelling toekennen, een en ander volgens de bepalingen der beide volgende artikelen.

Art. 50d

1. Het verzoek tot gehele of gedeeltelijke opheffing van de in artikel 50c genoemde bevoegdheid kan slechts worden gedaan, indien na 1 november 1915 een nieuwe uitgave der verveelvoudiging heeft plaatsgehad. Het tweede lid van artikel 47 vindt overeenkomstige toepassing.

Voorwaarden waaronder de rechter al dan niet beslist tot opheffing der verspreidingsbevoegdheid

2. Het verzoekschrift wordt vóór het verstrijken van het kalenderjaar, volgende op dat, waarin die uitgave heeft plaatsgehad, ingediend bij de rechtbank Amsterdam. De griffier roept partijen op tegen een door de rechter te bepalen bekwame termijn. De zaak wordt in raadkamer behandeld.

3. Het verzoek tot opheffing der bevoegdheid wordt slechts ingewilligd, indien en voor zoover de rechter van oordeel is, dat het zedelijk belang des verzoekers door de verspreiding en den verkoop der verveelvoudiging wordt gekrenkt. Geschiedt het verzoek niet door den maker van het oorspronkelijk werk, dan wijst de rechter het af, indien het hem aannemelijk voorkomt, dat de maker die uitgave der verveelvoudiging heeft goedgevonden. De rechter wijst het verzoek ook af, indien de verzoeker pogingen heeft aangewend tot het bekomen eener schadeloosstelling van dengene die de bevoegdheid uitoefent. De rechter kan het verzoek afwijzen, indien door de opheffing degene die de bevoegdheid uitoefent, in verhouding tot het te beschermen belang des verzoekers, te zeer zou worden benadeeld. Indien de rechter de bevoegdheid geheel of gedeeltelijk opheft, bepaalt hij het tijdstip waarop die opheffing in werking treedt.

4. Bij zijne beslissing maakt de rechter zoodanige bepalingen als hij met het oog op de belangen van beide partijen en van derde belanghebbenden billijk oordeelt. Hij begroot de kosten van beide partijen en bepaalt in welke verhouding zij deze zullen dragen. Tegen de rechterlijke be-

B36 art. 50e **Auteurswet**

slissingen, ingevolge dit artikel gegeven, staat geene hoogere voorziening open. Griffierechten zijn ter zake van de toepassing van dit artikel niet verschuldigd.

Art. 50e

Schadeloosstelling bij verspreiding

1. Een schadeloosstelling ter zake van de uitoefening van de in artikel 50c genoemde bevoegdheid kan slechts worden toegekend, indien na 1 mei 1915 een nieuwe uitgave van de verveelvoudiging heeft plaatsgehad. Het tweede lid van artikel 47 vindt overeenkomstige toepassing.

2. Het tweede en het vierde lid van het voorgaande artikel zijn van toepassing.

Art. 50f

[Vervallen]

Art. 51

Overgangsbepalingen

1. De in deze wet voorziene beschermingstermijnen zijn met ingang van het tijdstip van inwerkingtreding van dit artikel van toepassing op werken die op 1 juli 1995 in ten minste één lidstaat van de Europese Unie of een staat die partij is bij de Overeenkomst betreffende de Europese Economische Ruimte van 2 mei 1992 beschermd worden door de nationale wetgeving op het gebied van het auteursrecht.

2. Deze wet kan een op de dag vóór de dag van inwerkingtreding van dit artikel lopende beschermingstermijn niet verkorten.

3. Deze wet laat vóór het tijdstip van inwerkingtreding van dit artikel rechtmatig verrichte exploitatiehandelingen alsmede vóór dat tijdstip verworven rechten onverlet.

4. Hij die met betrekking tot een werk, waarvan de beschermingstermijn vóór het tijdstip van inwerkingtreding van dit artikel was verstreken en waarop met ingang van het tijdstip van inwerkingtreding van dit artikel deze wet weer van toepassing is, vóór 24 november 1993 rechtmatig exploitatiehandelingen heeft verricht, is bevoegd deze exploitatiehandelingen met ingang van het tijdstip van inwerking van dit artikel voort te zetten.

5. Rechten die op het tijdstip van inwerkingtreding van dit artikel herleven of verlengd worden komen tot het verval van deze rechten toe aan degene die laatste rechthebbende zou zijn geweest als de herleving of verlenging niet had plaatsgevonden, tenzij anders is overeengekomen.

Art. 52

Citeertitel

Deze wet kan worden aangehaald onder den titel "Auteurswet".

Art. 53

Inwerkingtreding

Deze wet treedt in het Rijk in Europa in werking op den eersten dag der maand volgende op die, waarin zij afgekondigd wordt.

Databankenwet^1

Wet van 8 juli 1999, houdende aanpassing van de Nederlandse wetgeving aan richtlijn 96/9/EG van het Europees Parlement en de Raad van 11 maart 1996 betreffende de rechtsbescherming van databanken

Wij Beatrix, bij de gratie Gods, Koningin der Nederlanden, Prinses van Oranje-Nassau, enz. enz. enz.

Allen, die deze zullen zien of horen lezen, saluut! doen te weten:

Alzo Wij in overweging genomen hebben, dat het noodzakelijk is de Nederlandse wetgeving aan te passen met het oog op richtlijn 96/9/EG van het Europees Parlement en de Raad van 11 maart 1996 betreffende de rechtsbescherming van databanken (Pb EG L77);

Zo is het, dat Wij, de Raad van State gehoord, en met gemeen overleg der Staten-Generaal, hebben goedgevonden en verstaan, gelijk Wij goedvinden en verstaan bij deze:

ARTIKEL I Bescherming van de producent van databanken

Artikel 1

1. Voor de toepassing van het bij of krachtens deze wet bepaalde wordt verstaan onder:

a. databank: een verzameling van werken, gegevens of andere zelfstandige elementen die systematisch of methodisch geordend en afzonderlijk met elektronische middelen of anderszins toegankelijk zijn en waarvan de verkrijging, de controle of de presentatie van de inhoud in kwalitatief of kwantitatief opzicht getuigt van een substantiële investering;

b. producent van een databank: degene die het risico draagt van de voor de databank te maken investering;

c. opvragen: het permanent of tijdelijk overbrengen van de inhoud van een databank of een deel daarvan op een andere drager, ongeacht op welke wijze en in welke vorm;

d. hergebruiken: elke vorm van het aan het publiek ter beschikking stellen van de inhoud van een databank of een deel daarvan door verspreiding van exemplaren, verhuur, on line transmissie of transmissie in een andere vorm;

e. technische voorzieningen: technologie, inrichtingen of onderdelen die in het kader van hun normale werking dienen voor het voorkomen of beperken van handelingen ten aanzien van databanken, en door de producent van de databank of zijn rechtverkrijgende niet zijn toegestaan; technische voorzieningen worden geacht «doeltreffend» te zijn indien het opvragen en hergebruiken van een databank door de producent van de databank of zijn rechtverkrijgende wordt beheerst door middel van toegangscontrole of door toepassing van een beschermingsprocédé zoals encryptie, vervorming of andere transformatie van de databank of een kopieerbeveiliging die de beoogde bescherming bereikt;

f. informatie betreffende het beheer van rechten: alle door de producent van een databank en zijn rechtverkrijgenden verstrekte informatie welke verbonden is met een exemplaar van een databank of bij het hergebruiken van een databank bekend wordt gemaakt, die dient ter identificatie van de databank, of informatie betreffende de voorwaarden voor het gebruik van de databank, alsmede de cijfers of codes waarin die informatie is vervat;

g. onderzoeksorganisatie: een universiteit, inclusief de bibliotheken ervan, een onderzoeksinstelling of een andere entiteit die hoofdzakelijk tot doel heeft wetenschappelijk onderzoek te verrichten of onderwijsactiviteiten te verrichten die ook de verrichting van wetenschappelijk onderzoek omvatten:

1°. zonder winstoogmerk of door herinvestering van alle winst in haar wetenschappelijk onderzoek, of

2°. op grond van een door een staat die partij is bij de Europese Unie of Europese Economische Ruimte, erkende taak van algemeen belang;

op zodanige wijze dat de toegang tot de door zulk wetenschappelijk onderzoek voortgebrachte resultaten niet op preferentiële basis kan worden aangewend door een onderneming die een beslissende invloed heeft op dit soort organisatie;

h. tekst- en datamining: een geautomatiseerde analysetechniek die gericht is op de ontleding van tekst en gegevens in digitale vorm om informatie te genereren zoals, maar niet uitsluitend, patronen, trends en onderlinge verbanden; en

---

1 Inwerkingtredingsdatum: 21-07-1999; zoals laatstelijk gewijzigd bij: Stb. 2021, 248.

B37 art. I **Databankenwet**

i. instelling voor cultureel erfgoed: een voor het publiek toegankelijke bibliotheek of een voor het publiek toegankelijk museum, een archief of een instelling voor cinematografisch of audio(visueel) erfgoed.

Uitlenen 2. Het voor een beperkte tijd en zonder direct of indirect economisch of commercieel voordeel voor gebruik ter beschikking stellen door voor het publiek toegankelijke instellingen wordt niet als opvragen of hergebruiken beschouwd.

Computerprogramma's 3. Op computerprogramma's die worden gebruikt bij de productie of de werking van met elektronische middelen toegankelijke databanken zijn de desbetreffende bepalingen in de Auteurswet van toepassing.

Artikel 1a.

Inhoud databankenrecht Behoudens bewijs van het tegendeel wordt voor de producent van een databank gehouden degene die in de databank als zodanig is aangeduid, of bij gebreke van een dergelijke aanduiding, degene die bij de openbaarmaking van de databank als producent daarvan is bekend gemaakt door degene die haar openbaar maakt.

Artikel 2.

Inhoud databankenrecht *1.* De producent van een databank heeft het uitsluitende recht om toestemming te verlenen voor de volgende handelingen:

a. het opvragen of hergebruiken van het geheel of een in kwalitatief of kwantitatief opzicht substantieel deel van de inhoud van de databank;

b. het herhaald en systematisch opvragen of hergebruiken van in kwalitatief of in kwantitatief opzicht niet-substantiële delen van de inhoud van een databank, voorzover dit in strijd is met de normale exploitatie van die databank of ongerechtvaardigde schade toebrengt aan de rechtmatige belangen van de producent van de databank.

2. Het auteursrecht of andere rechten op de databank of op de in de databank opgenomen werken, gegevens of andere elementen blijven onverlet.

Uitputting 3. Indien een exemplaar van een databank door of met toestemming van de producent of zijn rechtverkrijgende voor de eerste maal in het verkeer is gebracht door eigendomsoverdracht in een van de lidstaten van de Europese Unie of in een staat die partij is bij de Overeenkomst betreffende de Europese Economische Ruimte van 2 mei 1992, vormt anderszins in het verkeer brengen in die staten van dat exemplaar geen inbreuk op het in het eerste lid bedoelde recht.

Erfopvolging 4. Het in het eerste lid bedoelde recht gaat over bij erfopvolging en is vatbaar voor gehele of gedeeltelijke overdracht. De levering vereist voor gehele of gedeeltelijke overdracht geschiedt door een daartoe bestemde akte.

5. De rechter kan op vordering van de producent, tussenpersonen wier diensten door derden worden gebruikt om inbreuk op het in het eerste lid bedoelde recht van de producent te maken, bevelen de diensten die gebruikt worden om die inbreuk te maken, te staken.

6. De voorzieningenrechter kan op vordering van de producent tijdelijke voortzetting van de vermeende inbreuk op het in het eerste lid bedoelde recht toestaan onder de voorwaarde dat zekerheid wordt gesteld voor vergoeding van de door de producent geleden schade. Onder dezelfde voorwaarden kan de rechter voortzetting van de dienstverlening door de tussenpersoon als bedoeld in het vijfde lid toestaan.

Artikel 3.

Rechtmatige gebruiker en niet-substantiële delen *1.* De producent van een databank welke op enigerlei wijze aan het publiek ter beschikking is gesteld mag de rechtmatige gebruiker van die databank niet verhinderen in kwalitatief of kwantitatief opzicht niet-substantiële delen van de inhoud ervan op te vragen of te hergebruiken. Voorzover de rechtmatige gebruiker toestemming heeft om slechts een deel van de databank op te vragen of te hergebruiken, geldt de eerste zin slechts voor dat deel.

2. Bij overeenkomst kan niet ten nadele van de rechtmatige gebruiker van het eerste lid worden afgeweken.

Artikel 4.

Rechtmatige gebruiker en rechtmatige belangen producenten De rechtmatige gebruiker van een databank welke op enigerlei wijze aan het publiek ter beschikking is gesteld, mag geen handelingen verrichten waardoor hij de normale exploitatie van de databank in gevaar brengt of ongerechtvaardigde schade aan de producent toebrengt.

Artikel 4a

Als inbreuk op rechten, bedoeld in artikel 2, wordt niet beschouwd:

a. opvragingen van een databank, bedoeld in artikel 2, door onderzoeksorganisaties en cultureel erfgoedinstellingen die daartoe rechtmatige toegang hebben, om tekst- en datamining te verrichten met het oog op wetenschappelijk onderzoek; artikel 15n, tweede tot en met vierde lid, van de Auteurswet is van overeenkomstige toepassing;

Databankenwet **B37** art. I

b. onverminderd het in onderdeel a bepaalde, opvragingen van een databank, bedoeld in artikel 2, in het kader van tekst- en datamining door degene die daartoe rechtmatige toegang hebben en het databankenrecht niet uitdrukkelijk op passende wijze is voorbehouden, zoals door middel van machinaal leesbare middelen bij een online ter beschikking gestelde databank; artikel 15o, tweede lid, van de Auteurswet is van overeenkomstige toepassing.
c. opvragingen en hergebruik van een databank, bedoeld in artikel 2, uitsluitend ter toelichting bij het onderwijs, voor zover dit door het beoogde, niet commerciële doel wordt gerechtvaardigd; de artikelen 16, eerste, onder 1°. tot en met 4°., vijfde en zesde lid, en 47d, eerste lid, van de Auteurswet zijn van overeenkomstige toepassing;
d. opvragingen van een databank, bedoeld in artikel 2, door cultureel erfgoedinstellingen mits:
1°. de opvragingen geschieden met als doel het behoud van de databank en de opvragingen daarvoor noodzakelijk zijn; en
2°. de databank permanent deel uitmaakt van de collectie van de cultureel erfgoedinstellingen; artikel 16n, tweede lid, van de Auteurswet is van overeenkomstige toepassing; en
e. het op een niet-commerciële website beschikbaar stellen voor het publiek van een databank, door een cultureel erfgoedinstelling mits:
1°. de databank niet in de handel is;
2°. de databank permanent deel uitmaakt van de collectie van de erfgoedinstelling;
3°. de databank beschikbaar wordt gesteld op een niet-commerciële website; en
4°. de naam van de producent of zijn rechtverkrijgende wordt vermeld, tenzij dit niet mogelijk blijkt;
de artikelen 18c, tweede en derde lid, en 47d, tweede lid, van de Auteurswet zijn van overeenkomstige toepassing.

Artikel 5.
1. De rechtmatige gebruiker van een databank die op enigerlei wijze aan het publiek ter beschikking is gesteld mag zonder toestemming van de producent van de databank een substantieel deel van de inhoud van de databank:
a. opvragen voor privé doeleinden, mits het een niet-elektronische databank betreft;
b. opvragen ter illustratie bij onderwijs of voor wetenschappelijk onderzoek, met bronvermelding en voor zover door het niet-commerciële doel gerechtvaardigd onverminderd het in artikel 4a, onderdelen a en c, bepaalde; en
c. opvragen of hergebruiken voor de openbare veiligheid of in het kader van een administratieve of rechterlijke procedure.
2. De artikelen 15j tot en met 15m, 16g en 17d van de Auteurswet zijn van overeenkomstige toepassing.

Rechtmatige gebruiker en substantiële delen

Artikel 5a.
1. Degene, die doeltreffende technische voorzieningen omzeilt en dat weet of redelijkerwijs behoort te weten, handelt onrechtmatig.
2. Degene die diensten verricht of inrichtingen, producten of onderdelen vervaardigt, invoert, distribueert, verkoopt, verhuurt, adverteert of voor commerciële doeleinden bezit die:
a) aangeboden, aangeprezen of in de handel gebracht worden met het doel om de beschermende werking van doeltreffende technische voorzieningen te omzeilen, of
b) slechts een commercieel beperkt doel of nut hebben anders dan het omzeilen van de beschermende werking van doeltreffende technische voorzieningen, of
c) vooral ontworpen, vervaardigd of aangepast worden met het doel het omzeilen van de beschermende werking van doeltreffende technische voorzieningen mogelijk of gemakkelijker te maken,
handelt onrechtmatig.
3. Bij algemene maatregel van bestuur kunnen regelen worden vastgesteld die de producent van de databank er toe verplichten aan de gebruiker van de databank voor doeleinden als omschreven in artikel 5, eerste lid, de nodige middelen te verschaffen om van deze beperking te profiteren, mits de gebruiker rechtmatig toegang tot de door de technische voorziening beschermde databank heeft. Het bepaalde in de voorgaande zin geldt niet ten aanzien van databanken die onder contractuele voorwaarden aan gebruikers beschikbaar worden gesteld op een door hen individueel gekozen plaats en tijd. Artikel 17d van de Auteurswet 1912 is van overeenkomstige toepassing.
4. Bij algemene maatregel van bestuur kunnen regels worden vastgesteld die de producent van de databank er toe verplichten aan de gebruiker van de databank voor doeleinden als omschreven in artikel 4a, onderdelen a tot en met d, en artikel 5, tweede lid, juncto artikel 15j van de Auteurswet de nodige middelen te verschaffen om van deze beperkingen te profiteren, mits de gebruiker rechtmatig toegang heeft tot de door de technische voorziening beschermde databank. Artikel 17d van de Auteurswet is van overeenkomstige toepassing.

Omzeilen technische beschermingsmaatregelen

AMvB

B37 art. I **Databankenwet**

Manipulatie van elektronische informatie betreffende het beheer van rechten

Artikel 5b.

Degene die opzettelijk en zonder daartoe gerechtigd te zijn elektronische informatie betreffende het beheer van rechten verwijdert of wijzigt, of databanken waaruit op ongeoorloofde wijze dergelijke informatie is verwijderd of waarin op ongeoorloofde wijze dergelijke informatie is gewijzigd, verspreidt, ter verspreiding invoert, uitzendt of anderszins openbaar maakt, en weet of redelijkerwijs behoort te weten dat hij zodoende aanzet tot inbreuk op het databankenrecht, dan wel een dergelijke inbreuk mogelijk maakt, vergemakkelijkt of verbergt, handelt onrechtmatig.

Artikel 5ba

1. Op een collectieve beheersorganisatie als bedoeld in artikel 1, onderdeel d, van de Wet toezicht en geschillenbeslechting collectieve beheersorganisaties auteurs- en naburige rechten die een niet-exclusieve licentie voor niet-commerciële doeleinden verleent aan een cultureel erfgoedinstelling voor het opvragen en hergebruiken van een databank die permanent deel uitmaakt van de collectie van die erfgoedinstelling en die niet in de handel verkrijgbaar is, zijn artikel 17d en de eerste paragraaf van hoofdstuk IVa van de Auteurswet van overeenkomstige toepassing.

2. Op een collectieve beheersorganisatie als bedoeld in artikel 1, onderdeel d, van de Wet toezicht en geschillenbeslechting collectieve beheersorganisaties auteurs- en naburige rechten die een licentie een verruimde werking verleent voor het opvragen en hergebruiken van een databank, zijn de artikelen 17d en 45 van de Auteurswet van overeenkomstige toepassing.

Recht op afgifte

Artikel 5c.

1. Inbreuk op het recht genoemd in artikel 2 en inbreuk op het in artikel 5a, eerste en tweede lid, of artikel 5b bepaalde, geeft de bevoegdheid het geheel of een deel van de inhoud van de databank als bedoeld in artikel 2 en inrichtingen, producten en onderdelen als bedoeld in artikel 5a of databanken als bedoeld in artikel 5b als zijn eigendom op te eisen dan wel onttrekking aan het handelsverkeer, vernietiging of onbruikbaarmaking daarvan te vorderen. Gelijke bevoegdheid bestaat ten aanzien van roerende zaken die geen registergoederen zijn en die rechtstreeks hebben gediend tot de vervaardiging van de inrichtingen, producten en onderdelen, bedoeld in de eerste zin.

2. De bepalingen van het Wetboek van Burgerlijke Rechtsvordering betreffende beslag en executie tot afgifte van roerende zaken die geen registergoederen zijn, zijn van toepassing. Bij samenloop met een ander beslag gaat degene die beslag heeft gelegd krachtens dit artikel voor.

3. De maatregelen bedoeld in het eerste lid worden op kosten van de verweerder uitgevoerd, tenzij bijzondere redenen dit beletten.

Licentienemer

4. Tenzij anders is overeengekomen, heeft de licentienemer het recht de uit het eerste lid voortvloeiende bevoegdheden uit te oefenen, voor zover deze strekken tot bescherming van de rechten waarvan de uitoefening hem is toegestaan.

5. De rechter kan op vordering van de producent degene die inbreuk op diens recht heeft gemaakt, bevelen al hetgeen hem bekend is omtrent de herkomst en distributiekanalen van de databanken en delen van databanken die inbreuk maken, aan de gerechtigde mee te delen en alle daarop betrekking hebbende gegevens aan deze te verstrekken. Onder dezelfde voorwaarden kan dit bevel worden gegeven aan een derde die op commerciële schaal inbreukmakende databanken of delen van databanken in zijn bezit heeft of gebruikt, die op commerciële schaal diensten verleent die bij de inbreuk worden gebruikt, of die door een van deze derden is aangewezen als zijnde betrokken bij de productie, fabricage of distributie van deze databanken of delen van databanken of bij het verlenen van deze diensten. Deze derde kan zich verschonen van het verstrekken van informatie die bewijs zou vormen van deelname aan een inbreuk op een recht van intellectuele eigendom door hem zelf of door de andere in artikel 165, derde lid, Wetboek van Burgerlijke Rechtsvordering bedoelde personen.

6. Bij de beoordeling van de maatregelen die de producent of diens licentienemer kan vorderen ingevolge de bevoegdheden, genoemd in het eerste lid, houdt de rechter rekening met de noodzakelijke evenredigheid tussen de ernst van de inbreuk en de gevorderde maatregelen en met de belangen van derden.

Schadevergoeding; winstafdracht licentienemer

Artikel 5d.

1. Naast schadevergoeding kan de producent van de databank of zijn rechtverkrijgende vorderen dat degene die inbreuk op het databankrecht heeft gemaakt, wordt veroordeeld de door deze ten gevolge van de inbreuk genoten winst af te dragen en dienaangaande rekening en verantwoording af te leggen.

2. In passende gevallen kan de rechter de schadevergoeding vaststellen als een forfaitair bedrag.

3. De producent of diens rechtverkrijgende kan de in het eerste lid bedoelde vorderingen of een van deze ook namens of mede namens een licentienemer instellen, onverminderd de bevoegdheid van deze laatste in een al of niet namens hem of mede namens hem door de producent of diens rechtverkrijgende ingesteld geding tussen te komen om rechtstreeks de door hem ge-

Databankenwet **B37** art. III

leden schade vergoed te krijgen of om zich een evenredig deel van de door de verweerder af te dragen winst te doen toewijzen. De in het eerste lid bedoelde vorderingen of een van deze kan een licentienemer slechts instellen als hij bevoegdheid daartoe van de producent of diens rechtverkrijgende heeft bedongen.

Artikel 5e.
De rechter kan op vordering van de producent of zijn rechtverkrijgende gelasten dat op kosten van degene die inbreuk op diens recht heeft gemaakt passende maatregelen worden getroffen tot verspreiding van informatie over de uitspraak.

Openbaarmaking vonnis

Artikel 6.
1. Het recht, bedoeld in artikel 2, eerste lid, ontstaat op het tijdstip waarop de productie van de databank is voltooid. Het vervalt door verloop van vijftien jaar na 1 januari van het jaar volgend op het tijdstip van voltooiing.

Beschermingsduur

2. Indien een databank voor het tijdstip waarop de productie werd voltooid ter beschikking van het publiek is gesteld, vervalt het recht, bedoeld in artikel 2, eerste lid, door verloop van vijftien jaar na 1 januari van het jaar volgend op het tijdstip waarop de databank voor het eerst ter beschikking van het publiek werd gesteld.

3. Met elke in kwalitatief of kwantitatief opzicht substantiële wijziging van de inhoud van de databank, met name door opeenvolgende toevoegingen, weglatingen of veranderingen, die in kwalitatief of kwantitatief opzicht getuigt van een nieuwe substantiële investering, ontstaat een nieuw recht als bedoeld in artikel 2, eerste lid, voor de door die investering ontstane databank.

Artikel 7.
Het recht, bedoeld in artikel 2, eerste lid, komt toe aan:
a. de producent van de databank of zijn rechtverkrijgende die onderdaan is van of zijn gewone verblijfplaats heeft op het grondgebied van een lidstaat van de Europese Unie of van een staat die partij is bij de Overeenkomst betreffende de Europese Economische Ruimte van 2 mei 1992;
b. de producent van de databank of zijn rechtverkrijgende die een rechtspersoon is die is opgericht overeenkomstig de wetgeving van een lidstaat van de Europese Unie of van een staat die partij is bij de Overeenkomst betreffende de Europese Economische Ruimte van 2 mei 1992 en haar statutaire zetel, hoofdbestuur of hoofdvestiging heeft binnen het grondgebied van een van die staten; indien een dergelijke rechtspersoon echter alleen haar statutaire zetel op het grondgebied van een van die staten heeft, moeten haar werkzaamheden een daadwerkelijke en duurzame band hebben met de economie van die staat;
c. de producent van de databank of zijn rechtverkrijgende die een recht kan ontlenen aan een overeenkomst die de Raad van de Europese Unie heeft gesloten met andere landen dan bedoeld onder a. of b.

Beschermde personen

Artikel 8.
1. De openbare macht bezit het recht, bedoeld in artikel 2, eerste lid, niet ten aanzien van databanken waarvan zij de producent is en waarvan de inhoud gevormd wordt door wetten, besluiten en verordeningen, door haar uitgevaardigd, rechterlijke uitspraken en administratieve beslissingen.

Overheidsdatabanken

2. Het recht, bedoeld in artikel 2, eerste lid, is niet van toepassing op databanken waarvan de openbare macht de producent is, tenzij het recht hetzij in het algemeen bij de wet, besluit of verordening, hetzij in een bepaald geval blijkens mededeling op de databank zelf of bij de terbeschikkingstelling aan het publiek van de databank uitdrukkelijk is voorbehouden.

Artikel 9.
Deze wet wordt aangehaald als: Databankenwet.

Citeertitel

ARTIKEL II
[Wijzigt de Auteurswet 1912.]

Overgangsrecht

ARTIKEL III

A.
1. Artikel I is ook van toepassing op databanken waarvan de productie na 1 januari 1983 voltooid is, met dien verstande dat aan vóór 1 januari 1998 verrichte handelingen en verkregen rechten geen afbreuk wordt gedaan.
2. Het recht, bedoeld in artikel 2, eerste lid, vervalt in dat geval op 1 januari 2014.
B. Artikel II is ook van toepassing op verzamelingen als bedoeld in artikel 10, derde lid, van de Auteurswet die vóór 1 januari 1998 gemaakt zijn, met dien verstande dat aan vóór die datum verrichte handelingen en verkregen rechten geen afbreuk wordt gedaan.
C. Op verzamelingen als bedoeld in artikel 10, derde lid, van de Auteurswet die op 27 maart 1996 behoorden tot de in artikel 10, eerste lid, onder 1°, van de Auteurswet genoemde geschriften

Geschriften

B37 art. IV **Databankenwet**

blijven de bepalingen in hoofdstuk III van de Auteurswet over de duur van het auteursrecht van toepassing.

ARTIKEL IV

Inwerkingtreding

Deze wet treedt in werking met ingang van de dag na de datum van uitgifte van het Staatsblad waarin zij wordt geplaatst.

Wet op de naburige rechten^{1}

Wet van 18 maart 1993, houdende regelen inzake de bescherming van uitvoerende kunstenaars, producenten van fonogrammen of van eerste vastleggingen van films en omroeporganisaties en wijziging van de Auteurswet 1912

Wij Beatrix, bij de gratie Gods, Koningin der Nederlanden, Prinses van Oranje-Nassau, enz. enz.

Allen, die deze zullen zien of horen lezen, saluut! doen te weten:

Alzo Wij in overweging genomen hebben, dat het in verband met het voornemen toe te treden tot het in 1961 te Rome gesloten Internationaal Verdrag inzake de bescherming van uitvoerende kunstenaars, producenten van fonogrammen en omroeporganisaties (*Trb.* 1986, 182) en de in 1971 te Genève gesloten Overeenkomst ter bescherming van producenten van fonogrammen tegen het ongeoorloofd kopiëren van hun fonogrammen (*Trb.* 1986, 183) wenselijk is regelen te treffen inzake de bescherming van uitvoerende kunstenaars, producenten van fonogrammen en omroeporganisaties en dat het voorts in verband hiermee wenselijk is de Auteurswet 1912 te wijzigen;

Zo is het, dat Wij, de Raad van State gehoord, en met gemeen overleg der Staten-Generaal, hebben goedgevonden en verstaan, gelijk Wij goedvinden en verstaan bij deze:

Hoofdstuk 1 Definities

Art. 1

Voor de toepassing van het bij of krachtens deze wet bepaalde wordt verstaan onder:

a. **uitvoerende kunstenaar**: de toneelspeler, zanger, musicus, danser en iedere andere persoon die een werk van letterkunde, wetenschap of kunst of een uiting van folklore opvoert, zingt, voordraagt of op enige andere wijze uitvoert, alsmede de artiest, die een variété- of circusnummer of een poppenspel uitvoert;

b. **opnemen**: geluiden, beelden of een combinatie daarvan voor de eerste maal vastleggen op enig voorwerp dat geschikt is om deze te reproduceren of openbaar te maken;

c. **fonogram**: iedere opname van uitsluitend geluiden van een uitvoering of andere geluiden;

d. **producent van fonogrammen**: de natuurlijke of rechtspersoon die een fonogram voor de eerste maal vervaardigt of doet vervaardigen;

e. **omroeporganisatie**: een instelling, die in overeenstemming met de wetgeving van het land waar de uitzending plaatsvindt, programma's verzorgt en onder haar verantwoordelijkheid uitzendt of doet uitzenden;

f. **reproduceren**: de directe of indirecte, tijdelijke of duurzame, volledige of gedeeltelijke reproductie van een opname of een reproductie daarvan, met welke middelen en in welke vorm ook; onder reproduceren wordt niet verstaan de tijdelijke reproductie die van voorbijgaande of incidentele aard is, en die een integraal en essentieel onderdeel vormt van een technisch procédé dat wordt toegepast met als enig doel de doorgifte in een netwerk tussen derden door een tussenpersoon of een rechtmatig gebruik mogelijk te maken, en die geen zelfstandige economische waarde bezit;

g. **uitzenden**: het verspreiden van programma's door middel van een omroepzender als bedoeld in artikel 1.1 van de Mediawet 2008 of een omroepnetwerk als bedoeld in artikel 1.1 van de Mediawet 2008;

h. **doorgeven via de kabel**: de gelijktijdige, ongewijzigde en integrale doorgifte, door middel van een kabel- of microgolfsysteem, aan het publiek, van een oorspronkelijke uitzending, al dan niet via de ether, ook per satelliet, van in een radio of televisieprogramma opgenomen op grond van deze wet beschermd materiaal, dat voor ontvangst door het publiek bestemd is, ongeacht de wijze waarop degene die de doorgifte via de kabel verzorgt de programmadragende signalen van de omroeporganisatie ten behoeve van de doorgifte verkrijgt;

i. **programma**: een uitgezonden radio- of televisieprogramma, of -programma-onderdeel;

j. **verhuren**: het voor een beperkte tijd en tegen een direct of indirect economisch of commercieel voordeel voor gebruik ter beschikking stellen;

k. **uitlenen**: het voor een beperkte tijd en zonder direct of indirect economisch of commercieel voordeel voor gebruik ter beschikking stellen door voor het publiek toegankelijke instellingen;

l. **uitvoering**: de activiteit van de uitvoerend kunstenaar als zodanig;

---

1 Inwerkingtredingsdatum: 01-07-1993; zoals laatstelijk gewijzigd bij: Stb. 2021, 248.

m. **beschikbaar stellen voor het publiek**: op grond van deze wet beschermd materiaal per draad of draadloos voor leden van het publiek beschikbaar stellen op zodanige wijze dat zij daartoe op een door hen individueel gekozen plaats en tijd toegang toe hebben;

n. **technische voorzieningen**: technologie, inrichtingen of onderdelen die in het kader van hun normale werking dienen voor het voorkomen of beperken van handelingen ten aanzien van het op grond van deze wet beschermd materiaal, die door de uitvoerend kunstenaar, producent van fonogrammen, producent van eerste vastleggingen van films uitgever van perspublicaties, of omroeporganisatie niet zijn toegestaan; technische voorzieningen worden geacht «doeltreffend» te zijn indien het gebruik van op grond van deze wet beschermd materiaal door de uitvoerend kunstenaar, producent van fonogrammen, producent van eerste vastleggingen van films uitgever van perspublicaties, of omroeporganisatie, of hun rechtverkrijgenden, wordt beheerst door middel van toegangscontrole of door toepassing van een beschermingsprocédé zoals encryptie, vervorming of andere transformatie van op grond van deze wet beschermd materiaal of een kopieerbeveiliging die de beoogde bescherming bereikt;

o. **informatie betreffende het beheer van rechten**: alle door de uitvoerende kunstenaar, producent van fonogrammen, producent van eerste vastleggingen van films, uitgever van perspublicaties, of omroeporganisaties, en hun rechtverkrijgenden verstrekte informatie, welke is verbonden met een reproductie van op grond van deze wet beschermd materiaal of bij de openbaarmaking dan wel het in het verkeer brengen daarvan is bekend gemaakt, die dient ter identificatie van dat materiaal, of informatie betreffende de voorwaarden voor het gebruik van het op grond van deze wet beschermd materiaal alsmede de cijfers of codes waarin de informatie is vervat;

p. **doorgeven langs andere weg**: de gelijktijdige, ongewijzigde en integrale doorgifte anders dan het doorgeven via de kabel, bedoeld in onderdeel h, aan het publiek, van een oorspronkelijke uitzending, per draad of via de ether, met inbegrip van satellietuitzending, met uitzondering van een online uitzending, van in een radio- of televisieprogramma opgenomen op grond van deze wet beschermd materiaal, die voor het publiek bestemd is, ongeacht de wijze waarop degene die de doorgifte verzorgt de programmadragende signalen van de omroeporganisatie ten behoeve van de doorgifte verkrijgt; de tweede volzin van artikel 12, negende lid, van de Auteurswet is van overeenkomstige toepassing;

q. **ondersteunende onlinedienst**: het online aanbieden van radio- of televisieprogramma's gelijktijdig met of voor een bepaalde periode na de uitzending ervan door een omroeporganisatie, alsmede van materiaal dat een ondersteuning vormt van die uitzending;

r. **perspublicatie**: een verzameling die voornamelijk bestaat uit literaire werken van journalistische aard maar ook andere werken of op grond van de Databankenwet of deze wet beschermde prestaties kan omvatten, en die

1°. een afzonderlijk element onder één titel vormt in een periodiek uitgegeven of regelmatig bijgewerkte publicatie, zoals een krant of een tijdschrift met een algemene of specifieke inhoud;

2°. als doel heeft het algemene publiek informatie te verstrekken over nieuws of andere onderwerpen; en

3°. via een medium wordt gepubliceerd op initiatief van en onder redactionele verantwoordelijkheid en controle van een dienstverlener;

periodieke publicaties die voor wetenschappelijke of academische doeleinden worden uitgegeven, zoals wetenschappelijke bladen, worden voor de toepassing van deze wet niet beschouwd als perspublicaties;

s. **aanbieder van een onlinedienst voor het delen van inhoud**: een aanbieder van een dienst van de informatiemaatschappij die als belangrijkste of een van de belangrijkste doelstellingen heeft een grote hoeveelheid door de gebruikers van de dienst aangeboden opnames van uitvoeringen, fonogrammen, eerste vastleggingen van films, opnames van programma's, of reproducties daarvan, op te slaan en toegankelijk te maken voor het publiek, waarbij hij die op grond van deze wet beschermde prestaties ordent en promoot met een winstoogmerk; aanbieders van diensten als online-encyclopedieën zonder winstoogmerk, onderwijs- of wetenschappelijke gegevensbanken zonder winstoogmerk, platforms voor het ontwikkelen en delen van opensourcesoftware, aanbieders van elektronische communicatiediensten, onlinemarktplaatsen en business-to-business clouddiensten en clouddiensten waarmee gebruikers informatie kunnen uploaden voor eigen gebruik, zijn geen aanbieders van een onlinedienst voor het delen van inhoud;

t. **onderzoeksorganisatie**: een universiteit, inclusief de bibliotheken ervan, een onderzoeksinstelling of een andere entiteit die hoofdzakelijk tot doel heeft wetenschappelijk onderzoek te verrichten of onderwijsactiviteiten te verrichten die ook de verrichting van wetenschappelijk onderzoek omvatten:

1°. zonder winstoogmerk of door herinvestering van alle winst in haar wetenschappelijk onderzoek, of

2°. op grond van een door een staat die partij is bij de Europese Unie of Europese Economische Ruimte, erkende taak van algemeen belang;

op zodanige wijze dat de toegang tot de door zulk wetenschappelijk onderzoek voortgebrachte resultaten niet op preferentiële basis kan worden aangewend door een onderneming die een beslissende invloed heeft op dit soort organisatie;

u. **tekst- en datamining**: een geautomatiseerde analysetechniek die gericht is op de ontleding van tekst en gegevens in digitale vorm om informatie te genereren zoals, maar niet uitsluitend, patronen, trends en onderlinge verbanden;

v. **instelling voor cultureel erfgoed**: een voor het publiek toegankelijke bibliotheek of een voor het publiek toegankelijk museum, een archief of een instelling voor cinematografisch of audio(visueel) erfgoed.

Art. 1a

Behoudens bewijs van het tegendeel wordt voor de houder van een naburig recht gehouden degene die op of in het op grond van deze wet beschermde materiaal als zodanig is aangeduid, of bij gebreke van een dergelijke aanduiding, degene die bij de openbaarmaking of het in het verkeer brengen van dit materiaal als uitvoerende kunstenaar, producent van fonogrammen, producent van eerste vastleggingen van films, uitgever van een perspublicatie of omroeporganisatie, daarvan is bekend gemaakt door degene het materiaal openbaar maakt of in het verkeer brengt.

Hoofdstuk 2 Inhoud van de naburige rechten

Art. 2

1. De uitvoerende kunstenaar heeft het uitsluitend recht om toestemming te verlenen voor een of meer van de volgende handelingen:

a. het opnemen van een uitvoering;

b. het reproduceren van een opname van een uitvoering;

c. het verkopen, verhuren, uitlenen, afleveren of anderszins in het verkeer brengen van een opname van een uitvoering of van een reproduktie daarvan dan wel het voor die doeleinden invoeren, aanbieden of in voorraad hebben;

d. het uitzenden, het openbaar maken door middel van doorgeven via de kabel of langs andere weg, het beschikbaar stellen voor het publiek of het op een andere wijze openbaar maken van een uitvoering of een opname van een uitvoering of een reproductie daarvan.

2. Is een opname van een uitvoering of een reproductie daarvan door de houder van het uitsluitend recht, bedoeld in het eerste lid, of met zijn toestemming voor de eerste maal in een van de lid-staten van de Europese Unie of in een staat die partij is bij de Overeenkomst betreffende de Europese Economische Ruimte van 2 mei 1992 in het verkeer gebracht door eigendomsoverdracht, dan handelt de verkrijger van die opname of die reproduktie niet in strijd met dit uitsluitend recht door ten aanzien daarvan de in het eerste lid, onder *c*, genoemde handelingen, met uitzondering van verhuur en uitlening, te verrichten.

3. Onverminderd het bepaalde in het tweede lid is het uitlenen van de in dat lid bedoelde opname van een uitvoering of een reproduktie daarvan toegestaan, mits degene die de uitlening verricht of doet verrichten een billijke vergoeding betaalt.

4. Instellingen van onderwijs en instellingen van onderzoek en de aan die instellingen verbonden bibliotheken en de Koninklijke Bibliotheek zijn vrijgesteld van de betaling van een vergoeding voor uitlenen als bedoeld in het derde lid.

5. Openbare bibliotheekvoorzieningen, die in overwegende mate door gemeenten, provincies, het rijk of het openbaar lichaam Bonaire, Sint Eustatius of Saba worden gesubsidieerd of in stand gehouden, zijn voor het uitlenen van op basis van artikel 10, onderdeel i of m, omgezette materialen en op basis van artikel 10, onderdeel o, omgezette materialen die zijn ingevoerd door een toegelaten entiteit aan bij die voorzieningen ingeschreven personen met een handicap, vrijgesteld van betaling van de vergoeding, bedoeld in het derde lid.

6. De in het derde lid bedoelde vergoeding is niet verschuldigd indien de betalingsplichtige kan aantonen dat de houder van het uitsluitend recht afstand heeft gedaan van het recht op een billijke vergoeding. De houder van het uitsluitend recht dient de afstand schriftelijk mee te delen aan de in de artikelen 15a en 15b bedoelde rechtspersonen.

7. Ten aanzien van het in het eerste lid, onder *d*, bepaalde wordt onder openbaar maken mede verstaan de uitvoering die plaatsvindt in besloten kring, tenzij deze zich beperkt tot de familie-, vrienden- of daaraan gelijk te stellen kring en voor het bijwonen daarvan geen betaling, in welke vorm ook, geschiedt.

8. Onder het openbaar maken van een uitvoering wordt niet begrepen de uitvoering welke uitsluitend gebruikt wordt voor het onderwijs dat vanwege de overheid of vanwege een rechtspersoon zonder winstoogmerk wordt gegeven, voorzover deze uitvoering deel uitmaakt van het schoolwerkplan, leerplan of instellingswerkplan of dient tot een wetenschappelijk doel. De artikelen 12, vijfde lid, tweede volzin, en 47c, eerste lid, van de Auteurswet zijn van overeenkomstige toepassing.

B38 art. 2a

Wet op de naburige rechten

Heruitzending door hetzelfde organisme

9. Als afzonderlijke openbaarmaking wordt niet beschouwd de gelijktijdige uitzending van een in een radio- of televisieprogramma opgenomen uitvoering of opname van een uitvoering of reproductie daarvan door hetzelfde organisme dat dat programma oorspronkelijk uitzendt.

Art. 2a

Vergoedingsplicht van fonogrammenproducent bij verhuren

1. Indien een uitvoerende kunstenaar het verhuurrecht, bedoeld in artikel 2, eerste lid, onder c, met betrekking tot een op een fonogram opgenomen uitvoering heeft overgedragen aan de producent daarvan, is de producent de uitvoerende kunstenaar een billijke vergoeding verschuldigd voor de verhuur.

2. Van het in het eerste lid bedoelde recht op een billijke vergoeding kan geen afstand worden gedaan.

Art. 2b

Hoofdstuk 1a van de Auteurswet is van overeenkomstige toepassing op de uitvoerende kunstenaar.

Art. 3

Werkgeversrecht

De werkgever is bevoegd de rechten van de uitvoerende kunstenaar, bedoeld in artikel 2, te exploiteren, voor zover dit tussen partijen is overeengekomen dan wel voortvloeit uit de aard van de tussen hen gesloten arbeidsovereenkomst, de gewoonte of de eisen van redelijkheid en billijkheid. Tenzij anders is overeengekomen of uit de aard van de overeenkomst, de gewoonte of de eisen van redelijkheid en billijkheid anders voortvloeit, is de werkgever aan de uitvoerende kunstenaar of zijn rechtverkrijgende een billijke vergoeding verschuldigd voor iedere vorm van exploitatie van diens rechten. De werkgever eerbiedigt de in artikel 5 bedoelde rechten van de uitvoerende kunstenaar.

Art. 4

Filmwerk

1. Op de uitvoering van een uitvoerende kunstenaar, die bestemd is als bijdrage voor de totstandkoming van een filmwerk als bedoeld in artikel 45a van de Auteurswet, zijn de artikelen 45a tot en met 45ga van voornoemde wet van overeenkomstige toepassing met uitzondering van artikel 45d, tweede lid, derde volzin.

2. Op een uitvoerend kunstenaar als bedoeld in het eerste lid die in het filmwerk een hoofdrol vervult, is ook artikel 45d, tweede lid, derde volzin, van de Auteurswet van overeenkomstige toepassing.

Art. 5

Persoonlijkheidsrechten

1. De uitvoerende kunstenaar heeft, zelfs nadat hij zijn in artikel 2 bedoelde recht heeft overgedragen:

a. het recht zich te verzetten tegen de openbaarmaking van de uitvoering zonder vermelding van zijn naam of andere aanduiding als uitvoerende kunstenaar tenzij het verzet zou zijn in strijd met de redelijkheid;

b. het recht zich te verzetten tegen de openbaarmaking van de uitvoering onder een andere naam dan de zijne, alsmede tegen het aanbrengen van enige wijziging in de wijze waarop hij is aangeduid, voorzover deze naam of aanduiding in verband met de uitvoering is vermeld of openbaar is gemaakt;

c. het recht zich te verzetten tegen elke andere wijziging in de uitvoering, tenzij deze wijziging van zodanige aard is dat het verzet in strijd zou zijn met de redelijkheid;

d. het recht zich te verzetten tegen elke misvorming, verminking of andere aantasting van de uitvoering, die nadeel zou kunnen toebrengen aan de eer of de naam van de uitvoerende kunstenaar of aan zijn waarde in deze hoedanigheid.

Uitoefening rechten na overlijden

2. De in het voorgaande lid genoemde rechten komen na het overlijden van de uitvoerende kunstenaar tot aan het vervallen van zijn in artikel 2 bedoelde recht toe aan de door hem bij uiterste wilsbeschikking aangewezene.

Afstand

3. Van de in het eerste lid onder *a-c* genoemde rechten kan schriftelijk afstand worden gedaan.

Art. 6

Rechten fonogrammenproducent

1. De producent van fonogrammen heeft het uitsluitend recht om toestemming te verlenen voor

a. het reproduceren van een door hem vervaardigd fonogram;

b. het verkopen, verhuren, uitlenen, afleveren of anderszins in het verkeer brengen van een door hem vervaardigd fonogram of van een reproduktie daarvan dan wel het voor die doeleinden invoeren, aanbieden of in voorraad hebben;

c. het uitzenden, het openbaar maken door middel van doorgeven via de kabel of langs andere weg, het beschikbaar stellen voor het publiek of het op een andere wijze openbaar maken van een door hem vervaardigd fonogram of een reproduktie daarvan. Artikel 2, zevende tot en met het negende lid, is van overeenkomstige toepassing.

Uitputting

2. Is een fonogram of een reproduktie daarvan door de houder van het uitsluitend recht, bedoeld in het eerste lid, of met zijn toestemming voor de eerste maal in een van de lid-staten van de Europese Unie of in een staat die partij is bij de Overeenkomst betreffende de Europese Economische Ruimte van van 2 mei 1992 in het verkeer gebracht door eigendomsoverdracht, dan handelt de verkrijger van dat fonogram of die reproduktie niet in strijd met dit uitsluitend recht door ten aanzien daarvan de in het eerste lid, onder *b*, genoemde handelingen, met uitzondering van verhuur en uitlening, te verrichten.

3. Onverminderd het bepaalde in het tweede lid is het uitlenen van het in dat lid bedoelde fonogram of een reproduktie daarvan toegestaan, mits degene die de uitlening verricht of doet verrichten een billijke vergoeding betaalt.

4. Instellingen van onderwijs en instellingen van onderzoek en de aan die instellingen verbonden bibliotheken en de Koninklijke Bibliotheek zijn vrijgesteld van de betaling van een vergoeding voor uitlenen als bedoeld in het derde lid.

5. Publiek toegankelijke bibliotheekvoorzieningen, die in overwegende mate door gemeenten, provincies, het rijk of het openbaar lichaam Bonaire, Sint Eustatius of Saba worden gesubsidieerd of in stand gehouden, zijn voor het uitlenen van op basis van artikel 10, onderdeel i, omgezette materialen aan bij die voorzieningen ingeschreven personen met een handicap, vrijgesteld van betaling van de vergoeding, bedoeld in het derde lid.

6. De in het derde lid bedoelde vergoeding is niet verschuldigd indien de betalingsplichtige kan aantonen dat de houder van het uitsluitend recht afstand heeft gedaan van het recht op een billijke vergoeding. De houder van het uitsluitend recht dient de afstand schriftelijk mee te delen aan de in de artikelen 15a en 15b bedoelde rechtspersonen.

Art. 7

1. Een voor commerciële doeleinden uitgebracht fonogram of een reproduktie daarvan kan zonder toestemming van de producent van het fonogram en de uitvoerende kunstenaar of hun rechtverkrijgenden worden uitgezonden, openbaar maken door middel van doorgeven via de kabel of langs andere weg, dan wel op een andere wijze openbaar gemaakt, mits daarvoor een billijke vergoeding wordt betaald. Het in het eerste volzin bepaalde is niet van toepassing op het beschikbaar stellen voor het publiek van een dergelijk fonogram.

2. Voor de toepassing van het eerste lid wordt onder een voor commerciële doeleinden uitgebracht fonogram mede begrepen een fonogram dat beschikbaar wordt gesteld voor het publiek.

3. Bij gebreke van overeenstemming over de hoogte van de billijke vergoeding is de rechtbank Den Haag in eerste aanleg bij uitsluiting bevoegd om op vordering van de meest gerede partij de hoogte van de vergoeding vast te stellen.

4. De vergoeding komt toe aan zowel de uitvoerende kunstenaar als de producent of hun rechtverkrijgenden en wordt tussen hen gelijkelijk verdeeld.

Art. 7a

1. De producent van de eerste vastleggingen van films heeft het uitsluitend recht om toestemming te verlenen voor:

a. het reproduceren van een door hem vervaardigde eerste vastlegging van een film of van een reproduktie daarvan;

b. het verkopen, verhuren, uitlenen, afleveren of anderszins in het verkeer brengen van een door hem vervaardigde eerste vastlegging van een film of een reproduktie daarvan, dan wel het voor die doeleinden invoeren, aanbieden of in voorraad hebben;

c. het beschikbaar stellen voor het publiek van een door hem vervaardigde eerste vastlegging van een film of een reproductie daarvan.

2. Is een eerste vastlegging van een film of een reproduktie daarvan door de houder van het uitsluitend recht, bedoeld in het eerste lid, of met zijn toestemming voor de eerste maal in een van de lid-staten van de Europese Unie of in een staat die partij is bij de Overeenkomst betreffende de Europese Economische Ruimte van 2 mei 1992 in het verkeer gebracht door eigendomsoverdracht, dan handelt de verkrijger van die eerste vastlegging of die reproduktie niet in strijd met dit uitsluitend recht door ten aanzien van de in het eerste lid, onder *b*, genoemde handelingen, met uitzondering van verhuur en uitlening, te verrichten.

3. Onverminderd het bepaalde in het tweede lid is het uitlenen van de in dat lid bedoelde eerste vastlegging of een reproduktie daarvan toegestaan, mits degene die de uitlening verricht of doet verrichten een billijke vergoeding betaalt.

4. Instellingen van onderwijs en instellingen van onderzoek en de aan die instellingen verbonden bibliotheken en de Koninklijke Bibliotheek zijn vrijgesteld van de betaling van een vergoeding voor uitlenen als bedoeld in het derde lid.

5. Publiek toegankelijke bibliotheekvoorzieningen, die in overwegende mate door gemeenten, provincies, het rijk of het openbaar lichaam Bonaire, Sint Eustatius of Saba worden gesubsidieerd of in stand gehouden, zijn voor het uitlenen van op basis van artikel 10, onderdeel i, omgezette materialen aan bij die voorzieningen ingeschreven personen met een handicap, vrijgesteld van betaling van de vergoeding, bedoeld in het derde lid.

6. De in het derde lid bedoelde vergoeding is niet verschuldigd indien de betalingsplichtige kan aantonen dat de houder van het uitsluitend recht afstand heeft gedaan van het recht op een billijke vergoeding. De houder van het uitsluitend recht dient de afstand schriftelijk mee te delen aan de in de artikelen 15a en 15b bedoelde rechtspersonen.

B38 art. 7b **Wet op de naburige rechten**

Art. 7b

1. De uitgever van een perspublicatie heeft het uitsluitende recht om toestemming te verlenen voor een of meer van de volgende handelingen:

a. het reproduceren van zijn perspublicatie voor online gebruik door een dienstverlener van de informatiemaatschappij; en

b. het beschikbaar stellen voor het publiek van zijn perspublicatie voor online gebruik door een dienstverlener van de informatiemaatschappij.

2. Het in het eerste lid bedoelde uitsluitende recht om toestemming te verlenen is niet van toepassing op een of meer van de volgende handelingen:

a. het privé of niet commercieel gebruik van een perspublicatie door individuele gebruikers;

b. het hyperlinken naar een perspublicatie;

c. het gebruik van enkele woorden of heel korte fragmenten uit een perspublicatie; en

d. het gebruik van een werk, een opname van een uitvoering of een reproductie daarvan, een fonogram of een reproductie daarvan, een opname van een programma of een reproductie daarvan, een film of een reproductie daarvan, een perspublicatie of een reproductie daarvan, of een databank waarvan de beschermingsduur is verstreken en die is opgenomen in een perspublicatie.

3. Het in het eerste lid bedoelde recht om toestemming te verlenen kan niet worden ingeroepen tegen een maker, uitvoerende kunstenaar, producent van fonogrammen, omroeporganisatie, producent van eerste vastleggingen van films, en producent van een databank waarvan het werk, de opname van een uitvoering of een reproductie daarvan, het fonogram of een reproductie daarvan, de opname van een programma of een reproductie daarvan, de film of een reproductie daarvan, of databank is opgenomen in de perspublicatie.

4. Wanneer een werk, een opname van een uitvoering of een reproductie daarvan, een fonogram of een reproductie daarvan, een opname van een programma of een reproductie daarvan, een film of een reproductie daarvan, een perspublicatie of een reproductie daarvan, of een databank is opgenomen in een perspublicatie op basis van een niet-exclusieve licentie, dan mag het in eerste lid bedoelde recht om toestemming te verlenen niet worden ingeroepen jegens een dienstverlener van de informatiemaatschappij die voor het gebruik van die prestaties ook toestemming heeft verkregen.

5. De maker van een in een perspublicatie opgenomen werk van letterkunde, wetenschap of kunst krijgt een passend aandeel van de vergoeding die de uitgever ontvangt voor het gebruik van de perspublicatie door een dienstverlener van de informatiemaatschappij. Artikel 25g van de Auteurswet is van overeenkomstige toepassing.

Art. 8

Rechten omroeporganisatie

1. Een omroeporganisatie heeft het uitsluitend recht om toestemming te verlenen voor een of meer van de volgende handelingen:

a. het openbaar maken van programma's door middel van doorgeven via de kabel of langs andere weg;

b. het opnemen van programma's en het reproduceren van een dergelijke opname;

c. het verkopen, verhuren, uitlenen, afleveren of anderszins in het verkeer brengen van een opname van een uitzending of van een reproductie daarvan dan wel het voor die doeleinden invoeren, aanbieden of in voorraad hebben;

d. het openbaarmaking van programma's, indien deze openbaarmaking geschiedt in voor het publiek toegankelijke plaatsen tegen betaling van entreegeld, ongeacht welke technische hulpmiddelen daarbij worden gebruikt;

e. het beschikbaar stellen voor het publiek of op andere wijze openbaar maken van opnamen van programma's of reproducties daarvan, ongeacht welke technische hulpmiddelen daarbij worden gebruikt. Artikel 2, zevende tot en met negende lid, is van overeenkomstige toepassing.

Uitputting

2. Is een opname van een uitzending of een reproductie daarvan door de houder van het uitsluitend recht, bedoeld in het eerste lid, of met zijn toestemming voor de eerste maal in een van de lid-staten van de Europese Unie of in een staat die partij is bij de Overeenkomst betreffende de Europese Economische Ruimte van 2 mei 1992 in het verkeer gebracht door eigendomsoverdracht, dan handelt de verkrijger van de opname of die reproductie niet in strijd met dit uitsluitend recht door ten aanzien daarvan de in het eerste lid, onder c, genoemde handelingen, met uitzondering van verhuur en uitlening, te verrichten.

Vergoedingsrecht bij uitlening

3. Onverminderd het bepaalde in het tweede lid is het uitlenen van de in dat lid bedoelde opname van een uitzending of een reproductie daarvan toegestaan mits degene die de uitlening verricht of doet verrichten een billijke vergoeding betaalt.

Vrijstelling

4. Instellingen van onderwijs en instellingen van onderzoek en de aan die instellingen verbonden bibliotheken en de Koninklijke Bibliotheek zijn vrijgesteld van de betaling van een vergoeding voor uitlenen als bedoeld in het derde lid.

5. Publiek toegankelijke bibliotheekvoorzieningen, die in overwegende mate door gemeenten, provincies, het rijk of het openbaar lichaam Bonaire, Sint Eustatius of Saba worden gesubsidieerd of in stand gehouden, zijn voor het uitlenen van op basis van artikel 10, onderdeel i, omgezette materialen aan bij die voorzieningen ingeschreven personen met een handicap, vrijgesteld van betaling van de vergoeding, bedoeld in het derde lid.

6. De in het derde lid bedoelde vergoeding is niet verschuldigd indien de betalingsplichtige kan aantonen dat de houder van het uitsluitend recht afstand heeft gedaan van het recht op een billijke vergoeding. De houder van het uitsluitend recht dient de afstand schriftelijk mee te delen aan de in de artikelen 15a en 15b bedoelde rechtspersonen.

Art. 9

1. De rechten die deze wet verleent gaan over bij erfopvolging. Deze rechten zijn vatbaar voor gehele of gedeeltelijke overdracht. Voor het verrichten van handelingen als bedoeld in de artikelen 2, 6, 7a, 7b en 8 kan voor het geheel of een gedeelte van het uitsluitend recht een licentie worden verleend.

2. De levering vereist voor gehele of gedeeltelijke overdracht, alsmede het verlenen van een exclusieve licentie, geschiedt door een daartoe bestemde akte.

3. De overdracht of het verlenen van een exclusieve licentie door de uitvoerende kunstenaar of de natuurlijke persoon die het uitsluitend recht als bedoeld in artikel 2 als erfgenaam of legataris heeft verkregen omvat alleen die bevoegdheden waarvan dit in de akte is vermeld of uit de aard of de strekking van de titel noodzakelijkerwijs voortvloeit.

Art. 9a

De in artikel 25e, derde lid van de Auteurswet genoemde termijn bedraagt te allen tijde ten minste één jaar indien:

a. de in artikel 9, eerste lid bedoelde overdracht behelst een overdracht door een uitvoerende kunstenaar van zijn rechten op de uitvoering van een muziekwerk aan de producent van een fonogram, en

b. sinds het fonogram is openbaar gemaakt dan wel op rechtmatige wijze in het verkeer is gebracht ten minste 50 jaar zijn verstreken.

Art. 9b

1. Indien de in artikel 9, eerste lid bedoelde overdracht behelst de overdracht van de rechten van zijn uitvoering aan de producent van een fonogram, en bij die overdracht een niet-periodieke vergoeding is overeengekomen, heeft de uitvoerende kunstenaar, of in het geval van meerdere uitvoerende kunstenaars, de uitvoerende kunstenaars gezamenlijk het recht om van die producent een jaarlijkse aanvullende vergoeding te ontvangen voor ieder volledig jaar volgend op het 50ste jaar nadat dat fonogram voor het eerst op rechtmatige wijze in het verkeer is gebracht, of indien dit eerder valt, is openbaar gemaakt.

2. De in het vorige lid bedoelde vergoeding bedraagt 20 procent van de inkomsten die de producent van het fonogram heeft verkregen met de reproductie, verspreiding en beschikbaarstelling van het fonogram in het jaar voorafgaand aan het jaar waarvoor de vergoeding wordt betaald.

3. Indien de in artikel 9, eerste lid bedoelde overdracht behelst de overdracht van de rechten op de vastlegging van zijn uitvoering aan de producent van een fonogram, en bij die overdracht een periodieke vergoeding is overeengekomen, wordt die vergoeding vanaf het jaar volgend op het 50ste jaar nadat dat fonogram voor het eerst op rechtmatige wijze in het verkeer is gebracht, of indien dit eerder valt, is openbaar gemaakt, uitgekeerd zonder dat daarop contractueel bedongen voorschotten of kortingen worden ingehouden.

4. Van de in de leden 1 tot en met 3 genoemde rechten kan de uitvoerende kunstenaar geen afstand doen.

Art. 9c

De rechten, bedoeld in de artikelen 2, 6, 7a, 7b en 8, zijn niet van toepassing op een door of vanwege de openbare macht in het verkeer gebrachte opname van een uitvoering, fonogram, eerste vastlegging van een film, perspublicatie, opnamen van een programma, en een reproductie daarvan en openbaar gemaakte uitvoering, opname van een uitvoering, fonogram, eerste vastlegging van een film, perspublicatie, programma, opname van een programma, en een reproductie daarvan, waarvan de openbare macht de rechthebbende is, tenzij de rechten hetzij in het algemeen bij de wet, besluit of verordening, hetzij in een bepaald geval blijkens mededeling op of in het op grond van deze wet beschermde materiaal zelf dan wel bij het in het verkeer brengen of openbaar maken daarvan uitdrukkelijk zijn voorbehouden.

Art. 10

Als inbreuk op de rechten, bedoeld in de artikelen 2, 6, 7a, 7b en 8, wordt niet beschouwd:

a. het overnemen van op grond van deze wet beschermd materiaal over actuele economische, politieke, godsdienstige of levensbeschouwelijke onderwerpen, die in een radio- of televisieprogramma of ander medium dat eenzelfde functie vervult, zijn openbaar gemaakt of in het verkeer gebracht, indien het overnemen geschiedt in een radio- of televisieprogramma of ander medium dat eenzelfde functie vervult; artikel 15, eerste lid, onder 3° en 4°, van de Auteurswet is van overeenkomstige toepassing; ten aanzien van een uitvoering dient artikel 5 in acht te worden genomen;

Afstand vergoedingsrecht

Erfopvolging

Ontbinding overeenkomst houdende overdracht

Recht op aanvullende vergoeding

Opnamen vanwege de openbare macht

Beperkingen

B38 art. 10

Wet op de naburige rechten

b. het citeren in een aankondiging, beoordeling, polemiek of wetenschappelijke verhandeling of een uiting met een vergelijkbaar doel; artikel 15a, eerste lid, onder 1°, 2° en 4°, van de Auteurswet is van overeenkomstige toepassing; ten aanzien van een uitvoering dient artikel 5 in acht te worden genomen;

c. het door middel van een besloten netwerk beschikbaar stellen van een opname van een uitvoering, fonogram, eerste vastlegging van een film, perspublicatie, of opname van een programma, of een reproductie daarvan, dat onderdeel uitmaakt van verzamelingen van voor het publiek toegankelijke bibliotheken en musea of archieven die niet het behalen van een direct of indirect economisch of commercieel voordeel nastreven, door middel van daarvoor bestemde terminals in de gebouwen van die instellingen aan individuele leden van het publiek voor onderzoek of privé-studie, tenzij anders is overeengekomen;

d. de verslaggeving in het openbaar in een foto-, film-, radio- of televisiereportage over actuele gebeurtenissen, voorzover zulks voor het behoorlijk weergeven van de actuele gebeurtenis die het onderwerp van de reportage uitmaakt gerechtvaardigd is en mits slechts gebruik wordt gemaakt van korte fragmenten; artikel 16a van de Auteurswet is van overeenkomstige toepassing;

e. de handelingen, bedoeld in de artikelen 2, 6, 7a, 7b en 8, die uitsluitend worden verricht ter toelichting bij het onderwijs, voor zover dit door het beoogde, niet commerciële doel wordt gerechtvaardigd; de artikelen 16, eerste lid, onder 1°, 2°, 4° en 5°, tweede, derde, vijfde en zesde lid, en 47d, eerste lid, van de Auteurswet zijn van overeenkomstige toepassing; ten aanzien van een uitvoering dient artikel 5 in acht genomen te worden;

f. de reproductie van een opname van een uitvoering, fonogram, eerste vastlegging van een film, of opname van een programma, of een reproductie daarvan, door een cultureel erfgoedinstelling mits:

1°. de reproductie geschiedt met als doel het behoud van de opname van een uitvoering, het fonogram, de eerste vastlegging van een film, of de opname van een programma, of de reproductie daarvan, en de reproductie daarvoor noodzakelijk is; en

2°. de opname van een uitvoering, het fonogram, de eerste vastlegging van een film, of de opname van een programma, of de reproductie daarvan, permanent deel uitmaakt van de collectie van de cultureel erfgoedinstelling;

artikel 16n, tweede lid, van de Auteurswet is van overeenkomstige toepassing;

g. de tijdelijke vastlegging door een omroeporganisatie die bevoegd is tot de openbaarmaking door uitzending van een radio- of televisieprogramma via radio of televisie, of een ander medium dat eenzelfde functie vervult, met haar eigen middelen en uitsluitend voor uitzending van haar eigen programma's; ten aanzien van een uitvoering dient artikel 5 in acht te worden genomen; artikel 17b, eerste en derde lid, van de Auteurswet is van overeenkomstige toepassing;

h. de incidentele verwerking van op grond van deze wet beschermd materiaal als onderdeel van ondergeschikte betekenis in ander materiaal;

i. de reproductie, het openbaar maken of het in het verkeer brengen van op grond van deze wet beschermd materiaal voor zover dat uitsluitend voor mensen met een handicap bestemd is, met de handicap direct verband houdt, van niet commerciële aard is en wegens die handicap noodzakelijk is, onverminderd het bepaalde in artikel 10, onderdeel m of n; de artikelen 15i, tweede lid, en 16g van de Auteurswet zijn van overeenkomstige toepassing;

j. een karikatuur, parodie of pastiche mits het gebruik in overeenstemming is met hetgeen naar de regels van het maatschappelijk verkeer redelijkerwijs geoorloofd is;

k. het overnemen van op grond van deze wet beschermd materiaal ten behoeve van de opsporing van strafbare feiten, de openbare veiligheid of om het goede verloop van een bestuurlijke, parlementaire of gerechtelijke procedure of de berichtgeving daarover te waarborgen;

l. het reproduceren en het beschikbaar stellen voor het publiek van een voor het eerst in een lidstaat van de Europese Unie of in een staat die partij is bij de Overeenkomst betreffende de Europese Economische Ruimte in het verkeer gebracht of openbaar gemaakte opname van een uitvoering, fonogram, eerste vastlegging van een film of perspublicatie, of een reproductie daarvan, deel uitmakende van de verzameling van voor het publiek toegankelijke bibliotheken, onderwijsinstellingen en musea, alsmede archieven en instellingen voor cinematografisch of audiovisueel erfgoed die niet het behalen van direct of indirect economisch of commercieel voordeel nastreven en publieke media-instellingen als bedoeld in hoofdstuk 2 van de Mediawet 2008, indien de rechthebbende na een zorgvuldige zoektocht niet is geïdentificeerd en opgespoord. De artikelen 16o tot en met 16q en 17 van de Auteurswet zijn van overeenkomstige toepassing;

m. het vervaardigen van een reproductie van op grond van deze wet beschermde materiaal in een voor een leesgehandicapte toegankelijke vorm door een leesgehandicapte, een namens hem optredende persoon of een toegelaten entiteit, mits de leesgehandicapte of de toegelaten entiteit rechtmatig toegang heeft tot het op grond van deze wet beschermd materiaal, de reproductie daarvan in de voor de leesgehandicapte toegankelijke vorm bestemd is voor het uitsluitend gebruik door de leesgehandicapte en de reproductie de integriteit van het op grond van deze wet beschermde materiaal zoveel mogelijk eerbiedigt; de artikelen 15j, tweede en derde lid, 15l, 15m, 16g en 17d van de Auteurswet zijn van overeenkomstige toepassing;

n. het beschikbaar stellen voor het publiek of anderszins openbaar maken, het uitlenen of anderszins in het verkeer brengen van een ingevolge artikel 10, onder m, vervaardigde reproductie van op grond van deze wet beschermd materiaal door een toegelaten entiteit aan een leesgehandicapte of een andere toegelaten entiteit, mits de leesgehandicapte woonachtig is of een andere toegelaten entiteit gevestigd is in een lidstaat van de Europese Unie of een staat die partij is bij het Leesgehandicaptenverdrag, de hiervoor genoemde handelingen uitsluitend geschieden met het oog op gebruik door de leesgehandicapte en plaatsvindt zonder winstoogmerk; de artikelen 15j, tweede en derde lid, 15l, 15m, 16g en 17d van de Auteurswet zijn van overeenkomstige toepassing; en

o. het invoeren door een leesgehandicapte of een toegelaten entiteit van een reproductie van op grond van deze wet beschermd materiaal dat op grond van een op het Leesgehandicaptenverdrag gebaseerde beperking door een toegelaten entiteit in een andere lidstaat van de Europese Unie of een staat die partij is bij het Leesgehandicaptenverdrag is omgezet in een voor een leesgehandicapte toegankelijke vorm; de artikelen 15k, 15l en 15m van de Auteurswet zijn van overeenkomstige toepassing;

p. de reproductie van een opname van een uitvoering, fonogram, eerste vastlegging van een film, of opname van een programma, of een reproductie daarvan, door onderzoeksorganisaties en cultureel erfgoedinstellingen, die daartoe rechtmatig toegang hebben, om tekst- en datamining te verrichten met het oog op wetenschappelijk onderzoek; artikel 15n, tweede tot en met vierde lid, van de Auteurswet is van overeenkomstige toepassing;

q. onverminderd het in onderdeel p bepaalde, de reproductie van een opname van een uitvoering, fonogram, eerste vastlegging van een film, perspublicatie of opname van een programma, of een reproductie daarvan, in het kader van tekst- en datamining door degene die daartoe rechtmatige toegang hebben en het naburige recht niet uitdrukkelijk op passende wijze is voorbehouden, zoals door middel van machinaal leesbare middelen bij een online ter beschikking gestelde opname van een uitvoering, fonogram, eerste vastlegging van een film, perspublicatie of opname van een programma, of reproductie daarvan; artikel 15o, tweede lid, van de Auteurswet is van overeenkomstige toepassing; en

r. het voor niet-commerciële doeleinden beschikbaar stellen voor het publiek van een opname van een uitvoering, fonogram, eerste vastlegging van een film, perspublicatie of opname van een programma, of een reproductie daarvan, door een cultureel erfgoedinstelling mits:

1°. de op grond van deze wet beschermde prestatie niet in de handel is;

2°. de op grond van deze wet beschermde prestatie permanent deel uitmaakt van de collectie van de erfgoedinstelling;

3°. de op grond van deze wet beschermde prestatie beschikbaar wordt gesteld op een niet-commerciële website; en

4°. de naam van de rechthebbende wordt vermeld, tenzij dit niet mogelijk blijkt;

de artikelen 18c, tweede en derde lid, en 47d, tweede lid, van de Auteurswet zijn van overeenkomstige toepassing.

Art. 11

Als inbreuk op de rechten, bedoeld in de artikelen 2, 6, 7a, en 8, wordt niet beschouwd het reproduceren van een opname van een uitvoering, fonogram, eerste vastlegging van een film, of opname van een programma, of een reproductie daarvan, mits het reproduceren geschiedt zonder direct of indirect commercieel oogmerk en uitsluitend dient tot eigen oefening, studie of gebruik van een natuurlijke persoon die de reproductie vervaardigt; de artikelen 16c, tweede tot en met zevende lid, 16d tot en met 16ga, 17d en 35c van de Auteurswet zijn van overeenkomstige toepassing.

Art. 12

1. De rechten van uitvoerende kunstenaars vervallen door verloop van 50 jaren te rekenen van de 1e januari van het jaar, volgend op dat waarin de uitvoering heeft plaatsgehad.

2. Indien binnen de in het eerste lid bedoelde termijn een opname van de uitvoering anders dan op een fonogram op rechtmatige wijze in het verkeer is gebracht of openbaar gemaakt, vervallen de rechten door verloop van 50 jaren te rekenen van de 1e januari van het jaar, volgend op dat waarin de opname voor het eerst op rechtmatige wijze in het verkeer is gebracht of, indien dit eerder valt, is openbaar gemaakt.

3. Indien binnen de in het eerste lid bedoelde termijn een opname van de uitvoering op een fonogram op rechtmatige wijze in het verkeer is gebracht of openbaar gemaakt, vervallen de rechten door verloop van 70 jaren te rekenen van de 1e januari van het jaar, volgend op dat waarin het fonogram voor het eerst op rechtmatige wijze in het verkeer is gebracht of, indien dit eerder valt, is openbaar gemaakt.

4. De rechten van producenten van fonogrammen vervallen door verloop van 70 jaren te rekenen van de 1e januari van het jaar, volgend op dat waarin het fonogram is vervaardigd. Indien binnen deze termijn het fonogram op rechtmatige wijze in het verkeer is gebracht, vervallen

Beperkingen onderwijs

Duur naburige rechten

de rechten door verloop van 70 jaren te rekenen van de 1e januari van het jaar, volgende op dat waarin het fonogram voor het eerst op rechtmatige wijze in het verkeer is gebracht. Indien het fonogram binnen de in de vorige zin bedoelde termijn niet op rechtmatige wijze in het verkeer is gebracht maar wel openbaar is gemaakt, vervallen de rechten 70 jaar na de datum waarop het fonogram voor het eerst is openbaar gemaakt. Indien een uitvoerend kunstenaar na verloop van vijftig jaar nadat het fonogram openbaar is gemaakt dan wel op rechtmatige wijze in het verkeer is gebracht, de overeenkomst waarin hij de rechten van zijn uitvoering aan de producent van een fonogram over heeft gedragen op grond van artikel 2b en artikel 25e van de Auteurswet ontbindt, vervallen de rechten van de producent van het fonogram.

5. De rechten van omroeporganisaties vervallen door verloop van 50 jaren te rekenen van de 1e januari van het jaar, volgend op dat waarin een programma voor het eerst is uitgezonden, ongeacht welke technische hulpmiddelen daarbij worden gebruikt.

6. De rechten van producenten van de eerste vastlegging van een film vervallen door verloop van 50 jaren te rekenen van de 1e januari van het jaar, volgend op dat waarin de eerste vastlegging heeft plaatsgehad. Indien echter binnen deze termijn de eerste vastlegging op rechtmatige wijze in het verkeer is gebracht of is openbaar gemaakt, vervallen de rechten door verloop van 50 jaren te rekenen van de 1e januari van het jaar, volgend op dat waarin de eerste vastlegging voor het eerst op rechtmatige wijze in het verkeer is gebracht, of indien dit eerder valt, is openbaar gemaakt.

7. De rechten van uitgevers van perspublicaties vervallen door verloop van 2 jaren te rekenen van de 1e januari van het jaar, volgend op dat waarin de perspublicatie is openbaar gemaakt.

Hoofdstuk 3 De uitoefening en de handhaving van de naburige rechten

Art. 13

Uitoefening door vertegenwoordiger bij gezamenlijke uitvoering

De in artikel 2 bedoelde rechten kunnen, ingeval het een gezamenlijke uitvoering door zes of meer personen betreft, uitsluitend worden uitgeoefend door een door de aan die uitvoering deelnemende uitvoerende kunstenaars bij meerderheid gekozen vertegenwoordiger. Het bepaalde in de eerste zin van dit artikel is niet van toepassing op de aan de gezamenlijke uitvoering meewerkende solist, regisseur en dirigent. De handhaving van de in artikel 2 bedoelde rechten kan, ingeval het een gezamenlijke uitvoering betreft, door een ieder van de aan die uitvoering deelnemende uitvoerende kunstenaars geschieden, tenzij anders is overeengekomen.

Art. 14

Gemeenschappelijk recht producent/omroeporganisaties

Indien aan twee of meer producenten van fonogrammen of van eerste vastleggingen van films of omroeporganisaties een gemeenschappelijk recht ten aanzien van eenzelfde fonogram, eerste vastlegging van een film of programma toekomt, kan de handhaving van dit recht door ieder van hen geschieden, tenzij anders is overeengekomen.

Art. 14a

Uitoefening van het recht van de uitvoerende kunstenaar en de fonogrammenproducent om toestemming te geven voor kabeluitzending

Op het recht toestemming te verlenen voor het openbaar maken door middel van het doorgeven van op grond van deze wet beschermd materiaal via de kabel of langs andere weg, zijn de artikelen 26a tot en met 26c van de Auteurswet van overeenkomstige toepassing.

Art. 14b

Onderhandelingen over de toestemming

Wanneer een omroeporganisatie de programmadragende signalen rechtstreeks aanlevert bij degene die de uitzending van op grond van deze wet beschermd materiaal via de kabel of langs andere weg verzorgt zonder dat de omroeporganisatie de signalen zelf gelijktijdig uitzendt, is er sprake van een enkele mededeling aan het publiek van in een radio of televisieprogramma opgenomen op grond van deze wet beschermd materiaal waarvoor de omroeporganisatie en degene die de programmadragende signalen uitzendt ieder voor zijn eigen bijdrage aan die mededeling aan het publiek verantwoordelijk is.

Art. 14c-14d

[Vervallen]

Art. 15

Rechtspersoon belast met vergoeding; SENA

1. De betaling van de in artikel 7 bedoelde billijke vergoeding dient te geschieden aan een door Onze Minister van Justitie aan te wijzen representatieve rechtspersoon die met uitsluiting van anderen met de inning en verdeling van deze vergoeding is belast. Ten aanzien van de vaststelling van de hoogte van de vergoeding en de inning daarvan alsmede de uitoefening van het uitsluitend recht vertegenwoordigt de in de vorige zin bedoelde rechtspersoon de rechthebbenden in en buiten rechte.

2. De in het eerste lid bedoelde rechtspersoon staat onder toezicht van het College van Toezicht, bedoeld in de Wet toezicht collectieve beheersorganisaties auteurs- en naburige rechten.

Wet op de naburige rechten — B38 art. 15g

3. De verdeling van de geïnde vergoedingen geschiedt overeenkomstig een reglement dat is opgesteld door de rechtspersoon, bedoeld in het eerste lid, en dat is goedgekeurd door het College van Toezicht, bedoeld in de Wet toezicht collectieve beheersorganisaties auteurs- en naburige rechten.

Art. 15a

1. De betaling van de in de artikelen 2, 6, 7a en 8 bedoelde vergoeding dient te geschieden aan een door Onze Minister van Justitie in overeenstemming met Onze Minister van Onderwijs, Cultuur en Wetenschappen aan te wijzen naar hun oordeel representatieve rechtspersoon, die met uitsluiting van anderen belast is met de inning en de verdeling van deze vergoeding. In aangelegenheden betreffende de vaststelling van de hoogte van de vergoeding en de inning daarvan alsmede de uitoefening van het uitsluitende recht vertegenwoordigt de in de vorige zin bedoelde rechtspersoon de rechthebbenden in en buiten rechte.

2. De in het eerste lid bedoelde rechtspersoon staat onder toezicht van het College van Toezicht, bedoeld in de Wet toezicht collectieve beheersorganisaties auteurs- en naburige rechten.

3. De verdeling van de geïnde vergoedingen geschiedt overeenkomstig een reglement, dat is opgesteld door de rechtspersoon, bedoeld in het eerste lid, en dat is goedgekeurd door het College van Toezicht, bedoeld in de Wet toezicht collectieve beheersorganisaties auteurs- en naburige rechten.

Art. 15b

De hoogte van de in de artikelen 2, derde lid, 6, derde lid, 7a, derde lid, en 8, derde lid, bedoelde vergoeding wordt vastgesteld door een door Onze Minister van Justitie in overeenstemming met Onze Minister van Onderwijs, Cultuur en Wetenschappen aan te wijzen stichting waarvan het bestuur zodanig is samengesteld dat de belangen van rechthebbenden en de ingevolge voornoemde artikelen betalingsplichtigen op evenwichtige wijze worden behartigd. De voorzitter van het bestuur van deze stichting wordt benoemd door Onze Minister van Justitie in overeenstemming met Onze Minister van Onderwijs, Cultuur en Wetenschappen. Het aantal bestuursleden van deze stichting dient oneven te zijn.

Art. 15c

Geschillen met betrekking tot de in de artikelen 2, derde lid, 6, derde lid, 7a, derde lid, en 8, derde lid, bedoelde vergoeding worden in eerste aanleg bij uitsluiting beslist door de rechtbank Den Haag.

Art. 15d

Degene die tot betaling van de in de artikelen 2, derde lid, 6, derde lid, 7a, derde lid, en 8, derde lid, bedoelde vergoeding verplicht is, is gehouden, voor zover geen ander tijdstip is overeengekomen, vóór 1 april van ieder kalenderjaar aan de in artikel 15a, eerste lid, bedoelde rechtspersoon opgave te doen van het aantal rechtshandelingen, bedoeld in eerstgenoemde artikelen. Hij is voorts gehouden desgevraagd aan deze rechtspersoon onverwijld de bescheiden of andere informatiedragers ter inzage te geven, waarvan kennisneming noodzakelijk is voor de vaststelling van de verschuldigdheid en de hoogte van de vergoeding.

Art. 15e

De rechter kan op vordering van de rechthebbende, bedoeld in de artikelen 2, 6, 7a, 7b en 8, tussenpersonen wier diensten door derden worden gebruikt om inbreuk op zijn naburig recht te maken, bevelen de diensten die worden gebruikt om die inbreuk te maken, te staken.

Art. 15f

De voorzieningenrechter kan op vordering van de rechthebbende, bedoeld in de artikelen 2, 6, 7a, 7b en 8, tijdelijke voortzetting van de vermeende inbreuk toestaan onder de voorwaarde dat zekerheid wordt gesteld voor vergoeding van de door de rechthebbende geleden schade. Onder dezelfde voorwaarden kan de rechter voortzetting van de dienstverlening door de tussenpersoon als bedoeld in artikel 15e toestaan.

Art. 15g

1. De betaling van de in artikel 9b, eerste lid bedoelde vergoeding geschiedt aan een door Onze Minister van Veiligheid en Justitie, in overeenstemming met Onze Minister van Onderwijs, Cultuur en Wetenschappen aan te wijzen rechtspersoon. Deze rechtspersoon is met uitsluiting van anderen belast met de inning en verdeling van de vergoeding.

2. Degene die is verplicht tot betaling van de in artikel 9b, eerste lid bedoelde vergoeding verschaft de gerechtigde tot die vergoeding op zijn verzoek alle informatie die noodzakelijk is ter verkrijging van de betaling.

3. Degene die is verplicht tot betaling van de in artikel 9b, eerste lid bedoelde vergoeding, doet, voor zover geen ander tijdstip is overeengekomen, vóór 1 april van ieder kalenderjaar aan de in het eerste lid bedoelde rechtspersoon opgave van de inkomsten die hij met het fonogram heeft verkregen. Hij is voorts gehouden desgevraagd aan deze rechtspersoon onverwijld de bescheiden of andere informatiedragers ter inzage te geven, waarvan kennisneming noodzakelijk is voor de vaststelling van de verschuldigdheid en de hoogte van de vergoeding.

4. Degene die de in het vorige lid bedoelde opgave opzettelijk nalaat dan wel in die opgave opzettelijk een onjuiste of onvolledige mededeling doet, wordt gestraft met hechtenis van ten

Betaling aan incasso-organisatie

Hoogte van de vergoeding

Bevoegde rechter

Opgave aantal uitleningen

Staking, diensten tussenpersonen

Tijdelijke voortzetting, inbreuk

Betaling vergoeding

B38 art. 16 Wet op de naburige rechten

hoogste drie maanden of geldboete van de derde categorie. Het feit wordt beschouwd als een overtreding.

Art. 16

Schadevergoeding en winstafdracht

1. In passende gevallen kan de rechter de schadevergoeding vaststellen als een forfaitair bedrag.

2. Naast schadevergoeding kan de rechthebbende, bedoeld in de artikelen 2, 6, 7a, 7b en 8, vorderen dat degene die inbreuk op zijn recht heeft gemaakt wordt veroordeeld de door deze tengevolge van de inbreuk genoten winst af te dragen en dienaangaande rekening en verantwoording af te leggen.

3. De rechthebbende kan de in het tweede lid bedoelde vorderingen of een van deze ook namens of mede namens een licentienemer instellen, onverminderd de bevoegdheid van deze laatste in een al of niet namens hem of mede namens hem door de rechthebbende ingestelde geding tussen te komen om rechtstreeks de door hem geleden schade vergoed te krijgen of om zich een evenredig deel van de door de verweerder af te dragen winst te doen toewijzen. De in het tweede lid bedoelde vorderingen of een van deze kan een licentienemer slechts instellen als hij de bevoegdheid daartoe heeft bedongen.

Art. 17

Recht op afgifte

1. De rechten, bedoeld in de artikelen 2, 6, 7a, 7b en 8, geven de bevoegdheid om opnamen of reproducties daarvan die in strijd met die rechten in het verkeer zijn gebracht alsmede niet geoorloofde opnamen of reproducties, als zijn eigendom op te eisen dan wel onttrekking aan het handelsverkeer, vernietiging of onbruikbaarmaking daarvan te vorderen. Gelijke bevoegdheid bestaat ten aanzien van roerende zaken die geen registergoederen zijn en die rechtstreeks hebben gediend tot de vervaardiging van de in de eerste zin bedoelde opnamen of reproducties. Bevoegdheid tot opeising bestaat tevens ten aanzien van gelden waarvan aannemelijk is dat zij zijn verkregen door of als gevolg van inbreuk op een van de in de artikelen 2, 6, 7a, 7b en 8 bedoelde rechten. Teneinde tot vernietiging of onbruikbaarmaking over te gaan, kan de gerechtigde de afgifte van deze zaken vorderen.

2. De bepalingen van het Wetboek van Burgerlijke Rechtsvordering betreffende beslag en executie tot afgifte van roerende zaken die geen registergoederen zijn, zijn van toepassing. Bij samenloop met een ander beslag gaat degene die beslag heeft gelegd krachtens dit artikel voor.

Vergoeding

3. Tenzij anders is overeengekomen, heeft de licentienemer het recht de uit het eerste lid voortvloeiende bevoegdheden uit te oefenen, voor zover deze strekken tot bescherming van de rechten waarvan de uitoefening hem is toegestaan.

4. Gelijke bevoegdheid tot opeising, dan wel tot onttrekking aan het handelsverkeer, vernietiging of onbruikbaarmaking alsmede tot afgifte teneinde tot vernietiging of onbruikbaarmaking over te gaan, bestaat ten aanzien van inrichtingen, producten en onderdelen als bedoeld in artikel 19 en reproducties als bedoeld in artikel 19a, die geen registergoederen zijn.

5. De maatregelen bedoeld in het eerste en vierde lid worden op kosten van de verweerder uitgevoerd, tenzij bijzondere redenen dit beletten.

6. De rechter kan op vordering van de rechthebbende bedoeld in de artikelen 2, 6, 7a, 7b en 8, degene die inbreuk op diens recht heeft gemaakt, bevelen al hetgeen hem bekend is omtrent de herkomst en distributiekanalen van de goederen of diensten die inbreuk maken, aan de gerechtigde mee te delen en alle daarop betrekking hebbende gegevens aan deze te verstrekken. Onder dezelfde voorwaarden kan dit bevel worden gegeven aan een derde die op commerciële schaal inbreukmakende goederen in zijn bezit heeft of gebruikt, die op commerciële schaal diensten verleent die bij de inbreuk worden gebruikt, of die door een van deze derden is aangewezen als zijnde betrokken bij de productie, fabricage of distributie van deze goederen of bij het verlenen van deze diensten. Deze derde kan zich verschonen van het verstrekken van informatie die bewijs zou vormen van deelname aan een inbreuk op een recht van intellectuele eigendom door hem zelf of door de andere in artikel 165, derde lid, Wetboek van Burgerlijke Rechtsvordering bedoelde personen.

7. Bij de beoordeling van de maatregelen die de rechthebbende, bedoeld in de artikelen 2, 6, 7a, 7b en 8, of diens licentienemer kan vorderen ingevolge de bevoegdheden, genoemd in het eerste en vierde lid, houdt de rechter rekening met de noodzakelijke evenredigheid tussen de ernst van de inbreuk en de gevorderde maatregelen en met de belangen van derden.

Art. 18

Voorwerpen voor eigen gebruik

De in artikel 17, eerste lid, bedoelde bevoegdheid kan niet worden uitgeoefend ten aanzien van opnamen of reprodukties daarvan, die onder personen berusten, die niet in soortgelijke zaken handel drijven en deze uitsluitend voor eigen gebruik hebben verkregen, tenzij zij zelf inbreuk op het desbetreffende recht hebben gemaakt.

Art. 18a

De rechter kan op vordering van de rechthebbende, bedoeld in de artikelen 2, 6, 7a, 7b en 8, gelasten dat op kosten van degene die inbreuk op diens recht heeft gemaakt passende maatregelen worden getroffen tot verspreiding van informatie over de uitspraak.

Art. 19

1. Degene, die doeltreffende technische voorzieningen omzeilt en dat weet of redelijkerwijs behoort te weten, handelt onrechtmatig.

2. Degene die diensten verricht of inrichtingen, producten of onderdelen vervaardigt, invoert, distribueert, verkoopt, verhuurt, adverteert of voor commerciële doeleinden bezit die:

a) aangeboden, aangeprezen of in de handel gebracht worden met het doel om de beschermende werking van doeltreffende technische voorzieningen te omzeilen, of

b) slechts een commercieel beperkt doel of nut hebben anders dan het omzeilen van de beschermende werking van doeltreffende technische voorzieningen, of

c) vooral ontworpen, vervaardigd of aangepast worden met het doel het omzeilen van de beschermende werking van doeltreffende technische voorzieningen mogelijk of gemakkelijker te maken,

handelt onrechtmatig.

3. Bij algemene maatregel van bestuur kunnen regelen worden vastgesteld die de uitvoerende kunstenaar, producent van fonogrammen, producent van films, uitgever van perspublicaties en omroeporganisatie, of hun rechtverkrijgenden, er toe verplichten aan de gebruiker van een uitvoering, opname van een uitvoering, fonogram, film, perspublicatie of programma, of een reproductie daarvan voor doeleinden als omschreven in artikel 10, onderdelen g, i en k, en artikel 11 de nodige middelen te verschaffen om van deze beperkingen te profiteren, mits de gebruiker rechtmatig toegang tot door de technische voorziening beschermde uitvoering, opname van een uitvoering, fonogram, film, perspublicatie of programma, of reproductie daarvan, heeft. Het bepaalde in de voorgaande zin geldt niet ten aanzien van uitvoeringen, opnamen van uitvoeringen, fonogrammen, films, perspublicaties of programma's, of reproducties daarvan, die onder contractuele voorwaarden aan gebruikers beschikbaar worden gesteld op een door hen individueel gekozen plaats en tijd. Artikel 17d van de Auteurswet is van overeenkomstige toepassing.

4. Bij algemene maatregel van bestuur kunnen regels worden vastgesteld die de uitvoerende kunstenaar, producent van fonogrammen, producent van films en omroeporganisatie, of hun rechtverkrijgenden, er toe verplichten aan de gebruiker van een uitvoering, opname van een uitvoering, fonogram, eerste vastlegging van een film, programma en opname van een programma, of een reproductie daarvan, voor het gebruik als omschreven in artikel 10, onderdelen e, f, m, n, p en q, de nodige middelen te verschaffen om van deze beperkingen te profiteren, mits de gebruiker rechtmatig toegang heeft tot door de technische voorziening beschermde uitvoering, opname van een uitvoering, fonogram, eerste vastlegging van een film, programma of opname van een programma, of reproductie daarvan. Artikel 17d van de Auteurswet is van overeenkomstige toepassing.

Art. 19a

Degene die opzettelijk en zonder daartoe gerechtigd te zijn elektronische informatie betreffende het beheer van rechten verwijdert of wijzigt, of van opnamen van uitvoeringen, fonogrammen, films, perspublicaties of programma's, of reproducties daarvan, op ongeoorloofde wijze dergelijke informatie is verwijderd of waarin op ongeoorloofde wijze dergelijke informatie is gewijzigd, verspreidt, ter verspreiding invoert, uitzendt of anderszins openbaar maakt, en weet of redelijkerwijs behoort te weten dat hij zodoende aanzet tot inbreuk op de rechten als bedoeld in de artikelen 2, 6, 7a, 7b en 8 dan wel een dergelijke inbreuk mogelijk maakt, vergemakkelijkt of verbergt, handelt onrechtmatig.

Art. 19b

Een aanbieder van een onlinedienst voor het delen van inhoud stelt de door de gebruikers van zijn dienst aangeboden opnames van uitvoeringen, fonogrammen, eerste vastleggingen van films, opnames van programma's, of reproducties daarvan, beschikbaar voor het publiek of maakt die op grond van deze wet beschermde prestaties anderszins openbaar. De artikelen 17d, 29c, eerste tot en met achtste lid, 29d en 29e van de Auteurswet zijn van overeenkomstige toepassing.

Art. 19c

1. Op een collectieve beheersorganisatie als bedoeld in artikel 1, onderdeel d, van de Wet toezicht en geschillenbeslechting collectieve beheersorganisaties auteurs- en naburige rechten die een niet-exclusieve licentie voor niet-commerciële doeleinden verleent aan een cultureel erfgoedinstelling voor het reproduceren, in het verkeer brengen, beschikbaar stellen voor het publiek of anderszins openbaar maken van een opname van een uitvoering, fonogram, eerste vastlegging van een film, perspublicatie of opname van een programma, of een reproductie daarvan, die permanent deel uitmaken van de collectie van die erfgoedinstelling en de op grond van deze wet beschermde prestaties niet in de handel verkrijgbaar zijn, zijn artikel 17d en de eerste paragraaf van hoofdstuk IVa van de Auteurswet van overeenkomstige toepassing.

2. Op een collectieve beheersorganisatie als bedoeld in artikel 1, onderdeel d, van de Wet toezicht en geschillenbeslechting collectieve beheersorganisaties auteurs- en naburige rechten die een licentie een verruimde werking verleent voor het gebruik van op grond van deze wet be-

Omzeilen technische beschermingsmaatregelen

Manipulatie van elektronische informatie betreffende het beheer van rechten

schermde prestaties, zijn de artikelen 17d en 45 van de Auteurswet van overeenkomstige toepassing.

Art. 20

Verplichting administratievergoeding

1. Op verzoek van een of meer naar het oordeel van de Minister van Justitie representatieve organisaties van bedrijfs- of beroepsgenoten, die rechtspersonen met volledige rechtsbevoegdheid zijn en die ten doel hebben de behartiging van de belangen van personen die beroeps- of bedrijfsmatig opnamen of reproducties daarvan, verkopen, verhuren, uitlenen, afleveren of anderszins in het verkeer brengen dan wel voor die doeleinden invoeren, aanbieden of in voorraad hebben, kan voornoemde minister bepalen dat door hem aangewezen beroeps- of bedrijfsgenoten verplicht zijn hun administratie te voeren op een nader door hem aan te geven wijze.

2. Hij die de in het vorige lid bedoelde verplichting niet nakomt, wordt gestraft met een geldboete van de tweede categorie. Het feit is een overtreding.

Hoofdstuk 4 Bepalingen van strafrecht

Art. 21

Opzettelijke breuk

Hij die opzettelijk inbreuk maakt op de rechten, bedoeld in de artikelen 2, 6, 7a en 8 van deze wet, wordt gestraft met gevangenisstraf van ten hoogste zes maanden of geldboete van de vierde categorie.

Art. 22

Opzet

Hij, die opzettelijk een voorwerp waarin met inbreuk op de rechten als bedoeld in de artikelen 2, 6, 7a en 8 van deze wet een opname van een uitvoering, fonogram, eerste vastlegging van een film of een opname van een programma, of een reproductie daarvan, is vervat,

a. openlijk ter verspreiding aanbiedt,

b. ter reproductie of ter verspreiding voorhanden heeft,

c. invoert, doorvoert of uitvoert, of

d. bewaart uit winstbejag,

wordt gestraft met gevangenisstraf van ten hoogste één jaar of geldboete van de vijfde categorie.

Art. 23

Piraterij

Hij, die van het plegen van de misdrijven als bedoeld in de artikelen 21 en 22, zijn beroep maakt of het plegen van deze misdrijven als bedrijf uitoefent, wordt gestraft met gevangenisstraf van ten hoogste vier jaar of geldboete van de vijfde categorie.

Art. 24

Inbreuk te kwader trouw

Hij, die een voorwerp waarvan hij redelijkerwijs kan vermoeden dat daarin met inbreuk op de rechten als bedoeld in de artikelen 2, 6, 7a en 8 van deze wet een opname van een uitvoering, fonogram, eerste vastlegging van een film of een opname van een programma, of een reproductie daarvan, is vervat,

a. openlijk ter verspreiding aanbiedt,

b. ter reproductie of ter verspreiding voorhanden heeft,

c. invoert, doorvoert of uitvoert of

d. bewaart uit winstbejag,

wordt gestraft met geldboete van de derde categorie.

Art. 25

Persoonlijkheidsrechten

Hij die opzettelijk in een uitvoering, in de benaming daarvan of in de aanduiding van de uitvoerende kunstenaar wederrechtelijk enige wijziging aanbrengt, of wel een zodanige uitvoering op enige andere wijze, welke nadeel zou kunnen toebrengen aan de eer of de naam van de uitvoerende kunstenaar of aan zijn waarde in deze hoedanigheid, aantast, wordt gestraft met gevangenisstraf van ten hoogste zes maanden of geldboete van de vierde categorie.

Art. 26

Misdrijven

De feiten strafbaar gesteld in de artikelen 21, 22, 23, 24 en 25 zijn misdrijven.

Art. 27

Onjuiste opgaven aan SENA

Hij die in een schriftelijke aanvrage of opgave aan de in artikel 15, eerste lid, bedoelde rechtspersoon, dienende voor de vaststelling van het op grond van artikel 7 van deze wet verschuldigde, opzettelijk een onjuiste of onvolledige mededeling doet, wordt gestraft met hechtenis van ten hoogste drie maanden of geldboete van de derde categorie. Het feit wordt beschouwd als een overtreding.

Art. 27a

Onjuiste opgaven aan Leenrecht

Degene die een opgave, bedoeld in artikel 15d, opzettelijk nalaat dan wel in een dergelijke opgave opzettelijk een onjuiste of onvolledige mededeling doet, wordt gestraft met hechtenis van ten hoogste drie maanden of geldboete van de derde categorie. Het feit wordt beschouwd als een overtreding.

Art. 28

Binnentreding opsporingsambtenaren

De opsporingsambtenaren zijn bevoegd, tot het opsporen van de bij deze wet strafbaar gestelde feiten en ter inbeslagneming van hetgeen daarvoor vatbaar is, elke plaats te betreden. Indien hun de toegang wordt geweigerd, verschaffen zij zich die desnoods met inroeping van de sterke arm. In woningen treden zij tegen de wil van de bewoner niet binnen dan op vertoon van een schriftelijke bijzondere last van of in tegenwoordigheid van een officier van justitie of een hulpofficier van justitie. Van dit binnentreden wordt door hen binnen vierentwintig uren procesverbaal opgemaakt.

Art. 29

De opsporingsambtenaren kunnen te allen tijde tot het opsporen van bij deze wet strafbaar gestelde feiten inzage vorderen van alle bescheiden of andere gegevensdragers, waarvan inzage voor de vervulling van hun taak redelijkerwijze nodig is, bij hen die in de uitoefening van hun beroep of bedrijf opnamen of reprodukties daarvan, waarop de in de artikelen 2, 6, 7a en 8 bedoelde rechten betrekking hebben, reproduceren, verkopen, afleveren of anderszins in het verkeer brengen dan wel voor die doeleinden invoeren, doorvoeren, uitvoeren aanbieden of in voorraad hebben of openbaar maken.

Bevoegdheden opsporingsambtenaren

Art. 30

1. De door de strafrechter verbeurd verklaarde opnamen en reprodukties worden vernietigd; echter kan de rechter bij het vonnis bepalen, dat zij aan de rechthebbende zullen worden afgegeven, indien deze zich daartoe ter griffie aanmeldt binnen een maand nadat de uitspraak in kracht van gewijsde is gegaan.

Verbeurd verklaarde reprodukties

2. Door de afgifte gaat de eigendom van de opnamen en reprodukties op de rechthebbende over. De rechter zal kunnen gelasten, dat de afgifte niet zal geschieden dan tegen een bepaalde door de rechthebbende te betalen vergoeding, welke ten bate komt van de Staat.

Art. 31

[Vervallen]

Hoofdstuk 5 Toepassingscriteria

Art. 32

1. De voorgaande artikelen zijn op de uitvoerende kunstenaar van toepassing ingeval:

a. hij onderdaan is van een van de lid-staten van de Europese Unie of van een staat die partij is bij de Overeenkomst betreffende de Europese Economische Ruimte van 2 mei 1992 of zijn gewone verblijfplaats in Nederland heeft dan wel onderdaan is van een Staat die partij is bij het Verdrag van Rome inzake de bescherming van uitvoerende kunstenaars, producenten van fonogrammen en omroeporganisaties; of

Beschermde personen

b. zijn uitvoering in Nederland plaats had dan wel in een Staat die partij is bij het Verdrag van Rome inzake de bescherming van uitvoerende kunstenaars, producenten van fonogrammen en omroeporganisaties; of

c. zijn uitvoering is opgenomen op een fonogram als bedoeld in het tweede lid van dit artikel; of

d. zijn uitvoering, die niet is opgenomen op een fonogram, is openbaar gemaakt door middel van een programma van een omroeporganisatie als bedoeld in het zesde lid van dit artikel.

2. De voorgaande artikelen zijn op de producenten van fonogrammen van toepassing ingeval:

a. hij onderdaan is van of rechtspersoon is opgericht naar het recht van een van de lid-staten van de Europese Unie of van een staat die partij is bij de Overeenkomst betreffende de Europese Economische Ruimte van 2 mei 1992 dan wel in Nederland zijn zetel of gewone verblijfplaats heeft of onderdaan is van dan wel rechtspersoon is opgericht naar het recht van een Staat die partij is bij het in het eerste lid, onder *a*, bedoelde Verdrag van Rome of bij de Overeenkomst ter bescherming van producenten van fonogrammen tegen het ongeoorloofd kopiëren van hun fonogrammen; of

Toepassing wet op fonogrammenproducenten

b. het opnemen in Nederland plaats had dan wel in een Staat die partij is bij het in het eerste lid, onder *a*, bedoelde Verdrag van Rome of bij de Overeenkomst ter bescherming van producenten van fonogrammen tegen het ongeoorloofd kopiëren van hun fonogrammen; of

c. het fonogram voor de eerste maal, of binnen dertig dagen na de eerste uitgave in een ander land, in het verkeer is gebracht in Nederland dan wel in een Staat die partij is bij het in het eerste lid, onder *a*, bedoelde Verdrag van Rome of bij de Overeenkomst ter bescherming van producenten van fonogrammen tegen het ongeoorloofd kopiëren van hun fonogrammen.

3. Van het in het verkeer brengen als bedoeld in het tweede lid is sprake, wanneer van op rechtmatige wijze vervaardigde reprodukties van een fonogram een zodanig aanbod van exemplaren daarvan heeft plaatsgevonden dat daardoor wordt voorzien in de redelijke behoeften van het publiek.

4. Met betrekking tot fonogrammen, waarvan de producent onderdaan is van dan wel rechtspersoon is opgericht naar het recht van een Staat die partij is bij het in het eerste lid, onder *a*, bedoelde Verdrag van Rome is artikel 7 slechts van toepassing in de mate waarin en voor de duur waarvoor deze Staat bescherming verleent ten aanzien van fonogrammen waarvan de producent Nederlander is dan wel zijn zetel heeft in Nederland.

B38 art. 32a

Wet op de naburige rechten

5. Het recht op een billijke vergoeding, als bedoeld in artikel 7, geldt niet voor fonogrammen waarvan de producent geen onderdaan is van noch rechtspersoon is opgericht naar het recht van een Staat die partij is bij het in het eerste lid, onder *a*, bedoelde Verdrag van Rome.

Toepassing wet op omroeporganisaties

6. De voorgaande artikelen zijn op omroeporganisaties van toepassing ingeval: *a.* het hoofdkantoor van de omroeporganisatie is gevestigd in een van de lid-staten van de Europese Unie of in een staat die partij is bij de Overeenkomst betreffende de Europese Economische Ruimte van 2 mei 1992 dan wel in een Staat die partij is bij het in het eerste lid, onder *a*, bedoelde Verdrag van Rome; of *b.* de uitzending van het programma heeft plaatsgevonden in Nederland dan wel in een Staat die partij is bij het in het eerste lid onder *a*, bedoelde Verdrag van Rome; of

7. Het bepaalde in het vierde en vijfde lid van dit artikel is niet van toepassing op fonogrammen waarvan de producent onderdaan is van of rechtspersoon is opgericht naar het recht van een van de lid-staten van de Europese Unie of van een staat die partij is bij de Overeenkomst betreffende de Europese Economische Ruimte van 2 mei 1992.

Toepassing wet op filmproducenten

8. De voorgaande artikelen zijn op de producent van de eerste vastleggingen van films van toepassing ingeval:

a. hij onderdaan is van of rechtspersoon is opgericht naar het recht van een van de lid-staten van de Europese Unie of van een staat die partij is bij de Overeenkomst betreffende de Europese Economische Ruimte van 2 mei 1992 dan wel in Nederland zijn zetel of gewone verblijfplaats heeft; of

b. de vastlegging in Nederland plaats had; of

c. de vastlegging voor de eerste maal, of binnen dertig dagen na de eerste uitgave in een ander land, in het verkeer is gebracht in Nederland.

Het derde lid is van overeenkomstige toepassing.

9. De voorgaande artikelen zijn op de uitgever van een perspublicatie van toepassing ingeval hij onderdaan is van of rechtspersoon is opgericht naar het recht van een van de lidstaten van de Europese Unie of van een staat die partij is bij de Overeenkomst betreffende de Europese Economische Ruimte van 2 mei 1992 dan wel in Nederland zijn zetel of gewone verblijfplaats heeft.

Art. 32a

Toepassing wet op satellietuitzending

1. De voorgaande artikelen zijn van toepassing op het uitzenden van een uitvoering, fonogram, of programma of een reproduktie daarvan door middel van een satelliet, indien in Nederland onder controle en verantwoordelijkheid van een omroeporganisatie de programmadragende signalen voor ontvangst door het publiek zijn ingevoerd in een ononderbroken mededelingenketen die naar de satelliet en terug naar de aarde loopt. Indien de programmadragende signalen in gecodeerde vorm worden uitgezonden, is er sprake van een uitzending, bedoeld in de eerste zin, indien de middelen voor het decoderen van de uitzending door of met toestemming van de omroeporganisatie ter beschikking het publiek worden gesteld.

2. De voorgaande artikelen zijn voorts van toepassing op het uitzenden, bedoeld in het eerste lid, indien:

a. de handeling, bedoeld in het eerste lid, plaatsvindt in een land dat niet tot de Europese Unie behoort of dat niet partij is bij de Overeenkomst betreffende de Europese Economische Ruimte van 2 mei 1992;

b. het land waar de handeling, bedoeld in het eerste lid, plaatsvindt niet het niveau van bescherming biedt, voorzien in hoofdstuk II van richtlijn nr. 93/83/EEG van de Raad van de Europese Gemeenschappen van 27 september 1993 tot coördinatie van bepaalde voorschriften betreffende het auteursrecht en naburige rechten op het gebied van de satellietomroep en de doorgifte via de kabel (*PbEG* L 248); en

c. hetzij de programmadragende signalen naar de satelliet worden doorgezonden vanuit een grondstation in Nederland, hetzij een omroeporganisatie die in Nederland haar hoofdvestiging heeft, opdracht heeft gegeven tot de uitzending en geen gebruik wordt gemaakt van een grondstation in een lid-staat van de Europese Unie of in een staat die partij is bij de Overeenkomst betreffende de Europese Economische Ruimte van 2 mei 1992.

Art. 32b

1. Iedere mededeling aan het publiek en beschikbaarstelling voor het publiek op grond van deze wet beschermd materiaal in:

a. radioprogramma's;

b. televisieprogramma's die:

i. nieuws- en actualiteitenprogramma's betreffen; of

ii. volledig door de omroeporganisatie, bedoeld in artikel 1.1. van de Mediawet, gefinancierd zijn;

door middel van een ondersteunende onlinedienst die onder toezicht en verantwoordelijkheid van de omroeporganisatie wordt uitgevoerd, alsmede de reproductie die noodzakelijk is voor het aanbieden van deze dienst of voor de toegang tot of het gebruik van deze dienst, wordt geacht enkel plaats te vinden in Nederland, indien de omroeporganisatie hier haar hoofdvestiging heeft. Het vorenstaande is niet van toepassing op televisie-uitzendingen van sportevenementen en de daarin vervatte op grond van deze wet beschermd materiaal.

2. Artikel 47c, tweede lid en derde lid, van de Auteurswet is van overeenkomstige toepassing.

Art. 33

Ten aanzien van uitvoeringen, fonogrammen of programma's, die voor het tijdstip van in werking treden van deze wet hebben plaatsgevonden, zijn vervaardigd onderscheidenlijk zijn uitgezonden, zijn de door deze wet verleende rechten van toepassing voor zover het gedragingen betreft die plaatsvinden na het tijdstip van in werking treden van deze wet.

Oude opnames

Art. 33a

1. Uitvoerende kunstenaars die onderdaan zijn van een staat, niet zijnde een lid-staat van de Europese Unie of een staat die partij is bij de overeenkomst betreffende de Europese Economische Ruimte van 2 mei 1992, die geen partij is bij het Verdrag van Rome inzake de bescherming van uitvoerende kunstenaars, producenten van fonogrammen en omroeporganisaties, en omroeporganisaties, waarvan het hoofdkantoor is gevestigd in een staat als hiervoor bedoeld, kunnen geen beroep doen op de door deze wet verleende rechten, indien de duur daarvan ingevolge de nationale wetgeving reeds is verstreken.

Gevallen waarin op door deze wet verleende rechten geen beroep kan worden gedaan

2. Het in het eerste lid bepaalde is eveneens van toepassing op

a. producenten van fonogrammen die onderdaan zijn van een staat, niet zijnde een lid-staat van de Europese Unie of een staat die partij is bij de overeenkomst betreffende de Europese Economische Ruimte van 2 mei 1992, die geen partij is bij het in het eerste lid bedoelde Verdrag of bij de Overeenkomst ter bescherming van producenten van fonogrammen tegen het ongeoorloofd kopiëren van hun fonogrammen;

b. producenten van eerste vastlegging van films die onderdaan zijn van een staat, niet zijnde een lid-staat van de Europese Unie of een staat die partij is bij de overeenkomst betreffende de Europese Economische Ruimte van 2 mei 1992, waarvan de nationale wetgeving in een kortere beschermingstermijn voorziet dan die bedoeld in artikel 12, vierde lid.

Art. 34

De voorgaande artikelen van deze wet laten een beroep op artikel 162 van Boek 6 van het Burgerlijk Wetboek onverlet.

Beroep op art. 6:162 BW

Hoofdstuk 6 Overgangsbepaling

Art. 35

1. De in deze wet voorziene beschermingstermijnen zijn met ingang van het tijdstip van inwerkingtreding van dit artikel van toepassing op uitvoeringen, fonogrammen, eerste vastleggingen van films of programma's, die op 1 juli 1995 in ten minste één lid-staat van de Europese Unie of een staat die partij is bij de Overeenkomst betreffende de Europese Economische Ruimte van 2 mei 1992 beschermd worden door de nationale wetgeving op het gebied van de naburige rechten of die op die datum voldoen aan de beschermingscriteria van de Richtlijn van de Raad van de Europese Gemeenschappen van 19 november 1992, *PbEG* 1992, L 346/61, betreffende het verhuurrecht, het uitleenrecht en bepaalde naburige rechten op het gebied van intellectuele eigendom.

Overgangsbepalingen

2. Artikel 12, derde en vierde lid, is niet van toepassing op opnames van uitvoeringen dan wel fonogrammen die op 1 november 2013 niet meer beschermd waren op grond van artikel 12, eerste lid, zoals dat luidde voor de datum van inwerkingtreding van de wet van 9 oktober 2013 tot wijziging van de Wet op de naburige rechten in verband met de omzetting van Richtlijn 2011/77/EU van het Europees Parlement en de Europese Raad van 27 september 2011 tot wijziging van de Richtlijn 2006/116/EG betreffende de beschermingstermijn van het auteursrecht en bepaalde naburige rechten (Stb. 2013, 383).

3. Deze wet laat vóór inwerkingtreding van dit artikel rechtmatig verrichte exploitatiehandelingen alsmede vóór dat tijdstip verworven rechten onverlet.

4. Hij die met betrekking tot een uitvoering, fonogram, eerste vastlegging van een film of een programma, waarvan de beschermingstermijn vóór inwerkingtreding van dit artikel was verstreken en waarop met ingang van inwerkingtreding van dit artikel deze wet weer van toepassing is, vóór 24 november 1993 rechtmatig exploitatiehandelingen heeft verricht, is bevoegd deze exploitatiehandelingen met ingang van inwerkingtreding van dit artikel voort te zetten.

Hoofdstuk 7 Slotbepalingen

Art. 36

Deze wet treedt in werking op een bij koninklijk besluit te bepalen tijdstip.

Inwerkingtreding

Art. 37

Deze wet kan worden aangehaald als de Wet op de naburige rechten.

Citeertitel

Rijksoctrooiwet 1995^1

Rijkswet van 15 december 1994, houdende regels met betrekking tot octrooien

Wij Beatrix, bij de gratie Gods, Koningin der Nederlanden, Prinses van Oranje-Nassau, enz. enz. enz.

Allen, die deze zullen zien of horen lezen, saluut! doen te weten:

Alzo Wij in overweging genomen hebben, dat door de daling van het aantal octrooiaanvragen in Nederland het bestaande systeem van octrooi verlening na vooronderzoek niet gehandhaafd kan worden en dat het wenselijk is te voorzien in een op eenvoudige wijze door registratie te verkrijgen octrooi;

Zo is het, dat Wij, de Raad van State van het Koninkrijk gehoord, en met gemeen overleg der Staten-Generaal, de bepalingen van het Statuut voor het Koninkrijk in acht genomen zijnde, hebben goedgevonden en verstaan, gelijk Wij goedvinden en verstaan bij deze:

Hoofdstuk 1 Algemene bepalingen

Art. 1

Begripsbepalingen

In deze rijkswet en de daarop berustende bepalingen wordt verstaan onder:

Europees Octrooiverdrag: het op 5 oktober 1973 te München tot stand gekomen Verdrag inzake de verlening van Europese octrooien (Trb. 1975, 108, 1976, 101 en 2002, 64);

Europees octrooi: een krachtens het Europees Octrooiverdrag verleend octrooi, voor zover dat voor het Koninkrijk is verleend;

Europese octrooiaanvrage: een Europese octrooiaanvrage als bedoeld in het Europees Octrooiverdrag;

Samenwerkingsverdrag: het op 19 juni 1970 te Washington tot stand gekomen Verdrag tot samenwerking inzake octrooien (*Trb.* 1973, 20);

bureau: het bureau, bedoeld in artikel 15;

octrooiregister: het in artikel 19 van deze wet bedoelde register;

orde: de Orde van octrooigemachtigden, bedoeld in artikel 23d;

Onze Minister: Onze Minister van Economische Zaken;

biologisch materiaal: materiaal dat genetische informatie bevat en zichzelf kan repliceren of in een biologisch systeem kan worden gerepliceerd;

microbiologische werkwijze: iedere werkwijze waarbij microbiologisch materiaal wordt gebruikt, die op microbiologisch materiaal ingrijpt of die microbiologisch materiaal als resultaat heeft;

plantenras: een ras als bedoeld in artikel 5, tweede lid, van verordening (EG) nr. 2100/94 van de Raad van de Europese Unie van 27 juli 1994 inzake het communautaire kwekersrecht (PbEG L 227);

natuurlijke rijkdommen: de minerale en andere niet-levende rijkdommen van de zeebedding en de ondergrond, alsmede levende organismen die tot de sedentaire soort behoren, dat wil zeggen organismen die ten tijde dat zij geoogst kunnen worden, hetzij zich onbeweeglijk op of onder de zeebedding bevinden, hetzij zich niet kunnen verplaatsen dan in voortdurend fysiek contact met de zeebedding of de ondergrond;

Verdrag inzake octrooirecht: het op 1 juli 2000 te Genève tot stand gekomen Verdrag inzake octrooirecht (Trb. 2001, 120).

Art. 2

Octrooieerbare uitvindingen

1. Vatbaar voor octrooi zijn uitvindingen op alle gebieden van de technologie die nieuw zijn, op uitvinderswerkzaamheid berusten en toegepast kunnen worden op het gebied van de nijverheid.

2. In de zin van het eerste lid worden in het bijzonder niet als uitvindingen beschouwd:

a. ontdekkingen, alsmede natuurwetenschappelijke theorieën en wiskundige methoden;

b. esthetische vormgevingen;

c. stelsels, regels en methoden voor het verrichten van geestelijke arbeid, voor het spelen of voor de bedrijfsvoering, alsmede computerprogramma's;

d. presentaties van gegevens.

3. Het tweede lid geldt alleen voor zover het betreft de aldaar genoemde onderwerpen of werkzaamheden als zodanig.

---

1 Inwerkingtredingsdatum: 01-04-1995; zoals laatstelijk gewijzigd bij: Stb. 2020, 1.

Art. 2a

1. Onder uitvindingen als bedoeld in artikel 2, eerste lid, worden ook verstaan uitvindingen die betrekking hebben op een voortbrengsel dat uit biologisch materiaal bestaat of dit bevat, of die betrekking hebben op een werkwijze waarmee biologisch materiaal wordt verkregen, bewerkt of gebruikt.

2. Onder uitvindingen als bedoeld in het eerste lid worden in ieder geval begrepen uitvindingen met betrekking tot:

a. biologisch materiaal dat met behulp van een technische werkwijze uit zijn natuurlijke milieu wordt geïsoleerd of wordt verkregen, ook indien dat materiaal in de natuur voorhanden is,

b. een deel van het menselijk lichaam dat wordt geïsoleerd of dat anderszins met behulp van een technische werkwijze wordt verkregen, met inbegrip van een sequentie of een partiële sequentie van een gen, ook indien de structuur van dat deel identiek is aan die van een natuurlijk deel,

c. planten of dieren, mits de uitvoerbaarheid van die uitvinding zich in technisch opzicht niet beperkt tot een bepaald planten- of dierenras, of

d. een microbiologische of andere technische werkwijze waarmee biologisch materiaal wordt verkregen, verwerkt of gebruikt, of een hierdoor verkregen voortbrengsel.

Art. 3

1. Niet vatbaar voor octrooi zijn:

a. uitvindingen waarvan de commerciële exploitatie in strijd zou zijn met de openbare orde of goede zeden,

b. het menselijk lichaam in de verschillende stadia van zijn vorming en zijn ontwikkeling, alsmede de loutere ontdekking van een van de delen ervan, met inbegrip van een sequentie of partiële sequentie van een gen,

c. planten- of dierenrassen,

d. werkwijzen van wezenlijk biologische aard, geheel bestaand uit natuurlijke verschijnselen zoals kruisingen of selecties, voor de voortbrenging van planten of dieren alsmede de hierdoor verkregen voortbrengselen,

e. uitvindingen waardoor inbreuk wordt gemaakt op de artikelen 3, 8, onderdeel j, 15, vijfde lid, en 16, vijfde lid, van het Biodiversiteitsverdrag;

f. methoden van behandeling van het menselijke of dierlijke lichaam door chirurgische ingrepen of geneeskundige behandeling en diagnosemethoden die worden toegepast op het menselijke of dierlijke lichaam, met uitzondering van voortbrengselen, met name stoffen of samenstellingen, voor de toepassing van een van deze methoden.

2. Onder uitvindingen waarvan de commerciële exploitatie in strijd zou zijn met de openbare orde of goede zeden als bedoeld in het eerste lid, onderdeel a, worden in ieder geval verstaan:

a. werkwijzen voor het klonen van mensen,

b. werkwijzen tot wijziging van de germinale genetische identiteit van de mens,

c. het gebruik van menselijke embryo's,

d. werkwijzen tot wijziging van de genetische identiteit van dieren die geëigend zijn deze te doen lijden zonder aanzienlijk medisch nut voor mens of dier op te leveren, alsmede de hierdoor verkregen voortbrengselen en

e. werkwijzen die het leven of de gezondheid van mensen, dieren of planten in gevaar brengen of die ernstige schade voor het milieu veroorzaken.

3. Commerciële exploitatie van een uitvinding is niet strijdig met de openbare orde of goede zeden op grond van het loutere feit dat de exploitatie bij of krachtens wettelijk voorschrift is verboden.

4. Bij algemene maatregel van rijksbestuur kan de lijst, bedoeld in het tweede lid, worden aangevuld met andere uitvindingen waarvan de commerciële exploitatie in strijd wordt geacht met de openbare orde of de goede zeden.

Art. 4

1. Een uitvinding wordt als nieuw beschouwd, indien zij geen deel uitmaakt van de stand van de techniek.

2. De stand van de techniek wordt gevormd door al hetgeen voor de dag van indiening van de octrooiaanvrage openbaar toegankelijk is gemaakt door een schriftelijke of mondelinge beschrijving, door toepassing of op enige andere wijze.

3. Tot de stand van de techniek behoort tevens de inhoud van eerder ingediende octrooiaanvragen, die op of na de in het tweede lid bedoelde dag overeenkomstig artikel 31 in het octrooiregister zijn ingeschreven.

4. Tot de stand van de techniek behoort voorts de inhoud van Europese octrooiaanvragen en van internationale aanvragen als bedoeld in artikel 153, derde tot en met vijfde lid, van het Europees Octrooiverdrag, waarvan de datum van indiening, die geldt voor de toepassing van artikel 54, tweede en derde lid, van dat verdrag, ligt voor de in het tweede lid bedoelde dag, en die op of na die dag zijn gepubliceerd op grond van artikel 93 van dat verdrag onderscheidenlijk van artikel 21 van het Samenwerkingsverdrag.

Uitvindingen m.b.t. biologisch materiaal

Niet-octrooieerbare uitvindingen

Nieuwheid

B39 art. 5

5. Niettegenstaande het bepaalde in het eerste tot en met vierde lid zijn tot de stand van de techniek behorende stoffen of samenstellingen vatbaar voor octrooi, voor zover zij bestemd zijn voor de toepassing van een van de in artikel 3, onderdeel f, bedoelde methoden, mits de toepassing daarvan voor enige in dat lid bedoelde methode niet tot de stand van de techniek behoort.

6. Onverminderd het eerste tot en met het vierde lid, zijn stoffen of samenstellingen als bedoeld in het vijfde lid, vatbaar voor octrooi voor een specifieke toepassing in een werkwijze als bedoeld in artikel 3, onderdeel f, mits die toepassing niet tot de stand van de techniek behoort.

Art. 5

Beperking van de omvang van de stand der techniek

1. Voor de toepassing van artikel 4 blijft een openbaarmaking van de uitvinding buiten beschouwing, indien deze niet eerder is geschied dan zes maanden voor de dag van indiening van de octrooiaanvrage als direct of indirect gevolg van:
a. een kennelijk misbruik ten opzichte van de aanvrager of diens rechtsvoorganger, of
b. het feit, dat de aanvrager of diens rechtsvoorganger de uitvinding heeft tentoongesteld op van overheidswege gehouden of erkende tentoonstellingen in de zin van het Verdrag inzake Internationale Tentoonstellingen, ondertekend te Parijs op 22 november 1928, zoals dat is gewijzigd, laatstelijk bij Protocol van 30 november 1972 (*Trb.* 1973, 100), op voorwaarde dat de aanvrager bij de indiening van zijn aanvrage verklaart dat de uitvinding inderdaad is tentoongesteld en een bewijsstuk daarvoor overlegt binnen een bij algemene maatregel van rijksbestuur vast te stellen termijn en overeenkomstig bij algemene maatregel van rijksbestuur te stellen voorschriften.

2. De erkenning van overheidswege van tentoonstellingen in Nederland geschiedt door Onze Minister en die van tentoonstellingen in Curaçao en Sint Maarten door de regering van Curaçao respectievelijk van Sint Maarten.

3. De tentoonstellingen in Nederland en die in de Nederlandse Antillen die voor de inwerkingtreding van de Rijkswet aanpassing rijkswetten aan de oprichting van de nieuwe landen zijn erkend door Onze Minister van Economische Zaken respectievelijk door de regering van de Nederlandse Antillen gelden na de inwerkingtreding van die rijkswet als tentoonstellingen als bedoeld in artikel 5, tweede lid.

Art. 6

Uitvindingshoogte

Een uitvinding wordt als het resultaat van uitvinderswerkzaamheid aangemerkt, indien zij voor een deskundige niet op een voor de hand liggende wijze voortvloeit uit de stand van de techniek. Indien documenten als bedoeld in artikel 4, derde en vierde lid, tot de stand van de techniek behoren, worden deze bij de beoordeling van de uitvinderswerkzaamheid buiten beschouwing gelaten.

Art. 7

Vatbaarheid voor toepassing op het gebied van de nijverheid

Een uitvinding wordt als vatbaar voor toepassing op het gebied van de nijverheid aangemerkt, indien het onderwerp daarvan kan worden vervaardigd of toegepast op enig gebied van de nijverheid, de landbouw daaronder begrepen.

Art. 8

Aanvrager geldt als uitvinder

Onverminderd de artikelen 11, 12 en 13 wordt de aanvrager als uitvinder beschouwd en uit dien hoofde als degene die aanspraak heeft op octrooi.

Art. 9

Recht van voorrang

1. Degene die in een der landen, aangesloten bij de Internationale Unie tot bescherming van de industriële eigendom of aangesloten bij de Wereld Handelsorganisatie, overeenkomstig de in dat land geldende wetten, en degene die, overeenkomstig de tussen twee of meer voornoemde landen gesloten verdragen, octrooi of een gebruikscertificaat dan wel bescherming van een gebruiksmodel heeft aangevraagd, geniet gedurende een termijn van twaalf maanden na de dag van die aanvrage in Nederland, Curaçao en Sint Maarten een recht van voorrang ter verkrijging van octrooi voor datgene, waarvoor door hem in de aanhef bedoelde bescherming werd aangevraagd. Met een der landen als bedoeld in de eerste volzin wordt gelijkgesteld een land dat op grond van een mededeling van de bevoegde autoriteit in dat land een recht van voorrang erkent onder gelijkwaardige voorwaarden en met gelijkwaardige rechtsgevolgen als die, bedoeld in het op 20 maart 1883 te Parijs tot stand gekomen Verdrag tot bescherming van de industriële eigendom (Trb. 1974, 225 en Trb. 1980, 31). Het voorgaande vindt overeenkomstige toepassing ten aanzien van degene, die een uitvinderscertificaat heeft aangevraagd, indien de betrokken wetgeving de keus laat tussen verkrijging van zodanig certificaat of een octrooi.

2. Onder aanvrage in de zin van het eerste lid wordt iedere aanvrage verstaan, waarvan de datum van indiening kan worden vastgesteld, ongeacht het verdere lot van die aanvrage.

3. Indien de rechthebbende meer aanvragen voor hetzelfde onderwerp heeft ingediend, komt voor het recht van voorrang slechts de eerst ingediende in aanmerking. Niettemin kan het recht van voorrang ook berusten op een later ingediende aanvrage ter verkrijging van bescherming in hetzelfde land, mits de eerst ingediende aanvrage voor de indiening van de latere aanvrage is ingetrokken, vervallen of afgewezen zonder ter kennis van het publiek te zijn gebracht en zonder rechten te hebben laten bestaan en mits zij nog niet als grondslag heeft gediend voor de inroeping van een recht van voorrang. Indien een recht van voorrang, berustend op een later ingediende aanvrage, is ingeroepen, zal de eerst ingediende aanvrage niet meer als grondslag kunnen dienen voor de inroeping van een recht van voorrang.

4. De voorrang heeft voor de toepassing van de artikelen 4, tweede, derde en vierde lid, en 6 ten gevolge, dat de aanvrage waarvoor dit recht bestaat, wordt aangemerkt als te zijn ingediend op de dag van indiening van de aanvrage waarop het recht van voorrang berust.

5. De aanvrager kan een beroep doen op meer dan één recht van voorrang, zelfs wanneer de rechten van voorrang uit verschillende landen afkomstig zijn. Ook kan de aanvrage, waarbij een beroep op een of meer rechten van voorrang wordt gedaan, elementen bevatten, waarvoor in de conclusies van de aanvrage, waarvan de voorrang wordt ingeroepen, geen rechten werden verlangd, mits de tot de laatste aanvrage behorende stukken het betrokken voortbrengsel of de betrokken werkwijze voldoende nauwkeurig aangeven.

6. Degene die van het recht van voorrang gebruik wil maken, moet daarop schriftelijk beroep doen bij de indiening van de aanvrage of binnen zestien maanden na de datum van indiening van de aanvrage waarop hij zich beroept, onder vermelding van die datum van indiening en van het land waarin of waarvoor deze werd ingediend.

7. Een verbetering van of toevoeging aan een eerder ingeroepen recht van voorrang moet worden verzocht binnen zestien maanden na de datum van indiening van de aanvrage waarop hij zich beroept.

8. Binnen zestien maanden na indiening van de aanvrage waarop hij zich beroept als bedoeld in het zesde en zevende lid, moet hij het nummer alsmede een in de Nederlandse, Franse, Duitse of Engelse taal gesteld afschrift van de aanvrage waarop hij zich beroept of een vertaling van die aanvrage in een van die talen aan het bureau verstrekken, tenzij de eerdere aanvrage bij het bureau of het bureau, bedoeld in artikel 99, is ingediend, alsmede, als hij niet degene is die de aanvrage, op grond waarvan de voorrang wordt ingeroepen heeft ingediend, een document waaruit zijn rechten blijken. Het bureau kan verlangen dat de in de vorige volzin bedoelde vertaling wordt gewaarmerkt indien het bureau redelijke twijfel heeft ten aanzien van de juistheid van die vertaling.

9. Het recht van voorrang vervalt, indien niet aan het zesde, zevende of achtste lid is voldaan.

Art. 10

1. Indien voor een uit hoofde van deze rijkswet verleend octrooi de voorrang is ingeroepen van een eerder uit hoofde van deze rijkswet ingediende octrooiaanvrage, heeft het op genoemde aanvrage verleende octrooi geen rechtsgevolgen, voor zover het betrekking heeft op dezelfde uitvinding als eerstgenoemd octrooi.

Ontbreken van rechtsgevolg i.v.m. inroepen van recht

2. Vorderingen ter vaststelling van het ontbreken van rechtsgevolg als bedoeld in het eerste lid kunnen door een ieder worden ingesteld.

3. Artikel 75, vierde lid, achtste lid, eerste volzin, en negende lid, is van overeenkomstige toepassing.

Art. 11

De aanvrager heeft geen aanspraak op octrooi, voor zover de inhoud van zijn aanvrage aan hetgeen reeds door een ander vervaardigd of toegepast werd of wel aan beschrijvingen, tekeningen of modellen van een ander, zonder diens toestemming, ontleend is. Deze laatste behoudt, voor zover hetgeen ontleend werd voor octrooi vatbaar is, zijn aanspraak op octrooi. Voor de toepassing van artikel 4, derde en vierde lid, op het onderwerp van een aanvrage, ingediend door degene aan wie ontleend is, blijft de door de ontlener ingediende aanvrage buiten beschouwing.

Uitvinding ontleend aan een ander

Art. 12

1. Indien de uitvinding, waarvoor octrooi wordt aangevraagd, is gedaan door iemand die in dienst van een ander een betrekking bekleedt, heeft hij aanspraak op octrooi, tenzij de aard van de betrekking medebrengt, dat hij zijn bijzondere kennis aanwendt tot het doen van uitvindingen van dezelfde soort als die waarop de octrooiaanvrage betrekking heeft. In het laatstbedoelde geval komt de aanspraak op octrooi toe aan de werkgever.

Uitvinding in dienstbetrekking

2. Indien de uitvinding, waarvoor octrooi wordt aangevraagd, is gedaan door iemand die in het kader van een opleiding bij een ander werkzaamheden verricht, komt de aanspraak op octrooi toe aan degene bij wie de werkzaamheden worden verricht, tenzij de uitvinding geen verband houdt met het onderwerp van de werkzaamheden.

3. Indien de uitvinding is gedaan door iemand die in dienst van een universiteit, hogeschool of onderzoeksinstelling onderzoek verricht, komt de aanspraak op octrooi toe aan de betrokken universiteit, hogeschool of onderzoeksinstelling.

4. Voor de toepassing van artikel 4, derde en vierde lid, op het onderwerp van een aanvrage, ingediend door de in het eerste lid, laatste volzin, bedoelde werkgever dan wel door degene die de gelegenheid biedt om werkzaamheden te verrichten als bedoeld in het tweede lid, blijft een door de niet gerechtigde ingediende octrooiaanvrage buiten beschouwing.

5. Van het in het eerste, tweede en derde lid bepaalde kan bij schriftelijke overeenkomst worden afgeweken.

B39 art. 13

Rijksoctrooiwet 1995

Billijke vergoeding bij gemis aan octrooi

6. Ingeval de uitvinder niet geacht kan worden in het door hem genoten loon of de door hem genoten geldelijke toelage of in een bijzondere door hem te ontvangen uitkering vergoeding te vinden voor het gemis aan octrooi, is degene aan wie krachtens het eerste, tweede of derde lid, de aanspraak op octrooi toekomt, verplicht hem een, in verband met het geldelijke belang van de uitvinding en met de omstandigheden waaronder zij plaatshad, billijk bedrag toe te kennen. Een vorderingsrecht van de uitvinder krachtens dit lid vervalt na verloop van drie jaren sedert de datum waarop het octrooi is verleend.

7. Elk beding, waarbij het zesde lid wordt afgeweken, is nietig.

Art. 13

Uitvinding in teamverband

Indien een uitvinding is gedaan door verscheidene personen, die volgens een afspraak tezamen hebben gewerkt, hebben zij gezamenlijk aanspraak op octrooi.

Art. 14

Vermelding als uitvinder

1. Degene die de uitvinding heeft gedaan, waarvoor octrooi is aangevraagd, doch op grond van artikel 12, eerste, tweede of derde lid, of op grond van een overeenkomst, gesloten met de aanvrager of diens rechtsvoorgangers, geen aanspraak op octrooi kan doen gelden, heeft het recht in het octrooi als de uitvinder te worden vermeld.

2. Elk beding, waarbij het vorige lid wordt afgeweken, is nietig.

Hoofdstuk 2 Behandeling van octrooiaanvragen

§ 1 Algemene bepalingen

Art. 15

Bureau als centrale bewaarplaats

1. Er is een bureau belast met de uitvoering van deze rijkswet en andere bij of krachtens wet of bindende internationale verplichtingen opgelegde taken. Het bureau heet Octrooicentrum Nederland. Het bureau is een instelling van Nederland en dient tevens, voor zover het octrooien betreft, voor Nederland Curaçao en Sint Maarten als centrale bewaarplaats als bedoeld in artikel 12 van de op 14 juli 1967 te Stockholm tot stand gekomen herziening van het op 20 maart 1883 te Parijs tot stand gekomen Verdrag tot bescherming van de industriële eigendom (Trb. 1969, 144).

2. Bij besluit van Onze Minister worden inrichting en werkwijze van het bureau bepaald.

Art. 16

Verlenging termijnen i.v.m. sluiting van het bureau

Indien het bureau gedurende de laatste dag van enige ingevolge deze rijkswet door of jegens het bureau in acht te nemen termijn is gesloten, wordt die termijn voor de toepassing van deze rijkswet verlengd tot het einde van de eerstvolgende dag, waarop het bureau weer geopend is.

Art. 17

Ontvangend bureau als bedoeld in het Samenwerkingsverdrag

1. Het bureau treedt op als ontvangend bureau in de zin van artikel 2, onder (xv), van het Samenwerkingsverdrag en verricht zijn werkzaamheden uit dien hoofde met inachtneming van de bepalingen van dat verdrag.

2. Bij of krachtens algemene maatregel van rijksbestuur worden, voor zover het Samenwerkingsverdrag daartoe de bevoegdheid verleent, het bedrag en de vervaldatum vastgesteld van taksen die op grond van het Samenwerkingsverdrag en het daarbij behorende Reglement mogen worden geheven. Bij algemene maatregel van rijksbestuur kunnen verdere regels worden gesteld ten aanzien van onderwerpen waarover het ontvangend bureau ingevolge genoemd Reglement bevoegd is voorschriften te geven.

Art. 18

Aanwijzing of keuze als bedoeld in het Samenwerkingsverdrag

De aanwijzing of, in voorkomend geval, de keuze van het Koninkrijk in een internationale aanvrage als bedoeld in artikel 2, onder (*vii*), van het Samenwerkingsverdrag zal worden aangemerkt als een verzoek van de aanvrager tot verkrijging van een Europees octrooi.

Art. 19

Register

1. Het bureau is verantwoordelijk voor een octrooiregister waaruit de stand van zaken omtrent octrooiaanvragen en octrooien kan worden afgeleid en waaruit voor dit doel gegevens kunnen worden verstrekt aan derden.

2. In het register worden ingevolge deze rijkswet gegevens betreffende octrooiaanvragen en octrooien ingeschreven. Het register is voor een ieder kosteloos ter inzage.

3. Bij algemene maatregel van rijksbestuur kunnen nadere regels worden gesteld omtrent het register. Daarbij kan worden bepaald dat de inschrijving van bepaalde gegevens in het register afhankelijk is van het betalen van een bedrag door degene die om inschrijving verzoekt.

4. Tegen betaling van bij of krachtens algemene maatregel van rijksbestuur vast te stellen bedragen kan een ieder het bureau verzoeken om schriftelijke inlichtingen omtrent dan wel gewaarmerkte uittreksels uit het octrooiregister of om stukken welke betrekking hebben op een in het octrooiregister ingeschreven octrooiaanvrage of octrooi, alsmede om afschriften van laatstgenoemde stukken.

Art. 20

1. Van alle gegevens die in het octrooiregister worden vermeld, wordt tevens melding gemaakt in een door het bureau periodiek uit te geven blad.

2. Bij algemene maatregel van rijksbestuur kunnen nadere regels worden gesteld omtrent het in het eerste lid bepaalde.

Art. 21

1. Vanaf het tijdstip waarop de octrooiaanvrage in het octrooiregister is ingeschreven, kan een ieder kosteloos kennisnemen van alle op de aanvrage of het daarop verleende octrooi betrekking hebbende stukken die het bureau hebben bereikt of die het bureau aan de aanvrager of aan derden heeft doen uitgaan in het kader van de bepalingen van deze rijkswet. Het bureau maakt van al deze stukken zo spoedig mogelijk doch niet voor de inschrijving van de aanvrage in het octrooiregister melding in het in artikel 20 bedoelde blad.

2. Van stukken die betrekking hebben op een aanvrage die nog niet in het octrooiregister is ingeschreven, kan alleen met toestemming van de aanvrager kennis worden genomen. Zonder toestemming van de aanvrager kan daarvan nochtans kennis worden genomen, indien de betrokkene aantoont dat de aanvrager zich tegenover hem heeft beroepen op zijn aanvrage. Het in dit lid bepaalde geldt niet ten aanzien van de in paragraaf 3 van dit hoofdstuk bedoelde octrooiaanvragen.

3. Geen kennis kan worden genomen van de verklaring van degene die de uitvinding heeft gedaan, inhoudende dat hij geen prijs stelt op vermelding als uitvinder in het octrooi.

Art. 22

1. Bij of krachtens algemene maatregel van rijksbestuur worden nadere regels gesteld ter uitvoering van het bepaalde bij of krachtens het Verdrag inzake octrooirecht inzake het uitwisselen van informatie tussen het bureau en de aanvrager of de houder van een octrooi.

2. Bij of krachtens algemene maatregel van rijksbestuur worden regels gesteld ter uitvoering van het bepaalde bij of krachtens het Verdrag inzake octrooirecht over wijzigingen ten aanzien van de aanvrager of de houder van een octrooi.

Art. 23

1. Indien de aanvrager of de houder van een octrooi dan wel de houder van een Europees octrooi, ondanks het betrachten van alle in de gegeven omstandigheden geboden zorgvuldigheid, niet in staat is geweest een termijn ten opzichte van het bureau of het bureau bedoeld in artikel 99 in acht te nemen, wordt op zijn verzoek door het bureau de vorige toestand hersteld, indien het niet in acht nemen van de termijn ingevolge deze rijkswet rechtstreeks heeft geleid tot het verlies van enig recht of rechtsmiddel.

2. Het eerste lid is niet van toepassing op het niet in acht nemen van de hierna in het derde lid bedoelde termijn.

3. Het verzoek wordt binnen twee maanden, te rekenen vanaf de datum waarop de oorzaak van het niet in acht nemen van de termijn voor het verrichten van de desbetreffende handeling is weggenomen, doch uiterlijk binnen een termijn van een jaar na het verstrijken van de niet in acht genomen termijn, ingediend. De nog niet verrichte handeling moet uiterlijk gelijktijdig met het verzoek geschieden. Bij de indiening wordt een bij of krachtens algemene maatregel van rijksbestuur te bepalen bedrag betaald.

4. Het bureau tekent het herstel in het octrooiregister aan.

5. Degene, die in het tijdvak, gelegen tussen het verlies van het recht of het rechtsmiddel en het herstel in de vorige toestand, begonnen is met de vervaardiging of toepassing binnen Nederland, Curaçao of Sint Maarten in of voor zijn bedrijf van datgene, waarvoor tengevolge van het herstel een octrooi van kracht is, dan wel een begin van uitvoering heeft gegeven aan zijn voornemen daartoe, blijft niettegenstaande het octrooi bevoegd de in artikel 53, eerste lid, bedoelde handelingen te verrichten. Artikel 55, tweede en vierde lid, is van overeenkomstige toepassing.

6. Bij of krachtens algemene maatregel van rijksbestuur worden nadere regels gesteld over het herstel van het recht van voorrang.

§ 1a *Octrooigemachtigden*

Art. 23a

1. Het bureau is verantwoordelijk voor een register van octrooigemachtigden waaruit kan worden afgeleid wie voldoet aan de eisen van vakbekwaamheid van octrooigemachtigden en als octrooigemachtigde voor het bureau kan optreden en waaruit voor dit doel gegevens kunnen worden verstrekt aan derden.

2. In het register kan een ieder op aanvraag als octrooigemachtigde worden ingeschreven die met goed gevolg een examen heeft afgelegd en die gedurende ten minste drie jaren octrooiaanvragen heeft behandeld onder verantwoordelijkheid van een octrooigemachtigde, dan wel van

B39 art. 23b **Rijksoctrooiwet 1995**

wie met goed gevolg een proeve van bekwaamheid is afgenomen. Het examen of de proeve van bekwaamheid is niet langer dan tien jaar voor het indienen van de aanvraag afgelegd.

3. Het bureau stelt de inrichting van het register vast. Het register is voor een ieder kosteloos ter inzage.

4. Het is anderen dan degenen die in het register van octrooigemachtigden zijn ingeschreven, verboden zichzelf in het economisch verkeer aan te duiden alsof zij in dat register zouden zijn ingeschreven.

5. De raad van toezicht kan op aanvraag ontheffing verlenen van de verplichting het examen of de proeve van bekwaamheid af te leggen of ten minste drie jaren octrooiaanvragen te behandelen onder verantwoordelijkheid van een octrooigemachtigde.

6. Bij of krachtens algemene maatregel van rijksbestuur worden nadere regels gesteld omtrent de aanvraag om inschrijving in het register, de aanvraag om een ontheffing, de beoordeling van de aanvraag door de raad van toezicht, het beroep bij het gerechtshof Den Haag tegen een afwijzend oordeel van de raad en de inschrijving in en de uitschrijving uit het register.

7. Bij of krachtens algemene maatregel van rijksbestuur worden nadere regels gesteld ter uitvoering van het bepaalde bij of krachtens het Verdrag inzake octrooirecht inzake vertegenwoordiging.

Art. 23b

Gemachtigden (algemeen)

1. Voor het bureau kunnen als gemachtigde slechts optreden personen die als octrooigemachtigde zijn ingeschreven in het register, bedoeld in artikel 23a, personen die op grond van artikel 1 van de Advocatenwet als advocaat zijn ingeschreven bij een rechtbank en personen die op grond van artikel 1 van de Advocatenlandsverordening of artikel 1 van de Advocatenwet BES als advocaat zijn ingeschreven bij het Gemeenschappelijk Hof van Justitie van Aruba, Curaçao en Sint Maarten en van Bonaire, Sint Eustatius en Saba.

2. De directeur van het bureau kan van een advocaat inzage vorderen van de geviseerde akte van zijn beëdiging als advocaat voordat hij hem als gemachtigde voor het bureau toelaat.

3. De directeur van het bureau kan in bijzondere gevallen ook anderen dan de personen, bedoeld in het eerste lid, toestaan als gemachtigde voor het bureau op te treden, indien zij van een dergelijk optreden niet hun beroep maken of indien zij in een lidstaat van de Europese Unie of in een andere staat die partij is bij de Overeenkomst betreffende de Europese Economische Ruimte bevoegd zijn om als gemachtigde in octrooizaken op te treden en zij slechts in incidentele gevallen als gemachtigde voor het bureau optreden.

4. Tenzij bij of krachtens wet anders is bepaald, is een octrooigemachtigde of een persoon die onder zijn verantwoordelijkheid werkzaam is, verplicht tot geheimhouding van al hetgeen waarvan hij uit hoofde van zijn werkzaamheden als zodanig kennis neemt. Deze verplichting blijft bestaan na beëindiging van de desbetreffende werkzaamheden.

Art. 23c

Examencommissie

1. Er is een examencommissie voor het afnemen van het examen en de proeve van bekwaamheid, bedoeld in artikel 23a.

2. Op voordracht van het bestuur van de orde benoemt Onze Minister de leden van de examencommissie telkens voor een periode van twee jaar. Onze Minister kan een lid om gewichtige redenen tussentijds ontslaan. De benoeming en het ontslag van de leden van de examencommissie wordt bekendgemaakt in het blad, bedoeld in artikel 20.

3. De examencommissie bestaat uit ten minste zes personen. Een derde van de leden van de examencommissie is octrooigemachtigde, een derde is medewerker van het bureau en een derde is technisch of rechtsgeleerd deskundige, niet afkomstig uit de kring van octrooigemachtigden en medewerkers van het bureau. Ten hoogste de helft van de leden van de examencommissie kan tevens docent zijn van een opleiding voor toekomstige octrooigemachtigden.

4. De examencommissie kan uit haar midden commissies samenstellen ten behoeve van het in gedeelten afnemen van het examen of de proeve van bekwaamheid.

5. De examencommissie bepaalt het tijdstip van de aanmelding tot het examen en de proeve van bekwaamheid, bedoeld in het eerste lid, alsmede het tijdstip en de plaats waarop dit examen en deze proeve van bekwaamheid worden afgenomen. De examencommissie neemt een examen of proeve van bekwaamheid of een gedeelte daarvan niet af dan nadat degene van wie het examen of de proeve van bekwaamheid of het gedeelte daarvan wordt afgenomen, het daarvoor verschuldigde bedrag heeft betaald.

6. Bij of krachtens algemene maatregel van rijksbestuur worden nadere regels gesteld omtrent:
a. het toelaten tot het deelnemen aan en het afnemen van het examen en de proeve van bekwaamheid en het bedrag dat degene die aan een examen of proeve van bekwaamheid of een gedeelte daarvan wenst deel te nemen, verschuldigd is;
b. de kennis die wordt getoetst door het examen en de proeve van bekwaamheid, de uitwerking van de exameneisen door de examencommissie en de wijze waarop het examen of de proeve van bekwaamheid wordt afgenomen.

Art. 23d

1. Er is een Orde van octrooigemachtigden, die gevormd wordt door allen die zijn ingeschreven in het register, bedoeld in artikel 23a.

2. De orde heeft tot taak de bevordering van een goede beroepsuitoefening door de leden en van hun vakbekwaamheid. Haar taak omvat mede de zorg voor de eer en het aanzien van het beroep van octrooigemachtigde.

3. De orde is een openbaar lichaam als bedoeld in artikel 134 van de Grondwet.

Art. 23e

1. De algemene vergadering van de orde kiest uit haar midden een bestuur dat de dagelijkse leiding heeft over de orde en dat gerechtigd is tot het verrichten van daden van beheer en beschikking met betrekking tot het vermogen van de orde.

2. De leden van het bestuur treden om de twee jaar af. Zij zijn terstond herkiesbaar.

3. Het bestuur van de orde bestaat uit ten hoogste negen leden. De algemene vergadering van de orde wijst uit deze leden de voorzitter, secretaris en penningmeester van het bestuur aan.

4. De voorzitter of de secretaris van het bestuur vertegenwoordigt de orde in en buiten rechte.

Art. 23f

1. De algemene vergadering van de orde kiest een raad van toezicht die aanvragen om opgenomen te worden in het register van octrooigemachtigden beoordeelt, die toezicht houdt op de wijze waarop octrooigemachtigden hun beroep uitoefenen en die belast is met tuchtrechtspraak in eerste aanleg.

2. De leden van de raad van toezicht treden om de twee jaar af. Zij zijn terstond herkiesbaar.

3. De raad van toezicht van de orde bestaat uit vijf leden en vijf plaatsvervangende leden.

4. De voorzitter van de raad van toezicht is een jurist die op voordracht van de algemene vergadering van de orde wordt benoemd door Onze Minister. De algemene vergadering van de orde wijst de secretaris van de raad van toezicht aan uit de leden van de raad.

Art. 23g

1. Het lidmaatschap van het bestuur is niet verenigbaar met het lidmaatschap of het plaatsvervangend lidmaatschap van de raad van toezicht.

2. Het bestuur ontheft een lid of plaatsvervangend lid van de raad van toezicht van zijn functie, indien het lid of plaatsvervangend lid:

a. vanwege ziekten of gebreken blijvend ongeschikt is zijn functie te vervullen;

b. uitgeschreven is uit het register van octrooigemachtigden;

c. in staat van faillissement is verklaard, onder de toepassing van de schuldsaneringsregeling natuurlijke personen is verklaard of onder curatele is gesteld;

d. zich in voorlopige hechtenis bevindt;

e. bij onherroepelijk geworden rechterlijke uitspraak wegens misdrijf is veroordeeld, dan wel hem bij een dergelijke uitspraak een maatregel is opgelegd die vrijheidsbeneming tot gevolg heeft.

Art. 23h

1. De algemene vergadering van de orde stelt een huishoudelijk reglement en gedragsregels voor octrooigemachtigden vast.

2. Het huishoudelijk reglement regelt in ieder geval:

a. de wijze waarop het bestuur en de raad van toezicht worden verkozen;

b. het ontslag om gewichtige redenen van een lid van het bestuur;

c. het houden van de vergaderingen van de orde;

d. het bedrag van de contributie die de leden van de orde verschuldigd zijn vanwege hun lidmaatschap van de orde, en de termijn waarbinnen de contributie wordt voldaan.

3. De algemene vergadering stelt een verordening vast ten aanzien van de begeleiding van stagiaires door octrooigemachtigden, de wederzijdse verplichtingen van de octrooigemachtigde en de stagiaire en de benoeming door de raad van toezicht van een octrooigemachtigde als begeleider van een stagiaire die octrooiwerkzaamheden verricht buiten het kantoor van een octrooigemachtigde.

4. De algemene vergadering kan verordeningen vaststellen in het belang van de goede beroepsuitoefening van de leden. Deze verordeningen kunnen slechts betrekking hebben op:

a. de wijze waarop de administratie van een octrooigemachtigde wordt ingericht, bijgehouden en bewaard;

b. de samenwerking van octrooigemachtigden met andere octrooigemachtigden en met beoefenaren van een ander beroep;

c. de publiciteit die octrooigemachtigden kunnen bedrijven omtrent hun werkzaamheden;

d. het bijhouden van de kennis en het inzicht van octrooigemachtigden met betrekking tot het recht betreffende de industriële eigendom en het toezicht van de raad van toezicht daarop.

5. Verordeningen houden geen bepalingen in omtrent onderwerpen waarin bij of krachtens de wet is voorzien, bevatten geen verplichtingen of voorschriften die niet strikt noodzakelijk zijn voor de verwezenlijking van het doel dat met de verordening wordt beoogd en beperken

Orde van octrooigemachtigden

Bestuur van de orde

Raad van toezicht van de orde

Onverenigbaarheid

Huishoudelijk reglement en gedragsregels

B39 art. 23i **Rijksoctrooiwet 1995**

niet onnodig de marktwerking. Indien in het onderwerp van bepalingen van verordeningen wordt voorzien bij of krachtens de wet, houden deze bepalingen van rechtswege op te gelden.

Art. 23i

Goedkeuring reglement enz. door de minister

1. Het huishoudelijk reglement, de gedragsregels voor octrooigemachtigden en de verordeningen, alsmede iedere wijziging daarvan, worden na vaststelling onverwijld ter goedkeuring gezonden aan Onze Minister.

2. Onze Minister kan zijn goedkeuring onthouden aan het huishoudelijk reglement, de gedragsregels voor octrooigemachtigden en de verordeningen, alsmede een wijziging daarvan, indien zij bepalingen bevatten die in strijd zijn met het recht of het algemeen belang.

3. Na goedkeuring door Onze Minister worden het huishoudelijk reglement, de gedragsregels voor octrooigemachtigden en de verordeningen, alsmede een wijziging daarvan, geplaatst in het blad, bedoeld in artikel 20. Zij treden in werking met ingang van de eerste dag van de tweede maand na de dagtekening van het blad waarin zij worden geplaatst of zoveel eerder als zij zelf bepalen.

4. De octrooigemachtigden zijn gehouden het huishoudelijk reglement, de gedragsregels voor octrooigemachtigden en de verordeningen na te leven en de contributie die verschuldigd is vanwege het lidmaatschap van de orde binnen de daarvoor gestelde termijn te voldoen.

Art. 23j

Begroting en financieel verslag orde

1. De algemene vergadering van de orde stelt voor 1 oktober van ieder jaar een begroting vast voor het volgende kalenderjaar.

2. De algemene vergadering van de orde brengt jaarlijks aan Onze Minister voor 1 mei een financieel verslag uit dat vergezeld gaat van een verklaring omtrent de getrouwheid en de rechtmatigheid, afgegeven door een accountant als bedoeld in artikel 393 van Boek 2 van het Burgerlijk Wetboek.

3. De algemene vergadering van de orde stelt jaarlijks voor 1 mei een verslag op van de werkzaamheden, het gevoerde beleid in het algemeen en de doelmatigheid en doeltreffendheid van de werkzaamheden en werkwijze van de orde in het bijzonder in het afgelopen kalenderjaar. Het verslag wordt aan Onze Minister toegezonden.

4. De algemene vergadering van de orde stelt de in het tweede en derde lid bedoelde stukken algemeen verkrijgbaar.

Art. 23k

Verstrekken inlichtingen

De algemene vergadering van de orde, het bestuur van de orde, de raad van toezicht en de examencommissie verstrekken desgevraagd aan Onze Minister de voor de uitoefening van zijn taak benodigde inlichtingen. Onze Minister kan inzage vorderen van zakelijke gegevens en bescheiden, voor zover dat voor de vervulling van zijn taak redelijkerwijs nodig is.

Art. 23l

Vergadering orde

1. Ten minste eenmaal per jaar vergadert de orde over onderwerpen die voor octrooigemachtigden van belang zijn.

2. De vergaderingen van de orde, bedoeld in het eerste lid, zijn openbaar, tenzij de aanwezige leden van de orde om gewichtige redenen besluiten dat de vergadering geheel of gedeeltelijk met gesloten deuren zal plaatsvinden. De vergaderingen van het bestuur en de raad van toezicht van de orde zijn niet openbaar, behoudens in een geval als bedoeld in artikel 23s, vierde lid.

Art. 23m

Schorsing octrooigemachtigde

1. Een octrooigemachtigde die in staat van faillissement is verklaard, ten aanzien van wie de schuldsaneringsregeling natuurlijke personen van toepassing is verklaard, of die onder curatele is gesteld, is gedurende het faillissement, de toepassing van de schuldsaneringsregeling natuurlijke personen of de curatele van rechtswege geschorst in de uitoefening van het recht als gemachtigde voor het bureau op te treden of bij de behandeling ter terechtzitting van geschillen het woord te voeren. Gedurende deze tijd is hij tevens van rechtswege geschorst als lid van de orde.

2. Ingeval een octrooigemachtigde niet in staat is de belangen te behartigen die hem in die hoedanigheid zijn toevertrouwd, dan wel ingeval hij overleden is, wijst de voorzitter van de raad van de toezicht, indien niet reeds in de vervanging is voorzien, een octrooigemachtigde aan, die, zolang de voorzitter dit nodig oordeelt, de maatregelen neemt die onder de gegeven omstandigheden geboden zijn.

Art. 23n

Onzorgvuldig handelen octrooigemachtigde

1. Een octrooigemachtigde die zich schuldig maakt aan enig handelen of nalaten dat in strijd is met de zorg die hij als octrooigemachtigde behoort te betrachten ten opzichte van degenen wier belangen hij als zodanig behartigt of behoort te behartigen, dat in strijd is met het huishoudelijk reglement of de verordeningen van de orde, of dat in strijd is met hetgeen een octrooigemachtigde betaamt, kan, onverminderd zijn aansprakelijkheid op grond van andere wettelijke voorschriften, worden onderworpen aan een van de maatregelen, genoemd in artikel 23u.

2. Als enig handelen of nalaten in strijd met hetgeen een octrooigemachtigde betaamt, wordt in ieder geval aangemerkt het in octrooiaangelegenheden samenwerken of in dienst nemen van een persoon:

a. van wie bekend is dat hem de inschrijving in het register, bedoeld in artikel 23a, is geweigerd omdat gegronde vrees bestaat dat hij zich schuldig zal maken aan enig handelen of nalaten als bedoeld in het eerste lid,
b. die ontzet is uit het recht om als gemachtigde voor het bureau op te treden, of
c. die, hoewel onbevoegd om als gemachtigde voor het bureau op te treden, er zijn gewoonte van maakt zich in Nederland, Curaçao of Sint Maarten voor te doen als een gemachtigde.

Art. 23o

1. De raad van toezicht neemt een tegen een octrooigemachtigde gerezen bedenking in behandeling op een met redenen omklede schriftelijke klacht, bij hem ingediend.

2. Indien de voorzitter van het bestuur van de orde buiten het geval van een klacht op de hoogte is van een bedenking tegen een octrooigemachtigde of een advocaat, kan hij deze ter kennis van de raad van toezicht brengen. In dat geval behandelt de raad de bedenking als klacht en beschouwt hij de voorzitter van het bestuur van de orde als klager.

3. Indien het de raad van toezicht bekend is dat een advocaat zich bij de behandeling van octrooiaangelegenheden heeft schuldig gemaakt aan gedragingen als bedoeld in artikel 46 van de Advocatenwet, stelt hij de raad van toezicht, bedoeld in artikel 22 van die wet, van het arrondissement waarin de desbetreffende advocaat zijn praktijk uitoefent, hiervan op de hoogte.

4. De raad van toezicht neemt een klacht niet in behandeling indien het voorval waarop de klacht betrekking heeft, ten minste vijf jaar voor de indiening van de klacht heeft plaatsgevonden.

Art. 23p

1. De secretaris van de raad van toezicht stelt de octrooigemachtigde tegen wie een klacht is ingediend onverwijld schriftelijk op de hoogte van de bedenking.

2. De voorzitter van de raad kan na een summier onderzoek, zo nodig na de klager en de desbetreffende octrooigemachtigde te hebben gehoord, de klacht terstond bij met redenen omklede beslissing afwijzen indien hij van oordeel is dat deze kennelijk niet-ontvankelijk, kennelijk ongegrond of van onvoldoende gewicht is.

3. Indien de voorzitter van de raad van oordeel is dat een klacht vatbaar is voor minnelijke schikking, roept hij de klager en de desbetreffende octrooigemachtigde op teneinde een zodanige schikking te beproeven. Indien een minnelijke schikking mogelijk blijkt, wordt deze op schrift gesteld en door de klager, de octrooigemachtigde en de voorzitter ondertekend.

4. De voorzitter van de raad brengt klachten, die niet in der minne zijn opgelost of die niet zijn afgewezen, onverwijld ter kennis van de raad van toezicht.

5. De secretaris van de raad zendt aan de klager en de desbetreffende octrooigemachtigde onverwijld bij aangetekende brief een afschrift van de beslissing van de voorzitter.

Art. 23q

1. Tegen de beslissing van de voorzitter van de raad van toezicht tot afwijzing van een klacht kan de klager binnen veertien dagen na de dag van verzending van het afschrift van de beslissing schriftelijk verzet doen bij de raad van toezicht. Hij geeft daarbij gemotiveerd aan met welke overwegingen van de voorzitter van de raad hij zich niet kan verenigen en kan vragen over zijn verzet te worden gehoord.

2. Indien overeenkomstig het eerste lid verzet is gedaan tegen de beslissing van de voorzitter van de raad, wijst deze een ander lid van de raad aan om hem bij de behandeling van het verzet te vervangen.

3. Ten gevolge van het verzet vervalt de beslissing van de voorzitter van de raad, tenzij de raad het verzet niet-ontvankelijk of ongegrond verklaart.

4. Indien de raad van oordeel is dat de klacht kennelijk niet-ontvankelijk, kennelijk ongegrond of van onvoldoende gewicht is, kan hij zonder nader onderzoek het verzet niet-ontvankelijk of ongegrond verklaren, echter niet dan na de klager die daarom vroeg, in de gelegenheid te hebben gesteld te worden gehoord.

5. De beslissing tot niet-ontvankelijkverklaring of tot ongegrondverklaring van het verzet is met redenen omkleed. Daartegen staat geen rechtsmiddel open. De secretaris van de raad zendt aan de klager en de desbetreffende octrooigemachtigde onverwijld bij aangetekende brief een afschrift van de beslissing van de raad.

6. Indien de raad van oordeel is dat het verzet gegrond is, wordt de zaak in verdere behandeling genomen.

Art. 23r

1. Indien een bedenking een lid of plaatsvervangend lid van de raad van toezicht betreft, schorst de raad dit lid of plaatsvervangend lid in het recht zitting te hebben in de raad gedurende de tijd dat de bedenking behandeld wordt.

2. De artikelen 512 tot en met 519 van het Wetboek van Strafvordering zijn van overeenkomstige toepassing ten aanzien van de wraking en verschoning van een lid of plaatsvervangend lid van de raad.

B39 art. 23s **Rijksoctrooiwet 1995**

Art. 23s

Verdere procedurevoor-schriften

1. De raad van toezicht neemt geen beslissing dan na verhoor of behoorlijke oproeping van de octrooigemachtigde en van de klager of de voorzitter van het bestuur van de orde. De oproepingen geschieden bij aangetekende brief ten hoogste acht weken nadat de klacht ter kennis van de raad is gebracht op grond van artikel 23p, vierde lid, of nadat de raad de klacht in verdere behandeling heeft genomen op grond van artikel 23q, zesde lid, en ten minste twee weken voor het verhoor.

2. De octrooigemachtigde en de klager of de voorzitter van het bestuur van de orde zijn bevoegd zich te doen bijstaan door een raadsman. De secretaris van de raad stelt hen tijdig in de gelegenheid om kennis te nemen van de stukken die betrekking hebben op de zaak. Zij kunnen afschriften of uittreksels van die stukken vragen tegen vergoeding van de kostprijs.

3. De raad kan weigeren personen, die geen advocaat zijn, als raadsman toe te laten. In dat geval houdt de raad de zaak tot een volgende zitting aan.

4. De behandeling door de raad van een bedenking tegen een octrooigemachtigde geschiedt in een openbare zitting. De raad kan om gewichtige redenen bevelen dat de behandeling geheel of gedeeltelijk met gesloten deuren zal plaatsvinden.

Art. 23t

Getuigen en deskundigen

1. De raad van toezicht kan getuigen en deskundigen horen. Zij worden daartoe bij aangetekende brief opgeroepen en zijn verplicht aan de oproeping gevolg te geven.

2. Verschijnt een getuige of deskundige op de oproeping niet, dan doet de officier van justitie op verzoek van de raad hem dagvaarden. Verschijnt een getuige of deskundige op de dagvaarding niet, dan doet de officier van justitie op verzoek van de raad hem andermaal dagvaarden, desverzocht met bevel tot medebrenging. Artikel 6:1:5 van het Wetboek van Strafvordering is van overeenkomstige toepassing.

3. De voorzitter van de raad kan een getuige onder ede horen.

4. De getuige is verplicht op de gestelde vragen te antwoorden. De deskundige is gehouden zijn taak onpartijdig en naar beste weten te verrichten. Ten aanzien van de getuigen en deskundigen zijn de artikelen 217 tot en met 219 van het Wetboek van Strafvordering van overeenkomstige toepassing.

5. De getuigen en deskundigen ontvangen op verzoek op vertoon van hun oproeping of dagvaarding schadeloosstelling overeenkomstig het bij en krachtens artikel 57 van de Wet tarieven in burgerlijke zaken bepaalde.

Art. 23u

Maatregelen

1. De raad van toezicht kan aan de octrooigemachtigde een van de volgende maatregelen opleggen, indien hij oordeelt dat een tegen de octrooigemachtigde gerezen bedenking gegrond is:

a. waarschuwing;

b. berisping;

c. schorsing in de uitoefening van het recht om als gemachtigde voor het bureau op te treden voor de tijd van ten hoogste vijf jaar;

d. ontzetting uit het recht om als gemachtigde voor het bureau op te treden.

2. Schorsing als bedoeld in het eerste lid, onder c, brengt voor de duur van de schorsing mee schorsing als lid van de orde en verlies van de betrekkingen, waarbij de hoedanigheid van octrooigemachtigde vereist is voor de verkiesbaarheid of benoembaarheid.

Art. 23v

Maatregelen (vervolg)

1. De beslissingen van de raad van toezicht zijn met redenen omkleed en worden in het openbaar uitgesproken. De raad beslist binnen zes weken nadat het onderzoek ter openbare zitting is gesloten.

2. De waarschuwing of berisping, bedoeld in artikel 23u, eerste lid, onder a en b, wordt door de voorzitter van de raad uitgesproken in een vergadering van de raad, waarvoor de octrooigemachtigde bij aangetekende brief wordt opgeroepen. Van de vergadering wordt proces-verbaal opgemaakt. De secretaris van de raad zendt een afschrift van het proces-verbaal bij aangetekende brief aan de octrooigemachtigde.

3. Indien een maatregel is opgelegd als bedoeld in artikel 23u kan de raad beslissen dat daarvan mededeling wordt gedaan in het blad, bedoeld in artikel 20, zodra de beslissing onherroepelijk is geworden. Een dergelijke mededeling wordt in ieder geval gedaan indien een maatregel als bedoeld in artikel 23u, eerste lid, onder c of d, is opgelegd.

4. De secretaris van de raad zendt bij aangetekende brief terstond een afschrift van de beslissing van de raad aan de octrooigemachtigde en, in voorkomend geval, aan de klager of de voorzitter van het bestuur van de orde, alsmede, indien bij de beslissing een maatregel is opgelegd, aan het bureau. In het afschrift van de beslissing worden de ter beschikking staande rechtsmiddelen vermeld.

5. In geval van oplegging van de maatregelen, bedoeld in artikel 23u, eerste lid, onder c en d, deelt de raad aan de betrokken octrooigemachtigde bij aangetekende brief nadat de beslissing onherroepelijk is geworden, de datum mee waarop de maatregel van kracht wordt.

Art. 23w

1. Tegen een beslissing van de raad van toezicht als bedoeld in artikel 23u kan een belanghebbende binnen dertig dagen na de dag van verzending van de brief, bedoeld in artikel 23v, vierde lid, beroep instellen bij het gerechtshof Den Haag.

2. Het beroep wordt ingesteld bij beroepschrift. De griffier van het gerechtshof geeft door toezending van een afschrift van het beroepschrift terstond kennis aan de raad van toezicht, aan het bureau en, voor zover het beroep niet door hem is ingesteld, aan de klager en aan de octrooigemachtigde.

3. Het gerechtshof behandelt de zaak opnieuw in volle omvang.

4. De artikelen 23s en 23t zijn van overeenkomstige toepassing op het beroep.

5. Tenzij het gerechtshof beslist dat het beroep niet ontvankelijk is of dat er geen aanleiding bestaat tot het opleggen van enige maatregel, legt het een maatregel op als bedoeld in artikel 23u.

6. Artikel 23v is van overeenkomstige toepassing op de beslissing van het gerechtshof, met dien verstande dat in plaats van «de raad van toezicht» wordt gelezen: het gerechtshof, in plaats van «voorzitter van de raad» wordt gelezen: vice-president van het gerechtshof, en in plaats van «secretaris van de raad»: griffier van het gerechtshof.

7. Tegen beslissingen van het gerechtshof is geen hogere voorziening toegelaten.

Art. 23x

1. Van een beslissing van de raad van toezicht als bedoeld in artikel 23u en van een beslissing van het gerechtshof als bedoeld in artikel 23w, vijfde lid, kan door degene tegen wie de beslissing is genomen, herziening worden verzocht, indien een ernstig vermoeden bestaat dat op grond van enige omstandigheid, waarvan bij het nemen van de beslissing niet is gebleken, een andere beslissing zou zijn genomen, indien die omstandigheid bekend zou zijn geweest.

2. Van een beslissing tot oplegging van de maatregel, bedoeld in artikel 23u, eerste lid, onder d, kan door degene tegen wie de beslissing is genomen, wijziging worden verzocht na vijf jaar nadat de beslissing onherroepelijk is geworden.

3. Ten aanzien van de herziening, bedoeld in het eerste lid, en de wijziging, bedoeld in het tweede lid, is het gerechtshof Den Haag bevoegd. Deze procedures leiden niet tot het opleggen van een zwaardere maatregel. De artikelen 23s, 23t en 23w, tweede tot en met zevende lid, zijn van overeenkomstige toepassing op de herziening en de wijziging.

Art. 23y

1. Een belanghebbende kan bij de examencommissie bezwaar maken tegen een beslissing als bedoeld in artikel 23c, vijfde lid, tegen een beslissing hem of haar niet toe te laten tot het examen of de proeve van bekwaamheid en tegen de beoordeling van het examen of de proeve van bekwaamheid.

2. Een belanghebbende kan bij de raad van toezicht bezwaar maken tegen een benoeming van een octrooigemachtigde als begeleider van een stagiaire als bedoeld in artikel 23h, derde lid.

3. De hoofdstukken 6 en 7 van de Algemene wet bestuursrecht zijn van overeenkomstige toepassing op het bezwaar, bedoeld in het eerste of tweede lid.

4. De curator kan de raad van toezicht verzoeken de schorsing, bedoeld in artikel 23m, eerste lid, op te heffen. De artikelen 23s, 23t en 23v, eerste lid, zijn van overeenkomstige toepassing op het verzoek tot opheffing van de schorsing. Indien de raad van toezicht de schorsing opheft, zendt de secretaris van de raad terstond een afschrift van de beslissing van de raad aan de curator, de betrokkene en het bureau.

5. Een belanghebbende kan tegen een beslissing op bezwaar als bedoeld in het eerste of tweede lid of tegen een beslissing op het verzoek als bedoeld in het vierde lid beroep instellen bij het gerechtshof Den Haag.

6. De artikelen 23s, 23t en 23v, eerste lid, en 23w, met uitzondering van het vijfde lid, zijn van overeenkomstige toepassing op het beroep.

Art. 23z

Onze Minister zendt binnen vijf jaar na de inwerkingtreding van paragraaf 1a van hoofdstuk 2 van deze wet en vervolgens telkens na vier jaar aan de Staten-Generaal een verslag over de doeltreffendheid en doelmatigheid van het functioneren van de orde.

§ 2 *Verlening*

Art. 24

1. Een aanvrage om octrooi moet bij het bureau worden ingediend en moet:

a. de naam en het adres van de aanvrager vermelden;

b. de naam en de woonplaats vermelden van degene, die de uitvinding heeft gedaan, tenzij deze blijkens een bij de aanvrage gevoegde schriftelijke verklaring geen prijs stelt op vermelding als uitvinder in het octrooi;

c. een verzoek om verlening van een octrooi bevatten;

B39 art. 25 Rijksoctrooiwet 1995

d. een korte aanduiding bevatten van datgene, waarop de uitvinding betrekking heeft;
e. vergezeld zijn van een beschrijving van de uitvinding, die aan het slot in één of meer conclusies een omschrijving geeft van datgene, waarvoor uitsluitend recht wordt verlangd;
f. vergezeld zijn van een uittreksel van de beschrijving.
2. Het uittreksel is alleen bedoeld als technische informatie; het kan in het bijzonder niet dienen voor de uitlegging van de omvang van de gevraagde bescherming en voor de toepassing van de artikelen 4, derde lid, en 75, tweede lid.
3. De aanvrage en de overige bescheiden zijn hetzij in het Nederlands hetzij in het Engels gesteld, met uitzondering van de conclusies die in het Nederlands zijn gesteld.
4. De aanvrage, de beschrijving van de uitvinding, de tekeningen en het uittreksel moeten voorts voldoen aan de overige, bij ministeriële regeling te stellen, voorschriften.
5. Bij de aanvrage dient een bewijsstuk te worden overgelegd waaruit blijkt dat aan het bureau een bedrag is betaald overeenkomstig een bij of krachtens algemene maatregel van rijksbestuur vastgesteld tarief.

Art. 25

Beschrijving van de uitvinding

1. De beschrijving van de uitvinding is duidelijk en volledig en wordt zodanig opgesteld dat de uitvinding daaruit door een deskundige kan worden begrepen en aan de hand daarvan kan worden toegepast. De omschrijving, gegeven in een of meer conclusies aan het slot van de beschrijving, is nauwkeurig. De beschrijving gaat zo nodig van daarmee overeenstemmende tekeningen vergezeld.
2. Indien een uitvinding betrekking heeft op biologisch materiaal dat niet openbaar toegankelijk is en in de beschrijving niet zodanig kan worden omschreven dat de uitvinding aan de hand daarvan door een deskundige kan worden toegepast, dan wel indien een uitvinding het gebruik van dergelijk biologisch materiaal impliceert, is de beschrijving slechts toereikend indien het biologisch materiaal uiterlijk op de dag van indiening van de aanvrage is gedeponeerd bij een bij of krachtens algemene maatregel van rijksbestuur aan te wijzen instelling.
3. Indien een uitvinding betrekking heeft op een sequentie of een partiële sequentie van een gen, bevat de beschrijving een concrete omschrijving van de functie en de industriële toepassing van deze sequentie of partiële sequentie. Ingeval voor de productie van een eiwit of partieel eiwit een sequentie of partiële sequentie van een gen is gebruikt, bevat de beschrijving van de industriële toepasbaarheid een precisering van het eiwit of partieel eiwit dat is geproduceerd en de functie daarvan.
4. Bij algemene maatregel van rijksbestuur worden nadere regels gesteld ten aanzien van:
a. de gegevens die in de aanvrage worden opgenomen met betrekking tot de kenmerken en identificatie van het gedeponeerde biologisch materiaal, en
b. de toegankelijkheid en beschikbaarheid van het gedeponeerde biologisch materiaal.

Art. 26

[Vervallen]

Art. 27

Eén octrooiaanvrage per uitvinding

Elke aanvrage om octrooi mag slechts op een enkele uitvinding betrekking hebben of op een groep van uitvindingen, die zodanig onderling verbonden zijn, dat zij op een enkele algemene uitvindingsgedachte berusten. Bij algemene maatregel van rijksbestuur kunnen daarover nadere regels worden gesteld.

Art. 28

Splitsing van de aanvrage

1. De aanvrager kan zijn reeds ingediende aanvrage splitsen door voor een gedeelte van de inhoud daarvan een afzonderlijke aanvrage in te dienen. Deze aanvrage wordt, behalve voor de toepassing van de artikelen 30, eerste lid, 31, derde lid, en 32, tweede lid, aangemerkt te zijn ingediend op de dag van de oorspronkelijke aanvrage.
2. De aanvrager kan de beschrijving, conclusies en tekeningen van zijn reeds ingediende aanvrage wijzigen.
3. Het onderwerp van de afgesplitste of de gewijzigde aanvrage moet gedekt worden door de inhoud van de oorspronkelijke aanvrage.
4. De splitsing of wijziging kan geschieden tot het tijdstip waarop de octrooiaanvrage ingevolge artikel 31, eerste of tweede lid, in het octrooiregister moet worden ingeschreven, met dien verstande dat voor de splitsing of wijziging een termijn van tenminste twee maanden na de verzending van de in artikel 34, vierde lid, bedoelde mededeling openstaat. Op verzoek van de aanvrager kan het bureau laatstgenoemde termijn verlengen tot vier maanden na de verzending van de in artikel 34, vierde lid, bedoelde mededeling.

Art. 29

Datum van indiening van de aanvrage

1. Als datum van indiening van de aanvrage geldt die, waarop zijn overgelegd:
a. een expliciete of impliciete aanduiding dat de gegevens en bescheiden als een aanvraag zijn bedoeld,
b. gegevens waarmee de identiteit van de aanvrager kan worden vastgesteld of die het bureau in staat stellen in contact te treden met de aanvrager en

c. gegevens die op het eerste gezicht een beschrijving van de uitvinding lijken te zijn, ongeacht de taal waarin de beschrijving is opgesteld.

2. Het bureau vermeldt de in het eerste lid bedoelde datum alsmede een nummer op de aanvrage en maakt deze zo spoedig mogelijk aan de aanvrager bekend.

3. Indien het bureau van oordeel is, dat de overgelegde gegevens en bescheiden niet voldoen aan het in het eerste lid bepaalde, stelt het bureau de aanvrager hiervan zo spoedig mogelijk in kennis en biedt het de aanvrager de gelegenheid binnen een bij algemene maatregel van rijksbestuur te stellen termijn de aanvraag aan te vullen.

4. Wanneer een ontbrekend deel van de beschrijving wordt ingediend bij het bureau binnen de krachtens het derde lid gestelde termijn, wordt dat deel van de beschrijving gevoegd bij de aanvraag en is de datum van indiening de datum waarop het bureau dat deel van de beschrijving heeft ontvangen of de datum waarop aan de in het eerste lid genoemde eisen is voldaan, indien deze datum later is dan de datum waarop het bureau het ontbrekende deel van de aanvraag heeft ontvangen.

5. Indien na het verstrijken van de in het derde lid bedoelde termijn de overgelegde bescheiden niet voldoen aan het in het eerste lid bepaalde, weigert het bureau tot vermelding van de in het eerste lid bedoelde datum over te gaan. Het maakt zijn beschikking zo spoedig mogelijk aan de aanvrager bekend.

6. Met een verwijzing naar een eerder ingediende aanvraag wordt voldaan aan het bepaalde in het eerste lid, onderdeel c. Bij of krachtens algemene maatregel van rijksbestuur worden nadere regels gesteld over het verwijzen naar een eerder ingediende aanvraag.

Art. 30

1. Indien niet is voldaan aan het bij en krachtens artikel 24 bepaalde, geeft het bureau daarvan binnen een maand na de in artikel 29, eerste lid, bedoelde datum van indiening of, in geval van afsplitsing van de aanvrage, binnen een maand na de datum van indiening van de afgesplitste aanvrage, schriftelijk kennis aan de aanvrager, onder opgave van de voorschriften waaraan niet is voldaan.

Schriftelijke kennisgeving aan de aanvrager van voorwaarden waaraan niet is voldaan

2. Indien de gebreken niet binnen drie maanden na verzending van de in het eerste lid bedoelde kennisgeving zijn hersteld of indien de aanvrager voordien heeft medegedeeld niet tot herstel te willen overgaan, besluit het bureau de aanvrage niet te behandelen. Het bureau maakt zijn beschikking zo spoedig mogelijk aan de aanvrager bekend.

Art. 31

1. Het bureau schrijft een octrooiaanvrage in het octrooiregister in zo spoedig mogelijk na verloop van achttien maanden:

a. na de in artikel 29, eerste lid, bedoelde datum van indiening of,

b. indien het een aanvrage betreft waarvoor een beroep is gedaan op een of meer rechten van voorrang, na de eerste datum van voorrang.

2. Op schriftelijk verzoek van de aanvrager vindt de inschrijving op een eerder tijdstip plaats.

3. De inschrijving van een afgesplitste aanvrage als bedoeld in artikel 28 geschiedt zo spoedig mogelijk na de indiening daarvan, doch niet eerder dan de inschrijving van de oorspronkelijke aanvrage.

Inschrijving van de aanvrage

Art. 32

1. De aanvrager verzoekt het bureau binnen uiterlijk dertien maanden na:

a. de in artikel 29, eerste lid, bedoelde datum van indiening of,

b. indien het een aanvrage betreft waarvoor een beroep is gedaan op een of meer rechten van voorrang, de eerste datum van voorrang, om een aan de verlening van het octrooi voorafgaand onderzoek naar de stand van de techniek met betrekking tot het onderwerp van de octrooiaanvrage.

Met het verzoek wordt aan het bureau een bedrag overeenkomstig een bij of krachtens algemene maatregel van rijksbestuur vastgesteld tarief betaald. Het verzoek wordt niet in behandeling genomen tot dit bedrag door het bureau is ontvangen.

2. Indien het een afgesplitste aanvrage betreft als bedoeld in artikel 28, wordt het in het eerste lid bedoeld verzoek gedaan binnen dertien maanden na de in het eerste lid bedoelde datum van indiening of voorrang van de oorspronkelijke aanvrage of, indien dat later is, binnen twee maanden na de indiening van de afgesplitste aanvrage.

3. Indien de aanvrager niet tijdig om het in het eerste lid genoemde onderzoek heeft verzocht of het in het eerste lid bedoelde bedrag niet door het bureau is ontvangen, besluit het bureau de aanvrage niet te behandelen. Het bureau maakt zijn beschikking zo spoedig mogelijk aan de aanvrager bekend.

Verzoek om onderzoek naar de stand van de techniek

Art. 33

[Vervallen]

Art. 34

1. Een onderzoek naar de stand van de techniek als bedoeld in artikel 32, eerste lid, wordt verricht door het bureau, waar nodig met inschakeling van het Europees Octrooibureau, bedoeld in het Europees Octrooiverdrag.

Nieuwheidsonderzoek als bedoeld in het Samenwerkingsverdrag

B39 art. 35 Rijksoctrooiwet 1995

2. Indien de aanvrager daarom verzoekt, doet het bureau de aanvrage onderwerpen aan een onderzoek naar de stand van de techniek van internationaal type als bedoeld in artikel 15, vijfde lid, onder *a*, van het Samenwerkingsverdrag. Zulk een onderzoek naar de stand van de techniek wordt aangemerkt als een onderzoek naar de stand van de techniek als bedoeld in artikel 32, eerste lid.

3. Indien bij het onderzoek blijkt, dat de ingediende aanvrage niet voldoet aan het bij of krachtens artikel 27 bepaalde, wordt het uitgevoerd ten aanzien van die onderdelen van de aanvrage die betrekking hebben op de uitvinding of op de groep van uitvindingen als bedoeld in artikel 27, die als eerste in de conclusies wordt genoemd.

4. Het bureau deelt de aanvrager schriftelijk het resultaat van het onderzoek naar de stand van de techniek mede.

5. Indien toepassing is gegeven aan het derde lid, maakt het bureau daarvan in de mededeling, bedoeld in het vierde lid, melding onder vermelding van de uitvinding of groep van uitvindingen ten aanzien waarvan het onderzoek is uitgevoerd.

Art. 35

Niet uitvoerbaar onderzoek naar de stand van de techniek

1. Indien het bureau van oordeel is dat het onderzoek naar de stand van de techniek wegens onduidelijkheid van de aanvrage niet uitvoerbaar is, geeft het bureau daarvan zo spoedig mogelijk schriftelijk en met redenen omkleed kennis aan de aanvrager.

2. Indien de gebreken niet binnen twee maanden na verzending van de in het eerste lid bedoelde kennisgeving zijn hersteld of indien de aanvrager voordien heeft meegedeeld niet tot herstel te willen overgaan, besluit het bureau de aanvrage niet te behandelen. Het bureau maakt zijn beschikking zo spoedig mogelijk aan de aanvrager bekend.

Art. 36

Verlening van het octrooi na onderzoek naar de stand van de techniek

1. Het bureau verleent het octrooi zodra de octrooiaanvrage in het octrooiregister is ingeschreven, doch niet eerder dan twee maanden of, indien artikel 28, vierde lid, tweede volzin, is toegepast, vier maanden na verzending van de in artikel 34, vierde lid, bedoelde mededeling. Het doet hiervan aantekening in het octrooiregister. Op verzoek van de aanvrager verleent het bureau het octrooi op een eerder tijdstip nadat het resultaat van het onderzoek naar de stand van de techniek als bedoeld in artikel 34, vierde lid, is verzonden.

2. De octrooiverlening geschiedt door het plaatsen van een gedateerde aantekening op de aanvrage in de vorm waarin deze ingediend dan wel overeenkomstig de artikelen 28 of 30, tweede lid, is gewijzigd.

3. Het bureau geeft de bij de aanvrage behorende beschrijving en tekeningen bij wege van octrooischrift uit en verstrekt hiervan een gewaarmerkt afschrift aan de aanvrager.

4. Indien toepassing is gegeven aan artikel 34, derde lid, heeft het octrooi uitsluitend betrekking op die uitvinding of groep van uitvindingen als bedoeld in artikel 27, die als eerste in de conclusies wordt genoemd.

5. Het resultaat van het onderzoek naar de stand van de techniek wordt bij het octrooischrift gevoegd.

6. Een ingevolge dit artikel verleend octrooi blijft, behoudens eerder verval, afstand of vernietiging door de rechter, van kracht tot het verstrijken van een termijn van twintig jaren, te rekenen vanaf de in artikel 29, eerste lid , bedoelde datum van indiening.

Art. 37

[Vervallen]

Art. 38

Schriftelijke mededeling van gegevens betreffende de aanvrage of het octrooi

1. Een ieder kan het bureau schriftelijk mededeling doen van gegevens betreffende een octrooiaanvrage of het daarop verleende octrooi. Het bureau deelt deze gegevens mede aan de aanvrager of de octrooihouder, voor zover zij niet van deze afkomstig zijn.

2. Indien de in artikel 24, eerste lid, onder b, bedoelde vermelding van de uitvinder onjuist is, of door een ander dan de uitvinder is verklaard dat op vermelding als uitvinder in het octrooi geen prijs wordt gesteld, kunnen de aanvrager en de uitvinder gezamenlijk, onder betaling van een bij of krachtens algemene maatregel van rijksbestuur vast te stellen bedrag, het bureau schriftelijk verzoeken terzake de nodige verbeteringen aan te brengen. In voorkomend geval dient het verzoek vergezeld te zijn van de schriftelijke toestemming van de ten onrechte als uitvinder aangemerkte persoon.

Art. 39

Intrekking van de aanvrage

1. De intrekking van een in het octrooiregister ingeschreven octrooiaanvrage heeft tegenover derden geen gevolg, zolang niet onherroepelijk is beslist op rechtsvorderingen ter zake van de aanvrage, die blijkens in het octrooiregister ingeschreven stukken zijn ingesteld.

2. Wanneer ingevolge een onherroepelijke beslissing op een rechtsvordering als bedoeld in het eerste lid de aanspraak op octrooi toekomt of mede toekomt aan een ander dan de aanvrager, wordt de intrekking aangemerkt als niet te zijn geschied.

3. Het bureau doet van een intrekking aantekening in het octrooiregister.

§ 3
Geheimhouding van de inhoud van octrooiaanvragen

Art. 40

1. Indien het bureau van oordeel is, dat het geheim blijven van de inhoud van een octrooiaanvrage in het belang van de verdediging van het Koninkrijk of zijn bondgenoten kan zijn, maakt het dit zo spoedig mogelijk, doch uiterlijk binnen drie maanden na de indiening van de aanvrage bekend. Onze Minister van Defensie kan ten aanzien van de beoordeling van de vraag, of zodanig belang aanwezig kan zijn, aanwijzingen geven aan het bureau.

Kennisgeving aan aanvrager en minister van Defensie van mogelijke noodzaak van geheimhouding

2. Tegelijk met de bekendmaking als bedoeld in het eerste lid zendt het bureau afschrift van het besluit en van de tot de aanvrage behorende beschrijving en tekeningen aan Onze genoemde minister.

3. Ingeval het eerste lid toepassing vindt, wordt de inschrijving in het octrooiregister van de aanvrage opgeschort.

Art. 41

1. Binnen acht maanden na indiening van een octrooiaanvrage als bedoeld in artikel 40 besluit Onze Minister van Defensie of de inhoud van de aanvrage in het belang van de verdediging van het Koninkrijk of zijn bondgenoten geheim moet blijven. Hij maakt zijn besluit aan het bureau bekend.

Minister van Defensie beslist over geheimhouding

2. Een besluit dat de inhoud van de aanvrage geheim moet blijven heeft tot gevolg dat de inschrijving in het octrooiregister van de aanvrage blijft opgeschort tot drie jaren na de bekendmaking van het besluit.

3. De opschorting eindigt indien:
a. Onze genoemde minister besluit, dat de aanvrage niet geheim behoeft te blijven;
b. een besluit binnen de in het eerste lid genoemde termijn is uitgebleven.

4. Onze genoemde minister kan telkens binnen zes maanden voor het verstrijken van de termijn van opschorting deze termijn met drie jaren verlengen. Hij maakt zijn besluit aan het bureau bekend.

5. Onze genoemde minister kan te allen tijde besluiten dat de inhoud van de aanvrage niet langer geheim behoeft te blijven. Het besluit heeft tot gevolg dat de opschorting eindigt.

6. Van een besluit krachtens het eerste, derde, vierde of vijfde lid, doet het bureau onverwijld mededeling aan de aanvrager. Het deelt deze eveneens onverwijld mede indien een besluit is uitgebleven zoals bedoeld in het derde of vijfde lid.

7. Zolang de opschorting niet is geëindigd, zendt het bureau op verzoek van Onze genoemde minister aan deze afschrift van alle ter zake tussen het bureau en de aanvrager gewisselde stukken.

8. Indien de opschorting eindigt, geschiedt niettemin de inschrijving van de aanvrage in het octrooiregister, tenzij op verzoek van de aanvrager, niet voordat drie maanden zijn verstreken.

Art. 42

1. De Staat verleent degene, ten aanzien van wiens octrooiaanvrage de artikelen 40, 41 of 46 zijn toegepast, op zijn verzoek vergoeding van schade, die hij door toepassing van die artikelen heeft geleden.

Staat vergoedt door geheimhouding geleden schade

2. Het bedrag van de schadeloosstelling wordt vastgesteld na het eindigen van de opschorting. Ingeval echter verlenging van de termijn van opschorting krachtens artikel 41, derde lid, heeft plaatsgevonden, wordt het bedrag van de schadeloosstelling op verzoek van de aanvrager vastgesteld in gedeelten, waarvan het eerste betrekking heeft op de tijdsruimte vóór de aanvang van de eerste verlenging, de volgende op de tijdsruimte tussen twee opeenvolgende verlengingen en het laatste op de tijdsruimte vanaf de aanvang van de laatste verlenging tot het eindigen van de opschorting; de vaststelling geschiedt dan telkens na het verstrijken van de betrokken tijdsruimte.

3. De vaststelling geschiedt zo mogelijk door Onze Minister van Defensie en de aanvrager in onderling overleg. Indien binnen zes maanden na het einde van de tijdsruimte, waarvoor de vergoeding moet gelden, geen overeenstemming is bereikt, is artikel 58, zesde lid, eerste volzin, van overeenkomstige toepassing.

Art. 43

1. Indien een aanvrager verzoekt de inhoud van een octrooiaanvrage geheim te houden in het belang van de verdediging van een andere staat, dan wel de regering van die staat zodanig verzoek doet, zendt het bureau, mits de aanvrager schriftelijk heeft verklaard afstand te doen van alle vergoeding van schade, die hij door toepassing van dit artikel zou kunnen lijden, onverwijld afschrift van dat verzoek en van de tot de aanvrage behorende beschrijving en tekeningen, alsmede van bedoelde afstandsverklaring, aan Onze Minister van Defensie. In dat geval wordt de inschrijving in het octrooiregister van de aanvrage opgeschort. Ingeval een afstandsverklaring ontbreekt, stelt het bureau Onze genoemde minister onverwijld van een en ander in kennis.

Verzoek om geheimhouding in het belang van een andere Staat

2. Binnen drie maanden na de indiening van het verzoek kan Onze genoemde minister, mits hem is gebleken, dat aan de aanvrager ook door de betrokken staat geheimhouding is opgelegd

en dat deze van die staat toestemming heeft verkregen een aanvrage onder geheimhouding in te dienen, besluiten, dat de inhoud der aanvrage in het belang van de verdediging van die staat geheim moet blijven. Het besluit wordt bekendgemaakt aan de aanvrager en aan het bureau.

3. Een besluit als bedoeld in het tweede lid heeft tot gevolg dat de inschrijving in het octrooiregister van de aanvrage blijft opgeschort, totdat Onze genoemde minister besluit dat de aanvrage niet langer geheim hoeft te blijven. Indien een besluit niet binnen de in het tweede lid bedoelde termijn is genomen, eindigt de opschorting.

4. Artikel 41, zevende en achtste lid, is ten aanzien van een aanvrage als in het eerste lid bedoeld van overeenkomstige toepassing.

Art. 44

Gebruik door de Staat van hetgeen de geheim gehouden aanvrage behelst

1. Ingeval Onze Minister van Defensie van oordeel is, dat het belang van de verdediging van het Koninkrijk vordert, dat de Staat datgene, waarvoor octrooi wordt aangevraagd in een aanvrage, waarop artikel 40, 41 of 43 is toegepast, gebruikt, toepast dan wel doet gebruiken of toepassen, kan hij daartoe overgaan na het desbetreffende besluit bekend te hebben gemaakt. In dit besluit worden de handelingen, die de Staat moet kunnen verrichten of doen verrichten, nauwkeurig omschreven.

2. De Staat betaalt de aanvrager een vergoeding voor het gebruik of de toepassing krachtens het eerste lid.

3. Het bedrag van deze vergoeding wordt zo mogelijk door Onze genoemde minister en de aanvrager in onderling overleg vastgesteld. Indien binnen zes maanden na de in het eerste lid bedoelde bekendmaking geen overeenstemming is bereikt, is artikel 58, zesde lid, eerste volzin, van overeenkomstige toepassing.

Art. 45

Staat zelf als houder van geheim te houden aanvrage

Indien de Staat zelf houder van een octrooiaanvrage is en Onze Minister van Defensie aan het bureau bekendmaakt, dat de inhoud daarvan in het belang van de verdediging van het Koninkrijk of zijn bondgenoten geheim moet blijven, wordt de inschrijving in het octrooiregister van de aanvrage opgeschort, totdat Onze genoemde minister aan het bureau bekendmaakt, dat de inhoud van de aanvrage niet langer geheim behoeft te blijven.

Art. 46

Geheim te houden Europese aanvrage

1. Een Europese octrooiaanvrage, waarvan de inhoud - naar de aanvrager weet of redelijkerwijs moet vermoeden - in het belang van de verdediging van het Koninkrijk of zijn bondgenoten geheim moet blijven, moet worden ingediend bij het bureau.

2. Het bureau zendt onverwijld afschrift van de tot de aanvrage behorende beschrijving en tekeningen aan Onze Minister van Defensie.

3. Uiterlijk drie weken voordat een Europese octrooiaanvraag moet worden doorgezonden naar het Europees Octrooibureau, maakt Onze genoemde minister aan het bureau bekend of de inhoud van de aanvrage in het belang van de verdediging van het Koninkrijk of zijn bondgenoten geheim moet blijven.

4. Indien een bekendmaking krachtens het derde lid in ontkennende zin is gedaan of indien een bekendmaking is uitgebleven, zendt het bureau de Europese octrooiaanvrage, met inachtneming van de hiervoor krachtens het Europees Octrooiverdrag geldende termijn, door aan het Europees Octrooibureau, bedoeld in dat verdrag.

5. Het bureau geeft van enige bekendmaking krachtens het derde lid of van het uitblijven daarvan onverwijld kennis aan de aanvrager.

§ 4

Omgezette Europese octrooiaanvragen

Art. 47

Omzetting van Europese in nationale aanvrage

Een Europese octrooiaanvrage, die voldoet aan het bepaalde in artikel 80 van het Europees Octrooiverdrag en op grond van artikel 77, derde lid, van dat Verdrag wordt aangemerkt als te zijn ingetrokken en die, als bijlage bij een regelmatig verzoek tot omzetting in een aanvrage om octrooi in het Koninkrijk, bij het bureau is binnengekomen, hierna te noemen omgezette aanvrage, geldt als een tot het bureau gerichte en bij het bureau ingediende aanvrage om octrooi als bedoeld in artikel 24. Een verzoek tot omzetting is regelmatig als het met inachtneming van de bepalingen van het Achtste Deel, hoofdstuk I, van het Europees Octrooiverdrag tijdig gedaan en aan het bureau doorgezonden is.

Art. 48

Behandeling der omgezette aanvrage

1. Op de omgezette aanvrage wordt de datum, waarop zij bij het bureau is binnengekomen, alsmede een volgnummer vermeld. Het bureau geeft hiervan zo spoedig mogelijk kennis aan de aanvrager.

2. Voor de omgezette aanvrage moet het in artikel 24, vijfde lid, bedoelde bewijs van betaling worden overgelegd binnen een termijn van drie maanden na de in het eerste lid bedoelde datum van binnenkomst. Indien de Europese octrooiaanvrage niet in het Nederlands is ingediend moet binnen dezelfde termijn een vertaling in het Nederlands van de oorspronkelijke stukken van die aanvrage worden overgelegd. De vertaling maakt deel uit van de omgezette aanvrage; zij moet op verzoek van het bureau binnen een door dat bureau te stellen termijn worden gewaarmerkt. Indien niet tijdig is voldaan aan het in dit lid bepaalde, stelt het bureau de aanvrager eenmaal in de gelegenheid om binnen een door het bureau te stellen termijn zijn verzuim te herstellen. Indien de aanvrager zijn verzuim niet tijdig heeft hersteld, besluit het bureau de aanvrage niet te behandelen. Het bureau maakt zijn beschikking zo spoedig mogelijk aan de aanvrager bekend.

3. Op de omgezette aanvrage zijn de bij of krachtens artikel 24 gestelde vormvoorschriften niet van toepassing, voor zover zij afwijken van of een aanvulling betekenen op het bij of krachtens het Europees Octrooiverdrag bepaalde; in dat geval zijn laatstbedoelde bepalingen op de omgezette aanvrage van toepassing.

4. Zodra de aanvrager heeft voldaan aan het tweede lid gaat het bureau na of de aanvrage voldoet aan het bij en krachtens artikel 24 bepaalde of, indien van toepassing, de in het derde lid bedoelde bepalingen van het Europees Octrooiverdrag. Indien dat niet het geval is of indien het openbaar worden van de uitvinding in strijd zou zijn met de openbare orde of goede zeden, geeft het bureau hiervan zo spoedig mogelijk schriftelijk kennis aan de aanvrager, onder opgave van de voorschriften waaraan niet is voldaan. Artikel 30, tweede lid, is van overeenkomstige toepassing.

5. Voor de toepassing van de artikelen 31, eerste lid, 36, zesde lid, en 61, eerste lid, op de omgezette aanvrage wordt in plaats van "de in artikel 29, eerste lid, bedoelde datum van indiening" gelezen: de datum van indiening die de aanvrage ingevolge artikel 80 van het Europees Octrooiverdrag met inachtneming van de artikelen 61 of 76 van dat Verdrag bezit. In afwijking van artikel 32, eerste en tweede lid, kan een verzoek om een aan de verlening van het octrooi voorafgaand onderzoek naar de stand van de techniek met betrekking tot het onderwerp van de omgezette octrooiaanvrage of een daarvan afgesplitste aanvrage worden ingediend binnen twee maanden na de ingevolge artikel 48, eerste lid, op de omgezette aanvrage vermelde datum onderscheidenlijk binnen twee maanden na indiening van de afgesplitste aanvrage.

6. De in artikel 31 bedoelde inschrijving in het octrooiregister vindt niet eerder plaats dan nadat is vastgesteld dat aan de in het vierde lid bedoelde voorschriften is voldaan of de gebreken zijn hersteld.

Hoofdstuk 3 Bepalingen betreffende Europese octrooien

Art. 49

1. Met inachtneming van het in deze rijkswet bepaalde hebben Europese octrooien vanaf de dag, waarop overeenkomstig artikel 97, derde lid, van het Europees Octrooiverdrag de vermelding van de verlening is gepubliceerd, dezelfde rechtsgevolgen en zijn zij aan hetzelfde recht onderworpen als de overeenkomstig artikel 36 van deze rijkswet verleende octrooien.

Rechtsgevolgen

2. Een Europees octrooi blijft, behoudens eerder verval of vernietiging door de rechter, van kracht tot het verstrijken van een termijn van twintig jaren, te rekenen vanaf de datum van indiening, die de Europese octrooiaanvrage, die tot het betrokken Europees octrooi heeft geleid, ingevolge artikel 80 van het Europees Octrooiverdrag met inachtneming van de artikelen 61 of 76 van dat verdrag bezit.

3. Voor de toepassing van de artikelen 55, eerste lid, 57, vierde lid, en 77, eerste lid, op Europese octrooien geldt als dag van indiening: de datum van indiening die de Europese octrooiaanvrage, die tot het betrokken Europees octrooi heeft geleid, ingevolge artikel 80 van het Europees Octrooiverdrag met inachtneming van de artikelen 61 of 76 van dat verdrag bezit.

Dag van indiening

Art. 50

1. Een Europees octrooi wordt geacht van de aanvang af geheel of gedeeltelijk niet de in de artikelen 53, 53a, 72 en 73 bedoelde rechtsgevolgen te hebben gehad naar gelang het octrooi geheel of gedeeltelijk is herroepen of beperkt.

Herroeping van een Europees octrooi

2. De terugwerkende kracht van de herroeping heeft geen invloed op:

a. een beslissing, niet zijnde een voorlopige voorziening, ter zake van handelingen in strijd met het in de artikelen 53 en 53a bedoelde uitsluitend recht van de octrooihouder of van handelingen als bedoeld in de artikelen 72 en 73, die voor de herroeping in kracht van gewijsde is gegaan en ten uitvoer is gelegd;

b. een voor de herroeping gesloten overeenkomst, voor zover deze voor de herroeping is uitgevoerd; uit billijkheidsoverwegingen kan echter terugbetaling worden geëist van op grond van deze overeenkomst betaalde bedragen, en wel in de mate als door de omstandigheden gerechtvaardigd is.

3. Voor de toepassing van het tweede lid, onder *b*, wordt onder het sluiten van een overeenkomst mede verstaan het ontstaan van een licentie op een andere in de artikelen 56, tweede lid, 59 of 60 aangegeven wijze.

Art. 51

Aantekening van verlening en oppositie

1. Het bureau doet van de overeenkomstig artikel 97, derde lid, van het Europees Octrooiverdrag bedoelde publikatie van de vermelding dat een Europees octrooi is verleend onverwijld aantekening in het octrooiregister.

2. Het bureau doet in het octrooiregister onverwijld aantekening van het instellen van een oppositieprocedure, een beperkingsprocedure of een herroepingsprocedure met betrekking tot een Europees octrooi, met vermelding van de datum waarop dit geschiedde en van beslissingen van het Europees Octrooibureau ter zake van deze procedures.

Art. 51a

Europees octrooi na registratie eenheidswerking, gevolgen Europees deel Nederland

1. Een Europees octrooi wordt geacht in het Europese deel van Nederland van de aanvang af niet de in de artikelen 53, 54, eerste lid, en 54a bedoelde rechtsgevolgen te hebben gehad, na de registratie van eenheidswerking van het octrooi in het register voor eenheidsoctrooibescherming, bedoeld in artikel 3, eerste lid, van verordening (EU) nr. 1257/2012 van het Europees Parlement en de Raad van 17 december 2012 tot het uitvoering geven aan nauwere samenwerking op het gebied van de instelling van eenheidsoctrooibescherming (PbEU 2012, L 361).

Europees octrooi na registratie eenheidswerking, gevolgen buiten Europees deel Nederland

2. Na de registratie, bedoeld in het eerste lid, blijft een Europees octrooi van kracht in Curaçao en Sint Maarten en in Bonaire, Sint Eustatius en Saba indien aan de verplichtingen van de artikelen 52 en 61 is of wordt voldaan.

3. Het bureau doet van de in het eerste lid bedoelde registratie en de rechtsgevolgen daarvan voor het Europees octrooi onverwijld aantekening in het octrooiregister.

Art. 52

Nederlandse of Engelse vertaling van het octrooi

1. Degene aan wie een Europees octrooi is verleend, doet het bureau, indien het octrooi is verleend in een andere taal dan het Engels, binnen een bij algemene maatregel van rijksbestuur te bepalen termijn een vertaling in het Nederlands of in het Engels toekomen van de tekst waarin het Europees Octrooibureau besluit dat octrooi te verlenen. Daarnaast doet degene aan wie een Europees octrooi is verleend het bureau binnen een bij algemene maatregel van rijksbestuur te bepalen termijn een vertaling in het Nederlands toekomen van de conclusies van het verleende octrooi. Bij indiening van de vertaling wordt een bedrag betaald, waarvan de hoogte en de termijn waarbinnen betaling geschiedt, bij algemene maatregel van rijksbestuur worden bepaald.

2. De in het eerste lid bedoelde vertalingen voldoen aan bij ministeriële regeling te stellen vormvoorschriften. Indien bij ontvangst binnen de in het eerste lid bedoelde termijn niet is voldaan aan een vormvoorschrift, geeft het bureau hiervan onverwijld kennis aan de octrooihouder onder opgave van het voorschrift waaraan niet is voldaan en van de termijn waarbinnen het geconstateerde gebrek kan worden opgeheven.

3. Onverwijld na ontvangst in behoorlijke vorm van de in het eerste lid bedoelde vertalingen doet het bureau daarvan aantekening in het octrooiregister.

Sanctie

4. Het Europees octrooi wordt geacht van de aanvang af niet de in artikel 49 bedoelde rechtsgevolgen te hebben gehad, indien:

a. binnen de in het eerste lid bedoelde termijnen de in het eerste lid bedoelde vertalingen niet door het bureau zijn ontvangen onderscheidenlijk het krachtens dat lid verschuldigde bedrag niet is betaald, of

b. binnen de in het tweede lid bedoelde termijn niet alsnog aan de opgegeven voorschriften is voldaan.

5. Indien zich een omstandigheid als bedoeld in het vierde lid voordoet, doet het bureau daarvan onverwijld aantekening in het octrooiregister.

6. Het eerste tot en met het vijfde lid zijn van overeenkomstige toepassing, indien in het Europees octrooi tijdens de oppositieprocedure of beperkingsprocedure wijziging is gekomen.

7. De octrooihouder kan te allen tijde het bureau een verbeterde vertaling doen toekomen onder betaling van een bedrag, waarvan de hoogte bij of krachtens algemene maatregel van rijksbestuur wordt bepaald. Het eerste lid, tweede volzin, het tweede en het derde lid zijn van toepassing.

Kennisneming derden van Europees octrooi

8. Vanaf het tijdstip, waarop de in artikel 51, eerste lid, bedoelde aantekening in het octrooiregister is gedaan, kan een ieder kosteloos kennisnemen van alle op het Europees octrooi betrekking hebbende stukken die het bureau hebben bereikt of die het bureau aan de houder van het Europees octrooi of aan derden heeft doen uitgaan in het kader van de bepalingen van deze rijkswet. Het bureau maakt van al deze stukken zo spoedig mogelijk doch niet voor het in de eerste volzin bedoelde tijdstip melding in het in artikel 20 bedoelde blad.

9. Indien in de vertaling, bedoeld in het eerste of zevende lid, de beschermingomvang van de Europese octrooiaanvrage of het Europees octrooi beperkter is dan de bescherming die wordt geboden door die aanvrage of door dat octrooi in de procestaal, geldt die vertaling als authentieke tekst, behalve in geval van toepassing van artikel 75.

10. Indien een houder van een Europees octrooi een vermeende inbreukpleger schriftelijk op de hoogte stelt van de inbreuk op zijn octrooi, maakt de houder van dat octrooi op verzoek van een vermeende inbreukpleger een vertaling in het Nederlands van de tekst van het octrooi en verstrekt deze tekst aan de verzoeker.

11. De kosten van de vertalingen worden gedragen door de houder van een octrooi.

Art. 52a

1. Het bureau herstelt, op verzoek van degene aan wie een Europees octrooi is verleend, de toestand, bedoeld in artikel 49, eerste lid, respectievelijk de toestand voorafgaand aan het verval van het octrooi, bedoeld in artikel 62, indien:

a. zijn aanvraag tot een registratie als bedoeld in artikel 51a, eerste lid, die binnen de termijn, genoemd in artikel 9, eerste lid, onderdeel g, van verordening (EU) nr. 1257/2012 van het Europees Parlement en de Raad van 17 december 2012 tot het uitvoering geven aan nauwere samenwerking op het gebied van de instelling van eenheidsoctrooibescherming (PbEU 2012, L 361) is ingediend, is geweigerd;

b. artikel 52, vierde lid, of artikel 62 van toepassing is, en

c. voldaan is aan de voorwaarden, genoemd in dit artikel.

2. Het verzoek wordt ingediend binnen twee maanden na dagtekening van:

a. het besluit tot weigering, bedoeld in het eerste lid, of

b. de beslissing van het Gerecht van Eerste Aanleg of het Hof van Beroep van het Eengemaakt Octrooigerecht waarbij het besluit tot weigering in stand is gelaten.

3. Gelijktijdig met het verzoek overlegt de verzoeker een afschrift van het besluit of de beslissing, bedoeld in het tweede lid, onderdeel a of b.

4. Indien artikel 52, vierde lid, van toepassing is:

a. verricht de verzoeker bij indiening van het verzoek alsnog de in artikel 52, eerste lid, bedoelde handelingen, waarbij de overige leden van artikel 52 van overeenkomstige toepassing zijn, en

b. voldoet de verzoeker het ingevolge artikel 61, tweede lid, verschuldigde bedrag binnen vier weken na verzending van een mededeling door het bureau van het verschuldigde bedrag, indien op de dag van verzending van deze mededeling de termijn, bedoeld in artikel 61, tweede lid, is verstreken.

5. Indien artikel 62 van toepassing is, voldoet de verzoeker het in artikel 61, tweede lid, verschuldigde bedrag binnen vier weken na verzending van de mededeling door het bureau van het verschuldigde bedrag.

6. Het bureau tekent het herstel, bedoeld in het eerste lid, in het octrooiregister aan.

Hoofdstuk 4 Rechtsgevolgen van het octrooi

§ 1

Rechten en verplichtingen van de octrooihouder

Art. 53

1. Een octrooi geeft de octrooihouder, behoudens de bepalingen van de artikelen 53a tot en met 60, het uitsluitend recht:

a. het geoctrooieerde voortbrengsel in of voor zijn bedrijf te vervaardigen, te gebruiken, in het verkeer te brengen of verder te verkopen, te verhuren, af te leveren of anderszins te verhandelen, dan wel voor een of ander aan te bieden, in te voeren of in voorraad te hebben;

b. de geoctrooieerde werkwijze in of voor zijn bedrijf toe te passen of het voortbrengsel, dat rechtstreeks verkregen is door toepassing van die werkwijze, in of voor zijn bedrijf te gebruiken, in het verkeer te brengen of verder te verkopen, te verhuren, af te leveren of anderszins te verhandelen, dan wel voor een of ander aan te bieden, in te voeren of in voorraad te hebben.

2. Het uitsluitend recht wordt bepaald door de conclusies van het octrooischrift, waarbij de beschrijving en de tekeningen dienen tot uitleg van die conclusies.

3. Het uitsluitend recht strekt zich niet uit over handelingen, uitsluitend dienende tot onderzoek van het geoctrooieerde, daaronder begrepen het door toepassing van de geoctrooieerde werkwijze rechtstreeks verkregen voortbrengsel. Het uitsluitend recht strekt zich evenmin uit tot de bereiding voor direct gebruik ten behoeve van individuele gevallen op medisch voorschrift van geneesmiddelen in apotheken, noch tot handelingen betreffende de aldus bereide geneesmiddelen.

4. Het uitvoeren van de noodzakelijke studies, tests en proeven met het oog op de toepassing van artikel 10, eerste tot en met vierde lid, van Richtlijn 2001/83/EG tot vaststelling van een communautair wetboek betreffende geneesmiddelen voor menselijk gebruik (PbEG L 311) of artikel 13, eerste tot en met het vijfde lid van Richtlijn 2001/82/EG tot vaststelling van een communautair wetboek betreffende geneesmiddelen voor diergeneeskundig gebruik (PbEG L 311) en de daaruit voortvloeiende praktische vereisten worden niet beschouwd als een inbreuk op octrooien met betrekking tot geneesmiddelen voor menselijk gebruik, respectievelijk geneesmiddelen voor diergeneeskundig gebruik.

5. Is een voortbrengsel als in het eerste lid, onder a of b, bedoeld, in Nederland, Curaçao of Sint Maarten rechtmatig in het verkeer gebracht, dan wel door de octrooihouder of met diens

Registratie eenheidswerking, vangnetbepaling

Termijn

Uitsluitende rechten van de octrooihouder

Beperking van het uitsluitend recht

Uitputting

toestemming in één der Lid-Staten van de Europese Gemeenschap of in een andere staat die partij is bij de Overeenkomst betreffende de Europese Economische Ruimte in het verkeer gebracht, dan handelt de verkrijger of latere houder niet in strijd met het octrooi, door dit voortbrengsel in of voor zijn bedrijf te gebruiken, te verkopen, te verhuren, af te leveren of anderszins te verhandelen, dan wel voor een of ander aan te bieden, in te voeren of in voorraad te hebben.

6. Een voortbrengsel als in het eerste lid, onder a of b, bedoeld, dat voor de verlening van het octrooi, of, indien het een Europees octrooi betreft, voor de dag, waarop overeenkomstig artikel 97, derde lid, van het Europees Octrooiverdrag de vermelding van de verlening van het Europees octrooi is gepubliceerd, in een bedrijf is vervaardigd, mag niettegenstaande het octrooi ten dienste van dat bedrijf worden gebruikt.

Art. 53a

Uitsluitende rechten van de octrooihouder

1. Ten aanzien van een octrooi voor biologisch materiaal dat door de uitvinding bepaalde eigenschappen heeft verkregen, strekt het uitsluitend recht zich uit tot ieder biologisch materiaal dat hieruit door middel van propagatie of vermeerdering in dezelfde of in gedifferentieerde vorm wordt gewonnen en dat dezelfde eigenschappen heeft.

2. Ten aanzien van een octrooi voor een werkwijze voor de voortbrenging van biologisch materiaal dat door de uitvinding bepaalde eigenschappen heeft gekregen, strekt het uitsluitend recht zich uit tot het biologisch materiaal dat rechtstreeks door deze werkwijze wordt gewonnen en tot ieder ander biologisch materiaal dat door middel van propagatie of vermeerdering in dezelfde of in gedifferentieerde vorm uit het rechtstreeks gewonnen biologisch materiaal wordt gewonnen en dat diezelfde eigenschappen heeft.

3. Ten aanzien van een octrooi voor een voortbrengsel dat uit genetische informatie bestaat of dat zulke informatie bevat, strekt het uitsluitend recht zich uit tot ieder materiaal waarin dit voortbrengsel wordt verwerkt en waarin de genetische informatie wordt opgenomen en haar functie uitoefent, onverminderd artikel 3, eerste lid, onderdeel b.

Art. 53b

Uitputting

1. Het recht, bedoeld in artikel 53a, strekt zich niet uit tot biologisch materiaal dat wordt gewonnen door propagatie of door vermeerdering van biologisch materiaal dat in Nederland, Curaçao of Sint Maarten rechtmatig in het verkeer is gebracht, dan wel door de octrooihouder of met diens toestemming in één van de lid-staten van de Europese Gemeenschap of in een andere staat die partij is bij de Overeenkomst betreffende de Europese Economische Ruimte in het verkeer is gebracht, indien de propagatie of vermeerdering noodzakelijkerwijs voortvloeit uit het gebruik waarvoor het biologisch materiaal in het verkeer is gebracht, mits het afgeleide materiaal vervolgens niet voor andere propagaties of vermeerderingen wordt gebruikt.

2. Het recht, bedoeld in artikel 53a, strekt zich evenmin uit over handelingen met biologisch materiaal die dienen tot het kweken, of ontdekken en ontwikkelen van andere plantenrassen.

Art. 53c

Farmer's privilege

1. In afwijking van artikel 53a houdt de verkoop of een andere vorm van in het verkeer brengen, door de octrooihouder of met diens toestemming, van plantaardig propagatiemateriaal aan een landbouwer voor agrarische exploitatiedoeleinden voor de laatste het recht in om de voortbrengselen van zijn oogst voor verdere propagatie of vermeerdering door hemzelf op zijn eigen bedrijf te gebruiken met inachtneming van het bepaalde bij of krachtens artikel 14 van verordening (EG) nr. 2100/94 van de Raad van de Europese Unie van 27 juli 1994 inzake het communautaire kwekersrecht (PbEG L 227).

2. In afwijking van artikel 53a houdt de verkoop of een andere vorm van in het verkeer brengen, door de octrooihouder of met diens toestemming, van fokvee of dierlijk propagatiemateriaal aan een landbouwer voor de laatste het recht in om het door een octrooi beschermde vee voor agrarische doeleinden te gebruiken.

3. Onder gebruik voor agrarische doeleinden, bedoeld in het tweede lid, wordt in ieder geval verstaan het beschikbaar stellen van het dier of van dierlijk propagatiemateriaal voor het gebruik in het agrarisch bedrijf van de landbouwer, maar niet de verkoop in het kader van of met het oog op de commerciële fokkerij.

4. Bij algemene maatregel van rijksbestuur kunnen door Onze Minister, in overeenstemming met Onze Minister van Landbouw, Natuur en Voedselkwaliteit, nadere regels worden gesteld ten aanzien van het recht, bedoeld in het tweede of derde lid.

Art. 54

Beperking van het uitsluitend recht van de octrooihouder

Het uitsluitend recht van de octrooihouder strekt zich niet uit tot:

a. het gebruik aan boord van schepen van andere landen van datgene, wat het voorwerp van zijn octrooi uitmaakt, in het schip zelf, in de machines, het scheepswant, de tuigage en andere bijbehorende zaken, wanneer die schepen tijdelijk of bij toeval in de wateren van Nederland, Curaçao of Sint Maarten verblijven, mits bedoeld gebruik uitsluitend zal zijn ten behoeve van het schip;

b. het gebruik van datgene, wat het voorwerp van zijn octrooi uitmaakt, in de constructie of werking van voor de voortbeweging in de lucht of te land dienende machines van andere landen, of van het toebehoren van die machines, wanneer deze tijdelijk of bij toeval in Nederland, Curaçao of Sint Maarten verblijven;

c. handelingen, vermeld in artikel 27 van het op 7 december 1944 te Chicago tot stand gekomen Verdrag inzake de internationale burgerlijke luchtvaart (*Stb.* 1947, H 165), mits deze handelingen betrekking hebben op een luchtvaartuig van een onder c van dat artikel bedoelde andere staat dan het Koninkrijk of een daartoe behorend land.

Art. 55

1. Degene, die datgene waarvoor door een ander een octrooi is gevraagd, in Nederland, Curaçao of Sint Maarten reeds in of voor zijn bedrijf vervaardigde of toepaste of aan zijn voornemen tot zodanige vervaardiging of toepassing een begin van uitvoering had gegeven op de dag van indiening van die aanvrage of, indien de aanvrager een recht van voorrang geniet ingevolge artikel 9, eerste lid, dan wel ingevolge artikel 87 van het Europees Octrooiverdrag, op de dag van indiening van de aanvrage, waarop het recht van voorrang berust, blijft niettegenstaande het octrooi, als voorgebruiker bevoegd de in artikel 53, eerste lid, bedoelde handelingen te verrichten, tenzij hij zijn wetenschap ontleend heeft aan hetgeen reeds door de octrooiaanvrager vervaardigd of toegepast werd, of wel aan beschrijvingen, tekeningen of modellen van de octrooiaanvrager.

Recht van voorgebruik

2. Het eerste lid is van overeenkomstige toepassing ten aanzien van dat deel van het aan Nederland, Curaçao of Sint Maarten grenzende continentaal plat, waarop het Koninkrijk soevereine rechten heeft, doch uitsluitend voor zover het handelingen betreft, gericht op en verricht tijdens het onderzoek naar de aanwezigheid van natuurlijke rijkdommen of het winnen daarvan.

3. Degene, die te goeder trouw datgene waarvoor aan een ander een Europees octrooi is verleend, reeds in of voor zijn bedrijf vervaardigde of toepaste of aan zijn voornemen tot zodanige vervaardiging of toepassing een begin van uitvoering had gegeven voor de datum waarop van een verbeterde vertaling als bedoeld in artikel 52, zevende lid, aantekening is gedaan in het octrooiregister, blijft niettegenstaande het octrooi bevoegd de in artikel 53, eerste lid, bedoelde handelingen te verrichten, voor zover deze handelingen geen inbreuk maken op het uitsluitend recht van de octrooihouder, welk recht in dit geval bepaald wordt door de inhoud van de conclusies van het octrooischrift en de voor de uitleg daarvan bedoelde beschrijving en tekeningen in de eerdere, gebrekkige vertaling in het Nederlands.

4. De in het eerste en het derde lid bedoelde bevoegdheden gaan alleen met het bedrijf op anderen over.

Art. 56

1. Door een licentie wordt van de octrooihouder de bevoegdheid verkregen handelingen te verrichten, die volgens artikel 53 aan anderen dan hem niet vrijstaan. Die bevoegdheid strekt zich uit tot alle in bedoeld artikel vermelde handelingen en geldt voor de gehele duur van het octrooi, tenzij bij de verlening der licentie een minder omvangrijk recht is toegekend.

Gevolgen van licentieverlening

2. Een licentie ontstaat door een overeenkomst, door een aanvaarde uiterste wilsbeschikking of, overeenkomstig de artikelen 57 en 58, door een beschikking van Onze Minister of door een in kracht van gewijsde gegane rechterlijke uitspraak. De door een overeenkomst of aanvaarde wilsbeschikking ontstane licentie is tegenover derden geldig, nadat de titel in het octrooiregister is ingeschreven. Voor de inschrijving is een bij of krachtens algemene maatregel van rijksbestuur vast te stellen bedrag verschuldigd.

Ontstaan van een licentie

3. Indien het recht op een vergoeding voor een licentie ingevolge artikel 75, achtste lid, of artikel 78, vierde lid, op een ander overgaat, wordt door de nieuwe rechthebbende aanspraak verkregen op een deel van de in het geheel voor de licentie betaalde en te betalen vergoeding in verhouding tot de tijd, gedurende welke de licentie in normale omstandigheden nog van kracht moet blijven. Is hetgeen de licentiehouder nog moet betalen niet voldoende om de nieuwe rechthebbende te verschaffen wat hem toekomt, dan heeft deze voor het ontbrekende verhaal op de vroegere.

Overgang van aanspraken jegens licentiehouder

4. Bij of krachtens algemene maatregel van rijksbestuur worden nadere regels gesteld over de aanvraag tot inschrijving van een licentie.

Art. 57

1. Onze Minister kan, indien het algemeen belang dit naar zijn oordeel vordert, onder een octrooi een licentie van een door hem nauwkeurig omschreven inhoud aan een door hem aangewezen persoon verlenen. Alvorens zijn beschikking te geven onderzoekt Onze Minister, tenzij de te dezen vereiste spoed zich daartegen verzet, of de octrooihouder bereid is de licentie onder redelijke voorwaarden vrijwillig te verlenen. Hij stelt daartoe de octrooihouder in de gelegenheid schriftelijk en, zo deze dit verzoekt, ook mondeling van zijn gevoelen te doen blijken. De beschikking wordt aan de octrooihouder en aan de verkrijger van de licentie bekendgemaakt. Bij zijn beschikking kan Onze Minister de verkrijger van de licentie het stellen van zekerheid binnen een bepaalde termijn opleggen. Het instellen van bezwaar en beroep heeft schorsende werking, tenzij de beschikking van Onze Minister op grond van de te dezen vereiste spoed anders bepaalt.

Verlening van licentie door minister in het algemeen belang

B39 art. 57a

Rijksoctrooiwet 1995

Gedwongen licentie wegens non usus

2. Indien noch de octrooihouder, noch een ander krachtens een hem verleende licentie na verloop van drie jaren na dagtekening van het octrooi in het Koninkrijk of in een andere, bij algemene maatregel van rijksbestuur aangewezen staat in werking heeft een inrichting van nijverheid, waarin te goeder trouw in voldoende mate het betrokken voortbrengsel wordt vervaardigd of de betrokken werkwijze wordt toegepast, is de octrooihouder verplicht de voor het in werking hebben van zodanige inrichting nodige licentie te verlenen, tenzij geldige redenen voor het ontbreken van zodanige inrichting blijken te bestaan. Voor de houder van een Europees octrooi ontstaat deze verplichting, indien niet na verloop van drie jaren na de dag, waarop overeenkomstig artikel 97, vierde lid, van het Europees Octrooiverdrag de vermelding van de verlening van het Europees octrooi is gepubliceerd, een inrichting van nijverheid als hiervoor bedoeld in werking is in Nederland, Curaçao of Sint Maarten of in een andere, bij algemene maatregel van rijksbestuur aangewezen staat.

3. Het tweede lid is niet van toepassing, indien de octrooihouder of een ander krachtens een hem verleende licentie in dat deel van het aan Nederland, Curaçao of Sint Maarten grenzende continentaal plat, waarop het Koninkrijk soevereine rechten heeft, in werking heeft een inrichting van nijverheid, waarin te goeder trouw in voldoende mate handelingen als in dat lid bedoeld worden verricht, mits die handelingen zijn gericht op en worden verricht tijdens het onderzoek naar de aanwezigheid van natuurlijke rijkdommen of het winnen daarvan.

Gedwongen licentie wegens afhankelijkheid

4. De octrooihouder is te allen tijde verplicht de licentie te verlenen welke nodig mocht zijn voor de toepassing van een octrooi, verleend op een aanvrage met een gelijke of latere dag van indiening of, indien voor de aanvrage een recht van voorrang bestaat, gelijke of latere voorrangsdatum, voor zover in het octrooi ten behoeve waarvan de licentie is gevraagd, een belangrijke technische vooruitgang van aanzienlijke economische betekenis is belichaamd; de octrooihouder is evenwel tot verlening van een licentie welke nodig mocht zijn voor de toepassing van een Europees octrooi eerst verplicht nadat de voor het instellen van oppositie tegen het Europees octrooi gestelde termijn is verstreken of een ingestelde oppositieprocedure is afgesloten. Een zodanige licentie strekt zich niet verder uit dan noodzakelijk is voor de toepassing van het octrooi van de verkrijger. Deze is verplicht aan de houder van het andere octrooi wederkerig licentie onder zijn octrooi te verlenen.

5. De octrooihouder verleent aan een kweker een licentie tegen een redelijke vergoeding, indien de kweker een kwekersrecht op een plantenras niet kan verkrijgen of exploiteren zonder inbreuk te maken op het octrooi van eerdere datum en de licentie noodzakelijk is voor de exploitatie van het te beschermen plantenras, dat een belangrijke technische vooruitgang van aanzienlijk economisch belang vertegenwoordigt ten opzichte van de door het octrooi beschermde uitvinding.

6. Indien aan een octrooihouder een licentie is verleend op grond van artikel 42, tweede lid, van de Zaaizaad- en Plantgoedwet, verleent de octrooihouder aan de houder van het kwekersrecht op diens verzoek onder redelijke voorwaarden een wederkerige licentie om de beschermde uitvinding te gebruiken.

Art. 57a

Gedwongen licentie (halfgeleiders)

In afwijking van artikel 57 kan een gedwongen licentie onder een octrooi op het gebied van de halfgeleiderstechnologie alleen worden verleend voor niet-commercieel gebruik door de overheid of voor het tegengaan van een gedraging waarvan na een rechterlijke of administratieve procedure is vastgesteld dat deze concurrentiebeperkend is.

Art. 58

Verlening van gedwongen licentie door de rechter

1. Indien de licentie, bedoeld in artikel 57, tweede, vierde, vijfde of zesde lid, ten onrechte niet is verleend, wordt de licentie op vordering van de belanghebbende door de rechter verleend. Op verzoek van eiser wordt de dagvaarding door het bureau in het octrooiregister ingeschreven.

2. Indien het octrooi op grond van deze rijkswet is verleend, is de eiser in zijn rechtsvordering niet ontvankelijk als hij niet bij dagvaarding als bijlage daarbij het resultaat van een door het bureau of het in het Europees Octrooiverdrag bedoelde Europees Octrooibureau ingesteld onderzoek naar de stand van de techniek met betrekking tot het onderwerp van het octrooi, ten behoeve waarvan de licentie is gevorderd, overlegt.

3. De verlening van een op grond van artikel 57, vierde lid, eerste volzin, gevorderde licentie kan met of zonder tijdsbepaling worden geschorst, indien binnen twee maanden na de betekening van de dagvaarding waarin de licentie is gevorderd, een vordering tot vernietiging van het octrooi, ten behoeve waarvan de licentie is gevorderd, is ingesteld.

4. De rechter kan bij de omschrijving van de verleende licentie afwijken van hetgeen gevraagd is en kan voorts de verkrijger van de licentie het stellen van zekerheid binnen een bepaalde termijn opleggen. Een op grond van artikel 57, vierde lid, eerste volzin, verleende licentie zal slechts kunnen worden overgedragen tezamen met het octrooi van de licentiehouder. Een op grond van artikel 57, vierde lid, eerste of derde volzin, verleende licentie vervalt niet doordat het octrooi, ten behoeve waarvan de licentie is verleend, als gevolg van het verstrijken van de in artikel 36, zesde lid, bedoelde termijn is geëindigd of met goed gevolg is opgeëist, doch vervalt wel voor zover het octrooi geheel of gedeeltelijk is vernietigd als resultaat van de in het derde lid bedoelde vordering.

5. Een besluit als bedoeld in artikel 57, eerste lid, of een in kracht van gewijsde gegane rechterlijke uitspraak wordt door het bureau in het octrooiregister ingeschreven. Is het stellen van zekerheid opgelegd, dan heeft de inschrijving niet plaats, voordat aan die verplichting is voldaan. Voor de inschrijving is een bij of krachtens algemene maatregel van rijksbestuur vast te stellen bedrag verschuldigd. De licentie werkt eerst na die inschrijving, maar ook tegenover hen, die na de inschrijving van de in het eerste lid bedoelde dagvaarding rechten op het octrooi hebben verkregen. Een ingeschreven licentie, die op grond van artikel 57, vierde lid, is verleend, werkt echter terug tot en met de dag waarop de dagvaarding is ingeschreven.

Inschrijving van de licentieverlening

6. Op vordering van de meest gerede partij bepaalt de rechter bij gebreke van overeenstemming de vergoeding, die de verkrijger van de licentie aan de octrooihouder dient te betalen. De rechter kan daarbij de verkrijger van de licentie het stellen van zekerheid binnen een bepaalde termijn opleggen, dan wel de op grond van artikel 57, eerste lid, of het vijfde lid van dit artikel bepaalde zekerheid bevestigen of wijzigen.

Vaststelling van bedrag van vergoeding

Art. 58a

1. Een op grond van artikel 57 verleende licentie is niet uitsluitend.

2. Een op grond van artikel 57 verleende licentie kan niet worden overgedragen dan tezamen met het gedeelte van de onderneming of de goodwill van het gedeelte van de onderneming, waarin de licentie wordt uitgeoefend.

Reikwijdte licentie Overdracht licentie

3. Een op grond van artikel 57 verleende licentie kan worden ingetrokken wanneer, rekening houdend met een redelijke bescherming van de gerechtvaardigde belangen van de licentiehouder, de omstandigheden welke hebben geleid tot de verlening van de licentie ophouden te bestaan en het onwaarschijnlijk is dat zij herleven. De instantie welke de licentie heeft verleend onderzoekt op gemotiveerd verzoek het voortduren van bovengenoemde omstandigheden.

Intrekking licentie

Art. 59

1. Bij koninklijk besluit kan, indien het belang van de verdediging van het Koninkrijk dit vordert, op gemeenschappelijke voordracht van Onze Minister en van Onze minister, wie het rechtstreeks aangaat, worden bepaald, dat de Staat bevoegd is in dat besluit nauwkeurig te omschrijven handelingen, waartoe de houder van een in dat besluit aan te wijzen octrooi ingevolge de artikelen 53 en 53a uitsluitend gerechtigd is, zelf te verrichten of door anderen te doen verrichten. Deze bevoegdheid geldt voor de gehele duur van het octrooi, tenzij in het besluit een kortere duur is bepaald.

Bij KB te bepalen handelingen, door de Staat i.p.v. de octrooihouder te verrichten

2. Na het van kracht worden van een besluit als bedoeld in het eerste lid zal Onze minister, wie het rechtstreeks aangaat, zich met de octrooihouder verstaan omtrent de door de Staat aan deze te betalen vergoeding. Indien Onze minister, wie het rechtstreeks aangaat, hierover niet binnen zes maanden na het van kracht worden van het desbetreffende besluit met de octrooihouder tot overeenstemming is gekomen, is artikel 58, zesde lid, met uitzondering van het omtrent het stellen van zekerheid bepaalde, van overeenkomstige toepassing.

Art. 60

1. Onverminderd artikel 56, tweede lid, eerste volzin, ontstaat een licentie door:
a. een uitspraak van de Arbitrage-Commissie, bedoeld in artikel 20 van het Verdrag tot oprichting van de Europese Gemeenschap voor Atoomenergie (Euratom) (Trb. 1957, 92);
b. een besluit van Onze Minister ter uitvoering van artikel 21 van genoemd verdrag.

Ontstaan van licentie door uitspraak Arbitragecommissie of besluit minister ingevolge het Euratomverdrag

2. Ten aanzien van een licentie, ontstaan door een eindbeslissing als bedoeld in het eerste lid, onder a, is artikel 56, tweede lid, tweede en derde volzin, van overeenkomstige toepassing.

3. Ten aanzien van een besluit als bedoeld in het eerste lid, onder b, is artikel 58, eerste, vierde en vijfde lid, eerste, tweede en derde volzin, van overeenkomstige toepassing. Ten aanzien van een door zodanig besluit ontstane licentie is artikel 58, vijfde lid, vierde volzin, en zesde lid, van overeenkomstige toepassing.

4. Een licentie als bedoeld in het eerste lid geldt niet voor Curaçao en Sint Maarten.

§ 2

Jaartaks en afstand

Art. 61

1. Voor de instandhouding van een octrooi moet elk jaar, voor het eerst voor de aanvang van het vierde jaar na de in artikel 29, eerste lid, bedoelde datum van indiening, op de laatste dag van de maand waarin de aanvrage die tot octrooi heeft geleid is ingediend, of ingevolge artikel 28, eerste lid, wordt aangemerkt te zijn ingediend, aan het bureau een bij of krachtens algemene maatregel van rijksbestuur vast te stellen bedrag worden betaald.

Jaarlijkse betaling ter zake van een (Europees) octrooi

2. Voor de instandhouding van een Europees octrooi moet elk jaar, voor het eerst na afloop van het in artikel 86, vierde lid, van het Europees Octrooiverdrag bedoelde jaar doch niet eerder dan voor de aanvang van het vierde jaar na de in artikel 80 van het Europees Octrooiverdrag bedoelde datum van indiening, aan het bureau een bedrag als in het eerste lid bedoeld worden betaald en wel op de laatste dag van de maand waarin de datum van indiening valt, die de Europese octrooiaanvrage, die tot het octrooi heeft geleid, ingevolge artikel 80 van het Europees Octrooiverdrag met inachtneming van de artikelen 61 of 76 van dat verdrag, bezit. Indien het voor de eerste maal verschuldigde bedrag zou moeten worden betaald binnen een termijn van twee maanden na de dag waarop overeenkomstig artikel 97, vierde lid, van het Europees Octrooiverdrag de vermelding van de verlening van het Europees octrooi is gepubliceerd, kan dit bedrag nog worden betaald op de laatste dag van de maand waarin deze termijn eindigt.

3. Bij betaling na de vervaldag zijn bij of krachtens algemene maatregel van rijksbestuur vast te stellen verhogingen verschuldigd.

Art. 62

Verval van rechtswege

Een octrooi vervalt van rechtswege, wanneer de in artikel 61 genoemde bedragen niet binnen zes kalendermaanden na de daar genoemde vervaldag zijn betaald. Van dit vervallen wordt in het octrooiregister van het bureau aantekening gedaan.

Art. 63

Afstand van het octrooi

1. Een octrooihouder kan geheel of gedeeltelijk afstand doen van zijn octrooi. De afstand heeft terugwerkende kracht overeenkomstig artikel 75, vijfde tot en met zevende lid.

2. De afstand geschiedt door de inschrijving van een daartoe strekkende akte in het octrooiregister. Het bureau schrijft de akte niet in zolang er personen zijn, die krachtens in het octrooiregister ingeschreven stukken rechten op het octrooi of licenties hebben verkregen of rechtsvorderingen, het octrooi betreffende, hebben ingesteld en deze personen tot de afstand geen toestemming hebben verleend.

§ 3 *Het octrooi als deel van het vermogen*

Art. 64

(Aanspraak op) octrooi vatbaar voor overdracht

1. Het octrooi en de aanspraak op octrooi zijn zowel voor wat betreft het volle recht als voor wat betreft een aandeel daarin vatbaar voor overdracht of andere overgang.

2. De overdracht en andere overgang van het octrooi of van het recht, voortvloeiende uit de octrooiaanvrage, kunnen door het bureau worden ingeschreven in het octrooiregister. Voor de inschrijving is een bij of krachtens algemene maatregel van rijksbestuur vast te stellen bedrag verschuldigd.

Art. 65

Overdrachtsakté

1. De levering, vereist voor de overdracht van het octrooi of het recht, voortvloeiende uit een octrooiaanvrage, geschiedt bij een akte, houdende de verklaring van de rechthebbende, dat hij het octrooi of het recht, voortvloeiende uit de octrooiaanvrage, aan de verkrijger overdraagt, en van deze, dat hij deze overdracht aanneemt.

2. Elk voorbehoud, de overdracht betreffende, moet in de akte omschreven zijn; bij gebreke daarvan geldt de overdracht voor onbeperkt.

3. De overdracht werkt tegenover derden eerst wanneer de akte in het octrooiregister is ingeschreven. Tot het doen verrichten van deze inschrijving zijn beide partijen gelijkelijk bevoegd.

4. Artikel 88 van Boek 3 van het Nederlandse Burgerlijke Wetboek is van toepassing.

Art. 66

Mede-eigendom op een octrooi

1. Indien het octrooi aan verscheidene personen gezamenlijk toekomt, wordt hun onderlinge verhouding beheerst door hetgeen tussen hen bij overeenkomst is bepaald.

2. Indien er geen overeenkomst is of indien in de overeenkomst niet anders is bepaald, heeft iedere rechthebbende de bevoegdheid de in artikel 53 genoemde handelingen te verrichten en tegen zulke handelingen alsmede handelingen als bedoeld in artikel 73, eerste en tweede lid, die onbevoegdelijk zijn verricht, ingevolge de artikelen 70 tot en met 73 op te treden, doch kan een licentie of toestemming als bedoeld in artikel 73, tweede lid, door de rechthebbenden slechts met gemeen goedvinden verleend worden.

3. Voor de betaling van de in artikel 61 genoemde bedragen zijn de rechthebbenden hoofdelijk verbonden.

Art. 67

Pandrecht op een octrooi

1. Pandrecht op een octrooi wordt gevestigd bij een akte en werkt tegenover derden eerst wanneer de akte door het bureau in het octrooiregister is ingeschreven.

2. De pandhouder is verplicht in een door hem ondertekende verklaring, bij het bureau ter inschrijving in te zenden, woonplaats te kiezen te 's-Gravenhage. Indien die keuze niet is gedaan, geldt het bureau als gekozen woonplaats.

3. Bedingen in de pandakte betreffende na inschrijving te verlenen licenties gelden van het ogenblik af, dat zij in het octrooiregister zijn aangetekend, ook tegenover derden. Bedingen betreffende vergoedingen voor licenties die op het ogenblik van de inschrijving reeds waren verleend, gelden tegenover de houder van de licentie na aanzegging aan deze bij deurwaardersexploit.

4. Akten, waaruit blijkt, dat het pandrecht heeft opgehouden te bestaan of krachteloos is geworden, worden door het bureau in het octrooiregister ingeschreven.

5. Bij of krachtens algemene maatregel van rijksbestuur worden nadere regels gesteld over de aanvraag tot inschrijving van een pandrecht.

Art. 68

1. Het beslag op een octrooi wordt gelegd en het proces-verbaal van inbeslagneming wordt door het bureau in het octrooiregister ingeschreven met overeenkomstige toepassing van de bepalingen van het Nederlandse Wetboek van Burgerlijke Rechtsvordering betreffende executoriaal en conservatoir beslag op onroerende zaken, met dien verstande dat in het proces-verbaal van inbeslagneming in plaats van de aard en de ligging van de onroerende zaak een aanduiding van het octrooi wordt opgenomen.

Beslag op een octrooi

2. Een vervreemding, bezwaring, onderbewindstelling of verlening van een licentie, totstandgekomen na de inschrijving van het proces-verbaal, kan tegen de beslaglegger niet worden ingeroepen.

3. De voor de inschrijving van het proces-verbaal nog niet betaalde licentievergoedingen vallen mede onder een op het octrooi gelegd beslag, nadat het ingeschreven beslag aan de houder van de licentie is betekend. Deze vergoedingen moeten worden betaald aan de notaris voor wie de executie zal plaatsvinden, mits dit bij de betekening uitdrukkelijk aan de licentiehouder is medegedeeld, en behoudens de rechten van derden die de executant moet eerbiedigen. Hetgeen aan de notaris wordt betaald, wordt tot de in artikel 69, tweede lid, bedoelde opbrengst gerekend. De artikelen 475i, 476 en 478 van het Nederlandse Wetboek van Burgerlijke Rechtsvordering zijn van overeenkomstige toepassing.

4. De inschrijving van het proces-verbaal van inbeslagneming kan worden doorgehaald:

a. krachtens een schriftelijke, ter inschrijving aangeboden verklaring van de deurwaarder dat hij in opdracht van de beslaglegger het beslag opheft of dat het beslag is vervallen;

b. krachtens een ter inschrijving aangeboden rechterlijke uitspraak die tot opheffing van het beslag strekt of het verval van het beslag vaststelt of meebrengt.

5. De artikelen 504a, 507a, 538 tot en met 540, 726, tweede lid, en 727 van het Nederlandse Wetboek van Burgerlijke Rechtsvordering zijn in geval van beslag op een octrooi van overeenkomstige toepassing.

6. Bij of krachtens algemene maatregel van rijksbestuur worden nadere regels gesteld over de aanvraag tot inschrijving van een beslag.

Art. 69

1. De verkoop van een octrooi door een pandhouder of een beslaglegger tot verhaal van een vordering geschiedt in het openbaar ten overstaan van een bevoegde notaris. De artikelen 508, 509, 513, eerste lid, 514, tweede en derde lid, 515 tot en met 519 en 521 tot en met 529 van het Nederlandse Wetboek van Burgerlijke Rechtsvordering zijn van overeenkomstige toepassing, met dien verstande dat hetgeen daar ten aanzien van hypotheken en hypotheekhouders is voorgeschreven geldt voor de op het octrooi rustende pandrechten en de pandhouders.

Verkoop van verpand of beslagen octrooi

2. De verdeling van de opbrengst geschiedt met overeenkomstige toepassing van de artikelen 551 tot en met 552 van het Nederlandse Wetboek van Burgerlijke Rechtsvordering.

§ 4

Handhaving van het octrooi

Art. 70

1. De octrooihouder kan zijn octrooi handhaven jegens een ieder die, zonder daartoe gerechtigd te zijn, een der in artikel 53, eerste lid, genoemde handelingen verricht.

Handhaving

2. De houder van een octrooi verleend op grond van deze rijkswet is in zijn rechtsvordering niet ontvankelijk als hij niet bij dagvaarding dan wel bij conclusie van eis in reconventie als bijlage daarbij en in kort geding op de terechtzitting het resultaat van een door het bureau of het in het Europees Octrooiverdrag bedoelde Europees Octrooibureau ingesteld onderzoek naar de stand van de techniek met betrekking tot het onderwerp van het octrooi overlegt.

Overlegging van resultaat van onderzoek naar stand der techniek

3. De rechter kan de houder van een octrooi verzoeken om een vertaling in het Nederlands van het octrooi en een tijdstip vaststellen wanneer deze vertaling moet zijn overgelegd. De houder van een octrooi is in zijn rechtsvordering niet ontvankelijk als hij op dit tijdstip de vertaling niet heeft overgelegd.

Vertaling

4. Schadevergoeding kan slechts worden gevorderd van hem, die wist of redelijkerwijs behoorde te weten dat zijn handelingen inbreuk maken.

Schadevergoeding

5. Naast schadevergoeding kan worden gevorderd, dat de gedaagde veroordeeld wordt de door de inbreuk genoten winst af te dragen en dienaangaande rekening en verantwoording af te leggen; indien de rechter evenwel van oordeel is, dat de omstandigheden van het geval tot zulk een veroordeling geen aanleiding geven, zal hij de gedaagde tot schadevergoeding kunnen veroordelen. In passende gevallen kan de rechter de schadevergoeding vaststellen als een forfaitair bedrag.

Afdracht van genoten winst

B39 art. 71

Rijksoctrooiwet 1995

Licentienemers en pandhouders

6. De octrooihouder kan de vorderingen tot schadevergoeding of het afdragen van winst ook namens of mede namens licentienemers of pandhouders instellen, onverminderd de bevoegdheid van deze laatsten in een al of niet namens hen of mede namens hen door de octrooihouder aldus ingestelde vordering tussen te komen om rechtstreeks de door hen geleden schade vergoed te krijgen of zich een evenredig deel van de door de gedaagde af te dragen winst te doen toewijzen. Licentienemers en pandhouders kunnen slechts een zelfstandige vordering als bedoeld in het derde en vierde lid instellen, als zij de bevoegdheid daartoe van de octrooihouder hebben bedongen.

Roerende zaken waarmee inbreuk is gepleegd

7. De octrooihouder heeft de bevoegdheid roerende zaken waarmee een inbreuk op zijn recht wordt gemaakt als zijn eigendom op te vorderen dan wel de bevoegdheid onttrekking aan het verkeer, vernietiging of onbruikbaarmaking te vorderen van die zaken, en onttrekking aan het verkeer te vorderen van materialen en werktuigen die voornamelijk zijn gebruikt bij de voortbrenging van die zaken. De bepalingen van het Wetboek van Burgerlijke Rechtsvordering betreffende beslag en executie tot afgifte van roerende zaken zijn van toepassing. Bij samenloop met een ander beslag gaat degene die beslag heeft gelegd krachtens dit artikel voor. Een vordering als bedoeld in de eerste volzin wordt op kosten van de gedaagde uitgevoerd, tenzij bijzondere redenen dit beletten. Bij de beoordeling van de vordering dient een afweging te worden gemaakt tussen de ernst van de inbreuk en de gevorderde maatregelen alsmede de belangen van derden.

Bewijslastomkering

8. Indien een rechtsvordering wordt ingesteld tot handhaving van een octrooi voor een werkwijze tot vervaardiging van een nieuw voortbrengsel, dan wordt vermoed, dat het betrokken voortbrengsel volgens de geoctrooieerde werkwijze is vervaardigd, tenzij door de gedaagde het tegendeel aannemelijk wordt gemaakt. Bij de beoordeling van de vraag of een voortbrengsel nieuw is, blijft de inhoud van in artikel 4, derde en vierde lid, bedoelde octrooiaanvragen buiten beschouwing.

9. De octrooihouder heeft de bevoegdheid een bevel te vorderen tot staking van diensten van tussenpersonen wier diensten door derden worden gebruikt om inbreuk op zijn recht te maken.

10. De octrooihouder heeft de bevoegdheid te vorderen dat degene die inbreuk op zijn recht heeft gemaakt wordt bevolen al hetgeen hem bekend is omtrent de herkomst en distributiekanalen van de zaken waarmee de inbreuk is gepleegd, aan hem mee te delen en alle daarop betrekking hebbende gegevens te verstrekken.

11. De octrooihouder heeft de bevoegdheid te vorderen dat bij tijdelijke voortzetting van de vermeende inbreuk aan deze voortzetting de voorwaarde wordt verbonden dat zekerheid wordt gesteld voor vergoeding van de door hem geleden schade. De octrooihouder komt die bevoegdheid eveneens toe bij voortzetting van de dienstverlening door een tussenpersoon als bedoeld in het achtste lid.

12. De octrooihouder heeft de bevoegdheid te vorderen dat de gedaagde wordt gelast op diens kosten passende maatregelen tot verspreiding van informatie over de uitspraak te treffen.

Art. 71

Redelijke vergoeding wegens handelingen tussen inschrijving van de aanvrage en verlening van het octrooi

1. Behoudens het bepaalde in het vierde lid, kan de octrooihouder een redelijke vergoeding vorderen van hem, die in het tijdvak, gelegen tussen de inschrijving van de aanvrage die tot octrooi heeft geleid in het octrooiregister en de verlening van octrooi op die aanvrage of een daaruit ingevolge artikel 28 afgesplitste aanvrage, handelingen heeft verricht als vermeld in artikel 53, eerste lid, voor zover de octrooihouder daarvoor uitsluitende rechten heeft verkregen.

2. Behoudens het bepaalde in het vierde lid kan de octrooihouder eveneens een redelijke vergoeding vorderen van hem, die na de in het eerste lid bedoelde verlening van het octrooi handelingen als in dat lid bedoeld heeft verricht met voortbrengselen, die gedurende het aldaar genoemde tijdvak in het verkeer zijn gebracht. De octrooihouder kan een zelfde vergoeding vorderen van hem, die na de verlening van het octrooi ten dienste van zijn bedrijf voortbrengselen als bedoeld in artikel 53, eerste lid, onder a of b, dan wel in artikel 53a heeft gebruikt die in het eerste lid genoemde tijdvak in zijn bedrijf zijn vervaardigd.

3. De in het eerste en tweede lid bedoelde vergoeding is alleen verschuldigd voor handelingen die zijn verricht na verloop van dertig dagen nadat de betrokkene bij deurwaardersexploit, waarin nauwkeurig is aangegeven welk gedeelte van de octrooiaanvrage op die handelingen betrekking heeft, is gewezen op het krachtens dit artikel aan de octrooihouder toekomende recht.

4. Het krachtens dit artikel aan de octrooihouder toekomende recht strekt zich niet uit over handelingen, verricht door een daartoe krachtens artikel 55 of krachtens overeenkomst gerechtigde, alsmede handelingen met voortbrengselen, die hetzij voor de inschrijving in het octrooiregister van de betrokken octrooiaanvrage in het verkeer zijn gebracht, hetzij nadien door de aanvrager om octrooi of een gerechtigde als hiervoor bedoeld.

Art. 72

1. De houder van een Europees octrooi kan, behoudens het bepaalde in het vierde lid, een redelijke vergoeding vorderen van hem, die in het tijdvak, gelegen tussen de publikatie overeenkomstig artikel 93 van het Europees Octrooiverdrag van de aanvrage die tot octrooi heeft geleid en de in artikel 97, vierde lid, van dat verdrag bedoelde publikatie van de vermelding van de verlening van het Europees octrooi op die aanvrage of op een daaruit ingevolge artikel 76 van dit verdrag afgesplitste aanvrage, handelingen heeft verricht als vermeld in artikel 53, eerste lid, voor zover de octrooihouder daarvoor uitsluitende rechten heeft verkregen en de handelingen worden bestreken door de laatstelijk ingediende gepubliceerde conclusies.

2. Behoudens het bepaalde in het vierde lid kan de houder van een Europees octrooi eveneens een redelijke vergoeding vorderen van hem, die na de in het eerste lid bedoelde publikatie van de vermelding van de verlening van het Europees octrooi handelingen als in dat lid bedoeld heeft verricht met voortbrengselen, die gedurende het aldaar genoemde tijdvak in het verkeer zijn gebracht. De octrooihouder kan een zelfde vergoeding vorderen van hem, die na bedoelde publikatie ten dienste van zijn bedrijf voortbrengselen als bedoeld in artikel 53, eerste lid, onder a of b, dan wel in artikel 53a heeft gebruikt die in het in het eerste lid genoemde tijdvak in zijn bedrijf zijn vervaardigd.

3. De in het eerste en tweede lid bedoelde vergoeding is alleen verschuldigd voor handelingen, die zijn verricht na verloop van dertig dagen, nadat de betrokkene bij deurwaardersexploit is gewezen op het krachtens dit artikel aan de octrooihouder toekomende recht. Bij dit deurwaardersexploit, waarin nauwkeurig is aangegeven welk gedeelte van de octrooiaanvrage op die handelingen betrekking heeft, moet zijn betekend een vertaling in het Nederlands van de conclusies zoals vervat in de publikatie van de Europese octrooiaanvrage overeenkomstig artikel 93 van het Europees Octrooiverdrag. Indien een Nederlandse vertaling als hiervoor bedoeld reeds voor het uitbrengen van het deurwaardersexploit aan het bureau is toegezonden en daarvan aantekening gedaan is in het octrooiregister, kan de betekening van de vertaling achterwege blijven, mits in het exploit melding wordt gemaakt van de aantekening in het octrooiregister.

4. Het krachtens dit artikel aan de octrooihouder toekomende recht strekt zich niet uit over handelingen, verricht door een daartoe krachtens artikel 55 of krachtens overeenkomst gerechtigde, alsmede handelingen met voortbrengselen, die hetzij voor de in het eerste lid bedoelde publikatie van de aanvrage overeenkomstig artikel 93 van het Europees Octrooiverdrag in het verkeer zijn gebracht, hetzij nadien door de aanvrager van het octrooi of een gerechtigde als hiervoor bedoeld.

5. Het bureau gaat zo spoedig mogelijk over tot de in het derde lid bedoelde aantekening in het octrooiregister.

Art. 73

1. De octrooihouder kan de vorderingen die hem ten dienste staan bij de handhaving van zijn octrooi instellen tegen iedere persoon, die in Nederland, Curaçao of Sint Maarten in of voor zijn bedrijf middelen betreffende een wezenlijk bestanddeel van de uitvinding aan anderen dan hen, die krachtens de artikelen 55 tot en met 60 tot toepassing van de geoctrooieerde uitvinding bevoegd zijn, aanbiedt of levert voor de toepassing van de geoctrooieerde uitvinding in Nederland, Curaçao of Sint Maarten, een en ander mits die persoon weet dan wel het gezien de omstandigheden duidelijk is, dat die middelen voor die toepassing geschikt en bestemd zijn.

2. Het eerste lid geldt niet, indien het aanbieden of leveren geschiedt met toestemming van de octrooihouder. Dat lid geldt evenmin, indien de geleverde of aangeboden middelen algemeen in de handel verkrijgbare produkten zijn, tenzij de betrokkene degene aan wie hij levert aanzet tot het verrichten van in artikel 53, eerste lid, vermelde handelingen.

3. Artikel 70, vijfde lid, is van overeenkomstige toepassing.

Art. 74

De rechten en verplichtingen, voortvloeiende uit de artikelen 53 tot en met 60 en 64 tot en met 73, gelden mede in, op en boven dat deel van het aan Nederland, Curaçao of Sint Maarten grenzende continentaal plat, waarop het Koninkrijk soevereine rechten heeft, doch uitsluitend voor zover het betreft handelingen, gericht op en verricht tijdens het onderzoek naar de aanwezigheid van natuurlijke rijkdommen of het winnen daarvan.

Hoofdstuk 5 Vernietiging en opeising

Art. 75

1. Een octrooi wordt door de rechter vernietigd voor zover:

a. hetgeen waarvoor octrooi is verleend ingevolge de artikelen 2 tot en met 7 niet vatbaar is voor octrooi dan wel, indien het een Europees octrooi betreft, het octrooi ingevolge de artikelen 52 tot en met 57 van het Europees Octrooiverdrag niet had behoren te worden verleend;

Redelijke vergoeding wegens handelingen tussen inschrijving van de aanvrage en verlening van het octrooi

Indirecte octrooibreuk

Continentaal plat

Vernietiging van het octrooi

B39 art. 75a **Rijksoctrooiwet 1995**

b. het octrooischrift niet een beschrijving bevat van de uitvinding, die, in voorkomend geval met toepassing van artikel 25, tweede en derde lid, zodanig duidelijk en volledig is dat een deskundige deze uitvinding kan toepassen;

c. het onderwerp van het octrooi niet wordt gedekt door de inhoud van de ingediende aanvrage of, indien het octrooi is verleend op een afgesplitste of gewijzigde aanvrage dan wel op een nieuwe Europese octrooiaanvrage die is ingediend overeenkomstig artikel 61 van het Europees Octrooiverdrag, door de inhoud van de oorspronkelijke aanvrage;

d. na octrooiverlening uitbreiding van de beschermingsomvang is opgetreden;

e. de houder van het octrooi daarop geen aanspraak had hetzij krachtens de bepalingen van hoofdstuk 1 van deze rijkswet hetzij, indien het een Europees octrooi betreft, krachtens artikel 60, eerste lid, van het Europees Octrooiverdrag.

2. Voor de toepassing van het eerste lid, onder *a*, wordt onder de stand van de techniek, bedoeld in artikel 54, derde lid, van het Europees Octrooiverdrag, mede begrepen de inhoud van uit hoofde van deze rijkswet ingediende octrooiaanvragen, waarvan de dag van indiening voor de datum van indiening van de desbetreffende Europese octrooiaanvrage, die voor de toepassing van dat lid geldt, ligt, en die eerst op of na die datum overeenkomstig artikel 31 zijn ingeschreven.

3. De rechtsvordering tot vernietiging komt in de in het eerste lid, onder *a* tot en met *d*, genoemde gevallen toe aan een ieder en in het eerste lid, onder *e*, genoemde geval aan degene, die krachtens de in dat onderdeel genoemde bepalingen aanspraak op het octrooi heeft. Indien laatstgenoemde zelf een octrooi voor de desbetreffende uitvinding heeft verkregen, komt de rechtsvordering tot vernietiging ook toe aan licentiehouders en pandhouders.

4. De dagvaarding moet binnen acht dagen na haar dagtekening in het octrooiregister worden ingeschreven. Bij gebreke van tijdige inschrijving is de eiser verplicht de schade te vergoeden, geleden door hen, die te goeder trouw na die termijn en voor de inschrijving rechten, waarop de vernietiging invloed uitoefent, hebben verkregen.

Terugwerkende kracht der vernietiging

5. Een octrooi wordt geacht van de aanvang af geheel of gedeeltelijk niet de in de artikelen 53, 53a, 71, 72 en 73 bedoelde rechtsgevolgen te hebben gehad naar gelang het octrooi geheel of gedeeltelijk is vernietigd.

6. De terugwerkende kracht van de nietigheid heeft geen invloed op:

a. een beslissing, niet zijnde een voorlopige voorziening, ter zake van handelingen in strijd met het in de artikelen 53 en 53a bedoelde uitsluitend recht van de octrooihouder of van handelingen als bedoeld in de artikelen 71, 72 en 73, die voor de vernietiging in kracht van gewijsde is gegaan en ten uitvoer is gelegd;

b. een voor de vernietiging gesloten overeenkomst, voor zover deze voor de vernietiging is uitgevoerd; uit billijkheidsoverwegingen kan echter terugbetaling worden geëist van op grond van deze overeenkomst betaalde bedragen in de mate als door de omstandigheden gerechtvaardigd is.

7. Voor de toepassing van het zesde lid, onder *b*, wordt onder het sluiten van een overeenkomst mede verstaan het ontstaan van een licentie op een andere in artikel 56, tweede lid, 59 of 60 aangegeven wijze.

8. Ingeval een octrooi wordt vernietigd op grond van het eerste lid, onder *e*, en degene, die krachtens de in dat onderdeel genoemde bepalingen aanspraak op het octrooi heeft, zelf een octrooi voor de desbetreffende uitvinding heeft verkregen, worden licenties, die te goeder trouw van het vernietigde octrooi waren verkregen voor de inschrijving van de dagvaarding in het octrooiregister, aangemerkt als licentie van het bestaande octrooi, en verkrijgt de houder daarvan overeenkomstig artikel 56, derde lid, recht op de voor de licenties verschuldigde vergoeding. De houder van het vernietigde octrooi, die bij zijn aanvrage te goeder trouw was of die het octrooi voor de inschrijving van de dagvaarding te goeder trouw van een vroegere houder verkreeg, blijft in dat geval ten aanzien van het bestaande octrooi bevoegd tot toepassing van de uitvinding overeenkomstig artikel 55.

9. Zodra een eindbeslissing aangaande een vordering tot vernietiging in kracht van gewijsde is gegaan of de instantie is vervallen, wordt daarvan op verzoek van de meest gerede partij in het octrooiregister aantekening gedaan.

Art. 75a

Rechtsvordering tot vernietiging Europees octrooi, inschrijving

1. Het bureau schrijft het processtuk waarbij een rechtsvordering tot vernietiging van een Europees octrooi bij het Eengemaakt Octrooigerecht wordt ingeleid, op verzoek van degene die de rechtsvordering heeft ingesteld, in in het octrooiregister.

2. Het bureau tekent de eindbeslissing van het Eengemaakt Octrooigerecht aangaande een vordering tot vernietiging van een Europees octrooi, die in kracht van gewijsde is gegaan, op verzoek van de partij die de eindbeslissing ter aantekening in het octrooiregister heeft aangeboden, dan wel na toezending van de eindbeslissing door het Eengemaakt Octrooigerecht, aan in het octrooiregister.

Art. 76

Ontvankelijkheid vordering

1. Degene die een rechtsvordering als bedoeld in artikel 75 tot vernietiging van een krachtens deze rijkswet verleend octrooi instelt, is in die vordering niet ontvankelijk als hij niet als bijlage bij dagvaarding dan wel bij conclusie van eis in reconventie het resultaat van een door het bureau uitgebracht advies omtrent de toepasselijkheid van de in artikel 75, eerste lid, genoemde nietigheidsgronden overlegt.

2. In kort geding kan de voorzieningenrechter bedoeld in artikel 80, tweede lid, degene die stelt dat een krachtens deze rijkswet verleend octrooi vernietigd behoort te worden, opdragen een advies van het bureau omtrent de toepasselijkheid van de in artikel 75, eerste lid, genoemde nietigheidsgronden over te leggen.

Art. 77

1. Voor zover een uit hoofde van deze rijkswet verleend octrooi betrekking heeft op een uitvinding, waarvoor aan dezelfde uitvinder of zijn rechtverkrijgende een Europees octrooi is verleend, terwijl de dag van indiening of in voorkomend geval de voorrangsdatum van de onderscheidene aanvragen om octrooi dezelfde is, heeft eerstbedoeld octrooi, voor zover het dezelfde uitvinding beschermt als het Europees octrooi, in Nederland, Curaçao en Sint Maarten, niet meer de in de artikelen 53, 53a, 71 en 73 bedoelde rechtsgevolgen vanaf de dag waarop:

a. de voor het instellen van oppositie tegen het Europees octrooi vastgestelde termijn is verstreken zonder dat oppositie is ingesteld;

b. de oppositieprocedure is afgesloten, waarbij het Europees octrooi in stand is gebleven;

c. het octrooi uit hoofde van deze rijkswet is verleend, indien deze dag ligt na die onder a of b bedoeld, al naar het geval.

Nederlands en Europees of Gemeenschapsoctrooi van dezelfde uitvinder

2. Het tenietgaan, op welke wijze ook, van het Europees octrooi op een later tijdstip laat het bepaalde in het vorige lid onverlet.

3. Vorderingen ter vaststelling van een in het eerste lid bedoeld verlies van rechtsgevolg kunnen door een ieder worden ingesteld.

4. Artikel 75, vierde lid, achtste lid, eerste volzin, en negende lid, is van overeenkomstige toepassing.

Art. 78

1. Een octrooi kan geheel, gedeeltelijk of wat betreft een aandeel daarin worden opgeëist door degene die krachtens artikel 11, 12 of 13 dan wel, indien het een Europees octrooi betreft, krachtens artikel 60, eerste lid, van het Europees Octrooiverdrag aanspraak of mede aanspraak heeft op dat octrooi.

Opeising van het octrooi

2. De dagvaarding moet in het octrooiregister worden ingeschreven.

3. De octrooihouder, die bij zijn aanvrage te goeder trouw was, of die het octrooi voor de inschrijving van de dagvaarding te goeder trouw van een vroegere houder verkreeg, blijft ten aanzien van de nieuwe octrooihouder bevoegd tot toepassing van de uitvinding op de voet als omschreven in artikel 55.

Octrooihouder te goeder trouw

4. Te goeder trouw voor de inschrijving verkregen licenties blijven geldig tegenover de nieuwe octrooihouder, die overeenkomstig artikel 56, derde lid, recht verkrijgt op de voor de licenties verschuldigde vergoeding.

5. Het derde en het vierde lid zijn niet van toepassing ingeval degene, die het octrooi met goed gevolg heeft opgeëist, reeds door zelf octrooi aan te vragen zijn aanspraken had doen gelden en de dagvaarding, waarbij de vordering tot opeising werd ingesteld, binnen drie maanden na de verlening van het octrooi of, indien het een Europees octrooi betreft, na de publikatie overeenkomstig artikel 97, vierde lid, van het Europees Octrooiverdrag van de vermelding van het Europees octrooi in het octrooiregister was ingeschreven.

6. Pandrechten, door een vroegere octrooihouder gevestigd, zijn alleen geldig tegenover de nieuwe octrooihouder, indien zij te goeder trouw zijn verkregen en voor de inschrijving van de dagvaarding gevestigd. Zij zijn nimmer tegenover deze geldig in het geval, bedoeld in het vorige lid.

Pandrechten door vroegere octrooihouder gevestigd

7. De vordering, bedoeld in het eerste lid, verjaart, wanneer vijf jaren zijn verstreken na de dag van verlening van het octrooi of, indien het een Europees octrooi betreft, na de datum, waarop overeenkomstig artikel 97, vierde lid, van het Europees Octrooiverdrag de vermelding van de verlening van het Europees octrooi is gepubliceerd; nochtans kan degene, die bij het verkrijgen van het octrooi wist of had moeten weten, dat hij of de persoon, die het hem overdroeg, geen aanspraak had op het octrooi, zich niet op deze verjaring beroepen.

Verjaring van de vordering

8. Zodra een eindbeslissing aangaande een vordering tot opeising in kracht van gewijsde is gegaan of de instantie is vervallen, wordt daarvan op verzoek van de meest gerede partij in het octrooiregister aantekening gedaan.

Art. 79

1. Hij die opzettelijk inbreuk maakt op het recht van de octrooihouder door het verrichten van een der in artikel 53, eerste lid, bedoelde handelingen, wordt gestraft met gevangenisstraf van ten hoogste zes maanden of geldboete van de vierde categorie.

Strafbepaling inzake opzettelijke inbreuk op het recht van de octrooihouder

2. Hij die van het plegen van het in het vorige lid bedoelde misdrijf zijn beroep maakt of het plegen van dit misdrijf als bedrijf uitoefent, wordt gestraft met gevangenisstraf van ten hoogste vier jaar of geldboete van de vijfde categorie.

B39 art. 79a **Rijksoctrooiwet 1995**

3. Bij verordeling kan door de rechter de openbaarmaking van zijn uitspraak worden gelast.

4. Indien voorwerpen verbeurd zijn verklaard, kan de octrooihouder vorderen, dat die voorwerpen hem worden afgegeven indien hij zich daartoe ter griffie aanmeldt binnen een maand nadat het vonnis in kracht van gewijsde is gegaan. Door deze afgifte gaat de eigendom van de voorwerpen op de octrooihouder over. De rechter zal kunnen gelasten, dat die afgifte niet zal geschieden dan tegen een door hem bepaalde, door de octrooihouder te betalen vergoeding, welke ten bate komt van de Staat.

5. De in dit artikel bedoelde strafbare feiten zijn misdrijven. Van deze misdrijven neemt in Nederland in eerste aanleg uitsluitend de rechtbank Den Haag kennis.

Hoofdstuk 6 Octrooirechtelijke geschillen

Art. 79a

Rechtsmacht octrooirechtelijke geschillen

Onverminderd de rechtsmacht van het Eengemaakt Octrooigerecht ingevolge de op 19 februari 2013 te Brussel tot stand gekomen Overeenkomst betreffende een eengemaakt octrooigerecht (Trb. 2013, 92 en 2016, 1), wordt de rechtsmacht met betrekking tot deze wet beheerst door de volgende bepalingen.

Art. 80

Bevoegde rechter

1. De rechtbank Den Haag is in eerste aanleg uitsluitend bevoegd voor:

a. vorderingen tot vaststelling van ontbreken van rechtsgevolg, vernietiging, vaststelling van een verlies van rechtsgevolg of opeising van octrooien, bedoeld in onderscheidenlijk de artikelen 10, 75, 77 en 78;

b. vorderingen tot opeising van Europese octrooiaanvragen;

c. vorderingen tot verlening van een licentie als bedoeld in artikel 58, eerste lid;

d. vorderingen tot vaststelling van een vergoeding als bedoeld in de artikelen 58, 59 en 60.

2. De rechtbank Den Haag en de voorzieningenrechter van die rechtbank zijn in eerste aanleg in Nederland uitsluitend bevoegd voor:

a. vorderingen, bedoeld in de artikelen 70, 71, 72 en 73;

b. vorderingen welke worden ingesteld door een ander dan de octrooihouder ten einde te doen vaststellen dat bepaalde door hem verrichte handelingen niet strijdig zijn met een octrooi.

Art. 81

Beroep tegen besluit o.g.v. deze wet

In afwijking van artikel 8:7 van de Algemene wet bestuursrecht, is voor beroepen ingesteld tegen besluiten op grond van deze wet de rechtbank Den Haag bevoegd.

Art. 82

Pleidooi door octrooigemachtigde

Bij de behandeling ter zitting van geschillen bedoeld in artikel 80 mogen octrooigemachtigden het woord voeren onverminderd de verantwoordelijkheid van de advocaat.

Art. 83

Voor andere geschillen geldt algemene rechterlijke competentie

1. Van alle andere geschillen dan in de artikelen 80 en 81 bedoeld wordt kennis genomen door de rechter die daartoe volgens de algemene regeling der rechtspraak bevoegd is.

2. Rechtsvorderingen, die gegrond zijn op artikel 12, zesde lid, worden aangemerkt als rechtsvorderingen met betrekking tot een arbeidsovereenkomst, tenzij de rechtsbetrekking tussen de bij het geschil betrokkenen niet wordt bepaald door een arbeidsovereenkomst.

3. Indien de rechter meent, dat op de beslissing van een geschil van invloed kan zijn een rechtsvordering, die op grond van artikel 10, 75, 77 of 78 is of zou kunnen worden ingesteld, kan hij de behandeling van het aanhangige geschil met of zonder tijdsbepaling schorsen. Gelijke bevoegdheid bezit hij, indien op de beslissing inzake zulk een rechtsvordering een uit anderen hoofde ingestelde rechtsvordering van invloed kan zijn.

4. De rechter kan de behandeling van een geschil ter zake van een Europees octrooi met of zonder tijdsbepaling schorsen, indien bij het Europees Octrooibureau tegen dat octrooi oppositie is ingesteld ingevolge artikel 99 van het Europees Octrooiverdrag.

Art. 84

Advies van het bureau omtrent nietigheidsgronden

1. Een ieder kan het bureau schriftelijk verzoeken een advies uit te brengen omtrent de toepasselijkheid van de in artikel 75, eerste lid, genoemde nietigheidsgronden op een krachtens deze rijkswet verleend octrooi.

2. Het verzoek bevat een gemotiveerde aanduiding van de aan artikel 75, eerste lid, ontleende bezwaren tegen het verleende octrooi waaromtrent een advies wordt verlangd.

3. Bij of krachtens algemene maatregel van rijksbestuur worden regels gesteld met betrekking tot de voor het advies verschuldigde vergoeding.

Art. 85

Procedure bureau bij verzoek om advies

1. Het bureau stelt de in artikel 84 bedoelde verzoeker in de gelegenheid de geopperde bezwaren toe te lichten. Het bureau kan nietigheidsgronden die het baseert op het resultaat van het onderzoek naar de stand van de techniek als bedoeld in artikel 34, vierde lid, als bezwaren toevoegen. De houder van het desbetreffende octrooi wordt ten minste eenmaal in de gelegenheid gesteld op de bezwaren te reageren.

2. Het bureau is bevoegd voor de inbreng van verzoeker en octrooihouder termijnen te stellen.

3. Het in artikel 84 bedoelde advies wordt zo spoedig mogelijk uitgebracht, doch uiterlijk binnen twee maanden nadat het bureau kennis heeft genomen van het standpunt van de verzoeker en de octrooihouder of, indien toepassing is gegeven aan het vorige lid, binnen twee maanden nadat de gestelde termijn is verstreken.

Art. 86

Het in artikel 84 bedoelde advies bestaat uit een gemotiveerde beoordeling van de in artikel 85, eerste lid, genoemde bezwaren.

Advies is gemotiveerde beslissing

Art. 87

1. Het bureau is verplicht de rechter alle inlichtingen en technische adviezen te verstrekken, die deze tot beslissing van aan zijn oordeel onderworpen rechtsvorderingen inzake octrooien mocht verlangen.

Mededelingsplicht bureau aan rechter

2. De waarde van adviezen als bedoeld in het eerste lid wordt gelijkgesteld met die van deskundigen als bedoeld in artikel 194 en volgende van het Wetboek van Burgerlijke Rechtsvordering.

Art. 88

De in artikel 80 bedoelde rechtbank treedt op als centrale instantie, belast met het ontvangen van rogatoire commissies en bevoegd tot het uitvoeren van genoemde commissies van het Europees Octrooibureau, bedoeld in regel 99 van het bij het Europees Octrooiverdrag behorende Uitvoeringsreglement.

Rechtbank als centrale instantie

Art. 89

Van alle rechterlijke uitspraken betreffende octrooien wordt door de griffier van het desbetreffende gerecht binnen één maand kosteloos een afschrift aan het bureau gezonden, en, indien het een Europees octrooi betreft, tevens aan het Europees Octrooibureau, bedoeld in het Europees Octrooiverdrag.

Afschrift van uitspraken aan bureau en Europees Octrooibureau

Hoofdstuk 7 Aanvullende beschermingscertificaten

Art. 90

Voor de toepassing van dit hoofdstuk, met uitzondering van artikel 98, en de daarop berustende bepalingen, wordt verstaan onder:

verordening: de verordening (EEG) nr. 1768/92 van de Raad van de Europese Gemeenschappen van 18 juni 1992 betreffende de invoering van een aanvullende beschermingscertificaat voor geneesmiddelen (*PbEG* L 182), zoals deze laatstelijk is gewijzigd bij verordening (EG) nr. 1901/2006 van het Europees Parlement en de Raad van de Europese Unie van 12 december 2006 betreffende geneesmiddelen voor pediatrisch gebruik en tot wijziging van Verordening (EEG) nr. 1768/92, Richtlijn 2001/20/EG, Richtlijn 2001/83/EG en Verordening (EG) nr. 726/2004 (PbEG L 378);

basisoctrooi: een octrooi als bedoeld in artikel 1, onder *c*, van de verordening;

certificaat: een aanvullend beschermingscertificaat als bedoeld in artikel 1, onder *d*, van de verordening;

aanvrage om verlenging van de duur van een certificaat: een aanvraag om verlenging van de duur van een reeds verleend certificaat als bedoeld in artikel 1, onder e, van de verordening.

Begripsbepalingen

Art. 91

De aanvrage om een certificaat en om verlenging van de duur van een certificaat worden bij het bureau ingediend.

Indiening aanvraag certificaat

Art. 92

Bij de aanvrage om een certificaat en om verlenging van de duur van een certificaat dient een bewijsstuk te worden overgelegd waaruit blijkt dat aan het bureau een bedrag is betaald overeenkomstig een bij of krachtens algemene maatregel van bestuur vastgesteld tarief.

Kosten

Art. 93

Met betrekking tot aanvragen om een certificaat en om verlenging van de duur van een certificaat zijn de artikelen 24, derde lid, en 38, eerste lid, van deze rijkswet van overeenkomstige toepassing.

Inhoud van de aanvrage enz.

Art. 94

Indien niet is voldaan aan het bij artikel 8 van de verordening of het bij de artikelen 92 en 93 van deze rijkswet bepaalde, geeft het bureau daarvan binnen twee maanden na de datum van indiening van de aanvraag om een certificaat dan wel om verlenging van de duur van een certificaat schriftelijk kennis aan de aanvrager, onder opgave van de voorschriften waaraan niet is voldaan.

Kennisgeving aan aanvrager dat niet aan alle voorwaarden is voldaan

Art. 95

Voor de instandhouding van een aanvullend beschermingscertificaat moet elk jaar, voor het eerst vanaf het jaar waarin de wettelijke duur van het basisoctrooi is verstreken, aan het bureau een bij of krachtens algemene maatregel van bestuur vast te stellen bedrag worden betaald. Dit

Instandhoudingstaks

bedrag wordt uiterlijk voldaan op de laatste dag van de maand waarin de wettelijke duur van het basisoctrooi is verstreken. De artikelen 61, derde lid, en 62 van deze rijkswet zijn van overeenkomstige toepassing.

Art. 96

Publicatie

1. De in de artikelen 9, tweede en derde lid, 11 en 16 van de verordening voorgeschreven mededelingen geschieden in het in artikel 20 van deze rijkswet bedoelde blad.

2. Het bureau schrijft de in de artikelen 9, tweede en derde lid, 11 en 16 van de verordening bedoelde gegevens in het octrooiregister in.

Art. 97

Bekendmakingen

De artikelen 64 tot en met 69 zijn van overeenkomstige toepassing op certificaten.

Art. 98

Certificaat als deel van het vermogen

Indien een andere dan de in artikel 90 genoemde door de Raad van de Europese Gemeenschappen vastgestelde verordening betreffende aanvullende beschermingscertificaten in het belang van een goede uitvoering nadere regeling behoeft geschiedt dit bij algemene maatregel van bestuur. Daarbij kan worden voorzien in het opleggen van taksen, voor zover dat is toegelaten ingevolge de betrokken verordening.

Hoofdstuk 8 Bijzondere bepalingen voor Curaçao en Sint Maarten

Art. 99

Bureau voor de industriële eigendom

In Curaçao of Sint Maarten kan een bureau voor de industriële eigendom worden ingesteld. Dit bureau is een instelling van het betrokken land of de betrokken landen.

Art. 100

Octrooiaanvragen inwonenden Ned. Antillen

1. De aanvragen om octrooi van inwonenden van Curaçao of Sint Maarten kunnen worden ingediend bij het aldaar ingestelde bureau voor de industriële eigendom.

2. Als datum van indiening van de aanvrage geldt die, waarop bij het betrokken bureau de in artikel 29, eerste lid, onder a, b en c, vermelde bescheiden zijn overgelegd. Artikel 29, tweede en derde lid, is van overeenkomstige toepassing.

3. Nadat het betrokken bureau de in het tweede lid bedoelde datum op de aanvrage heeft vermeld, zendt het de aanvrage met alle overgelegde bescheiden zo spoedig mogelijk door aan het bureau, bedoeld in artikel 1, tenzij het meent dat deze bescheiden niet voldoen aan het bij of krachtens artikel 24 bepaalde.

4. In het geval, bedoeld in het derde lid, geeft het betrokken bureau aan de aanvrager schriftelijk kennis van de vermeende gebreken, met het verzoek deze binnen een door het bureau te bepalen termijn te herstellen. Na het verstrijken van die termijn worden, onverschillig of aan het verzoek is voldaan, de door de aanvrager overgelegde bescheiden, alsmede een afschrift van het hem afgegeven ontvangstbewijs door het betrokken bureau zo spoedig mogelijk aan het bureau, bedoeld in artikel 1, toegezonden.

Hoofdstuk 9 Overgangs- en slotbepalingen

Art. 101

Verval van de Rijksoctrooiwet

De Rijksoctrooiwet vervalt met ingang van een bij koninklijk besluit te bepalen tijdstip.

Art. 102

Overgangsbepaling

1. Ten aanzien van octrooiaanvragen die zijn ingediend voor 1 april 1995 en van deze aanvragen afgesplitste octrooiaanvragen zijn de Rijksoctrooiwet en de artikelen 102a tot en met 102e van toepassing.

2. Ten aanzien van:

a. octrooiaanvragen, ingediend na de inwerkingtreding van deze rijkswet, met uitzondering van de in het eerste lid bedoelde afgesplitste octrooiaanvragen,

b. octrooien, verleend op de onder *a* bedoelde octrooiaanvragen en

c. licenties onder de onder *b* bedoelde octrooien is uitsluitend het bij en krachtens deze rijkswet bepaalde van toepassing.

3. Deze rijkswet is niet van toepassing op aanvragen om een certificaat als bedoeld in artikel 90 welke bij de Octrooiraad zijn ingediend voor de datum van inwerkingtreding van deze rijkswet.

4. De artikelen 95 en 97 zijn mede van toepassing op certificaten welke zijn verleend op aanvragen welke zijn ingediend voor de datum van inwerkingtreding van deze rijkswet.

Art. 102a

Verlening octrooi door plaatsen gedateerde aantekening

1. Op octrooiaanvragen ten aanzien waarvan het resultaat van het onderzoek naar de stand van de techniek aan de aanvrager is meegedeeld, maar de aanvraagafdeling van de Octrooiraad op de datum van inwerkingtreding van dit artikel nog geen besluit heeft genomen als bedoeld in artikel 24 van de Rijksoctrooiwet, verleent de Octrooiraad in afwijking van Hoofdstuk II, Afdeling II, van de die Rijkswet octrooi door het plaatsen van een gedateerde aantekening op de aanvrage in de vorm zoals deze door de aanvrager is ingediend of door hem nadien is gewijzigd.

2. Indien op de datum van inwerkingtreding van dit artikel het resultaat van het onderzoek naar de stand van de techniek nog niet aan de aanvrager is meegedeeld, wordt het octrooi verleend met ingang van twee maanden na de datum waarop het resultaat van het onderzoek van de stand van de techniek is meegedeeld aan de aanvrager, welke termijn op verzoek van de aanvrager door de Octrooiraad eenmaal met twee maanden kan worden verlengd.

Verlening octrooi twee maanden na uitbrengen nieuwheidsrapport

Art. 102b

1. In afwijking van Hoofdstuk II, Afdeling II, van de die Rijkswet verleent de Octrooiraad octrooi op octrooiaanvragen ten aanzien waarvan de aanvraagafdeling of de afdeling van beroep van de Octrooiraad na de inwerkingtreding van dit artikel op grond van artikel 24 of 24A van die Rijkswet besluit tot gehele of gedeeltelijke openbaarmaking, door het plaatsen van een gedateerde aantekening op de aanvrage in de vorm zoals deze door de aanvraagafdeling of de afdeling van beroep geschikt is bevonden voor verlening.

Beperking mogelijkheid oppositieprocedure in te stellen

2. Het octrooi begint te werken met ingang van de datum van het besluit tot gehele of gedeeltelijke openbaarmaking.

Art. 102c

1. Vanaf de datum van inwerkingtreding van artikel 102a is artikel 102a van overeenkomstige toepassing op octrooiaanvragen waarop de artikelen 29A tot en met 29F van de Rijksoctrooiwet van toepassing zijn, met dien verstande dat:

Geheime octrooiaanvragen

a. de Octrooiraad besluit tot verlening van het octrooi door het plaatsen van een gedateerde aantekening op de aanvrage, doch dat de inschrijving van de octrooiaanvrage in het octrooiregister en de verlening van het octrooi worden opgeschort, en

b. de artikelen 41 tot en met 45 op die octrooiaanvragen van overeenkomstige toepassing zijn.

2. Het eerste lid is van overeenkomstige toepassing op artikel 102b.

Art. 102d

1. Vanaf de datum van inwerkingtreding van dit artikel of, indien dat later is, vanaf de datum van verlening van het octrooi, hebben octrooien die zijn verleend op grond van de Rijksoctrooiwet of die worden verleend op grond van de artikelen 102a, 102b of 102c, in Nederland Curaçao en Sint Maarten dezelfde rechtsgevolgen als octrooien die zijn verleend op grond van artikel 36 en zijn daarop de bepalingen van deze rijkswet van toepassing, met dien verstande dat:

Rechtsgevolgen octrooien verleend op grond van ROW

a. de toepassing van artikel 76 beperkt is tot octrooien die zijn verleend op grond van artikel 102a of 102c, eerste lid, en

b. de toepassing van de artikelen 84 tot en met 86 beperkt is tot octrooien die zijn verleend op grond van de artikelen 102a, 102b of 102c.

2. Vanaf de datum van inwerkingtreding van dit artikel of, indien dat later is, vanaf de datum van verlening van het octrooi, hebben octrooien die zijn verleend op grond van de Rijksoctrooiwet of die worden verleend op grond van de artikelen 102a, 102b of 102c, in Aruba dezelfde rechtsgevolgen als octrooien die zijn verleend op grond van artikel 34 van de Landsverordening van Aruba van 5 mei 1997 houdende regels met betrekking tot octrooien (Octrooiverordening).

Art. 102e

1. Op een verzoek tot herstel in de vorige toestand dat is ingediend na de inwerkingtreding van dit artikel, is artikel 23 van de Rijksoctrooiwet 1995 van toepassing.

Verzoek tot herstel

2. Het bureau verleent op een octrooiaanvrage die na de inwerkingtreding van deze wet wordt hersteld in de vorige toestand, octrooi door het plaatsen van een gedateerde aantekening op de aanvrage in de vorm zoals deze door de aanvrager is ingediend of door hem nadien is gewijzigd.

3. Het octrooi begint te werken met ingang van de datum waarop het besluit tot herstel onherroepelijk is.

Art. 102f

Het openbare deel van de registers die worden gehouden op grond van de Rijksoctrooiwet maakt vanaf het tijdstip, bedoeld in artikel 101, deel uit van het register, bedoeld in artikel 19.

Overgang register ROW naar register bureau

Art. 103

1. Vanaf de datum van inwerkingtreding van dit artikellid is ten aanzien van Europese octrooien, waarvan de vermelding van de verlening overeenkomstig artikel 97, vierde lid, van het Europees Octrooiverdrag is gepubliceerd voor de inwerkingtreding van deze rijkswet, en licenties onder deze octrooien, het bij en krachtens deze rijkswet bepaalde van toepassing.

Overgangsbepaling m.b.t. Europese octrooien

2. Ten aanzien van Europese octrooien, waarvan de vermelding overeenkomstig artikel 97, vierde lid, van het Europees Octrooiverdrag is gepubliceerd na de inwerkingtreding van deze rijkswet, en licenties onder deze octrooien, is uitsluitend het bij en krachtens deze rijkswet bepaalde van toepassing.

Art. 104

[Bevat wijzigingen in andere regelgeving.]

B39 *art. 105* **Rijksoctrooiwet 1995**

Art. 105

[Bevat wijzigingen in andere regelgeving.]

Art. 106

[Bevat wijzigingen in andere regelgeving.]

Art. 107

[Bevat wijzigingen in andere regelgeving.]

Art. 108

Afwijking i.v.m. licenties **1.** De artikelen 57 tot en met 58a zijn van toepassing op licenties onder octrooien die zijn verleend op grond van de Rijksoctrooiwet of die worden verleend op grond van de artikelen 102a, 102b of 102c.

2. Indien voor de inwerkingtreding van deze rijkswet een verzoek tot verlening van een licentie overeenkomstig artikel 34, vijfde lid, van de Rijksoctrooiwet is ingediend, vindt het eerste lid geen toepassing.

Art. 109

Uitbreiding van de omvang van de stand der techniek Tot de stand van de techniek, bedoeld in de artikelen 4 en 75, tweede lid, behoort tevens de inhoud van voor de inwerkingtreding van deze rijkswet ingediende octrooiaanvragen, die op of na de in artikel 4, tweede lid, van deze wet onderscheidenlijk artikel 80 van het Europees Octrooiverdrag bedoelde dag overeenkomstig artikel 22C van de Rijksoctrooiwet ter inzage worden gelegd of, indien terinzagelegging nog niet had plaatsgevonden, overeenkomstig artikel 25 van die rijkswet openbaar worden gemaakt.

Art. 110

Nadere regelgeving bij alg. maatregel van rijksbestuur Indien in deze rijkswet geregelde onderwerpen in het belang van een goede uitvoering van deze rijkswet nadere regeling behoeven, kan deze geschieden bij algemene maatregel van rijksbestuur.

Art. 111

Inwerkingtreding De artikelen van deze rijkswet treden in werking op een bij koninklijk besluit te bepalen tijdstip, dat voor de verschillende artikelen of onderdelen daarvan verschillend kan worden vastgesteld.

Art. 112

Citeertitel Deze rijkswet wordt aangehaald als: Rijksoctrooiwet met vermelding van het jaartal van het *Staatsblad* waarin zij zal worden geplaatst.

Art. 113

Verbindendheid voor overzeese gebieden **1.** Deze rijkswet is verbindend voor het Europese deel van Nederland en, behoudens hoofdstuk 7, voor Curaçao en Sint Maarten en Bonaire, Sint Eustatius en Saba.

2. Deze rijkswet is voor Aruba slechts verbindend voor zover het betreft de artikelen 40 tot en met 45, 59, 101, 102, eerste lid, artikel 102a tot en met artikel 102f, 104 tot en met 108, 111 en 114. Voor de toepassing van de artikelen 40 tot en met 45 in Aruba wordt onder "bureau" verstaan het Bureau voor de Intellectuele Eigendom van Aruba.

Art. 114

Verklaring dat de onderlinge regeling tussen de rijksdelen wordt beëindigd In Nederland kan bij wet en in Aruba, Curaçao en Sint Maarten kan bij landsverordening worden verklaard, dat de in deze rijkswet vervatte onderlinge regeling dient te worden beëindigd. Met ingang van het derde kalenderjaar na dat van afkondiging van zodanige wet of landsverordening verkrijgt deze rijkswet in Nederland de staat van wet en in Aruba, Curaçao en Sint Maarten de staat van landsverordening. Het bepaalde in de vorige volzinnen geldt niet met betrekking tot de artikelen 40 tot en met 45 en artikel 59.

Invorderingswet 1990^1

Wet van 30 mei 1990, inzake invordering van rijksbelastingen, andere dan invoerrechten en accijnzen

Wij Beatrix, bij de gratie Gods, Koningin der Nederlanden, Prinses van Oranje-Nassau, enz. enz. enz.

Allen, die deze zullen zien of horen lezen, saluut! doen te weten:

Alzo Wij in overweging genomen hebben, dat het wenselijk is de wet van 22 mei 1845 (*Stb.* 1926, 334) op de invordering van 's Rijks directe belastingen te vervangen door een meer overzichtelijke en op verschillende punten herziene wet;

Zo is het, dat Wij, de Raad van State gehoord, en met gemeen overleg der Staten-Generaal, hebben goedgevonden en verstaan, gelijk Wij goedvinden en verstaan bij deze:

Hoofdstuk I Algemene bepalingen

Art. 1

1. Deze wet geldt bij de invordering van rijksbelastingen.

2. Op deze wet zijn artikel 3:40, titels 4.1 tot en met 4.3, artikel 4:125, titel 5.2, de hoofdstukken 6 en 7 en afdeling 10.2.1 van de Algemene wet bestuursrecht niet van toepassing.

Art. 2

1. Deze wet verstaat onder:

a. rijksbelastingen: belastingen als bedoeld in artikel 1 van de Algemene wet inzake rijksbelastingen, alsmede rechten bij invoer en rechten bij uitvoer als bedoeld in artikel 7:3 van de Algemene douanewet, die in Nederland worden geheven;

aa.

1°. Koninkrijk: Koninkrijk der Nederlanden;

2°. Rijk: het land Nederland, zijnde Nederland en de BES eilanden;

3°. Nederland: het in Europa gelegen deel van het Koninkrijk, met dien verstande dat voor de heffing van de inkomstenbelasting, de loonbelasting, de vennootschapsbelasting en de assurantiebelasting Nederland tevens omvat de exclusieve economische zone van het Koninkrijk, bedoeld in artikel 1 van de Rijkswet instelling exclusieve economische zone, voorzover deze grenst aan de territoriale zee in Nederland;

4°. BES eilanden: de openbare lichamen Bonaire, Sint Eustatius en Saba, met daaronder begrepen, met inachtneming van de Rijkswet tot vaststelling van een zeegrens tussen Curaçao en Bonaire, en tussen Sint Maarten en Saba, het buiten de territoriale zee van de BES eilanden gelegen deel van de zeebodem en de ondergrond daarvan, voor zover het Koninkrijk daar op grond van het internationale recht ten behoeve van de exploratie en de exploitatie van natuurlijke rijkdommen soevereine rechten mag uitoefenen, alsmede de in, op, of boven dat gebied aanwezige installaties en andere inrichtingen ten behoeve van de exploratie en exploitatie van natuurlijke rijkdommen in dat gebied;

b. belastingrente en revisierente: de belastingrente en de revisierente, bedoeld in hoofdstuk VA van de Algemene wet inzake rijksbelastingen;

c. Douanewetboek van de Unie: Verordening (EU) nr. 952/2013 van het Europees Parlement en van de Raad van 9 oktober 2013 tot vaststelling van het douanewetboek van de Unie (PbEU 2013, L 269);

d. Gedelegeerde Verordening Douanewetboek van de Unie: Gedelegeerde Verordening (EU) 2015/2446 van de Commissie van 28 juli 2015 tot aanvulling van Verordening (EU) nr. 952/2013 van het Europees Parlement en de Raad met nadere regels betreffende een aantal bepalingen van het douanewetboek van de Unie (PbEU 2015, L 343);

e. Uitvoeringsverordening Douanewetboek van de Unie: Uitvoeringsverordening (EU) 2015/2447 van de Commissie van 24 november 2015 houdende nadere uitvoeringsvoorschriften voor enkele bepalingen van Verordening (EU) nr. 952/2013 van het Europees Parlement en de Raad tot vaststelling van het douanewetboek van de Unie (PbEU 2015, L 343);

f. kosten van ambtelijke werkzaamheden: de kosten, bedoeld in paragraaf 1.2.3 van de Algemene douanewet;

g. bestuurlijke boeten: de verzuimboeten en de vergrijpboeten, bedoeld in hoofdstuk VIIA van deze wet, hoofdstuk VIIIA van de Algemene wet inzake rijksbelastingen of hoofdstuk 9 van de

---

1 Inwerkingtredingsdatum: 01-06-1990; zoals laatstelijk gewijzigd bij: Stb. 2020, 542.

B40 art. 3 Invorderingswet 1990

Algemene douanewet, dan wel in enig ander wettelijk voorschrift betreffende de heffing van rijksbelastingen;

Onze Minister *h.* Onze Minister: Onze Minister van Financiën;

Directeur, inspecteur of ontvanger *i.* directeur, inspecteur of ontvanger: de functionaris die als zodanig bij ministeriële regeling is aangewezen;

Belastingdeurwaarder *j.* belastingdeurwaarder: de door Onze Minister als zodanig aangewezen ambtenaar van de rijksbelastingdienst;

Belastingschuldige *k.* belastingschuldige: degene te wiens naam de belastingaanslag is gesteld;

Werknemer, artiest, beroepssporter, buitenlands gezelschap *l.* werknemer, artiest, beroepssporter, buitenlands gezelschap, dienstbetrekking en inhoudingsplichtige: de werknemer, de artiest, de beroepssporter, het buitenlandse gezelschap, de dienstbetrekking en de inhoudingsplichtige in de zin van de Wet op de loonbelasting 1964;

Belastingaanslag *m.* belastingaanslag: de voorlopige aanslag, de aanslag, de uitnodiging tot betaling, de navorderingsaanslag en de naheffingsaanslag, alsmede de voorlopige conserverende aanslag, de conserverende aanslag en de conserverende navorderingsaanslag in de inkomstenbelasting en in de schenk- en erfbelasting;

n. kind: eerstegraads bloedverwant en aanverwant in de neergaande lijn;

o. sociale verzekeringspremies: de premies voor de sociale verzekeringen, bedoeld in artikel 2, onderdelen a en c, van de Wet financiering sociale verzekeringen, en de ingevolge de Zorgverzekeringswet geheven inkomensafhankelijke bijdrage;

p. strafbeschikking: de strafbeschikking, bedoeld in artikel 76, eerste lid, van de Algemene wet inzake rijksbelastingen en artikel 10:15, eerste lid, van de Algemene douanewet;

q. burgerservicenummer: het nummer, bedoeld in artikel 1, onderdeel b, van de Wet algemene bepalingen burgerservicenummer;

r. vertragingsrente: de vertragingsrente, bedoeld in artikel 114, eerste lid, van het Douanewetboek van de Unie;

s. rente op achterstallen: de rente op achterstallen, bedoeld in artikel 114, tweede lid, van het Douanewetboek van de Unie;

t. kredietrente: de kredietrente, bedoeld in artikel 112, tweede lid, van het Douanewetboek van de Unie.

2. Deze wet verstaat mede onder:

Rijksbelastingen *a.* rijksbelastingen: de belastingrente, de revisierente, de rente op achterstallen, de kosten van ambtelijke werkzaamheden, alsmede de bestuurlijke boeten;

Wettelijke regeling betreffende de heffing van rijksbelastingen *b.* wettelijke regeling betreffende de heffing van rijksbelastingen: de wettelijke bepalingen, bedoeld in artikel 1:1, eerste en tweede lid, van de Algemene douanewet, voor zover deze betrekking hebben op de heffing van rijksbelastingen;

Belastingaanslag *c.* belastingaanslag: een ingevolge de Algemene wet inzake rijksbelastingen dan wel Algemene douanewet of enige andere wettelijke regeling betreffende de heffing van rijksbelastingen vastgestelde beschikking of uitspraak strekkende tot - al dan niet nadere - vaststelling van een ingevolge die regelingen verschuldigd of terug te geven bedrag;

Aanslagbiljet *d.* aanslagbiljet: de kennisgeving van de beschikking of de uitspraak, bedoeld in onderdeel c;

Invorderen van rijksbelastingen *e.* invorderen van rijksbelastingen: het betalen van een terug te geven bedrag aan rijksbelastingen.

Rentebeschikking met aanslag gelijkgesteld **3.** Voor de toepassing van deze wet geldt, in afwijking in zoverre van het eerste en het tweede lid en behoudens voor zover daarvan moet worden afgeweken ingevolge het elders in deze wet bepaalde, als belastingaanslag:

a. de belastingaanslag na toepassing van de ingevolge de Algemene wet inzake rijksbelastingen of enige andere wettelijke regeling betreffende de heffing van rijksbelastingen voorziene verrekeningen;

b. ingeval een aanslagbiljet naast een of meer belastingaanslagen als bedoeld in onderdeel a een of meer ingevolge het tweede lid, onderdeel c, met een belastingaanslag gelijkgestelde beschikkingen omvat: het gezamenlijke bedrag van de ingevolge de op het aanslagbiljet vermelde belastingaanslagen in te vorderen bedragen.

4. Ingeval het derde lid, aanhef en onderdeel b, toepassing vindt, worden de op het aanslagbiljet vermelde bestanddelen - wat belasting betreft na de in het derde lid, onderdeel a, bedoelde verrekening - tot een negatief bedrag geacht naar evenredigheid te zijn verrekend met de bestanddelen tot een positief bedrag en omgekeerd.

5. Bepalingen van deze wet die rechtsgevolgen verbinden aan het aangaan, het bestaan, de beëindiging of het beëindigd zijn van een huwelijk zijn van overeenkomstige toepassing op het aangaan, het bestaan, de beëindiging onderscheidenlijk het beëindigd zijn van een geregistreerd partnerschap.

6. Voor de toepassing van deze wet en de daarop berustende bepalingen wordt een Europese coöperatieve vennootschap gelijkgesteld met een Europese naamloze vennootschap.

Art. 3

Ontvanger **1.** De ontvanger is belast met de invordering van de rijksbelastingen.

Invorderingswet 1990 **B40 art. 7b**

2. In alle rechtsgedingen voortvloeiende uit de uitoefening van zijn taak treedt de ontvanger als zodanig in rechte op.

In rechte optreden

Art. 3a

1. De ontvanger is mede belast met de invordering van de strafbeschikking.

Invordering strafbeschikking

2. Bij de invordering zijn de artikelen 4, 6, 9 tot en met 15, 17, 19, 20, 24, 25, 27 en 28 tot en met 30 van overeenkomstige toepassing, met dien verstande dat in afwijking van artikel 9, eerste lid, een geldboete invorderbaar is veertien dagen na de uitreiking in persoon of toezending van het afschrift van de strafbeschikking.

Art. 4

Tot het verrichten de bij of krachtens de wet aan een deurwaarder opgedragen werkzaamheden is, voor zover die werkzaamheden geschieden in opdracht van een ontvanger en betreffen de vervolgingen voor de invordering van rijksbelastingen, uitsluitend een belastingdeurwaarder bevoegd.

Belastingdeurwaarder

Art. 5

1. De bevoegdheid van een directeur, inspecteur of ontvanger is niet bepaald naar een geografische indeling van het Rijk.

Relatieve competentie

2. Bij ministeriële regeling worden regels gesteld omtrent de functionaris, bedoeld in artikel 2, eerste lid, onderdeel i, onder wie een belastingschuldige ressorteert.

Art. 6

1. De bepalingen van deze wet strekken zich niet alleen uit tot de rijksbelastingen, maar ook tot de daarmee samenhangende opcenten, de betalingskorting, de renten en de kosten.

Toeslagen, opcenten, renten etc.

2. Onder opcenten worden verstaan niet alleen die welke ten behoeve van de rijksoverheid, doch ook die welke ten behoeve van andere openbare lichamen met uitzondering van de BES eilanden worden geheven.

Art. 7

1. In afwijking van artikel 4:92, eerste lid, van de Algemene wet bestuursrecht geschiedt de toerekening van de betalingen achtereenvolgens aan:

Toerekening van de betalingen

a. de kosten;
b. de betalingskorting;
c. de rente;
d. de belastingaanslag.

2. Toerekening van betalingen op een belastingaanslag geschiedt, behoudens voorzover daarvan moet worden afgeweken ingevolge deze wet, naar evenredigheid aan de op het aanslagbiljet vermelde in te vorderen bedragen, met dien verstande dat indien artikel 9.1, derde lid, van de Wet inkomstenbelasting 2001 of artikel 27b, eerste lid, van de Wet op de loonbelasting 1964 toepassing heeft gevonden, de toerekening in de laatste plaats geschiedt aan de premie voor de volksverzekeringen.

3. Bij ministeriële regeling kunnen nadere regels worden gesteld voor een van het eerste lid afwijkende toerekening van betalingen op een uitnodiging tot betaling indien het recht van de Europese Unie daartoe noodzaakt.

Art. 7a

1. In afwijking van artikel 4:89, eerste lid, van de Algemene wet bestuursrecht vindt uitbetaling aan de belastingschuldige van inkomstenbelasting uitsluitend plaats op een daartoe door de belastingschuldige bestemde bankrekening die op naam staat van de belastingschuldige. De belastingschuldige kan niet meer dan één bankrekening bestemmen voor de uitbetaling van inkomstenbelasting en voor de in artikel 25 van de Algemene wet inkomensafhankelijke regelingen bedoelde uitbetaling van de hem toekomende voorschotten en tegemoetkomingen.

Wijze van uitbetaling

2. Ingeval de belastingschuldige geen bankrekening heeft bestemd voor betaling van rijksbelastingen dan wel andere belastingen of heffingen voor zover de invordering daarvan is opgedragen aan de ontvanger betaalt de ontvanger op een bankrekening die op naam staat van de belastingschuldige.

3. Het tweede lid is van overeenkomstige toepassing op andere door de ontvanger uit te betalen bedragen.

4. In bij ministeriële regeling aan te wijzen gevallen kan worden afgeweken van het eerste lid. Daarbij worden regels gesteld met betrekking tot de bestemming van een andere bankrekening voor de uitbetaling van inkomstenbelasting.

(Zie ook: art. 40ca Uit.reg IW 1990)

Art. 7b

Een vordering op de ontvanger tot uitbetaling van een bedrag aan inkomstenbelasting is niet vatbaar voor vervreemding of verpanding. In afwijking van de eerste volzin is vervreemding of verpanding wel mogelijk aan een financiële onderneming als bedoeld in artikel 1:1 van de Wet op het financieel toezicht.

Vordering IB niet vatbaar voor vervreemding of verpanding

B40 art. 7c **Invorderingswet 1990**

Art. 7c

Elektronisch berichtenverkeer

1. In afwijking van artikel 2:14, eerste lid, van de Algemene wet bestuursrecht wordt in het verkeer tussen belastingschuldigen en de directeur, de ontvanger of de belastingdeurwaarder een bericht uitsluitend elektronisch verzonden.

Nadere regels

2. Bij ministeriële regeling wordt bepaald op welke wijze het elektronische berichtenverkeer plaatsvindt.

3. Bij ministeriële regeling kunnen berichten en groepen van belastingschuldigen worden aangewezen waarvoor, alsmede omstandigheden worden aangewezen waaronder, het berichtenverkeer kan plaatsvinden anders dan langs elektronische weg.

Art. 7d

Berichtenverkeer, nadere regeling groepen/omstandigheden

1. Bij ministeriële regeling kunnen berichten, groepen van belastingschuldigen of omstandigheden worden aangewezen waarvoor, voor wie, onderscheidenlijk waaronder, geldt dat een belastingschuldige berichten uitsluitend langs elektronische weg dan wel uitsluitend anders dan langs elektronische weg aan de directeur, de ontvanger of de belastingdeurwaarder verzendt.

2. Het ontwerp van een ministeriële regeling als bedoeld in het eerste lid wordt ten minste vier weken voordat de regeling wordt vastgesteld, overgelegd aan de beide kamers der Staten-Generaal.

Hoofdstuk II Invordering in eerste aanleg

Art. 8

Verzending of uitreiking aanslagbiljet

1. De ontvanger maakt de belastingaanslag bekend door verzending of uitreiking van het door de inspecteur voor de belastingschuldige opgemaakte aanslagbiljet.

Faillissement

2. In afwijking van het eerste lid kan de ontvanger een belastingaanslag ten name van een belastingschuldige die is opgehouden te bestaan of waarvan vermoed wordt dat deze is opgehouden te bestaan bekendmaken door verzending of uitreiking van het aanslagbiljet aan het parket van een ambtenaar van het Openbaar Ministerie bij de rechtbank binnen het rechtsgebied waarin de laatst bekende vestigingsplaats van de belastingschuldige is gelegen of aan het parket van de ambtenaar van het Openbaar Ministerie bij de rechtbank Den Haag.

3. Indien de belastingaanslag op de wijze, bedoeld in het tweede lid, is bekendgemaakt worden zo spoedig mogelijk de volgende gegevens ter publicatie aan de Staatscourant verzonden of uitgereikt:

a. de naam van de belastingschuldige;

b. de soort belastingaanslag;

c. de belastingsoort;

d. het belastingjaar;

e. de dagtekening van het aanslagbiljet.

4. Bij toepassing van het derde lid wordt een kopie van het aanslagbiljet verzonden of uitgereikt aan de laatste bestuurders, aandeelhouders en vereffenaars van de belastingschuldige, bedoeld in het tweede lid, voor zover die redelijkerwijs bij de ontvanger bekend kunnen zijn.

Verschuldigdheid

5. Een belastingaanslag is door de belastingschuldige in zijn geheel verschuldigd.

Art. 9

Invorderingstermijn

1. Een belastingaanslag is invorderbaar zes weken na de dagtekening van het aanslagbiljet.

Navorderings-/naheffingsaanslag

2. In afwijking van het eerste lid is een navorderingsaanslag, alsmede een conserverende navorderingsaanslag invorderbaar één maand na de dagtekening van het aanslagbiljet en een naheffingsaanslag invorderbaar veertien dagen na de dagtekening van het aanslagbiljet.

Bestuurlijke boete

3. Een ingevolge artikel 2, tweede lid, onderdeel c, met een belastingaanslag gelijkgestelde beschikking inzake een bestuurlijke boete die gelijktijdig en in verband met de vaststelling van een belastingaanslag als bedoeld in artikel 2, eerste lid, onderdeel m, is opgelegd, is invorderbaar overeenkomstig de bepalingen die gelden voor die belastingaanslag. Een ingevolge artikel 2, tweede lid, onderdeel c, met een belastingaanslag gelijkgestelde beschikking inzake belasting- of revisierente is invorderbaar overeenkomstig de bepalingen die gelden voor de belastingaanslag, bedoeld in artikel 2, eerste lid, onderdeel m, waarop de belasting- of revisierente betrekking heeft.

Douanewet

4. Een uitnodiging tot betaling, alsmede een ingevolge artikel 2, tweede lid, onderdeel c, met een belastingaanslag gelijkgestelde beschikking inzake rente op achterstallen, inzake kosten van ambtelijke werkzaamheden of inzake een bestuurlijke boete als bedoeld in hoofdstuk 9 van de Algemene douanewet, is invorderbaar tien dagen na de dagtekening van het aanslagbiljet.

Voorlopige aanslag IB/VPB

5. In afwijking van het eerste lid is een voorlopige aanslag in de inkomstenbelasting of in de vennootschapsbelasting en een voorlopige conserverende aanslag in de inkomstenbelasting, waarvan het aanslagbiljet een dagtekening heeft die ligt in het jaar waarover deze is vastgesteld, invorderbaar in zoveel gelijke termijnen als er na de maand, die in de dagtekening van het aanslagbiljet is vermeld, nog maanden van het jaar overblijven. De eerste termijn vervalt één maand na de dagtekening van het aanslagbiljet en elk van de volgende termijnen telkens een maand later. Indien de toepassing van de eerste volzin niet leidt tot meer dan één termijn, vindt het eerste lid toepassing.

6. In afwijking van het eerste en het vijfde lid is een belastingaanslag als bedoeld in het vijfde lid, die een uit te betalen bedrag behelst, invorderbaar in zoveel gelijke termijnen als er met inbegrip van de maand die in de dagtekening van het aanslagbiljet is vermeld, nog maanden van het jaar overblijven. De eerste termijn vervalt aan het eind van de maand van de dagtekening van het aanslagbiljet en elk van de volgende termijnen telkens een maand later.

Voorlopige teruggaaf

7. In afwijking van het eerste lid is een voorlopige aanslag waarvan het aanslagbiljet een dagtekening heeft die ligt voor het jaar waarover deze is vastgesteld, invorderbaar in zoveel gelijke termijnen als er maanden van het jaar zijn. De eerste termijn vervalt aan het eind van de eerste maand van het jaar waarover de voorlopige aanslag is vastgesteld en elk van de volgende termijnen telkens een maand later.

8. In afwijking van het tweede lid is terstond invorderbaar een naheffingsaanslag ter zake van:

BPM/BZM

a. de belasting van personenauto's en motorrijwielen, die is opgelegd aan een ander dan een vergunninghouder als bedoeld in artikel 8 van de Wet op de belasting van personenauto's en motorrijwielen 1992, of

b. de belasting zware motorrijtuigen, die is opgelegd aan de houder van een ander motorrijtuig dan bedoeld in artikel 6, onderdeel *a*, van de Wet belasting zware motorrijtuigen.

9. In afwijking van het vierde lid is een uitnodiging tot betaling die is vastgesteld overeenkomstig een op een kalendermaand betrekking hebbende, aanvullende aangifte als bedoeld in artikel 167, eerste lid, van het Douanewetboek van de Unie invorderbaar vijftien dagen na de maand waarover de aangifte is gedaan. In afwijking van de eerste volzin is de uitnodiging tot betaling ter zake van de aangifte over de maand februari invorderbaar na zestien maart.

Maandaangifte douanerecht

10. De Algemene termijnenwet is niet van toepassing op de in de voorgaande leden gestelde termijnen.

Algemene termijnenwet

11. In afwijking van het eerste lid is een belastingaanslag die een uit te betalen bedrag behelst niet invorderbaar:

Gerede twijfel

a. zolang over de juistheid van het adresgegeven van de belastingschuldige gerede twijfel bestaat of zolang dit gegeven ontbreekt;

b. indien er op het moment dat er na het tijdstip waarop de belastingschuld is ontstaan vijf jaren zijn verstreken:

1°. gerede twijfel bestaat over de juistheid van het adresgegeven van de belastingschuldige; of

2°. het adresgegeven van de belastingschuldige ontbreekt.

12. De verplichting tot betaling wordt niet geschorst door de indiening van een bezwaar- of beroepschrift inzake een belastingaanslag.

Geen schorsende werking

Art. 10

1. In afwijking van artikel 9 is een belastingaanslag van de belastingschuldige die een te innen bedrag behelst terstond en tot het volle bedrag invorderbaar indien:

Versnelde invordering

a. de belastingschuldige in staat van faillissement is verklaard of ten aanzien van hem de schuldsaneringsregeling natuurlijke personen van toepassing is verklaard en die belastingaanslag onder de werking van de schuldsaneringsregeling valt;

b. de ontvanger aannemelijk maakt dat gegronde vrees bestaat dat goederen van de belastingschuldige zullen worden verduisterd;

c. de belastingschuldige Nederland metterwoon wil verlaten dan wel zijn plaats van vestiging wil overbrengen naar een plaats buiten Nederland, tenzij hij aannemelijk maakt dat de belastingschuld kan worden verhaald;

d. de belastingschuldige buiten Nederland woont of gevestigd is dan wel in Nederland geen vaste woonplaats of plaats van vestiging heeft en de ontvanger aannemelijk maakt dat gegronde vrees bestaat dat de belastingschuld niet kan worden verhaald;

e. op goederen waarop een belastingschuld van de belastingschuldige kan worden verhaald beslag is gelegd voor zijn belastingschuld;

f. goederen van de belastingschuldige worden verkocht ten gevolge van een beslaglegging namens derden;

g. ten laste van de belastingschuldige een vordering wordt gedaan als bedoeld in artikel 19, tenzij hij aannemelijk maakt dat de belastingschuld kan worden verhaald;

h. met inachtneming van artikel 97 van het Douanewetboek van de Unie ten laste van de belastingschuldige aanvulling of vervanging van een gestelde zekerheid is geëist, doch die aanvulling of vervanging niet tijdig overeenkomstig het krachtens artikel 2:1, aanhef en onder j, van de Algemene douanewet bepaalde, wordt verricht.

2. Het eerste lid is in de gevallen bedoeld in de onderdelen a, e, f en g niet van toepassing op een voorlopige aanslag in de inkomstenbelasting of in de vennootschapsbelasting waarvan het aanslagbiljet een dagtekening heeft die ligt in het jaar waarover deze is vastgesteld.

Uitzondering

3. Het eerste lid is in het geval, bedoeld in onderdeel h, uitsluitend van toepassing op een uitnodiging tot betaling en op een ingevolge artikel 2, tweede lid, onderdeel c, met een belastingaanslag gelijkgestelde beschikking inzake rente op achterstallen, inzake kosten van ambtelijke werkzaamheden of inzake een bestuurlijke boete als bedoeld in hoofdstuk 9 van de Algemene douanewet.

Hoofdstuk III Dwanginvordering

Art. 11

Aanmaning Indien de belastingschuldige een belastingaanslag niet binnen de gestelde termijn betaalt, maant de ontvanger hem schriftelijk aan om alsnog binnen twee weken na de dagtekening van de aanmaning te betalen.

Art. 12

Dwangbevel **1.** De invordering van de belastingaanslag kan geschieden bij een door de ontvanger uit te vaardigen dwangbevel.

2. In afwijking van artikel 4:119, eerste lid, van de Algemene wet bestuursrecht kunnen bij het dwangbevel tevens de kosten van de aanmaning, de kosten van het dwangbevel en de rente worden ingevorderd.

Art. 13

Betekening dwangbevel **1.** In afwijking van artikel 4:123 van de Algemene wet bestuursrecht geschiedt de betekening van het dwangbevel overeenkomstig de regels van het Wetboek van Burgerlijke Rechtsvordering met betrekking tot de betekening van exploten. Het dwangbevel vermeldt dat de belastingschuldige tegen de tenuitvoerlegging van een dwangbevel in verzet kan komen.

2. Indien de betekening geschiedt overeenkomstig artikel 47 van het Wetboek van Burgerlijke Rechtsvordering, vermeldt de envelop, in afwijking van de tweede volzin van het tweede lid van dat artikel, in plaats van de naam, de hoedanigheid, het kantooradres en telefoonnummer van de deurwaarder, welke ontvanger de opdracht tot betekening heeft verstrekt, alsmede diens kantooradres en telefoonnummer.

Terpostbezorging **3.** In afwijking van artikel 4:123 van de Algemene wet bestuursrecht kan de betekening van het dwangbevel met bevel tot betaling ook geschieden door het ter post bezorgen van een voor de belastingschuldige bestemd afschrift van het dwangbevel met bevel tot betaling door de ontvanger. Indien het dwangbevel ten uitvoer wordt gelegd als bedoeld in artikel 14, wordt het bevel tot betaling geacht te zijn betekend door de belastingdeurwaarder die belast is met de tenuitvoerlegging. Uit de ongeopende envelop waarin het afschrift ter post wordt bezorgd, blijkt de naam en het adres van de belastingschuldige, alsmede een aanduiding dat de inhoud de onmiddellijke aandacht behoeft.

Uitzondering terpostbezorging **4.** Betekening op de voet van het derde lid is niet mogelijk ingeval:

a. de ontvanger is gebleken dat de aanmaning de belastingschuldige niet heeft bereikt, of

b. de invordering geschiedt met toepassing van artikel 15, eerste lid, aanhef en onderdeel a of onderdeel b.

Dagtekening bij terpostbezorging **5.** Voor de toepassing van de artikelen 14, 19 en 20 wordt het dwangbevel met bevel tot betaling dat op de voet van het derde lid is betekend, geacht te zijn betekend twee dagen na de datum van de terpostbezorging van het dwangbevel met bevel tot betaling.

Art. 14

Hernieuwd bevel tot betaling **1.** In afwijking van artikel 4:116 van de Algemene wet bestuursrecht geschiedt de tenuitvoerlegging van een dwangbevel, dat op de voet van artikel 13, derde lid, is betekend, niet dan na betekening van een hernieuwd bevel tot betaling. De betekening van het hernieuwd bevel tot betaling geschiedt overeenkomstig de regels van het Wetboek van Burgerlijke Rechtsvordering met betrekking tot de betekening van exploten, met dien verstande dat indien de betekening geschiedt overeenkomstig artikel 47 van die wet het exploot van de belastingdeurwaarder een bevel inhoudt om binnen twee dagen te betalen; artikel 13, tweede lid, is van overeenkomstige toepassing.

2. Het eerste lid vindt geen toepassing ingeval het dwangbevel met toepassing van artikel 15, eerste lid, aanhef en onderdeel c, terstond ten uitvoer kan worden gelegd.

Art. 15

Versnelde executie **1.** Met betrekking tot een naheffingsaanslag als bedoeld in artikel 9, achtste lid, en in de gevallen bedoeld in artikel 10 kan:

a. een dwangbevel zonder voorafgaande aanmaning worden uitgevaardigd, of indien reeds een aanmaning is verzonden, in afwijking van de daarbij gestelde betalingstermijn, terstond worden uitgevaardigd;

b. een dwangbevel terstond na het bevel tot betaling ten uitvoer worden gelegd;

c. een dwangbevel indien het bevel tot betaling reeds is gedaan, voor zover nodig in afwijking van de daarbij gestelde betalingstermijn, terstond ten uitvoer worden gelegd;

d. een dwangbevel indien het hernieuwd bevel tot betaling, bedoeld in artikel 14, eerste lid, reeds is gedaan, in afwijking van de daarbij gestelde betalingstermijn, terstond ten uitvoer worden gelegd;

Invorderingswet 1990 — B40 art. 18

e. de betekening en de tenuitvoerlegging van een dwangbevel, in afwijking van artikel 64, eerste en tweede lid, eerste volzin, en artikel 438b van het Wetboek van Burgerlijke Rechtsvordering, in bij of krachtens algemene maatregel van bestuur te bepalen situaties geschieden op alle dagen en uren;

f. in afwijking van artikel 19, negende lid, eerste volzin, een vordering worden gedaan zonder schriftelijke aankondiging daarvan aan de belastingschuldige.

(Zie ook: art. 2 Uitv.besl. IW 1990)

2. De voordracht voor een krachtens het eerste lid, onderdeel e, vast te stellen algemene maatregel van bestuur wordt niet eerder gedaan dan vier weken nadat het ontwerp aan beide kamers der Staten-Generaal is overgelegd.

Art. 16

Indien executoriaal beslag is gelegd op een in een of meer termijnen door de ontvanger uit te betalen bedrag op grond van een voorlopige aanslag in de inkomstenbelasting als bedoeld in artikel 9, zesde lid, wordt het beslag geacht mede te omvatten een in termijnen uit te betalen bedrag op grond van een voorlopige aanslag in de inkomstenbelasting als bedoeld in artikel 9, zesde lid, over een volgend jaar voor zover:

a. de uit te betalen termijnen van de voorlopige aanslagen op elkaar aansluiten, en

b. de schuld waarvoor beslag is gelegd niet geheel is voldaan.

Executoriaal beslag op negatieve voorlopige aanslag

Art. 17

[Dit artikel is gewijzigd in verband met de invoering van digitaal procederen. Zie voor de procedures en gerechten waarvoor digitaal procederen geldt het Overzicht gefaseerde inwerkingtreding op www.rijksoverheid.nl/KEI.]

1. De belastingschuldige kan tegen de tenuitvoerlegging van een dwangbevel in verzet komen bij de rechtbank van het arrondissement waarbinnen hij woont of is gevestigd. Indien de belastingschuldige buiten Nederland woont of is gevestigd dan wel in Nederland geen vaste woonplaats of plaats van vestiging heeft, kan hij in verzet komen bij de rechtbank van het arrondissement waarbinnen het kantoor is gevestigd van de ontvanger die het dwangbevel heeft uitgevaardigd.

Verzet tegen executie dwangbevel

2. Het verzet vangt aan door indiening van een procesinleiding door de belastingschuldige als eiser aan de ontvanger die het dwangbevel heeft uitgevaardigd als verweerder.

Aanvang verzet

3. Het verzet kan niet zijn gegrond op de stelling dat het aanslagbiljet, de aanmaning, het op de voet van artikel 13, derde lid, betekende dwangbevel of de schriftelijke mededeling, genoemd in artikel 27, eerste lid, niet is ontvangen, tenzij de belastingschuldige aannemelijk maakt dat ontvangst redelijkerwijs moet worden betwijfeld. Bovendien kan het verzet niet zijn gegrond op de stelling dat de belastingaanslag ten onrechte of tot een te hoog bedrag is vastgesteld.

Geen verzet mogelijk

[Voor overige gevallen luidt het artikel als volgt:]

Artikel 17

1. De belastingschuldige kan tegen de tenuitvoerlegging van een dwangbevel in verzet komen bij de rechtbank van het arrondissement waarbinnen hij woont of is gevestigd. Indien de belastingschuldige buiten Nederland woont of is gevestigd dan wel in Nederland geen vaste woonplaats of plaats van vestiging heeft, kan hij in verzet komen bij de rechtbank van het arrondissement waarbinnen het kantoor is gevestigd van de ontvanger die het dwangbevel heeft uitgevaardigd.

Verzet tegen executie dwangbevel

2. Het verzet vangt aan met dagvaarding door de belastingschuldige als eiser aan de ontvanger die het dwangbevel heeft uitgevaardigd als gedaagde.

Dagvaarding

3. Het verzet kan niet zijn gegrond op de stelling dat het aanslagbiljet, de aanmaning, het op de voet van artikel 13, derde lid, betekende dwangbevel of de schriftelijke mededeling, genoemd in artikel 27, eerste lid, niet is ontvangen, tenzij de belastingschuldige aannemelijk maakt dat ontvangst redelijkerwijs moet worden betwijfeld. Bovendien kan het verzet niet zijn gegrond op de stelling dat de belastingaanslag ten onrechte of tot een te hoog bedrag is vastgesteld.

Geen verzet mogelijk

Art. 18

1. Op eerste vordering van ambtenaren van de rijksbelastingdienst of van opsporingsambtenaren als bedoeld in artikel 141 van het Wetboek van Strafvordering is de bestuurder van een motorrijtuig verplicht dat te doen stilstaan teneinde de tenuitvoerlegging van een dwangbevel te doen plaatsvinden. De bestuurder van het motorrijtuig is verplicht de daartoe door de in de eerste volzin bedoelde ambtenaren gegeven aanwijzingen op te volgen.

Stilhouden voertuig

2. De tenuitvoerlegging van een dwangbevel op de voet van het eerste lid en de daaraan voorafgaande betekening van het hernieuwde bevel tot betaling kunnen, in afwijking van de artikelen 64, eerste en tweede lid, eerste volzin, en 438b van het Wetboek van Burgerlijke Rechtsvordering, geschieden op alle dagen en uren.

3. In afwijking van artikel 14, eerste lid, kan een hernieuwd bevel tot betaling ook worden betekend aan de bestuurder van het motorrijtuig, bedoeld in het eerste lid.

4. In afwijking van artikel 434 van het Wetboek van Burgerlijke Rechtsvordering kan machtiging van de belastingdeurwaarder ook plaatsvinden door middel van het beschikbaar stellen van de gegevens van een dwangbevel waarvan de tenuitvoerlegging op de voet van het eerste lid dient plaats te vinden.

5. Ingeval de schuld waarvoor op de voet van het eerste lid beslag is gelegd een bij ministeriële regeling te bepalen bedrag te boven gaat, wordt voor de toepassing van artikel 446 van het Wetboek van Burgerlijke Rechtsvordering in elk geval aangenomen dat het voor het behoud van de op de voet van het eerste lid in executoriaal beslag genomen zaken redelijkerwijze noodzakelijk is dat deze zaken in gerechtelijke bewaring worden gegeven.

(Zie ook: art. 1cbis Uitv.reg. IW 1990)

Art. 18a

Elektronisch derdenbeslag, uitzondering ontvanger

Bij de tenuitvoerlegging van een executoriale titel in opdracht van de ontvanger is artikel 475, derde lid, van het Wetboek van Burgerlijke Rechtsvordering niet van toepassing. Bij de tenuitvoerlegging van een dwangbevel is dit in afwijking van artikel 4:116 van de Algemene wet bestuursrecht.

Art. 19

Inkomensbeslag

1. Een derde op wie de belastingschuldige een vordering heeft of uit een reeds bestaande rechtsverhouding rechtstreeks zal verkrijgen, is op vordering van de ontvanger gehouden de belastingaanslagen van de belastingschuldige te betalen voor zover een en ander vatbaar is voor beslag. Voor zover één en ander niet vatbaar is voor beslag is de derde op vordering van de ontvanger verplicht ten hoogste een tiende gedeelte daarvan aan te wenden voor betaling van de belastingaanslagen van de belastingschuldige.

2. Het eerste lid, tweede volzin, vindt alleen toepassing indien de belastingschuldige op het tijdstip waarop de vordering wordt gedaan, meer dan één belastingaanslag waarvan de enige of laatste betalingstermijn met ten minste twee maanden is overschreden, niet heeft betaald en hij met betrekking tot deze belastingaanslagen:

a. geen verzoek om uitstel van betaling heeft gedaan, niet in aanmerking komt voor uitstel van betaling of de gestelde voorwaarden voor uitstel van betaling niet is nagekomen, en

b. geen verzoek om kwijtschelding van belasting heeft gedaan of niet in aanmerking komt voor kwijtschelding van belasting.

Betaling door huurder, pachter, curator

3. Een huurder, een pachter, een curator in een faillissement en een houder van penningen is op vordering van de ontvanger verplicht uit de gelden die hij aan de belastingschuldige verschuldigd is of uit de gelden of de penningen die hij ten behoeve van de belastingschuldige onder zich heeft, de belastingaanslagen van de belastingschuldige te betalen. Een curator in een faillissement van de belastingschuldige is voorts bevoegd uit eigen beweging uit de gelden die hij ten behoeve van de belastingschuldige onder zich heeft, de belastingaanslagen van de belastingschuldige te betalen.

4. Een betaaldienstverlener als bedoeld in artikel 1:1 van de Wet op het financieel toezicht is op vordering van de ontvanger verplicht, in zoverre onder blokkering van onttrekkingen aan de rekening, uit het tegoed van een rekening die een belastingschuldige bij hem heeft alsmede, indien de betaaldienstverlener en de belastingschuldige in samenhang met die rekening een overeenkomst inzake krediet zijn aangegaan, uit het ingevolge die overeenkomst verstrekte krediet, de belastingaanslagen van de belastingschuldige te betalen. De betaaldienstverlener is verplicht aan de vordering te voldoen, zonder zich daarbij op verrekening te kunnen beroepen. De verplichting tot betaling vervalt een week na de dag van bekendmaking van de vordering aan de betaaldienstverlener.

Vordering bij beschikking

5. De vordering geschiedt bij beschikking. Voor het doen van een vordering dient de ontvanger te beschikken over een aan de belastingschuldige betekend dwangbevel met bevel tot betaling. De beschikking heeft rechtsgevolg zodra zij is bekendgemaakt aan degene jegens wie de vordering is gedaan. De ontvanger maakt de beschikking tevens bekend aan de belastingschuldige. Indien de vordering wordt gedaan jegens de curator in een faillissement vindt de tweede volzin geen toepassing en blijft bekendmaking van de beschikking aan de belastingschuldige achterwege.

Verzet

6. De belastingschuldige kan op de voet van artikel 17 in verzet komen tegen de vordering als ware deze de tenuitvoerlegging van een dwangbevel.

Verplichte voldoening

7. Degene jegens wie een vordering is gedaan is verplicht die vordering te voldoen zonder daartoe een verificatie en beëdiging van schuldvordering, een rangregeling of rechterlijke uitspraak te mogen afwachten. De eerste volzin vindt geen toepassing in zoverre onder hem beslag is of wordt gelegd of verzet is of wordt gedaan ter zake van schulden waaraan een gelijke of hogere voorrang is toegekend. Voldoening aan de vordering geldt als betaling aan de belastingschuldige.

Vervolging

8. De ontvanger vervolgt degene die in gebreke blijft aan de vordering te voldoen bij executoriaal beslag volgens de regels van het tweede boek, tweede titel, tweede afdeling, van het Wetboek van Burgerlijke Rechtsvordering. De kosten van vervolging komen voor rekening van degene die in gebreke blijft zonder dat hij deze kan verhalen op de belastingschuldige.

9. Indien de vordering wordt gedaan op grond van het eerste lid en het dwangbevel op de voet van artikel 13, derde lid, is betekend, moet de vordering vooraf worden gegaan door een schriftelijke aankondiging van de ontvanger aan de belastingschuldige, inhoudende dat hij voornemens is een vordering te doen. De vordering wordt in dat geval niet eerder gedaan dan zeven dagen na de dagtekening van de vooraankondiging. De in de eerste volzin bedoelde aankondiging blijft achterwege indien de vordering wordt gedaan jegens een betaaldienstverlener als bedoeld in artikel 1:1 van de Wet op het financieel toezicht of jegens degene die reeds op vordering van de ontvanger een belastingaanslag van de belastingschuldige betaalt of zou moeten betalen. Indien de vordering op de voet van het eerste lid een vordering betreft van een periodieke betaling als bedoeld in artikel 475c, eerste lid, van het Wetboek van Burgerlijke Rechtsvordering, is artikel 475i, tweede tot en met vijfde lid, van het Wetboek van Burgerlijke Rechtsvordering van overeenkomstige toepassing, tenzij de vordering wordt gedaan jegens degene die reeds op vordering van de ontvanger een belastingaanslag van de belastingschuldige betaalt of zou moeten betalen.

10. Het eerste tot en met negende lid zijn niet van toepassing op belastingaanslagen ten aanzien waarvan de schuldsaneringsregeling natuurlijke personen werkt.

Schuldsaneringsregeling natuurlijke personen

11. Bij ministeriële regeling kunnen nadere regels worden gesteld met betrekking tot de gevallen waarin en de wijze waarop het eerste en het vierde lid toepassing kunnen vinden.

Art. 20

1. In afwijking in zoverre van artikel 585, onder a, van het Wetboek van Burgerlijke Rechtsvordering kan een dwangbevel of een vonnis strekkend tot betaling van schadevergoeding aan de ontvanger in verband met belastingschuld die niet is voldaan, bij rechterlijk vonnis ten uitvoer worden gelegd door lijfsdwang.

Lijfsdwang

2. Met betrekking tot een dwangbevel dat is uitgevaardigd aan een lichaam in de zin van de Algemene wet inzake rijksbelastingen, kan lijfsdwang worden toegepast ten aanzien van:
a. de bestuurder of vereffenaar van dat lichaam of, bij ontstentenis, ten aanzien van de laatst afgetreden of ontslagen bestuurder of vereffenaar; en
b. degene die het beleid van het lichaam heeft bepaald of mede heeft bepaald als ware hij bestuurder;
tenzij het niet aan hem te wijten is dat de belastingschuld niet is voldaan.

3. De artikelen 586 tot en met 600 van het Wetboek van Burgerlijke Rechtsvordering zijn van overeenkomstige toepassing op de tenuitvoerlegging door lijfsdwang, bedoeld in het eerste lid.

4. De gerechtelijke procedure tot toepassing van lijfsdwang wordt gevoerd voor de rechtbank van het arrondissement waarbinnen het kantoor is gevestigd van de ontvanger die het dwangbevel of de dagvaarding strekkend tot betaling van schadevergoeding heeft uitgevaardigd.

Hoofdstuk IV Bijzondere bepalingen

Afdeling 1 Verhaalsrechten

Art. 21

1. 's Rijks schatkist heeft een voorrecht op alle goederen van de belastingschuldige.

Voorrang Rangorde

2. Het voorrecht gaat boven alle andere voorrechten met uitzondering van die van de artikelen 287 en 288 onder a, alsmede dat van artikel 284 van Boek 3 van het Burgerlijk Wetboek voor zover de kosten zijn gemaakt na de dagtekening van het aanslagbiljet. Het voorrecht gaat tevens boven pand, voor zover het pandrecht rust op een zaak als is bedoeld in artikel 22, derde lid, die zich op de bodem van de belastingschuldige bevindt en tegen inbeslagneming waarvan derden zich op de grond niet kunnen verzetten. Het behoudt deze rang in geval van faillissement van de belastingschuldige of toepassing ten aanzien van hem van de schuldsaneringsregeling natuurlijke personen, ongeacht of tevoren inbeslagneming heeft plaatsgevonden.

Art. 22

1. Derden die geheel of gedeeltelijk recht menen te hebben op roerende zaken waarop ter zake van een belastingschuld beslag is gelegd, kunnen een beroepschrift richten tot de directeur, mits zulks doende vóór de verkoop en uiterlijk binnen zeven dagen, te rekenen van de dag der beslaglegging. Het beroepschrift wordt ingediend bij de ontvanger, tegen een door deze af te geven ontvangbewijs. De directeur neemt zo spoedig mogelijk een beslissing. De verkoop mag niet plaats hebben, dan acht dagen na de betekening van die beslissing aan de reclamant en aan degene tegen wie het beslag is gelegd, met nadere bepaling van de dag van verkoop.

Bezwaar tegen beslag door derden

2. Door het indienen van een beroepschrift op de voet van het eerste lid, verliest de belanghebbende niet het recht om zijn verzet voor de burgerlijke rechter te brengen.

Verzet blijft mogelijk

3. Behoudens in het geval dat er een recht van terugvordering bestaat jegens degene die een zaak onrechtmatig of van een onbevoegde heeft verkregen, kunnen derden nimmer verzet in rechte doen tegen:
a. de beslaglegging ter zake van naheffingsaanslagen in:
1°. de loonbelasting ten laste van inhoudingsplichtigen met uitzondering van naheffingsaanslagen ter zake van huispersoneel;

Geen verzet mogelijk

2°. de omzetbelasting, alsmede de belasting van personenauto's en motorrijwielen ten laste van een ander dan degene op wiens naam het motorrijtuig is gesteld in het kentekenregister, genoemd in artikel 1, eerste lid, onderdeel i, van de Wegenverkeerswet 1994;
3°. de accijns;
4°. de verbruiksbelastingen van alcoholvrije dranken en van pruimtabak en snuiftabak;
5°. de in artikel 1 van de Wet belastingen op milieugrondslag genoemde belastingen;
6°. de dividendbelasting;
7°. de bronbelasting;
8°. de kansspelbelasting ten laste van inhoudingsplichtigen;
9°. de assurantiebelasting;
b. de beslaglegging ter zake van:
1°. uitnodigingen tot betaling;
2°. ingevolge artikel 2, tweede lid, onderdeel c, met een belastingaanslag gelijkgestelde beschikkingen inzake belastingrente, inzake bestuurlijke boeten die worden opgelegd in verband met vorenbedoelde naheffingsaanslagen, inzake bestuurlijke boeten als bedoeld in hoofdstuk 9 van de Algemene douanewet, inzake rente op achterstallen of inzake kosten van ambtelijke werkzaamheden;
indien de ingeoogste of nog niet ingeoogste vruchten, of roerende zaken tot stoffering van een huis of landhoef, of tot bebouwing of gebruik van het land, zich tijdens de beslaglegging op de bodem van de belastingschuldige bevinden.

Art. 22bis

Bodemzaak **1.** In dit artikel wordt verstaan onder bodemzaak: een zaak als bedoeld in artikel 22, derde lid, die zich op de bodem van de belastingschuldige bevindt.

Meldingsplicht **2.** Houders van pandrechten of overige derden die geheel of gedeeltelijk recht hebben op een bodemzaak, zijn gehouden de ontvanger mededeling te doen van het voornemen hun rechten met betrekking tot deze bodemzaak uit te oefenen, dan wel van het voornemen enigerlei andere handeling te verrichten of te laten verrichten waardoor de zaak niet meer kwalificeert als bodemzaak.

3. De belastingschuldige is gehouden de ontvanger mededeling te doen van het voornemen enigerlei handeling te verrichten of te laten verrichten, dan wel medewerking aan een dergelijke handeling te verlenen, waardoor de zaak niet meer kwalificeert als bodemzaak.

4. Handelingen die worden verricht in de normale uitoefening van het bedrijf of beroep van de belastingschuldige behoeven niet te worden gemeld.

5. Bij ministeriële regeling kunnen regels worden gesteld over de wijze waarop de mededeling, bedoeld in het tweede of derde lid, moet worden gedaan.

Afkoelingsperiode **6.** Gedurende vier weken na de mededeling, bedoeld in het tweede lid, mag de pandhouder of overige derde die de mededeling heeft gedaan, zijn rechten op de bodemzaak niet uitoefenen alsmede geen andere handeling verrichten of laten verrichten waardoor de ontvanger beperkt wordt in zijn recht met betrekking tot de bodemzaak. Gedurende vier weken na de mededeling, bedoeld in het derde lid, mag de belastingschuldige de bodemzaak niet vervreemden, niet enigerlei andere handeling verrichten of laten verrichten waardoor de ontvanger beperkt wordt in zijn recht met betrekking tot de bodemzaak, en niet zijn medewerking aan een dergelijke handeling verlenen.

Kennisgeving ontvanger **7.** Indien de ontvanger na een mededeling als bedoeld in het tweede lid besluit geen beslag te leggen op de bodemzaak, doet hij de pandhouder of de overige derde, bedoeld in dat lid, daarvan zo spoedig mogelijk kennisgeving. Gedurende vier weken na de dagtekening van de kennisgeving zijn de houders van pandrechten of de overige derden, bedoeld in het tweede lid, tot wie de kennisgeving is gericht, bevoegd hun rechten met betrekking tot die bodemzaak uit te oefenen, dan wel enigerlei handeling te verrichten dan wel te laten verrichten waardoor de zaak niet meer als bodemzaak kwalificeert. Na verloop van vier weken na de dagtekening van de kennisgeving is op handelingen die door de pandhouder of de derde, bedoeld in het tweede lid, worden verricht dit artikel onverkort van toepassing. De vorige volzin is van overeenkomstige toepassing indien de ontvanger geen kennisgeving doet, waarbij de termijn van vier weken aanvangt na afloop van de in het zesde lid genoemde termijn.

8. Het zevende lid is van overeenkomstige toepassing op de belastingschuldige, bedoeld in het derde lid.

Verklaring **9.** De pandhouder of de overige derde, bedoeld in het tweede lid, die in gebreke is gebleven om de mededeling, bedoeld in dat lid, te doen, dan wel die handelt in strijd met het zesde lid, is op vordering van de ontvanger verplicht een met bescheiden gestaafde verklaring te doen omtrent de executiewaarde van de bodemzaak. Het door de belastingschuldige in gebreke blijven om de mededeling, bedoeld in het derde lid, te doen, en het handelen in strijd met het zesde lid, tweede volzin, worden aangemerkt als een in gebreke blijven van, onderscheidenlijk het handelen door, de pandhouder of de overige derde, bedoeld in het tweede lid, tenzij die pandhouder of die overige derde bewijst dat noch de zaak noch de opbrengst daarvan hem direct of indirect geheel of gedeeltelijk ten goede is gekomen.

10. De verklaring, bedoeld in het negende lid, moet geschieden binnen veertien dagen na de dagtekening van de brief van de ontvanger waarin om verklaring wordt verzocht.

11. De ontvanger stelt de executiewaarde van de bodemzaak vast bij voor bezwaar vatbare beschikking.

Executiewaarde

12. De pandhouder of de overige derde, bedoeld in het tweede lid, is verplicht tot betaling van een bedrag bestaande uit de executiewaarde van de bodemzaak tot een beloop van maximaal het bedrag van de al dan niet in een naheffingsaanslag vervatte belastingschulden ter zake van rijksbelastingen, bedoeld in artikel 22, derde lid, voor zover deze belastingschulden zijn ontstaan in de periode voorafgaande aan het tijdstip waarop de zaak niet meer als bodemzaak kwalificeert. De ontvanger stelt het beloop van de betalingsverplichting vast in de beschikking, bedoeld in het elfde lid.

Betalingsverplichting

13. Voor de uit de beschikking, bedoeld in het twaalfde lid, voortvloeiende betalingsverplichting geldt een betalingstermijn van veertien dagen na de dagtekening van de beschikking.

14. Indien de pandhouder of de overige derde, het bedrag, bedoeld in het twaalfde lid, niet binnen de gestelde termijn betaalt, vordert de ontvanger dat bedrag in, als ware dat bedrag een rijksbelasting.

15. Betalingen gedaan ingevolge het dertiende lid door de pandhouder of de overige derde, bedoeld in het tweede lid, komen in mindering op de belastingschulden, bedoeld in het twaalfde lid, van de belastingschuldige wiens bodemzaak het betrof, met uitzondering van rente, kosten en boeten die zijn verschuldigd door de pandhouder of de overige derde, bedoeld in het tweede lid.

16. De bevoegdheden van de ontvanger op grond van het negende, elfde, twaalfde en veertiende lid vervallen één jaar na het tijdstip waarop de zaak niet meer als bodemzaak kwalificeert, tenzij de ontvanger binnen dat jaar van de pandhouder of de overige derde, bedoeld in het tweede lid, een met bescheiden gestaafde verklaring heeft gevorderd omtrent de executiewaarde van de zaak.

17. Op het bezwaar, beroep, hoger beroep en beroep in cassatie inzake de beschikking, bedoeld in het elfde lid, is hoofdstuk V van de Algemene wet inzake rijksbelastingen van overeenkomstige toepassing.

Rechtsmiddelen

18. De pandhouder of de overige derde, bedoeld in het tweede lid, die op grond van het tiende lid tijdig heeft verklaard en tijdig heeft betaald ingevolge het dertiende lid, heeft voor het bedrag dat hij aan de ontvanger heeft betaald verhaal op belastingschuldige, bedoeld in het eerste lid. Bij dit verhaal vindt geen subrogatie plaats in het voorrecht van artikel 21, eerste lid.

19. Dit artikel is niet van toepassing indien de waarde van de bodemzaken bij het aangaan van de overeenkomst tussen belastingschuldige en pandhouder of derden als bedoeld in het tweede lid onder een bij ministeriële regeling vast te stellen drempel blijft.

20. Dit artikel vindt overeenkomstige toepassing tijdens de afkoelingsperiode.

Art. 22a

1. Dit artikel is van toepassing op naheffingsaanslagen in de motorrijtuigenbelasting welke zijn vastgesteld op de voet van artikel 7, eerste lid, aanhef en onderdeel a, van de Wet op de motorrijtuigenbelasting 1994 ten name van degene op wiens naam het motorrijtuig is gesteld in het kentekenregister, genoemd in artikel 1, eerste lid, onderdeel i, van de Wegenverkeerswet 1994, alsmede op de met die naheffingsaanslagen verband houdende kosten, renten en bestuurlijke boeten.

Verhaal op motorrijtuig

2. Voor de in het eerste lid bedoelde vorderingen kan door de ontvanger verhaal worden genomen op elk motorrijtuig dat op naam van de in het eerste lid bedoelde natuurlijke persoon of rechtspersoon is gesteld in het kentekenregister, genoemd in artikel 1, eerste lid, onderdeel i, van de Wegenverkeerswet 1994, zonder dat enig ander enig recht op deze motorrijtuigen kan tegenwerpen.

3. Uitwinning van motorrijtuigen als bedoeld in het tweede lid is niet mogelijk voorzover degene die enig recht op een dergelijk motorrijtuig heeft goederen van degene op wiens naam die motorrijtuigen zijn gesteld in het kentekenregister, genoemd in artikel 1, eerste lid, onderdeel i, van de Wegenverkeerswet 1994, aanwijst die voor de in het eerste lid bedoelde vorderingen voldoende verhaal bieden.

Uitwinning

4. De in artikel 78 van de Wet op de motorrijtuigenbelasting 1994 bedoelde ambtenaren zijn bevoegd de hen in de artikelen 78 en 79 van die wet toegekende bevoegdheden mede uit te oefenen ten behoeve van de toepassing van dit artikel.

Art. 23

De ontvanger kan de belastingaanslagen in de inkomstenbelasting, voorzover zij betrekking hebben op goederen, verkregen onder de ontbindende voorwaarde van overlijden waarbij zich een opschortende voorwaarde ten gunste van een verwachter aansluit, op goederen waarvan de belastingschuldige het wettelijk vruchtgenot heeft, dan wel op goederen die de belastingschuldige ter beschikking staan krachtens een genotsrecht als bedoeld in artikel 5.22, derde lid, van de Wet inkomstenbelasting 2001, op die goederen verhalen als waren zij niet met de rechten

Verhaal op goederen

bezwaard, een en ander voorzover deze goederen bestanddelen vormen van de rendementsgrondslag, bedoeld in artikel 5.3 van de Wet inkomstenbelasting 2001.

Art. 23a

Verhaal op afgezonderd particulier vermogen

De ontvanger kan de belastingaanslagen, voor zover zij zijn opgelegd aan de belastingschuldige als gevolg van een toerekening van een afgezonderd particulier vermogen als bedoeld in artikel 2.14a van de Wet inkomstenbelasting 2001, verhalen op goederen van:

a. het afgezonderd particulier vermogen;

b. een derde waarin het afgezonderd particulier vermogen direct of indirect een belang heeft van 5 percent of meer, tot ten hoogste het belang van het afgezonderd particulier vermogen in die derde; zonder dat enig ander enig recht op die goederen kan tegenwerpen.

Afdeling 2
Verrekening

Art. 24

Schuldcompensatie door de ontvanger

1. De ontvanger is ten aanzien van de belastingschuldige bevoegd:

a. aan de belastingschuldige uit te betalen en van de belastingschuldige te innen bedragen ter zake van rijksbelastingen en andere belastingen en heffingen voor zover de invordering daarvan aan de ontvanger is opgedragen met elkaar te verrekenen;

b. aan de belastingschuldige uit te betalen bedragen ter zake van met de in onderdeel a bedoelde rijksbelastingen en andere belastingen en heffingen verband houdende vorderingen op de Staat of de ontvanger te verrekenen met van de belastingschuldige te innen bedragen ter zake van rijksbelastingen en andere belastingen en heffingen voor zover de invordering daarvan aan de ontvanger is opgedragen.

Verrekening op grond van de onderdelen a en b is eveneens mogelijk wanneer op een aan de belastingschuldige uit te betalen bedrag beslag is gelegd.

De artikelen 53 tot en met 55, 234, 235 en 307 van de Faillissementswet zijn van overeenkomstige toepassing. Met betrekking tot door de ontvanger uit te betalen en te innen bedragen welker verschuldigdheid materieel is ontstaan over dan wel in een tijdvak waarin de belastingschuldige deel uitmaakt of uitmaakte van een fiscale eenheid als bedoeld in artikel 15, eerste of tweede lid, of artikel 15a, eerste lid, van de Wet op de vennootschapsbelasting 1969, kunnen aan die belastingschuldige uit te betalen bedragen, behalve met van deze te innen bedragen, worden verrekend met te innen bedragen van een andere maatschappij die in dat tijdvak deel uitmaakt of uitmaakte van vorenbedoelde fiscale eenheid. De vorige volzin vindt toepassing, ongeacht het in staat van surseance van betaling of van faillissement geraken van de in die volzin bedoelde belastingschuldige of andere maatschappij.

Verrekening op verzoek

Op verzoek van de belastingschuldige is de ontvanger verplicht te verrekenen. In afwijking van artikel 4:93, derde lid, van de Algemene wet bestuursrecht geldt als tijdstip van verrekening de dagtekening van het aanslagbiljet waaruit het te betalen bedrag blijkt. In afwijking van de vorige volzin geldt met betrekking tot een verrekening van een termijn van een voorlopige aanslag als bedoeld in artikel 9, zesde en zevende lid, als tijdstip van verrekening het tijdstip waarop de desbetreffende termijn vervalt.

Verrekening nog niet verstreken termijn

2. De verrekening is ook mogelijk ingeval de termijn, bedoeld in artikel 9, nog niet is verstreken, met dien verstande dat indien het betreft belastingaanslagen als bedoeld in artikel 9, vijfde en zevende lid, verrekening alleen mogelijk is met belastingaanslagen die op dezelfde belasting en hetzelfde tijdvak betrekking hebben.

Verrekening betalingskorting

3. De ontvanger verrekent de in artikel 27a, eerste lid, bedoelde betalingskorting met het bedrag van de belastingaanslag ter zake waarvan de betalingskorting wordt verleend. Voorts verrekent de ontvanger de in artikel 27a, tweede lid, bedoelde betalingskorting met het uit te betalen bedrag van de vermindering van de belastingaanslag ter zake waarvan de betalingskorting is verleend. Op de in dit lid bedoelde verrekeningen zijn het eerste en tweede lid niet van toepassing. Als tijdstip van verrekening geldt het tijdstip waarop de betalingskorting wordt verleend of de dagtekening van de kennisgeving waarmee de vermindering wordt bekendgemaakt.

Overdracht van vorderingen

4. Verrekening is niet mogelijk met betrekking tot een door de ontvanger uit te betalen bedrag indien deze vordering door de gerechtigde onder bijzondere titel is overgedragen, mits de ontvanger met de overdracht heeft ingestemd. Verrekening is voorts niet mogelijk met betrekking tot een door de ontvanger uit te betalen bedrag indien op deze vordering een pandrecht als bedoeld in artikel 239 van Boek 3 van het Burgerlijk Wetboek is gevestigd, mits de ontvanger op het tijdstip waarop het pandrecht hem wordt medegedeeld met het pandrecht heeft ingestemd. De ontvanger is verplicht bij beschikking met de overdracht of het pandrecht in te stemmen indien op het tijdstip van de mededeling van de akte van overdracht of van het pandrecht ten name van de belastingschuldige geen voor verrekening vatbare schuld invorderbaar is. De ontvanger kan bij beschikking instemming met de overdracht of het pandrecht weigeren. De ontvanger maakt de beschikking bekend door middel van een gedagtekende kennisgeving waarin, bij weigering tot instemming met de overdracht of het pandrecht, de grond is vermeld waarop de weigering berust.

5. In afwijking in zoverre van het vierde lid is ook na de instemming, bedoeld in dat lid, verrekening mogelijk van:

a. de in artikel 27a, eerste lid, bedoelde betalingskorting met het bedrag van de belastingaanslag ter zake waarvan de betalingskorting wordt verleend;

b. de in artikel 27a, tweede lid, bedoelde betalingskorting met het uit te betalen bedrag van de vermindering van de belastingaanslag ter zake waarvan de betalingskorting is verleend;

c. belastingaanslagen die een uit te betalen bedrag behelzen met belastingaanslagen die op dezelfde belasting en hetzelfde tijdvak betrekking hebben.

6. De belastingschuldige kan binnen een week na de dagtekening van de in het vierde lid bedoelde kennisgeving waarmee de beschikking is bekendgemaakt beroep instellen bij de directeur. Het beroepschrift wordt ingediend bij de ontvanger tegen een door deze af te geven ontvangbewijs. De directeur neemt zo spoedig mogelijk een beslissing en maakt deze bekend aan de belastingschuldige door middel van een gedagtekende kennisgeving. Indien op het beroepschrift afwijzend wordt beslist, vindt verrekening niet eerder plaats dan nadat na de dagtekening van de kennisgeving waarmee de beslissing van de directeur is bekendgemaakt acht dagen zijn verstreken.

7. Met betrekking tot het bedrag waarvoor krachtens artikel 25, derde tot en met vijfde, achtste, negende, elfde tot en met veertiende, zestiende tot en met negentiende lid, uitstel van betaling is verleend, is gedurende het uitstel verrekening niet mogelijk, tenzij de belastingschuldige dit verzoekt.

8. De ontvanger maakt de verrekening onverwijld bekend.

9. In afwijking van artikel 4:93, vierde lid, van de Algemene wet bestuursrecht is verrekening ook mogelijk van een voorlopige aanslag tot een negatief bedrag als bedoeld in artikel 13, tweede lid, van de Algemene wet inzake rijksbelastingen.

Afdeling 3
Uitstel van betaling, kwijtschelding en verjaring

Art. 25

1. De ontvanger kan onder door hem te stellen voorwaarden aan een belastingschuldige voor een bepaalde tijd bij beschikking uitstel van betaling verlenen. Gedurende het uitstel vangt de dwanginvordering niet aan, dan wel wordt deze geschorst.

2. Het uitstel kan tussentijds bij beschikking worden beëindigd.

(Zie ook: art. 1b Uitv.Reg. IW 1990)

3. Bij algemene maatregel van bestuur kunnen regels worden gesteld met betrekking tot het verlenen van uitstel van betaling voor de duur van ten hoogste tien jaren in de gevallen waarin belastingaanslagen in de schenk- of erfbelasting zijn opgelegd en door de voldoening daarvan zonder uitstel een sociaal-economisch dan wel cultureel belang in gevaar zou komen en dat uitstel niet of onvoldoende mogelijk is ingevolge de overige leden van dit artikel.

4. Bij ministeriële regeling worden regels gesteld met betrekking tot het verlenen van uitstel van betaling voor de duur van 12 maanden en voor de eventuele verlenging daarvan op grond van artikel 3.64, derde lid, van de Wet inkomstenbelasting 2001, mits voldoende zekerheid is gesteld, voor belastingaanslagen betreffende de inkomstenbelasting die is verschuldigd door de toepassing van artikel 3.64, eerste lid, van de Wet inkomstenbelasting 2001. Het uitstel wordt beëindigd indien de herinvesteringen niet leiden tot in Nederland belastbare winst van de onderneming en bij emigratie van de belastingschuldige.

(Zie ook: art. 1d Uitv.Reg. IW 1990)

5. Bij ministeriële regeling worden regels gesteld met betrekking tot het verlenen van uitstel van betaling voor belastingaanslagen betreffende de inkomstenbelasting die is verschuldigd door de toepassing van de artikelen 3.83, eerste lid of tweede lid, 3.133, tweede lid, onderdelen h of j, 3.136, eerste, tweede, derde, vierde of vijfde lid, of 7.2, achtste lid, van de Wet inkomstenbelasting 2001. Het in de eerste volzin bedoelde uitstel wordt verleend tot uiterlijk het begin van het tiende jaar na afloop van het kalenderjaar waarop de belastingaanslag betrekking heeft. De in de eerste volzin bedoelde regels kunnen mede betrekking hebben op het stellen van voldoende zekerheid. Het uitstel wordt beëindigd indien zich een omstandigheid voordoet als genoemd in artikel 19b, eerste lid, of tweede lid, eerste volzin, van de Wet op de loonbelasting 1964, artikel 3.133, tweede lid, onderdelen a tot en met g, i en k, of artikel 3.135, eerste lid, van de Wet inkomstenbelasting 2001.

(Zie ook: art. 1e Uitv.Reg. IW 1990)

6. [Vervallen.]

7. Bij algemene maatregel van bestuur worden nadere regels gesteld met betrekking tot het verlenen van uitstel van betaling als bedoeld in de artikelen 110 en 111 van het Douanewetboek van de Unie.

B40 art. 25

Aanmerkelijk belang

8. Bij ministeriële regeling worden regels gesteld met betrekking tot het verlenen van uitstel van betaling voor belastingaanslagen betreffende de inkomstenbelasting die is verschuldigd ter zake van geconserveerd inkomen als bedoeld in artikel 2.8, vierde, vijfde, zesde of zevende lid, van de Wet inkomstenbelasting 2001 of ter zake van geconserveerd inkomen door de toepassing van artikel 4.16, eerste lid, onderdeel h, van die wet of van artikel 7.5, vierde, vijfde of zevende lid, van die wet. De in de eerste volzin bedoelde regels kunnen mede betrekking hebben op het stellen van voldoende zekerheid.

Het uitstel wordt beëindigd:

a. ingeval aandelen of winstbewijzen die aan het uitstel ten grondslag liggen, worden vervreemd in de zin van de artikelen 4.12 of 4.16, eerste lid, onderdelen a tot en met g, i, j of k, tweede lid, derde lid of vierde lid, van de Wet inkomstenbelasting 2001. In geval van een vervreemding in het kader van een aandelenfusie als bedoeld in artikel 3.55 van de Wet inkomstenbelasting 2001, een splitsing als bedoeld in artikel 3.56 van die wet of een fusie als bedoeld in artikel 3.57 van die wet kan het uitstel van betaling onder nader te stellen voorwaarden worden voortgezet. In geval van een vervreemding in de zin van artikel 4.16, eerste lid, onderdelen e, f en g, van de Wet inkomstenbelasting 2001 of wegens een verdeling van een nalatenschap of een huwelijksgemeenschap binnen twee jaren na het overlijden van de erflater onderscheidenlijk na de ontbinding van de huwelijksgemeenschap, kan het uitstel van betaling eveneens onder nader te stellen voorwaarden worden voortgezet. In geval van schenking aan een natuurlijk persoon kan het uitstel van betaling eveneens onder nader te stellen voorwaarden worden voortgezet, mits de verkrijger reeds gedurende de 36 maanden die onmiddellijk voorafgaan aan het tijdstip van de schenking in dienstbetrekking is van de vennootschap waarop de aandelen of winstbewijzen betrekking hebben;

b. ingeval de vennootschap waarin de belastingschuldige de aandelen of winstbewijzen houdt, reserves aan de belastingschuldige heeft uitgedeeld, voor een bedrag ter grootte van het in artikel 2.12 van de Wet inkomstenbelasting 2001 vermelde percentage vermenigvuldigd met de uitgedeelde reserves op de aandelen of winstbewijzen die aan het uitstel ten grondslag liggen, verminderd met de over die uitgedeelde reserves in Nederland verschuldigde dividendbelasting of inkomstenbelasting en de daarover in het buitenland feitelijk geheven belasting;

c. in geval van een teruggaaf van wat op aandelen of bewijzen van deelgerechtigdheid in een fonds voor gemene rekening is gestort dan wel van wat door houders van winstbewijzen is gestort of ingelegd.

Indien rechten die besloten liggen in de aandelen of winstbewijzen die aan het uitstel ten grondslag liggen overgaan op andere aandelen of winstbewijzen, worden die andere aandelen of winstbewijzen geacht eveneens aan het uitstel ten grondslag te liggen.

(Zie ook: art. 6 Uitv.Besl IW 1990; art. 2 Uitv.reg. IW 1990)

9. Bij ministeriële regeling worden regels gesteld met betrekking tot het verlenen van uitstel van betaling voor de duur van ten hoogste tien jaar, mits voldoende zekerheid is gesteld, voor belastingaanslagen voor zover daarin is begrepen inkomstenbelasting ter zake van een vervreemding van tot een aanmerkelijk belang behorende aandelen of winstbewijzen aan een natuurlijk persoon of aan een rechtspersoon als bedoeld in de tweede volzin, indien de koper de tegenprestatie schuldig is gebleven, de vervreemde aandelen ten minste vijf percent van het geplaatste kapitaal van de vennootschap uitmaken en de bezittingen van de vennootschap waarop het aanmerkelijk belang betrekking heeft niet in belangrijke mate onmiddellijk of middellijk bestaan uit beleggingen.

Een rechtspersoon als bedoeld in de eerste volzin is een besloten vennootschap of een andere vennootschap waarvan het kapitaal in aandelen is verdeeld en in een aandelenregister de aandeelhouders worden geadministreerd, welke is gevestigd in een lidstaat van de Europese Unie of een bij ministeriële regeling aangewezen andere staat die partij is bij de Overeenkomst betreffende de Europese Economische Ruimte, en waarvan alle aandelen worden gehouden door een natuurlijk persoon.

Het uitstel wordt beëindigd indien aflossingen plaatsvinden dan wel de koper van de aandelen of winstbewijzen deze vervreemdt of wanneer daaruit reguliere voordelen van substantiële omvang worden genoten.

(Zie ook: art. 3 Uitv.Reg. IW 1990; art. 6 Uitv.Besl. IW 1990)

10. Voor de toepassing van het negende lid wordt het begrip vervreemding opgevat overeenkomstig artikel 4.12 en 4.16, eerste lid, onderdelen a, b en c, van de Wet inkomstenbelasting 2001.

Indirecte overdracht aandelen

11. Bij ministeriële regeling worden regels gesteld met betrekking tot het verlenen van uitstel van betaling voor de duur van ten hoogste tien jaar, mits voldoende zekerheid is gesteld, voor belastingaanslagen voor zover daarin is begrepen inkomstenbelasting ter zake van inkomen uit aanmerkelijk belang omdat de vennootschap waarop het belang betrekking heeft op verzoek van haar aandeelhouder aandelen in een andere vennootschap heeft overgedragen aan een natuurlijk persoon of aan een rechtspersoon als bedoeld in het negende lid, tweede volzin, tegen een tegenprestatie lager dan de waarde in het economische verkeer. Dit uitstel wordt slechts verleend wanneer de overgedragen aandelen ten minste vijf percent van het geplaatste kapitaal van de vennootschap uitmaken en de bezittingen van de vennootschap waarop de overgedragen aandelen betrekking hebben niet in belangrijke mate onmiddellijk of middellijk bestaan uit beleggingen.

Het uitstel wordt beëindigd indien de begiftigde aandelen of winstbewijzen welke aan het uitstel ten grondslag liggen, vervreemdt of wanneer daaruit reguliere voordelen van substantiële omvang worden genoten.

(Zie ook: art. 6 Uitv.Besl. IW 1990; art. 3a Uitv.Reg. IW 1990)

12. Bij ministeriële regeling worden regels gesteld met betrekking tot het verlenen van uitstel van betaling voor de duur van tien jaren voor belastingaanslagen betreffende de schenk- of erfbelasting, bedoeld in artikel 35b, derde lid, van de Successiewet 1956. Het uitstel wordt beëindigd:

a. in geval van faillissement van de belastingschuldige;

b. ingeval de schuldsaneringsregeling natuurlijke personen ten aanzien van de belastingschuldige van toepassing is;

c. ingeval zich ten aanzien van de verkrijger tijdens de in de eerste volzin bedoelde periode een gebeurtenis voordoet als bedoeld in artikel 35e, eerste lid, van de Successiewet 1956.

(Zie ook: art. 6a Uitv.Reg. IW 1990)

13. Bij ministeriële regeling worden regels gesteld met betrekking tot het verlenen van uitstel van betaling van de duur van tien jaar voor belastingaanslagen in de schenk- of erfbelasting voor zover die belastingen kunnen worden toegerekend aan de verkrijging van een vordering op een medeverkrijger ter zake van door deze medeverkrijger verkregen ondernemingsvermogen, als bedoeld in artikel 35c, eerste lid, van de Successiewet 1956. Het uitstel wordt beëindigd:

a. in geval van faillissement van de belastingschuldige;

b. ingeval de schuldsaneringsregeling natuurlijke personen ten aanzien van de belastingschuldige van toepassing is;

c. ingeval zich ten aanzien van de medeverkrijger tijdens de in de eerste volzin bedoelde periode een gebeurtenis voordoet als bedoeld in artikel 35e, eerste lid, van de Successiewet 1956;

d. voor zover de vordering, bedoeld in de eerste volzin, wordt voldaan.

(Zie ook: art. 6b Uitv.Reg. IW 1990)

14. Bij ministeriële regeling worden regels gesteld met betrekking tot het verlenen van uitstel van betaling voor de duur van ten hoogste tien jaar, mits voldoende zekerheid is gesteld, voor belastingaanslagen voor zover daarin is begrepen inkomstenbelasting die is verschuldigd wegens het beëindigen van een terbeschikkingstelling van een zaak in de zin van artikel 3.91 of artikel 3.92 van de Wet inkomstenbelasting 2001, welke belasting kan worden toegerekend aan het verschil tussen de boekwaarde en de waarde in het economisch verkeer van die zaak, ingeval de zaak waarvan de terbeschikkingstelling is beëindigd:

a. niet is vervreemd;

b. is vervreemd waarbij de koper de overdrachtsprijs schuldig is gebleven, of

c. is geschonken.

Het uitstel wordt beëindigd:

$1°.$ wanneer de zaak niet is vervreemd: ingeval de zaak wordt vervreemd, in geval de belastingschuldige overlijdt, in geval van faillissement van de belastingschuldige of in geval de schuldsanering natuurlijke personen ten aanzien van hem van toepassing is;

$2°.$ wanneer de overdrachtsprijs schuldig is gebleven: ingeval aflossingen plaatsvinden, in geval de koper de zaak vervreemdt, in geval de belastingschuldige overlijdt, in geval van faillissement van de belastingschuldige of in geval de schuldsanering natuurlijke personen ten aanzien van hem van toepassing is;

$3°.$ wanneer is geschonken: ingeval de begiftigde de zaak vervreemdt, in geval de belastingschuldige overlijdt, in geval van faillissement van de belastingschuldige of in geval de schuldsanering natuurlijke personen ten aanzien van hem van toepassing is.

(Zie ook: art. 4a Uitv.Reg. IW 1990)

15. Voor de toepassing van het achtste tot en met veertiende lid zijn de artikelen 4.3 tot en met 4.5a van de Wet inkomstenbelasting 2001 en artikel 2, derde lid, onderdeel f, van de Algemene wet inzake rijksbelastingen van overeenkomstige toepassing.

16. Bij ministeriële regeling worden regels gesteld met betrekking tot het verlenen van uitstel van betaling voor de duur van ten hoogste tien jaar, mits voldoende zekerheid is gesteld, voor belastingaanslagen voorzover daarin is begrepen inkomstenbelasting die bij staking van een onderneming is verschuldigd en kan worden toegerekend aan het verschil tussen de boekwaarde en de waarde in het economische verkeer van een woning als bedoeld in artikel 3.19, eerste lid, van de Wet inkomstenbelasting 2001 die na het staken wordt aangemerkt als een eigen woning als bedoeld in artikel 3.111 van die wet. Het uitstel wordt beëindigd:

a. in geval van faillissement van de belastingschuldige;

b. ingeval de schuldsaneringsregeling natuurlijke personen ten aanzien van de belastingschuldige van toepassing is;

Schenk-, erfbelasting bij bedrijfsopvolging

Beëindiging terbeschikkingstellingsregeling

Overgang woning naar privé

B40 art. 25

c. in geval van overlijden van de belastingschuldige, tenzij de partner, bedoeld in artikel 1.2 van de Wet inkomstenbelasting 2001, aannemelijk maakt dat de resterende belasting binnen de periode waarvoor uitstel is verleend, zal worden voldaan;
d. ingeval zich een omstandigheid voordoet waardoor de woning ophoudt een eigen woning te zijn.
(Zie ook: art. 5 Uitv.Reg. IW 1990)

Overlijdenswinst

17. Bij ministeriële regeling worden regels gesteld met betrekking tot het verlenen van uitstel van betaling voor de duur van tien jaar voor belastingaanslagen betreffende de inkomstenbelasting die is verschuldigd bij staking door overlijden als bedoeld in artikel 3.58, eerste lid, van de Wet inkomstenbelasting 2001.
(Zie ook: art. 6 Uitv.Besl. IW 1990)

Schuldig blijven van koopsom

18. Bij ministeriële regeling worden regels gesteld met betrekking tot het verlenen van uitstel van betaling, mits voldoende zekerheid is gesteld, voor belastingaanslagen waarin is begrepen inkomstenbelasting ter zake van winst behaald met of bij het staken van een onderneming of een gedeelte van een onderneming door de overdracht aan een natuurlijk persoon die de onderneming voortzet en de overdrachtsprijs geheel of gedeeltelijk schuldig is gebleven. Het uitstel heeft betrekking op de in de eerste volzin bedoelde belasting voorzover die betrekking heeft op de overdracht van vermogensbestanddelen aan de daar bedoelde persoon. Het uitstel wordt verleend voor een gedeelte in evenredigheid met de verhouding tussen het, op het moment met ingang waarvan het uitstel wordt verleend, schuldig gebleven gedeelte van de overdrachtsprijs en de totale overdrachtsprijs voor de duur van de overeengekomen aflossingsperiode, doch tot uiterlijk het begin van het tiende jaar na afloop van het kalenderjaar waarop de belastingaanslag betrekking heeft.
(Zie ook: art. 5b Uitv.reg. IW 1990)

Beëindiging uitstel

19. Het uitstel bedoeld in het vorige lid wordt aan het begin van elk kalenderjaar, te beginnen bij de aanvang van het eerste kalenderjaar volgend op het kalenderjaar waarin de voor de belastingaanslag geldende enige of laatste betalingstermijn vervalt, voor een evenredig gedeelte beëindigd waarbij de teller is één en de noemer gelijk aan het aantal nog resterende gehele jaren van de overeengekomen aflossingsperiode plus één, doch maximaal tien minus het aantal van de reeds verstreken jaren sedert het einde van het kalenderjaar waarop de belastingaanslag betrekking heeft. Het uitstel wordt voorts beëindigd:
a. in geval van faillissement van de belastingschuldige;
b. ingeval de schuldsaneringsregeling natuurlijke personen ten aanzien van de belastingschuldige van toepassing is;
c. in geval van overlijden van de belastingschuldige;
d. voorzover aan het begin van het kalenderjaar het bedrag van het resterende uitstel uitgaat boven het bedrag dat gelijk is aan het gedeelte van de in het vorige lid bedoelde belasting in evenredigheid met de verhouding tussen het nog niet ontvangen deel van de overdrachtsprijs en de totale overdrachtsprijs;
e. voorzover op de dag volgend op de dag waarop de enige of laatste betalingstermijn is vervallen het resterende uitstel uitgaat boven het bedrag dat gelijk is aan het gedeelte van de in het vorige lid bedoelde belasting in evenredigheid met de verhouding tussen 1e het aantal nog resterende gehele jaren van de overeengekomen aflossingstermijn plus één doch maximaal negen verminderd met de reeds verstreken jaren sedert het einde van het kalenderjaar waarop de belastingaanslag betrekking heeft, en 2e het aantal gehele jaren van de overeengekomen aflossingsperiode, doch maximaal tien. Ingeval de in het vorige lid bedoelde natuurlijk persoon de daar bedoelde onderneming staakt, kan de ontvanger het uitstel beëindigen.
Bij ministeriële regeling kunnen nadere regels worden gesteld voor de toepassing van dit lid.
(Zie ook: art. 6 Uitv.Besl. IW 1990; art. 5b Uitv.reg. IW 1990)

Blote eigendom geërfde woning

20. Bij ministeriële regeling worden regels gesteld met betrekking tot het verlenen van uitstel van betaling, mits voldoende zekerheid is gesteld, voor belastingaanslagen betreffende de erfbelasting ter zake van de verkrijging van de blote eigendom van een woning, bedoeld in artikel 35g van de Successiewet 1956, alsmede ter zake van de verkrijging van een onderbedelingsvordering, bedoeld in het vierde lid van dat artikel. Het uitstel wordt slechts verleend voor zover degene van wie op grond van de bevoegdheid, bedoeld in artikel 78, eerste lid, van de Successiewet 1956, wordt gevorderd de erfbelasting ter zake van de blote eigendom voor te schieten of uit de met vruchtgebruik bezwaarde goederen te voldoen, onderscheidenlijk degene die op grond van artikel 14, eerste lid, van Boek 4 van het Burgerlijk Wetboek dan wel op grond van het testament gehouden is tot voldoening van de erfbelasting ter zake van de onderbedelingsvordering, niet in staat is anders dan met buitengewoon bezwaar als bedoeld in artikel 26 de erfbelasting te betalen, waarbij het vruchtgebruik van de woning, dan wel – voor zover de hiervoor bedoelde persoon de eigendom van de woning heeft – de woning, bedoeld in artikel 35g van de Successiewet 1956, buiten beschouwing blijft. Het uitstel wordt beëindigd:
a. ingeval de woning voor de vruchtgebruiker niet langer een eigen woning is als bedoeld in artikel 3.111 van de Wet inkomstenbelasting 2001;

b. in geval van faillissement van de belastingschuldige;
c. ingeval de schuldsaneringsregeling natuurlijke personen ten aanzien van de belastingschuldige van toepassing is;
d. bij vervreemding van de blote eigendom;
e. voor zover de onderbedelingsvordering, bedoeld in de eerste volzin, wordt afgelost.

21. Voor de toepassing van het vierde, vijfde, achtste en zeventiende lid wordt de belastingrente en voor de toepassing van het vijfde lid wordt voorts de revisierente gelijkgesteld met de inkomstenbelasting waarmee deze samenhangen. Voor de toepassing van het negende, elfde, veertiende, zestiende en achttiende lid wordt de belastingrente voorzover deze samenhangt met de inkomstenbelasting waarvoor op de voet van die leden uitstel van betaling wordt verleend, gelijkgesteld met die belasting. Voor de toepassing van het twaalfde lid, wordt de belastingrente gelijkgesteld met de erfbelasting waarmee deze samenhangt. Voor de toepassing van het dertiende lid wordt de belastingrente voor zover deze samenhangt met de erfbelasting waarvoor op de voet van dat lid uitstel van betaling wordt verleend, gelijkgesteld met de belasting.

Revisie- en belastingrente

Art. 25a

1. Op verzoek van een belastingschuldige die woont of is gevestigd in een lidstaat van de Europese Unie of in een staat die partij is bij de Overeenkomst betreffende de Europese Economische Ruimte wordt onder bij ministeriële regeling te stellen regels uitstel van betaling verleend, mits voldoende zekerheid is gesteld, voor belastingaanslagen voor zover daarin is begrepen inkomstenbelasting die betrekking heeft op voordelen ter zake van vermogensbestanddelen die bij de belastingschuldige bij het vaststellen van de belastingaanslag in aanmerking zijn genomen terwijl bij die belastingschuldige deze voordelen niet in aanmerking zouden zijn genomen ingeval deze ter zake van die vermogensbestanddelen voor de heffing van inkomstenbelasting belastingplichtig in Nederland zou zijn gebleven. De in de eerste volzin bedoelde regels zien op de uitvoering van dit artikel, waaronder begrepen regels betreffende de administratieve verplichtingen.

Uitstel van betaling exitheffing

2. Het uitstel van betaling, bedoeld in het eerste lid, wordt beëindigd:
a. ingeval de belastingschuldige niet meer woont of is gevestigd in een lidstaat van de Europese Unie of in een staat die partij is bij de overeenkomst betreffende de Europese Economische Ruimte;
b. ingeval niet meer wordt voldaan aan de bij de in het eerste lid bedoelde ministeriële regeling gestelde regels;
c. ingeval niet meer voldoende zekerheid is gesteld, of
d. voor zover de in het eerste lid bedoelde voordelen ter zake van vermogensbestanddelen bij de belastingschuldige in aanmerking zouden zijn genomen indien hij belastingplichtig in Nederland zou zijn geweest.

3. In afwijking van het tweede lid, onderdeel d, wordt op verzoek van de belastingschuldige het bedrag waarvoor op grond van het eerste lid uitstel van betaling is verkregen, in tien gelijke jaarlijkse termijnen voldaan waarvan de eerste termijn één maand na de dagtekening van het aanslagbiljet vervalt en elk van de volgende termijnen telkens een jaar later.

Betalingstermijn

4. De in het eerste en het derde lid bedoelde verzoeken worden gedaan tegelijk met de aangifte waarin een voordeel als bedoeld in het eerste lid is opgenomen.

Art. 25b

1. Op verzoek van een belastingschuldige die is gevestigd in een lidstaat van de Europese Unie wordt een belastingaanslag voor zover daarin is begrepen vennootschapsbelasting die betrekking heeft op voordelen ter zake van vermogensbestanddelen die bij de belastingschuldige bij het vaststellen van de belastingaanslag in aanmerking zijn genomen terwijl bij de belastingschuldige deze voordelen niet in aanmerking zouden zijn genomen ingeval deze ter zake van die vermogensbestanddelen voor de heffing van vennootschapsbelasting belastingplichtig in Nederland zou zijn gebleven onder bij ministeriële regeling te stellen regels in vijf gelijke jaarlijkse termijnen voldaan waarvan de eerste termijn één maand na de dagtekening van het aanslagbiljet vervalt en elk van de volgende termijnen telkens een jaar later. De in de eerste zin bedoelde regels zien op de uitvoering van dit artikel, waaronder begrepen regels betreffende de administratieve verplichtingen.

Verzoek gespreide betaling binnen EU

(Zie ook: art. 6da Uitv.Besl. IW 1990)

2. Het eerste lid is van overeenkomstige toepassing op een belastingschuldige die is gevestigd in een staat die partij is bij de Overeenkomst betreffende de Europese Economische Ruimte, ingeval in relatie tot die staat een verdrag van kracht is dat, of een regeling is getroffen die, voorziet in wederzijdse bijstand inzake de invordering van belastingschulden die voortvloeien uit belastingen naar de winst.

EER

3. Indien de ontvanger aannemelijk maakt dat gegronde vrees bestaat dat de belastingschuld niet kan worden verhaald, stelt hij aan de toepassing van het eerste lid de voorwaarde dat voldoende zekerheid wordt gesteld.

4. Het eerste lid is niet langer van toepassing:

Beëindiging gespreide betaling

B40 art. 26 **Invorderingswet 1990**

a. ingeval de belastingschuldige niet meer is gevestigd in een lidstaat van de Europese Unie of in een staat als bedoeld in het tweede lid;

b. ingeval niet meer wordt voldaan aan de bij de in het eerste lid bedoelde ministeriële regeling gestelde regels;

c. ingeval niet meer voldoende zekerheid als bedoeld in het derde lid is gesteld; of

d. voor zover de in het eerste lid bedoelde voordelen ter zake van vermogensbestanddelen bij de belastingschuldige in aanmerking zouden zijn genomen indien hij belastingplichtig in Nederland zou zijn geweest.

5. Het in het eerste lid bedoelde verzoek wordt gedaan tegelijk met de aangifte waarin een voordeel als bedoeld in het eerste lid is opgenomen.

Art. 26

Kwijtschelding **1.** Bij ministeriële regeling worden regels gesteld krachtens welke aan de belastingschuldige die niet in staat is anders dan met buitengewoon bezwaar een belastingaanslag geheel of gedeeltelijk te betalen, gehele of gedeeltelijke kwijtschelding kan worden verleend.

Conserverende aanslag **2.** Bij ministeriële regeling worden regels gesteld krachtens welke aan de belastingschuldige ter zake van belasting waarvoor op de voet van artikel 25, vijfde lid, uitstel van betaling is verleend, kwijtschelding van belasting kan worden verleend indien dit uitstel eindigt doordat de termijn, bedoeld in artikel 25, vijfde lid, tweede volzin, is verstreken. Kwijtschelding van belasting kan worden verleend tot een bedrag gelijk aan het nog openstaande bedrag nadat de termijn, bedoeld in artikel 25, vijfde lid, tweede volzin, is verstreken.

Levensverzekering; pensioenregeling **3.** Indien de ontvanger het op de voet van artikel 25, vijfde lid, verleende uitstel van betaling beëindigt omdat zich met betrekking tot een aanspraak uit een overeenkomst van levensverzekering of een aanspraak ingevolge een pensioenregeling een omstandigheid voordoet als bedoeld in artikel 25, vijfde lid, vierde volzin, kan krachtens bij ministeriële regeling te stellen regels aan de belastingschuldige kwijtschelding van belasting worden verleend voor zover:

a. die belasting hoger is dan de belasting die zou zijn geheven ter zake van de hiervoor bedoelde omstandigheid indien de belastingschuldige op het moment waarop die omstandigheid zich voordeed in Nederland zou hebben gewoond;

b. de omstandigheid die ingevolge artikel 25, vijfde lid, vierde volzin, tot beëindiging van het uitstel van betaling heeft geleid, ingevolge een regeling ter voorkoming van dubbele belasting niet belastbaar is in Nederland.

De eerste volzin is van overeenkomstige toepassing voorzover de waarde in het economische verkeer van de in die volzin bedoelde aanspraak is gedaald in vergelijking met het ingevolge artikel 3.136, tweede, derde of vierde lid, van de Wet inkomstenbelasting 2001 ter zake van die aanspraak als negatieve uitgaven voor inkomensvoorzieningen in aanmerking genomen bedrag.

Aanmerkelijk belang **4.** Bij ministeriële regeling worden regels gesteld krachtens welke aan de belastingschuldige ter zake van belasting waarvoor op de voet van artikel 25, achtste lid, uitstel van betaling is verleend, kwijtschelding van belasting kan worden verleend tot een bedrag gelijk aan de in Nederland verschuldigde dividendbelasting of, indien dit meer bedraagt, aan de in Nederland verschuldigde inkomstenbelasting wegens reguliere voordelen in de zin van hoofdstuk 4 van de Wet inkomstenbelasting 2001 met betrekking tot de aandelen of winstbewijzen waarop het uitstel betrekking heeft.

(Zie ook: art. 4 Uitv.Reg. IW 1990)

5. Voorzover de ontvanger het op de voet van artikel 25, achtste lid, verleende uitstel van betaling beëindigt omdat aandelen of winstbewijzen worden vervreemd in de zin van artikel 25, achtste lid, onderdeel a, kan krachtens bij ministeriële regeling te stellen regels kwijtschelding worden verleend:

a. indien de waarde in het economische verkeer van die aandelen of winstbewijzen is gedaald, anders dan door uitkering van winstreserves, teruggaaf van wat is gestort of ingelegd of overgang van rechten op andere aandelen of winstbewijzen, in vergelijking tot die waarde ten tijde van het belastbare feit ter zake waarvan de belastingaanslag is vastgesteld – tot een bedrag gelijk aan het in artikel 2.12 van de Wet inkomstenbelasting 2001 vermelde percentage vermenigvuldigd met de in deze volzin bedoelde waardedaling;

b. indien het heffingsrecht wegens vervreemding van die aandelen of winstbewijzen ingevolge de Belastingregeling voor het Koninkrijk, de Belastingregeling voor het land Nederland of een verdrag ter voorkoming van dubbele belasting aan een ander land van het Koninkrijk, aan een ander heffingsgebied binnen het Rijk, respectievelijk aan een andere mogendheid is toegewezen – tot een bedrag gelijk aan de aldaar ter zake van die vervreemding feitelijk geheven belasting;

c. voor zover de belasting waarvoor op de voet van artikel 25, achtste lid, uitstel van betaling is verleend, hoger is dan de belasting die zou zijn geheven indien de belastingschuldige op het moment van die vervreemding in Nederland zou hebben gewoond.

Het in de eerste volzin bedoelde bedrag aan kwijtschelding bedraagt niet meer dan het bedrag van de belasting waarvoor ter zake van de aandelen of winstbewijzen nog uitstel van betaling is verleend.

6. [Vervallen.]

Invorderingswet 1990 **B40 art. 27quater**

7. Voor de toepassing van dit artikel zijn de artikelen 4.3 tot en met 4.5a van de Wet inkomstenbelasting 2001 en artikel 2, derde lid, onderdeel f, van de Algemene wet inzake rijksbelastingen van overeenkomstige toepassing.

8. Voor de toepassing van het tweede lid worden de belastingrente en de revisierente gelijkgesteld met de inkomstenbelasting waarmee deze samenhangen. Voor de toepassing van dit artikel wordt de belastingrente voorzover deze samenhangt met de inkomstenbelasting waarvoor op de voet van dit artikel kwijtschelding wordt verleend, gelijkgesteld met die belasting.

(Zie ook: art. 4 Uitv.Reg. IW 1990; art. 10 t/m 23 Uitv.Reg. IW 1990)

Art. 27

1. De ontvanger kan de verjaring van een rechtsvordering tot betaling stuiten door een schriftelijke mededeling waarin hij zich ondubbelzinnig zijn recht op betaling voorhoudt.

2. Indien een belastingschuldige is opgehouden te bestaan of vermoedelijk is opgehouden te bestaan en voor zover voor zijn belastingschuld een aansprakelijkstelling als bedoeld in artikel 49, eerste lid, heeft plaatsgevonden, treedt de aansprakelijk gestelde voor de belastingschuld in de plaats van de belastingschuldige, voor zover het betreft de stuiting van de verjaring of de verlenging van de verjaringstermijn van de rechtsvordering tot betaling.

3. Indien een belastingschuldige is opgehouden te bestaan of vermoedelijk is opgehouden te bestaan en voor zover voor zijn belastingschuld geen aansprakelijkstelling als bedoeld in artikel 49, eerste lid, heeft plaatsgevonden, kan de ontvanger de verjaringstermijn van de rechtsvordering tot betaling stuiten door verzending of uitreiking van een schriftelijke mededeling, waarin hij zich ondubbelzinnig zijn recht op betaling voorhoudt, aan het parket van een ambtenaar van het Openbaar Ministerie bij de rechtbank binnen het rechtsgebied waarin de laatst bekende vestigingsplaats van de belastingschuldige is gelegen of aan het parket van de ambtenaar van het Openbaar Ministerie bij de rechtbank Den Haag.

4. Indien de verjaring van een belastingaanslag op de wijze, bedoeld in het derde lid, is gestuit, worden zo spoedig mogelijk de volgende gegevens ter publicatie aan de Staatscourant verzonden of uitgereikt:

a. de naam van de belastingschuldige;

b. de soort belastingaanslag;

c. de belastingsoort;

d. het belastingjaar;

e. de dagtekening van het aanslagbiljet.

5. Bij toepassing van het vierde lid wordt een kopie van de schriftelijke mededeling, bedoeld in het derde lid, verzonden of uitgereikt aan de laatste bestuurders, aandeelhouders en vereffenaars van de belastingschuldige, bedoeld in het derde lid, voor zover die redelijkerwijs bij de ontvanger bekend kunnen zijn.

Afdeling 4

Kredietrente, vertragingsrente en rente op achterstallen

Art. 27bis

Indien een bedrag aan rechten bij invoer of rechten bij uitvoer geheel of gedeeltelijk wordt terugbetaald of kwijtgescholden en ter zake van dat bedrag kredietrente of vertragingsrente in rekening was gebracht, wordt het deel van de kredietrente of vertragingsrente dat betrekking heeft op het terug te betalen of kwijt te schelden bedrag eveneens terugbetaald, onderscheidenlijk kwijtgescholden.

Art. 27ter

1. De ontvanger stelt het bedrag van de kredietrente, de vertragingsrente of de rente, bedoeld in artikel 116, zesde lid, tweede en derde volzin, van het Douanewetboek van de Unie, vast bij voor bezwaar vatbare beschikking. Dat bedrag wordt op het afschrift van de uitspraak afzonderlijk vermeld of op andere wijze schriftelijk kenbaar gemaakt.

2. Op bezwaar, beroep, hoger beroep en beroep in cassatie inzake de beschikking, bedoeld in het eerste lid, is hoofdstuk V van de Algemene wet inzake rijksbelastingen van overeenkomstige toepassing.

Hoofdstuk V

Betalingskorting en invorderingsrente

Art. 27quater

Dit hoofdstuk is niet van toepassing op te innen of terug te betalen bedragen aan rechten bij invoer, rechten bij uitvoer, kredietrente, vertragingsrente en rente op achterstallen en belastingen of heffingen waarop de wettelijke bepalingen, bedoeld in artikel 1:1, eerste en tweede lid, van de Algemene douanewet, van overeenkomstige toepassing zijn verklaard.

Revisie- en heffingsrente

Stuiting

Aansprakelijk gestelde

Opgehouden te bestaan

Terugbetaling/kwijtschelding

Vaststelling bij beschikking

Geen werking t.a.v. rente in ADW/DWU

Art. 27a

Betalingskorting

1. Ingeval op een belastingaanslag als bedoeld in artikel 9, vijfde lid, die een te innen bedrag behelst en invorderbaar is in meer dan één termijn, op de eerste vervaldag ten minste het bedrag van de belastingaanslag verminderd met het bedrag van de te verlenen betalingskorting is betaald, wordt een betalingskorting verleend over het bedrag van de belastingaanslag. De te verlenen betalingskorting wordt berekend over de helft van het tijdvak dat aanvangt op de dag na de vervaldag van de voor de belastingaanslag geldende eerste betalingstermijn en eindigt op de vervaldag van de voor de belastingaanslag geldende laatste betalingstermijn.

Terugnemen betalingskorting

2. Ingeval een belastingaanslag ter zake waarvan de betalingskorting is verleend, wordt verminderd, wordt de betalingskorting teruggenomen over het bedrag van de vermindering, doch ten hoogste over het positieve bedrag van die belastingaanslag. De terug te nemen betalingskorting wordt berekend over de helft van het tijdvak dat aanvangt op de dag na de dagtekening van het afschrift van de uitspraak of de dagtekening van de kennisgeving waarmee de vermindering wordt bekendgemaakt en eindigt op de vervaldag van de voor de belastingaanslag geldende laatste betalingstermijn.

3. De betalingskorting wordt berekend naar het in artikel 29 bedoelde percentage voor in rekening te brengen invorderingsrente dat geldt op de vervaldag van de voor de belastingaanslag geldende eerste betalingstermijn.

(Zie ook: art. 28b t/m 34 Uitv.Reg. IW 1990)

Art. 28

Invorderingsrente

1. Bij overschrijding van de voor de belastingaanslag geldende enige of laatste betalingstermijn wordt aan de belastingschuldige rente – invorderingsrente – in rekening gebracht over het op de belastingaanslag openstaande bedrag met dien verstande dat invorderingsrente niet in rekening wordt gebracht voor zover met de belastingaanslag wordt verrekend een belastingaanslag die op dezelfde belasting en hetzelfde tijdvak betrekking heeft.

(Zie ook: art. 6 Uitv.besl. IW 1990)

Uitstel van betaling

2. De invorderingsrente wordt enkelvoudig berekend over het tijdvak dat aanvangt op de dag waarop de belastingaanslag invorderbaar is ingevolge artikel 9 en eindigt op de dag voorafgaand aan die van de betaling. Voor de toepassing van de eerste volzin blijft artikel 10 buiten toepassing.

3. Invorderingsrente wordt niet in rekening gebracht over de tijd voor welke de belastingschuldige krachtens artikel 25, derde, vijfde, achtste, negende, elfde, zeventiende, achttiende of negentiende lid, uitstel van betaling is verleend.

4. In afwijking in zoverre van het derde lid wordt invorderingsrente in rekening gebracht voor zover het krachtens artikel 25, vijfde, achtste, negende, elfde, zeventiende, achttiende of negentiende lid, verleende uitstel door de ontvanger wordt beëindigd of voor zover betaling niet plaatsvindt binnen de termijn waarvoor uitstel van betaling is verleend. Bij algemene maatregel van bestuur wordt het tijdvak bepaald waarover in deze situaties invorderingsrente wordt berekend.

(Zie ook: art. 6 Uitv.besl. IW 1990)

Art. 28a

Vergoeding invorderingsrente

1. Indien de ontvanger een aan een belastingplichtige uit te betalen bedrag niet binnen 6 weken na de dagtekening van de daartoe strekkende belastingaanslag uitbetaalt of verrekent, wordt aan de belastingplichtige invorderingsrente vergoed.

2. De invorderingsrente wordt enkelvoudig berekend over het tijdvak dat aanvangt op de dag na de dagtekening van de tot uitbetaling strekkende belastingaanslag of beschikking en eindigt op de dag voorafgaand aan die van de betaling. In afwijking van de eerste volzin wordt invorderingsrente niet berekend over dagen waarover ingevolge hoofdstuk VA van de Algemene wet inzake rijksbelastingen reeds belastingrente is vergoed.

3. Invorderingsrente wordt niet vergoed voor zover het aan de belastingplichtige is te wijten dat de uitbetaling niet tijdig is geschied.

4. Dit artikel is niet van toepassing op een voorlopige aanslag als bedoeld in artikel 9, vijfde lid, die een uit te betalen bedrag behelst als bedoeld in het zesde lid van dat artikel.

Art. 28b

Vergoeding invorderingsrente na afwijzing uitstel

1. Indien een belastingaanslag wordt verminderd of herzien tot een lager bedrag dan inmiddels op die aanslag is betaald en de belastingschuldige eerder een verzoek om uitstel van betaling met betrekking tot het door hem bestreden bedrag van die aanslag heeft gedaan dat door de ontvanger bij beschikking is afgewezen, wordt aan de belastingschuldige invorderingsrente vergoed.

2. De invorderingsrente wordt enkelvoudig berekend over het tijdvak dat aanvangt de dag na de dag waarop de belastingaanslag waarvoor een verzoek om uitstel van betaling bij beschikking is afgewezen, invorderbaar is ingevolge artikel 9 en eindigt 6 weken na de dagtekening van de vermindering of de herziening en heeft als grondslag het terug te geven bedrag.

Art. 28c

1. Voor zover de ontvanger op grond van een beschikking van de inspecteur gehouden is belasting terug te geven omdat de desbetreffende belasting in strijd met het Unierecht is geheven, wordt op verzoek aan de belastingschuldige invorderingsrente vergoed.

2. De invorderingsrente, bedoeld in het eerste lid, wordt enkelvoudig berekend over het tijdvak dat aanvangt op de dag na die waarop de belasting is betaald, voldaan of afgedragen en eindigt op de dag voorafgaand aan die van de terugbetaling en heeft als grondslag het aan de belastingschuldige terug te geven of teruggegeven bedrag. In afwijking van de eerste volzin wordt de invorderingsrente, bedoeld in het eerste lid, niet berekend over dagen waarover ingevolge hoofdstuk VA van de Algemene wet inzake rijksbelastingen belastingrente wordt vergoed of waarover ingevolge artikel 28b invorderingsrente wordt vergoed.

3. De termijn voor het indienen van een verzoek om vergoeding van invorderingsrente op grond van dit artikel eindigt zes weken na dagtekening van de beschikking, bedoeld in het eerste lid.

Vergoeding rente bij heffing in strijd met Unierecht

Art. 29

Het percentage van de invorderingsrente bedraagt een bij algemene maatregel van bestuur vast te stellen percentage, dat voor in rekening te brengen en voor te vergoeden invorderingsrente verschillend kan worden vastgesteld. In de algemene maatregel van bestuur kan worden bepaald dat de vaststelling van de percentages terugwerkt tot en met 1 juni 2020.

Rentepercentage

Art. 30

1. De ontvanger stelt het bedrag van de betalingskorting en van de invorderingsrente vast bij voor bezwaar vatbare beschikking. Het bedrag van de betalingskorting wordt op het aanslagbiljet afzonderlijk vermeld of op andere wijze schriftelijk kenbaar gemaakt. Het bedrag van de invorderingsrente wordt op het afschrift van de uitspraak of de kennisgeving waarmee de vermindering wordt bekendgemaakt afzonderlijk vermeld of op andere wijze schriftelijk kenbaar gemaakt.

2. Op het bezwaar, beroep, hoger beroep en beroep in cassatie inzake de in het eerste lid bedoelde beschikking is hoofdstuk V van de Algemene wet inzake rijksbelastingen van overeenkomstige toepassing.

Vaststelling van de betalingskorting en invorderingsrente

Art. 31

Bij ministeriële regeling kunnen regels worden gesteld voor de bij de berekening van betalingskorting en invorderingsrente toe te passen afrondingen en voor het niet terugnemen van betalingskorting onderscheidenlijk niet in rekening brengen van invorderingsrente die een bij die regeling bepaald bedrag niet te boven gaat. Voorts kunnen bij ministeriële regeling nadere regels worden gesteld met betrekking tot een doelmatige invordering van betalingskorting en invorderingsrente.

(Zie ook: art. 29 t/m 34 Uitv.reg. IW 1990)

Afronding en doelmatige invordering

Art. 31a

Onze Minister kan in het kader van een regeling voor onderling overleg op grond van het Verdrag ter afschaffing van dubbele belasting in geval van winstcorrecties tussen verbonden ondernemingen (*Trb.* 1990, 173), de Belastingregeling voor het Koninkrijk of een verdrag ter voorkoming van dubbele belasting, voor bepaalde gevallen of groepen van gevallen afwijkingen toestaan van de artikelen 28, 29, 30 en 31.

Toepassing Verdrag ter afschaffing van dubbele belasting

Hoofdstuk VI Aansprakelijkheid

Afdeling 1 Aansprakelijkheid

Art. 32

1. De bepalingen van dit hoofdstuk laten, behoudens voor zover anders is vermeld, onverlet het bepaalde met betrekking tot de aansprakelijkheid in enige andere wettelijke regeling.

2. De bepalingen van dit hoofdstuk strekken zich mede uit tot in te vorderen bedragen die verband houden met de belasting waarvoor de aansprakelijkheid geldt, een en ander voor zover het belopen daarvan aan de aansprakelijke is te wijten.

Niet-fiscale aansprakelijkheidsbepalingen

Art. 33

1. In afwijking in zoverre van andere wettelijke regelingen is hoofdelijk aansprakelijk voor de rijksbelastingen, verschuldigd door:

a. een lichaam zonder rechtspersoonlijkheid of een rechtspersoonlijkheid bezittend lichaam dat niet volledig rechtsbevoegd is: ieder van de bestuurders;

b. een niet in Nederland gevestigd lichaam: de leider van zijn vaste inrichting in Nederland dan wel zijn in Nederland wonende of gevestigde vaste vertegenwoordiger;

c. een lichaam dat is ontbonden: ieder van de met de vereffening belaste personen - met uitzondering van de door de rechter benoemde vereffenaar - voor zover het niet betalen van de belastingschuld het gevolg is van aan hem te wijten kennelijk onbehoorlijk bestuur, met dien verstande

Aansprakelijkheid lichamen

B40 art. 33a

dat geen aansprakelijkstelling kan plaatsvinden indien na de ontbinding drie jaren zijn verstreken.

2. Voor de toepassing van dit artikel wordt onder lichamen verstaan lichamen in de zin van de Algemene wet inzake rijksbelastingen en wordt als bestuurder aangemerkt de volledig aansprakelijke vennoot van een maat- of vennootschap.

3. Voor de toepassing van dit artikel wordt ingeval een bestuurder van een lichaam zelf een lichaam is, onder bestuurder mede verstaan ieder van de bestuurders van het laatstbedoelde lichaam.

4. Degene die op grond van het eerste lid, onderdelen *a* en *b*, aansprakelijk is, is niet aansprakelijk voor zover hij bewijst dat het niet aan hem is te wijten dat de belasting niet is voldaan.

Art. 33a

Aansprakelijkheid onverplichte handelingen

1. Hoofdelijk aansprakelijk voor de rijksbelastingen verschuldigd door degene die, al dan niet tezamen met anderen, een onverplichte handeling heeft verricht als gevolg waarvan de ontvanger is benadeeld in zijn verhaalsmogelijkheden, is iedere begunstigde van die handeling tot ten hoogste het bedrag van de begunstiging, mits de belastingschuldige en de begunstigde wisten of behoorden te weten dat benadeling van de ontvanger het gevolg van die handeling zou zijn, overeenkomstig het bepaalde in de volgende leden.

Bewustheidsvermoeden

2. Vermoed wordt dat de belastingschuldige en de begunstigde wisten of behoorden te weten dat benadeling in de verhaalsmogelijkheden van de ontvanger het gevolg van de onverplichte handeling zou zijn indien de ontvanger aannemelijk maakt dat de handeling die tot de benadeling heeft geleid:

a. onderdeel van een verhaalsconstructie is;

b. tot stand is gekomen in of na het tijdvak waarin de belastingschuld materieel is ontstaan dan wel op of na het tijdstip waarop de belastingschuld materieel is ontstaan; en

c. is verricht door of namens een gelieerde natuurlijk persoon of een gelieerd lichaam.

Definities

3. Voor de toepassing van dit artikel wordt verstaan onder:

a. begunstigde: degene die rechtens dan wel in feite direct of indirect voordeel heeft gehad van de onverplichte handeling, bedoeld in het eerste lid;

b. bestuurder van een lichaam: bestuurder als bedoeld in artikel 36;

c. gelieerde natuurlijk persoon: een natuurlijk persoon die al dan niet tezamen met anderen de handeling die tot benadeling heeft geleid, heeft verricht met of jegens:

1°. zijn partner of zijn bloedverwant in de rechte lijn;

2°. een lichaam waarvan hij, zijn partner of zijn bloedverwant in de rechte lijn bestuurder, toezichthouder, beheerder, vennoot of maat is, dan wel waarin een of meer van die personen, afzonderlijk of tezamen, een aanmerkelijk belang als bedoeld in artikel 4.6, onderdelen a of d, van de Wet inkomstenbelasting 2001 hebben;

d. gelieerd lichaam: een lichaam dat al dan niet tezamen met anderen de handeling die tot benadeling heeft geleid, heeft verricht met of jegens:

1°. een natuurlijk persoon die bestuurder, toezichthouder, beheerder, vennoot of maat van het lichaam is;

2°. een natuurlijk persoon die partner of bloedverwant in de rechte lijn van de bestuurder, toezichthouder, beheerder, vennoot of maat, bedoeld onder 1°, is;

3°. een natuurlijk persoon die al dan niet tezamen met zijn partner of bloedverwant in de rechte lijn, een aanmerkelijk belang als bedoeld in artikel 4.6, onderdelen a of d, van de Wet inkomstenbelasting 2001 heeft in het lichaam, bedoeld in de aanhef;

4°. een natuurlijk persoon wiens partner of bloedverwant in de rechte lijn, afzonderlijk of tezamen, een aanmerkelijk belang als bedoeld in artikel 4.6, onderdelen a of d, van de Wet inkomstenbelasting 2001 heeft in het lichaam, bedoeld in de aanhef;

5°. een ander lichaam en een van die lichamen is bestuurder, toezichthouder, beheerder, vennoot of maat van het andere lichaam;

6°. een ander lichaam en een natuurlijk persoon die bestuurder, toezichthouder, beheerder, vennoot of maat is van een van die lichamen, of zijn partner of een bloedverwant in de rechte lijn, is bestuurder, toezichthouder, beheerder, vennoot of maat van het andere lichaam;

7°. een ander lichaam en een natuurlijk persoon die bestuurder, toezichthouder, beheerder, vennoot of maat is van een van die lichamen, of zijn partner of bloedverwant in de rechte lijn, afzonderlijk of tezamen, heeft een aanmerkelijk belang als bedoeld in artikel 4.6, onderdelen a of d, van de Wet inkomstenbelasting 2001 in het andere lichaam; of

8°. een ander lichaam en in beide lichamen wordt voor ten minste vijf percent van het geplaatste kapitaal direct of indirect deelgenomen door hetzelfde lichaam, dan wel door dezelfde natuurlijke persoon, al dan niet tezamen met zijn partner of bloedverwant in de rechte lijn;

e. lichaam: de lichamen, genoemd in artikel 2, eerste lid, onderdeel b, van de Algemene wet inzake rijksbelastingen, en de lichamen, genoemd in de artikelen 2 en 3 van de Wet op de vennootschapsbelasting 1969;

f. onverplichte handeling: handeling of samenstel van handelingen waarvan er ten minste een onverplicht is verricht;

g. verhaalsconstructie: handeling of samenstel van handelingen die, onderscheidenlijk dat, in overwegende mate is verricht met als doel om de ontvanger te benadelen in zijn verhaalsmogelijkheden.

4. Voor de toepassing van dit artikel zijn de artikelen 2.14a en 10a.7 van de Wet inkomstenbelasting 2001 en artikel 1, negende lid, van de Successiewet 1956 van overeenkomstige toepassing.

5. De aansprakelijkheid van de begunstigde, bedoeld in het eerste lid, geldt tevens indien de begunstigde niet in Nederland woont of is gevestigd.

6. Bij algemene maatregel van bestuur worden regels gesteld die bepalen bij welke combinatie van omstandigheden in ieder geval aannemelijk is dat sprake is van een verhaalsconstructie. Een krachtens de eerste zin vastgestelde algemene maatregel van bestuur wordt aan de beide Kamers der Staten-Generaal overgelegd. Hij treedt in werking op een tijdstip dat nadat vier weken na de overlegging zijn verstreken bij koninklijk besluit wordt vastgesteld, tenzij binnen die termijn door of namens een van de Kamers of door ten minste een vijfde van het grondwettelijk aantal leden van een van de Kamers de wens te kennen wordt gegeven dat het onderwerp van de algemene maatregel van bestuur bij wet wordt geregeld. In dat geval wordt een daartoe strekkend voorstel van wet zo spoedig mogelijk ingediend. Indien het voorstel van wet wordt ingetrokken of indien een van de Kamers der Staten-Generaal besluit het voorstel niet aan te nemen, wordt de algemene maatregel van bestuur ingetrokken.

(Zie ook: art. 6a Uitv.Besl. IW 1990)

Art. 34

1. Ingeval een werknemer met instandhouding van de dienstbetrekking tot zijn inhoudingsplichtige, de uitlener, door deze ter beschikking is gesteld aan een derde, de inlener, om onder diens toezicht of leiding werkzaam te zijn, is de inlener hoofdelijk aansprakelijk voor de loonbelasting welke de uitlener verschuldigd is in verband met het verrichten van de werkzaamheden door de werknemer alsmede voor de omzetbelasting welke de uitlener, dan wel – in geval doorlening plaatsvindt – de in het tweede lid bedoelde doorlener verschuldigd is in verband met dat ter beschikking stellen. In afwijking in zoverre van artikel 32, tweede lid, is de inlener niet aansprakelijk voor de in verband met de heffing van loonbelasting of van omzetbelasting opgelegde bestuurlijke boete.

Inlenersaansprakelijkheid

2. Onder inlener wordt mede verstaan:

a. de doorlener, zijnde degene aan wie een werknemer ter beschikking is gesteld en die deze werknemer vervolgens ter beschikking stelt aan een derde om onder diens toezicht of leiding werkzaam te zijn;

b. de in onderdeel *a* bedoelde derde, aan wie door een doorlener een werknemer ter beschikking is gesteld om onder toezicht of leiding van die derde werkzaam te zijn.

Inlener

3. Indien een inlener ingevolge een overeenkomst met de uitlener ten behoeve van de voldoening van loonbelasting, omzetbelasting en sociale verzekeringspremies in verband met het verrichten van werkzaamheden door een ter beschikking gestelde werknemer, alsmede met dat ter beschikking stellen, een bedrag heeft overgemaakt op een rekening die door de uitlener ten behoeve van de betaling van loonbelasting, omzetbelasting en sociale verzekeringspremies wordt gehouden bij een financiële onderneming die ingevolge de Wet op het financieel toezicht in Nederland het bedrijf van bank mag uitoefenen, wordt het bedrag waarvoor de aansprakelijkheid van de inlener uit hoofde van het eerste en tweede lid met betrekking tot de werkzaamheden en dat ter beschikking stellen in eerste aanleg bestaat, verminderd met dat overgemaakte bedrag.

G-rekening

4. Het derde lid is niet van toepassing voor zover de inlener wist of redelijkerwijs moest vermoeden dat de uitlener in gebreke zou blijven het op de in dat lid bedoelde rekening gestorte bedrag aan te wenden voor de betaling van loonbelasting, omzetbelasting of sociale verzekeringspremies.

5. De aansprakelijkheid op grond van het eerste lid geldt niet met betrekking tot de loonbelasting en de omzetbelasting verschuldigd door de uitlener, indien aannemelijk is dat het niet betalen door de uitlener noch aan hem noch aan een inlener is te wijten.

Uitsluiting aansprakelijkheid bij uitlening van werknemers

6. Bij ministeriële regeling worden nadere regels gesteld met betrekking tot de toepassing van het derde lid.

7. Dit artikel is niet van toepassing indien de werkzaamheden die door de ter beschikking gestelde werknemer zijn verricht, ondergeschikt zijn aan een tussen de uitlener en de inlener, dan wel tussen de doorlener en de inlener, gesloten overeenkomst van koop en verkoop van een bestaande zaak.

(Zie ook: Uitv.reg. inleners-, keten- en opdrachtgeversaansprakelijkheid 2004)

Art. 34a

1. De uitlener die op grond van artikel 7a van de Wet allocatie arbeidskrachten door intermediairs gehouden is tot de in dat artikel bedoelde registratie in het handelsregister, bedoeld in artikel 2 van de Handelsregisterwet 2007, houdt, in afwijking in zoverre van artikel 57a, een depot aan bij de ontvanger. De eerste volzin vindt geen toepassing op een uitlener die is aange-

Toepassing Wet allocatie arbeidskrachten door intermediairs

sloten bij een erkende certificerende instelling als bedoeld in de Wet allocatie arbeidskrachten door intermediairs, alsmede in bij algemene maatregel van bestuur aangewezen gevallen.

2. Indien door een uitlener als bedoeld in het eerste lid, eerste volzin, personeel ter beschikking is gesteld, maakt de inlener, bedoeld in artikel 34, van dat personeel ten minste 35 percent van het bedrag van de factuur of nota die de uitlener hem ter zake van de geleverde prestatie of prestaties heeft doen toekomen over op de vrijwaringsrekening van de ontvanger ten behoeve van het depot van de uitlener.

3. Een inlener die niet aan het bepaalde in het tweede lid voldoet is aansprakelijk voor de door de uitlener verschuldigde loonbelasting, omzetbelasting en socialeverzekeringspremies in verband met de terbeschikkingstelling van het personeel, waarbij het bedrag aan door de uitlener verschuldigde loonbelasting, omzetbelasting en socialeverzekeringspremies wordt gesteld op 35 percent van het ter zake van de geleverde prestatie of prestaties in rekening gebrachte bedrag, tenzij de inlener aannemelijk maakt dat het bedrag aan de door de uitlener verschuldigde loonbelasting, omzetbelasting en socialeverzekeringspremies ter zake van de terbeschikkingstelling van het personeel lager is. Indien de inlener niet volledig heeft voldaan aan het bepaalde in het tweede lid, wordt het bedrag waarvoor in eerste aanleg aansprakelijkheid is ontstaan verminderd met het door hem op de vrijwaringsrekening van de ontvanger ten behoeve van het depot van de uitlener overgemaakte bedrag.

Art. 35

Ketenaansprakelijkheid **1.** De aannemer is hoofdelijk aansprakelijk voor de loonbelasting:

a. die de onderaannemer en, indien een werk geheel of gedeeltelijk door een of meer volgende onderaannemers wordt uitgevoerd, iedere volgende onderaannemer verschuldigd is in verband met het verrichten van werkzaamheden door zijn werknemers ter zake van dat werk;

b. voor de betaling waarvan de onderaannemer en, indien een werk geheel of gedeeltelijk door een of meer volgende onderaannemers wordt uitgevoerd, iedere volgende onderaannemer ingevolge artikel 34 hoofdelijk aansprakelijk is ter zake van dat werk.

In afwijking in zoverre van artikel 32, tweede lid, is de aannemer niet aansprakelijk voor de in verband met de heffing van loonbelasting opgelegde bestuurlijke boete.

2. In dit artikel wordt verstaan onder:

Aannemer *a.* aannemer: degene die zich jegens een ander, de opdrachtgever, verbindt om buiten dienstbetrekking een werk van stoffelijke aard uit te voeren tegen een te betalen prijs;

Onderaannemer *b.* onderaannemer: degene die zich jegens een aannemer verbindt om buiten dienstbetrekking het in onderdeel *a* bedoelde werk geheel of gedeeltelijk uit te voeren tegen een te betalen prijs.

3. Voor de toepassing van dit artikel wordt:

a. de onderaannemer ten opzichte van zijn onderaannemer als aannemer beschouwd;

b. met een aannemer gelijkgesteld degene die zonder daartoe van een opdrachtgever opdracht te hebben gekregen buiten dienstbetrekking in de normale uitoefening van zijn bedrijf een werk van stoffelijke aard uitvoert;

c. ten opzichte van de aannemer als onderaannemer beschouwd de verkoper van een toekomstige zaak, voor zover de koop en verkoop voortvloeit uit of verband houdt met het in het tweede lid, onderdeel *a*, bedoelde werk.

Aansprakelijkheid buiten toepassing **4.** De voorgaande leden zijn niet van toepassing:

a. indien een werk tot de uitvoering waarvan een onderaannemer zich jegens een aannemer heeft verbonden, geheel of grotendeels wordt verricht op de plaats waar de onderneming van de onderaannemer is gevestigd met uitzondering van de vervaardiging en elke daarop gerichte handeling van kleding, andere dan schoeisel, of

b. indien de uitvoering van een werk waartoe een onderaannemer zich jegens een aannemer heeft verbonden, ondergeschikt is aan een tussen hen gesloten overeenkomst van koop en verkoop van een bestaande zaak.

G-rekening **5.** Indien een aannemer ingevolge een overeenkomst met een onderaannemer, ten behoeve van de voldoening van loonbelasting en sociale verzekeringspremies met betrekking tot het door de onderaannemer aangenomen werk, een bedrag heeft overgemaakt op een rekening die door de onderaannemer ten behoeve van de betaling van loonbelasting en sociale verzekeringspremies wordt gehouden bij een financiële onderneming die ingevolge de Wet op het financieel toezicht in Nederland het bedrijf van bank mag uitoefenen wordt het bedrag waarvoor de aansprakelijkheid van de aannemer uit hoofde van het eerste lid met betrekking tot dat werk in eerste aanleg bestaat, verminderd met dat overgemaakte bedrag. De vorige volzin is niet van toepassing voor zover de aannemer wist of redelijkerwijs moest vermoeden dat een onderaannemer in gebreke zou blijven het op de in de eerste volzin bedoelde rekening gestorte bedrag aan te wenden voor de betaling van loonbelasting of sociale verzekeringspremies. Bij ministeriële regeling worden nadere regels gesteld met betrekking tot de toepassing van dit lid.

6. De aansprakelijkheid op grond van het eerste lid geldt niet met betrekking tot de loonbelasting verschuldigd door een onderaannemer, indien aannemelijk is dat het niet betalen door de onderaannemer noch aan hem noch aan een aannemer is te wijten.
(Zie ook: artt. 35, 36 Uitv.reg. IW 1990; Uitv.reg. inleners-, keten- en opdrachtgeversaansprakelijkheid 2004)

Art. 35a

1. De opdrachtgever is hoofdelijk aansprakelijk voor de loonbelasting ter zake van een werk, inhoudende de vervaardiging en elke daarop gerichte handeling van kleding, andere dan schoeisel:

a. die de aannemer en, indien een werk geheel of gedeeltelijk door een of meer volgende onderaannemers wordt uitgevoerd, iedere volgende onderaannemer verschuldigd is in verband met het verrichten van werkzaamheden door zijn werknemers ter zake van dat werk;

b. voor de betaling waarvan de aannemer en, indien een werk geheel of gedeeltelijk door een of meer volgende onderaannemers wordt uitgevoerd, iedere volgende onderaannemer ingevolge artikel 35 hoofdelijk aansprakelijk is ter zake van dat werk.

In afwijking in zoverre van artikel 32, tweede lid, is de opdrachtgever niet aansprakelijk voor de in verband met de heffing van loonbelasting opgelegde bestuurlijke boete.

2. In dit artikel wordt onder opdrachtgever verstaan degene die buiten dienstbetrekking in de normale uitoefening van zijn bedrijf met een ander, de aannemer, een overeenkomst heeft gesloten om voor hem een werk als bedoeld in het eerste lid uit te voeren tegen een te betalen prijs.

3. Voor de toepassing van dit artikel wordt met een opdrachtgever gelijkgesteld degene die buiten dienstbetrekking in de normale uitoefening van zijn bedrijf kleding, andere dan schoeisel, koopt die nog geheel of gedeeltelijk vervaardigd moet worden en met een aannemer de verkoper daarvan.

4. Artikel 35, tweede lid, derde lid, onderdelen a en c, en vijfde lid, is van overeenkomstige toepassing, met dien verstande dat:

a. in het tweede lid, onderdeel a, van dat artikel voor een werk van stoffelijke aard moet worden gelezen: een werk, inhoudende de vervaardiging en elke daarop gerichte handeling van kleding, andere dan schoeisel;

b. de toepassing van het derde lid, onderdeel a, van dat artikel er niet toe kan leiden dat de wederpartij van de aannemer als opdrachtgever als bedoeld in het tweede lid wordt beschouwd;

c. in het vijfde lid van dat artikel voor «aannemer» moet worden gelezen: opdrachtgever, voor «onderaannemer»: aannemer en voor «het eerste lid»: het eerste lid van artikel 35a.

5. De aansprakelijkheid op grond van het eerste lid geldt niet met betrekking tot de loonbelasting verschuldigd door de aannemer of een onderaannemer, indien aannemelijk is dat het niet betalen door de aannemer of een onderaannemer noch aan de opdrachtgever, noch aan de aannemer of een onderaannemer is te wijten.

(Zie ook: Uitv.reg. inleners-, keten- en opdrachtgeversaansprakelijkheid 2004)

Art. 35b

Indien de belastingschuld betrekking heeft op een werk als bedoeld in artikel 35a, eerste lid, is degene die buiten dienstbetrekking in de normale uitoefening van zijn bedrijf vervaardigde kleding koopt, hoofdelijk aansprakelijk voor de loonbelasting welke verschuldigd is ter zake van dat werk, tenzij aannemelijk is dat hij op het tijdstip van de koop niet wist of behoorde te weten dat ter zake van dat werk te weinig of geen loonbelasting zou worden betaald. In afwijking in zoverre van artikel 32, tweede lid, is degene die op grond van de eerste volzin aansprakelijk is niet aansprakelijk voor de in verband met de heffing van loonbelasting opgelegde bestuurlijke boete. Bij ministeriële regeling kunnen nadere regels worden gesteld met betrekking tot de toepassing van dit artikel.

Art. 36

1. Hoofdelijk aansprakelijk is voor de loonbelasting, de omzetbelasting, de accijns, de verbruiksbelastingen van alcoholvrije dranken en van pruimtabak en snuiftabak, de in artikel 1 van de Wet belastingen op milieugrondslag genoemde belastingen en de kansspelbelasting verschuldigd door een rechtspersoonlijkheid bezittend lichaam in de zin van de Algemene wet inzake rijksbelastingen dat volledig rechtsbevoegd is, voor zover het aan de heffing van vennootschapsbelasting is onderworpen: ieder van de bestuurders overeenkomstig het bepaalde in de volgende leden.

2. Het lichaam als bedoeld in het eerste lid is verplicht om onverwijld nadat gebleken is dat het niet tot betaling van loonbelasting, omzetbelasting, accijns, verbruiksbelasting van alcoholvrije dranken, verbruiksbelasting van pruimtabak of snuiftabak, een van de in artikel 1 van de Wet belastingen op milieugrondslag genoemde belastingen of de kansspelbelasting in staat is, daarvan schriftelijk mededeling te doen aan de ontvanger en, indien de ontvanger dit verlangt, nadere inlichtingen te verstrekken en stukken over te leggen. Elke bestuurder is bevoegd om namens het lichaam aan deze verplichting te voldoen. Bij of krachtens algemene maatregel van bestuur worden nadere regels gesteld met betrekking tot de inhoud van de mededeling, de aard

Aansprakelijkheid confectie

Opdrachtgever

Gelijkstelling

Disculpatiemogelijkheid

Aansprakelijkheid voor koper van kleding

Bestuurdersaansprakelijkheid

Meldingsplicht

B40 art. 36a

Invorderingswet 1990

en de inhoud van de te verstrekken inlichtingen en de over te leggen stukken, alsmede de termijnen waarbinnen het doen van de mededeling, het verstrekken van de inlichtingen en het overleggen van de stukken dienen te geschieden.

3. Indien het lichaam op juiste wijze aan zijn in het tweede lid bedoelde verplichting heeft voldaan, is een bestuurder aansprakelijk indien aannemelijk is, dat het niet betalen van de belastingschuld het gevolg is van aan hem te wijten kennelijk onbehoorlijk bestuur in de periode van drie jaren, voorafgaande aan het tijdstip van de mededeling.

4. Indien het lichaam niet of niet op juiste wijze aan zijn in het tweede lid bedoelde verplichting heeft voldaan, is een bestuurder op de voet van het bepaalde in het derde lid aansprakelijk, met dien verstande dat wordt vermoed dat de niet betaling aan hem is te wijten en dat de periode van drie jaren wordt geacht in te gaan op het tijdstip waarop het lichaam in gebreke is. Tot de weerlegging van het vermoeden wordt slechts toegelaten de bestuurder die aannemelijk maakt dat het niet aan hem is te wijten dat het lichaam niet aan zijn in het tweede lid bedoelde verplichting heeft voldaan.

Uitbreiding begrip bestuurder

5. Voor de toepassing van dit artikel wordt onder bestuurder mede verstaan:

a. de gewezen bestuurder tijdens wiens bestuur de belastingschuld is ontstaan;

b. degene ten aanzien van wie aannemelijk is dat hij het beleid van het lichaam heeft bepaald of mede heeft bepaald als ware hij bestuurder, met uitzondering van de door de rechter benoemde bewindvoerder;

c. indien een bestuurder van een lichaam een lichaam is in de zin van de Algemene wet inzake rijksbelastingen: ieder van de bestuurders van het laatstbedoelde lichaam.

Gewezen bestuurder Belasting

6. De tweede volzin van het vierde lid is niet van toepassing op de gewezen bestuurder.

7. Voor de toepassing van dit artikel wordt onder belasting uitsluitend verstaan de belasting die het lichaam als inhoudingsplichtige of als ondernemer is verschuldigd.

Vernietigbaarheid bepaalde rechtshandelingen

8. Indien de bestuurder van het lichaam ingevolge dit artikel aansprakelijk is en niet in staat is tot betaling van zijn schuld terzake, zijn de door die bestuurder onverplicht verrichte rechtshandelingen waardoor de mogelijkheid tot verhaal op hem is verminderd, vernietigbaar en kan de ontvanger deze vernietigingsgrond inroepen, indien aannemelijk is dat deze rechtshandelingen geheel of nagenoeg geheel met dat oogmerk zijn verricht. Artikel 45, leden 4 en 5, van Boek 3 van het Burgerlijk Wetboek is van overeenkomstige toepassing.

(Zie ook: art. 7 t/m 9 Uitv.besl. IW 1990)

Art. 36a

Hoofdelijke aansprakelijkheid bestuurders

1. Hoofdelijk aansprakelijk is:

a. voor de belasting die een inhoudingsplichtige als bedoeld in de Wet bronbelasting 2021 is verschuldigd: ieder van de bestuurders van die inhoudingsplichtige;

b. voor de belasting die een inhoudingsplichtige als bedoeld in de Wet bronbelasting 2021 is verschuldigd over het door de belastingplichtige genoten voordeel, bedoeld in de Wet bronbelasting 2021: de belastingplichtige, bedoeld in de Wet bronbelasting 2021;

c. voor de belasting die een belastingplichtige als bedoeld in de Wet bronbelasting 2021 is verschuldigd: ieder van de bestuurders van die belastingplichtige.

2. Niet aansprakelijk is de bestuurder, bedoeld in het eerste lid, onderdelen a of c, voor zover hij aannemelijk maakt dat het niet aan hem is te wijten dat de bronbelasting niet of niet volledig is betaald.

3. Voor de toepassing van dit artikel is artikel 36, vijfde en achtste lid, van overeenkomstige toepassing.

4. De aansprakelijkheid geldt tevens indien de bestuurder, bedoeld in het eerste lid, onderdelen a of c, of de belastingplichtige, bedoeld in het eerste lid, onderdeel b, niet in Nederland woont of is gevestigd.

Art. 36b

Hoofdelijke aansprakelijkheid LB/OB

1. Hoofdelijk aansprakelijk is voor de loonbelasting of de omzetbelasting waarvoor een rechtspersoonlijkheid bezittend lichaam in de zin van de Algemene wet inzake rijksbelastingen dat volledig rechtsbevoegd is, voorzover het aan de heffing van de vennootschapsbelasting is onderworpen, bij beschikking als bedoeld in artikel 49, eerste lid, aansprakelijk is gesteld (aansprakelijkheidsschuld): ieder van de bestuurders van dat lichaam.

2. Artikel 36, tweede tot en met zesde lid en achtste lid, is van overeenkomstige toepassing, met dien verstande dat:

a. in het tweede lid van artikel 36 voor «loonbelasting, omzetbelasting, accijns, verbruiksbelasting voor alcoholvrije dranken, verbruiksbelasting van pruimtabak of snuiftabak, een van de in artikel 1 van de Wet belastingen op milieugrondslag genoemde belastingen of de kansspelbelasting» moet worden gelezen: de aansprakelijkheidsschuld;

b. in het derde lid van artikel 36 voor «belastingschuld» moet worden gelezen «aansprakelijkheidsschuld», en voor «drie jaren»: zeven jaren;

c. in het vierde lid van artikel 36 voor «drie jaren» moet worden gelezen: zeven jaren;

d. in het vijfde lid, onderdeel a, van artikel 36 voor «belastingschuld» moet worden gelezen: aansprakelijkheidsschuld.

(Zie ook: artt. 7a, 8, 9 Uitv.besl. IW 1990)

Art. 37

1. Voor zover zulks niet reeds uit artikel 33, eerste lid, onderdeel b, volgt is hoofdelijk aansprakelijk:

a. voor de loonbelasting verschuldigd door een niet in Nederland wonende of gevestigde inhoudingsplichtige,

b. voor de omzetbelasting verschuldigd door een niet in Nederland wonende of gevestigde ondernemer,

c. voor de loonbelasting die een niet in Nederland wonende of gevestigde aannemer, opdrachtgever of koper is verschuldigd op grond van de artikelen 35, 35a of 35b: de leider van de vaste inrichting in Nederland, de in Nederland wonende of gevestigde vaste vertegenwoordiger, of degene die de leiding heeft van de in Nederland verrichte werkzaamheden.

2. Hoofdelijk aansprakelijk voor de loonbelasting met betrekking tot de gage van de niet in Nederland wonende artiest of beroepssporter dan wel het buitenlandse gezelschap is de persoon die of het lichaam dat het optreden of de sportbeoefening in Nederland organiseert, mede organiseert of doet organiseren.

3. Degene die op grond van het eerste lid aansprakelijk is, is niet aansprakelijk voor zover hij bewijst dat het niet aan hem is te wijten dat door de inhoudingsplichtige, door de ondernemer, dan wel door de aannemer, opdrachtgever of koper de belasting niet is voldaan.

Art. 38

1. Hoofdelijk aansprakelijk is:

a. voor de van een werknemer, een artiest, een beroepssporter of een buitenlands gezelschap ten onrechte niet ingehouden loonbelasting: de werknemer, de artiest, de beroepssporter, het gezelschap of de leden van het gezelschap;

b. voor de van een belastingplichtige ten onrechte niet ingehouden kansspelbelasting: de belastingplichtige.

2. Niet aansprakelijk is de werknemer, de artiest, de beroepssporter, het buitenlandse gezelschap, het lid van het buitenlandse gezelschap of de belastingplichtige die de inspecteur omtrent de nalatigheid van de inhoudingsplichtige in kennis heeft gesteld voordat hij weet of redelijkerwijze moet vermoeden dat de inspecteur met deze nalatigheid bekend is of bekend zal worden.

Art. 39

Hoofdelijk aansprakelijk is voor de vennootschapsbelasting die over een tijdvak is geheven van een fiscale eenheid als bedoeld in artikel 15, eerste of tweede lid, of artikel 15a, eerste lid, van de Wet op de vennootschapsbelasting 1969: elk van de dochtermaatschappijen, onderscheidenlijk elk van de ledenmaatschappijen die in dat tijdvak deel uitmaakt of uitmaakte van die fiscale eenheid.

Art. 40

1. De natuurlijke persoon die, al dan niet tezamen met zijn partner en zijn bloedverwanten in de rechte lijn, of het lichaam dat, al dan niet tezamen met een of meer verbonden lichamen als bedoeld in artikel 10a van de Wet op de vennootschapsbelasting 1969, direct of indirect, voor ten minste één derde gedeelte van het geplaatste kapitaal aandeelhouder is in een vennootschap waarvan het kapitaal geheel of ten dele in aandelen is verdeeld en waarvan de bezittingen in belangrijke mate bestaan uit beleggingen, daaronder begrepen liquide middelen, en die aandelen of een gedeelte daarvan vervreemdt, is aansprakelijk voor een gedeelte van de vennootschapsbelasting die de desbetreffende vennootschap is verschuldigd aan het einde van het jaar waarin de vervreemding plaatsvindt en de vennootschapsbelasting die verschuldigd wordt over de drie jaren daarna in verband met de op het tijdstip van de vervreemding aanwezige stille en in het kader van de heffing van de vennootschapsbelasting toegelaten fiscale reserves indien het vermogen van de vennootschap anders dan ten gevolge van de normale bedrijfsvoering van de vennootschap is verminderd in de vijf jaren voorafgaande aan het jaar van de vervreemding, in het jaar van de vervreemding, dan wel in de drie jaren daarna.

2. Degene die op grond van het eerste lid aansprakelijk is, is niet aansprakelijk voorzover zekerheid is gesteld voor het in het eerste lid bedoelde gedeelte van de vennootschapsbelasting.

3. Het in het eerste lid bedoelde gedeelte van de vennootschapsbelasting waarvoor de aansprakelijkheid geldt, wordt bepaald naar het gedeelte van het vermogen van de vennootschap waarop krachtens de vervreemde aandelen aanspraak zou kunnen worden gemaakt ingeval op het tijdstip van de vervreemding de vennootschap zou worden ontbonden.

4. Het eerste tot en met derde lid zijn van overeenkomstige toepassing met betrekking tot de vervreemder van een belang of een gedeelte daarvan in een lichaam dat een niet in aandelen verdeeld kapitaal heeft. Voor de toepassing van de eerste volzin wordt onder belang verstaan een gerechtigdheid, direct of indirect, tot ten minste een derde gedeelte van het vermogen of van het resultaat van het lichaam.

Aansprakelijkheid voor internationale ondernemingen

Aansprakelijkheid voor sporter, artiest en buitenlands gezelschap

Disculpatie

Aansprakelijkheid van de werknemer; de belastingplichtige

Aansprakelijkheid van dochter en ledenmaatschappijen

Aansprakelijkheid aanmerkelijkbelanghouder

Zekerheidsstelling

Evenredig gedeelte

B40 art. 41 **Invorderingswet 1990**

Deelneming

5. Het eerste tot en met vierde lid zijn van overeenkomstige toepassing met betrekking tot de aandeelhouder of belanghouder in een lichaam ingeval dat lichaam een deelneming in de zin van de Wet op de vennootschapsbelasting 1969 geheel of voor een gedeelte vervreemdt en de aandeelhouder of belanghouder voldoet aan het kwantitatieve criterium van het eerste lid onderscheidenlijk vierde lid, tweede volzin.

6. Een persoon of lichaam is, in afwijking van het eerste lid, niet aansprakelijk voor de vennootschapsbelasting die is of wordt verschuldigd in verband met een op het tijdstip van de vervreemding van de aandelen bij de vennootschap aanwezige egalisatiereserve als bedoeld in artikel 3.53, eerste lid, onderdeel a, van de Wet inkomstenbelasting 2001 en de op dat tijdstip bij de vennootschap aanwezige stille reserves, voor zover:

a. deze reserves betrekking hebben op roerende zaken, onroerende zaken of vermogensrechten;

b. de zaken en rechten waarop de reserves betrekking hebben ten minste gedurende zes maanden na de vervreemding van de aandelen in bezit zijn van de vennootschap; en

c. de persoon of het lichaam bewijst dat het niet aan hem is te wijten dat het vermogen van de vennootschap ontoereikend is voor het voldoen van de vennootschapsbelasting.

Art. 41

Aansprakelijkheid bij verplaatsing lichaam

1. Hoofdelijk aansprakelijk is voor de vennootschapsbelasting en de dividendbelasting verschuldigd door een lichaam dat aan de heffing van vennootschapsbelasting is onderworpen en waarvan de plaats van vestiging niet langer in Nederland is gelegen: ieder van de met de verplaatsing belaste personen.

2. Degene die op grond van het eerste lid aansprakelijk is, is niet aansprakelijk voor zover hij bewijst dat het niet aan hem is te wijten dat de belasting niet is voldaan.

Art. 42

Aansprakelijkheid van de notaris

1. Indien krachtens artikel 18 van de Wet op belastingen van rechtsverkeer (*Stb.* 1970, 611) overdrachtsbelasting ter zake van een verkrijging moet worden voldaan ter gelegenheid van de aanbieding ter registratie van de door de notaris ter zake opgemaakte akte, is de notaris hoofdelijk aansprakelijk voor die belasting tot het bedrag dat ingevolge de inhoud van de akte is verschuldigd.

Economische eigendom

2. Indien overdrachtsbelasting verschuldigd is ter zake van een verkrijging als bedoeld in artikel 2, tweede lid, van de Wet op belastingen van rechtsverkeer en het eerste lid niet van toepassing is, is degene die de economische eigendom overdraagt hoofdelijk aansprakelijk voor die belasting.

Art. 42a

Aansprakelijkheid niet-ondernemer voor OB

Natuurlijke personen voor wie, anders dan als ondernemer in de zin van de Wet op de omzetbelasting 1968, diensten worden verricht als bedoeld in artikel 6j, aanhef en onderdeel a, van die wet, zijn hoofdelijk aansprakelijk voor de omzetbelasting die verschuldigd is door de ondernemer die de dienst verricht.

Art. 42b

[Vervallen]

Art. 42c

Aansprakelijkheid voor OB bij levering aangewezen goederen

1. Hoofdelijk aansprakelijk voor de omzetbelasting die verschuldigd is ter zake van de levering van bij ministeriële regeling aan te wijzen goederen, is de natuurlijke persoon of rechtspersoon, die ondernemer is in de zin van de Wet op de omzetbelasting 1968, aan wie de levering is verricht en die wist of behoorde te weten dat de ter zake van die levering verschuldigde omzetbelasting niet of niet volledig is of zal worden voldaan. De vorige volzin is van overeenkomstige toepassing ten aanzien van:

a. ondernemers die voorafgaand aan de in die volzin bedoelde levering leveringen van die goederen hebben verricht, indien deze leveringen hebben plaatsgevonden op of na de datum waarop die goederen bij ministeriële regeling zijn aangewezen;

b. ondernemers aan wie op de in die volzin bedoelde levering volgende leveringen van die goederen zijn verricht;

c. de ondernemer die tezamen met de op grond van de voorgaande bepalingen van dit lid aansprakelijke ondernemer ingevolge artikel 7, vierde lid, van de Wet op de omzetbelasting 1968 is aangemerkt of is aangemerkt geweest als één ondernemer.

2. Voor de toepassing van het eerste lid wordt een ondernemer geacht te hebben geweten dat de omzetbelasting die verschuldigd is ter zake van de in dat lid bedoelde levering niet of niet volledig is of zal worden voldaan, indien hij door het niet of niet volledig voldaan zijn van de in dat lid bedoelde belasting voordeel heeft behaald, tenzij hij aannemelijk maakt dat dat voordeel niet voortvloeit uit of geen verband houdt met het niet of niet volledig voldaan zijn van die belasting. Voor de toepassing van de eerste volzin wordt een ondernemer in ieder geval geacht voordeel te hebben behaald als aan hem voor de goederen een vergoeding in rekening is gebracht die op het tijdstip van de levering lager is dan het bedrag dat bij vrije mededinging zou moeten worden betaald of die lager is dan de vergoeding die aan zijn leverancier of aan elk van de leveranciers ter zake van voorafgaande verkrijgingen van de goederen in rekening is gebracht.

3. Dit artikel is niet van toepassing indien de in het eerste lid bedoelde omzetbelasting verschuldigd is ter zake van een tijdens surséance van betaling of faillissement, of tijdens het van toepassing zijn van de schuldsaneringsregeling natuurlijke personen, verrichte levering door een ondernemer, diens bewindvoerder of curator of door een pandhouder in het kader van de uitoefening van een op de geleverde goederen gevestigd pandrecht.

(Zie ook: art. 40a Uitv.Reg. IW 1990)

Uitzondering

Art. 42d

Hoofdelijk aansprakelijk is voor de omzetbelasting die verschuldigd is ter zake van de levering van een zaak: de pandhouder, de hypotheekhouder of de executant die zich heeft verhaald op het door de koper betaalde bedrag, voor zover dat betrekking heeft op de ter zake van de levering verschuldigde omzetbelasting. De eerste volzin is niet van toepassing ingeval de pandhouder, onderscheidenlijk de hypotheekhouder, onderscheidenlijk de executant, niet wist en ook niet behoorde te weten dat de omzetbelasting niet of niet volledig door de belastingschuldige is of zal worden voldaan.

Aansprakelijkheid OB bij verhaal

Art. 43

1. Natuurlijke personen en lichamen in de zin van de Algemene wet inzake rijksbelastingen, die ingevolge artikel 7, vierde lid, van de Wet op de omzetbelasting 1968 zijn aangemerkt als één ondernemer, zijn hoofdelijk aansprakelijk voor de omzetbelasting welke verschuldigd is door deze ondernemer, dan wel - indien de inspecteur niet schriftelijk ervan in kennis is gesteld dat op grond van gewijzigde omstandigheden niet langer een eenheid bestaat als is bedoeld in die bepaling - door deze personen en lichamen.

Concern (OB)

2. Indien aan de ondernemer, bedoeld in het eerste lid, een vermindering of teruggaaf van omzetbelasting wordt verleend, kan de ontvanger, met inachtneming van artikel 54, deze vermindering of teruggaaf bevrijdend voldoen aan één van de natuurlijke personen of lichamen, bedoeld in het eerste lid.

Art. 43a

Bij toepassing van artikel 32 van de Wet op de loonbelasting 1964 is iedere inhoudingsplichtige die ingevolge het eerste lid van dat artikel samen met andere inhoudingsplichtigen als één inhoudingsplichtige wordt beschouwd hoofdelijk aansprakelijk voor de loonbelasting die deze inhoudingsplichtigen ingevolge dat artikel gezamenlijk zijn verschuldigd met betrekking tot vergoedingen en verstrekkingen als bedoeld in artikel 31, eerste lid, onderdeel f en onderdeel g, van de Wet op de loonbelasting 1964.

Aansprakelijkheid concern voor LB

Art. 44

1. Indien op grond van artikel 2.15 van de Wet inkomstenbelasting 2001 inkomensbestanddelen van een minderjarig kind zijn toegerekend aan de belastingschuldige, is dat kind aansprakelijk voor een gedeelte van de verschuldigde inkomstenbelasting. Dit gedeelte wordt gesteld op een evenredig gedeelte van de verschuldigde belasting, bepaald naar de verhouding waarin het belastbare resultaat uit overige werkzaamheden, bedoeld in de artikelen 3.91, eerste lid, onderdelen a en b, en derde lid, en 3.92 van de Wet inkomstenbelasting 2001, de belastbare inkomsten uit eigen woning, het belastbare inkomen uit aanmerkelijk belang of het belastbare inkomen uit sparen en beleggen van dat kind dat bij de vaststelling van de belastingschuld in aanmerking is genomen, staat tot het inkomen uit werk en woning, het inkomen uit aanmerkelijk belang onderscheidenlijk het belastbare inkomen uit sparen en beleggen dat tot de belastingschuld heeft geleid.

Aansprakelijkheid voor inkomen van kind

2. Indien op grond van artikel 2.17, tweede tot en met zesde lid, van de Wet inkomstenbelasting 2001 belastbare inkomsten uit eigen woning, inkomen uit aanmerkelijk belang vóór vermindering met de persoonsgebonden aftrek of bestanddelen van de rendementsgrondslag van een derde geacht worden bij de belastingschuldige op te komen, te zijn opgekomen of tot zijn bezit te behoren dan wel te hebben behoord, is die derde aansprakelijk voor een gedeelte van de verschuldigde inkomstenbelasting. Dit gedeelte wordt gesteld op een evenredig gedeelte van de verschuldigde belasting, bepaald naar de verhouding waarin de belastbare inkomsten uit eigen woning, het inkomen uit aanmerkelijk belang of het belastbare inkomen uit sparen en beleggen van die derde dat bij de vaststelling van de belastingschuld in aanmerking is genomen, staat tot het inkomen uit werk en woning, het inkomen uit aanmerkelijk belang onderscheidenlijk het belastbare inkomen uit sparen en beleggen dat tot de belastingschuld heeft geleid.

Aansprakelijkheid voor inkomensbestanddelen van een derde

3. Artikel 2.16, derde lid, van de Wet inkomstenbelasting 2001 is van overeenkomstige toepassing.

Art. 44a

1. Indien ingevolge de artikelen 3.133, 3.135 of 3.136 van de Wet inkomstenbelasting 2001, premies voor een aanspraak op periodieke uitkeringen als negatieve uitgaven voor inkomensvoorzieningen in aanmerking worden genomen, is de verzekeraar van die aanspraak tot ten hoogste de waarde in het economische verkeer daarvan aansprakelijk voor de belasting die ter zake door de verzekeringnemer of de gerechtigde is verschuldigd, alsmede voor de revisierente die ingevolge artikel 30i van de Algemene wet inzake rijksbelastingen in verband daarmee is verschuldigd.

Aansprakelijkheid verzekeraar

B40 art. 44b

2. Het bedrag van de verschuldigde belasting wordt gesteld op het evenredig gedeelte van de belasting die meer is verschuldigd ter zake van alle in het jaar ingevolge de artikelen 3.133, 3.135 of 3.136 van de Wet inkomstenbelasting 2001, als negatieve uitgaven voor inkomensvoorzieningen in aanmerking genomen premies alsmede het over die premies behaalde rendement, bedoeld in artikel 3 137 van de Wet inkomstenbelasting 2001.

3. Artikel 2.16, derde lid, van de Wet inkomstenbelasting 2001 is van overeenkomstige toepassing.

4. Zo spoedig mogelijk nadat de aansprakelijkheid ingevolge het eerste lid is ontstaan, wordt aan de verzekeraar schriftelijk mededeling gedaan van het bedrag waarvoor deze aansprakelijk is.

Delegatie

5. Bij ministeriële regeling kan worden bepaald dat degene die op grond van het eerste lid aansprakelijk is, niet aansprakelijk is indien de lijfrenteverplichting in de in artikel 3.133, tweede lid, onderdeel h, van de Wet inkomstenbelasting 2001 bedoelde situatie overgaat, of beoordeeld aan het einde van het kalenderjaar in enig voorafgaand kalenderjaar is overgegaan, op een niet in Nederland gevestigd pensioenfonds of lichaam dat het verzekeringsbedrijf uitoefent en dit pensioenfonds of lichaam aansprakelijkheid aanvaardt voor de belasting die terzake door de gerechtigde is verschuldigd, alsmede voor de in verband daarmee verschuldigde revisierente. De eerste volzin is van overeenkomstige toepassing indien de verzekeringnemer of de gerechtigde terzake voldoende zekerheid heeft gesteld.

(Zie ook: art. 40b Uitv.Reg. IW 1990)

6. Indien met betrekking tot een lijfrenterekening of lijfrentebeleggingsrecht als bedoeld in artikel 3.126a van de Wet inkomstenbelasting 2001 negatieve uitgaven voor inkomensvoorziening in aanmerking worden genomen, is dit artikel van overeenkomstige toepassing met betrekking tot de bank of beleggingsonderneming waarbij de lijfrenterekening wordt aangehouden, onderscheidenlijk de beheerder van het lijfrentebeleggingsrecht.

7. Dit artikel is niet van toepassing op de belasting en revisierente ter zake van negatieve uitgaven voor inkomensvoorzieningen die in aanmerking zijn genomen in verband met een afkoop als bedoeld in artikel 3.133, tweede lid, onderdeel d, van de Wet inkomstenbelasting 2001, voor zover de afkoop heeft geleid tot afkoopsommen ter zake waarvan met toepassing van artikel 34, tweede lid, van de Wet op de loonbelasting 1964 een heffing is verschuldigd naar een tarief van 52%.

Art. 44b

Aansprakelijkheid verzekeraar pensioenregeling

1. Indien ingevolge de toepassing van artikel 19b, eerste lid of tweede lid, eerste volzin, van de Wet op de loonbelasting 1964 in verbinding met artikel 3.81 van de Wet inkomstenbelasting 2001 of van artikel 3.83, eerste of tweede lid, dan wel artikel 7.2, achtste lid, van de laatstgenoemde wet de aanspraak ingevolge een pensioenregeling tot het loon wordt gerekend is de verzekeraar van die aanspraak tot ten hoogste de waarde in het economische verkeer daarvan aansprakelijk voor de belasting die terzake door de gerechtigde is verschuldigd, alsmede voor de revisierente die ingevolge artikel 30i van de Algemene wet inzake rijksbelastingen in verband daarmee is verschuldigd.

2. Het bedrag van de verschuldigde belasting wordt gesteld op het evenredig gedeelte van de belasting die meer is verschuldigd terzake van alle in het jaar ingevolge de toepassing van artikel 19b, eerste lid of tweede lid, eerste volzin, van de Wet op de loonbelasting 1964 of van artikel 3.83, eerste of tweede lid, dan wel artikel 7.2, achtste lid, van de Wet inkomstenbelasting 2001 tot loon gerekende aanspraken.

3. Artikel 2.16, derde lid, van de Wet inkomstenbelasting 2001 is van overeenkomstige toepassing.

4. Zo spoedig mogelijk nadat de aansprakelijkheid ingevolge het eerste lid is ontstaan, wordt aan de verzekeraar schriftelijk mededeling gedaan van het bedrag waarvoor deze aansprakelijk is.

5. Bij ministeriële regeling kan worden bepaald dat degene die op grond van het eerste lid aansprakelijk is, niet aansprakelijk is indien de verplichting ingevolge een pensioenregeling in de in artikel 19b, zesde lid, van de Wet op de loonbelasting 1964 bedoelde situatie overgaat op een niet in Nederland gevestigd pensioenfonds of lichaam dat het verzekeringsbedrijf uitoefent en dit pensioenfonds of lichaam aansprakelijkheid aanvaardt voor de belasting die terzake door de gerechtigde is verschuldigd, alsmede voor de in verband daarmee verschuldigde revisierente. De eerste volzin is van overeenkomstige toepassing indien de verzekeringnemer of de gerechtigde terzake voldoende zekerheid heeft gesteld.

(Zie ook: art. 40c Uitv.Reg. IW 1990)

Art. 44c

[Vervallen]

Art. 45

Aansprakelijkheid vervreemde of geschonken aandelen

1. Voor belastingaanslagen betreffende de inkomstenbelasting die is verschuldigd ter zake van geconserveerd inkomen als bedoeld in artikel 2.8, zevende lid, van de Wet inkomstenbelasting 2001 is aansprakelijk degene aan wie de belastingschuldige de aandelen of winstbewijzen heeft vervreemd en welke vervreemding heeft geleid tot het geconserveerde inkomen, of, voor zover aandelen of winstbewijzen nadien zijn geschonken waarbij het uitstel op grond van artikel 25, achtste lid, onderdeel a, is voortgezet, degene die deze aandelen of winstbewijzen heeft verkregen, voor zover de belastingschuld aan die aandelen of winstbewijzen kan worden toegerekend.

2. Aansprakelijkheid op grond van het eerste lid ontstaat indien het uitstel van betaling op grond van artikel 25, achtste lid, onderdelen a, b of c, is beëindigd.

Art. 46

1. Ieder van de erfgenamen is naar evenredigheid van zijn erfdeel aansprakelijk voor de door en bij het overlijden van de erflater door de legatarissen verschuldigde erfbelasting.

2. De erfgenamen zijn hoofdelijk aansprakelijk voor de erfbelasting die door en bij het overlijden van de erflater is verschuldigd door verkrijgers die buiten Nederland wonen.

3. De schenker is hoofdelijk aansprakelijk voor de schenkbelasting verschuldigd door de begiftigde.

Art. 47

1. Executeurs en door de rechter benoemde vereffenaars van nalatenschappen zijn hoofdelijk aansprakelijk voor al de door en bij het overlijden van de erflater verschuldigde erfbelasting, tenzij de aangifte voor de erfbelasting niet door hen is gedaan.

2. De aansprakelijkheid op grond van het eerste lid geldt niet voor zover een executeur aannemelijk maakt dat het niet aan hem te wijten is dat de aanslag tot een te laag bedrag is vastgesteld of anderszins te weinig belasting is geheven.

Art. 48

1. Erfgenamen zijn niet verder aansprakelijk dan ieder tot het beloop van zijn erfdeel vermeerderd met het bedrag van hetgeen hem door de erflater is gelegateerd en vermeerdered met al wat hij van de erflater op grond van artikel 12, eerste lid, van de Successiewet 1956 krachtens erfrecht door het overlijden geacht wordt te hebben verkregen - één en ander naar de waarde in het economische verkeer op het tijdstip van overlijden van de erflater - voor:

a. navorderings- en naheffingsaanslagen die na het overlijden van de belastingschuldige worden vastgesteld;

b. bedragen die na het overlijden van de hoofdelijk aansprakelijk gestelde worden vastgesteld op de voet van artikel 49.

2. In afwijking in zoverre van het eerste lid, onderdeel *b*, zijn erfgenamen niet aansprakelijk voor bedragen waarvoor de ontvanger de erflater op grond van artikel 36 of 36b na diens overlijden aansprakelijk stelt.

3. Het eerste lid is niet van toepassing op:

a. schenkingen als bedoeld in artikel 33 van de Successiewet 1956, onderdelen 1°, 2°, 3°, 8°, 9°, 11° en 12° en, voor zover het een schenking betreft waarvoor de verhoogde vrijstelling geldt, 5° en 7°;

b. schenkingen waarvan de schenkbelasting is kwijtgescholden op grond van artikel 67 van de Successiewet 1956.

Art. 48a

Een derde die kan beschikken over een bankrekeningnummer waarop inkomstenbelasting is uitbetaald, is hoofdelijk aansprakelijk voor de inkomstenbelasting die een belastingschuldige is verschuldigd voor zover het bedrag aan verschuldigde inkomstenbelasting is betaald op die bankrekening. Voor zover een verschuldigd bedrag aan inkomstenbelasting voortvloeit uit de toepassing van artikel 15 van de Algemene wet inzake rijksbelastingen, wordt het bedrag waarvoor de derde aansprakelijk is, bepaald op het gedeelte van het door de belastingschuldige verschuldigde bedrag dat in dezelfde verhouding staat tot het door de belastingschuldige verschuldigde bedrag als de aan de derde over het belastingjaar uitbetaalde voorlopige teruggaaf inkomstenbelasting in verhouding staat tot het totale bedrag van de over het belastingjaar uitbetaalde voorlopige teruggaven inkomstenbelasting, een en ander voor zover dit bedrag kan worden toegerekend aan de aan die derde uitbetaalde bedragen.

Afdeling 2
Formele bepalingen

Art. 49

1. Aansprakelijkstelling geschiedt bij voor bezwaar vatbare beschikking door de ontvanger en vindt niet plaats vóór het tijdstip waarop de belastingschuldige in gebreke is met de betaling van zijn belastingschuld. De beschikking vermeldt in ieder geval het bedrag waarvoor de aansprakelijkheid bestaat en de termijn waarbinnen het bedrag moet worden betaald. Voor zover de aansprakelijkstelling betrekking heeft op een bestuurlijke boete, geschiedt zij met overeenkomstige toepassing van hoofdstuk VIIIA, afdeling 2, van de Algemene wet inzake rijksbelastingen.

2. Op de in het eerste lid bedoelde beschikking is afdeling 4.4.2 van de Algemene wet bestuursrecht niet van toepassing.

Aansprakelijkheid van erfgenamen

Aansprakelijkheid executeur-testamentair

Beperking aansprakelijkheid erfgenamen

Geen beperking aansprakelijkheid

Aansprakelijkheid derde voor belastingschulden

Aansprakelijkstelling

B40 art. 51

Aangetekend stuk

3. De ontvanger maakt de beschikking bekend door toezending als aangetekend stuk.

Bezwaar

4. Op het bezwaar, beroep, hoger beroep en beroep in cassatie inzake de in het eerste lid bedoelde beschikking is hoofdstuk V van de Algemene wet inzake rijksbelastingen van overeenkomstige toepassing.

Geen omkering bewijslast

5. Met betrekking tot het vierde lid zijn de artikelen 25, derde lid, en 27e van de Algemene wet inzake rijksbelastingen niet van toepassing indien het niet aan de aansprakelijk gestelde is te wijten dat:

a. de vereiste aangifte niet is gedaan; of

b. niet volledig is voldaan aan de verplichtingen ingevolge de artikelen 41, 47, 47a, 49 en 52 van die wet, alsmede aan de verplichtingen ingevolge artikel 53, eerste, tweede en derde lid, van die wet voor zover het verplichtingen van administratieplichtigen betreft ten behoeve van de heffing van de belasting waarvan de inhouding aan hen is opgedragen.

Informatierecht

6. De ontvanger stelt de aansprakelijk gestelde desgevraagd op de hoogte van de gegevens met betrekking tot de belasting waarvoor hij aansprakelijk is gesteld voor zover deze gegevens voor het maken van bezwaar, het instellen van beroep of beroep in cassatie redelijkerwijs van belang kunnen worden geacht.

7. Het bezwaar kan geen betrekking hebben op feiten of omstandigheden die van belang zijn geweest bij de vaststelling van een belastingaanslag en ter zake waarvan een onherroepelijke rechterlijke uitspraak is gedaan.

Art. 50

[Vervallen]

Art. 51

Beslag

1. Op een conservatoir beslag door de ontvanger ten laste van degene die aansprakelijk is of wordt gesteld, is artikel 700, derde lid, van het Wetboek van Burgerlijke Rechtsvordering niet van toepassing.

Vervallen van beslag

2. Het beslag vervalt van rechtswege indien:

a. de aansprakelijk gestelde bezwaar heeft gemaakt tegen de beschikking, bedoeld in artikel 49, eerste lid, en de ontvanger niet binnen vier maanden na de dagtekening van de beschikking uitspraak heeft gedaan op het bezwaarschrift; of

b. vóór het leggen van het beslag geen aansprakelijkstelling heeft plaatsgevonden en aansprakelijkstelling niet alsnog plaatsvindt binnen drie maanden na het leggen van het beslag.

3. De voorzieningenrechter van de rechtbank die het verlof tot het leggen van het beslag heeft verleend, kan de termijn, bedoeld in het tweede lid, onderdeel b, verlengen indien de ontvanger dit vóór het verstrijken van de termijn verzoekt. Tegen de beschikking, bedoeld in de vorige volzin, is geen hogere voorziening toegelaten.

4. Ingeval een conservatoir derdenbeslag van rechtswege is vervallen, stelt de ontvanger de derdebeslagene daarvan schriftelijk in kennis.

Art. 52

Invorderbaarheid bedrag aansprakelijkheid

1. Het bedrag, vermeld in een beschikking als bedoeld in artikel 49, eerste lid, is invorderbaar zes weken na de dagtekening van de beschikking. De artikelen 9, tiende lid, 11, 12, 13, 14 en 19 zijn van overeenkomstige toepassing.

Verzet tegen tenuitvoerlegging dwangbevel

2. De aansprakelijk gestelde kan tegen de tenuitvoerlegging van een dwangbevel inzake de invordering van een aansprakelijkheidsschuld in verzet komen op overeenkomstige wijze als een belastingschuldige op de voet van artikel 17, met dien verstande dat het bepaalde in het derde lid van dat artikel eveneens geldt voor het niet ontvangen zijn van de beschikking, bedoeld in artikel 49, eerste lid, en voor de omstandigheden die aan de orde zijn of hadden kunnen worden gesteld bij het maken van bezwaar tegen de in artikel 49, eerste lid, bedoelde beschikking, bij het instellen van beroep ter zake van een uitspraak op het desbetreffende bezwaar of bij het instellen van beroep in cassatie ter zake van een uitspraak op het desbetreffende beroep.

Art. 53

Verhaal en verrekening

1. De bepalingen van de eerste en de tweede afdeling van hoofdstuk IV inzake verhaalsrechten en verrekening, met uitzondering van artikel 24, tweede lid, vinden overeenkomstige toepassing ten aanzien van de aansprakelijk gestelde.

2. Het bepaalde in artikel 25 met betrekking tot de mogelijkheid van uitstel van betaling vindt overeenkomstige toepassing ten aanzien van de aansprakelijk gestelde.

Ontslag van betalingsverplichting

3. Bij ministeriële regeling worden regels gesteld krachtens welke de aansprakelijk gestelde die niet in staat is anders dan met buitengewoon bezwaar het bedrag waarvoor hij aansprakelijk is gesteld geheel of gedeeltelijk te voldoen, geheel of gedeeltelijk wordt ontslagen van zijn betalingsverplichting.

(Zie ook: art. 26 Uitv.reg. IW 1990)

Art. 54

Teruggaaf aan aansprakelijk gestelde

1. Een teruggaaf als gevolg van een vermindering van een belastingaanslag waarop het door de aansprakelijk gestelde betaalde bedrag is afgeboekt, alsmede een teruggaaf als gevolg van een vermindering van een aanslag waarmee een voorlopige aanslag, waarop het door de aansprakelijk gestelde betaalde bedrag is afgeboekt, op de voet van artikel 15 van de Algemene wet inzake rijksbelastingen is verrekend, komt niet toe aan de belastingschuldige doch aan de aansprakelijk gestelde, tot het bedrag dat hij op grond van die aansprakelijkstelling heeft voldaan.

2. Indien een aanslag na de verrekening van een voorlopige aanslag met die aanslag leidt tot een teruggaaf, wordt deze teruggaaf voor de toepassing van het eerste lid aangemerkt als een vermindering van de voorlopige aanslag.

3. De ontvanger doet aan de belastingschuldige mededeling van zijn voornemen tot betaling van de in het eerste lid bedoelde teruggaaf aan de aansprakelijk gestelde, dan wel van zijn voornemen tot verrekening op de voet van artikel 24 van die teruggaaf.

Mededeling ontvanger

4. Indien meer dan één aansprakelijk gestelde recht hebben op dezelfde teruggaaf, komt het bedrag van de teruggaaf toe aan ieder van hen naar evenredigheid van ieders op grond van de aansprakelijkstelling betaalde bedrag.

Afdeling 3
Bijzondere verhaalsregelingen voor aansprakelijken

Art. 55

1. Indien verhaal op de belastingschuldige door degene die ingevolge de artikelen 33, eerste lid, onderdelen a, b of c, 33a, 34, 35, 35a, 35b, 36, 36b of 37 belasting heeft voldaan geheel of gedeeltelijk onmogelijk blijkt en ter zake van de belastingschuld twee of meer personen ingevolge de desbetreffende bepaling hoofdelijk aansprakelijk zijn, dragen dezen onderling voor gelijke delen in het onverhaald gebleven deel bij. Indien de artikelen 35, 35a of 35b van toepassing zijn en het aandeel in het totaal van het uit te voeren werk dat ieder van de hoofdelijk aansprakelijken heeft laten uitvoeren kan worden vastgesteld, draagt, in afwijking in zoverre van de eerste volzin, ieder in evenredigheid met dat aandeel bij. Voor de toepassing van dit artikel worden voorts de opdrachtgever en de koper geacht dat werk geheel te hebben laten uitvoeren door een onderaannemer.

Bijdrage in evenredigheid schuld

2. Indien de opdrachtgever ingevolge artikel 35a belasting heeft voldaan, draagt, in afwijking in zoverre van het eerste lid, tevens een aannemer bij die met betrekking tot het desbetreffende werk ingevolge artikel 35 aansprakelijk is. Indien een koper ingevolge artikel 35b belasting heeft voldaan, dragen, in afwijking in zoverre van het eerste lid, tevens de opdrachtgever onderscheidenlijk een aannemer bij die met betrekking tot het desbetreffende werk ingevolge artikel 35a onderscheidenlijk artikel 35 aansprakelijk zijn.

Kledingbranche

3. In afwijking in zoverre van de voorgaande leden bedraagt de bijdrage niet meer dan het bedrag waarvoor ieders aansprakelijkheid ingevolge de desbetreffende bepaling bestaat. Een als gevolg van de toepassing van de vorige volzin ontstaan tekort wordt met inachtneming van de voorgaande leden over de anderen verdeeld.

Maximalisering bijdrage

4. Degene die meer heeft bijgedragen dan overeenkomt met zijn op de voet van de voorgaande leden bepaalde aandeel, heeft voor dat meerdere verhaal op degene die minder dan zijn dienovereenkomstig bepaalde aandeel heeft bijgedragen. Blijkt verhaal op een of meer van degenen op wie verhaal kan worden genomen geheel of gedeeltelijk onmogelijk, dan wordt dat tekort met inachtneming van de voorgaande leden over de anderen verdeeld.

Verhaalsrecht

5. Ieder die in de belasting heeft bijgedragen, blijft gerechtigd het bijgedragene alsnog van de belastingschuldige terug te vorderen.

6. Van de voorgaande leden kan bij overeenkomst worden afgeweken.

Art. 56

1. Degene die op de voet van de artikelen 33, eerste lid, onderdelen b en c, 33a, 34, 35, 35a, 35b of 37 voor de voldoening van een belastingschuld geheel of ten dele aansprakelijk is gesteld, kan voor hetgeen hij in de belasting heeft bijgedragen verhaal nemen op ieder van degenen, die ingevolge de artikelen 33, eerste lid, onderdeel a, 36 of 36b voor de belastingschuld hoofdelijk aansprakelijk is.

Verhaalsrecht op hoofdelijk aansprakelijke

2. Ten aanzien van degene die een ingevolge artikel 55 verschuldigd bedrag heeft voldaan, is het eerste lid van overeenkomstige toepassing.

3. Degene die het ingevolge het eerste lid verschuldigde bedrag heeft voldaan, wordt geacht tot dit bedrag de belasting van de belastingschuldige ingevolge de artikelen 33, eerste lid, onderdeel a, 36 of 36b te hebben voldaan.

4. Van het eerste, tweede en derde lid kan bij overeenkomst worden afgeweken.

Art. 57

De aansprakelijke die in de belasting heeft bijgedragen, is bij zijn verhaal op de belastingschuldige of de mede-aansprakelijke uitsluitend gesubrogeerd in het voorrecht van 's Rijks schatkist overeenkomstig artikel 21. De eerste volzin is van overeenkomstige toepassing ten aanzien van de belastingschuldige en de aansprakelijke die in de belasting heeft bijgedragen indien artikel 54 toepassing heeft gevonden.

Subrogatie

Afdeling 4
Door de ontvanger aan te houden vrijwaringsrekening bij een bank ten behoeve van depots bij de ontvanger

Art. 57a

Depot

1. De ontvanger houdt op zijn naam een rekening aan bij een financiële onderneming die ingevolge de Wet op het financieel toezicht in Nederland het bedrijf van bank mag uitoefenen (vrijwaringsrekening) waarop de in artikel 34, artikel 35 en artikel 35a bedoelde inleners, onderscheidenlijk aannemers en opdrachtgevers, bedragen kunnen storten ten behoeve van het door hun uitleners, onderscheidenlijk onderaannemers en aannemers, bij de ontvanger aan te houden depot.

Aanvraag/opheffing depot bij beschikking

2. Een uitlener, een onderaannemer of een aannemer die voldoet aan bij ministeriële regeling te stellen voorwaarden, kan de ontvanger verzoeken ten behoeve van hem een depot aan te houden. De ontvanger beslist op het verzoek bij een voor bezwaar vatbare beschikking. Ook het opheffen van een depot geschiedt bij een voor bezwaar vatbare beschikking. Op het bezwaar, beroep, hoger beroep en beroep in cassatie inzake deze beschikkingen is hoofdstuk V van de Algemene wet inzake rijksbelastingen van overeenkomstige toepassing.

Depot, aanwending

3. Degene ten behoeve van wie de ontvanger een depot aanhoudt (de depotbegunstigde), kan over het tegoed van het depot beschikken voor de voldoening van loonbelasting, omzetbelasting of sociale verzekeringspremies. Indien de depotbegunstigde na aanmaning in gebreke blijft en in de gevallen bedoeld in artikel 10, is de ontvanger ook zelf bevoegd tot een zodanige aanwending over te gaan.

4. De depotbegunstigde kan tevens over het tegoed van het depot beschikken voor het overboeken naar andere depots, een en ander als bedoeld in artikel 34, derde lid, tweede volzin, artikel 35, vijfde lid, tweede volzin en artikel 35a, vierde lid. Voor zover de overboeking geen betrekking heeft op loonbelasting, omzetbelasting of sociale verzekeringspremies als aldaar bedoeld, is de depotbegunstigde naar wie is overgeboekt, verplicht de overboeking ongedaan te maken door terugboeking naar het depot waarvan de overboeking afkomstig is. Voor zover de depotbegunstigde naar wie is overgeboekt, zich niet houdt aan deze verplichting, is de ontvanger bevoegd de overboeking ongedaan te maken.

5. Voor zover het tegoed van het depot uitgaat boven hetgeen de depotbegunstigde verschuldigd is aan loonbelasting, omzetbelasting en sociale verzekeringspremies, en hetgeen hij naar verwachting binnenkort aan zodanige schulden zal moeten voldoen, kan hij de ontvanger verzoeken het tegoed aan te wenden voor de voldoening van andere belastingen of heffingen waarvan de invordering aan de ontvanger is opgedragen. Indien de depotbegunstigde na aanmaning in gebreke blijft en in de gevallen bedoeld in artikel 10, is de ontvanger ook zelf bevoegd tot een zodanige aanwending over te gaan.

Opheffing depot

6. Bij opheffing van een depot keert de ontvanger het tegoed ervan uit aan de depotbegunstigde. Artikel 24 is van overeenkomstige toepassing.

7. Over het tegoed van een depot vergoedt de ontvanger aan de depotbegunstigde een rente als bedoeld in artikel 9 van de Wet op de consignatie van gelden, welke rente wordt bijgeschreven bij het tegoed en wordt berekend volgens de regels van die wet.

Dwingend recht

8. Het tegoed van een depot is niet vatbaar voor beslag of verpanding en kan niet worden overgedragen.

9. Bij ministeriële regeling kunnen nadere regels worden gesteld met betrekking tot de toepassing van dit artikel, waaronder regels dat de ontvanger in afwijking van artikel 7a terug te geven bedragen aan loonbelasting, omzetbelasting en sociale verzekeringspremies kan uitbetalen door bijboeking op het depot van degene die recht heeft op de terugbetaling.

Hoofdstuk VII
Verplichtingen ten behoeve van de invordering

Art. 58

Informatieplicht

1. Ieder is gehouden desgevraagd aan de ontvanger:
a. de gegevens en inlichtingen te verstrekken welke voor de invordering te zijnen aanzien van belang kunnen zijn;
b. de boeken, bescheiden en andere gegevensdragers of de inhoud daarvan - zulks ter keuze van de ontvanger - waarvan de raadpleging van belang kan zijn voor de vaststelling van de feiten welke invloed kunnen uitoefenen op de invordering te zijnen aanzien, voor dit doel beschikbaar te stellen.

Identificatieplicht

2. Ieder die de leeftijd van veertien jaar heeft bereikt, is verplicht op vordering van de ontvanger terstond een identiteitsbewijs als bedoeld in artikel 1 van de Wet op de identificatieplicht ter inzage aan te bieden, indien dit van belang kan zijn voor de invordering.

Art. 59

1. De in artikel 58, eerste lid, onderdeel b, bedoelde verplichting geldt onverminderd voor een derde bij wie zich gegevensdragers bevinden van degene die gehouden is deze, of de inhoud daarvan, aan de ontvanger voor raadpleging beschikbaar te stellen.

2. De ontvanger stelt degene wiens gegevensdragers hij bij een derde voor raadpleging vordert, gelijktijdig hiervan in kennis.

Art. 60

1. De gegevens en inlichtingen dienen duidelijk, stellig en zonder voorbehoud te worden verstrekt, mondeling, schriftelijk of op andere wijze - zulks ter keuze van de ontvanger - en binnen een door de ontvanger te stellen redelijke termijn.

2. Toegelaten moet worden, dat kopieën, leesbare afdrukken of uittreksels worden gemaakt van de voor raadpleging beschikbaar gestelde gegevensdragers of de inhoud daarvan.

Art. 61

Voor een weigering om te voldoen aan de in de artikelen 58, 59 en 60 omschreven verplichtingen kan niemand zich met vrucht beroepen op de omstandigheid dat hij uit enigerlei hoofde tot geheimhouding verplicht is, zelfs niet indien deze hem bij een wettelijke bepaling is opgelegd.

Art. 62

1. Met betrekking tot administratieplichtigen als bedoeld in artikel 52 van de Algemene wet inzake rijksbelastingen, zijn de in de artikelen 58, 59 en 60 geregelde verplichtingen van overeenkomstige toepassing ten behoeve van de invordering van derden.

2. Het bepaalde in het eerste lid is niet van toepassing op de personen en de lichamen als bedoeld in artikel 55 van de Algemene wet inzake rijksbelastingen, voor zover het de in dat artikel bedoelde gegevens en inlichtingen betreft.

3. Artikel 55 van de Algemene wet inzake rijksbelastingen is van toepassing met dien verstande dat voor inspecteur wordt gelezen ontvanger en voor belastingwet wordt gelezen Invorderingswet 1990.

4. Artikel 49a van de Algemene wet inzake rijksbelastingen is van toepassing.

Art. 62bis

1. Financiële ondernemingen die ingevolge de Wet op het financieel toezicht in Nederland het bedrijf van bank mogen uitoefenen zijn gehouden aan de ontvanger kosteloos de volgende gegevens inzake bankrekeningen te verstrekken: het bankrekeningnummer en de naam, het adres en de geboortedatum van de houder van de bankrekening, voor zover die gegevens van belang zijn voor de uitbetaling van inkomstenbelasting, bedoeld in artikel 7a.

2. Financiële ondernemingen als bedoeld in het eerste lid zijn gehouden aan de ontvanger kosteloos de volgende gegevens inzake houders van bankrekeningen te verstrekken, voor zover die gegevens van belang zijn voor het afboeken van een door de ontvanger ontvangen betaling op een in te vorderen bedrag:

a. met betrekking tot een natuurlijk persoon: de naam, het adres en de geboortedatum;

b. in andere gevallen en voor zover beschikbaar: de naam, het adres en een uniek nummer als bedoeld in de Handelsregisterwet 2007 of hiermee vergelijkbaar identificatienummer.

3. De gegevens worden verstrekt binnen een door de ontvanger te stellen termijn.

4. Voor de toepassing van het eerste lid kan de ontvanger bepalen dat bij het verstrekken van de gegevens tevens het burgerservicenummer van degene op wie de gegevens betrekking hebben dient te worden vermeld.

5. Bij het verwerken van de gegevens, bedoeld in het eerste lid, maken de financiële ondernemingen, bedoeld in het eerste lid, in hun eigen administratie gebruik van het burgerservicenummer.

Art. 62a

1. Ingeval een persoon als bedoeld in de artikelen 58, eerste lid, 59, eerste lid en 62, eerste lid, een door de ontvanger op een van die leden gebaseerde verplichting is nagekomen maar van oordeel is dat de verplichting onrechtmatig is opgelegd, kan hij verzoeken om vergoeding van kosten die rechtstreeks verband houden met deze nakoming. De ontvanger beslist op dat verzoek bij voor bezwaar vatbare beschikking en kent een redelijke kostenvergoeding toe in geval van een onrechtmatig opgelegde verplichting.

2. Op het bezwaar, beroep, hoger beroep en beroep in cassatie inzake de in het eerste lid bedoelde beschikking is hoofdstuk V van de Algemene wet inzake rijksbelastingen van overeenkomstige toepassing.

Art. 63

Voor een weigering om te voldoen aan de verplichtingen ten behoeve van de invordering van derden kunnen alleen bekleders van een geestelijk ambt, notarissen, advocaten, artsen en apothekers zich beroepen op de omstandigheid, dat zij uit hoofde van hun stand, ambt of beroep tot geheimhouding verplicht zijn.

Art. 63a

De verplichtingen welke volgens dit hoofdstuk bestaan jegens de ontvanger, gelden mede jegens iedere door Onze Minister aangewezen andere ambtenaar van de rijksbelastingdienst.

Gegevensdragers bij derden

Formele vereisten

Geheimhoudingsplicht

Verplichtingen i.v.m. invordering van derden

Gegevensverstrekking bankrekeningen

Kostenvergoeding bij onrechtmatige verplichting

Verschoningsrecht

Andere ambtenaar

Hoofdstuk VIIbis
Terugvordering en invordering van teruggevorderde staatssteun

Art. 63aa

Terugvordering staatssteun

1. Indien een Commissiebesluit als bedoeld in artikel 1 van de Wet terugvordering staatssteun verplicht tot terugvordering van staatssteun en die staatssteun voortvloeit uit de toepassing van deze wet, wordt die staatssteun voor de toepassing van deze wet aangemerkt als in te vorderen belasting.

2. Bij invordering op grond van het eerste lid:

a. zijn de ingevolge andere bepalingen van deze wet ter zake geldende verjaringstermijnen en voorwaarden niet van toepassing; en

b. zijn artikel 20b van de Algemene wet inzake rijksbelastingen en artikel 4 van de Wet terugvordering staatssteun van overeenkomstige toepassing.

Art. 63ab

Invordering van teruggevorderde staatssteun

1. Ten aanzien van de invordering van teruggevorderde staatssteun als bedoeld in artikel 20a van de Algemene wet inzake rijksbelastingen en van staatssteun die ingevolge artikel 63aa is aangemerkt als in te vorderen belasting, zijn niet van toepassing:

a. de artikelen 25, 26 en 27;

b. de afdelingen 4.4.2 en 4.4.3 van de Algemene wet bestuursrecht, met uitzondering van artikel 4:97 van die wet.

2. Geen invorderingsrente wordt in rekening gebracht:

a. voor zover de belastingaanslag is opgelegd vanwege de terugvordering van staatssteun, bedoeld in artikel 20a van de Algemene wet inzake rijksbelastingen;

b. ter zake van staatssteun die ingevolge artikel 63aa is aangemerkt als in te vorderen belasting.

Hoofdstuk VIIa
Bestuurlijke boeten

Art. 63b

Bestuurlijke boeten

1. Indien de belastingschuldige de belasting welke bij wege van aanslag wordt geheven niet, gedeeltelijk niet dan wel niet binnen de op het aanslagbiljet vermelde termijn of termijnen heeft betaald, vormt dit een verzuim ter zake waarvan de ontvanger hem bij voor bezwaar vatbare beschikking een bestuurlijke boete van ten hoogste € 5.514 kan opleggen.

2. Degene die niet voldoet aan de verplichting hem opgelegd bij artikel 60, tweede lid, begaat een verzuim ter zake waarvan de ontvanger hem bij voor bezwaar vatbare beschikking een bestuurlijke boete van ten hoogste € 5.514 kan opleggen.

3. Het opleggen van de boete, bedoeld in het eerste en tweede lid, geschiedt met overeenkomstige toepassing van de artikelen 67g, tweede lid, 67pa, eerste lid, en 67pb van de Algemene wet inzake rijksbelastingen.

4. Op het bezwaar, beroep, hoger beroep en beroep in cassatie inzake de in het eerste en tweede lid bedoelde beschikking is hoofdstuk V van de Algemene wet inzake rijksbelastingen van overeenkomstige toepassing.

5. Een door de ontvanger opgelegde bestuurlijke boete is invorderbaar zes weken na de dagtekening van de beschikking waarbij deze is opgelegd, met overeenkomstige toepassing van de regels die gelden voor de invordering van de belastingaanslag in verband waarmee deze is opgelegd.

Art. 63c

Ministeriële wijziging bedragen

1. Het in artikel 63b, eerste en tweede lid, genoemde bedrag wordt elke vijf jaar, met ingang van 1 januari van een jaar, bij ministeriële regeling gewijzigd. Deze wijziging vindt voor het eerst plaats per 1 januari 2015. De artikelen 10.1 en 10.2 van de Wet inkomstenbelasting 2001 zijn van overeenkomstige toepassing, met dien verstande dat als tabelcorrectiefactor wordt genomen het product van de factoren van de laatste vijf kalenderjaren.

2. De gewijzigde bedragen vinden voor het eerst toepassing met betrekking tot verzuimen die zijn begaan na het begin van het kalenderjaar bij de aanvang waarvan de bedragen zijn gewijzigd.

Hoofdstuk VIII
Strafrechtelijke bepalingen

Art. 64

Delictsomschrijving overtredingen (bij schuld)

1. Degene die ingevolge deze wet verplicht is tot:

a. het verstrekken van inlichtingen of gegevens, en deze niet, onjuist of onvolledig verstrekt;

b. het voor raadpleging beschikbaar stellen van boeken, bescheiden, andere gegevensdragers of de inhoud daarvan, en deze niet voor dit doel beschikbaar stelt;

c. het voor raadpleging beschikbaar stellen van boeken, bescheiden, andere gegevensdragers of de inhoud daarvan, en deze in valse of vervalste vorm voor dit doel beschikbaar stelt;

wordt gestraft met hechtenis van ten hoogste zes maanden of geldboete van de derde categorie.
2. Degene die niet voldoet aan de hem bij artikel 58, tweede lid, opgelegde verplichting, wordt gestraft met geldboete van de tweede categorie.

Art. 65

1. Degene die opzettelijk een der feiten begaat, omschreven in artikel 64, eerste lid, onderdeel a of b, wordt, indien het feit ertoe strekt dat te weinig belasting wordt ingevorderd, gestraft met gevangenisstraf van ten hoogste vier jaren of geldboete van de vierde categorie of, indien dit bedrag hoger is, ten hoogste eenmaal het bedrag van de te weinig ingevorderde belasting.

Delictsomschrijving misdrijven (bij opzet)

2. Degene die opzettelijk het feit begaat, omschreven in artikel 64, eerste lid, onderdeel c, wordt, indien het feit ertoe strekt dat te weinig belasting wordt ingevorderd, gestraft met gevangenisstraf van ten hoogste zes jaren of geldboete van de vijfde categorie of, indien dit bedrag hoger is, ten hoogste eenmaal het bedrag van de te weinig ingevorderde belasting.

3. Indien het feit, ter zake waarvan de verdachte kan worden vervolgd, zowel valt onder een van de strafbepalingen van het eerste of het tweede lid, als onder die van artikel 225, tweede lid, van het Wetboek van Strafrecht, is strafvervolging op grond van genoemd artikel 225, tweede lid, uitgesloten.

4. Indien de schuldige een van de strafbare feiten, omschreven in het eerste en tweede lid, in zijn beroep begaat, kan hij van de uitoefening van dat beroep worden ontzet.

Beroepsverbod

Art. 65a

De in deze wet strafbaar gestelde feiten waarop gevangenisstraf is gesteld, zijn misdrijven. De overige bij deze wet strafbaar gestelde feiten zijn overtredingen.

Misdrijf of overtreding

Art. 66

Hoofdstuk IX, afdeling 2 - met uitzondering van artikel 72 - en afdeling 3, van de Algemene wet inzake rijksbelastingen is van toepassing met betrekking tot de in artikel 64 strafbaar gestelde feiten, met dien verstande dat voor belastingwet wordt gelezen Invorderingswet 1990.

Art. 64 en de AWR

Hoofdstuk IX Aanvullende regelingen

Art. 67

1. Het is een ieder verboden hetgeen hem uit of in verband met enige werkzaamheid bij de uitvoering van deze wet over de persoon of zaken van een ander blijkt of wordt meegedeeld, verder bekend te maken dan noodzakelijk is voor de uitvoering van deze wet of voor de heffing van enige rijksbelasting (geheimhoudingsplicht).

Geheimhoudingsplicht

2. De geheimhoudingsplicht geldt niet indien:
a. enig wettelijk voorschrift tot de bekendmaking verplicht;
b. bij regeling van Onze Minister is bepaald dat bekendmaking noodzakelijk is voor de goede vervulling van een publiekrechtelijke taak van een bestuursorgaan;
c. bekendmaking plaatsvindt aan degene op wie de gegevens betrekking hebben voorzover deze gegevens door of namens hem zijn verstrekt.

Uitzonderingen

3. In andere gevallen dan bedoeld in het tweede lid kan Onze Minister ontheffing verlenen van de geheimhoudingsplicht.

Art. 67a

1. Ter bevordering van een doelmatige invordering van de uit een belastingwet voortvloeiende schuld of van een op grond van deze wet of een belastingwet op te leggen bestuurlijke boete kan de ontvanger afwijken van het overigens bij of krachtens deze wet bepaalde, indien:
a. de belastingschuldige instemt met deze wijze van invorderen, en
b. de invordering niet leidt tot voldoening van een lagere schuld dan de schuld die voortvloeit uit de belastingwet of tot voldoening van een lagere bestuurlijke boete dan de op grond van deze wet of de belastingwet opgelegde bestuurlijke boete.

Experimentenregeling

2. Bij ministeriële regeling kunnen nadere regels worden gesteld voor de toepassing van dit artikel.

3. In afwijking van artikel 2, eerste lid, onderdeel k, wordt voor de toepassing van dit artikel mede verstaan onder belastingschuldige: degene die zonder toepassing van artikel 64 van de Algemene wet inzake rijksbelastingen een belastingschuldige als bedoeld in artikel 2, eerste lid, onderdeel k, zou zijn.

Art. 68

De verzending en de betekening van de stukken betreffende de invordering van de schenk- en erfbelasting kan plaatsvinden aan de ingevolge artikel 43 van de Successiewet 1956 gekozen woonplaats dan wel aan de werkelijke woonplaats of plaats van vestiging.

Invordering Schenk- en erfbelasting

Art. 69

Bij ministeriële regeling kunnen nadere regels worden gesteld ter uitvoering van deze wet.

Nadere regelgeving

Art. 70

Artikel 22, derde lid, vervalt op 1 januari 1993, tenzij voordien een wetsvoorstel, houdende een definitieve regeling omtrent het fiscaal bodemrecht bij de Tweede Kamer der Staten-Generaal

Bodemrecht

is ingediend, dan wel een wetsvoorstel houdende een verlenging van de geldigheidsduur van voornoemde bepaling voor een tijd van niet langer dan een jaar.

Hoofdstuk X Slot- en overgangsbepalingen

Art. 70a

Belastingen op milieugrondslag

Bij toepassing van de artikelen 22, derde lid, en 36, eerste en tweede lid, blijft artikel 1 van de Wet belastingen op milieugrondslag van toepassing, zoals dat artikel luidde:
a. op 31 december 2011, voor belastingaanslagen grondwaterbelasting; en
b. op 31 december 2012, voor belastingaanslagen verpakkingenbelasting.

Art. 70aa

Verpakkingsbelasting

Artikel 43 is van overeenkomstige toepassing op de verpakkingenbelasting die is verschuldigd door een concern als bedoeld in artikel 80, onderdeel g, van de Wet belastingen op milieugrondslag, zoals dat artikel luidde op 31 december 2012.

Art. 70b

Uitstel i.v.m. meerdere woningen

1. Bij ministeriële regeling worden regels gesteld met betrekking tot op de voet van artikel 25, zesde lid, zoals dat luidde op 31 december 2012, verleend uitstel van betaling alsmede met betrekking tot het verlenen van uitstel van betaling voor belastingaanslagen betreffende de inkomstenbelasting die is verschuldigd door de toepassing van artikel 3.116, vierde lid, of artikel 3.116a, vijfde lid, van de Wet inkomstenbelasting 2001, zoals die artikelen luidden op 31 december 2012, onderscheidenlijk door de toepassing van artikel 10bis.4, vierde lid, of artikel 10bis.5, vijfde lid, van de Wet inkomstenbelasting 2001. De in de eerste volzin bedoelde regels kunnen mede betrekking hebben op het stellen van voldoende zekerheid. Het uitstel wordt beëindigd:
a. indien zich een omstandigheid voordoet waardoor de woning ophoudt een eigen woning te zijn in de zin van artikel 3.111 van de Wet inkomstenbelasting 2001;
b. indien de belastingschuldige een voordeel geniet als bedoeld in artikel 3.116, eerste lid, of artikel 3.116a, eerste lid, van de Wet inkomstenbelasting 2001, zoals die artikelen luidden op 31 december 2012, onderscheidenlijk als bedoeld in artikel 10bis.4, eerste lid, of artikel 10bis.5, eerste lid, van de Wet inkomstenbelasting 2001;
c. indien zich een omstandigheid voordoet als bedoeld in artikel 3.116, derde lid, of artikel 3.116a, vierde lid, van de Wet inkomstenbelasting 2001, zoals die artikelen luidden op 31 december 2012, onderscheidenlijk als bedoeld in artikel 10bis.4, derde lid, of artikel 10bis.5, vierde lid, van de Wet inkomstenbelasting 2001.

2. Met betrekking tot een verleend uitstel van betaling als bedoeld in het eerste lid zijn artikel 24, zevende lid, artikel 25, eenentwintigste lid, eerste volzin, en artikel 28, derde en vierde lid, van overeenkomstige toepassing.

Art. 70ba

Overgangsrecht mogelijkheid tot kwijtschelding

Indien de ontvanger het verleende uitstel van betaling, bedoeld in artikel 70b, beëindigt, kan volgens bij ministeriële regeling te stellen regels kwijtschelding worden verleend voor zover de belasting waarvoor uitstel van betaling is verleend, hoger is dan de belasting die zou zijn geheven indien de belastingschuldige op het moment van de omstandigheid op grond waarvan het uitstel van betaling wordt beëindigd, in Nederland zou hebben gewoond.

Art. 70c

Kapitaalverzekering eigen woning

1. Indien ingevolge artikel 10bis.4, vierde lid, van de Wet inkomstenbelasting 2001 een kapitaalverzekering eigen woning wordt geacht tot uitkering te zijn gekomen, is de verzekeraar van die uitkering tot ten hoogste de waarde in het economische verkeer daarvan aansprakelijk voor de belasting die ter zake door de gerechtigde is verschuldigd. Indien ingevolge artikel 10bis.5, vijfde lid, van de Wet inkomstenbelasting 2001 een spaarrekening eigen woning of een beleggingsrecht eigen woning geacht wordt te zijn gedeblokkeerd, is de bank waarbij die rekening wordt aangehouden, onderscheidenlijk de beheerder waarbij dat recht wordt aangehouden, aansprakelijk voor de belasting die ter zake door de rekeninghouder, onderscheidenlijk eigenaar, is verschuldigd.

2. Het bedrag van de verschuldigde belasting wordt gesteld op het evenredig gedeelte van de belasting die meer is verschuldigd ter zake van alle kapitaalverzekeringen eigen woning, alle spaarrekeningen eigen woning en alle beleggingsrechten eigen woning die in het jaar ingevolge artikel 10bis.4, vierde lid, onderscheidenlijk artikel 10bis.5, vijfde lid, van de Wet inkomstenbelasting 2001 worden geacht tot uitkering te zijn gekomen, onderscheidenlijk worden geacht te zijn gedeblokkeerd.

3. Artikel 2.16, derde lid, van de Wet inkomstenbelasting 2001 is van overeenkomstige toepassing.

4. Zo spoedig mogelijk nadat de aansprakelijkheid ingevolge het eerste lid is ontstaan, wordt aan de verzekeraar, de bank, onderscheidenlijk de beheerder van de beleggingsinstelling, schriftelijk mededeling gedaan van het bedrag waarvoor deze aansprakelijk is.

Art. 70ca

Indien de ontvanger het verleende uitstel van betaling, bedoeld in artikel 25, vijfde lid, beëindigt omdat een aanspraak ingevolge een pensioenregeling als bedoeld in artikel 38n van de Wet op de loonbelasting 1964 ingevolge artikel 38n, tweede lid, van die wet, zoals dat artikel luidde op 31 december 2019 gedeeltelijk wordt prijsgegeven en voor het overige wordt afgekocht of omdat een aanspraak ingevolge een oudedagsverplichting als bedoeld in artikel 38p van die wet wordt afgekocht, wordt volgens bij ministeriële regeling te stellen regels kwijtschelding verleend voor zover de belasting en de revisierente waarvoor uitstel van betaling is verleend hoger is dan de belasting en de revisierente die zou zijn geheven, onderscheidenlijk in rekening gebracht, indien de belastingschuldige op het moment van die handeling in Nederland zou hebben gewoond.

Kwijtschelding bij emigratie

Art. 70cb

[Vervallen]

Art. 70cc

Met betrekking tot de vennootschapsbelasting die een lichaam is verschuldigd ingevolge artikel 23a van de Wet op de vennootschapsbelasting 1969, zoals dat artikel luidde op 31 december 2016, blijven de artikelen 36a, 48, tweede lid, en 55, eerste lid, zoals die bepalingen luidden op 31 december 2016, van toepassing.

Overgangsrecht VPB

Art. 70d

Op een kapitaalverzekering eigen woning die voor 1 januari 2013 ingevolge artikel 3.116, vierde lid, van de Wet inkomstenbelasting 2001, zoals dat luidde op 31 december 2012, wordt geacht tot uitkering te zijn gekomen of op een spaarrekening eigen woning of een beleggingsrecht eigen woning die voor 1 januari 2013 ingevolge artikel 3.116a, vijfde lid, van de Wet inkomstenbelasting 2001, zoals dat luidde op 31 december 2012, wordt geacht te zijn gedeblokkeerd, blijft artikel 44c, zoals dat luidde op 31 december 2012, van toepassing.

Overgangsrecht i.v.m. vervallen aansprakelijkheid

Art. 70e

Met betrekking tot op 31 december 2013 bestaande aanspraken op periodieke uitkeringen ter vervanging van gederfd of te derven loon als bedoeld in de artikelen 11, eerste lid, onderdeel g, en 37 van de Wet op de loonbelasting 1964, zoals die op 31 december 2013 luidden, alsmede met betrekking tot op 31 december 2013 bestaande stamrechtspaarrekeningen en stamrechtbeleggingsrechten als bedoeld in artikel 11a van de Wet op de loonbelasting 1964, zoals dat op 31 december 2013 luidde, blijven de artikelen 36a, tweede lid, onderdeel b, en 44b, eerste en tweede lid, zoals die op 31 december 2013 luidden, met overeenkomstige toepassing van artikel 39f, eerste en tweede lid, van de Wet op de loonbelasting 1964, van toepassing.

Overgangsrecht i.v.m. afschaffen stamrechtvrijstelling

Art. 70ea

Artikel 25, achtste lid, en artikel 26, tweede lid, zoals die op 14 september 2015 luidden, blijven van toepassing op belastingaanslagen die zijn opgelegd naar aanleiding van belastbare feiten die zich hebben voorgedaan voor 15 september 2015, 15.15 uur.

Overgangsrecht aanmerkelijk belang

Art. 70f

Bij toepassing van artikel 28c wordt de invorderingsrente, bedoeld in het eerste lid van dat artikel, mede niet berekend over dagen waarover heffingsrente of invorderingsrente als bedoeld in artikel XXXIV van het Belastingplan 2012 wordt vergoed.

Anti-samenloop invorderingsrente oud en nieuw

Art. 71

De inwerkingtreding van deze wet wordt nader bij de wet geregeld.

Inwerkingtreding

Art. 72

Deze wet kan worden aangehaald als Invorderingswet 1990.

Citeertitel

Nederlandse corporate governance code^1

Preambule

De Nederlandse corporate governance code (hierna: de Code) richt zich op de governance van beursgenoteerde vennootschappen en geeft een richtsnoer voor effectieve samenwerking en bestuur. Governance gaat over besturen en beheersen, over verantwoordelijkheid en zeggenschap en over toezicht en verantwoording. Het doel van de Code is het met of in relatie tot wet- en regelgeving bewerkstelligen van een deugdelijk en transparant stelsel van checks and balances binnen Nederlandse beursgenoteerde vennootschappen en het daartoe reguleren van de verhoudingen tussen het bestuur, de raad van commissarissen en de algemene vergadering/aandeelhouders. Naleving van de Code draagt bij aan het vertrouwen in goed en verantwoord bestuur van vennootschappen en hun inbedding in de maatschappij.

De Code is voor het eerst vastgesteld in 2003 en eenmalig gewijzigd in 2008. Op verzoek van het Christelijk Nationaal Vakverbond, Eumedion, de Federatie Nederlandse Vakbeweging, Euronext NV, de Vereniging van Effectenbezitters, de Vereniging van Effecten Uitgevende Ondernemingen en de Vereniging VNO-NCW is de Code aangepast door de Monitoring Commissie Corporate Governance Code (hierna: de Commissie). Voortschrijdende ontwikkelingen, de tijdgeest en overlap met wetgeving zijn aanleiding geweest om de Code aan te passen. Onderhavige Code vervangt de Code uit 2008.

Reikwijdte

De Code is van toepassing op:

i. alle vennootschappen met statutaire zetel in Nederland waarvan de aandelen of certificaten van aandelen zijn toegelaten tot de handel op een gereglementeerde markt of een daarmee vergelijkbaar systeem; en

ii. alle grote vennootschappen met statutaire zetel in Nederland (> € 500 miljoen balanswaarde) waarvan de aandelen of certificaten zijn toegelaten tot de handel op een multilaterale handelsfaciliteit of een daarmee vergelijkbaar systeem.

Voor de toepassing van de Code worden met houders van aandelen gelijk gesteld de houders van certificaten van aandelen die met medewerking van de vennootschap zijn uitgegeven. De Code is niet van toepassing op een beleggingsinstelling of instelling voor collectieve belegging in effecten die geen beheerder is in de zin van artikel 1:1 Wet op het financieel toezicht.

Inhoud van de Code

De Code bevat principes en best practice bepalingen die de verhouding reguleren tussen het bestuur, de raad van commissarissen en de algemene vergadering/aandeelhouders. De principes en bepalingen zijn gericht op de invulling van verantwoordelijkheden voor lange termijn waardecreatie, beheersing van risico's, effectief bestuur en toezicht, beloningen en de relatie met (de algemene vergadering van) aandeelhouders en *stakeholders*. De principes kunnen worden opgevat als breed gedragen algemene opvattingen over goede corporate governance. De principes zijn uitgewerkt in best practice bepalingen. Deze bepalingen bevatten normen voor het gedrag van bestuurders, commissarissen en aandeelhouders. Zij geven de 'best practice' weer en zijn een invulling van de algemene beginselen van goede corporate governance. Vennootschappen kunnen hiervan gemotiveerd afwijken. De voorwaarden voor afwijking worden hierna onder 'Naleving van de Code' toegelicht.

De verhouding tussen de vennootschap en haar werknemers (-vertegenwoordigers) is bij wet geregeld. In de Code komt deze verhouding aan bod in bepalingen die betrekking hebben op cultuur en de contacten tussen de raad van commissarissen en het medezeggenschapsorgaan.

Uitgangspunten

De Code berust op het uitgangspunt dat de vennootschap een lange termijn samenwerkingsverband is van diverse bij de vennootschap betrokken *stakeholders*. *Stakeholders* zijn groepen en individuen die direct of indirect het bereiken van de doelstellingen van de vennootschap beïnvloeden of er door worden beïnvloed: werknemers, aandeelhouders en andere kapitaalverschaffers, toeleveranciers, afnemers en andere belanghebbenden. Het bestuur en de raad van commissarissen hebben een verantwoordelijkheid voor de afweging van deze belangen en zijn doorgaans gericht op de continuïteit van de vennootschap en de met haar verbonden onderneming. Daarbij streeft de vennootschap naar het creëren van waarde op de lange termijn. *Stakeholders* moeten erop kunnen vertrouwen dat hun belangen op zorgvuldige wijze worden mee-

---

1 Inwerkingtredingsdatum: 01-01-2017.

gewogen, omdat dit een voorwaarde is voor hen om binnen en met de vennootschap samen te werken. Goed ondernemerschap en goed toezicht zijn essentiële voorwaarden voor stakeholders voor het vertrouwen in het bestuur en het toezicht. Daaronder zijn begrepen integer en transparant handelen door het bestuur en het afleggen van verantwoording over het toezicht door de raad van commissarissen. Bepalend voor de werking van de Code is niet de mate waarin deze naar de letter wordt nageleefd, maar de mate waarin de intenties van de Code leidend zijn voor het doen en laten van alle betrokkenen.

Aandeelhouders en institutionele beleggers
Aandeelhouders kunnen bij hun handelen hun eigen belangen nastreven, zolang zij zich ten opzichte van de vennootschap, haar organen en hun mede-aandeelhouders gedragen naar maatstaven van redelijkheid en billijkheid. Hieronder valt de bereidheid om met de vennootschap en mede-aandeelhouders in dialoog te gaan. Hoe groter het belang is dat een aandeelhouder in de vennootschap houdt, des te groter is zijn verantwoordelijkheid jegens de vennootschap, mede-aandeelhouders en andere *stakeholders*. Institutionele beleggers zijn verantwoordelijk jegens hun achterliggende begunstigden om op zorgvuldige en transparante manier te beoordelen op welke wijze zij gebruik maken van hun rechten als aandeelhouder van vennootschappen.

Verhouding met wetgeving
De Code is door zelfregulering tot stand gekomen. Hij is van en voor de partijen die door de Code worden geadresseerd. Zelfregulering houdt in dat men zonder tussenkomst van de overheid zelf regels opstelt waar men zich aan verbindt, door deze uit te voeren, te handhaven en actueel te houden. Het vormt een aanvulling op overheidsregulering. De Code moet bezien worden in samenhang met (nationale en Europese) wetgeving en jurisprudentie op het terrein van corporate governance. De toegevoegde waarde van de Code, als instrument van zelfregulering, is dat de Code zich meer richt op het gedrag van bestuurders, commissarissen en aandeelhouders.

Bij de aanpassing van de Code is uitgegaan van de geldende wetgeving en jurisprudentie over de externe en interne verhoudingen van vennootschappen en is rekening gehouden met de relevante ontwikkelingen op het terrein van corporate governance. Bij de formulering van de principes en best practice bepalingen is overlap met wetgeving zoveel mogelijk voorkomen. Ter wille van de leesbaarheid en de onderlinge samenhang van de Code, is een zekere overlap tussen wetgeving en de Code onvermijdelijk. Ook omdat de Code een aanvulling kan zijn op wat wettelijk is voorgeschreven.

One-tier bestuursstructuur
Van oudsher kent Nederland een dualistisch bestuursmodel (*two-tier* bestuursstructuur). Hierop is de Code gericht. Bij een vennootschap met een *two-tier* bestuursstructuur zijn bestuur en toezicht verdeeld over twee vennootschapsorganen, namelijk het bestuur en de raad van commissarissen. Hoofdstuk 5 heeft betrekking op vennootschappen met een *one-tier* bestuursstructuur. Een one-tier bestuursstructuur kent één bestuur waarvan uitvoerende bestuurders en niet uitvoerende bestuurders deel uitmaken. Laatstgenoemden houden dan toezicht op de uitvoerende bestuurders. Er zijn dan geen commissarissen. Niet uitvoerende bestuurders en uitvoerende bestuurders dragen gezamenlijk bestuursverantwoordelijkheid. Van belang is dat onafhankelijk toezicht door niet uitvoerende bestuurders voldoende geborgd is.

Naleving van de Code

Het bestuur en de raad van commissarissen zijn verantwoordelijk voor de corporate governance van de vennootschap en voor de naleving van deze Code. Naleving van de Code is gebaseerd op het 'pas toe of leg uit'-principe. Anders dan wetgeving biedt de Code flexibiliteit, omdat deze ruimte biedt om af te wijken van de principes en best practice bepalingen. Het bestuur en de raad van commissarissen leggen aan de algemene vergadering verantwoording af over de naleving van de Code en voorzien eventuele afwijkingen van de principes en best practice bepalingen van een inhoudelijke en inzichtelijke uitleg.

De hoofdlijnen van de corporate governance van de vennootschap worden elk jaar, mede aan de hand van de principes die in deze Code zijn genoemd, in een afzonderlijk hoofdstuk in het bestuursverslag uiteengezet of op de website van de vennootschap geplaatst. Daar geeft de vennootschap uitdrukkelijk aan in hoeverre zij de in deze Code opgenomen principes en best practice bepalingen opvolgt en zo niet, waarom en in hoeverre zij daarvan afwijkt.

Van belang is dat de uitleg bij afwijking in ieder geval de volgende elementen bevat:
i. de wijze waarop de vennootschap is afgeweken van het principe of de best practice bepaling;
ii. de redenen voor afwijking;
iii. indien de afwijking tijdelijk is en langer dan één boekjaar duurt, wordt aangegeven wanneer de vennootschap voornemens is het principe of de best practice bepaling weer na te leven; en

iv. in voorkomend geval, een beschrijving van de alternatieve maatregel die is genomen en een uiteenzetting hoe die maatregel de doelstelling van het principe respectievelijk de best practice bepaling bereikt, of een verduidelijking hoe de maatregel bijdraagt tot een goede corporate governance van de vennootschap.

Aandeelhouders, bedrijven die zijn gespecialiseerd in rating van de corporate governance van beursvennootschappen en adviseurs over het gebruik van stemrecht op aandelen dienen zich een zorgvuldig oordeel te vormen over de redengeving voor elk van de afwijkingen van de principes en de best practice bepalingen. Zowel aandeelhouders als het bestuur en de raad van commissarissen dienen open te staan om met elkaar in gesprek te gaan over de reden waarom een principe of best practice bepaling niet is toegepast. Het is aan de aandeelhouders om het bestuur en de raad van commissarissen over de naleving van de Code ter verantwoording te roepen. Uitgangspunt hierbij is de erkenning dat corporate governance een kwestie van maatwerk is en dat afwijkingen gerechtvaardigd kunnen zijn. Vennootschappen en aandeelhouders hebben een gedeelde verantwoordelijkheid om zelfregulering volgens het 'pas toe of leg uit'-principe goed te laten werken zodat het een effectief alternatief kan vormen voor wetgeving.

Hoofdstuk 1 Lange termijn waardecreatie

Principe 1.1 *Lange termijn waardecreatie*

Lange termijn waardecreatie

Het bestuur is verantwoordelijk voor de continuïteit van de vennootschap en de met haar verbonden onderneming. Het bestuur richt zich op de lange termijn waardecreatie van de vennootschap en de met haar verbonden onderneming en weegt daartoe de in aanmerking komende belangen van de stakeholders. De raad van commissarissen houdt toezicht op het bestuur terzake.

1.1.1
Strategie voor lange termijn waardecreatie

Lange termijn waardecreatie, strategie

Het bestuur ontwikkelt een visie op lange termijn waardecreatie van de vennootschap en de met haar verbonden onderneming en formuleert een daarbij passende strategie. Afhankelijk van de marktdynamiek kunnen korte termijn aanpassingen van de strategie nodig zijn. Bij het vormgeven van de strategie wordt in ieder geval aandacht besteed aan:
i. de implementatie en haalbaarheid van de strategie;
ii. het door de vennootschap gevolgde bedrijfsmodel en de markt waarin de vennootschap en de met haar verbonden onderneming opereren;
iii. kansen en risico's voor de vennootschap;
iv. de operationele en financiële doelen van de vennootschap en de invloed ervan op de toekomstige positie in relevante markten;
v. de belangen van de *stakeholders*; en
vi. andere voor de vennootschap en de met haar verbonden onderneming relevante aspecten van ondernemen, zoals milieu, sociale en personeelsaangelegenheden, de keten waarin de onderneming opereert, eerbiediging van mensenrechten en bestrijding van corruptie en omkoping.

1.1.2
Betrokkenheid raad van commissarissen

Lange termijn waardecreatie, betrokkenheid RvC

Het bestuur betrekt de raad van commissarissen tijdig bij het formuleren van de strategie ter realisatie van lange termijn waardecreatie. Het bestuur legt verantwoording af aan de raad van commissarissen over de strategie en de toelichting daarop.

1.1.3
Rol raad van commissarissen

Lange termijn waardecreatie, rol RvC

De raad van commissarissen houdt toezicht op de wijze waarop het bestuur de strategie voor lange termijn waardecreatie uitvoert. De raad van commissarissen bespreekt regelmatig de strategie, de uitvoering van de strategie en de daarmee samenhangende voornaamste risico's. In het verslag van de raad van commissarissen legt de raad verantwoording af over de wijze waarop de raad van commissarissen betrokken was bij de totstandkoming en toezicht houdt op de uitvoering van de strategie.

1.1.4

Verantwoording bestuur

In het bestuursverslag geeft het bestuur een toelichting op zijn visie op lange termijn waardecreatie en op de strategie ter realisatie daarvan en licht toe op welke wijze in het afgelopen boekjaar daaraan is bijgedragen. Daarbij wordt zowel van de korte als lange termijn ontwikkelingen verslag gedaan.

Principe 1.2

Risicobeheersing

De vennootschap beschikt over adequate interne risicobeheersings- en controlesystemen. Het bestuur is verantwoordelijk voor het identificeren en beheersen van de risico's verbonden aan de strategie en de activiteiten van de vennootschap.

1.2.1

Risicobeoordeling

Het bestuur inventariseert en analyseert de risico's die verbonden zijn aan de strategie en de activiteiten van de vennootschap en de met haar verbonden onderneming. Zij stelt de risicobereidheid vast en besluit welke maatregelen tegenover de risico's worden gezet.

1.2.2

Implementatie

Op basis van de risicobeoordeling ontwerpt, implementeert en onderhoudt het bestuur adequate interne risicobeheersings- en controlesystemen. Deze systemen worden voor zover relevant geïntegreerd in de werkprocessen binnen de vennootschap en de met haar verbonden onderneming en zijn bekend bij diegenen voor wier werk zij relevant zijn.

1.2.3

Monitoring werking

Het bestuur monitort de werking van de interne risicobeheersings- en controlesystemen en voert ten minste jaarlijks een systematische beoordeling uit van de opzet en de werking van de systemen. Deze monitoring heeft betrekking op alle materiële beheersingsmaatregelen, gericht op strategische, operationele, compliance en verslaggevingsrisico's. Hierbij wordt onder meer rekening gehouden met geconstateerde zwaktes, misstanden en onregelmatigheden, signalen van klokkenluiders, geleerde lessen en bevindingen van de interne audit functie en externe accountant. Waar nodig worden verbeteringen in interne risicobeheersingsen controlesystemen doorgevoerd.

Principe 1.3

Interne audit functie

De interne audit functie heeft als taak de opzet en de werking van de interne risicobeheersings- en controlesystemen te beoordelen. Het bestuur is verantwoordelijk voor de interne audit functie. De raad van commissarissen houdt toezicht op de interne audit functie en heeft regelmatig contact met diegene die de functie vervult.

1.3.1

Benoeming en ontslag

Het bestuur benoemt en ontslaat de leidinggevende interne auditor. Zowel de benoeming als het ontslag van de leidinggevende interne auditor wordt, samen met een advies van de auditcommissie, ter goedkeuring voorgelegd aan de raad van commissarissen.

1.3.2

Beoordeling interne audit functie

Het bestuur beoordeelt jaarlijks de wijze waarop de interne audit functie de taak uitvoert en betrekt hierbij het oordeel van de auditcommissie.

1.3.3
Werkplan van de interne audit functie

Interne audit functie, werkplan

De interne audit functie stelt een werkplan op en betrekt hierbij het bestuur, de auditcommissie en de externe accountant. Het werkplan wordt ter goedkeuring voorgelegd aan het bestuur en vervolgens aan de raad van commissarissen. In dit werkplan wordt aandacht besteed aan de interactie met de externe accountant.

1.3.4
Uitvoering werkzaamheden

Interne audit functie, uitvoering werkzaamheden

De interne audit functie beschikt over voldoende middelen om het werkplan uit te voeren en heeft toegang tot informatie die voor de uitvoering van haar werkzaamheden van belang is. De interne audit functie heeft direct toegang tot de auditcommissie en de externe accountant. Vastgelegd wordt op welke wijze de auditcommissie door de interne audit functie wordt geïnformeerd.

1.3.5
Rapportages bevindingen

Interne audit functie, rapportages

De interne audit functie rapporteert onderzoeksresultaten aan het bestuur, rapporteert de kern van de resultaten aan de auditcommissie en informeert de externe accountant. In de onderzoeksresultaten van de interne audit functie wordt in ieder geval aandacht besteed aan:
i. gebreken in de effectiviteit van de interne risicobeheersings- en controlesystemen;
ii. bevindingen en observaties die van wezenlijke invloed zijn op het risicoprofiel van de vennootschap en de met haar verbonden onderneming; en
iii. tekortkomingen in de opvolging van aanbevelingen van de interne audit functie.

1.3.6
Ontbreken interne audit dienst

Interne audit functie, werkwijze bij ontbreken van

Indien voor de interne audit functie geen interne audit dienst is ingericht, beoordeelt de raad van commissarissen jaarlijks, mede op basis van een advies van de auditcommissie, of adequate alternatieve maatregelen zijn getroffen en beziet of behoefte bestaat om een interne audit dienst in te richten. De raad van commissarissen neemt de conclusies alsmede eventuele aanbevelingen en alternatief getroffen maatregelen die daaruit voortkomen, op in het verslag van de raad van commissarissen.

Principe 1.4
Verantwoording over risicobeheersing

Risicobeheersing, verantwoording over

Het bestuur legt verantwoording af over de effectiviteit van de opzet en de werking van de interne risicobeheersings- en controlesystemen.

1.4.1
Verantwoording aan raad van commissarissen

Risicobeheersing, verantwoording door bestuur aan RvC over

Het bestuur bespreekt de effectiviteit van de opzet en de werking van de interne risicobeheersings- en controlesystemen als bedoeld in best practice bepalingen 1.2.1 tot en met 1.2.3 met de auditcommissie en legt daarover verantwoording af aan de raad van commissarissen.

1.4.2
Verantwoording in het bestuursverslag

Risicobeheersing, verantwoording in bestuursverslag over

Het bestuur legt in het bestuursverslag verantwoording af over:
i. de uitvoering van het risicobeoordeling en beschrijft de voornaamste risico's waarvoor de vennootschap zich geplaatst ziet in relatie tot haar risicobereidheid. Hierbij kan gedacht worden aan strategische, operationele, *compliance* en verslaggevingsrisico's;
ii. de opzet en werking van de interne risicobeheersings- en controlesystemen over het afgelopen boekjaar;
iii. eventuele belangrijke tekortkomingen in de interne risicobeheersings- en controlesystemen die in het boekjaar zijn geconstateerd, welke eventuele significante wijzigingen in die systemen zijn aangebracht, welke eventuele belangrijke verbeteringen van die systemen zijn voorzien en dat deze onderwerpen besproken zijn met de auditcommissie en de raad van commissarissen; en

iv. de gevoeligheid van de resultaten van de vennootschap voor materiële wijzigingen in externe omstandigheden.

1.4.3
Verklaring van het bestuur

Het bestuur verklaart in het bestuursverslag met een duidelijke onderbouwing dat:
i. het verslag in voldoende mate inzicht geeft in tekortkomingen in de werking van de interne risicobeheersings- en controlesystemen;
ii. voornoemde systemen een redelijke mate van zekerheid geven dat de financiële verslaggeving geen onjuistheden van materieel belang bevat;
iii. het naar de huidige stand van zaken gerechtvaardigd is dat de financiële verslaggeving is opgesteld op going concern basis; en
iv. in het verslag de materiële risico's en onzekerheden zijn vermeld die relevant zijn ter zake van de verwachting van de continuïteit van de vennootschap voor een periode van twaalf maanden na opstelling van het verslag.

Principe 1.5
Rol raad van commissarissen

De raad van commissarissen houdt toezicht op het beleid van het bestuur en de algemene gang van zaken in de vennootschap en de met haar verbonden onderneming. Hierbij richt de raad zich tevens op de effectiviteit van de interne risicobeheersings- en controlesystemen van de vennootschap en de integriteit en kwaliteit van de financiële verslaggeving.

1.5.1
Taken en verantwoordelijkheden auditcommissie

De auditcommissie bereidt de besluitvorming van de raad van commissarissen voor over het toezicht op de integriteit en kwaliteit van de financiële verslaggeving van de vennootschap en op de effectiviteit van de interne risicobeheersings- en controlesystemen van de vennootschap. Zij richt zich onder meer op het toezicht op het bestuur ten aanzien van:
i. de relatie met en de naleving van aanbevelingen en opvolging van opmerkingen van de interne auditor en de externe accountant;
ii. de financiering van de vennootschap;
iii. de toepassing van informatie- en communicatietechnologie door de vennootschap, waaronder risico's op het gebied van *cybersecurity*; en
iv. het belastingbeleid van de vennootschap.

1.5.2
Aanwezigheid bestuur, interne auditor en externe accountant bij overleg auditcommissie

De bestuurder verantwoordelijk voor financiële zaken, de interne auditor en de externe accountant zijn aanwezig bij de vergaderingen van de auditcommissie, tenzij de auditcommissie anders bepaalt. De auditcommissie bepaalt of en wanneer de voorzitter van het bestuur bij haar vergaderingen aanwezig is.

1.5.3
Verslag auditcommissie

De auditcommissie brengt verslag uit aan de raad van commissarissen over de beraadslaging en bevindingen. In dit verslag wordt in ieder geval vermeld:
i. de wijze waarop de effectiviteit van de opzet en de werking van de interne risicobeheersings- en controlesystemen, bedoeld in best practice bepalingen 1.2.1 tot en met 1.2.3 is beoordeeld;
ii. de wijze waarop de effectiviteit van het interne en externe audit proces is beoordeeld;
iii. materiële overwegingen inzake de financiële verslaggeving; en
iv. de wijze waarop de materiële risico's en onzekerheden, bedoeld in best practice bepaling 1.4.3, zijn geanalyseerd en besproken en wat de belangrijkste bevindingen van de auditcommissie zijn.

1.5.4
Raad van commissarissen

Auditcommissie, bespreking door RvC van verslag De raad van commissarissen bespreekt de onderwerpen waarover de auditcommissie op basis van best practice bepaling 1.5.3 verslag uitbrengt.

Principe 1.6
Benoeming en beoordeling functioneren externe accountant

Externe accountant, benoeming en beoordeling van De raad van commissarissen doet de voordracht tot benoeming van de externe accountant aan de algemene vergadering en houdt toezicht op het functioneren van de externe accountant.

1.6.1
Functioneren & benoeming

Externe accountant, rol auditcommissie m.b.t. functioneren en benoeming De auditcommissie rapporteert jaarlijks aan de raad van commissarissen over het functioneren van en de ontwikkelingen in de relatie met de externe accountant. De auditcommissie geeft advies aan de raad van commissarissen over de voordracht van benoeming of herbenoeming danwel ontslag van de externe accountant en bereidt de selectie van de externe accountant voor. Bij voornoemde werkzaamheden betrekt de auditcommissie de observaties van het bestuur. Mede op grond hiervan bepaalt de raad van commissarissen zijn voordracht aan de algemene vergadering tot benoeming van de externe accountant.

1.6.2
Informeren externe accountant over functioneren

Externe accountant, informeren De raad van commissarissen licht de externe accountant op hoofdlijnen in over de rapportages omtrent zijn functioneren.

1.6.3
Opdracht

Externe accountant, opdracht door RvC aan De auditcommissie doet een voorstel aan de raad van commissarissen voor de opdracht voor controle van de jaarrekening aan de externe accountant. Het bestuur faciliteert dit. Bij het formuleren van de opdracht is aandacht voor de reikwijdte van het accountantsonderzoek, de te hanteren materialiteit en het honorarium van het accountantsonderzoek. De raad van commissarissen stelt de opdracht vast.

1.6.4
Verantwoording

Externe accountant, verantwoording door RvC m.b.t. De belangrijkste conclusies van de raad van commissarissen over de voordracht en de uitkomsten van het selectieproces van de externe accountant worden aan de algemene vergadering medegedeeld.

1.6.5
Vertrek van de externe accountant

Externe accountant, vertrek van De vennootschap publiceert een persbericht bij een tussentijds beëindiging van de relatie met de externe accountantsorganisatie. In het persbericht wordt de reden van de tussentijdse beëindiging toegelicht.

Principe 1.7
Uitvoering werkzaamheden externe accountant

Externe accountant, uitvoering werkzaamheden De auditcommissie bespreekt met de externe accountant het auditplan en de bevindingen van de externe accountant naar aanleiding van zijn uitgevoerde werkzaamheden. Het bestuur en de raad van commissarissen onderhouden reguliere contacten met de externe accountant.

1.7.1
Informatievoorziening aan externe accountant

Externe accountant, informatievoorziening aan Het bestuur draagt zorg voor dat de externe accountant tijdig alle informatie ontvangt die nodig is voor de uitvoering van zijn werkzaamheden. Het bestuur stelt de externe accountant in de gelegenheid om op de verstrekte informatie te reageren.

1.7.2

Auditplan en bevindingen externe accountant

De externe accountant bespreekt het concept auditplan met het bestuur, alvorens het aan de auditcommissie voor te leggen. De auditcommissie bespreekt jaarlijks met de externe accountant: *i.* de reikwijdte en materialiteit van het auditplan en de belangrijkste risico's van de jaarverslaggeving die de externe accountant heeft benoemd in het auditplan; en *ii.* mede aan de hand van de daaraan ten grondslag liggende documenten, de bevindingen en de uitkomsten van de controlewerkzaamheden bij de jaarrekening en de *management letter*.

Externe accountant, bespreking auditplan en bevindingen door

1.7.3

Publicatie financiële berichten

De auditcommissie beoordeelt of, en zo ja op welke wijze de externe accountant wordt betrokken bij de inhoud en publicatie van financiële berichten anders dan de jaarrekening.

1.7.4

Overleg met externe accountant buiten aanwezigheid bestuur

De auditcommissie overlegt zo vaak als zij dit noodzakelijk acht, doch ten minste eenmaal per jaar, buiten aanwezigheid van het bestuur met de externe accountant.

Externe accountant, overleg tussen auditcommissie en

1.7.5

Inzage discussiepunten tussen externe accountant en bestuur

De raad van commissarissen krijgt inzage in de belangrijkste discussiepunten tussen de externe accountant en het bestuur naar aanleiding van de concept management letter dan wel het concept accountantsverslag.

Externe accountant, inzage door RvC in discussiepunten tussen bestuur en

1.7.6

Aanwezigheid externe accountant bij vergaderingen raad van commissarissen

De externe accountant woont in ieder geval de vergadering van de raad van commissarissen bij waarin het verslag van de externe accountant van het onderzoek van de jaarrekening wordt besproken.

Externe accountant, aanwezigheid bij vergaderingen RvC van

Hoofdstuk 2 Effectief bestuur en toezicht

Principe 2.1 Samenstelling en omvang

Het bestuur en de raad van commissarissen zijn zodanig samengesteld dat benodigde deskundigheid, achtergrond, competenties en – in het geval van de raad van commissarissen – onafhankelijkheid aanwezig zijn om hun taken naar behoren te kunnen vervullen. De omvang van beide organen is daarop toegesneden.

Bestuur en RvC, samenstelling en omvang

2.1.1

Profielschets

De raad van commissarissen stelt een profielschets op, rekening houdend met de aard en de activiteiten van de met de vennootschap verbonden onderneming. In de profielschets wordt ingegaan op:
i. de gewenste deskundigheid en achtergrond van de commissarissen;
ii. de gewenste gemengde samenstelling van de raad van commissarissen, bedoeld in best practice bepaling 2.1.5;
iii. de omvang van de raad van commissarissen; en
iv. de onafhankelijkheid van de commissarissen.
De profielschets wordt op de website van de vennootschap geplaatst.

RvC, profielschets

2.1.2

Personalia

Van elke commissaris wordt in het verslag van de raad van commissarissen opgave gedaan van:
i. geslacht;

RvC, personalia

ii. leeftijd;
iii. nationaliteit;
iv. hoofdfunctie;
v. nevenfuncties voor zover deze relevant zijn voor de vervulling van de taak als commissaris;
vi. tijdstip van eerste benoeming; en
vii. de lopende termijn waarvoor de commissaris is benoemd.

2.1.3 *Executive committee*

Executive committee, rol RvC bij

Indien het bestuur werkt met een *executive committee*, houdt het bestuur rekening met de *checks and balances* die onderdeel uitmaken van het *two-tier* systeem. Dit betekent onder meer het waarborgen van deskundigheid en verantwoordelijkheden van het bestuur en een adequate informatievoorziening aan de raad van commissarissen. De raad van commissarissen houdt hier toezicht op en heeft daarbij specifiek aandacht voor de dynamiek en de verhouding tussen het bestuur en het *executive committee*.
In het bestuursverslag wordt verantwoording afgelegd over:
i. de keuze voor het werken met een *executive committee*;
ii. de rol, taak en samenstelling van het *executive committee*; en
iii. de wijze waarop het contact tussen de raad van commissarissen en het executive committee is vormgegeven.

2.1.4 *Deskundigheid*

RvC, deskundigheid

Elke commissaris en elke bestuurder beschikt over de specifieke deskundigheid die noodzakelijk is voor de vervulling van zijn taak. Elke commissaris dient geschikt te zijn om de hoofdlijnen van het totale beleid te beoordelen.

2.1.5 *Diversiteitsbeleid*

RvC en bestuur, diversiteitsbeleid voor samenstelling van

De raad van commissarissen stelt een diversiteitsbeleid op voor de samenstelling van het bestuur, de raad van commissarissen en, indien aanwezig, het *executive committee*. In het beleid wordt ingegaan op de concrete doelstellingen ten aanzien van diversiteit en de voor de vennootschap relevante aspecten van diversiteit, zoals nationaliteit, leeftijd, geslacht en achtergrond inzake opleiding en beroepservaring.

2.1.6 *Verantwoording over diversiteit*

Diversiteitsbeleid, verantwoording over

In de corporate governance verklaring worden het diversiteitsbeleid en de uitvoering daarvan toegelicht. Hierbij wordt ingegaan op:
i. de doelstellingen van het beleid;
ii. de wijze waarop het beleid is uitgevoerd; en
iii. de resultaten van het beleid in het afgelopen boekjaar.
Indien de samenstelling van het bestuur en de raad van commissarissen afwijkt van de doelstellingen van het diversiteitsbeleid van de vennootschap en/of van het streefcijfer voor de verhouding man-vrouw, indien en voorzover dit bij of krachtens de wet is bepaald, wordt in de corporate governance verklaring tevens toegelicht wat de stand van zaken is, welke maatregelen worden genomen om de nagestreefde situatie wel te bereiken en op welke termijn.

2.1.7 *Onafhankelijkheid raad van commissarissen*

RvC, onafhankelijkheid

De raad van commissarissen is zodanig samengesteld dat de leden ten opzichte van elkaar, het bestuur en welk deelbelang dan ook onafhankelijk en kritisch kunnen opereren.
Om de onafhankelijkheid te borgen, is de raad van commissarissen samengesteld met inachtneming van het volgende:
i. op maximaal één commissaris is een van de criteria van toepassing zoals bedoeld in best practice bepaling 2.1.8 onderdelen i. tot en met v.;
ii. het aantal commissarissen waarop de criteria van toepassing zijn zoals bedoeld in best practice bepaling 2.1.8 is tezamen minder dan de helft van het totaal aantal commissarissen; en

iii. per aandeelhouder, of groep van verbonden aandeelhouders, die direct of indirect meer dan tien procent van de aandelen in het kapitaal van de vennootschap houdt, is maximaal één commissaris die kan gelden als met hem verbonden of hem vertegenwoordigend als bedoeld in best practice bepaling 2.1.8, onderdelen vi. en vii.

2.1.8
Onafhankelijkheid commissarissen

Een commissaris is niet onafhankelijk indien de betrokken commissaris, dan wel zijn echtgenoot, geregistreerde partner of andere levensgezel, pleegkind of bloed- of aanverwant tot in de tweede graad:

i. in de vijf jaar voorafgaand aan de benoeming werknemer of bestuurder van de vennootschap (inclusief gelieerde vennootschappen als bedoeld in artikel 5:48 Wet op het financieel toezicht) is geweest;

ii. een persoonlijke financiële vergoeding van de vennootschap of van een aan haar gelieerde vennootschap ontvangt, anders dan de vergoeding die voor de als commissaris verrichte werkzaamheden wordt ontvangen en voor zover zij niet past in de normale uitoefening van het bedrijf;

iii. in het jaar voorafgaand aan de benoeming een belangrijke zakelijke relatie met de vennootschap of een aan haar gelieerde vennootschap heeft gehad. Daaronder worden in ieder geval begrepen het geval dat de commissaris, of een kantoor waarvan hij aandeelhouder, vennoot, medewerker of adviseur is, is opgetreden als adviseur van de vennootschap (consultant, externe accountant, notaris of advocaat) en het geval dat de commissaris bestuurder of medewerker is van een bankinstelling waarmee de vennootschap een duurzame en significante relatie onderhoudt;

iv. bestuurder is van een vennootschap waarin een bestuurder van de vennootschap waarop hij toezicht houdt commissaris is;

v. gedurende de voorgaande twaalf maanden tijdelijk heeft voorzien in het bestuur bij belet en ontstentenis van bestuurders;

vi. een aandelenpakket in de vennootschap houdt van ten minste tien procent, daarbij meegerekend het aandelenbezit van natuurlijke personen of juridische lichamen die met hem samenwerken op grond van een uitdrukkelijke of stilzwijgende, mondelinge of schriftelijke overeenkomst;

vii. bestuurder of commissaris is bij of anderszins vertegenwoordiger is van een rechtspersoon die direct of indirect ten minste tien procent van de aandelen in de vennootschap houdt, tenzij het gaat om groepsmaatschappijen.

2.1.9
Onafhankelijkheid voorzitter raad van commissarissen

De voorzitter van de raad van commissarissen is geen voormalig bestuurder van de vennootschap en is onafhankelijk in de zin van best practice bepaling 2.1.8.

2.1.10
Verantwoording onafhankelijkheid commissarissen

Het verslag van de raad van commissarissen vermeldt dat naar het oordeel van de raad is voldaan aan de eisen voor onafhankelijkheid, bedoeld in best practice bepalingen 2.1.7 tot en met 2.1.9 en geeft daarbij aan, indien van toepassing, welke commissaris(sen) de raad als niet-onafhankelijk beschouwt.

Principe 2.2
Benoeming, opvolging en evaluatie

De raad van commissarissen draagt zorg voor een formele en transparante procedure voor het benoemen en herbenoemen van bestuurders en commissarissen en voor een gedegen plan voor opvolging. Daarbij wordt rekening gehouden met het diversiteitsbeleid. Het functioneren van het bestuur en de raad van commissarissen als collectief en het functioneren van individuele bestuurders en commissarissen wordt regelmatig geëvalueerd.

2.2.1
Benoemings- en herbenoemingstermijnen bestuurders

Een bestuurder wordt benoemd voor een periode van maximaal vier jaar. Herbenoeming kan telkens voor een periode van maximaal vier jaar plaatsvinden en wordt tijdig voorbereid. Bij voorbereiding van de benoeming of herbenoeming worden de doelstellingen ten aanzien van diversiteit uit best practice bepaling 2.1.5 in overweging genomen.

2.2.2

Benoemings- en herbenoemingstermijnen commissarissen

Commissarissen, (her)benoemingstermijnen van

Een commissaris wordt benoemd voor een periode van vier jaar en kan daarna éénmalig voor een periode van vier jaar worden herbenoemd. De commissaris kan nadien wederom worden herbenoemd voor een benoemingstermijn van twee jaar die daarna met maximaal twee jaar kan worden verlengd. Herbenoeming na een periode van acht jaar wordt gemotiveerd in het verslag van de raad van commissarissen. Bij benoeming of herbenoeming wordt de profielschets, bedoeld in best practice bepaling 2.1.1, in acht genomen.

2.2.3

Tussentijds aftreden

Commissaris en bestuurder, tussentijds aftreden van

Een commissaris of bestuurder treedt tussentijds af bij onvoldoende functioneren, structurele onverenigbaarheid van belangen of wanneer dit anderszins naar het oordeel van de raad van commissarissen is geboden. Bij tussentijds aftreden van een bestuurder of commissaris brengt de vennootschap een persbericht uit waarin de reden voor vertrek wordt genoemd.

2.2.4

Opvolging

Commissarissen en bestuurders, opvolging van

De raad van commissarissen draagt zorg voor dat de vennootschap over een gedegen plan beschikt voor de opvolging van bestuurders en commissarissen, dat is gericht op het in balans houden van de benodigde deskundigheid, ervaring en diversiteit. Bij het opstellen van het plan wordt de profielschets van de raad van commissarissen, bedoeld in best practice bepaling 2.1.1, in acht genomen. Tevens stelt de raad van commissarissen een rooster van aftreden vast om zoveel mogelijk te voorkomen dat commissarissen tegelijk aftreden. Het rooster van aftreden wordt op de website van de vennootschap geplaatst.

2.2.5

Taken selectie- en benoemingscommissie

Selectie- en benoemingscommissie, taken van

De selectie- en benoemingscommissie bereidt de besluitvorming van de raad van commissarissen voor en brengt verslag uit aan de raad van commissarissen van haar beraadslagingen en bevindingen.

De selectie- en benoemingscommissie richt zich in ieder geval op:

i. het opstellen van selectiecriteria en benoemingsprocedures inzake bestuurders en commissarissen;

ii. de periodieke beoordeling van de omvang en samenstelling van het bestuur en de raad van commissarissen en het doen van een voorstel voor een profielschets van de raad van commissarissen;

iii. de periodieke beoordeling van het functioneren van individuele bestuurders en commissarissen en de rapportage hierover aan de raad van commissarissen;

iv. het opstellen van een plan voor de opvolging van bestuurders en commissarissen;

v. het doen van voorstellen voor (her)benoemingen; en

vi. het toezicht op het beleid van het bestuur inzake selectiecriteria en benoemingsprocedures voor het hoger management.

2.2.6

Evaluatie raad van commissarissen

RvC, evaluatie eigen functioneren door

De raad van commissarissen evalueert ten minste eenmaal per jaar buiten aanwezigheid van het bestuur zijn eigen functioneren, het functioneren van de afzonderlijke commissies van de raad en dat van de individuele commissarissen, en bespreekt de conclusies die aan de evaluatie worden verbonden. Hierbij wordt aandacht besteed aan:

i. inhoudelijke aspecten, de onderlinge interactie en de interactie met het bestuur;

ii. zaken die zich in de praktijk hebben voorgedaan waaruit lessen kunnen worden getrokken; en

iii. het gewenste profiel, de samenstelling, competenties en deskundigheid van de raad van commissarissen.

2.2.7

Evaluatie bestuur

De raad van commissarissen evalueert ten minste eenmaal per jaar buiten aanwezigheid van het bestuur zowel het functioneren van het bestuur als collectief als dat van de individuele bestuurders en bespreekt de conclusies die aan de evaluatie worden verbonden, zulks mede in het licht van opvolging van bestuurders. Ook het bestuur evalueert ten minste eenmaal per jaar zijn eigen functioneren als collectief en dat van de individuele bestuurders.

RvC, evaluatie bestuur door

2.2.8

Verantwoording evaluatie

Het verslag van de raad van commissarissen vermeldt:
i. op welke wijze de evaluatie van de raad van commissarissen, de afzonderlijke commissies en de individuele commissarissen heeft plaatsgevonden;
ii. op welke wijze de evaluatie van het bestuur en de individuele bestuurders heeft plaatsgevonden; en
iii. wat is of wordt gedaan met de conclusies van de evaluaties.

RvC, verantwoording evaluatie door

Principe 2.3

Inrichting raad van commissarissen en verslag

De raad van commissarissen draagt zorg dat hij effectief functioneert. De raad van commissarissen stelt commissies in om de besluitvorming van de raad voor te bereiden. Het voorgaande doet geen afbreuk aan de verantwoordelijkheid van de raad van commissarissen als orgaan en van de individuele leden van de raad van commissarissen voor het inwinnen van informatie en het vormen van een onafhankelijk oordeel.

RvC, inrichting

2.3.1

Reglement raad van commissarissen

De taakverdeling binnen de raad van commissarissen, alsmede de werkwijze van de raad worden neergelegd in een reglement. De raad van commissarissen neemt in het reglement een passage op over zijn omgang met het bestuur, de algemene vergadering, indien aanwezig, het medezeggenschapsorgaan en, indien ingesteld, het *executive committee*. Het reglement wordt op de website van de vennootschap geplaatst.

RvC, reglement

2.3.2

Instellen commissies

Indien de raad van commissarissen uit meer dan vier leden bestaat, stelt hij uit zijn midden een auditcommissie, een remuneratiecommissie en een selectie- en benoemingscommissie in. Onverlet de collegiale verantwoordelijkheid van de raad, is het de taak van deze commissies om de besluitvorming van de raad van commissarissen voor te bereiden. Indien de raad van commissarissen besluit om geen audit-, remuneratie- of een selectie- en benoemingscommissie in te stellen, dan gelden de best practice bepalingen die betrekking hebben op deze commissie(s) voor de gehele raad van commissarissen.

Commissies RvC, instellen

2.3.3

Reglementen commissies

De raad van commissarissen stelt voor de audit-, remuneratie en selectie- en benoemingscommissie een reglement op. Het reglement geeft aan wat de rol en verantwoordelijkheid van de desbetreffende commissie zijn, haar samenstelling is en op welke wijze zij haar taak uitoefent. De reglementen worden op de website van de vennootschap geplaatst.

Commissies RvC, reglementen

2.3.4

Samenstelling commissies

Het voorzitterschap van de audit- of remuneratiecommissie wordt niet vervuld door de voorzitter van de raad van commissarissen, noch door een voormalig bestuurder van de vennootschap. Meer dan de helft van de leden van de commissies is onafhankelijk in de zin van best practice bepaling 2.1.8.

Commissies RvC, samenstelling

2.3.5

Verslag commissies

Commissies RvC, verslag De raad van commissarissen ontvangt van elk van de commissies een verslag van de beraadslagingen en bevindingen. In het verslag van de raad van commissarissen doet de raad verslag van de uitvoering van de taakopdracht van de commissies in het boekjaar. Daarin wordt vermeld de samenstelling van de commissies, het aantal vergaderingen van de commissies en de belangrijkste onderwerpen die in de vergaderingen aan de orde zijn gekomen.

2.3.6

Voorzitter raad van commissarissen

RvC, voorzitter De voorzitter van de raad van commissarissen ziet er in ieder geval op toe dat:

i. de contacten van de raad van commissarissen met het bestuur, indien aanwezig, het medezeggenschapsorgaan en de algemene vergadering naar behoren verlopen;

ii. de raad van commissarissen een vicevoorzitter kiest;

iii. voldoende tijd bestaat voor de beraadslaging en besluitvorming door de raad van commissarissen;

iv. commissarissen tijdig alle informatie ontvangen die nodig is voor de goede uitoefening van hun taak;iv. commissarissen tijdig alle informatie ontvangen die nodig is voor de goede uitoefening van hun taak;

v. de raad en zijn commissies naar behoren functioneren;

vi. individuele bestuurders en commissarissen ten minste jaarlijks worden beoordeeld op hun functioneren;

vii. commissarissen en bestuurders hun introductieprogramma volgen;

viii. commissarissen en bestuurders hun opleidings- of trainingsprogramma volgen;

ix. het bestuur de activiteiten ten aanzien van cultuur uitvoert;

x. de raad van commissarissen signalen uit de met de vennootschap verbonden onderneming opvangt en zorgt dat (vermoedens van) materiële misstanden en onregelmatigheden onverwijld aan de raad van commissarissen worden gerapporteerd;

xi. de algemene vergadering ordelijk en efficiënt verloopt;

xii. effectieve communicatie met aandeelhouders plaats kan vinden; en

xiii. de raad van commissarissen tijdig en nauw betrokken wordt bij een fusie- of overnameproces.

De voorzitter van de raad van commissarissen heeft regelmatig overleg met de voorzitter van het bestuur.

2.3.7

Vicevoorzitter raad van commissarissen

RvC, vicevoorzitter De vicevoorzitter van de raad van commissarissen vervangt bij gelegenheid de voorzitter.

2.3.8

Gedelegeerd commissaris

Commissaris, gedelegeerd Een gedelegeerd commissaris is een commissaris met een bijzondere taak. De delegatie kan niet verder gaan dan de taken die de raad van commissarissen zelf heeft en omvat niet het besturen van de vennootschap. Zij strekt tot intensiever toezicht en advies en meer geregeld overleg met het bestuur. Het gedelegeerd commissariaat is slechts van tijdelijke aard. De delegatie kan niet de taak en bevoegdheid van de raad van commissarissen wegnemen. De gedelegeerd commissaris blijft lid van de raad van commissarissen en doet regelmatig verslag van de uitvoering van zijn bijzondere taak aan de voltallige raad.

2.3.9

Tijdelijke bestuursfunctie commissaris

Commissaris, tijdelijke bestuursfunctie De commissaris die tijdelijk voorziet in het bestuur bij belet en ontstentenis van bestuurders treedt uit de raad van commissarissen om de bestuurstaak op zich te nemen.

2.3.10

Secretaris van de vennootschap

Secretaris van de vennootschap De raad van commissarissen wordt ondersteund door de secretaris van de vennootschap. De secretaris:

i. ziet erop toe dat de juiste procedures worden gevolgd en dat wordt gehandeld in overeenstemming met de wettelijke en statutaire verplichtingen;
ii. faciliteert de informatievoorziening van het bestuur en de raad van commissarissen; en
iii. ondersteunt de voorzitter van de raad van commissarissen in de organisatie van de raad, waaronder de informatievoorziening, agendering van vergaderingen, evaluaties en opleidingsprogramma's.

De secretaris wordt, al dan niet op initiatief van de raad van commissarissen, benoemd en ontslagen door het bestuur, na verkregen goedkeuring door de raad van commissarissen.

Indien de secretaris ook werkzaamheden verricht voor het bestuur en signaleert dat de belangen van het bestuur en de raad van commissarissen uiteenlopen, waardoor onduidelijk is welke belangen de secretaris dient te behartigen, meldt hij dit bij de voorzitter van de raad van commissarissen.

2.3.11
Verslag raad van commissarissen

Een verslag van de raad van commissarissen maakt deel uit van de jaarstukken van de vennootschap. In dit verslag legt de raad van commissarissen verantwoording af over het uitgeoefende toezicht in het afgelopen boekjaar, waarbij in ieder geval verslag wordt gedaan over de onderwerpen, bedoeld in de best practice bepalingen 1.1.3, 2.1.2, 2.1.10, 2.2.8, 2.3.5 en 2.4.4, en indien van toepassing over de onderwerpen, bedoeld in best practice bepalingen 1.3.6 en 2.2.2.

RvC, verslag

Principe 2.4
Besluitvorming en functioneren

Het bestuur en de raad van commissarissen dragen zorg voor een evenwichtige en effectieve besluitvorming waarbij rekening wordt gehouden met de belangen van stakeholders. Door het bestuur wordt een goede en tijdige informatievoorziening opgezet. Het bestuur en de raad van commissarissen houden hun kennis en vaardigheden op peil en besteden voldoende tijd aan hun taken en verantwoordelijkheden. Zij zorgen ervoor dat zij bij de uitoefening van hun taken over informatie beschikken die nodig is voor een goede besluitvorming.

Besluitvorming en functioneren, taak Rvc en bestuur t.a.v.

2.4.1
Stimuleren openheid & aanspreekbaarheid

Het bestuur en de raad van commissarissen zijn elk verantwoordelijk voor het stimuleren van openheid en aanspreekbaarheid binnen het orgaan waar zij deel van uitmaken en de organen onderling.

Stimuleren door bestuur en RvC van openheid en aanspreekbaarheid

2.4.2
Nevenfuncties

Bestuurders en commissarissen melden nevenfuncties vooraf aan de raad van commissarissen en minimaal jaarlijks worden de nevenfuncties in de vergadering van de raad van commissarissen besproken. De aanvaarding van een commissariaat door een bestuurder behoeft de goedkeuring van de raad van commissarissen.

Nevenfuncties van bestuurders en commissarissen

2.4.3
Aanspreekpunt voor functioneren van commissarissen en bestuurders

De voorzitter van de raad van commissarissen is namens de raad het voornaamste aanspreekpunt voor het bestuur, commissarissen en voor aandeelhouders over het functioneren van bestuurders en commissarissen. De vicevoorzitter fungeert als aanspreekpunt voor individuele commissarissen en bestuurders over het functioneren van de voorzitter.

Functioneren van bestuurders en commissarissen, aanspreekpunt voor

2.4.4
Aanwezigheid bij vergaderingen raad van commissarissen

Commissarissen worden geacht aanwezig te zijn bij vergaderingen van de raad van commissarissen en bij vergaderingen van commissies waarvan zij deel uitmaken. Indien commissarissen frequent afwezig zijn bij deze vergaderingen, worden zij daarop aangesproken. Het verslag van de raad van commissarissen vermeldt het aanwezigheidspercentage van elke commissaris bij de vergaderingen van de raad van commissarissen en van de commissies.

RvC, afwezigheid bij vergaderingen

2.4.5

Introductieprogramma commissarissen

Alle commissarissen volgen een op de functie toegesneden introductieprogramma. Het introductieprogramma besteedt in ieder geval aandacht aan algemene financiële, sociale en juridische zaken, de financiële verslaggeving door de vennootschap, de specifieke aspecten die eigen zijn aan de desbetreffende vennootschap en haar ondernemingsactiviteiten, de cultuur en - indien aanwezig - de relatie met het medezeggenschapsorgaan en de verantwoordelijkheden van een commissaris.

2.4.6

Ontwikkeling

Het bestuur en de raad van commissarissen beoordelen ieder jaarlijks voor hun eigen orgaan op welke onderdelen commissarissen en bestuurders gedurende hun benoemingsperiode behoefte hebben aan training of opleiding.

2.4.7

Waarborgen informatievoorziening

Het bestuur draagt zorg voor het instellen en handhaven van interne procedures die ervoor zorgen dat alle relevante informatie tijdig bij het bestuur en bij de raad van commissarissen bekend is. De raad van commissarissen houdt toezicht op de instelling en uitvoering van deze procedures.

2.4.8

Verantwoordelijkheid commissarissen voor inwinnen informatie

De raad van commissarissen en iedere commissaris afzonderlijk heeft een eigen verantwoordelijkheid om van het bestuur, de interne audit functie, de externe accountant en – indien aanwezig – het medezeggenschapsorgaan de informatie in te winnen die de raad van commissarissen nodig heeft om zijn taak als toezichthoudend orgaan goed te kunnen uitoefenen.

2.4.9

Inwinnen informatie bij functionarissen en externen

Indien de raad van commissarissen dit geboden acht, kan hij informatie inwinnen van functionarissen en externe adviseurs van de vennootschap. De vennootschap stelt hiertoe de benodigde middelen ter beschikking. De raad van commissarissen kan verlangen dat bepaalde functionarissen en externe adviseurs bij zijn vergaderingen aanwezig zijn.

Principe 2.5

Cultuur

Het bestuur is verantwoordelijk voor het vormgeven van een cultuur die is gericht op lange termijn waardecreatie van de vennootschap en de met haar verbonden onderneming. De raad van commissarissen houdt toezicht op de activiteiten van het bestuur ter zake.

2.5.1

Verantwoordelijkheid bestuur voor cultuur

Het bestuur stelt voor de vennootschap en de met haar verbonden onderneming waarden vast die bijdragen aan een cultuur gericht op lange termijn waardecreatie en bespreekt deze met de raad van commissarissen. Het bestuur is verantwoordelijk voor de inbedding en het onderhouden van de waarden in de vennootschap en de met haar verbonden onderneming. Daarbij wordt onder meer aandacht besteed aan:
i. de strategie en het bedrijfsmodel;
ii. de omgeving waarin de onderneming opereert; en
iii. de bestaande cultuur binnen de onderneming en of het gewenst is daar wijzigingen in aan te brengen.
Het bestuur stimuleert gedrag dat aansluit bij de waarden en draagt deze waarden uit door het tonen van voorbeeldgedrag.

2.5.2

Gedragscode

Het bestuur stelt een gedragscode op en ziet toe op de werking en de naleving ervan door zichzelf en de werknemers van de vennootschap. Het bestuur informeert de raad van commissarissen over de bevindingen en observaties ten aanzien van de werking en de naleving. De gedragscode wordt op de website van de vennootschap geplaatst.

2.5.3

Medezeggenschap

Indien de vennootschap een medezeggenschapsorgaan heeft ingesteld, wordt in het overleg tussen het bestuur, de raad van commissarissen en het medezeggenschapsorgaan ook gesproken over gedrag en cultuur in de vennootschap en de met haar verbonden onderneming.

2.5.4

Verantwoording over cultuur

In het bestuursverslag geeft het bestuur een toelichting op:
i. de waarden en de wijze waarop deze worden ingebed in de vennootschap en de met haar verbonden onderneming; en
ii. de werking en naleving van de gedragscode.

Principe 2.6

Misstanden en onregelmatigheden

Het bestuur en de raad van commissarissen zijn alert op signalen van (vermoedens van) misstanden en onregelmatigheden. Het bestuur stelt een procedure in zodat meldingen van (vermoedens van) misstanden en onregelmatigheden kunnen worden gedaan en geeft adequate opvolging aan deze meldingen. De raad van commissarissen houdt toezicht op het bestuur ter zake.

2.6.1

Regeling voor melden van (vermoedens van) misstanden en onregelmatigheden

Het bestuur stelt een regeling op voor het melden van (vermoedens van) misstanden en onregelmatigheden binnen de vennootschap en de met haar verbonden onderneming. De regeling wordt op de website van de vennootschap geplaatst. Het bestuur draagt zorg dat werknemers zonder gevaar voor hun rechtspositie de mogelijkheid hebben een melding te doen.

2.6.2

Informeren voorzitter raad van commissarissen

De voorzitter van de raad van commissarissen wordt door het bestuur onverwijld geïnformeerd over signalen van (vermoedens van) materiële misstanden en onregelmatigheden binnen de vennootschap en de met haar verbonden onderneming.
Wanneer (het vermoeden van) een misstand of onregelmatigheid het functioneren van een bestuurder betreft, kan een werknemer dit rechtstreeks aan de voorzitter van de raad van commissarissen melden.

2.6.3

Melding externe accountant

De externe accountant informeert de voorzitter van de auditcommissie onverwijld wanneer hij bij de uitvoering van zijn opdracht een misstand of onregelmatigheid constateert of vermoedt. Wanneer (het vermoeden van) een misstand of onregelmatigheid het functioneren van een bestuurder betreft, meldt de externe accountant dit aan voorzitter van de raad van commissarissen.

2.6.4

Toezicht door raad van commissarissen

De raad van commissarissen houdt toezicht op de werking van de meldingsprocedure van (vermoedens van) misstanden en onregelmatigheden, op passend en onafhankelijk onderzoek naar signalen van misstanden en onregelmatigheden en, indien een misstand of onregelmatigheid is geconstateerd, een adequate opvolging van eventuele aanbevelingen tot herstelacties. Om de onafhankelijkheid van onderzoek te borgen heeft de raad van commissarissen in gevallen waarin het bestuur zelf betrokken is, de mogelijkheid om zelf een onderzoek te initiëren naar signalen van misstanden en onregelmatigheden en dit onderzoek aan te sturen.

Principe 2.7 Voorkomen belangenverstrengeling

Belangenverstrengeling, voorkomen van

Elke vorm van belangenverstrengeling tussen de vennootschap en haar bestuurders of commissarissen wordt vermeden. Om te vermijden dat belangenverstrengeling plaats vindt, worden adequate maatregelen getroffen. De raad van commissarissen is verantwoordelijk voor de besluitvorming over de omgang met belangenverstrengeling bij bestuurders, commissarissen en grootaandeelhouders in relatie tot de vennootschap.

2.7.1 Voorkomen belangenverstrengeling

Belangenverstrengeling, rol bestuurders en commissarissen bij voorkomen van

Bestuurders en commissarissen zijn alert op belangenverstrengeling en zullen in ieder geval:
i. niet in concurrentie met de vennootschap treden;
ii. geen (substantiële) schenkingen van de vennootschap voor zichzelf, voor hun echtgenoot, geregistreerde partner of een andere levensgezel, pleegkind of bloed- of aanverwant tot in de tweede graad vorderen of aannemen;
iii. ten laste van de vennootschap geen ongerechtvaardigde voordelen verschaffen aan derden;
iv. geen zakelijke kansen die aan de vennootschap toekomen benutten voor zichzelf of voor hun echtgenoot, geregistreerde partner of een andere levensgezel, pleegkind of bloed- of aanverwant tot in de tweede graad.

2.7.2 Reglement

Belangenverstrengeling, regels in Reglement m.b.t.

Het reglement van de raad van commissarissen bevat regels voor de wijze waarop omgegaan dient te worden met belangenverstrengeling, waaronder tegenstijdig belang, van bestuurders en commissarissen in relatie tot de vennootschap. Het reglement beschrijft voor welke transacties goedkeuring van de raad van commissarissen is vereist. Tevens stelt de vennootschap regels op voor het bezit van en transacties in effecten door bestuurders en commissarissen anders dan die uitgegeven door de vennootschap.

2.7.3 Melding

Belangenverstrengeling, melding van

Een tegenstrijdig belang kan bestaan wanneer de vennootschap voornemens is een transactie aan te gaan met een rechtspersoon:
i. waarin een bestuurder of commissaris persoonlijk een materieel financieel belang houdt; of
ii. waarvan een bestuurder of commissaris een familierechtelijke verhouding heeft met een bestuurder of commissaris van de vennootschap.
Een bestuurder meldt een potentieel tegenstrijdig belang bij een transactie die van materiële betekenis is voor de vennootschap en/of voor de desbetreffende bestuurder onverwijld aan de voorzitter van de raad van commissarissen en aan de overige leden van het bestuur. De bestuurder verschaft daarover alle relevante informatie, inclusief de voor de situatie relevante informatie inzake zijn echtgenoot, geregistreerde partner of een andere levensgezel, pleegkind en bloed- en aanverwanten tot in de tweede graad.
Een commissaris meldt een potentieel tegenstrijdig belang bij een transactie die van materiële betekenis is voor de vennootschap en/of voor de desbetreffende commissaris onverwijld aan de voorzitter van de raad van commissarissen en verschaft daarover alle relevante informatie, inclusief de voor de situatie relevante informatie inzake zijn echtgenoot, geregistreerde partner of een andere levensgezel, pleegkind en bloed- en aanverwanten tot in de tweede graad. Indien de voorzitter van de raad van commissarissen een potentieel tegenstrijdig belang heeft, meldt hij dit onverwijld aan de vicevoorzitter van de raad van commissarissen.
De raad van commissarissen besluit buiten aanwezigheid van de betrokken bestuurder of commissaris of sprake is van een tegenstrijdig belang.

2.7.4

Verantwoording transacties bestuurders en commissarissen

Alle transacties waarbij tegenstrijdige belangen van bestuurders of commissarissen spelen, worden tegen op de markt gebruikelijke condities overeengekomen. Besluiten tot het aangaan van transacties waarbij tegenstrijdige belangen van bestuurders of commissarissen spelen die van materiële betekenis zijn voor de vennootschap en/of voor de desbetreffende bestuurders of commissarissen behoeven goedkeuring van de raad van commissarissen. Dergelijke transacties worden gepubliceerd in het bestuursverslag, met vermelding van het tegenstrijdig belang en de verklaring dat best practice bepalingen 2.7.3 en 2.7.4 zijn nageleefd.

Transacties bestuurders en commissarissen, verantwoording

2.7.5

Verantwoording transacties grootaandeelhouder

Alle transacties tussen de vennootschap en natuurlijke of rechtspersonen die ten minste tien procent van de aandelen in de vennootschap houden, worden tegen op de markt gebruikelijke condities overeengekomen. Besluiten tot het aangaan van transacties met deze personen die van materiële betekenis zijn voor de vennootschap en/of voor deze personen behoeven goedkeuring van de raad van commissarissen. Dergelijke transacties worden gepubliceerd in het bestuursverslag, met de verklaring dat best practice bepaling 2.7.5 is nageleefd.

Transacties grootaandeelhouders, verantwoording

2.7.6

Persoonlijke leningen

De vennootschap verstrekt aan haar bestuurders en commissarissen geen persoonlijke leningen, garanties en dergelijke, tenzij in de normale uitoefening van het bedrijf en tegen de daarvoor voor het gehele personeel geldende voorwaarden en na goedkeuring van de raad van commissarissen. Leningen worden niet kwijtgescholden.

Persoonlijke leningen aan bestuurders en commissarissen

Principe 2.8

Overnamesituaties

Bij een overnamebod op de (certificaten van) aandelen in de vennootschap, bij een onderhands bod op een bedrijfsonderdeel of een deelneming waarvan de waarde de in artikel 2:107a, lid 1, onderdeel c, BW bedoelde grens overschrijdt, en/of bij andere ingrijpende wijzigingen in de structuur van de vennootschap, zorgen zowel het bestuur als de raad van commissarissen voor een zorgvuldige weging van de betrokken belangen van de stakeholders en het voorkomen van belangenverstrengeling voor commissarissen of bestuurders. Het bestuur en de raad van commissarissen laten zich bij hun handelen leiden door het belang van de vennootschap en de daarmee verbonden onderneming.

Overnamesituaties

2.8.1

Betrekken raad van commissarissen

Wanneer een overnamebod op de (certificaten van) aandelen in de vennootschap wordt voorbereid, bij een onderhands bod op een bedrijfsonderdeel of een deelneming waarvan de waarde de in artikel 2:107a, lid 1, onderdeel c, BW bedoelde grens overschrijdt, en/of bij een andere ingrijpende wijziging in de structuur van de vennootschap, draagt het bestuur zorg dat de raad van commissarissen tijdig en nauw wordt betrokken bij het overnameproces en/of de wijziging van de structuur.

Overnamebod, betrokkenheid RvC bij

2.8.2

Informeren raad van commissarissen over verzoek tot inzage door concurrerende bieder

Indien op de (certificaten van) aandelen in de vennootschap een overnamebod is aangekondigd of uitgebracht en het bestuur een verzoek van een derde concurrerende bieder ontvangt om inzage te verschaffen in de gegevens van de vennootschap, dan bespreekt het bestuur dit verzoek onverwijld met de raad van commissarissen.

Overnamebod, informeren RvC over verzoek tot inzage bij

2.8.3

Standpunt bestuur ten aanzien van onderhands bod

Indien een onderhands bod op een bedrijfsonderdeel of een deelneming waarvan de waarde de in artikel 2:107a, lid 1, onderdeel c, BW bedoelde grens overschrijdt in de openbaarheid is

Onderhands bod, standpunt bestuur t.a.v.

gebracht, deelt het bestuur van de vennootschap zo spoedig mogelijk zijn standpunt over het bod, alsmede de motivering van dit standpunt, openbaar mede.

Hoofdstuk 3 Beloningen

Principe 3.1 Beloningsbeleid bestuur

Beloningsbeleid bestuur Het beloningsbeleid voor bestuurders is duidelijk en begrijpelijk, is gericht op lange termijn waardecreatie van de vennootschap en de met haar verbonden onderneming en houdt rekening met de interne beloningsverhoudingen binnen de onderneming. Het beloningsbeleid zet bestuurders niet aan tot gedrag in hun eigen belang noch tot het nemen van risico's die niet passen binnen de geformuleerde strategie en de vastgestelde risicobereidheid. De raad van commissarissen is verantwoordelijk voor het formuleren van het beloningsbeleid en de implementatie daarvan.

3.1.1 Voorstel beloningsbeleid

Beloningsbeleid, voorstel De remuneratiecommissie doet een duidelijk en begrijpelijk voorstel aan de raad van commissarissen betreffende het te voeren beloningsbeleid voor het bestuur. De raad van commissarissen legt het beleid ter vaststelling voor aan de algemene vergadering.

3.1.2 Beloningsbeleid

Beloningsbeleid, overwegingen bij Bij het formuleren van het beloningsbeleid worden in ieder geval de volgende aspecten in overweging genomen:

i. de doelstellingen voor de strategie ter uitvoering van lange termijn waardecreatie, zoals bedoeld in best practice bepaling 1.1.1;

ii. vooraf uitgevoerde scenarioanalyses;

iii. de beloningsverhoudingen binnen de vennootschap en de met haar verbonden onderneming;

iv. de ontwikkeling van de beurskoers van de aandelen;

v. een passende verhouding van het variabele deel van de beloning ten opzichte van het vaste deel. Het variabele deel van de beloning is gekoppeld aan vooraf vastgestelde en meetbare prestatiecriteria, die overwegend een lange termijn karakter hebben;

vi. indien aandelen worden toegekend, de voorwaarden waaronder dit gebeurt. Aandelen worden ten minste voor een periode van vijf jaar na toekenning aangehouden; en

vii. indien opties worden toegekend, de voorwaarden waaronder dit gebeurt en de voorwaarden waaronder de opties vervolgens kunnen worden uitgeoefend. Opties worden in ieder geval de eerste drie jaar na toekenning niet uitgeoefend.

3.1.3 Beloning executive committee

Beloning executive committee Indien het bestuur werkt met een *executive committee*, informeert het bestuur de raad van commissarissen over de beloning van de leden van het *executive committee*, niet zijnde statutair bestuurders. Het bestuur bespreekt deze beloning jaarlijks met de raad van commissarissen.

Principe 3.2 Vaststelling beloningen bestuur

Beloningen bestuur, vaststelling De raad van commissarissen stelt de beloning van de individuele bestuurders vast, binnen de grenzen van het door de algemene vergadering vastgestelde beloningsbeleid. De remuneratiecommissie bereidt de besluitvorming van de raad van commissarissen voor over de vaststelling van beloningen. Een ontoereikende vervulling van taken wordt niet beloond.

3.2.1 Voorstel remuneratiecommissie

Beloningen bestuur, voorstel remuneratiecommissie inzake De remuneratiecommissie doet een voorstel aan de raad van commissarissen inzake de beloningen van individuele bestuurders. Het voorstel wordt in overeenstemming met het beloningsbeleid opgesteld en gaat in ieder geval in op de beloningsstructuur, de hoogte van de vaste en variabele beloningscomponenten, de gehanteerde prestatiecriteria, de uitgevoerde scenarioanalyses en de beloningsverhoudingen binnen de vennootschap en de met haar verbonden onderneming.

3.2.2
Visie bestuurders eigen beloning

Bij het formuleren van het voorstel voor de beloningen van bestuurders neemt de remuneratiecommissie kennis van de visie van de individuele bestuurders met betrekking tot de hoogte en structuur van hun eigen beloning. De remuneratiecommissie vraagt de bestuurders hierbij aandacht te besteden aan de aspecten, bedoeld in best practice bepaling 3.1.2.

3.2.3
Ontslagvergoeding

De vergoeding bij ontslag bedraagt maximaal eenmaal het jaarsalaris (het "vaste" deel van de beloning). Een ontslagvergoeding wordt niet uitgekeerd wanneer de overeenkomst voortijdig wordt beëindigd op initiatief van de bestuurder of wanneer de bestuurder ernstig verwijtbaar dan wel nalatig heeft gehandeld.

Principe 3.3
Beloning raad van commissarissen

De raad van commissarissen doet aan de algemene vergadering een duidelijk en begrijpelijk voorstel voor een passende eigen beloning. De beloning voor commissarissen stimuleert een adequate uitoefening van de functie en is niet afhankelijk van de resultaten van de vennootschap.

3.3.1
Tijdsbesteding en verantwoordelijkheid

De beloning van de commissarissen reflecteert de tijdsbesteding en de verantwoordelijkheden van de functie.

3.3.2
Beloning commissarissen

Aan een commissaris worden bij wijze van beloning geen aandelen en/of rechten op aandelen toegekend.

3.3.3
Aandelenbezit

Het aandelenbezit van een commissaris in de vennootschap waarvan hij commissaris is, is ter belegging op de lange termijn.

Principe 3.4
Verantwoording uitvoering beloningsbeleid

In het remuneratierapport legt de raad van commissarissen op een inzichtelijke wijze verantwoording af over de uitvoering van het beloningsbeleid. Het rapport wordt geplaatst op de website van de vennootschap.

3.4.1
Remuneratierapport

De remuneratiecommissie bereidt het remuneratierapport voor. In dit rapport wordt, naast hetgeen de wet vereist, op inzichtelijke wijze in ieder geval verslag gedaan:
i. van de wijze waarop het beloningsbeleid in het afgelopen boekjaar in praktijk is gebracht;
ii. van de wijze waarop de uitvoering van het beloningsbeleid bijdraagt aan lange termijn waardecreatie;
iii. dat scenarioanalyses in overweging zijn genomen;
iv. van de beloningsverhoudingen binnen de vennootschap en de met haar verbonden onderneming en indien van toepassing de wijzigingen in deze verhoudingen ten opzichte van voorgaande boekjaar;
v. indien een bestuurder een variabele beloning ontvangt, de wijze waarop deze beloning bijdraagt aan lange termijn waardecreatie, de vooraf vastgestelde en meetbare prestatiecriteria

waarvan de variabele beloning afhankelijk is gesteld en de relatie tussen de beloning en de prestatie; en
vi. indien een (voormalig) bestuurder een ontslagvergoeding ontvangt, de reden voor deze vergoeding.

3.4.2
Overeenkomst bestuurder

Beloning, plaatsing op website van overeenkomst met bestuurder over

De belangrijkste elementen van de overeenkomst van een bestuurder met de vennootschap worden na het sluiten daarvan op de website van de vennootschap geplaatst in een inzichtelijk overzicht, uiterlijk bij de oproeping voor de algemene vergadering waar de benoeming van de bestuurder wordt voorgesteld.

Hoofdstuk 4 Algemene vergadering

Principe 4.1 *De algemene vergadering*

Algemene vergadering

De algemene vergadering kan een zodanige invloed uitoefenen op het beleid van het bestuur en de raad van commissarissen van de vennootschap, dat zij een volwaardige rol speelt in het systeem van *checks and balances* binnen de vennootschap. Goede corporate governance veronderstelt een volwaardige deelname van aandeelhouders aan de besluitvorming in de algemene vergadering.

4.1.1
Toezicht raad van commissarissen

Aandeelhouders, toezicht RvC op verhouding met

Het toezicht van de raad van commissarissen op het bestuur omvat mede het toezicht op de verhouding met aandeelhouders.

4.1.2
Vergaderorde

Algemene vergadering, rol voorzitter m.b.t. vergaderorde tijdens

De voorzitter van de algemene vergadering is verantwoordelijk voor een goede vergaderorde teneinde een zinvolle discussie in de vergadering te faciliteren.

4.1.3
Agenda

Algemene vergadering, agenda

Op de agenda van de algemene vergadering wordt vermeld, welke punten ter bespreking en welke punten ter stemming zijn. De volgende onderwerpen worden als aparte agendapunten behandeld:
i. materiële wijzigingen in de statuten;
ii. voorstellen omtrent de benoeming van bestuurders en commissarissen;
iii. het reservering- en dividendbeleid van de vennootschap (de hoogte en bestemming van reservering, de hoogte van het dividend en de dividendvorm);
iv. het voorstel tot uitkering van dividend;
v. de goedkeuring van het door het bestuur gevoerde beleid (décharge van bestuurders);
vi. de goedkeuring van het door de raad van commissarissen uitgeoefende toezicht (décharge van commissarissen);
vii. elke substantiële verandering in de corporate governance structuur van de vennootschap en in de naleving van deze Code; en
viii. de benoeming van de externe accountant.

4.1.4
Voorstel tot goedkeuring of machtiging

Bijeenkomsten en presentaties

Een voorstel tot goedkeuring of machtiging door de algemene vergadering wordt schriftelijk toegelicht. Het bestuur gaat in de toelichting in op alle feiten en omstandigheden die relevant zijn voor de te verlenen goedkeuring of machtiging. De toelichting bij de agenda wordt op de website van de vennootschap geplaatst.

4.1.5

Toelichting aandeelhouder bij uitoefening agenderingsrecht

Indien een aandeelhouder een onderwerp op de agenda heeft laten plaatsen, licht hij dit ter vergadering toe en beantwoordt hij zo nodig vragen hierover.

4.1.6

Agendering door aandeelhouder

Een aandeelhouder oefent het agenderingsrecht slechts uit nadat hij daaromtrent in overleg is getreden met het bestuur. Wanneer één of meer aandeelhouders het voornemen hebben de agendering te verzoeken van een onderwerp dat kan leiden tot wijziging van de strategie van de vennootschap, bijvoorbeeld door het ontslag van één of meer bestuurders of commissarissen, wordt het bestuur in de gelegenheid gesteld een redelijke termijn in te roepen om hierop te reageren (de responstijd). De mogelijkheid van het inroepen van de responstijd geldt ook voor een voornemen als hiervoor bedoeld dat strekt tot rechterlijke machtiging voor het bijeenroepen van een algemene vergadering op grond van artikel 2:110 BW. De desbetreffende aandeelhouder respecteert de door het bestuur ingeroepen responstijd, bedoeld in best practice bepaling 4.1.7.

4.1.7

Inroepen responstijd

Indien het bestuur een responstijd inroept, is dit een redelijke periode die niet langer duurt dan 180 dagen, gerekend vanaf het moment waarop het bestuur door één of meer aandeelhouders op de hoogte wordt gesteld van het voornemen tot agendering tot aan de dag van de algemene vergadering waarop het onderwerp zou moeten worden behandeld. Het bestuur gebruikt de responstijd voor nader beraad en constructief overleg, in ieder geval met de desbetreffende aandeelhouder(s), en verkent de alternatieven. Aan het einde van de responstijd doet het bestuur verslag van dit overleg en de verkenning aan de algemene vergadering. De raad van commissarissen ziet hierop toe.

De responstijd wordt per algemene vergadering slechts eenmaal ingeroepen, geldt niet ten aanzien van een aangelegenheid waarvoor reeds eerder een responstijd is ingeroepen en geldt evenmin wanneer een aandeelhouder als gevolg van een geslaagd openbaar bod over ten minste driekwart van het geplaatst kapitaal beschikt.

4.1.8

Aanwezigheid voorgedragen bestuurders en commissarissen

Bestuurders en commissarissen die worden voorgedragen voor benoeming zijn aanwezig tijdens de algemene vergadering waar over hun voordacht wordt gestemd.

4.1.9

Aanwezigheid externe accountant

De externe accountant kan over zijn verklaring omtrent de getrouwheid van de jaarrekening worden bevraagd door de algemene vergadering. De externe accountant woont daartoe deze vergadering bij en is bevoegd daarin het woord te voeren.

4.1.10

Verslag algemene vergadering

Het verslag van de algemene vergadering wordt uiterlijk drie maanden na afloop van de vergadering op verzoek ter beschikking gesteld aan de aandeelhouders, waarna aandeelhouders gedurende de daaropvolgende drie maanden de gelegenheid hebben op het verslag te reageren. Het verslag wordt vervolgens vastgesteld op de wijze die in de statuten is bepaald.

Principe 4.2

Informatieverschaffing en voorlichting

Het bestuur en de raad van commissarissen dragen zorg voor een adequate informatieverschaffing en voorlichting aan de algemene vergadering.

4.2.1
Motivering beroep zwaarwichtig belang

Indien het bestuur en de raad van commissarissen met een beroep op een zwaarwichtig belang der vennootschap de algemene vergadering niet alle verlangde informatie verstrekken, wordt dit beroep gemotiveerd toegelicht.

4.2.2
Beleid bilaterale contacten met aandeelhouders

De vennootschap formuleert een beleid op hoofdlijnen inzake bilaterale contacten met aandeelhouders en plaatst dit beleid op haar website.

4.2.3
Bijeenkomsten en presentaties

Bijeenkomsten en presentaties

Analistenbijeenkomsten, analistenpresentaties, presentaties aan (institutionele) beleggers en persconferenties worden vooraf via de website van de vennootschap en persberichten aangekondigd. Analistenbijeenkomsten en presentaties aan beleggers vinden niet plaats kort voor de publicatie van de reguliere financiële informatie. Alle aandeelhouders kunnen deze bijeenkomsten en presentaties gelijktijdig volgen door middel van webcasting, telefoon, of anderszins. De presentaties worden na afloop van de bijeenkomsten op de website van de vennootschap geplaatst.

4.2.4
Plaatsing informatie op afzonderlijk gedeelte website

Informatie voor aanhouders plaatsen op afzonderlijk deel website

De vennootschap plaatst en actualiseert de voor aandeelhouders relevante informatie die zij krachtens het op haar van toepassing zijnde vennootschapsrecht en effectenrecht dient te publiceren of deponeren op een afzonderlijk gedeelte van de website van de vennootschap.

4.2.5
Contacten bestuur met pers en analisten

Pers en analisten, contacten van bestuur met

De contacten tussen het bestuur enerzijds en de pers en financieel analisten anderzijds worden zorgvuldig en met inachtneming van de toepasselijke wet- en regelgeving behandeld en gestructureerd. De vennootschap verricht geen handelingen die de onafhankelijkheid van analisten ten opzichte van de vennootschap en vice versa aantasten.

4.2.6
Overzicht beschermingsmaatregelen

Beschermingsmaatregelen, overzicht van

Het bestuur geeft in het bestuursverslag een overzicht van alle uitstaande of potentieel inzetbare beschermingsmaatregelen tegen een overname van zeggenschap over de vennootschap en geeft daarbij aan onder welke omstandigheden en door wie deze beschermingsmaatregelen naar verwachting kunnen worden ingezet.

Principe 4.3
Uitbrengen van stemmen

Stemmen tijdens algemene vergadering

Deelname van zoveel mogelijk aandeelhouders aan de besluitvorming in de algemene vergadering is in het belang van de *checks and balances* van de vennootschap. De vennootschap stelt, voor zover het in haar mogelijkheid ligt, aandeelhouders in de gelegenheid op afstand te stemmen en met alle (andere) aandeelhouders te communiceren.

4.3.1
Stemmen naar eigen inzicht

Stemmen naar eigen inzicht

Een aandeelhouder stemt naar eigen inzicht. Van een aandeelhouder die gebruik maakt van stemadviezen van derden wordt verwacht dat hij zich een eigen oordeel vormt over het stembeleid of de door deze adviseur verstrekte stemadviezen.

4.3.2

Verstrekken stemvolmachten of steminstructies

De vennootschap biedt aandeelhouders en andere stemgerechtigden de mogelijkheid om voorafgaand aan de algemene vergadering stemvolmachten respectievelijk steminstructies aan een onafhankelijke derde te verstrekken.

Stemvolmachten of steminstructies, verstrekken door aandeelhouder van

4.3.3

Ontnemen bindende karakter voordracht of ontslag

De algemene vergadering van een niet-structuurvennootschap kan een besluit tot het ontnemen van het bindende karakter aan een voordracht tot benoeming van een bestuurder of commissaris en/of een besluit tot ontslag van een bestuurder of commissaris nemen bij volstrekte meerderheid van de uitgebrachte stemmen. Aan deze meerderheid kan de eis worden gesteld dat zij een bepaald gedeelte van het geplaatste kapitaal vertegenwoordigt, welk deel niet hoger dan een derde wordt gesteld. Indien dit gedeelte ter vergadering niet is vertegenwoordigd, maar een volstrekte meerderheid van de uitgebrachte stemmen het besluit tot het ontnemen van het bindende karakter aan de voordracht of tot het ontslag steunt, dan kan in een nieuwe vergadering die wordt bijeengeroepen het besluit bij volstrekte meerderheid van stemmen worden genomen, onafhankelijk van het op deze vergadering vertegenwoordigd gedeelte van het kapitaal.

Benoeming of ontslag, ontnemen bindend karakter aan

4.3.4

Stemrecht financieringspreferente aandelen

Het stemrecht op financieringspreferente aandelen wordt gebaseerd op de reële waarde van de kapitaalinbreng.

Stemrecht op financieringspreferente aandelen

4.3.5

Publiceren stembeleid institutionele beleggers

Institutionele beleggers (pensioenfondsen, verzekeraars, beleggingsinstellingen, vermogensbeheerders) plaatsen jaarlijks in ieder geval op hun website hun beleid ten aanzien van het uitoefenen van het stemrecht op aandelen die zij houden in beursvennootschappen.

Stembeleid van institutionele beleggers, publiceren van

4.3.6

Verslag uitvoering stembeleid institutionele beleggers

Institutionele beleggers plaatsen jaarlijks op hun website en/of in hun bestuursverslag een verslag van de uitvoering van hun beleid voor het uitoefenen van het stemrecht in het desbetreffende boekjaar. Daarnaast brengen zij ten minste eenmaal per kwartaal op hun website verslag uit of en hoe zij als aandeelhouders hebben gestemd op algemene vergaderingen. Dit verslag wordt op de website van de institutionele belegger geplaatst.

Stembeleid van institutionele beleggers, verslag uitvoering van

Principe 4.4

Certificering van aandelen

Certificering van aandelen kan een middel zijn om te voorkomen dat door absenteïsme ter algemene vergadering een (toevallige) meerderheid van aandeelhouders de besluitvorming naar haar hand zet. Certificering van aandelen wordt niet gebruikt als beschermingsmaatregel. Het bestuur van het administratiekantoor verleent aan certificaathouders die daarom vragen onder alle omstandigheden en onbeperkt stemvolmachten. De aldus gevolmachtigde certificaathouders kunnen het stemrecht naar eigen inzicht uitoefenen. Het bestuur van het administratiekantoor geniet het vertrouwen van de certificaathouders. Certificaathouders hebben de mogelijkheid om kandidaten voor het bestuur van het administratiekantoor aan te bevelen. De vennootschap verstrekt aan het administratiekantoor geen informatie die niet openbaar is gemaakt.

Certificering van aandelen

4.4.1

Bestuur administratiekantoor

Het bestuur van het administratiekantoor geniet het vertrouwen van certificaathouders en opereert onafhankelijk van de vennootschap die de certificaten heeft uitgegeven. De administratievoorwaarden bepalen in welke gevallen en onder welke voorwaarden certificaathouders het administratiekantoor kunnen verzoeken een vergadering van certificaathouders bijeen te roepen.

Administratiekantoor, bestuur

4.4.2

Benoeming bestuurders

Administratiekantoor, benoeming bestuurders van

De bestuurders van het administratiekantoor worden benoemd door het bestuur van het administratiekantoor, na aankondiging van de vacature op de website van het administratiekantoor. De vergadering van certificaathouders kan aan het bestuur van het administratiekantoor personen voor benoeming tot bestuurder aanbevelen. In het bestuur van het administratiekantoor nemen geen (voormalig) bestuurders, (voormalig) commissarissen, werknemers of vaste adviseurs van de vennootschap zitting.

4.4.3

Benoemingstermijn bestuur

Administratiekantoor, benoemingstermijn bestuurder van

Een bestuurder kan tweemaal voor een periode van vier jaar zitting hebben in het bestuur van het administratiekantoor en nadien tweemaal voor een periode van twee jaar. Herbenoeming na een periode van acht jaar wordt gemotiveerd in het verslag van het bestuur van het administratiekantoor.

4.4.4

Aanwezigheid op de algemene vergadering

Administratiekantoor, aanwezigheid op algemene vergadering van bestuur

Het bestuur van het administratiekantoor is aanwezig op de algemene vergadering en geeft daarin, desgewenst, een verklaring over zijn voorgenomen stemgedrag.

4.4.5

Uitoefening stemrecht

Stemrecht, uitoefening door administratiekantoor van

Bij de uitoefening van zijn stemrechten richt het administratiekantoor zich primair naar het belang van de certificaathouders en houdt het rekening met het belang van de vennootschap en de met haar verbonden onderneming.

4.4.6

Periodiek verslag

Administratiekantoor, periodiek verslag van

Het administratiekantoor doet periodiek, doch ten minste eenmaal per jaar, verslag van zijn activiteiten. Het verslag wordt op de website van de vennootschap geplaatst.

4.4.7

Inhoud verslag

Administratiekantoor, inhoud van verslag

In het onder best practice bepaling 4.4.6 bedoelde verslag wordt ten minste aandacht besteed aan:

i. het aantal gecertificeerde aandelen, alsmede een toelichting op wijzigingen daarin;
ii. de in het boekjaar verrichte werkzaamheden;
iii. het stemgedrag in de gedurende het boekjaar gehouden algemene vergaderingen;
iv. het door het administratiekantoor vertegenwoordigde percentage van de uitgebrachte stemmen tijdens de onder *iii.* bedoelde vergaderingen;
v. de beloning van de bestuursleden van het administratiekantoor;
vi. het aantal gehouden vergaderingen van het bestuur alsmede de belangrijkste onderwerpen die daarbij aan de orde zijn geweest;
vii. de kosten van de activiteiten van het administratiekantoor;
viii. de eventueel door het administratiekantoor ingewonnen externe adviezen;
ix. de (neven)functies van de bestuurders; en
x. de contactgegevens van het administratiekantoor.

4.4.8

Stemvolmachten

Stemvolmachten administratiekantoor

Het administratiekantoor verleent zonder enige beperkingen en onder alle omstandigheden stemvolmachten aan certificaathouders die daar om vragen. Iedere certificaathouder kan het administratiekantoor een bindende steminstructie geven voor de aandelen die het administratiekantoor voor hem houdt.

Hoofdstuk 5
One-tier bestuursstructuur

Principe 5.1
One-tier bestuursstructuur

De samenstelling en het functioneren van het bestuur waarvan zowel uitvoerende als niet uitvoerende bestuurders deel uitmaken moeten zodanig zijn dat het toezicht door niet uitvoerende bestuurders naar behoren kan worden uitgevoerd en onafhankelijk toezicht is gewaarborgd.

One-tier bestuursstructuur

5.1.1
Samenstelling bestuur

Het bestuur bestaat in meerderheid uit niet uitvoerende bestuurders. De onafhankelijkheidsvereisten in de zin van best practice bepalingen 2.1.7 en 2.1.8 zijn van toepassing op de niet uitvoerende bestuurders.

One-tier bestuur, samenstelling

5.1.2
Voorzitter van het bestuur

De voorzitter van het bestuur leidt de vergaderingen van het bestuur. Hij ziet er op toe dat het bestuur als collectief alsmede de commissies van het bestuur evenwichtig zijn samengesteld en naar behoren functioneren.

One-tier bestuur, voorzitter

5.1.3
Onafhankelijkheid voorzitter van het bestuur

De voorzitter van het bestuur is geen uitvoerende bestuurder (geweest) van de vennootschap en is onafhankelijk in de zin van best practice bepaling 2.1.8.

One-tier bestuur, onafhankelijkheid voorzitter

5.1.4
Samenstelling commissies

Uitsluitend niet uitvoerende bestuurders maken deel uit van de commissies, bedoeld in best practice bepaling 2.3.2. Het voorzitterschap van de audit- of remuneratiecommissie wordt niet vervuld door de voorzitter van het bestuur, noch door een voormalig uitvoerende bestuurder van de vennootschap.

One-tier bestuur, samenstelling commissie

5.1.5
Verantwoording toezicht niet uitvoerende bestuurders

De niet uitvoerende bestuurders leggen verantwoording af over het uitgeoefende toezicht in het afgelopen boekjaar, waarbij in ieder geval verslag wordt gedaan over de onderwerpen, bedoeld in de best practice bepalingen 1.1.3, 2.1.2, 2.1.10, 2.2.8, 2.3.5 en 2.4.4, en indien van toepassing van de onderwerpen, bedoeld in best practice bepalingen 1.3.6 en 2.2.2.

One-tier bestuur, verantwoording toezicht niet-uitvoerende bestuurders

Inwerkingtreding

1. Deze Code treedt in werking vanaf het boekjaar beginnend op of na 1 januari 2017. De Commissie beveelt vennootschappen aan het hoofdstuk in het bestuursverslag over de hoofdlijnen van de corporate governance structuur en de naleving van deze Code als afzonderlijk agendapunt ter bespreking aan de algemene vergadering in 2018 voor te leggen.

2. Waar principes respectievelijk best practice bepalingen in deze Code ten opzichte van de Code die in 2008 is vastgesteld, wijzigingen verlangen in regelingen, reglementen, procedures of anderszins schriftelijke vastleggingen, wordt een vennootschap geacht onderhavige Code na te leven, indien deze wijzigingen uiterlijk op 31 december 2017 zijn geïmplementeerd.

3. De benoemingstermijn van commissarissen, zoals opgenomen in best practice bepaling 2.2.2, is gewijzigd ten opzichte van de Code die in 2008 is vastgesteld. Best practice bepaling 2.2.2 geldt niet:

i. voor commissarissen die op de datum van inwerkingtreding van onderhavige Code reeds zitting hebben voor een termijn langer dan acht jaar, zolang voldaan wordt aan best practice bepaling III.3.5 van de Code die in 2008 is vastgesteld; en

ii. voor commissarissen die tijdens een algemene vergadering in 2017 voor herbenoeming van een derde termijn van vier jaren zullen opgaan, zolang voldaan wordt aan best practice bepaling III.3.5 van de Code die in 2008 is vastgesteld.

Toelichting op enkele principes en best practice bepalingen

Preambule - Reikwijdte van de Code

Van de reikwijdte van de Code zijn uitgezonderd beleggingsinstellingen en instellingen voor collectieve belegging in effecten die in een groep onder centrale leiding staan en deze centrale leiding onder de reikwijdte van de Code valt.

1.1 Lange termijn waardecreatie

Van bestuurders en commissarissen wordt verwacht dat zij duurzaam handelen door zich bij de uitoefening van hun taken te richten op creatie van waarde op de lange termijn. Bij het bepalen van de strategie en het nemen van beslissingen staat de houdbaarheid daarvan op de lange termijn centraal en worden belangen van stakeholders zorgvuldig gewogen. Eveneens verlangt lange termijn waardecreatie bewustzijn van en anticiperen op ontwikkelingen in nieuwe technologieën en veranderingen in business modellen. Voldoende oog voor de bredere context waarin de met de vennootschap verbonden onderneming opereert, draagt bij aan het bestendig succes en sluit daarmee aan bij het belang van de vennootschap.

Er zijn situaties denkbaar waarin de focus op de lange termijn niet langer aan de orde is voor een vennootschap, bijvoorbeeld in geval van faillissement of bij een overname, en het bestaansrecht van de vennootschap eindig is. De vennootschap leeft de Code dan na door uitleg te geven waarom lange termijn waardecreatie niet (langer) aan de orde is.

1.1.1 Strategie voor lange termijn waardecreatie

De in best practice bepaling 1.1.1, onderdeel vi, genoemde voorbeelden van relevante aspecten van ondernemen, sluiten aan bij de onderwerpen die zijn opgenomen in de Europese Richtlijn inzake bekendmaking niet-financiële informatie en diversiteit.^{2} In aanvulling op de onderwerpen uit de richtlijn is in onderdeel vi opgenomen 'de keten waarbinnen de vennootschap opereert'. De OESO-richtlijnen voor Multinationale Ondernemingen bieden vennootschappen bij internationaal zakendoen handvatten voor invulling van de ketenverantwoordelijkheid.

1.1.2 Betrokkenheid raad van commissarissen

Onder 'formuleren van de strategie' wordt ook verstaan het aanbrengen van materiële wijzigingen in de strategie.

1.2 Risicobeheersing

Onder de in het kader van Principe 1.2 te identificeren en te beheersen risico's vallen zowel interne als externe risico's, waaronder ook de beloningsstructuur van bestuurders en werknemers.

De interne risicobeheersings- en controlesystemen dienen te zijn toegesneden op de desbetreffende vennootschap. Dit geeft kleinere beursvennootschappen de mogelijkheid om met minder omvangrijke procedures te volstaan.

1.3.6 Ontbreken interne audit dienst

Het uitgangspunt is dat vennootschappen voor de uitvoering van de taak van de interne audit functie, een interne audit dienst inrichten. Mocht van dit uitgangspunt worden afgeweken, bijvoorbeeld als de omvang van de vennootschap zich daarvoor niet leent, dan kan uitbesteding een adequaat alternatief zijn. Ook in het geval van uitbesteding, blijven de raad van commissarissen en de auditcommissie betrokken bij de taakuitvoering van de interne audit functie, zoals is bepaald in best practice bepalingen 1.3.1 tot en met 1.3.5.

1.4.2 Verantwoording in het bestuursverslag

Op basis van best practice bepaling 1.4.2 omschrijft het bestuur in het bestuursverslag de opzet en werking van de interne risicobeheersings- en controlesystemen. Op grond van onderdeel i neemt de vennootschap in haar jaarverslag een beschrijving op van de voornaamste risico's waarmee zij in aanraking komt bij de uitvoering van haar taken. Het gaat daarbij niet zozeer

---

2 Richtlijn 2014/95/EU van het Europees Parlement en van de Raad van 22 oktober 2014 tot wijziging van richtlijn 2013/34/ EU met betrekking tot de bekendmaking van niet-financiële informatie en informatie inzake diversiteit door bepaalde grote ondernemingen en groepen (PbEU 2014, L 330).

om een uitputtende uiteenzetting van alle mogelijke risico's, maar om een weergave van de belangrijkste risico's waarvoor de vennootschap zich geplaatst ziet. De beschrijving van de voornaamste risico's in onderdeel i sluit aan bij de in artikel 2:391 Burgerlijk Wetboek (verder: BW) voorgeschreven risicoparagraaf en op de beschrijving van wezenlijke risico's in het kader van 5:25c Wet op het financieel toezicht.

Bij best practice bepaling 1.4.2, onderdeel ii, ligt het in de rede dat het bestuur in de beschrijving van de opzet en werking van de interne risicobeheersings- en controlesystemen aangeeft welk raamwerk of normenkader (bijvoorbeeld het COSO raamwerk voor interne beheersing) is gehanteerd bij de evaluatie van het interne risicobeheersings- en controlesysteem.

1.4.3 Verklaring van het bestuur

Het bestuur verklaart op basis van best practice bepaling 1.4.3 in voldoende mate inzage te hebben gegeven in de risico's en blikt daarbij tevens vooruit naar de risico's die relevant zijn voor de continuïteit van de vennootschap. Het betreft zowel gesignaleerde materiële tekortkomingen als materiële risico's en onzekerheden die redelijkerwijs zijn te voorzien op het moment dat de verklaring wordt gegeven.

1.5.1 Taken en verantwoordelijkheden auditcommissie

Het merendeel van de taken die aan de auditcommissie toekomt, vloeit al voort uit wetgeving en is niet herhaald in de Code. Specifiek wordt gewezen op artikel 39 van Europese Audit Richtlijn nr. 2006/43/EG.^{3} Dit artikel wordt geïmplementeerd in Nederlandse wetgeving: artikel 2, tweede lid, van het Besluit van 26 juli 2008.^{4} Ook eisen voor de samenstelling en aanwezige deskundigheid met betrekking tot het opstellen en de controle van de jaarrekening worden opgenomen in artikel 2 van voornoemd besluit.

In sommige gevallen, in het bijzonder bij vennootschappen die actief zijn in de financiële sector, is er naast een auditcommissie ook een risicocommissie ingesteld. Artikel 39, vierde lid, van voornoemde richtlijn bepaalt dat in het bestuursverslag opgave wordt gedaan indien een ander orgaan is aangewezen dat taken van de auditcommissie uitvoert en wat de samenstelling van het betreffende orgaan is.

2.1.3 Executive committee

Onder *executive committee* wordt verstaan een commissie die nauw betrokken is bij de besluitvorming van het bestuur en waar naast leden van het bestuur ook leden van het senior management deel van uitmaken. Best practice bepaling 2.1.3 en de overige bepalingen waar de term *executive committee* wordt gebruikt, zijn eveneens van toepassing in het geval een andere benaming wordt gebruikt dan *executive committee*, maar de functie in feite dezelfde is.

2.1.4 Deskundigheid

Van belang is dat in het bestuur en de raad van commissarissen ook voldoende deskundigheid aanwezig is om tijdig kansen en risico's te signaleren die gepaard kunnen gaan met vernieuwingen in business modellen en technologieën.

De eis van financiële deskundigheid binnen de raad van commissarissen is opgenomen in wetgeving. Op basis van Europese Audit Richtlijn nr. 2006/43/EG^5 is ten minste één lid van de auditcommissie deskundig met betrekking tot het opstellen en de controle van de jaarrekening. Dit artikel wordt geïmplementeerd in Nederlandse wetgeving: artikel 2, derde lid, van het Besluit van 26 juli 2008.^{6}

---

3 Richtlijn nr. 2006/43/EG van het Europees Parlement en de Raad van de Europese Unie van 17 mei 2006 betreffende de wettelijke controles van jaarrekeningen en geconsolideerde jaarrekeningen, tot wijziging van de Richtlijnen nr. 78/660/EEG en houdende de intrekking van Richtlijn nr. 84/253/EEG (Pb L 157 van 9 juni 2006, p. 87). Richtlijn 2006/43/EG is laatstelijk gewijzigd met Richtlijn nr. 2014/56/EU van 16 april 2014 (PbEU 2014, L 158).

4 Besluit van 26 juli 2008 tot uitvoering van artikel 41 van Richtlijn nr. 2006/43/EG van het Europees Parlement en de Raad van de Europese Unie van 17 mei 2006 betreffende de wettelijke controles van jaarrekeningen en geconsolideerde jaarrekeningen, tot wijziging van de Richtlijnen nr. 78/660/EEG en nr. 83/349/EEG van de Raad van de Europese Gemeenschappen en houdende intrekking van Richtlijn nr. 84/253/EEG van de Raad van de Europese Gemeenschappen (Stb. 2008, 323).

5 Idem voetnoot 3.

6 Idem voetnoot 4.

2.1.5 Diversiteitsbeleid & 2.1.6 Verantwoording over diversiteit

Diversiteit wordt ook geadresseerd in de Richtlijn inzake bekendmaking niet-financiële informatie en diversiteit.^{7} Deze richtlijn wordt geïmplementeerd in Nederlandse wetgeving. De Code gaat echter verder dan voornoemde richtlijn. Best practice bepaling 2.1.5 bepaalt dat vennootschappen moeten verantwoorden welke maatregelen zijn en worden genomen indien de doelstellingen van het diversiteitsbeleid niet zijn behaald. Daarnaast vallen alleen grote vennootschappen die onder de reikwijdte van de Code vallen onder de reikwijdte van voornoemde richtlijn.

Het wettelijk vastgelegde streefcijfer van ten minste dertig procent man-vrouw diversiteit in het bestuur en de raad van commissarissen is per 1 januari 2016 vervallen. Thans is wetgeving aanhangig om het wettelijk streefcijfer in artikel 2:166 BW opnieuw in te stellen tot 2020.^{8}

2.1.7 Onafhankelijkheid raad van commissarissen

Best practice bepaling 2.1.7, onderdeel ii, bepaalt dat de meerderheid van de commissarissen onafhankelijk is. Dit voorschrift mag niet worden ondermijnd door stemverhoudingen binnen de raad van commissarissen, indien wordt gewerkt met een regeling voor meervoudig stemrecht op grond van artikel 2:140, vierde lid, BW.

2.2.2 Benoemings- en herbenoemingstermijnen commissarissen

De effectiviteit van de raad van commissarissen wordt bepaald door de samenstelling, waarbij omvang, deskundigheid, diversiteit en onafhankelijkheid bepalend zijn. Bij herbenoeming wordt kritisch gekeken of de betreffende commissaris met gepaste afstand toezicht houdt en of de nodige kennis en ervaring in de raad van commissarissen aanwezig zijn. Een benoemingstermijn van twee keer vier jaar voor commissarissen is het uitgangspunt, benoeming nadien wordt gemotiveerd in het verslag van de raad van commissarissen.

2.2.3 Tussentijds aftreden

Deze bepaling laat onverlet dat bij niet-structuurvennootschappen de algemene vergadering commissarissen te allen tijde kan schorsen of ontslaan. Op grond van de structuurregeling kan de algemene vergadering van structuurvennootschappen het vertrouwen in de gehele raad van commissarissen opzeggen. Het opzeggen van vertrouwen heeft het onmiddellijk ontslag van de leden van de raad tot gevolg.

2.2.6 Evaluatie raad van commissarissen & 2.2.7 Evaluatie bestuur

Doel van de evaluaties is een kritische reflectie op het functioneren van commissarissen en bestuurders. Periodieke evaluatie kan de kwaliteit van het functioneren van de raad van commissarissen en het bestuur bevorderen en eraan bijdragen dat bij voorbereiding van de (her)benoeming van een commissaris of een bestuurder de juiste keuzes worden gemaakt, ook in verband met de gepaste (diverse) samenstelling van de raad van commissarissen en het bestuur. De wijze waarop evaluatie zal plaatsvinden kan, naar keuze van de vennootschap, verschillen. Evaluatie kan collectief plaatsvinden, op individuele basis tussen de voorzitter en de leden afzonderlijk, of met hulp van een externe adviseur. Iedere commissaris en bestuurder moet zich tijdens de evaluatie in vertrouwen kunnen uitspreken.

2.3.5 Verslag commissies

In het verslag wordt een inhoudelijke toelichting gegeven op de belangrijkste onderwerpen die in de vergaderingen van de commissies aan de orde zijn gekomen.

2.4 Besluitvorming en functioneren

Van bestuurders wordt verlangd dat zij actief informatie verstrekken aan de raad van commissarissen. Evenzo wordt van commissarissen verlangd dat zij actief informatie verzamelen om hun toezichthoudende rol goed te kunnen vervullen.

---

7 Idem voetnoot 2.

8 Kamerstukken II 2015-2016, 34 435, nr. 2.

2.5 *Cultuur*

Cultuur kan worden gedefinieerd als de normen en waarden die impliciet en expliciet leidend zijn bij het handelen en het gedrag dat daaruit voortvloeit. Cultuur is een referentiekader op basis waarvan het eigen handelen en dat van anderen wordt beoordeeld. Een gezonde cultuur helpt misstanden en onregelmatigheden te voorkomen.

De Code adresseert cultuur, maar schrijft niet voor wat cultuur precies is of zou moeten zijn. Het is aan het bestuur om invulling aan cultuur te geven. Bij het vormgeven van cultuur wordt rekening gehouden met het bestaan van verschillende subculturen binnen de onderneming.

2.6 *Misstanden en onregelmatigheden*

Principe 2.6 en bijbehorende best practice bepalingen zijn gericht op het melden van vermoedens van misstanden en onregelmatigheden. Op basis van de Wet huis voor klokkenluiders is een werkgever bij wie in de regel ten minste vijftig personen werkzaam zijn, ook verplicht een procedure vast te stellen voor het omgaan met het melden van een vermoeden van een misstand binnen zijn organisatie. De wet is van toepassing op vermoedens van misstanden waarbij een maatschappelijk belang in het geding is.^{9} De reikwijdte van het principe en de best practice bepalingen in de Code is breder, omdat deze ook gericht zijn op het melden van onregelmatigheden. De mogelijkheid om meldingen te kunnen doen geldt voor alle onderdelen van de met de vennootschap verbonden onderneming, ongeacht of de activiteiten van de onderneming in Nederland of buiten Nederland plaatsvinden.

2.7 *Voorkomen belangenverstrengeling*

In Boek 2 BW^{10} is het begrip tegenstrijdig belang geduid als een situatie waarin in het geval van beraadslaging en besluitvorming een direct of indirect persoonlijk belang van een bestuurder of commissaris en het belang van de vennootschap strijdig zijn. Het begrip belangenverstrengeling in de Code richt zich op het voorkomen van belangenverstrengeling in het algemeen, ongeacht of er sprake is van beraadslaging of besluitvorming. Daarnaast wordt in de Code een verdere invulling gegeven aan de tegenstijdig belangregeling in de wet.

2.8.3 Standpunt bestuur ten aanzien van onderhands bod

Een onderhands bod wordt in ieder geval als 'niet serieus' aangemerkt wanneer evident is dat de bieder niet over voldoende financiële middelen ter dekking van het bod beschikt of wanneer geen redelijk denkende en verstandige aandeelhouder zou willen dat het bestuur het bod aanvaardt, bijvoorbeeld omdat de hoogte van het bod in geen verhouding staat tot de werkelijke waarde of de marktwaarde van het bedrijfsonderdeel of de deelneming.

3.1.2 Beloningsbeleid & 3.2.1 Voorstel remuneratiecommissie

Onder scenarioanalyses wordt verstaan dat de raad van commissarissen bij het opstellen van het beloningsbeleid en voorafgaand aan de vaststelling van de beloning van individuele bestuurders een analyse maakt van mogelijke uitkomsten van de variabele beloningscomponenten en de gevolgen daarvan voor de beloning van de bestuurders. De raad van commissarissen stelt vast of de uitkomst van de scenarioanalyses leidt tot een passende beloning en of er maatregelen nodig zijn om de beloning te begrenzen.

3.2.2 Visie bestuurders eigen beloning

De visie van bestuurders op hun eigen beloning is bestemd voor de remuneratiecommissie en maakt geen onderdeel uit van de verantwoording over de uitvoering van het beloningsbeleid.

3.4.1 Remuneratierapport

De wettelijke eisen aan het remuneratierapport zijn neergelegd in de artikelen 2:383c tot en met 2:383e BW. Best practice bepaling 3.1.4, onderdeel iv, bepaalt dat informatie over de beloningsverhoudingen binnen de vennootschap en de met haar verbonden onderneming onderdeel is van het remuneratierapport. Toegelicht wordt wat de verhouding is tussen de beloning van de bestuurders en een door de vennootschap vast te stellen representatieve referentiegroep.

---

9 Artikel 1, onderdeel d, Wet huis voor klokkenluiders.

10 Artikel 2:129, zesde lid, BW en artikel 2:140, vijfde lid, BW.

Ook wordt toegelicht of er wijzigingen zijn in deze verhoudingen ten opzichte van het voorgaande boekjaar.

Ook materiële vergoedingen die in uitzonderlijke gevallen worden toegekend, maken onderdeel uit van het remuneratierapport.

4.1.9 Aanwezigheid externe accountant

De voorzitter van de algemene vergadering ziet er op toe dat er ruimte is om de externe accountant te bevragen. De aanwezigheid van de externe accountant in de algemene vergadering doet geen afbreuk aan de algemene verantwoordingsplicht van het bestuur en de raad van commissarissen aan de algemene vergadering, alsmede hun plicht om – tenzij een zwaarwegend belang zich daartegen verzet – aan de algemene vergadering alle gevraagde inlichtingen te verschaffen. De externe accountant kan alleen bevraaagd worden over zijn controlewerkzaamheden en over zijn verklaring bij de jaarrekening. De inhoud van de jaarrekening is de primaire verantwoordelijkheid van het bestuur. Het ligt in de rede dat de externe accountant participeert in de voorbereiding van de algemene vergadering. Verwezen wordt naar praktijkhandreiking 1118 van de NBA over het optreden van de externe accountant in de algemene vergadering.

4.2.1 Motivering beroep zwaarwichtig belang

Artikel 2:107, tweede lid, BW bepaalt dat het bestuur en de raad van commissarissen de algemene vergadering alle verlangde inlichtingen verschaffen, tenzij een zwaarwichtig belang der vennootschap zich daartegen verzet. In aanvulling daarop bepaalt best practice bepaling 4.2.1 dat een beroep op zwaarwichtig belang gemotiveerd wordt toegelicht.

4.3.1 Stemmen naar eigen inzicht

Voor zover een aandeelhouder bij de uitoefening van zijn stemrecht gebruik maakt van een stemadviseur, ligt het in de rede dat hij zich ervan vergewist dat de stemadviseur het principe van hoor en wederhoor respecteert.

4.3.4 Stemrecht financieringspreferente aandelen

Best practice bepaling 4.3.4 is met name bedoeld voor toekomstige uitgiftes van financieringspreferente aandelen. Dat neemt niet weg dat het bestuur en de raad van commissarissen met de houders van de bestaande financieringspreferente aandelen kunnen overeenkomen om de huidige zeggenschap op de financieringspreferente aandelen aan te passen.

5.1 One-tier bestuursstructuur

De Code is toegeschreven op vennootschappen met een *two-tier* bestuursstructuur, maar is ook van toepassing op vennootschappen met een *one-tier* bestuursstructuur. In aanvulling op hoofdstukken 1 tot en met 4, bevat hoofdstuk 5 een principe en vijf best practice bepalingen die specifiek van toepassing zijn op vennootschappen met een *one-tier* bestuursstructuur. Bepalingen in de Code die betrekking hebben op commissarissen zijn van toepassing op niet uitvoerende bestuurders, onverminderd de overige verantwoordelijkheden die deze niet uitvoerende bestuurders hebben. Waar dat niet mogelijk is, geldt het 'pas toe of leg uit'-principe.

5.1.1 Samenstelling bestuur

De onafhankelijkheidsvereisten voor commissarissen gelden onverkort voor niet uitvoerende bestuurders. In best practice bepaling 2.1.8, onderdeel i, is bepaald dat een commissaris niet onafhankelijk is, wanneer hij in de vijf jaar voorafgaand aan benoeming werknemer of bestuurder is geweest. Voor de vennootschap met een one-tier board bestuursstructuur wordt met 'bestuurder' bedoeld 'uitvoerende bestuurder'.

5.1.2 Voorzitter van het bestuur

Taken die in hoofdstukken 1 tot en met 4 van de Code specifiek aan de voorzitter van de raad van commissarissen zijn toebedeeld, komen bij een vennootschap met een *one-tier* bestuursstructuur toe aan de voorzitter van het bestuur.

5.1.4 Samenstelling commissies

Van belang is dat een weloverwogen keuze wordt gemaakt over de rapportagelijnen van commissies.

5.1.5 Verantwoording toezicht niet uitvoerende bestuurders

De verantwoording door niet uitvoerende bestuurders kan deel uitmaken van het bestuursverslag dan wel in een apart verslag worden opgenomen. Het verslag wordt bij of met de jaarstukken gepubliceerd.

Aanvullende regelingen bij Wetboek van Burgerlijke Rechtsvordering

Wet op de rechterlijke organisatie^1

Wet van den 18den April 1827, op de zamenstelling der Regterlijke magt en het beleid der Justitie

Wij WILLEM, bij de gratie Gods, Koning der Nederlanden, Prins van Oranje-Nassau, Groot-Hertog van Luxemburg, enz., enz., enz.

Allen die deze zullen zien of hooren lezen, salut! doen te weten:

Alzoo Wij in overweging genomen hebben, dat, volgens art. 163 van de grondwet, moet worden ingevoerd "een algemeen wetboek van burgerlijk regt, van koophandel, van lijfstraffelijk regt, van de zamenstelling der regterlijke magt en van de manier van procederen;"

Zoo is het, dat Wij, den Raad van State gehoord, en met gemeen overleg der Staten-Generaal, Hebben goedgevonden en verstaan, gelijk Wij goedvinden en verstaan bij deze, te arresteren de navolgende Wet op de zamenstelling der Regterlijke Magt en het beleid der Justitie voor het Koninkrijk der Nederlanden.

Hoofdstuk 1 Algemene bepalingen

Art. 1

In deze wet en de daarop berustende bepalingen wordt verstaan onder: *Begripsbepalingen*

a. gerechten: de gerechten, genoemd in artikel 2;

b. rechterlijke ambtenaren:

1°. de president van, de vice-presidenten van, de raadsheren in en de raadsheren in buitengewone dienst bij de Hoge Raad;

2°. de senior raadsheren, de raadsheren en de raadsheren-plaatsvervangers in de gerechtshoven;

3°. de senior rechters A, de senior rechters, de rechters en de rechters-plaatsvervangers in de rechtbanken;

4°. de procureur-generaal, de plaatsvervangend procureur-generaal, de advocaten-generaal en de advocaten-generaal in buitengewone dienst bij de Hoge Raad;

5°. de procureurs-generaal die het College van procureurs-generaal, bedoeld in artikel 130, vormen, met uitzondering van de procureur-generaal, bedoeld in artikel 130, vierde lid;

6°. de landelijk hoofdadvocaat-generaal bij het ressortsparket alsmede de hoofdadvocaten-generaal, de senior advocaten-generaal, de advocaten-generaal en de plaatsvervangende advocaten-generaal bij het ressortsparket en het parket-generaal;

7°. de hoofdofficieren van justitie, de plaatsvervangende hoofdofficieren van justitie, de senior officieren van justitie A, de senior officieren van justitie, de officieren van justitie, de substituut-officieren van justitie, de plaatsvervangende officieren van justitie, de officieren enkelvoudige zittingen en de plaatsvervangende officieren enkelvoudige zittingen bij de arrondissementsparketten, het landelijk parket, het functioneel parket, het parket centrale verwerking openbaar ministerie en het parket-generaal;

8°. de senior-gerechtsauditeurs en gerechtsauditeurs bij de gerechten;

9°. de griffier en de substituut-griffier van de Hoge Raad;

10°. de rechters in opleiding en de officieren in opleiding.

c. rechterlijke ambtenaren met rechtspraak belast: de rechterlijke ambtenaren, genoemd in onderdeel b, onder 1° tot en met 3°;

d. gerechtsambtenaren: burgerlijke rijksambtenaren op basis van een arbeidsovereenkomst werkzaam bij een gerecht;

e. Hoge Raad: Hoge Raad der Nederlanden;

f. Onze Minister: Onze Minister van Veiligheid en Justitie;

g. de Raad: de Raad voor de rechtspraak, bedoeld in artikel 84;

h. de Verordening EOM: de Verordening (EU) 2017/1939 van de Raad van 12 oktober 2017 betreffende nauwere samenwerking bij de instelling bij de instelling van het Europees Openbaar Ministerie («EOM») (PbEU 2017, L 283);

i. zittingscapaciteit: beschikbare zittingsruimte, beschikbare capaciteit aan rechterlijke ambtenaren met rechtspraak belast of beschikbare capaciteit aan gerechtsambtenaren benodigd voor de behandeling van zaken.

---

1 Inwerkingtredingsdatum: 17-05-1827; zoals laatstelijk gewijzigd bij: Stb. 2021, 155.

Hoofdstuk 2 Rechtspraak

Afdeling 1 Algemene bepalingen

Art. 2

Rechtspraak, gerechten De tot de rechterlijke macht behorende gerechten zijn:
a. de rechtbanken;
b. de gerechtshoven; en
c. de Hoge Raad.

Art. 3

Werkingssfeer De afdelingen 2 en 6 zijn niet van toepassing op de Hoge Raad.

Art. 3a

[Vervallen]

Art. 4

Gerechten, openbaarheid zittingen **1.** Tenzij bij de wet anders is bepaald, zijn, op straffe van nietigheid, de zittingen openbaar.

2. Om gewichtige redenen kan het onderzoek ter zitting geheel of gedeeltelijk plaatsvinden met gesloten deuren. In het proces-verbaal van de zitting worden de redenen vermeld.

3. Indien in zaken betreffende het personen- en familierecht of waarop artikel 803 van het Wetboek van Burgerlijke Rechtsvordering van overeenkomstige toepassing is de zitting geheel of gedeeltelijk openbaar is, worden in het proces-verbaal van de zitting de redenen daarvoor vermeld.

Art. 5

Gerechten, openbaarheid/motivering uitspraken **1.** Op straffe van nietigheid geschiedt de uitspraak van vonnissen en arresten in burgerlijke zaken en strafzaken in het openbaar en bevatten deze beslissingen de gronden waarop zij berusten.

2. Op straffe van nietigheid worden de beschikkingen, vonnissen en arresten in burgerlijke zaken en strafzaken gewezen en de uitspraken in bestuursrechtelijke zaken gedaan met het in deze wet bepaalde aantal rechterlijke ambtenaren met rechtspraak belast.

3. Indien bij de wet is bepaald dat ook anderen dan rechterlijke ambtenaren deel uitmaken van een meervoudige kamer, zijn de beslissingen van de desbetreffende meervoudige kamer tevens nietig, indien deze beslissingen niet zijn genomen met het in deze wet bepaalde aantal personen, niet zijnde rechterlijk ambtenaar.

Art. 5a

[Vervallen]

Art. 6

Gerechten, enkelvoudige/meervoudige kamers **1.** Het bestuur van een gerecht vormt voor het behandelen en beslissen van zaken en het beëdigen van de daartoe bij de wet aangewezen functionarissen enkelvoudige en meervoudige kamers en bepaalt de bezetting daarvan.

2. Tenzij in deze wet anders is bepaald, bestaan de meervoudige kamers uit drie rechterlijke ambtenaren met rechtspraak belast, van wie een als voorzitter optreedt. Indien ook anderen dan rechterlijke ambtenaren deel uitmaken van een meervoudige kamer, treedt een rechterlijk ambtenaar met rechtspraak belast op als voorzitter.

3. Het bestuur kan bepalen dat in een zaak in verband met de veiligheid van personen dan wel indien de zitting langer dan een dag zal duren, een of meer rechterlijke ambtenaren met rechtspraak belast zich met het oog op mogelijke vervanging van een van de leden van een meervoudige kamer gereed houden. Deze rechterlijke ambtenaren zijn bij de behandeling ter terechtzitting van de zaak aanwezig, maar nemen aan het onderzoek in en de beraadslaging en beslissing over die zaak niet deel, tenzij zij op verzoek van de voorzitter van de meervoudige kamer in de plaats treden van een van de afwezige leden.

Reikwijdte **4.** Dit artikel is niet van toepassing op de Hoge Raad.

Art. 6a-6d

[Vervallen]

Art. 7

Meervoudige kamer, besluitvorming **1.** De voorzitter van de meervoudige kamer doet in raadkamer hoofdelijk omvraag. De voorzitter geeft als laatste zijn oordeel.

2. Ieder lid is verplicht aan de besluitvorming deel te nemen.

3. De rechterlijke ambtenaren met rechtspraak belast, de rechters in opleiding en de officieren in opleiding, de senior-gerechtsauditeurs en gerechtsauditeurs, de griffier, substituut-griffier en waarnemend griffiers van de Hoge Raad, gerechtsambtenaren en buitengriffiers, bedoeld in artikel 14, vierde lid, zijn tot geheimhouding verplicht van hetgeen in de raadkamer over aanhangige zaken is geuit.

Wet op de rechterlijke organisatie **B42** art. 13b

Art. 7a-7c

[Vervallen]

Art. 8

Raadsheren-plaatsvervangers en rechters-plaatsvervangers kunnen door het bestuur worden opgeroepen voor de behandeling en beslissing van zaken.

Oproepen raadsheren-plaatsvervangers en rechter-plaatsvervangers

Art. 8a

[Vervallen]

Art. 9

De Raad kan in overeenstemming met de bij een gerechtshof of rechtbank werkzame rechterlijk ambtenaar en het bestuur van het gerecht waar hij werkzaam is, die rechterlijk ambtenaar belasten met de waarneming van een ander rechterlijk ambt bij een ander gerechtshof of andere rechtbank.

Gerechten, waarneming

Art. 10

1. In elke zittingsplaats, bedoeld in artikel 21b, eerste lid, is een griffie. De griffies zijn alle werkdagen gedurende ten minste zes uren per dag geopend.

2. In een zittingsplaats als bedoeld in artikel 21b, tweede lid, is een griffie indien dat door het bestuur is bepaald. Het bestuur stelt de openingstijden van de griffies vast.

3. De openingstijden van de griffies worden vermeld in het bestuursreglement.

4. Stukken en zaken kunnen worden ingediend en gedeponeerd bij de griffie waar de zaak wordt behandeld, tenzij in het bestuursreglement anders is bepaald.

Gerechten, openingsuren griffie

Art. 11

Bij algemene maatregel van bestuur worden regels gesteld omtrent de orde van dienst binnen de gerechten.

(Zie ook: Bodg; Veegbesluit mro)

Gerechten, orde van dienst

Art. 11a-11c

[Vervallen]

Art. 12

De rechterlijke ambtenaren met rechtspraak belast, de rechters in opleiding en de officieren in opleiding, de senior-gerechtsauditeurs en gerechtsauditeurs en de griffier en substituut-griffier van de Hoge Raad mogen zich niet op enige wijze inlaten met partijen of hun advocaten of gemachtigden over enige voor hen aanhangige geschillen of geschillen waarvan zij weten of vermoeden dat die voor hen aanhangig zullen worden.

Gerechten, onpartijdigheid rechterlijke ambtenaren

Art. 12a

[Vervallen]

Art. 13

De rechterlijke ambtenaren met rechtspraak belast, de rechters in opleiding en de officieren in opleiding, de senior-gerechtsauditeurs en gerechtsauditeurs, de griffier, substituut-griffier en waarnemend griffiers van de Hoge Raad, gerechtsambtenaren en buitengriffiers, bedoeld in artikel 14, vierde lid, zijn verplicht tot geheimhouding van de gegevens waarover zij bij de uitoefening van hun ambt de beschikking krijgen en waarvan zij het vertrouwelijke karakter kennen of redelijkerwijs moeten vermoeden, behoudens voorzover enig wettelijk voorschrift hen tot mededeling verplicht of uit hun ambt de noodzaak tot mededeling voortvloeit.

Gerechten, geheimhoudingsplicht rechterlijke ambtenaren

Afdeling 1a
Klachtbehandeling door de Hoge Raad

Art. 13a

1. Degene die een klacht heeft over de wijze waarop een rechterlijk ambtenaar met rechtspraak belast zich in de uitoefening van zijn functie jegens hem heeft gedragen, kan, tenzij de klacht een rechterlijke beslissing betreft, de procureur-generaal bij de Hoge Raad schriftelijk verzoeken een vordering bij de Hoge Raad in te stellen tot het doen van een onderzoek naar de gedraging.

2. Het verzoekschrift wordt ondertekend en bevat de naam en het adres van de verzoeker en een zo duidelijk mogelijke beschrijving van de bedoelde gedraging en de daartegen gerezen klacht.

Verzoek tot onderzoek naar gedraging rechterlijk ambtenaar

Art. 13b

1. De procureur-generaal is niet verplicht aan het verzoek, bedoeld in artikel 13a, te voldoen, indien:

a. het verzoekschrift niet voldoet aan artikel 13a, tweede lid;

b. de verzoeker overeenkomstig artikel 26 of 75 een klacht over de gedraging kan of had kunnen indienen;

c. overeenkomstig artikel 26 of 75 een klacht over de gedraging is ingediend, deze klacht is behandeld en de verzoeker redelijkerwijs onvoldoende belang heeft bij een onderzoek als bedoeld in artikel 13a;

Verzoek tot onderzoek naar gedraging rechterlijk ambtenaar, afwijzingsgronden

B42 art. 13c

Wet op de rechterlijke organisatie

d. reeds aanstonds blijkt dat het verzoekschrift onredelijk lange tijd na het ontstaan van de klacht is ingediend;

e. een verzoekschrift van de verzoeker, dezelfde gedraging betreffende, in behandeling is of – behoudens indien een nieuw feit of een nieuwe omstandigheid, dezelfde gedraging betreffende, is bekend geworden en zulks tot een ander oordeel zou hebben kunnen leiden – is afgedaan;

f. voor de verzoeker met betrekking tot de klacht een voorziening bij een rechterlijke instantie openstaat of heeft opengestaan en hij daarvan geen gebruik heeft gemaakt, dan wel ten aanzien van die klacht een uitspraak van een rechterlijke instantie is gedaan waartegen geen rechtsmiddel openstaat;

g. door de procureur-generaal een vordering als bedoeld in artikel 46o juncto artikel 46d, tweede lid, 46f, 46l of 46m van de Wet rechtspositie rechterlijke ambtenaren is of zal worden ingesteld.

2. De procureur-generaal stelt de verzoeker, de rechterlijk ambtenaar op wiens gedraging het verzoekschrift betrekking heeft en het betrokken gerechtsbestuur onderscheidenlijk de president van de Hoge Raad in de gelegenheid hem mondeling of schriftelijk inlichtingen te verstrekken. Hij kan ook anderen daartoe in de gelegenheid stellen.

3. De procureur-generaal stelt de verzoeker, de rechterlijk ambtenaar op wiens gedraging het verzoekschrift betrekking heeft en het betrokken gerechtsbestuur onderscheidenlijk de president van de Hoge Raad op de hoogte van de uitkomst van het vooronderzoek. Zo nodig vermeldt de procureur-generaal daarbij of naar zijn oordeel met betrekking tot de klacht een voorziening bij een rechterlijke instantie openstaat.

4. Indien de procureur-generaal op grond van het eerste lid, onderdeel b, geen toepassing geeft aan het verzoek, zendt hij het verzoekschrift door aan het betrokken gerechtsbestuur onderscheidenlijk de Hoge Raad.

Art. 13c

Ambtshalve vordering tot onderzoek naar gedraging rechterlijk ambtenaar

Onverminderd artikel 13a, eerste lid, kan de procureur-generaal ook ambtshalve bij de Hoge Raad een vordering instellen tot het doen van een onderzoek naar de wijze waarop een rechterlijk ambtenaar met rechtspraak belast zich in de uitoefening van zijn functie heeft gedragen. Artikel 13b, tweede en derde lid, is van overeenkomstige toepassing.

Art. 13d

Competentie

Een vordering bij de Hoge Raad als bedoeld in artikel 13a of 13c wordt behandeld door een bij het reglement van orde daartoe aangewezen kamer, die zitting houdt met drie leden.

Art. 13e

Onderzoek

1. De Hoge Raad kan het betrokken gerechtsbestuur, degene op wiens gedraging het onderzoek betrekking heeft, de verzoeker en anderen verzoeken hem schriftelijk of mondeling inlichtingen te verstrekken.

2. Het onderzoek geschiedt in raadkamer. De Hoge Raad kan, hetzij ambtshalve hetzij op verzoek van de procureur-generaal, het betrokken gerechtsbestuur, degene op wiens gedraging het onderzoek betrekking heeft of de verzoeker, getuigen horen.

3. De Hoge Raad stelt het betrokken gerechtsbestuur en degene op wiens gedraging het onderzoek betrekking heeft, in de gelegenheid omtrent een aanhangige vordering zijn zienswijze schriftelijk of mondeling te doen blijken.

Art. 13f

Beslissing HR

1. De Hoge Raad beoordeelt of degene op wiens gedraging het onderzoek betrekking heeft, zich in de onderzochte aangelegenheid al dan niet behoorlijk heeft gedragen. De Hoge Raad kan tevens beoordelen of het betrokken gerechtsbestuur zich al dan niet behoorlijk heeft gedragen.

2. De Hoge Raad neemt een schriftelijke en met redenen omklede beslissing.

3. Een afschrift van de beslissing wordt gezonden aan de verzoeker, aan de rechterlijk ambtenaar op wiens gedraging het onderzoek betrekking had, en aan het betrokken gerechtsbestuur dan wel, indien het onderzoek betrekking had op een gedraging van een bij de Hoge Raad werkzame rechterlijk ambtenaar met rechtspraak belast, de president van de Hoge Raad.

Art. 13g

Verantwoording

1. De procureur-generaal bij en de president van de Hoge Raad stellen jaarlijks een verslag op van de overeenkomstig de artikelen 13a tot en met 13f verrichte werkzaamheden.

2. De procureur-generaal draagt er zorg voor dat het verslag openbaar wordt gemaakt en algemeen verkrijgbaar wordt gesteld. Artikel 10 van de Wet openbaarheid van bestuur is van overeenkomstige toepassing.

Afdeling 2 *De organisatie van de gerechten*

Paragraaf 1 Inrichting

Art. 14

1. Bij een gerecht zijn werkzaam:
a. rechterlijke ambtenaren met rechtspraak belast, en
b. gerechtsambtenaren.

2. Bij een gerecht kunnen rechters in opleiding, senior-gerechtsauditeurs en gerechtsauditeurs werkzaam zijn.

3. De daartoe door het bestuur van een gerecht aangewezen gerechtsambtenaren, rechters in opleiding, senior-gerechtsauditeurs en gerechtsauditeurs verrichten de werkzaamheden die bij of krachtens de wet aan de griffier zijn opgedragen. Zij zijn bevoegd deze werkzaamheden ook voor andere gerechten uit te voeren. De aanwijzing geschiedt schriftelijk.

4. Het bestuur van een gerecht kan personen, niet zijnde rechterlijk ambtenaar met rechtspraak belast, gerechtsambtenaar, rechter in opleiding, senior-gerechtsauditeur of gerechtsauditeur, aanwijzen als buitengriffier. Zij kunnen in die hoedanigheid door het bestuur worden opgeroepen voor het verrichten van werkzaamheden die bij of krachtens de wet aan de griffier zijn opgedragen. Het derde lid, tweede volzin, is van overeenkomstige toepassing. Alvorens voor de eerste keer te worden opgeroepen leggen zij de eed of belofte af. Bij of krachtens algemene maatregel van bestuur wordt het formulier voor de eed of belofte vastgesteld en worden regels gesteld over de beëdiging. Aan de buitengriffiers wordt volgens bij of krachtens algemene maatregel van bestuur te stellen regels door het gerechtsbestuur een vergoeding toegekend.

5. Een buitengriffier wordt op eigen verzoek door het bestuur van het gerecht ontslagen.

6. Het bestuur van het gerecht kan een buitengriffier ontslagen:
a. indien hij gedurende een periode van ten minste drie jaar geen griffierswerkzaamheden heeft verricht;
b. op grond van ongeschiktheid anders dan wegens ziekte; of
c. wegens het doen of nalaten van hetgeen een persoon, werkzaam ten behoeve van een gerecht, behoort na te laten of te doen.

7. Indien een gerechtsambtenaar, rechter in opleiding, senior-gerechtsauditeur, gerechtsauditeur of buitengriffier griffierswerkzaamheden verricht ter ondersteuning van een rechterlijk ambtenaar met rechtspraak belast of een deskundig lid, is hij verplicht te voldoen aan de aanwijzingen van die rechterlijk ambtenaar of dat deskundig lid.

(Zie ook: Bbvbwg)

Art. 14a [Vervallen.]

1. Degene die een klacht heeft over de wijze waarop een rechterlijk ambtenaar met rechtspraak belast zich in de uitoefening van zijn functie jegens hem heeft gedragen, kan, tenzij de klacht een rechterlijke beslissing betreft, de procureur-generaal bij de Hoge Raad verzoeken een vordering in te stellen bij de Hoge Raad tot het doen van een onderzoek naar die gedraging.

2. Het verzoekschrift dient de naam en het adres van de verzoeker te bevatten; de bedoelde gedraging en de daartegen gerezen klacht moeten er zo duidelijk mogelijk in worden beschreven.

Art. 14b [Vervallen.]

1. De procureur-generaal voldoet aan het verzoek tenzij:
a. niet is voldaan aan de vereisten, vermeld in artikel 14a, tweede lid;
b. reeds aanstonds blijkt dat het verzoekschrift onredelijk lange tijd na het ontstaan van de klacht is ingediend of geen genoegzame gronden inhoudt om het instellen van een onderzoek te vorderen;
c. een verzoekschrift van de verzoeker, dezelfde gedraging betreffende, in behandeling is of - behoudens indien een nieuw feit of een nieuwe omstandigheid, dezelfde gedraging betreffende, is bekend geworden en zulks tot een ander oordeel zou hebben kunnen leiden - is afgedaan;
d. voor de verzoeker met betrekking tot de klacht een voorziening bij een rechterlijke instantie openstaat of heeft opengestaan en hij daarvan geen gebruik heeft gemaakt, dan wel ten aanzien van de klacht een uitspraak van een rechterlijke instantie is gedaan waartegen geen rechtsmiddel openstaat;
e. door de procureur-generaal een vordering als bedoeld in artikel 46o juncto artikel 46d, tweede lid, 46f, 46g, 46l of 46m van de Wet rechtspositie rechterlijke ambtenaren, is of zal worden ingesteld;
f. de verzoeker overeenkomstig de regeling, bedoeld in artikel 26, eerste lid, van de Wet op de rechterlijke organisatie, een klacht kan of had kunnen indienen.

2. De procureur-generaal stelt de verzoeker en de ambtenaar op wiens gedraging het verzoekschrift betrekking heeft in de gelegenheid hem inlichtingen te verstrekken. Hij hoort de in de eerste volzin bedoelde personen, wanneer dezen dit verzoeken.

Gerecht, samenstelling

Klacht over leden van de rechterlijke macht

Vordering bij Hoge Raad

B42 art. 14c

Wet op de rechterlijke organisatie

3. De procureur-generaal stelt de verzoeker en de ambtenaar op wiens gedraging het verzoekschrift betrekking heeft op de hoogte van de uitkomsten van het vooronderzoek. Staat naar het oordeel van de procureur-generaal met betrekking tot de klacht een voorziening bij een rechterlijke instantie open, dan geeft hij daarvan kennis aan de verzoeker.

Art. 14c [Vervallen.]

De vordering van de procureur-generaal tot het instellen van een onderzoek naar de in het verzoekschrift bedoelde gedraging wordt behandeld door een voor de behandeling van deze vorderingen bij het reglement van orde aangewezen Kamer, die zitting houdt met drie leden.

Art. 14d [Vervallen.]

Procedure

1. De Hoge Raad stelt de verzoeker en de ambtenaar op wiens gedraging het verzoekschrift betrekking heeft in de gelegenheid naar aanleiding van de vordering van de procureur-generaal, al dan niet in elkaars tegenwoordigheid, te worden gehoord.

2. Het onderzoek geschiedt in raadkamer. Het college kan, hetzij op verzoek van de procureur-generaal, hetzij op verzoek van een der in het eerste lid bedoelde personen, hetzij ambtshalve getuigen horen.

3. De Hoge Raad stelt het bestuur van het gerechtshof onderscheidenlijk de rechtbank in de gelegenheid omtrent een aanhangige klacht schriftelijk of mondeling inlichtingen te verstrekken en van zijn gevoelen daaromtrent te doen blijken, indien de klacht is gericht tegen een rechterlijk ambtenaar met rechtspraak belast, werkzaam bij dat gerechtshof onderscheidenlijk die rechtbank.

Art. 14e [Vervallen.]

Beslissing bij arrest

1. De Hoge Raad beslist bij een arrest, waarin hij zijn bevindingen met betrekking tot de in het verzoekschrift genoemde bezwaren opneemt en zijn oordeel uitspreekt over de gegrondheid daarvan.

2. Een afschrift van het arrest wordt gezonden aan de verzoeker en aan de ambtenaar op wiens gedraging het verzoekschrift betrekking heeft. De Hoge Raad zendt een afschrift van het arrest aan het bestuur van het betrokken gerecht dan wel, indien de klacht gericht is tegen een rechterlijk ambtenaar met rechtspraak belast, werkzaam bij de Hoge Raad, aan de president van de Hoge Raad.

Art. 15

Gerecht, bestuur

1. Bij elk gerecht is een bestuur, dat bestaat uit drie leden, waaronder de voorzitter.

2. Twee leden, waaronder de voorzitter, zijn rechterlijke ambtenaren met rechtspraak belast die hun rechtsprekend ambt op basis van een aanstelling als bedoeld in artikel 5f, eerste lid, van de Wet rechtspositie rechterlijke ambtenaren vervullen. Het andere lid is een gerechtsambtenaar.

3. De voorzitter van het bestuur draagt de titel van president.

4. De bestuursleden worden bij koninklijk besluit op voordracht van Onze Minister benoemd voor een periode van zes jaar. Zij kunnen als lid van het bestuur van hetzelfde gerecht eenmaal worden herbenoemd voor een periode van drie jaar.

5. Voor de benoeming van een bestuurslid stelt de Raad een aanbeveling op. Voordat de Raad een aanbeveling opstelt, hoort hij het bestuur van het desbetreffende gerecht. Het bestuur stelt de Raad daarbij tevens op de hoogte van de zienswijze van de ondernemingsraad. Voorafgaand aan een benoeming als bestuurslid wordt van betrokkene een verklaring omtrent het gedrag, niet ouder dan drie maanden en afgegeven volgens de Wet justitiële en strafvorderlijke gegevens, verlangd.

(Zie ook: art. 29 WOR)

6. De voorzitter en het andere rechterlijk lid van het bestuur kunnen niet tevens lid zijn van het bestuur van een ander gerecht, het bestuur van de Centrale Raad van Beroep of het bestuur van het College van Beroep voor het bedrijfsleven, behoudens in het geval van tijdelijke waarneming. Het niet-rechterlijk lid van het bestuur kan, naast het geval van tijdelijke waarneming, slechts in bijzondere gevallen lid zijn van het bestuur van één ander gerecht, het bestuur van de Centrale Raad van Beroep of het bestuur van het College van Beroep voor het bedrijfsleven.

7. Een lid van het bestuur kan niet tevens zijn:

a. lid van de Staten-Generaal;

b. minister;

c. staatssecretaris;

d. vice-president of lid van de Raad van State;

e. president of lid van de Algemene Rekenkamer;

f. Nationale ombudsman of substituut-ombudsman;

g. advocaat of notaris, dan wel anderszins van het verlenen van rechtskundige bijstand het beroep maken;

h. ambtenaar bij een ministerie, alsmede de daaronder ressorterende instellingen, diensten en bedrijven;

i. lid van de Raad.

8. De voorzitter en het andere rechterlijk lid van het bestuur kunnen niet tevens rechterlijk ambtenaar, genoemd in artikel 1, onderdeel b, onder 1° en 4° tot en met 10°, zijn.

9. Het niet-rechterlijk lid van het bestuur kan niet tevens rechterlijk ambtenaar zijn.

10. Artikel 3, onderdeel a, van de Ambtenarenwet 2017 is niet van toepassing op het niet-rechterlijk lid van het bestuur.

Art. 16

1. De voorzitter onderscheidenlijk het andere rechterlijk lid van het bestuur ontvangt gedurende zijn benoemingsduur als voorzitter onderscheidenlijk ander rechterlijk lid, in plaats van het salaris overeenkomstig het bepaalde bij en krachtens artikel 7 van de Wet rechtspositie rechterlijke ambtenaren, een bij algemene maatregel van bestuur vast te stellen salaris behorende bij de vervulling van de functie van voorzitter onderscheidenlijk ander rechterlijk lid. De artikelen 6, 13 tot en met 15, en 17 tot en met 19 van de Wet rechtspositie rechterlijke ambtenaren zijn hierop van overeenkomstige toepassing. Na het verstrijken van een benoemingsduur van ten minste zes aaneengesloten jaren ontvangt de voorzitter onderscheidenlijk het andere rechterlijk lid, met ingang van de datum waarop hij zijn werkzaamheden als zodanig beëindigt, gedurende drie jaren een toelage op het salaris dat hij overeenkomstig het bepaalde bij en krachtens artikel 7 van de Wet rechtspositie rechterlijke ambtenaren geniet. Het bedrag van de toelage is gelijk aan het verschil tussen dat salaris en de bij algemene maatregel van bestuur voor de functie van voorzitter onderscheidenlijk ander rechterlijk lid vast te stellen salarishoogte. Toekenning van de toelage geschiedt door het bestuur uitgezonderd de betrokken voorzitter onderscheidenlijk het betrokken andere rechterlijk lid.

Gerechtsbestuur, toelage (sector)voorzitter

2. Een lid van het bestuur wordt bij koninklijk besluit op voordracht van Onze Minister ontslagen bij de aanvaarding van een ambt dat of een betrekking die ingevolge artikel 15 onverenigbaar is met het zijn van lid van het bestuur van het gerecht.

Gerechtsbestuur, onverenigbaarheid functies

3. De voorzitter en het andere rechterlijk lid worden bij koninklijk besluit op voordracht van Onze Minister ontslagen onderscheidenlijk geschorst als lid van het bestuur indien zij als rechterlijk ambtenaar met rechtspraak belast worden ontslagen onderscheidenlijk geschorst, tenzij dat ontslag of die schorsing alleen een rechtsprekend ambt betreft dat zij niet vervullen op basis van een aanstelling als bedoeld in artikel 5f, eerste lid, van de Wet rechtspositie rechterlijke ambtenaren.

Gerechtsbestuur, schorsing/ontslag (sector)voorzitter

4. De voorzitter en het andere rechterlijk lid worden op eigen verzoek bij koninklijk besluit op voordracht van Onze Minister ontslagen.

5. Het niet-rechterlijk lid wordt disciplinair gestraft, geschorst en ontslagen bij koninklijk besluit op voordracht van Onze Minister. Onze Minister doet zijn voordracht op voorstel van de Raad.

Gerechtsbestuur, straf/schorsing/ontslag directeur bedrijfsvoering

6. Bij of krachtens algemene maatregel van bestuur worden nadere regels gesteld over de rechtspositie van de bestuursleden, waaronder in ieder geval regels betreffende het salaris van de bestuursleden alsmede de in het eerste lid, derde volzin, bedoelde toelage.

Gerechtsbestuur, rechtspositie leden

(Zie ook: BrgRr ; Veegbesluit mro)

Art. 17

1. Het bestuur kan slechts beslissingen nemen indien ten minste de helft van het aantal leden aanwezig is.

Gerechtsbestuur, beslissingen

2. Het bestuur beslist bij meerderheid van stemmen.

3. Indien de stemmen staken, geeft de stem van de president de doorslag.

Art. 18

Het bestuur kan een of meer leden van het bestuur machtigen een of meer van zijn bevoegdheden uit te oefenen. Afdeling 10.1.1 van de Algemene wet bestuursrecht is van overeenkomstige toepassing.

Gerechtsbestuur, machtiging leden

Art. 19

1. Het bestuur stelt een huishoudelijk reglement vast, dat in ieder geval nadere regels bevat over:

Gerechtsbestuur, vaststelling huishoudelijk reglement

a. de werkwijze, besluitvorming en taakverdeling van het bestuur;

b. de machtiging, bedoeld in artikel 18;

c. de vervanging van zijn leden in geval van ziekte of andere verhindering.

2. Het bestuur wijst in het huishoudelijk reglement aan de president of aan het andere rechterlijk lid van het bestuur in ieder geval het aandachtsgebied toe dat betrekking heeft op de taken, bedoeld in artikel 23, eerste lid, onderdeel d, en derde lid.

Art. 20

1. Het bestuur stelt een bestuursreglement vast, dat in ieder geval nadere regels bevat over:

Gerechtsbestuur, vaststelling bestuursreglement

a. de organisatiestructuur van het gerecht;

b. de indeling in kamers, bedoeld in artikel 6, eerste lid;

c. de toedeling van zaken aan de leden van de enkelvoudige en meervoudige kamers;

d. de wijze waarop het bestuur uitvoering geeft aan de taken, bedoeld in artikel 23, eerste lid, onderdeel d, en derde lid;

e. de externe contacten van het gerechtsbestuur.

B42 art. 21 *Wet op de rechterlijke organisatie*

2. Het bestuur stelt in het bestuursreglement voorts zijn zetel vast.

Art. 21

Gerechtsbestuur, vaststelling zaaksverdelingsreglement

1. Het bestuur stelt een zaaksverdelingsreglement vast, waarin per zittingsplaats wordt bepaald voor welke categorieën van zaken in die zittingsplaats zittingen worden gehouden. Daarbij wordt in ieder geval rekening gehouden met het belang van een goede toegankelijkheid van rechtspraak.

2. Alvorens het bestuur van de rechtbank het zaaksverdelingsreglement vaststelt, stelt het de hoofdofficier van justitie in de gelegenheid zijn zienswijze naar voren te brengen over hetgeen in het reglement zal worden bepaald ten aanzien van strafzaken.

3. Alvorens het bestuur van het gerechtshof het zaaksverdelingsreglement vaststelt, stelt het de landelijk hoofdadvocaat-generaal in de gelegenheid zijn zienswijze naar voren te brengen over hetgeen in het reglement zal worden bepaald ten aanzien van strafzaken.

Art. 21a

Gerechtsbestuur, nadere regels reglementen

1. De reglementen, bedoeld in de artikelen 19 tot en met 21, behoeven de instemming van de Raad. De artikelen 10:28 tot en met 10:31 van de Algemene wet bestuursrecht zijn van overeenkomstige toepassing.

2. De instemming kan slechts worden onthouden wegens strijd met het recht of het algemeen belang, daaronder begrepen het belang van het recht of het algemeen belang, daaronder begrepen het belang van een goede toegankelijkheid van rechtspraak en van een goede bedrijfsvoering van het gerecht.

3. De reglementen, bedoeld in de artikelen 20 en 21, worden gepubliceerd in de Staatscourant.

Art. 21b

Zittingsplaatsen gerechten aanwijzen bij AMvB

1. Bij algemene maatregel van bestuur worden voor elk gerecht zittingsplaatsen aangewezen binnen het rechtsgebied waarin het gerecht is gelegen. Daarbij wordt in ieder geval rekening gehouden met het belang van een goede toegankelijkheid van rechtspraak en het belang van een goede bedrijfsvoering van het gerecht. De voordracht voor die algemene maatregel van bestuur wordt niet eerder gedaan dan vier weken nadat het ontwerp aan beide kamers der Staten-Generaal is overgelegd.

2. Onze Minister kan, gehoord de Raad en het College van procureurs-generaal, binnen het rechtsgebied waarin het gerecht is gelegen overige zittingsplaatsen aanwijzen, al dan niet voor een bepaalde periode.

3. Onze Minister kan, na overleg met de Raad en het College van procureurs-generaal, bepalen dat in een zaak de terechtzitting zal worden gehouden op een door hem aan te wijzen locatie in of buiten het rechtsgebied waarin het gerecht is gelegen, indien dit noodzakelijk is in verband met de veiligheid van personen of andere zwaarwegende omstandigheden.

Art. 21c

De zittingsplaatsen onderscheidenlijk overige zittingsplaatsen van de rechtbank Amsterdam, de rechtbank Oost-Brabant, de rechtbank Overijssel en de rechtbank Rotterdam zijn over en weer zittingsplaatsen onderscheidenlijk overige zittingsplaatsen van deze rechtbanken in zaken waarin deze rechtbanken bevoegd zijn op grond van artikel 2, eerste lid, voorlaatste en laatste volzin van het Wetboek van Strafvordering.

Art. 22

Gerechtsbestuur, samenstelling gerechtsvergadering

1. Met uitzondering van de raadsheren-plaatsvervangers en rechters-plaatsvervangers, die hun ambt niet vervullen op basis van een aanwijzing als bedoeld in artikel 5f, derde lid, van de Wet rechtspositie rechterlijke ambtenaren, vormen de bij een gerecht werkzame rechterlijke ambtenaren met rechtspraak belast, de senior-gerechtsauditeurs en gerechtsauditeurs, die tevens raadsheer-plaatsvervanger of rechter-plaatsvervanger zijn, en de rechters in opleiding tezamen de gerechtsvergadering.

2. De president is voorzitter van de gerechtsvergadering.

3. De bij het gerecht werkzame gerechtsambtenaren, senior-gerechtsauditeurs, gerechtsauditeurs, die niet tevens raadsheer-plaatsvervanger of rechter-plaatsvervanger zijn, en de raadsherenplaatsvervangers en rechters-plaatsvervangers, die hun ambt niet vervullen op basis van een aanwijzing als bedoeld in artikel 5f, derde lid, van de Wet rechtspositie rechterlijke ambtenaren, kunnen op uitnodiging deelnemen aan de gerechtsvergadering.

Paragraaf 2
Taken en bevoegdheden

Art. 23

Gerechtsbestuur, taken

1. Het bestuur is belast met de algemene leiding, de organisatie en de bedrijfsvoering van het gerecht. In het bijzonder draagt het bestuur zorg voor:
a. automatisering en bestuurlijke informatievoorziening;
b. de voorbereiding, vaststelling en uitvoering van de begroting;
c. huisvesting en beveiliging;
d. de kwaliteit van de bestuurlijke en organisatorische werkwijze van het gerecht daaronder begrepen de externe gerichtheid;

e. personeelsaangelegenheden;
f. overige materiële voorzieningen.

2. Bij de uitvoering van de taken, bedoeld in het eerste lid, treedt het bestuur niet in de procesrechtelijke behandeling van, de inhoudelijke beoordeling van alsmede de beslissing in een concrete zaak of in categorieën van zaken.

3. Het bestuur heeft voorts tot taak binnen het gerecht de juridische kwaliteit en de uniforme rechtstoepassing te bevorderen. Het voert daarover overleg met de gerechtsvergadering of met een door de gerechtsvergadering aangewezen afvaardiging van de in artikel 22, eerste en derde lid, genoemde deelnemers aan de gerechtsvergadering op het terrein van burgerlijke zaken, strafzaken of bestuursrechtelijke zaken of een ander rechtsterrein. Bij de uitvoering van deze taak treedt het bestuur niet in de procesrechtelijke behandeling van, de inhoudelijke beoordeling van alsmede de beslissing in een concrete zaak.

4. De bestuursleden geven elkaar inlichtingen die voor de uitvoering van de taken, bedoeld in het eerste en derde lid, noodzakelijk zijn.

Art. 23a

1. De Raad kan besturen van gerechten opdragen om een of meer van de taken, bedoeld in artikel 23, eerste lid, onderdelen a en c tot en met f, gezamenlijk uit te voeren.

Gerechtsbesturen, samenwerking

2. Indien tot samenwerking overeenkomstig het eerste lid is besloten, stellen de betrokken besturen met betrekking tot die samenwerking nadere regels vast bij gemeenschappelijk reglement. Artikel 21a is van overeenkomstige toepassing.

Art. 24

1. Het bestuur kan ter uitvoering van zijn taken, genoemd in artikel 23, eerste lid, alle bij het gerecht werkzame ambtenaren algemene en bijzondere aanwijzingen geven.

Gerechtsbestuur, bevoegdheden

2. Bij het geven van aanwijzingen treedt het bestuur niet in de procesrechtelijke behandeling van, de inhoudelijke beoordeling van alsmede de beslissing in een concrete zaak of in categorieën van zaken.

Art. 25

1. Ten aanzien van het niet-rechterlijk lid van het bestuur worden de bevoegdheden uit de Ambtenarenwet 2017 en titel 10 van Boek 7 van het Burgerlijk Wetboek uitgeoefend door het bestuur uitgezonderd dat lid.

Gerechtsbestuur, aanstelling/schorsing/ontslag gerechtsambtenaar

2. Bij of krachtens algemene maatregel van bestuur worden nadere regels gesteld omtrent de uitoefening van rechtspositionele bevoegdheden ten aanzien van de gerechtsambtenaren door het bestuur onderscheidenlijk het bestuur uitgezonderd het niet-rechterlijk lid van het bestuur en door de Raad voor de rechtspraak.

3. Ten aanzien van de rechterlijk ambtenaar, die tevens rechterlijk lid van het bestuur is, worden de bij en krachtens de Wet rechtspositie rechterlijke ambtenaren alsmede de ingevolge artikel 16, eerste lid, tweede volzin, van deze wet aan het bestuur toegekende bevoegdheden uitgeoefend door het bestuur uitgezonderd dat lid.

(Zie ook: BrgRr ; Burba ; Veegbesluit mro)

4. Voor gerechtsambtenaren gelden de arbeidsvoorwaarden die zijn opgenomen in de laatstelijk afgesloten collectieve arbeidsovereenkomst voor ambtenaren die krachtens een arbeidsovereenkomst met de Staat werkzaam zijn.

Art. 26

1. Het bestuur stelt een regeling vast voor de behandeling van klachten.

Gerechtsbestuur, vaststelling/publicatie klachtregeling

2. De regeling of een wijziging daarvan behoeft de instemming van de Raad. De artikelen 10:28 tot en met 10:31 van de Algemene wet bestuursrecht zijn van overeenkomstige toepassing.

3. De instemming kan slechts worden onthouden wegens strijd met het recht of het belang van een goede bedrijfsvoering van het gerecht.

4. Klachten zijn niet mogelijk ten aanzien van gedragingen waartegen ingevolge een wettelijk geregelde voorziening een procedure bij een rechterlijke instantie openstaat of heeft opengestaan, dan wel beroep openstaat of heeft opengestaan tegen een uitspraak die in een zodanige procedure is gedaan. Klachten kunnen evenmin een rechterlijke beslissing betreffen.

5. De regeling wordt gepubliceerd in de Staatscourant.

6. Afdeling 9.1.2 van de Algemene wet bestuursrecht is van overeenkomstige toepassing.

Schakelbepaling

7. Ten aanzien van de bij het gerecht werkzame gerechtsambtenaren, buitengriffiers, seniorgerechtsauditeurs, gerechtsauditeurs en rechters in opleiding zijn titel 9.2 van de Algemene wet bestuursrecht alsmede artikel 1a, tweede lid, en hoofdstuk III van de Wet Nationale ombudsman van overeenkomstige toepassing, met dien verstande dat voor de overeenkomstige toepassing hiervan als bestuursorgaan wordt aangemerkt het bestuur van het gerecht waar de betrokken gerechtsambtenaar, buitengriffier, senior-gerechtsauditeur, gerechtsauditeur of rechter in opleiding werkzaam is.

B42 art. 27 Wet op de rechterlijke organisatie

Art. 27

Gerechtsbestuur, vertegenwoordiging in rechte

De president vertegenwoordigt het gerecht.

Art. 28

Gerechtsbestuur, advisering door sector- of gerechtsvergadering

De gerechtsvergadering kan het bestuur gevraagd of ongevraagd adviseren over de uitvoering van de in artikel 23, derde lid, genoemde taak.

Art. 28a

[Vervallen]

Paragraaf 3
Planning en bekostiging

Art. 29

Gerecht, toekenning algemeen budget

1. Met inachtneming van de regels, bedoeld in artikel 97, eerste lid, kent de Raad jaarlijks aan elk gerecht een algemeen budget toe ten laste van de rijksbegroting. De Raad kan aan de toekenning van het budget voorschriften verbinden.

2. In aanvulling op het algemene budget kan de Raad een gerecht financiële middelen verstrekken voor specifiek omschreven activiteiten die gericht zijn op verbetering van de organisatie of de werkwijze van de gerechten of het desbetreffende gerecht. De tweede volzin van het eerste lid is van overeenkomstige toepassing.

Art. 29a-29b

[Vervallen]

Art. 30

Gerecht, bekendmaking voorlopig budget

De Raad deelt aan elk gerecht zo spoedig mogelijk na de mededeling, bedoeld in artikel 101 mede welk budget, met inbegrip van de daaraan te verbinden voorschriften, voor het komende begrotingsjaar voorlopig kan worden verwacht. Hij deelt daarbij tevens mede op welke wijze het geraamde budget is berekend.

Art. 31

Gerecht, vaststelling jaarplan

1. Het bestuur stelt jaarlijks een jaarplan voor het gerecht vast. Het plan bevat:
a. een omschrijving van de voorgenomen activiteiten ter uitvoering van de in artikel 23, eerste lid, genoemde taken voor het jaar volgend op het jaar waarin het plan is vastgesteld;
b. een begroting voor het komende begrotingsjaar;
c. een meerjarenraming voor ten minste vier op het begrotingsjaar volgende jaren.

2. In afwijking van artikel 17, tweede lid, stelt het bestuur het jaarplan vast met meerderheid van stemmen, waaronder de stem van de president.

3. De Raad kan omtrent de inrichting van het plan algemene aanwijzingen geven.

4. Het bestuur zendt het plan voor een door de Raad te bepalen tijdstip aan de Raad.

5. Binnen het bestuur ziet de president toe op de uitvoering van het jaarplan.

Art. 32

Gerecht, vaststelling begroting

1. Het bestuur stelt de begroting van het gerecht als onderdeel van het jaarplan vast in overeenstemming met het door de Raad geraamde budget, bedoeld in artikel 30.

2. De begroting van het gerecht behoeft de instemming van de Raad. De artikelen 10:28 tot en met 10:30 van de Algemene wet bestuursrecht zijn van overeenkomstige toepassing.

3. De instemming kan slechts worden onthouden wegens strijd met het recht of het belang van een goede bedrijfsvoering van het gerecht.

4. De Raad beslist binnen acht weken na ontvangst van de begroting van het gerecht. De instemming wordt geacht te zijn verleend indien binnen deze termijn geen beslissing van de Raad is ontvangen.

5. In gevallen van dringende spoed kan het bestuur een uitgave doen voordat de desbetreffende begroting de instemming van de Raad heeft verkregen. De Raad wordt daarvan terstond in kennis gesteld.

Art. 33

Gerecht, bekendmaking vastgesteld budget

1. De Raad maakt aan elk gerecht zo spoedig mogelijk na de vaststelling van de begroting van het Ministerie van Veiligheid en Justitie bekend, welk budget hij aan het gerecht toekent. Indien het budget afwijkt van het geraamde budget, bedoeld in artikel 30 is de tweede volzin van dat artikel van overeenkomstige toepassing.

2. Indien het budget afwijkt van het geraamde budget, bedoeld in artikel 30, wijzigt het bestuur de begroting van het gerecht.

3. Beslissingen tot andere wijzigingen van de begroting kunnen uiterlijk tot het eind van het desbetreffende begrotingsjaar worden genomen.

4. De Raad wordt van de wijzigingen, bedoeld in het tweede en derde lid, terstond in kennis gesteld.

5. Het bestuur doet de noodzakelijke uitgaven binnen de grenzen van de vastgestelde of gewijzigde begroting.

Art. 34

1. Indien de begroting niet de instemming van de Raad heeft verkregen, behoeft het bestuur tot het doen van uitgaven steeds de instemming van de Raad.

2. Een verzoek van het bestuur om instemming kan door de Raad slechts worden afgewezen wegens strijd met het recht of het belang van een goede bedrijfsvoering van het gerecht. De artikelen 10:28 tot en met 10:30 van de Algemene wet bestuursrecht zijn van overeenkomstige toepassing.

3. De Raad beslist op het verzoek binnen acht weken na ontvangst van het verzoek. De instemming wordt geacht te zijn verleend indien binnen deze termijn geen beslissing van de Raad is ontvangen.

4. De Raad kan aan de instemming voorschriften verbinden.

5. De Raad kan bepalen voor welke posten en tot welk bedrag het bestuur geen instemming behoeft.

(Zie ook: Wbesl. Brro)

Art. 35

1. Het bestuur dient jaarlijks voor een door de Raad te bepalen tijdstip bij de Raad een verslag in.

2. Het verslag bestaat uit de jaarrekening met bijbehorende begroting, de daarin aangebrachte wijzigingen, het jaarverslag en overige financiële gegevens.

3. In de jaarrekening wordt rekening en verantwoording afgelegd van het financiële beheer van het gerecht over het voorafgaande begrotingsjaar.

4. De jaarrekening behoeft de instemming van de Raad. De instemming kan slechts worden onthouden wegens strijd met het recht. De artikelen 10:28 tot en met 10:31 van de Algemene wet bestuursrecht zijn van overeenkomstige toepassing.

5. In het jaarverslag wordt vermeld op welke wijze de werkzaamheden ten behoeve waarvan het budget ten laste van de rijksbegroting is verleend, zijn uitgevoerd. Daarbij wordt aangegeven op welke wijze deze werkzaamheden zich verhouden tot het plan zoals dit overeenkomstig artikel 31 voor het desbetreffende jaar is vastgesteld en tot de in het desbetreffende jaar geldende financieringsregels, bedoeld in artikel 97, eerste lid.

6. In afwijking van artikel 17, tweede lid, stelt het bestuur het jaarverslag vast met meerderheid van stemmen, waaronder de stem van de president.

7. De Raad kan omtrent de inrichting van het verslag algemene aanwijzingen geven.

Art. 35a

1. In afwijking van artikel 4.6, eerste lid, van de Comptabiliteitswet 2016 verricht het bestuur namens de staat privaatrechtelijke rechtshandelingen voor zover die voortvloeien uit het door hem beheerde deel van de begroting van het Ministerie van Veiligheid en Justitie, tenzij bij of krachtens de wet is bepaald dat een andere minister dan Onze Minister de rechtshandeling verricht.

2. Artikel 10:12 van de Algemene wet bestuursrecht en artikel 4.12, eerste en vierde lid, van de Comptabiliteitswet 2016 zijn van overeenkomstige toepassing.

(Zie ook: Bpr 1996)

Paragraaf 4
Toezicht

Art. 36

1. Het bestuur verstrekt desgevraagd aan de Raad de voor de uitoefening van zijn taak benodigde inlichtingen.

2. De Raad kan omtrent de verstrekking van inlichtingen algemene aanwijzingen geven voorzover de gevraagde inlichtingen betrekking hebben op beslissingen en handelingen ter uitvoering van de taken, genoemd in artikel 23, eerste lid.

Art. 36a
[Vervallen]

Art. 37

Een beslissing van het bestuur ter uitvoering van de in artikel 23, eerste lid, genoemde taken kan door de Raad worden vernietigd indien de beslissing kennelijk in strijd is met het recht of het belang van een goede bedrijfsvoering van het gerecht. De artikelen 10:36, 10:37, 10:38 tot en met 10:45 van de Algemene wet bestuursrecht zijn van overeenkomstige toepassing.

Art. 38

1. In geval van ongeschiktheid anders dan wegens ziekte kan de Raad Onze Minister voorstellen om een of meer leden van het bestuur voor te dragen voor ontslag als lid van het bestuur. In geval van een ernstig vermoeden voor het bestaan van ongeschiktheid anders dan wegens ziekte, kan de Raad Onze Minister voorstellen om een of meer leden van het bestuur voor te dragen voor schorsing als lid van het bestuur.

2. De schorsing of het ontslag geschiedt bij koninklijk besluit op voordracht van Onze Minister.

Gerecht, geen instemming Raad met begroting

Gerecht, jaarverslag en jaarrekening

Gerechtsbestuur, verrichten privaatrechtelijke handelingen

Schakelbepaling

Gerechtsbestuur, inlichtingen

Gerechtsbestuur, vernietiging beslissing door Raad

Gerechtsbestuur, schorsing/ontslag leden

B42 art. 39 **Wet op de rechterlijke organisatie**

3. Indien alle leden van het bestuur zijn geschorst of ontslagen, kan de Raad bij het desbetreffende gerecht een of meer tijdelijke bewindvoerders aanstellen. Artikel 15, zevende tot en met tiende lid, is van overeenkomstige toepassing. Bij de aanstelling wordt een termijn bepaald voor de bewindvoering.

Art. 39

Gerechtsbestuur, beroep tegen schorsing/ontslag leden

1. Tegen een besluit op grond van artikel 38, eerste en tweede lid, kan een belanghebbende beroep instellen bij de Hoge Raad.

2. De Hoge Raad beoordeelt of de Kroon in redelijkheid tot het oordeel heeft kunnen komen dat sprake is van ongeschiktheid anders dan wegens ziekte, onderscheidenlijk een ernstig vermoeden voor het bestaan daarvan, alsmede of Onze Minister bij zijn voordracht in strijd met artikel 109 heeft gehandeld.

Schakelbepaling

3. Op het beroep is hoofdstuk 8 van de Algemene wet bestuursrecht, met uitzondering van afdeling 8.1.1 en de artikelen 8:10, 8:11, 8:13 en 8:86, van overeenkomstige toepassing.

Afdeling 3 De rechtbanken

Paragraaf 1 Algemene bepalingen

Art. 40

Rechtbank, rechterlijke ambtenaren

1. Rechterlijke ambtenaren met rechtspraak belast, werkzaam bij de rechtbanken zijn:
a. senior rechters A;
b. senior rechters;
c. rechters;
d. rechters-plaatsvervangers.

2. De rechterlijke ambtenaren met rechtspraak belast in een rechtbank zijn van rechtswege rechter-plaatsvervanger in de overige rechtbanken.

Art. 41

[Vervallen]

Art. 42

Rechtbank, bevoegdheid in burgerlijke zaken

De rechtbanken nemen in eerste aanleg kennis van alle burgerlijke zaken, behoudens bij de wet bepaalde uitzonderingen.

Art. 43

Rechtbank, bevoegdheid in bestuursrechtelijke zaken

De rechtbanken nemen in eerste aanleg kennis van de bestuursrechtelijke zaken waarvan de kennisneming bij de wet aan hen is opgedragen.

Art. 43a

[Vervallen]

Art. 44

Rechtbank, bevoegdheid in belastingzaken

De rechtbanken nemen in eerste aanleg kennis van de belastingzaken waarvan de kennisneming bij de wet aan hen is opgedragen.

Art. 45

Rechtbank, bevoegdheid in strafzaken

1. De rechtbanken nemen in eerste aanleg kennis van alle strafzaken, behoudens bij de wet bepaalde uitzonderingen.

2. De rechtbanken nemen ook kennis van de vordering tot vergoeding van kosten en schaden ten behoeve van de benadeelde partij in strafzaken.

Art. 46

Rechtbank, aanwijzing rechter-commissarissen

Het bestuur van de rechtbank wijst uit de bij het gerecht werkzame rechterlijke ambtenaren met rechtspraak belast rechters-commissarissen aan, belast met de behandeling van strafzaken.

Art. 46a

Rechtbank, bevoegdheid minister tot aanwijzen andere rechtbank

1. Onze Minister kan, gehoord de Raad, een rechtbank of meerdere rechtbanken aanwijzen waarvan de zittingsplaatsen onderscheidenlijk overige zittingsplaatsen ten behoeve van een in de aanwijzing te bepalen categorie of categorieën van zaken tijdelijk mede worden aangemerkt als zittingsplaatsen onderscheidenlijk overige zittingsplaatsen van een andere rechtbank, indien dit noodzakelijk is als gevolg van gebrek aan voldoende zittingscapaciteit binnen het arrondissement waarin die andere rechtbank is gelegen.

2. In de aanwijzing bepaalt Onze Minister voor welke periode de aanwijzing geldt. De aanwijzing geldt ten hoogste drie jaren en kan eenmaal worden verlengd voor de duur van ten hoogste een jaar.

3. Indien de aanwijzing betrekking heeft op strafzaken vindt de aanwijzing niet plaats dan nadat Onze Minister daarover het College van procureurs-generaal heeft gehoord.

4. De aanwijzing wordt gepubliceerd in de Staatscourant.

5. Het derde en vierde lid zijn van overeenkomstige toepassing op een verlenging van de aanwijzing.

Art. 46b

De rechtbank kan een zaak ter verdere behandeling verwijzen naar een andere rechtbank, indien naar haar oordeel door betrokkenheid van de rechtbank behandeling van de zaak door een andere rechtbank gewenst is.

Paragraaf 2
Vorming en bezetting van kamers

Art. 47

1. Het bestuur vormt voor het behandelen en beslissen van kantonzaken enkelvoudige kamers en bepaalt de bezetting daarvan.

2. Degene die zitting heeft in de enkelvoudige kamer draagt de titel van kantonrechter dan wel kantonrechter-plaatsvervanger.

Art. 47a

[Vervallen]

Art. 48

1. Het bestuur vormt voor het behandelen en beslissen van kantonzaken als bedoeld in artikel 1019j van het Wetboek van Burgerlijke Rechtsvordering meervoudige kamers onder de benaming van pachtkamers. Het bestuur bepaalt de bezetting van deze kamers.

2. Een pachtkamer wordt bezet door twee personen, niet zijnde rechterlijk ambtenaar, als deskundige leden en een kantonrechter. Op de deskundige leden zijn de artikelen 7, derde lid, 12 en 13 tot en met 13g van overeenkomstige toepassing.

Art. 48a

1. De deskundige leden van de pachtkamers van de rechtbanken, bedoeld in artikel 48, tweede lid, van deze wet en hun plaatsvervangers worden benoemd bij koninklijk besluit op voordracht van Onze Minister, gehoord Gedeputeerde Staten. Zij worden genoemd lid, onderscheidenlijk plaatsvervangend lid van de pachtkamer.

2. Om te kunnen worden benoemd tot lid of plaatsvervangend lid van een pachtkamer moet men Nederlander zijn.

3. De deskundige leden en de plaatsvervangende leden van de pachtkamers worden voor de tijd van vijf jaren benoemd. Zij zijn bij hun aftreden weer benoembaar. Zij worden op eigen verzoek bij koninklijk besluit ontslagen.

4. Bij de benoeming van de deskundige leden en van de plaatsvervangende leden wordt ervoor zorg gedragen dat in de pachtkamer noch het belang der pachters, noch het belang van de verpachters overheerst.

5. De deskundige leden leggen alvorens zij met hun werkzaamheden aanvangen de eed of belofte af volgens het formulier zoals dat is vastgesteld in de bijlage bij deze wet. Bij algemene maatregel van bestuur worden regels gesteld over hun beëdiging.

6. Met ingang van de eerste dag van de maand volgende op die waarin een deskundig lid of een plaatsvervangend lid van de pachtkamer de leeftijd van zeventig jaren heeft bereikt, wordt aan hem bij koninklijk besluit ontslag verleend.

Art. 48b

1. Het in de artikelen 46c, 46ca, 46d, 46e, 46f, 46i, met uitzondering van het eerste lid onder c, 46j, 46l, eerste en derde lid, 46m, 46o en 46p, van de Wet rechtspositie rechterlijk ambtenaren bepaalde is van overeenkomstige toepassing ten aanzien van de deskundige leden van de pachtkamers en hun plaatsvervangers, met dien verstande dat voor de overeenkomstige toepassing van artikel 46j onderscheidenlijk 46o, tweede lid, onder functionele autoriteit wordt verstaan: bestuur onderscheidenlijk president van het gerecht. Tevens zijn de artikelen 44, eerste, vierde tot en met achtste en tiende lid, en 44a, eerste tot en met achtste en tiende lid, van deze wet op hen van overeenkomstige toepassing, met dien verstande dat het bestuur van het gerecht wordt aangemerkt als hun functionele autoriteit, zij voor de overeenkomstige toepassing van artikel 44, eerste en zevende lid, worden gelijkgesteld met rechters-plaatsvervangers in hetzelfde gerecht, en de president van het gerecht ten aanzien van hen de bevoegdheid, bedoeld in artikel 44, zesde lid, uitoefent.

2. Zij genieten vergoeding voor hun reis- en verblijfkosten en verdere vergoeding volgens bij algemene maatregel van bestuur vast te stellen regels.

3. Bij algemene maatregel van bestuur worden voorschriften gegeven ter uitvoering van dit artikel en van artikel 48a.

Art. 49

Het bestuur van de rechtbank Gelderland vormt een enkelvoudige kamer voor het behandelen en beslissen van militaire kantonzaken en bepaalt de bezetting daarvan. Degene die zitting heeft in deze kamer draagt de titel van militaire kantonrechter.

Art. 50

Rechtbank, voorzieningenrechter/kort geding

1. Het bestuur vormt voor het behandelen en beslissen van zaken waarvoor in verband met onverwijlde spoed een voorziening wordt gevraagd enkelvoudige kamers en bepaalt de bezetting daarvan. Deze kamers kunnen ook andere bij de wet aan hen toebedeelde zaken behandelen en beslissen.

(Zie ook: art. 254 Rv)

2. Degene die zitting heeft in een enkelvoudige kamer als bedoeld in het eerste lid draagt de titel van voorzieningenrechter.

3. In kort geding als bedoeld in het Wetboek van Burgerlijke Rechtsvordering draagt de voorzieningenrechter ter terechtzitting de aanspreektitel van president in kort geding.

(Zie ook: Wbesl. Brro)

Art. 51

Rechtbank, politierechter

1. Het bestuur vormt voor het behandelen en beslissen van strafzaken in eerste aanleg, niet zijnde kantonzaken als bedoeld in artikel 47, eerste lid, enkelvoudige kamers. Het bestuur bepaalt de bezetting van deze kamers.

2. Degene die zitting heeft in een enkelvoudige kamer als bedoeld in het eerste lid draagt de titel van politierechter.

Art. 52

Rechtbank, economische politierechter

1. Het bestuur vormt voor het behandelen en beslissen van zaken betreffende economische delicten enkelvoudige en meervoudige kamers onder de benaming van economische kamers. Het bestuur bepaalt de bezetting van deze kamers.

2. Degene die zitting heeft in een enkelvoudige economische kamer draagt de titel van economische politierechter.

Art. 53

Rechtbank, kinderrechter

1. Het bestuur vormt voor het behandelen en beslissen van kinderzaken enkelvoudige kamers en bepaalt de bezetting daarvan.

2. Degene die zitting heeft in een enkelvoudige kamer voor kinderzaken draagt de titel van kinderrechter.

Art. 54

Rechtbank, militaire ambtenarenrechter

1. Het bestuur van de rechtbank Den Haag vormt voor het behandelen en beslissen van zaken op grond van de Wet ambtenaren defensie enkelvoudige en meervoudige kamers en bepaalt de bezetting daarvan.

2. Degene die zitting heeft in een enkelvoudige kamer als bedoeld in het eerste lid draagt de titel van militaire ambtenarenrechter.

3. Een meervoudige kamer bestaat uit twee rechterlijke ambtenaren met rechtspraak belast en een militair lid, dat bij voorkeur afkomstig is uit het krijgsmachtdeel waartoe degene die beroep heeft ingesteld behoort of behoorde. Op het militaire lid zijn de artikelen 7, derde lid, 12 en 13 tot en met 13g van overeenkomstige toepassing. Tevens zijn de artikelen 44, eerste, vierde tot en met achtste en tiende lid, en 44a, eerste tot en met achtste en tiende lid, van de Wet rechtspositie rechterlijke ambtenaren op dit lid van overeenkomstige toepassing, met dien verstande dat het bestuur van het gerecht wordt aangemerkt als zijn functionele autoriteit, dit lid voor de overeenkomstige toepassing van artikel 44, eerste en zevende lid, wordt gelijkgesteld met plaatsvervangers in hetzelfde gerecht, en de president van het gerecht ten aanzien van dit lid de bevoegdheid, bedoeld in artikel 44, zesde lid, uitoefent.

Art. 55

Rechtbank, militaire politierechter

1. Het bestuur van de rechtbank Gelderland vormt voor het behandelen en beslissen van zaken als bedoeld in artikel 2 van de Wet militaire strafrechtspraak, enkelvoudige en meervoudige kamers onder de benaming van militaire kamers. Het bestuur bepaalt de bezetting van deze kamers.

2. Een meervoudige kamer bestaat uit twee rechterlijke ambtenaren met rechtspraak belast en een militair lid, dat bij voorkeur afkomstig is uit het krijgsmachtdeel waartoe de verdachte behoort of behoorde. Bij de behandeling van een zaak tegen verdachten van verschillende krijgsmachtdelen bepaalt de voorzitter van de kamer uit welk krijgsmachtdeel het militaire lid afkomstig is. Op het militaire lid zijn de artikelen 7, derde lid, 12 en 13 tot en met 13g van overeenkomstige toepassing. Tevens zijn de artikelen 44, eerste, vierde tot en met achtste en tiende lid, en 44a, eerste tot en met achtste en tiende lid, van de Wet rechtspositie rechterlijke ambtenaren op dit lid van overeenkomstige toepassing, met dien verstande dat het bestuur van het gerecht wordt aangemerkt als zijn functionele autoriteit, dit lid voor de overeenkomstige toepassing van artikel 44, eerste en zevende lid, wordt gelijkgesteld met plaatsvervangers in hetzelfde gerecht, en de president van het gerecht ten aanzien van dit lid de bevoegdheid, bedoeld in artikel 44, zesde lid, uitoefent.

3. Degene die zitting heeft in een enkelvoudige militaire kamer draagt de titel van militaire politierechter.

Art. 55a

1. Het bestuur van de rechtbank Den Haag vormt voor het behandelen en beslissen van zaken als bedoeld in artikel 78, eerste en tweede lid, van de Zaaizaad- en plantgoedwet 2005, enkelvoudige en meervoudige kamers onder de benaming van kamers voor het kwekersrecht. Het bestuur bepaalt de bezetting van deze kamers.

2. Een meervoudige kamer bestaat uit twee rechterlijke ambtenaren met rechtspraak belast en een persoon, niet zijnde rechterlijk ambtenaar, als deskundig lid. Op het deskundige lid zijn de artikelen 7, derde lid, 12 en 13 tot en met 13g van overeenkomstige toepassing. Tevens zijn de artikelen 44, eerste, vierde tot en met achtste en tiende lid, en 44a, eerste tot en met achtste en tiende lid, van de Wet rechtspositie rechterlijke ambtenaren op dit lid van overeenkomstige toepassing, met dien verstande dat het bestuur van het gerecht wordt aangemerkt als zijn functionele autoriteit, dit lid voor de overeenkomstige toepassing van artikel 44, eerste en zevende lid, wordt gelijkgesteld met plaatsvervangers in hetzelfde gerecht, en de president van het gerecht ten aanzien van dit lid de bevoegdheid, bedoeld in artikel 44, zesde lid, uitoefent.

Art. 55b-55c

[Vervallen]

Art. 56

Het bestuur van de rechtbank Noord-Holland vormt voor het behandelen en beslissen van zaken als bedoeld in artikel 8:2, tweede en derde lid, van de Algemene douanewet, enkelvoudige en meervoudige kamers onder de benaming van douanekamers. Het bestuur bepaalt de bezetting van deze kamers.

Art. 57

[Vervallen]

Vierde afdeling
De gerechtshoven

Paragraaf 1
Algemene bepalingen

Art. 58

1. Rechterlijke ambtenaren met rechtspraak belast, werkzaam bij de gerechtshoven zijn:
a. senior raadsheren;
b. raadsheren;
c. raadsheren-plaatsvervangers.

2. De rechterlijke ambtenaren met rechtspraak belast in een gerechtshof zijn van rechtswege raadsheer-plaatsvervanger in de overige gerechtshoven.

Art. 58a-59h

[Vervallen]

Art. 59i

[Door vernummering vervallen]

Art. 60

1. De gerechtshoven oordelen in hoger beroep over de daarvoor vatbare vonnissen, beschikkingen en uitspraken in burgerlijke zaken, strafzaken en belastingzaken van de rechtbanken in hun ressort.

2. Het eerste lid is van overeenkomstige toepassing op het aan hoger beroep onderworpen deel van het vonnis van een rechtbank in een strafzaak dat betrekking heeft op de vordering van de benadeelde partij indien de vordering meer dan € 1 750 bedraagt.
(Zie ook: art. 404 e.v. Sv; artt. 16, 332 e.v., 343 e.v. Rv)

3. Het bestuur van het gerechtshof kan uit de bij het gerecht werkzame rechterlijke ambtenaren met rechtspraak belast raadsheren-commissarissen aanwijzen, belast met de behandeling van strafzaken.

Art. 60a

[Vervallen]

Art. 61

De gerechtshoven nemen in eerste aanleg, tevens in hoogste ressort, kennis van jurisdictiegeschillen tussen rechtbanken binnen hun rechtsgebied, met uitzondering van geschillen als bedoeld in artikel 8:9 van de Algemene wet bestuursrecht.

Art. 61a-61b

[Vervallen]

Art. 62

1. De gerechtshoven nemen in eerste aanleg, tevens in hoogste ressort, kennis van de voor hoger beroep vatbare burgerlijke zaken waarin partijen zijn overeengekomen deze bij de aanvang van het geding bij wege van prorogatie aanhangig te maken bij het gerechtshof dat in hoger beroep bevoegd zou zijn.

Rechtbank, kwekersrecht

Rechtbank, douanekamers

Gerechtshof, rechterlijke ambtenaren

Gerechtshof, bevoegdheid in burgerlijke zaken/strafzaken/belastingzaken

Gerechtshof, bevoegdheid in jurisdictiegeschillen

Gerechtshof, bevoegdheid in hoger beroep

B42 art. 62a

Werkingssfeer

2. Het eerste lid is niet van toepassing op zaken die niet ter vrije bepaling van partijen staan.

Art. 62a

Gerechtshof, bevoegdheid minister tot aanwijzen ander gerechtshof

1. Onze Minister kan, gehoord de Raad, een gerechtshof of meerdere gerechtshoven aanwijzen waarvan de zittingsplaatsen onderscheidenlijk overige zittingsplaatsen ten behoeve van een in de aanwijzing te bepalen categorie of categorieën van zaken tijdelijk mede worden aangemerkt als zittingsplaatsen onderscheidenlijk overige zittingsplaatsen van een ander gerechtshof, indien dit noodzakelijk is als gevolg van gebrek aan voldoende zittingscapaciteit binnen het ressort waarin dat andere gerechtshof is gelegen.

2. In de aanwijzing bepaalt Onze Minister voor welke periode de aanwijzing geldt. De aanwijzing geldt ten hoogste drie jaren en kan eenmaal worden verlengd voor de duur van ten hoogste een jaar.

3. Indien de aanwijzing betrekking heeft op strafzaken vindt de aanwijzing niet plaats dan nadat Onze Minister daarover het College van procureurs-generaal heeft gehoord.

4. De aanwijzing wordt gepubliceerd in de Staatscourant.

5. Het derde en vierde lid zijn van overeenkomstige toepassing op een verlenging van de aanwijzing.

Art. 62b

Gerechtshof, verwijzing naar ander gerechtshof

Het gerechtshof kan een zaak ter verdere behandeling verwijzen naar een ander gerechtshof, indien naar zijn oordeel door betrokkenheid van het gerechtshof behandeling van die zaak door een ander gerechtshof gewenst is.

Paragraaf 2
Vorming en bezetting van kamers

Art. 63

Gerechtshof, voorzieningenrechter

1. Het bestuur vormt voor het behandelen en beslissen van zaken waarvoor in verband met onverwijlde spoed een voorziening wordt gevraagd enkelvoudige kamers en bepaalt de bezetting daarvan. Deze kamers kunnen ook andere bij de wet aan hen toebedeelde zaken behandelen en beslissen.

2. Degene die zitting heeft in een enkelvoudige kamer als bedoeld in het eerste lid draagt de titel van voorzieningenrechter.

Art. 64

Gerechtshof, economische kamers

Het bestuur vormt voor het behandelen en beslissen van zaken waarin door de economische kamers van de rechtbanken vonnis is gewezen dan wel een bevel of een beschikking is gegeven, enkelvoudige en meervoudige kamers onder de benaming van economische kamers. Het bestuur bepaalt de bezetting van deze kamers.

Art. 65

Gerechtshof, douanekamers

Het bestuur van het gerechtshof Amsterdam vormt voor het behandelen en beslissen in hoger beroep van zaken waarin door de douanekamers van de rechtbank Noord-Holland uitspraak is gedaan enkelvoudige en meervoudige kamers onder de benaming van douanekamers. Het bestuur bepaalt de bezetting van deze kamers.

Art. 66

Gerechtshof, ondernemingskamer

1. Het bestuur van het gerechtshof Amsterdam vormt voor het behandelen en beslissen van zaken als bedoeld in Boek 2 van het Burgerlijk Wetboek, de artikelen 173 en 217 van de Pensioenwet, de artikelen 168 en 211a van de Wet verplichte beroepspensioenregeling, artikel 5 van de Wet op de Europese ondernemingsraden, artikel 26 van de Wet op de ondernemingsraden, artikel 36 van de Wet medezeggenschap op scholen en de artikelen 997 en 1000 van het Wetboek van Burgerlijke Rechtsvordering een meervoudige kamer onder de benaming van ondernemingskamer en bepaalt de bezetting daarvan.

2. De ondernemingskamer bestaat uit drie rechterlijke ambtenaren met rechtspraak belast en twee personen, niet zijnde rechterlijk ambtenaar, als deskundige leden. Op de deskundige leden zijn de artikelen 7, derde lid, 12 en 13 tot en met 13g van deze wet en de artikelen 46c, 46ca, 46d, 46f, 46i, met uitzondering van het eerste lid, onderdeel c, 46j, 46l, eerste en derde lid, 46m, 46o en 46p van de Wet rechtspositie rechterlijke ambtenaren van overeenkomstige toepassing, met dien verstande dat voor de overeenkomstige toepassing van artikel 46j onderscheidenlijk artikel 46o, tweede lid, onder functionele autoriteit wordt verstaan: bestuur onderscheidenlijk president van het gerecht. Tevens zijn de artikelen 44, eerste, vierde tot en met achtste en tiende lid, en 44a, eerste tot en met achtste en tiende lid, van deze wet op hen van overeenkomstige toepassing, met dien verstande dat het bestuur van het gerecht wordt aangemerkt als hun functionele autoriteit, zij voor de overeenkomstige toepassing van artikel 44, eerste en zevende lid, worden gelijkgesteld met plaatsvervangers in hetzelfde gerecht, en de president van het gerecht ten aanzien van hen de bevoegdheid, bedoeld in artikel 44, zesde lid, uitoefent.

3. Het bestuur van het gerechtshof Den Haag vormt voor het behandelen en beslissen van zaken als bedoeld in artikel 46d, onderdeel i, van de Wet op de ondernemingsraden een meer-

voudige kamer en bepaalt de bezetting daarvan. Het tweede lid is van overeenkomstige toepassing.

4. De deskundige leden worden bij koninklijk besluit benoemd voor een periode van vijf jaar. Er kunnen ook plaatsvervangers worden benoemd.

5. De deskundige leden leggen alvorens zij met hun werkzaamheden aanvangen de eed of belofte af volgens het formulier zoals dat is vastgesteld in de bijlage bij deze wet. Bij algemene maatregel van bestuur worden regels gesteld over hun beëdiging.

6. Bij algemene maatregel van bestuur worden regels gesteld over het kostuum, de afwezigheid, de afwisseling, de vergoeding voor reis- en verblijfskosten en nadere vergoeding van de deskundige leden en hun plaatsvervangers.

Art. 67

1. Het bestuur van het gerechtshof Arnhem-Leeuwarden vormt een meervoudige kamer die is belast met het behandelen en beslissen van zaken in beroep als bedoeld in de artikelen 6:6:15, 6:6:23f en 6:6:37 van het Wetboek van Strafvordering. Het bestuur bepaalt de bezetting van deze kamer.

Gerechtshof Arnhem, bevoegdheid

2. Deze kamer is voorts belast met de hem opgedragen taken in artikel 43b van de Wet overdracht tenuitvoerlegging strafvonnissen en de artikelen 2:11, derde lid, en 2:27, vierde lid, van de Wet wederzijdse erkenning en tenuitvoerlegging vrijheidsbenemende en voorwaardelijke sancties. Deze kamer is tevens belast met het geven van de last, bedoeld in artikel 37a, zesde en zevende lid, van het Wetboek van Strafrecht.

3. Deze kamer wordt voor de beslissing in zaken in beroep als bedoeld in de artikelen 6:6:15 en 6:6:37, eerste lid, van het Wetboek van Strafvordering aangevuld met twee personen, niet zijnde rechterlijk ambtenaar, als deskundige leden. In de overige zaken kan de voorzitter van de kamer deze leden toevoegen. Op de deskundige leden zijn de artikelen 7, derde lid, 12 en 13 tot en met 13g van deze wet en de artikelen 46c, 46ca, 46d, 46f, 46i, met uitzondering van het eerste lid, onderdeel c, 46j, 46l, eerste en derde lid, 46m, 46o en 46p van de Wet rechtspositie rechterlijke ambtenaren van overeenkomstige toepassing, met dien verstande dat voor de overeenkomstige toepassing van artikel 46j onderscheidenlijk artikel 46o, tweede lid, onder functionele autoriteit wordt verstaan: bestuur onderscheidenlijk president van het gerecht. Tevens zijn de artikelen 44, eerste, vierde tot en met achtste en tiende lid, en 44a, eerste tot en met achtste en tiende lid, van deze wet op hen van overeenkomstige toepassing, met dien verstande dat het bestuur van het gerecht wordt aangemerkt als hun functionele autoriteit, zij voor de overeenkomstige toepassing van artikel 44, eerste en zevende lid, worden gelijkgesteld met plaatsvervangers in hetzelfde gerecht, en de president van het gerecht ten aanzien van hen de bevoegdheid, bedoeld in artikel 44, zesde lid, uitoefent.

4. De deskundige leden worden bij koninklijk besluit benoemd voor een periode van vijf jaar. Er kunnen ook plaatsvervangers worden benoemd.

5. De deskundige leden leggen alvorens zij met hun werkzaamheden aanvangen de eed of belofte af volgens het formulier zoals dat is vastgesteld in de bijlage bij deze wet. Bij algemene maatregel van bestuur worden regels gesteld over hun beëdiging.

6. Bij algemene maatregel van bestuur worden regels gesteld over het kostuum, de afwezigheid, de afwisseling, de vergoeding voor reis- en verblijfskosten en nadere vergoeding van de deskundige leden en hun plaatsvervangers.

Art. 68

1. Het bestuur van het gerechtshof Arnhem-Leeuwarden vormt voor het behandelen en beslissen van zaken waarin door de militaire kamer van de rechtbank Gelderland vonnis is gewezen een meervoudige kamer onder de benaming van militaire kamer. Het bestuur bepaalt de bezetting van deze kamer.

Gerechtshof Arnhem, militaire kamer

2. De militaire kamer bestaat uit twee rechterlijke ambtenaren met rechtspraak belast en een militair lid, dat bij voorkeur behoort tot het krijgsmachtdeel waartoe de verdachte behoort of behoorde. Bij de behandeling van een zaak tegen verdachten van verschillende krijgsmachtdelen bepaalt de voorzitter van de kamer uit welk krijgsmachtdeel het militaire lid afkomstig is. Op het militaire lid zijn de artikelen 7, derde lid, 12 en 13 tot en met 13g van overeenkomstige toepassing. Tevens zijn de artikelen 44, eerste, vierde tot en met achtste en tiende lid, en 44a, eerste tot en met achtste en tiende lid, van de Wet rechtspositie rechterlijke ambtenaren op dit lid van overeenkomstige toepassing, met dien verstande dat het bestuur van het gerecht wordt aangemerkt als zijn functionele autoriteit, dit lid voor de overeenkomstige toepassing van artikel 44, eerste en zevende lid, wordt gelijkgesteld met plaatsvervangers in hetzelfde gerecht, en de president van het gerecht ten aanzien van dit lid de bevoegdheid, bedoeld in artikel 44, zesde lid, uitoefent.

3. De militaire kamer oordeelt ook over het beklag over niet vervolging in militaire zaken als bedoeld in artikel 12 van het Wetboek van Strafvordering.

Art. 69

1. Het bestuur van het gerechtshof Arnhem-Leeuwarden vormt voor het behandelen en beslissen van zaken als bedoeld in artikel 1019o, eerste lid, van het Wetboek van Burgerlijke

Gerechtshof Arnhem, pachtkamer

Rechtsvordering, een meervoudige kamer onder de benaming van pachtkamer. Het bestuur bepaalt de bezetting van deze kamer.

2. De pachtkamer bestaat uit drie rechterlijke ambtenaren met rechtspraak belast en twee personen, niet zijnde rechterlijk ambtenaar, als deskundige leden. Op de deskundige leden zijn de artikelen 7, derde lid, 12 en 13 tot en met 13g van overeenkomstige toepassing.

Art. 69a

1. De deskundige leden van de pachtkamer van het gerechtshof en hun plaatsvervangers worden benoemd bij koninklijk besluit op voordracht van Onze Minister. Zij worden genoemd raad, onderscheidenlijk plaatsvervangende raad in de pachtkamer van het gerechtshof.

2. Het bepaalde in de artikelen 48a, tweede, derde, vierde, vijfde lid en zesde lid, en 48b is mede op deze leden en hun plaatsvervangers van toepassing.

Art. 70

Gerechtshof Den Haag, kamer voor het kwekersrecht

1. Het bestuur van het gerechtshof Den Haag vormt voor het behandelen en beslissen van zaken als bedoeld in artikel 78, derde lid, van de Zaaizaad- en plantgoedwet 2005, een meervoudige kamer onder de benaming van kamer voor het kwekersrecht. Het bestuur bepaalt de bezetting van deze kamer.

2. De kamer voor het kwekersrecht bestaat uit drie rechterlijke ambtenaren met rechtspraak belast en twee personen, niet zijnde rechterlijk ambtenaar, als deskundige leden. Op de deskundige leden zijn de artikelen 7, derde lid, 12 en 13 tot en met 13g van overeenkomstige toepassing. Tevens zijn de artikelen 44, eerste, vierde tot en met achtste en tiende lid, en 44a, eerste tot en met achtste en tiende lid, van de Wet rechtspositie rechterlijke ambtenaren op deze leden van overeenkomstige toepassing, met dien verstande dat het bestuur van het gerecht wordt aangemerkt als hun functionele autoriteit, zij voor de overeenkomstige toepassing van artikel 44, eerste en zevende lid, worden gelijkgesteld met plaatsvervangers in hetzelfde gerecht, en de president van het gerecht ten aanzien van hen de bevoegdheid, bedoeld in artikel 44, zesde lid, uitoefent.

Art. 71

Gerechtshof Leeuwarden, administratiefrechtelijke rechtshandhaving verkeersvoorschriften

Het bestuur van het gerechtshof Arnhem-Leeuwarden vormt enkelvoudige en meervoudige kamers voor het behandelen en beslissen van zaken op basis van de Wet administratiefrechtelijke handhaving verkeersvoorschriften en op basis van artikel 154b van de Gemeentewet. Het bestuur bepaalt de bezetting van deze kamers.

Afdeling 5
De Hoge Raad

Art. 72

Hoge Raad, samenstelling

1. De Hoge Raad bestaat uit een president, ten hoogste zeven vice-presidenten, ten hoogste dertig raadsheren en ten hoogste vijftien raadsheren in buitengewone dienst.

2. De raadsheren in buitengewone dienst verrichten, als raadsheer, werkzaamheden voorzover zij daartoe door de president worden opgeroepen.

3. Bij de Hoge Raad is een griffier werkzaam.

4. Bij de Hoge Raad kunnen gerechtsauditeurs en een substituut-griffier werkzaam zijn.

5. Voor de toepassing van het eerste lid worden de president van, de vice-presidenten van en de raadsheren in de Hoge Raad aan wie buitengewoon verlof zonder behoud van bezoldiging is verleend, voor de duur van dat verlof en gedurende ten hoogste een jaar daarna buiten beschouwing gelaten.

6. Voor de toepassing van het eerste lid worden rechterlijke ambtenaren die zijn aangesteld voor een minder dan volledige arbeidsduur, geteld overeenkomstig de breuk die hun arbeidsduur aangeeft.

(Zie ook: Wbesl. Reg. I)

Art. 73

Hoge Raad, waarneming president/griffier

1. In geval van ziekte of andere verhindering wordt de president vervangen door een vice-president.

2. In geval van ziekte of andere verhindering van de griffier wordt hij, bij gebreke van een substituut-griffier, vervangen door een waarnemend griffier.

3. De waarnemend griffiers worden door Onze Minister aangewezen op aanbeveling van de Hoge Raad. Alvorens voor de eerste keer door de president van de Hoge Raad te worden opgeroepen leggen zij de eed of belofte af. Bij of krachtens algemene maatregel van bestuur wordt het formulier voor de eed of belofte vastgesteld en worden regels gesteld over de beëdiging. Aan een waarnemend griffier wordt volgens bij of krachtens algemene maatregel van bestuur te stellen regels door Onze Minister een vergoeding toegekend.

4. Een waarnemend griffier wordt op eigen verzoek door Onze Minister ontslagen. Onze Minister stelt de president van de Hoge Raad hiervan op de hoogte.

5. Onze Minister kan een waarnemend griffier ontslaan:

a. indien hij gedurende een periode van ten minste drie jaar geen griffierswerkzaamheden heeft verricht;

b. op grond van ongeschiktheid anders dan wegens ziekte; of

c. wegens het doen of nalaten van iets wat een persoon, werkzaam ten behoeve van de Hoge Raad, behoort na te laten of te doen.

(Zie ook: Bbvbwg ; RbkgA ; Veegbesluit mro ; Wbesl. Reg. I)

Art. 74

De Hoge Raad geeft advies of inlichtingen wanneer dat vanwege de regering wordt gevraagd.

Hoge Raad, advies- en inlichtingentaak

Art. 75

1. De Hoge Raad vormt, op voorstel van de president, een of meer meervoudige kamers en, voor de gevallen waarin de wet dat voorschrijft, een of meer enkelvoudige kamers en bepaalt de bezetting daarvan.

Hoge Raad, enkelvoudige/meervoudige kamers

2. Bij de Hoge Raad worden zaken, behoudens bij de wet bepaalde uitzonderingen, behandeld en beslist door vijf leden van een meervoudige kamer, van wie een als voorzitter optreedt.

3. De voorzitter van een meervoudige kamer kan bepalen dat een zaak die daarvoor naar zijn oordeel geschikt is, wordt behandeld en beslist door drie leden van die kamer. Indien de zaak naar het oordeel van een van deze leden ongeschikt is voor behandeling en beslissing door drie leden, wordt de behandeling voortgezet door vijf leden.

4. De Hoge Raad stelt, op voorstel van de president, een reglement van inwendige dienst vast. In dit reglement wordt de indeling in kamers vastgelegd.

Hoge Raad, vaststelling reglement

5. Het reglement wordt gepubliceerd in de Staatscourant.

Hoge Raad, publicatie reglement

6. De Hoge Raad stelt een regeling vast voor de behandeling van klachten. Artikel 26, vierde tot en met zesde lid, is van overeenkomstige toepassing.

Art. 76

1. De Hoge Raad neemt in eerste instantie, tevens in hoogste ressort, kennis van de ambtsmisdrijven en ambtsovertredingen begaan door de leden van de Staten-Generaal, de ministers en de staatssecretarissen.

Hoge Raad, bevoegdheid bij ambtsmisdrijven/ambtsovertredingen

2. Onder ambtsmisdrijven en ambtsovertredingen worden hier begrepen strafbare feiten begaan onder een der verzwarende omstandigheden omschreven in artikel 44 van het Wetboek van Strafrecht.

3. In de gedingen, bedoeld in het eerste en tweede lid, is de Hoge Raad tevens bevoegd kennis te nemen van de vordering tot vergoeding van kosten en schaden ten behoeve van de benadeelde partij.

4. In de gedingen, bedoeld in het eerste en tweede lid, oordeelt de Hoge Raad met een aantal van tien raadsheren. Bij het staken der stemmen wordt een uitspraak ten voordele van de verdachte gedaan.

Art. 77

1. De Hoge Raad neemt in eerste aanleg, tevens in hoogste ressort, kennis van jurisdictiegeschillen tussen:

Hoge Raad, bevoegdheid in jurisdictieverschillen

a. rechtbanken, tenzij artikel 61 van toepassing is;

b. gerechtshoven;

c. een gerechtshof en een rechtbank;

d. een tot de rechterlijke macht behorend gerecht en een niet tot de rechterlijke macht behorend gerecht;

e. bestuursrechters, tenzij een andere bestuursrechter daartoe bevoegd is.

2. Indien het jurisdictiegeschil is gerezen tussen de Hoge Raad en een ander in het eerste lid genoemd gerecht, wordt de Hoge Raad ter beslissing daarvan zoveel mogelijk samengesteld uit raadsheren die van de zaak nog geen kennis genomen hebben.

Art. 78

1. De Hoge Raad neemt kennis van het beroep in cassatie tegen de handelingen, arresten, vonnissen en beschikkingen van de gerechtshoven en de rechtbanken, ingesteld hetzij door een partij, hetzij «in het belang der wet» door de procureur-generaal bij de Hoge Raad.

Beroep in cassatie

2. Het eerste lid is niet van toepassing op de handelingen en uitspraken van de rechtbanken in zaken waarvan zij als bestuursrechter kennis nemen.

3. Het eerste lid is voorts niet van toepassing ten aanzien van de handelingen en beslissingen van de rechtbanken en van het gerechtshof Arnhem-Leeuwarden in zaken met betrekking tot de Wet administratiefrechtelijke handhaving verkeersvoorschriften en in zaken betreffende bestuurlijke boeten opgelegd op grond van artikel 154b van de Gemeentewet, met dien verstande dat de Hoge Raad wel kennis neemt van de eis tot «cassatie in het belang der wet» door de procureur-generaal.

4. De Hoge Raad neemt kennis van het beroep in cassatie tegen uitspraken van de bestuursrechter voorzover dit bij wet is bepaald.

B42 art. 79 **Wet op de rechterlijke organisatie**

5. De Hoge Raad neemt kennis van het beroep in cassatie ingesteld «in het belang der wet» tegen uitspraken van de Raad voor strafrechtstoepassing en jeugdbescherming, bedoeld in artikel 32 van de Instellingswet Raad voor strafrechtstoepassing en jeugdbescherming.

6. Een partij kan geen beroep in cassatie instellen indien voor haar een ander gewoon rechtsmiddel openstaat of heeft opengestaan.

7. Cassatie «in het belang der wet» kan niet worden ingesteld indien voor partijen een gewoon rechtsmiddel openstaat en brengt geen nadeel toe aan de rechten door partijen verkregen

Art. 79

Cassatiegronden

1. De Hoge Raad vernietigt handelingen, arresten, vonnissen en beschikkingen:

a. wegens verzuim van vormen voorzover de niet-inachtneming daarvan uitdrukkelijk met nietigheid is bedreigd of zodanige nietigheid voortvloeit uit de aard van de niet in acht genomen vorm;

b. wegens schending van het recht met uitzondering van het recht van vreemde staten.

2. Feiten waaruit het gelden of niet gelden van een regel van gewoonterecht wordt afgeleid, worden voorzover zij bewijs behoeven, alleen op grond van de bestreden beslissing als vaststaande aangenomen.

Art. 80

Gronden voor instelling beroep in cassatie

1. Tegen een vonnis of een beschikking van een kantonrechter in een burgerlijke zaak waartegen geen hoger beroep kan of kon worden ingesteld, kan een partij slechts beroep in cassatie instellen wegens:

a. het niet inhouden van de gronden waarop het vonnis of de beschikking berust;

b. het niet in het openbaar gedaan zijn van het vonnis of, voorzover rechtens vereist, de beschikking;

c. onbevoegdheid; of

d. overschrijding van rechtsmacht.

2. Een vonnis van een kantonrechter in een strafzaak kan, afgezien van het geval van cassatie «in het belang der wet», wegens geen ander verzuim van vormen worden vernietigd dan wegens:

a. het niet inhouden van het ten laste gelegde dan wel, in geval van een bewezenverklaring, het ten laste gelegde alsmede de gronden waarop het vonnis berust;

b. het niet beslissen op de grondslag van de tenlastelegging;

c. het niet geven van de beslissing, bedoeld in artikel 358, derde lid, van het Wetboek van Strafvordering, dan wel het niet geven van de redenen voor deze beslissing; of

d. het niet in het openbaar gewezen zijn van het vonnis.

Art. 80a

Niet-ontvankelijkverklaring wegens onvoldoende belang

1. De Hoge Raad kan, gehoord de procureur-generaal, het beroep in cassatie niet-ontvankelijk verklaren wanneer de aangevoerde klachten geen behandeling in cassatie rechtvaardigen, omdat de partij die het cassatieberoep instelt klaarblijkelijk onvoldoende belang heeft bij het cassatieberoep of omdat de klachten klaarblijkelijk niet tot cassatie kunnen leiden.

2. De Hoge Raad neemt een beslissing als bedoeld in het eerste lid niet dan nadat de Hoge Raad kennis heeft genomen van:

a. de procesinleiding, bedoeld in artikel 407 onderscheidenlijk artikel 426a van het Wetboek van Burgerlijke Rechtsvordering, en het verweerschrift, bedoeld in artikel 411, eerste lid, onderscheidenlijk artikel 426b van dat Wetboek, voor zover ingediend;

b. de schriftuur, houdende de middelen van cassatie, bedoeld in artikel 437 van het Wetboek van Strafvordering; dan wel

c. het beroepschrift waarbij beroep in cassatie wordt ingesteld, bedoeld in artikel 28 van de Algemene wet inzake rijksbelastingen, en het verweerschrift, bedoeld in artikel 29b, van die wet, voor zover ingediend.

3. Het beroep in cassatie wordt behandeld en beslist door drie leden van een meervoudige kamer, van wie een als voorzitter optreedt.

4. Indien de Hoge Raad toepassing geeft aan het eerste lid, kan hij zich bij de vermelding van de gronden van zijn beslissing beperken tot dit oordeel.

Art. 81

Verkorte vermelding gronden bij ongegrondverklaring

1. Indien de Hoge Raad oordeelt dat een aangevoerde klacht niet tot cassatie kan leiden en niet noopt tot beantwoording van rechtsvragen in het belang van de rechtseenheid of de rechtsontwikkeling, kan hij zich bij de vermelding van de gronden van zijn beslissing beperken tot dit oordeel.

2. Het beroep in cassatie wordt behandeld en beslist door drie leden van een meervoudige kamer, van wie een als voorzitter optreedt.

Art. 81a

Kennisname prejudiciële vragen

De Hoge Raad neemt kennis van door de rechtbanken en de gerechtshoven gestelde prejudiciële vragen.

Art. 82

Hoge Raad, beëdiging functionarissen

1. De Hoge Raad is belast met de beëdiging van functionarissen ten aanzien van wie zulks bij of krachtens de wet is bepaald.

Wet op de rechterlijke organisatie — B42 art. 86

2. De in het eerste lid bedoelde taak wordt uitgeoefend door de president van de Hoge Raad. De beëdiging geschiedt op vordering van de procureur-generaal.

Art. 83

De rechtbanken, de gerechtshoven en de presidenten geven inlichtingen wanneer die door de Hoge Raad voor de behandeling van een zaak noodzakelijk worden geacht.

Hoge Raad, informatieplicht rechtbanken/gerechtshoven

Art. 83a

[Vervallen]

AFDELING 6 RAAD VOOR DE RECHTSPRAAK

Paragraaf 1 Inrichting

Art. 84

1. Er is een Raad voor de rechtspraak.

Raad voor de rechtspraak, inrichting

2. De Raad bestaat uit ten minste drie en ten hoogste vijf leden.

3. De leden van de Raad worden bij koninklijk besluit op voordracht van Onze Minister benoemd voor een periode van zes jaar. Zij kunnen eenmaal worden herbenoemd voor een periode van drie jaar. Voorafgaand aan een benoeming als lid van de Raad wordt van betrokkene een verklaring omtrent het gedrag, niet ouder dan drie maanden en afgegeven volgens de Wet justitiële en strafvorderlijke gegevens, verlangd.

4. Indien de Raad bestaat uit drie of vier leden onderscheidenlijk uit vijf leden, zijn twee leden onderscheidenlijk drie leden rechterlijke ambtenaren met rechtspraak belast dan wel met rechtspraak belaste leden van de Centrale Raad van Beroep of het College van Beroep voor het bedrijfsleven, die hun rechtsprekend ambt op basis van een aanstelling als bedoeld in artikel 5f, eerste lid, van de Wet rechtspositie rechterlijke ambtenaren vervullen. De overige leden van de Raad zijn geen rechterlijke ambtenaren met rechtspraak belast, dan wel met rechtspraak belaste leden van de Centrale Raad van Beroep of het College van Beroep voor het bedrijfsleven.

5. Een van de rechterlijke leden wordt bij koninklijk besluit op voordracht van Onze Minister tot voorzitter van de Raad benoemd.

6. De leden kunnen niet tevens zijn:

a. lid van het bestuur van een gerecht;

b. lid van de Staten-Generaal;

c. minister of staatssecretaris;

d. vice-president of lid van de Raad van State;

e. president of lid van de Algemene Rekenkamer;

f. Nationale ombudsman of substituut-ombudsman;

g. ambtenaar bij een ministerie, alsmede de daaronder ressorterende instellingen, diensten en bedrijven;

h. rechterlijk ambtenaar, als bedoeld in artikel 1, onderdeel b, onder 1° en 4° tot en met 9°;

i. lid van het College van Afgevaardigden, bedoeld in artikel 90.

Art. 84a

[Vervallen]

Art. 85

1. Voorafgaand aan de voordracht, bedoeld in artikel 84, derde lid, stelt Onze Minister in overeenstemming met de Raad een lijst vast van maximaal zes personen die voor de vervulling van de desbetreffende vacature in aanmerking lijken te komen.

Raad voor de rechtspraak, procedure voordracht leden

2. De lijst wordt ter beschikking gesteld aan een commissie van aanbeveling. Deze bestaat uit een president van een gerecht, een vertegenwoordiger van de Nederlandse Vereniging voor Rechtspraak, een lid van het College van afgevaardigden, het niet-rechterlijk lid van een gerechtsbestuur en een door Onze Minister aangewezen persoon. De president is voorzitter.

3. De commissie stelt uit de lijst een aanbeveling op van maximaal drie personen. Zij zendt deze uiterlijk acht weken na vaststelling van de lijst aan Onze Minister.

4. Bij algemene maatregel van bestuur kunnen nadere regels worden gesteld omtrent de procedure, bedoeld in dit artikel.

Art. 86

1. De rechterlijke leden van de Raad ontvangen gedurende hun benoemingsduur als lid van de Raad, in plaats van het salaris overeenkomstig het bepaalde bij en krachtens artikel 7 van de Wet rechtspositie rechterlijke ambtenaren, een bij algemene maatregel van bestuur vast te stellen salaris behorende bij de functie van voorzitter of ander rechterlijk lid van de Raad. De artikelen 6, 13 tot en met 15, en 17 tot en met 19 van de Wet rechtspositie rechterlijke ambtenaren zijn hierop van overeenkomstige toepassing.

Raad voor de rechtspraak, rechtspositie leden

B42 art. 87 Wet op de rechterlijke organisatie

2. Een lid van de Raad wordt bij koninklijk besluit op voordracht van Onze Minister ontslagen bij de aanvaarding van een ambt dat of een betrekking die volgens artikel 84 onverenigbaar is met het lidmaatschap van de Raad. Een niet-rechterlijk lid van de Raad wordt tevens als lid van de Raad bij koninklijk besluit op voordracht van Onze Minister ontslagen indien hij wordt benoemd als rechterlijk ambtenaar met rechtspraak belast, met rechtspraak belast lid van de Centrale Raad van Beroep of met rechtspraak belast lid van het College van Beroep voor het bedrijfsleven.

3. Een rechterlijk lid van de Raad wordt bij koninklijk besluit op voordracht van Onze Minister ontslagen onderscheidenlijk geschorst als lid van de Raad indien hij als rechterlijk ambtenaar met rechtspraak belast dan wel met rechtspraak belast lid van de Centrale Raad van Beroep of het College van Beroep voor het bedrijfsleven wordt ontslagen onderscheidenlijk geschorst, tenzij dat ontslag of die schorsing alleen een rechtsprekend ambt betreft dat hij niet op basis van een aanstelling als bedoeld in artikel 5f, eerste lid, van de Wet rechtspositie rechterlijke ambtenaren vervult.

4. Een rechterlijk lid van de Raad wordt op eigen verzoek bij koninklijk besluit op voordracht van Onze Minister ontslagen.

5. Een niet-rechterlijk lid van de Raad wordt disciplinair gestraft, geschorst en ontslagen bij koninklijk besluit op voordracht van Onze Minister.

6. Ten aanzien van een niet-rechterlijk lid van de Raad worden de bevoegdheden uit de Ambtenarenwet 2017 en titel 10 van Boek 7 van het Burgerlijk Wetboek uitgeoefend door de Raad, uitgezonderd het niet-rechterlijk lid van de Raad. Bij of krachtens algemene maatregel van bestuur worden nadere regels gesteld omtrent de uitoefening van rechtspositionele bevoegdheden ten aanzien van een niet-rechterlijk lid door de Raad uitgezonderd het niet-rechterlijk lid.

7. Ten aanzien van een rechterlijk lid van de Raad worden de in de artikelen 17, zevende lid, 40, 45 en 46 van de Wet rechtspositie rechterlijke ambtenaren aan het gerechtsbestuur toegekende bevoegdheden alsmede de bevoegdheden overeenkomstig het eerste lid, tweede volzin, van dit artikel uitgeoefend door de Raad uitgezonderd het rechterlijk lid. Bij of krachtens algemene maatregel van bestuur worden nadere regels gesteld omtrent de uitoefening van rechtspositionele bevoegdheden ten aanzien van een rechterlijk lid door de Raad uitgezonderd het rechterlijk lid.

8. Bij of krachtens algemene maatregel van bestuur worden nadere regels gesteld over de rechtspositie van de leden van de Raad, waaronder in ieder geval regels betreffende het salaris van de leden van de Raad.

(Zie ook: BrgRr)

9. Artikel 3, onderdeel a, van de Ambtenarenwet 2017 is niet van toepassing op een niet-rechterlijk lid van de Raad.

Art. 87

Raad voor de rechtspraak, besluitvorming

1. Indien de Raad bestaat uit drie leden, kan hij alleen beslissingen nemen indien ten minste twee leden aanwezig zijn. Indien de Raad bestaat uit vier of vijf leden, kan hij alleen beslissingen nemen indien ten minste drie leden aanwezig zijn.

2. De Raad beslist bij meerderheid van stemmen.

3. Indien de stemmen staken, geeft de stem van de voorzitter de doorslag.

4. De Raad stelt bij reglement nadere regels vast met betrekking tot zijn werkwijze en besluitvorming. Het reglement wordt aan Onze Minister gezonden en gepubliceerd in de Staatscourant.

Art. 88

Raad voor de rechtspraak, machtiging leden

De Raad kan een of meer leden machtigen een of meer van zijn bevoegdheden uit te oefenen. Afdeling 10.1.1 van de Algemene wet bestuursrecht is van overeenkomstige toepassing.

Art. 89

Raad voor de rechtspraak, bureau

1. Te zijner ondersteuning beschikt de Raad over een bureau.

2. Voor tot het bureau behorende ambtenaren gelden de arbeidsvoorwaarden die zijn opgenomen in de laatstelijk afgesloten collectieve arbeidsovereenkomst voor ambtenaren die krachtens een arbeidsovereenkomst met de Staat werkzaam zijn.

Raad voor de rechtspraak, rechtspositionele bevoegdheden

3. Bij of krachtens algemene maatregel van bestuur worden nadere regels gesteld omtrent de uitoefening van rechtspositionele bevoegdheden door de Raad ten aanzien van de tot het bureau behorende ambtenaren.

Art. 90

Raad voor de rechtspraak, College van afgevaardigden

1. Er is een College van afgevaardigden.

2. Het College bestaat uit vertegenwoordigers van de gerechten, de Centrale Raad van Beroep en het College van Beroep voor het bedrijfsleven. Bij algemene maatregel van bestuur worden nadere regels gesteld omtrent de samenstelling en inrichting van het College en de afvaardiging van de leden.

3. Het College heeft tot taak de Raad gevraagd of ongevraagd te adviseren omtrent de uitvoering van zijn taken.

4. De Raad verstrekt desgevraagd aan het College de voor de uitoefening van zijn taak benodigde inlichtingen.

(Zie ook: Bcaf)

Paragraaf 2 Taken en bevoegdheden

Art. 91

1. De Raad is belast met:

a. de voorbereiding van de begroting voor de Raad en de gerechten gezamenlijk;

b. de toekenning van budgetten ten laste van de rijksbegroting aan de gerechten;

c. de ondersteuning van de bedrijfsvoering bij de gerechten;

d. het toezicht op de uitvoering van de begroting door de gerechten;

e. het toezicht op de bedrijfsvoering bij de gerechten;

f. landelijke activiteiten op het gebied van werving, selectie, aanstelling, benoeming en opleiding van het personeel bij de gerechten.

2. Ter uitvoering van de in het eerste lid, onder c en e, genoemde taken is de zorg van de Raad in het bijzonder gericht op:

a. automatisering en bestuurlijke informatievoorziening;

b. huisvesting en beveiliging;

c. de kwaliteit van de bestuurlijke en organisatorische werkwijze van de gerechten;

d. personeelsaangelegenheden;

e. overige materiële voorzieningen.

Art. 92

1. De Raad kan ter uitvoering van de in artikel 91 genoemde taken algemene aanwijzingen geven aan de besturen van de gerechten voorzover dit noodzakelijk is met het oog op een goede bedrijfsvoering van de gerechten.

2. Alvorens een aanwijzing te geven stelt de Raad het College van afgevaardigden in de gelegenheid zijn zienswijze kenbaar te maken. In de motivering van de aanwijzing geeft de Raad aan op welke wijze hij de zienswijze van het College in zijn beoordeling heeft betrokken.

3. Een aanwijzing wordt gepubliceerd in de Staatscourant.

Art. 93

1. Onze Minister kan algemene aanwijzingen geven betreffende de uitvoering van de in artikel 91 genoemde taken door de Raad voorzover dit noodzakelijk is met het oog op een goede bedrijfsvoering van de rechterlijke organisatie.

2. Alvorens een aanwijzing te geven als bedoeld in het eerste lid, stelt Onze Minister de Raad in de gelegenheid schriftelijk zijn zienswijze kenbaar te maken.

3. Onze Minister deelt de Raad de voorgenomen aanwijzing en de motivering daarvan schriftelijk mede. Onze Minister kan de Raad voor het kenbaar maken van zijn zienswijze een termijn stellen. De zienswijze van de Raad wordt schriftelijk en gemotiveerd gegeven.

4. Indien de zienswijze van de Raad luidt dat de aanwijzing in strijd zal zijn met artikel 109, wordt de aanwijzing niet gegeven.

5. De aanwijzing wordt gepubliceerd in de Staatscourant.

6. Artikel 8:2, onderdelen a en b, van de Algemene wet bestuursrecht is van overeenkomstige toepassing.

Art. 94

De Raad heeft tot taak ondersteuning te bieden aan activiteiten van de gerechten die gericht zijn op uniforme rechtstoepassing en bevordering van de juridische kwaliteit.

Art. 95

1. De Raad heeft tot taak regering en Staten-Generaal te adviseren omtrent algemeen verbindende voorschriften en te voeren beleid van het Rijk op het terrein van de rechtspleging. De adviezen van de Raad worden vastgesteld na overleg met de gerechten.

2. Hoofdstuk 4 van de Kaderwet adviescolleges is van overeenkomstige toepassing.

Art. 96

1. Bij de uitvoering van de taken, bedoeld in de artikelen 94 en 95, treedt de Raad niet in de procesrechtelijke behandeling van, de inhoudelijke beoordeling van alsmede de beslissing in een concrete zaak.

2. Bij de uitvoering van de overige taken en bevoegdheden, toegedeeld bij of krachtens deze wet, is het eerste lid van overeenkomstige toepassing met dien verstande dat de Raad ook niet treedt in de procesrechtelijke behandeling van, de inhoudelijke beoordeling van alsmede de beslissing in categorieën van zaken.

Raad voor de rechtspraak, taken

Raad voor de rechtspraak, bevoegdheden

Raad voor de rechtspraak, aanwijzing door minister van Justitie

Raad voor de rechtspraak, ondersteuningsfunctie

Raad voor de rechtspraak, adviesfunctie

Schakelbepaling

Raad voor de rechtspraak, geen procesrechtelijke behandeling

Art. 96a

Klachtenregeling

De Raad stelt een regeling vast voor de behandeling van klachten. Artikel 26, vierde tot en met zesde lid, is van overeenkomstige toepassing.

Paragraaf 3
Planning en bekostiging

Art. 97

Raad voor de rechtspraak, financiering

1. Bij algemene maatregel van bestuur worden regels gesteld met betrekking tot de financiering van de rechtspraak. Daartoe behoren in elk geval regels betreffende:
a. de objectieve meting van de werklast bij de gerechten;
b. de vergoeding van de gerechtskosten;
c. de voorschriften die aan de financiering kunnen worden verbonden in verband met de activiteiten van de gerechten en de daaraan verbonden werklast;
d. de wijze waarop bij de financiering rekening kan worden gehouden met de naleving van de in onderdeel c bedoelde voorschriften in de voorafgaande periode;
e. het door de Raad en de gerechten toe te passen begrotingsstelsel.

2. Voordat een voordracht voor een krachtens het eerste lid vast te stellen algemene maatregel van bestuur wordt gedaan, stelt Onze Minister de Raad in de gelegenheid schriftelijk zijn zienswijze kenbaar te maken. In de nota van toelichting bij de algemene maatregel van bestuur wordt aangegeven in hoeverre en op welke gronden van de zienswijze van de Raad is afgeweken.

3. De voordracht voor een krachtens het eerste lid vast te stellen algemene maatregel van bestuur wordt niet eerder gedaan dan vier weken nadat het ontwerp aan beide kamers der Staten-Generaal is voorgelegd.

4. In het verslag, bedoeld in artikel 104, eerste lid, besteedt de Raad aandacht aan de wijze waarop de algemene maatregel van bestuur is toegepast. Daarbij geeft de Raad aan op welke wijze de toepassing van de regeling zich verhoudt tot de kwaliteit van de taakuitvoering door de gerechten en doet hij zo nodig voorstellen tot wijziging.

(Zie ook: Bfr 2005)

Art. 98

Raad voor de rechtspraak, begrotingsvoorstel/meerjarenraming

1. Met inachtneming van de regels, bedoeld in artikel 97, eerste lid, stelt de Raad jaarlijks, voorafgaand aan het desbetreffende begrotingsjaar, een voorstel vast voor een begroting van de Raad en de gerechten gezamenlijk, met inbegrip van de aan het toe te kennen budget te verbinden voorschriften, alsmede een meerjarenraming voor ten minste vier op het begrotingsjaar volgende jaren.

2. Alvorens de Raad het begrotingsvoorstel en de meerjarenraming vaststelt, voert de Raad overleg met de gerechten.

3. De Raad zendt het begrotingsvoorstel en de meerjarenraming voor een door Onze Minister te bepalen tijdstip aan Onze Minister.

4. Voor zover het begrotingsvoorstel en de meerjarenbegroting zien op tuchtklachten die op grond van artikel 45, eerste lid, van de Gerechtsdeurwaarderswet worden behandeld door het gerechtshof Amsterdam wordt de Koninklijke Beroepsorganisatie van Gerechtsdeurwaarders gehoord. Voor zover het begrotingsvoorstel en de meerjarenbegroting zien op tuchtklachten die op grond van artikel 107, eerste lid, van de Wet op het notarisambt worden behandeld door het gerechtshof Amsterdam wordt de Koninklijke Notariële Beroepsorganisatie gehoord.

5. Bij of krachtens algemene maatregel van bestuur kunnen regels worden gesteld met betrekking tot de voorbereiding en de inrichting van het begrotingsvoorstel en de meerjarenraming, met inbegrip van de daarbij behorende toelichting en bijlagen.

(Zie ook: Bfr 2005)

Art. 99

Raad voor de rechtspraak, begrotingsvoorstel en departementale begroting

1. De departementale begroting, bedoeld in artikel 2.1, zesde lid, van de Comptabiliteitswet 2016 wordt door Onze Minister opgesteld in overeenstemming met het begrotingsvoorstel van de Raad, tenzij zich het geval voordoet, bedoeld in het derde lid.

2. Indien Onze Minister zich met het oog op een rechtmatig en doelmatig beheer van 's Rijks gelden niet kan verenigen met het begrotingsvoorstel van de Raad of een onderdeel daarvan, deelt hij dit mede aan de Raad en voert hij hierover met de Raad overleg.

3. Indien het in het tweede lid bedoelde overleg niet tot overeenstemming leidt en Onze Minister overwegende bezwaren houdt, wordt het begrotingsvoorstel van de Raad of het desbetreffende onderdeel daarvan in gewijzigde vorm opgenomen in de departementale begroting, bedoeld in artikel 2.1, zesde lid, van de Comptabiliteitswet 2016.

4. In de toelichting op het voorstel van wet geeft Onze Minister aan welke voorschriften hij voornemens is aan het krachtens artikel 100 toe te kennen budget te verbinden. Het eerste tot en met het derde lid zijn van overeenkomstige toepassing.

Art. 100

Met inachtneming van de regels, bedoeld in artikel 97, eerste lid, kent Onze Minister jaarlijks aan de Raad een budget toe ten laste van de rijksbegroting ten behoeve van de activiteiten van de Raad en de gerechten gezamenlijk. Aan de toekenning kan Onze Minister voorschriften verbinden.

Raad voor de rechtspraak, toekenning budget

Art. 101

Onze Minister deelt zo spoedig mogelijk na de aanhangigmaking van het voorstel van wet tot vaststelling van de begroting van het Ministerie van Veiligheid en Justitie bij de Afdeling advisering van de Raad van State, aan de Raad mede welk budget, met inbegrip van de daaraan te verbinden voorschriften, voor het komende begrotingsjaar voorlopig kan worden verwacht. Hij deelt daarbij mede op welke wijze het geraamde budget is berekend.

Raad voor de rechtspraak, bekendmaking voorlopig budget

Art. 101a

[Vervallen]

Art. 102

1. De Raad stelt jaarlijks een jaarplan vast voor de Raad en de gerechten gezamenlijk. Het plan omvat:

Raad voor de rechtspraak, vaststelling jaarplan

a. een omschrijving van de voorgenomen activiteiten ter uitvoering van de in artikel 91 genoemde taken voor het jaar volgend op het jaar waarin het plan is vastgesteld;
b. een begroting voor het komende begrotingsjaar.

2. Voor zover het jaarplan ziet op tuchtklachten die op grond van artikel 45, eerste lid, van de Gerechtsdeurwaarderswet worden behandeld door het gerechtshof Amsterdam stelt de Raad het jaarplan niet vast dan nadat de Koninklijke Beroepsorganisatie van Gerechtsdeurwaarders is gehoord. Voor zover het jaarplan ziet op tuchtklachten die op grond van artikel 107, eerste lid, van de Wet op het notarisambt worden behandeld door het gerechtshof Amsterdam stelt de Raad het jaarplan niet vast dan nadat de Koninklijke Notariële Beroepsorganisatie is gehoord.

3. De Raad stelt de begroting vast in overeenstemming met het geraamde budget, bedoeld in artikel 101.

4. De Raad zendt het jaarplan voor een door Onze Minister te bepalen tijdstip aan Onze Minister. Onze Minister zendt het jaarplan onverwijld aan de beide kamers der Staten-Generaal.

5. Bij of krachtens algemene maatregel van bestuur kunnen regels worden gesteld met betrekking tot de inrichting van het jaarplan.

Art. 103

1. Onze Minister maakt aan de Raad zo spoedig mogelijk na de vaststelling van de begroting van het Ministerie van Veiligheid en Justitie bekend, welk budget hij toekent aan de Raad en de gerechten gezamenlijk. Indien het budget afwijkt van het geraamde budget, bedoeld in artikel 101, is de tweede volzin van dat artikel van overeenkomstige toepassing.

Raad voor de rechtspraak, bekendmaking definitief budget

2. Indien het budget afwijkt van het geraamde budget, bedoeld in artikel 101, wijzigt de Raad de begroting.

3. Beslissingen tot andere wijzigingen van de begroting kunnen tot uiterlijk het eind van het desbetreffende begrotingsjaar worden genomen.

4. De Raad doet de noodzakelijke uitgaven binnen de grenzen van de vastgestelde of gewijzigde begroting.

Art. 104

1. De Raad dient jaarlijks voor een door Onze Minister te bepalen tijdstip bij Onze Minister een verslag in. Onze Minister zendt het verslag onverwijld aan de beide kamers der Staten-Generaal.

Raad voor de rechtspraak, jaarverslag/jaarrekening

2. Voor zover het verslag ziet op tuchtklachten die op grond van artikel 45, eerste lid, van de Gerechtsdeurwaarderswet worden behandeld door het gerechtshof Amsterdam wordt het verslag niet bij Onze Minister ingediend dan nadat de Koninklijke Beroepsorganisatie van Gerechtsdeurwaarders is gehoord. Voor zover het verslag ziet op tuchtklachten die op grond van artikel 107, eerste lid, van de Wet op het notarisambt worden behandeld door het gerechtshof Amsterdam wordt het verslag niet bij Onze Minister ingediend dan nadat de Koninklijke Notariële Beroepsorganisatie is gehoord.

3. Het verslag bestaat uit de jaarrekening met bijbehorende begroting, de daarin aangebrachte wijzigingen, het jaarverslag en overige financiële gegevens.

4. In de jaarrekening wordt rekening en verantwoording afgelegd van het financiële beheer van de Raad en de gerechten gezamenlijk over het voorafgaande begrotingsjaar.

5. In het jaarverslag wordt vermeld op welke wijze de werkzaamheden ten behoeve waarvan het budget ten laste van de rijksbegroting is verleend, zijn uitgevoerd. Daarbij wordt aangegeven op welke wijze deze werkzaamheden zich verhouden tot het plan zoals dit overeenkomstig artikel 102 voor het desbetreffende jaar is vastgesteld, de plannen, bedoeld in artikel 31, eerste lid, en de verslagen, bedoeld in artikel 35, eerste lid.

6. Het verslag omvat een verklaring omtrent de getrouwheid en de rechtmatigheid, afgegeven door een door de Raad aangewezen accountant als bedoeld in artikel 393, eerste lid, van Boek 2 van het Burgerlijk Wetboek. De accountant voegt bij de verklaring een rapport naar aanleiding

B42 art. 104a **Wet op de rechterlijke organisatie**

van de controle op het financiële beheer. Bij de aanwijzing van de accountant wordt bedongen dat aan Onze Minister op diens verzoek inzicht wordt geboden in de controle-rapporten van de accountant.

7. Onze Minister kan een aanwijzing vaststellen inzake de reikwijdte en de intensiteit van de accountantscontrole.

8. Bij of krachtens algemene maatregel van bestuur kunnen regels worden gesteld omtrent de inrichting van het verslag.

(Zie ook: Bpr 1996)

Art. 104a

Raad voor de rechtspraak, verrichten privaatrechtelijke handelingen

1. In afwijking van artikel 4.6, eerste lid, van de Comptabiliteitswet 2016 verricht de Raad namens de staat privaatrechtelijke rechtshandelingen voor zover die voortvloeien uit het door hem beheerde deel van de begroting van het Ministerie van Veiligheid en Justitie, tenzij bij of krachtens de wet is bepaald dat een andere minister dan Onze Minister de rechtshandeling verricht.

2. Artikel 10:12 van de Algemene wet bestuursrecht en 4.12, eerste en vierde lid, van de Comptabiliteitswet 2016 zijn van overeenkomstige toepassing.

Paragraaf 4 Toezicht

Art. 105

Raad voor de rechtspraak, informatieplicht

De Raad verstrekt desgevraagd aan Onze Minister de voor de uitoefening van zijn taak benodigde inlichtingen.

Art. 106

Raad voor de rechtspraak, vernietiging besluit

1. Een beslissing van de Raad ter uitvoering van de in artikel 91 genoemde taken kan op voordracht van Onze Minister bij koninklijk besluit worden vernietigd indien de beslissing in strijd is met het recht of het belang van een goede bedrijfsvoering van de rechterlijke organisatie. Een beslissing van de Raad als bedoeld in artikel 21a, eerste lid, kan op voordracht van Onze Minister bij koninklijk besluit worden vernietigd wegens strijd met het recht of het algemeen belang.

Schakelbepaling

2. De artikelen 8:4, onderdeel a, 10:36, 10:37 en 10:38 tot en met 10:45 van de Algemene wet bestuursrecht zijn van overeenkomstige toepassing.

Art. 107

Raad voor de rechtspraak, schorsing/ontslag leden

1. In geval van ongeschiktheid anders dan wegens ziekte kan Onze Minister een of meer leden van de Raad voordragen voor ontslag als lid van de Raad. In geval van een ernstig vermoeden voor het bestaan van ongeschiktheid anders dan wegens ziekte, kan Onze Minister een of meer leden van de Raad voordragen voor schorsing als lid van de Raad.

2. De schorsing of het ontslag geschiedt bij koninklijk besluit.

3. Indien alle leden van de Raad zijn geschorst of ontslagen, kan Onze Minister bij de Raad een of meer tijdelijke bewindvoerders aanstellen. Artikel 84, zesde lid, is van overeenkomstige toepassing. Bij de aanstelling wordt een termijn bepaald voor de bewindvoering.

Art. 108

Raad voor de rechtspraak, beroep tegen schorsing/ontslag leden

1. Tegen een besluit op grond van artikel 107, eerste en tweede lid, kan een belanghebbende beroep instellen bij de Hoge Raad.

2. De Hoge Raad beoordeelt of de Kroon in redelijkheid tot het oordeel heeft kunnen komen dat sprake is van ongeschiktheid anders dan wegens ziekte, onderscheidenlijk een ernstig vermoeden voor het bestaan daarvan, alsmede of Onze Minister bij zijn voordracht in strijd met artikel 109 heeft gehandeld.

Schakelbepaling

3. Op het beroep is hoofdstuk 8 van de Algemene wet bestuursrecht, met uitzondering van afdeling 8.1.1 en de artikelen 8:10, 8:11, 8:13 en 8:86, van overeenkomstige toepassing.

Art. 109

Raad voor de rechtspraak, bevoegdheid minister van Justitie

Bij de uitvoering van de bevoegdheden, toegedeeld bij of krachtens deze wet, treedt Onze Minister niet in de procesrechtelijke behandeling van, de inhoudelijke beoordeling van alsmede de beslissing in een concrete zaak of in categorieën van zaken.

Art. 110

[Vervallen]

Hoofdstuk 3 De procureur-generaal bij de Hoge Raad

Art. 111

Hoge Raad, taken/bevoegdheden procureur-generaal

1. Er is een parket bij de Hoge Raad, aan het hoofd waarvan de procureur-generaal bij de Hoge Raad staat.

2. De procureur-generaal bij de Hoge Raad is belast met:
a. de vervolging van ambtsmisdrijven en ambtsovertredingen begaan door de leden van de Staten-Generaal, de ministers en de staatssecretarissen;
b. het nemen van aan de Hoge Raad uit te brengen conclusies in de bij de wet bepaalde gevallen;
c. de instelling van cassatie «in het belang der wet»;
d. de instelling van vorderingen tot het door de Hoge Raad nemen van beslissingen als bedoeld in hoofdstuk 6A van de Wet rechtspositie rechterlijke ambtenaren.
3. In de gevallen waarin de Hoge Raad ten principale recht doet, neemt de procureur-generaal bij de Hoge Raad de taken en bevoegdheden van het openbaar ministerie, bedoeld in artikel 125, waar.
4. Bij de wet kan de procureur-generaal bij de Hoge Raad ook met andere taken worden belast.
5. De bevoegdheden van de procureur-generaal kunnen, tenzij de aard van de bevoegdheden zich daartegen verzet, mede worden uitgeoefend door de plaatsvervangend procureur-generaal en door advocaten-generaal.

Art. 112

[Vervallen]

Art. 113

1. Het parket bij de Hoge Raad bestaat uit een procureur-generaal, een plaatsvervangend procureur-generaal, ten hoogste tweeëntwintig advocaten-generaal en ten hoogste elf advocaten-generaal in buitengewone dienst.

Hoge Raad, samenstelling parket

2. De advocaten-generaal in buitengewone dienst nemen, als advocaat-generaal, conclusies voorzover zij daartoe door de procureur-generaal worden opgeroepen. Zij nemen in zodanig geval, wanneer de Hoge Raad ten principale recht doet, de taken en bevoegdheden van het openbaar ministerie, bedoeld in artikel 125, waar.
3. Voor de toepassing van het eerste lid worden de procureur-generaal, de plaatsvervangend procureur-generaal, en de advocaten-generaal bij de Hoge Raad aan wie buitengewoon verlof zonder behoud van bezoldiging is verleend, voor de duur van dat verlof en gedurende ten hoogste een jaar daarna buiten beschouwing gelaten.
4. Voor de toepassing van het eerste lid worden rechterlijke ambtenaren die zijn aangesteld voor een minder dan volledige arbeidsduur, geteld overeenkomstig de breuk die hun arbeidsduur aangeeft.

Art. 114-115

[Vervallen]

Art. 116

De procureur-generaal geeft leiding aan het parket bij de Hoge Raad.

Procureur-generaal, leiding parket

Art. 117

In geval van afwezigheid, belet of ontstentenis wordt de procureur-generaal vervangen door de plaatsvervangend procureur-generaal en, bij afwezigheid, belet of ontstentenis ook van deze, door de advocaat-generaal oudste in rang.

Procureur-generaal, vervanging

Art. 118

Onze Minister kan de plaatsvervangend procureur-generaal of een advocaat-generaal belasten met de waarneming van het ambt van procureur-generaal.

Procureur-generaal, waarneming

Art. 119

1. Onze Minister kan, op aanbeveling van de procureur-generaal, als plaatsvervangend advocaat-generaal bij de Hoge Raad een rechterlijk ambtenaar, die bij een rechtbank, een gerechtshof of een tot het openbaar ministerie behorend parket werkzaam is in een ambt als bedoeld in artikel 2, eerste tot en met derde lid, van de Wet rechtspositie rechterlijke ambtenaren, aanwijzen. De aanwijzing geschiedt voor een daarbij te bepalen termijn. De artikelen 46c, 46ca, eerste lid, onderdeel a, 46d, eerste lid, onderdeel d, en 46e van de Wet rechtspositie rechterlijke ambtenaren zijn op de plaatsvervangend advocaat-generaal van overeenkomstige toepassing.
2. Aanwijzing van een bij een rechtbank of een gerechtshof werkzame rechterlijk ambtenaar tot plaatsvervangend advocaat-generaal geschiedt slechts met diens toestemming.
3. Plaatsvervangende advocaten-generaal nemen, op de voet van een advocaat-generaal, conclusies voor zover zij daartoe door de procureur-generaal worden opgeroepen. Zij nemen in zodanig geval, wanneer de Hoge Raad ten principale recht doet, de taken en bevoegdheden van het openbaar ministerie, bedoeld in artikel 125, waar.
4. De president van de Hoge Raad kan, op aanbeveling van de procureur-generaal, een vice-president van, een raadsheer in of een raadsheer in buitengewone dienst bij de Hoge Raad, indien hij daarmee instemt, belasten met de waarneming van het ambt van advocaat-generaal bij de Hoge Raad.

Procureur-generaal, aanwijzing plaatsvervanger

Art. 120

1. De artikelen 12, 13 en 74 zijn op de in artikel 113 genoemde rechterlijke ambtenaren van overeenkomstige toepassing.

Schakelbepaling

B42 art. 121 **Wet op de rechterlijke organisatie**

2. Voor de uitvoering van de taken, bedoeld in artikel 111, tweede lid, is artikel 83 van overeenkomstige toepassing op de procureur-generaal bij de Hoge Raad.

3. De procureur-generaal bij de Hoge Raad stelt, gehoord de overige leden van het parket bij de Hoge Raad, een regeling vast voor de behandeling van klachten. Artikel 26, vierde tot en met zesde lid, is van overeenkomstige toepassing.

4. De artikelen 13a tot en met 13g zijn van overeenkomstige toepassing ten aanzien van de in artikel 111 bedoelde rechterlijke ambtenaren, met dien verstande dat:

a. de in de artikelen 13a tot en met 13g aan de procureur-generaal toegekende bevoegdheden en verplichtingen worden uitgeoefend door de plaatsvervangend procureur-generaal, indien een gedraging van de procureur-generaal in het geding is;

b. voor de overeenkomstige toepasselijkheid van artikel 13b, eerste lid, onderdelen b en c, onder «artikel 26 of 75» wordt verstaan: artikel 120, derde lid,; en

c. een afschrift van de beschikking, bedoeld in artikel 13f, derde lid, wordt gezonden aan de verzoeker, aan de bij het parket bij de Hoge Raad werkzame rechterlijk ambtenaar op wiens gedraging het onderzoek betrekking had, en aan de procureur-generaal bij de Hoge Raad.

Art. 121

Procureur-generaal, taak De procureur-generaal bij de Hoge Raad waakt in het bijzonder voor de handhaving en uitvoering van wettelijke voorschriften bij de Hoge Raad, de gerechtshoven en de rechtbanken.

Art. 122

Procureur-generaal, taak-verzuim OM 1. Indien naar het oordeel van de procureur-generaal bij de Hoge Raad het openbaar ministerie bij de uitoefening van zijn taak de wettelijke voorschriften niet naar behoren handhaaft of uitvoert, kan hij Onze Minister daarvan in kennis stellen.

Procureur-generaal, informatieplicht 2. Op verzoek van de procureur-generaal worden hem vanwege het College van procureurs-generaal de inlichtingen verstrekt die hij nodig acht en worden hem de desbetreffende stukken overgelegd.

Art. 123

Taken College van procureurs-generaal bij de Hoge Raad Het College van procureurs-generaal verleent de procureur-generaal bij de Hoge Raad de bijstand van het openbaar ministerie, die deze ter uitvoering van de aan hem opgedragen taken verlangt.

Hoofdstuk 4 Het openbaar ministerie

Afdeling 1 Taken en bevoegdheden

Art. 124

Openbaar Ministerie, taken Het openbaar ministerie is belast met de strafrechtelijke handhaving van de rechtsorde en met andere bij de wet vastgestelde taken.

Art. 125

Openbaar Ministerie, uitoefening taken en bevoegdheden De taken en bevoegdheden van het openbaar ministerie worden, op de wijze bij of krachtens de wet bepaald, uitgeoefend door:

a. het College van procureurs-generaal; en

b. rechterlijke ambtenaren, bedoeld in artikel 1, onderdeel b, onder 6° en 7°.

Art. 125a

Openbaar Ministerie, uitoefening bevoegdheden 1. Indien bij of krachtens een wet een bevoegdheid wordt toegekend aan de officier van justitie, kan deze bevoegdheid worden uitgeoefend door de rechterlijke ambtenaren, bedoeld in artikel 1, onderdeel b, onder 7°, van de wet, tenzij de regeling waarop de bevoegdheid steunt of de aard van de bevoegdheid zich daartegen verzet.

2. Indien bij of krachtens een wet een bevoegdheid wordt toegekend aan de advocaat-generaal, kan deze bevoegdheid worden uitgeoefend door de rechterlijke ambtenaren, bedoeld in artikel 1, onderdeel b, onder 6°, tenzij de regeling waarop de bevoegdheid steunt of de aard van de bevoegdheid zich daartegen verzet.

Art. 126

Openbaar Ministerie, overdracht uitoefening bevoegdheden 1. De uitoefening van een of meer bevoegdheden van de hoofdofficier van justitie, de plaatsvervangend hoofdofficier van justitie, de senior officier van justitie A, de senior officier van justitie, de officier van justitie, de substituut-officier van justitie, de officier enkelvoudige zittingen, de landelijk hoofdadvocaat-generaal, de hoofdadvocaat-generaal, de senior advocaat-generaal en de advocaat-generaal kan worden opgedragen aan een andere bij het parket werkzame ambtenaar voor zover het hoofd van het parket daarmee heeft ingestemd.

2. De opgedragen bevoegdheid wordt in naam en onder verantwoordelijkheid van de rechterlijk ambtenaar, bedoeld in het eerste lid, uitgeoefend.

3. De uitoefening van een bevoegdheid als bedoeld in het eerste lid, kan niet aan een andere bij het parket werkzame ambtenaar worden opgedragen indien de regeling waarop de bevoegdheid steunt of de aard van de bevoegdheid zich daartegen verzet. Daarvan is in elk geval sprake

voor zover het gaat om het optreden ter terechtzitting in strafzaken en de toepassing van de dwangmiddelen als bedoeld in Titel IV van het Eerste Boek van het Wetboek van Strafvordering.
4. Bij algemene maatregel van bestuur worden omtrent de toepassing van dit artikel nadere regels gesteld.
(Zie ook: Bromlp)

Art. 127

Onze Minister kan algemene en bijzondere aanwijzingen geven betreffende de uitoefening van de taken en bevoegdheden van het openbaar ministerie.

Art. 128

1. Onze Minister stelt het College van procureurs-generaal in de gelegenheid zijn zienswijze kenbaar te maken voordat hij in een concreet geval een aanwijzing geeft betreffende de uitoefening van de taken en bevoegdheden van het openbaar ministerie.

2. Onze Minister deelt het College de voorgenomen aanwijzing en de motivering daarvan schriftelijk mede. Onze Minister kan het College voor het kenbaar maken van zijn zienswijze een termijn stellen. De zienswijze van het College wordt schriftelijk en gemotiveerd gegeven.

3. Een aanwijzing als bedoeld in het eerste lid, wordt schriftelijk en gemotiveerd gegeven.

4. Slechts indien de aanwijzing in verband met de vereiste spoed niet schriftelijk kan worden gegeven, kan zij mondeling worden gegeven. In dat geval wordt zij zo spoedig mogelijk doch in elk geval binnen een week daarna op schrift gesteld. Het voorgaande is van overeenkomstige toepassing op het mededelen van een voorgenomen aanwijzing door Onze Minister en voor het geven van de zienswijze door het College.

5. De in het eerste lid bedoelde aanwijzing wordt, tezamen met de voorgenomen aanwijzing en de zienswijze van het College, door de officier van justitie of de advocaat-generaal bij de processtukken gevoegd. Voor zover het belang van de staat zich naar het oordeel van Onze Minister daartegen verzet, blijft voeging bij de processtukken achterwege, met dien verstande dat in dat geval bij de processtukken een verklaring wordt gevoegd waaruit blijkt dat een aanwijzing is gegeven.

6. Indien het betreft een aanwijzing tot het niet of niet verder opsporen of vervolgen, stelt Onze Minister de beide Kamers der Staten-Generaal zo spoedig mogelijk in kennis van de aanwijzing, de voorgenomen aanwijzing en de zienswijze van het College, voor zover het verstrekken van de desbetreffende stukken niet in strijd is met het belang van de staat.

Art. 129

1. Het College verstrekt Onze Minister de inlichtingen die deze nodig heeft.

2. De leden van het openbaar ministerie verstrekken het College de inlichtingen die het College nodig heeft.

Afdeling 2
Inrichting

Art. 130

1. Er is een College van procureurs-generaal.

2. Het College staat aan het hoofd van het openbaar ministerie.

3. Het College bestaat uit ten minste drie en ten hoogste vijf procureurs-generaal. Bij koninklijk besluit op voordracht van Onze Minister wordt een van de procureurs-generaal benoemd tot voorzitter van het College voor een periode van ten hoogste drie jaar. Hij kan eenmaal worden herbenoemd. De voorzitter ontvangt in verband met het verrichten van werkzaamheden als voorzitter een toelage op het salaris dat hij als procureur-generaal geniet, volgens bij algemene maatregel van bestuur te stellen regels. Toekenning van de toelage geschiedt door Onze Minister.

4. Ten hoogste één van de procureurs-generaal, bedoeld in het derde lid, wordt niet aangesteld als rechterlijk ambtenaar. Deze procureur-generaal wordt niet benoemd tot voorzitter van het College.

5. De in het vierde lid bedoelde procureur-generaal wordt bij koninklijk besluit op voordracht van Onze Minister aangewezen, geschorst en ontslagen. Artikel 3, onderdeel a, van de Ambtenarenwet 2017 is niet van toepassing op deze procureur-generaal.

6. Het College kan algemene en bijzondere aanwijzingen geven betreffende de uitoefening van de taken en bevoegdheden van het openbaar ministerie.
(Zie ook: BtsCpg ; Bromlp)

Art. 131

1. Het College van procureurs-generaal kan geen beslissingen nemen indien niet ten minste drie leden aanwezig zijn.

2. Het College neemt beslissingen bij meerderheid van stemmen.

3. Indien de stemmen staken, geeft de stem van de voorzitter de doorslag.

Openbaar Ministerie

Openbaar Ministerie, horen College van procureurs-generaal

Openbaar Ministerie, informatieplicht College

College van procureurs-generaal, samenstelling

College van procureurs-generaal, besluitvorming

B42 art. 132 **Wet op de rechterlijke organisatie**

4. Bij reglement stelt het College nadere regels met betrekking tot zijn werkwijze en besluitvorming. Het reglement en wijzigingen daarvan behoeven de goedkeuring van Onze Minister. Het reglement of een wijziging daarvan wordt na de goedkeuring gepubliceerd in de Staatscourant.

5. In het reglement wordt in ieder geval geregeld in welke gevallen de voorzitter een voorgenomen beslissing aan Onze Minister voorlegt, daaronder zijn in ieder geval begrepen de beslissingen bedoeld in artikel 140a het Wetboek van Strafvordering.

Art. 132

College van procureurs-generaal, verdeling van werkzaamheden

1. Het College van procureurs-generaal verdeelt de werkzaamheden onder de procureurs-generaal.

2. Onze Minister kan bepaalde werkzaamheden opdragen aan de voorzitter van het College.

Art. 133

College van procureurs-generaal, machtiging

1. Het College van procureurs-generaal kan een procureur-generaal machtigen een of meer van zijn bevoegdheden uit te oefenen, tenzij de regeling waarop de bevoegdheid steunt of de aard van de bevoegdheid zich daartegen verzet.

2. De uitoefening van een bevoegdheid door een procureur-generaal overeenkomstig het eerste lid geschiedt in naam en onder verantwoordelijkheid van het College.

3. Het College kan ten aanzien van de uitoefening van de bevoegdheid algemene en bijzondere aanwijzingen geven.

Art. 134

Openbaar Ministerie, samenstelling

1. Het openbaar ministerie bestaat uit:
a. het parket-generaal;
b. de arrondissementsparketten;
c. het landelijk parket;
d. het functioneel parket;
e. het parket centrale verwerking openbaar ministerie;
f. het ressortsparket.

2. Er is een arrondissementsparket in elk van de arrondissementen, genoemd in de Wet op de rechterlijke indeling.

3. In afwijking van het tweede lid is er één arrondissementsparket in de arrondissementen Gelderland en Overijssel gezamenlijk, genaamd arrondissementsparket Oost-Nederland.

Art. 135

Parket-generaal, samenstelling

1. Bij het parket-generaal zijn werkzaam:
a. de procureurs-generaal die het College vormen;
b. andere ambtenaren.

2. Bij het parket-generaal kunnen hoofdadvocaten-generaal, senior advocaten-generaal, advocaten-generaal, plaatsvervangende advocaten-generaal, hoofdofficieren van justitie, plaatsvervangende hoofdofficieren van justitie, senior officieren van justitie A, senior officieren van justitie, officieren van justitie, substituut-officieren van justitie, plaatsvervangende officieren van justitie, officieren in opleiding, officieren enkelvoudige zittingen en plaatsvervangende officieren enkelvoudige zittingen werkzaam zijn.

3. Een in het tweede lid bedoelde hoofdadvocaat-generaal, senior advocaat-generaal, advocaat-generaal of plaatsvervangend advocaat-generaal is van rechtswege plaatsvervangend advocaat-generaal bij het ressortsparket.

4. Een in het tweede lid bedoelde hoofdofficier van justitie, plaatsvervangend hoofdofficier van justitie, senior officier van justitie A, senior officier van justitie, officier van justitie, substituut-officier van justitie of plaatsvervangend officier van justitie onderscheidenlijk officier enkelvoudige zittingen of plaatsvervangend officier enkelvoudige zittingen is van rechtswege plaatsvervangend officier van justitie onderscheidenlijk plaatsvervangend officier enkelvoudige zittingen bij de arrondissementsparketten, het functioneel parket, het landelijk parket en het parket centrale verwerking openbaar ministerie.

5. Aan het hoofd van het parket-generaal staat het College.

6. De procureurs-generaal, met uitzondering van de in artikel 130, vierde lid, bedoelde procureur-generaal, zijn van rechtswege plaatsvervangend advocaat-generaal bij het ressortsparket, plaatsvervangend officier van justitie bij de arrondissementsparketten, plaatsvervangend officier van justitie bij het landelijk parket, plaatsvervangend officier van justitie bij het functioneel parket en plaatsvervangend officier van justitie bij het parket centrale verwerking openbaar ministerie.

Art. 136

Arrondissementsparket, samenstelling

1. Bij een arrondissementsparket zijn werkzaam:
a. een hoofdofficier van justitie;
b. een plaatsvervangend hoofdofficier van justitie;
c. officieren van justitie;
d. plaatsvervangende officieren van justitie;
e. officieren enkelvoudige zittingen;

f. plaatsvervangende officieren enkelvoudige zittingen;
g. andere ambtenaren.

2. Bij een arrondissementsparket kunnen werkzaam zijn:
a. senior officieren van justitie A;
b. senior officieren van justitie;
c. substituut-officieren van justitie;
d. officieren in opleiding.

3. Aan het hoofd van een arrondissementsparket staat de hoofdofficier van justitie met de titel hoofd van het arrondissementsparket. Hij kan algemene en bijzondere aanwijzingen geven aan de bij zijn parket werkzame ambtenaren betreffende de uitoefening van de taken en bevoegdheden van het parket.

4. In geval van afwezigheid, belet of ontstentenis van het hoofd van het arrondissementsparket, wordt hij vervangen door de plaatsvervangend hoofdofficier van justitie.

5. De hoofdofficier van justitie, plaatsvervangend hoofdofficier van justitie, senior officieren van justitie A, senior officieren van justitie, officieren van justitie, substituut-officieren van justitie en plaatsvervangende officieren van justitie onderscheidenlijk officieren enkelvoudige zittingen en plaatsvervangende officieren enkelvoudige zittingen zijn van rechtswege plaatsvervangend officier van justitie onderscheidenlijk plaatsvervangend officier enkelvoudige zittingen bij de overige arrondissementsparketten, bij het landelijk parket, bij het functioneel parket, bij het parket centrale verwerking openbaar ministerie en bij het parket-generaal.

6. De officier enkelvoudige zittingen en de plaatsvervangende officier enkelvoudige zittingen hebben de bevoegdheden en verplichtingen die bij of krachtens de wet aan de officier van justitie worden toegekend, met uitzondering van de bevoegdheid om op te treden ter terechtzitting van een meervoudige kamer van de rechtbank.

Art. 137

1. Bij het landelijk parket zijn werkzaam:
a. een hoofdofficier van justitie;
b. een plaatsvervangend hoofdofficier van justitie;
c. een tweede plaatsvervangend hoofdofficier van justitie;
d. officieren van justitie;
e. plaatsvervangende officieren van justitie
f. officieren enkelvoudige zittingen;
g. plaatsvervangende officieren enkelvoudige zittingen;
h. andere ambtenaren.

Landelijk parket, samenstelling

2. Bij het landelijk parket kunnen werkzaam zijn:
a. senior officieren van justitie A;
b. senior officieren van justitie;
c. substituut-officieren van justitie;
d. officieren in opleiding.

3. Aan het hoofd van het landelijk parket staat de hoofdofficier van justitie met de titel hoofd van het landelijk parket. Hij kan algemene en bijzondere aanwijzingen geven aan de bij zijn parket werkzame ambtenaren betreffende de uitoefening van de taken en bevoegdheden van het parket. In geval van afwezigheid, belet of ontstentenis van het hoofd van het landelijk parket wordt hij vervangen door de plaatsvervangend hoofdofficier van justitie, bedoeld in het eerste lid, onderdeel b.

4. De plaatsvervangend hoofdofficier van justitie, bedoeld in het eerste lid, onderdeel c, vervult de functie van nationaal lid bij Eurojust. Hij vervult die functie voor tenminste vier jaar. Een senior officier van justitie als bedoeld in het tweede lid, onderdeel b, vervult de functie van plaatsvervanger van het nationaal lid bij Eurojust.

[5.] De hoofdofficier van justitie, plaatsvervangend hoofdofficier van justitie, senior officieren van justitie A, senior officieren van justitie, officieren van justitie, substituut-officieren van justitie en plaatsvervangende officieren van justitie onderscheidenlijk officieren enkelvoudige zittingen en plaatsvervangende officieren enkelvoudige zittingen zijn van rechtswege plaatsvervangend officier van justitie onderscheidenlijk plaatsvervangend officier enkelvoudige zittingen bij de arrondissementsparketten, bij het functioneel parket, bij het parket centrale verwerking openbaar ministerie en bij het parket-generaal.

6. De officier enkelvoudige zittingen en de plaatsvervangende officier enkelvoudige zittingen hebben de bevoegdheden en verplichtingen die bij of krachtens de wet aan de officier van justitie worden toegekend, met uitzondering van de bevoegdheid om op te treden ter terechtzitting van een meervoudige kamer van de rechtbank.

Art. 137a

1. Bij het functioneel parket zijn werkzaam:
a. een hoofdofficier van justitie;
b. een plaatsvervangend hoofdofficier van justitie;
c. officieren van justitie;

Functioneel parket, samenstelling

B42 art. 137b **Wet op de rechterlijke organisatie**

d. plaatsvervangende officieren van justitie;
e. officieren enkelvoudige zittingen;
f. plaatsvervangende officieren enkelvoudige zittingen
g. andere ambtenaren.
2. Bij het functioneel parket kunnen werkzaam zijn:
a. senior officieren van justitie A;
b. senior officieren van justitie;
c. substituut-officieren van justitie;
d. officieren in opleiding.
3. Aan het hoofd van het functioneel parket staat de hoofdofficier van justitie met de titel hoofd van het functioneel parket. Hij kan algemene en bijzondere aanwijzingen geven aan de bij zijn parket werkzame ambtenaren betreffende de uitoefening van de taken en bevoegdheden van het parket. In geval van afwezigheid, belet of ontstentenis van het hoofd van het functioneel parket wordt hij vervangen door de plaatsvervangend hoofdofficier van justitie.
4. De hoofdofficier van justitie, plaatsvervangend hoofdofficier van justitie, senior officieren van justitie A, senior officieren van justitie, officieren van justitie, substituut-officieren van justitie en plaatsvervangende officieren van justitie onderscheidenlijk officieren enkelvoudige zittingen en plaatsvervangende officieren enkelvoudige zittingen zijn van rechtswege plaatsvervangend officier van justitie onderscheidenlijk plaatsvervangend officier enkelvoudige zittingen bij de arrondissementsparketten, bij het landelijk parket, bij het parket centrale verwerking openbaar ministerie en bij het parket-generaal.
5. De officier enkelvoudige zittingen en de plaatsvervangende officier enkelvoudige zittingen hebben de bevoegdheden en verplichtingen die bij of krachtens de wet aan de officier van justitie worden toegekend, met uitzondering van de bevoegdheid om op te treden ter terechtzitting van een meervoudige kamer van de rechtbank.

Art. 137b

Parket centrale verwerking Openbaar Ministerie, samenstelling

1. Bij het parket centrale verwerking openbaar ministerie zijn werkzaam:
a. een hoofdofficier van justitie;
b. een plaatsvervangend hoofdofficier van justitie;
c. officieren van justitie;
d. plaatsvervangende officieren van justitie;
e. officieren enkelvoudige zittingen;
f. plaatsvervangende officieren enkelvoudige zittingen;
g. andere ambtenaren.
2. Bij het parket centrale verwerking openbaar ministerie kunnen werkzaam zijn:
a. senior officieren van justitie A;
b. senior officieren van justitie;
c. substituut-officieren van justitie;
d. officieren in opleiding.
3. Aan het hoofd van het parket centrale verwerking openbaar ministerie staat de hoofdofficier van justitie met de titel hoofd van het parket centrale verwerking openbaar ministerie. Hij kan algemene en bijzondere aanwijzingen geven aan de bij zijn parket werkzame ambtenaren betreffende de uitoefening van de taken en bevoegdheden van het parket.
4. In geval van afwezigheid, belet of ontstentenis van het hoofd van het parket centrale verwerking openbaar ministerie, wordt hij vervangen door de plaatsvervangend hoofdofficier van justitie.
5. De hoofdofficier van justitie, plaatsvervangend hoofdofficier van justitie, senior officieren van justitie A, senior officieren van justitie, officieren van justitie, substituut-officieren van justitie en plaatsvervangende officieren van justitie onderscheidenlijk officieren enkelvoudige zittingen en plaatsvervangende officieren enkelvoudige zittingen zijn van rechtswege plaatsvervangend officier van justitie onderscheidenlijk plaatsvervangend officier enkelvoudige zittingen bij de arrondissementsparketten, bij het landelijk parket, bij het functioneel parket en bij het parket-generaal.
6. De officier enkelvoudige zittingen en de plaatsvervangende officier enkelvoudige zittingen hebben de bevoegdheden en verplichtingen die bij of krachtens de wet aan de officier van justitie worden toegekend, met uitzondering van de bevoegdheid om op te treden ter terechtzitting van een meervoudige kamer van de rechtbank.

Art. 138

Ressortsparket, samenstelling

1. Bij het ressortsparket zijn werkzaam:
a. een landelijk hoofdadvocaat-generaal;
b. vier hoofdadvocaten-generaal;
c. advocaten-generaal;
d. plaatsvervangende advocaten-generaal;
e. andere ambtenaren.

2. Bij het ressortsparket kunnen senior advocaten-generaal en officieren in opleiding werkzaam zijn.

3. Aan het hoofd van het ressortsparket staat de landelijk hoofdadvocaat-generaal met de titel van hoofd van het ressortsparket. Hij kan algemene en bijzondere aanwijzingen geven aan de bij zijn parket werkzame ambtenaren betreffende de uitoefening van de taken en bevoegdheden van het parket. In geval van afwezigheid, belet of ontstentenis van het hoofd van het ressortsparket wordt hij vervangen door een bij het ressortsparket werkzame hoofdadvocaat-generaal.

4. De landelijk hoofdadvocaat-generaal, hoofdadvocaten-generaal, senior advocaten-generaal, advocaten-generaal en plaatsvervangende advocaten-generaal zijn van rechtswege plaatsvervangend advocaat-generaal bij het parket-generaal.

Art. 139

1. De hoofden van de parketten zijn in hun ambtsuitoefening ondergeschikt aan het College. *Parket, gezagsstructuur*

2. De andere bij een parket werkzame ambtenaren zijn in hun ambtsuitoefening ondergeschikt aan het hoofd van het parket.

3. De bij het parket-generaal werkzame ambtenaren zijn in hun ambtsuitoefening ondergeschikt aan het College.

Art. 139a

Het College kan de hoofden van door het College aangewezen arrondissementsparketten opdragen om taken op het gebied van de organisatie en de bedrijfsvoering van die parketten gezamenlijk uit te voeren onder verantwoordelijkheid van een daartoe aangewezen hoofdofficier van justitie.

Parketten, opdracht tot samenwerking tussen

Art. 139b

1. Het College stelt een reglement vast waarin wordt bepaald ten aanzien van welke strafbare feiten de officier van justitie bij het landelijk parket onderscheidenlijk de officier van justitie bij het functioneel parket overeenkomstig artikel 2, eerste lid, voorlaatste onderscheidenlijk laatste zinsnede, van het Wetboek van Strafvordering de vervolging instelt bij de rechtbank Amsterdam, de rechtbank Oost-Brabant, de rechtbank Overijssel of de rechtbank Rotterdam.

Reglement m.b.t. concentratie rechtsmacht bij een of meer rechtbanken of gerechtshoven

2. Alvorens het reglement vast te stellen, stelt het College de Raad in de gelegenheid zijn zienswijze over een ontwerp van het reglement naar voren te brengen.

Afdeling 3
Overige bepalingen

Art. 140-141

[Vervallen]

Art. 142

Onze Minister kan een rechterlijk ambtenaar als bedoeld in artikel 1, onderdeel b, onder 5° tot en met 7°, belasten met de waarneming van een ander ambt bij het openbaar ministerie.

Rechterlijke ambtenaar, waarneming

Art. 143

De rechterlijke ambtenaren, bedoeld in artikel 142, zijn verplicht tot het verstrekken van inlichtingen wanneer de procureur-generaal bij de Hoge Raad op grond van artikel 122, tweede lid, daarom vraagt.

Rechterlijke ambtenaar, informatieverplichting waarnemer

Art. 144

Artikel 13 is op de in artikel 142 bedoelde rechterlijke ambtenaren van overeenkomstige toepassing.

Rechterlijke ambtenaar, geheimhoudingsplicht waarnemer

Hoofdstuk 4a
Bepalingen ter uitvoering van de Verordening EOM

Art. 144a

1. Alle bevoegdheden die naar Nederlands recht toekomen aan de officier van justitie, de advocaat-generaal en het openbaar ministerie, komen toe aan de gedelegeerd Europees aanklager, bedoeld in artikel 13 van de Verordening EOM, ten behoeve van de uitoefening van de taken van het Europees Openbaar Ministerie als bedoeld in artikel 4 van de Verordening EOM.

Europees aanklager, bevoegdheden

Art. 144b

Bij toepassing van artikel 28, vierde lid, van de Verordening EOM heeft de Europese aanklager, bedoeld in artikel 12 van de Verordening EOM, dezelfde bevoegdheden als de gedelegeerd Europese aanklager op grond van artikel 144a.

Europees aanklager, nadere bepalingen

Art. 144c

De functie van gedelegeerd Europees aanklager wordt vervuld door een rechterlijk ambtenaar die werkzaam is bij het functioneel parket.

Europees aanklager, functie

B42 art. 144d

Wet op de rechterlijke organisatie

Art. 144d

1. Het hoofd van het functioneel parket draagt zorg voor de noodzakelijke voorzieningen voor de gedelegeerd Europees aanklager, bedoeld in artikel 13 van de Verordening EOM, ten behoeve van de uitvoering van de taken, bedoeld in artikel 4 van de Verordening EOM.

2. Tot de noodzakelijke voorzieningen bedoeld in het eerste lid behoren in ieder geval:

a. ambtelijke ondersteuning van de gedelegeerd Europese aanklager, en

b. huisvesting van de gedelegeerd Europese aanklager en de ambtenaren belast met diens ondersteuning.

3. Het hoofd van het functioneel parket houdt bij de verdeling van werkzaamheden rekening met de werkzaamheden die de ambtenaren die de gedelegeerd Europese aanklager ondersteunen moeten verrichten. Deze ambtenaren zijn wat betreft de uitoefening van hun taken op grond van de Verordening EOM uitsluitend verantwoording verschuldigd aan de gedelegeerd Europese aanklager.

Art. 144e

Onze Minister doet namens Nederland de voordracht als bedoeld in artikel 16, eerste lid, en artikel 17, eerste lid, van de Verordening EOM, gehoord het College van procureurs-generaal.

Hoofdstuk 5 De opleiding van rechterlijke ambtenaren

Art. 145

1. Onze Minister kan rechters in opleiding en officieren in opleiding benoemen.

2. Bij algemene maatregel van bestuur worden regels gesteld met betrekking tot de selectie en de opleiding van rechters in opleiding en officieren in opleiding.

(Zie ook: Bora ; Veegbesluit mro)

Hoofdstuk 6 Overgangs- en slotbepalingen

Art. 146

Deze wet wordt aangehaald als: Wet op de rechterlijke organisatie.

Europees aanklager, noodzakelijke voorzieningen

Europees aanklager, voordracht

Rechterlijke ambtenaar, in opleiding

Citeertitel

Wet op de rechterlijke organisatie

B42 bijlage

Bijlage als bedoeld in de artikelen 48a, vijfde lid, 66, vijfde lid, en 67, vijfde lid, van de Wet op de rechterlijke organisatie

Formulier voor het afleggen van de eed of belofte door een deskundig lid
Ik zweer/beloof dat ik trouw zal zijn aan de Koning, en dat ik de Grondwet en alle overige wetten zal onderhouden en nakomen.
Ik zweer/verklaar dat ik middellijk noch onmiddellijk, onder welke naam of voorwendsel ook, tot het verkrijgen van een benoeming aan iemand iets heb gegeven of beloofd, noch zal geven of beloven.
Ik zweer/verklaar dat ik nimmer enige giften of geschenken hoegenaamd zal aannemen of ontvangen van enig persoon van wie ik weet of vermoed dat hij een rechtsgeding heeft of zal krijgen waarbij ik als deskundig lid betrokken zou kunnen zijn.
Ik zweer/beloof dat ik gegevens waarover ik als deskundig lid de beschikking krijg en waarvan ik het vertrouwelijke karakter ken of redelijkerwijs moet vermoeden, behoudens voor zover enig wettelijk voorschrift mij tot mededeling verplicht of uit mijn werkzaamheden als deskundig lid de noodzaak tot mededeling voortvloeit, geheim zal houden.
Ik zweer/beloof dat ik mijn werkzaamheden als deskundig lid met eerlijkheid, nauwgezetheid en onzijdigheid, zonder aanzien van personen, zal verrichten en mij in deze verrichtingen zal gedragen zoals een goed deskundig lid betaamt.
Zo waarlijk helpe mij God Almachtig!/Dat verklaar en beloof ik!
Op ...., werd te ....
ten overstaan van (1) ....
door (2) ....
de bovenvermelde eed/belofte afgelegd.
(1) ....
(2) ....
Wanneer de eed of belofte door een deskundig lid in de Friese taal wordt afgelegd, luidt de tekst van de eed of belofte als volgt:
Wannear't de eed of belofte troch in saakkundich lid yn de Fryske taal ôflein wurdt, is de tekst fan de eed of belofte lykas folget:
Ik swar/ûnthjit dat ik trou wêze sil oan de Kening, en dat ik de Grûnwet en alle oare wetten ûnderhâlde en neikomme sil.
Ik swar/ferklearje dat ik streekrjocht noch midlik, ûnder wat namme of útwynsel ek, foar it krijen fan in beneaming oan immen eat jûn of tasein haw, noch jaan of tasizze sil.
Ik swar/ferklearje dat ik nea likefolle hokker jeften of geskinken oannimme of ûntfange sil fan hokker persoan dan ek fan wa't ik wit of tink dat hy in proses hat of krije sil dêr't ik as saakkundich lid yn behelle wêze kinne soe.
Ik swar/ûnthjit dat ik gegevens dy't ik as saakkundich lid ta myn foldwaan krij en dêr't ik fan wit of yn alle ridlikheid fan oannimme moat dat dy in fertroulik karakter hawwe, geheim hâlde sil, útsein as in wetlik foarskrift, likefolle hokker, my ta meidieling ferplichet of as út myn wurk as saakkundich lid de needsaak ta meidieling folget.
Ik swar/ûnthjit dat ik myn wurk as saakkundich lid earlik, sekuer en ûnpartidich, sûnder ûnderskie te meitsjen tusken persoanen, ferrjochtsje sil en my dêrby hâlde en drage sil sa't in goed saakkundich lid foeget.
Sa wier helpe my God Almachtich!/Dat ferklearje en ûnthjit ik!
Op........................, waard yn.....................
yn bywêzen fan (1)..............................
troch (2)..............................
de boppeneamde eed/belofte ôflein.
(1)..............................
(2)..............................

Besluit zittingsplaatsen gerechten^1

Besluit van 27 november 2012, houdende aanwijzing van zittingsplaatsen van rechtbanken en gerechtshoven (Besluit zittingsplaatsen gerechten)

Wij Beatrix, bij de gratie Gods, Koningin der Nederlanden, Prinses van Oranje-Nassau, enz. enz. enz.

Op de voordracht van Onze Minister van Veiligheid en Justitie van 18 oktober 2012, nr. 311123; Gelet op artikel 21b, eerste lid, van de Wet op de rechterlijke organisatie;

De Afdeling advisering van de Raad van State gehoord (advies van 14 november 2012, nr. W03.12.0434/II);

Gezien het nader rapport van Onze Minister van Veiligheid en Justitie van 21 november 2012, nr. 324466;

Hebben goedgevonden en verstaan:

Art. 1

Zittingsplaatsen rechtbanken

Als zittingsplaatsen van de volgende rechtbanken worden aangewezen:

a. rechtbank Amsterdam: Amsterdam;

b. rechtbank Den Haag: Gouda, 's-Gravenhage en Leiden;

c. rechtbank Gelderland: Apeldoorn, Arnhem, Nijmegen en Zutphen;

d. rechtbank Limburg: Maastricht en Roermond;

e. rechtbank Midden-Nederland: Almere, Amersfoort, Lelystad en Utrecht;

f. rechtbank Noord-Holland: Alkmaar, Haarlem, Haarlemmermeer en Zaanstad;

g. rechtbank Noord-Nederland: Assen, Groningen en Leeuwarden;

h. rechtbank Oost-Brabant: Eindhoven en 's-Hertogenbosch;

i. rechtbank Overijssel: Almelo, Enschede en Zwolle;

j. rechtbank Rotterdam: Dordrecht en Rotterdam;

k. rechtbank Zeeland-West-Brabant: Bergen op Zoom, Breda, Middelburg en Tilburg.

Art. 2

Zittingsplaatsen gerechtshoven

Als zittingsplaatsen van de volgende gerechtshoven worden aangewezen:

a. gerechtshof Amsterdam: Alkmaar, Amsterdam, Haarlem en Haarlemmermeer;

b. gerechtshof Arnhem-Leeuwarden: Almelo, Arnhem, Assen, Groningen, Leeuwarden, Lelystad, Utrecht, Zutphen en Zwolle;

c. gerechtshof Den Haag: Dordrecht, 's-Gravenhage en Rotterdam;

d. gerechtshof 's-Hertogenbosch: Breda, 's-Hertogenbosch, Maastricht, Middelburg en Roermond.

Art. 3

[Wijzigt deze wet.]

Art. 4

Inwerkingtreding

Dit besluit treedt in werking op 1 januari 2013.

Art. 5

Citeertitel

Dit besluit wordt aangehaald als: Besluit zittingsplaatsen gerechten.

---

1 Inwerkingtredingsdatum: 01-01-2013; zoals laatstelijk gewijzigd bij: Stb. 2012, 601.

Algemene termijnenwet^1

Wet van 25 juli 1964, houdende berekening van termijnen in verband met de zaterdag, de zondag en algemeen erkende feestdagen

Wij JULIANA, bij de gratie Gods, Koningin der Nederlanden, Prinses van Oranje-Nassau, enz., enz., enz.

Allen, die deze zullen zien of horen lezen, saluut! doen te weten:

Alzo Wij in overweging genomen hebben, dat het wenselijk is regelen te stellen inzake berekening van termijnen in verband met de zaterdag, de zondag en algemeen erkende feestdagen;

Zo is het, dat Wij, de Raad van State gehoord, en met gemeen overleg der Staten-Generaal, hebben goedgevonden en verstaan, gelijk Wij goedvinden en verstaan bij deze:

Art. 1

1. Een in een wet gestelde termijn die op een zaterdag, zondag of algemeen erkende feestdag eindigt, wordt verlengd tot en met de eerstvolgende dag die niet een zaterdag, zondag of algemeen erkende feestdag is.

Termijn eindigt niet op zaterdag of zon- en feestdagen

2. Het vorige lid geldt niet voor termijnen, bepaald door terugrekening vanaf een tijdstip of een gebeurtenis.

Art. 2

Een in een wet gestelde termijn van ten minste drie dagen wordt, zo nodig, zoveel verlengd, dat daarin ten minste twee dagen voorkomen die niet een zaterdag, zondag of algemeen erkende feestdag zijn.

Termijn waarin zaterdagen enz. voorkomen

Art. 3

1. Algemeen erkende feestdagen in de zin van deze wet zijn: de Nieuwjaarsdag, de Christelijke tweede Paas- en Pinksterdag, de beide Kerstdagen, de Hemelvaartsdag, de dag waarop de verjaardag van de Koning wordt gevierd en de vijfde mei.

Algemeen erkende feestdagen

2. Voor de toepassing van deze wet wordt de Goede Vrijdag met de in het vorige lid genoemde dagen gelijkgesteld.

3. Wij kunnen bepaalde dagen voor de toepassing van deze wet met de in het eerste lid genoemde gelijkstellen. Ons besluit wordt in de *Nederlandse Staatscourant* openbaar gemaakt.

Art. 4

Deze wet geldt niet voor termijnen:

a. omschreven in uren, in meer dan 90 dagen, in meer dan twaalf weken, in meer dan drie maanden, of in een of meer jaren;

Uitgezonderde termijnen

b. betreffende de bekendmaking, inwerkingtreding of buitenwerkingtreding van wettelijke voorschriften;

c. van vrijheidsbeneming.

Art. 5

Op in een algemene maatregel van bestuur gestelde termijnen zijn de artikelen 1-4 van overeenkomstige toepassing, tenzij bij algemene maatregel van bestuur iets anders is bepaald.

Termijnen in een AMvB gesteld

Art. 5a

Deze wet is mede van toepassing in de openbare lichamen Bonaire, Sint Eustatius en Saba.

BES-eilanden

Art. 6

Deze wet kan worden aangehaald als: Algemene termijnenwet.

Citeertitel

Art. 7

1. Deze wet treedt in werking met ingang van 1 april 1965.

Inwerkingtreding

2. Zij kan voor termijnen, gesteld in door Ons, door plaatsing op een daartoe door Ons aangehouden lijst, aangewezen wetten en algemene maatregelen van bestuur, op door Ons te bepalen eerdere tijdstippen in werking treden.

---

1 Inwerkingtredingsdatum: 01-04-1965; zoals laatstelijk gewijzigd bij: Stb. 2010, 350.

Advocatenwet^1

Wet van 23 juni 1952, houdende instelling van de Nederlandse orde van advocaten alsmede regelen betreffende orde en discipline voor de advocaten en procureurs

Wij JULIANA, bij de gratie Gods, Koningin der Nederlanden, Prinses van Oranje-Nassau, enz., enz., enz.

Allen, die deze zullen zien of horen lezen, saluut! doen te weten:

Alzo Wij in overweging genomen hebben, dat het wenselijk is de Nederlandse orde van advocaten in te stellen, alsmede de regelen betreffende de orde en discipline voor de advocaten en procureurs te herzien;

Zo is het, dat Wij, de Raad van State gehoord, en met gemeen overleg der Staten-Generaal, hebben goedgevonden en verstaan, gelijk Wij goedvinden en verstaan bij deze:

§ 1 Van de inschrijving en de beëdiging van de advocaten; van het tableau

Art. 1

Arrondissement van inschrijving
Advocaat bij de Hoge Raad

1. De advocaten worden ingeschreven op het tableau van de Nederlandse orde van advocaten.

2. De inschrijving als advocaat geschiedt onvoorwaardelijk.

3. In afwijking van het bepaalde in het tweede lid geschiedt de inschrijving voorwaardelijk indien de verzoeker niet in het bezit is van een verklaring als bedoeld in artikel 9b, vijfde lid, of niet beschikt over een ten aanzien van het beroep van advocaat afgegeven erkenning van beroepskwalificaties als bedoeld in artikel 5 van de Algemene wet erkenning EU-beroepskwalificaties of over een document als bedoeld in artikel 2a, eerste lid. Wordt een verklaring of erkenning als bedoeld in de eerste volzin nadien alsnog overlegd, dan wordt van rechtswege het voorwaardelijk karakter aan de inschrijving ontnomen.

Art. 2

Verzoek tot inschrijving

1. Bevoegd om te verzoeken om inschrijving als advocaat is een ieder:

a. aan wie op grond van het met goed gevolg afleggen van een afsluitend examen van een opleiding in het wetenschappelijk onderwijs op het gebied van het recht door een universiteit dan wel de Open Universiteit als bedoeld in de Wet op het hoger onderwijs en wetenschappelijk onderzoek, de graad Bachelor op het gebied van het recht en tevens de graad Master op het gebied van het recht is verleend;

b. die op grond van het met goed gevolg afleggen van het afsluitend examen van een opleiding op het gebied van het recht aan een universiteit dan wel de Open Universiteit als bedoeld in de Wet op het hoger onderwijs en wetenschappelijk onderzoek, het doctoraat in de rechtsgeleerdheid of het recht om de titel meester te voeren heeft verkregen;

c. die beschikt over een ten aanzien van het beroep van advocaat afgegeven erkenning van beroepskwalificaties als bedoeld in artikel 5 van de Algemene wet erkenning EU-beroepskwalificaties.

2. Bij algemene maatregel van bestuur kunnen nadere regels worden gesteld met betrekking tot de beroepsvereisten.

3. Bij algemene maatregel van bestuur kunnen graden, verleend door een universiteit, de Open Universiteit of een hogeschool als bedoeld in de Wet op het hoger onderwijs en wetenschappelijk onderzoek, of daaraan gelijkwaardige getuigschriften worden aangewezen die voor de toepasselijkheid van het eerste lid, onderdeel a, gelijk worden gesteld aan de in dat onderdeel bedoelde graad Bachelor op het gebied van het recht.

4. Eveneens is bevoegd inschrijving te verzoeken degene die in een andere lidstaat van de Europese Unie, of in een andere staat die partij is bij de Overeenkomst betreffende de Europese Economische Ruimte of in Zwitserland met goed gevolg het afsluitend examen van een opleiding op het gebied van het recht aan een universiteit of daaraan gelijkwaardige opleiding heeft afgelegd. In dat geval onderzoekt de algemene raad in hoeverre het afsluitend examen en de in deze andere lidstaat door de verzoeker verworven beroepservaring gelijkwaardig zijn aan de ingevolge het tweede lid gestelde beroepsvereisten. Indien blijkt dat het afsluitend examen en de beroepservaring niet gelijkwaardig zijn aan de ingevolge het tweede lid gestelde beroepsvereisten, kan de algemene raad eisen dat de verzoeker een proeve van bekwaamheid of aanvullende examens

---

1 Inwerkingtredingsdatum: 01-10-1952; zoals laatstelijk gewijzigd bij: Stb. 2020, 2.

aflegt. De algemene raad draagt zorg voor de mogelijkheid tot het kunnen afleggen van een proeve van bekwaamheid of het afleggen van aanvullende examens.

5. Een verzoek tot inschrijving als advocaat wordt ingediend bij de raad van de orde in het arrondissement waar de verzoeker kantoor wenst te houden.

6. Gelijktijdig met de indiening van het verzoek als bedoeld in het eerste en vierde lid legt de verzoeker over een verklaring omtrent het gedrag, afgegeven volgens de Wet justitiële en strafvorderlijke gegevens. Indien de verzoeker eerder als advocaat ingeschreven is geweest, legt hij tevens over een document dat is afgegeven door de raad van de orde van het arrondissement waarin hij het laatst kantoor heeft gehouden, waaruit blijkt of hij al dan niet tuchtrechtelijk is veroordeeld dan wel of hij in staat van faillissement heeft verkeerd of ten aanzien van hem de schuldsaneringsregeling natuurlijke personen van toepassing is geweest. Het in de vorige zin bedoelde document wordt eveneens door de ingeschreven advocaat die in een ander arrondissement kantoor wenst te houden overgelegd aan de raad van de orde aldaar.

7. Tenzij de raad toepassing geeft aan artikel 4, eerste lid, zendt hij een afschrift van het verzoek en de daarbij overgelegde verklaringen en documenten aan de rechtbank in het arrondissement waarin de verzoeker kantoor wenst te houden ten behoeve van de beëdiging van de verzoeker.

8. De advocaat geeft van iedere kantoorverplaatsing kennis aan de secretaris van de algemene raad met het oog op de verwerking op het tableau. Vanaf de verwerking van de kennisgeving van een kantoorverplaatsing naar een ander arrondissement wordt de advocaat geacht in dit andere arrondissement kantoor te houden.

9. Indien een beslissing van de raad tot weigering van het in behandeling nemen van de inschrijving als bedoeld in artikel 4, eerste lid, onherroepelijk is geworden, wordt een nieuw verzoek dat is ingediend binnen een jaar na het geweigerde verzoek buiten behandeling gelaten. Indien wijziging in de omstandigheden of het feit dat het verzoek wordt ingediend bij een andere raad dit rechtvaardigt, kan de raad in het arrondissement waar de verzoeker kantoor wenst te houden beslissen het verzoek tot inschrijving alsnog in behandeling te nemen. In dat geval geeft de raad toepassing aan het zevende lid.

10. Met toepassing van artikel 28, eerste lid, laatste zinsnede, van de Dienstenwet is paragraaf 4.1.3.3. van de Algemene wet bestuursrecht niet van toepassing op een verzoek tot inschrijving als bedoeld in het eerste of vierde lid.

Art. 2a

1. In afwijking van het eerste lid van artikel 2 is degene die in een andere lidstaat van de Europese Unie of in een andere staat die partij is bij de Overeenkomst betreffende de Europese Economische Ruimte of in Zwitserland, hierna te noemen staat van herkomst, gerechtigd is zijn beroepswerkzaamheid uit te oefenen onder de benaming advocaat of een daarmee overeenkomstige benaming in de taal of in de talen van de staat van herkomst, bevoegd te verzoeken te worden ingeschreven als advocaat, indien hij een document overlegt waaruit blijkt dat hij gedurende ten minste drie jaar daadwerkelijk en regelmatig in Nederland in het Nederlandse recht, met inbegrip van het gemeenschapsrecht als advocaat werkzaam is geweest. Onder daadwerkelijk en regelmatig werkzaam wordt verstaan de daadwerkelijke uitoefening van de werkzaamheid zonder andere dan de in het dagelijks leven normale onderbrekingen.

Verzoek tot inschrijving advocaat uit andere lidstaat of Zwitserland

2. De advocaat dient een aanvraag om afgifte van een document als bedoeld in het eerste lid in bij de raad van de orde in het arrondissement waarin de advocaat kantoor kan houden.

Aanvraag tot inschrijving

3. De aanvraag omvat ten minste inlichtingen of bescheiden betreffende het aantal en de aard van de door de aanvrager behandelde dossiers.

4. De raad kan verifiëren of de uitgeoefende werkzaamheden als regelmatig en daadwerkelijk kunnen worden aangemerkt en kan zo nodig de advocaat verzoeken mondeling of schriftelijk aanvullende verduidelijkingen of preciseringen te verstrekken met betrekking tot inlichtingen en bescheiden, als bedoeld in het derde lid.

5. In plaats van de verklaring omtrent het gedrag of de andere in artikel 2, zesde lid, genoemde documenten kan de advocaat, bedoeld in het eerste lid, een met deze verklaring of die documenten overeenkomende documenten, afgegeven door het daartoe bevoegde gezag in de staat van herkomst overleggen.

Alternatief voor verklaring omtrent het gedrag en documenten raad

Art. 2b

1. Indien de advocaat gedurende ten minste drie jaar daadwerkelijk en regelmatig in Nederland als advocaat werkzaam is geweest, doch gedurende kortere tijd in het Nederlandse recht, kan de raad van de orde in het arrondissement waarin de advocaat kantoor kan houden het document, bedoeld in het eerste lid van artikel 2a, afgeven als de advocaat voldoende bekwaam is om de werkzaamheden in het Nederlandse recht, met inbegrip van het gemeenschapsrecht voort te zetten. Hierbij houdt de raad rekening met:

Bekwaamheid om werkzaamheden in Nederlandse recht voort te zetten

a. de periode gedurende welke de betrokken advocaat daadwerkelijk en regelmatig werkzaamheden heeft verricht in Nederland,

b. de kennis en beroepservaring op het gebied van het Nederlandse recht,

c. de deelname aan cursussen of seminars met betrekking tot het Nederlandse recht en

B45 art. 2c

Advocatenwet

d. de kennis en beroepservaring van alsmede de deelname aan cursussen of seminars over de Nederlandse beroeps- en gedragsregels.

2. De beoordeling van de daadwerkelijke en regelmatige werkzaamheden in Nederland alsmede de beoordeling van de bekwaamheid van de advocaat om de in Nederland uitgeoefende werkzaamheden voort te zetten, vinden plaats in het kader van een onderhoud dat ten doel heeft de daadwerkelijke en regelmatige aard van de uitgeoefende werkzaamheid te verifiëren.

Art. 2c

Voeren beroepstitels

1. De advocaat die overeenkomstig artikel 2a is ingeschreven, is bevoegd om naast het voeren van de titel advocaat zijn oorspronkelijke beroepstitel in de officiële taal of in een van de officiële talen van de staat van herkomst te voeren, indien hij onder die beroepstitel is ingeschreven in de staat van herkomst.

2. Indien de bevoegde autoriteit van de lidstaat van herkomst of de tuchtrechter aldaar de uitoefening van het beroep advocaat tijdelijk of blijvend heeft ontzegd is de betrokken advocaat van rechtswege niet meer bevoegd om in Nederland zijn beroep onder zijn oorspronkelijke beroepstitel uit te oefenen.

Art. 3

Beëdiging advocaten

1. Na ontvangst van het afschrift van het verzoek en de daarbij overgelegde verklaringen en documenten, bedoeld in artikel 2, zesde lid, worden advocaten op requisitoir van het openbaar ministerie beëdigd door de rechtbank in het arrondissement waarin zij kantoor wensen te houden. Van de beëdiging wordt door de griffier van de rechtbank kennisgegeven aan de secretaris van de algemene raad met het oog op de verwerking hiervan op het tableau.

2. Zij leggen de navolgende eed of belofte af:

"Ik zweer (beloof) getrouwheid aan de Koning, gehoorzaamheid aan de Grondwet, eerbied voor de rechterlijke autoriteiten, en dat ik geen zaak zal aanraden of verdedigen, die ik in gemoede niet gelove rechtvaardig te zijn."

3. Wanneer de eed of belofte, bedoeld in het tweede lid, in de Friese taal wordt afgelegd, luidt de tekst van de eed of belofte als volgt:

«Ik swar (ûnthjit) trou oan de Kening, it neilibjen fan 'e Grûnwet, earbied foar de rjochterlike autoriteiten, en dat ik giin saak oanrikkemandeaarje of ferdigenje sil, dêr't ik ynderlik fan oertsjûge bin dat dy net rjochtfeardich is.»

Art. 4

Weigeren verzoek tot inschrijving

1. De raad van de orde in het arrondissement waarbij het verzoek, bedoeld in artikel 2, vijfde lid, is ingediend kan weigeren het verzoek in behandeling te nemen, indien:

a. de verzoeker niet voldoet aan de in de artikelen 2 en 2a gestelde vereisten voor de inschrijving, dan wel indien hij de in deze artikelen bedoelde verklaringen of documenten niet heeft overgelegd;

b. de gegronde vrees bestaat dat de verzoeker als advocaat inbreuk zal maken op de voor advocaten geldende wetten, verordeningen en besluiten of zich anderszins zal schuldig maken aan enig handelen of nalaten dat een behoorlijk advocaat niet betaamt; of

c. de verzoeker op grond van artikel 8c, eerste lid, onderdeel c, van het tableau is geschrapt zonder dat alsnog de daar bedoelde verklaring of het bewijs kan worden overgelegd en het verzoek wordt ingediend binnen een door de algemene raad nader te bepalen termijn na de schrapping.

2. Indien het verzoek, bedoeld in artikel 2, vijfde lid, is ingediend door een verzoeker die eerder als advocaat ingeschreven is geweest, kan de raad het verzoek tevens weigeren in behandeling te nemen indien hij van oordeel is dat de verzoeker niet voldoet aan de bij of krachtens verordening gestelde eisen om voor hernieuwde inschrijving in aanmerking te komen.

3. Een beslissing tot weigering van het in behandeling nemen van het verzoek wordt genomen binnen zes weken na de indiening ervan.

4. De in artikel 3 bedoelde beëdiging kan plaatsvinden nadat de raad niet binnen de in het derde lid bedoelde termijn heeft besloten tot weigering van het in behandeling nemen van het verzoek, of indien de raad heeft verklaard het verzoek in behandeling te nemen.

5. Bij of krachtens verordening wordt bepaald in hoeverre na schrapping op grond van artikel 8c, eerste lid, onderdeel c, nog examen in onderdelen van de opleiding kan worden afgelegd alsmede onder welke voorwaarden dit examen kan worden afgelegd.

Art. 5

Afschrift van beslissing tot verzet
Beklag van verzoeker bij hof van discipline

1. De secretaris van de raad maakt de beslissing tot weigering van het in behandeling nemen van het verzoek, bedoeld in artikel 4, eerste lid, onverwijld bekend aan de verzoeker.

2. De verzoeker kan gedurende zes weken na de bekendmaking beklag doen bij het hof van discipline, bedoeld in artikel 51.

3. Het beklag wordt gedaan bij verzoekschrift, waarbij een afschrift wordt gevoegd van de beslissing waartegen het beklag is gericht. De griffier zendt onverwijld een afschrift van het verzoekschrift aan de raad die de beslissing heeft genomen. Op de behandeling van het beklag zijn de hoofdstukken 6 en 7 van de Algemene wet bestuursrecht niet van toepassing.

Art. 6

1. Het hof van discipline beslist niet dan na verhoor of behoorlijke oproeping van de verzoeker en van de raad. Op de behandeling van de zaak zijn artikel 56, zesde lid, en artikel 57, tweede lid, van overeenkomstige toepassing.

2. De raad kan zich door zijn deken of een zijner leden doen vertegenwoordigen; de verzoeker kan zich door een advocaat doen bijstaan.

Art. 7

De griffier zendt onverwijld afschrift van de beslissing aan de verzoeker en de raad.

Art. 8

1. Met het oog op het in het belang van een goede rechtsbedeling vaststellen van de hoedanigheid van de advocaat verwerkt de secretaris van de algemene raad op het tableau van iedere advocaat gegevens met betrekking tot:

a. de naam;

b. de plaats en datum van geboorte;

c. de datum van beëdiging;

d. het adres waar de advocaat kantoor houdt, alsmede overige contactgegevens en de naam van het kantoor;

e. voor zover van toepassing: de naam van de patroon, het adres waar deze kantoor houdt, alsmede de naam van dat kantoor;

f. de raad van de orde waartoe de advocaat behoort;

g. voor zover van toepassing: het lidmaatschap van specialisatieverenigingen, de rechtsgebieden waarop de advocaat gespecialiseerd is, alsmede de aanduiding dat het een advocaat betreft als bedoeld in artikel 16h dan wel een advocaat bij de Hoge Raad betreft als bedoeld in artikel 9j, eerste lid;

h. beslissingen op grond van artikel 48, eerste lid;

i. beslissingen op grond van artikel 48, derde lid;

j. beslissingen op grond van artikel 48, vijfde lid;

k. beslissingen op grond van artikel 48a, eerste lid, en artikel 48b, met vermelding van de gestelde bijzondere voorwaarden;

l. beslissingen op grond van artikel 60ab, eerste en tweede lid, en artikel 60b, eerste lid, voor zover van toepassing met vermelding van de getroffen voorziening;

m. andere beslissingen waarbij een schorsing wordt opgelegd; en

n. beslissingen tot oplegging van een bestuurlijke boete of een last onder dwangsom als bedoeld in artikel 45g, eerste lid, en een besluit als bedoeld in de artikelen 28 tot en met 30 en 32c van de Wet ter voorkoming van witwassen en financieren van terrorisme.

2. Bij de in het eerste lid, onder h tot en met n, bedoelde gegevens worden op het tableau tevens verwerkt de datum en het kenmerk van de daarop betrekking hebbende beslissing of beslissingen, alsmede de instantie die deze heeft genomen.

Art. 8a

1. De advocaat waarop de gegevens betrekking hebben, de algemene raad, de secretaris van de algemene raad, de raden van de orden in de arrondissementen, het college van toezicht alsmede de griffiers, voorzitters, plaatsvervangend voorzitters, leden en plaatsvervangende leden van een raad van discipline en het hof van discipline hebben kosteloos inzage in de op grond van artikel 8 op het tableau verwerkte gegevens.

2. Een ieder heeft kosteloos inzage in de op het tableau verwerkte gegevens, bedoeld in:

a. artikel 8, eerste lid, onder a, c tot en met g, j en m;

b. artikel 8, eerste lid, onder h, voor zover het betreft een onherroepelijke beslissing tot het onvoorwaardelijk opleggen van een maatregel als bedoeld in artikel 48, tweede lid, onder d of e;

c. artikel 8, eerste lid, onder h, voor zover het betreft een onherroepelijke beslissing met betrekking tot een maatregel als bedoeld in artikel 48, tweede lid, onder c, en voor zover deze gelijktijdig is opgelegd met een maatregel als bedoeld in artikel 48, tweede lid, onder d of e;

d. artikel 8, eerste lid, onder k, voor zover het betreft een onherroepelijke beslissing met betrekking tot een maatregel als bedoeld in artikel 48, tweede lid, onder d of e;

e. artikel 8, eerste lid, onder k, voor zover het betreft een onherroepelijke beslissing met betrekking tot een maatregel als bedoeld in artikel 48, tweede lid, onder c, en voor zover deze gelijktijdig is opgelegd met een maatregel als bedoeld in artikel 48, tweede lid, onder d of e;

f. artikel 8, eerste lid, onder l, voor zover het betreft een onherroepelijke beslissing met betrekking tot een schorsing of het treffen van een voorziening en voor zolang de opgelegde schorsing of getroffen voorziening van kracht is; en

g. artikel 8, eerste lid, onderdeel n, voor zover het een besluit betreft als bedoeld in de artikelen 28 tot en met 30 of 32c van de Wet ter voorkoming van witwassen en financieren van terrorisme dat op grond van artikel 32f, eerste, vierde of vijfde lid, van die wet openbaar wordt gemaakt.

3. Met uitzondering van de gegevens die betrekking hebben op het opleggen van de maatregel van de schrapping van het tableau kunnen de gegevens, bedoeld in het tweede lid, onder b tot

B45 art. 8b Advocatenwet

en met e, door anderen dan de in het eerste lid bedoelde personen en instanties niet worden ingezien, indien tien jaren zijn verstreken na het onherroepelijk worden van de beslissing waarop de gegevens betrekking hebben. De raad van discipline of het hof van discipline kan bij zijn beslissing bepalen dat de in de eerste volzin bedoelde termijn wordt verkort, met dien verstande dat de termijn niet korter kan zijn dan de duur van de schorsing.

4. De gegevens, bedoeld in het tweede lid, onderdeel g, kunnen gedurende een periode van vijf jaar na openbaarmaking op grond van artikel 32f, eerste, vierde of vijfde lid, van de Wet ter voorkoming van witwassen en financieren van terrorisme door anderen dan de in het eerste lid bedoelde personen en instanties worden ingezien, tenzij enig wettelijk voorschrift daaraan in de weg staat.

Art. 8b

Openbaarmaken opgelegde maatregel

De secretaris van de algemene raad maakt schriftelijk een lijst openbaar van gegevens over advocaten ten aanzien van wie een beslissing tot het onvoorwaardelijk opleggen van een maatregel als bedoeld in artikel 48, tweede lid, onder d of e, onherroepelijk is geworden. In deze lijst worden opgenomen:

a. de naam van de advocaat en het advocatenkantoor waar de advocaat werkzaam is;

b. de plaats waar de advocaat kantoor houdt;

c. de vermelding van de raad van de orde in het arrondissement waartoe de advocaat behoort;

d. de maatregel die aan de advocaat is opgelegd, voor zover van toepassing met vermelding van de duur van de maatregel; en

e. de datum van de beslissing waarbij de maatregel is opgelegd alsmede de datum waarop de maatregel ingaat.

Art. 8c

Schrapping van het tableau

1. De secretaris van de algemene raad schrapt de advocaat die op het tableau is ingeschreven in geval:

a. Hij om schrapping heeft verzocht omdat hij niet langer op het tableau wenst ingeschreven te staan of enige betrekking heeft verkregen waarmee het beroep van advocaat onverenigbaar is. In het laatstbedoelde geval kan eveneens de rechtbank in het arrondissement waarin de advocaat kantoor houdt tot schrapping beslissen op requisitoir van het openbaar ministerie, de raad van de orde in het arrondissement gehoord. Van de beslissing tot schrapping wordt door de griffier van de rechtbank kennisgegeven aan de secretaris van de algemene raad met het oog op de verwerking op het tableau;

b. De advocaat is overleden;

c. Hij, hetzij onafgebroken, hetzij met onderbrekingen, gedurende een tijdvak van drie jaar voorwaardelijk als advocaat ingeschreven heeft gestaan:

1°. zonder dat de verklaring bedoeld in artikel 9b, vijfde lid, kan worden overlegd; of

2°. zonder dat het bewijs kan worden overgelegd dat met gunstig gevolg het in artikel 9c bedoelde examen is afgelegd.

2. Indien het in het eerste lid, onderdeel c, bedoelde tijdvak is onderbroken en de verklaring bedoeld in het eerste lid, onderdeel c, onder 1°, of het onder 2°, bedoelde bewijs niet kan worden overgelegd, kan betrokkene verzoeken om opnieuw gedurende een tijdvak van drie jaar voorwaardelijk als advocaat te worden ingeschreven. Dit verzoek kan worden ingediend na drie jaar na onderbreking van het tijdvak.

3. Voor voorwaardelijk ingeschreven advocaten die in deeltijd werkzaam zijn, wordt het in de aanhef van het eerste lid, onderdeel c, bedoelde tijdvak naar evenredigheid verlengd, met dien verstande dat deze verlenging niet meer dan drie jaar kan bedragen. Indien de raad op grond van artikel 9b, tweede lid, de stage heeft verlengd, wordt het in de aanhef van het eerste lid, onderdeel c, bedoelde tijdvak verlengd met de in de beslissing opgenomen termijn, met dien verstande dat deze verlenging niet meer dan drie jaar kan bedragen.

4. De in het eerste lid, onderdeel c, bedoelde schrapping geschiedt middels een beschikking van de algemene raad met ingang van een tijdstip dat ten minste twee maanden en ten hoogste zes maanden na de datum van de beschikking gelegen is. Van de beschikking wordt gelijktijdig mededeling gedaan aan de betrokken advocaat, diens patroon, de raad van de orde in het arrondissement waar de advocaat kantoor houdt en aan het openbaar ministerie.

5. De secretaris van de algemene raad geeft van de schrapping binnen acht dagen kennis aan de algemene raad en de raad van de orde in het arrondissement.

Art. 8d

Schakelbepaling

De artikelen 8, eerste lid, aanhef en onder a, b, d, en f tot en met m, en tweede lid, 8a, 8b, en 8c, eerste lid, zijn van overeenkomstige toepassing op advocaten die hun werkzaamheden uitoefenen onder hun oorspronkelijke beroepstitel als bedoeld in artikel 16h, met dien verstande dat:

– in artikel 8, eerste lid, onderdeel h, voor «artikel 48, eerste lid,» wordt gelezen: artikel 48, eerste lid, en artikel 60aa, tweede lid; en

– in artikel 8a, tweede lid, onderdelen b tot en met e, en artikel 8b voor «artikel 48, tweede lid, onder d of e» telkens wordt gelezen: artikel 48, tweede lid, onder e, of artikel 60aa, tweede lid.

Art. 8e

1. De raad van de orde in een arrondissement kan de raad van discipline verzoeken te beslissen dat de advocaat die niet duurzaam en stelselmatig het beroep van advocaat uitoefent, van het tableau wordt geschrapt.

2. Op de behandeling van het verzoek zijn de artikelen 47, 49 en 50 van overeenkomstige toepassing, met dien verstande dat in de artikelen 49 en 50 voor «de klager» wordt gelezen: de raad van de orde in een arrondissement.

3. Van de beslissing van de raad van discipline kunnen de betrokken advocaat en de raad van de orde in een arrondissement binnen zes weken na de verzending van het in artikel 50 bedoelde afschrift beroep instellen bij het hof van discipline.

4. Artikel 9, vijfde en zesde lid, is van overeenkomstige toepassing.

Art. 8f

Schrapping van het tableau brengt het verlies mee van de betrekkingen, waarbij de hoedanigheid van advocaat is vereist voor verkiesbaarheid of benoembaarheid.

Art. 9

1. De raad van de orde in een arrondissement kan gedurende één jaar nadat een advocaat is beëdigd, beslissen dat hij van het tableau zal worden geschrapt, wanneer hetzij de advocaat de raad of het hof van discipline zo onjuiste of onvolledige inlichtingen heeft verstrekt, dat hij, ware de juiste toedracht van zaken de raad of het hof van discipline bekend geweest, niet tot de beëdiging zou zijn toegelaten, hetzij de advocaat zich in het tijdvak tussen het verzoek tot inschrijving en de beëdiging aan een zo ernstige misdraging heeft schuldig gemaakt, dat hem, indien hij na de beëdiging zich daaraan zou hebben schuldig gemaakt, de maatregel van schrapping van het tableau zou zijn opgelegd.

2. Op de behandeling van de zaak zijn de artikelen 47 en 49, tweede tot en met laatste lid, van overeenkomstige toepassing.

3. De secretaris van de raad maakt een beschikking als bedoeld in het eerste lid, onverwijld bekend.

4. Van een zodanige beslissing kan de betrokken advocaat binnen zes weken na de bekendmaking beroep instellen bij het hof van discipline. Artikel 5, derde lid, en artikel 6 zijn van overeenkomstige toepassing.

5. De griffier van het hof van discipline zendt onverwijld afschrift van de beslissing aan de betrokken advocaat en aan de raad.

6. Zodra de beslissing tot schrapping van het tableau in kracht van gewijsde is gegaan, wordt zij door de secretaris van de raad medegedeeld aan de secretaris van de algemene raad met het oog op de verwerking op het tableau.

Art. 9a

Tot het voeren van de titel van advocaat is uitsluitend gerechtigd degene die als advocaat is ingeschreven op grond van artikel 1, eerste lid, of 2a, eerste lid.

Art. 9aa

1. Indien de bevoegde autoriteit van de lidstaat van ontvangst of de tuchtrechter aldaar de uitoefening van het beroep van de advocaat die zich krachtens het nationale recht van die lidstaat van de Europese Unie of de desbetreffende staat die partij is bij de Overeenkomst betreffende de Europese Economische Ruimte dat uitvoering geeft aan artikel 3 van richtlijn 98/5/EG van het Europees Parlement en de Raad van de Europese Unie van 16 februari 1998 ter vergemakkelijking van de permanente uitoefening van het beroep van advocaat, heeft laten inschrijven, tijdelijk of blijvend heeft ontzegd, beslist de raad van de orde in het arrondissement waar de betrokken advocaat kantoor houdt ambtshalve tot schorsing of schrapping van het tableau, indien er gegronde vrees bestaat dat de betrokkene als advocaat inbreuk zal maken op de voor de advocaten geldende wetten verordeningen en besluiten of zich anderszins zal schuldig maken aan enig handelen of nalaten dat een behoorlijk advocaat niet betaamt. Het besluit treedt in werking zes weken nadat het is bekend gemaakt.

2. De artikelen 5 tot en met 7, 8c, zevende lid, en 8f zijn van overeenkomstige toepassing.

3. De secretaris van de algemene raad verwerkt de beslissing van de raad op het tableau, nadat deze onherroepelijk is geworden.

4. Het beklag schorst de werking van de beschikking van de raad.

5. Het hof van discipline kan de raad een termijn stellen voor het nemen van een nieuw besluit.

6. De raad stelt de bevoegde autoriteit van de lidstaat van ontvangst in kennis van de schorsing of schrapping.

7. De advocaat draagt op verzoek van de raad zorg voor de beëdigde vertaling van de gegevens en bescheiden die voor zijn beslissing nodig zijn. Indien de advocaat weigert aan dit verzoek te voldoen, draagt de raad zorg voor de beëdigde vertaling en verhaalt hij de kosten daarvan op de betrokken advocaat.

8. Het hof van discipline kan eisen dat de door haar aangewezen stukken worden vertaald door een in Nederland toegelaten beëdigd vertaler. De advocaat draagt zorg voor de kosten van de vertaling.

B45 art. 9b **Advocatenwet**

9. Indien de advocaat zich in Zwitserland heeft laten inschrijven met inachtneming van de op 21 juni 1999 tot stand gekomen Overeenkomst tussen de Europese Gemeenschap en haar lidstaten enerzijds en de Zwitserse Bondsstaat anderzijds, over het vrije verkeer van personen, zijn de voorgaande leden van overeenkomstige toepassing.

§ 1a Van de opleiding en de stage van advocaten

Art. 9b

Verplichte stage van drie jaar

1. Elke advocaat, met uitzondering van de advocaat die beschikt over een ten aanzien van het beroep van advocaat afgegeven erkenning van beroepskwalificaties als bedoeld in artikel 5 van de Algemene wet erkenning EU-beroepskwalificaties alsmede met uitzondering van de advocaat, die overeenkomstig artikel 2a is ingeschreven is verplicht gedurende de eerste drie jaar waarin hij als zodanig is ingeschreven als stagiaire de praktijk uit te oefenen onder begeleiding van een andere advocaat - hierna te noemen de patroon - en bij deze kantoor te houden.

Verlenging stage

2. Voor stagiaires die in deeltijd werkzaam zijn wordt de duur van de stage naar evenredigheid verlengd. Voorts kan de duur van de stage met ten hoogste drie jaar worden verlengd indien de raad van de orde in het arrondissement van oordeel is dat de stagiaire nog niet over voldoende praktijkervaring beschikt. De duur van de stage kan door de raad, met goedkeuring van de algemene raad, op verzoek van de stagiaire worden verkort.

Werkingssfeer

3. Van de verplichting van de stagiaire bij een patroon kantoor te houden kan de raad vrijstelling verlenen, indien naar het oordeel van de raad een behoorlijke praktijkuitoefening, waaronder de financiering van de praktijk en de dekking van het risico van de beroepsaansprakelijkheid van de stagiaire, overeenkomstig de daaromtrent gestelde voorschriften bij of krachtens deze wet, verzekerd is. Is dit naar het oordeel van de raad niet langer het geval, dan kan een verleende vrijstelling worden ingetrokken. Met toepassing van artikel 28, eerste lid, laatste zinsnede, van de Dienstenwet is paragraaf 4.1.3.3. van de Algemene wet bestuursrecht niet van toepassing op een verzoek om vrijstelling.

4. Indien de raad de in het derde lid bedoelde vrijstelling heeft verleend, wijst hij, indien de stagiaire geen patroon heeft kunnen vinden die zich met de vereiste begeleiding wil belasten, een advocaat als patroon aan, tenzij dit voor de desbetreffende advocaat een onredelijke last zou vormen.

Stageverklaring

5. Van het met gunstig gevolg voltooien van de stage wordt door de raad van de orde in het arrondissement een verklaring aan de stagiaire verstrekt.

6. Tegen het verlengen van de duur van de stage, het weigeren of intrekken van een vrijstelling op voet van het bepaalde in het derde lid, de aanwijzing van een patroon met toepassing van het vierde lid, of de weigering van zulk een aanwijzing, dan wel de weigering om een verklaring als bedoeld in het vijfde lid te verstrekken kan een belanghebbende administratief beroep instellen bij de algemene raad.

7. Bij of krachtens verordening als bedoeld in artikel 28 wordt bepaald wie als patroon kunnen optreden, onderscheidenlijk als patroon kunnen worden aangewezen, aan welke verplichtingen de patroon en de stagiaire hebben te voldoen, alsmede wanneer en in welke gevallen de tussen hen bestaande verhouding haar begin en einde neemt.

Art. 9c

Orde verzorgt beroepsopleiding

1. De Nederlandse orde van advocaten draagt zorg voor een opleiding voor stagiaires en stelt de stagiaire in de gelegenheid deze opleiding te volgen die met een examen wordt afgesloten.

2. De volgende onderwerpen, de opleiding als bedoeld in het eerste lid betreffende, worden nader vastgesteld bij of krachtens verordening als bedoeld in artikel 28, tenzij daarin bij algemene maatregel van bestuur is voorzien:

a. de inhoud en de duur van de opleiding;

b. de omvang van het examen en de wijze waarop het examen wordt afgenomen;

c. de eisen voor de toelating tot het afleggen van het examen;

d. de eisen voor het verkrijgen van vrijstelling voor bepaalde onderdelen van het examen;

e. de aan de stagiaire in rekening te brengen cursus- en examengelden.

Art. 9d-9i

[Vervallen]

Art. 9j

Advocaat bij de Hoge Raad

1. Een advocaat bij de Hoge Raad is een onvoorwaardelijk ingeschreven advocaat als bedoeld in artikel 1, tweede lid, van wie uit de aantekening op het tableau blijkt dat hij die hoedanigheid heeft.

2. Aantekening op het tableau vindt plaats door de secretaris van de algemene raad op verzoek van de advocaat, na overlegging van een verklaring dat de advocaat voldoet aan de toetredingseisen, bedoeld in het derde lid, onder a. De secretaris van de algemene raad doet van iedere aantekening of doorhaling daarvan op het tableau mededeling aan de advocaat en de griffier van de Hoge Raad.

3. Het college van afgevaardigden stelt bij of krachtens verordening regels over het verkrijgen, het behouden en het verliezen van de hoedanigheid van advocaat bij de Hoge Raad, alsmede de aantekening op het tableau. De verordening bevat in elk geval regels over:

a. de aan deze advocaten te stellen eisen van vakbekwaamheid, bestaande uit toetredingseisen en permanente eisen van scholing en praktijk, in het bijzonder op het terrein van het procesrecht;

b. de ontwikkeling van deze eisen, de opleiding en de examinering;

c. het verkrijgen van een vrijstelling voor bepaalde onderdelen van de opleiding of de examinering;

d. de advisering over en het houden van toezicht op het gestelde onder b en c; en

e. de afgifte van de verklaring dat een advocaat voldoet aan de eisen, bedoeld onder a.

4. Bij of krachtens de verordening kan een onderscheid worden gemaakt in regels als bedoeld in het derde lid die gelden voor het optreden bij de Hoge Raad in burgerlijke zaken, strafzaken of belastingzaken.

5. De algemene raad draagt zorg voor de uitvoering van de aangelegenheden, bedoeld in het derde lid.

6. De algemene raad kan in uitzonderlijke gevallen desgevraagd vrijstelling verlenen van het vereiste in het eerste lid van onvoorwaardelijke inschrijving als advocaat.

7. Met toepassing van artikel 28, eerste lid, laatste zinsnede, van de Dienstenwet is paragraaf 4.1.3.3. van de Algemene wet bestuursrecht niet van toepassing op een verzoek om aantekening op het tableau als advocaat bij de Hoge Raad.

8. Tegen een beslissing tot weigering van het verzoek om aantekening op het tableau als advocaat bij de Hoge Raad, alsmede tegen een beslissing tot weigering van de vrijstelling als bedoeld in het zesde lid, kan de advocaat binnen zes weken na de bekendmaking van de weigering beroep instellen bij het hof van discipline. Artikel 9, vijfde lid, is van overeenkomstige toepassing.

Art. 9k

1. De raad van de orde in het arrondissement waartoe de advocaat behoort kan de raad van discipline verzoeken te beslissen dat de aantekening van hoedanigheid van advocaat bij de Hoge Raad wordt doorgehaald indien de advocaat niet of niet langer voldoet aan de eisen als bedoeld in artikel 9j, derde lid, onderdeel a.

Doorhaling aantekening advocaat Hoge Raad

2. Op de behandeling van het verzoek zijn de artikelen 47, 49 en 50 van overeenkomstige toepassing, met dien verstande dat in de artikelen 49 en 50 voor «de klager» wordt gelezen: de raad van de orde in het arrondissement.

3. Tegen een beslissing tot doorhaling van de aantekening als bedoeld in het eerste lid kan de advocaat binnen zes weken na de verzending van het in artikel 50 bedoelde afschrift beroep instellen bij het hof van discipline. Artikel 9, vijfde en zesde lid, is van overeenkomstige toepassing.

§ 2 Van de bevoegdheden en verplichtingen der advocaten

Art. 10

De advocaten oefenen de praktijk uit overeenkomstig de bevoegdheden en vereisten, bij de Wetboeken van Burgerlijke Rechtsvordering en Strafvordering en bij de bijzondere wetten en besluiten gegeven en gevorderd, en overeenkomstig deze wet en de daarop berustende verordeningen en besluiten.

Regelingen die bepalend zijn voor uitoefening van de praktijk

Art. 10a

1. In het belang van een goede rechtsbedeling draagt de advocaat zorg voor de rechtsbescherming van zijn cliënt. Daartoe is de advocaat bij de uitoefening van zijn beroep:

Rechtsbescherming cliënt

a. onafhankelijk ten opzichte van zijn cliënt, derden en de zaken waarin hij als zodanig optreedt;

b. partijdig bij de behartiging van de gerechtvaardigde belangen van zijn cliënt;

c. deskundig en kan hij beschikken over voldoende kennis en vaardigheden;

d. integer en onthoudt hij zich van enig handelen of nalaten dat een behoorlijk advocaat niet betaamt; en

e. vertrouwenspersoon en neemt hij geheimhouding in acht binnen de door de wet en het recht gestelde grenzen.

2. De algemene raad en de raden van de orden in de arrondissementen bevorderen in het belang van een goede rechtsbedeling een behoorlijke uitoefening van de praktijk en nemen alle maatregelen die daaraan kunnen bijdragen. Zij komen op voor de rechten en belangen van de advocaten en vervullen de taken die hun bij verordening zijn opgedragen.

Art. 11

Onverminderd het bepaalde in artikel 9j, hebben advocaten zowel in burgerlijke als in strafzaken de bevoegdheid om als zodanig voor alle rechterlijke colleges binnen het Rijk op te treden.

Bevoegdheid tot optreden

Art. 11a

1. Voor zover niet bij wet anders is bepaald, is de advocaat ten aanzien van al hetgeen waarvan hij uit hoofde van zijn beroepsuitoefening als zodanig kennis neemt tot geheimhouding verplicht.

Geheimhoudingsplicht

Dezelfde verplichting geldt voor medewerkers en personeel van de advocaat, alsmede andere personen die betrokken zijn bij de beroepsuitoefening.

2. De geheimhoudingsplicht, bedoeld in het eerste lid, blijft voortbestaan na beëindiging van de beroepsuitoefening of de betrekking waarin de werkzaamheden zijn verricht.

Art. 12

Plaats van vestiging kantoor **1.** Advocaten zijn verplicht kantoor te houden. Zij mogen slechts in één arrondissement op één locatie kantoor houden.

2. Het kantoor van de advocaat geldt voor al zijn handelingen als zodanig als gekozen woonplaats.

Ontheffing van voorschrift plaats van vestiging **3.** Door de algemene raad kan om bijzondere redenen aan een advocaat, die zijn kantoor buiten Nederland wenst te vestigen, ontheffing van het in het eerste lid vervatte voorschrift worden verleend. De raad van de orde in het arrondissement waar de advocaat het laatst kantoor heeft gehouden, wordt tevoren gehoord. Indien ontheffing wordt verleend, blijft de advocaat na vestiging van zijn kantoor buiten Nederland behoren tot de orde in het arrondissement waar hij het laatst kantoor heeft gehouden. Indien de advocaat niet eerder in een arrondissement kantoor heeft gehouden, behoort hij na verlening van de ontheffing en vestiging van zijn kantoor buiten Nederland tot de orde in het arrondissement Den Haag.

4. Door de algemene raad kan aan een advocaat die in het kader van detachering elders kantoor wenst te houden, tijdelijk ontheffing van het in het eerste lid vervatte voorschrift worden verleend. De raad van de orde in het arrondissement waar de advocaat op het moment van het verzoek om ontheffing kantoor houdt, wordt tevoren gehoord. Indien ontheffing wordt verleend, blijft de advocaat behoren tot de orde in het arrondissement waar hij kantoor heeft gehouden op het moment van het verzoek om ontheffing.

5. Advocaten die niet aan de voorschriften van dit artikel voldoen, worden, na aanmaning daartoe door de raad van de orde in het arrondissement, op requisitoir van het openbaar ministerie en nadat de rechtbank tot schrapping heeft beslist, van het tableau geschrapt. Van de beslissing tot schrapping wordt door de griffier van de rechtbank kennis gegeven aan de secretaris van de algemene raad met het oog op de verwerking op het tableau.

Art. 12a

Werkingssfeer Met toepassing van artikel 28, eerste lid, laatste zinsnede, van de Dienstenwet is paragraaf 4.1.3.3. van de Algemene wet bestuursrecht niet van toepassing op een verzoek om ontheffing als bedoeld in artikel 12, derde en vierde lid.

Art. 13

Verzoek rechtzoekende tot aanwijzing van advocaat **1.** De rechtzoekende die niet of niet tijdig een advocaat bereid vindt hem zijn diensten te verlenen in een zaak, waarin vertegenwoordiging door een advocaat is voorgeschreven dan wel bijstand uitsluitend door een advocaat kan geschieden, kan zich wenden tot de deken van de orde van advocaten in het arrondissement waar de zaak moet dienen, met het verzoek een advocaat aan te wijzen. Ook indien de rechtzoekende naar het voorlopig oordeel van de deken in aanmerking komt voor verlening van rechtsbijstand ingevolge het bepaalde bij of krachtens de Wet op de rechtsbijstand, wijst de deken een advocaat aan.

Afwijzing verzoek **2.** De deken kan het verzoek alleen wegens gegronde redenen afwijzen. Hij kan een aanwijzing op grond van bijzondere redenen wijzigen of intrekken.

3. Binnen zes weken na de bekendmaking van de beschikking, houdende afwijzing van het verzoek, kan de belanghebbende beklag doen bij het hof van discipline. Op de behandeling van het beklag zijn de hoofdstukken 6 en 7 van de Algemene wet bestuursrecht niet van toepassing.

Verplichting aangewezen advocaat **4.** De aangewezen advocaat is verplicht zijn diensten te verlenen.

Verplichting aangewezen raadsman **5.** De advocaat die door de raad voor rechtsbijstand als raadsman is aangewezen, treedt als zodanig op of doet zich overeenkomstig artikel 43 van het Wetboek van Strafvordering waarnemen, zolang niet een gekozen raadsman is opgetreden of op de voet van artikel 44 van het Wetboek van Strafvordering een ander is aangewezen.

Art. 14

De advocaten pleiten staande, gekleed in het kostuum bij het bijzondere reglement op dat onderwerp bepaald, des goedvindende met gedekten hoofde.

Art. 15

[Vervallen]

Art. 16

Faillissement, schuldsaneringsregeling natuurlijke personen, gijzeling en curatele leiden tot schorsing, geen titel gedurende schorsing Advocaten, die in staat van faillissement zijn verklaard of ten aanzien van wie de schuldsaneringsregeling natuurlijke personen van toepassing is verklaard, die wegens schulden zijn gegijzeld of onder curatele zijn gesteld, zijn gedurende de duur van het faillissement onderscheidenlijk de toepassing van de schuldsaneringsregeling natuurlijke personen, de gijzeling of de curatele van rechtswege in de uitoefening van de praktijk geschorst. De geschorste advocaat mag gedurende de schorsing de titel van advocaat niet voeren. De griffier van het gerecht dat een van de in de eerste zin vermelde beslissingen of een beslissing die de opheffing van de schorsing tot gevolg heeft, heeft uitgesproken, geeft van de schorsing, onderscheidenlijk de opheffing hiervan kennis aan de secretaris van de algemene raad met het oog op de verwerking op het tableau. Schorsing brengt mee het verlies van de betrekkingen, waarbij de hoedanigheid van advocaat vereiste voor verkiesbaarheid of benoembaarheid is.

§ 2a

Van de bevoegdheden en verplichtingen van andere dan in Nederland ingeschreven advocaten

Art. 16a

De bepalingen van deze wet en andere wettelijke voorschriften betreffende advocaten, hebben uitsluitend betrekking op in Nederland ingeschreven advocaten, voor zover die voorschriften of de navolgende, tot deze paragraaf behorende, artikelen niet anders bepalen.

Toepasselijke wetsbepaling

Art. 16b

Voor de uitoefening in Nederland van werkzaamheden bij wijze van dienstverrichting, worden mede als advocaat aangemerkt, personen die niet als zodanig in Nederland zijn ingeschreven, maar die wel in een andere lidstaat van de Europese Unie, in een andere staat die partij is bij de Overeenkomst betreffende de Europese Economische Ruimte of in Zwitserland, hierna te noemen staat van herkomst, gerechtigd zijn hun beroepswerkzaamheden uit te oefenen onder de benaming advocaat of een daarmee overeenkomstige benaming in de taal of in een der talen van de staat van herkomst.

Bevoegdheid in Nederland van advocaten in EG-landen of Zwitserland

Art. 16c

Wanneer de in het vorige artikel bedoelde personen, hierna te noemen: bezoekende advocaten, bij de uitoefening in Nederland van werkzaamheden bij wijze van dienstverrichting hun titel voeren, dienen zij daarbij de beroepsorganisatie te vermelden waartoe zij behoren of het gerecht waarbij zij overeenkomstig de wettelijke regeling van de staat van herkomst zijn toegelaten.

Verplichting bezoekende advocaten

Art. 16d

1. De werkzaamheden, bij wijze van dienstverrichting, betreffende de vertegenwoordiging en de verdediging van een cliënt in rechte of ten overstaan van een overheidsinstantie worden door bezoekende advocaten onder dezelfde voorwaarden uitgeoefend als die welke gelden voor in Nederland ingeschreven advocaten.

Werkzaamheden bezoekende advocaat onder zelfde voorwaarden als Nederlandse advocaat

2. Bij de uitoefening van de in het eerste lid genoemde werkzaamheden nemen bezoekende advocaten de beroepsregels in acht die gelden voor in Nederland ingeschreven advocaten, met inbegrip van de verordeningen genoemd in artikel 28, onverminderd hetgeen waartoe zij als advocaat in de staat van herkomst verplicht zijn.

3. Bij het optreden ten overstaan van een overheidsinstantie moeten bezoekende advocaten desgevraagd hun bevoegdheid tot de uitoefening van het beroep van advocaat ten genoegen van die instantie aantonen.

Art. 16e

1. Bij de uitoefening van werkzaamheden, bij wijze van dienstverrichting, betreffende de vertegenwoordiging en de verdediging van een cliënt in rechte, waarvoor ingevolge de wet de bijstand of vertegenwoordiging van een advocaat is voorgeschreven, moet een bezoekende advocaat samenwerken met een in Nederland ingeschreven advocaat, hierna te noemen de samenwerkende advocaat.

Verplichting tot samenwerking met Nederlandse advocaat

2. De samenwerkende advocaat dient zich tevoren te vergewissen van de bevoegdheid van de bezoekende advocaat tot uitoefening van het beroep van advocaat en is daarvoor verantwoordelijk tegenover het betrokken gerecht.

Samenwerkende advocaat onderzoekt bevoegdheid bezoekende advocaat

3. De samenwerkende advocaat stelt de bezoekende advocaat, alvorens deze voor de eerste maal als zodanig in rechte optreedt, voor aan de rechter die de leiding heeft van de terechtzitting.

4. De bezoekende advocaat wordt geacht voor de in het eerste lid bedoelde werkzaamheden woonplaats te hebben gekozen ten kantore van de samenwerkende advocaat.

5. In de gevallen dat advocaten verplicht of gerechtigd zijn tot het dragen van een bijzonder kostuum, mag de bezoekende advocaat, indien hij zulks verkiest, in plaats daarvan het kostuum dragen dat is voorgeschreven in de staat van herkomst.

6. De rechter die de leiding heeft van de terechtzitting kan bezoekende advocaten toestaan zich van een andere taal te bedienen dan de Nederlandse, indien hij van mening is dat daardoor een goede rechtsbedeling niet wordt geschaad. Hij kan daarbij als voorwaarde stellen dat van een tolk gebruik gemaakt wordt.

Gebruik van andere dan Nederlandse taal

Art. 16f

Ten aanzien van andere werkzaamheden, bij wijze van dienstverrichting, dan die bedoeld in het eerste lid van artikel 16d, blijven bezoekende advocaten onderworpen aan de voorwaarden en de beroepsregels van de staat van herkomst. Zij dienen daarnaast de voor in Nederland ingeschreven advocaten geldende beroepsregels in acht te nemen, met name die betreffende: *(a)* de onverenigbaarheid van het uitoefenen van de werkzaamheden van advocaat met het verrichten van andere werkzaamheden in Nederland, *(b)* de verhouding tot andere advocaten en *(c)* het verbod van bijstand door een zelfde advocaat aan partijen met tegenstrijdige belangen. Laatst-

Voorschriften bezoekende advocaten bij andere werkzaamheden

B45 art. 16g **Advocatenwet**

bedoelde regels zijn slechts toepasselijk voor zover zij kunnen worden nageleefd door een advocaat die niet in Nederland is gevestigd en de naleving ervan objectief gerechtvaardigd is ten einde in Nederland de behoorlijke uitoefening van de werkzaamheden van advocaten, de waardigheid van het beroep en de inachtneming van de bedoelde regels inzake onverenigbaarheid te verzekeren.

§ 2b
De bevoegdheden en verplichtingen van de advocaat uit een andere lidstaat die onder zijn oorspronkelijke beroepstitel als advocaat werkzaam wil zijn

Art. 16g

Toepassing wettelijke bepalingen uitsluitend op in Nederland ingeschreven advocaten

De bepalingen van deze wet en andere wettelijke voorschriften betreffende advocaten hebben uitsluitend betrekking op in Nederland ingeschreven advocaten voorzover die voorschriften of de navolgende, tot deze paragraaf behorende, artikelen niet anders bepalen.

Art. 16h

Bevoegdheden en verplichtingen advocaat uit andere lidstaat of Zwitserland na inschrijving

1. Degene die niet met inachtneming van artikel 1 is ingeschreven, maar die wel in een andere lidstaat van de Europese Unie of in een andere staat die partij is bij de Overeenkomst betreffende de Europese Economische Ruimte of in Zwitserland hierna te noemen staat van herkomst, gerechtigd is zijn beroepswerkzaamheid uit te oefenen onder de benaming advocaat of een daarmee overeenkomstige benaming in de taal of in de talen van de staat van herkomst, heeft het recht om permanent dezelfde werkzaamheden uit te oefenen als de overeenkomstig artikel 1 ingeschreven advocaat nadat hij zich heeft laten inschrijven op het tableau van de Nederlandse orde van advocaten.

Inschrijving advocaat

2. De secretaris van de algemene raad schrijft de advocaat in na overlegging van een verklaring van inschrijving bij de bevoegde autoriteit van de staat van herkomst, indien de verklaring niet langer dan drie maanden voor het moment waarop de aanvraag om inschrijving is ingediend is afgegeven.

3. De secretaris van de algemene raad stelt de bevoegde autoriteit van de staat van herkomst in kennis van de inschrijving.

Art. 16i

Gebruik oorspronkelijke beroepstitel

1. De advocaat, bedoeld in het eerste lid van artikel 16h, is gehouden zijn beroepswerkzaamheden in Nederland uit te oefenen onder zijn oorspronkelijke beroepstitel, zoals deze dient te luiden in de taal of een der officiële talen van de staat van herkomst, evenwel op een verstaanbare wijze en zodanig dat hij niet kan worden verward met de titel advocaat, bedoeld in artikel 9a.

Vermelding overige gegevens

2. Bij de uitoefening van de werkzaamheden, bedoeld in het eerste lid, vermeldt de advocaat de beroepsorganisatie waartoe hij behoort of het gerecht waarbij hij overeenkomstig de wettelijke regeling van de staat van herkomst is toegelaten alsmede zijn inschrijving op het tableau.

Art. 16j

Samenwerking met Nederlandse advocaat

Voor de uitoefening van de werkzaamheden die met de vertegenwoordiging en de verdediging van een cliënt in rechte verband houden werkt de advocaat, bedoeld in het eerste lid van artikel 16h, samen met een overeenkomstig artikel 1 in Nederland ingeschreven advocaat voorzover ingevolge de wet de bijstand of vertegenwoordiging van een advocaat is voorgeschreven. Het eerste lid van artikel 16d alsmede het tweede tot en met vierde en zesde lid van artikel 16e zijn van overeenkomstige toepassing.

Art. 16k

Beroeps- en gedragsregels

1. De advocaat, bedoeld in het eerste lid van artikel 16h, is voor alle werkzaamheden die hij in Nederland uitoefent aan dezelfde beroeps- en gedragregels alsmede aan dezelfde voorwaarden onderworpen als de advocaat die overeenkomstig artikel 1 is ingeschreven, met inbegrip van de verordeningen genoemd in artikel 28.

2. De artikelen 10, 10a, eerste lid, 11a, 12, 13, 14 en 16 zijn van overeenkomstige toepassing. Artikel 11 is van overeenkomstige toepassing voorzover de advocaat optreedt in Nederland.

§ 3
Van de Nederlandse orde van advocaten, van de orden in de arrondissementen, en van haar organen

Afdeling 1
Van de samenstelling en de bevoegdheid

Art. 17

Plaats van vestiging; NOVA is publiekrechtelijk lichaam

1. De gezamenlijke advocaten, die in Nederland zijn ingeschreven, vormen de Nederlandse orde van advocaten. Zij is gevestigd te 's-Gravenhage . Zij is een publiekrechtelijk lichaam als bedoeld in artikel 134 van de Grondwet.

Advocatenwet **B45 art. 22**

2. De gezamenlijke advocaten die kantoor houden in een zelfde arrondissement, vormen de orde van advocaten in het arrondissement.

3. De Nederlandse orde van advocaten en de orden zijn rechtspersonen.

Art. 17a

1. De Nederlandse orde van advocaten kent de volgende organen: *Organen NOVA*
a. de algemene raad, bedoeld in artikel 18, eerste lid;
b. de deken van de algemene raad, bedoeld in artikel 18, eerste lid;
c. het college van afgevaardigden, bedoeld in artikel 19, eerste lid;
d. de raad van advies, bedoeld in artikel 32a, eerste lid; en
e. het college van toezicht, bedoeld in artikel 36a, eerste lid.

2. De orde van advocaten in een arrondissement kent de volgende organen:
a. de raad, bedoeld in artikel 22, eerste lid;
b. de deken, bedoeld in artikel 22, tweede lid; en
c. de jaarlijkse vergadering van de orde, bedoeld in artikel 22, tweede lid.

Art. 18

1. Aan het hoofd van de Nederlandse orde van advocaten staat een algemene raad, bestaande *Algemene raad*
uit tenminste vijf en ten hoogste negen leden, onder wie de deken. Het aantal leden van de raad wordt nader bepaald door het in artikel 19, eerste lid, bedoelde college van afgevaardigden.

2. De deken wordt bij ontstentenis of verhindering vervangen door een lid van de algemene raad, daartoe door die raad aangewezen.

Art. 19

1. De deken en de overige leden van de algemene raad worden gekozen door een college van *Verkiezing leden alge-*
afgevaardigden. Het college van afgevaardigden komt ten minste eenmaal per jaar bijeen. *mene raad*

2. De vergaderingen van het college van afgevaardigden zijn openbaar. Er wordt met gesloten deuren vergaderd indien de voorzitter, de aard van het te behandelen onderwerp in aanmerking genomen, zulks nodig oordeelt of indien de meerderheid van de aanwezige leden daarom verzoekt.

3. Het lidmaatschap van de algemene raad is niet verenigbaar met het lidmaatschap van het *Onverenigbare functie*
college van afgevaardigden.

4. Jaarlijks treden twee leden volgens een door de algemene raad vast te stellen rooster af. *Aftreden volgens rooster*

5. In vacatures die tussentijds ontstaan voorziet het college van afgevaardigden zo spoedig *Tussentijdse vacatures*
mogelijk, zo nodig in een buitengewone vergadering.

6. Niemand kan langer dan negen jaren in het geheel, als deken of als lid, deel uitmaken van de algemene raad.

Art. 20

1. De afgevaardigden en hun plaatsvervangers worden voor de tijd van drie jaren gekozen in *College van afgevaardig-*
vergaderingen van de orden in de arrondissementen. Zij zijn herkiesbaar. *den*

2. De aantallen afgevaardigden en plaatsvervangers bedragen:
a. voor de orden, bestaande uit minder dan 1.500 advocaten: vier afgevaardigden en drie plaatsvervangers;
b. voor de orden, bestaande uit 1.500 advocaten of meer, doch minder dan 3.000: zes afgevaardigden en drie plaatsvervangers; en
c. voor de orden, bestaande uit 3.000 advocaten of meer: acht afgevaardigden en drie plaatsvervangers.

3. Voor de toepassing van het tweede lid is beslissend het aantal advocaten dat in een arrondissement kantoor houdt op de eerste werkdag vóór de verkiezing als bedoeld in het eerste lid.

4. De hoedanigheid van afgevaardigde of plaatsvervanger is niet verenigbaar met het lidmaatschap van de raad van de orde in een arrondissement, een dienstverband bij de Nederlandse orde van advocaten of een dienstverband bij een orde in een arrondissement.

5. De plaatsvervangers treden op in volgorde van verkiezing.

6. Bij gebleken behoefte kan in vacatures onmiddellijk worden voorzien.

7. De secretaris van de algemene raad treedt op als secretaris van de vergadering van het college van afgevaardigden.

Art. 21

Bij verhindering van een afgevaardigde, een vergadering van het college van afgevaardigden *Verhindering afgevaar-*
bij te wonen, geeft hij daarvan onverwijld kennis aan de in artikel 20, vijfde lid, aangewezen *digde tot bijwonen verga-*
plaatsvervanger. *dering*

Art. 22

1. De orde in het arrondissement wordt bestuurd door een raad die bestaat uit ten minste vijf *Orde in het arrondisse-*
en ten hoogste elf leden, onder wie de deken. Het aantal leden van de raad wordt nader bepaald *ment; raad van de orde*
in het huishoudelijk reglement van de orde.

2. De deken en de overige leden van de raad worden uit de leden van de orde gekozen in de jaarlijkse vergadering van de orde.

B45 art. 23 **Advocatenwet**

3. Jaarlijks treden twee leden volgens een door de raad vast te stellen rooster af. De deken is herkiesbaar. Een lid van de raad kan steeds tot deken gekozen worden. De leden van de raad zijn niet herkiesbaar, tenzij het huishoudelijk reglement anders bepaalt.

4. Bij gebleken behoefte kan in vacatures onmiddellijk worden voorzien.

Art. 23

Vervanging deken door lid raad van de orde

1. De deken wordt bij ontstentenis of verhindering vervangen door een lid van de raad van de orde in het arrondissement, daartoe door die raad aangewezen.

2. De raad wijst uit zijn midden een secretaris en een penningmeester aan.

Art. 24

Verkiesbaarheid voor onderscheiden colleges

1. Als leden van de algemene raad, van het college van afgevaardigden en van de raden van de orden in de arrondissementen zijn slechts verkiesbaar advocaten en degenen die overeenkomstig artikel 16h zijn ingeschreven voorzover zij de ouderdom van zeventig jaren nog niet hebben bereikt. Na het bereiken van die leeftijd treden zij af met ingang van de eerstvolgende maand.

2. Bij huishoudelijk reglement van de orde in het arrondissement kan worden bepaald dat als lid van de raad slechts advocaten of degenen die overeenkomstig artikel 16h zijn ingeschreven verkiesbaar zijn, die tenminste gedurende een bepaalde tijd, drie jaren niet te boven gaande, als zodanig zijn ingeschreven.

Art. 25

Onderwerpen van beraadslagingen

De vergadering der Nederlandse orde van advocaten beraadslaagt over onderwerpen, die voor advocaten en rechtzoekenden van belang zijn.

Art. 26

1. De algemene raad is verantwoordelijk voor het uitvoeren van kwaliteitstoetsen bij advocaten. De kwaliteitstoetsen worden verricht door deskundigen die zijn aangewezen door de algemene raad.

2. Op het verrichten van de kwaliteitstoetsen en de krachtens het eerste lid aangewezen deskundigen zijn de artikelen 5:12, 5:13, 5:14, 5:15, eerste en derde lid, 5:16, 5:17 en 5:20, eerste lid, van de Algemene wet bestuursrecht van overeenkomstige toepassing. Bij het opdragen van een kwaliteitstoets bepaalt de algemene raad over welke bevoegdheden als bedoeld in de eerste volzin de aangewezen deskundigen beschikken.

3. Bijzondere categorieën van persoonsgegevens en persoonsgegevens van strafrechtelijke aard als bedoeld in paragraaf 3.1 onderscheidenlijk paragraaf 3.2 van de Uitvoeringswet Algemene verordening gegevensbescherming kunnen worden verwerkt door de krachtens het eerste lid aangewezen deskundigen, voor zover deze gegevens noodzakelijk zijn voor de doelmatige en doeltreffende uitvoering van kwaliteitstoetsen.

4. Ten behoeve van het verrichten van de kwaliteitstoetsen door de aangewezen deskundigen, bedoeld in het eerste lid, zijn de advocaat, zijn medewerkers en personeel, alsmede andere personen die betrokken zijn bij de beroepsuitoefening, niet gehouden aan de geheimhoudingsplicht, bedoeld in artikel 11a. In dat geval geldt voor de betrokken aangewezen deskundigen een geheimhoudingsplicht, gelijk aan die bedoeld in artikel 11a, en is artikel 218 van het Wetboek van Strafvordering van overeenkomstige toepassing.

5. Bij of krachtens verordening als bedoeld in artikel 28, eerste lid, worden nadere regels gesteld betreffende het verrichten van de kwaliteitstoetsen.

Art. 27

Algemene raad vertegenwoordigt Nederlandse advocaten

De algemene raad vertegenwoordigt de Nederlandse advocaten overal, waar daartoe aanleiding bestaat, ook indien het belang der Nederlandse orde daarbij niet rechtstreeks betrokken is.

Art. 28

Verordeningen

1. Het college van afgevaardigden stelt verordeningen vast in het belang van de goede uitoefening van de praktijk, alsmede ter waarborging van de eisen die op grond van artikel 10a daaraan worden gesteld.

2. Het college van afgevaardigden stelt bij of krachtens verordening voorts regels betreffende:

a. de eisen ter bevordering van de vakbekwaamheid van advocaten en de kwaliteit van de beroepsuitoefening;

b. de verplichte aansluiting bij een klachten- en geschillenregeling, waaronder de verplichte aansluiting bij een regeling waarbij sprake is van een overeenkomst tot arbitrage, bedoeld in artikel 1020 van het Wetboek van Burgerlijke Rechtsvordering of van een vaststellingsovereenkomst, bedoeld in artikel 900 van Boek 7 van het Burgerlijk Wetboek, op grond waarvan geschillen omtrent de hoogte van een declaratie worden afgedaan;

c. een behoorlijke inrichting van de administratie van praktijkvoering voor advocaten;

d. de verzekering ter zake van het risico van de beroepsaansprakelijkheid van advocaten;

e. de huishouding en de organisatie van de Nederlandse orde van advocaten; en

f. de doorberekening van de kosten die de Nederlandse orde van advocaten maakt in verband met de uitoefening van tuchtrechtspraak aan haar leden.

3. voorstellen voor verordeningen worden aan het college van afgevaardigden gedaan door de algemene raad of door tenminste vijf afgevaardigden. Voordat de algemene raad een voorstel bij het college van afgevaardigden indient, kan het de raden van de orden in de arrondissementen uitnodigen hun oordeel kenbaar te maken.

4. Verordeningen worden na vaststelling onverwijld medegedeeld aan Onze Minister voor Rechtsbescherming en gepubliceerd in de Staatscourant.

5. Het college van afgevaardigden stelt geen verordeningen vast met betrekking tot de uitoefening door de deken van de orde in het arrondissement van het in artikel 45a, eerste lid, en artikel 24, tweede lid, van de Wet ter voorkoming van witwassen en financieren van terrorisme bedoelde toezicht of met betrekking tot de uitoefening door het college van toezicht van de in paragraaf 3a bedoelde taken en bevoegdheden.

Art. 29

1. De verordeningen zijn verbindend voor:
a. advocaten, ingeschreven op het tableau, bedoeld in artikel 1, eerste lid;
b. bezoekende advocaten volgens het bepaalde in de artikelen 16d, tweede lid, en 16f; en
c. rechtspersonen of samenwerkingsverbanden waarbinnen de in de onderdelen a en b bedoelde personen werkzaam zijn en die uitsluitend de rechtspraktijk uitoefenen of doen uitoefenen door advocaten dan wel door advocaten en andere beroepsbeoefenaren.

2. Zij mogen geen bepalingen inhouden omtrent punten, waarin door of krachtens de wet is voorzien, noch treden in aangelegenheden, die zich tengevolge van het uiteenlopen der omstandigheden in de arrondissementen niet lenen voor algemene voorzieningen.

3. De bepalingen van verordeningen, in welker onderwerp door of krachtens de wet wordt voorzien, houden van rechtswege op te gelden.

Art. 30

1. Besluiten van het college van afgevaardigden, van de algemene raad of van andere organen van de Nederlandse orde van advocaten, met uitzondering van besluiten van het college van toezicht, bedoeld in artikel 36a, eerste lid, en besluiten van de deken van de algemene raad, bedoeld in artikel 45b, kunnen bij koninklijk besluit worden vernietigd.

Vernietiging of schorsing door de Kroon

2. De schorsing of vernietiging geschiedt binnen zes maanden na de in artikel 28, vierde lid, bedoelde mededeling of, wanneer het een besluit van de algemene raad of van een ander orgaan van de Nederlandse orde van advocaten betreft, binnen zes maanden nadat het besluit ter kennis van Onze Minister voor Rechtsbescherming is gekomen.

Art. 31

1. De algemene raad vertegenwoordigt de Nederlandse orde van advocaten, in en buiten rechte, onverminderd het bepaalde in artikel 36a, vijfde lid.

Vertegenwoordiging algemene raad

2. De raden van de orden in de arrondissementen vertegenwoordigen de orden, in en buiten rechte.

Art. 32

1. De algemene raad en de raden van de orden in de arrondissementen besturen de Nederlandse orde van advocaten, onderscheidenlijk de orden in de arrondissementen, en zijn gerechtigd tot het verrichten van daden van beheer en beschikking met betrekking tot haar vermogen.

Bestuur en beheer

2. Het college van afgevaardigden en de vergadering der orde in het arrondissement stellen jaarlijks de bedragen vast, die de leden ter dekking van de door de Nederlandse orde van advocaten, onderscheidenlijk door de orde te maken kosten moeten bijdragen.

Bijdrage advocaten in kosten van de orde(n)

3. De algemene raad en de raden doen jaarlijks rekening en verantwoording van hun geldelijk beheer. Deze rekening en verantwoording wordt onderzocht door een commissie van drie leden, door het college van afgevaardigden, onderscheidenlijk de orde, uit hun midden aan te wijzen. De commissie brengt verslag uit aan het college van afgevaardigden, onderscheidenlijk de orde. Goedkeuring van de rekening door het college van afgevaardigden, onderscheidenlijk de orde, strekt de algemene raad, onderscheidenlijk de raad, tot décharge.

Rekening en verantwoording van geldelijk beheer

4. Jaarlijks wordt door de algemene raad en de raden een verslag betreffende het afgelopen jaar uitgebracht en in de vergadering van het college van afgevaardigden, onderscheidenlijk van de orde, ter bespreking gesteld.

5. In het verslag, bedoeld in het vierde lid, wordt tevens verslag gedaan over de stand van de beroepsuitoefening door advocaten en over de afhandeling van geschillen tussen advocaten en cliënten.

Art. 32a

1. Er is een raad van advies, bestaande uit vijf of zeven leden, de voorzitter daaronder begrepen. De raad van advies bestaat in meerderheid uit leden die geen advocaat zijn.

Raad van advies

2. Alvorens een voorstel voor een verordening als bedoeld in artikel 28, eerste lid en tweede lid, onderdelen a tot en met d, bij het college van afgevaardigden wordt ingediend, wordt het ontwerp voor advies aan de raad van advies voorgelegd.

3. De raad van advies kan besluiten af te zien van advisering. Indien een advies is uitgebracht, wordt dit overgelegd bij het indienen van het voorstel bij het college van afgevaardigden.

B45 art. 33 **Advocatenwet**

4. Het lidmaatschap van de raad van advies is niet verenigbaar met het lidmaatschap van enig ander orgaan van de Nederlandse orde van advocaten, of van de orden in de arrondissementen, uitgezonderd de jaarlijkse vergadering van de orde, bedoeld in artikel 22, tweede lid.

5. Bij verordening worden regels vastgesteld over de samenstelling en de inrichting van de raad van advies. Bij verordening kan de adviestaak van de raad van advies worden uitgebreid.

Art. 33

Taken algemene raad

De algemene raad houdt het bureau van de Nederlandse orde van advocaten in stand en geeft door middel daarvan voorlichting ten aanzien van al die onderwerpen, waarvan de wetenschap voor de advocaat van belang is, streeft de eenheid van beroepsgenoten na en bevordert de behandeling van wetenschappelijke en praktische vraagstukken in algemene vergaderingen van advocaten.

Art. 34

Secretaris algemene raad

1. De algemene raad wijst zijn secretaris aan.

2. De secretaris van de algemene raad heeft de leiding van het bureau van de Nederlandse orde van advocaten. De secretaris kan geen lid van de algemene raad zijn. De algemene raad voorziet in zijn vervanging bij verhindering of afwezigheid.

Art. 35

Taken deken

1. De deken, bedoeld in artikel 22, tweede lid, licht de advocaten voor over al hetgeen verband houdt met de praktijkuitoefening.

2. De deken kan bemiddeling verlenen tot het bijleggen van geschillen tussen advocaten onderling.

3. De deken informeert een ieder over de mogelijkheid tot klacht- en geschillenbeslechting en de mogelijkheid voor partijen om zich tot de rechter te wenden. Zo nodig verwijst de deken door naar andere instanties.

4. De deken houdt toezicht op advocaten overeenkomstig het bepaalde in paragraaf 3a.

Art. 36

Huishoudelijk reglement

De organen van de Nederlandse orde van advocaten en van de orden in de arrondissementen kunnen huishoudelijke reglementen opstellen.

Afdeling 1a
Het college van toezicht

Art. 36a

College van toezicht

1. Er is een college van toezicht dat bestaat uit drie leden, waaronder de deken van de algemene raad, die tevens voorzitter is.

2. Met uitzondering van de deken van de algemene raad, worden de leden benoemd bij koninklijk besluit, op voordracht van Onze Minister voor Rechtsbescherming. Een voordracht voor benoeming wordt niet gedaan dan op aanbeveling van de algemene raad. Daartoe maakt de algemene raad voor iedere vacature in het college een lijst van aanbeveling van zo mogelijk drie kandidaten op. Het college van afgevaardigden kan de algemene raad adviseren inzake de lijst van aanbeveling. De algemene raad zendt de lijst van aanbeveling, vergezeld van een op iedere kandidaat betrekking hebbende verklaring omtrent het gedrag als bedoeld in artikel 28 van de Wet justitiële en strafvorderlijke gegevens, en eventueel vergezeld van het advies van het college van afgevaardigden aan Onze Minister voor Rechtsbescherming. Een in de aanbeveling opgenomen kandidaat kan uitsluitend wegens zwaarwegende en te motiveren gronden worden geweigerd door Onze Minister voor Rechtsbescherming.

3. De in het tweede lid bedoelde leden worden benoemd voor een periode van ten hoogste vier jaren. Zij kunnen na afloop van deze periode aansluitend eenmaal opnieuw worden benoemd voor een periode van ten hoogste vier jaren.

4. De in het tweede lid bedoelde leden ontvangen een vergoeding voor hun werkzaamheden alsmede voor hun reis- en verblijfkosten, vast te stellen bij besluit van de algemene raad. Het college van afgevaardigden kan bij of krachtens verordening als bedoeld in artikel 28 nadere regels stellen over de vergoeding.

5. Het college wordt ondersteund door een secretaris. De secretaris wordt benoemd en ontslagen door het college. Hij is voor zijn werkzaamheden uitsluitend verantwoording verschuldigd aan het college. Bij of krachtens verordening als bedoeld in artikel 28 kunnen ten aanzien van de secretaris algemene regels van rechtspositionele aard worden gesteld.

6. Onze Minister voor Rechtsbescherming kan een besluit van de algemene raad als bedoeld in het vierde lid, vernietigen wegens strijd met het recht of het algemeen belang.

7. Aan de besluitvorming door de algemene raad, bedoeld in het tweede lid, wordt niet deelgenomen door de deken.

Art. 36b

College van toezicht, nevenfuncties

1. De in artikel 36a, tweede lid, bedoelde leden van het college van toezicht kunnen niet tevens advocaat zijn.

2. De in artikel 36a, tweede lid, bedoelde leden kunnen niet tevens:

a. lid of medewerker zijn van een ander orgaan van de Nederlandse orde van advocaten of van een orgaan van de orden in de arrondissementen;

b. voorzitter, plaatsvervangend voorzitter, lid, plaatsvervangend lid of griffier zijn van een raad van discipline of het hof van discipline;

c. het lidmaatschap bekleden van publiekrechtelijke colleges waarvoor de keuze geschiedt krachtens wettelijk voorschrift uitgeschreven verkiezingen;

d. een openbare betrekking bekleden waaraan een vaste beloning of toelage is verbonden; of

e. het lidmaatschap bekleden van vaste colleges van advies en bijstand aan de Regering.

3. Een lid van het college vervult geen nevenfuncties die ongewenst zijn met het oog op een goede vervulling van zijn functie, of de handhaving van zijn onafhankelijkheid of van het vertrouwen daarin.

4. Nevenfuncties van een lid worden openbaar gemaakt door het ter inzage leggen van een opgave daarvan bij het bureau van het college.

5. Onder het tweede lid, onderdeel d, worden niet begrepen betrekkingen bij een instelling als bedoeld in artikel 1.1., onderdeel f, van de Wet op het hoger onderwijs en wetenschappelijk onderzoek.

6. Onder het tweede lid, onderdelen d en e, worden niet begrepen de leden van de Raad van State, de staatsraden en de staatsraden in buitengewone dienst die uitsluitend in de Afdeling advisering van de Raad van State zijn benoemd.

Art. 36c

1. Voor zover het betreft de in artikel 36a, tweede lid, bedoelde leden, eindigt het lidmaatschap van het college van toezicht:

a. door het verstrijken van de periode waarvoor het lid is benoemd;

b. door ontslag op eigen verzoek bij koninklijk besluit op voordracht van Onze Minister voor Rechtsbescherming, gehoord de algemene raad;

c. door het overlijden van het lid; en

d. door ontslag als bedoeld in het vijfde of zesde lid.

2. Het hof van discipline schorst op verzoek van Onze Minister voor Rechtsbescherming, gehoord de algemene raad, een lid van het college, indien en voor zolang:

a. hij zich in voorlopige hechtenis bevindt;

b. hij bij nog niet onherroepelijk geworden rechterlijke uitspraak wegens een misdrijf is veroordeeld tot een vrijheidsstraf dan wel hem bij een dergelijke uitspraak een maatregel is opgelegd die vrijheidsbeneming tot gevolg heeft.

3. Het hof van discipline kan op verzoek van Onze Minister voor Rechtsbescherming, gehoord de algemene raad, een lid van het college schorsen, indien:

a. tegen hem een gerechtelijk vooronderzoek ter zake van een misdrijf is ingesteld; of

b. hij bij een nog niet onherroepelijk geworden rechterlijke uitspraak wegens een misdrijf is veroordeeld tot een andere straf dan een vrijheidsstraf;

c. aan hem een nog niet onherroepelijke strafbeschikking is opgelegd wegens het plegen van een misdrijf;

d. hij bij een nog niet onherroepelijk geworden rechterlijke uitspraak onder curatele is gesteld, in staat van faillissement is verklaard, ten aanzien van hem de schuldsaneringsregeling natuurlijke personen van toepassing is verklaard, hij surseance van betaling heeft verkregen, dan wel wegens schulden is gegijzeld; of

e. er een ander ernstig vermoeden is voor het bestaan van feiten of omstandigheden die tot ontslag zouden kunnen leiden.

4. Het hof van discipline beëindigt desgevraagd of ambtshalve een schorsing als bedoeld in het tweede of derde lid, wanneer de grond hiervoor is vervallen.

5. Het hof van discipline kan op verzoek van Onze Minister voor Rechtsbescherming, gehoord de algemene raad, een lid van het college ontslaan, indien:

a. bij onherroepelijk geworden rechterlijke uitspraak wegens een misdrijf is veroordeeld dan wel hem bij een dergelijke uitspraak een maatregel is opgelegd die vrijheidsbeneming tot gevolg heeft;

b. aan hem een onherroepelijke strafbeschikking is opgelegd wegens het plegen van een misdrijf; of

c. hij bij onherroepelijk geworden rechterlijke uitspraak onder curatele is gesteld, in staat van faillissement is verklaard, ten aanzien van hem de schuldsaneringsregeling natuurlijke personen van toepassing is verklaard, hij surseance van betaling heeft verkregen, dan wel wegens schulden is gegijzeld.

6. Het hof van discipline kan op verzoek van Onze Minister voor Rechtsbescherming, gehoord de algemene raad, een in artikel 36a, tweede lid, bedoeld lid van het college ontslaan wegens ongeschiktheid of onbekwaamheid voor de functie dan wel wegens andere zwaarwegende in de persoon van de betrokkene gelegen redenen.

College van toezicht, beëindiging lidmaatschap

College van toezicht, schorsing lidmaatschap

B45 art. 37 **Advocatenwet**

7. Tegen een beslissing van het hof van discipline op grond van dit artikel kan door een belanghebbende overeenkomstig artikel 8:1 van de Algemene wet bestuursrecht beroep worden ingesteld bij de rechtbank. Artikel 7:1 van de Algemene wet bestuursrecht is niet van toepassing.

8. Bij de toepassing van het tweede tot en met zesde lid maakt de deken geen deel uit van de algemene raad.

Afdeling 2
Van de vergaderingen

Art. 37

Bijeenroepen vergadering

1. De deken van de algemene raad onderscheidenlijk de deken van de orde in het arrondissement roept een vergadering bijeen zo vaak hij zulks nodig oordeelt en steeds indien voor de Nederlandse orde van advocaten ten minste vijftig leden, voor de algemene raad of voor een raad van de orde in het arrondissement ten minste twee leden, voor het college van afgevaardigden ten minste vier leden en voor een orde ten minste zes leden zulks schriftelijk verzoeken.

2. De deken en de overige leden van de algemene raad hebben toegang tot de vergaderingen van het college van afgevaardigden.

Art. 38

Deken is voorzitter

1. In de vergaderingen bekleedt de deken van de algemene raad onderscheidenlijk de deken van de orde in het arrondissement het voorzitterschap.

2. In de vergaderingen van de raad en van de orde in het arrondissement heeft de deken bij staken der stemmen een beslissende stem.

Art. 39

Quorum

1. Een behoorlijk bijeengeroepen vergadering wordt gehouden ongeacht het aantal aanwezige leden.

2. Een vergadering van de algemene raad wordt evenwel niet gehouden wanneer niet ten minste vijf leden, en een vergadering van het college van afgevaardigden niet wanneer niet meer dan de helft van het aantal afgevaardigden of hun plaatsvervangers is opgekomen.

3. Wanneer in een vergadering van het college van afgevaardigden het vereiste aantal afgevaardigden of plaatsvervangers niet is opgekomen, wordt een nieuwe vergadering belegd. Deze vergadering wordt gehouden ongeacht het aantal afgevaardigden of plaatsvervangers, dat is opgekomen.

Art. 40

Stemgerechtigdheid in vergadering der orde

1. In de vergadering der orde in het arrondissement zijn alle leden stemgerechtigd. Tevens zijn stemgerechtigd degenen die zich overeenkomstig artikel 16h hebben laten inschrijven.

2. Iedere stemgerechtigde brengt één stem uit.

Art. 41

Stemming

1. Over alle zaken wordt hoofdelijk gestemd.

2. Bij het doen van keuzen van personen wordt gestemd bij gesloten en ongetekende briefjes.

3. Indien bij het nemen van een besluit over een zaak door geen der aanwezigen stemming wordt gevraagd, wordt het voorstel geacht te zijn aangenomen.

Art. 42

Nietige stemming

1. In een vergadering van de algemene raad is een stemming nietig, indien niet ten minste vijf leden daaraan hebben deelgenomen.

2. In een vergadering van het college van afgevaardigden is een stemming nietig, indien niet meer dan de helft van het aantal afgevaardigden of plaatsvervangers, dat zitting heeft, daaraan heeft deelgenomen.

3. Bij het doen van keuzen van personen worden afgevaardigden of hun plaatsvervangers, die niet of niet behoorlijk ingevulde briefjes ingeleverd hebben, voor de toepassing van dit artikel geacht aan de stemming te hebben deelgenomen.

Geldige stemming ongeacht aantal deelnemers

4. Een stemming is geldig ongeacht het aantal afgevaardigden of hun plaatsvervangers, dat eraan heeft deelgenomen, ingeval opnieuw wordt gestemd over een voorstel of over een benoeming, ten aanzien waarvan in een vroegere vergadering een stemming op grond van het bepaalde in het tweede lid nietig was.

Art. 43

Besluit bij volstrekte meerderheid

1. Voor het tot stand komen van een besluit bij stemming wordt de volstrekte meerderheid vereist van de leden, die aan de stemming hebben deelgenomen.

Keuzen van personen

2. Bij het doen van keuzen van personen worden de leden, die niet of niet behoorlijk ingevulde briefjes ingeleverd hebben, voor de toepassing van dit artikel geacht niet aan de stemming te hebben deelgenomen.

Art. 44

Staking van stemming over zaken

1. Bij staking van stemmen over zaken wordt, behoudens het bepaalde in artikel 38, tweede lid, het nemen van een besluit uitgesteld tot een volgende vergadering, waarin de beraadslagingen kunnen worden heropend.

2. In deze, en evenzo in een voltallige vergadering wordt, behoudens het bepaalde in artikel 38, tweede lid, bij staken der stemmen over zaken het voorstel geacht niet te zijn aangenomen.

Art. 45

1. Bij de stemming over personen treden in de vergaderingen twee door de voorzitter aan te wijzen leden als stemopnemers op.

Stemming over personen

2. De stemopnemers onderzoeken, of het aantal briefjes gelijk is aan dat der tegenwoordig zijnde leden.

3. Er vinden net zoveel afzonderlijke stemmingen plaats als personen te kiezen zijn. De stemming over de deken van de algemene raad of van een deken van een orde in het arrondissement vindt als eerste plaats.

4. In geval van twijfel over de inhoud van een briefje beslist de voorzitter.

5. Een verkregen meerderheid van stemmen geldt niet, wanneer de vergadering beslist, dat daarop een tussen het aantal der briefjes en dat der aanwezigen bestaand verschil van invloed heeft kunnen zijn.

6. Wanneer niemand bij de eerste stemming de volstrekte meerderheid heeft verkregen, wordt tot een tweede vrije stemming overgegaan.

7. Is ook bij deze geen volstrekte meerderheid verkregen, dan wordt de stemming bepaald tot de twee personen, die bij de tweede stemming de meeste stemmen hebben verkregen, of, zijn de meeste stemmen tussen meerdere personen verdeeld, tot allen die aldus de meeste stemmen hebben erlangd.

8. Indien ook hierdoor geen meerderheid van stemmen is verkregen, wordt een vierde stemming gehouden over twee personen die bij de derde stemming de meeste stemmen hebben erlangd.

9. Indien bij de derde of de vierde stemming twee of meer personen hetzelfde aantal stemmen hebben verkregen, beslist het lot.

§ 3a Toezicht

Art. 45a

1. De deken van de orde in het arrondissement is belast met het toezicht op de naleving door advocaten die kantoor houden in dat arrondissement van het bepaalde bij of krachtens deze wet met inbegrip van toezicht op de zorg die zij als advocaten behoren te betrachten ten opzichte van degenen wiens belangen zij als zodanig behartigen of behoren te behartigen, inbreuken op verordeningen van de Nederlandse orde van advocaten en enig handelen of nalaten dat een behoorlijk advocaat niet betaamt.

Toezicht in arrondissement door deken

2. Ten behoeve van het houden van het toezicht, bedoeld in het eerste lid, zijn de advocaat, zijn medewerkers en personeel, alsmede andere personen die bij de beroepsuitoefening betrokken zijn, niet gehouden aan de geheimhoudingsplicht, bedoeld in artikel 11a. In dat geval geldt voor de deken alsmede voor de door hem ten behoeve van de uitoefening van het toezicht ingeschakelde medewerkers, personeel en andere personen een geheimhoudingsplicht, gelijk aan die bedoeld in artikel 11a.

Art. 45b

De deken van de algemene raad kan aan de deken van de orde in het arrondissement, gehoord de overige leden van het college van toezicht, aanwijzingen geven met betrekking tot de uitoefening van de taken, bedoeld in artikel 45a, eerste lid, en artikel 24, tweede lid, van de Wet ter voorkoming van witwassen en financieren van terrorisme.

Aanwijzing van deken

Art. 45c

1. Het hof van discipline schorst op verzoek van het college van toezicht een deken in de taakuitoefening de artikelen 45a, eerste lid, 46c, en artikel 24, tweede lid, van de Wet ter voorkoming van witwassen en financieren van terrorisme, indien en voor zolang:

Schorsing deken

a. hij zich in voorlopige hechtenis bevindt;

b. hij bij nog niet onherroepelijk geworden rechterlijke uitspraak wegens een misdrijf is veroordeeld dan wel hem bij een dergelijke uitspraak een maatregel is opgelegd die vrijheidsbeneming tot gevolg heeft; of

c. hij bij een nog niet onherroepelijk geworden rechterlijke uitspraak onder curatele is gesteld, in staat van faillissement is verklaard, ten aanzien van hem de schuldsaneringsregeling natuurlijke personen van toepassing is verklaard, hij surseance van betaling heeft verkregen, dan wel wegens schulden is gegijzeld.

2. Het hof van discipline kan op verzoek van het college een deken schorsen in de taakuitoefening de artikelen 45a, eerste lid, 46c, en artikel 24, tweede lid, van de Wet ter voorkoming van witwassen en financieren van terrorisme, indien:

a. tegen hem een gerechtelijk vooronderzoek ter zake van een misdrijf is ingesteld; of

b. er een ander ernstig vermoeden is voor het bestaan van feiten of omstandigheden die tot ontslag zouden kunnen leiden.

B45 art. 45d **Advocatenwet**

3. Het hof van discipline beëindigt desgevraagd of ambtshalve een schorsing als bedoeld in het eerste of tweede lid, wanneer de grond hiervoor is vervallen.

4. Het hof van discipline ontheft op verzoek van het college een deken van de taakuitoefening de artikelen 45a, eerste lid, 46c, en artikel 24, tweede lid, van de Wet ter voorkoming van witwassen en financieren van terrorisme, indien:

a. de deken bij onherroepelijk geworden rechterlijke uitspraak wegens een misdrijf is veroordeeld dan wel hem bij een dergelijke uitspraak een maatregel is opgelegd die vrijheidsbeneming tot gevolg heeft; of

b. de deken bij onherroepelijk geworden rechterlijke uitspraak onder curatele is gesteld, in staat van faillissement is verklaard, ten aanzien van hem de schuldsaneringsregeling natuurlijke personen van toepassing is verklaard, hij surseance van betaling heeft verkregen, dan wel wegens schulden is gegijzeld.

5. Tegen een beslissing van het hof van discipline op grond van dit artikel kan door een belanghebbende overeenkomstig artikel 8:1 van de Algemene wet bestuursrecht beroep worden ingesteld bij de rechtbank. Artikel 7:1 van de Algemene wet bestuursrecht is niet van toepassing.

6. Ingeval het hof van discipline toepassing geeft aan het eerste tot en met vierde lid, wordt de taakuitoefening van de artikelen 45a, eerste lid, 46c, en artikel 24, tweede lid, van de Wet ter voorkoming van witwassen en financieren van terrorisme, waargenomen door het in artikel 23, eerste lid, bedoelde lid van de raad van de orde in het arrondissement.

Art. 45d

Ontslag deken

1. Het college van toezicht kan de jaarlijkse vergadering van de orde, bedoeld in artikel 22, tweede lid, schriftelijk verzoeken de deken van de orde in het arrondissement te ontslaan en in zijn plaats een andere deken te kiezen, wegens tekortchieten in de taakuitoefening de artikelen 45a, eerste lid, 46c, of artikel 24, tweede lid, van de Wet ter voorkoming van witwassen en financieren van terrorisme, wegens ongeschiktheid of onbekwaamheid voor de functie dan wel andere zwaarwegende in de persoon van betrokkene gelegen redenen.

2. Het in het eerste lid bedoelde verzoek wordt gericht tot het in artikel 23, eerste lid, bedoelde lid van de raad van de orde in het arrondissement. De jaarlijkse vergadering van de orde in het arrondissement komt binnen zes weken na indiening van het verzoek bijeen om op het verzoek te beslissen.

Art. 45e

Jaarrekening/begroting

1. Het college van toezicht stelt een jaarrekening en een begroting vast, welke de goedkeuring behoeven van Onze Minister voor Rechtsbescherming, gehoord de algemene raad.

2. Op de beslissing omtrent de goedkeuring, bedoeld in het eerste lid, is afdeling 10.2.1 van de Algemene wet bestuursrecht van overeenkomstige toepassing.

3. Bij de toepassing van het eerste lid maakt de deken geen deel uit van de algemene raad.

Art. 45f

Werkplan

1. Het college van toezicht stelt jaarlijks een werkplan vast, alsmede een verslag van werkzaamheden, waarin in ieder geval het gevoerde beleid in het algemeen en de doelmatigheid en doeltreffendheid van zijn werkzaamheden en werkwijze in het bijzonder in het afgelopen jaar worden neergelegd.

2. Het werkplan en het verslag worden toegezonden aan Onze Minister voor Rechtsbescherming, de algemene raad, het college van afgevaardigden en de raden van de orden in de arrondissementen, en worden voorts algemeen verkrijgbaar gesteld.

Art. 45g

Bestuurlijke boete/dwangsom

1. De deken kan voor de overtreding van het bepaalde bij of krachtens een verordening als bedoeld in de artikelen 9b, zevende lid, 9c, tweede lid, en 28, tweede lid, onderdelen a tot en met d, een bestuurlijke boete of een last onder dwangsom opleggen.

2. De bestuurlijke boete bedraagt ten hoogste een bedrag van de geldboete van de derde categorie, bedoeld in artikel 23, vierde lid, van het Wetboek van Strafrecht.

3. Een bestuurlijke boete wordt niet opgelegd indien tegen de advocaat jegens dezelfde gedraging een klacht is ingediend op grond van artikel 46c.

4. Het bedrag van de opgelegde bestuurlijke boete en de verbeurde last onder dwangsom komt ten bate aan de Nederlandse orde van advocaten.

Art. 45h

Beleidsregels voor het toezicht

Het college van toezicht stelt beleidsregels vast voor de uitoefening van de taken ingevolge artikel 45a, eerste lid, en artikel 24, tweede lid, van de Wet ter voorkoming van witwassen en financieren van terrorisme, en 46c.

Art. 45i

Toezicht op deken

1. Het college van toezicht ziet toe op de werking van het toezicht, bedoeld in artikel 45a, eerste lid, en artikel 24, tweede lid, van de Wet ter voorkoming van witwassen en financieren van terrorisme en de klachtbehandeling door de deken ingevolge artikel 46c.

2. De deken van de orde in het arrondissement verstrekt aan het college alle informatie die deze redelijkerwijs nodig heeft voor de uitoefening van de in het eerste lid bedoelde taak.

§ 4 Van de tuchtrechtspraak

Art. 46

De advocaten zijn aan tuchtrechtspraak onderworpen ter zake van enig handelen of nalaten in strijd met de zorg die zij als advocaat behoren te betrachten ten opzichte van degenen wier belangen zij als zodanig behartigen of behoren te behartigen, ter zake van inbreuken op het bepaalde bij of krachtens deze wet en de Wet ter voorkoming van witwassen en financieren van terrorisme, de verordeningen van de Nederlandse orde en ter zake van enig handelen of nalaten dat een behoorlijk advocaat niet betaamt. Deze tuchtrechtspraak wordt uitgeoefend in eerste aanleg door de raden van discipline en in hoger beroep, tevens in hoogste ressort, door het hof van discipline.

Wanneer tuchtrechtspraak

Art. 46a

1. De kosten die samenhangen met de uitoefening van tuchtrechtspraak en ingevolge de bepalingen bij of krachtens deze wet ten laste komen van de staat worden door de Nederlandse orde van advocaten vergoed aan de staat. Bij verordening kunnen regels worden gesteld over de doorberekening van de kosten die de Nederlandse orde van advocaten maakt in verband met de uitoefening van tuchtrechtspraak aan haar leden.

Kosten samenhangend met tuchtrechtspraak

2. De raden van discipline en het hof van discipline stellen jaarlijks een jaarverslag op alsmede een begroting van de in het daaropvolgende jaar te verwachten inkomsten en uitgaven met betrekking tot de uitvoering van de bij of krachtens deze wet opgedragen taken en daaruit voortvloeiende werkzaamheden op het terrein van de tuchtrechtspraak. De begrotingsposten worden van een toelichting voorzien.

3. Tenzij de werkzaamheden waarop de begroting betrekking heeft nog niet eerder werden verricht, bevat de begroting een vergelijking met de begroting van het lopende jaar waarmee Onze Minister voor Rechtsbescherming heeft ingestemd.

4. De raden van discipline en het hof van discipline zenden de begroting voor een door Onze Minister voor Rechtsbescherming te bepalen tijdstip voorafgaande aan het begrotingsjaar ter instemming aan Onze Minister voor Rechtsbescherming.

5. Onze Minister voor Rechtsbescherming stemt niet in met de begroting dan nadat de algemene raad van de Nederlandse orde van advocaten is gehoord. De instemming kan worden onthouden wegens strijd met het recht of het algemeen belang. Ingeval van gebleken strijdigheid wordt instemming niet onthouden dan nadat de raden van discipline en het hof van discipline in de gelegenheid zijn gesteld de begroting aan te passen, binnen een door Onze Minister voor Rechtsbescherming te stellen redelijke termijn.

6. Wanneer Onze Minister voor Rechtsbescherming niet met de begroting heeft ingestemd vóór 1 januari van het jaar waarop deze betrekking heeft, kunnen de raden van discipline en het hof van discipline, in het belang van een juiste uitvoering van zijn taak, voor het aangaan van verplichtingen en het verrichten van uitgaven beschikken over ten hoogste drie twaalfde gedeelten van de bedragen die bij de overeenkomstige onderdelen in de begroting van het voorafgaande jaar waren toegestaan.

7. Indien gedurende het jaar aanmerkelijke verschillen ontstaan of dreigen te ontstaan tussen de werkelijke en begrote baten en lasten dan wel inkomsten en uitgaven, doen de raden van discipline en het hof van discipline daarvan onverwijld mededeling aan Onze Minister voor Rechtsbescherming onder vermelding van de oorzaak en de verwachte omvang van de verschillen.

8. De raden van discipline en het hof van discipline zenden het jaarverslag voor een door Onze Minister voor Rechtsbescherming te bepalen tijdstip aan Onze Minister voor Rechtsbescherming.

9. Bij ministeriële regeling kunnen regels worden gesteld over de inrichting van de begroting en de inhoud van het jaarverslag.

Art. 46aa

1. In het rechtsgebied van elk gerechtshof is een raad van discipline, wiens rechtsgebied samenvalt met dat van het gerechtshof en die de tuchtrechtspraak in eerste aanleg uitoefent met betrekking tot de advocaten, kantoorhoudende in dat gebied.

Raad van discipline

2. Een raad van discipline is gevestigd in een bij bestuursreglement vast te stellen plaats binnen het ressort. Een raad van discipline kan ook buiten de vestigingsplaats zitting houden.

Vestigingsplaats

3. Met betrekking tot de leden-advocaten, de plaatsvervangende leden-advocaten en de griffier van de raden van discipline, voor zover deze advocaat is, wordt de tuchtrechtspraak in eerste aanleg uitgeoefend door een door de voorzitter van het hof van discipline naar aanleiding van een ingekomen klacht ambtshalve aan te wijzen andere raad van discipline. Van een zodanige verwijzing geeft de voorzitter van het hof van discipline kennis aan de aangewezen raad van discipline, aan de raad van discipline waarvan de beklaagde lid-advocaat, plaatsvervangend lid of griffier is, aan de deken van de orde in het arrondissement waar de beklaagde advocaat kantoor houdt, en aan de klager.

Andere raad van discipline

B45 *art. 46b* **Advocatenwet**

4. Aanwijzing van een andere raad van discipline overeenkomstig het derde lid vindt ook plaats indien een klacht betrekking heeft op een deken binnen het rechtsgebied van een raad van discipline of afkomstig is van een lid-advocaat, een plaatsvervangend lid-advocaat of de griffier van een raad van discipline.

5. Indien de klacht is ingediend tegen of betrekking heeft op meerdere advocaten die in verschillende ressorten kantoor houden of indien tussen klachten een zodanige samenhang bestaat dat redenen van doelmatigheid een gezamenlijke behandeling rechtvaardigen, kan het hof van discipline een raad van discipline aanwijzen die de klacht dan wel de klachten behandelt. Het derde lid, tweede volzin, is van overeenkomstige toepassing.

Art. 46b

Samenstelling raden van discipline

1. Elke raad van discipline bestaat uit een voorzitter, ten hoogste dertien plaatsvervangende voorzitters, ten hoogste zestien leden-advocaten en ten hoogste 30 plaatsvervangende leden-advocaten. De voorzitter en plaatsvervangende voorzitters onderscheidenlijk de leden-advocaten en plaatsvervangende leden-advocaten van een raad van discipline zijn van rechtswege plaatsvervangende voorzitters onderscheidenlijk plaatsvervangende leden-advocaten van de overige raden van discipline.

2. De voorzitter en plaatsvervangende voorzitters worden door Onze Minister voor Rechtsbescherming voor de tijd van vier jaren benoemd uit leden van de rechterlijke macht met rechtspraak belast.

3. De leden-advocaten en de plaatsvervangende leden-advocaten kunnen alleen zijn advocaten die kantoor houden binnen het rechtsgebied van de betrokken raad, die langer dan vijf jaar in Nederland zijn ingeschreven.

4. De leden-advocaten en de plaatsvervangende leden-advocaten worden door het college van afgevaardigden in de in artikel 19, eerste lid, bedoelde vergadering gekozen uit voordrachten van de raden van de orden in de arrondissementen, voor de tijd van ten hoogste vier jaren. De verkiezing geschiedt met inachtneming van het streven naar een regionaal verantwoorde samenstelling van de raden van discipline.

5. De voorzitter en plaatsvervangend voorzitters zijn na hun aftreden eenmaal terstond herbenoembaar.

6. Van de leden-advocaten en de plaatsvervangende leden-advocaten treedt volgens een door de betrokken raad van discipline vast te stellen rooster jaarlijks een vierde deel af.

7. De voorzitter, de plaatsvervangende voorzitters, de leden-advocaten en de plaatsvervangende leden-advocaten treden in ieder geval af met ingang van de eerstvolgende maand na die waarin zij de leeftijd van zeventig jaren hebben bereikt.

8. Indien de zetel van voorzitter of plaatsvervangend voorzitter tussentijds vacant raakt, voorziet Onze Minister voor Rechtsbescherming zo spoedig mogelijk in de vacature.

9. In vacatures, die tussentijds ontstaan, voorziet het college van afgevaardigden zo spoedig mogelijk, zo nodig in een buitengewone vergadering. Het is daarbij niet aan een voordracht gebonden.

10. Zij die benoemd zijn ter vervulling van een tussentijds opengevallen plaats treden af op het tijdstip, waarop degenen in wier plaats zij zijn benoemd hadden moeten aftreden.

11. De voorzitter, de plaatsvervangende voorzitters, de leden-advocaten en de plaatsvervangende leden-advocaten blijven na het verstrijken van hun ambtstermijn in functie, totdat de door hun aftreden vacante plaats weer is vervuld. Zij blijven na hun aftreden, ook nadat in de door hen opengelaten plaatsen is voorzien, bevoegd om deel te nemen aan de verdere behandeling van en de beslissing over klachten, aan de behandeling waarvan zij voor hun aftreden reeds hebben deelgenomen.

12. Het lidmaatschap of plaatsvervangend lidmaatschap van een raad van discipline is niet verenigbaar met het lidmaatschap of het plaatsvervangend lidmaatschap van het hof van discipline, een orgaan van de Nederlandse orde van advocaten of een orgaan van de orden in de arrondissementen, uitgezonderd de jaarlijkse vergadering van de orde, bedoeld in artikel 22, tweede lid.

13. Tussen de voorzitter, plaatsvervangende voorzitters, de leden-advocaten en de plaatsvervangende leden-advocaten van een raad van discipline mag niet bestaan de verhouding van echtgenoten of geregistreerde partners, bloed- of aanverwanten tot de derde graad ingesloten, een maatschap of ander duurzaam samenwerkingsverband tot het uitoefenen van het beroep van advocaat of de verhouding van werkgever tot werknemer.

14. Het in de artikelen 46c, onderdelen b en c, 46ca, eerste lid, onderdeel d, 46d, tweede lid, 46f, 46i, met uitzondering van het eerste lid, onderdeel c, 46j, 46l, eerste en derde lid, 46m, 46o en 46p van de Wet rechtspositie rechterlijke ambtenaren bepaalde is van overeenkomstige toepassing ten aanzien van de voorzitter, plaatsvervangende voorzitters, de leden-advocaten en de plaatsvervangende leden-advocaten van de raad van discipline.

15. De leden-advocaten en de plaatsvervangende leden-advocaten van de raad van discipline kunnen worden ontslagen op de gronden aangegeven in de artikelen 46c, onderdelen b en c, 46d, tweede lid, 46i, met uitzondering van het eerste lid, onderdeel c, 46j, 46l, eerste en derde lid, en 46m van de Wet rechtspositie rechterlijke ambtenaren. Daarnaast vervalt het lidmaatschap van de leden-advocaten en de plaatsvervangende leden-advocaten van rechtswege zodra zij opgehouden hebben advocaat te zijn.

16. De raad van discipline wijst zijn griffier aan en ontslaat deze. De raad van discipline voorziet in vervanging van de griffier bij verhindering of afwezigheid.

17. De artikelen 13a, 13b, uitgezonderd het eerste lid, onderdelen b en c, en vierde lid, en 13c tot en met 13g van de Wet op de rechterlijke organisatie zijn van overeenkomstige toepassing ten aanzien van gedragingen van de voorzitter, de plaatsvervangende voorzitters, de leden-advocaten en de plaatsvervangende leden-advocaten, met dien verstande dat:

a. voor de overeenkomstige toepassing van die artikelen onder «het betrokken gerechtsbestuur» wordt verstaan: de voorzitter van de raad van discipline; en

b. de procureur-generaal niet verplicht is aan het verzoek, bedoeld in artikel 13a, te voldoen, indien de verzoeker redelijkerwijs onvoldoende belang heeft bij een onderzoek als bedoeld in datzelfde artikel.

Art. 46ba

1. De griffier en de leden zijn voor hun werkzaamheden uitsluitend verantwoording verschuldigd aan de raad van discipline.

2. Artikel 42 van de Wet rechtspositie rechterlijke ambtenaren is van overeenkomstige toepassing op de voorzitter, de leden en de griffier.

Art. 46c

1. Klachten tegen advocaten worden schriftelijk ingediend bij de deken van de orde waartoe zij behoren. Indien de klager daarom verzoekt, is de deken hem behulpzaam bij het op schrift stellen van de klacht. Indien een ingediende klacht verduidelijking behoeft, is de deken de klager daarbij op diens verzoek behulpzaam.

2. Indien de klager bij indiening van de klacht daarom verzoekt, brengt de deken deze onmiddellijk ter kennis van de raad van discipline, onverminderd het bepaalde in het derde lid. De deken informeert de klager hierover bij de indiening van de klacht.

3. De deken stelt een onderzoek in naar elke bij hem ingediende klacht.

4. De deken is bevoegd een bij hem ingediende klacht te verwijzen naar een lid van de raad van de orde in het arrondissement, ten einde haar te onderzoeken en af te handelen op de wijze als in dit artikel en de artikelen 46d en 46e omschreven.

5. Klachten tegen een deken worden ingediend bij of terstond doorgezonden aan de voorzitter van het hof van discipline. De voorzitter verwijst de zaak naar een deken van een andere orde, ten einde haar te onderzoeken en af te handelen overeenkomstig het bepaalde in dit artikel en de artikelen 46d en 46e. Na onderzoek en afhandeling brengt de deken naar wie de zaak is verwezen de klacht ter kennis van de raad van discipline in het ressort waartoe hij behoort.

6. De raad van de orde in het arrondissement draagt zorg voor voldoende bekendmaking in het arrondissement van de plaats en de tijd waarop de deken, of, bij zijn ontstentenis of verhindering, zijn plaatsvervanger, zitting houdt.

Art. 46d

1. De deken tracht steeds de klacht in der minne te schikken, tenzij deze overeenkomstig artikel 46c, tweede lid onmiddellijk aan de raad van discipline ter kennis wordt gebracht.

2. Indien een minnelijke schikking mogelijk blijkt, wordt deze op schrift gesteld en door de klager, de advocaat tegen wie de klacht is ingediend en de deken ondertekend. Door een aldus vastgestelde minnelijke schikking vervalt de bevoegdheid van de klager om de terkennisbrenging van de klacht aan de raad van discipline te verlangen.

3. Indien na drie maanden na de indiening van de klacht bij de deken geen minnelijke schikking is bereikt, kan de klager de deken verzoeken de klacht ter kennis van de raad van discipline te brengen. Tenzij toepassing wordt gegeven aan artikel 45g, eerste lid, geeft de deken in dat geval toepassing aan het vierde lid. De deken brengt de klacht steeds ter kennis van de raad van discipline indien geen toepassing wordt gegeven aan artikel 45g, eerste lid, en aannemelijk is dat een minnelijke schikking niet kan worden bereikt of indien naar zijn oordeel de inhoud van de klacht een minnelijke schikking ongewenst of onmogelijk maakt. De deken informeert de klager hierover bij de indiening van de klacht.

4. De deken brengt de klacht schriftelijk ter kennis van de raad van discipline en stelt de betrokken advocaat en de klager daarvan schriftelijk op de hoogte. De klacht kan elektronisch naar de raad van discipline worden gezonden voor zover de raad kenbaar heeft gemaakt dat deze weg is geopend. De artikelen 2:14 tot en met 2:17 van de Algemene wet bestuursrecht zijn van overeenkomstige toepassing, met dien verstande dat in plaats van «bestuursorgaan» wordt gelezen: raad van discipline.

5. De klacht wordt gedagtekend en ondertekend en bevat ten minste:

a. de naam en het adres van de klager;

b. de naam en het werkadres van de advocaat tegen wie de klacht zich richt, voor zover bekend bij de klager;

c. een zo duidelijk mogelijke omschrijving van de klacht en van de feiten waarop deze rust.

B45 art. 46e

Advocatenwet

6. Tegelijkertijd met de klacht worden alle op de zaak betrekking hebbende stukken aan de raad van discipline overgelegd.

7. In de klacht wordt vermeld of de klacht voordien is voorgelegd aan de organisatie waarbinnen de advocaat werkzaam is of aan een klachten- of geschilleninstantie waarbij de advocaat of diens organisatie is aangesloten. Indien zulks niet het geval is geweest, wordt indien mogelijk de reden daarvoor in de klacht vermeld. Indien zulks wel het geval is geweest, wordt de uitkomst van de procedure vermeld, zo mogelijk met bijvoeging van de relevante stukken.

8. Indien de deken op grond van zijn onderzoek van oordeel is dat de klacht kennelijk ongegrond of van onvoldoende gewicht is, kan hij dat met redenen omkleed meedelen aan de klager, de betrokken advocaat en de raad van discipline.

9. De raad van discipline kan de klacht ambtshalve aanvullen.

Art. 46e

Griffierecht

1. Alvorens een klacht ter kennis van de raad van discipline te brengen heft de deken van de klager een griffierecht van € 50. Het griffierecht komt ten bate van de raad van discipline.

2. De deken wijst de klager op de verschuldigdheid van het griffierecht en deelt hem mee dat het verschuldigde bedrag binnen vier weken na de dag van verzending van zijn mededeling dient te zijn bijgeschreven op het daartoe bekend gemaakte bankrekeningnummer.

3. Indien het griffierecht niet binnen de in het tweede lid bedoelde termijn is bijgeschreven op het daartoe bekend gemaakte bankrekeningnummer, brengt de deken de klacht niet ter kennis van de raad van discipline.

4. Indien toepassing wordt gegeven aan artikel 46n, tweede lid, kan als onderdeel van de minnelijke schikking door partijen worden bepaald dat het door klager betaalde griffierecht wordt vergoed door de advocaat.

5. Indien de klacht geheel of gedeeltelijk gegrond wordt verklaard, wordt het door de klager betaalde griffierecht vergoed door de betrokken advocaat.

6. In afwijking van het eerste lid wordt geen griffierecht geheven indien de klacht afkomstig is van de deken.

7. Onze Minister voor Rechtsbescherming kan het in het eerste lid bedoelde bedrag wijzigen voor zover de consumentenprijsindex daartoe aanleiding geeft.

Art. 46f

Ter kennisstelling klacht bij raad van discipline

Indien de deken buiten het geval van een klacht op de hoogte is gebracht van bezwaren tegen een advocaat, kan hij deze ter kennis van de raad van discipline brengen. Hij stelt daarvan de advocaat tegen wie de bezwaren zijn gerezen schriftelijk op de hoogte.

Art. 46fa

Procedure bij klacht tegen in andere lidstaat of Zwitserland ingeschreven advocaat

1. Indien de advocaat jegens wie een klacht is ingediend of jegens wie bezwaren bestaan zich krachtens het nationale recht van een andere lidstaat van de Europese Unie of een andere staat die partij is bij de Overeenkomst betreffende de Europese Economische Ruimte dat uitvoering geeft aan artikel 3 van richtlijn 98/5/EG van het Europees Parlement en de Raad van de Europese Unie van 16 februari 1998 ter vergemakkelijking van de permanente uitoefening van het beroep van advocaat, heeft laten inschrijven, stelt de deken voor de aanvang van de tuchtrechtelijke procedure de bevoegde autoriteit in die lidstaat of lidstaten op de hoogte van het voornemen een tuchtrechtelijke procedure jegens de advocaat aan te vangen en verstrekt hij aan die autoriteiten alle dienstige inlichtingen.

2. Indien de advocaat zich in Zwitserland heeft laten inschrijven met inachtneming van de op 21 juni 1999 tot stand gekomen Overeenkomst tussen de Europese Gemeenschap en haar lidstaten enerzijds en de Zwitserse Bondsstaat anderzijds, over het vrije verkeer van personen, is het eerste lid van overeenkomstige toepassing.

Art. 46fb

Afschrift klacht

1. De griffier van de raad van discipline zendt zo spoedig mogelijk een afschrift van de klacht, de daarbij gevoegde stukken en eventuele aanvullingen daarop aan de advocaat tegen wie de klacht zich richt en de deken van de orde waartoe de betrokken advocaat behoort.

2. Geen afschrift hoeft te worden gezonden aan de deken voor zover de klacht door hem is ingediend, of indien toepassing wordt gegeven aan het bepaalde in artikel 46i, eerste lid.

Art. 46g

Niet-ontvankelijke klacht

1. Een klacht wordt door de voorzitter van de raad van discipline niet-ontvankelijk verklaard: *a.* indien de klacht wordt ingediend na verloop van drie jaren na de dag waarop de klager heeft kennisgenomen of redelijkerwijs kennis heeft kunnen nemen van het handelen of nalaten van de advocaat waarop de klacht betrekking heeft; of *b.* voor zover deze betrekking heeft op een gedraging waarvoor een boete is opgelegd als bedoeld in artikel 45g, eerste lid.

2. Ten aanzien van een na afloop van de in het eerste lid, onder a, bedoelde termijn ingediende klacht blijft niet-ontvankelijk verklaring op grond daarvan achterwege indien de gevolgen van het handelen of nalaten redelijkerwijs pas nadien bekend zijn geworden. In dat geval verloopt de termijn voor het indienen van een klacht een jaar na de datum waarop de gevolgen redelijkerwijs als bekend geworden zijn aan te merken.

3. Een klacht kan niet-ontvankelijk worden verklaard:
a. indien niet is voldaan aan enig wettelijk voorschrift voor het in behandeling nemen van de klacht, mits de klager de gelegenheid heeft gehad het verzuim binnen een redelijke termijn te herstellen; of
b. indien de klacht betrekking heeft op de hoogte van een declaratie en een geschil daarover reeds is of kan worden voorgelegd aan een klachten- of geschilleninstantie als bedoeld in artikel 28, tweede lid, onder b, of waarvoor deze weg heeft open gestaan.

Art. 46h

1. Tegen een beslissing als bedoeld in artikel 46g, eerste lid, aanhef en onder a, kunnen de klager, de betrokken advocaat en de deken binnen dertig dagen na de dag van verzending van het afschrift van de beslissing schriftelijk gemotiveerd verzet doen bij de raad van discipline.

2. Alvorens te beslissen op het verzet, stelt de raad van discipline de in het eerste lid bedoelde personen en instanties in de gelegenheid te worden gehoord.

3. Het verzet wordt behandeld in een samenstelling van de raad waarvan degenen die de in het eerste lid bedoelde beslissing hebben genomen geen deel uitmaken.

4. De beslissing op verzet is met redenen omkleed en strekt tot:
a. niet-ontvankelijkverklaring van het verzet;
b. ongegrondverklaring van het verzet; of
c. gegrondverklaring van het verzet.

5. Indien de raad het verzet niet-ontvankelijk of ongegrond verklaart, blijft de beslissing waartegen verzet was gedaan in stand.

6. Indien het verzet gegrond wordt verklaard, vervalt de beslissing waartegen verzet was gedaan en wordt de behandeling van de zaak voortgezet.

7. Tegen de beslissing op verzet staat geen rechtsmiddel open. Van de beslissing zendt de griffier van de raad onverwijld een afschrift aan de in het eerste lid bedoelde personen en instanties.

8. In afwijking van het zesde lid kan de raad onmiddellijk uitspraak doen op de klacht, indien het verzet gegrond is en nader onderzoek of nadere behandeling redelijkerwijs niet kan bijdragen aan de beoordeling van de klacht.

Art. 46i

1. Indien de klacht zich naar het oordeel van de voorzitter van de raad van discipline daartoe leent, en uit de klacht blijkt dat de klacht nog niet is voorgelegd aan een instantie die bevoegd is kennis te nemen van klachten of geschillen op grond van een regeling als bedoeld in artikel 28, tweede lid, onder b, kan de voorzitter besluiten de klacht in handen te stellen van de bevoegde instantie. Hij doet hiervan schriftelijk mededeling aan de klager, de betrokken advocaat en de deken.

2. Indien de voorzitter toepassing geeft aan het eerste lid, stelt hij de op de zaak betrekking hebbende stukken in handen van de klachten- of geschilleninstantie. De beslissing schorst de termijn, bedoeld in artikel 46g, eerste lid, onder a. Tegen de beslissing staat geen rechtsmiddel open.

Art. 46j

1. Tot aan de behandeling van de klacht ter zitting kan de voorzitter van de raad van discipline besluiten dat:
a. de raad kennelijk onbevoegd is;
b. de klacht kennelijk niet-ontvankelijk is;
c. de klacht kennelijk ongegrond is; of
d. de klacht kennelijk van onvoldoende gewicht is.

2. De beslissing als bedoeld in het eerste lid wordt met redenen omkleed. Daarbij wordt gewezen op het bepaalde in het vierde lid.

3. Van de beslissing zendt de griffier van de raad onverwijld een afschrift aan de in het artikel 46i, eerste lid, tweede volzin, bedoelde personen en instanties.

4. Artikel 46h is van overeenkomstige toepassing ten aanzien van de beslissing in het eerste lid.

Art. 46k

1. De voorzitter van de raad van discipline kan de betrokken advocaat in de gelegenheid stellen om binnen vier weken na de dag van verzending van het afschrift van de klacht overeenkomstig artikel 46fb, eerste lid, een verweerschrift in te dienen. De griffier van de raad zendt een afschrift van het verweerschrift aan de klager en de deken.

2. Indien toepassing is gegeven aan het eerste lid, kan de voorzitter de klager in de gelegenheid stellen te repliceren binnen vier weken na verzending van een afschrift van het verweerschrift. De griffier zendt een afschrift van het repliek aan de advocaat, alsmede aan de deken, voor zover deze niet de klager is.

3. Indien toepassing wordt gegeven aan het tweede lid, stelt de voorzitter de betrokken advocaat in de gelegenheid te dupliceren binnen een termijn van vier weken na verzending van een afschrift van het repliek. De griffier zendt een afschrift van het dupliek aan de klager en de deken.

B45 art. 46l **Advocatenwet**

4. De voorzitter kan de in het eerste tot en met derde lid genoemde termijnen verlengen of deze termijnen op een ander moment laten aanvangen, indien hem blijkt dat daartoe in redelijkheid aanleiding bestaat.

Art. 46l

Vooronderzoek

1. Tenzij toepassing wordt gegeven aan artikel 46g, 46i, of 46j, kan de voorzitter van de raad van discipline, na verzending van een afschrift van de klacht op grond van artikel 46fb, eerste lid, een vooronderzoek gelasten.

2. Indien toepassing wordt gegeven aan het eerste lid, draagt de voorzitter het vooronderzoek op aan de deken van de orde waartoe de betrokken advocaat behoort, tenzij hij gronden aanwezig acht om het onderzoek op te dragen aan:

a. de deken van een andere orde;

b. een plaatsvervangend voorzitter;

c. een of meer leden of plaatsvervangende leden van de raad van discipline; of

d. de griffier.

3. De voorzitter bepaalt de omvang van het vooronderzoek. Het vooronderzoek kan zich mede uitstrekken tot andere dan de in de klacht vermelde feiten.

4. De vooronderzoeker kan de voorzitter verzoeken de omvang van het vooronderzoek te wijzigen, binnen de grenzen van de klacht zoals deze op dat moment luidt.

5. Het onderzoek wordt gesloten door het uitbrengen van een verslag aan de voorzitter door de vooronderzoeker.

6. De voorzitter kan besluiten dat het vooronderzoek wordt opgeschort of beëindigd voordat het verslag wordt uitgebracht.

Art. 46m

1. De voorzitter van de raad van discipline kan de vooronderzoeker aanwijzingen geven.

2. Op het vooronderzoek en de vooronderzoeker zijn de artikelen 5:13 tot en met 5:17 en 5:20, eerste lid, van de Algemene wet bestuursrecht van overeenkomstige toepassing. Bij het opdragen van een vooronderzoek bepaalt de voorzitter welke bevoegdheden de vooronderzoeker namens de raad kan uitoefenen.

3. Ten behoeve van het verrichten van vooronderzoek door de vooronderzoeker zijn de betrokken advocaat, zijn medewerkers en personeel, alsmede andere personen die betrokken zijn bij de beroepsuitoefening, niet gehouden aan de geheimhoudingsplicht, bedoeld in artikel 11a. In dat geval geldt voor de betrokken vooronderzoeker een geheimhoudingsplicht, gelijk aan die in bedoeld in artikel 11a, en is artikel 218 van het Wetboek van Strafvordering van overeenkomstige toepassing.

4. Bij het verrichten van het vooronderzoek wordt een afschrift van de last tot het verrichten van het onderzoek zo mogelijk aan de betrokken advocaat getoond.

5. De vooronderzoeker stelt de klager en de betrokken advocaat in de gelegenheid te worden gehoord.

6. Een lid of plaatsvervangend lid van de raad dat een vooronderzoek in een zaak heeft verricht, neemt op straffe van nietigheid van de beslissing van de raad in die zaak geen deel aan de behandeling van die zaak ter zitting.

7. Indien de klacht is ingediend door de deken, wordt het vooronderzoek niet aan hem opgedragen. In dat geval draagt de voorzitter het vooronderzoek op aan één van de personen, bedoeld in artikel 46l, tweede lid, onderdeel a tot en met d.

Art. 46n

1. De voorzitter van de raad van discipline kan de vooronderzoeker opdragen te onderzoeken of de klacht minnelijk kan worden geschikt. Voorts kan de voorzitter tot het moment waarop de raad uitspraak doet onderzoeken of de klacht minnelijk kan worden geschikt.

2. Indien een minnelijke schikking van de klacht mogelijk blijkt, wordt deze op schrift gesteld en ondertekend door de klager en de betrokken advocaat. Een afschrift daarvan wordt gezonden aan de griffier van de raad, alsmede aan de deken en het college van toezicht.

3. Met het ondertekenen van de minnelijke schikking wordt de klacht geacht te zijn ingetrokken. Artikel 47a, tweede, derde en vierde lid, is van overeenkomstige toepassing.

Art. 47

Behandeling en de beslissing van tuchtzaken

1. Aan de behandeling en de beslissing van tuchtzaken wordt op straffe van nietigheid deelgenomen door de voorzitter of een van de plaatsvervangende voorzitters, alsmede twee ledenadvocaten of plaatsvervangende leden-advocaten. Indien de zaak naar het oordeel van een van deze leden ongeschikt is voor behandeling en beslissing door drie leden, wordt de behandeling voortgezet door vijf leden, onder wie de voorzitter of een van de plaatsvervangende voorzitters. Indien de voorzitter of plaatsvervangende voorzitter door na aanvang van de zaak opgekomen omstandigheden is verhinderd, kan deze worden vervangen door een plaatsvervangende voorzitter.

2. De artikelen 512 tot en met 519 van het Wetboek van Strafvordering zijn ten aanzien van de voorzitter, de plaatsvervangende voorzitters, de leden-advocaten en de plaatsvervangende leden-advocaten van overeenkomstige toepassing.

Art. 47a

1. De klager kan zijn klacht tot aan de uitspraak door de raad van discipline intrekken. De griffier van de raad zendt een afschrift hiervan aan de betrokken advocaat en, voor zover hij niet de klager was, de deken.

2. Indien de klacht wordt ingetrokken, wordt de behandeling daarvan gestaakt, tenzij:
a. de betrokken advocaat schriftelijk heeft verklaard voortzetting van de behandeling te verlangen, of
b. de raad om redenen van algemeen belang beslist dat de behandeling van de klacht wordt voortgezet.

3. De raad neemt een beslissing tot voortzetting van de behandeling van een klacht om redenen van algemeen belang niet dan nadat hij de betrokken advocaat en, voor zover hij niet de klager was, de deken, de gelegenheid heeft geboden tot het innemen van een standpunt hierin.

4. Indien om redenen van algemeen belang beslist tot voortzetting van de klacht, kan de raad bepalen dat de deken voor het vervolg van de zaak als klager wordt aangemerkt.

5. Indien de betrokken advocaat overlijdt, wordt de behandeling van de klacht gestaakt.

6. Indien de klager overlijdt, kan de raad om redenen van algemeen belang beslissen dat de behandeling van de klacht wordt voortgezet. Het derde en vierde lid zijn van overeenkomstige toepassing.

7. Tegen een beslissing tot voortzetting van de behandeling van een klacht staat geen zelfstandig rechtsmiddel open.

Art. 47b

1. Niemand kan in gevolge de bepalingen in deze paragraaf andermaal tuchtrechtelijk worden berecht voor een handelen of nalaten waarvoor ten aanzien van hem een onherroepelijk geworden tuchtrechtelijke eindbeslissing is genomen.

2. Het eerste lid is niet van toepassing:
a. indien over het handelen of nalaten een klacht is ingediend en tevens toepassing wordt gegeven aan artikel 60ab, eerste en tweede lid;
b. indien toepassing is gegeven aan artikel 60ab, eerste en tweede lid, en op de voet van artikel 60ab, vijfde lid, alsnog een klacht over het betrokken handelen of nalaten wordt ingediend.

3. Indien toepassing is gegeven aan artikel 60ab en nadien de klacht gegrond wordt verklaard, wordt bij het bepalen van de maatregel als bedoeld in artikel 48, tweede lid, rekening gehouden met de reeds opgelegde schorsing in de uitoefening van de praktijk of voorlopige voorziening met betrekking tot de praktijkuitoefening.

Art. 47c

1. Indien aan een advocaat een maatregel als bedoeld in artikel 48, eerste lid, onderdelen d of e, is opgelegd dan wel op grond van artikel 60ab, eerste lid, of 60b, eerste lid, is geschorst in de uitoefening van de praktijk of tegen hem een voorlopige voorziening met betrekking tot de praktijkuitoefening is getroffen, blijft betrokkene onderworpen aan tuchtrechtspraak ter zake van enig handelen of nalaten gedurende de tijd dat hij werkzaam was in de uitoefening van het beroep.

2. Advocaten die niet meer als zodanig zijn ingeschreven overeenkomstig artikel 1, eerste lid, blijven onderworpen aan tuchtrechtspraak ter zake van enig handelen of nalaten gedurende de tijd dat zij ingeschreven waren.

Art. 48

1. De beslissingen van de raad van discipline over de voorgelegde klachten zijn met redenen omkleed en worden in het openbaar uitgesproken, alles op straffe van nietigheid.

2. De maatregelen die bij gegrondverklaring van een klacht kunnen worden opgelegd, zijn:
a. een waarschuwing;
b. een berisping;
c. een geldboete;
d. de schorsing in de uitoefening van de praktijk voor de duur van ten hoogste een jaar; of
e. de schrapping van het tableau.

3. De raad kan bepalen dat, ondanks de gegrondverklaring van een klacht, geen maatregel wordt opgelegd.

4. De maatregel van een geldboete kan gelijktijdig worden opgelegd met een andere maatregel.

5. Indien enig door artikel 46 beschermd belang dat vordert kan de raad van discipline bij de beslissing houdende oplegging van een maatregel als bedoeld in het tweede lid, onder b tot en met e, besluiten tot openbaarmaking van de opgelegde maatregel, al dan niet met de gronden waarop zij berust, op de door hem te bepalen wijze.

6. Tot de tenuitvoerlegging van maatregelen overeenkomstig dit artikel opgelegd wordt eerst overgegaan zodra zij in kracht van gewijsde zijn gegaan.

7. De geschorste advocaat mag gedurende de schorsing de titel van advocaat niet voeren.

8. Schorsing in de uitoefening van de praktijk brengt mede verlies van de betrekkingen, waarbij de hoedanigheid van advocaat vereiste voor verkiesbaarheid of benoembaarheid is.

B45 art. 48a

Advocatenwet

Redenen

9. De raad spreekt, indien de klager daarom verzoekt, in zijn beslissing steeds met redenen omkleed uit of de advocaat tegen wie de klacht is ingediend, jegens hem de zorgvuldigheid heeft betracht die bij een behoorlijke rechtshulpverlening betaamt. De raad kan een dergelijke uitspraak, indien hij daartoe voldoende grond aanwezig acht, ook ambtshalve doen.

Art. 48a

Schorsing

1. Bij de oplegging van de maatregel van schorsing in de uitoefening van de praktijk kan de raad van discipline daarbij zowel ten aanzien van deze maatregel als van het verbod om de titel van advocaat te voeren bepalen dat deze maatregel geheel of voor een door de raad van discipline te bepalen gedeelte niet zal worden ten uitvoer gelegd tenzij de raad van discipline later anders mocht bepalen op grond dat de betrokken advocaat zich vóór het einde van een in de beslissing aan te geven proeftijd aan een in artikel 46 bedoelde gedraging heeft schuldig gemaakt, of een bijzondere voorwaarde welke in de beslissing mocht zijn gesteld, niet heeft nageleefd.

2. De proeftijd beloopt ten hoogste twee jaren. Zij gaat in zodra de beslissing in kracht van gewijsde is gegaan.

Art. 48aa

Geldboete

1. De geldboete, bedoeld in artikel 48, tweede lid, onderdeel c, bedraagt ten hoogste het bedrag dat is vastgesteld voor de vierde categorie, bedoeld in artikel 23, vierde lid, van het Wetboek van Strafrecht.

2. De beslissing tot oplegging van de geldboete bevat de termijn waarbinnen en de wijze waarop het bedrag moet worden betaald. Op verzoek van de betrokken advocaat kan de voorzitter van de raad van discipline de termijn verlengen.

3. Het bedrag van de opgelegde geldboete komt ten bate van de Staat. Het bedrag van de opgelegde geldboete wordt in mindering gebracht op de in artikel 46a, eerste lid, bedoelde kosten die samenhangen met tuchtrechtspraak.

4. Wordt de geldboete niet voldaan binnen de in het tweede lid gestelde termijn, dan kan de raad, na de betrokken advocaat in de gelegenheid te hebben gesteld daarover te worden gehoord, ambtshalve beslissen op deze grond een of meer maatregelen als bedoeld in artikel 48, tweede lid, op te leggen.

Art. 48ab

Executoriale titel

1. De beslissing tot het opleggen van een geldboete levert een executoriale titel op, die met toepassing van het Wetboek van Burgerlijke Rechtsvordering ten uitvoer kan worden gelegd.

2. Bij algemene maatregel van bestuur worden nadere regels gesteld over de tenuitvoerlegging van de beslissing, bedoeld in het eerste lid.

Art. 48ac

Gegrondheid klacht

1. Indien een klacht geheel of gedeeltelijk gegrond wordt verklaard en een maatregel wordt opgelegd als bedoeld in artikel 48, tweede lid, kan de uitspraak tevens inhouden een veroordeling van de advocaat in:

a. de kosten die de klager in verband met de behandeling van de klacht redelijkerwijs heeft moeten maken;

b. de kosten die de Nederlandse orde van advocaten in verband met de behandeling van de klacht heeft moeten maken; en

c. de overige kosten die in verband met de behandeling van de zaak zijn gemaakt.

2. Het eerste lid, onderdeel a, is niet van toepassing voor zover de klacht door de deken is ingediend.

3. In geval van een veroordeling in de kosten als bedoeld in het eerste lid, onderdeel a, ten behoeve van de klager een toevoeging is verleend krachtens de Wet op de rechtsbijstand, wordt het bedrag van die kosten betaald aan de rechtsbijstandverlener. De rechtsbijstandverlener stelt de klager zoveel mogelijk schadeloos voor de door deze voldane eigen bijdrage. De rechtsbijstandverlener doet aan de raad voor rechtsbijstand opgave van een kostenvergoeding door beklaagde. In geval ten behoeve van de klager geen toevoeging is verleend, worden de kosten betaald aan de klager.

4. Op een veroordeling in de kosten bedoeld in het eerste lid, onder a en b, is het bepaalde bij en krachtens artikel 48aa, tweede en vierde lid, en artikel 48ab, van overeenkomstige toepassing. Op een veroordeling in de kosten bedoeld in het eerste lid, onderdeel c, is artikel 48aa, tweede tot en met vierde lid, en artikel 48ab van overeenkomstige toepassing.

Art. 48b

Proeftijd

1. Bij de oplegging van de in artikel 48, tweede lid, genoemde maatregelen kan de raad van discipline, in afwijking van artikel 48a, eerste lid, als bijzondere voorwaarde stellen dat de betrokken advocaat geheel of gedeeltelijk de door hem veroorzaakte schade tot een door de raad vast te stellen bedrag van ten hoogste € 5.000 vergoedt binnen een door de raad te bepalen termijn, korter dan de proeftijd, en op een door de raad te bepalen wijze.

Bijzondere voorwaarden

2. Bovendien is de raad van discipline bevoegd bij de beslissing ook andere bijzondere voorwaarden, de praktijkbeoefening van de betrokken advocaat gedurende de proeftijd of een bij de beslissing te bepalen gedeelte daarvan betreffende, te stellen.

Art. 48c

1. De deken ziet toe op de nakoming van de voorwaarden, bedoeld in artikel 48b. Indien de betrokken advocaat de deken is, wordt het in artikel 23, eerste lid, bedoelde lid van de raad van de orde belast met het toezien op de naleving van de voorwaarden.

2. De deken of het in het eerste lid bedoelde andere lid van de orde geeft, ingeval de betrokken advocaat de voorwaarden gedurende de proeftijd niet nakomt, daarvan kennis aan de raad van discipline, met zodanige vordering als hij nodig acht.

Art. 48d

De raad van discipline die het in artikel 48a bedoelde bevel heeft gegeven, kan, hetzij op vordering van degene die op grond van artikel 48c, eerste lid, toeziet op de nakoming van de voorwaarden, bedoeld in artikel 48b, hetzij op verzoek van de betrokken advocaat, hetzij ambtshalve, gedurende de proeftijd in de gestelde bijzondere voorwaarden wijziging brengen.

Art. 48e

De raad van discipline die met toepassing van artikel 48a heeft bepaald dat de opgelegde maatregel voor een door hem te bepalen gedeelte niet zal worden tenuitvoergelegd, kan hetzij op vordering van degene die op grond van artikel 48c, eerste lid, toeziet op de nakoming van de voorwaarden, bedoeld in de artikelen 48a en 48b, hetzij ambtshalve, last geven dat alsnog tot tenuitvoerlegging zal worden overgegaan.

Art. 48f

Een beslissing als bedoeld in de artikelen 48d en 48e wordt niet gegeven dan na verhoor, althans behoorlijke oproeping van de betrokken advocaat en, in het geval de beslissing de bijzondere voorwaarde tot gehele of gedeeltelijke schadevergoeding betreft en deze daarbij belanghebbende is, de klager. Voor het verhoor wordt tevens opgeroepen degene die op grond van artikel 48c, eerste lid, toeziet op de nakoming van de voorwaarden, bedoeld in artikel 48b. Op het verhoor en de beslissing zijn de bepalingen van de artikelen 49, tweede tot en met het laatste lid, en 50 van overeenkomstige toepassing.

Art. 48g

Een beslissing als bedoeld in de artikelen 48d en 48e is niet aan enig rechtsmiddel onderworpen, voor zover deze geen deel uitmaakt van een beslissing van de raad van discipline ter zake van een andere in artikel 46 bedoelde gedraging.

Art. 48h

[Vervallen]

Art. 49

1. De raad van discipline neemt geen beslissing dan na verhoor of behoorlijke oproeping van de advocaat tegen wie de klacht is ingediend, en van de klager.

2. De betrokken advocaat en de klager zijn bevoegd zich bij de behandeling van de klacht door een raadsman te doen bijstaan. Zij en hun raadslieden worden in de gelegenheid gesteld tijdig van de processtukken kennis te nemen. Hun wordt door de griffier van de raad van discipline tijdig medegedeeld, waar en wanneer deze gelegenheid bestaat.

3. De raad van discipline kan weigeren bepaalde personen, die van het verlenen van rechtshulp hun beroep maken en niet zijn advocaat, als raadsman toe te laten. De behandeling van de klacht wordt in dat geval aangehouden totdat de betrokkene in de gelegenheid is geweest de geweigerde raadsman te vervangen. Hij wordt door de griffier van de aanhouding en de reden daartoe in kennis gesteld.

4. De raad van discipline kan getuigen en deskundigen oproepen en horen. Het horen van getuigen en deskundigen kan worden opgedragen aan de voorzitter, de plaatsvervangend voorzitter of een van de leden of plaatsvervangende leden van de raad van discipline.

5. Op verzoek van de raad van discipline doet de officier van justitie hen dagvaarden. De getuigen en deskundigen zijn na dagvaarding verplicht te verschijnen.

6. Verschijnt een getuige of deskundige op de dagvaarding niet, dan doet de officier van justitie op verzoek van de raad van discipline hem andermaal dagvaarden, desverzocht met bevel tot medebrenging.

7. Artikel 6:1:5 van het Wetboek van Strafvordering is van overeenkomstige toepassing.

8. De voorzitter beëdigt de getuige, dat hij de gehele waarheid en niets dan de waarheid zal zeggen; de getuige is verplicht op de gestelde vragen te antwoorden. De deskundige is gehouden zijn taak onpartijdig en naar beste weten te verrichten. Ingeval van toepassing van het vierde lid, tweede volzin, geschiedt de beëdiging van de getuige door het daartoe aangewezen lid-advocaat of plaatsvervangend lid-advocaat van de raad van discipline.

9. Op de getuigen en deskundigen vinden de artikelen 217-219 van het Wetboek van Strafvordering overeenkomstige toepassing.

10. De getuigen en deskundigen ontvangen desverkiezende op vertoon van hun oproeping of dagvaarding schadeloosstelling van het Rijk door de officier van justitie te begroten overeenkomstig het bij en krachtens de Wet griffierechten burgerlijke zaken bepaalde.

B45 art. 50 **Advocatenwet**

Terechtzittingen openbaar **11.** De raad van discipline behandelt de klacht in een openbare zitting. De raad kan om gewichtige redenen bevelen dat de behandeling geheel of gedeeltelijk met gesloten deuren zal plaatsvinden.

Art. 50

Afschrift van beslissingen De griffier van de raad van discipline zendt van de beslissingen van de raad bij aangetekende brief onverwijld afschrift:

a. aan de betrokken advocaat;

b. aan de klager;

c. aan de deken van de algemene raad;

d. aan de secretaris van de algemene raad;

e. aan de deken van de orde waartoe de betrokken advocaat behoort;

f. aan het college van toezicht;

g. indien de beslissing werd gegeven krachtens een verwijzing als bedoeld in artikel 46aa, derde lid, of een aanwijzing als bedoeld in artikel 46a, vijfde lid, aan de raad van discipline der orde waarvan de betrokken advocaat deel uitmaakt;

h. indien de betrokken advocaat is ingeschreven bij de raad voor rechtsbijstand en aan hem een maatregel als bedoeld in artikel 48, tweede lid, is opgelegd en de beslissing waarbij de maatregel is opgelegd in kracht van gewijsde is gegaan dan wel de raad van discipline toezending nodig acht: aan het bestuur van de raad voor rechtsbijstand.

Art. 50a

Kostenvergoeding (plv.) voorzitters **1.** Bij ministeriële regeling aangewezen kosten die verbonden zijn aan het voorzitterschap en het plaatsvervangend voorzitterschap komen ten laste van de staat.

2. De reis- en verblijfkosten van de leden-advocaten en de plaatsvervangende leden-advocaten van de raad van discipline en van de griffier worden vergoed en komen ten laste van de Nederlandse orde van advocaten.

Art. 51

Hof van discipline **1.** Het hof van discipline is gevestigd in een bij bestuursreglement vast te stellen plaats. Het hof kan uit zijn midden kamers vormen voor het vervullen van zijn taak. Kamers kunnen ook buiten de vestigingsplaats zitting houden. Het hof bestaat uit ten hoogste tien door Ons benoemde leden, waaronder de voorzitter en ten hoogste zes plaatsvervangende voorzitters, en vier leden-advocaten, alsmede door Ons benoemde plaatsvervangende leden en plaatsvervangende leden-advocaten, tot het door Ons, onderscheidenlijk door het college van afgevaardigden nodig geachte aantal.

Zittingsduur **2.** De voorzitter, de plaatsvervangende voorzitters en de overige door Ons benoemde leden en plaatsvervangende leden worden voor de tijd van vijf jaren benoemd uit leden van de rechterlijke macht, met rechtspraak belast. De leden-advocaten en plaatsvervangende leden-advocaten worden door het college van afgevaardigden voor de tijd van vijf jaren gekozen.

Griffier **3.** Het hof van discipline wijst zijn griffier aan en ontslaat deze. Het hof van discipline voorziet in vervanging van de griffier bij verhindering of afwezigheid.

Onverenigbare functies **4.** Het lidmaatschap of plaatsvervangend lidmaatschap van het hof van discipline of het zijn van griffier is niet verenigbaar met het lidmaatschap of het plaatsvervangend lidmaatschap van een raad van discipline, een orgaan van de Nederlandse orde van advocaten of een orgaan van de orden in de arrondissementen, uitgezonderd de jaarlijkse vergadering van de orde, bedoeld in artikel 22, tweede lid.

5. Artikel 46b, achtste tot en met elfde lid, is van overeenkomstige toepassing.

Art. 52

Leeftijdsgrens **1.** De voorzitter, de plaatsvervangende voorzitters en de leden en plaatsvervangende leden treden af met ingang van de eerstvolgende maand nadat zij de leeftijd van zeventig jaren hebben bereikt. Indien op dat tijdstip hun ambtstermijn nog niet is verstreken, kunnen zij, op eigen verzoek, in functie blijven tot het tijdstip dat de ambtstermijn is beëindigd.

Bloed- en aanverwantschap; maatschap **2.** Tussen de voorzitter, de plaatsvervangende voorzitters, de leden, plaatsvervangende leden en de griffier mag geen bloed- of aanverwantschap tot en met de derde graad bestaan. Tussen de leden-advocaten en de plaatsvervangende leden-advocaten mag voorts niet bestaan een maatschap of ander duurzaam samenwerkingsverband tot het uitoefenen van het beroep van advocaat of de verhouding van werkgever tot werknemer.

Art. 53

Verkiesbaarheid **1.** Als leden-advocaten en plaatsvervangende leden-advocaten van het hof van discipline zijn slechts verkiesbaar advocaten, die langer dan zeven jaren binnen het Rijk de praktijk hebben uitgeoefend en die de ouderdom van zeventig jaren nog niet hebben bereikt.

Stemming **2.** De stemming geschiedt schriftelijk en voor elk lid afzonderlijk.

3. De plaatsvervangende leden van het hof nemen zitting in volgorde van benoeming of verkiezing.

Hof van discipline **4.** Leden van de algemene raad of van een raad van de orde in het arrondissement, die tot lid of plaatsvervangend lid van het hof van discipline zijn gekozen, treden bij het aanvaarden dezer functie af als lid van de betrokken raad. Leden-advocaten of plaatsvervangende leden-advocaten van een raad van discipline, die tot lid of plaatsvervangend lid van het hof van discipline zijn gekozen, treden bij het aanvaarden dezer functie af als lid-advocaat onderscheidenlijk plaatsvervangend lid-advocaat van de raad van discipline.

Art. 54

1. Het in de artikelen 46c, onderdelen b en c, 46ca, eerste lid, onderdeel d, 46d, tweede lid, 46f, 46i, met uitzondering van het eerste lid, onderdeel c, 46j, 46l, eerste en derde lid, 46m, 46o en 46p van de Wet rechtspositie rechterlijke ambtenaren bepaalde is van overeenkomstige toepassing ten aanzien van de leden en plaatsvervangende leden van het hof van discipline.

2. De leden-advocaten en plaatsvervangende leden-advocaten kunnen worden ontslagen op de gronden aangegeven in de artikelen 46c, tweede lid, 46d, tweede lid, 46i, met uitzondering van het eerste lid, onderdeel c, 46j, 46l, eerste en derde lid, en 46m van de Wet rechtspositie rechterlijke ambtenaren. Daarnaast vervalt het lidmaatschap van de leden-advocaten en de plaatsvervangende leden-advocaten van rechtswege indien zij hebben opgehouden advocaat te zijn.

3. De artikelen 13a, 13b, uitgezonderd het eerste lid, onderdelen b en c, en vierde lid, en 13c tot en met 13g van de Wet op de rechterlijke organisatie zijn van overeenkomstige toepassing ten aanzien van gedragingen van de leden en de plaatsvervangende leden, met dien verstande dat:

a. voor de overeenkomstige toepassing van die artikelen onder «het betrokken gerechtsbestuur» wordt verstaan: de voorzitter van het hof van discipline; en

b. de procureur-generaal niet verplicht is aan het verzoek, bedoeld in artikel 13a, te voldoen, indien de verzoeker redelijkerwijs onvoldoende belang heeft bij een onderzoek als bedoeld in datzelfde artikel.

Art. 55

1. Het hof van discipline waakt tegen nodeloze vertraging van het onderzoek door de raden van discipline.

2. Het kan zich de stukken doen overleggen en een termijn stellen, binnen welke de beslissing moet zijn genomen.

3. Indien een raad van discipline hieraan niet voldoet, kan het hof de behandeling van de zaak aan zich trekken en in het hoogste ressort beslissen.

Art. 56

1. Van de beslissingen van de raad van discipline kan gedurende dertig dagen na de verzending van het in artikel 50 bedoelde afschrift hoger beroep worden ingesteld bij het hof van discipline door:

a. de klager die ingevolge artikel 46c, eerste lid, de klacht heeft ingediend die tot de beslissing heeft geleid, indien de klacht geheel of gedeeltelijk ongegrond is verklaard of bij gegrondverklaring van de klacht het verzoek, bedoeld in artikel 48, negende lid wordt afgewezen;

b. de deken;

c. de advocaat jegens wie de beslissing is genomen.

2. Van alle beslissingen van de raad van discipline kan voorts binnen dezelfde termijn hoger beroep worden ingesteld door de deken van de algemene raad. Hij kan zich vooraf de stukken doen overleggen. Hij kan bij de uitoefening van deze bevoegdheden zich door een lid van de algemene raad doen vervangen.

3. Het beroep wordt ingesteld bij met redenen omklede memorie, in te dienen bij de griffier van het hof van discipline en vergezeld van een afschrift van de beslissing waarvan beroep. De griffier geeft van de instelling van het beroep onverwijld kennis aan de raad van discipline die de beslissing in eerste aanleg heeft genomen en, voorzover het hoger beroep niet door hem is ingesteld, aan de deken van de orde waartoe de betrokken advocaat behoort, aan het college van toezicht, aan de betrokken advocaten en aan de klager.

4. Aan de behandeling en de beslissing van beroepen door een kamer bij het hof wordt op straffe van nietigheid deelgenomen door de voorzitter of een van de plaatsvervangende voorzitters, alsmede een door Ons benoemd lid en een lid-advocaat of een plaatsvervangend lid-advocaat. Indien de zaak naar het oordeel van een van deze leden ongeschikt is voor behandeling en beslissing door drie leden, wordt de behandeling voortgezet door vijf leden, onder wie de voorzitter of een van de plaatsvervangende voorzitters alsmede door twee door Ons benoemde leden. Indien de voorzitter of plaatsvervangend voorzitter na aanvang van de zaak opgekomen omstandigheden is verhinderd, kan deze worden vervangen door een door Ons benoemd lid of een door Ons benoemd plaatsvervangend lid.

5. Indien een ingesteld hoger beroep wordt ingetrokken, bepaalt, voor het geval dat de maatregel van schorsing in de uitoefening van de praktijk is opgelegd, het hof van discipline, de betrokken advocaat gehoord of behoorlijk opgeroepen, de dag waarop de maatregel aanvangt.

6. De artikelen 512 tot en met 519 van het Wetboek van Strafvordering zijn ten aanzien van de leden van het hof van discipline van overeenkomstige toepassing.

B45 art. 56a Advocatenwet

Art. 56a

Afwijzing door voorzitter hof van discipline

1. De voorzitter van het hof van discipline kan kennelijk niet-ontvankelijke en kennelijk ongegronde beroepen, alsmede beroepen die naar zijn oordeel niet zullen leiden tot een andere beslissing dan die van de raad van discipline, binnen dertig dagen nadat zij zijn ingesteld, bij met redenen omklede beslissing afwijzen.

2. Artikel 50 is van overeenkomstige toepassing.

3. De voorzitter kan zich bij de uitoefening van de in het eerste lid bedoelde bevoegdheden doen vervangen door een plaatsvervangend voorzitter, lid van de rechterlijke macht.

Art. 56b

Schriftelijk verzet

1. Tegen de beslissing in het vorige artikel bedoeld, kunnen degene die het beroep heeft ingesteld, alsmede de deken van de algemene raad binnen veertien dagen na de verzending van het afschrift van de beslissing, schriftelijk verzet doen bij het hof van discipline.

Afschrift aan deken

2. Artikel 46h, tweede tot en met achtste lid, is van overeenkomstige toepassing, met dien verstande dat van de beslissing tot niet-ontvankelijk- of ongegrondverklaring ook een afschrift aan de deken van de algemene raad wordt gezonden.

Art. 57

Behandeling zaak door hof van discipline

1. Het hof van discipline beslist niet dan na verhoor of behoorlijke oproeping daartoe van de klager, de betrokken advocaat en degene die het beroep heeft ingesteld.

2. Op de behandeling in het hoger beroep zijn de artikelen 46ba, 46e, 47a, 48 tot en met 48f en 49 van overeenkomstige toepassing.

3. Het hof van discipline kan de deken en de deken van de algemene raad, voor zover deze klager zijn of het hoger beroep hebben ingesteld, de vooronderzoeker als bedoeld in artikel 46l, alsmede de raad van discipline die de beslissing heeft genomen waartegen het hoger beroep zich richt, uitnodigen nadere inlichtingen te verschaffen.

4. Het hof van discipline onderzoekt op grondslag van de beslissing van de raad van discipline. Het hof kan mede oordelen over feiten die de raad van discipline niet voor een maatregel vatbaar heeft geacht, en kan door de raad van discipline onbewezen geachte feiten onderzoeken.

Art. 57a

Beslissing over tenuitvoerlegging

Indien het hof van discipline bij oplegging van de maatregel van schorsing beslist dat deze, overeenkomstig het in artikel 48a bepaalde, geheel of gedeeltelijk niet ten uitvoer zal worden gelegd, wordt de beslissing over de tenuitvoerlegging overgelaten aan de raad van discipline die in eerste aanleg over de klacht heeft geoordeeld. De artikelen 48b tot en met 48g zijn van overeenkomstige toepassing.

Art. 58

Afschrift van beslissing

De griffier van het hof van discipline zendt van de beslissing bij aangetekende brief onverwijld afschrift:

a. aan de betrokken advocaat;

b. aan de deken van de algemene raad;

c. aan de raad van discipline die de zaak in eerste aanleg heeft behandeld;

d. aan de deken van de orde waartoe de betrokken advocaat behoort;

e. aan het college van toezicht;

f. indien de beslissing in eerste aanleg werd gegeven krachtens een verwijzing als bedoeld in artikel 46aa, derde lid, of een aanwijzing als bedoeld in artikel 46aa, vijfde lid, aan de voorzitter van de raad van discipline, waartoe de betrokken advocaat behoort;

g. indien aan de betrokken advocaat die is ingeschreven bij de raad voor rechtsbijstand, een maatregel als bedoeld in artikel 48, tweede lid, is opgelegd dan wel het hof van discipline toezending nodig acht, aan het bestuur van de raad voor rechtsbijstand;

h. aan de klager.

Art. 59

Mededeling van maatregel aan rechtbank

1. De maatregelen van schorsing in de uitoefening van de praktijk en van schrapping van het tableau worden, zodra de beslissing in kracht van gewijsde is gegaan, door de griffier van de raad van discipline medegedeeld aan de secretaris van de algemene raad met het oog op de verwerking op het tableau.

Openbaarmaking

2. De deken van de orde waartoe de betrokken advocaat behoort dan wel, indien de betrokken advocaat de deken is, het in artikel 23, eerste lid, bedoelde lid van de raad van de orde draagt zorg voor de openbaarmaking als bedoeld in artikel 48, vijfde lid.

3. In geval van toepassing van de artikelen 48a tot en met 48g geschieden de mededeling, bedoeld in het eerste lid, en de openbaarmaking, bedoeld in het tweede lid, niet dan nadat last tot tenuitvoerlegging van de beslissing of het betrokken deel daarvan is gegeven.

Art. 60

Vergoedingen

1. Bij ministeriële regeling aangewezen kosten die verbonden zijn aan het lidmaatschap van de door Ons benoemde leden en plaatsvervangende leden komen ten laste van de staat.

2. De leden-advocaten en plaatsvervangende leden-advocaten en de griffier ontvangen vergoeding van reis- en verblijfkosten en verdere verschotten van de Nederlandse orde van advocaten.

Advocatenwet B45 art. 60ab

De griffier ontvangt bovendien een vergoeding van de Nederlandse orde van advocaten, waarvan het bedrag wordt vastgesteld door de algemene raad.

3. De overige kosten van het hof van discipline komen ten laste van de Nederlandse orde van advocaten.

Art. 60a

De voorgaande bepalingen van deze paragraaf, met uitzondering van artikel 46fa, zijn eveneens van toepassing op bezoekende advocaten als bedoeld in artikel 16b, met dien verstande dat:

Tuchtrechtspraak en bezoekende advocaten

1. in afwijking van artikel 46 de tuchtrechtspraak in eerste aanleg wordt uitgeoefend door de raad van discipline die bevoegd is ten aanzien van de samenwerkende advocaat en bij gebreke van dien door de raad van discipline in het ressort Den Haag;

2. in afwijking van artikel 48, tweede lid, als maatregelen kunnen worden opgelegd:

a. enkele waarschuwing;

b. berisping;

c. een geldboete;

d. schorsing gedurende ten hoogste één jaar in de bevoegdheid in Nederland de in artikel 16b bedoelde werkzaamheden uit te oefenen;

e. ontzegging van de bevoegdheid in Nederland de in artikel 16b bedoelde werkzaamheden uit te oefenen;

3. het in artikel 48, vijfde lid, bepaalde omtrent openbaarmaking mede van toepassing is op de in het vorige lid onder b tot en met e genoemde straffen;

4. aan de bevoegde autoriteit van de staat van herkomst van de betrokken advocaat mededelingen kunnen worden gevraagd van de nodige gegevens over diens beroepsuitoefening en kennis zal worden gegeven van iedere genomen beslissing, een en ander onverminderd het vertrouwelijke karakter van die inlichtingen.

Art. 60aa

1. De artikelen 46 tot en met 46f, 46fb tot en met 60 alsmede de artikelen 60b tot en met 60g zijn van overeenkomstige toepassing op de advocaten die hun werkzaamheden uitoefenen onder hun oorspronkelijke beroepstitel als bedoeld in artikel 16h.

Schakelbepaling

2. In afwijking van artikel 48, tweede lid, onderdeel d, kan als maatregel worden opgelegd de schorsing gedurende ten hoogste één jaar in de bevoegdheid om in Nederland de in artikel 16h bedoelde werkzaamheden uit te oefenen.

Maatregelen

3. Het in artikel 48, vijfde lid, bepaalde omtrent openbaarmaking is mede van toepassing op de in het tweede lid genoemde maatregel.

Openbaarmaking

4. De bevoegde autoriteit van de staat van herkomst wordt in de gevallen, bedoeld in de artikelen 46h, vierde lid, 48f, 49, 56, vijfde lid, 57, eerste lid, 60b, eerste en zevende lid en 60c, derde en vierde lid in de gelegenheid gesteld haar mening kenbaar te maken.

Horen bevoegde autoriteit staat van herkomst

5. Indien de bevoegde autoriteit van de lidstaat van herkomst of de tuchtrechter aldaar de uitoefening van het beroep advocaat tijdelijk of blijvend heeft ontzegd is de betrokken advocaat van rechtswege niet meer bevoegd om in Nederland zijn beroep onder zijn oorspronkelijke beroepstitel uit te oefenen. De secretaris van de algemene raad haalt alsdan de inschrijving van de advocaat tijdelijk onderscheidenlijk blijvend door. De secretaris van de algemene raad stelt de bevoegde autoriteit van de staat van herkomst in kennis van de doorhaling.

Doorhaling inschrijving

6. Alvorens jegens de onder zijn oorspronkelijke beroepstitel werkzame advocaat een tuchtrechtelijke procedure in te stellen dan wel een procedure inzake de onbehoorlijke praktijkuitoefening aan te vangen, stelt de raad van de orde in het arrondissement waar deze advocaat kantoor houdt de bevoegde autoriteit van de staat van herkomst van die advocaat daarvan onverwijld in kennis en verstrekt zij deze alle dienstige inlichtingen.

Informeren bevoegde autoriteit staat van herkomst

7. Gedurende de procedure werkt de raad van de orde met de bevoegde autoriteit van de staat van herkomst samen. Het vierde lid van artikel 60a is van overeenkomstige toepassing.

Samenwerking met bevoegde autoriteit staat van herkomst

§ 4a

De procedure inzake het spoedshalve schorsen of treffen van een voorlopige voorziening

Art. 60ab

1. Op verzoek van de deken van de orde waartoe de advocaat behoort, kan de raad van discipline de advocaat jegens wie een ernstig vermoeden is gerezen van een handelen of nalaten waardoor enig door artikel 46 beschermd belang ernstig is geschaad of dreigt te worden geschaad, met onmiddellijke ingang schorsen in de uitoefening van de praktijk of een voorlopige voorziening met betrekking tot de praktijkuitoefening van de betrokken advocaat treffen, indien het door artikel 46 beschermde belang dit vergt. Hij beslist niet dan na verhoor of behoorlijke oproeping van de advocaat en de deken van de orde waartoe de advocaat behoort.

Spoedshalve schorsing/voorlopige voorziening

2. Een verzoek als bedoeld in het eerste lid kan ook worden ingediend ingeval een advocaat zich in voorlopige hechtenis bevindt of deze bij nog niet onherroepelijk of onherroepelijk ge-

B45 art. 60ac Advocatenwet

worden rechterlijke uitspraak wegens een misdrijf is veroordeeld dan wel hem bij een dergelijke uitspraak een maatregel is opgelegd die vrijheidsbeneming tot gevolg heeft, met dien verstande dat alleen een schorsing kan worden uitgesproken voor de duur van de vrijheidsbeneming. De griffier van het gerecht dat een van de in de eerste volzin genoemde beslissingen neemt, geeft van die beslissing kennis aan de deken van de orde in het arrondissement waartoe de advocaat behoort. Het vijfde lid is niet van toepassing.

3. De deken stelt de betrokken advocaat schriftelijk op de hoogte van het in het eerste en tweede lid bedoelde verzoek, alsmede van de gronden waarop het verzoek rust.

4. De raad van discipline beslist binnen veertien dagen nadat het verzoek overeenkomstig het eerste of tweede lid aan hem ter kennis is gebracht. De raad van discipline kan deze termijn ten hoogste eenmaal verlengen met eenzelfde termijn.

5. Indien de klacht of het bezwaar tegen de advocaat op grond waarvan het ernstige vermoeden is gerezen niet reeds schriftelijk ter kennis is gebracht van de raad van discipline, bepaalt de raad van discipline bij zijn beslissing op het in het eerste lid bedoelde verzoek tevens een redelijke termijn van niet langer dan zes weken, waarbinnen de deken de klacht of het bezwaar schriftelijk ter kennis van de raad van discipline brengt. Bij overschrijding van deze termijn vervalt de beslissing op het in het eerste lid bedoelde verzoek van rechtswege. De raad van discipline kan op schriftelijk verzoek van de deken de termijn ten hoogste eenmaal verlengen met een door hem te bepalen redelijke termijn van niet langer dan zes weken. Paragraaf 4 is van overeenkomstige toepassing, met uitzondering van de artikelen 46c, eerste lid, 46i tot en met 46k en 46n.

6. Op verzoek van de betrokken advocaat kan de raad van discipline te allen tijde de op grond van het eerste lid opgelegde schorsing of voorlopige voorziening opheffen. Hij beslist niet dan na verhoor of behoorlijke oproeping van de advocaat en de deken.

Art. 60ac

Mededeling schorsing

1. De maatregel van schorsing in de uitoefening van de praktijk wordt door de griffier van de raad van discipline medegedeeld aan de secretaris van de algemene raad met het oog op de verwerking op het tableau.

2. De geschorste advocaat mag gedurende de schorsing de titel van advocaat niet voeren.

3. Schorsing in de uitoefening van de praktijk brengt mede verlies voor de duur van de schorsing van de betrekkingen, waarbij de hoedanigheid van advocaat vereiste voor verkiesbaarheid of benoembaarheid is.

Art. 60ad

Beroep tegen schorsing

1. Tegen een beslissing op grond van artikel 60ab, eerste, tweede en zesde lid, kunnen de betrokken advocaat, de deken van de orde waartoe de advocaat behoort en de deken van de algemene raad binnen dertig dagen na verzending van een afschrift van de beslissing hoger beroep instellen bij het hof van discipline.

2. Het hoger beroep schorst niet de werking van de beslissing waartegen het is gericht.

Art. 60ae

Vervallen spoedshalve schorsing/voorlopige voorziening

Zodra de beslissing van de raad van discipline op een door de deken ter kennis van de raad gebrachte klacht of bezwaar als bedoeld in artikel 60ab, vijfde lid, in kracht van gewijsde is gegaan, vervalt de op grond van artikel 60ab, eerste of tweede lid, opgelegde schorsing of voorlopige voorziening van rechtswege.

Art. 60af

Schakelbepaling

1. Deze paragraaf is van overeenkomstige toepassing op bezoekende advocaten als bedoeld in artikel 16b, en op de advocaten die hun werkzaamheden uitoefenen onder hun oorspronkelijke beroepstitel als bedoeld in artikel 16h.

2. Indien de advocaat jegens wie het voornemen bestaat hem te schorsen in de uitoefening van de praktijk of een voorlopige voorziening te treffen op grond van artikel 60ab, eerste en tweede lid, zich krachtens het nationale recht van een andere lidstaat van de Europese Unie of een andere staat die partij is bij de Overeenkomst betreffende de Europese Economische Ruimte dat uitvoering geeft aan artikel 3 van richtlijn 98/5/EG van het Europees Parlement en de Raad van de Europese Unie van 16 februari 1998 ter vergemakkelijking van de permanente uitoefening van het beroep van advocaat in een andere lidstaat dan die waar de beroepskwalificatie is verworven, heeft laten inschrijven, stelt de raad van de orde voor de aanvang van de procedure de bevoegde autoriteit in die lidstaat of lidstaten van dit voornemen op de hoogte en verstrekt hij aan die autoriteit of autoriteiten alle dienstige inlichtingen.

3. Indien de advocaat zich in Zwitserland heeft laten inschrijven met inachtneming van de op 21 juni 1999 tot stand gekomen Overeenkomst tussen de Europese Gemeenschap en haar lidstaten enerzijds en de Zwitserse Bondsstaat anderzijds, over het vrije verkeer van personen, is het tweede lid van overeenkomstige toepassing.

4. De bevoegde autoriteit van de staat van herkomst van de betrokken advocaat wordt in de gevallen, bedoeld in artikel 60ab, eerste, tweede en zesde lid, in de gelegenheid gesteld haar mening kenbaar te maken.

5. Aan de bevoegde autoriteit van de staat van herkomst van de betrokken advocaat kunnen mededelingen worden gevraagd van de nodige gegevens over diens beroepsuitoefening en

§ 4b De procedure inzake de onbehoorlijke praktijkuitoefening

Art. 60b

1. De raad van discipline kan, al dan niet nadat een onderzoek overeenkomstig de artikelen 60c tot en met 60g heeft plaatsgevonden, op verzoek van de deken van de orde waartoe de advocaat behoort een advocaat die tijdelijk of blijvend geen blijk geeft zijn praktijk behoorlijk uit te kunnen oefenen, voor onbepaalde tijd in de uitoefening van de praktijk schorsen dan wel een of meer voorzieningen met betrekking tot de praktijkuitoefening van de betrokken advocaat treffen die hij geboden acht. De raad van discipline kan tegelijkertijd met het opleggen van een schorsing een voorziening treffen. Hij beslist niet dan na verhoor of behoorlijke oproeping van de deken van de orde waartoe de advocaat behoort en de betrokken advocaat.

Schorsing of treffen andere voorzieningen

2. Op de behandeling van de zaak zijn de artikelen 47 en 49, tweede tot en met tiende lid, van overeenkomstige toepassing. De behandeling geschiedt met gesloten deuren, tenzij de betrokken advocaat behandeling in een openbare zitting wenst.

Behandeling zaak

3. Op de verzending van een afschrift van de beslissingen van de raad van discipline, bedoeld in het eerste lid, is artikel 50 van overeenkomstige toepassing. Bovendien zendt de griffier van de raad van discipline bij aangetekende brief onverwijld afschrift van de beslissing inzake de schorsing van de betrokken advocaat, bedoeld in het eerste lid, aan de secretaris van de algemene raad met het oog op de verwerking op het tableau, en indien de betrokken advocaat is ingeschreven bij de raad voor rechtsbijstand, aan het bestuur van de raad.

Verzending afschrift beslissing

4. Zowel de advocaat als degene die het in het eerste lid bedoelde verzoek heeft gedaan kan gedurende dertig dagen na verzending van een afschrift van de beslissing tegen de beslissing, bedoeld in het eerste lid, hoger beroep instellen bij het hof van discipline. De tweede zin van het tweede lid is van toepassing. Op de behandeling van de zaak zijn de artikelen 55, 56, tweede, derde, vierde en zesde lid van toepassing. Artikel 57 met uitzondering van de verwijzing in het tweede lid naar artikel 47a en het eerste lid van artikel 48 en met uitzondering van het vijfde lid is van overeenkomstige toepassing. Artikel 58, eerste lid, onder a tot en met g, is van toepassing met dien verstande dat de griffier van het hof van discipline aan het bestuur van de raad voor rechtsbijstand bij welke de advocaat is ingeschreven uitsluitend een afschrift van de beslissing inzake de schorsing zendt. Met het oog op de verwerking op het tableau ontvangt de secretaris van de algemene raad eveneens een afschrift van de beslissing van het hof inzake de schorsing van de betrokken advocaat. Het hoger beroep schorst niet de werking van de beslissing waartegen het is gericht.

Hoger beroep

5. De geschorste advocaat mag gedurende de schorsing de titel van advocaat niet voeren. Het achtste lid van artikel 48 is van toepassing.

Verbod voeren titel

6. Met betrekking tot het toezien op de naleving van de voorzieningen als bedoeld in het eerste lid is artikel 48c van overeenkomstige toepassing.

7. Op verzoek van de advocaat kan de raad van discipline te allen tijde de schorsing of de getroffen voorzieningen opheffen. Hij beslist hierover niet dan na verhoor of behoorlijke oproeping van degene die het in het eerste lid bedoelde verzoek heeft gedaan en de betrokken advocaat. Het tweede tot en met het vijfde lid zijn van overeenkomstige toepassing.

Opheffen schorsing/andere voorzieningen

8. De artikelen 60d en 60e zijn van overeenkomstige toepassing.

Art. 60c

1. De deken kan de voorzitter van de raad van discipline schriftelijk verzoeken tot het instellen van een onderzoek naar de toestand waarin de praktijk van een advocaat zich bevindt, indien hij aanwijzingen heeft dat een situatie als bedoeld in artikel 60b, eerste lid, zich voordoet. Het verzoekschrift bevat de gronden waarop het berust.

Verzoek tot onderzoek naar praktijk advocaat

2. Bevoegd tot het indienen van een verzoekschrift is de deken van de orde waartoe de advocaat behoort. Indien de betrokken advocaat de deken is, is het in artikel 23, eerste lid, bedoelde lid van de raad van de orde bevoegd. Bevoegd tot kennisneming is de voorzitter van de raad van discipline binnen wiens ressort de betrokken advocaat kantoor houdt. De voorzitter kan zich bij de uitoefening van zijn bevoegdheid door één van de plaatsvervangende voorzitters doen vervangen.

3. De voorzitter beslist op het verzoek als bedoeld in het eerste lid zo spoedig mogelijk na verhoor of behoorlijke oproeping van de deken en de betrokken advocaat. De behandeling geschiedt ter zitting met gesloten deuren, tenzij de betrokken advocaat behandeling in een openbare zitting wenst.

4. Tegen de beslissing, bedoeld in het derde lid, kunnen de betrokken advocaat en de deken binnen veertien dagen na verzending van een afschrift van de beslissing verzet doen bij de raad van discipline. Het derde lid is van overeenkomstige toepassing. Het verzet schorst niet de werking van de beslissing waartegen het is gericht.

Verzet

B45 art. 60d — Advocatenwet

Art. 60d

Benoeming rapporteurs

1. Bij het instellen van een onderzoek als bedoeld in artikel 60c, eerste lid benoemt de voorzitter van de raad van discipline één of meer rapporteurs onder vaststelling van een termijn van ten hoogste zes weken waarbinnen aan hem verslag moet worden uitgebracht over de toestand waarin de praktijk van de betrokken advocaat zich bevindt. De voorzitter kan deze termijn op verzoek van de rapporteur of rapporteurs één maal met ten hoogste zes weken verlengen. Ten behoeve van het verrichten van het onderzoek door de rapporteur zijn de advocaat, zijn medewerkers en personeel, alsmede andere personen die betrokken zijn bij de beroepsuitoefening, niet gehouden aan de geheimhoudingsplicht, bedoeld in artikel 11a. In dat geval geldt voor de betrokken rapporteur een geheimhoudingsplicht, gelijk aan die bedoeld in artikel 11a, en is artikel 218 van het Wetboek van Strafvordering van overeenkomstige toepassing.

Vergoeding

2. De voorzitter bepaalt bij de beslissing, bedoeld in het eerste lid, de grondslag voor de vergoeding van de door hem benoemde rapporteur of rapporteurs en stelt het bedrag vast dat het onderzoek ten hoogste mag kosten. Hij kan hangende het onderzoek dit bedrag op verzoek van de rapporteur of rapporteurs verhogen. De voorzitter kan voorts bepalen dat de betrokken advocaat voor de betaling van de kosten zekerheid stelt.

3. De raad van discipline stelt met inachtneming van het tweede lid, het bedrag vast dat overeenkomstig het vierde lid moet worden vergoed.

Kosten onderzoek

4. De betrokken advocaat draagt de kosten van het onderzoek, tenzij de raad van discipline naar aanleiding van de resultaten van het verslag de betrokken advocaat niet schorst dan wel geen voorziening treft als bedoeld in artikel 60b, eerste lid of de betrokken advocaat niet of slechts gedeeltelijk in staat is deze kosten te dragen. In het laatste geval draagt de advocaat een gedeelte van de kosten.

5. In afwijking van het vierde lid kan de raad van discipline, indien het daartoe gegronde redenen aanwezig acht, bepalen dat de betrokken advocaat de kosten van het onderzoek geheel of gedeeltelijk draagt, ook wanneer de raad naar aanleiding van de resultaten van het verslag niet beslist tot schorsing of het treffen van een voorziening als bedoeld in artikel 60b, eerste lid.

6. De kosten van het onderzoek die niet door de advocaat worden gedragen, worden vergoed door de orde in het arrondissement waarin de advocaat kantoor houdt.

7. Indien het hof van discipline in hoger beroep beslist dat er geen grond is voor het opleggen van een schorsing of het treffen van een voorziening, kan het hof van discipline tevens bepalen dat een geheel of gedeelte van de kosten van het onderzoek wordt gedragen door de orde in het arrondissement waarin de advocaat kantoor houdt.

Art. 60e

Bevoegdheden rapporteurs

1. De rapporteur alsmede de door hem aangewezen personen die hem vergezellen, is bevoegd elke plaats te betreden waarin de praktijk van de betrokken advocaat wordt uitgeoefend en zij zijn gerechtigd tot inzage van de dossiers, boeken, bescheiden en andere gegevensdragers betrekking hebbende op de praktijk van de advocaat waarvan de rapporteur de kennisneming in verband met een juiste vervulling van zijn taak nodig acht met inbegrip van die van het samenwerkingsverband waarbinnen de advocaat zijn praktijk uitoefent. De rapporteur kan de hulp van de sterke arm inroepen.

Medewerkingsplicht advocaat/samenwerkingsverband

2. De betrokken advocaat en de advocaten met wie hij een samenwerkingsverband vormt, degenen die in dienst van de advocaat of het samenwerkingsverband zijn alsmede de werkgever van de betrokken advocaat zijn verplicht alle gevraagde inlichtingen te verschaffen die de rapporteur nodig oordeelt voor zijn onderzoek en inzage te verschaffen in de in het eerste lid bedoelde gegevensdragers. Indien het onderzoek – mede – betrekking heeft op een rechtspersoon, berust op de bestuurders en commissarissen van die rechtspersoon eenzelfde verplichting.

3. Op de advocaten met wie de betrokken advocaat een samenwerkingsverband vormt zijn de artikelen 217 tot en met 219 van het Wetboek van Strafvordering van overeenkomstige toepassing.

Art. 60f

Voorlopige voorziening

1. Tijdens het onderzoek kan de voorzitter van de raad van discipline op verzoek van de rapporteur of de rapporteurs voor ten hoogste de duur van het onderzoek een voorlopige voorziening treffen indien het belang van het onderzoek dit eist.

2. Tijdens het onderzoek kan de voorzitter van de raad van discipline op verzoek van de deken of de rapporteur of de rapporteurs een voorlopige voorziening treffen indien hij dit in verband met de toestand van de praktijk noodzakelijk acht. Deze voorziening blijft gelden totdat een beslissing als bedoeld in artikel 60b, eerste lid, is genomen of de voorzitter van de raad de voorlopige voorziening opheft op de grond dat deze niet langer noodzakelijk is in verband met de toestand van de praktijk.

Verzet

3. Tegen een beslissing als bedoeld in het eerste en tweede lid kunnen de betrokken advocaat en de deken binnen veertien dagen na verzending van een afschrift van de beslissing verzet doen bij de raad van discipline. Artikel 60c, derde lid, tweede volzin, is van overeenkomstige toepassing. Het verzet schorst niet de werking van de beslissing waartegen het is gericht.

Art. 60g

1. De rapporteur zendt zijn verslag, dat een met redenen omkleed oordeel over de toestand van de praktijk van de betrokken advocaat en desgewenst een of meer aanbevelingen bevat, aan de voorzitter van de raad. De griffier van de raad doet onverwijld aan de betrokken advocaat alsmede aan de deken een afschrift van het verslag toekomen.

2. Behalve door de betrokken advocaat en door de deken aan de raad van de orde waarvan hij deel uitmaakt, mag zonder toestemming van de voorzitter van de raad van discipline uit het verslag geen mededeling aan derden worden gedaan. De rapporteur en degenen die de rapporteur bij het onderzoek heeft betrokken maken hetgeen hun bij het onderzoek blijkt, niet verder bekend dan de opdracht met zich brengt.

3. De raad van discipline neemt een beslissing als bedoeld in artikel 60b, eerste lid, binnen vier weken na de ontvangst van het verslag.

4. Onverminderd de bevoegdheid van de voorzitter van de raad een voorlopige voorziening als bedoeld in artikel 60f, tweede lid, eerder op te heffen, is een dergelijke voorziening van rechtswege opgeheven met ingang van de eerste dag na ommekomst van de in het derde lid van dit artikel genoemde termijn indien de raad een beslissing als bedoeld in artikel 60b, eerste lid, niet heeft genomen.

Art. 60h

1. Indien de advocaat jegens wie het voornemen bestaat een procedure inzake de onbehoorlijke praktijkuitoefening aan te vangen, zich krachtens het nationale recht van een andere lidstaat van de Europese Unie of een andere staat die partij is bij de Overeenkomst betreffende de Europese Economische Ruimte dat uitvoering geeft aan artikel 3 van richtlijn 98/5/EG van het Europees Parlement en de Raad van de Europese Unie van 16 februari 1998 ter vergemakkelijking van de permanente uitoefening van het beroep van advocaat, heeft laten inschrijven, stelt de raad van de orde voor de aanvang van de procedure de bevoegde autoriteit in die lidstaat of lidstaten van dit voornemen op de hoogte en verstrekt hij aan die autoriteit of autoriteiten alle dienstige inlichtingen.

2. Indien de advocaat zich in Zwitserland heeft laten inschrijven met inachtneming van de op 21 juni 1999 tot stand gekomen Overeenkomst tussen de Europese Gemeenschap en haar lidstaten enerzijds en de Zwitserse Bondsstaat anderzijds, over het vrije verkeer van personen, is het eerste lid van overeenkomstige toepassing.

§ 5 Slotbepalingen

Art. 61-69a

[Vervallen]

Art. 70

Bij algemene maatregel van bestuur worden regels gesteld met betrekking tot het ambtskostuum van de advocaten.

Art. 71

Deze wet wordt aangehaald als: Advocatenwet.

Art. 72-83

[Vervallen]

Verslag rapporteur

Geheimhoudingsplicht

Beslissing

Opheffing voorlopige voorziening

Onbehoorlijke praktijkuitoefening en inschrijving in andere lidstaat

Regels m.b.t. ambtskostuum

Citeertitel

Gerechtsdeurwaarderswet^1

Wet van 26 januari 2001 tot vaststelling van de Gerechtsdeurwaarderswet

Wij Beatrix, bij de gratie Gods, Koningin der Nederlanden, Prinses van Oranje-Nassau, enz. enz. enz.

Allen, die deze zullen zien of horen lezen, saluut! doen te weten:

Alzo Wij in overweging genomen hebben, dat het wenselijk is om bij wet regels te stellen met betrekking tot de organisatie van het ambt van gerechtsdeurwaarder en met betrekking tot de rechten en verplichtingen van gerechtsdeurwaarders;

Zo is het, dat Wij, de Raad van State gehoord, en met gemeen overleg der Staten-Generaal, hebben goedgevonden en verstaan, gelijk Wij goedvinden en verstaan bij deze:

Hoofdstuk I Algemene bepalingen

Art. 1

Begripsbepalingen

Voor de toepassing van het bij of krachtens deze wet bepaalde wordt verstaan onder:

a. Onze Minister: Onze Minister voor Rechtsbescherming;

b. gerechtsdeurwaardersregister: het register, bedoeld in artikel 1a;

c. ambtshandelingen: de werkzaamheden, bedoeld in artikel 2;

d. gerechtsdeurwaarder: de ambtenaar, benoemd krachtens artikel 4, eerste lid;

e. waarnemend gerechtsdeurwaarder: de waarnemend gerechtsdeurwaarder, bedoeld in artikel 23;

f. kandidaat-gerechtsdeurwaarder: de kandidaat-gerechtsdeurwaarder, bedoeld in artikel 25;

g. toegevoegd gerechtsdeurwaarder: de toegevoegd gerechtsdeurwaarder, bedoeld in artikel 27;

h. het Bureau: het Bureau Financieel Toezicht, bedoeld in artikel 110 van de Wet op het notarisambt;

i. kamer voor gerechtsdeurwaarders: het college, bedoeld in artikel 34;

j. deeltijd: de werktijd die korter is dan een arbeidsduur welke gemiddeld zesendertig werkuren per week omvat;

k. de KBvG: de Koninklijke Beroepsorganisatie van Gerechtsdeurwaarders, bedoeld in artikel 56.

Art. 1a

Register voor gerechts-deurwaarders e.a.

1. Er is een register voor gerechtsdeurwaarders, waarnemend gerechtsdeurwaarders, toegevoegd gerechtsdeurwaarders en kandidaat-gerechtsdeurwaarders, dat wordt beheerd door het bestuur van de KBvG.

2. In het register wordt iedere gerechtsdeurwaarder, waarnemend gerechtsdeurwaarder, toegevoegd gerechtsdeurwaarder en kandidaat-gerechtsdeurwaarder opgenomen onder vermelding van diens naam en plaats en datum van geboorte.

3. In het register worden ten aanzien van de daarin geregistreerde personen, voor zover van toepassing, tevens de volgende gegevens opgenomen:

a. de benoeming van de gerechtsdeurwaarder, zijn ontslag of overlijden;

b. de waarneming, bedoeld in artikel 23;

c. een toevoeging als bedoeld in artikel 25 aan een gerechtsdeurwaarder;

d. een toevoeging als bedoeld in artikel 27 aan een gerechtsdeurwaarder;

e. de toestemming van de waarnemend gerechtsdeurwaarder op grond van de artikelen 25c, zesde lid, 28, zesde lid, of 29, tweede lid;

f. het proces-verbaal van de eed of belofte, bedoeld in artikel 9, vierde lid;

g. de handtekening en paraaf van de gerechtsdeurwaarder, waarnemend gerechtsdeurwaarder, toegevoegd gerechtsdeurwaarder en kandidaat-gerechtsdeurwaarder;

h. de plaats van vestiging van de gerechtsdeurwaarder;

i. de andere werkzaamheden en de nevenbetrekkingen van de gerechtsdeurwaarder, waarnemend gerechtsdeurwaarder, toegevoegd gerechtsdeurwaarder en kandidaat-gerechtsdeurwaarder die zijn opgegeven op grond van artikel 20, vierde lid;

j. een schorsing op grond van artikel 38, eerste of vijfde lid, dan wel artikel 51;

k. een onherroepelijke oplegging van een maatregel als bedoeld in artikel 43, tweede lid, en artikel 49, eerste lid;

---

1 Inwerkingtredingsdatum: 15-07-2001; zoals laatstelijk gewijzigd bij: Stb. 2020, 177.

l. het bij onherroepelijke uitspraak gegrond verklaarde bezwaar zonder oplegging van een maatregel, bedoeld in artikel 43, derde lid;
m. een onherroepelijke en onvoorwaardelijke oplegging van een bestuurlijke boete of een last onder dwangsom als bedoeld in artikel 30b, tweede lid.
4. Onze Minister, het Bureau, de kamer voor gerechtsdeurwaarders en het gerechtshof Amsterdam, hebben ten behoeve van hun taakvervulling op grond van deze wet onbeperkte inzage.
5. Het register ligt voor een ieder ter inzage, met uitzondering van de gegevens betreffende:
– de plaats en datum van geboorte van de ingeschrevene;
– de gegrondverklaring van een klacht zonder oplegging van een maatregel;
– de tuchtrechtelijke maatregelen van de waarschuwing, berisping of boete op grond van artikel 43, tweede lid, onderdelen a, b en c, tenzij toepassing is gegeven aan artikel 43, vierde lid;
– de tuchtrechtelijke maatregelen van artikel 49, eerste lid, voor zover een waarschuwing, berisping of boete is opgelegd; en
– de maatregelen die zijn opgelegd op grond van artikel 30b.
6. Bij algemene maatregel van bestuur kunnen nadere regels worden gesteld betreffende de toepassing van het tweede en derde lid, de inrichting van het register, de wijze waarop het wordt beheerd, de inzage in het register en het verstrekken van gegevens uit het register door het bestuur van de KBvG. Het bestuur van de KBvG verstrekt op verzoek een gewaarmerkt afschrift of uittreksel tegen kostprijs.

Hoofdstuk II De gerechtsdeurwaarder

Paragraaf 1 Ambt en bevoegdheid

Art. 2

[Dit artikel is gewijzigd in verband met de invoering van digitaal procederen. Zie voor de procedures en gerechten waarvoor digitaal procederen geldt het Overzicht gefaseerde inwerkingtreding op www.rijksoverheid.nl/KEI.]
1. De gerechtsdeurwaarder is belast met de taken die bij of krachtens de wet, al dan niet bij uitsluiting van ieder ander, aan deurwaarders onderscheidenlijk gerechtsdeurwaarders zijn opgedragen of voorbehouden. De gerechtsdeurwaarder is in het bijzonder belast met:
a. het doen van oproepingen en andere betekeningen, behorende tot de rechtsingang of de instructie van gedingen;
b. het doen van gerechtelijke aanzeggingen, bekendmakingen, protesten en verdere exploten;
c. ontruimingen, beslagen, executoriale verkopingen, gijzelingen en andere handelingen, behorende tot of vereist voor de uitvoering van executoriale titels dan wel voor de bewaring van rechten;
d. het doen van protesten van non-acceptatie of non-betaling van wissels, orderbiljetten en dergelijke en het opmaken van een akte van interventie aan de voet van het protest;
e. het ambtelijk toezicht bij vrijwillige openbare verkopingen van roerende lichamelijke zaken bij opbod, bij opbod en afslag, of bij afslag.
2. Bij algemene maatregel van bestuur worden de in het eerste lid bedoelde ambtshandelingen omschreven.
3. Onder ambtshandelingen worden mede verstaan de werkzaamheden die rechtstreeks daarmee samenhangen.
4. De hoofdstukken 3 en 4 van de Algemene wet bestuursrecht zijn niet van toepassing op ambtshandelingen en de weigering deze te verrichten.
[Voor overige gevallen luidt het artikel als volgt:]

Artikel 2
1. De gerechtsdeurwaarder is belast met de taken die bij of krachtens de wet, al dan niet bij uitsluiting van ieder ander, aan deurwaarders onderscheidenlijk gerechtsdeurwaarders zijn opgedragen of voorbehouden. De gerechtsdeurwaarder is in het bijzonder belast met:
a. het doen van dagvaardingen en andere betekeningen, behorende tot de rechtsingang of de instructie van gedingen;
b. het doen van gerechtelijke aanzeggingen, bekendmakingen, protesten en verdere exploten;
c. ontruimingen, beslagen, executoriale verkopingen, gijzelingen en andere handelingen, behorende tot of vereist voor de uitvoering van executoriale titels dan wel voor de bewaring van rechten;
d. het doen van protesten van non-acceptatie of non-betaling van wissels, orderbiljetten en dergelijke en het opmaken van een akte van interventie aan de voet van het protest;
e. het ambtelijk toezicht bij vrijwillige openbare verkopingen van roerende lichamelijke zaken bij opbod, bij opbod en afslag, of bij afslag.

Taken gerechtsdeurwaarder

Omschrijving ambtshandelingen

Taken gerechtsdeurwaarder

B46 art. 3 **Gerechtsdeurwaarderswet**

Omschrijving ambtshandelingen

2. Bij algemene maatregel van bestuur worden de in het eerste lid bedoelde ambtshandelingen omschreven.

3. Onder ambtshandelingen worden mede verstaan de werkzaamheden die rechtstreeks daarmee samenhangen.

4. De hoofdstukken 3 en 4 van de Algemene wet bestuursrecht zijn niet van toepassing op ambtshandelingen en de weigering deze te verrichten.

Art. 3

Bevoegdheden gerechtsdeurwaarder

1. De gerechtsdeurwaarder is bevoegd tot het verrichten van ambtshandelingen op het grondgebied van Nederland.

2. De gerechtsdeurwaarder is niet bevoegd tot het verrichten van ambtshandelingen ten behoeve van of gericht tegen:

a. zichzelf, zijn echtgenoot, geregistreerde partner of een persoon met wie hij een duurzame relatie onderhoudt en samenwoont;

b. zijn bloed- of aanverwanten, in rechte lijn onbepaald en in de zijlijn tot en met de derde graad;

c. een natuurlijke persoon, niet zijnde een gerechtsdeurwaarder, of rechtspersoon, waarvan de aandelen niet volledig in het bezit zijn van een gerechtsdeurwaarder, die direct of indirect aandelen bezit van of de functie van directeur vervult in de rechtspersoon die het kantoor houdt van waaruit de gerechtsdeurwaarder zijn ambtshandelingen verricht.

3. De gerechtsdeurwaarder is niet bevoegd tot het verrichten van ambtshandelingen ten behoeve van of gericht tegen:

a. de bloed- en aanverwanten van een persoon met wie hij een duurzame relatie onderhoudt en samenwoont, in rechte lijn onbepaald en in de zijlijn tot en met de derde graad;

b. een rechtspersoon waarvan hij weet of had behoren te weten dat een van de personen, bedoeld in het tweede lid, onderdeel a, dan wel een van hun bloed of aanverwanten in rechte lijn daarin een meerderheid van de aandelen bezit of de functie van directeur vervult.

4. Ambtshandelingen, verricht in strijd met het tweede of derde lid, zijn nietig.

Art. 3a

Ambtshandeling i.s.m. volkenrechtelijke verplichting Staat

1. De gerechtsdeurwaarder die opdracht ontvangt tot het verrichten van een ambtshandeling stelt, indien hij redelijkerwijs rekening moet houden met de mogelijkheid dat het verrichten daarvan in strijd is met de volkenrechtelijke verplichtingen van de Staat, Onze Minister aanstonds van de ontvangen opdracht in kennis, op de wijze als bij ministeriële regeling is vastgesteld.

Aanzegging minister ambtshandeling i.s.m. volkenrechtelijke verplichting Staat

2. Onze Minister kan een gerechtsdeurwaarder aanzeggen dat een ambtshandeling die aan hem is of zal worden opgedragen, dan wel door hem reeds is verricht, in strijd is met de volkenrechtelijke verplichtingen van de Staat.

3. Een aanzegging kan uitsluitend ambtshalve geschieden. In verband met de vereiste spoed kan een aanzegging mondeling geschieden, in welk geval zij onverwijld schriftelijk wordt bevestigd.

4. Van de aanzegging wordt mededeling gedaan door plaatsing in de Staatscourant.

5. Is op het tijdstip waarop de gerechtsdeurwaarder een aanzegging ontvangt als bedoeld in het tweede lid, de ambtshandeling nog niet verricht, dan heeft de aanzegging ten gevolge dat de gerechtsdeurwaarder niet bevoegd is tot het verrichten van deze ambtshandeling. Een ambtshandeling die is verricht in strijd met de eerste volzin is nietig.

Opheffing beslagexploot

6. Is op het tijdstip waarop de gerechtsdeurwaarder een aanzegging ontvangt als bedoeld in het tweede lid, de ambtshandeling reeds verricht en behelsde deze een beslagexploot, dan betekent hij deze aanzegging aanstonds aan degene aan wie het exploot is gedaan, heft het beslag op en maakt de gevolgen daarvan ongedaan. De kosten van de betekening van de aanzegging komen ten laste van de Staat.

Opheffen gevolgen aanzegging

7. De voorzieningenrechter kan, rechtdoende in kort geding, de gevolgen van de aanzegging, bedoeld in het vijfde lid, eerste volzin, en de verplichtingen, bedoeld in het zesde lid, opheffen, onverminderd de bevoegdheid van de gewone rechter. Indien de ambtshandeling een beslag behelst is artikel 438, vijfde lid, van het Wetboek van Burgerlijke Rechtsvordering van toepassing.

Paragraaf 2
Benoeming en beëdiging

Art. 4

Benoeming bij KB

1. Een gerechtsdeurwaarder wordt benoemd bij koninklijk besluit. In het besluit wordt de plaats van vestiging aangegeven. Hij mag zijn werkzaamheden als gerechtsdeurwaarder eerst aanvangen nadat hij is ingeschreven in het gerechtsdeurwaardersregister.

Gebruik titel

2. Tot het voeren van de titel van gerechtsdeurwaarder is uitsluitend bevoegd degene die als zodanig is ingeschreven in het gerechtsdeurwaardersregister en die niet geschorst of ontslagen is.

Art. 5

Tot gerechtsdeurwaarder is slechts benoembaar degene die:

a. de Nederlandse nationaliteit bezit of de nationaliteit van een andere lidstaat van de Europese Unie, van een overige staat die partij is bij de Overeenkomst betreffende de Europese Economische Ruimte of van de Zwitserse Bondsstaat;

b. met goed gevolg een door Onze Minister erkende opleiding ter voorbereiding op het beroep van gerechtsdeurwaarder heeft doorlopen;

c. de stage, bedoeld in artikel 25, tweede lid, heeft doorlopen;

d. de Nederlandse taal in voldoende mate beheerst voor een goede uitoefening van het ambt van gerechtsdeurwaarder;

e. in de hoedanigheid van toegevoegd gerechtsdeurwaarder of kandidaat-gerechtsdeurwaarder gedurende het jaar voorafgaande aan zijn verzoek tot benoeming gemiddeld ten minste 21 uur per week werkzaam is geweest;

f. in het bezit is van een ondernemingsplan dat voldoet aan de voorwaarden van artikel 6, eerste lid, alsmede van het advies, bedoeld in artikel 6, tweede lid; en

g. in het bezit is van een verklaring omtrent het gedrag afgegeven volgens de Wet justitiële en strafvorderlijke gegevens en die niet ouder is dan drie maanden, dan wel indien betrokkene niet de Nederlandse nationaliteit bezit, een met een verklaring omtrent het gedrag gelijk te stellen verklaring afgegeven door de daartoe bevoegde gezag in de staat van herkomst.

Art. 6

1. Het ondernemingsplan, bedoeld in artikel 5, is zodanig opgesteld dat daaruit in ieder geval blijkt:

a. dat de verzoeker over voldoende financiële middelen beschikt om een kantoor te houden dat in overeenstemming is met de eisen van het ambt; en

b. dat op redelijke gronden mag worden verwacht dat na drie jaren de praktijk kostendekkend kan worden uitgeoefend.

2. Over het ondernemingsplan wordt advies uitgebracht door een door Onze Minister te benoemen Commissie van deskundigen. De Commissie is bevoegd in verband met het onderzoek van het ondernemingsplan inlichtingen in te winnen bij de KBvG en het Bureau. Het advies wordt als bijlage bij het ondernemingsplan gevoegd.

3. Het secretariaat van de Commissie van deskundigen berust bij het Bureau.

4. Voor de advisering over het ondernemingsplan door de Commissie van deskundigen worden aan de verzoeker kosten in rekening gebracht.

5. Bij of krachtens algemene maatregel van bestuur worden nadere regels gesteld omtrent:

a. het ondernemingsplan;

b. de samenstelling en de werkwijze van de Commissie van deskundigen;

c. de wijze waarop de kosten van de advisering worden berekend.

Art. 7

1. Degene die voor benoeming tot gerechtsdeurwaarder in aanmerking wenst te komen dient bij Onze Minister een daartoe strekkend verzoek in, met opgave van de plaats waarin hij voornemens is zich als gerechtsdeurwaarder te vestigen. Bij het verzoek legt hij bewijsstukken over waaruit blijkt dat hij voldoet aan de voorwaarden van artikel 5, daaronder begrepen het ondernemingsplan. In het verzoek doet hij tevens opgave van het kantoor of de kantoren waar de gerechtsdeurwaarder onder wiens verantwoordelijkheid hij ambtshandelingen heeft verricht werkzaam was.

2. Onze Minister zendt een afschrift van het verzoek met de bijlagen aan het bestuur van de KBvG en het Bureau, met het verzoek hem uiterlijk binnen drie maanden in kennis te stellen van eventuele aan hem bekende feiten of omstandigheden, welke naar zijn oordeel tot weigering van het verzoek zouden kunnen leiden.

3. Een benoeming kan uitsluitend worden geweigerd indien aan één of meer van de in artikel 5 genoemde voorwaarden niet is voldaan of wanneer er, gelet op de antecedenten van de verzoeker, een gegronde vrees bestaat dat de gerechtsdeurwaarder na benoeming zal handelen of nalaten in strijd met het bij of krachtens de wet bepaalde of anderszins het aanzien of de vervulling van het gerechtsdeurwaardersambt wordt geschaad of belemmerd. Een beschikking tot weigering van een benoeming wordt gegeven door Onze Minister.

4. Op het verzoek wordt beslist binnen vier maanden na ontvangst ervan.

Art. 8

In afwijking van artikel 8:4, derde lid, onderdeel a, van de Algemene wet bestuursrecht kan een belanghebbende tegen een besluit tot benoeming tot gerechtsdeurwaarder beroep instellen.

Art. 9

1. De gerechtsdeurwaarder legt binnen twee maanden na de dagtekening van zijn benoeming ter openbare terechtzitting voor de rechtbank van het arrondissement waarin de plaats van vestiging is gelegen de navolgende eed of belofte af:

«Ik zweer (beloof) getrouwheid aan de Koning en de Grondwet.»

Vereisten benoeming

Ondernemingsplan

Verzoek kandidaat-gerechtsdeurwaarder

Weigering benoeming

Beroep belanghebbende

Eed of belofte

B46 art. 10 **Gerechtsdeurwaarderswet**

«Ik zweer (beloof), dat ik mij zal gedragen naar de wetten en voorschriften op mijn ambt van toepassing en dat ik mijn taak eerlijk en nauwgezet zal uitvoeren.»
«Voorts zweer (verklaar) ik, dat ik, om tot gerechtsdeurwaarder te worden benoemd, direct of indirect aan niemand, onder welke naam of welk voorwendsel ook, enige giften of gaven beloofd of afgegeven heb, noch beloven of afgeven zal».

Friese taal

2. Wanneer de eed of belofte, bedoeld in het eerste lid, in de Friese taal wordt afgelegd, luidt de tekst van de eed of belofte als volgt:
«Ik swar (ûnthjit) trou oan de Kening en de Grûnwet.»
«Ik swar (ûnthjit), dat ik my hâlde en drage sil neffens de wetten en foarskriften sa't dy op myn amt fan tapassing binne en dat ik myn taak earlik en sekuer útfiere sil.»
«Fierders swar (ferklearje) ik, dat ik, om ta gerjochtsdoarwurder beneamd te wurden, midlik of streekrjocht oan gjinien, ûnder wat namme of wat útwynsel ek, likefolle hokker jeften of geskinken tasein of ôfjûn haw, noch tasizze of ôfjaan sil».

3. Indien de eed of belofte niet binnen de in het eerste lid bedoelde termijn is afgelegd, vervalt de benoeming. Onze Minister kan de in het eerste lid bedoelde termijn verlengen.

Deponeren handtekening en paraaf

4. De griffier van de rechtbank geeft ter zitting een proces-verbaal van het afleggen van de eed of belofte af aan de gerechtsdeurwaarder.

5. De gerechtsdeurwaarder laat zich terstond na het afleggen van de eed of belofte inschrijven in het gerechtsdeurwaardersregister, onder overlegging van het proces-verbaal bedoeld in het vierde lid en onder deponering van zijn handtekening en paraaf.

Art. 10

Plaats van vestiging

1. De plaats van vestiging van een gerechtsdeurwaarder kan, met instemming van de betrokkene, door Onze Minister worden gewijzigd bij een beschikking waarbij tevens de datum van ingang wordt bepaald.

2. De gerechtsdeurwaarder die zich in een andere plaats wenst te vestigen, richt daartoe een verzoek tot Onze Minister. Hij doet daarbij opgave van de gemeente waar hij voornemens is zich te vestigen. Bij dit verzoek legt hij een ondernemingsplan over als bedoeld in artikel 6, eerste lid, betrekking hebbend op de plaats waar hij voornemens is zich te vestigen, alsmede het advies, bedoeld in het tweede lid van dat artikel. Artikel 7, tweede en vierde lid, zijn van overeenkomstige toepassing.

3. Het verzoek kan uitsluitend worden geweigerd indien het bij het verzoek overgelegde ondernemingsplan niet voldoet aan de voorwaarden van artikel 6.

Paragraaf 3
Verplichtingen

Art. 11

Verplichtingen gerechtsdeurwaarder

De gerechtsdeurwaarder is te allen tijde verplicht in het gehele arrondissement waarin zijn plaats van vestiging is gelegen dan wel, indien het arrondissement meer dan één provincie omvat, in het deel van het arrondissement dat is gelegen in de provincie waarin zijn plaats van vestiging is gelegen de ambtshandelingen waartoe hij bevoegd is, te verrichten wanneer hiertoe wordt verzocht, tenzij:
a. met het oog op zijn persoonlijke omstandigheden dit redelijkerwijs niet van hem kan worden verlangd, of
b. de verzoeker niet bereid is het krachtens deze wet door de gerechtsdeurwaarder aan hem gevraagde voorschot voor het verrichten van ambtshandelingen te voldoen.

Art. 12

Waarnemer

1. Indien zich omstandigheden voordoen als bedoeld in artikel 11, onderdeel a, treft de gerechtsdeurwaarder, voor zover dit in zijn vermogen ligt, de nodige maatregelen om te verzekeren dat desverlangd in het verrichten van de ambtshandelingen ter plaatse kan worden voorzien. De gerechtsdeurwaarder kan daartoe Onze Minister verzoeken, een waarnemer te benoemen. Hij kan daartoe een waarnemer aanbevelen.

2. Wanneer de gerechtsdeurwaarder gedurende meer dan dertig dagen verhinderd is zijn ambt te vervullen, stelt hij Onze Minister hiervan in kennis, onder mededeling van de maatregelen, bedoeld in het eerste lid, die hij heeft getroffen.

Art. 12a

Onafhankelijkheid gerechtsdeurwaarder

1. De gerechtsdeurwaarder oefent zijn ambt in onafhankelijkheid uit. De gerechtsdeurwaarder mag zijn ambt niet uitoefenen in enig verband waardoor zijn onafhankelijkheid wordt of kan worden beïnvloed.

2. Bij of krachtens algemene maatregel van bestuur kunnen nadere regels worden gesteld over het bepaalde in het eerste lid.

3. De voordracht voor een krachtens het tweede lid vast te stellen algemene maatregel van bestuur wordt niet gedaan dan vier weken nadat het ontwerp aan de beide kamers der Staten-Generaal is overgelegd.

Art. 13

Bij het verrichten van ambtshandelingen is de gerechtsdeurwaarder verplicht zich desverlangd te legitimeren door middel van een door Onze Minister afgegeven legitimatiebewijs.

Art. 14

Alvorens over te gaan tot de executie van een executoriale titel tot ontruiming van onroerende zaken, van een woonwagen of woonschip, geeft de gerechtsdeurwaarder aan burgemeester en wethouders van de gemeente waarbinnen de ontruiming zal plaats hebben, zo spoedig mogelijk kennis van het tijdstip waarop hij tot executie zal overgaan.

Art. 15

1. Het exploot van de gerechtsdeurwaarder dient duidelijk, in onafgebroken samenhang, zonder niet gangbare afkortingen en in overeenstemming met de terzake geldende wettelijke voorschriften te zijn opgesteld.

2. Een exploot is gedateerd en ondertekend door de gerechtsdeurwaarder. De dagtekening geschiedt in letters.

3. Aan de voet van het exploot worden de kosten, bedoeld in de artikelen 240 en 434a van het Wetboek van Burgerlijke Rechtsvordering, vermeld.

4. Een gerechtsdeurwaarder verstrekt desgevraagd het origineel van het exploot aan degene op wiens verzoek hij de ambtshandeling heeft verricht. Van ieder exploot bewaart hij een afschrift ten behoeve van zijn administratie.

Art. 16

1. De gerechtsdeurwaarder houdt een kantoor dat in zijn plaats van vestiging is gelegen. Hij is verplicht een goed raadpleegbaar register en repertorium te bewaren.

2. Op verzoek van een gerechtsdeurwaarder kan Onze Minister, gehoord de Commissie van deskundigen, bedoeld in artikel 6, hem toestaan om elders een nevenkantoor te vestigen.

Paragraaf 4
Administratie en boekhouding

Art. 17

1. De gerechtsdeurwaarder is verplicht zowel ten aanzien van zijn werkzaamheden als zodanig als ten aanzien van zijn kantoorvermogen een administratie te voeren, waaruit te allen tijde op eenvoudige wijze zijn rechten en verplichtingen kunnen worden gekend. Hij is tevens verplicht ten aanzien van zijn privé-vermogen, daaronder mede begrepen het vermogen van een gemeenschap van goederen waarin hij is gehuwd of waarin hij een geregistreerd partnerschap is aangegaan, een administratie te voeren. De gerechtsdeurwaarder moet jaarlijks zowel ten aanzien van zijn kantoorvermogen als ten aanzien van zijn privé-vermogen een balans opmaken en, voor wat betreft de kantoorwerkzaamheden, een staat van baten en lasten.

2. De administratie ten aanzien van zijn werkzaamheden als zodanig, bedoeld in het eerste lid, heeft betrekking op de ambtshandelingen alsmede op de andere werkzaamheden, bedoeld in artikel 20, welke de gerechtsdeurwaarder verricht. De administratie met betrekking tot de ambtshandelingen omvat onder meer een register en een repertorium.

3. Het register omvat, in volgorde van dagtekening, de afschriften van de door de gerechtsdeurwaarder opgemaakte of ondertekende exploten, processen-verbaal, akten en verklaringen.

4. Het repertorium wordt van dag tot dag bijgehouden en bevat met betrekking tot alle door de gerechtsdeurwaarder uitgebrachte exploten:

a. de dagtekening van het exploot,

b. de aard van het exploot,

c. de naam van ten minste een der betrokken partijen, en

d. de kosten van het exploot.

5. Bij verordening worden regels gesteld met betrekking tot de wijze waarop de kantoor- en privé-administratie worden ingericht en bijgehouden.

Art. 18

1. De gerechtsdeurwaarder is verplicht de stukken en afschriften betreffende zijn kantooradministratie gedurende de in artikel 10, derde lid, van Boek 2 van het Burgerlijk Wetboek bedoelde termijn te bewaren. Artikel 10, vierde lid, van Boek 2 van het Burgerlijk Wetboek is van toepassing.

2. De gerechtsdeurwaarder is verplicht van de tot zijn register behorende stukken, tegen betaling van de bij ministeriële regeling vast te stellen kosten, op hun verlangen expedities of uittreksels af te geven aan hen die ten tijde van het opmaken van de akte of de betekening daarvan, hetzij het origineel, hetzij een afschrift hebben ontvangen, of aan hun rechtsopvolgers onder algemene of bijzondere titel. In geval een derde-beslagene een elektronisch afschrift heeft ontvangen, geschiedt deze afgifte kosteloos. De expedities of uittreksels worden bij de afgifte daarvan als zodanig gewaarmerkt en door de gerechtsdeurwaarder die deze afgeeft gedagtekend en getekend.

B46 art. 19

Gerechtsdeurwaarderswet

Overdracht aan waarnemend gerechtsdeurwaarder

3. In geval van overlijden, een wijziging van de plaats van vestiging als bedoeld in artikel 10, vierde lid, dan wel ontslag, dragen de gerechtsdeurwaarder of zijn erfgenamen de tot de administratie behorende stukken die krachtens het eerste lid nog moeten worden bewaard, over aan de waarnemend gerechtsdeurwaarder of aan een door Onze Minister aan te wijzen bewaarder. Het tweede lid is van overeenkomstige toepassing op degene aan wie de stukken zijn overgedragen.

Privéadministratie

4. Het eerste lid is van overeenkomstige toepassing op de privé-administratie van de gerechtsdeurwaarder.

Art. 19

Derdenrekening

1. De gerechtsdeurwaarder is verplicht bij een bank als bedoeld in artikel 1:1 van de Wet op het financieel toezicht een of meer bijzondere rekeningen aan te houden op zijn naam met vermelding van zijn hoedanigheid, die uitsluitend bestemd zijn voor gelden, die hij in verband met zijn werkzaamheden als zodanig ten behoeve van derden onder zich neemt. Gelden die aan de gerechtsdeurwaarder in verband met zijn werkzaamheden als zodanig ten behoeve van derden worden toevertrouwd, moeten op die rekening worden gestort. De bovenbedoelde bank voegt de over de gelden gekweekte rente toe aan het saldo van de bijzondere rekening. Indien deze gelden abusievelijk op een andere rekening van de gerechtsdeurwaarder zijn gestort of indien ten onrechte gelden op de bijzondere rekening zijn gestort, is de gerechtsdeurwaarder verplicht deze onverwijld op de juiste rekening te storten. Hetzelfde geldt indien de gelden rechtstreeks in handen van de gerechtsdeurwaarder zijn gesteld. Indien meer gerechtsdeurwaarders in een maatschap samenwerken, kan de bijzondere rekening ten name van de gerechtsdeurwaarders tezamen, de maatschap of de vennootschap worden gesteld. De gerechtsdeurwaarder vermeldt het nummer van de bijzondere rekening op zijn briefpapier.

Beheer derdenrekening

2. De gerechtsdeurwaarder is bij uitsluiting bevoegd tot het beheer en de beschikking over de bijzondere rekening. De gerechtsdeurwaarder kan met een rechthebbende overeenkomen om zijn aandeel in het saldo van de bijzondere rekening periodiek uit te keren. Hij kan aan een onder zijn verantwoordelijkheid werkzame persoon volmacht verlenen. Ten laste van deze rekening mag hij slechts betalingen doen in opdracht van een rechthebbende. Vorderingen van de gerechtsdeurwaarder uit hoofde van voor de rechthebbende verrichte werkzaamheden komen van rechtswege in mindering op het aandeel van de rechthebbende in het saldo, zodra zij aan de rechthebbende zijn opgegeven. Wordt de vordering betwist, dan kan de gerechtsdeurwaarder de in het vierde lid bedoelde uitkering van het saldo tot het betwiste bedrag opschorten, totdat vaststaat wat de rechthebbende uit hoofde van deze werkzaamheden verschuldigd is. Voor de hem uit hoofde van zijn werkzaamheden voor de rechthebbende toekomende bedragen, is de gerechtsdeurwaarder zelf rechthebbende in het saldo, onverminderd het bepaalde in de laatste volzin van het vierde lid.

3. Het vorderingsrecht voortvloeiende uit de bijzondere rekening behoort toe aan de gezamenlijke rechthebbenden. Het aandeel van iedere rechthebbende wordt berekend naar evenredigheid van het bedrag dat te zijnen behoeve op de bijzondere rekening is gestort. De gerechtsdeurwaarder of, indien het een gezamenlijke rekening als bedoeld in het eerste lid, zesde volzin betreft, iedere gerechtsdeurwaarder, is verplicht een tekort in het saldo van de bijzondere rekening terstond aan te vullen, en hij is ter zake daarvan aansprakelijk, tenzij hij aannemelijk kan maken dat hem ter zake van het ontstaan van het tekort geen verwijt treft.

4. Een rechthebbende heeft voor zover uit de aard van zijn recht niet anders voortvloeit, te allen tijde recht op uitkering van zijn aandeel in het saldo van de bijzondere rekening. Is het saldo van de bijzondere rekening niet toereikend om aan iedere rechthebbende het bedrag van zijn aandeel uit te keren, dan mag de gerechtsdeurwaarder aan de rechthebbende slechts zoveel uitkeren als in verband met de rechten van de andere rechthebbenden mogelijk is. In dat geval wordt het saldo onder de rechthebbenden verdeeld naar evenredigheid van ieders aandeel, met dien verstande dat, indien een gerechtsdeurwaarder zelf rechthebbende is, hem slechts wordt toegedeeld hetgeen overblijft, nadat de andere rechthebbenden het hun toekomende hebben ontvangen.

Derdenbeslag

5. Er kan geen derdenbeslag worden gelegd onder de in het eerste lid bedoelde bank op het aandeel van een rechthebbende in de bijzondere rekening. Is onder de gerechtsdeurwaarder derdenbeslag gelegd op het aandeel van een rechthebbende in de bijzondere rekening, dan kan de gerechtsdeurwaarder die overeenkomstig de artikelen 476a en 477 van het Wetboek van Burgerlijke Rechtsvordering verklaring heeft gedaan of die is veroordeeld overeenkomstig artikel 477a van dat wetboek, zonder opdracht van de rechthebbende overeenkomstig de verklaring of veroordeling betalen aan de executant.

6. Rechtshandelingen verricht in strijd met de bepalingen van dit artikel zijn vernietigbaar. De vernietigingsgrond kan worden ingeroepen door iedere rechtstreeks belanghebbende. Rechten, door derden te goeder trouw anders dan om niet verkregen op gelden die het voorwerp waren van de vernietigde rechtshandeling, worden geëerbiedigd.

7. Bij ministeriële regeling worden regels gesteld met betrekking tot de wijze van berekening en uitkering van de rente van de op de bijzondere rekening gestorte gelden. Beneden een bij de regeling te bepalen bedrag is geen rente verschuldigd.

8. Van de bepalingen van dit artikel en van de in het zevende lid bedoelde regels kan niet worden afgeweken.

Art. 19a

Bij regeling van Onze Minister kan aan gerechtsdeurwaarders de plicht worden opgelegd tot het doen van een melding aan het Bureau indien er zich in de regeling aan te duiden gebeurtenissen voordoen die aanmerkelijke nadelige gevolgen kunnen hebben voor de financiële positie van een gerechtsdeurwaarder.

Paragraaf 5
Nevenwerkzaamheden

Art. 20

1. Andere werkzaamheden dan die, bedoeld in artikel 2, verricht de gerechtsdeurwaarder slechts indien dit de goede en onafhankelijke vervulling van zijn ambt, dan wel het aanzien daarvan, niet schaadt of belemmert. Voor zover de gerechtsdeurwaarder bij het verrichten van andere werkzaamheden gelden voor derden onder zich heeft of krijgt, is artikel 19 van overeenkomstige toepassing.

2. Met het oog op de belangen, bedoeld in het eerste lid, kunnen bij algemene maatregel van bestuur met betrekking tot het verrichten van bepaalde werkzaamheden regels worden gesteld.

3. Bij algemene maatregel van bestuur kan het verrichten van bepaalde werkzaamheden worden verboden, behoudens indien het betreft:

a. het optreden als proces- of rolgemachtigde en het verlenen van rechtsbijstand in en buiten rechte, overeenkomstig hetgeen daaromtrent bij of krachtens de wet is bepaald;

b. het optreden als curator of bewindvoerder;

c. het innen van gelden voor derden;

d. het verrichten van inventarisaties en taxaties;

e. het opmaken van een schriftelijke verklaring betreffende door de gerechtsdeurwaarder persoonlijk waargenomen feiten van stoffelijke aard;

f. de uitoefening van het veilinghoudersbedrijf, met dien verstande dat de ambtshandelingen, bedoeld in artikel 2, eerste lid, onderdeel e, daarin niet mogen worden uitgeoefend.

4. De gerechtsdeurwaarder doet opgave aan het bestuur van de KBvG van het aanvaarden en beëindigen van een al dan niet bezoldigde nevenbetrekking en van andere werkzaamheden anders dan genoemd in het derde lid. De gerechtsdeurwaarder draagt er zorg voor dat hetgeen hierover in het gerechtsdeurwaardersregister wordt bijgehouden actueel is.

Paragraaf 6
De declaratie

Art. 21

Bij algemene maatregel van bestuur worden regels gesteld met betrekking tot het betalen van voorschotten op hetgeen door de opdrachtgever aan de gerechtsdeurwaarder verschuldigd is.

Art. 22

De gerechtsdeurwaarder is verplicht een rekening ter zake van een aan hem toevertrouwde zaak op te maken, waaruit duidelijk blijkt op welke wijze het in rekening gebrachte is berekend en of het betrekking heeft op ambtshandelingen of op andere werkzaamheden, als bedoeld in artikel 20.

Hoofdstuk III
Waarnemend gerechtsdeurwaarders, kandidaat-gerechtsdeurwaarders en toegevoegd gerechtsdeurwaarders

Paragraaf 1
De waarnemend gerechtsdeurwaarder

Art. 23

1. Ingeval van ontslag dan wel indien de ter plaatse benoemde gerechtsdeurwaarder door ziekte, afwezigheid of schorsing zijn ambt niet kan vervullen, kan Onze Minister voor bepaalde tijd een waarnemend gerechtsdeurwaarder benoemen. Alvorens tot benoeming van een waarnemend gerechtsdeurwaarder over te gaan, wint Onze Minister advies in bij het bestuur van de KBvG.

2. Tot waarnemend gerechtsdeurwaarder kunnen worden benoemd:

a. een gerechtsdeurwaarder;

b. een persoon die voldoet aan de vereisten voor benoeming tot gerechtsdeurwaarder, met uitzondering van de vereisten genoemd in artikel 5, onderdelen e en f;
c. in geval van ontslag wegens het bereiken van de leeftijd van zeventig jaar, de ontslagene zelf, doch niet voor langer dan één jaar.

Eed of gelofte

3. Een persoon als bedoeld in het tweede lid, onderdeel b, die voor de eerste maal tot waarnemend gerechtsdeurwaarder wordt benoemd, legt zo spoedig mogelijk na zijn benoeming ter openbare terechtzitting voor de rechtbank van het arrondissement waarin de plaats van vestiging is gelegen, de navolgende eed of belofte af:
«Ik zweer (beloof) getrouwheid aan de Koning en de Grondwet.»
«Ik zweer (beloof), dat ik mij zal gedragen naar de wetten en voorschriften op mijn ambt van toepassing en dat ik mijn taak eerlijk en nauwgezet zal uitvoeren.»

Friese taal

4. Wanneer de eed of belofte, bedoeld in het derde lid, in de Friese taal wordt afgelegd, luidt de tekst van de eed of belofte als volgt:
«Ik swar (ûnthjit) trou oan de Kening en de Grûnwet.»
«Ik swar (ûnthjit), dat ik my hâlde en drage sil neffens de wetten en foarskriften sa't dy op myn amt fan tapassing binne en dat ik myn taak earlik en sekuer útfiere sil.»

5. Artikel 9, vierde en vijfde lid, zijn van overeenkomstige toepassing op de aflegging van de eed of belofte door een waarnemend gerechtsdeurwaarder.

Einde waarneming

6. De waarneming eindigt:
a. door ontslag door Onze Minister;
b. doordat de waargenomen gerechtsdeurwaarder, na kennisgeving daarvan aan Onze Minister, zijn ambtsvervulling hervat;
c. door verloop van de termijn waarvoor de waarnemend gerechtsdeurwaarder werd benoemd.

Art. 24

Rechten en verplichtingen waarnemer

1. Een waarnemend gerechtsdeurwaarder heeft dezelfde rechten en verplichtingen als een gerechtsdeurwaarder. De gerechtsdeurwaarder die wordt waargenomen, hindert de waarneming niet.

2. Onverminderd het bepaalde in artikel 3, tweede tot en met vierde lid en artikel 3a, is de waarnemend gerechtsdeurwaarder bevoegd een verzoek tot het verrichten van ambtshandelingen dat was gericht tot de waar te nemen gerechtsdeurwaarder of waarnemend gerechtsdeurwaarder, uit te voeren. Hij stelt verzoeker op de hoogte van de waarneming.

3. Het tweede lid is na beëindiging van de waarneming van overeenkomstige toepassing op de waargenomen gerechtsdeurwaarder met betrekking tot aan de waarnemend gerechtsdeurwaarder gerichte verzoeken tot het verrichten van ambtshandelingen.

Toegang tot administratie

4. De waar te nemen gerechtsdeurwaarder verschaft de waarnemend gerechtsdeurwaarder toegang tot zijn administratie voor zover dit noodzakelijk is voor het vervullen van de waarneming.

5. Bij waarneming in geval van ziekte of afwezigheid kan de waarnemend gerechtsdeurwaarder, in afwijking van artikel 17, in overeenstemming met de waar te nemen gerechtsdeurwaarder diens administratie voortzetten.

6. De kosten van de waarneming komen ten laste van de waargenomen gerechtsdeurwaarder.

7. Na beëindiging van de waarneming is het vierde lid van overeenkomstige toepassing op de gewezen waarnemend gerechtsdeurwaarder ten opzichte van de waargenomen gerechtsdeurwaarder.

8. Bij het verrichten van ambtshandelingen vermeldt de waarnemend gerechtsdeurwaarder zijn hoedanigheid. Behalve in geval van ontslag, vermeldt hij naast zijn eigen naam en voornamen, de naam, voornamen en plaats van vestiging van de gerechtsdeurwaarder waarvoor hij waarneemt.

Paragraaf 2

De kandidaat-gerechtsdeurwaarder en de toegevoegd gerechtsdeurwaarder

Art. 25

Opleiding gerechtsdeurwaarder

1. Kandidaat-gerechtsdeurwaarder is degene die met goed gevolg een door Onze Minister erkende opleiding ter voorbereiding op het beroep van gerechtsdeurwaarder heeft doorlopen, en ten behoeve van de stage is toegevoegd op grond van het derde lid en onder verantwoordelijkheid en toezicht van een gerechtsdeurwaarder bij hem werkzaam is op kantoor.

2. Een kandidaat-gerechtsdeurwaarder doorloopt, teneinde voldoende werkervaring op te doen, een stage van een jaar. In geval van werkzaamheid in deeltijd wordt de vereiste duur van de stage naar evenredigheid verlengd.

3. Een gerechtsdeurwaarder voegt een kandidaat-gerechtsdeurwaarder, met goedkeuring van Onze Minister, als zodanig aan zich toe. De goedkeuring van Onze Minister wordt steeds verleend voor de periode van maximaal een jaar.

4. Bij verordening worden regels gesteld met betrekking tot de inrichting van de stage, de beoordeling van de werkzaamheden van de kandidaat-gerechtsdeurwaarder, verdere kwalificaties in het kader van de beroepsbekwaamheid en de rechten en verplichtingen van de kandidaat-gerechtsdeurwaarder en de gerechtsdeurwaarder aan wie hij is toegevoegd.

Art. 25a

1. Een erkenning van een opleiding als bedoeld in artikel 25, eerste lid, wordt alleen verleend indien het opleidingsplan van een instelling aan bij of krachtens algemene maatregel van bestuur gestelde eisen voldoet. Deze eisen kunnen betrekking hebben op:

a. de duur en de inrichting van de opleiding, waaronder de opleidingsstage;

b. de toelating tot de opleiding;

c. de organisatie en exploitatie van de opleiding;

d. de examens en de rechtsbescherming van de cursisten; en

e. het in rekening brengen van een financiële bijdrage aan degene die de opleiding volgt.

2. De erkenning kan worden ingetrokken indien:

a. de erkenning is verleend op grond van onjuiste gegevens;

b. de opleider geen of onvoldoende uitvoering geeft aan het opleidingsplan; of

c. de opleider niet voldoet aan de bij of krachtens wet gestelde regels.

3. Bij of krachtens algemene maatregel van bestuur worden nadere regels gesteld met betrekking tot de aanvraag van een erkenning en de besluitvorming daarover. Bij of krachtens algemene maatregel van bestuur kan een commissie worden ingesteld die belast is met de behandeling van beroepschriften van cursisten en stagiairs en met advisering over de opleiding.

Art. 25b

1. Het verzoek om goedkeuring van de toevoeging van een kandidaat-gerechtsdeurwaarder, bedoeld in artikel 25, derde lid, wordt gedaan door de gerechtsdeurwaarder en de beoogd kandidaat-gerechtsdeurwaarder gezamenlijk en bevat:

a. de naam, voornamen en datum van geboorte van de beoogd kandidaat-gerechtsdeurwaarder;

b. de naam, voornamen en plaats van vestiging van de gerechtsdeurwaarder;

c. indien de beoogd kandidaat-gerechtsdeurwaarder reeds eerder als kandidaat-gerechtsdeurwaarder werkzaam was: het tijdvak van deze werkzaamheden en de naam en de plaats van vestiging van de gerechtsdeurwaarder aan wie hij laatst was toegevoegd;

d. een verklaring van het bestuur van de KBvG, waaruit blijkt of aan de beoogd kandidaat-gerechtsdeurwaarder, respectievelijk de gerechtsdeurwaarder aan wie wordt toegevoegd, dan wel eerder was toegevoegd, een maatregel als bedoeld in de artikelen 43 of 49 is opgelegd, en zo ja, welke.

2. Een kandidaat-gerechtsdeurwaarder kan slechts als zodanig worden aangewezen indien hij in het bezit is van een verklaring omtrent het gedrag, afgegeven volgens de Wet justitiële en strafvorderlijke gegevens en die niet ouder is dan drie maanden, dan wel indien betrokkene niet de Nederlandse nationaliteit bezit, een met een verklaring omtrent het gedrag gelijk te stellen verklaring afgegeven door het daartoe bevoegde gezag in de staat van herkomst. Artikel 5, onderdeel d, is van overeenkomstige toepassing.

3. Bij algemene maatregel van bestuur worden regels gesteld met betrekking tot het aantal kandidaat-gerechtsdeurwaarders dat gelijktijdig onder verantwoordelijkheid van één gerechtsdeurwaarder werkzaam kan zijn.

Art. 25c

1. De kandidaat-gerechtsdeurwaarder kan namens en onder verantwoordelijkheid en toezicht van de gerechtsdeurwaarder op wiens kantoor hij werkzaam is, de ambtshandelingen verrichten waartoe deze bevoegd is.

2. De artikelen 3, tweede en derde lid, 13, 15 en 20 zijn van overeenkomstige toepassing op de kandidaat-gerechtsdeurwaarder. Artikel 23, derde lid, is van overeenkomstige toepassing op de kandidaat-gerechtsdeurwaarder, met dien verstande dat de navolgende eed of belofte wordt afgelegd:

«Ik zweer (beloof) getrouwheid aan de Koning en de Grondwet.»

«Ik zweer (beloof), dat ik mij zal gedragen naar de wetten en voorschriften op het ambt van gerechtsdeurwaarder van toepassing en dat ik mijn taak eerlijk en nauwgezet zal uitvoeren.»

3. Wanneer de eed of belofte, bedoeld in het tweede lid, in de Friese taal wordt afgelegd, luidt de tekst van de eed of belofte als volgt: «Ik swar (ûnthjit) trou oan de Kening en de Grûnwet.» «Ik swar (ûnthjit), dat ik my hâlde en drage sil neffens de wetten en foarskriften sa't dy op it amt fan gerjochtsdoarwaarder fan tapassing binne en dat ik myn taak earlik en sekuer útfiere sil.»

4. Artikel 9, vierde en vijfde lid, is van overeenkomstige toepassing op de aflegging van de eed of belofte door een kandidaat-gerechtsdeurwaarder. Hij mag zijn werkzaamheden eerst aanvangen nadat hij is ingeschreven in het gerechtsdeurwaardersregister.

5. Bij het verrichten van ambtshandelingen vermeldt de kandidaat-gerechtsdeurwaarder naast zijn naam, voornamen en hoedanigheid, de naam, voornamen en plaats van vestiging van de gerechtsdeurwaarder aan wie de goedkeuring bedoeld in artikel 25, derde lid, is verleend.

6. De kandidaat-gerechtsdeurwaarder verricht geen ambtshandelingen indien voor de gerechtsdeurwaarder een waarnemend gerechtsdeurwaarder is benoemd, tenzij de waarnemend gerechtsdeurwaarder hem, na kennisgeving aan Onze Minister, toestemming heeft verleend om onder verantwoordelijkheid van de waarnemend gerechtsdeurwaarder zijn werkzaamheden als kandidaat-gerechtsdeurwaarder voort te zetten.

Art. 26

Stageverplichting kandidaat-gerechtsdeurwaarder

1. De artikelen 25, 25b, 25c en 29 zijn van overeenkomstige toepassing bij een stageverplichting in het kader van de in artikel 25, eerste lid, bedoelde opleiding.

2. Iedere gerechtsdeurwaarder werkt naar vermogen mee aan de in het eerste lid genoemde stageverplichting. Het bestuur van de KBvG kan gerechtsdeurwaarders aanwijzen die de zorg dragen voor een stageplek voor gegadigden, tenzij dit voor de desbetreffende gerechtsdeurwaarder een onredelijke last zou vormen.

3. Degene die aan een gerechtsdeurwaarder wordt toegevoegd ten behoeve van de stageverplichting in het kader van de in artikel 25, eerste lid, bedoelde opleiding, mag zich kandidaat-gerechtsdeurwaarder noemen en is voor de duur van de toevoeging onderworpen aan het toezicht en tuchtrecht zoals dat voor kandidaat-gerechtsdeurwaarders geldt.

Art. 27

Toegevoegd gerechtsdeurwaarder

1. Een gerechtsdeurwaarder kan, met goedkeuring van Onze Minister, een op grond van artikel 5 benoembare persoon, aanwijzen als een aan hem toegevoegd gerechtsdeurwaarder. De toegevoegd gerechtsdeurwaarder is bij de gerechtsdeurwaarder aan wie hij is toegevoegd, werkzaam op kantoor en kan onder verantwoordelijkheid en toezicht van deze gerechtsdeurwaarder namens hem de ambtshandelingen verrichten waartoe deze bevoegd is.

2. Het aantal toegevoegd gerechtsdeurwaarders per gerechtsdeurwaarder bedraagt ten hoogste drie.

3. De onderdelen e en f in artikel 5 zijn niet van toepassing in geval van een aanwijzing als bedoeld in het eerste lid.

4. Een toegevoegd gerechtsdeurwaarder wordt aan niet meer dan twee gerechtsdeurwaarders gelijktijdig toegevoegd.

Art. 28

Bevoegdheden toegevoegd gerechtsdeurwaarder

1. De artikelen 3, tweede en derde lid, 13, 15 en 20 zijn van overeenkomstige toepassing op de toegevoegd gerechtsdeurwaarder.

2. Artikel 23, derde lid, is van overeenkomstige toepassing op de toegevoegd gerechtsdeurwaarder die nog niet eerder is toegevoegd, met dien verstande dat de navolgende eed of belofte wordt afgelegd:

«Ik zweer (beloof) getrouwheid aan de Koning en de Grondwet.»

«Ik zweer (beloof), dat ik mij zal gedragen naar de wetten en voorschriften op het ambt van gerechtsdeurwaarder van toepassing en dat ik mijn taak eerlijk en nauwgezet zal uitvoeren.»

3. Wanneer de eed of belofte, bedoeld in het tweede lid, in de Friese taal wordt afgelegd, luidt de tekst van de eed of belofte als volgt: «Ik swar (ûnthjit) trou oan de Kening en de Grûnwet.» «Ik swar (ûnthjit), dat ik my hâlde en drage sil neffens de wetten en foarskriften sa't dy op it amt fan gerjochtsDoarwarder fan tapassing binne en dat ik myn taak earlik en sekuer útfiere sil.»

4. Artikel 9, vierde en vijfde lid, is van overeenkomstige toepassing op de aflegging van de eed of belofte door een toegevoegd gerechtsdeurwaarder. Hij mag zijn werkzaamheden eerst aanvangen nadat hij is ingeschreven in het gerechtsdeurwaardersregister.

5. Bij het verrichten van ambtshandelingen vermeldt de toegevoegd gerechtsdeurwaarder naast zijn naam, voornamen en hoedanigheid, de naam, voornamen en plaats van vestiging van de gerechtsdeurwaarder aan wie hij is toegevoegd.

6. De toegevoegd gerechtsdeurwaarder verricht geen ambtshandelingen indien voor de gerechtsdeurwaarder een waarnemend gerechtsdeurwaarder is benoemd, tenzij de waarnemend gerechtsdeurwaarder hem, na kennisgeving aan Onze Minister, toestemming heeft verleend om onder verantwoordelijkheid van de waarnemend gerechtsdeurwaarder zijn werkzaamheden als toegevoegd gerechtsdeurwaarder voort te zetten.

Art. 29

Einde toevoeging gerechtsdeurwaarder

1. De toevoeging bedoeld, in artikel 25, derde lid, of artikel 27, eerste lid, eindigt van rechtswege:

a. door opzegging dan wel het eindigen van de arbeidsovereenkomst van de kandidaat-gerechtsdeurwaarder of de toegevoegd gerechtsdeurwaarder of schorsing in zijn werkzaamheden door zijn werkgever;

b. met ingang van de eerstvolgende maand na het bereiken van de 70-jarige leeftijd door de kandidaat-gerechtsdeurwaarder, toegevoegd gerechtsdeurwaarder of gerechtsdeurwaarder;

c. door de onherroepelijke oplegging van de maatregel van ontzetting uit het ambt, ontslag of overlijden van de gerechtsdeurwaarder; of

d. door benoeming van de kandidaat-gerechtsdeurwaarder of toegevoegd gerechtsdeurwaarder tot gerechtsdeurwaarder.

2. De toevoeging wordt opgeschort met het ingaan van de schorsing van de gerechtsdeurwaarder in de uitoefening van het ambt. Indien voor de geschorste gerechtsdeurwaarder een waarnemend gerechtsdeurwaarder wordt benoemd kan hij diens kandidaat-gerechtsdeurwaarder of toegevoegd gerechtsdeurwaarder, na kennisgeving aan Onze Minister, toestemming geven ambtshandelingen te verrichten. Indien de waarnemend gerechtsdeurwaarder gedurende de duur van de schorsing komt te overlijden of wordt ontslagen, is het eerste lid van overeenkomstige toepassing.

3. Onze Minister kan de goedkeuring van de toevoeging intrekken:

a. op verzoek van de kandidaat-gerechtsdeurwaarder of toegevoegd gerechtsdeurwaarder, of

b. indien er sprake is van andere omstandigheden dan bedoeld in het eerste lid waardoor niet langer wordt voldaan aan de voorwaarden voor toevoeging.

4. Indien zich feiten of omstandigheden voordoen die ingevolge het eerste lid leiden tot beëindiging van de toevoeging van rechtswege of ingevolge het derde lid grond kunnen vormen voor intrekking van de goedkeuring van de toevoeging, doen de gerechtsdeurwaarder en kandidaatgerechtsdeurwaarder of de toegevoegd gerechtsdeurwaarder daarvan onverwijld mededeling aan de KBvG, Onze Minister en het Bureau.

Hoofdstuk IV Toezicht en tuchtrechtspraak

Paragraaf 1 Toezicht

Art. 30

Het toezicht op de naleving door de gerechtsdeurwaarder, de waarnemend gerechtsdeurwaarder, toegevoegd gerechtsdeurwaarder en kandidaat-gerechtsdeurwaarder van het bepaalde bij of krachtens deze wet, wordt uitgeoefend door het Bureau.

Toezicht door het Bureau

Art. 30a

1. De bij besluit van het bestuur van het Bureau aangewezen personen die werkzaam zijn bij het Bureau, zijn belast met het houden van toezicht op de naleving van het bepaalde bij of krachtens deze wet. Van dat besluit wordt mededeling gedaan in de Staatscourant.

2. In aanvulling op artikel 5:17 van de Algemene wet bestuursrecht is een toezichthouder als bedoeld in het eerste lid bevoegd om inzage te vorderen in persoonlijke gegevens en bescheiden, voor zover deze betrekking hebben op de persoonlijke financiële administratie van de gerechtsdeurwaarder.

Toezicht door het Bureau

Art. 30b

1. Indien het Bureau bij de uitoefening van het toezicht van feiten of omstandigheden blijkt die naar zijn oordeel grond opleveren voor het opleggen van een tuchtmaatregel, kan het een klacht indienen bij de kamer voor gerechtsdeurwaarders, tenzij toepassing wordt gegeven aan het tweede lid.

2. Het Bureau kan voor de overtreding van het bepaalde bij of krachtens de artikelen 17, eerste of vijfde lid, 19a, en 31, eerste lid, de overtreder een bestuurlijke boete en een last onder dwangsom opleggen.

3. De bestuurlijke boete bedraagt ten hoogste het bedrag van de geldboete van de derde categorie, bedoeld in artikel 23, vierde lid, van het Wetboek van Strafrecht.

4. Een bestuurlijke boete wordt niet opgelegd indien tegen de overtreder vanwege dezelfde gedraging een klacht bij de kamer voor gerechtsdeurwaarders is ingediend.

Tuchtmaatregelen door het Bureau

Art. 31

1. De gerechtsdeurwaarder is verplicht de in artikel 17, eerste lid, bedoelde stukken, vergezeld van een verslag van het onderzoek daarover van een accountant als bedoeld in artikel 393, eerste lid, van Boek 2 van het Burgerlijk Wetboek, dat voor wat betreft de jaarrekening van het kantoor ten minste een beoordelingskarakter draagt, binnen zes maanden na afloop van elk boekjaar in te dienen bij het Bureau.

2. Bij regeling van Onze Minister worden regels gesteld betreffende de wijze van indiening en de inhoud van het verslag, bedoeld in het eerste lid, alsmede de inhoud en wijze van verstrekking van overige gegevens aan het Bureau.

Verplichte indiening financiële stukken bij het Bureau

Art. 32

Het Bureau is belast met het doen van elk onderzoek naar de kantoor- en privé-administratie van de gerechtsdeurwaarder waartoe de voorzitter van de kamer van gerechtsdeurwaarders overeenkomstig artikel 34, zesde lid, opdracht geeft.

Onderzoek kantoor- en privé-administratie

Art. 33

1. Het Bureau verschaft aan de Commissie van deskundigen, bedoeld in artikel 6, tweede lid, desverlangt inlichtingen in verband met het onderzoek van het ondernemingsplan.

2. Het bestuur van de KBvG is verplicht een ieder met een redelijk belang, in verband met het opstellen van een ondernemingsplan als bedoeld in artikel 5, desverlangt inlichtingen te verschaffen over door gerechtsdeurwaarders verrichte ambtshandelingen. Bij algemene maatregel

Onderzoek ondernemingsplan Inlichtingen over ambtshandelingen

B46 art. 33a

Gerechtsdeurwaarderswet

van bestuur kan worden bepaald dat het Bureau het bestuur van de KBvG de hiervoor benodigde gegevens verstrekt.

Art. 33a

Bewindvoering bij tekortschieten bedrijfsvoering

1. Indien de continuïteit van de praktijk van een gerechtsdeurwaarder vanwege de wijze van bedrijfsvoering in gevaar dreigt te komen, kan door de voorzitter van de kamer voor gerechtsdeurwaarders, ambtshalve, naar aanleiding van een klacht, dan wel op verzoek van de KBvG of het Bureau, na verhoor of – bij het niet verschijnen van de gerechtsdeurwaarder – na behoorlijke oproeping daartoe van de gerechtsdeurwaarder, voor een periode van maximaal een jaar een stille bewindvoerder worden benoemd.

2. De stille bewindvoerder geeft de gerechtsdeurwaarder advies en begeleiding bij zijn bedrijfsvoering en is tevens bevoegd om daaromtrent bindende aanwijzingen aan de gerechtsdeurwaarder te geven.

3. Bij de benoeming wordt een honorarium vastgesteld dat ten laste komt van de gerechtsdeurwaarder.

4. De voorzitter van de kamer voor gerechtsdeurwaarders kan instructies geven aan de stille bewindvoerder met betrekking tot de bewindvoering.

5. De voorzitter van de kamer voor gerechtsdeurwaarders kan de bewindvoering te allen tijde opschorten of beëindigen, al dan niet op verzoek van de gerechtsdeurwaarder.

Paragraaf 2 Tuchtrechtspraak

Art. 34

Tuchtrechtspraak

1. De gerechtsdeurwaarder, waarnemend gerechtsdeurwaarder, toegevoegd gerechtsdeurwaarder, kandidaat-gerechtsdeurwaarder en degene die is toegevoegd in het kader van de stageverplichting bij de in artikel 25, eerste lid, bedoelde opleiding, zijn aan tuchtrechtspraak onderworpen ter zake van enig handelen of nalaten in strijd met enige bij of krachtens deze wet gegeven bepaling en ter zake van enig handelen of nalaten dat een behoorlijk gerechtsdeurwaarder, waarnemend gerechtsdeurwaarder, toegevoegd gerechtsdeurwaarder of kandidaat-gerechtsdeurwaarder niet betaamt.

Kamer voor gerechtsdeurwaarders

2. De tuchtrechtspraak wordt in eerste aanleg uitgeoefend door een kamer voor gerechtsdeurwaarders. De kamer voor gerechtsdeurwaarders is gevestigd te Amsterdam. Zij kan ook buiten de vestigingsplaats zitting houden.

Hoger beroep; Gerechtshof te Amsterdam

3. De tuchtrechtspraak wordt in hoger beroep uitgeoefend door het gerechtshof Amsterdam. Tegen beslissingen van het gerechtshof is geen hogere voorziening toegelaten, behoudens cassatie in het belang der wet.

4. Een lid dan wel plaatsvervangend lid van de kamer voor gerechtsdeurwaarders die gerechtsdeurwaarder is, wordt ingeval tegen hem een klacht is ingediend onderscheidenlijk een verzoek is gedaan als bedoeld in artikel 37, tweede lid, vervangen door een door de president van het gerechtshof Amsterdam aan te wijzen ander lid dan wel plaatsvervangend lid, door Onze Minister benoemd op grond van artikel 35, derde lid.

5. Degene die op grond van artikel 51 is geschorst of op grond van artikel 52 is ontslagen, dan wel degene van wie de toevoeging is beëindigd, blijft aan de tuchtrechtspraak onderworpen ter zake van enig handelen of nalaten als bedoeld in het eerste lid, gedurende de tijd dat hij werkzaam was als gerechtsdeurwaarder, toegevoegd gerechtsdeurwaarder, kandidaat-gerechtsdeurwaarder of toegevoegd in het kader van de stageverplichting bij de in artikel 25, eerste lid, bedoelde opleiding.

Onderzoek Bureau

6. De voorzitter van de kamer voor gerechtsdeurwaarders kan, indien hij zulks in het belang van het onderzoek wenselijk acht, het Bureau opdragen een onderzoek in te stellen en hem van zijn bevindingen verslag uit te brengen.

Art. 34a

Jaarverslag en begroting KBvG

1. De kamer voor gerechtsdeurwaarders stelt jaarlijks een jaarverslag op alsmede een begroting van de in het daaropvolgende jaar te verwachten inkomsten en uitgaven met betrekking tot de uitvoering van de bij of krachtens deze wet opgedragen taken en daaruit voortvloeiende werkzaamheden op het terrein van de tuchtrechtspraak. De begrotingsposten worden van een toelichting voorzien.

2. Tenzij de werkzaamheden waarop de begroting betrekking heeft nog niet eerder werden verricht, bevat de begroting een vergelijking met de begroting van het lopende jaar waarmee Onze Minister heeft ingestemd.

3. De kamer voor gerechtsdeurwaarders zendt de begroting voor een door Onze Minister te bepalen tijdstip voorafgaande aan het begrotingsjaar ter instemming aan Onze Minister.

4. Onze Minister stemt niet in met de begroting dan nadat de KBvG is gehoord. De instemming kan worden onthouden wegens strijd met het recht of het algemeen belang. Ingeval van gebleken strijdigheid wordt instemming niet onthouden dan nadat de kamer voor gerechtsdeurwaarders in de gelegenheid is gesteld de begroting aan te passen, binnen een door Onze Minister te stellen redelijke termijn.

5. Wanneer Onze Minister niet met de begroting heeft ingestemd vóór 1 januari van het jaar waarop deze betrekking heeft, kan de kamer voor gerechtsdeurwaarders, in het belang van een juiste uitvoering van zijn taak, voor het aangaan van verplichtingen en het verrichten van uitgaven beschikken over ten hoogste drie twaalfde gedeelten van de bedragen die bij de overeenkomstige onderdelen in de begroting van het voorafgaande jaar waren toegestaan.

6. Indien gedurende het jaar aanzienlijke verschillen ontstaan of dreigen te ontstaan tussen de werkelijke en begrote baten en lasten dan wel inkomsten en uitgaven, doet de kamer voor gerechtsdeurwaarders daarvan onverwijld mededeling aan Onze Minister onder vermelding van de oorzaak en de verwachte omvang van de verschillen.

7. De kamer voor gerechtsdeurwaarders zendt het jaarverslag voor een door Onze Minister te bepalen tijdstip aan Onze Minister.

8. Bij ministeriële regeling kunnen regels worden gesteld voor de inrichting van de begroting en de inhoud van het jaarverslag.

Art. 35

1. De kamer voor gerechtsdeurwaarders bestaat uit vijf leden, onder wie de voorzitter, en tien plaatsvervangende leden, onder wie twee of meer plaatsvervangend voorzitters.

Samenstelling kamer

2. Onze Minister benoemt drie leden, onder wie de voorzitter, alsmede zes plaatsvervangende leden, onder wie de plaatsvervangend voorzitters, uit voor het leven benoemde leden van de rechterlijke macht.

3. Onze Minister benoemt, de voorzitter van de kamer voor gerechtsdeurwaarders gehoord, twee leden en vier plaatsvervangende leden uit de in artikel 56 genoemde leden van de KBvG, met uitzondering van degenen die zijn toegevoegd in het kader van de stageverplichting bij de in artikel 25, eerste lid bedoelde opleiding, op aanbeveling van de KBvG. De aanbeveling omvat voor iedere benoeming ten minste drie namen.

4. De leden en de plaatsvervangende leden worden benoemd voor vier jaren; zij zijn bij hun aftreden eenmaal herbenoembaar.

5. Het lidmaatschap van de kamer voor gerechtsdeurwaarders is onverenigbaar met het lidmaatschap van het bestuur van de KBvG.

Onverenigbare functie

6. De daartoe door het bestuur van de rechtbank Amsterdam aangewezen gerechtsambtenaren, rechters in opleiding, senior gerechtsauditeurs en gerechtsauditeurs verrichten de werkzaamheden die bij of krachtens de wet aan de secretaris zijn opgedragen. Voor het verrichten van deze werkzaamheden kan hij zich met toestemming van de voorzitter doen vervangen door een andere door het bestuur van de rechtbank Amsterdam aangewezen gerechtsambtenaar, rechter in opleiding, senior-gerechtsauditeur of gerechtsauditeur.

7. De reis- en verblijfskosten van de voorzitter, de plaatsvervangend voorzitter, de leden, de plaatsvervangende leden en de secretaris komen ten laste van de Staat.

Art. 36

1. De voorzitter, de leden, de plaatsvervangende leden en de secretaris van de kamer voor gerechtsdeurwaarders zijn verplicht tot geheimhouding van de gegevens waarover zij bij de uitoefening van hun taak de beschikking krijgen en waarvan zij het vertrouwelijke karakter kennen of redelijkerwijs moeten vermoeden, behoudens voor zover enig wettelijk voorschrift hen tot mededeling verplicht of uit hun ambt de noodzaak tot mededeling voortvloeit.

Gedragsregels leden kamer

2. Het bepaalde in de artikelen 46c, onderdelen b en c, 46ca, eerste lid, onderdeel d, 46d, tweede lid, 46f, 46i met uitzondering van het eerste lid, onderdeel c, 46j, 46l, eerste en derde lid, 46m, 46o en 46p van de Wet rechtspositie rechterlijke ambtenaren is van overeenkomstige toepassing ten aanzien van de leden en de plaatsvervangende leden van de kamer voor gerechtsdeurwaarders.

3. Het lidmaatschap van de kamer voor gerechtsdeurwaarders van leden en plaatsvervangend leden vervalt van rechtswege indien zij ophouden te voldoen aan de vereisten voor benoeming.

4. De artikelen 13a, 13b, uitgezonderd het eerste lid, onderdelen b en c, en vierde lid, en 13c tot en met 13g van de Wet op de rechterlijke organisatie zijn van overeenkomstige toepassing ten aanzien van gedragingen van de leden en de plaatsvervangende leden van de kamer voor gerechtsdeurwaarders, met dien verstande dat:

a. voor de overeenkomstige toepassing van die artikelen onder «het betrokken gerechtsbestuur» wordt verstaan: de voorzitter van de kamer voor gerechtsdeurwaarders; en

b. de procureur-generaal niet verplicht is aan het verzoek, bedoeld in artikel 13a, te voldoen, indien de verzoeker redelijkerwijs onvoldoende belang heeft bij een onderzoek als bedoeld in datzelfde artikel.

Art. 37

1. Aan de behandeling en de beslissing van tuchtzaken wordt op straffe van nietigheid deelgenomen door ten minste twee leden of plaatsvervangende leden, onder wie de voorzitter of de plaatsvervangend voorzitter, door Onze Minister benoemd op grond van artikel 35, tweede lid, en een lid of plaatsvervangend lid, door Onze Minister benoemd op grond van artikel 35, derde

Behandeling tuchtzaken

B46 *art. 38* Gerechtsdeurwaarderswet

lid. Indien de voorzitter of plaatsvervangend voorzitter door na aanvang van de zaak opgekomen omstandigheden is verhinderd, kan deze worden vervangen door een op grond van artikel 35, tweede lid, door Onze Minister benoemd lid of plaatsvervangend lid.

2. De kamer voor gerechtsdeurwaarders neemt een tegen een gerechtsdeurwaarder gerezen bezwaar in behandeling hetzij op verzoek van Onze Minister, hetzij op een bij de kamer ingediende klacht. Een verzoek van Onze Minister of een klacht wordt schriftelijk en met redenen omkleed ingediend bij de voorzitter van de kamer voor gerechtsdeurwaarders. Indien de klager daarom verzoekt, is de secretaris hem behulpzaam bij het op schrift stellen van de klacht. Indien de klacht wordt ingediend na verloop van drie jaren na de dag waarop de klager heeft kennisgenomen of redelijkerwijs kennis heeft kunnen nemen van het handelen of nalaten van de gerechtsdeurwaarder waarop de klacht betrekking heeft, wordt de klacht door de voorzitter nietontvankelijk verklaard. De beslissing tot niet-ontvankelijkverklaring blijft achterwege indien de gevolgen van het handelen of nalaten redelijkerwijs pas nadien bekend zijn geworden. In dat geval verloopt de termijn voor het indienen van een klacht een jaar na de datum waarop de gevolgen redelijkerwijs als bekend geworden zijn aan te merken.

3. Voordat een tegen een gerechtsdeurwaarder gerezen bezwaar in behandeling wordt genomen op grond van een bij de kamer ingediende klacht, heft de secretaris van de kamer voor gerechtsdeurwaarders een griffierecht van € 50. Het griffierecht komt ten bate van de kamer voor gerechtsdeurwaarders.

4. De secretaris wijst de klager op de verschuldigdheid van het griffierecht en deelt hem mee dat het verschuldigde bedrag binnen vier weken na de dag van verzending van zijn mededeling dient te zijn bijgeschreven op het daartoe bekend gemaakte bankrekeningnummer.

5. Indien het griffierecht niet binnen de in het vierde lid bedoelde termijn is bijgeschreven op het daartoe bekend gemaakte bankrekeningnummer, dan wordt de klacht niet- ontvankelijk verklaard.

6. Indien een klacht in der minne is geschikt ingevolge het tiende lid, kan als onderdeel van de minnelijke schikking door partijen worden bepaald dat het door de klager betaalde griffierecht wordt vergoed door de betrokken gerechtsdeurwaarder.

7. Indien de klacht geheel of gedeeltelijk gegrond wordt verklaard, wordt het door de klager betaalde griffierecht vergoed door de betrokken gerechtsdeurwaarder.

8. In afwijking van het derde lid, wordt geen griffierecht geheven indien het verzoek of de klacht afkomstig is van:

a. Onze Minister;

b. het Bureau; of

c. de KBvG.

9. Onze Minister kan het in het derde lid bedoelde bedrag wijzigen voor zover de consumentenprijsindex daartoe aanleiding geeft.

Minnelijke schikking

10. Indien de voorzitter van oordeel is dat een klacht onderscheidenlijk een verzoek vatbaar is voor minnelijke schikking, roept hij de klager onderscheidenlijk Onze Minister en de betrokken gerechtsdeurwaarder op ten einde een zodanige schikking te beproeven.

11. Indien de klacht zich naar het oordeel van de voorzitter daartoe leent en uit de klacht blijkt dat deze nog niet is voorgelegd aan de geschillencommissie, bedoeld in artikel 57, derde lid, kan de voorzitter besluiten de behandeling van de klacht te schorsen, en de klager in de gelegenheid stellen het geschil voor te leggen aan de geschillencommissie. Tegen de beslissing is geen voorziening toegelaten.

12. Indien de klacht onderscheidenlijk het verzoek, bedoeld in het derde lid, niet in der minne wordt opgelost en het geschil, bedoeld in het vierde lid, niet naar tevredenheid van beide partijen wordt opgelost, brengt de voorzitter de klacht ter kennis van de kamer voor gerechtsdeurwaarders.

Verschoning en wraking

13. De leden van de kamer voor gerechtsdeurwaarders kunnen zich verschonen en kunnen worden gewraakt, indien er te hunnen aanzien feiten of omstandigheden bestaan waardoor in het algemeen de rechterlijke onpartijdigheid schade zou kunnen lijden. Titel IV van het Vierde Boek van het Wetboek van Strafvordering is van overeenkomstige toepassing, met dien verstande dat:

a. in plaats van het openbaar ministerie en de verdachte Onze Minister, de gerechtsdeurwaarder en de klager een verzoek om wraking kunnen doen;

b. deze voordracht mondeling of schriftelijk uiterlijk bij de aanvang van de behandeling moet worden gedaan, tenzij de feiten of omstandigheden die aan het verzoek ten grondslag liggen eerst in de loop van de behandeling ontstaan of bekend worden en

c. degene die met de andere leden van de kamer voor gerechtsdeurwaarders over wraking zal beslissen, wordt aangewezen uit de niet met de behandeling van de zaak belaste leden en plaatsvervangende leden van de kamer.

Art. 38

Schorsing in afwachting van beslissing

1. De kamer voor gerechtsdeurwaarders is bevoegd, al dan niet op verzoek van Onze Minister, het bestuur van de KBvG of het Bureau, een gerechtsdeurwaarder tegen wie een ernstig vermoeden is gerezen dat hij een van de in artikel 34, eerste lid, bedoelde handelingen of verzuimen heeft gepleegd, in afwachting van een beslissing hierover te schorsen voor een periode van ten hoogste zes maanden. Zij kan deze periode eenmaal verlengen voor ten hoogste zes maanden of totdat een beslissing tot voordracht tot ontslag onherroepelijk is geworden. De kamer voor gerechtsdeurwaarders kan steeds de schorsing opheffen.

2. De secretaris van de kamer voor gerechtsdeurwaarders stelt Onze Minister, het bestuur van de KBvG of het Bureau en de betrokken gerechtsdeurwaarder onverwijld in kennis van een schorsing als bedoeld in het eerste lid en van een beslissing tot verlenging dan wel de opheffing daarvan.

3. Over het voornemen tot schorsing wordt de betrokken gerechtsdeurwaarder gehoord.

4. Ingeval de kamer voor gerechtsdeurwaarders naar aanleiding van de in artikel 34, eerste lid, bedoelde handelingen of verzuimen beslist tot het opleggen van een schorsing gedurende een bepaalde termijn, kan zij de periode van schorsing ingevolge het eerste lid in mindering brengen op die termijn.

5. Het eerste lid is van overeenkomstige toepassing indien tegen een gerechtsdeurwaarder een strafrechtelijke vervolging ter zake van een misdrijf is ingesteld en het misdrijf mede het uitoefenen van het ambt van gerechtsdeurwaarder raakt.

6. Binnen dertig dagen na de mededeling, bedoeld in het tweede lid, kan Onze Minister, het bestuur van de KBvG, het Bureau of de betrokken gerechtsdeurwaarder daartegen bij met redenen omkleed beroepschrift beroep instellen bij het gerechtshof Amsterdam. Het beroep schorst de beslissing waartegen het is gericht niet.

Beroep tegen schorsing bij Gerechtshof Amsterdam

Art. 39

1. De voorzitter kan zonder nader onderzoek door de kamer voor gerechtsdeurwaarders kennelijk niet-ontvankelijke en kennelijk ongegronde klachten alsmede klachten die naar zijn oordeel van onvoldoende gewicht zijn, bij met redenen omklede beslissing afwijzen. Van de beslissing van de voorzitter doet de secretaris onverwijld mededeling aan de klager en aan de betrokken gerechtsdeurwaarder. Het afschrift van de beslissing gaat vergezeld van de mededeling van de termijn waarbinnen en de wijze waarop verzet kan worden gedaan. Tegen de terkennisbrenging van de klacht staat geen rechtsmiddel open.

Afwijzing klacht

2. Tegen de beslissing van de voorzitter tot afwijzing van een klacht kan de klager binnen veertien dagen na verzending van de kennisgeving schriftelijk verzet doen bij de kamer voor gerechtsdeurwaarders.

Verzet

3. Ten gevolge van het verzet vervalt de beslissing, tenzij de kamer voor gerechtsdeurwaarders het verzet niet-ontvankelijk of ongegrond verklaart. De kamer voor gerechtsdeurwaarders kan het verzet niet niet-ontvankelijk of ongegrond verklaren dan na de klager en, zo nodig, de betrokken gerechtsdeurwaarder in de gelegenheid te hebben gesteld te worden gehoord.

4. De beslissing op het verzet is met redenen omkleed. Tegen de beslissing staat geen rechtsmiddel open. Van de beslissing wordt schriftelijk kennis gegeven aan de klager en aan de betrokken gerechtsdeurwaarder.

Art. 40

1. Indien artikel 39, eerste lid, geen toepassing vindt of het verzet gegrond is verklaard, zendt de secretaris zo spoedig mogelijk een afschrift van het klaagschrift en de daarbij gevoegde bescheiden aan de betrokken gerechtsdeurwaarder.

Zenden bescheiden naar gerechtsdeurwaarder

2. Binnen een maand na dagtekening van de verzending van de in het eerste lid bedoelde bescheiden kan de betrokken gerechtsdeurwaarder een verweerschrift indienen; de voorzitter kan deze termijn op verzoek verlengen. De secretaris zendt afschrift van dit geschrift aan de klager.

Verweerschrift

3. De voorzitter is bevoegd aan de betrokken gerechtsdeurwaarder te vragen binnen een door hem te bepalen termijn schriftelijke inlichtingen te verschaffen en onder hem berustende of te zijner beschikking staande bescheiden, al dan niet in gewaarmerkt afschrift, en voorwerpen in te zenden.

Art. 41

1. De voorzitter bepaalt het tijdstip voor de behandeling ter zitting van de zaak. De secretaris roept de betrokken gerechtsdeurwaarder en de klager ten minste tien dagen van tevoren schriftelijk op het tijdstip van behandeling.

Behandeling zaak ter zitting

2. Wordt op de zitting de behandeling van de zaak voor een bepaalde tijd uitgesteld of geschorst, dan wordt geen nieuwe kennisgeving als bedoeld in het eerste lid gedaan.

3. De behandeling ter zitting van de kamer voor gerechtsdeurwaarders geschiedt in het openbaar. De kamer voor gerechtsdeurwaarders kan om gewichtige redenen bevelen, dat de behandeling geheel of gedeeltelijk met gesloten deuren zal plaatsvinden.

Openbare behandeling

4. De betrokken gerechtsdeurwaarder en de klager kunnen zich doen bijstaan of zich doen vertegenwoordigen door een gemachtigde.

Gemachtigde

5. De kamer voor gerechtsdeurwaarders kan weigeren bepaalde personen, die geen advocaat zijn, als raadsman toe te laten. Bij zodanige weigering houdt de kamer de zaak tot een volgende zitting aan.

Weigering personen als raadsman

B46 art. 42 **Gerechtsdeurwaarderswet**

Kennisneming stukken zaak

6. De secretaris van de kamer voor gerechtsdeurwaarders stelt de betrokken gerechtsdeurwaarder en de klager, alsmede hun gemachtigden dan wel degenen die hen bijstaan, tijdig tevoren in de gelegenheid om van de op de zaak betrekking hebbende stukken kennis te nemen. Met betrekking tot de voor de verstrekking van afschriften of uittreksels in rekening te brengen vergoedingen en met betrekking tot kosteloze verstrekkingen is het terzake bepaalde bij of krachtens de Wet griffierechten burgerlijke zaken van overeenkomstige toepassing.

Horen betrokkenen

7. Aan de betrokken gerechtsdeurwaarder en de klager of hun gemachtigden en aan degenen die hen bijstaan wordt de gelegenheid gegeven het woord te voeren en hun standpunt toe te lichten.

Art. 42

Getuigen en deskundigen

1. De kamer voor gerechtsdeurwaarders kan getuigen en deskundigen oproepen en horen. Het horen van getuigen en deskundigen kan ook aan één der leden van de kamer worden opgedragen. Ieder die als getuige of deskundige is opgeroepen, is verplicht aan de oproeping gevolg te geven. Hij is voorts verplicht op de gestelde vragen te antwoorden, onderscheidenlijk de van hem gevorderde diensten te verlenen.

2. Op verzoek van de kamer voor gerechtsdeurwaarders doet de officier van justitie hen dagvaarden. De betrokkene is verplicht na dagvaarding te verschijnen.

3. Verschijnt een getuige of een deskundige op de dagvaarding niet, dan doet de officier van justitie op verzoek van de kamer hem andermaal dagvaarden, desverzocht met bevel tot medebrenging. Artikel 6:1:5 van het Wetboek van Strafvordering is van overeenkomstige toepassing.

4. De artikelen 290 en 292, eerste en vierde lid, onderscheidenlijk 299 van het Wetboek van Strafvordering zijn van overeenkomstige toepassing met betrekking tot het horen van een getuige onderscheidenlijk een deskundige.

5. Ten aanzien van getuigen en deskundigen zijn de artikelen 217 tot en met 219 van het Wetboek van Strafvordering van overeenkomstige toepassing.

6. De getuigen en deskundigen ontvangen indien zij dit wensen op vertoon van hun oproeping of dagvaarding schadeloosstelling, door de voorzitter van de kamer voor gerechtsdeurwaarders te begroten overeenkomstig het bij of krachtens de Wet griffierechten burgerlijke zaken bepaalde.

Art. 43

Beslissing kamer

1. De beslissing van de kamer voor gerechtsdeurwaarders betreffende een tegen een gerechtsdeurwaarder gerezen bezwaar strekt tot niet-ontvankelijkverklaring, ongegrondverklaring of gegrondverklaring van het bezwaar. De beslissing is met redenen omkleed en wordt in het openbaar uitgesproken, alles op straffe van nietigheid.

Maatregelen bij gegrondverklaring

2. Indien de kamer voor gerechtsdeurwaarders het bezwaar geheel of gedeeltelijk gegrond verklaart, kan zij de navolgende maatregelen opleggen:

a. een waarschuwing;

b. een berisping;

c. een geldboete;

d. de ontzegging van de bevoegdheid tot het aanwijzen van een toegevoegd gerechtsdeurwaarder of kandidaat-gerechtsdeurwaarder, voor bepaalde of onbepaalde duur;

e. de schorsing in de uitoefening van het ambt voor de duur van ten hoogste één jaar;

f. de ontzetting uit het ambt.

3. De kamer voor gerechtsdeurwaarders kan het bezwaar ook gegrond verklaren zonder oplegging van een maatregel.

Openbaarmaking

4. De maatregel van een geldboete kan gelijktijdig worden opgelegd met een andere maatregel. Bij de beslissing tot oplegging van een maatregel als bedoeld in het tweede lid kan worden bepaald dat deze wordt openbaar gemaakt op een daarbij voorgeschreven wijze, indien enig door artikel 34, eerste lid, beschermd belang dat vordert.

5. Tot de tenuitvoerlegging van een maatregel wordt eerst overgegaan na het onherroepelijk worden van de beslissing of op een in de beslissing bepaald later tijdstip.

Termijn betalen geldboete

6. De geldboete, bedoeld het tweede lid, onderdeel c, bedraagt ten hoogste het bedrag van de vierde categorie, bedoeld in artikel 23, vierde lid, van het Wetboek van Strafrecht. Een beslissing tot oplegging van een geldboete bepaalt de termijn waarbinnen deze moet zijn voldaan. Op verzoek van de gerechtsdeurwaarder kan de voorzitter de termijn verlengen. Wordt de boete niet binnen de gestelde termijn voldaan, dan kan de kamer voor gerechtsdeurwaarders ambtshalve beslissen de gerechtsdeurwaarder, na hem in de gelegenheid te hebben gesteld te worden gehoord, op deze grond een of meer maatregelen als bedoeld in het tweede lid op te leggen. De opgelegde boete komt ten bate van de Staat.

7. De secretaris van de kamer voor gerechtsdeurwaarders zendt haar beslissing onverwijld schriftelijk aan Onze Minister, het bestuur van de KBvG, het Bureau, de betrokken gerechtsdeurwaarder en de klager. De kamer kan in haar beslissing bepalen, dat aan de klager slechts kennis wordt gegeven van dat deel van de beslissing dat voor hem van belang is.

8. In het geval waarin de kamer voor gerechtsdeurwaarders de ontzetting uit het ambt gelast, bepaalt zij tevens de termijn waarbinnen betrokkene niet tot waarnemer kan worden benoemd of aan een gerechtsdeurwaarder kan worden toegevoegd. Deze termijn bedraagt maximaal tien jaren.

9. Artikel 195 van het Wetboek van Strafrecht is van toepassing.

Art. 43a

1. Indien een klacht geheel of gedeeltelijk gegrond wordt verklaard en een maatregel wordt opgelegd als bedoeld in artikel 43, tweede lid, kan de uitspraak tevens inhouden een veroordeling van de gerechtsdeurwaarder in:

a. de kosten die de klager in verband met de behandeling van de klacht redelijkerwijs heeft moeten maken; en

b. de overige kosten die in verband met de behandeling van de zaak zijn gemaakt.

2. Het eerste lid, onderdeel a, is niet van toepassing voor zover de klacht is ingediend door Onze Minister, het Bureau of de KBvG.

3. In geval van een veroordeling in de kosten als bedoeld in het eerste lid, onderdeel a, ten behoeve van de klager een toevoeging is verleend krachtens de Wet op de rechtsbijstand, wordt het bedrag van die kosten betaald aan de rechtsbijstandverlener. De rechtsbijstandverlener stelt de klager zoveel mogelijk schadeloos voor de door deze voldane eigen bijdrage. De rechtsbijstandverlener doet aan de raad voor rechtsbijstand opgave van een kostenvergoeding door beklaagde. In geval ten behoeve van de klager geen toevoeging is verleend, worden de kosten betaald aan de klager.

4. Op een veroordeling in de kosten als bedoeld in het eerste lid, onderdeel b, is het bepaalde in artikel 43, zesde lid, van overeenkomstige toepassing.

5. De vergoeding van de kosten als bedoeld in het eerste lid, onderdeel b, wordt in mindering gebracht op de in artikel 78 bedoelde kosten die samenhangen met tuchtrechtspraak.

Art. 43b

1. De beslissing tot het opleggen van een geldboete of een proceskostenveroordeling levert een executoriale titel op, die met toepassing van het Wetboek van Burgerlijke Rechtsvordering ten uitvoer kan worden gelegd.

2. Bij algemene maatregel van bestuur worden nadere regels gesteld over de tenuitvoerlegging van de beslissing, bedoeld in het eerste lid.

Art. 44

De artikelen 40 tot en met 43b zijn van overeenkomstige toepassing op de behandeling van een bezwaar tegen een gerechtsdeurwaarder op verzoek van Onze Minister.

Art. 45

1. Tegen een beslissing van de kamer voor gerechtsdeurwaarders inzake een tegen een gerechtsdeurwaarder gerezen bezwaar kan door Onze Minister, de betrokken gerechtsdeurwaarder of de klager binnen dertig dagen na dagtekening van de schriftelijke kennisgeving, bedoeld in artikel 43, zevende lid, bij met redenen omkleed beroepschrift, hoger beroep worden ingesteld bij het gerechtshof Amsterdam.

2. Het beroepschrift wordt ingediend bij de griffier van het gerechtshof tezamen met een afschrift van de beslissing waartegen het beroep is gericht.

3. Het beroep wordt behandeld door een kamer van het gerechtshof, belast met de behandeling van burgerlijke zaken.

4. De leden van het gerechtshof kunnen zich verschonen en kunnen worden gewraakt, indien er te hunnen aanzien feiten of omstandigheden bestaan, waardoor in het algemeen de rechterlijke onpartijdigheid schade zou kunnen lijden. Titel IV van het Vierde Boek van het Wetboek van Strafvordering is van overeenkomstige toepassing met dien verstande dat:

a. in plaats van het openbaar ministerie en de verdachte Onze Minister, de gerechtsdeurwaarder en de klager een verzoek om wraking kunnen doen;

b. deze voordracht mondeling of schriftelijk uiterlijk bij de aanvang van de behandeling moet worden gedaan, tenzij de feiten of omstandigheden die aan het verzoek ten grondslag liggen eerst in de loop van de behandeling ontstaan of bekend worden en

c. degene die met de andere leden van het gerechtshof over wraking zal beslissen, wordt aangewezen uit de niet met de behandeling van de zaak belaste leden en plaatsvervangende leden van het hof.

5. Door het beroep wordt de tenuitvoerlegging van de opgelegde maatregel geschorst.

6. Artikel 38 is van overeenkomstige toepassing gedurende de behandeling van het hoger beroep.

Art. 46

1. De griffier geeft zo spoedig mogelijk kennis van het beroep onder toezending van een afschrift van het beroepschrift, aan de kamer voor gerechtsdeurwaarders alsmede aan Onze Minister onderscheidenlijk de gerechtsdeurwaarder of de klager, voor zover het beroep niet door hem is ingesteld.

2. De kamer voor gerechtsdeurwaarders doet binnen drie weken na ontvangst van de kennisgeving, bedoeld in het eerste lid, de stukken die op de zaak betrekking hebben, toekomen aan het gerechtshof.

Veroordeling tot betaling van de kosten

Beslissing tot boete of proceskostenveroordeling als executoriale titel

Schakelbepaling

Hoger beroep

Verschoning en wraking

Kennisgeving van hoger beroep

B46 art. 47 **Gerechtsdeurwaarderswet**

Art. 47

Schakelbepaling

Op de behandeling van het hoger beroep is het bepaalde bij en krachtens de artikelen 37, derde tot en met vijfde lid en zevende tot en met negende lid, 40, tweede en derde lid, en 41 tot en met 43b van overeenkomstige toepassing.

Art. 48

Beslissing gerechtshof

1. Het gerechtshof bevestigt de beslissing van de kamer voor gerechtsdeurwaarders, hetzij met overneming, hetzij met verbetering van de gronden, of doet met gehele of gedeeltelijke vernietiging van de beslissing, hetgeen de kamer voor gerechtsdeurwaarders had behoren te doen. De beslissing van het gerechtshof is met redenen omkleed en wordt in het openbaar uitgesproken, alles op straffe van nietigheid.

Terugzenden zaak bij vernietiging niet-ontvankelijkheid

2. Indien het gerechtshof een beslissing van de kamer voor gerechtsdeurwaarders tot niet-ontvankelijkheid vernietigt, wordt de zaak ter verdere behandeling teruggezonden aan de kamer voor gerechtsdeurwaarders.

Verzwaren maatregel

3. Indien alleen de betrokken gerechtsdeurwaarder hoger beroep heeft ingesteld, kan het gerechtshof alleen met eenparigheid van stemmen de opgelegde maatregel verzwaren.

4. De griffier zendt onverwijld afschrift van de beslissing van het gerechtshof aan de kamer voor gerechtsdeurwaarders, aan Onze Minister, het bestuur van de KBvG, het Bureau, de betrokken gerechtsdeurwaarder en aan de klager.

5. De griffier zendt zo spoedig mogelijk afschrift van een beslissing als bedoeld in het tweede lid, aan de kamer voor gerechtsdeurwaarders, onder medezending van de op de zaak betrekking hebbende stukken.

Art. 49

Waarnemend, toegevoegd of kandidaat-gerechtsdeurwaarder, alsmede stagiaire

1. Het bepaalde in dit hoofdstuk ten aanzien van een gerechtsdeurwaarder is van overeenkomstige toepassing op een:

a. waarnemend gerechtsdeurwaarder met dien verstande dat, ingeval jegens hem een bezwaar geheel of gedeeltelijk gegrond wordt verklaard, hij tevens als waarnemer in de uitoefening van het ambt kan worden geschorst voor bepaalde duur.

b. een toegevoegd gerechtsdeurwaarder of een kandidaat-gerechtsdeurwaarder en degene die is toegevoegd in het kader van de stageverplichting bij de in artikel 25, eerste lid, bedoelde opleiding, met dien verstande dat, ingeval jegens hem een bezwaar geheel of gedeeltelijk gegrond wordt verklaard, de tuchtmaatregelen als bedoeld in artikel 43, tweede lid, onderdelen a, b en c, kunnen worden opgelegd, alsmede de tuchtmaatregel van ontzegging van de bevoegdheid om als toegevoegd gerechtsdeurwaarder of kandidaat-gerechtsdeurwaarder op te treden.

2. Bij de beslissing waarin de ontzegging van de bevoegdheid om als toegevoegd gerechtsdeurwaarder of kandidaat-gerechtsdeurwaarder op te treden wordt gelast, wordt tevens de termijn waarbinnen betrokkene niet tot waarnemer kan worden benoemd of aan een gerechtsdeurwaarder kan worden toegevoegd bepaald. Deze termijn bedraagt maximaal tien jaren.

Hoofdstuk V
Schorsing en ontslag

Art. 50

Schorsing

1. Een gerechtsdeurwaarder of waarnemend gerechtsdeurwaarder die is geschorst, is niet bevoegd tot het verrichten van enige ambtshandeling, uit welken hoofde ook. Het is hem gedurende de schorsing verboden zijn ambtstitel te voeren of te vermelden bij enige werkzaamheid.

2. Schorsing kan grond opleveren voor ontslag uit een benoeming tot waarnemend gerechtsdeurwaarder.

Art. 51

Schorsing van rechtswege

Een gerechtsdeurwaarder of waarnemend gerechtsdeurwaarder is van rechtswege geschorst:

a. wanneer hij rechtens van zijn vrijheid is beroofd;

b. indien hem surséance van betaling is verleend en gedurende zijn faillissement;

c. indien hij onder curatele is gesteld;

d. indien zijn goederen onder bewind zijn gesteld;

e. indien ten aanzien van hem de schuldsaneringsregeling natuurlijke personen van toepassing is verklaard.

Art. 52

Ontslag

1. De gerechtsdeurwaarder is met ingang van de eerstvolgende maand na het bereiken van de leeftijd van zeventig jaar van rechtswege ontslagen.

2. De gerechtsdeurwaarder wordt bij koninklijk besluit ontslag verleend:

a. op zijn verzoek;

b. op een onherroepelijk geworden beslissing tot ontzetting uit het ambt als bedoeld in artikel 43, tweede lid, onderdeel f;

c. indien hij niet langer de Nederlandse nationaliteit bezit, of de nationaliteit van een andere lidstaat van de Europese Unie, van een overige staat die partij is bij de Overeenkomst betreffende de Europese Economische Ruimte of van de Zwitserse Bondsstaat.

3. De gerechtsdeurwaarder kan ontslag worden verleend bij besluit van Onze Minister op grond van:

a. een onherroepelijk geworden rechterlijke uitspraak, waarbij hij onder curatele is gesteld;

b. het ondergaan van lijfsdwang wegens schulden krachtens onherroepelijk geworden rechterlijke uitspraak;

c. een onherroepelijk geworden veroordeling tot vrijheidsstraf wegens misdrijf;

d. faillissement, surséance van betaling of toepassing van de schuldsaneringsregeling natuurlijke personen.

e. blijvende ongeschiktheid voor de vervulling van het ambt van gerechtsdeurwaarder, uit hoofde van ziekte of gebreken.

4. Het ontslag van een gerechtsdeurwaarder houdt tevens zijn ontslag in als waarnemend gerechtsdeurwaarder.

Art. 53

1. Tegen een besluit tot ontslag als bedoeld in artikel 52, derde lid, kan de gerechtsdeurwaarder binnen één maand na dagtekening van het besluit, bij met redenen omkleed geschrift, in te dienen bij de secretaris van de kamer voor gerechtsdeurwaarders, beroep instellen bij de kamer voor gerechtsdeurwaarders, op grond dat dit onrechtmatig is verleend.

Beroep tegen ontslagbesluit

2. De secretaris van de kamer voor gerechtsdeurwaarders doet Onze Minister onverwijld een afschrift toekomen van het beroepschrift.

3. Op de behandeling van het beroepschrift zijn de artikelen 40, tweede en derde lid, 41 en 42 van toepassing. Hoofdstuk 6 van de Algemene wet bestuursrecht vindt geen toepassing.

4. De kamer voor gerechtsdeurwaarders verklaart het beroep niet-ontvankelijk, ongegrond of gegrond. Bij gegrondverklaring vernietigt zij het besluit waartegen het beroep was ingesteld. De beslissing van de kamer is met redenen omkleed.

Beslissing kamer

5. De secretaris van de kamer voor gerechtsdeurwaarders stelt Onze Minister en de betrokken gerechtsdeurwaarder onverwijld in kennis van de beslissing van de kamer voor gerechtsdeurwaarders.

Art. 54

1. Binnen een maand na dagtekening van de kennisgeving, bedoeld in artikel 53, vijfde lid, kunnen de betrokken gerechtsdeurwaarder en Onze Minister bij met redenen omkleed geschrift, in te dienen bij de griffier, tegen de beslissing van de kamer voor gerechtsdeurwaarders hoger beroep instellen bij het gerechtshof Amsterdam.

Hoger beroep bij gerechtshof

2. Op de behandeling van het hoger beroep zijn de artikelen 40, tweede en derde lid, 41, 42, 45, tweede tot en met vierde lid, en 46 van overeenkomstige toepassing. Hoofdstuk 6 van de Algemene wet bestuursrecht vindt geen toepassing.

3. Het gerechtshof bevestigt de beslissing van de kamer voor gerechtsdeurwaarders, hetzij met overneming, hetzij met verbetering van de gronden, of doet met gehele of gedeeltelijke vernietiging van de beslissing, hetgeen de kamer voor gerechtsdeurwaarders had behoren te doen. Artikel 48 is van overeenkomstige toepassing.

Beslissing gerechtshof

Art. 55

Een besluit tot ontslag als bedoeld in artikel 52, derde lid, treedt niet in werking voordat het onherroepelijk is geworden.

Inwerkingtreding ontslagbesluit

Hoofdstuk VI De Koninklijke Beroepsorganisatie van Gerechtsdeurwaarders

Paragraaf 1

De organisatie van de KBvG

Art. 56

De Koninklijke Beroepsorganisatie van Gerechtsdeurwaarders is een openbaar lichaam in de zin van artikel 134 van de Grondwet. Alle in Nederland gevestigde gerechtsdeurwaarders, waarnemend gerechtsdeurwaarders, toegevoegd gerechtsdeurwaarders, kandidaat-gerechtsdeurwaarders en degenen die zijn toegevoegd in het kader van de stageverplichting bij de in artikel 25, eerste lid, bedoelde opleiding zijn leden van de KBvG. De KBvG is gevestigd te 's-Gravenhage.

KBvG

Art. 57

1. De KBvG heeft tot taak de bevordering van een goede beroepsuitoefening door de leden en van hun vakbekwaamheid.

Taak

2. Bij verordening worden beroeps- en gedragsregels van de leden van de KBvG vastgesteld. Tevens kunnen bij verordening regels worden gesteld betreffende de bevordering van de vakbekwaamheid van de leden en de kwaliteit van de beroepsuitoefening.

Beroeps- en gedragsregels

3. Bij verordening worden regels gesteld betreffende de inrichting van een algemene klachten- en geschillenregeling voor gerechtsdeurwaarders, waaronder de instelling van een geschillencommissie.

B46 art. 57a

Gerechtsdeurwaarderswet

Art. 57a

Kwaliteitstoetsen, uitvoering KBvG

1. De KBvG is verantwoordelijk voor het uitvoeren van kwaliteitstoetsen bij haar leden. De kwaliteitstoetsen worden verricht door deskundigen die zijn aangewezen door het bestuur van de KBvG.

2. Op het verrichten van de kwaliteitstoetsen en de krachtens het eerste lid aangewezen personen, zijn de artikelen 5:12, 5:13, 5:14, 5:15, eerste en derde lid, 5:16, 5:17, 5:18 en 5:20, eerste lid, van de Algemene wet bestuursrecht van overeenkomstige toepassing.

Kwaliteitstoetsen, persoonsgegevens

3. Bijzondere categorieën van persoonsgegevens en persoonsgegevens van strafrechtelijke aard als bedoeld in paragraaf 3.1 onderscheidenlijk paragraaf 3.2 van de Uitvoeringswet Algemene verordening gegevensbescherming kunnen worden verwerkt door krachtens het eerste lid aangewezen deskundigen, voor zover deze gegevens noodzakelijk zijn voor de doelmatige en doeltreffende uitvoering van kwaliteitstoetsen.

4. Bij verordening worden nadere regels gesteld betreffende het verrichten van de kwaliteitstoetsen.

Art. 58

Samenstelling KBvG

De KBvG heeft een bestuur, een ledenraad en een algemene ledenvergadering.

Art. 59

Bureau

De KBvG houdt een bureau in stand, dat het bestuur bijstaat in de uitoefening van zijn taken.

Paragraaf 2
Het bestuur van de KBvG

Art. 60

Taken bestuur

1. Het bestuur is belast met de algemene leiding van de KBvG en met de uitoefening van haar in artikel 57 omschreven taken, alsmede met het beheer en de beschikking over haar vermogen. Het geeft voorts algemene leiding aan het bureau van de KBvG en regelt zijn werkzaamheid.

2. Het bestuur kan nadere regels stellen betreffende zijn werkwijze en die van het bureau.

Jaarverslag

3. Het bestuur stelt jaarlijks een verslag op over zijn werkzaamheden ten behoeve van de algemene ledenvergadering en zendt dit om advies aan de ledenraad. Het brengt het verslag ter kennis van Onze Minister.

Verantwoording financieel beleid/begroting

4. Het bestuur stelt jaarlijks een verantwoording op van zijn financieel beleid alsmede een begroting voor het komende boekjaar, met toelichting, en zendt deze stukken om advies aan de ledenraad.

Art. 61

Samenstelling

1. Het bestuur bestaat uit een oneven aantal van ten minste vijf leden. De samenstelling van het bestuur weerspiegelt zoveel mogelijk de verhouding binnen de algemene ledenvergadering tussen gerechtsdeurwaarders en toegevoegd gerechtsdeurwaarders of kandidaat-gerechtsdeurwaarders. De voorzitter en zijn plaatsvervanger zijn gerechtsdeurwaarders.

2. De leden worden benoemd voor een termijn van drie jaren en kunnen na aftreden terstond voor eenzelfde termijn eenmaal worden herbenoemd.

3. Het bestuur vertegenwoordigt de KBvG. Daartoe zijn ook gezamenlijk bevoegd de voorzitter of de plaatsvervangend voorzitter en een van de andere leden van het bestuur.

Art. 62

Voorzitter

De voorzitter van het bestuur van de KBvG is in die hoedanigheid belast met de leiding van de vergadering van de algemene ledenvergadering.

Paragraaf 3
De ledenraad

Art. 63

Samenstelling ledenraad

1. De ledenraad bestaat uit vijftien leden. De gekozen leden vormen een afspiegeling van de binnen de beroepsgroep bestaande verhouding tussen gerechtsdeurwaarders en toegevoegd gerechtsdeurwaarders of kandidaat-gerechtsdeurwaarders. Ieder lid heeft een plaatsvervanger.

Benoeming leden

2. De gewone leden en hun plaatsvervangers worden door de algemene ledenvergadering gekozen voor een termijn van drie jaren en zij zijn herkiesbaar.

Art. 64

Taak ledenraad

De ledenraad heeft de zorg voor de vaststelling van het algemene beleid van de KBvG en treedt daartoe zonodig in overleg met het bestuur. Het bestuur stelt de ledenraad desgevraagd of eigener beweging in kennis van alle gegevens die voor het algemeen beleid van de KBvG van belang kunnen zijn, in het bijzonder gegevens betreffende zaken die het bestuur in uitvoering of behandeling heeft of die het in voorbereiding of onderzoek heeft genomen. De ledenraad is bevoegd het bestuur te allen tijde inlichtingen te vragen of onderzoek op te dragen betreffende onderwerpen die voor de bepaling van het beleid der KBvG van belang kunnen zijn.

Art. 65

Verordeningen

De ledenraad is belast met het vaststellen van verordeningen van de KBvG.

Art. 66

De ledenraad overlegt met het bestuur over de voorstellen van verordeningen van de KBvG, na daarover het advies van de algemene ledenvergadering te hebben ingewonnen.

Art. 67

1. De ledenraad benoemt het bestuur van de KBvG en kan, met inachtneming van artikel 61, het aantal der leden daarvan bepalen. De ledenraad benoemt de voorzitter en zijn plaatsvervanger uit de leden van het bestuur voor een termijn van drie jaren.

2. Het lidmaatschap van het bestuur is niet verenigbaar met het lidmaatschap van de ledenraad.

3. De ledenraad kan nadere regels vaststellen betreffende de benoeming en het aftreden van de leden van het bestuur.

Art. 68

De ledenraad oefent toezicht uit op het bestuur en hij kan de leden daarvan in hun functie schorsen of ontslaan, indien hij het vertrouwen in hun wijze van taakvervulling heeft verloren of wegens andere gegronde redenen.

Art. 69

De ledenraad brengt aan de jaarlijkse algemene ledenvergadering advies uit over het verslag van de werkzaamheden van het bestuur alsmede over de verantwoording van het financieel beleid, de ontwerp-begroting van de KBvG voor het komende jaar en de daarbij behorende toelichtingen, na deze stukken te hebben onderzocht.

Art. 70

De leden van de ledenraad kunnen door de algemene vergadering worden geschorst of ontslagen, indien zij het vertrouwen in hun wijze van taakvervulling heeft verloren of wegens andere gegronde redenen.

Art. 71

Het bestuur van de KBvG roept de ledenraad tenminste een maal per jaar bijeen om te beraadslagen over de in artikel 69 bedoelde stukken. Andere vergaderingen worden bijeen geroepen zo dikwijls als het bestuur zulks nodig acht en voorts indien ten minste zes leden van de raad het bestuur schriftelijk daarom verzoeken, met opgave van de te behandelen onderwerpen.

Art. 72

De vergaderingen van de ledenraad zijn openbaar. Er wordt met gesloten deuren vergaderd indien de voorzitter, de aard van het te behandelen onderwerp in aanmerking genomen, zulks nodig oordeelt of indien ten minste acht leden van de raad daarom verzoeken. De leden van het bestuur van de KBvG, de directeur van het bureau van de KBvG en de secretarissen kunnen de besloten vergaderingen bijwonen, tenzij de ledenraad anders beslist. Over de toelating van andere personen beslist de ledenraad. Van de besloten vergadering wordt een afzonderlijk verslag gemaakt, dat niet openbaar wordt gemaakt tenzij de ledenraad anders beslist.

Art. 73

1. Bij verordening worden nadere regels gesteld betreffende de benoeming en het aftreden van de leden, en voorts betreffende zijn werkzaamheid, de wijze van vergaderen, de besluitvorming en de wijze waarop in de vergadering wordt gestemd, alsmede de wijze waarop aan de leden van de KBvG kennis wordt gegeven van zijn besluiten.

2. Bij verordening kunnen nadere regels worden gesteld omtrent de inrichting van de KBvG.

Paragraaf 4
De algemene ledenvergadering

Art. 74

Het bestuur van de KBvG roept jaarlijks een algemene ledenvergadering bijeen. Buitengewone ledenvergaderingen worden bijeengeroepen zo dikwijls het bestuur zulks nodig acht en voorts indien de ledenraad of tenminste vijfentwintig leden van de KBvG het bestuur schriftelijk daarom verzoeken met opgave van de te behandelen onderwerpen.

Art. 75

De vergadering van de algemene ledenvergadering is openbaar. Er wordt met gesloten deuren vergaderd indien de voorzitter, de aard van het te behandelen onderwerp in aanmerking genomen, zulks nodig oordeelt of indien tenminste twintig aanwezige leden daarom verzoeken. De leden van het bestuur, de directeur van het bureau van de KBvG en de secretarissen wonen de besloten vergadering bij, tenzij de vergadering anders beslist. Over de toelating van andere personen beslist de vergadering. Van de besloten vergadering wordt een afzonderlijk verslag gemaakt, dat niet openbaar wordt gemaakt tenzij de vergadering anders beslist.

Art. 76

De algemene ledenvergadering beraadslaagt en beslist zonodig over het verslag van de werkzaamheden van het bestuur van de KBvG, alsmede over de financiële verantwoording, het verslag van de accountant, bedoeld in artikel 79, tweede lid, de ontwerp-begroting voor het komende jaar en de daarbij behorende toelichtingen alsmede de over deze stukken door de ledenraad uitgebrachte adviezen.

B46 art. 77 **Gerechtsdeurwaarderswet**

Art. 77

Werkwijze ALV Op voorstel van het bestuur van de KBvG stelt de algemene ledenvergadering nadere regels vast betreffende haar werkwijze, de wijze van vergaderen, de besluitvorming en de wijze waarop in de vergaderingen wordt gestemd, de wijze waarop te behandelen stukken of onderwerpen ter kennis worden gebracht van de leden, alsmede de wijze waarop haar besluiten aan de leden van de KBvG ter kennis worden gebracht.

Paragraaf 5
De geldmiddelen van de KBvG

Art. 78

Financiële bijdragen leden **1.** De KBvG draagt alle kosten die uit de uitvoering van de haar door deze wet opgedragen taken voortvloeien. De kosten die samenhangen met de uitoefening van het bij of krachtens deze wet geregelde toezicht en ten laste komen van de Staat worden door de KBvG vergoed aan de Staat. De KBvG vergoedt eveneens de kosten die samenhangen met de uitoefening van de bij of krachtens deze wet geregelde tuchtrechtspraak en ten laste komen van de Staat. Ter dekking van deze kosten kan zij van de leden jaarlijks bijdragen heffen. De algemene ledenvergadering stelt, op voorstel van het bestuur, de hoogte van de bijdragen voor het boekjaar vast. Het bedrag daarvan kan voor verschillende categorieën van leden verschillend zijn.

2. Bij verordening kunnen regels worden gesteld over de doorberekening van de kosten die de KBvG maakt in verband met de uitoefening van toezicht en tuchtrechtspraak aan haar leden.

Art. 79

Boekjaar **1.** Het boekjaar van de KBvG wordt vastgesteld door het bestuur. Vóór de aanvang van het boekjaar stelt de algemene ledenvergadering de begroting vast. Het bestuur dient daartoe een ontwerpbegroting in, vergezeld van de nodige toelichting en een advies van de ledenraad. Het ontwerp wordt door het bestuur, ten minste twee weken vóór de behandeling daarvan door de algemene ledenvergadering, op elektronische wijze bekendgemaakt.

Accountantsverklaring **2.** Het bestuur wijst telkens voor elk boekjaar een accountant als bedoeld in artikel 393, eerste lid, van Boek 2 van het Burgerlijk Wetboek aan die is belast met de controle op de financiële verantwoording, bestaande uit een balans, een staat van baten en lasten en een toelichting. Deze brengt binnen drie maanden na afloop van het boekjaar daarover verslag uit aan het bestuur.

Verslag ledenraad **3.** Binnen acht maanden na de afloop van het boekjaar legt het bestuur de financiële verantwoording met het daarover door de accountant uitgebrachte verslag aan de ledenraad over. De ledenraad brengt na onderzoek van deze stukken daarover verslag uit aan de algemene ledenvergadering.

Vaststelling financiële verantwoording **4.** De vaststelling van de financiële verantwoording door de algemene ledenvergadering houdt tevens in décharge van het bestuur terzake.

Paragraaf 6
De verordeningen en andere besluiten van de KBvG

Art. 80

Verordeningen **1.** Verordeningen worden slechts vastgesteld met betrekking tot onderwerpen waarvan deze wet regeling of nadere regeling bij verordening voorschrijft.

2. Verordeningen bevatten geen verplichtingen of voorschriften die niet strikt noodzakelijk zijn voor verwezenlijking van het doel dat met de verordening wordt beoogd en beperken niet onnodig de marktwerking.

Voorstel verordening **3.** Voorstellen van verordeningen worden aan de ledenraad gedaan door het bestuur of door ten minste vijf leden van de ledenraad. Alvorens een ontwerp-verordening bij de ledenraad in te dienen kan het bestuur de kamer voor gerechtsdeurwaarders uitnodigen haar oordeel kenbaar te maken.

4. De verordeningen van de KBvG zijn slechts verbindend voor haar leden en haar organen.

5. Een verordening kan aan het bestuur van de KBvG de bevoegdheid toekennen tot het geven van nadere regels betreffende het in de verordening behandelde onderwerp.

Art. 81

Voorstel verordening; advies Het voorstel van een verordening, wordt met een toelichting ten minste twee maanden vóór de dag waarop de ledenraad daarover beraadslaagt ter kennis gebracht van de leden van de KBvG. De algemene ledenvergadering brengt haar advies omtrent het voorstel ten minste drie weken vóór de dag waarop daarover wordt beraadslaagd ter kennis van de ledenraad.

Art. 82

Goedkeuring minister **1.** Een verordening behoeft de goedkeuring van Onze Minister. De goedkeuring kan worden onthouden wegens strijd met het recht of het algemeen belang.

Publicatie in Stcrt. **2.** Een verordening wordt, nadat zij is goedgekeurd, door de zorg van het bestuur van de KBvG bekend gemaakt door plaatsing in de Staatscourant. De verordening verbindt niet dan nadat zij is bekend gemaakt. Zij treedt in werking met ingang van de eerste dag van de tweede maand na die van de dag van de bekendmaking of zoveel eerder als zij zelf bepaalt, met dien verstande dat tussen de dag van de bekendmaking en die van de inwerkingtreding ten minste een termijn van tien dagen moet liggen.

Art. 83

Besluiten van de ledenraad, van het bestuur of van andere organen van de KBvG, niet zijnde een verordening die op grond van artikel 82 rechtsgeldig tot stand is gekomen, kunnen bij koninklijk besluit worden vernietigd. Onverminderd artikel 10:39 van de Algemene wet bestuursrecht kan een besluit niet worden vernietigd, indien zes maanden zijn verstreken nadat het is bekend gemaakt.

Paragraaf 7
Overige bepalingen

Art. 84

De KBvG verstrekt desgevraagd aan Onze Minister de voor de uitoefening van zijn taak benodigde inlichtingen. Onze Minister kan inzage vorderen van zakelijke gegevens en bescheiden, voor zover dat voor de vervulling van zijn taak redelijkerwijs nodig is.

Verstrekken inlichtingen aan minister

Art. 85

Onze Minister zendt binnen vijf jaren na de inwerkingtreding van deze wet en vervolgens telkens na vier jaren aan de Staten-Generaal een verslag over de doeltreffendheid en doelmatigheid van het functioneren van de KBvG.

Verslag functioneren KBvG

Hoofdstuk VII
Overgangs- en slotbepalingen

Art. 86

1. [Wijzigt de Wet op de samenstelling van de burgerlijke gerechten.]

2. Aanstellingen tot gerechtsdeurwaarder, benoemingen tot waarnemend gerechtsdeurwaarder alsmede goedkeuringen van een aanwijzing tot toegevoegd kandidaat-gerechtsdeurwaarder, gedaan ingevolge het in het eerste lid bedoelde artikel, worden beschouwd als onderscheidenlijk benoemingen en goedkeuringen gedaan ingevolge deze wet.

Overgangsbepaling m.b.t. aanstellingen en benoemingen

Art. 87

1. [Wijzigt de Wet tarieven in burgerlijke zaken.]

2. Het bij of krachtens die titel bepaalde blijft echter van toepassing met betrekking tot de vergoeding van ambtshandelingen welke voordien zijn verricht.

Art. 88

[Wijzigt de Wet administratiefrechtelijke handhaving verkeersvoorschriften.]

Art. 89

[Wijzigt het Wetboek van Burgerlijke Rechtsvordering.]

Art. 90

[Wijzigt het Wetboek van Strafrecht.]

Art. 91

[Wijzigt de Ambtenarenwet.]

Art. 92

Onverminderd de mogelijkheid van ontslag om andere redenen worden gerechtsdeurwaarders die op het tijdstip van inwerkingtreding van deze wet zijn benoemd, in afwijking van artikel 52, eerste lid, zoals dat luidde op het moment waarop het in werking trad, gedurende tien jaren na inwerkingtreding van deze wet van rechtswege ontslag verleend op de eerste dag van de maand volgend op die waarin zij de leeftijd van 70 jaren hebben bereikt.

Ontslag wegens leeftijd

Art. 93

1. De vereniging genaamd Koninklijke Vereniging van Gerechtsdeurwaarders en gevestigd te Amsterdam wordt van rechtswege ontbonden op het tijdstip van inwerkingtreding van deze wet en wordt van rechtswege onder algemene titel opgevolgd door de KBvG. Het bestuur van de KBvG is bevoegd tot het nemen van alle maatregelen en beslissingen die uit de rechtsopvolging voortvloeien.

Koninklijke Vereniging van Gerechtsdeurwaarders

2. Onze Minister wijst, na daarover het gevoelen van de Koninklijke Vereniging van Gerechtsdeurwaarders te hebben ingewonnen, de personen aan die na de inwerkingtreding van de wet als voorzitter of als lid zitting hebben in het bestuur van de KBvG en de ledenraad voor een termijn van ten hoogste negentig dagen. Binnen die termijn geeft de ledenraad uitvoering aan artikel 67, eerste lid, en geeft de algemene ledenvergadering uitvoering aan artikel 63, tweede lid.

Art. 94

Onze Minister kan de verordeningen als bedoeld in de artikelen 17, vijfde lid, 57, tweede lid, en 73, voor de eerste maal als ministeriële regeling vaststellen, voor zover deze, naar het oordeel van Onze Minister, op de datum van inwerkingtreding van deze artikelen, in werking dienen te treden. Zij blijven, behoudens eerdere intrekking door Onze Minister, van kracht totdat zij bij verordening zijn ingetrokken en vervangen.

Art. 95

Deze wet treedt in werking op een bij koninklijk besluit te bepalen tijdstip, dat voor de verschillende onderdelen en artikelen verschillend kan zijn.

Art. 96

Deze wet wordt aangehaald als: Gerechtsdeurwaarderswet.

Wet op het notarisambt^1

Wet van 3 april 1999, houdende wettelijke regeling van het notarisambt, mede ter vervanging van de Wet van 9 juli 1842, Stb. 20, op het Notarisambt en de Wet van 31 maart 1847, Stb. 12, houdende vaststelling van het tarief betreffende het honorarium der notarissen en verschotten (Wet op het notarisambt)

Wij Beatrix, bij de gratie Gods, Koningin der Nederlanden, Prinses van Oranje-Nassau, enz. enz. enz.

Allen, die deze zullen zien of horen lezen, saluut! doen te weten:

Alzo Wij in overweging genomen hebben, dat het wenselijk is een nieuwe wettelijke regeling te geven met betrekking tot het ambt van notaris en de kandidaat-notarissen, mede ter vervanging van de Wet van 9 juli 1842, Stb. 20, op het Notarisambt en de Wet van 1847, Stb. 12, houdende vaststelling van het tarief betreffende het honorarium der notarissen en verschotten; Zo is het, dat Wij, de Raad van State gehoord, en met gemeen overleg der Staten-Generaal, hebben goedgevonden en verstaan, gelijk Wij goedvinden en verstaan bij deze:

Titel I Begripsbepalingen

Art. 1

1. Deze wet en de daarop berustende bepalingen verstaan onder:

a. notaris: de bekleder van het ambt, bedoeld in artikel 2;

b. toegevoegd notaris: de toegevoegd notaris, bedoeld in artikel 30b;

c. kandidaat-notaris: degene die voldoet aan één van de opleidingseisen genoemd in artikel 6, tweede lid, onderdeel a, dan wel in het bezit is van een ten aanzien van het beroep van kandidaat-notaris afgegeven erkenning van beroepskwalificaties als bedoeld in artikel 5 van de Algemene wet erkenning EU-beroepskwalificaties en die onder verantwoordelijkheid van een notaris of een waarnemer notariële werkzaamheden verricht;

d. minuut: het originele exemplaar van een notariële akte;

e. repertorium: het register, bedoeld in artikel 7 van de Registratiewet 1970;

f. protocol: de minuten, notariële verklaringen, registers, afschriften, repertoria en kaartsystemen die onder de notaris berusten;

g. grosse: een in executoriale vorm uitgegeven afschrift of uittreksel van een notariële akte;

h. deeltijd: de werktijd die korter is dan een arbeidsduur welke gemiddeld zesendertig werkuren per week omvat;

i. de KNB: de Koninklijke Notariële Beroepsorganisatie, bedoeld in artikel 60;

j. Onze Minister: Onze Minister voor Rechtsbescherming;

k. verordening: een verordening als bedoeld in artikel 89;

l. het Bureau: het Bureau Financieel Toezicht, bedoeld in artikel 110, eerste lid.

2. In deze wet en de daarop berustende bepalingen wordt gelijkgesteld met:

a. echtgenoot: geregistreerde partner;

b. gehuwd: geregistreerd.

Titel II Ambt, bevoegdheid, benoeming en ontslag van de notaris

Art. 2

1. Het ambt van notaris houdt de bevoegdheid in om authentieke akten te verlijden in de gevallen waarin de wet dit aan hem opdraagt of een partij zulks van hem verlangt en andere in de wet aan hem opgedragen werkzaamheden te verrichten.

(Zie ook: artt. 7, 93 FW; artt. 5, 20, 44, 55c, 80c, 130 BW Boek 1; artt. 4, 18, 27, 86, 93a, 117, 196, 203a, 227, 286, 287, 318, 323, 334n, 334u BW Boek 2; artt. 31, 43, 75, 234, 268, 270, 272, 273 BW Boek 3; artt. 61, 94, 95, 98, 99, 102, 106, 109, 113, 146, 186, 188, 197, 199, 206, 208, 209, 211, 214, 218 BW Boek 4; art. 236 BW Boek 6; artt. 2, 3, 26, 767, 768 BW Boek 7)

2. Tot het voeren van de titel notaris is uitsluitend bevoegd hij die als zodanig is benoemd en beëdigd en die niet geschorst of gedefungeerd is.

3. De notaris oefent het ambt, waaronder het beheer van het protocol dat onder hem berust, voor eigen rekening en risico uit.

---

1 Inwerkingtredingsdatum: 01-10-1999; zoals laatstelijk gewijzigd bij: Stb. 2021, 135.

Begripsbepalingen

Minuutakte

Werkzaamheden

Bevoegdheid tot voeren titel

B47 art. 3 — Wet op het notarisambt

Art. 3

Benoeming en plaats van vestiging

1. De notaris wordt als zodanig bij koninklijk besluit benoemd. In het besluit wordt de plaats van vestiging aangegeven.

Eedaflegging

2. De notaris legt binnen zes maanden na de dagtekening van het benoemingsbesluit voor de rechtbank in het arrondissement waarin de kamer voor het notariaat is gevestigd waaronder hij ressorteert, de navolgende eed af:

«Ik zweer getrouwheid aan de Koning en de Grondwet en eerbied voor de rechterlijke autoriteiten.

Ik zweer, dat ik mij zal gedragen naar de wetten, de reglementen en de verordeningen die op het notarisambt van toepassing zijn en dat ik mijn taak eerlijk, nauwgezet en onpartijdig zal uitvoeren; dat ik geheimhouding zal betrachten ten aanzien van alles waarvan ik door mijn ambt kennis neem en dat ik voorts, middellijk noch onmiddellijk, onder enige naam of voorwendsel, tot het verkrijgen van mijn benoeming aan iemand iets heb gegeven of beloofd, noch zal geven of beloven.»

Als de eed niet tijdig is afgelegd, vervalt de benoeming.

3. Wanneer de eed, bedoeld in het tweede lid, in de Friese taal wordt afgelegd, luidt de tekst van de eed als volgt:

«Ik swar trou oan de Kening en de Grûnwet en earbied foar de rjochterlike autoriteiten.

Ik swar, dat ik my hâlde en drage sil neffens de wetten, de reglemìnten en de oarideringen dy't op it notarisamt fan tapassing binne en dat ik myn taak earlik, sekuer en ûnpartidich útfiere sil; dat ik geheimhâlding betrachtsjse sil oangeande alles dêr't ik troch myn amt kunde oan krij en dat ik fierders, streekrjocht noch midlik, ûnder hokker namme of útwynsel dan ek, foar it krijen fan myn beneaming oan immen eat jûn of tasein haw, noch jaan of tasizze sil.»

4. De griffier van de rechtbank geeft ter zitting een proces-verbaal van de eedsaflegging af aan de notaris.

Aanvang bevoegdheid tot uitoefenen ambt

5. De notaris is bevoegd met ingang van de dag na de eedsaflegging. Indien in het benoemingsbesluit een latere datum is vermeld, is hij bevoegd met ingang van die dag indien tevoren de eed is afgelegd. Is hij waarnemer van het kantoor, dan is hij terstond na de eedsaflegging bevoegd.

Inschrijving in register van notarissen

6. De notaris laat zich terstond na de eedsaflegging inschrijven in het register voor het notariaat, bedoeld in artikel 5, onder overlegging van het proces-verbaal van de eedsaflegging en onder deponering van zijn handtekening en paraaf.

Art. 4

Deponering handtekening en paraaf

De notaris deponeert terstond na de eedsaflegging zijn handtekening en paraaf ter griffie van de rechtbank waar hij de eed heeft afgelegd.

Art. 5

Register notariaat

1. Er is een register voor het notariaat, dat wordt bijgehouden door de KNB.

2. In het register wordt iedere notaris, toegevoegd notaris en kandidaat-notaris opgenomen, onder vermelding van naam en plaats en datum van geboorte. In het register worden ten aanzien van hen, voor zover van toepassing, tevens gegevens opgenomen betreffende:

a. de benoeming van de notaris, zijn ontslag of overlijden;

b. de plaats van vestiging van de notaris;

c. het nummer als bedoeld in artikel 2, tweede lid, van de Wet op het centraal testamentenregister;

d. een aanwijzing tot overname van een protocol als bedoeld in artikel 15;

e. de toevoeging als bedoeld in artikel 30b;

f. de waarneming als bedoeld in artikel 28;

g. de eedsaflegging, bedoeld in artikel 3, met opname in het register van handtekening en paraaf;

h. een nevenbetrekking als bedoeld in artikel 11;

i. de onherroepelijke oplegging van een tuchtmaatregel als bedoeld in artikel 103, eerste, derde en vierde lid;

j. de bij onherroepelijke uitspraak gegrond verklaarde bedenking zonder oplegging van een tuchtmaatregel, bedoeld in artikel 103, tweede lid;

k. de oplegging van een ordemaatregel als bedoeld in de artikelen 25b, 26, 27 en 106, eerste en vijfde lid;

l. de onherroepelijke oplegging van een bestuurlijke boete of een last onder dwangsom als bedoeld in artikel 111b, tweede lid.

3. Het register ligt voor een ieder ter inzage. De KNB verstrekt op verzoek een gewaarmerkt afschrift of uittreksel tegen kostprijs.

Registratie oplegging ordemaatregel

4. De registratie van de oplegging van de ordemaatregel, bedoeld in artikel 25b, van een bij onherroepelijke uitspraak gegrond verklaarde bedenking zonder oplegging van een maatregel als bedoeld in artikel 103, tweede lid, of van de onherroepelijke oplegging van een bestuurlijke boete of last onder dwangsom als bedoeld in artikel 111b, tweede lid, is niet openbaar. De registratie van de oplegging van de ordemaatregelen, bedoeld in de artikelen 26, 27 en 106, eerste en vijfde lid, is openbaar zolang deze maatregelen van kracht zijn. De registratie van de onherroepelijke oplegging van een waarschuwing of berisping als bedoeld in artikel 103, eerste lid, is niet openbaar, tenzij toepassing is gegeven aan artikel 103, vijfde lid. Ditzelfde geldt voor de onherroepelijke oplegging van een geldboete als bedoeld in artikel 103, eerste lid, onderdeel c, tenzij deze gelijktijdig is opgelegd met een tuchtmaatregel ten aanzien waarvan de openbaarheid niet is beperkt.

5. Bij of krachtens algemene maatregel van bestuur kunnen nadere regels worden gesteld betreffende de toepassing van het tweede en derde lid, de inrichting van het register, de wijze waarop het wordt bijgehouden, de inzage in het register en het verstrekken van gegevens uit het register door de KNB.

Nadere regels

Art. 6

1. Tot notaris is slechts benoembaar hij die de Nederlandse nationaliteit bezit of de nationaliteit van een andere lidstaat van de Europese Unie, van een overige staat die partij is bij de Overeenkomst betreffende de Europese Economische Ruimte of van de Zwitserse Bondsstaat.

Eisen van benoembaarheid

2. Voor de benoembaarheid tot notaris is vereist:

a. dat

1°. hem op grond van het met goed gevolg afleggen van een afsluitend examen van een opleiding in het wetenschappelijk onderwijs aan een universiteit dan wel de Open Universiteit als bedoeld in de Wet op het hoger onderwijs en wetenschappelijk onderzoek, de graad Master op het gebied van het notarieel recht is verleend, of

2°. hij het recht heeft verkregen om de titel meester te voeren op grond van het met goed gevolg afleggen van het afsluitend examen van een opleiding op het gebied van het notarieel recht aan een universiteit of de Open Universiteit als bedoeld in de Wet op het hoger onderwijs en wetenschappelijk onderzoek;

b. dat hij:

1°. een stage heeft doorlopen als bedoeld in artikel 31;

2°. met goed gevolg heeft afgelegd het examen, bedoeld in artikel 33;

3°. als toegevoegd notaris of kandidaat-notaris gedurende de laatste twee jaren voorafgaand aan zijn verzoek tot benoeming, per jaar gemiddeld ten minste 21 uur per week, in het Koninkrijk in Europa onder verantwoordelijkheid van een notaris of een waarnemer werkzaam is geweest of het notarisambt heeft waargenomen, dan wel als notaris gedurende die periode het notarisambt heeft vervuld;

(Zie ook: art. 4 Bopn)

4°. dat hij in het bezit is van een ondernemingsplan dat voldoet aan de voorwaarden van artikel 7, eerste lid, alsmede van het advies als bedoeld in artikel 7, tweede lid, alsmede

c. dat hij in het bezit is van een verklaring omtrent het gedrag, afgegeven volgens de Wet justitiële en strafvorderlijke gegevens;

d. dat hij de Nederlandse taal in voldoende mate beheerst voor een goede uitoefening van het notarisambt.

3. Bij algemene maatregel van bestuur worden nadere regels gesteld met betrekking tot de beroepsvereisten, waaraan hij die de opleiding, bedoeld in het tweede lid, onderdeel a, heeft gevolgd moet voldoen.

Nadere regels

(Zie ook: artt. 1, 2 Bbkn; art. 7 Bktn; art. 13 Wtv 1993)

4. Bij algemene maatregel van bestuur kunnen graden, verleend door een universiteit, de Open Universiteit of een hogeschool als bedoeld in de Wet op het hoger onderwijs en wetenschappelijk onderzoek, of daaraan gelijkwaardige getuigschriften worden aangewezen die voor de toepaselijkheid van het tweede lid, onderdeel a, onder 1°, gelijk worden gesteld aan de in dat lid bedoelde graad Bachelor op het gebied van het recht.

(Zie ook: art. 7.10a Whowo)

Art. 7

1. Het ondernemingsplan, bedoeld in artikel 6, is zodanig opgesteld dat daaruit in ieder geval blijkt:

Ondernemingsplan

a. dat de verzoeker over voldoende financiële middelen beschikt om een kantoor te houden dat in overeenstemming is met de eisen van het ambt; en

b. dat op redelijke gronden mag worden verwacht dat na drie jaren de praktijk kostendekkend kan worden uitgeoefend.

(Zie ook: art. 9 Bopn)

2. Over het ondernemingsplan wordt advies uitgebracht door een door Onze Minister te benoemen Commissie van deskundigen. De KNB en het Bureau verstrekken de Commissie desgevraagd de door haar in verband met het onderzoek van het ondernemingsplan benodigde inlichtingen. Het advies wordt als bijlage bij het ondernemingsplan gevoegd.

(Zie ook: art. 8 Bopn)

3. Voor de advisering over het ondernemingsplan door de Commissie van deskundigen worden aan de verzoeker kosten in rekening gebracht.

4. Bij of krachtens algemene maatregel van bestuur worden nadere regels gesteld omtrent:

a. het ondernemingsplan;

b. de samenstelling en de werkwijze van de Commissie van deskundigen;

c. de wijze waarop de kosten van de advisering worden berekend.
(Zie ook: Bopn ; Rkopn ; artt. 6, 12 Bktn)

Art. 8

Verzoek benoeming tot notaris

1. Degene die voor benoeming tot notaris in aanmerking wenst te komen dient bij de KNB een daartoe strekkend verzoek in, met opgave van de gemeente waarin hij voornemens is zich als notaris te vestigen. Bij het verzoek legt hij bewijsstukken over waaruit blijkt dat hij voldoet aan de voorwaarden van artikel 6. De overlegging van bewijsstukken met betrekking tot de voorwaarden als bedoeld in artikel 6, tweede lid, onderdelen a en b, onder $1°$ en $2°$, is niet vereist indien die reeds bij een eerder verzoek zijn overgelegd. In het verzoek doet hij tevens opgave van de werkgever of werkgevers bij wie hij als kandidaat-notaris of toegevoegd notaris in dienst is geweest. Bij indiening van het verzoek is voor de behandeling ervan door de verzoeker een vergoeding verschuldigd. De KNB geleidt het verzoek met de bewijsstukken door naar Onze Minister en doet afschriften toekomen aan de Commissie toegang notariaat en het Bureau.

Commissie toegang notariaat

2. Onze Minister wint advies in omtrent de persoonlijke geschiktheid van de verzoeker voor het notarisambt bij de door hem benoemde Commissie toegang notariaat. Bij onvoldoende gebleken persoonlijke geschiktheid voor het ambt van notaris of gegronde vrees voor enige schade aan de eer en het aanzien van het notarisambt, wordt het verzoek geweigerd. Een beschikking tot weigering van de benoeming wordt gegeven door Onze Minister.

3. Ten behoeve van haar advies stelt de Commissie ten aanzien van de verzoeker een onderzoek in.

4. Bij of krachtens algemene maatregel van bestuur kunnen nadere regels worden gesteld betreffende de Commissie en haar werkzaamheden. Bij regeling van Onze Minister wordt de hoogte vastgesteld van de vergoeding, bedoeld in het eerste lid.

5. Op het verzoek wordt beslist binnen vijf maanden na ontvangst ervan.

6. De KNB en het Bureau kunnen met betrekking tot het verzoek advies uitbrengen aan Onze Minister.

7. In afwijking van artikel 8:4, derde lid, onderdeel a, van de Algemene wet bestuursrecht kan een belanghebbende tegen een besluit tot benoeming tot notaris beroep instellen.

Art. 9

Onverenigbare betrekkingen

Een notaris kan, onverminderd de onverenigbaarheden die voortvloeien uit andere wetten, niet tevens lid zijn van de rechterlijke macht, behoudens als raadsheer-plaatsvervanger, rechterplaatsvervanger of kantonrechter-plaatsvervanger, noch kan hij gerechtsdeurwaarder, bewaarder van het kadaster en de openbare registers of advocaat zijn. Hetzelfde geldt voor een toegevoegd notaris of een kandidaat-notaris.

Art. 10

Wijziging plaats van vestiging

1. De plaats van vestiging van een notaris kan door Onze Minister worden gewijzigd bij een beschikking waarbij tevens de datum van ingang wordt bepaald. De bevoegdheid van de notaris in de vorige plaats van vestiging vervalt van rechtswege met ingang van dezelfde datum, onverminderd het bepaalde in artikel 13.

2. De notaris die zich in een andere plaats wenst te vestigen, richt daartoe een verzoek tot Onze Minister. Hij doet daarbij opgave van de gemeente waar hij voornemens is zich te vestigen en geeft daarbij, in geval van vestiging buiten het arrondissement, aan of hij gebruik wil maken van de bevoegdheid, bedoeld in het zesde lid. Bij dit verzoek legt hij een ondernemingsplan over als bedoeld in het eerste lid van artikel 7, betrekking hebbend op de plaats waar hij voornemens is zich te vestigen, alsmede het advies als bedoeld in het tweede lid van dat artikel.

3. Onze Minister zendt een afschrift van het verzoek met bijlagen aan het bestuur van de KNB en aan het Bureau, met het verzoek hem uiterlijk binnen drie maanden in kennis te stellen van eventuele aan hen bekende feiten of omstandigheden welke naar hun oordeel tot weigering van het verzoek zouden kunnen leiden.

Weigering verzoek tot wijziging plaats van vestiging

4. Het verzoek kan uitsluitend worden geweigerd indien het bij het verzoek overgelegde ondernemingsplan niet voldoet aan de voorwaarden van artikel 7.

5. Op het verzoek wordt beslist binnen vijf maanden na ontvangst ervan.

6. Indien de notaris zich vestigt buiten het arrondissement waarin zijn plaats van vestiging is gelegen, is hij bevoegd zijn protocol over te brengen naar de nieuwe plaats van vestiging.

Art. 11

Register nevenbetrekkingen

1. De notaris doet terstond opgave aan de KNB en aan de kamer voor het notariaat van het aanvaarden en beëindigen van een al dan niet bezoldigde nevenbetrekking.

Ongewenstverklaring nevenbetrekking

2. De kamer kan bij met redenen omklede beslissing de uitoefening door de notaris van een nevenbetrekking ongewenst verklaren, indien hierdoor zijn onpartijdigheid of onafhankelijkheid wordt of kan worden beïnvloed dan wel de eer of het aanzien van het ambt wordt of kan worden geschaad. Van die beslissing zendt de kamer onverwijld bij aangetekende brief een afschrift aan de notaris. Daarbij deelt zij tevens mee op welke wijze de notaris tegen de beslissing beroep kan instellen. De KNB en het Bureau ontvangen elk een afschrift van de beslissing van de kamer.

3. Binnen zes weken na de dag van verzending van het afschrift van de beslissing kan de notaris tegen de beslissing beroep instellen bij het gerechtshof Amsterdam. Tegen de beslissing van het gerechtshof is geen hogere voorziening toegelaten. De KNB en het Bureau ontvangen elk een afschrift van de beslissing van het gerechtshof.

4. Indien de beslissing onherroepelijk is geworden of in beroep is bevestigd, is de notaris verplicht de nevenbetrekking zo spoedig mogelijk te beëindigen.

5. De notaris is bevoegd om, voordat hij een nevenbetrekking aanvaardt, de kamer van toezicht te verzoeken een beslissing te nemen over de vraag of de uitoefening van deze nevenbetrekking toelaatbaar is. Het derde lid is van overeenkomstige toepassing. Op de behandeling van de zaak bij de kamer voor het notariaat en bij het gerechtshof zijn de artikelen 101, 102 en 104 van overeenkomstige toepassing.

6. Dit artikel is van overeenkomstige toepassing op de toegevoegd notaris en de kandidaatnotaris.

Art. 12

1. De notaris is verplicht kantoor te houden in de plaats van vestiging die in het besluit van zijn benoeming is vermeld en aldaar zijn protocol te bewaren.

Plaats van vestiging en protocol

2. De notaris mag, behoudens voor zover in de wet of bij rechterlijke beslissing anders is bepaald, zijn protocol of een onderdeel daarvan niet uit handen geven.

3. De notaris is verplicht zijn protocol op ordelijke wijze te bewaren op een tegen brand en andere gevaren beveiligde plaats.

(Zie ook: IBGCT ; Vbp)

Art. 12a

[Vervallen]

Art. 13

Het is de notaris toegestaan buiten zijn plaats van vestiging ambtelijke werkzaamheden te verrichten, mits op het grondgebied van Nederland. Hij is evenwel niet bevoegd buiten zijn plaats van vestiging bijkantoren te hebben. Ook is hij niet bevoegd buiten zijn plaats van vestiging op vaste of onregelmatige tijden zitdagen te houden, met uitzondering van de waddeneilanden, indien op het desbetreffende eiland geen notaris gevestigd is.

Territoriale competentie

Art. 14

1. De notaris is met ingang van de eerstvolgende maand na het bereiken van de zeventigjarige leeftijd van rechtswege ontslagen.

Ontslag

2. Aan de notaris die voor het bereiken van de in het eerste lid genoemde leeftijd ontslag verzoekt, wordt ontslag verleend bij koninklijk besluit, dat tevens de datum van ingang daarvan vermeldt.

3. Op voordracht van Onze Minister kan de notaris bij koninklijk besluit worden ontslagen, indien hij:

a. geen gevolg heeft gegeven aan de verplichting, bedoeld in artikel 11, vierde lid, om een ongewenst verklaarde nevenbetrekking te beëindigen;

b. bij onherroepelijk geworden rechterlijke uitspraak wegens misdrijf is veroordeeld dan wel aan hem bij een dergelijke rechterlijke uitspraak een maatregel is opgelegd die vrijheidsbeneming tot gevolg heeft.

4. Op voordracht van Onze Minister wordt aan de notaris bij koninklijk besluit ontslag verleend, indien hij:

a. niet langer de Nederlandse nationaliteit bezit, of de nationaliteit van een andere lidstaat van de Europese Unie, van een overige staat die partij is bij de Overeenkomst betreffende de Europese Economische Ruimte of van de Zwitserse Bondsstaat;

b. een ambt of betrekking heeft aanvaard dat, onderscheidenlijk die, op grond van artikel 9 onverenigbaar is met het notarisambt.

5. De griffiers der gerechten doen aan Onze Minister, de kamer voor het notariaat, de KNB en het Bureau mededeling van rechterlijke beslissingen als bedoeld in het derde lid, onderdeel b.

6. Dit artikel is van overeenkomstige toepassing op de toegevoegd notaris, met dien verstande dat zijn toevoeging door Onze Minister wordt ingetrokken dan wel kan worden ingetrokken.

7. In geval van waarneming door de notaris of toegevoegd notaris is bij zijn ontslag, respectievelijk de intrekking van zijn toevoeging, tevens zijn benoeming als waarnemer van rechtswege ingetrokken.

Art. 15

1. Indien de notaris overlijdt, defungeert of zich vestigt buiten het arrondissement waarin zijn plaats van vestiging is gelegen zonder medenoming van zijn protocol, wijst Onze Minister, gehoord de KNB, een notaris aan om het protocol en eventueel de overige notariële bescheiden over te nemen. Indien deze bescheiden moeten worden overgenomen door een nieuw benoemde notaris, kan de aanwijzing bij het koninklijk besluit van zijn benoeming plaatsvinden. Bij ver-

Overdracht en overname protocol

ordening worden nadere voorschriften gegeven over de wijze waarop de overdracht en de overname van het protocol en de overige notariële bescheiden dienen te geschieden. *(Zie ook: artt. 1, 11 Vop)*

2. De aangewezen notaris treedt met ingang van de dag van zijn aanwijzing van rechtswege in de plaats van zijn ambtsvoorganger met betrekking tot de bijzondere rekeningen, bedoeld in artikel 25. Hij stelt de financiële onderneming, bedoeld in artikel 25, eerste lid, terstond van zijn aanwijzing in kennis.

Titel III De uitoefening van het notarisambt

Art. 16

Overeenkomst tussen notaris en cliënt

Het verrichten van wettelijke werkzaamheden en werkzaamheden die de notaris in samenhang daarmee pleegt te verrichten, berust op een overeenkomst tussen de notaris en de cliënt, bedoeld in titel 5 van Boek 6 van het Burgerlijk Wetboek.

Art. 16a

Awb niet van toepassing

De artikelen 2:1 en 2:2 en de hoofdstukken 3, 4, en 9 van de Algemene wet bestuursrecht zijn niet van toepassing op de wettelijke werkzaamheden en de werkzaamheden die de notaris in samenhang daarmee pleegt te verrichten en op de weigering deze te verrichten.

Art. 17

Onafhankelijke uitoefening ambt

1. De notaris oefent zijn ambt in onafhankelijkheid uit en behartigt de belangen van alle bij de rechtshandeling betrokken partijen op onpartijdige wijze en met de grootst mogelijke zorgvuldigheid.

2. De notaris mag zijn ambt niet uitoefenen in dienstbetrekking of in enig ander verband waardoor zijn onafhankelijkheid of onpartijdigheid wordt of kan worden beïnvloed.

3. Het is de notaris verboden, rechtstreeks of middellijk, te handelen en te beleggen in registergoederen en effecten in ter beurze genoteerde en in niet ter beurze genoteerde vennootschappen, tenzij hij redelijkerwijs mag verwachten dat hierdoor zijn onpartijdigheid of onafhankelijkheid niet wordt of kan worden beïnvloed dan wel de eer of het aanzien van het ambt niet wordt of kan worden geschaad.

Art. 18

Samenwerkingsverband

1. De notaris kan een samenwerkingsverband aangaan met beoefenaren van een ander beroep, mits hierdoor zijn onafhankelijkheid of onpartijdigheid niet wordt of kan worden beïnvloed.

2. Bij verordening worden ter waarborging van die onafhankelijkheid en onpartijdigheid regels vastgesteld over de wijze waarop samenwerkingsverbanden kunnen worden aangegaan.

3. De notaris is verplicht om jaarlijks binnen de in artikel 24, vierde lid, genoemde termijn, aan het Bureau een verklaring van een onafhankelijke externe deskundige over te leggen, waaruit blijkt dat hij heeft voldaan aan de voorschriften van de verordening, bedoeld in het tweede lid.

(Zie ook: Vis 2003)

Art. 19

Notaris en diens familie zijn geen partij in diens akten

1. De notaris mag geen akte verlijden waarin hijzelf, zijn echtgenoot of een bloed- of aanverwant tot en met de derde graad hetzij in persoon of door een vertegenwoordiger, als partij optreedt. Evenmin mag de notaris een akte verlijden waarin hijzelf, zijn echtgenoot of een bloed- of aanverwant tot en met de derde graad als vertegenwoordiger optreedt voor een partij bij die akte. Hetzelfde geldt met betrekking tot een akte waarbij een rechtspersoon als partij of vertegenwoordiger optreedt,

a. waarvan de notaris weet of had behoren te weten dat de in dit lid bedoelde personen daarin alleen of gezamenlijk de meerderheid van de aandelen houden; of

b. waarin de notaris of zijn echtgenoot de functie van bestuurder of commissaris vervult.

Uitzonderingen

2. Het bepaalde in het eerste lid geldt niet voor akten waarbij openbare verkopingen, openbare verhuringen, openbare verpachtingen of openbare aanbestedingen worden geconstateerd en de in dat lid bedoelde personen als koper, huurder, pachter of aannemer zijn vermeld, noch voor akten waarin een proces-verbaal van het verhandelde in een vergadering wordt opgenomen en daarin deze personen als deelnemer worden vermeld.

Sanctie

3. In geval van overtreding van een bepaling van het eerste lid, eerste en tweede volzin, mist de akte authenticiteit en voldoet zij niet aan de voorschriften waarin de vorm van een notariële akte wordt geëist.

Waarnemend notaris

4. Het bepaalde in het eerste lid geldt tevens voor een waarnemer ten opzichte van de vervangen notaris en diens echtgenoot.

Art. 20

Verboden begunstiging

1. De notaris mag geen akte verlijden die een begunstiging van één of meer van de in artikel 19, eerste lid, bedoelde personen inhoudt; de verboden begunstiging is nietig. Een benoeming tot executeur van een nalatenschap is geen verboden begunstiging.

2. Artikel 19, vierde lid, is van overeenkomstige toepassing.

3. Met betrekking tot de begunstiging van getuigen bij akten die een uiterste wilsbeschikking bevatten, zijn de artikelen 61 en 62, eerste lid, van Boek 4 van het Burgerlijk Wetboek van toepassing.

Art. 20a

Notariële akten die uiterste wilsbeschikkingen inhouden, bevatten geen andere rechtshandelingen.

Art. 21

1. De notaris is verplicht de hem bij of krachtens de wet opgedragen of de door een partij verlangde werkzaamheden te verrichten, behoudens het bepaalde in het tweede, derde, en vierde lid.

2. De notaris is verplicht zijn dienst te weigeren wanneer naar zijn redelijke overtuiging of vermoeden de werkzaamheid die van hem verlangd wordt leidt tot strijd met het recht of de openbare orde, wanneer zijn medewerking wordt verlangd bij handelingen die kennelijk een ongeoorloofd doel of gevolg hebben of wanneer hij andere gegronde redenen voor weigering heeft.

(Zie ook: artt. 4, 5, 6 Vbgr)

3. De notaris kan een verzoek van een partij tot het verrichten van werkzaamheden doorverwijzen naar een andere notaris binnen dezelfde onderneming of binnen het samenwerkingsverband waarvan hij deel uitmaakt, mits die het verzoek aanvaardt.

4. De notaris kan een verzoek van een partij tot het verrichten van werkzaamheden doorverwijzen naar een andere notaris, mits die het verzoek aanvaardt en de werkzaamheden niet algemeen gebruikelijk en van een zodanige aard zijn dat het belang van de verzoekende partij met de doorverwijzing wordt gediend.

5. Bij verordening worden nadere regels gesteld betreffende de toepassing van het tweede tot en met het vierde lid.

Art. 22

1. De notaris is, voorzover niet bij wet anders is bepaald, ten aanzien van al hetgeen waarvan hij uit hoofde van zijn werkzaamheid als zodanig kennis neemt tot geheimhouding verplicht. Dezelfde verplichting geldt voor de personen die onder zijn verantwoordelijkheid werkzaam zijn voor al hetgeen waarvan zij kennis dragen uit hoofde van hun werkzaamheid.

2. De geheimhoudingsplicht van de notaris en van de onder zijn verantwoordelijkheid werkzame personen blijft ook bestaan na beëindiging van het ambt of de betrekking waarin de werkzaamheid is verricht.

(Zie ook: art. 165 Rv)

Art. 23

1. Het is de notaris verboden, rechtstreeks of middellijk, handelingen te verrichten of na te laten waarvan hij redelijkerwijs moet verwachten dat zij ertoe kunnen leiden, dat hij te eniger tijd niet zal kunnen voldoen aan zijn financiële verplichtingen.

2. In ieder geval is het de notaris verboden:

a. leningen aan te gaan, behoudens voor zover deze redelijkerwijs nodig zijn voor de uitoefening van het ambt of voor persoonlijke doeleinden;

b. leningen te verstrekken aan degene die partij is bij een akte of die rechtstreeks of middellijk betrokken is bij een rechtshandeling waarop de akte betrekking heeft;

c. zich borg te stellen of anderszins in te staan voor schulden van anderen, behoudens voor zover dit redelijkerwijs nodig is voor de uitoefening van het ambt of voor persoonlijke doeleinden.

3. De rechtsgeldigheid van een rechtshandeling welke is verricht in strijd met het eerste en tweede lid is niet uit dien hoofde aantastbaar.

Art. 24

1. De notaris is verplicht van zijn kantoorvermogen en van alles betreffende zijn werkzaamheden, daaronder begrepen het beheer van gelden van derden al dan niet vallend onder artikel 25, naar de eisen die voortvloeien uit deze werkzaamheden, op zodanige wijze een administratie te voeren en de daartoe behorende boeken, bescheiden en andere gegevensdragers op zodanige wijze te bewaren, dat te allen tijde op eenvoudige wijze zijn rechten en verplichtingen kunnen worden gekend.

2. Het in het vorige lid bepaalde is van overeenkomstige toepassing op het privé-vermogen van de notaris, daaronder mede begrepen het vermogen van een gemeenschap van goederen waarin hij is gehuwd.

3. Bij verordening kunnen voorschriften worden vastgesteld ten aanzien van de wijze waarop de kantoor- en privé-administratie moeten worden ingericht, bijgehouden en bewaard.

4. De notaris dient binnen vier maanden na afloop van elk boekjaar een verslag in bij het Bureau ten aanzien van zowel het kantoorvermogen als ten aanzien van zijn privé-vermogen. Voor wat betreft de kantoorwerkzaamheden bevat het verslag een winst- en verliesrekening. Het verslag gaat vergezeld van een verklaring danwel mededeling die is afgegeven door een accountant als bedoeld in artikel 393, eerste lid, van Boek 2 van het Burgerlijk Wetboek. De termijn

B47 art. 25

Wet op het notarisambt

voor indiening van het verslag kan op verzoek van de notaris door het Bureau op grond van bijzondere omstandigheden worden verlengd met ten hoogste twee maanden. Op het verzoek wordt beslist binnen vier weken na ontvangst ervan.

5. Bij regeling van Onze Minister worden regels gesteld betreffende de wijze van indiening en de inhoud van het verslag en van de verklaring respectievelijk mededeling, bedoeld in het vierde lid, alsmede de inhoud en wijze van indiening van overige gegevens aan het Bureau.

6. De notaris is verplicht de in de leden 1 en 2 bedoelde boeken, bescheiden en andere gegevensdragers betreffende zijn kantoor- en privé-administratie gedurende de in artikel 10, derde lid, van Boek 2 Burgerlijk Wetboek bedoelde termijn te bewaren. Artikel 10, vierde lid, Boek 2 Burgerlijk Wetboek is van toepassing.

Art. 25

Bijzondere rekening(en) bij kredietinstelling

1. De notaris is verplicht bij een financiële onderneming die ingevolge de Wet op het financieel toezicht in Nederland het bedrijf van bank mag uitoefenen een of meer bijzondere rekeningen aan te houden op zijn naam met vermelding van zijn hoedanigheid, die uitsluitend bestemd zijn voor gelden, die hij in verband met zijn werkzaamheden als zodanig onder zich neemt. Gelden die aan de notaris in verband met zijn werkzaamheden als zodanig ten behoeve van derden worden toevertrouwd, moeten op die rekening worden gestort. De bovenbedoelde financiële onderneming voegt de over de gelden gekweekte rente toe aan het saldo van de bijzondere rekening. Indien deze gelden abusievelijk op een andere rekening van de notaris zijn gestort of indien ten onrechte gelden op de bijzondere rekening zijn gestort, is de notaris verplicht deze onverwijld op de juiste rekening te storten. Hetzelfde geldt indien de gelden rechtstreeks in handen van de notaris zijn gesteld. Indien meer notarissen in een maatschap samenwerken, kan de bijzondere rekening ten name van die notarissen tezamen, de maatschap of vennootschap worden gesteld. In geval van samenwerking met beoefenaren van een ander beroep moet uit de tenaamstelling van de bijzondere rekening blijken dat de notaris deze rekening houdt. De notaris vermeldt het nummer van de bijzondere rekening op zijn briefpapier.

2. De notaris is bij uitsluiting bevoegd tot het beheer en de beschikking over de bijzondere rekening. Hij kan aan een onder zijn verantwoordelijkheid werkzame persoon volmacht verlenen. Ten laste van deze rekening mag hij slechts betalingen doen in opdracht van een rechthebbende.

3. Het vorderingsrecht voortvloeiende uit de bijzondere rekening behoort toe aan de gezamenlijke rechthebbenden. Het aandeel van iedere rechthebbende wordt berekend naar evenredigheid van het bedrag dat te zijnen behoeve op de bijzondere rekening is gestort. De notaris of, indien het een gezamenlijke rekening als bedoeld in het eerste lid, zesde volzin betreft, iedere notaris, is verplicht een tekort in het saldo van de bijzondere rekening terstond aan te vullen, en hij is ter zake daarvan aansprakelijk, tenzij hij aannemelijk kan maken dat hem ter zake van het ontstaan van het tekort geen verwijt treft.

4. Een rechthebbende heeft voor zover uit de aard van zijn recht niet anders voortvloeit, te allen tijde recht op uitkering van zijn aandeel in het saldo van de bijzondere rekening. Is het saldo van de bijzondere rekening niet toereikend om aan iedere rechthebbende het bedrag van zijn aandeel uit te keren, dan mag de notaris aan de rechthebbende slechts zoveel uitkeren als in verband met de rechten van de andere rechthebbenden mogelijk is. In dat geval wordt het saldo onder de rechthebbenden verdeeld naar evenredigheid van ieders aandeel, met dien verstande dat, indien een notaris zelf rechthebbende is, hem slechts wordt toegedeeld hetgeen overblijft, nadat de andere rechthebbenden het hun toekomende hebben ontvangen.

5. Er kan geen derdenbeslag worden gelegd onder de in het eerste lid bedoelde financiële onderneming op het aandeel van een rechthebbende in de bijzondere rekening. Is onder de notaris derdenbeslag gelegd op het aandeel van een rechthebbende in de bijzondere rekening, dan kan de notaris die overeenkomstig de artikelen 476a en 477 van het Wetboek van Burgerlijke Rechtsvordering verklaring heeft gedaan of die is veroordeeld overeenkomstig artikel 477a van dat wetboek, zonder opdracht van de rechthebbende overeenkomstig de verklaring of veroordeling betalen aan de executant.

6. Rechtshandelingen verricht in strijd met de bepalingen van dit artikel zijn vernietigbaar. De vernietigingsgrond kan worden ingeroepen door iedere rechtstreeks belanghebbende. Rechten, door derden te goeder trouw anders dan om niet verkregen op gelden die het voorwerp waren van de vernietigde rechtshandeling, worden geëerbiedigd.

7. Bij verordening kunnen nadere regels worden gesteld betreffende de bijzondere rekening en het beheer van de gelden, bedoeld in het eerste lid. Onze Minister kan regels vaststellen met betrekking tot de wijze van berekening en uitkering van de rente van de op de bijzondere rekening gestorte gelden.

8. De notaris verstrekt, in uitzondering op zijn geheimhoudingsplicht, bedoeld in artikel 22, aan de inspecteur of de ontvanger, bedoeld in artikel 2 van de Algemene wet inzake rijksbelastingen, artikel 2 van de Invorderingswet 1990 dan wel artikel 1:3 van de Algemene douanewet, indien deze dit, daartoe gemachtigd door Onze Minister van Financiën, verzoekt uit hoofde van de uitoefening van een bevoegdheid op grond van de Algemene wet inzake rijksbelastingen, de Invorderingswet 1990 onderscheidenlijk de Algemene douanewet:

a. de namen, adressen en woonplaatsen van de personen die betrokken zijn bij betalingen naar of vanaf de bijzondere rekening in verband met een in het verzoek specifiek aangeduide transactie of handeling waaraan de notaris zijn medewerking heeft verleend, alsmede de omvang van die betalingen en de nummers van de bankrekeningen waarvan door de personen gebruik is gemaakt;

b. de aard van de transactie of handeling waarop een in het verzoek specifiek aangeduide betaling naar of vanaf de bijzondere rekening betrekking heeft, alsmede de namen, adressen en woonplaatsen van de personen die daarbij betrokken zijn, de omvang van de betalingen en de nummers van de bankrekeningen waarvan door de personen gebruik is gemaakt.

Bij het verstrekken van de hiervoor genoemde gegevens wordt hun onderling verband door de notaris aangeduid.

9. De notaris verstrekt, in uitzondering op zijn geheimhoudingsplicht, bedoeld in artikel 22, aan de opsporingsambtenaar, de officier van justitie of de rechter-commissaris, de gegevens met betrekking tot de bijzondere rekening die deze vordert uit hoofde van de uitoefening van een bevoegdheid op grond van het Wetboek van Strafvordering.

10. Van de bepalingen van dit artikel en van de in het zevende lid bedoelde regels kan niet worden afgeweken.

Art. 25a

Bij regeling van Onze Minister kan aan notarissen de plicht worden opgelegd tot het doen van een melding aan het Bureau indien er zich, in de regeling nader aan te duiden, gebeurtenissen voordoen die aanmerkelijke nadelige gevolgen kunnen hebben voor de financiële positie van een notaris.

Aanwijzing en melding gebeurtenissen met nadelige gevolgen financiële positie

Art. 25b

1. Indien de continuïteit van de praktijk van een notaris vanwege de wijze van bedrijfsvoering in gevaar dreigt te komen, kan door de voorzitter van de kamer voor het notariaat, ambtshalve naar aanleiding van een klacht dan wel op verzoek van de KNB of het Bureau, na verhoor of behoorlijke oproeping van de notaris, voor een periode van maximaal een jaar een stille bewindvoerder worden benoemd. Artikel 27, eerste lid, tweede tot en met vierde volzin, tweede lid en derde lid, is van overeenkomstige toepassing.

Benoeming stille bewindvoerder

2. De stille bewindvoerder geeft de notaris advies en begeleiding bij zijn bedrijfsvoering en is tevens bevoegd om daaromtrent bindende aanwijzingen aan de notaris te geven.

3. Bij de benoeming wordt een honorarium vastgesteld dat ten laste komt van de notaris.

4. De kamer voor het notariaat of haar voorzitter kan instructies geven aan de bewindvoerder met betrekking tot de bewindvoering.

5. De kamer voor het notariaat of haar voorzitter kan de bewindvoering te allen tijde opschorten of beëindigen.

Art. 26

1. Een notaris wordt door de voorzitter van de kamer voor het notariaat geschorst in de uitoefening van zijn ambt indien hij:

Schorsing notaris

a. zich in voorlopige hechtenis bevindt;

b. tegen hem een gerechtelijk vooronderzoek ter zake van een misdrijf is ingesteld;

c. bij een nog niet onherroepelijk geworden rechterlijke uitspraak wegens misdrijf is veroordeeld dan wel aan hem bij een dergelijke rechterlijke uitspraak een maatregel is opgelegd die vrijheidsbeneming tot gevolg heeft;

d. bij rechterlijke uitspraak onder curatele is gesteld, in staat van faillissement is verklaard, ten aanzien van hem de schuldsaneringsregeling natuurlijke personen van toepassing is verklaard, hij surséance van betaling heeft gekregen, dan wel wegens schulden is gegijzeld, voor de duur van die maatregel.

2. Artikel 27, eerste lid, tweede tot en met vijfde volzin, tweede lid en derde lid, is van overeenkomstige toepassing.

3. De griffiers der gerechten doen aan de kamer voor het notariaat, de KNB en het Bureau mededeling van rechterlijke beslissingen als bedoeld in het eerste lid.

4. In een geval als bedoeld in het eerste lid, onderdeel b, eindigt de schorsing na drie maanden. De kamer voor het notariaat kan de schorsing telkens voor ten hoogste drie maanden verlengen.

5. In geval van waarneming door de notaris wordt hij tevens voor de duur van zijn schorsing geschorst als waarnemer in de uitoefening van het ambt, onverminderd de bevoegdheid van de kamer voor het notariaat tot intrekking van de benoeming tot waarnemer, bedoeld in artikel 29, eerste lid.

6. Dit artikel is van overeenkomstige toepassing op de toegevoegd notaris, met dien verstande dat zijn toevoeging door de voorzitter van de kamer voor het notariaat wordt opgeschort.

Art. 27

1. Een notaris, die wegens zijn lichamelijke of geestelijke toestand niet in staat is tot het behoorlijk verrichten van zijn werkzaamheden kan, na verhoor of behoorlijke oproeping, door de voorzitter van de kamer voor het notariaat voor onbepaalde tijd in de uitoefening van zijn ambt worden geschorst. De kamer voor het notariaat bekrachtigt deze maatregel binnen vier

Schorsing notaris wegens zijn lichamelijke of geestelijke toestand

B47 art. 28

weken. Op verzoek van de notaris kan de kamer voor het notariaat de schorsing te allen tijde opheffen. Op de beslissingen van de voorzitter en de kamer voor het notariaat is artikel 104, tweede lid, van overeenkomstige toepassing. Artikel 103, zevende lid, is van toepassing.

Beroep tegen schorsing

2. De notaris kan binnen zes weken na de dag van verzending van de afschrift van de beslissing tot schorsing of tot weigering van de opheffing van de schorsing daartegen in beroep komen bij het gerechtshof Amsterdam. Het beroep schorst de tenuitvoerlegging van de maatregel niet. Tegen de beslissing van het gerechtshof is geen hogere voorziening toegelaten.

3. Op de behandeling van de zaak bij de kamer voor het notariaat en bij het gerechtshof zijn de artikelen 101, 102, 104, 105 en 107 van overeenkomstige toepassing.

4. In geval van blijvende ongeschiktheid van de notaris voor de uitoefening van het ambt wordt hij, op voordracht van Onze Minister, de kamer voor het notariaat gehoord, bij koninklijk besluit ontslagen.

Art. 28

Waarneming van het notarisambt

In de waarneming van het notarisambt wordt voorzien:

a. in geval van afwezigheid of verhindering van de notaris;

b. wanneer de notaris niet in staat is zijn ambt uit te oefenen wegens ziekte;

c. in geval van schorsing in de uitoefening van zijn ambt;

d. in geval van ontzetting uit zijn ambt;

e. in geval van ontslag of vestiging buiten het arrondissement waarin zijn vestigingsplaats is gelegen;

f. in geval van zijn overlijden.

(Zie ook: artt. 1, 11, 12 Vop)

Art. 29

Benoeming waarnemer

1. Tot waarnemer is benoembaar een notaris of toegevoegd notaris. Een kandidaat-notaris is tot waarnemer benoembaar indien hij voldoet aan de vereisten van artikel 6, eerste en tweede lid, onderdelen b, onder 1° en 2°, en c, en gedurende de laatste twee jaren voorafgaand aan zijn verzoek tot benoeming, per jaar gemiddeld ten minste 21 uur per week onder verantwoordelijkheid van een notaris of van een waarnemer werkzaam is geweest of als notaris gedurende die periode het notarisambt heeft vervuld. In afwijking van het vorenstaande kan een kandidaatnotaris tot waarnemer worden benoemd in de gevallen van artikel 28, onderdelen a en b, indien hij ten minste drie jaar heeft afgerond van de stage, bedoeld in artikel 31, en gedurende het laatste jaar voorafgaande aan de benoeming tot waarnemer gemiddeld ten minste 21 uur per week onder verantwoordelijkheid van een notaris of van een waarnemer werkzaam is geweest of in die periode als notaris het notarisambt heeft vervuld. De kandidaat-notaris die reeds op grond van het tweede lid als waarnemer is benoemd, behoeft in geval van benoeming als waarnemer voor een andere notaris niet opnieuw te voldoen aan het vereiste van artikel 6, tweede lid, onderdeel c. Het notarisambt kan slechts worden waargenomen door degene die de zeventigjarige leeftijd nog niet heeft bereikt.

2. Op verzoek van een notaris benoemt de voorzitter van de kamer voor het notariaat een of meer notarissen, toegevoegd notarissen of kandidaat-notarissen die zich daartoe bereid hebben verklaard, tot vaste waarnemer teneinde de notaris in de in artikel 28, onderdelen a en b, bedoelde gevallen te vervangen. Telkens wanneer zich een geval als bedoeld in artikel 28 voordoet benoemt de voorzitter ambtshalve één of meer waarnemers, tenzij het een geval als bedoeld in artikel 28, onderdelen a of b, betreft en er een vaste waarnemer is. Alvorens tot benoeming van een waarnemer over te gaan wint de voorzitter advies in bij de KNB. In het geval van ambtshalve benoeming tot waarnemer treft hij zo nodig een regeling omtrent het honorarium.

3. De kamer voor het notariaat of zijn voorzitter kan een benoeming tot waarnemer te allen tijde intrekken. Van elke benoeming van een waarnemer en van elke intrekking van een benoeming wordt onmiddellijk kennis gegeven aan de betrokkenen, de KNB en het Bureau. Tegen een beslissing tot benoeming of tot intrekking van een benoeming kan binnen dertig dagen na de dag van verzending van de brief waarbij die beslissing aan betrokkenen wordt meegedeeld beroep worden ingesteld bij het gerechtshof Amsterdam. Artikel 107, tweede tot en met vierde lid en zesde lid, is van overeenkomstige toepassing.

Duur periode van waarneming

4. De periode van waarneming kan niet langer zijn dan één jaar in geval van een volledige waarneming. Bij waarneming in deeltijd dient de notaris zijn ambt uit te oefenen gedurende minimaal het aantal uren per week dat bij algemene maatregel van bestuur wordt vastgesteld. De kamer voor het notariaat kan van het bovenstaande in bijzondere gevallen ontheffing verlenen.

5. In geval van een ambtshalve benoeming als waarnemer kan de betrokkene slechts wegens gegronde redenen zijn benoeming weigeren.

6. De ambtshalve benoemde waarnemer, die een notaris in de in artikel 28, onderdelen c, d, en e, bedoelde gevallen vervangt, kan in geval van afwezigheid, verhindering of ziekte worden vervangen door een andere waarnemer, die voldoet aan de in het eerste lid, tweede volzin, gestelde eisen. Het tweede lid, eerste volzin, is van overeenkomstige toepassing.

7. De waarnemer is verantwoordelijk voor het beheer van het protocol van de vervangen notaris en de uitoefening van het notarisambt met betrekking tot dat protocol. Zolang de waarnemer bevoegd is, is de notaris onbevoegd met betrekking tot zijn eigen protocol het notarisambt uit te oefenen.

8. De notaris meldt aan de KNB en de financiële onderneming, bedoeld in artikel 25, eerste lid, terstond de waarneming van zijn functie op grond van artikel 28 door een waarnemer als bedoeld in het tweede lid, eerste volzin. In geval van een ambtshalve benoeming tot waarnemer stelt de waarnemer terstond de financiële onderneming in kennis van zijn benoeming en van de intrekking van zijn benoeming.

9. De notaris en elke niet-ambtshalve benoemde waarnemer zijn ieder voor de door de laatste als zodanig verrichte werkzaamheden of gepleegde verzuimen jegens derden voor het geheel aansprakelijk.

Aansprakelijkheid

10. De waarnemer gebruikt het zegel van de vervangen notaris en de door de waarnemer opgemaakte minuten behoren tot het protocol van de vervangen notaris.

(Zie ook: art. 1 Vop)

11. Bij verordening worden nadere voorschriften gegeven over de wijze waarop de overdracht en de overname van het protocol en de overige notariële bescheiden dienen te geschieden, alsmede de mogelijkheden van vrijstelling en ontheffing daarvan.

(Zie ook: Bdn)

Voorschriften overdracht en overname protocol en overige notariële bescheiden

Art. 29a

De notarispraktijk wordt voor rekening en risico van de vervangen notaris voortgezet:

a. bij waarneming in de in artikel 28, onderdelen a of b, bedoelde gevallen;

b. bij waarneming in de in artikel 28, onderdelen c, d, e of f, bedoelde gevallen, indien in het benoemingsbesluit het honorarium voor de waarnemer is vastgesteld.

Waarneming voor rekening en risico vervangen notaris

Art. 30

De kandidaat-notaris die tot waarnemer is benoemd, legt, indien dit nog niet eerder heeft plaatsgevonden, in verband met de aanvaarding van zijn benoeming de eed af voor de rechtbank in het arrondissement waarin de kamer voor het notariaat is gevestigd waaronder de te vervangen notaris ressorteert. Artikel 3, tweede tot en met vijfde lid, en artikel 4 zijn van overeenkomstige toepassing.

Eedaflegging waarnemend kandidaat-notaris

Art. 30a

1. Een gedefungeerde notaris verkrijgt, indien hij dit wenst, de hoedanigheid van kandidaatnotaris gedurende een jaar na zijn ontslag. Als hij tot waarnemer wordt benoemd is artikel 30 niet van toepassing. Een notaris die voor of na zijn defungeren tot vaste waarnemer is benoemd is één jaar na zijn defungeren van rechtswege uit deze functie ontslagen.

Gedefungeerde notaris

2. Na de beëindiging van de notariële werkzaamheden zoals bedoeld in artikel 1, eerste lid, onderdeel c, behoudt de kandidaat-notaris, indien hij dit wenst, gedurende een jaar de hoedanigheid van kandidaat-notaris. Indien hij voor of na de beëindiging van zijn notariële werkzaamheden tot vaste waarnemer is benoemd is hij één jaar na de beëindiging van rechtswege uit deze functie ontslagen. Hetzelfde geldt voor de toegevoegd notaris, indien deze na de beëindiging van zijn toevoeging niet werkzaam is geweest als kandidaat-notaris.

3. Indien de gedefungeerde notaris of de gewezen toegevoegd notaris of kandidaat-notaris ambtshalve benoemd is tot waarnemer, behoudt hij de hoedanigheid van kandidaat-notaris gedurende één jaar na het einde van de laatste waarnemingsperiode.

4. De gedefungeerde notaris, de gewezen toegevoegd notaris of kandidaat-notaris of de ambtshalve benoemde waarnemer die gedurende een jaar waarnemingsbevoegd wil blijven, geeft binnen een week na defungeren of de beëindiging van de notariële werkzaamheden of de waarneming, kennis aan de KNB dat hij de hoedanigheid van kandidaat-notaris wenst te verkrijgen onderscheidenlijk wenst te behouden. De KNB zendt de gedefungeerde notaris of de gewezen toegevoegd notaris of kandidaat-notaris een bewijs van ontvangst van de kennisgeving.

Titel IIIa De toegevoegd notaris

Art. 30b

1. Een notaris kan, met goedkeuring van Onze Minister, een kandidaat-notaris aanwijzen als een aan hem toegevoegd notaris. Het aantal toegevoegd notarissen per notaris bedraagt ten hoogste drie.

Benoeming waarnemer

2. De toegevoegd notaris is bevoegd om namens, onder verantwoordelijkheid en toezicht van de notaris handelingen te verrichten als bedoeld in artikel 2, eerste lid. De notaris beschikt over een exclusieve instructiebevoegdheid ten aanzien van de notariële werkzaamheden van de toegevoegd notaris.

Bevoegdheden toegevoegd notaris

3. De toegevoegd notaris is vaste waarnemer als bedoeld in artikel 29, tweede lid, teneinde de notaris te vervangen in de in artikel 28, onderdelen a en b, bedoelde gevallen.

B47 art. 30c **Wet op het notarisambt**

4. In geval van waarneming neemt de waarnemer de toevoeging waar, tenzij de toegevoegd notaris zelf als waarnemer optreedt.

5. De toegevoegd notaris gebruikt een zegel dat gelijk is aan het zegel van de notaris, bedoeld in artikel 51, met dien verstande dat hierop tevens zijn eigen naam en hoedanigheid zijn vermeld. De door de toegevoegd notaris opgemaakte minuten behoren tot het protocol van de notaris.

6. Tot het voeren van de titel toegevoegd notaris is uitsluitend bevoegd hij die overeenkomstig het eerste lid als zodanig is aangewezen en wiens toevoeging niet is beëindigd of opgeschort.

Art. 30c

Voorwaarden toevoeging kandidaat-notaris

1. Een kandidaat-notaris komt in aanmerking voor toevoeging aan een notaris indien hij voldoet aan de voorwaarden van artikel 6, met uitzondering van het tweede lid, onderdeel b, onder 4°, en indien wordt voldaan aan de voorwaarden die volgen uit artikel 30b, tweede lid.

Eedaflegging toegevoegd notaris

2. Het verzoek om goedkeuring van de toevoeging wordt ingediend door de notaris en de kandidaat-notaris gezamenlijk. Artikel 8 is van overeenkomstige toepassing, met dien verstande dat de bij het verzoek over te leggen bewijsstukken tevens betrekking hebben op de vervulling van de voorwaarden die volgen uit artikel 30b, tweede lid, en dat het advies van de Commissie toegang notariaat tevens ziet op de vraag of aan deze voorwaarden wordt voldaan. Aan de goedkeuring kunnen nadere voorwaarden worden verbonden.

3. De toegevoegd notaris die aan een notaris wordt toegevoegd, legt, indien dit nog niet eerder heeft plaatsgevonden, in verband met de aanvaarding van zijn toevoeging de eed af voor de rechtbank in het arrondissement waarin de kamer voor het notariaat is gevestigd waaronder de notaris aan wie hij wordt toegevoegd ressorteert. Artikel 3, tweede tot en met vijfde lid, en artikel 4 zijn van overeenkomstige toepassing.

Art. 30d

Beëindiging toevoeging van rechtswege

1. De toevoeging eindigt van rechtswege door:

a. opzegging dan wel het eindigen van de arbeidsovereenkomst van de toegevoegd notaris of schorsing in zijn werkzaamheden door zijn werkgever;

b. ontzetting uit het ambt, ontslag of overlijden van de notaris;

c. onherroepelijke oplegging aan de notaris van een ontzegging van de bevoegdheid tot het aanwijzen van een toegevoegd notaris als bedoeld in artikel 103, eerste lid, onderdeel d;

d. onherroepelijke oplegging aan de toegevoegd notaris van een ontzegging in de bevoegdheid om als toegevoegd notaris op te treden als bedoeld in artikel 103, derde lid;

e. benoeming van de toegevoegd notaris tot notaris.

2. Indien de toevoeging op grond van het eerste lid, onderdelen b of c, is geëindigd, kan de voorzitter van kamer voor het notariaat bij de benoeming van een waarnemer als bedoeld in artikel 29, tweede lid, de desbetreffende kandidaat-notaris met diens instemming aanwijzen als aan de waarnemer toegevoegd notaris, voor de duur van de waarneming.

Beëindiging toevoeging bij schorsing

3. Onverminderd het bepaalde in het eerste lid, onderdeel c, wordt de toevoeging opgeschort met het ingaan van de schorsing van de notaris in de uitoefening van het ambt. De opschorting eindigt met de benoeming van een waarnemer dan wel door beëindiging van de schorsing.

Beëindiging toevoeging door intrekking minister

4. Onze Minister kan de toevoeging intrekken:

a. op verzoek van de toegevoegd notaris;

b. indien er sprake is van andere omstandigheden dan bedoeld in het eerste lid waardoor niet langer wordt voldaan aan de voorwaarden voor toevoeging die volgen uit artikel 30b, tweede lid, en aan de voorwaarden als bedoeld in artikel 30c, tweede lid, laatste volzin.

5. Indien er zich feiten of omstandigheden voordoen die ingevolge het eerste lid leiden tot beëindiging van de toevoeging van rechtswege, of ingevolge het vierde lid grond kunnen vormen voor intrekking van de toevoeging, doen de notaris en de toegevoegd notaris daarvan onverwijld mededeling aan de KNB en Onze Minister.

Titel IV

De stage, de registratie van de werktijd en de beroepsopleiding van de kandidaat-notaris

Art. 31

Stage kandidaat-notaris

1. Een kandidaat-notaris moet, alvorens tot notaris te kunnen worden benoemd, gedurende een stage van ten minste zes jaren werkzaam zijn geweest op één of meer notariskantoren in Nederland. In geval van werkzaamheid in deeltijd van minder dan een gemiddelde van 28 uur per week wordt de vereiste duur van de stage naar evenredigheid verlengd, met dien verstande dat bij een gemiddelde van ten minste 21 uur per week de verlengde duur maximaal acht jaren bedraagt. De stage vangt aan op de dag van de kennisgeving, bedoeld in artikel 32, eerste lid.

2. Bij verordening wordt bepaald aan welke verplichtingen de notaris en de kandidaat-notaris gedurende de stage moeten voldoen.

(Zie ook: Nrsbsm; Sv 1988)

3. Op verzoek van een kandidaat-notaris kan de KNB besluiten tot verkorting van de in het eerste lid bedoelde termijn indien bepaalde werkzaamheden van de verzoeker, anders dan bedoeld in het eerste lid, relevant zijn voor de voorbereiding op het notarisambt.

4. Bij verordening worden nadere regels gesteld betreffende de behandeling van het verzoek, bedoeld in het derde lid, en de waardering van de werkzaamheden.

Art. 32

1. De kandidaat-notaris die:
a. werkzaamheden op een notariskantoor heeft aanvaard; of
b. werkzaamheden in een andere vestiging van een notariskantoor heeft aanvaard; of
c. meer of minder uren per week op een notariskantoor werkzaam is, geeft hiervan binnen een week nadat hij met de uitoefening van die werkzaamheden is begonnen of nadat zijn arbeidsduur is gewijzigd, kennis aan de KNB.

Deze kennisgeving wordt door de desbetreffende notaris voor «gezien» getekend. Indien de kandidaat-notaris werkzaam is voor of deel uitmaakt van een maatschap van notarissen of van notarissen en kandidaat-notarissen kan zulks geschieden door één van die notarissen. Indien het de eerste maal is dat hij als kandidaat-notaris werkzaam is, legt hij daarbij tevens het getuigschrift van het door hem afgelegde examen dan wel een erkenning van beroepskwalificaties over als bedoeld in artikel 5 van de Algemene wet erkenning EU-beroepskwalificaties.

2. De kennisgeving houdt in:
a. datum en plaats van geboorte van de kandidaat-notaris;
b. de voornamen, de naam en de plaats van vestiging van de notaris te wiens kantore de kandidaat-notaris het laatst werkzaam is geweest en gedurende welk tijdvak, of de verklaring dat hij als kandidaat-notaris nog niet eerder op een notariskantoor werkzaam was;
c. in geval van werkzaamheid in deeltijd, het aantal uren per week dat de kandidaat-notaris op het notariskantoor werkzaam is.

3. De KNB zendt de kandidaat-notaris een bewijs van ontvangst van de kennisgeving. Zij zendt tevens het door haar voor «gezien» getekende getuigschrift, indien dit aan haar is overgelegd, aan de kandidaat-notaris terug.

4. Binnen een week nadat de kandidaat-notaris zijn werkzaamheden op het notariskantoor heeft beëindigd, geeft de notaris hiervan schriftelijk kennis aan de KNB.

5. Op verzoek geeft de KNB aan de kandidaat-notaris een verklaring af ter bevestiging dat hij de in artikel 31 bedoelde stage heeft doorlopen.

Art. 33

1. De KNB draagt zorg voor een opleiding voor kandidaat-notarissen gedurende de stage, aan het eind waarvan een examen wordt afgenomen. De opleiding duurt ten hoogste drie jaren en neemt ten minste twee maal per jaar een aanvang.

2. Over de volgende onderwerpen betreffende de opleiding worden bij verordening nadere regels vastgesteld:
a. de aanvangsdata van de opleiding en de onderwerpen waarop zij betrekking heeft;
b. de inhoud van het examen, de wijze waarop het examen wordt afgenomen en de personen die bevoegd zijn het examen af te nemen;
c. de voorwaarden voor de toelating tot het afleggen van het examen;
d. de voorwaarden voor het verkrijgen van vrijstelling voor bepaalde onderdelen van het examen;
e. de hoogte van de cursus- en examengelden en te wiens laste deze komen.
(Zie ook: Vokn)

Art. 34

1. Er is een commissie van toezicht die tot taak heeft toezicht te houden op de opleiding voor de kandidaat-notarissen en op het examen. De commissie bestaat uit vijf leden. Drie leden, waaronder de voorzitter, worden benoemd door Onze Minister, de andere leden door de KNB. De commissie is gevestigd ten kantore van de KNB.

2. Bij verordening worden nadere regels gesteld betreffende de zittingsduur en het aftreden van de leden en de voorzitter, alsmede betreffende de werkzaamheid, de vergaderingen, de besluitvorming en andere onderwerpen die voor het functioneren van de commissie van toezicht van belang zijn.

(Zie ook: Vciet)

Art. 35

[Vervallen]

Art. 36

De commissie van toezicht brengt elk jaar aan Onze Minister en aan het bestuur van de KNB verslag uit over haar werkzaamheden. Dit verslag wordt door de KNB algemeen verkrijgbaar gesteld.

Titel V

De akten, minuten, grossen en afschriften

Art. 37

Partij-akten en proces-verbaal-akten

1. Notariële akten kunnen zijn partij-akten of proces-verbaal-akten. Partij-akten bevatten waarnemingen van de notaris, verklaringen van partijen en eventueel bevestigingen daarvan door getuigen. Proces-verbaal-akten bevatten slechts waarnemingen van de notaris en eventueel bevestigingen daarvan door getuigen.

2. Partij-akten komen tot stand door ondertekening van de akte door de partijen, de notaris en de eventuele getuigen. Proces-verbaal-akten komen tot stand door ondertekening van de akte door de notaris en de eventuele getuigen.

3. Is een proces-verbaal-akte ten bewijze van instemming medeondertekend door een of meer bij de inhoud belanghebbende personen, dan geldt die akte te hunnen opzichte tevens als partij-akte voor wat betreft de bewijskracht van de daarin vermelde waarnemingen van de notaris.

Art. 38

Verplichting tot opname akten in protocol

1. De notaris is verplicht de voor hem verleden akten in zijn protocol op te nemen. Deze verplichting geldt ook voor door hem afgegeven Europese erfrechtverklaringen als bedoeld in artikel 188a van Boek 4 van het Burgerlijk Wetboek.

Uitzondering akte van volmachtverlening

2. Van deze verplichting is uitgezonderd de akte van volmachtverlening waarin uitdrukkelijk is vermeld dat zij aan de volmachtgever zal worden uitgegeven. In dat geval neemt de notaris een afschrift van de akte in zijn protocol op.

3. In een akte van volmacht waarin uitdrukkelijk is vermeld dat zij aan de volmachtgever zal worden uitgegeven mogen de persoonlijke gegevens van de gevolmachtigde oningevuld worden gelaten. Hiervoor mogen niet meer dan vier regels worden opengelaten.

4. De notaris is verplicht binnen een maand na afloop van het kalenderjaar aan het bestuur van de KNB opgave te doen van het aantal in dat jaar gepasseerde akten.

Art. 39

Vaststellen identiteit verschijnende personen en getuigen

1. De bij het verlijden van de akte verschijnende personen en getuigen moeten aan de notaris bekend zijn. Hij stelt de identiteit van de personen die de eerste maal voor hem verschijnen vast aan de hand van een document als bedoeld in artikel 1 van de Wet op de identificatieplicht en vermeldt de aard en het nummer daarvan in de akte. Indien onder de verantwoordelijkheid van de notaris werkzame personen als gevolmachtigden of getuigen optreden, is de tweede volzin niet van toepassing. Indien de natuurlijke personen die blijkens de akte daarbij als partij optreden niet bij het verlijden van de akte verschijnen, wordt in de aan de akte te hechten volmacht, dan wel indien krachtens mondelinge volmacht wordt gehandeld in de akte, de aard en het nummer van het in de tweede volzin bedoelde document van de volmachtgever vermeld.

Getuigen

2. De notaris kan in alle gevallen de tegenwoordigheid van twee getuigen verlangen indien hij dit wenselijk acht.

3. De getuigen moeten meerderjarig zijn en hun woonplaats hebben in Nederland. Zij moeten de taal verstaan waarin de akte is opgesteld, of die waarin de akte van bewaargeving is geschreven.

4. Geen getuigen kunnen zijn:

a. de echtgenoot en de bloed- en aanverwanten van de notaris of de partijen bij de akte tot en met de derde graad;

b. de vervangen notaris en diens echtgenoot, indien de akte wordt verleden door een waarnemer.

5. In geval van niet-naleving van enige bepaling van dit artikel, met uitzondering van het eerste lid, tweede en vierde volzin, mist de akte authenticiteit en voldoet zij niet aan de voorschriften waarin de vorm van een notariële akte wordt geëist.

Art. 40

Vermelding personalia notaris

1. De akte vermeldt in ieder geval de naam, voornamen en de plaats van vestiging van de notaris voor wie de akte wordt verleden. Indien de akte wordt verleden voor een toegevoegd notaris of een waarnemer, worden diens naam en voornamen vermeld, alsmede de voorgenoemde gegevens van de notaris tot wiens protocol de akte behoort.

Vermelding personalia partijen, vertegenwoordigers en getuigen en tijdstip en plaats waarop akte is verleden

2. De akte vermeldt bovendien:

a. naam, voornamen, geboortedatum en -plaats, woonplaats met adres en burgerlijke staat van de natuurlijke personen die blijkens de akte daarbij als partij optreden;

b. rechtsvorm, naam en woonplaats met adres van de rechtspersonen die blijkens de akte daarbij als partij optreden;

c. ten aanzien van natuurlijke en rechtspersonen die blijkens de akte voormelde partijen vertegenwoordigen: de in de onderdelen a en b bedoelde gegevens, met uitzondering van de burgerlijke staat, alsmede de grond van hun bevoegdheid, met dien verstande dat voor natuurlijke personen die een kantoor houden of werkzaam zijn op een kantoor ten aanzien van aangelegenheden die dit kantoor betreffen in plaats van de woonplaats met adres ook het kantooradres vermeld kan worden;

d. naam, voornamen, geboortedatum en -plaats van iedere getuige, indien de akte in tegenwoordigheid van getuigen wordt verleden;

e. de plaats, het jaar, de maand en de dag, waarop de akte is verleden;
f. in geval van toepassing van artikel 42, eerste lid, naam, voornamen, geboortedatum en -plaats en woonplaats van de tolk-vertaler.

Indien opgave van één of meer van deze gegevens niet mogelijk is, worden de redenen daarvan vermeld.

3. Indien de vermelding van het tijdstip van de ondertekening van de akte door de notaris, in verband met de inschrijving in de openbare registers of om andere reden van belang kan zijn, wordt ook dit tijdstip vermeld.

4. Indien de akte de plaats, het jaar, de maand of de dag niet vermeldt, mist zij authenticiteit en voldoet zij niet aan de voorschriften waarin de vorm van een notariële akte wordt geëist.

Art. 41

1. De tekst van een akte voldoet aan de volgende eisen:
a. zij moet goed leesbaar zijn en mag geen afkortingen bevatten;
b. zij moet zoveel mogelijk ononderbroken doorlopen;
c. ruimten die zijn opengebleven en onbeschreven vakken moeten vóór de ondertekening voor beschrijving onbruikbaar worden gemaakt;
d. getallen ter bepaling van het aantal of de grootte van zaken, alsmede tijdsaanduidingen moeten in schrijfletters worden uitgedrukt; zij kunnen tevens in cijfers worden herhaald of voorafgesteld.

Eisen vorm, inhoud enz. van akten

2. De inhoud van de akte wordt duurzaam op deugdelijk materiaal gesteld. Bij verordening kunnen regels worden gesteld omtrent dit materiaal en omtrent de wijze waarop de tekst van de akte daarop wordt gesteld, onverminderd het te dien aanzien op grond van artikel 21, eerste lid, van de Archiefwet 1995 bepaalde.
(Zie ook: art. 24 BW Boek 2; Vap)

3. Het voorgaande lid is van overeenkomstige toepassing op de Europese erfrechtverklaring bedoeld in artikel 188a van Boek 4 van het Burgerlijk Wetboek.

Schakelbepaling

Art. 42

1. De akte wordt verleden in de Nederlandse taal. Indien partijen zulks verlangen, wordt de akte verleden in een vreemde of de Friese taal, mits de notaris die taal voldoende verstaat, tenzij de wet anders bepaalt. Indien een verschijnende partij de taal van de akte niet voldoende verstaat, verschijnt mede een tolk, die zo mogelijk ook beëdigd vertaler is, die de zakelijke inhoud van de akte vertaalt. De akte wordt dan mede door hem ondertekend. Van zijn bijstand wordt in het slot van de akte melding gemaakt.

Taal van de notariële akte

2. De akte kan in meer dan één taal worden verleden. In dat geval wordt de tekst in de ene taal gevolgd door de tekst in een andere taal. Deze bepaling is ook van toepassing indien de akte wordt verleden in de Nederlandse en de Friese taal, of de Friese taal één van de talen is waarin de akte is verleden.

3. De voorgaande leden zijn van overeenkomstige toepassing op de afgifte van een Europese erfrechtverklaring als bedoeld in artikel 188a van Boek 4 van het Burgerlijk Wetboek.

Schakelbepaling

Art. 43

1. De partijen bij de akte en de bij het verlijden van de akte eventueel verschijnende andere personen krijgen tijdig tevoren de gelegenheid om van de inhoud van de akte kennis te nemen. Alvorens tot het verlijden van een akte over te gaan, doet de notaris aan de verschijnende personen mededeling van de zakelijke inhoud daarvan en geeft daarop een toelichting. Zo nodig wijst hij daarbij tevens op de gevolgen die voor partijen of één of meer hunner uit de inhoud van de akte voortvloeien. Indien het niet betreft een akte als bedoeld in het tweede lid en de verschijnende personen verklaren van de inhoud van de akte kennis te hebben genomen en met beperkte voorlezing in te stemmen, leest de notaris hun in elk geval de volgende gedeelten van de akte voor:
a. de voornamen, de naam en de plaats van vestiging van de notaris en de datum en de plaats van het verlijden van de akte;
b. de gegevens van de verschijnende personen en van de partijen;
c. het slot.

Mogelijkheid voor verlijden akte kennis te nemen van inhoud; beperkte voorlezing

2. Van akten die in tegenwoordigheid van getuigen worden verleden, leest de notaris steeds de volledige tekst voor. Hij voldoet dan eveneens in het bijzijn van getuigen aan de in de tweede en derde zin van het eerste lid genoemde informatieplicht.

Volledige voorlezing

3. De beschreven bladzijden van de akte worden doorlopend genummerd. Voor zover op een blad niet de ondertekening voorkomt als bedoeld in het vierde lid of de bladen niet reeds met toepassing van artikel 45, eerste lid, onderdeel d, van een paraaf zijn voorzien, worden zij door de notaris van een paraaf voorzien.

4. De akte wordt door ieder der verschijnende personen onmiddellijk na voorlezing ondertekend. Onmiddellijk daarna ondertekent de notaris de akte. Indien een persoon verklaart niet te kunnen ondertekenen zal van deze verklaring, alsmede de reden van verhindering, melding worden gemaakt. Een akte die in tegenwoordigheid van getuigen wordt verleden, wordt door de getuigen en de notaris onmiddellijk na voorlezing ondertekend. Betreft het een akte als be-

Ondertekening akte

B47 art. 44 Wet op het notarisambt

doeld in artikel 40, derde lid, dan neemt de notaris, voordat hij tot ondertekening overgaat, het uur en de minuut van die ondertekening in de akte op.

5. Van de mededeling van de zakelijke inhoud en de toelichting daarop overeenkomstig het eerste lid van dit artikel, van de beperkte of volledige voorlezing overeenkomstig het eerste of het tweede lid, alsmede van de ondertekening overeenkomstig het vierde lid wordt in het slot van de akte melding gemaakt.

Sanctie

6. In geval van niet-naleving van de voorschriften van de eerste volzin van het tweede lid en de eerste tot en met vierde volzin van het vierde lid mist de akte authenticiteit en voldoet zij niet aan de voorschriften waarin de vorm van een notariële akte wordt geëist.

Art. 44

Aanhechting volmachten aan de akte

1. De volmachten waaraan de verschijnende personen hun bevoegdheid ontlenen en die niet behoren tot het protocol van een Nederlandse notaris worden aan de akte gehecht.

2. Indien krachtens een mondelinge volmacht wordt gehandeld, wordt zulks in de akte vermeld met de verklaring van de notaris, dat hem van het bestaan van de volmacht genoegzaam is gebleken.

3. Indien de notaris de in het tweede lid bedoelde verklaring niet kan geven, wordt een schriftelijke volmacht overgelegd.

Art. 45

Aanbrengen wijzigingen in akte voor ondertekening

1. Voordat de notaris de akte ondertekent, mag hij wijzigingen in de tekst aanbrengen met inachtneming van de volgende voorschriften:

a. doorhalingen geschieden op zodanige wijze dat de oorspronkelijke tekst leesbaar blijft;

b. de gewijzigde tekst wordt aangebracht in de kant van de desbetreffende bladzijde of vóór het slot van de akte;

c. de wijziging moet worden goedgekeurd en de goedkeuring vermeldt het aantal doorgehaalde of bijgevoegde woorden, letters, cijfers, leestekens en symbolen;

d. indien de goedkeuring geschiedt in de kant van de bladzijde, moet zij worden gewaarmerkt met een paraaf door allen die de akte ondertekenen.

Verbeteren fouten in akte na verlijden

2. De notaris is bevoegd kennelijke schrijffouten en kennelijke misslagen in de tekst van een akte ook na het verlijden daarvan te verbeteren. Hij maakt van deze verbeteringen proces-verbaal op en stelt op de oorspronkelijke akte een aantekening daarvan, onder vermelding van datum en repertoriumnummer van dit proces-verbaal. Hij zendt een afschrift van het proces-verbaal aan partijen.

(Zie ook: art. 658 Rv)

Art. 45a

Bijhoudingsverklaring

1. De artikelen 19, 20, 40 tot en met 42, en 45 zijn van overeenkomstige toepassing op een bijhoudingsverklaring als bedoeld in artikel 46a van de Kadasterwet.

2. De notaris zendt een afschrift van de bijhoudingsverklaring, bedoeld in het eerste lid, aan partijen, nadat hij op de oorspronkelijke akte een aantekening heeft gesteld van het opmaken van die bijhoudingsverklaring onder vermelding van de datum ervan.

Art. 46

Vermelding geldelijke tegenprestatie

De notaris neemt bij de vermelding ingevolge artikel 89, tweede lid, van Boek 3 van het Burgerlijk Wetboek van de titel van overdracht in de akte van levering steeds ook op een vermelding van de geldelijke tegenprestatie, ook al is deze voor de overdracht zonder belang. Wordt met het oog op de inschrijving een uittreksel afgegeven, dan neemt de notaris deze vermelding ook daarin op.

Art. 47

Aanbieden onderhandse uiterste wil aan kantonrechter

Na de dood van de erflater moet de notaris een onderhandse uiterste wil die hem gesloten is ter hand gesteld, aanbieden aan de kantonrechter van het sterfhuis. De kantonrechter zal de uiterste wil openen en proces-verbaal opmaken van de aanbieding en de opening van de uiterste wil, alsmede van de staat waarin deze zich bevindt, en dit stuk daarna aan de notaris die de aanbieding heeft gedaan, teruggeven.

Art. 48

Aanbieden akte ter opname in protocol, verplichting notaris bij

1. Wanneer aan de notaris een akte in de zin van het artikel 156, eerste lid, van het Wetboek van Burgerlijke Rechtsvordering wordt aangeboden, met verzoek deze in zijn protocol op te nemen, is hij verplicht van de inhoud daarvan kennis te nemen en van de aanbieding en opname een akte te verlijden en het stuk aan die akte te hechten, onverminderd het bepaalde in artikel 95 van Boek 4 van het Burgerlijk Wetboek.

2. Onverminderd het bepaalde in artikel 21, tweede lid, kan de notaris zijn dienst weigeren indien de verzoeker niet aannemelijk kan maken dat hij bij opneming van het aangeboden stuk in het protocol een redelijk belang heeft.

Art. 49

Afgifte van afschriften, uittreksels en grossen aan belanghebbenden

1. Voor zover bij of krachtens de wet niet anders is bepaald, geeft de notaris van de tot zijn protocol behorende notariële akten:

a. afschriften, uittreksels en grossen uit aan partijen bij de akte en aan degenen die een recht ontlenen aan de akte indien de gehele inhoud van de akte van rechtstreeks belang is voor dat recht;
b. al dan niet in executoriale vorm uitgegeven uittreksels uit aan degenen die aan een deel van de inhoud van de akte een recht ontlenen, doch alleen voor wat betreft dat gedeelte van de akte dat rechtstreeks van belang is voor dat recht;
c. afschriften, uittreksels en grossen uit aan de rechtverkrijgenden onder algemene titel van de onder a en b genoemde partij of rechthebbende.
Het uittreksel moet woordelijk gelijkluidend zijn met de overgenomen gedeelten van de akte. Het moet het hoofd en het slot van de akte vermelden en tot slot hebben de woorden: Uitgegeven voor woordelijk gelijkluidend uittreksel.
2. Onder degene die een recht ontleent aan de inhoud van de akte als bedoeld in het eerste lid, onder a en b, wordt mede begrepen degene die door een uiterste wilsbeschikking een erfrechtelijke aanspraak heeft verloren, doch slechts ten aanzien van het desbetreffende onderdeel van die wilsbeschikking.
3. Van de niet tot zijn protocol behorende akten en stukken mag de notaris afschriften en uittreksels uitgeven aan degenen die over de akte of het stuk beschikken.
4. Degene die op grond van dit artikel recht heeft op een afschrift, uittreksel of grosse, kan ook inzage in de akte of het desbetreffende gedeelte van de akte verlangen.

Art. 49a

De erflater kan bij uiterste wilsbeschikking bepalen dat de in artikel 49, eerste lid, bedoelde afschriften, uittreksels en grossen van zijn uiterste wil niet mogen worden uitgegeven noch inzage in zijn uiterste wil mag worden verleend, voor zijn lijk is begraven of verbrand, met dien verstande dat zodanig uitstel niet meer mag bedragen dan vijf dagen na het overlijden van de erflater.

Uitstel inzage afschriften, uittreksels en grossen

Art. 49b

1. De notaris geeft van tot zijn protocol behorende verklaringen van erfrecht desverlangt afschriften uit aan degenen die daarbij belang hebben in verband met een rechtsverhouding waarin zij tot de erflater stonden. Eveneens geeft de notaris van tot zijn protocol behorende notariële akten, houdende uiterste wilsbeschikkingen, desverlangt uittreksels uit aan personen als bedoeld in de eerste zin, doch alleen voor wat betreft dat gedeelte van de akte dat betrekking heeft op feiten als bedoeld in artikel 188 van Boek 4 van het Burgerlijk Wetboek.
2. Artikel 49a is van overeenkomstige toepassing.

Afschrift verklaringen van erfrecht/uittreksel uiterste wilsbeschikking

Schakelbepaling

Art. 49c

1. De notaris geeft desverlangt van de tot zijn protocol behorende Europese erfrechtverklaringen, bedoeld in artikel 188a van Boek 4 Burgerlijk Wetboek, gewaarmerkte afschriften af.
2. Artikel 49a is van overeenkomstige toepassing.

Afschrift Europese erfrechtverklaringen
Schakelbepaling

Art. 50

1. De notaris kan aan iedere partij bij een akte daarvan een grosse afgeven. Deze moet tot hoofd hebben de woorden: In naam van de Koning, en tot slot: Uitgegeven voor eerste grosse. Van elke afgifte van een grosse stelt de notaris op de akte een gewaarmerkte aantekening, behelzende de dag van de afgifte, de rang van de grosse en de aanduiding van de partij, aan welke zij werd uitgereikt. De notaris geeft desverlangt een tweede of verdere grosse af aan iedere partij bij de akte, dan wel aan hun rechtverkrijgenden onder algemene titel.
2. Uittreksels mogen slechts als grossen worden uitgegeven van:
a. akten van verdeling van gemeenschappen;
b. processen-verbaal van openbare verkopingen, verhuringen, verpachtingen en aanbestedingen;
c. testamenten.
3. Geen grossen mogen worden uitgegeven van een verklaring van erfrecht of een Europese erfrechtverklaring als bedoeld in respectievelijk artikel 188 en 188a van Boek 4 van het Burgerlijk Wetboek of een notariële verklaring als bedoeld in de artikelen 26, 27, derde lid, 30, 31, onder b, juncto 26, eerste lid, 34, 35 en 36 van de Kadasterwet.

Afgifte grosse aan partij bij akte

Uitgifte uittreksels als grossen

Art. 51

1. Het zegel van de notaris bevat het koninklijk wapen en in het randschrift de hoedanigheid van notaris, de eerste letters van zijn voornamen, zijn naam en zijn plaats van vestiging. Het zegel wordt aangebracht op alle door hem uit te geven akten en af te geven grossen, afschriften en uittreksels, verklaringen van erfrecht of Europese erfrechtverklaringen als bedoeld in respectievelijk artikel 188 en 188a van Boek 4 van het Burgerlijk Wetboek, legalisaties en andere verklaringen die door de notaris als zodanig worden afgegeven. Het zegel wordt tevens gebezigd bij de handeling, bedoeld in artikel 658 van het Wetboek van Burgerlijke Rechtsvordering, en andere verzegelingen die de notaris als zodanig verricht.
(Zie ook: art. 7 FW)
2. De notaris moet ervoor zorgen dat van het zegel geen misbruik kan worden gemaakt.

Zegel van notaris

Art. 52

Proces-verbaal van eedsaflegging

Legalisatie handtekening

1. De notaris maakt proces-verbaal op van iedere voor hem plaats hebbende eedsaflegging die niet reeds onderdeel uitmaakt van een akte.

2. Legalisatie van een handtekening door de notaris houdt in dat hij op het aangeboden stuk of op een daaraan aangehecht stuk een door hem gedagtekende en ondertekende verklaring stelt waarin hij de echtheid van de handtekening bevestigt.

3. De handtekening van de notaris wordt overeenkomstig het bepaalde in het tweede lid desgevraagd gelegaliseerd door de president van de rechtbank in het arrondissement waar de kamer voor het notariaat is gevestigd waaronder de notaris ressorteert. Hij kan de overige presidenten van de rechtbanken in het ressort waarin de kamer is gevestigd, machtigen deze bevoegdheid uit te oefenen. Afdeling 10.1.1 van de Algemene wet bestuursrecht is van overeenkomstige toepassing.

Art. 53

Nadere regels m.b.t. gegevens en verklaringen in grossen, afschriften en uittreksels

1. Bij algemene maatregel van bestuur kunnen nadere regels worden gesteld omtrent de gegevens en verklaringen welke in grossen, afschriften en uittreksels van akten dienen te worden opgenomen.

2. Bij of krachtens algemene maatregel van bestuur kunnen regels worden gesteld omtrent de wijze waarop elektronische afschriften en elektronische uittreksels van akten worden vervaardigd.

Titel VI De kosten van de ambtelijke werkzaamheden

Art. 54

Vaststelling tarieven en honorarium

1. Bij algemene maatregel van bestuur worden voor het verrichten van ambtelijke werkzaamheden tarieven dan wel regels vastgesteld ter bepaling van het honorarium dat de notaris de cliënt in rekening brengt, voor zover zulks kennelijk noodzakelijk is om de continuïteit van een toegankelijke notariële dienstverlening te waarborgen.

2. Het eerste lid kan zonodig onmiddellijk nadat de in artikel 127, tweede en derde lid, bedoelde overgangsregeling is geëindigd, worden toegepast.

Art. 55

Gespecificeerde rekening

1. De notaris is verplicht om op verzoek van de cliënt een rekening van zijn honorarium voor ambtelijke werkzaamheden en de overige aan de zaak verbonden kosten op te maken, waaruit duidelijk blijkt op welke wijze het in rekening gebrachte bedrag is berekend.

2. Bij verordening worden regels gesteld betreffende de inrichting van een algemene klachten- en geschillenregeling voor het notariaat, waaronder de instelling van een geschillencommissie.

Art. 56

Beperking honorarium o.g.v. draagkracht belanghebbende

1. De voorzitter van de kamer voor het notariaat kan op verzoek van een belanghebbende wiens financiële draagkracht de in artikel 34 van de Wet op de rechtsbijstand genoemde bedragen niet overschrijdt, een in het desbetreffende ressort gevestigde notaris opdragen de in het tweede lid genoemde ambtelijke werkzaamheden te verrichten tegen een bedrag waarvan de maximumhoogte het bedrag is van de ingevolge de algemene maatregel van bestuur, bedoeld in artikel 35, tweede lid, van de Wet op de rechtsbijstand, hoogst mogelijke eigen bijdrage.

2. Het eerste lid is van toepassing op werkzaamheden met betrekking tot:

a. notariële akten houdende testament, huwelijkse voorwaarden, partnerschapsvoorwaarden, samenlevingsovereenkomst en voogdijbenoeming;

b. notariële akten van scheiding van onverdeeldheden indien uit de onverdeeldheid de kosten van de notaris niet kunnen worden voldaan;

c. verklaringen van erfrecht indien het saldo van de boedel minder bedraagt dan het in artikel 34, tweede lid, van de Wet op de rechtsbijstand genoemde bedrag voor het vermogen van een alleenstaande.

3. De verzoeker legt aan de voorzitter een verklaring over van de raad voor rechtsbijstand, bedoeld in artikel 1, van de Wet op de rechtsbijstand, waaruit het inkomen van de verzoeker blijkt.

Maximumtarief

4. Voor degenen op wie de eerste drie leden niet van toepassing zijn geldt voor de daarin bedoelde ambtelijke werkzaamheden een tarief waarvan het maximum bedraagt vier maal het in het eerste lid bedoelde bedrag. Dit laatste maximum geldt niet indien het eigen vermogen van een partij bij de akte of van partijen tezamen meer bedraagt dan € 226 890. Dit bedrag kan bij ministeriële regeling worden gewijzigd voorzover de consumentenprijsindex daartoe aanleiding geeft.

5. Bij algemene maatregel van bestuur worden regels gesteld met betrekking tot de wijze waarop de hoogte van het in het vierde lid bedoelde eigen vermogen wordt bepaald.

(Zie ook: art. 1 Rntfmd 2006; art. 10 Vbg)

Titel VII De notariële archieven

Art. 57

1. Er zijn één of meer door Onze Minister aan te wijzen algemene bewaarplaatsen van protocollen.
2. Het bestuur van de KNB benoemt uit de notarissen die in het arrondissement waarbinnen zich de algemene bewaarplaats bevindt hun plaats van vestiging hebben een bewaarder en een plaatsvervangend bewaarder. Deze benoemingen geschieden voor de tijd van vijf jaar en kunnen telkens met dezelfde termijn worden verlengd.
3. De bewaarder en de plaatsvervangend bewaarder hebben ten aanzien van de zich in de algemene bewaarplaats bevindende protocollen dezelfde bevoegdheden en verplichtingen als een notaris.
4. In afwijking van artikel 41, eerste lid, onder b, van de Archiefwet 1995 is Onze Minister zorgdrager van de zich in de algemene bewaarplaats bevindende archiefbescheiden, voorzover deze niet zijn overgebracht naar een rijksarchiefbewaarplaats.
5. Bij verordening kunnen nadere regels worden gesteld betreffende de taken en bevoegdheden van de bewaarder en plaatsvervangend bewaarder.

Art. 58

1. Een notaris die het protocol van zijn voorganger heeft overgenomen, brengt binnen drie maanden daarna de minuten, afschriften, bedoeld in artikel 38, tweede lid, registers en repertoria en zo mogelijk de kaartsystemen, die op de eerste dag van de maand januari van het jaar van overneming ouder waren dan dertig jaar, over naar de algemene bewaarplaats.

2. De notaris is bevoegd om het gedeelte van de onder hem berustende protocollen dat ouder is dan twintig jaar over te brengen naar de algemene bewaarplaats.
3. Onze Minister kan nadere regels stellen over de overbrenging van de in het eerste en tweede lid bedoelde protocollen naar de algemene bewaarplaatsen.

Art. 59

1. In afwijking van artikel 12 van de Archiefwet 1995 geldt dat de protocollen die ouder zijn dan vijfenzeventig jaar, met uitzondering van de akten betreffende uiterste willen, en die in een algemene bewaarplaats berusten, binnen een tijdvak van tien jaar naar de bij of krachtens die wet voor de bewaring daarvan aangewezen rijksarchiefbewaarplaatsen worden overgebracht. Akten betreffende uiterste willen die ouder zijn dan honderd jaar worden binnen een tijdvak van tien jaar naar de rijksarchiefbewaarplaats overgebracht.
2. Onze Minister en Onze Minister van Onderwijs, Cultuur en Wetenschap zijn gezamenlijk bevoegd over de overbrenging van protocollen uit algemene bewaarplaatsen naar de in die wet bedoelde rijksarchiefbewaarplaatsen nadere regels te stellen.

Titel VIII De Koninklijke Notariële Beroepsorganisatie

Afdeling 1
De organisatie van de KNB

Art. 60

De Koninklijke Notariële Beroepsorganisatie is een openbaar lichaam in de zin van artikel 134 van de Grondwet. Alle in Nederland gevestigde notarissen en werkzame toegevoegd notarissen en kandidaat-notarissen zijn leden van de KNB. De KNB is gevestigd te 's-Gravenhage .

Art. 61

1. De KNB heeft tot taak de bevordering van een goede beroepsuitoefening door de leden en van hun vakbekwaamheid. Haar taak omvat mede de zorg voor de eer en het aanzien van het notarisambt.
2. Bij verordening worden beroeps- en gedragsregels van de leden van de KNB vastgesteld. Tevens kunnen bij verordening regels worden gesteld betreffende de bevordering van de vakbekwaamheid van de leden en de kwaliteit van de beroepsuitoefening.
(Zie ook: Vbgr ; Vbvbk ; Vop)

Art. 61a

1. De KNB is verantwoordelijk voor het uitvoeren van kwaliteitstoetsen bij haar leden, die worden verricht door deskundigen die zijn aangewezen door het bestuur van de KNB.
2. Op het verrichten van de kwaliteitstoetsen en de krachtens het eerste lid aangewezen personen, zijn de artikelen 5:12, 5:13, 5:14, 5:15, eerste en derde lid, 5:16, 5:17, 5:18 en 5:20, eerste en tweede lid, van de Algemene wet bestuursrecht van overeenkomstige toepassing.

B47 art. 62 **Wet op het notarisambt**

3. Het bestuur van de KNB is bevoegd tot overeenkomstige toepassing van artikel 5:20, derde lid, van de Algemene wet bestuursrecht ten aanzien van de in het eerste lid bedoelde deskundigen.

4. Bijzondere categorieën van persoonsgegevens en persoonsgegevens van strafrechtelijke aard als bedoeld in paragraaf 3.1 onderscheidenlijk paragraaf 3.2 van de Uitvoeringswet Algemene verordening gegevensbescherming kunnen worden verwerkt door de krachtens het eerste lid aangewezen deskundigen, voor zover deze gegevens noodzakelijk zijn voor de doelmatige en doeltreffende uitvoering van kwaliteitstoetsen.

5. Ten behoeve van het verrichten van de kwaliteitstoetsen door de aangewezen personen, bedoeld in het eerste lid, zijn de notaris en de onder zijn verantwoordelijkheid werkzame personen ten opzichte van de aangewezen personen niet gehouden aan de geheimhoudingsplicht, bedoeld in artikel 22.

5. Bij verordening worden nadere regels gesteld betreffende het verrichten van de kwaliteitstoetsen.

Art. 62

Organisatie KNB De KNB heeft een bestuur, een ledenraad, een algemene ledenvergadering alsmede afdelingen in elk arrondissement, ringen genaamd.

Art. 63

Bureau KNB De KNB houdt een bureau in stand, dat het bestuur bijstaat in de uitoefening van zijn taken.

Afdeling 2
Het bestuur van de KNB

Art. 64

Taken en organisatie bestuur KNB

1. Het bestuur is belast met de algemene leiding van de KNB en met de uitoefening van aan haar bij of krachtens deze wet of andere wetten opgedragen taken, alsmede met het beheer en de beschikking over haar vermogen. Het geeft voorts algemene leiding aan het bureau van de KNB en regelt zijn werkzaamheid.

2. Het bestuur wordt bijgestaan door een aantal secretarissen, waaronder de directie van het bureau. De directie van het bureau is belast met de coördinatie van hun werkzaamheden en met de leiding van de dagelijkse gang van zaken van het bureau.

(Zie ook: art. 610 BW Boek 7)

3. Het bestuur kan nadere regelen stellen betreffende zijn werkwijze en die van het bureau.

4. Het bestuur stelt jaarlijks een verslag op over zijn werkzaamheden ten behoeve van de algemene ledenvergadering en zendt dit om advies aan de ledenraad. Het brengt het verslag ter kennis van Onze Minister.

5. Het bestuur stelt jaarlijks een verantwoording op van zijn financieel beleid alsmede een begroting voor het komende boekjaar, met toelichting, en zendt deze stukken om advies aan de ledenraad.

Art. 65

Samenstelling bestuur KNB

1. Het bestuur bestaat uit een oneven aantal van ten minste vijf leden. De samenstelling van het bestuur geschiedt zoveel mogelijk op grondslag van gelijkheid in aantal van de leden die notaris zijn en de leden die toegevoegd notaris of kandidaat-notaris zijn.

2. De leden worden benoemd voor een termijn van drie jaren en kunnen na aftreden terstond voor eenzelfde termijn eenmaal worden herbenoemd.

3. Het bestuur vertegenwoordigt de KNB. Daartoe zijn ook gezamenlijk bevoegd de voorzitter of de plaatsvervangend voorzitter en een van de andere leden van het bestuur.

Art. 66

Taak voorzitter bestuur KNB De voorzitter van het bestuur van de KNB is in die hoedanigheid belast met de leiding van de vergadering van de algemene ledenvergadering.

Afdeling 3
De ledenraad

Art. 67

Samenstelling ledenraad

1. De ledenraad bestaat uit de voorzitters van de ringbesturen, alsmede een lid uit elke ring, met dien verstande dat voor elke ring één notaris en één toegevoegd notaris of kandidaat-notaris in de ledenraad zitting hebben. Ieder lid heeft een plaatsvervanger. De plaatsvervangers van de voorzitters zijn de plaatsvervangende voorzitters van de ringbesturen.

2. De leden en hun plaatsvervangers worden door de desbetreffende ringvergadering gekozen voor een termijn van drie jaren en zij zijn slechts eenmaal voor eenzelfde termijn herkiesbaar.

3. De ledenraad wijst per 1 oktober van elk jaar uit de voorzitters van de ringbesturen voor de periode van één jaar de voorzitter en de plaatsvervangend voorzitter van de ledenraad aan. Deze kunnen zich bij de vervulling van hun taak doen bijstaan door secretarissen van het bureau van de KNB.

Art. 68

De ledenraad heeft de zorg voor de vaststelling van het algemene beleid van de KNB en treedt daartoe zonodig in overleg met het bestuur. Het bestuur stelt de ledenraad desgevraagd of eigener beweging in kennis van alle gegevens die voor het algemeen beleid van de KNB van belang kunnen zijn, in het bijzonder gegevens betreffende zaken die het bestuur in uitvoering of behandeling heeft of die het in voorbereiding of onderzoek heeft genomen. De ledenraad is bevoegd het bestuur te allen tijde inlichtingen te vragen of onderzoek op te dragen betreffende onderwerpen die voor de bepaling van het beleid der KNB van belang kunnen zijn. De ledenraad brengt het bestuur regelmatig op de hoogte van de ontwikkelingen met betrekking tot de zaken der KNB in de ringen.

Algemeen beleid KNB

Art. 69

De ledenraad is belast met het vaststellen van verordeningen van de KNB.

Vaststellen verordeningen KNB

Art. 70

De ledenraad overlegt met het bestuur over de voorstellen van verordeningen van de KNB, na daarover het advies van de ringbesturen te hebben ingewonnen.

Art. 71

Benoeming bestuur KNB

1. De ledenraad benoemt het bestuur en kan, met inachtneming van artikel 65, het aantal der leden daarvan bepalen. De ledenraad benoemt de voorzitter en zijn plaatsvervanger uit de leden van het bestuur voor een termijn van twee jaren.

2. Het lidmaatschap van het bestuur is niet verenigbaar met het lidmaatschap en het plaatsvervangend lidmaatschap van de ledenraad, het bestuur van een ring en een kamer voor het notariaat.

3. De ledenraad kan nadere regels vaststellen betreffende de benoeming en het aftreden van de leden van het bestuur.

Art. 72

De ledenraad oefent toezicht uit op het bestuur en hij kan de leden daarvan in hun functie schorsen of ontslaan, indien hij het vertrouwen in hun wijze van taakvervulling heeft verloren of wegens andere gegronde redenen.

Toezicht op bestuur KNB

Art. 73

De ledenraad brengt aan de jaarlijkse algemene ledenvergadering advies uit over het verslag van de werkzaamheden van het bestuur alsmede over de verantwoording van het financieel beleid, de ontwerp-begroting van de KNB voor het komende jaar en de daarbij behorende toelichtingen, na deze stukken te hebben onderzocht.

Toezicht op bestuur KNB, advies ledenraad

Art. 74

De leden van de ledenraad kunnen door de ringvergadering die hen heeft benoemd worden geschorst of ontslagen, indien zij het vertrouwen in hun wijze van taakvervulling heeft verloren of wegens andere gegronde redenen.

Schorsing en ontslag leden ledenraad

Art. 75

Het bestuur van de KNB roept de ledenraad tenminste een maal per jaar bijeen om te beraadslagen over de in artikel 73 bedoelde stukken. Andere vergaderingen worden bijeen geroepen zo dikwijls als het bestuur zulks nodig acht en voorts indien ten minste zes leden van de raad het bestuur schriftelijk daarom verzoeken, met opgave van de te behandelen onderwerpen.

Bijeenroepen ledenraad

Art. 76

De vergaderingen van de ledenraad zijn openbaar. Er wordt met gesloten deuren vergaderd indien de voorzitter, de aard van het te behandelen onderwerp in aanmerking genomen, zulks nodig oordeelt of indien ten minste acht leden van de raad daarom verzoeken. De leden van het bestuur van de KNB, de directeur van het bureau van de KNB en de secretarissen kunnen de besloten vergaderingen bijwonen, tenzij de ledenraad anders beslist. Over de toelating van andere personen beslist de ledenraad. Van de besloten vergadering wordt een afzonderlijk verslag gemaakt, dat niet openbaar wordt gemaakt tenzij de ledenraad anders beslist.

Openbaarheid vergaderingen ledenraad

Art. 77

Bij verordening worden nadere regels gesteld betreffende de benoeming en het aftreden van de leden, en voorts betreffende zijn werkzaamheid, de wijze van vergaderen, de besluitvorming en de wijze waarop in de vergadering wordt gestemd, alsmede de wijze waarop aan de leden van de KNB kennis wordt gegeven van zijn besluiten.

(Zie ook: Vlr)

Regels benoeming en aftreden leden en werkzaamheden en werkwijze ledenraad

Afdeling 4 De algemene ledenvergadering

Art. 78

Het bestuur van de KNB roept jaarlijks een algemene ledenvergadering bijeen. Buitengewone ledenvergaderingen worden bijeengeroepen zo dikwijls het bestuur zulks nodig acht en voorts

Algemene ledenvergadering

B47 art. 79 **Wet op het notarisambt**

indien de ledenraad of tenminste vijftig leden van de KNB het bestuur schriftelijk daarom verzoeken met opgave van de te behandelen onderwerpen.

Art. 79

Algemene ledenvergadering, openbaarheid vergaderingen

De vergadering van de algemene ledenvergadering is openbaar. Er wordt met gesloten deuren vergaderd indien de voorzitter, de aard van het te behandelen onderwerp in aanmerking genomen, zulks nodig oordeelt of indien tenminste dertig aanwezige leden daarom verzoeken. De leden van het bestuur, de directeur van het bureau van de KNB en de secretarissen wonen de besloten vergadering bij, tenzij de vergadering anders beslist. Over de toelating van andere personen beslist de vergadering. Van de besloten vergadering wordt een afzonderlijk verslag gemaakt, dat niet openbaar wordt gemaakt tenzij de vergadering anders beslist.

Art. 80

Algemene ledenvergadering, bevoegdheden t.a.v. verslag bestuur/verslag accountant/ontwerpbegroting

De algemene ledenvergadering beraadslaagt en beslist zonodig over het verslag van de werkzaamheden van het bestuur van de KNB, alsmede over de financiële verantwoording, het verslag van de accountant, bedoeld in artikel 88, tweede lid, de ontwerp-begroting voor het komende jaar en de daarbij behorende toelichtingen alsmede de over deze stukken door de ledenraad uitgebrachte adviezen.

Art. 81

Algemene ledenvergadering, nadere regels werkwijze

Op voorstel van het bestuur van de KNB stelt de algemene ledenvergadering nadere regels vast betreffende haar werkwijze, de wijze van vergaderen, de besluitvorming en de wijze waarop in de vergaderingen worden gestemd, de wijze waarop te behandelen stukken of onderwerpen ter kennis worden gebracht van de leden, alsmede de wijze waarop haar besluiten aan de leden van de KNB ter kennis worden gebracht.

Afdeling 5
De ringen

Art. 82

Ringen

1. Leden van elke ring zijn de in dat arrondissement gevestigde en werkzame notarissen, toegevoegd notarissen en kandidaat-notarissen. De ring wordt aangeduid met vermelding van het arrondissement.

2. De ringen kunnen door het bestuur van de KNB worden belast met de uitvoering van de in artikel 61, eerste lid, omschreven taken in het arrondissement.

3. De ring heeft een bestuur en een ringvergadering. De ring is een rechtspersoon.

Art. 83

Taak bestuur ring

Het bestuur van de ring is belast met de leiding van de ring alsmede met het beheer en de beschikking over zijn vermogen. Het brengt aan de ledenraad advies uit over de voorstellen voor verordeningen van de KNB. Het kan regels stellen betreffende zijn taakvervulling.

Art. 84

Samenstelling bestuur ring

1. Het bestuur van de ring bestaat uit een oneven aantal van ten minste drie leden van de ring. De samenstelling van het bestuur geschiedt zoveel mogelijk op grondslag van gelijkheid in aantal van de leden die notaris zijn en de leden die toegevoegd notaris of kandidaat-notaris zijn.

2. De leden en hun eventuele plaatsvervangers worden benoemd voor een termijn van drie jaren en kunnen na aftreden terstond voor eenzelfde termijn eenmaal worden herbenoemd.

3. Het bestuur vertegenwoordigt de ring. Daartoe zijn ook gezamenlijk bevoegd de voorzitter of de plaatsvervangend voorzitter en een van de andere leden van het ringbestuur.

Art. 85

Benoeming bestuur ring door ringvergadering

De ringvergadering benoemt het bestuur van de ring en kan, met inachtneming van artikel 84, eerste lid, het aantal der leden daarvan bepalen. De ringvergadering benoemt telkens voor ten hoogste drie jaren een voorzitter en een plaatsvervangend voorzitter uit de leden van het bestuur van de ring.

Art. 86

Ringvergadering, nadere regels m.b.t. werkzaamheid/besluitvorming/wijze vergaderen/stemmen/kennisgeving

Bij verordening worden nadere regels gesteld betreffende de werkzaamheid, de besluitvorming en wijze van vergaderen van de ringen, de wijze waarop in de vergadering wordt gestemd, alsmede de wijze waarop aan de leden van de ring kennis wordt gegeven van haar besluiten. *(Zie ook: Vr)*

Afdeling 6
De geldmiddelen van de KNB

Art. 87

Financiële bijdragen leden

1. De KNB draagt alle kosten die uit de uitvoering van de haar door deze wet opgedragen taken voortvloeien. De kosten die samenhangen met de uitoefening van het bij of krachtens deze wet geregelde toezicht en ten laste komen van de Staat worden door de KNB vergoed aan de Staat.

De KNB vergoedt eveneens de kosten die samenhangen met de uitoefening van de bij of krachtens deze wet geregelde tuchtrechtspraak en ten laste komen van de Staat. Ter dekking van deze kosten kan zij van de leden jaarlijks bijdragen heffen. De algemene ledenvergadering stelt, op voorstel van het bestuur, de hoogte van de bijdragen voor het boekjaar vast. Het bedrag daarvan kan voor verschillende categorieën van leden verschillend zijn.

2. In afwijking van het eerste lid stelt het bestuur van de KNB de bijdrage van de leden vast ter dekking van de vergoeding van de kosten van het toezicht en de tuchtrechtspraak aan de Staat. Het bestuur van de KNB kan het beheer van de middelen ter dekking van de vergoeding van het toezicht en de tuchtrechtspraak aan de Staat onderbrengen bij het fonds, bedoeld in artikel 88a.

Art. 88

1. Het boekjaar van de KNB wordt vastgesteld door het bestuur.

2. Het bestuur wijst telkens voor elk boekjaar een accountant aan die is belast met de controle op de financiële verantwoording, bestaande uit een balans, een staat van baten en lasten en een toelichting. Deze brengt binnen drie maanden na afloop van het boekjaar daarover verslag uit aan het bestuur.

3. Binnen acht maanden na de afloop van het boekjaar legt het bestuur de financiële verantwoording met het daarover door de accountant uitgebrachte verslag, alsmede de begroting voor het komende boekjaar met een toelichting aan de ledenraad over. De ledenraad brengt na onderzoek van deze stukken daarover verslag uit aan de algemene ledenvergadering.

4. De vaststelling van de financiële verantwoording door de algemene ledenvergadering houdt tevens in décharge van het bestuur terzake.

Afdeling 6a
Fonds

Art. 88a

1. Het bestuur van de KNB richt een fonds in voor de vergoeding van kosten die verband houden met een overname als bedoeld in artikel 15 of waarneming als bedoeld in artikel 29a. Uit dit fonds worden in ieder geval kosten vergoed die in redelijkheid niet ten laste behoren te komen van de waarnemer of de notaris die het protocol toegewezen heeft gekregen en noodzakelijk zijn voor een goede ambtsuitoefening met betrekking tot het protocol, waarvoor de waargenomen onderscheidenlijk gewezen notaris geen verhaal biedt. Uit het fonds worden voorts tekorten op bijzondere rekeningen als bedoeld in artikel 25 vergoed.

2. Ter financiering van het fonds kan het bestuur van de KNB een bijdrage aan de leden van de KNB opleggen.

3. Het bestuur van de KNB stelt een reglement op met de werkwijze van het fonds en de voorwaarden waaronder uitkeringen uit het fonds plaatsvinden. In dit reglement wordt in ieder geval bepaald dat het fonds altijd over voldoende middelen moet beschikken om aan de gestelde doelen te kunnen voldoen. Bij de inrichting van het fonds draagt het bestuur van de KNB er zorg voor dat de werkwijze van het fonds voor de leden van de KNB controleerbaar is.

Afdeling 7
De verordeningen en andere besluiten van de KNB

Art. 89

1. Verordeningen worden slechts vastgesteld met betrekking tot onderwerpen waarvan deze wet regeling of nadere regeling bij verordening voorschrijft.

2. Verordeningen bevatten geen verplichtingen of voorschriften die niet strikt noodzakelijk zijn voor verwezenlijking van het doel dat met de verordening wordt beoogd en beperken niet onnodig de marktwerking.

3. Voorstellen van verordeningen worden aan de ledenraad gedaan door het bestuur of door ten minste vijf leden van de ledenraad. Alvorens een ontwerp-verordening bij de ledenraad in te dienen kan het bestuur de kamers voor het notariaat uitnodigen hun oordeel kenbaar te maken. Over een ontwerp voor een verordening wint de KNB het advies in van het Bureau.

4. De verordeningen van de KNB zijn slechts verbindend voor haar leden en haar organen.

5. Een verordening kan aan het bestuur van de KNB de bevoegdheid toekennen tot het geven van nadere regels betreffende het in de verordening behandelde onderwerp. Deze worden ter kennisname toegezonden aan Onze Minister.

Art. 90

Het voorstel van een verordening, wordt met een toelichting ten minste twee maanden vóór de dag waarop de ledenraad daarover beraadslaagt ter kennis gebracht van de leden van elke ring. Het bestuur van de ring brengt, na raadpleging van de leden, zijn advies omtrent het voorstel ten minste drie weken vóór de dag waarop daarover wordt beraadslaagd ter kennis van de ledenraad.

Financiële verantwoording

Fonds vergoeding kosten overname of waarneming

Verordeningen

Advies ring m.b.t. voorstel verordening

B47 art. 91

Wet op het notarisambt

Art. 91

Goedkeuring verordening door Minister van Justitie Bekendmaking en inwerkingtreding verordening

1. Een verordening behoeft de goedkeuring van Onze Minister. De goedkeuring kan worden onthouden wegens strijd met het recht of het algemeen belang.

2. Een verordening wordt, nadat zij is goedgekeurd, door de zorg van het bestuur van de KNB bekend gemaakt door plaatsing in de Staatscourant. De verordening verbindt niet dan nadat zij bekend is gemaakt. Zij treedt in werking met ingang van de eerste dag van de tweede maand na die van de dag van de bekendmaking of zoveel eerder als zij zelf bepaalt, met dien verstande dat tussen de dag van de bekendmaking en die van de inwerkingtreding tenminste een termijn van tien dagen moet liggen.

(Zie ook: art. 5 Vbp; art. 4 Vap; art. 9 Vlr; art. 11 Vr; art. 4 Vbnlkt; art. 5 Vciet; art. 35 Vbgr; art. 5 Vbvbk)

Art. 92

Vernietiging overige besluiten

Besluiten van de ledenraad, van het bestuur of van andere organen van de KNB, niet zijnde een verordening die op grond van artikel 91 rechtsgeldig tot stand is gekomen, kunnen bij koninklijk besluit worden vernietigd. Onverminderd artikel 10:39 van de Algemene wet bestuursrecht kan een besluit niet worden vernietigd, indien zes maanden zijn verstreken nadat het is bekendgemaakt.

Titel IX De tuchtrechtspraak en het toezicht

Afdeling 1 De tuchtrechtspraak

Art. 93

Tuchtrechtspraak

1. Notarissen, toegevoegd notarissen en kandidaat-notarissen zijn aan tuchtrechtspraak onderworpen ter zake van handelen of nalaten in strijd met hetzij enige bij of krachtens deze wet gegeven bepaling, hetzij met de zorg die zij als notaris, toegevoegd notaris of kandidaat-notaris behoren te betrachten ten opzichte van degenen te wier behoeve zij optreden en ter zake van handelen of nalaten dat een behoorlijk notaris, toegevoegd notaris of kandidaat-notaris niet betaamt.

2. Notarissen, toegevoegd notarissen en kandidaat-notarissen die niet meer als zodanig werkzaam zijn blijven aan de tuchtrechtspraak onderworpen ter zake van enig in het eerste lid bedoeld handelen of nalaten gedurende de tijd dat zij als zodanig werkzaam waren.

Art. 94

Uitvoering tuchtrecht door kamers voor het notariaat/gerechtshof Amsterdam

1. De tuchtrechtspraak over de notarissen, toegevoegd notarissen en kandidaat-notarissen wordt in eerste aanleg uitgeoefend door de kamers voor het notariaat en in hoger beroep door het gerechtshof Amsterdam. Tegen beslissingen van het gerechtshof is geen hogere voorziening toegelaten.

2. Ten behoeve van de uitoefening van de tuchtrechtspraak door de kamers voor het notariaat en het gerechtshof Amsterdam zijn de notaris en de onder zijn verantwoordelijkheid werkzame personen ten opzichte van de kamers en het gerechtshof niet gehouden aan de geheimhoudingsplicht, bedoeld in artikel 22.

3. In ieder ressort is een kamer voor het notariaat gevestigd, waarvan het rechtsgebied samenvalt met het ressort. De kamers zijn belast met de uitvoering van de hun in deze wet opgedragen taken. De aan de werkzaamheden van de kamers verbonden kosten komen ten laste van de Staat.

Samenstelling kamers voor het notariaat

4. Elke kamer voor het notariaat bestaat uit een voorzitter en vier leden. Er zijn ten minste twee plaatsvervangend voorzitters.

5. De president van de rechtbank in het arrondissement waarin de kamer voor het notariaat is gevestigd, is voorzitter van deze kamer. De plaatsvervangende voorzitters worden door de voorzitter aangewezen uit de leden van de rechtbanken die zijn gelegen in het ressort waar de desbetreffende kamer voor het notariaat is gevestigd. Indien de aanwijzing betrekking heeft op leden van een rechtbank in een ander arrondissement dan die waar de kamer voor het notariaat is gevestigd, gebeurt die aanwijzing niet dan na instemming van de president van die rechtbank.

6. Twee leden worden voor de tijd van vier jaren benoemd door Onze Minister, die tevens voor elk hunner een of meer plaatsvervangers aanwijst. Een van die leden wordt benoemd uit de leden van de rechtbanken die zijn gelegen binnen het rechtsgebied van de desbetreffende kamer voor het notariaat. Het andere lid is de inspecteur, bedoeld in artikel 2, derde lid, onderdeel b, van de Algemene wet inzake rijksbelastingen. Zij zijn bij hun aftreden herbenoembaar. Op eigen verzoek kan hen door Onze Minister tussentijds ontslag worden verleend.

7. De overige twee leden zijn notaris, toegevoegd notaris of kandidaat-notaris. Deze leden worden voor de tijd van vier jaren door de ledenraad van de KNB, op voordracht van de ringbesturen in het ressort van de desbetreffende kamer voor het notariaat, uit de leden van die ringen benoemd. Zij zijn bij hun aftreden eenmaal herbenoembaar. Op eigen verzoek kan hun tussentijds door de ledenraad ontslag worden verleend. De ledenraad wijst tevens uit de leden van de ringen twee of meer plaatsvervangers aan die beide leden kunnen vervangen. Bij verordening worden regels gesteld omtrent de wijze van voordracht en benoeming van deze leden en hun plaatsvervangers.

8. Aan de behandeling en de beslissing van tuchtzaken wordt op straffe van nietigheid deelgenomen door de voorzitter of een van de plaatsvervangende voorzitters, alsmede een door Onze Minister benoemd lid en een notaris, een toegevoegd notaris of een kandidaat-notaris. Indien de zaak naar het oordeel van een van deze leden ongeschikt is voor de behandeling en beslissing door drie leden, wordt de behandeling voortgezet door vijf leden, onder wie de voorzitter of een van de plaatsvervangende voorzitters, een door Onze Minister benoemd lid en een notaris, een toegevoegd notaris of een kandidaat-notaris en twee leden genoemd in het zesde of zevende lid. Indien de voorzitter of plaatsvervangend voorzitter door na aanvang van de zaak opgekomen omstandigheden is verhinderd, kan deze worden vervangen door een door Onze Minister benoemd lid of plaatsvervangend lid.

9. De kamer voor het notariaat heeft een secretaris en zo nodig een of meer plaatsvervangend secretarissen. Zij worden door de voorzitter van de kamer aangewezen uit de gerechtsecretarissen van de rechtbank.

10. Tussen de voorzitter, plaatsvervangend voorzitter, de leden en de plaatsvervangende leden van een kamer voor het notariaat mag niet bestaan de verhouding van echtgenoten, bloed- of aanverwantschap tot de derde graad ingesloten, een maatschap of ander duurzaam samenwerkingsverband tot het uitoefenen van het notarisambt.

11. Bij of krachtens algemene maatregel van bestuur worden nadere regels gesteld betreffende de vestigingsplaats en de inrichting van de kamers en betreffende de uitoefening van haar werkzaamheden, alsmede de de vergoeding van de reis- en verblijfkosten van de leden en andere vergoedingen.

(Zie ook: art. 10 Bktn ; Vbnlkt)

Art. 94a

1. De kamers voor het notariaat stellen jaarlijks een jaarverslag op alsmede een begroting van de in het daaropvolgende jaar te verwachten inkomsten en uitgaven met betrekking tot de uitvoering van de bij of krachtens deze wet opgedragen taken en daaruit voortvloeiende werkzaamheden op het terrein van de tuchtrechtspraak. De begrotingsposten worden van een toelichting voorzien.

Kamers voor het notariaat, jaarverslag en begroting

2. Tenzij de werkzaamheden waarop de begroting betrekking heeft nog niet eerder werden verricht, bevat de begroting een vergelijking met de begroting van het lopende jaar waarmee Onze Minister heeft ingestemd.

3. De kamers voor het notariaat zenden de begroting voor een door Onze Minister te bepalen tijdstip voorafgaande aan het begrotingsjaar ter instemming aan Onze Minister.

4. Onze Minister stemt niet in met de begroting dan nadat de KNB is gehoord. De instemming kan worden onthouden wegens strijd met het recht of het algemeen belang. Ingeval van gebleken strijdigheid wordt instemming niet onthouden dan nadat de kamers voor het notariaat in de gelegenheid zijn gesteld de begroting aan te passen, binnen een door Onze Minister te stellen redelijke termijn.

5. Wanneer Onze Minister niet met de begroting heeft ingestemd vóór 1 januari van het jaar waarop deze betrekking heeft, kunnen de kamers voor het notariaat, in het belang van een juiste uitvoering van hun taak, voor het aangaan van verplichtingen en het verrichten van uitgaven beschikken over ten hoogste drie twaalfde gedeelten van de bedragen die bij de overeenkomstige onderdelen in de begroting van het voorafgaande jaar waren toegestaan.

6. Indien gedurende het jaar aanmerkelijke verschillen ontstaan of dreigen te ontstaan tussen de werkelijke en begrote baten en lasten dan wel inkomsten en uitgaven, doen de kamers voor het notariaat daarvan onverwijld mededeling aan Onze Minister onder vermelding van de oorzaak en de verwachte omvang van de verschillen.

7. De kamers voor het notariaat zenden het jaarverslag voor een door Onze Minister te bepalen tijdstip aan Onze Minister.

8. Bij ministeriële regeling kunnen regels worden gesteld voor de inrichting van de begroting en de inhoud van het jaarverslag.

Art. 95

1. Het lidmaatschap van de leden van de kamer voor het notariaat vervalt van rechtswege indien zij de kwaliteit verliezen waarin zij benoemd zijn, met dien verstande dat ten aanzien van een lid als bedoeld in artikel 94, vierde lid, dit kwaliteitsverlies alleen dan intreedt wanneer hij noch kandidaat-notaris, noch toegevoegd notaris, noch notaris is.

Vervallen lidmaatschap kamer voor het notariaat

2. Het in de artikelen 46c, onderdelen b en c, 46ca, eerste lid, onderdeel d, 46d, tweede lid, 46f, 46i met uitzondering van het eerste lid, onderdeel c, 46j, 46l, eerste lid, aanhef en onder a, en derde lid, 46m, 46o en 46p van de Wet rechtspositie rechterlijke ambtenaren bepaalde is van overeenkomstige toepassing ten aanzien van deze leden.

B47 art. 99

Wet op het notarisambt

3. De artikelen 13a, 13b, uitgezonderd het eerste lid, onderdelen b en c, en vierde lid, en 13c tot en met 13g van de Wet op de rechterlijke organisatie zijn van overeenkomstige toepassing ten aanzien van gedragingen van deze leden, met dien verstande dat:

a. voor de overeenkomstige toepassing van die artikelen onder «het betrokken gerechtsbestuur» wordt verstaan: de voorzitter van de kamer voor het notariaat; en

b. de procureur-generaal niet verplicht is aan het verzoek, bedoeld in artikel 13a, te voldoen, indien de verzoeker redelijkerwijs onvoldoende belang heeft bij een onderzoek als bedoeld in datzelfde artikel.

Art. 96-98

[Vervallen]

Art. 99

Indienen klachten tegen (kandidaat-)notarissen/toegevoegd notarissen

1. Klachten tegen notarissen, toegevoegd notarissen en kandidaat-notarissen kunnen, schriftelijk en met redenen omkleed, door een ieder met enig redelijk belang worden ingediend bij de kamer voor het notariaat waaronder de notaris, toegevoegd notaris of kandidaat-notaris ressorteert. Indien de klager daarom verzoekt, is de secretaris van de kamer hem behulpzaam bij het op schrift stellen van de klacht. Van de klacht wordt een afschrift gezonden aan de KNB en het Bureau.

Griffierecht

2. Voordat een klacht als bedoeld in het eerste lid in behandeling wordt genomen, heft de secretaris een griffierecht van € 50. Het griffierecht komt ten bate van de kamers voor het notariaat.

3. De secretaris wijst de klager op de verschuldigdheid van het griffierecht en deelt hem mee dat het verschuldigde bedrag binnen vier weken na de dag van verzending van zijn mededeling dient te zijn bijgeschreven op het daartoe bekend gemaakte bankrekeningnummer.

4. Indien een klacht niet ter kennis van de kamer wordt gebracht maar in der minne is geschikt als bedoeld in het twaalfde lid, kan als onderdeel van de minnelijke schikking door partijen worden bepaald dat het door de klager betaalde griffierecht wordt vergoed door de betrokken notaris, toegevoegd notaris dan wel kandidaat-notaris.

5. Indien de klacht geheel of gedeeltelijk gegrond wordt verklaard, wordt het door de klager betaalde griffierecht vergoed door de betrokken notaris, toegevoegd notaris dan wel kandidaat-notaris.

6. In afwijking van het tweede lid, wordt geen griffierecht geheven indien de klacht afkomstig is van:

a. Onze Minister;

b. het Bureau; of

c. de KNB.

7. Onze Minister kan het in het tweede lid bedoelde bedrag wijzigen voor zover de consumentenprijsindex daartoe aanleiding geeft.

8. Indien een klacht is ingediend met betrekking tot de leden of plaatsvervangende leden van de kamer voor het notariaat die notaris, toegevoegd notaris of kandidaat-notaris zijn, verzoekt de voorzitter van de kamer de president van het gerechtshof Amsterdam om een andere kamer aan te wijzen teneinde zich met de behandeling daarvan te belasten. De president deelt de beslissing mee aan de aangewezen kamer, aan de desbetreffende notaris, toegevoegd notaris of kandidaat-notaris, aan de voorzitter van de kamer die het verzoek tot aanwijzing heeft gedaan en aan de klager.

Niet-ontvankelijkheid klacht

9. Een klacht is niet ontvankelijk voorzover deze betrekking heeft op een gedraging waarvoor een boete is opgelegd als bedoeld in artikel 111b. Voorts is een klacht niet ontvankelijk als het griffierecht niet binnen de in het derde lid bedoelde termijn is bijgeschreven op het daartoe bekend gemaakte bankrekeningnummer.

10. Indien de klacht zich naar het oordeel van de voorzitter daartoe leent en uit de klacht blijkt dat de klacht nog niet is voorgelegd aan de geschillencommissie, bedoeld in artikel 55, tweede lid, kan de voorzitter besluiten de behandeling van de klacht te schorsen, en de klager in de gelegenheid te stellen het geschil voor te leggen aan de geschillencommissie. De beslissing tot schorsing schorst de in het vijftiende lid bedoelde termijn. Tegen de beslissing is geen voorziening toegelaten.

Afwijzen klacht

11. De voorzitter kan na een summier onderzoek, zo nodig na de klager en de betrokken notaris, toegevoegd notaris of kandidaat-notaris te hebben gehoord, de klacht terstond bij met redenen omklede beslissing afwijzen indien hij van oordeel is dat deze kennelijk niet ontvankelijk, dan wel kennelijk ongegrond is, of van onvoldoende gewicht.

Minnelijke schikking

12. Indien de voorzitter van oordeel is dat een klacht vatbaar is voor minnelijke schikking, roept hij de klager en de betrokken notaris, toegevoegd notaris of kandidaat-notaris op teneinde een zodanige schikking te beproeven. Indien een minnelijke schikking mogelijk blijkt, wordt deze op schrift gesteld en door de klager, de notaris, toegevoegd notaris of kandidaat-notaris tegen wie de klacht is ingediend en de voorzitter ondertekend.

13. De voorzitter brengt klachten die niet zijn neergelegd bij de geschillencommissie, niet in der minne zijn geschikt of zijn afgewezen, ter kennis van de kamer.

14. Van de beslissing van de voorzitter zendt de secretaris onverwijld een afschrift aan de klager en de betrokken notaris, toegevoegd notaris of kandidaat-notaris, in geval van afwijzing van een klacht aan de klager bij aangetekende brief. Indien de voorzitter toepassing geeft aan het vierde lid, vermeldt hij de bevoegdheid van de klager om na ommekomst van de behandeling door de geschillencommissie de kamer te verzoeken de klacht alsnog in behandeling te nemen.

15. Tegen de beslissing van de voorzitter tot afwijzing van een klacht, kan de klager binnen veertien dagen na de dag van verzending van het afschrift van de beslissing schriftelijk verzet doen bij de kamer voor het notariaat. Hij dient gemotiveerd aan te geven met welke overwegingen van de voorzitter hij zich niet kan verenigen. Hij kan daarbij vragen over zijn verzet te worden gehoord.

16. Indien overeenkomstig het vijftiende lid verzet is gedaan tegen de beslissing van de voorzitter, wijst deze een plaatsvervanger aan om hem bij de behandeling van het verzet te vervangen.

17. Ten gevolge van het verzet vervalt de beslissing, tenzij de kamer voor het notariaat het verzet niet-ontvankelijk of ongegrond verklaard.

18. Is de kamer voor het notariaat van oordeel dat de klacht kennelijk niet-ontvankelijk, kennelijk ongegrond of van onvoldoende gewicht is, dan kan zij zonder nader onderzoek het verzet ongegrond verklaren, echter niet dan na de klager die daarom vroeg in de gelegenheid te hebben gesteld te worden gehoord.

19. De beslissing tot niet-ontvankelijkverklaring of ongegrondverklaring van het verzet is met redenen omkleed. Daartegen staat geen rechtsmiddel open. Het achtste lid is van overeenkomstige toepassing.

20. Is de kamer van oordeel dat het verzet gegrond is, dan wordt de zaak in verdere behandeling genomen.

21. Een klacht kan slechts worden ingediend gedurende drie jaren na de dag waarop de tot klacht gerechtigde van het handelen of nalaten van een notaris, toegevoegd notaris of kandidaat-notaris dat tot tuchtrechtelijke maatregelen aanleiding kan geven kennis heeft genomen. Indien de klacht wordt ingediend na verloop van drie jaren na de dag waarop de klager heeft kennisgenomen of redelijkerwijs kennis heeft kunnen nemen van het handelen of nalaten van de notaris waarop de klacht betrekking heeft, wordt de klacht door de voorzitter niet-ontvankelijk verklaard. De beslissing tot niet-ontvankelijkverklaring blijft achterwege indien de gevolgen van het handelen of nalaten redelijkerwijs pas nadien bekend zijn geworden. In dat geval verloopt de termijn voor het indienen van een klacht een jaar na de datum waarop de gevolgen redelijkerwijs als bekend geworden zijn aan te merken.

22. Intrekken van de klacht, nadat deze is ingekomen, of staking van de werkzaamheden door de persoon over wie geklaagd is, heeft op de verdere behandeling geen invloed, wanneer naar het oordeel van de kamer voor het notariaat het algemeen belang de voortzetting van de behandeling vordert of wanneer degene over wie geklaagd is, schriftelijk heeft verklaard voortzetting van de behandeling van de klacht te verlangen.

Art. 99a

1. De voorzitter van de kamer voor het notariaat kan naar aanleiding van een klacht een vooronderzoek gelasten naar een notaris, toegevoegd notaris of kandidaat-notaris, na afloop waarvan verslag wordt uitgebracht aan de kamer. Het Bureau ontvangt een afschrift van het verslag en alle daarbij behorende stukken.

2. De voorzitter kan het verrichten van het vooronderzoek opdragen aan de plaatsvervangend voorzitter, een of meer leden of plaatsvervangende leden van de kamer, aan de secretaris of plaatsvervangend secretaris, alsmede aan personen die werkzaam zijn bij het Bureau of andere deskundigen.

3. De voorzitter bepaalt de omvang van het vooronderzoek. Het vooronderzoek kan zich mede uitstrekken tot andere dan de in de klacht vermelde feiten. De voorzitter van de kamer kan de vooronderzoeker aanwijzingen geven.

4. Op het vooronderzoek en de in het tweede lid bedoelde personen zijn artikel 111a, tweede lid, alsmede de artikelen 5:13 tot en met 5:18 en 5:20, eerste lid, van de Algemene wet bestuursrecht van overeenkomstige toepassing.

5. Het bestuur van de KNB is bevoegd tot overeenkomstige toepassing van artikel 5:20, derde lid, van de Algemene wet bestuursrecht ten aanzien van het in het eerste lid bedoelde vooronderzoek en de in het tweede lid bedoelde personen.

6. Ten behoeve van het verrichten van het vooronderzoek door de aangewezen personen, bedoeld in het tweede lid, zijn de notaris en de onder zijn verantwoordelijkheid werkzame personen ten opzichte van de aangewezen personen niet gehouden aan de geheimhoudingsplicht, bedoeld in artikel 22.

7. Bij het verrichten van vooronderzoek wordt een afschrift van de last tot het verrichten van het onderzoek zo mogelijk aan de betrokken notaris, toegevoegd notaris of kandidaat-notaris getoond.

8. De vooronderzoeker stelt de klager en de betrokken notaris, toegevoegd notaris of kandidaat-notaris in de gelegenheid te worden gehoord.

B47 art. 100 **Wet op het notarisambt**

9. De betrokkene is niet verplicht ten behoeve van het vooronderzoek verklaringen omtrent zijn onderzochte handelen of nalaten af te leggen. Voor het horen wordt aan de betrokkene medegedeeld dat hij niet verplicht is tot antwoorden.

10. Indien de klacht is ingediend door het Bureau, wordt het vooronderzoek niet opgedragen aan degenen die betrokken waren bij de uitoefening van het toezicht dat aanleiding gaf tot de indiening van de klacht.

11. De plaatsvervangend voorzitter, een lid of plaatsvervangend lid van de kamer dat vooronderzoek in een zaak heeft verricht, neemt op straffe van nietigheid van de beslissing van de kamer geen deel aan de behandeling van die zaak door de kamer.

12. De voorzitter kan het vooronderzoek te allen tijde opschorten of beëindigen.

Art. 100

Verschoning en wraking leden kamer voor het notariaat

Zij die deel uitmaken van een kamer voor het notariaat kunnen zich verschonen en kunnen worden gewraakt, indien te hunnen aanzien feiten of omstandigheden bestaan, waardoor in het algemeen de onpartijdigheid schade zou kunnen lijden. Titel IV van het Vierde Boek van het Wetboek van Strafvordering is van overeenkomstige toepassing.

Art. 101

Horen (kandidaat-)notaris

1. De kamer voor het notariaat neemt geen beslissing dan na verhoor of behoorlijke oproeping van de notaris, toegevoegd notaris of kandidaat-notaris en van de klager. De oproepingen geschieden bij aangetekende brief ten minste zeven dagen voor het verhoor.

Raadsman

2. De notaris, toegevoegd notaris of kandidaat-notaris en de klager zijn bevoegd zich te doen bijstaan door een raadsman. De secretaris van de kamer stelt hen tijdig in de gelegenheid om van de op de zaak betrekking hebbende stukken kennis te nemen. Zij kunnen afschriften of uittreksels van die stukken vragen tegen vergoeding van de kostende prijs.

3. De kamer voor het notariaat kan weigeren personen, die geen advocaat zijn, als raadsman toe te laten. In dat geval houdt de kamer de zaak tot een volgende zitting aan.

Openbare behandeling

4. De behandeling door de kamer geschiedt in het openbaar. De kamer kan om gewichtige redenen bevelen dat de behandeling geheel of gedeeltelijk met gesloten deuren zal plaatsvinden.

Art. 102

Horen getuigen en deskundigen

1. De kamer voor het notariaat kan getuigen en deskundigen horen. Zij worden daartoe bij aangetekende brief opgeroepen en zijn verplicht aan de oproeping gevolg te geven.

2. Verschijnt een getuige of deskundige op de oproeping niet, dan doet de officier van justitie op verzoek van de kamer hem dagvaarden. Verschijnt een getuige of deskundige op de dagvaarding niet, dan doet de officier van justitie op verzoek van de kamer hem andermaal dagvaarden desverzocht met bevel tot medebrenging. Artikel 6:1:5 van het Wetboek van Strafvordering is van overeenkomstige toepassing.

3. De voorzitter kan een getuige onder ede horen. In dat geval moet hij verklaren dat hij de gehele waarheid en niets dan de waarheid zal zeggen. De getuige is verplicht op de gestelde vragen te antwoorden. De deskundige is gehouden zijn taak onpartijdig en naar beste weten te verrichten.

4. Ten aanzien van de getuigen en deskundigen zijn de artikelen 217 tot en met 219 van het Wetboek van Strafvordering van overeenkomstige toepassing.

5. De getuigen en deskundigen ontvangen op verzoek op vertoon van hun oproeping of dagvaarding schadeloosstelling overeenkomstig het bij en krachtens de Wet griffierechten burgerlijke zaken bepaalde.

Art. 103

Tuchtmaatregelen

1. De kamer voor het notariaat kan, indien zij oordeelt dat een tegen een notaris gerezen bedenking gegrond is, de volgende tuchtmaatregelen opleggen:

a. een waarschuwing;

b. een berisping;

c. een geldboete;

d. de ontzegging van de bevoegdheid tot het aanwijzen van een toegevoegd notaris, voor bepaalde of onbepaalde duur;

e. de schorsing in de uitoefening van het ambt voor de duur van ten hoogste zes maanden;

f. de ontzetting uit het ambt.

2. De kamer kan een bedenking ook gegrond verklaren zonder oplegging van een maatregel.

3. Het eerste en tweede lid zijn van overeenkomstige toepassing op de toegevoegd notaris en de kandidaat-notaris, met dien verstande dat aan hen de tuchtmaatregelen als bedoeld in het eerste lid, onderdelen a, b en c, kunnen worden opgelegd, alsmede de tuchtmaatregel van ontzegging van de bevoegdheid om waar te nemen en om als toegevoegd notaris op te treden, voor bepaalde of onbepaalde duur.

4. In geval van waarneming is het eerste tot en met het derde lid van overeenkomstige toepassing op de waarnemer, met dien verstande dat hij tevens kan worden geschorst als waarnemer in de uitoefening van het ambt of dat zijn benoeming tot waarnemer kan worden ingetrokken.

5. De kamer kan bij het opleggen van een waarschuwing, berisping of geldboete besluiten tot openbaarheid van de opgelegde maatregel.

6. Een waarschuwing of berisping wordt door de voorzitter uitgesproken in een vergadering van de kamer, in aanwezigheid van de notaris, toegevoegd notaris of kandidaat-notaris, die daarvoor bij aangetekende brief wordt opgeroepen. Daarvan wordt proces-verbaal opgemaakt. De secretaris zendt een afschrift van het proces-verbaal bij aangetekende brief aan de notaris, toegevoegd notaris of kandidaat-notaris. Indien deze in de vergadering niet is verschenen, deelt de secretaris de inhoud van de waarschuwing of berisping bij aangetekende brief met bericht van ontvangst aan hem mee. De KNB ontvangt in beide gevallen een afschrift.

7. Schorsing in de uitoefening van het ambt brengt mede verlies voor de duur van de schorsing van de betrekkingen, waarbij de hoedanigheid van notaris vereiste is voor de verkiesbaarheid of benoembaarheid. De geschorste notaris mag gedurende zijn schorsing de titel van notaris niet voeren.

8. Een notaris die uit zijn ambt is ontzet kan niet meer tot notaris of waarnemer worden benoemd of aan een notaris worden toegevoegd.

(Zie ook: art. 6 2 Bktn)

9. Artikel 195 van het Wetboek van Strafrecht is van toepassing.

Art. 103a

1. De geldboete, bedoeld in artikel 103, eerste lid, onderdeel c, bedraagt ten hoogste het bedrag van de vierde categorie, bedoeld in artikel 23, vierde lid, van het Wetboek van Strafrecht.

Geldboete

2. De beslissing tot oplegging van de geldboete bevat de termijn waarbinnen en de wijze waarop het bedrag moet worden betaald. Op verzoek van de notaris, toegevoegd notaris of kandidaat-notaris kan de voorzitter van de kamer voor het notariaat de termijn verlengen.

3. Het bedrag van de opgelegde boete komt ten bate van de Staat. Het bedrag van de opgelegde geldboete wordt in mindering gebracht op de in artikel 87 bedoelde kosten die samenhangen met tuchtrechtspraak.

4. Wordt de geldboete niet voldaan binnen de termijn, krachtens het tweede lid gesteld, dan kan de kamer, na de betrokken notaris, toegevoegd notaris of kandidaat-notaris in de gelegenheid te hebben gesteld daarover te worden gehoord, ambtshalve beslissen een of meer tuchtrechtelijke maatregelen op te leggen als bedoeld in artikel 103, eerste lid, of de maatregel als bedoeld in artikel 103, derde lid, laatste deelzin.

Art. 103b

1. Indien een klacht geheel of gedeeltelijk gegrond wordt verklaard en een maatregel wordt opgelegd als bedoeld in artikel 103, eerste lid, kan de uitspraak tevens inhouden een veroordeling van de notaris, toegevoegd notaris of kandidaat-notaris in:

Veroordeling in de kosten na opleggen maatregel

a. de kosten die de klager in verband met de behandeling van de klacht redelijkerwijs heeft moeten maken; en

b. de overige kosten die in verband met de behandeling van de zaak zijn gemaakt.

2. Het eerste lid, onderdeel a, is niet van toepassing voor zover de klacht is ingediend door Onze Minister, het Bureau of de KNB.

3. De beslissing tot veroordeling in de kosten, bedoeld in het eerste lid, bevat het bedrag, de termijn waarbinnen en de wijze waarop het bedrag moet worden betaald. Op verzoek van de notaris, toegevoegd notaris of kandidaat-notaris kan de voorzitter van de kamer voor het notariaat de termijn verlengen.

4. In geval van een veroordeling in de kosten als bedoeld in het eerste lid, onderdeel a, ten behoeve van de klager een toevoeging is verleend krachtens de Wet op de rechtsbijstand, wordt het bedrag van de kosten betaald aan de rechtsbijstandverlener. De rechtsbijstandverlener stelt de klager zoveel mogelijk schadeloos voor de door deze voldane eigen bijdrage. De rechtsbijstandverlener doet aan de raad voor rechtsbijstand opgave van een kostenvergoeding door de notaris, toegevoegd notaris of kandidaat-notaris. In geval ten behoeve van de klager geen toevoeging is verleend, worden de kosten betaald aan de klager.

5. Worden de kosten niet vergoed binnen de krachtens het derde lid gestelde termijn, dan kan de kamer voor het notariaat, na de betrokken notaris, toegevoegd notaris of kandidaat-notaris in de gelegenheid te hebben gesteld daarover te worden gehoord, ambtshalve beslissen een of meer tuchtrechtelijke maatregelen op te leggen als bedoeld in de artikelen 103, eerste lid, of de maatregel als bedoeld in artikel 103, derde lid.

6. De vergoeding van kosten als bedoeld in het eerste lid, onderdeel b, wordt in mindering gebracht op de in artikel 87 bedoelde kosten die samenhangen met tuchtrechtspraak.

Art. 103c

1. De beslissing tot het opleggen van een geldboete of een proceskostenveroordeling levert een executoriale titel op, die met toepassing van het Wetboek van Burgerlijke Rechtsvordering ten uitvoer kan worden gelegd.

Executoriale titel

2. Bij algemene maatregel van bestuur worden nadere regels gesteld over de tenuitvoerlegging van de beslissing, bedoeld in het eerste lid.

Art. 104

1. De beslissingen van de kamer voor het notariaat zijn met redenen omkleed en worden in het openbaar uitgesproken.

Beslissing kamer voor het notariaat

B47 art. 105 **Wet op het notarisambt**

2. De secretaris zendt van de beslissingen van de kamer bij aangetekende brief een afschrift:
a. aan de betrokken notaris, toegevoegd notaris of kandidaat-notaris;
b. aan het bestuur van de KNB;
c. aan het bestuur van het Bureau;
d. aan de klager, indien werd beslist naar aanleiding van een klacht als bedoeld in artikel 99.
3. Aan de ambtenaar van de rijksbelastingdienst, bedoeld in artikel 111c, wordt een afschrift van de beslissing gezonden.

Art. 105

Melding onherroepelijke schorsing

In geval van oplegging van schorsing in de uitoefening van het ambt, ontzetting uit het ambt, schorsing als waarnemer in de uitoefening van het ambt of intrekking van de benoeming als waarnemer, deelt de kamer voor het notariaat bij aangetekende brief aan de betrokken notaris, nadat de beslissing onherroepelijk is geworden, de datum mee waarop de maatregel van kracht wordt.

Art. 106

Onmiddellijke schorsing voor duur behandeling klacht

1. Indien het betreft een klacht tegen een notaris van zeer ernstige aard, dan wel indien er kennelijk gevaar bestaat voor benadeling van derden, en de voorzitter van de kamer voor het notariaat een ernstig vermoeden heeft ten aanzien van de gegrondheid van de klacht of van de benadeling, kan hij bij wijze van ordemaatregel de onmiddellijke schorsing in de uitoefening van het ambt gelasten of een andere voorlopige voorziening treffen, ten hoogste voor de duur van de behandeling van de klacht. Artikel 27, eerste lid, tweede tot en met vijfde volzin, tweede en derde lid, is van overeenkomstige toepassing.
2. Indien de kamer voor het notariaat uiteindelijk de klacht niet-ontvankelijk of ongegrond verklaart of een andere maatregel dan schorsing oplegt, vervalt de ordemaatregel van rechtswege. Spreekt de kamer de schorsing uit, dan kan zij bij de bepaling van de termijn rekening houden met de duur van de schorsing bij wege van ordemaatregel.
3. Indien een klacht overeenkomstig het eerste lid aan de voorzitter van de kamer voor het notariaat ter kennis is gebracht, beslist hij binnen veertien dagen. In overige gevallen beslist hij binnen veertien dagen na verhoor of behoorlijke oproeping van de notaris. De kamer voor het notariaat kan deze termijn ten hoogste eenmaal verlengen met eenzelfde termijn.
4. Op verzoek van de betrokken notaris kan de voorzitter van de kamer voor het notariaat te allen tijde de op grond van het eerste lid opgelegde schorsing of voorlopige voorziening opheffen. Hij beslist niet dan na verhoor of behoorlijke oproeping van de notaris en de klager.
5. Dit artikel is van overeenkomstige toepassing op de toegevoegd notaris en de kandidaat-notaris, met dien verstande dat de voorzitter van de kamer voor het notariaat hen bij wijze van ordemaatregel de onmiddellijke ontzegging van de bevoegdheid om waar te nemen of opschorting van de toevoeging kan gelasten, alsmede, in geval van waarneming door de toegevoegd notaris of kandidaat-notaris, de onmiddellijke schorsing als waarnemer in de uitoefening van het ambt.

Art. 107

Hoger beroep bij gerechtshof

1. Tegen een beslissing van de kamer voor het notariaat kan binnen dertig dagen na de dag van verzending van de in artikel 104 bedoelde brief hoger beroep worden ingesteld bij het gerechtshof Amsterdam. Voor wat betreft de mogelijkheid tot het instellen van beroep worden in alle gevallen de KNB en het Bureau als klager aangemerkt.
2. Het beroep wordt ingesteld bij verzoekschrift. De griffier van het hof geeft door toezending van een afschrift van het verzoekschrift onverwijld kennis aan de kamer voor het notariaat die de beslissing heeft genomen en, voor zover het beroep niet door hem is ingesteld, aan de notaris, de toegevoegd notaris of de kandidaat-notaris en aan de KNB en het Bureau.
3. Op de behandeling in hoger beroep zijn de artikelen 99, tweede, derde, vijfde tot en met zevende lid, en de tweede volzin van het negende lid, 99a en 101 tot en met 104 van overeenkomstige toepassing.
4. Het gerechtshof behandelt de zaak opnieuw in volle omvang.
5. Tenzij het gerechtshof beslist dat er geen aanleiding bestaat tot het opleggen van enige maatregel, legt het zelf een maatregel op die het in het gegeven geval passend oordeelt.
6. De griffier van het gerechtshof brengt de beslissing terstond ter kennis van de kamer voor het notariaat.

Art. 108

[Vervallen]

Art. 109

Opheffen maatregel bij KB

1. In gevallen waarin een van de in artikel 103, eerste lid, onder e en f, omschreven maatregelen of de maatregel van ontzegging van de bevoegdheid om waar te nemen en om als toegevoegd notaris op te treden, voor bepaalde of onbepaalde duur, bedoeld in artikel 103, derde lid, is opgelegd, kan, zo bijzondere omstandigheden zulks wettigen, bij koninklijk besluit worden bepaald dat de schorsing wordt opgeheven, dat de betrokken notaris in zijn ambt wordt hersteld of dat de toegevoegd notaris of kandidaat-notaris in de hem ontzegde bevoegdheden wordt hersteld.

Wet op het notarisambt B47 art. 111

2. De voordracht tot een besluit krachtens het eerste lid wordt gedaan door Onze Minister. Alvorens zodanige voordracht wordt gedaan, wint Onze Minister het advies in van de kamer voor het notariaat of het gerechtshof die de maatregel heeft opgelegd.

Afdeling 2 Het toezicht

Art. 110

1. Er is een Bureau Financieel Toezicht. Het Bureau bezit rechtspersoonlijkheid. Het Bureau is verantwoordelijk voor het toezicht op de naleving door notarissen, toegevoegd notarissen en kandidaat-notarissen van het bepaalde bij of krachtens deze wet, met inbegrip van toezicht op de zorg die zij als notaris, toegevoegd notaris of kandidaat-notaris behoren te betrachten ten opzichte van degenen te wier behoeve zij optreden en ter zake van enig handelen of nalaten dat een behoorlijk notaris, toegevoegd notaris of kandidaat-notaris niet betaamt. Het Bureau is tevens verantwoordelijk voor andere taken die het bij of krachtens deze wet en andere wetten zijn opgedragen.

Bureau Financieel Toezicht

2. Bij algemene maatregel van bestuur kan zonodig worden bepaald dat het Bureau daarbij aangegeven andere taken kan verrichten dan die, bedoeld in het eerste lid, indien deze taken verband houden met de in dat lid genoemde taken.

3. Het bestuur van het Bureau is belast met de algemene leiding van het Bureau en met het beheer en de beschikking over zijn vermogen.

4. Het bestuur van het Bureau bestaat uit een voorzitter en uit minimaal twee en maximaal vier leden. In het bestuursreglement wordt het aantal leden vastgesteld. Het bestuur wijst uit zijn midden een plaatsvervangend voorzitter aan. De voorzitter en één lid moeten over juridische deskundigheid en ervaring beschikken; de andere leden moeten over financiële deskundigheid en ervaring beschikken. De leden van het bestuur worden benoemd voor een periode van vier jaren en kunnen na aftreden terstond voor eenzelfde termijn eenmaal worden herbenoemd.

5. De voorzitter vertegenwoordigt het Bureau in en buiten rechte.

6. Het bestuur wordt bijgestaan door een directeur, die belast is met de dagelijkse leiding van het Bureau. De voorzitter gaat arbeidsovereenkomsten aan met het personeel van het Bureau en wijzigt en beëindigt deze, op voordracht van de directeur.

7. Het bestuur stelt een bestuursreglement vast.

8. De bestuursleden moeten, alvorens zij hun taak aanvangen, voor de rechtbank in het arrondissement waarin de plaats van vestiging van het Bureau is gelegen de navolgende eed afleggen: «Ik zweer getrouwheid aan de Koning en de wet.

Ik zweer dat ik mijn taak toegewijd en nauwgezet zal uitvoeren en dat ik, voor zover niet bij of krachtens de wet anders is bepaald, geheimhouding zal betrachten ten aanzien van alles waarvan ik uit hoofde van mijn taakvervulling kennis neem».

De griffier van de rechtbank geeft ter zitting een proces-verbaal van de eedsaflegging af aan de betrokkene.

9. De Kaderwet zelfstandige bestuursorganen is van toepassing op het Bureau.

Art. 111

1. Onze Minister verstrekt aan het Bureau een subsidie voor de kosten van de exploitatie van het Bureau.

Subsidie voor exploitatie Bureau

2. De subsidie wordt niet verstrekt dan nadat de KNB of de Koninklijke Beroepsorganisatie van Gerechtsdeurwaarders, bedoeld in artikel 56 van de Gerechtsdeurwaarderswet, is gehoord over de exploitatiekosten van het Bureau die samenhangen met het uitoefenen van het toezicht als bedoeld in artikel 110, eerste lid, derde volzin, of artikel 30 van de Gerechtsdeurwaarderswet.

3. In afwijking van artikel 4:21, derde lid, van de Algemene wet bestuursrecht is titel 4.2 van die wet van toepassing.

4. De subsidie wordt per boekjaar verstrekt. Afdeling 4.2.8, met uitzondering van de artikelen 4:71 en 4:72, eerste, tweede, vierde en vijfde lid, van de Algemene wet bestuursrecht, is van toepassing, met dien verstande dat:

a. de overeenkomstig artikel 26 van de Kaderwet zelfstandige bestuursorganen toe te zenden begroting betrekking heeft op het boekjaar en Onze Minister bij ingevolge dat artikel vast te stellen datum rekening houdt met de artikelen 4:60 en 4:61 van de Algemene wet bestuursrecht;

b. in afwijking van artikel 4:63 van de Algemene wet bestuursrecht op de inhoud van de begroting de artikelen 27 en 28 van de Kaderwet zelfstandige bestuursorganen van toepassing zijn;

c. het activiteitenverslag, bedoeld in artikel 4:80 van de Algemene wet bestuursrecht, wordt opgenomen in het jaarverslag, bedoeld in artikel 18 van de Kaderwet zelfstandige bestuursorganen.

5. Onze Minister kan voorschotten op de in het eerste lid bedoelde subsidie verlenen.

Aanwijzing/bevoegdheden toezichthouders

Art. 111a

1. De bij besluit van het bestuur van het Bureau aangewezen personen die werkzaam zijn bij het Bureau, zijn belast met het houden van toezicht op de naleving van het bepaalde bij of krachtens deze wet. Van dat besluit wordt mededeling gedaan in de Staatscourant.

2. In aanvulling op artikel 5:17 van de Algemene wet bestuursrecht is een toezichthouder als bedoeld in het eerste lid, bevoegd om inzage te vorderen in persoonlijke gegevens en bescheiden, voorzover deze betrekking hebben op de persoonlijke financiële administratie van de notaris.

3. Ten behoeve van de uitoefening van het toezicht door de aangewezen personen, bedoeld in het eerste lid, zijn de notaris en de onder zijn verantwoordelijkheid werkzame personen ten opzichte van de aangewezen personen niet gehouden aan de geheimhoudingsplicht, bedoeld in artikel 22.

Art. 111b

Indienen klacht door toezichthouder

1. Indien het Bureau bij de uitoefening van het toezicht van feiten of omstandigheden blijkt die naar zijn oordeel voldoende grond opleveren voor het opleggen van een tuchtmaatregel, kan het een klacht indienen, tenzij toepassing wordt gegeven aan het tweede lid .

Opleggen bestuurlijke boete/last onder dwangsom door toezichthouder

2. Het Bureau kan voor de overtreding van het bepaalde bij of krachtens de artikelen 24, eerste tot en met vierde lid, en 25a, de overtreder een bestuurlijke boete en een last onder dwangsom opleggen.

3. De bestuurlijke boete bedraagt ten hoogste het bedrag van de geldboete van de derde categorie, bedoeld in artikel 23, vierde lid, van het Wetboek van Strafrecht.

4. Een bestuurlijke boete wordt niet opgelegd indien tegen de overtreder jegens dezelfde gedraging een klacht is ingediend.

5. Het bedrag van de opgelegde bestuurlijke boete en de verbeurde last onder dwangsom wordt in mindering gebracht op de in artikel 87, bedoelde kosten die samenhangen met het toezicht.

Art. 111c

Melding rijksbelastingdienst aan het Bureau

De ambtenaren van de rijksbelastingdienst doen van hetgeen hen bij de uitvoering van hun taak betreffende de persoon of de zaken van een notaris, toegevoegd notaris of kandidaat-notaris blijkt of hun meegedeeld wordt, terstond mededeling aan het Bureau, indien het een handelen of nalaten betreft dat, gelet op artikel 93, eerste lid, aanleiding kan zijn voor de indiening van een klacht.

Art. 112

[Vervallen]

Art. 113

Het verslag, bedoeld in artikel 4:24 van de Algemene wet bestuursrecht, wordt opgenomen in het verslag, bedoeld in artikel 39, eerste lid, van de Kaderwet zelfstandige bestuursorganen.

Titel IXa Het pensioen

Art. 113a

Deelname pensioenfonds

1. De notarissen, toegevoegd notarissen en kandidaat-notarissen nemen deel in een door Onze Minister aan te wijzen pensioenfonds.

2. De Pensioenwet is, met uitzondering van de artikelen 7 en 9, van overeenkomstige toepassing op de notarissen, toegevoegd notarissen en kandidaat-notarissen.

3. De KNB draagt de notarissen, toegevoegd notarissen of kandidaat-notarissen voor die in het bestuur van het pensioenfonds zitting hebben. De notarisleden worden aangemerkt als vertegenwoordigers van werkgeversverenigingen en de toegevoegd notarissen en kandidaat-notarissen als vertegenwoordigers van werknemersverenigingen in de zin van de artikelen 100 en 102 van de Pensioenwet.

4. De artikelen 4 tot en met 8 en 17 tot en met 21 en 25 van de Wet verplichte deelneming in een bedrijfstakpensioenfonds 2000 zijn van overeenkomstige toepassing op de verplichte deelneming in het pensioenfonds van de notarissen, toegevoegd notarissen en kandidaat-notarissen.

5. Voor de toepassing van artikel 8, eerste lid, van de Wet verplichte deelneming in een bedrijfstakpensioenfonds 2000 geldt ten aanzien van notarissen dat onder loon mede wordt begrepen de gerealiseerde omzet, de gerealiseerde winst of het gerealiseerde inkomen.

Art. 113b-113c

[Vervallen]

Titel X

Overgangs- en slotbepalingen

Art. 114

De Wet van 9 juli 1842, Stb. 20, op het Notarisambt alsmede de Wet van 31 maart 1847, Stb. 12, houdende vaststelling van het tarief voor het honorarium en de verschotten der notarissen worden ingetrokken.

Art. 115

[Wijzigt de Wet op de rechtsbijstand.]

Art. 116

[Wijzigt de Wet tot invoering van een leeftijdsgrens voor het notarisambt en oprichting van een notarieel pensioenfonds.]

Art. 117

[Wijzigt de Wet op het centraal testamentenregister.]

Art. 118

[Wijzigt de Invoeringswet Boeken 3, 5 en 6 nieuw B.W. (twaalfde gedeelte).]

Art. 119

[Wijzigt de Kadasterwet.]

Art. 120

[Wijzigt de Wet op de economische delicten.]

Art. 121

[Wijzigt de Ambtenarenwet.]

Art. 122

[Wijzigt deze Wet.]

Art. 123

1. Aan het benoembaarheidsereiste, bedoeld in artikel 6, tweede lid, onderdeel a, voldoet tevens hij die kandidaat-notaris is op grond van artikel 20a van de Wet van 9 juli 1842, Stb. 20, op het Notarisambt zoals dit artikel voor de inwerkingtreding van deze wet luidde.

2. Zij die vóór het tijdstip van de plaatsing van deze wet in het Staatsblad naar een standplaats hebben gesolliciteerd kunnen tot het tijdstip van de inwerkingtreding van de wet tot notaris worden benoemd als zij voldoen aan de in artikel 10 van de Wet van 9 juli 1842, Stb. 20, op het Notarisambt vermelde vereisten.

3. Na het tijdstip van in werking treden van deze wet kunnen tot notaris worden benoemd zij die vóór dat tijdstip voldeden aan de in artikel 10 van de Wet van 9 juli 1842, Stb. 20, op het Notarisambt vermelde vereisten om tot notaris te worden benoemd, met dien verstande dat vereist is dat zij gedurende zes jaren onder verantwoordelijkheid van een notaris notariële werkzaamheden hebben verricht, de duur van de stage daaronder begrepen, en dat zij tevens dienen te voldoen aan de vereisten van artikel 6, tweede lid, onderdeel b, onder 3° en 4°, en onderdeel c. Hetzelfde geldt voor de benoeming tot waarnemer, met dien verstande dat in de gevallen van artikel 28, onderdelen a en b, een kandidaat-notaris slechts tot waarnemer kan worden benoemd indien hij een driejarige stage heeft doorlopen en hij tevens voldoet aan de vereisten van artikel 6, tweede lid, onderdelen b, onder 3°, en c. Hetzelfde geldt voor de toevoeging aan een notaris of benoeming tot waarnemer, met dien verstande dat een kandidaat-notaris slechts kan worden toegevoegd of worden benoemd tot waarnemer indien hij gedurende zes jaren onder verantwoordelijkheid van een notaris notariële werkzaamheden heeft verricht, de duur van de stage daaronder begrepen, en tevens dient hij te voldoen aan de vereisten van artikel 6, tweede lid, onderdelen b, onder 3°, en c, met dien verstande dat een kandidaat-notaris tot waarnemer kan worden benoemd in de gevallen van artikel 28, onderdelen a en b, indien hij drie jaren notariële werkzaamheden heeft verricht.

4. Op de kandidaat-notaris die reeds vóór het tijdstip van in werking treden van deze wet een betrekking op een notariskantoor heeft aanvaard is artikel 6, tweede lid, onderdeel b, onder 2°, niet van toepassing.

5. Voor de vaststelling van de duur van de door de kandidaat-notaris vóór het tijdstip van inwerkingtreding van de wet verrichte notariële werkzaamheden, bedoeld in het derde lid, zijn de artikelen 1, onderdeel h, en 31, eerste lid, tweede volzin, van toepassing.

6. De notaris die vóór het tijdstip van inwerkingtreding van deze wet zijn standplaats heeft in een deel van een gemeente heeft na dat tijdstip zijn plaats van vestiging in de gehele gemeente.

Art. 124

Tot vier jaren na het tijdstip van in werking treden van deze wet worden jaarlijks niet meer notarissen benoemd dan een aantal dat overeenkomt met een tiende van het aantal notarissen dat op eenendertig december van het voorafgaande jaar in functie was of voor wie een waarnemer was benoemd. Bij algemene maatregel van bestuur kan deze termijn één maal met ten hoogste twee jaren worden verlengd. Onze Minister kan voor deze overgangsperiode regels vaststellen met betrekking tot het aantal notarissen dat ten hoogste in ieder arrondissement kan worden benoemd.

Art. 125

Overgangsbepalingen

Op een notaris, toegevoegd notaris of kandidaat-notaris die tevens advocaat is vóór het tijdstip van in werking treden van deze wet is artikel 9 niet van toepassing.

Art. 126

Artikel 48 is uitsluitend van toepassing op verzoeken die worden gedaan na het tijdstip van de inwerkingtreding van deze wet. De aanbieding van stukken aan de notaris met het verzoek deze in zijn protocol op te nemen, waarvan een akte is opgemaakt vóór dat tijdstip, blijft beheerst door de bepalingen van de Wet van 9 juli 1842, Stb. 20 op het Notarisambt en door het recht dat zich met betrekking tot dit onderwerp tot aan dat tijdstip heeft gevormd.

Art. 127

Ontbinding Koninklijke Notariële Beroepsorganisatie; opvolging KNB

1. De vereniging genaamd Koninklijke Notariële Beroepsorganisatie en gevestigd te 's-Gravenhage wordt van rechtswege ontbonden op het tijdstip van de inwerkingtreding van deze wet en wordt van rechtswege onder algemene titel opgevolgd door de KNB. Het bestuur van de KNB is bevoegd tot het nemen van alle maatregelen en beslissingen die uit de rechtsopvolging voortvloeien.

Vaststelling tarieven bij ministeriële regeling

2. Onze Ministers voor Rechtsbescherming en van Economische Zaken en Klimaat stellen gedurende een periode van drie jaar na inwerkingtreding van de wet gezamenlijk jaarlijks bij ministeriële regeling tarieven of een tarievenstelsel vast ter bepaling van het honorarium dat de notaris de cliënt in rekening brengt. De regeling laat artikel 56 onverlet. Het is de notaris verboden aan de cliënt een honorarium in rekening te brengen dat niet in overeenstemming is met de ministeriële regeling. Artikel 54 is niet van toepassing gedurende die periode.

Geleidelijke overgang naar vrije tariefsvorming

3. De tarieven worden zodanig vastgesteld dat een geleidelijke overgang wordt bewerkstelligd naar een vrije tariefsvorming. Daarbij wordt rekening gehouden met de notariële tarieven voor ambtshandelingen, zoals deze laatstelijk hebben gegolden krachtens artikel 59 van de statuten van de voormalige vereniging Koninklijke Notariële Beroepsorganisatie.

Verslag gevolgen overgangsregeling

4. Onze Minister zendt in overeenstemming met Onze Minister van Economische Zaken en Klimaat zo spoedig mogelijk na verloop van een periode van twee jaar na de inwerkingtreding van deze wet aan de Staten-Generaal een verslag over de gevolgen van de overgangsregeling van het tweede en derde lid betreffende de continuïteit en de toegankelijkheid van de notariële dienstverlening in die periode. In het verslag worden de in artikel 128 bedoelde rapporten over die periode verwerkt. Het verslag bevat tevens een conclusie met betrekking tot de vraag of er aanleiding is tot toepassing van artikel 54 na het einde van de overgangsregeling.

Art. 128

Evaluatie

1. Onze Minister benoemt in overeenstemming met Onze Minister van Economische Zaken en Klimaat een commissie van drie leden, waarvan een onafhankelijke voorzitter deel uitmaakt. Deze commissie heeft tot taak om gedurende de overgangsperiode van artikel 127, tweede lid, ieder jaar aan Onze Ministers voor Rechtsbescherming en van Economische Zaken en Klimaat en aan de Staten-Generaal een rapport uit te brengen over de gevolgen van de wet, in het bijzonder met betrekking tot haar doeltreffendheid ter zake van de bedrijfsvoering van het notariaat, de kwaliteit van de notariële dienstverlening, de continuïteit en de toegankelijkheid van het notariaat en de ontwikkeling van de tarieven.

2. De commissie stelt alle personen en organisaties die belang hebben bij of betrokken zijn bij de toepassing van de wet in de gelegenheid om haar gegevens te verschaffen en zich over de werking van de wet uit te spreken.

Art. 129

Overgang personeelsleden CBB naar Bureau Financieel Toezicht

1. Met ingang van de datum van inwerkingtreding van deze wet zijn de personeelsleden van het Centraal Bureau van Bijstand, bedoeld in artikel 1 van het koninklijk besluit van 20 mei 1933, Stb. 292 tot vaststelling van een algemene maatregel van bestuur, bedoeld in artikel 73a van de Wet op het Notarisambt, van wie naam en functie zijn vermeld op een door Onze Minister vastgestelde lijst, van rechtswege ontslagen en aangesteld als ambtenaar in dienst van het Bureau Financieel Toezicht.

2. De overgang van de in het eerste lid bedoelde personeelsleden vindt plaats met een rechtspositie die als geheel ten minste gelijkwaardig is aan die welke voor elk van hen gold bij het Centraal Bureau van Bijstand.

3. De personen die op het tijdstip van inwerkingtreding van deze wet krachtens een arbeidsovereenkomst naar burgerlijk recht behoren tot het personeel van het Centraal Bureau van Bijstand, waarvan naam en functie zijn vermeld op een door Onze Minister vastgestelde lijst, zijn met ingang van dat tijdstip van rechtswege ontslagen en aangesteld in dienst van het Bureau met een rechtspositie die in totaliteit ten minste gelijkwaardig is aan die welke voor elk van hen gold bij het Centraal Bureau van Bijstand.

Art. 130

Toebedeling vermogensbestanddelen CBB aan Bureau

1. Onze Minister bepaalt in overeenstemming met Onze Minister van Financiën welke vermogensbestanddelen van de Staat die aan het Centraal Bureau van Bijstand worden toegerekend, worden toebedeeld aan het Bureau.

2. De in het eerste lid bedoelde vermogensbestanddelen gaan met ingang van de datum van inwerkingtreding van deze wet onder algemene titel over op het Bureau tegen een door Onze Minister in overeenstemming met Onze Minister van Financiën te bepalen waarde.

3. Ingeval krachtens het eerste en tweede lid registergoederen overgaan, zal verandering in de tenaamstelling in de openbare registers, bedoeld in afdeling 2 van titel 1 van Boek 3 van het Burgerlijk Wetboek plaatsvinden. De daartoe nodige opgaven worden door de zorg van Onze Minister van Financiën aan de bewaarders van de desbetreffende registers gedaan.

(Zie ook: art. 1 Btvb)

Art. 131

Archiefbescheiden van het Centraal Bureau van Bijstand gaan met ingang van de datum van inwerkingtreding van deze wet over naar het Bureau, voor zover zij niet overeenkomstig de Archiefwet 1995 zijn overgebracht naar een archiefbewaarplaats.

Overgang archiefbescheiden

Art. 132

Onze Minister wijst, na daarover het gevoelen van de vereniging Koninklijke Notariële Beroepsorganisatie te hebben ingewonnen, de personen aan die na de inwerkingtreding van de wet als voorzitter of als lid zitting hebben in het bestuur van de KNB, de ledenraad en de ringbesturen voor een termijn van ten hoogste negentig dagen. Binnen die termijn geven de ledenraad onderscheidenlijk de ringvergadering uitvoering aan artikel 71, eerste lid, onderscheidenlijk aan de artikelen 67, tweede lid en 85.

Overgangsbepaling

Art. 133

1. De verordeningen van de KNB, bedoeld in de artikelen 12, derde lid, 15, eerste lid, 18, tweede lid, 29, elfde lid, 31, tweede lid, 33, tweede lid, 34, tweede lid, 41, tweede lid, 61, tweede lid, 77, 86 en 94, vierde lid, moeten binnen één jaar na de dag van inwerkingtreding van die artikelen in werking treden. Zolang de verordeningen niet in werking zijn getreden blijft voor zover mogelijk op de daarin te regelen onderwerpen het vóór de inwerkingtreding van deze wet geldende recht van toepassing.

Inwerkingtreding verordeningen KNB

2. Indien en voorzover niet is voldaan aan het bepaalde in het eerste lid, is Onze Minister bevoegd de verordeningen voor de eerste maal vast te stellen. Zulks laat de uit artikel 69 voortvloeiende bevoegdheid van het bestuur en de ledenraad voor het overige onverlet.

Art. 134

Deze wet treedt in werking op een bij koninklijk besluit te bepalen tijdstip, dat voor de verschillende onderdelen en artikelen verschillend kan zijn.

Inwerkingtreding

Art. 135

Deze wet wordt aangehaald als: Wet op het notarisambt.

Citeertitel

Besluit op het notarisambt^1

Besluit van 27 september 2012, houdende regels ter uitvoering van de Wet op het notarisambt (Besluit op het notarisambt)

Wij Beatrix, bij de gratie Gods, Koningin der Nederlanden, Prinses van Oranje-Nassau, enz. enz. enz.

Op de voordracht van de Staatssecretaris van Veiligheid en Justitie van 16 maart 2012, nr. 5727408/12/6;

Gelet op artikelen 5, vijfde lid, 6, derde lid, 8, vierde lid, 29, vierde lid, 94, tiende lid, en 103a, vijfde lid, van de Wet op het notarisambt;

De Afdeling advisering van Raad van State gehoord (advies van 26 april 2012, nr. W03.12.0082/II);

Gezien het nader rapport van de Staatssecretaris van Veiligheid en Justitie van 21 september 2012, nr. 304018;

Hebben goedgevonden en verstaan:

Hoofdstuk I Algemene bepalingen

Art. 1

In dit besluit en de daarop rustende bepalingen wordt verstaan onder:

a. wet: Wet op het notarisambt;

b. Commissie: de Commissie toegang notariaat, bedoeld in artikel 8, tweede lid, van de wet;

c. ondernemingsplan: een ondernemingsplan als bedoeld in artikel 6, tweede lid, onder 4°, van de wet;

d. register: het register voor het notariaat, bedoeld in artikel 5 van de wet;

e. kamer voor het notariaat: een kamer als bedoeld in artikel 94, eerste lid, van de wet.

Hoofdstuk II Beroepsvereisten

Art. 2

Het in artikel 6, tweede lid, onderdeel a, van de wet bedoelde afsluitend examen op het gebied van het recht, dat met goed gevolg afgelegd moet worden om in aanmerking te kunnen komen voor benoeming tot notaris of om het beroep van kandidaat-notaris te kunnen uitoefenen, omvat de volgende onderdelen:

a. grondige kennis van en inzicht in de volgende onderdelen van het burgerlijk recht – mede in hun onderlinge samenhang –:

1°. het personen- en familierecht, in het bijzonder het huwelijksvermogensrecht;

2°. het ondernemingsrecht, in het bijzonder het rechtspersonen- en vennootschapsrecht;

3°. het vermogensrecht;

4°. het recht met betrekking tot registergoederen;

5°. het erfrecht, en

6°. het internationaal privaatrecht, voor zover van belang voor de notariële praktijkuitoefening;

b. grondige kennis van en inzicht in het executierecht alsmede kennis van en inzicht in het burgerlijk procesrecht, beslag- en faillissementsrecht, voor zover van belang voor de notariële praktijkuitoefening;

c. grondige kennis van en inzicht in het belastingrecht, voor zover van belang voor de notariële praktijkuitoefening;

d. kennis van en inzicht in het bestuursrecht, voor zover van belang voor de notariële praktijkuitoefening;

e. grondige kennis van en inzicht in het recht met betrekking tot het notariaat, in het bijzonder de wet;

f. kennis van en inzicht in bedrijfseconomie, voor zover van belang voor de notariële praktijkuitoefening, en

g. schriftelijke uitdrukkingsvaardigheid in de vorm van een scriptie of een andere gelijkwaardige, schriftelijke, onderzoeksprestatie op juridisch gebied.

---

1 Inwerkingtredingsdatum: 01-01-2013; zoals laatstelijk gewijzigd bij: Stb. 2017, 420.

Art. 3

1. Voor de toepassing van artikel 6, tweede lid, onderdeel a, onder 1°, van de wet, wordt met de in dat onderdeel bedoelde graad Bachelor op het gebied van het recht, gelijkgesteld de graad Bachelor, verleend op grond van het met goed gevolg afleggen van een afsluitend examen van de opleiding HBO-Rechten aan een hogeschool als bedoeld in de Wet op het hoger onderwijs en wetenschappelijk onderzoek, indien blijkens hierop betrekking hebbende bewijsstukken tevens met goed gevolg zijn afgelegd de tentamens van de tot een schakelprogramma behorende onderwijseenheden.

2. Het schakelprogramma, bedoeld in het eerste lid, omvat onderwijseenheden op het gebied van het recht die worden aangeboden door een universiteit of de Open Universiteit als bedoeld in de Wet op het hoger onderwijs en wetenschappelijk onderzoek, met een totale studielast van ten minste 60 studiepunten als bedoeld in artikel 7.4, eerste lid, van de Wet op het hoger onderwijs en wetenschappelijk onderzoek.

3. Voor de toepassing van artikel 2 wordt onder afsluitend examen als bedoeld in dat artikel tevens begrepen het schakelprogramma, bedoeld in het eerste en tweede lid.

Hoofdstuk III Benoeming, toevoeging en waarneming

Art. 4

1. De Commissie toegang notariaat bestaat uit vijf leden: een voor het leven benoemd lid van de rechterlijke macht die voorzitter, plaatsvervangend voorzitter of lid is van een kamer voor het notariaat, een op voordracht van het bestuur van de KNB benoemd lid, een op voordracht van het Bureau benoemd lid en twee overige leden. Er zijn twee of meer plaatsvervangende leden.

2. De leden en plaatsvervangende leden worden door Onze Minister voor een termijn van ten hoogste vier jaar benoemd. Zij kunnen eenmaal herbenoemd worden.

3. Onze Minister wijst uit de leden een voorzitter aan. De Commissie kiest uit haar midden één of meer plaatsvervangende voorzitters.

4. De Commissie legt nadere regels omtrent haar eigen werkwijze neer in een reglement.

5. De Commissie is gevestigd bij de KNB, die voorziet in het secretariaat en de bekostiging van de Commissie.

6. De Commissie brengt jaarlijks voor 15 maart aan Onze Minister een jaarverslag uit over haar werkzaamheden.

7. Bij regeling van Onze Minister worden regels gesteld omtrent de vergoeding van de reis- en verblijfkosten van de leden van de Commissie en andere vergoedingen.

Art. 5

1. Ten behoeve van haar advies, bedoeld in artikel 8, tweede lid, en artikel 30c, tweede lid, van de wet, kan de Commissie zowel een beperkt als een volledig onderzoek instellen.

2. De Commissie kan de verzoeker of verzoekers tot het verstrekken van nadere inlichtingen verzoeken.

3. Een volledig onderzoek omvat ten minste:

a. het inwinnen van inlichtingen bij de door de kandidaat voor een benoeming tot notaris of toevoeging als toegevoegd notaris opgegeven referenten;

b. een persoonlijk onderhoud met de kandidaat;

c. kennisneming van de uitslag van een ten aanzien van de kandidaat ingesteld persoonlijkheidsonderzoek, en

d. kennisneming van het advies, bedoeld in artikel 7, tweede lid, van de wet.

4. De Commissie brengt zo spoedig mogelijk na het persoonlijk onderhoud met de kandidaat gemotiveerd advies uit aan Onze Minister, dat vergezeld gaat van de informatie waarop het advies berust. De KNB en het Bureau ontvangen afschriften.

5. Bij regeling van Onze Minister kunnen nadere regels worden gesteld omtrent het door de Commissie in te stellen onderzoek.

Art. 6

[gereserveerd]

Art. 7

Het minimale aantal uren per week dat een notaris zijn ambt dient uit te oefenen bij waarneming in deeltijd, bedoeld in artikel 29, vierde lid, tweede volzin, van de wet, bedraagt achttien uur.

Hoofdstuk IV Het register voor het notariaat

Art. 8

In het register worden van iedere notaris opgenomen:

a. de naam, plaats en datum van geboorte;

B48 art. 9 **Besluit op het notarisambt**

b. de plaats van vestiging, onder vermelding van de naam, het adres en de contactgegevens van zijn kantoor;

c. de datum van benoeming, de datum van eedsaflegging en de ingangsdatum van de bevoegdheid;

d. de handtekening en paraaf;

e. het nummer dat op grond van artikel 2, tweede lid, van de Wet op het centraal testamentenregister aan de notaris is toegekend;

f. de naam van de oud-notaris van wie de notaris een protocol heeft overgenomen en welk protocol nog onder hem berust, onder vermelding van de plaats van vestiging van de oud-notaris en de ingangsdatum en datum van beëindiging van zijn bevoegdheid;

g. de naam van de toegevoegd notaris, werkzaam onder de verantwoordelijkheid van de notaris, de datum van goedkeuring van de toevoeging, de ingangsdatum van de bevoegdheid en de datum en grond van beëindiging;

h. de nevenbetrekkingen van de notaris, onder vermelding van de ingangsdatum en datum van beëindiging;

i. de onherroepelijke oplegging van een bestuurlijke boete of een last onder dwangsom als bedoeld in artikel 111b, tweede lid, onder vermelding van de beschikking met datum en kenmerk;

j. de benoeming van een stille bewindvoerder als bedoeld in artikel 25b van de wet, onder vermelding van de daarop betrekking hebbende beslissing of beslissingen met de naam van de tuchtrechtelijke instantie, de datum en het kenmerk, alsmede de naam van de bewindvoerder, de ingangsdatum van het bewind en de datum van beëindiging;

k. schorsing in de uitoefening van het ambt op grond van de artikelen 26 en 27 van de wet, onder vermelding van de daarop betrekking hebbende beslissing of beslissingen met de naam van de tuchtrechtelijke instantie, de datum en het kenmerk, alsmede de ingangsdatum van de schorsing en datum van beëindiging;

l. schorsing in de uitoefening van het ambt of de oplegging van een andere voorlopige voorziening op grond van artikel 106 van de wet, onder vermelding van de daarop betrekking hebbende beslissing of beslissingen met de naam van de tuchtrechtelijke instantie, de datum en het kenmerk, alsmede de ingangsdatum van de schorsing of andere voorlopige voorziening en de datum van beëindiging;

m. het bij onherroepelijke uitspraak gegrond verklaren van een klacht zonder oplegging van een tuchtmaatregel, bedoeld in artikel 103, tweede lid, van de wet, onder vermelding van de daarop betrekking hebbende beslissing of beslissingen met de naam van de tuchtrechtelijke instantie, de datum en het kenmerk;

n. de onherroepelijke oplegging van een waarschuwing of berisping, bedoeld in artikel 103, eerste lid, onderdelen a en b, van de wet, en de daarop betrekking hebbende beslissing of beslissingen met de naam van de tuchtrechtelijke instantie, de datum en het kenmerk, alsmede de datum waarop de waarschuwing of berisping is uitgesproken dan wel bij aangetekende brief aan de notaris is medegedeeld;

o. de onherroepelijke oplegging van een tuchtmaatregel, bedoeld in artikel 103, eerste lid, onderdelen c tot en met f, en vierde lid, onder vermelding van de daarop betrekking hebbende beslissing of beslissingen met de naam van de tuchtrechtelijke instantie, de datum en het kenmerk, alsmede de ingangsdatum van de maatregel en datum van beëindiging;

p. in geval van benoeming tot waarnemer: de datum van benoeming en de intrekking daarvan, onder vermelding van de daarop betrekking hebbende beslissing of beslissingen met de naam van de tuchtrechtelijke instantie, de datum en het kenmerk, alsmede de naam van de notaris voor wie het ambt wordt waargenomen, de grond van de waarneming en het begin en einde van de waarnemingstermijn;

q. de naam of namen van de vaste waarnemer of waarnemers, die de notaris in de in artikel 28, onderdelen a en b, van de wet bedoelde gevallen vervangen, de datum van benoeming en de intrekking daarvan, onder vermelding van de daarop betrekking hebbende beslissing of beslissingen met de naam van de tuchtrechtelijke instantie, de datum en het kenmerk, alsmede het begin en einde van de waarnemingstermijn, en, indien van toepassing, de dagen of dagdelen waarop een vaste waarnemer bevoegd is;

r. de naam van de ambtshalve benoemde waarnemer, die de notaris in de in artikel 28, onderdelen c, d en e, van de wet bedoelde gevallen vervangt, de datum van benoeming en de intrekking daarvan, onder vermelding van de daarop betrekking hebbende beslissing of beslissingen met de naam van de tuchtrechtelijke instantie, de datum en het kenmerk, alsmede het begin en einde van de waarnemingstermijn;

s. de datum en grond van ontslag van rechtswege, op eigen verzoek of op voordracht van Onze Minister;

t. de datum van beëindiging van het ambt door overlijden.

Art. 9

In het register worden van iedere toegevoegd notaris opgenomen:

a. de naam, plaats en datum van geboorte;

b. de naam en de plaats van vestiging van de notaris of waarnemer onder wiens verantwoordelijkheid en toezicht de toegevoegd notaris werkzaam is;
c. de datum van goedkeuring van de toevoeging, de datum van eedsaflegging en de ingangsdatum van de bevoegdheid;
d. de handtekening en paraaf;
e. de nevenbetrekkingen van de toegevoegd notaris, onder vermelding van de ingangsdatum en datum van beëindiging;
f. opschorting van de toevoeging, onder vermelding van de daarop betrekking hebbende beslissing of beslissingen met de naam van de tuchtrechtelijke instantie, de datum en het kenmerk, alsmede de ingangsdatum van de opschorting en de datum van beëindiging;
g. de onherroepelijke oplegging van een bestuurlijke boete of een last onder dwangsom als bedoeld in artikel 111b, tweede lid, onder vermelding van de daarop betrekking hebbende beschikking met de datum en het kenmerk;
h. het bij onherroepelijke uitspraak gegrond verklaren van een klacht zonder oplegging van een tuchtmaatregel, bedoeld in artikel 103, tweede lid, van de wet, onder vermelding van de daarop betrekking hebbende beslissing of beslissingen met aanduiding van de tuchtrechtelijke instantie, de datum en het kenmerk;
i. de onherroepelijke oplegging van een waarschuwing of berisping, bedoeld in artikel 103, eerste lid, onderdelen a en b, van de wet, onder vermelding van de daarop betrekking hebbende beslissing of beslissingen met aanduiding van de tuchtrechtelijke instantie, de datum en het kenmerk, alsmede van de datum waarop de waarschuwing of berisping is uitgesproken dan wel bij aangetekende brief aan de toegevoegd notaris is medegedeeld;
j. de onherroepelijke oplegging van een tuchtmaatregel, bedoeld in artikel 103, eerste lid, onderdeel c, derde en vierde lid, van de wet, onder vermelding van de daarop betrekking hebbende beslissing of beslissingen met de naam van de tuchtrechtelijke instantie, de datum en het kenmerk, alsmede de ingangsdatum van de maatregel en de datum van beëindiging;
k. in geval van ambtshalve benoeming tot waarnemer, om een notaris in de in artikel 28, onderdelen c, d en e, van de wet bedoelde gevallen te vervangen: de datum van benoeming en intrekking daarvan, onder vermelding van de daarop betrekking hebbende beslissingen of beslissingen met de naam van de tuchtrechtelijke instantie, de datum en het kenmerk, alsmede de naam van de notaris voor wie het ambt wordt waargenomen en het begin en einde van de waarnemingstermijn;
l. de datum en grond voor beëindiging van de toevoeging.

Art. 10

In het register worden van iedere kandidaat-notaris opgenomen:
a. de naam, plaats en datum van geboorte;
b. de naam en plaats van vestiging van de notaris of notarissen onder wiens verantwoordelijkheid de kandidaat-notaris notariële werkzaamheden verricht, onder vermelding van de ingangsdatum en datum van beëindiging;
c. de nevenbetrekkingen van de kandidaat-notaris, onder vermelding van de ingangsdatum en datum van beëindiging;
d. de onherroepelijke oplegging van een bestuurlijke boete of een last onder dwangsom als bedoeld in artikel 111b, tweede lid, onder vermelding van de datum en het kenmerk van de beschikking;
e. het bij onherroepelijke uitspraak gegrond verklaren van een klacht zonder oplegging van een tuchtmaatregel, bedoeld in artikel 103, tweede lid, van de wet, onder vermelding van de daarop betrekking hebbende beslissing of beslissingen met de naam van de tuchtrechtelijke instantie, de datum en het kenmerk;
f. de onherroepelijke oplegging van een waarschuwing of berisping, bedoeld in artikel 103, eerste lid, onderdelen a en b, van de wet, onder vermelding van de daarop betrekking hebbende beslissing of beslissingen met de naam van de tuchtrechtelijke instantie, de datum en kenmerk, en de datum waarop de waarschuwing of berisping is uitgesproken dan wel bij aangetekende brief aan de kandidaat-notaris is medegedeeld;
g. de onherroepelijke oplegging van een tuchtmaatregel als bedoeld in artikel 103, eerste lid, onderdeel c, derde en vierde lid, van de wet, onder vermelding van de daarop betrekking hebbende beslissing of beslissingen met de naam van de tuchtrechtelijke instantie, de datum en het kenmerk, alsmede de ingangsdatum van de maatregel en datum van beëindiging;
h. in geval van benoeming tot waarnemer: de datum van benoeming en intrekking daarvan, onder vermelding van de daarop betrekking hebbende beslissing of beslissingen met datum en kenmerk, de datum van eedsaflegging, de handtekening en paraaf van de kandidaat-notaris, de naam van de notaris voor wie het ambt wordt waargenomen, de grond van de waarneming en het begin en einde van de waarnemingstermijn.

Art. 11

1. Onze Minister, de KNB, het Bureau, de kamers voor het notariaat, alsmede het gerechtshof te Amsterdam hebben ten behoeve van hun taakvervulling op grond van de wet onbeperkte inzage in het register.

2. De Commissie toegang notariaat heeft ten behoeve van het onderzoek, bedoeld in artikel 5, onbeperkte inzage in de gegevens die ten aanzien van de betrokken verzoeker of verzoekers in het register zijn opgenomen.

3. De KNB kan, al dan niet op verzoek, gegevens uit het register verstrekken aan een bestuursorgaan, voor zover dit noodzakelijk is voor de goede vervulling van de publiekrechtelijke taak van de KNB of van het bestuursorgaan.

4. De KNB kan in verband met de in het register opgenomen of op te nemen gegevens inzage verlangen in archiefbescheiden die berusten bij de kamers voor het notariaat, dan wel van die bescheiden een afschrift verlangen.

Hoofdstuk V De tuchtrechtspraak

Art. 12

1. De kamer voor het notariaat vergadert wanneer de voorzitter zulks nodig acht of indien ten minste drie leden de voorzitter daarom schriftelijk verzoeken met opgave van de te behandelen onderwerpen.

2. De kamer voor het notariaat houdt zitting in het gerechtsgebouw waarin de rechtbank zitting houdt in de plaats waar de kamer voor het notariaat is gevestigd. De kamer kan voorts andere plaatsen binnen het rechtsgebied van de kamer als zittingsplaats aanwijzen.

3. Besluiten kunnen door de kamer voor het notariaat slechts worden genomen in een vergadering waarin de voorzitter en ten minste één van de door Onze Minister en één van de door de ledenraad van de KNB benoemde leden aanwezig zijn. Besluiten worden genomen bij meerderheid van stemmen. Bij staking van stemmen beslist de voorzitter.

4. De voorzitter en de secretaris zijn gezamenlijk bevoegd de kamer voor het notariaat te vertegenwoordigen.

5. De kamers voor het notariaat leggen nadere regels omtrent hun werkwijze neer in een door de voorzitters van de kamers gezamenlijk vastgesteld reglement.

6. Bij regeling van Onze Minister worden regels gesteld omtrent de vergoeding van de reis- en verblijfkosten van de leden en plaatsvervangend leden van de kamers voor het notariaat en andere vergoedingen.

Art. 13

[Vervallen]

Hoofdstuk VI Overige bepalingen

Art. 14

Het Besluit beroepsvereisten kandidaat-notaris, het Besluit deeltijd notaris en het Besluit kamers van toezicht notariaat worden ingetrokken.

Art. 15

Dit besluit treedt in werking op een bij koninklijk besluit te bepalen tijdstip, dat voor de verschillende artikelen of onderdelen daarvan verschillend kan worden vastgesteld.

Art. 16

Dit besluit wordt aangehaald als: Besluit op het notarisambt.

Wet griffierechten burgerlijke zaken^1

Wet van 30 september 2010 tot invoering van een nieuw griffierechtenstelsel in burgerlijke zaken (Wet griffierechten burgerlijke zaken)

Wij Beatrix, bij de gratie Gods, Koningin der Nederlanden, Prinses van Oranje-Nassau, enz. enz. enz.

Allen, die deze zullen zien of horen lezen, saluut! doen te weten:

Alzo Wij in overweging genomen hebben, dat het wenselijk is de Wet tarieven in burgerlijke zaken te vervangen door een nieuwe regeling en dat in verband hiermee ook enkele andere wetten dienen te worden gewijzigd;

Zo is het, dat Wij, de Raad van State gehoord, en met gemeen overleg der Staten-Generaal, hebben goed gevonden en verstaan, gelijk Wij goedvinden en verstaan bij deze:

Hoofdstuk 1 Algemene bepalingen

Art. 1

[Dit artikel is gewijzigd in verband met de invoering van digitaal procederen. Zie voor de procedures en gerechten waarvoor digitaal procederen geldt het Overzicht gefaseerde inwerkingtreding op www.rijksoverheid.nl/KEI.]

In deze wet en de daarop berustende bepalingen wordt verstaan onder:

a. Onze Minister: Onze Minister van Veiligheid en Justitie;

b. Hoge Raad: de Hoge Raad der Nederlanden;

c. zaken waarbij een vordering wordt ingesteld: zaken als bedoeld in artikel 78 van het Wetboek van Burgerlijke Rechtsvordering;

d. zaken waarbij een verzoek wordt ingediend: zaken als bedoeld in artikel 261 van het Wetboek van Burgerlijke Rechtsvordering.

[Voor overige gevallen luidt het artikel als volgt:]

Artikel 1

In deze wet en de daarop berustende bepalingen wordt verstaan onder:

a. Onze Minister: Onze Minister van Veiligheid en Justitie;

b. Hoge Raad: de Hoge Raad der Nederlanden;

c. zaken die bij dagvaarding worden ingeleid: zaken als bedoeld in artikel 78 van het Wetboek van Burgerlijke Rechtsvordering;

d. zaken waarbij een verzoek wordt ingediend: zaken als bedoeld in artikel 261 van het Wetboek van Burgerlijke Rechtsvordering.

Art. 2

De bedragen die genoemd zijn in deze wet en in de tabel die als bijlage bij deze wet is gevoegd, kunnen jaarlijks met ingang van 1 januari bij regeling van Onze Minister worden gewijzigd, voor zover de consumentenprijsindex daartoe aanleiding geeft.

Hoofdstuk 2 De heffing van griffierechten bij de rechtbanken, de gerechtshoven en de Hoge Raad

§ 1

De griffierechten in zaken waarbij een vordering wordt ingesteld of een verzoek wordt ingediend

Art. 3

[Dit artikel is gewijzigd in verband met de invoering van digitaal procederen. Zie voor de procedures en gerechten waarvoor digitaal procederen geldt het Overzicht gefaseerde inwerkingtreding op www.rijksoverheid.nl/KEI.]

1. In zaken waarbij een vordering wordt ingesteld, wordt van elke eiser en elke verschenen verweerder voor iedere instantie een griffierecht geheven, voor zover bij of krachtens deze wet of een andere wet niet anders is bepaald.

---

1 Inwerkingtredingsdatum: 01-11-2010; zoals laatstelijk gewijzigd bij: Stb. 2016, 290.

2. In zaken waarbij een verzoek wordt ingediend, wordt voor de indiening van een verzoek of een verweerschrift een griffierecht geheven, voor zover bij of krachtens deze wet of een andere wet niet anders is bepaald.

3. De eiser is het griffierecht verschuldigd vanaf de indiening van de procesinleiding, en in geval van een kort geding vanaf de indiening van de procesinleiding bij de aanvraag als bedoeld in artikel 254, tweede lid, van het Wetboek van Burgerlijke Rechtsvordering, en zorgt dat het griffierecht binnen vier weken nadien is bijgeschreven op de rekening van het gerecht waar de zaak dient dan wel ter griffie is gestort. De verweerder is het griffierecht verschuldigd vanaf zijn verschijning in het geding en zorgt dat het griffierecht binnen vier weken nadien is bijgeschreven op de rekening van het gerecht waar de zaak dient dan wel ter griffie is gestort.

4. De verzoeker en de belanghebbende zijn het griffierecht verschuldigd vanaf de indiening van de procesinleiding respectievelijk het verweerschrift en zorgen dat het griffierecht binnen vier weken nadien is bijgeschreven op de rekening van het gerecht waar de behandeling plaatsvindt dan wel ter griffie is gestort.

5. De hoogte van het griffierecht wordt bepaald aan de hand van de tabel die als bijlage bij deze wet is gevoegd.

[Voor overige gevallen luidt het artikel als volgt:]

Artikel 3

Griffierecht, dagvaarding/verzoekschrift

1. In zaken die bij dagvaarding worden ingeleid, wordt op de eerste roldatum, dan wel in zaken als bedoeld in artikel 254 van het Wetboek van Burgerlijke Rechtsvordering op de eerste terechtzitting, van elke eiser en elke verschenen gedaagde voor iedere instantie een griffierecht geheven, voor zover bij of krachtens deze wet of een andere wet niet anders is bepaald.

2. Voor de indiening van een verzoekschrift of een verweerschrift wordt een griffierecht geheven, voor zover bij of krachtens deze wet of een andere wet niet anders is bepaald.

3. De eiser is het griffierecht verschuldigd vanaf de eerste uitroeping van de zaak ter terechtzitting of bij gebreke daarvan vanaf de eerste roldatum en zorgt dat het griffierecht binnen vier weken nadien is bijgeschreven op de rekening van het gerecht waar de zaak dient dan wel ter griffie is gestort. De gedaagde is het griffierecht verschuldigd vanaf zijn verschijning in het geding en zorgt dat het griffierecht binnen vier weken nadien is bijgeschreven op de rekening van het gerecht waar de zaak dient dan wel ter griffie is gestort.

4. De verzoeker en de belanghebbende zijn het griffierecht verschuldigd vanaf de indiening van het verzoekschrift respectievelijk het verweerschrift en zorgen dat het griffierecht binnen vier weken nadien is bijgeschreven op de rekening van het gerecht waar de behandeling plaatsvindt dan wel ter griffie is gestort.

5. De hoogte van het griffierecht wordt bepaald aan de hand van de tabel die als bijlage bij deze wet is gevoegd.

Art. 4

[Dit artikel is gewijzigd in verband met de invoering van digitaal procederen. Zie voor de procedures en gerechten waarvoor digitaal procederen geldt het Overzicht gefaseerde inwerkingtreding op www.rijksoverheid.nl/KEI.]

Griffierecht, geen heffing

1. Geen griffierecht wordt geheven van:

a. het openbaar ministerie indien het ambtshalve optreedt;

b. de verweerder in een zaak in behandeling bij de kantonrechter of de pachtkamer bij de rechtbank;

c. de oorspronkelijke eiser in geval van verzet als bedoeld in de achtste afdeling van de tweede titel van het Eerste Boek van het Wetboek van Burgerlijke Rechtsvordering;

d. de oorspronkelijke eiser en de oorspronkelijke verweerder in geval van verzet door derden als bedoeld in de negende titel van het Eerste Boek van het Wetboek van Burgerlijke Rechtsvordering;

e. de partij in een zaak in vrijwaring als bedoeld in artikel 210 van het Wetboek van Burgerlijke Rechtsvordering die in de hoofdzaak reeds griffierecht verschuldigd is geworden, en

f. partijen en anderen die verschijnen in de prejudiciële procedure als bedoeld in artikel 393 van het Wetboek van Burgerlijke Rechtsvordering.

2. Geen griffierecht wordt geheven voor:

a. het indienen van een verweerschrift bij de kantonrechter of de pachtkamer bij de rechtbank;

b. het instellen van een tegenvordering of tegenverzoek als bedoeld in artikel 30i, achtste lid, van het Wetboek van Burgerlijke Rechtsvordering;

c. het instellen van incidenteel beroep als bedoeld in de artikelen 339, derde lid, 361, vierde lid, en 410 van het Wetboek van Burgerlijke Rechtsvordering;

d. het indienen van een zelfstandig verzoek als bedoeld in artikel 282, vierde lid, van het Wetboek van Burgerlijke Rechtsvordering;

e. het doen van rekening en verantwoording als bedoeld in artikel 771 van het Wetboek van Burgerlijke Rechtsvordering;

f. de indiening van een verzoekschrift, indien dit verzoekschrift in de loop van een aanhangig geding wordt ingediend en op dit geding betrekking heeft;

g. de indiening van een verzoekschrift strekkende tot begroting van de nakosten als bedoeld in artikel 237, vierde lid, van het Wetboek van Burgerlijke Rechtsvordering;

h. het voeren van verweer tegen handelingen als bedoeld onder b tot en met g;

i. het doen van een eigen aangifte tot faillietverklaring als bedoeld in artikel 4, eerste lid, van de Faillissementswet, alsmede voor het aanwenden van een rechtsmiddel tegen de afwijzing van deze aangifte;

j. de indiening van een verzoekschrift tot het van toepassing verklaren van de schuldsaneringsregeling natuurlijke personen als bedoeld in artikel 284, eerste lid, van de Faillissementswet, alsmede voor het aanwenden van het rechtsmiddel tegen de afwijzing van dit verzoek, en

k. de indiening van een verzoek tot rangschikking.

3. Bij regeling van Onze Minister kunnen regels worden gesteld omtrent bepaalde categorieën van zaken waarbij een vordering wordt ingesteld of een verzoek wordt ingediend, waarin geen griffierecht wordt geheven.

[Voor overige gevallen luidt het artikel als volgt:]

Artikel 4

1. Geen griffierecht wordt geheven van:

a. het openbaar ministerie indien het ambtshalve optreedt;

b. de gedaagde in een zaak in behandeling bij de kantonrechter of de pachtkamer bij de rechtbank;

c. de oorspronkelijke eiser in geval van verzet als bedoeld in de achtste afdeling van de tweede titel van het Eerste Boek van het Wetboek van Burgerlijke Rechtsvordering;

d. de oorspronkelijke eiser en de oorspronkelijke gedaagde in geval van verzet door derden als bedoeld in de negende titel van het Eerste Boek van het Wetboek van Burgerlijke Rechtsvordering;

e. de partij in een zaak in vrijwaring als bedoeld in artikel 210 van het Wetboek van Burgerlijke Rechtsvordering die in de hoofdzaak reeds griffierecht verschuldigd is geworden, en

f. partijen en anderen die verschijnen in de prejudiciële procedure als bedoeld in artikel 393 van het Wetboek van Burgerlijke Rechtsvordering.

2. Geen griffierecht wordt geheven voor:

a. het indienen van een verweerschrift bij de kantonrechter of de pachtkamer bij de rechtbank;

b. het instellen van een eis in reconventie als bedoeld in artikel 136 van het Wetboek van Burgerlijke Rechtsvordering;

c. het instellen van incidenteel beroep als bedoeld in de artikelen 339, derde lid, 361, vierde lid, en 410 van het Wetboek van Burgerlijke Rechtsvordering;

d. het indienen van een zelfstandig verzoek als bedoeld in artikel 282, vierde lid, van het Wetboek van Burgerlijke Rechtsvordering;

e. het doen van rekening en verantwoording als bedoeld in artikel 771 van het Wetboek van Burgerlijke Rechtsvordering;

f. de indiening van een verzoekschrift, indien dit verzoekschrift in de loop van een aanhangig geding wordt ingediend en op dit geding betrekking heeft;

g. de indiening van een verzoekschrift strekkende tot begroting van de nakosten als bedoeld in artikel 237, vierde lid, van het Wetboek van Burgerlijke Rechtsvordering;

h. het voeren van verweer tegen handelingen als bedoeld onder b tot en met g;

i. het doen van een eigen aangifte tot faillietverklaring als bedoeld in artikel 4, eerste lid, van de Faillissementswet, alsmede voor het aanwenden van een rechtsmiddel tegen de afwijzing van deze aangifte;

j. de indiening van een verzoekschrift tot het van toepassing verklaren van de schuldsaneringsregeling natuurlijke personen als bedoeld in artikel 284, eerste lid, van de Faillissementswet, alsmede voor het aanwenden van een rechtsmiddel tegen de afwijzing van dit verzoek, en

k. de indiening van een verzoek tot rangschikking.

3. Bij regeling van Onze Minister kunnen regels worden gesteld omtrent bepaalde categorieën van zaken die bij dagvaarding of met een verzoekschrift worden ingeleid, waarin geen griffierecht wordt geheven.

Art. 5

[Dit artikel is gewijzigd in verband met de invoering van digitaal procederen. Zie voor de procedures en gerechten waarvoor digitaal procederen geldt het Overzicht gefaseerde inwerkingtreding op www.rijksoverheid.nl/KEI.]

1. De vordering tot voeging of tussenkomst, bedoeld in artikel 217 van het Wetboek van Burgerlijke Rechtsvordering, geldt voor de partij die de vordering instelt, als het aanvangen van een nieuwe zaak. Van hem wordt een bedrag aan griffierecht geheven met betrekking tot de vordering in de oorspronkelijke zaak op basis van de tabel die als bijlage bij deze wet is gevoegd.

Griffierecht, geen heffing

Griffierecht, vordering tot voeging of tussenkomst

B49 art. 6 **Wet griffierechten burgerlijke zaken**

Geen griffierecht wordt geheven van de partij die zich voegt aan de zijde van de verweerder als bedoeld in artikel 4, eerste lid, onder b.

2. De partij, bedoeld in het eerste lid, is het griffierecht verschuldigd vanaf het tijdstip waarop hij de vordering tot voeging of tussenkomst indient en zorgt dat het griffierecht binnen vier weken nadien is bijgeschreven op de rekening van het gerecht waar de zaak dient dan wel ter griffie is gestort.

[Voor overige gevallen luidt het artikel als volgt:]

Artikel 5

Griffierecht, vordering tot voeging of tussenkomst

1. De vordering tot voeging of tussenkomst, bedoeld in artikel 217 van het Wetboek van Burgerlijke Rechtsvordering, geldt voor de partij die de vordering instelt, als het aanvangen van een nieuwe zaak. Van hem wordt een bedrag aan griffierecht geheven met betrekking tot de vordering in de oorspronkelijke zaak op basis van de tabel die als bijlage bij deze wet is gevoegd. Geen griffierecht wordt geheven van de partij die zich voegt aan de zijde van de gedaagde als bedoeld in artikel 4, eerste lid, onder b.

2. De partij, bedoeld in het eerste lid, is het griffierecht verschuldigd vanaf het tijdstip waarop hij de vordering tot voeging of tussenkomst indient en zorgt dat het griffierecht binnen vier weken nadien is bijgeschreven op de rekening van het gerecht waar de zaak dient dan wel ter griffie is gestort.

Art. 6

Griffierecht, derde

[Dit artikel is gewijzigd in verband met de invoering van digitaal procederen. Zie voor de procedures en gerechten waarvoor digitaal procederen geldt het Overzicht gefaseerde inwerkingtreding op www.rijksoverheid.nl/KEI.]

1. Van een derde die overeenkomstig artikel 30g van het Wetboek van Burgerlijke Rechtsvordering als partij in het geding wordt opgeroepen en naar aanleiding daarvan verschijnt, wordt een bedrag aan griffierecht geheven gelijk aan dat van een verweerder in de oorspronkelijke zaak op basis van de tabel die als bijlage bij deze wet is gevoegd.

2. De derde, bedoeld in het eerste lid, is het griffierecht verschuldigd vanaf zijn verschijning in het geding en zorgt dat het griffierecht binnen vier weken nadien is bijgeschreven op de rekening van het gerecht waar de zaak dient dan wel ter griffie is gestort.

[Voor overige gevallen luidt het artikel als volgt:]

Artikel 6

1. Van een derde die overeenkomstig artikel 118 van het Wetboek van Burgerlijke Rechtsvordering als partij in het geding wordt opgeroepen en naar aanleiding daarvan verschijnt, wordt een bedrag aan griffierecht geheven gelijk aan dat van een gedaagde in de oorspronkelijke zaak op basis van de tabel die als bijlage bij deze wet is gevoegd.

2. De derde, bedoeld in het eerste lid, is het griffierecht verschuldigd vanaf zijn verschijning in het geding en zorgt dat het griffierecht binnen vier weken nadien is bijgeschreven op de rekening van het gerecht waar de zaak dient dan wel ter griffie is gestort.

Art. 7

Griffierecht, verzet door derde

Het verzet door een derde tegen een vonnis of een arrest dat hem in zijn rechten benadeelt, bedoeld in de negende titel van het Eerste Boek van het Wetboek van Burgerlijke Rechtsvordering, geldt voor de derde die het verzet doet, als het aanvangen van een nieuwe zaak. Artikel 3, eerste, derde en vijfde lid, zijn op de derde van overeenkomstige toepassing.

Art. 8

[Dit artikel is gewijzigd in verband met de invoering van digitaal procederen. Zie voor de procedures en gerechten waarvoor digitaal procederen geldt het Overzicht gefaseerde inwerkingtreding op www.rijksoverheid.nl/KEI.]

Griffierecht, verwijzing naar andere kamer

1. Indien een zaak, in behandeling bij een kamer voor kantonzaken, met toepassing van artikel 71, eerste lid, of 220, vierde lid, van het Wetboek van Burgerlijke Rechtsvordering wordt verwezen naar een kamer voor andere zaken dan kantonzaken van hetzelfde gerecht om verder te worden behandeld en beslist, wordt het griffierecht van elke eiser dan wel elke verzoeker verhoogd voor zover op basis van de tabel die als bijlage bij deze wet is gevoegd, een hoger bedrag aan griffierecht dient te worden geheven. Van elke verschenen verweerder dan wel belanghebbende, voor zover deze een verweerschrift heeft ingediend, wordt alsnog griffierecht geheven.

2. De eiser en de bij de eerste rechter verschenen verweerder zijn de ingevolge het eerste lid te heffen verhoging van het griffierecht verschuldigd vanaf de dag van de eerstvolgende proceshandeling bij de rechter naar wie de zaak is verwezen en zorgen dat het griffierecht binnen vier weken nadien is bijgeschreven op de rekening van het gerecht waar de zaak dient dan wel ter griffie is gestort.

3. De verzoeker en de belanghebbende zijn de ingevolge het eerste lid te heffen verhoging van het griffierecht verschuldigd vanaf de beslissing tot verwijzing en zorgen dat het griffierecht binnen vier weken nadien is bijgeschreven op de rekening van het gerecht waar de zaak dient dan wel ter griffie is gestort.

4. Indien een zaak in behandeling bij een kamer voor andere zaken dan kantonzaken, met toepassing van artikel 71, tweede lid, of 220, vierde lid, van het Wetboek van Burgerlijke Rechtsvordering wordt verwezen naar een kamer voor kantonzaken van hetzelfde gerecht om verder te worden behandeld en beslist, wordt het griffierecht verminderd voor zover op basis van de tabel die als bijlage bij deze wet is gevoegd, een lager bedrag aan griffierecht dient te worden geheven, en wordt het te veel betaalde griffierecht door de griffier teruggestort.

[Voor overige gevallen luidt het artikel als volgt:]

Artikel 8

1. Indien een zaak, in behandeling bij een kamer voor kantonzaken, met toepassing van artikel 71, eerste lid, of 220, vierde lid, van het Wetboek van Burgerlijke Rechtsvordering wordt verwezen naar een kamer voor andere zaken dan kantonzaken van hetzelfde gerecht om verder te worden behandeld en beslist, wordt het griffierecht van elke eiser dan wel elke verzoeker verhoogd voor zover op basis van de tabel die als bijlage bij deze wet is gevoegd, een hoger bedrag aan griffierecht dient te worden geheven. Van elke verschenen gedaagde dan wel belanghebbende, voor zover deze een verweerschrift heeft ingediend, wordt alsnog griffierecht geheven.

Griffierecht, verwijzing naar andere kamer

2. De eiser en de bij de eerste rechter verschenen gedaagde zijn de ingevolge het eerste lid te heffen verhoging van het griffierecht verschuldigd vanaf de dag waarop de zaak ter rolle dient bij de rechter naar wie de zaak is verwezen en zorgen dat het griffierecht binnen vier weken nadien is bijgeschreven op de rekening van het gerecht waar de zaak dient dan wel ter griffie is gestort.

3. De verzoeker en de belanghebbende zijn de ingevolge het eerste lid te heffen verhoging van het griffierecht verschuldigd vanaf de beslissing tot verwijzing en zorgen dat het griffierecht binnen vier weken nadien is bijgeschreven op de rekening van het gerecht waar de zaak dient dan wel ter griffie is gestort.

4. Indien een zaak in behandeling bij een kamer voor andere zaken dan kantonzaken, met toepassing van artikel 71, tweede lid, of 220, vierde lid, van het Wetboek van Burgerlijke Rechtsvordering wordt verwezen naar een kamer voor kantonzaken van hetzelfde gerecht om verder te worden behandeld en beslist, wordt het griffierecht verminderd voor zover op basis van de tabel die als bijlage bij deze wet is gevoegd, een lager bedrag aan griffierecht dient te worden geheven, en wordt het te veel betaalde griffierecht door de griffier teruggestort.

Art. 9

[Dit artikel is gewijzigd in verband met de invoering van digitaal procederen. Zie voor de procedures en gerechten waarvoor digitaal procederen geldt het Overzicht gefaseerde inwerkingtreding op www.rijksoverheid.nl/KEI.]

Griffierecht, verwijzing naar ander gerecht

1. Indien een zaak waarbij een vordering wordt ingesteld met toepassing van artikel 73 of 220 van het Wetboek van Burgerlijke Rechtsvordering wordt verwezen naar een ander gerecht om verder te worden behandeld en beslist, wordt van elke eiser en, voor zover van toepassing, elke verschenen verweerder opnieuw griffierecht geheven, met dien verstande dat het eerder geheven griffierecht hierop in mindering wordt gebracht.

2. Indien een zaak waarbij een verzoek wordt ingediend met toepassing van artikel 73 van het Wetboek van Burgerlijke Rechtsvordering wordt verwezen naar een ander gerecht om verder te worden behandeld en beslist, wordt van elke verzoeker en elke belanghebbende, voor zover deze een verweerschrift heeft ingediend, opnieuw griffierecht geheven, met dien verstande dat het eerder geheven griffierecht hierop in mindering wordt gebracht.

3. De eiser en de bij de eerste rechter verschenen verweerder zijn ingevolge het eerste lid te heffen griffierecht verschuldigd vanaf de dag van de eerstvolgende proceshandeling bij de rechter naar wie de zaak is verwezen en zorgen dat het griffierecht binnen vier weken nadien is bijgeschreven op de rekening van het gerecht waar de zaak dient dan wel ter griffie is gestort.

4. De verzoeker en de belanghebbende zijn het ingevolge het tweede lid te heffen griffierecht verschuldigd vanaf de beschikking tot verwijzing en zorgen dat het griffierecht binnen vier weken nadien is bijgeschreven op de rekening van het gerecht waar de zaak dient dan wel ter griffie is gestort.

5. Indien een zaak, met toepassing van artikel 73 van het Wetboek van Burgerlijke Rechtsvordering wordt verwezen naar een lagere rechter bij een ander gerecht om verder te worden behandeld en beslist, wordt het griffierecht verminderd voor zover uit de tabel die als bijlage bij deze wet is gevoegd, volgt dat een lager bedrag aan griffierecht dient te worden geheven, en wordt het te veel betaalde griffierecht door de griffier teruggestort.

[Voor overige gevallen luidt het artikel als volgt:]

Artikel 9

1. Indien een zaak die bij dagvaarding moet worden ingeleid met toepassing van artikel 73 of 220 van het Wetboek van Burgerlijke Rechtsvordering wordt verwezen naar een andere gerecht om verder te worden behandeld en beslist, wordt van elke eiser en, voor zover van toepassing,

Griffierecht, verwijzing naar ander gerecht

elke verschenen gedaagde opnieuw griffierecht geheven, met dien verstande dat het eerder geheven griffierecht hierop in mindering wordt gebracht.

2. Indien een zaak waarbij een verzoek wordt ingediend met toepassing van artikel 73 van het Wetboek van Burgerlijke Rechtsvordering wordt verwezen naar een ander gerecht om verder te worden behandeld en beslist, wordt van elke verzoeker en elke belanghebbende, voor zover deze een verweerschrift heeft ingediend, opnieuw griffierecht geheven, met dien verstande dat het eerder geheven griffierecht hierop in mindering wordt gebracht.

3. De eiser en de bij de eerste rechter verschenen gedaagde zijn het ingevolge het eerste lid te heffen griffierecht verschuldigd vanaf de dag waarop de zaak ter rolle dient bij de rechter naar wie de zaak is verwezen en zorgen dat het griffierecht binnen vier weken nadien is bijgeschreven op de rekening van het gerecht waar de zaak dient dan wel ter griffie is gestort.

4. De verzoeker en de belanghebbende zijn het ingevolge het tweede lid te heffen griffierecht verschuldigd vanaf de beschikking tot verwijzing en zorgen dat het griffierecht binnen vier weken nadien is bijgeschreven op de rekening van het gerecht waar de zaak dient dan wel ter griffie is gestort.

5. Indien een zaak, met toepassing van artikel 73 van het Wetboek van Burgerlijke Rechtsvordering wordt verwezen naar een lagere rechter bij een ander gerecht om verder te worden behandeld en beslist, wordt het griffierecht verminderd voor zover uit de tabel die als bijlage bij deze wet is gevoegd, volgt dat een lager bedrag aan griffierecht dient te worden geheven, en wordt het te veel betaalde griffierecht door de griffier teruggestort.

Art. 9a

1. Indien een verweerder of belanghebbende betwist dat de zaak moet worden behandeld door de internationale handelskamer van de rechtbank Amsterdam of van het gerechtshof Amsterdam als bedoeld in artikel 30r, eerste lid, eerste volzin, van het Wetboek van Burgerlijke Rechtsvordering, is de verweerder of belanghebbende het griffierecht verschuldigd dat bij de rechtbank, respectievelijk het gerechtshof, wordt geheven voor andere zaken dan kantonzaken, niet zijnde zaken als bedoeld in artikel 30r, eerste lid, eerste volzin, van het Wetboek van Burgerlijke Rechtsvordering. Indien de rechter het incidentele verweer afwijst, wordt alsnog het griffierecht verhoogd voor zover uit de tabel die als bijlage bij deze wet is gevoegd volgt dat een hoger bedrag aan griffierecht dient te worden geheven, met dien verstande dat het eerder geheven griffierecht hierop in mindering wordt gebracht.

2. Indien een zaak door de internationale handelskamer van de rechtbank Amsterdam of van het gerechtshof Amsterdam wordt verwezen naar een andere rechter om verder te worden behandeld en beslist, wordt het griffierecht verminderd voor zover uit de tabel die als bijlage bij deze wet is gevoegd, volgt dat een lager bedrag aan griffierecht dient te worden geheven. Het te veel betaalde griffierecht wordt door de griffier teruggestort.

3. Indien een zaak door een andere kamer van de rechtbank Amsterdam of van het gerechtshof Amsterdam wordt verwezen naar de internationale handelskamer van die rechtbank of van dat gerechtshof om verder te worden behandeld en beslist, wordt het griffierecht verhoogd voor zover uit de tabel die als bijlage bij deze wet is gevoegd, volgt dat een hoger bedrag aan griffierecht dient te worden geheven, met dien verstande dat het eerder geheven griffierecht hierop in mindering wordt gebracht.

4. De verweerder of belanghebbende is het ingevolge het eerste lid, tweede volzin, en het derde lid te heffen griffierecht verschuldigd vanaf het moment dat het incidentele verweer is afgewezen of de beslissing tot verwijzing is gegeven, en zorgt dat het griffierecht binnen vier weken nadien is bijgeschreven op de rekening van het gerecht waar de zaak dient, dan wel ter griffie is gestort.

5. Het eerste, tweede en vierde lid zijn van overeenkomstige toepassing op het griffierecht bij de voorzieningenrechter, bedoeld in artikel 30r, derde lid, van het Wetboek van Burgerlijke Rechtsvordering.

Art. 10

Griffierecht, bepaling hoogte

[Dit artikel is gewijzigd in verband met de invoering van digitaal procederen. Zie voor de procedures en gerechten waarvoor digitaal procederen geldt het Overzicht gefaseerde inwerkingtreding op www.rijksoverheid.nl/KEI.]

1. De hoogte van het griffierecht wordt bepaald aan de hand van de vordering dan wel het verzoek in de procesinleiding.

2. In zaken waarin een vordering tot onteigening wordt gedaan wordt de hoogte van het griffierecht bepaald aan de hand van de som die in de dagvaarding als schadeloosstelling wordt aangeboden. In cassatie wordt het griffierecht geheven ter hoogte van de vordering van onbepaalde waarde op basis van de tabel die als bijlage bij deze wet is gevoegd.

[Voor overige gevallen luidt het artikel als volgt:]

Artikel 10

1. De hoogte van het griffierecht wordt bepaald aan de hand van de vordering in de dagvaarding dan wel het verzoek in het verzoekschrift of het beroepschrift.

Wet griffierechten burgerlijke zaken — B49 art. 12

2. In zaken waarin een vordering tot onteigening wordt gedaan wordt de hoogte van het griffierecht bepaald aan de hand van de som die in de dagvaarding als schadeloosstelling wordt aangeboden. In cassatie wordt het griffierecht geheven ter hoogte van de vordering van onbepaalde waarde op basis van de tabel die als bijlage bij deze wet is gevoegd.

Art. 11

[Dit artikel is gewijzigd in verband met de invoering van digitaal procederen. Zie voor de procedures en gerechten waarvoor digitaal procederen geldt het Overzicht gefaseerde inwerkingtreding op www.rijksoverheid.nl/KEI.]

Griffierecht, in mindering brengen

1. Op het griffierecht wordt in mindering gebracht het griffierecht dat reeds is voldaan in de zaak waarop de procesinleiding betrekking heeft.

2. Indien in een zaak waarbij een vordering is ingesteld, de eiser de procesinleiding intrekt voordat de verweerder in de procedure is verschenen of uiterlijk in de procedure had kunnen verschijnen, wordt van de eiser een derde deel van het ingevolge artikel 3 verschuldigde griffierecht geheven met een maximum van € 81 voor onvermogenden, € 270 voor natuurlijke personen en € 539 voor rechtspersonen. Indien de eiser het griffierecht reeds heeft voldaan, stort de griffier het te veel betaalde griffierecht aan de eiser terug.

3. [Dit lid is nog niet in werking getreden.]

4. De eiser bericht de griffie schriftelijk dat hij de vordering intrekt.

[Voor overige gevallen luidt het artikel als volgt:]

Artikel 11

Op het griffierecht wordt in mindering gebracht het griffierecht dat reeds is voldaan in de zaak waarop het geding of verzoekschrift betrekking heeft.

Art. 12

[Dit artikel is gewijzigd in verband met de invoering van digitaal procederen. Zie voor de procedures en gerechten waarvoor digitaal procederen geldt het Overzicht gefaseerde inwerkingtreding op www.rijksoverheid.nl/KEI.]

Griffierecht, vermeerdering

1. Indien de vordering strekt tot betaling van een geldsom en de eiser zijn eis vermeerdert overeenkomstig artikel 130 van het Wetboek van Burgerlijke Rechtsvordering, wordt het griffierecht verhoogd tot het griffierecht, dat partijen verschuldigd zouden zijn geweest, indien de vermeerderde eis was opgenomen in de procesinleiding.

2. Indien het verzoek strekt tot betaling van een geldsom en de verzoeker zijn verzoek vermeerdert overeenkomstig artikel 283 van het Wetboek van Burgerlijke Rechtsvordering, is het eerste lid van overeenkomstige toepassing.

3. Bij heffing van het verhoogde griffierecht op de voet van het eerste of tweede lid wordt uitgegaan van de tarieven die gelden op het tijdstip waarop de eis of het verzoek wordt vermeerderd.

4. Partijen zijn het verhoogde griffierecht verschuldigd vanaf het tijdstip van de vermeerdering van de eis of het verzoek en zorgen dat het griffierecht binnen vier weken nadien is bijgeschreven op de rekening van het gerecht waar de zaak dient dan wel ter griffie is gestort. Indien de rechter de vermeerdering van de eis of het verzoek echter buiten beschouwing laat, blijft de heffing beperkt tot het oorspronkelijk geheven bedrag en wordt het eventueel te veel betaalde griffierecht door de griffier teruggestort.

5. Het griffierecht wordt niet verhoogd, indien op het tijdstip waarop de eis dan wel het verzoek wordt vermeerderd een van de stukken, bedoeld in artikel 16, eerste lid, onder a of b, is overlegd.

[Voor overige gevallen luidt het artikel als volgt:]

Artikel 12

Griffierecht, vermeerdering

1. Indien de vordering strekt tot betaling van een geldsom en de eiser zijn eis vermeerdert overeenkomstig artikel 130 van het Wetboek van Burgerlijke Rechtsvordering, wordt het griffierecht verhoogd tot het griffierecht, dat partijen verschuldigd zouden zijn geweest, indien de vermeerderde eis was opgenomen in de dagvaarding.

2. Indien het verzoek strekt tot betaling van een geldsom en de verzoeker zijn verzoek vermeerdert overeenkomstig artikel 283 van het Wetboek van Burgerlijke Rechtsvordering, is het eerste lid van overeenkomstige toepassing.

3. Bij heffing van het verhoogde griffierecht op de voet van het eerste of tweede lid wordt uitgegaan van de tarieven die gelden op het tijdstip waarop de eis of het verzoek wordt vermeerderd.

4. Partijen zijn het verhoogde griffierecht verschuldigd vanaf het tijdstip van de vermeerdering van de eis of het verzoek en zorgen dat het griffierecht binnen vier weken nadien is bijgeschreven op de rekening van het gerecht waar de zaak dient dan wel ter griffie is gestort. Indien de rechter de vermeerdering van de eis of het verzoek echter buiten beschouwing laat, blijft de heffing beperkt tot het oorspronkelijk geheven bedrag en wordt het eventueel te veel betaalde griffierecht door de griffier teruggestort.

5. Het griffierecht wordt niet verhoogd, indien op het tijdstip waarop de eis dan wel het verzoek wordt vermeerderd een van de stukken, bedoeld in artikel 16, eerste lid, onder a of b, is overlegd.

B49 art. 13 **Wet griffierechten burgerlijke zaken**

Art. 13

[Dit artikel is gewijzigd in verband met de invoering van digitaal procederen. Zie voor de procedures en gerechten waarvoor digitaal procederen geldt het Overzicht gefaseerde inwerkingtreding op www.rijksoverheid.nl/KEI.]

Griffierecht, geen vermindering

1. Indien de eis strekt tot betaling van een geldsom en de eiser zijn eis vermindert overeenkomstig artikel 129 van het Wetboek van Burgerlijke Rechtsvordering en van partijen minder griffierecht zou zijn geheven indien de verminderde eis was opgenomen in de procesinleiding, wordt het griffierecht niet alsnog verminderd.

2. Indien het verzoek strekt tot betaling van een geldsom en de verzoeker zijn verzoek vermindert overeenkomstig artikel 283 van het Wetboek van Burgerlijke Rechtsvordering, is het eerste lid van overeenkomstige toepassing.

[Voor overige gevallen luidt het artikel als volgt:]

Artikel 13

Griffierecht, geen vermindering

1. Indien de eis strekt tot betaling van een geldsom en de eiser zijn eis vermindert overeenkomstig artikel 129 van het Wetboek van Burgerlijke Rechtsvordering en van partijen minder griffierecht zou zijn geheven indien de verminderde eis was opgenomen in de dagvaarding, wordt het griffierecht niet alsnog verminderd.

2. Indien het verzoek strekt tot betaling van een geldsom en de verzoeker zijn verzoek vermindert overeenkomstig artikel 283 van het Wetboek van Burgerlijke Rechtsvordering, is het eerste lid van overeenkomstige toepassing.

Art. 14

[Dit artikel is gewijzigd in verband met de invoering van digitaal procederen. Zie voor de procedures en gerechten waarvoor digitaal procederen geldt het Overzicht gefaseerde inwerkingtreding op www.rijksoverheid.nl/KEI.]

Griffierecht, door rechter begrote schade

1. Indien de eis strekt tot veroordeling tot schadevergoeding op te maken bij staat, maar de rechter in het vonnis of het arrest overeenkomstig artikel 97 van Boek 6 van het Burgerlijk Wetboek de schade heeft begroot, wordt alsnog het griffierecht geheven dat partijen verschuldigd zouden zijn geweest, indien de eis in de procesinleiding had gestrekt tot betaling van een bepaalde geldsom ten belope van de begrote schade. Het reeds voldane griffierecht wordt hierop in mindering gebracht.

2. Partijen zijn het nader vastgestelde griffierecht verschuldigd vanaf het tijdstip waarop de rechter het vonnis of het arrest, bedoeld in het eerste lid, heeft gewezen en zorgen dat het griffierecht binnen vier weken nadien is bijgeschreven op de rekening van het gerecht waar de zaak dient dan wel ter griffie is gestort.

[Voor overige gevallen luidt het artikel als volgt:]

Artikel 14

Griffierecht, door rechter begrote schade

1. Indien de eis strekt tot veroordeling tot schadevergoeding op te maken bij staat, maar de rechter in het vonnis of het arrest overeenkomstig artikel 97 van Boek 6 van het Burgerlijk Wetboek de schade heeft begroot, wordt alsnog het griffierecht geheven dat partijen verschuldigd zouden zijn geweest, indien de eis in de dagvaarding had gestrekt tot betaling van een bepaalde geldsom ten belope van de begrote schade. Het reeds voldane griffierecht wordt hierop in mindering gebracht.

2. Partijen zijn het nader vastgestelde griffierecht verschuldigd vanaf het tijdstip waarop de rechter het vonnis of het arrest, bedoeld in het eerste lid, heeft gewezen en zorgen dat het griffierecht binnen vier weken nadien is bijgeschreven op de rekening van het gerecht waar de zaak dient dan wel ter griffie is gestort.

Art. 15

Griffierecht, gelijkluidende procesinleidingen/gelijkluidend verweer

[Dit artikel is gewijzigd in verband met de invoering van digitaal procederen. Zie voor de procedures en gerechten waarvoor digitaal procederen geldt het Overzicht gefaseerde inwerkingtreding op www.rijksoverheid.nl/KEI.]

1. Van eisers, verzoekers, verweerders en belanghebbenden die bij dezelfde advocaat of gemachtigde verschijnen en gelijkluidende procesinleidingen indienen of gelijkluidend verweer voeren, wordt slechts eenmaal een gezamenlijk griffierecht geheven.

2. Behoren tot degenen bedoeld in het eerste lid, zowel natuurlijke personen als niet-natuurlijke personen, dan, wordt het griffierecht geheven dat niet-natuurlijke personen verschuldigd zijn. Behoren tot degenen bedoeld in het eerste lid, zowel onvermogenden als anderen, dan wordt het griffierecht geheven dat deze laatsten verschuldigd zijn.

[Voor overige gevallen luidt het artikel als volgt:]

Artikel 15

Griffierecht, gelijkluidende conclusies/gelijkluidend verweer

1. Van partijen die bij dezelfde advocaat of gemachtigde verschijnen en gelijkluidende conclusies nemen of gelijkluidend verweer voeren, wordt slechts eenmaal een gezamenlijk griffierecht geheven. Hetzelfde geldt voor verzoekers en belanghebbenden die bij dezelfde advocaat of gemachtigde verschijnen en gelijkluidende verzoekschriften of verweerschriften indienen.

2. Indien tot partijen of tot verzoekers of belanghebbenden als bedoeld in het eerste lid, zowel natuurlijke personen als niet-natuurlijke personen behoren, wordt het griffierecht geheven dat niet-natuurlijke personen verschuldigd zijn. Behoren tot degenen bedoeld in het eerste lid, zowel onvermogenden als anderen, dan wordt het griffierecht geheven dat deze laatsten verschuldigd zijn.

Art. 16

1. De griffier heft het griffierecht voor onvermogenden dat is opgenomen in de tabel die als bijlage bij deze wet is gevoegd, indien op het tijdstip waarop het griffierecht wordt geheven, is overgelegd:

a. een afschrift van het besluit tot toevoeging, bedoeld in artikel 29 van de Wet op de rechtsbijstand, of

b. een verklaring van het bestuur van de raad voor rechtsbijstand als bedoeld in artikel 7, derde lid, onderdeel e, van de Wet op de rechtsbijstand waaruit blijkt dat het inkomen niet meer bedraagt dan de inkomens, bedoeld in de algemene maatregel van bestuur krachtens artikel 35, tweede lid, van die wet.

2. Kan een partij op het tijdstip waarop het griffierecht wordt geheven nog geen afschrift van het besluit tot toevoeging overleggen ten gevolge van omstandigheden die redelijkerwijs niet aan zijn toe te rekenen, maar heeft zij wel een aanvraag als bedoeld in artikel 24, tweede lid, van de Wet op de Rechtsbijstand ingediend, dan heft de griffier het griffierecht voor onvermogenden, indien de desbetreffende partij een afschrift van die aanvraag overlegt.

3. Heeft de griffier op basis van het eerste of tweede lid het griffierecht voor onvermogenden geheven en wordt de toevoeging nadien ingetrokken dan wel geweigerd op basis van artikel 28 of artikel 33 van de Wet op de rechtsbijstand, dan wordt het griffierecht verhoogd tot het griffierecht dat de desbetreffende partij verschuldigd is op basis van de tabel die als bijlage bij deze wet is gevoegd. De partij, bedoeld in het eerste en tweede lid, is het verhoogde griffierecht verschuldigd vanaf het moment waarop de toevoeging is ingetrokken dan wel geweigerd en zorgt dat het griffierecht binnen vier weken nadien is bijgeschreven op de rekening van het gerecht waar de zaak dient dan wel ter griffie is gestort.

4. Kan een partij op het tijdstip waarop het griffierecht wordt geheven geen stukken als bedoeld in het eerste en tweede lid overleggen ten gevolge van omstandigheden die redelijkerwijs niet aan haar zijn toe te rekenen, maar kan zij voordat de rechter het eindvonnis heeft gewezen dan wel de eindbeschikking heeft gegeven alsnog een van de stukken, bedoeld in het eerste lid, overleggen, dan wordt het griffierecht verlaagd tot het griffierecht voor onvermogenden dat is opgenomen in de tabel die als bijlage bij deze wet is gevoegd, en wordt het te veel betaalde griffierecht door de griffier teruggestort.

Art. 17

1. In elk faillissement betaalt de curator uit de baten van de boedel bij het deponeren van de eerste uitdelingslijst of zodra de uitspraak tot homologatie van een akkoord in kracht van gewijsde is gegaan, een griffierecht van € 657.

2. Onder het griffierecht, bedoeld in het eerste lid, is niet begrepen het griffierecht dat ingevolge artikel 3, eerste lid, wordt geheven voor verificatiegeschillen. Partijen zijn dit griffierecht verschuldigd vanaf hun verschijning op de bepaalde zitting en zorgen dat het griffierecht binnen vier weken nadien is bijgeschreven op de rekening van het gerecht waar de zaak dient dan wel ter griffie is gestort.

3. Van de niet-geverifieerde schuldeiser die ingevolge artikel 349aa van de Faillissementswet verzet doet tegen de uitdelingslijst, wordt overeenkomstig artikel 3, tweede lid, griffierecht geheven, met dien verstande dat indien tevens door wel geverifieerde schuldeisers verzet wordt gedaan tegen de uitdelingslijst, geen griffierecht wordt geheven.

4. Het eerste tot en met het derde lid zijn van overeenkomstige toepassing bij toepassing van de schuldsaneringsregeling natuurlijke personen.

Art. 18

1. Artikel 17 is van overeenkomstige toepassing in geval van een op de voet van artikel 60b, eerste lid, van de Faillissementswet aan de curator gegeven opdracht om het beheer van de onder bewind staande goederen over te nemen en voor de vereffening zorg te dragen, gegeven door de rechtbank op verzoek van een schuldeiser die op de goederen verhaal heeft, maar niet in het faillissement kan opkomen.

2. Artikel 17, eerste tot en met derde lid, is van overeenkomstige toepassing in geval van benoeming door de rechter van een of meer vereffenaars van een ontbonden rechtspersoon, van een gemeenschap of van een nalatenschap.

Art. 19

1. Voor de opening van een gerechtelijke rangregeling buiten faillissement en de benoeming van een rechter-commissaris als bedoeld in de artikelen 481, eerste lid, 552, eerste lid, 584f, tweede lid en 776 van het Wetboek van Burgerlijke Rechtsvordering wordt van de verzoeker

Griffierecht, onvermogenden

Griffierecht, faillissement

Schakelbepaling

Schakelbepaling

Griffierecht, gerechtelijke rangregeling buiten faillissement

B49 art. 19a

Wet griffierechten burgerlijke zaken

een griffierecht geheven van € 392. De artikelen 3, vierde lid, en 16 zijn van overeenkomstige toepassing.

Griffierecht, verwijzing ingevolge tegenspraak

2. In het geval van verwijzing ingevolge tegenspraak wordt griffierecht geheven overeenkomstig artikel 3, eerste lid. Partijen zijn het griffierecht verschuldigd vanaf hun verschijning op de bepaalde zitting en zorgen dat het griffierecht binnen vier weken nadien is bijgeschreven op de rekening van het gerecht waar de zaak dient dan wel ter griffie is gestort.

Art. 19a

Griffierecht in zaken homologatieverzoeken

1. Voor de indiening van verzoeken als bedoeld in de artikelen 42a, 371, eerste lid, 376, eerste lid, 377, derde lid, 378, eerste lid, 379, eerste lid, en 383, zevende lid, van de Faillissementswet wordt van de verzoeker het griffierecht geheven bij de rechtbank voor andere zaken dan kantonzaken met betrekking tot een vordering van onbepaalde waarde op basis van de tabel die als bijlage bij deze wet is gevoegd.

2. Voor de indiening van een verzoek tot homologatie van een akkoord als bedoeld in artikel 383, eerste lid, van de Faillissementswet wordt van de verzoeker het griffierecht geheven bij de rechtbank voor andere zaken dan kantonzaken met betrekking tot een vordering, dan wel een verzoek met een beloop van meer dan € 100.000 op basis van de tabel die als bijlage bij deze wet is gevoegd.

3. Voor de indiening van een verzoek tot afwijzing van het verzoek tot homologatie van het akkoord als bedoeld in artikel 383, achtste lid, van de Faillissementswet wordt van een stemgerechtigde schuldeiser of aandeelhouder het griffierecht geheven bij de rechtbank voor andere zaken dan kantonzaken op basis van de tabel die als bijlage bij deze wet is gevoegd. De hoogte van het griffierecht wordt bepaald aan de hand van het bedrag van hun vordering of het nominale bedrag van hun aandeel.

4. Bij de toepassing van het eerste en het tweede lid geldt, dat als het verzoek wordt gedaan door een herstructureringsdeskundige, het griffierecht wordt geheven van de schuldenaar.

Art. 20

Griffierecht, verstrekking kosteloze stukken

1. Aan elke partij wordt, ongeacht of van haar ingevolge deze wet of een andere wet griffierecht is geheven, kosteloos verstrekt:

a. een grosse of afschrift van alle vonnissen, arresten en beschikkingen;

b. verdere grossen, afschriften van vonnissen, arresten en beschikkingen voor zover deze nodig mochten zijn voor de tenuitvoerlegging, voor het aanwenden van rechtsmiddelen of krachtens wettelijk voorschrift;

c. één afschrift van alle akten en processen-verbaal die met betrekking tot de behandeling ter zitting zijn opgemaakt.

2. Geen griffierecht wordt in rekening gebracht voor beslissingen, akten en processen-verbaal, die een rechtstreeks uitvloeisel zijn van vonnissen, arresten of beschikkingen, met inbegrip van grossen of afschriften op de voet van het vorige lid.

Nadere regels

3. Onze Minister kan nadere regelen stellen omtrent de toepassing van dit artikel.

Art. 21

[Dit artikel is gewijzigd in verband met de invoering van digitaal procederen. Zie voor de procedures en gerechten waarvoor digitaal procederen geldt het Overzicht gefaseerde inwerkingtreding op www.rijksoverheid.nl/KEI.]

Griffierecht, verstrekking afschriften en uittreksels

1. Onverminderd de overige artikelen van deze wet worden aan partijen en aan belanghebbenden afschriften van of uittreksels uit vonnissen, arresten, beschikkingen, akten, processen-verbaal, registers of andere stukken kosteloos afgegeven, indien en voor zover zij daarbij belang hebben en niet in staat zijn op andere wijze in de behoefte te voorzien. Bij weigering van de griffier kunnen partijen een verzoek tot afgifte van een afschrift of uittreksel indienen bij de voorzieningenrechter of in kantonzaken, de kantonrechter. Hiervoor is geen griffierecht verschuldigd. Tegen de beslissing op het verzoek, bedoeld in de tweede volzin, is geen hogere voorziening toegelaten.

2. Bij of krachtens algemene maatregel van bestuur worden regels gesteld met betrekking tot de griffierechten, verschuldigd voor de verstrekking van afschriften van en uittreksels uit vonnissen, arresten en beschikkingen anders dan in de gevallen, bedoeld in het eerste lid.

Griffierecht, verstrekking te betalen stukken

3. [Vervallen.]

4. Voor de uitgifte van afschriften en uittreksels uit de registers van de burgerlijke stand met bijlagen worden de bedragen berekend, bedoeld bij de Wet rechten burgerlijke stand.

[Voor overige gevallen luidt het artikel als volgt:]

Artikel 21

Griffierecht, verstrekking afschriften en uittreksels

1. Onverminderd de overige artikelen van deze wet worden aan partijen en aan belanghebbenden afschriften van of uittreksels uit vonnissen, arresten, beschikkingen, akten, processen-verbaal, registers of andere stukken kosteloos afgegeven, indien en voor zover zij daarbij belang hebben en niet in staat zijn op andere wijze in de behoefte te voorzien. Bij weigering van de griffier kunnen partijen een verzoek tot afgifte van een afschrift of uittreksel indienen bij de voorzieningenrechter of in kantonzaken, de kantonrechter. Hiervoor is geen griffierecht verschuldigd. Tegen de beslissing op het verzoek, bedoeld in de tweede volzin, is geen hogere voorziening toegelaten.

2. Bij of krachtens algemene maatregel van bestuur worden regels gesteld met betrekking tot de griffierechten, verschuldigd voor de verstrekking van afschriften van en uittreksels uit vonnissen, arresten en beschikkingen anders dan in de gevallen, bedoeld in het eerste lid.

3. Voor de geregelde verstrekking van niet-getekende afschriften van of uittreksels uit de rol aan advocaten of gemachtigden wordt een griffierecht geheven van € 21 per maand.

4. Voor de uitgifte van afschriften en uittreksels uit de registers van de burgerlijke stand met bijlagen worden de bedragen berekend, bedoeld bij de Wet rechten burgerlijke stand.

Art. 22

1. Voor elke akte, proces-verbaal, beschikking of een andere beslissing, gedaan, gegeven of opgemaakt door een rechter of een griffier anders dan in de gevallen waarvoor in de voorgaande artikelen het griffierecht geregeld is, wordt een griffierecht geheven van € 132.

2. Voor de noodzakelijke afschriften van akten, processen-verbaal of andere beslissingen wordt geen griffierecht geheven.

3. Bij regeling van Onze Minister kunnen nadere regels worden gesteld ter uitvoering van het tweede lid.

§ 2

De heffing van griffierechten voor inschrijving van de huwelijkse voorwaarden of de voorwaarden van een geregistreerd partnerschap, legalisatie van handtekeningen, afgifte van apostilles en voor beëdigingen

Art. 23

1. Voor de inschrijving van de huwelijkse voorwaarden of van de voorwaarden van een geregistreerd partnerschap in het openbaar huwelijksgoederenregister, bedoeld in artikel 116 van Boek 1 van het Burgerlijk Wetboek, wordt van degene die inschrijving verzoekt een griffierecht geheven van € 199.

2. Voor de legalisatie van handtekeningen wordt voor iedere handtekening een griffierecht geheven van € 21, met dien verstande dat meerdere handtekeningen van dezelfde persoon op hetzelfde stuk als één handtekening worden beschouwd.

3. Voor zover niet anders is bepaald in artikel 24 wordt voor de afgifte van apostilles als bedoeld in artikel 3, eerste lid, van het op 5 oktober 1961 te 's-Gravenhage tot stand gekomen Verdrag tot afschaffing van het vereiste van legalisatie van buitenlandse openbare akten, een griffierecht geheven van € 21 voor iedere apostille.

Art. 24

Geen griffierecht wordt geheven van openbare colleges en van ambtenaren van openbare lichamen voor de afgifte van afschriften of uittreksels van stukken, of de legalisaties van handtekeningen dan wel afgifte van apostilles als bedoeld in artikel 23, derde lid, voor zover zij deze stukken behoeven voor de waarneming van de dienst.

Art. 25

1. Geen griffierecht wordt geheven voor beëdigingen die ingevolge wettelijk voorschrift plaatsvinden.

2. Voor de afgifte van afschriften van de akte van beëdiging wordt eveneens geen griffierecht geheven.

Hoofdstuk 3 Reis- en verblijfkosten

Art. 26

Bij algemene maatregel van bestuur kunnen de bedragen worden vastgesteld, welke wegens werkzaamheden, tijdverzuim en daarmede verband houdende noodzakelijke kosten, en wegens reis- en verblijfkosten toekomen aan:

a. houders of bewaarders van stukken, die opgeroepen worden om stukken, welke onder hun berusting of bewaring zijn, voor de rechter te brengen;

b. deskundigen, en

c. getuigen.

Art. 27

Verschotten voor advertenties, exploten en oproepingen anders dan per post die door de griffier vooruitbetaald zijn, worden door belanghebbenden terugbetaald.

Hoofdstuk 4 De betaling van de griffierechten en verschotten en het verzet tegen de beslissing tot heffing van griffierechten en verschotten

Art. 28

Griffierecht, voldoening

Voor de voldoening van het griffierecht en de verschotten zijn medeaansprakelijk de advocaten of gemachtigden van de desbetreffende partijen of van de desbetreffende belanghebbenden.

Art. 29

Griffierecht, verzet tegen betaling

1. Degene die de griffierechten en verschotten heeft betaald, kan gedurende een maand na die betaling tegen de beslissing van de griffier tot heffing van het griffierecht of de verschotten door indiening van een verzoek in verzet komen bij het gerecht waaraan het griffierecht of de verschotten werden betaald.

2. Tegen de beslissing van het gerecht is geen hogere voorziening toegelaten.

3. Voor de indiening van het verzoek, bedoeld in het eerste lid, wordt geen griffierecht geheven.

Art. 30

Griffierecht, invordering

1. Bij gebreke van betaling geschiedt de invordering van de griffierechten en de door de griffier vooruitbetaalde verschotten krachtens een door de griffier uit te vaardigen dwangbevel.

2. Het dwangbevel wordt uitvoerbaar verklaard indien het een enkelvoudige kamer betreft, door de rechter in die kamer dan wel, indien het een meervoudige kamer betreft, door de voorzitter van die kamer van het betrokken gerecht. Het dwangbevel levert een executoriale titel op, die met toepassing van de voorschriften van het Wetboek van Burgerlijke Rechtsvordering kan worden tenuitvoergelegd, indien tenminste een maand na de betekening is verstreken.

3. Gedurende een maand na de betekening van het dwangbevel kan de schuldenaar bij het betrokken gerecht, rechtdoende in burgerlijke zaken, daartegen door indiening van een verzoek in verzet komen.

4. Tegen de beslissing van het gerecht is geen hogere voorziening toegelaten.

5. Voor de indiening van het verzoek, bedoeld in het derde lid, wordt geen griffierecht geheven.

Hoofdstuk 5 Intrekking van of wijzigingen in andere wetten

Art. 31

Uitschakelbepalingen

1. De artikelen 1 tot en met 26, 57 en 58 van de Wet tarieven in burgerlijke zaken komen te vervallen.

2. De Wet van 1 juli 1999 (Stb. 1999, 285) tot verruiming van de mogelijkheid om het griffierecht in burgerlijke zaken gedeeltelijk in debet te doen stellen wordt ingetrokken.

Art. 32

[Wijzigt het Wetboek van Burgerlijke Rechtsvordering.]

Art. 33

[Wijzigt de Wet administratiefrechtelijke handhaving verkeersvoorschriften.]

Art. 34

[Wijzigt de Advocatenwet.]

Art. 35

[Wijzigt de Algemene wet bestuursrecht.]

Art. 36

[Wijzigt de Beginselenwet justitiële jeugdinrichtingen.]

Art. 37

[Wijzigt de Belemmeringenwet Landsverdediging.]

Art. 38

[Wijzigt de Belemmeringenwet Privaatrecht.]

Art. 39

[Wijzigt de Faillissementswet.]

Art. 40

[Wijzigt de Gerechtsdeurwaarderswet.]

Art. 41

[Wijzigt de Herinrichtingswet Oost-Groningen en de Gronings-Drentse Veenkoloniën.]

Art. 42

[Wijzigt de Oorlogswet voor Nederland.]

Art. 43

[Wijzigt de Reconstructiewet Midden-Delfland.]

Art. 44

[Wijzigt de Uitvoeringswet EG-executieverordening.]

Art. 45

[Wijzigt de Uitvoeringswet grondkamers.]

Art. 45a

[Wijzigt de Uitvoeringswet verordening Europese betalingsbevelprocedure.]

Art. 45b

[Wijzigt de Uitvoeringswet verordening Europese procedure voor geringe vorderingen.]

Art. 46

[Wijzigt de Uitvoeringswet Verdrag Nederland-Duitsland ter verdere vereenvoudiging van het rechtsverkeer i.v.m. Rechtsvorderingsverdrag 1954.]

Art. 47

[Wijzigt de Uitvoeringswet Verdrag Nederland-Oostenrijk tot vereenvoudiging van het rechtsverkeer in verband met het Rechtsvorderingsverdrag 1954.]

Art. 48

[Wijzigt de Wet administratiefrechtelijke handhaving verkeersvoorschriften.]

Art. 49

[Wijzigt de Wet op de beroepen in de individuele gezondheidszorg.]

Art. 50

[Wijzigt de Wet op de Parlementaire Enquête 2008.]

Art. 51

[Wijzigt de Wet op de rechtsbijstand.]

Art. 52

[Wijzigt de Wet buitengewone bevoegdheden burgerlijk gezag.]

Art. 53

[Wijzigt de Wet op het Notarisambt.]

Art. 54

[Wijzigt de Wet opneming buitenlandse kinderen ter adoptie.]

Art. 54a

[Wijzigt de Wet tijdelijk huisverbod.]

Art. 55

[Wijzigt de Wet tarieven in strafzaken.]

Art. 56

[Wijzigt het Wetboek van Strafvordering.]

Hoofdstuk 5 Slotbepalingen

Art. 56a

[Vervallen]

Art. 57

De artikelen van deze wet treden in werking op een bij koninklijk besluit te bepalen tijdstip, dat voor de verschillende artikelen of onderdelen dan wel subonderdelen daarvan verschillend kan worden vastgesteld.

Inwerkingtreding

Art. 58

Deze wet wordt aangehaald als: Wet griffierechten burgerlijke zaken.

Citeertitel

B49 bijlage

Wet griffierechten burgerlijke zaken

Bijlage behorend bij de wet

Aard c.q. hoogte van de vordering of het verzoek	Griffierecht voor niet-natuurlijke personen	Griffierecht voor natuurlijke personen	Griffierecht voor onvermogenden
Griffierechten voor kantonzaken bij de rechtbank			
Zaken met betrekking tot een vordering, dan wel een verzoek: – van onbepaalde waarde of – met een beloop van niet meer dan € 500	€ 126	€ 85	€ 85
Zaken met betrekking tot een vordering, dan wel een verzoek met een beloop van meer dan € 500 en niet meer dan € 12.500	€ 507	€ 240	€ 85
Zaken met betrekking tot een vordering, dan wel een verzoek met een beloop van meer dan € 12.500	€ 1.013	€ 507	€ 85
Griffierechten voor andere zaken dan kantonzaken bij de rechtbank			
Zaken als bedoeld in artikel 30r, eerste lid, eerste volzin, Rv:	€ 15.634	€ 15.634	n.v.t.
Zaken als bedoeld in artikel 30r, derde lid, Rv:	€ 7.817	€ 7.817	n.v.t.
Zaken met betrekking tot een vordering, dan wel een verzoek van onbepaalde waarde	€ 667	€ 309	€ 85
Zaken met betrekking tot een vordering, dan wel een verzoek met een beloop van niet meer dan € 100.000	€ 2.076	€ 952	€ 85
Zaken met betrekking tot een vordering, dan wel een verzoek met een beloop van meer dan € 100.000	€ 4.200	€ 1.666	€ 85
Griffierechten bij de Gerechtshoven			
Zaken als bedoeld in artikel 30r, eerste lid, eerste volzin, Rv en artikel 1064a, eerste lid, tweede volzin, Rv:	€ 20.846	€ 20.846	n.v.t.
Zaken als bedoeld in artikel 30r, derde lid, Rv:	€ 10.423	€ 10.423	n.v.t.
Zaken met betrekking tot een vordering, dan wel een verzoek: – van onbepaalde waarde of – met een beloop van niet meer € 12.500	€ 772	€ 338	€ 338
Zaken met betrekking tot een vordering, dan wel een verzoek met een beloop van meer dan € 12.500 en niet meer dan € 100.000	€ 2.106	€ 772	€ 338
Zaken met betrekking tot een vordering, dan wel een verzoek met een beloop van meer dan € 100.000	€ 5.610	€ 1.756	€ 338
Griffierechten bij de Hoge Raad			
Zaken met betrekking tot een vordering, dan wel een verzoek: – van onbepaalde waarde of – met een beloop van niet meer € 12.500	€ 845	€ 350	€ 350
Zaken met betrekking tot een vordering, dan wel een verzoek met een beloop van meer dan € 12.500 en niet meer dan € 100.000	€ 2.805	€ 845	€ 350
Zaken met betrekking tot een vordering, dan wel een verzoek met een beloop van meer dan € 100.000	€ 7.015	€ 2.106	€ 350

Relevante fiscale regelgeving

Wet op belastingen van rechtsverkeer^1

Wet van 24 december 1970, houdende vervanging van de wetgeving betreffende de registratie- en de zegelbelasting door een nieuwe wettelijke regeling

Wij JULIANA, bij de gratie Gods, Koningin der Nederlanden, Prinses van Oranje-Nassau, enz., enz., enz.

Allen, die deze zullen zien of horen lezen, saluut! doen te weten:

Alzo Wij in overweging genomen hebben, dat het wenselijk is de wetgeving betreffende de registratie- en de zegelbelasting te vervangen door een meer overzichtelijke en aanzienlijk vereenvoudigde nieuwe wettelijke regeling, welke is aangepast aan de Algemene wet inzake rijksbelastingen (*Stb.* 1959, 301) en aan de richtlijn van de Raad van de Europese Gemeenschappen van 17 juli 1969 betreffende de indirecte belastingen op het bijeenbrengen van kapitaal (*Publikatieblad* van 3 oktober 1969);

Zo is het, dat Wij, de Raad van State gehoord, en met gemeen overleg der Staten-Generaal, hebben goedgevonden en verstaan, gelijk Wij goedvinden en verstaan bij deze:

Hoofdstuk I Inleidende bepaling

Art. 1

Krachtens deze wet worden de volgende belastingen geheven:

a. een overdrachtsbelasting;

b. een assurantiebelasting.

Belastingen van rechtsverkeer

Hoofdstuk II Overdrachtsbelasting

Afdeling 1 Belastbaar feit

Art. 2

1. Onder de naam 'overdrachtsbelasting' wordt een belasting geheven ter zake van de verkrijging van in Nederland gelegen onroerende zaken of van rechten waaraan deze zijn onderworpen.

2. Voor de toepassing van deze wet wordt onder verkrijging mede begrepen de verkrijging van de economische eigendom. Onder economische eigendom wordt verstaan een samenstel van rechten en verplichtingen met betrekking tot de in het eerste lid bedoelde onroerende zaken of rechten waaraan deze zijn onderworpen, dat een belang bij die zaken of rechten vertegenwoordigt. Het belang omvat ten minste enig risico van waardeverandering en komt toe aan een ander dan de eigenaar of beperkt gerechtigde. Onder de verkrijging van de economische eigendom van onroerende zaken of rechten waaraan deze zijn onderworpen wordt mede verstaan de verkrijging van een samenstel van rechten en verplichtingen dat een belang als hiervoor bedoeld vertegenwoordigt bij een bestanddeel van een onroerende zaak dat zelfstandig aan een recht kan worden onderworpen, dan wel bij een recht waaraan een onroerende zaak kan worden onderworpen. De verkrijging van uitsluitend het recht op levering wordt niet aangemerkt als verkrijging van economische eigendom.

3. Het tweede lid is niet van toepassing bij verkrijging van rechten van deelneming in:

a. een beleggingsfonds;

b. een fonds voor collectieve belegging in effecten;

als bedoeld in artikel 1:1 van de Wet op het financieel toezicht.

4. Het derde lid is niet van toepassing indien:

a. de verkrijger, al dan niet tezamen met een verbonden lichaam als bedoeld in artikel 4, zesde of zevende lid, of een verbonden natuurlijk persoon als bedoeld in artikel 4, achtste lid;

b. de verkrijger een natuurlijk persoon is tezamen met zijn echtgenoot, zijn bloed- en aanverwanten in de rechte linie en in de tweede graad van de zijlinie;

als gevolg van de verkrijging met inbegrip van de reeds aan hem toebehorende rechten van deelneming en ingevolge dezelfde of een samenhangende overeenkomst nog te verkrijgen rechten, voor ten minste een derde gedeelte belang in het beleggingsfonds of het fonds voor collectieve belegging in effecten heeft.

Overdrachtsbelasting

Verkrijging economische eigendom

---

1 Inwerkingtredingsdatum: 29-06-1971; zoals laatstelijk gewijzigd bij: Stb. 2020, 545.

B50 art. 3

Wet op belastingen van rechtsverkeer

Gelijkstellingen

5. Voor toepassing van het derde lid worden verkrijgingen binnen een tijdsverloop van twee jaren door:

a. een natuurlijk persoon, zijn echtgenoot, zijn bloed- en aanverwanten in de rechte linie en door een lichaam waarin hij, al dan niet tezamen met zijn echtgenoot en zijn bloed- en aanverwanten in de rechte linie, een geheel of nagenoeg geheel belang heeft;

b. een rechtspersoon en door een tot hetzelfde concern als gedefinieerd krachtens artikel 15, eerste lid, onderdeel h, behorend lichaam;

beschouwd als te hebben plaatsgehad ingevolge dezelfde of een samenhangende overeenkomst.

6. Onder verkrijging van rechten als bedoeld in het derde lid wordt mede begrepen de verkrijging van de economische eigendom door bestaande deelnemers in een beleggingsfonds of fonds voor collectieve beleggingen in effecten als gevolg van de intrekking van bewijzen van deelgerechtigdheid na gehele of gedeeltelijke uittreding door een andere deelnemer.

7. Voor de toepassing van dit artikel worden onder lichamen verstaan verenigingen, andere rechtspersonen, maat- en vennootschappen en doelvermogens.

Art. 3

Uitgezonderde verkrijgingen

1. Als verkrijging wordt niet aangemerkt die krachtens:

a. boedelmenging, erfrecht of verjaring;

b. verdeling van een huwelijksgemeenschap of nalatenschap, waarin de verkrijger was gerechtigd als rechtverkrijgende onder algemene titel;

c. natrekking van een zaak op het tijdstip waarop die zaak wordt aangebracht op, aan of in een onroerende zaak, tenzij van die zaak omzetbelasting wordt geheven ter zake van de levering en de vergoeding, bedoeld in artikel 8, eerste lid, van de Wet op de omzetbelasting 1968, tezamen met de verschuldigde omzetbelasting, lager is dan de waarde, bedoeld in artikel 9, en de verkrijger die omzetbelasting op grond van artikel 15 van die wet niet of niet nagenoeg geheel in aftrek kan brengen.

Voor de toepassing van deze bepaling wordt de waarde ten minste gesteld op de kostprijs van de zaak, met inbegrip van de omzetbelasting, zoals die zou ontstaan bij de voortbrenging door een onafhankelijke derde op het tijdstip van de natrekking.

2. Als verkrijging als bedoeld in het eerste lid, onderdeel a of b, wordt niet aangemerkt hetgeen wordt verkregen krachtens de uitoefening van een wilsrecht als bedoeld in de artikelen 19, 20, 21 en 22 van Boek 4 van het Burgerlijk Wetboek.

Art. 4

Fictieve onroerende zaken

1. Als zaken als bedoeld in artikel 2 worden mede aangemerkt (fictieve onroerende zaken):

a. aandelen in een rechtspersoon, waarvan de bezittingen op het tijdstip van de verkrijging of op enig tijdstip in het daaraan voorafgaande jaar grotendeels bestaan of hebben bestaan uit onroerende zaken en tegelijkertijd ten minste 30% van de bezittingen bestaat of heeft bestaan uit in Nederland gelegen onroerende zaken, mits de onroerende zaken, als geheel genomen, op dat tijdstip geheel of hoofdzakelijk dienstbaar zijn of waren aan het verkrijgen, vervreemden of exploiteren van die onroerende zaken;

b. rechten van lidmaatschap van verenigingen of coöperaties, indien in die rechten is begrepen het recht op uitsluitend of nagenoeg uitsluitend gebruik van een in Nederland gelegen gebouw of van een gedeelte daarvan dat blijkens zijn inrichting is bestemd om als afzonderlijk geheel te worden gebruikt.

2. Voor de toepassing van het eerste lid worden onder onroerende zaken mede verstaan fictieve onroerende zaken, rechten waaraan onroerende zaken of fictieve onroerende zaken zijn onderworpen, alsmede de economische eigendom van deze zaken of rechten.

(Zie ook: art. 7 Uitv.Besl. RV)

Aanmerkelijk belang

3. Bij toepassing van het eerste lid, onderdeel a, wordt ter zake van de verkrijging van aandelen alleen belasting geheven wanneer de verkrijger met inbegrip van de reeds aan hem toebehorende aandelen en ingevolge dezelfde of een samenhangende overeenkomst nog te verkrijgen aandelen:

a. als natuurlijk persoon, al dan niet tezamen met zijn echtgenoot, zijn bloed- en aanverwanten in de rechte linie en in de tweede graad van de zijlinie of een verbonden lichaam, voor ten minste een derde gedeelte, en, al dan niet tezamen met zijn echtgenoot, voor meer dan zeven percent belang in de rechtspersoon heeft;

b. als rechtspersoon, al dan niet tezamen met een verbonden lichaam of een verbonden natuurlijk persoon, voor ten minste een derde gedeelte belang in de rechtspersoon heeft.

Belang in ander lichaam

4. Voor de toepassing van het eerste lid, onderdeel a:

a. heeft, wanneer een rechtspersoon, al dan niet tezamen met een tot hetzelfde concern als gedefinieerd krachtens artikel 15, eerste lid, onderdeel h, behorend lichaam, of met een natuurlijk persoon die, al dan niet tezamen met zijn echtgenoot of zijn bloed- en aanverwanten in de rechte linie, een geheel of nagenoeg geheel belang heeft in de rechtspersoon, voor ten minste een derde gedeelte een belang bezit of heeft bezeten in een ander lichaam, bij het bepalen van zijn bezittingen naar evenredigheid toerekening plaats van de bezittingen en schulden van het andere lichaam;

Wet op belastingen van rechtsverkeer

B50 art. 4

b. worden, na toepassing van de toerekening uit onderdeel a, vorderingen van de rechtspersoon op de verkrijger of op met de rechtspersoon of de verkrijger verbonden lichamen en verbonden natuurlijke personen als bedoeld in het derde, zesde, zevende of achtste lid van dit artikel, niet tot de bezittingen gerekend, tenzij aannemelijk wordt gemaakt dat deze vorderingen voortvloeien of voortvloeien uit een bij de aard en omvang van de rechtspersoon en de verkrijger, of daarmee verbonden lichamen of natuurlijke personen, passende normale bedrijfsuitoefening;

c. worden, na toepassing van de toerekening uit onderdeel a, bezittingen van de rechtspersoon, andere dan onroerende zaken en de vorderingen bedoeld in onderdeel b, bij aanwezigheid van schulden van de rechtspersoon aan de verkrijger of aan met de rechtspersoon of de verkrijger verbonden lichamen of verbonden natuurlijke personen als bedoeld in het derde, zesde, zevende of achtste lid van dit artikel, geacht te zijn gefinancierd door die schulden en worden die bezittingen in zoverre niet in aanmerking genomen, tenzij aannemelijk wordt gemaakt dat deze bezittingen voortvloeien of voortvloeien uit een bij de aard en omvang van de rechtspersoon en de verkrijger, of daarmee verbonden lichamen of natuurlijke personen, passende normale bedrijfsuitoefening.

5. Voor de toepassing van het derde en vierde lid:

a. wordt onder degene die een belang heeft mede verstaan degene die, anders dan als pandhouder, rechthebbende is op rechten waaraan het in dat lid bedoelde belang is onderworpen, alsmede degene die rechthebbende is op de economische eigendom van dat belang. Deze rechten en economische eigendom worden geacht een belang in de rechtspersoon te vertegenwoordigen dat overeenstemt met het belang dat kan worden toegekend aan de aandelen waarop ze betrekking hebben;

b. worden de volgende verkrijgingen beschouwd als te hebben plaatsgehad ingevolge dezelfde of een samenhangende overeenkomst:

$1°.$ verkrijgingen binnen een tijdsverloop van twee jaren door dezelfde verkrijger als bedoeld in het derde lid, onderdeel a, zijn echtgenoot, zijn bloed- en aanverwanten in de rechte linie en door een lichaam waarin hij, al dan niet tezamen met zijn echtgenoot en zijn bloed- en aanverwanten in de rechte linie, een geheel of nagenoeg geheel belang heeft;

$2°.$ verkrijgingen binnen een tijdsverloop van twee jaren door dezelfde verkrijger als bedoeld in het derde lid, onderdeel b, en door een tot hetzelfde concern als gedefinieerd krachtens artikel 15, eerste lid, onderdeel h, behorend lichaam;

c. wordt ter vaststelling van het belang van de verkrijger, bij:

– samenloop van middellijk belang via een verbonden lichaam met het belang van het verbonden lichaam, uitsluitend het belang van het verbonden lichaam in aanmerking genomen;

– samenloop van middellijk belang van een verbonden lichaam of een verbonden natuurlijk persoon via de verkrijger met het belang van de verkrijger, uitsluitend het belang van de verkrijger in aanmerking genomen; en

– samenloop van belang bij wege van economische eigendom met belang bij wege van juridische eigendom, dan wel van blote eigendom met vruchtgebruik, het belang slechts eenmaal in aanmerking genomen.

6. Voor de toepassing van het derde lid, onderdeel a, wordt als een met de verkrijger verbonden lichaam aangemerkt een lichaam waarin de verkrijger, zijn echtgenoot of zijn bloed- en aanverwanten in de rechte linie en in de tweede graad van de zijlinie, al dan niet tezamen, voor ten minste een derde gedeelte belang heeft.

7. Voor de toepassing van het derde lid, onderdeel b, wordt als een met de verkrijger verbonden lichaam aangemerkt:

a. een lichaam waarin de verkrijger voor ten minste een derde gedeelte belang heeft;

b. een lichaam dat voor ten minste een derde gedeelte belang heeft in de verkrijger;

c. een lichaam waarin een derde, zijn echtgenoot of zijn bloed- en aanverwanten in de rechte linie en in de tweede graad van de zijlinie, al dan niet tezamen, voor ten minste een derde gedeelte belang heeft, terwijl deze derde al dan niet tezamen met zijn echtgenoot of zijn bloed- en aanverwanten in de rechte linie en in de tweede graad van de zijlinie tevens voor ten minste een derde gedeelte belang heeft in de verkrijger.

8. Voor de toepassing van het derde lid, onderdeel b, wordt als een met de verkrijger verbonden natuurlijk persoon aangemerkt een natuurlijk persoon die, al dan niet tezamen met zijn echtgenoot en zijn bloed- en aanverwanten in de rechte linie en in de tweede graad van de zijlinie, voor ten minste een derde gedeelte belang heeft in de verkrijger of in een met de verkrijger verbonden lichaam, alsmede de echtgenoot van deze persoon en de bloed- en aanverwanten in de rechte linie en in de tweede graad van de zijlinie van deze persoon.

9. De rechtspersonen, bedoeld in het eerste lid, zijn gehouden met inachtneming van bij ministeriële regeling te stellen regels bij aangifte de gegevens te verstrekken waarvan de kennisneming van belang kan zijn voor de heffing van de belasting. Met betrekking tot deze verplichtingen blijft artikel 53, derde lid, van de Algemene wet inzake rijksbelastingen buiten toepassing.

10. Voor de toepassing van dit artikel is artikel 2, zevende lid, van overeenkomstige toepassing. *(Zie ook: art. 7 Uitv.besl. RV; art. 2 t/m 6 Uitv.besch. RV)*

Definities

Samenhangende overeenkomst

Verbonden lichaam

Verbonden natuurlijk persoon

Verplichting tot verstrekken gegevens

B50 art. 5 Wet op belastingen van rechtsverkeer

11. Onder aandelen als bedoeld in het eerste lid, onderdeel a, en het derde lid worden mede verstaan rechten uit bestaande aandelen.

Art. 5

Uitgezonderde rechten Als rechten waaraan zaken zijn onderworpen worden niet aangemerkt de rechten van grondrente, pand en hypotheek.

Art. 6

Afstand en wijziging beperkte rechten **1.** Opzegging van een beperkt recht wordt beschouwd als verkrijging van dat recht door degene ten behoeve van wie de opzegging plaats heeft.

2. Wijziging van een beperkt recht wordt beschouwd als afstand van dat recht tegen verkrijging van een nieuw beperkt recht.

3. Indien bij het einde van een beperkt recht tot gebruik van een onroerende zaak door de gebruiker daarop aangebrachte zaken ten goede komen aan een andere gerechtigde tot die onroerende zaak, worden die zaken geacht door die gerechtigde te zijn verkregen.

Art. 7

Toedeling bij verdeling Hetgeen bij een verdeling wordt toebedeeld, wordt geacht voor het geheel te zijn verkregen.

Art. 8

Tijdstip van verkrijging inschrijving akte **1.** Indien voor de verkrijging van een goed als bedoeld in artikel 2 een akte in de openbare registers, bedoeld in afdeling 2 van titel 1 van Boek 3 van het Burgerlijk Wetboek, moet worden ingeschreven, vindt de verkrijging plaats op het tijdstip waarop de akte wordt opgemaakt.

Opschortende voorwaarde **2.** Een verkrijging krachtens een rechtshandeling die onder opschortende voorwaarde is verricht, komt tot stand op het tijdstip waarop de voorwaarde wordt vervuld.

Nietigheid **3.** Nietigheid van een verkrijging wordt buiten beschouwing gelaten.

Afdeling 2 *Maatstaf van heffing*

Art. 9

Heffing over waarde **1.** De belasting wordt berekend over de waarde van de onroerende zaak of het recht waaraan deze is onderworpen, waarop de verkrijging betrekking heeft. De waarde is ten minste gelijk aan die van de tegenprestatie.

Beperkte rechten **2.** Indien van een beperkt recht afstand wordt gedaan tegen verkrijging van een nieuw beperkt recht, wordt de belasting berekend over het verschil in waarde tussen de beperkte rechten. Wordt uitsluitend de schuldplichtigheid gewijzigd, dan wordt bedoeld verschil op nihil gesteld.

Invloed grondrente **3.** Bij verkrijging van een met grondrente bezwaarde zaak, wordt de belasting berekend over de waarde van die zaak zonder aftrek van de grondrente.

Economische en juridische verkrijging **4.** Ingeval een verkrijging als bedoeld in artikel 2, tweede lid, wordt gevolgd door een verkrijging als bedoeld in artikel 2, eerste lid, of andersom, door dezelfde persoon of door zijn rechtsopvolger krachtens huwelijksvermogensrecht of erfrecht, wordt de waarde verminderd met het bedrag waarover ter zake van de eerste verkrijging was verschuldigd hetzij overdrachtsbelasting welke niet in mindering heeft gestrekt van schenk- of erfbelasting, hetzij omzetbelasting welke op grond van artikel 15 van de Wet op de omzetbelasting 1968 in het geheel niet in aftrek kon worden gebracht.

Verkoopregulерend beding **5.** Indien voor een goed als bedoeld in artikel 2 een verkoopregulерend beding geldt dat rechtstreeks of middellijk jegens de verkrijger is gemaakt door een publiekrechtelijk lichaam of een toegelaten instelling als bedoeld in artikel 19, eerste lid, van de Woningwet, is de waarde gelijk aan die van de tegenprestatie en worden voor de bepaling van de tegenprestatie die uit het beding voortvloeiende lasten buiten aanmerking gelaten.

Vrijstelling art. 15 niet van toepassing **6.** Indien op grond van artikel 15, vierde lid, de vrijstelling niet van toepassing is, wordt de waarde ten minste gesteld op de kostprijs van de onroerende zaak of van de zaak waarop het recht of de dienst betrekking heeft, met inbegrip van de omzetbelasting, zoals die zou ontstaan bij de voortbrenging door een onafhankelijke derde op het tijdstip van de verkrijging.

7. In geval een verkrijging van een woning of rechten waaraan deze is onderworpen, waarbij de vrijstelling, bedoeld in artikel 15, eerste lid, onderdeel p, is toegepast, binnen twaalf maanden wordt gevolgd door een andere verkrijging die betrekking heeft op de woning of rechten waaraan deze is onderworpen door dezelfde persoon of door zijn rechtsopvolger krachtens huwelijksvermogensrecht of erfrecht, wordt, voor de toepassing van het eerste of vierde lid, de waarde van de andere verkrijging vermeerderd met het bedrag waarover ter zake van de eerdere verkrijging de vrijstelling van artikel 15, eerste lid, onderdeel p, is toegepast.

Art. 10

Verkrijging van aandelen en rechten De waarde van aandelen en rechten, als bedoeld in artikel 4, eerste lid, is gelijk aan de waarde van de goederen als bedoeld in artikel 2, welke door die aandelen of rechten middellijk of onmiddellijk worden vertegenwoordigd, met dien verstande dat de waarde van de goederen, bedoeld in artikel 15, eerste lid, onderdeel y, buiten beschouwing blijft.

Art. 11

1. Bij verkrijging van een erfdienstbaarheid of van een recht van erfpacht, opstal of beklemming wordt de waarde vermeerderd met die van de canon, de retributie of de huur, met dien verstande dat de som van beide waarden niet hoger wordt gesteld dan de waarde van de zaak waarop het recht betrekking heeft.

2. Bij verkrijging van eigendom, bezwaard met een erfdienstbaarheid of met een recht van erfpacht, opstal of beklemming, wordt de waarde verminderd met die van de canon, de retributie of de huur.

3. De waarde van de canon, de retributie of de huur wordt bepaald volgens bij algemene maatregel van bestuur te stellen regels.

(Zie ook: art. 2 Uitv.besl. RV)

4. Het tweede lid is niet van toepassing indien:

a. eigendom wordt verkregen door een levering onder voorbehoud van een erfdienstbaarheid, een recht van erfpacht of een recht van opstal ten behoeve van diegene die de eigendom vervreemdt; of

b. eigendom wordt verkregen, welke is bezwaard met een erfdienstbaarheid, een recht van erfpacht of een recht van opstal, indien het desbetreffende beperkte recht was gevestigd tegelijk met of binnen drie jaar voorafgaand aan de verkrijging en ter zake van de vestiging van het beperkte recht of een daarmee samenhangende verkrijging van bloot eigendom de vrijstelling, bedoeld in artikel 15, eerste lid, onderdeel h, van toepassing was.

5. Wanneer een verkrijging als bedoeld in het vierde lid wordt gevolgd door een verkrijging als bedoeld in het eerste lid, door dezelfde verkrijger of een rechtsopvolger onder algemene titel en met betrekking tot dezelfde onroerende zaak, wordt de maatstaf van heffing bij de opvolgende verkrijging verminderd met het bedrag waarover bij de vorige verkrijging:

a. overdrachtsbelasting was verschuldigd welke niet in mindering heeft gestrekt van schenk- of erfbelasting; of

b. omzetbelasting was verschuldigd welke op grond van artikel 15 van de Wet op de omzetbelasting 1968 in het geheel niet in aftrek kon worden gebracht.

Art. 12

1. Bij verkrijging krachtens verdeling wordt de waarde verminderd met die van het aandeel van de verkrijger of van zijn rechtsvoorganger onder algemene titel in de verdeelde goederen als zijn bedoeld in artikel 2.

2. De vermindering met de waarde van het aandeel van een rechtsvoorganger vindt, ingeval aan verschillende rechtverkrijgenden onder algemene titel goederen als zijn bedoeld in artikel 2 worden toegedeeld, voor iedere toedeling plaats naar evenredigheid van de waarde van het toegedeelde.

3. Het eerste en het tweede lid blijven buiten toepassing, voor zover de gerechtigdheid tot de verdeelde goederen is ontstaan door inbreng in een vennootschap met toepassing van de vrijstelling, bedoeld in artikel 15, eerste lid, onderdeel e.

Art. 13

1. In geval van verkrijging binnen zes maanden na een vorige verkrijging van dezelfde goederen door een ander wordt de waarde verminderd met het bedrag waarover ter zake van de vorige verkrijging was verschuldigd hetzij overdrachtsbelasting welke niet in mindering heeft gestrekt van schenk- of erfbelasting, hetzij omzetbelasting welke in het geheel niet op grond van artikel 15 van de Wet op de omzetbelasting 1968 in aftrek kon worden gebracht.

2. Voor de toepassing van het eerste lid worden aandelen of rechten, als bedoeld in artikel 4, eerste lid, en de daardoor middellijk of onmiddellijk vertegenwoordigde goederen als dezelfde goederen beschouwd.

3. Bij algemene maatregel van bestuur kan, indien de ontwikkelingen van de vastgoedmarkt daartoe aanleiding geven, in afwijking van het eerste lid tijdelijk een afwijkende termijn worden vastgesteld waarbij voor woningen en niet-woningen een verschillende termijn gehanteerd kan worden en voor zover nodig kan worden voorzien in overgangsrecht.

4. In het geval van een verkrijging binnen zes maanden na een vorige verkrijging van dezelfde goederen door een ander waarbij ter zake van die vorige verkrijging het tarief, genoemd in artikel 14, tweede lid, is toegepast, wordt, in afwijking van het eerste lid, het bedrag aan belasting verminderd met het bedrag aan belasting dat ter zake van de vorige verkrijging was verschuldigd en welke niet in mindering heeft gestrekt van schenk- of erfbelasting. Het verminderde bedrag aan belasting is niet lager dan nihil.

Afdeling 3
Tarief en vrijstellingen

Art. 14

1. De belasting bedraagt 8 percent.

B50 art. 15 Wet op belastingen van rechtsverkeer

Overdrachtsbelasting, verlaagd tarief

2. In afwijking van het eerste lid bedraagt de belasting 2 percent voor de verkrijging door een natuurlijk persoon van een woning of rechten waaraan deze is onderworpen, of van rechten van lidmaatschap als bedoeld in artikel 4, eerste lid, onderdeel b, voor zover deze laatste rechten betrekking hebben op een woning, als de verkrijger de woning na de verkrijging anders dan tijdelijk als hoofdverblijf gaat gebruiken en dit overeenkomstig artikel 15a, voorafgaand aan de verkrijging duidelijk, stellig en zonder voorbehoud verklaart in een schriftelijke verklaring.

3. In afwijking van het eerste lid bedraagt de belasting 2 percent voor de verkrijging door een wooncoöperatie als bedoeld in artikel 18a van de Woningwet van een woning of rechten waaraan deze is onderworpen, of van rechten van lidmaatschap als bedoeld in artikel 4, eerste lid, onderdeel b, voor zover deze laatste rechten betrekking hebben op een woning, als die wooncoöperatie de woning verkrijgt van een toegelaten instelling als bedoeld in artikel 19 van de Woningwet, mits de vervreemding door de toegelaten instelling, die krachtens artikel 27 aanhef, en eerste lid, onderdeel a, van de Woningwet onderhevig is aan goedkeuring door de Minister van Binnenlandse Zaken en Koninkrijksrelaties, is goedgekeurd in het kader van een experiment als bedoeld in artikel 120a van die wet. Bij of krachtens algemene maatregel van bestuur kunnen nadere voorwaarden worden gesteld.

4. De belasting van 2 percent, genoemd in het tweede en derde lid, is niet van toepassing op de verkrijging van economische eigendom of de verkrijging van aandelen, bedoeld in artikel 4, eerste lid, onderdeel a.

Aanhorigheden

5. De belasting van 2 percent, genoemd in het tweede en derde lid, is eveneens van toepassing op aanhorigheden die tot de woning behoren, indien zij gelijktijdig met deze woning worden verkregen en dat belastingtarief van toepassing is op die woning.

Art. 15

Vrijstellingen

1. Onder bij algemene maatregel van bestuur te stellen voorwaarden is van de belasting vrijgesteld de verkrijging:

a. krachtens een levering als bedoeld in artikel 11, eerste lid, onderdeel a, onder 1°, van de Wet op de omzetbelasting 1968 of een dienst als bedoeld in artikel 11, eerste lid, onderdeel b, slotalinea, van die wet ter zake waarvan omzetbelasting is verschuldigd, tenzij het goed als bedrijfsmiddel is gebruikt en de verkrijger de omzetbelasting op grond van artikel 15 van de Wet op de omzetbelasting 1968 geheel of gedeeltelijk in aftrek kan brengen;

Kinderen e.d.

b. door een of meer kinderen, kleinkinderen, broers, zusters, of hun echtgenoten, van een ondernemer van goederen die behoren tot en dienstbaar zijn aan diens onderneming die wat de bedrijfsvoering betreft, in haar geheel (al dan niet in fasen) door de verkrijger of verkrijgers wordt voortgezet. Voor de toepassing van de vorige volzin wordt:

1°. met een kind gelijkgesteld een pleegkind;

2°. met een broer of zuster gelijkgesteld een halfbroer, halfzuster, pleegbroer of pleegzuster;

Staat

c. door de Staat, een provincie, een gemeente, een waterschap, de politie, een openbaar lichaam in de zin van artikel 134 van de Grondwet, een rechtspersoonlijkheid bezittend lichaam in de zin van de Wet gemeenschappelijke regelingen of een rechtspersoonlijkheid bezittend lichaam, gevormd krachtens een door de Staat met een of meer andere publiekrechtelijke lichamen aangegane gemeenschappelijke regeling;

d. [vervallen;]

Inbreng van onderneming

e. krachtens inbreng van een onderneming in een vennootschap, in de volgende gevallen:

1°. bij inbreng in een vennootschap die geen in aandelen verdeeld kapitaal heeft, mits:

– ter zake van de inbreng de inbrenger wordt bijgeschreven op de kapitaalrekening van de vennootschap voor een bedrag dat ten minste 90 percent is van de waarde van het vermogen van de ingebrachte onderneming; en

– de ingebrachte onderneming niet heeft behoord tot het vermogen van een rechtspersoon als bedoeld in artikel 4, eerste lid, onderdeel a, tenzij deze rechtspersoon verschillende ondernemingen bezit of heeft bezeten en de bezittingen van de ingebrachte onderneming niet zouden leiden tot het aanmerken van de rechtspersoon als een rechtspersoon als bedoeld in artikel 4, eerste lid, onderdeel a, wanneer de ingebrachte onderneming de enige onderneming van de rechtspersoon zou zijn.

Onder kapitaalrekening wordt verstaan de rekening op de balans van de vennootschap waarop de deelgerechtigdheid van de vennoot in het vermogen van de vennootschap wordt opgenomen;

2°. bij omzetting van een niet in de vorm van een naamloze vennootschap of besloten vennootschap met beperkte aansprakelijkheid gedreven onderneming in een wel in zodanige vorm gedreven onderneming, mits de oprichters van de vennootschap in het aandelenkapitaal geheel of nagenoeg geheel in dezelfde verhouding gerechtigd zijn als in het vermogen van de omgezette onderneming;

Verdeling of vereffening

f. krachtens verdeling of vereffening in de volgende gevallen:

1°. verdeling der goederen van een maatschap of vennootschap die geen rechtspersoon is, door de inbrenger of iemand die als rechtverkrijgende onder algemene titel van de inbrenger een aandeel had in het hem toegedeelde goed, mits het toegedeelde goed in de vennootschap was ingebracht met toepassing van de vrijstelling, bedoeld in onderdeel e;

Wet op belastingen van rechtsverkeer

B50 *art. 15*

$2°$. vereffening van het vermogen van een rechtspersoon met toepassing van artikel 14c van de Wet op de vennootschapsbelasting 1969;

g. krachtens verdeling van een gemeenschap tussen samenwoners, voor zover de gemeenschap waarin de ene is gerechtigd voor ten minste 40 percent en de andere voor ten hoogste 60 percent, is ontstaan door een gezamenlijke verkrijging en de toedeling geschiedt aan een van de verkrijgers of iemand die als rechtverkrijgende onder algemene titel van een verkrijger in het toegedeelde goed was gerechtigd;

h. bij fusie, splitsing, interne reorganisatie en taakoverdracht tussen verenigingen als bedoeld in artikel 6.33, onderdeel c, van de Wet inkomstenbelasting 2001 of algemeen nut beogende instellingen;

i. van een zaak die is aangebracht door of in opdracht en voor rekening van de verkrijger of zijn rechtsvoorganger onder algemene titel;

j. van bodembestanddelen, zoals zand, grind, veen en terpaarde, welke ingevolge beding geacht worden niet te zijn verkregen;

k. bedoeld in de artikelen 49, 56, 85, tweede lid, 89, tweede lid, en 103, tweede lid, van de Wet op het primair onderwijs, de artikelen 52, 58 en 101, tweede lid, van de Wet op de expertisecentra en de artikelen 42c, 50 en 76n, tweede lid, van de Wet op het voortgezet onderwijs, de artikelen 2.13 en 16.16 van de Wet op het hoger onderwijs en wetenschappelijk onderzoek en de artikelen 9.1.3 en 9.2.2 van de Wet educatie en beroepsonderwijs, alsmede verkrijgingen waarvoor de vervreemder de in artikel 106, tweede lid, van de Wet op het primair onderwijs, artikel 104, tweede lid, van de Wet op de expertisecentra en de artikelen 76q, tweede lid, en 98, tweede lid, van de Wet op het voortgezet onderwijs vereiste toestemming heeft verkregen, een en ander voorzover het verkregene voor onderwijs is bestemd;

l. krachtens de Wet inrichting landelijk gebied;

m. door het bureau beheer landbouwgronden;

n. van woningen door een in Nederland gevestigde landelijke werkende toegelaten instelling als bedoeld in artikel 19, eerste lid, van de Woningwet, die geen winstoogmerk heeft en die hoofdzakelijk tot doel heeft de aankoop van woningen van andere toegelaten instellingen die betrokken zijn bij stedelijke herstructurering en de verkoop van deze woningen aan natuurlijke personen.

De bepaling is van toepassing voorzover de andere toegelaten instellingen die bij de verkoop van woningen aan de landelijk werkende toegelaten instelling verkregen middelen binnen zeven kalenderjaren na het einde van het kalenderjaar waarin de woningen zijn verkocht, investeren ter bevordering van de stedelijke herstructurering. Bij regeling van Onze Minister, in overeenstemming met Onze Minister voor Wonen en Rijksdienst kunnen voorwaarden worden gesteld inzake toepassing van de bepaling. Voorzover de bedoelde investering niet uiterlijk binnen de genoemde termijn heeft plaatsgevonden, is de belasting alsnog verschuldigd op het tijdstip van het verstrijken van die termijn;

o. door in Nederland gevestigde lichamen die de bevordering van stedelijke herstructurering ten doel hebben, dan wel, indien de lichamen geen rechtspersoonlijkheid hebben, door de vennoten van de lichamen. Deze bepaling is van toepassing in bij regeling van Onze Minister in overeenstemming met Onze Minister voor Wonen en Rijksdienst aan te wijzen gevallen onder daarbij te stellen voorwaarden;

oa. na voltooiing van een stedelijke herstructurering als bedoeld in onderdeel o, van onroerende zaken van een lichaam als bedoeld in onderdeel o, door degenen die de onroerende zaken met toepassing van de vrijstelling, bedoeld in onderdeel o, hebben ingebracht in dat lichaam of met toepassing van onderdeel o zoals dat luidde tot en met 31 december 2002 hebben ingebracht in een samenwerkingsverband dat na die datum is aangemerkt als een zodanig lichaam, dan wel, indien de verkrijgers behoren tot de kring van oprichters van het lichaam, van die onroerende zaken tot het beloop van hun gerechtigdheid in het lichaam;

p. van een woning of rechten waaraan deze is onderworpen of van rechten van lidmaatschap als bedoeld in artikel 4, eerste lid, onderdeel b, voor zover deze laatste rechten betrekking hebben op een woning, en de gelijktijdige verkrijging van de tot die woning behorende aanhorigheden, indien:

$1°$. de verkrijger een meerderjarig natuurlijk persoon jonger dan vijfendertig jaar is;

$2°$. de verkrijger deze vrijstelling niet eerder heeft toegepast en dit overeenkomstig artikel 15a, onmiddellijk voorafgaand aan de verkrijging duidelijk, stellig en zonder voorbehoud verklaart in een schriftelijke verklaring; en

$3°$. de verkrijger de verkregen woning of rechten waaraan deze is onderworpen na de verkrijging anders dan tijdelijk als hoofdverblijf gaat gebruiken en dit overeenkomstig artikel 15a, voorafgaand aan de verkrijging duidelijk, stellig en zonder voorbehoud verklaart in een schriftelijke verklaring;

$4°$. het totaal van de waarde van de woning of rechten waaraan deze is onderworpen en tot die woning behorende aanhorigheden niet uitkomt boven € 400.000;

Fusie

Onderwijs

Woningbouwlichamen

B50 art. 15

Wet op belastingen van rechtsverkeer

Cultuurgrond

q. van ten behoeve van de landbouw bedrijfsmatig geëxploiteerde cultuurgrond, daaronder begrepen de rechten van erfpacht of beklemming daarop. Onder cultuurgrond wordt mede begrepen de ondergrond van glasopstanden. De belasting die door toepassing van deze bepaling niet is geheven, is alsnog verschuldigd indien de exploitatie als zodanig niet gedurende ten minste tien jaren wordt voortgezet. De vorige volzin is niet van toepassing indien binnen de aldaar bedoelde termijn de cultuurgrond door overheidsbeleid aan de landbouw wordt onttrokken ten behoeve van de ontwikkeling en instandhouding van natuur en landschap;

r. krachtens herstel als is bedoeld in artikel 19;

Natuurgrond

s. van natuurgrond, daaronder begrepen de rechten van erfpacht of beklemming daarop, waarvan de inrichting en het beheer geheel of nagenoeg geheel duurzaam zijn afgestemd op het behoud en de ontwikkeling van natuur en landschap. De belasting die door toepassing van deze bepaling niet is geheven, is alsnog verschuldigd indien binnen tien jaren na de verkrijging niet langer sprake is van natuurgrond. De vorige volzin is niet van toepassing indien binnen de aldaar bedoelde termijn de natuurgrond wordt omgezet in cultuurgrond als bedoeld in onderdeel q en als zodanig gedurende de rest van deze termijn bedrijfsmatig geëxploiteerd blijft;

t. [vervallen;]

u. door Staatsbosbeheer van objecten, als bedoeld in artikel 1, onderdeel e, van de Wet verzelfstandiging Staatsbosbeheer, niet zijnde bedrijfsondersteunende onroerende zaken;

v. [vervallen;]

w. [vervallen;]

Wilsrecht

x. krachtens uitoefening van een wilsrecht als bedoeld in de artikelen 19, 20, 21 en 22 van Boek 4 van het Burgerlijk Wetboek, voorzover de totale waarde van de verkrijging uit de nalatenschap niet meer bedraagt dan het bedrag van de geldvordering, bedoeld in artikel 13, derde lid, van Boek 4 van het Burgerlijk Wetboek, vermeerderd met de rentevergoeding waarmee ingevolge artikel 1, derde lid, van de Successiewet 1956 voor de heffing van erfbelasting rekening is gehouden. Voor de toepassing van de vorige volzin blijft bij het bepalen van de waarde van een verkrijging een door de ouder of stiefouder op grond van artikel 19, onderscheidenlijk artikel 21, van Boek 4 van het Burgerlijk Wetboek voorbehouden vruchtgebruik buiten beschouwing;

Kabels en leidingen

y. van een net gelegen in, op of boven de grond, bestaande uit een of meer kabels of leidingen, bestemd voor transport van vaste, vloeibare of gasvormige stoffen, van energie, of van informatie.

Bodembestanddelen

2. Ingeval bodembestanddelen als bedoeld in het eerste lid, onderdeel j, of de waarde daarvan alsnog aan de verkrijger ten goede komen, wordt zulks beschouwd als een verkrijging in de zin van artikel 2.

3. Verwijdering van zaken die ingevolge een beding of krachtens de wet nog na de verkrijging mogen worden weggenomen wordt, indien die verwijdering plaatsvindt binnen drie maanden na de verkrijging, ten aanzien van die zaken beschouwd als de vervulling van een aan de verkrijging verbonden ontbindende voorwaarde, mits zij of hun waarde niet aan de verkrijger zijn ten goede gekomen.

Vervallen van vrijstelling

4. De in het eerste lid bedoelde vrijstellingen zijn niet van toepassing in gevallen waarin de verkrijging plaatsvindt krachtens een levering of dienst in de zin van de Wet op de omzetbelasting 1968 ter zake waarvan omzetbelasting is verschuldigd, indien de vergoeding, bedoeld in artikel 8, eerste lid, van die wet, tezamen met de verschuldigde omzetbelasting, lager is dan de waarde, bedoeld in artikel 9, en de verkrijger de omzetbelasting op grond van artikel 15 van de Wet op de omzetbelasting 1968 niet of niet nagenoeg geheel in aftrek kan brengen.

Voor de toepassing van deze bepaling wordt de waarde ten minste gesteld op de kostprijs van de onroerende zaak of van de zaak waarop het recht of de dienst betrekking heeft, met inbegrip van de omzetbelasting, zoals die zou ontstaan bij de voortbrenging door een onafhankelijke derde op het tijdstip van de verkrijging.

Waarde ingebrachte onderneming

5. Voor de toepassing van het eerste lid, onderdeel e, onder 1°, wordt onder waarde van het vermogen van de ingebrachte onderneming mede verstaan de boekwaarde van dat vermogen, zoals die geldt voor de heffing van inkomstenbelasting of vennootschapsbelasting, in gevallen waarin de ondernemer inbrengt met voorbehoud van stille reserves.

6. In afwijking van het eerste lid, onderdeel a, is de vrijstelling eveneens van toepassing indien:

a. het goed als bedrijfsmiddel is gebruikt en de verkrijger de omzetbelasting op grond van artikel 15 van de Wet op de omzetbelasting 1968 geheel of gedeeltelijk in aftrek kan brengen;

b. de verkrijging plaatsvindt binnen zes maanden na het tijdstip van de eerste ingebruikneming of de eerdere ingangsdatum van een verhuur van dat goed; en

c. de verkrijging wordt opgenomen in een notariële akte die wordt verleden binnen de termijn waarbinnen de verkrijging dient plaats te vinden.

Vastgoedmarkt

7. Bij algemene maatregel van bestuur kan in afwijking van het zesde lid tijdelijk een afwijkende termijn worden vastgesteld indien de ontwikkelingen van de vastgoedmarkt daartoe aanleiding geven. Voor zover nodig kan daarbij worden voorzien in overgangsrecht.

8. In afwijking van het eerste lid, onderdeel p, is de vrijstelling niet van toepassing op de verkrijging van economische eigendom of de verkrijging van aandelen, bedoeld in artikel 4, eerste lid, onderdeel a.

9. Indien ter zake van een verkrijging een vrijstelling als bedoeld in het eerste of zesde lid wordt toegepast, wordt met betrekking tot die verkrijging aangifte gedaan. Indien met betrekking tot die verkrijging een notariële akte wordt opgemaakt, wordt, in afwijking in zoverre van de vorige zin, aangifte gedaan met overeenkomstige toepassing van artikel 18.

10. Bij begin van het kalenderjaar wordt het bedrag, genoemd in het eerste lid, onderdeel p, subonderdeel $4°$, bij ministeriële regeling vervangen door een ander bedrag en is van toepassing met ingang van 1 januari van het daarop volgend kalenderjaar. Het bedrag wordt berekend door het te vervangen bedrag te delen door de factor iw, bedoeld in artikel 10.3, vijfde lid, van de Wet inkomstenbelasting 2001. Het aldus berekende bedrag wordt rekenkundig afgerond op € 5.000.

Art. 15a

1. De schriftelijke verklaring, bedoeld in artikel 14, tweede lid, of artikel 15, eerste lid, onderdeel p, geschiedt door het door iedere verkrijger afzonderlijk invullen van het daartoe door de inspecteur ter beschikking gestelde standaardformulier.

Woning anders dan als tijdelijk hoofdverblijf, schriftelijke verklaring

2. De schriftelijke verklaring is onderdeel van de aangifte en wordt aan de notariële akte gehecht.

3. Uit de notariële akte dient op een door de inspecteur aangegeven wijze te blijken dat een beroep wordt gedaan op artikel 14, tweede lid, of artikel 15, eerste lid, onderdeel p.

4. De notaris zendt een elektronische kopie van de schriftelijke verklaring, in afwijking van artikel 7b van de Registratiewet 1970, ongevraagd, binnen een maand na de verkrijging aan de inspecteur op een wijze als bedoeld in de bij of krachtens dat artikel te bepalen wijze.

5. De verkrijger, die de verklaring, bedoeld in het eerste lid, heeft afgelegd en die aannemelijk maakt dat hij door onvoorziene omstandigheden, die zich hebben voorgedaan na het tijdstip van de verkrijging, redelijkerwijs niet in staat is geweest de woning anders dan tijdelijk als hoofdverblijf te gaan gebruiken, wordt geacht de woning anders dan tijdelijk als hoofdverblijf te hebben gebruikt.

6. Bij ministeriële regeling worden nadere regels gesteld met betrekking tot de wijze van aanleveren van de schriftelijke verklaring.

Afdeling 4
Wijze van heffing

Art. 16

De belasting wordt geheven van de verkrijger.

Belastingschuldige

Art. 17

De belasting moet op aangifte worden voldaan.

Heffing door voldoening

Art. 18

Bij ministeriële regeling kunnen regels worden gesteld welke ertoe strekken, dat de belasting ter zake van een verkrijging waarvan een notariële akte is opgemaakt, wordt voldaan ter gelegenheid van de aanbieding van die akte ter registratie.

Notariële akte

(Zie ook: art. 7 Uitv.besch. RV)

Art. 19

1. Op verzoek wordt teruggaaf van de belasting verleend, indien de toestand van vóór de verkrijging zowel feitelijk als rechtens wordt hersteld als gevolg van:

Teruggaaf van de belasting

a. de vervulling van een ontbindende voorwaarde;

b. nietigheid of vernietiging;

c. ontbinding wegens niet-nakoming van een verbintenis. Indien in de gevallen als zijn bedoeld onder *a* en *b* een akte in de openbare registers, bedoeld in afdeling 2 van titel 1 van Boek 3 van het Burgerlijk Wetboek, is ingeschreven, wordt zodanig herstel in geen geval aanwezig geacht voor de inschrijving van een verklaring, akte of rechterlijke uitspraak waarbij de vervulling van de voorwaarde, de nietigheid of de vernietiging wordt vastgesteld.

2. Het verzoek om teruggaaf geschiedt door het doen van aangifte binnen drie maanden na afloop van het kalenderjaar waarin het recht op teruggaaf is ontstaan.

Verzoek om teruggaaf

3. De inspecteur beslist op het verzoek om teruggaaf bij voor bezwaar vatbare beschikking.

4. Een verkrijging ten aanzien waarvan op grond van het eerste lid teruggaaf van de belasting wordt verleend, blijft buiten beschouwing voor de toepassing van artikel 13.

(Zie ook: art. 7 Uitv.besch. RV)

B50 art. 20 Wet op belastingen van rechtsverkeer

Hoofdstuk III Assurantiebelasting

Afdeling 1 Belastbaar feit

Art. 20

Assurantiebelasting Onder de naam 'assurantiebelasting' wordt een belasting geheven ter zake van verzekeringen waarvan het risico in Nederland is gelegen en ter zake van daarmee samenhangende diensten.

Art. 21

Voorwerp van de verzekering **1.** Het risico van de verzekering is in Nederland gelegen indien de verzekeringnemer in Nederland woont, of, ingeval de verzekeringnemer een rechtspersoon is, indien de vestiging van deze rechtspersoon waarop de verzekering betrekking heeft zich in Nederland bevindt.

2. Het risico van de verzekering is voor zover het eerste lid niet van toepassing is, voorts in Nederland gelegen indien de verzekering betrekking heeft op:

a. in Nederland gelegen onroerende zaken, alsmede de zich daarin bevindende roerende zaken, met uitzondering van voor doorvoer bestemde handelsgoederen;

b. motorrijtuigen welke zijn ingeschreven in het krachtens de Wegenverkeerswet 1994 aangehouden register van opgegeven kentekens;

c. schepen die te boek staan in de openbare registers, bedoeld in afdeling 2 van titel 1 van Boek 3 van het Burgerlijk Wetboek;

d. luchtvaartuigen die te boek staan in de openbare registers, bedoeld in afdeling 2 van titel 1 van Boek 3 van het Burgerlijk Wetboek;

e. tijdens een reis of vakantie gelopen risico's, indien de verzekering in Nederland is gesloten en een looptijd heeft van vier maanden of minder.

Risico niet in Nederland gelegen **3.** In afwijking van het eerste lid is het risico van de verzekering niet in Nederland gelegen indien de verzekering betrekking heeft op:

a. in een andere lidstaat van de Europese Unie gelegen onroerende zaken, alsmede de zich daarin bevindende roerende zaken, met uitzondering van voor doorvoer bestemde handelsgoederen;

b. in een andere lidstaat van de Europese Unie geregistreerde voer- en vaartuigen van om het even welke aard;

c. tijdens een reis of vakantie gelopen risico's, indien de verzekering in een andere lidstaat van de Europese Unie is gesloten en een looptijd heeft van vier maanden of minder.

Afdeling 2 Maatstaf van heffing

Art. 22

Heffingsmaatstaf **1.** De belasting wordt berekend over de premie, alsmede over de vergoeding voor met de verzekering samenhangende diensten.

Premie **2.** Onder premie wordt verstaan het totale bedrag dat - of voor zover de tegenprestatie niet in een geldsom bestaat, de totale waarde van de tegenprestatie welke - in verband met de verzekering in rekening wordt gebracht, de assurantiebelasting niet daaronder begrepen.

Afdeling 3 Tarief en vrijstellingen

Art. 23

Tarief De belasting bedraagt 21 percent.

Art. 24

Vrijstellingen **1.** Van de belasting zijn vrijgesteld:

a. levensverzekeringen;

b. ongevallen-, invaliditeits- en arbeidsongeschiktheidsverzekeringen;

c. ziekte- en ziektekostenverzekeringen, waaronder zorgverzekeringen als bedoeld in de Zorgverzekeringswet;

d. werkloosheidsverzekeringen;

e. verzekeringen van zeeschepen, met uitzondering van pleziervaartuigen, alsmede verzekeringen van luchtvaartuigen welke hoofdzakelijk als openbaar vervoermiddel in het internationale verkeer zullen worden gebezigd;

f. transportverzekeringen;

g. herverzekeringen;

h. exportkredietverzekeringen;

i. door een werkgever afgesloten verzekeringen ter dekking van financiële verplichtingen voortvloeiend uit:

1°. artikel 629 van Boek 7 van het Burgerlijk Wetboek of artikel 76a, eerste lid, van de Ziektewet; of

2°. artikel 40, eerste lid, van de Wet financiering sociale verzekeringen;

j. brede weersverzekeringen afgesloten door een actieve landbouwer als bedoeld in artikel 9, tweede lid, derde alinea, van Verordening (EU) nr. 1307/2013 van het Europees Parlement en de Raad van 17 december 2013 tot vaststelling van voorschriften voor rechtstreekse betalingen aan landbouwers in het kader van de steunregelingen van het gemeenschappelijk landbouwbeleid en tot intrekking van Verordening (EG) nr. 637/2008 van de Raad en Verordening (EG) nr. 73/2009 van de Raad (PbEU 2013, L 347).

2. Indien een samengestelde verzekering een of meer vrijgestelde verzekeringen omvat, wordt de vrijstelling toegepast op het aan die vrijgestelde verzekeringen toe te rekenen gedeelte van de premie.

Afdeling 4
Wijze van heffing

Art. 25

1. De belasting ter zake van verzekeringen welke zijn gesloten door tussenkomst van een door Onze Minister aangewezen bemiddelaar in verzekeringen, aan wie een vergunning is verleend ingevolge van de Wet op het financieel toezicht, wordt geheven van die bemiddelaar, indien hij ter zake van de verzekering de premie int of doet innen en bovendien:

1°. de verzekering is gesloten bij een gevolmachtigd agent als bedoeld in de Wet op het financieel toezicht; of

2°. het risico dat de verzekering dekt krachtens één polis, wordt gedragen door ten minste twee verzekeraars; of

3°. de bemiddelaar jegens de verzekeraar aansprakelijk is voor de verschuldigde premie en de polis of het aanhangsel van de polis niet door de verzekeraar is of wordt opgemaakt.

2. De belasting ter zake van verzekeringen welke zijn gesloten bij een gevolmachtigd agent als bedoeld in de Wet op het financieel toezicht wordt steeds geheven van de agent, tenzij het eerste lid van toepassing is.

3. De belasting wordt geheven van de bemiddelaar, indien en voor zover deze de vergoeding ontvangt van een ander dan de verzekeraar die in Nederland is gevestigd. Deze belastingplicht strekt zich niet verder uit dan tot die vergoeding.

4. Indien het eerste, tweede en derde lid geen toepassing kunnen vinden, wordt de belasting geheven van de verzekeraar, ingeval deze in Nederland is gevestigd.

5. Ingeval de verzekeraar niet in Nederland is gevestigd en het eerste en tweede lid geen toepassing kunnen vinden, wordt de belasting geheven van de vertegenwoordiger van de verzekeraar als bedoeld in artikel 1:1 van de Wet op het financieel toezicht, al naar gelang die vertegenwoordiger de verzekering voor of namens de verzekeraar heeft gesloten. Indien er niet een dergelijke vertegenwoordiger is, wordt de belasting geheven van de in Nederland wonende of gevestigde bemiddelaar in verzekeringen als bedoeld in artikel 1:1 van de Wet op het financieel toezicht, door wiens bemiddeling de verzekering is gesloten.

6. Indien het eerste, tweede, derde en vijfde lid geen toepassing kunnen vinden en de verzekeraar in een lidstaat van de Europese Unie of in een bij ministeriële regeling aangewezen staat die partij is bij de Overeenkomst betreffende de Europese Economische Ruimte, maar niet in Nederland, woont of is gevestigd, wordt de belasting geheven van de verzekeraar of, indien de verzekeraar een fiscaal vertegenwoordiger heeft aangesteld die in Nederland woont of gevestigd is, van die fiscaal vertegenwoordiger.

7. Indien het eerste, tweede, derde en vijfde lid geen toepassing kunnen vinden, is de verzekeraar die niet in een lidstaat van de Europese Unie of in een bij ministeriële regeling aangewezen staat die partij is bij de Overeenkomst betreffende de Europese Economische Ruimte woont of is gevestigd gehouden een fiscaal vertegenwoordiger aan te stellen die in Nederland woont of gevestigd is. De belasting wordt in dat geval geheven van die fiscaal vertegenwoordiger.

8. Ingeval de vorige leden geen toepassing kunnen vinden, wordt de belasting geheven van de verzekeringnemer.

(Zie ook: art. 9a Uitv.besl. RV)

Art. 25a

1. De fiscaal vertegenwoordiger, bedoeld in artikel 25, zesde en zevende lid, dient in het bezit te zijn van een vergunning van de inspecteur.

2. Degene die een vergunning als fiscaal vertegenwoordiger wil verkrijgen, dient daartoe een verzoek in bij de inspecteur. Bij of krachtens algemene maatregel van bestuur worden regels gesteld met betrekking tot de gegevens die het verzoek moet bevatten.

3. Bij het verzoek wordt een verklaring overgelegd van de in artikel 25, zesde en zevende lid, bedoelde verzekeraar, waaruit blijkt dat deze degene die het verzoek indient, machtigt op te treden als zijn fiscaal vertegenwoordiger.

B50 art. 26 Wet op belastingen van rechtsverkeer

4. Bij algemene maatregel van bestuur kunnen, ter verzekering van de heffing en de invordering, regels worden gesteld met betrekking tot de voorwaarden waaronder de vergunning wordt verleend, gewijzigd en ingetrokken. Het verlenen, wijzigen en intrekken van de vergunning geschiedt bij voor bezwaar vatbare beschikking.
(Zie ook: art. 9a Uitv.besl. RV)

Art. 26

Tijdstip verschuldigdheid De belasting wordt verschuldigd op het tijdstip waarop de premie vervalt.

Art. 27

Heffing door voldoening De in een tijdvak verschuldigd geworden belasting moet op aangifte worden voldaan.

Afdeling 5
Bijzondere bepalingen

Art. 28

Tegenbewijs In de gevallen bedoeld in artikel 25, eerste tot en met vijfde lid, wordt het risico van de verzekering geacht in Nederland te zijn gelegen, tenzij aan de hand van boeken of bescheiden het tegendeel wordt aangetoond.

Art. 29

Verrekening en teruggaaf premie **1.** Voor zover de premie niet is en niet zal worden ontvangen, dan wel wordt terugbetaald, wordt de belasting verrekend met die welke is verschuldigd geworden in het tijdvak waarin het recht op verrekening is ontstaan. Ingeval de voor verrekening in aanmerking komende belasting meer bedraagt dan de in het tijdvak verschuldigd geworden belasting, wordt het verschil op verzoek teruggegeven.

Verzoek om teruggaaf **2.** Het verzoek om teruggaaf geschiedt bij de aangifte over het tijdvak waarin het recht op teruggaaf is ontstaan.

3. De inspecteur beslist op het verzoek om teruggaaf bij voor bezwaar vatbare beschikking.

Art. 30

Lopende polis bij invoering verhoging bestaande verzekering Hij die ingevolge een vóór de inwerkingtreding van deze wet of van een wijziging daarvan gesloten verzekering premies int of doet innen, is bevoegd hetgeen van hem wegens assurantiebelasting over die premies meer is gevorderd dan vóór die inwerkingtreding had kunnen geschieden, terug te vorderen van de verzekeringnemer. Hiermede strijdige bedingen zijn nietig.

Art. 31

Lopende polis bij verlaging bestaande verzekering De verzekeringnemer die ingevolge een vóór de inwerkingtreding van een wijziging in de wetgeving inzake assurantiebelasting gesloten verzekering premies voldoet, is bevoegd van hem aan wie de premies worden voldaan, terug te vorderen hetgeen wegens assurantiebelasting over die premies minder is gevorderd dan vóór die inwerkingtreding had kunnen geschieden. Hiermede strijdige bedingen zijn nietig.

Hoofdstuk IV
[Vervallen]

Afdeling 1
[Vervallen]

Art. 32-34a

[Vervallen]

Afdeling 2
[Vervallen]

Art. 35

[Vervallen]

Afdeling 3
[Vervallen]

Art. 36-37

[Vervallen]

Afdeling 4
[Vervallen]

Art. 38-39

[Vervallen]

Hoofdstuk V Beursbelasting

Art. 40-51

[Vervallen]

Hoofdstuk VI Algemene bepalingen

Art. 52

Onder waarde wordt verstaan: waarde in het economische verkeer.

Art. 53

Bij algemene maatregel van bestuur kunnen:

a. nadere, zo nodig van de bepalingen van deze wet afwijkende regels worden gesteld die tot vergemakkelijking van de heffing van belasting kunnen leiden;

b. andere in het kader van de wet passende regels worden gesteld ter aanvulling van in de wet geregelde onderwerpen.

Hoofdstuk VIA Bijzondere bepalingen

Art. 54

1. Indien de verkrijging, bedoeld in artikel 2, tweede lid, niet is neergelegd in een notariële akte, is degene die de economische eigendom overdraagt, verplicht binnen twee weken na de verkrijging aan de inspecteur te melden dat de economische eigendom is overgedragen.

2. Bij ministeriële regeling worden regels gesteld omtrent de wijze waarop de melding moet worden gedaan.

3. Met betrekking tot de verplichtingen, bedoeld in dit artikel, blijven de artikelen 47b en 52a van de Algemene wet inzake rijksbelastingen buiten toepassing.

Art. 55

[Vervallen]

Hoofdstuk VII Overgangs- en slotbepalingen

Art. 56-60

[Vervallen]

Art. 61

1. Deze wet treedt in werking op een door Ons te bepalen tijdstip.

2. Zij kan worden aangehaald als 'Wet op belastingen van rechtsverkeer'.

Waarde

Delegatie

Verplichte melding verkrijging economische eigendom

Inwerkingtreding

Citeertitel

Uitvoeringsbesluit belastingen van rechtsverkeer^1

Besluit van 22 juni 1971 tot vaststelling van het Uitvoeringsbesluit belastingen van rechtsverkeer

Wij JULIANA, bij de gratie Gods, Koningin der Nederlanden, Prinses van Oranje-Nassau, enz., enz., enz.

Op de voordracht van de Staatssecretaris van Financiën van 29 april 1971, nr. B71/8431, directie Wetgeving Douane en Verbruiksbelastingen;

Gelet op de artikelen 11, derde lid, 15, 37, en 53 van de Wet op belastingen van rechtsverkeer (*Stb.* 1970, 611);

De Raad van State gehoord (advies van 2 juni 1971, nr. 6);

Gezien het nader rapport van de Staatssecretaris van Financiën van 18 juni 1971, nr. B 71/11450, directie Wetgeving Douane en Verbruiksbelastingen;

Hebben goedgevonden en verstaan:

Begripsbepaling

Art. 1

Wet Dit besluit verstaat onder wet: Wet op belastingen van rechtsverkeer.

Hoofdstuk I Overdrachtsbelasting

Art. 2

Waarde canon, retributie of huur De waarde van een canon, een retributie of een huur als is bedoeld in artikel 11 van de wet, wordt bepaald met inachtneming van de bij dit besluit behorende bijlage.

Art. 3-3a

[Vervallen]

Art. 4

Vrijstelling bij inbreng van deelgerechtigdheid **1.** De in artikel 15, eerste lid, onderdeel e, onder 1°, van de wet bedoelde vrijstelling bij inbreng in een vennootschap die geen in aandelen verdeeld kapitaal heeft, van een onderneming, waaronder mede wordt verstaan de onderneming bestaande in een deelgerechtigdheid in een maatschap, vennootschap onder firma of commanditaire vennootschap, is van toepassing indien alle tot het ondernemingsvermogen behorende activa en passiva die een functie vervullen in de onderneming worden ingebracht tegen bijschrijving op de kapitaalrekening van de vennootschap van een bedrag dat ten minste 90 percent is van de waarde in het economische verkeer van het vermogen van de ingebrachte onderneming dan wel de boekwaarde van dat vermogen, zoals die geldt voor de heffing van inkomstenbelasting of vennootschapsbelasting, in gevallen waarin de ondernemer inbrengt met voorbehoud van stille reserves.

Vrijstelling bij vereffening van vermogen **2.** In afwijking van het eerste lid is de aldaar bedoelde vrijstelling eveneens van toepassing indien de inbreng geen betrekking heeft op een onderneming maar op afzonderlijke onroerende zaken, mits de inbreng volgt op een verkrijging als bedoeld in artikel 15, eerste lid, onderdeel f, onder 1° of 2°, van de wet, en de verkrijging en de inbreng uitsluitend plaatshebben in verband met de toetreding, uittreding of vervanging van vennoten, dan wel de toepassing van artikel 14c van de Wet op de vennootschapsbelasting 1969. De in dit lid bedoelde onroerende zaken moeten voorafgaand aan bedoelde verkrijging deel hebben uitgemaakt van het vermogen van de onderneming van de vennootschap en niet zijn gebruikt of bestemd voor gebruik in het kader van het verkrijgen, vervreemden, of exploiteren van onroerende zaken.

3. De belasting die door toepassing van artikel 15, eerste lid, onderdeel e, onder 1°, van de wet niet is geheven ter zake van een inbreng is alsnog verschuldigd, indien de inbrenger binnen drie jaren na de inbreng niet meer vennoot is van de vennootschap, dan wel binnen die periode zijn bijschrijving wegens inbreng op de kapitaalrekening is verminderd, anders dan door afboeking van zijn aandeel in het verlies van de vennootschap. De bepaling is eveneens van toepassing bij het verlenen van een koopoptie op het aandeel of een deel van het aandeel van de inbrenger in het vermogen van de vennootschap.

---

1 Inwerkingtredingsdatum: 01-01-1972; zoals laatstelijk gewijzigd bij: Stb. 2020, 331.

B51 art. 5

Uitvoeringsbesluit belastingen van rechtsverkeer

4. De belasting die door toepassing van artikel 15, eerste lid, onderdeel e, onder 1°, van de wet niet is geheven ter zake van een inbreng is alsnog verschuldigd, indien de onderneming niet gedurende een periode van ten minste drie jaren na de inbreng door de vennootschap wordt voortgezet.

Voortzettingseis

5. Het derde en vierde lid blijft buiten toepassing in geval van een inbreng als bedoeld in het eerste lid, dan wel een omzetting als bedoeld in artikel 5.

6. Onder kapitaalrekening wordt verstaan de rekening op de balans van de vennootschap waarop de deelgerechtigdheid van de vennoot in het vermogen van de vennootschap wordt opgenomen.

7. Voor de toepassing van dit artikel worden onder onroerende zaken mede verstaan fictieve onroerende zaken als bedoeld in artikel 4, eerste lid, van de wet, rechten waaraan onroerende zaken of fictieve onroerende zaken zijn onderworpen, alsmede de economische eigendom van deze zaken of rechten.

Fictief onroerende zaken

Art. 4a

1. De in artikel 15, eerste lid, onderdeel f, onder 2°, van de wet bedoelde vrijstelling krachtens vereffening van het vermogen van een rechtspersoon is van toepassing wanneer de vereffening plaatsheeft in het kader van de voortzetting van een door een vennootschap gedreven onderneming door de aandeelhouders, als bedoeld in artikel 14c van de Wet op de vennootschapsbelasting 1969. Onder vennootschap wordt in de vorige volzin verstaan de naamloze vennootschap en de besloten vennootschap met beperkte aansprakelijkheid, mits deze vennootschappen uitsluitend natuurlijke personen als aandeelhouder hebben.

Vrijstelling bij terugkeer uit nv/bv

2. De belasting die door toepassing van artikel 15, eerste lid, onderdeel f, onder 2°, van de wet niet is geheven ter zake van een vereffening is alsnog verschuldigd, indien de onderneming niet gedurende een periode van ten minste drie jaren na de vereffening door de verkrijger rechtstreeks wordt voortgezet of mede voortgezet.

Voortzettingseis

3. Het tweede lid blijft buiten toepassing in geval van inbreng of omzetting van een onderneming, als bedoeld in artikel 15, eerste lid, onderdeel e, onder 1°, onderscheidenlijk onder 2°, van de wet.

Art. 5

1. De in artikel 15, eerste lid, onderdeel e, onder 2°, bedoelde vrijstelling bij omzetting van een niet in de vorm van een naamloze vennootschap of besloten vennootschap met beperkte aansprakelijkheid gedreven onderneming, waaronder mede wordt verstaan de onderneming bestaande in een deelgerechtigdheid in een maatschap, vennootschap onder firma of commanditaire vennootschap, in een naamloze vennootschap of besloten vennootschap met beperkte aansprakelijkheid is van toepassing indien alle tot het ondernemingsvermogen behorende activa en passiva die een functie vervullen in de onderneming worden ingebracht tegen toekenning van aandelen, mits de oprichters van de vennootschap in het aandelenkapitaal geheel of nagenoeg geheel in dezelfde verhouding gerechtigd zijn als in het vermogen van de omgezette onderneming.

Vrijstelling bij omzetting in nv en bv

2. Onder toekenning van aandelen wordt begrepen het geval waarin naast de toekenning van aandelen tevens een bedrag in geld wordt betaald van ten hoogste 10 percent van de waarde van hetgeen op de aandelen is gestort, met dien verstande dat ingeval de omzetting plaatsvindt met toepassing van artikel 3.65 van de Wet inkomstenbelasting 2001, dit bedrag kan worden gesteld op het bedrag waarvoor de ondernemer op grond van de aan deze toepassing verbonden voorwaarden wordt gecrediteerd.

Bijbetaling in contanten

3. De belasting die door toepassing van artikel 15, eerste lid, onderdeel e, onder 2°, van de wet niet is geheven ter zake van een omzetting is alsnog verschuldigd, indien de inbrenger binnen drie jaren na de omzetting niet meer in het bezit is van alle bij of in verband met die omzetting verkregen aandelen. De bepaling is eveneens van toepassing bij vervreemding van claims en het verlenen van een koopoptie op de aandelen, alsmede bij een gehele of gedeeltelijke terugbetaling van hetgeen op de aandelen is gestort.

Herleven belastingplicht

4. De belasting die door toepassing van artikel 15, eerste lid, onderdeel e, onder 2°, van de wet niet is geheven ter zake van een omzetting is alsnog verschuldigd, indien de onderneming niet gedurende een periode van ten minste drie jaren na de omzetting door de vennootschap wordt voortgezet.

Voortzettingseis

5. Het derde lid blijft buiten toepassing in geval van vervreemding van de aandelen in het kader van een splitsing als bedoeld in artikel 5c, dan wel indien ten minste 75 percent van de aandelen van de opgerichte vennootschap wordt verkregen door een andere vennootschap tegen toekenning van eigen aandelen, met dien verstande dat de toegekende aandelen in de plaats komen van de in het derde lid bedoelde aandelen. Onder toekenning van aandelen wordt mede begrepen het geval waarin naast de toekenning van aandelen tevens een bedrag in geld wordt betaald van ten hoogste 10 percent van de nominale waarde van de toegekende aandelen.

6. Het vierde lid blijft buiten toepassing in geval van vervreemding in het kader van een fusie als bedoeld in artikel 5a, een interne reorganisatie als bedoeld in artikel 5b, dan wel een splitsing als bedoeld in artikel 5c.

B51 art. 5bis

Uitvoeringsbesluit belastingen van rechtsverkeer

Art. 5bis

Vrijstelling juridische fusie

1. De in artikel 15, eerste lid, onderdeel h, van de wet bedoelde vrijstelling wegens fusie is van toepassing bij overgang van vermogen onder algemene titel in het kader van een juridische fusie tussen rechtspersonen, mits die fusie hoofdzakelijk plaatsvindt op grond van zakelijke overwegingen. De eerste volzin blijft buiten toepassing in geval van een fusie waarop artikel 5b, eerste lid, van toepassing is.

2. De in artikel 15, eerste lid, onderdeel h, van de wet bedoelde vrijstelling wegens fusie is niet van toepassing dan wel de belasting die door toepassing van artikel 15, eerste lid, onderdeel h, van de wet niet is geheven is alsnog verschuldigd, indien:

a. een aandeelhouder van een verdwijnende rechtspersoon, welke rechtspersoon op het tijdstip van de fusie kwalificeert als een rechtspersoon als bedoeld in artikel 4, eerste lid, onderdeel a, van de wet, op dat tijdstip of op enig tijdstip in het daaraan voorafgaande jaar, al dan niet tezamen met een tot hetzelfde concern als gedefinieerd in artikel 5b, tweede lid, behorend lichaam, een belang van ten minste een derde gedeelte in de verdwijnende rechtspersoon bezit of heeft bezeten, daarvoor als gevolg van de fusie geen in de plaats komend soortgelijk belang in de verkrijgende rechtspersoon of een groepsmaatschappij daarvan verkrijgt, dan wel dat soortgelijk belang binnen drie jaren na de fusie geheel of ten dele vervreemdt;

b. een aandeelhouder van de verkrijgende rechtspersoon, welke rechtspersoon op het tijdstip van de fusie kwalificeert als een rechtspersoon als bedoeld in artikel 4, eerste lid, onderdeel a, van de wet, op dat tijdstip of op enig tijdstip in het daaraan voorafgaande jaar, al dan niet tezamen met een tot hetzelfde concern als gedefinieerd in artikel 5b, tweede lid, behorend lichaam, een belang van ten minste een derde gedeelte in de verkrijgende rechtspersoon bezit of heeft bezeten, dat belang binnen drie jaren na de fusie geheel of ten dele vervreemdt;

c. een aandeelhouder van een verdwijnende rechtspersoon als gevolg van de fusie een belang van ten minste een derde gedeelte in de verkrijgende rechtspersoon of een groepsmaatschappij daarvan, welke rechtspersoon of groepsmaatschappij als gevolg van de fusie kwalificeert als een rechtspersoon als bedoeld in artikel 4, eerste lid, onderdeel a, van de wet, verkrijgt en dat belang binnen drie jaren na de fusie geheel of ten dele vervreemdt;

d. een aandeelhouder van de verkrijgende rechtspersoon of van een groepsmaatschappij daarvan als gevolg van de fusie een belang van ten minste een derde gedeelte in de verkrijgende rechtspersoon of de groepsmaatschappij daarvan, welke rechtspersoon of groepsmaatschappij als gevolg van de fusie kwalificeert als een rechtspersoon als bedoeld in artikel 4, eerste lid, onderdeel a, van de wet, bezit en dat belang binnen drie jaren na de fusie geheel of ten dele vervreemdt.

3. De belasting die door toepassing van artikel 15, eerste lid, onderdeel h, van de wet niet is geheven ter zake van een fusie is alsnog verschuldigd, indien de activiteiten van de fuserende rechtspersonen niet gedurende een periode van ten minste drie jaren na de fusie door de verkrijgende rechtspersoon in haar geheel worden voortgezet.

4. Het tweede lid blijft buiten toepassing in geval van een vervreemding van het belang in het kader van een geruisloze terugkeer als bedoeld in artikel 4a, een juridische fusie als bedoeld in dit artikel, een bedrijfsfusie als bedoeld in artikel 5a, een interne reorganisatie als bedoeld in artikel 5b, een splitsing als bedoeld in artikel 5c, dan wel indien ten minste 75 percent van de aandelen van de verkrijgende vennootschap wordt verkregen door een andere vennootschap tegen toekenning van eigen aandelen, waaronder mede wordt begrepen het geval waarin naast toekenning van aandelen tevens een bedrag in geld wordt betaald van ten hoogste 10 percent van hetgeen op de aandelen is gestort. De eerste volzin is slechts van toepassing indien het toegekende belang in de plaats komt van het in het tweede lid bedoelde belang dan wel het in het tweede lid bedoelde belang de resterende periode in het bezit blijft bij de opvolgende verkrijger.

5. Het derde lid blijft buiten toepassing in geval van vervreemding van de activiteiten in het kader van een inbreng als bedoeld in artikel 4, een geruisloze terugkeer als bedoeld in artikel 4a, een juridische fusie als bedoeld in dit artikel, een bedrijfsfusie als bedoeld in artikel 5a, een interne reorganisatie als bedoeld in artikel 5b, een splitsing als bedoeld in artikel 5c, mits de in het derde lid bedoelde activiteiten gedurende de resterende periode door de opvolgende verkrijger worden voortgezet. In geval van een inbreng als bedoeld in artikel 4 is de eerste volzin slechts van toepassing indien het ter zake van de inbreng verkregen belang in de vennootschap de resterende periode blijft behouden.

6. Het vierde en het vijfde lid blijven buiten toepassing ingeval de daargenoemde gebeurtenissen in samenhang met de juridische fusie in overwegende mate gericht zijn op het ontgaan van belastingheffing.

7. De in artikel 15, eerste lid, onderdeel h, van de wet bedoelde vrijstelling is eveneens van toepassing op uit de fusie voortvloeiende verkrijgingen van een belang in een verkrijgende rechtspersoon of een groepsmaatschappij daarvan, welke rechtspersoon of groepsmaatschappij kwalificeert als een lichaam als bedoeld in artikel 4, eerste lid, onderdeel a, van de wet.

8. Voor de toepassing van dit artikel wordt onder rechtspersoon verstaan de naamloze vennootschap, de besloten vennootschap met beperkte aansprakelijkheid, de vereniging met volledige rechtsbevoegdheid, de coöperatie, de onderlinge waarborgmaatschappij, alsmede de stichting. Onder rechtspersoon wordt mede verstaan het lichaam dat naar het recht van een andere Staat is opgericht en naar aard en inrichting vergelijkbaar is met een lichaam als bedoeld in dit lid.

Art. 5a

1. De in artikel 15, eerste lid, onderdeel h, van de wet bedoelde vrijstelling wegens fusie is van toepassing indien een vennootschap uitsluitend de gehele onderneming of een zelfstandig onderdeel daarvan van een andere vennootschap verkrijgt tegen toekenning van aandelen.

2. Onder toekenning van aandelen wordt begrepen het geval waarin naast de toekenning van aandelen tevens een bedrag in geld wordt betaald van ten hoogste 10 percent van de waarde van hetgeen op de aandelen is gestort.

3. De belasting die door toepassing van artikel 15, eerste lid, onderdeel h, van de wet niet is geheven ter zake van een fusie is alsnog verschuldigd, indien de inbrengende vennootschap binnen drie jaren na de fusie niet meer in het bezit is van alle bij of in verband met de fusie verkregen aandelen.

4. De belasting die door toepassing van artikel 15, eerste lid, onderdeel h, van de wet niet is geheven ter zake van een fusie is alsnog verschuldigd, indien de onderneming niet gedurende een periode van ten minste drie jaren na de fusie door de verkrijgende vennootschap wordt voortgezet.

5. Het derde lid blijft buiten toepassing in geval van vervreemding van de aandelen in het kader van een interne reorganisatie als bedoeld in artikel 5b, een splitsing als bedoeld in artikel 5c, dan wel indien ten minste 75 percent van de aandelen van de vennootschap die in het eerste lid bedoelde aandelen heeft toegekend, wordt verkregen door een andere vennootschap tegen toekenning van eigen aandelen, met dien verstande dat de toegekende aandelen in de plaats komen van de in het derde lid bedoelde aandelen. Onder toekenning van aandelen wordt mede begrepen het geval waarin naast de toekenning van aandelen tevens een bedrag in geld wordt betaald van ten hoogste 10 percent van de nominale waarde van de toegekende aandelen.

6. Het vierde lid blijft buiten toepassing in geval van vervreemding van de onderneming in het kader van een fusie als bedoeld in dit artikel, een interne reorganisatie als bedoeld in artikel 5b, dan wel een splitsing als bedoeld in artikel 5c.

7. Voor de toepassing van dit artikel wordt onder vennootschap verstaan de naamloze vennootschap, de besloten vennootschap met beperkte aansprakelijkheid, de open commanditaire vennootschap, alsmede andere vennootschappen welker kapitaal geheel of ten dele in aandelen is verdeeld. Onder vennootschap wordt mede verstaan de vereniging, coöperatie en onderlinge waarborgmaatschappij met een in aandelen verdeeld kapitaal. Tevens wordt daaronder verstaan het lichaam dat naar het recht van een andere Staat is opgericht en naar aard en inrichting vergelijkbaar is met een lichaam als bedoeld in dit lid.

Art. 5b

1. De in artikel 15, eerste lid, onderdeel h, bedoelde vrijstelling wegens interne reorganisatie is van toepassing indien een tot het concern behorende vennootschap onroerende zaken overdraagt aan een andere vennootschap van dat concern.

2. Onder een concern wordt verstaan een vennootschap waarin niet een andere vennootschap het gehele of nagenoeg gehele belang heeft, samen met alle andere vennootschappen waarin zij het gehele of nagenoeg gehele belang heeft.

3. De belasting die door toepassing van artikel 15, eerste lid, onderdeel h, van de wet niet is geheven wegens interne reorganisatie is alsnog verschuldigd, indien:

a. de eerste vennootschap die het gehele of nagenoeg gehele belang heeft in zowel de vennootschap die de onroerende zaken verkrijgt als de vennootschap die de onroerende zaken overdraagt, binnen drie jaren na de interne reorganisatie geen geheel of nagenoeg geheel belang meer heeft in de vennootschap die de onroerende zaken heeft verkregen, waarbij een vennootschap die een geheel of nagenoeg geheel belang heeft in de eerstgenoemde vennootschap in de plaats kan treden van deze vennootschap; of

b. de vennootschap die de onroerende zaken heeft overgedragen binnen drie jaren na de interne reorganisatie geen geheel of nagenoeg geheel belang meer heeft in de vennootschap die de onroerende zaken heeft verkregen, met dien verstande dat dit onderdeel slechts van toepassing is ingeval er geen vennootschap is die het gehele of nagenoeg gehele belang heeft in zowel de vennootschap die de onroerende zaken verkrijgt als de vennootschap die de onroerende zaken overdraagt.

4. De belasting die door toepassing van artikel 15, eerste lid, onderdeel h, van de wet niet is geheven wegens interne reorganisatie is alsnog verschuldigd voorzover de overdragende vennootschap tot het concern is gaan behoren als gevolg van een andere gebeurtenis dan bedoeld in artikel 5a, eerste en vijfde lid, waarbij geen overdrachtsbelasting verschuldigd was, indien de onroerende zaken zijn verkregen door de overdragende vennootschap vóór de hiervoor bedoelde gebeurtenis en de onderneming of de activiteiten van die vennootschap niet gedurende drie jaren binnen het concern zijn voortgezet.

5. Het derde lid blijft buiten toepassing ingeval de vennootschap die de onroerende zaken verkrijgt op het tijdstip van de interne reorganisatie het gehele of nagenoeg gehele belang heeft in de vennootschap die de onroerende zaken overdraagt.

6. Het derde lid blijft buiten toepassing ingeval de onroerende zaken niet meer in het bezit zijn van de vennootschap die de onroerende zaken heeft verkregen, tenzij:

a. de onroerende zaken zijn overgedragen aan een vennootschap binnen het concern en ter zake van deze verkrijging geen beroep is gedaan op de vrijstelling als bedoeld in dit artikel;

b. de onroerende zaken zijn overgedragen aan een vennootschap binnen het concern die het gehele of nagenoeg gehele belang heeft in de vennootschap die de onroerende zaken overdraagt; of

c. de onroerende zaken zijn overgedragen aan een vennootschap buiten het concern en ter zake van deze verkrijging geen overdrachtsbelasting verschuldigd was.

7. Het derde lid blijft buiten toepassing ingeval niet meer aan de in het derde lid bedoelde voorwaarden wordt voldaan als gevolg van een juridische fusie binnen het concern, mits de opvolgende verkrijger voor de toepassing van het derde lid de resterende periode in de plaats treedt van de verdwijnende vennootschap.

8. Voor de toepassing van het tweede, derde en vijfde lid dient het gehele of nagenoeg gehele belang vertegenwoordigd te worden door het onmiddellijk of middellijk bezit van aandelen.

Begrip vennootschap

9. Voor de toepassing van dit artikel wordt onder vennootschap verstaan de naamloze vennootschap, de besloten vennootschap met beperkte aansprakelijkheid, de open commanditaire vennootschap, alsmede andere vennootschappen welker kapitaal geheel of ten dele in aandelen is verdeeld. Onder vennootschap wordt mede verstaan de vereniging, coöperatie en onderlinge waarborgmaatschappij met een in aandelen verdeeld kapitaal, alsmede een stichting of vereniging zonder een in aandelen verdeeld kapitaal indien deze stichting of vereniging een overeenkomstige functie vervult als de eerstbedoelde vennootschap in het tweede lid. Tevens wordt daaronder verstaan het lichaam dat naar het recht van een andere Staat is opgericht en naar aard en inrichting vergelijkbaar is met een lichaam als bedoeld in dit lid.

Fictief onroerende zaken

10. Voor de toepassing van dit artikel worden onder onroerende zaken mede verstaan fictieve onroerende zaken als bedoeld in artikel 4, eerste lid, van de wet, rechten waaraan onroerende zaken of fictieve onroerende zaken zijn onderworpen, alsmede de economische eigendom van deze zaken of rechten.

Art. 5c

Vrijstelling wegens splitsing

1. De in artikel 15, eerste lid, onderdeel h, van de wet bedoelde vrijstelling wegens splitsing is van toepassing wanneer sprake is van overgang van vermogen onder algemene titel in het kader van een splitsing van een vennootschap met in aandelen verdeeld kapitaal, behoudens in het geval dat de splitsing in overwegende mate is gericht op het ontgaan of uitstellen van belastingheffing. De splitsing wordt, tenzij het tegendeel aannemelijk wordt gemaakt, geacht in overwegende mate te zijn gericht op het ontgaan of uitstellen van belastingheffing indien de splitsing niet plaatsvindt op grond van zakelijke overwegingen zoals herstructurering of rationalisering van de actieve werkzaamheden van de splitsende en de verkrijgende rechtspersonen. Indien aandelen in de gesplitste rechtspersoon, dan wel in een verkrijgende rechtspersoon binnen drie jaar na de splitsing geheel of ten dele, direct of indirect worden vervreemd aan een lichaam dat niet met de gesplitste rechtspersoon en met de verkrijgende rechtspersonen is verbonden als bedoeld in artikel 10a van de Wet op de vennootschapsbelasting 1969, worden zakelijke overwegingen niet aanwezig geacht, tenzij het tegendeel aannemelijk wordt gemaakt.

Vennootschap

2. Voor de toepassing van dit artikel wordt onder vennootschap verstaan de naamloze vennootschap, de besloten vennootschap met beperkte aansprakelijkheid, de open commanditaire vennootschap, alsmede andere vennootschappen waarvan het kapitaal geheel of ten dele in aandelen is verdeeld. Onder vennootschap wordt mede verstaan de vereniging, coöperatie en onderlinge waarborgmaatschappij met een in aandelen verdeeld kapitaal. Tevens wordt daaronder verstaan het lichaam dat naar het recht van een andere Staat is opgericht en dat naar aard en in inrichting vergelijkbaar is met een lichaam als bedoeld in dit lid.

Art. 5d

ANBI

1. De in artikel 15, eerste lid, onderdeel h, van de wet bedoelde vrijstelling is op een verkrijging door een vereniging als bedoeld in artikel 6.33, onderdeel c, van de Wet inkomstenbelasting 2001 of een algemeen nut beogende instelling van toepassing:

a. bij een juridische fusie tussen twee of meer van deze verenigingen of instellingen, indien in het kader daarvan alle activa en passiva van één of meer van de verdwijnende verenigingen of instellingen onder algemene titel overgaan op de verkrijgende vereniging of instelling of op een in het kader van de fusie nieuw opgerichte dergelijke vereniging of instelling, mits bij de overgang commerciële factoren geen rol spelen;

b. bij een taakoverdracht tussen twee of meer van deze verenigingen of instellingen, indien in het kader daarvan alle activa en passiva die betrekking hebben op de overgedragen taak aan de verkrijgende vereniging of instelling worden overgedragen, mits bij de overdracht commerciële factoren geen rol spelen.

2. De vrijstelling is niet van toepassing op de verkrijging indien de overdracht uitsluitend de exploitatie van onroerende zaken inhoudt of de afzonderlijke overdracht van onroerende zaken betreft of als de onroerende zaken niet worden aangewend voor de overgedragen taak.

3. De belasting die door toepassing van artikel 15, eerste lid, onderdeel h, van de wet niet is geheven, is alsnog verschuldigd indien de verkrijgende vereniging of instelling binnen drie jaren na de fusie of taakoverdracht niet meer bestaat of niet meer aangemerkt wordt als een vereniging als bedoeld in artikel 6.33, onderdeel c, van de Wet inkomstenbelasting 2001 of een algemeen nut beogende instelling.

4. Het derde lid blijft buiten toepassing indien een verkrijgende vereniging of instelling niet langer als vereniging als bedoeld in artikel 6.33, onderdeel c, van de Wet inkomstenbelasting 2001 of een algemeen nut beogende instelling wordt aangemerkt als gevolg van een juridische fusie als bedoeld in het eerste lid, onderdeel a, of als gevolg van een taakoverdracht als bedoeld in het eerste lid, onderdeel b, voor zover de belasting betrekking heeft op onroerende zaken die in het kader van deze juridische fusie zijn overgegaan of in het kader van deze taakoverdracht zijn overgedragen.

Art. 6

[Vervallen]

Art. 6a

Onder natuurgrond als bedoeld in artikel 15, eerste lid, onderdeel s, van de wet, wordt verstaan grond bezet met houtopstanden en natuurterreinen als bedoeld in artikel 1, onderdelen b en d, van het Rangschikkingsbesluit Natuurschoonwet 1928.

Art. 7

1. Met betrekking tot de belasting ter zake van een verkrijging van andere goederen dan bedoeld in artikel 4, eerste lid, onderdelen a en b, van de wet, waarvan een onderhandse akte is opgemaakt op de voet van artikel II van de wet van 28 juni 1956 (*Stb.* 376), wordt aangifte gedaan door het aanbieden van die akte ter registratie. Het verschuldigde bedrag aan overdrachtsbelasting wordt vermeld in een aan de voet van de akte gestelde, door de verkrijger of namens deze door de persoon die de akte heeft opgesteld, ondertekende verklaring. Voor zover in de akte niet alle gegevens voorkomen waarvan kennisneming van belang kan zijn voor de heffing van de belasting, dienen deze te worden opgenomen in die verklaring.

2. Ten aanzien van de inhoud van de akte, voor zover deze van belang is voor de heffing van de belasting, en de in het eerste lid bedoelde verklaring, zijn de wettelijke bepalingen met betrekking tot de aangifte van overeenkomstige toepassing als vormden die akte en verklaring te zamen de door de verkrijger gedane aangifte.

3. De persoon die de in het eerste lid bedoelde akte heeft opgesteld, is hoofdelijk aansprakelijk voor de belasting welke is verschuldigd wegens de verkrijging waarvan de akte is opgemaakt, zulks tot het bedrag dat ingevolge de inhoud van die akte is verschuldigd.

Hoofdstuk II Assurantiebelasting

Art. 8-9

[Vervallen]

Art. 9a

1. Het verzoek om een vergunning voor een fiscaal vertegenwoordiger bevat de volgende gegevens:

a. naam, adres en woon- of vestigingsplaats van de verzoeker;

b. het beoogde tijdstip van aanvang van het fiscaal vertegenwoordigerschap; en

c. naam, adres en woon- of vestigingsplaats van de verzekeraar die niet in Nederland woont of is gevestigd.

2. Een vergunning voor een fiscaal vertegenwoordiger wordt slechts verleend indien de verzoeker:

a. in Nederland woont of is gevestigd;

b. in de afgelopen vijf jaren niet wegens overtreding van de wettelijke bepalingen inzake rijksbelastingen onherroepelijk is veroordeeld; en

c. naar het oordeel van de inspecteur voldoende solvabel is.

3. De verlening van een vergunning voor een fiscaal vertegenwoordiger is tevens gebonden aan de voorwaarde dat de verzoeker optreedt voor alle verzekeringen waarvoor assurantiebelasting is verschuldigd van de verzekeraar die niet in Nederland woont of is gevestigd.

4. De inspecteur kan de vergunning intrekken of wijzigen:

a. op verzoek van de fiscaal vertegenwoordiger met schriftelijke instemming van de verzekeraar die niet in Nederland woont of is gevestigd;

b. op verzoek van de verzekeraar die niet in Nederland woont of is gevestigd; of

c. indien de fiscaal vertegenwoordiger niet meer voldoet aan de voorwaarden waaronder de vergunning is verleend.

5. De verzekeraar die niet in Nederland woont of is gevestigd wordt van de intrekking of wijziging van de vergunning in kennis gesteld, alsmede van de gronden waarop deze berust.

Hoofdstuk III

[Vervallen]

Art. 10-16

[Vervallen]

Hoofdstuk IV Beursbelasting

Art. 17-18

[Vervallen]

Art. 19

Inwerkingtreding **1.** Dit besluit treedt in werking met ingang van 1 januari 1972.

Citeertitel **2.** Dit besluit kan worden aangehaald als Uitvoeringsbesluit belastingen van rechtsverkeer.

Successiewet 1956^1

Wet van 28 juni 1956, inzake de heffing van de rechten van successie, van schenking en van overgang

Wij JULIANA, bij de gratie Gods, Koningin der Nederlanden, Prinses van Oranje-Nassau, enz., enz., enz.

Allen, die deze zullen zien of horen lezen, saluut! doen te weten:

Alzo Wij in overweging genomen hebben, dat het wenselijk is gebleken de wettelijke regeling betreffende de heffing van de rechten van successie, van overgang en van schenking, welke thans voorkomt in de wet van 13 Mei 1859, *Staatsblad* no. 36 (Successiewet), zoals die wet nader is gewijzigd en aangevuld, aan een technische herziening te onderwerpen en in verband daarmede de geldende wet door een andere te vervangen;

Zo is het, dat Wij, de Raad van State gehoord, en met gemeen overleg der Staten-Generaal, hebben goedgevonden en verstaan, gelijk Wij goedvinden en verstaan bij deze:

Hoofdstuk I Grondslagen voor de objectieve en subjectieve belastingplicht

Art. 1

1. Krachtens deze wet worden de volgende belastingen geheven:

1°. erfbelasting over de waarde van al wat krachtens erfrecht wordt verkregen door het overlijden van iemand die ten tijde van het overlijden in Nederland woonde;

2°. schenkbelasting over de waarde van al wat krachtens schenking wordt verkregen van iemand die ten tijde van de schenking in Nederland woonde.

2. Onder verkrijging krachtens erfrecht wordt voor de toepassing van deze wet mede verstaan de verkrijging van vergunningen en aanspraken bij of na het overlijden van de erflater indien die verkrijging rechtstreeks verband houdt met de omstandigheid dat de erflater die of dergelijke vergunningen en aanspraken bezat.

3. De verkrijging ten gevolge van de vaststelling van een rentevergoeding op grond van:

a. een uiterste wilsbeschikking ten aanzien van vorderingen en schulden die zijn ontstaan krachtens erfrecht, of

b. een overeenkomst als bedoeld in artikel 13, vierde lid, van Boek 4 van het Burgerlijk Wetboek, wordt voor de toepassing van deze wet geacht alleen krachtens erfrecht door het overlijden te zijn verkregen indien deze binnen de met inachtneming van artikel 45 vastgestelde aangiftetermijn is vastgesteld of overeengekomen.

4. Indien de rentevergoeding, bedoeld in het derde lid, wordt vastgesteld of overeengekomen na de in dat lid bedoelde termijn, wordt het daaruit voortvloeiende voordeel geacht krachtens schenking te zijn verkregen.

5. De verkrijging krachtens de uitoefening van een wilsrecht als bedoeld in de artikelen 19, 20, 21 en 22 van Boek 4 van het Burgerlijk Wetboek wordt voor de toepassing van deze wet niet aangemerkt als een verkrijging krachtens erfrecht.

6. Indien ten gevolge van uiterste wilsbeschikkingen die inhoudelijk overeenkomen met het bepaalde in afdeling 1 van titel 3 van Boek 4 van het Burgerlijk Wetboek wilsrechten opkomen, worden die voor de toepassing van deze wet op dezelfde wijze behandeld als wilsrechten als bedoeld in de artikelen 19, 20, 21 en 22 van Boek 4 van het Burgerlijk Wetboek.

7. Onder schenking wordt voor de toepassing van deze wet verstaan de gift, bedoeld in artikel 186, tweede lid, van Boek 7 van het Burgerlijk Wetboek, voor zover artikel 13 niet van toepassing is, en voorts de voldoening aan een natuurlijke verbintenis als bedoeld in artikel 3 van Boek 6 van het Burgerlijk Wetboek.

8. Onder schenking wordt niet begrepen de bevoordeling als gevolg van verwerping door een erfgenaam of legataris, noch de bevoordeling als gevolg van het afzien door de echtgenoot van een wettelijke verdeling van de nalatenschap op de voet van artikel 18 van Boek 4 van het Burgerlijk Wetboek.

9. Een gift onder opschortende voorwaarde wordt voor de toepassing van deze wet geacht tot stand te komen op het moment dat de voorwaarde wordt vervuld.

Art. 1a

1. In afwijking van artikel 5a, eerste lid, onderdeel b, van de Algemene wet inzake rijksbelastingen worden voor de toepassing van deze wet en de daarop berustende bepalingen twee on-

---

1 Inwerkingtredingsdatum: 01-08-1956; zoals laatstelijk gewijzigd bij: Stcrt. 2020, 64406.

B52 art. 1b

Successiewet 1956

gehuwde personen slechts als partner aangemerkt indien zij gedurende de in het tweede lid genoemde periode:

a. beiden meerderjarig zijn;

b. op hetzelfde woonadres staan ingeschreven in de basisregistratie personen of een daarmee naar aard en strekking overeenkomende registratie buiten Nederland;

c. ingevolge een notarieel samenlevingscontract een wederzijdse zorgverplichting hebben;

d. geen bloedverwanten in de rechte lijn zijn, en

e. niet met een ander aan de in de onderdelen a tot en met d genoemde voorwaarden voldoen.

Periode **2.** De in de aanhef van het eerste lid bedoelde periode is:

a. voor de bepalingen die zien op de heffing van erfbelasting: zes maanden voorafgaand aan het overlijden dat aanleiding is tot de heffing van erfbelasting;

b. voor de bepalingen die zien op de heffing van schenkbelasting: twee jaar voorafgaand aan de schenking.

3. De in het eerste lid, onderdeel c, gestelde voorwaarde geldt niet voor personen die tot het tijdstip van het overlijden of de schenking gedurende een onafgebroken periode van ten minste vijf jaren staan ingeschreven op hetzelfde woonadres in de basisregistratie personen of een daarmee naar aard en strekking overeenkomende registratie buiten Nederland.

4. Artikel 5a, zevende lid, van de Algemene wet inzake rijksbelastingen is van overeenkomstige toepassing op de personen, bedoeld in het eerste en derde lid.

5. Artikel 5a, tweede lid, vierde lid en vijfde lid, derde volzin, van de Algemene wet inzake rijksbelastingen blijft buiten toepassing voor deze wet en de daarop berustende bepalingen.

Art. 1b

Landen binnen Koninkrijk Voor de toepassing van deze wet en de daarop berustende bepalingen worden de landen van het Koninkrijk der Nederlanden aangemerkt als afzonderlijke mogendheden.

Art. 2

Woonplaats **1.** Een Nederlander die in dienstbetrekking staat tot de Staat der Nederlanden, wordt steeds geacht in Nederland te wonen, indien hij is uitgezonden:

a. als lid van een diplomatieke, permanente of consulaire vertegenwoordiging van het Koninkrijk der Nederlanden in het buitenland, of

b. om in het kader van een verdrag waarbij de Staat der Nederlanden partij is, in een andere mogendheid werkzaamheden te verrichten.

2. Indien een Nederlander op grond van het eerste lid geacht wordt in Nederland te wonen, worden de partner en de kinderen die jonger zijn dan 27 jaar en die in belangrijke mate door hem worden onderhouden in de zin van artikel 1.5 van de Wet inkomstenbelasting 2001, tevens geacht in Nederland te wonen.

Uitzondering **3.** In geval van schenking door een rechtspersoon wordt de plaats, waar de schenker is gevestigd, als zijn woonplaats aangemerkt.

Art. 3

Woonplaatsfictie **1.** Een Nederlander die in Nederland heeft gewoond en binnen tien jaren nadat hij Nederland metterwoon heeft verlaten, is overleden of een schenking heeft gedaan, wordt geacht ten tijde van zijn overlijden of van het doen van de schenking in Nederland te hebben gewoond.

2. Onverminderd het in het eerste lid bepaalde wordt ieder die in Nederland heeft gewoond en binnen een jaar nadat hij Nederland metterwoon heeft verlaten een schenking heeft gedaan, geacht ten tijde van het doen van de schenking in Nederland te hebben gewoond.

Art. 4

Verklaring vermoedelijk overlijden **1.** De verklaring van vermoedelijk overlijden wordt, voor de toepassing van deze wet, met werkelijk overlijden in alle opzichten gelijk gesteld, behoudens vermindering van de dientengevolge opgelegde belastingaanslagen in de gevallen bij de artikelen 422 en 423 van Boek 1 van het Burgerlijk Wetboek voorzien.

Dagtekening **2.** De dagtekening van de verklaring wordt als de dag van het overlijden beschouwd.

Art. 5

Grondslag heffing erfbelasting **1.** De erfbelasting wordt geheven van hetgeen ieder verkrijgt, eventueel na aftrek van zijn aandeel in de volgens deze wet voor aftrek in aanmerking komende schulden, legaten en lasten.

Grondslag heffing schenkbelasting **2.** De schenkbelasting wordt geheven van hetgeen de begiftigde verkrijgt, eventueel na aftrek van aan de schenking verbonden lasten en verplichtingen, waardoor hetzij de schenker, hetzij een derde wordt gebaat.

Art. 6

Verkrijging uit huwelijksgemeenschap Al wat een in gemeenschap gehuwde, tengevolge van de door de erfgenamen van zijn echtgenoot gedane afstand van de gemeenschap, geniet, wordt hij, voor de toepassing van deze wet, geacht krachtens erfrecht door het overlijden van zijn echtgenoot te verkrijgen.

Art. 7

Verrekening betaalde bedragen **1.** De waarde van hetgeen de verkrijger voor zijn verkrijging heeft opgeofferd of van hetgeen door de erflater ten laste van de verkrijger werd bedongen, strekt in mindering van de waarde welke op grond van de artikelen 8, 10, 11 en 13, tweede lid, in aanmerking wordt genomen voor de erfbelasting, maar niet verder dan tot nihil.

2. De overdrachtsbelasting, voor zover deze niet heeft geleid tot toepassing van artikel 13 van de Wet op belastingen van rechtsverkeer, en de schenkbelasting, betaald ter zake van de in aanmerking genomen waarde, bedoeld in het eerste lid, strekken in mindering van de belasting die verschuldigd is ten gevolge van de in het eerste lid bedoelde artikelen.

3. De bedragen die ten gevolge van het eerste en tweede lid in mindering strekken, worden vermeerderd met een enkelvoudige rente naar het in artikel 21, veertiende lid, bedoelde percentage van de dag van betaling van die bedragen tot en met de dag van het overlijden ten gevolge waarvan de verkrijging op grond van de artikelen 8, 10, 11 en 13, tweede lid, geacht wordt plaats te vinden.

Art. 8

1. Goederen, niet zijnde registergoederen, welke - of waarvan de daarop betrekking hebbende bewijsstukken - bij het overlijden onder de overledene berustten of voor hem door anderen werden bewaard of bezeten, worden, voor de toepassing van deze wet, geacht krachtens erfrecht door het overlijden te zijn verkregen door hem, aan wie die goederen of die bewijsstukken moeten worden afgegeven.

Verkrijging bij overledene in bezit zijnde roerende goederen

2. Indien en voor zover de goederen reeds vóór het overlijden aan anderen toebehoorden, kan op de in het vorige lid bedoelde verkrijging de verplichting tot afgifte in mindering worden gebracht.

3. Wat is schuldig erkend bij uiterste wil, wordt voor de toepassing van deze wet geacht krachtens erfrecht door het overlijden te zijn verkregen.

4. De in de voorgaande leden vervatte bepalingen zijn niet toepasselijk voor goederen, bewijsstukken of schuldigerkenningen:

Uitzonderingen

1°. welke de overledene, tengevolge van de uitoefening van een beroep of bedrijf, onder zich had voor iemand, niet behorende tot zijn bloed- of aanverwanten tot de vierde graad ingesloten of hun partners;

2°. welke de overledene onder zich had als openbaar ambtenaar, als ouder uitoefenende het ouderlijk gezag, als voogd, als curator, als executeur of door de rechter benoemde vereffenaar van een nalatenschap of als bewindvoerder in de gevallen waarin deze als zodanig volgens een uitdrukkelijke wetsbepaling is aangesteld of bij verdeling van een gemeenschap is benoemd;

3°. welke bij het overlijden verblijven aan deelgenoten, ingevolge een overeenkomst tussen de overledene en die deelgenoten gesloten;

4°. welke toebehoren aan de partner;

5°. welke reeds tijdens het leven van de erflater bestonden en rechstens afdwingbaar waren.

5. De bepalingen van dit artikel zijn mede toepasselijk op de daarin bedoelde goederen, bewijsstukken of schuldigerkenningen, berustende onder of bewaard of bezeten voor de in algehele gemeenschap van goederen gehuwde echtgenoot van de overledene.

Art. 9

1. Geldvorderingen die zijn ontstaan als gevolg van een verkrijging krachtens erfrecht worden ongeacht de hoogte van de rente die zij op grond van een uiterste wilsbeschikking of op grond van een rentevaststelling als bedoeld in artikel 1, derde lid, dragen, in aanmerking genomen voor ten hoogste de nominale waarde.

Waardering geldvordering

2. Ingeval een geldvordering als bedoeld in het eerste lid ten gevolge van of na het overlijden van de schuldenaar opeisbaar wordt, onderscheidenlijk tijdens het leven van de schuldenaar opeisbaar wordt of wordt afgelost, en deze vordering op grond van een uiterste wilsbeschikking of op grond van een rentevaststelling als bedoeld in artikel 1, derde lid, een rentebestanddeel bevat dat hoger is dan indien de vordering een samengestelde rente had gedragen naar het percentage, bedoeld in artikel 21, veertiende lid, wordt het deel van de rente dat uitgaat boven de rente die bij het hiervoor bedoelde percentage zou zijn opgebouwd, zonodig in afwijking van artikel 1, derde lid, voor de toepassing van deze wet geacht door de schuldeiser krachtens erfrecht, onderscheidenlijk krachtens schenking te zijn verkregen van de schuldenaar.

3. In afwijking van het tweede lid wordt het deel van de rente, bedoeld in dat lid, dat wordt betaald door de uitoefening van een wilsrecht als bedoeld in de artikelen 19 of 21 van Boek 4 van het Burgerlijk Wetboek, bij het overlijden van de langstlevende ouder of stiefouder, bedoeld in die artikelen, geacht krachtens erfrecht van die ouder of stiefouder te zijn verkregen. Op het moment dat de ouder of stiefouder afziet van het vruchtgebruik, bedoeld in de artikelen 19 of 21 van Boek 4 van het Burgerlijk Wetboek, dan wel daarvan afstand doet, is het bepaalde in de eerste volzin niet of niet langer van toepassing en wordt de in de eerste volzin bedoelde rente geacht krachtens schenking van de langstlevende ouder of stiefouder te zijn verkregen.

Art. 10

1. Al wat iemand ten koste van het vermogen van de erflater heeft verkregen in verband met een rechtshandeling of een samenstel van rechtshandelingen waarbij de erflater of diens echtgenoot partij was, en alle goederen waarop de erflater ten laste van zijn vermogen een vruchtgebruik heeft verworven, worden geacht krachtens erfrecht door overlijden te zijn verkregen, indien:

Verkrijging genotsrechten

B52 art. 11 Successiewet 1956

a. de erflater in verband daarmee tot aan zijn overlijden of een daarmee verband houdend tijdstip het genot heeft gehad van een vruchtgebruik of een periodieke uitkering, en
b. het vruchtgebruik onderscheidenlijk de periodieke uitkering ten laste is gekomen van de verkrijger.

2. In afwijking van artikel 7, eerste lid, wordt op de waarde van hetgeen op grond van het eerste lid voor de erfbelasting in aanmerking wordt genomen, geen aftrek toegelaten voor vruchtgebruik voor zover dat middellijk of onmiddellijk door de erflater is genoten.

Betaling

3. Voor de toepassing van dit artikel wordt de erflater geacht een genot van een vruchtgebruik te hebben gehad van de in het eerste lid bedoelde goederen indien hij tegenover het genot dat hij van de goederen heeft aan degene ten laste van wie dat genot komt niet jaarlijks daadwerkelijk een bedrag betaalt dat ten minste gelijk is aan het percentage, bedoeld in artikel 21, veertiende lid, van de waarde van de goederen in onbezwaarde staat.

4. Dit artikel is niet van toepassing indien:
a. de verkrijger niet is de partner van de erflater, noch behoort tot diens bloed- of aanverwanten tot en met de vierde graad of hun partners, of
b. het genot van het vruchtgebruik of de periodieke uitkering voor de erflater meer dan 180 dagen vóór zijn overlijden is geëindigd.

5. Dit artikel is niet van toepassing voor zover het genot, bedoeld in het eerste lid, betrekking heeft op een onderbeedelingsvordering die is ontstaan als gevolg van een verdeling van de volle eigendom van goederen en voor zover het nominale bedrag van de met de onderbeedelingsvordering corresponderende overbedelingsschuld niet groter is dan de waarde van de overbedeling.

6. Dit artikel is niet van toepassing indien het vruchtgebruik, bedoeld in het eerste lid, bestaat uit een vruchtgebruik van een geldsom dat is ontstaan doordat bij een legaat tegen inbreng van die geldsom, de inbreng op basis van een testamentaire bepaling schuldig is gebleven. De eerste volzin is niet van toepassing voor zover de schuldig gebleven inbreng direct of indirect verband houdt met de verkrijging door de erflater van een vruchtgebruik dat ten gevolge van het overlijden van de erflater teniet gaat.

7. Voor de toepassing van dit artikel wordt niet als een rechtshandeling in de zin van dit artikel aangemerkt:
a. de overdracht van de blote eigendom als gevolg van de uitoefening van een wilsrecht als bedoeld in de artikelen 19 of 21 van Boek 4 van het Burgerlijk Wetboek;
b. een schuldigerkenning op grond van een wilsrecht opgenomen in Boek 4 van het Burgerlijk Wetboek.

8. Indien bij iemand ten aanzien van wie dit artikel zou zijn toegepast indien hij ten tijde van het overlijden van de erflater nog in leven zou zijn geweest, artikel 7 van toepassing zou zijn geweest, vindt ten aanzien van zijn rechtsopvolgers krachtens erfrecht laatstgenoemd artikel toepassing naar rato van hun verkrijging op grond van dit artikel.

9. Het eerste lid is mede van toepassing indien tot het vermogen van de erflater een of meer als gevolg van een uiterste wil ontstane schulden behoren, voor zover de nominale waarde van die schuld, onderscheidenlijk die schulden, meer bedraagt dan de waarde van hetgeen die erflater krachtens erfrecht heeft verkregen van degene die de uiterste wil heeft opgemaakt. Voor de bepaling van de laatstbedoelde waarde worden de in de eerste volzin bedoelde schulden buiten beschouwing gelaten.

Art. 11

Verkrijging krachtens bij overeenkomst gesloten verblijvingsbeding

1. Indien het aandeel van een persoon in goederen ten gevolge van een vennootschapsovereenkomst bij zijn leven hetzij verblijft of kan worden toegedeeld aan, hetzij kan worden overgenomen door de deelgenoten of één of meer van hen, wordt het verbleven, toegedeelde of overgenomen aandeel voor de toepassing van deze wet geacht krachtens schenking te zijn verkregen. Het in de vorige volzin bepaalde is van overeenkomstige toepassing op goederen waaromtrent een vennootschapsovereenkomst is gesloten krachtens welke die goederen van de rechthebbende zullen toebehoren aan of kunnen worden overgenomen door de overige contractanten of één of meer van hen.

2. Indien het aandeel van een erflater in goederen ten gevolge van een overeenkomst bij zijn overlijden hetzij verblijft of kan worden toegedeeld aan, hetzij kan worden overgenomen door de deelgenoten of één of meer van hen, wordt het verbleven, toegedeelde of overgenomen aandeel voor de toepassing van deze wet geacht krachtens erfrecht door het overlijden te zijn verkregen. Het in de vorige volzin bepaalde is van overeenkomstige toepassing op goederen waaromtrent een overeenkomst is gesloten krachtens welke die goederen bij overlijden van de rechthebbende zullen toebehoren aan of kunnen worden overgenomen door de overige contractanten of één of meer van hen, alsmede op goederen waaromtrent de erflater een verplichting tot levering is aangegaan en de levering plaatsvindt bij overlijden of een daarmee verband houdend tijdstip.

Schuldigerkenning en kwijtschelding

3. Al wat is schuldig erkend of kwijtgescholden onder voorwaarde van overleving van degene aan wie is schuldig erkend of kwijtgescholden, wordt voor de toepassing van deze wet geacht krachtens erfrecht door het overlijden te zijn verkregen.

4. Hetgeen aan de langstlevende echtgenoot, krachtens een bij huwelijksvoorwaarden gemaakt en van het overlijden van de eerststervende afhankelijk beding, bij dat overlijden meer toekomt dan de helft der gemeenschap of, in geval van een verrekenbeding of deelgenootschap, meer toekomt dan volgens de wettelijke regeling het geval zou zijn, wordt voor de toepassing van deze wet geacht krachtens erfrecht door het overlijden van de eerststervende te zijn verkregen.

5. Het eerste en het tweede lid zijn uitsluitend van toepassing indien de verkrijger de partner is van de schenker of de erflater of behoort tot diens bloed- of aanverwanten tot en met de vierde graad of hun partners.

Art. 12

1. Al wat binnen 180 dagen aan het overlijden voorafgegaan is geschonken door een erflater, die ten tijde van dat overlijden in Nederland woonde, wordt, voor de regeling van de erfbelasting, geacht krachtens erfrecht door het overlijden te zijn verkregen. Al wat wordt verkregen krachtens een schenking die tot stand is gekomen na het overlijden van de schenker, wordt voor de toepassing van deze wet geacht krachtens erfrecht door het overlijden te zijn verkregen.

2. Artikel 7, tweede lid, is van overeenkomstige toepassing.

3. Het in het eerste lid, eerste volzin, bepaalde is niet toepasselijk op schenkingen:
1°. als bedoeld in artikel 33, onderdelen 1°, 2°, 3°, 8°, 9°, 11° en 12° en, voor zover het een schenking betreft waarvoor de verhoogde vrijstelling geldt, 5° en 7°;
2°. waarvan de schenkbelasting is kwijtgescholden op grond van artikel 67.

Art. 13

1. Al wat ten gevolge van of na het overlijden van een erflater wordt verkregen krachtens een overeenkomst van levensverzekering, ongevallenverzekering daaronder begrepen, of krachtens een derdenbeding, wordt voor de toepassing van deze wet geacht krachtens erfrecht door het overlijden te zijn verkregen, voor zover de verkrijging kan worden toegerekend aan een onttrekking aan het vermogen van de erflater, behoudens voor zover bij de verkrijger de aan die onttrekking ontleende rechten reeds voor het overlijden van de erflater aan de heffing van schenk- of erfbelasting waren onderworpen.

2. Indien de erflater bij een overeenkomst van levensverzekering verzekerde is en de erflater, diens partner of een van diens bloed- of aanverwanten tot en met de vierde graad of hun partners bij die overeenkomst als verzekeraar is opgetreden, wordt voor de toepassing van het eerste lid een verkrijging krachtens die overeenkomst van levensverzekering geacht volledig aan het vermogen van de erflater te zijn onttrokken.

Art. 13a

1. Indien aandelen in of winstbewijzen van een vennootschap welker kapitaal geheel of ten dele in aandelen is verdeeld in waarde zijn gestegen door het overlijden van de erflater en deze aandelen of winstbewijzen worden gehouden door een ander dan de erflater, worden deze geacht door de houder krachtens erfrecht te zijn verkregen, waarbij deze aandelen of winstbewijzen voor het bedrag van de bedoelde waardestijging in aanmerking worden genomen.

2. Het eerste lid vindt slechts toepassing indien:
a. de aandelen of winstbewijzen behoren tot een aanmerkelijk belang in de zin van afdeling 4.3 van de Wet inkomstenbelasting 2001, en
b. de houder van de aandelen of winstbewijzen de partner van de erflater is of behoort tot diens bloed- of aanverwanten tot en met de vierde graad of hun partners.

3. Bij het bepalen van de in het eerste lid bedoelde waardestijging blijven buiten aanmerking verplichtingen die in verband met het overlijden van de erflater ontstaan, voorzover deze middellijk of onmiddellijk een waardedrukkend effect hebben op de waarde van de aandelen of winstbewijzen, behoudens voorzover deze verplichtingen leiden tot verkrijgingen die ten gevolge van het overlijden van de erflater op grond van deze wet in de heffing worden betrokken of zijn vrijgesteld.

4. Indien een verplichting die ingevolge het derde lid buiten aanmerking blijft, aanleiding geeft tot inkomsten die bij een in het eerste lid bedoelde houder op grond van de Wet inkomstenbelasting 2001 in de heffing worden betrokken, wordt de door de houder daarover verschuldigde inkomstenbelasting in mindering gebracht op de bij de houder in aanmerking te nemen waardestijging.

5. Voor de toepassing van dit artikel zijn de artikelen 4.3 tot en met 4.5a van de Wet inkomstenbelasting 2001 van overeenkomstige toepassing.

Art. 14

Opzegging van een beperkt recht wordt voor de toepassing van deze wet gelijkgesteld met verkrijging van dat recht door degene, ten behoeve van wie de opzegging heeft plaatsgehad.

Art. 15

1. Van een geldlening die geen rente draagt, of een rente draagt die lager is dan het percentage, bedoeld in artikel 21, veertiende lid, en welke lening rechtens dan wel in feite direct opeisbaar is of dat op enig moment wordt, wordt de schuldeiser vanaf de dag waarop de lening opeisbaar wordt voor de toepassing van deze wet geacht van dag tot dag een vruchtgebruik aan de schuldenaar te hebben geschonken.

Schenking kort voor overlijden

Uitzonderingen

Verkrijging uit levensverzekering/derdenbeding

Verkrijging aandelen krachtens erfrecht

Aangewezen aandelen

Omvang waardestijging

Verrekening IB

Opzegging van beperkt recht

Direct opeisbare lening tegen geen of te lage rente

B52 *art. 16* **Successiewet 1956**

2. Het eerste lid is uitsluitend van toepassing op een geldlening die direct of indirect aan een natuurlijk persoon is verstrekt door een natuurlijk persoon die daarbij niet handelt in de uitoefening van zijn beroep of bedrijf.

Art. 16

Vererving van afgescheiden particulier vermogen

1. De bezittingen en de schulden van een afgezonderd particulier vermogen als bedoeld in artikel 2.14a, tweede lid, van de Wet inkomstenbelasting 2001, die tot het overlijden van een erflater ingevolge dat artikel zijn toegerekend aan die erflater, en met ingang van zijn overlijden aan zijn erfgenamen, worden voor de toepassing van deze wet en de daarop berustende bepalingen geacht door die erfgenamen krachtens erfrecht te zijn verkregen en wel per erfgenaam voor het deel dat ingevolge dat artikel aan de erfgenaam wordt toegerekend. De eerste volzin is van overeenkomstige toepassing met betrekking tot bezittingen en schulden als bedoeld in artikel 2.14a, zevende lid, van de Wet inkomstenbelasting 2001 die zonder toepassing van dat lid tot het overlijden van de erflater zouden zijn toegerekend aan die erflater, en met ingang van zijn overlijden aan zijn erfgenamen.

2. Onder hetgeen krachtens erfrecht wordt verkregen, wordt voor de toepassing van deze wet en de daarop berustende bepalingen mede verstaan het ten gevolge van het overlijden van een erflater verkrijgen van een in rechte vorderbare aanspraak op een afgezonderd particulier vermogen als bedoeld in artikel 2.14a van de Wet inkomstenbelasting 2001.

3. Bij ministeriële regeling kunnen regels worden gesteld ter zake van de in dit artikel bedoelde verkrijging.

(Zie ook: art. 4a - UitvReg IB 2001)

Art. 17

Schenking door afgescheiden particulier vermogen

1. Al wat wordt verkregen van een afgezonderd particulier vermogen als bedoeld in artikel 2.14a, tweede lid, van de Wet inkomstenbelasting 2001, op andere wijze dan bedoeld in artikel 16, wordt voor de toepassing van deze wet en de daarop berustende bepalingen, geacht door schenking te zijn verkregen van de persoon of personen waaraan de bezittingen en schulden van het afgezonderd particulier vermogen ingevolge artikel 2.14a van de Wet inkomstenbelasting 2001 worden toegerekend. De eerste volzin is van overeenkomstige toepassing met betrekking tot al wat wordt verkregen, op andere wijze dan bedoeld in artikel 16, ten laste van bezittingen als bedoeld in artikel 2.14a, zevende lid, van de Wet inkomstenbelasting 2001, met dien verstande dat in dat geval wordt geacht te zijn verkregen van de persoon of personen waaraan de bezittingen zonder toepassing van dat lid zouden zijn toegerekend.

2. Bij ministeriële regeling kunnen regels worden gesteld van ter zake van de in dit artikel bedoelde schenking.

(Zie ook: art. 4a UitvReg IB 2001)

Art. 17a

Afzondering van vermogen

Voor de toepassing van deze wet en de daarop berustende bepalingen wordt de afzondering van vermogen, bedoeld in artikel 2.14a van de Wet inkomstenbelasting 2001, niet als verkrijging aangemerkt.

Art. 18

Vruchtgebruik

1. Onder vruchtgebruik worden, voor de toepassing van deze wet, mede verstaan vruchtgenot, gebruik en bewoning, vruchten en inkomsten, jaarlijkse opbrengst en soortgelijke uitkeringen uit daartoe aangewezen goederen.

Periodieke uitkering

2. Onder periodieke uitkering wordt, voor de toepassing van deze wet, behalve de uitkering in geld, mede verstaan elke andere, voortdurende, of op vastgestelde tijdstippen terugkerende, prestatie.

Art. 19

Gelijkstellingen

1. Voor de toepassing van deze wet worden gelijkgesteld:

a. voor de bepaling van aanverwantschap, twee ongehuwde personen die ingevolge artikel 1a als elkaars partners worden aangemerkt, met gehuwden;

b. aanverwanten met bloedverwanten, met dien verstande dat deze gelijkstelling eindigt ingeval het partnerschap dat de aanverwantschap deed ontstaan anders dan door overlijden is geëindigd;

c. pleegkinderen met kinderen die in familierechtelijke betrekking tot de pleegouder staan;

d. kinderen over wie overeenkomstig artikel 253t van Boek 1 van het Burgerlijk Wetboek een ander dan de ouder gezamenlijk met de ouder het ouderlijk gezag uitoefent of heeft uitgeoefend met kinderen die in familierechtelijke betrekking tot die ander staan;

e. kinderen over wie overeenkomstig artikel 282 of 292 van Boek 1 van het Burgerlijk Wetboek de voogdij door twee personen gezamenlijk wordt uitgeoefend of is uitgeoefend met kinderen die tot die personen in familierechtelijke betrekking staan.

Pleegkinderen

2. Als pleegkinderen worden aangemerkt zij, die vóór het tijdstip waarop zij de leeftijd van 21 jaar hebben bereikt dan wel het tijdstip waarop zij vóór die leeftijd in het huwelijk zijn getreden, gedurende ten minste vijf jaren uitsluitend door de pleegouder - dan wel uitsluitend door hem en zijn echtgenoot tezamen - als een eigen kind zijn onderhouden en opgevoed.

Art. 20

1. Voor de regeling van de erfbelasting kunnen van de nalatenschap als lasten slechts worden afgetrokken de kosten van lijkbezorging voor zover zij niet bovenmatig zijn.

2. Onder de kosten van lijkbezorging kunnen worden begrepen de sommen, besproken of uitgekeerd voor de uitvaart van de erflater en de tot een jaar na het overlijden te zijnen behoeve te houden godsdienstige of levensbeschouwelijke plechtigheden.

3. De schulden ten laste van de erflater kunnen slechts worden afgetrokken voor zover zij rechtens afdwingbaar zijn en alsdan behoudens het navolgende:

a. lopende renten en andere periodieke verplichtingen, alsmede zakelijke belastingen, dijk- en polderlasten, molen- en sluisgelden en soortgelijke omslagen zijn slechts aftrekbaar tot en met de dag van het overlijden;

b. belastingschulden kunnen niet worden afgetrokken, voor zover daarvoor ontheffing kan worden verkregen.

4. Rechtsvorderingen tot nakoming van schulden, ten aanzien waarvan ten tijde van het overlijden de verjaringstermijn is verstreken, worden vermoed te zijn verjaard.

5. Op de verkrijging wordt in mindering gebracht de inkomstenbelasting welke de verkrijger verschuldigd kan worden ter zake van:

a. in het verkregen vermogen van een onderneming of een werkzaamheid begrepen reserves in de zin van de Wet inkomstenbelasting 2001;

b. termijnen van verkregen, niet tot het vermogen van een onderneming behorende rechten die ingevolge de Wet inkomstenbelasting 2001 belastbare periodieke uitkeringen en verstrekkingen opleveren (stamrechten);

c. verkregen aandelen, winstbewijzen, bewijzen van deelgerechtigdheid en koopopties als bedoeld in artikel 4.4 van de Wet inkomstenbelasting 2001 die ingevolge die wet tot een aanmerkelijk belang behoren. Artikel 4.5a van de Wet inkomstenbelasting 2001 is van overeenkomstige toepassing.

6. De in het vijfde lid bedoelde belasting wordt gesteld op:

a. 30% van het bedrag van de reserves, voorzover het de oudedagsreserve betreft;

b. 20% van het bedrag van de overige reserves;

c. 30% van de waarde van de stamrechten;

d. 6,25% van de waarde van de aandelen, winstbewijzen, bewijzen van deelgerechtigdheid en koopopties, voorzover deze de verkrijgingsprijs daarvan in de zin van de Wet inkomstenbelasting 2001 overtreft.

7. Voor de toepassing van dit artikel:

a. wordt met de houder van de in het vijfde lid, onderdeel c, genoemde vermogensbestanddelen gelijkgesteld degene die slechts is gerechtigd tot voordelen uit die vermogensbestanddelen en wordt zijn gerechtigdheid aangemerkt als een dergelijk vermogensbestanddeel;

b. is artikel 4.5a van de Wet inkomstenbelasting 2001 van overeenkomstige toepassing.

Hoofdstuk II Bepaling van het belastbaar bedrag

Art. 21

1. Het verkregene wordt in aanmerking genomen naar de waarde welke daaraan op het tijdstip van de verkrijging in het economische verkeer kan worden toegekend.

2. Goederen, verkregen onder de ontbindende voorwaarde van overlijden waarbij zich een opschortende voorwaarde ten gunste van een verwachter aansluit, worden in aanmerking genomen naar de waarde van die goederen als waren zij onvoorwaardelijk verkregen.

3. Voor de effecten die zijn opgenomen in een prijscourant, aangewezen krachtens artikel 5.21 van de Wet inkomstenbelasting 2001, wordt de waarde in het economische verkeer gesteld op de slotnotering die is vermeld in de prijscourant die betrekking heeft op de laatste beursdag voorafgaande aan de dag van de verkrijging.

4. Bij verkrijging door de vervulling van een opschortende voorwaarde welke zich aansluit bij de ontbindende voorwaarde van het overlijden van een eerdere verkrijger, is voor de bepaling van de aard en waarde van het verkregene beslissend het tijdstip waarop het genot voor de verwachter aanvangt.

5. Onroerende zaken die in gebruik zijn als woning, worden in aanmerking genomen naar de volgens hoofdstuk IV van de Wet waardering onroerende zaken voor die onroerende zaken vastgestelde waarde voor het kalenderjaar waarin de verkrijging plaatsvindt dan wel, ingeval de verkrijger daarvoor kiest, voor het op dat kalenderjaar volgende kalenderjaar. Indien de woning deel uitmaakt van een onroerende zaak als bedoeld in artikel 16 van de Wet waardering onroerende zaken, wordt de waarde van de woning gesteld op het gedeelte van de waarde van de onroerende zaak dat kan worden toegerekend aan de woning.

6. Met betrekking tot een woning ter zake waarvan het vijfde lid geen toepassing kan vinden door het ontbreken van een op grond van hoofdstuk IV van de Wet waardering onroerende

B52 art. 24

Successiewet 1956

zaken vastgestelde waarde, wordt de waarde van de woning bepaald met overeenkomstige toepassing van het bepaalde bij of krachtens de artikelen 16 tot en met 18 en 20, tweede lid, van die wet en van het vijfde lid, tweede volzin.

7. Indien zich in het kalenderjaar waarin de verkrijging plaatsvindt, maar op of vóór het moment van de verkrijging, met betrekking tot een onroerende zaak als bedoeld in het vijfde of zesde lid een gebeurtenis voordoet als bedoeld in artikel 18, derde lid, van de Wet waardering onroerende zaken, wordt, in afwijking van het vijfde en zesde lid, de waarde van de onroerende zaak bepaald met overeenkomstige toepassing van het bepaalde bij of krachtens de artikelen 16 tot en met 18 en 20, tweede lid van die wet, naar de staat van die zaak op het moment van de verkrijging.

Verhuurde woning

8. Indien een woning geheel of gedeeltelijk wordt verhuurd en op deze verhuur afdeling 5 van titel 4 van Boek 7 van het Burgerlijk Wetboek van toepassing is, of ingevolge een voor ten minste 12 jaren aangegane pachtovereenkomst wordt verpacht en op deze verpachting titel 5 van Boek 7 van het Burgerlijk Wetboek van toepassing is, wordt de waarde gesteld op een bij algemene maatregel van bestuur vast te stellen, van de huurprijs afhankelijk percentage van het waardegegeven, bedoeld in het vijfde of zesde lid. Een onroerende zaak als bedoeld in de eerste volzin wordt niet voor een lagere waarde in aanmerking genomen dan de waarde, bedoeld in het vijfde of zesde lid, indien deze wordt verkregen door een huurder, onderscheidenlijk een pachter, van die onroerende zaak of zijn partner.

Erfpacht

9. De waarde van een recht van erfpacht op een onroerende zaak die als woning in gebruik is, wordt gesteld op de waarde van die onroerende zaak, berekend volgens het vijfde of zesde lid, verminderd met de overeenkomstig het veertiende lid bepaalde waarde van de canon.

10. In afwijking van het vijfde tot en met zevende lid wordt een woning in aanmerking genomen naar de waarde in het economische verkeer ingeval de waarde in het economische verkeer van de woning als gevolg van een persoonlijke verplichting tot betaling van servicekosten voor diensten die geen betrekking hebben op de woning zelf in belangrijke mate afwijkt van de waarde, bedoeld in het vijfde, zesde of zevende lid.

Bezwaarde verkrijging

11. De waarde van hetgeen onder de last van een vruchtgebruik, een beperkt recht of van een periodieke uitkering wordt verkregen, wordt gesteld op de waarde in onbezwaarde staat, verminderd met de waarde van die last. Met elkaar opvolgende vruchtgebruiken, beperkte rechten en periodieke uitkeringen wordt bij de waardebepaling van de daarmee bezwaarde goederen terstond rekening gehouden.

12. Wat in het economische verkeer als een eenheid pleegt te worden beschouwd, wordt in aanmerking genomen met inachtneming van die omstandigheid.

Onderneming

13. De waarde van een onderneming wordt bepaald alsof de onderneming wordt voortgezet (waarde going concern), maar ten minste op de liquidatiewaarde. De eerste volzin is van overeenkomstige toepassing met betrekking tot de waardering van vermogensbestanddelen die behoren tot een aanmerkelijk belang als bedoeld in afdeling 4.3 van de Wet inkomstenbelasting 2001.

14. Bij algemene maatregel van bestuur worden regels gesteld voor de bepaling van de waarde van een vruchtgebruik, van beperkte rechten en van rechten op en verplichtingen tot periodieke uitkeringen en voor het daarbij te gebruiken percentage.

Waardering geldvordering

15. Een geldvordering als bedoeld in artikel 13, derde lid, van Boek 4 van het Burgerlijk Wetboek alsmede, indien de nalatenschap is verdeeld overeenkomstig artikel 13 van Boek 4 van het Burgerlijk Wetboek, een geldvordering als bedoeld in artikel 80, eerste lid, van Boek 4 van het Burgerlijk Wetboek, wordt in aanmerking genomen als een renteloze vordering, indien daarop het rentepercentage, berekend overeenkomstig het bepaalde in artikel 13, vierde lid, onderscheidenlijk artikel 84 van Boek 4 van het Burgerlijk Wetboek, van toepassing is. De eerste volzin is van overeenkomstige toepassing op de schulden die corresponderen met de aldaar bedoelde geldvorderingen.

Art. 22-23

[Vervallen]

Hoofdstuk III Tarief; berekening van de belasting; vrijstellingen

Art. 24

Tarief

1. De belasting wordt geheven naar het volgende tarief. In dit tarief is in de derde en vierde kolom voor de daarin genoemde verkrijgers het heffingspercentage opgenomen over het gedeelte van de belaste verkrijging, gelegen tussen de daarnaast in de eerste en tweede kolom genoemde bedragen.

Gedeelte van de belaste verkrijging tussen	en	I. indien verkregen door partner of afstammelingen in de rechte lijn$^{1)}$	II. in overige gevallen
€ 0	€ 128.751	10%	30%
€ 128.751 en hoger		20%	40%

^{1} Voor afstammelingen in de tweede of verdere graad bedraagt de belasting het ingevolge deze kolom verschuldigde, vermeerderd met 80% daarvan.

2. De overdrachtsbelasting, voor zover deze niet heeft geleid tot toepassing van artikel 13 van de Wet op belastingen van rechtsverkeer, betaald over het bedrag waarover schenkbelasting verschuldigd is, strekt in mindering van de schenkbelasting.

Art. 25

Verkrijgingen krachtens erfrecht door partners worden voor de berekening van de erfbelasting aangemerkt als verkrijging door één van de partners, bij verschil in graad door degene van hen, die de erflater het naast verwant is.

Verkrijging door partners

Art. 26

1. Partners worden voor de berekening van de schenkbelasting als één en dezelfde persoon aangemerkt. De schenkbelasting wordt alsdan berekend naar de naaste verwantschap tussen de schenker of diens partner en de begiftigde of diens partner.

Schenkbelasting bij partners

2. Indien schenkingen worden gedaan binnen een jaar vóór het huwelijk van de schenkers of van de begiftigden, wordt het huwelijk geacht reeds ten tijde van die schenkingen te hebben bestaan.

3. Het eerste lid is niet van toepassing op schenkingen van een partner aan zijn partner.

Schenking aan partner

Art. 26a

Voor de berekening van de schenkbelasting wordt een verkrijging van een afgezonderd particulier vermogen als bedoeld in artikel 17 geacht te zijn verkregen van de persoon of personen waarop artikel 2.14a van de Wet inkomstenbelasting 2001 voor het desbetreffende afgezonderd particulier vermogen van toepassing is.

Schenkbelasting bij verkrijging van afgezonderd particulier vermogen

Art. 27

De gedurende een kalenderjaar door dezelfde schenker aan dezelfde begiftigde gedane schenkingen worden aangemerkt als deel uitmakend van één schenking ten belope van het gezamenlijke bedrag.

Meerdere schenkingen binnen een jaar

Art. 28

Schenkingen, door ouders tezamen of afzonderlijk gedurende een kalenderjaar aan een kind gedaan, worden aangemerkt als één schenking ten belope van het gezamenlijk bedrag.

Schenkingen aan kinderen binnen een jaar

Art. 29

1. Indien onzekerheid bestaat omtrent de verwantschap of omtrent de persoon van de schenker of van de verkrijger, wordt de maximale belasting geheven, die verschuldigd zou kunnen zijn, behoudens vermindering van de aanslag, voor zover deze naderhand blijkt te hoog te zijn.

Onzekerheid over verwantschap

2. Bestaat de onzekerheid ten aanzien van de persoon van de schenker, dan wordt deze, behoudens tegenbewijs, geacht in Nederland te wonen.

3. Met betrekking tot aanslagen die onder toepassing van dit artikel zijn vastgesteld, geldt de schenker, zolang er onzekerheid bestaat over de persoon van de verkrijger, als belanghebbende als bedoeld in artikel 1:2 van de Algemene wet bestuursrecht.

4. De bepalingen van dit artikel zijn mede toepasselijk, indien de naam of de woonplaats van de schenker of van de begiftigde desgevraagd niet wordt genoemd.

Anonimiteit

Art. 30

1. Het bedrag van de belastingen ondergaat ten gevolge van verwerping of van afstand van rechten geen vermindering. De eerste volzin is niet van toepassing indien op de voet van artikel 18 van Boek 4 van het Burgerlijk Wetboek wordt afgezien van een wettelijke verdeling van de nalatenschap overeenkomstig artikel 13 van Boek 4 van het Burgerlijk Wetboek.

Verwerping of afstand van rechten

2. Bij verwerping door de erfgenamen van een overledene van hetgeen aan deze uit een vroeger opengevallen nalatenschap is opgekomen, wordt ten laste van hen, die ten gevolge van die verwerping verkrijgen, niet minder belasting geheven, dan in totaal verschuldigd zou zijn wegens de verkrijging door de overledene en wegens de overgang van deze op zijn erfgenamen.

3. Indien de verwachters gedurende het leven van de bezwaarde afstand doen van hun recht of dat na zijn dood verwerpen of niet aanvaarden, wordt ten laste van hen, die het bezwaarde

B52 art. 31

goed uit de nalatenschap van de bezwaarde verkrijgen, niet minder belasting geheven, dan zonder die afstand, verwerping of niet aanvaarding verschuldigd zou zijn.

Art. 31

Afstand door bezwaarde

De belasting, verschuldigd wegens de afstand van vermogen verkregen onder een in artikel 21, tweede lid, bedoelde voorwaarde door de bezwaarde aan de echtgenoot of een of meer van de bloed- of aanverwanten tot en met de vierde graad van de verwachter of aan de echtgenoot van één van die verwanten, bedraagt niet minder dan de belasting, verschuldigd wegens de overgang van dat goed van de bezwaarde op de verwachter krachtens de vervulling van de voorwaarde.

Art. 31a

[Vervallen]

Art. 32

Vrijstellingen erfbelasting

1. Van erfbelasting is vrijgesteld, hetgeen wordt verkregen:

1°. door de Staat;

2°. door een provincie, de openbare lichamen Bonaire, Sint Eustatius en Saba of een gemeente in Nederland, zonder bijzondere opdracht of met een opdracht, indien en voor zover deze opdracht aan de making niet het karakter ontneemt van te zijn geschied in het algemeen belang;

3°. door een algemeen nut beogende instelling, voor zover aan de verkrijging niet een opdracht is verbonden, welke aan de verkrijging het karakter ontneemt van te zijn geschied in het algemeen belang;

4°. door de hierna genoemde personen tot de daarachter vermelde bedragen:

a. partner: € 671.910;

b. kinderen die grotendeels op kosten van de overledene werden onderhouden en die ten gevolge van ziekte of gebreken vermoedelijk in de eerstkomende drie jaren buiten staat zullen zijn om met arbeid die voor hun kracht berekend is, de helft te verdienen van hetgeen lichamelijk en geestelijk gezonde personen van gelijke leeftijd in staat zijn aan inkomen uit arbeid te verwerven: € 63.836;

c. kinderen voor wie de onder b bedoelde vrijstelling niet van toepassing is: € 21.282;

d. kleinkinderen: € 21.282;

e. ouders: € 50.397;

f. overige verkrijgers: € 2.244;

5°. aan waarde van aanspraken ingevolge een pensioenregeling alsmede aan waarde van lijfrenten;

6°. [vervallen;]

7°. [vervallen;]

8°. door een sociaal belang behartigende instelling, voor zover aan de verkrijging niet een opdracht is verbonden welke aan de verkrijging het karakter ontneemt van te zijn geschied in het sociaal belang;

9°. door een steunstichting SBBI, voor zover aan de verkrijging niet een opdracht is verbonden welke aan de verkrijging het karakter ontneemt van te zijn bestemd voor de realisatie van de doelstelling van de steunstichting;

10°. door een werknemer van de erflater of zijn partner of door een nabestaande van zodanige werknemer, voor zover het verkregene kan worden beschouwd als de voldoening aan een ter zake van de verrichte arbeid bestaande natuurlijke verbintenis als is bedoeld in artikel 3 van Boek 6 van het Burgerlijk Wetboek.

Voor zover een verkrijging van een nabestaande van de werknemer aan periodieke uitkeringen ingevolge deze bepaling is vrijgesteld van erfbelasting, wordt zij, voor de toepassing van deze wet, beschouwd als een aan de werknemer toe te rekenen bevoordeling krachtens een ten behoeve van de verkrijger gemaakt beding;

11°. aan nog niet vorderbare termijnen van renten, van uitkeringen, van bezoldigingen en van andere inkomsten.

Aanspraken pensioenregeling

2. De waarde van aanspraken ingevolge een pensioenregeling – andere dan die ingevolge de Algemene Ouderdomswet en de Algemene nabestaandenwet –, van lijfrenten alsmede van aanspraken op periodieke uitkeringen bij overlijden welke door een partner ten gevolge van het overlijden worden verkregen en hetzij van erfbelasting zijn vrijgesteld ingevolge het eerste lid, onder 5°, hetzij naar hun aard niet krachtens deze wet belastbaar zijn, strekt voor de helft in mindering van het in het eerste lid, onder 4°, onderdeel a, bedoelde bedrag, met dien verstande dat na deze korting de vrijstelling niet minder bedraagt dan € 173.580. Voor zover de omvang van de in de eerste volzin bedoelde aanspraken wordt bepaald met toepassing van artikel 13, wordt de verkrijging van deze aanspraken voor de toepassing van dit lid, geacht geheel te kunnen worden toegerekend aan een onttrekking aan het vermogen van de erflater.

Pensioenregeling

3. Onder pensioenregeling wordt voor de toepassing van deze wet verstaan een pensioenregeling als bedoeld in artikel 1.7, tweede lid, van de Wet inkomstenbelasting 2001 of een nettopensioenregeling als bedoeld in artikel 5.17 van die wet.

Lijfrenten

4. Onder lijfrenten worden verstaan lijfrenten als bedoeld in artikel 3.125 van de Wet inkomstenbelasting 2001, welke zijn verzekerd bij een verzekeraar als bedoeld in artikel 3.126 van die wet, alsmede aanspraken op tegoeden van lijfrenterekeningen of waarden van lijfrentebeleggingsrechten als bedoeld in artikel 3.126a van die wet, voorzover de terzake voldane premies respectievelijk de overgemaakte bedragen voor de heffing van de inkomstenbelasting als uitgaven voor inkomensvoorzieningen in aftrek konden worden gebracht, alsmede nettolijfrenten als bedoeld in artikel 5.16 van die wet.

Art. 32a

[Vervallen]

Art. 33

Van schenkbelasting is vrijgesteld, hetgeen wordt verkregen:

1°. van:

a. de Koning;

b. de vermoedelijke opvolger van de Koning;

c. de Koning die afstand van het koningschap heeft gedaan;

d. de echtgenoot of echtgenote van de Koning, de echtgenoot of echtgenote van de vermoedelijke opvolger van de Koning of de echtgenoot of echtgenote van de Koning die afstand van het koningschap heeft gedaan;

uit hoofde van hun functie en hoedanigheid;

2°. door de Staat, of van de Staat, een provincie, de openbare lichamen Bonaire, Sint Eustatius en Saba of gemeente;

3°. door een provincie of gemeente in Nederland, zonder bijzondere opdracht of met een opdracht, indien en voor zover deze opdracht aan de schenking niet het karakter ontneemt van te zijn geschied in het algemeen belang;

4°. door een algemeen nut beogende instelling, voor zover aan de verkrijging niet een opdracht is verbonden, welke aan de verkrijging het karakter ontneemt van te zijn geschied in het algemeen belang;

5°. door een kind van de ouders, tot een bedrag van € 6.604, met dien verstande dat dit bedrag voor een kind tussen 18 en 40 jaar voor één kalenderjaar wordt verhoogd, mits op deze verhoogde vrijstelling in de aangifte een beroep wordt gedaan, tot een bedrag van:

a. € 26.881;

b. € 55.996, onder bij ministeriële regeling te stellen voorwaarden, indien het bedrag is bestemd voor de betaling van kosten van een studie of de opleiding voor een beroep ten behoeve van dat kind en deze kosten aanzienlijk hoger zijn dan gebruikelijk, of;

c. € 105.302, onder bij ministeriële regeling te stellen voorwaarden, indien het bedrag een schenking ten behoeve van een eigen woning betreft;

6°. [vervallen;]

7°. in alle andere gevallen: € 3.244, met dien verstande dat dit bedrag voor iemand tussen 18 en 40 jaar voor één kalenderjaar, onder bij ministeriële regeling te stellen voorwaarden, wordt verhoogd tot een bedrag van € 105.302 indien het een schenking ten behoeve van een eigen woning betreft en mits op deze vrijstelling in de aangifte een beroep wordt gedaan;

8°. door iemand, die niet in staat is zijn schulden te betalen, indien en voor zover het verkregene strekt om de begiftigde daartoe in staat te stellen;

9°. door iemand te wiens laste over die verkrijging inkomstenbelasting of een voorheffing van die belasting wordt geheven;

10°. van een algemeen nut beogende instelling, voor zover de uitkeringen geheel of nagenoeg geheel het karakter hebben van te zijn geschied in het algemeen belang;

11°. door een rechtspersoon, welke uitsluitend of nagenoeg uitsluitend ten doel heeft de bevordering van de materiële en geestelijke belangen van de werknemers in het bedrijf van de schenker, dan wel in de bedrijven van de schenker en anderen, of van de nabestaanden van die werknemers;

12° indien en voor zover de schenking heeft gestrekt tot voldoening aan een natuurlijke verbintenis als is bedoeld in artikel 3 van Boek 6 van het Burgerlijk Wetboek. Voor zover een ingevolge deze bepaling van schenkbelasting vrijgestelde verkrijging haar grond vindt in de voldoening aan een natuurlijke verbintenis als is bedoeld in de vorige volzin tot verzorging na het overlijden van de schuldenaar - de omzetting van zodanige verbintenis in een rechtens afdwingbare daaronder begrepen - wordt zij geacht krachtens erfrecht door het overlijden te zijn verkregen. Voor zover een schenking van een periodieke uitkering door een werkgever of zijn echtgenoot of door een pensioenfonds aan een nabestaande van een werknemer ingevolge deze bepaling is vrijgesteld van schenkbelasting, wordt zij, voor de toepassing van deze wet, beschouwd als een aan de werknemer toe te rekenen bevoordeling krachtens een ten behoeve van de verkrijger gemaakt beding;

13°. door een sociaal belang behartigende instelling, voor zover aan de verkrijging niet een opdracht is verbonden welke aan de verkrijging het karakter ontneemt van te zijn geschied in het sociaal belang;

Vrijstellingen schenkbelasting

$14°$. door een steunstichting SBBI, voor zover aan de verkrijging niet een opdracht is verbonden welke aan de verkrijging het karakter ontneemt van te zijn bestemd voor de realisatie van de doelstelling van de steunstichting.

(Zie ook: art. 5, t/m 6 Art UitvReg SEB)

Art. 33a

Schenking t.b.v. eigen woning

1. Voor de toepassing van artikel 33, onderdelen $5°$ en $7°$, wordt, met inachtneming van bij ministeriële regeling te stellen voorwaarden, onder een schenking ten behoeve van een eigen woning verstaan:

a. een schenking van een woning die voor de verkrijger een eigen woning is als bedoeld in artikel 3.111, eerste of derde lid, van de Wet inkomstenbelasting 2001;

b. een schenking van een bedrag ter zake van de verwerving van een woning als bedoeld in onderdeel a;

c. een schenking van een bedrag ter zake van de kosten voor verbetering of onderhoud van een woning als bedoeld in onderdeel a;

d. een schenking van een bedrag ter zake van de afkoop van rechten van erfpacht, opstal of beklemming met betrekking tot een woning als bedoeld in onderdeel a;

e. een schenking van een bedrag voor de aflossing van een eigenwoningschuld als bedoeld in artikel 3.119a van de Wet inkomstenbelasting 2001 of voor de aflossing van een schuld die de verkrijger had op het moment direct voorafgaand aan een vervreemding van een eigen woning voor zover deze schuld heeft geleid tot een negatief vervreemdingssaldo eigen woning als bedoeld in artikel 3.119aa van die wet.

2. Een verkrijger die in een kalenderjaar de verhoogde vrijstelling, bedoeld in artikel 33, onderdeel $5°$, onder c, of onderdeel $7°$, slechts gedeeltelijk heeft benut, kan, in afwijking van artikel 33, onderdeel $5°$, onderscheidenlijk onderdeel $7°$, van dezelfde schenker ontvangen schenkingen ten behoeve van een eigen woning als bedoeld in het eerste lid, tot ten hoogste het onbenutte gedeelte gespreid over een direct op dat kalenderjaar volgende periode van ten hoogste twee kalenderjaren, onder bij ministeriële regeling te stellen voorwaarden, alsnog ten laste van de verhoogde vrijstelling brengen voor zover de schenkingen plaatsvinden in de periode dat de verkrijger niet ouder dan 39 jaar is en mits ter zake van de schenkingen op de vrijstelling in de aangifte een beroep wordt gedaan.

3. Ingeval in de aangifte een beroep is gedaan op de vrijstelling, bedoeld in artikel 33, onderdeel $5°$, onder c, of onderdeel $7°$, voor een schenking als bedoeld in het eerste en tweede lid, wordt de in artikel 11, derde lid, van de Algemene wet inzake rijksbelastingen vermelde termijn van drie jaren verlengd met twee jaren.

Art. 34

Delegatie

Wij behouden Ons voor bij algemene maatregel van bestuur regelen te stellen, ten doel hebbende te bevorderen, dat het vermogen van de in artikel 33, onder $11°$, bedoelde rechtspersonen blijvend wordt aangewend voor door die rechtspersonen beoogde doel; bij niet-naleving van deze regelen blijft gemelde vrijstellingsbepaling buiten toepassing.

Art. 35

[Vervallen]

Art. 35a

Inflatiecorrectie

1. Met betrekking tot de in de artikelen 24, 32, eerste lid, onderdeel $4°$, en tweede lid, 33, onderdelen $5°$ en $7°$, en 35b, eerste lid, vermelde bedragen zijn de artikelen 10.1 en 10.2 van de Wet inkomstenbelasting 2001 van overeenkomstige toepassing.

2. De vervangende bedragen zijn van toepassing, indien het overlijden, de schenking of de in artikel 45, derde lid, tweede zin, of in artikel 53, eerste lid, bedoelde gebeurtenis plaatsvindt op of na 1 januari van het jaar waarvoor de vervanging geldt, zo mede indien op of na 1 januari van dat jaar krachtens schenking wordt verkregen ten gevolge van de vervulling van een voorwaarde.

Hoofdstuk IIIA Bedrijfsopvolging

Art. 35b

Voorwaardelijke vrijstelling

1. Indien tot de verkrijging ondernemingsvermogen behoort als bedoeld in artikel 35c, dat wordt verkregen in het kader van een bedrijfsopvolging als bedoeld in het vijfde lid, wordt op verzoek van de verkrijger een voorwaardelijke vrijstelling verleend van:

a. indien de totale waarde van het ondernemingsvermogen van de objectieve onderneming waarop de verkrijging betrekking heeft € 1.119.845 niet te boven gaat: 100%;

b. in alle overige gevallen:

$1°$. indien de liquidatiewaarde van het ondernemingsvermogen van de objectieve onderneming waarop de verkrijging betrekking heeft hoger is dan de waarde going concern: 100 percent van het verschil tussen liquidatiewaarde en lagere waarde going concern;

2°. voor zover de totale waarde van het ondernemingsvermogen van de objectieve onderneming waarop de verkrijging betrekking heeft, na toepassing van hetgeen is bepaald onder 1°, € 1.119.845 niet te boven gaat: 100%, en

3°. voor zover de totale waarde van het ondernemingsvermogen van de objectieve onderneming waarop de verkrijging betrekking heeft, na toepassing van hetgeen is bepaald onder 1°, € 1.119.845 te boven gaat: 83%.

Bij ministeriële regeling worden regels gesteld met betrekking tot hetgeen voor de toepassing van dit artikel wordt verstaan onder een objectieve onderneming. Daarbij kan worden bepaald in hoeverre tot die objectieve onderneming tevens worden gerekend vermogensbestanddelen die worden ter beschikking gesteld aan een samenwerkingsverband en vermogensbestanddelen als bedoeld in artikel 35c, eerste lid, onderdeel d.

2. Op verzoek van de verkrijger wordt voorts de waarde van het verkregen ondernemingsvermogen na aftrek van het bedrag van de voorwaardelijke vrijstelling aangemerkt als geconserveerde waarde, dit met het oog op de toepassing van artikel 25, twaalfde lid, van de Invorderingswet 1990.

3. De belasting over de geconserveerde waarde wordt bepaald op het verschil tussen de belasting over de belaste verkrijging en de belasting over de belaste verkrijging verminderd met deze geconserveerde waarde.

4. Indien het ondernemingsvermogen is verkregen onder een last of tegen een tegenprestatie, wordt voor de toepassing van dit artikel die last of tegenprestatie niet in mindering gebracht op de waarde van het verkregen ondernemingsvermogen.

5. Voor de toepassing van dit hoofdstuk en de daarop berustende bepalingen wordt onder een bedrijfsopvolging verstaan: een verkrijging van ondernemingsvermogen als bedoeld in artikel 35c, van een erflater of schenker die voldoet aan de bezitsttermijn als bedoeld in artikel 35d, mits de verkrijger gedurende vijf jaren voldoet aan het voortzettingvereiste, bedoeld in artikel 35e.

6. Ingeval op enig tijdstip binnen vijf jaren na de verkrijging van het ondernemingsvermogen niet meer of niet meer geheel wordt voldaan aan het voortzettingvereiste, vervalt in zoverre de voorwaardelijke vrijstelling.

7. De verzoeken, bedoeld in het eerste en tweede lid, worden gelijktijdig met de aangifte gedaan. *(Zie ook: art. 7 UitvReg SEB)*

Art. 35c

1. Voor de toepassing van dit hoofdstuk en de daarop berustende bepalingen wordt onder de verkrijging van ondernemingsvermogen verstaan de verkrijging van:

a. een onderneming als bedoeld in artikel 3.2 van de Wet inkomstenbelasting 2001, of een gedeelte daarvan;

b. een medegerechtigdheid als bedoeld in artikel 3.3, eerste lid, onderdeel a, van de Wet inkomstenbelasting 2001, of een gedeelte daarvan;

c. vermogensbestanddelen die bij de erflater of schenker behoorden tot een aanmerkelijk belang als bedoeld in afdeling 4.3, met uitzondering van artikel 4.10, van de Wet inkomstenbelasting 2001, mits het lichaam waarop het belang betrekking heeft een onderneming drijft als bedoeld in onderdeel a, of een medegerechtigdheid houdt als bedoeld in onderdeel b, en waarbij slechts als ondernemingsvermogen wordt aangemerkt de waarde van deze vermogensbestanddelen voor zover die waarde toerekenbaar is aan:

1°. bedoelde onderneming of medegerechtigdheid, en

2°. het beleggingsvermogen van dat lichaam tot maximaal 5 percent van de ingevolge onder 1° toegerekende waarde;

d. onroerende zaken die bij de erflater of schenker behoorden tot een werkzaamheid als bedoeld in artikel 3.92 van de Wet inkomstenbelasting 2001, mits deze dienstbaar zijn aan de onderneming van een lichaam als bedoeld in onderdeel c, en de verkrijger tegelijkertijd vermogensbestanddelen als bedoeld in onderdeel c, verkrijgt die op dat lichaam betrekking hebben.

2. Het eerste lid, onderdeel b, is met betrekking tot een medegerechtigdheid alleen van toepassing voor zover dit een medegerechtigdheid betreft die een rechtstreekse voortzetting vormt van een eerder door de erflater of schenker gedreven onderneming als bedoeld in artikel 3.2 van de Wet inkomstenbelasting 2001, en de medegerechtigdheid wordt verkregen door een persoon die reeds beherend vennoot is van de onderneming waarop de medegerechtigdheid betrekking heeft, dan wel enig aandeelhouder is van een vennootschap die reeds een zodanig beherend vennoot is.

3. Het eerste lid, onderdeel c, is met betrekking tot een medegerechtigdheid alleen van toepassing voor zover dit een medegerechtigdheid betreft die een rechtstreekse voortzetting vormt van een eerder door de vennootschap gedreven onderneming als bedoeld in artikel 3.2 van de Wet inkomstenbelasting 2001, en de vermogensbestanddelen die bij de erflater of schenker behoorden tot een aanmerkelijk belang worden verkregen door een persoon die reeds beherend vennoot is van de onderneming waarop de medegerechtigdheid betrekking heeft, dan wel enig aandeelhouder is van een vennootschap die reeds een zodanig beherend vennoot is.

Kwalificerend ondernemingsvermogen

Medegerechtigdheid

B52 art. 35d

Successiewet 1956

Preferente aandelen

4. Het eerste lid, onderdeel c, is met betrekking tot preferente aandelen uitsluitend van toepassing, indien:

a. de preferente aandelen een omzetting vormen van een eerder door de erflater of schenker gehouden aanmerkelijk belang van gewone aandelen;

b. de omzetting tot preferente aandelen gepaard is gegaan met het toekennen van gewone aandelen aan een ander;

c. ten tijde van de omzetting tot preferente aandelen de vennootschap waarop de omgezette aandelen betrekking hadden een onderneming dreef als bedoeld in het eerste lid, onderdeel a, of een medegerechtigdheid hield als bedoeld in het eerste lid, onderdeel b, en

d. de verkrijger van de preferente aandelen reeds voor ten minste 5% van het geplaatste kapitaal aandeelhouder is van gewone aandelen als bedoeld in onderdeel b.

Aanmerkelijk belang

5. Ingeval het lichaam waarin de erflater of schenker een aanmerkelijk belang als bedoeld in het eerste lid, onderdeel c, hield, direct of indirect een belang heeft in een ander lichaam, worden voor de toepassing van dit hoofdstuk en de daarop berustende bepalingen de bezittingen en schulden van dat andere lichaam, met inachtneming van de omvang van dat belang, toegerekend aan eerstbedoeld lichaam, mits:

a. de erflater of schenker in dat andere lichaam indirect een aanmerkelijk belang hield als bedoeld in afdeling 4.3 van de Wet inkomstenbelasting 2001, of

b. de erflater of schenker in dat andere lichaam indirect een belang hield van minder dan 5% doch ten minste 0,5% en:

1°. dat belang bij een van zijn rechtsvoorgangers krachtens erfrecht, huwelijksvermogensrecht of schenking een indirect aanmerkelijk belang heeft gevormd als bedoeld in onderdeel a;

2°. dat belang uitsluitend is verwaterd door vererving, overgang krachtens huwelijksvermogensrecht of schenking, en

3°. direct voorafgaande aan de verwatering van dat belang tot beneden de 5% dat andere lichaam een onderneming dreef of een medegerechtigdheid hield als bedoeld in het eerste lid, onderdeel c.

Ingeval het aandelenkapitaal van de vennootschap waarin de erflater of schenker indirect een belang hield uit meerdere soorten aandelen bestaat, geschiedt de toerekening met inachtneming van de waarde in het economische verkeer van die aandelen. Dit lid vindt met betrekking tot indirect gehouden preferente aandelen alleen toepassing indien deze zijn uitgegeven in het kader van een bedrijfsoverdracht die voldoet aan bij ministeriële regeling te stellen voorwaarden.

6. Tot het vermogen van de onderneming, bedoeld in het eerste lid, onderdeel c, onder 1°, wordt niet gerekend een belang in een ander lichaam.

Gelijkstelling onroerende zaak

7. Onder onroerende zaken als bedoeld in het eerste lid, onderdeel d, worden mede verstaan appartementsrechten, rechten van opstal en erfpacht of vruchtgebruik van onroerende zaken, dan wel de economische eigendom, opgevat overeenkomstig artikel 2, tweede lid, van de Wet op belastingen van rechtsverkeer, van onroerende zaken of genoemde rechten.

8. Voor de toepassing van dit hoofdstuk en de daarop berustende bepalingen zijn de artikelen 4.3 tot en met 4.5a van de Wet inkomstenbelasting 2001 van overeenkomstige toepassing.

9. Bij ministeriële regeling kunnen nadere regels worden gesteld met betrekking tot de toepassing van dit artikel.

(Zie ook: art. 7 t/m 10 UitvReg SEB)

Art. 35d

Kwalificerende erflater/schenker

1. Voor de toepassing van dit hoofdstuk en de daarop berustende bepalingen wordt onder een erflater of schenker verstaan een erflater die gedurende één jaar tot het overlijden, onderscheidenlijk een schenker die gedurende vijf jaren tot de schenking:

a. ondernemer was in de zin van artikel 3.4 of artikel 3.5 van de Wet inkomstenbelasting 2001 met betrekking tot de in artikel 35c, eerste lid, onderdeel a, bedoelde onderneming;

b. medegerechtigde was in de zin van artikel 3.3, eerste lid, onderdeel a van de Wet inkomstenbelasting 2001 met betrekking tot de in artikel 35c, eerste lid, onderdeel b, bedoelde medegerechtigdheid;

c. aanmerkelijkbelanghouder was van de vermogensbestanddelen, bedoeld in artikel 35c, eerste lid, onderdeel c, en het lichaam waarop het aanmerkelijk belang betrekking heeft gedurende de in de aanhef bedoelde periode van één jaar, onderscheidenlijk vijf jaren, de daar bedoelde onderneming dreef of de daar bedoelde medegerechtigdheid bezat, en het in artikel 35c, eerste lid, onderdeel c, onder 2°, bedoelde beleggingsvermogen niet in deze periode via een storting in het lichaam is ingebracht;

d. resultaat uit een werkzaamheid genoot met betrekking tot de onroerende zaak, bedoeld in artikel 35c, eerste lid, onderdeel d, en die onroerende zaak gedurende de in de aanhef bedoelde periode van één jaar, onderscheidenlijk vijf jaren, dienstbaar was aan de onderneming van het lichaam, bedoeld in artikel 35c, eerste lid, onderdeel c.

2. Bij ministeriële regeling kunnen nadere regels worden gesteld met betrekking tot de toepassing van dit artikel.

(Zie ook: art. 9 UitvReg SEB)

Art. 35e

1. Een verkrijger voldoet aan het voortzettingsvereiste indien gedurende de periode van vijf jaren, bedoeld in artikel 35b, vijfde lid, zich geen van de hierna genoemde gebeurtenissen voordoet:

a. indien het een verkrijging betreft als bedoeld in artikel 35c, eerste lid, onderdeel a: de verkrijger houdt op uit de onderneming, of een gedeelte daarvan, winst te genieten of gaat ter zake belastbare winst genieten in de zin van artikel 3.3 van de Wet inkomstenbelasting 2001;

b. indien het een verkrijging betreft als bedoeld in artikel 35c, eerste lid, onderdeel b: de verkrijger houdt op uit de verkregen medegerechtigdheid, of een gedeelte daarvan, winst te genieten;

c. indien het een verkrijging betreft van vermogensbestanddelen als bedoeld in artikel 35c, eerste lid, onderdeel c:

1°. de verkrijger vervreemdt vermogensbestanddelen of een gedeelte van de in deze vermogensbestanddelen liggende rechten;

2°. vermogensbestanddelen worden omgezet in preferente aandelen of op andere wijze wordt de aanspraak van de verkregen vermogensbestanddelen op toekomstige winsten of waardeontwikkelingen beperkt, of

3°. het lichaam waarop de vermogensbestanddelen betrekking hebben, houdt op uit de onderneming of de medegerechtigdheid, of een gedeelte daarvan, winst te genieten;

d. indien het een verkrijging betreft als bedoeld in artikel 35c, eerste lid, onderdeel d:

1°. de verkrijger houdt op de onroerende zaak geheel of voor een gedeelte daarvan ter beschikking te stellen aan het in dat lid bedoelde lichaam, of

2°. de onroerende zaak houdt op geheel of voor een gedeelte daarvan dienstbaar te zijn aan de in dat lid bedoelde onderneming.

2. Indien de verkrijger in de periode, bedoeld in het eerste lid, een samenwerkingsverband aangaat, houdt hij voor de toepassing van dit artikel slechts op winst te genieten voor zover zijn gerechtigdheid tot de winst daardoor verder afneemt dan het aandeel in de winst waartoe hij gerechtigd was vóór de verkrijging waarop artikel 35b is toegepast.

3. Voor de toepassing van het eerste lid, onderdeel c, wordt onder vervreemden mede verstaan een handeling of gebeurtenis als bedoeld in artikel 4.16, eerste lid, onderdelen a, b, c, d, e en i, tweede lid, en vijfde lid, van de Wet inkomstenbelasting 2001, ook als deze handeling of gebeurtenis betrekking heeft op vermogensbestanddelen die bij de verkrijger niet tot een aanmerkelijk belang behoren als bedoeld in afdeling 4.3 van de Wet inkomstenbelasting 2001.

4. Het eerste lid, onderdeel c, is van overeenkomstige toepassing op de gewone aandelen van de verkrijger, bedoeld in artikel 35c, vierde lid. Ingeval met betrekking tot de in de eerste volzin bedoelde gewone aandelen niet wordt voldaan aan het eerste lid, onderdeel c, vervalt de voorwaardelijke vrijstelling met betrekking tot de preferente aandelen, bedoeld in artikel 35c, vierde lid, overeenkomstig artikel 35b, zesde lid, naar evenredigheid.

5. Indien zich een van de in het eerste lid bedoelde gebeurtenissen heeft voorgedaan, doet de verkrijger hiervan aangifte binnen acht maanden na die gebeurtenis.

6. Bij ministeriële regeling kunnen nadere regels worden gesteld met betrekking tot de toepassing van dit artikel.

(Zie ook: art. 10 UitvReg SEB)

Art. 35f

1. Indien ten gevolge van de verdeling van de nalatenschap wijziging komt in de gerechtigdheid tot het ondernemingsvermogen, vindt dit hoofdstuk op verzoek van de verkrijger van wie de gerechtigdheid toeneemt, toepassing op basis van de aldus ontstane gerechtigdheid.

2. Het eerste lid is van overeenkomstige toepassing op de verdeling van de huwelijksgoederengemeenschap waarin de erflater was gerechtigd. De vorige volzin is niet van toepassing op de echtgenoot van de erflater.

3. Dit artikel vindt uitsluitend toepassing indien de verdeling van de nalatenschap, onderscheidenlijk de huwelijksgoederengemeenschap heeft plaatsgevonden binnen twee jaren na het overlijden van de erflater.

4. Het verzoek, bedoeld in het eerste en tweede lid, geschiedt door het doen van aangifte binnen acht maanden nadat de in het eerste lid onderscheidenlijk tweede lid bedoelde verdeling heeft plaatsgevonden.

Hoofdstuk IIIb Verkrijging blote eigendom van een eigen woning

Art. 35g

1. Indien krachtens erfrecht de blote eigendom wordt verkregen van een woning die voor de vruchtgebruiker een eigen woning is als bedoeld in artikel 3.111 van de Wet inkomstenbelasting 2001, wordt, met het oog op de toepassing van artikel 25, twintigste lid, van de Invorderingswet 1990, op verzoek van de verkrijger de waarde van de blote eigendom aangemerkt als geconser-

Gebeurtenissen in strijd met voortzettingsvereiste

Samenwerkingsverband

Wijziging in gerechtigdheid

Verkrijging bloot eigendom eigen woning

veerde waarde, voor zover het deel van de verkrijging dat niet bestaat uit de blote eigendom van de woning wordt overschreden door het bedrag van de verschuldigde erfbelasting.

2. De belasting over de geconserveerde waarde wordt bepaald op het verschil tussen de belasting over de belaste verkrijging en de belasting over de belaste verkrijging verminderd met deze geconserveerde waarde.

3. Indien de verkrijging omvat zowel blote eigendom als bedoeld in het eerste lid als ondernemingsvermogen als bedoeld in artikel 35b, tweede lid, wordt voor de bepaling van de belasting over de geconserveerde waarde van de blote eigendom de verkrijging van het ondernemingsvermogen genegeerd.

4. Dit artikel is van overeenkomstige toepassing op de verkrijging van een krachtens erfrecht verkregen onderbedelingsvordering.

Hoofdstuk IV Aangifte, aanslag en conserverende aanslag

Art. 36

Belastingschuldige De belasting wordt geheven van de verkrijger.

Art. 37

Heffing door aanslag **1.** De belasting wordt geheven bij wege van aanslag.

2. In afwijking van het eerste lid wordt de belasting bedoeld in artikel 35b, derde lid, of artikel 35g, geheven bij wege van conserverende aanslag.

3. Vanwege het vervallen van een voorwaardelijke vrijstelling als bedoeld in artikel 35b, eerste lid, kan een aanslag of conserverende aanslag door een of meer aanslagen of conserverende aanslagen worden aangevuld.

4. Rechtsmiddelen tegen de in het derde lid bedoelde aanslagen kunnen uitsluitend worden ingeroepen tegen de in die aanslagen opgenomen grondslag voorzover daarvoor nog niet eerder een rechtsmiddel openstond.

Art. 38

Aangifte erfbelasting De erfgenaam die is uitgenodigd tot het doen van aangifte, is gehouden mede aangifte te doen van de gegevens welke van belang kunnen zijn voor de heffing van de erfbelasting van de andere verkrijgers, niet zijnde erfgenamen.

Art. 39

Gezamenlijke aangifte erfbelasting Indien meer verkrijgers gehouden zijn aangifte te doen ter zake van dezelfde nalatenschap, kunnen zij gezamenlijk aangifte doen.

Art. 40

Uitnodiging tot het doen van aangifte bij schenking **1.** De inspecteur kan de schenker die naar zijn mening vermoedelijk een belastbare schenking heeft gedaan, uitnodigen tot het doen van aangifte.

2. De schenker en de begiftigde - dan wel de gezamenlijke schenkers of begiftigden - kunnen gezamenlijk aangifte doen.

Art. 41

[Vervallen]

Art. 42

Aangifteplicht bij verwerping, afstand of niet aanvaarden Indien na te noemen verplichtingen niet reeds op een ander rusten, is degene, die door de verwerping, afstand of niet aanvaarding van rechten, bedoeld in artikel 30, is gebaat, op dezelfde wijze en onder dezelfde bepalingen tot aangifte en betaling gehouden, als degene, door wie die verwerping, afstand of niet aanvaarding heeft plaats gehad, verplicht zou zijn geweest, indien een of ander niet was geschied.

Art. 43

Domiciliekeuze **1.** In iedere aangifte wordt één woonplaats gekozen in Nederland. De stukken betreffende de heffing van de belasting kunnen worden gezonden hetzij aan de gekozen woonplaats hetzij aan de werkelijke woonplaats of plaats van vestiging. Artikel 57 van de Algemene wet inzake rijksbelastingen blijft buiten toepassing.

2. Zij, die voor de erfbelasting geen aangifte hebben gedaan of geen woonplaats hebben gekozen, worden geacht hun woonplaats te hebben gekozen ter laatste woonplaats van de overledene gedurende een jaar na het overlijden; na die tijd, alsmede indien niet een bepaald adres in Nederland als de werkelijke laatste woonplaats van de overledene kan worden aangewezen, ter secretarie van de gemeente, binnen welke de aangifte moet geschieden.

3. Zij, die voor de schenkbelasting geen aangifte hebben gedaan of geen woonplaats hebben gekozen, worden geacht hun woonplaats te hebben gekozen ter woonplaats van de schenker, of, indien niet een bepaald adres in Nederland als de werkelijke woonplaats van de schenker kan worden aangewezen, ter secretarie van de gemeente, binnen welke de aangifte moet geschieden.

Art. 44

[Vervallen]

Art. 45

1. De inspecteur stelt de termijn voor het doen van aangifte voor de erfbelasting zodanig vast dat deze niet eerder verstrijkt dan acht maanden na het overlijden.

2. Indien zwangerschap oorzaak is, dat onzekerheid bestaat omtrent de persoon van de erfgenaam of de heffing van de belasting, gaat de in het eerste lid bedoelde termijn van acht maanden in van de dag van de bevalling, of indien de vrouw vroeger mocht overlijden van de dag van haar overlijden, of indien geen van beide op de 306de dag na de dood van de erflater mocht hebben plaats gehad, van de eerste daarop volgende dag. Deze bepaling kan niet worden ingeroepen door degene, op het erfdeel van wie, wat de hoegrootheid betreft, de bevalling geen invloed kan uitoefenen.

3. De in het eerste lid bedoelde termijn van acht maanden loopt niet gedurende de tijd dat de nalatenschap onbeheerd is gelaten en geen vereffenaar is benoemd. Indien verkregen wordt ten gevolge van de vervulling van een voorwaarde, van aanvaarding nadat eerst verwerping had plaatsgehad, van een afstand door een verkrijger onder een ontbindende voorwaarde als bedoeld in artikel 21, tweede lid, ten behoeve van de verwachters, van de uitoefening van een wilsrecht voortspruitende uit ten sterfdage of ten tijde van de verkrijging bestaande of ontstane rechtsverhoudingen, dan wel ten gevolge van de toepassing van artikel 33 van Boek 4 van het Burgerlijk Wetboek, gaat de in het eerste lid bedoelde termijn van acht maanden in op de dag waarop één van die gebeurtenissen plaatsvindt.

(Zie ook: art. 10 Uitv. besch. AWR)

Art. 46

De inspecteur stelt de termijn voor het doen van aangifte voor de schenkbelasting zodanig vast, dat deze niet eerder verstrijkt dan twee maanden na het einde van het kalenderjaar waarin de schenking heeft plaatsgevonden.

Art. 47

Ingeval sprake is van meer dan één verkrijger van dezelfde erflater of krachtens een gezamenlijke schenking, kunnen de ter zake vastgestelde belastingaanslagen worden opgenomen in één aanslagbiljet.

Art. 48

[Vervallen]

Hoofdstuk V

Art. 49-51

[Vervallen]

Hoofdstuk VI
Navordering

Art. 52

Navordering op de voet van hoofdstuk III van de Algemene wet inzake rijksbelastingen kan mede plaatsvinden in gevallen waarin van een verkrijger te weinig belasting is geheven doordat een aan die verkrijger opgelegde andere belastingaanslag of een aan een andere verkrijger opgelegde belastingaanslag, anders dan ingevolge artikel 53, is verminderd.

Hoofdstuk VII
Vermindering

Art. 53

1. Behalve in de gevallen bij deze wet voorzien, wordt vermindering van de aanslag of de conserverende aanslag verleend, indien en voorzover ten gevolge van een beroep op de legitieme portie, van de vervulling van een voorwaarde, van de uitoefening van een op de wet berustend terugvorderingsrecht, van de toepassing van artikel 33 van Boek 4 van het Burgerlijk Wetboek of van de uitoefening van een wilsrecht, voortspruitende uit ten sterfdage of ten tijde van de verkrijging reeds bestaande of ontstane rechtsverhoudingen, anders dan door opvolging krachtens een voorwaarde als bedoeld in artikel 21, tweede lid, wijziging wordt gebracht in de persoon van de verkrijger of in het verkregene. De eerste volzin is niet van toepassing bij de uitoefening van een wilsrecht als bedoeld in de artikelen 19, 20, 21en 22 van Boek 4 van het Burgerlijk Wetboek.

2. Het bedrag van de vermindering, bedoeld in het eerste lid, wordt verlaagd, maar niet verder dan tot nihil, met het bedrag aan belasting dat verschuldigd zou zijn geweest indien dat was berekend over het voordeel dat tijdens de bezitsperiode is genoten.

3. Het in het tweede lid bedoelde genoten voordeel is het bedrag van de waarde van het daadwerkelijk genoten voordeel over het verkregene gedurende de bezitsperiode, dan wel, indien het verkregene een vruchtgebruik is, de waarde van dat vruchtgebruik over de bezitsperiode.

B52 art. 54 Successiewet 1956

4. De erfbelasting die van een verkrijger is geheven, wordt verminderd tot nihil indien over het verkregene, bij het overlijden van die verkrijger binnen dertig dagen na de verkrijging, nogmaals erfbelasting wordt geheven.

Beschikking 5. De vermindering wordt verleend op een verzoek dat geschiedt door het doen van aangifte. In deze aangifte wordt tevens de hoogte van het in het tweede lid bedoelde voordeel vermeld. De inspecteur beslist op het verzoek bij voor bezwaar vatbare beschikking.

6. In de gevallen, waarin de oorzaak tot de vermindering anderzijds aanleiding geeft tot heffing van belasting, kan de in het vorige lid bedoelde aangifte worden opgenomen in de overeenkomstig artikel 45, derde lid, in te dienen aangifte. In de andere gevallen moet die aangifte worden ingediend binnen acht maanden, nadat de oorzaak tot de vermindering is ontstaan.

Verrekening 7. De teruggave, waartoe een vermindering aanleiding geeft, kan geschieden door verrekening met het terzake van dezelfde nalatenschap of schenking verschuldigde.

Art. 53a-53c

[Vervallen]

Hoofdstuk VIII Bezwaar en beroep

Art. 54

Beroepschrift Een beroepschrift kan op de voet van artikel 26a van de Algemene wet inzake rijksbelastingen eveneens worden ingediend door de verkrijger die belang heeft bij de aan een andere verkrijger uit dezelfde nalatenschap opgelegde aanslag of verleende vermindering.

Art. 55-58

[Vervallen]

Hoofdstuk IX

Art. 59-65

[Vervallen]

Hoofdstuk X Verjaring

Art. 66

Verjaringstermijn **1.** De in de artikelen 11, derde lid, en 16, derde en vierde lid, van de Algemene wet inzake rijksbelastingen vermelde termijnen van onderscheidenlijk drie, vijf en twaalf jaren gaan in: *1°.* voor de erfbelasting na de dag van inschrijving van de akte van overlijden in de registers van de burgerlijke stand, met dien verstande dat in de gevallen, bedoeld in artikel 45, tweede en derde lid, de termijnen niet eerder beginnen te lopen dan vanaf de dag waarop de termijn van aangifte ingaan en worden verlengd met de tijd dat de termijn van aangifte niet loopt; *2°.* voor de schenkbelasting, ingeval geen aangifte is gedaan, na de dag van inschrijving van de akte van overlijden van de schenker of van de begiftigde in de registers van de burgerlijke stand, dan wel ingeval meer dan vier maanden na het einde van het kalenderjaar waarin de schenking heeft plaatsgevonden aangifte is gedaan, na de dag van die aangifte met dien verstande dat ingeval zowel de schenker als de begiftigde een rechtspersoon is, de bevoegdheid tot het vaststellen van een aanslag of navorderingsaanslag twintig jaren na de schenking vervalt; *3°.* voor het geval het betreft het vaststellen van een aanslag of conserverende aanslag in verband met een gebeurtenis als bedoeld in artikel 35e, na de dag waarop de gebeurtenis zich heeft voorgedaan.

Vermindering als bedoeld in art. 52 **2.** Betreft het de bevoegdheid tot het vaststellen van een navorderingsaanslag in gevallen waarin een vermindering als bedoeld in artikel 52 is verleend, dan gaat de termijn in na de dag waarop de vermindering is verleend.

Vermindering ten onrechte **3.** Betreft het de bevoegdheid tot het vaststellen van een navorderingsaanslag wegens het ten onrechte of tot een te hoog bedrag verlenen van een vermindering op grond van artikel 53, dan gaat de termijn in na de dag waarop de vermindering is verleend.

Geen werking art. 16, lid 4, AWR **4.** Indien voor de erfbelasting de aangifte over een bestanddeel van het voorwerp van die belasting dat in het buitenland wordt gehouden of is opgekomen niet, onjuist of onvolledig is gedaan, vervalt, in afwijking van artikel 16, vierde lid, van de Algemene wet inzake rijksbelastingen, de bevoegdheid tot het vaststellen van een navorderingsaanslag niet.

Hoofdstuk XI
Kwijtschelding

Art. 67

1. Door Onze Minister kan gehele of gedeeltelijke kwijtschelding worden verleend van:
1°. de belasting, verschuldigd wegens een schenking aan natuurlijke personen, waarvan overtuigend wordt aangetoond, dat zij slechts heeft gestrekt tot het verschaffen van levensonderhoud van een begiftigde, die verstoken is van eigen middelen van bestaan en die wegens ouderdom, invaliditeit of om andere redenen buiten staat is zich die middelen door arbeid te verschaffen;
2°. de belasting, verschuldigd wegens een schenking aan natuurlijke personen, beneden de leeftijd van 27 jaren, van welke schenking overtuigend wordt aangetoond, dat zij slechts heeft gestrekt tot betaling van - of bijdrage tot - de kosten van studie of opleiding voor enig beroep van een begiftigde, die zonder die schenking niet in staat zou zijn die studie of opleiding aan te vangen of te genieten;
3°. [vervallen;]
4°. de belasting, verschuldigd wegens een schenking ten algemenen nutte voor het grondgebied van Nederland, welke aan een bepaald tijdstip of een bepaalde gebeurtenis gebonden is.
(Zie ook: art. 11 t/m 15 Uitv.besl. SW)

2. Onze Minister kan kwijtschelding verlenen van de belasting verschuldigd wegens verkrijgingen door:
a. een andere Staat, voor zover de belasting meer bedraagt dan de belasting die de Nederlandse Staat verschuldigd zou zijn;
b. een staatkundig onderdeel of een plaatselijk publiekrechtelijk lichaam van een andere Staat, voor zover de belasting meer bedraagt dan de belasting die een Nederlandse provincie of gemeente verschuldigd zou zijn;
een en ander met dien verstande dat zodanige kwijtschelding van belasting alleen wordt verleend, indien de Staat die de making of schenking verkrijgt of waar de verkrijger is gevestigd, verklaart dat in geval van makingen of schenkingen door een inwoner van die Staat aan de Nederlandse Staat, een Nederlandse provincie of gemeente, over die makingen of schenkingen niet meer belasting zal worden geheven dan ingeval de buitenlandse Staat zelf zou verkrijgen of de verkrijger op het grondgebied van de buitenlandse Staat zou zijn gevestigd.

3. Onze Minister kan, in bij algemene maatregel van bestuur te bepalen gevallen en volgens daarbij te stellen regels, geheel of gedeeltelijk kwijtschelding verlenen van de verschuldigde erfbelasting en de evenredig met deze gehele of gedeeltelijke kwijtschelding samenhangende belastingrente indien voorwerpen uit de nalatenschap met een nationaal cultuurhistorisch of kunsthistorisch belang, door de verkrijger in eigendom worden overgedragen aan de Staat. Het bedrag van de kwijtschelding beloopt 120 percent van de waarde van de overgedragen voorwerpen maar niet meer dan de verschuldigde belasting en de in rekening gebrachte belastingrente.

Art. 68

[Vervallen]

Hoofdstuk XII
Bijzondere bepalingen

Art. 69-70

[Vervallen]

Art. 71

1. Het aanvaarden van een nalatenschap onder het voorrecht van boedelbeschrijving ontheft niet van de verplichtingen, voortvloeiende uit de bij of krachtens deze wet gemaakte bepalingen. De verplichtingen worden niet geschorst gedurende de in artikel 192, tweede lid, van Boek 4 van het Burgerlijk Wetboek bedoelde termijn.

2. De vervulling van die verplichtingen wordt niet beschouwd als een daad van aanvaarding.

Art. 72

1. Executeurs van nalatenschappen zijn, op gelijke wijze als de erfgenamen, tot vervulling van al de bij deze wet opgelegde verplichtingen gehouden.

2. Door de rechter benoemde vereffenaars van nalatenschappen zijn gehouden tot al de bij deze wet aan erfgenamen opgelegde verplichtingen.

3. Desgevraagd verstrekt de Belastingdienst de erfgenaam inzage in de voor de belastingheffing te zijnen aanzien van belang zijnde stukken.

Art. 73

Zij, die goederen niet zijnde registergoederen of daarop betrekking hebbende bewijsstukken onder zich hebben met de opdracht om die bij het overlijden van iemand, die in Nederland woonde, niet in de nalatenschap te brengen, of daarmede zo te handelen, dat zij niet in de nalatenschap komen, zijn verplicht daarvan overeenkomstig door Onze Minister te stellen regelen aangifte te doen. Deze aangifte moet worden ingeleverd binnen een maand na schriftelijke

B52 art. 74 **Successiewet 1956**

aanmaning en in ieder geval voordat de goederen of bewijsstukken uit handen worden gegeven of op andere wijze aan de opdracht gevolg wordt gegeven.
(Zie ook: art. 3 Uitv.reg. SW; art. 11 UitvReg SEB)

Art. 74

Aangifte van goederen in gesloten kist of onder verzegelde omslag

1. In alle gevallen, waarin de mogelijkheid bestaat, dat zich in een gesloten kist of onder een verzegelde omslag goederen niet zijnde registergoederen of daarop betrekking hebbende bewijsstukken bevinden, waarvan op grond van de artikelen 8 of 73 aangifte moet geschieden, zal op verzoek van de executeur of door de rechter benoemde vereffenaar van de nalatenschap, van de erfgenamen of van de houder, de opening, vóór de afgifte, geschieden door een notaris, die wordt aangewezen door de kantonrechter van de rechtbank van het arrondissement waarin de kist of de omslag zich bevindt.

Proces-verbaal

2. De notaris zal van de opening een proces-verbaal opmaken, waarin de uitwendige toestand en de inhoud van het ter opening aangebodene worden beschreven. De notaris zendt een dubbel van het proces-verbaal aan de inspecteur.

Art. 75

Inlichtingenplicht verzeke-raar

1. Bij of krachtens algemene maatregel van bestuur worden administratieplichtigen aangewezen die gehouden zijn aan de verplichtingen ingevolge artikel 53, tweede en derde lid, van de Algemene wet inzake rijksbelastingen te voldoen. Bij of krachtens algemene maatregel van bestuur worden de te verstrekken gegevens en inlichtingen aangewezen. Bij of krachtens algemene maatregel van bestuur worden regels gesteld met betrekking tot het uiterste tijdstip en de wijze waarop de in de tweede volzin bedoelde gegevens en inlichtingen aan de inspecteur dienen te worden verstrekt. De eerste, tweede en derde volzin zijn van overeenkomstige toepassing op degene die een uitkering moet doen krachtens een ten behoeve van een derde gemaakt beding.

2. Bij algemene maatregel van bestuur kan het niet nakomen van de verplichtingen, bedoeld in het eerste lid, worden aangemerkt als een overtreding. Indien het niet nakomen van de verplichtingen te wijten is aan opzet of grove schuld van de administratieplichtige of de degene die een uitkering moet doen, vormt dit een vergrijp ter zake waarvan de inspecteur hem een bestuurlijke boete van ten hoogste het bedrag van de geldboete van de vierde categorie, bedoeld in artikel 23, vierde lid, van het Wetboek van Strafrecht, kan opleggen.
(Zie ook: art. 12 UitvReg SEB)

Art. 76

Inlichtingenplicht verzeke-raar

Hij die een aangifte heeft ingediend of moet indienen uitsluitend of mede ten behoeve van de heffing van belasting, welke ingevolge de bepalingen van deze wet door anderen verschuldigd is, is gehouden tot het verstrekken van gegevens, inlichtingen en inzage op dezelfde wijze en onder dezelfde bepalingen alsof die belasting te zijnen aanzien was of zou moeten worden geheven.

Art. 77

[Vervallen]

Art. 78

Betaling rechten door vruchtgebruiker

1. Ieder, die goederen verkrijgt onder bezwaar van een uit dezelfde nalatenschap verkregen vruchtgebruik, en ieder, aan wie goederen worden geschonken onder bezwaar van een door de schenker ten behoeve van zich of een derde voorbehouden vruchtgebruik, is, voor zover daaromtrent door de erflater of schenker niet anders is bepaald, bevoegd te vorderen, dat de belastingen, deswege door hem verschuldigd, worden betaald uit de met vruchtgebruik bezwaarde goederen, tenzij de vruchtgebruiker verkiest het bedrag voor te schieten. Wegens deze betaling of dat voorschot is aan de vruchtgebruiker geen rente verschuldigd. De eerste en tweede volzin zijn niet van toepassing met betrekking tot geldvorderingen als bedoeld in artikel 13, derde lid, en artikel 80, eerste lid, van Boek 4 van het Burgerlijk Wetboek indien de nalatenschap is verdeeld overeenkomstig artikel 13 van Boek 4 van het Burgerlijk Wetboek.

Voorschotten

2. De belasting op periodieke uitkeringen, bij de instelling verschuldigd, wordt voorgeschoten door hem, die met de uitkering is belast, en bij iedere termijn van betaling, naar evenredigheid van het aantal malen, waarvoor de te betalen termijn in de voor de heffing van de belasting in aanmerking genomen waarde van de uitkering is begrepen, gekort, met bijberekening van de wettelijke rente over het te korten gedeelte van de voorgeschoten belasting van de dag waarop de belasting is voorgeschoten, tot de dag van de korting, alles tenzij andere regelingen zijn gemaakt.

Art. 79-80

[Vervallen]

Hoofdstuk XIII Overgangs- en slotbepalingen

Art. 81

[Vervallen]

Art. 82

Met betrekking tot op 31 december 2013 bestaande aanspraken op periodieke uitkeringen ter vervanging van gederfd of te derven loon als bedoeld in de artikelen 11, eerste lid, onderdeel g, en 37 van de Wet op de loonbelasting 1964, zoals die op 31 december 2013 luidden, en daarmee gelijkgestelde bedragen als bedoeld in artikel 11a, eerste lid, van de Wet op de loonbelasting 1964, zoals dat op 31 december 2013 luidde, blijft artikel 32, eerste lid, onderdeel 5°, en vijfde lid, zoals dat op 31 december 2013 luidde, met overeenkomstige toepassing van artikel 39f, eerste en tweede lid, van de Wet op de loonbelasting 1964, van toepassing.

Overgangsrecht aanspraken op bepaalde periodieke uitkeringen

Art. 82a

1. De verhoogde vrijstelling, bedoeld in artikel 33, onderdeel 5°, onder a en b, is niet van toepassing en de verhoogde vrijstelling, bedoeld in artikel 33, onderdeel 5°, onder c, wordt verlaagd tot het verschil tussen het bedrag, genoemd in artikel 33, onderdeel 5°, onder b, en het bedrag, genoemd in artikel 33, onderdeel 5°, onder a, indien voorafgaande aan 1 januari 2010 de verhoogde vrijstelling, bedoeld in artikel 33, eerste lid, onderdeel 5°, zoals dat luidde op 31 december 2009, door het kind is toegepast, terwijl in de kalenderjaren 2010 tot en met 2016 niet de verhoogde vrijstelling, bedoeld in artikel 33, onderdeel 6°, zoals dat luidde in die jaren, of artikel 33a, zoals dat luidde op 31 december 2014, is toegepast.

Overgangsrecht verhoogde vrijstelling

2. De verhoogde vrijstelling, bedoeld in artikel 33, onderdeel 5°, is niet van toepassing indien in een van de kalenderjaren 2010 tot en met 2016 de verhoogde vrijstelling, bedoeld in artikel 33, onderdelen 5° of 6°, zoals die luidden in de kalenderjaren, of artikel 33a, zoals dat luidde op 31 december 2014, door het kind is toegepast.

3. De verhoogde vrijstelling, bedoeld in artikel 33, onderdeel 7°, is niet van toepassing indien ter zake van een verkrijging van dezelfde schenker of diens partner de vrijstelling, bedoeld in artikel 33a, zoals dat luidde op 31 december 2014, is toegepast.

Art. 83

1. Met ingang van de eerste dag van de maand, volgende op die, waarin deze wet in het *Staatsblad* wordt geplaatst, treden in werking:
de Hoofdstukken I, II en III, met uitzondering van artikel 20;
de artikelen 80, 81 - voor zoveel betreft de halvering van de grondslag der heffing en de bijvordering van recht ten aanzien van voor het publiek opengestelde landgoederen - 82 en 83.

Inwerkingtreding

2. De overige bepalingen van deze wet treden in werking met ingang van een door Ons te bepalen tijdstip, dat voor de onderscheidene bepalingen verschillend kan zijn.

3. Op het in het eerste lid bepaalde tijdstip treden buiten werking de artikelen van de wet van 13 Mei 1859 (*Staatsblad* no. 36), welke dezelfde onderwerpen regelen als de artikelen, waarvan het tijdstip van inwerkingtreding in dat lid is bepaald. De overige bepalingen van gemelde wet treden buiten werking onderscheidenlijk op de tijdstippen waarop de bepalingen van deze wet welke dezelfde onderwerpen regelen als eerstbedoelde bepalingen op de voet van het tweede lid in werking treden.

4. Verwijzingen naar artikelen van de in het vorige lid vermelde wet worden, zodra die artikelen buiten werking zijn getreden, aangemerkt als verwijzingen naar de overeenkomstige artikelen van deze wet. Verwijzingen in artikelen van deze wet naar andere artikelen van deze wet worden, zolang laatstbedoelde artikelen nog niet in werking zijn getreden, aangemerkt als verwijzingen naar de overeenkomstige artikelen van de in het vorige lid vermelde wet.

5. In de gevallen waarin volgens de in het derde lid vermelde wet op een aangever een bewijslast rust geldt, zolang de Hoofdstukken IV tot en met VIII van deze wet nog niet geheel van toepassing zijn, zulks in dezelfde mate voor de toepassing van de overeenkomstige artikelen van deze wet.

Bewijslast

6. De bepalingen van deze wet zijn toepasselijk, indien het overlijden, de schenking of de in artikel 45, derde lid, tweede zin, of artikel 53, eerste lid, bedoelde gebeurtenis op of na het tijdstip van haar inwerkingtreding plaats heeft, zomede indien op of na dat tijdstip krachtens schenking wordt verkregen tengevolge van de vervulling van een voorwaarde.

7. Deze wet kan worden aangehaald als Successiewet, met vermelding van het jaar, waarin zij in het *Staatsblad* wordt geplaatst.

Citeertitel

Art. 84

1. Wij behouden Ons voor de nummering van de artikelen van deze wet en de aanduiding van de onderdelen van die artikelen opnieuw vast te stellen, zulks met inachtneming van de bestaande volgorde, alsmede de aanhaling in deze wet van artikelen en onderdelen van artikelen daarmede in overeenstemming te brengen.

Bevoegdheid tot wijziging

2. De tekst van deze wet, zoals die luidt na toepassing van het vorige lid, wordt in het *Staatsblad* geplaatst.

Uitvoeringsbesluit Successiewet 1956^1

Besluit van 20 juli 1956, ter uitvoering van de Successiewet 1956

Wij JULIANA, bij de gratie Gods, Koningin der Nederlanden, Prinses van Oranje-Nassau, enz., enz., enz.

Op de voordracht van de Staatssecretaris van Financiën van 10 juli 1956, no. C 6/6146, Afdeling Indirecte Belastingen;

Gelet op artikel 21, zesde en achtste lid, van de Successiewet 1956 (Stb. 362);

De Raad van State gehoord (advies van 17 juli 1956, no. 17);

Gezien het nader rapport van de Staatssecretaris van Financiën van 18 juli 1956, no. C 6/6745;

Hebben goedgevonden en verstaan:

Art. 1-4

[Vervallen]

Hoofdstuk 1

Periodieke uitkeringen, vruchtgebruik, leegwaarderatio van verhuurde woningen en waarde van erfpachtcanon

Art. 5

De waarde van een periodieke uitkering in geld van het leven van één persoon afhankelijk, wordt gesteld op het jaarlijkse bedrag, vermenigvuldigd met:

16,	wanneer degene gedurende wiens leven de uitkering moet plaatshebben,	jonger dan 20 jaar is,
15,		20 jaar of ouder, doch jonger dan 30 jaar is,
14,		30 jaar of ouder, doch jonger dan 40 jaar is,
13,		40 jaar of ouder, doch jonger dan 50 jaar is,
12,		50 jaar of ouder, doch jonger dan 55 jaar is,
11,		55 jaar of ouder, doch jonger dan 60 jaar is,
10,		60 jaar of ouder, doch jonger dan 65 jaar is,
8,		65 jaar of ouder, doch jonger dan 70 jaar is,
7,		70 jaar of ouder, doch jonger dan 75 jaar is,
5,		75 jaar of ouder, doch jonger dan 80 jaar is,
4,		80 jaar of ouder, doch jonger dan 85 jaar is,
3,		85 jaar of ouder, doch jonger dan 90 jaar is,
2,		90 jaar of ouder is.

Art. 6

1. De waarde van een periodieke uitkering in geld welke na een bepaalde tijd vervalt, wordt gesteld op het jaarlijkse bedrag, vermenigvuldigd met het aantal jaren gedurende welke zij moet plaatshebben, iedere euro berekend tegen de volgende bedragen:

---

1 Inwerkingtredingsdatum: 01-08-1956; zoals laatstelijk gewijzigd bij: Stb. 2019, 516.

	indien de uitkering afhankelijk is van het leven van een persoon			indien de uitkering niet van het leven afhankelijk is
	jonger dan 40 jaar	40 jaar of ouder, doch jonger dan 60 jaar	60 jaar of ouder	
het eerste vijftal jaren	0,84	0,83	0,75	0,85
het tweede vijftal jaren	0,62	0,60	0,40	0,64
het derde vijftal jaren	0,46	0,42	0,15	0,48
het vierde vijftal jaren	0,34	0,28	0,04	0,36
het vijfde vijftal jaren	0,25	0,18	0,02	0,28
de volgende jaren	0,12	0,06	–	0,15

2. De waarde, naar de in het eerste lid bedoelde berekening vastgesteld, kan, indien de uitkering afhankelijk is van het leven, niet hoger zijn dan de waarde welke verkregen zou zijn wanneer de uitkering niet tevens na een bepaalde tijd zou vervallen, en, indien zij niet van het leven afhankelijk is, niet meer bedragen dan het zeventienvoud van het jaarlijkse bedrag.

3. De waarde van een periodieke uitkering in geld voor onbepaalde tijd, welke niet van het leven afhankelijk is, wordt gesteld op het zeventienvoud van het jaarlijkse bedrag.

Waarde periodieke uitkering in geld voor onbepaalde tijd

Art. 7

1. Een periodieke uitkering in geld, vervallende bij het overlijden van de langstlevende van twee of meer personen, wordt gelijkgesteld met een periodieke uitkering, afhankelijk van het leven van iemand, die vijf jaren jonger is dan de jongste van de vorenbedoelde personen.

Waarde periodieke uitkering in geld, langstlevende

2. Een periodieke uitkering in geld, vervallende bij het overlijden van de eerststervende van twee of meer personen, wordt gelijkgesteld met een periodieke uitkering, afhankelijk van het leven van iemand, die vijf jaren ouder is dan de oudste van de vorenbedoelde personen.

Eerststervende

Art. 8

1. Een periodieke uitkering in geld tot een onzeker jaarlijks bedrag wordt gelijkgesteld met een periodieke uitkering tot het geschatte gemiddelde jaarlijkse bedrag.

Onzeker jaarlijks bedrag

2. Een periodieke uitkering, recht gevende op andere goederen dan geld, wordt gelijkgesteld met een periodieke uitkering in geld tot een jaarlijks bedrag, gelijk aan de krachtens artikel 21 der Successiewet 1956 geschatte waarde van die goederen.

Art. 9

De waarde van een periodieke uitkering, niet vallende onder een van de vorige artikelen, wordt gesteld op het bedrag, waarvoor zodanige uitkering zou kunnen worden aangekocht.

Waarde andere periodieke uitkeringen

Art. 10

Het percentage, bedoeld in artikel 21, veertiende lid, van de Successiewet 1956, wordt gesteld op 6.

Waarde vruchtgebruik

Art. 10a

1. De waarde, bedoeld in artikel 21, achtste lid, van de Successiewet 1956, wordt gesteld op de op grond van artikel 21, vijfde en zesde lid, van de Successiewet 1956 in aanmerking te nemen waarde (WOZ-waarde) vermenigvuldigd met de leegwaarderatio.

Leegwaarderatio

2. Bij een voor het enkele gebruik van een woning verschuldigde jaarlijkse huur of pacht als percentage van de WOZ-waarde van:

meer dan	maar niet meer dan	bedraagt de leegwaarderatio
0%	1%	45%
1%	2%	51%
2%	3%	56%
3%	4%	62%

meer dan	maar niet meer dan	bedraagt de leegwaarderatio
4%	5%	67%
5%	6%	73%
6%	7%	78%
7%	–	85%

3. De jaarlijkse huur of pacht, bedoeld in het tweede lid, wordt gesteld op twaalf maal de maandelijkse huur, onderscheidenlijk pacht, zoals die geldt aan het begin van de verhuurperiode, onderscheidenlijk verpachtingsperiode, in het kalenderjaar. Indien de huurprijs, onderscheidenlijk pachtprijs, zoals die tussen gelieerde partijen is overeengekomen zodanig is dat deze tussen willekeurige derden niet overeengekomen zou zijn, wordt de huurprijs, onderscheidenlijk pachtprijs, voor de toepassing van het tweede lid gesteld op 3,5% van de WOZ-waarde.

4. Indien de woning een gedeelte van een gebouwd eigendom is als bedoeld in artikel 16, onderdeel c, van de Wet waardering onroerende zaken, en niet als een afzonderlijke zaak vervreemd kan worden, wordt voor de toepassing van het eerste en het tweede lid de WOZ-waarde van die woning verlaagd met een bedrag van € 20 000.

5. Indien van een woning een gedeelte verhuurd is, wordt slechts de WOZ-waarde van dat deel vermenigvuldigd met de leegwaarderatio. Indien de WOZ-waarde van dat deel niet is vastgesteld, wordt deze bepaald door de totale WOZ-waarde van de woning te vermenigvuldigen met de verhuurde vierkante meters en te delen door de totale oppervlakte van de woning.

Art. 10b

Erfpachtcanon

De waarde van een erfpachtcanon als bedoeld in artikel 21, negende lid, van de Successiewet 1956 wordt gesteld op het zeventienvoud van het jaarlijkse bedrag. In afwijking van de eerste volzin wordt het deel van een erfpachtcanon dat kan worden toegerekend aan een verhuurde woning als bedoeld in artikel 10a, vierde lid, gesteld op het twintigvoud van het jaarlijkse bedrag. De toerekening van de erfpachtcanon, bedoeld in de vorige volzin, geschiedt naar rato van de, met inachtneming van artikel 10a, vierde lid, berekende, WOZ-waarden van de onderscheiden zelfstandige onderdelen van het gebouwd eigendom waarop de erfpachtcanon betrekking heeft.

Hoofdstuk 1a Informatieverplichtingen

Art. 10c

Informatieplicht buitenlands vermogensbestanddeel

1. Zodra de belastingplichtige ervan kennis neemt dat de aangifte erfbelasting over een bestanddeel van het voorwerp van die belasting dat in het buitenland wordt gehouden of is opgekomen niet, onjuist of onvolledig is gedaan, is hij gehouden daarvan mededeling te doen en alsnog de juiste en volledige inlichtingen, gegevens of aanwijzingen te verstrekken. De mededeling moet worden gedaan voordat de belastingplichtige weet of redelijkerwijs moet vermoeden dat de inspecteur met de desbetreffende onjuistheid of onvolledigheid bekend is of zal worden.

2. De mededeling, bedoeld in het eerste lid, geschiedt door het toezenden van het daartoe langs elektronische weg ter beschikking gestelde modelformulier aan de inspecteur.

3. Het niet of niet tijdig dan wel onjuist of onvolledig doen van de mededeling, bedoeld in het eerste lid, wordt aangemerkt als een overtreding.

Art. 10d

Administratieplichtigen

1. Als administratieplichtigen als bedoeld in artikel 75, eerste lid, van de Successiewet 1956 worden voor de verstrekking van de gegevens en inlichtingen, bedoeld in het tweede lid, aangewezen: banken, beleggingsinstellingen, financiële instellingen, levensverzekeraars en schadeverzekeraars als bedoeld in artikel 1:1 van de Wet op het financieel toezicht.

Gegevens en inlichtingen

2. Als gegevens en inlichtingen als bedoeld in artikel 75, eerste lid, van de Successiewet 1956 worden aangewezen:

a. met betrekking tot een uitkering ineens uit een levensverzekering, ongevallenverzekering daaronder begrepen, ten gevolge van of na het overlijden van een verzekerde:

1°. de naam, het woonadres, de geboortedatum en het burgerservicenummer van de erflater;

2°. de datum van het overlijden van de erflater;

3°. de datum waarop de uitkering heeft plaatsgevonden;

4°. het bedrag van de uitkering;

5°. het bedrag aan betaalde premies;

6°. de datum van aanvaarding van de begunstiging;

7°. het nummer van de polis;

b. met betrekking tot een uitkering ineens uit een kapitaalverzekering, anders dan ten gevolge van of na het overlijden van een verzekerde, aan een ander dan de verzekeringnemer:

Uitvoeringsbesluit Successiewet 1956 **B53** art. 10d

1°. de naam, het woonadres, de geboortedatum en het burgerservicenummer van de verzekeringnemer;
2°. de datum waarop de uitkering heeft plaatsgevonden;
3°. het bedrag van de uitkering;
4°. het bedrag aan betaalde premies;
5°. de datum van aanvaarding van de begunstiging;
6°. het nummer van de polis;

c. met betrekking tot de verkrijging van een recht op periodieke uitkeringen ten gevolge van of na het overlijden van een verzekerde:
1°. de naam, het woonadres, de geboortedatum en het burgerservicenummer van de erflater;
2°. de datum van het overlijden van de erflater;
3°. het bedrag aan betaalde premies;
4°. het jaarlijkse bedrag aan periodieke uitkeringen;
5°. de waarde van het recht op periodieke uitkeringen;
6°. de datum van aanvaarding van de begunstiging;
7°. het nummer van de polis;

d. met betrekking tot de verkrijging van een recht op periodieke uitkeringen, anders dan ten gevolge van of na het overlijden van een verzekerde, door een ander dan de verzekeringnemer:
1°. de naam, het woonadres, de geboortedatum en het burgerservicenummer van de verzekeringnemer;
2°. het bedrag aan betaalde premies;
3°. het jaarlijks bedrag aan periodieke uitkeringen;
4°. de waarde van het recht op periodieke uitkeringen;
5°. de datum van aanvaarding van de begunstiging;
6°. het nummer van de polis;

e. met betrekking tot de overgang van een aanspraak ingevolge een levensverzekering van een verzekeringnemer of een onherroepelijk begunstigde naar een bloed- of aanverwant in de dalende lijn:
1°. de naam, het woonadres, de geboortedatum en het burgerservicenummer van de oorspronkelijke verzekeringnemer;
2°. de datum van de overgang;
3°. de waarde van de aanspraak op de datum van de overgang;
4°. het bedrag aan betaalde premies voor de aanspraak tot en met de datum van overgang;
5°. het nummer van de polis;

f. met betrekking tot premiebetalingen voor een verzekering waarbij de premie geheel of gedeeltelijk verschuldigd is door een ouder of grootouder van de verzekeringnemer:
1°. de naam, het woonadres, de geboortedatum en het burgerservicenummer van de ouder of grootouder;
2°. het bedrag van de door de ouder of grootouder betaalde premie;
3°. het nummer van de polis;

g. met betrekking tot de verkrijging van een recht op periodieke uitkeringen of een uitkering ineens ten gevolge van of na het overlijden van een verzekerde ter zake van een stamrecht als bedoeld in de artikelen 19 of 44f van de Wet op de inkomstenbelasting 1964, zoals die wet luidde op 31 december 1991, uit een kapitaalverzekering die uitsluitend kan worden gebruikt als koopsom voor een lijfrente als bedoeld in artikel 25, derde lid, van die wet, zoals die luidde op genoemde datum, of uit een kapitaal dat anderszins moet worden uitgekeerd als periodieke uitkering:
1°. de naam, het woonadres, de geboortedatum en het burgerservicenummer van de erflater;
2°. de datum van het overlijden van de erflater;
3°. de datum waarop de uitkering heeft plaatsgevonden;
4°. het bedrag van de uitkering, onderscheidenlijk het jaarlijkse bedrag aan periodieke uitkeringen;
5°. de waarde van het recht op periodieke uitkeringen;
6°. het bedrag aan betaalde premies;
7°. de datum van aanvaarding van de begunstiging;
8°. het nummer van de polis;

h. met betrekking tot de wijziging van de tenaamstelling van een spaarrekening eigen woning als bedoeld in artikel 10bis.5 van de Wet inkomstenbelasting 2001 of een beleggingsrecht eigen woning als bedoeld in dat artikel, anders dan ten gevolge van overlijden, indien de nieuwe houder een bloed- of aanverwant in de dalende lijn van de oorspronkelijke houder is:
1°. de naam, het woonadres, de geboortedatum en het burgerservicenummer van de oorspronkelijke houder;
2°. het rekeningnummer dan wel het nummer van het beleggingsrecht;
3°. de datum van de wijziging van de tenaamstelling van de rekening, onderscheidenlijk het beleggingsrecht;

B53 art. 10e **Uitvoeringsbesluit Successiewet 1956**

4°. de hoogte van het tegoed op de spaarrekening, onderscheidenlijk de waarde van het beleggingsrecht, op de datum van de wijziging van de tenaamstelling;

5°. het totale overgemaakte bedrag naar de rekening, onderscheidenlijk de beheerder van het beleggingsrecht;

i. met betrekking tot de overgang van een levensverzekering die niet ten gevolge van het overlijden van de verzekeringnemer wordt beëindigd, naar de verkrijgers krachtens erfrecht:

1°. de naam, het woonadres, de geboortedatum en het burgerservicenummer van de oorspronkelijke verzekeringnemer;

2°. de datum van het overlijden van de erflater;

3°. de waarde van de verzekering;

4°. het nummer van de polis.

Verstrekken gegevens **3.** Een administratieplichtige is gehouden de gegevens en inlichtingen te verstrekken op de door de inspecteur voorgeschreven wijze. De gegevens en inlichtingen worden uiterlijk verstrekt op de laatste dag van de kalendermaand volgend op de kalendermaand waarin de omstandigheid of gebeurtenis waarop de gegevens en inlichtingen betrekking hebben, heeft plaatsgevonden dan wel volgend op de kalendermaand waarin de administratieplichtige kennis heeft gekregen van die omstandigheid of gebeurtenis. De inspecteur is bevoegd in bijzondere gevallen deze termijn te verlengen.

4. Een administratieplichtige kan de verstrekking van gegevens en inlichtingen achterwege laten indien:

a. de erflater of de schenker ten tijde van het overlijden, onderscheidenlijk ten tijde van de schenking, niet in Nederland woonde en hij evenmin op grond van de artikelen 2 of 3 van de Successiewet 1956 geacht wordt ten tijde van zijn overlijden, onderscheidenlijk ten tijde van de schenking, in Nederland te hebben gewoond;

b. de gegevens of inlichtingen door de inspecteur zijn aangewezen als van verstrekking vrijgestelde gegevens en inlichtingen en aan de aan die vrijstelling verbonden voorwaarden is voldaan.

5. Als administratieplichtige als bedoeld in artikel 75, eerste lid, laatste volzin, van de Successiewet 1956 wordt voor de verstrekking van de gegevens en inlichtingen, bedoeld in het zesde lid, aangewezen: degene die een uitkering moet doen krachtens een ten behoeve van een derde gemaakt beding.

Derdenbeding **6.** Als gegevens en inlichtingen als bedoeld in artikel 75, eerste lid, van de Successiewet 1956 ter zake van een ten behoeve van een derde gemaakt beding worden aangewezen:

1°. de naam, het woonadres, de geboortedatum en het burgerservicenummer van degene die het beding heeft gemaakt;

2°. de datum van de omstandigheid of gebeurtenis die aanleiding is voor de uitkering of de verandering in de uitkering;

3°. de datum waarop de uitkering of de verandering in de uitkering heeft plaatsgevonden;

4°. het bedrag van de uitkering of van de verandering in de uitkering.

Art. 10e

Administratieplichtigen **1.** Als administratieplichtigen als bedoeld in artikel 75, eerste lid, van de Successiewet 1956 worden voor de verstrekking van de gegevens en inlichtingen, bedoeld in het tweede lid, aangewezen: in Nederland gevestigde instellingen die ingevolge artikel 5b, zevende of achtste lid, van de Algemene wet inzake rijksbelastingen niet meer als algemeen nut beogende instelling zijn aangemerkt.

Gegevens en inlichtingen **2.** Als gegevens en inlichtingen als bedoeld in artikel 75, eerste lid, van de Successiewet 1956 worden aangewezen:

a. het totaalbedrag van de schenkingen gedaan door de instelling in het kalenderjaar aan algemeen nut beogende instellingen en aan sociaal belang behartigende instellingen;

b. het totaalbedrag van de schenkingen gedaan door de instelling in het kalenderjaar, andere dan bedoeld in onderdeel a, die per verkrijger het in artikel 33, onderdeel 7°, van de Successiewet 1956 genoemde bedrag niet te boven gaan, alsmede het aantal verkrijgers daarvan;

c. het totaalbedrag van de schenkingen gedaan door de instelling in het kalenderjaar, andere dan bedoeld in de onderdelen a en b;

d. het totaalbedrag per verkrijger van de schenkingen gedaan door de instelling in het kalenderjaar, indien dit het in artikel 33, onderdeel 7°, van de Successiewet 1956 genoemde bedrag te boven gaat, alsmede:

1°. indien de verkrijger een natuurlijk persoon is: de naam, de geboortedatum, het woonadres en het burgerservicenummer van deze persoon, dan wel ingeval deze persoon niet in Nederland woont een door de fiscale woonstaat aan deze persoon toegekend fiscaal identificatienummer indien dat bekend is;

2°. indien de verkrijger een rechtspersoon is: de naam, het adres, het vestigingsadres en het nummer, bedoeld in artikel 12, onderdeel a, van de Handelsregisterwet 2007, van deze rechtspersoon, dan wel ingeval de rechtspersoon niet in Nederland is gevestigd een door de fiscale woonstaat toegekend identificatienummer indien dat bekend is;

e. een verloopoverzicht van het ANBI-vermogen.

3. De gegevens en inlichtingen, bedoeld in het tweede lid, hoeven niet te worden verstrekt indien het ANBI-vermogen niet meer bedraagt dan € 25.000:
a. op het tijdstip met ingang waarvan de instelling ingevolge artikel 5b, zevende of achtste lid, van de Algemene wet inzake rijksbelastingen niet meer als algemeen nut beogende instelling is aangemerkt, of
b. bij het begin van het kalenderjaar waarop de gegevens en inlichtingen betrekking hebben.

4. Voor de toepassing van dit artikel wordt onder ANBI-vermogen verstaan: het eigen vermogen van de instelling op het tijdstip met ingang waarvan deze ingevolge artikel 5b, zevende of achtste lid, van de Algemene wet inzake rijksbelastingen niet meer als algemeen nut beogende instelling is aangemerkt, verminderd met de bedragen die vanaf dat tijdstip zijn besteed ter verwezenlijking van haar doelstelling en aan de daarmee verband houdende beheerkosten.

ANBI-vermogen

5. Een verloopoverzicht van het ANBI-vermogen als bedoeld in het tweede lid, onderdeel e, is een overzicht van de ontwikkeling per kalenderjaar van het ANBI-vermogen vanaf het tijdstip met ingang waarvan de instelling ingevolge artikel 5b, zevende of achtste lid, van de Algemene wet inzake rijksbelastingen niet meer als algemeen nut beogende instelling is aangemerkt.

6. De gegevens en inlichtingen, bedoeld in het tweede lid, worden binnen acht maanden na afloop van het kalenderjaar verstrekt. De inspecteur kan regels stellen met betrekking tot de wijze waarop deze gegevens en inlichtingen worden verstrekt.

7. Het niet, niet tijdig, onjuist of onvolledig verstrekken van de gegevens en inlichtingen, bedoeld in het tweede lid, wordt aangemerkt als een overtreding.

Hoofdstuk 2 Kwijtschelding van erfbelasting

Art. 11

1. Voor het verkrijgen van kwijtschelding van erfbelasting als bedoeld in artikel 67, derde lid, van de Successiewet 1956, wordt door alle verkrijgers van het cultuurgoed gezamenlijk, door tussenkomst van de inspecteur, een verzoek gedaan bij Onze Minister.

Verzoek

2. Het verzoek kan worden gedaan tot uiterlijk acht weken na de dag waarop de belastingaanslagen van de in het eerste lid bedoelde verkrijgers onherroepelijk zijn komen vast te staan.

3. Het verzoek omvat mede een omschrijving van het cultuurgoed en een opgave van de waarde in het economische verkeer.

Art. 12

1. Voor de beslissing op het in artikel 11 bedoelde verzoek laat Onze Minister zich adviseren door de in artikel 13, eerste lid, bedoelde commissie, behalve indien het verzoek kennelijk ongegrond of niet-ontvankelijk is.

Beslissing

2. Onze Minister wijst het verzoek af indien het cultuurgoed niet voldoet aan de in artikel 15 opgenomen voorwaarden.

3. Indien Onze Minister besluit ter zake van de overdracht van het cultuurgoed aan de Staat kwijtschelding van erfbelasting te verlenen, vermeldt het besluit tevens de waarde in het economische verkeer die voor de berekening van de kwijtschelding aan het cultuurgoed zal worden toegekend.

4. Indien Onze Minister een besluit heeft genomen als bedoeld in het derde lid, stelt hij binnen vier weken na de dagtekening van die beschikking, of, indien dat later is, binnen vier weken nadat voor alle verzoekers de belastingaanslag onherroepelijk is komen vast te staan, het bedrag van de kwijtschelding en de termijn waarbinnen het cultuurgoed in eigendom moet worden overgedragen aan de Staat vast.

Art. 13

1. Er is een Adviescommissie beoordeling aangeboden cultuurbezit uit nalatenschappen, verder te noemen: de commissie, die tot taak heeft Onze Minister op zijn verzoek te adviseren omtrent verzoeken op grond van dit Besluit ter zake van de beoordeling van een cultuurgoed op grond van de cultuurhistorische of kunsthistorische voorwaarden die zijn opgenomen in artikel 15, in aanmerking komt voor de toepassing van artikel 67, derde lid, van de Successiewet 1956.

Adviescommissie

2. De commissie bestaat uit een voorzitter, tevens lid, en twee andere leden.

3. De voorzitter wordt benoemd bij koninklijk besluit, op gezamenlijke voordracht van Onze Minister en Onze Minister van Onderwijs, Cultuur en Wetenschap, één gewoon lid wordt benoemd op voordracht van Onze Minister en één gewoon lid op voordracht van Onze Minister van Onderwijs, Cultuur en Wetenschap. Zij worden benoemd voor een termijn van vier jaar. Herbenoeming kan tweemaal en telkens voor ten hoogste vier jaar plaatsvinden.

4. De commissie stelt haar eigen werkwijze vast.

5. De algemeen directeur van de Rijksdienst voor het Cultureel Erfgoed kan de vergaderingen van de commissie bijwonen en heeft daarin een raadgevende stem.

6. In het secretariaat van de commissie wordt door Onze Minister voorzien.

7. De kosten van de commissie komen ten laste van Onze Minister van Onderwijs, Cultuur en Wetenschap.

B53 *art. 14* Uitvoeringsbesluit Successiewet 1956

Art. 14

Verzoek door erflater

1. Een ieder die een cultuurgoed in eigendom heeft waarvan hij vermoedt dat het voldoet aan de voorwaarden die zijn opgenomen in artikel 15, kan Onze Minister verzoeken te verklaren dat met betrekking tot dit cultuurgoed artikel 67, derde lid, van de Successiewet 1956 toepassing kan vinden indien daarom na zijn overlijden door degene die dit cultuurgoed krachtens erfrecht uit zijn nalatenschap heeft verkregen zal worden verzocht.

2. Het in het eerste lid bedoelde verzoek omvat mede een omschrijving van het cultuurgoed en voorts zijn de bepalingen van artikel 12, eerste en tweede lid, van overeenkomstige toepassing, met dien verstande dat aan de verklaring voorwaarden kunnen worden verbonden.

Art. 15

Voorwaarden

Kwijtschelding van erfbelasting kan slechts worden verleend ter zake van de overdracht van cultuurgoederen of verzamelingen van cultuurgoederen aan de Staat die:

a. zijn opgenomen in het register van de beschermde cultuurgoederen en beschermde verzamelingen, bedoeld in artikel 3.11, eerste lid, van de Erfgoedwet;

b. niet voorkomen op het register bedoeld in onderdeel a, maar wel als onvervangbaar en onmisbaar kunnen worden aangemerkt in de zin van artikel 3.7 van de Erfgoedwet, of,

c. op grond van één of meer van de volgende criteria van groot nationaal cultuurhistorisch of kunsthistorisch belang zijn:

1°. presentatie- of attractiewaarde,

2°. artistieke waarde,

3°. herkomstwaarde,

4°. ensemblewaarde, of, in combinatie met een of meer andere criteria in dit onderdeel,

5°. documentatiewaarde.

Hoofdstuk 3 Overgangs- en slotbepalingen

Art. 15a

1. Artikel 10e is niet van toepassing op instellingen die met ingang van een vóór 1 januari 2013 gelegen datum ingevolge artikel 5b, zevende of achtste lid, van de Algemene wet inzake rijksbelastingen niet meer als algemeen nut beogende instelling zijn aangemerkt.

2. Artikel 10e is voor het eerst van toepassing met betrekking tot kalenderjaren na 31 december 2012.

3. De gegevens en inlichtingen over het kalenderjaar 2013 worden, in afwijking in zoverre van artikel 10e, zesde lid, tussen 1 februari 2015 en 1 mei 2015 verstrekt.

Art. 16

Inwerkingtreding

1. Dit besluit treedt in werking op het tijdstip, waarop de Successiewet 1956 in werking treedt.

Citeertitel

2. Het kan worden aangehaald als Uitvoeringsbesluit Successiewet 1956.

Wet op de omzetbelasting 1968^1

Wet van 28 juni 1968, houdende vervanging van de bestaande omzetbelasting door een omzetbelasting volgens het stelsel van heffing over de toegevoegde waarde

Wij JULIANA, bij de gratie Gods, Koningin der Nederlanden, Prinses van Oranje-Nassau, enz., enz., enz.

Allen, die deze zullen zien of horen lezen, saluut! doen te weten:

Alzo Wij in overweging genomen hebben, dat de richtlijnen van de Raad van de Europese Economische Gemeenschap betreffende de harmonisatie van de wetgevingen van de Lid-Staten inzake omzetbelasting (*Publikatieblad van de Europese Gemeenschappen* van 14 april 1967) aanleiding zijn de bestaande omzetbelasting volgens het cumulatieve cascadestelsel te vervangen door een omzetbelasting volgens het stelsel van heffing over de toegevoegde waarde;

Zo is het, dat Wij, de Raad van State gehoord, en met gemeen overleg der Staten-Generaal, hebben goedgevonden en verstaan, gelijk Wij goedvinden en verstaan bij deze:

Hoofdstuk I
Inleidende bepalingen

Art. 1

Onder de naam 'omzetbelasting' wordt een belasting geheven ter zake van: *Belastbare feiten*

a. leveringen van goederen en diensten, welke in Nederland door een als zodanig handelende ondernemer onder bezwarende titel worden verricht;

b. intracommunautaire verwervingen van goederen onder bezwarende titel in Nederland door een als zodanig handelende ondernemer en door rechtspersonen, andere dan ondernemers;

c. intracommunautaire verwervingen onder bezwarende titel, anders dan in de zin van onderdeel b, van nieuwe vervoermiddelen in Nederland;

d. invoer van goederen.

Art. 1a

1. Artikel 1, aanhef en onderdeel b, is niet van toepassing wanneer het verworven goed: *Uitgezonderde intracom-*

a. is geleverd door een ondernemer op wie de in de artikelen 282 tot en met 292 van de BTW- *munautaire verwervingen* richtlijn 2006 bedoelde vrijstellingsregeling van toepassing is;

b. is geleverd in de zin van artikel 3, eerste lid, onderdeel f;

c. is geleverd met toepassing van artikel 5a, eerste lid; of

d. is geleverd met toepassing van een van de in de artikelen 312 tot en met 325 en 333 tot en met 340 van de BTW-richtlijn 2006 bedoelde bijzondere regelingen.

2. Artikel 1, aanhef en onderdeel b, is voorts niet van toepassing op intracommunautaire verwervingen van goederen, andere dan nieuwe vervoermiddelen en accijnsgoederen, door:

a. ondernemers die uitsluitend leveringen van goederen of diensten verrichten waarvoor geen recht op aftrek van belasting bestaat; en

b. rechtspersonen, andere dan ondernemers;

voor zover het totaal van de vergoedingen ter zake van deze verwervingen in het lopende kalenderjaar niet meer bedraagt dan € 10 000 , mits het totaal van de vergoedingen ter zake van dergelijke verwervingen in het voorafgaande kalenderjaar niet meer heeft bedragen dan € 10 000

3. De in het tweede lid bedoelde ondernemers en rechtspersonen kunnen aan de inspecteur *Verzoek tot heffing* verzoeken om dat lid op hen niet van toepassing te doen zijn. Bij inwilliging van het verzoek geldt zulks tot wederopzegging door belanghebbende doch ten minste voor twee kalenderjaren. De inspecteur beslist op het verzoek bij voor bezwaar vatbare beschikking. Bij ministeriële regeling kunnen regels worden gesteld inzake de toepassing van dit lid.

(Zie ook: art. 1a Uitv.besch. OB)

Art. 2

Op de belasting, verschuldigd ter zake van leveringen van goederen en diensten, wordt in aftrek *Aftrek van voorbelasting* gebracht de belasting ter zake van de aan de ondernemer verrichte leveringen van goederen en verleende diensten, ter zake van de door hem verrichte intracommunautaire verwervingen van goederen en ter zake van invoer van voor hem bestemde goederen.

(Zie ook: art. 15 Wet OB)

Art. 2a

1. In deze wet en in de daarop gebaseerde bepalingen wordt verstaan onder: *Definities*

---

1 Inwerkingtredingsdatum: 01-01-1969; zoals laatstelijk gewijzigd bij: Stcrt. 2019, 66970.

B54 art. 2a

Wet op de omzetbelasting 1968 (uittreksel)

a. BTW-richtlijn 2006: Richtlijn 2006/112/EG van de Raad van 28 november 2006 betreffende het gemeenschappelijke stelsel van belasting over de toegevoegde waarde (PbEU 2006, L 347);

Lidstaat *b.* lidstaat: een lidstaat van de Europese Unie;

Unie *c.* Unie: het geheel van de grondgebieden van de lidstaten zoals die gebieden zijn omschreven in artikel 5, onder 2, van de BTW-richtlijn 2006, met dien verstande dat ook het Vorstendom Monaco en het eiland Man worden behandeld als gebied van de Franse Republiek respectievelijk het Verenigd Koninkrijk van Groot-Brittannië en Noord-Ierland en dat ook de zones Akrotiri en Dhekelia van Cyprus, die onder de soevereiniteit van het Verenigd Koninkrijk van Groot-Brittannië en Noord-Ierland vallen, worden behandeld als gebied van de Republiek Cyprus;

Derde-land *d.* derde-land: elk ander grondgebied dan dat van de Unie;

Accijnsgoederen *e.* accijnsgoederen: bier, wijn, tussenprodukten, overige alcoholhoudende produkten, minerale oliën en tabaksprodukten als bedoeld in artikel 1 van de Wet op de accijns, kolen als bedoeld in artikel 32, onderdeel a, van de Wet belastingen op milieugrondslag, alsmede aardgas als bedoeld in artikel 47, eerste lid, onderdeel m, van de Wet belastingen op milieugrondslag in verbinding met artikel 48, tweede lid, van die wet, maar met uitzondering van gas dat wordt geleverd via een op het grondgebied van de Unie gesitueerd aardgassysteem of een op een dergelijk systeem aangesloten net;

Nieuwe vervoermiddelen *f.* nieuwe vervoermiddelen: voor het personen- of goederenvervoer bestemde schepen met een lengte van meer dan 7,5 m, luchtvaartuigen met een totaal opstijggewicht van meer dan 1550 kg en landvoertuigen die zijn uitgerust met een motor van meer dan 48 cc cilinderinhoud of met een vermogen van meer dan 7,2 kW, met uitzondering van schepen en luchtvaartuigen als bedoeld in de bij deze wet behorende tabel II, onderdeel a, post 3, onder a, onderscheidenlijk e, wanneer op het tijdstip van de levering:

1°. na het tijdstip van eerste ingebruikneming van het landvoertuig niet meer dan zes maanden, dan wel van het schip of luchtvaartuig niet meer dan drie maanden, zijn verstreken; of

2°. het vervoermiddel, als het een landvoertuig betreft ten hoogste 6000 km heeft afgelegd, als het een schip betreft ten hoogste 100 uren heeft gevaren, dan wel als het een luchtvaartuig betreft ten hoogste 40 uren heeft gevlogen;

Btw-identificatienummer *g.* btw-identificatienummer: het nummer dat ingevolge artikel 214 van de BTW-richtlijn 2006 door een lidstaat aan een ondernemer of aan een rechtspersoon, andere dan ondernemer, is toegekend;

Intracommunautair goederenvervoer *h.* intracommunautair goederenvervoer: het vervoer van goederen waarvan de plaats van vertrek en de plaats van aankomst op het grondgebied van twee verschillende lidstaten zijn gelegen;

Plaats van vertrek *i.* plaats van vertrek: de plaats waar het goederenvervoer daadwerkelijk aanvangt, zonder rekening te houden met de trajecten die worden afgelegd om zich naar de plaats te begeven waar de goederen zich bevinden;

j. plaats van aankomst: de plaats waar het goederenvervoer daadwerkelijk eindigt;

Wederverkoper *k.* wederverkoper: de ondernemer wiens activiteiten geheel of ten dele bestaan uit de wederverkoop van gebruikte goederen, kunstvoorwerpen, voorwerpen voor verzamelingen of antiquiteiten;

Gebruikte goederen *l.* gebruikte goederen: alle roerende lichamelijke zaken die, in de staat waarin zij verkeren of na herstelling daarvan, opnieuw kunnen worden gebruikt, andere dan nieuwe vervoermiddelen die worden verzonden of vervoerd van een lidstaat naar een andere lidstaat, en andere dan bij ministeriële regeling aan te wijzen edele metalen en edelstenen;

Kunstvoorwerpen *m.* kunstvoorwerpen, voorwerpen voor verzamelingen en antiquiteiten: de bij ministeriële regeling aan te wijzen goederen;

Passagiersvervoer binnen de Unie *n.* gedeelte van een binnen de Unie verricht passagiersvervoer: het gedeelte van een vervoer dat, zonder tussenstop buiten de Unie, plaatsvindt tussen de plaats van vertrek en de plaats van aankomst van het vervoer van passagiers; in geval het een heen- en terugreis betreft, wordt de terugreis als een afzonderlijk vervoer beschouwd;

Plaats van vertrek passagier *o.* plaats van vertrek van een vervoer van passagiers: het eerste punt in de Unie waar passagiers aan boord kunnen komen, eventueel na een tussenstop buiten de Unie;

Plaats van aankomst passagier *p.* plaats van aankomst van een vervoer van passagiers: het laatste punt in de Unie waar passagiers die binnen de Unie aan boord zijn gekomen van boord kunnen gaan, eventueel vóór een tussenstop buiten de Unie;

q. elektronische diensten: langs elektronische weg verrichte diensten, met name de in bijlage II van de BTW-richtlijn 2006 beschreven diensten;

Telecommunicatiediensten *r.* telecommunicatiediensten: diensten waarmee de transmissie, uitzending of ontvangst van signalen, geschriften, beelden en geluiden of informatie van allerlei aard per draad, via radiofrequente straling, langs optische weg of met behulp van andere elektromagnetische middelen mogelijk wordt gemaakt, met inbegrip van de daarmee samenhangende overdracht en verlening van rechten op het gebruik van infrastructuur voor de transmissie, uitzending of ontvangst, waaronder het bieden van toegang tot wereldwijde informatienettten;

Normale waarde *s.* normale waarde:

Wet op de omzetbelasting 1968 (uittreksel)

B54 art. 3

1°. het volledige bedrag, de omzetbelasting niet daaronder begrepen, dat de afnemer van goederen of diensten, om de desbetreffende goederen of diensten op dat tijdstip te verkrijgen, in dezelfde handelsfase als waarin de goederen worden geleverd of de diensten worden verricht, op het tijdstip van die levering of van die verrichting en bij vrije mededinging daarvoor zou moeten betalen aan een zelfstandige leverancier of dienstverrichter in Nederland;

2°. indien geen vergelijkbare levering of verrichting als bedoeld onder 1°. voorhanden is:

– met betrekking tot goederen: een waarde die niet lager is dan de aankoopprijs van de goederen of van soortgelijke goederen of, indien er geen aankoopprijs is, dan de kostprijs, berekend op het tijdstip waarop de levering wordt verricht;

– met betrekking tot diensten: een waarde die niet lager is dan de door de ondernemer voor het verrichten van de dienst gemaakte uitgaven;

t. voucher: een instrument ten aanzien waarvan de verplichting bestaat dat instrument als tegenprestatie of gedeeltelijke tegenprestatie voor goederenleveringen of diensten te aanvaarden en waarbij de te verrichten goederenleveringen of diensten, of de identiteit van de potentiële verrichters ervan, vermeld staan op het instrument zelf of in de bijbehorende documentatie, inclusief de voorwaarden voor het gebruik van het instrument;

u. voucher voor enkelvoudig gebruik: een voucher waarbij de plaats van de goederenlevering of dienstverrichting waarop de voucher betrekking heeft, alsmede het bedrag van de over die goederen of diensten verschuldigde belasting, bekend zijn op het tijdstip van uitgifte van de voucher;

v. voucher voor meervoudig gebruik: alle vouchers, uitgezonderd vouchers voor enkelvoudig gebruik.

2. Bij ministeriële regeling worden regels gesteld omtrent de wijze waarop moet worden aangetoond of een vervoermiddel als nieuw aangemerkt dient te worden.

(Zie ook: art. 1b Uitv.besch. OB)

Hoofdstuk II
Heffing ter zake van leveringen en diensten

Afdeling 1
Belastbaar feit

Art. 3

1. Leveringen van goederen zijn:

a. de overdracht of overgang van de macht om als eigenaar over een goed te beschikken;

b. de afgifte van goederen ingevolge een overeenkomst van huurkoop;

c. de oplevering van onroerende zaken door degene die de zaken heeft vervaardigd, met uitzondering van andere onbebouwde terreinen dan bouwterreinen als bedoeld in artikel 11, zesde lid;

d. de rechtsovergang van goederen tegen betaling van een vergoeding ingevolge een vordering door of namens de overheid;

e. [vervallen;]

f. de rechtsovergang van goederen welke het onderwerp uitmaken van een overeenkomst tot het aanbrengen van die goederen aan een ander goed.

2. Als levering van goederen wordt mede aangemerkt de vestiging, overdracht, wijziging, afstand en opzegging van rechten waaraan onroerende zaken zijn onderworpen, met uitzondering van hypotheek en grondrente, tenzij de vergoeding, vermeerderd met de omzetbelasting, minder bedraagt dan de waarde in het economische verkeer van die rechten. De waarde in het economische verkeer bedraagt ten minste de kostprijs, met inbegrip van de omzetbelasting, van de onroerende zaak waarop het recht betrekking heeft, zoals die zou ontstaan bij de voortbrenging door een onafhankelijke derde op het tijdstip van de handeling.

3. Met een levering onder bezwarende titel als bedoeld in artikel 1, onderdeel a, worden gelijkgesteld:

a. het door een ondernemer aan zijn bedrijf onttrekken van een goed dat hij voor eigen privédoeleinden of voor privé-doeleinden van zijn personeel bestemt, dat hij om niet verstrekt of, meer in het algemeen, dat hij voor andere dan bedrijfsdoeleinden bestemt, ingeval met betrekking tot dat goed of de bestanddelen daarvan recht op volledige of gedeeltelijke aftrek van de belasting is ontstaan;

b. [vervallen;]

c. het onder zich hebben van goederen door een ondernemer of zijn rechthebbenden wanneer hij de uitoefening van zijn bedrijf beëindigt, ingeval bij de aanschaffing van die goederen of bij de bestemming ervan overeenkomstig het bepaalde in onderdeel b, zoals dat luidde op 31 december 2013, recht op volledige of gedeeltelijke aftrek van de belasting is ontstaan.

4. Indien door meer dan één persoon overeenkomsten worden gesloten met een verplichting tot levering van een zelfde goed dat vervolgens door de eerste persoon rechtstreeks aan de

Levering van goederen

Zakelijke rechten op onroerende zaken

Privéonttrekking

Bedrijfsbeëindiging

ABC-transacties

B54 art. 3a

laatste afnemer wordt afgeleverd, wordt dat goed geacht door ieder van die personen te zijn geleverd.

Veiling

5. Goederen welke over een veiling worden verhandeld, worden geacht aan en vervolgens door de houder van de veiling te zijn geleverd.

Commissionair

6. Goederen welke worden geleverd door tussenkomst van een commissionair of dergelijke ondernemer die overeenkomsten sluit op eigen naam maar op order en voor rekening van een ander, worden geacht aan en vervolgens door die ondernemer te zijn geleverd.

Goederen

7. Goederen zijn alle voor menselijke beheersing vatbare stoffelijke objecten, alsmede elektriciteit, gas, warmte of koude en dergelijke.

Geschenken geringe waarde

8. Voor de toepassing van het derde lid, onderdeel a, worden onttrekkingen van goederen om voor bedrijfsdoeleinden te dienen als geschenken van geringe waarde of als monster, niet als een levering onder bezwarende titel beschouwd.

Art. 3a

Overbrenging eigen goed naar andere lidstaa

1. Met een levering van een goed onder bezwarende titel als bedoeld in artikel 1, onderdeel a, wordt gelijkgesteld de overbrenging door een ondernemer van een eigen goed van zijn bedrijf naar een andere lidstaat.

2. Overbrenging van een goed naar een andere lidstaat is het verzenden of vervoeren van het goed voor bedrijfsdoeleinden, door of voor rekening van de ondernemer, voor zover het goed niet:

a. door de ondernemer wordt geleverd in de zin van artikel 3, eerste lid, onderdeel f, of wordt geleverd met toepassing van artikel 5a, eerste lid;

b. door de ondernemer wordt geleverd met toepassing van artikel 5, eerste lid, onderdeel c;

c. door de ondernemer wordt geleverd met toepassing van artikel 9, tweede lid, onderdeel b;

d. [vervallen;]

Veredeling

e. wordt gebruikt ten behoeve van een aan de ondernemer verleende dienst, bestaande in deskundigenonderzoeken of werkzaamheden met betrekking tot dat goed, die feitelijk plaatsvinden in de lidstaat van aankomst van de verzending of het vervoer, mits dat goed na de deskundigenonderzoeken of werkzaamheden wordt verzonden naar de ondernemer in de lidstaat waarvan-daan het oorspronkelijk is verzonden of vervoerd;

f. tijdelijk wordt gebruikt in de lidstaat van aankomst van de verzending of het vervoer ten behoeve van een door de ondernemer verrichte dienst;

24 maanden

g. voor een periode van ten hoogste 24 maanden wordt gebruikt in de lidstaat van aankomst van de verzending of het vervoer, wanneer de invoer van hetzelfde goed uit een derde-land met het oog op tijdelijk gebruik in aanmerking zou komen voor de regeling voor tijdelijke invoer met volledige vrijstelling van rechten bij invoer; of

h. bestaat in gas dat via een op het grondgebied van de Unie gesitueerd aardgassysteem of een op een dergelijk systeem aangesloten net wordt geleverd onder de voorwaarden van artikel 5b, in warmte of koude dat via warmte- of koudenetten die voorwaarden wordt geleverd dan wel in elektriciteit die wordt geleverd onder die voorwaarden.

Tijdstip overbrenging

3. In geval ten aanzien van een goed als bedoeld in het tweede lid, aanhef, en onderdelen a tot en met h, op enig tijdstip niet meer wordt voldaan aan de in het van toepassing zijnde onderdeel gestelde voorwaarden, wordt het goed geacht op dat tijdstip te zijn overgebracht naar een andere lidstaat.

Art. 3b

Overbrenging eigen goed naar andere lidstaat i.h.k.v. de regeling inzake voorraad op afroep Regeling inzake voorraad op afroep

1. In afwijking van artikel 3a, eerste lid, wordt de overbrenging door een ondernemer van goederen die deel uitmaken van zijn bedrijfsvermogen naar een andere lidstaat in het kader van de regeling inzake voorraad op afroep niet gelijkgesteld met een levering van goederen onder bezwarende titel.

2. Voor de toepassing van dit artikel en de daarop berustende bepalingen wordt geacht sprake te zijn van de regeling inzake voorraad op afroep wanneer:

a. de goederen door een ondernemer zelf worden verzonden of vervoerd of voor zijn rekening door een derde partij worden verzonden of vervoerd naar een andere lidstaat om die goederen daar, in een later stadium en na aankomst, aan een andere ondernemer te leveren doordat die de macht krijgt overgedragen om over deze goederen als eigenaar te beschikken krachtens een bestaande overeenkomst tussen de beide ondernemers;

b. de ondernemer die de goederen verzendt of vervoert, zijn bedrijf niet heeft gevestigd of geen vaste inrichting heeft in de lidstaat waarnaar de goederen worden verzonden of vervoerd;

c. de ondernemer voor wie de te leveren goederen zijn bestemd, voor btw-doeleinden is geïdentificeerd in de lidstaat waarnaar de goederen worden verzonden of vervoerd, en zowel zijn identiteit als het btw-identificatienummer dat door die lidstaat aan hem is toegekend, bij de ondernemer, bedoeld in onderdeel b, bekend zijn op het tijdstip waarop de verzending of het vervoer aanvangt; en

d. de ondernemer die de goederen verzendt of vervoert of dit voor zijn rekening door een derde laat doen, het vervoer van de goederen opneemt in het register, bedoeld in artikel 34, tweede lid, onderdeel c, en, overeenkomstig artikel 37a, eerste lid, onderdeel d, in de lijst de identiteit vermeldt van de ondernemer die de goederen afneemt, evenals het btw-identificatienummer dat aan deze is toegekend door de lidstaat waarnaar de goederen worden verzonden of vervoerd.

3. Wanneer aan de voorwaarden, bedoeld in het tweede lid, en de periode, genoemd in het vierde lid, is voldaan, zijn op het tijdstip van overdracht van de macht aan de ondernemer, bedoeld in het tweede lid, onderdeel c, om als eigenaar over de goederen te beschikken, de volgende regels van toepassing:

a. een levering van goederen als bedoeld in tabel II, onderdeel a, post 6, wordt geacht te zijn verricht door de ondernemer die de goederen zelf heeft verzonden of vervoerd of voor zijn rekening door een derde heeft laten verzenden of vervoeren in de lidstaat vanwaar de goederen zijn verzonden of vervoerd;

b. een intracommunautaire verwerving van goederen wordt geacht te zijn verricht door de ondernemer aan wie deze goederen worden geleverd in de lidstaat waarnaar de goederen werden verzonden of vervoerd.

4. Indien de goederen niet binnen twaalf maanden na aankomst in de lidstaat waarnaar zij zijn verzonden of vervoerd, zijn geleverd aan de ondernemer, bedoeld in het tweede lid, onderdeel c, of het zesde lid, en geen van de situaties, genoemd in het zevende lid, zich heeft voorgedaan, wordt een overbrenging als bedoeld in artikel 3a geacht te zijn verricht op de dag na het verstrijken van de periode van twaalf maanden.

5. In afwijking van het vierde lid wordt geen overbrenging als bedoeld in artikel 3a geacht te zijn verricht indien:

a. de macht om als eigenaar te beschikken over de goederen niet is overgedragen en de goederen worden teruggezonden naar de lidstaat vanwaar zij zijn verzonden of vervoerd binnen de periode, genoemd in het vierde lid; en

b. de ondernemer die de goederen heeft verzonden of vervoerd, de retour ontvangen goederen opneemt in het register, bedoeld in artikel 34, tweede lid, onderdeel c.

6. Indien de ondernemer, bedoeld in het tweede lid, onderdeel c, binnen de periode, genoemd in het vierde lid, wordt vervangen door een andere ondernemer, wordt op het tijdstip van de vervanging geen overbrenging als bedoeld in artikel 3a geacht te zijn verricht, op voorwaarde dat:

a. alle andere voorwaarden, bedoeld in het tweede lid, zijn vervuld; en

b. de ondernemer, bedoeld in het tweede lid, onderdeel b, de vervanging opneemt in het register, bedoeld in artikel 34, tweede lid, onderdeel c.

7. Indien ten minste één van de voorwaarden, bedoeld in het tweede of zesde lid, binnen de periode, genoemd in het vierde lid, niet langer is vervuld, wordt een overbrenging van goederen in de zin van artikel 3a geacht te zijn verricht op het tijdstip dat de desbetreffende voorwaarde niet langer is vervuld. Dit tijdstip is, afhankelijk van de niet-vervulde voorwaarden, bepaald op de volgende momenten:

a. indien de goederen worden geleverd aan een andere persoon dan de ondernemer, bedoeld in het tweede lid, onderdeel c, of in het zesde lid: onmiddellijk vóór een dergelijke levering;

b. indien de goederen na aankomst in de lidstaat van bestemming worden verzonden of vervoerd naar een ander land dan de lidstaat vanwaar zij oorspronkelijk werden verplaatst: onmiddellijk vóór de aanvang van een dergelijke verzending of een dergelijk vervoer; of

c. indien de goederen worden vernietigd of gestolen of verloren zijn gegaan: op de datum waarop de goederen daadwerkelijk werden vernietigd of gestolen of verloren zijn gegaan, of indien het onmogelijk is om deze datum te bepalen, op de datum waarop werd vastgesteld dat de goederen waren vernietigd of gestolen of verloren zijn gegaan.

Art. 4

1. Diensten zijn alle prestaties, niet zijnde leveringen van goederen in de zin van artikel 3.

2. Met een dienst verricht onder bezwarende titel als bedoeld in artikel 1, onderdeel a, worden gelijkgesteld:

a. het gebruiken van een tot het bedrijf behorend goed voor privé-doeleinden van de ondernemer of van zijn personeel, of, meer in het algemeen, voor andere dan bedrijfsdoeleinden, wanneer voor dit goed recht op volledige of gedeeltelijke aftrek van de belasting is ontstaan;

b. het om niet verrichten van diensten door de ondernemer voor eigen privé-doeleinden of voor privé-doeleinden van zijn personeel, of, meer in het algemeen, voor andere dan bedrijfsdoeleinden.

3. Ter voorkoming van ernstige verstoring van concurrentieverhoudingen worden voorts met een dienst verricht onder bezwarende titel als bedoeld in artikel 1, onderdeel a, gelijkgesteld de bij ministeriële regeling aan te wijzen verrichtingen door ondernemers binnen hun bedrijf, in gevallen waarin de ondernemers, indien zij die verrichtingen door andere ondernemers zouden laten doen, de belasting niet of niet geheel in aftrek zouden kunnen brengen.

4. Diensten welke worden verleend door tussenkomst van een commissionair of dergelijke ondernemer die overeenkomsten sluit op eigen naam maar op order en voor rekening van een ander, worden geacht aan en vervolgens door die ondernemer te zijn verleend.

Diensten

Privégebruik zakelijke goederen

Verrichtingen in eigen bedrijf

Commissionair

Afdeling 1a *Plaats van levering*

Art. 5

Plaats van levering **1.** De plaats waar een levering wordt verricht, is:
a. ingeval het goed in verband met de levering, anders dan in de zin van artikel 3, eerste lid, onderdeel f, wordt verzonden of vervoerd, de plaats waar de verzending of het vervoer aanvangt;
b. in andere gevallen de plaats waar het goed zich bevindt op het tijdstip van de levering;
c. in afwijking van onderdeel *b*, in geval van een levering van goederen aan boord van een schip, vliegtuig of trein en tijdens het gedeelte van een binnen de Unie verricht passagiersvervoer, de plaats van vertrek van het vervoer van passagiers.

Plaats van levering bij invoer in de Unie **2.** In afwijking van het eerste lid, onderdeel *a*, worden, in de gevallen waarin de plaats van vertrek van de verzending of het vervoer van de goederen in een derde-land ligt, de plaats waar de levering wordt verricht alsmede de plaats waar eventuele volgende leveringen worden verricht, geacht in de lidstaat van invoer van de goederen te liggen, voor zover de goederen door de leverancier of in diens opdracht worden ingevoerd.

Art. 5a

Afstandsverkopen: plaats van aankomst **1.** In afwijking van artikel 5, eerste lid, onderdeel a, wordt de levering van goederen, andere dan nieuwe vervoermiddelen en andere dan goederen die worden geleverd met toepassing van een van de in de artikelen 312 tot en met 325 en 333 tot en met 340 van de BTW-richtlijn 2006 bedoelde bijzondere regelingen, die, direct of indirect, door of voor rekening van de ondernemer die de levering verricht worden verzonden of vervoerd uit een andere lidstaat dan die van aankomst van de verzending of het vervoer, verricht op de plaats van aankomst van de verzending of het vervoer.

2. Het eerste lid is alleen van toepassing op de levering van goederen aan afnemers als bedoeld in artikel 33, lid 1, onder a, van de BTW-richtlijn 2006.

Derde-land **3.** Indien de in het eerste lid bedoelde goederen worden verzonden of vervoerd uit een derde-land en door de ondernemer die de levering verricht worden ingevoerd in een andere lidstaat dan die van aankomst van de verzending of het vervoer, worden deze goederen geacht te zijn verzonden of vervoerd vanuit de lidstaat van invoer. Artikel 5, tweede lid, is niet van toepassing.

Drempelbedrag **4.** Het eerste lid is niet van toepassing op leveringen van goederen, andere dan accijnsgoederen, die worden verzonden of vervoerd naar eenzelfde lidstaat, voor zover het totaal van de vergoedingen ter zake van deze leveringen in het lopende kalenderjaar niet meer beloopt dan het bedrag dat hiervoor bij ministeriële regeling voor de lidstaat is aangewezen, mits het totaal van de vergoedingen ter zake van dergelijke leveringen in het voorafgaande kalenderjaar niet meer heeft belopen dan dit bedrag. Voor goederen die worden verzonden of vervoerd naar Nederland geldt een drempelbedrag van € 100 000.

Optieregeling **5.** Ondernemers die leveringen verrichten als bedoeld in het vierde lid kunnen aan de inspecteur verzoeken om dat lid op hen niet van toepassing te doen zijn. Bij inwilliging van het verzoek geldt zulks tot wederopzegging door belanghebbende doch ten minste voor twee kalenderjaren. De inspecteur beslist op het verzoek bij voor bezwaar vatbare beschikking. Bij ministeriële regeling kunnen regels worden gesteld inzake de toepassing van dit lid.
(Zie ook: artt. 2a, 2b Uitv.besch. OB)

Art. 5b

Plaats van levering gas en elektra **1.** Ingeval de levering van gas via een op het grondgebied van de Unie gesitueerd aardgassysteem of een op een dergelijk systeem aangesloten net, van warmte of koude via warmte- of koudenetten of van elektriciteit wordt verricht aan een ondernemer die wederverkoper is, wordt die levering, in afwijking van artikel 5, verricht op de plaats waar deze ondernemer is gevestigd of een vaste inrichting heeft waarvoor de goederen worden geleverd, dan wel, bij het ontbreken hiervan, op de plaats waar zijn woonplaats of zijn gebruikelijke verblijfplaats is.

Wederverkoper **2.** Voor de toepassing van het eerste lid wordt, in afwijking van artikel 2a, eerste lid, onderdeel k, onder een wederverkoper verstaan een ondernemer wiens hoofdactiviteit op het gebied van de aankoop van gas, warmte of koude of elektriciteit bestaat in het opnieuw verkopen van die producten en wiens eigen verbruik van die producten verwaarloosbaar is.

Levering in andere gevallen **3.** In afwijking van artikel 5 wordt de levering van gas via een op het grondgebied van de Unie gesitueerd aardgassysteem of een op een dergelijk systeem aangesloten net, van warmte of koude via warmte- of koudenetten of van elektriciteit in andere gevallen dan bedoeld in het eerste lid verricht op de plaats waar de afnemer het werkelijke gebruik en verbruik van de goederen heeft. Ingeval het gas, de warmte, de koude of de elektriciteit geheel of ten dele niet daadwerkelijk door de afnemer wordt verbruikt, worden deze niet-verbruikte goederen geacht te zijn gebruikt en verbruikt op de plaats waar hij de zetel van zijn bedrijfsuitoefening of een vaste inrichting heeft gevestigd waarvoor de goederen worden geleverd. Bij gebreke van een dergelijke zetel of vaste inrichting wordt de afnemer geacht de goederen te hebben gebruikt en verbruikt in zijn woonplaats of gebruikelijke verblijfplaats.

Wet op de omzetbelasting 1968 (uittreksel) **B54 art. 6d**

Art. 5c

1. Indien dezelfde goederen het voorwerp van opeenvolgende leveringen uitmaken en die goederen van een lidstaat naar een andere lidstaat rechtstreeks van de eerste leverancier naar de laatste afnemer in de keten worden verzonden of vervoerd, wordt de verzending of het vervoer uitsluitend toegeschreven aan de levering aan de tussenhandelaar, bedoeld in het derde lid.

2. In afwijking van het eerste lid wordt de verzending of het vervoer uitsluitend aan de levering van goederen door die tussenhandelaar toegeschreven indien de tussenhandelaar aan zijn leverancier het btw-identificatienummer heeft meegedeeld dat de lidstaat vanwaar de goederen worden verzonden of vervoerd, aan hem heeft toegekend.

3. Voor de toepassing van dit artikel wordt onder tussenhandelaar verstaan de leverancier in de keten die de goederen ofwel zelf verzendt of vervoert ofwel voor zijn rekening door een derde laat verzenden of vervoeren. De hier bedoelde tussenhandelaar kan niet de eerste leverancier in de keten zijn.

Tussenhandelaar, opeenvolgende leveringen in de keten van de ene lidstaat naar de andere

Tussenhandelaar, mededeling toegekende btw-identificatienummer

Tussenhandelaar zorgt voor vervoer of verzending goederen in de keten

Afdeling 1b
Plaats van een dienst

Paragraaf 1
Algemene bepalingen

Art. 6

1. De plaats van een dienst, verricht voor een als zodanig handelende ondernemer, is de plaats waar die ondernemer de zetel van zijn bedrijfsuitoefening heeft gevestigd. Worden deze diensten evenwel verricht voor een vaste inrichting van de ondernemer op een andere plaats dan die waar hij de zetel van zijn bedrijfsuitoefening heeft gevestigd, dan geldt als plaats van dienst de plaats waar deze vaste inrichting zich bevindt. Bij gebreke van een dergelijke zetel of vaste inrichting, geldt als plaats van de dienst de woonplaats of gebruikelijke verblijfplaats van de ondernemer die deze diensten afneemt.

Plaats van dienst aan ondernemer

2. De plaats van een dienst, verricht voor een andere dan ondernemer, is de plaats waar de dienstverrichter de zetel van zijn bedrijfsuitoefening heeft gevestigd. Worden deze diensten evenwel verricht vanuit een vaste inrichting van de dienstverrichter, op een andere plaats dan die waar hij de zetel van zijn bedrijfsuitoefening heeft gevestigd, dan geldt als plaats van dienst de plaats waar deze vaste inrichting zich bevindt. Bij gebreke van een dergelijke zetel of vaste inrichting, geldt als plaats van de diensten de woonplaats of de gebruikelijke verblijfplaats van de dienstverrichter.

Plaats van dienst aan consument

Paragraaf 2
Bijzondere bepalingen

Art. 6a

De plaats van een dienst die voor andere dan ondernemers wordt verricht door een tussenpersoon die in naam en voor rekening van derden handelt, is de plaats waar de onderliggende handeling overeenkomstig de bepalingen van deze wet wordt verricht.

Tussenpersoon

Art. 6b

De plaats van een dienst die betrekking heeft op een onroerende zaak, met inbegrip van diensten van experts en makelaars in onroerende zaken, het verstrekken van accommodatie in het hotelbedrijf of in sectoren met een soortgelijke functie, zoals vakantiekampen of locaties die zijn ontwikkeld voor gebruik als kampeerterreinen, het verlenen van gebruiksrechten op een onroerende zaak, alsmede van diensten die erop gericht zijn de uitvoering van bouwwerken voor te bereiden of te coördineren, zoals de diensten verricht door architecten en door bureaus die toezicht houden op de uitvoering van het werk, is de plaats waar de onroerende zaak is gelegen.

Onroerende zaak

Art. 6c

1. De plaats van personenvervoerdiensten is de plaats waar het vervoer plaatsvindt, zulks naar verhouding van de afgelegde afstanden.

2. De plaats van andere goederenvervoerdiensten voor andere dan ondernemers dan het intracommunautaire goederenvervoer, is de plaats waar het vervoer plaatsvindt, zulks naar verhouding van de afgelegde afstanden.

3. De plaats van intracommunautaire goederenvervoerdiensten voor andere dan ondernemers, is de plaats van vertrek.

Vervoersdiensten

Art. 6d

De plaats van een voor een ondernemer verrichte dienst bestaande in het verlenen van toegang tot culturele, artistieke, sportieve, wetenschappelijke, educatieve, vermakelijkheids- of soortgelijke evenementen, zoals beurzen en tentoonstellingen, en met de toegangverlening samenhangende diensten, is de plaats waar deze evenementen daadwerkelijk plaatsvinden.

Culturele, wetenschappelijke diensten

B54 art. 6e — Wet op de omzetbelasting 1968 (uittreksel)

Art. 6e

Niet-ondernemers

1. De plaats van voor een andere dan ondernemer verrichte diensten en van daarmee samenhangende diensten, in verband met culturele, artistieke, sportieve, wetenschappelijke, educatieve, vermakelijkheids- of soortgelijke activiteiten, zoals beurzen en tentoonstellingen, inclusief de dienstverrichtingen van de organisatoren van dergelijke activiteiten, is de plaats waar die activiteiten daadwerkelijk plaatsvinden.

2. De plaats van de volgende diensten die voor andere dan ondernemers worden verricht, is de plaats waar die diensten daadwerkelijk worden verricht:

a. activiteiten die met vervoer samenhangen, zoals laden, lossen, intern vervoer en soortgelijke activiteiten;

b. deskundigenonderzoeken en werkzaamheden met betrekking tot roerende lichamelijke zaken.

Art. 6f

Restaurants, catering

1. De plaats van restaurant- en cateringdiensten is de plaats waar die diensten materieel worden verricht.

2. De plaats van restaurant- en cateringdiensten die materieel worden verricht aan boord van een schip, vliegtuig of trein tijdens het in de Unie verrichte gedeelte van een passagiersvervoer, is de plaats van vertrek van het passagiersvervoer.

Art. 6g

Kortdurende verhuur vervoermiddel

1. De plaats van dienst van kortdurende verhuur van een vervoermiddel is de plaats waar dat vervoermiddel daadwerkelijk ter beschikking van de afnemer wordt gesteld.

2. De plaats van andere dan kortdurende verhuur van een vervoermiddel aan een andere dan ondernemer is de plaats waar de afnemer gevestigd is of zijn woonplaats of gebruikelijke verblijfplaats heeft.

3. In afwijking van het tweede lid is de plaats van andere dan kortdurende verhuur van een pleziervaartuig aan een andere dan ondernemer de plaats waar het pleziervaartuig effectief ter beschikking van de afnemer wordt gesteld, indien deze dienst daadwerkelijk door de dienstverrichter wordt verricht vanuit de zetel van zijn bedrijfsuitoefening of een vaste inrichting aldaar.

4. Voor de toepassing van dit artikel wordt onder «kortdurende verhuur» verstaan: het ononderbroken bezit of gebruik van het vervoermiddel gedurende een periode van ten hoogste dertig dagen, en voor schepen ten hoogste negentig dagen.

Art. 6h

Elektronische diensten

1. De plaats van dienst van de volgende diensten, die worden verricht voor een andere dan ondernemer, is de plaats waar deze persoon gevestigd is of zijn woonplaats of gebruikelijke verblijfplaats heeft:

a. telecommunicatiediensten;

b. radio- en televisieomroepdiensten;

c. elektronische diensten.

2. Het feit dat de dienstverrichter en de afnemer langs elektronische weg berichten uitwisselen, betekent op zich niet dat de verrichte dienst een elektronische dienst is.

3. Het eerste lid is niet van toepassing wanneer:

a. de dienstverrichter is gevestigd, of bij gebreke van een vestiging, heeft zijn woonplaats of gebruikelijke verblijfplaats in slechts één lidstaat;

b. de diensten worden verricht voor andere dan ondernemers die gevestigd zijn, hun woonplaats of gebruikelijke verblijfplaats hebben in een andere lidstaat dan de lidstaat, bedoeld in onderdeel a; en

c. het totaal van de vergoedingen ter zake van de diensten, bedoeld in onderdeel b, in het lopende kalenderjaar niet meer beloopt dan € 10.000 of de tegenwaarde daarvan in de nationale munteenheid, en in het voorafgaande kalenderjaar ook niet meer heeft belopen dan dit bedrag.

4. Wanneer de drempel, genoemd in het derde lid, onderdeel c, in de loop van een kalenderjaar wordt overschreden, is het eerste lid vanaf die datum van toepassing.

5. In afwijking van het derde lid, is het eerste lid van toepassing wanneer de dienstverrichter, bedoeld in het derde lid, in de lidstaat op het grondgebied waar hij is gevestigd of, bij gebreke van een vestiging zijn woonplaats of gebruikelijke verblijfplaats heeft, daarvoor kiest overeenkomstig de in die lidstaat geldende regels.

6. Wanneer de lidstaat, bedoeld in het vijfde lid, Nederland is, meldt de dienstverrichter die het eerste lid wil toepassen dit bij de inspecteur. Deze melding geldt tot wederopzegging door die dienstverrichter doch ten minste voor twee kalenderjaren. De melding wordt gedaan op een door de inspecteur vast te stellen wijze. Bij ministeriële regeling kunnen nadere regels worden gesteld met betrekking tot de melding.

7. De tegenwaarde in de nationale munteenheid van het in het tweede lid, onderdeel c, bedoelde bedrag wordt berekend volgens de wisselkoers die op 5 december 2017 door de Europese Centrale Bank bekend is gemaakt.

Art. 6i

De plaats van de volgende diensten, verricht voor een andere dan ondernemer die buiten de Unie gevestigd is of aldaar zijn woonplaats of gebruikelijke verblijfplaats heeft, is de plaats waar deze persoon gevestigd is of zijn woonplaats of gebruikelijke verblijfplaats heeft:
a. de overdracht en het verlenen van auteursrechten, octrooien, licentierechten, handelsmerken en soortgelijke rechten;
b. diensten op het gebied van de reclame;
c. diensten verricht door raadgevende personen, ingenieurs, adviesbureaus, advocaten, accountants en andere soortgelijke diensten, alsmede gegevensverwerking en informatieverschaffing;
d. de verplichting om een beroepsactiviteit of een in dit artikel vermeld recht geheel of gedeeltelijk niet uit te oefenen;
e. bank-, financiële en verzekeringsverrichtingen met inbegrip van herverzekeringsverrichtingen en met uitzondering van de verhuur van safeloketten;
f. het beschikbaar stellen van personeel;
g. de verhuur van roerende lichamelijke zaken, met uitzondering van alle vervoermiddelen;
h. het bieden van toegang tot een op het grondgebied van de Unie gesitueerd aardgassysteem of een op een dergelijk systeem aangesloten net, tot warmte- of koudenetten of tot het elektriciteitssysteem, alsmede het verrichten van transmissie- of distributiediensten via deze systemen of netten en het verrichten van andere daarmee rechtstreeks verbonden diensten.

Bijzondere verrichtingen

Paragraaf 3
Voorkoming van niet-heffing

Art. 6j

De hierna genoemde diensten die worden verricht door ondernemers die buiten de Unie wonen of zijn gevestigd dan wel aldaar een vaste inrichting hebben van waaruit de dienst wordt verricht, of die, bij gebreke van een dergelijke zetel of vaste inrichting, hun woonplaats of gebruikelijke verblijfplaats buiten de Unie hebben, en de plaats van die diensten buiten de Unie is gelegen worden aangemerkt als worden zij in Nederland verricht, wanneer het werkelijke gebruik en de werkelijke exploitatie in Nederland plaatsvinden:
a. diensten, bestaande in de verhuur van vervoermiddelen, die worden verricht voor andere dan ondernemers die in Nederland wonen of zijn gevestigd dan wel aldaar een vaste inrichting hebben waarvoor de diensten worden verricht;
b. diensten als bedoeld in artikel 6i, onderdelen a tot en met g, die worden verricht voor in Nederland gevestigde lichamen in de zin van de Algemene wet inzake rijksbelastingen, andere dan ondernemers.

Voorkoming van niet-heffing

Afdeling 1c
Ondernemer

Art. 7

1. Ondernemer is ieder die een bedrijf zelfstandig uitoefent.
2. Waar in deze wet wordt gesproken van bedrijf, wordt daaronder mede verstaan:
a. beroep;
b. exploitatie van een vermogensbestanddeel om er duurzaam opbrengst uit te verkrijgen.
3. Bij ministeriële regeling kan worden bepaald, dat publiekrechtelijke lichamen die, anders dan als ondernemer, prestaties verrichten welke uit hun aard ook door ondernemers kunnen worden verricht, met betrekking tot die prestaties als ondernemer worden aangemerkt.
4. Natuurlijke personen en lichamen in de zin van de Algemene wet inzake rijksbelastingen, die op grond van het bepaalde in dit artikel ondernemer zijn en die in Nederland wonen of zijn gevestigd dan wel aldaar een vaste inrichting hebben en die in financieel, organisatorisch en economisch opzicht zodanig zijn verweven, dat zij een eenheid vormen, worden, al dan niet op verzoek van één of meer van deze natuurlijke personen of lichamen, bij voor bezwaar vatbare beschikking van de inspecteur als één ondernemer aangemerkt en wel met ingang van de eerste dag van de maand, volgende op die waarin de inspecteur die beschikking heeft afgegeven. Bij ministeriële regeling kunnen nadere regels worden gesteld ter zake van de vorming, wijziging en beëindiging van de fiscale eenheid.
(Zie ook: art. 3 Uitv.besch. OB)
5. Onder bij ministeriële regeling te stellen voorwaarden kunnen lichamen in de zin van de Algemene wet inzake rijksbelastingen die, anders dan als ondernemer, prestaties verrichten ten behoeve van ondernemers, die krachtens artikel 15 ter zake belasting in aftrek zouden hebben kunnen brengen, indien die prestaties ten behoeve van hen door een ondernemer zouden zijn verricht, met betrekking tot die prestaties als ondernemer worden aangemerkt.

Ondernemer
Quasiondernemer

Publiekrechtelijke lichamen

Fiscale eenheid

Ondernemer op grond van voorwaarden minister

B54 art. 8

Levering nieuw vervoermiddel

6. Degene die, anders dan als ondernemer, een nieuw vervoermiddel levert welk vervoermiddel wordt verzonden of vervoerd naar een andere lidstaat, wordt met betrekking tot die levering als ondernemer aangemerkt.

7. Voor de toepassing van de regels betreffende de plaats van dienst in deze wet en in de daarop gebaseerde bepalingen wordt:

a. een ondernemer die ook werkzaamheden of handelingen verricht die niet als belastbare goederenleveringen of diensten in de zin van artikel 2, lid 1, van BTW-richtlijn 2006 worden beschouwd, met betrekking tot alle voor hem verrichte diensten als ondernemer aangemerkt;

b. een rechtspersoon, andere dan ondernemer, die voor btw-doeleinden is geïdentificeerd, als ondernemer aangemerkt.

Afdeling 2
Maatstaf en tarief van heffing

Art. 8

Heffingsmaatstaf

1. De belasting wordt berekend over de vergoeding.
(Zie ook: art. 2 t/m 5 Uitv.besl. OB; art. 5 Uitv.besch. OB 1968)

Vergoeding

2. De vergoeding is het totale bedrag dat - of voor zover de tegenprestatie niet in een geldsom bestaat, de totale waarde van de tegenprestatie welke - ter zake van de levering of de dienst in rekening wordt gebracht, de omzetbelasting niet daaronder begrepen. Ingeval ter zake van de levering of de dienst meer wordt voldaan dan hetgeen in rekening is gebracht, komt in plaats daarvan in aanmerking hetgeen is voldaan.

Interne prestaties, privégebruik

3. Ten aanzien van de handelingen, bedoeld in artikel 3, derde lid, en artikel 3a, eerste lid, wordt de vergoeding gesteld op de aankoopprijs van de goederen of van soortgelijke goederen of, indien er geen aankoopprijs is, de kostprijs, berekend op het tijdstip waarop deze handelingen worden uitgevoerd.

4. De vergoeding wordt gesteld op de normale waarde van de dienst indien:

a. een auto tegen een lagere vergoeding dan de normale waarde voor andere dan bedrijfsdoeleinden in gebruik wordt gegeven aan een verbonden afnemer die geen volledig recht op aftrek heeft uit hoofde van artikel 15;

b. het gaat om handelingen als bedoeld in artikel 4, derde lid.

Voor de toepassing van de eerste alinea, onderdeel a, wordt onder een verbonden afnemer verstaan een werknemer, een afnemer die een bestuurlijke verhouding met de ondernemer heeft en een afnemer waarmee de ondernemer een familiale band heeft.

Korting contante betaling, vracht- en assurantiekosten, zakelijke lasten

5. Bij of krachtens algemene maatregel van bestuur kan worden bepaald in hoever:

a. de korting voor contante betaling, de kosten van verpakking, de vracht- en assurantiekosten, de uitschotten van belasting en andere met doorlopende posten gelijk te stellen bedragen niet tot de vergoeding behoren;

b. bij met grondrente bezwaarde eigendom, rechten van erfpacht, opstal, erfdienstbaarheid of beklemming, appartementen, lidmaatschapsrechten en dergelijke, de daaraan verbonden lasten tot de vergoeding behoren;

c. bij eigendom, bezwaard met een recht van erfpacht, opstal, erfdienstbaarheid of beklemming, de vergoeding wordt verminderd met de aan die rechten verbonden lasten;

d. bij levering anders dan met toepassing van artikel 28b of 28d, van gebruikte personenauto's, gebruikte motorrijwielen en gebruikte bestelauto's in de zin van artikel 10 van de Wet op de belasting van personenauto's en motorrijwielen 1992, de vergoeding wordt verminderd met de op de voet van die wet geheven belasting. Voor het vaststellen van het bedrag van die vermindering worden regels gesteld met inachtneming van de bepalingen van of ingevolge die wet.

Wisselkoers

6. Indien gegevens voor het bepalen van de vergoeding zijn uitgedrukt in een andere munteenheid dan de euro, wordt de wisselkoers vastgesteld overeenkomstig de laatst genoteerde verkoopkoers op het tijdstip waarop de belasting verschuldigd wordt. In plaats van het hiervoor bedoelde wisselkoersmechanisme mag ook gebruik gemaakt worden van de wisselkoers die, op het tijdstip waarop de belasting verschuldigd wordt, door de Europese Centrale Bank laatstelijk was bekendgemaakt.

Privégebruik zakelijke goederen

7. Ten aanzien van de handelingen, bedoeld in artikel 4, tweede lid, wordt de vergoeding gesteld op de door de ondernemer voor het verrichten van de diensten gemaakte uitgaven. Bij ministeriële regeling kunnen nadere regels worden gesteld met betrekking tot de door de ondernemer voor het verrichten van deze diensten gemaakte uitgaven.

Art. 8a

Vergoeding bij teruglevering elektriciteit

In afwijking van artikel 8 wordt, bij toepassing van artikel 31c, tweede lid van de Elektriciteitswet 1998, de vergoeding voor elektriciteit die wordt geleverd aan anderen dan wederverkopers gesteld op het verschil tussen de vergoeding die de ondernemer berekent over de door hem geleverde elektriciteit en de vergoeding die de afnemer berekent over de door hem aan de ondernemer geleverde elektriciteit.

Art. 9

1. De belasting bedraagt 21 percent.
2. In afwijking van het eerste lid bedraagt de belasting:
a. 9 percent voor leveringen van goederen en diensten, genoemd in de bij deze wet behorende tabel I;
b. nihil voor leveringen van goederen en diensten, genoemd in de bij deze wet behorende tabel II, mits is voldaan aan bij algemene maatregel van bestuur vast te stellen voorwaarden.
(Zie ook: art. 12 t/m 13 Uitv.besl. OB)

Art. 10

[Vervallen]

Afdeling 3
Vrijstellingen

Art. 11

1. Onder bij algemene maatregel van bestuur vast te stellen voorwaarden zijn van de belasting vrijgesteld:

a. de levering van onroerende zaken en van rechten waaraan deze zijn onderworpen, met uitzondering van:

1°. de levering van een gebouw of een gedeelte van een gebouw en het erbij behorend terrein vóór, op of uiterlijk twee jaren na het tijdstip van eerste ingebruikneming, alsmede de levering van een bouwterrein;

2°. leveringen, andere dan die bedoeld onder 1°, aan personen die de onroerende zaak gebruiken voor doeleinden waarvoor een volledig of nagenoeg volledig recht op aftrek van belasting op de voet van artikel 15 bestaat, mits de ondernemer die de levering verricht en degene aan wie wordt geleverd, blijkens de notariële akte van levering daarvoor hebben gekozen of in andere gevallen gezamenlijk een verzoek daartoe aan de inspecteur hebben gedaan en overigens voldoen aan bij ministeriële regeling te stellen voorwaarden;

(Zie ook: art. 6 Uitv.besch. OB)

b. de verhuur (de verpachting daaronder begrepen) van onroerende zaken, met uitzondering van:

1°. de verhuur van blijvend geïnstalleerde werktuigen en machines;

2°. de verhuur binnen het kader van het hotel-, pension-, kamp- en vakantiebestedingsbedrijf aan personen, die daar slechts voor een korte periode verblijf houden;

3°. de verhuur van parkeerruimte voor voertuigen en de verhuur van lig- en bergplaatsen voor vaartuigen;

4°. de verhuur van safeloketten;

5°. de verhuur van onroerende zaken, andere dan gebouwen en gedeelten daarvan welke als woning worden gebruikt, door een verhuurder, die niet de vrijstelling, bedoeld in artikel 25, eerste lid, toepast, aan personen die de onroerende zaak gebruiken voor doeleinden waarvoor een volledig of nagenoeg volledig recht op aftrek van de belasting op de voet van artikel 15 bestaat mits de verhuurder en de huurder blijkens de schriftelijke huurovereenkomst daarvoor hebben gekozen of in andere gevallen gezamenlijk een verzoek daartoe aan de inspecteur hebben gedaan en overigens voldoen aan bij ministeriële regeling te stellen voorwaarden;

onder verhuur van onroerende zaken wordt mede verstaan iedere andere vorm waarin onroerende zaken voor gebruik, anders dan als levering, ter beschikking worden gesteld;

(Zie ook: art. 6a Uitv.besch. OB)

c. het verzorgen en het verplegen van in een inrichting opgenomen personen, alsmede de handelingen die daarmee nauw samenhangen, waaronder begrepen het verstrekken van spijzen en dranken, geneesmiddelen en verbandmiddelen aan die personen;

d. de diensten aan de jeugd en de jeugdleiders door organisaties voor het algemene jeugdwerk die door de overheid als zodanig zijn erkend;

e. diensten die nauw samenhangen met de beoefening van sport of met lichamelijke opvoeding en die door instellingen worden verricht voor personen die aan sport of lichamelijke opvoeding doen, met uitzondering van:

1° het verlenen van toegang tot wedstrijden, demonstraties en dergelijke;

2° het ter beschikking stellen van lig- en bergplaatsen voor vaartuigen die op grond van objectieve kenmerken niet geschikt zijn voor sportbeoefening;

f. de bij algemene maatregel van bestuur aan te wijzen leveringen en diensten van sociale of culturele aard, mits de ondernemer geen winst beoogt en niet een verstoring van concurrentieverhoudingen optreedt ten opzichte van ondernemers die winst beogen;

(Zie ook: art. 7 Uitv.besl. OB)

g.

1°. de volgende leveringen en diensten:

B54 art. 11 — Wet op de omzetbelasting 1968 (uittreksel)

a. de diensten op het vlak van de gezondheidskundige verzorging van de mens door beoefenaren van een medisch of paramedisch beroep die een op dit beroep gerichte opleiding hebben voltooid waarvoor regels zijn gesteld bij of krachtens de Wet op de beroepen in de individuele gezondheidszorg, voor zover deze diensten tot het gebied van deskundigheid van dit beroep behoren en onderdeel vormen van bedoelde opleiding;

b. diensten die door tandtechnici als zodanig worden verricht; de leveringen van tandprothesen door tandartsen en tandtechnici; het vervoer van zieken of gewonden met ambulance-automobielen;

2°. de verblijfszorg, bedoeld in artikel 3.1.1, eerste lid, onder a, en de zorg, bedoeld in artikel 3.1.1, eerste lid, onder b en c, van de Wet langdurige zorg, alsmede huishoudelijke hulp, voor zover die zorg niet gepaard gaat met verblijf in een instelling en plaatsvindt aan personen ten behoeve van wie in een indicatiebesluit op grond van de Wet langdurige zorg is vastgesteld dat ze op de in die onderdelen bedoelde zorg zijn aangewezen;

3°. de bij algemene maatregel van bestuur aan te wijzen diensten die deel uitmaken van een voorziening ter ondersteuning van de zelfredzaamheid en participatie van personen met een beperking of met chronische psychische of psychosociale problemen als bedoeld in de Wet maatschappelijke ondersteuning 2015, verleend aan personen van wie vaststaat dat zij ingevolge die wet op die diensten zijn aangewezen;

4°. de diensten door ondernemers bestaande in het verlenen van dagbesteding, arbeidstraining of dagopvang aan:

a. personen voor wie zij daartoe een schriftelijke overeenkomst hebben gesloten met een instelling als bedoeld in artikel 1.1.1 van de Wet langdurige zorg of met een aanbieder als bedoeld in artikel 1.1.1 van de Wet maatschappelijke ondersteuning 2015;

b. personen met wie zij daartoe een schriftelijke overeenkomst hebben gesloten en die beschikken over een persoonsgebonden budget met het oog op het geldend maken van hun aanspraken ingevolge de onder a genoemde wetten;

(Zie ook: art. 7a Uitv.besl. OB)

Lijkbezorgers *h.* de diensten door lijkbezorgers;

Geld- en effectenhandel *i.* de volgende leveringen en diensten:

1°. de handelingen, bemiddeling daaronder begrepen, betreffende deviezen, bankbiljetten en munten, welke in enig land de hoedanigheid van wettig betaalmiddel bezitten, met uitzondering van bankbiljetten en munten, welke gewoonlijk niet als wettig betaalmiddel worden gebruikt of welke een verzamelwaarde hebben;

2°. de handelingen, bemiddeling daaronder begrepen doch uitgezonderd bewaring en beheer, inzake effecten en andere waardepapieren met uitzondering van documenten welke goederen vertegenwoordigen;

3°. het beheer van door beleggingsfondsen en beleggingsmaatschappijen ter collectieve belegging bijeengebrachte vermogens;

j. de volgende diensten:

Kredietbemiddeling 1°. het verlenen van en de bemiddeling inzake krediet;

2°. de handelingen, bemiddeling daaronder begrepen, betreffende giro- en rekeningcourantverkeer, deposito's, betalingen, overmakingen, schuldvorderingen, cheques en andere handelspapieren, met uitzondering van de invordering van schuldvorderingen;

3°. het aangaan van en het bemiddelen bij borgtochten en andere zekerheids- en garantieverbintenissen;

Assurantie en bemiddeling *k.* handelingen ter zake van verzekering en herverzekering met inbegrip van daarmee samenhangende diensten, verricht door assurantiemakelaars en verzekeringstussenpersonen;

Kansspelen *l.* de kansspelen in de zin van artikel 2, eerste lid, van de Wet op de kansspelbelasting;

Postwet *m.* de diensten, en de daarmee gepaard gaande leveringen, bedoeld in artikel 16 van de Postwet 2009, die worden verricht door een verlener van de universele postdienst, bedoeld in die wet;

Omroep *n.* de niet-commerciële activiteiten van openbare radio- en televisieorganisaties;

Onderwijs *o.* het verzorgen van:

1°. onderwijs, met inbegrip van de diensten en leveringen die daarmee nauw samenhangen, door daartoe bestemde scholen en instellingen, als is omschreven bij of krachtens de wetten tot regeling van het onderwijs dat krachtens wettelijk voorschrift is onderworpen aan het toezicht door de Inspectie van het onderwijs of aan een ander toezicht door de minister die met de zorg voor het desbetreffende onderwijs is belast;

2°. bij algemene maatregel van bestuur aan te wijzen onderwijs, met inbegrip van de diensten en leveringen die daarmee nauw samenhangen, waarbij kan worden bepaald, dat de vrijstelling slechts toepassing vindt ten aanzien van ondernemers die met dat onderwijs geen winst beogen;

(Zie ook: art. 8 Uitv.besl. OB)

Voordrachten *p.* de voordrachten en dergelijke diensten in bij ministeriële regeling aan te wijzen gevallen, mits tegen een vergoeding die in hoofdzaak strekt tot dekking van kosten;

(Zie ook: art. 7 Uitv.besch. OB)

Schrijvers *q.* de diensten door componisten, schrijvers en journalisten;

Wet op de omzetbelasting 1968 (uittreksel) — B54 art. 11

r. de levering van een roerende zaak die in het bedrijf van de ondernemer uitsluitend is gebruikt ten behoeve van vrijgestelde prestaties of voor doeleinden als zijn bedoeld in artikel 16, ingeval ter zake van de voorafgaande levering van die zaak geen belasting in aftrek is gebracht;

s. de levering van menselijke organen, menselijk bloed en moedermelk;

t. de diensten en daarmee nauw samenhangende leveringen door werkgevers- en werknemersorganisaties, alsmede door organisaties van politieke, godsdienstige, vaderlandslievende, levensbeschouwelijke of liefdadige aard aan hun leden tegen een statutair vastgestelde contributie;

u. bij algemene maatregel van bestuur aan te wijzen diensten welke door zelfstandige groeperingen van personen of lichamen in de zin van de Algemene wet inzake rijksbelastingen, die prestaties verrichten welke zijn vrijgesteld of waarvoor zij geen ondernemer zijn, worden verleend aan hun leden en welke rechtstreeks nodig zijn voor het verrichten van voornoemde prestaties, mits die groeperingen van hun leden slechts terugbetaling vorderen van hun aandeel in de gezamenlijke uitgaven en geen verstoring van concurrentieverhoudingen optreedt;

(Zie ook: art. 9 Uitv.besl. OB; art. 9a Uitv.besch. OB)

v. leveringen en diensten van bijkomstige aard door organisaties waarvan de prestaties overigens op grond van onderdeel c, d, e, f, o, onder 1°, of t zijn vrijgesteld, voor zover die leveringen en diensten voortvloeien uit activiteiten ter verkrijging van financiële steun voor deze organisaties, mits de ontvangsten ter zake van leveringen niet meer bedragen dan € 68 067 per jaar en ter zake van diensten niet meer dan € 22 689 per jaar, met dien verstande dat voor organisaties als bedoeld in onderdeel e, laatstgenoemd bedrag € 50 000 bedraagt;

w. opvang van kinderen in kinderopvang of gastouderopvang als bedoeld in artikel 1.1 van de Wet kinderopvang, indien het betreft kinderopvang in een overeenkomstig die wet geregistreerd kindercentrum of gastouderopvang door tussenkomst van een overeenkomstig die wet geregistreerd gastouderbureau en overigens wordt voldaan aan de in voormelde wet gestelde eisen, opvang van kinderen als bedoeld in artikel 1.1, tweede lid, onderdeel a, van die wet, alsmede nader bij algemene maatregel van bestuur aan te wijzen vormen van kinderopvang.

(Zie ook: art. 6 t/m 9 Uitv.besl. OB)

2. De nauw samenhangende leveringen en diensten, bedoeld in het eerste lid, aanhef en onderdelen c, e, o en t, zijn van de vrijstelling uitgesloten wanneer zij:

a. niet onontbeerlijk zijn voor het verrichten van de vrijgestelde handelingen; of

b. in hoofdzaak ertoe strekken aan de instelling extra opbrengsten te verschaffen door de uitvoering van handelingen welke worden verricht in rechtstreekse mededinging met aan de heffing van belasting onderworpen handelingen van commerciële ondernemingen.

3. De vrijstellingen, bedoeld in het eerste lid, aanhef en onderdelen c, e en t, zijn slechts van toepassing, indien de ondernemer geen winst beoogt. Onder het beogen van winst wordt mede verstaan het behalen van exploitatieoverschotten, tenzij deze worden aangewend voor de instandhouding of verbetering van de diensten die worden verricht.

4. Voor toepassing van het eerste lid, onderdeel e, is geen sprake van een instelling die winst beoogt, indien:

a. de instelling direct of indirect bijdragen ontvangt die geen vergoeding vormen of een vergoeding vormen hoger dan de normale waarde voor een prestatie en de instelling zonder die bijdragen geen overschot zou behalen; of

b. aan de instelling direct of indirect een sportaccommodatie of een gedeelte daarvan ter beschikking wordt gesteld door een publiekrechtelijk lichaam dat ter zake van die terbeschikkingstelling niet ten minste de aan die accommodatie of het gedeelte daarvan toerekenbare integrale kosten aan zijn afnemer in rekening brengt.

5. Voor de toepassing van het eerste lid, onderdeel *a*, onder 1°:

a. wordt als gebouw beschouwd ieder bouwwerk dat vast met de grond is verbonden;

b. wordt na de verbouwing van een gebouw de ingebruikneming als eerste ingebruikneming aangemerkt, indien door die verbouwing een vervaardigd goed is voortgebracht;

c. wordt als erbij behorend terrein beschouwd ieder terrein dat naar maatschappelijke opvattingen behoort bij dan wel dienstbaar is aan het gebouw.

6. Onder een bouwterrein als bedoeld in het eerste lid, onderdeel a, onder 1°, wordt verstaan onbebouwde grond die kennelijk bestemd is om te worden bebouwd met een of meer gebouwen.

7. Voor de toepassing van het eerste lid, onderdelen a, onder 2°, en b, onder 5°, worden onder het gebruiken voor doeleinden waarvoor een volledig of nagenoeg volledig recht op aftrek van belasting op de voet van artikel 15 bestaat, niet begrepen de handelingen, bedoeld in de artikelen 3, derde lid, en 4, tweede lid.

8. Tot de leveringen of diensten, bedoeld in het eerste lid, onderdelen f, g, onder 2° en onder 3°, t, u of v, behoren niet de bij ministeriële regeling, in verband met het voorkomen van een verstoring van concurrentieverhoudingen, aan te wijzen leveringen of diensten.

Levering door vrijgestelde ondernemers

Menselijke organen
Niet-commerciële maatschappelijke organisaties

Samenwerkingsverbanden

Fondswervende activiteiten

Kinderopvang

Voorwaarden vrijstelling

Gebouw

Bouwterrein

Privégebruik geen aftrek gebruik

B54 art. 12 Wet op de omzetbelasting 1968 (uittreksel)

Afdeling 4
Wijze van heffing

Art. 12

Belastingverschuldigde **1.** De belasting wordt geheven van de ondernemer die de levering of de dienst verricht.

Verlegging **2.** Ingeval de ondernemer die een levering als bedoeld in artikel 5b of een dienst als bedoeld in artikel 6, eerste lid, verricht, niet in Nederland woont of is gevestigd en aldaar geen vaste inrichting heeft van waaruit de levering wordt verricht of de dienst wordt verleend, en aan degene aan wie de levering wordt verricht of de dienst wordt verleend een btw-identificatienummer in Nederland is toegekend, wordt de belasting geheven van degene aan wie de levering wordt verricht of de dienst wordt verleend.

3. Ingeval de ondernemer die de levering, niet zijnde een levering waarop de bij deze wet behorende tabel II, onderdeel *a*, post 6, van toepassing is, of een dienst, andere dan bedoeld in het tweede lid, verricht, niet in Nederland woont of is gevestigd en aldaar geen vaste inrichting heeft van waaruit de levering of de dienst wordt verricht, en degene aan wie de levering wordt verricht of de dienst wordt verleend, een ondernemer is die in Nederland woont of is gevestigd dan wel aldaar een vaste inrichting heeft, of een in Nederland gevestigd lichaam in de zin van de Algemene wet inzake rijksbelastingen is, wordt de belasting geheven van degene aan wie de levering wordt verricht of de dienst wordt verleend.

Vaste inrichting **4.** Voor de toepassing van dit artikel wordt een ondernemer die een vaste inrichting heeft in Nederland, geacht een niet in Nederland gevestigde ondernemer te zijn wanneer aan de volgende voorwaarden is voldaan:
a. hij verricht in Nederland een belastbare goederenlevering of een dienst;
b. bij het verrichten van die goederenlevering of die dienst is de vaste inrichting in Nederland niet betrokken.

Verlegging bij AMvB **5.** In bij algemene maatregel van bestuur aan te wijzen gevallen wordt onder bij of krachtens deze maatregel te stellen regelen de belasting, ten einde voor de inning daarvan meer waarborgen te scheppen, geheven van degene aan wie de levering wordt verricht of de dienst wordt verleend.
(Zie ook: artt. 24b, 24ba, 24bb Uitv.besl. OB)

Art. 12a

[Vervallen]

Art. 13

Tijdstip verschuldigdheid **1.** De belasting wordt verschuldigd:
a. in gevallen waarin ingevolge de artikelen 34b tot en met 35 een factuur moet worden uitgereikt, op het tijdstip van de uitreiking of, indien deze niet tijdig plaatsvindt, het tijdstip waarop zij uiterlijk had moeten geschieden tenzij sprake is van een dienst waarover de belasting op grond van artikel 12, tweede lid, verschuldigd is door de afnemer van deze dienst, in welk geval de belasting verschuldigd wordt op het tijdstip waarop de dienst wordt verricht;
b. in andere gevallen op het tijdstip waarop de levering of de dienst wordt verricht.

2. In afwijking in zover van het eerste lid wordt de belasting of het desbetreffende gedeelte daarvan uiterlijk verschuldigd op het tijdstip waarop de vergoeding geheel of gedeeltelijk wordt ontvangen.

3. Bij een levering of overbrenging voor bedrijfsdoeleinden van goederen met toepassing van de bij deze wet behorende tabel II, onderdeel a, post 6, wordt de belasting, in afwijking van het eerste en tweede lid, verschuldigd op het tijdstip van uitreiking van de factuur, of op het tijdstip van het verstrijken van de in artikel 34g, eerste volzin, bedoelde termijn indien er vóór die datum geen factuur is uitgereikt.

4. In afwijking in zoverre van het eerste lid, onderdeel b, wordt de belasting ter zake van diensten als bedoeld in artikel 4, tweede lid, verschuldigd op de laatste dag van het boekjaar waarin die diensten worden verricht. Diensten die op die dag nog niet zijn voltooid, worden geacht op die dag te zijn voltooid voorzover zij betrekking hebben op dat boekjaar. Indien het boekjaar langer is dan een jaar wordt de belasting verschuldigd op de laatste dag van het kalenderjaar waarin de diensten worden verricht met overeenkomstige toepassing van de tweede volzin.

5. Voor de toepassing van het eerste lid worden de diensten waarvan de belasting op grond van artikel 12, tweede lid, verschuldigd is door de afnemer van deze diensten en die doorlopend worden verricht gedurende een periode langer dan één jaar geacht bij de afloop van elk kalenderjaar te zijn voltooid zolang de dienstverrichting doorloopt en die geen aanleiding geven tot afrekeningen of betalingen in die periode.

6. De goederenleveringen die doorlopend worden verricht gedurende een periode langer dan een kalendermaand, waarbij de goederen onder de voorwaarden van de bij deze wet behorende tabel II, onderdeel a, post 6, worden vervoerd naar een andere lidstaat, worden geacht bij de afloop van elke kalendermaand te zijn voltooid zolang de goederenlevering doorloopt.

B54 *art. 15*

7. Goederenleveringen en diensten, andere dan die bedoeld in het vierde, vijfde en zesde lid, die gedurende een zekere periode doorlopend worden verricht, worden geacht ten minste eenmaal per jaar te zijn voltooid.

Art. 14

1. De in een tijdvak verschuldigd geworden belasting moet op aangifte worden voldaan.

2. In afwijking in zover van het eerste lid wordt de belasting die verschuldigd is geworden door ondernemers als bedoeld in artikel 7, zesde lid, niet voldaan over een tijdvak.

Heffing door voldoening

Art. 15

1. De in artikel 2 bedoelde belasting welke de ondernemer in aftrek brengt, is:

a. de belasting welke in het tijdvak van aangifte door andere ondernemers ter zake van door hen aan de ondernemer verrichte leveringen en verleende diensten in rekening is gebracht op een op de voorgeschreven wijze opgemaakte factuur;

b. de belasting welke in het tijdvak van aangifte is verschuldigd geworden ter zake van door de ondernemer verrichte intracommunautaire verwervingen als bedoeld in artikel 17a, eerste lid, mits de ondernemer in het bezit is van een op de voorgeschreven wijze opgemaakte factuur;

c. de belasting welke in het tijdvak van aangifte is verschuldigd geworden:

1°. ter zake van invoer van voor de ondernemer bestemde goederen, mits is voldaan aan bij ministeriële regeling te stellen voorwaarden;

(Zie ook: art. 10 Uitv.besch OB)

2°. op grond van artikel 12, tweede tot en met vijfde lid, ter zake van aan de ondernemer verrichte leveringen en verleende diensten;

3°. ter zake van verrichtingen als bedoeld in artikel 4, derde lid;

4°. ter zake van handelingen en situaties als bedoeld in artikel 17a, derde en vierde lid;

d. de belasting die is begrepen in de aankoopprijs van een nieuw vervoermiddel dat met toepassing van onderdeel *a,* post 6, van de bij deze wet behorende tabel II, wordt geleverd door:

1°. een in artikel 7, zesde lid, bedoelde ondernemer; of

2°. een wederverkoper;

een en ander voor zover de goederen en de diensten door de ondernemer worden gebruikt voor belaste handelingen.

Indien een verzoek om teruggaaf van belasting kan worden gedaan op de voet van artikel 30, eerste en tweede lid, kan de belasting door de ondernemer niet in aftrek worden gebracht. Indien een onroerende zaak deel uitmaakt van het vermogen van het bedrijf van een ondernemer en door de ondernemer zowel voor de activiteiten van het bedrijf als voor zijn privégebruik of voor het privégebruik van zijn personeel, of, meer in het algemeen, voor andere dan bedrijfsdoeleinden wordt gebruikt, is de belasting over de uitgaven in verband met deze onroerende zaak slechts aftrekbaar, overeenkomstig de in dit artikel vervatte beginselen, naar evenredigheid van het gebruik ervan voor de bedrijfsactiviteiten van de ondernemer. Voor het gebruik van de onroerende zaak voor privédoeleinden van de ondernemer of van zijn personeel, of meer in het algemeen voor andere dan bedrijfsdoeleinden is artikel 4, tweede lid, onderdeel a, niet van toepassing.

Aftrek van voorbelasting

2. De ondernemer brengt eveneens in aftrek de belasting, bedoeld in het eerste lid, voorzover de goederen en diensten door de ondernemer worden gebruikt voor:

a. handelingen door de als zodanig handelende ondernemer buiten Nederland verricht, waarvoor recht op aftrek zou ontstaan wanneer zij binnen Nederland zouden plaatsvinden;

b. handelingen die overeenkomstig de artikelen 143, onder f, g, h en i, 144 en 146 tot en met 153 van de BTW-richtlijn 2006 zijn vrijgesteld;

c. handelingen als bedoeld in de artikelen 11, eerste lid, onderdelen i, j en k, mits de ontvanger buiten de Unie gevestigd is of wanneer de handelingen rechtstreeks samenhangen met goederen die bestemd zijn om te worden uitgevoerd uit de Unie.

Aftrek bij vrijgestelde prestaties

3. In afwijking in zoverre van het eerste lid wordt bij levering van een nieuw vervoermiddel door een in het eerste lid, onderdeel d, bedoelde ondernemer de in het eerste lid bedoelde aftrek beperkt tot de belasting die in de aankoopprijs is begrepen of die verschuldigd is geworden ter zake van de intracommunautaire verwerving of de invoer van het vervoermiddel. De aftrek bedraagt ten hoogste het bedrag van de belasting dat verschuldigd zou zijn indien op die levering het tarief van nihil niet van toepassing zou zijn. Het recht op aftrek ontstaat op het tijdstip waarop het vervoermiddel wordt geleverd. Bij ministeriële regeling worden nadere regels gesteld inzake de toepassing van dit lid en van het eerste lid, onderdeel d.

(Zie ook: art. 10a Uitv.besch OB)

Nieuw vervoermiddel

4. De aftrek van belasting vindt plaats overeenkomstig de bestemming van de goederen en diensten op het tijdstip waarop de belasting aan de ondernemer in rekening wordt gebracht dan wel op het tijdstip waarop de belasting wordt verschuldigd. Indien op het tijdstip waarop de ondernemer goederen en diensten gaat gebruiken, blijkt, dat de belasting ter zake voor een groter of kleiner gedeelte in aftrek is gebracht dan waartoe de ondernemer op grond van het gebruik is gerechtigd, wordt hij de te veel afgetrokken belasting op dat tijdstip verschuldigd.

Aftrek overeenkomstig bestemming

B54 art. 16 Wet op de omzetbelasting 1968 (uittreksel)

De verschuldigd geworden belasting wordt op de voet van artikel 14 voldaan. De te weinig afgetrokken belasting wordt aan hem op zijn verzoek teruggegeven.

Horecabestedingen 5. Geen aftrek vindt plaats van belasting welke in rekening is gebracht ter zake van het verstrekken van spijzen en dranken voor gebruik ter plaatse binnen het kader van het hotel-, café-, restaurant-, pension- en aanverwant bedrijf aan personen die daar slechts voor een korte periode verblijf houden.

Splitsing voorbelasting 6. Bij ministeriële regeling worden nadere regels gesteld omtrent de aftrek van belasting, ingeval goederen en diensten door de ondernemer mede worden gebruikt anders dan voor belaste handelingen of anders dan voor handelingen, bedoeld in het tweede lid. Daarbij wordt tevens rekening gehouden met wijzigingen in het gebruik van onroerende zaken, bedoeld in het eerste lid, laatste alinea. Voorts kan daarbij worden bepaald dat het afstoten van goederen welke de ondernemer in zijn bedrijf heeft gebruikt, buiten aanmerking wordt gelaten.
(Zie ook: art. 11 t/m 14 Uitv.besch. OB)

Verlies en geschenken 7. Een herziening van de aftrek vindt niet plaats:
a. in geval van naar behoren bewezen en aangetoonde vernietiging, verlies of diefstal van goederen;
b. in geval van onttrekkingen van goederen voor het verstrekken van geschenken van geringe waarde en van monsters, als bedoeld in artikel 3, achtste lid.

Art. 16

Uitsluiting aftrek 1. Bij koninklijk besluit kan de in artikel 15, eerste lid, bedoelde aftrek in bepaalde gevallen geheel of gedeeltelijk worden uitgesloten, zulks ten einde te voorkomen, dat op goederen en diensten, welke worden gebruikt voor het voeren van een zekere staat, voor het bevredigen van behoeften van anderen dan ondernemers of ten behoeve van prestaties als zijn bedoeld in artikel 11, de belasting geheel of gedeeltelijk niet drukt.

2. Na het tot stand komen van een besluit, door Ons krachtens het eerste lid genomen, wordt onverwijld een voorstel van wet tot goedkeuring van dat besluit aan de Tweede Kamer der Staten-Generaal gezonden.

3. Indien het voorstel wordt ingetrokken of indien een der Kamers der Staten-Generaal tot het niet-aannemen van het voorstel besluit, wordt Ons besluit onverwijld ingetrokken.
(Zie ook: BUA)

Art. 16a

BUA gaat vóór Ter zake van prestaties als bedoeld in artikel 3, derde lid, onderdelen a en c, en artikel 4, tweede lid, wordt de belasting niet verschuldigd indien het prestaties betreft als bedoeld in het op artikel 16, eerste lid, gebaseerde koninklijk besluit.

Art. 17

Terugbetaling Ingeval de voor aftrek in aanmerking komende belasting meer bedraagt dan de in het tijdvak verschuldigd geworden belasting, wordt het verschil aan de ondernemer op zijn verzoek terugbetaald.

Hoofdstuk V
Bijzondere regelingen

Afdeling 1
Vrijstelling van belasting (kleine ondernemers)

Art. 25

Vrijstelling van omzetbelasting kleine ondernemers 1. Een ondernemer die in Nederland is gevestigd of aldaar een vaste inrichting heeft en van wie de omzet in een kalenderjaar in Nederland niet meer bedraagt dan € 20.000 kan kiezen voor toepassing van vrijstelling van belasting ter zake van door hem in dat en volgende kalenderjaren verrichte leveringen van goederen en diensten. De vrijstelling is niet van toepassing op leveringen van nieuwe vervoermiddelen die door of voor rekening van de verkoper of afnemer worden verzonden of vervoerd naar een plaats in een andere lidstaat en op de levering van onroerende zaken en rechten waaraan deze zijn onderworpen die de ondernemer in zijn bedrijf heeft gebruikt.

2. De omzet, bedoeld in het eerste lid, wordt gevormd door de som van de vergoedingen voor de door de ondernemer verrichte leveringen van goederen en diensten:
a. voor zover deze zonder toepassing van het eerste lid belast zouden zijn in Nederland;
b. die in Nederland zijn vrijgesteld bij of krachtens artikel 11, eerste lid, onderdelen a, b, i en j, en verzekeringsdiensten, tenzij die leveringen van goederen en diensten met andere handelingen samenhangende handelingen zijn;
c. waarvoor aan de afnemer teruggaaf of ontheffing wordt verleend op de voet van artikel 24, eerste of tweede lid; of
d. waarvoor bij of krachtens artikel 39 van de Algemene wet inzake rijksbelastingen aan de afnemer vrijstelling van omzetbelasting wordt verleend.

3. In afwijking van het tweede lid wordt bij de vaststelling van de omzet niet in aanmerking genomen de vergoeding voor de levering van door de ondernemer in zijn bedrijf gebruikte:
a. onroerende zaken en rechten waaraan deze zijn onderworpen;
b. roerende zaken waarop de ondernemer voor de inkomstenbelasting of de vennootschapsbelasting afschrijft of waarop hij zou kunnen afschrijven indien hij aan een zodanige belasting zou zijn onderworpen.

4. De ondernemer die de vrijstelling, bedoeld in het eerste lid, toepast, heeft geen recht op aftrek van belasting als bedoeld in artikel 2 en mag op de factuur op geen enkele wijze melding maken van omzetbelasting.

5. De ondernemer die de vrijstelling, bedoeld in het eerste lid, toepast, is ontheven van verplichtingen, opgelegd bij of krachtens de artikelen 34, 34c tot en met 35b en 37a. De ontheffing geldt niet met betrekking tot de aan deze ondernemer verrichte leveringen van goederen en diensten, bedoeld in:
a. artikel 12, tweede, derde en vijfde lid; en
b. artikel 17f, tenzij het een verworven goed betreft als bedoeld in artikel 1a, eerste lid, onderdeel a.

6. Indien de ondernemer kiest voor de toepassing van de vrijstelling, bedoeld in het eerste lid, dient deze ondernemer hiervan melding te doen uiterlijk vier weken voorafgaand aan het belastingtijdvak waarin de vrijstelling toepassing vindt op een door de inspecteur voorgeschreven wijze. De inspecteur kan bij voor bezwaar vatbare beschikking beslissen dat de ondernemer niet in aanmerking komt voor toepassing van de vrijstelling, indien aannemelijk is dat niet zal worden voldaan aan de gestelde voorwaarden voor de toepassing van de vrijstelling.

7. De toepassing van de vrijstelling, bedoeld in het eerste lid, geldt tot wederopzegging door de ondernemer doch ten minste voor drie jaren na aanvang van de toepassing van de vrijstelling. De ondernemer kan pas drie jaren na die wederopzegging opnieuw kiezen voor de toepassing van de vrijstelling.

8. Bij overschrijding van de omzetdrempel, genoemd in het eerste lid, gedurende een kalenderjaar is de vrijstelling niet van toepassing op de levering van het goed of de dienst waardoor die overschrijding tot stand komt en op alle daaropvolgende leveringen van goederen en diensten. De ondernemer kan pas drie jaren na die overschrijding van de omzetdrempel opnieuw kiezen voor de toepassing van de vrijstelling.

9. Bij ministeriële regeling kunnen nadere regels worden gesteld inzake de toepassing van dit artikel.

Hoofdstuk VI Diverse bepalingen

Afdeling 4 Administratieve verplichtingen

Art. 34a

De ondernemer is verplicht boeken, bescheiden en andere gegevensdragers of de inhoud daarvan – zulks ter keuze van de inspecteur – betreffende onroerende zaken en rechten waaraan deze zijn onderworpen gedurende negen jaren, volgende op het jaar waarin hij het goed is gaan gebruiken, te bewaren.

Afdeling 5 Bijzondere bepalingen

Art. 37d

Bij overgang van het geheel of een gedeelte van een algemeenheid van goederen, al dan niet tegen vergoeding of in de vorm van een inbreng in een vennootschap, wordt geacht dat geen leveringen of diensten plaatsvinden en treedt, tenzij bij ministeriële regeling anders is bepaald, degene op wie de goederen overgaan in de plaats van de overdrager.
(Zie ook: art. 8 Uitv.besch. OB)

Aftrek voorbelasting niet van toepassing bij toepassing vrijstelling omzetbelasting
Kenbaar maken keuze voor toepassing vrijstelling omzetbelasting

Wederopzegging toepassing vrijstelling van omzetbelasting

Overschrijding omzetdrempel voor beroep op vrijstelling omzetbelasting

Bewaarplicht bij onroerende zaken en rechten

Overdracht van een onderneming

Uitvoeringsbesluit omzetbelasting 1968^1

Besluit van 12 augustus 1968 tot vaststelling van het Uitvoeringsbesluit omzetbelasting 1968

Wij JULIANA, bij de gratie Gods, Koningin der Nederlanden, Prinses van Oranje-Nassau, enz., enz., enz.

Op de voordracht van de Staatssecretaris van Financiën van 19 juli 1968, nr. D68/4876, directie Wetgeving Douane en Verbruiksbelastingen;

Gelet op de artikel 8, zesde lid, 9, tweede lid, letter *b* , 10, 11, eerste lid, aanhef en letters f, o, 2°, en u, 12, derde lid, 20, tweede lid, letter *b* , 29, derde lid, 39, 41*b*, eerste lid, 50, achtste en elfde lid, alsmede 50*a*, vierde lid, van de Wet op de omzetbelasting 1968 (*Stb.* 329);

De Raad van State gehoord (advies van 31 juli 1968, nr. 45);

Gezien het nader rapport van de Staatssecretaris van Financiën van 7 augustus 1968, nr. D68/4944, directie Wetgeving Douane en Verbruiksbelastingen;

Hebben goedgevonden en verstaan:

Hoofdstuk I Vergoeding

Art. 5

Waarde canon, retributie of huur onderdeel vergoeding

1. Bij vestiging, overdracht, afstand en opzegging van de rechten van erfpacht, opstal, erfdienstbaarheid of beklemming behoort de waarde van de canon, de retributie of de huur tot de vergoeding, met dien verstande dat de vergoeding hierdoor niet hoger kan zijn dan de waarde in het economische verkeer van de zaak waarop het recht betrekking heeft. De waarde in het economische verkeer bedraagt ten minste de kostprijs, met inbegrip van de omzetbelasting, van de onroerende zaak waarop het recht betrekking heeft, zoals die zou ontstaan bij de voortbrenging door een onafhankelijke derde op het tijdstip van de handeling.

Levering bloot eigendom

2. Bij levering van onroerende zaken, bezwaard met een recht van erfpacht, opstal, erfdienstbaarheid of beklemming, wordt de vergoeding verminderd met de waarde van de canon, de retributie of de huur.

Wijziging zakelijke rechten

3. Bij wijziging van een recht van erfpacht, opstal, erfdienstbaarheid of beklemming behoort het verschil in waarde tussen de canon, de retributie of de huur vóór en na de wijziging tot de vergoeding, met dien verstande dat bij vermindering van de waarde van de canon, de retributie of de huur, voor zover daar geen vermindering van de rechten van de zakelijk gerechtigde tegenover staat, het verschil in waarde op de vergoeding in mindering wordt gebracht.

4. Bij levering onder voorbehoud van grondrente of van met grondrente bezwaarde eigendom behoort de waarde van de uitkering tot de vergoeding, met dien verstande dat de vergoeding hierdoor niet hoger kan zijn dan de waarde in het economische verkeer van de zaak waarop het recht betrekking heeft.

Waarde canon

5. De waarde van een canon, een retributie, een huur of een uitkering wordt bepaald met inachtneming van de bij dit besluit behorende bijlage A.

6. Het tweede tot en met het vijfde lid is niet van toepassing voor zover de vestiging, overdracht, wijziging, afstand en opzegging van rechten waaraan onroerende zaken zijn onderworpen niet op grond van artikel 3, tweede lid, van de wet, met toepassing van de voorgaande leden, als levering van goederen wordt aangemerkt.

Hoofdstuk V Bijzondere regelingen

Afdeling E Verlegging

Art. 24b

Verlegging, begripsbepalingen

1. Dit artikel verstaat onder:

a. werknemer, dienstbetrekking en inhoudingsplichtige: hetgeen daaronder wordt verstaan voor de toepassing van de Wet op de loonbelasting 1964;

b. aannemer: degene, die zich jegens een ander, de opdrachtgever, verbindt om buiten dienstbetrekking tegen een te betalen prijs een werk van stoffelijke aard uit te voeren dat betrekking

---

1 Inwerkingtredingsdatum: 01-01-1969; zoals laatstelijk gewijzigd bij: Stb. 2020, 551.

Uitvoeringsbesluit omzetbelasting 1968 (uittreksel) — B55 art. 24ba

heeft op onroerende zaken of schepen als bedoeld in Bijlage I, deel II, hoofdstuk 89, van Verordening (EEG) nr. 2658/87 van de Raad van 23 juli 1987 met betrekking tot de tarief- en statistieknomenclatuur en het gemeenschappelijk douanetarief (PbEG 1987, L 256),

c. onderaannemer: degene, die zich jegens een aannemer verbindt om buiten dienstbetrekking tegen een te betalen prijs het in onderdeel *b* bedoelde werk geheel of gedeeltelijk uit te voeren.

2. Voor de toepassing van dit artikel wordt de onderaannemer ten opzichte van zijn onderaannemer als aannemer beschouwd.

3. Voor de toepassing van dit artikel wordt met een aannemer gelijkgesteld degene, die zonder daartoe van een opdrachtgever opdracht te hebben gekregen buiten dienstbetrekking in de normale uitoefening van zijn bedrijf een in het eerste lid, onderdeel *b*, bedoeld werk uitvoert.

Eigenbouwer

4. Voor de toepassing van dit artikel wordt ten opzichte van de aannemer als onderaannemer beschouwd de verkoper van een toekomstige zaak, indien en voor zover de koop en verkoop voortvloeit uit of verband houdt met het in het eerste lid, onderdeel *b*, bedoelde werk.

5. Als gevallen als zijn bedoeld in artikel 12, vijfde lid, van de wet worden aangewezen de gevallen waarin:

a. een onderaannemer een in het eerste lid, onderdeel *b*, bedoeld werk geheel of gedeeltelijk uitvoert;

b. een werknemer met instandhouding van de dienstbetrekking tot zijn inhoudingsplichtige ter beschikking is gesteld van een derde om werkzaam te zijn bij de uitvoering van een in het eerste lid, onderdeel *b*, bedoeld werk.

6. Indien het vijfde lid van toepassing is, dient op de uit te reiken factuur te worden vermeld: btw verlegd.

Vermelding factuur

7. De voorgaande leden zijn niet van toepassing:

Uitgezonderd van verleggingsregeling

1°. indien een werk dat betrekking heeft op onroerende zaken of schepen als bedoeld in het eerste lid, onderdeel *b*, tot de uitvoering waarvan een onderaannemer zich jegens een aannemer heeft verbonden, geheel of grotendeels wordt verricht op de plaats, waar de onderneming van de onderaannemer is gevestigd, of

2°. indien de uitvoering van een werk waartoe een onderaannemer zich jegens de aannemer heeft verbonden ondergeschikt is aan een tussen hen gesloten overeenkomst van koop en verkoop van een bestaande zaak.

8. Bij ministeriële regeling kunnen nadere regels worden gegeven inzake de toepassing van dit artikel.

Art. 24ba

1. Als gevallen als bedoeld in artikel 12, vijfde lid, van de wet, worden mede aangewezen de gevallen waarin:

Verlegging bij optie belaste levering en beleggingsgoud

a. een onroerende zaak of een recht waaraan deze is onderworpen, wordt geleverd met toepassing van artikel 11, eerste lid, onderdeel a, 2°, van de wet;

b. goud of een halffabrikaat met een zuiverheid van ten minste 325/1000 wordt geleverd aan een ondernemer;

c. beleggingsgoud wordt geleverd met toepassing van het in artikel 28l van de wet opgenomen keuzerecht;

d. een in zekerheid gegeven roerende of onroerende zaak dan wel een recht waaraan een onroerende zaak is onderworpen, wordt geleverd aan een ondernemer tot executie van die zekerheid;

e. een onroerende zaak of een recht waaraan deze is onderworpen, wordt geleverd aan een ondernemer op grond van een executoriale titel door de executieschuldenaar;

f. een overdracht aan een ondernemer plaatsvindt van broeikasgasemissierechten, als omschreven in artikel 3 van Richtlijn 2003/87/EG van het Europees Parlement en de Raad van 13 oktober 2003 tot vaststelling van en regeling voor de handel in broeikasgasemissierechten binnen de Gemeenschap en tot wijziging van Richtlijn 96/61/EG van de Raad (PbEU 2003, L 275), die overdraagbaar zijn overeenkomstig artikel 12 van die richtlijn alsmede de overdracht aan een ondernemer van andere eenheden die door exploitanten kunnen worden gebruikt om aan de betreffende richtlijn te voldoen;

g. een van de volgende goederensoorten wordt geleverd aan een ondernemer voor een totaalbedrag van € 10 000 of meer per levering per soort goed, de omzetbelasting niet daaronder begrepen:

1°. mobiele telefoons, zoals toestellen die zijn vervaardigd of aangepast voor gebruik in een netwerk waarvoor een vergunning is afgegeven en die op gespecificeerde frequenties werken, ongeacht of zij nog een ander gebruik hebben;

2°. geïntegreerde schakelingen, zoals microprocessoren en centrale verwerkingseenheden, voordat deze in een eindproduct zijn ingebouwd;

3°. spelcomputers, zoals computers waarvan de objectieve kenmerken en voornaamste functies van dien aard zijn dat zij bedoeld zijn voor het spelen van videogames of andere computerspellen, ongeacht of zij nog een ander gebruik hebben;

4°. tablet pc's;

B55 art. 24ba

Uitvoeringsbesluit omzetbelasting 1968 (uittreksel)

5°. laptops;

h. een telecommunicatiedienst wordt verricht als bedoeld in artikel 2a, eerste lid, onderdeel r, van de wet, voor zover de dienst plaatsvindt in Nederland tussen ondernemers die deze diensten verrichten;

i. levering van gas- en elektriciteitscertificaten aan een ondernemer.

2. Artikel 24b, zesde en achtste lid, is van overeenkomstige toepassing.

Uitvoeringsbesluit omzetbelasting 1968 (uittreksel)

B55 bijlage A

Bijlage A

a. De waarde van een canon, een retributie, een huur of een uitkering van het leven van één persoon afhankelijk, wordt gesteld op het jaarlijkse bedrag, vermenigvuldigd met:

16,	wanneer degene gedurende wiens leven de schuldplichtigheid moet plaatshebben	jonger dan 20 jaar is,
15,		20 jaar of ouder, doch jonger dan 30 jaar is,
14,		30 jaar of ouder, doch jonger dan 40 jaar is,
13,		40 jaar of ouder, doch jonger dan 50 jaar is,
12,		50 jaar of ouder, doch jonger dan 55 jaar is,
11,		55 jaar of ouder, doch jonger dan 60 jaar is,
10,		60 jaar of ouder, doch jonger dan 65 jaar is,
8,		65 jaar of ouder, doch jonger dan 70 jaar is,
7,		70 jaar of ouder, doch jonger dan 75 jaar is,
5,		75 jaar of ouder, doch jonger dan 80 jaar is,
4,		80 jaar of ouder, doch jonger dan 85 jaar is,
3,		85 jaar of ouder, doch jonger dan 90 jaar is,
2,		90 jaar of ouder is.

b. De waarde van een canon, een retributie, een huur of een uitkering die na een bepaalde tijd vervalt, wordt gesteld op het jaarlijkse bedrag, vermenigvuldigd met het aantal jaren gedurende welke zij moet plaatshebben, iedere euro berekend tegen de volgende bedragen:

	indien de schuldplichtigheid afhankelijk is van het leven van een persoon			
	jonger dan 40 jaar	40 jaar of ouder, doch jonger dan 60 jaar	60 jaar of ouder	indien de schuldplichtigheid niet van het leven afhankelijk is
het eerste vijftal jaren	0,84	0,83	0,75	0,85
het tweede vijftal jaren	0,62	0,60	0,40	0,64
het derde vijftal jaren	0,46	0,42	0,15	0,48
het vierde vijftal jaren	0,34	0,28	0,04	0,36
het vijfde vijftal jaren	0,25	0,18	0,02	0,28
de volgende jaren	0,12	0,06	–	0,15

c. De waarde van een canon, een retributie, een huur of een uitkering voor onbepaalde tijd, die niet van het leven afhankelijk is, wordt gesteld op de waarde in het economische verkeer van de zaak waarop het recht betrekking heeft.

d. De overeenkomstig onderdeel *b* berekende waarde kan, indien de schuldplichtigheid:

1. van het leven afhankelijk is, niet hoger zijn dan de waarde die verkregen zou zijn, wanneer de schuldplichtigheid niet tevens na een bepaalde tijd zou vervallen;

2. niet van het leven afhankelijk is, niet hoger zijn dan het zeventienvoud van het jaarlijkse bedrag.

e. Een canon, een retributie, een huur of een uitkering die vervalt bij het overlijden:

1. van de langstlevende van twee of meer personen, wordt gelijkgesteld met een canon, een retributie, een huur of een uitkering, afhankelijk van het leven van iemand die vijf jaren jonger is dan de jongste van de vorenbedoelde personen;

2. van de eerststervende van twee of meer personen, wordt gelijkgesteld met een canon, een retributie, een huur of een uitkering, afhankelijk van het leven van iemand die vijf jaren ouder is dan de oudste van de vorenbedoelde personen.

B55 bijlage A

Uitvoeringsbesluit omzetbelasting 1968 (uittreksel)

f. Een canon, een retributie, een huur of een uitkering tot een onzeker jaarlijks bedrag wordt gelijkgesteld met een canon, een retributie, een huur of een uitkering tot het geschatte gemiddelde jaarlijkse bedrag.

g. De waarde van een schuldplichtigheid, niet vallende onder een van de vorige leden, wordt gesteld op het bedrag waarvoor zodanige schuldplichtigheid zou kunnen worden verkocht.

h. Een canon, een retributie, een huur of een uitkering tot andere zaken dan geld, wordt gelijkgesteld met een canon, een retributie, een huur of een uitkering tot een jaarlijks bedrag gelijk aan de waarde welke aan die zaken in het economische verkeer kan worden toegekend.

Aanvullende wetten inzake internationaal privaatrecht

Wet op de formeel buitenlandse vennootschappen^1

Wet van 17 december 1997, houdende regels met betrekking tot naar buitenlands recht opgerichte, rechtspersoonlijkheid bezittende kapitaalvennootschappen die hun werkzaamheid geheel of nagenoeg geheel in Nederland verrichten en geen werkelijke band hebben met de staat naar welks recht zij zijn opgericht (Wet op de formeel buitenlandse vennootschappen)

Wij Beatrix, bij de gratie Gods, Koningin der Nederlanden, Prinses van Oranje-Nassau, enz. enz. enz.

Allen, die deze zullen zien of horen lezen, saluut! doen te weten:

Alzo Wij in overweging genomen hebben, dat het wenselijk is bij de wet regels te stellen met betrekking tot naar buitenlands recht opgerichte, rechtspersoonlijkheid bezittende kapitaalvennootschappen die hun werkzaamheid geheel of nagenoeg geheel in Nederland verrichten en geen werkelijke band hebben met de staat naar welks recht zij zijn opgericht;

Zo is het, dat Wij, de Raad van State gehoord, en met gemeen overleg der Staten-Generaal, hebben goedgevonden en verstaan, gelijk Wij goedvinden en verstaan bij deze:

Art. 1

1. In deze wet wordt onder formeel buitenlandse vennootschap verstaan een naar een ander dan Nederlands recht opgerichte, rechtspersoonlijkheid bezittende kapitaalvennootschap die haar werkzaamheid geheel of nagenoeg geheel in Nederland verricht en voorts geen werkelijke band heeft met de staat waarbinnen het recht geldt waarnaar zij is opgericht. In dit artikel worden de landen van het Koninkrijk der Nederlanden en de openbare lichamen Bonaire, Sint Eustatius en Saba als staat aangemerkt.

Formeel buitenlandse vennootschap, definitie

2. De volgende artikelen van deze wet gelden met uitzondering van artikel 6 niet voor vennootschappen waarop het recht van een der lidstaten van de Europese Unie of van een staat die partij is bij de Overeenkomst betreffende de Europese Economische Ruimte van 2 mei 1992 toepasselijk is.

Werkingssfeer

Art. 2

De bestuurders van een formeel buitenlandse vennootschap zijn verplicht ter inschrijving in het handelsregister opgave te doen dat de vennootschap aan de omschrijving van artikel 1 voldoet en ten kantore van het handelsregister neer te leggen een in het Nederlands, Frans, Duits of Engels gesteld authentiek afschrift of een door een bestuurder gewaarmerkt afschrift van de akte van oprichting en van de statuten, indien deze in een afzonderlijke akte zijn opgenomen. Tevens zijn zij verplicht opgave ter inschrijving te doen van het register waarin en het nummer waaronder die vennootschap is ingeschreven en de datum van de eerste registratie. Voorts zijn zij verplicht opgave ter inschrijving te doen van de naam, persoonlijke gegevens, indien het een natuurlijk persoon betreft, en de woonplaats van de houder van alle aandelen in het kapitaal van de vennootschap of van een deelgenoot in een huwelijksgemeenschap of gemeenschap van een geregistreerd partnerschap waartoe alle aandelen in het kapitaal van de vennootschap behoren, de aandelen gehouden door de vennootschap of haar dochtermaatschappijen niet meegereld. De bestuurders van een formeel buitenlandse vennootschap zijn verplicht iedere wijziging van hetgeen krachtens de wet in het Handelsregister is ingeschreven op te geven met vermelding van de dag waarop zij is ingegaan. Verrichtingen op grond van deze wet kunnen niet bij volmacht geschieden.

Formeel buitenlandse vennootschap, inschrijving in handelsregister

Art. 3

1. Alle geschriften, gedrukte stukken en aankondigingen, waarin een formeel buitenlandse vennootschap partij is of die van haar uitgaan, met uitzondering van telegrammen en reclames, moeten de volledige naam van de vennootschap, haar rechtsvorm, haar statutaire zetel en de plaats van vestiging van de aan haar toebehorende onderneming vermelden, alsmede, indien zij krachtens het op haar toepasselijke recht moet zijn ingeschreven in een register, het register waarin en het nummer waaronder de vennootschap is ingeschreven en de datum van de eerste registratie. Tevens moet zij vermelden onder welk nummer de vennootschap in het handelsregister is ingeschreven en dat de vennootschap een formeel buitenlandse vennootschap is. Het is verboden in de geschriften, stukken of aankondigingen een aanduiding te gebruiken die in

Formeel buitenlandse vennootschap, in handelsregister op te nemen gegevens

---

1 Inwerkingtredingsdatum: 01-01-1998; zoals laatstelijk gewijzigd bij: Stb. 2019, 123.

strijd met de waarheid inhoudt dat de onderneming toebehoort aan een Nederlandse rechtspersoon.

2. Indien melding wordt gemaakt van het kapitaal van de vennootschap, moet in elk geval worden vermeld welk bedrag is geplaatst en hoeveel van het geplaatste bedrag is gestort.

3. Indien de vennootschap na haar ontbinding blijft voortbestaan, moet aan haar naam worden toegevoegd: in liquidatie.

Art. 4

Schakelbepaling

1. Ten aanzien van een formeel buitenlandse vennootschap zijn de artikelen 9, 216, derde lid, en 248 van boek 2 van het Burgerlijk Wetboek van overeenkomstige toepassing ingeval van uitkeringen aan aandeelhouders, inkoop van aandelen en vermindering van het geplaatste kapitaal met terugbetaling op aandelen.

Formeel buitenlandse vennootschap, aansprakelijkheid bestuurders

2. De bestuurders zijn naast de vennootschap hoofdelijk aansprakelijk voor elke tijdens hun bestuur verrichte rechtshandeling waardoor de vennootschap wordt verbonden in het tijdvak voordat is voldaan aan artikel 2, eerste lid.

Art. 5

Formeel buitenlandse vennootschap, toepasselijkheid art. 10 Boek 2 BW

1. Onverminderd het tweede lid is op een formeel buitenlandse vennootschap artikel 10 van boek 2 van het Burgerlijk Wetboek van overeenkomstige toepassing. De daarin bedoelde verplichtingen rusten op de bestuurders van de vennootschap.

Formeel buitenlandse vennootschap, jaarrekening/bestuursverslag

2. De bestuurders zijn verplicht jaarlijks binnen vijf maanden na afloop van het boekjaar, behoudens verlenging van deze termijn met ten hoogste zes maanden krachtens een bevoegd, op grond van bijzondere omstandigheden genomen besluit, een jaarrekening en een bestuursverslag op te maken. Op de jaarrekening, het bestuursverslag en de overige gegevens is titel 9 van boek 2 van het Burgerlijk Wetboek van overeenkomstige toepassing, met dien verstande dat de openbaarmaking ingevolge artikel 394 van dat boek geschiedt door deponering bij het handelsregister.

Formeel buitenlandse vennootschap, bewijs van inschrijving handelsregister

3. De bestuurders zijn verplicht ieder kalenderjaar vóór 1 april van dat jaar ten kantore van het handelsregister neer te leggen een bewijs van inschrijving in het register waar de vennootschap krachtens het op haar toepasselijke recht moet zijn ingeschreven. Het bewijs mag niet eerder dan vier weken voor de datum van nederlegging zijn afgegeven.

Art. 6

Schakelbepaling

Ten aanzien van een formeel buitenlandse vennootschap zijn de artikelen 249, 260 en 261 van boek 2 van het Burgerlijk Wetboek van overeenkomstige toepassing.

Art. 7

Formeel buitenlandse vennootschap, gelijkstelling bestuurders/dagelijkse leiding

Voor de toepassing van de artikelen 2 tot en met 6 worden met de bestuurders van de vennootschap gelijk gesteld degenen die met de dagelijkse leiding van de aan de vennootschap toebehorende onderneming zijn belast.

Art. 8

[Wijzigt deze wet.]

Art. 9

[Wijzigt het Wetboek van Strafrecht.]

Art. 10

[Wijzigt de Wet op de economische delicten.]

Art. 11

Overgangsbepalingen

Ten aanzien van vennootschappen die op het tijdstip van inwerkingtreding van deze wet voldoen aan de omschrijving van artikel 1 geldt:

a. de opgave ter inschrijving in het handelsregister, bedoeld in artikel 2, vindt plaats binnen drie maanden na het tijdstip van inwerkingtreding van deze wet;

b. de verplichting tot het opmaken van een jaarrekening en een bestuursverslag, bedoeld in artikel 5, tweede lid, en artikel 6 zijn van toepassing ten aanzien van jaarrekeningen en jaarverslagen betreffende boekjaren die aanvangen op of na het tijdstip van inwerkingtreding van deze wet;

c. artikel 4, tweede lid wordt eerst drie maanden na het tijdstip van inwerkingtreding van deze wet toepasselijk.

Art. 11a

Brexit, termijnen voor vennootschappen uit VK

Ten aanzien van vennootschappen afkomstig uit het Verenigd Koninkrijk die op het tijdstip van de terugtrekking van het Verenigd Koninkrijk uit de Europese Unie voldoen aan de omschrijving van artikel 1 geldt:

a. de opgave ter inschrijving in het handelsregister, bedoeld in artikel 2, vindt plaats binnen drie maanden na het tijdstip van de terugtrekking van het Verenigd Koninkrijk uit de Europese Unie;

b. de verplichting tot het opmaken van een jaarrekening en een bestuursverslag, bedoeld in artikel 5, tweede lid, en artikel 6 zijn van toepassing ten aanzien van jaarrekeningen en jaarverslagen betreffende boekjaren die aanvangen op of na het tijdstip van de terugtrekking van het Verenigd Koninkrijk uit de Europese Unie;

Wet op de formeel buitenlandse vennootschappen

c. artikel 4, tweede lid wordt eerst drie maanden na het tijdstip van de terugtrekking van het Verenigd Koninkrijk uit de Europese Unie toepasselijk.

Art. 12

[Wijzigt deze wet.]

Art. 13

Deze wet treedt in werking op een bij koninklijk besluit te bepalen tijdstip. **Inwerkingtreding**

Art. 14

Deze wet wordt aangehaald als: Wet op de formeel buitenlandse vennootschappen. **Citeertitel**

Verdragen en uitvoeringswetten

Verdrag inzake het recht dat van toepassing is op het huwelijksvermogensregime^1

De Staten die dit Verdrag hebben ondertekend,
Geleid door de wens gemeenschappelijke bepalingen vast te stellen betreffende het recht dat van toepassing is op het huwelijksvermogensregime,
Hebben besloten hiertoe een Verdrag te sluiten en zijn overeengekomen als volgt:

HOOFDSTUK I TOEPASSINGSGEBIED VAN HET VERDRAG

Art. 1

Dit Verdrag bepaalt het recht dat van toepassing is op het huwelijksvermogensregime.
Het is niet van toepassing:
1. op onderhoudsverplichtingen tussen echtgenoten;
2. op erfrechtelijke aanspraken van de langstlevende echtgenoot;
3. op de handelingsbekwaamheid van echtgenoten.

Art. 2

Het Verdrag is van toepassing zelfs indien de nationaliteit of de gewone verblijfplaats van de echtgenoten niet die is van een Verdragsluitende Staat, dan wel indien het recht dat op grond van de navolgende artikelen van toepassing is, niet het recht is van een Verdragsluitende Staat.

HOOFDSTUK II TOEPASSELIJK RECHT

Art. 3

Het huwelijksvermogensregime wordt beheerst door het interne recht dat de echtgenoten vóór het huwelijk hebben aangewezen.

Aanwijzing toepasselijk recht

De echtgenoten kunnen slechts een van de volgende rechtsstelsels aanwijzen:
1. het recht van een Staat waarvan een van de echtgenoten de nationaliteit bezit op het tijdstip van die aanwijzing;
2. het recht van de Staat op welks grondgebied een van de echtgenoten zijn gewone verblijfplaats heeft op het tijdstip van die aanwijzing;
3. het recht van de eerste Staat op welks grondgebied een van de echtgenoten na het huwelijk een nieuwe gewone verblijfplaats vestigt.

Het aldus aangewezen recht is van toepassing op hun gehele vermogen.
De echtgenoten kunnen echter, ongeacht of zij tot de in de voorgaande leden bedoelde aanwijzing zijn overgegaan, met betrekking tot het geheel of een gedeelte van de onroerende goederen het recht aanwijzen van de plaats waar die goederen zijn gelegen. Zij kunnen eveneens bepalen dat op onroerende goederen die later worden verkregen, het recht van de plaats waar die goederen zijn gelegen van toepassing zal zijn.

Art. 4

Indien de echtgenoten vóór het huwelijk het toepasselijke recht niet hebben aangewezen, wordt hun huwelijksvermogensregime beheerst door het interne recht van de Staat op welks grondgebied zij hun eerste gewone verblijfplaats na het huwelijk vestigen.

Recht van staat van eerste verblijfplaats na huwelijk

Het huwelijksvermogensregime van de echtgenoten wordt echter beheerst door het interne recht van de Staat van hun gemeenschappelijke nationaliteit:
1. indien door die Staat de in artikel 5 bedoelde verklaring is afgelegd en de werking daarvan niet door het tweede lid van dat artikel is uitgesloten;
2. indien die Staat niet partij is bij het Verdrag, terwijl volgens zijn internationaal privaatrecht zijn interne recht van toepassing is en de echtgenoten hun eerste gewone verblijfplaats na het huwelijk vestigen:
a. in een Staat die de in artikel 5 bedoelde verklaring heeft afgelegd, of
b. in een Staat die geen partij is bij het Verdrag en waarvan het internationaal privaatrecht eveneens de toepassing van hun nationale recht voorschrijft;
3. indien de echtgenoten hun eerste gewone verblijfplaats na het huwelijk niet op het grondgebied van dezelfde Staat vestigen.

Bij gebreke van een gewone verblijfplaats van de echtgenoten op het grondgebied van dezelfde Staat en bij gebreke van een gemeenschappelijke nationaliteit, wordt hun huwelijksvermogens-

Recht van staat van nauwste verbondenheid

---

1 Inwerkingtredingsdatum: 01-09-1992.

B57 *art. 5*

Verdrag inzake het recht dat van toepassing is op het huwelijksvermogensregime

regime beheerst door het interne recht van de Staat waarmee het, alle omstandigheden in aanmerking genomen, het nauwst is verbonden.

Art. 5

Verklaring toepasselijkheid intern recht

Elke Staat kan, uiterlijk op het tijdstip van bekrachtiging, goedkeuring of toetreding, een verklaring afleggen ten einde, overeenkomstig artikel 4, tweede lid, onder 1, zijn interne recht van toepassing te doen zijn.

Uitsluiting verklaring

Deze verklaring heeft geen gevolgen voor echtgenoten die beiden hun gewone verblijfplaats behouden op het grondgebied van de Staat waar zij beiden op het tijdstip van het huwelijk sedert ten minste vijf jaar hun gewone verblijfplaats hadden, tenzij die Staat een Verdragsluitende Staat is die de in het eerste lid van dit artikel bedoelde verklaring heeft afgelegd, of een Staat die geen partij is bij dit Verdrag en waarvan het internationaal privaatrecht de toepassing van het nationale recht voorschrijft.

Art. 6

Aanwijzing ander recht tijdens huwelijk

Tijdens het huwelijk kunnen de echtgenoten hun huwelijksvermogensregime onderwerpen aan een ander intern recht dan het recht dat tot dusver van toepassing was.

De echtgenoten kunnen slechts een van de volgende rechtsstelsels aanwijzen:

1. het recht van een Staat waarvan een van de echtgenoten de nationaliteit bezit op het tijdstip van die aanwijzing;

2. het recht van de Staat op welks grondgebied een van de echtgenoten zijn gewone verblijfplaats heeft op het tijdstip van die aanwijzing.

Het aldus aangewezen recht is van toepassing op hun gehele vermogen.

De echtgenoten kunnen echter, ongeacht of zij tot de in de voorgaande leden of in artikel 3 bedoelde aanwijzing zijn overgegaan, met betrekking tot het geheel of een gedeelte van de onroerende goederen het recht aanwijzen van de plaats waar die goederen zijn gelegen. Zij kunnen eveneens bepalen dat op onroerende goederen die later zullen worden verkregen, het recht van de plaats waar die goederen zijn gelegen, van toepassing zal zijn.

Art. 7

Wijziging van omstandigheden

Het recht dat op grond van de bepalingen van het Verdrag van toepassing is, blijft van toepassing zolang de echtgenoten geen ander toepasselijk recht hebben aangewezen, zelfs in geval van wijziging van hun nationaliteit of gewone verblijfplaats.

Indien de echtgenoten echter noch het toepasselijke recht hebben aangewezen, noch huwelijkse voorwaarden hebben gemaakt, wordt in plaats van het recht waaraan hun huwelijksvermogensregime tevoren was onderworpen het interne recht van de Staat waar de echtgenoten beiden hun gewone verblijfplaats hebben, toepasselijk:

1. vanaf het tijdstip waarop zij daar hun gewone verblijfplaats vestigen, indien de nationaliteit van die Staat hun gemeenschappelijke nationaliteit is, dan wel vanaf het tijdstip waarop zij die nationaliteit verkrijgen, of

2. wanneer zij na het huwelijk gedurende meer dan tien jaar daar hun gewone verblijfplaats hebben gehad;

3. vanaf het tijdstip waarop zij daar hun gewone verblijfplaats vestigen, indien hun huwelijksvermogensregime, uitsluitend op grond van artikel 4, tweede lid, onder 3, was onderworpen aan het recht van de Staat van hun gemeenschappelijke nationaliteit.

Art. 8

Toepasselijkheid nieuw recht na wijziging

Een wijziging in het toepasselijke recht op grond van artikel 7, tweede lid, heeft slechts gevolg voor de toekomst, en het vermogen dat vóór die wijziging aan de echtgenoten toebehoorde, is niet onderworpen aan het voortaan toepasselijke recht.

De echtgenoten kunnen echter te allen tijde, met inachtneming van de vormvoorschriften van artikel 13, het geheel van hun vermogen aan het nieuwe recht onderwerpen, zulks onverminderd, wat de onroerende goederen betreft, de bepalingen van artikel 3, vierde lid, en artikel 6, vierde lid. De uitoefening van deze bevoegdheid laat rechten van derden onverlet.

Art. 9

Toepasselijk recht t.a.v. rechtsbetrekking met derden

De gevolgen van het huwelijksvermogensregime ten aanzien van een rechtsbetrekking tussen een echtgenoot en een derde worden beheerst door het recht dat op grond van het Verdrag op het huwelijksvermogensregime van toepassing is.

Het recht van een Verdragsluitende Staat kan echter bepalen dat het recht dat van toepassing is op het huwelijksvermogensregime, niet door een echtgenoot aan een derde kan worden tegengeworpen wanneer die echtgenoot of de derde zijn gewone verblijfplaats op het grondgebied van de Staat heeft, tenzij:

1. is voldaan aan de door dat recht gestelde voorwaarden betreffende publikatie of inschrijving, of

2. de rechtsbetrekking tussen die echtgenoot en de derde is ontstaan op een tijdstip waarop de derde het op het huwelijksvermogensregime toepasselijke recht kende of behoorde te kennen. Het recht van een Verdragsluitende Staat waar een onroerend goed is gelegen, kan een overeenkomstige regel bevatten inzake rechtsbetrekkingen tussen een echtgenoot en een derde ten aanzien van dat onroerend goed.

Elke Verdragsluitende Staat kan het toepassingsgebied van het tweede en derde lid van dit artikel door middel van een verklaring nader aangeven.

Art. 10

De voorwaarden voor de wilsovereenstemming van de echtgenoten inzake het recht dat zij als toepasselijk aanwijzen, worden door dat recht bepaald.

Wilsovereenstemming bij aanwijzing

Art. 11

De aanwijzing van het toepasselijke recht moet uitdrukkelijk zijn overeengekomen of ondubbelzinnig voortvloeien uit huwelijkse voorwaarden.

Uitdrukkelijke aanwijzing

Art. 12

Huwelijkse voorwaarden zijn, wat de vorm betreft, geldig indien zij in overeenstemming zijn hetzij met het interne recht dat van toepassing is op het huwelijksvermogensregime, hetzij met het interne recht van de plaats waar zij werden aangegaan. Zij dienen in elk geval te worden neergelegd in een gedagtekend en door beide echtgenoten ondertekend schriftelijk stuk.

Geldigheid huwelijkse voorwaarden

Art. 13

Een uitdrukkelijk overeengekomen aanwijzing van het toepasselijke recht dient te geschieden in de vorm welke voor huwelijkse voorwaarden is voorgeschreven, hetzij door het aangewezen interne recht, hetzij door het interne recht van de plaats waar die aanwijzing geschiedt. De aanwijzing dient in elk geval te worden neergelegd in een gedagtekend en door beide echtgenoten ondertekend schriftelijk stuk.

Vormvoorschriften aanwijzing

Art. 14

Toepassing van het door het Verdrag aangewezen recht kan slechts achterwege blijven indien zij kennelijk in strijd is met de openbare orde.

Strijd met openbare orde

HOOFDSTUK III DIVERSE BEPALINGEN

Art. 15

Voor de toepassing van dit Verdrag wordt een nationaliteit slechts als gemeenschappelijke nationaliteit van de echtgenoten beschouwd:

1. wanneer de beide echtgenoten die nationaliteit vóór het sluiten van het huwelijk bezaten;

2. wanneer een echtgenoot op het tijdstip van het huwelijk, of later, vrijwillig de nationaliteit van de ander heeft verkregen, hetzij door een daartoe strekkende verklaring, hetzij door niet af te zien van deze verkrijging, terwijl hij wist het recht daartoe te hebben;

3. wanneer de beide echtgenoten die nationaliteit na het huwelijk vrijwillig hebben verkregen.

Behalve in de gevallen, bedoeld in artikel 7, tweede lid, onder 1, zijn de bepalingen betreffende de gemeenschappelijke nationaliteit niet van toepassing wanneer de echtgenoten meer dan één gemeenschappelijke nationaliteit bezitten.

Vaststelling gemeenschappelijke nationaliteit

Art. 16

Wanneer een Staat twee of meer gebiedsdelen omvat waarin verschillende rechtsstelsels op het huwelijksvermogensregime toepasselijk zijn, wordt voor de toepassing van dit Verdrag iedere verwijzing naar het nationale recht van een dergelijke Staat opgevat als een verwijzing naar het stelsel dat door de in die Staat van kracht zijnde regels wordt aangewezen.

Bij gebreke van zodanige regels verstaat men onder de Staat waarvan een echtgenoot de nationaliteit bezit in de zin van artikel 3, tweede lid, onder 1, en artikel 6, tweede lid, onder 1, het gebiedsdeel waar die echtgenoot het laatst zijn gewone verblijfplaats had; evenzo verstaat men voor de toepassing van artikel 4, tweede lid, onder de Staat van de gemeenschappelijke nationaliteit van de echtgenoten het gebiedsdeel waar beiden het laatst een gewone verblijfplaats hadden.

Staat met meerdere gebiedsdelen met verschillende rechtsstelsels; het nationale recht

Art. 17

Wanneer een Staat twee of meer gebiedsdelen omvat waar in verschillende rechtsstelsels op het huwelijksvermogensregime toepasselijk zijn, wordt voor de toepassing van dit Verdrag iedere verwijzing naar de gewone verblijfplaats in een dergelijke Staat uitgelegd als een verwijzing naar de gewone verblijfplaats in een gebiedsdeel van die Staat.

Idem; de gewone verblijfplaats

Art. 18

Een Verdragsluitende Staat die twee of meer gebiedsdelen omvat waarin verschillende rechtsstelsels op het huwelijksvermogensregime toepasselijk zijn, is niet verplicht de regels van dit Verdrag toe te passen op wetsconflicten tussen die gebiedsdelen wanneer op grond van het Verdrag het recht van geen enkele andere Staat van toepassing is.

Idem; wetsconflicten

Art. 19

Wanneer een Staat ter zake van het huwelijksvermogensregime twee of meer rechtsstelsels kent, die toepasselijk zijn op twee of meer verschillende categorieën personen, wordt voor de toepassing van dit Verdrag iedere verwijzing naar het recht van een dergelijke Staat uitgelegd als een verwijzing naar het stelsel dat door de in die Staat geldende regels wordt aangewezen.

Bij gebreke van zodanige regels is in het geval, bedoeld in artikel 4, eerste lid, het interne recht van de Staat van de gemeenschappelijke nationaliteit van de echtgenoten van toepassing, en

Staat met meerdere rechtsstelsels voor verschillende categorieën personen

B57 art. 20 Verdrag inzake het recht dat van toepassing is op het huwelijksvermogensregime

blijft in het geval, bedoeld in artikel 7, tweede lid, onder 2, het interne recht van de Staat waar zij beiden hun gewone verblijfplaats hadden, van toepassing. Bij gebreke van een gemeenschappelijke nationaliteit van de echtgenoten is artikel 4, derde lid, van toepassing.

Art. 20

Toepassing internationale instrumenten Het Verdrag laat onverlet de toepassing van internationale instrumenten waarbij een Verdragsluitende Staat partij is of wordt, en welke bepalingen bevatten omtrent de bij dit Verdrag geregelde onderwerpen.

Art. 21

Reikwijdte verdrag Het Verdrag is in elke Verdragsluitende Staat slechts van toepassing op echtgenoten die na de inwerkingtreding van het Verdrag voor die Staat in het huwelijk zijn getreden dan wel het op hun huwelijksvermogensregime toepasselijke recht aanwijzen.

Elke Verdragsluitende Staat kan door middel van een verklaring de toepasselijkheid van het Verdrag uitbreiden tot andere echtgenoten.

HOOFDSTUK IV SLOTBEPALINGEN

Art. 22

Ondertekening Het Verdrag staat open voor ondertekening door de Staten die lid waren van de Haagse Conferentie voor internationaal Privaatrecht ten tijde van haar Dertiende Zitting.

Bekrachtiging, aanvaarding of goedkeuring Het dient te worden bekrachtigd, aanvaard of goedgekeurd en de akten van bekrachtiging, aanvaarding of goedkeuring dienen te worden nedergelegd bij het Ministerie van Buitenlandse Zaken van het Koninkrijk der Nederlanden.

Art. 23

Toetreding Elke andere Staat kan tot het Verdrag toetreden. De akte van toetreding dient te worden nedergelegd bij het Ministerie van Buitenlandse Zaken van het Koninkrijk der Nederlanden.

Art. 24

Verklaring over inwerkingtreding verdrag voor andere gebieden buiten staat Elke Staat kan, op het tijdstip van ondertekening, bekrachtiging, aanvaarding, goedkeuring of toetreding, verklaren dat het Verdrag zich uitstrekt tot alle gebieden voor welker internationale betrekkingen hij verantwoordelijk is of tot een of meer van deze gebieden. Deze verklaring wordt van kracht op het tijdstip waarop het Verdrag voor die Staat in werking treedt.

Deze verklaring, evenals iedere latere uitbreiding, wordt ter kennis gebracht van het Ministerie van Buitenlandse Zaken van het Koninkrijk der Nederlanden.

Art. 25

Toepasselijkheid Verdrag op gebiedsdelen van staat Een Verdragsluitende Staat die twee of meer gebiedsdelen omvat waarin verschillende rechtsstelsels op het huwelijksvermogensregime toepasselijk zijn, kan op het tijdstip van ondertekening, bekrachtiging, aanvaarding, goedkeuring of toetreding verklaren dat het Verdrag van toepassing is op al deze gebiedsdelen of slechts op een of meer daarvan, en kan deze verklaring op ieder later tijdstip tot andere gebiedsdelen uitbreiden.

Deze verklaringen worden ter kennis gebracht van het Ministerie van Buitenlandse Zaken van het Koninkrijk der Nederlanden en geven uitdrukkelijk het gebiedsdeel aan waarop het Verdrag van toepassing is.

Art. 26

Gradaties van onderdaanschap Een Verdragsluitende Staat die op de datum van inwerkingtreding van het Verdrag voor die Staat een systeem kent van verschillende gradaties van onderdaanschap van de tot die Staat behorende personen, kan op elk tijdstip door middel van een verklaring aangeven hoe een verwijzing naar zijn nationale wet voor de toepassing van het Verdrag moet worden uitgelegd.

Art. 27

Voorbehouden Voorbehouden op het Verdrag zijn niet toegestaan.

Art. 28

Verklaringen Elke Verdragsluitende Staat die een van de in de artikelen 5, 9, vierde lid, 21 en 26 bedoelde verklaringen wenst af te leggen, brengt deze ter kennis van het Ministerie van Buitenlandse Zaken van het Koninkrijk der Nederlanden.

Iedere wijziging of intrekking van een verklaring wordt op dezelfde wijze ter kennis gebracht.

Art. 29

Inwerkingtreding Het Verdrag treedt in werking op de eerste dag van de derde kalendermaand na de nederlegging van de derde akte van bekrachtiging, aanvaarding, goedkeuring of toetreding, als bedoeld in de artikelen 22 en 23.

Vervolgens treedt het Verdrag in werking:

1. voor elke Staat die het daarna bekrachtigt, aanvaardt, goedkeurt of ertoe toetreedt, op de eerste dag van de derde kalendermaand na de nederlegging van zijn akte van bekrachtiging, aanvaarding, goedkeuring of toetreding;

2. voor de gebieden waartoe het Verdrag zich overeenkomstig artikel 24 uitstrekt, op de eerste dag van de derde kalendermaand na de kennisgeving, in dat artikel bedoeld.

Art. 30

Het Verdrag blijft van kracht gedurende vijf jaar vanaf de datum van zijn inwerkingtreding overeenkomstig artikel 29, eerste lid, ook voor de Staten die het daarna hebben bekrachtigd, aanvaard of goedgekeurd, of ertoe zijn toegetreden.

Behoudens opzegging wordt het Verdrag telkens voor een tijdvak van vijf jaar stilzwijgend verlengd.

De opzegging wordt, uiterlijk zes maanden voor het verstrijken van het tijdvak van vijf jaar, ter kennis gebracht van het Ministerie van Buitenlandse Zaken van het Koninkrijk der Nederlanden. Zij kan worden beperkt tot bepaalde gebieden of gebiedsdelen waarop het Verdrag van toepassing is.

De opzegging geldt slechts ten aanzien van de Staat die haar heeft gedaan. Voor de andere Verdragsluitende Staten blijft het Verdrag van kracht.

Art. 31

Het Ministerie van Buitenlandse Zaken van het Koninkrijk der Nederlanden stelt de Lid-Staten van de Conferentie, alsmede de Staten die overeenkomstig de bepalingen van artikel 23 zijn toegetreden, in kennis van:

1. de ondertekeningen, bekrachtigingen, aanvaardingen en goedkeuringen, bedoeld in artikel 22;

2. de toetredingen, bedoeld in artikel 23;

3. de datum waarop het Verdrag in werking treedt overeenkomstig de bepalingen van artikel 29;

4. de uitbreidingen, bedoeld in artikel 24;

5. de opzeggingen, bedoeld in artikel 30;

6. de verklaringen, vermeld in de artikelen 25, 26 en 28.

Geldigheidsduur verdrag

Stilzwijgende verlenging

Opzegging

Kennisgeving door ministerie van Buitenlandse Zaken

Verdrag inzake de internationale inning van levensonderhoud voor kinderen en andere familieleden^1

De staten die dit Verdrag hebben ondertekend,
Geleid door de wens de samenwerking tussen staten ten behoeve van de internationale inning van levensonderhoud voor kinderen en andere familieleden te verbeteren,
Zich bewust van de noodzaak van resultaatgerichte procedures die toegankelijk, snel, efficiënt, kosteneffectief en rechtvaardig zijn en tegemoetkomen aan de behoeften,
Geleid door de wens voort te bouwen op de sterke punten van bestaande Haagse verdragen en andere internationale instrumenten, met name het Verdrag van de Verenigde Naties inzake het verhaal in het buitenland van uitkeringen tot onderhoud van 20 juni 1956,
Ernaar strevend gebruik te maken van de technologische vooruitgang en een flexibel systeem te creëren dat verder kan worden ontwikkeld naarmate de behoeften veranderen en kan worden aangepast aan verdere ontwikkelingen op technologisch gebied die nieuwe mogelijkheden creëren,
Eraan herinnerend dat op grond van de artikelen 3 en 27 van het Verdrag van de Verenigde Naties inzake de rechten van het kind van 20 november 1989,
– bij alle maatregelen betreffende kinderen het belang van het kind een eerste overweging vormt,
– elk kind recht heeft op een levensstandaard die toereikend is voor zijn lichamelijke, geestelijke, intellectuele, morele en maatschappelijke ontwikkeling,
– de ouder(s) of anderen die verantwoordelijk zijn voor het kind, de primaire verantwoordelijkheid hebben voor het waarborgen, naar vermogen en binnen de grenzen van hun financiële mogelijkheden, van de levensomstandigheden die nodig zijn voor de ontwikkeling van het kind, en
– de staten die partij zijn alle passende maatregelen nemen, met inbegrip van het sluiten van internationale overeenkomsten, om de inning te waarborgen van het levensonderhoud van het kind bij de ouder(s) of andere personen die de verantwoordelijkheid voor het kind dragen, met name wanneer deze personen in een andere staat wonen dan het kind,
Hebben besloten dit Verdrag te sluiten en hebben overeenstemming bereikt omtrent de volgende bepalingen:

HOOFDSTUK I DOELSTELLING, TOEPASSINGSGEBIED EN BEGRIPSOMSCHIJVINGEN

Art. 1 Doelstelling

Doelstelling van dit Verdrag is de effectieve internationale inning van levensonderhoud voor kinderen en andere familieleden te waarborgen, in het bijzonder door:
a. een allesomvattend systeem van samenwerking tussen de autoriteiten van de verdragsluitende staten in te stellen;
b. verzoeken met het oog op de vaststelling van beslissingen inzake levensonderhoud mogelijk te maken;
c. te zorgen voor de erkenning en tenuitvoerlegging van beslissingen inzake levensonderhoud; en
d. effectieve maatregelen te eisen voor de snelle tenuitvoerlegging van beslissingen inzake levensonderhoud.

Art. 2 Toepassingsgebied

1. Dit Verdrag is van toepassing op:
a. onderhoudsverplichtingen die voortvloeien uit een ouder-kindrelatie jegens een persoon jonger dan 21 jaar;
b. de erkenning en tenuitvoerlegging dan wel de tenuitvoerlegging van een beslissing inzake onderhoudsverplichtingen tussen echtgenoten en ex-echtgenoten wanneer het verzoek wordt ingediend samen met een vordering die valt binnen het toepassingsgebied van onderdeel a; en
c. met uitzondering van de hoofdstukken II en III, op onderhoudsverplichtingen tussen echtgenoten en ex-echtgenoten.
2. Elke verdragsluitende staat kan zich in overeenstemming met artikel 62 het recht voorbehouden de toepassing van het Verdrag, wat het eerste lid, onderdeel a), betreft, te beperken tot

---

1 Inwerkingtredingsdatum 01-08-2014.

personen die de leeftijd van 18 jaar nog niet hebben bereikt. Een verdragsluitende staat die een dergelijk voorbehoud maakt, heeft niet het recht de toepassing te verlangen van het Verdrag op personen die vanwege hun leeftijd door zijn voorbehoud zijn uitgesloten.

3. Elke verdragsluitende staat kan in overeenstemming met artikel 63 verklaren dat hij de toepassing van het gehele Verdrag of een deel ervan uitbreidt tot andere onderhoudsverplichtingen die voortvloeien uit familiebetrekkingen, bloedverwantschap, huwelijk of aanverwantschap, waaronder in het bijzonder verplichtingen jegens kwetsbare personen. Een dergelijke verklaring doet alleen verplichtingen ontstaan tussen twee verdragsluitende staten indien hun verklaringen betrekking hebben op dezelfde onderhoudsverplichtingen en dezelfde delen van het Verdrag.

4. De bepalingen van dit Verdrag zijn van toepassing op kinderen ongeacht de burgerlijke staat van de ouders.

Art. 3 Begripsomschrijvingen

Voor de toepassing van dit Verdrag wordt verstaan onder:

a. „onderhoudsgerechtigde": een persoon aan wie levensonderhoud is verschuldigd of van wie wordt gesteld dat levensonderhoud aan hem is verschuldigd;

b. „onderhoudsplichtige": een persoon die levensonderhoud is verschuldigd of ten aanzien van wie wordt gesteld dat hij levensonderhoud is verschuldigd;

c. „rechtsbijstand": de bijstand die verzoekers nodig hebben om hun rechten te kennen en te doen gelden en om te waarborgen dat verzoeken volledig en effectief worden behandeld in de aangezochte staat. Deze bijstand kan in voorkomend geval worden verleend in de vorm van juridisch advies, bijstand om een zaak bij een autoriteit aanhangig te maken, vertegenwoordiging in rechte en vrijstelling van proceskosten;

d. „schriftelijke overeenkomst": een overeenkomst die is vastgelegd in een gegevensdrager, waarvan de inhoud toegankelijk en bruikbaar is voor inzage op een later tijdstip;

e. „regeling inzake levensonderhoud": een schriftelijke overeenkomst met betrekking tot de betaling van levensonderhoud die:

i. als authentieke akte formeel is verleden of geregistreerd door een bevoegde autoriteit; of

ii. authentiek is verklaard of is geregistreerd door, of gesloten, met of nedergelegd bij een bevoegde autoriteit;

en door een bevoegde autoriteit kan worden getoetst en gewijzigd;

f. „kwetsbare persoon": een persoon die vanwege een aantasting of ontoereikendheid van zijn persoonlijke vermogens niet in staat is zichzelf te onderhouden.

HOOFDSTUK II ADMINISTRATIEVE SAMENWERKING

Art. 4 Aanwijzing van centrale autoriteiten

1. Elke verdragsluitende staat wijst een centrale autoriteit aan die is belast met de haar door dit Verdrag opgelegde taken.

2. Federale staten, staten met meer dan één rechtsstelsel of staten die autonome territoriale eenheden omvatten, staat het vrij meer dan één centrale autoriteit aan te wijzen, en de territoriale of personele reikwijdte van hun taken aan te geven. Een staat die meer dan één centrale autoriteit heeft aangewezen, wijst de centrale autoriteit aan waaraan alle mededelingen kunnen worden gericht met het oog op doorgeleiding daarvan aan de bevoegde centrale autoriteit binnen deze staat.

3. De verdragsluitende staat stelt het Permanent Bureau van de Haagse Conferentie voor Internationaal Privaatrecht in kennis van de aanwijzing van de centrale autoriteit of centrale autoriteiten, hun contactgegevens en, indien van toepassing, de reikwijdte van hun taken zoals omschreven in het tweede lid, op het tijdstip waarop de akte van bekrachtiging of toetreding wordt nedergelegd of wanneer een verklaring in overeenstemming met artikel 61 wordt afgelegd. De verdragsluitende staten stellen het Permanent Bureau onverwijld in kennis van eventuele wijzigingen.

Art. 5 Algemene taken van de centrale autoriteiten

De centrale autoriteiten:

a. werken onderling samen en bevorderen de samenwerking tussen de bevoegde autoriteiten in hun staten teneinde de doelstellingen van het Verdrag te verwezenlijken;

b. zoeken zoveel mogelijk naar oplossingen voor moeilijkheden die zich voordoen bij de toepassing van het Verdrag.

Art. 6 Specifieke taken van de centrale autoriteiten

1. De centrale autoriteiten verlenen bijstand met betrekking tot verzoeken in de zin van hoofdstuk III. In het bijzonder door:

a. dergelijke verzoeken te verzenden en te ontvangen;

b. procedures in verband met dergelijke verzoeken in te stellen of het instellen ervan te vergemakkelijken.

B58 art. 7 Verdrag inzake de internationale inning van levensonderhoud voor kinderen

2. Met betrekking tot deze verzoeken nemen zij alle passende maatregelen om:

a. wanneer de omstandigheden het vereisen, rechtsbijstand te verlenen of de verkrijging van rechtsbijstand te vergemakkelijken;

b. de onderhoudsplichtige of onderhoudsgerechtigde te helpen lokaliseren;

c. de verkrijging van relevante informatie over het inkomen en, indien nodig, andere financiële omstandigheden van de onderhoudsplichtige of de onderhoudsgerechtigde te vergemakkelijken, met inbegrip van het lokaliseren van vermogensbestanddelen;

d. indien passend door de gebruikmaking van bemiddeling, verzoening of soortgelijke methoden een minnelijke schikking te bevorderen met het oog op het bewerkstelligen van vrijwillige betaling van levensonderhoud;

e. de doorlopende tenuitvoerlegging van beslissingen inzake levensonderhoud, met inbegrip van achterstallige bedragen, te vergemakkelijken;

f. de inning en snelle overmaking van betalingen van levensonderhoud te vergemakkelijken;

g. de verkrijging van bewijsstukken of ander bewijs te vergemakkelijken;

h. bijstand te verlenen bij de vaststelling van de afstamming wanneer dat noodzakelijk is voor de inning van levensonderhoud;

i. procedures in te stellen of het instellen ervan te vergemakkelijken, ter verkrijging van voorlopige maatregelen van territoriale aard die ten doel hebben de uitkomst van een aanhangig verzoek inzake levensonderhoud zeker te stellen;

j. de betekening en de kennisgeving van stukken te vergemakkelijken.

3. De taken van de centrale autoriteit krachtens dit artikel kunnen, voor zover het recht van de betrokken staat dit toestaat, worden uitgeoefend door overheidslichamen of andere lichamen die onder toezicht staan van de bevoegde autoriteiten van die staat. De verdragsluitende staat stelt het Permanent Bureau van de Haagse Conferentie voor Internationaal Privaatrecht in kennis van de aanwijzing van dergelijke overheidslichamen of andere lichamen, van hun contactgegevens alsmede van de reikwijdte van hun taken. De verdragsluitende staten stellen het Permanent Bureau onverwijld in kennis van eventuele wijzigingen.

4. Niets in dit artikel of in artikel 7 mag aldus worden uitgelegd, dat een centrale autoriteit de verplichting wordt opgelegd bevoegdheden uit te oefenen die krachtens het recht van de aangezochte staat slechts door gerechtelijke autoriteiten kunnen worden uitgeoefend.

Art. 7 Verzoeken om specifieke maatregelen

1. Indien geen verzoek op grond van artikel 10 aanhangig is, kan een centrale autoriteit aan een andere centrale autoriteit een met redenen omkleed verzoek richten om passende specifieke maatregelen te treffen in de zin van artikel 6, tweede lid, onderdeel b), c), g), h), i) en j). De aangezochte centrale autoriteit treft passende maatregelen indien zij deze noodzakelijk acht om een mogelijke verzoeker bij te staan bij het indienen van een in artikel 10 bedoeld verzoek of bij het bepalen of een dergelijk verzoek moet worden ingediend.

2. Een centrale autoriteit kan op verzoek van een andere centrale autoriteit tevens specifieke maatregelen treffen in verband met een in de verzoekende staat aanhangige zaak met een internationaal aspect die betrekking heeft op de inning van levensonderhoud.

Art. 8 Kosten van de centrale autoriteit

1. Elke centrale autoriteit draagt haar eigen kosten voor de toepassing van dit Verdrag.

2. Centrale autoriteiten mogen de verzoeker voor de krachtens dit Verdrag verleende diensten geen kosten in rekening brengen, afgezien van uitzonderlijke kosten die voortvloeien uit een verzoek om specifieke maatregelen in de zin van artikel 7.

3. De aangezochte centrale autoriteit mag zich de kosten van de in het tweede lid bedoelde dienstverlening niet doen vergoeden zonder dat de verzoeker heeft ingestemd met de dienstverlening tegen zodanige kosten.

HOOFDSTUK III VERZOEKEN VIA CENTRALE AUTORITEITEN

Art. 9 Verzoek via centrale autoriteiten

Een verzoek in de zin van dit hoofdstuk wordt via de centrale autoriteit van de verdragsluitende staat waar de verzoeker verblijft, ingediend bij de centrale autoriteit van de aangezochte staat. Voor de toepassing van deze bepaling wordt onder verblijf niet de enkele aanwezigheid verstaan.

Art. 10 Beschikbare verzoeken

1. Een onderhoudsgerechtigde die op grond van dit Verdrag levensonderhoud wil innen, kan in een verzoekende staat de volgende soorten verzoeken indienen:

a. erkenning dan wel erkenning en tenuitvoerlegging van een beslissing;

b. tenuitvoerlegging van een in de aangezochte staat gegeven of erkende beslissing;

c. vaststelling van een beslissing in de aangezochte staat, indien er nog geen beslissing voorhanden is, zo nodig met inbegrip van de vaststelling van de afstamming;

d. vaststelling van een beslissing in de aangezochte staat indien erkenning en tenuitvoerlegging van een beslissing niet mogelijk is, dan wel wordt geweigerd vanwege het ontbreken van een in artikel 20 vermelde grondslag voor erkenning en tenuitvoerlegging of om de in artikel 22, onderdeel b) of e), vermelde redenen;

e. wijziging van een in de aangezochte staat gegeven beslissing;

f. wijziging van een in een andere dan de aangezochte staat gegeven beslissing.

2. Een onderhoudsplichtige tegen wie een beslissing inzake levensonderhoud is gegeven, kan in een verzoekende staat de volgende soorten verzoeken indienen:

a. erkenning van een beslissing of een vergelijkbare procedure die leidt tot opschorting of beperking van de tenuitvoerlegging van een eerdere beslissing in de aangezochte staat;

b. wijziging van een in de aangezochte staat gegeven beslissing;

c. wijziging van een in een andere dan de aangezochte staat gegeven beslissing.

3. Tenzij anders is bepaald in dit Verdrag, worden de in het eerste en tweede lid bedoelde verzoeken behandeld overeenkomstig het recht van de aangezochte staat en worden de in het eerste lid, onderdeel c) tot en met f), en tweede lid, onderdeel b) en c), bedoelde verzoeken onderworpen aan de bevoegdheidsregels die van toepassing zijn in de aangezochte staat.

Art. 11 Inhoud van het verzoek

1. Alle verzoeken in de zin van artikel 10 bevatten ten minste:

a. een verklaring omtrent de aard van het verzoek of de verzoeken;

b. de naam en contactgegevens, met inbegrip van het adres en de geboortedatum van de verzoeker;

c. de naam en, indien bekend, het adres en de geboortedatum van de verweerder;

d. de naam en geboortedatum van de persoon voor wie om levensonderhoud wordt verzocht;

e. de gronden waarop het verzoek berust;

f. indien het verzoek afkomstig is van de onderhoudsgerechtigde, gegevens over de plaats waar de betalingen moeten worden gedaan of elektronisch moeten worden overgemaakt;

g. behalve bij het verzoek in de zin van artikel 10, eerste lid, onderdeel a), en tweede lid, onderdeel a), alle informatie of stukken die zijn vermeld in een door de aangezochte staat in overeenstemming met artikel 63 afgelegde verklaring;

h. de naam en contactgegevens van de persoon of de afdeling van de centrale autoriteit van de verzoekende staat die verantwoordelijk is voor de behandeling van het verzoek.

2. Zo nodig en voor zover bekend bevat het verzoek tevens:

a. gegevens over de financiële omstandigheden van de onderhoudsgerechtigde;

b. gegevens over de financiële omstandigheden van de onderhoudsplichtige, met inbegrip van de naam en het adres van zijn werkgever, alsmede de aard en locatie van de vermogensbestanddelen van de onderhoudsplichtige;

c. alle andere informatie die van nut kan zijn bij het lokaliseren van de verweerder.

3. Het verzoek gaat vergezeld van alle noodzakelijke ondersteunende informatie of documenten, waaronder stukken waaruit blijkt dat de verzoeker recht heeft op kosteloze rechtsbijstand. Verzoeken in de zin van artikel 10, eerste lid 1, onderdeel a), en tweede lid, onderdeel a), gaan alleen vergezeld van de in artikel 25 vermelde stukken.

4. Verzoeken in de zin van artikel 10 kunnen worden gedaan middels het door de Haagse Conferentie voor Internationaal Privaatrecht aanbevolen en bekendgemaakte formulier.

Art. 12 Verzending, ontvangst en behandeling van verzoeken en zaken door centrale autoriteiten

1. De centrale autoriteit van de verzoekende staat staat de verzoeker bij teneinde te verzekeren dat het verzoek vergezeld gaat van alle informatie en stukken die, voor zover haar bekend, voor de behandeling van het verzoek noodzakelijk zijn.

2. Na zich ervan te hebben vergewist dat het verzoek voldoet aan de vereisten van het Verdrag, verzendt de centrale autoriteit van de verzoekende staat het verzoek namens en met instemming van de verzoeker aan de centrale autoriteit van de aangezochte staat. Het verzoek gaat vergezeld van het in bijlage 1 opgenomen verzendformulier. Op verzoek van de centrale autoriteit van de aangezochte staat verstrekt de centrale autoriteit van de verzoekende staat een volledig afschrift, gewaarmerkt door de bevoegde autoriteit van de staat van herkomst, van elk stuk in de zin van artikel 16, derde lid, artikel 25, eerste lid, onderdeel a), b) en d), en derde lid, onderdeel b), en artikel 30, derde lid.

3. De aangezochte centrale autoriteit bevestigt de ontvangst binnen zes weken na de datum van ontvangst van het verzoek met behulp van het in bijlage 2 opgenomen formulier en stelt de centrale autoriteit van de verzoekende staat in kennis van de eerste stappen die zijn of zullen worden genomen voor de behandeling van het verzoek, en kan verdere stukken en informatie opvragen die zij noodzakelijk acht. Binnen deze termijn van zes weken verstrekt de aangezochte centrale autoriteit de verzoekende centrale autoriteit de naam en contactgegevens van de persoon of afdeling die is belast met de beantwoording van vragen met betrekking tot de voortgang van het verzoek.

4. Binnen drie maanden na de ontvangstbevestiging stelt de aangezochte centrale autoriteit de verzoekende centrale autoriteit in kennis van de stand van zaken omtrent het verzoek.

5. De verzoekende en de aangezochte centrale autoriteit stellen elkaar in kennis van:

a. de persoon of afdeling die verantwoordelijk is voor een bepaalde zaak;
b. de voortgang van de zaak,
en zij antwoorden tijdig op verzoeken om inlichtingen.

6. De centrale autoriteiten behandelen een zaak zo spoedig als een gedegen onderzoek van de inhoud ervan het toelaat.

7. De centrale autoriteiten maken gebruik van de snelste en meest efficiënte communicatiemiddelen waarover zij beschikken.

8. Een aangezochte centrale autoriteit kan de behandeling van een verzoek alleen weigeren als kennelijk niet aan de vereisten van het Verdrag is voldaan. In dat geval stelt de centrale autoriteit de verzoekende centrale autoriteit onverwijld in kennis van de redenen voor haar weigering.

9. De aangezochte centrale autoriteit kan een verzoek niet weigeren op de enkele grond dat aanvullende stukken of informatie nodig zijn. De aangezochte centrale autoriteit kan de verzoekende centrale autoriteit evenwel verzoeken deze aanvullende stukken of informatie te verstrekken. Indien de verzoekende centrale autoriteit hierop niet binnen drie maanden of binnen een langere door de aangezochte centrale autoriteit vermelde termijn ingaat, kan de aangezochte centrale autoriteit beslissen het verzoek niet verder te behandelen. In dat geval stelt zij de verzoekende centrale autoriteit in kennis van deze beslissing.

Art. 13 Communicatiemiddelen

Een verzoek via de centrale autoriteiten van de verdragsluitende staten in overeenstemming met dit hoofdstuk en elk daarbij gevoegd of door een centrale autoriteit verstrekt stuk of informatie, kan door de verweerder niet op de enkele grond van het tussen de betrokken centrale autoriteiten gebruikte communicatiemedium of -middel worden betwist.

Art. 14 Effectieve toegang tot procedures

1. De aangezochte staat verstrekt verzoekers effectieve toegang tot procedures, waaronder tenuitvoerleggings- en beroepsprocedures, die voortvloeien uit verzoeken op grond van dit hoofdstuk.

2. Tenzij het derde lid van toepassing is, verleent de aangezochte staat ten behoeve van deze effectieve toegang, kosteloze rechtsbijstand in overeenstemming met de artikelen 14 tot en met 17.

3. De aangezochte staat is niet verplicht deze kosteloze rechtsbijstand te verlenen indien en voor zover de procedures van die staat de verzoeker in staat stellen de zaak aanhangig te maken zonder dergelijke bijstand en de centrale autoriteit kosteloos de noodzakelijke diensten verleent.

4. De voorwaarden voor verkrijging van kosteloze rechtsbijstand mogen niet restrictiever zijn dan de voorwaarden gesteld in soortgelijke binnenlandse zaken.

5. Geen zekerheid, borgtocht of depot, ongeacht de omschrijving, kan worden vereist om de betaling van de kosten en uitgaven in verband met procedures op grond van het Verdrag te verzekeren.

Art. 15 Kosteloze rechtsbijstand voor verzoeken om levensonderhoud voor kinderen

1. De aangezochte staat verleent kosteloze rechtsbijstand voor elk door een onderhoudsgerechtigde op grond van dit hoofdstuk ingediend verzoek betreffende onderhoudsverplichtingen die voortvloeien uit een ouder-kindrelatie jegens een persoon jonger dan 21 jaar.

2. In afwijking van het eerste lid kan de aangezochte staat met betrekking tot andere verzoeken dan de in artikel 10, eerste lid, onderdeel a) en b), bedoelde verzoeken en met betrekking tot de onder artikel 20, vierde lid, vallende zaken, de verlening van kosteloze rechtsbijstand weigeren indien hij van oordeel is dat het verzoek of enig beroep kennelijk ongegrond is.

Art. 16 Verklaring houdende toestemming voor het gebruik van een op het kind gerichte toetsing van de middelen

1. In afwijking van artikel 15, eerste lid, kan een staat in overeenstemming met artikel 63 verklaren dat hij met betrekking tot andere verzoeken dan de in artikel 10, eerste lid, onderdeel a) en b), bedoelde verzoeken en met betrekking tot de onder artikel 20, vierde lid, vallende zaken, kosteloze rechtsbijstand verleent op voorwaarde van een toetsing gebaseerd op een raming van de middelen van het kind.

2. Op het ogenblik van het afleggen van een dergelijke verklaring, verstrekken staten het Permanent Bureau van de Haagse Conferentie voor Internationaal Privaatrecht informatie over de wijze waarop de raming van de middelen van het kind zal worden verricht, met inbegrip van de financiële criteria waaraan moet worden voldaan.

3. Een verzoek als bedoeld in het eerste lid, gericht aan een staat die in dat lid bedoelde verklaring heeft afgelegd, dient een formele verklaring van de verzoeker te omvatten waarin wordt vermeld dat de middelen van het kind voldoen aan de in het tweede lid bedoelde criteria. De aangezochte staat kan alleen om nader bewijs van de middelen van het kind verzoeken indien hij redelijke gronden heeft om aan te nemen dat de door de verzoeker verstrekte informatie onjuist is.

4. Indien de gunstigste rechtsbijstand die is vastgesteld in het recht van de aangezochte staat voor op grond van dit hoofdstuk ingediende verzoeken betreffende onderhoudsverplichtingen die voortvloeien uit een ouder-kindrelatie jegens een kind, gunstiger is dan die welke wordt vastgesteld in overeenstemming met het eerste tot en met derde lid, dient de gunstigste rechtsbijstand te worden verleend.

Art. 17 Niet onder artikel 15 of artikel 16 vallende verzoeken

Voor de verzoeken op grond van dit Verdrag die niet onder artikel 15 of artikel 16 vallen:

a. kan de verlening van kosteloze rechtsbijstand afhankelijk worden gesteld van een draagkrachttoets of een onderzoek naar de gegrondheid van het verzoek;

b. een verzoeker die in de staat van herkomst kosteloze rechtsbijstand heeft genoten, heeft in alle erkenning- of tenuitvoerleggingsprocedures recht op kosteloze rechtsbijstand in ten minste dezelfde mate als vastgesteld in het recht van de aangezochte staat in dezelfde omstandigheden.

HOOFDSTUK IV BEPERKINGEN TEN AANZIEN VAN HET INSTELLEN VAN PROCEDURES

Art. 18 Beperking ten aanzien van procedures

1. Indien een beslissing is gegeven in een verdragsluitende staat waar de onderhoudsgerechtigde zijn gewone verblijfplaats heeft, kan de onderhoudsplichtige in een andere verdragsluitende staat geen procedure instellen tot wijziging van de beslissing of tot het geven van een nieuwe beslissing zolang de onderhoudsgerechtigde zijn gewone verblijfplaats heeft in de staat waar de beslissing is gegeven.

2. Het eerste lid is niet van toepassing indien:

a. de partijen schriftelijk overeenstemming hebben bereikt over de bevoegdheid van die andere verdragsluitende staat, evenwel met uitzondering van geschillen inzake onderhoudsverplichtingen jegens kinderen;

b. de onderhoudsgerechtigde zich onderwerpt aan de bevoegdheid van die andere verdragsluitende staat, hetzij uitdrukkelijk hetzij door zich ten gronde te verweren zonder zich bij de eerste gelegenheid te verzetten tegen die bevoegdheid;

c. de bevoegde autoriteit in de staat van herkomst haar bevoegdheid tot wijziging van de beslissing of tot het geven van een nieuwe beslissing niet kan uitoefenen of weigert deze uit te oefenen; of

d. de in de staat van herkomst gegeven beslissing niet kan worden erkend of niet uitvoerbaar kan worden verklaard in de verdragsluitende staat waar procedures tot wijziging van de beslissing of tot het geven van een nieuwe beslissing worden overwogen.

HOOFDSTUK V ERKENNING EN TENUITVOERLEGGING

Art. 19 Toepassingsgebied van het hoofdstuk

1. Dit hoofdstuk is van toepassing op beslissingen met betrekking tot onderhoudsverplichtingen die zijn gegeven door gerechtelijke of administratieve autoriteiten. Onder de term „beslissing" wordt mede verstaan een schikking of overeenkomst gesloten ten overstaan van of goedgekeurd door een dergelijke autoriteit. Een beslissing kan automatische indexering omvatten en de verplichting achterstallige bedragen, levensonderhoud met terugwerkende kracht of interest te betalen, alsook de vaststelling van kosten of uitgaven.

2. Indien een beslissing niet alleen betrekking heeft op een onderhoudsverplichting, beperkt de werking van dit hoofdstuk zich tot de delen van de beslissing die betrekking hebben op onderhoudsverplichtingen.

3. Voor de toepassing van het eerste lid wordt verstaan onder „administratieve autoriteit" een overheidslichaam waarvan de beslissingen krachtens het recht van de staat waar het is gevestigd:

a. onderworpen kunnen worden aan een beroep bij of toetsing door een gerechtelijke autoriteit; en

b. dezelfde kracht en uitwerking hebben als een beslissing van een gerechtelijke autoriteit over dezelfde aangelegenheid.

4. Dit hoofdstuk is eveneens van toepassing op regelingen inzake levensonderhoud in overeenstemming met artikel 30.

5. De bepalingen van dit hoofdstuk zijn van toepassing op verzoeken om erkenning en tenuitvoerlegging die in overeenstemming met artikel 37 rechtstreeks worden gedaan aan een bevoegde autoriteit van de aangezochte staat.

Art. 20 Gronden voor erkenning en tenuitvoerlegging

1. Een beslissing gegeven in een verdragsluitende staat („de staat van herkomst") wordt in de andere verdragsluitende staten erkend en ten uitvoer gelegd indien:

a. de verweerder zijn gewone verblijfplaats had in de staat van herkomst op het tijdstip waarop de procedure werd ingesteld;

b. de verweerder zich heeft onderworpen aan de bevoegdheid, hetzij uitdrukkelijk hetzij door zich ten gronde te verweren zonder zich bij de eerste gelegenheid te verzetten tegen de bevoegdheid;

c. de onderhoudsgerechtigde zijn gewone verblijfplaats had in de staat van herkomst op het tijdstip waarop de procedure werd ingesteld;

d. het kind voor wie levensonderhoud is toegekend zijn gewone verblijfplaats had in de staat van herkomst op het tijdstip waarop de procedure werd ingesteld, mits de verweerder met het kind in die staat heeft gewoond of in die staat heeft verbleven en aldaar voorzag in het levensonderhoud van het kind;

e. de partijen schriftelijk overeenstemming hebben bereikt over de bevoegdheid, met uitzondering van geschillen inzake onderhoudsverplichtingen jegens kinderen; of

f. de beslissing is gegeven door een autoriteit die bevoegd is inzake een kwestie van de persoonlijke staat of van ouderlijke verantwoordelijkheid, tenzij deze bevoegdheid alleen was gebaseerd op de nationaliteit van een van de partijen.

2. Een verdragsluitende staat kan in overeenstemming met artikel 62 ten aanzien van het eerste lid, onderdeel c), e) of f), een voorbehoud maken.

3. Een verdragsluitende staat die een voorbehoud maakt krachtens het tweede lid zorgt voor de erkenning en tenuitvoerlegging van een beslissing, indien zijn autoriteiten krachtens zijn recht in soortgelijke feitelijke omstandigheden bevoegd zijn of zouden zijn om een dergelijke beslissing te geven.

4. Indien erkenning van een beslissing onmogelijk is ten gevolge van een voorbehoud krachtens het tweede lid, en de onderhoudsplichtige zijn gewone verblijfplaats in een verdragsluitende staat heeft, neemt deze staat alle passende maatregelen teneinde ten behoeve van de onderhoudsgerechtigde een beslissing vast te stellen. De voorgaande volzin is niet van toepassing op rechtstreekse verzoeken om erkenning en tenuitvoerlegging krachtens artikel 19, vijfde lid, en evenmin op de in artikel 2, eerste lid, onderdeel b), bedoelde vorderingen tot levensonderhoud.

5. Beslissingen ten gunste van een kind jonger dan 18 jaar die niet kunnen worden erkend alleen vanwege een voorbehoud ten aanzien van het eerste lid, onderdeel c), e) of f), worden aanvaard als vaststelling dat het kind in aanmerking komt voor levensonderhoud in de aangezochte staat.

6. Een beslissing wordt alleen erkend wanneer zij in de staat van herkomst effect sorteert, en wordt alleen ten uitvoer gelegd wanneer zij in de staat van herkomst voor tenuitvoerlegging vatbaar is.

Art. 21 Deelbaarheid en gedeeltelijke erkenning en tenuitvoerlegging

1. Indien de aangezochte staat een beslissing niet volledig kan erkennen of ten uitvoer leggen, gaat hij over tot erkenning of tenuitvoerlegging van de delen van de beslissing die wel kunnen worden erkend of ten uitvoer gelegd.

2. Te allen tijde kan worden verzocht om gedeeltelijke erkenning of tenuitvoerlegging van een beslissing.

Art. 22 Gronden voor weigering van erkenning en tenuitvoerlegging

Erkenning en tenuitvoerlegging van een beslissing kunnen worden geweigerd indien:

a. erkenning en tenuitvoerlegging van de beslissing kennelijk onverenigbaar zijn met de openbare orde („ordre public") van de aangezochte staat;

b. de beslissing is verkregen door middel van bedrog begaan in de procedure;

c. een procedure tussen dezelfde partijen en met hetzelfde doel aanhangig is bij een autoriteit van de aangezochte staat en deze procedure als eerste aanhangig is gemaakt;

d. de beslissing onverenigbaar is met een beslissing die tussen dezelfde partijen met hetzelfde doel is gegeven hetzij in de aangezochte staat hetzij in een andere staat, mits de laatstbedoelde beslissing voldoet aan de vereisten voor erkenning en tenuitvoerlegging in de aangezochte staat;

e. in een zaak waarin de verweerder niet is verschenen en niet werd vertegenwoordigd in procedures in de staat van herkomst:

i. indien het recht van de staat van herkomst voorziet in inkennisstelling van procedures en de verweerder niet naar behoren in kennis is gesteld en niet in de gelegenheid is gesteld te worden gehoord; of

ii. indien het recht van de staat van herkomst niet voorziet in een inkennisstelling van procedures en de verweerder niet naar behoren in kennis is gesteld van de beslissing en niet de mogelijkheid heeft gehad om daartegen bezwaar aan te tekenen of ertegen beroep in te stellen op grond van de feiten of het recht; of

f. de beslissing is gegeven in strijd met artikel 18.

Art. 23 Procedure voor verzoeken om erkenning en tenuitvoerlegging

1. Onder voorbehoud van de bepalingen van het Verdrag is het recht van de aangezochte staat van toepassing op erkennings- en tenuitvoerleggingsprocedures.

2. Indien een verzoek om erkenning en tenuitvoerlegging van een beslissing via de centrale autoriteiten in overeenstemming met hoofdstuk III is gedaan, zal de aangezochte centrale autoriteit onverwijld:

a. het verzoek doorzenden naar de bevoegde autoriteit die de beslissing onverwijld uitvoerbaar verklaart of voor tenuitvoerlegging registreert; of
b. deze maatregelen zelf nemen, indien zij zelf de bevoegde autoriteit is.

3. Indien het verzoek rechtstreeks aan een bevoegde autoriteit in de aangezochte staat is gericht in overeenstemming met artikel 19, vijfde lid, verklaart deze autoriteit de beslissing onverwijld uitvoerbaar of registreert zij de beslissing voor tenuitvoerlegging.

4. Een verklaring of registratie kan alleen worden geweigerd op de in artikel 22, onderdeel a), vermelde grond. In dit stadium kan noch de verzoeker noch de verweerder bezwaar aantekenen.

5. De verzoeker en de verweerder worden onverwijld in kennis gesteld van de verklaring of registratie op grond van het tweede en derde lid, of de weigering daarvan in overeenstemming met het vierde lid, en kunnen daartegen bezwaar aantekenen of beroep instellen op feitelijke of rechtsgronden.

6. Bezwaar of beroep dient binnen 30 dagen na de kennisgeving krachtens het vijfde lid te worden aangetekend. Indien de partij die bezwaar of beroep aantekent niet in de verdragsluitende staat verblijft waar de verklaring of registratie is gedaan of is geweigerd, dient het bezwaar of beroep binnen 60 dagen na de kennisgeving te worden aangetekend.

7. Een bezwaar of beroep kan alleen worden gebaseerd op:
a. de in artikel 22 vermelde gronden voor het weigeren van erkenning en tenuitvoerlegging;
b. de gronden voor erkenning en tenuitvoerlegging in de zin van van artikel 20;
c. de authenticiteit of integriteit van een in overeenstemming met artikel 25, eerste lid, onderdeel a), b), of d), of derde lid, onderdeel b), verzonden stuk.

8. Een bezwaar of beroep van een verweerder kan ook worden gebaseerd op voldoening van de schuld indien de erkenning en tenuitvoerlegging betrekking hebben op vervallen termijnen van betalingen.

9. De verzoeker en verweerder worden onverwijld in kennis gesteld van de beslissing op het bezwaar of beroep.

10. Behalve in buitengewone omstandigheden heeft een hoger beroep, indien wettelijk toegestaan in de aangezochte staat, niet tot gevolg dat de tenuitvoerlegging van de beslissing wordt opgeschort.

11. De bevoegde autoriteit treedt voortvarend op bij het geven van beslissingen inzake erkenning en tenuitvoerlegging, met inbegrip van beroep.

Art. 24 Alternatieve procedure voor een verzoek om erkenning en tenuitvoerlegging

1. In afwijking van artikel 23, tweede tot en met elfde lid, kan een staat in overeenstemming met artikel 63 verklaren de in dit artikel vastgestelde procedure voor erkenning en tenuitvoerlegging toe te passen.

2. Indien een verzoek om erkenning en tenuitvoerlegging van een beslissing via de centrale autoriteiten in overeenstemming met hoofdstuk III is gedaan, dient de aangezochte centrale autoriteit onverwijld:
a. het verzoek door te zenden naar de bevoegde autoriteit die beslist over het verzoek om erkenning en tenuitvoerlegging; of
b. deze beslissing zelf te nemen, indien zij zelf de bevoegde autoriteit is.

3. Beslissingen inzake erkenning en tenuitvoerlegging worden door de bevoegde autoriteit gegeven zodra de verweerder naar behoren en onverwijld in kennis is gesteld van de procedure en beide partijen voldoende in de gelegenheid zijn gesteld te worden gehoord.

4. De bevoegde autoriteit kan de in artikel 22, onderdeel a), c) en d), bedoelde gronden voor het weigeren van erkenning en tenuitvoerlegging ambtshalve toetsen. Zij kan de in de artikelen 20, 22, en 23, zevende lid, onderdeel c), bedoelde gronden toetsen indien de verweerder deze aanvoert of indien er, op basis van de in overeenstemming met artikel 25 ingediende stukken, twijfel bestaat omtrent deze gronden.

5. Weigering van erkenning en tenuitvoerlegging kan ook worden gebaseerd op voldoening van de schuld indien de erkenning en tenuitvoerlegging betrekking hebben op vervallen termijnen van betalingen.

6. Behalve in buitengewone omstandigheden heeft beroep, indien wettelijk toegestaan in de aangezochte staat, niet tot gevolg dat de tenuitvoerlegging van de beslissing wordt opgeschort.

7. De bevoegde autoriteit treedt voortvarend op bij het geven van beslissingen inzake erkenning en tenuitvoerlegging, met inbegrip van beroep.

Art. 25 Stukken

1. Verzoeken om erkenning en tenuitvoerlegging op grond van artikel 23 of artikel 24 gaan vergezeld van:
a. de volledige tekst van de beslissing;
b. een stuk waarin wordt verklaard dat de beslissing uitvoerbaar is in de staat van herkomst en, in het geval van beslissingen door administratieve autoriteiten, een stuk waarin wordt verklaard dat aan de vereisten van artikel 19, derde lid, is voldaan, tenzij die staat in overeenstem-

ming met artikel 57 heeft aangegeven dat beslissingen van zijn administratieve autoriteiten altijd voldoen aan die vereisten;

c. indien de verweerder niet was verschenen en niet was vertegenwoordigd in de procedure in de staat van herkomst, een stuk of stukken, naargelang het geval, waarin wordt bevestigd dat de verweerder naar behoren in kennis is gesteld van de procedure en in de gelegenheid is gesteld te worden gehoord of dat de verweerder naar behoren in kennis is gesteld van de beslissing en in de gelegenheid is gesteld bezwaar of beroep aan te tekenen op feitelijke of rechtsgronden;

d. indien noodzakelijk, een stuk met het bedrag aan achterstallige betalingen en de datum waarop dat bedrag is berekend;

e. indien noodzakelijk, in het geval van een beslissing die in een automatische indexering voorziet, een stuk met de vereiste inlichtingen voor het maken van de desbetreffende berekeningen;

f. indien noodzakelijk stukken waaruit blijkt in welke mate de verzoeker kosteloze rechtsbijstand heeft ontvangen in de staat van herkomst.

2. Bij bezwaar of beroep ingevolge artikel 23, zevende lid, onderdeel c), of op verzoek van de bevoegde autoriteit van de aangezochte staat, wordt een volledig afschrift van het desbetreffende stuk, gewaarmerkt door de bevoegde autoriteit van de staat van herkomst, onverwijld verstrekt:

a. door de centrale autoriteit van de verzoekende staat waar het verzoek is gedaan in overeenstemming met hoofdstuk III;

b. door de verzoeker indien het verzoek rechtstreeks aan een bevoegde autoriteit van de aangezochte staat is gedaan.

3. Een verdragsluitende staat kan in overeenstemming met artikel 57 bepalen dat:

a. een volledig afschrift van de beslissing, gewaarmerkt door de bevoegde autoriteit van de staat van herkomst, het verzoek moet vergezellen;

b. er omstandigheden zijn waarin hij in plaats van de volledige tekst van de beslissing een samenvatting of uittreksel van de beslissing opgesteld door de bevoegde autoriteit van de staat van herkomst aanvaardt, die of dat kan worden opgesteld met behulp van het door de Haagse Conferentie voor Internationaal Privaatrecht aanbevolen en bekendgemaakte formulier; of

c. hij geen stuk vereist waarin wordt verklaard dat is voldaan aan de vereisten van artikel 19, derde lid.

Art. 26 Procedure voor een verzoek om erkenning

Dit hoofdstuk is van overeenkomstige toepassing op verzoeken om erkenning van een beslissing, zij het dat het vereiste van uitvoerbaarheid is vervangen door het vereiste dat de beslissing in de staat van herkomst effect sorteert.

Art. 27 Vaststelling van de feiten

De bevoegde autoriteit van de aangezochte staat is gebonden aan de vaststelling van de feiten waarop de autoriteit van de staat van herkomst haar bevoegdheid heeft gebaseerd.

Art. 28 Verbod van inhoudelijke toetsing

De bevoegde autoriteit van de aangezochte staat toetst beslissingen niet inhoudelijk.

Art. 29 Fysieke aanwezigheid van het kind of de verzoeker niet vereist

De fysieke aanwezigheid van het kind of de verzoeker is niet vereist in de op grond van dit hoofdstuk ingestelde procedures in de aangezochte staat.

Art. 30 Regelingen inzake levensonderhoud

1. Een in een verdragsluitende staat getroffen regeling inzake levensonderhoud moet in aanmerking komen voor erkenning en tenuitvoerlegging als een beslissing op grond van dit hoofdstuk, mits zij in de staat van herkomst uitvoerbaar is als een beslissing.

2. Voor de toepassing van artikel 10, eerste lid, onderdeel a) en b), en tweede lid, onderdeel a), wordt onder de term „beslissing" mede verstaan een regeling inzake levensonderhoud.

3. Verzoeken om erkenning en tenuitvoerlegging van een regeling inzake levensonderhoud gaan vergezeld van:

a. de volledige tekst van de regeling inzake levensonderhoud; en

b. een stuk waarin wordt verklaard dat de desbetreffende regeling inzake levensonderhoud in de staat van herkomst uitvoerbaar is als een beslissing.

4. Erkenning en tenuitvoerlegging van een regeling inzake levensonderhoud kan worden geweigerd indien:

a. de erkenning en tenuitvoerlegging kennelijk onverenigbaar zijn met de openbare orde van de aangezochte staat;

b. de regeling inzake levensonderhoud is verkregen door fraude of vervalsing;

c. de regeling inzake levensonderhoud onverenigbaar is met een beslissing die tussen dezelfde partijen en met hetzelfde doel is gegeven, hetzij in de aangezochte staat hetzij in een andere staat, mits de laatstbedoelde beslissing voldoet aan de vereisten voor erkenning en tenuitvoerlegging in de aangezochte staat.

5. De bepalingen van dit hoofdstuk, met uitzondering van de artikelen 20, 22, 23, zevende lid, en artikel 25, eerste en derde lid, zijn van overeenkomstige toepassing op de erkenning en tenuitvoerlegging van een regeling inzake levensonderhoud, met dien verstande dat:

a. een verklaring of registratie in overeenstemming met artikel 23, tweede en derde lid, alleen kan worden geweigerd op de in het vierde lid, onderdeel a), vermelde grond;
b. een in artikel 23, zesde lid, bedoeld bezwaar of beroep alleen kan worden gebaseerd op:
i. de in het vierde lid vermelde gronden voor het weigeren van erkenning en tenuitvoerlegging;
ii. de authenticiteit of integriteit van een in overeenstemming met het derde lid verzonden stuk;
c. de bevoegde autoriteit kan met betrekking tot de procedure op grond van artikel 24, vierde lid, de in het vierde lid, onderdeel a), van dit artikel bedoelde grond voor het weigeren van erkenning en tenuitvoerlegging ambtshalve toetsen. Zij kan alle in het vierde lid van dit artikel vermelde gronden toetsen alsook de authenticiteit of integriteit van elk in overeenstemming met het derde lid verzonden stuk, indien de verweerder daarom verzoekt of indien er, op basis van die stukken, twijfel bestaat omtrent deze gronden.
6. Procedures tot erkenning en tenuitvoerlegging van een regeling inzake levensonderhoud worden opgeschort indien een bezwaar betreffende de regeling aanhangig is bij een bevoegde autoriteit van een verdragsluitende staat.
7. Een staat kan in overeenstemming met artikel 63 verklaren dat verzoeken om erkenning en tenuitvoerlegging van een regeling inzake levensonderhoud alleen via centrale autoriteiten mogen worden gedaan.
8. Een verdragsluitende staat kan zich in overeenstemming met artikel 62 het recht voorbehouden een regeling inzake levensonderhoud niet te erkennen en niet ten uitvoer te leggen.

Art. 31 Beslissingen die tot stand komen door het gecombineerde effect van voorlopige bevelen en bevelen tot bevestiging

Indien een beslissing tot stand komt door het gecombineerde effect van een voorlopig bevel in de ene staat en van een bevel van een autoriteit in een andere staat („de bevestigende staat") waarmee het voorlopige bevel wordt bevestigd:
a. worden voor de toepassing van dit hoofdstuk beide staten beschouwd als staat van herkomst;
b. wordt voldaan aan de vereisten van artikel 22, onderdeel e), indien de verweerder naar behoren in kennis is gesteld van de procedure in de bevestigende staat en in de gelegenheid is gesteld bezwaar aan te tekenen tegen de bevestiging van het voorlopige bevel;
c. wordt aan het vereiste van artikel 20, zesde lid, dat een beslissing uitvoerbaar moet zijn in de staat van herkomst voldaan indien de beslissing uitvoerbaar is in de bevestigende staat; en
d. belet artikel 18 niet dat een procedure tot wijziging van de beslissing wordt ingesteld in een van beide staten.

HOOFDSTUK VI TENUITVOERLEGGING DOOR DE AANGEZOCHTE STAAT

Art. 32 Tenuitvoerlegging krachtens het nationale recht
1. Met inachtneming van de bepalingen van dit hoofdstuk geschiedt tenuitvoerlegging in overeenstemming met het recht van de aangezochte staat.
2. Tenuitvoerlegging geschiedt onverwijld.
3. In het geval van verzoeken via de centrale autoriteiten, indien een beslissing uitvoerbaar is verklaard of geregistreerd voor tenuitvoerlegging op grond van hoofdstuk V, geschiedt tenuitvoerlegging zonder dat verdere stappen door de verzoeker zijn vereist.
4. Gevolg wordt gegeven aan de in de staat van herkomst toepasselijke voorschriften betreffende de duur van de onderhoudsverplichting.
5. Elke beperking van de termijn waarvoor achterstallige bedragen ten uitvoer kunnen worden gelegd, wordt bepaald op grond van het recht van de staat van herkomst van de beslissing of op grond van het recht van de aangezochte staat, al naargelang welk recht voorziet in de langste termijn.

Art. 33 Non-discriminatie
De aangezochte staat voorziet in ten minste dezelfde methoden voor tenuitvoerlegging voor zaken uit hoofde van dit Verdrag als die welke beschikbaar zijn voor nationale zaken.

Art. 34 Tenuitvoerleggingsmaatregelen
1. De verdragsluitende staten stellen in hun nationale recht effectieve maatregelen beschikbaar voor de uitvoerlegging van beslissingen waarop dit Verdrag van toepassing is.
2. Deze maatregelen kunnen omvatten:
a. inhouding van loon;
b. beslaglegging op bankrekeningen en andere bronnen;
c. inhoudingen van socialezekerheidsuitkeringen;
d. verpanding of gedwongen verkoop van bezittingen;
e. inhouding van belastingteruggaven;
f. inhouding van of beslaglegging op pensioenuitkeringen;
g. melding aan kredietinformatiebureaus;
h. ontzegging, opschorting of intrekking van diverse vergunningen (bijvoorbeeld rijbewijzen);

i. toepassing van bemiddeling, verzoening of soortgelijke processen om vrijwillige nakoming te bewerkstelligen.

Art. 35 Overmaking van gelden

1. De verdragsluitende staten worden aangemoedigd het gebruik te stimuleren, onder meer met behulp van internationale overeenkomsten, van de meest kosteneffectieve en de meest efficiënte methoden die beschikbaar zijn voor het overmaken van verschuldigde levensonderhoudsgelden.

2. Een verdragsluitende staat waarvan het recht de overmaking van gelden beperkt, verleent de hoogste prioriteit aan de overmaking van krachtens dit Verdrag verschuldigde gelden.

HOOFDSTUK VII OVERHEIDSLICHAMEN

Art. 36 Overheidslichamen in de hoedanigheid van verzoeker

1. Ten behoeve van verzoeken om erkenning en tenuitvoerlegging krachtens artikel 10, eerste lid, onderdeel a) en b), en van onder artikel 20, vierde lid, vallende zaken, wordt onder „onderhoudsgerechtigde" tevens verstaan een overheidslichaam dat optreedt in plaats van een persoon aan wie levensonderhoud is verschuldigd of een lichaam waaraan terugbetaling is verschuldigd van uitkeringen die bij wijze van levensonderhoud zijn verstrekt.

2. Het recht van een overheidslichaam om op te treden in plaats van een persoon aan wie levensonderhoud is verschuldigd of om terugbetaling te vragen van uitkeringen die bij wijze van levensonderhoud aan de onderhoudsgerechtigde zijn verstrekt, wordt beheerst door het recht dat op het orgaan van toepassing is.

3. Een overheidslichaam kan de erkenning of de tenuitvoerlegging vragen van:

a. een beslissing die tegen een onderhoudsplichtige is gegeven op verzoek van een overheidslichaam dat betaling vordert van bij wijze van levensonderhoud verstrekte uitkeringen;

b. een tussen een onderhoudsgerechtigde en een onderhoudsplichtige gegeven beslissing, ten belope van de bij wijze van levensonderhoud aan de onderhoudsgerechtigde verstrekte uitkeringen.

4. Het overheidslichaam dat om erkenning verzoekt of tenuitvoerlegging vordert van een beslissing, verstrekt op verzoek elk stuk aan de hand waarvan zijn recht uit hoofde van het tweede lid en de aan de onderhoudsgerechtigde verstrekte uitkeringen, kan worden vastgesteld.

HOOFDSTUK VIII ALGEMENE BEPALINGEN

Art. 37 Rechtstreekse verzoeken aan bevoegde autoriteiten

1. Het Verdrag sluit de mogelijkheid niet uit dat gebruik wordt gemaakt van eventueel krachtens het nationale recht van een verdragsluitende staat beschikbare procedures waarbij een persoon (een verzoeker) zich rechtstreeks kan wenden tot een bevoegde autoriteit van die staat betreffende een aangelegenheid waarop het Verdrag van toepassing is, waaronder, met inachtneming van artikel 18, de vaststelling of wijziging van een beslissing inzake levensonderhoud.

2. Artikel 14, vijfde lid, en artikel 17, onderdeel b), en de bepalingen van de hoofdstukken V, VI, VII en dit hoofdstuk, met uitzondering van artikel 40, tweede lid, artikel 42, artikel 43, derde lid, artikel 44, derde lid, en de artikelen 45 en 55, zijn van toepassing op verzoeken om erkenning en tenuitvoerlegging die rechtstreeks worden ingediend bij een bevoegde autoriteit van een verdragsluitende staat.

3. Voor de toepassing van het tweede lid, is artikel 2, eerste lid, onderdeel a), van toepassing op een beslissing tot toekenning van levensonderhoud aan een kwetsbare persoon ouder dan de in dat onderdeel vermelde leeftijd, indien deze beslissing is gegeven voordat de persoon die leeftijd had bereikt en indien zij, gelet op de aantasting van zijn vermogens, voorziet in levensonderhoud boven die leeftijd.

Art. 38 Bescherming van persoonsgegevens

Persoonsgegevens die in het kader van het Verdrag zijn verzameld of verzonden mogen slechts worden gebruikt voor de doeleinden waarvoor zij zijn verzameld of verzonden.

Art. 39 Vertrouwelijkheid

Elke autoriteit die gegevens verwerkt, waarborgt de vertrouwelijkheid daarvan in overeenstemming met het recht van haar staat.

Art. 40 Niet-bekendmaking van informatie

1. Autoriteiten maken geen informatie die voor de toepassing van dit Verdrag is verzameld of verzonden, bekend noch bevestigen zij deze, indien zij vaststellen dat zulks ten koste zou kunnen gaan van de gezondheid, veiligheid of vrijheid van een persoon.

2. Indien een centrale autoriteit tot een dergelijke vaststelling komt, wordt daar door andere centrale autoriteiten rekening mee gehouden, met name in het geval van huiselijk geweld.

3. Niets in dit artikel belet de verzameling en verzending van informatie door en tussen autoriteiten, voor zover zulks noodzakelijk is voor het nakomen van de verplichtingen uit hoofde van het Verdrag.

Art. 41 Geen legalisatie

Legalisatie of soortgelijke formaliteiten worden niet vereist in het kader van dit Verdrag.

Art. 42 Volmacht

De centrale autoriteit van de aangezochte staat kan van de verzoeker alleen een volmacht eisen indien zij namens hem in gerechtelijke procedures of ten overstaan van andere autoriteiten optreedt, of teneinde daartoe een vertegenwoordiger aan te wijzen.

Art. 43 Inning van kosten

1. De inning van kosten ontstaan bij de toepassing van dit Verdrag krijgt geen voorrang boven de inning van levensonderhoud.

2. Staten kunnen kosten verhalen op in het ongelijk gestelde partijen.

3. Ten behoeve van een verzoek krachtens artikel 10, eerste lid, onderdeel b), wordt om kosten te verhalen op een in het ongelijk gestelde partij in overeenstemming met het tweede lid, onder de term „onderhoudsgerechtigde" in artikel 10, eerste lid, mede verstaan een staat.

4. Dit artikel laat artikel 8 onverlet.

Art. 44 Taalvoorschriften

1. Verzoeken en bijbehorende stukken worden opgesteld in de oorspronkelijke taal en gaan vergezeld van een vertaling in een officiële taal van de aangezochte staat of in een andere taal die de aangezochte staat in een verklaring in overeenstemming met artikel 63 heeft aangegeven te aanvaarden, tenzij de bevoegde autoriteit van die staat vrijstelling verleent van vertaling.

2. Een verdragsluitende staat met meerdere officiële talen die op grond van zijn nationale recht stukken in een van die talen niet voor zijn gehele grondgebied kan aanvaarden, vermeldt in een verklaring in overeenstemming met artikel 63 de taal waarin dergelijke stukken of vertalingen daarvan dienen te worden opgesteld voor indiening in de omschreven delen van zijn grondgebied.

3. Tenzij anders is overeengekomen door de centrale autoriteiten geschieden overige mededelingen tussen deze autoriteiten in een officiële taal van de aangezochte staat of in de Engelse of de Franse taal. Een verdragsluitende staat kan echter, door het maken van een voorbehoud in de zin van artikel 62, bezwaar maken tegen het gebruik van hetzij de Engelse, hetzij de Franse taal.

Art. 45 Middelen en kosten van vertalingen

1. In het geval van verzoeken in de zin van hoofdstuk III, kunnen de centrale autoriteiten in afzonderlijke gevallen of in het algemeen overeenkomen dat vertalingen uit de oorspronkelijke taal of uit een andere overeengekomen taal in een officiële taal van de aangezochte staat worden gemaakt in de aangezochte staat. Indien er geen overeenstemming is en het voor de verzoekende centrale autoriteit niet mogelijk is te voldoen aan de vereisten van artikel 44, eerste en tweede lid, mogen het verzoek en de bijbehorende stukken samen met een vertaling in de Engelse of de Franse taal worden verzonden voor verdere vertaling in een officiële taal van de aangezochte staat.

2. Tenzij anders is overeengekomen door de centrale autoriteiten van de betrokken staten, worden de kosten van vertaling die voortvloeien uit de toepassing van het eerste lid gedragen door de verzoekende staat.

3. In afwijking van artikel 8 kan de verzoekende centrale autoriteit een verzoeker de kosten van de vertaling van een verzoek en van de bijbehorende stukken in rekening brengen, tenzij deze kosten vallen onder haar stelsel van rechtsbijstand.

Art. 46 Niet-geünificeerde rechtsstelsels – uitLegging

1. Ten aanzien van een staat die met betrekking tot bij dit Verdrag geregelde aangelegenheden twee of meer rechtsstelsels of juridische regelingen heeft die binnen verschillende territoriale eenheden van toepassing zijn:

a. wordt elke verwijzing naar het recht of de procedure van een staat in voorkomend geval uitgelegd als een verwijzing naar het in de desbetreffende territoriale eenheid geldende recht of de daar geldende procedure;

b. wordt elke verwijzing naar een beslissing gegeven, erkend, erkend en ten uitvoer gelegd of ten uitvoer gelegd en gewijzigd in die staat in voorkomend geval uitgelegd als een verwijzing naar een in de desbetreffende territoriale eenheid gegeven, erkende, erkende en ten uitvoer gelegde of ten uitvoer gelegde en gewijzigde beslissing;

c. wordt elke verwijzing naar een gerechtelijke of administratieve autoriteit in die staat in voorkomend geval uitgelegd als een verwijzing naar een gerechtelijke of administratieve autoriteit in de desbetreffende territoriale eenheid;

d. wordt elke verwijzing naar bevoegde autoriteiten, overheidslichamen en andere lichamen van die staat, anders dan de centrale autoriteiten, in voorkomend geval uitgelegd als een verwijzing naar autoriteiten of lichamen die bevoegd zijn op te treden in de desbetreffende territoriale eenheid;

e. wordt elke verwijzing naar woonplaats of gewone verblijfplaats in die staat in voorkomend geval uitgelegd als een verwijzing naar een woonplaats of gewone verblijfplaats in de desbetreffende territoriale eenheid;

f. wordt elke verwijzing naar een locatie van vermogensbestanddelen in die staat in voorkomend geval uitgelegd als een verwijzing naar een locatie van vermogensbestanddelen in de desbetreffende territoriale eenheid;

g. wordt elke verwijzing naar een wederkerige regeling die in die staat van kracht is in voorkomend geval uitgelegd als een verwijzing naar een wederkerige regeling in de desbetreffende territoriale eenheid;

h. wordt elke verwijzing naar kosteloze rechtsbijstand in die staat in voorkomend geval uitgelegd als een verwijzing naar kosteloze rechtsbijstand in de desbetreffende territoriale eenheid;

i. wordt elke verwijzing naar een regeling inzake levensonderhoud getroffen in een staat in voorkomend geval uitgelegd als een verwijzing naar een regeling inzake levensonderhoud in de desbetreffende territoriale eenheid;

j. wordt elke verwijzing naar de inning van kosten door een staat in voorkomend geval uitgelegd als een verwijzing naar de inning van kosten door de desbetreffende territoriale eenheid.

2. Dit artikel is niet van toepassing op regionale organisaties voor economische integratie.

Art. 47 Niet-geünificeerde rechtsstelsels - materiële regels

1. Een verdragsluitende staat met twee of meer territoriale eenheden waarin verschillende rechtsstelsels gelden, is niet gehouden dit Verdrag toe te passen op situaties waarbij alleen die verschillende territoriale eenheden zijn betrokken.

2. Een bevoegde autoriteit in een territoriale eenheid van een verdragsluitende staat met twee of meer territoriale eenheden waarin verschillende rechtsstelsels gelden, is niet gehouden een beslissing van een andere verdragsluitende staat te erkennen of ten uitvoer te leggen alleen omdat de beslissing uit hoofde van dit Verdrag in een andere territoriale eenheid van dezelfde verdragsluitende staat is erkend of ten uitvoer is gelegd.

3. Dit artikel is niet van toepassing op regionale organisaties voor economische integratie.

Art. 48 Samenloop met eerdere Haagse verdragen inzake levensonderhoud

In de betrekkingen tussen de verdragsluitende staten vervangt dit Verdrag, met inachtneming van artikel 56, tweede lid, het Haags Verdrag van *2 oktober 1973 inzake de erkenning en de tenuitvoerlegging van beslissingen over onderhoudsverplichtingen* en het Haags Verdrag van *15 april 1958 nopens de erkenning en de tenuitvoerlegging van beslissingen over onderhoudsverplichtingen jegens kinderen*, voor zover het toepassingsgebied daarvan tussen deze staten samenvalt met het toepassingsgebied van dit Verdrag.

Art. 49 Samenloop met het Verdrag van New York van 1956

In de betrekkingen tussen de verdragsluitende staten vervangt dit Verdrag het Verdrag van de Verenigde Naties inzake het verhaal in het buitenland van uitkeringen tot onderhoud van 20 juni 1956, voor zover het toepassingsgebied daarvan tussen deze staten samenvalt met het toepassingsgebied van dit Verdrag.

Art. 50 Relatie tot eerdere Haagse verdragen inzake de betekening en de kennisgeving van stukken en de verkrijging van bewijs

Dit Verdrag laat onverlet het Verdrag van 's-Gravenhage van 1 maart 1954 betreffende de burgerlijke rechtsvordering, het Verdrag van 's-Gravenhage van 15 november 1965 inzake de betekening en de kennisgeving in het buitenland van gerechtelijke en buitengerechtelijke stukken in burgerlijke en in handelszaken, en het Verdrag van 's-Gravenhage 18 maart 1970 inzake de verkrijging van bewijs in het buitenland in burgerlijke en in handelszaken.

Art. 51 Samenloop met instrumenten en aanvullende verdragen

1. Dit Verdrag laat onverlet alle vóór dit Verdrag gesloten internationale instrumenten waarbij de verdragsluitende partijen partij zijn en die bepalingen bevatten die van toepassing zijn op in dit Verdrag geregelde aangelegenheden.

2. Elke verdragsluitende staat kan met een of meer verdragsluitende staten verdragen sluiten die bepalingen bevatten inzake in dit Verdrag geregelde aangelegenheden teneinde de toepassing van het Verdrag tussen hen te verbeteren, mits deze verdragen verenigbaar zijn met de doelstellingen van het Verdrag en de toepassing van de bepalingen van het Verdrag in de betrekkingen van deze staten met andere verdragsluitende staten onverlet laten. De staten die een dergelijk verdrag hebben gesloten, zenden een afschrift daarvan aan de depositaris van het Verdrag.

3. Het eerste en tweede lid zijn ook van toepassing op wederkerige regelingen en op eenvormige wetten die zijn gebaseerd op het bestaan van bijzondere banden tussen de betrokken staten.

4. Dit Verdrag laat de toepassing onverlet van instrumenten van een regionale organisatie voor economische integratie die partij is bij dit Verdrag, die zijn aangenomen na het sluiten van het Verdrag inzake in het Verdrag geregelde aangelegenheden, mits deze instrumenten de toepassing van de bepalingen van het Verdrag in de betrekkingen van lidstaten van de regionale organisatie voor economische integratie met andere verdragsluitende staten onverlet laten. Wat de erkenning of tenuitvoerlegging van beslissingen tussen lidstaten van de regionale organisatie voor economische integratie betreft, laat het Verdrag de regels van de regionale organisatie voor economische integratie onverlet, ongeacht of deze voor of na het sluiten van het Verdrag zijn aangenomen.

Art. 52 Meest doeltreffende regel

1. Dit Verdrag belet niet de toepassing van verdragen, regelingen of internationaal instrumenten die van kracht zijn tussen de verzoekende staat en de aangezochte staat noch van wederkerige regelingen die van kracht zijn in de aangezochte staat, die voorzien in:

a. ruimere gronden voor erkenning van beslissingen inzake levensonderhoud, onverminderd artikel 22, onderdeel f), van het Verdrag;

b. vereenvoudigde, snellere procedures voor verzoeken om erkenning of tenuitvoerlegging van beslissingen inzake levensonderhoud;

c. gunstiger rechtsbijstand dan vastgesteld in de artikelen 14 tot en met 17; of

d. procedures die verzoekers van een verzoekende staat in staat stellen hun verzoek rechtstreeks bij de centrale autoriteit van de aangezochte staat in te dienen.

2. Dit Verdrag belet niet de toepassing van een in de aangezochte staat van kracht zijnde wet die voorziet in doeltreffender voorschriften in de zin van het eerste lid, onderdeel a) tot en met c). Wat betreft vereenvoudigde, snellere procedures, zoals bedoeld in het eerste lid, onderdeel b), moeten zij evenwel verenigbaar zijn met de bescherming die partijen wordt geboden krachtens de artikelen 23 en 24, in het bijzonder wat betreft het recht van de partijen naar behoren in kennis te worden gesteld van de procedures en voldoende in de gelegenheid te worden gesteld te worden gehoord, alsmede wat betreft de gevolgen van een bezwaar of beroep.

Art. 53 Uniforme uitlegging

Bij de uitlegging van dit Verdrag dient rekening te worden gehouden met het internationale karakter ervan en met de noodzaak de uniforme toepassing ervan te bevorderen.

Art. 54 Toetsing van de werking van het Verdrag in de praktijk

1. De Secretaris-Generaal van de Haagse Conferentie voor Internationaal Privaatrecht roept op gezette tijden een bijzondere commissie bijeen teneinde de werking van het Verdrag in de praktijk te toetsen en de ontwikkeling van beproefde methoden krachtens dit Verdrag aan te moedigen.

2. Ten behoeve van deze toetsing werken de verdragsluitende staten samen met het Permanent Bureau van de Haagse Conferentie voor Internationaal Privaatrecht bij het verzamelen van informatie, met inbegrip van statistieken en jurisprudentie, betreffende de werking van het Verdrag in de praktijk.

Art. 55 Wijziging van formulieren

1. De in de bijlagen bij dit Verdrag opgenomen formulieren kunnen worden gewijzigd bij een beslissing van een bijzondere commissie bijeengeroepen door de Secretaris-Generaal van de Haagse Conferentie voor Internationaal Privaatrecht waarvoor alle verdragsluitende staten en alle leden worden uitgenodigd. Een kennisgeving van het voorstel tot wijziging van de formulieren wordt opgenomen in de agenda voor de bijeenkomst.

2. Wijzigingen aangenomen door de verdragsluitende staten die aanwezig zijn bij de bijzondere commissie worden voor alle verdragsluitende partijen van kracht op de eerste dag van de zevende kalendermaand na de datum waarop de depositaris ze aan alle verdragsluitende staten heeft toegezonden.

3. Gedurende het in het tweede lid bedoelde tijdvak kan elke verdragsluitende staat in overeenstemming met artikel 62 bij schriftelijke kennisgeving aan de depositaris een voorbehoud maken ten aanzien van de wijziging. Een staat die een dergelijk voorbehoud maakt, wordt tot het tijdstip waarop het voorbehoud wordt ingetrokken, behandeld als een staat die ter zake van die wijziging geen partij is bij dit Verdrag.

Art. 56 Overgangsbepalingen

1. Het Verdrag is van toepassing op elk geval:

a. waarin een verzoek uit hoofde van artikel 7 of een verzoek uit hoofde van hoofdstuk III wordt ontvangen door de centrale autoriteit van de aangezochte staat nadat het Verdrag in werking is getreden tussen de verzoekende staat en de aangezochte staat;

b. waarin een rechtstreeks verzoek om erkenning en tenuitvoerlegging is ontvangen door de bevoegde autoriteit van de aangezochte staat nadat het Verdrag in werking is getreden tussen de staat van herkomst en de aangezochte staat.

2. Wat betreft de erkenning en tenuitvoerlegging van beslissingen tussen verdragsluitende staten bij dit Verdrag die tevens partij zijn bij een van de in artikel 48 genoemde Haagse verdragen inzake levensonderhoud, indien de voorwaarden voor erkenning en tenuitvoerlegging in de zin van dit Verdrag de erkenning en tenuitvoerlegging van een in de staat van herkomst gegeven beslissing voordat dit Verdrag voor die staat in werking trad, beletten, die anders zou zijn erkend en ten uitvoer gelegd krachtens de bepalingen van het verdrag dat van kracht was op het tijdstip waarop de beslissing werd gegeven, zijn de voorwaarden van dat verdrag van toepassing.

3. De aangezochte staat is krachtens dit Verdrag niet gehouden een beslissing of regeling inzake levensonderhoud ten uitvoer te leggen betreffende betalingen die verschuldigd waren voordat

het Verdrag tussen de staat van herkomst en de aangezochte staat in werking is getreden, met uitzondering van onderhoudsverplichtingen die voortvloeien uit een ouder-kindrelatie jegens een persoon jonger dan 21 jaar.

Art. 57 Verstrekken van inlichtingen betreffende wetten, procedures en diensten

1. Een verdragsluitende staat verstrekt op het tijdstip van de nederlegging van zijn akte van bekrachtiging of toetreding of bij het indienen van een verklaring overeenkomstig artikel 61 van het Verdrag het Permanent Bureau van de Haagse Conferentie voor Internationaal Privaatrecht:

a. een beschrijving van zijn wetgeving en procedures betreffende onderhoudsverplichtingen;

b. een beschrijving van de maatregelen die hij zal nemen om aan de verplichtingen in de zin van artikel 6 te voldoen;

c. een beschrijving van de manier waarop hij verzoekers daadwerkelijk toegang zal verschaffen tot procedures, zoals voorgeschreven in artikel 14;

d. een beschrijving van zijn tenuitvoerleggingsvoorschriften en -procedures, met inbegrip van beperkingen ten aanzien van tenuitvoerlegging, in het bijzonder aangaande de voorschriften voor de bescherming van onderhoudsplichtigen en verjaringstermijnen;

e. nadere omschrijvingen bedoeld in artikel 25, eerste lid, onderdeel b), en derde lid.

2. De verdragsluitende staten kunnen bij het nakomen van hun verplichtingen uit hoofde van het eerste lid, gebruikmaken van een door de Haagse Conferentie voor Internationaal Privaatrecht aanbevolen en bekendgemaakt formulier voor een landprofiel (country profile form).

3. De inlichtingen worden geactualiseerd door de verdragsluitende staten.

HOOFDSTUK IX SLOTBEPALINGEN

Art. 58 Ondertekening, bekrachtiging en toetreding

1. Het Verdrag staat open voor ondertekening door de staten die lid waren van de Haagse Conferentie voor Internationaal Privaatrecht op het tijdstip van haar eenentwintigste zitting en door de overige staten die aan die zitting deelnamen.

2. Het Verdrag wordt bekrachtigd, aanvaard of goedgekeurd en de akten van bekrachtiging, aanvaarding of goedkeuring worden nedergelegd bij het Ministerie van Buitenlandse Zaken van het Koninkrijk der Nederlanden, depositaris van het Verdrag.

3. Elke andere staat of regionale organisatie voor economische integratie kan tot het Verdrag toetreden nadat het overeenkomstig artikel 60, eerste lid 1, in werking is getreden.

4. De akte van toetreding wordt nedergelegd bij de depositaris.

5. Deze toetreding heeft slechts gevolgen in de betrekkingen tussen de toetredende staat en die verdragsluitende staten die niet binnen twaalf maanden na de ontvangst van de in artikel 65 bedoelde kennisgeving bezwaar hebben gemaakt tegen de toetreding van deze staat. Een dergelijk bezwaar kan ook door een staat worden gemaakt op het tijdstip van bekrachtiging, aanvaarding of goedkeuring van het Verdrag na een toetreding. Van elk bezwaar wordt kennisgeving gedaan aan de depositaris.

Art. 59 Regionale organisaties voor economische integratie

1. Een regionale organisatie voor economische integratie die alleen uit soevereine staten is samengesteld en die bevoegd is ter zake van sommige of alle aangelegenheden die in dit Verdrag worden geregeld, kan dit Verdrag ook ondertekenen, aanvaarden, goedkeuren of hiertoe toetreden. In dat geval heeft de regionale organisatie voor economische integratie de rechten en verplichtingen van een verdragsluitende staat, voor zover de organisatie bevoegd is ter zake van de aangelegenheden waarop het Verdrag van toepassing is.

2. Op het tijdstip van ondertekening, aanvaarding, goedkeuring of toetreding stelt de regionale organisatie voor economische integratie de depositaris schriftelijk in kennis van de in dit Verdrag geregelde aangelegenheden ter zake waarvan bevoegdheid aan die organisatie door haar lidstaten is overgedragen. De organisatie stelt de depositaris onverwijld schriftelijk in kennis van wijzigingen van haar bevoegdheid als vermeld in de meest recente kennisgeving krachtens dit lid.

3. Op het tijdstip van ondertekening, aanvaarding, goedkeuring of toetreding kan een regionale organisatie voor economische integratie in overeenstemming met artikel 63 verklaren dat zij bevoegdheid uitoefent ter zake van alle aangelegenheden waarop dit Verdrag van toepassing is en dat haar lidstaten die hun bevoegdheid op dat gebied hebben overgedragen aan de regionale organisatie voor economische integratie, door dit Verdrag gebonden zullen zijn krachtens de ondertekening, aanvaarding, goedkeuring of toetreding door de organisatie.

4. Voor de inwerkingtreding van dit Verdrag wordt een door een regionale organisatie voor economische integratie nedergelegde akte niet meegeteld, tenzij de regionale organisatie voor economische integratie een verklaring aflegt in overeenstemming met het derde lid.

5. Elke verwijzing in dit Verdrag naar een „verdragsluitende staat" of naar een „staat" is in voorkomend geval eveneens van toepassing op een regionale organisatie voor economische integratie die partij is bij het Verdrag. In het geval dat een regionale organisatie voor economische integratie een verklaring in overeenstemming met het derde lid heeft afgelegd, zijn alle verwijzingen in dit Verdrag naar een „verdragsluitende staat" of een „staat" in voorkomend geval eveneens van toepassing op de desbetreffende lidstaten van de organisatie.

Art. 60 Inwerkingtreding

1. Het Verdrag treedt in werking op de eerste dag van de maand volgend op het verstrijken van drie maanden na de nederlegging van de tweede akte van bekrachtiging, aanvaarding of goedkeuring, bedoeld in artikel 58.

2. Vervolgens treedt het Verdrag in werking:

a. voor elke staat of in artikel 59, eerste lid, bedoelde regionale organisatie voor economische integratie die dit Verdrag daarna bekrachtigt, aanvaardt of goedkeurt op de eerste dag van de maand volgend op het verstrijken van drie maanden na de nederlegging van de akte van bekrachtiging, aanvaarding of goedkeuring;

b. voor elke staat of in artikel 58, derde lid, bedoelde regionale organisatie voor economische integratie op de dag na het verstrijken van de termijn gedurende welke bezwaar kan worden gemaakt overeenkomstig artikel 58, vijfde lid;

c. voor een territoriale eenheid waartoe het Verdrag in overeenstemming met artikel 61 is uitgebreid, op de eerste dag van de maand volgend op het verstrijken van drie maanden na de in dat artikel bedoelde kennisgeving.

Art. 61 Verklaringen ten aanzien van niet-geünificeerde rechtsstelsels

1. Indien een staat twee of meer territoriale eenheden heeft waarin verschillende rechtsstelsels van toepassing zijn betreffende in dit Verdrag geregelde aangelegenheden, kan hij op het tijdstip van ondertekening, bekrachtiging, aanvaarding, goedkeuring of toetreding in overeenstemming met artikel 63 verklaren dat dit Verdrag op al deze territoriale eenheden of slechts op een of meer daarvan van toepassing is en kan hij te allen tijde deze verklaring wijzigen door een nieuwe verklaring af te leggen.

2. Elke verklaring wordt de depositaris ter kennis gebracht en daarin worden uitdrukkelijk de territoriale eenheden vermeld waarop het Verdrag van toepassing is.

3. Indien een staat geen verklaring aflegt uit hoofde van dit artikel, is het Verdrag van toepassing op alle territoriale eenheden van die staat.

4. Dit artikel is niet van toepassing op regionale organisaties voor economische integratie.

Art. 62 Voorbehouden

1. Elke verdragsluitende staat kan, uiterlijk op het tijdstip van bekrachtiging, aanvaarding, goedkeuring of toetreding, of op het tijdstip waarop een verklaring bedoeld in artikel 61 wordt afgelegd, een of meer van de voorbehouden bedoeld in artikel 2, tweede lid, artikel 20, tweede lid, artikel 30, achtste lid, artikel 44, derde lid, en artikel 55, derde lid, maken. Andere voorbehouden zijn niet toegestaan.

2. Elke staat kan te allen tijde een gemaakt voorbehoud intrekken. De intrekking wordt de depositaris ter kennis gebracht.

3. Het voorbehoud houdt op kracht te zijn op de eerste dag van de derde kalendermaand na de in het tweede lid bedoelde kennisgeving.

4. Met uitzondering van het in artikel 2, tweede lid, 2, bedoelde voorbehoud hebben voorbehouden uit hoofde van dit artikel geen wederkerige gevolgen.

Art. 63 Verklaringen

1. De in artikel 2, derde lid, artikel 11, eerste lid, onderdeel g), artikel 16, eerste lid, artikel 24, eerste lid, artikel 30, zevende lid, artikel 44, eerste en tweede lid, artikel 59, derde lid, en artikel 61, eerste lid, bedoelde verklaringen mogen worden afgelegd bij de ondertekening, bekrachtiging, aanvaarding, goedkeuring of toetreding of op enig tijdstip daarna, en mogen te allen tijde worden gewijzigd of ingetrokken.

2. Verklaringen, wijzigingen en intrekkingen worden de depositaris ter kennis gebracht.

3. Een verklaring die op het tijdstip van ondertekening, bekrachtiging, aanvaarding, goedkeuring of toetreding is afgelegd, wordt gelijktijdig met de inwerkingtreding van dit Verdrag voor de betrokken staat van kracht.

4. Een op een later tijdstip afgelegde verklaring en elke wijziging of intrekking van een verklaring, worden van kracht op de eerste dag van de maand die volgt op het verstrijken van een tijdvak van drie maanden na de datum waarop de kennisgeving door de depositaris is ontvangen.

Art. 64 Opzegging

1. Een staat die partij is bij het Verdrag kan dit opzeggen door middel van een schriftelijke kennisgeving gericht aan de depositaris. De opzegging kan worden beperkt tot bepaalde territoriale eenheden van een staat met meerdere eenheden waarop dit Verdrag van toepassing is.

2. De opzegging wordt van kracht op de eerste dag van de maand volgend op het verstrijken van een termijn van twaalf maanden na de datum waarop de kennisgeving door de depositaris is ontvangen. Wanneer in de kennisgeving een langere opzegtermijn is aangegeven, wordt de opzegging van kracht na het verstrijken van deze langere termijn, na de datum waarop de kennisgeving door de depositaris is ontvangen.

Art. 65 Kennisgeving

De depositaris stelt de leden van de Haagse Conferentie voor Internationaal Privaatrecht, en andere staten en regionale organisaties voor economische integratie die in overeenstemming met de artikelen 58 en 59 hebben ondertekend, bekrachtigd, aanvaard, goedgekeurd of zijn toegetreden, in kennis van het volgende:

a. de in de artikelen 58 en 59 bedoelde ondertekeningen, bekrachtigingen, aanvaardingen en goedkeuringen;

b. de toetredingen en de bezwaren tegen toetredingen bedoeld in artikel 58, derde en vijfde lid, en in artikel 59;

c. de datum waarop het Verdrag in werking treedt in overeenstemming met artikel 60;

d. de verklaringen bedoeld in artikel 2, derde lid, artikel 11, eerste lid, onderdeel g), artikel 16, eerste lid, artikel 24, eerste lid, artikel 30, zevende lid, artikel 44, eerste en tweede lid, artikel 59, derde lid, en artikel 61, eerste lid;

e. de in artikel 51, tweede lid, bedoelde verdragen;

f. de voorbehouden bedoeld in artikel 2, tweede lid, artikel 20, tweede lid, artikel 30, achtste lid, artikel 44, derde lid, en artikel 55, derde lid, en de intrekkingen bedoeld in artikel 62, tweede lid;

g. de opzeggingen bedoeld in artikel 64.

Uitvoeringswet internationale inning levensonderhoud^1

Wet van 29 september 2011 tot uitvoering van het op 23 november 2007 te 's-Gravenhage tot stand gekomen Verdrag inzake de internationale inning van levensonderhoud voor kinderen en andere familieleden (PbEU 2011, L 192/51) en van de verordening (EG) nr. 4/2009 van de Raad van 18 december 2008 betreffende de bevoegdheid, het toepasselijke recht, de erkenning en de tenuitvoerlegging van beslissingen, en de samenwerking op het gebied van onderhoudsverplichtingen (PbEU L 7/1) (Uitvoeringswet internationale inning levensonderhoud)

Wij Beatrix, bij de gratie Gods, Koningin der Nederlanden, Prinses van Oranje-Nassau, enz. enz. enz.

Allen, die deze zullen zien of horen lezen, saluut! doen te weten:

Alzo Wij in overweging hebben genomen dat wetgeving nodig is ter uitvoering van het op 23 november 2007 te 's-Gravenhage tot stand gekomen Verdrag inzake de internationale inning van levensonderhoud voor kinderen en andere familieleden (PbEU 2011, L 192/51), van het op 23 november 2007 te 's-Gravenhage gesloten protocol inzake het recht dat van toepassing is op onderhoudsverplichtingen (PbEU 2009, L 331/17) en van de verordening (EG) nr. 4/2009 van de Raad van 18 december 2008 betreffende de bevoegdheid, het toepasselijke recht, de erkenning en de tenuitvoerlegging van beslissingen, en de samenwerking op het gebied van onderhoudsverplichtingen (PbEU L 7/1);

Zo is het, dat Wij, de Raad van State gehoord, en met gemeen overleg der Staten-Generaal, hebben goedgevonden en verstaan, gelijk Wij goedvinden en verstaan bij deze:

§ 1 Algemene bepalingen

Art. 1

In deze wet wordt verstaan onder:

a. het verdrag: het op 23 november 2007 te 's-Gravenhage tot stand gekomen Verdrag inzake de internationale inning van levensonderhoud voor kinderen en andere familieleden (PbEU 2011, L 192/51);

b. de verordening: de verordening (EG) nr. 4/2009 van de Raad van 18 december 2008 betreffende de bevoegdheid, het toepasselijke recht, de erkenning en de tenuitvoerlegging van beslissingen, en de samenwerking op het gebied van onderhoudsverplichtingen (PbEU L 7/1).

Art. 2

1. Als centrale autoriteit als bedoeld in artikel 4 van het verdrag en artikel 49 van de verordening wordt aangewezen het Landelijk Bureau Inning Onderhoudsbijdragen.

2. De centrale autoriteit is belast met de in hoofdstuk II en III van het verdrag onderscheidenlijk de in hoofdstuk VII van de verordening omschreven taken.

Art. 3

1. De centrale autoriteit treedt op verzoek van de centrale autoriteit van een verzoekende staat in en buiten rechte op ten behoeve van degene die zich met een verzoek als bedoeld in artikel 10 van het verdrag of artikel 56 van de verordening tot de centrale autoriteit van de verzoekende staat heeft gewend. De centrale autoriteit treedt eveneens in en buiten rechte op ten behoeve van de centrale autoriteit die zich met een verzoek als bedoeld in artikel 7 van het verdrag of artikel 53 van de verordening tot haar heeft gewend.

2. De centrale autoriteit behoeft, indien zij in rechte optreedt, in zaken waarbij in eerste aanleg en in hoger beroep een verzoek wordt ingediend, niet de bijstand van een advocaat.

Art. 4

Voor het optreden van de centrale autoriteit als bedoeld in artikel 3, eerste lid, wordt in verzoekprocedures, geen griffierecht geheven.

---

1 Inwerkingtredingsdatum: 26-10-2011; zoals laatstelijk gewijzigd bij: Stb. 2016, 290.

§ 2 Erkenning en tenuitvoerlegging op grond van het verdrag

Art. 5

1. Verzoeken die betrekking hebben op de erkenning en de tenuitvoerlegging van beslissingen inzake levensonderhoud op grond van het verdrag worden ingediend bij de voorzieningenrechter van de rechtbank. Ten aanzien van het verlof tot tenuitvoerlegging zijn de artikelen 985 tot en met 990 van het Wetboek van Burgerlijke rechtsvordering niet van toepassing.

2. In zaken betreffende de verzoeken, bedoeld in het eerste lid, is bevoegd de voorzieningenrechter van de rechtbank binnen wier rechtsgebied de persoon jegens wie de erkenning en tenuitvoerlegging wordt gevraagd gewone verblijfplaats heeft of de voorzieningenrechter van de rechtbank binnen wier rechtsgebied de tenuitvoerlegging plaats dient te vinden.

3. Een verzoek als bedoeld in het eerste lid wordt ingediend door de centrale autoriteit of, in geval van een verzoek waarbij de centrale autoriteit niet als verzoeker optreedt, door een advocaat of deurwaarder. In het geval van indiening door een advocaat of deurwaarder geldt het kantoor van de advocaat of deurwaarder als gekozen woonplaats van de verzoeker.

4. In afwijking van het derde lid is, in het geval van een verzoek waarbij de centrale autoriteit niet als verzoeker optreedt, de bijstand van een advocaat of deurwaarder niet vereist indien het bedrag dat de partij tegen wie de tenuitvoerlegging wordt gevraagd, moet voldoen in hoofdsom niet hoger is dan het bedrag, genoemd in artikel 93, onder a, van het Wetboek van Burgerlijke Rechtsvordering. Is het eerstbedoelde bedrag uitgedrukt in een andere munteenheid dan de euro, dan moet het worden omgerekend tegen de koers van de dag van de indiening van het verzoek om verlof tot tenuitvoerlegging. De verzoeker die zonder bijstand van een advocaat of deurwaarder een verzoek indient, dient woonplaats te kiezen binnen Nederland.

5. Een verzoek als bedoeld in het eerste lid wordt in de Nederlandse taal gesteld, onverminderd artikel 7 van de Wet gebruik Friese taal in het rechtsverkeer. De bij het verzoek horende stukken moeten in de Nederlandse taal zijn vertaald.

6. Bij ongenoegzaamheid van de bij het verzoek overgelegde documenten wordt gelegenheid tot aanvulling gegeven.

7. Inwilliging van een verzoek als bedoeld in het eerste lid geschiedt in de vorm van een eenvoudig verlof, dat op het overgelegde afschrift van de beslissing, dat door de bevoegde autoriteit is gewaarmerkt, wordt gesteld.

8. De voorzieningenrechter veroordeelt de schuldenaar in de kosten welke op de afgifte van het verlof zijn gevallen.

9. De voorzieningenrechter verklaart het verlof tot tenuitvoerlegging uitvoerbaar bij voorraad.

10. Voor de toepassing van de Wet griffierechten burgerlijke zaken wordt een verzoek als bedoeld in het eerste lid geacht geen eis tot betaling van een bepaalde geldsom te zijn.

Art. 6

1. De rechtbank waarvan de voorzieningenrechter op een verzoek als bedoeld in artikel 5, eerste lid, heeft beschikt, neemt kennis van het rechtsmiddel bedoeld in artikel 23, vijfde lid, van het verdrag tegen de beschikking.

2. Het in artikel 23, tiende lid, van het verdrag bedoelde toegestane rechtsmiddel is beroep in cassatie.

3. Voor de toepassing van de Wet griffierechten burgerlijke zaken wordt het bij een rechtsmiddel gedaan verzoek geacht geen eis tot betaling van een bepaalde geldsom te zijn.

§ 3 Erkenning en tenuitvoerlegging op grond van de verordening

Art. 7

1. Een verzoek tot heroverweging op grond van artikel 19 van de verordening kan worden gedaan op de in dat artikel genoemde gronden en binnen de in dit artikel genoemde termijnen aan het gerecht dat de beslissing heeft gegeven.

2. Voor de indiening van een verzoek tot heroverweging is de bijstand van een advocaat niet vereist.

Art. 8

1. Op de verzoeken die betrekking hebben op de erkenning en de tenuitvoerlegging van beslissingen inzake levensonderhoud op grond van afdeling 2 van hoofdstuk IV van de verordening is artikel 5, eerste, derde, vierde, vijfde lid, eerste volzin, zevende tot en met tiende lid, van overeenkomstige toepassing.

2. Het in artikel 28, eerste lid, onder b, van de verordening bedoelde formulier wordt in de Nederlandse taal vertaald.

3. Onverminderd het bepaalde in artikel 29 van de verordening wordt bij ongenoegzaamheid van de bij het verzoekschrift overgelegde documenten gelegenheid tot aanvulling gegeven.

Art. 9

1. De rechtbank waarvan de voorzieningenrechter op een verzoek als bedoeld in artikel 8, eerste lid, heeft beschikt, neemt kennis van het rechtsmiddel, bedoeld in artikel 32 van de verordening.

2. Het rechtsmiddel, bedoeld in artikel 32 van de verordening, wordt, indien het wordt ingesteld door de verzoeker en is gericht tegen een weigering om een verzoek als bedoeld in artikel 8, eerste lid, in te willigen, ingesteld binnen een maand na de dagtekening van de beschikking.

3. Artikel 6, derde lid, is van toepassing.

4. Het in artikel 33 van de verordening toegestane rechtsmiddel is beroep in cassatie.

§ 4 Wijzigingen in andere wetten

Art. 10

[Wijzigt de Wet Landelijk Bureau Inning Onderhoudsbijdragen.]

Art. 11

[Wijzigt de Vaststellings- en Invoeringswet Boek 10 Burgerlijk Wetboek.]

§ 5 Slotbepalingen

Art. 12

Deze wet treedt in werking op een bij koninklijk besluit te bepalen tijdstip.

Art. 13

Deze wet wordt aangehaald als: Uitvoeringswet internationale inning levensonderhoud.

Verdrag inzake de erkenning en de tenuitvoerlegging van beslissingen over onderhoudsverplichtingen^1

De Staten die dit Verdrag hebben ondertekend,
Geleid door de wens gemeenschappelijke bepalingen vast te stellen met het oog op de wederzijdse erkenning en de tenuitvoerlegging van beslissingen over onderhoudsverplichtingen jegens volwassenen,
Geleid door de wens deze bepalingen te coördineren met die van het Verdrag van 15 april 1958 nopens de erkenning en de tenuitvoerlegging van beslissingen over onderhoudsverplichtingen jegens kinderen,
Hebben besloten hiertoe een Verdrag te sluiten en zijn overeengekomen als volgt:

HOOFDSTUK I TOEPASSINGSGEBIED VAN HET VERDRAG

Art. 1

Toepassingsbereik

Dit Verdrag is van toepassing op beslissingen over onderhoudsverplichtingen voortvloeiend uit familiebetrekkingen, uit bloedverwantschap, huwelijk of aanverwantschap, met inbegrip van onderhoudsverplichtingen jegens een onwettig kind, gegeven door de rechterlijke of administratieve autoriteiten van een Verdragsluitende Staat tussen:
1. een onderhoudsgerechtigde en een onderhoudsplichtige; of
2. een onderhoudsplichtige en een openbare instelling die de terugbetaling vordert van de aan een onderhoudsgerechtigde verstrekte uitkering.
Het is eveneens van toepassing op schikkingen welke ter zake zijn gemaakt tussen deze personen ten overstaan van deze autoriteiten.

Art. 2

Toepasselijke beslissingen

Het Verdrag is van toepassing op beslissingen en schikkingen, hoe ook omschreven.

Het is eveneens van toepassing op beslissingen of schikkingen waarbij een vroegere beslissing of schikking wordt gewijzigd, zelfs indien deze beslissing of schikking afkomstig is van een niet-Verdragsluitende Staat.
Het is van toepassing, ongeacht of de onderhoudsvordering van internationale of binnenlandse aard is en ongeacht de nationaliteit of de gewone verblijfplaats van de partijen.

Art. 3

Omvang beslissing

Indien de beslissing of schikking niet alleen de onderhoudsverplichting betreft, blijft de werking van het Verdrag tot deze laatste beperkt.

HOOFDSTUK II VOORWAARDEN VOOR DE ERKENNING EN TENUITVOERLEGGING VAN BESLISSINGEN

Art. 4

Erkenning of uitvoerbaarverklaring door andere Verdragsluitende Staat

De in een Verdragsluitende Staat gegeven beslissing moet in een andere Verdragsluitende Staat worden erkend of uitvoerbaar verklaard indien:
1. zij is gegeven door een autoriteit die als bevoegd wordt beschouwd in de zin van artikel 7 of 8; en

Voorlopige maatregel

2. daartegen in de Staat van herkomst geen gewoon rechtsmiddel meer kan worden aangewend.
Beslissingen uitvoerbaar bij voorraad en voorlopige maatregelen worden, ook al zijn zij nog vatbaar voor beroep, erkend of uitvoerbaar verklaard in de aangezochte Staat, indien soortgelijke beslissingen daar kunnen worden gegeven en ten uitvoer gelegd.

Art. 5

Weigering erkenning of uitvoerbaarverklaring

De erkenning of tenuitvoerlegging van de beslissing kan niettemin worden geweigerd indien:
1. de erkenning of tenuitvoerlegging van de beslissing klaarblijkelijk onverenigbaar is met de openbare orde van de aangezochte Staat; of
2. de beslissing werd verkregen door bedrog of arglist in de procedure; of
3. een geschil tussen dezelfde partijen en betreffende hetzelfde onderwerp aanhangig is voor een autoriteit van de aangezochte Staat en daarbij het eerst is aanhangig gemaakt; of

---

1 Inwerkingtredingsdatum: 01-03-1981.

4. de beslissing onverenigbaar is met een tussen dezelfde partijen over hetzelfde onderwerp gegeven beslissing, welke is gegeven in de aangezochte Staat, hetzij in een andere Staat, mits zij in het laatste geval voldoet aan de voorwaarden vereist voor haar erkenning en tenuitvoerlegging in de aangezochte Staat.

Art. 6

Onverminderd het bepaalde in artikel 5 wordt een bij verstek gegeven beslissing slechts erkend of uitvoerbaar verklaard indien het stuk waarmede het geding wordt ingeleid en dat de hoofdpunten van de eis omvat, overeenkomstig het recht van de Staat van herkomst is medegedeeld of betekend aan de partij tegen wie het verstek werd verleend, en indien aan die partij een termijn was gelaten die, de omstandigheden in aanmerking genomen, voldoende was voor het voeren van verweer.

Verweer; termijnen

Art. 7

De autoriteit van de Staat van herkomst wordt bevoegd geacht in de zin van het Verdrag:
1. indien de onderhoudsplichtige of de onderhoudsgerechtigde ten tijde van de inleiding van het geding zijn gewone verblijfplaats had in de Staat van herkomst; of
2. de onderhoudsplichtige en de onderhoudsgerechtigde ten tijde van die inleiding van het geding de nationaliteit van die Staat van oorsprong hadden; of
3. de verweerder zich heeft onderworpen aan de bevoegdheid van deze autoriteit, uitdrukkelijk dan wel door verweer ten gronde te voeren zonder voorbehoud ten aanzien van de bevoegdheid.

Bevoegde autoriteit van staat van herkomst

Art. 8

Onverminderd het bepaalde in artikel 7 worden de autoriteiten van een Verdragsluitende Staat die vonnis hebben gewezen inzake een vordering tot onderhoud als bevoegd in de zin van het Verdrag beschouwd, indien dit onderhoud verschuldigd is op grond van een echtscheiding, een scheiding van tafel en bed, nietigheid of ongeldigverklaring van het huwelijk, uitgesproken voor een autoriteit van deze Staat die volgens het recht van de aangezochte Staat als ter zake bevoegd wordt erkend.

Art. 9

De autoriteit van de aangezochte Staat is gebonden aan de feitelijke overwegingen op grond waarvan de autoriteit van de Staat van herkomst haar bevoegdheid heeft aangenomen.

Gebondenheid aan feitelijke overwegingen

Art. 10

Wanneer de beslissing verschillende punten van de eis tot onderhoud betreft en de erkenning of tenuitvoerlegging niet voor alle punten kan worden toegestaan, past de autoriteit van de aangezochte Staat het Verdrag toe op het gedeelte van de beslissing dat kan worden erkend of uitvoerbaar verklaard.

Art. 11

Wanneer de beslissing de uitkering van onderhoud door middel van periodieke betalingen beveelt, wordt de tenuitvoerlegging toegestaan zowel voor de reeds verschuldigde als voor de nog verschuldigde betalingen.

Art. 12

Tenzij het Verdrag anders bepaalt, wordt door de autoriteit van de aangezochte Staat niet onderzocht of de beslissing juist is.

HOOFDSTUK III PROCEDURE VOOR DE ERKENNING EN TENUITVOERLEGGING VAN BESLISSINGEN

Art. 13

Tenzij het Verdrag anders bepaalt, wordt de procedure voor de erkenning of tenuitvoerlegging van de beslissing beheerst door het recht van de aangezochte Staat.

Toepasselijk recht

Art. 14

Gedeeltelijke erkenning of tenuitvoerlegging van een beslissing kan steeds worden verzocht.

Gedeeltelijke erkenning of tenuitvoerlegging

Art. 15

De onderhoudsgerechtigde die in de Staat van herkomst vergunning heeft verkregen om kosteloos of tegen verminderd tarief te procederen, geniet bij een procedure tot erkenning of tenuitvoerlegging de gunstigste bijstand of de ruimste vrijstelling van kosten waarin het recht van de aangezochte Staat voorziet.

Proceskosten

Art. 16

Geen enkele zekerheidstelling of depot, onder welke benaming ook, kan worden verlangd ter waarborging van de betaling van de proceskosten in de bij het Verdrag bedoelde procedures.

Geen zekerheidsstelling of depot

Art. 17

De partij die de erkenning van een beslissing inroept of de tenuitvoerlegging daarvan verlangt moet overleggen:
1. een volledig en authentiek afschrift van de beslissing;

Vereiste stukken voor erkenning of tenuitvoerlegging

2. alle stukken aan de hand waarvan kan worden vastgesteld, dat tegen de beslissing geen gewoon rechtsmiddel kan worden aangewend in de Staat van herkomst en, eventueel, dat zij daar uitvoerbaar is;

3. indien de beslissing bij verstek gegeven is, het origineel of een voor eensluidend gewaarmerkt afschrift van het stuk aan de hand waarvan kan worden vastgesteld dat het stuk waarmede het geding is ingeleid en dat de hoofdpunten van de eis omvat, overeenkomstig het recht van de Staat van herkomst op regelmatige wijze is medegedeeld of betekend aan de partij tegen wie het verstek werd verleend;

4. eventueel, elk stuk aan de hand waarvan kan worden vastgesteld dat deze partij in de Staat van herkomst vergunning had verkregen om kosteloos of tegen verminderd tarief te procederen;

5. de voor eensluidend gewaarmerkte vertaling van de bovengenoemde stukken, tenzij de autoriteit van de aangezochte Staat vrijstelling hiervan verleent.

Bij gebreke van overlegging van de bovengenoemde stukken of indien de inhoud van de beslissing het de autoriteit van de aangezochte Staat niet mogelijk maakt na te gaan of aan de voorwaarden van het Verdrag is voldaan, bepaalt deze autoriteit een termijn voor de overlegging van alle vereiste stukken.

Geen legalisatie of soortgelijke formaliteit mag worden geëist.

HOOFDSTUK IV AANVULLENDE BEPALINGEN BETREFFENDE OPENBARE INSTELLINGEN

Art. 18

Voorwaarden terugbetaling uitkeringen

Een beslissing welke is gegeven tegen een onderhoudsplichtige op verzoek van een openbare instelling, die de terugbetaling vordert van aan die onderhoudsgerechtigde verstrekte uitkeringen, wordt erkend en uitvoerbaar verklaard overeenkomstig het Verdrag indien:

1. deze terugbetaling volgens de wet die deze instelling beheerst door haar kan worden verkregen; en

2. de interne wet aangewezen door het internationaal privaatrecht van de aangezochte Staat voorziet in het bestaan van een onderhoudsverplichting tussen deze onderhoudsgerechtigde en deze onderhoudsplichtige.

Art. 19

Een openbare instelling kan tot het bedrag van de door haar aan de onderhoudsgerechtigde verstrekte uitkeringen de erkenning of tenuitvoerlegging verzoeken van een beslissing welke is gegeven tussen de onderhoudsgerechtigde en de onderhoudsplichtige indien zij volgens de wet waaraan zij is onderworpen, van rechtswege bevoegd is in de plaats van de onderhoudsgerechtigde de erkenning of tenuitvoerlegging van de beslissing te verzoeken.

Art. 20

Onverminderd het bepaalde in artikel 17 moet de openbare instelling die de erkenning of tenuitvoerlegging verzoekt alle stukken overleggen aan de hand waarvan kan worden vastgesteld dat zij voldoet aan de voorwaarden van artikel 18, onder 1, of van artikel 19 en dat de uitkeringen aan de onderhoudsgerechtigde zijn verstrekt.

HOOFDSTUK V SCHIKKINGEN

Art. 21

Schikkingen

Schikkingen die uitvoerbaar zijn in de Staat van herkomst worden erkend en uitvoerbaar verklaard op dezelfde voorwaarden als beslissingen, voor zover die voorwaarden op die schikkingen toepasselijk zijn.

HOOFDSTUK VI DIVERSE BEPALINGEN

Art. 22

Beperking overmaking gelden; hoogste prioriteit

De Verdragsluitende Staten wier wet beperkingen oplegt aan de overmaking van gelden, kennen de hoogste prioriteit toe aan overmakingen van gelden bestemd om te worden betaald als onderhoud of ter dekking van de kosten en uitgaven voor een verzoek op grond van dit Verdrag.

Art. 23

Het Verdrag belet niet dat een beroep wordt gedaan op een andere internationale akte die de Staat van herkomst en de aangezochte Staat bindt, of op het niet op verdragen gebaseerde recht van de aangezochte Staat ter verkrijging van de erkenning of tenuitvoerlegging van een beslissing of een schikking.

Art. 24

Het Verdrag is van toepassing ongeacht de datum waarop de beslissing is gegeven.

Wanneer de beslissing is gegeven vóór de inwerkingtreding van het Verdrag in de betrekkingen tussen de Staat van herkomst en de aangezochte Staat wordt zij in laatstgenoemde Staat slechts uitvoerbaar verklaard voor wat betreft de na deze inwerkingtreding verschuldigde betalingen.

Art. 25

Elke Verdragsluitende Staat kan te allen tijde verklaren dat, in zijn betrekkingen met de Staten die dezelfde verklaring hebben afgelegd, de bepalingen van het Verdrag worden uitgebreid tot alle authentieke akten welke ten overstaan van een autoriteit of een Overheidsfunctionaris zijn opgemaakt en uitvoerbaar zijn in de Staat van herkomst, voor zover die bepalingen op die akten toepasselijk zijn.

Art. 26

Elke Verdragsluitende Staat kan, overeenkomstig, artikel 34, zich het recht voorbehouden niet te erkennen of uitvoerbaar te verklaren:

1. beslissingen en schikkingen betreffende onderhoud verschuldigd voor het tijdvak na het huwelijk of na de eenentwintigste verjaardag van de onderhoudsgerechtigde door een andere onderhoudsplichtige dan de echtgenoot of voormalige echtgenoot van de onderhoudsgerechtigde;

2. beslissingen en schikkingen inzake onderhoudsverplichtingen

a. tussen personen die elkaar in de zijlinie bestaan;

b. tussen aanverwanten;

3. beslissingen en schikkingen die niet voorzien in onderhoudsuitkeringen door middel van periodieke betalingen.

Een Verdragsluitende Staat die een voorbehoud heeft gemaakt is niet gerechtigd de toepassing van het Verdrag te eisen op beslissingen en schikkingen welke door zijn voorbehoud zijn uitgesloten.

Art. 27

Indien een Verdragsluitende Staat ter zake van onderhoudsverplichtingen twee of meer rechtsstelsels kent die van toepassing zijn op verschillende categorieën personen, worden verwijzingen maar de wet van die Staat zo uitgelegd, dat daarmede het rechtsstelsel wordt bedoeld dat volgens zijn recht is aangewezen als van toepassing op een bepaalde categorie personen.

Art. 28

Indien een Verdragsluitende Staat twee of meer gebiedsdelen omvat waarin, wat betreft de erkenning en tenuitvoerlegging van beslissingen inzake onderhoudsverplichtingen, verschillende rechtsstelsels worden toegepast:

1. wordt een verwijzing naar de wet, de procedure of de autoriteit van de Staat van herkomst zo uitgelegd dat daarmede de wet, de procedure of de autoriteit wordt bedoeld van het gebiedsdeel waar de beslissing is gegeven;

2. wordt een verwijzing naar de wet, de procedure of de autoriteit van de aangezochte Staat zo uitgelegd dat daarmede de wet, de procedure of de autoriteit wordt bedoeld van het gebiedsdeel waar de erkenning of tenuitvoerlegging wordt gevorderd;

3. moet een verwijzing bij toepassing van de punten 1 en 2 naar de wet of de procedure van de Staat van herkomst dan wel naar de wet of de procedure van de aangezochte Staat, zo worden uitgelegd dat zij omvat de desbetreffende regels en rechtsbeginselen van deze Verdragsluitende Staat die op de gebiedsdelen van die Staat toepasselijk zijn;

4. wordt een verwijzing naar de gewone verblijfplaats van de onderhoudsgerechtigde of de onderhoudsplichtige in de Staat van herkomst zo uitgelegd dat daaronder wordt verstaan zijn gewone verblijfplaats in het gebiedsdeel waar de beslissing is gegeven.

Elke Verdragsluitende Staat kan te allen tijde verklaren dat hij een of meer van deze regels niet zal toepassen op een of meer bepalingen van het Verdrag.

Art. 29

Dit Verdrag vervangt in de betrekkingen tussen de Staten die daarbij partij zijn het Verdrag nopens de erkenning en de tenuitvoerlegging van beslissingen over onderhoudsverplichtingen jegens kinderen, dat op 15 april 1958 te 's-Gravenhage tot stand kwam.

HOOFDSTUK VII SLOTBEPALINGEN

Art. 30

Het Verdrag staat open voor ondertekening door de Staten die lid waren van de Haagse Conferentie voor internationaal privaatrecht ten tijde van haar twaalfde zitting.

Het dient te worden bekrachtigd, aanvaard of goedgekeurd en de akten van bekrachtiging, aanvaarding of goedkeuring dienen te worden nedergelegd bij het Ministerie van Buitenlandse Zaken van Nederland.

Toepassing en inwerkingtreding

Voorbehouden meerdere rechtsstelsels; toepassing

Meerdere gebiedsdelen; toepassing

B60 art. 31

Haags Alimentatie-Executieverdrag

Art. 31

Elke Staat die eerst na de twaalfde zitting lid van de Conferentie is geworden, of die lid is van de Organisatie der Verenigde Naties of van een van de gespecialiseerde organisaties daarvan, of die partij is bij het Statuut van het Internationaal Gerechtshof, kan tot dit Verdrag toetreden na de inwerkingtreding ervan overeenkomstig de eerste alinea van artikel 35.

De akte van toetreding dient te worden nedergelegd bij het Ministerie van Buitenlandse Zaken van Nederland.

De toetreding geldt slechts voor de betrekkingen tussen de toetredende Staat en de Verdragsluitende Staten die binnen twaalf maanden na ontvangst van de kennisgeving bedoeld in artikel 37, onder 3, geen bezwaar hebben gemaakt tegen zijn toetreding.

Een zodanig bezwaar kan tevens door elke Lid-Staat worden gemaakt op het tijdstip van bekrachtiging, aanvaarding of goedkeuring van het Verdrag na de toetreding door die Staat. Deze bezwaren worden ter kennis gebracht van het Ministerie van Buitenlandse Zaken van Nederland.

Art. 32

Elke Staat kan, op het tijdstip van ondertekening, bekrachtiging, goedkeuring, aanvaarding of toetreding verklaren dat het Verdrag zich uitstrekt tot alle gebieden voor welker internationale betrekkingen hij verantwoordelijk is of tot een of meer van deze gebieden. Deze verklaring wordt van kracht op de datum van die inwerkingtreding van het Verdrag voor genoemde Staat. Daarna dient elke zodanige uitbreiding ter kennis te wonden gebracht van het Ministerie van Buitenlandse Zaken van Nederland.

De uitbreiding geldt voor de betrekkingen tussen de Verdragsluitende Staten die niet binnen twaalf maanden na de ontvangst van de kennisgeving bedoeld in artikel 37, onder 4, bezwaar daartegen hebben gemaakt, en het gebied of de gebieden voor welker internationale betrekkingen de betrokken Staat verantwoordelijk is en voor welke de kennisgeving is gedaan.

Een zodanig bezwaar kan tevens door elke Lid-Staat worden gemaakt op het tijdstip van bekrachtiging, aanvaarding of goedkeuring van het Verdrag na de uitbreiding.

Deze bezwaren worden ter kennis gebracht van het Ministerie van Buitenlandse Zaken van Nederland.

Art. 33

Elke Verdragsluitende Staat die twee of meer gebiedsdelen omvat waarbinnen verschillende rechtsstelsels van toepassing zijn ter zake van de erkenning en tenuitvoerlegging van beslissingen inzake onderhoudsverplichtingen, kan op het tijdstip van ondertekening, bekrachtiging, aanvaarding, goedkeuring of toetreding verklaren dat dit Verdrag zich zal uitstrekken tot al zijn gebiedsdelen of slechts tot een of meer daarvan en kan te allen tijde deze verklaring wijzigen door een nieuwe verklaring af te leggen.

Deze verklaringen worden ter kennis gebracht van het Ministerie van Buitenlandse Zaken van Nederland en geven uitdrukkelijk aan op welk(e) gebiedsdeel (delen) het Verdrag van toepassing is.

De andere Verdragsluitende Staten kunnen weigeren een beslissing inzake onderhoudsverplichtingen te erkennen indien, op de datum waarop de erkenning wordt ingeroepen, het Verdrag niet van toepassing is op het gebiedsdeel waarin die beslissing werd verkregen.

Art. 34

Voorbehouden

Elke Staat kan, uiterlijk op het tijdstip van bekrachtiging, aanvaarding, goedkeuring of toetreding, een of meer van de voorbehouden maken bedoeld in artikel 26. Andere voorbehouden zijn niet toegestaan.

Elke Staat kan tevens, bij de kennisgeving van een uitbreiding van de toepassing van het Verdrag overeenkomstig artikel 32, een of meer van deze voorbehouden maken waarvan de werking is beperkt tot de gebiedsdelen of tot enkele van de gebiedsdelen bedoeld in de kennisgeving.

Elke Verdragsluitende Staat kan te allen tijde een door hem gemaakt voorbehoud intrekken. Deze intrekking wordt ter kennis gebracht van het Ministerie van Buitenlandse Zaken van Nederland.

De geldigheid van het voorbehoud eindigt op de eerste dag van de derde kalendermaand na de kennisgeving bedoeld in de voorgaande alinea.

Art. 35

Het Verdrag treedt in werking op de eerste dag van die derde kalendermaand na de nederlegging van de derde akte van bekrachtiging, aanvaarding of goedkeuring bedoeld in artikel 30. Daarna treedt het Verdrag in werking:

- voor elke ondertekenende Staat die het daarna bekrachtigt, aanvaardt of goedkeurt, op de eerste dag van de derde kalendermaand na de nederlegging van zijn akte van bekrachtiging, aanvaarding of goedkeuring;
- voor elke toetredende Staat op de eerste dag van de derde kalendermaand na het verstrijken van de termijn bedoeld in artikel 31;
- voor de gebiedsdelen waartoe het Verdrag zich uitstrekt overeenkomstig artikel 32, op de eerste dag van de derde kalendermaand na het verstrijken van de in genoemd artikel bedoelde termijn.

Art. 36

Het Verdrag heeft een looptijd van vijf jaar vanaf de datum van zijn inwerkingtreding overeenkomstig de eerste alinea van artikel 35, zelfs voor de Staten die het daarna hebben bekrachtigd, aanvaard of goedgekeurd of daartoe zijn toegetreden.

Behoudens opzegging wordt het Verdrag stilzwijgend verlengd, telkens voor een tijdvak van vijf jaar.

De opzegging wordt, uiterlijk zes maanden voor het verstrijken van het tijdvak van vijf jaar, ter kennis gebracht van het Ministerie van Buitenlandse Zaken van Nederland. Zij kan worden beperkt tot bepaalde gebiedsdelen waarop het Verdrag van toepassing is.

De opzegging geldt slechts ten aanzien van de Staat die haar heeft gedaan. Voor de andere Verdragsluitende Staten blijft het Verdrag van kracht.

Art. 37

Het Ministerie van Buitenlandse Zaken van Nederland stelt de Lid-Staten van de Conferentie, alsmede de Staten die overeenkomstig het bepaalde in artikel 31 zijn toegetreden, in kennis van:

1. de ondertekeningen, bekrachtigingen, aanvaardingen en goedkeuringen bedoeld in artikel 30;

2. de datum waarop dit Verdrag in werking treedt overeenkomstig het bepaalde in artikel 35;

3. de toetredingen bedoeld in artikel 31 en de datum waarop zij van kracht worden;

4. de uitbreidingen bedoeld in artikel 32 en de datum waarop zij van kracht worden;

5. de bezwaren tegen toetredingen en uitbreidingen bedoeld in de artikelen 31 en 32;

6. de verklaringen genoemd in de artikelen 25 en 32;

7. de opzeggingen bedoeld in artikel 36;

8. de voorbehouden bedoeld in de artikelen 26 en 34, en de intrekking van de voorbehouden bedoeld in artikel 34.

Protocol inzake het recht dat van toepassing is op onderhoudsverplichtingen^1

Preambule

De Staten die dit Protocol hebben ondertekend,

Geleid door de wens gemeenschappelijke bepalingen vast te stellen inzake het recht dat van toepassing is op onderhoudsverplichtingen,

Geleid door de wens het *Verdrag van 's-Gravenhage van 24 oktober 1956 nopens de wet welke op alimentatieverplichtingen jegens kinderen toepasselijk is* en het *Verdrag van 's-Gravenhage van 2 oktober 1973 inzake de wet die van toepassing is op onderhoudsverplichtingen te moderniseren,*

Geleid door de wens algemene regels inzake het toepasselijk recht te ontwikkelen die het *Verdrag van Den Haag van 23 november 2007 inzake de internationale inning van levensonderhoud voor kinderen en andere familieleden* kunnen aanvullen,

Hebben besloten hiertoe een Protocol te sluiten en zijn de volgende bepalingen overeengekomen:

Art. 1 Toepassingsgebied

1. Dit Protocol bepaalt het recht dat van toepassing is op onderhoudsverplichtingen die voortvloeien uit een familiebetrekking, bloedverwantschap, huwelijk of aanverwantschap, met inbegrip van onderhoudsverplichtingen jegens kinderen, ongeacht de burgerlijke staat van de ouders.

2. Beslissingen, gegeven met toepassing van dit Protocol, houden geen oordeel in over het bestaan van de banden bedoeld in het eerste lid.

Art. 2 Universele toepassing

Dit Protocol is van toepassing ook indien het toepasselijke recht dat van een niet-Verdragsluitende Staat is.

Art. 3 Algemene regel inzake toepasselijk recht

1. Tenzij dit Protocol anders bepaalt, worden onderhoudsverplichtingen beheerst door het recht van de Staat waar de onderhoudsgerechtigde zijn gewone verblijfplaats heeft.

2. In geval van verandering van de gewone verblijfplaats van de onderhoudsgerechtigde, is het recht van de Staat van de nieuwe gewone verblijfplaats van toepassing vanaf het tijdstip waarop de verandering intreedt.

Art. 4 Bijzondere regels die bepaalde onderhoudsgerechtigden begunstigen

1. De volgende bepalingen zijn van toepassing in geval van onderhoudsverplichtingen van:

a. ouders jegens hun kinderen;

b. personen niet zijnde ouders jegens personen die de leeftijd van 21 jaren nog niet hebben bereikt, met uitzondering van verplichtingen voortvloeiend uit de betrekkingen bedoeld in artikel 5; en

c. kinderen jegens hun ouders.

2. Indien de onderhoudsgerechtigde op grond van het recht, bedoeld in artikel 3, geen levensonderhoud van de onderhoudsplichtige kan verkrijgen, is het recht van het forum van toepassing.

3. In afwijking van artikel 3 is, indien de onderhoudsgerechtigde de zaak aanhangig maakt bij de bevoegde autoriteit van de Staat waar de onderhoudsplichtige zijn gewone verblijfplaats heeft, het recht van het forum van toepassing. Indien de onderhoudsgerechtigde op grond van dit recht echter geen levensonderhoud van de onderhoudsplichtige kan verkrijgen, is het recht van de Staat van de gewone verblijfplaats van de onderhoudsgerechtigde van toepassing.

4. Indien de onderhoudsgerechtigde op grond van de rechtsstelsels, bedoeld in artikel 3 en in het tweede en derde lid van dit artikel, geen levensonderhoud van de onderhoudsplichtige kan verkrijgen, is het recht van de Staat van hun gemeenschappelijke nationaliteit, indien zij er een bezitten, van toepassing.

Art. 5 Bijzondere regel met betrekking tot echtgenoten en ex-echtgenoten

In geval van onderhoudsverplichtingen tussen echtgenoten, ex-echtgenoten of tussen partijen bij een nietig verklaard huwelijk, is artikel 3 niet van toepassing indien een van de partijen zich daartegen verzet en het recht van een andere Staat, in het bijzonder dat van de Staat van hun laatste gemeenschappelijke gewone verblijfplaats, nauwer verbonden is met het huwelijk. In dat geval is het recht van die andere Staat van toepassing.

Art. 6 Bijzondere regel voor verweer

In geval van onderhoudsverplichtingen anders dan die welke voortvloeien uit een ouderkindrelatie jegens een kind en dan die bedoeld in artikel 5, kan de onderhoudsplichtige zich

---

1 Inwerkingtredingsdatum 01-08-2013.

tegen een aanspraak van de onderhoudsgerechtigde verweren op grond dat een dergelijke verplichting niet bestaat ingevolge zowel het recht van de Staat van de gewone verblijfplaats van de onderhoudsplichtige als het recht van de Staat van de gemeenschappelijke nationaliteit van de partijen, indien zij er een bezitten.

Art. 7 Aanwijzing van het toepasselijke recht ten behoeve van een bepaalde procedure

1. In afwijking van de artikelen 3 tot en met 6 kunnen de onderhoudsgerechtigde en de onderhoudsplichtige uitsluitend ten behoeve van een bepaalde procedure in een bepaalde Staat uitdrukkelijk het recht van die Staat als toepasselijk aanwijzen op een onderhoudsverplichting.

2. Een aanwijzing die geschiedt voordat een dergelijke procedure aanhangig wordt gemaakt, dient te worden vastgelegd in een overeenkomst die door beide partijen wordt ondertekend en op schrift wordt gesteld of vastgelegd op zodanige wijze dat de inhoud ervan toegankelijk blijft voor raadpleging op een later tijdstip.

Art. 8 Aanwijzing van het toepasselijke recht

1. In afwijking van de artikelen 3 tot en met 6 kunnen de onderhoudsgerechtigde en de onderhoudsplichtige te allen tijde een van de volgende rechtsstelsels als toepasselijk aanwijzen op een onderhoudsverplichting:

a. het recht van een Staat waarvan een van de partijen op het tijdstip van de aanwijzing de nationaliteit bezit;

b. het recht van de Staat waar een van de partijen op het tijdstip van de aanwijzing zijn gewone verblijfplaats heeft;

c. het recht dat door partijen als toepasselijk op hun vermogensregime is aangewezen, of het recht dat daadwerkelijk daarop is toegepast;

d. het recht dat door partijen als toepasselijk op hun echtscheiding of hun scheiding van tafel en bed is aangewezen of het recht dat daadwerkelijk daarop is toegepast.

2. De daartoe strekkende overeenkomst wordt op schrift gesteld of op zodanige wijze vastgelegd dat de inhoud ervan toegankelijk blijft voor raadpleging op een later tijdstip, en wordt door beide partijen ondertekend.

3. Het eerste lid is niet van toepassing op onderhoudsverplichtingen jegens een persoon jonger dan 18 jaren of jegens een volwassene die wegens een aantasting of ontoereikendheid van zijn persoonlijke vermogens niet in staat is zijn eigen belangen te behartigen.

4. In afwijking van het door de partijen in overeenstemming met het eerste lid aangewezen recht, wordt de vraag of de onderhoudsgerechtigde afstand kan doen van zijn recht op levensonderhoud, bepaald door het recht van de Staat waar de onderhoudsgerechtigde op het tijdstip van de aanwijzing zijn gewone verblijfplaats heeft.

5. Tenzij de partijen op het tijdstip van de aanwijzing volledig geïnformeerd waren en zich bewust waren van de gevolgen van de aanwijzing, blijft het door de partijen aangewezen recht buiten toepassing indien toepassing van dat recht voor een van de partijen kennelijk onbillijke of onredelijke gevolgen zou hebben.

Art. 9 Woonplaats („domicile") in plaats van nationaliteit

Een Staat die in familierechtelijke aangelegenheden het begrip woonplaats („domicile") als aanknopingsfactor hanteert, kan het Permanent Bureau van de Haagse Conferentie voor Internationaal Privaatrecht mededelen dat in zaken die voor zijn autoriteiten komen het begrip „nationaliteit" in de artikelen 4 en 6 wordt vervangen door woonplaats („domicile") zoals omschreven in die Staat.

Art. 10 Overheidslichamen

Het recht van een overheidslichaam op terugbetaling van een uitkering die in plaats van levensonderhoud aan de onderhoudsgerechtigde is verstrekt, wordt beheerst door het recht waaraan dat lichaam is onderworpen.

Art. 11 Reikwijdte van het toepasselijke recht

Het recht dat van toepassing is op de onderhoudsverplichting bepaalt onder andere:

a. of, in welke mate en van wie de onderhoudsgerechtigde aanspraak kan maken op levensonderhoud;

b. in hoeverre de onderhoudsgerechtigde met terugwerkende kracht aanspraak heeft op levensonderhoud;

c. de grondslag voor de berekening van het bedrag aan levensonderhoud en de indexatie;

d. wie gerechtigd is procedures ter zake van van levensonderhoud in te stellen, behoudens aangelegenheden die betrekking hebben op de bevoegdheid om in rechte op te treden en de procesvertegenwoordiging;

e. verjarings- en vervaltermijnen;

f. de omvang van de verplichting van de onderhoudsplichtige, indien een overheidslichaam terugbetaling vraagt van uitkeringen die in plaats van levensonderhoud aan een onderhoudsgerechtigde zijn verstrekt.

Art. 12 Uitsluiting van renvoi

In het Protocol wordt onder de term „recht" verstaan het in een Staat geldende recht, met uitsluiting van de regels van conflictenrecht.

Art. 13 Openbare orde

De toepassing van het ingevolge dit Protocol aangewezen recht kan slechts worden geweigerd indien de gevolgen ervan kennelijk in strijd zijn met de openbare orde van het forum.

Art. 14 Vaststelling van het bedrag van het levensonderhoud

Ook wanneer het toepasselijke recht anders bepaalt, wordt bij de vaststelling van het bedrag van het levensonderhoud rekening gehouden met de behoeften van de onderhoudsgerechtigde en de draagkracht van de onderhoudsplichtige alsmede met eventuele vergoedingen die de onderhoudsgerechtigde zijn toegekend in plaats van periodiek uit te keren levensonderhoud.

Art. 15 Niet-toepasselijkheid van het Protocol op interne conflicten

1. Een Verdragsluitende Staat waarin verschillende rechtsstelsels of verzamelingen rechtsregels van toepassing zijn op het gebied van onderhoudsverplichtingen, is niet gehouden de regels van het Protocol toe te passen op conflicten die uitsluitend deze verschillende rechtsstelsels of verzamelingen rechtsregels betreffen.

2. Dit artikel is niet van toepassing op Regionale Organisaties voor Economische Integratie.

Art. 16 Niet-geünificeerde rechtsstelsels – territoriaal

1. Ten aanzien van een Staat die met betrekking tot bij dit Protocol geregelde aangelegenheden twee of meer rechtsstelsels of verzamelingen rechtsregels heeft die binnen verschillende territoriale eenheden van toepassing zijn,

a. wordt een verwijzing naar het recht van een Staat in voorkomend geval uitgelegd als een verwijzing naar het in de desbetreffende territoriale eenheid geldende recht;

b. wordt een verwijzing naar de bevoegde autoriteiten of overheidslichamen van die Staat in voorkomend geval uitgelegd als een verwijzing naar de autoriteiten of overheidslichamen die bevoegd zijn op te treden in de desbetreffende territoriale eenheid.

c. wordt een verwijzing naar de gewone verblijfplaats in die Staat in voorkomend geval uitgelegd als een verwijzing naar de gewone verblijfplaats in de desbetreffende territoriale eenheid;

d. wordt een verwijzing naar de Staat waarvan twee personen de nationaliteit gemeenschappelijk hebben, uitgelegd als een verwijzing naar de door het recht van die Staat aangewezen territoriale eenheid of, bij gebreke van ter zake dienende regels, naar de territoriale eenheid waarmee de onderhoudsverplichting het nauwst verbonden is;

e. wordt een verwijzing naar de Staat waarvan een persoon de nationaliteit bezit, uitgelegd als een verwijzing naar de door het recht van die Staat aangewezen territoriale eenheid of, bij gebreke van ter zake dienende regels, naar de territoriale eenheid waarmee de persoon de nauwste banden heeft.

2. Teneinde het op grond van het Protocol toepasselijke recht aan te wijzen in geval van een Staat die twee of meer territoriale eenheden omvat met ieder hun eigen rechtsstelsel of verzameling rechtsregels met betrekking tot bij dit Protocol geregelde aangelegenheden, zijn de volgende regels van toepassing:

a. indien in die Staat regels van kracht zijn die de territoriale eenheid aanwijzen waarvan het recht van toepassing is, wordt het recht van die eenheid toegepast;

b. bij gebreke van zodanige regels is het recht van de ingevolge het eerste lid aangewezen territoriale eenheid van toepassing.

3. Dit artikel is niet van toepassing op Regionale Organisaties voor Economische Integratie.

Art. 17 Niet-geünificeerde rechtsstelsels – personeel

Teneinde het op grond van het Protocol toepasselijke recht aan te wijzen in geval van een Staat die met betrekking tot bij dit Protocol geregelde aangelegenheden twee of meer rechtsstelsels of verzamelingen rechtsregels omvat die op verschillende categorieën personen van toepassing zijn, wordt een verwijzing naar het recht van een dergelijke Staat uitgelegd als een verwijzing naar het rechtsstelsel dat wordt aangewezen door de regels die in die Staat van kracht zijn.

Art. 18 Samenloop met eerdere Haagse verdragen inzake levensonderhoud

In de onderlinge betrekkingen tussen de Verdragsluitende Staten treedt dit Protocol in de plaats van het *Verdrag van 's-Gravenhage van 2 oktober 1973 inzake de wet die van toepassing is op onderhoudsverplichtingen* en het *Verdrag van 's-Gravenhage van 24 oktober 1956 nopens de wet welke op alimentatieverplichtingen jegens kinderen toepasselijk is.*

Art. 19 Samenloop met andere instrumenten

1. Dit Protocol laat onverlet andere internationale instrumenten waarbij Verdragsluitende Staten Partij zijn of worden en die bepalingen bevatten over in dit Protocol geregelde aangelegenheden, tenzij een andersluidende verklaring wordt afgelegd door de Staten die Partij zijn bij dergelijke instrumenten.

2. Het eerste lid is eveneens van toepassing op eenvormige wetten die hun grondslag vinden in het bestaan van speciale banden van regionale of andere aard tussen de desbetreffende Staten.

Art. 20 Uniforme uitlegging

Bij de uitlegging van dit Protocol dient rekening te worden gehouden met het internationale karakter ervan alsmede met de noodzaak de uniforme toepassing ervan te bevorderen.

Art. 21 Toetsing van de werking van het Protocol in de praktijk

1. De Secretaris-Generaal van de Haagse Conferentie voor Internationaal Privaatrecht roept wanneer nodig een Bijzondere Commissie bijeen teneinde de werking van het Protocol in de praktijk te toetsen.

2. Te dien einde werken de Verdragsluitende Staten samen met het Permanent Bureau van de Haagse Conferentie voor Internationaal Privaatrecht bij het verzamelen van jurisprudentie betreffende de toepassing van het Protocol.

Art. 22 Overgangsbepalingen

Dit Protocol is niet van toepassing op vorderingen inzake levensonderhoud in een Verdragsluitende Staat die betrekking hebben op een tijdvak voorafgaand aan de inwerkingtreding ervan in die Staat.

Art. 23 Ondertekening, bekrachtiging en toetreding

1. Dit Protocol staat open voor ondertekening door alle Staten.

2. Dit Protocol dient door de ondertekenende Staten te worden bekrachtigd, aanvaard of goedgekeurd.

3. Dit Protocol staat open voor toetreding door alle Staten.

4. De akten van bekrachtiging, aanvaarding, goedkeuring of toetreding dienen te worden nedergelegd bij het Ministerie van Buitenlandse Zaken van het Koninkrijk der Nederlanden, de depositaris van het Protocol.

Art. 24 Regionale Organisaties voor Economische Integratie

1. Een Regionale Organisatie voor Economische Integratie die uitsluitend is samengesteld uit soevereine Staten en die bevoegd is ter zake van sommige of alle aangelegenheden die in dit Protocol worden geregeld, kan dit Protocol eveneens ondertekenen, aanvaarden, goedkeuren of hiertoe toetreden. De Regionale Organisatie voor Economische Integratie heeft in dat geval de rechten en verplichtingen van een Verdragsluitende Staat voor zover de organisatie bevoegd is ter zake van de aangelegenheden waarop het Protocol van toepassing is.

2. De Regionale Organisatie voor Economische Integratie doet, op het tijdstip van ondertekening, aanvaarding, goedkeuring of toetreding, de depositaris schriftelijk mededeling van de in het Protocol geregelde aangelegenheden ter zake waarvan de bevoegdheid door haar lidstaten aan die Organisatie is overgedragen. De Organisatie doet de depositaris onverwijld schriftelijk mededeling van wijzigingen van haar bevoegdheid als vermeld in de meest recente kennisgeving ingevolge dit lid.

3. Op het tijdstip van ondertekening, aanvaarding, goedkeuring of toetreding kan een Regionale Organisatie voor Economische Integratie in overeenstemming met artikel 28 verklaren dat zij de bevoegdheid uitoefent ter zake van alle aangelegenheden waarop het Protocol van toepassing is en dat haar lidstaten die hun bevoegdheid op dat gebied hebben overgedragen aan de Regionale Organisatie voor Economische Integratie, door het Protocol gebonden zullen zijn als gevolg van de ondertekening, aanvaarding, goedkeuring of toetreding door de organisatie.

4. Voor de inwerkingtreding van het Protocol telt een akte die wordt nedergelegd door een Regionale Organisatie voor Economische Integratie niet mee, tenzij de Regionale Organisatie voor Economische Integratie een verklaring aflegt in overeenstemming met het derde lid.

5. Alle verwijzingen naar een „Verdragsluitende Staat" of een „Staat" in het Protocol zijn in voorkomend geval eveneens van toepassing op een Regionale Organisatie voor Economische Integratie die Partij bij het Protocol is. In het geval dat een Regionale Organisatie voor Economische Integratie een verklaring in overeenstemming met het derde lid heeft afgelegd, zijn alle verwijzingen naar een „Verdragsluitende Staat" of een „Staat" in het Protocol in voorkomend geval eveneens van toepassing op de betreffende lidstaten van de Organisatie.

Art. 25 Inwerkingtreding

1. Het Protocol treedt in werking op de eerste dag van de maand volgend op het verstrijken van drie maanden na de nederlegging van de tweede akte van bekrachtiging, aanvaarding, goedkeuring of toetreding, bedoeld in artikel 23.

2. Vervolgens treedt het Protocol in werking:

a. voor elke Staat of in artikel 24 bedoelde Regionale Organisatie voor Economische Integratie die het Protocol daarna bekrachtigt, aanvaardt, goedkeurt of ertoe toetreedt, op de eerste dag van de maand volgend op het verstrijken van drie maanden na de nederlegging van de akte van bekrachtiging, aanvaarding, goedkeuring of toetreding;

b. voor een territoriale eenheid waartoe het Protocol overeenkomstig artikel 26 is uitgebreid, op de eerste dag van de maand volgend op het verstrijken van drie maanden na de kennisgeving bedoeld in dat artikel.

Art. 26 Verklaringen ten aanzien van niet-geünificeerde rechtsstelsels

1. Indien een Staat twee of meer territoriale eenheden omvat waarin met betrekking tot bij dit Protocol geregelde aangelegenheden verschillende rechtsstelsels van toepassing zijn, kan hij op het tijdstip van ondertekening, bekrachtiging, aanvaarding, goedkeuring of toetreding in overeenstemming met artikel 28 verklaren dat het Protocol op al deze territoriale eenheden of slechts op een of meer daarvan van toepassing is en kan hij te allen tijde deze verklaring wijzigen door een nieuwe verklaring af te leggen.

2. Van elke verklaring wordt aan de depositaris mededeling gedaan en daarin worden uitdrukkelijk de territoriale eenheden vermeld waarop het Protocol van toepassing is.

3. Indien een Staat geen verklaring aflegt krachtens dit artikel, is het Protocol van toepassing op alle territoriale eenheden van die Staat.

4. Dit artikel is niet van toepassing op een Regionale Organisatie voor Economische Integratie.

Art. 27 Voorbehouden

Bij dit Protocol kan geen enkel voorbehoud worden gemaakt.

Art. 28 Verklaringen

1. De in de artikelen 24, derde lid, en 26, eerste lid, bedoelde verklaringen kunnen worden afgelegd bij de ondertekening, bekrachtiging, aanvaarding, goedkeuring of toetreding of op enig tijdstip daarna, en kunnen te allen tijde worden gewijzigd of ingetrokken.

2. Van verklaringen, wijzigingen en intrekkingen wordt aan de depositaris mededeling gedaan.

3. Een verklaring die is afgelegd op het tijdstip van ondertekening, bekrachtiging, aanvaarding, goedkeuring of toetreding wordt van kracht op het tijdstip waarop dit Protocol voor de betrokken Staat in werking treedt.

4. Een op een later tijdstip afgelegde verklaring, en elke wijziging of intrekking van een verklaring, worden van kracht op de eerste dag van de maand volgend op het verstrijken van een tijdvak van drie maanden na de datum waarop de kennisgeving door de depositaris is ontvangen.

Art. 29 Opzegging

1. Een Staat die Partij is bij dit Protocol kan dit opzeggen door middel van een schriftelijke kennisgeving gericht aan de depositaris. De opzegging kan worden beperkt tot bepaalde territoriale eenheden van een niet-geünificeerd rechtsstelsel waarop het Protocol van toepassing is.

2. De opzegging wordt van kracht op de eerste dag van de maand volgend op het verstrijken van een termijn van twaalf maanden na de datum waarop de kennisgeving door de depositaris is ontvangen. Wanneer in de kennisgeving een langere opzegtermijn is aangegeven, wordt de opzegging van kracht na het verstrijken van deze langere termijn, na de datum waarop de kennisgeving door de depositaris is ontvangen.

Art. 30 Kennisgeving

De depositaris geeft de Leden van de Haagse Conferentie voor Internationaal Privaatrecht, en andere Staten en Regionale Organisaties voor Economische Integratie die in overeenstemming met de artikelen 23 en 24 zijn overgegaan tot ondertekening, bekrachtiging, aanvaarding, goedkeuring of toetreding, kennis van het volgende:

a. de in de artikelen 23 en 24 bedoelde ondertekeningen en bekrachtigingen, aanvaardingen, goedkeuringen en toetredingen;

b. de datum waarop dit Protocol in werking treedt overeenkomstig artikel 25;

c. de verklaringen bedoeld in de artikelen 24, derde lid, en 26, eerste lid;

d. de opzeggingen bedoeld in artikel 29.

Verdrag inzake de bescherming van kinderen en de samenwerking op het gebied van de interlandelijke adoptie^1

De Staten die dit Verdrag hebben ondertekend,

Erkennende dat het voor de volledige en harmonieuze ontwikkeling van de persoonlijkheid van een kind noodzakelijk is dat het opgroeit in een gezinsverband, in een sfeer van geluk, liefde en begrip,

Eraan herinnerend dat elke Staat bij voorrang passende maatregelen behoort te nemen opdat het kind in zijn familie van herkomst kan blijven,

Erkennende dat interlandelijke adoptie het voordeel van een vast gezinsverband kan bieden aan een kind waarvoor geen geschikt gezin kan worden gevonden in zijn Staat van herkomst,

Overtuigd van de noodzaak maatregelen te nemen om te waarborgen dat interlandelijke adopties plaatsvinden op zodanige wijze dat het hoogste belang van het kind daarmee is gediend en dat zijn grondrechten worden geëerbiedigd, en om ontvoering, verkoop van of handel in kinderen te voorkomen,

Geleid door de wens daartoe gemeenschappelijke bepalingen vast te stellen die rekening houden met de in internationale akten vervatte beginselen, met name het Verdrag van de Verenigde Naties inzake de rechten van het kind van 20 november 1989, en de Verklaring van de Verenigde Naties inzake sociale en juridische beginselen betreffende de bescherming en het welzijn van kinderen, in het bijzonder met betrekking tot plaatsing in een pleeggezin en adoptie, zowel nationaal als internationaal (Resolutie van de Algemene Vergadering 41/85 van 3 december 1986),

Zijn de volgende bepalingen overeengekomen:

HOOFDSTUK I TOEPASSINGSGEBIED VAN HET VERDRAG

Art. 1

Dit Verdrag heeft tot doel:

a. waarborgen vast te leggen om te verzekeren dat interlandelijke adopties op zodanige wijze plaatsvinden dat het hoogste belang van het kind daarmee is gediend en de grondrechten die hem volgens het internationale recht toekomen, worden geëerbiedigd;

b. een samenwerkingsverband tussen de Verdragsluitende Staten in het leven te roepen ten einde te verzekeren dat deze waarborgen in acht worden genomen en ontvoering, verkoop van of handel in kinderen aldus worden voorkomen;

c. de erkenning van overeenkomstig het Verdrag tot stand gekomen adopties in de Verdragsluitende Staten te verzekeren.

Art. 2

1. Dit Verdrag is van toepassing wanneer een kind dat zijn gewone verblijfplaats in een Verdragsluitende Staat (Staat van herkomst) heeft, naar een andere Verdragsluitende Staat (Staat van opvang) is, wordt of zal worden overgebracht, hetzij na zijn adoptie in de Staat van herkomst door echtgenoten of een persoon van wie de gewone verblijfplaats zich in de Staat van opvang bevindt, hetzij met het oog op een zodanige adoptie in de Staat van opvang of in de Staat van herkomst.

2. Het Verdrag heeft slechts betrekking op adopties die familierechtelijke betrekkingen tot stand brengen.

Art. 3

Het Verdrag is niet langer van toepassing indien de instemmingen bedoeld in artikel 17, onder c, niet zijn verkregen voordat het kind de leeftijd van achttien jaren bereikt.

HOOFDSTUK II VEREISTEN VOOR INTERLANDELIJKE ADOPTIES

Art. 4

Een adoptie als bedoeld in dit Verdrag kan slechts plaatsvinden indien de bevoegde autoriteiten van de Staat van herkomst:

a. hebben vastgesteld dat het kind in aanmerking komt voor adoptie;

---

1 Inwerkingtredingsdatum: 01-10-1998.

b. na de mogelijkheden tot plaatsing van het kind in zijn Staat van herkomst naar behoren te hebben onderzocht, hebben vastgesteld dat een interlandelijke adoptie het hoogste belang van het kind dient;

c. zich ervan hebben vergewist

1. dat de personen, instellingen en autoriteiten, wier toestemming voor de adoptie vereist is, zonodig voorlichting hebben ontvangen en naar behoren zijn ingelicht over de gevolgen van hun toestemming, met name over de vraag of adoptie zal leiden tot de beëindiging van de rechtsbetrekkingen tussen het kind en zijn familie van herkomst,

2. dat deze personen, instellingen en autoriteiten hun toestemming vrijelijk hebben gegeven, in de wettelijk voorgeschreven vorm en dat deze toestemming op schrift is gegeven of vastgelegd,

3. dat de toestemmingen niet zijn verkregen tegen betaling of in ruil voor enige andere tegenprestatie en dat zij niet zijn ingetrokken,

4. dat de toestemming van de moeder, indien deze vereist is, eerst na de geboorte van het kind is gegeven, en

d. zich, rekening houdende met de leeftijd en het peil van ontwikkeling van het kind, ervan hebben vergewist

1. dat het is voorgelicht en naar behoren ingelicht over de gevolgen van de adoptie en van zijn toestemming tot de adoptie, indien deze vereist is,

2. dat de wensen en meningen van het kind in aanmerking zijn genomen,

3. dat de toestemming van het kind tot de adoptie, indien deze vereist is, vrijelijk is gegeven, in de wettelijk voorgeschreven vorm, en dat deze toestemming op schrift is gegeven of vastgelegd, en

4. dat deze niet is verkregen tegen betaling of in ruil voor enige andere tegenprestatie.

Art. 5

Adopties als bedoeld in dit Verdrag kunnen slechts plaatsvinden indien de bevoegde autoriteiten van de Staat van opvang:

a. hebben vastgesteld dat de aspirant-adoptiefouders aan de vereisten voor adoptie voldoen en daartoe geschikt zijn;

b. zich ervan hebben verzekerd dat de aspirant-adoptiefouders de nodige voorlichting hebben ontvangen; en

c. hebben vastgesteld dat het het kind toegestaan is of toegestaan zal worden om die Staat binnen te komen en aldaar permanent te verblijven.

HOOFDSTUK III CENTRALE AUTORITEITEN EN VERGUNNINGHOUDENDE INSTELLINGEN

Art. 6

1. Elke Verdragsluitende Staat wijst een Centrale Autoriteit aan die is belast met de nakoming van de door het Verdrag aan haar opgelegde verplichtingen.

2. Federale Staten, Staten waarin meer dan één rechtsstelsel geldt en Staten die autonome territoriale eenheden omvatten, staat het vrij meer dan één Centrale Autoriteit aan te wijzen en de territoriale of personele reikwijdte van hun taken aan te geven. De Staat die van deze mogelijkheid gebruik maakt, wijst de Centrale Autoriteit aan waaraan mededelingen kunnen worden gedaan ter overbrenging daarvan aan de bevoegde Centrale Autoriteit binnen deze Staat.

Art. 7

1. De Centrale Autoriteiten dienen onderling samen te werken en de samenwerking tussen de bevoegde autoriteiten van hun onderscheiden Staten te bevorderen teneinde kinderen te beschermen en de overige doelstellingen van het Verdrag te verwezenlijken.

2. Zij nemen alle passende maatregelen teneinde:

a. informatie te verstrekken over de wetgeving van hun Staat op het gebied van adoptie en andere algemene informatie, zoals statistieken en standaardformulieren;

b. elkaar op de hoogte te houden omtrent de werking van het Verdrag en, voor zover mogelijk, belemmeringen voor de toepassing daarvan weg te nemen.

Art. 8

De Centrale Autoriteiten nemen, hetzij rechtstreeks, hetzij via overheidsinstanties, alle passende maatregelen om het ten onrechte genieten van financieel of ander voordeel in verband met de adoptie te voorkomen en alle praktijken die in strijd zijn met de doelstellingen van het Verdrag te verhinderen.

Art. 9

De Centrale Autoriteiten nemen, hetzij rechtstreeks, hetzij via overheidsinstanties of andere instellingen waaraan naar behoren vergunning is verleend in hun Staat, alle passende maatregelen, in het bijzonder om:

a. informatie te verzamelen, te bewaren en uit te wisselen over de situatie van het kind en de aspirant-adoptiefouders, voor zover zulks noodzakelijk is om de adoptie tot stand te brengen;
b. de procedure ten behoeve van de adoptie te vergemakkelijken, te volgen en te bespoedigen;
c. de ontwikkeling van voorlichtingsactiviteiten op het gebied van adoptie en van nazorg bij adoptie in hun Staten te bevorderen;
d. algemene evaluatierapporten betreffende ervaringen met interlandelijke adoptie uit te wisselen;
e. voor zover de wetgeving van hun Staat dit toestaat, gevolg te geven aan met redenen omklede verzoeken van andere Centrale Autoriteiten of overheidsinstanties om informatie over een bepaalde adoptiesituatie.

Art. 10

Vergunningen kunnen slechts worden verleend aan, en worden behouden door, instellingen die aantonen in staat te zijn de taken die hun kunnen worden toevertrouwd naar behoren te vervullen.

Art. 11

Een vergunninghoudende instelling dient:
a. uitsluitend doelstellingen zonder winstoogmerk na te streven onder de voorwaarden en binnen de beperkingen die door de bevoegde autoriteiten van de Staat die de vergunning verleent, worden bepaald;
b. te zijn voorzien van bestuurders en medewerkers die op grond van hun onkreukbaarheid en hun opleiding of ervaring bekwaam zijn om werkzaamheden te verrichten op het gebied van de interlandelijke adoptie; en
c. wat hun samenstelling, functioneren en financiële situatie betreft, onderworpen te zijn aan het toezicht van bevoegde autoriteiten van die Staat.

Art. 12

Een instelling waaraan in een Verdragsluitende Staat vergunning is verleend, kan in een andere Verdragsluitende Staat slechts optreden indien zij daartoe door de bevoegde autoriteiten van beide Staten is gemachtigd.

Art. 13

De aanwijzing van de Centrale Autoriteiten en de eventuele reikwijdte van hun taken, alsmede de namen en adressen van de vergunninghoudende instellingen worden door elke Verdragsluitende Staat medegedeeld aan het Permanent Bureau van de Haagse Conferentie voor Internationaal Privaatrecht.

HOOFDSTUK IV PROCEDURELE VEREISTEN VOOR INTERLANDELIJKE ADOPTIE

Art. 14

Personen die hun gewone verblijfplaats hebben in een Verdragsluitende Staat en die een kind wensen te adopteren dat zijn gewone verblijfplaats in een andere Verdragsluitende Staat heeft, dienen zich te wenden tot de Centrale Autoriteit van de Staat van hun gewone verblijfplaats.

Art. 15

1. Indien de Centrale Autoriteit van de Staat van opvang van oordeel is dat de verzoekers voldoen aan de vereisten voor adoptie en daartoe geschikt zijn, stelt zij een rapport samen dat gegevens bevat omtrent hun identiteit, hun bevoegdheid en hun geschiktheid om te adopteren, hun persoonlijke achtergrond, gezinssituatie en medisch verleden, hun sociale milieu, hun beweegredenen, hun geschiktheid om een interlandelijke adoptie aan te gaan en omtrent de kinderen waarvoor zij de zorg op zich zouden kunnen nemen.
2. Zij doet het rapport toekomen aan de Centrale Autoriteit van de Staat van herkomst.

Art. 16

[1.] Indien de Centrale Autoriteit van de Staat van herkomst van oordeel is dat het kind voor adoptie in aanmerking komt,
a. stelt zij een rapport samen dat gegevens bevat omtrent de identiteit van het kind, de vraag of het voor adoptie in aanmerking komt, zijn persoonlijke achtergrond, zijn sociale milieu en gezinssituatie, zijn medisch verleden en dat van zijn familie, alsmede zijn bijzondere behoeften;
b. houdt zij naar behoren rekening met de opvoeding van het kind en zijn etnische, godsdienstige en culturele achtergrond;
c. vergewist zij zich ervan dat de in artikel 4 bedoelde toestemmingen zijn verkregen; en
d. bepaalt zij, op grond van in het bijzonder de rapporten betreffende het kind en de aspirant-adoptiefouders, of met de voorgenomen plaatsing het hoogste belang van het kind is gediend.
2. Zij doet het rapport inzake het kind, het bewijs dat de vereiste toestemmingen zijn verkregen en de redenen voor haar conclusie inzake de plaatsing toekomen aan de Centrale Autoriteit van de Staat van opvang, waarbij zij ervoor zorg draagt geen mededeling te doen van de identiteit van de moeder en de vader indien deze identiteit in de Staat van herkomst niet mag worden bekend gemaakt.

Art. 17

Een beslissing om een kind aan de zorg van aspirant-adoptiefouders toe te vertrouwen, mag in de Staat van herkomst slechts worden genomen indien:

a. de Centrale Autoriteit van de Staat van herkomst zich ervan heeft vergewist dat de aspirant-adoptiefouders zich daarmee verenigen;

b. de Centrale Autoriteit van de Staat van opvang deze beslissing heeft goedgekeurd, ingeval een zodanige goedkeuring is vereist door de wetgeving van die Staat of door de Centrale Autoriteit van de Staat van herkomst;

c. de Centrale Autoriteiten van beide Staten ermede instemmen dat de adoptie voortgang vindt; en

d. overeenkomstig artikel 5 is vastgesteld dat de aspirant-adoptiefouders aan de vereisten voor adoptie voldoen en daartoe geschikt zijn en dat het kind vergunning heeft of zal verkrijgen de Staat van opvang binnen te komen en aldaar permanent te verblijven.

Art. 18

De Centrale Autoriteiten van de beide Staten nemen alle nodige maatregelen om voor het kind de vergunningen te verkrijgen om de Staat van herkomst te verlaten en de Staat van opvang binnen te komen en aldaar permanent te verblijven.

Art. 19

1. De overbrenging van het kind naar de Staat van opvang mag slechts plaatsvinden indien aan de vereisten van artikel 17 is voldaan.

2. De Centrale Autoriteiten van beide Staten zien erop toe dat deze overbrenging in alle veiligheid en onder passende omstandigheden geschiedt en, indien mogelijk, in gezelschap van de adoptiefouders dan wel de aspirant-adoptiefouders.

3. Indien de overbrenging van het kind niet plaatsvindt, worden de in de artikelen 15 en 16 bedoelde rapporten teruggezonden aan de autoriteiten die deze hebben verzonden.

Art. 20

De Centrale Autoriteiten houden elkaar op de hoogte van de adoptieprocedure en de maatregelen die worden genomen om deze af te wikkelen, alsmede van het verloop van de plaatsing, indien een proeftijd vereist is.

Art. 21

1. Indien de adoptie moet plaatsvinden na de overbrenging van het kind naar de Staat van opvang en de Centrale Autoriteit van die Staat van oordeel is dat met het voortgezette verblijf van het kind in het gezin van de aspirant-adoptiefouders het hoogste belang van het kind niet is gediend, neemt zij de nodige maatregelen om het kind te beschermen, met name door:

a. het kind bij de aspirant-adoptiefouders weg te nemen en voor tijdelijke opvang zorg te dragen;

b. in overleg met de Centrale Autoriteit van de Staat van herkomst onverwijld zorg te dragen voor herplaatsing van het kind met het oog op adoptie of, indien deze maatregel niet passend is, zorg te dragen voor een andere vorm van langdurige verzorging; adoptie van het kind kan slechts plaatsvinden indien de Centrale Autoriteit van de Staat van herkomst naar behoren is ingelicht over de nieuwe aspirant-adoptiefouders;

c. in de laatste plaats, het kind te doen terugkeren indien zijn belangen zulks vereisen.

2. Afhankelijk, in het bijzonder, van zijn leeftijd en zijn ontwikkelingspeil, wordt het kind geraadpleegd en wordt, waar passend, zijn toestemming tot de op grond van dit artikel te nemen maatregelen verkregen.

Art. 22

1. De taken waarmee de Centrale Autoriteit op grond van dit hoofdstuk is belast, kunnen, voor zover de wet van haar Staat zulks toelaat, worden uitgevoerd door overheidsinstanties of door instellingen waaraan op grond van Hoofdstuk III vergunning is verleend.

2. Een Verdragsluitende Staat kan bij de depositaris van het Verdrag de verklaring afleggen dat, voor zover de wet zulks toelaat en onder toezicht van de bevoegde autoriteiten van die Staat, de taken waarmee de Centrale Autoriteit op grond van de artikelen 15 tot 21 in die Staat is belast, ook kunnen worden uitgevoerd door personen of instellingen die

a. aan de eisen van die Staat betreffende onkreukbaarheid, vakbekwaamheid, ervaring en verantwoordelijkheid voldoen; en

b. op grond van hun ethisch normbesef en door opleiding of ervaring in staat zijn werkzaamheden te verrichten op het terrein van interlandelijke adoptie.

3. Een Verdragsluitende Staat die de in het tweede lid bedoelde verklaring aflegt, doet aan het Permanent Bureau van de Haagse Conferentie voor Internationaal Privaatrecht regelmatig mededeling van de namen en adressen van deze instellingen en personen.

4. Een Verdragsluitende Staat kan bij de depositaris van het Verdrag de verklaring afleggen dat adopties van kinderen die hun gewone verblijfplaats op zijn grondgebied hebben, slechts kunnen plaatsvinden indien de taken van de Centrale Autoriteit worden uitgevoerd in overeenstemming met het eerste lid.

5. Ongeacht of ingevolge het tweede lid een verklaring is afgelegd, worden de in de artikelen 15 en 16 bedoelde rapporten in elk geval opgesteld onder de verantwoordelijkheid van de

Centrale Autoriteit of van andere autoriteiten of instellingen in overeenstemming met het eerste lid.

HOOFDSTUK V ERKENNING EN GEVOLGEN VAN DE ADOPTIE

Art. 23

1. Een adoptie ten aanzien waarvan de bevoegde autoriteit van de Staat waar de adoptie heeft plaatsgevonden schriftelijk heeft verklaard dat zij in overeenstemming met het Verdrag is tot stand gekomen, wordt in de andere Verdragsluitende Staten van rechtswege erkend. In de verklaring wordt aangegeven wanneer en van wie de instemmingen ingevolge artikel 17, onder c, werden verkregen.

2. Elke Verdragsluitende Staat stelt, op het tijdstip van ondertekening, bekrachtiging, aanvaarding, goedkeuring of toetreding, de depositaris van het Verdrag in kennis van de identiteit en de taken van de autoriteit of autoriteiten die in de Staat bevoegd is of zijn om de verklaring af te geven. Hij stelt de depositaris ook in kennis van wijzigingen in de aanwijzing van deze autoriteiten.

Art. 24

De erkenning van een adoptie kan in een Verdragsluitende Staat slechts worden geweigerd indien, gelet op het belang van het kind, de adoptie kennelijk niet verenigbaar is met zijn openbare orde.

Art. 25

Een Verdragsluitende Staat kan bij de depositaris van het Verdrag de verklaring afleggen dat hij ingevolge dit Verdrag niet gehouden zal zijn adopties te erkennen die in overeenstemming met een op grond van artikel 39, tweede lid, gesloten overeenkomst tot stand zijn gekomen.

Art. 26

1. De erkenning van een adoptie houdt tevens in de erkenning van

a. de familierechtelijke betrekkingen tussen het kind en zijn adoptiefouders;

b. het ouderlijk gezag van de adoptiefouders over het kind;

c. de verbreking van de voordien bestaande familierechtelijke betrekkingen tussen het kind en zijn moeder en vader, indien de adoptie dit gevolg heeft in de Verdragsluitende Staat waar zij plaatsvond.

2. Ingeval een adoptie tot gevolg heeft dat de voordien bestaande familierechtelijke betrekkingen worden verbroken, geniet het kind in de Staat van opvang en in elke andere Verdragsluitende Staat waar de adoptie wordt erkend, rechten gelijk aan die welke voortvloeien uit adopties die in elk van deze Staten dit gevolg hebben.

3. De voorgaande leden doen geen afbreuk aan de toepassing van voor het kind gunstiger bepalingen die gelden in de Verdragsluitende Staat die de adoptie erkent.

Art. 27

1. Indien een in de Staat van herkomst toegestane adoptie niet tot gevolg heeft dat de voordien bestaande familierechtelijke betrekkingen worden verbroken, kan zij in de Staat van opvang die de adoptie ingevolge het Verdrag erkent, worden omgezet in een adoptie die dit gevolg heeft

a. indien het recht van de Staat van opvang dit toestaat; en

b. indien de in artikel 4, onder c en d, bedoelde toestemmingen zijn of worden gegeven met het oog op een zodanige adoptie.

2. Op de beslissing tot omzetting van de adoptie is artikel 23 van toepassing.

HOOFDSTUK VI ALGEMENE BEPALINGEN

Art. 28

Dit verdrag doet geen afbreuk aan de wetten van een Staat van herkomst die vereisen dat de adoptie van een kind dat zijn gewone verblijf in die Staat heeft in die Staat plaatsvindt, of die verbieden dat een kind voor zijn adoptie in de Staat van opvang wordt geplaatst of daarheen wordt overgebracht.

Art. 29

Er mag tussen de aspirant-adoptiefouders en de ouders van het kind of een andere persoon aan wie de zorg voor het kind is toevertrouwd geen contact zijn totdat is voldaan aan de vereisten van artikel 4, onder a tot en met c, en artikel 5, onder a, tenzij de adoptie plaatsvindt binnen eenzelfde familie of tenzij de daaraan door de bevoegde autoriteit van de Staat van herkomst gestelde voorwaarden is voldaan.

Art. 30

1. De bevoegde autoriteiten van een Verdragsluitende Staat dragen zorg voor de bewaring van de in hun bezit zijnde gegevens omtrent de afkomst van het kind, met name gegevens betreffende de identiteit van zijn ouders, alsmede de medische gegevens betreffende het medische verleden van het kind en zijn familie.

2. Zij bewerkstelligen dat voor zover de wetgeving van hun Staat zulks toelaat, het kind of zijn vertegenwoordiger, onder passende begeleiding, toegang heeft tot deze gegevens.

Art. 31

Onverminderd artikel 30 mogen de op grond van het Verdrag verzamelde of toegezonden persoonlijke gegevens, in het bijzonder de in de artikelen 15 en 16 bedoelde gegevens, slechts worden gebruikt voor de doeleinden waarvoor zij zijn verzameld of toegezonden.

Art. 32

1. Niemand mag ongerechtvaardigd financieel of ander voordeel trekken uit enig optreden in verband met een interlandelijke adoptie.

2. Uitsluitend kosten en uitgaven, met inbegrip van redelijke honoraria van personen die bij een adoptie hebben bemiddeld, mogen in rekening worden gebracht en betaald.

3. Bestuurders, beheerders en werknemers van instellingen die bij een adoptie hebben bemiddeld, mogen geen bezoldiging ontvangen die onevenredig hoog is in vergelijking met de verleende diensten.

Art. 33

Een bevoegde autoriteit die vaststelt dat een van de bepalingen van het Verdrag niet is nageleefd of kennelijk dreigt niet te worden nageleefd, stelt de Centrale Autoriteit van haar Staat hiervan onmiddellijk in kennis. De Centrale Autoriteit heeft de verantwoordelijkheid erop toe te zien dat passende maatregelen worden getroffen.

Art. 34

Indien de bevoegde autoriteit van de Staat waarvoor een document is bestemd zulks verzoekt, moet een voor eensluidend gewaarmerkte vertaling worden verstrekt. Tenzij anders bepaald, worden de kosten van deze vertaling gedragen door de aspirant-adoptieouders.

Art. 35

De bevoegde autoriteiten van de Verdragsluitende Staten betrachten voortvarendheid in adoptieprocedures.

Art. 36

Ten aanzien van een Staat die op het gebied van adoptie twee of meer rechtsstelsels heeft die in verschillende territoriale eenheden van toepassing zijn,

a. wordt een verwijzing naar de gewone verblijfplaats in die Staat uitgelegd als een verwijzing naar de gewone verblijfplaats in een territoriale eenheid van die Staat;

b. wordt een verwijzing naar de wetgeving van die Staat uitgelegd als een verwijzing naar het in de desbetreffende territoriale eenheid geldende recht;

c. wordt een verwijzing naar de bevoegde autoriteiten of de overheidsinstellingen van die Staat uitgelegd als een verwijzing naar degenen die in de desbetreffende territoriale eenheid tot optreden bevoegd zijn;

d. wordt een verwijzing naar de vergunninghoudende instellingen van die Staat uitgelegd als een verwijzing naar de in de desbetreffende territoriale eenheid erkende instellingen.

Art. 37

Ten aanzien van een Staat die met betrekking tot adoptie twee of meer rechtsstelsels heeft die op verschillende categorieën personen van toepassing zijn, wordt een verwijzing naar de wetgeving van die Staat uitgelegd als een verwijzing naar het door het recht van die Staat aangewezen rechtsstelsel.

Art. 38

Een Staat waarbinnen verschillende territoriale eenheden met betrekking tot adoptie hun eigen rechtsregels hebben, is niet gehouden het Verdrag toe te passen in gevallen waarin een Staat met een uniform rechtsstelsel daartoe niet gehouden zou zijn.

Art. 39

1. Het Verdrag laat onverlet internationale regelingen waarbij Verdragsluitende Staten Partij zijn en die bepalingen bevatten betreffende in dit Verdrag geregelde onderwerpen, tenzij door de Staten die Partij zijn bij zodanige regelingen een andersluidende verklaring wordt afgelegd.

2. Een Verdragsluitende Staat kan met een of meer andere Verdragsluitende Staten overeenkomsten sluiten met het oog op verbetering van de toepassing van het Verdrag in hun onderlinge betrekkingen. Deze overeenkomsten kunnen alleen afwijken van de bepalingen van de artikelen 14 tot en met 16 en 18 tot en met 21. Staten die een zodanige overeenkomst hebben gesloten, zenden een afschrift daarvan aan de depositaris van het Verdrag.

Art. 40

Voorbehouden op het Verdrag zijn niet toegestaan.

Art. 41

Het Verdrag is steeds van toepassing wanneer op grond van artikel 14 een aanvraag is ontvangen nadat het Verdrag in de Staat van opvang en de Staat van herkomst in werking is getreden.

Art. 42

De Secretaris-Generaal van de Haagse Conferentie voor internationaal privaatrecht roept periodiek een Bijzondere Commissie bijeen ten einde de praktische werking van dit Verdrag te toetsen.

HOOFDSTUK VII SLOTBEPALINGEN

Art. 43

1. Dit Verdrag staat open voor ondertekening voor de Staten die ten tijde van de Zeventiende Zitting lid waren van de Haagse Conferentie voor Internationaal Privaatrecht en voor andere Staten die aan deze Zitting hebben deelgenomen.

2. Het Verdrag dient te worden bekrachtigd, aanvaard of goedgekeurd en de akten van bekrachtiging, aanvaarding of goedkeuring te worden nedergelegd bij het Ministerie van Buitenlandse Zaken van het Koninkrijk der Nederlanden, depositaris van het Verdrag.

Art. 44

1. Iedere andere Staat kan tot het Verdrag toetreden nadat het overeenkomstig artikel 46, eerste lid, in werking is getreden.

2. De akte van toetreding dient te worden nedergelegd bij de depositaris.

3. De toetreding heeft slechts gevolg in de betrekkingen tussen de toetredende Staat en die Verdragsluitende Staten die niet binnen zes maanden na de ontvangst van de in artikel 48, letter b, bedoelde kennisgeving bezwaar hebben gemaakt tegen de toetreding van deze Staat. Een dergelijk bezwaar kan ook worden gemaakt door een Staat op het tijdstip van een bekrachtiging, aanvaarding of goedkeuring van het verdrag, indien deze na de toetreding plaatsvindt. Van bezwaren wordt kennis gegeven aan de depositaris.

Art. 45

1. Een Staat die twee of meer territoriale eenheden omvat waarin verschillende rechtsstelsels van toepassing zijn betreffende onderwerpen die door dit Verdrag worden geregeld, kan op het tijdstip van ondertekening, bekrachtiging, aanvaarding, goedkeuring of toetreding verklaren dat dit Verdrag van toepassing is op al deze territoriale eenheden of slechts op een of meer daarvan en kan te allen tijde deze verklaring wijzigen door een nieuwe verklaring af te leggen.

2. Deze verklaringen worden ter kennis gebracht van de depositaris en vermelden uitdrukkelijk de territoriale eenheden waarop het Verdrag van toepassing is.

3. Indien een Staat geen verklaring krachtens dit artikel aflegt, is het Verdrag van toepassing op het gehele grondgebied van die Staat.

Art. 46

1. Het Verdrag treedt in werking op de eerste dag van de maand volgend op het verstrijken van een termijn van drie maanden na de nederlegging van de derde akte van bekrachtiging, aanvaarding of goedkeuring, bedoeld in artikel 43.

2. Vervolgens treedt het Verdrag in werking
a. voor iedere Staat die het Verdrag later bekrachtigt, aanvaardt, goedkeurt of hiertoe toetreedt, op de eerste dag van de maand volgend op het verstrijken van een termijn van drie maanden na de nederlegging van zijn akte van bekrachtiging, aanvaarding, goedkeuring of toetreding;
b. voor een territoriale eenheid waarop het Verdrag overeenkomstig artikel 45 is uitgebreid, op de eerste dag van de maand volgend op het verstrijken van een termijn van drie maanden na de kennisgeving bedoeld in dat artikel.

Art. 47

1. Een Staat die Partij is bij het Verdrag kan dit opzeggen door middel van een schriftelijke kennisgeving gericht aan de depositaris.

2. De opzegging wordt van kracht op de eerste dag van de maand volgend op het verstrijken van een termijn van twaalf maanden nadat de kennisgeving door de depositaris is ontvangen. Wanneer in de kennisgeving een langere opzegtermijn is aangegeven, wordt de opzegging van kracht na het verstrijken van zulk een langere termijn nadat de kennisgeving door de depositaris is ontvangen.

Art. 48

De depositaris geeft de Lid-Staten van de Haagse Conferentie voor Internationaal Privaatrecht, de andere Staten die aan de Zeventiende Zitting hebben deelgenomen en de Staten die overeenkomstig artikel 44 zijn toegetreden, kennis van:
a. de ondertekeningen, bekrachtigingen, aanvaardingen en goedkeuringen bedoeld in artikel 43;
b. de toetredingen en bezwaren tegen toetredingen bedoeld in artikel 44;
c. de datum waarop het Verdrag overeenkomstig artikel 46 in werking treedt;
d. de verklaringen en aanwijzingen bedoeld in de artikelen 22, 23, 25 en 45;
e. de overeenkomsten bedoeld in artikel 39;
f. de opzeggingen bedoeld in artikel 47.

Verdrag inzake de bevoegdheid, het toepasselijke recht, de erkenning, de tenuitvoerlegging en de samenwerking op het gebied van ouderlijke verantwoordelijkheid en maatregelen ter bescherming van kinderen^1

De Staten die dit Verdrag hebben ondertekend,
Gelet op de noodzaak de bescherming van kinderen in internationale situaties te verbeteren,
Geleid door de wens conflicten te vermijden tussen hun rechtsstelsels ten aanzien van de bevoegdheid, het toepasselijke recht, de erkenning en de tenuitvoerlegging van maatregelen ter bescherming van kinderen,
Herinnerend aan het belang van internationale samenwerking voor de bescherming van kinderen,
Bevestigend dat het belang van het kind voorop dient te staan,
Vaststellend dat het Verdrag van 5 oktober 1961 betreffende de bevoegdheid der autoriteiten en de toepasselijke wet inzake de bescherming van minderjarigen herziening behoeft,
Verlangend hiertoe gemeenschappelijke bepalingen vast te stellen, rekening houdend met het Verdrag van de Verenigde Naties inzake de rechten van het kind van 20 november 1989,
Zijn het volgende overeengekomen:

HOOFDSTUK I TOEPASSINGSGEBIED VAN HET VERDRAG

Art. 1

Doelstelling

1. Dit Verdrag heeft tot doel:
a. de Staat aan te wijzen welks autoriteiten bevoegd zijn maatregelen te nemen ter bescherming van de persoon of het vermogen van het kind;
b. het recht aan te wijzen dat door die autoriteiten in de uitoefening van hun bevoegdheid dient te worden toegepast;
c. het op de ouderlijke verantwoordelijkheid toepasselijke recht te bepalen;
d. de erkenning en de tenuitvoerlegging van de bedoelde beschermende maatregelen in alle Verdragsluitende Staten te verzekeren;
e. tussen de autoriteiten van de Verdragsluitende Staten een zodanige samenwerking tot stand te brengen als noodzakelijk is voor het verwezenlijken van de doelstellingen van dit Verdrag.
2. Voor de toepassing van dit Verdrag omvat de term „ouderlijke verantwoordelijkheid" het ouderlijk gezag of iedere overeenkomstige gezagsverhouding waarin de rechten, de bevoegdheden en de verantwoordelijkheden van ouders, voogden of andere wettelijke vertegenwoordigers ten opzichte van de persoon of het vermogen van het kind besloten liggen.

Art. 2

Werkingssfeer

Het Verdrag is van toepassing op kinderen vanaf het tijdstip van hun geboorte totdat zij de leeftijd van 18 jaar hebben bereikt.

Art. 3

Aard van bedoelde maatregelen

De in artikel 1 bedoelde maatregelen kunnen met name betrekking hebben op:
a. de toekenning, de uitoefening, de beëindiging of de beperking van ouderlijke verantwoordelijkheid, alsmede de overdracht ervan;
b. gezagsrechten, met inbegrip van rechten betreffende de zorg voor de persoon van het kind, en in het bijzonder het recht om zijn verblijfplaats te bepalen, alsmede het omgangsrecht met inbegrip van het recht het kind voor een beperkte tijdsduur mee te nemen naar een andere plaats dan zijn gewone verblijfplaats;
c. voogdij, curatele en overeenkomstige rechtsinstituten;
d. de aanwijzing en de taken van enige persoon of lichaam, belast met de zorg voor de persoon of het vermogen van het kind, of die het kind vertegenwoordigt of bijstaat;
e. de plaatsing van het kind in een pleeggezin of in een inrichting of de verstrekking van zorg aan het kind door middel van *kafala* of een overeenkomstig rechtsinstituut;
f. het toezicht door een overheidslichaam op de verzorging van een kind door een persoon die met de zorg voor dat kind belast is;

---

1 Inwerkingtredingsdatum: 01-05-2011.

g. het beheer, de instandhouding of de beschikking over het vermogen van het kind.

Art. 4

Het Verdrag is niet van toepassing op –
a. de vaststelling of de ontkenning van familierechtelijke betrekkingen;
b. beslissingen inzake adoptie, voorbereidende maatregelen voor adoptie of de nietigverklaring of herroeping van adoptie;
c. de geslachtsnaam en de voornamen van het kind;
d. handlichting;
e. onderhoudsverplichtingen;
f. trusts en erfopvolging;
g. sociale zekerheid;
h. overheidsmaatregelen van algemene aard op het gebied van onderwijs of gezondheidszorg;
i. maatregelen genomen op grond van strafbare feiten begaan door kinderen;
j. beslissingen inzake het recht op asiel en inzake toelating.

HOOFDSTUK II BEVOEGDHEID

Art. 5

1. De rechterlijke en administratieve autoriteiten van de Verdragsluitende Staat waar het kind zijn gewone verblijfplaats heeft, zijn bevoegd maatregelen te nemen die strekken tot de bescherming van zijn persoon of vermogen.

2. Onverminderd het bepaalde in artikel 7, zijn in geval van verplaatsing van de gewone verblijfplaats van het kind naar een andere Verdragsluitende Staat de autoriteiten van de Staat van de nieuwe gewone verblijfplaats bevoegd.

Art. 6

1. Ten aanzien van vluchtelingenkinderen en kinderen die ten gevolge van onlusten die in hun land plaatsvinden naar een ander land zijn verplaatst, hebben de autoriteiten van de Verdragsluitende Staat op welks grondgebied deze kinderen ten gevolge van hun verplaatsing aanwezig zijn, de bevoegdheid bedoeld in het eerste lid van artikel 5.

2. De bepaling van het voorgaande lid is eveneens van toepassing op kinderen wier gewone verblijfplaats niet kan worden vastgesteld.

Art. 7

1. In geval van ongeoorloofd overbrengen of niet doen terugkeren van het kind blijven de autoriteiten van de Verdragsluitende Staat waarin het kind onmiddellijk voor de overbrenging of het niet doen terugkeren zijn gewone verblijfplaats had, bevoegd totdat het kind een gewone verblijfplaats heeft verworven in een andere Staat en
a. enige persoon, instelling of ander lichaam dat gezagsrechten heeft, in de overbrenging of het niet doen terugkeren heeft berust; of
b. het kind in die andere Staat zijn verblijfplaats heeft gehad, gedurende een periode van ten minste een jaar nadat de persoon, de instelling of het andere lichaam dat gezagsrechten heeft, kennis heeft gekregen of had moeten krijgen van de verblijfplaats van het kind, geen verzoek tot terugkeer, dat binnen die periode is ingediend, nog in behandeling is, en het kind in zijn nieuwe omgeving is geworteld.

2. Het overbrengen of het niet doen terugkeren van een kind wordt als ongeoorloofd beschouwd, wanneer –
a. dit geschiedt in strijd met een gezagsrecht dat is toegekend aan een persoon, een instelling of enig ander lichaam, alleen of gezamenlijk, ingevolge het recht van de Staat waar het kind onmiddellijk voor zijn overbrenging of het niet doen terugkeren zijn gewone verblijfplaats had, en
b. dit recht alleen of gezamenlijk daadwerkelijk werd uitgeoefend op het tijdstip van de overbrenging of het niet doen terugkeren, dan wel zou zijn uitgeoefend indien een zodanige gebeurtenis niet had plaatsgevonden.
Het onder *a* bedoelde gezagsrecht kan in het bijzonder voortvloeien uit een toekenning van rechtswege, een rechterlijke of administratieve beslissing of een overeenkomst die geldig is ingevolge het recht van die Staat.

3. Zolang de in het eerste lid bedoelde autoriteiten hun bevoegdheid behouden, kunnen de autoriteiten van de Verdragsluitende Staat waarheen het kind is overgebracht of waar het wordt vastgehouden slechts ingevolge artikel 11 spoedeisende maatregelen nemen die noodzakelijk zijn voor de bescherming van de persoon of het vermogen van het kind.

Art. 8

1. Bij wijze van uitzondering kan de autoriteit van een Verdragsluitende Staat die ingevolge artikel 5 of 6 bevoegd is, indien zij van oordeel is dat de autoriteit van een andere Verdragsluitende Staat in een bepaald geval beter in staat is het belang van het kind te beoordelen,

– hetzij die andere autoriteit, rechtstreeks of door tussenkomst van de Centrale Autoriteit van die Staat, verzoeken de bevoegdheid te aanvaarden om de door haar noodzakelijk geachte beschermende maatregelen te nemen,

– hetzij de zaak aanhouden en de partijen uitnodigen een daartoe strekkend verzoek te richten aan de autoriteit van die andere Staat.

2. De Verdragsluitende Staten wier autoriteiten kunnen worden aangezocht of geadieerd op de in het vorige lid bedoelde wijze, zijn:

a. een Staat waarvan het kind de nationaliteit bezit;

b. een Staat waar vermogen van het kind is gelegen;

c. een Staat bij welks autoriteiten een verzoek tot echtscheiding of scheiding van tafel en bed van de ouders van het kind of tot nietigverklaring van hun huwelijk aanhangig is;

d. een Staat waarmee het kind een nauwe band heeft.

3. De betrokken autoriteiten kunnen met elkaar in overleg treden.

4. De autoriteit die op de in het eerste lid bedoelde wijze is benaderd, kan de bevoegdheid aanvaarden in de plaats van de ingevolge artikel 5 of 6 bevoegde autoriteit, indien zij zulks in het belang van het kind acht.

Art. 9

Overname bevoegdheid door autoriteiten van aangezochte Verdragsluitende Staat

1. Indien de autoriteiten van een Verdragsluitende Staat als bedoeld in het tweede lid van artikel 8 oordelen dat zij in een bepaald geval beter in staat zijn het belang van het kind te beoordelen, kunnen zij

– hetzij de bevoegde autoriteit van de Verdragsluitende Staat waar het kind zijn gewone verblijfplaats heeft, rechtstreeks of door tussenkomst van de Centrale Autoriteit van die Staat, verzoeken hen te machtigen de bevoegdheid uit te oefenen om door hen noodzakelijk geachte beschermende maatregelen te nemen,

– hetzij de partijen uitnodigen een daartoe strekkend verzoek te richten aan de autoriteiten van de Verdragsluitende Staat waar het kind zijn gewone verblijfplaats heeft.

2. De betrokken autoriteiten kunnen met elkaar in overleg treden.

3. De autoriteit van wie het verzoek uitgaat kan, in de plaats van de autoriteit van de Verdragsluitende Staat waar het kind zijn gewone verblijfplaats heeft, de bevoegdheid slechts uitoefenen indien deze laatste het verzoek heeft ingewilligd.

Art. 10

Bevoegdheid autoriteit Verdragsluitende Staat, na veranderde huwelijkse staat ouders kind

1. Onverminderd de artikelen 5 tot en met 9, kunnen de autoriteiten van een Verdragsluitende Staat, in de uitoefening van hun bevoegdheid om te beslissen over een verzoek tot echtscheiding of scheiding van tafel en bed van de ouders van een kind dat zijn gewone verblijfplaats heeft in een andere Verdragsluitende Staat, of tot nietigverklaring van hun huwelijk, maatregelen nemen ter bescherming van de persoon of het vermogen van dat kind indien het recht van hun Staat daarin voorziet en indien:

a. op het tijdstip van de aanvang van de procedure een van de ouders zijn of haar gewone verblijfplaats heeft in die Staat en een van hen de ouderlijke verantwoordelijkheid over het kind heeft, en

b. de bevoegdheid van deze autoriteiten om dergelijke maatregelen te nemen zowel door de ouders is aanvaard, als door enige andere persoon die de ouderlijke verantwoordelijkheid heeft ten aanzien van het kind, en het belang van het kind daarmee is gediend.

2. De in het eerste lid bedoelde bevoegdheid om maatregelen te nemen ter bescherming van het kind eindigt zodra de beslissing betreffende de inwilliging of de afwijzing van het verzoek tot echtscheiding, scheiding van tafel en bed of de nietigverklaring van het huwelijk definitief is geworden, of de procedure om een andere reden een einde heeft genomen.

Art. 11

Bevoegdheid autoriteit Verdragsluitende Staten in spoedeisende gevallen

1. In alle spoedeisende gevallen zijn de autoriteiten van iedere Verdragsluitende Staat op welks grondgebied het kind of vermogen van het kind zich bevindt, bevoegd om alle noodzakelijke beschermende maatregelen te nemen.

2. De maatregelen die ingevolge het voorgaande lid zijn genomen ten aanzien van een kind dat zijn gewone verblijfplaats heeft in een Verdragsluitende Staat houden op van kracht te zijn zodra de krachtens de artikelen 5 tot en met 10 bevoegde autoriteiten de door de omstandigheden vereiste maatregelen hebben genomen.

3. De maatregelen die ingevolge het eerste lid zijn genomen ten aanzien van een kind dat zijn gewone verblijfplaats heeft in een niet-Verdragsluitende Staat houden op van kracht te zijn in elke Verdragsluitende Staat zodra de door de omstandigheden vereiste maatregelen, welke zijn genomen door de autoriteiten van een andere Staat, in de betrokken Verdragsluitende Staat worden erkend.

Art. 12

1. Onverminderd het bepaalde in artikel 7 zijn de autoriteiten van een Verdragsluitende Staat op het grondgebied waarvan het kind of vermogen van het kind zich bevindt, bevoegd om ter bescherming van diens persoon of vermogen voorlopige maatregelen te nemen waarvan de territoriale werking beperkt is tot de betrokken Staat, voor zover dergelijke maatregelen niet onverenigbaar zijn met maatregelen die reeds door de ingevolge de artikelen 5 tot en met 10 bevoegde autoriteiten zijn genomen.

2. De ingevolge het voorgaande lid genomen maatregelen ten aanzien van een kind dat zijn gewone verblijfplaats heeft in een Verdragsluitende Staat houden op van kracht te zijn zodra de ingevolge de artikelen 5 tot en met 10 bevoegde autoriteiten een beslissing hebben genomen betreffende beschermende maatregelen die door de omstandigheden vereist zijn.

3. De ingevolge het eerste lid genomen maatregelen ten aanzien van een kind dat zijn gewone verblijfplaats heeft in een niet-Verdragsluitende Staat houden op van kracht te zijn in de Verdragsluitende Staat waar de maatregelen zijn genomen, zodra door de omstandigheden vereiste maatregelen welke zijn genomen door de autoriteiten van een andere Staat, in de betrokken Verdragsluitende Staat worden erkend.

Art. 13

1. De autoriteiten van een Verdragsluitende Staat die ingevolge de artikelen 5 tot en met 10 bevoegd zijn maatregelen te nemen ter bescherming van de persoon of het vermogen van het kind dienen zich te onthouden van het uitoefenen van deze bevoegdheid indien, op het tijdstip van de aanvang van de procedure, om overeenkomstige maatregelen is verzocht aan de ingevolge de artikelen 5 tot en met 10 op het tijdstip van het verzoek bevoegde autoriteiten van een andere Verdragsluitende Staat en deze nog in beraad zijn.

2. Het in het voorgaande lid bepaalde is niet van toepassing indien de autoriteiten aan wie het verzoek om maatregelen aanvankelijk is voorgelegd, van hun bevoegdheid hebben afgezien.

Art. 14

De maatregelen die met toepassing van de artikelen 5 tot en met 10 zijn genomen blijven van kracht overeenkomstig het daarin bepaalde, ook indien een verandering in de omstandigheden de grond waarop de bevoegdheid was gebaseerd, heeft weggenomen, zolang de krachtens het Verdrag bevoegde autoriteiten deze maatregelen niet hebben gewijzigd, vervangen of beëindigd.

HOOFDSTUK III TOEPASSELIJK RECHT

Art. 15

1. De autoriteiten van de Verdragsluitende Staten oefenen de bevoegdheid die hun ingevolge het bepaalde in Hoofdstuk II is toegekend uit onder toepassing van hun interne recht.

2. Zij kunnen echter, inzoverre de bescherming van de persoon of het vermogen van het kind dit vereist, bij wijze van uitzondering het recht van een andere Staat waarmee de omstandigheden nauw verband houden, toepassen of daarmee rekening houden.

3. Indien de gewone verblijfplaats van het kind wordt verplaatst naar een andere Verdragsluitende Staat, beheerst het recht van die andere Staat vanaf het moment van de verplaatsing de wijze van uitvoering van de in de Staat van de vorige gewone verblijfplaats genomen maatregelen.

Art. 16

1. Het van rechtswege ontstaan of tenietgaan van ouderlijke verantwoordelijkheid, zonder tussenkomst van een rechterlijke of administratieve autoriteit, wordt beheerst door het recht van de Staat van de gewone verblijfplaats van het kind.

2. Het ontstaan of tenietgaan van ouderlijke verantwoordelijkheid door een overeenkomst of een eenzijdige rechtshandeling, zonder tussenkomst van een rechterlijke of administratieve autoriteit, wordt beheerst door het recht van de Staat waar het kind zijn gewone verblijfplaats heeft op het moment waarop de overeenkomst of de eenzijdige rechtshandeling van kracht wordt.

3. Het op grond van het recht van de Staat van de gewone verblijfplaats van het kind bestaande ouderlijke verantwoordelijkheid blijft bestaan na verplaatsing van die gewone verblijfplaats naar een andere Staat.

4. Indien de gewone verblijfplaats van het kind wordt verplaatst, wordt het van rechtswege ontstaan van ouderlijke verantwoordelijkheid van een persoon die deze verantwoordelijkheid niet reeds heeft, beheerst door het recht van de Staat van de nieuwe gewone verblijfplaats.

Art. 17

De uitoefening van de ouderlijke verantwoordelijkheid wordt beheerst door het recht van de Staat van de gewone verblijfplaats van het kind. Indien de gewone verblijfplaats van het kind wordt verplaatst, wordt de uitoefening beheerst door het recht van de Staat van de nieuwe gewone verblijfplaats.

B63 art. 18

Art. 18

Beëindiging/aanpassing ouderlijke verantwoordelijkheid

De in artikel 16 bedoelde ouderlijke verantwoordelijkheid kan worden beëindigd of de voorwaarden voor de uitoefening ervan gewijzigd, door ingevolge dit Verdrag te nemen maatregelen.

Art. 19

Geldigheid rechtshandeling inzake wettelijke vertegenwoordiging kind

1. De geldigheid van een rechtshandeling, tot stand gekomen tussen een derde en een andere persoon die op grond van het recht van de Staat waar de rechtshandeling tot stand is gekomen bevoegd zou zijn als wettelijk vertegenwoordiger van het kind op te treden, kan niet worden aangetast en de derde kan niet aansprakelijk worden gesteld op de enkele grond dat krachtens het door de bepalingen van dit hoofdstuk aangewezen recht de ander niet bevoegd was als wettelijk vertegenwoordiger van het kind op te treden, tenzij de derde wist of had moeten weten dat de ouderlijke verantwoordelijkheid door dit recht werd beheerst.

2. Het voorgaande lid is alleen van toepassing indien de rechtshandeling tot stand is gekomen tussen personen die zich op het grondgebied van eenzelfde Staat bevinden.

Art. 20

Toepasselijk recht van niet-Verdragsluitende Staat

De bepalingen van dit hoofdstuk zijn van toepassing ook indien het daardoor aangewezen recht het recht is van een Staat die niet een Verdragsluitende Staat is.

Art. 21

Begripsbepalingen

1. In dit hoofdstuk wordt onder „recht" verstaan het in een Staat geldende recht, met uitsluiting van regels van conflictenrecht van die Staat.

2. Indien echter het volgens artikel 16 toepasselijke recht het recht is van een niet-Verdragsluitende Staat en indien de conflictenregels van die Staat het recht aanwijzen van een andere niet-Verdragsluitende Staat die zijn eigen recht zou toepassen, is het recht van laatstgenoemde Staat van toepassing. Indien de andere niet-Verdragsluitende Staat zijn eigen recht niet toepast, is het door artikel 16 aangewezen recht van toepassing.

Art. 22

Werkingssfeer

De toepassing van het door de bepalingen van dit hoofdstuk aangewezen recht kan slechts worden geweigerd indien deze toepassing, gelet op het belang van het kind, kennelijk in strijd zou zijn met de openbare orde.

HOOFDSTUK IV ERKENNING EN TENUITVOERLEGGING

Art. 23

Erkenning genomen maatregelen van autoriteiten van Verdragsluitende Staat

1. De door de autoriteiten van een Verdragsluitende Staat genomen maatregelen worden van rechtswege in alle andere Verdragsluitende Staten erkend.

2. Erkenning kan evenwel worden geweigerd:

a. indien de maatregel is genomen door een autoriteit wiens bevoegdheid niet was gebaseerd op een van de in hoofdstuk II bedoelde gronden;

b. indien de maatregel, behoudens een spoedeisend geval, is genomen in het kader van een rechterlijke of administratieve procedure zonder dat het kind in de gelegenheid is gesteld te worden gehoord, zulks met schending van fundamentele beginselen van procesrecht van de aangezochte Staat;

c. op verzoek van enige persoon die beweert dat de maatregel inbreuk maakt op zijn of haar ouderlijke verantwoordelijkheid, indien deze maatregel, behoudens in een spoedeisend geval, is genomen zonder dat deze persoon in de gelegenheid is gesteld te worden gehoord;

d. indien de erkenning, gelet op het belang van het kind, kennelijk in strijd is met de openbare orde van de aangezochte Staat;

e. indien de maatregel onverenigbaar is met een maatregel die naderhand is genomen in de niet-Verdragsluitende Staat waar het kind zijn gewone verblijfplaats heeft, en deze latere maatregel voldoet aan de vereisten voor erkenning in de aangezochte Staat;

f. indien de in artikel 33 bedoelde procedure niet in acht is genomen.

Art. 24

Bijzondere verzoeken over erkenning genomen maatregelen in andere Verdragsluitende Staten

Onverminderd het bepaalde in artikel 23, eerste lid, kan iedere belanghebbende persoon de bevoegde autoriteiten van een Verdragsluitende Staat verzoeken een beslissing te nemen over de erkenning of de niet-erkenning van een in een andere Verdragsluitende Staat genomen maatregel. De procedure wordt beheerst door het recht van de aangezochte Staat.

Art. 25

Gebondenheid aan vaststelling feiten in genomen maatregelen in andere Verdragsluitende Staten

De autoriteit van de aangezochte Staat is gebonden aan de vaststelling van de feiten waarop de autoriteit van de Staat waar de maatregel is genomen haar bevoegdheid heeft gebaseerd.

Art. 26

1. Indien maatregelen die in een Verdragsluitende Staat zijn genomen en daar uitvoerbaar zijn, in een andere Verdragsluitende Staat ten uitvoer moeten worden gelegd, worden zij op verzoek van een belanghebbende partij in die andere Staat uitvoerbaar verklaard of voor tenuitvoerlegging geregistreerd volgens de procedure die in het recht van laatstgenoemde Staat is voorzien.

2. Elke Verdragsluitende Staat gebruikt voor de verklaring van uitvoerbaarheid of de registratie een eenvoudige en snelle procedure.

3. De verklaring van uitvoerbaarheid of de registratie kan slechts op een van de in artikel 23, tweede lid, voorziene gronden worden geweigerd.

Art. 27

Behoudens de toetsing die in verband met de toepassing van de voorgaande artikelen noodzakelijk is, mag geen toetsing plaats vinden van de gronden waarop een genomen maatregel berust.

Art. 28

Maatregelen genomen in de ene Verdragsluitende Staat en uitvoerbaar verklaard of voor tenuitvoerlegging geregistreerd in een andere Verdragsluitende Staat, worden in laatstgenoemde Staat ten uitvoer gelegd alsof deze maatregelen door de autoriteiten van die Staat waren genomen. De tenuitvoerlegging vindt plaats overeenkomstig het recht van de aangezochte Staat binnen de door dat recht voorziene grenzen, met inachtneming van het belang van het kind.

HOOFDSTUK V SAMENWERKING

Art. 29

1. Elke Verdragsluitende Staat wijst een Centrale Autoriteit aan die is belast met de naleving van de door het Verdrag aan haar opgelegde verplichtingen.

2. Federale Staten, Staten waarin meer dan één rechtsstelsel geldt en Staten die autonome territoriale eenheden omvatten, staat het vrij meer dan één Centrale Autoriteit aan te wijzen en de territoriale of personele reikwijdte van hun taken aan te geven. Een Staat die van deze mogelijkheid gebruik maakt, wijst de Centrale Autoriteit aan waaraan alle mededelingen kunnen worden gedaan met het oog op overbrenging daarvan aan de bevoegde Centrale Autoriteit binnen deze Staat.

Art. 30

1. De Centrale Autoriteiten werken onderling samen en bevorderen de samenwerking tussen de bevoegde autoriteiten in hun Staten ten einde de doelstellingen van het Verdrag te verwezenlijken.

2. Zij nemen, in verband met de toepassing van het Verdrag, alle passende maatregelen om informatie te verstrekken over de wetgeving van en de beschikbare diensten in hun Staat op het gebied van de bescherming van kinderen.

Art. 31

De Centrale Autoriteit van een Verdragsluitende Staat neemt, hetzij rechtstreeks, hetzij via overheidsinstanties of andere instellingen, alle passende maatregelen ten einde:

a. de informatie-uitwisseling te vereenvoudigen en de in de artikelen 8 en 9 en in dit hoofdstuk bedoelde bijstand te verlenen;

b. door bemiddeling, verzoening of overeenkomstige methoden minnelijke schikkingen te bevorderen met betrekking tot de bescherming van de persoon of het vermogen van het kind, in de omstandigheden waarin het Verdrag van toepassing is;

c. op verzoek van de bevoegde autoriteit van een andere Verdragsluitende Staat bijstand te verlenen bij het opsporen van het kind, indien het ernaar uitziet dat dit zich op het grondgebied van de aangezochte Staat bevindt en bescherming nodig heeft.

Art. 32

Op een met redenen omkleed verzoek van de Centrale Autoriteit of van een andere bevoegde autoriteit van een Verdragsluitende Staat waarmee het kind een nauwe band heeft, kan de Centrale Autoriteit van de Verdragsluitende Staat waar het kind zijn gewone verblijfplaats heeft en waar het zich bevindt, rechtstreeks of via overheidsinstanties of andere instellingen

a. een rapport uitbrengen over de situatie van het kind;

b. de bevoegde autoriteit van haar Staat verzoeken na te gaan of maatregelen ter bescherming van de persoon of het vermogen van het kind wenselijk zijn.

B63 art. 33

Haags kinderbeschermingsverdrag 1996

Art. 33

Overleg Verdragsluitende Staten over plaatsing in pleeggezin/instelling

1. Indien een ingevolge de artikelen 5 tot en met 10 bevoegde autoriteit de plaatsing van het kind in een pleeggezin of in een instelling dan wel de verstrekking van zorg aan het kind door middel van *kafala* of een overeenkomstig rechtsinstituut overweegt en indien deze plaatsing of zorg dient plaats te vinden in een andere Verdragsluitende Staat, pleegt zij eerst overleg met de Centrale Autoriteit of een andere bevoegde autoriteit van laatstgenoemde Staat. Daartoe verstrekt zij een rapport over het kind, vergezeld van de redenen voor de voorgestelde plaatsing of zorg.

2. De beslissing over de plaatsing of de verstrekking van zorg mag in de verzoekende Staat slechts worden genomen indien de Centrale Autoriteit of een andere bevoegde autoriteit van de aangezochte Staat heeft ingestemd met de plaatsing of de zorg, met inachtneming van het belang van het kind.

Art. 34

Mededeling aan autoriteit andere Verdragsluitende Staat inzake overwogen maatregel

1. Wanneer een beschermende maatregel wordt overwogen, kunnen de ingevolge het Verdrag bevoegde autoriteiten, indien de situatie van het kind dit vereist, elke autoriteit van een andere Verdragsluitende Staat die informatie heeft die van belang is voor de bescherming van het kind, verzoeken deze informatie mede te delen.

2. Een Verdragsluitende Staat kan verklaren dat verzoeken ingevolge het eerste lid slechts via zijn Centrale Autoriteit aan zijn autoriteiten kunnen worden doorgeleid.

Art. 35

Bijstandverlening aan andere Verdragsluitende Staat bij uitvoering maatregelen

1. De bevoegde autoriteiten van een Verdragsluitende Staat kunnen de autoriteiten van een andere Verdragsluitende Staat verzoeken bijstand te verlenen bij de uitvoering van de ingevolge dit Verdrag getroffen beschermende maatregelen, in het bijzonder bij de verzekering van de daadwerkelijke uitoefening van het omgangsrecht alsmede het recht om regelmatige rechtstreekse contacten te onderhouden.

2. De autoriteiten van een Verdragsluitende Staat waar het kind niet zijn gewone verblijfplaats heeft, kunnen op verzoek van de in die Staat woonachtige ouder die een omgangsrecht met het kind tracht te verkrijgen of te behouden, inlichtingen of bewijsmateriaal verzamelen en zich uitspreken over de geschiktheid van die ouder om het omgangsrecht uit te oefenen en over de voorwaarden waaronder dat recht moet worden uitgeoefend. Een autoriteit die ingevolge de artikelen 5 tot en met 10 bevoegd is om over het omgangsrecht met het kind te beslissen, dient alvorens een beslissing te nemen met deze informatie, dit bewijsmateriaal en deze bevindingen rekening te houden.

3. Een autoriteit die ingevolge de artikelen 5 tot en met 10 bevoegd is om te beslissen over het omgangsrecht, kan de procedure schorsen hangende de uitkomst van een op grond van het tweede lid ingediend verzoek, in het bijzonder wanneer bij haar een verzoek aanhangig is gemaakt tot beperking of beëindiging van een omgangsrecht dat is toegekend in de Staat waar het kind zijn vorige gewone verblijfplaats had.

4. Dit artikel laat onverlet de bevoegdheid van een ingevolge de artikelen 5 tot en met 10 bevoegde autoriteit om hangende de uitkomst van het ingevolge het tweede lid ingediende verzoek voorlopige maatregelen te nemen.

Art. 36

Mededeling aan autoriteiten andere Staat over blootstelling kind aan ernstig gevaar

In alle gevallen waarin een kind is blootgesteld aan een ernstig gevaar doen de bevoegde autoriteiten van de Verdragsluitende Staat waar maatregelen voor de bescherming van het kind zijn genomen of worden overwogen, indien hun wordt medegedeeld dat de verblijfplaats van het kind is overgebracht naar of dat het kind zich bevindt in een andere Staat, aan de autoriteiten van die andere Staat mededeling van dit gevaar en de genomen of in overweging zijnde maatregelen.

Art. 37

Afzien van informatieverstrekking/verzoek door autoriteiten bij mogelijke schade voor kind

Een autoriteit vraagt of verstrekt geen informatie ingevolge dit hoofdstuk, indien volgens haar aannemelijk is dat een dergelijke handeling de persoon of het vermogen van het kind in gevaar zou kunnen brengen, of een ernstige bedreiging zou vormen voor de vrijheid of het leven van een familielid van het kind.

Art. 38

Voorzien in eigen onkosten door autoriteiten Verdragsluitende Staten bij uitvoering verdragsverplichtingen

1. Onverminderd de mogelijkheid een redelijke vergoeding te vragen voor het verlenen van diensten, dienen Centrale Autoriteiten en andere overheidsinstanties van de Verdragsluitende Staten hun eigen kosten te dragen bij de toepassing van de bepalingen van dit hoofdstuk.

2. Een Verdragsluitende Staat kan met een of meer andere Verdragsluitende Staten overeenkomsten sluiten inzake de onderlinge verdeling van de kosten.

Art. 39

Een Verdragsluitende Staat kan met een of meer andere Verdragsluitende Staten overeenkomsten sluiten met het oog op verbetering van de toepassing van dit hoofdstuk in hun onderlinge betrekkingen. De Staten die een zodanige overeenkomst hebben gesloten, zenden een afschrift daarvan aan de depositaris van het Verdrag.

Onderlinge overeenkomsten Verdragsluitende Staten met oog op toepassing Verdrag

HOOFDSTUK VI ALGEMENE BEPALINGEN

Art. 40

1. De autoriteiten van de Verdragsluitende Staat waar het kind zijn gewone verblijfplaats heeft, of van de Verdragsluitende Staat waar een beschermende maatregel is genomen, kunnen aan de persoon die de ouderlijke verantwoordelijkheid heeft of aan de persoon aan wie de bescherming van de persoon of het vermogen van het kind is toevertrouwd, op zijn of haar verzoek een verklaring verstrekken waarin wordt aangegeven in welke hoedanigheid die persoon kan optreden en welke bevoegdheden hem of haar zijn verleend.

2. De in de verklaring aangegeven hoedanigheid en bevoegdheden wordt deze persoon geacht te bezitten, behoudens bewijs van het tegendeel.

3. Elke Verdragsluitende Staat wijst de autoriteiten aan die bevoegd zijn de verklaring op te stellen.

Verklaring bevoegdheden personen met ouderlijke verantwoordelijkheid/beschermende hoedanigheid

Art. 41

Persoonlijke gegevens die op grond van het Verdrag zijn verzameld of medegedeeld mogen slechts worden gebruikt voor de doeleinden waarvoor zij zijn verzameld of medegedeeld.

Beperking aan gebruik verzamelde/meegedeelde persoonlijke gegevens

Art. 42

De autoriteiten aan wie informatie wordt verstrekt garanderen de vertrouwelijkheid daarvan in overeenstemming met het recht van hun Staat.

Garantie vertrouwelijkheid inzake verstrekt gegevens door autoriteit

Art. 43

Alle krachtens dit Verdrag verzonden of afgegeven bescheiden zijn vrijgesteld van legalisatie of enige andere soortgelijke formaliteit.

Vrijstelling verzonden/afgegeven gegevens van legaliserende formaliteit

Art. 44

Elke Verdragsluitende Staat kan de autoriteiten aanwijzen tot wie de verzoeken bedoeld in de artikelen 8, 9 en 33 dienen te worden gericht.

Aanwijzing geschikte autoriteit voor verzoeken inzake bevoegdheid of ouderlijke macht

Art. 45

1. Van de aanwijzingen bedoeld in de artikelen 29 en 44 wordt mededeling gedaan aan het Permanent Bureau van de Haagse Conferentie voor Internationaal Privaatrecht.

2. De in het tweede lid van artikel 34 bedoelde verklaring wordt afgelegd bij de depositaris bij het Verdrag.

Mededeling over aanwijzing autoriteiten aan Haagse Conferentie voor Internationaal Privaatrecht

Art. 46

Een Verdragsluitende Staat met verschillende rechtsstelsels of regelingen met betrekking tot de bescherming van het kind en diens vermogen, is niet gehouden de bepalingen van het Verdrag toe te passen op conflicten die slechts deze verschillende rechtsstelsels of regelingen betreffen.

Toepassing Verdrag op conflicten in Staat met verschillende toepasselijke rechtsstelsels

Art. 47

Ten aanzien van een Staat die op het gebied van enige bij dit Verdrag geregelde aangelegenheid twee of meer rechtsstelsels of verzamelingen rechtsregels heeft die binnen territoriale eenheden van toepassing zijn,

1. wordt een verwijzing naar de gewone verblijfplaats in die Staat uitgelegd als een verwijzing naar de gewone verblijfplaats in een territoriale eenheid;

2. wordt een verwijzing naar de aanwezigheid van het kind in die Staat uitgelegd als een verwijzing naar aanwezigheid in een territoriale eenheid;

3. wordt een verwijzing naar de ligging van vermogen van het kind in die Staat uitgelegd als een verwijzing naar de ligging van vermogen van het kind in een territoriale eenheid;

4. wordt een verwijzing naar de Staat waarvan het kind de nationaliteit bezit uitgelegd als een verwijzing naar de door het recht van die Staat aangewezen territoriale eenheid of, bij gebreke van ter zake dienende regels, naar de territoriale eenheid waarmee het kind de nauwste betrekkingen heeft;

5. wordt een verwijzing naar de Staat bij de autoriteiten waarvan een verzoek tot echtscheiding of scheiding van tafel en bed door de ouders van het kind of tot nietigverklaring van hun huwelijk

Verwijzing naar woonplaats kind in Staat met verschillende rechtsstelsels en territoriale eenheden

aanhangig is, uitgelegd als een verwijzing naar de territoriale eenheid bij de autoriteiten waarvan een dergelijk verzoek aanhangig is;

6. wordt een verwijzing naar de Staat waarmee het kind een nauwe band heeft, uitgelegd als een verwijzing naar de territoriale eenheid waarmee het kind een zodanige band heeft;

7. wordt een verwijzing naar de Staat waarheen het kind is overgebracht of waarin het wordt vastgehouden uitgelegd als een verwijzing naar de desbetreffende territoriale eenheid waarnaar het kind is overgebracht of waarin het wordt vastgehouden;

8. wordt een verwijzing naar de instellingen of autoriteiten van die Staat, niet zijnde de Centrale Autoriteiten, uitgelegd als een verwijzing naar de instellingen of autoriteiten die in de desbetreffende territoriale eenheid tot optreden bevoegd zijn;

9. wordt een verwijzing naar het recht of de procedure of de autoriteit van de Staat waarin een maatregel is genomen uitgelegd als een verwijzing naar het recht of de procedure of de autoriteit van de territoriale eenheid waarin een zodanige maatregel is genomen;

10. wordt een verwijzing naar het recht of de procedure of de autoriteit van de aangezochte Staat uitgelegd als een verwijzing naar het recht of de procedure of de autoriteit van de territoriale eenheid waarin om erkenning of tenuitvoerlegging wordt verzocht.

Art. 48

Aanwijzing toepasselijk recht in Staat met territoriale eenheden en afzonderlijke rechtsstelsels

Teneinde het op grond van hoofdstuk III toepasselijke recht aan te wijzen ten aanzien van een Staat die twee of meer territoriale eenheden omvat met ieder hun eigen rechtsstelsel of verzameling rechtsregels op het gebied van enige aangelegenheid die onder dit Verdrag valt, zijn de volgende regels van toepassing:

a. indien in die Staat regels van kracht zijn waarin wordt vastgesteld van welke territoriale eenheid het recht van toepassing is, wordt het recht van die eenheid toegepast;

b. in afwezigheid van dergelijke regels is het recht van het desbetreffende gebiedsdeel volgens het bepaalde in artikel 47 van toepassing.

Art. 49

Toepasselijke regels in Staat met verschillende rechtsstelsels en regels betreffende categorieën personen

Teneinde het krachtens hoofdstuk III toepasselijke recht aan te wijzen ten aanzien van een Staat die twee of meer rechtsstelsels of regelingen heeft die op verschillende categorieën personen van toepassing zijn op het gebied van enige in dit Verdrag geregelde aangelegenheid, zijn de volgende regels van toepassing:

a. indien in een zodanige Staat regels van kracht zijn waarin wordt vastgesteld welke van deze stelsels van toepassing is, vindt het desbetreffende stelsel toepassing;

b. bij gebreke van dergelijke regels, is het recht van toepassing van het stelsel of de verzameling rechtsregels waarmee het kind de nauwste band heeft.

Art. 50

Toepasselijkheid Verdrag van 25 oktober 1980 inzake burgerrechtelijke aspecten van internationale ontvoering van kinderen

Dit Verdrag doet geen afbreuk aan de toepassing van het Verdrag van 25 oktober 1980 inzake de burgerrechtelijke aspecten van internationale ontvoering van kinderen in de betrekkingen tussen de Staten die Partij zijn bij beide Verdragen. Onverlet blijft echter de mogelijkheid om op bepalingen van dit Verdrag een beroep te doen ten einde de terugkeer te bewerkstelligen van een kind dat ongeoorloofd is overgebracht of wordt vastgehouden, of ten einde het omgangsrecht te regelen.

Art. 51

Vervanging van Verdrag uit 1961 inzake bescherming van minderjarigen

In de betrekkingen tussen de Verdragsluitende Staten treedt dit Verdrag in de plaats van het Verdrag van 5 oktober 1961 betreffende de bevoegdheid der autoriteiten en de toepasselijke wet inzake de bescherming van minderjarigen en het Verdrag tot regeling der voogdij van minderjarigen ondertekend te 's-Gravenhage op 12 juni 1902, onverminderd de erkenning van maatregelen genomen uit hoofde van het hierboven vermelde Verdrag van 5 oktober 1961.

Art. 52

Werkingssfeer

1. Dit Verdrag laat onverlet internationale regelingen waarbij de Verdragsluitende Staten Partij zijn en die bepalingen bevatten over in dit Verdrag geregelde onderwerpen tenzij een andersluidende verklaring wordt afgelegd door de Staten die Partij zijn bij dergelijke regelingen.

2. Dit Verdrag laat onverlet de mogelijkheid dat een of meer Verdragsluitende Staten overeenkomsten sluiten die ten aanzien van kinderen die hun gewone verblijfplaats hebben in een van de Staten die Partij zijn bij dergelijke overeenkomsten bepalingen bevatten over bij dit Verdrag geregelde onderwerpen.

3. Overeenkomsten die door een of meer Verdragsluitende Partijen worden gesloten over onderwerpen die door dit Verdrag worden geregeld, doen in de betrekkingen van deze Staten met andere Verdragsluitende Staten geen afbreuk aan de toepassing van de bepalingen van dit Verdrag.

4. De voorgaande leden zijn eveneens van toepassing op eenvormige wetten die hun grondslag vinden in het bestaan van speciale banden van regionale of andere aard tussen de desbetreffende Staten.

Art. 53

Toepasselijkheid van het Verdrag

1. Het Verdrag is slechts van toepassing op maatregelen die zijn genomen in een Staat nadat het Verdrag ten aanzien van die Staat in werking is getreden.

2. Het Verdrag is van toepassing op de erkenning en de tenuitvoerlegging van maatregelen die zijn genomen nadat het in werking is getreden in de betrekkingen tussen de Staat waar de maatregelen zijn genomen en de aangezochte Staat.

Art. 54

1. Mededelingen aan de Centrale Autoriteit of een andere autoriteit van een Verdragsluitende Staat worden gedaan in de oorspronkelijke taal en gaan vergezeld van een vertaling in de officiële taal of in een van de officiële talen van de andere Staat of, wanneer deze vertaling bezwaarlijk kan worden vervaardigd, van een vertaling in het Frans of in het Engels.

Franse of Engelse vertalingen van uitgewisselde mededelingen

2. Een Verdragsluitende Staat kan echter, door het maken van het in artikel 60 bedoelde voorbehoud, bezwaar maken tegen het gebruik van hetzij het Frans, hetzij het Engels.

Art. 55

1. Een Verdragsluitende Staat kan, in overeenstemming met artikel 60,
a. zich de bevoegdheid van zijn autoriteiten voorbehouden maatregelen te nemen gericht op de bescherming van het vermogen van een kind dat op zijn grondgebied is gelegen;
b. zich het recht voorbehouden een ouderlijke verantwoordelijkheid of een maatregel niet te erkennen indien dat gezag of die maatregel in strijd is met een door zijn autoriteiten ten aanzien van dat vermogen genomen maatregel.

Bevoegdheid Verdragsluitende Staat inzake nemen maatregelen ter bescherming vermogen van kind

2. Het voorbehoud kan worden beperkt tot bepaalde categorieën goederen.

Art. 56

De Secretaris-Generaal van de Haagse Conferentie voor Internationaal Privaatrecht roept periodiek een Bijzondere Commissie bijeen ten einde de praktische werking van het Verdrag te toetsen.

Toetsing praktische werking van het Verdrag

HOOFDSTUK VII SLOTBEPALINGEN

Art. 57

1. Het Verdrag staat open voor ondertekening door de Staten die ten tijde van de Achttiende Zitting lid waren van de Haagse Conferentie voor Internationaal Privaatrecht.

Procedure voor ondertekening/bekrachtiging/aanvaarding/goedkeuring Verdrag door Staten

2. Het Verdrag dient te worden bekrachtigd, aanvaard of goedgekeurd en de akten van bekrachtiging, aanvaarding of goedkeuring dienen te worden nedergelegd bij het Ministerie van Buitenlandse Zaken van het Koninkrijk der Nederlanden, depositaris van het Verdrag.

Art. 58

1. Iedere andere Staat kan tot het Verdrag toetreden nadat het overeenkomstig artikel 61, eerste lid, in werking is getreden.

Toetreding aanvullende Staten tot het Verdrag na inwerkingtreding

2. De akte van toetreding dient te worden nedergelegd bij de depositaris.

3. De toetreding heeft slechts gevolg in de betrekkingen tussen de toetredende Staat en die Verdragsluitende Staten die niet binnen zes maanden na de ontvangst van de in artikel 63, letter b, bedoelde kennisgeving bezwaar hebben gemaakt tegen de toetreding van deze Staat. Een dergelijk bezwaar kan ook door een Staat worden gemaakt op het tijdstip van bekrachtiging, aanvaarding of goedkeuring indien deze na een toetreding plaatsvindt. Van elk bezwaar wordt kennis gegeven aan de depositaris.

Art. 59

1. Indien een Staat twee of meer territoriale eenheden heeft waarin verschillende rechtsstelsels van toepassing zijn betreffende in dit Verdrag geregelde aangelegenheden, kan hij op het tijdstip van ondertekening, bekrachtiging, aanvaarding, goedkeuring of toetreding verklaren dat dit Verdrag op al deze territoriale eenheden of slechts op een of meer daarvan van toepassing is en kan hij te allen tijde deze verklaring wijzigen door een nieuwe verklaring af te leggen.

Toepasselijkheid Verdrag op Staat met meerdere territoriale eenheden en verschillende rechtsstelsels

2. Elke verklaring wordt ter kennis gebracht van de depositaris en daarin worden uitdrukkelijk de territoriale eenheden vermeld waarop het Verdrag van toepassing is.

3. Indien een Staat geen verklaring aflegt krachtens dit artikel, is het Verdrag van toepassing op alle gebiedsdelen van die Staat.

Art. 60

1. Elke Staat kan, uiterlijk op het tijdstip van de bekrachtiging, aanvaarding, goedkeuring of toetreding, of op het tijdstip waarop de verklaring bedoeld in artikel 59 wordt afgelegd, een of beide in artikel 54, tweede lid en in artikel 55 bedoelde voorbehouden maken. Andere voorbehouden zijn niet toegestaan.

Termijn inzake maken voorbehouden Verdragsluitende Staten bij bekrachtiging/aanvaarding/goedkeuring/toetreding, dan wel bij vertalingen

2. Elke Staat kan te allen tijde een gemaakt voorbehoud intrekken. Van de intrekking wordt de depositaris in kennis gesteld.

3. Het voorbehoud houdt op van kracht te zijn op de eerste dag van de derde kalendermaand na de in het voorgaande lid bedoelde kennisgeving.

Art. 61

Inwerkingtreding

1. Het Verdrag treedt in werking op de eerste dag van de maand volgend op het verstrijken van een termijn van drie maanden na de nederlegging van de derde akte van bekrachtiging, aanvaarding of goedkeuring, bedoeld in artikel 57.

2. Vervolgens treedt het Verdrag in werking

a. voor iedere Staat die het Verdrag later bekrachtigt, aanvaardt of goedkeurt, op de eerste dag van de maand volgend op het verstrijken van een termijn van drie maanden na de nederlegging van zijn akte van bekrachtiging, aanvaarding of goedkeuring;

b. voor iedere Staat die toetreedt, op de eerste dag van de maand volgend op het verstrijken van de termijn van drie maanden na afloop van de periode van zes maanden bedoeld in artikel 58, derde lid;

c. voor een territoriale eenheid waartoe het Verdrag overeenkomstig artikel 59 is uitgebreid, op de eerste dag van de maand volgend op het verstrijken van een termijn van drie maanden na de kennisgeving bedoeld in dat artikel.

Art. 62

Opzegging Verdrag door Verdragsluitende Staat

1. Een Staat die Partij is bij het Verdrag kan dit opzeggen door middel van een schriftelijke kennisgeving gericht aan de depositaris. De opzegging kan beperkt worden tot bepaalde territoriale eenheden waarop het Verdrag van toepassing is.

2. De opzegging wordt van kracht op de eerste dag van de maand volgend op het verstrijken van een termijn van twaalf maanden nadat de kennisgeving door de depositaris is ontvangen. Wanneer in de kennisgeving een langere opzegtermijn is aangegeven, wordt de opzegging van kracht na het verstrijken van zulk een langere termijn.

Art. 63

Informatie over mutaties betreffende deelname aan het Verdrag

De depositaris geeft de lid-staten van de Haagse Conferentie voor Internationaal Privaatrecht en de Staten die overeenkomstig artikel 58 zijn toegetreden, kennis van het volgende:

a. de ondertekeningen, bekrachtigingen, aanvaardingen en goedkeuringen bedoeld in artikel 57;

b. de toetredingen en de bezwaren tegen toetredingen bedoeld in artikel 58;

c. de datum waarop het Verdrag in werking treedt overeenkomstig artikel 61;

d. de verklaringen bedoeld in de artikelen 34, tweede lid, en 59;

e. de overeenkomsten bedoeld in artikel 39;

f. de voorbehouden bedoeld in de artikelen 54, tweede lid, en 55 en de intrekkingen bedoeld in artikel 60, tweede lid;

g. de opzeggingen bedoeld in artikel 62.

Verdrag betreffende de burgerrechtelijke aspecten van internationale ontvoering van kinderen^1

De Staten die dit Verdrag hebben ondertekend,
Ten stelligste ervan overtuigd dat het belang van het kind in alle aangelegenheden betreffende het gezag over kinderen van fundamentele betekenis is,
Verlangend om in internationaal verband kinderen te beschermen tegen de schadelijke gevolgen van ongeoorloofd overbrengen of niet doen terugkeren en procedures vast te stellen, die de onmiddellijke terugkeer van het kind waarborgen naar de Staat waar het zijn gewone verblijfplaats heeft, alsmede de bescherming van het omgangsrecht te verzekeren,
Hebben besloten daartoe een Verdrag te sluiten en zijn overeengekomen als volgt:

HOOFDSTUK I TOEPASSINGSGEBIED VAN HET VERDRAG

Art. 1

Dit Verdrag heeft tot doel:
a) de onmiddellijke terugkeer te verzekeren van kinderen die ongeoorloofd zijn overgebracht of worden vastgehouden in een Verdragsluitende Staat;
b) het in een Verdragsluitende Staat bestaande recht betreffende het gezag en het omgangsrecht in de andere Verdragsluitende Staten daadwerkelijk te doen eerbiedigen.

Art. 2

De Verdragsluitende Staten nemen alle passende maatregelen om de doelstellingen van het Verdrag binnen hun grondgebied te verwezenlijken. Hiertoe dienen zij van de snelst mogelijke procedures gebruik te maken.

Art. 3

Het overbrengen of het niet doen terugkeren van een kind wordt als ongeoorloofd beschouwd, wanneer:
a) dit geschiedt in strijd met een gezagsrecht, dat is toegekend aan een persoon, een instelling of enig ander lichaam, alleen of gezamenlijk, ingevolge het recht van de Staat waarin het kind onmiddellijk voor zijn overbrenging of vasthouding zijn gewone verblijfplaats had; en
b) dit recht alleen of gezamenlijk daadwerkelijk werd uitgeoefend op het tijdstip van het overbrengen of het niet doen terugkeren, dan wel zou zijn uitgeoefend, indien een zodanige gebeurtenis niet had plaatsgevonden.
Het onder a) bedoelde gezagsrecht kan in het bijzonder voortvloeien uit een toekenning van rechtswege, een rechterlijke of administratieve beslissing of een overeenkomst die geldig is ingevolge het recht van die Staat.

Art. 4

Het Verdrag is van toepassing op ieder kind dat onmiddellijk voorafgaande aan de inbreuk op het recht betreffende het gezag of omgangsrecht zijn gewone verblijfplaats had in een Verdragsluitende Staat. Het Verdrag houdt op van toepassing te zijn, zodra het kind de leeftijd van 16 jaar heeft bereikt.

Art. 5

Voor de toepassing van dit Verdrag omvat:
a) het „gezagsrecht" het recht dat betrekking heeft op de zorg voor de persoon van het kind, en in het bijzonder het recht over zijn verblijfplaats te beslissen;
b) het „omgangsrecht" het recht het kind voor een beperkte tijdsduur mee te nemen naar een andere plaats dan zijn gewone verblijfplaats.

HOOFDSTUK II CENTRALE AUTORITEITEN

Art. 6

Iedere Verdragsluitende Staat wijst een centrale autoriteit aan die de verplichtingen dient na te komen, die hem door het Verdrag zijn opgelegd.
Een federale Staat, een Staat waarin verschillende rechtsstelsels van kracht zijn, of een Staat die zelfstandige territoriale organisaties heeft, is vrij meer dan één centrale autoriteit aan te wijzen

---

1 Inwerkingtredingsdatum: 01-09-1990.

en de territoriale omvang van de bevoegdheden van elk van deze autoriteiten te omschrijven. De Staat die van deze mogelijkheid gebruik maakt, wijst de centrale autoriteit aan, waaraan de verzoeken kunnen worden gericht ten einde te worden doorgegeven aan de bevoegde centrale autoriteit binnen deze Staat.

Art. 7

Internationale kinderontvoering, samenwerking autoriteiten

De centrale autoriteiten moeten onderling samenwerken en samenwerking tussen de bevoegde autoriteiten van hun onderscheiden Staten bevorderen, ten einde de onmiddellijke terugkeer van kinderen te verzekeren en de overige doelstellingen van dit Verdrag te verwezenlijken. In het bijzonder nemen zij, hetzij rechtstreeks, hetzij via tussenkomst van een andere instantie, alle passende maatregelen, ten einde:

a) vast te stellen waar een ongeoorloofd overgebracht of vastgehouden kind zich bevindt;

b) te voorkomen dat het kind aan nieuwe gevaren wordt blootgesteld of de belangen van de betrokken partijen worden geschaad, door middel van het nemen of doen nemen van voorlopige maatregelen;

c) te verzekeren dat het kind vrijwillig wordt teruggegeven of een schikking in der minne wordt bereikt;

d) indien dit wenselijk blijkt gegevens uit te wisselen met betrekking tot de maatschappelijke omstandigheden van het kind;

e) algemene inlichtingen te verstrekken met betrekking tot het recht van hun Staat inzake de toepassing van dit Verdrag;

f) een gerechtelijke of administratieve procedure in te stellen waardoor de terugkeer van het kind wordt bewerkstelligd of het instellen van een dergelijke procedure te bevorderen, alsmede, zo nodig, de regeling of de feitelijke uitoefening van het omgangsrecht mogelijk te maken;

g) zo nodig rechtsbijstand en juridisch advies te verlenen of de verlening ervan te bevorderen, met inbegrip van de bijstand van een raadsman;

h) te verzekeren dat, indien nodig en dienstig, zodanige administratieve maatregelen worden getroffen, dat het kind zonder gevaar kan terugkeren;

i) elkaar op de hoogte te houden omtrent de werking van dit Verdrag en zoveel mogelijk eventuele belemmeringen bij de toepassing ervan weg te nemen.

HOOFDSTUK III TERUGKEER VAN HET KIND

Art. 8

Internationale kinderontvoering, vereisten verzoek terugkeer

Personen, instellingen of lichamen die stellen dat een kind in strijd met het recht betreffende het gezag is overgebracht of wordt vastgehouden, kunnen zich richten tot de centrale autoriteit van hetzij de gewone verblijfplaats van het kind, hetzij de centrale autoriteit van iedere andere Verdragsluitende Staat, met het verzoek om behulpzaam te zijn bij het verzekeren van de terugkeer van het kind.

Het verzoek moet bevatten:

a) gegevens met betrekking tot de identiteit van de verzoeker, van het kind en van de persoon van wie wordt gesteld dat deze het kind heeft meegenomen of vastgehouden;

b) zo mogelijk de geboortedatum van het kind;

c) de gronden waarop de verzoeker zijn eis met betrekking tot de terugkeer van het kind doet steunen;

d) alle beschikbare gegevens met betrekking tot de plaats waar het kind verblijft en de identiteit van de persoon bij wie het kind zich vermoedelijk bevindt.

Het verzoek kan vergezeld gaan van of worden aangevuld met:

e) een gewaarmerkt afschrift van iedere ter zake dienende beslissing of overeenkomst;

f) een schriftelijk bewijsstuk of beëdigde verklaring, afgegeven door de centrale autoriteit of door een andere bevoegde autoriteit van de Staat waar het kind zijn gewone verblijfplaats heeft, dan wel door een hiertoe gekwalificeerde persoon, betreffende het ter zake toepasselijke recht van de Staat;

g) ieder ander ter zake dienend stuk.

Art. 9

Internationale kinderontvoering, doorzending verzoek

Wanneer de centrale autoriteit waaraan ingevolge artikel 8 een verzoek wordt gericht, redenen heeft om aan te nemen dat het kind zich in een andere Verdragsluitende Staat bevindt, zendt zij het verzoek rechtstreeks en onverwijld aan de centrale autoriteit van die Verdragsluitende Staat en stelt zij de centrale autoriteit van wie het verzoek uitgaat of zo nodig de verzoeker hiervan in kennis.

Art. 10

De centrale autoriteit van de Staat waar het kind zich bevindt, neemt alle passende maatregelen, of doet deze nemen, ten einde de vrijwillige terugkeer van het kind te verzekeren.

Art. 11

De rechterlijke of administratieve autoriteiten van iedere Verdragsluitende Staat treffen onverwijld maatregelen ter bevordering van de terugkeer van het kind.

Wanneer de desbetreffende rechterlijke of administratieve autoriteit niet binnen zes weken nadat het verzoek tot haar wordt gericht tot een uitspraak is gekomen, kan de verzoeker of de centrale autoriteit van de aangezochte Staat zelfstandig of op verzoek van de centrale autoriteit van de verzoekende Staat een verklaring vragen met betrekking tot de redenen van deze vertraging. Indien het antwoord wordt ontvangen door de centrale autoriteit van de aangezochte Staat, dient deze autoriteit dit antwoord door te geven aan de centrale autoriteit van de verzoekende Staat of aan de verzoeker, al naar gelang van het geval.

Internationale kinderontvoering, vertraging antwoord

Art. 12

Wanneer een kind ongeoorloofd is overgebracht of wordt vastgehouden in de zin van artikel 3 en er minder dan één jaar is verstreken tussen de overbrenging of het niet doen terugkeren en het tijdstip van de indiening van het verzoek bij de rechterlijke of administratieve autoriteit van de Verdragsluitende Staat waar het kind zich bevindt, gelast de betrokken autoriteit de onmiddellijke terugkeer van het kind.

De rechterlijke of administratieve autoriteit gelast, zelfs in het geval dat het verzoek tot haar wordt gericht nadat de in het vorige lid bedoelde termijn van één jaar is verstreken, eveneens de terugkeer van het kind, tenzij wordt aangetoond dat het kind inmiddels is geworteld in zijn nieuwe omgeving.

Wanneer de rechterlijke of administratieve autoriteit van de aangezochte Staat redenen heeft om aan te nemen dat het kind naar een andere Staat is meegenomen, kan zij de procedure schorsen of het verzoek tot terugkeer van het kind afwijzen.

Internationale kinderontvoering, gelasting tot terugkeer

Art. 13

Niettegenstaande het bepaalde in het voorgaande artikel, is de rechterlijke of administratieve autoriteit van de aangezochte Staat niet gehouden de terugkeer van het kind te gelasten, indien de persoon, de instelling of het lichaam dat zich tegen de terugkeer verzet, aantoont dat:

a) de persoon, de instelling of het lichaam dat de zorg had voor de persoon van het kind, het recht betreffende het gezag niet daadwerkelijk uitoefende ten tijde van de overbrenging of het niet doen terugkeren, of naderhand in deze overbrenging of het niet doen terugkeren had toegestemd of berust; of dat

b) er een ernstig risico bestaat dat het kind door zijn terugkeer wordt blootgesteld aan een lichamelijk of geestelijk gevaar, dan wel op enigerlei andere wijze in een ondragelijke toestand wordt gebracht.

De rechterlijke of administratieve autoriteit kan eveneens weigeren de terugkeer van het kind te gelasten, indien zij vaststelt dat het kind zich verzet tegen zijn terugkeer en een leeftijd en mate van rijpheid heeft bereikt, die rechtvaardigt dat met zijn mening rekening wordt gehouden.

Bij het beoordelen van de in dit artikel bedoelde omstandigheden, houden de rechterlijke of administratieve autoriteiten rekening met de gegevens omtrent de maatschappelijke omstandigheden van het kind, die zijn verstrekt door de centrale autoriteit of enige andere bevoegde autoriteit van de Staat waar het kind zijn gewone verblijfplaats heeft.

Internationale kinderontvoering, weigering gelasting tot terugkeer

Art. 14

Ten einde vast te stellen of er sprake is van een ongeoorloofde overbrenging of niet doen terugkeren in de zin van artikel 3, kan de rechterlijke of administratieve autoriteit van de aangezochte Staat rechtstreeks rekening houden met het recht van de Staat waar het kind zijn gewone verblijfplaats heeft en met de aldaar al dan niet formeel erkende rechterlijke of administratieve beslissingen, zonder dat het nodig is dat de inhoud van dat recht of de erkenning van buitenlandse beslissingen worden vastgesteld in een bijzondere daartoe bestemde procedure, die anders toepasselijk zou zijn.

Internationale kinderontvoering, toepasselijk recht

Art. 15

Alvorens de terugkeer van het kind te gelasten, kunnen de rechterlijke of administratieve autoriteiten van een Verdragsluitende Staat verlangen dat de verzoeker een beslissing of verklaring van de autoriteiten van de Staat waar het kind zijn gewone verblijfplaats heeft, overlegt, waarin wordt vastgesteld dat de overbrenging of het niet doen terugkeren ongeoorloofd was in de zin van artikel 3 van het Verdrag, voor zover een dergelijke beslissing of verklaring in die Staat kan worden verkregen. De centrale autoriteiten van de Verdragsluitende Staten zijn de verzoeker zoveel mogelijk behulpzaam bij de verkrijging van een dergelijke beslissing of verklaring.

Internationale kinderontvoering, verklaring ongeoorloofdheid

Art. 16

Nadat de rechterlijke of administratieve autoriteiten van de Verdragsluitende Staat waarheen het kind ongeoorloofd is overgebracht of waar het ongeoorloofd wordt vastgehouden in de zin van artikel 3, in kennis zijn gesteld van deze overbrenging of dit vasthouden, kunnen zij zich niet eerder over het gezagsrecht ten gronde uitspreken, dan nadat is vastgesteld dat het kind niet dient terug te keren ingevolge dit Verdrag, of dan nadat een redelijke termijn is verstreken en daarin geen verzoek is ingediend om dit Verdrag toe te passen.

Internationale kinderontvoering, beslissing gezagsrecht

B64 art. 17

Haags Kinderontvoeringsverdrag 1980

Art. 17

Het enkele feit dat in de aangezochte Staat een beslissing met betrekking tot het gezag is genomen of voor erkenning in aanmerking komt, vormt geen grond voor een weigering het kind ingevolge dit Verdrag terug te zenden, maar de rechterlijke of administratieve autoriteiten van de aangezochte Staat kunnen bij de toepassing van dit Verdrag rekening houden met de overwegingen die tot deze beslissing hebben geleid.

Art. 18

Internationale kinderontvoering, competentie rechterlijke autoriteit

De bepalingen van dit hoofdstuk beperken niet de bevoegdheid van de rechterlijke of administratieve autoriteit om op ongeacht welk tijdstip de terugkeer van het kind te gelasten.

Art. 19

Een ingevolge dit Verdrag genomen beslissing betreffende de terugkeer van het kind heeft geen betrekking op het gezagsrecht zelf.

Art. 20

Internationale kinderontvoering, bescherming rechten van de mens

De terugkeer van het kind overeenkomstig het bepaalde in artikel 12 kan worden geweigerd, wanneer deze op grond van de fundamentele beginselen van de aangezochte Staat betreffende de bescherming van de rechten van de mens en de fundamentele vrijheden niet zou zijn toegestaan.

HOOFDSTUK IV OMGANGSRECHT

Art. 21

Internationale kinderontvoering, verzoek omgangsrecht

Een verzoek dat de regeling of de bescherming van de feitelijke uitoefening van het bezoekrecht beoogt, kan op dezelfde wijze als een verzoek dat de terugkeer van het kind beoogt, aan de centrale autoriteit van een Verdragsluitende Staat worden gericht.

De centrale autoriteiten zijn gehouden tot de in artikel 7 bedoelde verplichting tot samenwerking, ten einde te verzekeren dat het omgangsrecht op vreedzame wijze kan worden uitgeoefend en de voorwaarden voor de uitoefening van dit recht worden nageleefd, en om alle bestaande belemmeringen met betrekking tot de uitoefening van dit recht zoveel mogelijk weg te nemen.

De centrale autoriteiten kunnen hetzij rechtstreeks, hetzij door tussenkomst van derden, een gerechtelijke procedure instellen of bevorderen, tot het regelen of beschermen van het omgangsrecht en de naleving van de voorwaarden waaraan de uitoefening van dit recht mocht zijn gebonden.

HOOFDSTUK V ALGEMENE BEPALINGEN

Art. 22

Internationale kinderontvoering, kosten procedures

Geen zekerheid, borgtocht of voorschot, onder welke benaming ook, wordt vereist om de betaling van de kosten en uitgaven te waarborgen, die zijn gemaakt in verband met rechterlijke of administratieve procedures als bedoeld in dit Verdrag.

Art. 23

In verband met dit Verdrag kan geen enkele legalisatie of soortgelijke formaliteit worden verlangd.

Art. 24

Internationale kinderontvoering, taal procedures

Ieder verzoek, mededeling of ander stuk wordt in de oorspronkelijke taal gezonden aan de centrale autoriteit van de aangezochte Staat en gaat vergezeld van een vertaling in de officiële taal of in één van de officiële talen van deze Staat of, wanneer deze vertaling moeilijk kan worden vervaardigd, van een vertaling in het Frans of in het Engels.

Een Verdragsluitende Staat kan zich echter, door het maken van het in artikel 42 bedoelde voorbehoud, verzetten tegen het gebruik van hetzij het Frans, hetzij het Engels, in ieder verzoek, mededeling of ander stuk gericht aan zijn centrale autoriteit.

Art. 25

Internationale kinderontvoering, rechtsbijstand

De onderdanen van een Verdragsluitende Staat en de personen die aldaar hun gewone verblijfplaats hebben, hebben bij alles wat verband houdt met de toepassing van dit Verdrag recht op rechtsbijstand en juridisch advies in iedere andere Verdragsluitende Staat, onder dezelfde voorwaarden als waren zij zelf onderdanen van die andere Staat en als hadden zij aldaar zelf hun gewone verblijfplaats.

Art. 26

Internationale kinderontvoering, geen proceskosten

Iedere centrale autoriteit draagt bij de toepassing van dit Verdrag haar eigen kosten.

De centrale autoriteit en de andere openbare diensten van de Verdragsluitende Staten brengen geen kosten in rekening in verband met ingevolge dit Verdrag ingediende verzoeken. In het bijzonder mogen zij niet van de verzoeker betaling eisen van de proceskosten of, indien deze zijn gemaakt, van de kosten veroorzaakt door bijstand van een raadsman. Zij kunnen echter wel betaling verlangen van de kosten die zijn gemaakt of zullen worden gemaakt in verband met de terugkeer van het kind.

Een Verdragsluitende Staat kan echter door het in artikel 42 bedoelde voorbehoud te maken, verklaren dat hij slechts is gehouden tot betaling van de in het voorgaande lid bedoelde kosten verbonden aan de bijstand van een raadsman of een juridisch adviseur dan wel van de gerechtskosten, voor zover deze kosten kunnen worden gedekt door zijn stelsel van rechtshulp en rechtsbijstand.

Wanneer de rechterlijke of administratieve autoriteit de terugkeer van het kind gelast of een uitspraak doet betreffende het omgangsrecht in verband met dit Verdrag, kan zij, zo nodig, de persoon die het kind heeft overgebracht of vastgehouden of die de uitoefening van het omgangsrecht heeft verhinderd, verplichten tot de betaling van alle noodzakelijke kosten die door of namens de verzoeker zijn gemaakt, in het bijzonder de reiskosten, de kosten van juridische vertegenwoordiging van de verzoeker en van de terugkeer van het kind, alsmede alle kosten die zijn gemaakt of betalingen die zijn gedaan om vast te stellen waar het kind zich bevindt.

Internationale kinderontvoering, schadevergoedingsvordering

Art. 27

Wanneer klaarblijkelijk aan de door het Verdrag gestelde voorwaarden niet is voldaan of het verzoek klaarblijkelijk niet gegrond is, is een centrale autoriteit niet gehouden een dergelijk verzoek in behandeling te nemen. In dat geval stelt zij de verzoeker of, zo nodig de centrale autoriteit die haar het verzoek heeft doorgegeven, onmiddellijk van haar beweegredenen in kennis.

Internationale kinderontvoering, weigering behandeling

Art. 28

Een centrale autoriteit kan eisen dat het verzoek vergezeld gaat van een schriftelijke machtiging waardoor haar de bevoegdheid wordt verstrekt namens de verzoeker op te treden of een vertegenwoordiger aan te wijzen die gerechtigd is zulks te doen.

Art. 29

Het Verdrag staat er niet aan in de weg dat een persoon die, of een instelling die, of een lichaam dat stelt dat het recht betreffende het gezag of het omgangsrecht in de zin van artikel 3 of 21 is geschonden zich, al dan niet met toepassing van de regels van het Verdrag, rechtstreeks wendt tot de rechterlijke of administratieve autoriteiten van de Verdragsluitende Staten.

Internationale kinderontvoering, rechtstreeks verzoek

Art. 30

Ieder verzoek dat ingevolge dit Verdrag bij de centrale autoriteit of rechtstreeks bij de rechterlijke of administratieve autoriteiten van een Verdragsluitende Staat is ingediend, alsmede ieder stuk dat, of elke inlichting die door een centrale autoriteit daarbij is gevoegd of is verstrekt, zal aan de rechterlijke instanties of de administratieve autoriteiten van de Verdragsluitende Staten kunnen worden overgelegd.

Art. 31

Ten opzichte van een Staat die met betrekking tot het gezag over kinderen twee of meer in verschillende territoriale eenheden toepasselijke rechtsstelsels kent:

a) wordt onder de gewone verblijfplaats in die Staat verstaan de gewone verblijfplaats in een territoriale eenheid van die Staat;

b) wordt onder de wet van de Staat van de gewone verblijfplaats verstaan de wet van de territoriale eenheid waar het kind zijn gewone verblijfplaats heeft.

Internationale kinderontvoering, meer rechtsstelsels in staat

Art. 32

Ten opzichte van een Staat die met betrekking tot het gezag over kinderen twee of meer rechtsstelsels kent die op verschillende categorieën personen van toepassing zijn, wordt onder de wet van die Staat verstaan het rechtsstelsel waarnaar door het recht van die Staat wordt verwezen.

Art. 33

Een Staat waarin verschillende territoriale eenheden hun eigen rechtsregels hebben met betrekking tot het gezag over kinderen, is niet gehouden het Verdrag toe te passen wanneer een Staat met één rechtsstelsel daartoe evenmin zou zijn gehouden.

Art. 34

Met betrekking tot aangelegenheden waarop het Verdrag van toepassing is, heeft dit Verdrag voorrang boven het Verdrag van 5 oktober 1961 betreffende de bevoegdheid van de autoriteiten en de toepasselijke wet inzake de bescherming van minderjarigen, tussen de Staten die Partij zijn bij beide Verdragen. Overigens sluit dit Verdrag niet de mogelijkheid uit dat, ten einde de terugkeer te bewerkstelligen van een kind dat ongeoorloofd is overgebracht of wordt vastgehouden of ten einde het omgangsrecht te regelen, een andere internationale regeling waarbij de Staat van de oorspronkelijke verblijfplaats en de aangezochte Staat partij zijn, dan wel ander recht van de aangezochte Staat dat niet op een internationale overeenkomst berust, wordt toegepast.

Internationale kinderontvoering, verdrag

B64 art. 35

Haags Kinderontvoeringsverdrag 1980

Art. 35

Internationale kinderontvoering, geen terugwerkende kracht verdrag

Dit Verdrag is slechts van toepassing tussen de Verdragsluitende Staten in gevallen van ongeoorloofd overbrenging of ongeoorloofd niet doen terugkeren die hebben plaatsgevonden na de inwerkingtreding ervan in deze Staten.
Indien een verklaring is afgelegd overeenkomstig de artikelen 39 of 40, wordt onder een Verdragsluitende Staat in de zin van het voorgaande lid verstaan de territoriale eenheid of eenheden waarop dit Verdrag van toepassing is.

Art. 36

Internationale kinderontvoering, voorbehouden verdrag

Dit Verdrag staat er niet aan in de weg dat twee of meer Verdragstaten die de restricties waaraan de terugkeer van het kind kan worden onderworpen willen beperken, onderling overeenkomen van de bepalingen van dit Verdrag die zodanige restricties bevatten, af te wijken.

HOOFDSTUK VI SLOTBEPALINGEN

Art. 37

Internationale kinderontvoering, neerlegging verdrag

Het Verdrag staat open voor ondertekening door de Staten die ten tijde van haar Veertiende Zitting lid waren van de Haagse Conferentie voor Internationaal Privaatrecht.

Het Verdrag dient te worden bekrachtigd, aanvaard of goedgekeurd en de akten van bekrachtiging, aanvaarding of goedkeuring worden nedergelegd bij het Ministerie van Buitenlandse Zaken van het Koninkrijk der Nederlanden.

Art. 38

Internationale kinderontvoering, toetreding verdrag

Iedere andere Staat kan tot dit Verdrag toetreden.

De akte van toetreding wordt nedergelegd bij het Ministerie van Buitenlandse Zaken van het Koninkrijk der Nederlanden. Het Verdrag treedt in werking voor de toetredende Staat op de eerste dag van de derde kalendermaand na de nederlegging van zijn akte van toetreding.
De toetreding heeft slechts gevolg in de betrekkingen tussen de toetredende Staat en de Verdragsluitende Staten die hebben verklaard deze toetreding te aanvaarden. Een zodanige verklaring dient eveneens te worden afgelegd door iedere Lid-Staat die dit Verdrag na de toetreding bekrachtigt, aanvaardt of goedkeurt. Deze verklaring wordt nedergelegd bij het Ministerie van Buitenlandse Zaken van het Koninkrijk der Nederlanden, dat hiervan langs diplomatieke weg een gewaarmerkt afschrift doet toekomen aan ieder van de Verdragsluitende Staten.
Het Verdrag treedt tussen de toetredende Staat en de Staat die heeft verklaard deze toetreding te aanvaarden in werking op de eerste dag van de derde kalendermaand na de nederlegging van de verklaring van aanvaarding.

Art. 39

Internationale kinderontvoering, gebiedsuitbreiding verdrag

Iedere Staat kan op het tijdstip van ondertekening, bekrachtiging, aanvaarding, goedkeuring of toetreding verklaren dat het Verdrag zich zal uitstrekken tot het geheel van de gebieden voor welker internationale betrekkingen hij verantwoordelijk is, of tot één of meer van die gebieden.
Deze verklaring wordt van kracht op het tijdstip waarop het Verdrag voor die Staat in werking treedt.
Deze verklaring, alsmede iedere latere uitbreiding, wordt ter kennis gebracht van het Ministerie van Buitenlandse Zaken van het Koninkrijk der Nederlanden.

Art. 40

Internationale kinderontvoering, voorbehoud verdrag

Een Verdragsluitende Staat die twee of meer territoriale eenheden omvat waarin verschillende rechtssystemen van toepassing zijn betreffende onderwerpen die door dit Verdrag worden geregeld, kan op het tijdstip van ondertekening, bekrachtiging, aanvaarding, goedkeuring of toetreding verklaren dat dit Verdrag van toepassing is op al zijn territoriale eenheden of slechts op één of meer ervan, en kan te allen tijde deze verklaring wijzigen door een nieuwe verklaring af te leggen.
Deze verklaringen worden ter kennis gebracht van het Ministerie van Buitenlandse Zaken van het Koninkrijk der Nederlanden en vermelden uitdrukkelijk de territoriale eenheden waarop het Verdrag van toepassing is.

Art. 41

Wanneer een Verdragsluitende Staat een regeringsstelsel heeft, dat de uitvoerende, de rechterlijke en de wetgevende macht verdeelt tussen de centrale autoriteiten en andere autoriteiten van die Staat, heeft de ondertekening, bekrachtiging, aanvaarding of goedkeuring van het Verdrag of de toetreding ertoe of een verklaring afgelegd krachtens artikel 40, geen enkel gevolg ten aanzien van de interne verdeling van de bevoegdheden in die Staat.

Art. 42

Iedere Verdragsluitende Staat kan uiterlijk op het tijdstip van bekrachtiging, aanvaarding, goedkeuring of toetreding, of op het tijdstip waarop een verklaring wordt afgelegd krachtens de artikelen 39 of 40, hetzij één van beide, hetzij beide in artikel 24 en artikel 26, derde lid, bedoelde voorbehouden maken. Geen enkel ander voorbehoud is toegestaan.

Iedere Staat kan te allen tijde een door hem gemaakt voorbehoud intrekken. Deze intrekking wordt ter kennis gebracht van het Ministerie van Buitenlandse Zaken van het Koninkrijk der Nederlanden.

Het voorbehoud houdt op van kracht te zijn op de eerste dag van de derde kalendermaand na de in het voorgaande lid bedoelde kennisgeving.

Art. 43

Het Verdrag treedt in werking op de eerste dag van de derde kalendermaand na de nederlegging van de derde akte van bekrachtiging, aanvaarding, goedkeuring of toetreding, bedoeld in de artikelen 37 en 38.

Vervolgens treedt het Verdrag in werking:

1. voor iedere Staat die het Verdrag later bekrachtigt, aanvaardt, goedkeurt of hiertoe toetreedt, op de eerste dag van de derde kalendermaand na de nederlegging van zijn akte van bekrachtiging, aanvaarding, goedkeuring of toetreding;

2. voor de gebieden of de territoriale eenheden waarop het Verdrag overeenkomstig de artikelen 39 of 40 is uitgebreid, op de eerste dag van de derde kalendermaand na de in die artikelen bedoelde kennisgeving.

Art. 44

Het Verdrag blijft gedurende vijf jaar van kracht, te rekenen vanaf de datum van zijn inwerkingtreding overeenkomstig artikel 43, eerste lid, ook voor de Staten die het later hebben bekrachtigd, aanvaard of goedgekeurd of ertoe zijn toegetreden.

Het Verdrag wordt, behoudens opzegging, voor telkens vijf jaar stilzwijgend verlengd.

De opzegging dient ten minste zes maanden voor het verstrijken van de termijn van vijf jaar ter kennis te worden gebracht van het Ministerie van Buitenlandse Zaken van het Koninkrijk der Nederlanden. Zij kan worden beperkt tot één of meer van de gebieden of territoriale eenheden waarop het Verdrag van toepassing is.

De opzegging heeft slechts gevolg ten opzichte van de Staat die haar heeft gedaan. Het Verdrag blijft van kracht voor de andere Verdragsluitende Staten.

Art. 45

Het Ministerie van Buitenlandse Zaken van het Koninkrijk der Nederlanden geeft de Lid-Staten van de Conferentie, alsmede de Staten die overeenkomstig artikel 38 zijn toegetreden kennis van:

1. de ondertekeningen, bekrachtigingen, aanvaardingen en goedkeuringen bedoeld in artikel 37;

2. de toetreding bedoeld in artikel 38;

3. de datum waarop dit Verdrag overeenkomstig artikel 43 in werking treedt;

4. de uitbreidingen bedoeld in artikel 39;

5. de verklaringen voorzien in de artikelen 38 en 40;

6. de voorbehouden voorzien in artikel 24 en artikel 26, derde lid, en de intrekking van voorbehouden voorzien in artikel 42;

7. de opzeggingen bedoeld in artikel 44.

Inwerkingtreding

Internationale kinderontvoering, geldingsduur verdrag

Internationale kinderontvoering, taken BuZa

Uitvoeringswet internationale kinderontvoering^1

Wet van 2 mei 1990, tot uitvoering van het op 20 mei 1980 te Luxemburg tot stand gekomen Europese Verdrag betreffende de erkenning en de tenuitvoerlegging van beslissingen inzake het gezag over kinderen en betreffende het herstel van het gezag over kinderen, uitvoering van het op 25 oktober 1980 te 's-Gravenhage tot stand gekomen Verdrag inzake de burgerrechtelijke aspecten van internationale ontvoering van kinderen alsmede algemene bepalingen met betrekking tot verzoeken tot teruggeleiding van ontvoerde kinderen over de Nederlandse grens en de uitvoering daarvan

Wij Beatrix, bij de gratie Gods, Koningin der Nederlanden, Prinses van Oranje-Nassau, enz. enz. enz.

Allen, die deze zullen zien of horen lezen, saluut! doen te weten:

Alzo Wij in overweging genomen hebben, dat het wenselijk is om wettelijke voorzieningen te treffen ter uitvoering van het op 20 mei 1980 tot stand gekomen Europese Verdrag betreffende de erkenning en de tenuitvoerlegging van beslissingen inzake het gezag over kinderen en betreffende het herstel van het gezag over kinderen (*Trb.* 1981, 10) en het op 25 oktober 1980 te 's-Gravenhage tot stand gekomen Verdrag inzake de burgerrechtelijke aspecten van internationale ontvoering van kinderen (*Trb.* 1987, 139) en tevens, in verband daarmee, algemene bepalingen vast te stellen met betrekking tot verzoeken tot teruggeleiding van ontvoerde kinderen over de Nederlandse grens en de uitvoering daarvan;

Zo is het, dat Wij, de Raad van State gehoord, en met gemeen overleg der Staten-Generaal, hebben goedgevonden en verstaan, gelijk Wij goedvinden en verstaan bij deze:

Titel 1 Algemene bepalingen

Art. 1

Begripsbepalingen

In deze wet wordt verstaan onder

a. het Europese verdrag: het op 20 mei 1980 te Luxemburg tot stand gekomen Europese Verdrag betreffende de erkenning en de tenuitvoerlegging van beslissingen inzake het gezag over kinderen en betreffende het herstel van het gezag over kinderen (*Trb.* 1981, 10);

b. het Haagse verdrag: het op 25 oktober 1980 te 's-Gravenhage tot stand gekomen Verdrag inzake de burgerrechtelijke aspecten van internationale ontvoering van kinderen (*Trb.* 1987, 139);

c. internationale ontvoering van kinderen: de ongeoorloofde overbrenging of het ongeoorloofd niet doen terugkeren van een kind in strijd met een gezagsrecht, als omschreven in artikel 3 in verband met artikel 5 onder *a* van het Haagse verdrag.

Art. 2

Internationale ontvoering van kinderen, uitbreiding werkingssfeer

Deze wet regelt de uitvoering van de in artikel 1 vermelde verdragen en is tevens van toepassing in de gevallen van internationale ontvoering van kinderen die niet door een verdrag worden beheerst.

Art. 3

Internationale ontvoering van kinderen, leeftijd

1. Deze wet is van toepassing op internationale ontvoering van kinderen die de leeftijd van zestien jaren nog niet hebben bereikt.

2. Bereikt een kind ten aanzien waarvan een verzoek om teruggeleiding in behandeling is de leeftijd van zestien jaren, dan wordt de behandeling van dat verzoek ambtshalve gestaakt. Hetzelfde geldt voor maatregelen ter uitvoering van een beslissing op een verzoek.

Titel 2 Taak en bevoegdheden van de centrale autoriteit

Art. 4

Internationale ontvoering van kinderen, taken centrale autoriteit

1. Onze Minister van Justitie wijst bij in de *Nederlandse Staatscourant* openbaar te maken besluit de onder zijn Ministerie ressorterende dienst aan, welke wordt belast met de taak van centrale autoriteit, bedoeld in artikel 2 van het Europese verdrag en in artikel 6 van het Haagse verdrag. Deze centrale autoriteit is als zodanig tevens belast met de behandeling van verzoeken

---

1 Inwerkingtredingsdatum: 01-09-1990; zoals laatstelijk gewijzigd bij: Stb. 2016, 290.

Uitvoeringswet internationale kinderontvoering

B65 art. 10

in gevallen van internationale ontvoering van kinderen die niet door een verdrag worden beheerst.

2. De aanwijzing van de centrale autoriteit als bedoeld in het eerste lid staat er niet aan in de weg dat een persoon zich rechtstreeks tot de rechter of andere autoriteiten wendt teneinde de erkenning van het wettig gezag over een ontvoerd kind, het herstel van dat gezag en de teruggeleiding van dat kind te bereiken, of de vaststelling of wijziging van een omgangsregeling te verkrijgen.

Art. 5

1. De centrale autoriteit is bevoegd, zo nodig ook zonder uitdrukkelijke volmacht van degene die zich met een verzoek tot haar heeft gewend, namens hem, anders dan in rechte, op te treden.

Internationale ontvoering van kinderen, bevoegdheid centrale autoriteit

2. De centrale autoriteit draagt zelf alle kosten die aan de uitvoering van haar taak zijn verbonden, voor zover deze niet door haar teruggevorderd kunnen worden van de verzoeker of verhaald op de persoon die voor de internationale ontvoering van het kind verantwoordelijk is of medeverantwoordelijk is.

Art. 6

1. Indien de centrale autoriteit besluit om een verzoek tot teruggeleiding van een kind niet in behandeling te nemen of de behandeling van een zodanig verzoek te staken, deelt zij zulks aanstonds aan de verzoeker mede. De verzoeker kan van de centrale autoriteit verlangen, haar beslissing aan hem mede te delen in de vorm van een beschikking met vermelding van de gronden die tot de beslissing hebben geleid. De centrale autoriteit deelt haar beschikking bij aangetekend schrijven aan de verzoeker mede.

Internationale ontvoering van kinderen, bezwaar afwijzing teruggeleidingverzoek

2. De verzoeker kan binnen een maand na de ontvangst van de beschikking daartegen bij de rechtbank Den Haag opkomen, bij een bezwaarschrift dat moet worden ingediend door een advocaat. De rechtbank hoort de verzoeker en de centrale autoriteit op het bezwaarschrift. Indien de rechtbank het bezwaar gegrond acht, vernietigt zij de beschikking van de centrale autoriteit en geeft zij een met reden omklede beschikking die in haar plaats treedt. Tegen de beschikking van de rechtbank staat geen hogere voorziening open behoudens cassatie in het belang der wet.

Art. 7

De centrale autoriteit kan de uitvoering van bepaalde handelingen, overeenkomstig door haar te geven aanwijzingen opdragen aan de raad voor de kinderbescherming. De bepalingen van deze Titel zijn mede van toepassing ten aanzien van de raad voor de kinderbescherming.

Internationale ontvoering van kinderen, raad voor kinderbescherming

Art. 8

De gemeentebesturen en de ambtenaren van de burgerlijke stand verschaffen de centrale autoriteit kosteloos alle inlichtingen en verstrekken haar kosteloos en vrij van zegel alle afschriften en uittreksels uit hun registers die deze autoriteit van hen vraagt in verband met de uitvoering van haar taak.

Internationale ontvoering van kinderen, inlichtingen openbare registers

Art. 9

1. Indien de centrale autoriteit voor het vinden van de verblijfplaats van een kind in Nederland medewerking behoeft van ambtenaren van politie, aangesteld voor de uitvoering van de politietaak, kan zij zich voor het verkrijgen daarvan wenden tot de officier van justitie in het arrondissement waar het kind vermoedelijk verblijft, of anders in het arrondissement 's-Gravenhage . De officier van justitie kan de zaak overeenkomstig door hem te geven aanwijzingen overdragen aan een officier van justitie in een ander arrondissement, indien de opsporing vermoedelijk in dat arrondissement moet geschieden.

Internationale ontvoering van kinderen, opsporing verblijfplaats

2. De in het eerste lid bedoelde officier van justitie behandelt een verzoek om medewerking van de centrale autoriteit met voorrang.

3. De ambtenaar van politie, aangesteld voor de uitvoering van de politietaak die is aangewezen om zijn medewerking te verlenen aan de opsporing van de verblijfplaats van een kind mag daartoe elke plaats betreden, voor zover dat redelijkerwijs voor de vervulling van zijn taak nodig is.

Art. 10

1. De centrale autoriteit stelt de persoon bij wie het ontvoerde kind verblijft bij aangetekende brief in kennis van het verzoek tot teruggeleiding en de gronden waarop het berust. Zij geeft in deze mededeling tevens kennis van de mogelijkheid dat een verzoek tot afgifte van een rechterlijk bevel tot teruggeleiding kan worden ingediend, indien niet binnen een door haar te stellen redelijke termijn vrijwillig aan dat verzoek is voldaan.

Internationale ontvoering van kinderen, mededeling verzoek tot teruggeleiding

2. De centrale autoriteit kan de in het voorafgaande lid bedoelde mededeling achterwege laten, indien naar haar oordeel in verband met de omstandigheden van het geval de uiterste spoed geboden is of de vrijwillige medewerking van degene bij wie het kind verblijft niet is te verwachten.

Titel 3

Rechtspleging in verband met internationale ontvoering van kinderen en het omgangsrecht

Art. 11

Internationale ontvoering van kinderen, competentie kinderrechter

1. Onverminderd de bevoegdheid van de voorzieningenrechter Den Haag in kort geding, is in eerste aanleg uitsluitend de kinderrechter van de rechtbank te 's-Gravenhage bevoegd tot kennisneming van alle zaken met betrekking tot de gedwongen afgifte van een internationaal ontvoerd kind aan degene wie het gezag daarover toekomt en de teruggeleiding van een zodanig kind over de Nederlandse grens.

2. De kinderrechter van de rechtbank binnen wier rechtsgebied het kind zijn werkelijke verblijfplaats heeft is, onverminderd de bevoegdheid van de voorzieningenrechter in kort geding, bevoegd tot de kennisneming van alle zaken met betrekking tot de regeling en uitvoering van het omgangsrecht in internationale gevallen, daaronder begrepen verzoeken als bedoeld in artikel 14 van deze wet. Heeft het kind geen werkelijke verblijfplaats of kan zijn verblijfplaats niet worden vastgesteld, dan is bevoegd de kinderrechter van de rechtbank Den Haag.

Art. 12

Internationale ontvoering van kinderen, verzoek aan kinderrechter

De in artikel 11 bedoelde zaken worden ingeleid door indiening van een verzoek.

Art. 13

Internationale ontvoering van kinderen, verzoek om bevel tot afgifte; voorlopige voogdij

1. De gedwongen afgifte van een internationaal ontvoerd kind aan degene aan wie het gezag daarover toekomt en de teruggeleiding van een zodanig kind over de Nederlandse grens is slechts mogelijk uit krachte van een daartoe strekkend bevel van de rechter.

2. De rechter behandelt het verzoek bij voorrang. Het verzoek wordt met gesloten deuren behandeld, overeenkomstig het bepaalde in artikel 803 van het Wetboek van Burgerlijke Rechtsvordering. De rechter beslist niet dan na het kind in de gelegenheid te hebben gesteld hem zijn mening kenbaar te maken, althans na het daartoe behoorlijk te hebben opgeroepen, tenzij dit in verband met de lichamelijke of geestelijke toestand van het kind onmogelijk is of toepassing moet worden gegeven aan artikel 8 of 9 van het Europese verdrag. Het bepaalde in artikel 802 van het Wetboek van Burgerlijke Rechtsvordering is van toepassing.

3. In de gevallen waarin geen verdrag toepasselijk is kan de rechter het verzoek afwijzen op de gronden vermeld in de artikelen 12, tweede lid, 13 en 20 van het Haagse verdrag.

4. De rechter kan op verzoek of ambtshalve een gecertificeerde instelling als bedoeld in artikel 1.1 van de Jeugdwet belasten met de voorlopige voogdij over het kind, indien gevaar bestaat dat het wordt onttrokken aan de tenuitvoerlegging van een bevel als bedoeld in het vijfde lid. De beschikking verliest haar kracht van rechtswege indien het verzoek wordt afgewezen. Artikel 306a van Boek 1 van het Burgerlijk Wetboek is van overeenkomstige toepassing.

Internationale ontvoering van kinderen, veroordeling tot betaling van gemaakte kosten

5. Indien de rechter het verzoek toewijst, beveelt hij de afgifte van het kind aan degene aan wie het gezag erover toekomt, of, indien zulks niet aanstonds mogelijk is, voorlopig aan een gecertificeerde instelling als bedoeld in artikel 1.1 van de Jeugdwet. Hij kan tevens desverzocht of ambtshalve elke persoon die voor de internationale ontvoering van het kind verantwoordelijk is, of medeverantwoordelijk is, veroordelen tot betaling aan de centrale autoriteit, of aan de persoon aan wie het gezag over het kind toekomt, van de door deze in verband met de ontvoering en de teruggeleiding van het kind gemaakte kosten. Indien meer personen bij de ontvoering zijn betrokken, zijn zij hoofdelijk voor het geheel aansprakelijk. Het hoger beroep schorst de tenuitvoerlegging van de beschikking, tenzij de rechter in het belang van het kind op verzoek of ambtshalve anders bepaalt.

6. Artikel 813, tweede lid van het Wetboek van Burgerlijke Rechtsvordering is van toepassing op de tenuitvoerlegging van een bevel als bedoeld in het vijfde lid.

7. Hoger beroep van een eindbeslissing moet worden ingesteld binnen twee weken na de dagtekening van die beslissing.

8. Tegen de beschikking van het gerechtshof staat geen gewoon rechtsmiddel open.

Art. 14

Internationale ontvoering van kinderen, verblijf buiten Nederland; toezicht omgangsrecht

1. Ieder die in Nederland het gezag uitoefent over een kind kan de rechter verzoeken, de in het tweede lid bedoelde beslissingen te geven terzake van het omgangsrecht met betrekking tot dat kind, indien het zich in verband met de uitoefening daarvan buiten Nederland moet begeven. De beslissingen kunnen worden gegeven voor een of meer bepaalde bezoeken of voor bepaalde tijdvakken waarin het omgangsrecht met betrekking tot het kind kan worden uitgeoefend.

2. De in het eerste lid bedoelde beslissingen zijn:

a. vaststelling dat het wettig gezag aan de verzoeker toekomt in gevallen dat zulks niet reeds vaststaat door een rechterlijke beslissing;

b. regeling van de plaats en de duur van het verblijf van het kind buiten Nederland en, zonodig, andere omstandigheden met betrekking tot het verblijf, zulks met inachtneming van reeds van kracht zijnde beslissingen inzake het omgangsrecht;

c. het richten van een verzoek aan de bevoegde autoriteiten van de Staat waar het kind tijdens de uitoefening van het omgangsrecht verblijft toezicht te houden of te doen houden op de juiste naleving van dat recht, in het bijzonder wat de plaats en de duur ervan betreft en voorts, indien nodig, maatregelen te treffen tot teruggeleiding van het kind na ommekomst van de termijn van uitoefening van dat recht.

Art. 15

De rechter die moet beslissen met betrekking tot het gezag over een kind ten aanzien van hetwelk een verzoek tot teruggeleiding is gedaan bij de centrale autoriteit, houdt zijn beslissing aan totdat op dat verzoek onherroepelijk is beslist. Indien nog geen verzoek tot teruggeleiding is gedaan houdt de rechter zijn beslissing gedurende een redelijke termijn aan, indien hij goede gronden heeft om aan te nemen dat het kind internationaal is ontvoerd in de zin van artikel 1 onder c en dat een verzoek tot zijn teruggeleiding zal worden ingediend.

Internationale ontvoering van kinderen, aanhouding beslissing over gezag bij verzoek teruggeleiding

Art. 16

1. Ieder die in verband met de toepassing van een verdrag als bedoeld in artikel 1 of in verband met de toepassing van deze wet in Nederland in rechte wil optreden en daartoe rechtsbijstand behoeft, kan zonodig daarop recht doen gelden op de voet van de Wet van 4 juli 1957, *Stb.* 233, tot regeling van de rechtsbijstand aan on- en minvermogenden.

2. De in het eerste lid bedoelde personen zijn vrijgesteld van het stellen van zekerheid voor de betaling van kosten, schaden en interessen waarin zij zouden kunnen worden verwezen.

Internationale ontvoering van kinderen, rechtsbijstand

Slotbepalingen

Art. 17

Bij en krachtens algemene maatregel van bestuur kunnen nadere bepalingen worden vastgesteld met betrekking tot de wijze van uitvoering van deze wet.

Nadere regels

Art. 18

Deze wet treedt in werking op een bij koninklijk besluit te bepalen tijdstip.

Inwerkingtreding

Art. 19

Deze wet wordt aangehaald als: Uitvoeringswet internationale kinderontvoering.

Verdrag inzake de wetsconflicten betreffende de vorm van testamentaire beschikkingen^1

De Staten, die dit Verdrag hebben ondertekend,
Verlangend gemeenschappelijke regels omtrent de oplossing van wetsconflicten betreffende de vorm van testamentaire beschikkingen op te stellen,
Hebben besloten te dien einde een Verdrag te sluiten en zijn overeengekomen als volgt:

Art. 1

Materieel toepassingsgebied

Een testamentaire beschikking is wat de vorm betreft geldig, indien zij beantwoordt aan de eisen van het interne recht.

a) van de plaats waar de testateur beschikte, of

b) van een Staat waarvan de testateur de nationaliteit bezat, hetzij op het ogenblik waarop hij beschikte, hetzij op het ogenblik van zijn overlijden, of

c) van een plaats waar de testateur zijn woonplaats had, hetzij op het ogenblik waarop hij beschikte, hetzij op het ogenblik van zijn overlijden, of

d) van de plaats waar de testateur zijn gewoon verblijf had, hetzij op het ogenblik waarop hij beschikte, hetzij op het ogenblik van zijn overlijden, of

e) voor onroerende goederen, van de plaats van hun ligging.

Indien in de Staat waarvan de testateur de nationaliteit bezat, meer dan één rechtsstelsel bestaat, dan wordt voor de toepassing van dit Verdrag het toepasselijke recht aangewezen door de regels, die in die Staat gelden en bij gebreke van zodanige regels door dat recht uit die Staat, met hetwelk de testateur de nauwste band bezat.

De vraag of de testateur woonplaats had op een bepaalde plaats wordt beheerst door het recht van die plaats.

Art. 2

Artikel 1 is ook van toepassing op testamentaire beschikkingen, waarbij een vroegere testamentaire beschikking wordt herroepen.

De herroeping is wat de vorm betreft ook geldig, indien zij beantwoordt aan de vereisten van één der rechtsstelsels volgens welke, bij toepassing van artikel 1, de herroepen testamentaire beschikking geldig was.

Art. 3

Dit Verdrag maakt geen inbreuk op bestaande of toekomstige regels van de verdragsluitende Staten, ingevolge welke testamentaire beschikkingen die gemaakt zijn in de vorm die door een niet in de voorgaande artikelen genoemd recht is voorgeschreven, worden erkend.

Art. 4

Dit Verdrag is eveneens van toepassing op de vorm van door twee of meer personen bij eenzelfde akte gemaakte testamentaire beschikkingen.

Art. 5

Voor de toepassing van dit Verdrag worden voorschriften, die op grond van leeftijd, nationaliteit of andere persoonlijke hoedanigheden van de testateur de voor testamentaire beschikkingen toelaatbare vormen beperken, tot de vormvoorschriften gerekend. Hiertoe worden eveneens gerekend de hoedanigheden, die de voor de geldigheid van een testamentaire beschikking vereiste getuigen moeten bezitten.

Art. 6

De toepassing van. de bij dit Verdrag vastgestelde conflictenregels is onafhankelijk van enig vereiste van wederkerigheid. Het Verdrag is van toepassing zelfs indien de nationaliteit van de betrokkenen of het ingevolge de voorgaande artikelen toepasselijke recht niet dat van een verdragsluitende Staat is.

Art. 7

Openbare orde

De toepassing van een door dit Verdrag aangewezen recht kan slechts ter zijde worden gesteld, indien deze toepassing kennelijk onverenigbaar is met de openbare orde.

Art. 8

Dit Verdrag is van toepassing in alle gevallen waarin de testateur is overleden na de inwerkingtreding van het Verdrag.

Art. 9

Recht woonplaats testateur

Iedere verdragsluitende Staat kan zich het recht voorbehouden om, in afwijking van artikel 1, derde lid, naar het recht van de rechter de plaats te bepalen, waar de testateur woonplaats had.

---

1 Inwerkingtredingsdatum: 01-08-1982.

Art. 10

Iedere verdragsluitende Staat kan zich het recht voorbehouden om testamentaire beschikkingen van een zijner onderdanen, die geen andere nationaliteit bezit, niet te erkennen indien deze, behoudens in buitengewone omstandigheden, in de mondelinge vorm zijn gemaakt.

Art. 11

Iedere verdragsluitende Staat kan zich het recht voorbehouden om, op grond van de desbetreffende voorschriften van zijn recht, bepaalde vormen van in het buitenland gemaakte testamentaire beschikkingen niet te erkennen, indien de volgende voorwaarden zijn vervuld:

a) de testamentaire beschikking is naar de vorm slechts geldig krachtens een recht, dat uitsluitend van toepassing is uit hoofde van de plaats waar de testateur heeft beschikt,

b) de testateur bezat de nationaliteit van de Staat, die het voorbehoud heeft gemaakt,

c) de testateur had woonplaats of gewoon verblijf in die Staat, en

d) de testateur is overleden in een andere Staat dan die, waar hij had beschikt.

Dit voorbehoud heeft slechts gevolg ten aanzien van de goederen, die zich bevinden in de Staat, die het voorbehoud heeft gemaakt.

Art. 12

Iedere verdragsluitende Staat kan zich het recht voorbehouden om de toepassing van dit Verdrag op testamentaire bepalingen, die naar zijn recht niet van erfrechtelijke aard zijn, uit te sluiten.

Art. 13

Iedere verdragsluitende Staat kan zich het recht voorbehouden om, in afwijking van artikel 8, dit Verdrag slechts toe te passen, op na zijn inwerkingtreding gemaakte testamentaire beschikkingen.

Art. 14

Dit Verdrag staat ter ondertekening open voor de Staten, vertegenwoordigd op de Negende Zitting van de Haagse Conferentie voor Internationaal Privaatrecht.

Het zal worden bekrachtigd en de akten van bekrachtiging zullen worden nedergelegd bij het Ministerie van Buitenlandse Zaken van Nederland.

Art. 15

Dit Verdrag treedt in werking op de zestigste dag na de nederlegging van de derde akte van bekrachtiging bedoeld in artikel 14, tweede lid.

Het Verdrag treedt voor elke ondertekenende Staat die later bekrachtigt in werking op de zestigste dag na de nederlegging van zijn akte van bekrachtiging.

Art. 16

Iedere Staat die niet is vertegenwoordigd geweest op de Negende Zitting van de Haagse Conferentie voor Internationaal Privaatrecht kan tot dit Verdrag toetreden na zijn inwerkingtreding krachtens artikel 15, eerste lid. De akte van toetreding zal worden nedergelegd bij het Ministerie van Buitenlandse Zaken van Nederland.

Het Verdrag treedt voor de toetredende Staat in werking op de zestigste dag na de nederlegging van zijn akte van toetreding.

Art. 17

Iedere Staat kan op het tijdstip van ondertekening, bekrachtiging of toetreding verklaren, dat dit Verdrag zich zal uitstrekken tot het geheel van de gebieden voor welker internationale betrekkingen hij verantwoordelijk is of tot één of meer van deze. Deze verklaring krijgt gevolg op het tijdstip van de inwerkingtreding van het Verdrag voor deze Staat.

Vervolgens wordt elke uitbreiding van deze aard ter kennis gebracht van het Ministerie van Buitenlandse Zaken van Nederland.

Het Verdrag treedt voor de in de verklaring van uitbreiding genoemde gebieden in werking op de zestigste dag na de in het vorige lid vermelde kennisgeving.

Art. 18

Iedere Staat kan, uiterlijk op het tijdstip van bekrachtiging of toetreding, één of meer van de in de artikelen 9, 10, 11, 12 en 13 van dit Verdrag bedoelde voorbehouden maken. Geen ander voorbehoud is toegestaan.

Iedere verdragsluitende Staat kan eveneens bij de kennisgeving van een uitbreiding van het Verdrag overeenkomstig artikel 17 één of meer van deze voorbehouden maken, waarvan de werking beperkt blijft tot de in de verklaring van uitbreiding genoemde gebieden of tot één of meer van deze.

Iedere verdragsluitende Staat kan op elk tijdstip een door hem gemaakt voorbehoud intrekken. Deze intrekking wordt ter kennis gebracht van het Ministerie van Buitenlandse Zaken van Nederland.

De werking van het voorbehoud eindigt op de zestigste dag na de kennisgeving, bedoeld in het vorige lid.

Art. 19

Dit Verdrag blijft gedurende vijf jaren van kracht, te rekenen van de dag van zijn inwerkingtreding krachtens artikel 15, eerste lid, zelfs voor de Staten, die het later hebben bekrachtigd of later zijn toegetreden.

Niet erkenning beschikkingen

Inwerkingtreding

Stilzwijgende verlenging

B66 *art. 20*

Verdrag inzake wetsconflicten betreffende vorm van testamentaire beschikkingen

Het Verdrag wordt stilzwijgend telkens voor vijf jaren verlengd behoudens opzegging. De opzegging wordt tenminste zes maanden vóór het einde van de termijn van vijf jaren ter kennis gebracht van het Ministerie van Buitenlandse Zaken van Nederland. Zij kan zich beperken tot bepaalde van de gebieden, waarop het Verdrag van toepassing is. De opzegging heeft slechts gevolg ten opzichte van de Staat die haar gedaan heeft. Het Verdrag blijft van kracht voor de andere verdragsluitende Staten.

Art. 20

Het Ministerie van Buitenlandse Zaken van Nederland geeft aan de in artikel 14 bedoelde Staten, alsmede aan de Staten die overeenkomstig de bepalingen van artikel 16 zijn toegetreden, kennis van:

a) de in artikel 14 bedoelde ondertekeningen en bekrachtigingen;

b) de datum waarop dit Verdrag in werking zal treden krachtens de bepalingen van artikel 15, eerste lid;

c) de in artikel 16 bedoelde toetredingen alsmede de datum, waarop zij gevolg zullen hebben;

d) de in artikel 17 bedoelde uitbreidingen en de datum waarop zij gevolg zullen hebben;

e) de in artikel 18 bedoelde voorbehouden en intrekking van voorbehouden;

f) de in artikel 19, derde lid, bedoelde opzeggingen.

Uitvoeringswet internationale kinderbescherming^1

Wet van 16 februari 2006 tot uitvoering van het op 19 oktober 1996 te 's-Gravenhage tot stand gekomen verdrag inzake de bevoegdheid, het toepasselijke recht, de erkenning, de tenuitvoerlegging en de samenwerking op het gebied van ouderlijke verantwoordelijkheid en maatregelen ter bescherming van kinderen alsmede van de verordening (EG) nr. 2201/2003 van de Raad van de Europese Unie van 27 november 2003 betreffende de bevoegdheid en de erkenning van beslissingen in huwelijkszaken en inzake de ouderlijke verantwoordelijkheid, en tot intrekking van Verordening (EG) nr. 1347/2000 (PbEU L 338), en wijziging van het Burgerlijk Wetboek, het Wetboek van Burgerlijke Rechtsvordering en de Uitvoeringswet EG-executieverordening (Uitvoeringswet internationale kinderbescherming)

Wij Beatrix, bij de gratie Gods, Koningin der Nederlanden, Prinses van Oranje-Nassau, enz. enz. enz.

Allen, die deze zullen zien of horen lezen, saluut! doen te weten:

Alzo Wij in overweging genomen hebben, dat het wenselijk is om wettelijke voorzieningen te treffen ter uitvoering van het op 19 oktober 1996 te 's-Gravenhage tot stand gekomen verdrag inzake de bevoegdheid, het toepasselijke recht, de erkenning, de tenuitvoerlegging en de samenwerking op het gebied van ouderlijke verantwoordelijkheid en maatregelen ter bescherming van kinderen (Trb. 1997, 299) alsmede van de verordening (EG) nr. 2201/2003 van de Raad van de Europese Unie van 27 november 2003 betreffende de bevoegdheid en de erkenning en tenuitvoerlegging van beslissingen in huwelijkszaken en inzake de ouderlijke verantwoordelijkheid, en tot intrekking van Verordening (EG) nr. 1347/2000 (PbEU L 338) en mede tot wijziging van het Burgerlijk Wetboek, het Wetboek van Burgerlijke Rechtsvordering en de Uitvoeringswet EG-executieverordening;

Zo is het, dat Wij, de Raad van State gehoord, en met gemeen overleg der Staten-Generaal, hebben goedgevonden en verstaan, gelijk Wij goedvinden en verstaan bij deze:

Hoofdstuk 1 Algemene bepalingen

Art. 1

In deze wet wordt verstaan onder:

– het verdrag: het op 19 oktober 1996 te 's-Gravenhage tot stand gekomen verdrag inzake de bevoegdheid, het toepasselijke recht, de erkenning, de tenuitvoerlegging en de samenwerking op het gebied van ouderlijke verantwoordelijkheid en maatregelen ter bescherming van kinderen (Trb. 1997, 299);

– de verordening: de Verordening (EG) nr. 2201/2003 van de Raad van de Europese Unie van 27 november 2003 betreffende de bevoegdheid en de erkenning en tenuitvoerlegging van beslissingen in huwelijkszaken en inzake de ouderlijke verantwoordelijkheid, en tot intrekking van Verordening (EG) nr. 1347/2000 (PbEU L 338).

Art. 2

De hoofdstukken 1, 2, 4, 7 en 8 zijn mede van toepassing op internationale kwesties van ouderlijke verantwoordelijkheid en maatregelen ter bescherming van kinderen die niet door het verdrag of de verordening worden beheerst.

Art. 3

1. Onverminderd het bepaalde in artikel 1, onder a, van het op 20 mei 1980 te Luxemburg tot stand gekomen Europese verdrag betreffende de erkenning en de tenuitvoerlegging van beslissingen inzake het gezag over kinderen en betreffende het herstel van het gezag over kinderen (Trb. 1981, 10), artikel 4 van het op 25 oktober 1980 te 's-Gravenhage tot stand gekomen verdrag inzake de burgerrechtelijke aspecten van internationale ontvoering van kinderen (Trb. 1987, 139) en artikel 2 van de Wet van 2 mei 1990 tot uitvoering van die verdragen (Stb. 202), is deze wet van toepassing op kinderen die de leeftijd van achttien jaren nog niet hebben bereikt.

2. Bereikt een kind ten aanzien waarvan een verzoek op grond van het verdrag, van de verordening of van deze wet in behandeling is, de leeftijd van achttien jaren, dan wordt de behandeling

---

1 Inwerkingtredingsdatum: 01-05-2006; zoals laatstelijk gewijzigd bij: Stb. 2016, 290.

van dat verzoek ambtshalve gestaakt. Hetzelfde geldt voor maatregelen ter uitvoering van een beslissing op een verzoek.

Hoofdstuk 2 Taak en bevoegdheden van de centrale autoriteit

Art. 4

1. Onze Minister van Justitie wordt voor Nederland aangewezen als centrale autoriteit, bedoeld in artikel 29 van het verdrag en in artikel 53 van de verordening.

2. De centrale autoriteit is belast met de in hoofdstuk V van het verdrag, onderscheidenlijk hoofdstuk IV van de verordening omschreven taken van de centrale autoriteit. Deze centrale autoriteit is als zodanig tevens belast met de behandeling van verzoeken om tussenkomst in internationale kwesties betreffende ouderlijke verantwoordelijkheid en maatregelen ter bescherming van kinderen, wanneer deze niet door het verdrag of de verordening worden beheerst. Bij de behandeling van deze verzoeken worden de bepalingen van hoofdstuk V van het verdrag zoveel mogelijk in acht genomen.

3. In het bijzonder neemt de centrale autoriteit alle passende maatregelen teneinde te bevorderen dat in de omstandigheden waarin het verdrag, de verordening of deze wet van toepassing is, minnelijke schikkingen tot stand komen met betrekking tot de bescherming van de persoon of het vermogen van het kind.

4. De aanwijzing van de centrale autoriteit staat er niet aan in de weg dat een persoon zich rechtstreeks tot de rechter of andere autoriteiten wendt teneinde de erkenning van de ouderlijke verantwoordelijkheid over een kind, het herstel van die verantwoordelijkheid over een kind te bereiken, of de vaststelling of wijziging van een beslissing inzake ouderlijke verantwoordelijkheid dan wel een maatregel ter bescherming van een kind te verkrijgen.

Art. 5

1. De centrale autoriteit is bevoegd, zonodig ook zonder uitdrukkelijke volmacht van degene die zich met een verzoek tot haar heeft gewend, namens hem, anders dan in rechte, op te treden.

2. Onverminderd het bepaalde in artikel 5, derde lid, van het op 20 mei 1980 te Luxemburg tot stand gekomen Europese verdrag betreffende de erkenning en de tenuitvoerlegging van beslissingen inzake het gezag over kinderen en betreffende het herstel van het gezag over kinderen (Trb. 1981, 10) en artikel 26 van het op 25 oktober 1980 te 's-Gravenhage tot stand gekomen verdrag inzake de burgerrechtelijke aspecten van internationale ontvoering van kinderen (Trb. 1987, 139), draagt de centrale autoriteit zelf alle kosten die aan de uitvoering van haar taak zijn verbonden.

Art. 6

De centrale autoriteit kan de uitvoering van bepaalde handelingen, overeenkomstig door haar te geven aanwijzingen opdragen aan de raad voor de kinderbescherming. De bepalingen van dit hoofdstuk zijn mede van toepassing ten aanzien van de raad.

Art. 7

De gemeentebesturen en de ambtenaren van de burgerlijke stand verschaffen de centrale autoriteit kosteloos alle inlichtingen en verstrekken haar kosteloos en vrij van zegel alle afschriften en uittreksels uit hun registers die deze autoriteit van hen vraagt in verband met de uitvoering van haar taak.

Art. 8

1. Indien de centrale autoriteit voor het vinden van de verblijfplaats van een kind in Nederland medewerking behoeft van dienaren van de openbare macht, kan zij zich voor het verkrijgen daarvan wenden tot de officier van justitie in het arrondissement waar het kind vermoedelijk verblijft, of anders in het arrondissement 's-Gravenhage. De officier van justitie kan de zaak overeenkomstig door hem te geven aanwijzingen overdragen aan een officier van justitie in een ander arrondissement, indien de opsporing vermoedelijk in dat arrondissement moet geschieden.

2. De in het eerste lid bedoelde officier van justitie behandelt een verzoek om medewerking van de centrale autoriteit met voorrang.

3. De ambtenaar van politie, aangesteld voor de uitvoering van de politietaak, die is aangewezen om zijn medewerking te verlenen aan de opsporing van de verblijfplaats van een kind, mag daartoe elke plaats betreden, voor zover dat redelijkerwijs voor de vervulling van die taak nodig is.

Hoofdstuk 3

Procedure in geval van plaatsing van een kind vanuit Nederland in een andere staat en in geval van plaatsing van een kind vanuit een andere staat in Nederland

Art. 9

1. De beslissing tot plaatsing van, of tot verstrekking van zorg aan een uit Nederland afkomstig kind in een pleeggezin of in een instelling in een andere staat ingevolge artikel 33 van het verdrag dan wel artikel 56 van de verordening, wordt in Nederland genomen door de centrale autoriteit, bedoeld in artikel 4, eerste lid.

2. De centrale autoriteit zendt een gemotiveerd verzoek, vergezeld van een rapport betreffende het kind, toe aan de centrale autoriteit dan wel de andere bevoegde autoriteit van de staat waar de plaatsing of de verstrekking van zorg dient plaats te vinden. Zij treedt met deze autoriteit in overleg.

3. De in het eerste lid bedoelde beslissing wordt eerst genomen nadat de centrale autoriteit, bedoeld in artikel 4, eerste lid, de volgende bescheiden heeft ontvangen:

a. een schriftelijke verklaring van de personen of de instelling bij welke de plaatsing of de verstrekking van zorg dient plaats te vinden, waaruit hun instemming blijkt;

b. indien gewenst, een door de centrale autoriteit of de andere bevoegde autoriteit in het land van plaatsing opgesteld rapport waaruit de geschiktheid van de pleegouder tot het verstrekken van pleegzorg aan het kind blijkt;

c. de instemming, bedoeld in artikel 33, tweede lid, van het verdrag, dan wel artikel 56, tweede lid, van de verordening;

d. indien toepasselijk, bescheiden waaruit blijkt dat het kind vergunning heeft of zal verkrijgen om de staat waar de plaatsing of de verstrekking van zorg zal plaatsvinden, binnen te komen en met het oog op de plaatsing of de verstrekking van zorg een verblijfsrecht in die staat heeft of zal verkrijgen.

Art. 10

1. In geval van plaatsing van een kind vanuit een andere staat in Nederland of verstrekking van zorg aan een zodanig kind in een pleeggezin of in een instelling in Nederland ingevolge artikel 33 van het verdrag dan wel artikel 56 van de verordening, dient de instemming, bedoeld in de genoemde artikelen, te worden gegeven door de centrale autoriteit, bedoeld in artikel 4, eerste lid.

2. De instemming, bedoeld in het eerste lid, wordt eerst gegeven nadat de centrale autoriteit, bedoeld in artikel 4, eerste lid, van de bevoegde autoriteit van de staat van herkomst van het kind een gemotiveerd verzoek heeft ontvangen, vergezeld van een rapport betreffende het kind, en nadat zij de volgende bescheiden heeft ontvangen, welke bescheiden zij toezendt aan de bevoegde autoriteit van het land van herkomst van het kind:

a. een schriftelijke verklaring van de personen of de instelling bij welke de plaatsing of de verstrekking van zorg dient plaats te vinden, waaruit hun instemming blijkt;

b. indien gewenst, een rapport waaruit de geschiktheid van de pleegouder tot het verstrekken van pleegzorg aan het kind blijkt;

c. indien van toepassing, bescheiden waaruit blijkt dat het kind vergunning heeft of zal verkrijgen om Nederland binnen te komen en met het oog op de plaatsing of de verstrekking van zorg een verblijfsrecht in Nederland heeft of zal verkrijgen.

3. Kennisgevingen van buitenlandse autoriteiten, als bedoeld in artikel 56, vierde lid, van de verordening, worden aan de centrale autoriteit, bedoeld in artikel 4, eerste lid, gericht. Deze zendt afschriften van deze kennisgevingen toe aan de raad voor de kinderbescherming en aan de Immigratie- en Naturalisatiedienst.

Art. 11

1. Indien de voorschriften van artikel 10 niet in acht zijn genomen, kan de officier van justitie of de centrale autoriteit de kinderrechter verzoeken een gecertificeerde instelling als bedoeld in artikel 1.1 van de Jeugdwet te belasten met de voorlopige voogdij over het kind. Dit verzoek kan ook worden gedaan door de raad voor de kinderbescherming. Tenzij de kinderrechter een langere termijn van verval van de voorlopige voogdij heeft bepaald, wendt de raad zich binnen zes weken na de beslissing over de voorlopige voogdij tot de rechter ten einde een voorziening in het gezag over de minderjarige te verkrijgen. Artikel 241, vierde en vijfde lid, alsmede artikel 306a van Boek 1 van het Burgerlijk Wetboek zijn van overeenkomstige toepassing. Artikel 813, tweede lid, van het Wetboek van Burgerlijke Rechtsvordering is van overeenkomstige toepassing.

2. De voorlopige voogdij eindigt, behoudens eerdere opheffing, op het tijdstip waarop hetzij de voogdij over het kind, dan wel diens plaatsing bij andere personen of een andere instelling, een aanvang neemt, of zijn terugkeer naar het land van herkomst is geregeld.

3. De kosten die de voogdij-instelling ten behoeve van het kind moet maken, komen ten laste van degene bij wie het kind in strijd met artikel 10 is geplaatst. De artikelen 8.2.1 tot en met 8.2.7 van de Jeugdwet zijn van overeenkomstige toepassing.

Hoofdstuk 4

Rechtspleging ter zake van ouderlijke verantwoordelijkheid en maatregelen ter bescherming van kinderen

Art. 12

1. Onverminderd de bevoegdheid van de voorzieningenrechter in kort geding, is de rechtbank bevoegd tot kennisneming van alle zaken met betrekking tot de regeling en de uitoefening van ouderlijke verantwoordelijkheid en maatregelen ter bescherming van kinderen in internationale gevallen, behoudens voor zover het betreft de erkenning, de niet-erkenning en de tenuitvoerlegging van buitenlandse beslissingen.

2. De rechtbank is bevoegd tot kennisneming van een zaak als bedoeld in het eerste lid indien het kind binnen haar rechtsgebied gewone verblijfplaats heeft. In gevallen waarin het verdrag of de verordening een bevoegdheid toekent aan de autoriteiten van de verdragsstaat waar het kind niet zijn gewone verblijfplaats heeft, maar zich bevindt, is tot kennisneming daarvan bevoegd de rechtbank binnen wier rechtsgebied het kind zich bevindt. In gevallen waarin het verdrag of de verordening een bevoegdheid toekent aan de autoriteiten van een staat waar het kind noch zijn gewone verblijfplaats heeft noch zich bevindt, is tot kennisneming daarvan bevoegd de rechtbank Den Haag.

Art. 13

De zaken tot kennisneming waarvan de rechtbank op grond van artikel 12, eerste lid, bevoegd is, worden ingeleid met een verzoekschrift. Het verzoekschrift wordt ingediend door een advocaat. Het verzoekschrift houdt tevens in de keuze van een woonplaats binnen het arrondissement van de rechtbank.

Art. 14

Artikel 14 van de Uitvoeringswet internationale kinderontvoering (Stb. 1990, 202) is van overeenkomstige toepassing in gevallen die door het verdrag, de verordening of deze wet worden bestreken.

Hoofdstuk 5

Erkenning, niet-erkenning en tenuitvoerlegging van beslissingen op grond van het verdrag

Art. 15

1. De voorzieningenrechter van de rechtbank is bevoegd tot kennisneming van alle verzoeken die betrekking hebben op de erkenning, de niet-erkenning en de tenuitvoerlegging van beslissingen inzake ouderlijke verantwoordelijkheid en maatregelen ter bescherming van kinderen die op grond van het verdrag zijn gegeven, voor zover de erkenning, de niet-erkenning en de tenuitvoerlegging daarvan niet door de verordening worden beheerst. Ten aanzien van het verlof tot tenuitvoerlegging zijn de artikelen 985 tot en met 990 van het Wetboek van Burgerlijke Rechtsvordering niet van toepassing.

2. In de zaken, bedoeld in het eerste lid, is bevoegd de voorzieningenrechter van de rechtbank binnen wier rechtsgebied de persoon tegen wie de tenuitvoerlegging wordt gevraagd, dan wel een kind waarop het verzoek betrekking heeft, gewone verblijfplaats heeft. Indien geen van deze personen gewone verblijfplaats in Nederland heeft, is bevoegd de voorzieningenrechter van de rechtbank binnen wier rechtsgebied de tenuitvoerlegging dient plaats te vinden. Kan de bevoegdheid niet worden gebaseerd op de in dit artikellid genoemde gronden, dan is bevoegd de voorzieningenrechter van de rechtbank Den Haag.

3. Een beslissing op een verzoek als bedoeld in het eerste lid, wordt gevraagd bij verzoekschrift. Het wordt ingediend door een advocaat. Het verzoekschrift houdt tevens in de keuze van een woonplaats binnen het arrondissement van de rechtbank.

Art. 16

1. De voorzieningenrechter bij wie een verzoek als bedoeld in artikel 15, eerste lid, is ingediend, doet daarover onverwijld uitspraak.

2. Het verlof tot tenuitvoerlegging is uitvoerbaar bij voorraad.

Art. 17

1. De rechtbank waarvan de voorzieningenrechter op een verzoek als bedoeld in artikel 15, eerste lid, heeft beschikt, neemt kennis van het hoger beroep van die beschikking. Alleen de partijen kunnen hoger beroep tegen de beschikking instellen.

2. Het hoger beroep tegen een beschikking waarbij een verzoek als bedoeld in artikel 15, eerste lid, is ingewilligd, moet worden ingesteld binnen een maand na de betekening van de beschikking. Indien de partij tegen wie tenuitvoerlegging wordt gevraagd, haar gewone verblijfplaats heeft in het buitenland, bedraagt de termijn voor het instellen van hoger beroep twee maanden, te rekenen vanaf de datum van de betekening aan deze partij in persoon of aan zijn adres. De termijn kan niet op grond van de afstand worden verlengd.

3. Indien hoger beroep wordt ingesteld door de verzoeker en is gericht tegen de weigering om een verzoek als bedoeld in artikel 15, eerste lid, in te willigen, wordt het ingesteld binnen een maand na de dagtekening van de beschikking.

4. De rechtbank bij welke hoger beroep is ingesteld, doet daarover onverwijld uitspraak.

5. Tegen de in hoger beroep gegeven beschikking kan slechts beroep in cassatie worden ingesteld.

6. De rechtbank bij welke hoger beroep is ingesteld, onderscheidenlijk de Hoge Raad bij welke beroep in cassatie is ingesteld, kan op verzoek van de partij tegen wie tenuitvoerlegging wordt gevraagd, zijn uitspraak aanhouden indien in de staat van herkomst van de beslissing een gewoon rechtsmiddel is ingesteld of de termijn daartoe nog niet is verstreken. In dit laatste geval kan de rechtbank, onderscheidenlijk de Hoge Raad, een termijn vaststellen binnen welke het rechtsmiddel moet worden ingesteld.

7. Indien in de beslissing uitspraak is gedaan over meer dan een onderdeel van het verzoek en de tenuitvoerlegging niet voor het geheel kan worden toegestaan, wordt de tenuitvoerlegging voor één of meer van die onderdelen toegestaan.

8. De verzoeker kan om gedeeltelijke tenuitvoerlegging vragen.

Hoofdstuk 6 Erkenning, niet-erkenning en tenuitvoerlegging van beslissingen op grond van de verordening

Art. 18

1. De voorzieningenrechter van de rechtbank is bevoegd tot kennisneming van de verzoeken, bedoeld in de artikelen 21, derde lid, 28 en 48, eerste lid, van de verordening. Ten aanzien van het verlof tot tenuitvoerlegging zijn de artikelen 985 tot en met 990 van het Wetboek van Burgerlijke Rechtsvordering niet van toepassing.

2. Artikel 29, tweede lid, van de verordening is van overeenkomstige toepassing op de relatieve bevoegdheid van de voorzieningenrechter in de zaken, bedoeld in artikel 21, derde lid, van de verordening. Kan de bevoegdheid van deze rechter niet worden gebaseerd op de daar genoemde gronden, dan is bevoegd de voorzieningenrechter van de rechtbank Den Haag.

3. Een beslissing op een verzoek als bedoeld in het eerste lid, wordt gevraagd bij verzoekschrift. Het wordt ingediend door een advocaat. Het verzoekschrift houdt tevens in de keuze van een woonplaats binnen het arrondissement van de rechtbank.

4. Onverminderd het bepaalde bij artikel 38, eerste lid, van de verordening, wordt bij ongenoegzaamheid van de bij het verzoekschrift overgelegde stukken aan de verzoeker de gelegenheid tot aanvulling gegeven met het stuk, bedoeld in artikel 37, eerste lid, onder a, van de verordening.

Art. 19

1. De persoon tegen wie tenuitvoerlegging wordt gevraagd en andere belanghebbenden worden in de procedure over een verzoek als bedoeld in artikel 18, eerste lid, niet opgeroepen.

2. Inwilliging van het verzoek, bedoeld in artikel 28 van de verordening, door de voorzieningenrechter geschiedt in de vorm van een eenvoudig verlof, dat op de overgelegde expeditie van de ten uitvoer te leggen beslissing wordt gesteld.

3. Het verlof tot tenuitvoerlegging is uitvoerbaar bij voorraad.

Art. 20

1. De rechtbank waarvan de voorzieningenrechter op een verzoek als bedoeld in artikel 18, eerste lid, heeft beschikt, neemt kennis van het rechtsmiddel, bedoeld in artikel 33 van de verordening.

2. Het rechtsmiddel, bedoeld in artikel 33 van de verordening, wordt, indien het wordt ingesteld door de verzoeker en is gericht tegen een weigering om een verzoek als bedoeld in artikel 18, eerste lid, in te willigen, ingesteld binnen een maand na de dagtekening van de beschikking.

3. De rechtbank bij welke hoger beroep is ingesteld, doet daarover onverwijld uitspraak.

Art. 21

1. De procedure van artikel 26 van Boek 1 van het Burgerlijk Wetboek is niet van toepassing ten aanzien van het op artikel 21, derde lid, van de verordening gegronde verzoek om een beslissing houdende erkenning of niet-erkenning van een in een andere lidstaat gegeven beslissing ter zake van echtscheiding, scheiding van tafel en bed of nietigverklaring van het huwelijk.

2. Artikel 26e van Boek 1 van het Burgerlijk Wetboek is van overeenkomstige toepassing op een beslissing als bedoeld in het eerste lid.

Art. 22

In het in artikel 41, derde lid, laatste zin, van de verordening bedoelde geval wordt het verzoek om een certificaat betreffende een beslissing inzake het omgangsrecht door tussenkomst van een advocaat ingediend bij de voorzieningenrechter van de rechtbank van welke de kinderrechter de beslissing heeft gegeven. De voorzieningenrechter beslist onverwijld op het verzoek. Artikel 19, eerste lid, is van overeenkomstige toepassing.

Art. 23

Artikel 31 van het Wetboek van Burgerlijke Rechtsvordering is van overeenkomstige toepassing op de procedure, bedoeld in artikel 43 van de verordening, indien het certificaat door een Nederlandse rechter is afgegeven.

Hoofdstuk 7 Internationale samenwerking van gerechten

Art. 24

1. De Raad voor de Rechtspraak wijst een of meer kinderrechters aan, die in het bijzonder belast zijn met het faciliteren van contacten van rechters in Nederland bij wie op grond van het verdrag, de verordening of deze wet procedures aanhangig zijn met rechters in het buitenland die terzake bevoegd zijn, alsmede contacten van rechters in het buitenland bij wie zodanige procedures aanhangig zijn, met rechters in Nederland die terzake bevoegd zijn.

2. Indien een rechter in Nederland in verband met een procedure in het eerste lid een rechter in het buitenland wenst te consulteren, kan hij gebruik maken van de tussenkomst van de in het eerste lid bedoelde rechter.

3. De in het tweede lid bedoelde tussenkomst wordt ook verleend aan een rechter in het buitenland die in verband met een bij hem aanhangige procedure als bedoeld in het eerste lid een rechter in Nederland wenst te consulteren.

4. Indien in verband met een consultatie als bedoeld in het tweede of het derde lid stukken dienen te worden vertaald of indien daarvoor de bijstand van een tolk nodig is, draagt de in het eerste lid bedoelde rechter hiervoor zorg.

5. Voordat een consultatie als bedoeld in het tweede lid plaatsvindt, stelt de rechter bij wie de procedure aanhangig is, de partijen hiervan in kennis. Nadat de consultatie heeft plaatsgevonden, doet hij partijen verslag van de consultatie.

6. De overdracht van verzoeken als bedoeld in de artikelen 8 en 9 van het verdrag en artikel 15 van de verordening, geschiedt door tussenkomst van de in het eerste lid bedoelde rechter. De rechter die een verzoek heeft overgedragen, stelt partijen hiervan in kennis.

Hoofdstuk 8 Verklaring inzake ouderlijke verantwoordelijkheid

Art. 25

1. Tot de afgifte van een verklaring als bedoeld in artikel 40, van het verdrag, is bevoegd de notaris.

2. De verklaring wordt afgegeven op een bij besluit van Onze Minister van Justitie vast te stellen formulier.

Hoofdstuk 9 Samenloop met andere internationale regelingen

Art. 26

In de betrekkingen tussen Nederland en andere staten die partij zijn zowel bij het in artikel 1 bedoelde verdrag als bij het op 20 mei 1980 te Luxemburg tot stand gekomen Europese verdrag betreffende de erkenning en de tenuitvoerlegging van beslissingen inzake het gezag over kinderen en betreffende het herstel van het gezag over kinderen (Trb. 1981, 10) gaat het in artikel 1 bedoelde verdrag voor.

Hoofdstuk 10 Wijziging van andere wetten

Art. 27

[Wijzigt het Burgerlijk Wetboek Boek 1.]

Art. 28

[Wijzigt het Wetboek van Burgerlijke Rechtsvordering.]

Art. 29

[Wijzigt de Uitvoeringswet EG-executieverordening.]

Hoofdstuk 11 Slotbepalingen

Art. 30

1. Artikel 28, onderdeel B, van deze wet is van toepassing op procedures inzake echtscheiding, scheiding van tafel en bed en ontbinding van het huwelijk na scheiding van tafel en bed, nietigverklaring alsmede nietigheid en geldigheid van het huwelijk die worden ingesteld op of na 1 maart 2005.

2. Het in artikel 1 bedoelde verdrag is niet van toepassing in procedures inzake ouderlijke verantwoordelijkheid of maatregelen ter bescherming van kinderen, die vóór zijn inwerkingtreding in Nederland zijn ingesteld en waarin na zijn inwerkingtreding een beslissing wordt genomen.

3. De inwerkingtreding in Nederland van het in artikel 1 bedoelde verdrag laat ouderlijke verantwoordelijkheid die voordien van rechtswege aan een persoon is toegekomen, onverlet.

4. Vanaf het tijdstip van de inwerkingtreding in Nederland van het in artikel 1 bedoelde verdrag wordt het van rechtswege ontstaan van ouderlijke verantwoordelijkheid van een persoon die deze niet reeds heeft, door dat verdrag beheerst.

Art. 31

Deze wet treedt in werking op een bij koninklijk besluit te bepalen tijdstip.

Art. 32

Deze wet wordt aangehaald als: Uitvoeringswet internationale kinderbescherming

Verdrag inzake het recht dat toepasselijk is op trusts en inzake de erkenning van trusts^1

De Staten die dit Verdrag hebben ondertekend,
Overwegend dat de trust zoals die is ontwikkeld door de equitygerechten in landen van de common law en met bepaalde aanpassingen door andere landen is overgenomen een rechtsinstelling van eigen aard is,
Verlangend gemeenschappelijke bepalingen vast te stellen over het recht dat toepasselijk is op trusts en de belangrijkste problemen met betrekking tot de erkenning van trusts te regelen,
Hebben besloten te dien einde een Verdrag te sluiten en de navolgende bepalingen aan te nemen:

HOOFDSTUK I TOEPASSINGSGEBIED

Art. 1

Functie van het verdrag Dit Verdrag wijst het recht aan dat toepasselijk is op trusts en beheerst hun erkenning.

Art. 2

Trust; begripsbepaling Voor de toepassing van dit Verdrag heeft de term trust het oog op de rechtsbetrekkingen die - bij rechtshandeling onder de levenden of terzake des doods - in het leven worden geroepen door een persoon, de insteller, wanneer goederen onder de macht van een trustee worden gebracht ten behoeve van een begunstigde of voor een bepaald doel.

Een trust heeft de volgende kenmerken:

a. de goederen van de trust vormen een afgescheiden vermogen en zijn geen deel van het vermogen van de trustee;

b. de rechtstitel met betrekking tot de goederen van de trust staat ten name van de trustee of ten name van een ander voor rekening van de trustee;

c. de trustee heeft de bevoegdheid en de plicht, terzake waarvan hij verantwoording schuldig is, om in overeenstemming met de bepalingen van de trust en de bijzondere verplichtingen, waaraan hij van rechtswege is onderworpen, de goederen van de trust te besturen en te beheren of er over te beschikken.

Het is niet noodzakelijkerwijs onverenigbaar met het bestaan van een trust dat de insteller zich bepaalde rechten en bevoegdheden heeft voorbehouden of dat de trustee bepaalde rechten als begunstigde heeft.

Art. 3

Werkingssfeer Het Verdrag is slechts van toepassing op trusts die door een wilsuiting in het leven zijn geroepen en waarvan blijkt bij geschrift.

Art. 4

Het Verdrag is niet van toepassing op voorafgaande vragen betreffende de geldigheid van testamenten of andere rechtshandelingen krachtens welke goederen aan de trustee worden overgedragen.

Art. 5

Het Verdrag is niet van toepassing voor zover het recht dat door de bepalingen van Hoofdstuk II wordt aangewezen de rechtsfiguur trust of de betrokken vorm van trust niet kent.

HOOFDSTUK II TOEPASSELIJK RECHT

Art. 6

Verwijzingsregel; rechtskeuze De trust wordt beheerst door het door de insteller gekozen recht. De keuze moet uitdrukkelijk zijn of voortvloeien uit de bepalingen van de akte waarbij de trust is ingesteld of het geschrift waaruit van het bestaan daarvan blijkt, zonodig uitgelegd in het licht van de omstandigheden van het geval.

Wanneer het recht, dat volgens het voorgaande lid is gekozen, de rechtsfiguur trust of de betrokken vorm van trust niet kent, heeft de keuze geen rechtsgevolg en is het door artikel 7 aangewezen recht van toepassing.

Art. 7

Verwijzingsregel; afwezigheid rechtskeuze Wanneer er geen rechtskeuze is gedaan, wordt de trust beheerst door het recht waarmede hij het nauwst verbonden is.

---

1 Inwerkingtredingsdatum: 01-02-1996.

Om te bepalen met welk recht een trust het nauwst verbonden is, wordt in het bijzonder rekening gehouden met:

a. de door de insteller aangewezen plaats waar de trust wordt bestuurd;

b. de plaats waar de goederen van de trust zijn gelegen;

c. de plaats waar de trustee zijn verblijf of zijn kantoor heeft;

d. de doeleinden van de trust en de plaatsen waar zij moeten worden verwezenlijkt.

Art. 8

Het door artikel 6 of 7 aangewezen recht beheerst de geldigheid, de uitlegging en de rechtsgevolgen, alsmede het bestuur over de trust.

Dit recht beheerst met name:

a. de benoeming, het aftreden en het ontslag van de trustees, de bevoegdheid om als trustee op te treden en de overgang van de functie van trustee;

b. de onderlinge rechten en plichten van de trustees;

c. het recht van de trustees om de vervulling van hun verplichtingen of de uitoefening van hun bevoegdheden geheel of gedeeltelijk te delegeren;

d. de bevoegdheid van de trustees om de trustgoederen te besturen en er over te beschikken, om deze goederen met zekerheidsrechten te bezwaren en om nieuwe goederen te verwerven;

e. de bevoegdheid van de trustees om het trustvermogen te beleggen;

f. beperkingen met betrekking tot de duur en ten aanzien van de bevoegdheid van de trustees de opbrengsten van het trustvermogen te reserveren;

g. de betrekkingen tussen trustees en begunstigden, met inbegrip van de persoonlijke aansprakelijkheid van de trustees jegens de begunstigden;

h. de wijziging of beëindiging van de trust;

i. de verdeling van het trustvermogen;

j. de verplichting van de trustees van hun bestuur verantwoording af te leggen.

Art. 9

Bij de toepassing van de bepalingen van dit hoofdstuk kan een afsplitsbaar onderdeel van de trust, in het bijzonder het bestuur, door een ander recht worden beheerst.

Art. 10

Het recht dat van toepassing is op de geldigheid van de trust bepaalt of dit recht of het recht dat een afsplitsbaar onderdeel beheerst, kan worden vervangen door een ander recht.

HOOFDSTUK III ERKENNING

Art. 11

Een trust die in het leven is geroepen overeenkomstig het door de bepalingen van het voorafgaande hoofdstuk aangewezen recht wordt erkend als trust.

Die erkenning houdt tenminste in dat het trustvermogen is afgescheiden van het eigen vermogen van de trustee en dat de trustee in zijn hoedanigheid van trustee als eiser of verweerder in rechte kan optreden en kan verschijnen voor een notaris of voor enig persoon die handelt in de uitoefening van een openbare functie.

Voorzover het recht dat toepasselijk is op de trust dit verlangt of bepaalt, brengt deze erkenning in het bijzonder mede:

a. dat de persoonlijke schuldeisers van de trustee geen verhaal hebben op het trustvermogen;

b. dat de trustgoederen geen deel uitmaken van het vermogen van de trustee in geval van diens insolventie of faillissement;

c. dat de trustgoederen geen deel uitmaken van enige huwelijksgoederengemeenschap waarin de trustee gehuwd mocht zijn noch van zijn nalatenschap;

d. dat de trustgoederen kunnen worden teruggevorderd in gevallen waarin de trustee deze, met schending van de verplichtingen die voor hem uit de trust voortvloeien, met zijn eigen vermogen heeft vermengd of deze heeft vervreemd. Niettemin blijven de rechten en verplichtingen van een derde die de goederen onder zich heeft, beheerst door de wet aangewezen door de verwijzingsregels van het forum.

Art. 12

De trustee die een roerend of onroerend goed, dan wel een daarop betrekking hebbende rechtstitel, in een register wil doen inschrijven, is gerechtigd inschrijving te verlangen in zijn hoedanigheid van trustee of op zodanige andere wijze dat het bestaan van de trust blijkt voorzover zulks niet door het recht van de Staat, waar inschrijving wordt verlangd, verboden wordt of daarmede onverenigbaar is.

Art. 13

Geen Staat is gehouden een trust te erkennen waarvan de kenmerkende elementen, afgezien van de keuze van het toepasselijk recht, de plaats van bestuur van de trust en de gewone verblijfplaats van de trustee, nauwer verbonden zijn met Staten die de rechtsfiguur of de betrokken vorm van trust niet kennen.

Toepasselijk recht; inhoud

Afsplitsbaar onderdeel van de trust

Wijziging toepasselijk recht

Erkenning

Inschrijving van de goederen in een register

Onthouding van erkenning

B68 art. 14 **Verdrag inzake recht dat toepasselijk is op trusts en inzake erkenning van trusts**

Art. 14

Gunstiger erkenningsregel Het Verdrag laat de toepassing van rechtsregels die gunstiger zijn voor de erkenning van trusts onverlet.

HOOFDSTUK IV ALGEMENE BEPALINGEN

Art. 15

Voorbehoud t.a.v. bepalingen met dwingend karakter Het Verdrag laat onverlet de toepassing van bepalingen van het recht dat is aangewezen door de verwijzingsregels van het land van de rechter, in zoverre van deze bepalingen niet door een wilsuiting kan worden afgeweken, met name wanneer zij betreffen:

a. de bescherming van minderjarigen en andere handelingsonbekwamen;
b. de persoonlijke en vermogensrechtelijke gevolgen van het huwelijk;
c. de erfopvolging krachtens testament of wet, in het bijzonder het wettelijk erfdeel;
d. de eigendomsoverdracht en de zekerheidsrechten;
e. de bescherming van schuldeisers in geval van insolventie;
f. de bescherming van derden te goeder trouw in andere opzichten.

Wanneer het voorgaande lid aan de erkenning van een trust in de weg staat, tracht de rechter op andere wijze aan het doel van de trust gevolg te geven.

Art. 16

Eigen voorrangsregels Het Verdrag laat onverlet de toepassing van de bepalingen van het recht van het land van de rechter die ongeacht de verwijzingsregels zelfs in internationale situaties moeten worden toegepast.

Voorrangsregels van derde Staten Bij wijze van uitzondering kan eveneens gevolg worden toegekend aan bepalingen van gelijke aard van het recht van een andere Staat die een voldoende nauw verband met het voorwerp van het geschil heeft.

Voorbehoud Elke Verdragsluitende Staat kan, door middel van een voorbehoud, verklaren dat hij het tweede lid van dit artikel niet zal toepassen.

Art. 17

De term recht Onder de term „recht" verstaat dit Verdrag de rechtsregels die in een Staat gelden met uitsluiting van de verwijzingsregels.

Art. 18

Openbare orde clausule Van de toepassing van het Verdrag kan worden afgezien indien die toepassing klaarblijkelijk onverenigbaar zou zijn met de openbare orde.

Art. 19

Fiscale bevoegdheid Het Verdrag laat de bevoegdheden van de Staten op belastinggebied onverlet.

Art. 20

Trust in het leven geroepen door een rechterlijke beslissing Iedere Verdragsluitende Staat kan te allen tijde verklaren dat de bepalingen van het Verdrag ook zullen gelden voor trusts in het leven geroepen door een rechterlijke beslissing.

Van deze verklaring moet worden kennisgegeven aan het Ministerie van Buitenlandse Zaken van het Koninkrijk der Nederlanden en zij heeft rechtsgevolg met ingang van de dag van ontvangst van die kennisgeving.

Artikel 31 is van overeenkomstige toepassing op de intrekking van deze verklaring.

Art. 21

Voorbehoud Iedere Verdragsluitende Staat kan zich het recht voorbehouden de bepalingen van hoofdstuk III slechts toe te passen op trusts waarvan de geldigheid beheerst wordt door het recht van een Verdragsluitende Staat.

Art. 22

Toepasselijkheid verdrag op 'oude' en 'nieuwe' trusts Het Verdrag is van toepassing op trusts ongeacht het tijdstip waarop zij in het leven geroepen zijn.

Een Verdragsluitende Staat kan zich evenwel voorbehouden het Verdrag niet toe te passen op trusts die in het leven zijn geroepen vóór het tijdstip waarop het Verdrag voor die Staat in werking is getreden.

Art. 23

Verwijzing naar Staat met meerdere gebiedsdelen Voor de bepaling van het overeenkomstig het Verdrag toe te passen recht, wordt, indien een Staat verscheidene gebiedsdelen omvat elk met eigen rechtsregels voor trusts, iedere verwijzing naar het recht van die Staat uitgelegd als een verwijzing naar het recht van het gebiedsdeel in kwestie.

Art. 24

Intern conflict Een Staat waarbinnen verschillende gebiedsdelen eigen rechtsregels voor trusts bezitten, is niet verplicht dit Verdrag toe te passen op conflicten uitsluitend tussen de rechtsstelsels van die gebiedsdelen.

Verdrag inzake recht dat toepasselijk is op trusts en inzake erkenning van trusts **B68** art. 31

Art. 25

Het Verdrag laat de toepassing onverlet van internationale akten waarbij een Verdragsluitende Staat partij is of zal worden en die bepalingen bevatten over onderwerpen die worden geregeld door dit Verdrag.

Non-exclusiviteit verdrag

HOOFDSTUK V SLOTBEPALINGEN

Art. 26

Iedere Staat kan op het tijdstip van ondertekening, bekrachtiging, aanvaarding, goedkeuring of toetreding, of op het tijdstip waarop een verklaring krachtens artikel 29 wordt afgelegd, de in artikel 16, 21 en 22 bedoelde voorbehouden maken.

Geen ander voorbehoud is toegestaan.

Iedere Verdragsluitende Staat kan te allen tijde een door hem gemaakt voorbehoud intrekken; het voorbehoud houdt op van kracht te zijn met ingang van de eerste dag van de derde kalendermaand na de kennisgeving van de intrekking.

(Intrekking) voorbehoud

Art. 27

Het Verdrag staat open voor ondertekening door de Staten die Lid waren van de Haagse Conferentie voor Internationaal Privaatrecht ten tijde van haar Vijftiende Zitting.

Het Verdrag dient te worden bekrachtigd, aanvaard of goedgekeurd en de akten van bekrachtiging, aanvaarding of goedkeuring dienen te worden nedergelegd bij het Ministerie van Buitenlandse Zaken van het Koninkrijk der Nederlanden.

Toetreding van lidstaten van de Conferentie

Art. 28

Iedere andere Staat kan tot dit Verdrag toetreden nadat het krachtens artikel 30, eerste lid, in werking is getreden.

De akte van toetreding dient te worden nedergelegd bij het Ministerie van Buitenlandse Zaken van het Koninkrijk der Nederlanden.

De toetreding heeft slechts gevolg in de betrekkingen tussen de toetredende Staat en die Verdragsluitende Staten, die niet binnen twaalf maanden na ontvangst van de kennisgeving bedoeld in artikel 32 tegen die toetreding bezwaar hebben gemaakt. Een zodanig bezwaar kan eveneens worden gemaakt door iedere Lid-Staat op het tijdstip dat deze het Verdrag bekrachtigt, aanvaardt of goedkeurt na een toetreding. Deze bezwaren worden ter kennis gebracht van het Ministerie van Buitenlandse Zaken van het Koninkrijk der Nederlanden.

Toetreding andere staten

Art. 29

Een Staat die twee of meer gebiedsdelen omvat waarin verschillende rechtsstelsels van toepassing zijn, kan op het tijdstip van ondertekening, bekrachtiging, aanvaarding, goedkeuring of toetreding verklaren dat dit Verdrag van toepassing is op al zijn gebiedsdelen of slechts op één of meer ervan, en kan te allen tijde deze verklaring wijzigen door het afleggen van een nieuwe verklaring.

Deze verklaringen worden ter kennis gebracht van het Ministerie van Buitenlandse Zaken van het Koninkrijk der Nederlanden en vermelden uitdrukkelijk de gebiedsdelen waarop het Verdrag van toepassing is.

Wanneer een Staat geen verklaring ingevolge dit artikel heeft afgelegd, is het Verdrag op het gehele grondgebied van de Staat toepasselijk.

Staat met meerdere gebiedsdelen

Art. 30

Het Verdrag treedt in werking op de eerste dag van de derde kalendermaand na de nederlegging van de derde akte van bekrachtiging, aanvaarding of goedkeuring als bedoeld in artikel 27.

Vervolgens treedt dit Verdrag in werking:

a. voor iedere Staat die het daarna bekrachtigt, aanvaardt of goedkeurt op de eerste dag van de derde kalendermaand na nederlegging van zijn akte van bekrachtiging, aanvaarding of goedkeuring;

b. voor iedere Staat die toetreedt, op de eerste dag van de derde kalendermaand na verloop van de termijn bedoeld in artikel 28;

c. voor de gebiedsdelen waartoe het Verdrag is uitgebreid overeenkomstig artikel 29, de eerste dag van de derde kalendermaand na de kennisgeving bedoeld in dat artikel.

Inwerkingtreding

Art. 31

Iedere Verdragsluitende Staat kan dit Verdrag opzeggen door een formele schriftelijke kennisgeving aan het Ministerie van Buitenlandse Zaken van het Koninkrijk der Nederlanden, depositaris van dit Verdrag.

De opzegging wordt van kracht op de eerste dag van de maand na verloop van een termijn van zes maanden na de dag van ontvangst van de kennisgeving door de depositaris, of op een in de kennisgeving aangegeven later tijdstip.

Opzegging van het verdrag

B68 art. 32 Verdrag inzake recht dat toepasselijk is op trusts en inzake erkenning van trusts

Art. 32

Meldingsplicht ministerie BuZa

Het Ministerie van Buitenlandse Zaken van het Koninkrijk der Nederlariden geeft de Lid-Staten van de Conferentie, alsmede de Staten die zijn toegetreden overeenkomstig het bepaalde in artikel 28 kennis van:

a. de ondertekeningen, bekrachtigingen, aanvaardingen en goedkeuringen bedoeld in artikel 27;

b. de dag waarop het Verdrag in werking treedt overeenkomstig het bepaalde in artikel 30;

c. de toetredingen en bezwaren tegen toetredingen bedoeld in artikel 28;

d. de uitbreidingen bedoeld in artikel 29;

e. de verklaringen bedoeld in artikel 20;

f. de voorbehouden of intrekkingen van voorbehouden bedoeld in artikel 26;

g. de opzeggingen bedoeld in artikel 31.

Verdrag betreffende het toepasselijke recht op vertegenwoordiging^1

De Staten die dit Verdrag hebben ondertekend,.
Verlangend gemeenschappelijke bepalingen vast te stellen betreffende het toepasselijke recht op vertegenwoordiging,
Hebben besloten te dien einde een Verdrag te sluiten en zijn overeengekomen als volgt:

HOOFDSTUK I TOEPASSINGSGEBIED VAN HET VERDRAG

Art. 1

Dit Verdrag bepaalt welk recht van toepassing is op internationale rechtsverhoudingen die ontstaan wanneer een persoon, de vertegenwoordiger, bevoegd is te handelen, handelt of beweert te handelen op naam of voor rekening van een andere persoon, de vertegenwoordigde, met een derde.

Het is mede van toepassing op gevallen waarin de taak van de vertegenwoordiger bestaat in het ontvangen en overbrengen van voorstellen of het voeren van onderhandelingen ten behoeve van andere personen.

Het Verdrag is van toepassing, ongeacht of de vertegenwoordiger op eigen naam of op naam van de vertegenwoordigde handelt en ongeacht of hij regelmatig of bij gelegenheid handelt.

Materieel toepassingsgebied

Art. 2

Het Verdrag is niet van toepassing op:
a) de handelingsbekwaamheid van partijen;
b) vormvereisten;
c) wettelijke vertegenwoordiging in het familierecht, het huwelijksgoederenrecht en het erfrecht;
d) vertegenwoordiging ingevolge een beslissing van een rechterlijke of administratieve autoriteit, of onder rechtstreeks toezicht van een dergelijke autoriteit;
e) vertegenwoordiging verband houdend met een rechtsgeding;
f) de vertegenwoordiging door een scheepskapitein in de uitoefening van zijn functie.

Uitzonderingen toepassingsgebied

Art. 3

Voor de toepassing van dit Verdrag:
a) wordt een orgaan of een functionaris van, of een deelnemer in een vennootschap, vereniging of ander lichaam, al dan niet rechtspersoonlijkheid bezittend, niet beschouwd als de vertegenwoordiger van dat lichaam voorzover hij, in de uitoefening van zijn functie, handelt op grond van bevoegdheden toegekend door de wet of de statuten van dat lichaam;
b) wordt de *trustee* niet beschouwd als een vertegenwoordiger handelend ten behoeve van de *trust*, de oprichter van de *trust* of de begunstigde.

Niet-vertegenwoordiger

Art. 4

Het door het Verdrag aangewezen recht is toepasselijk, ongeacht de vraag of het het recht is van een Verdragsluitende Staat.

HOOFDSTUK II DE BETREKKINGEN TUSSEN VERTEGENWOORDIGDE EN VERTEGENWOORDIGER

Art. 5

Het door partijen gekozen interne recht beheerst de vertegenwoordigingsbetrekking tussen vertegenwoordigde en vertegenwoordiger.
Deze keuze dient uitdrukkelijk te zijn of met redelijke zekerheid te kunnen worden afgeleid uit de bepalingen van de overeenkomst en de omstandigheden van het geval.

Rechtskeuze

Art. 6

In zoverre het niet is gekozen in overeenstemming met artikel 5, is het toepasselijk recht het interne recht van de Staat waarin, op het tijdstip van het tot stand komen van de vertegenwoordigingsverhouding, de vertegenwoordiger zijn kantoor of, bij gebreke daarvan, zijn gewone verblijfplaats heeft.
Evenwel is het interne recht van de Staat waarin de vertegenwoordiger zijn werkzaamheden voornamelijk moet verrichten toepasselijk, indien de vertegenwoordigde zijn kantoor of, bij gebreke daarvan, zijn gewone verblijfplaats in die Staat heeft.

Geen rechtskeuze

---

1 Inwerkingtredingsdatum: 01-10-1992.

Wanneer de vertegenwoordigde of de vertegenwoordiger verschillende kantoren heeft, verwijst dit artikel naar dat kantoor waarmee de vertegenwoordigingsverhouding het nauwst is verbonden.

Art. 7

Wanneer het tot stand brengen van de vertegenwoordigingsverhouding niet het enige doel van de overeenkomst vormt, is het recht, aangewezen door de artikelen 5 en 6, slechts toepasselijk, indien:

a) het tot stand brengen van de vertegenwoordigingsverhouding het hoofddoel van de overeenkomst vormt, of

b) deze verhouding een afsplitsbaar deel van de overeenkomst uitmaakt.

Art. 8

Het recht dat krachtens de artikelen 5 en 6 toepasselijk is beheerst de totstandkoming en de geldigheid van de vertegenwoordigingsverhouding, de verbintenissen van de partijen, de voorwaarden voor nakoming, de gevolgen van niet-nakoming en het tenietgaan van die verbintenissen.

Dit recht is in het bijzonder toepasselijk op:

a) bestaan, omvang, wijziging en beëindiging van de bevoegdheden van de vertegenwoordiger, alsmede de gevolgen van overschrijding of misbruik van vertegenwoordigingsbevoegdheid;

b) het recht van de vertegenwoordiger om zijn bevoegdheid geheel of gedeeltelijk aan een ander over te dragen en om een mede-vertegenwoordiger aan te wijzen;

c) het recht van de vertegenwoordiger om een overeenkomst op naam of voor rekening van de vertegenwoordigde te sluiten, wanneer er een belangentegenstelling tussen hemzelf en de vertegenwoordigde kan ontstaan;

d) concurrentie- en *del credere*bedingen;

e) vergoeding ter zake van klantenkring;

f) de soorten schade waarvoor vergoeding kan worden verkregen.

Art. 9

Ongeacht welk recht op de vertegenwoordigingsbetrekking toepasselijk is, moet wat de wijze van uitvoering van de overeenkomst betreft rekening worden gehouden met het recht van de plaats van uitvoering.

Art. 10

Arbeidsovereenkomst Dit hoofdstuk is niet van toepassing wanneer de overeenkomst waarbij de vertegenwoordigingsbetrekking is tot stand gebracht een arbeidsovereenkomst is.

HOOFDSTUK III DE VERHOUDING TOT DE DERDE

Art. 11

Verhouding vertegenwoordigde en derde In de verhouding tussen de vertegenwoordigde en de derde, worden het bestaan en de omvang van de bevoegdheden van de vertegenwoordiger, alsmede de gevolgen van het werkelijk of beweerderlijk uitoefenen van zijn bevoegdheden, beheerst door het interne recht van de Staat waarin de vertegenwoordiger zijn kantoor had op het tijdstip dat hij handelde.

Evenwel is het interne recht van de Staat waar de vertegenwoordiger heeft gehandeld toepasselijk, indien:

a) de vertegenwoordigde zijn kantoor of, bij gebreke daarvan, zijn gewone verblijfplaats in die Staat heeft en de vertegenwoordiger op naam van de vertegenwoordigde heeft gehandeld; of

b) de derde zijn kantoor of, bij gebreke daarvan, zijn gewone verblijfplaats in die Staat heeft; of

c) de vertegenwoordiger ter beurze heeft gehandeld of aan een veiling heeft deelgenomen; of

d) de vertegenwoordiger geen kantoor heeft.

Wanneer een der partijen verschillende kantoren heeft, verwijst dit artikel naar dat kantoor waarmee de desbetreffende handelingen van de vertegenwoordiger het nauwst zijn verbonden.

Art. 12

Voor de toepassing van artikel 11, eerste lid, wordt de vertegenwoordiger die handelt ingevolge een met de vertegenwoordigde gesloten arbeidsovereenkomst en die geen eigen kantoor heeft, geacht te zijn gevestigd ten kantore van de vertegenwoordigde bij wie hij in dienst is.

Art. 13

Voor de toepassing van artikel 11, tweede lid, wordt de vertegenwoordiger, wanneer hij vanuit de ene Staat met de derde in een andere Staat in verbinding heeft gestaan per post, telegram, telex, telefoon of enig ander dergelijk middel, geacht daar te hebben gehandeld waar zijn kantoor of, bij gebreke daarvan, zijn gewone verblijfplaats is.

Art. 14

Ongeacht artikel 11 is, wanneer een schriftelijke aanwijzing door de vertegenwoordigde of de derde van het recht dat toepasselijk is op de door dat artikel bestreken onderwerpen, uitdrukkelijk door de wederpartij is aanvaard, het aldus aangewezen recht op die onderwerpen van toepassing.

Art. 15

Het krachtens dit hoofdstuk toepasselijke recht beheerst tevens de betrekkingen tussen de vertegenwoordiger en de derde welke voortvloeien uit het feit dat de vertegenwoordiger heeft gehandeld in de uitoefening van zijn bevoegdheden, met overschrijding van zijn bevoegdheden, of zonder bevoegdheid.

HOOFDSTUK IV ALGEMENE BEPALINGEN

Art. 16

Bij de toepassing van dit Verdrag kan gevolg worden toegekend aan de dwingende voorschriften van enige Staat waarmee het geval daadwerkelijk is verbonden, indien en voor zover die voorschriften volgens het recht van die Staat toepasselijk zijn, ongeacht het recht dat door zijn verwijzingsregels als toepasselijk wordt aangewezen.

Art. 17

Toepassing van een door dit Verdrag aangewezen recht kan slechts worden geweigerd wanneer zulks kennelijk onverenigbaar is met de openbare orde.

Art. 18

Iedere Verdragsluitende Staat kan zich, op het tijdstip van ondertekening, bekrachtiging, aanvaarding, goedkeuring of toetreding het recht voorbehouden het Verdrag niet toe te passen op:

1. de vertegenwoordiging door een bank of een groep banken ter zake van bank-transacties;
2. vertegenwoordiging inzake verzekeringen;
3. handelingen van een openbaar ambtenaar, in de uitoefening van zijn functie, namens een privé-persoon.

Geen ander voorbehoud wordt toegestaan.

Iedere Verdragsluitende Staat kan tevens, bij het kennisgeven van een uitbreiding van het Verdrag overeenkomstig artikel 25, een of meer van deze voorbehouden maken waarvan de werking beperkt is tot alle of tot sommige van de gebieden bedoeld in de uitbreiding.

Iedere Verdragsluitende Staat kan te allen tijde een door hem gemaakt voorbehoud intrekken; het voorbehoud houdt op van kracht te zijn op de eerste dag van de derde kalendermaand na de kennisgeving van de intrekking.

Art. 19

Wanneer een Staat uit meer dan één territoriale eenheid bestaat, en elke eenheid daarvan eigen rechtsregels inzake vertegenwoordiging bezit, wordt iedere territoriale eenheid voor de bepaling van het overeenkomstig dit Verdrag toepasselijke recht als een Staat beschouwd.

Art. 20

Een Staat waarbinnen verschillende territoriale eenheden eigen rechtsregels inzake vertegenwoordiging bezitten, is niet verplicht dit Verdrag toe te passen in gevallen waarin een Staat met een geünificeerd rechtsstelsel niet gehouden zou zijn ingevolge dit Verdrag het recht van een andere Staat toe te passen.

Art. 21

Een Verdragsluitende Staat met twee of meer territoriale eenheden die hun eigen rechtsregels inzake vertegenwoordiging bezitten kan, op het tijdstip van ondertekening, bekrachtiging, aanvaarding, goedkeuring of toetreding verklaren dat dit Verdrag mede van toepassing zal zijn op alle of op een of meer van die territoriale eenheden, en kan deze verklaring te allen tijde wijzigen door het afleggen van een nieuwe verklaring.

Deze verklaringen worden medegedeeld aan het Ministerie van Buitenlandse Zaken van het Koninkrijk der Nederlanden en geven uitdrukkelijk de territoriale eenheden aan waarop het Verdrag toepasselijk is.

Art. 22

Het Verdrag laat onverlet enige andere internationale akte houdende bepalingen over zaken geregeld in dit Verdrag waarbij een Verdragsluitende Staat partij is of zal worden.

HOOFDSTUK V SLOTBEPALINGEN

Art. 23

Het Verdrag staat ter ondertekening open voor de Staten die Lid waren van de Haagse Conferentie voor Internationaal Privaatrecht tijdens de Dertiende Zitting.

Het dient te worden bekrachtigd, aanvaard of goedgekeurd en de akten van bekrachtiging, aanvaarding of goedkeuring worden nedergelegd bij het Ministerie van Buitenlandse Zaken van het Koninkrijk der Nederlanden.

B69 art. 24 **Verdrag betreffende het toepasselijke recht op vertegenwoordiging**

Art. 24

Iedere andere Staat kan tot dit Verdrag toetreden.

De akte van toetreding wordt nedergelegd bij het Ministerie van Buitenlandse Zaken van het Koninkrijk der Nederlanden.

Art. 25

Uitstrekking verdrag Iedere Staat kan op het tijdstip van ondertekening, bekrachtiging, aanvaarding, goedkeuring of toetreding verklaren dat het Verdrag zich zal uitstrekken tot het geheel van de gebieden voor welker internationale betrekkingen hij verantwoordelijk is, of op een of meer van die gebieden. Deze verklaring wordt van kracht op het tijdstip waarop het Verdrag voor die Staat in werking treedt.

Deze verklaring, evenals elke latere uitbreiding, wordt ter kennis gebracht van het Ministerie van Buitenlandse Zaken van het Koninkrijk der Nederlanden.

Art. 26

Inwerkingtreding Het Verdrag treedt in werking op de eerste dag van de derde kalendermaand na de nederlegging van de derde akte van bekrachtiging, aanvaarding, goedkeuring of toetreding bedoeld in de artikelen 23 en 24.

Daarna treedt het Verdrag in werking:

1. voor elke later bekrachtigende, aanvaardende, goedkeurende of toetredende Staat, op de eerste dag van de derde kalendermaand na de nederlegging van zijn akte van bekrachtiging, aanvaarding, goedkeuring of toetreding;

2. voor de gebieden waartoe het Verdrag mede van toepassing is verklaard overeenkomstig de artikelen 21 en 25, op de eerste dag van de derde kalendermaand na de kennisgeving bedoeld in die artikelen.

Art. 27

Stilzwijgende verlenging Het Verdrag blijft gedurende vijf jaar van kracht, te rekenen van de datum van zijn inwerkingtreding overeenkomstig artikel 26, eerste lid, ook voor de Staten die het later hebben bekrachtigd, aanvaard of goedgekeurd, of ertoe zijn toegetreden.

Het Verdrag wordt, behoudens opzegging, stilzwijgend verlengd, telkens voor vijf jaar.

De opzegging dient ten minste zes maanden voor het einde van de termijn van vijf jaar ter kennis te worden gebracht van het Ministerie van Buitenlandse Zaken van het Koninkrijk der Nederlanden. Zij kan zich beperken tot enkele van de gebieden of territoriale eenheden waarop het Verdrag van toepassing is.

De opzegging geldt slechts ten aanzien van de Staat die haar heeft gedaan. Het Verdrag blijft van kracht voor de andere Verdragsluitende Staten.

Art. 28

Het Ministerie van Buitenlandse Zaken van het Koninkrijk der Nederlanden stelt de Staten die Lid zijn van de Conferentie, alsmede de Staten die zijn toegetreden overeenkomstig het in artikel 24 bepaalde, in kennis van:

1. de ondertekeningen, bekrachtigingen, aanvaardingen en goedkeuringen bedoeld in artikel 23;

2. de toetredingen bedoeld in artikel 24;

3. de datum waarop het Verdrag in werking treedt overeenkomstig het in artikel 26 bepaalde;

4. de toepasselijkverklaringen bedoeld in artikel 25;

5. de verklaringen bedoeld in artikel 21;

6. de voorbehouden en intrekkingen van voorbehouden bedoeld in artikel 18;

7. de opzeggingen bedoeld in artikel 27.

Verdrag der Verenigde Naties inzake internationale koopovereenkomsten betreffende roerende zaken^1

De Staten die partij zijn bij dit Verdrag,
Indachtig de algemene doelstellingen vervat in de tijdens de zesde bijzondere zitting van de Algemene Vergadering van de Verenigde Naties aangenomen resoluties inzake de vestiging van een Nieuwe Internationale Economische Orde,
Overwegende dat de ontwikkeling van de internationale handel op basis van gelijkheid en wederzijds voordeel een belangrijke rol speelt bij het bevorderen van vriendschappelijke betrekkingen tussen Staten,
Van oordeel zijnde, dat de aanneming van eenvormige regels die van toepassing zijn op de internationale koop van roerende zaken en waarbij rekening wordt gehouden met de verschillende sociale, economische en juridische stelsels, zou bijdragen tot het wegnemen van juridische belemmeringen in de internationale handel en de ontwikkeling van de internationale handel zou bevorderen,
Zijn overeengekomen als volgt:

DEEL I TOEPASSINGSGEBIED EN ALGEMENE BEPALINGEN

Hoofdstuk I TOEPASSINGSGEBIED

Art. 1

1. Dit Verdrag is van toepassing op koopovereenkomsten betreffende roerende zaken tussen partijen die in verschillende Staten gevestigd zijn:
a. wanneer die Staten Verdragsluitende Staten zijn; of
b. wanneer volgens de regels van internationaal privaatrecht het recht van een Verdragsluitende Staat van toepassing is.
2. Het feit dat de partijen hun vestigingen in verschillende Staten hebben, dient buiten beschouwing te worden gelaten wanneer zulks niet blijkt uit de overeenkomst, of uit transacties tussen dan wel uit informatie verstrekt door de partijen te eniger tijd vóór of bij het sluiten van de overeenkomst.
3. Voor de toepasselijkheid van het Verdrag is zonder belang welke nationaliteit de partijen hebben, of zij kooplieden zijn en of de overeenkomst burgerrechtelijk dan wel handelsrechtelijk van aard is.

Werkingssfeer: verbintenissen tot internationale koopgoederen

Art. 2

Dit Verdrag is niet van toepassing op:
a. de koop van roerende zaken, gekocht voor persoonlijk gebruik of voor gebruik in gezin of huishouding, tenzij de verkoper te eniger tijd vóór of bij het sluiten van de overeenkomst niet wist of had behoren te weten dat de zaken voor zodanig gebruik werden gekocht;
b. de koop op een openbare veiling;
c. een executoriale of anderszins gerechtelijke verkoop;
d. de koop van effecten, waardepapieren en betaalmiddelen;
e. de koop van zeeschepen, binnenvaartschepen, luchtkussenvaartuigen of luchtvaartuigen;
f. de koop van elektrische energie.

Uitzondering

Art. 3

1. Met koopovereenkomsten staan gelijk overeenkomsten tot levering van te vervaardigen of voort te brengen roerende zaken, tenzij de partij die de zaken bestelt een wezenlijk deel van de voor de vervaardiging of voortbrenging benodigde grondstoffen moet verschaffen.
2. Dit Verdrag is niet van toepassing op overeenkomsten waarin het belangrijkste deel van de verplichtingen van de partij die de roerende zaken levert, bestaat in de verstrekking van arbeidskracht of de verlening van andere diensten.

Analogieën

Art. 4

Dit Verdrag regelt uitsluitend de totstandkoming van koopovereenkomsten en de rechten en verplichtingen van verkoper en koper voortvloeiend uit een zodanige overeenkomst. Behoudens

Beperkingen

---

1 Inwerkingtredingsdatum: 01-01-1992.

voorzover uitdrukkelijk anders is bepaald in dit Verdrag, heeft het in het bijzonder geen betrekking op:

a. de geldigheid van de overeenkomst of van de daarin vervatte bedingen, dan wel de bindende kracht van gewoonten;

b. de gevolgen die de overeenkomst kan hebben voor de eigendom van de verkochte zaken.

Art. 5

Aansprakelijkheid Dit Verdrag is niet van toepassing op de aansprakelijkheid van de verkoper voor dood of letsel veroorzaakt door de zaken.

Art. 6

Afwijkingen De partijen kunnen de toepassing van dit Verdrag uitsluiten of, onverminderd het bij artikel 12 bepaalde, afwijken van elk van de bepalingen hiervan, dan wel het gevolg daarvan wijzigen.

Hoofdstuk II ALGEMENE BEPALINGEN

Art. 7

Interpretatie dezer Conventie **1.** Bij de uitleg van dit Verdrag dient rekening te worden gehouden met het internationale karakter ervan en met de noodzaak eenvormigheid in de toepassing ervan en naleving van de goede trouw in de internationale handel te bevorderen.

2. Vragen betreffende de door dit Verdrag geregelde onderwerpen, die hierin niet uitdrukkelijk zijn beslist, worden opgelost aan de hand van de algemene beginselen waarop dit Verdrag berust, of bij ontstentenis van zodanige beginselen, in overeenstemming met het krachtens de regels van internationaal privaatrecht toepasselijke recht.

Art. 8

Interpretatie wilsverklaringen **1.** Voor de toepassing van dit Verdrag dienen verklaringen afgelegd door en andere gedragingen van een partij te worden uitgelegd in overeenstemming met haar bedoeling, wanneer de andere partij die bedoeling kende of daarvan niet onkundig kon zijn.

2. Indien het voorgaande lid niet van toepassing is, dienen verklaringen afgelegd door, dan wel andere gedragingen van een partij te worden uitgelegd overeenkomstig de zin die een redelijk persoon van gelijke hoedanigheid als de andere partij in dezelfde omstandigheden hieraan zou hebben toegekend.

3. Bij het bepalen van de bedoeling van een partij of de zin die een redelijk persoon daaraan zou hebben toegekend, dient naar behoren rekening te worden gehouden met alle ter zake dienende omstandigheden van het geval, waaronder begrepen de onderhandelingen, eventuele handelwijzen die tussen partijen gebruikelijk zijn, gewoonten en alle latere gedragingen van partijen.

Art. 9

Bindende usance **1.** De partijen zijn gebonden door elke gewoonte waarmee zij hebben ingestemd en door alle handelwijzen die tussen hen gebruikelijk zijn.

2. Tenzij anders is overeengekomen, worden partijen geacht op hun overeenkomst of de totstandkoming hiervan stilzwijgend toepasselijk te hebben verklaard een gewoonte waarmee zij bekend waren of behoorden te zijn en die in de internationale handel op grote schaal bekend is aan, en regelmatig wordt nageleefd door partijen bij overeenkomsten van dezelfde soort in de desbetreffende handelsbranche.

Art. 10

Vestigingsplaats Voor de toepassing van dit Verdrag:

a. is de vestiging, indien een partij meer dan één vestiging heeft, die welke het nauwst is betrokken bij de overeenkomst en de uitvoering hiervan, gelet op de op enig tijdstip vóór, of bij het sluiten van de overeenkomst aan partijen bekende of door hen in aanmerking genomen omstandigheden;

b. wordt, indien een partij geen vestiging heeft, zijn gewone verblijfplaats als zodanig aangemerkt.

Art. 11

De verbintenis Een koopovereenkomst behoeft niet door middel van een geschrift te worden gesloten of bewezen en is aan geen enkel ander vormvereiste onderworpen. Zij kan door alle bewijsmiddelen, getuigen daaronder begrepen, worden bewezen.

Art. 12

Schriftelijke verplichting Enigerlei bepaling in artikel 11, artikel 29 of Deel II van dit Verdrag, krachtens welke het is toegestaan op andere wijze dan door middel van een geschrift een koopovereenkomst te sluiten, te wijzigen of door enkele wilsovereenstemming te beëindigen dan wel een aanbod te doen of te aanvaarden of een andere wilsuiting te doen, is niet van toepassing wanneer een van de partijen haar vestiging heeft in een Verdragsluitende Staat die een verklaring heeft afgelegd ingevolge artikel 96 van dit Verdrag. Partijen mogen niet afwijken van dit artikel of het gevolg ervan wijzigen.

Art. 13

Voor de toepassing van dit Verdrag worden onder „geschrift" mede verstaan een telegram en een telexbericht.

DEEL II TOTSTANDKOMING VAN DE OVEREENKOMST

Art. 14

1. Een voorstel tot het sluiten van een overeenkomst, gericht tot één of meer bepaalde personen vormt een aanbod, indien het voldoende bepaald is en daaruit blijkt van de wil van de aanbieder om in geval van aanvaarding gebonden te zijn. Een voorstel is voldoende bepaald, indien daarin de zaken worden aangeduid en de hoeveelheid en de prijs uitdrukkelijk of stilzwijgend worden vastgesteld of bepaalbaar zijn.

Het aanbod

2. Een ander voorstel dan een dat is gericht tot één of meer bepaalde personen dient louter te worden beschouwd als een uitnodiging tot het doen van een aanbod, tenzij door de persoon die het voorstel doet duidelijk het tegendeel wordt aangegeven.

Uitnodiging tot doen aanbod

Art. 15

1. Een aanbod wordt van kracht wanneer het de wederpartij bereikt.

Aanbod gaat in

2. Een aanbod kan, zelfs indien het onherroepelijk is, worden ingetrokken, indien de intrekking ervan de wederpartij eerder dan of gelijktijdig met het aanbod bereikt.

Art. 16

1. Een aanbod kan worden herroepen totdat de overeenkomst is gesloten, indien die herroeping de wederpartij bereikt voordat deze een aanvaarding heeft verzonden.

Herroeping aanbod

2. Een aanbod kan echter niet worden herroepen:

a. indien hierin, hetzij door het noemen van een vaste termijn voor aanvaarding, hetzij anderszins, wordt aangegeven dat het onherroepelijk is; of

b. indien het redelijk was dat de wederpartij erop vertrouwde dat het onherroepelijk was en de wederpartij in vertrouwen op het aanbod heeft gehandeld.

Art. 17

Een aanbod vervalt, ook indien het onherroepelijk is, wanneer een verwerping de aanbieder bereikt.

Aanbod eindigt

Art. 18

1. Een verklaring afgelegd door, of een andere gedraging van de wederpartij, waaruit blijkt van instemming met een aanbod, is een aanvaarding. Stilzwijgen of niet reageren geldt op zichzelf niet als aanvaarding.

Aanvaarding

2. Een aanvaarding van een aanbod wordt van kracht op het tijdstip waarop het blijk van instemming de aanbieder bereikt. Een aanvaarding is niet van kracht, indien het blijk van instemming de aanbieder niet bereikt binnen de door hem gestelde termijn of, indien er geen termijn is gesteld, binnen een redelijke termijn, in aanmerking genomen de omstandigheden van de transactie, waaronder de snelheid van de door de aanbieder gebezigde communicatiemiddelen. Een mondeling aanbod moet onmiddellijk worden aanvaard, tenzij uit de omstandigheden anders blijkt.

Aanvaarding gaat in

3. Indien echter op grond van het aanbod, de tussen partijen gebruikelijke handelwijzen of de gewoonte, de wederpartij van haar instemming kan doen blijken door het verrichten van een handeling, bijvoorbeeld met betrekking tot de verzending van de zaken of het betalen van de prijs, zonder kennisgeving aan de aanbieder, is de aanvaarding van kracht op het tijdstip waarop de handeling wordt verricht, mits de handeling wordt verricht binnen de in het voorgaande lid bedoelde termijn.

Art. 19

1. Een antwoord op een aanbod dat tot aanvaarding strekt, maar aanvullingen, beperkingen of andere wijzigingen bevat, geldt als een verwerping van het aanbod en vormt een tegenaanbod.

Tegenaanbod

2. Bevat een tot aanvaarding strekkend antwoord op een aanbod aanvullingen of afwijkingen, die de voorwaarden van het aanbod niet wezenlijk aantasten, dan geldt dit niettemin als aanvaarding, tenzij de aanbieder, zonder onnodig uitstel, mondeling bezwaar maakt tegen de verschillen of een hiertoe strekkende kennisgeving verzendt. Doet hij dit niet, dan wordt de inhoud van de overeenkomst bepaald door de voorwaarden van het aanbod zoals gewijzigd bij de aanvaarding.

Immateriële wijziging

3. Aanvullende of afwijkende voorwaarden met betrekking tot onder andere de prijs, betaling, kwaliteit en hoeveelheid van de zaken, plaats en tijd van aflevering, omvang van aansprakelijkheid van één van beide partijen jegens de andere of de beslechting van geschillen worden geacht de voorwaarden van het aanbod wezenlijk aan te tasten.

Materiële wijziging

Art. 20

1. Een door de aanbieder in een telegram of een brief gestelde termijn voor aanvaarding gaat in op het tijdstip waarop het telegram aangeboden voor verzending of op de dag waarop de brief is gedateerd, of indien de brief niet is gedateerd, op de datum van het postmerk op de

Termijn voor aanvaarding

enveloppe. Een telefonisch, per telex of via een andere vorm van onmiddellijke communicatie gestelde termijn voor aanvaarding gaat in op het tijdstip waarop het aanbod de geadresseerde bereikt.

2. Officiële feestdagen of vrije dagen die vallen binnen de voor aanvaarding gestelde termijn worden bij de berekening van deze termijn inbegrepen. Indien een kennisgeving van aanvaarding niet kan worden afgegeven aan het adres van de aanbieder op de laatste dag van deze termijn, omdat deze valt op een officiële feestdag of een vrije dag op de plaats van vestiging van de aanbieder, wordt de termijn echter verlengd tot de eerstvolgende werkdag.

Art. 21

Verlate aanvaarding

1. Een te late aanvaarding geldt niettemin als aanvaarding, indien de aanbieder zulks zonder uitstel mondeling ter kennis brengt van de wederpartij, of een hiertoe strekkende kennisgeving verzendt.

2. Indien uit een brief of ander geschrift dat een te late aanvaarding bevat, blijkt dat verzending onder zodanige omstandigheden heeft plaatsgevonden dat hij bij normale overbrenging de aanbieder tijdig zou hebben bereikt, geldt de te late aanvaarding als aanvaarding, tenzij de aanbieder onverwijld de wederpartij mondeling verwittigt dat hij zijn aanbod als vervallen beschouwt of een hiertoe strekkende kennisgeving verzendt.

Art. 22

Intrekking aanvaarding

Een aanvaarding kan worden ingetrokken indien de intrekking de aanbieder bereikt vóór of op het tijdstip waarop de aanvaarding van kracht zou zijn geworden.

Art. 23

Verbintenis gaat in

Een overeenkomst komt tot stand op het tijdstip waarop een aanvaarding van een aanbod van kracht wordt in overeenstemming met het bepaalde in dit Verdrag.

Art. 24

Bereiken

Voor de toepassing van dit Deel van het Verdrag „bereikt" een aanbod, een verklaring van aanvaarding of enige andere verklaring de wederpartij, wanneer die haar mondeling is gedaan of anderszins is afgegeven aan haar persoonlijk, aan haar vestiging of postadres, of, indien zij geen vestiging of postadres heeft, aan haar gewone verblijfplaats.

DEEL III KOOP VAN ROERENDE ZAKEN

Hoofdstuk 1 ALGEMENE BEPALINGEN

Art. 25

Wanprestatie

Een tekortkoming van een der partijen in de nakoming van de uit de overeenkomst voortvloeiende verbintenissen is wezenlijk, indien zij leidt tot zodanige schade voor de andere partij dat haar in aanmerkelijke mate wordt onthouden wat zij uit hoofde van de overeenkomst mag verwachten, tenzij de partij die tekort schiet, dit gevolg niet heeft voorzien en een redelijk persoon van dezelfde hoedanigheid in dezelfde omstandigheden het evenmin zou hebben voorzien.

Art. 26

Ontbinding

Een verklaring van ontbinding van de overeenkomst is uitsluitend geldig indien zij geschiedt door middel van een kennisgeving aan de andere partij.

Art. 27

Communicatie door deugdelijk middel

Indien een kennisgeving, verzoek of andere mededeling door een partij wordt gedaan in overeenstemming met dit Deel van het Verdrag en met in de omstandigheden passende middelen, ontneemt een vertraging of vergissing bij het overbrengen van de mededeling of het niet aankomen hiervan die partij niet het recht zich op de mededeling te beroepen, tenzij in dit Deel uitdrukkelijk anders wordt bepaald.

Art. 28

Algemene bevoegdheidsregel

Indien in overeenstemming met het bepaalde in dit Verdrag een partij het recht heeft de nakoming van een verplichting door de andere partij te verlangen, is de rechter niet gehouden tot nakoming te veroordelen, tenzij de rechter dit op grond van zijn eigen recht eveneens zou doen met betrekking tot soortgelijke koopovereenkomsten, waarop dit Verdrag niet van toepassing is.

Art. 29

Wijziging of beëindiging

1. Een overeenkomst kan worden gewijzigd of beëindigd door enkele wilsovereenstemming tussen de partijen.

2. Een bij geschrift gesloten overeenkomst die een bepaling bevat krachtens welke iedere wijziging of beëindiging door wilsovereenstemming bij geschrift dient te geschieden, kan niet op andere wijze door wilsovereenstemming worden gewijzigd of beëindigd. Het gedrag van een partij kan haar echter beletten zich op een zodanige bepaling te beroepen, voor zover de andere partij op dat gedrag heeft vertrouwd.

Hoofdstuk II
VERPLICHTINGEN VAN DE VERKOPER

Art. 30

De verkoper moet de zaken afleveren, zo nodig de documenten afgeven en de eigendom van de zaken overdragen, een en ander volgens de bepalingen van de overeenkomst en van dit Verdrag.

Verplichtingen verkoper

Afdeling I
Aflevering van de roerende zaken en afgifte van documenten

Art. 31

Indien de verkoper niet gehouden is de zaken op enige andere bepaalde plaats af te leveren, bestaat zijn verplichting tot aflevering:

a. indien de koopovereenkomst tevens het vervoer van de zaken omvat - uit het afgeven van de zaken aan de eerste vervoerder ter verzending aan de koper;

b. indien, in andere gevallen dan onder a bedoeld, de overeenkomst betrekking heeft op individueel bepaalde zaken, dan wel op naar de soort bepaalde zaken die van een bepaalde voorraad moeten worden afgenomen of die nog moeten worden vervaardigd of voortgebracht en de partijen op het tijdstip van het sluiten van de overeenkomst wisten dat de zaken zich bevonden, of moesten worden vervaardigd of voortgebracht, op een bepaalde plaats - uit het op die plaats ter beschikking stellen van de zaken aan de koper;

c. in andere gevallen - uit het ter beschikking stellen van de zaken aan de koper op de plaats waar de verkoper zijn vestiging had ten tijde van het sluiten van de overeenkomst.

Wijze van levering

Art. 32

1. Indien de verkoper, in overeenstemming met de overeenkomst of dit Verdrag, de zaken afgeeft aan een vervoerder en indien de zaken niet duidelijk zijn bestemd tot uitvoering van de overeenkomst door merktekens, door verzendingsdocumenten of anderszins, moet de verkoper de koper in kennis stellen van de verzending, onder nauwkeurige omschrijving van de zaken.

2. Indien de verkoper gehouden is voor het vervoer van de zaken zorg te dragen, moet hij die overeenkomsten sluiten die nodig zijn voor het vervoer naar de vastgestelde plaats, zulks met in de omstandigheden passende vervoermiddelen en onder de voor zodanig vervoer gebruikelijke voorwaarden.

3. Indien de verkoper niet gehouden is een verzekering af te sluiten met betrekking tot het vervoer van de zaken, moet hij de koper op diens verzoek alle beschikbare informatie verstrekken die nodig is om hem in staat te stellen een zodanige verzekering af te sluiten.

Vervoer

Verzekering bij vervoer

Art. 33

De verkoper moet de zaken afleveren:

a. indien er een datum is bepaald of bepaald kan worden op grond van de overeenkomst, op die datum;

b. indien er een termijn is bepaald in of bepaald kan worden op grond van de overeenkomst, op enig tijdstip binnen de termijn, tenzij uit de omstandigheden blijkt dat de koper een datum moet kiezen; of

c. in alle andere gevallen, binnen een redelijke termijn na het sluiten van de overeenkomst.

Tijdstip van levering

Art. 34

Indien de verkoper gehouden is documenten met betrekking tot de zaken af te geven, moet hij deze afgeven op het tijdstip, en op de plaats en in de vorm die door de overeenkomst worden vereist. Indien de verkoper vóór dat tijdstip documenten heeft afgegeven, kan hij tot op het voorgeschreven tijdstip eventuele onvolkomenheden in de documenten rechtzetten, indien de uitoefening van dit recht voor de koper geen onredelijk ongerief of onredelijke kosten meebrengt. De koper behoudt echter zijn recht op schadevergoeding overeenkomstig dit Verdrag.

Bijbehorende documenten

Afdeling II
Het beantwoorden van de zaken aan de overeenkomst en rechten van derden

Art. 35

1. De verkoper dient zaken af te leveren waarvan de hoeveelheid, de kwaliteit en de omschrijving voldoen aan de in de overeenkomst gestelde eisen en die zijn verpakt op de in de overeenkomst vereiste wijze.

2. Tenzij partijen anders zijn overeengekomen, beantwoorden de zaken slechts dan aan de overeenkomst, indien zij:

a. geschikt zijn voor de doeleinden waarvoor zaken van dezelfde omschrijving gewoonlijk zouden worden gebruikt;

b. geschikt zijn voor een bijzonder doel dat uitdrukkelijk of stilzwijgend aan de verkoper ter kennis is gebracht op het tijdstip van het sluiten van de overeenkomst, tenzij uit de omstandig-

Aflevering dient te voldoen aan overeenkomst

heden blijkt dat de koper niet vertrouwde of redelijkerwijs niet mocht vertrouwen op de vakbekwaamheid en het oordeel van de verkoper;

c. de hoedanigheden bezitten van zaken die de verkoper als monster of model aan de koper heeft aangeboden;

d. zijn verpakt op de voor zodanige zaken gebruikelijke wijze of, indien er hiervoor geen gangbare handelwijze bestaat, op een met het oog op bescherming en behoud van de zaken passende wijze.

3. De verkoper is niet ingevolge het in het voorgaande lid onder a-d bepaalde aansprakelijk voor het niet beantwoorden van de zaken aan de overeenkomst, indien de koper op het tijdstip van het sluiten van de overeenkomst wist of had behoren te weten dat de zaken niet aan de overeenkomst beantwoordden.

Art. 36

Aansprakelijkheid verkoper

1. De verkoper is in overeenstemming met de overeenkomst en dit Verdrag aansprakelijk indien de zaken niet aan de overeenkomst beantwoorden op het tijdstip waarop het risico op de koper overgaat, ook al blijkt zulks eerst daarna.

2. De verkoper is tevens aansprakelijk voor elk niet beantwoorden van de zaken aan de overeenkomst hetwelk optreedt na het in het voorgaande lid genoemde tijdstip en te wijten is aan een tekortkoming in de nakoming van een van zijn verplichtingen, waaronder begrepen een garantie dat de zaken gedurende een bepaalde tijd geschikt zullen blijven voor het doel waarvoor zij normaal bestemd zijn of voor enigerlei bijzonder doel, dan wel nader aangegeven hoedanigheden of kenmerken zullen behouden.

Art. 37

Herstellen gebrek

Indien de verkoper zaken heeft afgeleverd vóór de afleveringsdatum, mag hij tot aan die datum een eventueel ontbrekend deel afleveren of een eventueel tekort in de afgeleverde hoeveelheid zaken aanvullen, dan wel zaken die niet aan de overeenkomst beantwoorden vervangen of herstellen, mits de uitoefening van dit recht voor de koper geen onredelijk ongerief of onredelijke kosten meebrengt. De koper behoudt echter zijn recht op schadevergoeding overeenkomstig dit Verdrag.

Art. 38

Inspectie van zaken door koper

1. De koper moet de zaken binnen een, gelet op de omstandigheden zo kort mogelijke, termijn keuren of doen keuren.

2. Indien de overeenkomst tevens het vervoer van de zaken omvat, kan de keuring worden uitgesteld tot na de aankomst van de zaken op hun bestemming.

3. Indien de koper de bestemming van de zaken onderweg wijzigt of hij deze doorzendt zonder dat hij redelijkerwijs gelegenheid heeft deze te keuren en de verkoper ten tijde van het sluiten van de overeenkomst de mogelijkheid van deze wijziging of doorzending kende of behoorde te kennen, kan de keuring worden uitgesteld tot het tijdstip waarop de zaken op de nieuwe bestemming zijn aangekomen.

Art. 39

Beroep op gebrek

1. De koper verliest het recht om zich erop te beroepen dat de zaken niet aan de overeenkomst beantwoorden, indien hij niet binnen een redelijke termijn nadat hij dit heeft ontdekt of had behoren te ontdekken de verkoper hiervan in kennis stelt, onder opgave van de aard van de tekortkoming.

2. In ieder geval verliest de koper het recht om zich erop te beroepen dat de zaken niet aan de overeenkomst beantwoorden, indien hij de verkoper niet uiterlijk binnen een termijn van twee jaar na de datum waarop de zaken feitelijk aan de koper werden afgegeven, hiervan in kennis stelt, tenzij deze termijn niet overeenstemt met een in de overeenkomst opgenomen garantietermijn.

Art. 40

Voorkennis verkoper

De verkoper kan zich niet beroepen op het bepaalde in de artikelen 38 en 39, indien het niet beantwoorden van de zaken aan de overeenkomst betrekking heeft op feiten die hij kende of waarvan hij niet onkundig had kunnen zijn en die hij niet aan de koper heeft bekend gemaakt.

Art. 41

Vrijwaring

De verkoper dient zaken te leveren waarop geen rechten of aanspraken van derden rusten, tenzij de koper ermee heeft ingestemd om de zaken onder die beperkingen aan te nemen. Indien een zodanig recht of een zodanige aanspraak is gebaseerd op industriële eigendom of op andere intellectuele eigendom, wordt de verplichting van de verkoper evenwel beheerst door artikel 42.

Art. 42

Auteurs- en octrooirecht

1. De verkoper dient zaken af te leveren waarop geen rechten of aanspraken van derden rusten die zijn gebaseerd op industriële eigendom of andere intellectuele eigendom, waarmede de verkoper op het tijdstip waarop de overeenkomst werd gesloten, bekend was of waarvan hij niet onkundig had kunnen zijn, mits dat recht of die aanspraak is gebaseerd op industriële eigendom of andere intellectuele eigendom:

a. ingevolge de wet van de Staat waar de zaken zullen worden doorverkocht of anderszins gebruikt, indien partijen op het tijdstip waarop de overeenkomst werd gesloten, onder ogen hebben gezien dat de zaken zouden worden doorverkocht of anderszins gebruikt in die Staat; of

b. in alle andere gevallen, ingevolge de wet van de Staat waar de koper zijn vestiging heeft.

2. De verplichting van de verkoper krachtens het voorgaande lid geldt niet in gevallen waarin:

a. de koper op het tijdstip waarop de overeenkomst werd gesloten bekend was met of niet onkundig had kunnen zijn van het recht of de aanspraak; of

b. het recht of de aanspraak voortvloeit uit het feit dat de verkoper zich heeft gehouden aan door de koper verstrekte technische tekeningen, ontwerpen, formules of andere soortgelijke specificaties.

Art. 43

1. De verkoper verliest het recht zich te beroepen op het bepaalde in de artikelen 41 en 42, indien hij nalaat binnen redelijke tijd nadat hij kennis kreeg of had behoren te krijgen van het recht of de aanspraak van de derde, de verkoper daarvan in kennis te stellen, onder nadere aanduiding van de aard van het recht of de aanspraak.

2. De verkoper is niet gerechtigd zich te beroepen op het bepaalde in het voorgaande lid, indien hij bekend was met het recht of de aanspraak van de derde en met de aard daarvan.

Art. 44

Niettegenstaande het bepaalde in artikel 39, eerste lid, en artikel 43, eerste lid, kan de koper de prijs verlagen in overeenstemming met het bepaalde in artikel 50 of, anders dan terzake van gederfde winst, schadevergoeding eisen indien hij een redelijke verontschuldiging heeft voor het feit dat hij de vereiste kennisgeving niet heeft gedaan.

Afdeling III
Gevolgen van niet-nakoming van de verplichtingen van de verkoper

Art. 45

1. Indien de verkoper tekort schiet in de nakoming van een krachtens de overeenkomst of dit Verdrag op hem rustende verplichting, kan de koper:

a. de in de artikelen 46 tot en met 52 vervatte rechten uitoefenen;

b. schadevergoeding eisen, zoals voorzien in de artikelen 74 tot en met 77.

2. De koper verliest door uitoefening van andere rechten niet zijn eventuele recht op schadevergoeding.

3. Wanneer de koper een recht uitoefent terzake van een tekortkoming, kan een rechter of scheidsgerecht de verkoper geen uitstel verlenen.

Art. 46

1. De koper kan nakoming door de verkoper van zijn verplichtingen eisen, tenzij de koper een recht heeft uitgeoefend dat onverenigbaar is met deze eis.

2. Indien de zaken niet beantwoorden aan de overeenkomst, kan de koper slechts aflevering van vervangende zaken eisen, indien de afwijking van het overeengekomene een wezenlijke tekortkoming vormt en een verzoek om vervangende zaken wordt gedaan hetzij in combinatie met een ingevolge artikel 39 gedane kennisgeving, hetzij binnen een redelijke termijn daarna.

3. Indien de zaken niet beantwoorden aan de overeenkomst, kan de koper van de verkoper herstel eisen, tenzij zulks, alle omstandigheden in aanmerking genomen, onredelijk is. Een verzoek tot herstel moet worden gedaan hetzij in combinatie met een ingevolge artikel 39 gedane kennisgeving, hetzij binnen een redelijke termijn daarna.

Art. 47

1. De koper kan een aanvullende termijn van redelijke duur stellen voor het nakomen door de verkoper van zijn verplichtingen.

2. Tenzij de koper een kennisgeving van de verkoper heeft ontvangen dat deze niet binnen de aldus gestelde termijn zijn verplichtingen zal nakomen, mag de koper gedurende deze termijn geen rechten uitoefenen terzake van niet-nakoming. De koper verliest hierdoor echter niet zijn eventuele recht op schadevergoeding wegens te late nakoming.

Art. 48

1. Behoudens het bepaalde in artikel 49 mag de verkoper zelfs na de voor aflevering bepaalde datum op eigen kosten een eventuele tekortkoming in de nakoming van zijn verplichtingen herstellen, indien hij dit kan doen zonder onredelijke vertraging en zonder onredelijk ongerief voor de koper te veroorzaken of deze in het ongewisse te laten over de vergoeding door de verkoper van door de koper reeds gemaakte kosten. De koper behoudt echter zijn recht op schadevergoeding overeenkomstig dit Verdrag.

2. Indien de verkoper de koper verzoekt kenbaar te maken of hij de nakoming zal aanvaarden en de koper niet binnen een redelijke termijn op het verzoek reageert, kan de verkoper nakomen binnen de in zijn verzoek aangegeven termijn. De koper mag gedurende deze termijn geen rechten uitoefenen die onverenigbaar zijn met de nakoming door de verkoper.

Beroep op rechten derden

Uitzondering art. 39 en 43

Rechtsmiddelen koper

Naleving

Vervanging

Herstel

Verlenging van termijn

Naleving na dato

Verzoek te mogen naleven

3. Een kennisgeving van de verkoper dat hij binnen een nader omschreven termijn zal nakomen, wordt geacht een verzoek aan de koper ingevolge het voorgaande lid te omvatten om zijn beslissing kenbaar te maken.

4. Een verzoek of kennisgeving van de zijde van de verkoper ingevolge de leden 2 en 3 van dit artikel is slechts geldig indien het door de koper is ontvangen.

Art. 49

Ontbinding koper

1. De koper kan de overeenkomst ontbonden verklaren:

a. indien de tekortkoming in de nakoming door de verkoper van de krachtens de overeenkomst of dit Verdrag op hem rustende verplichtingen een wezenlijke tekortkoming vormt; of

b. in geval van niet aflevering, indien de verkoper de zaken niet aflevert binnen de door de koper in overeenstemming met artikel 47, eerste lid, gestelde aanvullende termijn of verklaart dat hij binnen de aldus gestelde termijn niet zal afleveren.

Ontbinding na levering

2. In gevallen waarin de verkoper de zaken heeft afgeleverd, verliest de koper echter het recht de overeenkomst ontbonden te verklaren, tenzij hij zulks doet:

a. wegens te late levering, binnen een redelijke termijn nadat hij heeft geconstateerd dat de aflevering heeft plaats gevonden;

b. wegens enige andere tekortkoming dan te late aflevering, binnen een redelijke termijn:

(i) nadat hij de tekortkoming had ontdekt of had behoren te ontdekken;

(ii) na het verstrijken van een door de koper in overeenstemming met artikel 47, eerste lid, gestelde aanvullende termijn, of nadat de verkoper heeft verklaard dat hij zijn verplichtingen niet binnen een zodanige aanvullende termijn zal nakomen; of

(iii) na het verstrijken van een door de verkoper in overeenstemming met artikel 48, tweede lid, aangegeven aanvullende termijn, of nadat de koper heeft verklaard dat hij geen nakoming zal aanvaarden.

Art. 50

Prijsaanpassing bij gebreken

Indien de zaken niet beantwoorden aan de overeenkomst en ongeacht of de prijs reeds is betaald, kan de koper de prijs verlagen in dezelfde verhouding als waarin de waarde die de feitelijk afgeleverde zaken hadden op het tijdstip van aflevering staat tot de waarde die wel aan de overeenkomst beantwoordende zaken op dat tijdstip zouden hebben gehad. De koper mag de prijs echter niet verlagen, indien de verkoper in overeenstemming met artikel 37 of artikel 48 een tekortkoming in de nakoming van zijn verplichtingen herstelt of indien de koper weigert nakoming door de verkoper in overeenstemming met die artikelen te aanvaarden.

Art. 51

Gedeeltelijke naleving

1. Indien de verkoper slechts een gedeelte van de zaken aflevert of indien slechts een gedeelte van de afgeleverde zaken aan de overeenkomst beantwoordt, zijn de artikelen 46 tot en met 50 van toepassing met betrekking tot het gedeelte dat ontbreekt of dat niet aan de overeenkomst beantwoordt.

2. De koper kan slechts dan de overeenkomst in haar geheel ontbonden verklaren indien het feit dat slechts een gedeelte is afgeleverd of dat niet aan de overeenkomst beantwoordende zaken zijn afgeleverd een wezenlijke tekortkoming vormt.

Art. 52

Meerprestatie

1. Indien de verkoper de zaken aflevert vóór de bepaalde datum, kan de koper de aflevering aanvaarden of afwijzen.

2. Indien de verkoper een grotere hoeveelheid zaken aflevert dan was overeengekomen, kan de koper de aflevering van het overschot aanvaarden of afwijzen. Aanvaardt de koper de aflevering van het overschot geheel of gedeeltelijk, dan moet hij daarvoor in evenredigheid met de overeengekomen prijs betalen.

Hoofdstuk III
VERPLICHTINGEN VAN DE KOPER

Art. 53

Verplichtingen koper

De koper is verplicht de koopprijs te betalen en de zaken in ontvangst te nemen; een en ander in overeenstemming met de eisen van de overeenkomst en dit Verdrag.

Afdeling I
Betaling van de koopprijs

Art. 54

Betaling

De verplichting van de koper om de prijs te betalen houdt tevens in dat hij de stappen onderneemt en formaliteiten vervult die krachtens de overeenkomst of eventuele wetten en voorschriften nodig zijn om de betaling mogelijk te maken.

Art. 55

Impliciete prijs

Wanneer de koop rechtsgeldig is gesloten zonder dat de overeenkomst uitdrukkelijk of stilzwijgend de prijs bepaalt of in de wijze van bepaling daarvan voorziet, worden de partijen geacht, tenzij het tegendeel blijkt, zich stilzwijgend te hebben gehouden aan de prijs die ten tijde van het sluiten van de overeenkomst voor zodanige onder vergelijkbare omstandigheden verkochte zaken gewoonlijk wordt bedongen in de betrokken handelsbranche.

Art. 56

Wordt de prijs vastgesteld naar het gewicht van de zaken, dan is in geval van twijfel het nettogewicht beslissend.

Prijs per gewicht

Art. 57

1. Indien de koper niet gehouden is de prijs op een bepaalde andere plaats te betalen, dient hij de verkoper te betalen:

Plaats van betaling

a. ter plaatse van diens vestiging; of

b. indien de betaling dient te geschieden tegen afgifte van de zaken of van documenten, ter plaatse van die afgifte.

2. De verkoper dient een verhoging van de aan de betaling verbonden kosten die het gevolg is van een verandering in zijn plaats van vestiging na het sluiten van de overeenkomst, voor zijn rekening te nemen.

Art. 58

1. Indien de koper niet gehouden is de prijs op een nader aangegeven ander tijdstip te betalen, dient hij deze te betalen wanneer de verkoper hetzij de zaken, hetzij de daarop betrekking hebbende documenten ter beschikking stelt van de koper, zulks in overeenstemming met de overeenkomst en dit Verdrag. De verkoper kan een zodanige betaling als voorwaarde stellen voor de afgifte van de zaken of de documenten.

Tijdstip van betaling

2. Indien de overeenkomst tevens het vervoer van de zaken omvat, kan de verkoper de goederen verzenden met het beding dat de zaken of de daarop betrekking hebbende documenten, slechts tegen betaling van de prijs aan de koper worden afgegeven.

3. De koper is niet verplicht tot betaling van de prijs voordat hij gelegenheid heeft gehad de zaken te keuren, tenzij de door partijen overeengekomen procedures voor aflevering of betaling met deze mogelijkheid niet verenigbaar zijn.

Gelegenheid tot keuring

Art. 59

De koper dient de prijs te betalen op de in de overeenkomst bepaalde of aan de hand van de overeenkomst en dit Verdrag te bepalen datum, zonder dat de verkoper hierom behoeft te verzoeken of hiertoe enige formaliteit behoeft te vervullen.

Stipte betaling

Afdeling II
Inontvangstneming van de zaken

Art. 60

De verplichting van de koper tot inontvangstneming bestaat in:

Verplichting tot inontvangstneming

a. het verrichten van alle handelingen die redelijkerwijs van hem kunnen worden verwacht ten einde de verkoper tot aflevering in staat te stellen; en

b. het tot zich nemen van de zaken.

Afdeling III
Gevolgen van niet-nakoming van de verplichtingen van de koper

Art. 61

1. Indien de koper tekort schiet in de nakoming van de krachtens de overeenkomst of dit Verdrag op hem rustende verplichtingen, kan de verkoper:

Rechtsmiddelen verkoper

a. de in de artikelen 62 tot en met 65 vervatte rechten uitoefenen;

b. schadevergoeding eisen, zoals bepaald in de artikelen 74 tot en met 77.

2. De verkoper verliest door uitoefening van andere rechten niet zijn eventuele recht op schadevergoeding.

3. Indien de verkoper een recht uitoefent terzake van een tekortkoming kan een rechter of scheidsgerecht de koper geen uitstel verlenen.

Art. 62

De verkoper kan van de koper eisen dat deze de prijs betaalt, de zaken in ontvangst neemt of zijn andere verplichtingen nakomt, tenzij de verkoper een recht heeft uitgeoefend dat onverenígbaar is met deze eis.

Naleving

Art. 63

1. De verkoper kan een aanvullende termijn van redelijke duur stellen voor het nakomen door de koper van zijn verplichtingen.

Verlenging van deze termijn

2. Tenzij de verkoper een kennisgeving van de koper heeft ontvangen dat deze niet binnen de aldus gestelde termijn zijn verplichtingen zal nakomen, mag de verkoper gedurende deze termijn geen rechten uitoefenen terzake van niet-nakoming. De verkoper verliest hierdoor echter niet zijn eventuele recht op schadevergoeding wegens te late nakoming.

Art. 64

Ontbinding door verkoper **1.** De verkoper kan de overeenkomst ontbonden verklaren:
a. indien de tekortkoming in de nakoming door de koper van de krachtens de overeenkomst of dit Verdrag op hem rustende verplichtingen een wezenlijke tekortkoming vormt; of
b. indien de koper niet, binnen de door de verkoper, in overeenstemming met artikel 63, eerste lid, gestelde aanvullende termijn zijn verplichting nakomt om de prijs te betalen of de zaken in ontvangst te nemen, of indien hij verklaart dat hij zulks niet binnen de aldus gestelde termijn zal doen.

Ontbinding na betaling **2.** In gevallen waarin de koper de prijs heeft betaald, verliest de verkoper echter het recht de overeenkomst ontbonden te verklaren, tenzij hij zulks doet:
a. wegens te late nakoming door de koper, voordat de verkoper heeft geconstateerd dat nakoming heeft plaats gevonden; of
b. wegens enige andere tekortkoming dan te late nakoming door de koper, binnen een redelijke termijn:
(i) nadat de verkoper de tekortkoming had ontdekt of had behoren te ontdekken; of
(ii) na het verstrijken van een door de verkoper in overeenstemming met artikel 63, eerste lid, gestelde aanvullende termijn, of nadat de koper heeft verklaard dat hij zijn verplichtingen niet binnen een zodanige aanvullende termijn zal nakomen.

Art. 65

Vaststelling specificaties **1.** Indien de koper krachtens de overeenkomst de vorm, de afmeting of andere kenmerken van de zaken nader moet bepalen en hij deze specificatie niet op het overeengekomen tijdstip of binnen een redelijke termijn na ontvangst van een hiertoe strekkend verzoek van de verkoper verricht, kan de verkoper, onverminderd zijn eventuele andere rechten, zelf overgaan tot specificatie in overeenstemming met de behoeften van de koper, voor zover deze hem bekend zijn.
2. Gaat de verkoper zelf tot specificatie over, dan moet hij de bijzonderheden daarvan ter kennis van de koper brengen en hem een redelijke termijn toestaan voor een nadere specificatie. Maakt de koper na ontvangst van een zodanige mededeling niet binnen de gestelde termijn van deze mogelijkheid gebruik, dan is de door de verkoper verrichte specificatie bindend.

Hoofdstuk IV
OVERGANG VAN HET RISICO

Art. 66

Verlies of schade Het verlies van of schade aan de zaken nadat het risico is overgegaan op de koper, ontslaat deze niet van de verplichting de prijs te betalen, tenzij het verlies of de schade te wijten is aan een handeling of nalatigheid van de verkoper.

Art. 67

Risico-overgang bij vervoer **1.** Indien de overeenkomst tevens het vervoer van de zaken omvat en de verkoper niet gehouden is deze op een bepaalde plaats af te geven, gaat het risico over op de koper wanneer de zaken aan de eerste vervoerder worden afgegeven ter verzending aan de koper in overeenstemming met de overeenkomst. Indien de verkoper gehouden is de zaken op een bepaalde plaats aan de vervoerder af te geven, gaat het risico eerst over op de koper wanneer de zaken op die plaats aan de vervoerder worden afgegeven. De omstandigheid dat de verkoper bevoegd is de op de zaken betrekking hebbende documenten te behouden, is niet van invloed op de overgang van het risico.
2. Desondanks gaat het risico niet over op de koper dan nadat de zaken duidelijk zijn bestemd tot uitvoering van de overeenkomst door merktekens, door verzendingsdocumenten, door kennisgeving aan de koper of anderszins.

Art. 68

Risico bij transito verkoop Het risico met betrekking tot zaken die tijdens doorvoer zijn verkocht, gaat over op de koper vanaf het tijdstip van het sluiten van de overeenkomst. Indien de omstandigheden zulks uitwijzen, draagt de koper echter het risico vanaf het tijdstip waarop de zaken werden afgegeven aan de vervoerder die de documenten waarin de vervoerovereenkomst is neergelegd, heeft uitgegeven. Desondanks draagt de verkoper het risico van verlies of schade, indien de verkoper op het tijdstip waarop de koopovereenkomst werd gesloten ermee bekend was of had behoren te zijn dat de zaken verloren waren geraakt of waren beschadigd en hij dit niet aan de koper heeft meegedeeld.

Art. 69

Risico-overgang na overlijden **1.** In gevallen die niet vallen onder de artikelen 67 en 68 gaat het risico over op de koper wanneer hij de zaken overneemt of, indien hij zulks niet tijdig doet, vanaf het tijdstip waarop de zaken aan hem ter beschikking worden gesteld en het niet in ontvangst nemen van de zaken een tekortkoming oplevert.
2. Indien de koper gehouden is de zaken over te nemen op een andere plaats dan een vestiging van de verkoper, gaat echter het risico over wanneer de verkoper verplicht is tot aflevering en de koper bekend is met het feit dat de zaken op die plaats te zijner beschikking worden gesteld.

3. Indien de overeenkomst betrekking heeft op nog niet geïdentificeerde zaken, worden de zaken eerst geacht ter beschikking van de koper te zijn gesteld, wanneer zij duidelijk zijn bestemd tot uitvoering van de overeenkomst.

Art. 70

Indien de verkoper zich heeft schuldig gemaakt aan een wezenlijke tekortkoming, doen de artikelen 67, 68 en 69 geen afbreuk aan de rechten die de koper terzake van deze tekortkoming ten dienste staan.

Rechtsmiddelen koper onverlet

Hoofdstuk V

BEPALINGEN DIE ZOWEL DE VERPLICHTINGEN VAN DE VERKOPER ALS DIE VAN DE KOPER BETREFFEN

Afdeling I

Toekomstige tekortkoming en overeenkomsten strekkende tot opeenvolgende afleveringen

Art. 71

1. Een partij mag de nakoming van haar verplichtingen opschorten, indien na het sluiten van de overeenkomst blijkt dat de andere partij een wezenlijk deel van haar verplichtingen niet zal nakomen ten gevolge van:

a. een ernstig tekortschieten van haar vermogen om dat deel van haar verplichtingen na te komen, of van haar kredietwaardigheid; of

b. haar gedrag bij de voorbereiding van de nakoming van de ingevolge de overeenkomst op haar rustende verplichtingen, dan wel bij de nakoming.

2. Heeft de verkoper de zaken reeds verzonden voordat de in het voorgaande lid omschreven gronden blijken, dan kan hij er zich tegen verzetten dat de zaken aan de koper worden afgegeven, zelfs al heeft de koper reeds een document in zijn bezit dat hem recht geeft de zaken te verwerven. Dit lid heeft uitsluitend betrekking op de rechten van koper en verkoper ten aanzien van de zaken.

3. Een partij die hetzij vóór, hetzij na verzending van de zaken de nakoming opschort, moet de andere partij onmiddellijk in kennis stellen van de opschorting en moet voortgaan met de nakoming, indien de andere partij voldoende zekerheid stelt voor de nakoming van haar verplichtingen.

Opschortende voorwaarden

Art. 72

1. Indien het vóór de datum van nakoming duidelijk is dat één van de partijen zich schuldig zal maken aan een wezenlijke tekortkoming, kan de andere partij de overeenkomst ontbonden verklaren.

2. Indien de tijd dit toelaat, moet de partij die van plan is de overeenkomst ontbonden te verklaren, hiervan op redelijke wijze kennisgeving doen aan de andere partij, ten einde deze in staat te stellen voldoende zekerheid te stellen voor de nakoming van haar verplichtingen.

3. Het voorgaande lid is niet van toepassing indien de andere partij heeft verklaard dat zij haar verplichtingen niet zal nakomen.

Ontbinding bij te verwachten wanprestatie

Art. 73

1. Indien bij een overeenkomst strekkende tot opeenvolgende afleveringen van zaken de tekortkoming van een partij in de nakoming van haar verplichtingen ten aanzien van één aflevering een wezenlijke tekortkoming ten aanzien van die aflevering vormt, kan de wederpartij de overeenkomst ten aanzien van die aflevering ontbonden verklaren.

Ontbinding na tekortkoming voor één aflevering

2. Indien de tekortkoming in de nakoming van de verplichtingen ten aanzien van een der afleveringen door een van de partijen aan de wederpartij gegronde reden geeft om te concluderen dat er ten aanzien van de toekomstige afleveringen een wezenlijke tekortkoming zal plaatsvinden, kan zij, mits binnen redelijke termijn, de overeenkomst voor de toekomst ontbonden verklaren.

Ontbinding bij gegronde vrees tekortkoming toekomstige afleveringen

3. Een koper die de overeenkomst ontbonden verklaart met betrekking tot een aflevering, kan tegelijkertijd de overeenkomst ontbonden verklaren ten aanzien van reeds ontvangen of toekomstige afleveringen, indien de afleveringen wegens hun onderlinge samenhang niet kunnen worden gebruikt voor het door partijen ten tijde van het sluiten van de overeenkomst beoogde doel.

Totale ontbinding

Afdeling II Schadevergoeding

Art. 74

De schadevergoeding wegens een tekortkoming van een partij bestaat uit een bedrag gelijk aan de schade, met inbegrip van de gederfde winst, die door de andere partij als gevolg van de tekortkoming wordt geleden. Een zodanige schadevergoeding mag evenwel niet hoger zijn dan de schade die de partij die in de nakoming is tekort geschoten bij het sluiten van de overeenkomst

Schadevergoeding na wanprestatie

B70 art. 75 **Weens koopverdrag**

voorzag of had behoren te voorzien als mogelijk gevolg van de tekortkoming, gegeven de feiten die zij kende of die zij had behoren te kennen.

Art. 75

Vergoeding voor gevolg schade

Indien de overeenkomst wordt ontbonden en de koper of de verkoper op een redelijke wijze en binnen een redelijke termijn na de ontbinding een dekkingskoop heeft gesloten, komt aan de partij die schadevergoeding eist, het verschil toe tussen de overeengekomen prijs en die van de dekkingskoop, onverminderd haar recht op vergoeding van andere schade overeenkomstig artikel 74.

Art. 76

Vergoeding op basis van huidige prijs

1. In geval van ontbinding van de overeenkomst heeft, indien de zaken een dagprijs hebben, de partij die schadevergoeding eist, zo zij niet is overgegaan tot een dekkingskoop als bedoeld in artikel 75, recht op het verschil tussen de in de overeenkomst bepaalde prijs en de ten tijde van de ontbinding geldende dagprijs, onverminderd haar recht op vergoeding van andere schade overeenkomstig artikel 74. Indien evenwel de partij die schadevergoeding eist de overeenkomst heeft ontbonden na de zaken te hebben overgenomen, wordt de dagprijs ten tijde van die overname gehanteerd in plaats van de dagprijs ten tijde van de ontbinding.

2. Voor de toepassing van het vorige lid, is de dagprijs die welke geldt op de plaats waar de zaken hadden moeten worden afgeleverd, of, indien er op die plaats geen dagprijs is, de prijs op een andere plaats die deze redelijkerwijs kan vervangen; hierbij wordt rekening gehouden met de verschillen in de kosten van vervoer van de zaken.

Art. 77

Beperking schade na wanprestatie

Een partij die zich beroept op een tekortkoming moet de in de gegeven omstandigheden redelijke maatregelen treffen tot beperking van de uit de tekortkoming voortvloeiende schade, met inbegrip van de gederfde winst. Laat zij zodanige maatregelen na, dan kan de partij die in de nakoming is tekort geschoten een vermindering van de schadevergoeding verlangen ten belope van het bedrag waarmee het verlies had moeten worden beperkt.

Afdeling III Rente

Art. 78

Rente

Indien een partij tekort schiet in de betaling van de prijs of van enig ander achterstallig bedrag, heeft de andere partij recht op rente hierover, onverminderd haar recht op schadevergoeding overeenkomstig artikel 74.

Afdeling IV Bevrijdende omstandigheden

Art. 79

Overmacht

1. Een partij is niet aansprakelijk voor een tekortkoming in de nakoming van een van haar verplichtingen, indien zij aantoont dat de tekortkoming werd veroorzaakt door een verhindering die buiten haar macht lag en dat van haar redelijkerwijs niet kon worden verwacht dat zij bij het sluiten van de overeenkomst met de verhindering rekening zou hebben gehouden of dat zij deze of de gevolgen ervan zou hebben vermeden of te boven zou zijn gekomen.

Tekortkoming veroorzaakt door derde

2. Indien de tekortkoming van de partij te wijten is aan een tekortkoming van een derde die door haar is belast met de uitvoering van de gehele overeenkomst of een gedeelte hiervan, wordt die partij slechts van haar aansprakelijkheid bevrijd, indien:

a. zij krachtens het vorige lid hiervan wordt bevrijd; en

b. de derde bevrijd zou zijn, indien het bepaalde in dat lid op hem van toepassing zou zijn.

3. De in dit artikel bedoelde bevrijding geldt voor het tijdvak gedurende hetwelk de verhindering bestaat.

Bericht van verhindering

4. De partij die tekort schiet in de nakoming van haar verplichtingen, dient de andere partij in kennis te stellen van de verhindering en van de gevolgen hiervan voor haar vermogen om na te komen. Indien de kennisgeving niet door de andere partij wordt ontvangen binnen een redelijke termijn nadat de partij die tekortschiet met de verhindering bekend was of had behoren te zijn, is deze laatste aansprakelijk voor de uit het niet-ontvangen van de desbetreffende kennisgeving voortvloeiende schade.

Overige rechten onverlet

5. Niets in dit artikel verhindert partijen krachtens dit Verdrag enig ander recht dan dat op schadevergoeding, uit te oefenen.

Art. 80

Medeschuld

Een partij kan zich niet beroepen op een tekortkoming van de andere partij voor zover die tekortkoming werd veroorzaakt door een handeling of nalatigheid van eerstgenoemde partij.

Afdeling V
Gevolgen van de ontbinding

Art. 81

De ontbinding bevrijdt beide partijen van hun verplichtingen uit de overeenkomst, onverminderd een eventueel verschuldigde schadevergoeding. Ontbinding is niet van invloed op een bepaling van de overeenkomst met betrekking tot de beslechting van geschillen of op andere bepalingen van de overeenkomst die de rechten en verplichtingen van partijen na ontbinding van de overeenkomst regelen.

2. Een partij die de overeenkomst geheel of ten dele heeft uitgevoerd, kan van de andere partij teruggave eisen van hetgeen zij uit hoofde van de overeenkomst heeft gepresteerd. Hebben beide partijen het recht teruggave te vorderen, dan moet deze teruggave over en weer gelijktijdig geschieden.

Art. 82

1. De koper verliest het recht de overeenkomst ontbonden te verklaren of van de verkoper te eisen dat deze vervangende zaken aflevert, indien het hem onmogelijk is de zaken goeddeels in dezelfde staat terug te geven als waarin hij deze heeft ontvangen.

2. Het vorige lid is niet van toepassing:

a. indien de onmogelijkheid om de zaken terug te geven of deze terug te geven in goeddeels dezelfde staat als waarin de koper deze heeft ontvangen, niet is te wijten aan zijn handelingen of nalaten;

b. indien de zaken of een gedeelte daarvan zijn verloren gegaan of in waarde zijn verminderd als gevolg van de in artikel 38 voorgeschreven keuring; of

c. indien de koper de zaken of een gedeelte daarvan in de normale uitoefening van zijn bedrijf heeft verkocht of in overeenstemming met een normale wijze van gebruiken heeft verbruikt of verwerkt, alvorens hij ontdekte of had behoren te ontdekken dat deze niet beantwoordden aan de overeenkomst.

Art. 83

Een koper die het recht verloren heeft de overeenkomst ontbonden te verklaren of van de verkoper te eisen dat deze in overeenstemming met artikel 82 vervangende zaken aflevert, behoudt alle andere rechten die de overeenkomst en dit Verdrag hem toekennen.

Art. 84

1. Indien de verkoper gehouden is de prijs terug te betalen moet hij hierover tevens rente betalen vanaf het tijdstip waarop de prijs werd betaald.

2. De koper moet aan de verkoper de waarde vergoeden van elk voordeel dat hij van de zaken of een gedeelte daarvan heeft genoten:

a. indien hij de zaken of een gedeelte daarvan moet teruggeven;

of

b. indien het hem onmogelijk is alle zaken of een gedeelte daarvan terug te geven of alle zaken of een gedeelte daarvan goeddeels in dezelfde staat terug te geven als waarin hij deze heeft ontvangen, maar hij de overeenkomst desondanks ontbonden heeft verklaard of van de verkoper heeft geëist dat deze vervangende zaken aflevert.

Afdeling VI
Zorg voor behoud van de zaken

Art. 85

Indien de koper nalatig is met de inontvangstneming van de zaken of indien hij, wanneer de prijs dient te worden betaald bij aflevering van de zaken, in gebreke blijft de prijs te betalen en de verkoper hetzij de zaken onder zich heeft, hetzij daarover anderszins zeggenschap kan uitoefenen, moet de verkoper alle in de omstandigheden redelijke maatregelen voor het behoud van de zaken treffen. Hij heeft het recht deze onder zich te houden totdat hij door de koper voor de door hem in redelijkheid gemaakte kosten schadeloos is gesteld.

Art. 86

1. Indien de koper de zaken heeft ontvangen en hij voornemens is enigerlei recht krachtens de overeenkomst of dit Verdrag uit te oefenen om deze te weigeren, moet hij alle in de omstandigheden redelijke maatregelen voor het behoud van de zaken treffen. Hij heeft het recht deze onder zich te houden totdat hij door de verkoper voor de door hem in redelijkheid gemaakte kosten schadeloos is gesteld.

2. Indien de aan de koper verzonden zaken op hun plaats van bestemming te zijner beschikking zijn gesteld, en hij het recht om deze te weigeren, uitoefent, moet hij deze voor rekening van de verkoper onder zich nemen, mits dit kan geschieden zonder betaling van de prijs en zonder onredelijk ongerief of onredelijke kosten. Deze bepaling is niet van toepassing, indien de verkoper op de plaats van bestemming aanwezig is of iemand aldaar bevoegd is de zaken voor diens rekening onder zijn hoede te nemen. Indien de koper de zaken onder zich neemt ingevolge dit lid, worden zijn rechten en verplichtingen beheerst door het vorige lid.

Art. 87

Vergoeding voor in bewaring geven

Een partij die gehouden is maatregelen voor het behoud van de zaken te treffen, kan deze voor rekening van de andere partij in bewaring geven in de opslagruimte van een derde, mits de hieruit voortvloeiende kosten niet onredelijk zijn.

Art. 88

Bevoegdheid tot doorverkoop

1. Een partij die in overeenstemming met de artikelen 85 of 86 gehouden is voor het behoud van de zaken te zorgen kan deze op een geschikte wijze verkopen, indien de wederpartij bij het aanvaarden of terugnemen van de zaken of bij de betaling van de prijs of de kosten van bewaring een onredelijk grote vertraging laat ontstaan, mits zij de wederpartij op redelijke wijze kennis heeft gegeven van haar voornemen om te verkopen.

2. Indien de zaken aan snelle achteruitgang onderhevig zijn of de bewaring ervan onredelijke kosten zou meebrengen, moet een partij die in overeenstemming met de artikelen 85 of 86 gehouden is voor het behoud van de zaken te zorgen redelijke maatregelen treffen om deze te verkopen. Voor zover mogelijk moet zij de wederpartij van haar voornemen om te verkopen in kennis stellen.

3. Een partij die de zaken verkoopt, mag van de opbrengst afhouden het bedrag van de uitgaven die in redelijkheid gedaan zijn voor het behoud van de zaken en voor de verkoop daarvan. Zij moet het overblijvende aan de wederpartij afdragen.

DEEL IV SLOTBEPALINGEN

Art. 89

De Secretaris-Generaal van de Verenigde Naties wordt hierbij aangewezen als depositaris van dit Verdrag.

Art. 90

Dit Verdrag prevaleert niet boven enige internationale overeenkomst die reeds is of kan worden gesloten en die bepalingen bevat met betrekking tot de aangelegenheid waarop dit Verdrag van toepassing is, mits de partijen hun vestiging hebben in Staten die partij zijn bij een zodanige overeenkomst.

Art. 91

1. Dit Verdrag is opengesteld voor ondertekening tijdens de slotbijeenkomst van de Conferentie der Verenigde Naties inzake de Internationale koop van roerende zaken en zal tot 30 september 1981 opengesteld blijven voor ondertekening door alle Staten op de Zetel van de Organisatie der Verenigde Naties te New York.

2. Dit Verdrag dient te worden bekrachtigd, aanvaard of goedgekeurd door de ondertekenende Staten.

3. Dit Verdrag staat vanaf de datum waarop het is opengesteld voor ondertekening open voor toetreding door alle Staten die geen ondertekenende Staten zijn.

4. De akten van bekrachtiging, aanvaarding, goedkeuring en toetreding dienen te worden nedergelegd bij de Secretaris-Generaal van de Verenigde Naties.

Art. 92

Voorbehoud ten aanzien van Deel II en/of Deel III

1. Een Verdragsluitende Staat kan op het tijdstip van ondertekening, bekrachtiging, aanvaarding, goedkeuring of toetreding verklaren dat hij niet zal zijn gebonden door Deel II van dit Verdrag of dat hij niet zal zijn gebonden door Deel III van dit Verdrag.

2. Een Verdragsluitende Staat die in overeenstemming met het voorgaande lid een verklaring aflegt met betrekking tot Deel II of Deel III van dit Verdrag, dient, waar het aangelegenheden betreft die vallen onder het Deel waarop de verklaring van toepassing is, niet te worden beschouwd als een Verdragsluitende Staat in de zin van artikel 1, eerste lid van dit Verdrag.

Art. 93

Gebiedsdelen

1. Indien een Verdragsluitende Staat die twee of meer gebiedsdelen heeft, waarin, in overeenstemming met zijn grondwet, verschillende rechtsstelsels gelden met betrekking tot de in dit Verdrag behandelde aangelegenheden, kan hij op het tijdstip van ondertekening, bekrachtiging, aanvaarding, goedkeuring of toetreding verklaren dat dit Verdrag zal gelden voor al zijn gebiedsdelen, of slechts voor één of meer hiervan en kan hij te allen tijde zijn verklaring wijzigen door een andere verklaring in te dienen.

2. Deze verklaringen dienen ter kennis te worden gebracht van de depositaris en hierin dient uitdrukkelijk te worden aangegeven op welke gebiedsdelen het Verdrag van toepassing is.

3. Indien dit Verdrag krachtens een ingevolge dit artikel afgelegde verklaring, van toepassing is op één of meer, maar niet op alle gebiedsdelen van een Verdragsluitende Staat en indien de vestiging van een partij zich in die Staat bevindt, wordt deze vestiging voor de toepassing van dit Verdrag geacht zich niet in een Verdragsluitende Staat te bevinden, tenzij deze zich bevindt in een gebiedsdeel waarop het Verdrag van toepassing is.

4. Indien een Verdragsluitende Staat geen verklaring ingevolge het eerste lid van dit artikel aflegt, is het Verdrag van toepassing op alle gebiedsdelen van die Staat.

Art. 94

1. Twee of meer Verdragsluitende Staten die dezelfde of nauw verwante rechtsregels hebben met betrekking tot onder dit Verdrag vallende aangelegenheden, kunnen te allen tijde verklaren dat het Verdrag niet van toepassing zal zijn op koopovereenkomsten of de totstandkoming daarvan, waarbij de partijen hun vestiging in die Staten hebben. Dergelijke verklaringen kunnen gezamenlijk of door middel van wederkerige eenzijdige verklaringen worden afgelegd.

2. Een Verdragsluitende Staat die dezelfde of nauw verwante rechtsregels heeft met betrekking tot onder dit Verdrag vallende aangelegenheden als één of meer niet Verdragsluitende Staten kan te allen tijde verklaren dat het Verdrag niet van toepassing zal zijn op koopovereenkomsten of de totstandkoming daarvan, waarbij de partijen hun vestiging in die Staten hebben.

3. Indien een Staat ten aanzien waarvan ingevolge het voorgaande lid een verklaring is afgelegd, vervolgens een Verdragsluitende Staat wordt, zal de verklaring, met ingang van de datum waarop het Verdrag ten aanzien van de nieuwe Verdragsluitende Staat in werking treedt, de werking hebben van een ingevolge het eerste lid afgelegde verklaring, met dien verstande dat de nieuwe Verdragsluitende Staat die verklaring onderschrijft of een wederkerige eenzijdige verklaring aflegt.

Art. 95

Iedere Staat kan op het tijdstip van nederlegging van zijn akte van bekrachtiging, aanvaarding, goedkeuring of toetreding verklaren dat hij niet zal zijn gebonden door artikel 1, eerste lid, onder b, van dit Verdrag.

Art. 96

Een Verdragsluitende Staat wiens wetgeving vereist dat koopovereenkomsten door middel van een geschrift worden gesloten of bewezen, kan te allen tijde een verklaring afleggen in overeenstemming met artikel 12, dat enigerlei bepaling in artikel 11, artikel 29, of Deel II van dit Verdrag, krachtens welke het is toegestaan op andere wijze dan door middel van een geschrift een koopovereenkomst te sluiten, te wijzigen of door enkele wilsovereenstemming te beëindigen dan wel een aanbod te doen ofte aanvaarden of een andere wilsuiting te doen, niet van toepassing is indien een van de partijen haar vestiging in die Staat heeft.

Schriftelijk bewijs koopovereenkomst

Art. 97

1. Krachtens dit Verdrag op het tijdstip van ondertekening afgelegde verklaringen dienen te worden bevestigd bij bekrachtiging, aanvaarding of goedkeuring.

2. Verklaringen en bevestigingen van verklaringen dienen schriftelijk te geschieden en officieel ter kennis van de depositaris te worden gebracht.

3. Een verklaring wordt van kracht tegelijk met de inwerkingtreding van dit Verdrag ten aanzien van de betrokken Staat. Een verklaring waarvan de depositaris na deze inwerkingtreding een officiële kennisgeving ontvangt, wordt echter van kracht op de eerste dag van de maand volgend op het verstrijken van een tijdvak van zes maanden na de datum van ontvangst daarvan door de depositaris. Wederkerige eenzijdige verklaringen ingevolge artikel 94 worden van kracht op de eerste dag van de maand volgend op het verstrijken van een tijdvak van zes maanden na ontvangst van de laatste verklaring door de depositaris.

4. Iedere Staat die uit hoofde van dit Verdrag een verklaring aflegt, kan deze te allen tijde intrekken door middel van een officiële, schriftelijke kennisgeving gericht aan de depositaris. Deze intrekking wordt van kracht op de eerste dag van de maand volgend op het verstrijken van een tijdvak van zes maanden na de datum van ontvangst van de kennisgeving door de depositaris.

5. Een intrekking van een krachtens artikel 94 afgelegde verklaring maakt vanaf de datum waarop de intrekking van kracht wordt, iedere wederkerige verklaring, door een andere Staat uit hoofde van dat artikel afgelegd, ongeldig.

Art. 98

Voorbehouden worden niet toegestaan, behoudens die welke uitdrukkelijk in dit Verdrag zijn toegestaan.

Voorbehouden; verbod

Art. 99

1. Dit Verdrag treedt in werking, behoudens het bepaalde in het zesde lid van dit artikel, op de eerste dag van de maand volgend op het verstrijken van een tijdvak van twaalf maanden na de datum van nederlegging van de tiende akte van bekrachtiging, aanvaarding, goedkeuring of toetreding, waaronder begrepen een akte die een krachtens artikel 92 afgelegde verklaring bevat.

2. Wanneer een Staat dit Verdrag bekrachtigt, aanvaardt, goedkeurt of hiertoe toetreedt na de nederlegging van de tiende akte van bekrachtiging, aanvaarding, goedkeuring of toetreding, treedt dit Verdrag, met uitzondering van het uitgesloten Deel, ten aanzien van die Staat in werking, behoudens het bepaalde in het zesde lid van dit artikel, op de eerste dag van de maand volgend op het verstrijken van een tijdvak van twaalf maanden na de datum van nederlegging van zijn akte van bekrachtiging, aanvaarding, goedkeuring of toetreding.

3. Een Staat die dit Verdrag bekrachtigt, aanvaardt, goedkeurt of hiertoe toetreedt en partij is hetzij bij het Verdrag houdende een Eenvormige Wet inzake de totstandkoming van Internationale koopovereenkomsten betreffende roerende lichamelijke zaken, gedaan te 's-Gravenhage op 1 juli 1964 (Haags Totstandkomingsverdrag van 1964) hetzij bij het Verdrag houdende een Eenvormige Wet inzake de internationale koop van roerende lichamelijke zaken, gedaan te 's-Gravenhage op 1 juli 1964 (Haags Koopverdrag van 1964), hetzij bij beide, dient één van deze beide of beide, al naar gelang het geval, tezelfdertijd op te zeggen door de Regering van het Koninkrijk der Nederlanden een hiertoe strekkende kennisgeving te doen toekomen.

4. Een Staat die partij is bij het Haags Koopverdrag van 1964, die dit Verdrag bekrachtigt, aanvaardt, goedkeurt of hiertoe toetreedt, en krachtens artikel 92 verklaart of heeft verklaard dat hij niet zal zijn gebonden door Deel II van dit Verdrag, dient op het tijdstip van bekrachtiging, aanvaarding, goedkeuring of toetreding het Haags Koopverdrag van 1964 op te zeggen door de Regering van het Koninkrijk der Nederlanden een hiertoe strekkende kennisgeving te doen toekomen.

5. Een Staat die partij is bij het Haags Totstandkomingsverdrag van 1964, die dit Verdrag bekrachtigt, aanvaardt, goedkeurt of hiertoe toetreedt en krachtens artikel 92 verklaart of heeft verklaard dat hij niet zal zijn gebonden door Deel III van dit Verdrag, dient op het tijdstip van bekrachtiging, aanvaarding, goedkeuring of toetreding het Haags Totstandkomingsverdrag van 1964 op te zeggen door aan de Regering van het Koninkrijk der Nederlanden een hiertoe strekkende kennisgeving te doen toekomen.

6. Voor de toepassing van dit artikel worden bekrachtigingen, aanvaardingen, goedkeuringen en toetredingen met betrekking tot dit Verdrag door Staten die partij zijn bij het Haags Totstandkomingsverdrag van 1964 of het Haags Koopverdrag van 1964 eerst van kracht wanneer de vereiste opzeggingen door die Staten met betrekking tot beide laatste Verdragen, zelf van kracht zijn geworden. De depositaris van dit Verdrag dient overleg te plegen met de Regering van het Koninkrijk der Nederlanden als depositaris van de Verdragen van 1964, ten einde op dit punt de noodzakelijke coördinatie te garanderen.

Art. 100

1. Dit Verdrag is slechts van toepassing op de totstandkoming van een overeenkomst wanneer het voorstel tot het sluiten van de overeenkomst is gedaan op of na de datum waarop het Verdrag in werking treedt ten aanzien van de in artikel 1, eerste lid, onder a, bedoelde Verdragsluitende Staten of de in artikel 1, eerste lid, onder b bedoelde Verdragsluitende Staat.

2. Dit Verdrag is slechts van toepassing op overeenkomsten die zijn gesloten op of na de datum waarop het Verdrag in werking treedt ten aanzien van de in artikel 1, eerste lid, onder a, bedoelde Verdragsluitende Staten of de in artikel 1, eerste lid, onder b, bedoelde Verdragsluitende Staat.

Art. 101

1. Een Verdragsluitende Staat kan dit Verdrag of Deel II of Deel III van het Verdrag opzeggen door middel van een officiële schriftelijke kennisgeving aan de depositaris.

2. De opzegging wordt van kracht op de eerste dag van de maand volgend op het verstrijken van een tijdvak van twaalf maanden na ontvangst van de kennisgeving door de depositaris. Wanneer in de kennisgeving een langere opzegtermijn wordt vermeld, wordt de opzegging van kracht na het verstrijken van een zodanige langere termijn na ontvangst van de kennisgeving door de depositaris.

Verdrag inzake de wet welke van toepassing is op verkeersongevallen op de weg^1

De Staten die dit Verdrag hebben ondertekend,
Geleid door de wens gemeenschappelijke bepalingen vast te stellen inzake de wet welke van toepassing is op de burgerrechtelijke, niet-contractuele aansprakelijkheid voor ongevallen in het wegverkeer,
Hebben besloten te dien einde een Verdrag te sluiten en zijn overeengekomen als volgt:

Art. 1

Dit Verdrag bepaalt de wet welke van toepassing is op de burgerrechtelijke, niet-contractuele aansprakelijkheid voor ongevallen in het wegverkeer en wel ongeacht voor welke rechter vorderingen ter zake dienen te worden gebracht.
In dit Verdrag wordt onder ongeval in het wegverkeer verstaan een ongeval waarbij een of meer al dan niet gemotoriseerde voertuigen zijn betrokken en dat verband houdt met verkeer op de openbare weg, op terreinen die toegankelijk zijn voor het publiek of slechts voor een beperkt aantal personen, die het recht hebben om er te komen.

Werkingssfeer

Begripsbepaling

Art. 2

Dit Verdrag is niet van toepassing op:
1. de aansprakelijkheid van fabrikanten, verkopers of herstellers van voertuigen;
2. de aansprakelijkheid van de eigenaar van een verkeersweg, of van elke andere persoon, die verantwoordelijk is voor het onderhoud daarvan of voor de veiligheid van de gebruikers;
3. aansprakelijkheid voor handelingen van derden, met uitzondering van de aansprakelijkheid van de eigenaar van een voertuig of van de principaal of de meester;
4. regresvorderingen tussen aansprakelijke personen;
5. regresvorderingen en subrogaties voor zover hierbij verzekeraars zijn betrokken;
6. vorderingen, daaronder begrepen regresvorderingen, die worden ingesteld door of tegen instellingen op het gebied van de sociale zekerheid, sociale verzekering of soortgelijke instellingen en door of tegen openbare waarborgfondsen voor automobielen, noch op de uitsluiting van de aansprakelijkheid zoals die is neergelegd in de wet waardoor deze instellingen worden beheerst.

Niet-toepasselijkheid verdrag

Art. 3

De van toepassing zijnde wet is de interne wet van de Staat op welks grondgebied het ongeval heeft plaatsgevonden.

Toepasselijke wet bij ongeval

Art. 4

Onverminderd de regeling vervat in artikel 5 wordt in de volgende gevallen afgeweken van het bepaalde in artikel 3:
a) wanneer slechts een enkel voertuig bij het ongeval is betrokken en dit voertuig is geregistreerd in een andere Staat dan die op welks grondgebied het ongeval heeft plaatsgevonden, is de interne wet van de Staat van registratie van toepassing op de aansprakelijkheid
- jegens de bestuurder, houder, eigenaar of elke andere persoon die enig recht heeft op het voertuig, zonder acht te slaan op hun gewoon verblijf,
- jegens een slachtoffer dat passagier was, indien het zijn gewoon verblijf had in een andere Staat dan in die op welks grondgebied het ongeval heeft plaatsgevonden,
- jegens een slachtoffer dat zich ter plaatse van het ongeval buiten het voertuig bevond, indien het zijn gewoon verblijf had in de Staat van registratie.
Wanneer twee of meer slachtoffers zijn wordt de van toepassing zijnde wet ten aanzien van elk van hen afzonderlijk vastgesteld.
b) wanneer twee of meer voertuigen bij het ongeval zijn betrokken, is het bepaalde onder a) alleen van toepassing, indien die voertuigen alle in dezelfde Staat geregistreerd zijn.
c) wanneer een of meer personen die zich ter plaatse van het ongeval buiten het voertuig of de voertuigen bevonden bij het ongeval zijn betrokken en aansprakelijk zouden kunnen zijn, is het bepaalde onder a) en b) slechts van toepassing indien deze personen allen hun gewoon verblijf hadden in de Staat van registratie. Dit geldt ook, wanneer deze personen tevens slachtoffers zijn van het ongeval.

Uitzonderingen

Eén voertuig, geregistreerd in andere staat

Voertuigen in dezelfde staat geregistreerd
Personen buiten voertuig met verblijfplaats in staat van registratie

Art. 5

De wet welke krachtens de artikelen 3 en 4 van toepassing is op de aansprakelijkheid jegens een passagier beheerst tevens de aansprakelijkheid voor schade aan in het voertuig vervoerde goederen die zijn eigendom zijn of die aan hem waren toevertrouwd.

Aansprakelijkheid voor schade aan vervoerde goederen

---

1 Inwerkingtredingsdatum: 30-12-1978.

B71 art. 6 *Haags verkeersongevallenverdrag*

De wet die krachtens de artikelen 3 en 4 van toepassing is op de aansprakelijkheid jegens de eigenaar van het voertuig beheerst de aansprakelijkheid voor schade aan andere in het voertuig vervoerde goederen dan die bedoeld in de voorgaande alinea.

De aansprakelijkheid voor schade aan goederen die zich buiten het voertuig of de voertuigen bevonden wordt beheerst door de interne wet van de Staat op welks grondgebied het ongeval heeft plaatsgevonden. De aansprakelijkheid voor schade aan de persoonlijke eigendommen van een slachtoffer dat zich buiten het voertuig of de voertuigen bevond wordt evenwel beheerst door de interne wet van de Staat van registratie, indien deze wet volgens artikel 4 van toepassing is op de aansprakelijkheid jegens het slachtoffer.

Art. 6

Voertuigen niet of in meerdere staten geregistreerd

Ten aanzien van voertuigen die niet zijn geregistreerd of die in meer dan één Staat zijn geregistreerd, treedt voor de wet van de Staat van registratie in de plaats de interne wet van de Staat waarin zij hun gewone standplaats hadden. Hetzelfde geldt, indien op het tijdstip van het ongeval noch de eigenaar, noch de houder, noch de bestuurder van het voertuig zijn gewoon verblijf had in de Staat van registratie.

Art. 7

Verkeers- en veiligheidsvoorschriften

Bij het bepalen van de aansprakelijkheid wordt, welke overigens de van toepassing zijnde wet zij, rekening gehouden met de verkeers- en veiligheidsvoorschriften die ter plaatse en ten tijde van het ongeval van kracht waren.

Art. 8

Bijzondere bepalingen in toepasselijke wet

De van toepassing zijnde wet bepaalt in het bijzonder:

1. de voorwaarden en de omvang van de aansprakelijkheid;

2. de gronden voor uitsluiting van aansprakelijkheid, alsook elke beperking en verdeling van aansprakelijkheid;

3. het bestaan en de aard van letsel of schade die voor vergoeding in aanmerking komen;

4. op welke wijze en in welke omvang de schade moet worden vergoed;

5. de overdraagbaarheid van het recht op schadevergoeding;

6. welke personen recht hebben op vergoeding van persoonlijk door hen geleden schade;

7. de aansprakelijkheid van een principaal voor handelingen van degene, die voor hem optreedt;

8. de termijn voor de verjaring of het verval van een aanspraak op schadevergoeding, alsmede het tijdstip van aanvang van die termijn en van zijn stuiting of schorsing.

Art. 9

Vordering tot schadevergoeding jegens verzekeraar

De gelaedeerden hebben een rechtstreekse vordering tot schadevergoeding op de verzekeraar van de aansprakelijke partij, indien zij dit recht bezitten krachtens de overeenkomstig de artikelen 3, 4 of 5 van toepassing zijnde wet.

Indien krachtens de artikelen 4 of 5 de wet van de Staat van registratie van toepassing is en die wet dit recht niet kent, kan het niettemin worden uitgeoefend indien zulks wordt toegestaan door de interne wet van de Staat op welks grondgebied het ongeval heeft plaatsgevonden.

Indien geen van beide wetten een zodanig recht kent, kan het worden uitgeoefend indien het wordt gegeven door de wet die de verzekeringsovereenkomst beheerst.

Art. 10

Toepasselijke wet i.s.m. openbare orde

Een volgens dit Verdrag van toepassing zijnde wet kan slechts ter zijde worden gesteld indien haar toepassing kennelijk onverenigbaar is met de openbare orde.

Art. 11

Geen wederkerigheidsvereiste

De toepassing van de artikelen 1 tot en met 10 van dit Verdrag is onafhankelijk van enig vereiste van wederkerigheid. Het Verdrag vindt toepassing, zelfs indien de van toepassing zijnde wet niet die van een Verdragsluitende Staat is.

Art. 12

Gebiedsdelen staat met eigen rechtsstelsel

Elk gebiedsdeel van een Staat waar meer dan één rechtsstelsel bestaat wordt voor de toepassing van de artikelen 2 tot en met 11 als een Staat beschouwd wanneer dat gebiedsdeel een eigen rechtsstelsel heeft met betrekking tot de burgerrechtelijke, niet-contractuele aansprakelijkheid voor ongevallen in het wegverkeer.

Art. 13

Voertuigen geregistreerd in gebiedsdelen van staat met meerdere rechtsstelsels

Een Staat waar meer dan één rechtsstelsel bestaat is niet gehouden dit Verdrag toe te passen op ongevallen die op zijn grondgebied hebben plaatsgevonden, wanneer daarbij slechts voertuigen zijn betrokken die in de gebiedsdelen van die Staat zijn geregistreerd.

Art. 14

Werking verdrag in staat met meerdere rechtsstelsels

Een Staat waar meer dan één rechtsstelsel bestaat kan op het tijdstip van ondertekening, bekrachtiging of toetreding verklaren, dat de werking van dit Verdrag zich uitstrekt tot elk van die rechtsstelsels, dan wel slechts tot één of enkele daarvan; hij kan deze verklaring te allen tijde wijzigen door het afleggen van een nieuwe verklaring.

Deze verklaringen worden ter kennis gebracht van het Ministerie van Buitenlandse Zaken van Nederland en dienen uitdrukkelijk de rechtsstelsels aan te geven, waarop het Verdrag van toepassing is.

Art. 15

Dit Verdrag maakt geen inbreuk op andere Verdragen waarbij de Verdragsluitende Staten partij zijn of zullen worden en waarin op bijzondere gebieden de burgerrechtelijke, niet-contractuele aansprakelijkheid voor een ongeval wordt geregeld.

Art. 16

Dit Verdrag staat ter ondertekening open voor de Staten vertegenwoordigd op de Elfde Zitting van de Haagse Conferentie voor Internationaal Privaatrecht.

Het dient te worden bekrachtigd en de akten van bekrachtiging worden nedergelegd bij het Ministerie van Buitenlandse Zaken van Nederland.

Art. 17

Dit Verdrag treedt in werking op de zestigste dag te rekenen van de datum van nederlegging van de derde akte van bekrachtiging, bedoeld in de tweede alinea van artikel 16.

Voor elke ondertekende Staat die het Verdrag daarna bekrachtigt treedt het in werking op de zestigste dag te rekenen van de datum van nederlegging van zijn akte van bekrachtiging.

Art. 18

Staten die niet vertegenwoordigd zijn geweest op de Elfde Zitting van de Haagse Conferentie voor Internationaal Privaatrecht en die Lid zijn van deze Conferentie of van de Verenigde Naties of van een van haar gespecialiseerde organisaties of die Partij zijn bij het Statuut van het Internationaal Gerechtshof kunnen tot dit Verdrag toetreden nadat het overeenkomstig de eerste alinea van artikel 17 in werking is getreden.

De akte van toetreding dient te worden nedergelegd bij het Ministerie van Buitenlandse Zaken van Nederland.

Het Verdrag treedt voor een toetredende Staat in werking op de zestigste dag te rekenen van de datum van nederlegging van zijn akte van toetreding.

De toetreding heeft slechts gevolg ten aanzien van de betrekkingen tussen de toetredende Staat en Verdragsluitende Staten die verklaard hebben de toetreding te aanvaarden. Een zodanige verklaring wordt nedergelegd bij het Ministerie van Buitenlandse Zaken van Nederland; dit Ministerie doet daarvan langs diplomatieke weg een voor eensluidend gewaarmerkt afschrift aan elk der Verdragsluitende Staten toekomen.

Tussen de toetredende Staat en de Staat die heeft verklaard de toetreding te aanvaarden treedt het Verdrag in werking op de zestigste dag te rekenen van de datum van nederlegging van de verklaring van aanvaarding.

Art. 19

Een Staat kan op het tijdstip van ondertekening, bekrachtiging of toetreding verklaren dat dit Verdrag zich uitstrekt tot alle gebieden voor welker internationale betrekkingen hij verantwoordelijk is of tot één of enkele van die gebieden. Een zodanige verklaring wordt van kracht op de datum van de inwerkingtreding van het Verdrag voor de betrokken Staat.

Daarna wordt van zodanige uitbreidingen kennis gegeven aan het Ministerie van Buitenlandse Zaken van Nederland.

Het Verdrag treedt voor de in de verklaring van uitbreiding genoemde gebieden in werking op de zestigste dag na de mededeling, bedoeld in de voorgaande alinea.

Art. 20

Dit Verdrag blijft van kracht vijf jaar na de datum van zijn inwerkingtreding overeenkomstig de eerste alinea van artikel 17, ook voor de Staten die het Verdrag nadien hebben bekrachtigd of daartoe zijn toegetreden.

Indien geen opzegging heeft plaatsgevonden wordt het Verdrag behoudens opzegging, stilzwijgend telkens voor vijf jaar verlengd.

Opzeggingen dienen ten minste zes maanden voor het einde van de termijn van vijf jaar ter kennis te worden gebracht van het Ministerie van Buitenlandse Zaken van Nederland.

De opzegging kan beperkt worden tot bepaalde gebieden waarop het Verdrag van toepassing is.

De opzegging heeft slechts gevolg ten opzichte van de Staat die haar ter kennis heeft gebracht. Het Verdrag blijft voor de andere Verdragsluitende Staten van kracht.

Art. 21

Het Ministerie van Buitenlandse Zaken van Nederland geeft aan de in artikel 16 bedoelde Staten en aan de Staten die overeenkomstig artikel 18 zijn toegetreden kennis van

a) de ondertekeningen en bekrachtigingen bedoeld in artikel 16;

b) de datum waarop dit Verdrag overeenkomstig de eerste alinea van artikel 17 in werking treedt;

c) de toetredingen bedoeld in artikel 18 en de data waarop zij van kracht worden;

d) de verklaringen bedoeld in de artikelen 14 en 19;

e) de opzeggingen bedoeld in de derde alinea van artikel 20.

Verdrag inzake de wet welke van toepassing is op de aansprakelijkheid wegens produkten^1

De Staten die dit Verdrag hebben ondertekend,
Geleid door de wens gemeenschappelijke bepalingen vast te stellen betreffende de wet welke in internationale betrekkingen van toepassing is op de aansprakelijkheid wegens produkten,
Hebben besloten te dien einde een Verdrag te sluiten en zijn overeengekomen als volgt:

Art. 1

Werkingssfeer

Dit Verdrag bepaalt welke wet van toepassing is op de aansprakelijkheid van de in artikel 3 bedoelde fabrikanten en andere personen voor schade veroorzaakt door een produkt, daaronder begrepen de schade die voortvloeit uit een onjuiste beschrijving van het produkt of het ontbreken van voldoende aanwijzingen betreffende zijn hoedanigheden, zijn kenmerkende eigenschappen of zijn gebruikswijze.

Wanneer de eigendom of het recht op gebruik van het produkt door de persoon wiens aansprakelijkheid in het geding is, is overgedragen aan de persoon die schade heeft geleden, is dit Verdrag niet van toepassing op hun onderlinge verhouding.

Dit Verdrag is van toepassing, welke ook de rechter of de autoriteit is die kennis dient te nemen van het geschil.

Art. 2

Begripsbepaling produkt

Voor de toepassing van dit Verdrag:

a. omvat de term „produkt" natuurlijke en industriële produkten, in onbewerkte of bewerkte vorm, roerend of onroerend;

Begripsbepaling schade

b. omvat de term „schade" alle schade toegebracht aan personen of goederen, alsmede economische verliezen; schade aan het produkt zelf en het daaruit voortvloeiende economische verlies zijn hiervan evenwel uitgesloten, tenzij zij verband houden met andere schade;

Begripsbepaling persoon

c. heeft de term „persoon" zowel betrekking op een rechtspersoon als op een natuurlijk persoon.

Art. 3

Aansprakelijke personen

Dit Verdrag is van toepassing op de aansprakelijkheid van de volgende personen:

1. de fabrikanten van eindprodukten of van onderdelen daarvan;

2. de producenten van natuurlijke produkten;

3. de leveranciers van produkten;

4. andere personen, waaronder begrepen herstellers en personen die goederen in opslag hebben, die deelnemen aan het proces van het vervaardigen en verhandelen van produkten.

Dit Verdrag is eveneens van toepassing op de aansprakelijkheid van vertegenwoordigers of ondergeschikten van een der bovengenoemde personen.

Art. 4

Wet Staat waar feit zich voordeed toepasselijk

De toepasselijke wet is de interne wet van de Staat op wiens grondgebied het schade berokkenende feit zich heeft voorgedaan, indien die Staat tevens is:

a. de Staat van de gewone verblijfplaats van de persoon die rechtstreeks schade lijdt, of

b. de Staat van de voornaamste vestiging van de persoon wiens aansprakelijkheid in het geding is, of

c. de Staat op wiens grondgebied hot produkt is verkregen door de persoon die rechtstreeks schade lijdt.

Art. 5

Wet staat verblijfplaats gelaedeerde toepasselijk

Onverminderd het bepaalde in artikel 4 is de toepasselijke wet de interne wet van de Staat van de gewone verblijfplaats van de persoon die rechtstreeks schade lijdt, indien die Staat tevens is:

a. de Staat van de voornaamste vestiging van de persoon wiens aansprakelijkheid in het geding is, of

b. de Staat op wiens grondgebied het produkt is verkregen door de persoon die rechtstreeks schade lijdt.

Art. 6

Toepasselijke wet in andere gevallen

Indien geen van de in de artikelen 4 en 5 genoemde wetten van toepassing is, is de toepasselijke wet de interne wet van de Staat van de voornaamste vestiging van de persoon wiens aansprakelijkheid in het geding is, tenzij de eiser zijn eis grondt op de interne wet van de Staat op wiens grondgebied het schade berokkenende feit zich heeft voorgedaan.

---

1 Inwerkingtredingsdatum: 01-09-1979.

Haags productenaansprakelijkheidsverdrag **B72** art. 16

Art. 7

Noch de wet van de Staat op wiens grondgebied het schade berokkenende feit zich heeft voorgedaan, noch de wet van de Staat van de gewone verblijfplaats van de persoon die rechtstreeks schade lijdt zijn ingevolge de artikelen 4, 5 en 6 van toepassing, indien de persoon wiens aansprakelijkheid in het geding is aantoont, dat hij redelijkerwijs niet kon hebben voorzien dat het produkt of zijn eigen produkten van hetzelfde type in de betrokken Staat in de handel zouden worden gebracht.

Handel in product redelijkerwijs niet te voorzien

Art. 8

De toe te passen wet bepaalt met name:

1. de gronden voor en de omvang van de aansprakelijkheid;

2. de gronden voor ontheffing, alsook voor beperking en verdeling van de aansprakelijkheid;

3. de aard van de schade waarvoor vergoeding verschuldigd kan zijn;

4. de vorm en de omvang van de schadevergoeding;

5. de mogelijkheid tot overdracht of overgang van het recht op schadevergoeding;

6. de personen die een eigen recht hebben op vergoeding van door hen zelf geleden schade;

7. de aansprakelijkheid van die opdrachtgever voor de handelingen van zijn ondergeschikte;

8. de bewijslast in zoverre de regels van de daarop toepasselijke wet deel uitmaken van het recht inzake de aansprakelijkheid;

9. de verjaringen en vervallen verklaringen, gegrond op het verstrijken van een termijn; hieronder begrepen de aanvang, de onderbreking en de schorsing van de termijnen.

Bijzondere bepalingen in toepasselijke wet

Art. 9

De toepassing van de artikelen 4, 5 en 6 staat er niet aan in de weg, dat rekening wordt gehouden met de veiligheidsvoorschriften die van kracht zijn in de Staat op wiens grondgebied het produkt in de markt was gebracht.

Veiligheidsvoorschriften

Art. 10

De toepassing van een der door dit Verdrag toepasselijk verklaarde wetten mag slechts dan worden geweigerd, indien die toepassing klaarblijkelijk in strijd zou zijn met de openbare orde.

Toepasselijke wet in strijd met openbare orde

Art. 11

De toepassing van de voorgaande artikelen van dit Verdrag is niet afhankelijk van enig vereiste van wederkerigheid. Het Verdrag vindt toepassing zelfs indien de toepasselijke wet niet de wet is van een Verdragsluitende Partij.

Geen wederkerigheidsvereiste

Art. 12

Indien een Staat verscheidene gebiedsdelen omvat, die elk hun eigen rechtsregels hebben ten aanzien van de aansprakelijkheid wegens produkten, wordt voor de bepaling van de volgens het Verdrag toepasselijke wet elk gebiedsdeel als een Staat beschouwd.

Gebiedsdelen staat met eigen rechtsstelsel

Art. 13

Een Staat waarbinnen verschillende gebiedsdelen hun eigen rechtsregels hebben ten aanzien van die aansprakelijkheid wegens produkten is niet gehouden tot toepassing van dit Verdrag, wanneer een Staat met een eenvormig rechtsstelsel niet gehouden is de wet van een andere Staat toe te passen krachtens die artikelen 4 en 5 van dit Verdrag.

Wetten art. 4 en 5 niet van toepassing

Art. 14

Een Verdragsluitende Staat die twee of meer gebiedsdelen omvat die elk hun eigen rechtsregels hebben ten aanzien van de aansprakelijkheid wagens produkten kan op het tijdstip van ondertekening, bekrachtiging, aanvaarding, goedkeuring of toetreding verklaren dat dit Verdrag zich zal uitstrekken tot al die gebiedsdelen of slechts tot een of meer daarvan en hij kan te allen tijde deze verklaring wijzigen door een nieuwe verklaring af te leggen.

Deze verklaringen worden ter kennis gebracht van het Ministerie van Buitenlandse Zaken van Nederland en geven uitdrukkelijk aan op welke gebiedsdelen het Verdrag van toepassing is.

Uitstrekking verdrag tot gebiedsdelen staat met eigen rechtsstelsel

Art. 15

Dit Verdrag laat onverlet de verdragen betreffende bijzondere onderwerpen, waarbij de Verdragsluitende Partijen partij zijn of worden en die bepalingen bevatten inzake de aansprakelijkheid wegens produkten.

Samenloop met andere verdragen

Art. 16

Elke Verdragsluitende Staat kan op het tijdstip van ondertekening, bekrachtiging, aanvaarding, goedkeuring of toetreding zich het recht voorbehouden:

1. het bepaalde in artikel 8, cijfer 9, niet toe te passen;

2. het Verdrag niet toe te passen op onbewerkte landbouwprodukten.

Geen enkel ander voorbehoud is toegestaan.

Elke Verdragsluitende Staat kan eveneens, bij het kennisgeven van een uitbreiding van de werking van het Verdrag overeenkomstig artikel 19, een of meer zodanige voorbehouden maken, waarvan de werking beperkt blijft tot de gebiedsdelen of tot enkele van de gebiedsdelen waarvoor de uitbreiding geldt.

Elke Verdragsluitende Staat kan een door hem gemaakt voorbehoud te allen tijde intrekken; de werking van het voorbehoud houdt op met ingang van de eerste dag van de derde kalendermaand volgend op de kennisgeving van intrekking.

Voorbehouden

Art. 17

Ondertekening Dit Verdrag staat open voor ondertekening door de Staten die lid waren van de Haagse Conferentie voor internationaal privaatrecht ten tijde van haar twaalfde zitting. Het dient te worden bekrachtigd, aanvaard of goedgekeurd en de akten van bekrachtiging, aanvaarding of goedkeuring dienen te worden nedergelegd bij het Ministerie van Buitenlandse Zaken van Nederland.

Art. 18

Toetreding Elke Staat die eerst na de twaalfde zitting lid van de Conferentie is geworden, of die lid is van de Organisatie der Verenigde Naties of van een van de gespecialiseerde organisaties daarvan, of die partij is bij het Statuut van het Internationale Gerechtshof, kan tot dit Verdrag toetreden na de inwerkingtreding ervan overeenkomstig artikel 20. De akte van toetreding dient te worden nedergelegd bij het Ministerie van Buitenlandse Zaken van Nederland.

Art. 19

Toepasselijkheidsverklaring op rijksdelen e.d. Elke Staat kan, op het tijdstip van ondertekening, bekrachtiging, goedkeuring, aanvaarding of toetreding verklaren dat dit Verdrag zich uitstrekt tot alle gebieden voor welker internationale betrekkingen hij verantwoordelijk is of tot een of meer van deze gebieden. Deze verklaring geldt vanaf het tijdstip van de inwerkingtreding van het Verdrag voor genoemde Staat. Daarna dient elke zodanige uitbreiding ter kennis te worden gebracht van het Ministerie van Buitenlandse Zaken van Nederland.

Art. 20

Inwerkingtreding Dit Verdrag treedt in werking op de eerste dag van de derde kalendermaand na de nederlegging van de derde akte van bekrachtiging, aanvaarding of goedkeuring bedoeld in de tweede alinea van artikel 17.

Daarna treedt het Verdrag in werking:
- voor elke ondertekenende Staat die het daarna bekrachtigt, aanvaardt of goedkeurt, op de eerste dag van de derde kalendermaand na de nederlegging van zijn akte van bekrachtiging, aanvaarding of goedkeuring;
- voor elke toetredende Staat op de eerste dag van de derde kalendermaand na de nederlegging van zijn akte van toetreding;
- voor de gebiedsdelen waartoe het Verdrag zich uitstrekt overeenkomstig artikel 19, op de eerste dag van de derde kalendermaand na de in dit artikel bedoelde kennisgeving.

Art. 21

Looptijd Dit Verdrag heeft een looptijd van vijf jaar vanaf de datum van zijn inwerkingtreding overeenkomstig de eerste alinea van artikel 20, zelfs voor de Staten die het daarna hebben bekrachtigd, aanvaard of goedgekeurd, of daartoe zijn toegetreden. Behoudens opzegging wordt het Verdrag stilzwijgend verlengd, telkens voor een tijdvak van vijf jaar.

De opzegging wordt, ten minste zes maanden voor het verstrijken van het tijdvak van vijf jaar, ter kennis gebracht van het Ministerie van Buitenlandse Zaken van Nederland. Zij kan worden beperkt tot bepaalde gebiedsdelen waarop het Verdrag van toepassing is.

Opzegging De opzegging geldt slechts ten aanzien van de Staat die haar heeft gedaan. Voor de andere Verdragsluitende Staten blijft het Verdrag van kracht.

Art. 22

Kennisgeving omtrent stand verdrag Het Ministerie van Buitenlandse Zaken van Nederland stelt de Lid-Staten van de Conferentie, alsmede de Staten die overeenkomstig het bepaalde in artikel 18 zijn toegetreden, in kennis van:

1. de ondertekeningen, bekrachtigingen, aanvaardingen en goedkeuringen bedoeld in artikel 17;

2. de datum waarop dit Verdrag in werking treedt overeenkomstig het bepaalde in artikel 20;
3. de toetredingen bedoeld in artikel 18 en die datum waarop zij van kracht worden;
4. de uitbreidingen bedoeld in artikel 19 en ide datum waarop zij van kracht worden;
5. de voorbehouden, de intrekking van voorbehouden en de verklaringen genoemd in de artikelen 14, 16 en 19;
6. de opzeggingen bedoeld in artikel 21.

Verdrag betreffende de overeenkomst tot internationaal vervoer van goederen over de weg $(CMR)^1$

PREAMBULE
De Verdragsluitende Partijen,
Erkend hebbende het nut om de voorwaarden van de overeenkomst tot internationaal vervoer van goederen over de weg, in het bijzonder voor wat betreft de voor dit vervoer te gebruiken documenten en de aansprakelijkheid van de vervoerder, op eenvormige wijze te regelen,
Zijn overeengekomen als volgt:

HOOFDSTUK I Toepasselijkheid

Art. 1

1. Dit Verdrag is van toepassing op iedere overeenkomst onder bezwarende titel voor het vervoer van goederen over de weg door middel van voertuigen, wanneer de plaats van inontvangstneming der goederen en de plaats bestemd voor de aflevering, zoals deze zijn aangegeven in de overeenkomst, gelegen zijn in twee verschillende landen, waarvan tenminste één een bij het Verdrag partij zijnd land is, ongeacht de woonplaats en de nationaliteit van partijen.

2. Voor de toepassing van dit Verdrag wordt onder „voertuigen" verstaan: de motorrijtuigen, gelede voertuigen, aanhangwagens en opleggers, zoals deze zijn omschreven in artikel 4 van het Verdrag nopens het wegverkeer van 19 september 1949.

3. Dit Verdrag is eveneens van toepassing, indien het vervoer, dat binnen zijn werkingssfeer valt, wordt bewerkstelligd door Staten of door Regeringsinstellingen of -organisaties.

4. Dit Verdrag is niet van toepassing:
a) op vervoer, bewerkstelligd overeenkomstig internationale postovereenkomsten,
b) op vervoer van lijken,
c) op verhuizingen.

5. De Verdragsluitende Partijen komen overeen, dat dit Verdrag niet door bijzondere overeenkomsten, gesloten tussen twee of meer van haar, zal worden gewijzigd, tenzij om aan de werking daarvan haar grensverkeer te onttrekken of om voor vervoer, dat uitsluitend over haar grondgebied plaats heeft, het gebruik van een de goederen vertegenwoordigende vrachtbrief toe te staan.

Art. 2

1. Wanneer het voertuig, waarin de goederen zich bevinden, over een gedeelte van het traject wordt vervoerd over zee, per spoor, over de binnenwateren of door de lucht, zonder dat de goederen - behoudens ter toepassing van de bepalingen van artikel 14 - uit dat voertuig worden uitgeladen, blijft dit Verdrag niettemin van toepassing op het gehele vervoer. Voorzover evenwel wordt bewezen dat verlies, beschadiging of vertraging in de aflevering van de goederen, ontstaan tijdens het vervoer op andere wijze dan over de weg, niet is veroorzaakt door een daad of nalatigheid van de wegvervoerder en voortspruit uit een feit, dat zich alleen heeft kunnen voordoen tijdens en tengevolge van het vervoer anders dan over de weg, wordt de aansprakelijkheid van de wegvervoerder niet bepaald door dit Verdrag, maar op de wijze waarop de aansprakelijkheid van de niet-wegvervoerder zou zijn bepaald, zo een vervoerovereenkomst tussen de afzender en de niet-wegvervoerder tot vervoer van de goederen alleen zou zijn afgesloten overeenkomstig de wettelijke bepalingen van dwingend recht betreffende het vervoer van goederen op die andere wijze. Bij gebreke van dergelijke bepalingen wordt de aansprakelijkheid van de wegvervoerder echter bepaald door dit Verdrag.

2. Indien de wegvervoerder zelf het gedeelte van het vervoer dat niet over de weg plaats vindt bewerkstelligt, wordt zijn aansprakelijkheid eveneens bepaald volgens het eerste lid, als werden zijn hoedanigheden van wegvervoerder en niet-wegvervoerder uitgeoefend door twee verschillende personen.

---

1 Inwerkingtredingsdatum: 02-07-1961; zoals laatstelijk gewijzigd bij: Trb. 1980, 155.

HOOFDSTUK II *Personen voor wie de vervoerder aansprakelijk is*

Art. 3

Personen voor wie de vervoerder aansprakelijk is

Voor de toepassing van dit Verdrag is de vervoerder, als ware het voor zijn eigen daden en nalatigheden, aansprakelijk voor de daden en nalatigheden van zijn ondergeschikten en van alle andere personen, van wie hij zich voor de bewerkstelliging van het vervoer bedient, wanneer deze ondergeschikten of deze personen handelen in de uitoefening van hun werkzaamheden.

HOOFDSTUK III *Sluiting en uitvoering van de vervoerovereenkomst*

Art. 4

Vrachtbrief

De vervoerovereenkomst wordt vastgelegd in een vrachtbrief. De afwezigheid, de onregelmatigheid of het verlies van de vrachtbrief tast noch het bestaan noch de geldigheid aan van de vervoerovereenkomst, die onderworpen blijft aan de bepalingen van dit Verdrag.

Art. 5

Drievoud

1. De vrachtbrief wordt opgemaakt in drie oorspronkelijke exemplaren, ondertekend door de afzender en de vervoerder. Deze ondertekening kan worden gedrukt of vervangen door de stempels van de afzender en de vervoerder, indien de wetgeving van het land, waar de vrachtbrief wordt opgemaakt, zulks toelaat. Het eerste exemplaar wordt overhandigd aan de afzender, het tweede begeleidt de goederen en het derde wordt door de vervoerder behouden.

2. Wanneer de te vervoeren goederen moeten worden geladen in verschillende voertuigen of wanneer het verschillende soorten goederen of afzonderlijke partijen betreft, heeft de afzender of de vervoerder het recht om te eisen, dat er evenzoveel vrachtbrieven worden opgemaakt als er voertuigen moeten worden gebruikt of als er soorten of partijen goederen zijn.

Art. 6

Inhoud vrachtbrief

1. De vrachtbrief moet de volgende aanduidingen bevatten:

a) de plaats en de datum van het opmaken daarvan,

b) de naam en het adres van de afzender,

c) de naam en het adres van de vervoerder,

d) de plaats en de datum van inontvangstneming der goederen en de plaats bestemd voor de aflevering der goederen,

e) de naam en het adres van de geadresseerde,

f) de gebruikelijke aanduiding van de aard der goederen en de wijze van verpakking en, voor gevaarlijke goederen, hun algemeen erkende benaming,

g) het aantal colli, hun bijzondere merken en hun nummers,

h) het bruto-gewicht of de op andere wijze aangegeven hoeveelheid van de goederen,

i) de op het vervoer betrekking hebbende kosten (vrachtprijs, bijkomende kosten, douanerechten en andere vanaf de sluiting van de overeenkomst tot aan de aflevering opkomende kosten),

j) de voor het vervullen van douane- en andere formaliteiten nodige instructies,

k) de aanduiding, dat het vervoer, ongeacht enig tegenstrijdig beding, is onderworpen aan de bepalingen van dit Verdrag.

2. Als het geval zich voordoet, moet de vrachtbrief nog de volgende aanduidingen bevatten:

a) het verbod van overlading,

b) de kosten, welke de afzender voor zijn rekening neemt,

c) het bedrag van het bij de aflevering van de goederen te innen remboursement,

d) de gedeclareerde waarde der goederen en het bedrag van het bijzonder belang bij de aflevering,

e) de instructies van de afzender aan de vervoerder voor wat betreft de verzekering der goederen,

f) de overeengekomen termijn, binnen welke het vervoer moet zijn volbracht,

g) de lijst van bescheiden, welke aan de vervoerder zijn overhandigd.

3. De partijen kunnen in de vrachtbrief iedere andere aanduiding, welke zij nuttig achten, opnemen.

Art. 7

Aansprakelijkheid afzender

1. De afzender is aansprakelijk voor alle kosten en schaden, welke door de vervoerder worden geleden tengevolge van de onnauwkeurigheid of de onvolledigheid:

a) van de aanduidingen, aangegeven in artikel 6, eerste lid onder *b)*, *d)*, *e)*, *f)*, *g)*, *h)* en *j)*,

b) van de aanduidingen, aangegeven in artikel 6, tweede lid,

c) van alle andere aanduidingen of instructies, welke hij verstrekt voor het opmaken van de vrachtbrief of om daarin te worden opgenomen.

2. Indien de vervoerder op verzoek van de afzender de vermeldingen, bedoeld in het eerste lid van dit artikel, in de vrachtbrief opneemt, wordt hij behoudens tegenbewijs geacht voor rekening van de afzender te handelen.

3. Indien de vrachtbrief niet de vermelding, bedoeld in artikel 6, eerste lid onder *k),* bevat, is de vervoerder aansprakelijk voor alle kosten en schaden, welke de rechthebbende op de goederen door deze nalatigheid lijdt.

Art. 8

1. Bij de inontvangstneming der goederen is de vervoerder gehouden te onderzoeken:
a) de juistheid van de vermeldingen in de vrachtbrief met betrekking tot het aantal colli en hun merken en nummers,
b) de uiterlijke staat van de goederen en hun verpakking.

2. Indien de vervoerder geen redelijke middelen ter beschikking staan om de juistheid van de vermeldingen, bedoeld in het eerste lid onder *a)* van dit artikel, te onderzoeken, tekent hij in de vrachtbrief met redenen omkleed aan, welke voorbehouden hij maakt. Eveneens geeft hij de redenen aan voor alle voorbehouden, welke hij maakt ten aanzien van de uiterlijke staat van de goederen en van hun verpakking. Deze voorbehouden verbinden de afzender niet, indien zij niet uitdrukkelijk in de vrachtbrief door hem zijn aanvaard.

3. De afzender heeft het recht te eisen, dat de vervoerder het bruto-gewicht of de op andere wijze uitgedrukte hoeveelheid der goederen onderzoekt. Hij kan tevens een onderzoek van de inhoud der colli eisen. De vervoerder kan de kosten van het onderzoek in rekening brengen. Het resultaat van de onderzoekingen wordt in de vrachtbrief neergelegd.

Art. 9

1. De vrachtbrief levert volledig bewijs, behoudens tegenbewijs, van de voorwaarden der overeenkomst en van de ontvangst van de goederen door de vervoerder.

2. Bij gebreke van vermelding in de vrachtbrief van gemotiveerde voorbehouden van de vervoerder wordt vermoed, dat de goederen en hun verpakking in uiterlijk goede staat waren op het ogenblik van de inontvangstneming door de vervoerder en dat het aantal colli en hun merken en nummers in overeenstemming waren met de opgaven in de vrachtbrief.

Art. 10

De afzender is jegens de vervoerder aansprakelijk voor de schade aan personen, materiaal of aan andere goederen en de kosten, welke voortspruiten uit de gebrekkige verpakking van de goederen, tenzij de gebrekkigheid zichtbaar of aan de vervoerder bekend was op het ogenblik van de inontvangstneming en de vervoerder te dien aanzien geen voorbehouden heeft gemaakt.

Art. 11

1. Ter voldoening aan douane- en andere formaliteiten, welke vóór de aflevering van de goederen moeten worden vervuld, moet de afzender de nodige bescheiden bij de vrachtbrief voegen of ter beschikking van de vervoerder stellen en hem alle gewenste inlichtingen verschaffen.

2. De vervoerder is niet gehouden de nauwkeurigheid en de volledigheid van deze bescheiden en inlichtingen te onderzoeken. De afzender is jegens de vervoerder aansprakelijk voor alle schaden, die kunnen voortspruiten uit de afwezigheid, onvolledigheid of onregelmatigheid van deze bescheiden en inlichtingen, behoudens in geval van schuld van de vervoerder.

3. De vervoerder is op dezelfde voet als een commissionnair aansprakelijk voor de gevolgen van verlies of onjuiste behandeling van de bescheiden, die in de vrachtbrief zijn vermeld en deze begeleiden of in zijn handen zijn gesteld. De door hem verschuldigde schadevergoeding mag evenwel die, verschuldigd in geval van verlies van de goederen, niet overschrijden.

Art. 12

1. De afzender heeft het recht over de goederen te beschikken, in het bijzonder door van de vervoerder te vorderen dat hij het vervoer ophoudt, de plaats bestemd voor de aflevering der goederen wijzigt of de goederen aflevert aan een andere geadresseerde dan in de vrachtbrief is aangegeven.

2. Dit recht vervalt, wanneer het tweede exemplaar van de vrachtbrief aan de geadresseerde is overhandigd of wanneer deze gebruik maakt van het recht bedoeld in artikel 13, eerste lid; vanaf dat ogenblik moet de vervoerder zich houden aan de opdrachten van de geadresseerde.

3. Het beschikkingsrecht komt evenwel reeds vanaf het opmaken van de vrachtbrief aan de geadresseerde toe, wanneer een vermelding in die zin door de afzender op de vrachtbrief is gesteld.

4. Indien de geadresseerde bij de uitoefening van zijn beschikkingsrecht bepaalt, dat de goederen aan een andere persoon moeten worden afgeleverd, kan deze persoon geen andere geadresseerde aanwijzen.

5. De uitoefening van het beschikkingsrecht is onderworpen aan de volgende voorwaarden:
a) de afzender of, in het geval bedoeld in het derde lid van dit artikel, de geadresseerde, die dit recht wenst uit te oefenen, moet het eerste exemplaar van de vrachtbrief, waarop de aan de vervoerder gegeven nieuwe instructies moeten zijn aangetekend, overleggen en de vervoerder schadeloos stellen voor kosten en schade die de uitvoering van deze instructies meebrengt;
b) de uitvoering van deze instructies moet mogelijk zijn op het ogenblik, dat de instructies de persoon, die deze moet uitvoeren, bereiken en zij mag noch de normale bedrijfsvoering van de vervoerder beletten noch schade toebrengen aan afzenders of geadresseerden van andere zendingen;

c) de instructies mogen nimmer het verdelen van de zending tot gevolg hebben.

6. Wanneer de vervoerder tengevolge van de bepalingen van het vijfde lid onder *b)* van dit artikel de instructies, die hij ontvangt, niet kan uitvoeren, moet hij onmiddellijk de persoon, van wie deze instructies afkomstig zijn, daarvan in kennis stellen.

7. De vervoerder, die de volgens de voorwaarden van dit artikel gegeven instructies niet heeft uitgevoerd of die dergelijke instructies heeft opgevolgd zonder overlegging van het eerste exemplaar van de vrachtbrief te hebben geëist, is tegenover de rechthebbende aansprakelijk voor de hierdoor veroorzaakte schade.

Art. 13

Aflevering

1. Na aankomst van de goederen op de plaats bestemd voor de aflevering, heeft de geadresseerde het recht van de vervoerder te vorderen dat het tweede exemplaar van de vrachtbrief aan hem wordt overhandigd en de goederen aan hem worden afgeleverd, een en ander tegen ontvangstbewijs. Wanneer verlies van de goederen is vastgesteld of de goederen aan het einde van de termijn, bedoeld in artikel 19, niet zijn aangekomen, is de geadresseerde gerechtigd om op eigen naam tegenover de vervoerder gebruik te maken van de rechten, die uit de vervoerovereenkomst voorspruiten.

2. De geadresseerde, die gebruik maakt van de rechten, die hem ingevolge het eerste lid van dit artikel zijn toegekend, is gehouden de volgens de vrachtbrief verschuldigde bedragen te betalen. In geval van geschil terzake is de vervoerder niet verplicht om de goederen af te leveren dan tegen zekerheidstelling door de geadresseerde.

Art. 14

Uitvoering overeenkomst onmogelijk

1. Indien, om welke reden ook, de uitvoering van de overeenkomst op de voorwaarden van de vrachtbrief onmogelijk is of wordt voordat de goederen op de plaats bestemd voor de aflevering, zijn aangekomen, is de vervoerder gehouden instructies te vragen aan de persoon, die het recht heeft overeenkomstig artikel 12 over de goederen te beschikken.

2. Indien evenwel de omstandigheden de uitvoering van het vervoer toelaten op andere voorwaarden dan die van de vrachtbrief en indien de vervoerder niet tijdig instructies heeft kunnen verkrijgen van de persoon, die het recht heeft overeenkomstig artikel 12 over de goederen te beschikken, neemt hij de maatregelen, welke hem het beste voorkomen in het belang van de persoon, die het recht heeft over de goederen te beschikken.

Art. 15

Aflevering onmogelijk

1. Wanneer na aankomst van de goederen op de plaats van bestemming zich omstandigheden voordoen die de aflevering beletten, vraagt de vervoerder instructies aan de afzender. Indien de geadresseerde de goederen weigert, heeft de afzender het recht om daarover te beschikken zonder verplicht te zijn het eerste exemplaar van de vrachtbrief te tonen.

2. De geadresseerde kan, zelfs indien hij de goederen heeft geweigerd, te allen tijde de aflevering daarvan vragen, zolang de vervoerder geen andersluidende instructies van de afzender heeft ontvangen.

3. Indien een omstandigheid, die de aflevering belet, zich voordoet, nadat de geadresseerde overeenkomstig zijn recht ingevolge artikel 12, derde lid, opdracht heeft gegeven om de goederen aan een andere persoon af te leveren, treedt voor de toepassing van het eerste en tweede lid van dit artikel de geadresseerde in de plaats van de afzender en die andere persoon in de plaats van de geadresseerde.

Art. 16

Vergoeding gemaakte kosten

1. De vervoerder heeft recht op vergoeding van de kosten, welke zijn verzoek om instructies of de uitvoering van ontvangen instructies voor hem meebrengt, mits deze kosten niet door zijn schuld zijn ontstaan.

2. In de gevallen, bedoeld in artikel 14, eerste lid, en in artikel 15, kan de vervoerder de goederen onmiddellijk voor rekening van de rechthebbende lossen; na deze lossing wordt het vervoer geacht te zijn geëindigd. De vervoerder neemt dan de bewaring van de goederen op zich. Hij kan de goederen evenwel aan een derde toevertrouwen en is dan slechts aansprakelijk voor een oordeelkundige keuze van deze derde. De goederen blijven belast met volgens de vrachtbrief verschuldigde bedragen en alle andere kosten.

Verkoop goederen

3. De vervoerder kan zonder instructies van de rechthebbende af te wachten tot verkoop van de goederen overgaan, wanneer de bederfelijke aard of de staat van de goederen dit rechtvaardigt of wanneer de kosten van bewaring onevenredig hoog zijn in verhouding tot de waarde van de goederen. In andere gevallen kan hij eveneens tot verkoop overgaan, wanneer hij niet binnen een redelijke termijn van de rechthebbende andersluidende instructies heeft ontvangen, waarvan de uitvoering redelijkerwijs kan worden gevorderd.

4. Indien de goederen ingevolge dit artikel zijn verkocht, moet de opbrengst van de verkoop ter beschikking van de rechthebbende worden gesteld onder aftrek van de kosten, die op de goederen drukken. Indien deze kosten de opbrengst van de verkoop te boven gaan, heeft de vervoerder recht op het verschil.

5. De verkoop geschiedt op de wijze bepaald door de wet of de gebruiken van de plaats, waar de goederen zich bevinden.

HOOFDSTUK IV

Aansprakelijkheid van de vervoerder

Art. 17

1. De vervoerder is aansprakelijk voor geheel of gedeeltelijk verlies en voor beschadiging van de goederen, welke ontstaan tussen het ogenblik van de inontvangstneming van de goederen en het ogenblik van de aflevering, alsmede voor vertraging in de aflevering.

2. De vervoerder is ontheven van deze aansprakelijkheid, indien het verlies, de beschadiging of de vertraging is veroorzaakt door schuld van de rechthebbende, door een opdracht van deze, welke niet het gevolg is van schuld van de vervoerder, door een eigen gebrek van de goederen of door omstandigheden, die de vervoerder niet heeft kunnen vermijden en waarvan hij de gevolgen niet heeft kunnen verhinderen.

3. De vervoerder kan zich niet aan zijn aansprakelijkheid onttrekken door een beroep te doen op gebreken van het voertuig, waarvan hij zich bedient om het vervoer te bewerkstelligen, of op fouten van de persoon, van wie hij het voertuig heeft gehuurd of van diens ondergeschikten.

4. Met inachtneming van artikel 18, tweede tot vijfde lid, is de vervoerder ontheven van zijn aansprakelijkheid, wanneer het verlies of de beschadiging een gevolg is van de bijzondere gevaren, eigen aan één of meer van de volgende omstandigheden:

a) gebruik van open en niet met een dekzeil afgedekte voertuigen, wanneer dit gebruik uitdrukkelijk is overeengekomen en in de vrachtbrief is vermeld;

b) ontbreken of gebrekkigheid van de verpakking bij goederen, die door hun aard aan kwaliteitsverlies of beschadiging zijn blootgesteld, wanneer zij niet of slecht verpakt zijn;

c) behandeling, lading, stuwing of lossing van de goederen door de afzender, de geadresseerde of personen, die voor rekening van de afzender of de geadresseerde handelen;

d) de aard van bepaalde goederen, die door met deze aard zelf samenhangende oorzaken zijn blootgesteld hetzij aan geheel of gedeeltelijk verlies hetzij aan beschadiging, in het bijzonder door breuk, roest, bederf, uitdroging, lekkage, normaal kwaliteitsverlies, of optreden van ongedierte en knaagdieren;

e) onvolledigheid of gebrekkigheid van de merken of nummers der colli;

f) vervoer van levende dieren.

5. Indien ingevolge dit artikel de vervoerder niet aansprakelijk is voor sommige der factoren, die de schade hebben veroorzaakt, is hij slechts aansprakelijk in evenredigheid tot de mate, waarin de factoren waarvoor hij ingevolge dit artikel aansprakelijk is, tot de schade hebben bijgedragen.

Art. 18

1. Het bewijs, dat het verlies, de beschadiging of de vertraging door één der in artikel 17, tweede lid, genoemde feiten is veroorzaakt, rust op de vervoerder.

2. Wanneer de vervoerder aantoont, dat, gelet op de omstandigheden van het geval, het verlies of de beschadiging een gevolg heeft kunnen zijn van een of meer van de in artikel 17, vierde lid, genoemde bijzondere gevaren, wordt vermoed dat deze daarvan de oorzaak zijn. De rechthebbende kan evenwel bewijzen, dat de schade geheel of gedeeltelijk niet door een van deze gevaren veroorzaakt is.

3. Het hierboven genoemde vermoeden bestaat niet in het in artikel 17, vierde lid, onder a, genoemde geval, indien zich een ongewoon groot tekort of een verlies van colli voordoet.

4. Indien het vervoer wordt bewerkstelligd door middel van een voertuig, ingericht om de goederen te onttrekken aan de invloed van hitte, koude, temperatuurverschillen of vochtigheid van de lucht, kan de vervoerder geen beroep doen op het voorrecht van artikel 17, vierde lid, onder d, tenzij hij bewijst, dat alle maatregelen, waartoe hij, rekening houdende met de omstandigheden, verplicht was, zijn genomen met betrekking tot de keuze, het onderhoud en het gebruik van deze inrichtingen en dat hij zich heeft gericht naar de bijzondere instructies, die hem mochten zijn gegeven.

5. De vervoerder kan geen beroep doen op het voorrecht van artikel 17, vierde lid, onder *f*, tenzij hij bewijst, dat alle maatregelen, waartoe hij normaliter, rekening houdende met de omstandigheden, verplicht was, zijn genomen en dat hij zich heeft gericht naar de bijzondere instructies, die hem mochten zijn gegeven.

Art. 19

Er is vertraging in de aflevering, wanneer de goederen niet zijn afgeleverd binnen de bedongen termijn of, bij gebreke van zulk een termijn, wanneer de werkelijke duur van het vervoer, zo men rekening houdt met de omstandigheden en met name, bij gedeeltelijke lading, met de tijd benodigd voor het verkrijgen van een volledige lading op de gebruikelijke voorwaarden, meer tijd vergt dan een goed vervoerder redelijkerwijs behoort te worden toegestaan.

Art. 20

1. De rechthebbende kan, zonder enig nader bewijs, de goederen als verloren beschouwen, wanneer zij niet zijn afgeleverd binnen dertig dagen na afloop van de bedongen termijn, of, bij

B73 art. 21 Verdrag betreffende overeenkomst tot int. vervoer van goederen over de weg

gebreke van zulk een termijn, binnen zestig dagen na de inontvangstneming van de goederen door de vervoerder.

2. De rechthebbende kan bij ontvangst van de schadevergoeding voor de verloren goederen schriftelijk verzoeken hem onmiddellijk te berichten ingeval de goederen worden teruggevonden in de loop van het jaar, volgende op de betaling der schadevergoeding. Dit verzoek wordt hem schriftelijk bevestigd.

3. Binnen dertig dagen na ontvangst van dit bericht kan de rechthebbende vorderen, dat de goederen aan hem worden afgeleverd tegen betaling van de volgens de vrachtbrief verschuldigde bedragen en tegen teruggave van de schadevergoeding, die hij heeft ontvangen, onder aftrek van de kosten, welke in deze schadevergoeding mochten zijn begrepen, en met behoud van alle rechten op schadevergoeding voor vertraging in de aflevering ingevolge artikel 23 en, indien toepasselijk, ingevolge artikel 26.

4. Bij gebreke hetzij van het verzoek, bedoeld in het tweede lid, hetzij van instructies gegeven binnen de termijn van dertig dagen, bedoeld in het derde lid, of ook, indien de goederen eerst meer dan een jaar na betaling van de schadevergoeding zijn teruggevonden, kan de vervoerder over de goederen beschikken overeenkomstig de wet van de plaats, waar deze zich bevinden.

Art. 21

Geen inning remboursement

Indien de goederen aan de geadresseerde zijn afgeleverd zonder inning van het remboursement, dat door de vervoerder volgens de bepalingen van de vervoerovereenkomst zou moeten zijn ontvangen, is de vervoerder gehouden de afzender schadeloos te stellen tot ten hoogste het bedrag van het remboursement, onverminderd zijn verhaal op de geadresseerde.

Art. 22

Gevaarlijke stoffen

1. Indien de afzender aan de vervoerder gevaarlijke goederen aanbiedt, licht hij hem in over de juiste aard van het gevaar, dat zij opleveren, en geeft hij, zo nodig, de te nemen voorzorgsmaatregelen aan. Indien deze inlichting niet in de vrachtbrief is vermeld, staat het aan de afzender of de geadresseerde met enig ander middel te bewijzen, dat de vervoerder kennis heeft gedragen van de juiste aard van het gevaar, dat het vervoer van de voornoemde goederen opleverde.

2. De gevaarlijke goederen, die niet, gegeven het bepaalde in het eerste lid van dit artikel, als zodanig aan de vervoerder bekend waren, kunnen op ieder ogenblik en op iedere plaats door de vervoerder worden gelost, vernietigd of onschadelijk gemaakt en wel zonder enige schadevergoeding; de afzender is bovendien aansprakelijk voor alle kosten en schaden, voortvloeiende uit de aanbieding ten vervoer of uit het vervoer zelf.

Art. 23

Berekening schadevergoeding

1. Wanneer ingevolge de bepalingen van dit Verdrag een schadevergoeding voor geheel of gedeeltelijk verlies van de goederen ten laste van de vervoerder wordt gebracht, wordt deze schadevergoeding berekend naar de waarde van de goederen op de plaats en het tijdstip van de inontvangstneming.

2. De waarde van de goederen wordt vastgesteld volgens de beurskoers of, bij gebreke daarvan, volgens de gangbare marktprijs of, bij gebreke van een en ander, volgens de gebruikelijke waarde van goederen van dezelfde aard en kwaliteit.

Maximum

3. De schadevergoeding kan evenwel niet meer bedragen dan 8.33 rekeneenheden voor elk ontbrekend kilogram bruto-gewicht.

4. Bovendien worden de vrachtprijs, de douanerechten en de overige met betrekking tot het vervoer der goederen gemaakte kosten, in geval van geheel verlies volledig en in geval van gedeeltelijk verlies naar verhouding, terugbetaald; verdere schadevergoeding is niet verschuldigd.

Vertragingsschade

5. In geval van vertraging is, indien de rechthebbende bewijst, dat daardoor schade is ontstaan, de vervoerder gehouden voor deze schade een vergoeding te betalen, die niet meer kan bedragen dan de vrachtprijs.

6. Hogere vergoedingen kunnen slechts worden gevorderd in geval van aangifte van de waarde der goederen of van een bijzonder belang bij de aflevering, overeenkomstig de artikelen 24 en 26.

7. De in dit Verdrag genoemde rekeneenheid is het bijzondere trekkingsrecht zoals dit is omschreven door het Internationale Monetaire Fonds. Het in het derde lid van dit artikel genoemde bedrag wordt omgerekend in de nationale munteenheid van de Staat van het gerecht, waarvoor de vordering aanhangig is, volgens de waarde van de munteenheid op de datum van het vonnis of de datum, die de Partijen zijn overeengekomen. De waarde van de nationale munteenheid, uitgedrukt in bijzondere trekkingsrechten, van een Staat, die lid is van het Internationale Monetaire Fonds, wordt berekend overeenkomstig de waarderingsmethode die door het Internationale Monetaire Fonds op de desbetreffende datum wordt toegepast voor zijn eigen verrichtingen en transacties. De waarde van de nationale munteenheid, uitgedrukt in bijzondere trekkingsrechten, van een Staat, die geen lid is van het Internationale Monetaire Fonds, wordt berekend op eendoor die Staat vastgestelde wijze.

8. Niettemin kan een Staat, die geen lid is van het Internationale Monetaire Fonds en waarvan de wet de toepassing van de bepalingen van het zevende lid van dit artikel niet toelaat, op het tijdstip van bekrachtiging van of toetreding tot het Protocol bij het CMR, of op enig tijdstip nadien, verklaren dat de in het derde lid van dit artikel bedoelde aansprakelijkheidsgrens, die op zijn grondgebied van toepassing is, 25 monetaire eenheden bedraagt. De in dit lid bedoelde monetaire eenheid komt overeen met 10/31 gram goud van een gehalte van 0,900. De omrekening van het in dit lid genoemde bedrag in de nationale munteenheid geschiedt volgens de wet van de betrokken Staat.

9. De in de laatste zin van het zevende lid van dit artikel genoemde berekening en de in het achtste lid van dit artikel genoemde omrekening geschieden op zodanige wijze, dat in de nationale munteenheid van de Staat zo veel mogelijk dezelfde werkelijke waarde tot uitdrukking komt voor het bedrag genoemd in het derde lid van dit artikel, als daarin uitgedrukt in rekeneenheden. Bij nederlegging van een in artikel 3 van het Protocol bij het CMR genoemde akte en telkens wanneer een verandering optreedt in hun wijze van berekening ingevolge het zevende lid van dit artikel of in het resultaat van de omrekening ingevolge het achtste lid van dit artikel, delen de Staten de Secretaris-Generaal van de Verenigde Naties hun wijze van berekening dan wel het resultaat van de omrekening mede.

Art. 24

De afzender kan tegen betaling van een overeengekomen toeslag in de vrachtbrief een waarde van de goederen aangeven, die het maximum, vermeld in het derde lid van artikel 23, overschrijdt. In dat geval treedt het aangegeven bedrag in de plaats van dit maximum.

Maximum bij overeenkomst

Art. 25

1. In geval van beschadiging vergoedt de vervoerder het bedrag van de waardevermindering, berekend naar de volgens artikel 23, eerste, tweede en vierde lid vastgestelde waarde der goederen.

Beschadiging

2. De schadevergoeding beloopt evenwel niet meer dan de volgende bedragen:

a) indien de gehele zending door de beschadiging in waarde is verminderd, het bedrag, dat zij zou hebben belopen in geval van geheel verlies;

b) indien slechts een gedeelte van de zending door de beschadiging in waarde is verminderd, het bedrag, dat zij zou hebben belopen in geval van verlies van het in waarde verminderd gedeelte.

Art. 26

1. De afzender kan tegen betaling van een overeengekomen toeslag het bedrag van een bijzonder belang bij de aflevering voor het geval van verlies of beschadiging en voor dat van overschrijding van de overeengekomen termijn, vaststellen door vermelding van dit bedrag in de vrachtbrief.

Bijzonder belang

2. Indien een bijzonder belang bij de aflevering is aangegeven, kan, onafhankelijk van de schadevergoedingen, bedoeld in de artikelen 23, 24 en 25, en tot ten hoogste het bedrag van het aangegeven belang, een schadevergoeding worden gevorderd gelijk aan de bewezen bijkomende schade.

Art. 27

1. De rechthebbende kan over het bedrag der schadevergoeding rente vorderen. Deze rente, ten bedrage van vijf procent per jaar, loopt vanaf de dag waarop de vordering schriftelijk bij de vervoerder is ingediend of, indien dit niet is geschied, vanaf de dag waarop zij in rechte aanhangig is gemaakt.

Rente over schadevergoeding

2. Wanneer de bedragen, die tot grondslag voor de berekening der schadevergoeding dienen, niet zijn uitgedrukt in de munt van het land, waar de betaling wordt gevorderd, geschiedt de omrekening volgens de koers van de dag en de plaats van betaling der schadevergoeding.

Art. 28

1. Wanneer het verlies, de beschadiging of de vertraging, ontstaan in de loop van een aan dit Verdrag onderworpen vervoer, volgens de toepasselijke wet kan leiden tot een vordering, die niet op de vervoerovereenkomst is gegrond, kan de vervoerder zich beroepen op de bepalingen van dit Verdrag, die zijn aansprakelijkheid uitsluiten of de verschuldigde schadevergoedingen vaststellen of beperken.

2. Wanneer de niet op de vervoerovereenkomst berustende aansprakelijkheid voor verlies, beschadiging of vertraging, van één der personen voor wie de vervoerder ingevolge artikel 3 aansprakelijk is, in het geding is, kan deze persoon zich eveneens beroepen op de bepalingen van dit Verdrag, die de aansprakelijkheid van de vervoerder uitsluiten of de verschuldigde schadevergoedingen vaststellen of beperken.

Art. 29

1. De vervoerder heeft niet het recht om zich te beroepen op de bepalingen van dit hoofdstuk, die zijn aansprakelijkheid uitsluiten of beperken of die de bewijslast omkeren, indien de schade voortspruit uit zijn opzet of uit schuld zijnerzijds, welke volgens de wet van het gerecht, waar de vordering aanhangig is, met opzet gelijkgesteld wordt.

Geen vrijwaring bij opzet of grove schuld

2. Hetzelfde geldt bij opzet of schuld van de ondergeschikten van de vervoerder of van alle andere personen, van wier diensten hij voor de bewerkstelliging van het vervoer gebruik maakt, wanneer deze ondergeschikten of deze andere personen handelen in de uitoefening van hun werkzaamheden. In dat geval hebben deze ondergeschikten of andere personen eveneens niet het recht om zich, voor wat hun persoonlijke aansprakelijkheid betreft, te beroepen op de bepalingen van dit hoofdstuk, als omschreven in het eerste lid.

HOOFDSTUK V
Vorderingen in en buiten rechte

Art. 30

Schade geconstateerd na ontvangst

1. Indien de geadresseerde de goederen in ontvangst heeft genomen zonder dat hij ten overstaan van de vervoerder de staat daarvan heeft vastgesteld of zonder dat hij, indien het zichtbare verliezen of beschadigingen betreft, uiterlijk op het ogenblik van de aflevering, of, indien het onzichtbare verliezen of beschadigingen betreft, binnen zeven dagen na de aflevering, zon- en feestdagen niet inbegrepen, voorbehouden ter kennis van de vervoerder heeft gebracht, waarin de algemene aard van het verlies of de beschadiging is aangegeven, wordt hij behoudens tegenbewijs geacht de goederen te hebben ontvangen in de staat als omschreven in de vrachtbrief. De bovenbedoelde voorbehouden moeten, indien het onzichtbare verliezen of beschadigingen betreft, schriftelijk worden gemaakt.

Tegenbewijs

2. Wanneer de staat van de goederen door de geadresseerde ten overstaan van de vervoerder is vastgesteld, is geen tegenbewijs tegen het resultaat van deze vaststelling toegelaten, tenzij het onzichtbare verliezen of beschadigingen betreft en de geadresseerde schriftelijke voorbehouden ter kennis van de vervoerder heeft gebracht binnen zeven dagen, zon- en feestdagen niet inbegrepen, na deze vaststelling.

3. Bij vertraging in de aflevering is schadevergoeding alleen verschuldigd, indien binnen een termijn van 21 dagen nadat de goederen ter beschikking van de geadresseerde zijn gesteld, een schriftelijk voorbehoud ter kennis van de vervoerder is gebracht.

4. Bij het bepalen van de termijnen ingevolge dit artikel wordt de datum van aflevering of, al naar het geval, de datum van vaststelling of die van terbeschikkingstelling niet meegerekend.

5. De vervoerder en de geadresseerde verlenen elkaar alle redelijke faciliteiten voor de nodige vaststellingen en onderzoekingen.

Art. 31

Bevoegde rechter

1. Alle rechtsgedingen, waartoe het aan dit Verdrag onderworpen vervoer aanleiding geeft, kunnen door de eiser behalve voor de gerechten van de bij dit Verdrag partij zijnde landen, bij beding tussen partijen aangewezen, worden gebracht voor de gerechten van het land op het grondgebied waarvan:

a) de gedaagde zijn gewone verblijfplaats, zijn hoofdzetel of het filiaal of agentschap heeft, door bemiddeling waarvan de vervoerovereenkomst is gesloten, of

b) de plaats van inontvangstneming der goederen of de plaats bestemd voor de aflevering der goederen, is gelegen;

zij kunnen voor geen andere gerechten worden gebracht.

2. Wanneer in een rechtsgeding, bedoeld in het eerste lid van dit artikel, een vordering aanhangig is voor een volgens dat lid bevoegd gerecht, of wanneer in een zodanig geding door een zodanig gerecht een uitspraak is gedaan, kan geen nieuwe vordering omtrent hetzelfde onderwerp tussen dezelfde partijen worden ingesteld, tenzij de uitspraak van het gerecht, waarvoor de eerste vordering aanhangig is gemaakt, niet vatbaar is voor tenuitvoerlegging in het land, waarin de nieuwe vordering wordt ingesteld.

Uitvoerbaarheid vonnis

3. Wanneer in een rechtsgeding, bedoeld in het eerste lid van dit artikel, een uitspraak, gedaan door een gerecht van een bij het Verdrag partij zijnd land, in dat land uitvoerbaar is geworden, wordt zij eveneens uitvoerbaar in elk ander bij het Verdrag partij zijnd land, zodra de aldaar terzake voorgeschreven formaliteiten zijn vervuld. Deze formaliteiten kunnen geen hernieuwde behandeling van de zaak meebrengen.

4. De bepalingen van het derde lid van dit artikel zijn van toepassing op uitspraken op tegenspraak gewezen, op uitspraken bij verstek en op schikkingen, aangegaan ten overstaan van de rechter, maar zij zijn niet van toepassing op uitspraken die slechts bij voorraad uitvoerbaar zijn, noch op veroordelingen tot vergoeding van schaden en interessen, welke boven de kosten zijn uitgesproken tegen een eiser wegens de gehele of gedeeltelijke afwijzing van zijn vordering.

5. Van onderdanen van bij het Verdrag partij zijnde landen, die hun woonplaats of een bedrijf hebben in een van deze landen, kan geen zekerheidstelling voor de betaling der proceskosten worden gevorderd in rechtsgedingen, waartoe een aan dit Verdrag onderworpen vervoer aanleiding geeft.

Art. 32

Verjaring

1. De rechtsvorderingen, waartoe een aan dit Verdrag onderworpen vervoer aanleiding geeft, verjaren door verloop van een jaar. In geval van opzet of van schuld, welke volgens de wet van het gerecht, waarvoor de vordering aanhangig is, met opzet gelijkgesteld wordt, is de verjaringstermijn drie jaar. De verjaring loopt:

a) in geval van gedeeltelijk verlies, beschadiging of vertraging, vanaf de dag, waarop de goederen zijn afgeleverd;

b) in geval van volledig verlies, vanaf de dertigste dag na afloop van de bedongen termijn of, bij gebreke van zulk een termijn, vanaf de zestigste dag na de inontvangstneming van de goederen door de vervoerder;

c) in alle andere gevallen, na afloop van een termijn van drie maanden na de sluiting der vervoerovereenkomst.

De hierboven als begin van de verjaring aangegeven dag wordt niet begrepen in de verjaringstermijn.

2. Een schriftelijke vordering schorst de verjaring tot aan de dag, waarop de vervoerder de vordering schriftelijk afwijst en de daarbij gevoegde stukken terugzendt. In geval van gedeeltelijke aanvaarding van de vordering hervat de verjaring haar loop alleen voor het deel van de vordering, dat betwist blijft. Het bewijs van ontvangst van de vordering of van het antwoord en van het terugzenden der stukken rust op de partij, die dit feit inroept. Verdere, op hetzelfde onderwerp betrekking hebbende vorderingen schorsen de verjaring niet.

3. Met inachtneming van de bepalingen van het tweede lid, wordt de schorsing van de verjaring beheerst door de wet van het gerecht waarvoor de zaak aanhangig is. Hetzelfde geldt voor de stuiting van de verjaring.

4. Een verjaarde vordering kan ook niet meer in de vorm van een vordering in reconventie of van een exceptie worden geldend gemaakt.

Art. 33

De vervoerovereenkomst kan een bepaling bevatten inzake het toekennen van bevoegdheid aan een scheidsgerecht, mits deze bepaling inhoudt, dat het scheidsgerecht dit Verdrag zal toepassen.

Arbitrage

HOOFDSTUK VI

Bepalingen nopens vervoer verricht door opvolgende vervoerders

Art. 34

Indien een vervoer, onderworpen aan één enkele overeenkomst, wordt bewerkstelligd door opvolgende wegvervoerders, worden de tweede en ieder van de volgende vervoerders door inontvangstneming van de goederen en van de vrachtbrief partij bij de overeenkomst op de voorwaarden van de vrachtbrief en wordt ieder van hen aansprakelijk voor de bewerkstelliging van het gehele vervoer.

Opvolgende vervoerders

Art. 35

1. De vervoerder, die de goederen van de voorafgaande vervoerder in ontvangst neemt, overhandigt hem een gedateerd en ondertekend ontvangstbewijs. Hij moet zijn naam en adres op het tweede exemplaar van de vrachtbrief vermelden. Indien daartoe aanleiding is, tekent hij op dat exemplaar alsmede op het ontvangstbewijs soortgelijke voorbehouden aan als die, bedoeld in artikel 8, tweede lid.

Ontvangstbewijs

2. De bepalingen van artikel 9 zijn op de betrekkingen tussen opvolgende vervoerders van toepassing.

Art. 36

Behoudens in het geval van een eis in reconventie of van een exceptie, opgeworpen in een rechtsgeding inzake een eis, welke is gebaseerd op dezelfde vervoerovereenkomst, kan de vordering tot aansprakelijkstelling voor verlies, beschadiging of vertraging slechts worden gericht tegen de eerste vervoerder, de laatste vervoerder of de vervoerder, die het deel van het vervoer bewerkstelligde, gedurende hetwelk het feit, dat het verlies, de beschadiging of de vertraging heeft veroorzaakt, zich heeft voorgedaan; de vordering kan tegelijkertijd tegen verschillenden van deze vervoerders worden ingesteld.

Vordering tot aansprakelijkheid

Art. 37

De vervoerder, die een schadevergoeding heeft betaald uit hoofde van de bepalingen van dit Verdrag, heeft recht van verhaal voor de hoofdsom, rente en kosten tegen de vervoerders, die aan de uitvoering van de vervoerovereenkomst hebben deelgenomen, overeenkomstig de volgende bepalingen:

Verhaal betaalde schadevergoeding

a) de vervoerder, door wiens toedoen de schade is veroorzaakt, draagt de schadevergoeding alleen, onverschillig of deze door hemzelf of door een andere vervoerder is betaald;

b) wanneer de schade is veroorzaakt door toedoen van twee of meer vervoerders, moet ieder van hen een bedrag betalen in verhouding tot zijn deel van de aansprakelijkheid; indien begroting van de delen der aansprakelijkheid niet mogelijk is, is ieder van hen aansprakelijk in verhouding tot het hem toekomende deel van de beloning voor het vervoer;

c) indien niet kan worden vastgesteld, aan wie van de vervoerders de aansprakelijkheid moet worden toegerekend, wordt het bedrag van de schadevergoeding verdeeld tussen alle vervoerders, in de verhouding bepaald onder *b)*.

Art. 38

Indien een van de vervoerders insolvent is, wordt het door hem verschuldigde deel, dat hij niet heeft betaald, tussen alle andere vervoerders verdeeld in verhouding tot hun beloning.

Insolventie van een der vervoerders

B73 *art. 39*

Verdrag betreffende overeenkomst tot int. vervoer van goederen over de weg

Art. 39

1. De vervoerder, op wie verhaal wordt uitgeoefend ingevolge de artikelen 37 en 38, is niet gerechtigd de gegrondheid van de betaling door de vervoerder, die het verhaal uitoefent, te betwisten, wanneer de schadevergoeding is vastgesteld bij rechterlijke uitspraak, mits hij behoorlijk van het rechtsgeding in kennis is gesteld en hij gelegenheid heeft gehad om daarin zich te voegen of tussen te komen.

2. De vervoerder, die verhaal wil uitoefenen, kan zulks doen voor het bevoegde gerecht van het land, waarin een van de betrokken vervoerders zijn gewone verblijfplaats, zijn hoofdzetel of het filiaal of agentschap heeft, door bemiddeling waarvan de vervoerovereenkomst is gesloten. Het verhaal kan in een en hetzelfde geding tegen alle betrokken vervoerders worden gericht.

3. De bepalingen van artikel 31, derde en vierde lid, zijn van toepassing op rechterlijke uitspraken, gegeven terzake van het verhaal ingevolge de artikelen 37 en 38.

4. De bepalingen van artikel 32 zijn van toepassing op het verhaal tussen vervoerders. De verjaring loopt evenwel hetzij vanaf de dag van een rechterlijke einduitspraak tot vaststelling van de ingevolge de bepalingen van dit Verdrag te betalen schadevergoeding hetzij, bij gebreke van zulk een uitspraak, vanaf de dag waarop de betaling is geschied.

Art. 40

Afwijkende regeling De vervoerders kunnen onderling een van de artikelen 37 en 38 afwijkende regeling bedingen.

HOOFDSTUK VII
Nietigheid van bedingen in strijd met het Verdrag

Art. 41

Nietigheid afwijkende bedingen

1. Behoudens de bepalingen van artikel 40 is nietig ieder beding, dat middellijk of onmiddellijk afwijkt van de bepalingen van dit Verdrag. De nietigheid van dergelijke bedingen heeft niet de nietigheid van de overige bepalingen van de overeenkomst tot gevolg.

2. In het bijzonder is nietig ieder beding, door hetwelk de vervoerder zich de rechten uit de verzekering der goederen laat overdragen of ieder ander beding van dergelijke strekking, evenals ieder beding, dat de bewijslast verplaatst.

HOOFDSTUK VIII
Slotbepalingen

Art. 42

Ondertekening en toetreding

1. Dit Verdrag staat open voor ondertekening of toetreding door landen die lid zijn van de Economische Commissie voor Europa en landen, die overeenkomstig paragraaf 8 van het mandaat van deze Commissie met raadgevende stem tot de Commissie zijn toegelaten.

2. De landen, die overeenkomstig paragraaf 11 van het mandaat van deze Commissie aan zekere werkzaamheden van de Economische Commissie voor Europa kunnen deelnemen, kunnen partij bij dit Verdrag worden door toetreding na de inwerkingtreding.

3. Het Verdrag zal voor ondertekening openstaan tot en met 31 augustus 1956. Na deze datum zal het openstaan voor toetreding.

4. Dit Verdrag zal worden bekrachtigd.

Bekrachtiging

5. Bekrachtiging of toetreding geschiedt door nederlegging van een akte bij de Secretaris-Generaal van de Verenigde Naties.

Art. 43

Inwerkingtreding

1. Dit Verdrag treedt in werking op de negentigste dag, nadat vijf landen, als bedoeld in het eerste lid van artikel 42, hun akte van bekrachtiging of van toetreding hebben nedergelegd.

2. Voor ieder land, dat het Verdrag bekrachtigt of ertoe toetreedt, nadat vijf landen hun akte van bekrachtiging of van toetreding hebben nedergelegd, treedt dit Verdrag in werking op de negentigste dag na de nederlegging van de akte van bekrachtiging of toetreding door het genoemde land.

Art. 44

Opzegging

1. Iedere Verdragsluitende Partij kan dit Verdrag opzeggen door middel van een tot de Secretaris-Generaal van de Verenigde Naties gerichte kennisgeving.

2. De opzegging heeft rechtsgevolg twaalf maanden na de datum, waarop de Secretaris-Generaal de kennisgeving heeft ontvangen.

Art. 45

Indien na de inwerkingtreding van dit Verdrag het aantal Verdragsluitende Partijen tengevolge van opzeggingen is teruggebracht tot minder dan vijf, houdt de werking van dit Verdrag op van de datum af, waarop de laatste opzegging rechtsgevolg heeft.

Art. 46

Vantoepassingverklaring

1. Ieder land kan bij de nederlegging van zijn akte van bekrachtiging of toetreding of te eniger tijd daarna, door middel van een tot de Secretaris-Generaal van de Verenigde Naties gerichte kennisgeving verklaren, dat dit Verdrag van toepassing zal zijn op alle of een deel van de gebieden, welke internationale betrekkingen het behartigt.

Het Verdrag is op het gebied of de gebieden, vermeld in de kennisgeving, van toepassing met ingang van de negentigste dag na ontvangst van deze kennisgeving door de Secretaris-Generaal of, indien het Verdrag op die datum nog niet in werking is getreden, met ingang van de dag der inwerkingtreding.

2. Ieder land, dat overeenkomstig het vorige lid een verklaring heeft afgelegd, waardoor dit Verdrag van toepassing wordt op een gebied, welks internationale betrekkingen het behartigt, kan overeenkomstig artikel 44 het Verdrag, voor wat dat gebied betreft, opzeggen.

Art. 47

Ieder geschil tussen twee of meer Verdragsluitende Partijen betreffende de uitleg of de toepassing van dit Verdrag, dat de Partijen niet door middel van onderhandelingen of door andere middelen hebben kunnen regelen, kan op verzoek van één der betrokken Verdragsluitende Partijen ter beslissing worden voorgelegd aan het Internationale Gerechtshof.

Internationaal Gerechts-hof competent

Art. 48

Voorbehoud

1. Iedere Verdragsluitende Partij kan op het tijdstip, waarop zij dit Verdrag ondertekent of bekrachtigt of ertoe toetreedt, verklaren dat zij zich niet door artikel 47 van het Verdrag gebonden acht. De andere Verdragsluitende Partijen zijn niet door artikel 47 gebonden tegenover een Verdragsluitende Partij, die zulk een voorbehoud heeft gemaakt.

2. Iedere Verdragsluitende Partij die een voorbehoud overeenkomstig het eerste lid heeft gemaakt, kan te allen tijde dit voorbehoud intrekken door een tot de Secretaris-Generaal van de Verenigde Naties gerichte kennisgeving.

3. Geen enkel ander voorbehoud ten aanzien van dit Verdrag is toegestaan.

Art. 49

Bijeenroeping conferentie

1. Nadat dit Verdrag gedurende drie jaar in werking is geweest, kan iedere Verdragsluitende Partij door middel van een tot de Secretaris-Generaal van de Verenigde Naties gerichte kennisgeving de bijeenroeping verzoeken van een conferentie teneinde dit Verdrag te herzien. De Secretaris-Generaal geeft van dit verzoek kennis aan alle Verdragsluitende Partijen en roept een conferentie tot herziening bijeen, indien binnen een termijn van vier maanden na de door hem gedane kennisgeving, tenminste één vierde van de Verdragsluitende Partijen hun instemming met dit verzoek aan hem hebben medegedeeld.

2. Indien een conferentie wordt bijeengeroepen overeenkomstig het vorige lid, stelt de Secretaris-Generaal alle Verdragsluitende Partijen daarvan in kennis en nodigt hij hen uit binnen een termijn van drie maanden voorstellen in te dienen welke zij door de conferentie wensen bestudeerd te zien. De Secretaris-Generaal deelt de voorlopige agenda van de conferentie alsmede de tekst van die voorstellen tenminste drie maanden voor de openingsdatum van de conferentie aan alle Verdragsluitende Partijen mede.

3. De Secretaris-Generaal nodigt voor iedere conferentie, bijeengeroepen overeenkomstig dit artikel, alle landen uit, die zijn bedoeld in het eerste lid van artikel 42, alsmede de landen die partij bij het Verdrag zijn geworden door toepassing van het tweede lid van artikel 42.

Art. 50

Kennisgevingen

Behalve de kennisgevingen ingevolge artikel 49 geeft de Secretaris-Generaal van de Verenigde Naties aan de in het eerste lid van artikel 42 bedoelde landen, alsmede aan de landen, die partij bij het Verdrag zijn geworden door toepassing van het tweede lid van artikel 42, kennis van:

a) de bekrachtigingen en toetredingen ingevolge artikel 42,

b) de data, waarop dit Verdrag in werking treedt overeenkomstig artikel 43,

c) de opzeggingen ingevolge artikel 44,

d) het overeenkomstig artikel 45 buiten werking treden van dit Verdrag,

e) de overeenkomstig artikel 46 ontvangen kennisgevingen,

f) de overeenkomstig het eerste en tweede lid van artikel 48 ontvangen verklaringen en kennisgevingen.

Art. 51

Na 31 augustus 1956 wordt het origineel van dit Verdrag nedergelegd bij de Secretaris-Generaal van de Verenigde Naties, die aan elke van de in het eerste en tweede lid van artikel 42 bedoelde landen gewaarmerkte afschriften doet toekomen.

Protocol van Ondertekening

Op het tijdstip van ondertekening van het Verdrag betreffende de overeenkomst tot internationaal vervoer van goederen over de weg, zijn de ondergetekenden, behoorlijk gevolmachtigd, de volgende verklaring en precisering overeengekomen:

1. Dit Verdrag is niet van toepassing op vervoer tussen het Verenigd Koninkrijk van Groot-Britannië en Noord-Ierland en de Republiek Ierland.

2. Ad artikel 1, vierde lid:

De ondergetekenden verbinden zich te onderhandelen over verdragen nopens de overeenkomst tot verhuizing en de overeenkomst tot gecombineerd vervoer.

Verdrag inzake de verlening van Europese octrooien (Europees Octrooiverdrag)^1

Preambule
De Verdragsluitende Staten,
Geleid door de wens de samenwerking tussen de Europese Staten op het gebied van de bescherming van uitvindingen te bevorderen,
Geleid door de wens een dergelijke bescherming in die Staten te verwezenlijken door een eenvormige procedure voor het verlenen van octrooien en door het opstellen van bepaalde eenvormige regels inzake de aldus verleende octrooien,
Geleid door de wens daartoe een Verdrag te sluiten waarbij een Europese Octrooiorganisatie wordt opgericht en welk Verdrag een bijzondere overeenkomst vormt in de zin van artikel 19 van het Verdrag tot Bescherming van de Industriële Eigendom, ondertekend te Parijs op 20 maart 1883 en laatstelijk herzien op 14 juli 1967, benevens een regionaal octrooiverdrag in de zin van artikel 45, eerste lid, van het Verdrag tot Samenwerking inzake Octrooien van 19 juni 1970,
Zijn het volgende overeengekomen:

DEEL I ALGEMENE EN INSTITUTIONELE BEPALINGEN

HOOFDSTUK I ALGEMENE BEPALINGEN

Art. 1 Europees recht voor de verlening van octrooien

Europees recht voor de verlening van octrooien

Bij dit Verdrag wordt een voor de Verdragsluitende Staten gemeenschappelijk recht voor de verlening van octrooien voor uitvindingen in het leven geroepen.

Art. 2 Europees octrooi

Europees octrooi

1. De op grond van dit Verdrag verleende octrooien worden Europese octrooien genoemd.
2. Het Europees octrooi heeft in elk van de Verdragsluitende Staten waarvoor het is verleend, dezelfde werking en is onderworpen aan dezelfde bepalingen als een nationaal octrooi dat door die Staat is verleend, voor zover dit Verdrag niet anders bepaalt.

Art. 3 Territoriale werking

Territoriale werking

De verlening van een Europees octrooi kan worden aangevraagd voor één of meer Verdragsluitende Staten.

Art. 4 Europese Octrooiorganisatie

Europese Octrooiorganisatie

1. Bij dit Verdrag wordt een Europese Octrooiorganisatie, hierna te noemen de Organisatie, in het leven geroepen. De Organisatie krijgt administratieve en financiële zelfstandigheid.
2. De organen van de Organisatie zijn:
a. het Europees Octrooibureau;
b. de Raad van Bestuur.
3. De Organisatie heeft tot taak het verlenen van Europese octrooien. Deze taak wordt uitgevoerd door het Europees Octrooibureau onder toezicht van de Raad van Bestuur.

Art. 4a Conferentie van ministers van de Verdragsluitende Staten

Een conferentie van ministers van de Verdragsluitende Staten die verantwoordelijk zijn voor octrooiaangelegenheden, komt ten minste eenmaal in de vijf jaar bijeen teneinde kwesties inzake de Organisatie en het Europese octrooistelsel te bespreken.

HOOFDSTUK II DE EUROPESE OCTROOIORGANISATIE

Art. 5 Rechtspositie

Rechtspositie

1. De Organisatie bezit rechtspersoonlijkheid.
2. In elk van de Verdragsluitende Staten heeft de Organisatie de ruimste wettelijke bevoegdheid die door de nationale wetgeving aan rechtspersonen wordt toegekend; zij kan met name roerende en onroerende goederen verwerven of vervreemden en in rechte optreden.
3. De President van het Europees Octrooibureau vertegenwoordigt de Organisatie.

Art. 6 Zetel

Zetel

1. De Organisatie heeft haar zetel te München.

---

1 Inwerkingtredingsdatum: 07-10-1977; zoals laatstelijk gewijzigd bij: Trb. 2021, 44.

2. Het Europees Octrooibureau is gevestigd te München. Het heeft een onderdeel te Den Haag.

Art. 7 Bijkantoren van het Europees Octrooibureau

Bij besluit van de Raad van Bestuur kunnen, indien daaraan behoefte bestaat, in de Verdragsluitende Staten of bij intergouvernementele organisaties op het gebied van de industriële eigendom, bijkantoren van het Europees Octrooibureau opgericht worden teneinde als voorlichtings- of verbindingsorgaan te fungeren, onder voorbehoud van de goedkeuring van de betrokken Verdragsluitende Staat of organisatie.

Bijkantoren van het Europees Octrooibureau

Art. 8 Voorrechten en immuniteiten

In het bij dit Verdrag gevoegde Protocol inzake voorrechten en immuniteiten worden de voorwaarden omschreven waaronder de Organisatie, de leden van de Raad van Bestuur, het personeel van het Europees Octrooibureau en alle andere in dat Protocol genoemde personen, die deelnemen aan de werkzaamheden van de Organisatie, in elke Verdragsluitende Staat de voorrechten en immuniteiten genieten, die noodzakelijk zijn voor de vervulling van hun taken.

Voorrechten en immuniteiten

Art. 9 Aansprakelijkheid

1. De contractuele aansprakelijkheid van de Organisatie wordt beheerst door het recht dat van toepassing is op de desbetreffende overeenkomst.

Aansprakelijkheid

2. De niet-contractuele aansprakelijkheid van de Organisatie voor schade die wordt veroorzaakt door de Organisatie of door het personeel van het Europees Octrooibureau in de uitoefening van hun taken, wordt beheerst door het recht van de Bondsrepubliek Duitsland. Indien de schade is veroorzaakt door het onderdeel te Den Haag of door een bijkantoor, of door het personeel van het onderdeel of van dat bijkantoor, is het recht van de Verdragsluitende Staat waarin het onderdeel of het bijkantoor is gevestigd van toepassing.

3. De persoonlijke aansprakelijkheid van het personeel van het Europees Octrooibureau jegens de Organisatie wordt beheerst door de voorschriften van hun ambtenarenreglement of door de op hen van toepassing zijnde arbeidsvoorwaarden.

4. De gerechtelijke instanties die bevoegd zijn tot het beslechten van de in het eerste en tweede lid bedoelde geschillen zijn:

a. voor geschillen bedoeld in het eerste lid, de gerechtelijke instanties van de Bondsrepubliek Duitsland, tenzij in de tussen de partijen gesloten overeenkomst een gerechtelijke instantie van een andere Staat is aangewezen;

b. voor geschillen bedoeld in het tweede lid, de gerechtelijke instanties van de Bondsrepubliek Duitsland, of van de Staat waarin het onderdeel of het bijkantoor is gevestigd.

HOOFDSTUK III
HET EUROPEES OCTROOIBUREAU

Art. 10 Leiding

1. De leiding van het Europees Octrooibureau berust bij de President die aan de Raad van Bestuur verantwoording verschuldigd is voor de werkzaamheden van het Bureau.

Leiding

2. Hiertoe heeft de President met name de volgende taken en bevoegdheden:

a. hij neemt alle noodzakelijke maatregelen ter waarborging van het functioneren van het Europees Octrooibureau, zoals het vaststellen van interne administratieve instructies en informatie voor het publiek;

b. tenzij dit Verdrag anders bepaalt, stelt hij de handelingen vast die verricht dienen te worden bij respectievelijk het Europees Octrooibureau te München en bij het onderdeel hiervan te Den Haag;

c. hij kan de Raad van Bestuur voorstellen voorleggen tot wijziging van dit Verdrag, voor algemene regelingen of voor besluiten die vallen onder de bevoegdheid van de Raad van Bestuur;

d. hij zorgt voor de voorbereiding en uitvoering van de begroting alsmede van iedere gewijzigde of aanvullende begroting;

e. hij dient jaarlijks bij de Raad van Bestuur een verslag over de werkzaamheden in;

f. hij oefent het leidinggevend gezag over het personeel uit;

g. behoudens artikel 11 benoemt hij het personeel en besluit over hun bevordering;

h. hij oefent tuchtrechtelijk toezicht uit op de andere dan de in artikel 11 bedoelde werknemers en hij kan de Raad van Bestuur voorstellen doen inzake disciplinaire maatregelen jegens personeel, bedoeld in artikel 11, tweede en derde lid;

i. hij kan zijn taken en bevoegdheden delegeren.

3. De President wordt bijgestaan door een aantal Vicepresidenten. Bij afwezigheid of verhindering van de President, wordt hij vervangen door één van de Vicepresidenten in overeenstemming met de door de Raad van Bestuur vastgestelde procedure.

Art. 11 Benoeming van hoger personeel

1. De President van het Europees Octrooibureau wordt benoemd door de Raad van Bestuur.

Benoeming van hoger personeel

2. De Vicepresidenten worden door de Raad van Bestuur benoemd nadat de President van het Europees Octrooibureau is geraadpleegd.

3. De leden van de kamers van beroep en van de Grote Kamer van beroep, met inbegrip van hun voorzitters, worden benoemd door de Raad van Bestuur op voorstel van de President van het Europees Octrooibureau. Zij kunnen worden herbenoemd door de Raad van Bestuur nadat de President van het Europees Octrooibureau is geraadpleegd.

4. De Raad van Bestuur oefent tuchtrechtelijk toezicht uit op de in het eerste tot en met het derde lid bedoelde personeelsleden.

5. Na overleg met de President van het Europees Octrooibureau kan de Raad van Bestuur ook rechtsgeleerde leden van de nationale gerechtelijke instanties of semi-gerechtelijke autoriteiten van de Verdragsluitende Staten benoemen als lid van de Grote Kamer van beroep, die hun gerechtelijke activiteiten op nationaal niveau kunnen voortzetten. Zij worden benoemd voor een termijn van drie jaar en kunnen worden herbenoemd.

Art. 12 Aan personeelsfuncties verbonden verplichtingen

Het is het personeel van het Europees Octrooibureau verboden, ook na beëindiging van hun dienstverband, om de kennis die naar haar aard onder het beroepsgeheim valt, te verspreiden of te gebruiken.

Art. 13 Geschillen tussen de Organisatie en het personeel van het Europees Octrooibureau

1. Personeel of voormalig personeel van het Europees Octrooibureau, of hun rechtsopvolgers, kunnen, in geval van geschillen met de Europese Octrooiorganisatie, deze voorleggen aan het Ambtenarengerecht van de Internationale Arbeidsorganisatie, overeenkomstig het statuut van dit gerecht en binnen de grenzen en onder de voorwaarden vastgesteld in het Ambtenarenreglement, het Pensioenreglement of voortvloeiend uit de arbeidsvoorwaarden voor ander personeel.

2. Een beroep is slechts ontvankelijk, indien de belanghebbende alle rechtsmiddelen heeft uitgeput die hem ter beschikking staan op grond van het Ambtenarenreglement, het Pensioenreglement of de arbeidsvoorwaarden voor ander personeel.

Art. 14 Talen van het Europees Octrooibureau, Europese octrooiaanvragen en andere stukken

1. De officiële talen van het Europees Octrooibureau zijn het Duits, het Engels en het Frans.

2. Een Europese octrooiaanvrage dient te worden ingediend in een van de officiële talen of, indien zij in een andere taal wordt ingediend, vertaald te worden in een van de officiële talen in overeenstemming met het Uitvoeringsreglement. Tijdens de gehele procedure voor het Europees Octrooibureau kan deze vertaling in overeenstemming worden gebracht met de aanvrage zoals die is ingediend. Indien een vereiste vertaling niet tijdig is ingediend, wordt de aanvrage geacht te zijn ingetrokken.

3. De officiële taal van het Europees Octrooibureau waarin de Europese octrooiaanvrage is ingediend of waarin deze is vertaald, dient als procestaal te worden gebruikt in alle procedures voor het Europees Octrooibureau, tenzij het Uitvoeringsreglement anders bepaalt.

4. Natuurlijke personen of rechtspersonen die hun woonplaats of hun zetel hebben in een Verdragsluitende Staat, die als officiële taal een andere taal heeft dan het Duits, het Engels of het Frans, en onderdanen van die Staat, die hun woonplaats in het buitenland hebben, kunnen stukken waarvan indiening aan een termijn is gebonden, in een officiële taal van die Staat indienen. Zij dienen echter een vertaling in een officiële taal van het Europees Octrooibureau in te dienen in overeenstemming met het Uitvoeringsreglement. Indien een stuk, dat geen deel uitmaakt van de tot de Europese octrooiaanvrage behorende stukken, niet is ingediend in de voorgeschreven taal of indien een vereiste vertaling niet tijdig is ingediend, wordt het stuk geacht niet te zijn ingediend.

5. Europese octrooiaanvragen worden in de procestaal gepubliceerd.

6. Europese octrooischriften worden in de procestaal gepubliceerd en bevatten een vertaling van de conclusies in de beide andere officiële talen van het Europees Octrooibureau.

7. Het volgende wordt in de drie officiële talen van het Europees Octrooibureau gepubliceerd:

a. het Europees Octrooiblad;

b. het Publicatieblad van het Europees Octrooibureau.

8. Inschrijvingen in het Europees Octrooiregister geschieden in de drie officiële talen van het Europees Octrooibureau. In geval van twijfel geeft de inschrijving in de procestaal de doorslag.

Art. 15 Met de procedures belaste organen

Voor de uitvoering van de in dit Verdrag voorgeschreven procedures worden bij het Europees Octrooibureau ingesteld:

a. een aanvraagafdeling;

b. afdelingen voor het nieuwheidsonderzoek;

c. onderzoeksafdelingen;

d. oppositieafdelingen;

e. een juridische afdeling;
f. kamers van beroep;
g. een Grote Kamer van beroep.

Art. 16 Aanvraagafdeling

De aanvraagafdeling is bevoegd tot het onderzoek van Europese octrooiaanvragen bij de indiening en tot het onderzoek op vormvereisten.

Art. 17 Afdelingen voor het nieuwheidsonderzoek

De afdelingen voor het nieuwheidsonderzoek zijn bevoegd tot het opstellen van de verslagen van het Europees nieuwheidsonderzoek.

Art. 18 Onderzoeksafdelingen

1. De onderzoeksafdelingen zijn bevoegd tot het onderzoeken van Europese octrooiaanvragen.
2. Een onderzoeksafdeling bestaat uit drie technisch geschoolde onderzoekers. De voorbereiding van de beslissing op een Europese octrooiaanvrage wordt echter in het algemeen opgedragen aan een lid van de onderzoeksafdeling. De mondelinge behandeling vindt voor de onderzoeksafdeling zelf plaats. Indien de onderzoeksafdeling meent dat de aard van de beslissing zulks vereist, wordt zij aangevuld met een rechtsgeleerde onderzoeker. Indien de stemmen staken is de stem van de voorzitter van de onderzoeksafdeling doorslaggevend.

Art. 19 Oppositieafdelingen

1. De oppositieafdelingen zijn bevoegd tot het onderzoeken van opposities tegen Europese octrooien.
2. Een oppositieafdeling bestaat uit drie technisch geschoolde onderzoekers, waarvan er ten minste twee niet hebben deelgenomen aan de verleningsprocedure van het octrooi waartegen de oppositie is ingesteld. Een onderzoeker die heeft deelgenomen aan de verleningsprocedure van het Europees octrooi kan geen voorzitter zijn. Alvorens een beslissing op de oppositie te nemen, kan de oppositieafdeling het onderzoek naar de oppositie opdragen aan één van haar leden. De mondelinge behandeling vindt voor de oppositieafdeling zelf plaats. Indien de oppositieafdeling meent dat de aard van de beslissing zulks vereist, wordt zij aangevuld met een rechtsgeleerde onderzoeker die niet heeft deelgenomen aan de verleningsprocedure van het octrooi. Indien de stemmen staken is de stem van de voorzitter van de oppositieafdeling doorslaggevend.

Art. 20 Juridische afdeling

1. De juridische afdeling is bevoegd tot beslissingen inzake inschrijvingen in het Europese Octrooiregister en inzake het inschrijven in en het afvoeren van de lijst van de erkende gemachtigden.
2. Beslissingen van de juridische afdeling worden door een rechtsgeleerd lid genomen.

Art. 21 Kamers van beroep

1. De kamers van beroep zijn bevoegd tot het behandelen van beroepen ingesteld tegen de beslissingen van de aanvraagafdeling, de onderzoeksafdelingen, de oppositieafdelingen en de juridische afdeling.
2. In geval van beroep tegen een beslissing van de aanvraagafdeling of van de juridische afdeling bestaat een kamer van beroep uit drie rechtsgeleerde leden.
3. In geval van beroep tegen een beslissing van een onderzoeksafdeling bestaat een kamer van beroep uit:
a. twee technisch geschoolde leden en een rechtsgeleerd lid, wanneer de beslissing betrekking heeft op de afwijzing van een Europese octrooiaanvrage of op de verlening, beperking of herroeping van een Europees octrooi en deze beslissing genomen is door een onderzoeksafdeling bestaande uit minder dan vier leden;
b. drie technisch geschoolde leden en twee rechtsgeleerde leden, wanneer de beslissing is genomen door een onderzoeksafdeling bestaande uit vier leden of indien de kamer van beroep meent dat de aard van het beroep zulks vereist;
c. drie rechtsgeleerde leden in alle andere gevallen.
4. In geval van beroep tegen een beslissing van een oppositieafdeling bestaat een kamer van beroep uit:
a. twee technisch geschoolde leden en een rechtsgeleerd lid, wanneer de beslissing is genomen door een oppositieafdeling bestaande uit drie leden;
b. drie technisch geschoolde leden en twee rechtsgeleerde leden, wanneer de beslissing is genomen door een oppositieafdeling bestaande uit vier leden of indien de kamer van beroep meent dat de aard van het beroep zulks vereist.

Art. 22 Grote Kamer van beroep

1. De Grote Kamer van beroep is bevoegd tot:
a. het beslissen over rechtsvragen die haar door de kamers van beroep worden voorgelegd ingevolge artikel 112;
b. het uitbrengen van adviezen over rechtsvragen die haar door de President van het Europees Octrooibureau worden voorgelegd ingevolge artikel 112;

c. het beslissen over verzoeken om herziening van beslissingen van de kamers van beroep ingevolge artikel 112a.

2. Bij procedures ingevolge het eerste lid, onderdelen a en b, bestaat de Grote Kamer van beroep uit vijf rechtsgeleerde leden en twee technisch geschoolde leden. Bij procedures ingevolge het eerste lid, onderdeel c, bestaat de Grote Kamer van beroep uit drie of vijf leden zoals vastgelegd in het Uitvoeringsreglement. In alle procedures berust het voorzitterschap bij een rechtsgeleerd lid.

Art. 23 Onafhankelijkheid van de leden van de kamers

Onafhankelijkheid van de leden van de kamers

1. De leden van de Grote Kamer van beroep en van de kamers van beroep worden voor een periode van vijf jaar benoemd en zij kunnen in deze periode niet van hun functie worden ontheven, tenzij daarvoor ernstige redenen bestaan en als de Raad van Bestuur, op voorstel van de Grote Kamer van beroep, een daartoe strekkend besluit heeft genomen. Niettegenstaande het bepaalde in de eerste volzin, eindigt de zittingstermijn van leden van de kamers indien zij aftreden of met pensioen gaan in overeenstemming met het Ambtenarenreglement van het Europees Octrooibureau.

2. De leden van de kamers mogen geen lid zijn van de aanvraagafdeling, de onderzoeksafdelingen, de oppositieafdelingen of de juridische afdeling.

3. De leden van de kamers zijn bij hun beslissingen aan geen enkele aanwijzing gebonden en dienen uitsluitend de bepalingen van dit Verdrag in acht te nemen.

4. De reglementen voor de procesvoering van de kamers van beroep en van de Grote Kamer van beroep worden vastgesteld in overeenstemming met het Uitvoeringsreglement. Zij behoeven de goedkeuring van de Raad van Bestuur.

Art. 24 Verschoning en wraking

Verschoning en wraking

1. De leden van de kamers van beroep en van de Grote Kamer van beroep mogen niet aan de behandeling van een zaak deelnemen, indien zij bij de zaak een persoonlijk belang hebben, indien zij daarin voordien in de hoedanigheid van vertegenwoordiger van een van de partijen zijn opgetreden of indien zij hebben deelgenomen aan de beslissing waartegen beroep is ingesteld.

2. Indien een lid van een kamer van beroep of van de Grote Kamer van beroep, om een van de in het eerste lid genoemde redenen of om enige andere reden, van oordeel is dat hij niet kan deelnemen aan de behandeling van een zaak, stelt hij de kamer hiervan in kennis.

3. De leden van een kamer van beroep of van de Grote Kamer van beroep kunnen door elke partij worden gewraakt om een van de in het eerste lid genoemde redenen of indien aan hun onpartijdigheid kan worden getwijfeld. De wraking is niet-ontvankelijk indien de betrokken partij een proceshandeling heeft verricht, ofschoon zij reeds kennis droeg van de reden tot wraking. Wraking kan niet zijn gegrond op de nationaliteit van leden.

4. In de gevallen bedoeld in het tweede en derde lid beslissen de kamer van beroep en de Grote Kamer van beroep zonder dat het desbetreffende lid daaraan deelneemt. Voor het nemen van deze beslissing wordt het gewraakte lid in de kamer vervangen door zijn plaatsvervanger.

Art. 25 Technisch advies

Technisch advies

Op verzoek van de nationale bevoegde gerechtelijke instantie waarbij een rechtsvordering inzake inbreuk of nietigverklaring is ingesteld, dient het Europees Octrooibureau, tegen betaling van een passende taks, een technisch advies uit te brengen over het betrokken Europees octrooi. De onderzoeksafdelingen zijn bevoegd tot het verstrekken van deze adviezen.

HOOFDSTUK IV DE RAAD VAN BESTUUR

Art. 26 Samenstelling

Samenstelling

1. De Raad van Bestuur bestaat uit vertegenwoordigers van de Verdragsluitende Staten en hun plaatsvervangers. Elke Verdragsluitende Staat heeft het recht in de Raad van Bestuur een vertegenwoordiger en een plaatsvervanger te benoemen.

2. De leden van de Raad van Bestuur kunnen zich overeenkomstig het Reglement van Orde van de Raad van Bestuur doen bijstaan door adviseurs of deskundigen.

Art. 27 Voorzitterschap

Voorzitterschap

1. De Raad van Bestuur kiest uit de vertegenwoordigers van de Verdragsluitende Staten en hun plaatsvervangers een Voorzitter en een Vicevoorzitter. De Vicevoorzitter vervangt ambtshalve de Voorzitter indien deze is verhinderd.

2. De Voorzitter en de Vicevoorzitter hebben zitting voor een periode van drie jaar. Zij zijn herkiesbaar.

Art. 28 Presidium

Presidium

1. De Raad van Bestuur kan, zodra het aantal Verdragsluitende Staten ten minste acht bedraagt, een Presidium instellen bestaande uit vijf van zijn leden.

2. De Voorzitter en de Vicevoorzitter van de Raad van Bestuur zijn ambtshalve lid van het Presidium; de drie andere leden worden door de Raad van Bestuur gekozen.

3. De door de Raad van Bestuur gekozen leden hebben zitting voor een periode van drie jaar. Zij zijn niet herkiesbaar.

4. Het Presidium voert de taken uit waarmee het door de Raad van Bestuur overeenkomstig het Reglement van Orde wordt belast.

Art. 29 Vergaderingen

1. De Raad van Bestuur wordt door zijn Voorzitter in vergadering bijeengeroepen.

2. De President van het Europees Octrooibureau neemt deel aan de beraadslagingen van de Raad van Bestuur.

3. De Raad van Bestuur houdt eenmaal per jaar een gewone vergadering. Daarnaast komt hij bijeen op initiatief van zijn Voorzitter of op verzoek van een derde van de Verdragsluitende Staten.

4. De Raad van Bestuur beraadslaagt op grond van een agenda en overeenkomstig zijn Reglement van Orde.

5. Elk onderwerp waarvan een Verdragsluitende Staat, met inachtneming van het Reglement van Orde, plaatsing op de agenda vraagt, wordt op de voorlopige agenda geplaatst.

Art. 30 Deelneming van waarnemers

1. De Wereldorganisatie voor de Intellectuele Eigendom wordt tijdens de vergaderingen van de Raad van Bestuur vertegenwoordigd overeenkomstig een overeenkomst tussen de Organisatie en de Wereldorganisatie voor de Intellectuele Eigendom.

2. Andere intergouvernementele organisaties die belast zijn met de uitvoering van internationale procedures op het gebied van octrooien en waarmee de Organisatie een overeenkomst heeft gesloten, worden tijdens de vergaderingen van de Raad van Bestuur vertegenwoordigd overeenkomstig deze overeenkomst.

3. Iedere andere intergouvernementele of internationale niet-gouvernementele organisatie die werkzaamheden verricht die van belang zijn voor de Organisatie, kan door de Raad van Bestuur uitgenodigd worden zich tijdens vergaderingen te doen vertegenwoordigen bij iedere discussie over onderwerpen van gemeenschappelijk belang.

Art. 31 Talen van de Raad van Bestuur

1. De beraadslagingen van de Raad van Bestuur worden gehouden in de Duitse, de Engelse en de Franse taal.

2. De stukken die aan de Raad van Bestuur worden voorgelegd en de notulen van zijn beraadslagingen worden in de in het eerste lid genoemde drie talen gesteld.

Art. 32 Personeel, accommodatie en materiaal

Het Europees Octrooibureau stelt de Raad van Bestuur en de door de Raad in het leven geroepen commissies het personeel, de accommodatie en het materiaal ter beschikking, dat voor de uitvoering van hun taak benodigd is.

Art. 33 Bevoegdheden van de Raad van Bestuur in bepaalde gevallen

1. De Raad van Bestuur is bevoegd te wijzigen:

a. de in dit Verdrag vastgestelde termijnen;

b. de delen II tot en met VIII en deel X van dit Verdrag, teneinde deze op een lijn te brengen met een internationaal verdrag inzake octrooien of regelgeving van de Europese Gemeenschap inzake octrooien;

c. het Uitvoeringsreglement.

2. De Raad van Bestuur is overeenkomstig dit Verdrag bevoegd vast te stellen of te wijzigen:

a. het Financieel Reglement;

b. het Ambtenarenreglement en de arbeidsvoorwaarden voor ander personeel van het Europees Octrooibureau, hun salarisschaal alsmede de aard van toeslagen en de regels voor toekenning daarvan;

c. het Pensioenreglement en iedere verhoging van de bestaande pensioenen overeenkomstig de salarisverhogingen;

d. het Taksenreglement;

e. zijn Reglement van Orde.

3. Niettegenstaande het bepaalde in artikel 18, tweede lid, is de Raad van Bestuur bevoegd op grond van opgedane ervaringen te besluiten dat in bepaalde gevallen de onderzoeksafdelingen slechts uit één technisch geschoolde onderzoeker bestaan. Een dergelijk besluit kan herroepen worden.

4. De Raad van Bestuur is bevoegd de President van het Europees Octrooibureau te machtigen tot het onderhandelen over en, met zijn goedkeuring, tot het namens de Europese Octrooiorganisatie sluiten van overeenkomsten met Staten, met intergouvernementele organisaties, alsmede met documentatiecentra die in het leven zijn geroepen op grond van met deze organisaties gesloten overeenkomsten.

5. De Raad van Bestuur kan geen besluit nemen ingevolge het eerste lid, onderdeel b: – over een internationaal verdrag alvorens het in werking is getreden;

– over regelgeving van de Europese Gemeenschap alvorens deze in werking is getreden of wanneer die wetgeving voorziet in een periode voor de implementatie ervan, voorafgaand aan de afloop van die periode.

Art. 34 Stemrecht

1. Alleen de Verdragsluitende Staten hebben stemrecht in de Raad van Bestuur.

2. Elke Verdragsluitende Staat beschikt over één stem, onverminderd de toepassing van het bepaalde in artikel 36.

Art. 35 Wijze van stemmen

1. Besluiten anders dan die bedoeld in het tweede en derde lid neemt de Raad van Bestuur met een gewone meerderheid van stemmen uitgebracht door de vertegenwoordigde en hun stem uitbrengende Verdragsluitende Staten.

2. Een meerderheid van drie vierde van de stemmen van de vertegenwoordigde en hun stem uitbrengende Verdragsluitende Staten is vereist voor de besluiten die de Raad van Bestuur bevoegd is te nemen ingevolge artikel 7, artikel 11, eerste lid, artikel 33, eerste lid, onderdelen a en c, en het tweede tot en met het vierde lid, artikel 39, eerste lid, artikel 40, tweede en vierde lid, artikel 46, artikel 134a, artikel 149a, tweede lid, artikel 152, artikel 153, zevende lid, artikel 166 en artikel 172.

3. Eenparigheid van stemmen van de Verdragsluitende Staten is vereist voor de besluiten die de Raad van Bestuur bevoegd is te nemen ingevolge artikel 33, eerste lid, onderdeel b. De Raad van Bestuur neemt deze besluiten alleen wanneer alle Verdragsluitende Staten vertegenwoordigd zijn. Een besluit genomen ingevolge artikel 33, eerste lid, onderdeel b, wordt niet van kracht indien een Verdragsluitende Staat binnen twaalf maanden na de datum van het besluit verklaart dat hij niet wenst te worden gebonden door dat besluit.

4. Onthouding geldt niet als stem.

Art. 36 Weging van de stemmen

1. Voor de aanvaarding of wijziging van het Taksenreglement alsmede, indien de financiële bijdragen van de Verdragsluitende Staten daardoor toenemen, voor de aanvaarding van de begroting van de Organisatie en van gewijzigde of aanvullende begrotingen, kan elke Verdragsluitende Staat na een eerste stemming, waarbij elke Verdragsluitende Staat over een stem beschikt en ongeacht de uitslag van deze stemming, eisen dat er onmiddellijk wordt overgegaan tot een tweede stemming, waarbij de stemmen worden gewogen overeenkomstig het bepaalde in het tweede lid. Deze tweede stemming is bepalend voor het te nemen besluit.

2. Het aantal stemmen waarover elke Verdragsluitende Staat beschikt bij een tweede stemming, wordt als volgt berekend:

a. het voor elke Verdragsluitende Staat vastgestelde percentage, voortvloeiend uit de in artikel 40, derde en vierde lid, bedoelde verdeelsleutel voor de bijzondere financiële bijdragen, wordt vermenigvuldigd met het aantal Verdragsluitende Staten en gedeeld door vijf;

b. het aldus berekende aantal stemmen wordt naar boven tot een geheel getal afgerond;

c. bij dit aantal stemmen komen vijf extra stemmen;

d. een Verdragsluitende Staat kan evenwel over niet meer dan dertig stemmen beschikken.

HOOFDSTUK V FINANCIËLE BEPALINGEN

Art. 37 Financiering van de begroting

De begroting van de Organisatie wordt gefinancierd:

a. uit de eigen middelen van de Organisatie;

b. uit de betalingen door de Verdragsluitende Staten op basis van de in die Staten geheven jaartaksen voor de instandhouding van Europese octrooien;

c. zo nodig uit bijzondere financiële bijdragen van de Verdragsluitende Staten;

d. in voorkomend geval uit de in artikel 146 bedoelde inkomsten;

e. in voorkomend geval en alleen voor zaken, door leningen van derden met grond of gebouwen als zekerheid;

f. in voorkomend geval, door financiering door derden voor specifieke projecten.

Art. 38 Eigen middelen van de Organisatie

De eigen middelen van de Organisatie omvatten:

a. alle inkomsten uit taksen en andere bronnen alsmede de reserves van de Organisatie;

b. de middelen van het pensioenreservefonds die worden behandeld als een speciale categorie activa van de Organisatie, die zijn bestemd ter ondersteuning van het pensioenstelsel van de Organisatie door passende reserves te verschaffen.

Art. 39 Betalingen door de Verdragsluitende Staten op basis van de taksen voor de instandhouding van de Europese octrooien

1. Elke Verdragsluitende Staat betaalt aan de Organisatie over een voor de instandhouding van een Europees octrooi in die Staat ontvangen jaartaks, een bedrag dat overeenkomt met een door de Raad van Bestuur vast te stellen percentage van die taks; dit percentage mag niet hoger zijn dan 75% en is voor alle Verdragsluitende Staten gelijk. Indien dit bedrag echter lager ligt dan het door de Raad van Bestuur voor alle Verdragsluitende Staten vastgestelde minimumbedrag, dan betaalt de Verdragsluitende Staat dit minimumbedrag aan de Organisatie.

2. Elke Verdragsluitende Staat verstrekt aan de Organisatie alle gegevens die de Raad van Bestuur nodig acht voor het vaststellen van de hoogte van deze betalingen.

3. De data waarop deze betalingen dienen te zijn verricht, worden vastgesteld door de Raad van Bestuur.

4. Indien op de vastgestelde datum een betaling niet volledig is verricht, is de Verdragsluitende Staat vanaf die datum over het niet betaalde bedrag rente verschuldigd.

Art. 40 Hoogte van de taksen en betalingen – Bijzondere financiële bijdragen

1. De hoogte van de taksen, bedoeld in artikel 38, en het percentage bedoeld in artikel 39, dient zodanig te worden vastgesteld dat de daaruit voortvloeiende inkomsten volstaan voor een sluitende begroting van de Organisatie.

2. Indien de Organisatie echter niet in staat is de begroting sluitend te maken op de wijze als bedoeld in het eerste lid, betalen de Verdragsluitende Staten aan de Organisatie bijzondere financiële bijdragen waarvan de hoogte door de Raad van Bestuur wordt vastgesteld voor het desbetreffende begrotingsjaar.

3. De bijzondere financiële bijdragen worden voor elke Verdragsluitende Staat vastgesteld op grond van het aantal octrooiaanvragen ingediend in het voorlaatste jaar vóór de inwerkingtreding van dit Verdrag, en met behulp van de volgende verdeelsleutel:

a. voor de helft in verhouding tot het aantal in de betrokken Verdragsluitende Staat ingediende octrooiaanvragen;

b. voor de helft in verhouding tot het op één na hoogste aantal octrooiaanvragen die door natuurlijke personen of rechtspersonen die hun woonplaats of zetel in de betrokken Verdragsluitende Staat hebben, in de andere Verdragsluitende Staten zijn ingediend.

De bedragen die dienen te worden betaald door de Staten waarin meer dan 25.000 octrooiaanvragen zijn ingediend, worden echter samen genomen en opnieuw verdeeld in verhouding tot het totale aantal in die Staten ingediende octrooiaanvragen.

4. Wanneer de hoogte van de bijdrage in een Verdragsluitende Staat niet kan worden vastgesteld overeenkomstig het bepaalde in het derde lid, stelt de Raad van Bestuur met instemming van de betrokken Staat de bijdrage vast.

5. Artikel 39, derde en vierde lid, is van overeenkomstige toepassing op de bijzondere financiële bijdragen.

6. De bijzondere financiële bijdragen worden terugbetaald met een rentepercentage dat voor alle Verdragsluitende Staten gelijk is. De terugbetalingen geschieden voor zover op de begroting daartoe middelen kunnen worden vrijgemaakt; het aldus beschikbare bedrag wordt onder de Verdragsluitende Staten verdeeld met behulp van de in het derde en vierde lid van dit artikel bedoelde verdeelsleutel.

7. De bijzondere financiële bijdragen die zijn betaald in de loop van een bepaald begrotingsjaar dienen geheel te zijn terugbetaald voordat en in een later begrotingsjaar betaalde bijzondere bijdrage geheel of gedeeltelijk wordt terugbetaald.

Art. 41 Voorschotten

1. Op verzoek van de President van het Europees Octrooibureau verstrekken de Verdragsluitende Staten de Organisatie voorschotten op hun betalingen en bijdragen tot een door de Raad van Bestuur vastgesteld bedrag. Deze voorschotten worden voor de Verdragsluitende Staten bepaald in verhouding tot de bedragen die deze Verdragsluitende Staten voor het desbetreffende begrotingsjaar verschuldigd zijn.

2. Artikel 39, derde en vierde lid, is van overeenkomstige toepassing op de voorschotten.

Art. 42 Begroting

1. De begroting van de Organisatie dient sluitend te zijn. De begroting wordt opgesteld overeenkomstig de algemeen aanvaarde boekhoudkundige grondslagen, vastgelegd in het Financieel Reglement. Indien nodig kunnen gewijzigde of aanvullende begrotingen worden opgesteld.

2. De begroting wordt opgesteld in de rekeneenheid die in het Financieel Reglement is vastgesteld.

Art. 43 Machtiging tot uitgaven

1. Over de uitgaven, vermeld op de begroting, kan in het begrotingsjaar worden beschikt, tenzij het Financieel Reglement anders bepaalt.

2. In overeenstemming met het Financieel Reglement mogen de gelden die aan het einde van het begrotingsboekjaar niet besteed zijn, met uitzondering van de gelden bestemd voor de personeelsuitgaven, alleen in het volgende begrotingsjaar besteed worden.

B74 art. 44 **Verdrag inzake de verlening van Europese octrooien**

3. De begroting wordt zo verdeeld in hoofdstukken, dat de uitgavenposten naar aard of bestemming zijn gegroepeerd en, indien nodig, kunnen deze hoofdstukken worden onderverdeeld in overeenstemming met het Financieel Reglement.

Art. 44 Reserveringen voor onvoorziene uitgaven

Reserveringen voor onvoorziene uitgaven

1. Op de begroting van de Organisatie kunnen gelden worden gereserveerd voor onvoorziene uitgaven.

2. Voordat tot besteding van deze gelden door de Organisatie wordt overgegaan, is de toestemming van de Raad van Bestuur benodigd.

Art. 45 Begrotingsjaar

Begrotingsjaar

Het begrotingsjaar loopt van 1 januari tot en met 31 december.

Art. 46 Opstelling en vaststelling van de begroting

Opstelling en vaststelling van de begroting

1. De President van het Europees Octrooibureau legt aan de Raad van Bestuur uiterlijk op de in het Financieel Reglement vastgestelde datum de ontwerpbegroting voor.

2. De begroting alsmede elke gewijzigde of aanvullende begroting worden vastgesteld door de Raad van Bestuur.

Art. 47 Voorlopige begroting

Voorlopige begroting

1. Indien aan het begin van een begrotingsjaar de begroting nog niet is vastgesteld door de Raad van Bestuur, kunnen de uitgaven maandelijks per hoofdstuk of andere onderverdeling worden verricht in overeenstemming met het Financieel Reglement tot ten hoogste een twaalfde deel van de op de begroting van het vooraande jaar toegestane gelden, mits de aldus aan de President van het Europees Octrooibureau ter beschikking gestelde gelden niet meer bedragen dan een twaalfde deel van de op de ontwerpbegroting voorziene gelden.

2. De Raad van Bestuur kan, evenwel met inachtneming van de overige in het eerste lid vastgestelde voorwaarden, machtiging verlenen voor uitgaven die een twaalfde deel te boven gaan.

3. De betalingen bedoeld in artikel 37, onderdeel b, zullen voorshands worden verricht overeenkomstig artikel 39 op basis van het begrotingsjaar voorafgaande aan dat waarop de ontwerpbegroting betrekking heeft.

4. Elke maand betalen de Verdragsluitende Staten, als voorschot en overeenkomstig de in artikel 40, derde en vierde lid, bedoelde verdeelsleutel, de bijzondere financiële bijdragen voor zover dit nodig is om aan het eerste en tweede lid van dit artikel uitvoering te geven. Artikel 39, vierde lid, is op deze bijdragen van overeenkomstige toepassing.

Art. 48 Uitvoering van de begroting

Uitvoering van de begroting

1. De President van het Europees Octrooibureau voert de begroting alsmede de gewijzigde of aanvullende begrotingen uit onder zijn eigen verantwoordelijkheid en binnen de grenzen van de toegewezen gelden.

2. Binnen de grenzen van de begroting kan de President van het Europees Octrooibureau, in overeenstemming met het Financieel Reglement, middelen van het ene naar het andere hoofdstuk of van de ene naar de andere onderverdeling overbrengen.

Art. 49 Accountantscontrole

Accountantscontrole

1. De rekening van alle inkomsten en uitgaven alsmede de balans van de Organisatie worden gecontroleerd door accountants, wier onafhankelijkheid boven elke twijfel is verheven en die door de Raad van Bestuur worden benoemd voor een periode van vijf jaar, welke periode verlengd of vernieuwd kan worden.

2. De controle vindt plaats aan de hand van de stukken en geschiedt indien nodig ter plaatse. De controle heeft ten doel de rechtmatigheid en de juistheid van de inkomsten en uitgaven vast te stellen, alsmede een gezond financieel beheer te waarborgen. Na de afsluiting van ieder begrotingsjaar stellen de accountants een rapport met een ondertekende accountantsverklaring op.

3. De President van het Europees Octrooibureau legt ieder jaar aan de Raad van Bestuur de rekeningen voor die betrekking hebben op de financiële handelingen in het voorafgaande begrotingsjaar alsmede de balans van bezittingen en schulden van de Organisatie, vergezeld van het accountantsrapport.

4. De Raad van Bestuur keurt de jaarrekening alsmede het accountantsrapport goed en verleent de President van het Europees Octrooibureau kwijting voor de uitvoering van de begroting.

Art. 50 Financieel Reglement

Financieel Reglement

In het Financieel Reglement zijn met name vastgelegd:

a. de voorschriften voor het opstellen en uitvoeren van de begroting alsmede voor de wijze waarop rekening en verantwoording dienen te worden afgelegd;

b. de wijze waarop de betalingen en de bijdragen bedoeld in artikel 37 en de voorschotten bedoeld in artikel 41 door de Verdragsluitende Staten aan de Organisatie ter beschikking dienen te worden gesteld;

c. de voorschriften betreffende de verantwoordelijkheden van de met betalingen en met de boekhouding belaste ambtenaren alsmede het op hen uit te oefenen toezicht;

d. de rentevoet bedoeld in de artikelen 39, 40 en 47;

e. de wijze waarop de ingevolge artikel 146 te betalen bijdragen berekend dienen te worden;

f. de samenstelling en de taken van een Commissie voor de begroting en de financiën, die door de Raad van Bestuur dient te worden ingesteld;

g. de algemeen aanvaarde boekhoudkundige grondslagen waarop de begroting en de financiële jaarverslagen worden gebaseerd.

Art. 51 Taksen

1. Het Europees Octrooibureau kan taksen heffen voor elke officiële taak of procedure die wordt uitgevoerd op grond van dit Verdrag.

2. De termijnen voor de betaling van taksen, anders dan die door dit Verdrag zijn vastgelegd, worden vastgesteld in het Uitvoeringsreglement.

3. Indien in het Uitvoeringsreglement bepaald wordt dat een taks verschuldigd is, worden daarin ook de rechtsgevolgen vastgesteld wanneer verzuimd wordt een dergelijke taks tijdig te betalen.

4. In het Taksenreglement worden in het bijzonder de hoogte van de taksen vastgesteld en de wijze waarop deze dienen te worden betaald.

DEEL II MATERIEEL OCTROOIRECHT

HOOFDSTUK I OCTROOIEERBAARHEID

Art. 52 Octrooieerbare uitvindingen

1. Europese octrooien worden verleend voor uitvindingen, op alle gebieden van de technologie, mits zij nieuw zijn, op uitvinderswerkzaamheid berusten en industrieel toepasbaar zijn.

2. In de zin van het eerste lid worden in het bijzonder niet als uitvindingen beschouwd:

a. ontdekkingen, wetenschappelijke theorieën en wiskundige methoden;

b. esthetische vormgevingen;

c. stelsels, regels en methoden voor het verrichten van geestelijke arbeid, voor spelen of voor de bedrijfsvoering, alsmede computerprogramma's;

d. presentatie van informatie.

3. Het tweede lid sluit de octrooieerbaarheid van de aldaar genoemde onderwerpen of werkzaamheden alleen dan uit voor zover de Europese octrooiaanvrage of het Europees octrooi betrekking heeft op een van die onderwerpen of werkzaamheden als zodanig.

Art. 53 Uitzonderingen op de octrooieerbaarheid

Europese octrooien worden niet verleend voor:

a. uitvindingen waarvan de commerciële toepassing strijdig zou zijn met de openbare orde of met de goede zeden; een dergelijke strijdigheid kan niet worden afgeleid uit het enkele feit dat de toepassing van de uitvindingen in bepaalde of alle Verdragsluitende Staten door een wettelijke of reglementaire bepaling verboden is;

b. planten- of dierenrassen of werkwijzen van wezenlijk biologische aard voor de voortbrenging van planten of dieren; deze bepaling is niet van toepassing op microbiologische werkwijzen of hierdoor verkregen voortbrengselen;

c. methoden voor de behandeling van het menselijk of dierlijk lichaam door chirurgische ingrepen of geneeskundige behandeling en diagnosemethoden die worden toegepast op het menselijk of dierlijk lichaam; deze bepaling is niet van toepassing op producten, in het bijzonder stoffen of mengsels, voor toepassing bij een van deze methoden.

Art. 54 Nieuwheid

1. Een uitvinding wordt als nieuw beschouwd indien zij geen deel uitmaakt van de stand van de techniek.

2. De stand van de techniek wordt gevormd door al hetgeen vóór de datum van indiening van de Europese octrooiaanvrage openbaar toegankelijk is gemaakt door een schriftelijke of mondelinge beschrijving, door toepassing of op enige andere wijze.

3. Als behorend tot de stand van de techniek wordt tevens aangemerkt de inhoud van Europese octrooiaanvragen, zoals die zijn ingediend, waarvan de datum van indiening gelegen is vóór de in het tweede lid genoemde datum en die op of na die datum zijn gepubliceerd.

4. Het tweede en derde lid sluiten de octrooieerbaarheid van stoffen of mengsels, behorend tot de stand van de techniek, voor toepassing bij een in artikel 53, onderdeel c, bedoelde methode niet uit, mits de toepassing ervan bij een dergelijke methode niet behoort tot de stand van de techniek.

5. Het tweede en derde lid sluiten voorts niet de octrooieerbaarheid uit van stoffen of mengsels als bedoeld in het vierde lid voor een specifieke toepassing in een werkwijze bedoeld in artikel 53, onderdeel c, mits die toepassing niet tot de stand van de techniek behoort.

B74 art. 55 Verdrag inzake de verlening van Europese octrooien

Art. 55 Niet-schadende openbare bekendheid

Niet-schadende openbare bekendheid

1. Voor de toepassing van artikel 54 blijft een openbaarmaking van de uitvinding buiten beschouwing indien deze niet eerder is geschied dan zes maanden voor de indiening van de Europese octrooiaanvrage en indien deze direct of indirect het gevolg is van:
a. een kennelijk misbruik ten opzichte van de aanvrager of diens rechtsvoorganger, of
b. het feit, dat de aanvrager of diens rechtsvoorganger de uitvinding heeft tentoongesteld op een van overheidswege gehouden of erkende internationale tentoonstelling in de zin van het Verdrag betreffende internationale tentoonstellingen, ondertekend te Parijs op 22 november 1928 en laatstelijk herzien op 30 november 1972.
2. In het geval bedoeld in het eerste lid, onderdeel b, is dat lid slechts van toepassing, indien de aanvrager bij de indiening van zijn Europese octrooiaanvrage verklaart dat de uitvinding daadwerkelijk is tentoongesteld en daarvoor een bewijsstuk overlegt binnen de termijn gesteld in en overeenkomstig de voorwaarden vastgelegd in het Uitvoeringsreglement.

Art. 56 Uitvinderswerkzaamheid

Uitvinderswerkzaamheid

Een uitvinding wordt als het resultaat van uitvinderswerkzaamheid aangemerkt, indien zij voor de vakman niet op een voor de hand liggende wijze voortvloeit uit de stand van de techniek. Indien documenten bedoeld in artikel 54, derde lid, tot de stand van de techniek behoren, worden deze bij de beoordeling van de uitvinderswerkzaamheid buiten beschouwing gelaten.

Art. 57 Industriële toepasbaarheid

Industriële toepasbaarheid

Een uitvinding wordt geacht industrieel toepasbaar te zijn, indien het onderwerp daarvan kan worden vervaardigd of toegepast op enig industrieel gebied, met inbegrip van de landbouw.

HOOFDSTUK II
PERSONEN DIE GERECHTIGD ZIJN EEN EUROPEES OCTROOI AAN TE VRAGEN EN TE VERKRIJGEN – VERMELDING VAN DE UITVINDER

Art. 58 Recht tot het aanvragen van een Europees octrooi

Recht tot het aanvragen van een Europees octrooi

Elke natuurlijke persoon of rechtspersoon en elke vennootschap, die ingevolge het recht dat op haar van toepassing is met een rechtspersoon gelijk wordt gesteld, kan een Europees octrooi aanvragen.

Art. 59 Meerdere aanvragers

Meerdere aanvragers

Een aantal aanvragers gezamenlijk of meerdere aanvragers die verschillende Verdragsluitende Staten aanwijzen, kunnen eveneens een Europese octrooiaanvrage indienen.

Art. 60 Recht op het Europees octrooi

Recht op het Europees octrooi

1. Het recht op het Europees octrooi komt toe aan de uitvinder of diens rechtsopvolger. Indien de uitvinder werknemer is, wordt het recht op het Europees octrooi bepaald overeenkomstig het recht van de Staat waarin de werknemer overwegend werkzaam is; indien niet kan worden vastgesteld in welke Staat de werknemer overwegend werkzaam is, is het recht van de Staat op het grondgebied waarvan het bedrijf van zijn werkgever zich bevindt van toepassing.
2. Indien twee of meer personen de uitvinding onafhankelijk van elkaar hebben gedaan, heeft degene wiens octrooiaanvrage de oudste datum van indiening heeft recht op het Europees octrooi, mits deze eerste aanvrage is gepubliceerd.
3. Bij de procedure voor het Europees Octrooibureau wordt de aanvrager geacht gerechtigd te zijn het recht op het Europees octrooi te doen gelden.

Art. 61 Europese octrooiaanvrage ingediend door een niet-gerechtigde persoon

Europese octrooiaanvrage ingediend door een niet-gerechtigde persoon

1. Indien bij een in kracht van gewijsde gegane beslissing de aanspraak op verlening van het Europees octrooi is toegewezen aan een persoon die niet de aanvrager is, kan deze persoon, in overeenstemming met het Uitvoeringsreglement:
a. de Europese octrooiaanvrage in de plaats van de aanvrager als zijn eigen aanvrage voortzetten;
b. voor dezelfde uitvinding een nieuwe Europese octrooiaanvrage indienen; of
c. verzoeken dat de Europese octrooiaanvrage wordt afgewezen.
2. Op een nieuwe op grond van het eerste lid, onderdeel b, ingediende Europese octrooiaanvrage is artikel 76, eerste lid, van overeenkomstige toepassing.

Art. 62 Recht van de uitvinder op vermelding van zijn naam

Recht van de uitvinder op vermelding van zijn naam

De uitvinder heeft tegenover de aanvrager of de houder van het Europees octrooi het recht bij het Europees Octrooibureau als zodanig te worden vermeld.

HOOFDSTUK III
GEVOLGEN VAN HET EUROPEES OCTROOI EN VAN DE EUROPESE OCTROOIAANVRAGE

Art. 63 Looptijd van het Europees octrooi

Looptijd van het Europees octrooi

1. De looptijd van het Europees octrooi bedraagt twintig jaar, te rekenen vanaf de datum van indiening van de aanvrage.

2. Het voorgaande lid beperkt in geen enkel opzicht het recht van een Verdragsluitende Staat om de looptijd van een Europees octrooi te verlengen, of overeenkomstige bescherming te verlenen onmiddellijk aansluitend op het verstrijken van de looptijd van het octrooi, op dezelfde voorwaarden die gelden voor de nationale octrooien:

a. ingeval de Staat in oorlog of een vergelijkbare crisissituatie verkeert;

b. indien het onderwerp van het Europees octrooi een product of een werkwijze voor de vervaardiging van een product dan wel een gebruik van een product is, waarvoor een bij de wet vereiste procedure voor de verkrijging van een overheidsvergunning dient te worden doorlopen alvorens het in die Staat op de markt kan worden gebracht.

3. Het tweede lid is van overeenkomstige toepassing op Europese octrooien die gezamenlijk voor een groep Verdragsluitende Staten zijn verleend overeenkomstig artikel 142.

4. Een Verdragsluitende Staat die ingevolge het tweede lid, onderdeel b, de mogelijkheid biedt voor verlenging van de looptijd of overeenkomstige bescherming, kan, in overeenstemming met een met de Organisatie gesloten overeenkomst, taken samenhangend met de toepassing van de desbetreffende bepalingen overdragen aan het Europees Octrooibureau.

Art. 64 Rechten verbonden aan het Europees octrooi

1. Behoudens het bepaalde in het tweede lid, heeft de houder van het Europees octrooi, vanaf de datum waarop de vermelding van de verlening daarvan is gepubliceerd in het Europees Octrooiblad, in elk van de Verdragsluitende Staten waarvoor het is verleend, dezelfde rechten als die hij zou ontlenen aan een in die Staat verleend nationaal octrooi.

Rechten verbonden aan het Europees octrooi

2. Indien het onderwerp van het Europees octrooi een werkwijze is, strekt de aan het octrooi ontleende bescherming zich uit tot de voortbrengselen die rechtstreeks verkregen zijn door die werkwijze.

3. Elke inbreuk op het Europees octrooi wordt behandeld overeenkomstig het nationale recht.

Art. 65 Vertaling van het Europees octrooi

1. Elke Verdragsluitende Staat kan, indien het Europees octrooi zoals verleend, gewijzigd of beperkt door het Europees Octrooibureau niet is opgesteld in een van zijn officiële talen, eisen dat de octrooihouder aan zijn centrale dienst voor de industriële eigendom een vertaling van het octrooi zoals verleend, gewijzigd of beperkt, verstrekt in een van de officiële talen van die Staat naar zijn keuze, of, voor zover de betrokken Staat het gebruik van een bepaalde officiële taal verplicht heeft gesteld, in die taal. De termijn waarbinnen de vertaling dient te worden ingediend, eindigt drie maanden na de datum waarop de vermelding van de verlening, van de instandhouding in gewijzigde vorm of van de beperking van het Europees octrooi is gepubliceerd in het Europees Octrooiblad, tenzij de betrokken Staat een langere termijn voorschrijft.

Vertaling van het Europees octrooi

2. Elke Verdragsluitende Staat die voorschriften heeft vastgesteld ingevolge het eerste lid, kan bepalen dat de octrooihouder binnen de door die Staat vast te stellen termijn de kosten van de publicatie van de vertaling geheel of gedeeltelijk voldoet.

3. Elke Verdragsluitende Staat kan bepalen dat, indien de ingevolge het eerste en tweede lid vastgestelde voorschriften niet worden nageleefd, het Europees octrooi in die Staat geacht wordt van de aanvang af geen werking te hebben gehad.

Art. 66 Gelijkwaardigheid van een Europese aanvrage aan een nationaal depot

Een Europese octrooiaanvrage, waaraan een datum van indiening is toegekend, is in de aangewezen Verdragsluitende Staten gelijkwaardig aan een regelmatig ingediende nationale octrooiaanvrage, in voorkomend geval rekening houdend met het recht van voorrang waarop voor de Europese octrooiaanvrage een beroep wordt gedaan.

Gelijkwaardigheid van een Europese aanvrage aan een nationaal depot

Art. 67 Rechten voortvloeiende uit een Europese octrooiaanvrage na publicatie

1. Vanaf de datum van publicatie waarborgt de Europese octrooiaanvrage de aanvrager voorlopig de bescherming bedoeld in artikel 64 in de Verdragsluitende Staten die in de aanvrage zijn aangewezen.

Rechten voortvloeiende uit een Europese octrooi-aanvrage na publicatie

2. Elke Verdragsluitende Staat kan bepalen dat een Europese octrooiaanvrage niet de in artikel 64 bedoelde bescherming waarborgt. De uit publicatie van een Europese octrooiaanvrage voortvloeiende bescherming mag echter niet geringer zijn dan de bescherming die de wetgeving van de desbetreffende Staat toekent aan de verplichte publicatie van de nog niet onderzochte nationale octrooiaanvragen. In ieder geval dient elke Staat er ten minste op toe te zien, dat de aanvrager met ingang van de datum van publicatie van een Europese octrooiaanvrage een gezien de omstandigheden redelijke vergoeding kan eisen van een ieder die in die Staat de uitvinding heeft toegepast, onder omstandigheden die hem volgens het nationale recht aansprakelijk zouden doen zijn, indien het een inbreuk op een nationaal octrooi zou hebben betroffen.

3. Elke Verdragsluitende Staat die de procestaal niet als officiële taal heeft, kan bepalen dat de in het eerste en tweede lid bedoelde voorlopige bescherming eerst wordt verleend op de datum, waarop een vertaling van de conclusies, hetzij in een van de officiële talen van die Staat, naar keuze van de aanvrager, hetzij, voor zover de desbetreffende Staat het gebruik van een bepaalde officiële taal verplicht heeft gesteld, in die taal:

a. openbaar toegankelijk is gemaakt op de door de nationale wetgeving voorgeschreven wijze, of *b.* is verstrekt aan degene die in deze Staat de uitvinding toepast.

4. De Europese octrooiaanvrage wordt geacht van de aanvang af niet de in het eerste en tweede lid bedoelde werking te hebben gehad, indien zij is ingetrokken, geacht wordt te zijn ingetrokken of is afgewezen bij een in kracht van gewijsde gegane beslissing. Hetzelfde geldt voor de werking van de Europese octrooiaanvrage in een Verdragsluitende Staat waarvan de aanwijzing is ingetrokken of geacht wordt te zijn ingetrokken.

Art. 68 Werking van de herroeping of de beperking van het Europees octrooi

De Europese octrooiaanvrage alsmede het daarop verleende Europese octrooi worden geacht van de aanvang af niet de in de artikelen 64 en 67 bedoelde werking te hebben gehad naar gelang het octrooi is herroepen of beperkt tijdens een oppositie-, beperkings- of nietigheidsprocedure.

Art. 69 Beschermingsomvang

1. De beschermingsomvang van het Europees octrooi of van de Europese octrooiaanvrage wordt bepaald door de conclusies. Niettemin dienen de beschrijving en de tekeningen tot uitleg van de conclusies.

2. Voor het tijdvak tot de verlening van het Europees octrooi wordt de beschermingsomvang van de Europese octrooiaanvrage bepaald door de conclusies die zijn vervat in de gepubliceerde aanvrage. Het Europees octrooi, zoals dit is verleend of gewijzigd tijdens de oppositie-, beperkings- of nietigheidsprocedure, bepaalt echter met terugwerkende kracht de beschermingsomvang die voortvloeit uit de aanvrage, voor zover deze daarbij niet wordt uitgebreid.

Art. 70 Authentieke tekst van de Europese octrooiaanvrage of van het Europees octrooi

1. De tekst van de Europese octrooiaanvrage of van het Europees octrooi in de procestaal is de authentieke tekst in alle procedures voor het Europees Octrooibureau en in alle Verdragsluitende Staten.

2. Indien de Europese octrooiaanvrage echter is ingediend in een taal die geen officiële taal is van het Europees Octrooibureau, is die tekst de aanvrage zoals ingediend in de zin van dit Verdrag.

3. Elke Verdragsluitende Staat kan bepalen dat een vertaling in een officiële taal van die Staat, zoals door de Staat op grond van dit Verdrag is voorgeschreven, aldaar zal gelden, behalve in geval van nietigheidsprocedures, als authentieke tekst, indien de beschermingsomvang van de Europese octrooiaanvrage of het Europees octrooi in de taal van de vertaling beperkter is dan de bescherming die wordt geboden door die aanvrage of dat octrooi in de procestaal.

4. Elke Verdragsluitende Staat die ingevolge het derde lid een voorschrift vaststelt:

a. moet de aanvrager of de houder van het octrooi toestaan een verbeterde vertaling van de Europese octrooiaanvrage of van het Europees octrooi in te dienen. Deze verbeterde vertaling heeft geen rechtskracht zolang de door de Verdragsluitende Staat ingevolge artikel 65, tweede lid, of artikel 67, derde lid, vastgestelde voorwaarden niet vervuld zijn;

b. kan bepalen dat degene die in die Staat te goeder trouw een uitvinding heeft toegepast of doeltreffende en serieuze voorbereidingen voor toepassing ervan heeft getroffen, zonder dat die toepassing een inbreuk vormt op de aanvrage of op het octrooi in de oorspronkelijke vertaling, met deze toepassing in of voor zijn bedrijf kosteloos mag doorgaan nadat de verbeterde vertaling van kracht is geworden.

HOOFDSTUK IV
DE EUROPESE OCTROOIAANVRAGE ALS DEEL VAN HET VERMOGEN

Art. 71 Overgang en vestiging van rechten

Een Europese octrooiaanvrage kan overgaan of voorwerp zijn van vestiging van rechten voor één of meer aangewezen Verdragsluitende Staten.

Art. 72 Overdracht

De overdracht van een Europese octrooiaanvrage geschiedt schriftelijk en dient te worden ondertekend door de partijen bij de overeenkomst.

Art. 73 Contractuele licentie

Een Europese octrooiaanvrage kan, geheel of gedeeltelijk, het onderwerp zijn van licenties voor alle of een deel van de grondgebieden van de aangewezen Verdragsluitende Staten.

Art. 74 Toepasselijk recht

Tenzij dit Verdrag anders bepaalt, is de Europese octrooiaanvrage als deel van het vermogen in elke aangewezen Verdragsluitende Staat en met werking in die Staat, onderworpen aan het recht dat in die Staat geldt voor nationale octrooiaanvragen.

DEEL III DE EUROPESE OCTROOIAANVRAGE

HOOFDSTUK I INDIENING VAN EEN EUROPESE OCTROOIAANVRAGE EN VOORWAARDEN WAARAAN DEZE MOET VOLDOEN

Art. 75 Indiening van een Europese octrooiaanvrage

1. Een Europese octrooiaanvrage kan worden ingediend:
a. bij het Europees Octrooibureau, of
b. indien de wetgeving van een Verdragsluitende Staat zulks toestaat, en met inachtneming van artikel 76, eerste lid, bij de centrale dienst voor de industriële eigendom of bij een andere bevoegde instantie van die Staat. Elke op zodanige wijze ingediende aanvrage heeft dezelfde werking als wanneer zij op dezelfde datum was ingediend bij het Europees Octrooibureau.

2. Het eerste lid verhindert niet de toepassing van wettelijke bepalingen of voorschriften die in Verdragsluitende Staten:
a. gelden voor uitvindingen die, in verband met hun aard, niet zonder voorafgaande toestemming van de bevoegde instanties van de betrokken Staat naar het buitenland mogen worden gezonden, of
b. voorschrijven dat elke aanvrage eerst ingediend dient te worden bij een nationale instantie, dan wel de rechtstreekse indiening bij een andere instantie afhankelijk stellen van voorafgaande toestemming.

Art. 76 Afgesplitste Europese aanvragen

1. Een afgesplitste Europese octrooiaanvrage dient rechtstreeks bij het Europees Octrooibureau te worden ingediend in overeenstemming met het Uitvoeringsreglement. Zij kan alleen worden ingediend voor onderwerpen die door de inhoud van de eerdere aanvrage zoals die was ingediend, worden gedekt; voor zover aan deze eis wordt voldaan, wordt de afgesplitste aanvrage geacht te zijn ingediend op de datum van indiening van de eerdere aanvrage en geniet zij het recht van voorrang daarvan.

2. Alle Verdragsluitende Staten die in de eerdere aanvrage ten tijde van de indiening van een afgesplitste Europese aanvrage zijn aangewezen, worden geacht te zijn aangewezen in de afgesplitste aanvrage.

Art. 77 Doorzending van Europese octrooiaanvragen

1. De centrale dienst voor de industriële eigendom van een Verdragsluitende Staat zendt de Europese octrooiaanvragen die bij de dienst of bij een andere bevoegde instantie van die Staat zijn ingediend, door naar het Europees Octrooibureau in overeenstemming met het Uitvoeringsreglement.

2. Een Europese octrooiaanvrage ten aanzien waarvan is besloten dat het onderwerp onder geheimhouding valt, wordt niet naar het Europees Octrooibureau doorgezonden.

3. Een Europese octrooiaanvrage die niet tijdig is doorgezonden naar het Europees Octrooibureau wordt geacht te zijn ingetrokken.

Art. 78 Vereisten waaraan een Europese octrooiaanvrage dient te voldoen

1. Een Europese octrooiaanvrage dient te bevatten:
a. een verzoek om verlening van een Europees octrooi;
b. een beschrijving van de uitvinding;
c. een of meer conclusies;
d. de tekeningen waarnaar de beschrijving of de conclusies verwijzen;
e. een uittreksel,
en dient aan de vereisten die zijn vastgesteld in het Uitvoeringsreglement te voldoen.

2. Voor een Europese octrooiaanvrage dienen de indieningstaks en de taks voor het nieuwheidsonderzoek te worden betaald. Indien de indieningstaks of de taks voor het nieuwheidsonderzoek niet tijdig is betaald, wordt de aanvrage geacht te zijn ingetrokken.

Art. 79 Aanwijzing van Verdragsluitende Staten

1. Alle Verdragsluitende Staten die partij zijn bij dit Verdrag op het tijdstip waarop de Europese octrooiaanvrage wordt ingediend, worden geacht te zijn aangewezen in het verzoek om verlening van het Europees octrooi.

2. De aanwijzing van een Verdragsluitende Staat kan onderworpen zijn aan betaling van een aanwijzingstaks.

3. De aanwijzing van een Verdragsluitende Staat kan te allen tijde tot aan de verlening van het Europees octrooi worden ingetrokken.

Art. 80 Datum van indiening

De datum van indiening van een Europese octrooiaanvrage is de datum waarop aan de in het Uitvoeringsreglement vastgestelde vereisten is voldaan.

Art. 81 Aanwijzing van de uitvinder

Aanwijzing van de uitvinder De Europese octrooiaanvrage dient de uitvinder aan te wijzen. Indien de aanvrager niet de uitvinder of niet de enige uitvinder is, dient daarbij verklaard te worden op welke wijze de aanvrager het recht op het Europees octrooi heeft verkregen.

Art. 82 Eenheid van uitvinding

Eenheid van uitvinding De Europese octrooiaanvrage mag slechts op één enkele uitvinding betrekking hebben of op een groep van uitvindingen, die zodanig onderling verbonden zijn dat zij op een enkele algemene uitvindingsgedachte berusten.

Art. 83 Openbaring van de uitvinding

Openbaring van de uitvinding De uitvinding dient in de Europese octrooiaanvrage zodanig duidelijk en volledig te zijn geopenbaard, dat zij door de vakman kan worden toegepast.

Art. 84 Conclusies

Conclusies De conclusies beschrijven het onderwerp waarvoor bescherming wordt gevraagd. Zij dienen duidelijk en beknopt te zijn en steun te vinden in de beschrijving.

Art. 85 Uittreksel

Uittreksel Het uittreksel is alleen bedoeld als technische informatie; het kan niet in aanmerking komen voor enig ander doel, in het bijzonder niet voor de uitlegging van de omvang van de gevraagde bescherming of voor de toepassing van artikel 54, derde lid.

Art. 86 Jaartaksen voor de Europese octrooiaanvrage

Jaartaksen voor de Europese octrooiaanvrage **1.** Voor de Europese octrooiaanvrage moeten, overeenkomstig het Uitvoeringsreglement, jaartaksen worden betaald aan het Europees Octrooibureau. Deze taksen dienen jaarlijks te worden betaald vanaf het derde jaar, te rekenen vanaf de datum waarop de aanvrage is ingediend. Indien een jaartaks niet binnen de gestelde termijn is betaald, wordt de aanvrage geacht te zijn ingetrokken.

2. De jaartaks behoeft niet meer te worden betaald na betaling van de taks die is betaald voor het jaar waarin de vermelding van de verlening van het Europees octrooi in het Europees Octrooiblad is gepubliceerd.

HOOFDSTUK II VOORRANG

Art. 87 Recht van voorrang

Recht van voorrang **1.** Degene die op regelmatige wijze in of voor
a. een Staat die partij is bij het Verdrag van Parijs tot bescherming van de industriële eigendom of
b. een lid van de Wereldhandelsorganisatie,
een aanvrage heeft ingediend voor een octrooi, een gebruiksmodel of een gebruikscertificaat, of zijn rechtsopvolger, geniet voor het indienen van een Europese octrooiaanvrage voor dezelfde uitvinding een recht van voorrang gedurende een termijn van twaalf maanden vanaf de datum van indiening van de eerste aanvrage.

2. Elke aanvrage die de waarde heeft van een regelmatige nationale aanvrage, overeenkomstig de nationale wetgeving van de Staat waarin de aanvrage is ingediend, dan wel overeenkomstig bilaterale of multilaterale overeenkomsten, met inbegrip van dit Verdrag, wordt erkend dat deze een recht van voorrang doet ontstaan.

3. Onder een regelmatige nationale aanvrage dient te worden verstaan iedere aanvrage waarvan de datum van indiening kan worden vastgesteld, ongeacht het verdere lot van die aanvrage.

4. Met een eerste aanvrage waarvan de datum van indiening het begintijdstip van de termijn van voorrang is, dient te worden gelijkgesteld een latere aanvrage die betrekking heeft op hetzelfde onderwerp als een eerder gedane aanvrage en die is ingediend in of voor dezelfde Staat, mits de eerder gedane aanvrage op de datum van indiening van de latere aanvrage is ingetrokken, prijsgegeven of afgewezen, zonder voor het publiek ter inzage te hebben gelegen en zonder rechten te hebben laten bestaan, en mits zij niet als grondslag heeft gediend voor een beroep op het recht van voorrang. De eerder gedane aanvrage kan dan niet meer als grondslag dienen voor het beroep op een recht van voorrang.

5. Indien de eerste aanvrage is ingediend bij een instantie voor de industriële eigendom die niet onder het Verdrag van Parijs tot bescherming van de industriële eigendom valt of het Verdrag tot oprichting van de Wereldhandelsorganisatie, zijn het eerste tot en met het vierde lid van toepassing, wanneer die instantie, volgens een mededeling van de President van het Europees Octrooibureau, erkent dat een eerste indiening gedaan bij het Europees Octrooibureau een recht van voorrang doet ontstaan onder de voorwaarden en met vergelijkbare werking als bedoeld in het Verdrag van Parijs.

Art. 88 Beroep op voorrang

Beroep op voorrang **1.** De aanvrager die zich wil beroepen op de voorrang van een eerdere aanvrage, dient een verklaring van voorrang en andere eventueel vereiste stukken in overeenstemming met het Uitvoeringsreglement in te dienen.

2. Voor een Europese octrooiaanvrage kan op meerdere rechten van voorrang een beroep worden gedaan, zelfs indien de rechten van voorrang uit verschillende landen afkomstig zijn. Ook kan voor eenzelfde conclusie op meer dan één recht van voorrang een beroep worden gedaan. Indien op meer dan één recht van voorrang een beroep wordt gedaan, worden de termijnen, die beginnen op de voorrangsdatum, berekend vanaf de vroegste voorrangsdatum.

3. Indien voor de Europese octrooiaanvrage op een of meer rechten van voorrang een beroep wordt gedaan, geldt het recht van voorrang alleen voor die elementen van de Europese octrooiaanvrage, die zijn vervat in de aanvrage of aanvragen, waarvoor een beroep op het recht van voorrang is gedaan.

4. Indien bepaalde elementen van de uitvinding waarvoor een beroep op een recht van voorrang is gedaan, niet voorkomen in de conclusies vermeld in de eerdere aanvrage, kan desondanks het recht van voorrang worden erkend, indien uit de gezamenlijke stukken van de eerdere aanvrage deze elementen duidelijk blijken.

Art. 89 Werking van het recht van voorrang

Het recht van voorrang heeft ten gevolge dat de voorrangsdatum wordt beschouwd als de datum van indiening van de Europese octrooiaanvrage voor de toepassing van artikel 54, tweede en derde lid, en artikel 60, tweede lid.

Werking van het recht van voorrang

DEEL IV PROCEDURE TOT AAN DE VERLENING

Art. 90 Onderzoek bij indiening en onderzoek op vormgebreken

1. Het Europees Octrooibureau onderzoekt, in overeenstemming met het Uitvoeringsreglement, of de aanvrage voldoet aan de vereisten voor de toekenning van een datum van indiening.

Onderzoek bij indiening en onderzoek op vormgebreken

2. Indien geen datum van indiening kan worden toegekend na het onderzoek uit hoofde van het eerste lid, wordt de aanvrage niet als een Europese octrooiaanvrage behandeld.

3. Indien een datum van indiening is toegekend aan de Europese octrooiaanvrage, onderzoekt het Europees Octrooibureau, in overeenstemming met het Uitvoeringsreglement, of voldaan is aan de vereisten van de artikelen 14, 78 en 81, en, indien van toepassing, van artikel 88, eerste lid, en van artikel 133, tweede lid, alsmede aan alle andere vereisten vastgesteld in het Uitvoeringsreglement.

4. Wanneer het Europees Octrooibureau bij de uitvoering van het onderzoek uit hoofde van het eerste of derde lid vaststelt dat er gebreken zijn die kunnen worden opgeheven, stelt het de aanvrager in de gelegenheid deze te op te heffen.

5. Indien een gebrek dat is vastgesteld bij het onderzoek uit hoofde van het derde lid niet wordt opgeheven, wordt de Europese octrooiaanvrage afgewezen, tenzij in dit Verdrag hiervoor andere rechtsgevolgen zijn voorzien. Wanneer het gebrek het recht van voorrang betreft, vervalt dit recht voor de aanvrage.

Art. 91

[Vervallen]

Art. 92 Opstelling van het verslag van het Europees nieuwheidsonderzoek

Het Europees Octrooibureau stelt, in overeenstemming met het Uitvoeringsreglement, op basis van de conclusies en naar behoren rekening houdend met de beschrijving en eventuele tekeningen, een verslag van het Europees nieuwheidsonderzoek op en publiceert het.

Opstelling van het verslag van het Europees nieuwheidsonderzoek

Art. 93 Publicatie van de Europese octrooiaanvrage

1. Het Europees Octrooibureau publiceert de Europese octrooiaanvrage zo spoedig mogelijk
a. na het verstrijken van een termijn van achttien maanden na de datum van indiening of, indien een beroep op een recht van voorrang is gedaan, na de voorrangsdatum, of
b. op verzoek van de aanvrager voor het verstrijken van die termijn.

Publicatie van de Europese octrooiaanvrage

2. De Europese octrooiaanvrage en het Europese octrooischrift worden gelijktijdig gepubliceerd, indien de beslissing tot verlening van het octrooi van kracht is geworden voor het verstrijken van de termijn bedoeld in het eerste lid, onderdeel a.

Art. 94 Onderzoek van de Europese octrooiaanvrage

1. In overeenstemming met het Uitvoeringsreglement onderzoekt het Europees Octrooibureau op verzoek of de Europese octrooiaanvrage en de uitvinding waarop zij betrekking heeft, voldoen aan de vereisten van dit Verdrag. Het verzoek wordt eerst geacht te zijn ingediend nadat de taks voor het onderzoek is betaald.

Onderzoek van de Europese octrooiaanvrage

2. Indien het verzoek om onderzoek niet tijdig is gedaan, wordt de aanvrage geacht te zijn ingetrokken.

3. Indien bij het onderzoek blijkt dat de aanvrage of de uitvinding waarop zij betrekking heeft, niet voldoet aan de vereisten van dit Verdrag, verzoekt de onderzoeksafdeling de aanvrager, zo dikwijls als nodig, zijn zienswijze in te dienen en, overeenkomstig de bepalingen van artikel 123, eerste lid, de aanvrage te wijzigen.

B74 art. 97

Verdrag inzake de verlening van Europese octrooien

4. Indien de aanvrager niet tijdig reageert op een mededeling van de onderzoeksafdeling, wordt de aanvrage geacht te zijn ingetrokken.

Art. 95-96

[Vervallen]

Art. 97 Verlening of afwijzing

Verlening of afwijzing

1. Indien de onderzoeksafdeling van oordeel is dat de Europese octrooiaanvrage en de uitvinding waarop zij betrekking heeft voldoen, aan de vereisten van dit Verdrag, beslist zij tot verlening van het Europees octrooi, mits aan de voorwaarden vastgesteld in het Uitvoeringsreglement wordt voldaan.

2. Indien de onderzoeksafdeling van oordeel is dat de Europese octrooiaanvrage of de uitvinding waarop zij betrekking heeft, niet voldoet aan de vereisten van dit Verdrag, wijst zij de aanvrage af, tenzij in dit Verdrag hiervoor andere rechtsgevolgen zijn voorzien.

3. De beslissing tot verlening van het Europees octrooi wordt van kracht op de datum waarop de vermelding van de verlening wordt gepubliceerd in het Europees Octrooiblad.

Art. 98 Publicatie van het Europees octrooischrift

Publicatie van het Europees octrooischrift

Het Europees Octrooibureau publiceert het Europees octrooischrift zo spoedig mogelijk nadat de vermelding van de verlening van het Europees octrooi is gepubliceerd in het Europees Octrooiblad.

DEEL V OPPOSITIE- EN BEPERKINGSPROCEDURE

Art. 99 Oppositie

Oppositie

1. Binnen negen maanden na de datum waarop de vermelding van de verlening van het Europees octrooi is gepubliceerd in het Europees Octrooiblad, kan een ieder bij het Europees Octrooibureau oppositie instellen tegen dat octrooi, in overeenstemming met het Uitvoeringsreglement. De oppositie wordt eerst geacht te zijn ingesteld nadat de taks voor de oppositie is betaald.

2. De oppositie geldt voor het Europees octrooi in alle Verdragsluitende Staten waarin het werking heeft.

3. De opposanten zijn, evenals de octrooihouder, partij in de oppositieprocedure.

4. Indien iemand bewijst dat hij in plaats van de vorige octrooihouder, op grond van een in kracht van gewijsde gegaan vonnis, in een Verdragsluitende Staat is ingeschreven in het octrooiregister, treedt hij, op zijn verzoek, voor deze Staat in de plaats van de vorige octrooihouder. Niettegenstaande het bepaalde in artikel 118 worden de vorige octrooihouder en de persoon die het verzoek heeft gedaan, niet beschouwd als medehouders, tenzij beiden hierom verzoeken.

Art. 100 Gronden voor oppositie

Gronden voor oppositie

De oppositie kan slechts op de volgende gronden worden ingesteld:

a. het onderwerp van het Europees octrooi is niet octrooieerbaar ingevolge de artikelen 52 tot en met 57;

b. het Europees octrooi openbaart de uitvinding niet zodanig duidelijk en volledig dat zij door de vakman kan worden toegepast;

c. het onderwerp van het Europees octrooi wordt niet gedekt door de inhoud van de aanvrage zoals die is ingediend, of door de inhoud van de eerdere aanvrage zoals die is ingediend, indien het octrooi is verleend op een afgesplitste aanvrage of op een overeenkomstig artikel 61 ingediende nieuwe aanvrage.

Art. 101 Onderzoek van de oppositie – Herroeping of instandhouding van het Europees octrooi

Onderzoek van de oppositie – Herroeping of instandhouding van het Europees octrooi

1. Indien de opposant ontvankelijk is, onderzoekt de oppositieafdeling, in overeenstemming met het Uitvoeringsreglement, of ten minste een van de in artikel 100 genoemde gronden voor oppositie zich verzet tegen het in stand blijven van het Europees octrooi. Tijdens dit onderzoek verzoekt de oppositieafdeling zo dikwijls als nodig partijen te reageren op mededelingen die zij tot hen heeft gericht of op mededelingen van andere partijen.

2. Indien de oppositieafdeling van oordeel is dat ten minste een grond voor oppositie zich verzet tegen het in stand blijven van het Europees octrooi, herroept zij het octrooi. Is dat niet het geval dan wijst zij de oppositie af.

3. Indien de oppositieafdeling van oordeel is dat, gelet op de wijzigingen die de houder van het Europees octrooi tijdens de oppositieprocedure heeft aangebracht, het octrooi en de uitvinding waarop het octrooi betrekking heeft

a. voldoen aan de vereisten van dit Verdrag, beslist zij het octrooi in de gewijzigde vorm in stand te houden, mits voldaan wordt aan de voorwaarden vastgesteld in het Uitvoeringsreglement;

b. niet voldoen aan de vereisten van dit Verdrag, herroept zij het octrooi.

Art. 102

[Vervallen]

Art. 103 Publicatie van een nieuw Europees octrooischrift

Indien het Europees octrooi in stand blijft zoals gewijzigd ingevolge artikel 101, derde lid, onderdeel a, publiceert het Europees Octrooibureau een nieuw Europees octrooischrift zo spoedig mogelijk na de bekendmaking van de beslissing inzake de oppositie in het Europees Octrooiblad.

Publicatie van een nieuw Europees octrooischrift

Art. 104 Kosten

1. Elke bij de oppositieprocedure betrokken partij draagt de door haar gemaakte kosten, behalve indien de oppositieafdeling op gronden van billijkheid overeenkomstig het Uitvoeringsreglement opdracht geeft tot een andere verdeling van de kosten.

Kosten

2. De procedure voor het vaststellen van de kosten wordt vastgesteld in het Uitvoeringsreglement.

3. Elke eindbeslissing van het Europees Octrooibureau waarbij het bedrag van de kosten wordt vastgesteld, wordt voor de tenuitvoerlegging hiervan in de Verdragsluitende Staten beschouwd als een in kracht van gewijsde gegane beslissing van een civielrechtelijke instantie van de Staat waarin de tenuitvoerlegging dient te geschieden. Een dergelijke beslissing kan alleen worden getoetst op haar echtheid.

Art. 105 Tussenkomst van de vermeende inbreukmaker

1. Elke derde kan, in overeenstemming met het Uitvoeringsreglement, na het verstrijken van de termijn van oppositie tussenkomen in de oppositieprocedure, mits hij aantoont dat
a. tegen hem een rechtsvordering is ingesteld wegens inbreuk op het hetzelfde octrooi, of
b. de derde naar aanleiding van een verzoek van de octrooihouder een vermeende inbreuk te staken, een rechtsvordering heeft ingesteld om in rechte te doen vaststellen dat hij geen inbreuk maakt op het octrooi.

Tussenkomst van de vermeende inbreukmaker

2. Een ontvankelijke tussenkomst wordt behandeld als een oppositie.

Art. 105a Verzoek om beperking of herroeping

1. Op verzoek van de octrooihouder kan het Europees octrooi worden herroepen of worden beperkt door wijziging van de conclusies. Het verzoek wordt ingediend bij het Europees Octrooibureau in overeenstemming met het Uitvoeringsreglement. Het wordt geacht eerst te zijn ingediend nadat de beperkings- of herroepingstaks is betaald.

2. Het verzoek kan niet worden ingediend hangende een oppositieprocedure ten aanzien van het Europees octrooi.

Art. 105b Beperking of herroeping van het Europees octrooi

1. Het Europees Octrooibureau onderzoekt of voldaan is aan de vereisten vastgesteld in het Uitvoeringsreglement voor het beperken of herroepen van het Europees octrooi.

2. Indien het Europees Octrooibureau van oordeel is dat het verzoek om beperking of herroeping van het Europees octrooi voldoet aan deze vereisten, beslist het Europees Octrooibureau het Europees octrooi te beperken of te herroepen in overeenstemming met het Uitvoeringsreglement. Is dat niet het geval dan wijst zij het verzoek af.

3. De beslissing tot beperking of herroeping van het Europees octrooi is van toepassing in alle Verdragsluitende Staten waarvoor het is verleend. Deze beslissing wordt van kracht op de datum waarop de vermelding van deze beslissing wordt gepubliceerd in het Europees Octrooiblad.

Art. 105c Publicatie van het gewijzigd Europees octrooischrift

Indien het Europees octrooi is beperkt ingevolge artikel 105b, tweede lid, publiceert het Europees Octrooibureau het gewijzigd Europees octrooischrift zo spoedig mogelijk nadat de vermelding van de beperking is gepubliceerd in het Europees Octrooiblad.

DEEL VI BEROEPSPROCEDURE

Art. 106 Beslissingen waartegen beroep kan worden ingesteld

1. Tegen de beslissingen van de aanvraagafdeling, de onderzoeksafdelingen, de oppositieafdelingen en de juridische afdeling kan beroep worden ingesteld. Het beroep heeft schorsende werking.

Beslissingen waartegen beroep kan worden ingesteld

2. Tegen een beslissing waarbij een procedure ten aanzien van een van de partijen niet wordt afgesloten, kan slechts beroep worden ingesteld tegelijk met de eindbeslissing, tenzij de beslissing een afzonderlijk beroep mogelijk maakt.

3. Het recht een beroep in te stellen tegen beslissingen inzake de verdeling of vaststelling van kosten in oppositieprocedures kan worden beperkt in het Uitvoeringsreglement.

Art. 107 Personen die beroep kunnen instellen en partij kunnen zijn bij de procedure

Een ieder die partij was bij de procedure die heeft geleid tot een beslissing, kan hiertegen beroep instellen voor zover hij bij die beslissing in het ongelijk is gesteld. De andere partijen bij die procedure zijn van rechtswege partij bij de beroepsprocedure.

Personen die beroep kunnen instellen en partij kunnen zijn bij de procedure

Art. 108 Termijn en vorm

Termijn en vorm

Een beroep dient te worden ingesteld in overeenstemming met het Uitvoeringsreglement bij het Europees Octrooibureau binnen twee maanden na de datum waarop de beslissing is medegedeeld. Het beroep wordt eerst geacht te zijn ingesteld nadat de taks voor het beroep is betaald. Een memorie met de gronden van het beroep dient te worden ingediend in overeenstemming met het Uitvoeringsreglement binnen vier maanden na de datum waarop de beslissing is medegedeeld.

Art. 109 Prejudiciële herziening

Prejudiciële herziening

1. Indien het orgaan waarvan de beslissing wordt betwist, het beroep ontvankelijk en gegrond acht, dient zij haar beslissing te herzien. Deze bepaling vindt geen toepassing wanneer tegenover degene die het beroep heeft ingesteld een andere partij staat.

2. Indien het beroep niet gegrond wordt verklaard binnen drie maanden na ontvangst van de memorie met de gronden, dient het beroep onverwijld te worden voorgelegd aan de kamer van beroep, zonder oordeel over de gronden daarvan.

Art. 110 Onderzoek van het beroep

Onderzoek van het beroep

Indien het beroep ontvankelijk is, onderzoekt de kamer van beroep of het beroep gegrond is. Het onderzoek van het beroep vindt plaats in overeenstemming met het Uitvoeringsreglement.

Art. 111 Beslissing over het beroep

Beslissing over het beroep

1. Nadat onderzocht is of het beroep gegrond is, beslist de kamer van beroep over het beroep. De kamer van beroep kan hetzij de bevoegdheden uitoefenen van de afdeling die de bestreden beslissing heeft genomen, hetzij de zaak voor verdere afdoening naar deze afdeling terugwijzen.

2. Indien de kamer van beroep de zaak voor verdere afdoening terugwijst naar de afdeling die de bestreden beslissing heeft genomen, is deze afdeling gebonden aan de beoordeling van de rechtsvragen door de kamer van beroep, voor zover de feiten dezelfde zijn. Indien de bestreden beslissing is genomen door de aanvraagafdeling, is de onderzoeksafdeling eveneens gebonden aan de beoordeling van de rechtsvragen door de kamer van beroep.

Art. 112 Beslissing of oordeel van de Grote Kamer van beroep

Beslissing of oordeel van de Grote Kamer van beroep

1. Teneinde eenvormige toepassing van het recht te waarborgen of indien zich een rechtsvraag van fundamenteel belang voordoet:

a. legt de kamer van beroep waarvoor een procedure aanhangig is, hetzij ambtshalve, hetzij op verzoek van een van de partijen bij het beroep, de Grote Kamer van beroep de vragen voor, ten aanzien waarvan zij een beslissing voor bovengenoemde doeleinden noodzakelijk acht. Wanneer de kamer van beroep het verzoek afwijst, dient de afwijzing in de eindbeslissing met redenen te zijn omkleed;

b. kan de President van het Europees Octrooibureau een rechtsvraag voorleggen aan de Grote Kamer van beroep wanneer twee kamers van beroep over deze vraag uiteenlopende beslissingen hebben genomen.

2. In de gevallen bedoeld in het eerste lid, onderdeel a, zijn de partijen bij de beroepsprocedure partij bij de procedure voor de Grote Kamer van beroep.

3. De in het eerste lid, onderdeel a, bedoelde beslissing van de Grote Kamer van beroep is ten aanzien van het hangende beroep bindend voor de kamer van beroep.

Art. 112a Verzoek om herziening door de Grote Kamer van beroep

1. Elke partij bij een beroepsprocedure die benadeeld is door de beslissing van de kamer van beroep kan een verzoek indienen om herziening van de beslissing door de Grote Kamer van beroep.

2. Het verzoek kan alleen worden ingediend op de gronden dat:

a. een lid van de kamer van beroep in strijd met artikel 24, eerste lid, deelnam aan de beslissing of ondanks het feit dat hij was uitgesloten op grond van een beslissing ingevolge artikel 24, vierde lid;

b. de kamer van beroep een persoon omvatte die niet was benoemd als lid van de kamers van beroep;

c. zich een fundamentele schending van artikel 113 heeft voorgedaan;

d. zich een andere fundamentele procedurele tekortkoming als omschreven in het Uitvoeringsreglement heeft voorgedaan in de beroepsprocedure; of

e. een strafbaar feit vastgesteld overeenkomstig de voorwaarden vastgesteld in het Uitvoeringsreglement van invloed kan zijn geweest op de beslissing.

3. Het verzoek om herziening heeft geen schorsende werking.

4. Het verzoek om herziening wordt ingediend en met redenen omkleed in overeenstemming met het Uitvoeringsreglement. Indien het verzoek gebaseerd is op het tweede lid, onderdelen a tot en met d, dient het binnen twee maanden na de kennisgeving van de beslissing van de kamer van beroep te worden ingediend. Indien het verzoek is gebaseerd op het tweede lid, onderdeel e, dient het binnen twee maanden na de datum waarop het strafbare feit is vastgesteld te worden ingediend, maar in geen geval later dan vijf jaar na de kennisgeving van de beslissing van de kamer van beroep. Het verzoek wordt geacht eerst te zijn ingediend nadat de voorgeschreven taks is betaald.

5. De Grote Kamer van beroep onderzoekt het verzoek om herziening in overeenstemming met het Uitvoeringsreglement. Indien het verzoek gegrond is, maakt de Grote Kamer van beroep de beslissing ongedaan en heropent de procedure bij de kamers van beroep in overeenstemming met het Uitvoeringsreglement.

6. Degene die in een aangewezen Verdragsluitende Staat te goeder trouw in het tijdvak tussen de beslissing van de kamer van beroep en de publicatie in het Europees Octrooiblad van de vermelding van de beslissing van de Grote Kamer van beroep inzake het verzoek om herziening, een uitvinding, die het voorwerp is van een gepubliceerde Europese octrooiaanvrage of van een Europees octrooi, heeft toegepast of doeltreffende en serieuze voorbereidingen voor toepassing ervan heeft getroffen, mag met deze toepassing in of voor zijn bedrijf kosteloos doorgaan.

DEEL VII GEMEENSCHAPPELIJKE BEPALINGEN

HOOFDSTUK I ALGEMENE BEPALINGEN BETREFFENDE DE PROCEDURE

Art. 113 Recht te worden gehoord en gronden van de beslissingen

1. De beslissingen van het Europees Octrooibureau kunnen slechts gebaseerd worden op gronden waarover de partijen zich hebben kunnen uitlaten.

2. Bij het onderzoeken van en het beslissen over de Europese octrooiaanvrage of het Europees octrooi dient het Europees Octrooibureau zich te houden aan de tekst zoals die is voorgesteld of aanvaard door de aanvrager of door de houder van het octrooi.

Art. 114 Ambtshalve onderzoek

1. Tijdens de procedure onderzoekt het Europees Octrooibureau ambtshalve de feiten; dit onderzoek beperkt zich noch tot de door de partijen aangevoerde feiten, bewijsmiddelen en argumenten noch tot de door hen ingediende verzoeken.

2. Het Europees Octrooibureau hoeft geen rekening te houden met feiten en bewijsmiddelen die door de partijen niet tijdig zijn aangevoerd.

Art. 115 Opmerkingen van derden

Bij procedures voor het Europees Octrooibureau kunnen derden, na publicatie van de Europese octrooiaanvrage, in overeenstemming met het Uitvoeringsreglement, opmerkingen indienen met betrekking tot de octrooieerbaarheid van de uitvinding waarop de aanvrage of het octrooi betrekking heeft. Deze personen worden geen partij bij de procedure.

Art. 116 Mondelinge behandeling

1. Een mondelinge behandeling vindt plaats, hetzij ambtshalve wanneer het Europees Octrooibureau zulks wenselijk acht, hetzij op verzoek van een partij bij de procedure. Het Europees Octrooibureau kan evenwel afwijzend beschikken op een verzoek om een nieuwe mondelinge behandeling voor dezelfde afdeling wanneer de partijen bij de procedure en de daaraan ten grondslag liggende feiten dezelfde zijn.

2. Niettemin vindt mondelinge behandeling voor de aanvraagafdeling op verzoek van de aanvrager alleen plaats wanneer de aanvraagafdeling zulks aangewezen acht of wanneer zij voornemens is de Europese octrooiaanvrage af te wijzen.

3. De mondelinge behandeling voor de aanvraagafdeling, de onderzoeksafdelingen en de juridische afdeling is niet openbaar.

4. De mondelinge behandeling, met inbegrip van het geven van de beslissing, voor de kamers van beroep en de Grote Kamer van beroep na de publicatie van de Europese octrooiaanvrage, alsmede voor de oppositieafdelingen, is openbaar, voor zover de betrokken afdeling waarvoor de procedure plaatsvindt, niet anders beslist in gevallen waarin openbaarheid ernstige en ongerechtvaardigde nadelen zou kunnen hebben, met name voor een partij bij de procedure.

Art. 117 Bewijsmiddelen en verkrijgen van bewijs

1. Bij procedures voor het Europees Octrooibureau zijn de volgende bewijsmiddelen toegelaten:

a. horen van partijen;

b. inwinnen van inlichtingen;

c. overleggen van stukken;

d. horen van getuigen;

e. deskundigenrapport;

f. bezichtiging;

g. onder ede afgelegde schriftelijke verklaringen.

2. De procedure voor het verkrijgen van bewijs wordt vastgesteld in het Uitvoeringsreglement.

Art. 118 Eenheid van de Europese octrooiaanvrage of van het Europees octrooi

Indien de aanvragers of de houders van een Europees octrooi voor verschillende aangewezen Verdragsluitende Staten niet dezelfde zijn, worden zij bij de procedures voor het Europees Octrooibureau beschouwd als mede-aanvragers of als mede-houders. De eenheid van de aanvrage

of van het octrooi bij deze procedure wordt niet aangetast; in het bijzonder dient de tekst van de aanvrage of van het octrooi voor alle aangewezen Staten gelijk te zijn, tenzij dit Verdrag anders bepaalt.

Art. 119 Kennisgeving

Van beslissingen, oproepen, kennisgevingen en mededelingen wordt ambtshalve kennis gegeven door het Europees Octrooibureau in overeenstemming met het Uitvoeringsreglement. Kennisgeving kan, wanneer buitengewone omstandigheden zulks vereisen, geschieden door tussenkomst van de centrale diensten voor de industriële eigendom van de Verdragsluitende Staten.

Art. 120 Termijnen

Het Uitvoeringsreglement bepaalt:

a. de termijnen die in acht dienen te worden genomen bij procedures voor het Europees Octrooibureau en die niet door dit Verdrag zijn vastgesteld;

b. de wijze waarop de termijnen berekend worden alsmede de voorwaarden waaronder zij kunnen worden verlengd;

c. de minimale en maximale duur van de termijnen die worden gesteld door het Europees Octrooibureau.

Art. 121 Verdere behandeling van de Europese octrooiaanvrage

1. Indien een aanvrager ten aanzien van het Europees Octrooibureau verzuimt een termijn in acht te nemen, kan hij verzoeken om verdere behandeling van de Europese octrooiaanvrage.

2. Het Europees Octrooibureau willigt het verzoek in, mits voldaan wordt aan de vereisten die zijn vastgesteld in het Uitvoeringsreglement. Is dat niet het geval dan wijst zij het verzoek af.

3. Indien het verzoek wordt ingewilligd, worden de rechtsgevolgen van het verzuim van de termijn geacht niet te zijn ingetreden.

4. Verdere behandeling is uitgesloten in geval van de termijnen genoemd in artikel 87, eerste lid, artikel 108 en artikel 112a, vierde lid, alsmede de termijnen voor verzoeken om verdere behandeling of herstel in de vorige toestand. Het Uitvoeringsreglement kan verdere behandeling voor andere termijnen uitsluiten.

Art. 122 Herstel in de vorige toestand

1. Een aanvrager of houder van een Europees octrooi die, ondanks het betrachten van alle in de gegeven omstandigheden geboden zorgvuldigheid, niet in staat is geweest ten aanzien van het Europees Octrooibureau een termijn in acht te nemen, wordt op verzoek in zijn rechten hersteld indien het niet-naleven van deze termijn rechtstreeks tot gevolg heeft dat de Europese octrooiaanvrage of een verzoek wordt afgewezen, dat de aanvrage wordt geacht te zijn ingetrokken, dat het Europees octrooi herroepen wordt of dat een ander recht of rechtsmiddel verloren gaat.

2. Het Europees Octrooibureau willigt het verzoek in, mits voldaan wordt aan de voorwaarden van het eerste lid en de vereisten vastgesteld in het Uitvoeringsreglement. Is dat niet het geval dan wijst zij het verzoek af.

3. Indien het verzoek wordt ingewilligd, worden de rechtsgevolgen van het verzuim van de termijn geacht niet te zijn ingetreden.

4. Herstel in de vorige toestand is uitgesloten ten aanzien van de termijn voor verzoeken om herstel in de vorige toestand. Het Uitvoeringsreglement kan herstel in de vorige toestand voor andere termijnen uitsluiten.

5. Degene die in een aangewezen Verdragsluitende Staat te goeder trouw in het tijdvak tussen het verlies van de rechten bedoeld in het eerste lid en de publicatie in het Europees Octrooiblad van de vermelding van het herstel in de vorige toestand, een uitvinding, die het voorwerp is van een gepubliceerde Europese octrooiaanvrage of van een Europees octrooi, heeft toegepast of doeltreffende en serieuze voorbereidingen voor toepassing ervan heeft getroffen, mag met deze toepassing in of voor zijn bedrijf kosteloos doorgaan.

6. Dit artikel laat onverlet het recht van een Verdragsluitende Staat tot herstel in de vorige toestand ten aanzien van de termijnen voorzien in dit Verdrag en die in acht dienen te worden genomen ten aanzien van de autoriteiten van die Staat.

Art. 123 Wijzigingen

1. De Europese octrooiaanvrage of het Europees octrooi kan worden gewijzigd tijdens een procedure voor het Europees Octrooibureau in overeenstemming met het Uitvoeringsreglement. In elk geval dient de aanvrager ten minste eenmaal in de gelegenheid te worden gesteld om de aanvrage op eigen initiatief te wijzigen.

2. De Europese octrooiaanvrage of het Europees octrooi kan niet zodanig gewijzigd worden dat het onderwerp niet meer gedekt wordt door de inhoud van de aanvrage zoals die is ingediend.

3. Het Europees octrooi kan niet zodanig worden gewijzigd dat de beschermingsomvang wordt uitgebreid.

Art. 124 Inlichtingen over de stand van de techniek

1. Het Europees Octrooibureau kan, in overeenstemming met het Uitvoeringsreglement, de aanvrager verzoeken inlichtingen te verstrekken over de stand van de techniek die gehanteerd is bij een nationale of regionale octrooiprocedure en een uitvinding betreft waarop de Europese octrooiaanvrage betrekking heeft.

2. Indien de aanvrager niet tijdig gevolg geeft aan een verzoek ingevolge het eerste lid, wordt de Europese octrooiaanvrage geacht te zijn ingetrokken.

Art. 125 Verwijzing naar algemene beginselen

Voor zover dit Verdrag geen bepalingen bevat over een te volgen procedure, neemt het Europees Octrooibureau de beginselen van procesrecht die in de Verdragsluitende Staten algemeen zijn aanvaard in acht.

Art. 126

[Vervallen]

HOOFDSTUK II INFORMATIE VOOR HET PUBLIEK OF VOOR OFFICIËLE INSTANTIES

Art. 127 Europees Octrooiregister

Het Europees Octrooibureau houdt een Europees Octrooiregister bij waarin de in het Uitvoeringsreglement omschreven gegevens worden ingeschreven. Geen enkele inschrijving mag in het Europees Octrooiregister worden gedaan voordat de Europese octrooiaanvrage is gepubliceerd. Het Europees Octrooiregister ligt ter inzage van het publiek.

Art. 128 Inzage van dossiers

1. De dossiers die betrekking hebben op Europese octrooiaanvragen die nog niet zijn gepubliceerd, kunnen alleen met toestemming van de aanvrager worden ingezien.

2. Degene die bewijst dat de aanvrager zich tegenover hem heeft beroepen op zijn Europese octrooiaanvrage, kan het dossier inzien voordat deze aanvrage is gepubliceerd en zonder toestemming van de aanvrager.

3. Wanneer een afgesplitste Europese aanvrage of een nieuwe Europese octrooiaanvrage, ingediend op grond van artikel 61, eerste lid, is gepubliceerd, kan een ieder het dossier van de eerdere aanvrage inzien voordat deze aanvrage is gepubliceerd en zonder toestemming van de aanvrager.

4. Na de publicatie van de Europese octrooiaanvrage kunnen, behoudens de in het Uitvoeringsreglement gestelde beperkingen, de dossiers van die aanvrage en van het daarop verleende octrooi op verzoek worden ingezien.

5. Het Europees Octrooibureau kan, zelfs vóór de publicatie van de Europese octrooiaanvrage, de in het Uitvoeringsreglement omschreven gegevens mededelen aan derden of publiceren.

Art. 129 Regelmatige verschijnende publicaties

Het Europees Octrooibureau publiceert regelmatig:

a. een Europees Octrooiblad, inhoudende de gegevens waarvan de publicatie door dit Verdrag, het Uitvoeringsreglement of de President van het Europees Octrooibureau, is voorgeschreven;

b. een Publicatieblad, inhoudende mededelingen en bekendmakingen van algemene aard door de President van het Europees Octrooibureau alsmede alle andere bekendmakingen betreffende dit Verdrag of de toepassing ervan.

Art. 130 Uitwisseling van informatie

1. Tenzij in dit Verdrag of in de nationale wetgevingen anders is bepaald, verstrekken het Europees Octrooibureau en de centrale diensten voor de industriële eigendom van de Verdragsluitende Staten elkaar op verzoek alle ter zake dienende gegevens over Europese of nationale octrooiaanvragen en octrooien alsmede over de procedures dienaangaande.

2. Het eerste lid is van toepassing op de uitwisseling van gegevens op grond van werkovereenkomsten tussen het Europees Octrooibureau en

a. de centrale diensten voor de industriële eigendom van andere Staten;

b. elke intergouvernementele organisatie die belast is met het verlenen van octrooien;

c. elke andere organisatie.

3. Het verstrekken van gegevens ingevolge het eerste lid en het tweede lid, onderdelen a en b, is niet onderworpen aan de in artikel 128 vervatte beperkingen. De Raad van Bestuur kan besluiten dat het verstrekken van gegevens ingevolge het tweede lid, onderdeel c, niet onderworpen is aan die beperkingen, mits de betrokken organisatie de verstrekte gegevens als vertrouwelijk behandelt tot aan de datum waarop de Europese octrooiaanvrage is gepubliceerd.

Art. 131 Ambtelijke en juridische samenwerking

1. Tenzij in dit Verdrag of in de nationale wetgevingen anders is bepaald, dienen het Europees Octrooibureau en de gerechtelijke of andere bevoegde instanties van de Verdragsluitende Staten elkaar op verzoek wederzijds bijstand te verlenen door elkaar gegevens te verstrekken of inzage in dossiers te geven. Wanneer het Europees Octrooibureau inzage van dossiers verleent aan de gerechtelijke instanties, Openbare Ministeries of centrale diensten voor de industriële eigendom is dit niet onderworpen aan de in artikel 128 bedoelde beperkingen.

2. De gerechtelijke of andere bevoegde instanties van de Verdragsluitende Staten gaan voor het Europees Octrooibureau, op diens rogatoire commissie, en voor zover hun bevoegdheden zulks toelaten, over tot maatregelen voor het verkrijgen van bewijs en tot andere gerechtelijke handelingen.

Art. 132 Uitwisseling van publicaties

Uitwisseling van publicaties

1. Het Europees Octrooibureau en de centrale diensten voor de industriële eigendom van de Verdragsluitende Staten doen elkaar op verzoek en voor eigen gebruik kosteloos één of meer exemplaren van hun publicaties toekomen.

2. Het Europees Octrooibureau kan inzake de uitwisseling of toezending van publicaties overeenkomsten sluiten.

HOOFDSTUK III VERTEGENWOORDIGING

Art. 133 Algemene beginselen betreffende de vertegenwoordiging

Algemene beginselen betreffende de vertegenwoordiging

1. Behoudens het tweede lid, is niemand verplicht zich te doen vertegenwoordigen door een erkend gemachtigde in de door dit Verdrag vastgestelde procedures.

2. Natuurlijke personen of rechtspersonen, die geen woonplaats of zetel hebben in een Verdragsluitende Staat, dienen zich te laten vertegenwoordigen door een erkend gemachtigde en dienen door zijn tussenkomst op te treden in iedere door dit Verdrag vastgestelde procedure, behalve voor het indienen van een Europese octrooiaanvrage; verdere uitzonderingen kunnen worden vastgesteld door het Uitvoeringsreglement.

3. Natuurlijke personen of rechtspersonen, die hun woonplaats of zetel hebben in een Verdragsluitende Staat, kunnen in door dit Verdrag vastgestelde procedures optreden door een werknemer, die geen erkend gemachtigde behoeft te zijn, maar dient te beschikken over een volmacht in overeenstemming met het Uitvoeringsreglement. Het Uitvoeringsreglement kan bepalen of en onder welke voorwaarden een werknemer van een rechtspersoon eveneens kan optreden voor andere rechtspersonen die hun zetel hebben in een Verdragsluitende Staat en die economische banden hebben met de eerstgenoemde rechtspersoon.

4. Bijzondere bepalingen betreffende de gemeenschappelijke vertegenwoordiging van gemeenschappelijk optredende partijen kunnen worden vastgesteld in het Uitvoeringsreglement.

Art. 134 Vertegenwoordiging voor het Europees Octrooibureau

Vertegenwoordiging voor het Europees Octrooibureau

1. Natuurlijke personen of rechtspersonen kunnen in de door dit Verdrag vastgestelde procedures slechts worden vertegenwoordigd door erkende gemachtigden, die ingeschreven staan op een daartoe door het Europees Octrooibureau bij te houden lijst.

2. Iedere natuurlijke persoon die

a. onderdaan is van een Verdragsluitende Staat,

b. zijn kantoor of plaats van tewerkstelling heeft in een Verdragsluitende Staat, en

c. met goed gevolg het Europese bekwaamheidsexamen heeft afgelegd

kan worden ingeschreven op de lijst van erkende gemachtigden.

3. Gedurende een jaar vanaf de datum waarop de toetreding door een Staat tot dit Verdrag van kracht wordt, kan ook iedere natuurlijke persoon om inschrijving in de lijst verzoeken die

a. onderdaan is van een Verdragsluitende Staat,

b. zijn kantoor of plaats van tewerkstelling heeft in de Staat die is toegetreden tot het Verdrag, en

c. bevoegd is natuurlijke personen of rechtspersonen te vertegenwoordigen in octrooizaken voor de centrale dienst voor de industriële eigendom van die Staat. Wanneer deze bevoegdheid niet afhankelijk is van het vereiste van specifieke professionele kwalificaties, dient de persoon gedurende ten minste vijf jaar regelmatig als zodanig te zijn opgetreden in die Staat.

4. De inschrijving geschiedt op verzoek en gaat vergezeld van certificaten waaruit blijkt dat aan de in het tweede of derde lid vastgestelde voorwaarden wordt voldaan.

5. Personen wier namen voorkomen op de lijst van erkende gemachtigden zijn bevoegd op te treden in alle door dit Verdrag vastgestelde procedures.

6. Om op te treden als erkend gemachtigde, is een ieder die staat ingeschreven op de lijst van erkende gemachtigden, bevoegd kantoor te houden in elke Verdragsluitende Staat waar door dit Verdrag vastgestelde procedures plaatsvinden, rekening houdend met het aan dit Verdrag als bijlage toegevoegde Protocol inzake de centralisatie. De autoriteiten van deze Staat kunnen deze bevoegdheid slechts intrekken in individuele gevallen en op grond van nationale regelgeving voor de bescherming van de openbare orde en veiligheid. Alvorens een dergelijke maatregel wordt genomen, dient de President van het Europees Octrooibureau te worden geraadpleegd.

7. De President van het Europees Octrooibureau kan vrijstelling verlenen:

a. van het vereiste van het tweede lid, onderdeel a, of het derde lid, onderdeel a, in bijzondere omstandigheden;

b. van het vereiste van het derde lid, onderdeel c, tweede volzin, indien de aanvrager aantoont dat hij de vereiste kwalificatie op andere wijze heeft verworven.

8. In de door dit Verdrag vastgestelde procedures kan de vertegenwoordiging ook geschieden, op dezelfde wijze als door een erkend gemachtigde, door iedere advocaat die bevoegd is in een Verdragsluitende Staat op te treden en aldaar kantoor houdt, voor zover hij in die Staat bevoegd is op te treden als erkend gemachtigde op het gebied van octrooien. Het zesde lid is van overeenkomstige toepassing.

Art. 134a Instituut van erkende gemachtigden voor het Europees Octrooibureau

1. De Raad van Bestuur is bevoegd bepalingen vast te stellen en te wijzigen ten aanzien van:

a. het Instituut van erkende gemachtigden voor het Europees Octrooibureau, hierna te noemen het Instituut;

b. de vereiste bekwaamheid en opleiding om te worden toegelaten tot het Europese bekwaamheidsexamen en ten aanzien van het afnemen van dit examen;

c. het tuchtrechtelijk toezicht dat het Instituut of het Europees Octrooibureau over de erkende gemachtigden uitoefent;

d. de geheimhoudingsverplichting van de erkend gemachtigde en het recht in procedures voor het Europees Octrooibureau te weigeren communicatie tussen een erkend gemachtigde en zijn cliënt of enig andere persoon bekend te maken.

2. Iedere persoon die ingeschreven staat op de lijst van erkende gemachtigden bedoeld in artikel 134, eerste lid, is lid van het Instituut.

DEEL VIII GEVOLGEN VOOR HET NATIONALE RECHT

HOOFDSTUK I OMZETTING IN EEN NATIONALE OCTROOIAANVRAGE

Art. 135 Verzoek tot omzetting

1. De centrale dienst voor de industriële eigendom van een aangewezen Verdragsluitende Staat stelt de procedure tot verlening van een nationaal octrooi in op verzoek van de aanvrager of van de houder van een Europees octrooi in de volgende gevallen:

a. indien de Europese octrooiaanvrage wordt geacht te zijn ingetrokken ingevolge artikel 77, derde lid;

b. in de andere door de nationale wetgeving bepaalde gevallen waarin op grond van dit Verdrag de Europese octrooiaanvrage is afgewezen, ingetrokken of wordt geacht te zijn ingetrokken of het Europees octrooi herroepen is.

2. In het in het eerste lid, onderdeel a, bedoelde geval wordt het verzoek tot omzetting ingediend bij de centrale dienst voor de industriële eigendom waar de Europese octrooiaanvrage is ingediend. Onverminderd de bepalingen inzake nationale veiligheid, zendt deze dienst het verzoek direct door aan de centrale diensten voor de industriële eigendom van de daarin vermelde Verdragsluitende Staten.

3. In de in het eerste lid, onderdeel b, bedoelde gevallen wordt het verzoek tot omzetting ingediend bij het Europees Octrooibureau in overeenstemming met het Uitvoeringsreglement. Het verzoek wordt geacht eerst te zijn ingediend nadat de omzettingstaks is betaald. Het Europees Octrooibureau zendt het verzoek aan de centrale diensten voor de industriële eigendom van de daarin vermelde Verdragsluitende Staten.

4. De in artikel 66 bedoelde gevolgen van de Europese octrooiaanvrage vervallen indien het verzoek tot omzetting niet tijdig is ingediend.

Art. 136

[Vervallen]

Art. 137 Vormvoorschriften voor de omzetting

1. Een Europese octrooiaanvrage die is doorgezonden in overeenstemming met artikel 135, tweede of derde lid, mag niet onderworpen worden aan vormvoorschriften van het nationale recht die afwijken van of een aanvulling betekenen op de in dit Verdrag vastgestelde bepalingen.

2. De centrale dienst voor de industriële eigendom waarnaar de Europese octrooiaanvrage is doorgezonden, kan eisen dat de aanvrager binnen een termijn van ten minste twee maanden:

a. de nationale indieningstaks betaalt; en

b. een vertaling van de oorspronkelijke tekst van de Europese octrooiaanvrage in een officiële taal van de betrokken Staat indient, alsmede in voorkomend geval, een vertaling van de tijdens de procedure voor het Europees Octrooibureau gewijzigde tekst die de aanvrager wenst te gebruiken als basis voor de nationale procedure.

HOOFDSTUK II NIETIGHEID EN OUDERE RECHTEN

Art. 138 Nietigheid van Europese octrooien

Nietigheid van Europese octrooien

1. Behoudens artikel 139 kan het Europees octrooi met werking in een Verdragsluitende Staat slechts nietig worden verklaard indien:

a. het onderwerp van het Europees octrooi ingevolge de artikelen 52 tot en met 57 niet octrooieerbaar is;

b. het Europees octrooi de uitvinding niet zodanig duidelijk en volledig openbaart, dat zij door de vakman kan worden toegepast;

c. het onderwerp van het Europees octrooi niet gedekt wordt door de inhoud van de aanvrage zoals die is ingediend of, indien het octrooi is verleend op een afgesplitste aanvrage of op een nieuwe aanvrage die is ingediend overeenkomstig artikel 61, niet gedekt wordt door de inhoud van de eerdere aanvrage zoals die is ingediend;

d. de beschermingsomvang van het Europees octrooi is uitgebreid; of

e. de houder van het Europees octrooi niet de rechthebbende op het octrooi is ingevolge artikel 60, eerste lid.

2. Indien de nietigheidsgronden het Europees octrooi slechts gedeeltelijk aantasten, wordt het octrooi beperkt door een dienovereenkomstige wijziging van de conclusies en gedeeltelijk nietig verklaard.

3. Bij procedures voor de bevoegde gerechtelijke instantie of autoriteit ten aanzien van de geldigheid van het Europees octrooi, heeft de octrooihouder het recht het octrooi te beperken door wijziging van de conclusies. Het aldus beperkte octrooi vormt de basis voor de procedure.

Art. 139 Oudere rechten en rechten van dezelfde datum

Oudere rechten en rechten van dezelfde datum

1. In elke aangewezen Verdragsluitende Staat hebben een Europese octrooiaanvrage en een Europees octrooi ten opzichte van een nationale octrooiaanvrage en een nationaal octrooi als ouder recht dezelfde werking als een nationale octrooiaanvrage en een nationaal octrooi.

2. Een nationale octrooiaanvrage en een nationaal octrooi in een Verdragsluitende Staat hebben ten opzichte van een Europees octrooi waarin die Verdragsluitende Staat is aangewezen, als ouder recht dezelfde werking als ware het Europees octrooi een nationaal octrooi.

3. Elke Verdragsluitende Staat kan bepalen of, en onder welke voorwaarden, een uitvinding die zowel in een Europese octrooiaanvrage of in een Europees octrooi, als in een nationale octrooiaanvrage of in een nationaal octrooi met dezelfde datum van indiening of, indien een beroep is gedaan op een recht van voorrang, met eenzelfde voorrangsdatum, openbaar is gemaakt, gelijktijdig door Europese en nationale aanvragen of octrooien beschermd kan worden.

HOOFDSTUK III OVERIGE GEVOLGEN

Art. 140 Nationale gebruiksmodellen en gebruikscertificaten

Nationale gebruiksmodellen en gebruikscertificaten

De artikelen 66, 124, 135, 137 en 139 zijn van toepassing op gebruiksmodellen en gebruikscertificaten alsmede op aanvragen voor gebruiksmodellen en gebruikscertificaten die zijn ingeschreven of gedeponeerd in de Verdragsluitende Staten waar de wetgeving in deze vormen van bescherming voorziet.

Art. 141 Jaartaksen voor Europees octrooien

Jaartaksen voor Europees octrooien

1. De jaartaksen voor het Europees octrooi kunnen slechts worden geheven voor de jaren volgende op het jaar bedoeld in artikel 86, tweede lid.

2. Indien de jaartaksen verschuldigd zijn binnen twee maanden nadat de vermelding van de verlening van het Europees octrooi in het Europees Octrooiblad is gepubliceerd, worden deze jaartaksen geacht rechtsgeldig te zijn betaald als zij binnen die termijn zijn betaald. Een onder nationale wetgeving voorziene verhoging van de taksen wordt niet geheven.

DEEL IX BIJZONDERE OVEREENKOMSTEN

Art. 142 Eenheidsoctrooien

Eenheidsoctrooien

1. Iedere groep Verdragsluitende Staten die op grond van een bijzondere overeenkomst heeft besloten dat de voor die Staten verleende Europese octrooien voor hun gezamenlijke grondgebieden een eenheid vormen, kan bepalen dat de Europese octrooien slechts gezamenlijk voor al die Staten kunnen worden verleend.

2. De bepalingen van dit deel zijn van toepassing wanneer een groep Verdragsluitende Staten van de in het eerste lid bedoelde mogelijkheid gebruik heeft gemaakt.

Art. 143 Bijzondere organen van het Europees Octrooibureau

1. De groep Verdragsluitende Staten kan het Europees Octrooibureau aanvullende taken opdragen.

2. Ter uitvoering van die aanvullende taken kunnen binnen het Europees Octrooibureau voor de tot die groep behorende Staten gemeenschappelijke bijzondere organen worden ingesteld. De leiding van deze bijzondere organen berust bij de President van het Europees Octrooibureau; artikel 10, tweede en derde lid, is van overeenkomstige toepassing.

Art. 144 Vertegenwoordiging voor de bijzondere organen

De groep Verdragsluitende Staten kan een bijzondere regeling vaststellen voor de vertegenwoordiging van partijen voor de organen bedoeld in artikel 143, tweede lid.

Art. 145 Beperkte Commissie van de Raad van Bestuur

1. De groep Verdragsluitende Staten kan een Beperkte Commissie van de Raad van Bestuur instellen voor toezicht op de werkzaamheden van de ingevolge artikel 143, tweede lid, ingestelde bijzondere organen; het Europees Octrooibureau stelt deze Commissie het personeel, de accommodatie en het materiaal ter beschikking, dat voor de uitvoering van haar taak benodigd is. De President van het Europees Octrooibureau dient ten overstaan van de Beperkte Commissie van de Raad van Bestuur verantwoording af te leggen voor de werkzaamheden van de bijzondere organen.

2. De samenstelling, de bevoegdheden en de werkzaamheden van de Beperkte Commissie worden bepaald door de groep Verdragsluitende Staten.

Art. 146 Dekking van de kosten voor het uitvoeren van de bijzondere taken

Indien aan het Europees Octrooibureau aanvullende taken zijn opgedragen op grond van artikel 143, komen de kosten die voor de Organisatie zijn ontstaan in verband met de uitvoering van die taken ten laste van de groep Verdragsluitende Staten. Indien binnen het Europees Octrooibureau bijzondere organen zijn ingesteld voor de uitvoering van die aanvullende taken, komen de voor deze organen te maken kosten met betrekking tot personeel, accommodatie en materiaal voor rekening van de groep Verdragsluitende Staten. De artikelen 39, derde en vierde lid, 41 en 47 zijn van overeenkomstige toepassing.

Art. 147 Betalingen van jaartaksen voor eenheidsoctrooien

Indien de groep Verdragsluitende Staten voor de jaartaksen een eenheidstarief heeft vastgesteld, wordt het percentage, bedoeld in artikel 39, eerste lid, berekend aan de hand van dit eenheidstarief; het in artikel 39, eerste lid, bedoelde minimumbedrag is eveneens het minimumbedrag voor het eenheidsoctrooi. Artikel 39, derde en vierde lid, is van overeenkomstige toepassing.

Art. 148 De Europese Octrooiaanvrage als deel van het vermogen

1. Artikel 74 is van toepassing tenzij de groep Verdragsluitende Staten andere bepalingen heeft vastgesteld.

2. De groep Verdragsluitende Staten kan bepalen dat, voor zover deze Verdragsluitende Staten zijn aangewezen, overgang, verpanding of gedwongen uitwinning van de Europese octrooiaanvrage slechts is toegestaan voor al die Verdragsluitende Staten en overeenkomstig de bepalingen van de bijzondere overeenkomst.

Art. 149 Gezamenlijke aanwijzing

1. De groep Verdragsluitende Staten kan bepalen dat deze Staten slechts gezamenlijk kunnen worden aangewezen en dat de aanwijzing van een of meer Staten van deze groep geldt als aanwijzing van al deze Staten.

2. Wanneer het Europees Octrooibureau optreedt als aangewezen bureau in de zin van artikel 153, eerste lid, is het voorgaande lid van toepassing indien de aanvrager in de internationale aanvrage heeft medegedeeld dat hij een Europees octrooi wenst voor een of meer aangewezen Staten van de groep. Deze bepaling is eveneens van toepassing, indien de aanvrager in de internationale aanvrage een van de Verdragsluitende Staten heeft aangewezen die tot deze groep behoort, waarvan de nationale wetgeving bepaalt dat een aanwijzing van die Staat de gevolgen heeft van een aanvrage om een Europees octrooi.

Art. 149a Andere overeenkomsten tussen de Verdragsluitende Staten

1. Geen enkele bepaling in dit Verdrag mag zodanig worden uitgelegd dat zij het recht van bepaalde of alle Verdragsluitende Staten beperkt bijzondere overeenkomsten te sluiten inzake aangelegenheden betreffende Europese octrooiaanvragen of Europese octrooien die op grond van dit Verdrag onderworpen zijn aan en worden beheerst door het nationale recht, zoals met name

a. een overeenkomst tot oprichting van een gemeenschappelijk Europees octrooigerecht voor de Verdragsluitende Staten die daar partij bij zijn;

b. een overeenkomst tot oprichting van een gemeenschappelijke instantie voor de Verdragsluitende Staten die daar partij bij zijn, die op verzoek van de nationale gerechtelijke instanties of semi-gerechtelijke autoriteiten haar oordeel geeft over kwesties op het gebied van Europees of geharmoniseerd nationaal octrooirecht;

c. een overeenkomst op grond waarvan de Verdragsluitende Staten die daar partij bij zijn geheel of gedeeltelijk kunnen afzien van vertalingen van Europese octrooien bedoeld in artikel 65;
d. een overeenkomst op grond waarvan de Verdragsluitende Staten die daar partij bij zijn bepalen dat vertalingen van Europese octrooien als vereist overeenkomstig artikel 65 kunnen worden ingediend bij en gepubliceerd door het Europees Octrooibureau.

2. De Raad van Bestuur is bevoegd te besluiten dat:
a. de leden van de kamers van beroep of van de Grote Kamer van beroep zitting kunnen hebben in een Europees octrooigerecht of in een gemeenschappelijke instantie en deelnemen aan procedures voor dat gerecht of die instantie in overeenstemming met een dergelijke overeenkomst;
b. het Europees Octrooibureau een gemeenschappelijke instantie van ondersteunend personeel, accommodatie en materiaal zal voorzien, die voor de uitvoering van haar taken benodigd zijn en dat de kosten van die instantie geheel of gedeeltelijk door de Organisatie worden gedragen.

DEEL X INTERNATIONALE AANVRAGEN IN DE ZIN VAN HET VERDRAG TOT SAMENWERKING INZAKE OCTROOIEN – EURO-PCT-AANVRAGEN

Art. 150 Toepassing van het Verdrag tot samenwerking inzake octrooien

Toepassing van het Verdrag tot samenwerking inzake octrooien

1. Het Verdrag tot samenwerking inzake octrooien van 19 juni 1970, hierna te noemen het PCT, is van toepassing in overeenstemming met de bepalingen van dit Deel.

2. Internationale aanvragen die worden ingediend op grond van het PCT kunnen het voorwerp zijn van procedures voor het Europees Octrooibureau. Bij dergelijke procedures zijn de bepalingen van het PCT en het Reglement daarbij van toepassing, aangevuld door de bepalingen van dit Verdrag. Indien deze met elkaar in strijd zijn, zijn de bepalingen van het PCT of het Reglement daarbij doorslaggevend.

Art. 151 Het Europees Octrooibureau als ontvangend bureau

Europees Octrooibureau als ontvangend bureau

Het Europees Octrooibureau treedt op als ontvangend bureau in de zin van het PCT in overeenstemming met het Uitvoeringsreglement. Artikel 75, tweede lid, is van toepassing.

Art. 152 Het Europees Octrooibureau als Instantie voor Internationaal Nieuwheidsonderzoek of Instantie voor Internationale Voorlopige Beoordeling

Europees Octrooibureau als Instantie voor Internationaal Nieuwheidsonderzoek of Instantie voor Internationale Voorlopige Beoordeling

Het Europees Octrooibureau treedt op als Instantie voor Internationaal Nieuwheidsonderzoek en Instantie voor Internationale Voorlopige Beoordeling in de zin van het PCT, in overeenstemming met een overeenkomst tussen de Organisatie en het Internationaal Bureau van de Wereldorganisatie voor de Intellectuele Eigendom, voor aanvragers die inwoner of onderdaan zijn van een Staat die partij is bij dit Verdrag. Deze overeenkomst kan bepalen dat het Europees Octrooibureau ook optreedt voor andere aanvragers.

Art. 153 Het Europees Octrooibureau als aangewezen bureau of gekozen bureau

Europees Octrooibureau als aangewezen bureau of gekozen bureau

1. Het Europees Octrooibureau is
a. aangewezen bureau voor elke Staat die partij is bij dit Verdrag waarvoor het PCT van kracht is, die is aangewezen in de internationale aanvrage en waarvoor de aanvrager het Europees octrooi wenst te verkrijgen; en
b. gekozen bureau, indien de aanvrager een Staat heeft gekozen die is aangewezen overeenkomstig onderdeel a.

2. Een internationale aanvrage waarvoor het Europees Octrooibureau het aangewezen of gekozen bureau is en waaraan een internationale datum van indiening is toegekend, is gelijkwaardig aan een gewone Europese aanvrage (Euro-PCT-aanvrage).

3. De internationale publicatie van een Euro-PCT-aanvrage in een officiële taal van het Europees Octrooibureau vervangt de publicatie van de Europese octrooiaanvrage en wordt vermeld in het Europees Octrooiblad.

4. Indien de Euro-PCT-aanvrage in een andere taal gepubliceerd is, dient een vertaling in een van de officiële talen te worden ingediend bij het Europees Octrooibureau die deze zal publiceren. Behoudens artikel 67, derde lid, treedt de voorlopige bescherming, bedoeld in artikel 67, eerste en tweede lid, pas in vanaf de datum van deze publicatie.

5. De Euro-PCT-aanvrage wordt behandeld als een Europese octrooiaanvrage en geldt als behorend tot de stand van de techniek in de zin van artikel 54, derde lid, indien aan de in het derde of vierde lid en in het Uitvoeringsreglement vastgestelde voorwaarden is voldaan.

6. Het verslag van het internationaal nieuwheidsonderzoek dat is opgesteld ten aanzien van een Euro-PCT-aanvrage of de vervangende verklaring ervan en hun internationale publicatie, treden in de plaats van het verslag van het Europees nieuwheidsonderzoek en de vermelding van de publicatie ervan in het Europees Octrooiblad.

7. Een aanvullend verslag van een Europees nieuwheidsonderzoek wordt opgesteld ten aanzien van een Euro-PCT-aanvrage ingevolge het vijfde lid. De Raad van Bestuur kan besluiten dat wordt afgezien van het aanvullend verslag van het nieuwheidsonderzoek of dat de taks voor het nieuwheidsonderzoek wordt verlaagd.

Art. 154-158

[Vervallen]

DEEL XI

[Vervallen]

Art. 159-163

[Vervallen]

DEEL XII SLOTBEPALINGEN

Art. 164 Uitvoeringsreglement en protocollen

1. Het Uitvoeringsreglement, het Protocol inzake de erkenning, het Protocol inzake de voorrechten en immuniteiten, het Protocol inzake centralisatie, het Protocol inzake de uitleg van artikel 69 en het Protocol inzake het personeelsbestand vormen een integrerend onderdeel van dit Verdrag.

2. Indien de bepalingen van dit Verdrag en die van het Uitvoeringsreglement met elkaar in strijd zijn, zijn de bepalingen van dit Verdrag doorslaggevend.

Art. 165 Ondertekening – Bekrachtiging

1. Dit Verdrag staat tot 5 april 1974 open voor ondertekening door de Staten, die hebben deelgenomen aan de intergouvernementele conferentie tot instelling van een Europees stelsel voor het verlenen van octrooien, of die van het houden van deze conferentie op de hoogte zijn gebracht en in staat zijn gesteld hieraan deel te nemen.

2. Dit Verdrag dient te worden bekrachtigd; de akten van bekrachtiging worden nedergelegd bij de Regering van de Bondsrepubliek Duitsland.

Art. 166 Toetreding

1. Dit Verdrag staat open voor toetreding door:

a. de Staten bedoeld in artikel 165, eerste lid;

b. elke andere Europese Staat op uitnodiging van de Raad van Bestuur.

2. Elke Staat die partij is geweest bij dit Verdrag en die ingevolge artikel 172, vierde lid, geen partij meer is, kan opnieuw partij bij dit Verdrag worden door toetreding.

3. De akten van toetreding worden nedergelegd bij de Regering van de Bondsrepubliek Duitsland.

Art. 167

[Vervallen]

Art. 168 Toepassingsgebied

1. Elke Verdragsluitende Staat kan in zijn akte van bekrachtiging of van toetreding verklaren, of op ieder later tijdstip aan de Regering van de Bondsrepubliek Duitsland schriftelijk mededelen, dat het Verdrag van toepassing is op een of meer grondgebieden voor de buitenlandse betrekkingen waarvan hij verantwoordelijk is. De voor die Verdragsluitende Staat verleende Europese octrooien hebben eveneens werking in de grondgebieden waarvoor deze verklaring van kracht is geworden.

2. Indien de in het eerste lid bedoelde verklaring is vervat in de akte van bekrachtiging of van toetreding, wordt zij van kracht op dezelfde datum als de bekrachtiging of de toetreding; indien de verklaring wordt medegedeeld na de nederlegging van de akte van bekrachtiging of van toetreding, wordt deze mededeling van kracht zes maanden nadat de Regering van de Bondsrepubliek Duitsland deze mededeling heeft ontvangen.

3. Elke Verdragsluitende Staat kan te allen tijde verklaren dat het Verdrag niet meer van toepassing is op enkele of alle grondgebieden waarvoor hij een verklaring heeft ingediend ingevolge het eerste lid. Deze verklaring wordt van kracht een jaar na de datum waarop de Regering van de Bondsrepubliek Duitsland hiervan mededeling heeft ontvangen.

Art. 169 Inwerkingtreding

1. Dit Verdrag treedt in werking drie maanden na de nederlegging van de laatste akte van bekrachtiging of van toetreding van zes Staten, op de grondgebieden waarvan in 1970 in totaal ten minste 180.000 octrooiaanvragen zijn ingediend voor deze Staten gezamenlijk.

2. Elke bekrachtiging of toetreding die plaatsvindt na de inwerkingtreding van dit Verdrag wordt van kracht op de eerste dag van de derde maand na de nederlegging van de akte van bekrachtiging of van toetreding.

Art. 170 Aanvangsbijdrage

1. Elke Staat die dit Verdrag bekrachtigt of hiertoe toetreedt nadat het in werking is getreden, betaalt aan de Organisatie een aanvangsbijdrage die niet wordt terugbetaald.

2. De aanvangsbijdrage is gelijk aan vijf procent van het bedrag dat voor de desbetreffende Staat wordt gevonden door de in artikel 40, derde en vierde lid, bedoelde verdeelsleutel voor de bijzondere financiële bijdragen, zoals die geldt op de datum waarop de bekrachtiging of de toetreding van die Staat van kracht wordt, toe te passen op het totale bedrag van de bijzondere financiële bijdragen die de andere Verdragsluitende Staten verschuldigd waren voor de begrotingsjaren voorafgaand aan de bedoelde datum.

3. Indien voor het begrotingsjaar dat onmiddellijk voorafgaat aan de datum bedoeld in het tweede lid, geen bijzondere financiële bijdragen zijn geheven, geldt als de in het tweede lid bedoelde verdeelsleutel de verdeelsleutel, die voor de desbetreffende Staat van toepassing zou zijn geweest voor het laatste begrotingsjaar waarvoor wel bijzondere financiële bijdragen zijn geheven.

Art. 171 Duur van het Verdrag

Duur van het Verdrag

Dit Verdrag wordt voor onbeperkte tijd gesloten.

Art. 172 Herziening

Herziening

1. Dit Verdrag kan worden herzien door een Conferentie van de Verdragsluitende Staten.

2. De Conferentie wordt voorbereid en bijeengeroepen door de Raad van Bestuur. De Conferentie kan alleen rechtsgeldige besluiten nemen, indien ten minste drie vierde van de Verdragsluitende Staten daar zijn vertegenwoordigd. Om aangenomen te worden dient de herziene tekst van het Verdrag te worden goedgekeurd door drie vierde van de Verdragsluitende Staten die vertegenwoordigd zijn tijdens de Conferentie en die een stem uitbrengen. Onthouding geldt niet als stem.

3. De herziene tekst van het Verdrag treedt in werking na de nederlegging van de akten van bekrachtiging of van toetreding door een door de Conferentie vastgesteld aantal Staten en op de door de Conferentie vastgestelde datum.

4. De Staten die op de datum van inwerkingtreding van het herziene Verdrag dit niet hebben bekrachtigd of hiertoe niet zijn toegetreden, houden met ingang van die datum op partij te zijn bij dit Verdrag.

Art. 173 Geschillen tussen Verdragsluitende Staten

Geschillen tussen Verdragsluitende Staten

1. Elk geschil tussen Verdragsluitende Staten betreffende de uitleg of de toepassing van dit Verdrag dat niet door onderhandelingen wordt beslecht, wordt op verzoek van een van de betrokken Staten voorgelegd aan de Raad van Bestuur, die zal trachten deze Staten tot overeenstemming te brengen.

2. Indien binnen zes maanden na de datum waarop het geschil aan de Raad van Bestuur is voorgelegd geen overeenstemming is bereikt, kan elk van de betrokken Staten het geschil aanhangig maken bij het Internationale Hof van Justitie dat een voor de betrokken partijen bindende beslissing zal nemen.

Art. 174 Opzegging

Opzegging

Elke Verdragsluitende Staat kan dit Verdrag te allen tijde opzeggen. De opzegging wordt medegedeeld aan de Regering van de Bondsrepubliek Duitsland. De opzegging wordt van kracht een jaar na de datum van ontvangst van deze mededeling.

Art. 175 Handhaving van verworven rechten

Handhaving van verworven rechten

1. Wanneer een Staat ophoudt partij te zijn bij dit Verdrag ingevolge artikel 172, vierde lid, of artikel 174, worden de op grond van dit Verdrag inmiddels verworven rechten niet aangetast.

2. De Europese octrooiaanvragen die op het tijdstip waarop een aangewezen Staat ophoudt Partij te zijn bij het Verdrag aanhangig zijn, worden ten aanzien van die Staat door het Europees Octrooibureau verder behandeld alsof het Verdrag, zoals dat na die datum van kracht is, voor die Staat van toepassing zou zijn.

3. Het tweede lid is van toepassing op de Europese octrooien ten aanzien waarvan op de in het tweede lid bedoelde datum een oppositie aanhangig is of de termijn voor oppositie niet is verstreken.

4. Dit artikel laat onverlet het recht dat een Staat die niet langer partij is bij dit Verdrag, heeft om op de Europese octrooien de bepalingen toe te passen van de tekst van het Verdrag waarbij hij Partij was.

Art. 176 Financiële rechten en verplichtingen van een voormalige Verdragsluitende Staat

Financiële rechten en verplichtingen van een voormalige Verdragsluitende Staat

1. Elke Staat die ingevolge artikel 172, vierde lid, of artikel 174 niet langer partij is bij dit Verdrag, ontvangt van de Organisatie de bijzondere financiële bijdragen die hij betaald heeft ingevolge artikel 40, tweede lid, niet eerder terug dan de datum waarop en onder de voorwaarden waaronder de Organisatie de bijzondere financiële bijdragen terugbetaalt die haar zijn betaald door andere Staten tijdens hetzelfde begrotingsjaar.

2. De in het eerste lid bedoelde Staat is, zelfs wanneer hij niet langer partij is bij dit Verdrag, gehouden tot betaling van het in artikel 39 aangegeven deel van de jaartaksen met betrekking tot Europese octrooien die van kracht blijven in die Staat tegen het tarief dat gold op de datum waarop hij niet langer partij was bij dit Verdrag.

Art. 177 Talen van het Verdrag

1. Dit Verdrag wordt opgesteld in één exemplaar in de Duitse, de Engelse en de Franse taal, dat wordt nedergelegd in het archief van de Regering van de Bondsrepubliek Duitsland, waarbij de drie teksten gelijkelijk authentiek zijn.

2. De teksten van dit Verdrag die worden opgesteld in andere dan de in het eerste lid bedoelde officiële talen van de Verdragsluitende Staten en die worden goedgekeurd door de Raad van Bestuur, worden beschouwd als officiële teksten. In geval van geschil over de uitleg van de diverse teksten, zijn de in het eerste lid bedoelde teksten doorslaggevend.

Art. 178 Toezendingen en mededelingen

1. De Regering van de Bondsrepubliek Duitsland vervaardigt van dit Verdrag voor eensluidend gewaarmerkte afschriften en zendt deze toe aan de regeringen van alle Staten die het Verdrag hebben ondertekend of hiertoe zijn toegetreden.

2. De Regering van de Bondsrepubliek Duitsland doet de regeringen van de in het eerste lid bedoelde Staten mededeling van:

a. de nederlegging van elke akte van bekrachtiging of van toetreding;

b. elke verklaring of mededeling ontvangen op grond van artikel 168;

c. elke opzegging ontvangen op grond van artikel 174 en van de datum waarop de opzegging van kracht wordt.

3. De Regering van de Bondsrepubliek Duitsland laat dit Verdrag registreren bij het Secretariaat van de Verenigde Naties.

Benelux-verdrag inzake de intellectuele eigendom (merken en tekeningen of modellen)^1

Het Koninkrijk België,
Het Groothertogdom Luxemburg,
Het Koninkrijk der Nederlanden,
Bezield door de wens:
– de verdragen, de eenvormige wetten en de wijzigingsprotocollen inzake Benelux merken en tekeningen of modellen te vervangen door een enkel verdrag waarin zowel het merkenrecht als het tekeningen- of modellenrecht systematisch en overzichtelijk geregeld worden;
– snelle en efficiënte procedures in te voeren voor de aanpassing van de Benelux-regelgeving aan de Gemeenschapsregelgeving en reeds door de drie Hoge Verdragsluitende Partijen bekrachtigde internationale verdragen;
– het Benelux-Merkenbureau en het Benelux-Bureau voor Tekeningen of Modellen te vervangen door de Benelux-Organisatie voor de Intellectuele Eigendom (merken, tekeningen of modellen) die door middel van beslissings- en uitvoeringsorganen met eigen en aanvullende bevoegdheden haar taak uitoefent;
– de nieuwe Organisatie een structuur te geven die de huidige opvattingen inzake internationale organisaties weerspiegelt en de onafhankelijkheid ervan, met name door middel van een protocol inzake voorrechten en immuniteiten, garandeert;
– de nieuwe Organisatie dichter bij het bedrijfsleven te brengen door de bevoegdheden ervan ten volle te benutten zodat ze nieuwe taken op het gebied van de intellectuele eigendom kan vervullen en decentrale bijkantoren kan oprichten;
– aan de nieuwe Organisatie, op niet-exclusieve basis, een evaluatiebevoegdheid en initiatiefrecht toe te kennen bij de aanpassing van het Benelux-recht inzake merken en tekeningen- of modellen;

Hebben besloten te dien einde een verdrag te sluiten en hebben hiertoe als hun Gevolmachtigden aangewezen:
Zijne Excellentie de Heer K. DE GUCHT, Minister van Buitenlandse Zaken,
Zijne Excellentie de Heer B. R. BOT, Minister van Buitenlandse Zaken,
Zijne Excellentie de Heer J. ASSELBORN, Minister van Buitenlandse Zaken,
die, na hun in goede en behoorlijke vorm bevonden volmachten te hebben overgelegd, de volgende bepalingen zijn overeengekomen:

Titel I ALGEMENE EN INSTITUTIONELE BEPALINGEN

Art. 1.1 Afkortingen

Afkortingen

In dit verdrag wordt verstaan onder:
– Verdrag van Parijs: het Verdrag van Parijs tot bescherming van de industriële eigendom van 20 maart 1883;
– Overeenkomst van Madrid: de Overeenkomst van Madrid betreffende de internationale inschrijving van merken van 14 april 1891;
– Protocol van Madrid: het Protocol bij de Overeenkomst van Madrid betreffende de internationale inschrijving van merken van 27 juni 1989;
– Overeenkomst van Nice: de Overeenkomst van Nice van 15 juni 1957 betreffende de internationale classificatie van de waren en diensten ten behoeve van de inschrijving van merken;
– Overeenkomst van 's-Gravenhage : de Overeenkomst van 's-Gravenhage betreffende het internationale depot van tekeningen of modellen van nijverheid van 6 november 1925;
– Uniemerkenverordening: de Verordening (EU) 2017/1001 van het Europees Parlement en de Raad van 14 juni 2017 inzake het Uniemerk (codificatie);
– Uniemerk: een merk van de Europese Unie zoals bedoeld in de Uniemerkenverordening;
– Uniewetgeving: wetgeving van de Europese Unie;
– Gemeenschapsmodellenverordening: de Verordening (EG) nr. 6/2002 van de Raad van 12 december 2001 betreffende Gemeenschapsmodellen;

---

1 Inwerkingtredingsdatum: 01-09-2006; zoals laatstelijk gewijzigd bij: Trb. 2020, 35.

Benelux-verdrag inzake de intellectuele eigendom

– TRIPS verdrag: de Overeenkomst inzake de handelsaspecten van de Intellectuele Eigendom van 15 april 1994; bijlage 1C bij de Overeenkomst tot oprichting van de Wereldhandelsorganisatie;

– Internationaal Bureau: het Internationaal Bureau voor de intellectuele eigendom, zoals opgericht bij het Verdrag van 14 juli 1967 tot oprichting van de Wereldorganisatie voor de intellectuele eigendom.

Art. 1.2 Organisatie

1. Er wordt een Benelux-Organisatie voor de Intellectuele Eigendom (merken en tekeningen of modellen), hierna te noemen „de Organisatie", ingesteld.

2. De organen van de Organisatie zijn:

a. het Comité van Ministers als bedoeld in het Verdrag tot instelling van de Benelux Unie, hierna te noemen „het Comité van Ministers";

b. de Raad van Bestuur van het Benelux-Bureau voor de Intellectuele Eigendom (merken en tekeningen of modellen), hierna te noemen „de Raad van Bestuur";

c. het Benelux-Bureau voor de Intellectuele Eigendom (merken en tekeningen of modellen), hierna te noemen „het Bureau".

Art. 1.3 Doelstellingen

De Organisatie heeft tot taak:

a. de uitvoering van dit verdrag en het uitvoeringsreglement;

b. de bevordering van de bescherming van merken en tekeningen of modellen in de Beneluxlanden;

c. de uitvoering van aanvullende taken op andere gebieden van het recht inzake de intellectuele eigendom, welke de Raad van Bestuur aanwijst;

d. voortdurende evaluatie en, indien nodig, aanpassing van het Benelux-recht inzake merken en tekeningen of modellen, in het licht onder meer van de internationale en communautaire ontwikkelingen.

Art. 1.4 Rechtspersoonlijkheid

1. De Organisatie bezit internationale rechtspersoonlijkheid ter uitoefening van de haar toebedeelde taken.

2. De Organisatie bezit nationale rechtspersoonlijkheid en heeft derhalve, op het grondgebied van de drie Benelux-landen, de rechtsbevoegdheid die aan nationale rechtspersonen is toegekend, voor zover nodig voor de uitoefening van haar taken en voor het bereiken van haar doelstellingen, in het bijzonder de bevoegdheid om contracten te sluiten, roerende en onroerende goederen te verwerven en te vervreemden, particuliere en openbare gelden te ontvangen en uit te geven en in rechte op te treden.

3. De Directeur-Generaal van het Bureau, hierna te noemen „de Directeur-Generaal", vertegenwoordigt de Organisatie in en buiten rechte.

Art. 1.5 Zetel

1. De Organisatie heeft haar zetel te 's-Gravenhage .

2. Het Bureau is gevestigd te 's-Gravenhage .

3. Er kunnen elders bijkantoren van het Bureau worden gevestigd.

Art. 1.6 Voorrechten en immuniteiten

1. De voorrechten en immuniteiten welke nodig zijn voor de uitoefening van de taken en het bereiken van de doelstellingen van de Organisatie worden vastgelegd in een tussen de Hoge Verdragsluitende Partijen te sluiten protocol.

2. De Organisatie kan met een of meer der Hoge Verdragsluitende Partijen aanvullende overeenkomsten aangaan in verband met de vestiging van onderdelen van de Organisatie op het grondgebied van die staat of die staten, teneinde met betrekking tot die staat of die staten uitvoering te geven aan de bepalingen van het overeenkomstig het eerste lid vastgestelde protocol, alsmede andere regelingen treffen ter waarborging van een goede functionering van de Organisatie en ter beveiliging van haar belangen.

Art. 1.7 Bevoegdheden Comité van Ministers

1. Het Comité van Ministers is bevoegd in dit verdrag de wijzigingen aan te brengen die noodzakelijk zijn om de conformiteit van dit verdrag met een internationaal verdrag of met de regelgeving van de Europese Unie inzake merken en tekeningen of modellen te verzekeren. De wijzigingen worden bekend gemaakt in het officiële publicatieblad van ieder der Hoge Verdragsluitende Partijen.

2. Het Comité van Ministers is bevoegd andere wijzigingen van dit verdrag, dan die bedoeld in het eerste lid, vast te stellen. Deze zullen aan de Hoge Verdragsluitende Partijen ter instemming of goedkeuring worden aangeboden.

3. Het Comité van Ministers is bevoegd, de Raad van Bestuur gehoord hebbende, de Directeur-Generaal te machtigen om namens de Organisatie te onderhandelen en, met zijn toestemming, overeenkomsten te sluiten met staten en met intergouvernementele organisaties.

B75 art. 1.8

Benelux-verdrag inzake de intellectuele eigendom

Art. 1.8 Samenstelling en werkwijze Raad van Bestuur

Samenstelling en werkwijze Raad van Bestuur

1. De Raad van Bestuur is samengesteld uit door de Hoge Verdragsluitende Partijen aangewezen leden en wel één bestuurder en twee plaatsvervangende bestuurders per land.

2. Hij besluit met algemene stemmen.

3. Hij stelt zijn intern reglement vast.

Art. 1.9 Bevoegdheden Raad van Bestuur

Bevoegdheden Raad van Bestuur

1. De Raad van Bestuur is bevoegd voorstellen te doen aan het Comité van Ministers inzake wijzigingen van dit verdrag die noodzakelijk zijn om de conformiteit van dit verdrag met een internationaal verdrag of met regelgeving van de Europese Unie te verzekeren en inzake andere wijzigingen van dit verdrag die hij wenselijk acht.

2. Hij stelt het uitvoeringsreglement vast.

3. Hij stelt het huishoudelijke en het financiële reglement van het Bureau vast.

4. Hij wijst aanvullende taken, als bedoeld in artikel 1.3 onder c, op andere gebieden van het recht inzake de intellectuele eigendom aan.

5. Hij besluit over het vestigen van bijkantoren van het Bureau.

6. Hij benoemt de Directeur-Generaal en, de Directeur-Generaal gehoord, de Adjunct-Directeuren-Generaal en oefent te hunnen aanzien de disciplinaire bevoegdheden uit.

7. Hij stelt jaarlijks de begroting van inkomsten en van uitgaven vast, alsmede zonodig de wijzigingen of aanvullingen daarvan, en regelt in het financiële reglement de wijze waarop het toezicht op de begrotingen en op de uitvoering daarvan zal worden uitgeoefend. Hij stelt de door de Directeur-Generaal opgestelde jaarrekening vast.

Art. 1.10 Directeur-Generaal

Directeur-Generaal

1. De leiding van het Bureau berust bij de Directeur-Generaal die aan de Raad van Bestuur verantwoording is verschuldigd voor de werkzaamheden van het Bureau.

2. De Directeur-Generaal is bevoegd, de Raad van Bestuur gehoord hebbende, de uitoefening van bepaalde hem toekomende bevoegdheden te delegeren aan de Adjunct-Directeuren-Generaal.

3. De Directeur-Generaal en de Adjunct-Directeuren-Generaal zijn onderdaan van de lidstaten. De drie nationaliteiten zijn binnen de directie vertegenwoordigd.

Art. 1.11 Bevoegdheden Directeur-Generaal

Bevoegdheden Directeur-Generaal

1. De Directeur-Generaal doet voorstellen aan de Raad van Bestuur tot wijziging van het uitvoeringsreglement.

2. Hij neemt alle maatregelen, administratieve daaronder begrepen, om te zorgen voor een juiste uitvoering van de taken van het Bureau.

3. Hij voert het huishoudelijk en het financieel reglement van het Bureau uit en doet voorstellen aan de Raad van Bestuur tot wijziging hiervan.

4. Hij benoemt de personeelsleden en oefent de hiërarchische en disciplinaire bevoegdheden over hen uit.

5. Hij bereidt de begroting voor, voert deze uit en stelt de jaarrekeningen op.

6. Hij neemt alle andere maatregelen die hij wenselijk acht in het belang van het functioneren van het Bureau.

Art. 1.12 Financiën Organisatie

Financiën Organisatie

1. De lopende uitgaven van de Organisatie worden gedekt door haar ontvangsten.

2. De Raad van Bestuur kan bij de Hoge Verdragsluitende Partijen een bijdrage aanvragen, bestemd tot dekking van buitengewone uitgaven. Deze bijdrage wordt voor de helft door het Koninkrijk der Nederlanden en voor de helft door de Belgisch-Luxemburgse Economische Unie gedragen.

Art. 1.13 Bemiddeling nationale diensten

Bemiddeling nationale diensten

1. Over het bedrag van de taksen, geïnd terzake van door bemiddeling van de nationale diensten verrichte handelingen, wordt aan deze diensten een percentage uitgekeerd, bestemd tot dekking van de kosten welke deze handelingen meebrengen; dit percentage wordt vastgesteld bij uitvoeringsreglement.

2. Terzake van deze handelingen kunnen door de nationale regelgevingen geen nationale taksen worden vastgesteld.

Art. 1.14 Erkenning rechterlijke beslissingen

Erkenning rechterlijke beslissingen

Het gezag van rechterlijke beslissingen die in een van de drie staten met toepassing van dit verdrag worden gegeven, wordt in de beide andere staten erkend, en de door de rechter uitgesproken doorhaling wordt door het Bureau op verzoek van de meest gerede partij verricht, indien:

a. het van de beslissing overgelegd afschrift, naar de wetgeving van het land waar deze beslissing is gegeven, aan de voor de echtheid van het afschrift nodige voorwaarden voldoet;

b. de beslissing niet meer vatbaar is voor verzet, noch hoger beroep, noch voor voorziening in cassatie.

Art. 1.15 Benelux-Gerechtshof

Het Benelux-Gerechtshof als bedoeld in artikel 1 van het Verdrag betreffende de instelling en het statuut van een Benelux-Gerechtshof, neemt kennis van de vragen van uitlegging van dit verdrag en het uitvoeringsreglement, met uitzondering van vragen van uitlegging betreffende het in artikel 1.6, eerste lid, bedoelde protocol inzake voorrechten en immuniteiten.

Art. 1.15bis Beroep

1. Eenieder die partij is in een procedure die heeft geleid tot een eindbeslissing van het Bureau in de uitvoering van zijn officiële taken ter toepassing van de titels II, III en IV van dit verdrag, kan daartegen beroep instellen bij het Benelux-Gerechtshof teneinde een vernietiging of herziening van deze beslissing te verkrijgen. De termijn voor het instellen van beroep bedraagt twee maanden te rekenen vanaf de kennisgeving van de eindbeslissing.

2. De Organisatie kan in procedures voor het Benelux-Gerechtshof die beslissingen van het Bureau betreffen, worden vertegenwoordigd door een daartoe aangewezen personeelslid.

Art. 1.16 Toepassing

De toepassing van dit verdrag is beperkt tot het grondgebied van het Koninkrijk België, het Groothertogdom Luxemburg en het Koninkrijk der Nederlanden in Europa, hierna te noemen „het Benelux-gebied".

Titel II
MERKEN

HOOFDSTUK 1
Geldigheid van een merk

Art. 2.1 Tekens die een merk kunnen vormen

Merken kunnen worden gevormd door alle tekens, in het bijzonder woorden, waaronder namen van personen, of tekeningen, letters, cijfers, kleuren, vormen van waren of verpakkingen van waren, of geluiden, mits deze:

a. de waren of diensten van een onderneming kunnen onderscheiden van die van andere ondernemingen, en

b. in het register kunnen worden weergegeven op een wijze die de bevoegde autoriteiten en het publiek in staat stelt het voorwerp van de aan de houder ervan verleende bescherming duidelijk en nauwkeurig vast te stellen.

Art. 2.2 Verkrijging van het recht

Onverminderd het uit het Verdrag van Parijs of het TRIPS verdrag voortvloeiende recht van voorrang, wordt het uitsluitend recht op een merk ingevolge dit verdrag verkregen door de inschrijving van het merk, waarvan de aanvraag is verricht binnen het Benelux-gebied (Beneluxmerk) of voortvloeiend uit een inschrijving bij het Internationaal Bureau waarvan de bescherming zich uitstrekt tot het Beneluxgebied (internationaal merk).

Art. 2.2bis Absolute gronden voor weigering of nietigheid

1. Worden niet ingeschreven of, indien ingeschreven, kunnen nietig worden verklaard:

a. tekens die geen merk kunnen vormen;

b. merken die elk onderscheidend vermogen missen;

c. merken die uitsluitend bestaan uit tekens of benamingen die in de handel kunnen dienen tot aanduiding van soort, hoedanigheid, hoeveelheid, bestemming, waarde, plaats van herkomst of tijdstip van vervaardiging van de waren of van verrichting van de dienst of andere kenmerken van de waren of diensten;

d. merken die uitsluitend bestaan uit tekens of benamingen die in het normale taalgebruik of in het bonafide en gevestigd handelsverkeer gebruikelijk zijn geworden;

e. tekens die uitsluitend bestaan uit:

i. de vorm die, of een ander kenmerk dat, door de aard van de waren wordt bepaald;

ii. de vorm van de waren die, of een ander kenmerk van de waren dat, noodzakelijk is om een technische uitkomst te verkrijgen;

iii. de vorm die, of een ander kenmerk dat, een wezenlijke waarde aan de waren geeft;

f. merken die in strijd zijn met de goede zeden of de openbare orde van één van de Beneluxlanden;

g. merken die tot misleiding van het publiek kunnen leiden, bijvoorbeeld ten aanzien van aard, hoedanigheid of plaats van herkomst van de waren of diensten;

h. merken die bij gebreke van goedkeuring van de bevoegde autoriteiten, krachtens artikel 6ter van het Verdrag van Parijs geweigerd of nietig verklaard moeten worden;

i. merken die van inschrijving zijn uitgesloten op grond van Uniewetgeving of het interne recht van een van de Benelux-landen, of op grond van internationale overeenkomsten waarbij de Europese Unie partij is of die werking hebben in een Benelux-land en die in bescherming van oorsprongsbenamingen en geografische aanduidingen voorzien;

B75 art. 2.2ter **Benelux-verdrag inzake de intellectuele eigendom**

j. merken die van inschrijving zijn uitgesloten ingevolge Uniewetgeving of internationale overeenkomsten waarbij de Europese Unie partij is en die in bescherming van traditionele aanduidingen voor wijn voorzien;

k. merken die van inschrijving zijn uitgesloten ingevolge Uniewetgeving of internationale overeenkomsten waarbij de Europese Unie partij is en die in bescherming van gegarandeerde traditionele specialiteiten voorzien;

l. merken die bestaan uit of de essentiële onderdelen reproduceren van een oudere plantenrasbenaming die is ingeschreven overeenkomstig Uniewetgeving of het interne recht van een van de Benelux-landen, of overeenkomstig internationale overeenkomsten waarbij de Europese Unie partij is of die werking hebben in een Benelux-land, ter bescherming van kweekproducten, en die betrekking hebben op kweekproducten van hetzelfde of een nauwverwant plantenras.

2. Een merk kan nietig worden verklaard wanneer de aanvraag om inschrijving van het merk te kwader trouw is ingediend.

3. Een merk wordt niet geweigerd op grond van lid 1, sub b, c of d, indien het merk, als gevolg van het gebruik dat ervan is gemaakt, vóór de datum van de aanvraag om inschrijving onderscheidend vermogen heeft verkregen. Een merk wordt niet om dezelfde redenen nietig verklaard indien het, voor de datum van de vordering tot nietigverklaring, als gevolg van het gebruik dat ervan is gemaakt, onderscheidend vermogen heeft verkregen.

Art. 2.2ter Relatieve gronden voor weigering of nietigheid

Relatieve gronden voor weigering of nietigheid

1. Een merk wordt wanneer daartegen oppositie wordt ingesteld niet ingeschreven of kan, indien ingeschreven, nietig worden verklaard indien:

a. het gelijk is aan een ouder merk en de waren of diensten waarvoor het merk is aangevraagd of ingeschreven, dezelfde zijn als de waren of diensten waarvoor het oudere merk is beschermd;

b. het gelijk is aan of overeenstemt met een ouder merk en betrekking heeft op gelijke of overeenstemmende waren of diensten en daardoor bij het publiek gevaar voor verwarring bestaat, ook wanneer die verwarring het gevolg is van associatie met het oudere merk.

2. Onder „oudere merken" in de zin van lid 1 worden verstaan:

a. merken waarvan de depotdatum voorafgaat aan de depotdatum van het merk, waarbij in voorkomend geval rekening wordt gehouden met het ten behoeve van die merken ingeroepen voorrangsrecht, en die behoren tot de volgende categorieën:

i. Beneluxmerken en internationale merken waarvan de bescherming zich uitstrekt tot het Benelux-gebied;

ii. Uniemerken, waaronder begrepen internationale merken waarvan de bescherming zich uitstrekt tot de Europese Unie;

b. Uniemerken waarvan overeenkomstig de Uniemerkenverordening op geldige wijze de anciënniteit wordt ingeroepen op grond van een onder a, sub i, bedoeld merk, ook al is van dit merk afstand gedaan of is het merk vervallen;

c. de aanvragen om inschrijving van merken als bedoeld onder a en b, mits deze zullen worden ingeschreven;

d. merken die op de depotdatum van de aanvraag om inschrijving van het merk of, in voorkomend geval, van het ten behoeve van de merkaanvraag ingeroepen voorrangsrecht, in het Benelux-gebied algemeen bekend zijn in de zin van artikel 6bis van het Verdrag van Parijs.

3. Voorts wordt een merk wanneer daartegen oppositie wordt ingesteld niet ingeschreven of kan het, indien ingeschreven, nietig worden verklaard:

a. indien het gelijk is aan of overeenstemt met een ouder merk ongeacht of de waren of diensten waarvoor het is aangevraagd of ingeschreven, gelijk aan, overeenstemmend of niet overeenstemmend zijn met die waarvoor het oudere merk ingeschreven is, wanneer het oudere merk bekend is in het Benelux-gebied, of, in geval van een Uniemerk, in de Europese Unie bekend is en door het gebruik, zonder geldige reden, van het jongere merk ongerechtvaardigd voordeel wordt getrokken uit of afbreuk wordt gedaan aan het onderscheidend vermogen of de reputatie van het oudere merk;

b. indien het door een gemachtigde of de vertegenwoordiger van de houder op eigen naam en zonder toestemming van de houder wordt aangevraagd, tenzij de gemachtigde of vertegenwoordiger zijn handelwijze rechtvaardigt;

c. indien en voor zover ingevolge de Uniewetgeving of het interne recht van een van de Beneluxlanden ter bescherming van oorsprongsbenamingen en geografische aanduidingen:

i. er reeds een aanvraag voor een oorsprongsbenaming of een geografische aanduiding was ingediend overeenkomstig de Uniewetgeving of het interne recht van een van de Beneluxlanden, vóór de datum van de aanvraag om inschrijving van het merk of de datum van het ten behoeve van de aanvraag ingeroepen voorrangsrecht, onder voorbehoud van latere inschrijving;

ii. die oorsprongsbenaming of geografische aanduiding de persoon die krachtens de toepasselijke wetgeving bevoegd is voor de uitoefening van de daaruit voortvloeiende rechten, machtigt om het gebruik van een later merk te verbieden.

4. Een merk hoeft niet te worden geweigerd of nietigverklaard wanneer de houder van het oudere merk of oudere recht erin toestemt dat het merk wordt ingeschreven.

Art. 2.2quater Gronden voor weigering of nietigverklaring voor slechts een deel van de waren of diensten

Indien een grond voor weigering van inschrijving of nietigverklaring van een merk slechts bestaat voor een deel van de waren of diensten waarvoor dit merk is gedeponeerd of ingeschreven, betreft de weigering van inschrijving of de nietigverklaring alleen die waren of diensten.

Gronden voor weigering of nietigverklaring voor slechts een deel van de waren of diensten

Art. 2.3-2.4

[Vervallen]

HOOFDSTUK 2 AANVRAAG, INSCHRIJVING EN VERNIEUWING

Art. 2.5 Aanvraag

1. De aanvraag van een Beneluxmerk geschiedt, hetzij bij de nationale diensten, hetzij bij het Bureau, met inachtneming van de in het uitvoeringsreglement gestelde vereisten en tegen betaling van de verschuldigde taksen. Er wordt onderzocht of de overgelegde stukken aan de voor het vaststellen van een depotdatum gestelde vereisten voldoen en de depotdatum wordt vastgesteld. Aan de aanvrager wordt onverwijld schriftelijk mededeling gedaan van de vastgestelde depotdatum dan wel van de gronden voor het niet toekennen van een depotdatum.

Aanvraag

2. Indien bij de aanvraag niet is voldaan aan de overige in het uitvoeringsreglement gestelde vereisten, wordt de aanvrager hiervan onverwijld schriftelijk in kennis gesteld onder opgave van de voorschriften waaraan niet is voldaan en wordt hij in de gelegenheid gesteld daaraan alsnog te voldoen.

3. De aanvraag vervalt, indien niet binnen de gestelde termijn voldaan is aan de bepalingen van het uitvoeringsreglement.

4. Wanneer de aanvraag geschiedt bij een nationale dienst zendt deze de aanvraag door aan het Bureau, hetzij onverwijld na ontvangst van de aanvraag, hetzij nadat is vastgesteld dat de aanvraag voldoet aan de gestelde eisen.

5. Het Bureau publiceert, overeenkomstig de bepalingen van het uitvoeringsreglement, de aanvraag nadat aan de vereisten voor het vaststellen van een depotdatum is voldaan en de opgegeven waren of diensten conform artikel 2.5bis zijn ingedeeld.

Art. 2.5bis Aanduiding en classificatie van waren en diensten

1. De waren en diensten waarvoor een merkinschrijving wordt aangevraagd, worden ingedeeld volgens de in de Overeenkomst van Nice bedoelde classificatie (Classificatie van Nice).

Aanduiding en classificatie van waren en diensten

2. De aanvrager omschrijft de waren en diensten waarvoor bescherming wordt gevraagd voldoende duidelijk en nauwkeurig opdat de bevoegde autoriteiten en de marktdeelnemers alleen op basis daarvan de omvang van de gevraagde bescherming kunnen bepalen.

3. Voor de toepassing van lid 2 kunnen de algemene aanduidingen in de klasseomschrijvingen van de Classificatie van Nice of andere algemene bewoordingen worden gebruikt op voorwaarde dat deze voldoen aan de in dit artikel gestelde basisvereisten van duidelijkheid en nauwkeurigheid.

4. Het Bureau wijst een aanvraag af met betrekking tot onduidelijke of onnauwkeurige aanduidingen of bewoordingen indien de aanvrager geen aanvaardbare formulering voorstelt binnen de daartoe door het Bureau gestelde termijn.

5. Het gebruik van algemene bewoordingen, met inbegrip van de algemene aanduidingen in de klasseomschrijvingen van de Classificatie van Nice, wordt geïnterpreteerd als betrekking hebbende op alle waren of diensten die duidelijk onder de letterlijke betekenis van de aanduiding of bewoording vallen. Het gebruik van deze aanduidingen of bewoordingen wordt niet geïnterpreteerd als betrekking hebbende op waren of diensten die niet aldus kunnen worden begrepen.

6. Wanneer de aanvrager verzoekt om inschrijving voor meer dan één klasse, groepeert de aanvrager de waren en diensten volgens de klassen van de Classificatie van Nice, waarbij elke groep wordt voorafgegaan door het nummer van de klasse waartoe deze groep van waren of diensten behoort, en presenteert hij deze in de volgorde van de klassen.

7. Waren en diensten worden niet geacht overeen te stemmen op grond van het feit dat zij in dezelfde klasse volgens de Classificatie van Nice voorkomen. Waren en diensten worden niet geacht niet overeen te stemmen op grond van het feit dat zij in verschillende klassen volgens de Classificatie van Nice voorkomen.

Art. 2.6 Beroep op voorrang

1. Het beroep op een recht van voorrang voortvloeiend uit het Verdrag van Parijs of het TRIPS verdrag wordt gedaan bij de aanvraag.

Beroep op voorrang

2. Het recht van voorrang als bedoeld in artikel 4 van het Verdrag van Parijs is eveneens van toepassing op dienstmerken.

3. Het beroep op een recht van voorrang kan tevens worden gedaan door een bijzondere verklaring af te leggen bij het Bureau, in de maand volgende op de aanvraag, met inachtneming van de bij uitvoeringsreglement gestelde vormvereisten en tegen betaling van de verschuldigde taksen.

4. Het ontbreken van een dergelijk beroep doet het recht op voorrang vervallen.

Art. 2.7 Onderzoek

Onderzoek

1. Het Bureau kan als dienst een onderzoek naar eerdere inschrijvingen aanbieden.

2. De Directeur-Generaal stelt hiervan de modaliteiten vast.

Art. 2.8 Inschrijving

Inschrijving

1. Onverminderd de toepassing van de artikelen 2.11, 2.14 en 2.16 wordt het aangevraagde merk, indien aan de in het uitvoeringsreglement gestelde vereisten is voldaan, voor de door de aanvrager vermelde waren of diensten ingeschreven. Het Bureau bevestigt de inschrijving aan de merkhouder.

2. De aanvrager kan, indien aan alle in artikel 2.5 bedoelde vereisten is voldaan, het Bureau verzoeken, overeenkomstig de bepalingen van het uitvoeringsreglement, om onverwijld tot inschrijving van de aanvraag over te gaan. Op de aldus ingeschreven merken zijn de artikelen 2.11, 2.14 en 2.16 van toepassing, met dien verstande dat het Bureau bevoegd is tot de doorhaling van de inschrijving te besluiten.

Art. 2.9 Geldigheidsduur en vernieuwing

Geldigheidsduur en vernieuwing

1. De inschrijving van een Beneluxmerk heeft een geldigheidsduur van 10 jaren, te rekenen vanaf de datum van indiening van de aanvraag.

2. Het teken waaruit het merk bestaat mag niet worden gewijzigd, noch gedurende de inschrijving, noch ter gelegenheid van de vernieuwing daarvan.

3. De inschrijving kan voor verdere termijnen van 10 jaren worden vernieuwd door de merkhouder of eenieder die daartoe bij wet of bij overeenkomst gemachtigd is.

4. Vernieuwing geschiedt door betaling van de daartoe vastgestelde taks. Wanneer deze taks wordt betaald voor slechts een deel van de waren of diensten waarvoor het merk is ingeschreven, wordt de inschrijving enkel voor de betrokken waren of diensten vernieuwd. De taks dient betaald te worden binnen zes maanden onmiddellijk voorafgaand aan het verstrijken van de geldigheidsduur van de inschrijving of de latere vernieuwing daarvan. Bij gebreke daarvan kan de taks nog betaald worden binnen zes maanden onmiddellijk volgend op de datum van het verstrijken van de geldigheidsduur of de latere vernieuwing daarvan, indien gelijktijdig een extra taks wordt betaald.

5. Het Bureau herinnert de merkhouder ten minste zes maanden voordien aan het verstrijken van de inschrijving.

6. Het Bureau gebruikt voor deze herinnering de laatste aan het Bureau bekende contactgegevens van de merkhouder. Het niet-verzenden of niet-ontvangen van deze herinnering ontslaat de houder niet van de verplichtingen voortvloeiend uit lid 3 en 4. Daarop kan noch in rechte, noch ten opzichte van het Bureau beroep worden gedaan.

7. De vernieuwing gaat in vanaf de dag na de datum waarop de geldigheid van de inschrijving verstrijkt. Het Bureau tekent de vernieuwing aan in het register.

Art. 2.10 Internationale aanvraag

Internationale aanvraag

1. De internationale aanvragen van merken geschieden volgens de bepalingen van de Overeenkomst van Madrid en het Protocol van Madrid. De nationale taksen, bedoeld in artikel 8, onder (1), van de Overeenkomst van Madrid en het Protocol van Madrid, alsmede de taksen bedoeld in artikel 8, onder 7 (a), van het Protocol van Madrid, worden bij uitvoeringsreglement bepaald.

2. Onverminderd de toepassing van de artikelen 2.5bis, 2.13 en 2.18 schrijft het Bureau de internationale aanvragen in ten aanzien waarvan is verzocht de bescherming uit te strekken tot het Benelux-gebied.

3. De aanvrager kan het Bureau verzoeken, overeenkomstig de bepalingen van het uitvoeringsreglement, om onverwijld tot inschrijving over te gaan. Op de aldus ingeschreven merken is artikel 2.8, lid 2, van overeenkomstige toepassing.

HOOFDSTUK 3 TOETSING OP ABSOLUTE GRONDEN

Art. 2.11 Weigering op absolute gronden

Weigering op absolute gronden

1. Het Bureau weigert een merk in te schrijven indien naar zijn oordeel een van de in artikel 2.2bis, lid 1, bedoelde absolute gronden van toepassing is.

2. De weigering om tot inschrijving over te gaan moet het teken dat een merk vormt in zijn geheel betreffen.

3. Het Bureau geeft van zijn voornemen de inschrijving geheel of gedeeltelijk te weigeren, onder opgave van redenen, onverwijld schriftelijk kennis aan de aanvrager en stelt hem in de gelegenheid hierop binnen een bij uitvoeringsreglement gestelde termijn te antwoorden.

4. Indien de bezwaren van het Bureau tegen de inschrijving niet binnen de gestelde termijn zijn opgeheven, wordt de inschrijving van het merk geheel of gedeeltelijk geweigerd. Van de weigering geeft het Bureau onder opgave van redenen onverwijld schriftelijk kennis aan de aanvrager, onder vermelding van het in artikel 1.15bis genoemde rechtsmiddel tegen die beslissing.

5. De weigering wordt eerst definitief nadat de beslissing niet meer vatbaar is voor enig rechtsmiddel.

Art. 2.12

[Vervallen]

Art. 2.13 Weigering op absolute gronden van internationale aanvragen

1. Artikel 2.11, lid 1 en 2, is van overeenkomstige toepassing op internationale aanvragen.

2. Het Bureau geeft van zijn voornemen de inschrijving te weigeren, onder opgave van redenen, zo spoedig mogelijk schriftelijk kennis aan het Internationaal Bureau door middel van een voorlopige gehele of gedeeltelijke weigering van bescherming van het merk en stelt de aanvrager daarbij in de gelegenheid hierop te antwoorden overeenkomstig het bepaalde bij uitvoeringsreglement. Artikel 2.11, lid 4 en 5, is van overeenkomstige toepassing.

HOOFDSTUK 4 OPPOSITIE

Art. 2.14 Instellen van de procedure

1. Binnen een termijn van twee maanden, te rekenen vanaf de publicatie van de aanvraag, kan op basis van de in artikel 2.2ter bedoelde relatieve gronden schriftelijk oppositie worden ingesteld bij het Bureau.

2. Oppositie kan worden ingesteld:

a. in de in artikel 2.2ter, lid 1 en lid 3, sub a, bedoelde gevallen door de houders van oudere merken en de door deze houders gemachtigde licentiehouders;

b. in het in artikel 2.2ter, lid 3, sub b, bedoelde geval door de daar bedoelde houders van merken. In dit geval kan tevens de in artikel 2.20ter, lid 1, sub b, bedoelde overdracht worden gevorderd;

c. in het in artikel 2.2ter, lid 3, sub c, bedoelde geval door degenen die krachtens het toepasselijke recht de in deze bepaling bedoelde rechten mogen uitoefenen.

3. Een oppositie kan worden ingediend op grond van een of meer oudere rechten en op basis van een deel of het geheel van de waren of diensten waarvoor het oudere recht is beschermd of aangevraagd, en kan worden gericht tegen een deel of het geheel van de waren of diensten waarvoor het betwiste merk wordt aangevraagd.

4. De oppositie wordt pas geacht te zijn ingesteld, nadat de verschuldigde taksen zijn betaald.

Art. 2.15

[Vervallen]

Art. 2.16 Verloop van de procedure

1. Het Bureau behandelt de oppositie binnen een redelijke termijn overeenkomstig de bepalingen vastgelegd in het uitvoeringsreglement en met inachtneming van het beginsel van hoor en wederhoor.

2. De oppositieprocedure wordt opgeschort:

a. indien de oppositie berust op artikel 2.14, lid 2, sub a, wanneer het oudere merk:

i. nog niet is ingeschreven;

ii. onverwijld is ingeschreven overeenkomstig artikel 2.8, lid 2, en het voorwerp is van een weigeringsprocedure op absolute gronden of een oppositie;

iii. het voorwerp is van een vordering tot nietigverklaring of vervallenverklaring;

b. indien de oppositie berust op artikel 2.14, lid 2, sub c, wanneer ze is gebaseerd op een aanvraag voor een oorsprongsbenaming of een geografische aanduiding, totdat daarover een definitieve beslissing is genomen;

c. wanneer het betwiste merk:

i. het voorwerp is van een weigeringsprocedure op absolute gronden;

ii. onverwijld is ingeschreven overeenkomstig artikel 2.8, lid 2, en het voorwerp is van een gerechtelijke vordering tot nietigverklaring of vervallenverklaring;

d. op gezamenlijk verzoek van partijen;

e. indien de opschorting om andere redenen passend is.

3. De oppositieprocedure wordt afgesloten:

a. wanneer de opposant niet langer de hoedanigheid heeft om op te kunnen treden;

b. wanneer verweerder niet reageert op de ingestelde oppositie. In dit geval vervalt de aanvraag;

c. wanneer aan de oppositie de grondslag is ontvallen hetzij omdat zij is ingetrokken, hetzij omdat de aanvraag waartegen oppositie is ingesteld is vervallen;

d. wanneer het oudere merk of het oudere recht niet meer geldig is;

e. indien de oppositie berust op artikel 2.14, lid 2, sub a, en de opposant binnen de gestelde termijn geen bewijsstukken van gebruik van zijn oudere merk als bedoeld in artikel 2.16bis heeft overgelegd.

B75 art. 2.16bis **Benelux-verdrag inzake de intellectuele eigendom**

In deze gevallen wordt een deel van de betaalde taksen gerestitueerd.

4. Nadat het onderzoek van de oppositie is beëindigd, neemt het Bureau zo spoedig mogelijk een beslissing. Indien de oppositie gegrond bevonden wordt, weigert het Bureau het merk geheel of gedeeltelijk in te schrijven of besluit het de in artikel 2.20ter, lid 1, sub b, bedoelde overdracht in het register aan te tekenen. In het tegengestelde geval wordt de oppositie afgewezen. Van de beslissing geeft het Bureau onverwijld schriftelijk kennis aan de partijen, onder vermelding van het in artikel 1.15bis genoemde rechtsmiddel tegen die beslissing. De beslissing van het Bureau wordt eerst definitief nadat ze niet meer vatbaar is voor enig rechtsmiddel. Het Bureau is geen partij bij een beroep tegen zijn beslissing.

5. De in het ongelijk gestelde partij wordt in de kosten verwezen. Deze worden vastgesteld conform het bepaalde in het uitvoeringsreglement. De kosten zijn niet verschuldigd indien de oppositie gedeeltelijk toegewezen wordt. De beslissing van het Bureau tot vaststelling van de kosten vormt executoriale titel; de gedwongen tenuitvoerlegging geschiedt volgens de bepalingen die van kracht zijn in de staat van executie.

Art. 2.16bis Niet-gebruik als verweer in een oppositieprocedure

Niet-gebruik als verweer in een oppositieprocedure

1. Wanneer in een oppositieprocedure ingevolge artikel 2.14, lid 2, sub a, op de datum van indiening of voorrang van het jongere merk de periode van vijf jaar was verstreken waarbinnen het oudere merk normaal moet zijn gebruikt overeenkomstig artikel 2.23bis, levert de opposant, op verzoek van verweerder, het bewijs dat het oudere merk normaal is gebruikt overeenkomstig artikel 2.23bis in de periode van vijf jaar voorafgaand aan de datum van indiening of voorrang van het jongere merk, dan wel dat er geldige redenen voor het niet-gebruik bestonden.

2. Indien het oudere merk slechts is gebruikt voor een deel van de waren of diensten waarvoor het is ingeschreven, wordt het voor het in lid 1 bedoelde onderzoek van de oppositie geacht voor dat deel van de waren of diensten te zijn ingeschreven.

3. De leden 1 en 2 zijn ook van toepassing wanneer het oudere merk een Uniemerk is. In dat geval wordt het normale gebruik overeenkomstig artikel 18 van de Uniemerkenverordening vastgesteld.

Art. 2.17

[Vervallen]

Art. 2.18 Oppositie tegen internationale aanvragen

Oppositie tegen internationale aanvragen

1. Tegen een internationale aanvraag waarvan is verzocht de bescherming uit te strekken tot het Benelux-gebied kan binnen een termijn van twee maanden, te rekenen vanaf de publicatie door het Internationaal Bureau, oppositie worden ingesteld bij het Bureau. De Artikelen 2.14 tot en met 2.16bis zijn van overeenkomstige toepassing.

2. Het Bureau geeft onverwijld schriftelijk kennis aan het Internationaal Bureau van de ingediende oppositie onder vermelding van het bepaalde in de artikelen 2.14 tot en met 2.16bis evenals de daarop betrekking hebbende bepalingen uit het uitvoeringsreglement.

HOOFDSTUK 5
RECHTEN VAN DE HOUDER

Art. 2.19 Registratieplicht

Registratieplicht

1. Behoudens de houder van een algemeen bekend merk in de zin van artikel 6*bis* van het Verdrag van Parijs kan niemand, welke vordering hij ook instelt, in rechte bescherming inroepen voor een teken, dat als merk wordt beschouwd in de zin van artikel 2.1, tenzij hij zich kan beroepen op een inschrijving van het door hem aangevraagde merk.

2. In voorkomend geval wordt de niet-ontvankelijkheid ambtshalve door de rechter uitgesproken.

3. De bepalingen van deze titel laten onverlet het recht van gebruikers van een teken, dat niet als merk wordt beschouwd in de zin van artikel 2.1, om de bepalingen van het gemene recht in te roepen voor zover dit toestaat zich te verzetten tegen onrechtmatig gebruik van dit teken.

Art. 2.20 Rechten verbonden aan het merk

Rechten verbonden aan het merk

1. De in artikel 2.2 bedoelde inschrijving van een merk geeft de houder daar een uitsluitend recht op.

2. Onverminderd de rechten van houders die vóór de datum van indiening of de datum van voorrang van het ingeschreven merk zijn verkregen en onverminderd de eventuele toepassing van het gemene recht betreffende de aansprakelijkheid uit onrechtmatige daad is de houder van een ingeschreven merk gerechtigd, iedere derde die niet zijn toestemming hiertoe heeft verkregen, te verhinderen gebruik te maken van een teken wanneer dit teken:

a. gelijk is aan het merk en in het economisch verkeer gebruikt wordt voor dezelfde waren of diensten als die waarvoor het merk is ingeschreven;

b. gelijk is aan of overeenstemt met het merk en in het economisch verkeer gebruikt wordt met betrekking tot gelijke of overeenstemmende waren of diensten als die waarvoor het merk is ingeschreven, indien daardoor bij het publiek gevaar voor verwarring bestaat, ook wanneer die verwarring het gevolg is van associatie met het oudere merk;

c. gelijk is aan of overeenstemt met het merk ongeacht of dat wordt gebruikt voor waren of diensten die gelijk aan, overeenstemmend of niet overeenstemmend zijn met die waarvoor het merk is ingeschreven, wanneer dit merk bekend is in het Benelux-gebied en door het gebruik in het economisch verkeer, zonder geldige reden, van het teken ongerechtvaardigdvoordeel getrokken wordt uit of afbreuk wordt gedaan aan het onderscheidend vermogen of de reputatie van het merk;

d. gebruikt wordt anders dan ter onderscheiding van waren of diensten, indien door gebruik, zonder geldige reden, van dat teken ongerechtvaardigd voordeel wordt getrokken uit of afbreuk wordt gedaan aan het onderscheidend vermogen of de reputatie van het merk.

3. Met name kan krachtens lid 2, sub a tot en met c, worden verboden:

a. het aanbrengen van het teken op de waren of verpakking;

b. het aanbieden of in de handel brengen, of daartoe in voorraad hebben van waren of het aanbieden of verrichten van diensten onder het teken;

c. het invoeren of uitvoeren van waren onder het teken;

d. het gebruik van het teken als handels- of bedrijfsnaam of als deel van een handels- of bedrijfsnaam;

e. het gebruik van het teken in stukken voor zakelijk gebruik en in advertenties;

f. het gebruik van het teken in vergelijkende reclame op een wijze die in strijd is met Richtlijn 2006/114/EG van het Europees Parlement en de Raad van 12 december 2006 inzake misleidende reclame en vergelijkende reclame.

4. Onverminderd de rechten van houders die vóór de datum van indiening of de datum van voorrang van het ingeschreven merk zijn verkregen, heeft de houder van dat merk eveneens het recht te verhinderen dat derden in het economische verkeer waren binnenbrengen in het Benelux-gebied zonder dat deze daar in de vrije handel worden gebracht, wanneer deze waren, met inbegrip van de verpakking ervan, uit derde landen afkomstig zijn en zonder toestemming een merk dragen dat gelijk is aan het voor deze waren ingeschreven merk of in zijn belangrijkste onderdelen niet van dat merk kan worden onderscheiden.

Het recht van de houder van het merk op grond van de eerste alinea vervalt indien door de aangever of de houder van de waren tijdens de procedure om te bepalen of inbreuk is gemaakt op het ingeschreven merk, die is ingesteld overeenkomstig Verordening (EU) nr. 608/2013 van het Europees Parlement en de Raad van 12 juni 2013 inzake de handhaving van intellectuele-eigendomsrechten door de douane en tot intrekking van verordening (EG) nr. 1383/2003, het bewijs wordt geleverd dat de houder van het ingeschreven merk niet gerechtigd is om het op de markt brengen van de waren in het land van de eindbestemming te verbieden.

5. Wanneer het risico bestaat dat de verpakking, labels, etiketten, beveiligings- of echtheidskenmerken of alle andere middelen waarop het merk is aangebracht, kunnen worden gebruikt met betrekking tot waren of diensten en dit gebruik een inbreuk zou vormen op de rechten van de houder van een merk op grond van lid 2 en 3, heeft de houder van dat merk het recht de volgende handelingen te verbieden indien zij in het economische verkeer worden verricht:

a. het aanbrengen van een teken dat gelijk is aan of overeenstemt met het merk, op een verpakking, labels, etiketten, beveiligings- of echtheidskenmerken of alle andere middelen waarop het merk kan worden aangebracht;

b. het aanbieden, in de handel brengen of daartoe in voorraad hebben, of het invoeren of uitvoeren van verpakkingen, labels, etiketten, beveiligings- of echtheidskenmerken of alle andere middelen waarop het merk is aangebracht.

6. Het uitsluitend recht op een merk luidende in één der nationale of streektalen van het Beneluxgebied, strekt zich van rechtswege uit over zijn vertaling in een andere dezer talen. De beoordeling van de overeenstemming voortvloeiende uit vertalingen in een of meer aan het genoemde gebied vreemde talen geschiedt door de rechter.

Art. 2.20bis Weergave van merken in woordenboeken

Wanneer door de weergave van een merk in een woordenboek, een encyclopedie of een ander naslagwerk in gedrukte of elektronische vorm de indruk wordt gewekt dat het gaat om de soortnaam van de waren of diensten waarvoor het merk is ingeschreven, draagt de uitgever er op verzoek van de houder van het merk zorg voor dat de weergave van het merk onverwijld, en ingeval het een werk in gedrukte vorm betreft, uiterlijk bij de volgende uitgave van het werk, vergezeld gaat van de vermelding dat het een ingeschreven merk betreft.

Weergave van merken in woordenboeken

Art. 2.20ter Verbod op het gebruik van een merk dat op naam van een gemachtigde of vertegenwoordiger is ingeschreven

1. Wanneer een merk zonder de toestemming van de houder is ingeschreven op naam van de gemachtigde of de vertegenwoordiger van een persoon die de houder van dat merk is, is de houder gerechtigd een van beide of beide volgende handelingen te verrichten:

a. zich te verzetten tegen het gebruik van het merk door zijn gemachtigde of vertegenwoordiger;

b. de overdracht van de inschrijving te zijnen gunste te vorderen.

2. Lid 1 is niet van toepassing wanneer de gemachtigde of vertegenwoordiger zijn handelwijze rechtvaardigt.

Verbod op het gebruik van een merk dat op naam van een gemachtigde of vertegenwoordiger is ingeschreven

B75 art. 2.21

Benelux-verdrag inzake de intellectuele eigendom

Art. 2.21 Schadevergoeding en andere vorderingen

Schadevergoeding en andere vorderingen

1. Onder dezelfde voorwaarden als in artikel 2.20, lid 2, kan de merkhouder op grond van zijn uitsluitend recht schadevergoeding eisen voor elke schade, die hij door het in die bepaling bedoelde gebruik lijdt.

2. De rechter die de schadevergoeding vaststelt:

a. houdt rekening met alle passende aspecten, zoals de negatieve economische gevolgen, waaronder winstderving, die de benadeelde partij heeft ondervonden, de onrechtmatige winst die de inbreukmaker heeft genoten en, in passende gevallen, andere elementen dan economische factoren, onder meer de morele schade die de merkhouder door de inbreuk heeft geleden; of

b. kan, als alternatief voor het bepaalde onder a, in passende gevallen de schadevergoeding vaststellen als een forfaitair bedrag, op basis van elementen als ten minste het bedrag aan royalty's of vergoedingen dat verschuldigd was geweest indien de inbreukmaker toestemming had gevraagd om het merk te gebruiken.

3. De rechter kan bij wijze van schadevergoeding op vordering van de merkhouder bevelen tot de afgifte aan de merkhouder, van de goederen die een inbreuk maken op een merkrecht, alsmede, in passende gevallen, van de materialen en werktuigen die voornamelijk bij de productie van die goederen zijn gebruikt. De rechter kan gelasten dat de afgifte niet plaatsvindt dan tegen een door hem vast te stellen, door de eiser te betalen vergoeding.

4. Naast of in plaats van een vordering tot schadevergoeding, kan de merkhouder een vordering instellen tot het afdragen van ten gevolge van het in artikel 2.20, lid 2, bedoelde gebruik genoten winst alsmede tot het afleggen van rekening en verantwoording dienaangaande. Indien de rechter van oordeel is dat dit gebruik niet te kwader trouw is of dat de omstandigheden van het geval tot zulk een veroordeling geen aanleiding geven, wijst hij de vordering af.

5. De merkhouder kan de vordering tot schadevergoeding of het afdragen van winst namens de licentiehouder instellen, onverminderd de aan deze laatste in artikel 2.32, lid 5 en 6, toegekende bevoegdheid.

6. De merkhouder kan een redelijke vergoeding vorderen van hem, die in het tijdvak gelegen tussen de datum van publicatie van de aanvraag en de datum van inschrijving van het merk, handelingen heeft verricht als vermeld in artikel 2.20, lid 2, voor zover de merkhouder daarvoor uitsluitende rechten heeft verkregen.

Art. 2.22 Nevenvorderingen

Nevenvorderingen

1. Onverminderd de aan de merkhouder wegens de inbreuk verschuldigde schadevergoeding en zonder schadeloosstelling van welke aard ook, kan de rechter op vordering van de merkhouder de terugroeping uit het handelsverkeer, de definitieve verwijdering uit het handelsverkeer of de vernietiging gelasten van de goederen die een inbreuk maken op een merkrecht, alsmede, in passende gevallen, van de materialen en werktuigen die voornamelijk bij de productie van die goederen zijn gebruikt. Deze maatregelen worden uitgevoerd op kosten van de inbreukmaker, tenzij bijzondere redenen dit beletten. Bij de beoordeling van een vordering als bedoeld in dit lid, wordt rekening gehouden met de evenredigheid tussen de ernst van de inbreuk en de gelaste maatregelen, alsmede met de belangen van derden.

2. De bepalingen van het nationale recht omtrent middelen van bewaring van zijn recht en omtrent rechterlijke tenuitvoerlegging van vonnissen en authentieke akten zijn van toepassing.

3. Voor zover het nationale recht hier niet in voorziet, kan de rechter op grond van deze bepaling tegen de vermeende inbreukmaker of tegen een tussenpersoon wiens diensten door een derde worden gebruikt om op een merkrecht inbreuk te maken, op vordering van de merkhouder een voorlopig bevel uitvaardigen:

a. strekkende tot het voorkomen van een dreigende inbreuk op een merkrecht, of

b. waardoor tijdelijk de voortzetting van de vermeende inbreuk op een merkrecht wordt verboden, indien wenselijk op straffe van een dwangsom, of

c. waarbij aan de voortzetting van de vermeende inbreuk op een merkrecht de voorwaarde wordt verbonden dat zekerheid wordt gesteld voor schadeloosstelling van de merkhouder.

4. De rechter kan op vordering van de merkhouder in een gerechtelijke procedure wegens inbreuk degene die inbreuk op diens recht heeft gemaakt, bevelen al hetgeen hem bekend is omtrent de herkomst en de distributiekanalen van de goederen en diensten, waarmee die inbreuk is gepleegd, aan de merkhouder mee te delen en alle daarop betrekking hebbende gegevens aan deze te verstrekken, voor zover die maatregel gerechtvaardigd en redelijk voorkomt.

5. Het in lid 4 bedoelde bevel kan eveneens worden opgelegd aan de persoon die de inbreukmakende goederen op commerciële schaal in zijn bezit heeft, de inbreukmakende diensten op commerciële schaal heeft gebruikt, of op commerciële schaal diensten die bij inbreukmakende handelingen worden gebruikt, heeft verleend.

6. De rechter kan op vordering van de merkhouder een bevel uitvaardigen tot staking van diensten van tussenpersonen wier diensten door derden worden gebruikt om inbreuk op zijn merkrecht te maken.

7. De rechter kan, op vordering van de eiser, gelasten dat op kosten van de inbreukmaker, passende maatregelen tot verspreiding van informatie over de uitspraak worden getroffen.

Art. 2.23 Beperking van het uitsluitend recht

1. Een merk verleent de houder niet het recht een derde te verbieden om in het economisch verkeer gebruik te maken van:

a. de naam of het adres van die derde, indien het om een natuurlijke persoon gaat;

b. tekens of aanduidingen die geen onderscheidend vermogen hebben of die betrekking hebben op soort, hoedanigheid, hoeveelheid, bestemming, waarde, plaats van herkomst, tijdstip van vervaardiging van de waren of verrichting van de dienst of andere kenmerken van de waren of diensten;

c. het merk met het oog op de identificatie van of de verwijzing naar waren of diensten als die van de houder van dat merk, in het bijzonder indien het gebruik van dat merk noodzakelijk is om de bestemming van een waar of dienst aan te duiden, met name als accessoire of onderdeel; één en ander voor zover het gebruik door de derde plaatsvindt volgens de eerlijke gebruiken in nijverheid en handel.

2. Een merk verleent de houder niet het recht een derde te verbieden om in het economisch verkeer gebruik te maken van een ouder recht van slechts plaatselijke betekenis, indien dat recht erkend is ingevolge de wettelijke bepalingen van één van de Benelux-landen en wordt gebruikt binnen de grenzen van het grondgebied waarin het erkend wordt.

3. Een merk verleent de houder niet het recht het gebruik daarvan te verbieden voor waren die onder dit merk door de houder of met diens toestemming in de Europese Economische Ruimte in de handel zijn gebracht, tenzij er voor de houder gegronde redenen zijn zich te verzetten tegen verdere verhandeling van de waren, met name wanneer de toestand van de waren, nadat zij in het de handel zijn gebracht, gewijzigd of verslechterd is.

Art. 2.23bis Normaal gebruik van het merk

1. Een merk waarvan de houder vijf jaar nadat de inschrijvingsprocedure is voltooid, in het Beneluxgebied geen normaal gebruik heeft gemaakt voor de waren of diensten waarvoor het is ingeschreven, of waarvan gedurende een ononderbroken periode van vijf jaar geen gebruik is gemaakt, is vatbaar voor de beperkingen en sancties van de artikelen 2.16bis, leden 1 en 2, 2.23ter, 2.27, lid 2, en 2.30quinquies, leden 3 en 4, tenzij er een geldige reden is voor het niet-gebruik.

2. In het in artikel 2.8, lid 2, bedoelde geval, wordt de in lid 1 bedoelde termijn van vijf jaar berekend met ingang van de datum waarop het merk niet langer voorwerp kan zijn van een weigering op absolute gronden of een oppositie of, ingeval een weigering is uitgesproken of een oppositie is ingesteld, met ingang van de datum waarop een beslissing waardoor de door het Bureau opgeworpen bezwaren op absolute gronden worden opgeheven of de oppositie wordt beëindigd, onherroepelijk is geworden of de oppositie is ingetrokken.

3. Met betrekking tot inschrijvingen van internationale merken met werking in het Beneluxgebied wordt de in lid 1 bedoelde termijn van vijf jaar berekend met ingang van de datum waarop het merk niet langer kan worden geweigerd of daartegen niet langer oppositie kan worden ingesteld. Wanneer oppositie is ingesteld of wanneer kennis is gegeven van een weigering op absolute gronden, wordt de termijn berekend met ingang van de datum waarop een beslissing waardoor de oppositieprocedure wordt beëindigd, of een beslissing over de absolute weigeringsgronden onherroepelijk is geworden of waarop de oppositie is ingetrokken.

4. De aanvangsdatum van de in de leden 1 en 2 bedoelde termijn van vijf jaar wordt in het register opgenomen.

5. Als gebruik in de zin van lid 1 wordt eveneens beschouwd:

a. het gebruik van het merk in een op onderdelen afwijkende vorm die het onderscheidend vermogen van het merk in de vorm waarin het is ingeschreven, niet wijzigt, ongeacht of het merk in de gebruikte vorm al dan niet ook op naam van de houder is ingeschreven;

b. het aanbrengen van het merk op waren of de verpakking daarvan in het Benelux-gebied, uitsluitend met het oog op uitvoer.

6. Het gebruik van het merk met toestemming van de houder wordt als gebruik door de merkhouder beschouwd.

Art. 2.23ter Niet-gebruik als verweer in een inbreukprocedure

De houder van een merk kan het gebruik van een teken alleen verbieden voor zover de rechten van de houder niet op grond van artikel 2.27, lid 2 tot en met 5, vervallen kunnen worden verklaard op het tijdstip waarop de vordering wegens inbreuk wordt ingesteld. Indien de verweerder daarom verzoekt, levert de houder van het merk het bewijs dat gedurende de periode van vijf jaar voorafgaand aan de datum waarop de vordering wordt ingesteld, normaal gebruik van het merk is gemaakt als bedoeld in artikel 2.23bis, voor de waren of diensten waarvoor het is ingeschreven, en die ter rechtvaardiging van de vordering worden aangehaald, dan wel dat er geldige redenen voor het niet-gebruik bestonden, op voorwaarde dat de procedure van inschrijving van het merk op de datum waarop de vordering wordt ingesteld, reeds ten minste vijf jaar geleden is afgerond.

B75 **art. 2.23 quater** **Benelux-verdrag inzake de intellectuele eigendom**

Art. 2.23 quater Recht van de houder van een later ingeschreven merk om tussen te komen als verweer in een inbreukprocedure

Recht van de houder van een later ingeschreven merk om tussen te komen als verweer in een inbreukprocedure

1. In een inbreukprocedure is de houder van een merk niet gerechtigd het gebruik van een later ingeschreven merk te verbieden wanneer dat jongere merk niet nietig zou worden verklaard op grond van artikel 2.30quinques, lid 3, artikel 2.30sexies of artikel 2.30septies, lid 1.

2. In een inbreukprocedure is de houder van een merk niet gerechtigd het gebruik van een later ingeschreven Uniemerk te verbieden wanneer dat jongere merk niet nietig zou worden verklaard op grond van artikel 60, lid 1, 3 of 4, artikel 61, lid 1 of 2, of artikel 64, lid 2, van de Uniemerkenverordening.

3. Wanneer de houder van een merk overeenkomstig lid 1 of 2 niet gerechtigd is het gebruik van een later ingeschreven merk te verbieden, is de houder van dat later ingeschreven merk in een inbreukprocedure niet gerechtigd het gebruik van het oudere merk te verbieden, ofschoon dat ouder recht niet langer tegen het jongere merk kan worden ingeroepen.

Art. 2.24

[Vervallen]

Hoofdstuk 6
Beëindiging van het recht

Art. 2.25 Doorhaling op verzoek

Doorhaling op verzoek

1. De houder van een Benelux-merk kan te allen tijde doorhaling van zijn inschrijving verzoeken.

2. Indien evenwel een licentie is ingeschreven, kan doorhaling van de inschrijving van het merk alleen worden verricht op gezamenlijk verzoek van de merkhouder en de licentiehouder. Het in de vorige volzin bepaalde is van overeenkomstige toepassing in het geval een zakelijk recht of gedwongen tenuitvoerlegging is ingeschreven.

3. De doorhaling geldt voor het gehele Benelux-gebied.

4. Een tot een deel van het Benelux-gebied beperkte afstand van de uit een internationale aanvraag voortvloeiende bescherming geldt voor het gehele gebied, niettegenstaande enige door de houder afgelegde verklaring van het tegendeel.

5. De vrijwillige doorhaling kan tot één of meer van de waren of diensten waarvoor het merk is ingeschreven, worden beperkt.

Art. 2.26 Verval van het recht

Verval van het recht

Het recht op het merk vervalt:

a. door de vrijwillige doorhaling of het verstrijken van de geldigheidsduur van de inschrijving van het merk;

b. door de doorhaling of het verstrijken van de geldigheidsduur van de internationale inschrijving of door afstand van de bescherming in het Benelux-gebied, of overeenkomstig het in artikel 6 van de Overeenkomst en het Protocol van Madrid bepaalde, door het feit dat het merk geen wettelijke bescherming meer geniet in het land van oorsprong.

Art. 2.27 Vervallenverklaring van het recht

Vervallenverklaring van het recht

1. Een merk kan vervallen worden verklaard wanneer het, na de datum waarop het is ingeschreven:

a. door toedoen of nalaten van de merkhouder de in de handel gebruikelijke benaming is geworden van een waar of dienst waarvoor het is ingeschreven;

b. als gevolg van het gebruik dat ervan wordt gemaakt door de merkhouder, of met instemming van de merkhouder, voor de waren of diensten waarvoor het is ingeschreven, het publiek kan misleiden, met name wat betreft de aard, de hoedanigheid of de plaats van herkomst van deze waren of diensten.

2. Een merk kan tevens vervallen worden verklaard wanneer er geen normaal gebruik van is gemaakt overeenkomstig artikel 2.23bis.

3. Het verval van een merkrecht op grond van lid 2, kan niet meer worden ingeroepen, wanneer het merk in de periode tussen het verstrijken van de in artikel 2.23bis bedoelde periode van vijf jaren en de instelling van de vordering tot vervallenverklaring voor het eerst of opnieuw normaal is gebruikt.

Begin van gebruik of hernieuwd gebruik binnen drie maanden voorafgaand aan de instelling van de vordering tot vervallenverklaring wordt echter niet in aanmerking genomen, indien de voorbereiding van het begin van gebruik of van hernieuwd gebruik pas wordt getroffen nadat de merkhouder er kennis van heeft genomen dat een vordering tot vervallenverklaring zou kunnen worden ingesteld.

4. De houder van het merkrecht ten aanzien waarvan het verval ingevolge lid 3 niet meer kan worden ingeroepen, kan zich niet ingevolge 2.20, lid 1, sub a, b en c, verzetten tegen gebruik van een merk waarvan de aanvraag is verricht tijdens de periode waarin het oudere merkrecht vervallen kon worden verklaard op grond van lid 2.

5. De houder van het merkrecht ten aanzien waarvan het verval ingevolge lid 3 niet meer kan worden ingeroepen, kan niet overeenkomstig het in artikel 2.28, lid 2, bepaalde de nietigheid inroepen van de inschrijving van een merk, waarvan de aanvraag is verricht tijdens de periode waarin het oudere merkrecht vervallen kon worden verklaard op grond van lid 2.

Hoofdstuk 6bis

Procedure tot nietigverklaring of vervallenverklaring bij de rechter

Art. 2.28 Inroepen van nietigheid of verval bij de rechter

1. De nietigheid op absolute gronden kan worden ingeroepen door iedere belanghebbende, met inbegrip van het Openbaar Ministerie.

2. De nietigheid op relatieve gronden kan worden ingeroepen door iedere belanghebbende, wanneer de houder van het oudere merk als bedoeld in artikel 2.2ter, lid 1 en 3, sub a of b, of degene die krachtens het toepasselijke recht de in artikel 2.2ter, lid 3, sub c, bedoelde rechten mag uitoefenen aan het geding deelneemt.

3. Wordt het geding tot nietigverklaring overeenkomstig lid 1 door het Openbaar Ministerie aanhangig gemaakt, dan zijn alleen de rechter te Brussel, 's-Gravenhage en te Luxemburg bevoegd.

Het aanhangig maken van het geding door het Openbaar Ministerie schorst ieder ander op dezelfde grondslag ingesteld geding.

4. Iedere belanghebbende kan het verval van het merkrecht inroepen.

Art. 2.29-2.30

[Vervallen]

Hoofdstuk 6ter

Procedure tot nietigverklaring of vervallenverklaring bij het Bureau

Art. 2.30bis Instellen van de vordering

1. Een vordering tot nietigverklaring of vervallenverklaring van de inschrijving van een merk kan bij het Bureau worden ingesteld:

a. op basis van de in artikel 2.2bis bedoelde absolute nietigheidsgronden en de in artikel 2.27 bedoelde vervalgronden door iedere natuurlijke of rechtspersoon en iedere groepering of entiteit die is opgericht ter behartiging van de belangen van fabrikanten, producenten, dienstverrichters, handelaren of consumenten, en die overeenkomstig het ter zake geldende recht bevoegd is in eigen naam in rechte op te treden;

b. op basis van de in artikel 2.2ter bedoelde relatieve nietigheidsgronden:

i. in de in artikel 2.2ter, lid 1 en 3, sub a, bedoelde gevallen door de houders van oudere merken en de door deze houders gemachtigde licentiehouders;

ii. in het in artikel 2.2ter, lid 3, sub b, bedoelde geval door de daar bedoelde houders van merken; in dit geval kan tevens de in artikel 2.20ter, lid 1, sub b, bedoelde overdracht worden gevorderd;

iii. in het in artikel 2.2ter, lid 3, sub c, bedoelde geval door degenen die krachtens het toepasselijke recht de in deze bepaling bedoelde rechten mogen uitoefenen.

2. De vordering tot nietigverklaring of vervallenverklaring wordt pas geacht te zijn ingesteld, nadat de verschuldigde taksen zijn betaald.

Art. 2.30ter Verloop van de procedure

1. Het Bureau behandelt de vordering tot nietigverklaring of vervallenverklaring binnen een redelijke termijn overeenkomstig de bepalingen vastgelegd in het uitvoeringsreglement en met inachtneming van het beginsel van hoor en wederhoor.

2. De procedure wordt opgeschort:

a. indien de vordering is gebaseerd op artikel 2.30bis, lid 1, sub b, onder i, wanneer het oudere merk:

i. nog niet is ingeschreven;

ii. onverwijld is ingeschreven overeenkomstig artikel 2.8, lid 2, en het voorwerp is van een weigeringsprocedure op absolute gronden of een oppositie;

iii. het voorwerp is van een vordering tot nietigverklaring of vervallenverklaring;

b. indien de vordering is gebaseerd op artikel 2.30bis, lid 1, sub b, onder iii, wanneer ze is gebaseerd op een aanvraag voor een oorsprongsbenaming of een geografische aanduiding, totdat daarover een definitieve beslissing is genomen;

c. wanneer het betwiste merk:

i. nog niet is ingeschreven;

ii. onverwijld is ingeschreven overeenkomstig artikel 2.8, lid 2; en het voorwerp is van een weigeringsprocedure op absolute gronden of een oppositie;

iii. het voorwerp is van een gerechtelijke vordering tot nietigverklaring of vervallenverklaring;

B75 art. 2.30quater **Benelux-verdrag inzake de intellectuele eigendom**

d. op gezamenlijk verzoek van partijen;
e. indien de opschorting om andere redenen passend is.
3. De procedure wordt afgesloten:
a. wanneer de indiener niet langer de hoedanigheid heeft om op te kunnen treden;
b. wanneer verweerder niet reageert op de ingestelde vordering; in dit geval wordt de inschrijving doorgehaald;
c. wanneer aan de vordering de grondslag is ontvallen hetzij omdat zij is ingetrokken, hetzij omdat de inschrijving waartegen de vordering is ingesteld is vervallen;
d. wanneer de vordering is gebaseerd op artikel 2.30bis, lid 1, sub b, en het oudere merk of het oudere recht niet meer geldig is;
e. wanneer de vordering is gebaseerd op artikel 2.30bis, lid 1, sub b, onder i, en de indiener binnen de gestelde termijn geen bewijsstukken van gebruik van zijn oudere merk als bedoeld in artikel 2.30quinquies heeft overgelegd.
In deze gevallen wordt een deel van de betaalde taksen gerestitueerd.
4. Nadat het onderzoek van de vordering tot nietigverklaring of vervallenverklaring is beëindigd, neemt het Bureau zo spoedig mogelijk een beslissing. Indien de vordering gegrond bevonden wordt, haalt het Bureau de inschrijving geheel of gedeeltelijk door of besluit het de in artikel 2.20ter, lid 1, sub b, bedoelde overdracht in het register aan te tekenen. In het tegengestelde geval wordt de vordering afgewezen. Van de beslissing geeft het Bureau onverwijld schriftelijk kennis aan partijen, onder vermelding van het in artikel 1.15bis genoemde rechtsmiddel tegen die beslissing. De beslissing van het Bureau wordt eerst definitief nadat ze niet meer vatbaar is voor enig rechtsmiddel. Het Bureau is geen partij bij een beroep tegen zijn beslissing.
5. De in het ongelijk gestelde partij wordt in de kosten verwezen. Deze worden vastgesteld conform het bepaalde in het uitvoeringsreglement. De kosten zijn niet verschuldigd indien de vordering gedeeltelijk toegewezen wordt. De beslissing van het Bureau tot vaststelling van de kosten vormt executoriale titel; de gedwongen tenuitvoerlegging geschiedt volgens de bepalingen die van kracht zijn in de staat van executie.

Art. 2.30quater Vordering tot nietigverklaring of vervallenverklaring van internationale aanvragen

Vordering tot nietigverklaring of vervallenverklaring van internationale aanvragen

1. Tegen een internationale aanvraag waarvan is verzocht de bescherming uit te strekken tot het Benelux-gebied kan een vordering tot nietigverklaring of vervallenverklaring worden ingesteld bij het Bureau. De artikelen 2.30bis en 2.30ter zijn van overeenkomstige toepassing.

2. Het Bureau geeft onverwijld schriftelijk kennis aan het Internationaal Bureau van de ingediende vordering, onder vermelding van het bepaalde in de artikelen 2.30bis en 2.30ter, evenals de daarop betrekking hebbende bepalingen uit het uitvoeringsreglement.

Hoofdstuk 6quater
Verweermiddelen en reikwijdte van nietigheid en verval

Art. 2.30quinquies Niet-gebruik als verweer in een procedure tot nietigverklaring

Niet-gebruik als verweer in een procedure tot nietigverklaring

1. Wanneer in een procedure tot nietigverklaring op basis van een ingeschreven merk met een vroegere datum van indiening of van voorrang de houder van het jongere merk daarom verzoekt, levert de houder van het oudere merk het bewijs dat in de periode van vijf jaar voorafgaand aan de datum van indiening van de vordering om nietigverklaring het oudere merk normaal is gebruikt overeenkomstig artikel 2.23bis voor de waren of diensten waarvoor het is ingeschreven en die ter rechtvaardiging van de vordering worden aangehaald, dan wel dat er geldige redenen voor het niet gebruik bestonden, op voorwaarde dat het inschrijvingsproces van het oudere merk op de datum van indiening van een vordering tot nietigverklaring minstens vijf jaar geleden is voltooid.
2. Wanneer de periode van vijf jaar waarin het oudere merk normaal moest zijn gebruikt overeenkomstig artikel 2.23bis, op de datum van indiening of voorrang van het jongere merk is verstreken, bewijst de houder van het oudere merk naast het op grond van lid 1 vereiste bewijs dat het merk in de periode van vijf jaar voorafgaand aan de datum van indiening of voorrang normaal was gebruikt dan wel dat er geldige redenen voor het niet-gebruik bestonden.
3. Bij gebreke van de in de leden 1 en 2 bedoelde bewijzen wordt een vordering tot nietigverklaring op basis van een ouder merk afgewezen.
4. Indien het oudere merk overeenkomstig artikel 2.23bis slechts is gebruikt voor een deel van de waren of diensten waarvoor het is ingeschreven, wordt het voor het onderzoek van de vordering tot nietigverklaring geacht alleen voor dat deel van de waren of diensten te zijn ingeschreven.
5. De leden 1 tot en met 4 zijn ook van toepassing wanneer het oudere merk een Uniemerk is. In dat geval wordt het normale gebruik overeenkomstig artikel 18 van de Uniemerkenverordening vastgesteld.

Art. 2.30sexies Ontbreken van onderscheidend vermogen of van bekendheid van een ouder merk waardoor nietigverklaring van een ingeschreven merk is uitgesloten

Een vordering tot nietigverklaring op basis van een ouder merk moet op de datum van de vordering tot nietigverklaring worden afgewezen indien zij op de datum van indiening of voorrang van het jongere merk niet zou zijn geslaagd om een van de volgende redenen:

a. het oudere merk, dat nietig kan worden verklaard krachtens artikel 2.2bis, lid 1, sub b, c of d, had nog geen onderscheidend vermogen verkregen als bedoeld in artikel 2.2bis, lid 3;

b. de vordering tot nietigverklaring is gebaseerd op artikel 2.2ter, lid 1, sub b, en het oudere merk had nog niet voldoende onderscheidend vermogen verkregen om de conclusie te staven dat er verwarring kon ontstaan in de zin van artikel 2.2ter, lid 1, sub b;

c. de vordering tot nietigverklaring is gebaseerd op artikel 2.2ter, lid 3, sub a, en het oudere merk was nog niet voldoende bekend in de zin van artikel 2.2ter, lid 3, sub a.

Art. 2.30septies Voorkoming van nietigverklaring wegens gedogen

1. De houder van een ouder merk als bedoeld in artikel 2.2ter, lid 2 of lid 3, sub a, die het gebruik van een ingeschreven jonger merk bewust heeft gedoogd gedurende vijf opeenvolgende jaren, kan niet langer op grond van het oudere merk vorderen dat het jongere merk nietig wordt verklaard voor de waren of diensten waarvoor dat jongere merk is gebruikt, tenzij het jongere merk te kwader trouw is gedeponeerd.

2. In het in lid 1 bedoelde geval kan de houder van een later ingeschreven merk geen bezwaar maken tegen het gebruik van het oudere recht, ofschoon dat recht niet langer aan het jongere merk kan worden tegengeworpen.

Art. 2.30octies Inroepen van de nietigheid of het verval van een merk waarop anciënniteit voor een Uniemerk is gebaseerd

Wanneer de anciënniteit van een ingevolge dit verdrag ingeschreven merk, waarvan de houder afstand heeft gedaan of dat hij heeft laten vervallen, wordt ingeroepen voor een Uniemerk, kan de nietigheid of het verval van het merk dat de basis vormt voor het inroepen van de anciënniteit, achteraf worden vastgesteld, mits dit merk nietig of vervallen had kunnen worden verklaard op het tijdstip waarop de houder daarvan afstand heeft gedaan of het heeft laten vervallen.

Art. 2.30nonies Reikwijdte van nietigheid en verval

1. De nietigheid of het verval betreffen het teken, dat het merk vormt, in zijn geheel.

2. Een vordering tot nietigverklaring of vervallenverklaring kan worden gericht tegen een deel of het geheel van de waren of diensten waarvoor het betwiste merk is ingeschreven en kan worden gebaseerd op een of meer oudere rechten, mits zij allemaal aan dezelfde houder toebehoren.

3. Indien een grond voor nietig- of vervallenverklaring van een merk slechts bestaat voor een deel van de waren of diensten waarvoor dit merk is ingeschreven, betreft de nietig- of vervallenverklaring alleen die waren of diensten.

4. Een ingeschreven merk wordt geacht de in dit verdrag bedoelde gevolgen niet te hebben gehad vanaf de datum van de vordering tot vervallenverklaring, voor zover de rechten van de houder vervallen zijn verklaard. In de beslissing over de vordering tot vervallenverklaring kan op verzoek van een van de partijen een vroegere datum worden vastgesteld waarop een van de gronden voor vervallenverklaring zich heeft voorgedaan.

5. Een ingeschreven merk wordt geacht de in dit verdrag bedoelde gevolgen niet vanaf het begin niet te hebben gehad, voor zover het merk nietig is verklaard.

Hoofdstuk 7

Merken als onderdeel van het vermogen

Art. 2.31 Overgang

1. Een merk kan onafhankelijk van de onderneming overgaan voor alle of een deel van de waren of diensten waarvoor het is ingeschreven.

2. Nietig is:

a. de overdracht onder levenden die niet schriftelijk is vastgelegd;

b. de overdracht of andere overgang die niet op het gehele Benelux-gebied betrekking heeft.

3. De overdracht van een onderneming in haar geheel houdt in dat ook het merk overgaat, tenzij het tegendeel is overeengekomen of duidelijk uit de omstandigheden blijkt. Deze bepaling is van toepassing op de verbintenis uit een overeenkomst tot overdracht van de onderneming.

Art. 2.32 Licentie

1. Het merk kan het voorwerp zijn van licenties voor alle of voor een deel van de waren of diensten waarvoor het is ingeschreven en voor het geheel of voor een deel van het Benelux-gebied. Een licentie kan al dan niet uitsluitend zijn.

B75 art. 2.32bis **Benelux-verdrag inzake de intellectuele eigendom**

2. De aan het merk verbonden rechten kunnen door de merkhouder worden ingeroepen tegen een licentiehouder die handelt in strijd met een van de bepalingen van de licentieovereenkomst inzake:

a. de duur daarvan;

b. de door de inschrijving gedekte vorm waarin het merk mag worden gebruikt;

c. de waren of diensten waarvoor de licentie is verleend;

d. het gebied waarin aanbrenging van het merk is toegestaan; of

e. de kwaliteit van de door de licentiehouder vervaardigde waren of verrichte diensten.

3. De doorhaling van de inschrijving van de licentie in het register vindt slechts plaats op gezamenlijk verzoek van de merkhouder en de licentiehouder.

4. Onverminderd het bepaalde in de licentieovereenkomst kan de licentiehouder een vordering wegens inbreuk op een merk alleen instellen met toestemming van de houder van dat merk. De houder van een exclusieve licentie kan deze vordering echter instellen indien de merkhouder, na daartoe te zijn aangemaand, niet zelf binnen een redelijke termijn een vordering wegens inbreuk instelt.

5. De licentiehouder is bevoegd in een door de merkhouder ingestelde vordering als bedoeld in artikel 2.21, lid 1 tot en met 4, tussen te komen om rechtstreeks door hem geleden schade vergoed te krijgen of zich een evenredig deel van de door de gedaagde genoten winst te doen toewijzen.

6. Een zelfstandige vordering als bedoeld in het vorige lid kan de licentiehouder slechts instellen, indien hij de bevoegdheid daartoe van de merkhouder heeft bedongen.

7. De licentiehouder heeft het recht de in artikel 2.22, lid 1, bedoelde bevoegdheden uit te oefenen, voor zover deze strekken tot bescherming van de rechten waarvan hem de uitoefening is toegestaan, indien hij daartoe toestemming van de merkhouder heeft verkregen.

Art. 2.32bis Zakelijke rechten en gedwongen tenuitvoerlegging

Zakelijke rechten en gedwongen tenuitvoerlegging

1. Een merk kan onafhankelijk van de onderneming in pand worden gegeven of het voorwerp vormen van een ander zakelijk recht.

2. Een merk kan het voorwerp vormen van gedwongen tenuitvoerlegging.

Art. 2.33 Derdenwerking

Derdenwerking

De overdracht of andere overgang van de licentie kan niet aan derden worden tegengeworpen dan na inschrijving van het depot van een uittreksel der akte, waaruit van die overgang of die licentie blijkt, of van een daarop betrekking hebbende, door de betrokken partijen ondertekende verklaring, mits dit depot is verricht met inachtneming van de bij uitvoeringsreglement gestelde vormvereisten en tegen betaling van de verschuldigde taksen. Het in de vorige volzin bepaalde is van overeenkomstige toepassing op de in artikel 2.32bis bedoelde zakelijke rechten en gedwongen tenuitvoerlegging.

Art. 2.33bis Aanvragen om een merk als vermogensbestanddeel

Aanvragen om een merk als vermogensbestanddeel

De artikelen 2.31 tot en met 2.33 zijn van toepassing op aanvragen om merken.

Hoofdstuk 8
Collectieve merken

Art. 2.34bis Collectieve merken

Collectieve merken

1. Een collectief merk is een merk dat bij de aanvraag als zodanig wordt aangewezen en op grond waarvan de waren of diensten van de leden van de vereniging die merkhouder is, onderscheiden kunnen worden van de waren of diensten van andere ondernemingen. Verenigingen van fabrikanten, producenten, dienstverrichters of handelaren die overeenkomstig het toepasselijke recht bevoegd zijn om in eigen naam drager te zijn van rechten en verplichtingen, overeenkomsten aan te gaan of andere rechtshandelingen te verrichten, en in rechte op te treden, alsmede publiekrechtelijke rechtspersonen, kunnen collectieve merken aanvragen.

2. In afwijking van artikel 2.2bis, lid 1, sub c, kunnen tekens of benamingen die in de handel kunnen dienen tot aanduiding van de plaats van herkomst van de waren of diensten, collectieve merken vormen. Een dergelijk collectief merk verleent de merkhouder niet het recht om een derde te verbieden om in het economisch verkeer deze tekens of aanduidingen te gebruiken, mits die derde ze volgens de eerlijke gebruiken in nijverheid en handel gebruikt. Met name kan een dergelijk merk niet worden ingeroepen tegen een derde die gerechtigd is een geografische benaming te gebruiken.

3. Collectieve merken zijn onderworpen aan alle bepalingen van dit verdrag die de betrekking hebben op merken, tenzij in dit hoofdstuk anders is bepaald.

Art. 2.34ter Reglement inzake gebruik van een collectief merk

Reglement inzake gebruik van een collectief merk

1. De aanvrager van een collectief merk moet bij de aanvraag het reglement inzake het gebruik daarvan indienen.

2. Indien het evenwel gaat om een internationale aanvraag kan de aanvrager dit reglement nog indienen gedurende een termijn van zes maanden te rekenen vanaf de in artikel 3, sub (4), van de Overeenkomst en het Protocol van Madrid bedoelde kennisgeving van de internationale inschrijving.

3. Het reglement bepaalt ten minste welke personen het merk mogen gebruiken, onder welke voorwaarden iemand tot de vereniging behoort en onder welke voorwaarden, met inbegrip van sancties, het merk kan worden gebruikt. Het reglement van een in artikel 2.34bis, lid 2, bedoeld merk stelt het lidmaatschap van de vereniging die houder is van dat merk, open voor eenieder wiens waren of diensten uit het betrokken geografische gebied afkomstig zijn, mits hij aan alle andere voorwaarden van het reglement voldoet.

Art. 2.34quater Afwijzing van een aanvraag

1. Naast de in artikel 2.2bis bepaalde weigeringsgronden, met uitzondering van artikel 2.2bis, lid 1, sub c, met betrekking tot tekens of benamingen die in de handel tot aanduiding van de plaats van herkomst van de waren of diensten kunnen dienen, wordt een aanvraag om een collectief merk afgewezen indien niet is voldaan aan de bepalingen van artikel 2.34bis of 2.34ter of indien het reglement voor dat collectief merk strijdig is met de openbare orde of de goede zeden.

2. Een aanvraag om een collectief merk wordt eveneens afgewezen wanneer het publiek kan worden misleid inzake de aard of betekenis van het merk, met name wanneer het de indruk kan wekken iets anders te zijn dan een collectief merk.

3. De aanvraag wordt niet afgewezen wanneer de aanvrager door een wijziging van het reglement voor dat collectief merk voldoet aan de in de leden 1 en 2 gestelde eisen.

Art. 2.34quinquies Gebruik van collectieve merken

Aan de vereisten van artikel 2.23bis wordt voldaan wanneer van een collectief merk overeenkomstig dat artikel normaal gebruik wordt gemaakt door iemand die daartoe bevoegd is.

Art. 2.34sexies Wijzigingen van het reglement inzake het gebruik van het collectieve merk

1. De houder van het collectieve merk legt het Bureau elke wijziging van het reglement voor.

2. Wijzigingen van het reglement worden in het register vermeld tenzij het gewijzigde reglement niet voldoet aan artikel 2.34ter of een in artikel 2.34quater vermelde weigeringsgrond doet ontstaan.

3. Voor de toepassing van dit verdrag worden wijzigingen van het reglement pas van kracht vanaf de datum waarop die wijzigingen in het register worden vermeld.

Art. 2.34septies Personen die bevoegd zijn een vordering wegens inbreuk in te stellen

1. Artikel 2.32, leden 4 en 5, is van toepassing op eenieder die bevoegd is een collectief merk te gebruiken.

2. De houder van een collectief merk kan vergoeding eisen namens de personen die bevoegd zijn het merk te gebruiken, indien deze personen schade hebben geleden door onrechtmatig gebruik van het merk.

Art. 2.34octies Aanvullende gronden voor vervallenverklaring

In aanvulling op de in artikel 2.27 vermelde gronden worden de rechten van de houder van een collectief merk vervallen verklaard op de volgende gronden:

a. de merkhouder neemt geen redelijke maatregelen om te voorkomen dat het merk wordt gebruikt op een wijze die niet verenigbaar is met de voorwaarden van het reglement, met inbegrip van in het register vermelde wijzigingen daarvan;

b. het publiek kan worden misleid in de zin van artikel 2.34quater, lid 2, door de wijze waarop bevoegde personen het merk hebben gebruikt;

c. een wijziging van het reglement is, in strijd met artikel 2.34sexies, lid 2, in het register vermeld, tenzij de merkhouder door een nieuwe wijziging van het reglement voldoet aan de in dat artikel gestelde eisen.

Art. 2.34nonies Aanvullende gronden voor nietigverklaring

In aanvulling op de gronden voor nietigverklaring in artikel 2.2bis, met uitzondering van artikel 2.2bis, lid 1, sub c, betreffende tekens of benamingen die in de handel kunnen dienen tot aanduiding van de plaats van herkomst van de waren of diensten, en in artikel 2.2ter, wordt een collectief merk nietig verklaard indien het in strijd met artikel 2.34quater is ingeschreven, tenzij de merkhouder door een wijziging van het reglement voldoet aan de in artikel 2.34quater gestelde eisen.

Hoofdstuk 8bis Certificeringsmerken

Art. 2.35bis Certificeringsmerken

Certificeringsmerken

1. Een certificeringsmerk is een merk dat bij de aanvraag als zodanig wordt omschreven en op grond waarvan de waren of diensten die door de houder van het merk worden gecertificeerd met betrekking tot het materiaal, de wijze van vervaardiging van waren of verrichting van diensten, kwaliteit, nauwkeurigheid of andere kenmerken, met uitzondering van de geografische herkomst, kunnen worden onderscheiden van waren en diensten die niet als zodanig zijn gecertificeerd.

2. Een natuurlijke of rechtspersoon, met inbegrip van publiekrechtelijke instellingen, autoriteiten en instanties, kan certificeringsmerken aanvragen op voorwaarde dat die persoon geen activiteiten uitoefent waarbij waren worden geleverd of diensten worden verricht van het soort waarop het merk betrekking heeft.

3. Certificeringsmerken zijn onderworpen aan alle bepalingen van dit verdrag die betrekking hebben op merken, tenzij in dit hoofdstuk anders is bepaald.

Art. 2.35ter Reglement voor het gebruik van het certificeringsmerk

Reglement voor het gebruik van het certificeringsmerk

1. De aanvrager van een certificeringsmerk moet bij de aanvraag het reglement inzake het gebruik daarvan indienen.

2. Indien het evenwel gaat om een internationale aanvraag kan de aanvrager dit reglement nog deponeren gedurende een termijn van zes maanden te rekenen vanaf de in artikel 3, sub (4), van de Overeenkomst en het Protocol van Madrid bedoelde kennisgeving van de internationale inschrijving.

3. Het gebruiksreglement geeft aan welke personen het merk mogen gebruiken, welke kenmerken door het merk worden gecertificeerd, hoe de certificeringsinstantie deze kenmerken moet testen en hoe zij moet toezien op het gebruik van het merk. Dat reglement bepaalt tevens onder welke voorwaarden het merk kan worden gebruikt, alsmede welke sancties kunnen worden opgelegd.

Art. 2.35quater Afwijzing van de aanvraag

Afwijzing van de aanvraag

1. Naast de in artikel 2.2bis bepaalde weigeringsgronden wordt de aanvraag voor een certificeringsmerk afgewezen wanneer niet aan de in de artikelen 2.35bis en 2.35ter gestelde voorwaarden is voldaan of wanneer het gebruiksreglement strijdig is met de openbare orde of de goede zeden.

2. Een aanvraag voor een certificeringsmerk wordt eveneens afgewezen wanneer het publiek kan worden misleid over de aard of betekenis van het merk, in het bijzonder wanneer het de indruk kan wekken iets anders te zijn dan een certificeringsmerk.

3. De aanvraag wordt niet afgewezen wanneer de aanvrager door een wijziging van het gebruiksreglement voldoet aan de in leden 1 en 2 gestelde voorwaarden.

Art. 2.35quinquies Gebruik van het certificeringsmerk

Gebruik van het certificeringsmerk

Aan de vereisten van artikel 2.23bis wordt voldaan wanneer van een certificeringsmerk overeenkomstig dat artikel normaal gebruik wordt gemaakt door iemand die daartoe overeenkomstig het in artikel 2.35ter bedoelde gebruiksreglement bevoegd is.

Art. 2.35sexies Wijziging van het reglement voor gebruik van het merk

Wijziging van het reglement voor gebruik van het merk

1. De houder van het certificeringsmerk legt elke wijziging van het gebruiksreglement voor aan het Bureau.

2. Wijzigingen van het reglement worden in het register vermeld tenzij het gewijzigde reglement niet voldoet aan artikel 2.35ter of een in artikel 2.35quater vermelde weigeringsgrond doet ontstaan.

3. Voor de toepassing van dit verdrag worden wijzigingen van het gebruiksreglement pas van kracht vanaf de datum waarop de wijziging in het register wordt vermeld.

Art. 2.35septies Overgang

Overgang

In afwijking van artikel 2.31, lid 1, kan een certificeringsmerk alleen overgaan op een persoon die voldoet aan de vereisten van artikel 2.35bis, lid 2.

Art. 2.35octies Personen die een vordering wegens inbreuk kunnen instellen

Personen die een vordering wegens inbreuk kunnen instellen

1. Alleen de houder van een certificeringsmerk of een door hem specifiek daartoe gemachtigde persoon kan een vordering wegens inbreuk instellen.

2. De houder van een certificeringsmerk kan vergoeding eisen namens de personen die bevoegd zijn het merk te gebruiken, indien zij schade hebben geleden door onrechtmatig gebruik van het merk.

Art. 2.35nonies Aanvullende gronden voor vervallenverklaring

Aanvullende gronden voor vervallenverklaring

In aanvulling op de in artikel 2.27 vermelde gronden worden de rechten van de houder van een certificeringsmerk vervallen verklaard op de volgende gronden:

a. de houder voldoet niet langer aan de vereisten van artikel 2.35bis, lid 2;

b. de houder neemt geen redelijke maatregelen om te voorkomen dat het merk wordt gebruikt op een wijze die niet verenigbaar is met de voorwaarden van het gebruiksreglement, met inbegrip van in het register vermelde wijzigingen daarvan;

c. het publiek kan worden misleid in de zin van artikel 2.35quater, lid 2, door de wijze waarop de merkhouder het merk heeft gebruikt;

d. een wijziging van het gebruiksreglement is, in strijd met artikel 2.35sexies, lid 2, in het register vermeld, tenzij de merkhouder door een nieuwe wijziging van het gebruiksreglement voldoet aan de in dat artikel gestelde eisen.

Art. 2.35decies Aanvullende gronden voor nietigverklaring

In aanvulling op de in de artikelen 2.2bis artikel 2.2ter bedoelde gronden voor nietigverklaring wordt een certificeringsmerk dat in strijd met artikel 2.35quater is ingeschreven nietig verklaard, tenzij de merkhouder door een wijziging van het gebruiksreglement voldoet aan de vereisten van artikel 2.35quater.

Aanvullende gronden voor nietigverklaring

TITEL III TEKENINGEN OF MODELLEN

HOOFDSTUK 1 Tekeningen of modellen

Art. 3.1 Tekeningen of modellen

1. Een tekening of model wordt beschermd voor zover de tekening of het model nieuw is en een eigen karakter heeft.

Tekeningen of modellen

2. Als tekening of model wordt beschouwd het uiterlijk van een voortbrengsel of een deel ervan.

3. Het uiterlijk van een voortbrengsel wordt afgeleid uit de kenmerken van met name de lijnen, de omtrek, de kleuren, de vorm, de textuur of de materialen van het voortbrengsel zelf of de versiering ervan.

4. Onder voortbrengsel wordt verstaan elk op industriële of ambachtelijke wijze vervaardigd voorwerp, met inbegrip van onder meer onderdelen die zijn bestemd om tot een samengesteld voortbrengsel te worden samengevoegd, verpakkingen, uitvoering, grafische symbolen en typografische lettertypen. Computerprogramma's worden niet als voortbrengsel aangemerkt.

Art. 3.2 Uitzonderingen

1. Van de bescherming uit hoofde van deze titel zijn uitgesloten:

a. de uiterlijke kenmerken van een voortbrengsel die uitsluitend door de technische functie worden bepaald;

Uitzonderingen

b. de uiterlijke kenmerken van een voortbrengsel die noodzakelijkerwijs in precies dezelfde vorm en afmetingen gereproduceerd moeten worden om het voortbrengsel waarin de tekening of het model verwerkt is of waarop het toegepast is, mechanisch met een ander voortbrengsel te kunnen verbinden of om het in, rond of tegen een ander voortbrengsel te kunnen plaatsen, zodat elk van beide voortbrengselen zijn functie kan vervullen.

2. In afwijking van lid 1, sub b, worden de uiterlijke kenmerken van een voortbrengsel die tot doel hebben binnen een modulair systeem de meervoudige samenvoeging of verbinding van onderling verwisselbare voortbrengselen mogelijk te maken, beschermd door een modelrecht onder de in artikel 3.1, lid 1, gestelde voorwaarden.

Art. 3.3 Nieuwheid en eigen karakter

1. Een tekening of model wordt als nieuw beschouwd, indien er geen identieke tekening of identiek model voor het publiek beschikbaar is gesteld vóór de datum van depot of vóór de datum van voorrang. Tekeningen of modellen worden geacht identiek te zijn, indien de kenmerken ervan slechts in onbelangrijke details verschillen.

Nieuwheid en eigen karakter

2. Een tekening of model wordt geacht een eigen karakter te hebben, indien de algemene indruk die deze tekening of dit model bij de geïnformeerde gebruiker wekt, verschilt van de algemene indruk die bij die gebruiker wordt gewekt door tekeningen of modellen die voor het publiek beschikbaar zijn gesteld vóór de datum van depot of vóór de datum van voorrang. Bij de beoordeling van het eigen karakter wordt rekening gehouden met de mate van vrijheid van de ontwerper bij de ontwikkeling van de tekening of het model.

3. Voor de beoordeling van de nieuwheid en het eigen karakter wordt een tekening of model geacht voor het publiek beschikbaar te zijn gesteld, indien deze tekening of dit model is gepubliceerd na inschrijving of op andere wijze, of is tentoongesteld, in de handel is gebracht of anderszins openbaar is gemaakt, tenzij deze feiten bij een normale gang van zaken redelijkerwijs niet vóór de datum van depot of vóór de datum van voorrang ter kennis konden zijn gekomen van ingewijden in de betrokken sector, die in de Europese Gemeenschap of de Europese Economische Ruimte werkzaam zijn. De tekening of het model wordt echter niet geacht voor het publiek beschikbaar te zijn gesteld, louter omdat het onder uitdrukkelijke of stilzwijgende voorwaarde van geheimhouding aan een derde bekendgemaakt is.

B75 art. 3.4 Benelux-verdrag inzake de intellectuele eigendom

4. Voor de beoordeling van de nieuwheid en het eigen karakter wordt beschikbaarstelling voor het publiek van een tekening of model waarvoor op grond van een inschrijving aanspraak op bescherming wordt gemaakt, niet in aanmerking genomen, indien, binnen twaalf maanden voorafgaand aan de datum van depot of de datum van voorrang:

a. de beschikbaarstelling is geschied door de ontwerper, zijn rechtverkrijgende of een derde op grond van door de ontwerper of diens rechtverkrijgende verstrekte informatie of genomen maatregelen, of

b. de beschikbaarstelling is geschied ten gevolge van misbruik jegens de ontwerper of diens rechtverkrijgende.

5. Onder het recht van voorrang wordt verstaan het recht als bedoeld in artikel 4 van het Verdrag van Parijs. Hierop kan een beroep gedaan worden door degene die op regelmatige wijze een aanvraag om een tekening of model of een gebruiksmodel heeft ingediend in een der landen die partij zijn bij genoemd verdrag of bij het TRIPS verdrag.

Art. 3.4 Onderdelen van samengestelde voortbrengselen

Onderdelen van samengestelde voortbrengselen

1. Een tekening die of model dat is toegepast op of verwerkt in een voortbrengsel dat onderdeel van een samengesteld voortbrengsel vormt, wordt slechts geacht nieuw te zijn en een eigen karakter te hebben:

a. voor zover het onderdeel, wanneer het in het samengestelde voortbrengsel is verwerkt, bij normaal gebruik van dit laatste zichtbaar blijft, en

b. voor zover deze zichtbare kenmerken van het onderdeel als zodanig aan de voorwaarden inzake nieuwheid en eigen karakter voldoen.

2. Onder samengesteld voortbrengsel wordt in deze titel verstaan een voortbrengsel dat bestaat uit meerdere onderdelen die vervangen kunnen worden, zodat het voortbrengsel uit elkaar gehaald en weer in elkaar gezet kan worden.

3. Normaal gebruik in de zin van lid 1, houdt het gebruik door de eindgebruiker in, met uitzondering van handelingen in verband met onderhoud of reparatie.

Art. 3.5 Verkrijging van het recht

Verkrijging van het recht

1. Onverminderd het recht van voorrang wordt het uitsluitend recht op een tekening of model verkregen door de inschrijving van het depot, verricht binnen het Benelux-gebied bij het Bureau (Benelux-depot), of verricht bij het Internationaal Bureau (internationaal depot).

2. Indien bij samenloop van depots het eerste depot niet wordt gevolgd door de publicatie als bedoeld in artikel 3.11, lid 2, van dit verdrag of in artikel 6, onder 3 van de Overeenkomst van 's-Gravenhage, verkrijgt het latere depot de rang van eerste depot.

Art. 3.6 Restricties

Restricties

Binnen de in artikelen 3.23 en 3.24, lid 2, gestelde grenzen wordt geen recht op een tekening of model verkregen door de inschrijving indien:

a. de tekening of het model in strijd is met een oudere tekening die of ouder model dat na de datum van depot of na de datum van voorrang voor het publiek beschikbaar is gesteld en vanaf een aan deze datum voorafgaand tijdstip beschermd wordt door een uitsluitend recht dat voortvloeit uit een Gemeenschapsmodel, de inschrijving van een Benelux-depot dan wel door een internationaal depot;

b. in de tekening of het model gebruik gemaakt wordt van een ouder merk zonder toestemming van de houder van dit merk;

c. in de tekening of het model gebruik gemaakt wordt van een reeds bestaand auteursrechtelijk beschermd werk zonder toestemming van de houder van dit auteursrecht;

d. de tekening of het model oneigenlijk gebruik vormt van een van de in artikel 6*ter* van het Verdrag van Parijs genoemde zaken;

e. de tekening of het model in strijd is met de goede zeden of de openbare orde van één der Benelux-landen;

f. de kenmerkende eigenschappen van de tekening of het model onvoldoende uit het depot blijken.

Art. 3.7 Opeising van een depot

Opeising van een depot

1. Binnen een termijn van vijf jaren, te rekenen vanaf de datum van publicatie van de inschrijving van het depot, kan de ontwerper van de tekening of het model, dan wel degene die volgens artikel 3.8 als ontwerper wordt beschouwd, het recht op het Benelux-depot of de voor het Benelux-gebied uit het internationaal depot van die tekening of dat model voortvloeiende rechten opeisen, indien het depot zonder zijn toestemming door een derde is verricht; om dezelfde redenen kan hij te allen tijde de nietigheid inroepen van de inschrijving van dat depot of van die rechten. De vordering tot opeising moet bij het Bureau worden ingeschreven op verzoek van de eiser, met inachtneming van de bij uitvoeringsreglement gestelde vormvereisten en tegen betaling van de verschuldigde taksen.

2. Indien de in lid 1 bedoelde deposant gehele of gedeeltelijke doorhaling heeft verzocht van de inschrijving van het Benelux-depot of afstand heeft gedaan van de rechten, die voor het Benelux-gebied uit het internationaal depot voortvloeien, heeft deze doorhaling of afstand geen werking ten aanzien van de ontwerper of van degene die volgens artikel 3.8 als ontwerper wordt beschouwd onder voorbehoud van lid 3, mits het depot werd opgeëist binnen één jaar na de datum van publicatie van de doorhaling of afstand en vóór het verstrijken van de in lid 1 genoemde termijn van vijf jaren.

3. Indien in het tijdvak gelegen tussen de doorhaling of afstand bedoeld in lid 2, en de inschrijving van de vordering tot opeising, een derde te goeder trouw een voortbrengsel heeft geëxploiteerd dat hetzelfde uiterlijk vertoont of bij de geïnformeerde gebruiker geen andere algemene indruk wekt, wordt dit voortbrengsel als rechtmatig in het verkeer gebracht beschouwd.

Art. 3.8 Rechten van werk- en opdrachtgevers

1. Indien een tekening of model door een werknemer in de uitoefening van zijn functie werd ontworpen, wordt, behoudens andersluidend beding, de werkgever als ontwerper beschouwd.

2. Indien een tekening of model op bestelling is ontworpen, wordt, behoudens andersluidend beding, degene die de bestelling heeft gedaan als ontwerper beschouwd, mits de bestelling is gedaan met het oog op een gebruik in handel of nijverheid van het voortbrengsel waarin de tekening of het model is belichaamd.

HOOFDSTUK 2 DEPOT, INSCHRIJVING EN VERNIEUWING

Art. 3.9 Depot

1. Het Benelux-depot van tekeningen of modellen geschiedt hetzij bij de nationale diensten, hetzij bij het Bureau, met inachtneming van de bij uitvoeringsreglement gestelde vormvereisten en tegen betaling van de verschuldigde taksen. Het Benelux-depot kan één of meer tekeningen of modellen bevatten (respectievelijk enkelvoudig en meervoudig depot). Er wordt onderzocht of de overgelegde stukken aan de voor het vaststellen van een datum van depot gestelde vereisten voldoen en de datum van het depot wordt vastgesteld. Aan de deposant wordt onverwijld schriftelijk mededeling gedaan van de vastgestelde datum van depot dan wel van de gronden voor het niet toekennen van een depotdatum.

2. Indien bij het depot niet is voldaan aan de overige in het uitvoeringsreglement gestelde vereisten, wordt de deposant hiervan onverwijld schriftelijk in kennis gesteld, onder opgave van de voorschriften waaraan niet is voldaan en wordt hij in de gelegenheid gesteld daaraan alsnog te voldoen.

3. Het depot vervalt, indien niet binnen de gestelde termijn voldaan is aan de bepalingen van het uitvoeringsreglement.

4. Wanneer het depot geschiedt bij een nationale dienst, zendt deze het Benelux-depot door aan het Bureau, hetzij onverwijld na ontvangst van het depot, hetzij nadat is vastgesteld dat het depot voldoet aan de in lid 1 tot en met 3 gestelde vereisten.

5. Onverminderd de toepassing op Benelux-depots van artikel 3.13, kan het depot van een tekening of model geen aanleiding geven tot enig onderzoek naar de inhoud van het depot, waarvan de uitkomst de deposant door het Bureau zou kunnen worden tegengeworpen.

Art. 3.10 Beroep op voorrang

1. Het beroep op het recht van voorrang wordt gedaan bij het depot of door een bijzondere verklaring, af te leggen bij het Bureau in de maand, volgende op het depot, met inachtneming van de bij uitvoeringsreglement gestelde vormvereisten en tegen betaling van de verschuldigde taksen.

2. Het ontbreken van een dergelijk beroep doet het recht van voorrang vervallen.

Art. 3.11 Inschrijving

1. Het Bureau schrijft onverwijld de Benelux-depots in, evenals de internationale depots die gepubliceerd zijn in het „Bulletin International des dessins ou modèles – International Design Gazette" ten aanzien waarvan de deposanten verzocht hebben dat zij hun werking zullen uitstrekken over het Benelux-gebied.

2. Onverminderd het bepaalde in artikelen 3.12 en 3.13, publiceert het Bureau overeenkomstig het uitvoeringsreglement zo spoedig mogelijk de inschrijvingen van Benelux-depots.

3. Indien de kenmerkende eigenschappen van de tekening of het model in de publicatie niet voldoende tot hun recht komen, kan de deposant, binnen de daartoe vastgestelde termijn, het Bureau verzoeken kosteloos een tweede publicatie te verrichten.

4. Vanaf de datum van publicatie van de tekening of het model kan het publiek kennis nemen van de inschrijving en van de bij het depot overgelegde stukken.

Art. 3.12 Opschorting publicatie op verzoek

1. De deposant kan bij het verrichten van het Benelux-depot verzoeken de publicatie van de inschrijving op te schorten gedurende een periode die niet meer mag bedragen dan twaalf maanden te rekenen vanaf de datum van het depot of vanaf de datum waarop het recht van voorrang is ontstaan.

2. Indien de deposant gebruik maakt van de in lid 1 geboden mogelijkheid schort het Bureau de publicatie op conform het verzoek.

Art. 3.13 Strijd met openbare orde en goede zeden

Strijd met openbare orde en goede zeden

1. Indien het Bureau oordeelt, dat op de tekening of het model artikel 3.6, sub e, van toepassing is schort hij de publicatie op.

2. Het Bureau stelt de deposant daarvan in kennis en verzoekt hem zijn depot binnen een termijn van twee maanden in te trekken.

3. Indien de belanghebbende na het verstrijken van deze termijn zijn depot niet heeft ingetrokken, weigert het Bureau de publicatie. Van de weigering tot publicatie geeft het Bureau onder opgave van redenen onverwijld schriftelijk kennis aan de deposant, onder vermelding van het in artikel 1.15bis genoemde rechtsmiddel tegen die beslissing.

4. De weigering tot publicatie wordt eerst definitief nadat de beslissing van het Bureau niet meer vatbaar is voor enig rechtsmiddel. Dit heeft de nietigheid van het depot tot gevolg.

Art. 3.14 Geldigheidsduur en vernieuwing

Geldigheidsduur en vernieuwing

1. De inschrijving van een Benelux-depot heeft een geldigheidsduur van vijf jaren te rekenen van de datum van het depot. Onverminderd het bepaalde in artikel 3.24, lid 2, kan de gedeponeerde tekening of het gedeponeerde model noch gedurende de inschrijving, noch ter gelegenheid van de vernieuwing daarvan worden gewijzigd.

2. De inschrijving kan voor vier achtereenvolgende termijnen van vijf jaren worden vernieuwd tot een maximale geldigheidsduur van 25 jaar.

3. Vernieuwing geschiedt door betaling van de daartoe vastgestelde taks. Deze taks dient betaald te worden binnen twaalf maanden voorafgaand aan het verstrijken van de geldigheidsduur van de inschrijving; het kan nog betaald worden binnen zes maanden die volgen op de datum van het verstrijken van de geldigheidsduur, indien gelijktijdig een extra taks wordt betaald. De vernieuwing heeft effect vanaf het verstrijken van de geldigheidsduur van de inschrijving.

4. De vernieuwing kan tot een deel van de in een meervoudig depot vervatte tekeningen of modellen worden beperkt.

5. Zes maanden voor het verstrijken van de geldigheidsduur van de eerste tot en met de vierde termijn van inschrijving herinnert het Bureau aan de datum van dat verstrijken door verzending van een kennisgeving aan de houder van de tekening of het model, en aan de derden van wie rechten op de tekening of het model in het register zijn ingeschreven.

6. Het Bureau verzendt deze kennisgevingen aan het laatste hem bekende adres van betrokkenen. Het niet-verzenden of niet-ontvangen van deze brieven ontslaat de houder niet van de verplichtingen voortvloeiend uit lid 3. Daarop kan noch in rechte noch ten opzichte van het Bureau beroep worden gedaan.

7. Het Bureau schrijft de vernieuwingen in en publiceert deze overeenkomstig het uitvoeringsreglement.

Art. 3.15 Internationale depots

Internationale depots

De internationale depots geschieden volgens de bepalingen van de Overeenkomst van 's-Gravenhage.

HOOFDSTUK 3 RECHTEN VAN DE HOUDER

Art. 3.16 Beschermingsomvang

Beschermingsomvang

1. Onverminderd de toepassing van het gemene recht betreffende de aansprakelijkheid uit onrechtmatige daad, kan de houder van een tekening of model zich op grond van zijn uitsluitend recht verzetten tegen het gebruik van een voortbrengsel waarin de tekening of het model is verwerkt of waarop de tekening of het model is toegepast en dat hetzelfde uiterlijk vertoont als de gedeponeerde tekening of het gedeponeerde model, dan wel dat bij de geïnformeerde gebruiker geen andere algemene indruk wekt, rekening houdend met de mate van vrijheid van de ontwerper bij de ontwikkeling van de tekening of het model.

2. Onder gebruik wordt met name verstaan het vervaardigen, aanbieden, in de handel brengen, verkopen, leveren, verhuren, invoeren, uitvoeren, tentoonstellen, gebruiken of in voorraad hebben voor een van deze doeleinden.

Art. 3.17 Schadevergoeding en andere vorderingen

Schadevergoeding en andere vorderingen

1. De houder kan op grond van het uitsluitend recht slechts schadevergoeding vorderen voor de in artikel 3.16 opgesomde handelingen, indien deze hebben plaatsgevonden na de in artikel 3.11 bedoelde publicatie, waarin de kenmerkende eigenschappen van de tekening of het model op voldoende wijze werden weergegeven.

2. De rechter die de schadevergoeding vaststelt:

a. houdt rekening met alle passende aspecten, zoals de negatieve economische gevolgen, waaronder winstderving, die de benadeelde partij heeft ondervonden, de onrechtmatige winst die de inbreukmaker heeft genoten en, in passende gevallen, andere elementen dan economische factoren, onder meer de morele schade die de houder van het uitsluitend recht op een tekening of model door de inbreuk heeft geleden; of *b.* kan, als alternatief voor het bepaalde onder a, in passende gevallen de schadevergoeding vaststellen als een forfaitair bedrag, op basis van elementen als ten minste het bedrag aan royalty's of vergoedingen dat verschuldigd was geweest indien de inbreukmaker toestemming had gevraagd om de tekening of het model te gebruiken.

3. De rechter kan bij wijze van schadevergoeding op vordering van de houder van het uitsluitend recht op een tekening of model bevelen tot de afgifte aan deze houder, van de goederen die een inbreuk maken op een tekening- of modelrecht, alsmede, in passende gevallen, van de materialen en werktuigen die voornamelijk bij de productie van die goederen zijn gebruikt. De rechter kan gelasten dat de afgifte niet plaatsvindt dan tegen een door hem vast te stellen, door de eiser te betalen vergoeding.

4. Naast of in plaats van een vordering tot schadevergoeding, kan de houder van een uitsluitend recht op een tekening of model een vordering instellen tot het afdragen van ten gevolge van het in artikel 3.16, bedoelde gebruik genoten winst alsmede tot het afleggen van rekening en verantwoording dienaangaande. Indien de rechter van oordeel is dat dit gebruik niet te kwader trouw is of dat de omstandigheden van het geval tot zulk een veroordeling geen aanleiding geven, wijst hij de vordering af.

5. De houder van het uitsluitend recht op een tekening of model kan de vordering tot schadevergoeding of het afdragen van winst namens de licentiehouder instellen, onverminderd de aan deze laatste in artikel 3.26, lid 4, toegekende bevoegdheid.

6. Vanaf de datum van depot kan een redelijke vergoeding gevorderd worden van degene die met wetenschap van het depot handelingen heeft verricht als bedoeld in artikel 3.16, voor zover de houder daarvoor uitsluitende rechten heeft gekregen.

Art. 3.18 Nevenvorderingen

1. Onverminderd de aan de houder van een uitsluitend recht op een tekening of model wegens de inbreuk verschuldigde schadevergoeding en zonder schadeloosstelling van welke aard ook, kan de rechter op vordering van de houder van een uitsluitend recht op een tekening of model de terugroeping uit het handelsverkeer, de definitieve verwijdering uit het handelsverkeer of de vernietiging gelasten van de goederen die een inbreuk maken op een tekening- of modelrecht, alsmede, in passende gevallen, van de materialen en werktuigen die voornamelijk bij de productie van die goederen zijn gebruikt. Deze maatregelen worden uitgevoerd op kosten van de inbreukmaker, tenzij bijzondere redenen dit beletten. Bij de beoordeling van een vordering als bedoeld in dit lid, wordt rekening gehouden met de evenredigheid tussen de ernst van de inbreuk en de gelaste maatregelen, alsmede met de belangen van derden.

2. De bepalingen van het nationale recht omtrent de middelen van bewaring van zijn recht en omtrent de rechterlijke tenuitvoerlegging van vonnissen en authentieke akten zijn van toepassing.

3. Voor zover het nationale recht hier niet in voorziet, kan de rechter op grond van deze bepaling tegen de vermeende inbreukmaker of tegen een tussenpersoon wiens diensten door een derde worden gebruikt om op een tekening of modelrecht inbreuk te maken, op vordering van de houder van een uitsluitend recht op een tekening of model een voorlopig bevel uitvaardigen:
a. strekkende tot het voorkomen van een dreigende inbreuk op een tekening- of modelrecht, of
b. waardoor tijdelijk de voortzetting van de vermeende inbreuk op een tekening- of modelrecht wordt verboden, indien wenselijk op straffe van een dwangsom, of
c. waarbij aan de voortzetting van de vermeende inbreuk op een tekening- of modelrecht de voorwaarde wordt verbonden dat zekerheid wordt gesteld voor schadeloosstelling van de houder.

4. De rechter kan op vordering van de houder van een uitsluitend recht op een tekening of model in een gerechtelijke procedure wegens inbreuk degene die inbreuk op diens recht heeft gemaakt, bevelen al hetgeen hem bekend is omtrent de herkomst en de distributiekanalen van de goederen en diensten, waarmee de inbreuk is gepleegd, aan de houder mee te delen en alle daarop betrekking hebbende gegevens aan deze te verstrekken, voor zover die maatregel gerechtvaardigd en redelijk voorkomt.

5. Het in lid 4 bedoelde bevel kan eveneens worden opgelegd aan de persoon die de inbreukmakende goederen op commerciële schaal in zijn bezit heeft, de inbreukmakende diensten op commerciële schaal heeft gebruikt, of op commerciële schaal diensten die bij inbreukmakende handelingen worden gebruikt, heeft verleend.

6. De rechter kan op vordering van de houder van een uitsluitend recht op een tekening of model een bevel uitvaardigen tot staking van diensten van tussenpersonen wier diensten door derden worden gebruikt om inbreuk op zijn tekening- of modelrecht te maken.

7. De rechter kan, op vordering van de eiser, gelasten dat op kosten van de inbreukmaker, passende maatregelen tot verspreiding van informatie over de uitspraak worden getroffen.

Art. 3.19 Beperking van het uitsluitend recht

1. Het uitsluitend recht op een tekening of model houdt niet in het recht zich te verzetten tegen:
a. handelingen in de particuliere sfeer en voor niet-commerciële doeleinden;

Nevenvorderingen

Beperking van het uitsluitend recht

b. handelingen voor experimentele doeleinden;

c. handelingen bestaande in reproductie ter illustratie of ten behoeve van onderwijs, mits deze handelingen verenigbaar zijn met de eerlijke handelsgebruiken, zij niet zonder noodzaak afbreuk doen aan de normale exploitatie van de tekening of het model, en de bron wordt vermeld.

2. Het uitsluitend recht op een tekening of model houdt evenmin het recht in zich te verzetten tegen:

a. de uitrusting van in een ander land geregistreerde vaartuigen en luchtvaartuigen die zich tijdelijk binnen het Benelux-gebied bevinden;

b. de invoer in het Benelux-gebied van vervangingsonderdelen en toebehoren ter reparatie van dergelijke vervoermiddelen;

c. reparaties aan dergelijke vervoermiddelen.

3. Het uitsluitend recht op een tekening of model dat een onderdeel vormt van een samengesteld voortbrengsel houdt niet het recht in zich te verzetten tegen het gebruik van de tekening of het model voor reparatie van dit samengestelde voortbrengsel met de bedoeling het zijn oorspronkelijke uiterlijk terug te geven.

4. Het uitsluitend recht op een tekening of model houdt niet in het recht zich te verzetten tegen de in artikel 3.16 bedoelde handelingen die betrekking hebben op voortbrengselen die in één der lidstaten van de Europese Gemeenschap of van de Europese Economische Ruimte in het verkeer zijn gebracht door de houder of met diens toestemming, of tegen handelingen als bedoeld in artikel 3.20.

5. De vorderingen kunnen geen betrekking hebben op voortbrengselen die vóór de datum van het depot in het Benelux-gebied in het verkeer werden gebracht.

Art. 3.20 Recht van voorgebruik

Recht van voorgebruik

1. Een recht van voorgebruik wordt toegekend aan de derde die, vóór de datum van het depot van een tekening of model of vóór de datum van voorrang, binnen het Benelux-gebied voortbrengselen heeft vervaardigd die hetzelfde uiterlijk vertonen als de gedeponeerde tekening of het gedeponeerde model, dan wel bij de geïnformeerde gebruiker geen andere algemene indruk wekken.

2. Hetzelfde recht wordt toegekend aan degene die onder dezelfde omstandigheden een begin heeft gemaakt met de uitvoering van zijn voornemen tot vervaardiging.

3. Dit recht wordt echter niet toegekend aan de derde, die de tekening of het model zonder toestemming van de ontwerper heeft nagemaakt.

4. Op grond van het recht van voorgebruik kan de houder daarvan de vervaardiging van bedoelde voortbrengselen voortzetten of, in het geval bedoeld in lid 2, een aanvang maken met deze vervaardiging en, niettegenstaande het uit de inschrijving voortvloeiende recht, alle andere in artikel 3.16 bedoelde handelingen verrichten, met uitzondering van invoer.

5. Het recht van voorgebruik kan slechts overgaan tezamen met het bedrijf waarin de handelingen, die hebben geleid tot het ontstaan van dat recht, hebben plaatsgevonden.

HOOFDSTUK 4 DOORHALING, VERVAL EN NIETIGHEID

Art. 3.21 Doorhaling op verzoek

Doorhaling op verzoek

1. De houder van de inschrijving van een Benelux-depot kan te allen tijde de doorhaling van deze inschrijving verzoeken, behalve indien er rechten van derden bestaan, die bij overeenkomst zijn vastgelegd of in rechte worden vervolgd en welke ter kennis van het Bureau zijn gebracht.

2. Indien het een meervoudig depot betreft, kan de doorhaling betrekking hebben op een deel van de in dat depot vervatte tekeningen of modellen.

3. Indien een licentie is ingeschreven kan de doorhaling van de inschrijving van de tekening of het model slechts worden verricht op gezamenlijk verzoek van de houder van de inschrijving en de licentiehouder. Het in de vorige volzin bepaalde is van overeenkomstige toepassing in het geval een pandrecht of een beslag is ingeschreven.

4. De doorhaling geldt voor het gehele Benelux-gebied ondanks andersluidende verklaring.

5. De in dit artikel opgenomen bepalingen gelden eveneens ten aanzien van de afstand van de bescherming die voor het Benelux-gebied uit een internationaal depot voortvloeit.

Art. 3.22 Verval van het recht

Verval van het recht

Behoudens het bepaalde in artikel 3.7, lid 2, vervalt het uitsluitend recht op een tekening of model:

a. door vrijwillige doorhaling of door het verstrijken van de geldigheidsduur van de inschrijving van het Benelux-depot;

b. door het verstrijken van de geldigheidsduur van de inschrijving van het internationaal depot of door afstand van rechten, die voor het Benelux-gebied uit het internationaal depot voortvloeien of door ambtshalve doorhaling van het internationaal depot, bedoeld in artikel 6, vierde lid, onder c, van de Overeenkomst van 's-Gravenhage .

Art. 3.23 Inroepen van de nietigheid

1. Iedere belanghebbende met inbegrip van het Openbaar Ministerie kan de nietigheid inroepen van de inschrijving van een tekening of model indien:

a. de tekening of het model geen tekening of model is in de zin van artikel 3.1, lid 2 en 3;

b. de tekening of het model niet voldoet aan de voorwaarden gesteld in artikel 3.1, lid 1, en de artikelen 3.3 en 3.4;

c. de tekening of het model onder de toepassing van artikel 3.2 valt;

d. door die inschrijving krachtens artikel 3.6, sub e of f, geen recht op een tekening of model wordt verkregen.

2. Enkel de deposant of houder van een uitsluitend recht op een tekening of model dat voortvloeit uit een inschrijving van een Gemeenschapsmodel, een Benelux-inschrijving, of een internationaal depot, kan de nietigheid inroepen van de inschrijving van een met zijn recht strijdig jonger depot van een tekening of model, indien krachtens artikel 3.6, sub a, door de inschrijving geen recht op de tekening of het model wordt verkregen.

3. Enkel de houder van een ouder merkrecht of de houder van een ouder auteursrecht kan de nietigheid van de inschrijving van het Benelux-depot of de voor het Benelux-gebied uit het internationaal depot van die tekening of dat model voortvloeiende rechten inroepen, indien krachtens artikel 3.6, sub b, respectievelijk sub c, geen recht op de tekening of het model wordt verkregen.

4. Enkel de belanghebbende kan de nietigheid van de inschrijving van de tekening of het model inroepen, indien krachtens artikel 3.6, sub d, geen recht op de tekening of het model wordt verkregen.

5. Enkel de ontwerper van een tekening of model als bedoeld in artikel 3.7, lid 1, kan onder de voorwaarden genoemd in dat artikel de nietigheid inroepen van de inschrijving van een depot van de tekening of het model, dat zonder zijn toestemming is verricht door een derde.

6. De inschrijving van het depot van een tekening of model kan ook na verval of afstand nietig worden verklaard.

7. Wordt het geding tot nietigverklaring door het Openbaar Ministerie aanhangig gemaakt, dan zijn alleen de rechter te Brussel, te 's-Gravenhage of te Luxemburg bevoegd. Het aanhangig maken van het geding door het Openbaar Ministerie schorst ieder ander op dezelfde grondslag ingesteld geding.

Art. 3.24 Reikwijdte van de nietig- en vervallenverklaring en de vrijwillige doorhaling

1. Behoudens het bepaalde in lid 2, hebben de nietigverklaring, de vrijwillige doorhaling en de afstand steeds betrekking op de gehele tekening of het gehele model.

2. Wanneer de inschrijving van het depot van een tekening of model op grond van artikel 3.6, sub b, c, d of e, en artikel 3.23, lid 1, sub b en c, nietig kan worden verklaard, kan het depot worden gehandhaafd in gewijzigde vorm, indien de tekening of het model in die vorm aan de beschermingsvoorwaarden voldoet en de identiteit ervan behouden blijft.

3. De handhaving bedoeld in lid 2, kan erin bestaan dat een verklaring van de houder dat hij gedeeltelijk afziet van aanspraken op het recht, of een rechterlijke beslissing waarbij het recht gedeeltelijk nietig is verklaard en die niet meer vatbaar is voor verzet noch voor hoger beroep noch voor voorziening in cassatie, wordt ingeschreven.

HOOFDSTUK 5 OVERGANG, LICENTIE EN ANDERE RECHTEN

Art. 3.25 Overgang

1. Het uitsluitend recht op een tekening of model kan overgaan.

2. Nietig zijn:

a. overdrachten onder levenden, die niet schriftelijk zijn vastgelegd;

b. overdrachten of andere overgangen, die niet op het gehele Benelux-gebied betrekking hebben.

Art. 3.26 Licentie

1. Het uitsluitend recht op een tekening of model kan voorwerp van een licentie zijn.

2. Het uitsluitend recht op een tekening of model kan door de houder daarvan ingeroepen worden tegen een licentiehouder die handelt in strijd met de bepalingen van de licentieovereenkomst inzake de duur daarvan, de door de inschrijving gedekte vorm waarin de tekening of het model mag worden gebruikt, de voortbrengselen waarvoor de licentie is verleend en de kwaliteit van de door de licentiehouder in het verkeer gebrachte voortbrengselen.

3. De doorhaling van de inschrijving van de licentie in het register vindt slechts plaats op gezamenlijk verzoek van de houder van de tekening of het model en de licentiehouder.

4. De licentiehouder is bevoegd in een door de houder van het uitsluitend recht op een tekening of model ingestelde vordering als bedoeld in artikel 3.17, lid 1 tot en met 4, tussen te komen om rechtstreeks de door hem geleden schade vergoed te krijgen of zich een evenredig deel van de door de gedaagde genoten winst te doen toewijzen. Een zelfstandige vordering als bedoeld in artikel 3.17, lid 1 tot en met 4, kan de licentiehouder slechts instellen indien hij de bevoegdheid daartoe van de houder van het uitsluitend recht heeft bedongen.

5. De licentiehouder heeft het recht de in artikel 3.18, lid 1, bedoelde bevoegdheden uit te oefenen voor zover deze strekken tot bescherming van de rechten waarvan hem de uitoefening is toegestaan, indien hij daartoe toestemming van de houder van het uitsluitend recht op een tekening of model heeft verkregen.

Art. 3.27 Derdenwerking

Derdenwerking De overdracht of andere overgang of de licentie kan niet aan derden worden tegengeworpen dan na inschrijving van het depot van een uittreksel van de akte, waaruit van die overgang of die licentie blijkt, of van een daarop betrekking hebbende door de betrokken partijen ondertekende verklaring, mits dit depot is verricht met inachtneming van de bij uitvoeringsreglement gestelde vormvereisten en tegen betaling van de verschuldigde taksen. Het in de vorige volzin bepaalde is van overeenkomstige toepassing op pandrechten en beslagen.

HOOFDSTUK 6 SAMENLOOP MET HET AUTEURSRECHT

Art. 3.28 Samenloop

Samenloop **1.** Door de ontwerper van een krachtens de auteurswet beschermd werk aan een derde verleende toestemming tot het verrichten van een depot voor een tekening of model, waarin dat werk is belichaamd, houdt overdracht in van het op dit werk betrekking hebbende auteursrecht, voorzover bedoeld werk in die tekening of dat model is belichaamd.

2. De deposant van een tekening of model wordt vermoed tevens de houder te zijn van het desbetreffende auteursrecht; dit vermoeden geldt echter niet ten aanzien van de werkelijke ontwerper of zijn rechtverkrijgende.

3. Onverminderd de toepassing van artikel 3.25 houdt overdracht van het auteursrecht inzake een tekening of model tevens overdracht in van het recht op de tekening of het model en omgekeerd.

Art. 3.29 Auteursrecht van werk- en opdrachtgevers

Auteursrecht van werk- en opdrachtgevers Wanneer een tekening of model onder de omstandigheden als bedoeld in artikel 3.8 werd ontworpen, komt het auteursrecht inzake bedoelde tekening of model toe aan degene die overeenkomstig het in dat artikel bepaalde als de ontwerper wordt beschouwd.

TITEL IV OVERIGE BEPALINGEN

HOOFDSTUK 1

[Vervallen]

Art. 4.1-4.3

[Vervallen]

HOOFDSTUK 2 OVERIGE TAKEN VAN HET BUREAU

Art. 4.4 Taken

Taken Het Bureau is, behalve met de in de voorgaande titels opgedragen taken, belast met:

a. het aanbrengen van wijzigingen in de depots en inschrijvingen, hetzij op verzoek van de houder, hetzij op grond van kennisgevingen van het Internationaal Bureau of van rechterlijke beslissingen, alsmede het zonodig daarvan verwittigen van het Internationaal Bureau;

b. het publiceren van de inschrijvingen van de Benelux-depots van merken en tekeningen of modellen en alle andere vermeldingen voorgeschreven bij uitvoeringsreglement;

c. het verstrekken op verzoek van iedere belanghebbende van afschriften van inschrijvingen.

Art. 4.4bis i-DEPOT

i-DEPOT **1.** Het Bureau kan onder de naam „i-DEPOT" bewijs verstrekken van het bestaan van stukken op de datum van hun ontvangst.

2. De stukken worden gedurende een bepaalde termijn door het Bureau bewaard. Dit gebeurt onder strikte geheimhouding, tenzij de indiener daarvan uitdrukkelijk afstand doet.

3. De modaliteiten van deze dienst worden bij uitvoeringsreglement bepaald.

HOOFDSTUK 3 RECHTERLIJKE BEVOEGDHEID

Art. 4.5 Geschillenbeslechting

1. Onverminderd het bepaalde in de artikelen 2.14 en 2.30bis, is alleen de rechter bevoegd uitspraak te doen in gedingen, welke op dit verdrag zijn gegrond.

2. De niet-ontvankelijkheid die voortvloeit uit het ontbreken van de inschrijving van een depot van het merk of de tekening of het model, wordt opgeheven door inschrijving of vernieuwing van de inschrijving van het merk of de tekening of het model tijdens het geding.

3. De rechter spreekt ambtshalve de doorhaling uit van de nietig of vervallen verklaarde inschrijvingen.

Art. 4.6 Territoriale bevoegdheid

1. Behoudens uitdrukkelijk afwijkende overeenkomst wordt de territoriale bevoegdheid van de rechter inzake merken of tekeningen of modellen bepaald door de woonplaats van de gedaagde of door de plaats, waar de in geding zijnde verbintenis is ontstaan, is uitgevoerd of moet worden uitgevoerd. De plaats waar een merk of een tekening of model is gedeponeerd of ingeschreven kan in geen geval op zichzelf grondslag zijn voor het bepalen van de bevoegdheid.

2. Indien de hierboven gegeven regelen niet toereikend zijn ter bepaling van de territoriale bevoegdheid, kan de eiser de zaak bij de rechter van zijn woon- of verblijfplaats of, indien hij geen woon- of verblijfplaats binnen het Benelux-gebied heeft, naar keuze bij de rechter te Brussel, te 's-Gravenhage of te Luxemburg aanhangig maken.

3. De rechters passen de in lid 1 en 2 gegeven regelen ambtshalve toe en stellen hun bevoegdheid uitdrukkelijk vast.

4. De rechter, voor wie de hoofdvordering aanhangig is, neemt kennis van eisen in vrijwaring, van eisen tot voeging en tussenkomst en van incidentele eisen, alsmede van eisen in reconventie, tenzij hij onbevoegd is ten aanzien van het onderwerp van het geschil.

5. De rechters van één der drie landen verwijzen op vordering van één der partijen de geschillen, waarmede men zich tot hen heeft gewend, naar die van één der twee andere landen, wanneer deze geschillen daar reeds aanhangig zijn of wanneer zij verknocht zijn aan andere, aan het oordeel van deze rechters onderworpen geschillen. De verwijzing kan slechts worden gevorderd, wanneer de zaken in eerste aanleg aanhangig zijn. Zij geschiedt naar de rechter, bij wie de zaak het eerst bij een inleidend stuk aanhangig is gemaakt, tenzij een andere rechter terzake een eerdere uitspraak heeft gegeven, die niet louter een maatregel van orde is; in het eerste geval geschiedt de verwijzing naar die andere rechter.

HOOFDSTUK 4 OVERIGE BEPALINGEN

Art. 4.7 Rechtstreekse werking

Onderdanen van Benelux-landen, alsmede onderdanen van landen welke geen deel uitmaken van de door het Verdrag van Parijs opgerichte Unie, die woonplaats hebben in het Benelux-gebied of aldaar een daadwerkelijke en wezenlijke nijverheids- of handelsonderneming hebben, kunnen ingevolge dit verdrag, voor dit gehele gebied, de toepassing te hunnen voordele inroepen van de bepalingen van het Verdrag van Parijs, van de Overeenkomst en het Protocol van Madrid, van de Overeenkomst van 's-Gravenhage en het TRIPS verdrag.

Art. 4.8 Ander toepasselijk recht

De bepalingen van dit verdrag doen geen afbreuk aan de toepassing van het Verdrag van Parijs, het TRIPS verdrag, de Overeenkomst en het Protocol van Madrid, de Overeenkomst van 's-Gravenhage alsmede de bepalingen van Belgisch, Luxemburgs of Nederlands recht, waaruit een verbod een merk te gebruiken voortvloeit.

Art. 4.8bis Toepasselijk recht op merken en tekeningen of modellen als vermogensbestanddeel

1. Een merk of een tekening of model wordt als vermogensbestanddeel in zijn geheel en voor het gehele Benelux-gebied beheerst door het interne recht van het Benelux-land waar, volgens het register:

a. de houder op de datum van de aanvraag om inschrijving zijn woonplaats of zetel had;

b. indien het bepaalde onder a. niet van toepassing is, de houder op de datum van de aanvraag om inschrijving een vestiging had.

2. Indien lid 1 niet van toepassing is, is het recht van het Koninkrijk der Nederlanden van toepassing.

3. Indien twee of meer personen als gezamenlijke houders zijn ingeschreven in het register, wordt lid 1 toegepast op de eerst genoemde gezamenlijke houder; zo dit niet mogelijk is, op de eerstvolgende gezamenlijke houders in volgorde van inschrijving. Indien lid 1 op geen van de gezamenlijke houders van toepassing is, is lid 2 van toepassing.

B75 art. 4.9 Benelux-verdrag inzake de intellectuele eigendom

Art. 4.9 Taksen en termijnen

Taksen en termijnen

1. Alle voor handelingen bij of door het Bureau verschuldigde taksen worden bepaald bij uitvoeringsreglement.

2. Alle voor handelingen bij of door het Bureau geldende termijnen, die niet in het verdrag zijn bepaald, worden bepaald bij uitvoeringsreglement.

TITEL V OVERGANGSBEPALINGEN

Art. 5.1 De Organisatie rechtsopvolger van de Bureaus

Organisatie rechtsopvolger van de Bureaus

1. De Organisatie is de rechtsopvolger van het Benelux-Merkenbureau, ingesteld ingevolge artikel 1 van het Benelux-Verdrag inzake de warenmerken van 19 maart 1962, en van het Benelux-Bureau voor Tekeningen of Modellen, ingesteld ingevolge artikel 1 van het Benelux-Verdrag inzake tekeningen of modellen van 25 oktober 1966. Op de Organisatie gaan met ingang van de dag waarop dit verdrag in werking treedt, alle rechten en verplichtingen van het Benelux-Merkenbureau en het Benelux-Bureau voor Tekeningen of Modellen over.

2. Met ingang van de dag van inwerkingtreding van dit verdrag wordt het Protocol betreffende de rechtspersoonlijkheid van het Benelux-Merkenbureau en van het Benelux-Bureau voor tekeningen of modellen van 6 november 1981 ingetrokken.

Art. 5.2 Beëindiging van de Benelux-verdragen inzake merken, tekeningen of modellen

Beëindiging van de Benelux-verdragen inzake merken, tekeningen of modellen

Met ingang van de dag waarop dit verdrag in werking treedt, worden het Benelux-Verdrag inzake de warenmerken van 19 maart 1962 en het Benelux-Verdrag inzake tekeningen of modellen van 25 oktober 1966 beëindigd.

Art. 5.3 Eerbiediging van de bestaande rechten

Eerbiediging van de bestaande rechten

De rechten die onder de eenvormige Beneluxwet op de merken onderscheidenlijk de eenvormige Beneluxwet inzake tekeningen of modellen bestonden, worden gehandhaafd.

Art. 5.4 Openstelling per klasse van de oppositieprocedure

Openstelling per klasse van de oppositieprocedure

Artikel III van het protocol van 11 december 2001 houdende wijziging van de eenvormige Beneluxwet op de merken blijft van toepassing.

Art. 5.5 Eerste uitvoeringsreglement

Eerste uitvoeringsreglement

In afwijking van het bepaalde in artikel 1.9, lid 2, zijn de Raad van Bestuur van het Benelux-Merkenbureau en de Raad van Bestuur van het Benelux-Bureau voor Tekeningen of Modellen bevoegd het eerste uitvoeringsreglement gezamenlijk vast te stellen.

TITEL VI SLOTBEPALINGEN

Art. 6.1 Bekrachtiging

Bekrachtiging

Dit verdrag zal worden bekrachtigd. De akten van bekrachtiging zullen worden nedergelegd bij de Regering van het Koninkrijk België.

Art. 6.2 Inwerkingtreding

Inwerkingtreding

1. Dit verdrag treedt, onverminderd het bepaalde in de leden 2 en 3, in werking op de eerste dag van de derde maand, volgende op de nederlegging van de derde akte van bekrachtiging.

2. [Vervallen.]

3. Artikel 5.5 wordt voorlopig toegepast.

Art. 6.3 Duur van het verdrag

Duur van het verdrag

1. Dit verdrag wordt gesloten voor onbepaalde tijd.

2. Dit verdrag kan worden opgezegd door ieder van de Hoge Verdragsluitende Partijen.

3. De opzegging wordt van kracht uiterlijk op de eerste dag van het vijfde jaar volgende op het jaar waarin de kennisgeving is ontvangen door de beide andere Hoge Verdragsluitende Partijen, of op een andere datum te bepalen door de Hoge Verdragsluitende Partijen gezamenlijk.

Art. 6.4 Protocol inzake voorrechten en immuniteiten

Protocol inzake voorrechten en immuniteiten

Het protocol inzake voorrechten en immuniteiten vormt een wezenlijk onderdeel van dit verdrag.

Art. 6.5 Uitvoeringsreglement

Uitvoeringsreglement

1. De uitvoering van dit verdrag wordt geregeld bij uitvoeringsreglement. De Directeur-Generaal maakt dit bekend door publicatie op de website van het Bureau.

2. Indien de tekst van dit verdrag en het uitvoeringsreglement met elkaar in strijd zijn, geeft de tekst van het verdrag de doorslag.

3. Wijzigingen in het uitvoeringsreglement treden niet eerder in werking dan na de in lid 1 genoemde publicatie.

Benelux-verdrag inzake de intellectuele eigendom

B75 art. 4

4. De Hoge Verdragsluitende Partijen maken deze wijzigingen eveneens in hun officiële publicatiebladen bekend.

Protocol inzake voorrechten en immuniteiten van de Benelux-Organisatie voor de intellectuele eigendom (merken en tekeningen of modellen)

De Hoge Verdragsluitende Partijen, wensende uitvoering te geven aan artikel 1.6, eerste lid, van het Benelux Verdrag inzake de intellectuele eigendom (merken en tekeningen of modellen) dat bepaalt dat de Hoge Verdragsluitende Partijen een protocol zullen sluiten waarin de voorrechten en immuniteiten worden vastgelegd welke nodig zijn voor de uitoefening van de taken en het bereiken van de doelstellingen van de Organisatie;

Zijn het volgende overeengekomen:

Art. 1

1. In de zin van dit Protocol wordt onder officiële werkzaamheden van de Organisatie die werkzaamheden verstaan welke strikt noodzakelijk zijn voor de uitvoering van haar taak zoals die is vastgesteld in artikel 1.3 van het Verdrag.

Definities

2. De in dit Protocol aan vertegenwoordigers van de Hoge Verdragsluitende Partijen, aan hun plaatsvervangers, hun raadgevers of deskundigen, aan de Directeur-generaal, de personeelsleden van de Organisatie en aan de deskundigen die namens de Organisatie een functie uitoefenen of voor haar een zending uitvoeren, toegekende voorrechten en immuniteiten zijn niet bedoeld om de betrokkenen tot persoonlijk voordeel te strekken. Zij beogen uitsluitend het onbelemmerd functioneren van de Organisatie onder alle omstandigheden, alsmede de volledige onafhankelijkheid van de betrokkenen.

3. In dit Protocol wordt verstaan onder:

– „kantoorruimten van de organisatie": het terrein en de gebouwen in gebruik van de Organisatie voor de uitoefening van haar officiële taken;

– „archieven": alle dossiers, correspondentie, documenten, manuscripten, computer- en mediagegevens, foto's, films, video- en geluidsopnamen die de Organisatie of haar personeel in het kader van de taakuitoefening bezit of onder zich heeft;

– „gastland": land waar het hoofdkantoor of een bijkantoor van de Organisatie is gevestigd.

Art. 2

1. De kantoorruimten van de Organisatie alsmede haar archieven en documenten die haar toebehoren of die zij onder zich houdt, zijn onschendbaar.

Onschendbaarheid

2. De autoriteiten van de Hoge Verdragsluitende Partijen op het grondgebied waarvan de Organisatie haar kantoorruimten heeft, kunnen deze ruimten slechts betreden met toestemming van de Directeur-generaal. Deze toestemming wordt geacht te zijn verkregen bij brand of bij enig ander ongeval waarbij onmiddellijk maatregelen ter bescherming dienen te worden genomen.

3. Het betekenen ten kantore van de Organisatie van processtukken welke betrekking hebben op een tegen de Organisatie gerichte rechtsvordering, vormt geen inbreuk op de onschendbaarheid.

Art. 3

1. In het kader van haar officiële werkzaamheden geniet de Organisatie immuniteit van rechtsmacht en van executie behoudens:

Immuniteit van rechtsmacht

a. voor zover de Organisatie in een bijzonder geval uitdrukkelijk afstand heeft gedaan van deze immuniteit;

b. met betrekking tot een door derden ingediende rechtsvordering betreffende personen of goederen, voor zover die rechtsvordering niet rechtstreeks samenhangt met het officiële functioneren van de Organisatie;

c. met betrekking tot een door derden ingediende rechtsvordering betreffende schade veroorzaakt door een motorvoertuig dat toebehoort aan de Organisatie of namens deze wordt gebruikt, of in geval van een met voormeld voertuig begane verkeersovertreding.

2. Activa, fondsen en tegoeden van de Organisatie, ongeacht waar deze zich bevinden op het grondgebied van de Hoge Verdragsluitende Partijen, zijn vrij van vordering, inbeslagneming, onteigening en beslaglegging.

3. Activa, fondsen en tegoeden zijn eveneens vrij van elke vorm van administratieve of gerechtelijke dwang, behalve voor zover deze tijdelijk geboden zou zijn in verband met het voorkomen van ongevallen waarbij motorvoertuigen zijn betrokken, die toebehoren aan de Organisatie of namens deze worden gebruikt, en het instellen van een onderzoek naar de toedracht van die ongevallen.

Art. 4

1. Met betrekking tot officiële berichtgeving en het overbrengen van al haar documenten geniet de Organisatie in elke Hoge Verdragsluitende Partij de meest gunstige behandeling, die deze Hoge Verdragsluitende Partij elke andere internationale organisatie doet genieten.

Meest gunstige behandeling

B75 art. 5

Benelux-verdrag inzake de intellectuele eigendom

2. Er wordt geen censuur uitgeoefend op de officiële berichtgeving van de Organisatie, ongeacht de middelen waarmee bedoelde berichtgeving geschiedt.

Art. 5

Belastingvrijstelling

1. Binnen het kader van haar officiële werkzaamheden zijn de Organisatie, haar eigendommen, bezittingen en inkomsten vrijgesteld van alle directe belastingen.

2. Wanneer de Organisatie voor het verrichten van haar officiële werkzaamheden belangrijke aankopen doet van goederen of diensten, in de prijs waarvan belastingen zijn begrepen, worden door de Hoge Verdragsluitende Partijen zo mogelijk, en onverminderd de toepassing van de Gemeenschappelijke verordeningen en richtlijnen, passende maatregelen genomen om het met deze belastingen gemoeide bedrag terug te betalen of vooraf een vrijstelling te verlenen.

3. Geen vrijstelling wordt verleend van belastingen en heffingen die in feite een vergoeding zijn voor diensten van openbaar nut.

4. Goederen of diensten ten aanzien waarvan vrijstelling van belastingen is verleend als bedoeld in het eerste of tweede lid, mogen uitsluitend aan de vrijgestelde bestemming worden onttrokken overeenkomstig de voorwaarden vastgesteld door het gastland van het hoofdkantoor of van een bijkantoor van de Organisatie ten behoeve waarvan de vrijstelling werd verleend.

Art. 6

Voorrechten en immuniteiten

De vertegenwoordigers van de Hoge Verdragsluitende Partijen, hun plaatsvervangers, hun raadgevers of deskundigen genieten, bij de vergaderingen van de Raad van Bestuur of ieder orgaan dat door deze Raad is ingesteld alsmede op hun reizen naar de plaats van samenkomst en terug, de volgende voorrechten en immuniteiten:

a. immuniteit van arrestatie en gevangenhouding, alsmede inbeslagneming van hun persoonlijke bagage, behalve wanneer zij op heterdaad betrapt worden;

b. vrijstelling van rechtsvervolging, ook na beëindiging van hun missie, met betrekking tot handelingen, waaronder begrepen gesproken en geschreven woorden, door hen in de uitoefening van hun functie verricht; deze vrijstelling geldt evenwel niet in geval van een door een van de hierboven bedoelde personen begane verkeersovertreding of in geval van schade veroorzaakt door een motorvoertuig dat hem toebehoort of dat door hem wordt bestuurd;

c. onschendbaarheid van al hun officiële papieren en documenten;

d. het recht codes te gebruiken en documenten of correspondentie te ontvangen per speciale koerier of in een verzegelde tas;

e. vrijstelling voor henzelf, hun samenwonende echtgeno(o)t(e) of geregistreerde partner en inwonende kinderen ten laste van alle maatregelen die de binnenkomst van vreemdelingen beperken alsmede van de aan de registratie van vreemdelingen verbonden formaliteiten.

Art. 7

Directeur-generaal en personeelsleden

De Directeur-generaal en de personeelsleden van de Organisatie:

a. genieten immuniteit van rechtsmacht voor handelingen verricht in de uitoefening van hun functie, met inbegrip van hetgeen zij hebben gezegd of geschreven, ook nadat zij niet langer hun functie uitoefenen; deze immuniteit geldt niet in geval van een door de Directeur-generaal of een personeelslid van de Organisatie begane verkeersovertreding, of in geval van schade veroorzaakt door een motorvoertuig dat hen toebehoort of dat door hen wordt bestuurd;

b. zijn vrijgesteld van elke verplichting inzake militaire dienstplicht;

c. genieten onschendbaarheid van al hun officiële papieren en documenten;

d. genieten voor henzelf, hun samenwonende echtgeno(o)t(e) of geregistreerde partner en inwonende kinderen ten laste van dezelfde uitzonderingen op de maatregelen inzake inreisbeperkingen en registratie van vreemdelingen, als deze die gewoonlijk worden toegekend aan personeelsleden van internationale organisaties;

e. ontvangen voor henzelf, hun samenwonende echtgeno(o)t(e) of geregistreerde partner en inwonende kinderen ten laste in tijden van internationale crisis dezelfde repatriëringfaciliteiten als personen die met een diplomatieke zending zijn belast.

Art. 8

Diplomatiek ambtenaar

1. Naast de in artikel 7 vastgelegde voorrechten en immuniteiten geniet de Directeur-generaal de voorrechten en immuniteiten die zijn toegekend aan een diplomatiek ambtenaar ingevolge het Verdrag van Wenen van 18 april 1961 inzake diplomatiek verkeer.

2. De immuniteit van rechtsmacht geldt niet met betrekking tot civiele vorderingen die voortvloeien uit door de Directeur-generaal in de privé-sfeer veroorzaakte schade dan wel uit door hem in de privé-sfeer afgesloten contracten.

3. Niettegenstaande het eerste lid zijn voor de toepassing van de belastingen naar het inkomen en naar het vermogen de inkomsten en vermogensbestanddelen van de Directeur-generaal belastbaar in de Staat waarvan hij geacht wordt inwoner te zijn in overeenstemming met de bepalingen van de verdragen ter voorkoming van dubbele belasting.

Art. 9

Deskundigen

Deskundigen die namens de Organisatie een functie uitoefenen of voor haar een zending uitvoeren genieten, ook tijdens de reizen die zij in de uitoefening van hun functie maken of tijdens

Benelux-verdrag inzake de intellectuele eigendom

B75 art. 14

deze zendingen, van de hierna vermelde voorrechten en immuniteiten, voor zover deze noodzakelijk zijn voor de uitoefening van hun functie:

a. immuniteit van rechtsmacht voor handelingen verricht in de uitoefening van hun functie, met inbegrip van hetgeen zij hebben gezegd of geschreven; deze immuniteit geldt niet in geval van een door een deskundige begane verkeersovertreding, of in geval van schade veroorzaakt door een motorvoertuig dat hem toebehoort of dat door hem wordt bestuurd; de deskundigen blijven van deze immuniteit genieten na het beëindigen van hun functie bij de Organisatie;

b. onschendbaarheid van al hun officiële papieren en documenten.

Art. 10

1. De Hoge Verdragsluitende Partijen zijn niet verplicht de in artikelen 6, 7b en 8 bedoelde voorrechten en immuniteiten toe te kennen aan:

a. hun eigen onderdanen;

b. personen die bij het begin van hun werkzaamheden bij de Organisatie duurzaam verblijf houden op hun grondgebied en niet behoren tot het personeel van een rechtsvoorganger van de Organisatie.

2. Voor de toepassing van dit artikel wordt onder duurzaam verblijf verstaan een voorafgaand verblijf op het grondgebied van een der Hoge Verdragsluitende Partijen, gedurende een minimale periode zoals voorzien krachtens de in deze Hoge Verdragsluitende Partij geldende bepalingen, met uitzondering van de jaren in dienstverband bij een internationale organisatie of bij een buitenlandse zending.

Art. 11

1. De Directeur-generaal heeft de plicht de immuniteit van de personeelsleden bedoeld in artikel 7 evenals van de deskundigen bedoeld in artikel 9 op te heffen indien hij van oordeel is dat deze immuniteit aan de loop van het recht in de weg staat en indien het mogelijk is van deze immuniteit afstand te doen zonder de belangen van de Organisatie in gevaar te brengen.

2. De Raad van Bestuur kan op dezelfde gronden de aan de Directeur-generaal toegekende immuniteiten, bedoeld in artikel 8, opheffen.

3. Elke Hoge Verdragsluitende Partij heeft de plicht de immuniteit op te heffen van haar vertegenwoordigers alsmede van haar plaatsvervangers, raadgevers of deskundigen, bedoeld in artikel 6, telkens wanneer, naar het oordeel van de betreffende Staat, de immuniteit aan de loop van het recht in de weg zou staan, en er afstand van kan worden gedaan zonder de doeleinden waarvoor zij was toegekend in gevaar te brengen.

Art. 12

Elke Hoge Verdragsluitende Partij behoudt zich het recht voor alle voorzorgen te treffen die nodig zijn in het belang van haar veiligheid.

Art. 13

De Organisatie werkt voortdurend samen met de bevoegde autoriteiten van de Hoge Verdragsluitende Partijen ter bevordering van een goede rechtsbedeling, ter verzekering van de naleving van politievoorschriften en van voorschriften met betrekking tot de volksgezondheid, de arbeidsinspectie, of andere soortgelijke nationale wetten, alsmede ter voorkoming van misbruik van de in dit Protocol bedoelde voorrechten, immuniteiten en faciliteiten.

Art. 14

1. Elk geschil tussen twee of meer Verdragsluitende Partijen of tussen de Organisatie en een of meer Verdragsluitende Partijen over de uitlegging of de toepassing van dit Protocol wordt geregeld door overleg, onderhandeling of elk ander overeengekomen middel.

2. Indien het geschil niet overeenkomstig het eerste lid van dit artikel geregeld is binnen de drie maanden die volgen op het schriftelijke verzoek dienaangaande vanwege één van de partijen in het geschil, wordt het, op verzoek van één der beide partijen, voorgelegd aan een scheidsgerecht overeenkomstig de procedure uiteengezet in lid drie tot zes van dit artikel.

3. Het scheidsgerecht bestaat uit drie leden: elke partij in het geschil wijst één lid aan en het derde lid, dat het scheidsgerecht voorzit, wordt gekozen door de beide andere leden. Indien één der beide partijen in het geschil zijn lid van het scheidsgerecht niet heeft aangewezen binnen de twee maanden die volgen op de aanwijzing van het andere lid door de andere partij, kan deze laatste de President van het Internationaal Gerechtshof verzoeken over te gaan tot deze aanwijzing. Bij gebrek aan overeenstemming tussen de eerste twee leden over de keuze van de voorzitter van het scheidsgerecht binnen de twee maanden na hun aanwijzing, kan één der beide partijen de President van het Internationaal Gerechtshof verzoeken hem aan te wijzen.

4. Tenzij de partijen in het geschil er anders over beslissen, legt het scheidsgerecht zijn eigen procedure vast. De kosten worden gedragen door de partijen in het geschil, op de wijze bepaald door het scheidsgerecht.

5. Het scheidsgerecht, dat bij meerderheid beslist, baseert zich voor zijn uitspraak over het geschil op de bepalingen van dit Protocol en op de regelen van het internationaal recht die van toepassing zijn. Zijn beslissing is definitief en bindend voor de partijen.

6. De beslissing van het scheidsgerecht wordt ter kennis gebracht van de partijen in het geschil en van de Directeur-generaal van de Organisatie.

Uitzonderingen

Opheffing immuniteit

Veiligheid

Samenwerking

Geschillen

B75 art. 1.1 **Benelux-verdrag inzake de intellectuele eigendom**

Uitvoeringsreglement van het Benelux-verdrag inzake de intellectuele eigendom (merken en tekeningen of modellen)

De Raad van Bestuur van het Benelux-Bureau voor de Intellectuele Eigendom (merken en tekeningen of modellen),

Gelet op zijn bevoegdheid ex artikel 1.9, lid 2, van het Benelux-verdrag inzake de intellectuele eigendom (merken en tekeningen of modellen) (BVIE),

Overeenkomstig het voorstel van de Directeur-Generaal ex artikel 1.11, lid 1 BVIE,

Verlangend in het uitvoeringsreglement op een aantal punten wijzigingen aan te brengen, met name verband houdende met het Protocol van 11 december 2017 houdende wijziging van het BVIE, in verband met de implementatie van Richtlijn (EU) 2015/2436,

Heeft tijdens zijn achtentwingtigste vergadering op 5 en 6 juli 2018 besloten om het uitvoeringsreglement in te trekken en te vervangen door het onderhavige reglement:

TITEL I : MERKEN

HOOFDSTUK 1 HET BENELUX MERK

Regel 1.1 Depotvereisten

Depotvereisten

1. De Benelux-aanvraag van een merk wordt verricht in het Nederlands, Frans of Engels door de indiening van een document, bevattende:

a. naam en adres van de aanvrager; indien aanvrager een rechtspersoon is onder vermelding van zijn rechtsvorm;

b. in voorkomend geval, naam en adres van de gemachtigde, of het in regel 3.6 bedoelde correspondentieadres;

c. de weergave van het merk overeenkomstig artikel 2.1, sub b, BVIE;

d. de opgave van de waren en diensten, waarvoor het merk is bestemd, overeenkomstig artikel 2.5bis BVIE;

e. de aanduiding of het merk een woordmerk, een beeldmerk, een gecombineerd woordbeeldmerk, een vormmerk dan wel een ander type merk is. In dit laatste geval dient eveneens te worden aangeduid welk type merk het betreft;

f. in voorkomend geval de code of codes van de kleur of kleuren van het merk;

g. de handtekening van de aanvrager of zijn gemachtigde.

2. Er kan een beschrijving in niet meer dan vijftig woorden van de onderscheidende elementen van het merk worden vermeld.

3. De in lid 1, sub c, bedoelde weergave van het merk dient te voldoen aan de overeenkomstig regel 3.4 vastgestelde nadere regels van de Directeur-Generaal voor het indienen van stukken.

Regel 1.2 Collectieve merken en certificeringsmerken

Collectieve merken en certificeringsmerken

1. Bij de aanvraag dient in voorkomend geval te worden vermeld dat het een collectief merk of een certificeringsmerk betreft.

2. In dat geval dient de aanvraag vergezeld te gaan van een reglement inzake het gebruik overeenkomstig artikel 2.34ter of 2.35ter BVIE.

Regel 1.3 Vaststellen depotdatum; Regularisatie

Vaststellen depotdatum; Regularisatie

1. De in artikel 2.5, lid 1, BVIE bedoelde vereisten voor het vaststellen van een depotdatum, zijn die vermeld in regel 1.1, lid 1, sub a, c, d en e, en in regel 1.2, behoudens betaling van de basistaksen verschuldigd voor de aanvraag binnen een termijn van een maand nadat aan voornoemde vereisten is voldaan.

2. Er wordt een termijn van minimaal een maand toegekend om aan de overige vereisten als bedoeld in artikel 2.5, lid 2, BVIE te voldoen. Deze termijn kan ambtshalve en zal op verzoek worden verlengd, zonder dat een tijdvak van zes maanden na de datum van verzending van de eerste kennisgeving wordt overschreden.

Regel 1.4 Prioriteit

Prioriteit

1. Indien bij de aanvraag een beroep wordt gedaan op het recht van voorrang, als bedoeld in artikel 2.6 BVIE, dienen het land, de datum, het nummer en de houder van de aanvraag, waarop het recht van voorrang berust, te worden vermeld. Indien de aanvrager van het merk in het land van oorsprong niet degene is, die de Benelux-aanvraag verricht, dan moet de laatstgenoemde aan zijn aanvraag een document toevoegen, waaruit zijn rechten blijken.

2. De bijzondere verklaring betreffende het recht van voorrang, als bedoeld in artikel 2.6, lid 3, BVIE, dient te bevatten: de naam en het adres van de aanvrager, zijn handtekening of die van zijn gemachtigde, in voorkomend geval naam en adres van de gemachtigde of het correspondentieadres als bedoeld in regel 3.6, een aanduiding van het merk, alsmede de in lid 1 bedoelde gegevens.

Benelux-verdrag inzake de intellectuele eigendom B75 art. 1.7

3. De aanvrager die zich op een recht van voorrang beroept dient indien het Bureau daarom verzoekt een afschrift van de documenten die dit recht van voorrang staven over te leggen.

4. Indien niet is voldaan aan het bepaalde in lid 1, 2 en 3 en in de regels 3.3 en 3.6, stelt het Bureau de betrokkene onverwijld daarvan in kennis en geeft hem een termijn van tenminste een maand om hieraan alsnog te voldoen. Deze termijn kan ambtshalve en zal op verzoek worden verlengd, zonder dat een tijdvak van zes maanden na de datum van verzending van de eerste kennisgeving wordt overschreden. Het uitblijven van een tijdige reactie leidt tot verval van het recht van voorrang.

Regel 1.5 Publicatie aanvraag

1. Het Bureau publiceert, conform het bepaalde in artikel 2.5, lid 5, BVIE, de ingediende aanvragen en vermeldt:

a. de datum en het nummer van de aanvraag;

b. naam en adres van de aanvrager;

c. in voorkomend geval, naam en adres van de gemachtigde;

d. de weergave van het merk;

e. de waren en diensten, overeenkomstig artikel 2.5bis BVIE;

f. het type merk;

g. in voorkomend geval de vermelding dat het een collectief merk of een certificeringsmerk betreft;

h. in voorkomend geval, de gegevens van de beeldmerkclassificatie zoals bedoeld in de Overeenkomst van Wenen van 12 juni 1973 tot instelling van een internationale classificatie van beeldbestanddelen van merken;

i. in voorkomend geval de door de aanvrager opgegeven omschrijving van onderscheidende elementen;

j. in voorkomend geval de code of codes van de kleur of kleuren van het merk;

k. in voorkomend geval dat er, overeenkomstig artikel 2.6, BVIE een recht van voorrang werd ingeroepen, onder vermelding van datum, nummer en land van dit recht van voorrang. Daarbij wordt in voorkomend geval vermeld dat nog niet werd voldaan aan het vereiste van regel 1.4, lid 3;

l. de datum waarop de termijn voor het instellen van een oppositie tegen het merk verstrijkt.

2. Indien er in de publicatie van de gegevens van een aanvraag, zoals vermeld in lid 1, een vergissing werd begaan die er toe zou kunnen leiden dat belanghebbenden over verkeerde informatie beschikten om te beslissen al dan niet oppositie in te stellen tegen het betreffende merk, verricht het Bureau een gecorrigeerde publicatie. Daarmee gaat de termijn voor het instellen van oppositie tegen de aanvraag opnieuw lopen.

3. In voorkomend geval wordt een naar aanleiding van de eerdere, ingevolge lid 2 gecorrigeerde, publicatie reeds ingestelde oppositie op verzoek van de opposant verder buiten behandeling gelaten. Dit verzoek dient te worden verricht voor het einde van de oppositietermijn die ingevolge het bepaalde in lid 2 opnieuw gaat lopen. In dat geval worden de reeds betaalde taksen gerestitueerd. Indien de opposant niet verzoekt zijn oppositie verder buiten behandeling te laten wordt deze geacht tijdig te zijn ingesteld.

Regel 1.6 Inschrijving

1. Het Bureau schrijft de aanvraag in het register in door vermelding van:

a. het nummer van de inschrijving;

b. de in regel 1.5, lid 1, bedoelde gegevens;

c. de datum waarop de geldigheidsduur van de inschrijving verstrijkt;

d. de datum van inschrijving van het merk.

2. Het Bureau geeft onverwijld uitvoering aan de in artikel 1.15bis BVIE bedoelde beslissingen van het Benelux-Gerechtshof, zodra zij niet meer vatbaar zijn voor enig rechtsmiddel.

3. Als datum van inschrijving geldt de dag waarop het Bureau vaststelt dat de aanvraag voldoet aan alle in het BVIE en het onderhavige reglement gestelde vereisten voor inschrijving van het merk.

Regel 1.7 Spoedinschrijving

1. Het in artikel 2.8, lid 2, BVIE bedoelde verzoek om onverwijld tot inschrijving van de aanvraag over te gaan kan bij de aanvraag of gedurende de inschrijvingsprocedure worden gedaan.

2. Het Bureau publiceert deze inschrijvingen, onder vermelding van de in regel 1.6 genoemde gegevens.

3. In voorkomend geval wordt bij de in lid 2 bedoelde publicatie de datum vermeld waarop de termijn voor het instellen van oppositie tegen het merk verstrijkt. De leden 2 en 3 van regel 1.5 zijn van overeenkomstige toepassing.

4. Het Bureau publiceert zijn besluiten om over te gaan tot doorhaling van de inschrijving ingevolge het bepaalde in artikel 2.8, lid 2, BVIE. Deze publicatie vindt eerst plaats nadat het besluit tot doorhaling niet langer vatbaar is voor enig rechtsmiddel.

5. In voorkomend geval publiceert het Bureau de in artikel 2.23bis, leden 2 en 4, BVIE bedoelde aanvangsdatum van de gebruiksplicht.

B75 art. 1.8 **Benelux-verdrag inzake de intellectuele eigendom**

Regel 1.8 Internationale aanvraag met aanduiding van de Benelux

Internationale aanvraag met aanduiding van de Benelux

1. Als datum van inschrijving van internationale aanvragen van merken waarbij de Benelux wordt aangeduid geldt de datum van de publicatie door het Internationaal Bureau van de door het Bureau verzonden verklaring van verlening van bescherming.

2. Indien het Bureau het Internationaal Bureau een kennisgeving op basis van artikel 2.5bis, lid 4, 2.13, lid 2, 2.18, lid 2, 2.34ter, lid 2, of 2.35ter, lid 2, BVIE heeft toegezonden geldt als datum van inschrijving de datum van de publicatie door het Internationaal Bureau van de door het Bureau verzonden verklaring van opheffing van de bezwaren tegen de inschrijving als bedoeld in voornoemde artikelen. Indien er verschillende bezwaren van toepassing zijn geweest en indien deze op verschillende tijdstippen werden opgeheven geldt de datum van de laatste publicatie door het Internationaal Bureau van een door het Bureau toegestuurde verklaring van opheffing van een bezwaar als datum van inschrijving.

3. In uitzondering op het in de leden 1 en 2 bepaalde geldt, indien de houder van de internationale aanvraag het Bureau verzoekt om ingevolge artikel 2.10, lid 3, BVIE zijn aanvraag onverwijld in te schrijven, de dag waarop het verzoek tot inschrijving aan het Bureau werd gedaan als datum van inschrijving. Het Bureau publiceert deze. De in artikel 2.23bis BVIE bedoelde aanvangsdatum van de gebruiksplicht wordt evenwel bepaald conform de leden 1 en 2.

Regel 1.9 Vernieuwing

Vernieuwing

1. Gedeeltelijke vernieuwing conform artikel 2.9, lid 4, BVIE is uitsluitend mogelijk per klasse. De aanvrager dient in dat geval de nummers te vermelden van de klasse of klassen waarvoor hij de vernieuwing wenst.

2. Het Bureau schrijft de vernieuwing in door aanpassing van de datum waarop de geldigheidsduur van de inschrijving verstrijkt.

3. Het Bureau zendt degene die daartoe de verschuldigde taks heeft betaald een bevestiging van de vernieuwing.

HOOFDSTUK 2 INTERNATIONALE AANVRAAG GEBASEERD OP EEN BENELUXMERK

Regel 1.10 Aanvraag, vernieuwing en wijziging

Aanvraag, vernieuwing en wijziging

1. De aanvraag voor een internationale inschrijving die op een Benelux-aanvraag is gebaseerd kan uitsluitend bij het Bureau worden ingediend. Een verzoek tot vernieuwing van de internationale inschrijving, uitbreiding van de bescherming tot andere landen of tot wijziging van de internationale inschrijving kan alleen bij het Bureau worden ingediend indien dit ingevolge het gemeenschappelijk uitvoeringsreglement van de Overeenkomst en het Protocol van Madrid niet rechtstreeks bij het Internationaal Bureau mogelijk is.

2. De aanvraag geschiedt door het indienen van een document, dat de aanduidingen bevat voorgeschreven in het gemeenschappelijk uitvoeringsreglement van de Overeenkomst en het Protocol van Madrid, zo nodig met toevoeging van de stukken voorgeschreven in bedoeld uitvoeringsreglement.

3. Ten aanzien van deze aanvragen en van verzoeken tot wijziging van de internationale inschrijving vinden de regels 3.1, 3.3, 3.6 en 3.7 overeenkomstige toepassing.

4. Bij deze aanvragen en verzoeken dient betaling van de ingevolge de Overeenkomst en het Protocol van Madrid verschuldigde taksen te worden verricht, voor zover deze niet rechtstreeks aan het Internationaal Bureau worden voldaan, alsmede betaling van de bemiddelingstaks voor het Bureau, indien deze verschuldigd is.

5. Het Bureau zendt de in deze regel bedoelde aanvragen en verzoeken, die aan de in deze regel bedoelde vereisten voldoen, onverwijld door aan het Internationaal Bureau.

Regel 1.11 Omzetting

Omzetting

De aanvraag om inschrijving zoals bedoeld in artikel 9quinquies van het Protocol van Madrid moet vergezeld zijn van een bewijs van de doorhaling van de internationale inschrijving.

HOOFDSTUK 3 WEIGERING EN OPPOSITIE

Regel 1.12 Bezwaartermijn weigering

Bezwaartermijn weigering

1. De termijn bedoeld in artikel 2.11, lid 3, en 2.13, lid 2, BVIE om te antwoorden op de voorlopige weigering, bedraagt ten minste een maand; deze termijn kan ambtshalve en zal op verzoek worden verlengd, zonder dat een tijdvak van zes maanden na de datum van verzending van de eerste kennisgeving wordt overschreden.

2. In voorkomend geval dient een aanvrager die zich tegen de voorlopige weigering verzet binnen de in lid 1 genoemde termijn eveneens te voldoen aan de vereisten van regel 3.6 en 3.7.

Regel 1.13 Oppositiegegevens

Oppositiegegevens

1. De oppositie wordt ingediend door middel van een document, dat de volgende gegevens bevat:

B75 art. 1.15

Benelux-verdrag inzake de intellectuele eigendom

a. de naam van opposant;
b. gegevens ter identificatie van de aanvraag of het merk waartegen de oppositie is gericht;
c. de waren of diensten waartegen de oppositie is gericht. Indien een dergelijke vermelding ontbreekt, wordt de oppositie verondersteld te zijn gericht tegen alle waren en diensten;
d. een aanduiding of de oppositie is gebaseerd op artikel 2.14, lid 2, sub a, b of c, BVIE;
e. indien de oppositie is gebaseerd op een ouder merk of op een ouder recht in de zin van artikel 2.14, lid 2, sub c, BVIE, gegevens ter identificatie van het oudere merk of het oudere recht;
f. indien de oppositie is gebaseerd op een ouder merk, de waren of diensten van het ingeroepen oudere merk waarop de oppositie berust. Indien een dergelijke vermelding ontbreekt wordt de oppositie verondersteld te berusten op alle waren en diensten;
g. in voorkomend geval, de vermelding dat opposant optreedt in de hoedanigheid van licentiehouder van het oudere merk;
h. de voorkeuren betreffende het taalgebruik.

2. In voorkomend geval dienen stukken te worden overgelegd die de bevoegdheid van de licentiehouder aantonen.

3. Op het document dienen in voorkomend geval naam en adres van de gemachtigde of het in regel 3.6 bedoelde correspondentieadres te worden vermeld.

4. De in lid 1, sub c en f, bedoelde gegevens kunnen door enkele opgave van de nummers van de betreffende waren- of dienstenklassen worden vermeld. De waren of diensten waarop de oppositie berust of waartegen deze is gericht kunnen tot het moment van de in regel 1.14, lid 1, sub i, bedoelde beslissing door de opposant worden beperkt.

Regel 1.14 Verloop procedure

1. De oppositie wordt volgens de volgende procedure behandeld:
a. het Bureau beslist overeenkomstig regel 1.15 of de oppositie ontvankelijk is en stelt partijen of, in het in artikel 2.18 BVIE bedoelde geval, de opposant en het Internationaal Bureau hiervan in kennis;
b. de procedure vangt twee maanden na de kennisgeving van ontvankelijkheid aan op voorwaarde dat de voor de oppositie verschuldigde taksen volledig zijn betaald. Het Bureau stuurt partijen een mededeling van aanvang van de procedure;
c. de opposant beschikt over een termijn van twee maanden vanaf de onder b bedoelde mededeling van aanvang van de procedure om de oppositie met argumenten en stukken ter ondersteuning daarvan te onderbouwen. Bij gebreke daarvan wordt de oppositie verder buiten behandeling gelaten. Argumenten die ingediend werden voor de aanvang van de procedure worden geacht bij de aanvang van de procedure te zijn ingediend;
d. het Bureau stuurt de argumenten van opposant naar de verweerder, en stelt hem een termijn van twee maanden om schriftelijk te reageren en eventueel bewijzen van gebruik van het oudere merk als bedoeld in artikel 2.16bis BVIE te vragen;
e. in voorkomend geval wordt opposant een termijn van twee maanden gesteld om de gevraagde bewijzen van gebruik over te leggen dan wel te motiveren dat er een geldige reden voor nietgebruik bestaat;
f. indien er bewijzen van gebruik worden overgelegd zendt het Bureau deze door naar de verweerder en stelt hem een termijn van twee maanden om schriftelijk te reageren op de bewijzen van gebruik en, indien deze dit bij de onder d bedoelde gelegenheid nog niet had gedaan, op de argumenten van opposant;
g. indien het Bureau daartoe gronden aanwezig acht kan het een of meer partijen verzoeken om binnen een daartoe gestelde termijn aanvullende argumenten of stukken in te dienen;
h. er kan een mondelinge behandeling worden gehouden overeenkomstig regel 1.23;
i. het Bureau neemt een beslissing. Indien een oppositie die op verschillende gronden berust op basis van één van deze gronden wordt toegewezen, neemt het Bureau over de overige ingeroepen gronden, indien deze hetzelfde rechtsgevolg hebben, geen beslissing. Indien een op artikel 2.14, lid 1, sub a, BVIE gebaseerde oppositie die op verscheidene oudere merken berust op basis van één van deze merken wordt toegewezen neemt het Bureau over de overige ingeroepen merken evenmin een beslissing.

2. Indien verweerder geen domicilie binnen de Europese Economische Ruimte heeft, dient binnen de in lid 1, sub d genoemde termijn alsnog aan dit vereiste van regel 3.6 te worden voldaan.

Regel 1.15 Ontvankelijkheidsvereisten

1. De oppositie is ontvankelijk wanneer zij is ingediend binnen de in artikel 2.14, lid 1, of 2.18, lid 1, BVIE genoemde termijn, voldoet aan de voorwaarden bedoeld in regel 1.13, lid 1, sub a tot en met g, van dit reglement, en artikel 2.14, lid 4, BVIE.

2. Voor het vaststellen van de ontvankelijkheid van de oppositie is aan het vereiste van artikel 2.14, lid 4, BVIE voldaan indien 40% van de verschuldigde taksen is voldaan.

3. Onverminderd het bepaalde in het vorige lid kan bij indiening de totale verschuldigde taks voor het indienen van de oppositie worden betaald. Het vorige lid laat onverlet dat de totale

Verloop procedure

Ontvankelijkheidsvereisten

B75 art. 1.16 **Benelux-verdrag inzake de intellectuele eigendom**

verschuldigde taks voor het einde van de termijn bepaald in regel 1.14, lid 1, sub b, dient te zijn voldaan.

4. Indien de oppositie is gebaseerd op meer oudere merken of rechten dan waarvoor de taksen zijn betaald, wordt de oppositie in behandeling genomen maar worden alleen de merken of rechten in aanmerking genomen waarvoor de taksen betaald zijn, volgens de volgorde zoals bij indiening van de oppositie vermeld.

5. Indien de ingevolge regel 1.13, lid 1, sub a en g, verstrekte gegevens niet overeenstemmen met de geregistreerde gegevens van een ingeroepen ouder Beneluxmerk, wordt de ingediende oppositie door het Bureau tevens opgevat als een verzoek tot aantekening van een wijziging in het register. Het bepaalde in regel 3.1 is van overeenkomstige toepassing met dien verstande dat de termijn bepaald in regel 3.1, lid 5, maximaal twee weken bedraagt. Wanneer het ingeroepen oudere merk een Uniemerk of een internationaal merk betreft, stelt het Bureau opposant een termijn van twee weken om aan te tonen dat hij het nodige heeft gedaan om het betreffende register in overeenstemming te brengen met de door hem bij indiening van de oppositie verstrekte gegevens.

6. Indien de geldigheid van een ingeroepen ouder merk verstrijkt voor het einde van de termijn voor het instellen van oppositie en dit merk ingevolge de toepasselijke wettelijke bepalingen nog kan worden vernieuwd, stelt het Bureau opposant een termijn van twee weken om dit merk alsnog te vernieuwen. Indien het betreffende oudere merk een Uniemerk of een internationaal merk is, stelt het Bureau een termijn van twee weken om aan te tonen dat het nodige is gedaan om het merk te vernieuwen.

Regel 1.16 Regularisatie oppositie

Regularisatie oppositie

1. Indien het Bureau vaststelt dat de akte van oppositie niet voldoet aan andere vereisten dan die bedoeld in regel 1.15, doet hij hiervan mededeling aan de opposant en stelt hem een termijn van twee maanden om de vastgestelde gebreken op te heffen. Indien deze gebreken niet tijdig worden opgeheven, wordt de oppositie verder buiten behandeling gelaten.

2. Indien het Bureau vaststelt dat andere door partijen ingediende stukken dan bedoeld in lid 1 niet voldoen aan de in dit reglement bedoelde vereisten, doet hij hiervan mededeling aan de betreffende partij en stelt hem een termijn van twee maanden om de vastgestelde gebreken op te heffen. Indien deze gebreken niet tijdig worden opgeheven, wordt het betreffende stuk geacht niet te zijn ingediend.

3. Indien op het moment van aanvang van de procedure, zoals bepaald in regel 1.14, lid 1, sub b, de voor de oppositie verschuldigde taksen niet volledig zijn voldaan, stelt het Bureau opposant een termijn van een maand om deze alsnog te betalen. Bij gebreke daarvan wordt de oppositie verder buiten behandeling gelaten.

Regel 1.17 Proceduretaal

Proceduretaal

1. De proceduretaal is een van de werktalen van het Bureau. Zij wordt bij oppositie tegen een Benelux-aanvraag vastgesteld op de volgende wijze:

a. de proceduretaal is de taal van de aanvraag van verweerder;

b. in afwijking van het onder a bepaalde is de proceduretaal de taal gekozen door de opposant indien de taal van de aanvraag van verweerder het Engels is.

2. In geval van een oppositie tegen een internationale aanvraag wordt de proceduretaal door opposant gekozen uit de werktalen van het Bureau. Indien opposant kiest voor een van de officiële talen van het Bureau, kan verweerder binnen een termijn van een maand na de datum van de kennisgeving van ontvankelijkheid aangeven daarmee niet akkoord te gaan en kiezen voor de andere officiële taal van het Bureau. Indien opposant voor het Engels kiest, kan verweerder binnen een termijn van een maand na de datum van de kennisgeving van ontvankelijkheid aangeven daarmee niet akkoord te gaan en kiezen voor een van de officiële talen van het Bureau. Bij uitblijven van een reactie van verweerder op de taalkeuze van opposant is de proceduretaal de taal gekozen door opposant.

3. In afwijking van het in de leden 1 en 2 bepaalde kunnen partijen gezamenlijk kiezen voor een andere proceduretaal.

4. De keuze voor een proceduretaal wordt gemaakt als volgt:

a. de opposant geeft bij de akte van oppositie de werktaal van het Bureau aan die zijn voorkeur heeft als proceduretaal;

b. indien de verweerder zich kan verenigen met de taalkeuze van opposant deelt hij dit binnen een termijn van een maand na de datum van de kennisgeving van ontvankelijkheid van de oppositie mede.

5. Het Bureau deelt de proceduretaal mede aan partijen.

6. De oppositiebeslissing wordt opgesteld in de proceduretaal.

Regel 1.18 Vertaling

Vertaling

1. De vaststelling van de proceduretaal laat onverlet de mogelijkheid van partijen om zich in de oppositieprocedure te bedienen van een andere werktaal van het Bureau dan de proceduretaal.

Benelux-verdrag inzake de intellectuele eigendom

B75 art. 1.23

2. Indien een van de partijen argumenten indient in een werktaal van het Bureau die niet de proceduretaal is, vertaalt het Bureau deze argumenten in de proceduretaal, tenzij de wederpartij heeft aangegeven geen prijs te stellen op vertaling.

3. Op verzoek van een partij vertaalt het Bureau de in de proceduretaal ingediende argumenten van de wederpartij in een andere werktaal van het Bureau.

4. Op verzoek van een partij vertaalt het Bureau de oppositiebeslissing in de andere werktaal van het Bureau.

5. Vertaling kan worden verzocht bij indiening van de akte van oppositie of bij de mededeling van verweerder als bedoeld in regel 1.17, lid 4, sub b.

6. Argumenten die niet in een van de werktalen van het Bureau zijn ingediend, worden als niet-ingediend beschouwd.

7. Indien argumenten ingevolge deze regel door het Bureau worden vertaald, geldt het document in de taal waarin het werd ingediend als authentiek.

Regel 1.19 Wijziging taalkeuze

1. Tot de aanvang van de procedure kunnen de ingevolge regel 1.17 gemaakte keuzen op gezamenlijk verzoek van partijen worden gewijzigd.

2. Gedurende de oppositieprocedure kan elke partij schriftelijk te kennen geven niet langer prijs te stellen op vertaling door het Bureau bedoeld in regel 1.18.

Regel 1.20 Taal stukken ter ondersteuning argumenten of gebruik

Het bepaalde in de regels 1.17 tot en met 1.19 laat onverlet dat stukken die dienen ter ondersteuning van argumenten of om gebruik van een merk aan te tonen, in hun oorspronkelijke taal kunnen worden ingediend. De stukken worden slechts in aanmerking genomen indien het Bureau oordeelt dat deze, gezien de reden van indiening, voldoende begrijpelijk zijn.

Regel 1.21 Beginsel van hoor en wederhoor

De inachtneming van het beginsel van hoor en wederhoor als bedoeld in artikel 2.16, lid 1, BVIE houdt met name in dat:

a. een afschrift van elk relevant stuk dat bij het Bureau door een partij wordt ingediend naar de andere partij wordt verzonden, ook indien de oppositie niet ontvankelijk is. Indien ingediende argumenten ingevolge het bepaalde in regel 1.18 door het Bureau worden vertaald zal doorzending plaatsvinden tezamen met deze vertaling;

b. een afschrift van elk relevant stuk dat het Bureau aan een partij zendt tevens aan de andere partij wordt gezonden;

c. de oppositiebeslissing slechts kan worden genomen op gronden waartegen de partijen verweer hebben kunnen voeren;

d. feiten waarop de wederpartij niet heeft gereageerd als niet betwist worden beschouwd;

e. het oppositieonderzoek beperkt is tot de door partijen aangevoerde argumenten, feiten en bewijsmiddelen;

f. de oppositiebeslissing schriftelijk opgesteld, gemotiveerd en naar partijen gestuurd wordt.

Regel 1.22 Opschorting

1. Indien de procedure ingevolge artikel 2.16, lid 2, BVIE wordt opgeschort doet het Bureau hiervan mededeling aan partijen, onder vermelding van de grond van opschorting.

2. Indien de grond voor opschorting is opgeheven wordt de procedure voortgezet. Het Bureau deelt dit mede aan partijen, vermeldt hierbij welke handelingen op het betreffende moment in de procedure dienen te worden verricht en stelt hiervoor in voorkomend geval een aanvullende termijn.

3. Opschorting op gezamenlijk verzoek geschiedt voor een periode van vier maanden, en kan met telkens eenzelfde periode worden verlengd. Elke partij kan gedurende een opschorting op gezamenlijk verzoek op ieder moment verzoeken de opschorting op te heffen.

4. Indien de procedure is aangevangen, wordt deze opgeschort op het moment dat het Bureau het gezamenlijk verzoek heeft ontvangen. Het Bureau deelt dit mede aan partijen en vermeldt hierbij de nieuwe termijn. Indien de procedure nog niet is aangevangen, wordt het gezamenlijk verzoek tot opschorting opgevat als een verlenging van de in regel 1.14, lid 1, sub b bedoelde termijn.

5. Voordat de procedure is aangevangen is opschorting op gezamenlijk verzoek gedurende de eerste twaalf maanden kostenloos. Voor verdere verlenging van de opschorting voor aanvang van de procedure, voor opschorting gedurende de procedure en de verlenging daarvan is een taks verschuldigd. Indien deze niet wordt betaald bij het verzoek tot opschorting stelt het Bureau daarvoor een termijn van een maand. Indien niet of te laat wordt betaald wordt de procedure overeenkomstig lid 2 voortgezet.

6. Opschorting van de oppositieprocedure ontheft partijen niet van de verplichtingen die zij hebben ingevolge regel 1.16.

Regel 1.23 Mondelinge behandeling

1. Een mondelinge behandeling kan ambtshalve of op verzoek van partijen worden gehouden indien het Bureau hiertoe gronden aanwezig acht.

Wijziging taalkeuze

Taal stukken ter ondersteuning argumenten of gebruik

Beginsel van hoor en wederhoor

Opschorting

Mondelinge behandeling

2. De mondelinge behandeling verloopt volgens een door de Directeur-Generaal opgesteld reglement.

Regel 1.24 Meer opposities

Meer opposities

1. Indien verscheidene opposities tegen een merk zijn ingediend kan het Bureau voor aanvang van de procedure besluiten een of meer opposities die bij een eerste onderzoek de meeste kans op toewijzing lijken te hebben in behandeling te nemen. In dat geval kan het Bureau besluiten om de behandeling van de overige opposities uit te stellen. Het Bureau stelt de resterende opposanten in kennis van elke relevante beslissing die in de voortgezette procedures wordt genomen.

2. Indien de in behandeling genomen oppositie gegrond bevonden wordt en deze beslissing definitief geworden is, wordt aan de uitgestelde opposities geacht de grondslag te zijn ontvallen.

Regel 1.25 Bewijzen van gebruik

Bewijzen van gebruik

1. De in artikel 2.16bis BVIE bedoelde stukken om het gebruik van het merk aan te tonen worden gevraagd en overgelegd volgens de nadere regels, vastgelegd in regel 1.14, lid 1, sub d, e en f.

2. De bewijzen van gebruik dienen aanwijzingen te bevatten over de plaats, duur, omvang en wijze van het gebruik dat is gemaakt van het oudere merk voor de waren en diensten waarop de oppositie berust.

3. Deze bewijzen van gebruik dienen te voldoen aan de in regel 3.4 bedoelde nadere regels van de Directeur-Generaal voor het indienen van stukken.

4. De verweerder kan zijn aanvraag om bewijzen van gebruik in te dienen intrekken dan wel de verstrekte bewijzen als voldoende beschouwen.

Regel 1.26 Openbaarheid oppositie

Openbaarheid oppositie

De akte van oppositie en de oppositiebeslissing zijn openbaar. De argumenten en overige stukken van de partijen, ongeacht of ze mondeling dan wel schriftelijk worden aangevoerd, zijn slechts toegankelijk voor derden met de instemming van de partijen.

Regel 1.27 Inhoud oppositiebeslissing

Inhoud oppositiebeslissing

Een oppositiebeslissing bevat de volgende gegevens:

a. het nummer van de oppositie;

b. de datum van de beslissing;

c. de namen van de partijen en in voorkomend geval hun gemachtigden;

d. gegevens van de bij de oppositieprocedure betrokken merken of andere rechten;

e. een samenvatting van de feiten en het verloop van de procedure;

f. in voorkomend geval een analyse van de gebruiksbewijzen;

g. in voorkomend geval een vergelijking van de merken en de waren of diensten waarop deze betrekking hebben;

h. de beslissing van het Bureau;

i. de beslissing met betrekking tot de kosten;

j. de namen van de rapporteur en de overige twee personen die aan de besluitvorming hebben deelgenomen;

k. de naam van de administratieve behandelaar van het dossier.

Regel 1.28 Kostenbepaling oppositie

Kostenbepaling oppositie

1. De restitutie als bedoeld in artikel 2.16, lid 3, BVIE wordt vastgesteld op een bedrag dat gelijk is aan 60% van de taks verschuldigd voor oppositie, wanneer zij voor de aanvang van de procedure plaatsvindt en op een bedrag dat gelijk is aan 40% van deze taks, wanneer zij na dat tijdstip plaatsvindt.

2. Er vindt geen restitutie plaats indien er, overeenkomstig het bepaalde in regel 1.15, lid 2, slechts een betaling van 40% van de voor oppositie verschuldigde taksen heeft plaatsgevonden.

3. De kosten als bedoeld in artikel 2.16, lid 5, BVIE worden vastgesteld op een bedrag dat gelijk is aan de basistaks oppositie.

4. Voor vertaling ingevolge regel 1.18 is een door de Directeur-Generaal vastgestelde vergoeding verschuldigd door de partij die argumenten indient in een taal van het Bureau die niet de proceduretaal is of door de partij die vertaling in de andere taal van het Bureau dan de proceduretaal wenst. De Directeur-Generaal stelt tevens een vergoeding vast voor vertaling van de oppositiebeslissing en vertolking bij een mondelinge behandeling.

Regel 1.29 Verzoek om de beslissing niet ten uitvoer te leggen

Verzoek om de beslissing niet ten uitvoer te leggen

Na de in artikel 2.16, lid 4, BVIE bedoelde beslissing en uiterlijk totdat deze definitief wordt, kunnen partijen het Bureau gezamenlijk verzoeken de beslissing niet ten uitvoer te leggen.

HOOFDSTUK 4 PROCEDURE TOT NIETIGVERKLARING OF VERVALLENVERKLARING BIJ HET BUREAU

Regel 1.30 Indiening van de vordering tot nietigverklaring of vervallenverklaring

1. De vordering tot nietigverklaring of vervallenverklaring als bedoeld in artikel 2.30bis BVIE wordt ingediend door middel van een document, dat de volgende gegevens bevat:

a. de naam van verzoeker;

b. gegevens ter identificatie van de merkinschrijving waartegen de vordering is gericht;

c. de waren of diensten waartegen de vordering is gericht. Indien een dergelijke vermelding ontbreekt, wordt de vordering verondersteld te zijn gericht tegen alle waren en diensten;

d. een aanduiding van de grond of gronden waarop de vordering is gebaseerd. Verzoeker kan deze grond of gronden gedurende de procedure, uiterlijk bij het indienen van zijn argumenten of reactie, wijzigen of uitbreiden. Indien dit tot gevolg heeft dat een extra taks verschuldigd is, stelt het Bureau verzoeker een termijn van een maand om deze te voldoen;

e. de voorkeuren betreffende het taalgebruik.

2. Indien de vordering is gebaseerd op de in artikel 2.30bis, lid 1, sub b, BVIE bedoelde gronden, dient het document tevens de volgende gegevens te bevatten:

a. gegevens ter identificatie van het oudere merk of oudere recht;

b. indien de vordering is gebaseerd op een ouder merk, de waren of diensten van het ingeroepen oudere merk waarop de vordering berust. Indien een dergelijke vermelding ontbreekt wordt de vordering verondersteld te berusten op alle waren en diensten;

c. in voorkomend geval, de vermelding dat verzoeker optreedt in de hoedanigheid van licentiehouder van het oudere merk.

3. In het in lid 2, sub c, bedoelde geval dienen stukken te worden overgelegd die de bevoegdheid van de licentiehouder aantonen.

4. Op het document dienen in voorkomend geval naam en adres van de gemachtigde of het in regel 3.6 bedoelde correspondentieadres te worden vermeld.

5. De in lid 1, sub c en lid 2, sub b, bedoelde gegevens kunnen door enkele opgave van de nummers van de betreffende waren- of dienstenklassen worden vermeld. De waren of diensten waarop de vordering berust of waartegen deze is gericht kunnen tot het moment van de in regel 1.31, lid 1, sub i, of lid 2, sub h, bedoelde beslissing door de verzoeker worden beperkt.

Regel 1.31 Verloop procedure

1. De vordering tot nietigverklaring of vervallenverklaring wordt volgens de volgende procedure behandeld:

a. het Bureau beslist overeenkomstig regel 1.32 of de vordering ontvankelijk is en stelt partijen of, in het in artikel 2.30quater BVIE bedoelde geval, de verzoeker en het Internationaal Bureau hiervan in kennis;

b. de verweerder beschikt over een termijn van een maand om zijn voorkeuren betreffende het taalgebruik aan te geven, waarna het Bureau overeenkomstig regel 1.34 de proceduretaal vaststelt en deze aan partijen meedeelt;

c. de verzoeker beschikt over een termijn van twee maanden vanaf de onder b bedoelde mededeling om de vordering met argumenten en stukken ter ondersteuning daarvan te onderbouwen. Bij gebreke daarvan wordt de vordering verder buiten behandeling gelaten;

d. het Bureau stuurt de argumenten van verzoeker naar de verweerder, en stelt hem een termijn van twee maanden om schriftelijk te reageren en, indien de vordering is gebaseerd op artikel 2.30bis, lid 1, sub b, onder i, BVIE, eventueel bewijzen van gebruik van het oudere merk als bedoeld in artikel 2.30quinquies BVIE te vragen;

e. in voorkomend geval wordt verzoeker een termijn van twee maanden gesteld om de gevraagde bewijzen van gebruik over te leggen dan wel te motiveren dat er een geldige reden voor nietgebruik bestaat;

f. indien er bewijzen van gebruik worden overgelegd, zendt het Bureau deze door naar de verweerder en stelt hem een termijn van twee maanden om schriftelijk te reageren op de bewijzen van gebruik en, indien deze dit bij de onder d bedoelde gelegenheid nog niet had gedaan, op de argumenten van verzoeker;

g. indien het Bureau daartoe gronden aanwezig acht, kan het een of meer partijen verzoeken om binnen een daartoe gestelde termijn aanvullende argumenten of stukken in te dienen;

h. er kan een mondelinge behandeling worden gehouden overeenkomstig regel 1.39;

i. het Bureau neemt een beslissing. Indien een vordering die op verscheidene gronden berust op basis van één van deze gronden wordt toegewezen, neemt het Bureau over de overige ingeroepen gronden, indien deze hetzelfde rechtsgevolg hebben, geen beslissing. Indien een op artikel 2.30bis, lid 1, sub b, onder i, BVIE gebaseerde vordering die op verscheidene oudere merken berust op basis van één van deze merken wordt toegewezen neemt het Bureau over de overige ingeroepen merken evenmin een beslissing.

Indiening van de vordering tot nietigverklaring of vervallenverklaring

Verloop procedure

B75 art. 1.32 **Benelux-verdrag inzake de intellectuele eigendom**

2. In afwijking van het bepaalde in lid 1 wordt de vordering, indien deze uitsluitend is gebaseerd op artikel 2.30bis, lid 1, sub a, jo. artikel 2.27, lid 2, BVIE, volgens de volgende procedure behandeld:

a. het Bureau beslist overeenkomstig regel 1.32 of de vordering ontvankelijk is en stelt partijen of, in het in artikel 2.30quater BVIE bedoelde geval, de verzoeker en het Internationaal Bureau hiervan in kennis;

b. de verweerder beschikt over een termijn van een maand om zijn voorkeuren betreffende het taalgebruik aan te geven, waarna het Bureau overeenkomstig regel 1.34 de proceduretaal vaststelt en deze aan partijen meedeelt;

c. de verweerder beschikt over een termijn van twee maanden vanaf de onder b bedoelde mededeling om schriftelijk te reageren door bewijzen van gebruik in te dienen dan wel te motiveren dat er een geldige reden voor niet-gebruik bestaat;

d. indien verweerder reageert, stuurt het Bureau deze reactie door naar verzoeker en stelt hem een termijn van twee maanden om daarop schriftelijk te reageren. Bij uitblijven van een reactie van verzoeker wordt de vordering verder buiten behandeling gelaten;

e. het Bureau stuurt de reactie van verzoeker door naar verweerder en stelt hem een termijn van twee maanden om daarop schriftelijk te reageren;

f. indien het Bureau daartoe gronden aanwezig acht, kan het een of meer partijen verzoeken om binnen een daartoe gestelde termijn aanvullende argumenten of stukken in te dienen;

g. er kan een mondelinge behandeling worden gehouden overeenkomstig regel 1.39;

h. het Bureau neemt een beslissing.

3. Indien verweerder geen domicilie binnen de Europese Economische Ruimte heeft, dient binnen de in lid 1, sub d of lid 2, sub c, genoemde termijn alsnog aan dit vereiste van regel 3.6 te worden voldaan.

Regel 1.32 Ontvankelijkheidsvereisten

Ontvankelijkheidsvereisten

1. De vordering tot nietigverklaring of vervallenverklaring is ontvankelijk wanneer zij voldoet aan de voorwaarden bedoeld in regel 1.30, lid 1, sub a tot en met d, en lid 2, van dit reglement, en artikel 2.30bis, lid 2, BVIE.

2. Indien de vordering is gebaseerd op artikel 2.30bis, lid 1, sub a, jo. artikel 2.27, lid 2, BVIE, is zij slechts ontvankelijk wanneer het betwiste merk op het moment van instellen van de vordering langer dan vijf jaar is ingeschreven.

Regel 1.33 Regularisatie vordering tot nietigverklaring of vervallenverklaring

Regularisatie vordering tot nietigverklaring of vervallenverklaring

1. Indien het Bureau vaststelt dat de vordering tot nietigverklaring of vervallenverklaring niet voldoet aan andere vereisten dan die bedoeld in regel 1.32, doet hij hiervan mededeling aan de verzoeker en stelt hem een termijn van twee maanden om de vastgestelde gebreken op te heffen. Indien deze gebreken niet tijdig worden opgeheven, wordt de vordering verder buiten behandeling gelaten.

2. Indien het Bureau vaststelt dat andere door partijen ingediende stukken dan bedoeld in lid 1 niet voldoen aan de in dit reglement bedoelde vereisten, doet hij hiervan mededeling aan de betreffende partij en stelt hem een termijn van twee maanden om de vastgestelde gebreken op te heffen. Indien deze gebreken niet tijdig worden opgeheven, wordt het betreffende stuk geacht niet te zijn ingediend.

Regel 1.34 Proceduretaal

Proceduretaal

1. De proceduretaal is een van de werktalen van het Bureau. Zij wordt bij een vordering tot nietigverklaring of vervallenverklaring tegen een Benelux-inschrijving vastgesteld op de volgende wijze:

a. de proceduretaal is de taal van de inschrijving van verweerder;

b. in afwijking van het onder a bepaalde is de proceduretaal de taal gekozen door de verzoeker indien de taal van de inschrijving van verweerder het Engels is.

2. In geval van een vordering tot nietigverklaring of vervallenverklaring tegen een internationale inschrijving wordt de proceduretaal door verzoeker gekozen uit de werktalen van het Bureau. Indien verzoeker kiest voor een van de officiële talen het Bureau, kan verweerder binnen een termijn van een maand na de datum van de kennisgeving van ontvankelijkheid aangeven daarmee niet akkoord te gaan en kiezen voor de andere officiële taal van het Bureau. Indien verzoeker voor het Engels kiest, kan verweerder binnen een termijn van een maand na de datum van de kennisgeving van ontvankelijkheid aangeven daarmee niet akkoord te gaan en kiezen voor een van de officiële talen van het Bureau. Bij uitblijven van een reactie van verweerder op de taalkeuze van verzoeker is de proceduretaal de taal gekozen door verzoeker.

3. In afwijking van het in de leden 1 en 2 bepaalde kunnen partijen gezamenlijk kiezen voor een andere proceduretaal.

4. De keuze voor een proceduretaal wordt gemaakt als volgt:

a. de verzoeker geeft bij indiening van de vordering tot nietigverklaring of vervallenverklaring de werktaal van het Bureau aan die zijn voorkeur heeft als proceduretaal;

b. indien de verweerder zich kan verenigen met de taalkeuze van verzoeker deelt hij dit binnen de in regel 1.31, lid 1, sub b of lid 2, sub b, bedoelde termijn mede.

5. Het Bureau deelt de proceduretaal mede aan partijen.

6. De beslissing van het Bureau wordt opgesteld in de proceduretaal.

Regel 1.35 Vertaling

1. De vaststelling van de proceduretaal laat onverlet de mogelijkheid van partijen om zich in de procedure tot nietigverklaring of vervallenverklaring te bedienen van een andere werktaal van het Bureau dan de proceduretaal.

2. Indien een van de partijen argumenten indient in een werktaal van het Bureau die niet de proceduretaal is, vertaalt het Bureau deze argumenten in de proceduretaal, tenzij de wederpartij heeft aangegeven geen prijs te stellen op vertaling.

3. Op verzoek van een partij vertaalt het Bureau de in de proceduretaal ingediende argumenten van de wederpartij in een andere werktaal van het Bureau.

4. Op verzoek van een partij vertaalt het Bureau zijn beslissing in de andere werktaal van het Bureau.

5. Vertaling kan worden verzocht bij indiening van de vordering tot nietigverklaring of vervallenverklaring of bij de mededeling van verweerder als bedoeld in regel 1.34, lid 4, sub b. Gedurende de procedure kan elke partij schriftelijk te kennen geven niet langer prijs te stellen op vertaling door het Bureau.

6. Argumenten die niet in een van de werktalen van het Bureau zijn ingediend, worden als niet-ingediend beschouwd.

7. Indien argumenten ingevolge deze regel door het Bureau worden vertaald, geldt het document in de taal waarin het werd ingediend als authentiek.

Regel 1.36 Taal stukken ter ondersteuning argumenten of gebruik

Regel 1.20 is van overeenkomstige toepassing op de procedure tot nietigverklaring of vervallenverklaring.

Regel 1.37 Beginsel van hoor en wederhoor

Op het beginsel van hoor en wederhoor als bedoeld in artikel 2.30ter, lid 1, BVIE is regel 1.21 van overeenkomstige toepassing.

Regel 1.38 Opschorting

1. Indien de procedure ingevolge artikel 2.30ter, lid 2, BVIE wordt opgeschort doet het Bureau hiervan mededeling aan partijen, onder vermelding van de grond van opschorting.

2. Indien de grond voor opschorting is opgeheven, wordt de procedure voortgezet. Het Bureau deelt dit mede aan partijen, vermeldt hierbij welke handelingen op het betreffende moment in de procedure dienen te worden verricht en stelt hiervoor in voorkomend geval een aanvullende termijn.

3. Opschorting op gezamenlijk verzoek geschiedt voor een periode van vier maanden, en kan met telkens eenzelfde periode worden verlengd. Elke partij kan gedurende een opschorting op gezamenlijk verzoek verzoeken om de opschorting op te heffen.

4. Opschorting op gezamenlijk verzoek is gedurende de eerste drie opeenvolgende periodes kostenloos. Voor verdere opschorting op gezamenlijk verzoek en verlenging daarvan is een taks verschuldigd. Indien deze niet wordt betaald bij het verzoek tot opschorting stelt het Bureau daarvoor een termijn van een maand. Indien niet of te laat wordt betaald, wordt de procedure overeenkomstig lid 2 voortgezet.

5. Opschorting van de procedure ontheft partijen niet van de verplichtingen die zij hebben ingevolge regel 1.33.

Regel 1.39 Mondelinge behandeling

Op een mondelinge behandeling als bedoeld in regel 1.31, lid 1, sub h, of lid 2, sub g, is regel 1.23 van overeenkomstige toepassing.

Regel 1.40 Meer vorderingen tot nietigverklaring of vervallenverklaring

Indien verscheidene vorderingen tot nietigverklaring of vervallenverklaring van een merk zijn ingediend, is regel 1.24 van overeenkomstige toepassing.

Regel 1.41 Bewijzen van gebruik

Op de ingevolge regel 1.31, lid 1, door verzoeker, dan wel ingevolge regel 1.31, lid 2, door verweerder in te dienen stukken om het gebruik van het merk aan te tonen is regel 1.25 van overeenkomstige toepassing.

Regel 1.42 Openbaarheid procedure

Regel 1.26 is van overeenkomstige toepassing op de procedure tot nietigverklaring of vervallenverklaring.

Regel 1.43 Inhoud beslissing

Regel 1.27 is van overeenkomstige toepassing op de beslissing tot nietigverklaring of vervallenverklaring.

Regel 1.44 Kostenbepaling vordering tot nietigverklaring of vervallenverklaring

Kostenbepaling vordering tot nietigverklaring of vervallenverklaring

1. De restitutie als bedoeld in artikel 2.30ter, lid 3, BVIE wordt vastgesteld op een bedrag dat gelijk is aan 50% van de taks verschuldigd voor het instellen van de vordering tot nietigverklaring of vervallenverklaring.

2. De kosten als bedoeld in artikel 2.30ter, lid 5, BVIE worden vastgesteld op een bedrag dat gelijk is aan de basistaks voor de vordering tot nietigverklaring of vervallenverklaring.

3. Voor vertaling ingevolge regel 1.35 is een door de Directeur-Generaal vastgestelde vergoeding verschuldigd door de partij die argumenten indient in een taal van het Bureau die niet de proceduretaal is of door de partij die vertaling in de andere taal van het Bureau dan de proceduretaal wenst. De Directeur-Generaal stelt tevens een vergoeding vast voor vertaling van de beslissing en vertolking bij een mondelinge behandeling.

Regel 1.45 Verzoek om de beslissing niet ten uitvoer te leggen

Verzoek om de beslissing niet ten uitvoer te leggen

Na de in artikel 2.30ter, lid 4, BVIE bedoelde beslissing en uiterlijk totdat deze definitief wordt, kunnen partijen het Bureau gezamenlijk verzoeken de beslissing niet ten uitvoer te leggen.

HOOFDSTUK 5 CONVERSIES VAN UNIEMERKEN

Regel 1.46 Conversies

Conversies

1. In geval van een verzoek zoals bedoeld in artikel 139 van de Uniemerkenverordening (2017/1001) moet de aanvrager:

a. een betaling verrichten van de taks voor een Benelux-aanvraag;

b. een vertaling in een van de werktalen van het Bureau van het verzoek en de hierbij gevoegde stukken indienen;

c. een domicilie kiezen in de Europese Economische Ruimte overeenkomstig regel 3.6.

2. De termijn hiervoor bedraagt minimaal een maand. Deze termijn kan ambtshalve en zal op verzoek worden verlengd, zonder dat een tijdvak van zes maanden na de datum van verzending van de eerste kennisgeving wordt overschreden. Indien binnen de gestelde termijn niet is voldaan aan deze bepalingen, worden de ontvangen stukken verder buiten behandeling gelaten.

TITEL II : TEKENINGEN OF MODELLEN

Regel 2.1 Depotvereisten

Depotvereisten

1. Het Benelux-depot van een tekening of model geschiedt in het Nederlands, Frans of Engels door de indiening van een document, bevattende:

a. naam en adres van de deposant; indien deposant een rechtspersoon is onder vermelding van zijn rechtsvorm;

b. afbeelding(en) van het uiterlijk van het voortbrengsel;

c. de vermelding van het voortbrengsel, waarin de tekening of het model is of wordt belichaamd;

d. in voorkomend geval de code of codes van de kleur of kleuren van de tekening of het model;

e. de handtekening van de deposant of zijn gemachtigde.

2. Het document kan bovendien bevatten:

a. een beschrijving in niet meer dan honderdvijftig woorden van de kenmerkende eigenschappen van het nieuwe uiterlijk van het voortbrengsel;

b. de naam van de werkelijke ontwerper van de tekening of het model;

c. een verzoek om opschorting van de publicatie van de inschrijving, als bedoeld in regel 2.5.

3. In voorkomend geval dienen naam en adres van de gemachtigde, of het in regel 3.6 bedoelde correspondentieadres te worden vermeld.

4. Het voortbrengsel, waarin de tekening of het model is of wordt belichaamd, moet nauwkeurig worden aangegeven en bij voorkeur met gebruikmaking van de bewoordingen van de alfabetische lijst van de internationale classificatie, bedoeld in de Overeenkomst van Locarno van 8 oktober 1968 tot instelling van een internationale classificatie voor tekeningen en modellen van nijverheid.

Regel 2.2 Meervoudig depot

Meervoudig depot

Een Benelux-depot kan verscheidene tekeningen of modellen bevatten tot ten hoogste vijftig. In zodanig geval is het bepaalde in regel 2.1, lid 1, sub b, c en d, lid 2 en 4, ten aanzien van iedere tekening of model van toepassing. Iedere tekening of model dient aangeduid te worden met een verschillend nummer.

Regel 2.3 Vaststellen depotdatum en termijn regularisatie

Vaststellen depotdatum en termijn regularisatie

1. De in artikel 3.9, lid 1, BVIE bedoelde vereisten voor het vaststellen van een datum van depot, zijn die vermeld in regel 2.1, lid 1, sub a, b en c, behoudens betaling van de taksen verschuldigd voor het depot, binnen een termijn van een maand nadat aan voornoemde vereisten is voldaan.

2. De termijn bedoeld in artikel 3.9, lid 2, BVIE om te voldoen aan de overige gestelde vereisten, bedraagt tenminste een maand. Deze termijn kan ambtshalve en zal op verzoek worden verlengd, zonder dat een tijdvak van zes maanden na de datum van verzending van de eerste kennisgeving wordt overschreden.

3. In geval van een meervoudig depot is artikel 3.9, lid 3, BVIE slechts van toepassing op de niet-geregulariseerde tekeningen of modellen.

Regel 2.4 Prioriteit

1. Indien bij het depot een beroep wordt gedaan op het recht van voorrang, als bedoeld in artikel 3.10 BVIE, dienen het land, de dagtekening, het nummer en de houder van het depot, waarop het recht van voorrang steunt, te worden vermeld. Indien de deposant in het land van oorsprong niet degene is die het Benelux-depot heeft verricht, dan moet de laatstgenoemde aan zijn depot een document toevoegen, waaruit zijn rechten blijken.

2. De bijzondere verklaring betreffende het recht van voorrang, als bedoeld in artikel 3.10 BVIE, dient te bevatten: de naam en het adres van de deposant, zijn handtekening of die van zijn gemachtigde, in voorkomend geval naam en adres van de gemachtigde of het correspondentieadres als bedoeld in regel 3.6, een aanduiding van de tekening of het model, alsmede de in lid 1 bedoelde gegevens.

3. De deposant die zich op een recht van voorrang beroept dient indien het Bureau daarom verzoekt een afschrift van de documenten die dit recht van voorrang staven over te leggen.

4. Indien niet is voldaan het bepaalde in lid 1, 2 en 3 en in de regels 3.3 en 3.6, stelt het Bureau de betrokkene onverwijld daarvan in kennis en geeft hem een termijn van tenminste een maand om hieraan alsnog te voldoen. Deze termijn kan ambtshalve en zal op verzoek worden verlengd, zonder dat een tijdvak van zes maanden na de datum van verzending van de eerste kennisgeving wordt overschreden. Het uitblijven van een tijdige reactie leidt tot verval van het recht van voorrang.

Regel 2.5 Opschorting publicatie

1. De deposant, die opschorting van de publicatie van de inschrijving wenst, dient hiertoe bij het depot een verzoek in te dienen onder opgave van de termijn, waarvoor opschorting van de publicatie gevraagd wordt.

2. De opschorting van de publicatie van de inschrijving van een meervoudig depot kan slechts gevraagd worden voor alle tekeningen en modellen tezamen en voor éénzelfde termijn.

3. Indien de deposant, die opschorting heeft gevraagd van de publicatie van de inschrijving van een meervoudig depot, bij afloop van de termijn van opschorting aan het Bureau meedeelt, dat hij slechts publicatie wenst van een deel van de tekeningen of modellen, dient hij dit te doen onder opgave van de nummers van de tekeningen of modellen waarvan hij publicatie wenst.

4. De deposant kan te allen tijde om beëindiging van de termijn van opschorting verzoeken.

Regel 2.6 Verzoek tweede publicatie

De termijn bedoeld in artikel 3.11, lid 3, BVIE, gedurende welke de deposant aan het Bureau een tweede publicatie van de tekening of het model kan vragen, bedraagt drie maanden te rekenen van de datum van de eerste publicatie.

Regel 2.7 Inschrijving

1. Het Bureau schrijft het depot in het register in door vermelding van:
a. het nummer van de inschrijving;
b. de datum en het nummer van het depot;
c. de in regel 2.1 bedoelde gegevens;
d. in voorkomend geval, het ingeroepen recht van voorrang onder vermelding van het land, de dagtekening, het nummer en de houder van het depot waarop het ingeroepen recht van voorrang steunt overeenkomstig regel 2.4 lid 1;
e. in geval van opschorting van de publicatie van de inschrijving, de gegevens opgenomen in regel 2.5, lid 1;
f. de datum waarop de geldigheidsduur van de inschrijving verstrijkt;
g. het nummer van de klasse en de onderklasse van de internationale classificatie, bedoeld in de Overeenkomst van Locarno in welke het voortbrengsel, waarin de tekening of het model is of wordt belichaamd, is gerangschikt;
h. de datum van inschrijving.

2. Als datum van inschrijving geldt de dag waarop het Bureau vaststelt dat het depot voldoet aan alle in het BVIE en het onderhavige reglement gestelde vereisten.

Regel 2.8 Datum inschrijving internationale aanvraag

Als datum van inschrijving van internationale depots van tekeningen of modellen waarbij de Benelux werd aangeduid geldt de datum van de in artikel 3.11, lid 1, BVIE bedoelde publicatie.

Regel 2.9 Inschrijving handhaving gewijzigde vorm

Een verzoek tot inschrijving van de in artikel 3.24, lid 3, BVIE bedoelde verklaring van de houder of rechterlijke beslissing dient te worden ingediend bij het Bureau en dient te bevatten de naam en het adres van de houder, zijn handtekening of die van zijn gemachtigde, in voorko-

Prioriteit

Opschorting publicatie

Verzoek tweede publicatie

Inschrijving

Datum inschrijving internationale aanvraag

Inschrijving handhaving gewijzigde vorm

mend geval naam en adres van de gemachtigde of het correspondentieadres als bedoeld in regel 3.6, alsmede het nummer van de inschrijving.

Regel 2.10 Inschrijving vordering tot opeising en doorhaling van deze inschrijving

Inschrijving vordering tot opeising en doorhaling van deze inschrijving

1. Het verzoek tot inschrijving van de vordering tot opeising bedoeld in artikel 3.7, lid 1, BVIE, dient te bevatten de naam en het adres van degene die de vordering instelt, zijn handtekening of die van zijn gemachtigde en, in voorkomend geval, naam en adres van de gemachtigde of het correspondentieadres als bedoeld in regel 3.6, alsmede de naam en het adres van de houder en het nummer van de inschrijving van het Benelux- of internationaal depot van de betreffende tekening of het betreffende model.

2. De in artikel 3.7, lid 1, BVIE bedoelde inschrijving van de vordering tot opeising wordt op verzoek van de meest gerede partij doorgehaald. Deze dient daartoe, hetzij een rechterlijke beslissing waartegen geen hoger beroep of cassatie meer kan worden ingesteld, hetzij een stuk waaruit blijkt dat de vordering is ingetrokken, over te leggen.

Regel 2.11 Vernieuwing

Vernieuwing

1. Indien de aanvrager conform artikel 3.14, lid 4, BVIE, de vernieuwing wenst te beperken tot een deel van de in een meervoudig depot vervatte rechten, dient hij de nummers te vermelden van de tekeningen of modellen waarvan hij de vernieuwing van de inschrijving wenst.

2. Het Bureau schrijft de vernieuwing in door aanpassing van de datum waarop de geldigheidsduur van de inschrijving verstrijkt.

3. Het Bureau zendt degene die de daartoe verschuldigde taks heeft betaald een bevestiging van de vernieuwing toe.

TITEL III : BEPALINGEN GEMEENSCHAPPELIJK AAN MERKEN EN TEKENINGEN OF MODELLEN

HOOFDSTUK I AANPASSINGEN VAN INSCHRIJVINGEN

Regel 3.1 Wijzigingen in het register

Wijzigingen in het register

1. Ieder verzoek tot wijziging van registergegevens met betrekking tot een Benelux-aanvraag of -inschrijving dient aan het Bureau te worden gericht onder vermelding van het nummer van de inschrijving, de naam en het adres van de houder van het recht, zijn handtekening of die van zijn gemachtigde en, in voorkomend geval, naam en adres van de gemachtigde of het correspondentieadres bedoeld in regel 3.6. In voorkomend geval dient het verzoek van een bewijsstuk te zijn vergezeld.

2. Indien een zodanig verzoek de inschrijving betreft van een meervoudig depot van tekeningen of modellen maar geen betrekking heeft op alle tekeningen of modellen hierin, dient het de nummers te vermelden van de tekeningen of modellen waarom het gaat. Indien de overdracht of overgang het uitsluitend recht betreft op een of meer tekeningen of modellen die deel uitmaken van een meervoudig depot, wordt dit deel van het depot voortaan beschouwd als een zelfstandig depot.

3. De doorhaling van de inschrijving van een zakelijk recht of gedwongen tenuitvoerlegging wordt verricht op basis van een bewijsstuk.

4. Er kan worden volstaan met het overleggen van een kopie van de akte waaruit overdracht, andere overgang, licentie of een zakelijk recht, als bedoeld in de artikelen 2.32bis en 3.27 BVIE, blijkt. Indien het Bureau gerede twijfel heeft over de juistheid van de verzochte wijziging kan het Bureau nadere informatie verzoeken, waaronder de indiening van originele stukken of gewaarmerkte kopieën daarvan.

5. Indien bij een verzoek als bedoeld in deze regel niet is voldaan aan het in dit reglement bepaalde of indien de verschuldigde taksen of vergoedingen niet of niet volledig zijn betaald, stelt het Bureau de betrokkene hiervan onverwijld in kennis. Onverminderd het bepaalde in regel 1.15, lid 5, geeft het hem een termijn van minimaal een maand om de gebreken alsnog op te heffen. Deze termijn kan ambtshalve en zal op verzoek worden verlengd, zonder dat een tijdvak van zes maanden na de datum van verzending van de eerste kennisgeving wordt overschreden. Indien binnen de gestelde termijn niet is voldaan aan de gestelde vereisten worden de ontvangen stukken verder buiten behandeling gelaten.

HOOFDSTUK 2 INTERNATIONALE AANVRAGEN

Regel 3.2 Internationale aanvragen met geldigheid in de Benelux

1. Betreffende de internationale aanvragen ten aanzien waarvan de aanvragers verzocht hebben dat zij hun werking zullen uitstrekken over het Benelux-gebied, schrijft het Bureau, onverminderd het bepaalde in de regels 1.8 en 2.8, in het register in de van het Internationaal Bureau komende kennisgevingen als bedoeld in de artikelen 2.10 en 4.4 BVIE.

2. Indien een internationale aanvraag van een collectief merk of een certificeringsmerk niet vergezeld is van een reglement op het gebruik, wijst het Bureau de aanvrager onverwijld op zijn verplichting dit reglement binnen de in artikel 2.34ter, lid 2, of 2.35ter, lid 2, BVIE bedoelde termijn, over te leggen. Met betrekking tot de collectieve merken of certificeringsmerken wordt in dit register melding gemaakt van het al dan niet overgelegd zijn en van de wijzigingen van het reglement op het gebruik.

3. Bovendien worden in het register aangetekend de gegevens betreffende nietigverklaring, vervallenverklaring en licenties, pandrecht en beslag, van tekeningen of modellen voor zover deze het Benelux-gebied betreffen.

4. Regel 3.1 is van overeenkomstige toepassing op de inschrijving van de in lid 3 bedoelde gegevens.

HOOFDSTUK 3 ADMINISTRATIEVE BEPALINGEN

Regel 3.3 Talen Bureau

1. De officiële talen van het Bureau zijn het Nederlands en het Frans. De werktalen van het Bureau zijn het Nederlands, Frans en Engels.

2. Alle stukken die aan het Bureau worden overgelegd dienen in een van de werktalen te zijn gesteld. Het bepaalde in regel 1.20 vormt hierop een uitzondering.

3. Bewijzen van een recht van voorrang, van naamswijziging, uittreksels van akten waaruit een overdracht, een andere overgang, een licentie of een zakelijk recht blijkt, de daarop betrekking hebbende verklaringen, de reglementen op het gebruik en het toezicht en de wijzigingen daarvan, worden eveneens aanvaard indien zij in het Duits zijn gesteld.

4. De in lid 3 genoemde stukken die in een andere taal zijn gesteld worden eveneens aanvaard indien een vertaling ervan in een van de werktalen van het Bureau of het Duits is bijgevoegd.

5. Het Bureau levert op verzoek en tegen betaling van een taks een vertaling naar een van zijn officiële talen van alle Benelux-aanvragen of -inschrijvingen die in het Engels luiden en die openbaar gemaakt zijn.

Regel 3.4 Indiening van stukken

1. De aan het Bureau of de nationale diensten over te leggen stukken, bewijsstukken en bijlagen kunnen worden ingediend met behulp van de daartoe door de Directeur-Generaal aangeduide (al dan niet elektronische) middelen. De Directeur-Generaal kan daarbij per handeling waarop de indiening betrekking heeft verschillende middelen aanduiden.

2. De in lid 1 genoemde stukken, bewijsstukken en bijlagen die niet voldoen aan het daaromtrent door de Directeur-Generaal bepaalde worden geacht niet te zijn ontvangen door het Bureau.

Regel 3.5 Ondertekening van stukken

Indien enig stuk, overgelegd ter inschrijving in het Benelux-register of in het register van internationale inschrijvingen gehouden bij het Internationaal Bureau, is ondertekend namens een rechtspersoon, dient daarbij de naam en de hoedanigheid van de ondertekenaar te zijn vermeld.

Regel 3.6 Aanstelling gemachtigde

1. Alle handelingen bij het Bureau of een nationale dienst kunnen worden verricht door tussenkomst van een vertegenwoordiger die als gemachtigde optreedt.

2. Een gemachtigde dient een woonplaats of zetel te hebben binnen de Europese Economische Ruimte.

3. Alle mededelingen ten aanzien van deze handelingen worden aan de gemachtigde gericht.

4. Eenieder die binnen de Europese Economische Ruimte geen zetel of woonplaats heeft noch een gemachtigde heeft aangewezen, moet aldaar een correspondentieadres aangeven.

Regel 3.7 Volmachten

1. Eenieder die stelt op te treden als vertegenwoordiger van een belanghebbende voor het verrichten van een handeling bij het Bureau wordt verondersteld hiertoe door belanghebbende te zijn gemachtigd.

2. Indien een vertegenwoordiger het Bureau verzoekt een registratie door te halen dient deze een daartoe strekkende volmacht in te dienen.

3. Indien het Bureau redenen heeft om te twijfelen aan de machtiging van een vertegenwoordiger, bij welke handeling dan ook, kan het verzoeken een volmacht in te dienen. De termijn hiervoor bedraagt een maand. Deze termijn zal op verzoek met een maand worden verlengd.

Het uitblijven van een tijdige reactie heeft tot gevolg dat het verzoek buiten behandeling zal worden gelaten.

Regel 3.8 Bevestiging ontvangst van stukken

Bevestiging ontvangst van stukken

1. Het Bureau bevestigt de ontvangst van elk stuk dat bestemd is voor inschrijving in het Benelux-register of in het register van de internationale inschrijvingen gehouden bij het Internationaal Bureau.

2. Ieder stuk wordt bij ontvangst door de bevoegde instantie gedagtekend onder vermelding van uur, dag, maand en jaar van ontvangst.

3. Het Bureau registreert de verzending en ontvangst van stukken. Deze registratie vormt, behoudens tegenbewijs, het bewijs van verzending en ontvangst en van het moment waarop dit heeft plaatsgevonden.

Regel 3.9 Termijnen en sluitingsdagen

Termijnen en sluitingsdagen

1. De in dit reglement bedoelde in maanden uitgedrukte termijnen beginnen te lopen vanaf de dag waarop de desbetreffende handeling plaatsvindt en verstrijken, in de betreffende maand, op de dag die overeenkomt met de dag waarop de termijnen beginnen te lopen. Indien de betreffende maand geen overeenkomende dag heeft, verstrijkt de termijn op de laatste dag van deze maand.

2. De in dit reglement bedoelde in weken uitgedrukte termijnen beginnen te lopen vanaf de dag waarop de desbetreffende handeling plaatsvindt en verstrijken, in de betreffende week, op de dag die overeenkomt met de dag waarop de termijnen beginnen te lopen.

3. Indien de dienst van de bevoegde instantie gesloten is op de laatste dag van een ingevolge het BVIE of dit reglement in acht te nemen termijn, wordt die termijn verlengd tot het einde van de eerstvolgende dag, waarop deze dienst geopend is.

4. In geval van verstoring van de normale postbedeling in een van de Benelux-landen gedurende minstens één van de vijf werkdagen, voorafgaand aan het einde van de termijn bedoeld in de regels 1.3, 1.4, lid 4, 2.3, lid 1 en 2, 2.4, lid 4, en 3.1, lid 5, en de in de hoofdstukken 3 en 4 van titel 1 bedoelde termijnen, zullen stukken, binnengekomen bij de terzake bevoegde instantie na afloop van de in voornoemde regels bepaalde termijnen, in behandeling genomen worden alsof ze tijdig waren ingediend bij deze instantie, mits redelijkerwijs kan aangenomen worden dat de verstoring van de normale postbedeling de oorzaak is van het na afloop van genoemde termijnen binnenkomen van die stukken.

Regel 3.10 Inlichtingen en afschriften

Inlichtingen en afschriften

1. Het Bureau verschaft afschriften en inlichtingen op grondslag van het Benelux-register.

2. Het register kan worden geraadpleegd op door de Directeur-Generaal vastgestelde wijze of in de vorm van een abonnement waarvan de modaliteiten door de Directeur-Generaal worden vastgesteld.

3. De bewijsstukken van het recht van voorrang, bedoeld in artikel 4, onder D, derde lid, van het Verdrag van Parijs worden door het Bureau verschaft. Een dergelijk document kan slechts worden afgegeven, nadat conform het bepaalde in de regels 1.3, lid 1, en 2.3, lid 1, de depotdatum is vastgesteld.

Regel 3.11 Ter beschikking stellen formulieren

Ter beschikking stellen formulieren

Het Bureau stelt formulieren beschikbaar voor het verrichten van die handelingen die langs niet-elektronische weg kunnen worden verricht. De Directeur-Generaal stelt het model van deze formulieren vast. Deze worden gepubliceerd op de website van het Bureau.

Regel 3.12 Benelux-register

Benelux-register

1. Het Benelux-register bevat twee gedeelten:

a. een register van Benelux-aanvragen;

b. een register van internationale aanvragen.

2. Het Benelux-register en de stukken die dienen tot bewijs van de daarin opgenomen aantekeningen kunnen kosteloos worden ingezien bij het Bureau.

Regel 3.13 Publicatie

Publicatie

Het Bureau publiceert, conform het bepaalde in artikel 4.4, sub b, BVIE uitsluitend in de taal waarin de inschrijving plaatsgevonden heeft:

a. alle ingeschreven gegevens betreffende Benelux-aanvragen, bedoeld in de regels 1.5, 1.6, 1.7, 1.9, 2.7, 2.11 en 3.1;

b. alle ingeschreven gegevens betreffende internationale merkaanvragen, bedoeld in regel 1.8 lid 2;

c. alle ingeschreven gegevens betreffende internationale depots van tekeningen of modellen bedoeld in regel 3.2 lid 3;

d. de inschrijving van de verklaring of de rechterlijke beslissing bedoeld in regel 2.9;

e. het feit van de inschrijving van de vordering tot opeising bedoeld in regel 2.10.

Regel 3.14 Nadere regels

Nadere regels

De in regel 3.4 bedoelde nadere regels van de Directeur-Generaal voor het indienen van stukken worden op de website van het Bureau gepubliceerd.

TITEL IV : I-DEPOT

Regel 4.1 Soorten i-DEPOT

Het in artikel 4.4bis BVIE genoemde i-DEPOT bestaat in een fysieke variant („i-DEPOT enveloppe") en in een elektronische variant („online i-DEPOT").

Regel 4.2 Indiening i-DEPOT enveloppe

1. Een i-DEPOT enveloppe bestaat uit twee gelijke aan elkaar gekoppelde compartimenten en kan bij het Bureau worden verkregen tegen betaling van de daarvoor verschuldigde taks.

2. Indiening van een i-DEPOT enveloppe geschiedt door terugzending aan het Bureau van de twee aan elkaar gekoppelde compartimenten die beide dezelfde stukken dienen te bevatten; de enveloppe dient te zijn voorzien van naam en adres van de indiener.

3. Zonder de inhoud te controleren stelt het Bureau overeenkomstig regel 3.8 het moment van ontvangst van de i-DEPOT enveloppe vast, brengt een bevestiging hiervan aan op beide compartimenten van de enveloppe en stuurt één van deze compartimenten terug aan indiener.

Regel 4.3 Bewaring i-DEPOT enveloppe

1. Het Bureau bewaart één van de compartimenten van de i-DEPOT enveloppe gedurende een periode van vijf of tien jaar, afhankelijk van de terzake door indiener gemaakte keuze.

2. De bewaartermijn kan met periodes van vijf jaar worden verlengd.

3. Twee maanden voor het verstrijken van de bewaartermijn stuurt het Bureau de indiener een herinnering en informeert over de mogelijkheid de bewaring te verlengen.

4. Verlenging van de bewaartermijn geschiedt door betaling van de daarvoor verschuldigde taks. Deze dient ten laatste twee maanden na de afloop van de bewaartermijn te zijn voldaan.

5. Het Bureau vernietigt de i-DEPOT enveloppen waarvan de bewaartermijn niet tijdig werd verlengd.

6. Indiener kan het Bureau gedurende de bewaarneming verzoeken om de toezending van het door het Bureau bewaarde compartiment van de i-DEPOT enveloppe. Door toezending van dit compartiment eindigt de bewaarneming door het Bureau.

Regel 4.4 i-DEPOT enveloppe bewijs

Zowel het door het Bureau retour gezonden compartiment van de i-DEPOT enveloppe als het door het Bureau bewaarde compartiment van de i-DEPOT enveloppe vormen bewijs in de zin van artikel 4.4bis BVIE.

Regel 4.5 Indiening online i-DEPOT

1. Een online i-DEPOT bestaat uit een bestand voorzien van een elektronisch mechanisme ter beveiliging en verificatie aangebracht door het Bureau, waarmee wordt gegarandeerd dat de inhoud ervan vanaf het moment van ontvangst door het Bureau niet is gewijzigd.

2. Bij indiening van een online i-DEPOT dienen naam en adres van indiener te worden vermeld.

3. Bovendien dient bij een online i-DEPOT:

a. een omschrijving te worden vermeld, of;

b. een of meer bestanden toe te worden gevoegd, of;

c. een combinatie van het onder a en b genoemde.

4. Het Bureau kent het online i-DEPOT een nummer toe, stelt overeenkomstig regel 3.8 het moment van ontvangst van het online i-DEPOT vast en stelt het in lid 1 bedoelde elektronische bestand op elektronische wijze beschikbaar aan indiener. Dit bestand bevat de bestanddelen genoemd in de leden 2 en 3, het nummer van het online i-DEPOT alsmede datum en tijdstip van ontvangst door het Bureau.

Regel 4.6 Online i-DEPOT bewijs

Het elektronisch bestand bedoeld in regel 4.5 vormt bewijs in de zin van artikel 4.4bis BVIE.

Regel 4.7 Bewaring online i-DEPOT

1. Het Bureau bewaart een online i-DEPOT gedurende een periode van vijf of tien jaar, afhankelijk van de terzake door indiener gemaakte keuze.

2. Twee maanden voor het verstrijken van de bewaartermijn stuurt het Bureau de indiener een herinnering en informeert over de mogelijkheid de bewaring te verlengen.

3. Verlenging van de bewaartermijn geschiedt door betaling van de daarvoor verschuldigde taks. Deze dient ten laatste twee maanden na de afloop van de bewaartermijn te zijn voldaan.

4. Het Bureau vernietigt het online i-DEPOT waarvan de bewaartermijn niet tijdig werd verlengd.

5. Indiener kan het Bureau te allen tijde verzoeken de bewaring van een online i-DEPOT te beëindigen en het te vernietigen.

Regel 4.8 Handelingen betrekking hebbend op het online i-DEPOT

De handelingen betrekking hebbende op een online i-DEPOT kunnen uitsluitend worden verricht door gebruikmaking van het daartoe door de Directeur-Generaal aangeduide middel dat op de website van het Bureau beschikbaar wordt gesteld.

Regel 4.9 Termijnen

Op de in de regels 4.3 en 4.7 bedoelde termijnen is regel 3.9 van overeenkomstige toepassing.

B75 art. 4.10 **Benelux-verdrag inzake de intellectuele eigendom**

Regel 4.10 Openbaar i-DEPOT

Openbaar i-DEPOT

1. Bij indiening of op elk moment gedurende de bewaartermijn kan de indiener van een online i-DEPOT dit i-DEPOT, of een door hem bepaald deel van de inhoud daarvan, openbaar maken op de website van het Bureau of op een andere door de Directeur-Generaal te bepalen wijze. De indiener kan te allen tijde besluiten deze publicatie te beëindigen.

2. Ten tijde van de openbaarmaking verklaart de indiener nadrukkelijk dat deze voor zijn rekening en verantwoording wordt gedaan. Het Bureau oefent geen controle uit op de inhoud van de publicatie en is hiervoor in geen geval aansprakelijk.

3. Bij beëindiging van de bewaring van een i-DEPOT wordt de publicatie eveneens beëindigd.

4. De gegevens met betrekking tot de publicatie, waaronder de data van begin en einde daarvan en het nummer van het i-DEPOT worden vermeld op de website van het Bureau of op een andere door de Directeur-Generaal te bepalen wijze.

5. De openbaarmaking en de beëindiging van de publicatie vinden uitsluitend plaats door gebruikmaking van het door de Directeur-Generaal aangeduide en door het Bureau beschikbaar gestelde middel.

Regel 4.11 Bezwaar tegen een openbaar i-DEPOT

Bezwaar tegen een openbaar i-DEPOT

1. Onder voorbehoud van het bepaalde in lid 3 kan iedereen het Bureau verzoeken de publicatie van een i-DEPOT te beëindigen door het instellen van een notice-and-takedown procedure openbaar i-DEPOT („NTD-procedure") op basis van de hiertoe door de Directeur-Generaal opgestelde regels, op de volgende gronden:

a. dat de publicatie een strafbaar feit oplevert, of

b. dat de publicatie inbreuk maakt op zijn rechten. In dit geval wordt de NTD-procedure pas geacht te zijn ingesteld nadat de daarvoor verschuldigde vergoeding is betaald.

2. Bij het instellen van een NTD-procedure verklaart de klager nadrukkelijk dat dit en de opschorting of beëindiging van de publicatie die daarvan het gevolg is, voor zijn rekening en verantwoording zijn. Het Bureau is hiervoor in geen geval aansprakelijk.

3. Iemand die reeds eerder een NTD-procedure heeft ingesteld tegen de publicatie van een specifiek i-DEPOT kan dit niet nogmaals doen.

4. Een i-DEPOT waarvan de openbaarmaking na het instellen van een NTD-procedure werd beëindigd kan niet meer openbaar worden gemaakt, behoudens in geval van:

a. een beslissing die die publicatie toestaat en die niet langer vatbaar is voor enig rechtsmiddel, of

b. instemming van de klager indien de NTD-procedure gebaseerd was op lid 1, sub b.

TITEL V : TAKSEN EN VERGOEDINGEN

Regel 5.1 Vaststelling tarieven

Vaststelling tarieven

1. Ter uitvoering van het bepaalde in artikel 1.13, lid 1 BVIE keert het Bureau aan de nationale diensten 20% uit van het bedrag van de taksen, die zijn geïnd ter zake van de door hun bemiddeling verrichte handelingen.

2. De Raad van Bestuur stelt de tarieven vast van de in het BVIE en dit reglement opgenomen handelingen bij en door het Bureau. Deze tarieven worden vastgelegd in een lijst die een bijlage vormt bij dit reglement. De Raad kan de vastgestelde tarieven slechts eenmaal per jaar aanpassen.

3. Artikel 6.5 BVIE is van overeenkomstige toepassing op de bekendmaking van nieuwe tarieven.

Regel 5.2 Betaling

Betaling

1. Betaling van de verschuldigde taksen en vergoedingen dient vooraf te gaan aan handelingen door het Bureau. Betaalde verschuldigde taksen en vergoedingen, worden in geen geval gerestitueerd.

2. Het Bureau verzendt na ontvangst van een verzoek waaraan taksen verbonden zijn een overzicht van de verschuldigde taksen. Aan het niet-verzenden of niet-ontvangen van dit overzicht kunnen geen rechten worden ontleend.

3. Indien voor een handeling overeenkomstig regel 3.4 zowel elektronische als niet-elektronische indiening mogelijk is en de indiener ervoor kiest om een ander middel dan een door de Directeur-Generaal voor de specifieke handeling aangeduid elektronisch middel te gebruiken, is een vergoeding voor administratiekosten verschuldigd ter hoogte van 15%, naar beneden afgerond op hele euro's, van de taks of de taksen verschuldigd voor de desbetreffende handeling. Deze vergoeding is niet eerder verschuldigd dan nadat hierover overeenkomstig regel 3.14 een mededeling van de Directeur-Generaal is gepubliceerd.

Regel 5.3 Vergoedingen incidentele handelingen

Vergoedingen incidentele handelingen

1. De vergoedingen voor handelingen bij en door het Bureau die niet zijn opgenomen op de in regel 5.1, lid 2, bedoelde lijst, zogenaamde incidentele handelingen, worden vastgesteld door de Directeur-Generaal.

Benelux-verdrag inzake de intellectuele eigendom — B75 art. 5.3

2. De Directeur-Generaal informeert de Raad van Bestuur over de vergoedingen vastgesteld voor meer structurele handelingen. De Raad van Bestuur kan besluiten deze vergoedingen op te nemen op de in regel 5.1, lid 2, bedoelde lijst.

Bijlage

Tarievenlijst per 1 januari 2020

MERKEN
Aanvraag

• basistaks individueel merk, inclusief één klasse $(1.1)^{1)}$	€ 244
– tweede klasse	€ 27
– per klasse vanaf de derde	€ 81
• basistaks collectief merk of certificeringsmerk, inclusief één klasse (1.2)	€ 379
– tweede klasse	€ 42
– per klasse vanaf de derde	€ 126
• aanvullende taks voor spoedinschrijving (1.7)	€ 196
– tweede klasse	€ 21
– per klasse vanaf de derde	€ 63
• beschrijving van onderscheidende elementen (1.1, lid 2)	€ 41
• inschrijving verklaring van een recht van voorrang (1.4, lid 2)	€ 15

Vernieuwing (1.9)

• individueel merk, eerste klasse	€ 263
– tweede klasse	€ 29
– iedere klasse vanaf de derde	€ 87
• collectief merk of certificeringsmerk, eerste klasse	€ 480
– tweede klasse	€ 54
– iedere klasse vanaf de derde	€ 162
• extra-taks voor vernieuwing binnen zes maanden na vervaldatum (artikel 2.9 lid 4 BVIE)	€ 135

Oppositie (1.13 e.v.)

• basistaks instellen oppositie	€ 1.045
• aanvullende taks per ingeroepen recht boven het derde	€ 105
• opschorting op verzoek en verlenging daarvan (1.22)	
– voor aanvang procedure (max. drie maal)	gratis
– in overige gevallen, per vier maanden	€ 152

Vordering tot nietigverklaring of vervallenverklaring (1.30 e.v.)

• basistaks vordering	€ 1.420
• aanvullende taks per ingeroepen grond boven de derde (1.30, lid 1, sub d)	€ 142
• aanvullende taks per ingeroepen recht boven het derde (1.30, lid 2, sub a)	€ 142
• opschorting op verzoek gedurende de eerste drie opeenvolgende periodes (1.38)	gratis
• opschorting op verzoek en verlenging daarvan in overige gevallen, per vier maanden (1.38)	€ 152

Vertaling in oppositie-, verval- of nietigheidsprocedures (1.18 en 1.35)

• vertaling van argumenten	
– eerste vier pagina's$^{2)}$	gratis
– iedere pagina$^{2)}$ of deel daarvan, boven de vierde	€ 58
• vertaling van beslissing, per pagina$^{2)}$ of deel daarvan	€ 47

Onderzoeksdiensten

• abonnement op latere merken (per jaar)	
– tot drie klassen	€53/jaar
– per klasse boven de derde	€ 8/jaar

$^{1)}$ (Getallen) tussen haakjes verwijzen, tenzij anders aangeven, naar de betreffende regel van het Uitvoeringsreglement BVIE. De regelnummers corresponderen met de geldende nummering ten tijde van het besluit van de Raad van Bestuur.

$^{2)}$ Eén pagina maximaal 30 regels met maximaal 80 karakters.

TEKENINGEN OF MODELLEN
Aanvraag
• enkelvoudige aanvraag (2.1)

B75 art. 5.3 **Benelux-verdrag inzake de intellectuele eigendom**

- meervoudige aanvraag (2.2) € 150
  - eerste tekening of model € 150
  - tweede t/m tiende tekening of model, per tekening of model € 75
  - elfde t/m twintigste tekening of model, per tekening of model € 38
  - eenentwintigste t/m vijftigste tekening of model, per tekening of model € 32
- publicatie beschrijving kenmerkende eigenschappen, per tekening of model € 42
- opschorting publicatie (2.5) € 40
- inschrijving verklaring recht van voorrang (2.4 lid 2) € 12

Vernieuwing

- enkelvoudige inschrijving (2.11) € 102
- meervoudige inschrijving (2.11)
  - vernieuwing eerste tekening of model € 102
  - tweede t/m tiende tekening of model, per tekening of model € 51
  - elfde t/m twintigste tekening of model, per tekening of model € 25
  - eenentwintigste t/m vijftigste tekening of model, per tekening of model € 21
- extra-taks voor vernieuwing binnen zes maanden na vervaldatum (artikel 3.14 lid 3 BVIE) € 12

MERKEN EN TEKENINGEN OF MODELLEN

Wijzigingen$^{1)}$ (3.1)

- overdracht of overgang, licentie, pandrecht of beslag
  - eerste recht € 56
  - tweede tot en met vijfde recht € 28
  - elk volgend recht gratis
- wijziging van gemachtigde, inbegrepen diens aanwijzing
  - eerste recht € 24
  - tweede tot en met vijfde recht van dezelfde houder € 12
  - elk volgend recht van dezelfde houder gratis
  - tweede tot en met vijfde recht van verschillende houders € 12
  - elk volgend recht van verschillende houders € 2
- wijziging naam en/of adres van een houder, gemachtigde of licentiehouder gratis
- herstel van aan de houder te wijten schrijffouten na inschrijving
  - eerste recht € 20
  - elk volgend recht € 10
- waren- en dienstenbeperking van een merk € 46
- inschrijving vordering tot opeising van een tekening of model (2.10) € 12

Afschriften

- gewaarmerkt, per inschrijving € 19
- kopieën van stukken, niet gewaarmerkt, per bladzijde € 5
- kopieën van stukken, gewaarmerkt, per bladzijde € 18
- bewijzen van voorrang (3.10, lid 3) € 15

Overige

- inlichtingen
  - minder dan een uur € 24
  - langer dan een uur, per uur € 58
- vertaling van een openbare aanvraag of inschrijving vanuit het Engels naar een officiële taal (3.3, lid 5) € 0,26/woord

---

$^{1)}$ Voor betaalde wijzigingen geldt dat een wijzigingsverzoek voor meer dan één recht alleen als één enkel verzoek wordt opgevat indien het betrekking heeft op dezelfde soort rechten. Een verzoek dat betrekking heeft op zowel merk- als modelrechten wordt gesplitst in twee verzoeken.

---

i-DEPOT

Enveloppe

- vijf jaar bewaartermijn € 47
- tien jaar bewaartermijn € 68
- vijf jaar verlenging bewaartermijn € 47

Online

- indiening en bewaartermijn van vijf jaar € 37
- indiening en bewaartermijn van tien jaar € 53

B75 art. 5.3

Benelux-verdrag inzake de intellectuele eigendom

• geheimhoudingsovereenkomst	€ 15
• vijf jaar verlenging bewaartermijn	€ 26
• openbaarmaking	€ 21
• instellen NTD procedure op basis van regel 4.11, lid 1, sub b	€ 78
Creditaccount	
• activeren creditaccount	€ 209
• 20 credits	€ 262
• 50 credits	€ 523
online i-DEPOT in credits (enkel voor creditaccounts)	
• indiening en bewaartermijn van vijf jaar	1 credit
• indiening en bewaartermijn van tien jaar	2 credits
• geheimhoudingsovereenkomst	1 credit
• vijf jaar verlenging bewaartermijn	1 credit
• openbaarmaking	1 credit

INTERNATIONAAL EN EU

Internationale merken

• indiening aanvraag of vernieuwing	CHF 100

Individuele taksen internationale merken (artikel 8, 7), a) van het Protocol van Madrid)

Aanvraag

• basistaks individueel merk, inclusief één klasse	€ 235
– tweede klasse	€ 26
– per klasse vanaf de derde	€ 79
• basistaks collectief merk of certificeringsmerk, inclusief één klasse	€ 365
– tweede klasse	€ 41
– per klasse vanaf de derde	€ 123

Vernieuwing

• individueel merk, eerste klasse	€ 254
– tweede klasse	€ 28
– iedere klasse vanaf de derde	€ 86
• collectief merk of certificeringsmerk, eerste klasse	€ 463
– tweede klasse	€ 52
– iedere klasse vanaf de derde	€ 156

Wijzigingen internationale tekeningen of modellen

• aantekening licentie, pandrecht of beslag	
– eerste tekening of model	€ 26
– elke volgende tekening of model	€ 13

Doorzending Gemeenschapsmodel

• indiening aanvraag (artikel 35 lid 2 Gemeenschapsmodellenverordening)	€ 74
• indien de verzendkosten meer dan € 25 bedragen	verzendkosten

---

Verdrag inzake de verkrijging van bewijs in het buitenland in burgerlijke en in handelszaken^1

De Staten die dit Verdrag hebben ondertekend,
Geleid door de wens de overmaking en uitvoering van rogatoire commissies te vergemakkelijken en te bevorderen, dat de verschillende werkwijzen welke zij te dien einde volgen beter met elkaar in overeenstemming worden gebracht,
Strevend naar verbetering van de wederzijdse samenwerking op het gebied van de rechtshulpverlening in burgerlijke en handelszaken,
Hebben besloten te dien einde een Verdrag tot stand te brengen en zijn het volgende overeengekomen:

HOOFDSTUK I ROGATOIRE COMMISSIES

Art. 1

Verzoek tot verkrijgen van bewijs

In burgerlijke en in handelszaken kan de rechterlijke autoriteit van een Verdragsluitende Staat overeenkomstig de wettelijke bepalingen van die Staat, bij wege van rogatoire commissie aan de bevoegde autoriteit van een andere Verdragsluitende Staat verzoeken, een handeling tot het verkrijgen van bewijs (onderzoekshandeling) of andere gerechtelijke handelingen te verrichten. Een onderzoekshandeling kan niet worden verzocht met het doel partijen in staat te stellen, zich bewijs te verschaffen dat niet bestemd is om te dienen tot gebruik in een reeds aanhangige of in een toekomstige procedure.
De term „andere gerechtelijke handelingen" heeft geen betrekking op de betekening of kennisgeving van gerechtelijke stukken, noch op maatregelen tot bewaring van recht of tot tenuitvoerlegging.

Art. 2

Aanwijzen Centrale Autoriteit

Elke Verdragsluitende Staat wijst een Centrale Autoriteit aan, die belast is met het in ontvangst nemen van rogatoire commissies die afkomstig zijn van de rechterlijke autoriteit van een andere Verdragsluitende Staat, en met het overmaken daarvan aan de voor de uitvoering ervan bevoegde autoriteit. Iedere Staat organiseert de Centrale Autoriteit overeenkomstig de bepalingen van zijn eigen wetgeving.
De rogatoire commissies worden aan de Centrale Autoriteit van de aangezochte Staat overgemaakt zonder tussenkomst van een andere autoriteit van die Staat.

Art. 3

Benodigde gegevens

De rogatoire commissie bevat de volgende gegevens:
a) de verzoekende autoriteit en, indien mogelijk, de aangezochte autoriteit;
b) de namen en adressen van de partijen en eventueel van hun vertegenwoordigers;
c) de aard en het onderwerp van het geding en een beknopte uiteenzetting van de feiten;
d) de onderzoekshandelingen of andere gerechtelijke handelingen die moeten worden verricht.
Voor zover nodig vermeldt de rogatoire commissie bovendien:
e) de namen en adressen van de te horen personen;
f) de vragen welke aan de te horen personen moeten worden gesteld, dan wel de feiten waarover zij moeten worden gehoord;
g) de stukken of andere voorwerpen welke moeten worden onderzocht;
h) het verzoek om de verklaring onder ede of belofte af te nemen en, eventueel, de formule die daarbij moet worden gebruikt;
i) de bijzondere vormen waarvan de toepassing wordt verlangd overeenkomstig artikel 9.
De rogatoire commissie vermeldt eventueel tevens de inlichtingen welke nodig zijn voor de toepassing van artikel 11.
Er kan geen legalisatie of andere vergelijkbare formaliteit worden verlangd.

Art. 4

Taal van rogatoire commissie

De rogatoire commissie moet worden gesteld in de taal van de aangezochte autoriteit of vergezeld gaan van een vertaling in die taal.
Evenwel moet elke Verdragsluitende Staat een rogatoire commissie die in het Frans of het Engels is gesteld of vergezeld is van een vertaling in een van deze talen aanvaarden, tenzij die Staat zich daartegen heeft verzet door het maken van het voorbehoud voorzien in artikel 33.

---

1 Inwerkingtredingsdatum: 07-06-1981.

Elke Verdragsluitende Staat die meer dan één officiële taal heeft en wegens redenen van zijn nationale wetgeving niet een rogatoire commissie voor zijn gehele grondgebied kan aanvaarden indien deze slechts in één van die talen is gesteld, moet door middel van een daartoe strekkende verklaring doen weten, in welke taal de rogatoire commissie moet worden gesteld of vertaald met het oog op de uitvoering ervan in de door die Staat aangewezen delen van zijn grond gebied. Indien de verplichting welke uit die verklaring voortvloeit zonder geldige reden niet is nageleefd, komen de kosten van de vertaling in de vereiste taal voor rekening van de Staat waarvan het verzoek is uitgegaan.

Elke Verdragsluitende Staat kan door middel van een daartoe strekkende verklaring doen weten, in welke andere taal of talen dan die bedoeld in de voorgaande leden een rogatoire commissie aan zijn Centrale Autoriteit kan worden gericht.

Elke aan een rogatoire commissie gehechte vertaling moet voor overeenstemmend zijn verklaard door een diplomatieke of consulaire ambtenaar, door een beëdigd vertaler dan wel door enige andere daartoe in een van de beide Staten bevoegd verklaarde persoon.

Art. 5

Indien de Centrale Autoriteit van oordeel is dat de bepalingen van het Verdrag niet zijn geëerbiedigd, stelt zij de autoriteit van de verzoekende Staat die haar de rogatoire commissie heeft overgemaakt onverwijld daarvan in kennis en doet daarbij nauwkeurige opgave van de bezwaren welke tegen het verzoek zijn gerezen.

Bezwaren

Art. 6

Ingeval van onbevoegdheid van de aangezochte autoriteit, wordt de rogatoire commissie ambtshalve en onverwijld overgedragen aan de rechterlijke autoriteit van dezelfde Staat, die volgens de bepalingen van diens wetgeving wel bevoegd is.

Onbevoegdheid aangezochte autoriteit

Art. 7

De verzoekende autoriteit wordt op haar verlangen ingelicht over het tijdstip waarop en de plaats waar de verlangde handeling zal worden verricht, opdat de belanghebbende partijen en eventueel hun vertegenwoordigers daarbij tegenwoordig kunnen zijn. Deze mededeling wordt rechtstreeks aan die partijen of hun vertegenwoordigers gedaan, wanneer de verzoekende autoriteit zulks heeft verzocht.

Verzoek om inlichting omtrent tijd en plaats

Art. 8

Elke Verdragsluitende Staat kan verklaren, dat rechterlijke ambtenaren van de verzoekende autoriteit van een andere Verdragsluitende Staat de uitvoering van een rogatoire commissie mogen bijwonen. Daaraan kan de Staat die zulk een verklaring heeft afgelegd de voorwaarde verbinden, dat vooraf toestemming moet zijn verleend door een door die Staat aangewezen bevoegde autoriteit.

Bijwonen uitvoering van rogatoire commissie

Art. 9

De rechterlijke autoriteit die de rogatoire commissie uitvoert past, wat betreft de vormen waarin dit geschiedt, haar eigen landswet toe.

Deze autoriteit zal evenwel gehoor geven aan de wens van de autoriteit waarvan het verzoek uitgaat om een speciale vorm toe te passen, tenzij deze onverenigbaar is met de wet van de aangezochte Staat, of de toepassing niet mogelijk is hetzij wegens de rechterlijke gebruiken van de aangezochte Staat, hetzij wegens praktische moeilijkheden.

De rogatoire commissie moet onverwijld worden uitgevoerd.

Toepassing landswet

Art. 10

Bij de uitvoering van de rogatoire commissie past de aangezochte autoriteit de daartoe passende dwangmiddelen toe welke in haar eigen wet zijn voorzien, in de gevallen en in gelijke mate als zij daartoe verplicht zou zijn bij de uitvoering van een dergelijk verzoek van de autoriteiten van de eigen Staat, of bij het gevolg geven aan een daartoe strekkend verzoek van een belanghebbende partij.

Toepassen dwangmiddelen

Art. 11

De rogatoire commissie wordt niet uitgevoerd, indien en voorzover de betrokken persoon zich beroept op een recht van verschoning of een verbod tot het afleggen van een verklaring gegrond op:

a) de wet van de aangezochte Staat; of

b) de wet van de verzoekende Staat, en het verschoningsrecht of het verbod is vermeld in de rogatoire commissie of, eventueel, op verzoek van de aangezochte autoriteit is bevestigd door de autoriteit waarvan het verzoek uitgaat.

Elke Verdragsluitende Staat kan verklaren, dat hij eveneens dergelijke verschoningsrechten en verboden erkent welke voorkomen in de wetten van andere Staten dan de Staat waaruit het verzoek afkomstig is en de aangezochte Staat, zulks in de mate waarin dit is aangegeven in die verklaring.

Verschoningsrecht

Art. 12

De uitvoering van de rogatoire commissie kan niet worden geweigerd dan in zoverre *a)* de uitvoering in de aangezochte Staat niet behoort tot de bevoegdheid van de rechterlijke macht; of

Weigeren uitvoering van rogatoire commissie

B76 *art. 13* **Verdrag inzake verkrijging bewijs in het buitenland in burgerlijke en handelszaken**

b) de aangezochte Staat van oordeel is dat die uitvoering een inbreuk zou betekenen op zijn soevereiniteit of zijn veiligheid.

De uitvoering kan niet worden geweigerd op de enkele grond, dat de wet van de aangezochte Staat ten aanzien van de zaak waarop het verzoek betrekking heeft uitsluitende rechtsmacht voor die Staat op eist, dan wel een rechtsvordering als waarop het verzoek betrekking heeft niet toekent.

Art. 13

Verzenden van stukken ten bewijze van uitvoering

De stukken ten bewijze van de uitvoering van de rogatoire commissie worden door de aangezochte autoriteit aan de verzoekende autoriteit overgemaakt langs dezelfde weg die deze laatste heeft gebruikt.

Wanneer de rogatoire commissie niet of slechts ten dele is uitgevoerd, wordt de verzoekende autoriteit daarvan onverwijld verwittigd langs dezelfde weg en de redenen daarvoor worden daarbij medegedeeld.

Art. 14

Terugbetaling

De uitvoering van de rogatoire commissie kan niet leiden tot terugbetaling van rechten of kosten van welke aard ook.

Evenwel heeft de aangezochte Staat het recht van de verzoekende Staat de terugbetaling te verlangen van vergoedingen welke zijn betaald aan deskundigen en tolken, alsmede van de kosten welke zijn veroorzaakt door de toepassing van een bijzondere vorm welke door de verzoekende Staat verzocht is overeenkomstig het tweede lid van artikel 9.

De aangezochte autoriteit welker wet het aan partijen overlaat de bewijzen te verzamelen en die niet in staat is zelf de rogatoire commissie uit te voeren, kan een daartoe geschikte persoon daarmede belasten na daartoe toestemming te hebben verkregen van de verzoekende autoriteit. Bij het verzoek tot een zodanige toestemming vermeldt de aangezochte autoriteit bij benadering de uit deze procedure voortvloeiende kosten. De toestemming brengt voor de verzoekende autoriteit de verplichting mee, die kosten terug te betalen. Is er geen toestemming verleend, dan kan de verzoekende autoriteit niet voor die kosten worden aangesproken.

HOOFDSTUK II DE VERKRIJGING VAN BEWIJS DOOR DIPLOMATIEKE OF CONSULAIRE AMBTENAREN EN DOOR COMMISSARISSEN

Art. 15

Verrichten van onderzoekshandelingen

In burgerlijke en in handelszaken kan een diplomatieke of consulaire ambtenaar van een Verdragsluitende Staat op het grondgebied van een andere Verdragsluitende Staat, binnen het ressort waar hij zijn functie uitoefent, zonder dwang elke onderzoekshandeling verrichten, mits daarbij slechts onderdanen van een Staat die hij vertegenwoordigt zijn betrokken en het een zaak betreft welke aanhangig is voor een gerecht van die Staat.

Elke Verdragsluitende Staat heeft de bevoegdheid te verklaren dat deze handeling slechts kan worden verricht indien daartoe verlof is verleend, op een daartoe strekkend verzoek van deze ambtenaar zelf of te zijnen behoeve gedaan, door de bevoegde autoriteit welke door de Staat die deze verklaring heeft afgelegd is aangewezen.

Art. 16

Onderzoekshandelingen t.a.v. onderdanen van derde staten

Een diplomatieke of consulaire ambtenaar van een Verdragsluitende Staat kan bovendien op het gebied van een andere Verdragsluitende Staat, binnen het ressort waar hij zijn functie uitoefent, zonder dwang onderzoekshandelingen verrichten waarbij onderdanen van de Staat waar hij zijn functie uitoefent of onderdanen van derde Staten zijn betrokken, ten behoeve van een zaak die aanhangig is voor een gerecht van een Staat die hij vertegenwoordigt:

a) indien een bevoegde autoriteit welke is aangewezen door de Staat waar de ambtenaar zijn functies verricht daartoe verlof heeft verleend, hetzij in het algemeen, hetzij voor ieder geval afzonderlijk, en

b) indien hij de voorwaarden die de bevoegde autoriteit bij dat verlof heeft gesteld naleeft.

Elke Verdragsluitende Staat kan verklaren dat de hierboven bedoelde onderzoekshandelingen zonder zijn voorafgaand verlof mogen worden verricht.

Art. 17

Onderzoekshandelingen t.a.v. procedures

In burgerlijke en in handelszaken kan iedere persoon die daartoe op behoorlijke wijze als commissaris is benoemd, zonder dwang op het gebied van een Verdragsluitende Staat onderzoekshandelingen verrichten welke betrekking hebben op een procedure, welke aanhangig is voor een gerecht van een andere Verdragsluitende Staat:

a) indien een bevoegde autoriteit welke is aangewezen door de Staat waar de uitvoering moet plaats vinden daartoe verlof heeft verleend, hetzij in het algemeen, hetzij voor ieder geval afzonderlijk, en

b) indien hij de voorwaarden die de bevoegde autoriteit bij het verlof heeft gesteld naleeft.

Elke Verdragsluitende Staat kan verklaren dat de hierboven bedoelde onderzoekshandelingen zonder zijn voorafgaand verlof mogen worden verricht.

Art. 18

Elke Verdragsluitende Staat kan verklaren dat een diplomatieke of consulaire ambtenaar of een commissaris, die bevoegd is tot het verrichten van een onderzoekshandeling in overeenstemming met artikel 15, 16 of 17, zich kan wenden tot de terzake als bevoegd aangewezen autoriteit van die Staat, met het verzoek de nodige bijstand te verkrijgen tot het verrichten van deze handeling door toepassing van dwangmiddelen. De verklaring kan elke voorwaarde bevatten welke de Staat die haar aflegt dienstig acht.

Wanneer de bevoegde autoriteit gevolg geeft aan het verzoek, past zij de dwangmiddelen toe welke passend zijn en in haar interne wet zijn voorzien.

Art. 19

De bevoegde autoriteit kan aan het verlenen van het verlof bedoeld in de artikelen 15, 16 en 17 of van de toestemming op grond van artikel 18 de voorwaarden verbinden welke zij wenselijk acht, met name wat betreft het uur, de dag en de plaats van de onderzoekshandeling. Zij kan ook verlangen dat het uur, de dag en de plaats haar tevoren tijdig worden medegedeeld; in dat geval kan een vertegenwoordiger van de autoriteit die onderzoekshandeling bijwonen.

Art. 20

De personen op wie een onderzoekshandeling als bedoeld in dit hoofdstuk betrekking heeft kunnen zich doen bijstaan door een raadsman.

Art. 21

Wanneer een diplomatieke of consulaire ambtenaar of een commissaris bevoegd is of verlof heeft gekregen om een onderzoekshandeling te verrichten ingevolge de artikelen 15, 16 of 17:

a) kan hij alle onderzoekshandelingen verrichten welke niet onverenigbaar zijn met de wet van de Staat waar de uitvoering geschiedt, of die niet in strijd is met het op grond van de evenvermelde artikelen verleend verlof en kan hij binnen dezelfde grenzen een verklaring onder ede of onder belofte voor zich doen afleggen;

b) moet, tenzij de bij de onderzoekshandeling betrokken persoon onderdaan is van de Staat waar de procedure aanhangig is, iedere oproep om te verschijnen of om mede te werken aan een onderzoekshandeling zijn gesteld in de taal van de plaats waar de onderzoekshandeling wordt verricht, of vergezeld zijn van een vertaling in die taal;

c) vermeldt de oproep dat de betrokkene zich kan doen bijstaan door een raadsman en, in elke Staat die niet een verklaring als bedoeld in artikel 18 heeft afgelegd, dat hij niet is gehouden om te verschijnen of mede te werken aan de onderzoekshandeling;

d) kan de onderzoekshandeling worden verricht met inachtneming van de vormen die zijn voorgeschreven door de wet van het gerecht waar de procedure aanhangig is, mits deze vormen niet zijn verboden door de wet van de Staat waar de uitvoering geschiedt;

e) kan de persoon op wie de onderzoekshandeling betrekking heeft zich beroepen op een recht van verschoning of een verbod als bedoeld in artikel 11.

Art. 22

De omstandigheid dat een onderzoekshandeling niet kon worden verricht overeenkomstig de bepalingen van het onderhavige hoofdstuk doordat een persoon geweigerd heeft er aan mede te werken, belet niet dat een rogatoire commissie voor dezelfde handeling later wordt verzocht overeenkomstig het eerste hoofdstuk.

HOOFDSTUK III ALGEMENE BEPALINGEN

Art. 23

Elke Verdragsluitende Staat kan op het tijdstip van de ondertekening, bekrachtiging of toetreding verklaren, dat hij geen uitvoering geeft aan rogatoire commissies tot het houden van een procedure welke in de Staten waar de Comraon Law geldt bekend is als „pretrial discovery of documents".

Art. 24

Elke Verdragsluitende Staat kan naast de Centrale Autoriteit nog andere autoriteiten aanwijzen; hij stelt de bevoegdheden daarvan vast. Evenwel kunnen rogatoire commissies steeds worden overgemaakt aan de Centrale Autoriteit.

Federale Staten hebben de bevoegdheid om meer dan één Centrale Autoriteit aan te wijzen.

Art. 25

Elke Verdragsluitende Staat waarin meer dan één rechtsstelsel van kracht is, kan de autoriteiten van één van deze stelsels aanwijzen, die een exclusieve bevoegdheid zullen bezitten wat de uitvoering van de rogatoire commissies ingevolge dit Verdrag betreft.

Art. 26

Elke Verdragsluitende Staat kan, indien hij daartoe op staatsrechtelijke gronden is gehouden, van de verzoekende Staat de terugbetaling verlangen van de kosten van de uitvoering van de rogatoire commissie wat betreft de betekening of de oproep te verschijnen, de schadeloosstel-

B76 art. 27 Verdrag inzake verkrijging bewijs in het buitenland in burgerlijke en handelszaken

lingen verschuldigd aan de persoon die de getuigenverklaring heeft afgelegd en de opstelling van het proces-verbaal van de onderzoekshandeling.

Indien een Staat gebruik heeft gemaakt van de bepalingen van het vorige lid, kan elke andere Verdragsluitende Staat deze Staat verzoeken zodanige kosten terug te betalen.

Art. 27

De bepalingen van dit Verdrag beletten niet dat een Verdragsluitende Staat:

a) verklaart dat rogatoire commissies aan zijn rechterlijke autoriteiten kunnen worden overgemaakt langs andere wegen dan die bedoeld in artikel 2;

b) toestaat, krachtens zijn interne wet of zijn gewoonterecht, de handelingen waarop het Verdrag betrekking heeft onder minder beperkende voorwaarden uit te voeren;

c) toestaat, krachtens zijn interne wet of zijn gewoonterecht, andere methoden tot verkrijging van bewijs dan die waarin dit Verdrag voorziet te gebruiken.

Art. 28

Mogelijkheid tot afwijken Dit Verdrag belet niet dat Verdragsluitende Staten overeenkomen af te wijken van

a) artikel 2, wat betreft de wijze van overmaking van de rogatoire commissies;

b) artikel 4, wat betreft het gebruik van de talen;

c) artikel 8, wat betreft de tegenwoordigheid van rechterlijke ambtenaren bij de uitvoering van rogatoire commissies;

d) artikel 11, wat betreft de verschoningsrechten of verboden om een getuigenverklaring te geven;

e) artikel 13, wat betreft de overmaking van de stukken ten be- wijze van de uitvoering;

f) artikel 14, wat betreft de kostenregeling;

g) de bepalingen van hoofdstuk II.

Art. 29

Vervanging van andere verdragen Dit Verdrag vervangt in de rechtsbetrekkingen tussen de Staten die het hebben bekrachtigd de artikelen 8-16 van de Verdragen betreffende de burgerlijke rechtsvordering onderscheidenlijk ondertekend te 's-Gravenhage op 17 juli 1905 en 1 maart 1954, voor zover die Staten bij één van deze of beide Verdragen partij zijn.

Art. 30

Dit Verdrag maakt geen inbreuk op de toepassing van artikel 23 van het Verdrag van 1905 of van artikel 24 van het Verdrag van 1954.

Art. 31

Aanvullende akkoorden De aanvullende akkoorden bij de Verdragen van 1905 en 1954, gesloten door de Verdragsluitende Staten, worden eveneens op dit Verdrag van toepassing geacht, tenzij de belanghebbende Staten daaromtrent anders overeenkomen.

Art. 32

Andere verdragen Onverminderd het bepaalde in de artikelen 29 en 31 laat dit Verdrag onverlet de Verdragen waarbij de Verdragsluitende Staten partij zijn of zullen worden en die bepalingen bevatten inzake bij dit Verdrag geregelde onderwerpen.

Art. 33

Voorbehouden Elke Staat kan op het tijdstip van de ondertekening, bekrachtiging of toetreding de toepassing van het bepaalde in het tweede lid van artikel 4, alsmede van het bepaalde in hoofdstuk II, geheel of gedeeltelijk uitsluiten. Geen enkel ander voorbehoud is toegestaan.

Elke Verdragsluitende Staat kan een door die Staat gemaakt voorbehoud te allen tijde intrekken; de werking van het voorbehoud eindigt met ingang van de zestigste dag volgend op de kennisgeving van intrekking.

Indien een Staat een voorbehoud heeft gemaakt, kan elke andere Staat die daardoor is getroffen dezelfde regel toepassen ten opzichte van de Staat die het voorbehoud heeft gemaakt.

Art. 34

Intrekken/wijzigen Elke Staat kan te allen tijde een verklaring intrekken of wijzigen.

Art. 35

Kennisgeving Elke Verdragsluitende Staat brengt op het tijdstip van de nederlegging van zijn akte van bekrachtiging of toetreding, of op een later tijdstip, de aanwijzing van de autoriteiten bedoeld in de artikelen 2, 8, 24 en 25 ter kennis van het Ministerie van Buitenlandse Zaken van Nederland. Een Verdragsluitende Staat brengt, voor zover nodig, onder dezelfde voorwaarden ter kennis van het Ministerie:

a) de aanwijzing van de autoriteiten tot wie de diplomatieke of consulaire ambtenaren zich moeten wenden op grond van artikel 16 en van de autoriteiten die het verlof of de bijstand bedoeld in de artikelen 15, 16 en 18 kunnen verlenen;

b) de aanwijzing van de autoriteiten die aan de commissaris de toestemming bedoeld in artikel 17 of de bijstand bedoeld in artikel 18 kunnen verlenen;

c) de verklaringen bedoeld in de artikelen 4, 8, 11, 15, 16, 17, 18, 23 en 27;

d) elke intrekking of wijziging van de bovengenoemde aanwijzingen en verklaringen;

e) de intrekking van een voorbehoud.

Verdrag inzake verkrijging bewijs in het buitenland in burgerlijke en handelszaken B76 art. 42

Art. 36

Moeilijkheden die tussen de Verdragsluitende Staten naar aanleiding van de toepassing van dit Verdrag kunnen rijzen, worden langs diplomatieke weg geregeld.

Moeilijkheden n.a.v. toepassing

Art. 37

Dit Verdrag staat ter ondertekening open voor de Staten die vertegenwoordigd waren op de Elfde Zitting van de Haagse Conferentie voor Internationaal Privaatrecht. Het dient te worden bekrachtigd en de akten van bekrachtiging dienen te worden nedergelegd bij het Ministerie van Buitenlandse Zaken van Nederland.

Ondertekening

Art. 38

Dit Verdrag treedt in werking op de zestigste dag na de nederlegging van de derde akte van bekrachtiging, bedoeld in het tweede lid van artikel 37. Voor elke ondertekenende Staat die het Verdrag daarna bekrachtigt, treedt het in werking op de zestigste dag na de nederlegging van zijn akte van bekrachtiging.

Inwerkingtreding

Art. 39

Elke Staat die niet vertegenwoordigd is geweest op de Elfde Zitting van de Haagse Conferentie voor Internationaal Privaatrecht en die lid is van deze Conferentie of van de Verenigde Naties of van een van haar gespecialiseerde organisaties, of die Partij is bij het Statuut van het Internationaal Gerechtshof, kan tot dit Verdrag toetreden nadat het overeenkomstig het eerste lid van artikel 38 in werking is getreden.

De akte van toetreding dient te worden nedergelegd bij het Ministerie van Buitenlandse Zaken van Nederland.

Het Verdrag treedt voor een toetredende Staat in werking op de zestigste dag na de nederlegging van zijn akte van toetreding.

De toetreding heeft slechts gevolg ten aanzien van de betrekkingen tussen de toetredende Staat en de Verdragsluitende Staten die verklaard hebben de toetreding te aanvaarden. Een zodanige verklaring wordt nedergelegd bij het Ministerie van Buitenlandse Zaken van Nederland; dit Ministerie doet daarvan langs diplomatieke weg een voor eensluidend gewaarmerkt afschrift aan elk der Verdragsluitende Staten toekomen.

Tussen de toetredende Staat en de Staat die heeft verklaard de toetreding te aanvaarden treedt het Verdrag in werking op de zestigste dag na de nederlegging van de verklaring van aanvaarding.

Toetreding

Art. 40

Iedere Staat kan bij de ondertekening, bekrachtiging of toetreding verklaren, dat dit Verdrag zich uitstrekt tot alle gebieden voor welker internationale betrekkingen hij verantwoordelijk is, of tot één of meer van deze gebieden. Een zodanige verklaring wordt van kracht op de datum van inwerkingtreding van het Verdrag voor de betrokken Staat.

Daarna wordt van zodanige uitbreidingen kennis gegeven aan het Ministerie van Buitenlandse Zaken van Nederland.

Het Verdrag treedt voor de in de verklaring van uitbreiding genoemde gebieden in werking op de zestigste dag na de kennisgeving bedoeld in het voorafgaande lid.

Reikwijdte

Art. 41

Dit Verdrag blijft van kracht gedurende vijf jaar te rekenen van de datum van zijn inwerkingtreding overeenkomstig het eerste lid van artikel 38, ook voor de Staten die het Verdrag nadien hebben bekrachtigd of daartoe zijn toegetreden.

Indien geen opzegging heeft plaatsgevonden, wordt het Verdrag stilzwijgend telkens voor vijf jaar verlengd.

Opzeggingen moeten ten minste zes maanden voor het einde van de termijn van vijf jaar ter kennis worden gebracht van het Ministerie van Buitenlandse Zaken van Nederland.

De opzegging kan beperkt worden tot bepaalde gebieden waarop het Verdrag van toepassing is.

De opzegging heeft slechts gevolg ten opzichte van de Staat die haar ter kennis heeft gebracht. Het Verdrag blijft voor de andere Verdragsluitende Staten van kracht.

Geldigheidsduur

Art. 42

Het Ministerie van Buitenlandse Zaken van Nederland geeft aan de in artikel 37 bedoelde Staten, alsmede aan de Staten die overeenkomstig artikel 39 zijn toegetreden, kennis van:

a) de ondertekeningen en bekrachtigingen bedoeld in artikel 37;

b) de datum waarop dit Verdrag overeenkomstig het eerste lid van artikel 38 in werking treedt;

c) de toetredingen bedoeld in artikel 39 en de tijdstippen waarop zij van kracht worden;

d) de uitbreidingen bedoeld in artikel 40 en de tijdstippen waarop zij van kracht worden;

e) de aanwijzingen, voorbehouden en verklaringen genoemd in de artikelen 33 en 35;

f) de opzeggingen bedoeld in het derde lid van artikel 41.

Kennisgeving aan toegetreden Staten

Uitvoeringswet Bewijsverdrag^1

Wet van 11 december 1980, houdende uitvoering van het op 18 maart 1970 te 's-Gravenhage tot stand gekomen Verdrag inzake de verkrijging van bewijs in het buitenland in burgerlijke en in handelszaken

Wij Beatrix, bij de gratie Gods, Koningin der Nederlanden, Prinses van Oranje-Nassau, enz. enz. enz.

Allen, die deze zullen zien of horen lezen, saluut! doen te weten:

Alzo Wij in overweging genomen hebben, dat er aanleiding bestaat om voorzieningen te treffen tot uitvoering van het op 18 maart 1970 te 's-Gravenhage tot stand gekomen Verdrag inzake de verkrijging van bewijs in het buitenland in burgerlijke en in handelszaken;

Zo is het, dat Wij, de Raad van State gehoord, en met gemeen overleg der Staten-Generaal, hebben goedgevonden en verstaan, gelijk Wij goedvinden en verstaan bij deze:

Hoofdstuk I Algemene bepalingen

Art. 1

Begripsbepalingen

In deze wet wordt onder "het verdrag" verstaan: het op 18 maart 1970 te 's-Gravenhage tot stand gekomen verdrag inzake de verkrijging van bewijs in het buitenland in burgerlijke en in handelszaken, waarvan de Franse en de Engelse tekst in *Tractatenblad* 1969, nr. 94 alsmede de vertaling in het Nederlands in *Tractatenblad* 1979, nr. 38 is geplaatst.

Art. 2

Bewijs in buitenland, aanwijzing centrale autoriteit

Als centrale autoriteit, bedoeld in artikel 2 van het verdrag, wordt voor Nederland aangewezen de rechtbank Den Haag.

Art. 3

Bewijs in buitenland, rogatoire commissies

Rogatoire commissies, waarvan de toezending niet is geschied overeenkomstig de voorschriften van het verdrag, worden door de ontvanger onder opgaaf van redenen toegezonden aan de centrale autoriteit.

Art. 4

Bewijs in buitenland, uitvoering rogatoire commissies

1. Als de autoriteit door welke overeenkomstig de bepalingen van het verdrag de uitvoering geschiedt van rogatoire commissies, afkomstig uit de Staten waar het verdrag van kracht is, wordt aangewezen de rechtbank.

2. De rechter voert de rogatoire commissie onverwijld uit.

Hoofdstuk II De behandeling van uit een verdragsstaat ontvangen rogatoire commissies

Art. 5

Bewijs in buitenland, behandeling rogatoire commissies

1. De centrale autoriteit gaat na of de rogatoire commissie voldoet aan de bepalingen van het verdrag.

2. Is de centrale autoriteit van oordeel dat de rogatoire commissie voldoet aan de bepalingen van het verdrag, dan zendt deze de rogatoire commissie toe aan de rechtbank binnen wier gebied de uitvoering moet geschieden. Deze rechtbank is aan deze toezending gebonden. In geval van een getuigenverhoor of deskundigenonderzoek wordt de rogatoire commissie uitgevoerd door de rechtbank binnen wier gebied de getuigen of deskundigen, of het grootste aantal van hen woonachtig zijn of verblijven. Indien de uitvoering van de rogatoire commissie in verschillende rechtsgebieden dient plaats te vinden, is elk van de rechtbanken van deze rechtsgebieden bevoegd de commissie in haar geheel uit te voeren.

3. De rogatoire commissie kan worden verwezen naar de kantonrechter. De kantonrechter is aan deze verwijzing gebonden.

4. Bij algemene maatregel van bestuur kunnen met betrekking tot het tweede lid nadere regels worden gesteld.

Art. 6

Bewijs in buitenland, bezwaren tegen rogatoire commissies

1. Is de centrale autoriteit van oordeel dat de rogatoire commissie niet voldoet aan de bepalingen van het verdrag, dan stelt de centrale autoriteit de autoriteit van de verzoekende Staat die de

---

1 Inwerkingtredingsdatum: 07-06-1981; zoals laatstelijk gewijzigd bij: Stb. 2016, 290.

rogatoire commissie heeft overgemaakt onverwijld daarvan in kennis en doet daarbij nauwkeurige opgave van de bezwaren welke tegen het verzoek zijn gerezen.

2. De in het voorgaande lid bedoelde mededeling moet worden gesteld of vertaald in de taal waarin het verzoek is gesteld of vertaald, indien dit is het Duits, Engels, Frans of Nederlands. In andere gevallen moet de mededeling in het Engels worden gesteld.

3. Een rogatoire commissie die betrekking heeft op een procedure welke in de Staten waar de "common law" geldt bekend is als "pre-trial discovery of documents", wordt behandeld overeenkomstig de bepalingen van de voorgaande leden.

Art. 7

Oordeelt de centrale autoriteit dat artikel 12, eerste lid, onder b, van het verdrag van toepassing is, dan zendt deze de stukken onder opgaaf van redenen aan Onze Minister van Justitie, die zo nodig na overleg met Onze Minister van Buitenlandse Zaken, beslist.

Bewijs in buitenland, toezending stukken aan minister van Justitie

Art. 8-9

[Vervallen]

Art. 10

De rechter die met de uitvoering van de rogatoire commissie is belast kan, indien hij zulks voor een goede uitvoering nodig oordeelt, de stukken door een beëdigd vertaler in het Nederlands doen vertalen. Hij kan daartoe de tussenkomst van de centrale autoriteit verzoeken. De kosten van de vertaling zijn kosten als bedoeld in artikel 13.

Bewijs in buitenland, vertaling

Art. 11

1. Op het verhoor van personen ter zake van rogatoire commissies vinden zoveel mogelijk de bepalingen van de Nederlandse wet toepassing, als gold het een geding voor een Nederlandse rechter.

Bewijs in buitenland, verhoor

2. De rechter kan bepalen welke der partijen zorg draagt voor de oproeping uit hoofde van de uitvoering van een rogatoire commissie. Oproepingen die niet door een der partijen worden verricht geschieden door de griffier van de rechtbank. De artikelen 171, 172, 173 en 178 van het Wetboek van Burgerlijke Rechtsvordering zijn op het verhoor van getuigen van overeenkomstige toepassing.

3. De rechter geeft toepassing aan een verschoningsrecht of een verbod tot het afleggen van een verklaring overeenkomstig artikel 11, eerste lid, van het verdrag en oordeelt zelfstandig over de erkenning van een verschoningsrecht of een verbod als bedoeld in artikel 11, tweede lid, van het verdrag.

Art. 12

Van de uitvoering van de rogatoire commissie wordt proces-verbaal opgemaakt.

Bewijs in buitenland, proces-verbaal rogatoire commissie

Art. 13

Alle kosten van de uitvoering van rogatoire commissies komen ten laste van de Staat, behoudens de kosten bedoeld in artikel 14, tweede lid, van het verdrag en de kosten welke met toepassing van artikel 26, tweede lid, van het verdrag worden verhaald.

Bewijs in buitenland, kosten uitvoering rogatoire commissies

Art. 14

De rechter die de rogatoire commissie heeft uitgevoerd zendt het proces-verbaal daarvan, zonodig vergezeld van een opgave van de kosten welke niet ten laste van de Staat komen, aan de centrale autoriteit.

Bewijs in buitenland, proces-verbaal naar centrale autoriteit

Art. 15

1. De centrale autoriteit zendt het proces-verbaal van uitvoering van de rogatoire commissie onverwijld en zonder dat een vertaling wordt bijgevoegd aan de verzoekende autoriteit van de Staat waaruit de commissie is ontvangen, langs dezelfde weg die deze heeft gebruikt.

Bewijs in buitenland, proces-verbaal naar verzoekende autoriteit

2. Is de rogatoire commissie niet of slechts ten dele uitgevoerd, dan doet de centrale autoriteit de verzoekende autoriteit daarvan mededeling onder opgave van de redenen. Artikel 6, tweede lid, is van toepassing.

3. Zijn met de uitvoering van de rogatoire commissie kosten gemoeid geweest welke niet ten laste van de Staat komen, dan doet de centrale autoriteit daarvan opgave aan de verzoekende autoriteit, met verzoek die kosten te vergoeden.

Art. 15a

Een afwijzende beslissing op grond van artikel 5, artikel 9, tweede lid, en artikel 12, eerste lid, onder a, van het verdrag wordt beschouwd als een beschikking waartegen voor partijen in de hoofdprocedure hoger beroep openstaat overeenkomstig de vierde afdeling van titel 7 van het Eerste Boek van het Wetboek van Burgerlijke Rechtsvordering, met dien verstande dat het hoger beroep de werking niet schorst, tenzij de rechter anders heeft bepaald, en dient te worden ingesteld binnen een termijn van vier weken te rekenen vanaf de dag van de beslissing.

Bewijs in buitenland, hoger beroep tegen afwijzing

Hoofdstuk III

Rogatoire commissies door de Nederlandse rechter opgedragen

Art. 16

Bewijs in buitenland, rogatoire commissies op last van rechter

1. Indien door de Nederlandse rechter overeenkomstig de voorschriften van het verdrag een rogatoire commissie wordt opgedragen aan de bevoegde autoriteit van een der Staten waar het verdrag van kracht is, zendt de griffier de stukken aan de in artikel 2 van het verdrag bedoelde centrale autoriteit van die Staat, hetzij aan een andere autoriteit die overeenkomstig artikel 24 van het verdrag tevens is aangewezen tot het in ontvangst nemen van rogatoire commissies.

2. De stukken gaan vergezeld van een door een beëdigd vertaler vervaardigde vertaling in de taal van de aangezochte autoriteit dan wel, indien artikel 4, tweede of vierde lid, van het verdrag voor de betreffende Staat van toepassing is, in het Frans, het Engels of een andere taal waarin een rogatoire commissie aan de centrale autoriteit van die Staat kan worden gericht. De rechter kan bepalen welke der partijen zorg draagt voor en de kosten betaalt van deze vertaling.

Art. 17

Bewijs in buitenland, gegevens rogatoire commissie

1. De rogatoire commissie moet de volgende gegevens bevatten:

a) de naam van de verzoekende autoriteit en, indien mogelijk, die van de aangezochte autoriteit;

b) de namen en adressen van de partijen en, zonodig, van hun vertegenwoordigers;

c) de aard en het onderwerp van het geding alsmede een beknopte uiteenzetting van de feiten;

d) de onderzoekshandeling of andere gerechtelijke handeling die moet worden verricht.

2. Voor zover nodig vermeldt de rogatoire commissie bovendien:

a) de namen en adressen van de te horen personen;

b) de vragen welke aan de te horen personen moeten worden gesteld, dan wel de feiten waarover zij moeten worden gehoord;

c) de stukken of andere voorwerpen welke moeten worden onderzocht;

d) of de verklaring onder ede of onder belofte moet worden afgenomen en eventueel de formule welke daarbij moet worden gebruikt;

e) de bijzondere vorm waarvan de toepassing wordt verlangd overeenkomstig artikel 9 van het verdrag.

3. De rogatoire commissie vermeldt tevens zonodig de inlichtingen welke nodig zijn voor de toepassing van artikel 11 van het verdrag.

Art. 18

Bewijs in buitenland, kosten rogatoire commissies

1. Omtrent de vergoedingen en kosten waarvan door de betrokken aangezochte Staat terugbetaling wordt verzocht, wordt door de rechter overeenkomstig de artikelen 237 en 289 van het Wetboek van Burgerlijke Rechtsvordering uitspraak gedaan, voorzover deze artikelen daarvoor een vergoeding plegen in te sluiten.

2. De griffier betaalt de in het voorgaande lid bedoelde kosten en vergoedingen aan de centrale autoriteit van die aangezochte Staat en brengt deze, voorzover zij in een veroordeling in de proceskosten plegen te worden begrepen, in rekening bij de eiser of verzoeker, tenzij de rechter daartoe in verband met de omstandigheden van het geding de verweerder, de eiser en verweerder gezamenlijk, een of meer andere belanghebbenden of dezen met de verzoeker gezamenlijk heeft aangewezen. Met betrekking tot de terugbetaling van de vergoeding voor deskundigen zijn de derde tot en met vijfde volzin van artikel 195 van het Wetboek van Burgerlijke Rechtsvordering van overeenkomstige toepassing. In de in deze zinnen bedoelde gevallen zijn de artikelen 199, derde lid, en 244, eerste lid, van het Wetboek van Burgerlijke Rechtsvordering van overeenkomstige toepassing.

Art. 19

Bewijs in buitenland, vaststelling volgende proceshandeling

[Dit artikel is gewijzigd in verband met de invoering van digitaal procederen. Zie voor de procedures en gerechten waarvoor digitaal procederen geldt het Overzicht gefaseerde inwerkingtreding op www.rijksoverheid.nl/KEI.]

De rechter stelt zo nodig de dag van de volgende proceshandeling vast.

Bewijs in buitenland, vaststelling zaak weer ter rolle

[Voor overige gevallen luidt het artikel als volgt:]

Artikel 19

De rechter stelt zonodig de dag vast, waarop de zaak weder ter rolle zal worden opgeroepen.

Art. 20

Bewijs in buitenland, rechtskracht proces-verbaal rogatoire commissie

1. De processen-verbaal van de uitvoering der rogatoire commissies hebben gelijke kracht als die van de Nederlandse rechter.

2. Andere stukken betreffende de uitvoering van een handeling tot het verkrijgen van bewijs of een andere gerechtelijke handeling hebben een gelijke kracht als Nederlandse stukken met betrekking tot eenzelfde handeling.

Hoofdstuk IV

Uitvoering van de artikelen 8 en 17 van het verdrag

Art. 21

1. De autoriteit, bedoeld in artikel 8, tweede zin, van het verdrag, die toestemming moet verlenen aan een rechterlijke ambtenaar van de verzoekende autoriteit tot het bijwonen van de uitvoering van een rogatoire commissie is: de rechter die met de uitvoering van de rogatoire commissie is belast.

2. De in het eerste lid bedoelde rechter kan aan zijn toestemming voorwaarden verbinden die hij uit het oogpunt van een goede procesorde nuttig of noodzakelijk acht.

3. Bij algemene maatregel van bestuur kunnen nadere regels worden gesteld met betrekking tot de in het tweede lid bedoelde voorwaarden.

Art. 22

1. De autoriteit, bedoeld in artikel 17, eerste lid, onder a) van het verdrag, die verlof moet verlenen tot de uitvoering van onderzoekshandelingen door een daartoe benoemde commissaris is: de voorzieningenrechter van de rechtbank van het arrondissement waar de onderzoekshandeling moet worden verricht. In geval van een getuigenverhoor of deskundigenverhoor is dit het arrondissement waar de getuigen of deskundigen, of het grootste aantal van hen, woonachtig zijn of verblijven.

2. De voorzieningenrechter kan aan het verlof voorwaarden verbinden die hij uit het oogpunt van een goede procesorde nuttig of noodzakelijk acht. Hij kan bepalen dat het onderzoek of verhoor geschiedt in het gerechtsgebouw onder toezicht van een door hem aan te wijzen rechter.

3. Bij algemene maatregel van bestuur kunnen nadere regels worden gesteld met betrekking tot de in het tweede lid bedoelde voorwaarden.

4. Het in het eerste lid bedoelde verlof wordt, onverminderd het bepaalde in het voorgaande lid, slechts verleend wanneer voldaan is aan de volgende voorwaarden:

a). De betrokken getuige of deskundige moet behoorlijk zijn opgeroepen bij een oproeping die is gesteld in het Nederlands of vergezeld gaat van een vertaling in het Nederlands. De oproeping moet bovendien vermelden:

- de gegevens en een korte omschrijving van de procedure waarin het onderzoek of het verhoor is verzocht alsmede de rechter van wie het verzoek afkomstig is;

- dat de verschijning vrijwillig geschiedt en dat een weigering om te verschijnen, de eed of de belofte af te leggen of een verklaring af te leggen, niet kan leiden tot enigerlei maatregel of straf van welke aard ook tegen de betrokkene, noch in Nederland, noch in de Staat waar de procedure aanhangig is;

- dat de betrokkene zich kan doen bijstaan door een raadsman;

- dat de betrokkene zich overeenkomstig artikel 11 van het verdrag kan beroepen op een recht van verschoning of een verbod tot het afleggen van een verklaring;

- dat de kosten van verschijning door de met het onderzoek belaste commissaris worden vergoed.

b). Een afschrift van de onder a) bedoelde oproeping moet worden toegezonden aan de voorzieningenrechter.

c). Het verzoek moet de reden aangeven, waarom de onderzoekshandeling aan de commissaris is opgedragen, alsmede de hoedanigheid van de commissaris, tenzij een in Nederland bevoegde advocaat als zodanig is aangewezen.

d). De kosten van de uitvoering van de onderzoekshandeling, met name de kosten van de getuigen, deskundigen of tolken, moeten worden vergoed.

Slotbepaling

Art. 23

Deze wet treedt in werking op een door Ons te bepalen tijdstip.

Bewijs in buitenland, toestemming door rechter

Bewijs in buitenland, verlof uitvoeren onderzoek

Inwerkingtreding

Verdrag inzake de betekening en de kennisgeving in het buitenland van gerechtelijke en buitengerechtelijke stukken in burgerlijke en in handelszaken^1

De Staten die dit Verdrag hebben ondertekend,
Verlangend maatregelen te nemen die er toe kunnen leiden dat gerechtelijke en buitengerechtelijke stukken waarvan in het buitenland betekening of kennisgeving moet worden gedaan, tijdig ter kennis komen van degenen voor wie zij bestemd zijn,
Ernaar strevend tot dat doel de onderlinge rechtshulp te verbeteren door de daarbij te volgen procedure te vereenvoudigen en te versnellen;
Hebben besloten te dien einde een Verdrag te sluiten en zijn overeengekomen als volgt:

Art. 1

Dit Verdrag is van toepassing in alle gevallen waarin in burgerlijke zaken of in handelszaken een gerechtelijk of buitengerechtelijk stuk ter betekening of kennisgeving naar het buitenland moet worden gezonden.
Het Verdrag is niet van toepassing, indien het adres van degene voor wie het stuk is bestemd, onbekend is.

HOOFDSTUK I GERECHTELIJKE STUKKEN

Art. 2

Centrale autoriteit Iedere Verdragsluitende Staat wijst een centrale autoriteit aan, die tot taak heeft de uit een andere Verdragsluitende Staat afkomstige aanvragen om betekening of kennisgeving overeenkomstig de artikelen 3-6 in ontvangst te nemen en af te doen.
De aangezochte Staat wijst de centrale autoriteit aan en regelt tevens haar werkwijze.

Art. 3

Aanvraag De daartoe volgens wet van de Staat van herkomst van het stuk bevoegde autoriteit of deurwaarder richt tot de centrale autoriteit van de aangezochte Staat een aanvrage, die moet overeenstemmen met het als bijlage aan dit Verdrag toegevoegde modelformulier. Ten aanzien van de aanvrage is geen legalisatie van stukken of een daarmede gelijk te stellen formaliteit vereist. De aanvrage moet vergezeld gaan van twee exemplaren van het gerechtelijke stuk of van twee afschriften daarvan.

Art. 4

Vormvereisten Indien de centrale autoriteit oordeelt dat de bepalingen van het Verdrag niet in acht zijn genomen, stelt zij de aanvrager hiervan onverwijld in kennis, met nauwkeurige vermelding van de tegen de aanvrage gerezen bezwaren.

Art. 5

Betekening en/of kennisgeving De centrale autoriteit van de aangezochte Staat belast zich met de betekening of de kennisgeving van het stuk of het doen betekenen of kennisgeven daarvan,
a) hetzij met inachtneming van de vormen, in de wetgeving van de aangezochte Staat voorgeschreven voor de betekening of de kennisgeving van stukken die in dat land zijn opgemaakt en bestemd zijn voor zich aldaar bevindende personen,
b) hetzij met inachtneming van een bijzondere, door de aanvrager verzochte vorm, mits deze niet in strijd is met de wet van de aangezochte Staat.
Behoudens in het geval bedoeld in het eerste lid onder b, kan het stuk altijd worden afgegeven aan degene voor wie het bestemd is, zo deze het vrijwillig aanneemt.
Indien van het stuk betekening of kennisgeving moet worden gedaan overeenkomstig het bepaalde in het eerste lid, kan de centrale autoriteit verlangen dat het stuk wordt opgesteld of vertaald in de officiële taal of in een van de officiële talen van haar land.
Het gedeelte van de aanvrage bestaande uit het als bijlage aan dit Verdrag toegevoegde modelformulier, dat aard en onderwerp van het te betekenen stuk weergeeft, wordt afgegeven aan degene voor wie het stuk bestemd is.

---

1 Inwerkingtredingsdatum: 02-01-1976.

Art. 6

De centrale autoriteit van de aangezochte Staat, of de daarvoor door de Staat aangewezen autoriteit, maakt een verklaring op die moet overeenstemmen met het modelformulier voor zodanige verklaringen, dat als bijlage aan dit Verdrag is toegevoegd.

De verklaring behelst dat aan de aanvrage uitvoering is gegeven en vermeldt tevens de vorm waarin, de plaats waar en het tijdstip waarop dit is geschied, alsmede de persoon aan wie het stuk is afgegeven. In voorkomend geval worden in de verklaring de omstandigheden vermeld die de uitvoering van de aanvrage hebben belet.

Indien de verklaring niet is opgemaakt door de centrale autoriteit of een rechterlijke autoriteit, kan de aanvrager verlangen dat zij door een van deze autoriteiten voor gezien wordt getekend.

De verklaring wordt rechtstreeks toegezonden aan de aanvrager.

Art. 7

Het te drukken gedeelte van het modelformulier, dat als bijlage aan dit Verdrag is toegevoegd, moet steeds in de Franse of in de Engelse taal zijn gesteld, doch kan daarboven worden gesteld in de officiële taal of in een van de officiële talen van de Staat van herkomst der stukken.

Hetgeen in de aansluitende witte vakken moet worden ingevuld dient hetzij in de taal van de aangezochte Staat, hetzij in de Franse taal, hetzij in de Engelse taal te worden gesteld.

Art. 8

Iedere Verdragsluitende Staat is bevoegd betekeningen of kennisgevingen van gerechtelijke stukken aan zich in het buitenland bevindende personen rechtstreeks, zonder rechtsdwang, door de zorg van zijn diplomatieke of consulaire ambtenaren te doen verrichten.

Een Staat kan verklaren dat hij zich tegen de uitoefening van deze bevoegdheid op zijn grondgebied verzet, tenzij van het stuk betekening of kennisgeving moet worden gedaan aan een onderdaan van de Staat van herkomst van dat stuk.

Art. 9

Iedere Verdragsluitende Staat is bovendien bevoegd gerechtelijke stukken langs de consulaire weg ter betekening of kennisgeving toe te zenden aan de autoriteiten van een andere Verdragsluitende Staat die daarvoor door deze Staat zijn aangewezen.

Indien buitengewone omstandigheden dit noodzakelijk maken, is iedere Verdragsluitende Staat bevoegd deze toezending langs de diplomatieke weg te doen geschieden.

Art. 10

Dit Verdrag laat, tenzij de Staat van bestemming verklaart zich daartegen te verzetten, onverlet:

a) de bevoegdheid gerechtelijke stukken rechtstreeks over de post toe te zenden aan zich in het buitenland bevindende personen,

b) de bevoegdheid van de deurwaarders, ambtenaren of andere bevoegde personen van de Staat van herkomst gerechtelijke stukken rechtstreeks door de deurwaarders, ambtenaren of andere bevoegde personen van de Staat van bestemming, betekening of kennisgeving te doen verrichten,

c) de bevoegdheid van iedere belanghebbende bij een rechtsgeding betekeningen of kennisgevingen van gerechtelijke stukken rechtstreeks te doen verrichten door de deurwaarders, ambtenaren of andere bevoegde personen in de Staat van bestemming.

Art. 11

Dit Verdrag belet niet dat twee of meer Verdragsluitende Staten over en weer toelaten dat ter betekening of kennisgeving van gerechtelijke stukken andere wegen worden gevolgd dan die, welke in de voorafgaande artikelen zijn geregeld, met name zich verstaan over rechtstreeks verkeer tussen hun wederzijdse autoriteiten.

Art. 12

De betekeningen of kennisgevingen van uit een Verdragsluitende Staat afkomstige gerechtelijke stukken geven geen aanleiding tot betaling of terugbetaling van heffingen of kosten voor de diensten welke door de aangezochte Staat zijn verleend.

De aanvrager is gehouden de kosten te betalen of terug te betalen, veroorzaakt door:

a) het optreden van een deurwaarder of van een volgens de wet van de Staat van bestemming bevoegde persoon,

b) de inachtneming van een bijzondere vorm van betekening of kennisgeving.

Art. 13

De uitvoering van een aanvrage om betekening of kennisgeving overeenkomstig de bepalingen van dit Verdrag kan alleen worden geweigerd indien de aangezochte Staat oordeelt dat hierdoor inbreuk zou worden gemaakt op zijn soevereiniteit of veiligheid.

De uitvoering kan niet worden geweigerd op de enkele grond dat de wet van de aangezochte Staat ten aanzien van de zaak waarop de aanvrage betrekking heeft, uitsluitende rechtsmacht voor die Staat opeist, dan wel een rechtsvordering als waarop de aanvrage betrekking heeft, niet toekent.

Van de weigering een aanvrage uit te voeren stelt de centrale autoriteit de aanvrager, met vermelding van de redenen, onverwijld in kennis.

Art. 14

Moeilijkheden die naar aanleiding van de toezending, ter betekening of kennisgeving, van gerechtelijke stukken mochten ontstaan, worden langs de diplomatieke weg geregeld.

Art. 15

Verweerder verschijnt niet

Wanneer een stuk dat het geding inleidt of een daarmede gelijk te stellen stuk ter betekening of kennisgeving overeenkomstig de bepalingen van dit Verdrag, naar het buitenland moest worden gezonden en de verweerder niet is verschenen, houdt de rechter de beslissing aan totdat is gebleken dat:

a) hetzij van het stuk betekening of kennisgeving is gedaan met inachtneming van de vormen in de wetgeving van de aangezochte Staat voorgeschreven voor de betekening of de kennisgeving van stukken die in dat land zijn opgemaakt en bestemd zijn voor zich op het grondgebied van dat land bevindende personen,

b) hetzij het stuk aan de verweerder in persoon of aan zijn woonplaats is afgegeven op een andere in dit Verdrag geregelde wijze, en dat de betekening of de kennisgeving, onderscheidenlijk de afgifte zo tijdig is geschied dat de verweerder gelegenheid heeft gehad verweer te voeren.

Iedere Verdragsluitende Staat is bevoegd te verklaren dat zijn rechters in afwijking van het bepaalde in het eerste lid een beslissing kunnen geven, ook als geen bewijs, hetzij van betekening of kennisgeving, hetzij van afgifte is ontvangen, indien aan elk van de volgende voorwaarden is voldaan:

a) het stuk is toegezonden op een van de in dit Verdrag geregelde wijzen,

b) sedert het tijdstip van toezending van het stuk een termijn is verlopen die door de rechter voor elk afzonderlijk geval zal worden vastgesteld, doch die ten minste zes maanden zal bedragen,

c) in weerwil van alle daartoe bij de bevoegde autoriteiten aangewende pogingen geen bewijs kon worden verkregen.

Het bepaalde in dit artikel belet niet dat door de rechter in spoedeisende gevallen voorlopige of conservatoire maatregelen kunnen worden genomen.

Art. 16

Stuk arriveert niet tijdig; nieuwe termijn

Wanneer een stuk dat het geding inleidt of een daarmede gelijk te stellen stuk ter betekening of kennisgeving overeenkomstig de bepalingen van dit Verdrag naar het buitenland moest worden verzonden en de verweerder bij verstek werd veroordeeld, kan de rechter, indien de termijn waarbinnen een rechtsmiddel had moeten worden aangewend is verstreken, de gedaagde een nieuwe termijn toestaan binnen welke hij het rechtsmiddel alsnog kan aanwenden, mits is voldaan aan elk van de volgende voorwaarden:

a) de verweerder heeft niet de gelegenheid gehad zich te verweren of een rechtsmiddel aan te wenden, doordat het stuk onderscheidenlijk de beslissing hem, buiten zijn schuld, niet tijdig heeft bereikt,

b) de grieven van de verweerder zijn, naar het aanvankelijk oordeel van de rechter, niet van elke grond ontbloot.

Het verzoek om verlening van een nieuwe termijn voor de aanwending van het rechtsmiddel is slechts ontvankelijk, indien het is ingediend binnen een redelijke termijn na het tijdstip waarop de gedaagde van de beslissing kennis heeft gekregen.

Iedere Verdragsluitende Staat is bevoegd te verklaren dat het verzoek niet ontvankelijk is, indien het is ingediend na het verstrijken van de in die verklaring genoemde termijn, welke echter niet korter mag zijn dan een jaar, te rekenen van de dag waarop de beslissing is gegeven.

Het bepaalde in dit artikel is niet van toepassing op beslissingen betreffende de staat van personen.

HOOFDSTUK II BUITENGERECHTELIJKE STUKKEN

Art. 17

Buitengerechtelijke stukken

Buitengerechtelijke stukken, afkomstig van autoriteiten en deurwaarders van een Verdragsluitende Staat, kunnen ter betekening of kennisgeving in een andere Verdragsluitende Staat worden toegezonden op de wijzen en onder de voorwaarden als in dit Verdrag geregeld.

HOOFDSTUK III ALGEMENE BEPALINGEN

Art. 18

Autoriteiten naast de centrale autoriteit

Iedere Verdragsluitende Staat kan naast de centrale autoriteit andere autoriteiten aanwijzen, wier bevoegdheden door die Staat worden geregeld.

De aanvrager heeft echter steeds het recht zich rechtstreeks tot de centrale autoriteit te wenden.

Bondsstaten zijn bevoegd meer dan een centrale autoriteit aan te wijzen.

Art. 19

Dit Verdrag belet niet dat door de interne wet van een Verdragsluitende Staat voor de betekening of de kennisgeving in die Staat van uit het buitenland afkomstige stukken, andere wijzen van toezending worden toegelaten dan die, geregeld in de voorafgaande artikelen.

Afwijkende interne wetgeving

Art. 20

Dit Verdrag belet niet dat twee of meer Verdragsluitende Staten overeenkomen af te wijken van het bepaalde in:

a) artikel 3, tweede lid, betreffende de toezending van twee exemplaren van de stukken,
b) artikel 5, derde lid, en artikel 7, betreffende de te bezigen taal,
c) artikel 5, vierde lid,
d) artikel 12, tweede lid.

Art. 21

Iedere Verdragsluitende Staat geeft hetzij op het tijdstip van de nederlegging van zijn akte van bekrachtiging of toetreding, hetzij op een later tijdstip, het Ministerie van Buitenlandse Zaken van Nederland kennis van:

Kennisgeving

a) de aanwijzing van de autoriteiten, bedoeld in de artikelen 2 en 18,
b) de aanwijzing van de autoriteit bevoegd tot het opstellen van de in artikel 6 bedoelde verklaring,
c) de aanwijzing van de autoriteit bevoegd tot het in ontvangst nemen van stukken die overeenkomstig artikel 9 langs de consulaire weg zijn toegezonden.

In voorkomend geval geeft een Verdragsluitende Staat het Ministerie op een van de genoemde tijdstippen kennis van:

a) zijn bezwaren tegen de wijzen van toezending, bedoeld bij artikelen 8 en 10,
b) de verklaringen, bedoeld bij de artikelen 15, tweede lid, en 16, derde lid,
c) elke wijziging van de bovengenoemde aanwijzingen, bezwaren en verklaringen.

Art. 22

Dit Verdrag vervangt in de rechtsbetrekkingen tussen de Staten die het hebben bekrachtigd, de artikelen 1-7 van het op 17 juli 1905 te 's-Gravenhage ondertekende Verdrag betreffende de burgerlijke rechtsvordering, onderscheidenlijk het op 1 maart 1954 te 's-Gravenhage ondertekende Verdrag betreffende de burgerlijke rechtsvordering, al naar gelang bedoelde Staten partij zijn bij een dezer of bij beide Verdragen.

Vervangen artikelen

Art. 23

Dit Verdrag belet noch de toepassing van artikel 23 van het op 17 juli 1905 te 's-Gravenhage ondertekende Verdrag betreffende de burgerlijke rechtsvordering, noch die van artikel 24 van het op 1 maart 1954 te 's-Gravenhage ondertekende Verdrag betreffende de burgerlijke rechtsvordering.

Andere verdragen

Deze artikelen zijn echter slechts van toepassing, indien gebruik wordt gemaakt van eveneens in die Verdragen geregelde wijzen van toezending.

Art. 24

Door de Verdragsluitende Staten in aansluiting aan de genoemde Verdragen van 1905 en 1954 gesloten overeenkomsten worden geacht eveneens van toepassing te zijn op het onderhavige Verdrag, tenzij de betrokken Staten dienaangaande anders zijn overeengekomen.

Andere overeenkomsten

Art. 25

Onverminderd het bepaalde in de artikelen 22 en 24 laat het onderhavige Verdrag onverlet de Verdragen, waarbij de Verdragsluitende Staten partij zijn of zullen worden, en welke bepalingen bevatten over door het onderhavige Verdrag geregelde onderwerpen.

Art. 26

Dit Verdrag staat ter ondertekening open voor de Staten die waren vertegenwoordigd op de tiende zitting van de Haagse Conferentie voor internationaal privaatrecht.
Het dient te worden bekrachtigd en de akten van bekrachtiging zullen worden nedergelegd bij het Ministerie van Buitenlandse Zaken van Nederland.

Toetreding; deelnemers Haagse Conferentie

Art. 27

Dit Verdrag treedt in werking op de zestigste dag na de nederlegging van de derde akte van bekrachtiging bedoeld in artikel 26, tweede lid.
Voor iedere ondertekende Staat die het nadien bekrachtigt, treedt het in werking op de zestigste dag na de nederlegging van zijn akte van bekrachtiging.

Inwerkingtreding

Art. 28

Iedere Staat die niet vertegenwoordigd is geweest op de tiende zitting van de Haagse Conferentie voor internationaal privaatrecht, kan tot dit Verdrag toetreden nadat dit overeenkomstig artikel 27, eerste lid, in werking is getreden. De akte van toetreding zal worden nedergelegd bij het Ministerie van Buitenlandse Zaken van Nederland.

Toetreding; niet-deelnemers Haagse Conferentie

Het Verdrag treedt voor die Staat slechts in werking bij gebreke van verzet door een Staat die het Verdrag vóór deze nederlegging heeft bekrachtigd, van welk verzet moet worden kennis gegeven aan het Ministerie van Buitenlandse Zaken van Nederland binnen een termijn van zes maanden te rekenen van de datum waarop dit Ministerie laatstbedoelde Staat van de toetreding in kennis heeft gesteld;

Bij gebreke van verzet, treedt het Verdrag voor de toetredende Staat in werking op de eerste dag van de maand volgende op het verstrijken van de laatste van de termijnen bedoeld in het vorige lid.

Art. 29

Uitgebreide werkingssfeer

Iedere Staat kan bij de ondertekening, bekrachtiging of toetreding verklaren dat de werking van dit Verdrag tevens zal gelden voor alle gebieden voor welker internationale betrekkingen hij verantwoordelijk is, of voor een, dan wel meer, van zulke gebieden. Deze verklaring wordt van kracht op het tijdstip waarop het Verdrag voor bedoelde Staat in werking treedt. Daarna moet van elke uitbreiding van de werking van het Verdrag kennis worden gegeven aan het Ministerie van Buitenlandse Zaken van Nederland.

Voor de gebieden waarop de uitbreiding betrekking heeft, treedt het Verdrag in werking op de zestigste dag na de in het vorige lid vermelde kennisgeving.

Art. 30

Duur

Dit Verdrag blijft gedurende vijf jaren van kracht, te rekenen van de datum van inwerkingtreding overeenkomstig artikel 27, eerste lid, ook voor de Staten die het later hebben bekrachtigd of die later tot het Verdrag zijn toegetreden.

Verlenging

Dit Verdrag wordt, behoudens opzegging, stilzwijgend telkens voor vijf jaar verlengd.

Opzegging

De opzegging moet ten minste zes maanden voor het einde van de termijn ter kennis worden gebracht van het Ministerie van Buitenlandse Zaken van Nederland.

De opzegging kan zich beperken tot enkele der gebieden waarop het Verdrag van toepassing is.

De opzegging heeft slechts gevolg ten opzichte van de Staat die haar heeft gedaan. Het Verdrag blijft van kracht voor de andere Verdragsluitende Staten.

Art. 31

Beheer en kennisgeving

Het Ministerie van Buitenlandse Zaken van Nederland doet de Staten bedoeld in artikel 26, alsmede de Staten die zijn toegetreden overeenkomstig de bepalingen van artikel 28, mededeling van:

a) de ondertekeningen en bekrachtigingen bedoeld in artikel 26;

b) de datum waarop het Verdrag overeenkomstig de bepalingen van artikel 27, eerste lid, in werking treedt;

c) de toetredingen bedoeld in artikel 28, en de datum waarop deze van kracht worden;

d) de uitbreidingen bedoeld in artikel 29, en de datum waarop zij gevolg hebben;

e) de aanwijzingen, bezwaren en verklaringen genoemd in artikel 21;

f) de opzeggingen bedoeld in artikel 30, derde lid.

Haags betekeningsverdrag

B78 art. 31

BIJLAGE BIJ HET VERDRAG

Aanvraagformulier en formulier voor een verklaring

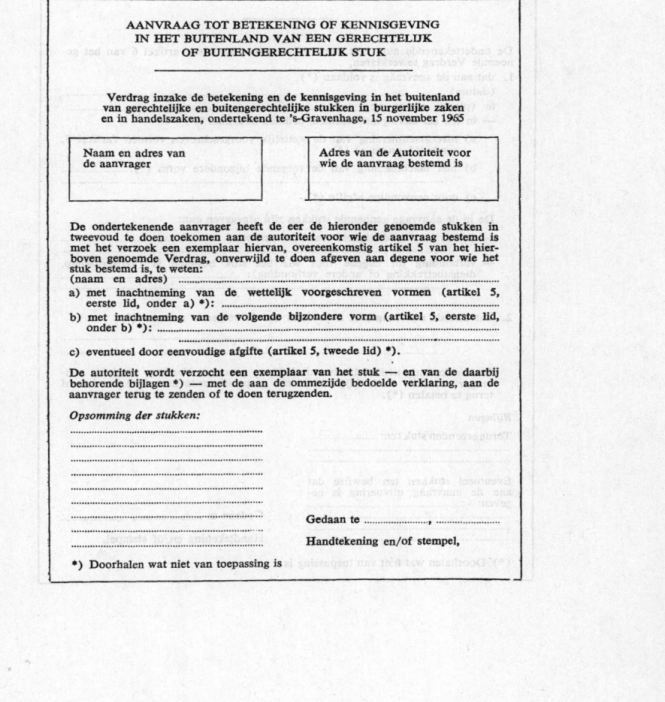

Sdu

(keerzijde van de aanvrage)

VERKLARING

De ondertekenende autoriteit heeft de eer overeenkomstig artikel 6 van het genoemde Verdrag te verklaren,

1. dat aan de aanvraag is voldaan (*)
   (datum) ....
   te (plaats, straat, nr.) ....
   — in een der navolgende vormen, bedoeld in artikel 5:
   a) met inachtneming van de wettelijk voorgeschreven vormen (artikel 5, eerste lid, onder a) (*)
   b) met inachtneming van de volgende bijzondere vorm (*):........................
   ....
   c) door eenvoudige afgifte (*).

   De in de aanvrage genoemde stukken zijn afgegeven aan:
   — (naam en hoedanigheid van de persoon) ....
   ....
   — verhouding tot degene voor wie het stuk bestemd is (verwantschap, dienstbetrekking of andere verhouding): ....
   ....

2. dat aan de aanvraag niet is voldaan om de volgende redenen (*):

   ....

Overeenkomstig artikel 12, tweede lid, van genoemd Verdrag, wordt de aanvrager verzocht de in bijgaande staat gespecificeerde kosten te betalen of terug te betalen (*).

Bijlagen
Teruggezonden stukken: ....
....

Eventueel stukken ten bewijze dat aan de aanvraag uitvoering is gegeven: ....
....   Gedaan te ...., ...
....   Handtekening en/of stempel,

(*) Doorhalen wat niet van toepassing is

AARD EN ONDERWERP VAN HET STUK

Verdrag inzake de betekening en de kennisgeving in het buitenland van gerechtelijke en buitengerechtelijke stukken in burgerlijke zaken en in handelszaken, ondertekend te 's-Gravenhage, de 15de november 1965 (artikel 5, vierde lid)

Naam en adres van de aanvragende autoriteit: ....
....

Namen en adressen van de partijen *): ....
....

GERECHTELIJK STUK **)

Aard en onderwerp van het stuk: ....
Aard en onderwerp van de eis, eventueel de grootte van het gevorderde bedrag: ....
Datum en plaats van de verschijning in rechte **): ....

Gerecht dat de beslissing heeft gegeven **): ....
Datum van de beslissing **): ....
Vermelding van de in het stuk genoemde termijnen **): ....

BUITENGERECHTELIJK STUK **)

Aard en onderwerp van het stuk: ....
....

Vermelding van de in het stuk genoemde termijnen **): ....

*) Eventueel naam en adres van de persoon die bij de overmaking van het stuk belang heeft
**) Doorhalen wat niet van toepassing is

Verdrag betreffende de rechterlijke bevoegdheid, de erkenning en de tenuitvoerlegging van beslissingen in burgerlijke en handelszaken, Lugano, 30 oktober 2007

Internationaal privaatrecht Inclusief internationaal procesrecht Rechtspraak
Verdrag betreffende de rechterlijke bevoegdheid, de erkenning en de tenuitvoerlegging van beslissingen in burgerlijke en handelszaken^1

PREAMBULE
DE HOGE VERDRAGSLUITENDE PARTIJEN,
VASTBESLOTEN op hun grondgebied de rechtsbescherming van degenen die er gevestigd zijn, te vergroten,
OVERWEGENDE dat het daartoe noodzakelijk is de bevoegdheid van de gerechten in internationaal verband vast te stellen, de erkenning van beslissingen te vergemakkelijken en, ter verzekering van de tenuitvoerlegging hiervan alsmede van de tenuitvoerlegging van authentieke akten en gerechtelijke schikkingen, een vlotte rechtsgang in te voeren,
ZICH BEWUST van hun onderlinge banden, die op economisch gebied zijn bekrachtigd door de vrijhandelsovereenkomsten tussen de Europese Gemeenschap en een aantal lidstaten van de Europese Vrijhandelsassociatie,
REKENING HOUDEND MET:
– het Verdrag van Brussel van 27 september 1968 betreffende de rechterlijke bevoegdheid en de tenuitvoerlegging van beslissingen in burgerlijke en handelszaken, zoals dit is gewijzigd bij de toetredingsverdragen naar aanleiding van de opeenvolgende uitbreidingen van de Europese Unie,
– het Verdrag van Lugano van 16 september 1988 betreffende de rechterlijke bevoegdheid en de tenuitvoerlegging van beslissingen in burgerlijke en handelszaken, waarbij de toepassing van de regels van het Verdrag van Brussel van 1968 wordt uitgebreid tot een aantal lidstaten van de Europese Vrijhandelsassociatie,
– Verordening (EG) nr. 44/2001 van de Raad van 22 december 2000 betreffende de rechterlijke bevoegdheid, de erkenning en de tenuitvoerlegging van beslissingen in burgerlijke en handelszaken, die in de plaats is gekomen van het bovengenoemde Verdrag van Brussel,
– de Overeenkomst tussen de Europese Gemeenschap en het Koninkrijk Denemarken betreffende de rechterlijke bevoegdheid, de erkenning en de tenuitvoerlegging van beslissingen in burgerlijke en handelszaken, die is ondertekend te Brussel op 19 oktober 2005,
ERVAN OVERTUIGD dat de uitbreiding van de beginselen van Verordening (EG) nr. 44/2001 tot de verdragsluitende partijen bij dit instrument, de juridische en economische samenwerking zal versterken,
VERLANGENDE een zo groot mogelijke eenheid in de uitlegging van dit instrument te bewerkstelligen,
HEBBEN in die geest BESLOTEN dit verdrag te sluiten en
HEBBEN OVEREENSTEMMING BEREIKT OMTRENT DE VOLGENDE BEPALINGEN:

Titel I Toepassingsgebied

Art. 1

Werkingssfeer **1.** Dit verdrag wordt toegepast in burgerlijke en handelszaken, ongeacht de aard van het gerecht waarvoor deze zaken zich afspelen. Het heeft met name geen betrekking op fiscale zaken, douanezaken of administratiefrechtelijke zaken.
2. Het verdrag is niet van toepassing op:
a) de staat en de bevoegdheid van natuurlijke personen, het huwelijksgoederenrecht, testamenten en erfenissen;
b) het faillissement, akkoorden en andere soortgelijke procedures;
c) de sociale zekerheid;

---

1 Inwerkingtredingsdatum: 01-01-2011.

d) de arbitrage.

3. In dit verdrag wordt onder "door dit verdrag gebonden staat" verstaan, elke staat die verdragsluitende partij is bij dit verdrag of een lidstaat van de Europese Gemeenschap. Hieronder kan ook worden verstaan de Europese Gemeenschap.

Titel II Bevoegdheid

Afdeling 1 *Algemene bepalingen*

Art. 2

1. Onverminderd dit verdrag worden degenen die woonplaats hebben op het grondgebied van een door dit verdrag gebonden staat, ongeacht hun nationaliteit, opgeroepen voor de gerechten van die staat.

Burgerlijke en handelszaken, woonplaats binnen verdragsstaat

2. Voor degenen die niet de nationaliteit bezitten van de door dit verdrag gebonden staat waar zij woonplaats hebben, gelden de regels van rechterlijke bevoegdheid die op de eigen onderdanen van die staat van toepassing zijn.

Art. 3

1. Degenen die op het grondgebied van een door dit verdrag gebonden staat woonplaats hebben, kunnen slechts voor het gerecht van een andere door dit verdrag gebonden staat worden opgeroepen krachtens de in de afdelingen 2 tot en met 7 van deze titel gegeven regels.

Werkingssfeer

2. Tegen hen kan in het bijzonder geen beroep worden gedaan op de in bijlage I opgenomen nationale bevoegdheidsregels.

Art. 4

1. Indien de verweerder geen woonplaats heeft op het grondgebied van een door dit verdrag gebonden staat, wordt de rechterlijke bevoegdheid in elke door dit verdrag gebonden staat geregeld door de wetgeving van die staat, onverminderd de artikelen 22 en 23.

Burgerlijke en handelszaken, woonplaats in niet-verdragsstaat

2. Tegen deze verweerder kan ieder, ongeacht zijn nationaliteit, die op het grondgebied van een door dit verdrag gebonden staat woonplaats heeft, aldaar op dezelfde voet als de eigen onderdanen van die staat een beroep doen op de bevoegdheidsregels die daar van kracht zijn, met name de regels van bijlage I.

Afdeling 2 *Bijzondere bevoegdheid*

Art. 5

Een persoon die woonplaats heeft op het grondgebied van een door dit verdrag gebonden staat, kan in een andere door dit verdrag gebonden staat voor de volgende gerechten worden opgeroepen:

Burgerlijke en handelszaken, oproeping personen

1.

a) ten aanzien van verbintenissen uit overeenkomst: voor het gerecht van de plaats waar de verbintenis die aan de eis ten grondslag ligt, is uitgevoerd of moet worden uitgevoerd;

b) voor de toepassing van deze bepaling en tenzij anders is overeengekomen, is de plaats van uitvoering van de verbintenis die aan de eis ten grondslag ligt:

– voor de koop en verkoop van roerende lichamelijke zaken, de plaats in een door dit verdrag gebonden staat waar de zaken volgens de overeenkomst werden geleverd of hadden moeten worden geleverd;

– voor de verstrekking van diensten, de plaats in een door dit verdrag gebonden staat waar de diensten volgens de overeenkomst werden verstrekt of hadden moeten worden verstrekt;

c) punt a) is van toepassing indien punt b) niet van toepassing is;

2. ten aanzien van onderhoudsverplichtingen:

a) voor het gerecht van de plaats waar de tot onderhoud gerechtigde zijn woonplaats of gewone verblijfplaats heeft, of

b) indien het een bijkomende eis is die verbonden is met een vordering betreffende de staat van personen, voor het gerecht dat volgens zijn eigen recht bevoegd is daarvan kennis te nemen, behalve in het geval dat deze bevoegdheid uitsluitend berust op de nationaliteit van een der partijen, of

c) indien het een bijkomende eis is die verbonden is met een vordering betreffende de ouderlijke verantwoordelijkheid, voor het gerecht dat volgens zijn eigen recht bevoegd is daarvan kennis te nemen, behalve in het geval dat deze bevoegdheid uitsluitend berust op de nationaliteit van een der partijen;

3. ten aanzien van verbintenissen uit onrechtmatige daad: voor het gerecht van de plaats waar het schadebrengende feit zich heeft voorgedaan of zich kan voordoen;

4. ten aanzien van een op een strafbaar feit gegronde rechtsvordering tot schadevergoeding of tot teruggave: voor het gerecht waarbij de strafvervolging is ingesteld, voor zover dit gerecht volgens zijn eigen recht van de burgerlijke vordering kennis kan nemen;

5. ten aanzien van een geschil betreffende de exploitatie van een filiaal, van een agentschap of enige andere vestiging: voor het gerecht van de plaats waar zij zijn gelegen;

6. als oprichter, trustee of begunstigde van een trust die in het leven is geroepen op grond van de wet of bij geschrifte dan wel bij een schriftelijk bevestigde mondelinge overeenkomst: voor het gerecht van de door dit verdrag gebonden staat op het grondgebied waarvan de trust woonplaats heeft;

7. ten aanzien van een geschil betreffende de betaling van de beloning wegens de hulp en berging die aan een lading of vracht ten goede is gekomen: voor het gerecht in het rechtsgebied waarvan op deze lading of de daarop betrekking hebbende vracht:

a) beslag is gelegd tot zekerheid van deze betaling, of

b) daartoe beslag had kunnen worden gelegd, maar borgtocht of andere zekerheid is gesteld, deze bepaling is slechts van toepassing indien wordt beweerd dat de verweerder een recht heeft op de lading of de vracht, of dat hij daarop een zodanig recht had op het tijdstip van deze hulp of berging.

Art. 6

Deze persoon kan ook worden opgeroepen:

Burgerlijke en handelszaken, meerdere verweerders vrijwaring/voeging/tussenkomst

1. indien er meer dan één verweerder is: voor het gerecht van de woonplaats van een hunner, op voorwaarde dat er tussen de vorderingen een zo nauwe band bestaat dat een goede rechtsbedeling vraagt om hun gelijktijdige behandeling en berechting, teneinde te vermijden dat bij afzonderlijke berechting van de zaken onverenigbare beslissingen worden gegeven;

2. bij een vordering tot vrijwaring of bij een vordering tot voeging of tussenkomst: voor het gerecht waarvoor de oorspronkelijke vordering aanhangig is, tenzij de vordering slechts is ingesteld om de opgeroepene af te trekken van het gerecht dat dit verdrag hem toekent;

Burgerlijke en handelszaken, eis in reconventie

3. ten aanzien van een tegenvordering die voortspruit uit de overeenkomst of uit het rechtsfeit waarop de oorspronkelijke vordering gegrond is: voor het gerecht waar deze laatste aanhangig is;

4. ten aanzien van een verbintenis uit overeenkomst, indien de vordering vergezeld kan gaan van een zakelijke vordering betreffende een onroerend goed tegen dezelfde verweerder: voor het gerecht van de door dit verdrag gebonden staat op het grondgebied waarvan het onroerend goed gelegen is.

Art. 7

Wanneer een gerecht van een door dit verdrag gebonden staat uit hoofde van dit verdrag bevoegd is kennis te nemen van vorderingen ter zake van aansprakelijkheid voortvloeiend uit het gebruik of de exploitatie van een schip, neemt dit gerecht, of elk ander gerecht dat volgens het interne recht van die staat in zijn plaats treedt, tevens kennis van de vorderingen tot beperking van deze aansprakelijkheid.

Afdeling 3
Bevoegdheid in verzekeringszaken

Art. 8

Burgerlijke en handelszaken, bevoegdheid in verzekeringszaken

De bevoegdheid in verzekeringszaken is in deze afdeling geregeld, onverminderd artikel 4 en artikel 5, punt 5.

Art. 9

Verzekeringszaken, oproeping verzekeraar

1. Een verzekeraar met woonplaats op het grondgebied van een door dit verdrag gebonden staat kan worden opgeroepen:

a voor de gerechten van de staat waar hij zijn woonplaats heeft, of

b. in een andere door dit verdrag gebonden staat, indien het een vordering van de verzekeringnemer, de verzekerde of een begunstigde betreft, voor het gerecht van de woonplaats van de eiser, of

c. indien het een medeverzekeraar betreft, voor het gerecht van een door dit verdrag gebonden staat waar de vordering tegen de eerste verzekeraar is ingesteld.

2. Wanneer de verzekeraar geen woonplaats heeft op het grondgebied van een door dit verdrag gebonden staat maar in een door dit verdrag gebonden staat een filiaal, een agentschap of enige andere vestiging heeft, wordt hij voor de geschillen betreffende de exploitatie daarvan geacht woonplaats te hebben op het grondgebied van die staat.

Art. 10

Verzekeringszaken, plaats van schadebrengend feit

De verzekeraar kan bovendien worden opgeroepen voor het gerecht van de plaats waar het schadebrengende feit zich heeft voorgedaan, indien het geschil een aansprakelijkheidsverzekering of een verzekering welke betrekking heeft op onroerende goederen betreft. Hetzelfde geldt voor het geval dat de verzekering zowel betrekking heeft op onroerende als op roerende goederen die door eenzelfde polis zijn gedekt en door hetzelfde onheil zijn getroffen.

Art. 11

1. Ter zake van aansprakelijkheidsverzekering kan de verzekeraar ook in vrijwaring worden opgeroepen voor het gerecht waar de rechtsvordering van de getroffene tegen de verzekerde aanhangig is, indien de voor dit gerecht geldende wetgeving het toelaat.

Verzekeringszaken, aansprakelijkheidsverzekering

2. De artikelen 8, 9 en 10 zijn van toepassing op de vordering die door de getroffene rechtstreeks tegen de verzekeraar wordt ingesteld, indien de rechtstreekse vordering mogelijk is.

3. Indien de wettelijke bepalingen betreffende deze rechtstreekse vordering het in het geding roepen van de verzekeringnemer of de verzekerde regelen, is hetzelfde gerecht ook te hunnen opzichte bevoegd.

Art. 12

1. Onverminderd artikel 11, lid 3, kan de vordering van de verzekeraar slechts worden gebracht voor de gerechten van de door dit verdrag gebonden staat op het grondgebied waarvan de verweerder woonplaats heeft, ongeacht of deze laatste verzekeringnemer, verzekerde of begunstigde is.

2. Deze afdeling laat het recht om een tegenvordering in te stellen bij het gerecht waarvoor met inachtneming van deze afdeling de oorspronkelijke vordering is gebracht, onverlet.

Art. 13

Van deze afdeling kan slechts worden afgeweken door overeenkomsten:

Verzekeringszaken, afwijking bij overeenkomst

1. gesloten na het ontstaan van het geschil, of

2. die aan de verzekeringnemer, de verzekerde of de begunstigde de mogelijkheid geven de zaak bij andere gerechten dan de in deze afdeling genoemde aanhangig te maken, of

3. waarbij een verzekeringnemer en een verzekeraar die op het tijdstip waarop de overeenkomst wordt gesloten, hun woonplaats of hun gewone verblijfplaats in dezelfde door dit verdrag gebonden staat hebben, zelfs als het schadebrengende feit zich in het buitenland heeft voorgedaan, de gerechten van die staat bevoegd verklaren, tenzij de wetgeving van die staat dergelijke overeenkomsten verbiedt, of

4. gesloten door een verzekeringnemer die zijn woonplaats niet in een door dit verdrag gebonden staat heeft, behalve wanneer het gaat om een verplichte verzekering of een verzekering van een onroerend goed dat in een door dit verdrag gebonden staat is gelegen, of

5. betreffende een verzekeringsovereenkomst, voor zover daarmee een of meer van de risico's bedoeld in artikel 14 worden gedekt.

Art. 14

De in artikel 13, punt 5, bedoelde risico's zijn de volgende:

1. elke schade

a) aan zeeschepen, vaste installaties in de kustwateren of in volle zee, of luchtvaartuigen, die wordt veroorzaakt door gebeurtenissen in verband met het gebruik daarvan voor handelsdoeleinden;

b) aan andere goederen dan de bagage van passagiers, toegebracht tijdens het vervoer met deze schepen of luchtvaartuigen of tijdens gemengd vervoer waarbij mede met deze schepen of luchtvaartuigen wordt vervoerd;

2. elke aansprakelijkheid, met uitzondering van die voor lichamelijk letsel van passagiers of schade aan hun bagage:

a) voortvloeiend uit het gebruik of de exploitatie van de schepen, installaties of luchtvaartuigen overeenkomstig punt 1, onder a), voor zover, wat luchtvaartuigen betreft, voor de verzekering van zulke risico's overeenkomsten tot aanwijzing van een bevoegd gerecht niet verboden zijn bij de wet van de door dit verdrag gebonden staat waar de luchtvaartuigen zijn ingeschreven;

b) veroorzaakt door de goederen gedurende vervoer als bedoeld in punt 1, onder b);

3. de geldelijke verliezen in verband met het gebruik of de exploitatie van de schepen, installaties of luchtvaartuigen overeenkomstig punt 1, onder a), met name verlies van vracht of verlies van opbrengst van vervrachting;

4. elk risico dat komt bij een van de in de punten 1 tot en met 3 genoemde risico's;

5. behoudens de punten 1 tot en met 4, alle grote risico's.

Afdeling 4
Bevoegdheid voor door consumenten gesloten overeenkomsten

Art. 15

1. Voor overeenkomsten gesloten door een persoon, de consument, voor een gebruik dat als niet bedrijfs- of beroepsmatig kan worden beschouwd, wordt de bevoegdheid geregeld door deze afdeling, onverminderd artikel 4 en artikel 5, punt 5, wanneer

Burgerlijke en handelszaken, consumentenovereenkomst

a) het gaat om koop en verkoop op afbetaling van roerende lichamelijke zaken,

b) het gaat om leningen op afbetaling of andere krediettransacties ter financiering van de verkoop van zulke zaken, *c)* in alle andere gevallen, de overeenkomst is gesloten met een persoon die commerciële of beroepsactiviteiten ontplooit in de door dit verdrag gebonden staat waar de consument woonplaats heeft, of dergelijke activiteiten met ongeacht welke middelen richt op die staat, of op meerdere staten met inbegrip van die staat, en de overeenkomst onder die activiteiten valt.

2. Wanneer de wederpartij van de consument geen woonplaats heeft op het grondgebied van een door dit verdrag gebonden staat, maar in een door dit verdrag gebonden staat een filiaal, een agentschap of enige andere vestiging heeft, wordt hij voor de geschillen betreffende de exploitatie daarvan geacht woonplaats te hebben op het grondgebied van die staat.

3. Deze afdeling is niet van toepassing op vervoerovereenkomsten, behoudens overeenkomsten waarbij voor één enkele prijs zowel vervoer als verblijf worden aangeboden.

Art. 16

Consumentenovereenkomst, woonplaats

1. De rechtsvordering die door een consument wordt ingesteld tegen de wederpartij bij de overeenkomst, kan worden gebracht hetzij voor de gerechten van de door dit verdrag gebonden staat op het grondgebied waarvan die partij woonplaats heeft, hetzij voor het gerecht van de plaats waar de consument woonplaats heeft.

2. De rechtsvordering die tegen de consument wordt ingesteld door de wederpartij bij de overeenkomst kan slechts worden gebracht voor de gerechten van de door dit verdrag gebonden staat op het grondgebied waarvan de consument woonplaats heeft.

Consumentenovereenkomst, eis in reconventie

3. Dit artikel laat het recht om een tegenvordering in te stellen bij het gerecht waarvoor met inachtneming van deze afdeling de oorspronkelijke vordering is gebracht, onverlet.

Art. 17

Consumentenovereenkomst, afwijking bij overeenkomst

Van deze afdeling kan slechts worden afgeweken door overeenkomsten:

1. gesloten na het ontstaan van het geschil, of

2. die aan de consument de mogelijkheid geven de zaak bij andere gerechten dan de in deze afdeling genoemde aanhangig te maken, of

3. waarbij een consument en zijn wederpartij, die op het tijdstip van het sluiten van de overeenkomst hun woonplaats of hun gewone verblijfplaats in dezelfde door dit verdrag gebonden staat hebben, de gerechten van die staat bevoegd verklaren, tenzij de wetgeving van die staat dergelijke overeenkomsten verbiedt.

Afdeling 5
Bevoegdheid voor individuele verbintenissen uit arbeidsovereenkomst

Art. 18

Arbeidsovereenkomst, exclusief bevoegde gerechten

1. Voor individuele verbintenissen uit arbeidsovereenkomst wordt de bevoegdheid geregeld door deze afdeling, onverminderd artikel 4 en artikel 5, punt 5.

2. Wanneer een werknemer een individuele arbeidsovereenkomst aangaat met een werkgever die geen woonplaats heeft op het grondgebied van een door dit verdrag gebonden staat, maar in een door dit verdrag gebonden staat een filiaal, agentschap of andere vestiging heeft, wordt de werkgever voor geschillen betreffende de exploitatie daarvan geacht zijn woonplaats te hebben op het grondgebied van die staat.

Art. 19

Arbeidsovereenkomst, oproeping werkgever

Een werkgever met woonplaats op het grondgebied van een door dit verdrag gebonden staat kan voor de volgende gerechten worden opgeroepen:

1. voor de gerechten van de staat waar hij zijn woonplaats heeft, of

2. in een andere door dit verdrag gebonden staat:

a) voor het gerecht van de plaats waar de werknemer gewoonlijk werkt of voor het gerecht van de laatste plaats waar hij gewoonlijk heeft gewerkt, of

b) wanneer de werknemer niet in eenzelfde land gewoonlijk werkt of heeft gewerkt, voor het gerecht van de plaats waar zich de vestiging bevindt of bevond die de werknemer in dienst heeft genomen.

Art. 20

1. De vordering van de werkgever kan slechts worden gebracht voor de gerechten van de door dit verdrag gebonden staat op het grondgebied waarvan de werknemer woonplaats heeft.1. De vordering van de werkgever kan slechts worden gebracht voor de gerechten van de door dit verdrag gebonden staat op het grondgebied waarvan de werknemer woonplaats heeft.

2. Deze afdeling laat het recht om een tegenvordering in te stellen bij het gerecht waarvoor met inachtneming van deze afdeling de oorspronkelijke vordering is gebracht, onverlet.

Art. 21

Arbeidsovereenkomst, afwijking bij overeenkomst

Van deze afdeling kan slechts worden afgeweken door overeenkomsten:

1. gesloten na het ontstaan van het geschil, of

2. die aan de werknemer de mogelijkheid geven de zaak bij andere gerechten dan de in deze afdeling genoemde aanhangig te maken.

Afdeling 6
Exclusieve bevoegdheid

Art. 22

Ongeacht de woonplaats zijn bij uitsluiting bevoegd:

1. voor zakelijke rechten op en huur en verhuur, pacht en verpachting van onroerende goederen: de gerechten van de door dit verdrag gebonden staat waar het onroerend goed gelegen is. Voor huur en verhuur, pacht en verpachting van onroerende goederen voor tijdelijk particulier gebruik voor ten hoogste zes opeenvolgende maanden: ook de gerechten van de door dit verdrag gebonden staat waar de verweerder woonplaats heeft, mits de huurder of pachter een natuurlijke persoon is en de eigenaar en de huurder of pachter woonplaats in dezelfde door dit verdrag staat hebben;

2. voor de geldigheid, de nietigheid of de ontbinding van vennootschappen of rechtspersonen met plaats van vestiging in een staat, dan wel van de besluiten van hun organen: de gerechten van die door dit verdrag gebonden staat. Om deze plaats van vestiging vast te stellen, past het gerecht de regels van het voor hem geldende internationaal privaatrecht toe;

3. voor de geldigheid van inschrijvingen in openbare registers: de gerechten van de door dit verdrag gebonden staat waar deze registers worden gehouden;

4. ten aanzien van de registratie of de geldigheid van octrooien, merken, tekeningen en modellen van nijverheid, en andere soortgelijke rechten welke aanleiding geven tot deponering of registratie, ongeacht of de kwestie bij wege van rechtsvordering dan wel exceptie wordt opgeworpen: de gerechten van de door dit verdrag gebonden staat op het grondgebied waarvan de deponering of registratie is gevraagd, heeft plaatsgehad of geacht wordt te hebben plaatsgehad in de zin van een besluit van de Gemeenschap of een internationale overeenkomst.

Onverminderd de bevoegdheid van het Europees octrooibureau krachtens het Verdrag inzake de verlening van Europese octrooien, dat is ondertekend te München op 5 oktober 1973, zijn ongeacht de woonplaats, de gerechten van elke door dit verdrag gebonden staat bij uitsluiting bevoegd voor de registratie of de geldigheid van een voor die staat verleend Europees octrooi, ongeacht of de kwestie bij wege van rechtsvordering dan wel exceptie wordt opgeworpen;

5. voor de tenuitvoerlegging van beslissingen: de gerechten van de door dit verdrag gebonden staat van de plaats van tenuitvoerlegging.

Afdeling 7
Door partijen aangewezen bevoegd gerecht

Art. 23

1. Wanneer de partijen van wie er ten minste één woonplaats heeft op het grondgebied van een door dit verdrag gebonden staat, een gerecht of de gerechten van een door dit verdrag gebonden staat hebben aangewezen voor de kennisneming van geschillen die naar aanleiding van een bepaalde rechtsbetrekking zijn ontstaan of zullen ontstaan, is dit gerecht of zijn die gerechten van die staat bevoegd. Deze bevoegdheid is exclusief, tenzij de partijen anders zijn overeengekomen. Deze overeenkomst tot aanwijzing van een bevoegd gerecht wordt gesloten:

a) hetzij bij een schriftelijke overeenkomst of bij een schriftelijk bevestigde mondelinge overeenkomst;

b) hetzij in een vorm die wordt toegelaten door de handelwijzen die tussen de partijen gebruikelijk zijn geworden;

c) hetzij, in de internationale handel, in een vorm die overeenstemt met een gewoonte waarvan de partijen op de hoogte zijn of hadden behoren te zijn en die in de internationale handel algemeen bekend is en door partijen bij dergelijke overeenkomsten in de betrokken handelsbranche doorgaans in acht wordt genomen.

2. Als "schriftelijk" wordt tevens elke elektronische mededeling aangemerkt, waardoor de overeenkomst duurzaam wordt geregistreerd.

3. Wanneer een dergelijke overeenkomst wordt gesloten door partijen die geen van allen woonplaats op het grondgebied van een door dit verdrag gebonden staat hebben, kunnen de gerechten van de andere door dit verdrag gebonden staten van het geschil niet kennisnemen, zolang het aangewezen gerecht of de aangewezen gerechten zich niet onbevoegd hebben verklaard.

4. Het gerecht of de gerechten van een door dit verdrag gebonden staat waaraan in de oprichtingsakte van een trust bevoegdheid is toegekend, is of zijn bij uitsluiting bevoegd kennis te nemen van een vordering tegen een oprichter, een trustee of een begunstigde van een trust, als het gaat om de betrekkingen tussen deze personen of om hun rechten of verplichtingen in het kader van de trust.

5. Overeenkomsten tot aanwijzing van een bevoegd gerecht en soortgelijke bedingen in akten tot oprichting van een trust hebben geen rechtsgevolg indien zij strijdig zijn met artikel 13, 17

Burgerlijke en handelszaken, exclusieve bevoegdheid

of 21, of indien de gerechten op welker bevoegdheid inbreuk wordt gemaakt, krachtens artikel 22 bij uitsluiting bevoegd zijn.

Art. 24

Buiten de gevallen waarin zijn bevoegdheid voortvloeit uit andere bepalingen van dit verdrag, is het gerecht van een door dit verdrag gebonden staat waarvoor de verweerder verschijnt bevoegd. Dit voorschrift is niet van toepassing indien de verschijning ten doel heeft de bevoegdheid te betwisten, of indien er een ander gerecht bestaat dat krachtens artikel 22 bij uitsluiting bevoegd is.

Afdeling 8
Toetsing van de bevoegdheid en de ontvankelijkheid

Art. 25

Burgerlijke en handelszaken, toetsing bevoegdheid/onafhankelijkheid

Het gerecht van een door dit verdrag gebonden staat waarbij een geschil aanhangig is gemaakt met als inzet een vordering waarvoor krachtens artikel 22 een gerecht van een andere door dit verdrag gebonden staat bij uitsluiting bevoegd is, verklaart zich ambtshalve onbevoegd.

Art. 26

1. Wanneer de verweerder met woonplaats op het grondgebied van een door dit verdrag gebonden staat voor een gerecht van een andere door dit verdrag gebonden staat wordt opgeroepen en niet verschijnt, verklaart het gerecht zich ambtshalve onbevoegd indien zijn bevoegdheid niet berust op dit verdrag.

2. Het gerecht is verplicht zijn uitspraak aan te houden zolang niet vaststaat dat de verweerder in de gelegenheid is gesteld het stuk dat het geding inleidt of een gelijkwaardig stuk, zo tijdig als met het oog op zijn verdediging nodig was, te ontvangen, of dat daartoe al het nodige is gedaan.

3. In plaats van lid 2, is artikel 15 van het Verdrag van 's-Gravenhage van 15 november 1965 inzake de betekening en de kennisgeving in het buitenland van gerechtelijke en buitengerechtelijke stukken in burgerlijke of handelszaken van toepassing, indien de toezending van het stuk dat het geding inleidt of een gelijkwaardig stuk overeenkomstig dat verdrag moest plaatsvinden.

4. Lidstaten van de Europese Gemeenschap die zijn gebonden door Verordening (EG) nr. 1348/2000 van de Raad van 29 mei 2000 of door de Overeenkomst tussen de Europese Gemeenschap en het Koninkrijk Denemarken betreffende de betekening en de kennisgeving van gerechtelijke en buitengerechtelijke stukken in burgerlijke of in handelszaken, die is ondertekend te Brussel op 19 oktober 2005, passen in hun onderlinge betrekkingen artikel 19 van die verordening toe indien de toezending van het stuk dat het geding inleidt of een gelijkwaardig stuk overeenkomstig die verordening of die overeenkomst moest plaatsvinden.

Afdeling 9
Aanhangigheid en samenhang

Art. 27

Burgerlijke en handelszaken, aanhangigheid

1. Wanneer voor gerechten van verschillende door dit verdrag gebonden staten tussen dezelfde partijen vorderingen aanhangig zijn, welke hetzelfde onderwerp betreffen en op dezelfde oorzaak berusten, houdt het gerecht waarbij de zaak het laatst is aangebracht zijn uitspraak ambtshalve aan totdat de bevoegdheid van het gerecht waarbij de zaak het eerst is aangebracht, vaststaat.

2. Wanneer de bevoegdheid van het gerecht waarbij de zaak het eerst is aangebracht, vaststaat, verklaart het gerecht waarbij de zaak het laatst is aangebracht, zich onbevoegd.

Art. 28

Burgerlijke en handelszaken, samenhang

1. Wanneer samenhangende vorderingen aanhangig zijn voor gerechten van verschillende door dit verdrag gebonden staten, kan het gerecht waarbij de zaak het laatst is aangebracht, zijn uitspraak aanhouden.

2. Wanneer deze vorderingen in eerste aanleg aanhangig zijn, kan dit gerecht, op verzoek van een der partijen, ook tot verwijzing overgaan mits het gerecht waarbij de zaak het eerst is aangebracht bevoegd is van de betrokken vorderingen kennis te nemen en zijn wetgeving de voeging ervan toestaat.

3. Samenhangend in de zin van dit artikel zijn vorderingen waartussen een zo nauwe band bestaat dat een goede rechtsbedeling vraagt om hun gelijktijdige behandeling en berechting, teneinde te vermijden dat bij afzonderlijke berechting van de zaken onverenigbare beslissingen worden gegeven.

Art. 29

Wanneer voor de vorderingen meer dan één gerecht bij uitsluiting bevoegd is, worden partijen verwezen naar het gerecht waarbij de zaak het eerst aanhangig is gemaakt.

Art. 30

Voor de toepassing van deze afdeling wordt een zaak geacht te zijn aangebracht bij een gerecht:

1. op het tijdstip waarop het stuk dat het geding inleidt of een gelijkwaardig stuk bij het gerecht wordt ingediend, mits de eiser vervolgens niet heeft nagelaten te doen wat hij met het oog op de betekening of de kennisgeving van het stuk aan de verweerder moest doen, of
2. indien het stuk betekend of meegedeeld moet worden voordat het bij het gerecht wordt ingediend, op het tijdstip waarop de autoriteit die verantwoordelijk is voor de betekening of de kennisgeving het stuk ontvangt, mits de eiser vervolgens niet heeft nagelaten te doen wat hij met het oog op de indiening van het stuk bij het gerecht moest doen.

Afdeling 10
Voorlopige maatregelen en maatregelen tot bewaring van recht

Art. 31

Voorlopige of bewarende maatregelen in de wetgeving van een door dit verdrag gebonden staat kunnen bij de gerechten van die staat worden aangevraagd, zelfs indien een gerecht van een andere door dit verdrag gebonden staat krachtens dit verdrag bevoegd is van het bodemgeschil kennis te nemen.

Titel III
Erkenning en tenuitvoerlegging

Art. 32

In dit verdrag wordt onder beslissing verstaan, elke beslissing gegeven door een gerecht van een door dit verdrag gebonden staat, ongeacht de daaraan gegeven benaming, zoals arrest, vonnis, beschikking of rechterlijk dwangbevel, alsmede de vaststelling door de griffier van het bedrag der proceskosten.

Begripsbepalingen

Afdeling 1
Erkenning

Art. 33

1. Beslissingen gegeven in een door dit verdrag gebonden staat worden in de overige door dit verdrag gebonden staten erkend zonder vorm van proces.

Beslissing in burgerlijke en handelszaken, automatische erkenning

2. Indien tegen de erkenning van een beslissing bezwaar wordt gemaakt, kan iedere partij die er belang bij heeft ten principale te zien vastgesteld dat de beslissing erkend moet worden, gebruikmaken van de procedures, bedoeld in de afdelingen 2 en 3 van deze titel.

Beslissing in burgerlijke en handelszaken, erkenning ten principale

3. Wordt voor een gerecht van een door dit verdrag gebonden staat de erkenning bij wege van tussenvordering gevraagd, dan is dit gerecht bevoegd om van de vordering kennis te nemen.

Art. 34

Een beslissing wordt niet erkend indien:

Beslissing in burgerlijke en handelszaken, weigeringsgronden

1. de erkenning kennelijk strijdig is met de openbare orde van de aangezochte staat;
2. het stuk dat het geding inleidt of een gelijkwaardig stuk, niet zo tijdig en op zodanige wijze als met het oog op zijn verdediging nodig was, aan de verweerder tegen wie verstek werd verleend, betekend of meegedeeld is, tenzij de verweerder tegen de beslissing geen rechtsmiddel heeft aangewend terwijl hij daartoe in staat was;
3. de beslissing onverenigbaar is met een tussen dezelfde partijen in de aangezochte staat gegeven beslissing;
4. de beslissing onverenigbaar is met een beslissing die vroeger in een andere door dit verdrag gebonden staat of in een derde land tussen dezelfde partijen is gegeven in een geschil dat hetzelfde onderwerp betreft en op dezelfde oorzaak berust, mits deze laatste beslissing voldoet aan de voorwaarden voor erkenning in de aangezochte staat.

Art. 35

1. De beslissingen worden tevens niet erkend, indien de afdelingen 3, 4 en 6 van titel II zijn geschonden, of indien het in artikel 68 bedoelde geval zich voordoet. Erkenning van een beslissing kan voorts worden geweigerd indien een van de in artikel 64, lid 3, of artikel 67, lid 4, vermelde gevallen zich voordoet.

2. Bij de toetsing of de in het vorige lid genoemde bevoegdheidsregels niet zijn geschonden, is het aangezochte gerecht of de aangezochte autoriteit gebonden aan de feitelijke overwegingen op grond waarvan het gerecht van de door dit verdrag gebonden staat van herkomst zijn bevoegdheid heeft aangenomen.

3. Onverminderd lid 1, mag de bevoegdheid van de gerechten van de staat van herkomst niet worden getoetst. De bevoegdheidsregels betreffen niet de openbare orde als bedoeld in artikel 34, punt 1.

B79 art. 36 Verdrag van Lugano (EVEX)

Art. 36

Beslissing in burgerlijke en handelszaken, verbod tot herziening

In geen geval wordt overgegaan tot een onderzoek van de juistheid van de in den vreemde gegeven beslissing.

Art. 37

Beslissing in burgerlijke en handelszaken, aanhouding uitspraak

1. Een gerecht van een door dit verdrag gebonden staat, waarbij een beroep wordt gedaan op de erkenning van een beslissing gegeven in een andere door dit verdrag gebonden staat, kan zijn uitspraak aanhouden, indien tegen deze beslissing een gewoon rechtsmiddel is ingesteld.

2. Een gerecht van een door dit verdrag gebonden staat waarbij de erkenning wordt ingeroepen van een in Ierland of het Verenigd Koninkrijk gegeven beslissing, waarvan de tenuitvoerlegging door een daartegen aangewend rechtsmiddel in de staat van herkomst is geschorst, kan zijn uitspraak aanhouden.

Afdeling 2

Tenuitvoerlegging

Art. 38

Beslissing in burgerlijke en handelszaken, verzoek tenuitvoerlegging uitvoerbaar verklaard

1. De beslissingen die in een door dit verdrag gebonden staat zijn gegeven en daar uitvoerbaar zijn, kunnen in een andere door dit verdrag gebonden staat ten uitvoer worden gelegd, nadat zij aldaar, op verzoek van iedere belanghebbende partij, uitvoerbaar zijn verklaard.

2. In het Verenigd Koninkrijk worden deze beslissingen in Engeland en Wales, in Schotland of in Noord-Ierland echter eerst ten uitvoer gelegd na op verzoek van iedere belanghebbende partij in het betrokken deel van het Verenigd Koninkrijk voor tenuitvoerlegging te zijn geregistreerd.

Art. 39

Beslissing in burgerlijke en handelszaken, absolute competentie

Beslissing in burgerlijke en handelszaken, relatieve competentie

1. Het verzoek wordt gericht tot het gerecht of de bevoegde autoriteit, vermeld in de lijst in bijlage II.

2. Het relatief bevoegde gerecht is dat van de woonplaats van de partij tegen wie de tenuitvoerlegging wordt gevraagd, of van de plaats van tenuitvoerlegging.

Art. 40

Beslissing in burgerlijke en handelszaken, eisen aan het verzoek

1. De vereisten waaraan het verzoek moet voldoen, worden vastgesteld door het recht van de aangezochte staat.

2. De verzoeker moet, binnen het rechtsgebied van het gerecht dat van het verzoek kennis neemt, woonplaats kiezen. Kent echter het recht van de aangezochte staat geen woonplaatskeuze, dan wijst de verzoeker een procesgemachtigde aan.

3. Bij het verzoek worden de in artikel 53 genoemde documenten gevoegd.

Art. 41

Beslissing in burgerlijke en handelszaken, exequaturprocedure

De beslissing wordt uitvoerbaar verklaard zodra de formaliteiten van artikel 53 zijn vervuld, zonder toetsing uit hoofde van de artikelen 34 en 35. De partij tegen wie de tenuitvoerlegging wordt gevraagd, wordt in deze stand van de procedure niet gehoord.

Art. 42

Beslissing in burgerlijke en handelszaken, kennisgeving

1. De beslissing over het verzoek om een verklaring van uitvoerbaarheid wordt onmiddellijk ter kennis van de verzoeker gebracht op de wijze als is bepaald in het recht van de aangezochte staat.

2. De verklaring van uitvoerbaarheid wordt betekend of meegedeeld aan de partij tegen wie de tenuitvoerlegging wordt gevraagd en gaat vergezeld van de beslissing, indien deze nog niet aan haar is betekend of meegedeeld.

Art. 43

Beslissing in burgerlijke en handelszaken, verzet tegen tenuitvoerlegging

1. Elke partij kan een rechtsmiddel instellen tegen de beslissing op het verzoek om een verklaring van uitvoerbaarheid.

2. Het rechtsmiddel wordt bij het in bijlage III bedoelde gerecht ingesteld.

3. Het rechtsmiddel wordt volgens de regels van de procedure op tegenspraak behandeld.

4. Indien de partij tegen wie de tenuitvoerlegging wordt gevraagd, niet verschijnt voor het gerecht dat over het door de verzoeker ingestelde rechtsmiddel oordeelt, is artikel 26, leden 2 tot en met 4, van toepassing, ook wanneer de partij tegen wie de tenuitvoerlegging wordt gevraagd, geen woonplaats heeft op het grondgebied van een door dit verdrag gebonden staat.

5. Een rechtsmiddel tegen de verklaring van uitvoerbaarheid moet worden ingesteld binnen één maand na de betekening daarvan. Indien de partij tegen wie de tenuitvoerlegging wordt gevraagd woonplaats heeft in een andere door dit verdrag gebonden staat dan die waar de verklaring van uitvoerbaarheid is gegeven, is de termijn waarbinnen het rechtsmiddel moet worden ingesteld, twee maanden met ingang van de dag waarop de beslissing aan de partij in persoon of aan haar woonplaats is betekend. Deze termijn mag niet op grond van de afstand worden verlengd.

Art. 44

Tegen de op het rechtsmiddel gegeven beslissing kunnen slechts de in bijlage IV genoemde rechtsmiddelen worden aangewend.

Art. 45

1. De verklaring van uitvoerbaarheid wordt door het gerecht dat oordeelt over een rechtsmiddel, bedoeld in de artikelen 43 en 44, slechts op een van de in de artikelen 34 en 35 genoemde gronden geweigerd of ingetrokken. Het gerecht doet onverwijld uitspraak.

2. In geen geval wordt overgegaan tot een onderzoek van de juistheid van de in den vreemde gegeven beslissing.

Art. 46

1. Het gerecht dat oordeelt over een rechtsmiddel, bedoeld in de artikelen 43 en 44, kan op verzoek van de partij tegen wie de tenuitvoerlegging wordt gevraagd, zijn uitspraak aanhouden indien tegen de in den vreemde gegeven beslissing in de staat van herkomst een gewoon rechtsmiddel is ingesteld of indien de termijn daarvoor nog niet is verstreken; in dit laatste geval kan het gerecht een termijn stellen waarbinnen het rechtsmiddel moet worden ingesteld.

Beslissing in burgerlijke en handelszaken, aanhouding uitspraak

2. Indien de beslissing in Ierland of het Verenigd Koninkrijk is gegeven, wordt elk rechtsmiddel dat in de staat van herkomst kan worden ingesteld, voor de toepassing van lid 1 beschouwd als een gewoon rechtsmiddel.

3. Dit gerecht kan het verlof tot tenuitvoerlegging ook geven op voorwaarde dat zekerheid wordt gesteld; de zekerheid wordt door het gerecht bepaald.

Art. 47

1. Indien een beslissing erkend moet worden overeenkomstig dit verdrag, belet niets dat de verzoeker zich beroept op voorlopige of bewarende maatregelen waarin de wetgeving van de aangezochte staat voorziet, zonder dat daartoe een verklaring van uitvoerbaarheid, bedoeld in artikel 41, vereist is.

Beslissing in burgerlijke en handelszaken, bewarende maatregelen

2. De verklaring van uitvoerbaarheid houdt tevens het verlof in bewarende maatregelen te treffen.

3. Gedurende de termijn voor het instellen van een rechtsmiddel overeenkomstig artikel 43, lid 5, tegen de verklaring van uitvoerbaarheid en totdat daarover uitspraak is gedaan, kunnen slechts bewarende maatregelen worden genomen ten aanzien van de goederen van de partij tegen wie de tenuitvoerlegging is gevraagd.

Art. 48

1. Wanneer in de in den vreemde gegeven beslissing uitspraak is gedaan over meer dan één punt van de vordering, en de verklaring van uitvoerbaarheid niet kan worden verleend voor het geheel, verleent het gerecht of de bevoegde autoriteit deze voor één of meer onderdelen daarvan.

Beslissing in burgerlijke en handelszaken, beroep in exequaturprocedure

2. De verzoeker kan vorderen dat de verklaring van uitvoerbaarheid een gedeelte van de beslissing betreft.

Art. 49

In den vreemde gegeven beslissingen die een veroordeling tot een dwangsom inhouden, kunnen in de aangezochte staat slechts ten uitvoer worden gelegd indien het bedrag ervan door de gerechten van de staat van herkomst definitief is bepaald.

Art. 50

1. De verzoeker die in de staat van herkomst in aanmerking kwam voor gehele of gedeeltelijke kosteloze rechtsbijstand of vrijstelling van kosten en uitgaven, komt in de procedure, vermeld in deze afdeling, in aanmerking voor de meest gunstige bijstand of voor de meest ruime vrijstelling die in het recht van de aangezochte staat is vastgesteld.

2. De verzoeker die tenuitvoerlegging van een in Denemarken, IJsland of Noorwegen door een administratieve autoriteit gegeven beslissing inzake onderhoudsverplichtingen vraagt, kan in de aangezochte staat een beroep doen op het in de lid 1 bedoelde voorrecht, indien hij een door het Deense, IJslandse of Noorse ministerie van Justitie afgegeven verklaring overlegt ten bewijze van het feit dat hij voldoet aan de economische voorwaarden om hem geheel of gedeeltelijk voor kosteloze rechtsbijstand of vrijstelling van kosten en uitgaven in aanmerking te doen komen.

Art. 51

Aan de partij die in een door dit verdrag gebonden staat de tenuitvoerlegging vraagt van een beslissing gegeven in een andere door dit verdrag gebonden staat, kan geen enkele zekerheid of depot, onder welke benaming ook, worden opgelegd wegens de hoedanigheid van vreemdeling dan wel wegens het ontbreken van een woonplaats of verblijfplaats in eerstgenoemde staat.

Beslissing in burgerlijke en handelszaken, cautio judicatum solvi

B79 art. 52 **Verdrag van Lugano (EVEX)**

Art. 52

Ter zake van de procedure tot verlening van een verklaring van uitvoerbaarheid wordt in de aangezochte staat geen belasting, recht of heffing, evenredig aan het geldelijke belang van de zaak, geheven.

Afdeling 3 Gemeenschappelijke bepalingen

Art. 53

Beslissing in burgerlijke en handelszaken, overlegging documenten

1. De partij die een beroep doet op de erkenning of om een verklaring van uitvoerbaarheid verzoekt, moet een expeditie van de beslissing overleggen, die voldoet aan de voorwaarden nodig voor haar echtheid.

2. De partij die om een verklaring van uitvoerbaarheid verzoekt, moet bovendien het in artikel 54 bedoelde certificaat overleggen, onverminderd artikel 55.

Art. 54

Het gerecht of de bevoegde autoriteit van een door dit verdrag gebonden staat waar een beslissing is gegeven, geeft op verzoek van elke belanghebbende partij een certificaat af volgens het modelformulier in bijlage V bij dit verdrag.

Art. 55

1. Wordt het in artikel 54 bedoelde certificaat niet overgelegd, dan kan het gerecht of de bevoegde autoriteit voor de overlegging een termijn bepalen of gelijkwaardige documenten aanvaarden, dan wel, indien dat gerecht of die autoriteit zich voldoende voorgelicht acht, van de overlegging vrijstelling verlenen.

2. Indien het gerecht of de bevoegde autoriteit dat verlangt, wordt van de documenten een vertaling overgelegd. De vertaling wordt gewaarmerkt door degene die in één van de door dit verdrag gebonden staten daartoe gemachtigd is.

Art. 56

Geen enkele legalisatie of soortgelijke formaliteit mag worden geëist met betrekking tot de in artikel 53, en in artikel 55, lid 2, genoemde documenten of de procesvolmacht.

Titel IV Authentieke akten en gerechtelijke schikkingen

Art. 57

Beslissing in burgerlijke en handelszaken, authentieke akten

1. Authentieke akten, verleden en uitvoerbaar in een door dit verdrag gebonden staat, worden op verzoek, overeenkomstig de in artikel 38 en volgende bedoelde procedure, in een andere door dit verdrag gebonden staat uitvoerbaar verklaard. De verklaring van uitvoerbaarheid wordt door het gerecht dat oordeelt over een rechtsmiddel, bedoeld in de artikelen 43 en 44, slechts geweigerd of ingetrokken indien de tenuitvoerlegging van de authentieke akte kennelijk strijdig is met de openbare orde van de aangezochte staat.

2. Als authentieke akten in de zin van lid 1 worden eveneens beschouwd de overeenkomsten inzake de onderhoudsverplichting die voor een administratieve overheid zijn gesloten of door haar zijn bekrachtigd.

3. De overgelegde akte moet voldoen aan de voorwaarden, nodig voor haar echtheid in de staat van herkomst.

4. Afdeling 3 van titel III is, voor zover nodig, van toepassing. De bevoegde autoriteit van een door dit verdrag gebonden staat waar een authentieke akte is verleden, geeft op verzoek van elke belanghebbende partij een certificaat af volgens het modelformulier in bijlage VI bij dit verdrag.

Art. 58

Beslissing in burgerlijke en handelszaken, gerechtelijke schikkingen

Gerechtelijke schikkingen die in de loop van een geding tot stand zijn gekomen en die uitvoerbaar zijn in de door dit verdrag gebonden staat van herkomst, zijn op dezelfde voet als authentieke akten uitvoerbaar in de aangezochte staat. Het gerecht of de bevoegde autoriteit van een door dit verdrag gebonden staat waar een gerechtelijke schikking tot stand is gekomen, geeft op verzoek van elke belanghebbende partij een certificaat af volgens het modelformulier in bijlage V bij dit verdrag.

Titel V Algemene bepalingen

Art. 59

Beslissing in burgerlijke en handelszaken, bepaling woonplaats

1. Om vast te stellen of een partij woonplaats heeft op het grondgebied van een door dit verdrag gebonden staat, bij een van welks gerechten een zaak aanhangig is, past het gerecht zijn intern recht toe.

2. Indien een partij geen woonplaats heeft in de staat bij een van welks gerechten een zaak aanhangig is, past het gerecht voor de vaststelling of zij een woonplaats heeft in een andere door dit verdrag gebonden staat, het recht van die staat toe.

Art. 60

1. Voor de toepassing van dit verdrag hebben vennootschappen en rechtspersonen woonplaats op de plaats van:

a) hun statutaire zetel, of

b) hun hoofdbestuur, of

c) hun hoofdvestiging.

2. In het Verenigd Koninkrijk en Ierland wordt onder het "registered office" de statutaire zetel verstaan of, indien er nergens een dergelijk "office" is, de "place of incorporation" (plaats van oprichting) of, indien er geen dergelijke "place" is, de plaats krachtens het recht waarvan de "formation" (vorming) is geschied..

3. Om vast te stellen of een trust woonplaats heeft op het grondgebied van de door dit verdrag gebonden staat bij welks gerechten de zaak aanhangig is gemaakt, past het gerecht de regels van het voor hem geldende internationaal privaatrecht toe.

Art. 61

Degenen die woonplaats hebben op het grondgebied van een door dit verdrag gebonden staat en wegens een onopzettelijk gepleegd strafbaar feit worden vervolgd voor de gerechten van een andere door dit verdrag gebonden staat, waarvan zij geen onderdaan zijn, zijn, onverminderd aldaar geldende gunstigere bepalingen, bevoegd zich te doen verdedigen door daartoe bevoegde personen, zelfs indien zij niet persoonlijk verschijnen. Het gerecht dat de zaak berecht, kan echter de persoonlijke verschijning bevelen; indien deze niet heeft plaatsgevonden, behoeft de beslissing, op de burgerlijke rechtsvordering gewezen zonder dat de betrokkene de gelegenheid heeft gehad zich te doen verdedigen, in de overige door dit verdrag gebonden staten niet te worden erkend, noch ten uitvoer te worden gelegd.

Art. 62

Voor de toepassing van dit verdrag omvat het begrip "gerecht" alle autoriteiten aangewezen door een door dit verdrag gebonden staat die bevoegd zijn om uitspraak te doen over zaken die onder het toepassingsgebied van dit verdrag vallen.

Titel VI Overgangsbepalingen

Art. 63

1. Dit verdrag is slechts van toepassing op rechtsvorderingen ingesteld en authentieke akten verleden na de inwerkingtreding van het verdrag in de staat van herkomst en, indien om de erkenning of tenuitvoerlegging van een beslissing of authentieke akte wordt verzocht, na de inwerkingtreding in de aangezochte staat.

Overgangsbepalingen

2. Indien de vordering in de staat van herkomst werd ingesteld vóór de inwerkingtreding van dit verdrag worden beslissingen die na die datum zijn gegeven evenwel erkend en ten uitvoer gelegd overeenkomstig titel III:

a) indien de vordering in de staat van herkomst werd ingesteld na de inwerkingtreding van het Verdrag van Lugano van 16 september 1988 in zowel de staat van herkomst als de aangezochte staat;

b) in alle overige gevallen, indien de toegepaste bevoegdheidsregels overeenkomen met hetzij de regels van titel II, hetzij met de regels van een verdrag dat tussen de staat van herkomst en de aangezochte staat van kracht was toen de vordering werd ingesteld.

Titel VII Verhouding tot Verordening (EG) nr. 44/2001 van de Raad en tot andere instrumenten

Art. 64

1. Dit verdrag laat onverlet de toepassing door de lidstaten van de Europese Gemeenschap van de volgende instrumenten: Verordening (EG) nr. 44/2001 van de Raad betreffende de rechterlijke bevoegdheid, de erkenning en de tenuitvoerlegging van beslissingen in burgerlijke en handelszaken alsook de wijzigingen daarvan; het op 27 september 1968 te Brussel ondertekende Verdrag betreffende de rechterlijke bevoegdheid en de tenuitvoerlegging van beslissingen in burgerlijke en handelszaken en het op 3 juni 1971 te Luxemburg ondertekende Protocol betreffende de uitlegging door het Hof van Justitie van dat verdrag, zoals gewijzigd bij de verdragen betreffende de toetreding tot genoemd verdrag en tot genoemnd protocol door de tot de Europese Gemeenschappen toetredende staten; de op 19 oktober 2005 te Brussel ondertekende Overeenkomst tussen de Europese Gemeenschap en het Koninkrijk Denemarken betreffende de rechterlijke bevoegdheid, de erkenning en de tenuitvoerlegging van beslissingen in burgerlijke en handelszaken.

2. Dit verdrag is echter in elk geval van toepassing:

a) ten aanzien van de rechterlijke bevoegdheid, wanneer de verweerder woonplaats heeft op het grondgebied van een staat waar wel dit verdrag doch geen van de in lid 1 genoemde instrumenten van toepassing is, of wanneer artikel 22 of 23 van dit verdrag de gerechten van een dergelijke staat bevoegdheid verleent;

b) ten aanzien van aanhangigheid of samenhang zoals bedoeld in de artikelen 27 en 28, wanneer procedures zijn aangespannen in een staat waar wel dit verdrag doch geen van de in lid 1 genoemde instrumenten van toepassing is en in een staat waar zowel dit verdrag als een in lid 1 genoemd instrument van toepassing is;

c) ten aanzien van erkenning en tenuitvoerlegging, wanneer de staat van herkomst of de aangezochte staat de in lid 1 genoemde instrumenten niet toepast.

3. Behalve op de gronden genoemd in titel III kan erkenning of tenuitvoerlegging worden geweigerd indien de rechterlijke bevoegdheidsgrond waarop de beslissing is gebaseerd, verschilt van de grond krachtens dit verdrag, en erkenning of tenuitvoerlegging wordt geëist tegen een partij met woonplaats in een staat waar wel dit verdrag doch geen van de in lid 1 genoemde instrumenten van toepassing is, tenzij de beslissing volgens het recht van de aangezochte staat anderszins kan worden erkend of ten uitvoer kan worden gelegd.

Art. 65

Onverminderd artikel 63, lid 2, en de artikelen 66 en 67, vervangt dit verdrag tussen de staten die daardoor gebonden zijn, de tussen twee of meer van deze staten gesloten overeenkomsten die hetzelfde onderwerp bestrijken als dit verdrag. Meer bepaald worden de in bijlage VII genoemde overeenkomsten vervangen.

Art. 66

1. De in artikel 65 bedoelde overeenkomsten blijven van kracht ten aanzien van onderwerpen waarop dit verdrag niet van toepassing is.

2. Zij blijven voorts van kracht met betrekking tot vóór de inwerkingtreding van dit verdrag gegeven beslissingen en verleden authentieke akten.

Art. 67

1. Dit verdrag laat onverlet de overeenkomsten waardoor de verdragsluitende partijen en/of de door dit verdrag gebonden staten zijn gebonden en die, voor bijzondere onderwerpen, de rechterlijke bevoegdheid, de erkenning en de tenuitvoerlegging van beslissingen regelen. Onverminderd de verplichtingen die voortvloeien uit andere overeenkomsten tussen bepaalde verdragsluitende partijen, belet dit verdrag niet dat verdragsluitende partijen dergelijke overeenkomsten sluiten.

2. Dit verdrag belet niet dat een gerecht van een staat die is gebonden door dit verdrag en door een overeenkomst over een bijzonder onderwerp, overeenkomstig die overeenkomst kennisneemt van een zaak, ook indien de verweerder zijn woonplaats heeft op het grondgebied van een andere door dit verdrag gebonden staat die geen partij is bij die overeenkomst. Dat gerecht past in ieder geval artikel 26 van dit verdrag toe.

3. Beslissingen die een gerecht van een door dit verdrag gebonden staat heeft gegeven uit hoofde van rechterlijke bevoegdheid die wordt ontleend aan een overeenkomst over een bijzonder onderwerp, worden in de andere door dit verdrag gebonden staten overeenkomstig titel III van dit verdrag erkend en ten uitvoer gelegd.

4. Behalve op de gronden genoemd in titel III kan erkenning of tenuitvoerlegging worden geweigerd wanneer de aangezochte staat niet is gebonden door de overeenkomst over een bijzonder onderwerp en de persoon tegen wie erkenning of tenuitvoerlegging wordt gevraagd woonplaats heeft in die staat of, wanneer de aangezochte staat een lidstaat van de Europese Gemeenschap is en de overeenkomst door de Europese Gemeenschap zou moeten worden gesloten, in elk van de lidstaten, tenzij de beslissing volgens het recht van de aangezochte staat anderszins kan worden erkend of ten uitvoer kan worden gelegd.

5. Indien een overeenkomst over een bijzonder onderwerp, waarbij zowel de staat van herkomst als de aangezochte staat partij is, voorwaarden vaststelt voor de erkenning of tenuitvoerlegging van beslissingen, vinden die voorwaarden toepassing. In elk geval kunnen de bepalingen van dit verdrag betreffende de procedures voor erkenning en tenuitvoerlegging van beslissingen, worden toegepast.

Art. 68

1. Dit verdrag laat onverlet overeenkomsten waarbij door dit verdrag gebonden staten zich vóór de inwerkingtreding van dit verdrag hebben verbonden om beslissingen die in een andere door dit verdrag gebonden staat zijn gegeven tegen een verweerder die zijn woonplaats of gewone verblijfplaats heeft in een derde land, niet te erkennen indien in een door artikel 4 bedoeld geval de beslissingen slechts gegrond konden worden op een bevoegdheid als bedoeld in artikel 3, lid 2. Onverminderd de verplichtingen die voortvloeien uit andere overeenkomsten tussen bepaalde verdragsluitende partijen, belet dit verdrag niet dat verdragsluitende partijen dergelijke overeenkomsten sluiten.

2. Een verdragsluitende partij kan zich echter niet jegens een derde staat verbinden om een beslissing niet te erkennen die in een andere door dit verdrag gebonden staat is gegeven door een gerecht dat zijn bevoegdheid grondt op de aanwezigheid in laatstbedoelde staat van goederen die aan de verweerder toebehoren, of op het beslag dat door de eiser is gelegd op daar aanwezige goederen:

a) indien de vordering betrekking heeft op eigendom of bezit van die goederen, strekt tot verkrijging van machtiging daarover te beschikken, dan wel verband houdt met een ander geschil omtrent deze goederen, of

b) indien de goederen de zekerheid vormen voor een schuld die het onderwerp is van de vordering.

Titel VIII SLOTBEPALINGEN

Art. 69

1. Dit verdrag staat open voor ondertekening door de Europese Gemeenschap, Denemarken en staten die op het tijdstip van de openstelling voor ondertekening lid zijn van de Europese Vrijhandelsassociatie.

Slotbepalingen

2. Dit verdrag is onderworpen aan bekrachtiging door de ondertekenaars. De akten van bekrachtiging worden neergelegd bij de Zwitserse Bondsraad, die als depositaris van dit verdrag zal optreden.

3. Op het tijdstip van de bekrachtiging kunnen de verdragsluitende partijen verklaringen indienen overeenkomstig de artikelen I, II en III van Protocol 1.

4. Het verdrag treedt in werking op de eerste dag van de zesde maand na de datum waarop de Europese Gemeenschap en een lid van de Europese Vrijhandelsassociatie hun akten van bekrachtiging hebben neergelegd.

5. Het verdrag wordt met betrekking tot elke andere partij van kracht op de eerste dag van de derde maand volgende op het neerleggen van de akte van bekrachtiging van die partij.

6. Onverminderd artikel 3, lid 3, van Protocol 2, vervangt dit verdrag met ingang van de in de leden 4 en 5 omschreven inwerkingtreding ervan het Verdrag van Lugano van 16 september 1988 betreffende de rechterlijke bevoegdheid en de tenuitvoerlegging van beslissingen in burgerlijke en handelszaken. Elke verwijzing naar het Verdrag van Lugano van 1988 in andere instrumenten moet worden opgevat als een verwijzing naar dit verdrag.

7. Wat de betrekkingen tussen de lidstaten van de Europese Gemeenschap en de in artikel 70, lid 1, onder b), bedoelde niet-Europese grondgebieden betreft, vervangt dit verdrag met ingang van de in artikel 73, lid 2, bedoelde inwerkingtreding ervan met betrekking tot deze grondgebieden het Verdrag van Brussel van 27 september 1968 betreffende de rechterlijke bevoegdheid en de tenuitvoerlegging van beslissingen in burgerlijke en handelszaken en het Protocol van Luxemburg van 3 juni 1971 betreffende de uitlegging van genoemde verdrag door het Hof van Justitie van de Europese Gemeenschappen, zoals gewijzigd bij de verdragen betreffende de toetreding tot genoemde verdrag en tot genoemde protocol door de tot de Europese Gemeenschappen toetredende staten.

Art. 70

1. Na de inwerkingtreding kunnen tot dit verdrag toetreden:

a) de staten die na de openstelling van dit verdrag voor ondertekening, lid worden van de Europese Vrijhandelsassociatie, onder de in artikel 71 bepaalde voorwaarden;

b) een lidstaat van de Europese Gemeenschap die handelt namens bepaalde niet-Europese grondgebieden die deel uitmaken van het grondgebied van die lidstaat of welker buitenlandse betrekkingen door deze lidstaat worden behartigd, onder de in artikel 71 bepaalde voorwaarden;

c) elke andere staat, onder de in artikel 72 bepaalde voorwaarden.

2. In lid 1 bedoelde staten die verdragsluitende partij bij dit verdrag wensen te worden, dienen hun verzoek in bij de depositaris. Het verzoek, met inbegrip van de in de artikelen 71 en 72 bedoelde gegevens, gaat vergezeld van een vertaling in het Engels en het Frans.

Art. 71

1. Elke in artikel 70, lid 1, onder a) en b), bedoelde staat die verdragsluitende partij bij dit verdrag wenst te worden

a) deelt de voor de toepassing van dit verdrag vereiste gegevens mee;

b) kan verklaringen indienen overeenkomstig de artikelen I en III van Protocol 1.

2. De depositaris deelt de andere verdragsluitende partijen alle in het kader van lid 1 ontvangen gegevens mee vóór het neerleggen van de akte van toetreding door de betrokken staat.

Art. 72

1. Elke in artikel 70, lid 1, onder c), bedoelde staat die verdragsluitende partij bij dit verdrag wenst te worden

a) deelt de voor de toepassing van dit verdrag vereiste gegevens mee;
b) kan verklaringen indienen overeenkomstig de artikelen I en III van Protocol 1, en
c) verstrekt de depositaris gegevens over met name
1. zijn rechtssysteem, met inbegrip van gegevens over de benoeming en de onafhankelijkheid van rechters;
2. zijn intern recht betreffende burgerlijke procedures en tenuitvoerlegging van beslissingen, en
3. zijn internationaal privaatrecht betreffende burgerlijke procedures.
2. De depositaris deelt alle in het kader van lid 1 ontvangen gegevens mee aan de andere verdragsluitende partijen voordat de betrokken staat wordt uitgenodigd om toe te treden overeenkomstig lid 3.
3. Onverminderd lid 4, verzoekt de depositaris de betrokken staat pas om toetreding nadat hij de eenstemmige goedkeuring van de verdragsluitende partijen heeft verkregen. De verdragsluitende partijen spannen zich in om hun toestemming uiterlijk één jaar na de uitnodiging door de depositaris te geven.
4. Het verdrag treedt slechts in werking in betrekkingen tussen de toetredende staat en de verdragsluitende partijen die geen bezwaar tegen de toetreding hebben gemaakt vóór de eerste dag van de derde maand volgende op het neerleggen van de akte van toetreding.

Art. 73

1. De akten van toetreding worden neergelegd bij de depositaris.
2. Met betrekking tot een toetredende staat in de zin van artikel 70, treedt het verdrag in werking op de eerste dag van de derde maand volgende op het neerleggen van de akte van toetreding. Vanaf dat ogenblik wordt de toetredende staat geacht een verdragsluitende partij bij het verdrag te zijn.
3. Elke verdragsluitende partij kan bij de depositaris een tekst van dit verdrag indienen in de taal of de talen van de betrokken verdragsluitende partij, die authentiek is indien de verdragsluitende partijen daar overeenkomstig artikel 4 van Protocol 2 mee hebben ingestemd.

Art. 74

1. Dit verdrag wordt voor onbeperkte tijd gesloten.
2. Elke verdragsluitende partij kan het verdrag te allen tijde opzeggen door middel van een kennisgeving aan de depositaris.
3. De opzegging wordt van kracht aan het einde van het kalenderjaar volgende op het verstrijken van een periode van zes maanden na de datum van ontvangst door de depositaris van de kennisgeving van opzegging.

Art. 75

Aan dit verdrag worden gehecht:
- Protocol 1 betreffende enkele onderwerpen van bevoegdheid, wijze van procederen en tenuitvoerlegging;
- Protocol 2 betreffende de eenheid in de uitlegging van dit verdrag en betreffende het permanent Comité;
- Protocol 3 betreffende de toepassing van artikel 67 van dit verdrag;
- Bijlagen I tot en met IV en bijlage VII, met gegevens over de toepassing van dit verdrag;
- Bijlagen V en VI met de in de artikelen 54, 58 en 57 van dit verdrag bedoelde certificaten;
- Bijlage VIII met de in artikel 79 van dit verdrag bedoelde authentieke talen, en
- Bijlage IX betreffende de toepassing van artikel II van Protocol 1.

Deze protocollen en bijlagen vormen een integrerend deel van dit verdrag.

Art. 76

Onverminderd artikel 77 kan elke verdragsluitende partij verzoeken om herziening van dit verdrag. Daartoe roept de depositaris overeenkomstig artikel 4 van Protocol 2 het permanent Comité samen.

Art. 77

1. De verdragsluitende partijen doen de depositaris mededeling van de tekst van hun wettelijke bepalingen tot wijziging van de lijsten in de bijlagen I tot en met IV, en tot schrapping of aanvulling van de lijst in bijlage VII alsook van de datum van inwerkingtreding van die bepalingen. Deze mededeling geschiedt binnen een redelijke termijn vóór de inwerkingtreding en gaat vergezeld van een vertaling in het Engels en het Frans. De depositaris past de desbetreffende bijlagen dienovereenkomstig aan, nadat hij het permanent comité overeenkomstig artikel 4 van Protocol 2 heeft geraadpleegd. Daartoe verstrekken de verdragsluitende partijen een vertaling van de aanpassingen in hun talen.
2. Elke wijziging van de bijlagen V en VI en van de bijlagen VIII en IX bij dit verdrag wordt vastgesteld door het permanent Comité overeenkomstig artikel 4 van Protocol 2.

Art. 78

1. De depositaris stelt de verdragsluitende partijen in kennis van:
a) de neerlegging van elke akte van bekrachtiging of van toetreding;
b) de data van inwerkingtreding van dit verdrag ten aanzien van de verdragsluitende partijen;

Verdrag van Lugano (EVEX) **B79** *art. 79*

c) de uit hoofde van de artikelen I tot en met IV van Protocol 1 ontvangen verklaringen;
d) de kennisgevingen overeenkomstig artikel 74, lid 2, artikel 77, lid 1, en punt 4 van Protocol 3.

2. De kennisgevingen gaan vergezeld van vertalingen in het Engels en het Frans.

Art. 79

Dit verdrag, opgesteld in één exemplaar, in de in bijlage VIII opgesomde talen, zijnde alle teksten gelijkelijk authentiek, wordt neergelegd in de Zwitserse Bondsarchieven. De Zwitserse Bondsraad zendt elke verdragsluitende partij een voor eensluidend gewaarmerkt afschrift toe.

Verdrag inzake bedingen van forumkeuze^1

De Staten die Partij zijn bij dit Verdrag,
Geleid door de wens de internationale handel en investeringen te bevorderen door de samenwerking tussen gerechtelijke instanties te versterken,
Ervan overtuigd dat de samenwerking kan worden versterkt door uniforme regels inzake rechterlijke bevoegdheid en inzake de erkenning en de tenuitvoerlegging van buitenlandse beslissingen in burgerlijke of handelszaken,
Ervan overtuigd dat voor een versterkte samenwerking in het bijzonder een internationaal regelstelsel vereist is dat zekerheid biedt en de effectiviteit waarborgt van exclusieve forumkeuzebedingen tussen partijen bij handelstransacties en dat de erkenning en tenuitvoerlegging beheerst van beslissingen, gegeven in op basis van deze bedingen gevoerde procedures,
Hebben besloten dit Verdrag te sluiten en zijn de volgende bepalingen overeengekomen:

HOOFDSTUK I TOEPASSINGSGEBIED EN BEGRIPSOMSCHRIJVINGEN

Art. 1 Toepassingsgebied

Verdrag inzake forumkeuzebedingen, werkingssfeer

1. Dit Verdrag is in internationale situaties van toepassing op exclusieve forumkeuzebedingen die zijn gemaakt in burgerlijke of handelszaken.

2. Voor de toepassing van Hoofdstuk II is een situatie internationaal tenzij de partijen in dezelfde Verdragsluitende Staat hun verblijfplaats hebben en de betrekkingen tussen de partijen en alle andere voor het geschil terzake doende elementen, ongeacht de plaats van het aangewezen gerecht, uitsluitend met die Staat verbonden zijn.

3. Voor de toepassing van Hoofdstuk III is een situatie internationaal wanneer om erkenning en tenuitvoerlegging van een buitenlandse beslissing wordt verzocht.

Art. 2 Uitsluitingen van het toepassingsgebied

Verdrag inzake forumkeuzebedingen, uitgesloten toepassingsgebieden

1. Dit Verdrag is niet van toepassing op exclusieve forumkeuzebedingen:
a. waarbij een natuurlijke persoon die hoofdzakelijk voor zichzelf, voor zijn familie of zijn huishouden optreedt (een consument), partij is;
b. die betrekking hebben op arbeidsovereenkomsten, met inbegrip van collectieve arbeidsovereenkomsten.

2. Dit Verdrag is niet van toepassing op de volgende aangelegenheden:
a. de staat en de bevoegdheid van natuurlijke personen;
b. onderhoudsverplichtingen;
c. andere familierechtelijke aangelegenheden, waaronder huwelijksvermogensregimes en andere rechten of verplichtingen die uit het huwelijk of soortgelijke betrekkingen voortvloeien;
d. testamenten en erfopvolging;
e. insolventie, gerechtelijke akkoorden en soortgelijke aangelegenheden;
f. het vervoer van passagiers en goederen;
g. verontreiniging van de zee, beperking van aansprakelijkheid voor maritieme vorderingen, averij-grosse, en noodsleep- en reddingsactiviteiten;
h. antitrustzaken (mededinging);
i. aansprakelijkheid voor kernschade;
j. vorderingen wegens lichamelijk en psychisch letsel, ingesteld door of namens natuurlijke personen;
k. niet uit een contractuele verhouding voortvloeiende vorderingen uit onrechtmatige daad wegens schade aan tastbare zaken;
l. zakelijke rechten met betrekking tot onroerende zaken, en pacht van onroerende zaken;
m. de geldigheid, de nietigheid of de ontbinding van rechtspersonen, en de geldigheid van beslissingen van de organen ervan;
n. de geldigheid van intellectuele-eigendomsrechten, anders dan auteursrecht en verwante rechten;
o. inbreuken op intellectuele-eigendomsrechten anders dan auteursrecht en verwante rechten, behoudens wanneer inbreukprocedures aanhangig worden gemaakt of hadden kunnen worden gemaakt wegens niet-nakoming van een overeenkomst tussen partijen die op die rechten betrekking heeft;
p. de geldigheid van inschrijvingen in openbare registers.

---

1 Inwerkingtredingsdatum: 01-10-2015.

3. In afwijking van het tweede lid zijn procedures niet uitgesloten van het toepassingsgebied van dit Verdrag wanneer een volgens dat lid uitgesloten aangelegenheid louter als voorvraag opkomt en niet als onderwerp van de procedures. In het bijzonder sluit het enkele feit dat een aangelegenheid die volgens het tweede lid is uitgesloten bij wijze van verweer wordt aangevoerd, een procedure uit hoofde van het Verdrag niet uit indien die aangelegenheid geen onderwerp van de procedure is.

4. Dit Verdrag is niet van toepassing op arbitrage en daarop betrekking hebbende procedures.

5. Een procedure wordt niet van het toepassingsgebied van dit Verdrag uitgesloten op grond van het enkele feit dat een Staat, met inbegrip van een regering, een overheidsinstantie of een voor een Staat optredende persoon, daarbij partij is.

6. Dit Verdrag laat onverlet de voorrechten en immuniteiten van Staten of van internationale organisaties, ten aanzien van henzelf of van hun goederen.

Art. 3 Exclusieve forumkeuzebedingen

Voor de toepassing van dit Verdrag:

a. wordt onder „exclusief forumkeuzebeding" verstaan een beding, gemaakt tussen twee of meer partijen, dat voldoet aan de vereisten van onderdeel c. en waarin, voor de kennisneming van geschillen die in verband met een bepaalde rechtsbetrekking zijn gerezen of zouden kunnen rijzen, de gerechten van een Verdragsluitende Staat of een of meer bepaalde gerechten van een Verdragsluitende Staat worden aangewezen, met uitsluiting van de bevoegdheid van alle andere gerechten;

b. wordt een forumkeuzebeding waarin de gerechten van een Verdragsluitende Staat of een of meer bepaalde gerechten van een Verdragsluitende Staat worden aangewezen, geacht exclusief te zijn tenzij de partijen uitdrukkelijk anders hebben bepaald;

c. dient een exclusief forumkeuzebeding als volgt te worden gemaakt of vastgelegd:

i. schriftelijk; of

ii. door middel van enig ander communicatiemiddel waarmee informatie toegankelijk wordt gemaakt voor latere raadpleging;

d. wordt een exclusief forumkeuzebeding dat deel uitmaakt van een overeenkomst, aangemerkt als een beding dat los staat van de overige bepalingen van de overeenkomst. De geldigheid van het exclusief forumkeuzebeding kan niet worden bestreden op grond van het enkele feit dat de overeenkomst niet geldig is.

Art. 4 Overige begripsomschrijvingen

1. In dit Verdrag wordt onder „beslissing" verstaan een beslissing ten gronde van een gerecht, ongeacht de daaraan gegeven benaming, met inbegrip van een beschikking of een bevel, en een vaststelling van de gerechtskosten door het gerecht (met inbegrip van de griffier van het gerecht), mits de vaststelling betrekking heeft op een beslissing ten gronde die ingevolge dit Verdrag kan worden erkend of ten uitvoer kan worden gelegd. Een voorlopige of bewarende maatregel is geen beslissing.

2. Ten behoeve van dit Verdrag wordt een entiteit of persoon niet zijnde een natuurlijke persoon geacht zijn verblijfplaats te hebben in de Staat:

a. waar zijn statutaire zetel is gevestigd;

b. volgens het recht waarvan hij is opgericht;

c. waar zijn hoofdbestuur is gevestigd; of

d. waar zijn hoofdvestiging zich bevindt.

HOOFDSTUK II RECHTERLIJKE BEVOEGDHEID

Art. 5 Bevoegdheid van het aangewezen gerecht

1. Het gerecht of de gerechten van een Verdragsluitende Staat die in een exclusief forumkeuzebeding zijn aangewezen, zijn bevoegd kennis te nemen van een geschil waarop het beding van toepassing is, tenzij het beding volgens het recht van die Staat nietig is.

2. Een gerecht dat ingevolge het eerste lid bevoegd is, mag de uitoefening van die bevoegdheid niet afwijzen op grond van het feit dat een gerecht van een andere Staat het geschil kennis zou moeten nemen.

3. De voorgaande leden laten onverlet regels:

a. inzake de attributie van bevoegdheid met betrekking tot het onderwerp of de waarde van de vordering;

b. inzake de interne verdeling van bevoegdheid tussen de gerechten van een Verdragsluitende Staat. Wanneer het aangewezen gerecht echter de vrijheid heeft een zaak te verwijzen, dient naar behoren rekening te worden gehouden met de keuze van de partijen.

Art. 6 Verplichtingen van een niet aangewezen gerecht

Elk gerecht van een andere Verdragsluitende Staat dan die van het aangewezen gerecht schorst een procedure of verklaart de vordering niet-ontvankelijk wanneer bij hem een geschil waarop een exclusief forumkeuzebeding van toepassing is, aanhangig wordt gemaakt, tenzij:

Exclusief forumkeuzebeding

Verdrag inzake forumkeuzebedingen, begripsbepalingen

Exclusief forumkeuzebeding, bevoegdheid aangewezen gerecht

Verplichtingen van niet aangewezen gerecht

a. het beding ingevolge het recht van de Staat van het aangewezen gerecht nietig is;
b. een partij ingevolge het recht van de Staat van het gerecht waarbij de zaak aanhangig is gemaakt, niet bevoegd was het beding aan te gaan;
c. inachtneming van het beding kennelijk onrechtvaardig of kennelijk strijdig zou zijn met de openbare orde van de Staat van het gerecht waarbij de zaak aanhangig is gemaakt;
d. aan het beding om uitzonderlijke redenen buiten de macht van de partijen in redelijkheid geen gevolg kan worden gegeven; of
e. het aangewezen gerecht heeft beslist geen kennis te nemen van de zaak.

Art. 7 Voorlopige en bewarende maatregelen

Dit Verdrag is niet van toepassing op voorlopige en bewarende maatregelen. Dit Verdrag verlangt niet de toekenning, de afwijzing of de opheffing van voorlopige en bewarende maatregelen door een gerecht van een Verdragsluitende Staat, noch sluit het deze uit. Het laat onverlet de mogelijkheid voor een partij om zodanige maatregelen te verzoeken en de vrijheid van een gerecht om deze toe te staan, af te wijzen of op te heffen .

HOOFDSTUK III ERKENNING EN TENUITVOERLEGGING

Art. 8 Erkenning en tenuitvoerlegging

1. Een beslissing van een gerecht van een Verdragsluitende Staat dat in een exclusief forumkeuzebeding is aangewezen, wordt in overeenstemming met dit Hoofdstuk in andere Verdragsluitende Staten erkend en ten uitvoer gelegd. De erkenning of de tenuitvoerlegging kan uitsluitend worden geweigerd op de in dit Verdrag vermelde gronden.

2. Onverminderd het onderzoek dat nodig is voor de toepassing van de bepalingen van dit Hoofdstuk, wordt de juistheid van de beslissing van het gerecht van herkomst niet onderzocht. Het aangezochte gerecht is gebonden aan de feitelijke bevindingen op grond waarvan het gerecht van herkomst zijn bevoegdheid heeft aangenomen, tenzij de beslissing bij verstek is gegeven.

3. Een beslissing wordt alleen erkend indien zij rechtsgevolg heeft in de Staat waarin zij is gegeven, en wordt uitsluitend ten uitvoer gelegd indien zij uitvoerbaar is in de Staat waarin zij is gegeven.

4. Erkenning of tenuitvoerlegging kan worden opgeschort of geweigerd indien tegen de beslissing in de Staat waarin zij is gewezen, een rechtsmiddel is ingesteld of indien de termijn voor het instellen van een gewoon rechtsmiddel nog niet is verstreken. Een zodanige weigering vormt geen belemmering voor een hernieuwd verzoek om erkenning of tenuitvoerlegging van de beslissing.

5. Dit artikel is eveneens van toepassing op een beslissing van een gerecht van een Verdragsluitende Staat na verwijzing van de zaak door het in die Verdragsluitende Staat aangewezen gerecht, als voorzien in artikel 5, derde lid. Wanneer het aangewezen gerecht evenwel de vrijheid had om een zaak naar een ander gerecht te verwijzen, kan de erkenning of de tenuitvoerlegging worden geweigerd ten aanzien van een partij die in de Staat waar de beslissing is gegeven tijdig bezwaar heeft gemaakt tegen de verwijzing.

Art. 9 Weigering van erkenning of tenuitvoerlegging

Erkenning of tenuitvoerlegging kan worden geweigerd indien:
a. het beding ingevolge het recht van de Staat van het aangewezen gerecht nietig was, tenzij het aangewezen gerecht heeft bepaald dat het beding geldig is;
b. een partij ingevolge het recht van de aangezochte Staat niet bevoegd was het beding aan te gaan;
c. het stuk waarmee de procedure is ingeleid of een gelijkwaardig stuk, waarin de wezenlijke elementen van de vordering zijn opgenomen,
i. niet zo tijdig en op zodanige wijze als met het oog op zijn verdediging nodig was, aan de verweerder is medegedeeld, tenzij de verweerder is verschenen en verweer heeft gevoerd zonder de mededeling bij het gerecht van oorsprong te betwisten, mits het recht van de Staat waarin de beslissing werd gegeven het betwisten van de mededeling mogelijk maakt; of
ii. aan de verweerder in de aangezochte Staat is medegedeeld op een wijze die onverenigbaar is met de grondbeginselen van de aangezochte Staat inzake de betekening van documenten;
d. de beslissing is verkregen door middel van bedrog in verband met een procedurele aangelegenheid;
e. erkenning of tenuitvoerlegging kennelijk onverenigbaar zou zijn met de openbare orde van de aangezochte Staat, in het bijzonder in situaties waarin de procedure die in het specifieke geval tot de beslissing heeft geleid, onverenigbaar was met de grondbeginselen van een eerlijk proces in die Staat;
f. de beslissing onverenigbaar is met een beslissing die in de aangezochte Staat is gewezen in een geschil tussen dezelfde partijen; of
g. de beslissing onverenigbaar is met een eerdere beslissing die in een andere Staat tussen dezelfde partijen is gegeven in een geschil dat hetzelfde onderwerp betreft en op dezelfde oorzaak

berust, mits de eerder gegeven beslissing voldoet aan de noodzakelijke voorwaarden voor de erkenning ervan in de aangezochte Staat.

Art. 10 Voorvragen

1. Wanneer een aangelegenheid die ingevolge artikel 2, tweede lid, of ingevolge artikel 21 uitgesloten is, als voorvraag aan de orde is gesteld, wordt de uitspraak met betrekking tot die aangelegenheid niet op grond van dit Verdrag erkend of ten uitvoer gelegd.

2. De erkenning of de tenuitvoerlegging van een beslissing kan worden geweigerd indien en voor zover die beslissing is gebaseerd op een beslissing over een aangelegenheid die ingevolge artikel 2, tweede lid, is uitgesloten.

3. In het geval van een uitspraak over de geldigheid van een intellectuele-eigendomsrecht anders dan een auteursrecht of een verwant recht, kan de erkenning of de tenuitvoerlegging ingevolge het voorgaande lid evenwel uitsluitend worden geweigerd of opgeschort indien:
a. die uitspraak onverenigbaar is met een beslissing van een gerecht of van een bevoegde autoriteit over die aangelegenheid, die is gegeven in de Staat volgens het recht waarvan het intellectuele-eigendomsrecht is ontstaan; of
b. in die Staat een procedure inzake de geldigheid van het intellectuele-eigendomsrecht aanhangig is.

4. De erkenning of de tenuitvoerlegging van een beslissing kan worden geweigerd indien en voor zover de beslissing is gebaseerd op een uitspraak in een aangelegenheid die ingevolge een door de aangezochte Staat krachtens artikel 21 afgelegde verklaring uitgesloten is.

Art. 11 Schadevergoeding

1. De erkenning of de tenuitvoerlegging van een beslissing kan worden geweigerd indien en voor zover in de beslissing schadevergoeding wordt toegekend, met inbegrip van schadevergoeding bij wijze van voorbeeld of bij wijze van sanctie, waarbij een partij niet schadeloos wordt gesteld voor het feitelijk geleden verlies of de feitelijk geleden schade.

2. Het aangezochte gerecht houdt rekening met de vraag of en in welke mate de door het gerecht van herkomst toegekende schadevergoeding dient ter dekking van de proceskosten.

Art. 12 Gerechtelijke schikkingen

Gerechtelijke schikkingen die door een in een exclusief forumkeuzebeding aangewezen gerecht zijn goedgekeurd of die ten overstaan van dat gerecht in de loop van een procedure tot stand zijn gekomen, en die in de Staat waarin de gerechtelijke schikking is goedgekeurd, op dezelfde wijze ten uitvoer kunnen worden gelegd als een beslissing, worden op grond van dit Verdrag op dezelfde wijze ten uitvoer gelegd als een beslissing.

Art. 13 Over te leggen stukken

1. De partij die om erkenning of tenuitvoerlegging verzoekt, dient de volgende stukken over te leggen:
a. een volledige en gewaarmerkt afschrift van de beslissing;
b. het exclusieve forumkeuzebeding, een gewaarmerkt afschrift daarvan, of een ander bewijs van het bestaan daarvan;
c. indien de beslissing bij verstek is gewezen, het origineel of een gewaarmerkt afschrift van een stuk waaruit blijkt dat het stuk waarbij de procedure is ingeleid of een gelijkwaardig stuk aan de partij die verstek heeft laten gaan, is medegedeeld;
d. elk stuk dat benodigd is om aan te tonen dat de beslissing rechtsgevolg heeft of, indien van toepassing, uitvoerbaar is in de Staat waar de beslissing is gegeven;
e. in het in artikel 12 bedoelde geval, een schriftelijke verklaring van een gerecht van de Staat waarin de beslissing is gegeven, dat de gerechtelijke schikking of een deel daarvan in die Staat op dezelfde wijze uitvoerbaar is als een beslissing.

2. Indien de inhoud van de beslissing het voor het aangezochte gerecht niet mogelijk maakt na te gaan of aan de voorwaarden van dit Hoofdstuk is voldaan, kan dat gerecht elk benodigd stuk verlangen.

3. Een verzoek om erkenning of tenuitvoerlegging kan vergezeld gaan van een stuk dat is afgegeven door een gerecht (met inbegrip van een functionaris van het gerecht) van de Staat waar de beslissing is gegeven, in een door de Haagse Conferentie voor Internationaal Privaatrecht aanbevolen en gepubliceerde vorm.

4. Indien de in dit artikel bedoelde stukken niet in een officiële taal van de aangezochte Staat zijn gesteld, moeten zij vergezeld gaan van een gewaarmerkte vertaling in een officiële taal, tenzij het recht van de aangezochte Staat anders bepaalt.

Art. 14 Procedure

De procedure voor de erkenning, de uitvoerbaarheid of de registratie voor tenuitvoerlegging, en de tenuitvoerlegging van de beslissing worden beheerst door het recht van de aangezochte Staat behoudens voor zover in dit Verdrag anders is bepaald. Het aangezochte gerecht treedt voortvarend op.

Voorvragen

Erkenning/tenuitvoerlegging, weigering bij toegekende schadevergoeding

Gerechtelijke schikkingen aangewezen gerecht, tenuitvoerlegging

Erkenning/tenuitvoerlegging beslissing aangewezen gerecht, over te leggen stukken

Erkenning/tenuitvoerlegging beslissing aangewezen gerecht, procedure

B80 art. 15

Verdrag inzake bedingen van forumkeuze, 's-Gravenhage, 30-06-2005

Art. 15 Deelbaarheid

Erkenning/tenuitvoerlegging beslissing aangewezen gerecht, deelbaarheid

Erkenning of tenuitvoerlegging van een scheidbaar deel van een beslissing wordt toegestaan wanneer om erkenning of tenuitvoerlegging van dat deel wordt verzocht of wanneer slechts een deel van de beslissing op grond van dit Verdrag kan worden erkend of ten uitvoer gelegd.

HOOFDSTUK IV ALGEMENE BEPALINGEN

Art. 16 Overgangsbepalingen

Verdrag inzake forumkeuzebedingen, overgangsbepalingen

1. Dit Verdrag is van toepassing op exclusieve forumkeuzebedingen die zijn gemaakt nadat het Verdrag voor de Staat waarvan het gerecht is aangewezen in werking is getreden.

2. Dit Verdrag is niet van toepassing op procedures die aanhangig zijn gemaakt voordat het Verdrag ten aanzien van de Staat waarvan het gerecht waarbij de zaak aanhangig is gemaakt in werking is getreden.

Art. 17 Verzekerings- en herverzekeringsovereenkomsten

Verzekerings- en herverzekeringsovereenkomsten

1. Procedures uit hoofde van een verzekerings- of herverzekeringsovereenkomst zijn niet van het toepassingsgebied van dit Verdrag uitgesloten op grond van het feit dat de verzekerings- of herverzekeringsovereenkomst betrekking heeft op een aangelegenheid waarop dit Verdrag niet van toepassing is.

2. De erkenning en de tenuitvoerlegging van een beslissing met betrekking tot aansprakelijkheid uit hoofde van een verzekerings- of herverzekeringsovereenkomst kan niet worden beperkt of geweigerd op grond van het feit dat de aansprakelijkheid uit hoofde van die overeenkomst mede omvat de schadeloosstelling van de verzekerde of herverzekerde ter zake van: *a.* een aangelegenheid waarop dit Verdrag niet van toepassing is; of *b.* een toekenning van schadevergoeding waarop artikel 11 van toepassing zou kunnen zijn.

Art. 18 Geen legalisatie

Verdrag inzake forumkeuzebedingen, geen legalisatie

Alle ingevolge dit Verdrag verzonden of overgelegde stukken zijn vrijgesteld van legalisatie of enige andere soortgelijke formaliteit, met inbegrip van een Apostille.

Art. 19 Verklaringen ter beperking van de rechterlijke bevoegdheid

Verklaringen ter beperking rechterlijke bevoegdheid

Een Staat kan verklaren dat zijn gerechten kunnen weigeren van geschillen kennis te nemen waarop een exclusief forumkeuzebeding van toepassing is indien er, behoudens de plaats van het aangewezen gerecht, geen band is tussen die Staat en de partijen of het geschil.

Art. 20 Verklaringen ter beperking van de erkenning en de tenuitvoerlegging

Verklaringen ter beperking erkenning en tenuitvoerlegging

Een Staat kan verklaren dat zijn gerechten kunnen weigeren een door een gerecht van een andere Verdragsluitende Staat gegeven beslissing te erkennen of ten uitvoer te leggen indien de partijen in de aangezochte Staat hun verblijfplaats hadden en de betrekkingen tussen de partijen en alle andere voor het geschil ter zake doende elementen, behoudens de plaats van het aangewezen gerecht, uitsluitend met de aangezochte Staat verbonden waren.

Art. 21 Verklaringen ten aanzien van specifieke aangelegenheden

Verklaringen t.a.v. specifieke aangelegenheden

1. Wanneer een Staat er groot belang bij heeft dit Verdrag niet op een bijzondere aangelegenheid toe te passen, kan die Staat verklaren het Verdrag niet op die aangelegenheid toe te zullen passen. De Staat die een dergelijke verklaring aflegt, ziet erop toe dat deze verklaring niet ruimer is dan nodig en dat de bijzondere aangelegenheid die wordt uitgesloten duidelijk en nauwkeurig wordt omschreven.

2. Ten aanzien van die aangelegenheid is het Verdrag niet van toepassing: *a.* in de Verdragsluitende Staat die de verklaring heeft afgelegd; *b.* in andere Verdragsluitende Staten, wanneer in een exclusief forumkeuzebeding de gerechten, of een of meer bepaalde gerechten van de Staat die de verklaring heeft afgelegd, zijn aangewezen.

Art. 22 Wederzijdse verklaringen inzake niet-exclusieve forumkeuzebedingen

Wederzijdse verklaringen inzake niet-exclusieve forumkeuzebedingen

1. Een Verdragsluitende Staat kan verklaren dat zijn gerechten beslissingen zullen erkennen en ten uitvoer zullen leggen die zijn gegeven door gerechten van andere Verdragsluitende Staten die zijn aangewezen in een door twee of meer partijen gemaakt exclusief forumkeuzebeding dat voldoet aan de vereisten van artikel 3, onderdeel c, en waarin, met het oog op de kennisneming van geschillen die in verband met een bepaalde rechtsbetrekking zijn gerezen of zouden kunnen rijzen, een of meer gerechten van een of meer Verdragsluitende Staten zijn aangewezen (een niet-exclusief forumkeuzebeding).

2. Wanneer om erkenning of tenuitvoerlegging van een in een Verdragsluitende Staat die een dergelijke verklaring heeft afgelegd, gegeven beslissing wordt verzocht in een andere Verdragsluitende Staat die een dergelijke verklaring heeft afgelegd, wordt de beslissing op grond van dit Verdrag erkend en ten uitvoer gelegd, indien: *a.* het gerecht van herkomst in een niet-exclusief forumkeuzebeding was aangewezen; *b.* er geen beslissing bestaat van een ander gerecht waarbij volgens het niet-exclusieve forumkeuzebeding een procedure aanhangig gemaakt zou kunnen worden, en er tussen dezelfde partijen ook niet bij een ander gerecht een procedure aanhangig is dat hetzelfde onderwerp betreft en op dezelfde oorzaak berust; en

c. de zaak het eerst bij het gerecht van herkomst aanhangig is gemaakt.

Art. 23 Uniforme uitlegging

Bij de uitlegging van dit Verdrag dient rekening te worden gehouden met het internationale karakter ervan alsmede met de noodzaak de uniforme toepassing ervan te bevorderen.

Art. 24 Toetsing van de werking van het Verdrag

De Secretaris-Generaal van de Haagse Conferentie voor Internationaal Privaatrecht neemt periodiek maatregelen om:

a. de werking van dit Verdrag, met inbegrip van eventuele verklaringen, in de praktijk te toetsen; en

b. te bezien of wijziging van dit Verdrag wenselijk is.

Art. 25 Niet-geünificeerde rechtsstelsels

1. Ten aanzien van een Verdragsluitende Staat die op het gebied van enige bij dit Verdrag geregelde aangelegenheid twee of meer rechtsstelsels heeft die binnen verschillende territoriale eenheden van toepassing zijn:

a. wordt een verwijzing naar het recht of de procedure van een Staat in voorkomend geval uitgelegd als een verwijzing naar het in de desbetreffende territoriale eenheid geldende recht of de daar geldende procedure;

b. wordt een verwijzing naar de verblijfplaats in een Staat in voorkomend geval uitgelegd als een verwijzing naar de verblijfplaats in de desbetreffende territoriale eenheid;

c. wordt een verwijzing naar het gerecht of de gerechten van een Staat in voorkomend geval uitgelegd als een verwijzing naar het gerecht of de gerechten in de desbetreffende territoriale eenheid;

d. wordt een verwijzing naar een band met een Staat in voorkomend geval uitgelegd als een verwijzing naar een band met de desbetreffende territoriale eenheid.

2. In afwijking van het voorgaande lid is een Verdragsluitende Staat met twee of meer territoriale eenheden waarin verschillende rechtsstelsels gelden, niet gehouden dit Verdrag toe te passen op gevallen waarbij uitsluitend die verschillende territoriale eenheden betrokken zijn.

3. Een gerecht in een territoriale eenheid van een Verdragsluitende Staat met twee of meer territoriale eenheden waarin verschillende rechtsstelsels gelden, is niet gehouden een beslissing van een andere Verdragsluitende Staat te erkennen of ten uitvoer te leggen uitsluitend omdat de beslissing op grond van dit Verdrag in een andere territoriale eenheid van dezelfde Verdragsluitende Staat is erkend of ten uitvoer gelegd.

4. Dit artikel is niet van toepassing op een Regionale Organisatie voor Economische Integratie.

Art. 26 Verhouding tot andere internationale instrumenten

1. Dit Verdrag dient op zodanige wijze te worden uitgelegd dat het voor zover mogelijk verenigbaar is met andere voor de Verdragsluitende Staten van kracht zijnde verdragen, ongeacht of deze voor of na dit Verdrag zijn gesloten.

2. Dit Verdrag laat onverlet de toepassing door een Verdragsluitende Staat van een verdrag, ongeacht of het voor of na dit Verdrag is gesloten, in gevallen waarin geen van de partijen verblijfplaats heeft in een Verdragsluitende Staat die geen partij bij dat verdrag is.

3. Dit Verdrag laat onverlet de toepassing door een Verdragsluitende Staat van een verdrag dat is gesloten voordat dit Verdrag voor die Verdragsluitende Staat van kracht werd, indien de toepassing van dit Verdrag onverenigbaar zou zijn met de verplichtingen van die Verdragsluitende Staat jegens enige andere Staat die geen Partij is bij dit Verdrag. Dit lid is ook van toepassing op verdragen die een verdrag dat voor de inwerkingtreding van dit Verdrag voor die Verdragsluitende Staat werd gesloten, herzien of vervangen, behoudens voor zover de herziening of vervanging nieuwe strijdigheden met dit Verdrag meebrengt.

4. Dit Verdrag laat onverlet de toepassing door een Verdragsluitende Staat van een verdrag, ongeacht of dit voor of na dit Verdrag is gesloten, met het oog op de erkenning of de tenuitvoerlegging van een beslissing die is gegeven door een gerecht van een Verdragsluitende Staat die eveneens partij bij dat verdrag is. De beslissing mag evenwel niet in geringere mate worden erkend of ten uitvoer worden gelegd dan op grond van dit Verdrag het geval zou zijn.

5. Dit Verdrag laat onverlet de toepassing door een Verdragsluitende Staat van een verdrag dat, met betrekking tot een bijzondere aangelegenheid, de rechterlijke bevoegdheid of de erkenning of de tenuitvoerlegging van beslissingen regelt, zelfs al is het na dit Verdrag gesloten en zelfs al zijn alle betrokken Staten Partij bij dit Verdrag. Dit lid is uitsluitend van toepassing indien de Verdragsluitende Staat ingevolge dit lid een verklaring met betrekking tot dat verdrag heeft afgelegd. Indien een dergelijke verklaring wordt afgelegd, zijn de andere Verdragsluitende Staten niet verplicht dit Verdrag op die bijzondere aangelegenheid toe te passen voor zover er sprake mocht zijn van onverenigbaarheid, wanneer een exclusief forumkeuzebeding de gerechten, of een of meer bepaalde gerechten van de Verdragsluitende Staat die de verklaring heeft afgelegd, aanwijst.

6. Dit Verdrag laat onverlet de toepassing van de regels van een Regionale Organisatie voor Economische Integratie die Partij bij dit Verdrag is, ongeacht of deze voor of na dit Verdrag zijn aangenomen:

a. wanneer geen van de partijen verblijfplaats heeft in een Verdragsluitende Staat die geen lidstaat is van de Regionale Organisatie voor Economische Integratie;

b. voor zover het betreft de erkenning of de tenuitvoerlegging van beslissingen tussen de lidstaten van de Regionale Organisatie voor Economische Integratie.

HOOFDSTUK V SLOTBEPALINGEN

Art. 27 Ondertekening, bekrachtiging, aanvaarding, goedkeuring of toetreding

Ondertekening, bekrachtiging, aanvaarding, goedkeuring of toetreding

1. Dit Verdrag staat open voor ondertekening door alle Staten.

2. Dit Verdrag dient door de ondertekenende Staten te worden bekrachtigd, aanvaard of goedgekeurd.

3. Dit Verdrag staat open voor toetreding door alle Staten.

4. De akten van bekrachtiging, aanvaarding, goedkeuring of toetreding worden nedergelegd bij het Ministerie van Buitenlandse Zaken van het Koninkrijk der Nederlanden, depositaris van het Verdrag.

Art. 28 Verklaringen ten aanzien van niet-geünificeerde rechtsstelsels

Verklaringen t.a.v. niet-geünificeerde rechtsstelsels

1. Indien een Staat twee of meer territoriale eenheden heeft waarin verschillende rechtsstelsels van toepassing zijn betreffende in dit Verdrag geregelde aangelegenheden, kan hij op het tijdstip van ondertekening, bekrachtiging, aanvaarding, goedkeuring of toetreding verklaren dat dit Verdrag op al deze territoriale eenheden of slechts op een of meer daarvan van toepassing is en kan hij deze verklaring te allen tijde wijzigen door een nieuwe verklaring af te leggen.

2. Elke verklaring wordt ter kennis gebracht van de depositaris en daarin worden uitdrukkelijk de territoriale eenheden vermeld waarop het Verdrag van toepassing is.

3. Indien een Staat geen verklaring aflegt krachtens dit artikel, is het Verdrag van toepassing op alle territoriale eenheden van die Staat.

4. Dit artikel is niet van toepassing op een Regionale Organisatie voor Economische Integratie.

Art. 29 Regionale Organisaties voor Economische Integratie

Regionale Organisaties voor Economische Integratie

1. Een Regionale Organisatie voor Economische Integratie die uitsluitend is samengesteld uit soevereine Staten en die bevoegd is ter zake van sommige of alle aangelegenheden die in dit Verdrag worden geregeld, kan dit Verdrag eveneens ondertekenen, aanvaarden, goedkeuren of hiertoe toetreden. De Regionale Organisatie voor Economische Integratie heeft in dat geval de rechten en verplichtingen van een Verdragsluitende Staat voor zover de organisatie bevoegd is ter zake van de aangelegenheden waarop dit Verdrag van toepassing is.

2. De Regionale Organisatie voor Economische Integratie doet, op het tijdstip van ondertekening, aanvaarding, goedkeuring of toetreding, de depositaris schriftelijk mededeling van de in dit Verdrag geregelde aangelegenheden ter zake waarvan de bevoegdheid door haar lidstaten aan die organisatie is overgedragen. De organisatie doet de depositaris onverwijld mededeling van wijzigingen van haar bevoegdheid als vermeld in de meeste recente kennisgeving ingevolge dit lid.

3. Ten behoeve van de inwerkingtreding van dit Verdrag telt een akte die wordt nedergelegd door een Regionale Organisatie voor Economische Integratie niet mee, tenzij de Regionale Organisatie voor Economische Integratie in overeenstemming met artikel 30 verklaart dat haar lidstaten geen Partij bij dit Verdrag zullen zijn.

4. Alle verwijzingen naar een „Verdragsluitende Staat" of een „Staat" in dit Verdrag zijn in voorkomend geval eveneens van toepassing op een Regionale Organisatie voor Economische Integratie die Partij bij het Verdrag is.

Art. 30 Toetreding door een Regionale Organisatie voor Economische Integratie zonder de lidstaten ervan

Regionale Organisaties voor Economische Integratie, toetreding door

1. Op het tijdstip van ondertekening, aanvaarding, goedkeuring van dit Verdrag of van toetreding ertoe kan een Regionale Organisatie voor Economische Integratie verklaren dat zij de bevoegdheid uitoefent ter zake van alle aangelegenheden waarop dit Verdrag van toepassing is en dat haar lidstaten geen Partij bij dit Verdrag zullen zijn, maar gebonden zullen zijn door ondertekening, aanvaarding, goedkeuring of toetreding door de organisatie.

2. In het geval dat een Regionale Organisatie voor Economische Integratie een verklaring in overeenstemming met het eerste lid heeft afgelegd, zijn alle verwijzingen naar een „Verdragsluitende Staat" of „Staat" in dit Verdrag in voorkomend geval eveneens van toepassing op de lidstaten van de organisatie.

Art. 31 Inwerkingtreding

1. Dit Verdrag treedt in werking op de eerste dag van de maand volgend op het verstrijken van een termijn van drie maanden na de nederlegging van de tweede akte van bekrachtiging, aanvaarding, goedkeuring of toetreding, bedoeld in artikel 27.

2. Vervolgens treedt dit Verdrag in werking:

a. voor iedere Staat of Regionale Organisatie voor Economische Integratie die het Verdrag daarna bekrachtigt, aanvaardt, goedkeurt of ertoe toetreedt, op de eerste dag van de maand volgend op het verstrijken van een termijn van drie maanden na de nederlegging van zijn akte van bekrachtiging, aanvaarding, goedkeuring of toetreding;

b. voor een territoriale eenheid waartoe dit Verdrag overeenkomstig artikel 28, eerste lid, is uitgebreid, op de eerste dag van de maand volgend op het verstrijken van een termijn van drie maanden na de kennisgeving van de verklaring bedoeld in dat artikel.

Art. 32 Verklaringen

1. De in de artikelen 19, 20, 21, 22 en 26 bedoelde verklaringen kunnen worden afgelegd bij de ondertekening, bekrachtiging, aanvaarding, goedkeuring of toetreding of op enig tijdstip daarna, en kunnen te allen tijde worden gewijzigd of ingetrokken.

2. Van verklaringen, wijzigingen en intrekkingen wordt aan de depositaris mededeling gedaan.

3. Een verklaring die is afgelegd op het tijdstip van ondertekening, bekrachtiging, aanvaarding, goedkeuring of toetreding wordt van kracht op het tijdstip waarop het Verdrag voor de betrokken Staat in werking treedt.

4. Een op een later tijdstip afgelegde verklaring, en elke wijziging of intrekking van een verklaring, worden van kracht op de eerste dag van de maand volgend op het verstrijken van een tijdvak van drie maanden na de datum waarop de kennisgeving door de depositaris is ontvangen.

5. Een verklaring ingevolge de artikelen 19, 20, 21 en 26 is niet van toepassing op exclusieve forumkeuzebedingen die zijn gemaakt voordat de verklaring van kracht wordt.

Art. 33 Opzegging

1. Dit Verdrag kan worden opgezegd door middel van een schriftelijke kennisgeving aan de depositaris. De opzegging kan worden beperkt tot bepaalde territoriale eenheden van een niet-geünificeerd rechtsstelsel waarop dit Verdrag van toepassing is.

2. De opzegging wordt van kracht op de eerste dag van de maand volgend op het verstrijken van een termijn van twaalf maanden na de datum waarop de kennisgeving door de depositaris is ontvangen. Wanneer in de kennisgeving een langere opzegtermijn is aangegeven, wordt de opzegging van kracht na het verstrijken van deze langere termijn, na de datum waarop de kennisgeving door de depositaris is ontvangen.

Art. 34 Kennisgevingen door de depositaris

De depositaris geeft de Leden van de Haagse Conferentie voor Internationaal Privaatrecht en andere Staten en Regionale Organisaties voor Economische Integratie die in overeenstemming met de artikelen 27, 29 en 30 zijn overgegaan tot ondertekening, bekrachtiging, aanvaarding, goedkeuring of toetreding, kennis van het volgende:

a. de ondertekeningen, bekrachtigingen, aanvaardingen, goedkeuringen en toetredingen bedoeld in de artikelen 27, 29 en 30;

b. de datum waarop dit Verdrag in werking treedt overeenkomstig artikel 31;

c. de kennisgevingen, verklaringen, wijzigingen en intrekkingen van verklaringen bedoeld in de artikelen 19, 20, 21, 22, 26, 28, 29 en 30;

d. de opzeggingen bedoeld in artikel 33.

Inwerkingtreding

Verdrag inzake forumkeuzebedingen, verklaringen

Verdrag inzake forumkeuzebedingen, opzegging

Kennisgevingen door de depositaris

Verordeningen en uitvoeringswetten

Verordening (EU) Nr. 1215/2012 betreffende de rechterlijke bevoegdheid, de erkenning en de tenuitvoerlegging van beslissingen in burgerlijke en handelszaken (herschikking)

Verordening (EU) Nr. 1215/2012 van het Europees Parlement en de Raad van 12 december 2012 betreffende de rechterlijke bevoegdheid, de erkenning en de tenuitvoerlegging van beslissingen in burgerlijke en handelszaken (herschikking)^1

HET EUROPEES PARLEMENT EN DE RAAD VAN DE EUROPESE UNIE,
Gezien het Verdrag betreffende de werking van de Europese Unie, met name artikel 67, lid 4, en artikel 81, lid 2, onder a), c) en e),
Gezien het voorstel van de Europese Commissie,
Na toezending van het ontwerp van wetgevingshandeling aan de nationale parlementen,
Gezien het advies van het Europees Economisch en Sociaal Comité^2,
Handelend volgens de gewone wetgevingsprocedure^3,
Overwegende hetgeen volgt:

(1) Op 21 april 2009 heeft de Commissie een verslag vastgesteld over de toepassing van Verordening (EG) nr. 44/2001 van de Raad van 22 december 2000 betreffende de rechterlijke bevoegdheid, de erkenning en de tenuitvoerlegging van beslissingen in burgerlijke en handelszaken^4. In het verslag is geconcludeerd dat in het algemeen de werking van deze verordening bevredigend is, maar dat het wenselijk is de toepassing van bepaalde bepalingen te verbeteren, het vrije verkeer van beslissingen verder te vergemakkelijken en de toegang tot de rechter verder te verbeteren. Aangezien die verordening op een aantal punten gewijzigd dient te worden, moet zij voor de duidelijkheid worden herschikt.

(2) Tijdens zijn bijeenkomst van 10 en 11 december 2009 te Brussel heeft de Europese Raad een nieuw meerjarenprogramma aangenomen, getiteld "Het programma van Stockholm — Een open en veilig Europa ten dienste en ter bescherming van de burger"^{5}. In het programma van Stockholm is de Europese Raad van oordeel dat de afschaffing van alle intermediaire maatregelen (exequatur) tijdens de looptijd van dat programma moet worden voortgezet. Tegelijkertijd moet de afschaffing van het exequatur vergezeld gaan van een aantal waarborgen.

(3) De Unie heeft zich ten doel gesteld een ruimte van vrijheid, veiligheid en recht te handhaven en te ontwikkelen en de toegang tot de rechter te vergemakkelijken, onder meer door het beginsel van wederzijdse erkenning van gerechtelijke en buitengerechtelijke beslissingen in burgerlijke zaken. Met het oog op de geleidelijke totstandbrenging van die ruimte dient de Unie maatregelen te nemen op het gebied van de justitiële samenwerking in burgerlijke zaken met grensoverschrijdende gevolgen, met name wanneer dat nodig is voor de goede werking van de interne markt.

(4) Sommige verschillen in de nationale regels inzake de rechterlijke bevoegdheid en de erkenning van beslissingen bemoeilijken de goede werking van de interne markt. Bepalingen die de eenvormigheid van de regels inzake jurisdictiegeschillen in burgerlijke en handelszaken mogelijk maken alsook zorgen voor een snelle en eenvoudige erkenning en tenuitvoerlegging van in een lidstaat gegeven beslissing, zijn onontbeerlijk.

(5) Dergelijke bepalingen behoren tot het gebied van de justitiële samenwerking in burgerlijke zaken in de zin van artikel 81 van het Verdrag betreffende de werking van de Europese Unie (VWEU).

(6) Met het oog op het vrije verkeer van beslissingen in burgerlijke en handelszaken is het nodig en passend de regels inzake de rechterlijke bevoegdheid, de erkenning en de tenuitvoerlegging van beslissingen in een verbindend en rechtsreeks toepasselijk besluit van de Unie neer te leggen.

(7) Op 27 september 1968 hebben de toenmalige lidstaten van de Europese Gemeenschappen op grond van artikel 220, vierde streepje, van het Verdrag tot oprichting van de Europese

---

1 Inwerkingtredingsdatum: 09-01-2013; zoals laatstelijk gewijzigd bij: PbEU 2015 L 54. Van toepassing vanaf 10-01-2015, met uitzondering van art. 75 en 76 die vanaf 10-01-2014 van toepassing zijn.

2 PB C 218 van 23.7.2011, blz. 78.

3 Standpunt van het Europees Parlement van 20 november 2012 (nog niet bekendgemaakt in het Publicatie-blad) en besluit van de Raad van 6 december 2012.

4 PB L 12 van 16.1.2001, blz. 1.

5 PB C 115 van 4.5.2010, blz. 1.

Economische Gemeenschap het Verdrag van Brussel betreffende de rechterlijke bevoegdheid en de tenuitvoerlegging van beslissingen in burgerlijke en handelszaken gesloten, dat nadien is gewijzigd bij de verdragen inzake de toetreding van nieuwe lidstaten tot dit verdrag^6 ("het Verdrag van Brussel van 1968"). Op 16 september 1988 hebben de toenmalige lidstaten van de Europese Gemeenschappen en enkele EVA-staten het Verdrag van Lugano betreffende de rechterlijke bevoegdheid en de tenuitvoerlegging van beslissingen in burgerlijke en handelszaken^7 ("het Verdrag van Lugano van 1988") gesloten, dat een nevenverdrag is van het Verdrag van Brussel van 1968. Het Verdrag van Lugano van 1988 werd in Polen op 1 februari 2000 van kracht.

(8) Op 22 december 2000 heeft de Raad Verordening (EG) nr. 44/2001 vastgesteld, die in de plaats is gekomen van het Verdrag van Brussel van 1968, voor wat betreft het grondgebied van de lidstaten zoals bestreken door het VWEU, met uitzondering van Denemarken. Bij Besluit 2006/325/EG van de Raad^8, heeft de Gemeenschap een overeenkomst met Denemarken gesloten, die de toepassing van Verordening (EG) nr. 44/2001 in Denemarken verzekert. Het Verdrag van Lugano van 1988 werd herzien door het Verdrag betreffende de rechterlijke bevoegdheid, de erkenning en de tenuitvoerlegging van beslissingen in burgerlijke en handelszaken^9, op 30 oktober 2007 ondertekend te Lugano door de Gemeenschap, Denemarken, IJsland, Noorwegen en Zwitserland ("het Verdrag van Lugano van 2007").

(9) Het Verdrag van Brussel van 1968 blijft van toepassing op de grondgebieden van de lidstaten die onder de territoriale werkingssfeer van dat verdrag vallen en die krachtens artikel 355 VWEU van deze verordening uitgesloten zijn.

(10) Het is van belang dat alle belangrijke burgerlijke en handelszaken onder de werkingssfeer van deze verordening worden gebracht, met uitzondering van bepaalde duidelijk omschreven aangelegenheden, met name onderhoudsverplichtingen, die moeten worden uitgesloten van het toepassingsgebied van deze verordening gezien de vaststelling van Verordening (EG) nr. 4/2009 van de Raad van 18 december 2008 betreffende de bevoegdheid, het toepasselijke recht, de erkenning en de tenuitvoerlegging van beslissingen, en de samenwerking op het gebied van onderhoudsverplichtingen^{10}.

(11) Onder gerecht van een lidstaat in de zin van deze verordening moet ook worden begrepen, een gerecht dat aan verscheidene lidstaten gemeenschappelijk is, zoals het Benelux-Gerechtshof voor zover dit bevoegd is voor binnen het toepassingsgebied van deze verordening vallende zaken. Een door een dergelijk gerecht gegeven beslissing moet derhalve overeenkomstig deze verordening worden erkend en ten uitvoer gelegd.

(12) Deze verordening dient niet van toepassing te zijn op arbitrage. Niets in deze verordening belet de gerechten van een lidstaat, wanneer aangezocht in een zaak waarin partijen een arbitragebeding zijn overeengekomen, de zaak te verwijzen voor arbitrage, het geding aan te houden dan wel te beëindigen, of om te onderzoeken of het arbitragebeding vervallen is, niet van kracht is of niet kan worden toegepast, een en ander in overeenstemming met zijn nationale recht. De beslissing van de rechter van een lidstaat over de vraag of een arbitragebeding vervallen is, niet van kracht is of niet kan worden toegepast, dient niet onderworpen te zijn aan de bij deze verordening bepaalde regels inzake erkenning en tenuitvoerlegging, ongeacht of de rechter ten gronde of op een incidentele vordering uitspraak doet.

Indien evenwel een op grond van deze verordening of van het nationale recht bevoegde rechter van een lidstaat heeft beslist dat een arbitrageovereenkomst vervallen is, niet van kracht is of niet kan worden toegepast, mag dit er niet aan in de weg staan dat de ten gronde gegeven beslissing, naargelang van het geval, in overeenstemming met deze verordening wordt erkend of ten uitvoer wordt gelegd, onverminderd de bevoegdheid van de gerechten van de lidstaten om over de erkenning en tenuitvoerlegging van scheidsrechterlijke uitspraken te beslissen, in overeenstemming met het Verdrag van New York van 10 juni 1958 over de erkenning en tenuitvoerlegging van buitenlandse scheidsrechterlijke uitspraken ("het Verdrag van New York van 1958"), dat voorrang heeft boven deze verordening.

Deze verordening dient niet van toepassing te zijn op vorderingen of accessoire procedures die in het bijzonder betrekking hebben op de instelling van een scheidsgerecht, de bevoegdheden van arbiters, het verloop van een arbitrageprocedure, of elk ander aspect van deze procedure, noch op enige vordering of beslissing inzake nietigverklaring, herziening, hoger beroep, erkenning en tenuitvoerlegging met betrekking tot een scheidsrechterlijke uitspraak.

---

6 PB L 299 van 31.12.1972, blz. 32; PB L 304 van 30.10.1978, blz. 1; PB L 388 van 31.12.1982, blz. 1; PB L 285 van 3.10.1989, blz. 1; PB C 15 van 15.1.1997, blz. 1. Voor een geconsolideerde versie, zie PB C 27 van 26.1.1998, blz. 1.

7 PB L 319 van 25.11.1988, blz. 9.

8 PB L 120 van 5.5.2006, blz. 22.

9 PB L 147 van 10.6.2009, blz. 5.

10 PB L 7 van 10.1.2009, blz. 1.

(13) Er moet een band bestaan tussen de procedures waarop deze verordening van toepassing is en het grondgebied van de lidstaten. De gemeenschappelijke regels inzake rechterlijke bevoegdheid moeten derhalve in beginsel van toepassing zijn wanneer de verweerder woonplaats in een van die lidstaten heeft.

(14) Ten aanzien van verweerders die geen woonplaats hebben op het grondgebied van een lidstaat, gelden als regel de nationale bevoegdheidsregels die worden toegepast op het grondgebied van de lidstaat van het gerecht waarbij de zaak is aangebracht. Met het oog op de bescherming van consumenten en werknemers, en teneinde de bevoegdheid van de gerechten van de lidstaten in gevallen waarin deze exclusieve bevoegdheid hebben, zeker te stellen en de autonomie van de partijen te eerbiedigen, dienen bepaalde bevoegdheidsregels in deze verordening te gelden, ongeacht de woonplaats van de verweerder.

(15) De bevoegdheidsregels moeten in hoge mate voorspelbaar zijn, waarbij als beginsel geldt dat de bevoegdheid in het algemeen gegrond wordt op de woonplaats van de verweerder. De bevoegdheid moet altijd op die grond kunnen worden gevestigd, behalve in een gering aantal duidelijk omschreven gevallen waarin het voorwerp van het geschil of de autonomie van de partijen een ander aanknopingspunt wettigt. Voor rechtspersonen moet de woonplaats autonoom worden bepaald om de gemeenschappelijke regels doorzichtiger te maken en jurisdictiegeschillen te voorkomen.

(16) Naast de woonplaats van de verweerder moeten er alternatieve bevoegdheidsgronden mogelijk zijn, gebaseerd op de nauwe band tussen het gerecht en de vordering of de noodzaak een goede rechtsbedeling te vergemakkelijken. Het bestaan van een nauwe band moet zorgen voor rechtszekerheid en de mogelijkheid vermijden dat de verweerder wordt opgeroepen voor een gerecht van een lidstaat dat door hem redelijkerwijs niet voorzienbaar was. Dat is met name belangrijk bij geschillen betreffende niet-contractuele verbintenissen die voortvloeien uit een inbreuk op de persoonlijke levenssfeer of op de persoonlijkheidsrechten, met inbegrip van smaad.

(17) De eigenaar van een cultuurgoed in de zin van artikel 1, punt 1, van Richtlijn 93/7/EEG van de Raad van 15 maart 1993 betreffende de teruggave van cultuurgoederen die op onrechtmatige wijze buiten het grondgebied van een lidstaat zijn gebracht^{11} moet uit hoofde van deze verordening de mogelijkheid hebben om zijn op eigendom gebaseerde vordering tot teruggave van een zodanig goed aanhangig te maken voor het gerecht van de plaats waar de goederen zich bevinden op het tijdstip dat de zaak bij het gerecht aanhangig wordt gemaakt. Een dergelijke vordering laat onverlet een procedure die ingevolge Richtlijn 93/7/EEG kan worden ingesteld.

(18) In het geval van verzekerings-, consumenten- en arbeidsovereenkomsten moet de zwakke partij worden beschermd door bevoegdheidsregels die gunstiger zijn voor haar belangen dan de algemene regels.

(19) De autonomie van de partijen bij een andere overeenkomst dan een verzekerings-, consumenten- of arbeidsovereenkomst, waarvoor slechts een beperkte autonomie geldt met betrekking tot de keuze van het bevoegde gerecht, moet worden geëerbiedigd, behoudens de exclusieve bevoegdheidsgronden die in deze verordening zijn neergelegd.

(20) Of een forumkeuzebeding ten gunste van het gerecht of de gerechten van een bepaalde lidstaat nietig is wat haar materiële geldigheid betreft, dient te worden bepaald door het recht van die lidstaat, met inbegrip van het conflictenrecht van die lidstaat.

(21) Met het oog op een harmonische rechtsbedeling moeten parallel lopende processen zoveel mogelijk worden beperkt en moet worden voorkomen dat in verschillende lidstaten onverenigbare beslissingen worden gegeven. Er moet een duidelijke en afdoende regeling zijn om problemen op het gebied van aanhangigheid en samenhang op te lossen, alsook om problemen te verhelpen die voortvloeien uit de tussen de lidstaten bestaande verschillen ten aanzien van de datum waarop een zaak als aanhangig wordt beschouwd. Voor de toepassing van deze verordening moet die datum autonoom worden bepaald.

(22) Om evenwel de doeltreffendheid van overeenkomsten inzake exclusieve forumkeuze te verbeteren en misbruik van procesrecht te voorkomen, moet een uitzondering op de algemene litispendentieregel worden getroffen met het oog op een bevredigende oplossing voor bepaalde situaties waarin zich een samenloop van procedures kan voordoen. Dat is het geval wanneer een ander dan het bij exclusieve forumkeuze aangewezen gerecht is aangezocht, en vervolgens tussen dezelfde partijen vorderingen voor het aangewezen gerecht worden aangebracht die hetzelfde onderwerp betreffen en op dezelfde oorzaak berusten. In een dergelijk geval moet het eerst aangezochte gerecht de procedure aanhouden zodra het aangewezen gerecht wordt aangezocht, en wel totdat dit laatste gerecht verklaart geen bevoegdheid te ontlenen aan de exclusieve forumkeuze. Dit dient om ervoor te zorgen dat het aangewezen gerecht in een dergelijke situatie voorrang krijgt om te beslissen over de geldigheid van het forumkeuzebeding en de mate waarin het beding geldt voor het voor hem dienende geschil. Het aangewezen gerecht moet aan de

---

11 PB L 74 van 27.3.1993, blz. 74.

behandeling van de zaak kunnen beginnen, ongeacht of het niet-aangewezen gerecht al heeft besloten over aanhouding van de zaak.

Deze uitzondering dient niet te gelden voor situaties waarin partijen tegenstrijdige forumkeuzebedingen zijn overeengekomen, of waarin een in een forumkeuzebeding aangewezen rechter het eerst is benaderd. In die gevallen geldt de litispendentieregel van deze verordening.

(23) Deze verordening moet een flexibel mechanisme bieden dat de gerechten van de lidstaten in staat stelt rekening te houden met procedures die aanhangig zijn voor de gerechten van derde landen, waarbij in het bijzonder wordt overwogen of een in een derde land gegeven beslissing in de desbetreffende lidstaat, en volgens het recht van die lidstaat en naar de goede rechtsbedeling vatbaar zal zijn voor erkenning en tenuitvoerlegging.

(24) Het gerecht van de betrokken lidstaat dat beoordeelt of er sprake is van goede rechtsbedeling, moet alle omstandigheden in overweging nemen. Dergelijke omstandigheden kunnen omvatten de verbanden tussen de feiten van de zaak en de partijen en de derde staat in kwestie, de stand waarin de procedure in de derde staat zich bevindt op het tijdstip waarop de procedure bij het gerecht in de lidstaat wordt ingeleid, en de vraag of van het gerecht in de derde staat kan worden verwacht dat het binnen een redelijke termijn uitspraak doet.

Die beoordeling kan tevens een overweging van de vraag omvatten of het gerecht van de derde staat in een bepaalde zaak exclusief bevoegd is in omstandigheden waarin een gerecht van een lidstaat exclusief bevoegd zou zijn.

(25) Onder het begrip van voorlopige en bewarende maatregelen dient bijvoorbeeld te worden begrepen conservatoire bevelen ter verkrijging van informatie of ter bescherming van bewijsmateriaal zoals bedoeld in de artikelen 6 en 7 van Richtlijn 2004/48/EG van het Europees Parlement en de Raad van 29 april 2004 betreffende de handhaving van intellectuele-eigendomsrechten^{12}. Onder dit begrip mogen niet worden begrepen maatregelen die geen conservatoir karakter hebben, zoals maatregelen waarbij het verhoor van een getuige wordt gelast. Dit laat de toepassing onverlet van Verordening (EG) nr. 1206/2001 van de Raad van 28 mei 2001 betreffende de samenwerking tussen de gerechten van de lidstaten op het gebied van bewijsverkrijging in burgerlijke en handelszaken^{13}.

(26) Op grond van het wederzijdse vertrouwen in de rechtsbedeling in de Unie is het in beginsel gerechtvaardigd dat in een lidstaat gegeven beslissingen worden erkend in alle lidstaten zonder dat daarvoor een speciale procedure nodig is. Bovendien rechtvaardigt het doel, namelijk de grensoverschrijdende geschillenbeslechting minder tijdrovend en goedkoper te maken, dat de verklaring van uitvoerbaarheid die vóór de tenuitvoerlegging in de aangezochte lidstaat moet worden gevraagd, wordt afgeschaft. Bijgevolg moet een beslissing die door de gerechten van een lidstaat is gegeven, op dezelfde manier worden behandeld als een beslissing die in de aangezochte lidstaat is gegeven.

(27) Met het oog op het vrije verkeer van rechterlijke beslissingen moet een beslissing die door een gerecht van een lidstaat is gegeven, in een andere lidstaat worden erkend en ten uitvoer gelegd, ook indien het is gewezen tegen een verweerder die geen woonplaats heeft in een lidstaat.

(28) Indien een beslissing maatregelen of bevelen bevat die in het recht van de aangezochte lidstaat onbekend zijn, wordt de maatregel of het bevel, inclusief een eventueel daarin vervat recht, zoveel als mogelijk in overeenstemming gebracht met een maatregel die of bevel dat wel in dat rechtsstelsel bestaat, gelijkwaardige gevolgen heeft en dezelfde doelstellingen en belangen beoogt. Hoe en door wie de aanpassing dient te geschieden wordt door elke lidstaat zelf bepaald.

(29) De rechtstreekse tenuitvoerlegging in de aangezochte lidstaat van een in een andere lidstaat gegeven beslissing zonder verklaring van uitvoerbaarheid mag de eerbiediging van het recht van verweer niet in gevaar brengen. Daarom moet de partij tegen wie de tenuitvoerlegging wordt gevorderd, in staat worden gesteld om weigering van erkenning of tenuitvoerlegging van een vonnis te verzoeken als hij meent dat er een grond voor weigering van erkenning aanwezig is. Een van die gronden is dat hij geen gelegenheid heeft gehad zijn verweer voor te bereiden ingeval van een bij verstek gewezen beslissing op een civiele vordering in verband met een strafzaak. Ook behoren hiertoe de gronden waarop een beroep kan worden gedaan krachtens een overeenkomst ex artikel 59 van het Verdrag van Brussel van 1968 tussen de aangezochte lidstaat en een derde staat.

(30) De partij die zich verzet tegen de tenuitvoerlegging van een in een andere lidstaat gegeven beslissing, moet zich, zoveel mogelijk en overeenkomstig het rechtsstelsel van de aangezochte lidstaat, in dezelfde procedure, naast op de in deze verordening bepaalde gronden voor weigering, ook kunnen beroepen op de gronden voor weigering die bij het nationale recht zijn bepaald en binnen de in dat recht gestelde termijnen.

De erkenning van een beslissing moet echter alleen geweigerd kunnen worden op een van de in deze verordening bepaalde gronden voor weigering.

---

12 PB L 157 van 30.4.2004, blz. 45.

13 PB L 174 van 27.6.2001, blz. 1.

(31) Hangende het verzet tegen tenuitvoerlegging van een beslissing, moet het voor het gerecht van de aangezochte lidstaat mogelijk zijn, gedurende de gehele procedure inclusief eventueel hoger beroep, de tenuitvoerlegging te laten doorgaan op voorwaarde van een beperking op die tenuitvoerlegging of van een zekerheidsstelling.

(32) Om de persoon tegen wie om tenuitvoerlegging wordt verzocht, in kennis te stellen van de tenuitvoerlegging van een in een andere lidstaat gegeven beslissing, moet het op grond van deze verordening opgestelde certificaat, indien nodig vergezeld van de beslissing, een redelijke termijn vóór de eerste tenuitvoerleggingsmaatregel aan de betrokkene worden betekend. De eerste tenuitvoerleggingsmaatregel betekent in dit verband de eerste tenuitvoerleggingsmaatregel na de betekening.

(33) Wanneer voorlopige en bewarende maatregelen zijn gelast door een gerecht dat bevoegd is om van het bodemgeschil kennis te nemen, moet het vrije verkeer ervan worden gewaarborgd krachtens deze verordening. Voorlopige en bewarende maatregelen die door een gerecht als hierboven bedoeld zijn gelast zonder dat verweerder is gedaagd te verschijnen, mogen evenwel niet worden erkend en ten uitvoer gelegd, tenzij de beslissing waarin de maatregel is vervat, vóór de tenuitvoerlegging aan de verweerder is betekend. Dit laat de erkenning en tenuitvoerlegging van dergelijke maatregelen krachtens nationaal recht onverlet. Wanneer voorlopige en bewarende maatregelen zijn gelast door een gerecht van een lidstaat dat niet bevoegd is om van het bodemgeschil kennis te nemen, moeten de gevolgen van de maatregelen krachtens deze verordening worden beperkt tot het grondgebied van die lidstaat.

(34) De continuïteit tussen het Verdrag van Brussel van 1968, Verordening (EG) nr. 44/2001 en deze verordening moet gewaarborgd worden; daartoe zijn overgangsbepalingen nodig. Deze continuïteit moet ook gelden voor de uitleg door het Hof van Justitie van de Europese Unie van het Verdrag van Brussel van 1968 en de verordeningen ter vervanging daarvan.

(35) De eerbiediging van de internationale verplichtingen van de lidstaten houdt in dat deze verordening de verdragen en internationale overeenkomsten waarbij de lidstaten partij zijn en die bijzondere onderwerpen bestrijken, onverlet laat.

(36) Onverminderd de verplichtingen van de lidstaten op grond van de Verdragen, moet de toepassing van bilaterale verdragen en overeenkomsten die vóór de datum van inwerkingtreding van Verordening (EG) nr. 44/2001 tussen een derde staat en een lidstaat zijn gesloten en betrekking hebben op de bij deze verordening geregelde onderwerpen, door deze verordening onverlet worden gelaten.

(37) Om erop toe te zien dat de in verband met de erkenning of tenuitvoerlegging van beslissingen, authentieke akten en gerechtelijke schikkingen in de zin van deze verordening te gebruiken certificaten, steeds worden bijgehouden, moet de bevoegdheid om handelingen vast te stellen overeenkomstig artikel 290 VWEU aan de Commissie worden gedelegeerd ten aanzien van de wijzigingen in de bijlagen I en II bij deze verordening. Het is van bijzonder belang dat de Commissie tijdens haar voorbereidende werkzaamheden passend overleg pleegt, ook op deskundigenniveau. De Commissie moet bij de voorbereiding en het opstellen van gedelegeerde handelingen ervoor zorgen dat de desbetreffende documenten tijdig, gelijktijdig en op passende wijze aan het Europees Parlement en aan de Raad worden toegezonden.

(38) Deze verordening eerbiedigt de grondrechten en neemt de beginselen in acht die in het Handvest van de grondrechten van de Europese Unie zijn erkend, met name het recht op een doeltreffende voorziening in rechte en op een onpartijdig gerecht zoals gewaarborgd in artikel 47 van het Handvest.

(39) Aangezien de doelstelling van deze verordening niet voldoende door de lidstaten kan worden verwezenlijkt en beter door de Unie kan worden verwezenlijkt, kan de Unie, overeenkomstig het in artikel 5 van het Verdrag betreffende de Europese Unie (VEU) neergelegde subsidiariteitsbeginsel, maatregelen nemen. Overeenkomstig het in hetzelfde artikel neergelegde evenredigheidsbeginsel gaat deze verordening niet verder dan nodig is om de doelstelling ervan te verwezenlijken.

(40) Overeenkomstig artikel 3 van het Protocol betreffende de positie van het Verenigd Koninkrijk en Ierland, gehecht aan het VEU en aan het toenmalige Verdrag tot oprichting van de Europese Gemeenschap, nemen het Verenigd Koninkrijk en Ierland deel aan de aanneming en toepassing van Verordening (EG) nr. 44/2001. Het Verenigd Koninkrijk en Ierland hebben, overeenkomstig artikel 3 van Protocol nr. 21 betreffende de positie van het Verenigd Koninkrijk en Ierland ten aanzien van de ruimte van vrijheid, veiligheid en recht, gehecht aan het VEU en het VWEU, kennis gegeven van hun wens deel te nemen aan de aanneming en toepassing van deze verordening.

(41) Denemarken neemt, overeenkomstig de artikelen 1 en 2 van Protocol nr. 22 betreffende de positie van Denemarken, gehecht aan het VEU en het VWEU, niet deel aan de aanneming van deze verordening en deze verordening is derhalve niet verbindend voor, noch van toepassing in Denemarken, onverminderd de mogelijkheid voor Denemarken om, overeenkomstig artikel 3 van de Overeenkomst van 19 oktober 2005 tussen de Europese Gemeenschap en het Koninkrijk Denemarken betreffende de rechterlijke bevoegdheid, de erkenning en de tenuitvoerlegging

van beslissingen in burgerlijke en handelszaken^{14}, de wijzigingen in Verordening (EG) nr. 44/2001 toe te passen,
HEBBEN DE VOLGENDE VERORDENING VASTGESTELD:

HOOFDSTUK I TOEPASSINGSGEBIED EN DEFINITIES

Art. 1

Werkingssfeer

1. Deze verordening wordt toegepast in burgerlijke en handelszaken, ongeacht de aard van het gerecht. Zij heeft met name geen betrekking op fiscale zaken, douanezaken en administratiefrechtelijke zaken, noch op de aansprakelijkheid van de staat wegens een handeling of nalaten in de uitoefening van het openbaar gezag (*acta jure imperii*).

2. Deze verordening is niet van toepassing op:

a) de staat en de bevoegdheid van natuurlijke personen, het huwelijksvermogensrecht of het vermogensrecht ter zake van relatievormen waaraan volgens het hierop toepasselijke recht gevolgen worden verbonden welke vergelijkbaar zijn met die van het huwelijk;

b) het faillissement, akkoorden en andere soortgelijke procedures;

c) de sociale zekerheid;

d) arbitrage;

e) onderhoudsverplichtingen die voortvloeien uit familiebetrekkingen, bloedverwantschap, huwelijk of aanverwantschap;

f) testamenten en erfenissen, met inbegrip van onderhoudsverplichtingen die ontstaan als gevolg van overlijden.

Art. 2

Begripsbepalingen

In deze verordening wordt verstaan onder:

a) „beslissing", elke door een gerecht van een lidstaat gegeven beslissing, ongeacht de daaraan gegeven benaming, zoals arrest, vonnis, beschikking of rechterlijk dwangbevel, alsmede de vaststelling van het bedrag van de proceskosten door de griffier.

Voor de toepassing van hoofdstuk III omvat het begrip „beslissing" voorlopige en bewarende maatregelen die zijn gelast door een gerecht dat overeenkomstig deze verordening bevoegd is om van het bodemgeschil kennis te nemen. Het omvat niet een voorlopige of een bewarende maatregel die door een dergelijk gerecht wordt bevolen zonder dat de verweerder is opgeroepen te verschijnen, tenzij de beslissing die de maatregel bevat vóór de tenuitvoerlegging aan de verweerder is betekend;

b) „gerechtelijke schikking", een schikking die door een gerecht van een lidstaat is goedgekeurd of tijdens een procedure voor een gerecht van een lidstaat is getroffen;

c) „authentieke akte", een akte die als authentieke akte is verleden of geregistreerd in de lidstaat van herkomst en waarvan de authenticiteit:

i) betrekking heeft op de ondertekening en de inhoud van de akte, en

ii) is vastgesteld door een overheidsinstantie of een andere daartoe bevoegd verklaarde autoriteit;

d) „lidstaat van herkomst", de lidstaat waar, naargelang van het geval, de beslissing is gegeven, de gerechtelijke schikking is goedgekeurd of getroffen, of de authentieke akte is verleden of geregistreerd;

e) „aangezochte lidstaat", de lidstaat waar de erkenning van de beslissing wordt ingeroepen of waar de tenuitvoerlegging van de beslissing, de gerechtelijke schikking of de authentieke akte wordt gevorderd;

f) „gerecht van herkomst", het gerecht dat de beslissing heeft gegeven waarvan de erkenning wordt ingeroepen of de tenuitvoerlegging wordt gevorderd.

Art. 3

Gerecht, definitie

Voor de toepassing van deze verordening omvat „gerecht" de volgende autoriteiten, voor zover zij bevoegd zijn voor binnen het toepassingsgebied van deze verordening vallende zaken:

a) in Hongarije, in het kader van een summiere procedure betreffende een aanmaning tot betaling („fizetési meghagyásos eljárás"): notarissen („közjegyző");

b) in Zweden, in het kader van een summiere procedure betreffende een aanmaning tot betaling („betalningsföreläggande") en bijstandszaken („handräckning"): gerechtsdeurwaarderinstanties („Kronofogdemyndigheten").

---

14 PB L 299 van 16.11.2005, blz. 62.

HOOFDSTUK II BEVOEGDHEID

AFDELING 1 Algemene bepalingen

Art. 4

1. Onverminderd deze verordening worden zij die woonplaats hebben op het grondgebied van een lidstaat, ongeacht hun nationaliteit, opgeroepen voor de gerechten van die lidstaat.

2. Voor degenen die niet de nationaliteit bezitten van de lidstaat waar zij woonplaats hebben, gelden de regels voor de rechterlijke bevoegdheid die op de eigen onderdanen van die lidstaat van toepassing zijn.

Art. 5

1. Degenen die op het grondgebied van een lidstaat woonplaats hebben, kunnen slechts voor het gerecht van een andere lidstaat worden opgeroepen krachtens de in de afdelingen 2 tot en met 7 van dit hoofdstuk gegeven regels.

2. In het bijzonder zijn de nationale bevoegdheidsregels waarvan de lidstaten de Commissie krachtens artikel 76, lid 1, onder a), in kennis hebben gesteld, niet van toepassing op personen als bedoeld in lid 1 van dit artikel.

Art. 6

1. Indien de verweerder geen woonplaats heeft op het grondgebied van een lidstaat, wordt de bevoegdheid in elke lidstaat geregeld door de wetgeving van die lidstaat, onverminderd artikel 18, lid 1, artikel 21, lid 2, en de artikelen 24 en 25.

2. Tegen een dergelijke verweerder kan eenieder, ongeacht zijn nationaliteit, die op het grondgebied van een lidstaat woonplaats heeft, zich aldaar op gelijke voet met de onderdanen van die staat, beroepen op de aldaar geldende nationale bevoegdheidsregels, en in het bijzonder de regels waarvan de lidstaten de Commissie krachtens artikel 76, lid 1, onder a), in kennis hebben gesteld.

AFDELING 2 Bijzondere bevoegdheid

Art. 7

Een persoon die woonplaats heeft op het grondgebied van een lidstaat, kan in een andere lidstaat voor de volgende gerechten worden opgeroepen:

1.

a) ten aanzien van verbintenissen uit overeenkomst, voor het gerecht van de plaats waar de verbintenis die aan de eis ten grondslag ligt, is uitgevoerd of moet worden uitgevoerd;

b) voor de toepassing van deze bepaling is, tenzij anders is overeengekomen, de plaats van uitvoering van de verbintenis die aan de eis ten grondslag ligt:

– voor de koop en verkoop van roerende lichamelijke zaken, de plaats in een lidstaat waar de zaken volgens de overeenkomst geleverd werden of geleverd hadden moeten worden;

– voor de verstrekking van diensten, de plaats in een lidstaat waar de diensten volgens de overeenkomst verstrekt werden of verstrekt hadden moeten worden;

c) punt a) is van toepassing indien punt b) niet van toepassing is;

2. ten aanzien van verbintenissen uit onrechtmatige daad, voor het gerecht van de plaats waar het schadebrengende feit zich heeft voorgedaan of zich kan voordoen;

3. ten aanzien van een op een strafbaar feit gegronde rechtsvordering tot schadevergoeding of tot teruggave, voor het gerecht waarbij de strafvervolging is ingesteld, voor zover dit gerecht volgens de interne wetgeving van de burgerlijke vordering kennis kan nemen;

4. ten aanzien van een op eigendom gebaseerde vordering tot teruggave van een cultuurgoed in de zin van artikel 1, punt 1, van Richtlijn 93/7/EEG, ingesteld door degene die een eigendomsrecht op een zodanig goed stelt te hebben, voor het gerecht van de plaats waar het goed zich bevindt op het tijdstip dat de zaak bij het gerecht aanhangig wordt gemaakt;

5. ten aanzien van een geschil betreffende de exploitatie van een filiaal, van een agentschap of enige andere vestiging, voor het gerecht van de plaats waar het filiaal, het agentschap of andere vestiging gelegen zijn;

6. ten aanzien van een geschil dat aanhangig wordt gemaakt tegen een oprichter, trustee of begunstigde van een trust die in het leven is geroepen op grond van de wet of bij geschrifte dan wel bij een schriftelijk bevestigde mondelinge overeenkomst, voor de gerechten van de lidstaat op het grondgebied waarvan de trust woonplaats heeft;

Tenuitvoerlegging beslissingen in burgerlijke en handelszaken, bevoegdheid

Tenuitvoerlegging beslissingen in burgerlijke en handelszaken, bijzondere bevoegdheid

7. ten aanzien van een geschil betreffende de betaling van de beloning wegens de hulp en berging die aan een lading of vracht ten goede is gekomen, voor het gerecht in het rechtsgebied waarvan op deze lading of de daarop betrekking hebbende vracht:

a) beslag is gelegd tot zekerheid van deze betaling, of

b) daartoe beslag had kunnen worden gelegd, maar borgtocht of andere zekerheid is gesteld, met dien verstande dat bepaling slechts van toepassing is indien wordt beweerd dat de verweerder een recht heeft op de lading of de vracht, of dat hij daarop een zodanig recht had op het tijdstip van deze hulp of berging.

Art. 8

Een persoon die op het grondgebied van een lidstaat woonplaats heeft, kan ook worden opgeroepen:

1. indien er meer dan één verweerder is: voor het gerecht van de woonplaats van een hunner, op voorwaarde dat er tussen de vorderingen een zo nauwe band bestaat dat een goede rechtsbedeling vraagt om hun gelijktijdige behandeling en berechting, teneinde te vermijden dat bij afzonderlijke berechting van de zaken onverenigbare beslissingen worden gegeven;

2. bij een vordering tot vrijwaring of bij een vordering tot voeging of tussenkomst: voor het gerecht waarvoor de oorspronkelijke vordering aanhangig is gemaakt, tenzij de vorderingen slechts zijn ingesteld om hem te onttrekken aan de bevoegdheid van de rechter die bevoegd zou zijn in zijn zaak;

3. ten aanzien van een tegenvordering die voortspruit uit de overeenkomst of uit het rechtsfeit waarop de oorspronkelijke vordering gegrond is: voor het gerecht waar deze laatste aanhangig is;

4. ten aanzien van een verbintenis uit overeenkomst, indien de vordering vergezeld kan gaan van een zakelijke vordering betreffende een onroerend goed tegen dezelfde verweerder: voor de gerechten van de lidstaat op het grondgebied waarvan het onroerend goed gelegen is.

Art. 9

Indien een gerecht van een lidstaat krachtens deze verordening bevoegd is kennis te nemen van vorderingen ter zake van aansprakelijkheid voortvloeiend uit het gebruik of de exploitatie van een schip, neemt dit gerecht, of elk ander gerecht dat volgens het interne recht van deze lidstaat in zijn plaats treedt, tevens kennis van de vorderingen tot beperking van dergelijke aansprakelijkheid.

AFDELING 3

Bevoegdheid in verzekeringszaken

Art. 10

De bevoegdheid in verzekeringszaken is in deze afdeling geregeld, onverminderd artikel 6 en artikel 7, punt 5.

Art. 11

1. De verzekeraar met woonplaats op het grondgebied van een lidstaat, kan worden opgeroepen:

a) voor de gerechten van de lidstaat waar hij zijn woonplaats heeft;

b) in een andere lidstaat, indien het een vordering van de verzekeringnemer, de verzekerde of een begunstigde betreft, voor het gerecht van de woonplaats van de eiser, of

c) indien het een medeverzekeraar betreft, voor het gerecht van een lidstaat waar de vordering tegen de eerste verzekeraar is ingesteld.

2. Wanneer de verzekeraar geen woonplaats heeft op het grondgebied van een lidstaat, maar in een lidstaat een filiaal, een agentschap of enige andere vestiging heeft, wordt hij voor de geschillen betreffende de exploitatie daarvan geacht woonplaats te hebben op het grondgebied van die lidstaat.

Art. 12

De verzekeraar kan bovendien worden opgeroepen voor het gerecht van de plaats waar het schadebrengende feit zich heeft voorgedaan, indien het geschil een aansprakelijkheidsverzekering of een verzekering van onroerend goed betreft. Hetzelfde geldt voor het geval dat de verzekering zowel betrekking heeft op roerende als op onroerende goederen die door eenzelfde polis gedekt zijn en door hetzelfde onheil getroffen zijn.

Art. 13

1. Ter zake van aansprakelijkheidsverzekering kan de verzekeraar ook in vrijwaring worden opgeroepen voor het gerecht waar de rechtsvordering van de getroffene tegen de verzekerde aanhangig is, indien de voor dit gerecht geldende wetgeving het toelaat.

2. De artikelen 10, 11 en 12 zijn van toepassing op de vordering die door de getroffene rechtstreeks tegen de verzekeraar wordt ingesteld, indien de rechtstreekse vordering mogelijk is.

Verordening (EG) Nr. 1393/2007 inzake de betekening en de kennisgeving in de lidstaten van gerechtelijke en buitengerechtelijke stukken in burgerlijke of in handelszaken („de betekening en de kennisgeving van stukken"), en tot intrekking van Verordening (EG) nr. 1348/2000 van de Raad

Verordening (EG) Nr. 1393/2007 van het Europees Parlement en de Raad van 13 november 2007 inzake de betekening en de kennisgeving in de lidstaten van gerechtelijke en buitengerechtelijke stukken in burgerlijke of in handelszaken („de betekening en de kennisgeving van stukken"), en tot intrekking van Verordening (EG) nr. 1348/2000 van de Raad^1

HET EUROPEES PARLEMENT EN DE RAAD VAN DE EUROPESE UNIE,

Gelet op het Verdrag tot oprichting van de Europese Gemeenschap, en met name op artikel 61, onder c), en artikel 67, lid 5, tweede streepje,

Gezien het voorstel van de Commissie,

Gezien het advies van het Europees Economisch en Sociaal Comité^2,

Handelend volgens de procedure van artikel 251 van het Verdrag^3,

Overwegende hetgeen volgt:

(1) De Unie heeft zich ten doel gesteld een ruimte van vrijheid, veiligheid en recht te handhaven en te ontwikkelen waarin het vrije verkeer van personen gewaarborgd is. De Gemeenschap moet met het oog op de totstandbrenging van een dergelijke ruimte onder meer de maatregelen op het gebied van de justitiële samenwerking in burgerlijke zaken nemen die nodig zijn voor de goede werking van de interne markt.

(2) Het is voor de goede werking van de interne markt nodig de verzending tussen de lidstaten van gerechtelijke en buitengerechtelijke stukken in burgerlijke of in handelszaken, met het oog op betekening of kennisgeving ervan, te verbeteren en te versnellen.

(3) De Raad heeft bij de Akte van 26 mei 1997^4(3) de tekst van een verdrag inzake de betekening en de kennisgeving in de lidstaten van de Europese Unie van gerechtelijke en buitengerechtelijke stukken in burgerlijke of in handelszaken opgesteld en heeft aanbevolen dat de lidstaten dit verdrag overeenkomstig hun onderscheiden grondwettelijke bepalingen aannemen. Dit verdrag is niet in werking getreden. De continuïteit van de bij het sluiten van het verdrag behaalde resultaten moet worden gewaarborgd.

(4) Op 29 mei 2000 heeft de Raad Verordening (EG) nr. 1348/2000 inzake de betekening en de kennisgeving in de lidstaten van gerechtelijke en buitengerechtelijke stukken in burgerlijke of in handelszaken aangenomen^5. De inhoud van die verordening is grotendeels gebaseerd op het verdrag.

(5) Op 1 oktober 2004 hechtte de Commissie haar goedkeuring aan een verslag over de toepassing van Verordening (EG) nr. 1348/2000. De conclusie van het verslag luidde dat de toepassing van Verordening (EG) nr. 1348/2000 de verzending en de betekening en kennisgeving van stukken tussen de lidstaten sinds de inwerkingtreding ervan in 2001 algemeen heeft verbeterd en versneld, maar dat de toepassing van sommige bepalingen van de verordening niettemin niet geheel bevredigend is.

---

1 Inwerkingtredingsdatum: 30-12-2007; zoals laatstelijk gewijzigd bij: PbEU 2013 L 158. Van toepassing vanaf 13-11-2008, met uitzondering van art. 23 dat vanaf 1308-2008 van toepassing is.

2 PB C 88 van 11.4.2006, blz. 7.

3 Advies van het Europees Parlement van 4 juli 2006 (PB C 303 E van 13.12.2006, blz. 69), gemeenschappelijk standpunt van de Raad van 28 juni 2007 (PB C 193 E van 21.8.2007, blz. 13) en standpunt van het Europees Parlement van 24 oktober 2007.

4 PB C 261 van 27.8.1997, blz. 1. Op de dag waarop het verdrag werd opgesteld heeft de Raad nota genomen van het toelichtend verslag over het verdrag dat op blz. 26 van het genoemde Publicatieblad staat.

5 PB L 160 van 30.6.2000, blz. 37.

(6) Met het oog op de doelmatigheid en de snelheid van de gerechtelijke procedures in burgerlijke zaken is het nodig dat de verzending van gerechtelijke en buitengerechtelijke stukken tussen de door de lidstaten aangewezen plaatselijke instanties rechtstreeks en op snelle wijze geschiedt. De lidstaten kunnen evenwel hun voornemen kenbaar maken slechts één verzendende of één ontvangende instantie aan te wijzen, dan wel één enkele instantie die beide functies vervult, gedurende vijf jaar. Deze aanwijzing kan echter om de vijf jaar worden verlengd.

(7) De verzending kan met het oog op de snelheid ervan langs elke passende weg geschieden, mits aan bepaalde voorwaarden wordt voldaan inzake de leesbaarheid en de betrouwbaarheid van het ontvangen stuk. De zorgvuldigheid van de verzending vereist dat het te verzenden stuk vergezeld gaat van een modelformulier dat moet worden ingevuld in de officiële taal of een van de officiële talen van de plaats waar de betekening of kennisgeving geschiedt dan wel in een andere taal die door de betrokken lidstaat wordt aanvaard.

(8) Deze verordening is niet van toepassing op de betekening en de kennisgeving van een stuk aan de gevolmachtigde vertegenwoordiger van de partij in de lidstaat waar de procedure plaatsvindt, ongeacht de woonplaats van die partij.

(9) De betekening of kennisgeving van een stuk moet zo spoedig mogelijk plaatsvinden en in ieder geval binnen een maand na de ontvangst ervan door de ontvangende instantie.

(10) De mogelijkheid de betekening of kennisgeving van stukken te weigeren, moet tot buitengewone gevallen worden beperkt, teneinde de doeltreffendheid van de verordening te waarborgen.

(11) Om de verzending en de betekening of kennisgeving van stukken tussen de lidstaten te vergemakkelijken, moeten de in de bijlagen bij deze verordening opgenomen modelformulieren worden gebruikt.

(12) De ontvangende instantie moet degene voor wie het stuk is bestemd er door middel van het modelformulier schriftelijk van in kennis stellen dat hij het te betekenen of ter kennis te brengen stuk kan weigeren in ontvangst te nemen ofwel op het ogenblik van de betekening of kennisgeving ofwel door het stuk, indien het niet is gesteld in een taal die hij begrijpt of in de officiële taal of een van de officiële talen van de plaats van betekening of kennisgeving, binnen een week naar de ontvangende instantie terug te zenden. Dit geldt ook voor de daaropvolgende betekening of kennisgeving nadat degene voor wie het stuk bestemd is gebruik heeft gemaakt van zijn weigeringsrecht. Deze regels inzake weigering gelden ook voor de betekening of kennisgeving door medewerkers van ambassades en consulaten, betekening of kennisgeving door postdiensten en rechtstreekse betekening of kennisgeving. De betekening of kennisgeving van een geweigerd stuk moet kunnen worden geregulariseerd door aan degene voor wie het stuk is bestemd betekening of kennisgeving te doen van een vertaling van het stuk.

(13) Het is met het oog op de snelheid van de verzending gerechtvaardigd dat de betekening of kennisgeving van een stuk binnen enkele dagen na ontvangst van het stuk geschiedt. Indien de betekening of de kennisgeving echter niet binnen een maand heeft kunnen plaatsvinden, dient de ontvangende instantie dit aan de verzendende instantie mee te delen. Het verstrijken van deze termijn moet niet impliceren dat de aanvraag aan de verzendende instantie wordt teruggezonden, wanneer het duidelijk is dat binnen een redelijke termijn aan deze aanvraag kan worden voldaan.

(14) De ontvangende instantie blijft het nodige doen voor de betekening of kennisgeving van het stuk, ook indien betekening of kennisgeving binnen een maand niet mogelijk was, bijvoorbeeld omdat de verweerder niet thuis was in verband met vakantie of niet op kantoor was in verband met zakelijke redenen. Om een in tijd onbeperkte verplichting voor de ontvangende instantie om het nodige te doen voor de betekening of kennisgeving van het stuk te voorkomen, dient de verzendende instantie de mogelijkheid te hebben om in het modelformulier een termijn op te nemen waarna de betekening of kennisgeving niet langer verplicht is.

(15) Gezien de in de onderscheiden lidstaten bestaande verschillen in procedureregels, loopt de gebeurtenis waarvan de datum voor de betekening of kennisgeving in aanmerking wordt genomen, van lidstaat tot lidstaat uiteen. Met het oog op dergelijke situaties en de moeilijkheden die zich kunnen voordoen, voorziet deze verordening in een regeling waarbij de datum van betekening of kennisgeving bepaald wordt door de wetgeving van de aangezochte staat. Wanneer de betekening of kennisgeving van een stuk overeenkomstig het recht van een lidstaat echter binnen een bepaalde termijn moet worden verricht, dan wordt de datum die ten aanzien van de aanvrager in aanmerking moet worden genomen, bepaald door het recht van deze lidstaat. Dit systeem van twee data bestaat slechts in een beperkt aantal lidstaten. De lidstaten die dit systeem toepassen, moeten dit melden aan de Commissie, die deze informatie moet bekendmaken in het *Publicatieblad van de Europese Unie* en beschikbaar stellen via het bij Beschikking 2001/470/EG van de Raad^6 opgerichte Europees justitieel netwerk in burgerlijke en handelszaken.

(16) Om de toegang tot de rechter te vergemakkelijken, moeten de kosten voor het optreden van een deurwaarder of van een overeenkomstig het recht van de aangezochte lidstaat bevoegde

---

6 PB L 174 van 27.6.2001, blz. 25.

EG-betekeningsverordening **B86**

persoon overeenkomen met een enkele vaste vergoeding waarvan het bedrag vooraf door deze lidstaat wordt bepaald met inachtneming van de beginselen van evenredigheid en non-discriminatie. De verplichting van een enkele vaste vergoeding laat de mogelijkheid onverlet dat de lidstaten verschillende vergoedingen vaststellen voor verschillende soorten betekening of kennisgeving, voor zover zij deze beginselen in acht nemen.

(17) Elke lidstaat moet bevoegd zijn de betekening of kennisgeving van stukken aan zich in een andere lidstaat bevindende personen rechtstreeks door de postdiensten te laten verrichten bij aangetekend schrijven met ontvangstbevestiging of op gelijkwaardige wijze.

(18) Iedere belanghebbende bij een rechtsgeding kan de betekening of kennisgeving van stukken rechtstreeks doen verrichten door de deurwaarders, ambtenaren of andere bevoegde personen in de aangezochte lidstaat, indien deze rechtstreekse betekening of kennisgeving is toegestaan krachtens de wetgeving van die lidstaat.

(19) De Commissie dient een handboek samen te stellen met informatie met betrekking tot de correcte toepassing van deze verordening, dat ter beschikking moet worden gesteld via het Europees justitieel netwerk in burgerlijke en handelszaken. De Commissie en de lidstaten dienen alles in het werk te stellen om ervoor te zorgen dat deze informatie actueel en volledig is, met name wat de adresgegevens van de ontvangende en verzendende instanties betreft.

(20) Voor de berekening van de in deze verordening bedoelde termijnen dient Verordening (EEG, Euratom) nr. 1182/71 van de Raad van 3 juni 1971 houdende vaststelling van de regels die van toepassing zijn op termijnen, data en aanvangs- en vervaltijden^7, van toepassing te zijn.

(21) De voor de uitvoering van deze verordening vereiste maatregelen moeten worden vastgesteld overeenkomstig Besluit 1999/468/EG van de Raad van 28 juni 1999 tot vaststelling van de voorwaarden voor de uitoefening van de aan de Commissie verleende uitvoeringsbevoegdheden^8.

(22) In het bijzonder moet de Commissie de bevoegdheid worden gegeven om de modelformulieren in de bijlagen bij te werken of technisch aan te passen. Daar het maatregelen van algemene strekking betreft tot wijziging/schrapping van niet-essentiële onderdelen van deze verordening, moeten deze worden aangenomen volgens de in artikel 5 bis van Besluit 1999/468/EG vastgestelde regelgevingsprocedure met toetsing.

(23) Deze verordening heeft voorrang op de bepalingen inzake door haar bestreken gebieden van door de lidstaten gesloten bilaterale of multilaterale overeenkomsten of regelingen met dezelfde werkingssfeer, met name het protocol bij het Verdrag van Brussel van 27 september 1968^9 en het Verdrag van „'s-Gravenhage van 15 november 1965^{10}, in de betrekkingen tussen de lidstaten die partij zijn bij deze verdragen. Deze verordening belet echter niet dat enkele lidstaten overeenkomsten of regelingen behouden of sluiten om de toezending van de stukken te versnellen of te vereenvoudigen, voor zover deze met de bepalingen van de verordening verenigbaar zijn.

(24) De krachtens deze verordening verzonden gegevens behoeven een gepaste beschermingsregeling. De materie valt binnen de werkingssfeer van Richtlijn 95/46/EG van het Europees Parlement en de Raad van 24 oktober 1995 betreffende de bescherming van natuurlijke personen in verband met de verwerking van persoonsgegevens en betreffende het vrije verkeer van die gegevens^{11} en van Richtlijn 2002/58/EG van het Europees Parlement en de Raad van 12 juli 2002 betreffende de verwerking van persoonsgegevens en de bescherming van de persoonlijke levenssfeer in de sector elektronische communicatie (richtlijn privacy en elektronische communicatie)^{12}.

(25) Uiterlijk op 1 juni 2011 en vervolgens om de vijf jaar, moet de Commissie de toepassing van deze verordening onderzoeken en, in voorkomend geval, de nodige wijzigingen voorstellen.

(26) Daar de doelstellingen van deze verordening niet voldoende door de lidstaten kunnen worden verwezenlijkt en derhalve wegens de omvang of de gevolgen van het optreden beter door de Gemeenschap kunnen worden verwezenlijkt, kan de Gemeenschap, overeenkomstig het in artikel 5 van het Verdrag neergelegde subsidiariteitsbeginsel, maatregelen nemen.

---

7 PB L 124 van 8.6.1971, blz. 1.

8 PB L 184 van 17.7.1999, blz. 23. Besluit gewijzigd bij Besluit 2006/512/EG (PB L 200 van 22.7.2006, blz. 11).

9 Verdrag van Brussel van 27 september 1968 betreffende de rechterlijke bevoegdheid en de tenuitvoerlegging van beslissingen in burgerlijke en handelszaken (PB L 299 van 31.12.1972, blz. 32; geconsolideerde versie PB C 27 van 26.1.1998, blz. 1).

10 Verdrag van „'s Gravenhage van 15 november 1965 inzake de betekening en de kennisgeving in het buitenland van gerechtelijke en buitengerechtelijke stukken in burgerlijke zaken en handelszaken.

11 PB L 281 van 23.11.1995, blz. 31. Richtlijn gewijzigd bij Verordening (EG) nr. 1882/2003 (PB L 284 van 31.10.2003, blz. 1).

12 PB L 201 van 31.7.2002, blz. 37. Richtlijn gewijzigd bij Richtlijn 2006/24/EG (PB L 105 van 13.4.2006, blz. 54).

Overeenkomstig het in hetzelfde artikel neergelegde evenredigheidsbeginsel, gaat deze verordening niet verder dan hetgeen nodig is om deze doelstellingen te verwezenlijken.

(27) Om de bepalingen toegankelijker en leesbaarder te maken, moet Verordening (EG) nr. 1348/2000 worden ingetrokken en vervangen door deze verordening.

(28) Overeenkomstig artikel 3 van het Protocol betreffende de positie van het Verenigd Koninkrijk en Ierland, gehecht aan het Verdrag betreffende de Europese Unie en aan het Verdrag tot oprichting van de Europese Gemeenschap, nemen het Verenigd Koninkrijk en Ierland deel aan de aanneming en toepassing van deze verordening.

(29) Overeenkomstig de artikelen 1 en 2 van het Protocol betreffende de positie van Denemarken, dat is gehecht aan het Verdrag betreffende de Europese Unie en aan het Verdrag tot oprichting van de Europese Gemeenschap, neemt Denemarken niet deel aan de aanneming van deze verordening en is het niet gebonden door of onderworpen aan de toepassing ervan, HEEFT DE VOLGENDE VERORDENING VASTGESTELD:

HOOFDSTUK I ALGEMENE BEPALINGEN

Art. 1 Werkingssfeer

1. Deze verordening is van toepassing in burgerlijke en in handelszaken, waarin een gerechtelijk of buitengerechtelijk stuk van een lidstaat naar een andere lidstaat moet worden verzonden ter betekening of kennisgeving aldaar. Deze verordening is met name niet van toepassing in fiscale, douane- en/of administratieve zaken of in het geval van aansprakelijkheid van de staat voor handelingen of omissies bij de uitoefening van het overheidsgezag („acta iure imperii").

2. Deze verordening is niet van toepassing indien het adres van degene voor wie het stuk is bestemd, onbekend is.

3. In deze verordening wordt onder het begrip „lidstaat" vrstaan alle lidstaten met uitzondering van Denemarken.

Art. 2 Verzendende en ontvangende instanties

1. Elke lidstaat wijst de deurwaarders, autoriteiten of andere personen aan, hierna „verzendende instanties" genoemd, die bevoegd zijn gerechtelijke of buitengerechtelijke stukken te verzenden ter betekening of kennisgeving in een andere lidstaat.

2. Elke lidstaat wijst de deurwaarders, autoriteiten of andere personen aan, hierna „ontvangende instanties" genoemd, die bevoegd zijn van een andere lidstaat afkomstige gerechtelijke of buitengerechtelijke stukken in ontvangst te nemen.

3. Elke lidstaat kan één verzendende instantie en één ontvangende instantie aanwijzen, dan wel een instantie die beide functies vervult. Een federale staat, een staat waarin verschillende rechtsstelsels gelden of een staat met autonome territoriale structuren kan meer dan een van dergelijke instanties aanwijzen. De aanwijzing is vijf jaar geldig en kan telkens met vijf jaar worden verlengd.

4. Elke lidstaat verstrekt de Commissie de volgende gegevens:

a) de naam en het adres van de in de leden 2 en 3 bedoelde ontvangende instanties,

b) hun territoriale bevoegdheid,

c) de wijze waarop zij stukken kunnen ontvangen, en

d) de talen die kunnen worden gebruikt voor het invullen van het formulier waarvan het model in bijlage I is opgenomen.

De lidstaten stellen de Commissie van alle wijzigingen van deze gegevens in kennis.

Art. 3 Centrale instantie

Elke lidstaat wijst een centrale instantie aan die tot taak heeft:

a) de verzendende instanties informatie te verschaffen;

b) oplossingen te zoeken voor de problemen die zich bij de verzending van stukken ter betekening of kennisgeving kunnen voordoen;

c) in buitengewone omstandigheden, op verzoek van een verzendende instantie, aan de bevoegde ontvangende instantie een aanvraag voor betekening of kennisgeving te doen toekomen.

Een federale staat, een staat waarin verschillende rechtsstelsels gelden of een staat met autonome territoriale structuren kan meer dan een centrale instantie aanwijzen.

HOOFDSTUK II GERECHTELIJKE STUKKEN

Afdeling 1
Verzending en betekening of kennisgeving van gerechtelijke stukken

Art. 4 Verzending van stukken

1. De op grond van artikel 2 aangewezen instanties zenden elkaar de gerechtelijke stukken zo spoedig mogelijk rechtstreeks toe.

2. De verzendende en ontvangende instanties kunnen elkaar de stukken, aanvragen, bevestigingen, ontvangstbewijzen, certificaten en alle overige documenten langs elke passende weg toezenden, mits de inhoud van het ontvangen stuk met die van het verzonden document overeensstemt en alle informatie daarin goed leesbaar is.

3. Het te verzenden stuk gaat vergezeld van een aanvraag die volgens het modelformulier in de bijlage is opgesteld. Het formulier wordt in de officiële taal van de aangezochte lidstaat ingevuld of, indien er verscheidene officiële talen in die lidstaat zijn, in de officiële taal of een van de officiële talen van de plaats waar de betekening of kennisgeving moet worden verricht, of in een andere taal die de aangezochte lidstaat heeft verklaard te kunnen aanvaarden. Elke lidstaat doet opgave van de officiële taal of talen van de instellingen van de Europese Unie, andere dan zijn eigen taal of talen, die hij voor de invulling van het formulier aanvaardt.

4. Alle verzonden stukken en overige documenten zijn vrijgesteld van legalisatie of een daarmee gelijk te stellen formaliteit.

5. Wanneer de verzendende instantie verlangt dat een afschrift van het stuk samen met het in artikel 10 bedoelde certificaat wordt teruggezonden, zendt zij het stuk in tweevoud op.

Art. 5 Vertaling van stukken

1. De aanvrager wordt door de verzendende instantie waaraan hij het stuk ter verzending overdraagt, in kennis gesteld van het feit dat degene voor wie het stuk is bestemd, kan weigeren het stuk in ontvangst te nemen omdat het niet in een van de in artikel 8 bedoelde talen is gesteld.

2. De aanvrager draagt de eventuele kosten van vertaling vóór de verzending van het stuk, onverminderd een eventuele latere verwijzing in die kosten door de rechter of bevoegde autoriteit.

Art. 6 Ontvangst van stukken door de ontvangende instantie

1. Bij de ontvangst van een stuk zendt de ontvangende instantie de verzendende instantie zo spoedig mogelijk en in ieder geval binnen zeven dagen na de ontvangst van het stuk langs de snelst mogelijke weg een ontvangstbewijs, overeenkomstig het modelformulier in bijlage I.

2. Indien de aanvraag voor betekening of kennisgeving niet aan de hand van de toegezonden gegevens of stukken kan worden uitgevoerd, neemt de ontvangende instantie langs de snelst mogelijke weg contact met de verzendende instantie op om de ontbrekende gegevens of stukken te verkrijgen.

3. Indien de aanvraag voor betekening of kennisgeving duidelijk buiten het toepassingsgebied van deze verordening valt of indien de betekening of kennisgeving niet mogelijk is omdat niet aan de vormvoorschriften is voldaan, worden de aanvraag en de toegezonden stukken na ontvangst aan de verzendende instantie teruggezonden, samen met het bericht van teruggave, overeenkomstig het modelformulier in bijlage I.

4. Een ontvangende instantie die een stuk ontvangt maar voor de betekening of kennisgeving ervan niet territoriaal bevoegd is, zendt het stuk, evenals de aanvraag, aan de bevoegde ontvangende instantie in dezelfde lidstaat door indien de aanvraag aan de in artikel 4, lid 3, bedoelde voorwaarden voldoet en stelt de verzendende instantie daarvan door middel van het modelformulier in bijlage I in kennis. De laatstgenoemde ontvangende instantie stelt de verzendende instantie op de in lid 1 beschreven wijze in kennis van de ontvangst.

Art. 7 Betekening of kennisgeving van stukken

1. De ontvangende instantie zorgt voor de betekening of kennisgeving van het stuk, hetzij overeenkomstig het recht van de aangezochte lidstaat, hetzij in de specifieke, door de verzendende instantie gewenste vorm, mits deze met het recht van die aangezochte lidstaat verenigbaar is.

2. De ontvangende instantie neemt de nodige stappen om te bewerkstelligen dat de betekening of kennisgeving van het stuk zo spoedig mogelijk en in ieder geval binnen een maand na de ontvangst ervan geschiedt. Indien de betekening of kennisgeving niet heeft kunnen plaatsvinden binnen een maand na de ontvangst,

a) deelt de ontvangende instantie dit onmiddellijk aan de verzendende instantie mee door middel van het certificaat in het modelformulier in bijlage I, dat volgens de in artikel 10, lid 2, opgenomen regels wordt ingevuld, en

b) blijft de ontvangende instantie de nodige stappen zetten voor de betekening of kennisgeving van het stuk, tenzij anders aangegeven door de verzendende instantie, wanneer de betekening of kennisgeving binnen een redelijke termijn mogelijk lijkt.

B86 art. 8 *EG-betekeningsverordening*

Art. 8 Weigering van ontvangst van een stuk

Gerechtelijke stukken, weigering van ontvangst

1. De ontvangende instantie stelt degene voor wie het stuk is bestemd, door middel van het in bijlage II opgenomen modelformulier in kennis van het feit dat hij kan weigeren het stuk waarvan betekening of kennisgeving moet worden verricht, in ontvangst te nemen op het ogenblik van de betekening of kennisgeving ofwel door het stuk binnen een week naar de ontvangende instantie terug te zenden, indien het niet is gesteld in of niet vergezeld gaat van een vertaling in een van de volgende talen:

a) een taal die degene voor wie het stuk bestemd is, begrijpt,

of

b) de officiële taal van de aangezochte lidstaat of, indien er verscheidene officiële talen in de aangezochte lidstaat zijn, de officiële taal of een van de officiële talen van de plaats waar de betekening of kennisgeving moet worden verricht.

2. Indien de ontvangende instantie ervan op de hoogte is gesteld dat de persoon voor wie het stuk is bestemd dit overeenkomstig lid 1 weigert in ontvangst te nemen, stelt zij de verzendende instantie daarvan onmiddellijk door middel van het in artikel 10 bedoelde certificaat in kennis en zendt zij de aanvraag alsmede de stukken waarvan de vertaling wordt gevraagd terug.

3. Indien degene voor wie het stuk is bestemd overeenkomstig lid 1 heeft geweigerd het stuk in ontvangst te nemen, kan de betekening of kennisgeving van het stuk worden geregulariseerd door aan degene voor wie het stuk is bestemd overeenkomstig deze verordening betekening of kennisgeving te doen van het stuk vergezeld van een vertaling in een taal zoals bedoeld in lid 1. In dat geval is de datum van de betekening of kennisgeving van het stuk die waarop de betekening of kennisgeving van het stuk vergezeld van de vertaling overeenkomstig het recht van de aangezochte lidstaat is geschied. Wanneer de betekening of kennisgeving van een stuk overeenkomstig het recht van een lidstaat echter binnen een bepaalde termijn moet worden verricht, dan is de datum die ten aanzien van de aanvrager in aanmerking wordt genomen de datum van betekening of kennisgeving van het oorspronkelijke stuk, vastgesteld overeenkomstig artikel 9, lid 2.

4. De leden 1, 2 en 3 zijn van toepassing op de wijzen van verzending en betekening of kennisgeving van gerechtelijke stukken overeenkomstig Afdeling 2.

5. Voor de toepassing van lid 1, stellen diplomatieke of consulaire ambtenaren, wanneer de betekening of kennisgeving overeenkomstig artikel 13 is verricht, of de autoriteit of persoon, wanneer de betekening of kennisgeving overeenkomstig artikel 14 is verricht, degene voor wie het stuk is bestemd in kennis van het feit dat hij kan weigeren het stuk in ontvangst te nemen en dat geweigerde stukken naar deze ambtenaren of naar deze autoriteit of bevoegde persoon moeten worden gezonden.

Art. 9 Datum van betekening of kennisgeving

Gerechtelijke stukken, datum betekening of kennisgeving

1. Onverminderd artikel 8 is de datum van betekening of kennisgeving van artikel 7 de datum waarop betekening of kennisgeving overeenkomstig het recht van de aangezochte lidstaat is geschied.

2. Wanneer de betekening of kennisgeving van een stuk overeenkomstig het recht van een lidstaat echter binnen een bepaalde termijn moet worden verricht, dan wordt de datum die ten aanzien van de aanvrager in aanmerking moet worden genomen, evenwel bepaald door het recht van deze lidstaat.

3. De leden 1 tot en met 2 zijn van toepassing op de wijzen van verzending en betekening of kennisgeving van gerechtelijke stukken overeenkomstig afdeling 2.

Art. 10 Certificaat van betekening of kennisgeving en afschrift van het stuk waarvan de betekening of kennisgeving is verricht

Gerechtelijke stukken, certificaat/afschrift betekening of kennisgeving

1. Wanneer alle formaliteiten met betrekking tot de betekening of kennisgeving van het stuk zijn verricht, wordt door middel van het modelformulier in bijlage I een certificaat betreffende de voltooiing van deze handelingen opgesteld en aan de verzendende instantie toegezonden; in geval van toepassing van artikel 4, lid 5, gaat het certificaat vergezeld van een afschrift van het stuk waarvan de betekening of kennisgeving is verricht.

2. Het certificaat wordt in de officiële taal of een van de officiële talen van de lidstaat van herkomst ingevuld of in een andere taal die de lidstaat van herkomst heeft meegedeeld te kunnen aanvaarden. Elke lidstaat doet opgave van de officiële taal of talen van de instellingen van de Europese Unie, andere dan zijn eigen taal of talen, die hij voor de invulling van het formulier aanvaardt.

Art. 11 Kosten van betekening of kennisgeving

Gerechtelijke stukken, kosten betekening of kennisgeving

1. De betekening of kennisgeving van uit een andere lidstaat afkomstige gerechtelijke stukken geeft geen aanleiding tot betaling of terugbetaling van heffingen of kosten voor de door de aangezochte lidstaat verleende diensten.

2. De aanvrager is echter gehouden de kosten te betalen of terug te betalen, veroorzaakt door:

a) bijstand door een deurwaarder of van een volgens de wet van de aangezochte lidstaat bevoegde persoon;

b) de toepassing van een bijzondere vorm van betekening of kennisgeving.

De kosten voor bijstand door een deurwaarder of van een overeenkomstig het recht van de aangezochte lidstaat bevoegde persoon komen overeen met een enkele vaste vergoeding waarvan het bedrag vooraf door deze lidstaat wordt bepaald met inachtneming van de beginselen van evenredigheid en nondiscriminatie. De lidstaten delen de Commissie het bedrag van deze vaste vergoedingen mee.

Afdeling 2
Andere wijzen van verzending en betekening of kennisgeving van gerechtelijke stukken

Art. 12 Toezending langs consulaire of diplomatieke weg

In buitengewone omstandigheden is elke lidstaat bevoegd gerechtelijke stukken langs consulaire of diplomatieke weg aan de krachtens artikel 2 of artikel 3 aangewezen instanties van een andere lidstaat ter betekening of kennisgeving toe te zenden.

Gerechtelijke stukken, toezending langs consulaire of diplomatieke weg

Art. 13 Betekening of kennisgeving door de zorg van diplomatieke of consulaire ambtenaren

1. Elke lidstaat is bevoegd de betekening of kennisgeving van gerechtelijke stukken aan zich in een andere lidstaat bevindende personen rechtstreeks, zonder rechtsdwang, door de zorg van zijn diplomatieke of consulaire ambtenaren te doen verrichten.

Gerechtelijke stukken, betekening of kennisgeving door diplomatieke of consulaire ambtenaren

2. Elke lidstaat kan, overeenkomstig artikel 23, lid 1, verklaren dat hij zich tegen de uitoefening van deze bevoegdheid op zijn grondgebied verzet, tenzij van het stuk betekening of kennisgeving moet worden gedaan aan een onderdaan van de lidstaat van herkomst van dat stuk.

Art. 14 Betekening of kennisgeving per post

Elke lidstaat kan de betekening of kennisgeving van gerechtelijke stukken aan in een andere lidstaat verblijvende personen rechtstreeks door postdiensten doen verrichten bij aangetekend schrijven met ontvangstbevestiging of op gelijkwaardige wijze.

Gerechtelijke stukken, betekening of kennisgeving per post

Art. 15 Rechtstreekse betekening of kennisgeving

Iedere belanghebbende bij een rechtsgeding mag de betekening of kennisgeving van gerechtelijke stukken rechtstreeks doen verrichten door de deurwaarders, ambtenaren of andere bevoegde personen in de aangezochte lidstaat, indien rechtstreekse betekening of kennisgeving is toegestaan door de wetgeving van die lidstaat.

Gerechtelijke stukken, rechtstreekse betekening of kennisgeving

HOOFDSTUK III BUITENGERECHTELIJKE STUKKEN

Art. 16 Verzending

Buitengerechtelijke stukken kunnen overeenkomstig de bepalingen van deze verordening ter betekening of kennisgeving in een andere lidstaat worden verzonden.

Buitengerechtelijke stukken, verzending

HOOFDSTUK IV SLOTBEPALINGEN

Art. 17 Toepassing

De maatregelen die de niet-essentiële elementen van deze verordening betreffende het bijwerken van het aanbrengen van technische aanpassingen in de modelformulieren in de bijlagen I en II beogen te wijzigen, worden aangenomen volgens de in artikel 18, lid 2, bedoelde regelgevingsprocedure met toetsing.

Slotbepalingen

Art. 18 Comité

1. De Commissie wordt bijgestaan door een comité.

2. Wanneer naar dit lid wordt verwezen, zijn artikel 5 bis, leden 1 tot en met 4, en artikel 7 van Besluit 1999/468/EG van toepassing, met inachtneming van artikel 8 van dat besluit.

Art. 19 Niet-verschenen verweerder

1. Wanneer een stuk dat het geding inleidt of een daarmee gelijk te stellen stuk overeenkomstig de bepalingen van deze verordening ter betekening of kennisgeving naar een andere lidstaat moest worden gezonden en de verweerder niet is verschenen, houdt de rechter de beslissing aan totdat is gebleken dat:

a) hetzij van het stuk betekening of kennisgeving is gedaan met inachtneming van de in de wetgeving van de aangezochte lidstaat voorgeschreven vormen voor de betekening of kennisgeving van stukken die in dat land zijn opgemaakt en voor zich op het grondgebied van dat land bevindende personen bestemd zijn, of

b) hetzij het stuk daadwerkelijk is afgegeven aan de verweerder in persoon of aan zijn woonplaats op een andere in deze verordening geregelde wijze, en dat de betekening of kennisgeving respectievelijk de afgifte zo tijdig is geschied dat de verweerder gelegenheid heeft gehad verweer te voeren.

2. Elke lidstaat is bevoegd, overeenkomstig artikel 23, lid 1, te verklaren dat zijn rechters in afwijking van lid 1 een beslissing kunnen geven, ook wanneer geen certificaat van betekening, kennisgeving of afgifte is ontvangen, indien aan elk van de volgende voorwaarden is voldaan:

a) het stuk is op één van de in deze verordening geregelde wijzen toegezonden;

b) sedert het tijdstip van toezending van het stuk is een termijn verlopen die door de rechter voor elk afzonderlijk geval wordt vastgesteld, doch die ten minste zes maanden zal bedragen;

c) in weerwil van alle redelijke inspanningen die daartoe bij de bevoegde autoriteiten of organen van de aangezochte staat zijn aangewend, kon geen bewijs worden verkregen.

3. Het bepaalde in de leden 1 en 2 belet niet dat de rechter in spoedeisende gevallen voorlopige of bewarende maatregelen kan nemen.

4. Wanneer een stuk dat het geding inleidt of een daarmee gelijk te stellen stuk overeenkomstig de bepalingen van deze verordening ter betekening of kennisgeving naar een andere lidstaat moest worden gezonden en de verweerder bij verstek is veroordeeld, kan de rechter, indien de termijn waarbinnen een rechtsmiddel had moeten worden aangewend is verstreken, de verweerder een nieuwe termijn toestaan waarbinnen hij het rechtsmiddel alsnog kan aanwenden, mits aan elk van de volgende voorwaarden is voldaan:

a) de verweerder heeft niet de gelegenheid gehad zich te verweren of een rechtsmiddel aan te wenden, doordat het stuk respectievelijk de beslissing hem, buiten zijn schuld, niet tijdig heeft bereikt, en

b) de grieven van de verweerder zijn, naar het aanvankelijke oordeel van de rechter, niet van elke grond ontbloot.

Een verzoek om verlening van een nieuwe termijn voor het aanwenden van een rechtsmiddel is slechts ontvankelijk indien het is ingediend binnen een redelijke termijn na het tijdstip waarop de verweerder van de beslissing kennis heeft gekregen.

Elke lidstaat kan, overeenkomstig artikel 23, lid 1, verklaren dat het verzoek niet ontvankelijk is, indien het is ingediend na het verstrijken van een in die verklaring genoemde termijn, die echter niet korter mag zijn dan één jaar te rekenen vanaf de dag waarop de beslissing is gegeven.

5. Lid 4 is niet van toepassing op beslissingen betreffende de staat of bekwaamheid van personen.

Art. 20 Verband met overeenkomsten of regelingen waarbij de lidstaten partij zijn

1. Voor het gebied dat tot haar werkingsfeer behoort, heeft deze verordening voorrang op de bepalingen in door de lidstaten gesloten bilaterale of multilaterale overeenkomsten of regelingen, met name artikel IV van het protocol bij het Verdrag van Brussel van 1968 en het Verdrag van 's-Gravenhage van 15 november 1965.

2. Deze verordening belet niet dat afzonderlijke lidstaten overeenkomsten of regelingen behouden of sluiten om de toezending van stukken verder te versnellen of te vereenvoudigen, mits die overeenkomsten of regelingen met deze verordening verenigbaar zijn.

3. Elke lidstaat doet aan de Commissie:

a) een exemplaar toekomen van de in lid 2 bedoelde overeenkomsten of regelingen met andere lidstaten alsook van de nog niet aangenomen ontwerpen daarvan, en

b) mededeling van de opzegging van of wijzigingen in deze overeenkomsten of regelingen.

Art. 21 Rechtshulp

Artikel 23 van het Verdrag van 17 juli 1905 betreffende de burgerlijke rechtsvordering, artikel 24 van het Verdrag van 1 maart 1954 betreffende de burgerlijke rechtsvordering en artikel 13 van het Verdrag van 25 oktober 1980 inzake de toegang tot de rechter in internationale gevallen blijven onverminderd van toepassing tussen de lidstaten welke partij zijn bij die verdragen.

Art. 22 Bescherming van verzonden gegevens

1. Gegevens, waaronder met name begrepen persoonsgegevens, die krachtens deze verordening worden verzonden, worden door de ontvangende instantie alleen gebruikt voor het doel waarvoor zij zijn verzonden.

2. De ontvangende instanties beschermen de vertrouwelijkheid van die gegevens overeenkomstig hun nationale wetgeving.

3. De leden 1 en 2 laten onverlet dat de toepasselijke nationale wetgeving degenen wier gegevens het betreft, in staat stelt te worden ingelicht omtrent het gebruik van overeenkomstig deze verordening verzonden gegevens.

4. Deze verordening doet geen afbreuk aan de toepassing van de Richtlijnen 95/46/EG en 2002/58/EG.

Art. 23 Bekendmaking

1. De lidstaten delen de Commissie de in de artikelen 2, 3, 4, 10, 11, 13, 15 en 19 bedoelde gegevens mee. De lidstaten delen de Commissie mee of de betekening of kennisgeving van een stuk overeenkomstig hun recht binnen een bepaalde termijn als bedoeld in artikel 8, lid 3, en artikel 9, lid 2, moet worden verricht.

2. De Commissie maakt de overeenkomstig lid 1 bedoelde gegevens bekend in het *Publicatieblad van de Europese Unie*, met uitzondering van de adressen en overige contactgegevens van de instanties en van de centrale organen, en hun territoriale bevoegdheid.

3. De Commissie zorgt voor de opstelling en regelmatige bijwerking van een handleiding die de in lid 1 bedoelde gegevens bevat en die elektronisch beschikbaar is, met name via het Europees justitieel netwerk in burgerlijke en handelszaken.

Art. 24 Toetsing

Uiterlijk op 1 juni 2011 en vervolgens om de vijf jaar dient de Commissie bij het Europees Parlement, de Raad en het Europees Economisch en Sociaal Comité een verslag in over de toepassing van deze verordening, en met name over de doeltreffendheid van de overeenkomstig artikel 2 aangewezen instanties en de praktische toepassing van artikel 3, onder c), en artikel 9. Dit verslag gaat, in voorkomend geval, vergezeld van voorstellen om deze verordening aan de ontwikkeling van de kennisgevingsregelingen aan te passen.

Art. 25 Intrekking

1. Verordening (EG) nr. 1348/2000 wordt ingetrokken met ingang van de datum vanaf welke de onderhavige verordening van toepassing is.

2. Elke verwijzing naar de ingetrokken verordening wordt gelezen als een verwijzing naar de onderhavige verordening en overeenkomstig de concordantietabel in bijlage III.

Art. 26 Inwerkingtreding

Deze verordening treedt in werking op de twintigste dag volgende op die van haar bekendmaking in het *Publicatieblad van de Europese Unie*.

Zij is van toepassing met ingang van 13 november 2008, met uitzondering van artikel 23, dat van toepassing is met ingang van 13 augustus 2008.

Inwerkingtreding

B86 bijlage I

EG-betekeningsverordening

BIJLAGE I

AANVRAAG OM BETEKENING OF KENNISGEVING VAN STUKKEN

(Artikel 4, lid 3, van Verordening (EG) nr. 1393/2007 van het Europees Parlement en de Raad van 13 november 2007 inzake de betekening en de kennisgeving in de lidstaten van gerechtelijke en buitengerechtelijke stukken in burgerlijke of in handelszaken (¹))

Referentienr.: ....

1. VERZENDENDE INSTANTIE

1.1. Naam:

1.2. Adres:

1.2.1. Straat en nummer/postbus:

1.2.2. Postcode + plaats:

1.2.3. Land:

1.3. Telefoon:

1.4. Fax (*):

1.5. E-mail (*):

2. ONTVANGENDE INSTANTIE

2.1. Naam:

2.2. Adres:

2.2.1. Straat en nummer/postbus:

2.2.2. Postcode + plaats:

2.2.3. Land:

2.3. Telefoon:

2.4. Fax (*):

2.5. E-mail (*):

3. AANVRAGER

3.1. Naam:

3.2. Adres:

3.2.1. Straat en nummer/postbus:

3.2.2. Postcode + plaats:

3.2.3. Land:

3.3. Telefoon (*):

3.4. Fax (*):

3.5. E-mail (*):

(¹) PB L 324 van 10.12.2007, blz. 79.

(*) Facultatief.

EG-betekeningsverordening

B86 bijlage I

4. GEADRESSEERDE

4.1. Naam:

4.2. Adres:

4.2.1. Straat en nummer/postbus:

4.2.2. Postcode + plaats:

4.2.3. Land:

4.3. Telefoon (*):

4.4. Fax (*):

4.5. E-mail (*):

4.6. Persoonlijk identificatienummer, socialezekerheidsnummer, organisatienummer of gelijkwaardig kenmerk (*):

5. WIJZE VAN BETEKENING OF KENNISGEVING

5.1. Volgens de wet van de aangezochte lidstaat

5.2. Op de volgende bijzondere wijze:

5.2.1. Indien deze wijze onverenigbaar is met de wet van de aangezochte lidstaat, moet van het/de stuk(ken) betekening of kennisgeving geschieden in overeenstemming met de wet van die lidstaat:

5.2.1.1. Ja

5.2.1.2. Neen

6. STUK WAARVAN BETEKENING OF KENNISGEVING MOET GESCHIEDEN

6.1. Soort stuk

6.1.1. Gerechtelijk

6.1.1.1. procesinleidend stuk

6.1.1.2. rechterlijke beslissing

6.1.1.3. hoger beroep, cassatie, verzet

6.1.1.4. overige

6.1.2. Buitengerechtelijk

6.2. Datum of uiterste termijn, waarna de betekening en kennisgeving niet meer vereist zijn (*)
... (dag) ... (maand) ... (jaar)

6.3. Taal van het stuk:

6.3.1. origineel (BG, ES, CS, DE, ET, EL, EN, FR, GA, HR, IT, LV, LT, HU, MT, NL, PL, PT, RO, SK, SL, FI, SV, andere):

6.3.2. vertaling (*) (BG, ES, CS, DE, ET, EL, EN, FR, GA, HR, IT, LV, LT, HU, MT, NL, PL, PT, RO, SK, SL, FI, SV, andere):

6.4. Aantal bijgevoegde documenten:

7. TERUGZENDING VAN EEN KOPIE VAN HET STUK MET HET CERTIFICAAT (artikel 4, lid 5, van Verordening (EG) nr. 1393/2007)

7.1. Ja (in dit geval moet het stuk waarvan betekening of kennisgeving moet plaatsvinden in tweevoud worden toegezonden)

7.2. Neen

(*) Facultatief.

B86 bijlage I

EG-betekeningsverordening

1. Op grond van artikel 7, lid 2, van Verordening (EG) nr. 1393/2007 dient u zo spoedig mogelijk en in ieder geval binnen een maand na ontvangst van het stuk het nodige te doen voor de betekening of kennisgeving ervan. Indien de betekening of kennisgeving echter niet binnen een maand na ontvangst ervan heeft kunnen plaatsvinden, moet u deze instantie daarvan in kennis stellen door dit aan te geven in punt 13 van het certificaat van al dan niet betekening of kennisgeving van stukken.

2. Indien u niet kunt voldoen aan deze aanvraag om betekening of kennisgeving met behulp van de toegezonden informatie of stukken, dient u op grond van artikel 6, lid 2, van Verordening (EG) nr. 1393/2007 langs de snelst mogelijke weg contact op te nemen met deze instantie om de ontbrekende informatie of stukken te verkrijgen.

Plaats: ....

Datum: ....

Ondertekening en/of stempel: ....

Referentienummer van de verzendande instantie: ....

Referentienummer van de ontvangende instantie: ....

ONTVANGSTBEVESTIGING

(Artikel 6, lid 1, van Verordening (EG) nr. 1393/2007 van het Europees Parlement en de Raad van 13 november 2007 inzake de betekening en de kennisgeving in de lidstaten van gerechtelijke en buitengerechtelijke stukken in burgerlijke of in handelszaken)

Deze bevestiging moet zo spoedig mogelijk na ontvangst van het stuk, doch in ieder geval binnen zeven dagen na ontvangst, langs de snelst mogelijke weg worden toegezonden.

---

8. DATUM VAN ONTVANGST

Plaats: ....

Datum: ....

Ondertekening en/of stempel: ....

EG-betekeningsverordening

B86 bijlage I

Referentienummer van de verzendende instantie: ....

Referentienummer van de ontvangende instantie: ....

VERKLARING VAN TERUGZENDING VAN AANVRAAG EN STUK

(Artikel 6, lid 3, van Verordening (EG) nr. 1393/2007 van het Europees Parlement en de Raad van 13 november 2007 inzake de betekening en de kennisgeving in de lidstaten van gerechtelijke buitengerechtelijke stukken in burgerlijke of in handelszaken (¹))

Aanvraag en stuk moeten na ontvangst worden teruggezonden.

9. REDEN VOOR TERUGZENDING

9.1. De aanvraag valt duidelijk buiten het toepassingsgebied van de verordening:

9.1.1. het stuk heeft geen betrekking op een burgerlijke of handelszaak

9.1.2. de betekening of kennisgeving vindt niet plaats vanuit een lidstaat naar een andere lidstaat

9.2. Betekening of kennisgeving kan niet plaatsvinden omdat niet voldaan is aan de vormvoorschriften:

9.2.1. vermeldingen zijn niet goed leesbaar

9.2.2. de taal waarin het formulier is ingevuld, is onjuist

9.2.3. het ontvangen stuk is geen eensluitend afschrift

9.2.4. andere (bijzonderheden vermelden a.u.b.):

9.3. De wijze van betekening of kennisgeving is onverenigbaar met de wetgeving van die lidstaat (artikel 7, lid 1, van Verordening (EG) nr. 1393/2007)

Plaats: ....

Datum: ....

Ondertekening en/of stempel: ....

(¹) PB L 324 van 10.12.2007, blz. 79.

B86 *bijlage I*

EG-betekeningsverordening

Referentienummer van de verzendende instantie: ……………..

Referentienummer van de ontvangende instantie: ……………..

VERKLARING VAN DOORZENDING VAN AANVRAAG EN STUK NAAR DE JUISTE ONTVANGENDE INSTANTIE

(Artikel 6, lid 4, van Verordening (EG) nr. 1393/2007 van het Europees Parlement en de Raad van 13 november 2007 inzake de betekening en de kennisgeving in de lidstaten van gerechtelijke en buitengerechtelijke stukken in burgerlijke of in handelszaken (¹))

Aanvraag en stuk zijn doorgezonden aan de volgende ontvangende instantie, die territoriaal voor de betekening of kennisgeving bevoegd is:

10. JUISTE ONTVANGENDE INSTANTIE

10.1. Naam:

10.2. Adres:

10.2.1. Straat en nummer/postbus:

10.2.2. Postcode + plaats:

10.2.3. Land:

10.3. Telefoon:

10.4. Fax (*):

10.5. E-mail (*):

Plaats: ……

Datum: ……

Ondertekening en/of stempel: ………………………………………………………………………………………………

(¹) PB L 324 van 10.12.2007, blz. 79.

(*) Facultatief.

EG-betekeningsverordening

B86 bijlage I

Referentienummer van de verzendende instantie: ....

Referentienummer van de juiste ontvangende instantie: ....

VERKLARING VAN ONTVANGST VAN DE JUISTE ONTVANGENDE INSTANTIE MET TERRITORIALE BEVOEGDHEID AAN DE VERZENDENDE INSTANTIE

(Artikel 6, lid 4, van Verordening (EG) nr. 1393/2007 van het Europees Parlement en de Raad van 13 november 2007 inzake de betekening en de kennisgeving in de lidstaten van gerechtelijke en buitengerechtelijke stukken in burgerlijke of in handelszaken (*))

Deze verklaring moet zo spoedig mogelijk na ontvangst van het stuk, doch in ieder geval binnen zeven dagen na ontvangst, langs de snelst mogelijke weg worden toegezonden.

11. DATUM VAN ONTVANGST:

Plaats: ....

Datum: ....

Ondertekening en/of stempel: ....

(*) PB L 324 van 10.12.2007, blz. 79.

B86 bijlage I

EG-betekeningsverordening

Referentienummer van de verzendende instantie: ……………..

Referentienummer van de ontvangende instantie: ……………..

CERTIFICAAT VAN BETEKENING OF KENNISGEVING DAN WEL NIET-BETEKENING OF NIET-KENNISGEVING VAN STUKKEN

(Artikel 10 van Verordening (EG) nr. 1393/2007 van het Europees Parlement en de Raad van 13 november 2007 inzake de betekening en de kennisgeving in de lidstaten van gerechtelijke en buitengerechtelijke stukken in burgerlijke of in handelszaken (¹))

De betekening of kennisgeving van het stuk dient zo spoedig mogelijk te geschieden. Indien de betekening of kennisgeving niet binnen een maand na ontvangst ervan heeft kunnen plaatsvinden, moet de ontvangende instantie de verzendende instantie daarvan in kennis stellen (overeenkomstig artikel 7, lid 2, van Verordening (EG) nr. 1393/2007)

12. VOLTOOIING VAN BETEKENING OF KENNISGEVING

12.1. Datum en adres van betekening of kennisgeving:

12.2. Het stuk is

12.2.1. betekend of daarvan is kennis gegeven in overeenstemming met de wet van de aangezochte lidstaat, namelijk:

12.2.1.1. afgegeven aan:

12.2.1.1.1. de geadresseerde persoonlijk

12.2.1.1.2. van een andere persoon

12.2.1.1.2.1. Naam:

12.2.1.1.2.2. Adres:

12.2.1.1.2.2.1. Straat en nummer/postbus:

12.2.1.1.2.2.2. Postcode + plaats:

12.2.1.1.2.2.3. Land:

12.2.1.1.2.3. Betrekking tot de geadresseerde:

Familie ... werknemer ... andere ...

12.2.1.1.3. het huisadres van de geadresseerde

12.2.1.2. Betekening of kennisgeving door postdiensten

12.2.1.2.1. zonder ontvangstbevestiging

12.2.1.2.2. met de bijgevoegde ontvangstbevestiging

12.2.1.2.2.1. van de geadresseerde

12.2.1.2.2.2. van een andere persoon

12.2.1.2.2.2.1. Naam:

12.2.1.2.2.2.2. Adres

12.2.1.2.2.2.2.1. Straat en nummer/postbus:

12.2.1.2.2.2.2.2. Postcode + plaats:

12.2.1.2.2.2.2.3. Land:

12.2.1.2.2.2.3. Betrekking tot de geadresseerde:

Familie ... werknemer ... andere

(¹) PB L 324 van 10.12.2007, blz. 79.

12.2.1.3. op andere wijze (omschrijven a.u.b.):

12.2.2. betekend of daarvan is kennis gegeven op de volgende bijzondere wijze (omschrijven a.u.b.):

12.3. Aan de geadresseerde van het stuk is schriftelijk medegedeeld dat hij het stuk mag weigeren in ontvangst te nemen indien het niet gesteld is of vergezeld gaat van een vertaling in een taal die hij begrijpt of in de officiële taal/een van de officiële talen van de plaats van betekening of kennisgeving.

13. MEDEDELING OVEREENKOMSTIG ARTIKEL 7, LID 2, VAN VERORDENING (EG) Nr. 1393/2007

De betekening of kennisgeving van het stuk heeft niet binnen een maand na de datum van ontvangst kunnen plaatsvinden.

14. WEIGERING VAN HET STUK

De geadresseerde heeft het stuk vanwege de gebruikte taal geweigerd. De stukken zijn bij dit certificaat gevoegd.

15. REDEN VOOR DE NIET-BETEKENING OF NIET-KENNISGEVING VAN HET STUK

15.1. Adres onbekend

15.2. Geadresseerde onvindbaar

15.3. Het stuk kon niet worden betekend of daarvan kon niet worden kennis gegeven vóór de in punt 6.2 genoemde datum of uiterste termijn.

15.4. Andere (omschrijven a.u.b.):

De stukken zijn bij dit certificaat gevoegd.

Plaats: ....

Datum: ....

Ondertekening en/of stempel: ....

BIJLAGE II

NL:

De betekening of kennisgeving van het bijgevoegde stuk is geschied overeenkomstig Verordening (EG) nr. 1393/2007 van het Europees Parlement en de Raad inzake de betekening en de kennisgeving in de lidstaten van gerechtelijke en buitengerechtelijke stukken in burgerlijke of in handelszaken.

U kunt weigeren het stuk in ontvangst te nemen indien het niet gesteld is in of vergezeld gaat van een vertaling, ofwel in een taal die u begrijpt ofwel in de officiële taal/een van de officiële talen van de plaats van betekening of kennisgeving.

Indien u dat recht wenst uit te oefenen, moet u onmiddellijk bij de betekening of kennisgeving van het stuk en rechtstreeks ten aanzien van de persoon die de betekening of kennisgeving verricht de ontvangst ervan weigeren of moet u het stuk binnen een week terugzenden naar het onderstaande adres en verklaren dat u de ontvangst ervan weigert.

ADRES:

1. Naam:
2. Adres:
2.1. Straat + nummer/postbus:
2.2. Postcode + plaats:
2.3. Land:
3. Telefoon:
4. Fax (*):
5. E-mail (*):

VERKLARING VAN DE GEADRESSEERDE:

Ik weiger de ontvangst van het hieraan gehechte stuk, omdat dit niet gesteld is in of vergezeld gaat van een vertaling, ofwel in een taal die ik begrijp ofwel in de officiële taal/een van de officiële talen van de plaats van betekening of kennisgeving.

Ik begrijp de volgende taal (talen):

Bulgaars	☐	Litouws	☐
Spaans	☐	Hongaars	☐
Tsjechisch	☐	Maltees	☐
Duits	☐	Nederlands	☐
Ests	☐	Pools	☐
Grieks	☐	Portugees	☐
Engels	☐	Roemeens	☐
Frans	☐	Slowaaks	☐
Iers	☐	Sloveens	☐
Italiaans	☐	Fins	☐
Lets	☐	Zweeds	☐
Overige	☐	gelieve te preciseren:	

Gedaan te: ....

Datum: ....

Ondertekening en/of stempel: ....

(*) Facultatief.

BIJLAGE III CONCORDANTIETABEL

Verordening (EG) nr. 1348/2000	Deze verordening
Artikel 1, lid 1	Artikel 1, lid 1, eerste zin
—	Artikel 1, lid 1, tweede zin
Artikel 1, lid 2	Artikel 1, lid 2
—	Artikel 1, lid 3
Artikel 2	Artikel 2
Artikel 3	Artikel 3
Artikel 4	Artikel 4

EG-betekeningsverordening — B86 bijlage III

Artikel 5	Artikel 5
Artikel 6	Artikel 6
Artikel 7, lid 1	Artikel 7, lid 1
Artikel 7, lid 2, eerste zin	Artikel 7, lid 2, eerste zin
Artikel 7, lid 2, tweede zin	Artikel 7, lid 2, tweede zin (inleiding) en artikel 7, lid 2, onder a)
—	Artikel 7, lid 2, onder b)
Artikel 7, lid 2, derde zin	—
Artikel 8, lid 1, inleidende zin	Artikel 8, lid 1, inleidende zin
Artikel 8, lid 1, onder a)	Artikel 8, lid 1, onder b)
Artikel 8, lid 1, onder b)	Artikel 8, lid 1, onder a)
Artikel 8, lid 2	Artikel 8, lid 2
—	Artikel 8, leden 3 tot en met 5
Artikel 9, leden 1 en 2	Artikel 9, leden 1 en 2
Artikel 9, lid 3	—
—	Artikel 9, lid 3
Artikel 10	Artikel 10
Artikel 11, lid 1	Artikel 11, lid 1
Artikel 11, lid 2	Artikel 11, lid 2, eerste alinea
—	Artikel 11, lid 2, tweede alinea
Artikel 12	Artikel 12
Artikel 13	Artikel 13
Artikel 14, lid 1	Artikel 14
Artikel 14, lid 2	—
Artikel 15, lid 1	Artikel 15
Artikel 15, lid 2	—
Artikel 16	Artikel 16
Artikel 17, inleidende zin	Artikel 17
Artikel 17, onder a) tot en met c)	—
Artikel 18, leden 1 en 2	Artikel 18, leden 1 en 2
Artikel 18, lid 3	—
Artikel 19	Artikel 19
Artikel 20	Artikel 20
Artikel 21	Artikel 21
Artikel 22	Artikel 22
Artikel 23, lid 1	Artikel 23, lid 1, eerste zin
—	Artikel 23, lid 1, tweede zin
Artikel 23, lid 2	Artikel 23, lid 2
—	Artikel 23, lid 3
Artikel 24	Artikel 24
Artikel 25	—
—	Artikel 25
—	Artikel 26
Bijlage	Bijlage I
—	Bijlage II
—	Bijlage III

Uitvoeringswet EG-betekeningsverordening^1

Wet van 13 december 2001 tot uitvoering van de verordening (EG) Nr. 1348/2000 van de Raad van de Europese Unie van 29 mei 2000 inzake de betekening en de kennisgeving in de lidstaten van gerechtelijke en buitengerechtelijke stukken in burgerlijke of in handelszaken (PbEG L 160/37) (Uitvoeringswet EG-betekeningsverordening)

Wij Beatrix, bij de gratie Gods, Koningin der Nederlanden, Prinses van Oranje-Nassau, enz. enz. enz.

Allen, die deze zullen zien of horen lezen, saluut! doen te weten:

Alzo Wij in overweging genomen hebben, dat het noodzakelijk is voorzieningen te treffen ter uitvoering van de verordening (EG) Nr. 1348/2000 van de Raad van de Europese Unie van 29 mei 2000 inzake de betekening en de kennisgeving in de lidstaten van gerechtelijke en buitengerechtelijke stukken in burgerlijke of in handelszaken (PbEG L 160/37);

Zo is het, dat Wij, de Raad van State gehoord, en met gemeen overleg der Staten-Generaal, hebben goedgevonden en verstaan, gelijk Wij goedvinden en verstaan bij deze:

Art. 1

Begripsbepalingen

In deze wet wordt verstaan onder:

a. verordening: verordening (EG) nr. 1393/2007 van het Europees Parlement en de Raad van 13 november 2007 inzake de betekening en de kennisgeving in de lidstaten van gerechtelijke en buitengerechtelijke stukken in burgerlijke of in handelszaken («de betekening en de kennisgeving van stukken»), en tot intrekking van Verordening (EG) nr. 1348/2000 (PbEU L 324/79);

b. verzendende instanties: verzendende instanties als bedoeld in artikel 2, eerste lid, van de verordening;

c. ontvangende instanties: ontvangende instanties als bedoeld in artikel 2, tweede lid, van de verordening.

Art. 2

Gerechtsdeurwaarders

1. Als verzendende instanties worden voor Nederland aangewezen de gerechtsdeurwaarders.

2. Als ontvangende instanties worden aangewezen de gerechtsdeurwaarders en de Koninklijke Beroepsorganisatie van Gerechtsdeurwaarders.

Gerechten

3. Ten aanzien van de kennisgeving van gerechtelijke stukken door een gerecht of de griffier van een gerecht worden mede als verzendende instantie aangewezen de gerechten.

Art. 3

Koninklijke Beroepsorganisatie van Gerechtsdeurwaarders

1. Als centrale instantie als bedoeld in artikel 3 van de verordening wordt voor Nederland aangewezen de Koninklijke Beroepsorganisatie van Gerechtsdeurwaarders.

2. Onze Minister van Justitie kan nadere regels stellen met betrekking tot de wijze waarop de centrale instantie haar taken, bedoeld in artikel 3 van de verordening, uitvoert.

Art. 4

Engelse of Duitse taal

1. Een aan een ontvangende instantie in Nederland verzonden formulier als bedoeld in artikel 4, derde lid, van de verordening kan in de Engelse of de Duitse taal worden ingevuld.

2. Een aan een verzendende instantie in Nederland verzonden certificaat als bedoeld in artikel 10 van de verordening kan in de Engelse of de Duitse taal worden ingevuld.

Art. 5

Aanvraag voor betekening of kennisgeving

Een aanvraag aan een ontvangende instantie in Nederland voor betekening of kennisgeving wordt uitgevoerd door middel van een exploot, tenzij uit de aanvraag voortvloeit dat zij op andere wijze moet worden uitgevoerd.

Art. 6

Vergoeding bijstand gerechtsdeurwaarder

1. De vergoeding voor bijstand door een gerechtsdeurwaarder inzake de betekening of kennisgeving van uit een andere lidstaat afkomstige gerechtelijke of buitengerechtelijke stukken als bedoeld in artikel 11 van de verordening bedraagt € 65.

2. Onze Minister van Justitie kan het in het eerste lid bedoelde bedrag eenmaal per vijf jaar, te rekenen vanaf de datum van van toepassing worden van de verordening, wijzigen, indien daartoe gronden zijn.

Art. 7

Rechterlijke beslissing bij niet-verschijnen verweerder

1. In afwijking van artikel 19, eerste lid, van de verordening kan de rechter een beslissing geven, ook als geen certificaat van betekening, kennisgeving of afgifte is ontvangen, indien aan elk van de volgende voorwaarden is voldaan:

---

1 Inwerkingtredingsdatum: 21-12-2001; zoals laatstelijk gewijzigd bij: Stb. 2009, 233.

Uitvoeringswet EG-betekeningsverordening B87 art. 13

a. het stuk is op één van de in de verordening geregelde wijzen toegezonden;
b. sedert het tijdstip van toezending van het stuk is een termijn verlopen die door de rechter voor elk afzonderlijk geval wordt vastgesteld, doch die ten minste zes maanden zal bedragen;
c. in weerwil van alle redelijke inspanningen die daartoe bij de bevoegde autoriteiten of organen van de aangezochte staat zijn aangewend, kon geen bewijs worden verkregen.

2. Is in een geval waarin geen certificaat als bedoeld in het eerste lid is ontvangen, niet voldaan aan de in dat lid gestelde voorwaarden, dan kan de rechter, al of niet na verloop van een door hem vast te stellen termijn, zo hij daartoe gronden aanwezig acht, het verlenen van verstek tegen de verweerder weigeren.

Weigeren verlenen verstek tegen verweerder

3. Een verzoek om verlening van een nieuwe termijn als bedoeld in artikel 19, vierde lid, van de verordening is slechts ontvankelijk indien het is ingediend binnen één jaar, te rekenen van de dag waarop de beslissing is gegeven.

Ontvankelijkheid verzoek nieuwe termijn

Art. 8

Een ieder mag de betekening of kennisgeving van stukken afkomstig uit een Staat waar de verordening van toepassing is, rechtstreeks door een gerechtsdeurwaarder doen verrichten aan in Nederland verblijvende personen.

Betekening/kennisgeving uit partijstaat

Art. 9

[Wijzigt het Wetboek van Burgerlijke Rechtsvordering]

Art. 10

[Wijzigt het Wetboek van Burgerlijke Rechtsvordering]

Art. 11

Indien deze wet in werking treedt voor het tijdstip waarop de Gerechtsdeurwaarderswet in werking treedt, wordt in afwijking van artikel 3, eerste lid, tot dat tijdstip voor Nederland als centrale instantie aangewezen de Koninklijke Vereniging van Gerechtsdeurwaarders.

Art. 12

Deze wet treedt in werking met ingang van de dag na de datum van uitgifte van het Staatsblad waarin zij wordt geplaatst.

Inwerkingtreding

Art. 13

Deze wet wordt aangehaald als: Uitvoeringswet EG-betekeningsverordening.

Citeertitel

Verordening (EU) 2015/848 betreffende insolventieprocedures (herschikking)

Verordening (EU) 2015/848 van het Europees Parlement en de Raad van 20 mei 2015 betreffende insolventieprocedures (herschikking)¹

HET EUROPEES PARLEMENT EN DE RAAD VAN DE EUROPESE UNIE,

Gezien het Verdrag betreffende de werking van de Europese Unie, en met name artikel 81,

Gezien het voorstel van de Europese Commissie,

Na toezending van het ontwerp van wetgevingshandeling aan de nationale parlementen,

Gezien het advies van het Europees Economisch en Sociaal Comité²,

Handelend volgens de gewone wetgevingsprocedure³,

Overwegende hetgeen volgt:

(1) De Commissie heeft op 12 december 2012 een verslag over de toepassing van Verordening (EG) nr. 1346/2000 van de Raad⁴ goedgekeurd. In het verslag wordt geconcludeerd dat de verordening in het algemeen goed functioneert, maar dat het wenselijk zou zijn om de toepassing van bepaalde bepalingen ervan te verbeteren, zodat grensoverschrijdende insolventieprocedures efficiënter kunnen worden uitgevoerd. Nu die verordening verscheidene malen is gewijzigd en bovendien verdere wijziging behoeft, moet zij duidelijkheidshalve worden herschikt.

(2) De Unie heeft zich voorgenomen een ruimte van vrijheid, veiligheid en rechtvaardigheid tot stand te brengen.

(3) Voor de goede werking van de interne markt zijn efficiënte en doeltreffende grensoverschrijdende insolventieprocedures nodig. Ter verwezenlijking van dat doel dient deze verordening te worden vastgesteld; dit doel valt onder de samenwerking in burgerlijke zaken in de zin van artikel 81 van het Verdrag.

(4) De activiteiten van ondernemingen hebben meer en meer grensoverschrijdende gevolgen en vallen daardoor in toenemende mate onder de regels van het Unierecht. Ook de insolventie van zulke ondernemingen heeft gevolgen voor de goede werking van de interne markt en vergt een handeling van de Unie die dwingt tot coördinatie van de maatregelen die ten aanzien van de goederen van een insolvente schuldenaar worden getroffen.

(5) Voor de goede werking van de interne markt mogen partijen er niet toe worden aangezet geschillen of goederen van de ene lidstaat naar de andere over te brengen om hun rechtspositie ten nadele van de gezamenlijke schuldeisers te verbeteren (forumshopping).

(6) Deze verordening moet voorschriften behelzen tot regeling van de rechterlijke bevoegdheid inzake de opening van een insolventieprocedure en van vorderingen die rechtstreeks uit een insolventieprocedure zijn voortgevloeid en er nauw verband mee houden. Deze verordening moet ook bepalingen bevatten betreffende de erkenning en de tenuitvoerlegging van beslissingen die in een dergelijke procedure zijn gegeven, alsmede bepalingen betreffende het recht dat op insolventieprocedures van toepassing is. Daarnaast moet deze verordening regels vastleggen betreffende de coördinatie van insolventieprocedures die betrekking hebben op dezelfde schuldenaar of op verschillende leden van dezelfde groep ondernemingen.

(7) Het faillissement, akkoorden en andere soortgelijke procedures en vorderingen met betrekking tot dergelijke procedures zijn uitgesloten van het toepassingsgebied van Verordening (EU) nr. 1215/2012 van het Europees Parlement en de Raad⁵. Die procedures dienen onder deze verordening te vallen. De uitlegging van deze verordening zou hiaten in de regelgeving tussen beide instrumenten zo veel mogelijk moeten dichten. Het loutere feit dat een nationale procedure niet in bijlage A bij deze verordening vermeld staat, hoeft echter niet te betekenen dat die procedure onder Verordening (EU) nr. 1215/2012 valt.

---

1 Inwerkingtredingsdatum: 25-06-2015; zoals laatstelijk gewijzigd bij: PbEU 2018 L 946. Van toepassing vanaf 26 juni 2017, met uitzondering van art. 86, dat van toepassing is vanaf 26 juni 2016, art. 24, lid 1, dat van toepassing is vanaf 26 juni 2018, en art. 25, dat van toepassing is vanaf 26 juni 2019.

2 PB C 271 van 19.9.2013, blz. 55.

3 Standpunt van het Europees Parlement van 5 februari 2014 (nog niet bekendgemaakt in het Publicatieblad) en standpunt van de Raad in eerste lezing van 12 maart 2015 (nog niet bekendgemaakt in het Publicatieblad). Standpunt van het Europees Parlement van 20 mei 2015 (nog niet bekendgemaakt in het Publicatieblad).

4 Verordening (EG) nr. 1346/2000 van de Raad van 29 mei 2000 betreffende insolventieprocedures (PB L 160 van 30.6.2000, blz. 1).

5 Verordening (EU) nr. 1215/2012 van het Europees Parlement en de Raad van 12 december 2012 betreffende de rechterlijke bevoegdheid, de erkenning en de tenuitvoerlegging van beslissingen in burgerlijke en handelszaken (PB L 351 van 20.12.2012, blz. 1).

Insolventieverordening (herschikking)

(8) Met het oog op een meer efficiënte en doeltreffende afwikkeling van insolventieprocedures met grensoverschrijdende gevolgen is het noodzakelijk en aangewezen dat de bepalingen inzake rechterlijke bevoegdheid, erkenning en toepasselijk recht vervat worden in een instrument van de Unie dat verbindend is in al haar onderdelen en rechtstreeks toepasselijk is in elke lidstaat.

(9) Deze verordening moet van toepassing zijn op insolventieprocedures die voldoen aan de voorwaarden van deze verordening, ongeacht of de schuldenaar een natuurlijke dan wel een rechtspersoon, een handelaar dan wel een particulier is. Die insolventieprocedures zijn limitatief opgesomd in bijlage A. Met betrekking tot de nationale procedures die zijn opgenomen in de lijst van bijlage A, dient deze verordening van toepassing te zijn zonder dat de rechter van een andere lidstaat nader onderzoekt of aan de voorwaarden van deze verordening is voldaan. Nationale insolventieprocedures die niet zijn opgenomen in de lijst van bijlage A, mogen niet onder deze verordening vallen.

(10) Het toepassingsgebied van deze verordening moet worden uitgebreid tot procedures die de redding van economisch levensvatbare maar in moeilijkheden verkerende ondernemingen bevorderen, zodat ondernemers een tweede kans wordt gegeven. Het toepassingsgebied moet zich met name uitstrekken tot procedures voor de herstructurering van een schuldenaar in een fase waarin er slechts een kans op insolventie bestaat en tot procedures waarbij de schuldenaar geheel of gedeeltelijk de zeggenschap over zijn goederen en zijn onderneming behoudt. Het toepassingsgebied moet zich tevens uitstrekken tot procedures die voorzien in een schuldbevrijding van of een schuldaanpassing ten aanzien van consumenten of zelfstandigen, bijvoorbeeld een vermindering van het door de schuldenaar te betalen bedrag of een verlenging van de aan de schuldenaar verleende betalingstermijn. Aangezien deze procedures niet noodzakelijkerwijze de aanwijzing van een insolventiefunctionaris inhouden, moet zij onder deze verordening vallen wanneer zij worden gevoerd onder controle of toezicht van een rechter. In dit kader moeten onder „controle" ook situaties worden begrepen waarin de rechter slechts optreedt naar aanleiding van een door een schuldenaar of andere belanghebbende partijen ingesteld beroep.

(11) Deze verordening moet tevens van toepassing zijn op procedures waarbij een tijdelijke schorsing wordt toegestaan ten aanzien van individuele executiemaatregelen indien die maatregelen een negatief effect kunnen hebben op de onderhandelingen en de vooruitzichten van een herstructurering van de activiteiten van de schuldenaar kunnen belemmeren. Dergelijke procedures mogen niet nadelig zijn voor de gezamenlijke schuldeisers en moeten, indien er geen overeenstemming over een herstructureringsplan kan worden bereikt, voorafgaan aan andere procedures die onder deze verordening vallen.

(12) Deze verordening moet van toepassing zijn op procedures waarvan de opening openbaar moet worden gemaakt, opdat schuldeisers kennis kunnen nemen van de procedure en hun vorderingen kunnen indienen, zodat het collectieve karakter van de procedure wordt gewaarborgd, en opdat de bevoegdheid van de rechter die de procedure heeft geopend door de schuldeisers kan worden aangevochten.

(13) Bijgevolg dienen vertrouwelijke insolventieprocedures van het toepassingsgebied van deze verordening te worden uitgesloten. Deze procedures kunnen in bepaalde lidstaten een belangrijke rol spelen, maar het vertrouwelijke karakter ervan belet dat schuldeisers of rechters in andere lidstaten ervan op de hoogte zijn dat een dergelijke procedure is geopend, waardoor erkenning van de rechtsgevolgen in heel de Unie moeilijk wordt.

(14) De collectieve procedures die onder deze verordening vallen, moeten alle of een aanzienlijk deel van de schuldeisers omvatten aan wie een schuldenaar het geheel of een belangrijk deel van zijn uitstaande schulden verschuldigd is, op voorwaarde dat de vorderingen van de niet bij de procedure betrokken schuldeisers onverlet worden gelaten. Hiertoe dienen mede procedures te behoren waarbij alleen de financiële schuldeisers van een schuldenaar betrokken zijn. Procedures waarbij niet alle schuldeisers van een schuldenaar betrokken zijn, moeten de redding van de schuldenaar ten doel hebben. Bij procedures die leiden tot de definitieve staking van de activiteiten van de schuldenaar of tot de liquidatie van de goederen van de schuldenaar, dienen alle schuldeisers van de schuldenaar betrokken te zijn. Bovendien dient het feit dat bepaalde insolventieprocedures voor natuurlijke personen specifieke categorieën vorderingen, zoals alimentatievorderingen, uitsluiten van de mogelijkheid van een bevrijding van schuld, niet te betekenen dat die procedures niet collectief zijn.

(15) Deze verordening moet tevens van toepassing zijn op procedures die op grond van het recht van bepaalde lidstaten gedurende een zekere periode tijdelijk of voorlopig kunnen worden geopend en gevoerd, voordat een rechterlijke beslissing wordt gegeven waarin de voortzetting van de procedures op niet-voorlopige basis wordt bevestigd. Hoewel ze als „voorlopig" worden aangemerkt, moeten deze procedures aan alle andere voorschriften van deze verordening voldoen.

(16) Deze verordening moet van toepassing zijn op procedures die gebaseerd zijn op het insolventierecht. Procedures die gebaseerd zijn op het algemeen vennootschapsrecht dat niet uitsluitend voor insolventiesituaties is opgezet, dienen evenwel niet als een op het insolventierecht gebaseerde procedure te worden beschouwd. Evenzo dienen tot de procedures ten behoeve van

schuldaanpassing geen specifieke procedures te behoren waarin de schulden van een natuurlijke persoon met zeer lage inkomsten en met goederen van zeer geringe waarde worden afgeschreven, voor zover dat type van procedures nooit in betaling aan schuldeisers voorziet.

(17) Het toepassingsgebied van deze verordening moet zich uitstrekken tot procedures waartoe aanleiding wordt gegeven door situaties waarin de schuldenaar te kampen heeft met niet-financiële moeilijkheden, voor zover die moeilijkheden een reële en ernstige bedreiging vormen voor het feitelijke of toekomstige vermogen van de schuldenaar om zijn schulden op de vervaldag af te lossen. De tijdshorizon om te bepalen of een dergelijke bedreiging bestaat, kan zich uitstrekken tot enkele maanden of zelfs langer teneinde rekening te houden met gevallen waarin de schuldenaar te kampen heeft met niet-financiële moeilijkheden die de continuïteit van zijn onderneming en, op de middellange termijn, zijn liquiditeit dreigen aan te tasten. Dit kan bijvoorbeeld het geval zijn als een schuldenaar een contract heeft verloren dat voor hem van cruciaal belang is.

(18) Deze verordening moet de regels inzake de terugvordering van staatssteun van insolvente ondernemingen als uitgelegd in de rechtspraak van het Hof van Justitie van de Europese Unie onverlet laten.

(19) Insolventieprocedures betreffende verzekeringsondernemingen, kredietinstellingen, beleggingsondernemingen en andere instellingen of ondernemingen waarop Richtlijn 2001/24/EG van het Europees Parlement en de Raad^6 van toepassing is, en instellingen voor collectieve belegging moeten van het toepassingsgebied van deze verordening worden uitgesloten, aangezien zij allen aan specifieke regelingen onderworpen zijn, waarbij de nationale toezichthoudende autoriteiten over ruime bevoegdheden beschikken om in te grijpen.

(20) Een insolventieprocedure hoeft niet noodzakelijkerwijs het optreden van een rechterlijke instantie te behelzen. Daarom moet de term „rechter" in deze verordening in sommige bepalingen in brede zin worden opgevat. Er dient mede onder te worden verstaan een persoon of instantie die krachtens nationaal recht tot opening van een insolventieprocedure bevoegd is. Om onder de toepassing van deze verordening te vallen, dient een procedure (die wettelijk voorgeschreven handelingen en formaliteiten impliceert) niet alleen in overeenstemming te zijn met de bepalingen van deze verordening maar ook in de lidstaat waar de insolventieprocedure wordt geopend, officieel erkend en rechtsgeldig te zijn.

(21) Insolventiefunctionarissen zijn in deze verordening gedefinieerd en in bijlage B opgenomen. Insolventiefunctionarissen die buiten een rechterlijke instantie om zijn aangewezen, moeten krachtens het nationale recht naar behoren gereglementeerd zijn en gemachtigd zijn om in insolventieprocedures op te treden. Voorts moet het nationale regelgevingskader adequate regelingen voor potentiële belangenconflicten bevatten.

(22) Uitgangspunt van deze verordening is dat, gezien de grote verschillen in het materieel recht van de lidstaten, de invoering van een insolventieprocedure van universele strekking in de gehele Unie niet praktisch zou zijn. De toepassing, zonder uitzonderingen, van het recht van de lidstaat waar de insolventieprocedure wordt geopend zou daardoor veelal problematisch zijn. Dit geldt bijvoorbeeld voor het zeer uiteenlopende nationale recht inzake zekerheidsrechten die in de lidstaten worden aangetroffen. Ook de voorrechten die sommige schuldeisers in een insolventieprocedure genieten, zijn in sommige gevallen totaal verschillend. Bij de volgende evaluatie van deze verordeningen moet worden nagegaan welke maatregelen op Europees niveau verbetering kunnen brengen in de preferentiële rechten van werknemers. Deze verordening dient op tweeërlei wijze met dat uiteenlopende nationale recht rekening te houden, door enerzijds specifieke voorschriften betreffende het toepasselijke recht te bepalen voor specifiek belangrijke rechten en rechtsverhoudingen (zoals zakelijke rechten en arbeidsverhoudingen), en anderzijds de mogelijkheid te bieden naast een hoofdinsolventieprocedure van universele strekking ook nationale procedures te openen die uitsluitend de goederen in de lidstaat waar de insolventieprocedure wordt geopend, betreffen.

(23) Deze verordening maakt het mogelijk de hoofdinsolventieprocedure te openen in de lidstaat waar het centrum van de voornaamste belangen van de schuldenaar is gelegen. Die procedure heeft een universele strekking en beoogt alle goederen van de schuldenaar te omvatten. Ter bescherming van de diversiteit van de belangen, maakt deze verordening het mogelijk dat parallel met de hoofdinsolventieprocedure secundaire insolventieprocedures worden geopend. Een secundaire insolventieprocedure kan worden geopend in de lidstaat waar de schuldenaar een vestiging heeft. De gevolgen van die secundaire insolventieprocedure blijven beperkt tot de goederen van de schuldenaar die zich in de lidstaat in kwestie bevinden. Dwingende regels voor de coördinatie met de hoofdinsolventieprocedure garanderen de noodzakelijke eenheid binnen de Unie.

(24) Indien ten aanzien van een rechtspersoon of onderneming een hoofdinsolventieprocedure is geopend in een andere lidstaat dan die waar de statutaire zetel is gevestigd, moet het mogelijk

---

6 Richtlijn 2001/24/EG van het Europees Parlement en de Raad van 4 april 2001 betreffende de sanering en de liquidatie van kredietinstellingen (PB L 125 van 5.5.2001, blz. 15).

zijn een secundaire insolventieprocedure te openen in de lidstaat waar de statutaire zetel is gevestigd, op voorwaarde dat de schuldenaar in die lidstaat met behulp van mensen en goederen een economische activiteit uitoefent, overeenkomstig de jurisprudentie van het Hof van Justitie van de Europese Unie.

(25) Deze verordening is uitsluitend van toepassing op procedures met betrekking tot een schuldenaar van wie het centrum van de voornaamste belangen in de Unie ligt.

(26) De bevoegdheidsregels van de verordening bepalen alleen de internationale bevoegdheid, wat betekent dat zij de lidstaat aanwijzen waarvan de rechter een insolventieprocedure mag openen. De territoriale bevoegdheid binnen de lidstaat in kwestie moet worden bepaald volgens het nationale recht van die lidstaat.

(27) Alvorens een insolventieprocedure te openen, moet de bevoegde rechter ambtshalve onderzoeken of het centrum van de voornaamste belangen van de schuldenaar dan wel de vestiging van de schuldenaar zich daadwerkelijk binnen zijn rechtsgebied bevindt.

(28) Bij het bepalen of het centrum van de voornaamste belangen van de schuldenaar voor derden verifieerbaar is, moet bijzondere aandacht worden besteed aan de schuldeisers en de inschatting die zij maken van de plaats waar een schuldenaar het beheer over zijn belangen voert. Daartoe kan het nodig zijn om, in het geval dat het centrum van de voornaamste belangen van plaats verandert, de schuldeisers te gepaster tijde in kennis te stellen van de nieuwe locatie van waaruit de schuldenaar zijn activiteiten uitoefent, bijvoorbeeld door de aandacht te vestigen op een adreswijziging in de handelscorrespondentie, of door de nieuwe locatie met andere passende middelen openbaar te maken.

(29) In deze verordening moeten waarborgen worden opgenomen die tot doel hebben om op frauduleuze of oneigenlijke gronden gebaseerde forumshopping te voorkomen.

(30) Dat houdt in dat het vermoeden dat de statutaire zetel, de hoofdvestiging of de gebruikelijke verblijfplaats het centrum van de voornaamste belangen is, weerlegbaar moet zijn, en dat de betrokken rechter van een lidstaat zorgvuldig dient na te gaan of het centrum van de voornaamste belangen van de schuldenaar inderdaad in die lidstaat gelegen is. In het geval van een vennootschap moet dit vermoeden weerlegbaar zijn indien de lidstaat waar het hoofdkantoor van de vennootschap is gelegen een andere lidstaat is dan de lidstaat van haar statutaire zetel en indien uit een integrale beoordeling van alle relevante factoren op een voor derden verifieerbare wijze blijkt dat het werkelijke centrum van bestuur en toezicht van de vennootschap en van het beheer over haar belangen zich in die andere lidstaat bevindt. In het geval van een natuurlijke persoon die niet als zelfstandige een bedrijfs- of beroepsactiviteit uitoefent, moet het mogelijk zijn dit vermoeden te weerleggen indien bijvoorbeeld de goederen van de schuldenaar zich grotendeels bevinden buiten de lidstaat waar deze zijn gebruikelijke verblijfplaats heeft, of indien kan worden aangetoond dat het inleiden van de insolventieprocedure in het nieuwe rechtsgebied de voornaamste reden voor de verhuizing van de schuldenaar was en dat het inleiden van die procedure een wezenlijke inbreuk zou vormen op de belangen van de schuldeisers die betrekkingen met de schuldenaar zijn aangegaan voordat de verplaatsing plaatsvond.

(31) Eveneens met het doel om op frauduleuze of oneigenlijke gronden gebaseerde forumshopping te voorkomen, mag het vermoeden dat de statutaire zetel of de hoofdvestiging, of de gebruikelijke verblijfplaats van de natuurlijke persoon, het centrum van de voornaamste belangen is, niet van toepassing zijn indien de schuldenaar, in het geval van een vennootschap of rechtspersoon of van een natuurlijke persoon die als zelfstandige een bedrijfs- of beroepsactiviteit uitoefent, zijn statutaire zetel of zijn hoofdvestiging, respectievelijk zijn gebruikelijke verblijfplaats binnen de drie maanden voorafgaand aan zijn verzoek tot het openen van een insolventieprocedure naar een andere lidstaat heeft overgebracht, of indien de schuldenaar, in het geval van een natuurlijke persoon die niet als zelfstandige een bedrijfs- of beroepsactiviteit uitoefent, binnen de zes maanden voorafgaand aan zijn verzoek tot het openen van een insolventieprocedure zijn gebruikelijke verblijfplaats naar een andere lidstaat heeft overgebracht.

(32) Hoe dan ook dient de rechter, indien de omstandigheden van de zaak aanleiding tot twijfel over zijn bevoegdheid geven, de schuldenaar ertoe te verplichten aanvullend bewijs ter staving van zijn beweringen voor te leggen; ook dient de rechter, indien het op de insolventieprocedure toepasselijke recht in die mogelijkheid voorziet, de schuldeisers van de schuldenaar de gelegenheid te bieden hun standpunt inzake de bevoegdheid naar voren te brengen.

(33) Wanneer de rechter bij wie een insolventieprocedure is aangevraagd, concludeert dat het centrum van de voornaamste belangen zich niet op zijn grondgebied bevindt, dient hij geen hoofdinsolventieprocedure te openen.

(34) Daarnaast moeten alle schuldeisers van de schuldenaar over een doeltreffend rechtsmiddel tegen de beslissing tot opening van een insolventieprocedure beschikken. De gevolgen van een betwisting van de beslissing tot opening van een insolventieprocedure moeten worden beheerst door het nationaal recht.

(35) De rechter van de lidstaat op het grondgebied waarvan een insolventieprocedure werd geopend, dient ook bevoegd te zijn met betrekking tot vorderingen die rechtstreeks uit de insolventieprocedure voortvloeien of er nauw verband mee houden. Dergelijke vorderingen

moeten vorderingen tot nietigverklaring tegen verweerders omvatten in andere lidstaten en vorderingen inzake verplichtingen die in de loop van de insolventieprocedure ontstaan, zoals voorschotten voor de procedurekosten. Vorderingen voor het nakomen van de verplichtingen uit hoofde van een overeenkomst die de schuldenaar voorafgaand aan de opening van de procedure heeft gesloten, zijn daarentegen geen rechtstreeks uit de procedure voortvloeiende vorderingen. Indien een dergelijke vordering verband houdt met een andere, op algemeen burgerlijk of handelsrecht gebaseerde vordering, dient de insolventiefunctionaris beide vorderingen bij de rechter van de woonplaats van de verweerder te kunnen instellen als hij instelling van de vordering bij die rechter doeltreffender acht. Dit kan bijvoorbeeld het geval zijn wanneer de insolventiefunctionaris een op het insolventierecht gebaseerde vordering inzake bestuurdersaansprakelijkheid wil combineren met een op het recht inzake onrechtmatige daad of op het vennootschapsrecht gebaseerde vordering.

(36) De tot opening van de hoofdinsolventieprocedure bevoegde rechter dient, zodra om opening van een insolventieprocedure is verzocht, voorlopige en beschermende maatregelen te kunnen gelasten. Aan de opening van de insolventieprocedure voorafgaande, alsmede daarop aansluitende conservatoire maatregelen zijn van belang om de doeltreffendheid van de procedure te garanderen. Deze verordening voorziet daartoe in verschillende mogelijkheden. Ten eerste moet de voor de hoofdinsolventieprocedure bevoegde rechter, ook met betrekking tot goederen die zich op het grondgebied van andere lidstaten bevinden, voorlopige en beschermende maatregelen kunnen gelasten en ten tweede moet een vóór de opening van de hoofdinsolventieprocedure aangewezen insolventiefunctionaris in de lidstaten waar zich een vestiging van de schuldenaar bevindt, om toepassing van de beschermende maatregelen van het recht van die lidstaten kunnen verzoeken.

(37) Voordat er een hoofdinsolventieprocedure is geopend, moet het recht om een insolventieprocedure aan te vragen in de lidstaat waar de schuldenaar een vestiging heeft, beperkt blijven tot plaatselijke schuldeisers en overheidsinstanties en tot gevallen waarin het nationaal recht van de lidstaat waar de schuldenaar het centrum van zijn voornaamste belangen heeft, niet toelaat een hoofdinsolventieprocedure te openen. Die beperking is ingegeven door de wens om de gevallen waarin een territoriale insolventieprocedure wordt aangevraagd voordat er een hoofdinsolventieprocedure is aangevraagd tot het hoogstnoodza kelijke te beperken.

(38) Wanneer er een hoofdinsolventieprocedure is geopend, beperkt deze verordening niet het recht een insolventieprocedure aan te vragen in de lidstaat waar de schuldenaar een vestiging heeft. De insolventiefunctionaris in de hoofdinsolventieprocedure of eenieder die volgens het recht van die lidstaat daartoe gerechtigd is, kan een secundaire insolventieprocedure aanvragen.

(39) Deze verordening moet voorzien in regels voor het bepalen van de plaats van de goederen van de schuldenaar; die regels moeten worden toegepast om uit te maken welke goederen onder de hoofdinsolventieprocedure en welke onder de secundaire insolventieprocedure vallen, of op situaties waarin zakelijke rechten van derden een rol spelen. Meer bepaald moet in deze verordening worden vastgesteld dat Europese octrooien met eenheidswerking, Gemeenschapsmerken en andere soortgelijke rechten, zoals communautaire bescherming voor kweekproducten of Gemeenschapsmodellen, alleen in de hoofdinsolventieprocedure mogen worden opgenomen.

(40) Een secundaire insolventieprocedure kan diverse doelen dienen, naast de bescherming van plaatselijke belangen. De insolvente boedel van de schuldenaar kan bijvoorbeeld te gecompliceerd zijn om als één geheel te worden beheerd, of de verschillen in de rechtsstelsels kunnen zo groot zijn dat er moeilijkheden zouden rijzen bij uitbreiding van de rechtsgevolgen van het recht van de staat waar de procedure wordt geopend tot de andere lidstaten waar zich goederen bevinden. Om die reden mag de insolventiefunctionaris van de hoofdinsolventieprocedure de opening van een secundaire insolventieprocedure aanvragen wanneer dat voor een efficiënt beheer van de insolvente boedel nodig is.

(41) Secundaire insolventieprocedures kunnen ook het efficiënte beheer van de insolvente boedel belemmeren. Daarom vermeldt deze verordening twee specifieke situaties waarin de rechter bij wie de opening van een secundaire insolventieprocedure is aangevraagd, de opening van een dergelijke procedure op verzoek van de insolventiefunctionaris in de hoofdinsolventieprocedure moet kunnen uitstellen of weigeren.

(42) In de eerste plaats biedt deze verordening de insolventiefunctionaris in de hoofdinsolventieprocedure de mogelijkheid aan plaatselijke schuldeisers de toezegging te doen dat zij behandeld zullen worden alsof er een secundaire insolventieprocedure geopend is. Die toezegging moet aan een aantal in deze verordening omschreven voorwaarden voldoen, en meer bepaald moet zij worden goedgekeurd door een gekwalificeerde meerderheid van de plaatselijke schuldeisers. Wanneer die toezegging is gedaan, moet de rechter bij wie de opening van een secundaire insolventieprocedure is aangevraagd, die aanvraag kunnen weigeren als hij ervan overtuigd is dat de toezegging de algemene belangen van de plaatselijke schuldeisers afdoende beschermt. Bij de beoordeling van die belangen moet de rechter rekening houden met het feit dat de toezegging is goedgekeurd door een gekwalificeerde meerderheid van de plaatselijke schuldeisers.

Insolventieverordening (herschikking) B88

(43) Ten behoeve van die toezegging aan plaatselijke schuldeisers dienen de goederen en rechten die zich bevinden in de lidstaat waar de schuldenaar een vestiging heeft, een subcategorie van de insolvente boedel te vormen, en dient de insolventiefunctionaris in de hoofdinsolventieprocedure bij de verdeling van die goederen en rechten of van de opbrengsten van de tegeldemaking daarvan, de rechten inzake voorrang in acht te nemen die plaatselijke schuldeisers zouden hebben gehad er in die lidstaat een secundaire insolventieprocedure was geopend.

(44) Het nationaal recht moet, indien gepast, van toepassing zijn voor de goedkeuring van een toezegging. Meer bepaald moeten, indien volgens de voorschriften betreffende de stemming voor de goedkeuring van een herstructureringsplan krachtens het nationaal recht de voorafgaande goedkeuring van de vorderingen van de schuldeisers is vereist, die vorderingen worden geacht te zijn goedgekeurd ten behoeve van de stemming over de toezegging. Als er krachtens het nationaal recht verschillende procedures voor de goedkeuring van herstructureringsplannen zijn, moeten de lidstaten aangeven welke specifieke procedure in deze context relevant is.

(45) Voorts moet deze verordening de rechter de mogelijkheid bieden om de opening van een secundaire insolventieprocedure tijdelijk te schorsen wanneer er in de hoofdinsolventieprocedure tijdelijke schorsing van afzonderlijke executieprocedures is verleend, teneinde de doeltreffendheid van de schorsing van de hoofdinsolventieprocedure te behouden. De rechter moet de tijdelijke schorsing kunnen verlenen als hij ervan overtuigd is dat er passende maatregelen voorhanden zijn om de algemene belangen van de plaatselijke schuldeisers te beschermen. In dat geval moeten alle schuldeisers die nadeel zouden kunnen ondervinden van het resultaat van de onderhandelingen over een herstructureringsplan, te kennis worden gesteld van de onderhandelingen en in staat worden gesteld eraan deel te nemen.

(46) Om een effectieve bescherming van plaatselijke belangen te waarborgen, mag het niet mogelijk te zijn dat de insolventiefunctionaris in de hoofdinsolventieprocedure de boedel die zich bevindt in de lidstaat waar een vestiging is gelegen, te gelde maakt of verplaatst om misbruik te maken, met name wanneer daarmee wordt beoogd de mogelijkheid te dwarsbomen dat aan dergelijke belangen daadwerkelijk recht kan worden gedaan wanneer naderhand een secundaire insolventieprocedure zou worden geopend.

(47) Deze verordening mag de rechters van een lidstaat waar de secundaire insolventieprocedure is geopend, niet beletten bestuurders van een schuldenaar die in strijd met hun plichten hebben gehandeld, te bestraffen, voor zover die rechters op grond van hun nationaal recht bevoegd zijn om dergelijke geschillen te behandelen.

(48) Hoofdinsolventieprocedures en secundaire insolventieprocedures kunnen tot het efficiënte beheer van de insolvente boedel van de schuldenaar of tot de efficiënte afwikkeling van de boedel bijdragen indien de betrokken partijen in de gelijktijdig aanhangige procedures naar behoren samenwerken. Samenwerken naar behoren vereist een nauwe samenwerking van de diverse insolventiefunctionarissen en rechters, in het bijzonder door uitwisseling van voldoende informatie. Het overwicht van de hoofdinsolventieprocedure moet verzekerd zijn doordat de insolventiefunctionaris van de hoofdinsolventieprocedure op verschillende manieren in gelijktijdig aanhangige secundaire insolventieprocedures kan ingrijpen. Meer bepaald moet de insolventiefunctionaris een herstelplan of akkoord kunnen voorstellen of om schorsing van de afwikkeling van de boedel in de secundaire insolventieprocedure kunnen verzoeken. Bij hun samenwerking moeten insolventiefunctionarissen en rechters rekening houden met de beste praktijken voor samenwerking in grensoverschrijdende insolventiézaken, zoals deze zijn vermeld in de beginselen en richtsnoeren inzake communicatie en samenwerking die zijn vastgesteld door Europese en internationale organisaties op het gebied van insolventierecht, met name de desbetreffende richtsnoeren die zijn opgesteld door de Commissie van de Verenigde Naties voor Internationaal Handelsrecht (United Nations Commission on International Trade Law — Uncitral).

(49) In het licht van die samenwerking moeten insolventiefunctionarissen en rechters overeenkomsten en protocollen kunnen sluiten om de grensoverschrijdende samenwerking van meervoudige insolventieprocedures in verschillende lidstaten met betrekking tot dezelfde schuldenaar of leden van dezelfde groep ondernemingen te vergemakkelijken, indien dit verenigbaar is met de op elk van deze procedures toepasselijke regels. Die overeenkomsten en protocollen kunnen variëren qua vorm (schriftelijk of mondeling) en toepassingsgebied (variërend van algemeen tot specifiek) en kunnen door verschillende partijen worden gesloten. In eenvoudige algemene overeenkomsten kan de noodzaak van nauwe samenwerking tussen de partijen worden onderstreept, zonder dat wordt ingegaan op specifieke vraagstukken, terwijl meer gedetailleerde, specifieke overeenkomsten een beginselkader voor meervoudige insolventieprocedures kunnen vormen en door de betrokken rechters kunnen worden bevestigd, indien het nationaal recht zulks vereist. Zij kunnen de overeenstemming tussen de partijen om bepaalde stappen of acties al dan niet te ondernemen, weergeven.

(50) Evenzo kunnen rechters van verschillende lidstaten samenwerken door de aanwijzing van insolventiefunctionarissen te coördineren. In dat verband kunnen zij een insolventiefunctionaris aanwijzen voor verscheidene insolventieprocedures met betrekking tot dezelfde schuldenaar

of voor verschillende leden van een groep ondernemingen, voor zover dit verenigbaar is met de op elk van de procedures toepasselijke regels, in het bijzonder met eventuele vereisten betreffende de bevoegdverklaring van en de vergunningverlening aan de insolventiefunctionaris.

(51) Deze verordening moet de efficiënte uitvoering waarborgen van insolventieprocedures met betrekking tot verschillende ondernemingen die deel uitmaken van een groep ondernemingen.

(52) Indien er insolventieprocedures zijn geopend met betrekking tot verschillende ondernemingen van een en dezelfde groep, moeten de bij de procedure betrokken partijen naar behoren samenwerken. Voor de verschillende betrokken insolventiefunctionarissen en rechters moet daarom een soortgelijke verplichting tot onderlinge samenwerking en communicatie gelden als voor de insolventiefunctionarissen en rechters die betrokken zijn bij de hoofdinsolventieprocedure en de secundaire insolventieprocedures welke betrekking hebben op dezelfde schuldenaar. Samenwerking tussen insolventiefunctionarissen mag in geen geval ingaan tegen de belangen van de schuldeisers in elk van de procedures, en een dergelijke samenwerking moet gericht zijn op het vinden van een oplossing die synergieën in de hele groep in de hand werkt.

(53) De invoering van regels inzake de insolventieprocedures van groepen ondernemingen dient de rechter niet te beperken in de mogelijkheid om insolventieprocedures voor verschillende ondernemingen die tot dezelfde groep behoren in slechts één rechtsgebied te openen, wanneer hij van oordeel is dat het centrum van de voornaamste belangen van deze ondernemingen zich in een enkele lidstaat bevindt. In dergelijke gevallen moet het voor de rechter ook mogelijk zijn om, indien gepast, dezelfde insolventiefunctionaris in alle betrokken procedures aan te wijzen, voor zover dit niet onverenigbaar is met de daarop toepasselijke regels.

(54) Deze verordening moet procedureregels bevatten voor de coördinatie van de insolventieprocedures van leden van een groep ondernemingen, teneinde die coördinatie verder te verbeteren en een gecoördineerde herstructurering van de groep mogelijk te maken. Daarbij moet een efficiënte coördinatie worden nagestreefd, zonder dat de afzonderlijke rechtspersoonlijkheid van elk lid van de groep aangetast wordt.

(55) Een insolventiefunctionaris die aangewezen is in een insolventieprocedure die met betrekking tot een lid van een groep ondernemingen is geopend, moet een groepscoördinatieprocedure kunnen aanvragen. De insolventiefunctionaris die een dergelijke procedure wil aanvragen, dient daartoe naar behoren gemachtigd te zijn indien het op de insolventie toepasselijke recht dat vereist. De aanvraag moet de essentiële elementen van de coördinatie bevatten, in het bijzonder de hoofdlijnen van het coördinatieplan, een voorstel voor de als coördinator aan te wijzen persoon en een overzicht van de geraamde kosten van de coördinatie.

(56) Teneinde het vrijwillige karakter van de groepscoördinatieprocedure te waarborgen, moeten de betrokken insolventiefunctionarissen binnen een bepaalde termijn bezwaar kunnen maken tegen deelname aan de procedure. De betrokken insolventiefunctionarissen moeten in een vroeg stadium geïnformeerd worden over de belangrijkste elementen van de groepscoördinatie, zodat ze een gefundeerd besluit over deelname aan de coördinatieprocedure kunnen nemen. Een insolventiefunctionaris die aanvankelijk bezwaar heeft gemaakt tegen de integratie in de groepscoördinatieprocedure moet evenwel op een later tijdstip om deelname kunnen verzoeken. In dat geval moet de groepscoördinator een besluit nemen over de ontvankelijkheid van het verzoek. Alle insolventiefunctionarissen, met inbegrip van de verzoekende insolventiefunctionaris, moeten in kennis worden gesteld van het besluit van de coördinator en de kans krijgen dat besluit aan te vechten voor de rechter die de groepscoördinatieprocedure heeft geopend.

(57) Een groepscoördinatieprocedure moet een efficiënte uitvoering van de insolventieprocedure van de groepsleden in de hand werken, en over het algemeen een positief effect voor de schuldeisers hebben. Deze verordening moet bewerkstelligen dat de rechter bij wie een groepscoördinatieprocedure is aangevraagd, de criteria beoordeelt alvorens een groepscoördinatieprocedure te openen.

(58) De voordelen van de groepscoördinatieprocedure moeten opwegen tegen de kosten ervan. Daarom moeten de kosten van de coördinatie en het deel van deze kosten dat elk groepslid moet betalen adequaat, evenredig en redelijk zijn, en worden bepaald in overeenstemming met het nationaal recht van de lidstaat waar de groepscoördinatieprocedure is geopend. De insolventiefunctionaris moet deze kosten tevens vanaf een vroeg stadium in de procedure kunnen controleren. Het controleren van deze kosten vanaf een vroeg stadium in de procedure kan betekenen dat, indien het nationaal recht dit vereist, de insolventiefunctionaris om de goedkeuring van de rechter of van het comité van schuldeisers verzoekt.

(59) Wanneer volgens de coördinator de voor de vervulling van zijn taken geraamde kosten aanzienlijk hoger zullen uitvallen dan de aanvankelijk geraamde kosten en, in elk geval wanneer die kosten meer dan 10 % hoger uitvallen, moet de coördinator door de rechter die de groepscoördinatieprocedure heeft geopend, worden gemachtigd die kosten te overschrijden. Alvorens dit besluit te nemen moet de rechter die de groepscoördinatieprocedure heeft geopend de deelnemende insolventiefunctionarissen de mogelijkheid bieden door hem te worden gehoord,

zodat zij hun opmerkingen over de gepastheid van het verzoek van de coördinator kenbaar kunnen maken.

(60) Voor leden van een groep ondernemingen die niet aan een groepscoördinatieprocedure deelnemen, moet deze verordening ook in een alternatief mechanisme voorzien om tot een gecoördineerde herstructurering van de groep te komen. Een insolventiefunctionaris die is aangewezen in een procedure welke betrekking heeft op een lid van een groep ondernemingen moet de bevoegdheid hebben te verzoeken om schorsing van elke met de afwikkeling van de boedel verband houdende maatregel in de procedure die is geopend met betrekking tot andere leden van de groep die niet aan een groepscoördinatieprocedure onderworpen zijn. Om een dergelijke schorsing moet slechts kunnen worden verzocht indien een herstructureringsplan voor de leden van de betrokken groep wordt voorgelegd, dit plan voordelig is voor de schuldeisers in de procedure met betrekking tot welke om schorsing wordt verzocht en de schorsing nodig is om ervoor te zorgen dat het plan naar behoren kan worden uitgevoerd.

(61) Deze verordening mag de lidstaten niet beletten nationale regels vast te stellen ter aanvulling van de in deze verordening bepaalde regels inzake samenwerking, communicatie en coördinatie bij insolventie van leden van groepen ondernemingen, op voorwaarde dat het toepassingsgebied van die nationale regels beperkt blijft tot het nationale rechtsgebied en dat de toepassing ervan geen afbreuk doet aan de doeltreffendheid van de regels van deze verordening.

(62) De in deze verordening vastgelegde regels inzake samenwerking, communicatie en coördinatie bij insolventie van leden van een groep ondernemingen dienen slechts van toepassing te zijn voor zover er in meer dan één lidstaat procedures die betrekking hebben op verschillende leden van eenzelfde groep ondernemingen zijn geopend.

(63) Elke schuldeiser die zijn gewone verblijfplaats, woonplaats of statutaire zetel in de Unie heeft, moet het recht hebben om in elke in de Unie lopende insolventieprocedure zijn vorderingen op de schuldenaar in te dienen. Dit moet ook gelden voor belastingautoriteiten en socialezekerheidsinstanties. Deze verordening mag niet beletten dat de insolventiefunctionaris vorderingen indient namens groepen schuldeisers, bijvoorbeeld werknemers, indien het nationaal recht daarin voorziet. Met het oog op de gelijke behandeling van de schuldeisers moet de verdeling van de opbrengst evenwel worden gecoördineerd. Elke schuldeiser moet kunnen behouden wat hij in het kader van een insolventieprocedure verkregen heeft, doch kan pas aan de verdeling van de boedel in een andere procedure deelnemen wanneer de schuldeisers met gelijke rang een evenredige uitkering van hun vorderingen hebben gekregen.

(64) Het is van essentieel belang dat schuldeisers met een gewone verblijfplaats, woonplaats of statutaire zetel binnen de Unie worden geïnformeerd over de opening van een insolventieprocedure met betrekking tot de goederen van hun schuldenaar. Om een snelle overdracht van informatie aan schuldeisers te waarborgen, moet Verordening (EG) nr. 1393/2007 van het Europees Parlement en de Raad^7 buiten toepassing worden gelaten waar in deze verordening wordt verwezen naar de verplichting schuldeisers te informeren. Het gebruik van in alle officiële talen van de instellingen van de Unie beschikbare standaardformulieren moet de taken van schuldeisers bij het indienen van vorderingen in een in een andere lidstaat geopende procedure, vereenvoudigen. In het nationaal recht moet worden bepaald welke gevolgen er verbonden zijn aan het indienen van een onvolledig standaardformulier.

(65) Deze verordening moet voorzien in onmiddellijke erkenning van de beslissingen inzake de opening, het verloop en de beëindiging van een onder haar werkingssfeer vallende insolventieprocedure, alsmede van beslissingen die rechtstreeks met deze insolventieprocedure verband houden. De automatische erkenning moet dus tot gevolg hebben dat de rechtsgevolgen die de procedure heeft krachtens het recht van de lidstaat waar de procedure is geopend, worden uitgebreid tot alle andere lidstaten. De erkenning van beslissingen van de rechters van de lidstaten moet berusten op het beginsel van wederzijds vertrouwen. In dat verband moeten gronden voor niet- erkenning tot het noodzakelijke minimum worden beperkt. Ook indien de rechters van twee lidstaten zich bevoegd achten om een hoofdinsolventieprocedure te openen, moet dit conflict volgens het vertrouwensbeginsel worden opgelost. De beslissing van de rechter die de procedure het eerst heeft geopend, moet in de andere lidstaten worden erkend zonder dat deze de bevoegdheid hebben de beslissing van die rechter te toetsen.

(66) Deze verordening moet voor haar toepassingsgebied uniforme collisieregels vaststellen die, voor zover zij van toepassing zijn, in de plaats treden van de nationale voorschriften op het gebied van het internationale privaatrecht. Tenzij anders is bepaald, moet het recht van de lidstaat waar de procedure is geopend van toepassing zijn (*lex concursus*). Deze collisieregel dient zowel voor de hoofdinsolventieprocedure als voor plaatselijke procedures te gelden. De lex concursus is bepalend voor alle rechtsgevolgen van de insolventieprocedure, zowel proce-

---

7 Verordening (EG) nr. 1393/2007 van het Europees Parlement en de Raad van 13 november 2007 inzake de betekening en de kennisgeving in de lidstaten van gerechtelijke en buitengerechtelijke stukken in burgerlijke of in handelszaken en tot intrekking van Verordening (EG) nr. 1348/2000 van de Raad (PB L 324 van 10.12.2007, blz. 79).

dureel als materieel, ten aanzien van de betrokken rechtssubjecten en rechtsbetrekkingen. Dit recht beheerst alle voorwaarden voor het openen, het verloop en het beëindigen van de insolventieprocedure.

(67) De automatische erkenning van een insolventieprocedure, waarop in de regel het recht van de lidstaat waar de procedure is geopend van toepassing is, kan de regels doorkruisen die de rechtshandelingen in die lidstaten normaliter beheersen. Ter bescherming van het gewettigd vertrouwen en de rechtszekerheid van rechtshandelingen in andere lidstaten dan de lidstaat waarin de procedure is geopend, moet er in een aantal uitzonderingen op de algemene regel worden voorzien.

(68) Aan een bijzondere aanknoping, die afwijkt van het recht van de lidstaat waar de procedure is geopend, is met name behoefte voor zakelijke rechten, aangezien die rechten van groot belang zijn voor het verlenen van kredieten. De vestiging, de geldigheid en de draagwijdte van zakelijke rechten moeten derhalve in de regel worden bepaald door het recht van de staat waar de zaken zich bevinden en dienen door de opening van een insolventieprocedure onverlet te worden gelaten. De houder van een zakelijk recht moet derhalve zijn recht om te handelen alsof er geen insolventieprocedure was of zijn recht van separatisme op het tot zekerheid strekkende goed kunnen blijven doen gelden. Wanneer op goederen krachtens het recht van de staat waar de zaak zich bevindt zakelijke rechten rusten, terwijl de hoofdinsolventieprocedure in een andere lidstaat wordt gevoerd, moet de insolventiefunctionaris in de hoofdinsolventieprocedure om opening van een secundaire insolventieprocedure kunnen verzoeken in het rechtsgebied waar de zakelijke rechten ontstaan, wanneer de schuldenaar daar een vestiging heeft. Wanneer geen secundaire insolventieprocedure wordt geopend, moet het surplus uit de verkoopopbrengst van een goed waarop de zakelijke rechten rusten, worden betaald aan de insolventiefunctionaris in de hoofdinsolventieprocedure.

(69) Deze verordening bevat verscheidene bepalingen op grond waarvan een rechter schorsing van de opening van een procedure of schorsing van executieprocedures kan bevelen. Een dergelijke schorsing laat de zakelijke rechten van schuldeisers of derden onverlet.

(70) Indien volgens het recht van de staat waar de procedure wordt geopend, verrekening van vorderingen niet is toegestaan, moet een schuldeiser toch recht hebben op verrekening, wanneer deze wel is toegestaan volgens het recht dat van toepassing is op de vordering van de insolvente schuldenaar. Aldus opgevat wordt verrekening als het ware een soort waarborg die beheerst wordt door een recht op de toepassing waarvan de betrokken schuldeiser bij het sluiten van de overeenkomst of het aangaan van de schuld kan rekenen.

(71) Ook bij betalingssystemen en financiële markten bestaat een specifieke behoefte aan bescherming, bijvoorbeeld met betrekking tot de in die systemen voorkomende regelingen inzake „closing out" en „netting" als voor de vervreemding van effecten en de ter verzekering van deze transacties gestelde zekerheden, zoals met name geregeld in Richtlijn 98/26/EG van het Europees Parlement en de Raad^8. Alleen het recht dat op het betrokken systeem of de betrokken markt van toepassing is, is voor deze transacties relevant. Dat recht beoogt te vermijden dat veranderingen optreden in de regelingen betreffende betaling of afwikkeling van transacties in betalings- of afwikkelingssystemen of op georganiseerde financiële markten die in de lidstaten functioneren in geval van insolventie van een partij bij een transactie. Richtlijn 98/26/EG bevat specifieke voorschriften die voorrang moeten krijgen op de algemene regelingen van deze verordening.

(72) Ter bescherming van de werknemers en de arbeidsverhoudingen moeten de gevolgen van de insolventieprocedure voor de voortzetting of de beëindiging van het dienstverband en de rechten en verplichtingen van elk van beide partijen uit hoofde van dat dienstverband, overeenkomstig de algemene collisieregels bepaald worden door het recht dat op de betrokken arbeidsovereenkomst van toepassing is. In gevallen waarin voor de beëindiging van arbeidsovereenkomsten goedkeuring door een rechter of een administratieve instantie vereist is, moet bovendien de lidstaat waarin zich een vestiging van de schuldenaar bevindt, de bevoegdheid houden om een dergelijke goedkeuring te verlenen, zelfs indien er in die lidstaat geen insolventieprocedure is geopend. Andere vragen met betrekking tot het insolventierecht, zoals de vraag of de vorderingen van werknemers door een voorrecht beschermd zijn, en welke rang dit voorrecht eventueel moet krijgen, moeten worden bepaald volgens het recht van de lidstaat waar de insolventieprocedure (hoofdinsolventieprocedure of secundaire insolventieprocedure) is geopend, behalve in gevallen waarin overeenkomstig deze verordening een toezegging is gedaan teneinde een secundaire insolventieprocedure te vermijden.

(73) De gevolgen van de insolventieprocedure voor een lopende rechtsvordering of een lopend scheidsrechterlijk geding betreffende een goed of recht dat deel uitmaakt van de insolvente boedel van de schuldenaar, worden uitsluitend beheerst door het recht van de lidstaat waar de rechtsvordering of dat scheidsrechterlijk geding aanhangig is. Deze regel dient de nationale

---

8 Richtlijn 98/26/EG van het Europees Parlement en de Raad van 19 mei 1998 betreffende het definitieve karakter van de afwikkeling van betalingen en effectentransacties in betalings- en afwikkelingssystemen (PB L 166 van 11.6.1998, blz. 45).

regels inzake de erkenning en tenuitvoerlegging van scheidsrechterlijke gedingen evenwel onverlet te laten.

(74) Bepaalde regels van deze verordening moeten soepel genoeg zijn om rekening te houden met de specifieke procedureregels van de rechterlijke macht in bepaalde lidstaten. Derhalve moet een bepaling in deze verordening betreffende kennisgeving door een rechterlijke instantie van een lidstaat, indien de procedureregels van een lidstaat zulks vereisen, eveneens gelden in het geval dat die rechterlijke instantie een bevel tot die kennisgeving uitvaardigt.

(75) In het belang van het economisch verkeer moet de wezenlijke inhoud van de beslissing tot opening van de procedure op verzoek van de insolventiefunctionaris worden bekendgemaakt in een andere lidstaat dan die van de een rechter die deze beslissing heeft genomen. Wanneer er zich in de betrokken lidstaat een vestiging bevindt, moet de bekendmaking dwingend zijn voorgeschreven. In geen van beide gevallen dient bekendmaking evenwel voorwaarde te zijn voor erkenning van de buitenlandse procedure.

(76) Teneinde de informatievoorziening aan de desbetreffende schuldeisers en rechters te verbeteren en te voorkomen dat parallelle insolventieprocedures worden geopend, moeten lidstaten worden verplicht om relevante informatie in grensoverschrijdende insolventiezaken openbaar te maken in een openbaar toegankelijk elektronisch register. Teneinde de toegang te vereenvoudigen tot die informatie voor schuldeisers en rechters die in andere lidstaten woonachtig of gevestigd zijn, moet deze verordening voorzien in de onderlinge koppeling van zulke insolventieregisters via het Europese e-justitieportaal. Het dient de lidstaten vrij te staan in diverse registers gegevens openbaar te maken en het moet mogelijk zijn meer dan één register per lidstaat te koppelen.

(77) Deze verordening dient te bepalen welke minimuminformatie in de insolventieregisters bekendgemaakt moet worden. Het moet de lidstaten niet worden belet aanvullende informatie op te nemen. Voor een schuldenaar die een natuurlijke persoon is, dienen de insolventieregisters slechts een registratienummer te vermelden indien hij als zelfstandige een bedrijfs- of beroepsactiviteit uitoefent. Dat registratienummer moet worden opgevet als zijnde het eventuele unieke registratienummer van de zelfstandige bedrijfs- of beroepsactiviteit van de schuldenaar in het handelsregister.

(78) Informatie over bepaalde aspecten van de insolventieprocedure is essentieel voor schuldeisers, zoals de termijnen voor het indienen van vorderingen en het aanvechten van beslissingen. Deze verordening moet de lidstaten echter niet verplichten om die termijnen per geval te berekenen. De lidstaten moeten hun verplichtingen kunnen nakomen door hyperlinks op het Europese e-justitieportaal te plaatsen met voor zichzelf sprekende informatie over de criteria voor het berekenen van die termijnen.

(79) Teneinde informatie over natuurlijke personen die niet als zelfstandige een bedrijfs- of beroepsactiviteit uitoefenen, voldoende te beschermen, moeten de lidstaten voor de toegang tot die informatie aanvullende zoekcriteria kunnen opstellen, zoals het persoonlijke identificatienummer van de schuldenaar, zijn adres en geboortedatum, of het district van de bevoegde rechter, dan wel de toegang afhankelijk kunnen stellen van een verzoek aan een bevoegde autoriteit of van het aantonen van een rechtmatig belang.

(80) Het moet de lidstaten vrij staan in hun insolventieregisters geen informatie op te nemen over natuurlijke personen die niet als zelfstandige een bedrijfs- of beroepsactiviteit uitoefenen. In dat geval moeten de lidstaten er wel voor zorgen dat de informatie door individuele kennisgeving aan de schuldeisers wordt doorgegeven, en dat de procedure geen nadelige gevolgen heeft voor de vorderingen van de schuldeisers die geen informatie gekregen hebben.

(81) Het kan voorkomen dat sommige betrokkenen niet van de opening van de insolventieprocedure op de hoogte zijn en te goeder trouw in strijd met de nieuwe omstandigheden handelen. Ter bescherming van dergelijke personen, die — niet op de hoogte zijnde van de opening van de procedure in het buitenland — een betaling ten voordele van de schuldenaar uitvoeren die zij eigenlijk voor de buitenlandse insolventiefunctionaris hadden moeten uitvoeren, moet worden voorgeschreven dat deze betaling een bevrijdend karakter heeft.

(82) Om eenvormige voorwaarden te waarborgen voor de uitvoering van deze verordening, moeten aan de Commissie uitvoeringsbevoegdheden worden toegekend. Deze bevoegdheden moeten worden uitgeoefend overeenkomstig Verordening (EU) nr. 182/2011 van het Europees Parlement en de Raad^9.

(83) Deze verordening eerbiedigt de grondrechten en neemt de in het Handvest van de grondrechten van de Europese Unie erkende beginselen in acht. Met name beoogt deze verordening de toepassing te bevorderen van de artikelen 8, 17 en 47, betreffende, respectievelijk,

---

9 Verordening (EU) nr. 182/2011 van het Europees Parlement en de Raad van 16 februari 2011 tot vaststelling van de algemene voorschriften en beginselen die van toepassing zijn op de wijze waarop de lidstaten de uitoefening van de uitvoeringsbevoegdheden door de Commissie controleren (PB L 55 van 28.2.2011, blz. 13).

de bescherming van persoonsgegevens, het recht op eigendom en het recht op een doeltreffende voorziening in rechte en een eerlijk proces.

(84) Richtlijn 95/46/EG van het Europees Parlement en de Raad^{10} en Verordening (EG) nr. 45/2001 van het Europees Parlement en de Raad^{11} zijn van toepassing op de verwerking van persoonsgegevens in het kader van deze verordening.

(85) Deze verordening doet geen afbreuk aan Verordening (EEG, Euratom) nr. 1182/71 van de Raad^{12}.

(86) Daar de doelstelling van deze verordening niet voldoende door de lidstaten kan worden verwezenlijkt, maar vanwege het creëren van een wettelijk kader voor een correct beheer van grensoverschrijdende insolventieprocedures, beter door de Unie kan worden verwezenlijkt, kan de Unie, overeenkomstig het in artikel 5 van het Verdrag betreffende de Europese Unie neergelegde subsidiariteitsbeginsel, maatregelen nemen. Overeenkomstig het in hetzelfde artikel neergelegde evenredigheidsbeginsel gaat deze verordening niet verder dan nodig is om deze doelstelling te verwezenlijken.

(87) Overeenkomstig artikel 3 en artikel 4 bis, lid 1, van Protocol nr. 21 betreffende de positie van het Verenigd Koninkrijk en Ierland ten aanzien van de ruimte van vrijheid, veiligheid en recht, gehecht aan het Verdrag betreffende de Europese Unie en het Verdrag betreffende de werking van de Europese Unie, hebben het Verenigd Koninkrijk en Ierland te kennen gegeven dat zij aan de vaststelling en toepassing van deze verordening wensen deel te nemen.

(88) Overeenkomstig de artikelen 1 en 2 van Protocol nr. 22 betreffende de positie van Denemarken, gehecht aan het Verdrag betreffende de Europese Unie en het Verdrag betreffende de werking van de Europese Unie, neemt Denemarken niet deel aan de vaststelling van deze verordening, die derhalve niet bindend is voor, noch van toepassing is in deze lidstaat.

(89) De Europese Toezichthouder voor gegevensbescherming is geraadpleegd en heeft op 27 maart 2013 een advies uitgebracht^{13},

HEBBEN DE VOLGENDE VERORDENING VASTGESTELD:

HOOFDSTUK I ALGEMENE BEPALINGEN

Art. 1 Toepassingsgebied

1. Deze verordening is van toepassing op openbare collectieve procedures, met inbegrip van voorlopige procedures, die zijn gebaseerd op het recht inzake insolventie en waarin, ten behoeve van herstel, schuldaanpassing, reorganisatie of liquidatie:

a) een schuldenaar het beheer en de beschikking over zijn goederen geheel of gedeeltelijk verliest en een insolventiefunctionaris wordt aangewezen,

b) de goederen en de onderneming van een schuldenaar onder controle of toezicht van een rechter staan, of

c) een tijdelijke schorsing van een afzonderlijke executieprocedure door een rechter wordt verleend of van rechtswege gebeurt, ten behoeve van onderhandelingen tussen de schuldenaar en diens schuldeisers, voor zover de procedure waarin de schorsing wordt verleend in passende maatregelen ter bescherming van de gezamenlijke schuldeisers voorziet en, indien er geen overeenstemming wordt bereikt, voorafgaat aan de onder a) of b) bedoelde procedure.

Indien de in dit lid bedoelde procedures kunnen worden ingeleid in omstandigheden waarin er slechts een risico op insolventie bestaat, hebben deze procedures tot doel de insolventie van de schuldenaar of het staken van diens bedrijfsactiviteiten te voorkomen.

De in dit lid bedoelde procedures worden opgesomd in bijlage A.

2. Deze verordening is niet van toepassing op in lid 1 bedoelde procedures betreffende:

a) verzekeringsondernemingen;

b) kredietinstellingen;

c) beleggingsondernemingen en andere instellingen of ondernemingen voor zover daarop Richtlijn 2001/24/EG, van toepassing is, of

d) instellingen voor collectieve belegging.

---

10 Richtlijn 95/46/EG van het Europees Parlement en de Raad van 24 oktober 1995 betreffende de bescherming van natuurlijke personen in verband met de verwerking van persoonsgegevens en betreffende het vrije verkeer van die gegevens (PB L 281 van 23.11.1995, blz. 31).

11 Verordening (EG) nr. 45/2001 van het Europees Parlement en de Raad van 18 december 2000 betreffende de bescherming van natuurlijke personen in verband met de verwerking van persoonsgegevens door de communautaire instellingen en organen en betreffende het vrije verkeer van die gegevens (PB L 8 van 12.1.2001, blz. 1).

12 Verordening (EEG, Euratom) nr. 1182/71 van de Raad van 3 juni 1971 houdende vaststelling van de regels die van toepassing zijn op termijnen, data en aanvangs- en vervaltijden (PB L 124 van 8.6.1971, blz. 1).

13 PB C 358 van 7.12.2013, blz. 15.

Art. 2 Definities

Voor het doel van deze verordening wordt verstaan onder:

1. „collectieve procedure":procedure waarbij alle of een aanzienlijk deel van de schuldeisers van een schuldenaar betrokken zijn, met dien verstande dat in laatstgenoemd geval de procedure de vorderingen van schuldeisers die hierbij niet betrokken zijn, onverlet laat;

2. „instellingen voor collectieve belegging":instellingen voor collectieve belegging in effecten (icbe's) als gedefinieerd in Richtlijn 2009/65/EG van het Europees Parlement en de Raad^{14}, en alternatieve beleggingsinstellingen (abi's) als gedefinieerd in Richtlijn 2011/61/EU van het Europees Parlement en de Raad^{15};

3. „schuldenaar die zijn goederen in bezit houdt":een schuldenaar ten aanzien van wie een insolventieprocedure is geopend, waarbij niet noodzakelijkerwijs een insolventiefunctionaris wordt aangewezen of waarbij de rechten en plichten aangaande het beheer van de goederen van de schuldenaar niet volledig aan een insolventiefunctionaris worden overgedragen, en de schuldenaar derhalve volledig of tenminste gedeeltelijk de zeggenschap over zijn goederen en zijn onderneming behoudt;

4. „insolventieprocedures":de procedures opgesomd in bijlage A;

5. „insolventiefunctionaris":elke persoon of instantie waarvan de taak, ook op tussentijdse basis, erin bestaat:

i) de in het kader van een insolventieprocedure ingediende vorderingen te verifiëren en te aanvaarden;

ii) het collectieve belang van de schuldeisers te behartigen;

iii) het geheel of een deel van de goederen waarover de schuldenaar het beheer en de beschikking heeft verloren, te beheren;

iv) de onder iii) bedoelde goederen te liquideren, of

v) toe te zien op het beheer van de onderneming van de schuldenaar.

De in de eerste alinea bedoelde personen en organen worden opgesomd in bijlage B;

6. „rechter":

i) in artikel 1, lid 1, onder b) en c), artikel 4, artikel 5, artikel 6, artikel 21, lid 3, artikel 24, lid 2, onder j), artikel 36, artikel 39 en de artikelen 61 tot en met 77, de rechterlijke instantie van een lidstaat;

ii) in de overige artikelen: de rechterlijke instantie of enig andere bevoegde instantie van een lidstaat die bevoegd is om een insolventieprocedure te openen, een dergelijke opening te bekrachtigen of tijdens die procedure beslissingen te geven;

7. „beslissing tot opening van een insolventieprocedure":

i) de beslissing van een rechter tot opening van een insolventieprocedure of tot bekrachtiging van de opening van een dergelijke procedure, alsmede

ii) de beslissing van een rechter tot aanwijzing van een insolventiefunctionaris;

8. „tijdstip waarop de procedure is geopend":het tijdstip waarop de beslissing tot opening van een insolventieprocedure rechtsgevolgen heeft, onafhankelijk van de vraag of de beslissing definitief is;

9. „lidstaat waar zich een goed bevindt":

i) met betrekking tot aandelen op naam in vennootschappen die geen instrumenten als bedoeld onder ii) zijn, de lidstaat op het grondgebied waarvan de vennootschap die de aandelen heeft uitgegeven haar statutaire zetel heeft;

ii) met betrekking tot financiële instrumenten waarvan de eigendom blijkt uit inschrijving in een register dat of op een rekening die door of namens een tussenpersoon wordt aangehouden („girale effecten"), de lidstaat waar het register waarin of de rekening waarop de inschrijving plaatsvindt, wordt aangehouden;

iii) met betrekking tot tegoeden op rekeningen bij kredietinstellingen: de in het IBAN-nummer van de rekening aangegeven lidstaat, of, voor tegoeden op rekeningen bij kredietinstellingen zonder IBAN, de lidstaat waar de kredietinstelling waarbij de rekening wordt aangehouden, haar hoofdkantoor heeft of, indien de rekening wordt aangehouden bij een bijkantoor, agentschap of andere vestiging, de lidstaat waar het bijkantoor, het agentschap of de andere vestiging is gelegen;

iv) met betrekking tot zaken of rechten, andere dan die welke onder i) worden bedoeld, die de eigenaar of de rechthebbende in een openbaar register laat inschrijven, de lidstaat onder de autoriteit waarvan dat register wordt aangehouden;

---

14 Richtlijn 2009/65/EG van het Europees Parlement en de Raad van 13 juli 2009 tot coördinatie van de wettelijke en bestuursrechtelijke bepalingen betreffende bepaalde instellingen voor collectieve belegging in effecten (icbe's) (PB L 302 van 17.11.2009, blz. 32).

15 Richtlijn 2011/61/EU van het Europees Parlement en de Raad van 8 juni 2011 inzake beheerders van alternatieve beleggingsinstellingen en tot wijziging van de Richtlijnen 2003/41/EG en 2009/65/EG en van de Verordeningen (EG) nr. 1060/2009 en (EU) nr. 1095/2010 (PB L 174 van 1.7.2011, blz. 1).

v) met betrekking tot Europese octrooien, de lidstaat waarvoor het Europees octrooi is verleend;
vi) met betrekking tot auteursrechten en aanverwante rechten, de lidstaat op het grondgebied waarvan de eigenaar van deze rechten zijn gebruikelijke verblijfplaats of statutaire zetel heeft;
vii) met betrekking tot lichamelijke zaken, andere dan die welke onder i) tot en met iv) worden bedoeld, de lidstaat op het grondgebied waarvan de zaken zich bevinden;
viii) met betrekking tot schuldvorderingen jegens derden, andere dan die welke betrekking hebben op de onder iii) bedoelde goederen, de lidstaat op het grondgebied waarvan het centrum van de voornaamste belangen van de derde-schuldenaar is gelegen, als bepaald overeenkomstig artikel 3, lid 1;

10. „vestiging":elke plaats van handeling waar een schuldenaar met behulp van mensen en goederen een economische activiteit die niet van tijdelijke aard is, uitoefent of heeft uitgeoefend in de periode van drie maanden voorafgaand aan het aanvragen van de hoofdinsolventieprocedure;

11. „plaatselijke schuldeiser":een schuldeiser van wie de vorderingen jegens een schuldenaar voortvloeien uit of verband houden met de exploitatie van een vestiging die in een andere lidstaat is gelegen dan de lidstaat waar zich het centrum van de voornaamste belangen van de schuldenaar bevindt;

12. „buitenlandse schuldeiser":een schuldeiser die zijn gebruikelijke verblijfplaats, woonplaats of statutaire zetel heeft in een andere lidstaat dan de lidstaat waar de procedure is geopend, met inbegrip van de belastingautoriteiten en de socialezekerheidsinstanties van de lidstaten;

13. „groep ondernemingen":een moederonderneming en al haar dochterondernemingen;

14. „moederonderneming":een onderneming die rechtstreeks of onrechtstreeks zeggenschap heeft over een of meer dochterondernemingen. Een onderneming die geconsolideerde financiële overzichten opstelt overeenkomstig Richtlijn 2013/34/EU van het Europees Parlement en de Raad^{16}, wordt geacht een moederonderneming te zijn.

Art. 3 Internationale bevoegdheid

Hoofdinsolventieprocedure

1. De rechters van de lidstaat op het grondgebied waarvan het centrum van de voornaamste belangen van de schuldenaar gelegen is, zijn bevoegd een insolventieprocedure („hoofdinsolventieprocedure") te openen. Het centrum van de voornaamste belangen is de plaats waar de schuldenaar gewoonlijk het beheer over zijn belangen voert en die als zodanig voor derden herkenbaar is.

Bij vennootschappen en rechtspersonen wordt, zolang het tegendeel niet is bewezen, het centrum van de voornaamste belangen vermoed de plaats van de statutaire zetel te zijn. Dit vermoeden geldt alleen indien de statutaire zetel in de drie maanden voorafgaand aan het aanvragen van de insolventieprocedure niet naar een andere lidstaat is overgebracht.

Hoofdvestiging

In het geval van een natuurlijke persoon die als zelfstandige een bedrijfs- of beroepsactiviteit uitoefent, wordt, zolang het tegendeel niet is bewezen, het centrum van de voornaamste belangen vermoed de plaats van diens hoofdvestiging te zijn. Dit vermoeden geldt alleen indien de hoofdvestiging van de natuurlijke persoon in de drie maanden voorafgaand aan het aanvragen van de insolventieprocedure niet naar een andere lidstaat is overgebracht.

In het geval van elke andere natuurlijke persoon wordt, zolang het tegendeel niet is bewezen, het centrum van de voornaamste belangen vermoed de diens gebruikelijke verblijfplaats te zijn. Dit vermoeden geldt alleen indien de gebruikelijke verblijfplaats in de zes maanden voorafgaand aan het aanvragen van de insolventieprocedure niet naar een andere lidstaat is overgebracht.

2. Wanneer het centrum van de voornaamste belangen van de schuldenaar op het grondgebied van een lidstaat gelegen is, zijn de rechters van een andere lidstaat slechts tot opening van een insolventieprocedure ten aanzien van deze schuldenaar bevoegd indien hij op het grondgebied van laatstgenoemde lidstaat een vestiging bezit. De gevolgen van deze procedure gelden alleen ten aanzien van de goederen van de schuldenaar die zich op het grondgebied van die lidstaat bevinden.

3. Indien de insolventieprocedure overeenkomstig lid 1 is geopend, is iedere insolventieprocedure die vervolgens overeenkomstig lid 2 wordt geopend, een secundaire insolventieprocedure.

4. De opening van de in lid 2 bedoelde territoriale insolventieprocedure kan slechts aan de opening van een hoofdinsolventieprocedure overeenkomstig lid 1 voorafgaan indien:

a) de opening van een insolventieprocedure krachtens lid 1 niet kan worden verkregen in verband met de voorwaarden die gesteld worden in het recht van de lidstaat op het grondgebied waarvan het centrum van de voornaamste belangen van de schuldenaar zich bevindt, of

b) de territoriale insolventieprocedure is aangevraagd:

---

16 Richtlijn 2013/34/EU van 26 juni 2013 betreffende de jaarlijkse financiële overzichten, geconsolideerde financiële overzichten en aanverwante verslagen van bepaalde ondernemingsvormen, tot wijziging van Richtlijn 2006/43/EG van het Europees Parlement en de Raad en tot intrekking van Richtlijnen 78/660/EEG en 83/349/EEG van de Raad (PB L 182 van 29.6.2013, blz. 19).

i) door een schuldeiser wiens vordering voortvloeit uit of verband houdt met de exploitatie van een vestiging die is gelegen op het grondgebied van de lidstaat waar de territoriale procedure is aangevraagd, of

ii) door een overheidsinstantie die, uit hoofde van het recht van de lidstaat op het grondgebied waarvan de vestiging is gelegen, het recht heeft om de insolventieprocedure aan te vragen. Zodra er een hoofdinsolventieprocedure wordt geopend, wordt de territoriale insolventieprocedure een secundaire insolventieprocedure.

Art. 4 Toetsing van de bevoegdheid

1. Een rechter bij wie een insolventieprocedure wordt aangevraagd, onderzoekt ambtshalve of hij op grond van artikel 3 bevoegd is. In de beslissing tot opening van een insolventieprocedure wordt aangegeven op welke gronden de bevoegdheid van de rechter is gebaseerd, en meer bepaald of de bevoegdheid is gegrond op artikel 3, lid 1, of artikel 3, lid 2.

2. Niettegenstaande lid 1 kunnen de lidstaten, indien een insolventieprocedure overeenkomstig het nationale recht zonder rechterlijke beslissing wordt geopend, de in een dergelijke procedure aangewezen insolventiefunctionaris opdragen te onderzoeken of de lidstaat waar een verzoek tot opening van de procedure aanhangig is, op grond van artikel 3 bevoegd is. Indien dit het geval is, vermeldt de insolventiefunctionaris in de beslissing tot opening van de insolventieprocedure op welke gronden de bevoegdheid is gebaseerd, en meer bepaald of de bevoegdheid is gegrond op artikel 3, lid 1 of lid 2.

Art. 5 Toetsing door de rechter van de beslissing tot opening van een hoofdinsolventieprocedure

1. De schuldenaar of een schuldeiser kan de beslissing tot opening van een hoofdinsolventieprocedure voor de rechter aanvechten op grond van internationale bevoegdheid.

2. De beslissing tot opening van een hoofdinsolventieprocedure kan worden aangevochten door andere partijen dan de in lid 1 bedoelde of op andere gronden dan het ontbreken van internationale bevoegdheid, indien het nationale recht daarin voorziet.

Art. 6 Bevoegdheid inzake vorderingen die rechtstreeks voortvloeien uit een insolventieprocedure en er nauw verband mee houden

1. De rechter van de lidstaat op het grondgebied waarvan een insolventieprocedure is geopend overeenkomstig artikel 3, is bevoegd voor alle vorderingen die rechtstreeks uit de insolventieprocedure voortvloeien en er nauw verband mee houden, zoals vorderingen tot nietigverklaring.

2. Indien een vordering als bedoeld in lid 1 samenhangt met een vordering in een burgerlijke of handelszaak tegen dezelfde verweerder, kan de insolventiefunctionaris beide vorderingen instellen bij de rechter van de lidstaat op het grondgebied waarvan de verweerder zijn woonplaats heeft, of, indien de vordering wordt ingesteld tegen verschillende verweerders, bij de rechter van de lidstaat op het grondgebied waarvan een van hen zijn woonplaats heeft, voor zover die rechter bevoegd is op grond van Verordening (EU) nr. 1215/2012.

De eerste alinea geldt ook voor de schuldenaar die zijn goederen in bezit houdt, voor zover hij volgens het nationale recht vorderingen kan instellen ten behoeve van de insolvente boedel.

3. Samenhangend in de zin van lid 2 zijn vorderingen waartussen een zo nauwe band bestaat dat een goede rechtsbedeling vraagt om hun gelijktijdige behandeling en berechting, teneinde te vermijden dat bij afzonderlijke berechting van de zaken onverenigbare beslissingen worden gegeven.

Art. 7 Toepasselijk recht

1. Tenzij deze verordening iets anders bepaalt, worden de insolventieprocedure en de gevolgen daarvan beheerst door het recht van de lidstaat op het grondgebied waarvan de insolventieprocedure wordt geopend („de lidstaat waar de procedure wordt geopend").

2. Het recht van de lidstaat waar de procedure wordt geopend, bepaalt onder welke voorwaarden deze procedure wordt geopend, verloopt en wordt beëindigd. Het bepaalt met name:

a) welke schuldenaars op grond van hun hoedanigheid aan een insolventieprocedure kunnen worden onderworpen;

b) welk deel van de goederen van de schuldenaar tot de insolvente boedel behoort en of de na de opening van de insolventieprocedure verkregen goederen tot deze boedel behoren;

c) welke de respectieve bevoegdheden van de schuldenaar en de insolventiefunctionaris zijn;

d) onder welke voorwaarden een verrekening kan worden tegengeworpen;

e) de gevolgen van de insolventieprocedure voor lopende overeenkomsten waarbij de schuldenaar partij is;

f) de gevolgen van de insolventieprocedure voor individuele vervolgingen, met uitzondering van lopende rechtsvorderingen;

g) welke vorderingen te verhalen zijn op de insolvente boedel van de schuldenaar en wat de gevolgen zijn ten aanzien van vorderingen die zijn ontstaan na de opening van de insolventieprocedure;

h) de regels betreffende indiening, verificatie en toelating van de vorderingen;

Bevoegdheidrechter

Recht van de lidstaat waar procedure wordt geopend

i) de regels betreffende de verdeling van de opbrengst van de te gelde gemaakte goederen, de rangindeling van de vorderingen, en de rechten van schuldeisers die krachtens een zakelijk recht of ingevolge verrekening gedeeltelijk zijn voldaan;

j) de voorwaarden voor en de gevolgen van de beëindiging van de insolventieprocedure, met name door een akkoord;

k) de rechten van de schuldeisers nadat de insolventieprocedure beëindigd is;

l) voor wiens rekening de kosten en uitgaven in het kader van de insolventieprocedure zijn;

m) de regels betreffende nietigheid, vernietigbaarheid of niet-tegenwerpbaarheid van de voor de gezamenlijke schuldeisers nadelige rechtshandelingen.

Art. 8 Zakelijke rechten van derden

Zakelijke rechten van derden

1. De opening van de insolventieprocedure laat onverlet het zakelijk recht van een schuldeiser of van een derde op lichamelijke of onlichamelijke roerende of onroerende goederen — zowel bepaalde goederen als gehelen, met een wisselende samenstelling, van onbepaalde goederen — die toebehoren aan de schuldenaar en die zich op het tijdstip waarop de procedure wordt geopend op het grondgebied van een andere lidstaat bevinden.

2. Onder rechten in de zin van lid 1 worden met name verstaan:

a) het recht een goed te gelde te maken of te laten maken en te worden voldaan uit de opbrengst van of de inkomsten uit dat goed, in het bijzonder op grond van pand of hypotheek;

b) het exclusieve recht een vordering te innen, in het bijzonder door middel van een pandrecht op de vordering of door de cessie van die vordering tot zekerheid;

c) het recht om goederen op te eisen en/of de vergoeding ervan te verlangen van eenieder die het tegen de wil van de rechthebbende in bezit of in gebruik heeft;

d) het zakelijke recht om van een goed de vruchten te trekken.

3. Een recht dat in een openbaar register is ingeschreven en dat aan derden kan worden tegengeworpen, en op grond waarvan een zakelijk recht in de zin van lid 1, kan worden verkregen, wordt met een zakelijk recht gelijkgesteld.

4. Lid 1 vormt geen beletsel voor het instellen van vorderingen tot nietigheid, vernietigbaarheid of niet-tegenwerpbaarheid als bedoeld in artikel 7, lid 2, onder m).

Art. 9 Verrekening

1. De opening van de insolventieprocedure laat het recht van een schuldeiser op verrekening van zijn vordering met de vordering van een schuldenaar onverlet wanneer die verrekening is toegestaan bij het recht dat op de vordering van de insolvente schuldenaar van toepassing is.

2. Lid 1 vormt geen beletsel voor het instellen van vorderingen tot nietigheid, vernietigbaarheid of niet-tegenwerpbaarheid als bedoeld in artikel 7, lid 2, onder m).

Art. 10 Eigendomsvoorbehoud

Grondgebied

1. De opening van een insolventieprocedure tegen de koper van een goed laat op een eigendomsvoorbehoud gegronde rechten van verkopers onverlet wanneer dat goed zich op het tijdstip waarop de procedure wordt geopend, bevindt op het grondgebied van een andere lidstaat dan de lidstaat waar de procedure is geopend.

2. De opening van een insolventieprocedure tegen de verkoper van een goed nadat de levering van dat goed heeft plaatsgevonden, is geen grond voor ontbinding of opzegging van de verkoop en belet de koper niet de eigendom van het gekochte goed te verkrijgen wanneer dit goed zich op het tijdstip waarop de insolventieprocedure is geopend, bevindt op het grondgebied van een andere lidstaat dan de lidstaat waar de procedure is geopend.

3. De leden 1 en 2 vormen geen beletsel voor het instellen van vorderingen tot nietigheid, vernietigbaarheid of niet- tegenwerpbaarheid als bedoeld in artikel 7, lid 2, onder m).

Art. 11 Overeenkomsten betreffende een onroerend goed

Onroerend goed

1. De gevolgen van de insolventieprocedure voor een overeenkomst die recht geeft op de verkrijging of het gebruik van een onroerend goed, worden uitsluitend beheerst door het recht van de lidstaat op het grondgebied waarvan dit onroerend goed gelegen is.

2. De rechter die de hoofdinsolventieprocedure heeft geopend, is bevoegd om de beëindiging of wijziging van de in dit artikel bedoelde overeenkomsten goed te keuren, indien:

a) het op deze overeenkomsten toepasselijke recht van de lidstaat vereist dat een dergelijke overeenkomst alleen kan worden beëindigd of gewijzigd met goedkeuring van de rechter die de insolventieprocedure heeft geopend, en

b) er in die lidstaat geen insolventieprocedure is geopend.

Art. 12 Betalingssystemen en financiële markten

1. Onverminderd artikel 8 worden de gevolgen van de insolventieprocedure voor de rechten en verplichtingen van deelnemers aan een betalings- of afwikkelingssysteem of aan een financiële markt uitsluitend beheerst door het recht van de lidstaat dat op dat systeem of die markt van toepassing is.

2. Lid 1 vormt geen beletsel voor het instellen van een vordering tot nietigheid, vernietigbaarheid of niet-tegenwerpbaarheid van betalingen of verrichtingen krachtens het recht dat op het desbetreffende betalingssysteem of de desbetreffende financiële markt van toepassing is.

Art. 13 Arbeidsovereenkomsten

1. De gevolgen van de insolventieprocedure voor arbeidsovereenkomsten en arbeidsbetrekkingen worden uitsluitend beheerst door het recht van de lidstaat dat op de arbeidsovereenkomst van toepassing is.

2. De rechters van de lidstaat waar een secundaire insolventieprocedure kan worden geopend, blijven bevoegd om de beëindiging of wijziging van de in dit artikel bedoelde overeenkomsten goed te keuren, zelfs indien er in die lidstaat geen insolventieprocedure is geopend. De eerste alinea geldt ook voor een autoriteit die krachtens het nationaal recht bevoegd is om de beëindiging of wijziging van de in dit artikel bedoelde overeenkomsten goed te keuren.

Art. 14 Gevolgen voor aan registratie onderworpen rechten

De gevolgen van de insolventieprocedure voor de rechten van een schuldenaar op onroerend goed, een schip of een luchtvaartuig dat aan inschrijving in een openbaar register onderworpen is, worden beheerst door het recht van de lidstaat onder het gezag waarvan het register wordt gehouden.

Art. 15 Europees octrooi met eenheidswerking en Gemeenschapsmerk

Voor de toepassing van deze verordening kunnen Europese octrooien met eenheidswerking, Gemeenschapsmerken of soortgelijke bij het Unierecht in het leven geroepen rechten slechts in de procedure bedoeld in artikel 3, lid 1, worden ingebracht.

Art. 16 Nadelige handeling

Artikel 7, lid 2, onder m), is niet van toepassing indien degene die voordeel heeft gehad bij een voor het geheel van schuldeisers nadelige handeling bewijst dat:

a) deze handeling onderworpen is aan het recht van een andere lidstaat dan de lidstaat waar de procedure is geopend, en

b) het recht van die lidstaat in het gegeven geval niet voorziet in de mogelijkheid om die handeling te bestrijden.

Art. 17 Bescherming van de derde-verkrijger

Indien een schuldenaar door een na de opening van de insolventieprocedure verrichte handeling onder bezwarende titel beschikt over:

a) een onroerend goed,

b) een schip of een luchtvaartuig dat aan inschrijving in een openbaar register onderworpen is, of

c) zekerheden waarvan het bestaan inschrijving in een wettelijk voorgeschreven register vereist, wordt de rechtsgeldigheid van die handeling beheerst door het recht van de staat op het grondgebied waarvan dit onroerend goed zich bevindt of onder het gezag waarvan dit register wordt gehouden.

Art. 18 Gevolgen van de insolventieprocedure voor lopende rechtsvorderingen of scheidsrechterlijke gedingen

De gevolgen van de insolventieprocedure voor een lopende rechtsvordering of een lopend scheidsrechterlijk geding betreffende een goed of een recht dat deel uitmaakt van de insolvente boedel van een schuldenaar, worden uitsluitend beheerst door het recht van de lidstaat waar deze rechtsvordering aanhangig is of het scheidsgerecht zijn zetel heeft.

HOOFDSTUK II ERKENNING VAN DE INSOLVENTIEPROCEDURE

Art. 19 Beginsel

1. Elke beslissing tot opening van een insolventieprocedure, genomen door een krachtens artikel 3 bevoegde rechter van een lidstaat, wordt erkend in alle andere lidstaten zodra de beslissing rechtsgevolgen heeft in de lidstaat waar de procedure is geopend.

De in de eerste alinea neergelegde regel geldt ook wanneer een schuldenaar op grond van zijn hoedanigheid in de andere lidstaten niet aan een insolventieprocedure onderworpen kan worden.

2. De erkenning van een procedure als bedoeld in artikel 3, lid 1, belet niet dat door een rechter van een andere lidstaat een procedure als bedoeld in artikel 3, lid 2, wordt geopend. Deze andere procedure is een secundaire insolventieprocedure in de zin van hoofdstuk III.

Art. 20 Gevolgen van de erkenning

1. De beslissing tot opening van een insolventieprocedure als bedoeld in artikel 3, lid 1, heeft, zonder enkele verdere formaliteit, in de andere lidstaten de gevolgen die daaraan worden verbonden bij het recht van de lidstaat waar de procedure is geopend, tenzij deze verordening anders bepaalt, en zolang in die andere lidstaten geen procedure als bedoeld in artikel 3, lid 2, is geopend.

2. De gevolgen van een procedure als bedoeld in artikel 3, lid 2, kunnen niet in de andere lidstaten worden betwist. Beperkingen van de rechten van schuldeisers, in het bijzonder een uitstel van de betalingen of een uit die procedure voortvloeiende schuldkwijtschelding, kunnen met betrekking tot zich op het grondgebied van een andere lidstaat bevindende goederen alleen worden tegengeworpen aan schuldeisers die hun instemming hebben betuigd.

Art. 21 Bevoegdheden van de insolventiefunctionaris

1. De insolventiefunctionaris die is aangewezen door een krachtens artikel 3, lid 1, bevoegde rechter kan in een andere lidstaat alle bevoegdheden uitoefenen die hem zijn verleend door het recht van de lidstaat waar de procedure is geopend, zolang in die andere lidstaat geen andere insolventieprocedure is geopend, of geen tegenstrijdige conservatoire maatregel na een verzoek tot opening van een insolventieprocedure in die lidstaat is getroffen. De insolventiefunctionaris mag met name de goederen van de schuldenaar verwijderen van het grondgebied van de lidstaat waar zij zich bevinden, onder voorbehoud van de artikelen 8 en 10.

2. De insolventiefunctionaris die is aangewezen door een krachtens artikel 3, lid 2, bevoegde rechter kan in een andere lidstaat in en buiten rechte aanvoeren dat een roerend goed na de opening van de insolventieprocedure van het grondgebied van de lidstaat waar de procedure is geopend, is overgebracht naar het grondgebied van die andere lidstaat. De insolventiefunctionaris kan ook elk rechtsmiddel aanwenden dat de belangen van de schuldeisers dient.

3. Bij de uitoefening van zijn bevoegdheden moet de insolventiefunctionaris het recht van de lidstaat op het grondgebied waarvan hij wil optreden, eerbiedigen, in het bijzonder de voorschriften inzake het te gelde maken van de goederen. Deze bevoegdheden mogen niet de aanwending van dwangmiddelen behelzen, tenzij een rechter van die lidstaat daartoe heeft bevolen. Zij mogen evenmin het recht om uitspraak te doen in gedingen of geschillen, behelzen.

Art. 22 Bewijs van de aanwijzing van de insolventiefunctionaris

De aanwijzing van de insolventiefunctionaris wordt vastgesteld door overlegging van een voor eensluidend gewaarmerkt afschrift van het aanwijzingsbesluit of van ieder ander door de bevoegde rechter opgesteld attest.

Er kan een vertaling worden verlangd in de officiële taal of een van de officiële talen van de lidstaat op het grondgebied waarvan de curator wil optreden. Een legalisatie of andere soortgelijke formaliteit kan niet worden verlangd.

Art. 23 Teruggave en aanrekening

1. De schuldeiser die, nadat een procedure als bedoeld in artikel 3, lid 1, is geopend, door ongeacht welk middel, met name door executiemaatregelen, geheel of gedeeltelijk wordt voldaan uit goederen van een schuldenaar die zich op het grondgebied van een andere lidstaat bevinden, moet hetgeen hij heeft verkregen aan de insolventiefunctionaris restitueren, onder voorbehoud van het bepaalde in de artikelen 8 en 10.

2. Ter verzekering van de gelijke behandeling van de schuldeisers neemt de schuldeiser die in een insolventieprocedure een uitkering op zijn vordering heeft ontvangen, pas aan uitdelingen in een andere procedure deel wanneer de schuldeisers van dezelfde rang of dezelfde categorie in die andere procedure een gelijkwaardige uitkering hebben ontvangen.

Art. 24 Invoering van insolventieregisters

Insolventieregisters; verplichte gegevens

1. Door de lidstaten worden op hun grondgebied een of meer registers ingevoerd en bijgehouden waarin gegevens betreffende insolventieprocedures openbaar worden gemaakt („insolventieregisters"). Die gegevens worden zo spoedig mogelijk na de opening van een dergelijke procedure openbaar gemaakt.

2. De in lid 1 bedoelde gegevens worden openbaar gemaakt, met inachtneming van de voorwaarden van artikel 27, en omvatten het volgende („verplichte gegevens"):

a) de datum van de opening van de insolventieprocedure;

b) de rechter die de insolventieprocedure opent en, in voorkomend geval, het nummer van de zaak;

c) het type insolventieprocedure, als vermeld in bijlage A, dat werd geopend en, indien van toepassing, enig relevant subtype van die procedure dat overeenkomstig het nationaal recht is geopend;

d) of de bevoegdheid tot opening van de procedure is gebaseerd op lid 1, lid 2 of lid 4 van artikel 3;

e) in het geval dat de schuldenaar een vennootschap of een rechtspersoon is, de naam, het registratienummer, de statutaire zetel of, indien verschillend, het postadres van de schuldenaar;

f) in het geval dat de schuldenaar een natuurlijke persoon is die al dan niet als zelfstandige een bedrijfs- of beroepsactiviteit uitoefent, zijn naam, eventuele registratienummer en postadres of, indien het adres beschermd is, zijn plaats en datum van geboorte;

g) de naam en het post- of e-mailadres van de insolventiefunctionaris die in de procedure is aangewezen, indien van toepassing;

h) de uiterste termijn voor het indienen van schuldvorderingen, of een verwijzing naar de criteria voor de berekening van die termijn, indien van toepassing;

i) de datum van de beëindiging van de hoofdinsolventieprocedure, indien van toepassing;

j) de rechter bij wie en, indien van toepassing, de termijn waarbinnen de beslissing tot opening van de insolventieprocedure moet worden aangevochten overeenkomstig artikel 5, of een verwijzing naar de criteria voor de berekening van die termijn.

3. Lid 2 belet de lidstaten niet documenten of bijkomende informatie in hun nationale insolventieregisters op te nemen, zoals een insolventiegerelateerd bestuursverbod.

4. De lidstaten zijn niet verplicht de in lid 1 van dit artikel bedoelde gegevens in de insolventieregisters op te nemen indien deze natuurlijke personen betreffen die niet als zelfstandige een bedrijfs- of beroepsactiviteit uitoefenen, noch zijn zij verplicht die gegevens openbaar te maken via het systeem voor onderlinge koppeling van die registers, voor zover de bekende buitenlandse schuldeisers overeenkomstig artikel 54 in kennis worden gesteld van de in lid 2, onder j), van dit artikel bedoelde informatie.

Indien een lidstaat gebruik maakt van de in de eerste alinea bedoelde mogelijkheid, laat de insolventieprocedure de schuldvorderingen van de buitenlandse schuldeisers die niet in kennis zijn gesteld van de in de eerste alinea bedoelde informatie onverlet.

5. De openbaarmaking van gegevens in de registers krachtens deze verordening heeft geen andere rechtsgevolgen dan die welke zijn opgenomen in het nationaal recht en in artikel 55, lid 6.

Art. 25 Onderlinge koppeling van insolventieregisters

1. De Commissie voert door middel van uitvoeringshandelingen een gedecentraliseerd systeem in voor de onderlinge koppeling van insolventieregisters. Dit systeem bestaat uit de insolventieregisters en het Europees e-justitieportaal, dat zal dienen als centraal openbaar elektronisch punt voor toegang tot gegevens uit het systeem. Het systeem biedt een zoekoptie in alle officiële talen van de instellingen van de Unie, zodat de verplichte gegevens en alle andere in insolventieregisters opgenomen documenten of gegevens die de lidstaten via het Europees e-justitieportaal beschikbaar wensen te stellen, beschikbaar worden.

Insolventieregisters; koppeling

2. De Commissie stelt door middel van uitvoeringshandelingen volgens de in artikel 87 bedoelde procedure uiterlijk op 26 juni 2019 het volgende vast:

a) de technische specificatie ter bepaling van de methoden van communicatie en uitwisseling van gegevens langs elektronische weg op basis van de vastgestelde specificatie van de koppelapparatuur voor het systeem van onderling gekoppelde insolventieregisters;

b) de technische maatregelen ter waarborging van minimumbeveiligingsnormen inzake informatietechnologie voor het overbrengen en doorgeven van gegevens binnen het systeem van onderling gekoppelde insolventieregisters;

c) minimumcriteria voor de door het Europees e-justitieportaal geboden zoekfunctie op basis van de in artikel 24 bedoelde gegevens;

d) minimumcriteria voor het weergeven van de resultaten van dergelijke opzoekingen op basis van de in artikel 24 bedoelde gegevens;

e) de middelen en de technische voorwaarden inzake de beschikbaarheid van de door het systeem van onderling gekoppelde insolventieregisters te verlenen diensten, en

f) een verklarende woordenlijst die een beknopte uitleg bevat van de in bijlage A opgesomde nationale insolventieprocedures.

Art. 26 Kosten van de invoering en onderlinge koppeling van insolventieregisters

1. De invoering, het onderhoud en de toekomstige ontwikkeling van het systeem van onderling gekoppelde insolventieregisters worden gefinancierd uit de algemene begroting van de Unie.

2. Elke lidstaat draagt de kosten in verband met het zodanig invoeren en aanpassen van zijn nationale insolventieregisters dat deze compatibel zijn met het Europees e-justitieportaal, alsmede de kosten van het beheer, de exploitatie en het onderhoud van die registers. Dit laat onverlet dat in het kader van de financiële programma's van de Unie subsidies ter ondersteuning van die activiteiten kunnen worden aangevraagd.

Art. 27 Voorwaarden voor toegang tot gegevens via het systeem van onderlinge koppeling

1. De lidstaten zorgen ervoor dat de in artikel 24, lid 2, onder a) tot en met j), bedoelde verplichte gegevens via het systeem van onderlinge koppeling van insolventieregisters kosteloos beschikbaar zijn.

Toegang insolventieregisters

2. Deze verordening belet de lidstaten niet een redelijke vergoeding te vragen voor de toegang tot de in artikel 24, lid 3, bedoelde documenten of bijkomende informatie via het systeem van onderlinge koppeling van insolventieregisters.

3. De lidstaten kunnen de toegang tot de verplichte gegevens betreffende natuurlijke personen die niet als zelfstandige een bedrijfs- of beroepsactiviteit uitoefenen en betreffende natuurlijke personen die als zelfstandige een bedrijfs- of beroepsactiviteit uitoefenen, wanneer de insolventieprocedure geen verband houdt met de activiteit, onderwerpen aan extra zoekcriteria met betrekking tot de schuldenaar, in aanvulling op de in artikel 25, lid 2, onder c), bedoelde minimumcriteria.

4. De lidstaten kunnen verlangen dat pas toegang tot de in lid 3 bedoelde gegevens wordt verleend na een daartoe strekkend verzoek aan de bevoegde autoriteit. De lidstaten kunnen verlangen dat wordt geverifieerd of er een rechtmatig belang bij het krijgen van toegang tot de gegevens bestaat alvorens toegang wordt verleend. De verzoeker kan zijn verzoek om gegevens langs elektronische weg indienen, door middel van een standaardformulier via het Europese e-justitieportaal. Ingeval een rechtmatig belang wordt verlangd, is het de verzoeker toegestaan zijn verzoek te staven met elektronische afschriften van de ter zake dienende documenten. De verzoeker krijgt binnen drie werkdagen een antwoord van de bevoegde autoriteit.

De verzoeker wordt er niet toe verplicht vertalingen te leveren van de ter staving van zijn verzoek ingediende documenten, of de kosten te dragen voor een eventueel door de bevoegde autoriteit bezorgde vertaling.

Art. 28 Openbaarmaking in een andere lidstaat

1. De insolventiefunctionaris of de schuldenaar die zijn goederen in bezit houdt, verzoeken dat de hoofdzaken van de beslissing tot opening van de insolventieprocedure en, in voorkomend geval, van de beslissing inzake de aanwijzing van de insolventiefunctionaris, in elke andere lidstaat waar zich een vestiging van de schuldenaar bevindt, openbaar worden gemaakt, volgens de in die lidstaat geldende openbaarmakinsgregels. In de openbaarmakinsgmaatregelen wordt in voorkomend geval de aangewezen insolventiefunctionaris vermeld, alsmede de bevoegdheidsregel die van toepassing is krachtens artikel 3, lid 1 of lid 2.

2. De insolventiefunctionaris of de schuldenaar die zijn goederen in bezit houdt, kan verzoeken dat de in lid 1 bedoelde informatie openbaar wordt gemaakt in elke andere lidstaat waar de insolventiefunctionaris of de schuldenaar die zijn goederen in bezit houdt, dit nodig acht, volgens de in die lidstaat geldende openbaarmakinsgregels.

Art. 29 Inschrijving in de openbare registers van een andere lidstaat

1. Indien het recht van een lidstaat waarin de schuldenaar een vestiging heeft en die vestiging in een openbaar register is ingeschreven, of waarin de schuldenaar onroerende goederen heeft, voorschrijft dat de in artikel 28 bedoelde informatie betreffende de opening van een insolventieprocedure openbaar moeten worden gemaakt in het kadaster, het handelsregister of enig ander openbaar register, neemt de insolventiefunctionaris of de schuldenaar die zijn goederen in bezit houdt, de nodige maatregelen met het oog op die registratie.

2. De insolventiefunctionaris of de schuldenaar die zijn goederen in bezit houdt, kan om een dergelijke registratie in elke andere lidstaat verzoeken, voor zover zulke registratie is toegestaan door het recht van de lidstaat waar het register wordt bijgehouden.

Art. 30 Kosten

De kosten voor de in de artikelen 28 en 29 bedoelde maatregelen inzake openbaarmaking en inschrijving worden als kosten en uitgaven van de procedure beschouwd.

Art. 31 Uitvoering ten voordele van de schuldenaar

1. Degene die in een lidstaat een verbintenis uitvoert ten voordele van de schuldenaar die is onderworpen aan een in een andere lidstaat geopende insolventieprocedure terwijl hij die verbintenis had moeten uitvoeren voor de insolventiefunctionaris van die procedure, wordt bevrijd indien hij niet van de opening van de procedure op de hoogte was.

2. Degene die deze verbintenis heeft uitgevoerd vóór de in artikel 28 bedoelde openbaarmakinsgmaatregelen wordt, totdat het tegendeel is bewezen, vermoed niet van de opening van de insolventieprocedure op de hoogte te zijn geweest. Degene die deze verbintenis heeft uitgevoerd na de openbaarmakinsgmaatregelen wordt, totdat het tegendeel is bewezen, geacht van de opening van de procedure op de hoogte te zijn geweest.

Art. 32 Erkenning en executoir karakter van andere beslissingen

1. De inzake het verloop en de beëindiging van een insolventieprocedure gegeven beslissingen van een rechter wiens beslissing tot opening van de procedure krachtens artikel 19 is erkend, alsmede een door die rechter bevestigd akkoord, worden eveneens zonder verdere formaliteiten erkend. Die beslissingen worden ten uitvoer gelegd overeenkomstig de artikelen 39 tot 44 en 47 tot en met 57, van Verordening (EU) nr. 1215/2012.

De eerste alinea geldt eveneens voor beslissingen die rechtstreeks voortvloeien uit de insolventieprocedure en daar nauw verband mee houden, zelfs indien die beslissingen door een andere rechter worden gegeven.

De eerste alinea geldt eveneens voor beslissingen betreffende na de aanvraag van een insolventieprocedure of in verband daarmee genomen conservatoire maatregelen.

2. De erkenning en de tenuitvoerlegging van andere beslissingen dan die bedoeld in lid 1 van dit artikel worden beheerst door de in lid 1 bedoelde Verordening (EU) nr. 1215/2012 voor zover die verordening van toepassing is.

Art. 33 Openbare orde

Iedere lidstaat kan weigeren een in een andere lidstaat geopende insolventieprocedure te erkennen of een in het kader van een dergelijke procedure gegeven beslissing ten uitvoer te leggen indien uit die erkenning of tenuitvoerlegging gevolgen zouden voortvloeien die kennelijk in strijd zijn met de openbare orde van die lidstaat, in het bijzonder met de grondbeginselen daarvan of met de grondwettelijk beschermde rechten en individuele vrijheden.

HOOFDSTUK III SECUNDAIRE INSOLVENTIEPROCEDURES

Art. 34 Opening

Wanneer een hoofdinsolventieprocedure is geopend door een rechter van een lidstaat en in een andere lidstaat is erkend, kan een rechter van die andere lidstaat die op grond van artikel 3, lid 2, bevoegd is, een secundaire insolventieprocedure openen volgens de bepalingen van dit hoofdstuk. Indien de insolventie van de schuldenaar een vereiste was voor de opening van de hoofdinsolventie procedure, wordt de staat van insolventie niet meer getoetst in de lidstaat waar een secundaire insolventieprocedure kan worden geopend. De gevolgen van de secundaire insolventieprocedure gelden alleen ten aanzien van de goederen van de schuldenaar die zich bevinden op het grondgebied van de lidstaat waar die procedure is geopend.

Art. 35 Toepasselijk recht

Tenzij deze verordening iets anders bepaalt, wordt de secundaire insolventieprocedure beheerst door het recht van de lidstaat op het grondgebied waarvan de secundaire insolventieprocedure is geopend.

Art. 36 Recht om een toezegging te doen teneinde een secundaire insolventieprocedure te vermijden

1. Teneinde de opening van een secundaire insolventieprocedure te vermijden, kan de insolventiefunctionaris in de hoofdinsolventieprocedure in verband met de goederen die zich in de lidstaat bevinden waar de secundaire insolventieprocedure kan worden geopend, de unilaterale toezegging („de toezegging") doen dat hij bij de verdeling van die goederen of de opbrengsten van de tegeldemaking daarvan, de in het nationale recht vervatte rechten inzake verdeling en voorrang die schuldeisers zouden hebben indien in die lidstaat een secundaire insolventieprocedure was geopend, in acht zal nemen. In de toezegging wordt gespecificeerd op welke feitelijke veronderstellingen deze is gebaseerd, in het bijzonder met betrekking tot de waarde van de goederen die zich in de betrokken lidstaat bevinden en de beschikbare opties om die goederen te gelde te maken.

Secundaire insolventieprocedure

2. Indien overeenkomstig dit artikel een toezegging is gedaan, is het toepasselijke recht voor de verdeling van de opbrengsten van de tegeldemaking van de in lid 1 bedoelde goederen, de rangindeling van de vorderingen van de schuldeisers en de rechten die de schuldeisers hebben met betrekking tot de in lid 1 bedoelde goederen, het recht van de lidstaat waar de secundaire insolventieprocedure had kunnen worden geopend. Voor de vraag welke de in lid 1 bedoelde goederen zijn, is het bepalende tijdstip het tijdstip waarop de toezegging wordt gedaan.

3. De toezegging wordt gedaan in de officiële taal van de lidstaat waar de secundaire insolventieprocedure had kunnen worden geopend, of, ingeval er in die lidstaat verschillende officiële talen zijn, in de officiële taal of in één van de officiële talen van de plaats waar de secundaire insolventieprocedure had kunnen worden geopend.

4. De toezegging wordt op schrift gesteld. Ze is onderworpen aan eventuele andere vormvereisten en aan de eventuele goedkeuringsvereisten inzake verdeling van de staat waar de hoofdinsolventieprocedure is geopend.

5. De toezegging wordt goedgekeurd door de bekende plaatselijke schuldeisers. De voorschriften betreffende de gekwalificeerde meerderheid en betreffende de stemming die van toepassing zijn voor de goedkeuring van herstructureringsplannen krachtens het recht van de lidstaat waar de secundaire insolventieprocedure had kunnen worden geopend, gelden ook voor de goedkeuring van de toezegging. Indien zulks is toegestaan bij het nationaal recht, kunnen de schuldeisers aan de stemming deelnemen door middel van afstandscommunicatiemiddelen. De insolventiefunctionaris licht de bekende plaatselijke schuldeisers in over de toezegging, de voorschriften en de procedures voor de goedkeuring ervan en de goedkeuring of afwijzing van de toezegging.

6. Een toezegging die overeenkomstig dit artikel is gedaan en goedgekeurd, is bindend voor de boedel. Ingeval er overeenkomstig de artikelen 37 en 38 een secundaire insolventieprocedure wordt geopend, draagt de insolventiefunctionaris in de hoofdinsolventieprocedure de goederen die hij na het doen van de toezegging uit het grondgebied van die lidstaat heeft verwijderd, of, in het geval dat die goederen reeds te gelde zijn gemaakt, de opbrengsten daarvan, over aan de insolventiefunctionaris in de secundaire insolventieprocedure.

7. Indien de insolventiefunctionaris een toezegging heeft gedaan, licht hij de plaatselijke schuldeisers in over de voorgenomen verdelingen vooraleer de in lid 1 bedoelde goederen en opbrengsten worden verdeeld. Ingeval de inlichting niet in overeenstemming is met de voorwaarden van de toezegging of met het toepasselijke recht, kan elke plaatselijke schuldeiser die verdeling betwisten voor de rechters van de lidstaat waar de hoofdinsolventieprocedure is geopend met het oog op het verkrijgen van een verdeling volgens de voorwaarden van de toezegging en het toepasselijke recht. In zodanig geval wordt de verdeling uitgesteld totdat de rechter een beslissing betreffende de betwisting heeft gegeven.

8. De plaatselijke schuldeisers kunnen zich wenden tot de rechters van de lidstaat waar de hoofdinsolventieprocedure is geopend om te eisen dat de insolventiefunctionaris in de hoofdinsolventieprocedure alle passende, krachtens het recht van de lidstaat waar de hoofdinsolventieprocedure is geopend beschikbare maatregelen neemt die nodig zijn om ervoor te zorgen dat de voorwaarden van de toezegging in acht worden genomen.

9. De plaatselijke schuldeisers kunnen zich tevens wenden tot de rechters van de lidstaat waar de secundaire insolventieprocedure zouden kunnen zijn geopend om te eisen dat de rechter voorlopige of beschermende maatregelen gelast om ervoor te zorgen dat de voorwaarden van de toezegging door de insolventiefunctionaris in acht worden genomen.

10. De insolventiefunctionaris is aansprakelijk voor alle aan plaatselijke schuldeisers toegebrachte schade die het gevolg is van het feit dat hij niet aan de in dit artikel vervatte verplichtingen en voorschriften heeft voldaan.

11. Voor de toepassing van dit artikel wordt een instantie die is gevestigd in de lidstaat waar de secundaire insolventieprocedure geopend zou zijn en die krachtens Richtlijn 2008/94/EG van het Europees Parlement en de Raad^{17} verplicht is de onvervulde aanspraken van de werknemers te honoreren welke voortvloeien uit arbeidsovereenkomsten of arbeidsverhoudingen, geacht een „plaatselijke schuldeiser" te zijn, indien het nationale recht daarin voorziet.

Art. 37 Recht om de secundaire insolventieprocedure aan te vragen

1. Een secundaire insolventieprocedure kan worden aangevraagd door:

a) de insolventiefunctionaris in de hoofdinsolventieprocedure;

b) elke andere persoon of autoriteit die krachtens het recht van de lidstaat op het grondgebied waarvan de secundaire procedure wordt aangevraagd, bevoegd is om een insolventieprocedure aan te vragen.

2. Indien een toezegging overeenkomstig artikel 36 bindend is geworden, wordt een secundaire insolventieprocedure aangevraagd binnen 30 dagen na ontvangst van de kennisgeving dat de toezegging is goedgekeurd.

Art. 38 Beslissing tot opening van een secundaire insolventieprocedure

1. De rechter bij wie een secundaire insolventieprocedure is aangevraagd, stelt de insolventiefunctionaris of de schuldenaar die zijn goederen in bezit houdt in de hoofdinsolventieprocedure daarvan onmiddellijk in kennis en biedt hem de gelegenheid te worden gehoord over het verzoek.

2. Indien de insolventiefunctionaris in de hoofdinsolventieprocedure een toezegging overeenkomstig artikel 36 heeft gedaan, opent de in lid 1 van dit artikel bedoelde rechter op verzoek van de insolventiefunctionaris geen secundaire insolventieprocedure nadat hij zich ervan heeft vergewist dat de toezegging de algemene belangen van de plaatselijke schuldeisers adequaat beschermt.

3. Indien een tijdelijke schorsing van een afzonderlijke executieprocedure is verleend ten behoeve van onderhandelingen tussen de schuldenaar en bepaalde schuldeisers, kan de rechter, op verzoek van de insolventiefunctionaris of de schuldenaar die zijn goederen in bezit houdt, de opening van een secundaire insolventieprocedure voor een termijn van ten hoogste drie maanden schorsen, voor zover er passende maatregelen zijn genomen om de belangen van de plaatselijke schuldeisers te beschermen.

De in lid 1 bedoelde rechter kan beschermende maatregelen bevelen om de belangen van de plaatselijke schuldeisers te beschermen door te eisen dat de schuldenaar of de insolventiefunctionaris geen goederen verwijdert of van de hand doet die zich in de lidstaat van zijn vestiging bevinden, tenzij dit in het kader van de normale bedrijfsuitoefening gebeurt. De rechter kan ook andere maatregelen bevelen om de belangen van de plaatselijke schuldeisers te beschermen tijdens een periode van schorsing, tenzij dit onverenigbaar is met de nationale voorschriften betreffende de burgerlijke rechtsvordering.

De schorsing van de opening van een secundaire insolventieprocedure wordt door de rechter ambtshalve of op verzoek van een schuldeiser opgeheven indien gedurende de schorsing in het kader van de in de eerste alinea bedoelde onderhandelingen een overeenkomst is gesloten.

De schorsing kan door de rechter worden opgeheven op eigen initiatief of op verzoek van een schuldeiser indien verdere schorsing nadelig is voor de rechten van de schuldeiser, in het bijzonder indien de onderhandelingen zijn onderbroken of het duidelijk is geworden dat deze niet kunnen worden afgerond, of indien de insolventiefunctionaris of de schuldenaar inbreuk heeft gemaakt op het verbod om zijn goederen van de hand te doen of deze te verwijderen van het grondgebied van de lidstaat waar de vestiging zich bevindt.

4. Op verzoek van de insolventiefunctionaris in de hoofdinsolventieprocedure kan de in lid 1 bedoelde rechter een in bijlage A vermelde insolventieprocedure openen van een ander type dan oorspronkelijk werd aangevraagd, mits de voorwaarden voor de opening van de procedure van dat type krachtens het nationale recht vervuld zijn en voor zover dat type procedure de meest aangewezen procedure is in verband met de belangen van de plaatselijke schuldeisers en de samenhang tussen de hoofdinsolventieprocedure en de secundaire insolventieprocedure. Artikel 34, tweede zin, is van toepassing.

---

17 Richtlijn 2008/94/EG van het Europees Parlement en de Raad van 22 oktober 2008 betreffende de bescherming van de werknemers bij insolventie van de werkgever (PB L 283 van 28.10.2008, blz. 36).

Art. 39 Toetsing door de rechter van de beslissing tot opening van een secundaire insolventieprocedure

De insolventiefunctionaris in de hoofdinsolventieprocedure kan de beslissing tot opening van een secundaire insolventieprocedure betwisten voor de rechters van de lidstaat waar de secundaire insolventieprocedure is geopend, op grond dat de rechter de voorwaarden en voorschriften van artikel 38 niet heeft nageleefd.

Art. 40 Voorschot op de kosten en uitgaven

Wanneer het recht van de lidstaat waar een secundaire insolventieprocedure aangevraagd is, voorschrijft dat de boedel van de schuldenaar toereikend moet zijn om de kosten en uitgaven van de procedure geheel of gedeeltelijk te dekken, kan de aangezochte rechter van de aanvrager een voorschot op de kosten of een passende zekerheidstelling verlangen.

Art. 41 Samenwerking en communicatie tussen insolventiefunctionarissen

1. De insolventiefunctionaris van de hoofdinsolventieprocedure en de insolventiefunctionaris(sen) van de secundaire insolventieprocedure(s) met betrekking tot dezelfde schuldenaar werken onderling samen voor zover dit niet onverenigbaar is met de op de respectieve procedures toepasselijke regels. Die samenwerking kan plaatsvinden in eender welke vorm, inclusief door het sluiten van overeenkomsten of protocollen.

2. Bij de uitvoering van de in lid 1 bedoelde samenwerking gaan de insolventiefunctionarissen als volgt te werk:

a) zij geven elkaar zo spoedig mogelijk kennis van al hetgeen voor de andere procedure(s) van nut kan zijn, met name de stand van de indiening en de verificatie van de vorderingen en alle maatregelen tot herstel of herstructurering van de schuldenaar of tot beëindiging van de respectieve procedure, met dien verstande dat passende maatregelen worden genomen om vertrouwelijke gegevens te beschermen;

b) zij onderzoeken of herstructurering van de schuldenaar mogelijk is en coördineren, indien die herstructurering mogelijk is, de opstelling en uitvoering van een herstructureringsplan;

c) zij coördineren het beheer van de tegeldemaking of het gebruik van de goederen en de onderneming van de schuldenaar. De insolventiefunctionaris van de secundaire insolventieprocedure biedt de insolventiefunctionaris van de hoofdinsolventieprocedure tijdig de gelegenheid voorstellen in te dienen om de boedel in de secundaire insolventieprocedure te gelde te maken of op enigerlei wijze te gebruiken.

3. De leden 1 en 2 zijn van overeenkomstige toepassing voor situaties waarin de schuldenaar in de hoofdinsolventieprocedure of in de secundaire insolventieprocedure of in een territoriale procedure die op hetzelfde tijdstip met betrekking tot dezelfde schuldenaar zijn geopend, het beheer en de beschikking over zijn goederen blijft behouden.

Art. 42 Samenwerking en communicatie tussen rechters

1. Om de coördinatie tussen de met betrekking tot dezelfde schuldenaar geopende hoofdinsolventieprocedure, territoriale en secundaire insolventieprocedures te vergemakkelijken, werkt een rechter bij wie een aanvraag van een insolventieprocedure aanhangig is of die een dergelijke procedure heeft geopend, samen met iedere andere rechter bij wie een verzoek tot opening van een insolventieprocedure aanhangig is of die een dergelijke procedure heeft geopend, voor zover deze samenwerking niet onverenigbaar is met de op elk van de procedures toepasselijke regels. De rechter kan daartoe zo nodig een onafhankelijke persoon of instantie aanwijzen die overeenkomstig zijn instructies handelt, voor zover dat niet onverenigbaar is met de op elk van de procedures toepasselijke regels.

2. Bij de uitvoering van de in lid 1 bedoelde samenwerking kunnen de in lid 1 bedoelde rechters of de personen of instanties die zijn aangewezen om namens hen te handelen, rechtstreeks onderling communiceren of elkaar rechtstreeks om gegevens of bijstand verzoeken, mits bij die communicatie de procedurele rechten van de partijen bij de procedure en de vertrouwelijkheid van de gegevens in acht worden genomen.

3. De in lid 1 bedoelde samenwerking kan plaatsvinden met alle middelen die de rechter passend acht. Zij kan meer bepaald betrekking hebben op:

a) coördinatie bij de aanwijzing van de insolventiefunctionarissen;

b) mededeling van gegevens op elke wijze die de rechter geschikt acht;

c) coördinatie van het beheer van en het toezicht op de goederen en de onderneming van de schuldenaar;

d) coördinatie van de hoorzittingen;

e) coördinatie van de goedkeuring van protocollen, indien nodig.

Art. 43 Samenwerking en communicatie tussen insolventiefunctionarissen en rechters

1. Om de coördinatie van de met betrekking tot dezelfde schuldenaar geopende hoofdinsolventieprocedure en territoriale en secundaire insolventieprocedures te bevorderen, is het volgende van toepassing:

Secundaire insolventieprocedure; kosten

Insolventiefunctionarissen; samenwerking

Samenwerking rechters

B88 art. 44 **Insolventieverordening (herschikking)**

a) de insolventiefunctionaris van de hoofdinsolventieprocedure werkt samen en communiceert met iedere rechter bij wie de aanvraag van een secundaire insolventieprocedure aanhangig is of die een secundaire insolventieprocedure heeft geopend;

b) de insolventiefunctionaris van een territoriale of secundaire insolventieprocedure werkt samen en communiceert met de rechter bij wie de aanvraag van de hoofdinsolventieprocedure aanhangig is of die een hoofdinsolventieprocedure heeft geopend, en

c) de insolventiefunctionaris van een territoriale of secundaire insolventieprocedure werkt samen en communiceert met de rechter bij wie de aanvraag van een andere territoriale of secundaire insolventieprocedure aanhangig is of die een dergelijke procedure heeft geopend,

voor zover die samenwerking en communicatie niet onverenigbaar zijn met de op elk van de procedures toepasselijke regels en geen belangenconflict veroorzaken.

2. De in lid 1 bedoelde samenwerking kan plaatsvinden met alle passende middelen, daaronder begrepen de in artikel 42, lid 3, genoemde middelen.

Art. 44 Kosten van samenwerking en communicatie

De vereisten van de artikelen 42 en 43 mogen er niet toe leiden dat rechters elkaar voor de samenwerking en communicatie kosten aanrekenen.

Art. 45 Uitoefening van de rechten van de schuldeisers

Rechten schuldeisers **1.** Iedere schuldeiser kan zijn vordering indienen in de hoofdinsolventieprocedure en in elke secundaire insolventieprocedure.

2. De insolventiefunctionarissen van de hoofd- en de secundaire insolventieprocedure dienen in een andere procedure de vorderingen in die reeds zijn ingediend in de procedure waarvoor zij aangewezen zijn, voor zover zulks dienstig is voor de schuldeisers wier belangen zij behartigen en onverminderd het recht van laatstgenoemden om zich tegen de indiening te verzetten of hun ingediende vorderingen in te trekken, wanneer het van toepassing zijnde recht in die mogelijkheid voorziet.

3. De insolventiefunctionaris van een hoofd- of secundaire insolventieprocedure kan met dezelfde rechten als alle andere schuldeisers aan een andere procedure deelnemen, met name door deel te nemen aan een vergadering van schuldeisers.

Art. 46 Schorsing van de verrichtingen betreffende de afwikkeling van de boedel

Schorsing **1.** De rechter die de secundaire insolventieprocedure heeft geopend, schorst de afwikkeling van de boedel geheel of ten dele op verzoek van de insolventiefunctionaris van de hoofdinsolventieprocedure. In dat geval kan van de insolventiefunctionaris van de hoofdinsolventieprocedure worden verlangd dat hij alle passende maatregelen neemt om de belangen van de schuldeisers van de secundaire insolventieprocedure en van bepaalde groepen schuldeisers te waarborgen. Zulk verzoek van de insolventiefunctionaris van de hoofdinsolventieprocedure kan alleen worden afgewezen indien het kennelijk niet in het belang is van de schuldeisers in de hoofdinsolventieprocedure. Zulke schorsing van de afwikkeling van de boedel kan worden bevolen voor een periode van ten hoogste drie maanden. Zij kan worden verlengd of vernieuwd voor perioden van dezelfde duur.

2. De in lid 1 bedoelde rechter heft de schorsing van de afwikkeling van de boedel op:

a) wanneer de insolventiefunctionaris van de hoofdinsolventieprocedure daarom verzoekt;

b) ambtshalve, op verzoek van een schuldeiser of op verzoek van de insolventiefunctionaris van de secundaire insolventieprocedure, indien de schorsing niet meer gerechtvaardigd lijkt, met name door het belang van de schuldeisers van de hoofdinsolventieprocedure of van de secundaire insolventieprocedure.

Art. 47 Bevoegdheid van de insolventiefunctionaris om herstructureringsplannen voor te stellen

1. Indien het recht van de lidstaat waar een secundaire insolventieprocedure is geopend, voorziet in de mogelijkheid deze procedure zonder liquidatie te beëindigen door middel van een herstructureringsplan, een akkoord of een vergelijkbare maatregel, kan een dergelijke maatregel door de insolventiefunctionaris in de hoofdinsolventieprocedure zelf worden voorgesteld overeenkomstig de procedure van die lidstaat.

2. Iedere beperking van de rechten van de schuldeisers, zoals schorsing van betaling of schuldkwijtschelding, die voortvloeit uit een in een secundaire insolventieprocedure voorgestelde maatregel bedoeld in lid 1, heeft voor de goederen van de schuldenaar waarop deze procedure geen betrekking heeft, slechts gevolgen wanneer alle belanghebbende schuldeisers daarmee instemmen.

Art. 48 Gevolgen van de beëindiging van een insolventieprocedure

1. Onverminderd artikel 49 belet de beëindiging van de insolventieprocedure niet de voortzetting van andere, op dat tijdstip nog lopende insolventieprocedures met betrekking tot dezelfde schuldenaar.

2. Indien een insolventieprocedure met betrekking tot een rechtspersoon of een vennootschap in de lidstaat van de statutaire zetel van die rechtspersoon of vennootschap de ontbinding van de rechtspersoon of vennootschap met zich zou brengen, blijft die rechtspersoon of vennootschap bestaan totdat iedere andere insolventieprocedure met betrekking tot dezelfde schuldenaar is beëindigd of totdat de insolventiefunctionaris(sen) in die procedure(s) toestemming voor de ontbinding heeft, respectievelijk hebben gegeven.

Art. 49 Saldo van de secundaire insolventieprocedure

Indien de afwikkeling van de boedel van de secundaire insolventieprocedure de mogelijkheid biedt alle in die procedure toegelaten vorderingen uit te keren, draagt de in die procedure aangewezen insolventiefunctionaris het saldo onverwijld over aan de insolventiefunctionaris van de hoofdinsolventieprocedure.

Art. 50 Later geopende hoofdinsolventieprocedure

Indien een procedure als bedoeld in artikel 3, lid 1, wordt geopend nadat in een andere lidstaat een procedure als bedoeld in artikel 3, lid 2, is geopend, zijn de artikelen 41, 45, 46, 47 en 49 van toepassing op de eerst geopende insolventieprocedure, voor zover de stand van die procedure zulks mogelijk maakt.

Art. 51 Omzetting van de secundaire insolventieprocedure

1. Op verzoek van de insolventiefunctionaris van de hoofdinsolventieprocedure kan de rechter van de lidstaat waar een secundaire insolventieprocedure is geopend, de omzetting gelasten van de secundaire insolventieprocedure in een in de lijst van bijlage A vermelde insolventieprocedure van een ander type, voor zover de voorwaarden voor het openen van dat type procedure krachtens het nationaal recht zijn vervuld en dat type procedure het meest geschikt is wat betreft de belangen van de plaatselijke schuldeisers en de samenhang tussen de hoofdinsolventieprocedure en de secundaire insolventieprocedure.

2. Bij de beoordeling van het in lid 1 bedoelde verzoek kan de rechter informatie inwinnen bij de insolventiefunctionarissen die bij elk van beide procedures betrokken zijn.

Art. 52 Conservatoire maatregelen

Wanneer door de krachtens artikel 3, lid 1, bevoegde rechter van een lidstaat een voorlopige curator is aangewezen ter verzekering van de bewaring van de goederen van een schuldenaar, is die voorlopige curator gerechtigd om ten aanzien van de goederen van de schuldenaar die zich in een andere lidstaat bevinden om elke in het recht van laatstgenoemde lidstaat opgenomen conservatoire en beschermende maatregel te verzoeken voor de periode tussen de aanvraag van een insolventieprocedure en de beslissing tot opening van die procedure.

HOOFDSTUK IV KENNISGEVING AAN DE SCHULDEISERS EN INDIENING VAN HUN VORDERINGEN

Art. 53 Recht om vorderingen in te dienen

Elke buitenlandse schuldeiser kan zijn vorderingen in de insolventieprocedure indienen door middel van elk communicatiemiddel dat door het recht van de lidstaat waar de procedure is geopend, wordt aanvaard. Voor de loutere indiening van vorderingen is vertegenwoordiging door een jurist of een andere rechtsbeoefenaar niet verplicht.

Art. 54 Verplichte kennisgeving aan de schuldeisers

1. Zodra in een lidstaat een insolventieprocedure wordt geopend, stelt de in deze lidstaat bevoegde rechter of de door die rechter aangewezen insolventiefunctionaris de bekende buitenlandse schuldeisers daarvan onverwijld in kennis.

2. De in lid 1 bedoelde kennisgeving, die geschiedt door individuele toezending van een bericht, betreft met name de in acht te nemen termijnen, de sancties ten aanzien van die termijnen, het orgaan of de instantie waarbij de vorderingen moeten worden ingediend en alle andere voorgeschreven maatregelen. Het bericht vermeldt ook of schuldeisers met een bevoorrechte vordering of een zakelijk zekerheidsrecht hun vorderingen moeten indienen. Het bericht omvat voorts een exemplaar van het in artikel 55 bedoelde standaardformulier voor de indiening van vorderingen of informatie over de plaats waar dat formulier beschikbaar is.

3. De in de leden 1 en 2 bedoelde kennisgeving geschiedt met gebruikmaking van het standaardkennisgevingsformulier dat overeenkomstig artikel 88 wordt opgesteld. Het formulier wordt gepubliceerd op het Europees e-justitieportaal en draagt het opschrift „Kennisgeving van insolventieprocedure" in alle officiële talen van de instellingen van de Unie. Het wordt verstrekt in de officiële taal van de staat waar de procedure is geopend of, indien er verscheidene officiële talen in die lidstaat bestaan, in de officiële taal of een van de officiële talen van de plaats waar de insolventieprocedure is geopend, of in een andere taal waarvan die staat heeft aangegeven dat hij die overeenkomstig artikel 55, lid 5, kan aanvaarden, indien kan worden aangenomen dat die taal voor de buitenlandse schuldeisers bevattelijker is.

4. Voor insolventieprocedures met betrekking tot een natuurlijke persoon die niet een bedrijfs- of beroepsactiviteit uitoefent, is het gebruik van het in dit artikel bedoelde standaardformulier niet verplicht, indien schuldeisers niet verplicht zijn om hun vorderingen in te dienen om deze in die procedure in aanmerking te doen nemen.

Kennisgeving schuldeisers

Formulier

Art. 55 Procedure voor de indiening van vorderingen

1. Iedere buitenlandse schuldeiser kan zijn vordering indienen met gebruikmaking van het standaardformulier voor de indiening van schuldvorderingen dat overeenkomstig artikel 88 wordt opgesteld. Het formulier bevat het opschrift „Indiening van schuldvorderingen" in alle officiële talen van de instellingen van de Unie.

2. Het in lid 1 bedoelde standaardformulier voor de indiening van schuldvorderingen bevat de volgende informatie:

a) de naam, het postadres, het e-mailadres, indien van toepassing, het persoonlijke identificatienummer, indien van toepassing, en de bankgegevens van de in lid 1 bedoelde buitenlandse schuldeiser;

b) het bedrag van de vordering, met vermelding van de hoofdsom en, in voorkomend geval, de rente, en de datum waarop de vordering is ontstaan, alsmede de datum waarop zij verschuldigd is geworden, indien dat een andere datum is;

c) indien rente wordt gevorderd, de rentevoet, de vraag of het gaat om wettelijke dan wel om contractuele rente, de periode waarover de rente wordt gevorderd en het bedrag van de gekapitaliseerde rente;

d) indien er kosten worden gevorderd die bij het instellen van de vordering vóór de opening van de procedure zijn gemaakt, het bedrag en nadere gegevens betreffende deze kosten;

e) de aard van de vordering;

f) of en, zo ja, op welke grond de status van bevoorrecht schuldeiser wordt ingeroepen;

g) of de schuldeiser voor de vordering aanspraak maakt op een zakelijk zekerheidsrecht of een eigendomsvoorbehoud en, indien dat het geval is, op welke goederen zijn zekerheid betrekking heeft, de datum waarop de zekerheid is verleend en, indien de zekerheid is geregistreerd, het registratienummer, en

h) of enige verrekening wordt gevorderd en, indien dat het geval is, de bedragen van de wederzijdse vorderingen op de datum van opening van de insolventieprocedure, de datum waarop ze zijn ontstaan en het bedrag vóór verrekening dat wordt gevorderd.

Bij het standaardformulier voor de indiening van schuldvorderingen worden kopieën van eventuele bewijsstukken gevoegd.

3. Het standaardformulier voor de indiening van schuldvorderingen vermeldt dat het verstrekken van informatie over de bankgegevens en het persoonlijke identificatienummer van de schuldeiser als bedoeld in lid 2, onder a), niet verplicht is.

4. Indien een schuldeiser zijn vordering met andere middelen dan het in lid 1 bedoelde standaardformulier indient, wordt in de vordering de in lid 2 bedoelde informatie vermeld.

5. Vorderingen kunnen in een van de officiële talen van de instellingen van de Unie worden ingediend. De rechter, de insolventiefunctionaris of de schuldenaar die zijn goederen in bezit houdt, kan van de schuldeiser een vertaling verlangen in de officiële taal van de staat waar de procedure is geopend of, indien er verscheidene officiële talen in die lidstaat bestaan, in de officiële taal of een van de officiële talen van de plaats waar de insolventieprocedure is geopend, of in een andere taal waarvan die lidstaat heeft aangegeven dat hij die kan aanvaarden. Elke lidstaat geeft aan of hij andere officiële talen van de instellingen van de Unie dan zijn eigen taal aanvaardt voor het indienen van vorderingen.

6. Vorderingen worden ingediend binnen de termijn die bij het recht van de staat waar de procedure is geopend, is voorgeschreven. In het geval van een buitenlandse schuldeiser is die termijn niet korter dan 30 dagen na de openbaarmaking van de opening van de insolventieprocedure in het insolventieregister van de staat waar de procedure is geopend. Wanneer een lidstaat zich beroept op artikel 24, lid 4, is die termijn niet korter dan 30 dagen na het tijdstip waarop de schuldeiser overeenkomstig artikel 54 in kennis is gesteld.

7. Indien de rechter, de insolventiefunctionaris of de schuldenaar die zijn goederen in bezit houdt, twijfels heeft met betrekking tot een overeenkomstig dit artikel ingediende vordering, biedt hij de schuldeiser de gelegenheid aanvullend bewijs te leveren over het bestaan en het bedrag van de vordering.

HOOFDSTUK V INSOLVENTIEPROCEDURES MET BETREKKING TOT LEDEN VAN EEN GROEP ONDERNEMINGEN

DEEL 1
Samenwerking en communicatie

Art. 56 Samenwerking en communicatie tussen insolventiefunctionarissen

1. In het geval van insolventieprocedures met betrekking tot twee of meer leden van een groep ondernemingen, werkt een insolventiefunctionaris die is aangewezen in een procedure met betrekking tot een lid van de groep, samen met iedere insolventiefunctionaris die is aangewezen in een procedure met betrekking tot een ander lid van dezelfde groep voor zover die samenwerking geschikt is om de doeltreffende uitvoering van deze procedures te vergemakkelijken, niet onverenigbaar is met de op die procedures toepasselijke regels en geen belangenconflict veroorzaakt. Deze samenwerking kan plaatsvinden in om het even welke vorm, inclusief het sluiten van overeenkomsten of protocollen.

2. Bij de uitvoering van de in lid 1 bedoelde samenwerking gaan insolventiefunctionarissen als volgt te werk:

a) zij geven elkaar zo spoedig mogelijk kennis van al hetgeen voor de andere procedures van nut kan zijn, met dien verstande dat passende maatregelen worden genomen om vertrouwelijke gegevens te beschermen;

b) zij gaan na of het mogelijk is het beheer van en het toezicht op de onderneming van de leden van de groep die aan een insolventieprocedure onderworpen zijn, te coördineren en, indien dat zo is, coördineren zij dat beheer en dat toezicht;

c) zij gaan na of het mogelijk is de leden van de groep die aan een insolventieprocedure onderworpen zijn, te herstructureren, en, indien dat zo is, overleggen zij over het voorstel en de onderhandeling inzake een gecoördineerd herstructureringsplan.

Voor de toepassing van b) en c) kunnen alle of sommige van de in lid 1 bedoelde insolventiefunctionarissen ermee instemmen dat aan een insolventiefunctionaris die in een van de procedures is aangewezen, bijkomende bevoegdheden worden verleend indien zulks volgens de op elk van de procedures toepasselijke regels is toegestaan. Zij kunnen tevens overeenstemming bereiken over de onderlinge verdeling van bepaalde taken, voor zover die taakverdeling is toegestaan volgens de op elk van de procedures toepasselijke regels.

Art. 57 Samenwerking en communicatie tussen rechters

1. Indien insolventieprocedures betrekking hebben op twee of meer leden van een groep ondernemingen werkt een rechter die een dergelijke procedure heeft geopend, samen met iedere andere rechter bij wie een aanvraag van een procedure met betrekking tot een ander lid van dezelfde groep aanhangig is of die een dergelijke procedure heeft geopend, voor zover deze samenwerking geschikt is om de doeltreffende uitvoering van de procedure te vergemakkelijken, niet onverenigbaar is met de op de procedures toepasselijke regels en geen belangenconflict veroorzaakt. De rechter kan daartoe zo nodig een onafhankelijke persoon of instantie aanwijzen die overeenkomstig zijn instructies handelt, voor zover dat niet onverenigbaar is met de op die persoon of instantie toepasselijke regels.

Rechters; samenwerking

2. Bij de uitvoering van de in lid 1 bedoelde samenwerking kunnen de in lid 1 bedoelde rechters of de personen of instanties die zijn aangewezen om namens hen te handelen, rechtstreeks onderling communiceren of elkaar rechtstreeks om gegevens of bijstand verzoeken, mits bij die communicatie de procedurele rechten van de partijen bij de procedure en de vertrouwelijkheid van de gegevens in acht worden genomen.

3. De in lid 1 bedoelde samenwerking kan plaatsvinden met alle middelen die de rechter geschikt acht. Deze kan met name betrekking hebben op:

a) coördinatie bij de aanwijzing van de insolventiefunctionarissen;

b) mededeling van gegevens met alle middelen die de rechter geschikt acht;

c) coördinatie van het beheer van en het toezicht op de goederen en de onderneming van de leden van de groep;

d) coördinatie van de hoorzittingen;

e) coördinatie van de goedkeuring van protocollen, indien nodig.

Art. 58 Samenwerking en communicatie tussen insolventiefunctionarissen en rechters

Een insolventiefunctionaris die is aangewezen in een insolventieprocedure met betrekking tot een lid van een groep ondernemingen

a) werkt samen en communiceert met iedere rechter bij wie een aanvraag van een procedure met betrekking tot een ander lid van dezelfde groep ondernemingen aanhangig is of die een dergelijke procedure heeft geopend, en

b) kan die rechter om informatie verzoeken over de procedure met betrekking tot het andere lid van de groep of om bijstand verzoeken met betrekking tot de procedure waarin hij is aangewezen,

voor zover deze samenwerking en communicatie geschikt zijn om de doeltreffende uitvoering van de procedure te vergemakkelijken, geen belangenconflict veroorzaken en niet onverenigbaar zijn met de op de procedure toepasselijke regels.

Art. 59 Kosten van samenwerking en communicatie in procedures met betrekking tot leden van een groep ondernemingen

De door een insolventiefunctionaris of rechter gemaakte kosten van de in de artikelen 56 tot en met 60 bedoelde samenwerking en communicatie worden als kosten en uitgaven van de respectieve procedure beschouwd.

Art. 60 Bevoegdheden van de insolventiefunctionaris in procedures met betrekking tot leden van een groep ondernemingen

1. Een insolventiefunctionaris die is aangewezen in een met betrekking tot een lid van een groep ondernemingen geopende insolventieprocedure kan, voor zover zulks passend is om de doeltreffende uitvoering van de procedure te vergemakkelijken:

a) worden gehoord in elke procedure die met betrekking tot een ander lid van dezelfde groep is geopend;

b) verzoeken om schorsing van elke met de afwikkeling van de boedel verband houdende maatregel in de procedure die met betrekking tot een ander lid van dezelfde groep is geopend, voor zover:

i) krachtens artikel 56, lid 2, onder c), een herstructureringsplan voor alle of sommige leden van de groep met betrekking tot welke een insolventieprocedure is geopend, is voorgelegd dat een redelijke kans op slagen heeft;

ii) een dergelijke schorsing nodig is om voor de correcte uitvoering van het herstructureringsplan te zorgen;

iii) het herstructureringsplan voordelig zou zijn voor de schuldeisers in de procedure ten aanzien waarvan om schorsing wordt verzocht, en

iv) noch de insolventieprocedure waarin de in lid 1 bedoelde insolventiefunctionaris is aangewezen, noch de procedure ten aanzien waarvan om schorsing wordt verzocht, onderworpen is aan coördinatie krachtens deel 2 van dit hoofdstuk;

c) een groepscoördinatieprocedure overeenkomstig artikel 61 aanvragen.

Insolventieprocedure; schorsing

2. De rechter die de in lid 1, onder b), bedoelde procedure heeft geopend, schorst elke met de afwikkeling van de boedel verband houdende maatregel in de procedure geheel of gedeeltelijk nadat hij zich ervan heeft verwist dat aan de in lid 1, onder b), bedoelde voorwaarden is voldaan.

Alvorens de schorsing te gelasten, hoort de rechter de insolventiefunctionaris die is aangewezen in de procedure ten aanzien waarvan om schorsing is verzocht. Die schorsing kan worden bevolen voor een periode van ten hoogste drie maanden, of voor een kortere duur die de rechter passend acht en die verenigbaar is met de op de procedure toepasselijke voorschriften.

De rechter die de schorsing gelast, kan de in lid 1 bedoelde insolventiefunctionaris opdragen elke uit hoofde van het nationale recht beschikbare maatregel te nemen die geschikt is om de belangen van de schuldeisers in de procedure te beschermen.

De rechter kan de duur van de schorsing verlengen met een of meer termijnen die hij passend acht en die verenigbaar zijn met de op de procedure toepasselijke voorschriften, voor zover nog steeds aan de in lid 1, onder b), onder ii), iii) en iv), bedoelde voorwaarden wordt voldaan en de totale duur van de schorsing (de oorspronkelijke termijn plus eventuele verlengingen) niet meer dan zes maanden bedraagt.

DEEL 2 Coördinatie

Onderafdeling 1 Procedure

Art. 61 Aanvraag van een groepscoördinatieprocedure

Groepscoördinatieprocedure

1. Een groepscoördinatieprocedure kan worden aangevraagd bij een rechter die voor de insolventieprocedure van een lid van de groep bevoegd is, door een insolventiefunctionaris die is aangewezen in een met betrekking tot een lid van de groep geopende insolventieprocedure.

2. De in lid 1 bedoelde aanvraag gebeurt overeenkomstig de voorwaarden van het recht dat van toepassing is op de procedure waarvoor de insolventiefunctionaris is aangewezen.

3. De in lid 1 bedoelde aanvraag gaat vergezeld van:

a) een voorstel met betrekking tot de als groepscoördinator („coördinator") aan te wijzen persoon, de redenen waarom hij overeenkomstig artikel 71 voor de functie in aanmerking komt, nadere gegevens omtrent zijn kwalificaties, en zijn op schrift gestelde instemming om als coördinator op te treden;

b) de hoofdlijnen van de voorgestelde groepscoördinatie, en met name de elementen die aantonen dat aan de voorwaarden van artikel 63, lid 1, is voldaan;

c) een lijst van de insolventiefunctionarissen die met betrekking tot de leden van de groep zijn aangewezen, en in voorkomend geval de rechters en bevoegde instanties die bij de insolventieprocedures met betrekking tot de leden van de groep betrokken zijn;

d) een overzicht van de geraamde kosten van de voorgestelde groepscoördinatie, en een raming van het deel van deze kosten dat elk lid van de groep zal moeten betalen.

Art. 62 Voorrangsregel

Onverminderd artikel 66 worden partijen, indien een groepscoördinatieprocedure wordt aangevraagd bij rechters van verschillende lidstaten, verwezen naar de rechter bij wie de zaak het eerst aanhangig is gemaakt.

Art. 63 Kennisgeving door de aangezochte rechter

1. De rechter bij wie een groepscoördinatieprocedure is aangevraagd, geeft zo spoedig mogelijk kennis van de aanvraag van een groepscoördinatieprocedure en van de voorgestelde coördinator aan de insolventiefunctionarissen die zijn aangewezen met betrekking tot de leden van de groep als vermeld in de in artikel 61, lid 3, onder c), bedoelde lijst bij de aanvraag, nadat hij zich ervan heeft vergewist dat:

a) de opening van een dergelijke procedure geschikt is om de doeltreffende uitvoering van de insolventieprocedure met betrekking tot de verschillende leden van de groep te vergemakkelijken;

b) het niet waarschijnlijk is dat enige schuldeiser van enig lid van de groep dat volgens plan aan de procedure zal deelnemen, door die deelname financieel wordt benadeeld, en

c) de voorgestelde coördinator voldoet aan de voorschriften van artikel 71.

2. In de lid 1 van dit artikel bedoelde kennisgeving worden de in artikel 61, lid 3, onder a) tot en met d), bedoelde elementen vermeld.

3. De in lid 1 bedoelde kennisgeving wordt per aangetekende brief met ontvangstbevestiging verstuurd.

4. De aangezochte rechter biedt de betrokken insolventiefunctionarissen de mogelijkheid te worden gehoord.

Art. 64 Bezwaar door de insolventiefunctionarissen

1. Een insolventiefunctionaris die is aangewezen voor een lid van de groep kan bezwaar maken tegen:

a) de opneming van de insolventieprocedure waarvoor hij is aangewezen in de groepscoördinatieprocedure, of

b) de als coördinator voorgestelde persoon.

2. Een bezwaar op grond van lid 1 van dit artikel wordt binnen 30 dagen na ontvangst van de kennisgeving inzake het verzoek tot opening van een groepscoördinatieprocedure door de in lid 1 van dit artikel bedoelde insolventiefunctionaris ingediend bij de in artikel 63 bedoelde rechter.

Het bezwaar kan worden aangetekend door middel van het overeenkomstig artikel 88 vastgestelde standaardformulier.

3. Voordat hij besluit al dan niet deel te nemen aan de coördinatieprocedure overeenkomstig lid 1, onder a), verkrijgt een insolventiefunctionaris alle goedkeuringen die zijn voorgeschreven in het recht van de staat waar de procedure waarvoor hij is aangewezen, wordt geopend.

Art. 65 Gevolgen van het bezwaar tegen opneming in de groepscoördinatie

1. Indien een insolventiefunctionaris bezwaar heeft gemaakt tegen opneming van de procedure waarvoor hij is aangewezen in de groepscoördinatieprocedure, wordt die procedure niet in de groepscoördinatieprocedure opgenomen.

2. De in artikel 68 bedoelde bevoegdheden van de rechter of de bevoegdheden van de coördinator welke uit die procedure voortvloeien, hebben geen gevolgen met betrekking tot dat lid van de groep en brengen voor dat lid geen kosten met zich.

Art. 66 Keuze van de rechter voor groepscoördinatieprocedures

1. Indien ten minste tweederde van alle insolventiefunctionarissen die zijn aangewezen in insolventieprocedures van de leden van de groep, in onderlinge overeenstemming hebben besloten dat een bevoegde rechter van een andere lidstaat het meest geschikt is om de groepscoördinatieprocedure te openen, heeft die rechter exclusieve bevoegdheid.

2. De keuze van de rechter wordt gemaakt bij schriftelijke of schriftelijk bevestigde mondelinge onderlinge overeenstemming. De keuze kan worden gemaakt tot het tijdstip waarop een groepscoördinatieprocedure overeenkomstig artikel 68 is geopend.

3. Elke andere rechter dan de rechter waar de zaak overeenkomstig lid 1 aanhangig is gemaakt, verklaart zich onbevoegd.

4. Het verzoek tot opening van de groepscoördinatieprocedure wordt ingediend bij de overeengekomen rechter overeenkomstig artikel 61.

Art. 67 Gevolgen van het bezwaar tegen de voorgestelde coördinator

Indien tegen de persoon die is voorgesteld als coördinator, bezwaar is gemaakt door een insolventiefunctionaris die niet eveneens bezwaar maakt tegen de opneming in de groepscoördinatieprocedure van het lid waarvoor hij is aangewezen, kan de rechter ervan afzien de voorgestelde coördinator aan te wijzen en kan hij de bezwaar makende insolventiefunctionaris verzoeken overeenkomstig artikel 61, lid 3, een nieuwe aanvraag in te dienen.

Art. 68 Verzoek tot opening van een groepscoördinatieprocedure

1. Na het verstrijken van de in artikel 64, lid 2, bedoelde termijn kan de rechter de groepscoördinatieprocedure openen, nadat hij zich ervan heeft vergewist dat aan de voorwaarden van artikel 63, lid 1, is voldaan. In dat geval:

Bezwaar

a) wijst de rechter een coördinator aan;

b) neemt hij een beslissing over de hoofdlijnen van de procedure, en

c) neemt hij een beslissing over de geraamde kosten en over het deel dat door de leden van de groep moet worden betaald.

2. De beslissing tot opening van een groepscoördinatieprocedure wordt ter kennis gebracht van de deelnemende insolventiefunctionarissen en de coördinator.

Art. 69 Keuze van een insolventiefunctionaris om alsnog deel te nemen

1. Elke insolventiefunctionaris kan, na de in artikel 68 bedoelde rechterlijke beslissing en overeenkomstig zijn nationaal recht, verzoeken om opneming van de procedure waarvoor hij is aangewezen indien

a) er bezwaar is gemaakt tegen de opneming van de insolventieprocedure in de groepscoördinatieprocedure, of

b) er een insolventieprocedure met betrekking tot een lid van de groep is geopend nadat de rechter de groepscoördinatieprocedure heeft geopend.

2. Onverminderd lid 4 kan de coördinator, nadat hij de betrokken insolventiefunctionaris heeft geraadpleegd, dat verzoek inwilligen indien

a) hij zich ervan heeft vergewist dat, rekening houdend met de fase waarin de groepscoördinatieprocedure zich bevindt op het tijdstip van het verzoek, aan de criteria van artikel 63, lid 1, onder a) en b), is voldaan, of

b) alle betrokken insolventiefunctionarissen hebben ingestemd overeenkomstig de voorwaarden van hun nationaal recht.

3. De coördinator stelt de rechter en de deelnemende insolventiefunctionarissen in kennis van zijn besluit uit hoofde van lid 2 en van de redenen waarop het besluit is gebaseerd.

4. Elke deelnemende insolventiefunctionaris of elke insolventiefunctionaris wiens verzoek om opneming in de groepscoördinatieprocedure is afgewezen, kan het in lid 2 bedoelde besluit aanvechten volgens de procedure waarin het recht voorziet van de lidstaat waar de groepscoördinatieprocedure is geopend.

Art. 70 Aanbevelingen en groepscoördinatieplan

1. In het verloop van hun insolventieprocedures nemen de insolventiefunctionarissen de aanbevelingen van de coördinator en de inhoud van het groepscoördinatieplan als bedoeld in artikel 72, lid 1, in overweging.

2. Een insolventiefunctionaris is niet verplicht de aanbevelingen van de coördinator of het groepscoördinatieplan geheel of gedeeltelijk te volgen.

Indien hij de aanbevelingen van de coördinator of de groepscoördinatieplannen niet volgt, stelt hij de personen of instanties waaraan hij krachtens zijn nationaal recht verslag moet uitbrengen, alsmede de coördinator, in kennis van zijn redenen.

Onderafdeling 2
Algemene bepalingen

Art. 71 De coördinator

Coördinator; insolventiefunctionaris

1. De coördinator is een persoon die uit hoofde van het recht van een lidstaat in aanmerking komt om als insolventiefunctionaris op te treden.

2. De coördinator is niet een van de insolventiefunctionarissen die zijn aangewezen om te handelen met betrekking tot de leden van de groep, en heeft geen belangenconflict met betrekking tot de leden van de groep, hun schuldeisers en de insolventiefunctionarissen die zijn aangewezen met betrekking tot enig lid van de groep.

Art. 72 Taken en rechten van de coördinator

1. De coördinator

a) bepaalt aanbevelingen voor de gecoördineerde uitvoering van de insolventieprocedures en stelt deze op;

b) stelt een groepscoördinatieplan voor waarin een breed samenstel van geschikte maatregelen voor een geïntegreerde aanpak van de af te wikkelen insolventies van de leden van de groep wordt bepaald, beschreven en aanbevolen. Het plan kan in het bijzonder voorstellen bevatten voor:

i) de te nemen maatregelen om de economische prestaties en de financiële soliditeit van de groep of een deel ervan opnieuw te bewerkstelligen;

ii) de beslechting van geschillen binnen de groep met betrekking tot transacties binnen de groep en vorderingen tot nietigverklaring;

iii) overeenkomsten tussen de insolventiefunctionarissen van de insolvente leden van de groep.

2. De coördinator kan tevens:

a) worden gehoord in en deelnemen aan elke procedure die met betrekking tot een ander lid van dezelfde groep is geopend, met name door deel te nemen aan een vergadering van schuldeisers;

b) bemiddelen bij geschillen tussen twee of meer insolventiefunctionarissen van leden van de groep;

c) zijn groepscoördinatieplan voorstellen en uitleggen aan de personen of instanties aan welke hij overeenkomstig zijn nationale recht verslag moet uitbrengen;

d) insolventiefunctionarissen verzoeken om informatie met betrekking tot enig lid van de groep indien die informatie nuttig is of kan zijn voor het bepalen en opstellen van strategieën en maatregelen om de procedures te coördineren; alsmede

e) verzoeken om een procedure die met betrekking tot een lid van de groep is geopend, voor de duur van ten hoogste zes maanden te schorsen, mits die schorsing voor de correcte uitvoering van het plan noodzakelijk is en voordelig zou zijn voor de schuldeisers in de procedure ten aanzien waarvan om schorsing wordt verzocht, of verzoeken om opheffing van een bestaande schorsing. Dit verzoek wordt ingediend bij de rechter die de procedure ten aanzien waarvan om schorsing wordt verzocht, heeft geopend.

3. Het in lid 1, onder b), bedoelde plan bevat geen aanbevelingen betreffende een eventuele consolidatie van procedures of insolvente boedels.

4. De taken en rechten van de coördinator als omschreven in dit artikel strekken zich niet uit tot enig lid van de groep dat niet aan de groepscoördinatieprocedure deelneemt.

5. De coördinator voert zijn taken onafhankelijk en met de nodige zorgvuldigheid uit.

6. Indien volgens de coördinator de voor de vervulling van zijn taken geraamde kosten aanzienlijk hoger zullen uitvallen dan de geraamde kosten als bedoeld in artikel 61, lid 3, onder d), en in ieder geval indien de kosten meer dan 10 % hoger uitvallen:

a) stelt de coördinator de deelnemende insolventiefunctionarissen onverwijld daarvan in kennis, en

b) verzoekt hij om de voorafgaande goedkeuring van de rechter die de groepscoördinatieprocedure heeft geopend.

Art. 73 Talen

1. De coördinator communiceert met de insolventiefunctionaris van een deelnemend lid van de groep in de taal die is overeengekomen met de insolventiefunctionaris of, bij ontstentenis van een overeenkomst, in de officiële taal of een van de officiële talen van de instellingen van de Unie en van de rechter die de procedure met betrekking tot dat lid van de groep heeft geopend.

2. De coördinator communiceert met een rechter in de officiële taal die geldt voor die rechter.

Art. 74 Samenwerking tussen insolventiefunctionarissen en de coördinator

1. Insolventiefunctionarissen die met betrekking tot leden van een groep zijn aangewezen en de coördinator werken onderling samen voor zover deze samenwerking niet onverenigbaar is met de op de respectieve procedure toepasselijke regels.

2. Insolventiefunctionarissen doen in het bijzonder mededeling van alle informatie die voor de coördinator met het oog op het verrichten van diens taken van belang is.

Art. 75 Ontslag van de coördinator

De rechter ontslaat de coördinator, ambtshalve of op verzoek van de insolventiefunctionaris van een deelnemend lid van de groep, uit diens functie indien

a) de coördinator handelt in het nadeel van de schuldeisers van een deelnemend lid van de groep, of

b) de coördinator zijn verplichtingen krachtens dit hoofdstuk niet nakomt.

Art. 76 Schuldenaar die zijn goederen in bezit houdt

De bepalingen die op grond van dit hoofdstuk van toepassing zijn op de insolventiefunctionaris, zijn, in voorkomend geval, tevens van toepassing op de schuldenaar die zijn goederen in bezit houdt.

Art. 77 Kosten en verdeling

1. De bezoldiging van de coördinator is adequaat, evenredig met de verrichte taken en een afspiegeling van redelijke gemaakte kosten.

2. Na de beëindiging van zijn taken stelt de coördinator een eindafrekening van de kosten op en bepaalt hij het deel dat door elk lid moet worden betaald. Deze afrekening zendt hij toe aan elke deelnemende insolventiefunctionaris en aan de rechter die de coördinatieprocedure heeft geopend.

3. Indien de insolventiefunctionarissen geen bezwaar maken tegen de in lid 2 bedoelde eindafrekening binnen 30 dagen na ontvangst ervan, worden de kosten en het door elk lid te betalen deel geacht te zijn overeengekomen. De eindafrekening wordt ter bevestiging voorgelegd aan de rechter die de coördinatieprocedure heeft geopend.

4. In geval van bezwaar beslist de rechter die de groepscoördinatieprocedure heeft geopend, op verzoek van de coördinator of van een deelnemende insolventiefunctionaris, over de kosten en het door elk lid te betalen deel overeenkomstig de criteria van lid 1 van dit artikel en rekening houdend met de geraamde kosten als bedoeld in artikel 68, lid 1, en, indien van toepassing, in artikel 72, lid 6.

Coördinator; kosten

5. Elke deelnemende insolventiefunctionaris kan de in lid 4 bedoelde beslissing aanvechten volgens de procedure waarin het recht voorziet van de lidstaat waar de groepscoördinatieprocedure is geopend.

HOOFDSTUK VI GEGEVENSBESCHERMING

Art. 78 Gegevensbescherming

1. De nationale voorschriften waarmee uitvoering wordt gegeven aan Richtlijn 95/46/EG, zijn van toepassing op de verwerking van persoonsgegevens die uit hoofde van deze verordening in de lidstaten plaatsvindt, op voorwaarde dat deze geen betrekking heeft op de in artikel 3, lid 2, van Richtlijn 95/46/EG vermelde verwerkingsactiviteiten.

2. Verordening (EG) nr. 45/2001 is van toepassing op de verwerking van persoonsgegevens door de Commissie uit hoofde van deze verordening.

Art. 79 Verantwoordelijkheden van de lidstaten betreffende de verwerking van persoonsgegevens in nationale insolventieregisters

Gegevensbescherming

1. Elke lidstaat deelt aan de Commissie de naam mee van de natuurlijke of rechtspersoon, de overheidsinstantie, de dienst of enige andere instelling die bij het nationale recht is aangewezen om de functies van de voor de verwerking verantwoordelijke overeenkomstig artikel 2, onder d), van Richtlijn 95/46/EG uit te oefenen, met het oog op de bekendmaking ervan op het Europees e-justitieportaal.

2. De lidstaten zorgen ervoor dat de technische maatregelen ter beveiliging van in hun nationale insolventieregisters verwerkte persoonsgegevens als bedoeld in artikel 24 worden uitgevoerd.

3. Het is de verantwoordelijkheid van de lidstaten na te gaan of de voor de verwerking verantwoordelijke die bij het nationale recht overeenkomstig artikel 2, onder d), van Richtlijn 95/46/EG is aangewezen, zorgt voor de naleving van de beginselen van kwaliteit van gegevens, met name wat betreft de nauwkeurigheid en de actualisering van in nationale insolventieregisters bewaarde gegevens.

4. Overeenkomstig Richtlijn 95/46/EG zijn de lidstaten verantwoordelijk voor het verzamelen en bewaren van gegevens in nationale databanken en voor besluiten die worden genomen om dergelijke gegevens beschikbaar te stellen in het systeem van onderling gekoppelde insolventieregisters dat via het Europees e-justitieportaal kan worden geraadpleegd.

5. In het kader van de informatieverstrekking aan de betrokkenen teneinde deze in staat te stellen hun rechten uit te oefenen, en met name het recht om gegevens te wissen, stellen de lidstaten de betrokkenen in kennis van de toegankelijkheidsperiode die is vastgesteld voor de in de insolventieregisters opgeslagen persoonsgegevens.

Art. 80 Verantwoordelijkheden van de Commissie in verband met de verwerking van persoonsgegevens

1. De Commissie oefent de verantwoordelijkheden van voor de verwerking verantwoordelijke uit hoofde van artikel 2, onder d), van Verordening (EG) nr. 45/2001 uit overeenkomstig haar in dit artikel gedefinieerde respectieve verantwoordelijkheden.

2. De Commissie bepaalt de nodige beleidsmaatregelen en past de noodzakelijke technische oplossingen toe om haar verantwoordelijkheden binnen de werkingssfeer van de functie van voor de verwerking verantwoordelijke na te komen.

3. De Commissie implementeert de technische maatregelen die vereist zijn voor de beveiliging van persoonsgegevens tijdens de doorgifte, met name de vertrouwelijkheid en integriteit van gegevens die naar en vanaf het Europees e-justitieportaal worden doorgegeven.

4. De verplichtingen van de Commissie laten de verantwoordelijkheden van de lidstaten en andere instanties voor de inhoud en werking van de door hen beheerde onderling gekoppelde nationale databanken onverlet.

Art. 81 Informatieverplichtingen

Onverminderd de informatie die aan de betrokkenen moet worden verstrekt overeenkomstig de artikelen 11 en 12 van Verordening (EG) nr. 45/2001 stelt de Commissie de betrokkenen, door middel van bekendmaking via het Europees e-justitieportaal, in kennis van haar rol bij de verwerking van gegevens en de doeleinden waarvoor deze gegevens zullen worden verwerkt.

Art. 82 Bewaren van persoonsgegevens

Wat de gegevens uit onderling gekoppelde databanken betreft, worden er in het Europees e-justitieportaal geen persoonsgegevens betreffende de betrokkenen bewaard. Dergelijke gegevens worden alle bewaard in de door de lidstaten of andere instanties beheerde nationale databanken.

Art. 83 Toegang tot persoonsgegevens via het Europees e-justitieportaal

De in de nationale insolventieregisters bewaarde persoonsgegevens als bedoeld in artikel 24 zijn toegankelijk via het Europees e-justitieportaal voor zolang als zij toegankelijk blijven uit hoofde van het nationale recht.

HOOFDSTUK VII OVERGANGS- EN SLOTBEPALINGEN

Art. 84 Toepassing in de tijd

1. Deze verordening is slechts van toepassing op insolventieprocedures die vanaf 26 juni 2017 zijn geopend. Op de rechtshandelingen die de schuldenaar vóór de toepassingsdatum van deze verordening heeft aangegaan, blijft het recht van toepassing dat gold op het tijdstip dat zij werden aangegaan.

2. Niettegenstaande artikel 91 van deze verordening, blijft Verordening (EG) nr. 1346/2000 van toepassing op onder het toepassingsgebied van die verordening vallende insolventieprocedures die vóór 26 juni 2017 zijn geopend.

Art. 85 Verhouding tot verdragen

1. Deze verordening treedt, wat haar toepassingsgebied en de betrekkingen tussen de lidstaten betreft, in de plaats van de tussen twee of meer lidstaten gesloten verdragen, met name van:

a) de Overeenkomst tussen België en Frankrijk betreffende de rechterlijke bevoegdheid, het gezag en de tenuitvoerlegging van rechterlijke beslissingen, van scheidsrechterlijke uitspraken en van authentieke akten, getekend te Parijs op 8 juli 1899;

b) het Verdrag inzake faillissement, akkoord en uitstel van betaling tussen België en Oostenrijk, getekend te Brussel op 16 juli 1969 (met aanvullend protocol van 13 juni 1973);

c) het Verdrag tussen Nederland en België betreffende de territoriale rechterlijke bevoegdheid, betreffende het faillissement en betreffende het gezag en de tenuitvoerlegging van rechterlijke beslissingen, van scheidsrechterlijke uitspraken en van authentieke akten, getekend te Brussel op 28 maart 1925;

d) het Verdrag tussen Duitsland en Oostenrijk inzake faillissement en akkoord, getekend te Wenen op 25 mei 1979;

e) het Frans-Oostenrijkse Verdrag betreffende de rechterlijke bevoegdheid, de erkenning en de tenuitvoerlegging van beslissingen op het gebied van het faillissement, getekend te Wenen op 27 februari 1979;

f) het Verdrag tussen Frankrijk en Italië betreffende de tenuitvoerlegging van vonnissen in burgerlijke en handelszaken, getekend te Rome op 3 juni 1930;

g) het Verdrag tussen Italië en Oostenrijk inzake faillissement en akkoord, getekend te Rome op 12 juli 1977;

h) het Verdrag tussen het Koninkrijk der Nederlanden en de Bondsrepubliek Duitsland betreffende de wederzijdse erkenning en tenuitvoerlegging van rechterlijke beslissingen en andere executoriale titels in burgerlijke zaken, getekend te 's-Gravenhage op 30 augustus 1962;

i) de Overeenkomst tussen het Verenigd Koninkrijk en België betreffende de wederzijdse tenuitvoerlegging van vonnissen in burgerlijke en handelszaken, met protocol, getekend te Brussel op 2 mei 1934;

j) de Overeenkomst tussen Denemarken, Finland, Noorwegen, Zweden en IJsland, betreffende het faillissement, getekend te Kopenhagen op 7 november 1933;

k) het Europees Verdrag betreffende bepaalde internationale aspecten van het faillissement, getekend te Istanbul op 5 juni 1990;

l) de Overeenkomst tussen de Federatieve Volksrepubliek Joegoslavië en het Koninkrijk Griekenland inzake de wederzijdse erkenning en tenuitvoerlegging van beslissingen, getekend te Athene op 18 juni 1959;

m) de Overeenkomst tussen de Federatieve Volksrepubliek Joegoslavië en de Republiek Oostenrijk inzake de wederzijdse erkenning en tenuitvoerlegging van scheidsrechterlijke uitspraken en regelingen in het kader van arbitrage in handelszaken, getekend te Belgrado op 18 maart 1960;

n) de Overeenkomst tussen de Federatieve Volksrepubliek Joegoslavië en de Republiek Italië inzake wederzijdse rechtshulp in burgerlijke en bestuurlijke zaken, getekend te Rome op 3 december 1960;

o) de Overeenkomst tussen de Federatieve Volksrepubliek Joegoslavië en het Koninkrijk België inzake wederzijdse rechtshulp in burgerlijke en handelszaken, getekend te Belgrado op 24 september 1971;

p) de Overeenkomst tussen de regeringen van Joegoslavië en Frankrijk inzake de erkenning en tenuitvoerlegging van beslissingen in burgerlijke en handelszaken, getekend te Parijs op 18 mei 1971;

q) het Verdrag tussen de Tsjechoslowaakse Socialistische Republiek en de Helleense Republiek inzake rechtshulp in burgerlijke en strafzaken, getekend te Athene op 22 oktober 1980, dat nog van kracht is tussen Tsjechië en Griekenland;

r) het Verdrag tussen de Tsjechoslowaakse Socialistische Republiek en de Republiek Cyprus inzake rechtshulp in burgerlijke en strafzaken, getekend te Nicosia op 23 april 1982, dat nog van kracht is tussen Tsjechië en Cyprus;

Verdragen

s) het Verdrag tussen de regering van de Tsjechoslowaakse Socialistische Republiek en de regering van de Franse Republiek inzake rechtshulp en de erkenning en tenuitvoerlegging van vonnissen in burgerlijke, gezins- en handelszaken, getekend te Parijs op 10 mei 1984, dat nog van kracht is tussen Tsjechië en Frankrijk;

t) het Verdrag tussen de Tsjechoslowaakse Socialistische Republiek en de Italiaanse Republiek inzake rechtshulp in burgerlijke en strafzaken, getekend te Praag op 6 december 1985, dat nog van kracht is tussen Tsjechië en Italië;

u) de Overeenkomst tussen de Republiek Letland, de Republiek Estland en de Republiek Litouwen inzake rechtshulp en rechtsbetrekkingen, getekend te Tallinn op 11 november 1992;

v) de Overeenkomst tussen Estland en Polen inzake rechtshulp en rechtsbetrekkingen in burgerlijke, arbeids- en strafrechtzaken, getekend te Tallinn op 27 november 1998;

w) de Overeenkomst de Republiek Litouwen en de Republiek Polen inzake rechtshulp en rechtsbetrekkingen in burgerlijke, arbeids- en strafrechtzaken, getekend te Warschau op 26 januari 1993;

x) de Overeenkomst tussen de Socialistische Republiek Roemenië en de Helleense Republiek inzake rechtshulp in burgerlijke en strafzaken en bijbehorend protocol, getekend te Boekarest op 19 oktober 1972;

y) de Overeenkomst tussen de Socialistische Republiek Roemenië en de Franse Republiek inzake rechtshulp in burgerlijke en handelszaken, getekend te Parijs op 5 november 1974;

z) de Overeenkomst tussen de Volksrepubliek Bulgarije en de Helleense Republiek inzake rechtshulp in burgerlijke en strafzaken, getekend te Athene op 10 april 1976;

aa) de Overeenkomst tussen de Volksrepubliek Bulgarije en de Republiek Cyprus inzake rechtshulp in burgerlijke en strafzaken, getekend te Nicosia op 29 april 1983;

ab) de Overeenkomst tussen de regering van de Volksrepubliek Bulgarije en de regering van de Franse Republiek inzake wederzijdse rechtshulp in burgerlijke zaken, getekend te Sofia op 18 januari 1989;

ac) het Verdrag tussen Roemenië en de Tsjechische Republiek inzake rechtshulp in burgerlijke zaken, getekend te Boekarest op 11 juli 1994;

ad) het Verdrag tussen Roemenië en de Republiek Polen inzake rechtshulp en rechtsbetrekkingen in burgerlijke zaken, getekend te Boekarest op 15 mei 1999.

2. De in lid 1 genoemde verdragen blijven rechtsgeldig voor zover zij betrekking hebben op procedures die vóór de inwerkingtreding van Verordening (EG) nr. 1346/2000 zijn geopend.

3. Deze verordening is niet van toepassing:

a) in de lidstaten, voor zover zij in strijd is met verplichtingen die met betrekking tot een faillissement ontstaan uit een verdrag dat de betrokken lidstaat vóór de inwerkingtreding van Verordening (EG) nr. 1346/2000 met een of meer derde staten heeft gesloten;

b) in het Verenigd Koninkrijk van Groot-Brittannië en Noord-Ierland, voor zover zij in strijd is met verplichtingen die in verband met faillissement ontstaan uit enigerlei regelingen met het Gemenebest die bij de inwerkingtreding van Verordening (EG) nr. 1346/2000 bestonden.

Art. 86 Informatie over het nationale en het uniale insolventierecht

1. De lidstaten verstrekken binnen het kader van het bij Beschikking 2001/470/EG van de Raad^{18} opgerichte Europese justitiële netwerk in burgerlijke en handelszaken een korte beschrijving van hun nationale wetgeving en procedures betreffende insolventie, met name met betrekking tot de in artikel 7, lid 2, opgesomde punten, teneinde deze informatie voor het publiek beschikbaar te maken.

2. De lidstaten werken de in lid 1 bedoelde informatie regelmatig bij.

3. De Commissie stelt informatie betreffende de onderhavige verordening beschikbaar voor het publiek.

Art. 87 Invoering van de onderlinge koppeling van registers

De Commissie stelt uitvoeringshandelingen vast tot invoering van de onderlinge koppeling van insolventieregisters als bedoeld in artikel 25. Die uitvoeringshandelingen worden volgens de in artikel 89, lid 3, bedoelde onderzoeksprocedure vastgesteld.

Art. 88 Opstelling en wijziging van de standaardformulieren

De Commissie stelt uitvoeringshandelingen vast voor het opstellen en, waar nodig, het wijzigen van de formulieren als bedoeld in artikel 27, lid 4, de artikelen 54 en 55, en artikel 64, lid 2. Die uitvoeringshandelingen worden volgens de in artikel 89, lid 2, bedoelde raadplegingsprocedure vastgesteld.

Art. 89 Comitéprocedure

1. De Commissie wordt bijgestaan door een comité. Dat comité is een comité in de zin van Verordening (EU) nr. 182/2011.

2. Wanneer naar dit lid wordt verwezen, is artikel 4 van Verordening (EU) nr. 182/2011 van toepassing.

---

18 Beschikking 2001/470/EG van de Raad van 28 mei 2001 betreffende de oprichting van een Europese justitiële netwerk in burgerlijke en handelszaken (PB L 174 van 27.6.2001, blz. 25).

3. Wanneer naar dit lid wordt verwezen, is artikel 5 van Verordening (EU) nr. 182/2011 van toepassing.

Art. 90 Herzieningsclausule

1. Uiterlijk op 27 juni 2027 en daarna om de vijf jaar dient de Commissie bij het Europees Parlement, de Raad en het Europees Economisch en Sociaal Comité een verslag in over de toepassing van deze verordening. Het verslag gaat zo nodig vergezeld van voorstellen tot wijziging van deze verordening.

2. Uiterlijk op 27 juni 2022 dient de Commissie bij het Europees Parlement, de Raad en het Europees Economisch en Sociaal Comité een verslag in over de toepassing van de groepscoördinatieprocedures. Het verslag gaat zo nodig vergezeld van voorstellen tot wijziging van deze verordening.

3. Uiterlijk op 1 januari 2016 dient de Commissie bij het Europees Parlement, de Raad en het Europees Economisch en Sociaal Comité een studie in over de grensoverschrijdende vraagstukken op het gebied van aansprakelijkheid en bestuursverboden.

4. Uiterlijk op 27 juni 2020 dient de Commissie bij het Europees Parlement, de Raad en het Europees Economisch en Sociaal Comité een studie in over op oneigenlijke gronden gebaseerde forum-shopping.

Art. 91 Intrekking

Verordening (EG) nr. 1346/2000 wordt ingetrokken.

Verwijzingen naar de ingetrokken verordening gelden als verwijzingen naar de onderhavige verordening en worden gelezen volgens de concordantietabel in bijlage D van deze verordening.

Art. 92 Inwerkingtreding

Deze verordening treedt in werking op de twintigste dag na die van de bekendmaking ervan in het *Publicatieblad van de Europese Unie*.

Zij wordt van toepassing op 26 juni 2017 met uitzondering van:

a) artikel 86, dat van toepassing wordt op 26 juni 2016,

b) artikel 24, lid 1, dat van toepassing wordt op 26 juni 2018, en

c) artikel 25, dat van toepassing wordt op 26 juni 2019.

Verordening 1206/2001/EG betreffende de samenwerking tussen de gerechten van de lidstaten op het gebied van bewijsverkrijging in burgerlijke en handelszaken

Verordening (EG) Nr. 1206/2001 van de Raad van 28 mei 2001 betreffende de samenwerking tussen de gerechten van de lidstaten op het gebied van bewijsverkrijging in burgerlijke en handelszaken¹

DE RAAD VAN DE EUROPESE UNIE,

Gelet op het Verdrag tot oprichting van de Europese Gemeenschap, inzonderheid op artikel 61, onder c), en artikel 67, lid 1,

Gezien het initiatief van de Bondsrepubliek Duitsland²,

Gezien het advies van het Europees Parlement³,

Gezien het advies van het Economisch en Sociaal Comité⁴,

Overwegende hetgeen volgt:

(1) De Europese Unie heeft zich ten doel gesteld, de Unie te handhaven en te ontwikkelen als een ruimte van vrijheid, veiligheid en rechtvaardigheid waarin het vrij verkeer van personen gewaarborgd is. Met het oog op de geleidelijke totstandbrenging van een dergelijke ruimte dient de Gemeenschap onder meer de maatregelen op het gebied van de justitiële samenwerking in burgerlijke zaken aan te nemen die nodig zijn voor de goede werking van de interne markt.

(2) Ter wille van de goede werking van de interne markt moet de samenwerking tussen de gerechten op het gebied van bewijsverkrijging worden verbeterd, en in het bijzonder worden vereenvoudigd en bespoedigd.

(3) De Europese Raad heeft er op 15 en 16 oktober 1999 in Tampere op gewezen dat nieuwe procesregels voor grensoverschrijdende zaken moeten worden opgesteld, in het bijzonder op het gebied van bewijsverkrijging.

(4) Dit gebied valt onder artikel 65 van het EG-Verdrag.

(5) Daar de doelstellingen van het overwogen optreden, namelijk de verbetering van de samenwerking tussen de gerechten op het gebied van bewijsverkrijging in burgerlijke en handelszaken niet voldoende door de lidstaten kunnen worden verwezenlijkt en derhalve beter door de Gemeenschap kunnen worden verwezenlijkt, kan de Gemeenschap overeenkomstig het in artikel 5 van het EG-Verdrag neergelegde subsidiariteitsbeginsel maatregelen nemen. Overeenkomstig het in hetzelfde artikel neergelegde evenredigheidsbeginsel, gaat deze verordening niet verder dan nodig is om deze doelstellingen te verwezenlijken.

(6) Op het gebied van bewijsverkrijging bestaat er op dit ogenblik geen bindende overeenkomst tussen alle lidstaten van de Europese Unie. Het Verdrag van Den Haag van 18 maart 1970 inzake de verkrijging van bewijs in het buitenland in burgerlijke en in handelszaken is slechts tussen elf lidstaten van de Europese Unie van kracht.

(7) Aangezien het voor een rechterlijke beslissing in een burgerlijke of handelszaak in een bepaalde lidstaat vaak nodig is dat in een andere lidstaat bewijs wordt verkregen, kan de Gemeenschap zich niet beperken tot de verzending van gerechtelijke en buitengerechtelijke stukken in burgerlijke en handelszaken, zoals geregeld in Verordening (EG) nr. 1348/2000 van de Raad van 29 mei 2000 inzake de betekening en de kennisgeving in de lidstaten van gerechtelijke en buitengerechtelijke stukken in burgerlijke en handelszaken⁵. Daarom moet de samenwerking tussen de gerechten op het gebied van bewijsverkrijging versterkt worden.

(8) Voorwaarde voor de doeltreffendheid van gerechtelijke procedures in burgerlijke en handelszaken is, dat de verzending en uitvoering van verzoeken om handelingen tot het verkrijgen van bewijs te verrichten rechtstreeks en langs de snelste kanalen tussen de gerechten van de lidstaten verlopen.

(9) Een snelle verzending van een verzoek om een handeling tot het verkrijgen van bewijs te verrichten vereist de inzet van alle daartoe geschikte middelen, waarbij bepaalde voorwaarden

---

1 Inwerkingtredingsdatum: 01-07-2001: zoals laatstelijk gewijzigd bij: PB EG 2008, L304. Van kracht vanaf 1 januari 2004, met uitzondering van art. 19, art. 20 en art. 21 die van kracht zijn vanaf 1 juli 2001.

2 PB C 314 van 3.11.2000, blz. 2.

3 Advies uitgebracht op 14 maart 2001 (nog niet bekend gemaakt in het Publicatieblad).

4 Advies uitgebracht op 28 februari 2001 (nog niet bekend gemaakt in het Publicatieblad).

5 PB L 160 van 30.6.2000, blz. 37.

EG-Bewijsverordening

inzake de leesbaarheid en de betrouwbaarheid van het inkomende document in acht moeten worden genomen. Om zo veel mogelijk duidelijkheid en rechtszekerheid te waarborgen, worden dergelijke verzoeken met een formulier verzonden, dat wordt ingevuld in de taal van de lidstaat van het aangezochte gerecht of in een andere door de lidstaat aanvaarde taal. Ook voor de verdere communicatie tussen de betrokken gerechten verdient het aanbeveling zo veel mogelijk gebruik te maken van formulieren.

(10) Een verzoek om een handeling tot het verkrijgen van bewijs te verrichten dient vlot te worden uitgevoerd. Kan het verzoek niet binnen 90 dagen na ontvangst door het aangezochte gerecht worden uitgevoerd, dan is het aangezochte gerecht gehouden het verzoekende gerecht hiervan in kennis te stellen, met opgave van de redenen die een vlotte uitvoering van het verzoek in de weg staan.

(11) Met het oog op de doeltreffendheid van deze verordening blijft de mogelijkheid om een verzoek om een handeling tot het verkrijgen van bewijs te verrichten te weigeren, beperkt tot strikt begrensde buitengewone gevallen.

(12) Het aangezochte gerecht dient het verzoek overeenkomstig zijn nationale wet uit te voeren.

(13) De partijen en eventueel hun vertegenwoordigers moeten aanwezig kunnen zijn bij de verrichting van de handeling tot het verkrijgen van bewijs, indien daarin is voorzien in de wet van de lidstaat van het verzoekende gerecht, om de procedure te kunnen volgen als werd de handeling in de lidstaat van het verzoekende gerecht verricht. Zij moeten ook het recht hebben te verzoeken aan de verrichting van de handeling tot het verkrijgen van bewijs te mogen deelnemen om daarbij een actievere rol te kunnen spelen. De voorwaarden waaronder zij aan de verrichting van de handeling kunnen deelnemen worden evenwel door het aangezochte gerecht overeenkomstig zijn nationale recht vastgesteld.

(14) De vertegenwoordigers van het verzoekende gerecht moeten aanwezig kunnen zijn bij de verrichting van de handeling tot het verkrijgen van bewijs, indien zulks verenigbaar is met de wet van de lidstaat van het verzoekende gerecht, om het bewijs beter te kunnen beoordelen. Zij moeten ook het recht hebben te verzoeken onder de door het aangezochte gerecht overeenkomstig zijn nationale recht bepaalde voorwaarden aan de verrichting van de handeling tot het verkrijgen van bewijs te mogen deelnemen om daarbij een actievere rol te kunnen spelen.

(15) Om de bewijsverkrijging te vergemakkelijken, moet het voor een gerecht van een lidstaat mogelijk zijn om overeenkomstig zijn nationale wet een handeling tot het verkrijgen van bewijs rechtstreeks in een andere lidstaat te verrichten, mits dit door de andere lidstaat wordt aanvaard en onder de door het centrale orgaan of de bevoegde autoriteit van de aangezochte lidstaat bepaalde voorwaarden.

(16) De uitvoering van het verzoek overeenkomstig artikel 10 moet geen aanleiding geven tot terugbetaling van rechten of kosten. Indien het aangezochte gerecht evenwel om terugbetaling verzoekt, dienen de vergoedingen betaald aan deskundigen en tolken, alsmede de door de toepassing van artikel 10, leden 3 en 4, veroorzaakte kosten, niet door dat gerecht gedragen te worden. In een dergelijk geval, dient het verzoekende gerecht de nodige maatregelen te nemen om ervoor te zorgen dat de terugbetaling onverwijld geschiedt. Wanneer het advies van een deskundige wordt vereist, kan het aangezochte gerecht, vóór de uitvoering van het verzoek, het verzoekende gerecht verzoeken om een passend deposito of voorschot voor de gevraagde kosten.

(17) In de betrekkingen tussen de lidstaten die partij zijn bij internationale overeenkomsten op de door deze verordening bestreken gebieden, heeft de verordening voorrang op die overeenkomsten. Deze verordening belet niet dat lidstaten onderling overeenkomsten of regelingen kunnen sluiten om de samenwerking op het gebied van bewijsverkrijging nog meer te vergemakkelijken.

(18) De krachtens deze verordening verzonden gegevens moeten beschermd worden. Aangezien Richtlijn 95/46/EG van het Europees Parlement en de Raad van 24 oktober 1995 betreffende de bescherming van natuurlijke personen in verband met de verwerking van persoonsgegevens en betreffende het vrije verkeer van die gegevens^6, alsmede Richtlijn 97/66/EG van het Europees Parlement en de Raad van 15 december 1997 betreffende de verwerking van persoonsgegevens en de bescherming van de persoonlijke levenssfeer in de telecommunicatiesector^7 van toepassing zijn, behoeven daartoe in deze verordening geen specifieke bepalingen inzake gegevensbescherming te worden opgenomen.

(19) De voor de uitvoering van deze verordening vereiste maatregelen worden vastgesteld overeenkomstig Besluit 1999/468/EG van de Raad van 28 juni 1999 tot vaststelling van de voorwaarden voor de uitoefening van de aan de Commissie verleende uitvoeringsbevoegdheden^8.

---

6 PB L 281 van 23.11.1995, blz. 31.

7 PB L 24 van 30.1.1998, blz. 1.

8 PB L 184 van 17.7.1999, blz. 23.

(20) Voor de goede werking van deze verordening onderzoekt de Commissie de toepassing ervan en stelt, in voorkomend geval, de nodige wijzigingen voor.

(21) Het Verenigd Koninkrijk en Ierland hebben overeenkomstig artikel 3 van het Protocol betreffende de positie van het Verenigd Koninkrijk en Ierland, dat aan het Verdrag betreffende de Europese Unie en het Verdrag tot oprichting van de Europese Gemeenschap is gehecht, gemeld dat zij wensen deel te nemen aan de aanneming en toepassing van deze verordening.

(22) Denemarken neemt, overeenkomstig de artikelen 1 en 2 van het Protocol betreffende de positie van Denemarken, gehecht aan het Verdrag betreffende de Europese Unie en het Verdrag tot oprichting van de Europese Gemeenschap, niet deel aan de aanneming van deze verordening en deze verordening is derhalve niet verbindend voor, noch van toepassing in Denemarken, HEEFT DE VOLGENDE VERORDENING VASTGESTELD:

HOOFDSTUK I ALGEMENE BEPALINGEN

Art. 1 Werkingssfeer

Werkingssfeer

1. Deze verordening is van toepassing in burgerlijke en handelszaken wanneer het gerecht van een lidstaat overeenkomstig de wettelijke bepalingen van die staat:

a) het bevoegde gerecht van een andere lidstaat verzoekt, een handeling tot het verkrijgen van bewijs te verrichten; of

b) verzoekt een handeling tot het verkrijgen van bewijs rechtstreeks in een andere lidstaat te mogen verrichten.

2. Er mag geen verzoek worden gedaan met het doel partijen in staat te stellen, zich bewijs te verschaffen dat niet bestemd is voor gebruik in een reeds aanhangige of in een voorgenomen procedure.

3. In deze verordening worden onder "lidstaat" de lidstaten met uitzondering van Denemarken verstaan.

Art. 2 Rechtstreeks verkeer tussen de gerechten

Bewijsverkrijging; rechtstreeks verkeer tussen de gerechten

1. Verzoeken uit hoofde van artikel 1, lid 1, onder a), hierna "verzoeken" te noemen, worden door het gerecht waarvoor de procedure reeds aanhangig of voorgenomen is, hierna "verzoekend gerecht" te noemen, rechtstreeks aan het bevoegde gerecht van een andere lidstaat, hierna het "aangezochte gerecht" te noemen, gezonden ter verrichting van handelingen tot het verkrijgen van bewijs.

2. Iedere lidstaat stelt een lijst op van de gerechten die bevoegd zijn om handelingen tot het verkrijgen van bewijs te verrichten overeenkomstig deze verordening. In de lijst worden ook de territoriale en, in voorkomend geval, de bijzondere bevoegdheid van deze gerechten aangegeven.

Art. 3 Centraal orgaan

Bewijsverkrijging; aanwijzing centraal orgaan

1. Iedere lidstaat wijst een centraal orgaan aan dat tot taak heeft:

a) de gerechten informatie te verschaffen;

b) oplossingen te zoeken indien zich moeilijkheden voordoen bij verzoeken;

c) in uitzonderingsgevallen, op verzoek van een verzoekend gerecht een verzoek aan het bevoegde gerecht te doen toekomen.

2. Een federale staat, een staat waarin verschillende rechtsstelsels van kracht zijn of een staat met autonome territoriale structuren heeft de bevoegdheid om meer dan één centraal orgaan aan te wijzen.

3. Iedere lidstaat wijst tevens het in lid 1 bedoelde centraal orgaan aan dat, dan wel een of meer bevoegde autoriteiten die tot taak hebben te beslissen over verzoeken uit hoofde van artikel 17.

HOOFDSTUK II VERZENDING EN UITVOERING VAN VERZOEKEN

Afdeling 1
Verzending van het verzoek

Art. 4 Vorm en inhoud van het verzoek

Bewijsverkrijging; vorm en inhoud verzoek

1. Het verzoek wordt ingediend met gebruikmaking van formulier A in de bijlage of, in voorkomend geval, formulier I. Het verzoek bevat de volgende gegevens:

a) het verzoekende en voorzover nodig het aangezochte gerecht;

b) de namen en adressen van de partijen en eventueel van hun vertegenwoordigers;

c) de aard en het onderwerp van het geding en een beknopte uiteenzetting van de feiten;

d) een omschrijving van de handeling tot het verkrijgen van bewijs die moet worden verricht;

e) bij een verzoek om een persoon te verhoren:

– de namen en adressen van de te verhoren personen,

– de vragen die aan de te verhoren personen moeten worden gesteld, dan wel de feiten waarover zij moeten worden verhoord,

– in voorkomend geval de vermelding van een recht van verschoning gegrond op de wet van de lidstaat van het verzoekende gerecht

– het verzoek om de verklaring onder ede of belofte af te nemen en, eventueel, de formule die daarbij moet worden gebruikt

– in voorkomend geval alle andere informatie die het verzoekende gerecht noodzakelijk acht,

f) bij een verzoek om enige andere vorm van bewijsverkrijging, de stukken of andere voorwerpen die moeten worden onderzocht;

g) in voorkomend geval een verzoek krachtens de artikel 10, leden 3 en 4, en de artikelen 11 en 12 en de voor de toepassing van die bepalingen noodzakelijke inlichtingen.

2. Noch het verzoek, noch de bij het verzoek gevoegde stukken behoeven legalisatie of enige andere vergelijkbare formaliteit.

3. Stukken die naar het oordeel van het verzoekende gerecht noodzakelijk zijn voor de uitvoering van het verzoek en derhalve moeten worden toegevoegd, moeten vergezeld gaan van een vertaling in de taal waarin het verzoek is gesteld.

Art. 5 Talen

Verzoeken en kennisgevingen uit hoofde van deze verordening worden gesteld in de officiële taal van de aangezochte lidstaat of, indien er verscheidene officiële talen in die lidstaat bestaan, in de officiële taal of een van de officiële talen van de plaats waar de verzochte handeling tot het verkrijgen van bewijs moet worden verricht, of in een andere taal die de aangezochte lidstaat heeft verklaard te kunnen aanvaarden. Elke lidstaat doet opgave van de officiële taal of talen van de instellingen van de Europese Gemeenschap, andere dan zijn eigen taal of talen, die voor de invulling van de formulieren worden aanvaard.

Bewijsverkrijging; taal verzoek

Art. 6 Verzending van verzoeken en van overige kennisgevingen

Verzoeken en kennisgevingen uit hoofde van deze verordening worden verzonden langs de snelste weg die de aangezochte lidstaat heeft verklaard te kunnen aanvaarden. De verzending van verzoeken kan op elke passende wijze plaatsvinden, mits de inhoud van het ontvangen stuk precies overeenstemt met die van het verzonden stuk en alle informatie in het ontvangen stuk leesbaar is.

Bewijsverkrijging; verzending verzoek

Afdeling 2

Ontvangst van het verzoek

Art. 7 Ontvangst van het verzoek

1. Het aangezochte bevoegde gerecht stuurt het verzoekende gerecht binnen zeven dagen na ontvangst van het verzoek een ontvangstbewijs, met gebruikmaking van formulier B in de bijlage. Indien het verzoek niet voldoet aan de in de artikelen 5 en 6 gestelde voorwaarden, maakt het aangezochte gerecht daarvan een aantekening in het ontvangstbewijs.

Bewijsverkrijging; ontvangst verzoek

2. Indien de uitvoering van een verzoek dat met gebruikmaking van formulier A in de bijlage is ingediend en dat aan de in artikel 5 gestelde voorwaarden voldoet, niet behoort tot de bevoegdheid van het gerecht waaraan het verzoek is gericht, stuurt dit gerecht het verzoek door aan het wel bevoegde gerecht in dezelfde lidstaat en stelt het het verzoekende gerecht hiervan in kennis met gebruikmaking van formulier A in de bijlage.

Art. 8 Onvolledige verzoeken

1. Indien een verzoek niet kan worden uitgevoerd omdat het niet alle in artikel 4 bedoelde gegevens bevat, stelt het aangezochte gerecht het verzoekende gerecht daar onverwijld en uiterlijk binnen 30 dagen na ontvangst van het verzoek van in kennis, met gebruikmaking van formulier C in de bijlage, en verzoekt het het verzoekende gerecht de ontbrekende gegevens, waarvan zo nauwkeurig mogelijk opgave wordt gedaan, toe te zenden.

Bewijsverkrijging; onvolledige verzoek

2. Indien een verzoek niet kan worden uitgevoerd omdat een deposito of voorschot noodzakelijk is overeenkomstig artikel 18, lid 3, stelt het aangezochte gerecht het verzoekende gerecht hiervan onverwijld en uiterlijk binnen 30 dagen na ontvangst van het verzoek met gebruikmaking van formulier C in de bijlage in kennis met vermelding van de wijze waarop het deposito of voorschot dient te worden overgemaakt. Het aangezochte gerecht bevestigt de ontvangst van het deposito of voorschot onverwijld en uiterlijk binnen tien dagen na ontvangst ervan met gebruikmaking van formulier D.

Art. 9 Aanvulling van het verzoek

1. Indien het aangezochte gerecht overeenkomstig artikel 7, lid 1, op het ontvangstbewijs aantekent dat het verzoek niet voldoet aan de in de artikelen 5 en 6 gestelde voorwaarden, of indien het het verzoekende gerecht er overeenkomstig artikel 8 van in kennis heeft gesteld dat het verzoek niet kan worden uitgevoerd omdat het niet alle in artikel 4 bedoelde gegevens bevat, vangt de in artikel 10, lid 1, bedoelde termijn aan wanneer het aangezochte gerecht het naar behoren aangevulde verzoek ontvangt.

Bewijsverkrijging; aanvulling verzoek

2. Wanneer het aangezochte gerecht overeenkomstig artikel 18, lid 3, om een deposito of voorschot heeft verzocht, vangt deze termijn aan wanneer het deposito of voorschot is gestort.

Afdeling 3

Bewijsverkrijging door het aangezochte gerecht

Art. 10 Algemene bepalingen betreffende de uitvoering van het verzoek

Bewijsverkrijging; uitvoering verzoek

1. Het aangezochte gerecht voert het verzoek onverwijld en uiterlijk binnen 90 dagen na ontvangst van het verzoek uit.

2. Het aangezochte gerecht voert het verzoek uit overeenkomstig zijn nationale wet.

3. Het verzoekende gerecht kan met gebruikmaking van formulier A in de bijlage van het aangezochte gerecht verlangen dat het verzoek wordt uitgevoerd volgens een bijzondere vorm waarin wordt voorzien door zijn nationale wet. Aan die wens wordt door het aangezochte gerecht gehoor gegeven, tenzij deze vorm niet verenigbaar is met de wet van de lidstaat van het aangezochte gerecht, dan wel wegens grote praktische moeilijkheden niet mogelijk is. Indien het aangezochte gerecht op een van deze gronden geen gehoor geeft aan de wens, stelt het verzoekende gerecht hiervan in kennis met gebruikmaking van formulier E in de bijlage.

4. Het verzoekende gerecht kan van het aangezochte gerecht verlangen dat bij de verrichting van de handeling tot het verkrijgen van bewijs gebruik wordt gemaakt van communicatietechnologie, in het bijzonder video- en teleconferenties.

Aan die wens wordt door het aangezochte gerecht gehoor gegeven, tenzij deze vorm niet verenigbaar is met de wet van de lidstaat van het aangezochte gerecht, dan wel wegens grote praktische moeilijkheden niet mogelijk is.

Indien het aangezochte gerecht op een van deze gronden geen gehoor geeft aan de wens, stelt het het verzoekende gerecht hiervan in kennis met gebruikmaking van formulier E in de bijlage.

Indien het verzoekende of het aangezochte gerecht geen toegang heeft tot bovenbedoelde technische middelen, kunnen zij door de gerechten in onderlinge overeenstemming ter beschikking worden gesteld.

Art. 11 Uitvoering in aanwezigheid en met deelneming van de partijen

Bewijsverkrijging; uitvoering verzoek in aanwezigheid/met deelneming partijen

1. Indien de wet van de lidstaat van het verzoekende gerecht daarin voorziet, hebben de partijen en eventueel hun vertegenwoordigers het recht aanwezig te zijn bij de verrichting van de handeling tot het verkrijgen van bewijs door het aangezochte gerecht.

2. In zijn verzoek deelt het verzoekende gerecht het aangezochte gerecht met gebruikmaking van formulier A in de bijlage mee dat de partijen en eventueel hun vertegenwoordigers aanwezig zullen zijn en, in voorkomend geval, dat om hun deelneming wordt verzocht. Deze mededeling kan ook op enig ander passend tijdstip worden gedaan.

3. Indien wordt verzocht om de deelneming van de partijen en eventueel hun vertegenwoordigers aan de verrichting van de handeling tot het verkrijgen van bewijs, bepaalt het aangezochte gerecht overeenkomstig artikel 10 de voorwaarden waaronder zij mogen deelnemen.

4. Het aangezochte gerecht stelt de partijen en eventueel hun vertegenwoordigers met gebruikmaking van formulier F in de bijlage in kennis van het tijdstip waarop en de plaats waar de verlangde handeling zal worden verricht en, in voorkomend geval, van de voorwaarden waaronder zij mogen deelnemen.

5. De leden 1 tot en met 4 doen geen afbreuk aan de mogelijkheid voor het aangezochte gerecht om de partijen en eventueel hun vertegenwoordigers te verzoeken bij de verrichting van de handeling tot het verkrijgen van bewijs aanwezig te zijn of daaraan deel te nemen, indien zijn nationale wet in die mogelijkheid voorziet.

Art. 12 Uitvoering in aanwezigheid van en met deelneming van vertegenwoordigers van het verzoekende gerecht

Bewijsverkrijging; uitvoering verzoek in aanwezigheid/met deelneming vertegenwoordigers

1. De vertegenwoordigers van het verzoekende gerecht hebben het recht aanwezig te zijn bij de verrichting van de handeling tot het verkrijgen van bewijs door het aangezochte gerecht indien zulks verenigbaar is met de wet van de lidstaat van het verzoekende gerecht.

2. Voor de toepassing van dit artikel worden onder het begrip "vertegenwoordiger" de rechterlijke ambtenaren verstaan die door het verzoekende gerecht zijn aangewezen overeenkomstig zijn nationale wet. Het verzoekende gerecht kan overeenkomstig zijn nationale wet tevens enige andere persoon aanwijzen, zoals een deskundige.

3. In zijn verzoek deelt het verzoekende gerecht het aangezochte gerecht met gebruikmaking van formulier A in de bijlage mee dat zijn vertegenwoordigers aanwezig zullen zijn en, in voorkomend geval, dat om hun deelneming wordt verzocht. Deze mededeling kan ook op enig ander passend tijdstip worden gedaan.

4. Indien wordt verzocht om de deelneming van de vertegenwoordigers van het verzoekende gerecht aan de verrichting van de handeling tot het verkrijgen van bewijs, bepaalt het aangezochte gerecht overeenkomstig artikel 10 de voorwaarden waaronder zij mogen deelnemen.

5. Het aangezochte gerecht stelt het verzoekende gerecht met gebruikmaking van formulier F in de bijlage in kennis van het tijdstip waarop en de plaats waar de verlangde handeling zal worden verricht en, in voorkomend geval, van de voorwaarden waaronder de vertegenwoordigers mogen deelnemen.

Art. 13 Dwangmaatregelen

Voorzover nodig past het aangezochte gerecht bij de uitvoering van het verzoek de daartoe passende dwangmaatregelen toe waarin de wet van de lidstaat van het aangezochte gerecht voorziet, in de gevallen en in de mate waarin het daartoe verplicht zou zijn bij de uitvoering van een soortgelijk verzoek van de autoriteiten van de eigen staat of van een belanghebbende partij.

Art. 14 Weigering van uitvoering

1. Een verzoek om een persoon te verhoren wordt niet uitgevoerd indien de betrokken persoon zich beroept op een recht van verschoning of een verbod om een verklaring af te leggen gegrond op:

a) de wet van de lidstaat van het aangezochte gerecht; of

b) de wet van de lidstaat van het verzoekende gerecht, en het verschoningsrecht of het verbod is vermeld in het verzoek of, eventueel, op verzoek van het aangezochte gerecht is bevestigd door het verzoekende gerecht.

2. Afgezien van de in lid 1 genoemde gronden kan de uitvoering van een verzoek niet worden geweigerd dan indien:

a) het verzoek niet binnen de werkingssfeer van deze verordening zoals bepaald in artikel 1 valt; of

b) de uitvoering van het verzoek volgens de wet van de lidstaat van het aangezochte gerecht niet behoort tot de bevoegdheid van de rechterlijke macht; of

c) het verzoekende gerecht niet binnen 30 dagen gehoor geeft aan het verzoek van het aangezochte gerecht om het verzoek aan te vullen overeenkomstig artikel 8, of

d) een deposito of voorschot waarom overeenkomstig artikel 18, lid 3, is verzocht niet is gestort binnen 60 dagen nadat het aangezochte gerecht daarom heeft verzocht.

3. De uitvoering kan door het aangezochte gerecht niet worden geweigerd op de enkele grond dat de wet van zijn lidstaat van dat gerecht uitsluitende rechtsmacht toekent ten aanzien van de zaak waarop het verzoek betrekking heeft, dan wel dat de wet van die lidstaat een rechtsvordering als waarop het verzoek betrekking heeft niet toekent.

4. Indien de uitvoering van het verzoek op een van de in lid 2 genoemde gronden wordt geweigerd, stelt het aangezochte gerecht het verzoekende gerecht daar met gebruikmaking van formulier H in de bijlage binnen 60 dagen na ontvangst van het verzoek van in kennis.

Art. 15 Kennisgeving van vertraging

Indien het aangezochte gerecht niet binnen 90 dagen na ontvangst aan het verzoek kan voldoen, stelt het het verzoekende gerecht hiervan in kennis met gebruikmaking van formulier G in de bijlage. Daarbij wordt opgave gedaan van de redenen voor de vertraging en van de tijd die het aangezochte gerecht meent nodig te hebben om aan het verzoek te kunnen voldoen.

Art. 16 Procedure na de uitvoering van het verzoek

Het aangezochte gerecht doet het verzoekende gerecht onverwijld de stukken ten bewijze van de uitvoering van het verzoek toekomen en zendt in voorkomend geval de van het verzoekende gerecht ontvangen stukken terug. De stukken gaan vergezeld van een uitvoeringsbevestiging waarvoor formulier H in de bijlage wordt gebruikt.

Afdeling 4
Rechtstreekse bewijsverkrijging door het verzoekende gerecht

Art. 17

1. Wanneer een gerecht verzoekt een handeling tot het verkrijgen van bewijs rechtstreeks in een andere lidstaat te mogen verrichten, dient het daartoe met gebruikmaking van formulier I in de bijlage een verzoek in bij het centraal orgaan of de bevoegde autoriteit van die staat, bedoeld in artikel 3, lid 3.

2. Een handeling tot het verkrijgen van bewijs kan alleen rechtstreeks worden verricht indien zij vrijwillig en zonder dwangmaatregelen kan worden uitgevoerd. Indien de rechtstreekse verrichting van een handeling tot het verkrijgen van bewijs inhoudt dat een persoon wordt verhoord, stelt het verzoekende gerecht die persoon ervan in kennis dat de handeling vrijwillig verricht.

3. De handeling tot het verkrijgen van bewijs wordt verricht door een rechterlijk ambtenaar of door een andere persoon, zoals een deskundige, die overeenkomstig de wet van de lidstaat van het verzoekende gerecht wordt aangewezen.

4. Binnen 30 dagen na ontvangst van het verzoek deelt het centraal orgaan of de bevoegde autoriteit van de aangezochte lidstaat, bedoeld in artikel 3, lid 3, met gebruikmaking van formulier J aan het verzoekende gerecht mee of het verzoek wordt aanvaard en, indien nodig,

Bewijsverkrijging; weigering uitvoering verzoek

Bewijsverkrijging; kennisgeving vertraging

Bewijsverkrijging; procedure na uitvoering verzoek

Bewijsverkrijging; rechtstreekse bewijsverkrijging door verzoekende gerecht onder welke voorwaarden de handeling overeenkomstig de wet van de aangezochte lidstaat moet worden verricht.

Met name kan het centraal orgaan of de bevoegde autoriteit een gerecht van zijn lidstaat opdragen aan de verrichting van de handeling tot het verkrijgen van bewijs deel te nemen teneinde te garanderen dat dit artikel correct wordt toegepast en de gestelde voorwaarden in acht worden genomen.

Het centraal orgaan of de bevoegde autoriteit moedigt het gebruik aan van communicatietechnologie, zoals video- en teleconferenties.

5. Het centraal orgaan of de bevoegde autoriteit kan de rechtstreekse verrichting van een handeling tot het verkrijgen van bewijs slechts weigeren indien:

a) het verzoek niet binnen de werkingssfeer van deze verordening zoals bepaald in artikel 1 valt;

b) het verzoek niet alle in artikel 4 bedoelde gegevens bevat; of

c) de gevraagde rechtstreekse verrichting van de handeling tot het verkrijgen van bewijs strijdig is met fundamentele beginselen van zijn nationale recht.

6. Onverminderd de overeenkomstig lid 4 bepaalde voorwaarden handelt het verzoekende gerecht het verzoek af overeenkomstig zijn nationale wet.

Afdeling 5

Kosten

Art. 18

1. De uitvoering van het verzoek overeenkomstig artikel 10 geeft geen aanleiding tot terugbetaling van rechten of kosten.

2. Indien het aangezochte gerecht evenwel om terugbetaling verzoekt, zorgt het verzoekende gerecht voor de onverwijlde terugbetaling van:

– de vergoedingen die betaald zijn aan deskundigen en tolken; en

– de kosten die veroorzaakt zijn door de toepassing van artikel 10, leden 3 en 4.

De wet van de lidstaat van het verzoekende gerecht bepaalt wie verplicht is de vergoeding of kosten te dragen.

3. Wanneer het advies van een deskundige wordt vereist, kan het aangezochte gerecht, vóór de uitvoering van het verzoek, het verzoekende gerecht verzoeken om een passend deposito of voorschot voor de gevraagde kosten. In alle andere gevallen vormt een deposito of voorschot geen voorwaarde voor de uitvoering van een verzoek.

Partijen storten een deposito of voorschot indien de wet van de lidstaat van het verzoekende gerecht dat bepaalt.

HOOFDSTUK III SLOTBEPALINGEN

Art. 19 Toepassingsvoorschriften

Slotbepalingen

1. De Commissie stelt een handleiding op, die ook elektronisch beschikbaar is, met de gegevens die de lidstaten overeenkomstig artikel 22 hebben verstrekt en met de geldende overeenkomsten of regelingen overeenkomstig artikel 21, en werkt deze handleiding op gezette tijden bij.

2. De in de bijlage opgenomen modelformulieren worden bijgewerkt of technisch aangepast door de Commissie. Deze maatregelen, die niet-essentiële onderdelen van deze verordening beogen te wijzigen, worden vastgesteld volgens de in artikel 20, lid 2, bedoelde regelgevingsprocedure met toetsing.

Art. 20

1. De Commissie wordt bijgestaan door een comité.

2. Wanneer naar dit lid wordt verwezen, zijn artikel 5 bis, leden 1 tot en met 4, en artikel 7 van Besluit 1999/468/EG van toepassing, met inachtneming van artikel 8 daarvan.

Art. 21 Verband met bestaande of toekomstige overeenkomsten of regelingen tussen lidstaten

1. In de betrekkingen tussen de lidstaten die partij zijn bij bilaterale of multilaterale overeenkomsten of regelingen, met name bij het Verdrag van Den Haag van 1 maart 1954 betreffende de burgerlijke rechtsvordering en het Verdrag van Den Haag van 18 maart 1970 inzake de verkrijging van bewijs in het buitenland in burgerlijke en in handelszaken, heeft deze verordening voor de aangelegenheden die zij bestrijkt voorrang op die overeenkomsten of regelingen.

2. Deze verordening belet twee of meer lidstaten niet onderling overeenkomsten of regelingen te handhaven of te sluiten om de bewijsverkrijging nog meer te vergemakkelijken, mits die overeenkomsten of regelingen met deze verordening verenigbaar zijn.

3. Elke lidstaat doet aan de Commissie:

a) uiterlijk op 1 juli 2003 een exemplaar toekomen van de in lid 2 bedoelde overeenkomsten of regelingen met andere lidstaten die hij handhaaft;

b) een exemplaar toekomen van de in lid 2 bedoelde overeenkomsten of regelingen met andere lidstaten, alsook van de nog niet aangenomen ontwerpen daarvan; en
c) mededeling van de opzegging van of wijzigingen in deze overeenkomsten of regelingen.

Art. 22 Mededelingen

Uiterlijk op 1 juli 2003 deelt elke lidstaat de Commissie het volgende mee:
a) de lijst met gegevens overeenkomstig artikel 2, lid 2, met vermelding van de territoriale en, voor zover van toepassing, de bijzondere bevoegdheid van de gerechten;
b) de namen en adressen van de centrale organen en bevoegde autoriteiten overeenkomstig artikel 4, met vermelding van hun territoriale bevoegdheid;
c) de technische middelen voor de ontvangst van verzoeken waarover de in artikel 2, lid 2, bedoelde gerechten beschikken;
d) de talen waarin het verzoek kan worden gesteld zoals bepaald in artikel 5.
De lidstaten brengen de Commissie op de hoogte wanneer deze gegevens veranderen.

Art. 23 Toetsing

Uiterlijk op 1 januari 2007 en vervolgens om de vijf jaar, dient de Commissie bij het Europees Parlement, de Raad en het Economisch en Sociaal Comité een verslag in over de toepassing van deze verordening, waarbij zij met name toeziet op de praktische toepassing van artikel 3, lid 1, onder c), en lid 3, en de artikelen 17 en 18.

Art. 24 Inwerkingtreding

Inwerkingtreding

1. Deze verordening treedt in werking op 1 juli 2001.
2. Deze verordening wordt van kracht op 1 januari 2004, met uitzondering van de artikelen 19, 21 en 22, die van kracht worden op 1 juli 2001.

Uitvoeringswet EG-bewijsverordening^1

Wet van 26 mei 2004 tot uitvoering van de verordening (EG) Nr. 1206/2001 van de Raad van de Europese Unie van 28 mei 2001 betreffende de samenwerking tussen de gerechten van de lidstaten op het gebied van bewijsverkrijging in burgerlijke en handelszaken (PbEG L 174/1) (Uitvoeringswet EG-bewijsverordening)

Wij Beatrix, bij de gratie Gods, Koningin der Nederlanden, Prinses van Oranje-Nassau, enz. enz. enz.

Allen, die deze zullen zien of horen lezen, saluut! doen te weten:

Alzo Wij in overweging genomen hebben, dat het noodzakelijk is voorzieningen te treffen ter uitvoering van de verordening (EG) Nr. 1206/2001 van de Raad van de Europese Unie van 28 mei 2001 betreffende de samenwerking tussen de gerechten van de lidstaten op het gebied van bewijsverkrijging in burgerlijke en handelszaken (PbEG L 174/1);

Zo is het, dat Wij, de Raad van State gehoord, en met gemeen overleg der Staten-Generaal, hebben goedgevonden en verstaan, gelijk Wij goedvinden en verstaan bij deze:

§ 1 Algemene bepalingen

Art. 1

Begripsbepalingen

In deze wet wordt verstaan onder:

a. verordening: de verordening (EG) Nr. 1206/2001 van de Raad van 28 mei 2001 betreffende de samenwerking tussen de gerechten van de lidstaten op het gebied van bewijsverkrijging in burgerlijke en handelszaken (PbEG L 174/1);

b. verzoekend gerecht: een verzoekend gerecht als bedoeld in artikel 2, eerste lid, van de verordening;

c. aangezocht gerecht: een aangezocht gerecht als bedoeld in artikel 2, eerste lid, van de verordening;

d. centraal orgaan: het centrale orgaan, bedoeld in artikel 3, eerste lid, van de verordening;

e. bevoegde autoriteit: de bevoegde autoriteit, bedoeld in artikel 3, derde lid, van de verordening.

Art. 2

Bewijsverkrijging binnen EU, competentie in Nederland

1. Als gerechten die bevoegd zijn om handelingen tot het verkrijgen van bewijs te verrichten overeenkomstig artikel 2, tweede lid, van de verordening worden voor Nederland aangewezen de rechtbanken.

2. Het verzoek om een handeling tot het verkrijgen van bewijs te verrichten wordt gedaan aan de rechtbank binnen wier gebied de uitvoering van het verzoek moet geschieden. In het geval van een getuigenverhoor of deskundigenonderzoek wordt het verzoek gedaan aan de rechtbank binnen wier gebied de getuigen of deskundigen, of het grootste aantal van hen, woonachtig zijn of verblijven. Indien de uitvoering van het verzoek in verschillende rechtsgebieden dient plaats te vinden, is elk van de rechtbanken van deze rechtsgebieden bevoegd het verzoek in zijn geheel uit te voeren.

3. Het verzoek om een handeling tot het verkrijgen van bewijs te verrichten kan worden verwezen naar de kantonrechter. De kantonrechter is aan deze verwijzing gebonden.

4. Bij algemene maatregel van bestuur kunnen met betrekking tot het tweede lid nadere regels worden gesteld.

Art. 3

Bewijsverkrijging in Nederland, centraal orgaan

1. Als centraal orgaan wordt voor Nederland aangewezen de Raad voor de rechtspraak.

2. Als bevoegde autoriteit wordt voor Nederland aangewezen de rechtbank Den Haag.

3. Bij regeling van Onze Minister van Justitie kunnen nadere regels worden gesteld met betrekking tot de wijze waarop het centrale orgaan zijn taken, bedoeld in artikel 3, eerste lid, van de verordening, uitvoert.

---

1 Inwerkingtredingsdatum: 30-06-2004; zoals laatstelijk gewijzigd bij: Stb. 2016, 290.

§ 2

Verzoeken aan een gerecht, het centrale orgaan of de bevoegde autoriteit in Nederland

Art. 4

Verzoeken en kennisgevingen uit hoofde van de verordening aan een aangezocht gerecht, het centrale orgaan of de bevoegde autoriteit kunnen worden gesteld in de Engelse taal.

Art. 5

Het aangezochte gerecht kan, indien dit voor een goede uitvoering van het verzoek nodig wordt geoordeeld, de stukken door een beëdigd vertaler in het Nederlands doen vertalen.

Art. 6

Voor verzoeken en kennisgevingen uit hoofde van de verordening geldt als snelste wijze van verzending als bedoeld in artikel 6 van de verordening de verzending per fax, of, indien het aangezochte gerecht, het centrale orgaan of de bevoegde autoriteit heeft aangegeven een snellere wijze te aanvaarden, deze wijze.

Art. 7

In geval van doorzending van een verzoek om een handeling tot het verkrijgen van bewijs te verrichten ingevolge artikel 7, tweede lid, van de verordening, is het gerecht waaraan het verzoek wordt doorgezonden aan deze doorzending gebonden.

Art. 8

1. Het aangezochte gerecht kan aan de deelname van partijen en hun vertegenwoordigers ingevolge artikel 11, derde lid, van de verordening en de deelname van vertegenwoordigers van het gerecht ingevolge artikel 12, vierde lid, van de verordening voorwaarden stellen die het uit het oogpunt van een goede procesorde nuttig of noodzakelijk acht.

2. De bevoegde autoriteit kan aan de rechtstreekse verrichting van een handeling tot het verkrijgen van bewijs ingevolge artikel 17, vierde lid, van de verordening voorwaarden stellen die zij uit het oogpunt van een goede procesorde nuttig of noodzakelijk acht.

3. Bij algemene maatregel van bestuur kunnen nadere regels worden gesteld met betrekking tot de in het eerste en tweede lid bedoelde voorwaarden.

Art. 9

1. Het aangezochte gerecht kan bepalen welke der partijen zorg draagt voor de oproeping uit hoofde van een verzoek om een bewijshandeling te verrichten.

2. Oproepingen die niet door één der partijen worden verricht geschieden door de griffier van het aangezochte gerecht. De artikelen 171, 172, 173 en 178 van het Wetboek van Burgerlijke Rechtsvordering zijn op het verhoor van getuigen van overeenkomstige toepassing.

Art. 10

De kosten van de uitvoering van een verzoek om een bewijshandeling te verrichten komen ten laste van de Staat, behoudens de kosten waarvan ingevolge artikel 18, tweede lid, van de verordening door het verzoekende gerecht terugbetaling plaatsvindt en de kosten die ingevolge artikel 9, eerste lid, voor rekening van partijen komen.

Art. 11

Een afwijzende beslissing op grond van artikel 10, derde of vierde lid, artikel 14, tweede lid, en artikel 17, vijfde lid, van de verordening wordt beschouwd als een beschikking waartegen voor partijen in de hoofdprocedure hoger beroep openstaat overeenkomstig de vierde afdeling van titel 7 van het Eerste Boek van het Wetboek van Burgerlijke Rechtsvordering, met dien verstande dat het hoger beroep de werking niet schorst, tenzij de rechter anders heeft bepaald, en dient te worden ingesteld binnen een termijn van vier weken te rekenen vanaf de dag van de beslissing.

§ 3

Verzoeken aan een gerecht, het centrale orgaan of de bevoegde autoriteit in een andere lidstaat

Art. 12

1. Een verzoekend gerecht kan een rechterlijk ambtenaar met rechtspraak belast of een andere persoon aanwijzen op de voet van artikel 12, tweede lid, van de verordening om aanwezig te zijn bij of deel te nemen aan de verrichting van de handeling tot het verkrijgen van bewijs.

2. Een verzoekend gerecht kan een rechterlijk ambtenaar met rechtspraak belast of een andere persoon op de voet van artikel 17, derde lid, van de verordening aanwijzen om rechtstreeks een handeling tot het verkrijgen van bewijs te verrichten.

3. Ten aanzien van de kosten van de in de voorgaande leden bedoelde andere persoon zijn de artikelen 195 en 199 van het Wetboek van Burgerlijke Rechtsvordering voor zover nodig van overeenkomstige toepassing.

B90 art. 12a Uitvoeringswet EG-bewijsverordening

Art. 12a

Kosten vertaling stukken Het verzoekende gerecht kan bepalen welke der partijen zorg draagt voor en de kosten betaalt van een door een beëdigd vertaler vervaardigde vertaling van de stukken in een door de lidstaat van het aangezochte gerecht aanvaarde taal.

Art. 13

Bewijsverkrijging in EG-lidstaat, kosten **1.** Omtrent de vergoedingen en kosten waarvan door het aangezochte gerecht op de voet van artikel 18, tweede lid, van de verordening aan het verzoekend gerecht terugbetaling wordt verzocht, wordt door de rechter overeenkomstig de artikelen 237 en artikel 289 van het Wetboek van Burgerlijke Rechtsvordering uitspraak gedaan, voorzover deze artikelen daarvoor een vergoeding plegen in te sluiten.

2. De griffier betaalt de in artikel 18, tweede lid, van de verordening bedoelde kosten en vergoedingen terug aan het aangezochte gerecht en brengt deze, voorzover zij in een veroordeling in de proceskosten plegen te worden begrepen, in rekening bij de eiser of verzoeker, tenzij de rechter daartoe in verband met de omstandigheden van het geding de verweerder, de eiser en verweerder gezamenlijk, een of meer andere belanghebbenden of dezen met de verzoeker gezamenlijk heeft aangewezen. Met betrekking tot de terugbetaling van de vergoeding voor deskundigen zijn de derde tot en met vijfde volzin van artikel 195 van het Wetboek van Burgerlijke Rechtsvordering van overeenkomstige toepassing. In de in deze zinnen bedoelde gevallen zijn de artikelen 199, derde lid, en 244, eerste lid, van het Wetboek van Burgerlijke Rechtsvordering van overeenkomstige toepassing.

3. Een deposito of voorschot van de kosten betreffende een deskundige als bedoeld in artikel 18, derde lid, van de verordening, wordt door de eiser of verzoeker ter griffie gedeponeerd, tenzij de rechter daartoe in verband met de omstandigheden van het geding de verweerder, de eiser en verweerder gezamenlijk, een of meer belanghebbenden of dezen en de verzoeker gezamenlijk heeft aangewezen. De griffier voldoet het deposito of voorschot na ontvangst hiervan aan het aangezochte gerecht. In het geval het voorschot na verrichting van de bewijshandeling door de deskundige niet toereikend blijkt, worden de overige kosten in rekening gebracht bij degene die het voorschot heeft gestort of gedeponeerd. De tweede en derde volzin van het tweede lid zijn van overeenkomstige toepassing.

Art. 14

Bewijsverkrijging in EG-lidstaat, rechtskracht **1.** De processen-verbaal van de uitvoering van een bewijsverrichting door een aangezocht gerecht hebben gelijke kracht als die van de Nederlandse rechter.

2. Andere stukken betreffende de uitvoering van een bewijsverrichting door het aangezochte gerecht hebben gelijke kracht als Nederlandse stukken met betrekking tot eenzelfde bewijsverrichting.

§ 4 Slotbepalingen

Art. 15

Bij algemene maatregel van bestuur kunnen nadere regels worden gesteld met betrekking tot het gebruik van communicatietechnologie zoals bedoeld in artikel 10, vierde lid, van de verordening.

Art. 16

[Wijzigt het Wetboek van Burgerlijke Rechtsvordering.]

Art. 17

Inwerkingtreding Deze wet treedt in werking op een bij koninklijk besluit te bepalen tijdstip.

Art. 18

Deze wet wordt aangehaald als: Uitvoeringswet EG-bewijsverordening.

Verordening (EG) nr. 2157/2001 betreffende het statuut van de Europese vennootschap (SE)

Verordening (EG) nr. 2157/2001 van de Raad van 8 oktober 2001 betreffende het statuut van de Europese vennootschap (SE)^1

DE RAAD VAN DE EUROPESE UNIE,

Gelet op het Verdrag tot oprichting van de Europese Gemeenschap, met name op artikel 308, Gezien het voorstel van de Commissie^2,

Gezien het advies van het Europees Parlement^3,

Gezien het advies van het Economisch en Sociaal Comité^4,

Overwegende hetgeen volgt:

(1) De totstandbrenging van de interne markt en de verbetering van de economische en sociale toestand in de gehele Gemeenschap waartoe een en ander leidt, houdt niet slechts in dat de handelsbelemmeringen moeten worden opgeheven, doch ook dat er een op de dimensie van de Gemeenschap afgestemde herstructurering van de productiefactoren moet plaatsgrijpen. Het is daartoe onontbeerlijk dat de ondernemingen waarvan de activiteiten niet louter op de bevrediging van zuiver lokale behoeften zijn gericht, de reorganisatie van hun werkzaamheden op Gemeenschapsniveau kunnen uittekenen en uitvoeren.

(2) Een dergelijke reorganisatie veronderstelt dat reeds bestaande ondernemingen uit verschillende lidstaten in staat worden gesteld hun potentieel door fusieoperaties samen te brengen. Dergelijke operaties mogen echter alleen onder eerbiediging van de mededingingsregels van het Verdrag plaatsvinden.

(3) Herstructurerings- en samenwerkingsoperaties waarbij ondernemingen uit verschillende lidstaten betrokken zijn, stuiten op moeilijkheden van juridische, psychologische en fiscale aard. De maatregelen tot onderlinge aanpassing van het vennootschapsrecht van de lidstaten door middel van richtlijnen op basis van artikel 44 van het Verdrag, kunnen een aantal van deze moeilijkheden verhelpen. Deze maatregelen ontslaan ondernemingen die onder verschillende rechtssystemen ressorteren, evenwel niet van de verplichting een vennootschapsvorm naar een bepaald nationaal recht te kiezen.

(4) Het juridische kader waarbinnen ondernemingen zich in de Gemeenschap moeten bewegen, en dat nog altijd hoofdzakelijk nationaal bepaald blijft, beantwoordt derhalve niet meer aan het economische kader waarin zij zich zouden moeten ontplooien om de verwezenlijking van de in artikel 18 van het Verdrag genoemde doelstellingen mogelijk te maken. Operaties waarbij vennootschappen uit verscheidene lidstaten samen worden gebracht, worden door deze toestand sterk belemmerd.

(5) De lidstaten moeten er zorg voor dragen dat de voorschriften die krachtens deze verordening op Europese vennootschappen van toepassing zijn, niet leiden tot discriminatie als gevolg van een ongefundeerde verschillende behandeling van Europese vennootschappen in vergelijking met naamloze vennootschappen, noch tot overdreven restricties voor de oprichting van een Europese vennootschap of voor de verplaatsing van haar statutaire zetel.

(6) Het is geboden om, in de mate van het mogelijke, de economische en de juridische entiteit van de onderneming in de Gemeenschap te doen samenvallen. Daartoe moeten regels worden gegeven opdat, naast de vennootschappen die onder het nationale recht ressorteren, vennootschappen kunnen worden opgericht waarvan de oprichting en werking worden beheerst door een verordening naar Gemeenschapsrecht die in alle lidstaten rechtstreeks toepasselijk is.

(7) De bepalingen van een dergelijke verordening zullen de oprichting en het bestuur mogelijk maken van vennootschappen met een Europese dimensie zonder de belemmeringen die het gevolg zijn van de verschillen tussen, en de territoriaal beperkte toepassing van het nationale vennootschapsrecht.

(8) Het statuut van de Europese naamloze vennootschap (hierna SE te noemen) is een van de besluiten die de Raad volgens het Witboek van de Commissie inzake de voltooiing van de interne markt, dat de Europese Raad van Milaan in juni 1985 heeft goedgekeurd, vóór 1992 moest

---

1 Inwerkingtredingsdatum: 08-10-2004; zoals laatstelijk gewijzigd bij: PbEU 2013, L 158.

2 PB C 263 van 16.10.1989, blz. 41, en PB C 176 van 8.7.1991, blz. 1.

3 Advies van 4 september 2001 (nog niet verschenen in het Publicatieblad).

4 PB C 124 van 21.5.1990, blz. 34.

vaststellen. De Europese Raad heeft tijdens zijn bijeenkomst te Brussel in 1987 de wens uitgesproken dat een dergelijk statuut snel wordt ingevoerd.

(9) Sinds de Commissie in 1970 het in 1975 gewijzigde voorstel voor een verordening betreffende het statuut van de Europese naamloze vennootschap heeft ingediend, is bij de werkzaamheden inzake de onderlinge aanpassing van het vennootschapsrecht van de lidstaten een aanmerkelijke vooruitgang geboekt, zodat voor de SE op gebieden waarop voor haar werking geen uniforme communautaire regels noodzakelijk zijn, kan worden verwezen naar de wetgeving inzake naamloze vennootschappen van de lidstaat waar zij haar statutaire zetel heeft.

(10) Het essentiële doel dat aan de rechtsvoorschriften voor een SE ten grondslag ligt, vergt in ieder geval, zonder vooruit te lopen op eventuele toekomstige economische eisen, dat een SE kan worden opgericht zowel teneinde onder verschillende lidstaten ressorterende vennootschappen de mogelijkheid te bieden tot fusie over te gaan of een holdingvennootschap op te richten, als teneinde onder verschillende lidstaten ressorterende vennootschappen en andere rechtspersonen die een economische activiteit uitoefenen, de mogelijkheid te bieden gemeenschappelijke dochtervennootschappen op te richten.

(11) In dezelfde geest dient het aan een naamloze vennootschap met statutaire zetel en hoofdbestuur in de Gemeenschap te worden toegestaan zich zonder ontbinding om te vormen tot een SE indien deze vennootschap een dochteronderneming heeft in een andere lidstaat dan die van haar statutaire zetel.

(12) De nationale voorschriften inzake naamloze vennootschappen die een beroep doen op de openbare kapitaalmarkt, en inzake effectentransacties moeten ook van toepassing zijn wanneer de oprichting van de SE geschiedt via de openbare kapitaalmarkt, alsmede op SE's die van deze financiële instrumenten gebruik wensen te maken.

(13) De SE zelf moet de rechtsvorm krijgen van een vennootschap met een in aandelen verdeeld kapitaal, hetgeen zowel uit een oogpunt van financiering als uit een oogpunt van bestuur het beste beantwoordt aan de behoeften van vennootschappen die hun activiteiten op Europees niveau uitoefenen. Teneinde te waarborgen dat deze vennootschappen een redelijke omvang hebben, moet een minimumkapitaal worden vastgesteld dat de garantie biedt dat zij over een toereikend vermogen beschikken, zonder dat de oprichting van een SE door kleine en middelgrote ondernemingen wordt bemoeilijkt.

(14) De SE moet in staat worden gesteld een efficiënt bestuur te voeren, waarbij echter tevens een deugdelijk toezicht gewaarborgd moet zijn. Er moet rekening worden gehouden met de omstandigheid dat thans in de Gemeenschap twee verschillende systemen bestaan inzake de organisatie van het bestuur van naamloze vennootschappen. De respectieve taken van de met het bestuur belaste personen en van de met het toezicht belaste personen dienen duidelijk afgebakend te worden, waarbij de SE echter de keuze heeft uit beide systemen.

(15) De rechten en verplichtingen inzake de bescherming van de aandeelhouders met een minderheidsbelang en van derden, die voor een onderneming het gevolg zijn van het uitoefenen van zeggenschap over een andere onderneming die onder een verschillend recht ressorteert, worden krachtens de algemene regels en beginselen van het internationaal privaatrecht beheerst door het recht dat van toepassing is op de onderneming waarover zeggenschap wordt uitgeoefend, onverminderd de verplichtingen die voor de zeggenschap uitoefenende onderneming gelden krachtens de voorschriften van het op haar toepasselijke recht, bijvoorbeeld inzake de opstelling van een geconsolideerde jaarrekening.

(16) Een specifieke regelgeving voor de SE op dit terrein is thans niet vereist, onverminderd de consequenties die uit een latere coördinatie van de wettelijke voorschriften van de lidstaten voortvloeien. Derhalve moeten de algemene regels en beginselen van het internationaal privaatrecht worden toegepast, zowel wanneer de SE de zeggenschap uitoefent als wanneer zij de vennootschap is waarover zeggenschap wordt uitgeoefend.

(17) Er moet worden bepaald welke regeling van toepassing is ingeval de SE door een andere onderneming zeggenschap wordt uitgeoefend. Daartoe moet worden verwezen naar het recht waaronder naamloze vennootschappen ressorteren in de lidstaat waar de SE haar statutaire zetel heeft.

(18) Er moet worden gewaarborgd dat elke lidstaat op de inbreuken op deze verordening de sancties toepast die voor de onder zijn recht ressorterende naamloze vennootschappen gelden.

(19) De voorschriften betreffende de rol van de werknemers in de SE vormen het voorwerp van Richtlijn 2001/86/EG van de Raad van 8 oktober 2001 tot aanvulling van het statuut van de Europese vennootschap met betrekking tot de rol van de werknemers. Deze voorschriften vormen derhalve een onlosmakelijke aanvulling op deze verordening en moeten gelijktijdig daarmee worden toegepast.

(20) Deze verordening handelt niet over rechtsgebieden zoals het fiscaal recht, het mededingingsrecht, het recht inzake intellectuele eigendom, het insolventierecht. De wettelijke voorschriften van de lidstaten en de bepalingen van het Gemeenschapsrecht zijn bijgevolg van toepassing op deze en andere niet door deze verordening bestreken terreinen.

(21) Richtlijn 2001/86/EG strekt ertoe de werknemers een recht te verzekeren om een rol te spelen inzake aangelegenheden en besluiten die van invloed zijn op het bestaan van de SE. Voor de andere aangelegenheden met betrekking tot het sociaal recht en het arbeidsrecht, zoals het in de lidstaten georganiseerde recht op informatie en raadpleging van de werknemers, gelden de nationale voorschriften die in dezelfde gevallen op naamloze vennootschappen van toepassing zijn.

(22) De inwerkingtreding van deze verordening behoeft uitstel om elke lidstaat in de gelegenheid te stellen de bepalingen van Richtlijn 2001/86/EG in zijn nationaal recht te verwerken en vooraf de nodige mechanismen te creëren om de oprichting en werking van SE's met statutaire zetel op zijn grondgebied te kunnen waarborgen, een en ander op zodanige wijze dat verordening en richtlijn gelijktijdig kunnen worden toegepast.

(23) Aan een vennootschap die haar hoofdbestuur niet in de Gemeenschap heeft, moet worden toegestaan deel te nemen aan de oprichting van een SE op voorwaarde dat die vennootschap overeenkomstig het recht van een lidstaat is opgericht, haar statutaire zetel in die lidstaat heeft en een daadwerkelijk en duurzaam verband met de economie van een lidstaat heeft overeenkomstig de beginselen van het Algemeen Programma van 1962 voor de opheffing van de beperkingen van de vrijheid van vestiging. Een dergelijk verband bestaat in het bijzonder indien een vennootschap een vestiging in die lidstaat heeft en van daaruit transacties verricht.

(24) De SE dient de mogelijkheid te hebben haar statutaire zetel naar een andere lidstaat over te brengen. Een passende bescherming van de belangen van minderheidsaandeelhouders die tegen de zetelverplaatsing zijn, van schuldeisers en van houders van andere rechten moet in verhouding zijn. De zetelverplaatsing mag geen afbreuk doen aan de rechten die zijn ontstaan vóór de verplaatsing.

(25) Deze verordening doet geen afbreuk aan enige bepaling die zou worden opgenomen in het Verdrag van Brussel van 1968, of in een door de lidstaten of door de Raad aan te nemen tekst ter vervanging van dat verdrag, betreffende de collisieregels welke van toepassing zijn in geval van overbrenging van de statutaire zetel van een naamloze vennootschap van een lidstaat naar een andere lidstaat.

(26) De werkzaamheden van financiële instellingen zijn gereglementeerd bij specifieke richtlijnen. De ter uitvoering van die richtlijnen vastgestelde nationale wetgeving en aanvullende nationale voorschriften tot reglementering van die werkzaamheden zijn volledig op een SE van toepassing.

(27) Rekening houdend met het specifieke en communautaire karakter van de SE, laat de bij deze verordening voor de SE vastgestelde regeling inzake de werkelijke zetel de wetgevingen van de lidstaten onverlet en loopt zij niet vooruit op de keuzen die voor andere communautaire teksten op het gebied van vennootschapsrecht kunnen worden gemaakt.

(28) Het Verdrag voorziet voor de vaststelling van deze verordening niet in andere handelingsbevoegdheden dan die van artikel 308.

(29) Omdat de hierboven beschreven doelstellingen van de voorgenomen maatregel onvoldoende door de lidstaten kunnen worden verwezenlijkt, aangezien het doel is de SE op Europees niveau tot stand te brengen, en derhalve gezien de reikwijdte en de weerslag van de maatregel beter op het niveau van de Gemeenschap kunnen worden verwezenlijkt, kan de Gemeenschap overeenkomstig het in artikel 5 van het Verdrag neergelegde subsidiariteitsbeginsel maatregelen vaststellen. Overeenkomstig het in datzelfde artikel neergelegde evenredigheidsbeginsel gaat deze verordening niet verder dan nodig is om deze doelstellingen te bereiken,

HEEFT DE VOLGENDE VERORDENING VASTGESTELD:

TITEL I ALGEMENE BEPALINGEN

Art. 1

1. Onder de voorwaarden en op de wijze, bepaald in deze verordening, kunnen op het grondgebied van de Gemeenschap vennootschappen worden opgericht in de vorm van een Europese naamloze vennootschap (Societas Europaea, hierna afgekort SE te noemen).

Europese naamloze vennootschap (SE)

2. De SE is een vennootschap met een in aandelen verdeeld kapitaal. Elke aandeelhouder verbindt zich slechts tot het bedrag van zijn inbreng in het kapitaal.

3. De SE bezit rechtspersoonlijkheid.

4. De rol van de werknemers in een SE is onderworpen aan het bepaalde in Richtlijn 2001/86/EG.

Art. 2

1. Naamloze vennootschappen opgenomen in bijlage I die overeenkomstig het recht van een lidstaat zijn opgericht en hun statutaire zetel en hoofdbestuur in de Gemeenschap hebben, kunnen via fusie een SE oprichten indien ten minste twee van die vennootschappen onder het recht van verschillende lidstaten ressorteren.

SE via fusie opgericht

B91 art. 3 Verordening statuut Europese Vennootschap (SE)

2. Naamloze vennootschappen en vennootschappen met beperkte aansprakelijkheid opgenomen in bijlage II die overeenkomstig het recht van een lidstaat zijn opgericht en hun statutaire zetel en hoofdbestuur in de Gemeenschap hebben, kunnen het initiatief nemen tot de oprichting van een holding-SE, indien ten minste twee van die vennootschappen:

a) onder het recht van verschillende lidstaten ressorteren, of

b) elk sinds ten minste twee jaar een dochtervennootschap hebben die onder het recht van een andere lidstaat ressorteert, dan wel een bijkantoor dat in een andere lidstaat gelegen is.

Dochter-SE 3. Vennootschappen in de zin van artikel 48, tweede alinea, van het Verdrag, alsmede andere publiekrechtelijke of privaatrechtelijke lichamen die overeenkomstig het recht van een lidstaat zijn opgericht en hun statutaire zetel en hoofdbestuur in de Gemeenschap hebben, kunnen een dochter-SE oprichten door de aandelen ervan te verkrijgen, indien ten minste twee van die vennootschappen:

a) onder het recht van verschillende lidstaten ressorteren, of

b) elk sinds ten minste twee jaar een dochtervennootschap hebben die onder het recht van een andere lidstaat ressorteert, dan wel een bijkantoor dat in een andere lidstaat is gelegen.

NV omzetten in SE 4. Een naamloze vennootschap die overeenkomstig het recht van een lidstaat is opgericht en haar statutaire zetel en hoofdbestuur in de Gemeenschap heeft, kan in een SE worden omgezet indien zij sinds ten minste twee jaar een dochtervennootschap heeft die onder het recht van een andere lidstaat ressorteert.

5. Een lidstaat kan bepalen dat een vennootschap die haar hoofdbestuur niet in de Gemeenschap heeft, kan deelnemen aan de oprichting van een SE, op voorwaarde dat zij overeenkomstig het recht van een lidstaat is opgericht, haar statutaire zetel in die lidstaat heeft en een daadwerkelijk en duurzaam verband met de economie van een lidstaat heeft.

Art. 3

Recht van lidstaat **1.** Voor de toepassing van artikel 2, leden 1, 2 en 3, wordt de SE beschouwd als een naamloze vennootschap die beheerst wordt door het recht van de lidstaat waar zij haar statutaire zetel heeft.

2. Een SE kan zelf één of meer dochtervennootschappen in de vorm van een SE oprichten. De voorschriften van de lidstaat waar de dochter-SE haar statutaire zetel heeft, volgens welke een naamloze vennootschap meer dan één aandeelhouder moet hebben, zijn niet van toepassing op de dochter-SE. De nationale voorschriften vastgesteld ter uitvoering van Twaalfde Richtlijn 89/667/EEG van de Raad van 21 december 1989 inzake het vennootschapsrecht betreffende eenpersoonsvennootschappen met beperkte aansprakelijkheid^5 zijn van overeenkomstige toepassing.

Art. 4

Kapitaal SE **1.** Het kapitaal van de SE luidt in euro.

2. Het geplaatste kapitaal bedraagt ten minste 120 000 EUR.

3. Wanneer de wetgeving van een lidstaat een hoger bedrag aan geplaatst kapitaal voorschrijft voor vennootschappen die bepaalde soorten activiteiten uitoefenen, is deze wetgeving van toepassing op SE's met statutaire zetel in die lidstaat.

Art. 5

Onverminderd artikel 4, leden 1 en 2, vallen het kapitaal van de SE, de instandhouding en de wijziging ervan, alsmede de aandelen, obligaties en andere daarmee gelijk te stellen effecten van de SE, onder de voorschriften die gelden voor naamloze vennootschappen met statutaire zetel in de lidstaat waar de SE is ingeschreven.

Art. 6

Oprichtingsakte In deze verordening worden met de woorden "de statuten van de SE" zowel de oprichtingsakte bedoeld als de eigenlijke statuten van de SE, indien deze laatste in een afzonderlijke akte zijn opgenomen.

Art. 7

Statutaire zetel De statutaire zetel van de SE moet binnen de Gemeenschap gelegen zijn, in dezelfde lidstaat als het hoofdbestuur. De lidstaten mogen bovendien voorschrijven dat op hun grondgebied ingeschreven SE's hun statutaire zetel en hun hoofdbestuur op dezelfde plaats moeten hebben.

Art. 8

Zetelverplaatsing **1.** De statutaire zetel van de SE kan overeenkomstig de leden 2 tot en met 13 naar een andere lidstaat worden verplaatst. De zetelverplaatsing leidt noch tot ontbinding van de SE, noch tot vorming van een nieuwe rechtspersoon.

2. Een voorstel tot zetelverplaatsing wordt opgesteld door het leidinggevend orgaan of het bestuursorgaan en wordt overeenkomstig artikel 13 openbaar gemaakt, onverminderd de bijkomende vormen van openbaarmaking die door de lidstaat van de statutaire zetel worden voorgeschreven. Dit voorstel vermeldt de huidige naam, de statutaire zetel en het nummer van de SE en behelst:

a) de voor de SE voorgestelde statutaire zetel;

---

^{5} PB L 395 van 30.12.1989, blz. 40. Richtlijn laatstelijk gewijzigd bij de Akte van toetreding van 1994.

b) de voor de SE voorgestelde statuten en, in voorkomend geval, haar nieuwe benaming;
c) de eventuele gevolgen van de verplaatsing voor de rol van de werknemers;
d) het voor de verplaatsing voorgestelde tijdschema;
e) de rechten ter bescherming van de aandeelhouders en/of schuldeisers.

3. Het leidinggevend of het bestuursorgaan stelt een verslag op waarin de juridische en economische aspecten van de zetelverplaatsing worden toegelicht en onderbouwd en waarin de gevolgen van de verplaatsing voor de aandeelhouders, de schuldeisers en de werknemers worden toegelicht.

4. De aandeelhouders en de schuldeisers van de SE hebben het recht om, ten minste een maand vóór de algemene vergadering die zich over de zetelverplaatsing dient uit te spreken, in de statutaire zetel van de SE kennis te nemen van het verplaatsingsvoorstel en van het verslag dat op grond van lid 3 is opgesteld, en om op verzoek gratis een afschrift van deze documenten te krijgen.

5. Een lidstaat kan voor de op zijn grondgebied ingeschreven SE's voorschriften aannemen met het oog op een passende bescherming van de minderheidsaandeelhouders die tegen de zetelverplaatsing zijn.

6. Het besluit tot zetelverplaatsing kan pas twee maanden na de openbaarmaking van genoemد voorstel worden genomen. Dit besluit wordt genomen onder de in artikel 59 vermelde voorwaarden.

7. Voordat de bevoegde autoriteit het in lid 8 bedoelde attest afgeeft, moet de SE aantonen dat, met betrekking tot vorderingen die vóór de bekendmaking van het verplaatsingsvoorstel ontstaan, de belangen van de schuldeisers en van de houders van andere rechten jegens de SE (de rechten van overheidslichamen daaronder begrepen) afdoende beschermd zijn overeenkomstig de voorschriften van de lidstaat waar de SE vóór de verplaatsing haar statutaire zetel heeft.

Een lidstaat kan de toepassing van de eerste alinea uitbreiden tot vorderingen die vóór de verplaatsing ontstaan (of kunnen ontstaan).

De eerste en de tweede alinea laten de toepassing op SE's van de nationale wetgeving van de lidstaten met betrekking tot het verrichten en waarborgen van betalingen aan overheidslichamen onverlet.

8. In de lidstaat waar de SE haar statutaire zetel heeft, geeft de rechter, de notaris of een andere bevoegde instantie een attest af waaruit afdoende blijkt dat de aan de zetelverplaatsing voorafgaande handelingen en formaliteiten vervuld zijn.

9. De nieuwe inschrijving kan pas plaatsvinden na overlegging van het in lid 8 bedoelde attest, alsmede van het bewijs dat de voor de inschrijving in het land van de nieuwe statutaire zetel vereiste formaliteiten vervuld zijn.

10. De verplaatsing van de statutaire zetel van de SE, alsmede de daarmee gepaard gaande wijziging van de statuten, worden van kracht op de datum waarop de SE overeenkomstig artikel 12 wordt ingeschreven in het register van de nieuwe statutaire zetel.

11. Wanneer de nieuwe inschrijving van de SE heeft plaatsgevonden, stelt het register van de nieuwe inschrijving het register van de vorige inschrijving daarvan in kennis. De doorhaling van de vorige inschrijving vindt plaats bij de ontvangst van die kennisgeving, doch niet eerder.

12. De nieuwe inschrijving en de doorhaling van de oude inschrijving worden in de betrokken lidstaten overeenkomstig artikel 13 openbaar gemaakt.

13. De openbaarmaking van de nieuwe inschrijving van de SE heeft tot gevolg dat de nieuwe statutaire zetel aan derden kan worden tegengeworpen. Zolang de doorhaling van de inschrijving in het register van de vroegere zetel nog niet openbaar is gemaakt, kunnen derden zich echter blijven beroepen op de vroegere zetel, tenzij de SE aantoont dat die derden kennis droegen van de nieuwe statutaire zetel.

14. In de wetgeving van een lidstaat kan worden bepaald dat ten aanzien van de in die lidstaat ingeschreven SE's een zetelverplaatsing die tot wisseling van het toepasselijke recht zou leiden, geen rechtsgevolgen heeft indien een bevoegde autoriteit van die lidstaat daartegen binnen de in lid 6 bedoelde termijn van twee maanden bezwaar maakt. Dit bezwaar kan slechts worden gemaakt om redenen van algemeen belang.

Wanneer een SE overeenkomstig communautaire richtlijnen onderworpen is aan het toezicht van een nationale financiële toezichthoudende autoriteit kan ook die autoriteit bezwaar maken tegen de zetelverplaatsing.

Tegen het bezwaar moet beroep op de rechter openstaan.

15. Indien tegen een SE een procedure inzake ontbinding, liquidatie, insolventie, opschorting van betalingen of een andere soortgelijke procedure is ingeleid, mag zij haar statutaire zetel niet verplaatsen.

16. Een SE die haar statutaire zetel naar een andere lidstaat heeft verplaatst, wordt met betrekking tot vóór de datum van de zetelverplaatsing als bedoeld in lid 10, opgetreden geschillen geacht haar statutaire zetel te hebben in de lidstaat waar de SE vóór de zetelverplaatsing was ingeschreven, zelfs indien een rechtsvordering tegen de SE na de zetelverplaatsing wordt ingeleid.

B91 art. 9

Verordening statuut Europese Vennootschap (SE)

Art. 9

Toepasselijkheid voorschriften

1. Op de SE zijn van toepassing:

a) de bepalingen van deze verordening;

b) wanneer deze verordening dit uitdrukkelijk toestaat, de bepalingen van de statuten van de SE;

c) voor de aangelegenheden die niet bij deze verordening worden geregeld, of, wanneer een aangelegenheid hierbij slechts gedeeltelijk is geregeld, voor de aspecten die niet onder deze verordening vallen:

i) de door de lidstaten ter uitvoering van communautaire maatregelen vastgestelde wettelijke voorschriften die specifiek op SE's gericht zijn;

ii) de wettelijke voorschriften van de lidstaten welke zouden gelden voor een naamloze vennootschap die is opgericht overeenkomstig het recht van de lidstaat waar de SE haar statutaire zetel heeft;

iii) de bepalingen van de statuten van de SE, onder dezelfde voorwaarden als die welke gelden voor een naamloze vennootschap die is opgericht overeenkomstig het recht van de lidstaat waar de SE haar statutaire zetel heeft.

2. De wettelijke voorschriften die door de lidstaten specifiek voor de SE worden aangenomen, moeten in overeenstemming zijn met de richtlijnen betreffende in bijlage I opgenomen naamloze vennootschappen.

3. Indien de aard van de zakelijke activiteiten van een SE wordt geregeld door specifieke voorschriften in de nationale wetgeving, is die wetgeving ten volle van toepassing op de SE.

Art. 10

SE behandeld als NV

Onverminderd de bepalingen van deze verordening wordt een SE in iedere lidstaat behandeld als een naamloze vennootschap die is opgericht overeenkomstig het recht van de lidstaat waar de SE haar statutaire zetel heeft.

Art. 11

Naamgeving

1. De naam van de SE wordt voorafgegaan of gevolgd door de letters "SE".

2. Alleen SE's mogen de letters "SE" in hun naam dragen.

3. Vennootschappen of andere juridische lichamen die vóór de datum van inwerkingtreding van deze verordening in een lidstaat zijn ingeschreven en waarvan de naam de letters SE bevat, zijn evenwel niet verplicht hun naam te wijzigen.

Art. 12

Inschrijving in register

1. Elke SE wordt, in de lidstaat waar zij haar statutaire zetel heeft, ingeschreven in een register dat bij de wetgeving van die lidstaat is aangewezen overeenkomstig artikel 3 van Eerste Richtlijn 68/151/EEG van de Raad van 9 maart 1968 strekkende tot het coördineren van de waarborgen welke in de lidstaten worden verlangd van de vennootschappen in de zin van de tweede alinea van artikel 58 van het Verdrag, om de belangen te beschermen zowel van de deelnemers in deze vennootschappen als van derden, zulks teneinde die waarborgen gelijkwaardig te maken^6.

2. Een SE kan slechts worden ingeschreven indien een overeenkomst betreffende regelingen met betrekking tot de rol van de werknemers is gesloten op grond van artikel 4 van Richtlijn 2001/86/EG of een besluit is genomen op grond van artikel 3, lid 6, van genoemde richtlijn of de termijn is verstreken voor onderhandelingen op grond van artikel 5 van genoemde richtlijn zonder dat er een overeenkomst is gesloten.

3. Opdat een SE kan worden ingeschreven in een lidstaat die van de in artikel 7, lid 3, van Richtlijn 2001/86/EG geboden mogelijkheid gebruik heeft gemaakt, moet een overeenkomst in de zin van artikel 4 van genoemde richtlijn zijn gesloten over de regelingen inzake de rol van de werknemers, met inbegrip van medezeggenschap, of mag geen van de deelnemende vennootschappen vóór de inschrijving van de SE onderworpen zijn geweest aan medezeggenschapsvoorschriften.

4. De statuten van een SE mogen nimmer in strijd zijn met de aldus vastgestelde regelingen met betrekking tot de rol van de werknemers. Wanneer krachtens Richtlijn 2001/86/EG vastgestelde nieuwe regelingen met betrekking tot de rol van de werknemers strijdig zijn met de bestaande statuten, worden de statuten voorzover nodig gewijzigd.

In dat geval kan een lidstaat bepalen dat het leidinggevend of het bestuursorgaan van de SE gemachtigd is de statuten te wijzigen zonder dat de algemene vergadering van aandeelhouders een nieuw besluit hoeft te nemen.

Art. 13

Openbaarmaking akten

De openbaarmaking van de akten en gegevens betreffende de SE krachtens deze verordening geschiedt op de wijze die overeenkomstig Richtlijn 68/151/EEG is vastgesteld in de wetgeving van de lidstaat waar de SE haar statutaire zetel heeft.

Art. 14

Vermelding in Publicatieblad

1. De inschrijving en de doorhaling van de inschrijving van een SE worden, na de openbaarmaking overeenkomstig artikel 13, ter informatie bekendgemaakt in het *Publicatieblad van de*

---

6 PB L 65 van 14.3.1968, blz. 8. Richtlijn laatstelijk gewijzigd bij de Akte van toetreding van 1994.

Europese Gemeenschappen. Deze bekendmaking omvat de vermelding van naam, nummer, datum en plaats van inschrijving van de SE, datum, plaats en titel van de publicatie, alsmede de statutaire zetel en de activiteitssector van de SE.

2. De verplaatsing van de statutaire zetel van een SE overeenkomstig artikel 8 wordt bekendgemaakt onder vermelding van de in lid 1 bedoelde gegevens, alsmede van die betreffende de nieuwe inschrijving.

3. De in lid 1 bedoelde gegevens worden binnen een maand na de in artikel 13 bedoelde openbaarmaking meegedeeld aan het Bureau voor officiële publicaties der Europese Gemeenschappen.

TITEL II OPRICHTING

Afdeling 1 Algemeen

Art. 15

1. Behoudens het bepaalde in deze verordening, wordt de oprichting van een SE beheerst door het recht dat in de staat waar de SE haar statutaire zetel heeft, op naamloze vennootschappen van toepassing is.

2. De inschrijving van een SE wordt overeenkomstig artikel 13 openbaar gemaakt.

Art. 16

1. De SE verkrijgt rechtspersoonlijkheid met ingang van de datum van inschrijving in het in artikel 12 bedoelde register.

2. Indien namens de SE rechtshandelingen zijn verricht vóór haar inschrijving overeenkomstig artikel 12 en indien de SE na de inschrijving de uit deze handelingen voortvloeiende verbintenissen niet overneemt, zijn de natuurlijke personen, vennootschappen of andere juridische lichamen die de handelingen hebben verricht, daarvoor hoofdelijk en onbeperkt aansprakelijk, tenzij anders overeengekomen.

Afdeling 2 Oprichting van een SE via fusie

Art. 17

1. Een SE kan worden opgericht via fusie overeenkomstig artikel 2, lid 1.

2. De fusie kan plaatsvinden:

a) hetzij volgens de procedure voor fusie door overneming overeenkomstig artikel 3, lid 1, van Richtlijn 78/855/EEG⁷;

b) hetzij volgens de procedure voor fusie door oprichting van een nieuwe vennootschap overeenkomstig artikel 4, lid 1, van genoemde richtlijn.

Bij een fusie door overneming neemt de overnemende vennootschap tegelijkertijd met de fusie de vorm van een SE aan. Bij een fusie door oprichting van een nieuwe vennootschap is de SE de nieuwe vennootschap.

Art. 18

Voor de aangelegenheden die niet in deze afdeling zijn geregeld of, wanneer een aangelegenheid hierin slechts gedeeltelijk is geregeld, voor die aspecten welke niet in deze afdeling worden behandeld, gelden voor elke vennootschap die deelneemt aan de oprichting van een SE via fusie de overeenkomstig Richtlijn 78/855/EEG vastgestelde voorschriften inzake fusie van naamloze vennootschappen van het recht van de lidstaat waaronder de vennootschap ressorteert.

Art. 19

In de wetgeving van een lidstaat kan worden bepaald dat een onder het recht van die lidstaat ressorterende vennootschap niet aan de oprichting van een SE via fusie mag deelnemen wanneer een bevoegde autoriteit van die lidstaat zich daartegen verzet voordat het in artikel 25, lid 2, bedoelde attest is afgegeven.

Dit bezwaar kan slechts worden gemaakt om redenen van algemeen belang. Tegen het bezwaar moet beroep op de rechter openstaan.

Art. 20

1. De leidinggevende of de bestuursorganen van de fuserende vennootschappen stellen een fusievoorstel op. In dit voorstel worden vermeld:

a) de naam en de statutaire zetel van de fuserende vennootschappen, alsmede de voorgenomen naam en statutaire zetel van de SE;

---

⁷ Derde Richtlijn 78/855/EEG van de Raad van 9 oktober 1978 op de grondslag van artikel 54, lid 3, sub g), van het Verdrag betreffende fusies van naamloze vennootschappen (PB L 295 van 20.10.1978, blz. 36). Richtlijn laatstelijk gewijzigd bij de Akte van toetreding van 1994.

B91 art. 21

Verordening statuut Europese Vennootschap (SE)

b) de ruilverhouding van de aandelen en, in voorkomend geval, het bedrag van de bijbetaling;
c) de wijze van uitreiking van de aandelen van de SE;
d) de datum vanaf welke deze aandelen recht geven in de winst te delen, alsmede elke bijzondere regeling betreffende dit recht;
e) de datum vanaf welke de handelingen van de fuserende vennootschappen boekhoudkundig worden geacht voor rekening van de SE te zijn verricht;
f) de rechten die de SE aan de houders van aandelen met bijzondere rechten en aan de houders van andere effecten dan aandelen toekent, of de jegens hen voorgestelde maatregelen;
g) ieder bijzonder voordeel dat wordt toegekend aan de deskundigen die het fusievoorstel onderzoeken alsmede aan de leden van organen die belast zijn met het bestuur of de leiding van, of het toezicht of de controle op de fuserende vennootschappen;
h) de statuten van de SE;
i) informatie over de procedure volgens welke krachtens Richtlijn 2001/86/EG regelingen met betrekking tot de rol van de werknemers worden vastgesteld.

2. De fuserende vennootschappen kunnen andere gegevens aan het fusievoorstel toevoegen.

Art. 21

Bekendmaking in nationaal publicatieblad

Voor elke fuserende vennootschap moeten in het nationale publicatieblad van de lidstaat waaronder de betrokken vennootschap ressorteert, onverminderd de aanvullende vereisten welke door die lidstaat opgelegd worden, de onderstaande gegevens worden bekendgemaakt:
a) de rechtsvorm, de naam en de statutaire zetel van de fuserende vennootschappen;
b) het register waarbij voor elk van de fuserende vennootschappen de in artikel 3, lid 2, van Richtlijn 68/151/EEG bedoelde akten zijn neergelegd, alsmede het nummer van inschrijving in dat register;
c) vermelding van de regelingen volgens welke de rechten van de schuldeisers van de betrokken vennootschap overeenkomstig artikel 24 worden uitgeoefend, alsmede van het adres waar kosteloos volledige inlichtingen betreffende die regelingen kunnen worden verkregen;
d) vermelding van de regelingen volgens welke de rechten van de minderheidsaandeelhouders van de betrokken vennootschap overeenkomstig artikel 24 worden uitgeoefend, alsmede van het adres waar kosteloos volledige inlichtingen betreffende die regelingen kunnen worden verkregen;
e) de naam en de statutaire zetel die voor de SE worden overwogen.

Art. 22

Onderzoek fusievoorstel door deskundigen

Bij wijze van alternatief voor het inschakelen van deskundigen die voor elk van de fuserende vennootschappen optreden, kan het onderzoek van het fusievoorstel worden verricht door één of meer onafhankelijke deskundigen in de zin van artikel 10 van Richtlijn 78/855/EEG, die daartoe op gezamenlijk verzoek van deze vennootschappen zijn aangewezen door een rechterlijke of administratieve instantie in de lidstaat waaronder een van de fuserende vennootschappen of de toekomstige SE ressorteert, en die één voor alle aandeelhouders bestemd verslag opstellen. De deskundigen mogen van elk van de fuserende vennootschappen alle informatie verlangen die zij voor de vervulling van hun taak nodig achten.

Art. 23

Goedkeuring fusievoorstel

1. Het fusievoorstel wordt goedgekeurd door de algemene vergadering van elke fuserende vennootschap.

2. Over de rol van de werknemers in de SE wordt overeenkomstig Richtlijn 2001/86/EG besloten. De algemene vergadering van elke fuserende vennootschap kan zich het recht voorbehouden de inschrijving van de SE afhankelijk te stellen van haar uitdrukkelijke bekrachtiging van de aldus overeengekomen regelingen.

Art. 24

Toepasselijkheid recht van de ressorterende lidstaat

1. Het recht van de lidstaat waaronder elke fuserende vennootschap ressorteert, is van toepassing zoals in het geval van een fusie van naamloze vennootschappen, rekening houdend met het grensoverschrijdende karakter van de fusie, wat betreft de bescherming van de belangen van:
a) de schuldeisers van de fuserende vennootschappen;
b) de houders van obligaties van de fuserende vennootschappen;
c) de houders van effecten, andere dan aandelen, waaraan bijzondere rechten in de fuserende vennootschappen zijn verbonden.

2. Een lidstaat kan voor de fuserende vennootschappen die onder zijn recht ressorteren, bepalingen aannemen met het oog op een passende bescherming van de minderheidsaandeelhouders die tegen de fusie zijn.

Art. 25

Toezicht op rechtmatigheid

1. Het toezicht op de rechtmatigheid van de fusie wordt, wat betreft het gedeelte van de procedure dat betrekking heeft op elke fuserende vennootschap, uitgeoefend overeenkomstig de wetgeving inzake fusie van naamloze vennootschappen van de lidstaat waaronder de fuserende vennootschap ressorteert.

2. In elke betrokken staat geeft de rechter, de notaris of een andere bevoegde instantie een attest af waaruit afdoende blijkt dat de aan de fusie voorafgaande handelingen en formaliteiten zijn verricht.

3. Indien de wetgeving van een lidstaat waaronder een fuserende vennootschap ressorteert, voorziet in een procedure om de ruilverhouding van de aandelen te controleren en te wijzigen, of een procedure ter compensatie van minderheidsaandeelhouders, zonder dat de inschrijving van de fusie wordt verhinderd, gelden dergelijke procedures alleen indien de andere fuserende vennootschappen uit lidstaten waar niet in dergelijke procedures is voorzien, bij de goedkeuring van het fusievoorstel overeenkomstig artikel 23, lid 1, uitdrukkelijk de mogelijkheid aanvaarden dat op een dergelijke procedure een beroep wordt gedaan. In een dergelijke geval kan de rechter, de notaris of een andere bevoegde instantie het in lid 2 bedoelde attest afgeven, ook indien de procedure reeds is ingeleid. In het attest moet evenwel vermeld zijn dat de procedure aanhangig is gemaakt. De in de procedure gegeven beslissing bindt de overnemende vennootschap en al haar aandeelhouders.

Art. 26

1. Het toezicht op de rechtmatigheid van de fusie wordt, wat betreft het gedeelte van de procedure dat betrekking heeft op de verwezenlijking van de fusie en de oprichting van de SE, uitgeoefend door de rechter, de notaris of een andere instantie van de lidstaat van de voorgenomen statutaire zetel van de SE die bevoegd is om dat aspect van de rechtmatigheid van de fusie van naamloze vennootschappen te controleren.

2. Daartoe legt elke fuserende vennootschap het in artikel 25, lid 2, bedoelde attest aan deze instantie over binnen een termijn van zes maanden na de afgifte ervan, samen met een afschrift van het fusievoorstel dat door die vennootschap is goedgekeurd.

3. De in lid 1 bedoelde instantie vergewist zich er met name van dat de fuserende vennootschappen fusievoorstellen van gelijke strekking hebben goedgekeurd en dat regelingen met betrekking tot de rol van de werknemers zijn vastgesteld overeenkomstig Richtlijn 2001/86/EG.

4. Deze instantie gaat bovendien na of de oprichting van de SE voldoet aan de vereisten van het recht van de lidstaat waar de SE overeenkomstig artikel 15 haar statutaire zetel heeft.

Art. 27

1. De fusie en de gelijktijdige oprichting van de SE worden van kracht op de datum waarop de SE overeenkomstig artikel 12 is ingeschreven.

Ingangsdatum fusie is inschrijvingsdatum register

2. De SE kan pas worden ingeschreven nadat is voldaan aan alle in de artikelen 25 en 26 voorgeschreven formaliteiten.

Art. 28

Voor elk van de fuserende vennootschappen wordt de voltooiing van de fusie openbaar gemaakt op de wijze die overeenkomstig artikel 3 van Richtlijn 68/151/EEG in de wetgeving van de betrokken lidstaat is vastgesteld.

Art. 29

Rechtsgevolgen fusie

1. De fusie overeenkomstig artikel 17, lid 2, onder a), heeft van rechtswege en gelijktijdig de volgende rechtsgevolgen:

a) het vermogen van elke overgenomen vennootschap, zowel activa als passiva, gaat onder algemene titel in zijn geheel over op de overnemende vennootschap;

b) de aandeelhouders van de overgenomen vennootschap worden aandeelhouders van de overnemende vennootschap;

c) de overgenomen vennootschap houdt op te bestaan;

d) de overnemende vennootschap neemt de vorm aan van een SE.

2. De fusie overeenkomstig artikel 17, lid 2, onder b), heeft van rechtswege en gelijktijdig de volgende rechtsgevolgen:

a) het vermogen van de fuserende vennootschappen, zowel activa als passiva, gaat onder algemene titel in zijn geheel over op de SE;

b) de aandeelhouders van de fuserende vennootschappen worden aandeelhouders van de SE;

c) de fuserende vennootschappen houden op te bestaan.

3. Wanneer de wetgeving van een lidstaat bij fusie van naamloze vennootschappen bijzondere formaliteiten voorschrijft om de overgang van bepaalde door de fuserende vennootschappen ingebrachte zaken, rechten en verplichtingen aan derden te kunnen tegenwerpen, zijn deze formaliteiten van toepassing en worden zij verricht hetzij door de fuserende vennootschappen, hetzij door de SE vanaf de datum waarop deze is ingeschreven.

4. De rechten en verplichtingen van de deelnemende vennootschappen inzake de arbeidsvoorwaarden die voortvloeien uit de nationale wetgeving en praktijken en de individuele arbeidsovereenkomsten of dienstverbanden en die op de datum van inschrijving bestaan, worden op grond van die inschrijving op de SE overgedragen.

Art. 30

De nietigheid van een fusie als bedoeld in artikel 2, lid 1, kan niet worden uitgesproken wanneer de SE is ingeschreven.

Nietigheid van fusie

Het ontbreken van toezicht op de rechtmatigheid van de fusie overeenkomstig de artikelen 25 en 26 kan worden aangevoerd als grond voor ontbinding van de SE.

Art. 31

1. Wanneer een fusie overeenkomstig artikel 17, lid 2, onder a), wordt verwezenlijkt door een vennootschap die houdster is van alle aandelen en andere effecten waaraan stemrechten in de algemene vergadering van een andere vennootschap verbonden zijn, zijn artikel 20, lid 1, onder b), c) en d), artikel 22 en artikel 29, lid 1, onder b), niet van toepassing. De nationale wetgeving die op elk van de fuserende vennootschappen van toepassing is en die fusies overeenkomstig artikel 24 van Richtlijn 78/855/EEG regelt, is echter wel van toepassing.

2. Wanneer een fusie via overneming wordt verwezenlijkt door een vennootschap die houdster is van ten minste 90 %, maar niet van alle aandelen en andere effecten waaraan stemrechten in de algemene vergadering van een andere vennootschap verbonden zijn, worden de verslagen van het leidinggevend of het bestuursorgaan, de verslagen van één of meer onafhankelijke deskundigen en de voor het toezicht vereiste bescheiden alleen verlangd voorzover deze verlangd worden bij het nationale recht waaronder de overnemende vennootschap of de overgenomen vennootschap ressorteert.

De lidstaten kunnen evenwel bepalen dat dit lid van toepassing kan zijn wanneer een vennootschap houdster is van aandelen waaraan ten minste 90 %, maar niet alle stemrechten verbonden zijn.

Afdeling 3 Oprichting van een holding-SE

Art. 32

Oprichting holding-SE

1. Een SE kan overeenkomstig artikel 2, lid 2, worden opgericht. De vennootschappen die het initiatief nemen tot de oprichting van een SE overeenkomstig artikel 2, lid 2, blijven bestaan.

2. De leidinggevende of de bestuursorganen van de vennootschappen die het initiatief nemen tot de oprichting, stellen in dezelfde bewoordingen een voorstel tot oprichting van de SE op. Dit voorstel behelst een verslag waarin de juridische en economische aspecten van de oprichting worden toegelicht en onderbouwd en waarin de gevolgen van de keuze van de SE als rechtsvorm voor de aandeelhouders en de werknemers worden uiteengezet. In dit voorstel worden tevens de gegevens als bedoeld in artikel 20, lid 1, onder a), b), c), f), g), h) en i), vermeld, en wordt het minimumgedeelte van de aandelen van elke initiatiefnemende vennootschap vastgesteld dat de aandeelhouders moeten inbrengen om de SE op te richten. Dit gedeelte bestaat uit de aandelen waaraan meer dan 50 % van de permanente stemrechten verbonden zijn.

3. Voor elke initiatiefnemende vennootschap wordt het voorstel tot oprichting van een SE, ten minste een maand vóór de datum van de algemene vergadering die zich over de oprichting moet uitspreken, openbaar gemaakt op de overeenkomstig artikel 3 van Richtlijn 68/151/EEG in de nationale wetgeving van elke lidstaat vastgestelde wijze.

4. Het onderzoek van het overeenkomstig lid 2 opgestelde oprichtingsvoorstel en de opstelling van een schriftelijk verslag ten behoeve van de aandeelhouders van elke vennootschap worden verricht door een of meer deskundigen die onafhankelijk zijn van de initiatiefnemende vennootschappen en die zijn aangewezen of toegelaten door een rechterlijke of administratieve instantie in de lidstaat waaronder elke vennootschap ressorteert overeenkomstig de ter uitvoering van Richtlijn 78/855/EEG vastgestelde nationale voorschriften. In onderlinge overeenstemming tussen de initiatiefnemende vennootschappen kan ten behoeve van de aandeelhouders van alle vennootschappen één schriftelijk verslag worden opgesteld door een of meer onafhankelijke deskundigen die zijn aangewezen of toegelaten door een rechterlijke of administratieve instantie in de lidstaat waaronder een van de initiatiefnemende vennootschappen of de toekomstige SE ressorteert overeenkomstig de ter uitvoering van Richtlijn 78/855/EEG vastgestelde nationale voorschriften.

5. In het verslag moet melding worden gemaakt van bijzondere moeilijkheden die zich bij de waardering hebben voorgedaan en worden verklaard of de ruilverhouding van de aandelen al dan niet passend en redelijk is, onder vermelding van de methoden die voor de vaststelling ervan gevolgd zijn, en of deze methoden in dit geval juist zijn.

6. De algemene vergadering van elke initiatiefnemende vennootschap keurt het voorstel tot oprichting van de SE goed.

Over de rol van de werknemers in de SE wordt besloten overeenkomstig Richtlijn 2001/86/EG. De algemene vergadering van elke initiatiefnemende vennootschap kan zich het recht voorbehouden de inschrijving van de SE afhankelijk te stellen van haar uitdrukkelijke bekrachtiging van de aldus overeengekomen regelingen.

7. De bepalingen van dit artikel zijn van overeenkomstige toepassing op vennootschappen met beperkte aansprakelijkheid.

Art. 33

1. De aandeelhouders van de initiatiefnemende vennootschappen beschikken over een termijn van drie maanden om aan de initiatiefnemende vennootschappen mededeling te doen van hun voornemen om hun aandelen in te brengen met het oog op de oprichting van de SE. Deze termijn begint te lopen op het tijdstip waarop de voorwaarden voor de oprichting van de SE definitief zijn bepaald overeenkomstig artikel 31.

2. De SE wordt alleen opgericht indien binnen de in lid 1 bedoelde termijn door de aandeelhouders van de initiatiefnemende vennootschappen het in het oprichtingsvoorstel vastgestelde minimumpercentage van de aandelen van elke vennootschap is ingebracht en indien aan alle overige voorwaarden is voldaan.

3. Indien overeenkomstig lid 2 aan alle voorwaarden voor de oprichting van de SE voldaan is, wordt dit voor elke initiatiefnemende vennootschap openbaar gemaakt op de wijze die ter uitvoering van artikel 3 van Richtlijn 68/151/EEG is vastgesteld in het nationale recht waaronder elk van de vennootschappen ressorteert.

De aandeelhouders van de initiatiefnemende vennootschappen die binnen de in lid 1 gestelde termijn geen mededeling hebben gedaan van hun voornemen om hun aandelen ter beschikking van de initiatiefnemende vennootschappen te stellen met het oog op de oprichting van de SE, krijgen een extra termijn van één maand om dit te doen.

4. De aandeelhouders die hun effecten met het oog op de oprichting van de SE hebben ingebracht, ontvangen aandelen van de SE.

5. De SE kan slechts worden ingeschreven indien wordt aangetoond dat de in artikel 32 bedoelde formaliteiten zijn verricht en dat aan de in lid 2 gestelde voorwaarden voldaan is.

Art. 34

Een lidstaat kan ten aanzien van vennootschappen die het initiatief tot oprichting van een holding-SE nemen, bepalingen vaststellen ter bescherming van minderheidsaandeelhouders die tegen het initiatief zijn, schuldeisers en werknemers.

Afdeling 4
Oprichting van een dochter-SE

Art. 35

Een SE kan overeenkomstig artikel 2, lid 3, worden opgericht. Oprichting dochter-SE

Art. 36

Op de vennootschappen of andere juridische lichamen die aan de oprichting deelnemen, zijn de bepalingen van toepassing die gelden voor hun deelneming aan de oprichting van een dochteronderneming in de vorm van een naamloze vennootschap naar nationaal recht.

Afdeling 5
Omzetting van een bestaande naamloze vennootschap in een SE

Art. 37

1. Een SE kan overeenkomstig artikel 2, lid 4, worden opgericht. NV omzetten naar SE

2. Onverminderd artikel 12 leidt omzetting van een naamloze vennootschap in een SE noch tot ontbinding, noch tot oprichting van een nieuwe rechtspersoon.

3. Bij de omzetting kan de statutaire zetel niet op grond van artikel 8 van een lidstaat naar een andere lidstaat worden verplaatst.

4. Het leidinggevend of het bestuursorgaan van de betrokken vennootschap stelt een voorstel tot omzetting op, alsmede een verslag waarin de juridische en economische aspecten van de omzetting worden toegelicht en onderbouwd, en de gevolgen van de keuze van de SE als rechtsvorm voor de aandeelhouders en voor de werknemers worden uiteengezet.

5. Het voorstel tot omzetting wordt, ten minste een maand vóór de datum van de algemene vergadering die zich over de omzetting moet uitspreken, openbaar gemaakt op de overeenkomstig artikel 3 van Richtlijn 68/151/EEG in de wetgeving van elke lidstaat vastgestelde wijze.

6. Vóór de in lid 7 bedoelde algemene vergadering wordt door een of meer onafhankelijke deskundigen, die volgens de ter uitvoering van artikel 10 van Richtlijn 78/855/EEG vastgestelde nationale voorschriften zijn aangewezen of toegelaten door een rechterlijke of administratieve instantie in de lidstaat waaronder de in een SE om te zetten vennootschap ressorteert, overeenkomstig Richtlijn 77/91/EEG^8 mutatis mutandis vastgesteld dat de vennootschap over netto

---

8 Tweede Richtlijn 77/91/EEG van de Raad van 13 december 1976 strekkende tot het coördineren van de waarborgen welke in de lidstaten worden verlangd van de vennootschappen in de zin van artikel 58, tweede alinea, van het Verdrag, om de belangen te beschermen zowel van de deelnemers in deze vennootschappen als van derden met betrekking tot de oprichting van de naamloze vennootschap, alsook de instandhouding en wijziging van haar kapitaal, zulks teneinde die waarborgen gelijkwaardig te maken (PB L 26 van 31.1.1977, blz. 1). Richtlijn laatstelijk gewijzigd bij de Akte van toetreding van 1994.

activa beschikt die minimaal overeenstemmen met haar kapitaal, vermeerderd met de reserves die krachtens de wet of de statuten niet mogen worden uitgekeerd.

7. De algemene vergadering van de betrokken vennootschap keurt het voorstel tot omzetting en de statuten van de SE goed. Het besluit van de algemene vergadering wordt genomen volgens de ter uitvoering van artikel 7 van Richtlijn 78/855/EEG vastgestelde nationale voorschriften.

8. De lidstaten mogen als voorwaarde voor de omzetting stellen dat het orgaan van de om te zetten vennootschap waarin de medezeggenschap van de werknemers wordt georganiseerd, met gekwalificeerde meerderheid of eenparigheid een gunstig standpunt inneemt.

9. De rechten en verplichtingen van de om te zetten vennootschap inzake de arbeidsvoorwaarden die voortvloeien uit de nationale wetgeving en praktijken en de individuele arbeidsovereenkomsten of dienstverbanden en die op de datum van inschrijving bestaan, worden op grond van die inschrijving op de SE overgedragen.

TITEL III STRUCTUUR VAN DE SE

Art. 38

Structuur SE Onder de in deze verordening gestelde voorwaarden omvat de SE:

a) een algemene vergadering van aandeelhouders, en

b) hetzij een toezichthoudend en een leidinggevend orgaan (dualistisch stelsel), hetzij een bestuursorgaan (monistisch stelsel), naar gelang van de in de statuten gemaakte keuze.

Afdeling 1 Dualistisch stelsel

Art. 39

Dualistisch stelsel **1.** Het leidinggevend orgaan is onder eigen verantwoordelijkheid belast met het bestuur van de SE. Een lidstaat kan voorschrijven dat een lid of leden van het leidinggevend orgaan onder eigen verantwoordelijkheid belast is of zijn met de dagelijkse leiding, onder dezelfde voorwaarden als die welke gelden voor naamloze vennootschappen met statutaire zetel op het grondgebied van die lidstaat.

2. Het lid of de leden van het leidinggevend orgaan wordt of worden benoemd en ontslagen door het toezichthoudend orgaan.

Een lidstaat kan evenwel bepalen of toestaan dat in de statuten wordt bepaald, dat het lid of de leden van het leidinggevend orgaan benoemd en ontslagen wordt of worden door de algemene vergadering, onder dezelfde voorwaarden als die welke gelden voor naamloze vennootschappen met statutaire zetel op het grondgebied van die lidstaat.

3. Niemand mag tegelijkertijd lid zijn van het leidinggevend en van het toezichthoudend orgaan van eenzelfde SE. Het toezichthoudend orgaan kan evenwel in geval van een vacature een van zijn leden aanwijzen om de functie van lid van het leidinggevend orgaan uit te oefenen. Gedurende deze periode mag de betrokkene zijn functie als lid van het toezichthoudend orgaan niet uitoefenen. Een lidstaat kan bepalen dat deze periode in de tijd beperkt is.

4. Het aantal leden van het leidinggevend orgaan of de regels voor de bepaling van dat aantal worden in de statuten van de SE vastgesteld. Een lidstaat kan evenwel een minimum- en/of een maximumaantal leden voorschrijven.

5. Wanneer er in een lidstaat niet voorzien is in een dualistisch stelsel voor naamloze vennootschappen met statutaire zetel op zijn grondgebied, kan die lidstaat passende maatregelen met betrekking tot SE's vaststellen.

Art. 40

Toezichthoudend orgaan **1.** Het toezichthoudend orgaan houdt toezicht op het door het leidinggevend orgaan gevoerde bestuur. Het mag zich niet zelf met het bestuur van de SE bemoeien.

2. De leden van het toezichthoudend orgaan worden door de algemene vergadering benoemd. De leden van het eerste toezichthoudend orgaan kunnen evenwel in de statuten worden aangewezen. Deze bepaling geldt onverminderd artikel 47, lid 4, of enige regelingen met betrekking tot de rol van de werknemers die worden vastgesteld op grond van Richtlijn 2001/86/EG.

3. Het aantal leden van het toezichthoudend orgaan, of de regels voor de bepaling van dat aantal, worden in de statuten vastgesteld. Een lidstaat kan evenwel het aantal leden van het toezichthoudend orgaan, dan wel een minimum- en/of maximumaantal leden vaststellen voor de op zijn grondgebied ingeschreven SE's.

Art. 41

Verslag toezichthoudend orgaan **1.** Het leidinggevend orgaan brengt aan het toezichthoudend orgaan ten minste om de drie maanden verslag uit over de gang van zaken en de te verwachten ontwikkeling van het bedrijf van de SE.

2. Naast de in lid 1 bedoelde periodieke informatie verstrekt het leidinggevend orgaan het toezichthoudend orgaan tijdig alle inlichtingen over aangelegenheden die belangrijke gevolgen voor de SE kunnen hebben.

3. Het toezichthoudend orgaan kan aan het leidinggevend orgaan alle gegevens vragen die nodig zijn voor het door het toezichthoudend orgaan overeenkomstig artikel 40, lid 1, uit te oefenen toezicht. Een lidstaat kan bepalen dat ieder lid van het toezichthoudend orgaan over diezelfde mogelijkheid beschikt.

4. Het toezichthoudend orgaan kan de voor het uitoefenen van zijn taak noodzakelijke verificaties verrichten of laten verrichten.

5. Ieder lid van het toezichthoudend orgaan kan kennis nemen van alle aan dit orgaan verstrekte inlichtingen.

Art. 42

Het toezichthoudend orgaan kiest uit zijn midden een voorzitter. Wanneer de helft van de leden door de werknemers wordt benoemd, mag alleen een lid dat door de algemene vergadering van de aandeelhouders is benoemd, tot voorzitter worden gekozen.

Voorzitter toezichthoudend orgaan

Afdeling 2

Monistisch stelsel

Art. 43

1. Het bestuursorgaan bestuurt de SE. Een lidstaat kan voorschrijven dat een lid of leden van het bestuursorgaan onder eigen verantwoordelijkheid belast is of zijn met de dagelijkse leiding, onder dezelfde voorwaarden als die welke gelden voor naamloze vennootschappen met statutaire zetel op het grondgebied van die lidstaat.

Monistisch stelsel

2. Het aantal leden van het bestuursorgaan, of de regels voor de vaststelling van dat aantal, worden bepaald in de statuten van de SE. Een lidstaat kan evenwel een minimumaantal en, in voorkomend geval, een maximumaantal leden voorschrijven. Dit orgaan moet echter ten minste uit drie leden bestaan wanneer de medezeggenschap van de werknemers in de SE overeenkomstig Richtlijn 2001/86/EG is geregeld.

3. Het lid of de leden van het bestuursorgaan wordt of worden door de algemene vergadering benoemd. De leden van het eerste bestuursorgaan kunnen echter in de statuten worden aangewezen. Deze bepalingen gelden onverminderd artikel 47, lid 4, of enige regelingen met betrekking tot de rol van de werknemers die worden vastgesteld op grond van Richtlijn 2001/86/EG.

4. Wanneer er in een lidstaat niet voorzien is in een monistisch stelsel voor naamloze vennootschappen met statutaire zetel op zijn grondgebied, kan die lidstaat passende maatregelen met betrekking tot SE's vaststellen.

Art. 44

1. Het bestuursorgaan komt ten minste om de drie maanden bijeen, volgens een in de statuten vastgestelde frequentie, teneinde te beraadslagen over de gang van zaken bij de SE en de verwachte ontwikkeling.

Frequentie bijeenkomsten

2. Ieder lid van het bestuursorgaan kan kennis nemen van alle aan dit orgaan verstrekte inlichtingen.

Art. 45

Het bestuursorgaan kiest uit zijn midden een voorzitter. Wanneer de helft van de leden benoemd wordt door de werknemers, mag alleen een lid dat door de algemene vergadering van aandeelhouders is benoemd, tot voorzitter worden gekozen.

Voorzitter bestuursorgaan

Afdeling 3

Voorschriften die het monistische en het dualistische stelsel gemeen hebben

Art. 46

1. De leden van de vennootschapsorganen worden benoemd voor een in de statuten bepaalde termijn van ten hoogste zes jaar.

Benoeming leden

2. Behoudens in de statuten vastgestelde beperkingen kunnen de leden een of meer malen opnieuw worden benoemd voor de overeenkomstig lid 1 vastgestelde termijn.

Art. 47

1. In de statuten van de SE kan worden bepaald dat een vennootschap of een ander juridisch lichaam lid van een orgaan kan zijn, tenzij dit in de wetgeving inzake naamloze vennootschappen van de lidstaat waar de SE haar statutaire zetel heeft, anders is bepaald. De vennootschap of het andere juridisch lichaam wijst voor de uitoefening van de bevoegdheden in het betrokken orgaan een natuurlijke persoon als vertegenwoordiger aan.

Andere vennootschap of juridisch lichaam als lid

2. Personen die

a) volgens het recht van de lidstaat waar de SE haar statutaire zetel heeft, geen deel mogen uitmaken van het overeenkomstige orgaan van een onder het recht van die lidstaat ressorterende naamloze vennootschap, *b)* geen deel mogen uitmaken van het overeenkomstige orgaan van een onder het recht van een lidstaat ressorterende naamloze vennootschap ingevolge een in een lidstaat gegeven administratieve of rechterlijke beslissing,

kunnen geen lid zijn van een orgaan van de SE, noch een lid vertegenwoordigen als bedoeld in lid 1.

3. In de statuten van de SE kunnen, overeenkomstig de wetgeving inzake naamloze vennootschappen van de lidstaat waar de SE haar statutaire zetel heeft, voor de benoembaarheid van de leden die de aandeelhouders vertegenwoordigen bijzondere voorwaarden worden gesteld.

4. Deze verordening doet geen afbreuk aan de nationale bepalingen op grond waarvan een minderheid van de aandeelhouders of andere personen of instanties een deel van de leden van een vennootschapsorgaan kunnen benoemen.

Art. 48

Handelingen ter goedkeuring toezichthoudend orgaan

1. In de statuten van de SE worden de categorieën handelingen genoemd waarvoor in het dualistische stelsel het leidinggevend orgaan de goedkeuring van het toezichthoudend orgaan moet krijgen of waarvoor het bestuursorgaan in het monistische stelsel een uitdrukkelijk besluit moet nemen.

Een lidstaat kan evenwel bepalen dat in het dualistische stelsel het toezichthoudend orgaan zelf bepaalde categorieën handelingen aan goedkeuring kan onderwerpen.

2. Een lidstaat kan bepalen welke categorieën handelingen ten minste moeten worden vermeld in de statuten van de op zijn grondgebied ingeschreven SE's.

Art. 49

Geheimhouding

De leden van de organen van de SE mogen, ook nadat zij hun functie hebben beëindigd, geen ruchtbaarheid geven aan de te hunner beschikking staande inlichtingen over de SE waarvan de openbaarmaking de belangen van de vennootschap zou kunnen schaden, behalve in gevallen waarin deze openbaarmaking krachtens de bepalingen van nationaal recht die op naamloze vennootschappen van toepassing zijn of om redenen van algemeen belang verplicht of toegestaan is.

Art. 50

Interne voorschriften besluitvorming

1. Behoudens wanneer dit in deze verordening of in de statuten anders is bepaald, gelden voor het quorum en de besluitvorming in de organen van de SE de volgende interne voorschriften:

a) quorum: ten minste de helft van de leden moet aanwezig of vertegenwoordigd zijn;

b) besluitvorming: geschiedt bij meerderheid van de aanwezige of vertegenwoordigde leden.

2. Bij ontstentenis van een desbetreffende statutaire bepaling is de stem van de voorzitter van elk orgaan doorslaggevend bij staking van stemmen. Een andersluidende statutaire bepaling is evenwel uitgesloten wanneer het toezichthoudend orgaan voor de helft uit werknemersvertegenwoordigers bestaat.

3. Wanneer de medezeggenschap van de werknemers overeenkomstig Richtlijn 2001/86/EG is geregeld, kan een lidstaat bepalen dat voor het quorum en de besluitvorming van het toezichthoudend orgaan, in afwijking van de leden 1 en 2, de regels gelden die onder dezelfde voorwaarden van toepassing zijn op de naamloze vennootschappen welke onder het recht van de betrokken lidstaat ressorteren.

Art. 51

Aansprakelijkheid schade

De leden van het leidinggevend, het toezichthoudend of het bestuursorgaan zijn overeenkomstig de voor naamloze vennootschappen geldende voorschriften van de lidstaat waar de SE haar statutaire zetel heeft, aansprakelijk voor de schade die de SE ondervindt door het niet nakomen van de wettelijke, statutaire of andere verplichtingen welke uit hoofde van hun functie op hen rusten.

Afdeling 4
Algemene vergadering

Art. 52

Algemene vergadering

De algemene vergadering besluit over de aangelegenheden waarvoor haar een specifieke bevoegdheid is verleend bij:

a) deze verordening,

b) de wetgeving van de lidstaat waar de SE haar statutaire zetel heeft, die ter uitvoering van Richtlijn 2001/86/EG vastgesteld is.

Tevens besluit de algemene vergadering over aangelegenheden waarvoor aan de algemene vergadering van een naamloze vennootschap die onder het recht ressorteert van de lidstaat waar de SE haar statutaire zetel heeft, bevoegdheid is verleend, hetzij bij de wetgeving van die lidstaat, hetzij bij de statuten overeenkomstig diezelfde wetgeving.

Art. 53

Organisatie van algemene vergadering

Onverminderd de voorschriften van deze afdeling, worden de organisatie en het verloop van de algemene vergadering, alsmede de stemprocedure, geregeld in de wetgeving inzake naamloze vennootschappen van de lidstaat waar de SE haar statutaire zetel heeft.

Art. 54

1. De algemene vergadering komt ten minste eenmaal per kalenderjaar bijeen, uiterlijk zes maanden na de afsluiting van het boekjaar, tenzij in de wetgeving van de lidstaat waar de SE haar statutaire zetel heeft, met betrekking tot naamloze vennootschappen die hetzelfde soort werkzaamheden uitoefenen als de SE, een hogere frequentie is voorgeschreven. Een lidstaat kan echter bepalen dat de eerste algemene vergadering binnen 18 maanden na de oprichting van de SE mag plaatsvinden.

Frequentie bijeenkomsten

2. De algemene vergadering kan te allen tijde worden bijeengeroepen door het leidinggevend orgaan, het bestuursorgaan, het toezichthoudend orgaan, of elk ander orgaan of bevoegde instantie overeenkomstig de nationale wetgeving inzake naamloze vennootschappen van de staat waar de SE haar statutaire zetel heeft.

Art. 55

1. Het verzoek tot bijeenroeping van de algemene vergadering en tot vaststelling van de agenda kan worden gedaan door één of meer aandeelhouders die gezamenlijk ten minste 10 % van het geplaatste kapitaal vertegenwoordigen; er kan een lager percentage worden vastgesteld in de statuten of in de nationale wetgeving, op dezelfde voorwaarden als die welke voor naamloze vennootschappen gelden.

Verzoek tot bijeenroeping

2. In het verzoek tot bijeenroeping wordt aangegeven welke punten op de agenda zullen worden geplaatst.

3. Indien na de indiening van het verzoek overeenkomstig lid 1 de algemene vergadering niet tijdig, in elk geval binnen een termijn van ten hoogste twee maanden, wordt gehouden, kan de bevoegde rechterlijke of administratieve instantie van de plaats waar de SE haar statutaire zetel heeft, de bijeenroeping van een algemene vergadering binnen een bepaalde termijn gelasten of daarvoor aan de aandeelhouders die het verzoek hebben gedaan, of aan hun vertegenwoordigers, toestemming verlenen. Nationale bepalingen op grond waarvan de aandeelhouders zelf de algemene vergadering bijeen kunnen roepen, blijven onverlet.

Art. 56

Een of meer aandeelhouders die gezamenlijk ten minste 10 % van het geplaatste kapitaal vertegenwoordigen, kan of kunnen verzoeken om één of meer nieuwe punten op de agenda van een algemene vergadering te plaatsen. De voor een dergelijk verzoek geldende termijnen en procedures worden vastgesteld in de nationale wetgeving van de lidstaat waar de SE haar statutaire zetel heeft of bij gebreke van wetgeving in de statuten van de SE. Dit percentage kan lager worden gesteld in de statuten of in de wetgeving van de lidstaat van de statutaire zetel, onder dezelfde voorwaarden als die welke voor naamloze vennootschappen gelden.

Verzoek om nieuwe agendapunten

Art. 57

De besluiten van de algemene vergadering worden genomen bij meerderheid van de geldig uitgebrachte stemmen, tenzij in deze verordening of anders in de wetgeving inzake naamloze vennootschappen van de lidstaat waar de SE haar statutaire zetel heeft, een grotere meerderheid voorgeschreven is.

Besluiten bij meerderheid van stemmen

Art. 58

De uitgebrachte stemmen omvatten niet de stemmen die verbonden zijn aan aandelen ten aanzien waarvan de aandeelhouder niet aan de stemming heeft deelgenomen of zich heeft onthouden, dan wel blanco of ongeldig heeft gestemd.

Art. 59

1. Voor de wijziging van de statuten van de SE is een besluit van de algemene vergadering vereist dat met een meerderheid van ten minste tweederde van de uitgebrachte stemmen wordt genomen, tenzij bij de wetgeving inzake naamloze vennootschappen van de lidstaat waar de SE haar statutaire zetel heeft, een grotere meerderheid is voorgeschreven of toegestaan.

Wijziging van statuten

2. Een lidstaat kan evenwel bepalen dat, indien ten minste de helft van het geplaatste kapitaal vertegenwoordigd is, met een gewone meerderheid van de in lid 1 genoemde stemmen kan worden volstaan.

3. Elke wijziging van de statuten van de SE wordt overeenkomstig artikel 13 openbaar gemaakt.

Art. 60

1. Indien een SE twee of meer categorieën aandelen heeft, is voor elk besluit van de algemene vergadering een afzonderlijke stemming vereist voor elke categorie aandeelhouders aan wier specifieke rechten afbreuk wordt gedaan door het besluit.

Meerdere categorieën aandelen

2. Indien voor het besluit van de algemene vergadering de in artikel 59, leden 1 en 2, voorgeschreven meerderheid van stemmen vereist is, wordt deze meerderheid eveneens verlangd voor de afzonderlijke stemming door elke categorie aandeelhouders aan wier specifieke rechten afbreuk wordt gedaan door het besluit.

TITEL IV
JAARREKENING EN GECONSOLIDEERDE JAARREKENING

Art. 61

Jaarrekening

Behoudens artikel 62 is de SE met betrekking tot de opstelling van haar jaarrekening en, in voorkomend geval, van haar geconsolideerde jaarrekening, met inbegrip van het begeleidend jaarverslag, de controle en de openbaarmaking, onderworpen aan de wetgeving inzake naamloze vennootschappen van de lidstaat waar de SE haar statutaire zetel heeft.

Art. 62

Onderworpenheid aan Richtlijn 2000/12/EG

1. Een SE die een kredietinstelling of financiële instelling is, is met betrekking tot de opstelling van haar jaarrekening en, in voorkomend geval, van haar geconsolideerde jaarrekening, met inbegrip van het begeleidend jaarverslag, de controle daarop en de openbaarmaking daarvan, onderworpen aan de ter uitvoering van Richtlijn 2000/12/EG van het Europees Parlement en de Raad van 20 maart 2000 betreffende de toegang tot en de uitoefening van de werkzaamheden van kredietinstellingen^9 vastgestelde voorschriften van het recht van de lidstaat waar die SE haar statutaire zetel heeft.

Onderworpenheid aan Richtlijn 91/674/EEG

2. Een SE die een verzekeringsonderneming is, is met betrekking tot de opstelling van haar jaarrekening en, in voorkomend geval, van haar geconsolideerde jaarrekening, met inbegrip van het begeleidend jaarverslag, de controle daarop en de openbaarmaking daarvan, onderworpen aan de ter uitvoering van Richtlijn 91/674/EEG van de Raad van 19 december 1991 betreffende de jaarrekening en de geconsolideerde jaarrekening van verzekeringsondernemingen^{10} vastgestelde voorschriften van het recht van de lidstaat waar die SE haar statutaire zetel heeft.

TITEL V
ONTBINDING, LIQUIDATIE, INSOLVENTIE EN STAKING VAN DE BETALINGEN

Art. 63

Ontbinding, liquidatie, insolventie en staking betalingen

Inzake ontbinding, liquidatie, insolventie, staking van de betalingen en soortgelijke procedures gelden voor de SE de wettelijke voorschriften die van toepassing zouden zijn op een naamloze vennootschap die is opgericht overeenkomstig het recht van de lidstaat waar de SE haar statutaire zetel heeft, met inbegrip van de regels inzake besluitvorming in de algemene vergadering.

Art. 64

Niet nakomen verplichtingen art. 7

1. Wanneer een SE niet meer aan de verplichting van artikel 7 voldoet, neemt de lidstaat waar de SE haar statutaire zetel heeft maatregelen om de SE ertoe te dwingen haar situatie binnen een bepaalde termijn te regulariseren door:

a) ofwel haar hoofdbestuur opnieuw in de lidstaat van de statutaire zetel te vestigen;

b) ofwel haar statutaire zetel te verplaatsen volgens de procedure van artikel 8.

2. De lidstaat waar de SE haar statutaire zetel heeft, neemt de nodige maatregelen om ervoor te zorgen dat een SE die nalaat haar situatie overeenkomstig lid 1 te regulariseren, aan een liquidatieprocedure onderworpen wordt.

3. De lidstaat waar de SE haar statutaire zetel heeft, zorgt ervoor dat tegen vaststellingen van inbreuken op artikel 7 rechtsmiddelen openstaan. Het rechtsmiddel heeft een schorsende werking op de in de leden 1 en 2 bedoelde procedures.

4. Wanneer, op initiatief van de autoriteiten dan wel op initiatief van eender welke belanghebbende partij, wordt geconstateerd dat een SE haar hoofdbestuur op het grondgebied van een lidstaat heeft in inbreuk op artikel 7, stellen de autoriteiten van deze lidstaat de lidstaat van de statutaire zetel daarvan onverwijld in kennis.

Art. 65

Procederen tot ontbinding, liquidatie, insolventie en staking betalingen

Onverminderd de voorschriften van nationaal recht die bijkomende maatregelen op het gebied van openbaarmaking voorschrijven, worden het inleiden en het beëindigen van een procedure tot ontbinding, liquidatie, insolventie of staking van de betalingen, alsmede beslissingen tot voortzetting van het bedrijf, overeenkomstig artikel 13 openbaar gemaakt.

Art. 66

SE omzetten in NV

1. Een SE kan worden omgezet in een naamloze vennootschap naar het recht van de lidstaat waar zij haar statutaire zetel heeft. Een omzettingsbesluit kan pas worden genomen twee jaar na de inschrijving van de SE en nadat de eerste twee jaarrekeningen zijn goedgekeurd.

2. De omzetting van een SE in een naamloze vennootschap leidt noch tot ontbinding van de vennootschap, noch tot oprichting van een nieuwe rechtspersoon.

3. Het leidinggevend of het bestuursorgaan van de SE stelt een voorstel tot omzetting op, alsmede een verslag waarin de juridische en economische aspecten van de omzetting worden

---

9 PB L 126 van 26.5.2000, blz. 1.

10 PB L 374 van 31.12.1991, blz. 7.

toegelicht en onderbouwd, en waarin de gevolgen van de keuze van de naamloze vennootschap als rechtsvorm voor de aandeelhouders en voor de werknemers worden uiteengezet.

4. Het voorstel tot omzetting wordt, ten minste een maand vóór de datum van de algemene vergadering die zich over de omzetting moet uitspreken, openbaar gemaakt op de overeenkomstig artikel 3 van Richtlijn 68/151/EEG in de wetgeving van elke lidstaat vastgestelde wijze.

5. Vóór de in lid 6 bedoelde algemene vergadering wordt door een of meer onafhankelijke deskundigen die volgens de ter uitvoering van artikel 10 van Richtlijn 78/855/EEG vastgestelde nationale voorschriften zijn aangewezen of toegelaten door een rechterlijke of administratieve instantie in de lidstaat waaronder de in een naamloze vennootschap om te zetten SE ressorteert, vastgesteld dat de vennootschap over activa beschikt die minimaal overeenstemmen met haar kapitaal.

6. De algemene vergadering van de SE keurt het voorstel tot omzetting en de statuten van de naamloze vennootschap goed. Het besluit van de algemene vergadering wordt genomen volgens de ter uitvoering van artikel 7 van Richtlijn 78/855/EEG vastgestelde nationale voorschriften.

TITEL VI AANVULLENDE BEPALINGEN EN OVERGANGSBEPALINGEN

Art. 67

1. Elke lidstaat mag, indien en zolang de derde fase van de Europese Monetaire Unie voor hem niet van toepassing is, op de SE's met statutaire zetel op zijn grondgebied dezelfde voorschriften toepassen als voor de onder zijn wetgeving ressorterende naamloze vennootschappen gelden ten aanzien van de valuta waarin hun kapitaal luidt. Een SE mag haar kapitaal in elk geval ook in euro laten luiden. In dat geval is de omrekeningskoers tussen de nationale valuta en de euro de koers van de laatste dag van de maand voorafgaand aan de oprichting van de SE.

2. Indien en zolang de derde fase van de Europese Monetaire Unie niet van toepassing is op de lidstaat waar een SE haar statutaire zetel heeft, mag de SE evenwel haar jaarrekening en, in voorkomend geval, haar geconsolideerde jaarrekening in euro opstellen. De lidstaat mag verlangen dat de jaarrekening en, in voorkomend geval, de geconsolideerde jaarrekening van de SE in de nationale valuta worden opgesteld en openbaar gemaakt onder dezelfde voorwaarden als die welke gelden voor onder het recht van die lidstaat ressorterende naamloze vennootschappen. Een en ander neemt niet weg dat de SE daarnaast haar jaarrekening en, in voorkomend geval, haar geconsolideerde jaarrekening, overeenkomstig Richtlijn 90/604/EEG^{11}, in euro openbaar mag maken.

TITEL VII SLOTBEPALINGEN

Art. 68

1. De lidstaten treffen de nodige maatregelen om ervoor te zorgen dat deze verordening metterdaad wordt toegepast.

Verordening toepassen in lidstaten

2. Elke lidstaat wijst de bevoegde autoriteiten als bedoeld in de artikelen 8, 25, 26, 54, 55 en 64 aan. Hij stelt de Commissie en de andere lidstaten daarvan in kennis.

Art. 69

Uiterlijk vijf jaar na de inwerkingtreding van deze verordening brengt de Commissie aan de Raad en het Europees Parlement verslag uit over de toepassing van de verordening en stelt zij in voorkomend geval wijzigingen voor. In het verslag wordt met name beoordeeld:

Evaluatie

a) of kan worden toegestaan dat het hoofdbestuur en de statutaire zetel van een SE in verschillende lidstaten gelegen zijn;

b) of "fusie" in de zin van artikel 17, lid 2, kan worden verruimd zodat ook andere soorten fusies dan de in artikel 3, lid 1, en artikel 4, lid 1, van Richtlijn 78/855/EEG beschreven soorten toegestaan zijn;

c) of de bevoegdheidsclausule van artikel 8, lid 16, moet worden aangepast in het licht van een bepaling die opgenomen mocht zijn in het Verdrag van Brussel van 1968 of in een door de lidstaten of door de Raad aan te nemen tekst ter vervanging van dat verdrag;

d) of kan worden toegestaan dat een lidstaat in zijn wetgeving, ter uitvoering van op grond van deze verordening aan de lidstaten verleende machtigingen of met het oog op de effectieve toepassing van deze verordening ten aanzien van de SE, de mogelijkheid biedt in haar statuten bepalingen op te nemen die afwijken van of een aanvulling vormen op de wetgeving, zelfs indien

---

11 Richtlijn 90/604/EEG van de Raad van 8 november 1990 tot wijziging van Richtlijn 78/660/EEG betreffende de jaarrekening en van Richtlijn 83/349/EEG betreffende de geconsolideerde jaarrekening in verband met de afwijkingen voor kleine en middelgrote vennootschappen en de openbaarmaking van deze jaarrekening in ecu (PB L 317 van 16.11.1990, blz. 57).

dergelijke voorschriften niet toegestaan zouden zijn in de statuten van naamloze vennootschappen met statutaire zetel op zijn grondgebied.

Art. 70

Deze verordening treedt in werking op 8 oktober 2004.

BIJLAGE I NAAMLOZE VENNOOTSCHAPPEN BEDOELD IN ARTIKEL 2, LID 1

BELGIË:
de naamloze vennootschap/la société anonyme
BULGARIJE:
акционерно дружество
TSJECHIË:
akciová společnost
DENEMARKEN:
aktieselskaber
DUITSLAND:
die Aktiengesellschaft
ESTLAND:
aktsiaselts
GRIEKENLAND:
ανώνυμη εταιρία
SPANJE:
la sociedad anónima
FRANKRIJK:
la société anonyme
KROATIË:
dioničko društvo
IERLAND:
public companies limited by shares
public companies limited by guarantee having a share capital
ITALIË :
società per azioni
CYPRUS:
Δημόσια Εταιρεία περιορισμένης ευθύνης με μετοχές, Δημόσια Εταιρεία περιορισμένης ευθύνης με εγγύηση
LETLAND:
akciju sabiedrība
LITOUWEN:
akcinės bendrovės
LUXEMBURG:
la société anonyme
HONGARIJE:
részvénytársaság
MALTA:
kumpaniji pubbliċi/public limited liability companies
NEDERLAND:
de naamloze vennootschap
OOSTENRIJK:
die Aktiengesellschaft
POLEN:
spółka akcyjna
PORTUGAL:
a sociedade anónima de responsabilidade limitada
ROEMENIË
societate pe acțiuni
SLOVENIË:
delniška družba
SLOWAKIJE:
akciová spoločnos
FINLAND:
julkinen osakeyhtiö/publikt aktiebolag
ZWEDEN:
publikt aktiebolag
VERENIGD KONINKRIJK:
public companies limited by shares
public companies limited by guarantee having a share capital

BIJLAGE II NAAMLOZE VENNOOTSCHAPPEN EN VENNOOTSCHAPPEN MET BEPERKTE AANSPRAKELIJKHEID, BEDOELD IN ARTIKEL 2, LID 2

BELGIË:
de naamloze vennootschap/la société anonyme,
de besloten vennootschap met beperkte aansprakelijkheid/la société privée à responsabilité limitée

BULGARIJE
акционерно дружество, дружество с ограничена отговорност

TSJECHIË:
akciová společnost,
společnost s ručením omezeným

DENEMARKEN:
aktieselskaber,
anpartselskaber

DUITSLAND:
die Aktiengesellschaft,
die Gesellschaft mit beschränkter Haftung

ESTLAND:
aktsiaselts ja osaühing

GRIEKENLAND:
ανώνυμη εταιρία
εταιρία περιορισμένης ευθύνης

SPANJE:
la sociedad anónima,
la sociedad de responsabilidad limitada

FRANKRIJK:
la société anonyme,
la société à responsabilité limitée

KROATIË:
dioničko društvo,
društvo s ograničenom odgovornošću

IERLAND:
public companies limited by shares,
public companies limited by guarantee having a share capital,
private companies limited by shares,
private companies limited by guarantee having a share capital

ITALIË:
società per azioni,
società a responsabilità limitata

CYPRUS:
Δημόσια εταιρεία περιορισμένης ευθύνης με μετοχές,
δημόσια Εταιρεία περιορισμένης ευθύνης με εγγύηση,
ιδιωτική εταιρεία

LETLAND:
akciju sabiedrība,
un sabiedrība ar ierobežotu atbildību

LITOUWEN:
akcinės bendrovės,
uždarosios akcinės bendrovės"

LUXEMBURG:
la société anonyme,
la société à responsabilité limitée

HONGARIJE:
részvénytársaság,
korlátolt felelősségű társaság

MALTA:
kumpaniji pubbliċi/public limited liability companies
kumpaniji privati/private limited liability companies"

NEDERLAND:
de naamloze vennootschap,
de besloten vennootschap met beperkte aansprakelijkheid

OOSTENRIJK:
die Aktiengesellschaft,
die Gesellschaft mit beschränkter Haftung

POLEN:
spółka akcyjna,
spółka z ograniczoną odpowiedzialnością
PORTUGAL:
a sociedade anónima de responsabilidade limitada,
a sociedade por quotas de responsabilidade limitada
ROEMENIË
societate pe acțiuni, societate cu răspundere limitată
SLOVENIË:
delniška družba,
družba z omejeno odgovornostjo
SLOWAKIJE:
akciová spoločnos',
spoločnosť s ručením obmedzeným".
FINLAND:
osakeyhtiö/aktiebolag
ZWEDEN:
aktiebolag
VERENIGD KONINKRIJK:
public companies limited by shares,
public companies limited by guarantee having a share capital,
private companies limited by shares,
private companies limited by guarantee having a share capital

Verordening (EG) nr. 593/2008 inzake het recht dat van toepassing is op verbintenissen uit overeenkomst (Rome I)

Verordening (EG) nr. 593/2008 van het Europees Parlement en de Raad van 17 juni 2008 inzake het recht dat van toepassing is op verbintenissen uit overeenkomst (Rome I)^1

HET EUROPEES PARLEMENT EN DE RAAD VAN DE EUROPESE UNIE,

Gelet op het Verdrag tot oprichting van de Europese Gemeenschap, en met name op artikel 61, onder c), en artikel 67, lid 5, tweede streepje,

Gezien het voorstel van de Commissie,

Gezien het advies van het Europees Economisch en Sociaal Comité^2,

Handelend volgens de procedure van artikel 251 van het Verdrag^3,

Overwegende hetgeen volgt:

(1) De Gemeenschap heeft zich ten doel gesteld een ruimte van vrijheid, veiligheid en rechtvaardigheid te handhaven en te ontwikkelen. Met het oog op de geleidelijke invoering van zo'n ruimte moet de Gemeenschap met name maatregelen nemen op het gebied van de justitiële samenwerking in burgerlijke zaken met grensoverschrijdende gevolgen, voor zover dit nodig is voor de goede werking van de interne markt.

(2) Overeenkomstig artikel 65, onder b), van het Verdrag moeten deze maatregelen ook regels behelzen ter bevordering van de verenigbaarheid van de in de lidstaten geldende regels voor collisie en jurisdictiegeschillen.

(3) Op zijn bijeenkomst in Tampere op 15 en 16 oktober 1999 heeft de Europese Raad de stelling onderschreven dat het beginsel van wederzijdse erkenning van rechterlijke beslissingen de hoeksteen vormt van de justitiële samenwerking in burgerlijke zaken en de Raad en de Commissie verzocht een programma van maatregelen aan te nemen ter uitvoering van dat beginsel.

(4) Op 30 november 2000 heeft de Raad een gezamenlijk programma van maatregelen voor de uitvoering van het beginsel van wederzijdse erkenning van beslissingen in burgerlijke en handelszaken^4 aangenomen. In het programma wordt vastgesteld dat maatregelen voor de harmonisatie van collisieregels de wederzijdse erkenning van judiciële beslissingen vergemakkelijken.

(5) In het Haags programma^5, dat op 5 november 2004 door de Europese Raad werd aangenomen, wordt erop aangedrongen voortvarend te werken aan de collisieregels op het vlak van het verbintenissen uit overeenkomst ("Rome I").

(6) De goede werking van de interne markt vereist, om de voorspelbaarheid van de uitslag van rechtsgedingen, de rechtszekerheid en de wederzijdse erkenning van beslissingen te bevorderen, dat de in de lidstaten geldende collisieregels hetzelfde nationale recht aanwijzen, ongeacht bij welke rechter het geding aanhangig is gemaakt.

(7) Het materiële toepassingsgebied en de bepalingen van deze verordening moeten stroken met Verordening (EG) nr. 44/2001 van de Raad van 22 december 2000 betreffende de rechterlijke bevoegdheid, de erkenning en de tenuitvoerlegging van beslissingen in burgerlijke en handelszaken^6 ("Brussel I") en Verordening (EG) nr. 864/2007 van het Europees Parlement en de Raad van 11 juli 2007 betreffende het recht dat van toepassing is op nietcontractuele verbintenissen ("Rome II")^7.

(8) Familierechtelijke betrekkingen omvatten afstamming, huwelijk en aanverwantschap en verwantschap in de zijlijn. De verwijzing in lid 2 van artikel 1 naar relatievormen die met het huwelijk en andere familierechtelijke betrekkingen vergelijkbare gevolgen hebben, dient te worden uitgelegd overeenkomstig het recht van de lidstaat waar de zaak aanhangig wordt gemaakt.

---

1 Inwerkingtredingsdatum: 24-07-2008. Van toepassing vanaf 17 december 2019, met uitzondering van art. 26 dat vanaf 17-06-2019 van toepassing is.

2 PB C 318 van 23.12.2006, blz. 56.

3 Advies van het Europees Parlement van 29 november 2007 (nog niet bekendgemaakt in het Publicatieblad) en besluit van de Raad van 5 juni 2008.

4 PB C 12 van 15.1.2001, blz. 1.

5 PB C 53 van 3.3.2005, blz. 1.

6 PB L 12 van 16.1.2001, blz. 1. Verordening laatstelijk gewijzigd bij Verordening (EG) nr. 1791/2006 (PB L 363 van 20.12.2006, blz. 1).

7 PB L 199 van 31.7.2007, blz. 40.

Rome I

(9) Verbintenissen uit wisselbrieven, cheques, orderbriefjes alsmede andere verhandelbare waardepapieren omvatten ook cognossementen, voor zover de verbintenissen uit cognossementen het gevolg zijn van hun verhandelbaarheid.

(10) Verbintenissen die voortvloeien uit onderhandelingen voorafgaand aan het sluiten van een overeenkomst vallen onder artikel 12 van Verordening (EG) nr. 864/2007. Daarom dienen deze verbintenissen buiten de werkingssfeer van deze verordening te vallen.

(11) De vrijheid van de partijen om het toepasselijke recht te kiezen, moet de hoeksteen van het systeem van collisieregels op het gebied van verbintenissen uit overeenkomst zijn.

(12) Een overeenkomst tussen partijen om exclusieve jurisdictie te verlenen aan één of meer gerechten of tribunalen van een lidstaat om kennis te nemen van geschillen in het kader van de overeenkomst dient een van de factoren te zijn waarmee rekening moet worden gehouden om vast te stellen of een duidelijke rechtskeuze is gemaakt.

(13) Deze verordening laat onverlet dat partijen in hun overeenkomst een niet-statelijk recht of een internationale overeenkomst kunnen opnemen, door verwijzing ernaar.

(14) In een besluit waarbij de Gemeenschap regels van materieel verbintenissenrecht, waaronder standaardvoorwaarden, vaststelt, kan worden bepaald dat de partijen ervoor mogen kiezen deze regels toe te passen.

(15) Indien een rechtskeuze is gemaakt en alle andere aanknopingspunten zich in een ander land bevinden dan dat waarvan het recht is gekozen, laat de rechtskeuze de toepassing van de rechtsregels van dat andere land waarvan niet bij overeenkomst kan worden afgeweken, onverlet. Deze regel dient van toepassing te zijn ongeacht of de rechtskeuze al dan niet gepaard ging met de keuze van een gerecht. Aangezien geen inhoudelijke wijziging wordt beoogd ten opzichte van artikel 3, lid 3, van het Verdrag uit 1980 inzake het recht dat van toepassing is op verbintenissen uit overeenkomst^8 ("Verdrag van Rome"), dient de formulering van deze verordening zoveel mogelijk te worden aangepast aan artikel 14 van Verordening (EG) nr. 864/2007.

(16) Teneinde bij te dragen aan de algemene doelstelling van deze verordening, namelijk zorgen voor rechtszekerheid in de Europese rechtsruimte, moeten de collisieregels in hoge mate voorspelbaar zijn. De rechter moet echter over een beoordelingsmarge beschikken om vast te stellen welk recht het nauwst verbonden is met het betrokken geval.

(17) Wat het toepasselijke recht bij ontstentenis van een rechtskeuze betreft, dient het concept "verrichten van diensten" en "verkoop van goederen" op dezelfde wijze te worden geïnterpreteerd als bij de toepassing van artikel 5 van Verordening (EG) nr. 44/2001, voor zover de verkoop van goederen en de verrichting van diensten onder die verordening vallen. Hoewel franchise- en distributieovereenkomsten overeenkomsten inzake het verrichten van diensten zijn, zijn deze aan specifieke regels onderworpen.

(18) Voor de vaststelling van het toepasselijke recht bij gebreke aan een rechtskeuze dienen de multilaterale systemen die systemen te zijn waarbinnen de handel plaatsvindt, zoals gereglementeerde markten en multilaterale handelsfaciliteiten in de zin van artikel 4 van Richtlijn 2004/39/EG van het Europees Parlement en de Raad van 21 april 2004 betreffende markten voor financiële instrumenten^9, ongeacht of zij al dan niet berusten op een centrale tegenpartij.

(19) Bij ontstentenis van een rechtskeuze moet het toepasselijke recht worden vastgesteld in overeenstemming met de regel die is gespecificeerd voor het bijzondere type overeenkomst. Indien de overeenkomst niet kan worden ingedeeld bij een van de gespecificeerde types of indien de elementen ervan onder meer dan één van de gespecificeerde types vallen, wordt de overeenkomst beheerst door het recht van het land waar de partij die de kenmerkende prestatie van de overeenkomst moet verrichten, haar gewoonlijke verblijfplaats heeft. Indien een overeenkomst bestaat uit een verzameling rechten en plichten die kunnen worden ingedeeld bij meer dan één van de gespecificeerde types overeenkomsten, wordt de kenmerkende prestatie van de overeenkomst vastgesteld op basis van het zwaartepunt van de overeenkomst.

(20) Indien de overeenkomst een kennelijk nauwere band heeft met een ander land dan bedoeld in artikel 4, leden 1 en 2, bepaalt een ontsnappingsclausule bevat in deze bepalingen dat het recht van dat andere land moet worden toegepast. Om het betrokken land te kunnen aanwijzen, moet onder meer acht worden geslagen op de vraag of de desbetreffende overeenkomst zeer nauw verbonden is met een andere overeenkomst of overeenkomsten.

(21) Bij gebreke van een rechtskeuze dient, indien het toepasselijke recht niet is vast te stellen op grond van het feit dat de overeenkomst bij een van de omschreven types overeenkomsten kan worden ingedeeld, noch als het recht van het land waar de betrokken partij die de kenmerkende prestatie van de overeenkomst moet leveren zijn gewoonlijke verblijfplaats heeft, de overeenkomst beheerst te worden door het recht van het land waarmee zij het nauwst verbonden is. Om vast te stellen welk land dit is, moet onder meer acht worden geslagen op de vraag of

---

8 PB C 334 van 30.12.2005, blz. 1.

9 PB L 145 van 30.4.2004, blz. 1. Richtlijn laatstelijk gewijzigd bij Richtlijn 2008/10/EG (PB L 76 van 19.3.2008, blz. 33).

de desbetreffende overeenkomst zeer nauw verbonden is met een of meer andere overeenkomsten.

(22) Ten aanzien van de uitlegging van overeenkomsten voor het vervoer van goederen worden geen inhoudelijke wijzigingen overwogen met betrekking tot artikel 4, lid 4, derde zin, van het Verdrag van Rome. Bijgevolg moeten bevrachting voor een enkele reis en iedere andere overeenkomst, die hoofdzakelijk het vervoer van goederen betreft, als overeenkomsten voor het vervoer van goederen worden behandeld. Voor de toepassing van deze verordening wordt onder de term "afzender" iedere persoon verstaan die een vervoersovereenkomst met de vervoerder aangaat en de term "vervoerder" verwijst naar de partij in de overeenkomst die belast is met het vervoer van de goederen, ongeacht of hij het vervoer al dan niet zelf op zich neemt.

(23) Wat overeenkomsten met als zwakker beschouwde partijen betreft, moeten deze partijen worden beschermd door collisieregels die gunstiger zijn voor hun belangen dan de algemene regels.

(24) Wat met name consumentenovereenkomsten betreft, moet de collisieregel het mogelijk maken de kosten te drukken voor de beslechting van consumentengeschillen, waarbij het vaak gaat om geringe vorderingen, en rekening te houden met de evolutie van de technieken voor verkoop op afstand. Om consistent te zijn met Verordening (EG) nr. 44/2001 moet worden verwezen naar het criterium van "activiteiten gericht op" als voorwaarde voor toepassing van de regel inzake consumentenbescherming, en moet dit criterium in Verordening (EG) nr. 44/2001 en deze verordening op samenhangende wijze worden uitgelegd; daarbij moet worden gepreciseerd dat de Raad en de Commissie in een gezamenlijke verklaring over artikel 15 van Verordening (EG) nr. 44/2001 hebben gesteld dat het voor de toepasselijkheid van artikel 15, lid 1, onder c), "niet volstaat dat een onderneming haar activiteiten richt op een lidstaat waar de consument zijn woonplaats heeft, of op meerdere lidstaten, met inbegrip van die lidstaat; daartoe dient in het kader van die activiteiten daadwerkelijk een overeenkomst gesloten te zijn". In deze verklaring wordt er ook aan herinnerd dat "het feit dat een internetsite toegankelijk is, op zich niet voldoende is om artikel 15 toe te passen; noodzakelijk is dat de consument op die site gevraagd wordt overeenkomsten op afstand te sluiten en dat er inderdaad een dergelijke overeenkomst gesloten is, ongeacht de middelen die daartoe zijn gebruikt. De taal en de munteenheid die op de internetsite worden gebruikt, doen in dat opzicht niet ter zake".

(25) De consumenten dienen te worden beschermd door die rechtsregels van het land van hun gewone woonplaats waarvan niet bij overeenkomst mag worden afgeweken, mits de consumentenovereenkomst is gesloten als gevolg van het feit dat de verkoper zijn commerciële of beroepsactiviteiten in dat land ontplooit. Dezelfde bescherming dient te worden gewaarborgd als de verkoper zijn commerciële of beroepsactiviteiten weliswaar niet ontplooit in het land waar de consument zijn gewone woonplaats heeft, maar zijn activiteiten met ongeacht welke middelen richt op dat land of op meerdere landen, met inbegrip van dat land, en de overeenkomst als gevolg van die activiteiten wordt gesloten.

(26) Voor de toepassing van deze verordening dienen financiële diensten, zoals beleggingsdiensten en -activiteiten en nevendiensten, die door een professional aan een consument worden verleend, zoals bedoeld in de afdelingen A en B van bijlage I bij Richtlijn 2004/39/EG en overeenkomsten voor de verkoop van aandelen in instellingen voor collectieve belegging, ongeacht of deze onder Richtlijn 85/ 611/EEG van de Raad van 20 december 1985 tot coördinatie van de wettelijke en bestuursrechtelijke bepalingen betreffende bepaalde instellingen voor collectieve belegging in effecten (icbe's)^{10} vallen, beheerst te worden door artikel 6 van deze verordening. Wanneer verwezen wordt naar de voorwaarden voor de emissie of de openbare aanbieding van verhandelbare effecten, of naar de inschrijving voor of terugkoop van aandelen in instellingen voor collectieve belegging, dient de verwijzing daarom alle aspecten te omvatten waardoor de emittent of de aanbieder verplichtingen aangaat jegens de consument, maar niet de aspecten betreffende de verlening van dergelijke financiële diensten.

(27) Voor consumentenovereenkomsten moeten verschillende uitzonderingen op de algemene collisieregel worden voorzien. Een uitzondering is bijvoorbeeld de algemene regel niet toe te passen op overeenkomsten betreffende zakelijke rechten op en huur en verhuur van onroerend goed, tenzij het een overeenkomst betreft die het recht van deeltijds gebruik van onroerend goed in de zin van Richtlijn 94/47/EG van het Europees Parlement en de Raad van 26 oktober 1994 betreffende de bescherming van de verkrijger, voor wat bepaalde aspecten betreft van overeenkomsten inzake de verkrijging van een recht van deeltijds gebruik van onroerende goederen^{11}, tot onderwerp heeft.

(28) Er moet voor gezorgd worden dat rechten en verplichtingen die een financieel instrument vormen niet onder de algemene regel voor consumentenovereenkomsten vallen, aangezien

---

10 PB L 375 van 31.12.1985, blz. 3. Richtlijn laatstelijk gewijzigd bij Richtlijn 2008/18/EG van het Europees Parlement en de Raad (PB L 76 van 19.3.2008, blz. 42).

11 PB L 280 van 29.10.1994, blz. 83.

zulks ertoe kan leiden dat op een enkel uitgegeven instrument verschillende wetgevingen van toepassing zijn, hetgeen de aard ervan wijzigt en handel en aanbod minder vervangbaar maakt. Evenzo dient bij de uitgifte of het aanbod van dergelijke instrumenten de contractuele verbintenis tussen de uitgevende instelling of de aanbieder en de consument niet noodzakelijkerwijze dwingend te worden onderworpen aan het recht van het land van de gewoonlijke verblijfplaats van de consument, omdat de uniformiteit van de voorwaarden voor de uitgifte of het aanbod moet worden gewaarborgd. Dezelfde beginselen dienen te gelden met betrekking tot de multilaterale systemen die vallen onder artikel 4, lid 1, onder h), met betrekking waartoe ervoor gezorgd moet worden dat het recht van het land van de gewoonlijke verblijfplaats van de consument niet botst met de regels die van toepassing zijn op de overeenkomsten die in het kader van deze systemen of met de exploitant daarvan gesloten zijn.

(29) Wanneer in deze verordening de rechten en verplichtingen waardoor de voorwaarden voor de emissie, de openbare aanbieding of een overnamebod met betrekking tot verhandelbare effecten worden vastgelegd, of de inschrijving voor of terugkoop van aandelen in instellingen voor collectieve belegging worden vermeld, moeten daarin ook de voorwaarden voor de toewijzing van effecten of van aandelen, voor de rechten in geval van overtekening, intrekking en soortgelijke gevallen in verband met het aanbod, alsmede de onderwerpen van de artikelen 10, 11, 12 en 13 worden vermeld, zodat gewaarborgd wordt dat alle relevante contractuele aspecten van een aanbod waardoor de emittent of de aanbieder verplichtingen aangaat jegens de consument, onder een enkel recht vallen.

(30) Voor de toepassing van deze richtlijn zijn financiële instrumenten en verhandelbare effecten de instrumenten in de zin van artikel 4 van Richtlijn 2004/39/EG.

(31) Niets in deze verordening mag afbreuk doen aan het functioneren van een formele afspraak die wordt aangemerkt als systeem in de zin van artikel 2, onder a), van Richtlijn 98/26/EG van het Europees Parlement en de Raad van 19 mei 1998 betreffende het definitieve karakter van de afwikkeling van betalingen en effectentransacties in betalings- en afwikkelingssystemen^{12}.

(32) Wegens het bijzondere karakter van vervoers- en verzekeringsovereenkomsten dienen specifieke bepalingen een adequaat beschermingsniveau voor de passagiers en polishouders te waarborgen. Derhalve dient artikel 6 niet te gelden in verband met deze bijzondere overeenkomsten.

(33) Wanneer een verzekeringsovereenkomst die geen groot risico dekt, meer dan één risico dekt waarvan er tenminste één in een lidstaat is gelegen en tenminste één in een derde land, zijn de bijzondere bepalingen in deze verordening inzake verzekeringsovereenkomsten alleen van toepassing op het risico of de risico's die in de betrokken lidstaat of lidstaten gelegen is/zijn.

(34) De bepaling inzake individuele arbeidsovereenkomsten mag geen afbreuk doen aan de toepassing van de bepalingen van bijzonder dwingend recht van het land van terbeschikkingstelling overeenkomstig Richtlijn 96/71/EG van het Europees Parlement en de Raad van 16 december 1996 betreffende de terbeschikkingstelling van werknemers met het oog op het verrichten van diensten^{13}.

(35) De werknemer mag de bescherming die hem wordt geboden door bepalingen waarvan niet, of slechts in zijn voordeel, bij overeenkomst kan worden afgeweken, niet worden ontnomen.

(36) Met betrekking tot individuele arbeidsovereenkomsten dient het verrichten van arbeid in een ander land als tijdelijk aangemerkt te worden wanneer van de werknemer wordt verwacht dat hij na de voltooiing van zijn taak in het buitenland opnieuw arbeid in het land van herkomst verricht. Het sluiten van een nieuwe arbeidsovereenkomst met de oorspronkelijke werkgever of met een werkgever die tot dezelfde groep van bedrijven behoort als de oorspronkelijke werkgever, mag niet beletten dat de werknemer geacht wordt zijn arbeid tijdelijk in een ander land te verrichten.

(37) Overwegingen van algemeen belang rechtvaardigen dat de rechters van de lidstaten zich in uitzonderlijke omstandigheden kunnen beroepen op rechtsfiguren zoals de exceptie van openbare orde en op bepalingen van bijzonder dwingend recht. Het begrip "bepalingen van bijzonder dwingend recht" moet worden onderscheiden van de uitdrukking "bepalingen waarvan niet bij overeenkomst kan worden afgeweken", en dient met meer terughouding te worden gebezigd.

(38) Ten aanzien van de cessie van schuldvorderingen dient door het gebruik van de term "betrekkingen" te worden verduidelijkt dat artikel 14, lid 1, ook van toepassing is op de goederenrechtelijke aspecten van een cessie tussen de cedent en de cessionaris in de rechtsordes waarin deze aspecten los van de aspecten van het verbintenissenrecht worden behandeld. De term "betrekkingen" dient echter niet te worden opgevat betrekking hebbend op elke eventueel bestaande betrekking tussen een cedent en een cessionaris. De term wordt met name niet geacht betrekking te hebben op aangelegenheden die aan een cessie van vorderingen of contractuele

---

12 PB L 166 van 11.6.1998, blz. 45.

13 PB L 18 van 21.1.1997, blz. 1.

subrogatie voorafgaan. De betekenis van de term dient strikt beperkt te blijven tot de aspecten die rechtstreeks de betrokken cessie van vorderingen of contractuele subrogatie betreffen.

(39) De rechtszekerheid vereist een duidelijke definitie van het begrip "gewone verblijfplaats", met name voor vennootschappen, verenigingen en rechtspersonen. Anders dan artikel 60, lid 1, van Verordening (EG) nr. 44/2001, dat in dit verband drie criteria bevat, moet de collisieregel beperkt zijn tot een enkel criterium; anders zouden de partijen onmogelijk kunnen voorspellen welk recht op hun geval van toepassing is.

(40) Voorkomen dient te worden dat collisieregels over verschillende besluiten worden verspreid en dat deze regels onderling afwijken. Deze verordening belet echter niet dat in bepalingen van Gemeenschapsrecht op bepaalde gebieden collisieregels betreffende verbintenissen uit overeenkomst worden opgenomen.

Deze verordening laat de toepassing onverlet van andere besluiten waarin voorschriften ten behoeve van de goede werking van de interne markt zijn vervat, voor zover deze voorschriften niet in combinatie met het door de regels van deze verordening aangewezen recht kunnen worden toegepast. De toepassing van bepalingen van het recht dat door de voorschriften van deze verordening als toepasselijk is aangewezen, mag niet in de weg staan van het vrije verkeer van goederen en diensten neergelegd in Gemeenschapsbesluiten zoals Richtlijn 2000/31/EG van het Europees Parlement en de Raad van 8 juni 2000 betreffende bepaalde juridische aspecten van de diensten van de informatiemaatschappij, met name de elektronische handel, in de interne markt (richtlijn inzake elektronische handel)^{14}.

(41) De eerbiediging van de door de lidstaten aangegane internationale verplichtingen vereist dat deze verordening de internationale verdragen waarbij een of meer lidstaten partij zijn, op het moment dat deze verordening wordt vastgesteld, onverlet laat. Om de regels toegankelijker te maken zou de Commissie aan de hand van de gegevens die de lidstaten haar doorgeven, de lijst van de betrokken verdragen moeten bekendmaken in het *Publicatieblad van de Europese Unie*.

(42) De Commissie zal het Europees Parlement en de Raad een voorstel voorleggen over de procedures en voorwaarden volgens welke de lidstaten het recht hebben om in afzonderlijke en uitzonderlijke gevallen en met betrekking tot sectorale aangelegenheden zelf met derde landen over overeenkomsten te onderhandelen en overeenkomsten houdende bepalingen betreffende het recht dat van toepassing is op contractuele verbintenissen te sluiten.

(43) Aangezien de doelstelling van deze verordening niet voldoende door de lidstaten kan worden verwezenlijkt en derhalve vanwege de omvang en de gevolgen van deze verordening beter door de Gemeenschap kan worden verwezenlijkt, kan de Gemeenschap, overeenkomstig het in artikel 5 van het Verdrag neergelegde subsidiariteitsbeginsel, maatregelen nemen. Overeenkomstig het in hetzelfde artikel neergelegde evenredigheidsbeginsel gaat deze verordening niet verder dan nodig is om de doelstelling ervan te verwezenlijken.

(44) Overeenkomstig artikel 3 van het Protocol betreffende de positie van het Verenigd Koninkrijk en Ierland, dat aan het Verdrag betreffende de Europese Unie en aan het Verdrag tot oprichting van de Europese Gemeenschap is gehecht, heeft Ierland laten weten dat het wenst deel te nemen aan de aanneming en de toepassing van deze verordening.

(45) Overeenkomstig de artikelen 1 en 2 van het Protocol betreffende de positie van het Verenigd Koninkrijk en Ierland, dat aan het Verdrag betreffende de Europese Unie en aan het Verdrag tot oprichting van de Europese Gemeenschap is gehecht, en onverminderd artikel 4 van dat protocol, neemt het Verenigd Koninkrijk niet deel aan de aanneming van deze verordening, die derhalve niet verbindend is voor, noch van toepassing op het Verenigd Koninkrijk.

(46) Overeenkomstig de artikelen 1 en 2 van het Protocol betreffende de positie van Denemarken, dat is gehecht aan het Verdrag betreffende de Europese Unie en het Verdrag tot oprichting van de Europese Gemeenschap, neemt Denemarken niet deel aan de aanneming van deze verordening, die derhalve niet verbindend is voor, noch van toepassing op Denemarken,

HEBBEN DE VOLGENDE VERORDENING VASTGESTELD:

Hoofdstuk I
Werkingssfeer

Art. 1 Materiële werkingssfeer

Materiële werkingssfeer

1. Deze verordening is, in gevallen waarin uit het recht van verschillende landen moet worden gekozen, van toepassing op verbintenissen uit overeenkomst in burgerlijke en handelszaken. Zij is in het bijzonder niet van toepassing op fiscale zaken, douanezaken en administratiefrechtelijke zaken.

2. Deze verordening is niet van toepassing op:

a) de staat en bevoegdheid van natuurlijke personen, behoudens artikel 13;

---

14 PB L 178 van 17.7.2000, blz. 1.

b) verbintenissen die voortvloeien uit familierechtelijke betrekkingen en uit betrekkingen die overeenkomstig het op die betrekkingen toepasselijke recht geacht worden vergelijkbare gevolgen te hebben, met inbegrip van onderhoudsverplichtingen;

c) verbintenissen die voortvloeien uit het huwelijksvermogensrecht, uit vermogensrechtelijke regelingen voor betrekkingen die volgens het op die betrekkingen toepasselijke recht met het huwelijk vergelijkbare gevolgen hebben, en uit testamenten en erfenissen;

d) verbintenissen uit wissels, cheques, orderbriefjes, alsmede andere verhandelbare waardepapieren, voor zover de verbintenissen uit deze andere papieren het gevolg zijn van hun verhandelbaarheid;

e) overeenkomsten tot arbitrage en tot aanwijzing van een bevoegde rechter;

f) kwesties behorende tot het recht inzake vennootschappen, verenigingen en rechtspersonen, zoals hun oprichting door registratie of anderszins, hun rechts- en handelingsbevoegdheid, hun inwendig bestel en hun ontbinding, alsook de persoonlijke aansprakelijkheid van de vennoten en de organen voor de verbintenissen van de vennootschap, vereniging of rechtspersoon;

g) de vraag of een vertegenwoordiger zijn principaal dan wel of een orgaan van een vennootschap, vereniging of rechtspersoon deze vennootschap, vereniging of rechtspersoon jegens een derde kan binden;

h) de oprichting van "trusts", alsmede de daardoor ontstane rechtsbetrekkingen tussen oprichters, "trustees" en begunstigden;

i) verbintenissen die voortvloeien uit onderhandelingen voorafgaand aan de sluiting van een overeenkomst;

j) verzekeringsovereenkomsten die voortvloeien uit de verrichtingen van andere instellingen dan de in artikel 2 van Richtlijn 2002/83/EG van het Europees Parlement en de Raad van 5 november 2002 betreffende levensverzekering^{15} bedoelde ondernemingen die ten doel hebben aan al dan niet in loondienst werkzame personen, die in het kader van een onderneming of van een groep van ondernemingen of van een beroep of meerdere beroepen omvattende sector zijn gegroepeerd, uitkeringen te verstrekken bij overlijden, bij leven, bij beëindiging of vermindering van de werkzaamheid of bij met het werk verband houdende ziekte of ongevallen op het werk.

3. Deze verordening is niet van toepassing op het bewijs en de rechtspleging, behoudens artikel 18.

4. In deze verordening wordt onder "lidstaat" verstaan: de lidstaten waarop deze verordening van toepassing is. In artikel 3, lid 4, en artikel 7 worden er echter alle lidstaten onder verstaan.

Art. 2 Universele toepassing

Het door deze verordening aangewezen recht is toepasselijk, ongeacht de vraag of het het recht van een lidstaat is.

Hoofdstuk II Eenvormige regels

Art. 3 Rechtskeuze door partijen

1. Een overeenkomst wordt beheerst door het recht dat de partijen hebben gekozen. De rechtskeuze wordt uitdrukkelijk gedaan of blijkt duidelijk uit de bepalingen van de overeenkomst of de omstandigheden van het geval. Bij hun keuze kunnen de partijen het toepasselijke recht aanwijzen voor de overeenkomst in haar geheel of voor slechts een onderdeel daarvan.

2. De partijen kunnen te allen tijde overeenkomen de overeenkomst aan een ander recht te onderwerpen dan het recht dat deze voorheen, hetzij op grond van een vroegere rechtskeuze overeenkomstig dit artikel, hetzij op grond van een andere bepaling van deze verordening, beheerste. Een wijziging in de rechtskeuze door de partijen na de sluiting van de overeenkomst is niet van invloed op de formele geldigheid van de overeenkomst in de zin van artikel 11 en doet geen afbreuk aan rechten van derden.

3. Indien alle overige op het tijdstip van de keuze bestaande aanknopingspunten zich bevinden in een ander land dan het land waarvan het recht is gekozen, laat de door de partijen gemaakte keuze de toepassing van de rechtsregels van dat andere land waarvan niet bij overeenkomst mag worden afgeweken, onverlet.

4. Indien alle overige op het tijdstip van de keuze bestaande aanknopingspunten zich in een of meer lidstaten bevinden, laat de keuze door de partijen van het recht van een niet-lidstaat de toepassing van de bepalingen van het Gemeenschapsrecht waarvan niet bij overeenkomst kan worden afgeweken, in voorkomend geval zoals deze in de lidstaat van de rechter zijn geïmplementeerd, onverlet.

---

15 PB L 345 van 19.12.2002, blz. 1. Richtlijn laatstelijk gewijzigd bij Richtlijn 2008/19/EG (PB L 76 van 19.3.2008, blz. 44).

5. De kwestie of er overeenstemming tussen de partijen tot stand is gekomen over de keuze van het toepasselijke recht en of deze overeenstemming geldig is, wordt beheerst door de artikelen 10, 11 en 13.

Art. 4 Het recht, dat bij gebreke van een rechtskeuze door de partijen toepasselijk is

Toepasselijk recht

1. Bij gebreke van een rechtskeuze overeenkomstig artikel 3 en onverminderd de artikelen 5 tot en met 8, wordt het op de overeenkomst toepasselijke recht als volgt vastgesteld:

a) de overeenkomst voor de verkoop van roerende zaken wordt beheerst door het recht van het land waar de verkoper zijn gewone verblijfplaats heeft;

b) de overeenkomst inzake dienstverlening wordt beheerst door het recht van het land waar de dienstverlener zijn gewone verblijfplaats heeft;

c) de overeenkomst die een zakelijk recht op een onroerend goed of de huur van een onroerend goed tot onderwerp heeft, wordt beheerst door het recht van het land waar het onroerend goed is gelegen;

d) niettegenstaande punt c), wordt de huurovereenkomst van een onroerend goed voor tijdelijk particulier gebruik met een duur van ten hoogste zes opeenvolgende maanden beheerst door het recht van het land waar de verhuurder zijn gewone verblijfplaats heeft, mits de huurder een natuurlijke persoon is en zijn gewone verblijfplaats heeft in hetzelfde land;

e) de franchiseovereenkomst wordt beheerst door het recht van het land waar de franchisenemer zijn gewone verblijfplaats heeft;

f) de distributieovereenkomst wordt beheerst door het recht van het land waar de distributeur zijn gewone verblijfplaats heeft;

g) een overeenkomst met betrekking tot de veiling van goederen wordt beheerst door het recht van het land waar de veiling plaatsvindt, indien die plaats kan worden bepaald;

h) een overeenkomst die overeenkomstig niet-discretionaire regels is gesloten in het kader van een multilateraal systeem dat meerdere koop- en verkoopintenties van derden met betrekking tot financiële instrumenten in de zin van artikel 4, lid 1, punt 17, van Richtlijn 2004/39/EG samenbrengt of het samenbrengen daarvan vergemakkelijkt, en die wordt beheerst door één recht, wordt beheerst door dat recht.

2. Indien de overeenkomst niet onder lid 1 valt of de bestanddelen van de overeenkomst onder meer dan een van de punten a) tot en met h) van lid 1 vallen, wordt de overeenkomst beheerst door het recht van het land waar de partij die de kenmerkende prestatie van de overeenkomst moet verrichten, haar gewone verblijfplaats heeft.

3. Indien uit alle omstandigheden blijkt dat de overeenkomst een kennelijk nauwere band heeft met een ander land dan het in lid 1 of lid 2 bedoelde land, is het recht van dat andere land van toepassing.

4. Indien het toepasselijke recht niet overeenkomstig lid 1 of lid 2 kan worden vastgesteld, wordt de overeenkomst beheerst door het recht van het land waarmee zij het nauwst verbonden is.

Art. 5 Vervoerovereenkomsten

Vervoerovereenkomsten

1. Indien de partijen voor de overeenkomst voor het vervoer van goederen geen rechtskeuze overeenkomstig artikel 3 hebben gemaakt, wordt de overeenkomst beheerst door het recht van het land waar de vervoerder zijn gewone verblijfplaats heeft, mits de plaats van ontvangst of de plaats van aflevering of de gewone verblijfplaats van de verzender ook in dat land is gelegen. Indien niet aan deze voorwaarden is voldaan, wordt de overeenkomst beheerst door het recht van het land waar de plaats van aflevering, als door de partijen overeengekomen, is gelegen.

2. Indien de partijen voor de overeenkomst voor het vervoer van passagiers geen rechtskeuze overeenkomstig alinea 2 hebben gemaakt, wordt de overeenkomst beheerst door het recht van het land waar de passagier zijn gewone verblijfplaats heeft, mits de plaats van vertrek of de plaats van bestemming in dat land is gelegen. Indien niet aan deze voorwaarden is voldaan, is het recht van de plaats waar de vervoerder zijn gewone verblijfplaats heeft van toepassing. De partijen kunnen als het recht dat overeenkomstig artikel 3 van toepassing is op een overeenkomst voor het vervoer van passagiers, alleen het recht kiezen van het land waar:

a) de passagier zijn gewone verblijfplaats heeft, of

b) de vervoerder zijn gewone verblijfplaats heeft, of

c) de vervoerder zijn hoofdvestiging heeft, of

d) het vertrek plaatsvindt, of

e) de aankomst plaatsvindt.

3. Indien uit het geheel der omstandigheden blijkt dat de overeenkomst, bij gebreke van een rechtskeuze, een kennelijk nauwere band heeft met een ander dan het in lid 1 of lid 2 bedoelde land, is het recht van dat andere land van toepassing.

Art. 6 Consumentenovereenkomsten

Consumentenovereenkomsten

1. Onverminderd de artikelen 5 en 7 wordt de overeenkomst gesloten door een natuurlijke persoon voor een gebruik dat als niet bedrijfs- of beroepsmatig kan worden beschouwd ("de consument") met een andere persoon die handelt in de uitoefening van zijn bedrijf of beroep ("de verkoper") beheerst door het recht van het land waar de consument zijn gewone verblijfplaats heeft, op voorwaarde dat:

a) de verkoper zijn commerciële of beroepsactiviteiten ontplooit in het land waar de consument zijn gewone verblijfplaats heeft, of

b) dergelijke activiteiten met ongeacht welke middelen richt op dat land of op verscheidene landen, met inbegrip van dat land,

en de overeenkomst onder die activiteiten valt.

2. Niettegenstaande lid 1 kunnen de partijen overeenkomstig artikel 3 het recht kiezen dat van toepassing is op een overeenkomst die voldoet aan de voorwaarden van lid 1. Deze keuze mag er evenwel niet toe leiden dat de consument de bescherming verliest welke hij geniet op grond van bepalingen waarvan niet bij overeenkomst kan worden afgeweken volgens het recht dat overeenkomstig lid 1 toepasselijk zou zijn geweest bij gebreke van rechtskeuze.

3. Indien niet is voldaan aan de in lid 1, onder a) of b) gestelde eisen, wordt het recht dat van toepassing is op een overeenkomst gesloten tussen een consument en een verkoper vastgesteld op basis van de artikelen 3 en 4.

4. Leden 1 en 2 zijn niet van toepassing op:

a) overeenkomsten tot verstrekking van diensten, wanneer de diensten aan de consument uitsluitend moeten worden verstrekt in een ander land en dat waar hij zijn gewone verblijfplaats heeft;

b) vervoerovereenkomsten, met uitzondering van pakketreisovereenkomsten in de zin van Richtlijn 90/314/EEG van de Raad van 13 juni 1990 betreffende pakketreizen, met inbegrip van vakantiepakketten en rondreispakketten^{16};

c) overeenkomsten die een zakelijk recht op een onroerend goed of de huur van een onroerend goed tot onderwerp hebben, met uitzondering van de overeenkomsten die een recht van deeltijds gebruik in de zin van Richtlijn 94/47/EG tot onderwerp hebben;

d) rechten en verplichtingen die een financieel instrument vormen en rechten en verplichtingen waardoor de voorwaarden voor de emissie, de openbare aanbieding of een overnamebod met betrekking tot verhandelbare effecten en de inschrijving en terugkoop van rechten van deelneming in instellingen voor collectieve beleggingen worden vastgelegd, voor zover deze geen verrichting van een financiële dienst vormen;

e) overeenkomsten die zijn gesloten binnen het type systeem dat onder de werkingssfeer van artikel 4, lid 1, onder h), valt.

Art. 7 Verzekeringsovereenkomsten

1. Dit artikel is van toepassing op overeenkomsten als bedoeld in lid 2, ongeacht of het gedekte risico al dan niet is gelegen in een lidstaat, en voor alle andere verzekeringsovereenkomsten ter dekking van risico's die zijn gelegen op het grondgebied van de lidstaten. Dit artikel is niet van toepassing op herverzekeringsovereenkomsten.

Verzekeringsovereenkomsten

2. Een verzekeringsovereenkomst ter dekking van een groot risico als omschreven in artikel 5, letter d), van Eerste Richtlijn 73/239/EEG van de Raad van 24 juli 1973 tot coördinatie van de wettelijke en bestuursrechtelijke bepalingen betreffende de toegang tot het directe verzekeringsbedrijf, met uitzondering van de levensverzekeringsbranche^{17} wordt beheerst door het in overeenstemming met artikel 3 van deze verordening door de partijen gekozen recht. Voor zover het toepasselijke recht niet door de partijen is gekozen, wordt de verzekeringsovereenkomst beheerst door het recht van het land waar de verzekeraar zijn gewone verblijfplaats heeft. Indien uit alle omstandigheden van het geval blijkt dat de overeenkomst kennelijk nauwer verbonden is met een ander land, is het recht van dat andere land van toepassing.

3. In geval van een verzekeringsovereenkomst anders dan een overeenkomst die valt onder lid 2 kan overeenkomstig artikel 3 alleen het volgende recht door de partijen worden gekozen:

a) het recht van het land waar het risico gelegen is op het tijdstip waarop de overeenkomst wordt gesloten;

b) het recht van het land waar de polishouder zijn gewone verblijfplaats heeft;

c) in geval van een levensverzekering, het recht van de lidstaat waarvan de polishouder onderdaan is;

d) voor verzekeringsovereenkomsten ter dekking van risico's die beperkt zijn tot gebeurtenissen in een lidstaat, anders dan de lidstaat waar het risico is gelegen, het recht van die lidstaat;

e) indien de polishouder van een overeenkomst die onder dit lid valt een commerciële of industriële activiteit of een vrij beroep uitoefent en de verzekeringsovereenkomst twee of meer risico's dekt die met deze activiteiten verband houden en in verschillende lidstaten zijn gelegen, het recht van een van de betrokken lidstaten of het recht van het land waar de gewone verblijfplaats van de polishouder is gelegen.

---

16 PB L 158 van 23.6.1990, blz. 59.

17 PB L 228 van 16.8.1973, blz. 3. Richtlijn laatstelijk gewijzigd bij Richtlijn 2005/68/EG van het Europees Parlement en de Raad (PB L 323 van 9.12.2005, blz. 1).

Voor zover de lidstaten in de gevallen onder a), b) of e) een grotere vrijheid verlenen voor de keuze van het toepasselijke recht op de verzekeringsovereenkomst, kunnen de partijen van die vrijheid gebruikmaken.

4. Voor zover het toepasselijke recht overeenkomstig dit lid niet door de partijen is gekozen, wordt deze overeenkomst beheerst door het recht van de lidstaat waar het risico op het moment van sluiting van de overeenkomst is gelegen.

De volgende aanvullende voorschriften zijn van toepassing op verzekeringsovereenkomsten voor de dekking van risico's waarvoor een lidstaat een verplichting oplegt om een verzekering af te sluiten:

a) de verzekeringsovereenkomst voldoet niet aan de verplichting een verzekering af te sluiten, tenzij zij voldoet aan de specifieke bepalingen in verband met die verzekering die zijn vastgesteld door de lidstaat die de verplichting oplegt. Indien het recht van de lidstaat waar het risico is gelegen en het recht van de lidstaat die de verplichting oplegt om een verzekering af te sluiten, met elkaar in tegenspraak zijn, prevaleert laatstgenoemd recht;

b) in afwijking van de leden 2 en 3 kan een lidstaat bepalen dat de verzekeringsovereenkomst wordt beheerst door het recht van de lidstaat die de verplichting oplegt om een verzekering af te sluiten.

5. Voor de toepassing van lid 3, derde alinea, en lid 4, indien de overeenkomst in meer dan één lidstaat gelegen risico's dekt, wordt de overeenkomst beschouwd als bestaande uit verschillende overeenkomsten die elk apart betrekking hebben op slechts één lidstaat.

6. Voor de doeleinden van dit artikel wordt het land waar het risico is gelegen vastgesteld in overeenstemming met artikel 2, onder d), van de Tweede Richtlijn 88/357/EEG van de Raad van 22 juni 1988 tot coördinatie van de wettelijke en bestuursrechtelijke bepalingen betreffende het directe verzekeringsbedrijf, met uitzondering van de levensverzekeringsbranche, en tot vaststelling van de bepalingen ter vergemakkelijking van de daadwerkelijke uitoefening van het vrij verrichten van diensten^{18} en, in geval van de levensverzekeringsbranche, is het land waar het risico is gelegen het land van de verbintenis in de zin van artikel 1, lid 1, onder g), van Richtlijn 2002/83/EG.

Art. 8 Individuele arbeidsovereenkomsten

Individuele arbeidsovereenkomsten

1. Een individuele arbeidsovereenkomst wordt beheerst door het recht dat de partijen overeenkomstig artikel 3 hebben gekozen. Deze keuze mag er evenwel niet toe leiden dat de werknemer de bescherming verliest welke hij geniet op grond van bepalingen waarvan niet bij overeenkomst kan worden afgeweken op grond van het recht dat overeenkomstig de leden 2, 3 en 4 van dit artikel toepasselijk zou zijn geweest bij gebreke van een rechtskeuze.

2. Voor zover het op een individuele arbeidsovereenkomst toepasselijke recht niet door de partijen is gekozen, wordt de overeenkomst beheerst door het recht van het land waar of, bij gebreke daarvan, van waaruit de werknemer ter uitvoering van de overeenkomst gewoonlijk zijn arbeid verricht. Het land waar de arbeid gewoonlijk wordt verricht wordt niet geacht te zijn gewijzigd wanneer de werknemer zijn arbeid tijdelijk in een ander land verricht.

3. Indien het toepasselijke recht niet overeenkomstig lid 2 kan worden vastgesteld, wordt de overeenkomst beheerst door het recht van het land waar zich de vestiging bevindt die de werknemer in dienst heeft genomen.

4. Indien uit het geheel der omstandigheden blijkt dat de overeenkomst een kennelijk nauwere band heeft met een ander dan het in lid 2 of lid 3 bedoelde land, is het recht van dat andere land van toepassing.

Art. 9 Bepalingen van bijzonder dwingend recht

Bepalingen van bijzonder dwingend recht

1. Bepalingen van bijzonder dwingend recht zijn bepalingen aan de inachtneming waarvan een land zoveel belang hecht voor de handhaving van zijn openbare belangen zoals zijn politieke, sociale of economische organisatie, dat zij moet worden toegepast op elk geval dat onder de werkingssfeer ervan valt, ongeacht welk recht overeenkomstig deze verordening overigens van toepassing is op de overeenkomst.

2. Niets in deze verordening beperkt de toepassing van de bepalingen van bijzonder dwingend recht van de rechter bij wie de zaak aanhangig is.

3. De rechter kan ook gevolg toekennen aan de bepalingen van bijzonder dwingend recht van het land waar de verbintenissen krachtens de overeenkomst moeten worden nagekomen of zijn nagekomen, voor zover die bepalingen van bijzonder dwingend recht de tenuitvoerlegging van de overeenkomst onwettig maken. Bij de beslissing of aan deze bepalingen gevolg moet worden toegekend, wordt rekening gehouden met hun aard en doel alsmede met de gevolgen die de toepassing of niet-toepassing van deze bepalingen zou kunnen hebben.

---

18 PB L 172 van 4.7.1988, blz. 1. Richtlijn laatstelijk gewijzigd bij Richtlijn 2005/14/EG van het Europees Parlement en de Raad (PB L 149 van 11.6.2005, blz. 14).

Art. 10 Bestaan en materiële geldigheid

1. Het bestaan en de geldigheid van de overeenkomst of van een bepaling daarvan worden beheerst door het recht dat ingevolge deze verordening toepasselijk zou zijn, indien de overeenkomst of de bepaling geldig zou zijn.

2. Niettemin kan een partij zich, voor het bewijs dat zij haar toestemming niet heeft verleend, beroepen op het recht van het land waar zij haar gewone verblijfplaats heeft, indien uit de omstandigheden blijkt dat het niet redelijk zou zijn de gevolgen van haar gedrag te bepalen overeenkomstig het in het lid 1 bedoelde recht.

Art. 11 Formele geldigheid van overeenkomsten

1. Een overeenkomst tussen personen die of personen wier vertegenwoordigers zich bij het sluiten van de overeenkomst in hetzelfde land bevinden, is naar de vorm geldig indien zij voldoet aan de vormvereisten van het recht dat ingevolge deze verordening de overeenkomst zelve beheerst, of van het recht van het land waar de overeenkomst wordt gesloten.

2. Een overeenkomst tussen personen die of personen wier vertegenwoordigers zich bij het sluiten van de overeenkomst in verschillende landen bevinden, is naar de vorm geldig indien zij voldoet aan de vormvereisten van het recht dat ingevolge deze verordening de overeenkomst zelve beheerst, of van het recht van het land waar een van de partijen of haar vertegenwoordiger zich op het moment van de sluiting bevindt, of van het recht van het land waar een van de partijen op dat moment haar gewone verblijfplaats heeft.

3. Een eenzijdige rechtshandeling die betrekking heeft op een reeds gesloten of nog te sluiten overeenkomst, is wat de vorm betreft geldig indien zij voldoet aan de vormvereisten van het recht dat de overeenkomst zelve ingevolge deze verordening beheerst of zou beheersen, of van het recht van het land waar de rechtshandeling is verricht, of van het recht van het land waar de persoon die ze heeft verricht op dat ogenblik zijn gewone verblijfplaats had.

4. De leden 1, 2 en 3 van dit artikel zijn niet van toepassing op overeenkomsten waarop artikel 6 van toepassing is. Deze overeenkomsten worden wat de vorm betreft beheerst door het recht van het land waar de consument zijn gewone verblijfplaats heeft.

5. In afwijking van de leden 1 tot en met 4 wordt de overeenkomst die een zakelijk recht op, of de huur van, een onroerend goed tot voorwerp heeft, beheerst door de vormvoorschriften van het recht van het land waar het onroerend goed is gelegen, voor zover:

a) deze voorschriften gelden ongeacht het land waar de overeenkomst wordt gesloten en ongeacht het recht dat de overeenkomst beheerst, en

b) van deze voorschriften niet bij overeenkomst kan worden afgeweken.

Art. 12 De onderwerpen die het toepasselijke recht beheerst

1. Het recht dat ingevolge deze verordening op de overeenkomst van toepassing is, beheerst met name:

a) de uitlegging ervan;

b) de nakoming ervan;

c) de gevolgen van gehele of gedeeltelijke tekortkoming, daaronder begrepen de vaststelling van de schade voor zover hiervoor rechtsregels gelden, een en ander binnen de grenzen welke het procesrecht van de rechter aan diens bevoegdheden stelt;

d) de verschillende wijzen waarop verbintenissen tenietgaan, alsmede de verjaring en het verval van rechten als gevolg van het verstrijken van een termijn;

e) de gevolgen van de nietigheid van de overeenkomst.

2. Ten aanzien van de wijze van nakoming en de door de schuldeiser in geval van tekortkoming te nemen maatregelen, wordt rekening gehouden met het recht van het land waar de overeenkomst wordt nagekomen.

Art. 13 Handelingsonbekwaamheid en handelingsonbevoegdheid

Bij een overeenkomst die is gesloten tussen personen die zich in eenzelfde land bevinden, kan een natuurlijke persoon die volgens het recht van dat land handelingsbekwaam en handelingsbevoegd is, zich slechts beroepen op het feit dat hij volgens het recht van een ander land handelingsonbekwaam en handelingsonbevoegd is, indien de wederpartij ten tijde van de sluiting van de overeenkomst deze onbekwaamheid of onbevoegdheid kende of door nalatigheid niet kende.

Art. 14 Cessie van vorderingen en contractuele subrogatie

1. De betrekkingen tussen cedent en cessionaris of tussen subrogant en gesubrogeerde uit hoofde van een contractuele subrogatie van een vordering op een andere persoon ("de schuldenaar") worden beheerst door het recht dat ingevolge deze verordening op de tussen hen bestaande overeenkomst van toepassing is.

2. Het recht dat de gecedeerde of gesubrogeerde vordering beheerst, bepaalt de vraag of de vordering voor cessie of subrogatie vatbaar is alsmede de betrekkingen tussen cessionaris of subrogant en schuldenaar, de voorwaarden waaronder de cessie of subrogatie aan de schuldenaar kan worden tegengeworpen en of de schuldenaar door betaling is bevrijd.

3. Het concept cessie in dit artikel omvat daadwerkelijke overdrachten van vorderingen, overdrachten van vorderingen tot zekerheid alsmede verpandingen en andere zekerheidsrechten op vorderingen.

Art. 15 Wettelijke subrogatie

Indien een persoon ("de schuldeiser") een vordering uit overeenkomst heeft jegens een andere persoon ("de schuldenaar") en een derde verplicht is de schuldeiser te voldoen, dan wel deze reeds door de derde op grond van deze verplichting is voldaan, bepaalt het recht dat op de verplichting van de derde van toepassing is, of en in welke mate de derde jegens de schuldenaar de rechten kan uitoefenen die de schuldeiser jegens de schuldenaar had overeenkomstig het recht dat hun betrekkingen beheerst.

Art. 16 Hoofdelijke schuldenaars

Indien een schuldeiser een vordering heeft op verscheidene, voor dezelfde schuldvordering aansprakelijke schuldenaars, van wie er één de vordering reeds geheel of ten dele heeft voldaan, dan beheerst het recht dat op de verbintenis van deze schuldenaar jegens de schuldeiser van toepassing is, het recht van regres van deze schuldenaar op de andere schuldenaren. De andere schuldenaren kunnen zich beroepen op de weren die zij tegen de schuldeiser zouden kunnen aanvoeren op grond van het recht dat hun verbintenissen jegens de schuldeiser beheerst.

Art. 17 Verrekening

Indien de bevoegdheid tot verrekening niet op een overeenkomst tussen de partijen berust, wordt de verrekening beheerst door het recht dat toepasselijk is op de vordering ten aanzien waarvan men zich op verrekening beroept.

Art. 18 Bewijs

1. Het recht dat ingevolge deze verordening de verbintenis uit overeenkomst beheerst, is van toepassing voor zover het ter zake van verbintenissen uit overeenkomst wettelijke vermoedens vestigt of de bewijslast regelt.

2. Rechtshandelingen kunnen worden bewezen door elk middel dat is toegelaten door het recht van de rechter of door een van de in artikel 11 bedoelde rechtsstelsels volgens hetwelk de rechtshandeling wat haar vorm betreft geldig is, voor zover het bewijs op deze wijze kan worden geleverd voor de rechter bij wie de zaak aanhangig is.

Hoofdstuk III Overige bepalingen

Art. 19 De gewone verblijfplaats

1. Voor de toepassing van deze verordening is de gewone verblijfplaats van vennootschappen, verenigingen of rechtspersonen de plaats van hun hoofdbestuur.

In deze verordening wordt onder de gewone verblijfplaats van een natuurlijk persoon bij de uitoefening van zijn bedrijfsactiviteit verstaan, de hoofdvestiging.

2. Indien de overeenkomst is gesloten in het kader van de uitoefening van de activiteiten van een filiaal, agentschap of andere vestiging of indien het filiaal, het agentschap of de vestiging volgens de overeenkomst verantwoordelijk is voor de uitvoering, wordt de plaats waar het filiaal, het agentschap of een vestiging zich bevindt, als de gewone verblijfplaats beschouwd.

3. Het tijdstip van sluiting van de overeenkomst is bepalend voor de vaststelling van de gewone verblijfplaats.

Art. 20 Uitsluiting van herverwijzing

Wanneer deze verordening de toepassing van het recht van een land voorschrijft, worden daaronder verstaan de rechtsregels die in dat land gelden met uitsluiting van het internationaal privaatrecht, tenzij in deze verordening anders wordt bepaald.

Art. 21 Openbare orde van het forum

De toepassing van een bepaling van het door deze verordening aangewezen recht kan slechts terzijde worden gesteld indien deze toepassing kennelijk onverenigbaar is met de openbare orde van het land van de rechter.

Art. 22 Staten met meer dan een rechtssysteem

1. In het geval een staat die meerdere territoriale eenheden telt welke ieder hun eigen rechtsregels inzake verbintenissen uit overeenkomst bezitten, wordt voor het bepalen van het overeenkomstig deze verordening toe te passen recht elke territoriale eenheid als een land beschouwd.

2. Een lidstaat die verschillende territoriale eenheden met eigen rechtsregels inzake verbintenissen uit overeenkomst telt, is niet verplicht deze verordening toe te passen op gevallen waarin uitsluitend rechtsregels van deze territoriale eenheden voor toepassing in aanmerking komen.

Art. 23 Verhouding tot andere bepalingen van Gemeenschapsrecht

Met uitzondering van artikel 7 laat deze verordening onverlet de toepassing van de in de bepalingen van het Gemeenschapsrecht vervatte en op bepaalde gebieden geldende regels inzake het toepasselijk recht op verbintenissen uit overeenkomst.

Art. 24 Verhouding tot het Verdrag van Rome

1. Deze verordening vervangt het Verdrag van Rome in de lidstaten, uitgezonderd ten aanzien van de grondgebieden van de lidstaten die onder de territoriale werkingssfeer van dat verdrag vallen en waarop deze verordening niet van toepassing is overeenkomstig artikel 299 van het Verdrag.

2. Voor zover deze verordening in de plaats komt van het Verdrag van Rome, geldt elke verwijzing naar dat verdrag als een verwijzing naar deze verordening.

Art. 25 Verhouding tot bestaande internationale verdragen

1. Deze verordening laat onverlet de toepassing van internationale overeenkomsten waarbij een of meer lidstaten op het tijdstip van de vaststelling van de verordening partij zijn en die regels bevatten inzake het toepasselijk recht op verbintenissen uit overeenkomst.

2. Deze verordening heeft echter tussen de lidstaten voorrang op uitsluitend tussen lidstaten gesloten overeenkomsten, voor zover deze betrekking hebben op aangelegenheden waarop deze verordening van toepassing is.

Art. 26 Lijst van overeenkomsten

1. De lijst van de in artikel 25, lid 1, bedoelde overeenkomsten wordt door de lidstaten uiterlijk op 17 juni 2009 aan de Commissie bezorgd. De lidstaten delen aan de Commissie elke na die datum gedane opzegging van een overeenkomst mee.

2. Binnen zes maanden na ontvangst van de in lid 1 bedoelde lijst van overeenkomsten en opzeggingen geeft de Commissie in het *Publicatieblad van de Europese Unie* kennis van:

a) een lijst van de in lid 1 bedoelde overeenkomsten;

b) de in lid 1 bedoelde opzeggingen.

Art. 27 Herzieningsclausule

1. Uiterlijk op 17 juni 2013 brengt de Commissie aan het Europees Parlement, de Raad en het Europees Economisch en Sociaal Comité verslag uit over de toepassing van deze verordening. Het verslag gaat zo nodig vergezeld van voorstellen tot wijziging van deze verordening. Het verslag omvat:

a) een studie over het recht dat van toepassing is op verzekeringsovereenkomsten en een beoordeling van de gevolgen van de eventueel in te voeren bepalingen, en

b) een evaluatie van de toepassing van artikel 6, met name wat betreft de samenhang van het Gemeenschapsrecht op het gebied van de consumentenbescherming.

2. Uiterlijk op 17 juni 2010 brengt de Commissie aan het Europees Parlement, de Raad en het Europees Economisch en Sociaal Comité verslag uit over het vraagstuk van de werking van een cessie of subrogatie van een vordering jegens derden en de voorrang van de gecedeerde of gesubrogeerde vordering boven een recht van een ander persoon. Het verslag gaat zo nodig vergezeld van een voorstel tot wijziging van deze verordening en een beoordeling van de gevolgen van de in te voeren bepalingen.

Art. 28 Toepassing in de tijd

Deze verordening is van toepassing op overeenkomsten die op of na 17 december 2009 zijn gesloten.

Hoofdstuk IV Slotbepalingen

Art. 29 Inwerkingtreding en toepassing

Deze verordening treedt in werking op de twintigste dag volgende op die van haar bekendmaking in het *Publicatieblad van de Europese Unie*.

Zij is van toepassing met ingang van 17 december 2009 met uitzondering van artikel 26 dat vanaf 17 juni 2009 van toepassing is.

Verordening (EG) nr. 864/2007 betreffende het recht dat van toepassing is op niet-contractuele verbintenissen (Rome II)

Verordening (EG) nr. 864/2007 van het Europees Parlement en de Raad van 11 juli 2007 betreffende het recht dat van toepassing is op niet-contractuele verbintenissen (Rome II)^1

HET EUROPEES PARLEMENT EN DE RAAD VAN DE EUROPESE UNIE,

Gelet op het Verdrag tot oprichting van de Europese Gemeenschap, en met name op artikel 61, onder c), en artikel 67,

Gezien het voorstel van de Commissie,

Gezien het advies van het Europees Economisch en Sociaal Comité^2,

Handelend volgens de procedure van artikel 251 van het Verdrag en gezien de gemeenschappelijke tekst die op 25 juni 2007 door het Bemiddelingscomité is goedgekeurd^3,

Overwegende hetgeen volgt:

(1) De Europese Unie heeft zich ten doel gesteld een ruimte van vrijheid, veiligheid en rechtvaardigheid te handhaven en te ontwikkelen. Met het oog op geleidelijke totstandbrenging van een dergelijke ruimte dient de Gemeenschap onder meer de maatregelen op het gebied van de justitiële samenwerking in burgerlijke zaken vast te stellen die voor de goede werking van de interne markt nodig zijn.

(2) Overeenkomstig artikel 65, onder b), van het Verdrag omvatten deze maatregelen maatregelen ter bevordering van de verenigbaarheid van de in de lidstaten geldende regels voor toepasselijk recht en jurisdictie.

(3) Tijdens de bijeenkomst in Tampere van 15 en 16 oktober 1999 heeft de Europese Raad bevestigd dat het beginsel van wederzijdse erkenning van vonnissen en andere beslissingen van gerechtelijke autoriteiten de hoeksteen van de justitiële samenwerking in burgerrechtelijke zaken zou moeten worden, en de Commissie en de Raad verzocht een pakket maatregelen vast te stellen om gestalte te geven aan dit beginsel.

(4) Op 30 november 2000 heeft de Raad een programma van maatregelen voor de uitvoering van het beginsel van wederzijdse erkenning van beslissingen in burgerlijke en handelszaken aangenomen^4. In dit programma worden de maatregelen voor de harmonisatie van de collisieregels aangemerkt als maatregelen die de wederzijdse erkenning van beslissingen helpen te bevorderen.

(5) In het op 5 november 2004 door de Europese Raad goedgekeurde Haagse Programma^5 wordt opgeroepen om voortvarend verder te werken aan het conflictenrecht inzake niet-contractuele verbintenissen ("Rome II").

(6) De goede werking van de interne markt vereist, ter bevordering van de voorspelbaarheid van de uitslag van rechtsgedingen, de rechtszekerheid en het vrije verkeer van vonnissen, dat de in de lidstaten geldende collisieregels hetzelfde nationale recht aanwijzen, ongeacht bij welke rechter het geding aanhangig wordt gemaakt.

(7) Het materiële toepassingsgebied en de bepalingen van de verordening moeten stroken met Verordening (EG) nr. 44/2001 van de Raad van 22 december 2000 betreffende de rechterlijke bevoegdheid, de erkenning en de tenuitvoerlegging van beslissingen in burgerlijke en handelszaken^6 ("Brussel I") en met de instrumenten betreffende het recht dat van toepassing is op verbintenissen uit overeenkomst.

(8) Deze verordening is van toepassing ongeacht de aard van het aangezochte gerecht.

(9) Onder vorderingen wegens *acta iure imperii* dienen ook te vallen vorderingen jegens ambtenaren die namens de staat optreden, alsmede de aansprakelijkheid van publieke autori-

---

1 Inwerkingtredingsdatum: 11-01-2009. Zie art. 32.

2 PB C 241 van 28.9.2004, blz. 1.

3 Advies van het Europees Parlement van 6 juli 2005 (PB C 157 E van 6.7.2006, blz. 371), gemeenschappelijk standpunt van de Raad van 25 september 2006 (PB C 289 E van 28.11.2006, blz. 68), standpunt van het Europees Parlement van 18 januari 2007 (nog niet bekendgemaakt in het Publicatieblad), wetgevingsresolutie van het Europees Parlement van 10 juli 2007 en besluit van de Raad van 28 juni 2007.

4 PB C 12 van 15.1.2001, blz. 1.

5 PB C 53 van 3.3.2005, blz. 1.

6 PB L 12 van 16.1.2001, blz. 1. Verordening laatstelijk gewijzigd bij Verordening (EG) nr. 1791/2006 (PB L 363 van 20.12.2006, blz. 1).

teiten, waaronder begrepen van overheidswege benoemde ambtsdragers. Zulke vorderingen vallen dus ook buiten het toepassingsgebied van de verordening.

(10) Familierechtelijke betrekkingen omvatten bloedverwantschap, huwelijk en aanverwantschap. De verwijzing in artikel 1, lid 2, naar relatievormen die met het huwelijk en andere familierechtelijke betrekkingen vergelijkbare gevolgen hebben, zal worden uitgelegd overeenkomstig het recht van de lidstaat waar de zaak aanhangig wordt gemaakt.

(11) Het begrip "niet-contractuele verbintenis" verschilt per lidstaat. Derhalve dient het in deze verordening als een autonoom begrip te worden opgevat. De in deze verordening vastgestelde collisieregels dienen ook voor nietcontractuele verbintenissen wegens risicoaansprakelijkheid te gelden.

(12) Het recht dat van toepassing is dient tevens de vraag naar de mogelijkheid om aansprakelijk te worden gehouden uit onrechtmatige daad, te beheersen.

(13) Eenvormige regels die worden toegepast ongeacht het recht dat zij aanwijzen, kunnen concurrentievervalsing tussen communautaire justitiabelen voorkomen.

(14) De eis van rechtszekerheid en de noodzaak om recht te doen in individuele gevallen zijn wezenlijke onderdelen van een ruimte van rechtvaardigheid. Deze verordening voorziet in de aanknopingsfactoren die het meest geschikt zijn om deze doelstellingen te verwezenlijken. Derhalve schrijft deze verordening een algemene regel voor, maar voorziet zij ook in specifieke regels en, in sommige bepalingen, in een "ontsnappingsclausule" waardoor mag afgeweken worden van deze regels voor het geval dat uit alle omstandigheden van het geval blijkt dat de onrechtmatige daad een kennelijk nauwere band heeft met een andere lidstaat. Dit geheel van regels schept aldus een flexibel kader van collisieregels. Eveneens kunnen de rechtbanken waarbij individuele geschillen aanhangig zijn gemaakt, deze op een passende wijze behandelen.

(15) Weliswaar is de *lex loci delicti commissi* in nagenoeg alle lidstaten het basisbeginsel met betrekking tot nietcontractuele verbintenissen, maar indien de elementen van de zaak verspreid zijn over meerdere lidstaten, leidt de concrete toepassing van dit principe niettemin tot verschillende oplossingen. Dit zorgt voor rechtsonzekerheid.

(16) Eenvormigheid van de regels moet de voorspelbaarheid van rechterlijke uitspraken vergroten en een redelijk evenwicht garanderen tussen de belangen van de persoon die aansprakelijk wordt gesteld, en die van de persoon die schade lijdt. De aanknoping met het land van de plaats waar de directe schade zich heeft voorgedaan (*lex loci damni*), zorgt voor een billijk evenwicht tussen de belangen van de persoon die aansprakelijk wordt gesteld, en van de persoon die schade lijdt, en ligt tevens in de lijn van de moderne opvatting van het aansprakelijkheidsrecht en van de ontwikkeling van stelsels van risicoaansprakelijkheid.

(17) Het toepasselijke recht moet worden bepaald volgens de plaats waar de schade zich voordoet, ongeacht in welke landen de indirecte gevolgen van de gebeurtenis zich voordoen. In geval van letselschade en vermogensschade moet bijgevolg het land waar het letsel of de materiële schade is opgelopen, gelden als het land waar de schade zich voordoet.

(18) Zoals bepaald in artikel 4, lid 1, is de algemene regel in deze verordening de *lex loci damni*. Artikel 4, lid 2, dat beschouwd moet worden als een uitzondering op dit algemene beginsel, geeft voor het geval dat beide partijen hun gewone verblijfplaats in hetzelfde land hebben, een bijzonder aanknopingspunt. Artikel 4, lid 3, dient te worden opgevat als een ontsnappingsclausule ten opzichte van artikel 4, leden 1 en 2, voor het geval dat uit alle omstandigheden van het geval blijkt dat de onrechtmatige daad een kennelijk nauwere band heeft met een andere lidstaat.

(19) Er dient te worden voorzien in specifieke regels voor bijzondere soorten van onrechtmatige daden waarvoor op grond van de algemene regel geen billijk evenwicht kan worden bereikt tussen de in het geding zijnde belangen.

(20) Inzake productaansprakelijkheid moet de collisieregel beantwoorden aan doelstellingen zoals een billijke verdeling van de risico's die verbonden zijn aan een moderne, technisch geavanceerde samenleving, bescherming van de gezondheid van de consument, bevordering van innovatie, het garanderen van niet-vervalste concurrentie en vergemakkelijking van het handelsverkeer. Een systeem van hiërarchisch geordende aanknopingspunten, in combinatie met een clausule inzake voorspelbaarheid, biedt in het licht van deze doelstellingen een evenwichtige oplossing. Het eerste element waarmee rekening wordt gehouden is het recht van het land waar degene die schade lijdt, zijn gewone verblijfplaats had op het tijdstip dat de schade zich voordeed, mits het product in dat land op de markt is gebracht. Onverminderd het bepaalde in artikel 4, lid 2, en de mogelijkheid dat er een klaarblijkelijk nauwere samenhang met een ander land bestaat, treden de andere elementen van de hiërarchie in werking indien het product niet in dat land op de markt is gebracht.

(21) De bijzondere regel in artikel 6 vormt geen uitzondering op de algemene regel in artikel 4, lid 1, maar juist een verduidelijking daarvan. Inzake oneerlijke concurrentie dient de collisieregel bescherming te bieden aan concurrenten, consumenten en het publiek in het algemeen en tevens garant te staan voor het goed functioneren van de markteconomie. Deze doelstellingen zijn in het algemeen te bereiken door aanknoping bij het recht van het land waar de concurren-

tieverhoudingen dan wel de gezamenlijke belangen van de consumenten worden of dreigen te worden aangetast.

(22) Onder niet-contractuele verbintenissen die voortvloeien uit beperking van de mededinging, in de zin van artikel 6, lid 3, moeten zowel inbreuken op nationale als op communautaire mededingingsregels worden verstaan. Het recht dat op dergelijke niet-contractuele verbintenissen van toepassing is, is het recht van het land waar de markt wordt of waarschijnlijk wordt beïnvloed. In het geval dat de markt in meer dan een land wordt beïnvloed of waarschijnlijk wordt beïnvloed, mag de persoon die schadevergoeding vordert, in bepaalde omstandigheden echter verkiezen zijn vordering te gronden op het recht van het gerecht waarbij hij het geschil aanhangig heeft gemaakt.

(23) Voor de doeleinden van deze verordening moet het concept van beperking van de mededinging betrekking hebben op overeenkomsten tussen ondernemingen, besluiten van ondernemersverenigingen en onderling afgestemde feitelijke gedragingen die ertoe strekken of ten gevolge hebben dat de mededinging binnen een lidstaat of op de interne markt wordt verhinderd, beperkt of vervalst, alsmede het misbruiken van een machtspositie in een lidstaat of op de interne markt, voor zover dergelijke overeenkomsten, besluiten, onderling afgestemde feitelijke gedragingen of misbruiken verboden zijn krachtens de artikelen 81 en 82 van het Verdrag of krachtens het recht van een lidstaat.

(24) Onder "milieuschade" moet worden begrepen een negatieve verandering in de natuurlijke rijkdommen zoals water, land of lucht, of een aantasting van een functie die een natuurlijke rijkdom vervult ten behoeve van een andere natuurlijke rijkdom of het publiek, alsmede een aantasting van de verscheidenheid van levende organismen.

(25) Met betrekking tot milieuschade vormt artikel 174 van het Verdrag — dat een hoog niveau van bescherming voorschrijft, berustend op het voorzorgsbeginsel en het beginsel van preventief handelen, het beginsel dat milieuaantastingen bij voorrang aan de bron dienen te worden bestreden, en het beginsel dat de vervuiler betaalt — een afdoende verantwoording voor de toepassing van het beginsel van voorrang voor de persoon die schade lijdt. De vraag op welk tijdstip degene die schadevergoeding vordert het toepasselijke recht kan kiezen, dient te worden beantwoord aan de hand van het recht van de lidstaat van de aangezochte rechter.

(26) Ten aanzien van inbreuken op intellectuele-eigendomsrechten dient het algemeen erkende beginsel *lex loci protectionis* te worden gehandhaafd. Voor de toepassing van de onderhavige verordening worden onder intellectuele-eigendomsrechten bijvoorbeeld verstaan het auteursrecht, de naburige rechten, het recht *sui generis* inzake de bescherming van gegevensbestanden, en de industriële-eigendomsrechten.

(27) De precieze inhoud van het begrip collectieve actie — bijvoorbeeld een staking of uitsluiting — verschilt van lidstaat tot lidstaat en wordt door de interne regels van elke lidstaat bepaald. Daarom wordt in deze verordening als algemeen beginsel aangehouden dat, ter bescherming van de rechten en verplichtingen van werknemers en werkgevers, het recht van het land waar de actie is ondernomen, van toepassing is.

(28) De bijzondere regel in artikel 9 inzake collectieve acties laat de voorwaarden betreffende het voeren van zulke acties, overeenkomstig het nationale recht en de in het nationale recht van de lidstaten geldende rechtspositie van de representatieve werknemersorganisaties of vakbonden, onverlet.

(29) Er dient te worden voorzien in regels voor gevallen waarin schade wordt veroorzaakt door een feit dat geen onrechtmatige daad is, zoals ongerechtvaardigde verrijking, zaakwaarneming of precontractuele aansprakelijkheid.

(30) Precontractuele aansprakelijkheid is, voor de toepassing van deze verordening, een autonoom begrip, dat niet noodzakelijkerwijs in de zin van het nationale recht dient te worden geïnterpreteerd. Het dient mede te omvatten het achterhouden van informatie en het afbreken van onderhandelingen. Artikel 12 geldt uitsluitend voor nietcontractuele verbintenissen die rechtstreeks samenhangen met de onderhandelingen voorafgaand aan de sluiting van een overeenkomst. Dit betekent dat, indien iemand tijdens de onderhandelingen letsel oploopt, artikel 4 of andere ter zake dienende bepalingen van de verordening op hem van toepassing zijn.

(31) Om het beginsel van de autonomie van de partijen te eerbiedigen, alsook ter wille van de rechtszekerheid, moeten de partijen kunnen kiezen welk recht op een nietcontractuele verbintenis van toepassing is. Deze keuze dient uitdrukkelijk te worden gedaan, dan wel met redelijke zekerheid door de omstandigheden van het geval aangetoond te worden. Bij het vaststellen van het bestaan van de overeenstemming, dient de rechter de intentie van de partijen te eerbiedigen. Om zwakke partijen te beschermen, moeten aan deze vrije rechtskeuze bepaalde voorwaarden worden verbonden.

(32) Om redenen van algemeen belang is het gerechtvaardigd dat de rechters van de lidstaten zich in uitzonderlijke omstandigheden kunnen beroepen op rechtsfiguren zoals de exceptie van openbare orde en op bepalingen van bijzonder dwingend recht. Met name kan de toepassing van een bepaling van het door deze verordening aangewezen recht, die zou leiden tot de toe-

kenning van bovenmatige niet compensatoire of punitieve schadevergoeding, afhankelijk van de omstandigheden van de zaak en de rechtsorde van de lidstaat van de rechter, worden beschouwd als zijnde in strijd met de openbare orde van het land van de rechter.

(33) Overeenkomstig de huidige nationale regels inzake aan slachtoffers van verkeersongevallen toegekende schadevergoedingen, moet het aangezochte gerecht bij de begroting van de schade bij persoonlijk letsel in gevallen waarin het ongeval heeft plaatsgevonden in een andere staat dan die van de gewone verblijfplaats van het slachtoffer, rekening houden met alle relevante feitelijke omstandigheden van het slachtoffer in kwestie, in het bijzonder met de werkelijke kosten van nazorg en medische verzorging.

(34) Om een billijk evenwicht tussen de partijen te bereiken moet in passende mate rekening wordt gehouden met de veiligheidsvoorschriften en gedragsregels die gelden in het land waar het schadeveroorzakende feit is gepleegd, zelfs indien op de niet-contractuele verbintenis het recht van een ander land van toepassing is. Onder "veiligheidsvoorschriften en gedragsregels" dienen alle regelingen te worden verstaan die op enigerlei wijze met veiligheid en gedrag verband houden, bijvoorbeeld ook, in geval van ongelukken, de verkeersveiligheid.

(35) Voorkomen dient te worden dat collisieregels over verschillende instrumenten worden verspreid en dat deze regels onderling afwijken. Deze verordening belet evenwel niet dat in bepalingen van Gemeenschapsrecht op bepaalde gebieden collisieregels betreffende nietcontractuele verbintenissen worden opgenomen.

Deze verordening moet de toepassing onverlet laten van andere instrumenten waarin voorschriften ten behoeve van de goede werking van de interne markt zijn vervat, voor zover deze voorschriften niet in combinatie met het door de regels van deze verordening aangewezen recht kunnen worden toegepast. De toepassing van bepalingen van het recht dat door deze verordening als toepasselijk is aangewezen, mag niet in de weg staan aan het vrije verkeer van goederen en diensten neergelegd in Gemeenschapsinstrumenten zoals Richtlijn 2000/31/EG van het Europees Parlement en de Raad van 8 juni 2000 betreffende bepaalde juridische aspecten van de diensten van de informatiemaatschappij, met name de elektronische handel, in de interne markt ("Richtlijn inzake elektronische handel")^7.

(36) De eerbiediging van de internationale verplichtingen van de lidstaten vereist dat deze verordening internationale verdragen en internationale overeenkomsten waarbij op het tijdstip van de vaststelling van deze verordening één of meer lidstaten partij zijn, onverlet laat. Om de geldende regels toegankelijker te maken, zal de Commissie aan de hand van de gegevens die de lidstaten haar doorgeven, de lijst van de betrokken overeenkomsten bekendmaken in het *Publicatieblad van de Europese Unie*.

(37) De Commissie zal het Europees Parlement en de Raad een voorstel voorleggen over de procedures en voorwaarden volgens welke de lidstaten het recht hebben om in afzonderlijke en uitzonderlijke gevallen en met betrekking tot sectorale aangelegenheden zelf met derde landen over overeenkomsten te onderhandelen en overeenkomsten houdende bepalingen betreffende het recht dat van toepassing is op niet-contractuele verbintenissen te sluiten.

(38) Aangezien de doelstelling van deze verordening niet voldoende door de lidstaten kan worden verwezenlijkt en derhalve vanwege de omvang en de gevolgen van deze verordening beter door de Gemeenschap kan worden verwezenlijkt, kan de Gemeenschap overeenkomstig het in artikel 5 van het Verdrag neergelegde subsidiariteitsbeginsel maatregelen nemen. Overeenkomstig het in hetzelfde artikel neergelegde evenredigheidsbeginsel gaat deze verordening niet verder dan wat nodig is om deze doelstelling te bereiken.

(39) Overeenkomstig artikel 3 van het Protocol betreffende de positie van het Verenigd Koninkrijk en Ierland, dat aan het Verdrag betreffende de Europese Unie en aan het Verdrag tot oprichting van de Europese Gemeenschap is gehecht, hebben het Verenigd Koninkrijk en Ierland laten weten dat zij wensen deel te nemen aan de aanneming en de toepassing van deze verordening.

(40) Overeenkomstig de artikelen 1 en 2 van het Protocol betreffende de positie van Denemarken, dat aan het Verdrag betreffende de Europese Unie en het Verdrag tot oprichting van de Europese Gemeenschap is gehecht, neemt Denemarken niet deel aan de aanneming van deze verordening, die dus niet verbindend is voor, noch van toepassing is op deze lidstaat,

HEBBEN DE VOLGENDE VERORDENING VASTGESTELD:

Hoofdstuk I
Toepassingsgebied

Art. 1 Toepassingsgebied

1. Deze verordening is, in de gevallen waarin tussen de rechtsstelsels van verschillende landen moet worden gekozen, van toepassing op niet-contractuele verbintenissen in burgerlijke en in handelszaken. Zij is in het bijzonder niet van toepassing op fiscale zaken, douanezaken en ad-

---

7 PB L 178 van 17.7.2000, blz. 1.

Toepassingsgebied

ministratiefrechtelijke zaken, noch op de aansprakelijkheid van de staat wegens een handeling of nalaten in de uitoefening van het openbaar gezag (*acta jure imperii*).

2. Uitgesloten van het toepassingsgebied van deze verordening zijn:

a) niet-contractuele verbintenissen die voortvloeien uit familierechtelijke betrekkingen of uit betrekkingen die overeenkomstig het op deze betrekkingen toepasselijke recht vergelijkbare gevolgen hebben, waaronder begrepen onderhoudsverplichtingen;

b) niet-contractuele verbintenissen die voortvloeien uit het huwelijksvermogensrecht, uit het vermogensrecht met betrekking tot relatievormen die overeenkomstig het op deze relatievormen toepasselijke recht met het huwelijk vergelijkbare gevolgen hebben, of uit het erfrecht;

c) niet-contractuele verbintenissen die voortvloeien uit wisselbrieven, cheques, orderbriefjes of andere verhandelbare waardepapieren, voor zover de verbintenissen uit deze andere papieren het gevolg zijn van de verhandelbaarheid;

d) niet-contractuele verbintenissen die voortvloeien uit het recht inzake vennootschappen, verenigingen en rechtspersonen, zoals de oprichting door registratie of anderszins, de rechtsen handelingsbevoegdheid, het inwendige bestel en de ontbinding van vennootschappen, verenigingen en rechtspersonen, de persoonlijke aansprakelijkheid van de vennoten en de leden van de organen voor de schulden van de vennootschap, vereniging of rechtspersoon, en de persoonlijke aansprakelijkheid van de accountants jegens een vennootschap of de leden van haar organen voor de wettelijke controle op de boekhoudkundige bescheiden;

e) niet-contractuele verbintenissen die voortvloeien uit de betrekkingen tussen de oprichters, de trustees en de begunstigden van een trust die vrijwillig in het leven is geroepen;

f) niet-contractuele verbintenissen die voortvloeien uit een kernongeval;

g) niet-contractuele verbintenissen die voortvloeien uit een inbreuk op de persoonlijke levenssfeer of op de persoonlijkheidsrechten, waaronder begrepen smaad.

3. Onverminderd de artikelen 21 en 22 is deze verordening niet van toepassing op de bewijsvoering en de rechtspleging.

4. In deze verordening wordt onder "lidstaat" verstaan iedere lidstaat, behalve Denemarken.

Art. 2 Niet-contractuele verbintenissen

Niet-contractuele verbintenissen

1. In deze verordening wordt onder schade verstaan ieder gevolg dat voortvloeit uit onrechtmatige daad, ongerechtvaardigde verrijking, zaakwaarneming of precontractuele aansprakelijkheid.

2. Deze verordening is tevens van toepassing op de nietcontractuele verbintenis die dreigt te ontstaan.

3. In deze verordening wordt mede verstaan onder:

a) schadeveroorzakende gebeurtenis, de schadeveroorzakende gebeurtenis die zich dreigt voor te doen;

b) schade, de schade die dreigt te ontstaan.

Art. 3 Universeel karakter

Universeel karakter

Het door deze verordening aangewezen recht is van toepassing, ongeacht of dit het recht van een lidstaat is.

Hoofdstuk II Onrechtmatige daad

Art. 4 Algemene regel

Algemene regel

1. Tenzij in deze verordening anders bepaald, is het recht dat van toepassing is op een onrechtmatige daad het recht van het land waar de schade zich voordoet, ongeacht in welk land de schadeveroorzakende gebeurtenis zich heeft voorgedaan en ongeacht in welke landen de indirecte gevolgen van die gebeurtenis zich voordoen.

2. Indien evenwel degene wiens aansprakelijkheid in het geding is, en degene die schade lijdt, beiden hun gewone verblijfplaats in hetzelfde land hebben op het tijdstip waarop de schade zich voordoet, is het recht van dat land van toepassing.

3. Indien uit het geheel der omstandigheden blijkt dat de onrechtmatige daad een kennelijk nauwere band heeft met een ander dan het in de leden 1 en 2 bedoelde land, is het recht van dat andere land van toepassing. Een kennelijk nauwere band met een ander land zou met name kunnen berusten op een reeds eerder bestaande, nauw met de onrechtmatige daad samenhangende betrekking tussen de partijen, zoals een overeenkomst.

Art. 5 Productaansprakelijkheid

Productaansprakelijkheid

1. Onverminderd artikel 4, lid 2, wordt de niet-contractuele verbintenis die voortvloeit uit de door een product veroorzaakte schade, beheerst door:

a) het recht van het land waar degene die schade lijdt, op het tijdstip waarop de schade zich voordeed zijn gewone verblijfplaats had, indien het product in dat land op de markt is gebracht;

b) subsidiair, het recht van het land waar het product is verkregen, indien het product in dat land op de markt is gebracht;

c) subsidiair, het recht van het land waar de schade zich heeft voorgedaan, indien het product in dat land op de markt is gebracht.

Indien echter de persoon wiens aansprakelijkheid in het geding is, redelijkerwijs niet kon voorzien dat het product, of een soortgelijk product, in het respectievelijk onder a), b) en c) bedoelde land op de markt zou worden gebracht, is het recht van het land waar hij zijn gewone verblijfplaats heeft, van toepassing.

2. Indien uit het geheel der omstandigheden blijkt dat de onrechtmatige daad een kennelijk nauwere band heeft met een ander dan het in lid 1 bedoelde land, is het recht van dat andere land van toepassing. Een kennelijk nauwere band met een ander land zou met name kunnen berusten op een reeds eerder bestaande nauw met de onrechtmatige daad samenhangende betrekking tussen de partijen, zoals een overeenkomst.

Art. 6 Oneerlijke concurrentie en daden die de vrije concurrentie beperken

1. De niet-contractuele verbintenis die voortvloeit uit een daad van oneerlijke concurrentie, wordt beheerst door het recht van het land waar de concurrentieverhoudingen of de collectieve belangen van de consumenten worden geschaad of dreigen te worden geschaad.

2. In het geval dat een daad van oneerlijke concurrentie uitsluitend de belangen van een bepaalde concurrent schaadt, is artikel 4 van toepassing.

3.

a) De niet-contractuele verbintenis die uit een beperking van de mededinging voortvloeit, wordt beheerst door het recht van het land waarvan de markt beïnvloed wordt of waarschijnlijk beïnvloed wordt.

b) Wanneer de markt beïnvloed wordt of waarschijnlijk beïnvloed wordt in meer dan één land, mag de persoon die schadevergoeding vordert bij het gerecht van de woonplaats van de verweerder, echter verkiezen zijn vordering te gronden op het recht van het gerecht waarbij hij het geschil aanhangig heeft gemaakt, mits de markt in die lidstaat een van de markten is die rechtstreeks en aanzienlijk beïnvloed worden door de beperking van de mededinging waaruit de niet-contractuele verbintenis voortvloeit waarop de vordering is gebaseerd. Wanneer de eiser, overeenkomstig de toepasselijke regels betreffende de rechterlijke bevoegdheid, meer dan één verweerder voor dat gerecht daagt, kan hij uitsluitend kiezen om zijn vordering op het recht van dat gerecht te gronden indien de beperking van de mededinging, waarop de vordering tegen elk van deze verweerders berust, ook de markt van de lidstaat van dat gerecht rechtstreeks en aanzienlijk beïnvloedt.

4. Van het recht dat krachtens dit artikel van toepassing is, kan niet bij overeenkomst op grond van artikel 14 worden afgeweken.

Art. 7 Milieuschade

De niet-contractuele verbintenis die voortvloeit uit milieuschade dan wel uit letsel- of vermogensschade als gevolg van milieuschade, wordt door het overeenkomstig artikel 4, lid 1, bepaalde recht beheerst, tenzij de persoon die schadevergoeding vordert besluit zijn vordering te baseren op het recht van het land waar de schadeveroorzakende gebeurtenis zich heeft voorgedaan.

Art. 8 Inbreuk op intellectuele-eigendomsrechten

1. De niet-contractuele verbintenis die voortvloeit uit een inbreuk op een intellectuele-eigendomsrecht, wordt beheerst door het recht van het land waarvoor de bescherming wordt gevorderd.

2. De niet-contractuele verbintenis die voortvloeit uit een inbreuk op een unitair communautair intellectueleeigendomsrecht, wordt, voor alle aangelegenheden die niet door het desbetreffende communautaire instrument zijn geregeld, beheerst door het recht van het land waar de inbreuk is gepleegd.

3. Van het recht dat krachtens dit artikel van toepassing is, kan niet bij overeenkomst op grond van artikel 14 worden afgeweken.

Art. 9 Collectieve actie bij arbeidsconflicten

Onverminderd artikel 4, lid 2, wordt de niet-contractuele verbintenis, ten aanzien van de aansprakelijkheid van een persoon als werknemer of werkgever of van de organisaties die zijn beroepsbelangen vertegenwoordigen voor de schade veroorzaakt door een aanstaande of reeds gevoerde collectieve actie, beheerst door het recht van het land waar de actie zal plaatsvinden of heeft plaatsgevonden.

Hoofdstuk III Ongerechtvaardigde verrijking, zaakwaarneming en precontractuele aansprakelijkheid

Art. 10 Ongerechtvaardigde verrijking

1. De niet-contractuele verbintenis die voortvloeit uit ongerechtvaardigde verrijking, waaronder begrepen onverschuldigde betaling, en die tevens verband houdt met een bestaande, nauw met die ongerechtvaardigde verrijking samenhangende betrekking tussen de partijen, zoals een overeenkomst of een onrechtmatige daad, wordt beheerst door het recht dat op die betrekking van toepassing is.

2. In het geval dat het toepasselijke recht niet op grond van lid 1 kan worden bepaald en de partijen, op het tijdstip van de gebeurtenis die de ongerechtvaardigde verrijking veroorzaakt, hun gewone verblijfplaats in hetzelfde land hebben, is het recht van dat land van toepassing.

3. Indien het toepasselijke recht niet op grond van de leden 1 en 2 kan worden bepaald, wordt de niet-contractuele verbintenis beheerst door het recht van het land waar de ongerechtvaardigde verrijking zich voordoet.

4. Indien uit het geheel der omstandigheden blijkt dat de nietcontractuele verbintenis die uit de ongerechtvaardigde verrijking voortvloeit, een kennelijk nauwere band heeft met een ander dan het respectievelijk in de leden 1, 2 en 3 bedoelde land, is het recht van dat andere land van toepassing.

Art. 11 Zaakwaarneming

Zaakwaarneming

1. Op de niet-contractuele verbintenis die uit zaakwaarneming voortvloeit en die tevens verband houdt met een reeds eerder bestaande, nauw met die niet-contractuele verbintenis samenhangende betrekking tussen de partijen, zoals een overeenkomst of een onrechtmatige daad, is het recht dat die betrekking beheerst, van toepassing.

2. Indien het toepasselijke recht niet op grond van lid 1 kan worden bepaald en de partijen hun gewone verblijfplaats in hetzelfde land hebben op het tijdstip waarop de schade veroorzakende gebeurtenis zich voordoet, is het recht van dat land van toepassing.

3. Indien het toepasselijke recht niet op grond van de leden 1 en 2 kan worden bepaald, wordt de niet-contractuele verbintenis beheerst door het recht van het land waar de zaakwaarneming heeft plaatsgevonden.

4. Indien uit het geheel der omstandigheden blijkt dat de nietcontractuele verbintenis die uit zaakwaarneming voortvloeit, een kennelijk nauwere band heeft met een ander dan het in de leden 1 tot en met 3 bedoelde land, is het recht van dat andere land van toepassing.

Art. 12 Precontractuele aansprakelijkheid

Precontractuele aansprakelijkheid

1. De niet-contractuele verbintenis die voortvloeit uit onderhandelingen voorafgaand aan het sluiten van een overeenkomst, wordt, ongeacht of de overeenkomst al dan niet daadwerkelijk is gesloten, beheerst door het recht dat van toepassing is op de overeenkomst of dat op de overeenkomst van toepassing zou zijn geweest indien zij was gesloten.

2. Het toepasselijke recht is, indien het niet op grond van lid 1 kan worden bepaald:

a) het recht van het land waar de schade zich voordoet, ongeacht in welk land de schadeveroor-zakende gebeurtenis zich heeft voorgedaan en ongeacht in welke landen de indirecte gevolgen van die gebeurtenis zich hebben voorgedaan, of

b) het recht van het land waar de partijen beiden hun gewone verblijfplaats hebben op het tijdstip waarop de schadeveroorzakende gebeurtenis zich voordoet, of,

c) indien uit het geheel der omstandigheden blijkt dat de nietcontractuele verbintenis die voortvloeit uit onderhandelingen voorafgaand aan het sluiten van een overeenkomst, een kennelijk nauwere band heeft met een ander dan het onder a) en b) bedoelde land, is het recht van dat andere land van toepassing.

Art. 13 Toepasselijkheid van artikel 8

Toepasselijkheid van artikel 8

Voor de toepassing van dit hoofdstuk is artikel 8 van toepassing op de niet-contractuele verbintenis die voortvloeit uit een inbreuk op een intellectuele-eigendomsrecht.

Hoofdstuk IV Rechtskeuze door de partijen

Art. 14 Rechtskeuze door de partijen

Rechtskeuze door de partijen

1. Partijen kunnen overeenkomen om niet-contractuele verbintenissen aan het door hen gekozen recht te onderwerpen:

a) bij overeenkomst die zij sluiten nadat de schadeveroorzakende gebeurtenis zich heeft voorgedaan, of,

b) indien elk van hen handelsactiviteiten verricht, tevens bij een beding dat zij vrijelijk overeengekomen zijn voordat de schadeveroorzakende gebeurtenis zich heeft voorgedaan.

De keuze moet uitdrukkelijk geschieden of voldoende duidelijk blijken uit de omstandigheden van het geval. De keuze laat de rechten van derden onverlet.

2. Indien alle op het tijdstip van de schadeveroorzakende gebeurtenis mogelijke aanknopingspunten zich in een ander land bevinden dan dat waarvan het recht is gekozen, laat de rechtskeuze de toepassing van de rechtsregels van dat andere land, waarvan niet bij overeenkomst kan worden afgeweken, onverlet.

3. Indien alle op het tijdstip van de schadeveroorzakende gebeurtenis mogelijke aanknopingspunten zich in één of meer lidstaten bevinden, laat de keuze door de partijen van het recht van een niet-lidstaat de toepassing van de bepalingen van het Gemeenschapsrecht waarvan niet bij overeenkomst kan worden afgeweken, in voorkomend geval zoals deze in de lidstaat van de rechter zijn geïmplementeerd, onverlet.

Hoofdstuk V Gemeenschappelijke regels

Art. 15 Werkingssfeer van het toepasselijke recht

Het recht dat krachtens deze verordening op de niet-contractuele verbintenis van toepassing is, regelt met name:

a) de grond en de omvang van de aansprakelijkheid, waaronder begrepen het vaststellen wie voor een handeling aansprakelijk gesteld kan worden;

b) de gronden tot uitsluiting van aansprakelijkheid, alsook elke beperking en verdeling van de aansprakelijkheid;

c) het bestaan, de aard en de begroting van de schade of het gevorderde;

d) de maatregelen die de rechter, binnen de grenzen van zijn procesrechtelijke bevoegdheid, kan treffen om letsel of schade te voorkomen, te beperken of te laten vergoeden;

e) de mogelijkheid tot overdracht van het recht om schadevergoeding of schadeloosstelling te eisen, waaronder begrepen erfopvolging;

f) het bepalen wie recht heeft op vergoeding van de persoonlijk geleden schade;

g) de aansprakelijkheid voor handelingen van anderen;

h) de wijze van tenietgaan van de verbintenis, alsmede de verjaring en het verval, waaronder begrepen de aanvang, de stuiting, en de schorsing van de verjarings- of vervaltermijn.

Art. 16 Bepalingen van bijzonder dwingend recht

De bepalingen van deze verordening laten onverlet de toepassing van de rechtsregels van het land van de rechter die, ongeacht het recht dat op de niet-contractuele verbintenis van toepassing is, ter zake een dwingend karakter hebben.

Art. 17 Veiligheidsvoorschriften en gedragsregels

Bij de beoordeling van het gedrag van de persoon wiens aansprakelijkheid in het geding is, moet feitelijk en in passende mate rekening worden gehouden met de veiligheidsvoorschriften en gedragsregels die van kracht zijn op het tijdstip en de plaats van de gebeurtenis welke de aansprakelijkheid veroorzaakt.

Art. 18 Rechtstreekse vordering op de verzekeraar van de aansprakelijke persoon

Degene die schade heeft geleden, kan zijn vordering rechtstreeks tegen de verzekeraar van de aansprakelijke persoon instellen, indien het op de niet-contractuele verbintenis toepasselijke recht of het op het verzekeringscontract toepasselijke recht hierin voorziet.

Art. 19 Subrogatie

In het geval dat een persoon ("de schuldeiser") een nietcontractuele vordering heeft jegens een andere persoon ("de schuldenaar") en een derde verplicht is de schuldeiser te voldoen of de schuldeiser reeds heeft voldaan, bepaalt het recht dat op de verplichting van de derde jegens de schuldeiser van toepassing is, of en in welke mate de derde tegen de schuldenaar de rechten kan uitoefenen die de schuldeiser jegens de schuldenaar heeft overeenkomstig het recht dat op hun betrekkingen van toepassing is.

Art. 20 Meervoudige aansprakelijkheid

In het geval dat een schuldeiser een vordering heeft op verscheidene voor dezelfde vordering aansprakelijke schuldenaren, van wie er één de schuld reeds geheel of gedeeltelijk heeft voldaan, wordt het recht van deze schuldenaar om van de andere schuldenaren vergoeding te eisen, beheerst door het recht dat van toepassing is op de niet-contractuele verbintenis van deze schuldenaar jegens de schuldeiser.

Art. 21 Vorm

Een eenzijdige rechtshandeling met betrekking tot een nietcontractuele verbintenis is naar de vorm geldig, indien zij voldoet aan de vormvereisten van het recht dat op de nietcontractuele verbintenis van toepassing is, of van het recht van het land waar deze rechtshandeling is verricht.

Art. 22 Bewijs

1. Het recht dat van toepassing is op de niet-contractuele verbintenis krachtens deze verordening is van toepassing voor zover het ter zake van niet-contractuele verbintenissen wettelijke vermoedens vestigt of de bewijslast regelt.

2. Rechtshandelingen kunnen worden bewezen door ieder middel dat is toegelaten door het recht van het land van de rechter of voor zover het bewijs kan worden geleverd voor de rechter bij wie de zaak aanhangig is, door een van de in artikel 21 bedoelde rechtsstelsels volgens hetwelk de rechtshandeling naar de vorm geldig is.

Hoofdstuk VI
Overige bepalingen

Art. 23 Gelijkstelling met de gewone verblijfplaats

Gelijkstelling met de gewone verblijfplaats

1. In deze verordening wordt onder de gewone verblijfplaats van een vennootschap, vereniging of rechtspersoon verstaan de plaats waar zich de hoofdvestiging bevindt.

Indien de schadeveroorzakende gebeurtenis of de schade zich voordoet bij de exploitatie van een dochteronderneming, bijkantoor of een andere vestiging, geldt de locatie van de dochteronderneming, het bijkantoor of de andere vestiging als gewone verblijfplaats.

2. In deze verordening wordt onder de gewone verblijfplaats van een natuurlijk persoon bij de uitoefening van zijn beroep verstaan de voornaamste plaats van bedrijvigheid.

Art. 24 Uitsluiting van herverwijzing

Uitsluiting van herverwijzing

Waar deze verordening de toepassing van het recht van een land voorschrijft, worden daaronder verstaan de rechtsregels die in dat land gelden, met uitsluiting van de regels van het internationale privaatrecht.

Art. 25 Staten met meerdere rechtsstelsels

Staten met meerdere rechtsstelsels

1. In het geval van een staat die meerdere territoriale eenheden telt welke ieder hun eigen rechtsregels inzake nietcontractuele verbintenissen bezitten, wordt voor het bepalen van het overeenkomstig deze verordening toe te passen recht elke territoriale eenheid als een land beschouwd.

2. Een lidstaat die verschillende territoriale eenheden met eigen rechtsregels inzake niet-contractuele verbintenissen telt, is niet verplicht deze verordening toe te passen in de gevallen waarin uitsluitend rechtsregels van deze territoriale eenheden voor toepassing in aanmerking komen.

Art. 26 Openbare orde van het land van de rechter

Openbare orde van het land van de rechter

De toepassing van een bepaling van het door deze verordening aangewezen recht kan slechts terzijde worden gesteld, indien deze toepassing kennelijk onverenigbaar is met de openbare orde van het land van de rechter.

Art. 27 Verhouding tot andere bepalingen van Gemeenschapsrecht

Verhouding tot andere bepalingen van Gemeenschapsrecht

Deze verordening laat onverlet de toepassing van de in de bepalingen van Gemeenschapsrecht vervatte en op bepaalde gebieden geldende regels inzake het toepasselijke recht op nietcontractuele verbintenissen.

Art. 28 Verhouding tot bestaande internationale overeenkomsten

Verhouding tot bestaande internationale overeenkomsten

1. Deze verordening laat onverlet de toepassing van internationale overeenkomsten waarbij één of meer lidstaten op het tijdstip van de vaststelling van de verordening partij zijn en die regels bevatten inzake het toepasselijke recht op niet-contractuele verbintenissen.

2. Deze verordening heeft echter tussen de lidstaten voorrang op uitsluitend tussen lidstaten gesloten overeenkomsten, voor zover deze betrekking hebben op aangelegenheden waarop deze verordening van toepassing is.

Hoofdstuk VII
Slotbepalingen

Art. 29 Lijst van overeenkomsten

Lijst van overeenkomsten

1. De lijst van de in artikel 28, lid 1, bedoelde overeenkomsten wordt door de lidstaten uiterlijk op 11 juli 2008 aan de Commissie bezorgd. Zij delen aan de Commissie elke na die datum gedane opzegging van een overeenkomst mee.

2. Binnen zes maanden na ontvangst ervan maakt de Commissie in het *Publicatieblad van de Europese Unie* bekend:

i) de in lid 1 bedoelde lijst van overeenkomsten;

ii) de opzeggingen van bovengenoemde overeenkomsten.

Art. 30 Herzieningsclausule

Herzieningsclausule

1. Uiterlijk op 20 augustus 2011 brengt de Commissie aan het Europees Parlement, de Raad en het Europees Economisch en Sociaal Comité verslag uit over de toepassing van deze verordening. Het verslag gaat indien nodig vergezeld van voorstellen tot aanpassing van deze verordening. Dit verslag bevat:

i) een studie naar de gevolgen van de wijze waarop het vreemde recht in de verschillende rechtsgebieden wordt behandeld en over de mate waarin de rechters in de lidstaten vreemd recht in de praktijk overeenkomstig deze verordening toepassen;

ii) een studie naar de gevolgen van artikel 28 van deze verordening met betrekking tot het Verdrag inzake de wet welke van toepassing is op verkeersongevallen op de weg, gedaan te 's-Gravenhage op 4 mei 1971.

2. Uiterlijk op 31 december 2008 legt de Commissie aan het Europees Parlement, de Raad en het Europees Economisch en Sociaal Comité een studie voor naar de situatie op het gebied van het recht dat van toepassing is op niet-contractuele verbintenissen die voortvloeien uit inbreuken op de persoonlijke levenssfeer en op de persoonlijkheidsrechten, met inachtneming van regels inzake persvrijheid en vrijheid van meningsuiting in de media en kwesties inzake collisie in verband met Richtlijn 95/46/EG van het Europees Parlement en de Raad van 24 oktober 1995 betreffende de bescherming van natuurlijke personen in verband met de verwerking van persoonsgegevens en betreffende het vrije verkeer van die gegevens^8.

Art. 31 Temporele toepassing

Deze verordening is van toepassing op schadeveroorzakende gebeurtenissen die zich voordoen na de inwerkingtreding van de verordening.

Temporele toepassing

Art. 32 Inwerkingtreding

Deze verordening is van toepassing met ingang van 11 januari 2009, met uitzondering van artikel 29, dat van toepassing is met ingang van 11 juli 2008.

Inwerkingtreding

---

8 PB L 281 van 23.11.1995, blz. 31.

Verklaring van de Commissie betreffende de herzieningclausule (artikel 30)

Naar aanleiding van het verzoek van het Europees Parlement en de Raad in het kader van artikel 30 van de verordening-"Rome II", zal de Commissie uiterlijk in december 2008 een studie voorleggen over de situatie op het gebied van het recht dat van toepassing is op niet contractuele verbintenissen die voortvloeien uit inbreuken op de persoonlijke levenssfeer of op de persoonlijkheidsrechten. De Commissie zal rekening houden met alle aspecten van de situatie en zal zo nodig passende maatregelen treffen.

Verklaring van de Commissie betreffende verkeersongevallen

De Commissie is zich bewust van de verschillende praktijken die in de lidstaten worden toegepast met betrekking tot de hoogte van de vergoedingen aan slachtoffers van verkeersongevallen, en is bereid de specifieke problemen te onderzoeken waarmee EU-ingezetenen die betrokken zijn bij verkeersongevallen in een andere lidstaat dan die van de gewoonlijke verblijfplaats, worden geconfronteerd. Daartoe zal de Commissie vóór het einde van 2008 bij het Europees Parlement en de Raad een studie indienen over alle opties (waaronder de verzekeringsaspecten) voor de verbetering van de positie van slachtoffers uit andere lidstaten, die het pad zou moeten effenen voor een groenboek.

Verklaring van de Commissie betreffende de behandeling van vreemd recht

De Commissie is zich bewust van de verschillende praktijken die in de lidstaten met betrekking tot de behandeling van vreemd recht worden gevolgd, en zal uiterlijk vier jaar na de inwerkingtreding van de verordening- "Rome II" en hoe dan ook zodra deze beschikbaar is een horizontale studie bekendmaken over de toepassing van vreemd recht in burgerlijke en handelszaken door de rechters van de lidstaten, met inachtneming van de doelstellingen van het Haagse Programma. Zij is tevens bereid om zo nodig passende maatregelen te treffen.

Verordening (EG) nr. 805/2004 tot invoering van een Europese executoriale titel voor niet-betwiste schuldvorderingen

Verordening (EG) nr. 805/2004 van het Europees parlement en de Raad van 21 april 2004 tot invoering van een Europese executoriale titel voor niet-betwiste schuldvorderingen^1

HET EUROPEES PARLEMENT EN DE RAAD VAN DE EUROPESE UNIE,
Gelet op het Verdrag tot oprichting van de Europese Gemeenschap, en met name op artikel 61, onder c), en artikel 67, lid 5, tweede streepje,
Gezien het voorstel van de Commissie^2,
Gezien het advies van het Europees Economisch en Sociaal Comité^3,
Volgens de procedure van artikel 251 van het Verdrag^4,
Overwegende hetgeen volgt:

(1) De Gemeenschap heeft zich ten doel gesteld een ruimte van vrijheid, veiligheid en rechtvaardigheid te handhaven en te ontwikkelen waarin het vrije verkeer van personen gewaarborgd is. Daartoe dient de Gemeenschap onder meer de maatregelen aan te nemen op het gebied van justitiële samenwerking in burgerlijke zaken die nodig zijn voor de goede werking van de interne markt.

(2) Op 3 december 1998 heeft de Raad een Actieplan van de Raad en de Commissie aangenomen over hoe de bepalingen van het Verdrag van Amsterdam inzake de totstandbrenging van een ruimte van vrijheid, veiligheid en rechtvaardigheid het best kunnen worden uitgevoerd^5 (Actieplan van Wenen).

(3) De Europese Raad van Tampere van 15 en 16 oktober 1999 onderschreef het beginsel van wederzijdse erkenning van gerechtelijke beslissingen als de hoeksteen van een ware rechtsruimte.

(4) Op 30 november 2000 heeft de Raad een programma van maatregelen voor de uitvoering van het beginsel van wederzijdse erkenning van beslissingen in burgerlijke en handelszaken aangenomen^6. Dit programma omvat in de eerste fase de afschaffing van het exequatur, dat wil zeggen de invoering van een Europese executoriale titel voor niet-betwiste schuldvorderingen.

(5) Het begrip "niet-betwiste schuldvorderingen" dient betrekking te hebben op alle situaties waarin een schuldeiser, gelet op het feit dat gebleken is dat de schuldenaar de aard of de omvang van een schuldvordering niet betwist, een gerechtelijke beslissing tegen deze schuldenaar heeft verkregen of een executoriale titel waarmee de schuldenaar uitdrukkelijk moet instemmen, in de vorm van een door een gerecht goedgekeurde schikking of een authentieke akte.

(6) Het ontbreken van betwisting door de schuldenaar overeenkomstig artikel 3, lid 1, onder b), kan de vorm aannemen van verstek laten gaan bij de terechtzitting of van geen gevolg geven aan een verzoek van het gerecht om het voornemen kenbaar te maken zich in de zaak schriftelijk te verweren.

(7) Deze verordening dient van toepassing te zijn op beslissingen, gerechtelijke schikkingen en authentieke akten inzake niet-betwiste schuldvorderingen en op uitspraken gegeven ingevolge de instelling van rechtsmiddelen tegen als Europese executoriale titel gewaarmerkte beslissingen, gerechtelijke schikkingen en authentieke akten.

(8) In zijn conclusies van Tampere heeft de Europese Raad geoordeeld dat de toegang tot de tenuitvoerlegging in een andere lidstaat dan die waar de beslissing is gegeven, sneller en eenvoudiger dient te worden gemaakt, doordat de tussenmaatregelen die in de lidstaat van tenuitvoerlegging moeten worden genomen voordat de beslissing ten uitvoer kan worden gelegd, worden afgeschaft. Een beslissing die door het gerecht van oorsprong als Europese executoriale titel is gewaarmerkt, moet, wat de tenuitvoerlegging betreft, op dezelfde manier worden behandeld als een beslissing die in de lidstaat van tenuitvoerlegging is gegeven. In het Verenigd Koninkrijk bijvoorbeeld verloopt de registratie van een gewaarmerkte buitenlandse beslissing

---

1 Inwerkingtredingsdatum: 21-01-2005; zoals laatstelijk gewijzigd bij: PB EG 2008, L304. Van toepassing vanaf 21-10-2005, met uitzondering van art. 30, art. 31 en art. 32 die vanaf 21-01-2005 van toepassing zijn.

2 PB C 203 E van 27.8.2002, blz. 86.

3 PB C 85 van 8.4.2003, blz. 1.

4 Advies van het Europees Parlement van 8 april 2003 (PB C 64 E van 12.3.2004, blz. 79), gemeenschappelijk standpunt van de Raad van 6 februari 2004 (nog niet bekendgemaakt in het Publicatieblad) en standpunt van het Europees Parlement van 30 maart 2004 (nog niet bekendgemaakt in het Publicatieblad).

5 PB C 19 van 23.1.1999, blz. 1.

6 PB C 12 van 15.1.2001, blz. 1.

volgens dezelfde procedure als de registratie van een beslissing uit een ander deel van het Verenigd Koninkrijk; zij mag geen inhoudelijke toetsing van de buitenlandse beslissing inhouden. De wijze van tenuitvoerlegging van beslissingen blijven onderworpen aan het nationale recht.

(9) Een dergelijke procedure zou aanzienlijke voordelen moeten bieden in vergelijking met de exequaturprocedure volgens Verordening (EG) nr. 44/2001 van de Raad van 22 december 2000 betreffende de rechterlijke bevoegdheid, de erkenning en de tenuitvoerlegging van beslissingen in burgerlijke en handelszaken⁷, omdat geen goedkeuring door het gerechtelijk apparaat in een tweede lidstaat met de daarmee gepaard gaande vertraging en kosten meer nodig is.

(10) Wanneer een gerecht in een lidstaat een beslissing inzake een niet-betwiste schuldvordering heeft gegeven in een gerechtelijke procedure waarin de schuldenaar zich afzijdig heeft gehouden, is de afschaffing van elke vorm van controle in de lidstaat van tenuitvoerlegging onlosmakelijk verbonden met en afhankelijk van het bestaan van voldoende waarborgen voor de inachtneming van de rechten van de verdediging.

(11) Deze verordening heeft tot doel de grondrechten te bevorderen, en neemt de beginselen in acht die met name in het Handvest van de grondrechten van de Europese Unie zijn vastgelegd. Daarbij wordt in het bijzonder het recht op een eerlijk proces, zoals dat wordt erkend in artikel 47 van het Handvest, volledig geëerbiedigd.

(12) Minimumnormen dienen te worden vastgesteld voor de procedure die tot de beslissing leidt, teneinde ervoor te zorgen dat de schuldenaar, zo tijdig en op zodanige wijze als met het oog op zijn verdediging nodig is, in kennis wordt gesteld van de tegen hem ingestelde vordering, van de vereisten voor zijn actieve betrokkenheid bij de procedure om de vordering te betwisten, en van de gevolgen indien hij zich afzijdig houdt.

(13) Wegens verschillen tussen de lidstaten op het gebied van de vormvoorschriften voor civiele procedures, en met name de voorschriften inzake de betekening en kennisgeving van stukken, moet een specifieke en gedetailleerde definitie van deze minimumnormen worden opgesteld. Met name een wijze van betekening of kennisgeving waarbij wordt uitgegaan van een juridische fictie ten aanzien van de naleving van deze minimumnormen, kan voor de erkenning van een beslissing als Europese executoriale titel niet als voldoende worden beschouwd.

(14) Alle in de artikelen 13 en 14 vermelde wijzen van betekening en kennisgeving zijn gebaseerd op volledige zekerheid (artikel 13) of op een zeer hoge mate van waarschijnlijkheid (artikel 14) dat het betekende document de geadresseerde heeft bereikt. Wat deze laatste categorie betreft dient een beslissing alleen dan als Europese executoriale titel te worden gewaarmerkt, indien de lidstaat van oorsprong beschikt over een passende procedure via welke de schuldenaar overeenkomstig bepaalde voorwaarden een verzoek om integrale toetsing van de beslissing kan indienen in de uitzonderlijke in artikel 19 vermelde gevallen waarin het document, ondanks het feit dat aan artikel 14 is voldaan, de geadresseerde niet heeft bereikt.

(15) Persoonlijke betekening of kennisgeving aan anderen dan de schuldenaar zelf, overeenkomstig artikel 14, lid 1, onder a) en b), mag alleen worden geacht aan de vereisten van die bepalingen te voldoen indien deze personen het document in kwestie daadwerkelijk in ontvangst hebben genomen.

(16) Artikel 15 dient van toepassing te zijn in situaties waarin de schuldenaar zich niet zelf voor het gerecht kan vertegenwoordigen, zoals in het geval van een rechtspersoon, en waarin van rechtswege is bepaald door wie hij wordt vertegenwoordigd, en in situaties waarin de schuldenaar een ander, met name een advocaat, heeft gemachtigd hem in de specifieke gerechtelijke procedure te vertegenwoordigen.

(17) De gerechten die bevoegd zijn te controleren of de procedurele minimumnormen volledig zijn nageleefd, dienen, indien dat het geval is, een gestandaardiseerd bewijs van waarmerking als Europese executoriale titel te verstrekken dat deze controle en de resultaten ervan transparant maakt.

(18) Op grond van het wederzijdse vertrouwen in de rechtspleging in de lidstaten kan door een gerecht van een lidstaat worden vastgesteld dat aan alle voorwaarden voor erkenning als Europese executoriale titel is voldaan, zodat een beslissing in alle andere lidstaten ten uitvoer kan worden gelegd, zonder rechterlijke toetsing van de toepassing van de procedurele minimumnormen in de lidstaat waar de beslissing ten uitvoer moet worden gelegd.

(19) Deze verordening behelst geen verplichting voor de lidstaten hun nationale wetgeving aan te passen aan de procedurele minimumnormen die in deze verordening zijn vastgesteld. Zij verschaft daartoe wel een prikkel, door een snellere en efficiëntere tenuitvoerlegging van beslissingen in andere lidstaten slechts mogelijk te maken indien aan deze minimumnormen wordt voldaan.

(20) Het verzoek om waarmerking als Europese executoriale titel voor niet-betwiste schuldvorderingen is een keuzemogelijkheid voor schuldeisers, die in plaats daarvan ook voor het systeem

---

⁷ PB L 12 van 16.1.2001, blz. 1. Verordening laatstelijk gewijzigd bij Verordening (EG) nr. 1496/2002 van de Commissie (PB L 225 van 22.8.2002, blz. 13).

van erkenning en tenuitvoerlegging krachtens Verordening (EG) nr. 44/2001 of krachtens andere Gemeenschapsinstrumenten kunnen kiezen.

(21) Wanneer een document met het oog op betekening of kennisgeving van de ene lidstaat naar de andere moet worden gezonden, dienen de onderhavige verordening en in het bijzonder de daarin vervatte voorschriften voor betekening en kennisgeving te worden toegepast samen met Verordening (EG) nr. 1348/2000 van de Raad van 29 mei 2000 inzake de betekening en de kennisgeving in de lidstaten van gerechtelijke en buitengerechtelijke stukken in burgerlijke of in handelszaken^8, en met name artikel 14 juncto de mededelingen van de lidstaten uit hoofde van artikel 23 van die verordening.

(22) Aangezien de doelstellingen van het overwogen optreden niet voldoende door de lidstaten kunnen worden verwezenlijkt en derhalve wegens de omvang of de gevolgen van de verordening beter door de Gemeenschap kunnen worden verwezenlijkt, kan de Gemeenschap, overeenkomstig het in artikel 5 van het Verdrag neergelegde subsidiariteitsbeginsel, maatregelen nemen. Overeenkomstig het in hetzelfde artikel neergelegde evenredigheidsbeginsel gaat deze verordening niet verder dan wat nodig is om deze doelstellingen te verwezenlijken.

(23) De voor de uitvoering van deze verordening vereiste maatregelen moeten worden vastgesteld overeenkomstig Besluit 1999/468/EG van de Raad van 28 juni 1999 tot vaststelling van de voorwaarden voor de uitoefening van de aan de Commissie verleende uitvoeringsbevoegdheden^9.

(24) Overeenkomstig artikel 3 van het Protocol betreffende de positie van het Verenigd Koninkrijk en Ierland dat aan het Verdrag betreffende de Europese Unie en het Verdrag tot oprichting van de Europese Gemeenschap is gehecht, hebben het Verenigd Koninkrijk en Ierland schriftelijk kenbaar gemaakt dat zij wensen deel te nemen aan de aanneming en de toepassing van deze verordening.

(25) Overeenkomstig de artikelen 1 en 2 van het Protocol betreffende de positie van Denemarken dat aan het Verdrag betreffende de Europese Unie en het Verdrag tot oprichting van de Europese Gemeenschap is gehecht, neemt Denemarken niet aan de aanneming van deze verordening deel, die derhalve niet bindend voor noch van toepassing in Denemarken is.

(26) Krachtens artikel 67, lid 5, tweede streepje, van het Verdrag is de medebeslissingsprocedure met ingang van 1 februari 2003 van toepassing voor bij deze verordening vastgestelde maatregelen,

HEBBEN DE VOLGENDE VERORDENING VASTGESTELD:

HOOFDSTUK I DOEL, TOEPASSINGSGEBIED EN DEFINITIES

Art. 1 Doel

Deze verordening heeft ten doel om door de vastlegging van minimumnormen een Europese executoriale titel voor niet-betwiste schuldvorderingen in het leven te roepen ten behoeve van het vrije verkeer van beslissingen, gerechtelijke schikkingen en authentieke akten in alle lidstaten zonder dat in de lidstaat van tenuitvoerlegging een intermediaire procedure hoeft te worden ingeleid voorafgaand aan de erkenning en tenuitvoerlegging.

Niet-betwiste schuldvorderingen, doel verordening

Art. 2 Toepassingsgebied

1. Deze verordening is van toepassing in burgerlijke en handelszaken, ongeacht de aard van het gerecht. Zij heeft in het bijzonder geen betrekking op fiscale zaken, douanezaken en bestuursrechtelijke zaken of op de aansprakelijkheid van de staat wegens handelingen en omissies bij de uitoefening van het staatsgezag ("acta iure imperii").

Werkingssfeer

2. Zij is niet van toepassing op:

a) de staat of de bevoegdheid van natuurlijke personen, het huwelijksgoederenrecht, testamenten en erfenissen;

b) het faillissement, het akkoord en andere soortgelijke procedures;

c) de sociale zekerheid;

d) de arbitrage.

3. In deze verordening wordt onder "lidstaat" verstaan: alle lidstaten behalve Denemarken.

Art. 3 Als Europese executoriale titel te waarmerken executoriale titels

1. Deze verordening is van toepassing op beslissingen, gerechtelijke schikkingen en authentieke akten inzake niet-betwiste schuldvorderingen.

Niet-betwiste schuldvorderingen, executoriale titel

Een schuldvordering wordt als niet-betwist beschouwd indien:

a) de schuldenaar uitdrukkelijk met de schuldvordering heeft ingestemd door het bestaan van de schuld te erkennen door middel van een schikking die door een gerecht is goedgekeurd of die in de loop van de gerechtelijke procedure voor een gerecht is getroffen; of

---

8 PB L 160 van 30.6.2000, blz. 37.

9 PB L 184 van 17.7.1999, blz. 23.

b) de schuldenaar zich niet, overeenkomstig de toepasselijke vormvoorschriften volgens het recht van de lidstaat van oorsprong, in de loop van de gerechtelijke procedure tegen de schuldvordering heeft verweerd; of

c) de schuldenaar tijdens de terechtzitting over de schuldvordering niet is verschenen of was vertegenwoordigd, nadat hij die schuldvordering in de loop van de procedure aanvankelijk had betwist, op voorwaarde dat deze handelwijze volgens het recht van de lidstaat van oorsprong gelijkstaat met een stilzwijgende erkenning van de schuldvordering of van de door de schuldeiser beweerde feiten; of

d) de schuldenaar bij authentieke akte uitdrukkelijk de schuldvordering heefterkend.

2. Deze verordening is eveneens van toepassing op beslissingen gegeven ingevolge de instelling van rechtsmiddelen tegen als Europese executoriale titel gewaarmerkte beslissingen, gerechtelijke schikkingen en authentieke akten.

Art. 4 Definities

Begripsbepalingen

In deze verordening wordt verstaan onder:

1. "beslissing": elke door een gerecht van een lidstaat gegeven beslissing, ongeacht de daaraan gegeven benaming, zoals arrest, vonnis, beschikking of rechterlijk dwangbevel, alsmede de vaststelling door de griffier van het bedrag der proceskosten;

2. "schuldvordering": een vordering tot betaling van een geldbedrag dat opeisbaar is of waarvoor in de beslissing, gerechtelijke schikking of authentieke akte de datum van opeisbaarheid is bepaald;

3. "authentieke akte":

a) een document dat als authentieke akte is verleden of geregistreerd en waarvan de authenticiteit:

i) betrekking heeft op de ondertekening en de inhoud van de akte, en

ii) is vastgesteld door een openbare instantie of door een andere daartoe door de lidstaat van oorsprong gemachtigde instantie,

of

b) een regeling inzake onderhoudsverplichtingen die met bestuurlijke autoriteiten is getroffen of die door deze autoriteiten authentiek is verklaard;

4. "lidstaat van oorsprong": de lidstaat waar de beslissing, de gerechtelijke schikking of de authentieke akte die als Europese executoriale titel moet worden gewaarmerkt, is gegeven, respectievelijk goedgekeurd of getroffen, verleden of geregistreerd;

5. "lidstaat van tenuitvoerlegging": de lidstaat waar de beslissing, de gerechtelijke schikking of de authentieke akte die als Europese executoriale titel moet worden gewaarmerkt, ten uitvoer moet worden gelegd;

6. "gerecht van oorsprong": het gerecht waarbij de procedure aanhangig was op het tijdstip waarop de in artikel 3, lid 1, onder a), b) of c), vervatte voorwaarden vervuld waren;

7. in Zweden wordt in het kader van de summiere procedures betreffende de "betalningsföreläggande" (aanmaningen tot betaling) onder de term "gerecht" ook de Zweedse tenuitvoerleggingsinstantie ("kronofogdemyndighet") verstaan.

HOOFDSTUK II DE EUROPESE EXECUTORIALE TITEL

Art. 5 Afschaffing van het exequatur

Niet-betwiste schuldvorderingen, afschaffing exequatur

Een beslissing die in de lidstaat van oorsprong als Europese executoriale titel is gewaarmerkt, wordt in de andere lidstaten erkend en ten uitvoer gelegd zonder dat een verklaring van uitvoerbaarheid nodig is en zonder enige mogelijkheid de erkenning te betwisten.

Art. 6 Voorwaarden voor waarmerking als Europese executoriale titel

Niet-betwiste schuldvorderingen, waarmerking als Europese executoriale titel

1. Een in een lidstaat gegeven beslissing inzake een niet-betwiste schuldvordering wordt, op te eniger tijd aan het gerecht van oorsprong gedaan verzoek, als Europese executoriale titel gewaarmerkt, indien

a) de beslissing in de lidstaat van oorsprong uitvoerbaar is; en

b) de beslissing niet strijdig is met de bevoegdheidsregels van de afdelingen 3 en 6 van hoofdstuk II van Verordening (EG) nr. 44/2001; en

c) de gerechtelijke procedure in de lidstaat van oorsprong aan de in hoofdstuk III gestelde vereisten voldeed, wanneer het gaat om een niet-betwiste schuld in de zin van artikel 3, lid 1, onder b) of c); en

d) de beslissing is gegeven in de lidstaat van de woonplaats van de schuldenaar in de zin van artikel 59 van Verordening (EG) nr. 44/2001, wanneer:

— een schuldvordering niet-betwist is in de zin van artikel 3, lid 1, onder b) of c), en

— betrekking heeft op een overeenkomst gesloten door een persoon, de consument, voor een gebruik dat als niet bedrijfs- of beroepsmatig kan worden beschouwd; en

— de consument de schuldenaar is.

2. Indien een beslissing betreffende een niet-betwiste schuldvordering niet meer uitvoerbaar is of de uitvoerbaarheid ervan is opgeschort of beperkt, geeft het gerecht van oorsprong op te eniger tijd gedaan verzoek een bewijs af in de vorm van het in bijlage IV opgenomen standaardformulier, waarin vermeld staat dat de beslissing niet of beperkt uitvoerbaar is.

3. Onverminderd artikel 12, lid 2, wordt, indien uitspraak is gegeven ingevolge de instelling van een rechtsmiddel tegen een overeenkomstig lid 1 als Europese executoriale titel gewaarmerkte beslissing, op te eniger tijd gedaan verzoek een vervangend bewijs afgegeven, in de vorm van het in bijlage V opgenomen standaardformulier indien die uitspraak op het ingestelde rechtsmiddel in de lidstaat van oorsprong uitvoerbaar is.

Art. 7 Proceskosten

Een beslissing die een uitvoerbare beslissing omvat over het bedrag van de proceskosten, de rentevoeten daaronder begrepen, wordt ook ten aanzien van de kosten als Europese executoriale titel gewaarmerkt, tenzij de schuldenaar, overeenkomstig het recht van de lidstaat van oorsprong, er in de loop van de procedure uitdrukkelijk bezwaar tegen heeft aangetekend dat hij deze kosten moet dragen.

Art. 8 Gedeeltelijke Europese executoriale titel

Indien slechts bepaalde gedeelten van de beslissing aan de eisen van deze verordening voldoen, wordt voor die gedeelten van de beslissing een gedeeltelijk bewijs van waarmerking als Europese executoriale titel verstrekt.

Art. 9 Verstrekking van het bewijs van waarmerking als Europese executoriale titel

1. De Europese executoriale titel wordt verstrekt in de vorm van het in bijlage I opgenomen standaardformulier.

2. Het bewijs van waarmerking als Europese executoriale titel wordt verstrekt in de taal van de beslissing.

Art. 10 Rectificatie of intrekking van het Europese bewijs van waarmerking als Europese executoriale titel

1. Op een verzoek gericht aan het gerecht van oorsprong wordt het bewijs van waarmerking als Europese executoriale titel

a) gerectificeerd wanneer ten gevolge van een materiële fout de beslissing en het bewijs van waarmerking onderling verschillen;

b) ingetrokken wanneer het, in het licht van de in deze verordening neergelegde vereisten, kennelijk ten onrechte is toegekend.

2. Het recht van de lidstaat van oorsprong is van toepassing op de rectificatie en op de intrekking van het bewijs van waarmerking als Europese executoriale titel.

3. Voor het aanvragen van de rectificatie of de intrekking van een bewijs van waarmerking als Europese executoriale titel kan gebruik gemaakt worden van het standaardformulier in bijlage VI.

4. Tegen het verstrekken van een bewijs van waarmerking als Europese executoriale titel kan geen rechtsmiddel ten gronde worden ingesteld.

Art. 11 Gevolg van het bewijs van waarmerking als Europese executoriale titel

Het bewijs van waarmerking als Europese executoriale titel heeft alleen gevolg binnen de grenzen van de uitvoerbaarheid van de beslissing.

HOOFDSTUK III MINIMUMNORMEN VOOR PROCEDURES BETREFFENDE NIET-BETWISTE SCHULDVORDERINGEN

Art. 12 Toepassingsgebied van de minimumnormen

1. Een beslissing inzake een schuldvordering die onbetwist is in de zin van artikel 3, lid 1, onder b) of c), kan alleen als Europese executoriale titel worden gewaarmerkt indien de gerechtelijke procedure in de lidstaat van oorsprong aan de in dit hoofdstuk vastgestelde vormvoorschriften voldeed.

2. Dezelfde voorschriften zijn van toepassing voor het verstrekken van een bewijs van waarmerking als Europese executoriale titel of een vervangend bewijs in de zin van artikel 6, lid 3, voor een uitspraak gegeven ingevolge de instelling van rechtsmiddelen tegen een beslissing indien, ten tijde van die uitspraak, aan de voorwaarden van artikel 3, lid 1, onder b) of c), werd voldaan.

Art. 13 Betekening of kennisgeving met bewijs van ontvangst door de schuldenaar

Niet-betwiste schuldvorderingen, betekening/kennisgeving met bewijs ontvangst door schuldenaar

1. Betekening of kennisgeving aan de schuldenaar van het stuk dat het geding inleidt of van een gelijkwaardig stuk kan op een der volgende manieren zijn geschied:

a) door persoonlijke betekening of kennisgeving blijkend uit een door de schuldenaar ondertekende bevestiging met de datum van ontvangst;

b) door persoonlijke betekening of kennisgeving blijkend uit een document ondertekend door de bevoegde persoon die de betekening of kennisgeving heeft verricht, en waarin wordt verklaard dat de schuldenaar het stuk in ontvangst heeft genomen of zonder wettige grond geweigerd heeft, en waarin de datum van betekening of kennisgeving is vermeld;

c) door betekening of kennisgeving per post, blijkend uit een door de schuldenaar ondertekende en teruggezonden ontvangstbevestiging met de datum van ontvangst;

d) door betekening of kennisgeving langs elektronische weg, bijvoorbeeld door middel van een faxbericht of een elektronisch postbericht, blijkend uit een door de schuldenaar ondertekende en teruggezonden ontvangstbevestiging met de datum van ontvangst.

2. Enigerlei dagvaarding voor een terechtzitting kan aan de schuldenaar betekend of ter kennis gebracht zijn overeenkomstig lid 1, dan wel mondeling medegedeeld zijn tijdens een voorafgaande terechtzitting over dezelfde vordering en in de notulen van die voorafgaande terechtzitting zijn vermeld.

Art. 14 Betekening of kennisgeving zonder bewijs van ontvangst door de schuldenaar

Niet-betwiste schuldvorderingen, betekening/kennisgeving zonder bewijs ontvangst door schuldenaar

1. Betekening of kennisgeving van het stuk dat het geding inleidt, van een gelijkwaardig stuk en van enigerlei dagvaarding voor een terechtzitting aan de schuldenaar kan ook zijn geschied op een van de hierna vermelde wijzen:

a) in persoon op het persoonlijke adres van de schuldenaar, aan een persoon die als huisgenoot van de schuldenaar dezelfde woonplaats heeft of aldaar in dienst is;

b) wanneer de schuldenaar een zelfstandige of een rechtspersoon is, in persoon op het zakenadres van de schuldenaar, aan een persoon die bij de schuldenaar in dienst is;

c) door deponering van het stuk in de brievenbus van de schuldenaar;

d) door deponering van het stuk op het postkantoor of bij de bevoegde autoriteiten, en schriftelijke mededeling daarvan in de brievenbus van de schuldenaar, mits in de schriftelijke mededeling duidelijk wordt vermeld dat het om een gerechtelijk stuk gaat of dat deze schriftelijke mededeling rechtsgeldig is als betekening of kennisgeving en de toepasselijke termijnen doet ingaan;

e) per post zonder bewijs overeenkomstig lid 3 indien de schuldenaar zijn adres in de lidstaat van oorsprong heeft;

f) langs elektronische weg, blijkens een automatische aankomstbevestiging, op voorwaarde dat de schuldenaar vooraf uitdrukkelijk met deze wijze van betekening of kennisgeving heeft ingestemd.

2. Voor de toepassing van deze verordening is betekening of kennisgeving overeenkomstig lid 1 niet toegestaan indien het adres van de schuldenaar niet met zekerheid bekend is.

3. Betekening of kennisgeving overeenkomstig lid 1, onder a) tot en met d), blijkt uit:

a) een document dat is ondertekend door de bevoegde persoon die de betekening of de kennisgeving heeft verricht, en waarin het volgende wordt vermeld:

i) de wijze waarop betekening of kennisgeving is geschied, en

ii) de datum van betekening of kennisgeving, en

iii) indien het stuk ter betekening of kennisgeving is aangeboden aan een andere persoon dan de schuldenaar, de naam van die persoon en zijn relatie tot de schuldenaar,

of

b) voor de toepassing van lid 1, onder a) en b), een ontvangstbevestiging van de persoon aan wie betekening of kennisgeving is geschied.

Art. 15 Betekening of kennisgeving aan vertegenwoordigers van de schuldenaar

Niet-betwiste schuldvorderingen, betekening/kennisgeving aan vertegenwoordigers schuldenaar

Betekening of kennisgeving overeenkomstig de artikelen 13 of 14 mag ook zijn geschied aan een vertegenwoordiger van de schuldenaar.

Art. 16 Behoorlijke inlichting van de schuldenaar over de schuldvordering

Niet-betwiste schuldvorderingen, behoorlijke inlichting schuldenaar

Om te verzekeren dat de schuldenaar naar behoren over de schuldvordering werd ingelicht, moet het stuk dat het geding inleidt of het gelijkwaardige stuk de volgende gegevens hebben bevat:

a) de naam en adres van de partijen;

b) het bedrag van de schuldvordering;

c) wanneer rente over de vordering wordt gevorderd, de rentevoet en de termijn waarover rente wordt gevorderd, tenzij volgens het recht van de lidstaat van oorsprong de hoofdsom automatisch met wettelijke rente wordt vermeerderd;
d) de grondslag van de rechtsvordering.

Art. 17 Behoorlijke inlichting van de schuldenaar over de ter betwisting van de schuldvordering noodzakelijke proceshandelingen

In of tegelijk met het stuk dat het geding inleidt, het gelijkwaardig stuk, of enigerlei dagvaarding voor een terechtzitting moeten de volgende elementen duidelijk zijn vermeld:
a) de vormvereisten voor betwisting van de vordering, met inbegrip van de termijn voor schriftelijke betwisting van de schuldvordering of, in voorkomend geval, het tijdstip van de terechtzitting, de naam en het adres van de instantie waaraan het antwoord moet worden gezonden of, in voorkomend geval, waarvoor men ter terechtzitting moet verschijnen, en of het verplicht is zich door een advocaat te laten vertegenwoordigen;
b) de gevolgen van het ontbreken van verweer of van het niet verschijnen ter terechtzitting, in het bijzonder, in voorkomend geval, een mogelijke beslissing of de tenuitvoerlegging daarvan tegen de schuldenaar en een veroordeling in de proceskosten.

Art. 18 Herstel van niet-naleving van de minimumnormen

1. Wanneer de procedure in de lidstaat van oorsprong niet aan de vormvereisten van de artikelen 13 tot en met 17 heeft voldaan, worden de vormgebreken hersteld en kan een beslissing als Europese executoriale titel worden gewaarmerkt, indien
a) betekening of kennisgeving van de beslissing overeenkomstig het bepaalde in de artikelen 13 of 14 aan de schuldenaar is geschied; en
b) de schuldenaar de mogelijkheid heeft gehad tegen de beslissing een rechtsmiddel in te stellen door middel van een integrale toetsing, en de schuldenaar in of tegelijk met de beslissing naar behoren in kennis is gesteld van de desbetreffende vormvoorschriften, met inbegrip van de naam en het adres van de instantie waarbij het rechtsmiddel moet worden ingesteld en, in voorkomend geval, de toepasselijke termijn; en
c) de schuldenaar heeft verzuimd overeenkomstig de toepasselijke vormvoorschriften tegen de beslissing een rechtsmiddel in te stellen.

2. Wanneer de procedure in de lidstaat van oorsprong niet aan de vormvoorschriften van de artikelen 13 of 14 voldeed, worden de vormgebreken hersteld indien door het gedrag van de schuldenaar tijdens het proces is aangetoond dat hij het stuk waarvan betekening of kennisgeving moest plaatsvinden, zo tijdig als met het oog op zijn verdediging nodig was, persoonlijk in ontvangst heeft genomen.

Art. 19 Minimumnormen voor heroverweging in uitzonderingsgevallen

1. Een beslissing overeenkomstig de artikelen 13 tot en met 18 kan enkel worden gewaarmerkt als Europese executoriale titel indien de schuldenaar volgens het recht van de lidstaat van oorsprong kan verzoeken om heroverweging van de beslissing als aan de volgende voorwaarden is voldaan:
a)
i) betekening of kennisgeving van het stuk dat het geding inleidt of een gelijkwaardig stuk, dan wel in voorkomend geval, van de dagvaarding of oproep voor een terechtzitting is geschied op een van de in artikel 14 vermelde wijzen en
ii) betekening of kennisgeving buiten zijn schuld niet zo tijdig is geschied als met het oog op zijn verdediging nodig was,
of
b) de schuldenaar de vordering niet heeft kunnen betwisten wegens overmacht of wegens buitengewone omstandigheden buiten zijn wil, mits de betrokkene in beide gevallen onverwijld handelt.

2. Dit artikel laat de mogelijkheid voor lidstaten om een heroverweging van de beslissing onder gunstiger voorwaarden dan de in lid 1 genoemde, onverlet.

HOOFDSTUK IV TENUITVOERLEGGING

Art. 20 Tenuitvoerleggingsprocedure

1. Onverminderd de bepalingen van dit hoofdstuk worden de tenuitvoerleggingsprocedures beheerst door het recht van de lidstaat van tenuitvoerlegging.
Een als Europese executoriale titel gewaarmerkte beslissing wordt onder dezelfde voorwaarden ten uitvoer gelegd als een beslissing die in de lidstaat van tenuitvoerlegging is gegeven.

2. De schuldeiser dient de bevoegde tenuitvoerleggingsautoriteiten van de lidstaat van tenuitvoerlegging de volgende stukken te verstrekken:
a) een afschrift van de beslissing dat aan de nodige voorwaarden voldoet om de echtheid ervan te kunnen vaststellen; en

B94 art. 21 EET-verordening

b) een afschrift van het bewijs van waarmerking als Europese executoriale titel dat aan de nodige voorwaarden voldoet om de echtheid ervan te kunnen vaststellen; en

c) indien nodig, een transcriptie van het bewijs van waarmerking als Europese executoriale titel, of een vertaling van het bewijs van waarmerking als Europese executoriale titel in de officiële taal van de lidstaat van tenuitvoerlegging, indien er in die lidstaat verschillende officiële talen bestaan, in de officiële taal of een der officiële rechtstalen in plaats waar de beslissing ten uitvoer moet worden gelegd overeenkomstig het recht van die lidstaat, of in een andere taal die de lidstaat van tenuitvoerlegging heeft aangegeven te aanvaarden. Iedere lidstaat kan mededelen welke officiële taal of talen van de instellingen van de Europese Gemeenschap hij naast zijn eigen taal of talen, voor de invulling van het bewijs van waarmerking kan aanvaarden. De vertaling wordt door een daartoe in een van de lidstaten bevoegde persoon als officiële vertaling gewaarmerkt.

3. Van een partij die in een lidstaat om de tenuitvoerlegging van een in een andere lidstaat gegeven en als Europese executoriale titel gewaarmerkte beslissing verzoekt, mag geen zekerheid, borg of pand, in welke vorm ook, worden gevraagd op grond van het feit dat hij een onderdaan van een derde land of zijn woon- of verblijfplaats niet in de lidstaat van tenuitvoerlegging heeft.

Art. 21 Weigering van de tenuitvoerlegging

Niet-betwiste schuldvorderingen, weigering tenuitvoerlegging

1. De tenuitvoerlegging wordt op verzoek van de schuldenaar door het bevoegde gerecht in de lidstaat van tenuitvoerlegging geweigerd indien de als Europese executoriale beslissing gewaarmerkte beslissing onverenigbaar is met een in een van de lidstaten of een derde land gegeven eerdere beslissing op voorwaarde dat:

a) de eerdere beslissing tussen dezelfde partijen is gegeven in een geschil dat hetzelfde onderwerp betreft en op dezelfde oorzaak berust; en

b) de eerdere beslissing in de lidstaat van tenuitvoerlegging is gegeven, of aan de voorwaarden voor erkenning in de lidstaat van tenuitvoerlegging voldoet; en

c) de onverenigbaarheid in de gerechtelijke procedure in de lidstaat van oorsprong niet als verweer is aangevoerd en ook niet had kunnen worden aangevoerd.

2. In geen geval wordt in de lidstaat van tenuitvoerlegging overgegaan tot de beoordeling van de juistheid van de beslissing of de waarmerking daarvan als Europese executoriale titel.

Art. 22 Overeenkomsten met derde landen

Niet-betwiste schuldvorderingen, overeenkomsten met derde landen

Deze verordening laat onverlet de overeenkomsten waarbij de lidstaten zich krachtens artikel 59 van het Verdrag van Brussel betreffende de rechterlijke bevoegdheid en de tenuitvoerlegging van beslissingen in burgerlijke en handelszaken vóór de inwerkingtreding van Verordening (EG) nr. 44/2001 hebben verbonden om beslissingen, met name die welke in een andere staat die partij is bij dat verdrag, gegeven zijn tegen een verweerder die zijn woonplaats of zijn gewone verblijfplaats heeft in een derde land, niet te erkennen indien in een door artikel 4 van genoemd verdrag bedoeld geval de beslissingen slechts gegrond kon worden op een bevoegdheid als bedoeld in artikel 3, tweede alinea, van dat verdrag.

Art. 23 Opschorting of beperking van de tenuitvoerlegging

Niet-betwiste schuldvorderingen, opschorting/beperking tenuitvoerlegging

Wanneer de schuldenaar

— tegen een als Europese executoriale titel gewaarmerkte beslissing rechtsmiddelen heeft ingesteld, met inbegrip van een verzoek om heroverweging in de zin van artikel 19, of

— overeenkomstig artikel 10 om rectificatie of intrekking van de Europese executoriale titel heeft verzocht,

kan het bevoegde gerecht of de bevoegde instantie in de lidstaat van tenuitvoerlegging, op verzoek van de schuldenaar:

a) de tenuitvoerleggingsprocedure tot bewarende maatregelen beperken; of

b) de tenuitvoerlegging afhankelijk maken van het stellen van een door dit gerecht of deze instantie te bepalen zekerheid; of

c) in buitengewone omstandigheden de tenuitvoerleggingsprocedure opschorten.

HOOFDSTUK V GERECHTELIJKE SCHIKKINGEN EN AUTHENTIEKE AKTEN

Art. 24 Gerechtelijke schikkingen

Niet-betwiste schuldvorderingen, waarmerking gerechtelijke schikking als Europese executoriale titel

1. Schikkingen betreffende een schuldvordering in de zin van artikel 4, lid 2, die in de loop van de procedure door een gerecht zijn goedgekeurd of voor een recht zijn getroffen en die uitvoerbaar zijn in de lidstaat waar de schikking werd goedgekeurd of getroffen, worden op verzoek door het gerecht dat de schikking heeft goedgekeurd of voor welke zij is getroffen, als Europese executoriale titel gewaarmerkt, waarbij gebruik wordt gemaakt van het in bijlage II opgenomen standaardformulier.

2. Een schikking die in de lidstaat van oorsprong als Europese executoriale titel is gewaarmerkt, wordt in de andere lidstaten ten uitvoer gelegd zonder dat een verklaring van uitvoerbaarheid nodig is en zonder dat de mogelijkheid bestaat de uitvoerbaarheid te betwisten.

3. Waar nodig is het bepaalde in hoofdstuk II, met uitzondering van artikel 5, artikel 6, lid 1 en artikel 9, lid 1, en in hoofdstuk IV, met uitzondering van artikel 21, lid 1, en artikel 22, van toepassing.

Art. 25 Authentieke akte

1. Authentieke akten betreffende vorderingen in de zin van artikel 4, lid 2, die in een van de lidstaten uitvoerbaar zijn, worden op verzoek door een door de lidstaat van oorsprong aangewezen instantie als Europese executoriale titel gewaarmerkt, waarbij gebruik wordt gemaakt van het in bijlage III opgenomen standaardformulier.

2. Een authentieke akte die in de lidstaat van oorsprong als Europese executoriale titel is gewaarmerkt, wordt in de andere lidstaten ten uitvoer gelegd zonder dat een verklaring van uitvoerbaarheid nodig is en zonder dat de mogelijkheid bestaat de uitvoerbaarheid ervan te betwisten.

3. Waar nodig is het bepaalde in hoofdstuk II, met uitzondering van artikel 5, artikel 6, lid 1, en artikel 9, lid 1, en in hoofdstuk IV, met uitzondering van artikel 21, lid 1, en artikel 22, van toepassing.

HOOFDSTUK VI OVERGANGSBEPALING

Art. 26 Overgangsbepaling

Deze verordening is slechts van toepassing op de na haar inwerkingtreding gegeven beslissingen, goedgekeurde of getroffen gerechtelijke schikkingen en verleden of als authentiek geregistreerde akten.

HOOFDSTUK VII VERHOUDING TOT ANDERE COMMUNAUTAIRE INSTRUMENTEN

Art. 27 Verhouding tot Verordening (EG) nr. 44/2001

Deze verordening laat de mogelijkheid onverlet om een beslissing, een gerechtelijke schikking of een authentieke akte inzake een niet-betwiste schuldvordering te laten erkennen en ten uitvoer te laten leggen overeenkomstig Verordening (EG) nr. 44/2001.

Art. 28 Verhouding tot Verordening (EG) nr. 1348/2000

Deze verordening laat de toepassing van Verordening (EG) nr. 1348/2000 onverlet.

HOOFDSTUK VIII ALGEMENE EN SLOTBEPALINGEN

Art. 29 Informatie over tenuitvoerleggingsprocedures

De lidstaten werken samen om zowel het grote publiek als beroepsmatig betrokkenen te informeren over

a) de tenuitvoerleggingsmethoden en -procedures in de lidstaten, en

b) de voor tenuitvoerlegging bevoegde instanties in de lidstaten,

in het bijzonder via het overeenkomstig Beschikking 2001/470/EG^{10} opgerichte Europese justitiële netwerk in burgerlijke en handelszaken.

Art. 30 Gegevens betreffende rectificatie-, intrekkings- en toetsingsprocedures, talen en instanties

1. De lidstaten doen de Commissie mededeling van

a) de in artikel 10, lid 2, bedoelde rectificatie- en intrekkingsprocedure en de in artikel 19, lid 1, bedoelde toetsingsprocedure;

b) de uit hoofde van artikel 20, lid 2, onder c), aanvaarde talen;

c) de lijsten van de in artikel 25 bedoelde lijsten van instanties.

2. De Commissie maakt de overeenkomstig lid 1 meegedeelde gegevens openbaar door bekendmaking in het Publicatieblad van de Europese Unie of door enig ander passend middel.

Art. 31 Wijzigingen in de bijlagen

De Commissie wijzigt de in de bijlagen opgenomen standaardformulieren. Deze maatregelen, die niet-essentiële onderdelen van deze verordening beogen te wijzigen, worden vastgesteld volgens de in artikel 32, lid 2, bedoelde regelgevingsprocedure met toetsing.

Art. 32 Comité

1. De Commissie wordt bijgestaan door het bij artikel 75 van Verordening (EG) nr. 44/2001 bedoelde comité.

2. Wanneer naar dit lid wordt verwezen, zijn artikel 5 bis, leden 1 tot en met 4, en artikel 7 van Besluit 1999/468/EG van toepassing, met inachtneming van artikel 8 daarvan.

---

10 PB L 174 van 27.6.2001, blz. 25.

Art. 33 Inwerkingtreding

Inwerkingtreding

Deze verordening treedt in werking op 21 januari 2005.
Deze verordening is van toepassing met ingang van 21 oktober 2005, met uitzondering van de artikelen 30, 31 en 32, die van toepassing zijn met ingang van 21 januari 2005.

Uitvoeringswet verordening Europese executoriale titel^1

Wet van 28 september 2005 tot uitvoering van verordening (EG) nr. 805/2004 van het Europees Parlement en de Raad van 21 april 2004 tot invoering van een Europese executoriale titel voor niet-betwiste schuldvorderingen (Pb EU L 143) (Uitvoeringswet verordening Europese executoriale titel)

Wij Beatrix, bij de gratie Gods, Koningin der Nederlanden, Prinses van Oranje-Nassau, enz. enz. enz.

Allen, die deze zullen zien of horen lezen, saluut! doen te weten:

Alzo Wij in overweging genomen hebben, dat het wenselijk is om wettelijke voorzieningen te treffen ter uitvoering van de verordening (EG) nr. 805/2004 van het Europees Parlement en de Raad van 21 april 2004 tot invoering van een Europese executoriale titel voor niet-betwiste schuldvorderingen (Pb EU L 143);

Zo is het, dat Wij, de Raad van State gehoord, en met gemeen overleg der Staten-Generaal, hebben goedgevonden en verstaan, gelijk Wij goedvinden en verstaan bij deze:

Art. 1

In deze wet wordt verstaan onder «verordening»: verordening (EG) nr. 805/2004 van het Europees Parlement en de Raad van 21 april 2004 tot invoering van een Europese executoriale titel voor niet-betwiste schuldvorderingen (Pb EU L 143).

Begripsbepalingen

Art. 2

1. Een verzoek om waarmerking van een door een Nederlands gerecht gegeven beslissing of een of meer gedeelten daarvan als Europese executoriale titel als bedoeld in artikel 6, eerste lid, van de verordening wordt ingediend bij de voorzieningenrechter van dat gerecht. Betreft het een beslissing van een kantonrechter, dan wordt het verzoek gedaan aan de kantonrechter. Betreft het een beslissing van een gerechtshof, dan wordt het verzoek gedaan aan het gerechtshof. De rechter beslist onverwijld op het verzoek. De schuldenaar wordt niet opgeroepen.

Europese executoriale titel, verzoek om waarmerking Nederlandse rechterlijke uitspraak

2. Bij het verzoekschrift, bedoeld in het eerste lid, worden een authentiek afschrift van de beslissing waarvan de waarmerking wordt gevraagd, en het procesinleidend stuk dat tot de beslissing heeft geleid, overgelegd. Het verzoekschrift bevat daarnaast voor zover mogelijk de gegevens die de rechter nodig heeft om de beslissing volgens bijlage I bij de verordening als Europese executoriale titel te kunnen waarmerken. Bij ongenoegzaamheid van de bij het verzoekschrift overgelegde documenten of gegevens wordt aan de verzoeker de gelegenheid tot aanvulling gegeven.

3. Het verzoekschrift, bedoeld in het eerste lid, wordt ingediend door een deurwaarder of een advocaat. Voor de waarmerking van een beslissing van de kantonrechter is de bijstand van een deurwaarder of advocaat niet vereist.

4. Een verzoek om waarmerking van een beslissing als Europese executoriale titel kan ook worden gedaan in het geding dat tot die beslissing moet leiden. Alsdan wordt het verzoek gedaan in het procesinleidend stuk of in de loop van het geding. Een dergelijk verzoek wordt niet aangemerkt als een verandering of een vermeerdering van eis.

Art. 3

Artikel 2 is van overeenkomstige toepassing op een verzoek tot afgifte van een bewijs dat een beslissing niet of beperkt uitvoerbaar is als bedoeld in artikel 6, tweede lid, van de verordening of een verzoek tot afgifte van een vervangend bewijs als bedoeld in artikel 6, derde lid, van de verordening.

Schakelbepaling

Art. 4

1. Een verzoek tot rectificatie van een bewijs van waarmerking als Europese executoriale titel als bedoeld in artikel 10, eerste lid, onder a, van de verordening, wordt gedaan door indiening van het formulier, bedoeld in artikel 10, derde lid, van de verordening bij het gerecht dat het bewijs van waarmerking als Europese executoriale titel heeft verstrekt. Artikel 2, tweede en derde lid, is van overeenkomstige toepassing.

Europese executoriale titel, verzoek om rectificatie bewijs waarmerking als Europese executoriale titel

2. Is het verzoek, bedoeld in het eerste lid, afkomstig van de schuldeiser op wiens verzoek de waarmerking heeft plaatsgevonden, dan vindt indiening plaats onder bijvoeging van zo mogelijk het originele bewijs van waarmerking als Europese executoriale titel waarvan rectificatie wordt gevraagd. De schuldenaar wordt niet opgeroepen. De rectificatie wordt op een door de rechter

---

1 Inwerkingtredingsdatum: 21-10-2005; zoals laatstelijk gewijzigd bij: Stb. 2016, 290.

B95 art. 5

Uitvoeringswet verordening Europese executoriale titel

nader te bepalen dag uitgesproken met vermelding van deze dag in de beschikking en onder afgifte van een gerectificeerd bewijs van waarmerking als Europese executoriale titel. Het eerder verstrekte bewijs van waarmerking als Europese executoriale titel verliest hierdoor zijn kracht. Bij weigering van het verzoek vindt teruggave van het bij het verzoek gevoegde bewijs van waarmerking plaats.

3. Is het verzoek, bedoeld in het eerste lid, afkomstig van de schuldenaar, dan gaat de rechter niet tot rectificatie over dan na de schuldeiser en schuldenaar in de gelegenheid te hebben gesteld zich daarover uit te laten. De rectificatie wordt op een door de rechter nader te bepalen dag uitgesproken met vermelding van deze dag en van de naleving van de vorige volzin in de beschikking en onder afgifte van een gerectificeerd bewijs van waarmerking als Europese executoriale titel. Het eerder verstrekte bewijs van waarmerking als Europese executoriale titel verliest hierdoor zijn kracht. De rechter gelast de schuldeiser het bewijs van waarmerking als bedoeld in de vorige zin, af te geven aan de griffier.

Art. 5

Europese executoriale titel, verzoek tot intrekking waarmerking als Europese executoriale titel

1. Een verzoek tot intrekking van een bewijs van waarmerking als Europese executoriale titel als bedoeld in artikel 10, eerste lid, onder b, van de verordening, wordt gedaan door indiening van het formulier genoemd in artikel 10, derde lid, van de verordening. Indiening geschiedt bij het gerecht dat het bewijs van waarmerking als Europese executoriale titel heeft verleend. Artikel 2, tweede en derde lid, is van overeenkomstige toepassing.

2. Intrekking geschiedt, nadat partijen in de gelegenheid zijn gesteld zich over de intrekking uit te laten, door een daartoe strekkende uitspraak van de rechter op een door hem nader te bepalen dag. De rechter kan de schuldeiser gelasten het bewijs van waarmerking als bedoeld in het eerste lid, af te geven aan de griffier.

Art. 6

Europese executoriale titel, verzoek tot waarmerking gerechtelijke schikking als Europese executoriale titel

Een verzoek tot waarmerking van een gerechtelijke schikking als Europese executoriale titel als bedoeld in artikel 24 van de verordening, wordt gedaan aan de voorzieningenrechter van de rechtbank waarvoor de schikking is getroffen. Betreft het een voor een kantonrechter getroffen schikking, dan wordt het verzoek gedaan aan de kantonrechter. Betreft het een voor een gerechtshof getroffen schikking, dan wordt het verzoek gedaan aan dat gerechtshof. De artikelen 2 tot en met 5 zijn van overeenkomstige toepassing.

Art. 7

Europese executoriale titel, instantie voor waarmerking authentieke akte

De instantie aangewezen voor de waarmerking van een authentieke akte als Europese executoriale titel als bedoeld in artikel 25 van de verordening, is de voorzieningenrechter van de rechtbank van de plaats van vestiging van de notaris die de authentieke akte heeft verleden. De artikelen 2 tot en met 5 zijn van overeenkomstige toepassing.

Art. 8

Europese executoriale titel, verzoek tot heroverweging beslissing over niet-betwiste schuldvorderingen

1. Ten aanzien van beslissingen over niet-betwiste schuldvorderingen in de zin van de verordening kan de schuldenaar een verzoek tot heroverweging doen bij het gerecht dat de beslissing heeft gegeven op de gronden genoemd in artikel 19, eerste lid, onder a en b, van de verordening.

2. Betreft de beslissing een vonnis of arrest, dan wordt het verzoek tot heroverweging gedaan bij verzetexploot als bedoeld in artikel 146 Wetboek van Burgerlijke Rechtsvordering.

3. Betreft de beslissing een beschikking, dan wordt verzoek tot heroverweging gedaan bij verzoekschrift.

4. Het beroep moet worden ingesteld:

a. in het geval bedoeld in artikel 19, eerste lid, onder a, van de verordening, binnen vier weken nadat de beslissing aan de schuldenaar bekend is geworden;

b. in het geval bedoeld onder artikel 19, eerste lid, onder b, van de verordening, binnen vier weken nadat de daargenoemde gronden hebben opgehouden te bestaan.

Art. 9

Europese executoriale titel, afschrift bewijs van waarmerking

Het afschrift van de beslissing, de schikking of authentieke akte, als bedoeld in artikel 20, tweede lid, onder a, van de verordening en het afschrift van het bewijs van waarmerking als Europese executoriale titel als bedoeld onder artikel 20, tweede lid, onder b, van de verordening, worden tezamen aangemerkt als grosse voor de toepassing van het Tweede Boek van het Wetboek van Burgerlijke Rechtsvordering op een door een buitenlands gerecht of een buitenlandse bevoegde autoriteit ingevolge de verordening als Europese executoriale titel gewaarmerkte beslissing.

Art. 10

Europese executoriale titel, Nederlandse taal

1. Een door een bevoegde autoriteit van een andere lidstaat als Europese executoriale titel gewaarmerkte beslissing, gerechtelijke schikking of authentieke akte dient voor de toepassing van artikel 20, tweede lid, onder a, van de verordening te zijn gesteld of vertaald in de Nederlandse taal of in een taal die de schuldenaar begrijpt.

Europese executoriale titel, Engelse taal

2. Een bewijs van waarmerking als Europese executoriale titel in de zin van artikel 20, tweede lid, onder b, van de verordening kan in de Engelse taal worden ingevuld.

Art. 11

1. Op verzoeken inzake de tenuitvoerlegging, als bedoeld in artikel 21 en 23 van de verordening, is artikel 438 van het Wetboek van Burgerlijke Rechtsvordering van toepassing.

Europese executoriale titel, toepasselijkheid Wetboek van Burgerlijke Rechtsvordering

2. Bij rectificatie van het bewijs van waarmerking als bedoeld in artikel 10 van de verordening of afgifte van een vervangend bewijs van waarmerking als bedoeld in artikel 6, derde lid, van de verordening, kan een in Nederland reeds aangevangen executie van een door een daartoe bevoegde autoriteit van een andere lidstaat als Europese executoriale titel gewaarmerkte beslissing, gerechtelijke schikking of authentieke akte slechts worden voortgezet met inachtneming van de rectificatie of de in het vervangend bewijs van waarmerking opgenomen wijzigingen ten opzichte van het eerder verstrekte bewijs van waarmerking.

3. De bevoegdheid tot executie in Nederland van een door een daartoe bevoegde autoriteit van een andere lidstaat als Europese executoriale titel gewaarmerkte beslissing, gerechtelijke schikking of authentieke akte, eindigt van rechtswege door intrekking van het bewijs van waarmerking als Europese executoriale titel. Was de executie van een als Europese executoriale titel gewaarmerkte beslissing, gerechtelijke schikking of authentieke akte in Nederland reeds aangevangen, dan wordt deze onmiddellijk beëindigd.

Art. 12

Deze wet treedt in werking op een bij koninklijk besluit te bepalen tijdstip.

Inwerkingtreding

Art. 13

Deze wet wordt aangehaald als: Uitvoeringswet verordening Europese executoriale titel.

Citeertitel

Verordening (EG) nr. 1896/2006 tot invoering van een Europese betalingsbevelprocedure

Verordening (EG) nr. 1896/2006 van het Europees Parlement en de Raad van 12 december 2006 tot invoering van een Europese betalingsbevelprocedure¹

HET EUROPEES PARLEMENT EN DE RAAD VAN DE EUROPESE UNIE,

Gelet op het Verdrag tot oprichting van de Europese Gemeenschap, met name artikel 61, punt c),

Gezien het voorstel van de Commissie,

Gezien het advies van het Europees Economisch en Sociaal Comité²,

Handelend volgens de procedure van artikel 251 van het Verdrag³,

Overwegende hetgeen volgt:

(1) De Gemeenschap heeft zich ten doel gesteld een ruimte van vrijheid, veiligheid en rechtvaardigheid te handhaven en te ontwikkelen waarin het vrije verkeer van personen is gewaarborgd. Met het oog op de geleidelijke totstandbrenging daarvan neemt de Gemeenschap onder meer de voor de goede werking van de interne markt benodigde maatregelen op het gebied van de justitiële samenwerking in burgerlijke zaken met grensoverschrijdende gevolgen.

(2) Overeenkomstig artikel 65, punt c), van het Verdrag omvatten deze maatregelen maatregelen tot afschaffing van hinderpalen voor de goede werking van burgerrechtelijke procedures, zonodig door bevordering van de verenigbaarheid van de in de lidstaten geldende bepalingen van burgerlijke rechtsvordering.

(3) De Europese Raad van Tampere van 15 en 16 oktober 1999 heeft de Raad en de Commissie verzocht nieuwe wetgeving uit te werken betreffende kwesties die een soepele justitiële samenwerking en de toegang tot de rechter bevorderen, en heeft in deze context uitdrukkelijk betalingsbevelen genoemd.

(4) Op 30 november 2000 heeft de Raad een gezamenlijk programma van de Commissie en de Raad aangenomen betreffende maatregelen voor de uitvoering van het beginsel van weder zijdse erkenning van beslissingen in burgerlijke en handelszaken⁴. Dit programma voorziet in de mogelijkheid om in de Gemeenschap een specifieke, eenvormige of geharmoniseerde procedure in te voeren om op bepaalde gebieden, waaronder dat van de niet-betwiste schuldvorderingen, een rechterlijke beslissing te verkrijgen. Een volgende stap werd gezet met het door de Raad op 5 november 2004 goedgekeurde Haags Programma, dat ertoe oproept voortvarend verder te werken aan het Europees betalingsbevel.

(5) Op 20 december 2002 heeft de Commissie een Groenboek betreffende een Europese procedure inzake betalingsbevelen en maatregelen ter vereenvoudiging en bespoediging van de procesvoering over geringe vorderingen aangenomen. Het groenboek heeft een raadpleging op gang gebracht over de mogelijke doelstellingen en kenmerken van een eenvormige of geharmoniseerde Europese procedure voor de invordering van niet-betwiste schuldvorderingen.

(6) De snelle en efficiënte invordering van openstaande schulden die niet het voorwerp van een juridisch geschil zijn, is van het grootste belang voor het bedrijfsleven in de Europese Unie aangezien betalingsachterstanden een belangrijke oorzaak zijn van insolventie die het voortbestaan van bedrijven, vooral kleine en middelgrote bedrijven, in gevaar brengt en tot een groot verlies aan banen leidt.

(7) Hoewel alle lidstaten de kwestie van de invordering van het grote aantal niet-betwiste schuldvorderingen proberen aan te pakken, waarbij de meeste lidstaten een vereenvoudigde betalingsbevelprocedure uitwerken, verschilt zowel de inhoud van de nationale wetgeving als de doeltreffendheid van de interne procedures aanzienlijk. Bovendien zijn acties op grond van de huidige regelgeving in grensoverschrijdende zaak vaak niet-ontvankelijk of in de praktijk niet haalbaar.

(8) De daaruit voortvloeiende belemmeringen voor de toegang tot efficiënte verhaalmogelijkheden in grensoverschrijdende zaken en de verstoring van de mededinging binnen de interne markt ten gevolge van de ongelijke procedurele middelen die de schuldeisers in de verschillende

---

1 Inwerkingtredingsdatum: 31-12-2006; zoals laatstelijk gewijzigd bij: PbEU 2017, L 182. Van toepassing vanaf 12-12-2008, met uitzondering van art. 28, art. 29, art. 30 en art. 31 die vanaf 12-06-2008 van toepassing zijn.

2 PB C 221 van 8.9.2005, blz. 77.

3 Advies van het Europees Parlement van 13 december 2005 (nog niet bekendgemaakt in het Publicatieblad), gemeenschappelijk standpunt van de Raad van 30 juni 2006 (nog niet bekendgemaakt in het Publicatieblad) en standpunt van het Europees Parlement van 25 oktober 2006. Besluit van de Raad van 11 december 2006.

4 PB C 12 van 15.1.2001, blz. 1.

Europese Betalings Bevel Verordening

lidstaten ter beschikking staan, vragen om communautaire wetgeving die schuldeisers en schuldenaren in de gehele Europese Unie gelijke concurrentievoorwaarden waarborgt.

(9) Doel van deze verordening is de beslechting van een geschil in grensoverschrijdende zaken met betrekking tot niet-betwiste geldvorderingen te vereenvoudigen, te versnellen en goedkoper te maken door een Europese betalingsbevelprocedure in te voeren, en het vrije verkeer van Europese betalingsbevelen tussen de lidstaten te bewerkstelligen door minimumnormen te stellen waarvan de naleving tot gevolg heeft dat in de lidstaat van tenuitvoerlegging voorafgaand aan de erkenning en de tenuitvoerlegging geen intermediaire procedure hoeft te worden ingeleid.

(10) De bij deze verordening ingevoerde procedure is een aanvullend en facultatief instrument voor de eiser, die vrijelijk gebruik kan blijven maken van de procedures uit het nationale recht. Deze verordening strekt derhalve noch tot vervanging, noch tot harmonisatie van de bestaande mogelijkheden naar nationaal recht voor de inning van niet-betwiste schuldvorderingen.

(11) In het kader van de procedure moet voor de communicatie tussen de rechterlijke instantie en de partijen zoveel mogelijk gebruik worden gemaakt van standaardformulieren, teneinde de afhandeling ervan te vergemakkelijken en het gebruik van automatische gegevensverwerking mogelijk te maken.

(12) De lidstaten moeten, wanneer zij besluiten welke gerechten bevoegd zijn om een Europees betalingsbevel uit te vaardigen, naar behoren rekening houden met de noodzaak de toegang tot het recht te waarborgen.

(13) Een eiser die een verzoek om een Europees betalingsbevel indient, is gehouden de gegevens te verstrekken die voldoende duidelijk maken wat de vordering inhoudt en op welke gronden deze berust, zodat de verweerder goed geïnformeerd kan beslissen of hij de vordering al dan niet wil betwisten.

(14) In dat verband is de eiser er tevens toe gehouden een beschrijving van het bewijs ter staving van de betrokken schuldvordering bij te voegen. Het standaardformulier zal een zo volledig mogelijke lijst bevatten van de soorten bewijsstukken die gewoonlijk ter staving van geldvorderingen worden overgelegd.

(15) Indiening van een verzoek om een Europees betalingsbevel impliceert de betaling van toepasselijke gerechtskosten.

(16) Het gerecht toetst het verzoek, met inbegrip van de bevoegdheid en de beschrijving van het bewijs, op basis van de informatie in het aanvraagformulier. Aldus zou het gerecht de gronden van de vordering prima facie kunnen onderzoeken en onder meer kennelijk ongegronde of niet-ontvankelijke vorderingen kunnen uitsluiten. Deze toetsing behoeft niet door een rechter te worden uitgevoerd.

(17) Tegen de afwijzing van een verzoek staan geen rechtsmiddelen open. Dit belet echter niet een eventuele herziening van de afwijzende beslissing op hetzelfde rechtsniveau in overeenstemming met het nationale recht.

(18) In het Europese betalingsbevel moet de verweerder ervan in kennis worden gesteld dat hij ofwel het vastgestelde bedrag aan de eiser kan betalen, ofwel binnen een termijn van dertig dagen een verweerschrift kan indienen indien hij de vordering wenst te betwisten. Naast de volledige informatie over de vordering, die door de eiser wordt verstrekt, moet de verweerder op de hoogte worden gebracht van de juridische betekenis van het Europese betalingsbevel en met name van de gevolgen van het niet betwisten van de vordering.

(19) Wegens verschillen tussen de lidstaten in de regels van burgerlijk procesrecht, en met name de voorschriften inzake de betekening en kennisgeving van stukken, moet een specifieke en gedetailleerde definitie van de minimumnormen worden opgesteld die in het kader van het Europese betalingsbevel van toepassing dienen te zijn. Voor de betekening of kennisgeving van een Europees betalingsbevel dient met name een methode waarbij wordt uitgegaan van een juridische fictie ten aanzien van de naleving van deze minimumnormen, niet als voldoende te worden beschouwd.

(20) Alle in de artikelen 13 en 14 vermelde wijzen van betekening en kennisgeving zijn gebaseerd op volledige zekerheid (artikel 13) of op een zeer hoge mate van waarschijnlijkheid (artikel 14) dat het betekende document de geadresseerde heeft bereikt.

(21) Persoonlijke betekening of kennisgeving aan anderen dan de verweerder zelf, overeenkomstig artikel 14, lid 1, onder a) en b), mag alleen worden geacht aan de vereisten van die bepalingen te voldoen indien deze personen het Europees betalingsbevel daadwerkelijk in ontvangst hebben genomen.

(22) Artikel 15 dient van toepassing te zijn in situaties waarin de verweerder zichzelf niet voor het gerecht kan vertegenwoordigen, zoals in het geval van een rechtspersoon, en wanneer van rechtswege is bepaald door wie hij wordt vertegenwoordigd, en in situaties waarin de verweerder een ander, met name een advocaat, heeft gemachtigd hem in de specifieke gerechtelijke procedure te vertegenwoordigen.

(23) De verweerder kan zijn verweerschrift indienen door middel van het standaardformulier in deze verordening. De gerechten nemen evenwel andere schriftelijke vormen van verweer in aanmerking als het verweer duidelijk tot uitdrukking wordt gebracht.

(24) Een tijdig ingediend verweerschrift moet een einde maken aan de Europese betalingsbevelprocedure en moet de zaak automatisch doen overgaan naar een gewone civielrechtelijke procedure, tenzij de eiser uitdrukkelijk heeft verzocht om de procedure in dat geval stop te zetten. Het concept "gewoon civielrechtelijke procedure" wordt niet in de zin van het nationaal recht uitgelegd.

(25) Na het verstrijken van de termijn voor indiening van een verweerschrift heeft de verweerder heeft in bepaalde uitzonderlijke gevallen het recht om heroverweging van het Europees betalingsbevel te verzoeken. Heroverweging in uitzonderingsgevallen houdt niet in dat de verweerder nogmaals de mogelijkheid krijgt verweer te voeren tegen de vordering. Tijdens de heroverwegingsprocedure mag de gegrondheid van de vordering niet verder worden getoetst dan de gronden die voortvloeien uit de door de verweerder aangevoerde uitzonderlijke omstandigheden. De overige uitzonderlijke omstandigheden zouden onder meer kunnen omvatten de situatie dat het Europees betalingsbevel gebaseerd was op verkeerde informatie in het aanvraagformulier.

(26) De gerechtskosten van artikel 25 hebben geen betrekking op, bij voorbeeld, advocatenhonoraria of de kosten van betekening van kennisgeving van stukken door een andere instantie dan een gerecht.

(27) Een Europees betalingsbevel dat is uitgevaardigd in een lidstaat en dat uitvoerbaar is, moet voor de tenuitvoerlegging worden beschouwd als een bevel dat is uitgevaardigd in de lidstaat waar om tenuitvoerlegging wordt verzocht. Op grond van het wederzijdse vertrouwen in de rechtspleging in de lidstaten rechtvaardigt de vaststelling door een gerecht van één lidstaat dat alle voorwaarden voor de uitvaardiging van een Europees betalingsbevel vervuld zijn, zodat het betalingsbevel in alle andere lidstaten ten uitvoer kan worden gelegd, zonder rechterlijke toetsing in de lidstaat van tenuitvoerlegging aan de juiste toepassing van de procedurele minimumnormen. Onverminderd de bepalingen van deze verordening, en met name onverminderd de in artikel 22, leden 1 en 2, en artikel 23 vastgestelde minimumnormen, dient de tenuitvoerlegging van het Europees betalingsbevel beheerst te blijven door het nationale recht.

(28) Voor de berekening van de termijnen geldt Verordening (EEG, Euratom) nr. 1182/71 van de Raad van 3 juni 1971 houdende vaststelling van de regels die van toepassing zijn op termijnen, data en aanvangs- en vervaltijden^5. De verweerder moet hiervan in kennis worden gesteld, alsmede van het feit dat de feestdagen van de lidstaat waar het gerecht zich bevindt voor de berekening in aanmerking worden genomen.

(29) Aangezien de doelstelling van deze verordening, namelijk de instelling van een uniforme, snelle en efficiënte procedure voor de inning van niet-betwiste geldvorderingen in de ganse Europese Unie, niet voldoende door de lidstaten kan worden verwezenlijkt en derhalve wegens de omvang en de gevolgen van de verordening beter door de Gemeenschap kan worden verwezenlijkt, kan de Gemeenschap overeenkomstig het in artikel 5 van het Verdrag neergelegde subsidiariteitsbeginsel, maatregelen nemen. Overeenkomstig het in hetzelfde artikel neergelegde evenredigheidsbeginsel gaat deze verordening niet verder dan nodig is om deze doelstelling te verwezenlijken.

(30) De voor de uitvoering van deze verordening noodzakelijke maatregelen dienen te worden vastgesteld overeenkomstig Besluit 1999/468/EG van de Raad van 28 juni 1999 tot vaststelling van de voorwaarden voor de uitoefening van de aan de Commissie verleende uitvoeringsbevoegdheden^6.

(31) Overeenkomstig artikel 3 van het Protocol betreffende de positie van het Verenigd Koninkrijk en Ierland dat aan het Verdrag betreffende de Europese Unie en het Verdrag tot oprichting van de Europese Gemeenschap is gehecht, hebben het Verenigd Koninkrijk en Ierland schriftelijk kenbaar gemaakt dat zij wensen deel te nemen aan de aanneming en de toepassing van deze verordening.

(32) Denemarken neemt overeenkomstig de artikelen 1 en 2 van het Protocol betreffende de positie van Denemarken, gevoegd bij het Verdrag betreffende de Europese Unie en het Verdrag tot oprichting van de Europese Gemeenschap, niet deel aan de aanneming van deze verordening, zodat deze niet verbindend, noch van toepassing op Denemarken is,

HEBBEN DE VOLGENDE VERORDENING VASTGESTELD:

Art. 1 Doel

Europees betalingsbevel, doel procedure

1. Deze verordening heeft ten doel:

a) de beslechting van een geschil in grensoverschrijdende zaken met betrekking tot niet-betwiste geldvorderingen te vereenvoudigen, te versnellen en goedkoper te maken door een Europese betalingsbevelprocedure in te voeren;

en

---

5 PB L 124 van 8.6.1971, blz. 1.

6 PB L 184 van 17.7.1999, blz. 23. Besluit gewijzigd bij Besluit 2006/512/EG (PB L 200 van 22.7.2006, blz. 11).

b) het vrije verkeer van Europese betalingsbevelen tussen de lidstaten te bewerkstelligen door minimumnormen te stellen waarvan de naleving tot gevolg heeft dat in de lidstaat van tenuitvoerlegging voorafgaand aan de erkenning en de tenuitvoerlegging geen intermediaire procedure hoeft te worden ingeleid.

2. Deze verordening belet geenszins dat een eiser een vordering in de zin van artikel 4 geldend maakt met behulp van een andere procedure waarin het recht van een lidstaat of het Gemeenschapsrecht voorziet.

Art. 2 Werkingssfeer

1. Deze verordening is, in grensoverschrijdende zaken, van toepassing in burgerlijke en handelszaken, ongeacht de aard van het gerecht. Zij heeft in het bijzonder geen betrekking op fiscale zaken, douanezaken en bestuursrechtelijke zaken, of op de aansprakelijkheid van de staat wegens handelingen of omissies bij de uitoefening van het staatsgezag ("acta jure imperii").

Werkingssfeer

2. Deze verordening is niet van toepassing op:

a) de goederenrechtelijke gevolgen van huwelijken en soortgelijke relaties, testamenten en erfenissen;

b) faillissement, surséance van betaling, procedures ter ontbinding van insolvente vennootschappen of andere rechtspersonen, gerechtelijke of faillissementsakkoorden en andere soortgelijke procedures;

c) sociale zekerheid;

d) vorderingen uit niet-contractuele verbintenissen, tenzij:

i) zij voorwerp zijn van een overeenkomst tussen de partijen of er een schuldbekentenis is; of

ii) zij betrekking hebben op vaststaande schulden uit hoofde van gemeenschappelijke eigendom van goederen.

3. Voor de toepassing van deze verordening wordt onder "lidstaat" verstaan iedere lidstaat, behalve Denemarken.

Art. 3 Grensoverschrijdende zaken

1. In deze verordening wordt onder grensoverschrijdende zaak verstaan, een zaak waarin ten minste een van de partijen haar woonplaats of haar gewone verblijfplaats heeft in een andere lidstaat dan de lidstaat van het aangezochte gerecht.

Europees betalingsbevel, definitie grensoverschrijdende zaken

2. De woonplaats wordt bepaald overeenkomstig de artikelen 59 en 60 van Verordening (EG) nr. 44/2001 van de Raad van 22 december 2000 betreffende de rechterlijke bevoegdheid, de erkenning en de tenuitvoerlegging van beslissingen in burgerlijke en handelszaken⁷.

3. Het grensoverschrijdende karakter van een zaak wordt bepaald naar het tijdstip waarop het verzoek om een Europees betalingsbevel overeenkomstig deze verordening bij het bevoegde gerecht wordt ingediend.

Art. 4 Europese betalingsbevelprocedure

De Europese betalingsbevelprocedure wordt ingevoerd voor de inning van liquide geldvorderingen voor een specifiek bedrag, die opeisbaar zijn op het tijdstip waarop het verzoek om een Europees betalingsbevel wordt ingediend.

Europees betalingsbevel, invoering procedure

Art. 5 Definities

Voor de toepassing van deze verordening wordt verstaan onder:

1) "lidstaat van oorsprong": de lidstaat waar een Europees betalingsbevel wordt uitgevaardigd;

2) "lidstaat van tenuitvoerlegging": de lidstaat waar om tenuitvoerlegging van een Europees betalingsbevel wordt gevraagd;

3) "gerecht": iedere instantie die in een lidstaat bevoegd is ten aanzien van een Europees betalingsbevel of aanverwante aangelegenheden;

4) "gerecht van oorsprong": het gerecht dat een Europese betalingsbevel uitvaardigt.

Begripsbepalingen

Art. 6 Rechterlijke bevoegdheid

1. Voor de toepassing van deze verordening wordt de rechterlijke bevoegdheid bepaald volgens de ter zake geldende regels van het Gemeenschapsrecht, en met name Verordening (EG) nr. 44/2001.

Europees betalingsbevel, rechterlijke bevoegdheid

2. Wanneer de vordering evenwel betrekking heeft op een overeenkomst gesloten door een persoon, de consument, voor een gebruik dat als niet-bedrijfsmatig of niet-beroepsmatig kan worden beschouwd, en de consument de verweerder is, zijn de gerechten van de lidstaat waar de verweerder woonplaats heeft in de zin van artikel 59 van Verordening (EG) nr. 44/2001, bij uitsluiting bevoegd.

Art. 7 Verzoek om een Europees betalingsbevel

1. Het verzoek om een Europees betalingsbevel wordt ingediend door middel van het standaardformulier A van bijlage I.

Europees betalingsbevel, indiening verzoek

2. Het verzoek vermeldt:

---

⁷ PB L 12 van 16.1.2001, blz. 1. Verordening laatstelijk gewijzigd bij Verordening (EG) nr. 2245/2004 van de Commissie (PB L 381 van 28.12.2004, blz. 10).

B96 art. 8 **Europese Betalings Bevel Verordening**

a) naam en adres van de partijen en, in voorkomend geval, van hun vertegenwoordigers, alsmede de gegevens van het gerecht waarbij het verzoek wordt ingediend;

b) het bedrag van de schuldvordering, met inbegrip van de hoofdsom en, in voorkomend geval, de rente, de contractuele boetes en de kosten;

c) in geval rente over de schuldvordering wordt geëist, de rentevoet en de termijn waarvoor rente wordt gevorderd, tenzij volgens het recht van de lidstaat van oorsprong de hoofdsom automatisch met de wettelijke rente wordt vermeerderd;

d) de grondslag van de rechtsvordering, waaronder een beschrijving van de elementen waarmee de schuldvordering en, in voorkomend geval, de geëiste rente worden gestaafd;

e) een beschrijving van het bewijs tot staving van de schuldvordering;

f) de gronden voor de rechterlijke bevoegdheid;

en

g) het grensoverschrijdende karakter van de zaak in de zin van artikel 3.

3. In het verzoek verklaart de eiser dat de verstrekte inlichtingen naar zijn weten waarheidsgetrouw zijn, en erkent hij dat het opzettelijk afleggen van een valse verklaring aanleiding kan geven tot passende sancties naar het recht van de lidstaat van oorsprong.

4. In een aanhangsel bij het verzoek kan de eiser aan het gerecht aangeven welke van de in artikel 17, lid 1, onder a) en b), vermelde procedures hij eventueel in een latere civielrechtelijke procedure op zijn vordering toegepast wil zien als de verweerder een verweerschrift tegen het Europees betalingsbevel indient.

In het in de eerste alinea bedoelde aanhangsel kan de eiser tevens aan het gerecht aangeven dat hij bezwaar maakt tegen een overgang naar een civielrechtelijke procedure in de zin van artikel 17, lid 1, onder a) of onder b), in geval van verweer door de verweerder. De eiser kan dit ook in een later stadium doen, doch in elk geval voordat het betalingsbevel wordt uitgevaardigd.

5. Het verzoek wordt ingediend op papieren drager of via elk ander communicatiemiddel, inclusief langs elektronische weg, dat door de lidstaat van oorsprong wordt aanvaard en dat bij het gerecht van oorsprong beschikbaar is.

6. Het verzoek wordt door de eiser of, in voorkomend geval, door zijn vertegenwoordiger ondertekend. Een overeenkomstig lid 5 langs elektronische weg ingediend verzoek wordt ondertekend overeenkomstig artikel 2, lid 2, van Richtlijn 1999/93/EG van het Europees Parlement en de Raad van 13 december 1999 betreffende een gemeenschappelijk kader voor elektronische handtekeningen^8. De elektronische handtekening wordt in de lidstaat van oorsprong erkend zonder dat verdere voorwaarden worden gesteld.

Een dergelijke elektronische handtekening is evenwel niet vereist indien en voorzover er een alternatief elektronisch communicatiesysteem bij het gerecht van de lidstaat van oorsprong bestaat dat voor een bepaalde groep tevoren geregistreerde erkende gebruikers beschikbaar is en waarmee die gebruikers op een veilige manier kunnen worden geïdentificeerd. De lidstaten stellen de Commissie in kennis van dergelijke communicatiesystemen.

Art. 8 Behandeling van het verzoek

Europees betalingsbevel, behandeling verzoek

Het gerecht waarbij een verzoek om een Europees betalingsbevel is ingediend, onderzoekt zo spoedig mogelijk op basis van het aanvraagformulier of de in de artikelen 2, 3, 4, 6 en 7 gestelde eisen vervuld zijn en of de vordering gegrond lijkt. Dit onderzoek kan via een geautomatiseerde procedure worden uitgevoerd.

Art. 9 Aanvulling en correctie

Europees betalingsbevel, aanvulling/correctie verzoek

1. Indien niet is voldaan aan de in artikel 7 gestelde eisen en tenzij de vordering kennelijk ongegrond of het verzoek niet-ontvankelijk is, biedt het gerecht de eiser de gelegenheid het verzoek aan te vullen of te corrigeren. Het gerecht gebruikt daartoe het standaardformulier B van bijlage II.

2. Wanneer het gerecht de eiser vraagt zijn verzoek aan te vullen of te corrigeren, geeft het aan welke termijn het in de gegeven omstandigheden passend acht. Het gerecht kan deze termijn naar eigen goeddunken verlengen.

Art. 10 Wijziging van het verzoek

Europees betalingsbevel, wijziging verzoek

1. Indien het verzoek slechts voor een deel aan de in artikel 8 gestelde eisen beantwoordt, stelt het gerecht de eiser daarvan in kennis met behulp van het standaardformulier C van bijlage III. De eiser wordt verzocht een voorstel voor een Europees betalingsbevel voor het door het gerecht gespecificeerde bedrag te aanvaarden of te weigeren en wordt in kennis gesteld van de gevolgen van zijn besluit. De eiser antwoordt door standaardformulier C dat hem door het gerecht is toegezonden, terug te sturen binnen een door het gerecht overeenkomstig artikel 9, lid 2, gestelde termijn.

2. Indien de eiser het voorstel van het gerecht aanvaardt, vaardigt het gerecht overeenkomstig artikel 12 een Europees betalingsbevel uit voor het door de eiser aanvaarde deel van het verzoek. De gevolgen met betrekking tot het resterende deel van het verzoek worden beheerst door het nationale recht.

---

8 PB L 13 van 19.1.2000, blz. 12.

3. Indien de eiser zijn antwoord niet toezendt binnen de door het gerecht gestelde termijn of het voorstel van het gerecht weigert, wordt het verzoek geheel afgewezen.

Art. 11 Afwijzing van het verzoek

1. Het gerecht wijst het verzoek af indien:

a) de in de artikelen 2, 3, 4, 6 en 7 gestelde eisen niet vervuld zijn;

of

b) de vordering kennelijk ongegrond is;

of

c) de eiser zijn antwoord niet toezendt binnen de termijn die het gerecht overeenkomstig artikel 9, lid 2, heeft gesteld;

of

d) de eiser zijn antwoord niet toezendt binnen de door het gerecht gestelde termijn of het voorstel van het gerecht weigert, overeenkomstig artikel 10.

De eiser wordt door middel van het standaardformulier D van bijlage IV in kennis gesteld van de redenen voor de afwijzing.

2. Tegen de afwijzing van het verzoek staan geen rechtsmiddelen open.

3. De afwijzing van het verzoek belet de eiser niet zijn vordering geldend te maken door middel van een nieuw verzoek om een Europees betalingsbevel of door middel van een andere procedure waarin het recht van een lidstaat voorziet.

Art. 12 Uitvaardiging van een Europees betalingsbevel

1. Indien de in artikel 8 genoemde voorwaarden vervuld zijn, vaardigt het gerecht door middel van het standaardformulier E van bijlage V zo spoedig mogelijk en normaliter binnen 30 dagen na de indiening van het verzoek een Europees betalingsbevel uit.

De termijn van 30 dagen omvat niet de tijd die de eiser nodig heeft om zijn verzoek aan te vullen, te corrigeren of te wijzigen.

2. Het Europees betalingsbevel wordt uitgevaardigd samen met een afschrift van het verzoekformulier. Het bevat niet de door de eiser in de aanhangsels 1 en 2 bij formulier A verstrekte informatie.

3. In het Europees betalingsbevel wordt de verweerder meegedeeld dat hij de volgende mogelijkheden heeft:

a) het in het betalingsbevel vermelde bedrag aan de eiser te betalen;

of

b) verweer tegen het bevel aan te tekenen door bij het gerecht van oorsprong een verweerschrift in te dienen, dat binnen 30 dagen nadat het bevel aan de verweerder is betekend of ter kennis gebracht wordt verzonden.

4. In het Europees betalingsbevel wordt de verweerder ervan in kennis gesteld dat:

a) het bevel uitsluitend op basis van de door de eiser verstrekte informatie is uitgevaardigd en niet door het gerecht is geverifieerd;

b) het bevel uitvoerbaar wordt, tenzij overeenkomstig artikel 16 bij het gerecht een verweerschrift is ingediend;

c) ingeval een verweerschrift wordt ingediend, de procedure voor de bevoegde gerechten van de lidstaat van oorsprong wordt voortgezet volgens het gewone burgerlijk procesrecht, tenzij de eiser uitdrukkelijk heeft verzocht de procedure in dat geval te staken.

5. Het gerecht draagt er zorg voor dat het betalingsbevel overeenkomstig het nationale recht aan de verweerder betekend of ter kennis gebracht wordt volgens een methode die voldoet aan de minimumnormen van de artikelen 13, 14 en 15.

Art. 13 Betekening of kennisgeving met bewijs van ontvangst door de verweerder

Het Europees betalingsbevel kan op een van de volgende wijzen aan de verweerder worden betekend of ter kennis gebracht, overeenkomstig het nationale recht van de staat waar de betekening of kennisgeving moet worden verricht:

a) door persoonlijke betekening of kennisgeving blijkend uit een door de verweerder ondertekende ontvangstbevestiging, met de datum van ontvangst;

b) door persoonlijke betekening of kennisgeving blijkend uit een document ondertekend door de bevoegde persoon die de betekening of kennisgeving heeft verricht, en waarin wordt verklaard dat de verweerder het stuk in ontvangst heeft genomen of zonder wettige grond geweigerd heeft, en waarin de datum van betekening of kennisgeving is vermeld;

c) door betekening of kennisgeving per post, blijkend uit een door de verweerder ondertekende en teruggezonden ontvangstbevestiging, met de datum van ontvangst;

d) door betekening of kennisgeving langs elektronische weg, bijvoorbeeld door middel van een faxbericht of een elektronisch postbericht, blijkend uit een door de verweerder ondertekende en teruggezonden ontvangstbevestiging, met de datum van ontvangst.

Europees betalingsbevel, afwijzing verzoek

Europees betalingsbevel, uitvaardiging

Europees betalingsbevel, betekening/kennisgeving met ontvangstbewijs

B96 art. 14 **Europese Betalings Bevel Verordening**

Art. 14 Betekening of kennisgeving zonder bewijs van ontvangst door de verweerder

Europees betalingsbevel, betekening/kennisgeving zonder ontvangstbewijs

1. Het Europees betalingsbevel kan tevens op een van de volgende wijzen aan de verweerder worden betekend of ter kennis worden gebracht, overeenkomstig het nationale recht van de staat waar de betekening of kennisgeving moet worden verricht:

a) in persoon op het persoonlijke adres van de verweerder, aan een persoon die als huisgenoot van de verweerder dezelfde woonplaats heeft of aldaar in dienst is;

b) wanneer de verweerder een zelfstandige of een rechtspersoon is, in persoon op het zakenadres van de verweerder, aan een persoon die bij de verweerder in dienst is;

c) door deponering van het bevel in de brievenbus van de verweerder;

d) door deponering van het bevel op het postkantoor of bij de bevoegde autoriteiten, en schriftelijke mededeling daarvan in de brievenbus van de verweerder, mits in de schriftelijke mededeling duidelijk vermeld dat het om een gerechtelijk stuk gaat of dat deze schriftelijke mededeling rechtsgeldig is als betekening of kennisgeving en de toepasselijke termijnen doet ingaan;

e) per post zonder bewijs overeenkomstig lid 3 indien de verweerder zijn adres in de lidstaat van oorsprong heeft;

f) langs elektronische weg, blijkens een automatische aankomstbevestiging, op voorwaarde dat de verweerder vooraf uitdrukkelijk met deze wijze van betekening of kennisgeving heeft ingestemd.

2. Voor de toepassing van deze verordening is betekening of kennisgeving overeenkomstig lid 1 niet toegestaan, indien het adres van de verweerder niet met zekerheid bekend is.

3. Betekening of kennisgeving overeenkomstig lid 1, onder a), b), c) en d), blijkt uit:

a) een document dat is ondertekend door de bevoegde persoon die de betekening of de kennisgeving heeft verricht, en waarin het volgende wordt vermeld:

i) de wijze waarop de betekening of de kennisgeving is geschied,

en

ii) de datum van betekening of kennisgeving,

en

iii) indien het bevel ter betekening of kennisgeving is aangeboden aan een andere persoon dan de verweerder, de naam van die persoon en zijn relatie tot de verweerder,

of

b) voor de toepassing van lid 1, onder a) en b), een ontvangstbevestiging van de persoon aan wie de betekening of kennisgeving is gedaan.

Art. 15 Betekening of kennisgeving aan een vertegenwoordiger

Europees betalingsbevel, betekening/kennisgeving aan vertegenwoordiger

Betekening of kennisgeving overeenkomstig de artikelen 13 of 14 kan ook aan een vertegenwoordiger van de verweerder geschieden.

Art. 16 Verweer tegen een Europees betalingsbevel

Europees betalingsbevel, indiening verweerschrift

1. De verweerder kan bij het gerecht van oorsprong een verweerschrift tegen het Europees betalingsbevel indienen door middel van het standaardformulier F van bijlage VI, dat hem samen met het Europees betalingsbevel wordt verstrekt.

2. Het verweerschrift wordt toegezonden binnen 30 dagen nadat het betalingsbevel aan de verweerder is betekend of ter kennis is gebracht.

3. In het verweerschrift vermeldt de verweerder dat hij de schuldvordering betwist, zonder gehouden te zijn te verklaren op welke gronden de betwisting berust.

4. Het verweerschrift wordt ingediend op papieren drager of via elk ander communicatiemiddel, inclusief langs elektronische weg, dat in de lidstaat van oorsprong wordt aanvaard en dat bij het gerecht van oorsprong beschikbaar is.

5. Het verweerschrift wordt door de verweerder of, in voorkomend geval, door zijn vertegenwoordiger ondertekend. Een overeenkomstig lid 4 langs elektronische weg ingediend verweerschrift wordt ondertekend overeenkomstig artikel 2, lid 2, van Richtlijn 1999/93/EG. De elektronische handtekening wordt in de lidstaat van oorsprong erkend zonder dat verdere voorwaarden worden gesteld.

Deze elektronische handtekening is evenwel niet vereist indien en voorzover er een alternatief elektronisch communicatiesysteem bij het gerecht van de lidstaat van oorsprong bestaat dat voor een bepaalde groep tevoren geregistreerde erkende gebruikers beschikbaar is en waarmee die gebruikers op een veilige manier kunnen worden geïdentificeerd. De bedoelde communicatiesystemen worden door de lidstaten aan de Commissie ter kennis gebracht.

Art. 17 Gevolgen van de indiening van een verweerschrift

Europees betalingsbevel, gevolgen indiening verweerschrift

1. Indien binnen de in artikel 16, lid 2, gestelde termijn een verweerschrift is ingediend, wordt de procedure voortgezet voor de bevoegde gerechten van de lidstaat van oorsprong, tenzij de eiser uitdrukkelijk heeft verzocht de procedure in dat geval te staken. De procedure wordt voortgezet volgens de regels van:

a) de in Verordening (EG) nr. 861/2007 vastgelegde Europese procedure voor geringe vorderingen, indien van toepassing, of

b) een passende nationale civielrechtelijke procedure.

2. Indien de eiser niet heeft aangegeven welke van de in lid 1, onder a) en b), vermelde procedures hij op zijn vordering toegepast wil zien in de procedure die volgt bij indiening van een verweerschrift, of indien de eiser heeft verzocht om toepassing van de in Verordening (EG) nr. 861/2007 vastgestelde Europese procedure voor geringe vorderingen op een vordering die niet onder het toepassingsgebied van die verordening valt, gaat de procedure over naar de dienstige nationale civielrechtelijke procedure, tenzij de eiser uitdrukkelijk heeft verzocht de overgang niet te laten plaatsvinden.

3. Indien de eiser zijn vordering door middel van de Europese betalingsbevelprocedure geldend heeft gemaakt, laat het nationaal recht zijn positie in de daaropvolgende civielrechtelijke procedure onverlet.

4. De overgang naar de civielrechtelijke procedure in de zin van lid 1, onder a) en b), wordt beheerst door het recht van de lidstaat van oorsprong.

5. Aan de eiser wordt medegedeeld of de verweerder een verweerschrift heeft ingediend en of er naar een civielrechtelijke procedure wordt overgegaan in de zin van lid 1.

Art. 18 Uitvoerbaarheid

1. Indien binnen de in artikel 16, lid 2, gestelde termijn, met inachtneming van een redelijke tijdspanne met het oog op de aankomst van een verweerschrift, geen verweerschrift is ingediend, verklaart het gerecht van oorsprong het Europees betalingsbevel onverwijld uitvoerbaar door middel van het standaardformulier G van bijlage VII. Het gerecht van oorsprong verifieert de datum van betekening of kennisgeving.

2. Onverminderd lid 1 worden de formele voorwaarden waaronder het bevel uitvoerbaar wordt, beheerst door het recht van de lidstaat van oorsprong.

3. Het gerecht zendt het uitvoerbare Europees betalingsbevel aan de eiser.

Art. 19 Afschaffing van het exequatur

Het Europees betalingsbevel dat in de lidstaat van oorsprong uitvoerbaar is geworden, wordt in de andere lidstaten erkend en ten uitvoer gelegd zonder dat een uitvoerbaarverklaring vereist is en zonder de mogelijkheid van verzet tegen de erkenning.

Art. 20 Heroverweging in uitzonderingsgevallen

1. De verweerder heeft het recht om, na het verstrijken van de in artikel 16, lid 2, gestelde termijn, het bevoegde gerecht van de lidstaat van oorsprong om heroverweging van het Europees betalingsbevel te verzoeken, als aan de volgende voorwaarden is voldaan:

a)

i) het betalingsbevel is op een van de in artikel 14 genoemde wijzen betekend of ter kennis gebracht;

en

ii) de betekening of kennisgeving is buiten zijn schuld, niet zo tijdig geschied als met het oog op zijn verdediging nodig was,

of

b) de verweerder de vordering niet heeft kunnen betwisten wegens overmacht of wegens buitengewone omstandigheden, buiten zijn schuld,

mits hij in beide gevallen onverwijld handelt.

2. Na het verstrijken van de in artikel 16, lid 2 gestelde termijn, heeft de verweerder tevens het recht om het bevoegde gerecht in de lidstaat van oorsprong om heroverweging van het Europees betalingsbevel te verzoeken, indien het Europees betalingsbevel kennelijk ten onrechte is toegekend, gelet op de voorschriften van deze verordening, of vanwege andere uitzonderlijke omstandigheden.

3. Indien het gerecht het verzoek van de verweerder weigert omdat geen van de in de leden 1 en 2 bedoelde heroverwegingsgronden van toepassing is, blijft het Europees betalingsbevel van kracht.

Indien het gerecht besluit dat heroverweging om een van de in de leden 1 en 2 bedoelde redenen gegrond is, is het Europees betalingsbevel nietig.

Art. 21 Tenuitvoerlegging

1. Onverminderd de bepalingen van deze verordening worden de tenuitvoerleggingsprocedures beheerst door het recht van de lidstaat van tenuitvoerlegging.

Het Europees betalingsbevel dat uitvoerbaar is geworden, wordt onder dezelfde voorwaarden ten uitvoer gelegd als een uitvoerbare beslissing die in de lidstaat van tenuitvoerlegging is gegeven.

2. Om tenuitvoerlegging in een andere lidstaat te verkrijgen, verstrekt de eiser aan de bevoegde tenuitvoerleggingsautoriteiten in die lidstaat de volgende stukken:

a) een afschrift van het door het gerecht van oorsprong uitvoerbaar verklaarde Europees betalingsbevel, dat voldoet aan de voorwaarden om de echtheid ervan te kunnen vaststellen; en *b)* indien nodig, een vertaling van het Europees betalingsbevel in de officiële taal van de lidstaat van tenuitvoerlegging of, in het geval dat er in die lidstaat verscheidene officiële talen bestaan, in de officiële taal of een van de officiële rechtstalen van de plaats van tenuitvoerlegging, overeenkomstig het recht van die lidstaat, of in een andere taal die de lidstaat van tenuitvoerlegging heeft verklaard te aanvaarden. Elke lidstaat kan aangeven welke officiële talen van de instellingen van de Europese Unie die van zijn eigen taal verschillen, hij voor het Europees betalingsbevel aanvaardt. De vertaling wordt door een daartoe in een van de lidstaten bevoegde persoon als officiële vertaling gewaarmerkt.

3. Van de eiser die in een lidstaat de tenuitvoerlegging verlangt van het in een andere lidstaat uitgevaardigd Europees betalingsbevel, mag geen zekerheid, borg of pand, in welke vorm ook, worden gevraagd op grond van het feit dat hij een buitenlandse onderdaan is of zijn woon- of verblijfplaats niet in de lidstaat van tenuitvoerlegging heeft.

Art. 22 Weigering van tenuitvoerlegging

Europees betalingsbevel, weigering tenuitvoerlegging

1. De tenuitvoerlegging wordt op verzoek van de verweerder door het bevoegde gerecht in de lidstaat van tenuitvoerlegging geweigerd, indien het Europees betalingsbevel onverenigbaar is met een in een lidstaat of in een derde land gegeven eerdere beslissing of eerder bevel, op voorwaarde dat:

a) de eerdere beslissing of het eerdere bevel tussen dezelfde partijen is gegeven in een geschil dat hetzelfde onderwerp betreft en op dezelfde oorzaak berust;

en

b) de eerdere beslissing of het eerdere bevel aan de voorwaarden voor erkenning in de lidstaat van tenuitvoerlegging voldoet;

en

c) de onverenigbaarheid in de gerechtelijke procedure in de lidstaat van oorsprong niet als verweer had kunnen worden aangevoerd.

2. De tenuitvoerlegging wordt desgevraagd tevens geweigerd, indien en voor zover de verweerder het in het Europees betalingsbevel vastgestelde bedrag aan de eiser heeft betaald.

3. In geen geval wordt in de lidstaat van tenuitvoerlegging de juistheid van het Europees betalingsbevel onderzocht.

Art. 23 Opschorting of beperking van de tenuitvoerlegging

Europees betalingsbevel, opschorting/beperking tenuitvoerlegging

Indien de verweerder overeenkomstig artikel 20 om heroverweging heeft verzocht, kan het bevoegde gerecht in de lidstaat van tenuitvoerlegging, op verzoek van de verweerder:

a) de tenuitvoerleggingsprocedure tot bewarende maatregelen beperken;

of

b) de tenuitvoerlegging afhankelijk maken van het stellen van een door dit gerecht te bepalen zekerheid;

of

c) in buitengewone omstandigheden de tenuitvoerleggingsprocedure opschorten.

Art. 24 Vertegenwoordiging in rechte

Europees betalingsbevel, vertegenwoordiging in rechte

Vertegenwoordiging door een advocaat of een andere beoefenaar van een juridisch beroep is niet verplicht

a) voor de eiser bij het indienen van het verzoek om een Europees betalingsbevel;

b) voor de verweerder ten aanzien van het verweerschrift tegen een Europees betalingsbevel.

Art. 25 Gerechtskosten

Europees betalingsbevel, gerechtskosten procedure

1. Indien in een lidstaat de gerechtskosten voor een civielrechtelijke procedure in de zin van artikel 17, lid 1, onder a) of b), naargelang van het geval, gelijk zijn of hoger dan die voor de Europese betalingsbevelprocedure, mogen de totale gerechtskosten voor een Europese betalingsbevelprocedure en voor de civielrechtelijke procedure die daar overeenkomstig artikel 17, lid 1, op volgt indien een verweerschrift is ingediend, niet hoger zijn dan de kosten voor een procedure waaraan in die lidstaat geen Europese betalingsbevelprocedure is voorafgegaan. Voor de civielrechtelijke procedure die na de indiening van een verweerschrift volgt in overeenstemming met artikel 17, lid 1, onder a) of b), naargelang van het geval, mogen in een lidstaat geen extra gerechtskosten worden aangerekend indien de gerechtskosten voor een dergelijke procedure in die lidstaat lager zijn dan die voor de Europese betalingsbevelprocedure.

2. Voor de toepassing van deze verordening omvatten de gerechtskosten de aan het gerecht te betalen vergoedingen en kosten, waarvan het bedrag overeenkomstig het nationale recht wordt vastgesteld.

Art. 26 Verhouding tot het nationale procesrecht

Slotbepalingen

Niet uitdrukkelijk in deze verordening geregelde procedurekwesties worden beheerst door het nationale recht.

Art. 27 Verhouding tot Verordening (EG) nr. 1348/2000
Deze verordening laat onverlet de toepassing van Verordening (EG) nr. 1348/2000 van de Raad van 29 mei 2000 inzake de betekening en de kennisgeving in de lidstaten van gerechtelijke en buitengerechtelijke stukken in burgerlijke of in handelszaken^9.

Art. 28 Informatie over de kosten van betekening of kennisgeving en over de tenuitvoerlegging
De lidstaten werken samen om het publiek en de beroepskringen voor te lichten omtrent:
a) de kosten van betekening of kennisgeving van stukken;
en
b) de vraag welke instanties bevoegd zijn ten aanzien van tenuitvoerlegging voor de toepassing van de artikelen 21, 22 en 23,
meer bepaald via het Europees justitieel netwerk in burgerlijke en handelszaken, dat is opgericht bij Beschikking 2001/470/EG van de Raad^{10}.

Art. 29 Informatie over rechterlijke bevoegdheid, heroverwegingsprocedures, communicatiemiddelen en talen
1. Uiterlijk 12 juni 2008 doen de lidstaten de Commissie mededeling van
a) de gerechten die bevoegd zijn om een Europees betalingsbevel uit te vaardigen;
b) de heroverwegingsprocedure en de bevoegde gerechten voor de toepassing van artikel 20;
c) de voor de Europese betalingsbevelprocedure aanvaarde communicatiemiddelen waarover de gerechten beschikken;
d) de uit hoofde van artikel 21, lid 2, onder b), aanvaarde talen.
De lidstaten stellen de Commissie in kennis van iedere wijziging van deze informatie.
2. De Commissie maakt de overeenkomstig lid 1 meegedeelde informatie openbaar door bekendmaking in het Publicatieblad van de Europese Unie of door enig ander passend middel.

Art. 30 Wijziging van de bijlagen
De Commissie is bevoegd overeenkomstig artikel 31 gedelegeerde handelingen vast te stellen met betrekking tot de wijziging van de bijlagen I tot en met VII.

Art. 31 Uitoefening van de bevoegdheidsdelegatie
1. De bevoegdheid om gedelegeerde handelingen vast te stellen, wordt aan de Commissie toegekend onder de in dit artikel neergelegde voorwaarden.
2. De in artikel 30 genoemde bevoegdheid om gedelegeerde handelingen vast te stellen, wordt aan de Commissie toegekend voor onbepaalde tijd met ingang van 13 januari 2016.
3. Het Europees Parlement of de Raad kan de in artikel 30 bedoelde bevoegdheidsdelegatie te allen tijde intrekken. Het besluit tot intrekking beëindigt de delegatie van de in dat besluit genoemde bevoegdheid. Het wordt van kracht op de dag na die van de bekendmaking ervan in het *Publicatieblad van de Europese Unie* of op een daarin genoemde latere datum. Het laat de geldigheid van de reeds van kracht zijnde gedelegeerde handelingen onverlet.
4. Zodra de Commissie een gedelegeerde handeling heeft vastgesteld, doet zij daarvan gelijktijdig kennisgeving aan het Europees Parlement en de Raad.
5. Een overeenkomstig artikel 30 vastgestelde gedelegeerde handeling treedt alleen in werking indien het Europees Parlement noch de Raad daartegen binnen een termijn van twee maanden na de kennisgeving van de handeling aan het Europees Parlement en de Raad bezwaar heeft gemaakt, of indien zowel het Europees Parlement als de Raad voor het verstrijken van die termijn de Commissie hebben medegedeeld dat zij daartegen geen bezwaar zullen maken. Die termijn wordt op initiatief van het Europees Parlement of de Raad met twee maanden verlengd.

Art. 32 Evaluatie
Uiterlijk op 12 december 2013 dient de Commissie bij het Europees Parlement, de Raad en het Europees Economisch en Sociaal Comité een uitvoerig verslag in over de werking van de Europese betalingsbevelprocedure. Dat verslag bevat een evaluatie van de werking van de procedure en een uitvoerige effectbeoordeling voor elke lidstaat.
Daartoe en om te waarborgen dat naar behoren rekening wordt gehouden met de beste praktijken in de Europese Unie en dat deze de beginselen van betere wetgeving weerspiegelen, verstrekken de lidstaten de Commissie informatie over de grensoverschrijdende werking van het Europees betalingsbevel. Deze informatie heeft betrekking op de gerechtskosten, de duur van de procedure, de doelmatigheid, de gebruiksvriendelijkheid en de interne betalingsbevelprocedures van de lidstaten.
Dit verslag gaat zonodig vergezeld van voorstellen tot wijziging van deze verordening.

Art. 33 Inwerkingtreding
Deze verordening treedt in werking op de dag volgende op die van haar bekendmaking in het Publicatieblad van de Europese Unie.

---

9 PB L 160 van 30.6.2000, blz. 37.

10 PB L 174 van 27.6.2001, blz. 25.

B96 art. 33

Zij is van toepassing met ingang van 12 december 2008 met uitzondering van de artikelen 28, 29, 30 en 31, die met ingang van 12 juni 2008 van toepassing zijn.

Uitvoeringswet verordening Europese betalingsbevelprocedure^1

Wet van 29 mei 2009 tot uitvoering van verordening (EG) Nr. 1896/2006 van het Europees Parlement en de Raad van 12 december 2006 tot invoering van een Europese betalingsbevelprocedure (Pb EU L 399) (Uitvoeringswet verordening Europese betalingsbevelprocedure)

Wij Beatrix, bij de gratie Gods, Koningin der Nederlanden, Prinses van Oranje-Nassau, enz. enz.

Allen, die deze zullen zien of horen lezen, saluut! doen te weten:

Alzo Wij in overweging genomen hebben, dat Verordening (EG) 1896/2006 van het Europees Parlement en de Raad van 12 december 2006 tot invoering van een Europese betalingsbevelprocedure (Pb EU L 399) moet worden uitgevoerd;

Zo is het, dat Wij, de Raad van State gehoord, en met gemeen overleg der Staten-Generaal, hebben goedgevonden en verstaan, gelijk Wij goedvinden en verstaan bij deze:

Art. 1

In deze wet wordt verstaan onder verordening: verordening (EG) nr. 1896/2006 van het Europees Parlement en de Raad van 12 december 2006 tot invoering van een Europese betalingsbevelprocedure (Pb EU L 399).

Art. 2

1. Een verzoek om een Europees betalingsbevel als bedoeld in artikel 7 van de verordening wordt gedaan aan de rechtbank Den Haag.

2. Wordt een verzoek, als bedoeld in het eerste lid, ingediend bij een andere rechtbank dan de rechtbank Den Haag, dan verklaart de rechter zich ambtshalve onbevoegd en verwijst hij de zaak in de stand waarin deze zich bevindt naar de rechtbank Den Haag. De griffier zendt een afschrift van de beschikking, alsmede de op de procedure betrekking hebbende stukken aan de griffier van de rechtbank Den Haag.

Art. 3

1. De stukken voor aanvulling en correctie van het verzoek als bedoeld in artikel 9 van de verordening, voor wijziging van het verzoek als bedoeld in artikel 10 van de verordening en voor afwijzing van het verzoek als bedoeld in artikel 11 van de verordening alsmede het uitvoerbare Europees betalingsbevel als bedoeld in artikel 18, derde lid, van de verordening worden aan de eiser toegezonden per gewone post.

2. Een mededeling als bedoeld in artikel 17, vijfde lid, van de verordening wordt aan partijen toegezonden per gewone post.

Art. 4

Indien ingevolge artikel 10, tweede lid, van de verordening een Europees betalingsbevel wordt uitgevaardigd voor het door de eiser aanvaarde voorstel voor een Europees betalingsbevel voor een gedeelte van zijn verzoek, laat dit de rechtsvordering voor het resterende deel onverlet.

Art. 5

Betekening of kennisgeving aan de verweerder als bedoeld in artikel 12, vijfde lid, van de verordening van het Europees betalingsbevel en het verzoek waarop het Europees betalingsbevel is gebaseerd, kan op een van de volgende wijzen:

a. door verzending per aangetekende post met bericht van ontvangst;

b. bij exploot.

Heeft de verweerder geen bekende woonplaats of bekend werkelijk verblijf in Nederland, maar wel een bekende woonplaats of bekend werkelijk verblijf in een andere lidstaat, dan vindt de betekening of kennisgeving plaats overeenkomstig artikel 277 van het Wetboek van Burgerlijke Rechtsvordering.

Art. 6

1. Indien de procedure wordt voortgezet na indiening van een verweerschrift, als bedoeld in artikel 17, eerste lid, onder a of b, van de verordening, doet de rechtbank Den Haag een voorstel voor aanwijzing van een rechter die de zaak verder behandelt en bepaalt de rechtbank Den Haag daarbij de termijn waarbinnen de eiser het voorstel kan betwisten door aanwijzing van een andere rechter. Na verloop van deze termijn wordt een afschrift van de aanwijzingsbeslissing per gewone post verzonden aan de eiser en de verweerder. Indien een rechter van een ander

---

1 Inwerkingtredingsdatum: 10-06-2009; zoals laatstelijk gewijzigd bij: Stb. 2016, 290.

gerecht dan de rechtbank Den Haag wordt aangewezen om de zaak verder te behandelen, zendt de griffier een afschrift van de aanwijzingsbeslissing, alsmede de op de procedure betrekking hebbende stukken aan de griffier van het gerecht dat is aangewezen. Indien de verweerder de aanwijzingsbeslissing betwist, wordt deze betwisting behandeld door de rechter die voor de verdere behandeling van de zaak is aangewezen. De rechter die is aangewezen, is niet gebonden aan de aanwijzing.

2. In zijn aanwijzingsbeslissing beveelt de rechtbank Den Haag op welke van de in artikel 17, eerste lid, onder a en b, van de verordening genoemde wijzen voortzetting plaatsvindt. In het geval van voortzetting op grond van artikel 17, eerste lid, onder b, van de verordening beveelt de rechtbank Den Haag dat de procedure verder wordt behandeld volgens de regels die gelden voor de vorderingsprocedure onderscheidenlijk de verzoekprocedure. De procedure is aanhangig vanaf de dag van indiening van het verzoek om een Europees betalingsbevel.

3. Beveelt de rechtbank Den Haag dat de procedure verder wordt behandeld volgens de regels die gelden voor de dagvaardingsprocedure, dan bepaalt hij tevens in de aanwijzingsbeslissing een dag waarop de zaak op de rol komt van de rechter die de zaak verder behandelt voor het stellen van partijen, zonder dat daartoe een dagvaarding of oproeping bij exploot wordt vereist. Verschijnt de verweerder op de bepaalde roldatum niet, dan dient hij alsnog door de eiser bij exploot te worden opgeroepen. Verschijnt de eiser op de bepaalde roldatum niet, dan biedt de rechter die de zaak verder behandelt hem de gelegenheid binnen een termijn van twee weken alsnog te verschijnen. Indien de eiser van de hem geboden gelegenheid geen gebruik maakt, wordt hij geacht de zaak te hebben ingetrokken en wordt hij in de kosten veroordeeld.

4. De rechter die de zaak verder behandelt, stelt partijen in de gelegenheid hun stellingen aan de dan toepasselijke procesregels aan te passen.

5. Tegen een beslissing ingevolge het eerste tot en met het derde lid staat geen hogere voorziening open.

6. Ongeacht of de verweerder in de voortgezette procedure verschijnt en of hij het griffierecht tijdig heeft voldaan, geldt een vonnis in de voortgezette procedure als een vonnis op tegenspraak en moet hoger beroep tegen een eindbeschikking op de voortgezette procedure door de verweerder worden ingesteld binnen drie maanden, te rekenen vanaf de dag van de uitspraak. In zijn aanwijzingsbeslissing neemt de rechtbank Den Haag de mededeling, bedoeld in artikel 111, tweede lid, onderdeel k, van het Wetboek van Burgerlijke Rechtsvordering op en wijst hij de verweerder op de in de vorige zin bedoelde rechtsgevolgen. De verweerder die niet in de voortgezette procedure verschijnt, krijgt de uitspraak toegezonden per gewone post.

Art. 7

In geval van uitvoerbaarverklaring van een Europees betalingsbevel als bedoeld in artikel 18 van de verordening vormen de uitvoerbaarverklaring en het aangehechte betalingsbevel tezamen een executoriale titel in de zin van artikel 430 van het Wetboek van Burgerlijke Rechtsvordering. Artikel 430, tweede lid, van het Wetboek van Burgerlijke Rechtsvordering is van toepassing.

Art. 8

1. Het afschrift van een door een buitenlands gerecht van oorsprong uitvoerbaar verklaard Europees betalingsbevel, bedoeld in artikel 21, tweede lid, onder a, van de verordening en bestaande uit de uitvoerbaarverklaring als bedoeld in artikel 18, eerste lid, van de verordening en het aangehechte betalingsbevel, kan ten uitvoer worden gelegd op dezelfde wijze als een grosse.

2. Een door een gerecht van oorsprong van een andere lidstaat uitvoerbaar verklaard Europees betalingsbevel wordt voor de toepassing van artikel 21, tweede lid, onder b, van de verordening gesteld of vertaald in de Nederlandse taal.

Art. 9

1. Ten aanzien van een uitvoerbaar verklaard Europees betalingsbevel in de zin van de verordening kan de verweerder een verzoek tot heroverweging doen bij het gerecht dat het uitvoerbare Europees betalingsbevel heeft uitgevaardigd op de gronden genoemd in artikel 20, eerste en tweede lid, van de verordening.

2. Het verzoek moet worden gedaan:

a. in het geval bedoeld in artikel 20, eerste lid, onder a, van de verordening, binnen vier weken nadat het uitvoerbare betalingsbevel aan de verweerder bekend is geworden;

b. in het geval bedoeld in artikel 20, eerste lid, onder b, van de verordening, binnen vier weken nadat de daargenoemde gronden hebben opgehouden te bestaan;

c. in het geval bedoeld in artikel 20, tweede lid, van de verordening, binnen vier weken nadat de daargenoemde grond voor heroverweging aan de verweerder bekend is geworden.

3. Voor de indiening van een verzoek tot heroverweging is de bijstand van een advocaat niet vereist.

Art. 10

Op verzoeken betreffende de tenuitvoerlegging als bedoeld in de artikelen 22 en 23 van de verordening, is artikel 438 van het Wetboek van Burgerlijke Rechtsvordering van toepassing.

Art. 11

1. Het bedrag, bedoeld in artikel 25, tweede lid, van de verordening, dat in rekening wordt gebracht voor een verzoek om een Europees betalingsbevel, wordt vastgesteld overeenkomstig de Wet griffierechten burgerlijke zaken. Is het bedrag, bedoeld in artikel 7, tweede lid, onder b, van de verordening, niet hoger dan het bedrag genoemd in artikel 93 onder a, van het Wetboek van Burgerlijke Rechtsvordering of betreft het een zaak als bedoeld onder c van dat artikel, dan worden de griffierechten voor kantonzaken als bedoeld in de bijlage bij de Wet griffierechten burgerlijke zaken geheven.

2. Van de verweerder wordt geen griffierecht geheven voor de indiening van een verweerschrift als bedoeld in artikel 16 van de verordening.

3. Wordt de procedure voortgezet na indiening van een verweerschrift, dan wordt van de verweerder overeenkomstig de regels van de Wet griffierechten burgerlijke zaken griffierecht geheven als hij ook in de voortgezette procedure verschijnt.

Art. 12

In aanvulling op hetgeen uit de verordening of uit deze wet voortvloeit, zijn de regels inzake de verzoekschriftprocedure van toepassing op een ingediend verzoek om een Europees betalingsbevel en op de procedure bedoeld in artikel 6, eerste tot en met derde lid.

Art. 13

Onze Minister van Justitie zendt binnen 5 jaar na de inwerkingtreding van deze wet aan de Staten-Generaal een verslag over de doeltreffendheid en de effecten van deze wet in de praktijk.

Art. 14

Deze wet treedt in werking met ingang van de dag na de datum van uitgifte van het Staatsblad waarin zij wordt geplaatst.

Art. 15

Deze wet wordt aangehaald als: Uitvoeringswet verordening Europese betalingsbevelprocedure.

Verordening (EG) nr. 4/2009 betreffende de bevoegdheid, het toepasselijke recht, de erkenning en de tenuitvoerlegging van beslissingen, en de samenwerking op het gebied van onderhoudsverplichtingen

Verordening (EG) nr. 4/2009 van de Raad van 18 december 2008 betreffende de bevoegdheid, het toepasselijke recht, de erkenning en de tenuitvoerlegging van beslissingen, en de samenwerking op het gebied van onderhoudsverplichtingen^1

DE RAAD VAN DE UROPESE UNIE,

Gelet op het Verdrag tot oprichting van de Europese Gemeenschap, en met name op artikel 61, onder c), en artikel 67, lid 2,

Gezien het voorstel van de Commissie,

Gezien het advies van het Europees Parlement^2,

Gezien het advies van het Europees Economisch en Sociaal Comité^3,

Overwegende hetgeen volgt:

(1) De Gemeenschap heeft zich ten doel gesteld een ruimte van vrijheid, veiligheid en recht te handhaven en te ontwikkelen waarin het vrije verkeer van personen gewaarborgd is. Met het oog op de geleidelijke totstandbrenging daarvan moet de Gemeenschap onder meer maatregelen op het gebied van de justitiële samenwerking in burgerlijke zaken met grensoverschrijdende gevolgen aannemen, voor zover nodig voor de goede werking van de interne markt.

(2) Overeenkomstig artikel 65, punt b), van het Verdrag dient het daarbij onder meer te gaan om maatregelen ter bevordering van de verenigbaarheid van de in de lidstaten geldende regels voor collisie- en jurisdictiegeschillen.

(3) In dat kader heeft de Gemeenschap onder meer reeds de volgende maatregelen aangenomen: Verordening (EG) nr. 44/2001 van de Raad van 22 december 2000 betreffende de rechterlijke bevoegdheid, de erkenning en de tenuitvoerlegging van beslissingen in burgerlijke en handelszaken^4, Beschikking 2001/470/EG van de Raad van 28 mei 2001 betreffende de oprichting van een Europees justitieel netwerk in burgerlijke en handelszaken^5, Verordening (EG) nr. 1206/2001 van de Raad van 28 mei 2001 betreffende de samenwerking tussen de gerechten van de lidstaten op het gebied van bewijsverkrijging in burgerlijke en handelszaken^6, Richtlijn 2003/8/EG van de Raad van 27 januari 2003 tot verbetering van de toegang tot de rechter bij grensoverschrijdende geschillen, door middel van gemeenschappelijke minimumvoorschriften betreffende rechtsbijstand bij die geschillen^7, Verordening (EG) nr. 2201/2003 van de Raad van 27 november 2003 betreffende de bevoegdheid en de erkenning en tenuitvoerlegging van beslissingen in huwelijkszaken en inzake de ouderlijke verantwoordelijkheid^8, Verordening (EG) nr. 805/2004 van het Europees Parlement en de Raad van 21 april 2004 tot invoering van een Europese executoriale titel voor niet-betwiste schuldvorderingen^9 en Verordening (EG) nr. 1393/2007 van het Europees Parlement en de Raad van 13 november 2007 inzake de betekening en de kennisgeving in de lidstaten van gerechtelijke en buitengerechtelijke stukken in burgerlijke of in handelszaken („de betekening en de kennisgeving van stukken")^{10}.

(4) De Europese Raad van Tampere van 15 en 16 oktober 1999 heeft de Raad en de Commissie verzocht speciale gemeenschappelijke procedureregels vast te stellen ter vereenvoudiging en versnelling van de beslechting van grensoverschrijdende geschillen over onder andere levens-

---

1 Inwerkingtredingsdatum: 30-01-2009; zoals laatstelijk gewijzigd bij: PbEU 2018 L 314. Van toepassing vanaf 18-06-2011, met uitzondering van art. 2, lid 2, art. 47, lid 3, art. 71, art. 72 en art. 73 die vanaf 18-09-2010 van toepassing zijn.

2 Advies uitgebracht op 13 december 2007 (nog niet bekendgemaakt in het Publicatieblad) en advies uitge-bracht op 4 december 2008 na een nieuwe raadpleging (nog niet bekendgemaakt in het Publicatieblad).

3 Advies uitgebracht na een niet-verplichte raadpleging (PB C 185 van 8.8.2006, blz. 35).

4 PB L 12 van 16.1.2001, blz. 1.

5 PB L 174 van 27.6.2001, blz. 25.

6 PB L 174 van 27.6.2001, blz. 1.

7 PB L 26 van 31.1.2003, blz. 41.

8 PB L 338 van 23.12.2003, blz. 1.

9 PB L 143 van 30.4.2004, blz. 15.

10 PB L 324 van 10.12.2007, blz. 79.

Alimentatieverordening

onderhoud. Hij heeft tevens opgeroepen tot de afschaffing van de intermediaire maatregelen die nog altijd noodzakelijk zijn voor de erkenning en de tenuitvoerlegging in de aangezochte staat van een in een andere lidstaat gewezen beslissing, met name een beslissing inzake levensonderhoud.

(5) Op 30 november 2000 hebben de Commissie en de Raad een gemeenschappelijk programma van maatregelen vastgesteld voor de uitvoering van het beginsel van wederzijdse erkenning van beslissingen in burgerlijke en handelszaken^{11}. Dit programma voorziet in de afschaffing van de exequaturprocedure voor aanspraken op levensonderhoud, opdat onderhoudsgerechtigden hun rechten op een meer doeltreffende wijze geldend kunnen maken.

(6) De Europese Raad, op 4 en 5 november 2004 te Brussel bijeen, heeft een nieuw programma aangenomen, met als titel „Haagse Programma: versterking van vrijheid, veiligheid en recht in de Europese Unie" (hierna te noemen „het Haagse Programma")^{12}.

(7) Op 2 en 3 juni 2005 heeft de Raad en de Commissie aangenomen dat het Haagse Programma in concrete acties vertaalt en dat de noodzaak vermeldt om voorstellen inzake onderhoudsverplichtingen aan te nemen^{13}.

(8) De Gemeenschap en haar lidstaten hebben deelgenomen aan onderhandelingen in het kader van de Haagse Conferentie voor Internationaal Privaatrecht, die op 23 november 2007 hebben geresulteerd in de aanneming van het Verdrag inzake de internationale inning van levensonderhoud voor kinderen en andere familieleden (hierna „het Haagse Verdrag van 2007") en van het Haagse protocol inzake het recht dat van toepassing is op onderhoudsverplichtingen (hierna „het Haagse Protocol van 2007"). In het kader van deze verordening moet derhalve met deze twee instrumenten rekening worden gehouden.

(9) Een onderhoudsgerechtigde dient in een lidstaat gemakkelijk een beslissing te kunnen verkrijgen die automatisch, zonder enige andere formaliteit uitvoerbaar is in een andere lidstaat.

(10) Om deze doelstelling te bereiken, is het wenselijk een communautair instrument inzake onderhoudsverplichtingen te creëren waarin alle voorschriften inzake bevoegdheid en toepasselijk recht, erkenning en uitvoerbaarheid, tenuitvoerlegging van beslissingen, rechtsbijstand en samenwerking tussen centrale autoriteiten worden verenigd.

(11) Alle onderhoudsverplichtingen die voortvloeien uit familiebetrekkingen, bloedverwantschap, huwelijk of aanverwantschap, dienen binnen de werkingssfeer van de verordening te vallen, dit om de gelijke behandeling van alle onderhoudsgerechtigden te garanderen. Voor de toepassing van deze verordening moet het begrip „onderhoudsverplichting" autonoom geïnterpreteerd worden.

(12) Teneinde rekening te houden met de verschillende wijzen waarop kwesties inzake onderhoudsverplichtingen in de lidstaten worden geregeld, dient deze verordening toepasselijk te zijn op zowel rechterlijke beslissingen als beslissingen van administratieve autoriteiten, mits deze laatste autoriteiten waarborgen bieden, met name inzake onpartijdigheid en het recht van partijen om te worden gehoord. Deze administratieve autoriteiten dienen bijgevolg alle voorschriften van deze verordening in acht te nemen.

(13) Om de bovengenoemde redenen dient deze verordening ook de erkenning en de tenuitvoerlegging van gerechtelijke schikkingen en authentieke akten te verzekeren zonder dat zulks afbreuk doet aan het recht van de ene of de andere partij bij een dergelijke schikking of akte om een zodanig document voor een gerecht van de lidstaat van oorsprong te betwisten.

(14) De verordening dient te bepalen dat de term „onderhoudsgerechtigde" in het verband van een verzoek om erkenning en tenuitvoerlegging van beslissingen inzake onderhoudsverplichtingen mede omvat openbare lichamen die gerechtigd zijn namens de onderhoudsgerechtigde op te treden dan wel de terugbetaling te vorderen van bij wijze van levensonderhoud aan de onderhoudsgerechtigde gedane uitkeringen. Wanneer een openbaar lichaam in die hoedanigheid optreedt, dient dit het recht te hebben op dezelfde diensten en dezelfde rechtsbijstand als een onderhoudsgerechtigde.

(15) Teneinde de behartiging van de belangen van onderhoudsgerechtigden te waarborgen en een goede rechtsbedeling in de Europese Unie te bevorderen, dienen de bevoegdheidsregels die voortvloeien uit Verordening (EG) nr. 44/2001 te worden aangepast. Het feit dat de verweerder zijn gewone verblijfplaats in een derde staat heeft, mag niet langer een reden zijn om de toepassing van communautaire bevoegdheidsregels uit te sluiten, en er dient geen enkele verwijzing naar de bevoegdheidsregels van het nationale recht meer te worden opgenomen. In deze verordening dient dus te worden bepaald in welk gevallen een gerecht van lidstaat een subsidiaire bevoegdheid kan uitoefenen.

(16) Teneinde meer in het bijzonder een voorziening te bieden voor gevallen van rechtsweigering, dient in deze verordening ook een forum necessitatis (noodbevoegdheid) te worden op-

---

11 PB C 12 van 15.1.2001, blz. 1.

12 PB C 53 van 3.3.2005, blz. 1.

13 PB C 198 van 12.8.2005, blz. 1.

genomen, waardoor een gerecht van een lidstaat in uitzonderlijke omstandigheden kennis kan nemen van een geschil dat een nauwe band met een derde staat heeft. Een dergelijk uitzonderlijk geval zou zich kunnen voordoen wanneer een procedure in de betrokken derde staat onmogelijk blijkt, bijvoorbeeld door een burgeroorlog, of wanneer van de verzoeker redelijkerwijs niet kan worden verlangd dat hij in dat land een procedure aanhangig maakt of voert. De op het forum necessitatis gebaseerde bevoegdheid kan evenwel alleen worden uitgeoefend als het geschil voldoende nauw verbonden is met de lidstaat van het gerecht waar de zaak aanhangig is gemaakt, bijvoorbeeld door de nationaliteit van een van de partijen.

(17) In een aanvullende bevoegdheidsregel dient te worden bepaald dat de onderhoudsplichtige, behoudens specifieke omstandigheden, een procedure tot wijziging van een bestaande onderhoudsbeslissing of tot verkrijging van een nieuwe beslissing alleen aanhangig kan maken in de staat waar de onderhoudsgerechtigde zijn gewone verblijfplaats had toen de beslissing werd gegeven en waar hij nog steeds gewoonlijk verblijft. Om te verzekeren dat het Haagse Verdrag van 2007 en deze verordening goed op elkaar aansluiten, dient dit voorschrift ook te gelden voor beslissingen van een derde staat die partij is bij het genoemde verdrag, voor zover dit tussen de betrokken staat en de Gemeenschap in werking is getreden en in de betrokken staat en in de Gemeenschap dezelfde onderhoudsverplichtingen dekt.

(18) Voor de toepassing van deze verordening dient te worden bepaald dat het begrip „nationaliteit" in Ierland wordt vervangen door het begrip „woonplaats" („domicile"), evenals in het Verenigd Koninkrijk, voor zover deze verordening in die lidstaat van toepassing wordt overeenkomstig artikel 4 van het Protocol betreffende de positie van het Verenigd Koninkrijk en Ierland, dat aan het Verdrag betreffende de Europese Unie en aan het Verdrag tot oprichting van de Europese Gemeenschap is gehecht.

(19) Teneinde de rechtszekerheid, de voorspelbaarheid en de autonomie van partijen te vergroten, dient deze verordening partijen de mogelijkheid te bieden in onderlinge overeenstemming het bevoegde gerecht te kiezen op basis van bepaalde aanknopingsfactoren. Met het oog op de bescherming van de zwakkere partij moet een dergelijke forumkeuze worden uitgesloten voor onderhoudsverplichtingen ten aanzien van kinderen jonger dan achttien jaar.

(20) In de verordening dient te worden bepaald dat voor de door het Haagse Protocol van 2007 gebonden lidstaten de collisieregels van dat protocol toepasselijk zijn. Te dien einde dient een verwijzing naar genoemd protocol te worden opgenomen. Het Haagse Protocol van 2007 zal door de Gemeenschap tijdig worden gesloten om de toepassing van deze verordening mogelijk te maken. Ten einde rekening te houden met de mogelijkheid dat het Haagse Protocol van 2007 niet in alle lidstaten toepasselijk zou zijn, dient, wat de erkenning, de uitvoerbaarheid en de tenuitvoerlegging van beslissingen betreft, onderscheid te worden gemaakt tussen lidstaten die door het Haagse Protocol van 2007 gebonden zijn en lidstaten die niet door het Protocol gebonden zijn.

(21) Gepreciseerd zij dat deze collisieregels in het kader van deze verordening alleen het recht, toepasselijk op onderhoudsverplichtingen bepalen, maar niet recht dat van toepassing is op de vaststelling van de familiebetrekkingen waarop de onderhoudsverplichtingen zijn gebaseerd. De vaststelling van de familiebetrekkingen blijft vallen onder het nationale recht van de lidstaten, met inbegrip van hun regels van internationaal privaatrecht.

(22) Om een snelle en efficiënte inning van levensonderhoud te waarborgen en vertraging door beroepsprocedures te voorkomen, dienen de in een lidstaat gegeven beslissingen inzake onderhoudsverplichtingen in beginsel bij voorraad uitvoerbaar te zijn. Derhalve dient in deze verordening te worden bepaald dat het gerecht van oorsprong de beslissing bij voorraad uitvoerbaar kan verklaren, zelfs indien het nationale recht niet in uitvoerbaarheid van rechtswege voorziet en zelfs indien naar nationaal recht een rechtsmiddel tegen de beslissing is ingesteld of nog kan worden ingesteld.

(23) Teneinde de kosten verbonden aan de door deze verordening geregelde procedures te beperken, is het nuttig dat zoveel mogelijk gebruik wordt gemaakt van moderne communicatietechnologieën, met name bij het horen van partijen.

(24) De door de toepassing van de collisieregels geboden waarborgen rechtvaardigen dat onderhoudsbeslissingen, gegeven in een lidstaat die gebonden is door het Haagse Protocol van 2007, zonder enige procedure of inhoudelijke toetsing in de lidstaat van tenuitvoerlegging, in alle andere lidstaten worden erkend en uitvoerbaar zijn.

(25) De erkenning in een lidstaat van een beslissing inzake onderhoudsverplichtingen heeft uitsluitend ten doel de inning van het in de beslissing vastgestelde levensonderhoud mogelijk te maken. De erkenning houdt niet in de erkenning, door de betrokken lidstaat, van de familiebetrekkingen, de bloedverwantschap, het huwelijk of de aanverwantschap die ten grondslag liggen aan de onderhoudsverplichting die tot de beslissing heeft geleid.

(26) Voor beslissingen die in een niet door het Haagse Protocol van 2007 gebonden lidstaat zijn gegeven, dient de verordening te voorzien in een procedure voor erkenning en uitvoerbaarverklaring. Deze procedure dient te worden ingericht volgens het model van de procedure en de gronden voor weigering van erkenning van Verordening (EG) nr. 44/2001. Teneinde de

procedure te versnellen en de onderhoudsgerechtigde in staat te stellen zijn aanspraak snel geldend te maken, dient te worden bepaald dat het gerecht waarbij de zaak aanhangig is gemaakt binnen vaste termijnen uitspraak doet, tenzij zich uitzonderlijke omstandigheden voordoen.

(27) Voorts dienen formaliteiten voor de tenuitvoerlegging die de kosten voor de onderhoudsgerechtigde kunnen opdrijven, zoveel mogelijk te worden beperkt. Met het oog daarop bepaalt deze verordening dat de onderhoudsgerechtigde niet gehouden is in de lidstaat van tenuitvoerlegging over een postadres of een bevoegde vertegenwoordiger te beschikken, zonder dat overigens afbreuk wordt gedaan aan de interne organisatie van de lidstaten op het stuk van procedures van tenuitvoerlegging.

(28) Teneinde de met de procedures van tenuitvoerlegging gepaard gaande kosten te beperken, mogen geen vertalingen worden verlangd, behalve indien de tenuitvoerlegging betwist wordt en onverminderd de op de betekening en kennisgeving van stukken toepasselijke voorschriften.

(29) Om te waarborgen dat de vereisten van een eerlijk proces worden geëerbiedigd, dient deze verordening te bepalen dat de verweerder die niet voor het gerecht van oorsprong van een door het Haagse Protocol van 2007 gebonden lidstaat is verschenen, het recht heeft om, wanneer de tegen hem gegeven beslissing ten uitvoer wordt gelegd, om heroverweging van deze beslissing te verzoeken. De verweerder dient een verzoek om heroverweging evenwel in te dienen binnen een bepaalde termijn, die moet aanvangen uiterlijk op de dag waarop hij, in de fase van de procedure van tenuitvoerlegging, de beschikking over zijn goederen geheel of ten dele verliest. Het recht op heroverweging is een buitengewoon rechtsmiddel dat ter beschikking staat van de verweerder tegen wie verstek is verleend. Het laat onverlet de mogelijkheid van een beroep op andere buitengewone rechtsmiddelen die zijn voorzien in het recht van de lidstaat van oorsprong, mits deze niet onverenigbaar zijn met het recht op heroverweging uit hoofde van de verordening.

(30) Teneinde de tenuitvoerlegging van een beslissing van een door het Haagse Protocol van 2007 gebonden lidstaat in een andere lidstaat te bespoedigen, is er aanleiding de gronden voor weigering of schorsing van de tenuitvoerlegging die de onderhoudsplichtige wegens het grensoverschrijdende karakter van de aanspraak op levensonderhoud kan inroepen, te beperken. Deze beperking mag geen afbreuk doen aan de gronden voor weigering of schorsing die in het nationale recht zijn voorzien en die niet onverenigbaar zijn met de in deze verordening genoemde gronden, zoals de vereffening van de schuld door de onderhoudsplichtige op het moment van de tenuitvoerlegging of het feit dat bepaalde goederen niet vatbaar zijn voor beslag.

(31) Ter vergemakkelijking van de grensoverschrijdende inning van levensonderhoud dient een regeling te worden getroffen voor de samenwerking van de door de lidstaten aangewezen centrale autoriteiten. Deze autoriteiten dienen onderhoudsgerechtigden en onderhoudsplichtigen bij te staan bij het in een andere lidstaat doen gelden van hun rechten, door de indiening van verzoeken tot erkenning, uitvoerbaarverklaring en tenuitvoerlegging van gegeven beslissingen, tot wijziging van zodanige beslissingen of tot verkrijging van een beslissing. Zij dienen ook informatie uit te wisselen om onderhoudsplichtigen en onderhoudsgerechtigden te lokaliseren en, voor zover nodig, hun inkomen en vermogen vast te stellen. Zij dienen, ten slotte, onderling samen te werken en algemene informatie uit te wisselen, alsmede de samenwerking van bevoegde autoriteiten van hun lidstaat te bevorderen.

(32) Elke overeenkomstig deze verordening aangewezen centrale autoriteit dient, behoudens welomschreven uitzonderingen, haar eigen kosten te dragen en iedere verzoeker die in haar lidstaat verblijft bij te staan. De maatstaf voor de bepaling van het recht van een persoon om bijstand van een centrale autoriteit te vragen, dient minder streng te zijn dan de aanknopingsfactor „gewone verblijfplaats" die elders in deze verordening wordt gebruikt. Het criterium „verblijfplaats" sluit echter de enkele aanwezigheid uit.

(33) Om onderhoudsgerechtigden en onderhoudsplichtigen volledig te kunnen bijstaan en de grensoverschrijdende inning van levensonderhoud zo goed mogelijk te bevorderen, dienen de centrale autoriteiten te kunnen beschikken over een aantal persoonsgegevens. Deze verordening dient de lidstaten bijgevolg te verplichten ervoor te zorgen dat hun centrale autoriteiten toegang hebben tot deze gegevens bij de overheidsinstanties of -administraties die in het kader van hun gebruikelijke activiteiten over deze gegevens beschikken. Iedere lidstaat dient echter vrij te zijn om te bepalen op welke wijze toegang wordt verleend. Zo zou een lidstaat de overheidsinstanties of -administraties moeten kunnen aanwijzen die overeenkomstig deze verordening de gegevens aan de centrale autoriteit dienen te verstrekken, in voorkomend geval daaronder begrepen de overheidsinstanties of -administraties die reeds zijn aangewezen in het kader van andere regelingen inzake toegang tot gegevens. Wanneer een lidstaat overheidsdiensten of -administraties aanwijst, moet hij ervoor zorgen dat zijn centrale autoriteit overeenkomstig deze verordening toegang kan krijgen tot de gevraagde informatie waarover zij beschikken. Een lidstaat dient voorts zijn centrale autoriteit te kunnen machtigen om toegang te verkrijgen tot de gevraagde informatie waarover enige andere rechtspersoon beschikt en voor de behandeling waarvan deze verantwoordelijk is.

(34) Wat de toegang tot, en het gebruik en de verstrekking van persoonsgegevens betreft, dienen de vereisten van Richtlijn 95/46/EG van het Europees Parlement en de Raad van 24 oktober 1995 betreffende de bescherming van natuurlijke personen in verband met de verwerking van persoonsgegevens en betreffende het vrije verkeer van die gegevens^{14}, zoals omgezet in de nationale wetgeving van de lidstaten, in acht te worden genomen.

(35) Voor de toepassing van deze verordening dienen de specifieke voorwaarden voor de toegang tot persoonsgegevens, het gebruik en de verstrekking van deze gegevens evenwel nader te worden omschreven. In dit verband is rekening gehouden met het advies van de Europese Toezichthouder voor gegevensbescherming^{15}. De kennisgeving aan de persoon over wie de informatie is verzameld, dient overeenkomstig het nationale recht van de aangezochte lidstaat te geschieden. Het dient echter mogelijk te zijn om de kennisgeving uit te stellen om te voorkomen dat de onderhoudsplichtige zijn bezittingen overbrengt en aldus de inning van levensonderhoud in het gedrang brengt.

(36) Gezien de kosten van procedures, dient in een zeer gunstige rechtsbijstandsregeling te worden voorzien, namelijk in een volledige tegemoetkoming in de kosten verbonden aan procedures betreffende onderhoudsverplichtingen jegens kinderen jonger dan 21 jaar die door tussenkomst van de centrale autoriteiten aanhangig worden gemaakt. De bestaande rechtsbijstandsregeling in het kader van de Europese Unie, op grond van Richtlijn 2003/8/EG, dient bijgevolg te worden aangevuld met specifieke regels die een bijzonder regime creëren voor rechtsbijstand op het gebied van onderhoudsverplichtingen. In dat verband dient de bevoegde autoriteit van de aangezochte lidstaat in uitzonderlijke gevallen de kosten te kunnen verhalen op een verzoeker die kosteloze rechtsbijstand heeft genoten en die in het ongelijk is gesteld, voor zover diens financiële situatie dit toelaat. Dat zou met name het geval zijn voor een bemiddelde persoon die te kwader trouw heeft gehandeld.

(37) Voor andere dan de in de vorige overweging bedoelde onderhoudsverplichtingen dient te worden gewaarborgd dat op het gebied van rechtsbijstand alle partijen dezelfde behandeling krijgen bij de tenuitvoerlegging van een beslissing in een andere lidstaat. Zo dienen de bepalingen betreffende de continuïteit van de rechtsbijstand aldus te worden begrepen dat zij ook voorzien in de verlening van zodanige bijstand aan een partij die, terwijl zij geen rechtsbijstand heeft genoten tijdens de procedure strekkende tot verkrijging of wijziging van een beslissing in de lidstaat van oorsprong, vervolgens in diezelfde lidstaat wel rechtsbijstand heeft genoten in het kader van een verzoek tot tenuitvoerlegging van de beslissing. Ook dient een partij die kosteloos heeft geprocedeerd ten overstaan van een administratieve autoriteit als in bijlage X genoemd, in de lidstaat van tenuitvoerlegging de meest gunstige rechtsbijstand of de ruimste vrijstelling van kosten en uitgaven te genieten, mits zij aantoont dat zij daarvoor in de lidstaat van oorsprong in aanmerking zou zijn gekomen.

(38) Teneinde de kosten voor het vertalen van bewijsstukken te beperken, dient het gerecht waarbij een zaak aanhangig is gemaakt, alleen als dat nodig is vertaling van stukken te verlangen, onverminderd de rechten van de verdediging en de voorschriften voor de betekening en de kennisgeving van stukken.

(39) Om de toepassing van deze verordening te vergemakkelijken, dienen de lidstaten te worden verplicht de namen en contactgegevens van hun centrale autoriteiten alsook andere informatie aan de Commissie mede te delen. Deze gegevens dienen ter beschikking van de betrokken beroepsbeoefenaren en het publiek te worden gesteld door middel van bekendmaking in het *Publicatieblad van de Europese Unie* of langs elektronische weg via het bij Besluit 2001/470/EG opgerichte Europees justitieel netwerk in burgerlijke en handelszaken. Voorts dient het gebruik van de in deze verordening vervatte formulieren de communicatie tussen centrale autoriteiten te vereenvoudigen en te versnellen en de elektronische indiening van verzoeken mogelijk te maken.

(40) Er dient een regeling te worden getroffen voor de verhouding tussen deze verordening en de bilaterale of multilaterale overeenkomsten inzake onderhoudsverplichtingen waarbij de lidstaten partij zijn. In dat verband dient te worden bepaald dat de lidstaten die partij zijn bij de Overeenkomst van 23 maart 1962 tussen Zweden, Denemarken, Finland, IJsland en Noorwegen inzake het verhaal van levensonderhoud, deze overeenkomst kunnen blijven toepassen, aangezien zij op het stuk van erkenning en tenuitvoerlegging gunstiger bepalingen bevat dan die waarin deze verordening voorziet. Wat toekomstige bilaterale overeenkomsten met derde landen op het gebied van onderhoudsverplichtingen betreft, dienen de procedures en de voorwaarden voor machtiging van lidstaten om zelf met derde landen over dergelijke overeenkomsten te onderhandelen en deze te sluiten, te worden vastgesteld in het kader van de besprekingen over een desbetreffend Commissievoorstel.

---

14 PB L 281 van 23.11.1995, blz. 31.

15 PB C 242 van 7.10.2006, blz. 20.

(41) Voor de berekening van de in deze verordening voorziene termijnen dient Verordening (EEG, Euratom) nr. 1182/71 van de Raad van 3 juni 1971 houdende vaststelling van de regels die van toepassing zijn op termijnen, data en aanvangs- en vervaltijden^{16}, te worden toegepast.

(42) De voor de uitvoering van deze verordening vereiste maatregelen dienen te worden vastgesteld overeenkomstig Besluit 1999/468/EG van de Raad van 28 juni 1999 tot vaststelling van de voorwaarden voor de uitoefening van de aan de Commissie verleende uitvoeringsbevoegdheden^{17}.

(43) De Commissie dient met name te worden gemachtigd om elke wijziging van de formulieren die in deze verordening zijn voorzien, aan te nemen volgens de in artikel 3 van Besluit 1999/468/EG bedoelde raadplegingsprocedure. Voor de opstelling van de lijst van administratieve autoriteiten die onder deze verordening vallen, dient de Commissie evenwel te worden gemachtigd om volgens de in artikel 4 van dat besluit bedoelde beheersprocedure te handelen.

(44) Deze verordening dient Verordening (EG) nr. 44/2001 te wijzigen door in de plaats te treden van de bepalingen daarvan die betrekking hebben op onderhoudsverplichtingen. Onder voorbehoud van de overgangsbepalingen van de onderhavige verordening dienen de lidstaten vanaf de datum waarop zij van kracht wordt, op onderhoudsverplichtingen de bepalingen van deze verordening over bevoegdheid, erkenning, uitvoerbaarheid en tenuitvoerlegging van beslissingen, en over rechtsbijstand, toe te passen in plaats van die van Verordening (EG) nr. 44/2001.

(45) Daar de doelstellingen van deze verordening, namelijk het treffen van een aantal maatregelen om de daadwerkelijke inning van levensonderhoud in grensoverschrijdende gevallen te waarborgen en derhalve het vrije verkeer van personen in de Europese Unie te vergemakkelijken, niet voldoende door de lidstaten kunnen worden verwezenlijkt en derhalve, wegens de omvang en de gevolgen van deze verordening, beter door de Gemeenschap kunnen worden verwezenlijkt, mag de Gemeenschap maatregelen nemen overeenkomstig het in artikel 5 van het Verdrag neergelegde subsidiariteitsbeginsel. Overeenkomstig het in hetzelfde artikel neergelegde evenredigheidsbeginsel gaat deze verordening niet verder dan nodig is om deze doelstellingen te verwezenlijken.

(46) Overeenkomstig artikel 3 van het Protocol betreffende de positie van het Verenigd Koninkrijk en Ierland, dat is gehecht aan het Verdrag betreffende de Europese Unie en het Verdrag tot oprichting van de Europese Gemeenschap, heeft Ierland kennis gegeven van zijn wens deel te nemen aan de aanneming en toepassing van deze verordening.

(47) Overeenkomstig de artikelen 1 en 2 van het Protocol betreffende de positie van het Verenigd Koninkrijk en Ierland, gehecht aan het Verdrag betreffende de Europese Unie en het Verdrag tot oprichting van de Europese Gemeenschap, neemt het Verenigd Koninkrijk niet deel aan de aanneming van deze verordening en is bijgevolg niet door de verordening gebonden noch gehouden deze toe te passen. Dat laat onverlet de mogelijkheid voor het Verenigd Koninkrijk om mede te delen dat het voornemens is deze verordening, na de aanneming ervan, overeenkomstig artikel 4 van genoemd protocol te aanvaarden.

(48) Overeenkomstig de artikelen 1 en 2 van het Protocol betreffende de positie van Denemarken, dat is gehecht aan het Verdrag betreffende de Europese Unie en het Verdrag tot oprichting van de Europese Gemeenschap, neemt Denemarken niet deel aan de aanneming van de voorgestelde verordening, en is daardoor niet gebonden noch gehouden deze toe te passen, onverminderd de mogelijkheid voor Denemarken om, overeenkomstig artikel 3 van de Overeenkomst tussen de Europese Gemeenschap en het Koninkrijk Denemarken betreffende de rechterlijke bevoegdheid, de erkenning en de tenuitvoerlegging van beslissingen in burgerlijke en handelszaken^{18}, de inhoud van de wijzigingen die thans in Verordening (EG) nr. 44/2001 worden aangebracht, toe te passen,

HEEFT DE VOLGENDE VERORDENING VASTGESTELD:

HOOFDSTUK I TOEPASSINGSGEBIED EN DEFINITIES

Art. 1 Toepassingsgebied

1. Deze verordening is van toepassing op onderhoudsverplichtingen die voortvloeien uit familiebetrekkingen, bloedverwantschap, huwelijk of aanverwantschap.

2. In deze verordening wordt onder „lidstaat" verstaan, de lidstaten waarop deze verordening van toepassing is.

Art. 2 Definities

1. In deze verordening wordt verstaan onder:

---

16 PB L 124 van 8.6.1971, blz. 1.

17 PB L 184 van 17.7.1999, blz. 23.

18 PB L 299 van 16.11.2005, blz. 62.

B98 art. 3 **Alimentatieverordening**

1. „beslissing", een door een gerecht van een lidstaat gegeven beslissing inzake onderhoudsverplichtingen, ongeacht de daaraan gegeven benaming, zoals arrest, vonnis, beschikking of rechterlijk bevel tot tenuitvoerlegging, alsmede de vaststelling door de griffier van het bedrag van de proceskosten. Voor de toepassing van de hoofdstukken VII en VIII wordt onder „beslissing" mede verstaan, een in een derde land gegeven beslissing inzake onderhoudsverplichtingen;

2. „gerechtelijke schikking", een schikking inzake onderhoudsverplichtingen die door een gerecht is goedgekeurd of tijdens een procedure voor een gerecht is getroffen;

3. „authentieke akte",

a) een akte inzake onderhoudsverplichtingen die als authentieke akte is verleden of geregistreerd in de lidstaat van herkomst en waarvan de authenticiteit:

i) betrekking heeft op de ondertekening en de inhoud van de akte, en

ii) is vastgesteld door een overheidsinstantie of andere daartoe bevoegd verklaarde instantie, of

b) een afspraak inzake onderhoudsverplichtingen die met administratieve autoriteiten van de lidstaat van herkomst is gemaakt of die door deze autoriteiten authentiek is verklaard;

4. „lidstaat van herkomst", de lidstaat waar, naar gelang van het geval, de beslissing is gegeven, de gerechtelijke schikking is goedgekeurd of getroffen, of de authentieke akte is opgesteld;

5. „lidstaat van tenuitvoerlegging", de lidstaat waar om tenuitvoerlegging van de beslissing, de gerechtelijke schikking of de authentieke akte wordt gevraagd;

6. „verzoekende lidstaat", de lidstaat waarvan de centrale autoriteit het verzoek in de zin van hoofdstuk VII verzendt;

7. „aangezochte lidstaat", de lidstaat waarvan de centrale autoriteit het verzoek in de zin van hoofdstuk VII in ontvangst neemt;

8. „Haagse Verdrag-staat", een staat die partij is bij het Haagse Verdrag van 23 november 2007 inzake de internationale inning van levensonderhoud voor kinderen en andere familieleden (hierna „het Haagse Verdrag van 2007"), voor zover dit verdrag van toepassing is tussen de Gemeenschap en die staat;

9. „gerecht van herkomst", het gerecht dat de ten uitvoer te leggen beslissing heeft gegeven;

10. „onderhoudsgerechtigde", elke natuurlijke persoon aan wie levensonderhoud verschuldigd is of van wie gesteld wordt dat levensonderhoud aan hem verschuldigd is;

11. „onderhoudsplichtige", elke natuurlijke persoon die levensonderhoud verschuldigd is of ten aanzien van wie gesteld wordt dat hij levensonderhoud verschuldigd is.

2. Voor de toepassing van deze verordening omvat het begrip „gerecht" ook administratieve autoriteiten van de lidstaten die bevoegd zijn op het gebied van onderhoudsverplichtingen, voor zover zij waarborgen bieden wat betreft onpartijdigheid en het horen van de partijen en voor zover hun beslissingen overeenkomstig het recht van de lidstaat waar zij gevestigd zijn

i) vatbaar zijn voor een rechtsmiddel ten overstaan van een gerechtelijke autoriteit of voor toetsing door een zodanige autoriteit, en

ii) dezelfde kracht en dezelfde uitwerking hebben als een beslissing van een gerechtelijke autoriteit over dezelfde aangelegenheid.

Deze administratieve autoriteiten staan vermeld in bijlage X. Deze bijlage is opgesteld en wordt gewijzigd volgens de in artikel 73, lid 2, genoemde beheersprocedure, op verzoek van de lidstaat waar de betrokken administratieve autoriteit gevestigd is.

3. Voor de toepassing van de artikelen 3, 4 en 6 vervangt het begrip „woonplaats" („domicile") „nationaliteit" in de lidstaten waar dit begrip in familierechtelijke zaken als aanknopingsfactor wordt gebruikt.

Voor de toepassing van artikel 6 worden partijen die hun woonplaats („domicile") in verschillende territoriale eenheden van eenzelfde lidstaat hebben, geacht hun gemeenschappelijke woonplaats („domicile") in die lidstaat te hebben.

HOOFDSTUK II BEVOEGDHEID

Art. 3 Algemene bepalingen

In de lidstaten zijn op het gebied van onderhoudsverplichtingen bevoegd:

a) het gerecht van de plaats waar de verweerder zijn gewone verblijfplaats heeft, of

b) het gerecht van de plaats waar de onderhoudsgerechtigde zijn gewone verblijfplaats heeft, of

c) het gerecht dat volgens het recht van het forum bevoegd is om kennis te nemen van een verzoek betreffende de staat van personen, indien het verzoek inzake een onderhoudsverplichting een nevenverzoek is dat verbonden is met dit verzoek, tenzij deze bevoegdheid uitsluitend op de nationaliteit van een der partijen berust, of

d) het gerecht dat volgens het recht van het forum bevoegd is om kennis te nemen van een verzoek betreffende de ouderlijke verantwoordelijkheid, indien het verzoek inzake een onderhoudsverplichting een nevenverzoek is dat verbonden is met dit verzoek, tenzij deze bevoegdheid uitsluitend op de nationaliteit van een der partijen berust.

Art. 4 Forumkeuze

1. Partijen kunnen overeenkomen dat ter zake van geschillen die tussen hen zijn gerezen of zullen rijzen in verband met onderhoudsverplichtingen, het volgende gerecht of de volgende gerechten bevoegd zijn:

a) een gerecht of de gerechten van een lidstaat waar een hunner haar gewone verblijfplaats heeft,

b) een gerecht of de gerechten van een lidstaat waarvan een hunner de nationaliteit heeft,

c) in het geval van onderhoudsverplichtingen tussen echtgenoten of voormalige echtgenoten:

i) het gerecht dat bevoegd is om kennis te nemen van hun geschillen in huwelijkszaken, of

ii) een gerecht of de gerechten van de lidstaat waar zij laatstelijk gedurende ten minste één jaar hun gemeenschappelijke gewone verblijfplaats hebben gehad.

De in de punten a), b) of c) genoemde voorwaarden moeten vervuld zijn op het tijdstip waarop de forumkeuzeovereenkomst wordt gesloten of op het tijdstip waarop de zaak aanhangig wordt gemaakt.

De bij overeenkomst verleende bevoegdheid is exclusief, tenzij partijen anders zijn overeengekomen.

2. De forumkeuzeovereenkomst wordt schriftelijk gesloten. Als schriftelijk wordt aangemerkt elke elektronische mededeling waardoor de overeenkomst duurzaam wordt vastgelegd.

3. Dit artikel is niet van toepassing op geschillen betreffende een onderhoudsverplichting jegens een kind dat jonger is dan 18 jaar.

4. Indien partijen zijn overeengekomen exclusieve bevoegdheid te verlenen aan een gerecht of de gerechten van een staat die partij is bij het op 30 oktober 2007 te Lugano ondertekende Verdrag betreffende de rechterlijke bevoegdheid en de tenuitvoerlegging van beslissingen in burgerlijke en handelszaken^{19} (hierna „Verdrag van Lugano") en die geen lidstaat is, is dit verdrag, behalve waar het betreft in lid 3 bedoelde geschillen, van toepassing.

Art. 5 Bevoegdheid gebaseerd op de verschijning van de verweerder

Buiten de gevallen waarin zijn bevoegdheid voortvloeit uit andere bepalingen van deze verordening, is het gerecht van een lidstaat waarvoor de verweerder verschijnt bevoegd. Dit voorschrift is niet van toepassing indien de verschijning ten doel heeft de bevoegdheid te betwisten.

Art. 6 Subsidiaire bevoegdheid

Indien geen enkel gerecht van een lidstaat op grond van de artikelen 3, 4 en 5 bevoegd is, en indien geen enkel gerecht van een staat die partij is bij het Verdrag van Lugano, maar die geen lidstaat is, op grond van de bepalingen van genoemd verdrag bevoegd is, zijn de gerechten van de lidstaat van de gemeenschappelijke nationaliteit van de partijen bevoegd.

Art. 7 Forum necessitatis

Indien geen enkel gerecht van een lidstaat op grond van de artikelen 3, 4, 5 en 6 bevoegd is, kunnen de gerechten van een lidstaat in uitzonderingsgevallen kennis nemen van een geschil indien in een derde staat waarmee het geschil nauw verbonden is, redelijkerwijs geen procedure aanhangig kan worden gemaakt of gevoerd, of een procedure daar onmogelijk blijkt.

Het geschil moet voldoende nauw verbonden zijn met de lidstaat waar de zaak aanhangig wordt gemaakt.

Art. 8 Beperking ten aanzien van procedures

1. Is een beslissing gegeven in een lidstaat of in een staat die partij is bij het Haagse Verdrag van 2007 waar de onderhoudsgerechtigde zijn gewone verblijfplaats heeft, dan kan de onderhoudsplichtige niet in een andere lidstaat een procedure aanhangig maken om de beslissing te wijzigen of een nieuwe beslissing te verkrijgen zolang de onderhoudsgerechtigde zijn gewone verblijfplaats behoudt in de staat waar de beslissing is gegeven.

2. Lid 1 is niet van toepassing indien:

a) de partijen overeenkomstig artikel 4 zijn overeengekomen dat de gerechten van die andere lidstaat bevoegd zijn,

b) de onderhoudsgerechtigde zich op grond van artikel 5 onderwerpt aan de bevoegdheid van de gerechten van die andere lidstaat,

c) de bevoegde autoriteit in de staat van herkomst die partij is bij het Haagse Verdrag van 2007 haar bevoegdheid tot wijziging van de beslissing of tot het geven van een nieuwe beslissing niet kan uitoefenen of weigert deze uit te oefenen, of

d) de in de staat van herkomst die partij is bij het Haagse Verdrag van 2007 gegeven beslissing niet kan worden erkend of uitvoerbaar verklaard in de lidstaat waar een procedure tot wijziging van de beslissing of tot verkrijging van een nieuwe beslissing wordt overwogen.

Art. 9 Aanhangigmaking van een zaak bij een gerecht

Voor de toepassing van dit hoofdstuk wordt een zaak geacht bij een gerecht te zijn aangebracht:

---

19 PB L 339 van 21.12.2007, blz. 3.

B98 art. 10 *Alimentatieverordening*

a) op het tijdstip waarop het stuk dat het geding inleidt of een gelijkwaardig stuk bij het gerecht wordt ingediend, mits de verzoeker vervolgens niet heeft nagelaten te doen wat hij met het oog op de betekening of de kennisgeving van het stuk aan de verweerder moest doen, of,
b) indien het stuk betekend of medegedeeld moet worden voordat bij het gerecht wordt ingediend, op het tijdstip waarop de autoriteit die verantwoordelijk is voor de betekening of kennisgeving het stuk ontvangt, mits de verzoeker vervolgens niet heeft nagelaten te doen wat hij met het oog op de indiening van het stuk bij het gerecht moest doen.

Art. 10 Toetsing van de bevoegdheid

Indien een zaak bij een gerecht van een lidstaat aanhangig is gemaakt waarvoor het volgens deze verordening niet bevoegd is, verklaart het zich ambtshalve onbevoegd.

Art. 11 Toetsing van de ontvankelijkheid

1. Indien de verweerder die zijn gewone verblijfplaats in een andere staat heeft dan de lidstaat waar de zaak aanhangig is gemaakt, niet verschijnt, houdt het bevoegde gerecht zijn uitspraak aan zolang niet vaststaat dat de verweerder tijdig genoeg kennis heeft kunnen nemen van de het stuk dat het geding inleidt of een gelijkwaardig stuk om verweer te kunnen voeren, of dat daartoe al het nodige is gedaan.

2. In plaats van lid 1 van dit artikel is artikel 19 van Verordening (EG) nr. 1393/2007 van toepassing indien het stuk dat het geding inleidt of een gelijkwaardig stuk volgens die verordening vanuit een lidstaat naar een andere lidstaat diende te worden verzonden.

3. Indien de bepalingen van Verordening (EG) nr. 1393/2007 niet van toepassing zijn, is artikel 15 van het Verdrag van s-Gravenhage van 15 november 1965 inzake de betekening en de kennisgeving in het buitenland van gerechtelijke en buitengerechtelijke stukken in burgerlijke en handelszaken van toepassing ingeval het stuk dat het geding inleidt of een gelijkwaardig stuk overeenkomstig dat verdrag naar het buitenland diende te worden verzonden.

Art. 12 Aanhangigheid

1. Wanneer voor gerechten van verschillende lidstaten tussen dezelfde partijen verzoeken aanhangig zijn die hetzelfde onderwerp betreffen en op dezelfde oorzaak berusten, houdt het gerecht waarbij de zaak het laatst is aangebracht zijn uitspraak ambtshalve aan totdat de bevoegdheid van het gerecht waarbij de zaak het eerst is aangebracht, vaststaat.

2. Wanneer de bevoegdheid van het gerecht waarbij de zaak het eerst is aangebracht, vaststaat, verklaart het gerecht waarbij de zaak het laatst is aangebracht, zich onbevoegd.

Art. 13 Samenhang

1. Indien samenhangende verzoeken aanhangig zijn voor gerechten van verschillende lidstaten, kan het gerecht waarbij de zaak het laatst is aangebracht, zijn uitspraak aanhouden.

2. Indien deze verzoeken in eerste aanleg aanhangig zijn, kan het gerecht waar de zaak het laatst is aangebracht, op verzoek van een der partijen, ook tot verwijzing overgaan mits het gerecht waarbij de zaak het eerst is aangebracht bevoegd is van de desbetreffende verzoeken kennis te nemen en zijn recht de voeging ervan toestaat.

3. Samenhangend in de zin van dit artikel zijn verzoeken die zo nauw verbonden zijn dat een goede rechtsbedeling vraagt om gelijktijdige behandeling en berechting, teneinde te vermijden dat bij afzonderlijke berechting van de zaken onverenigbare beslissingen zouden kunnen worden gegeven.

Art. 14 Voorlopige maatregelen en maatregelen tot bewaring van recht

Door het recht van een lidstaat voorziene voorlopige of bewarende maatregelen kunnen bij de gerechten van die staat worden aangevraagd, zelfs indien een gerecht van een andere lidstaat krachtens deze verordening bevoegd is om van het bodemgeschil kennis te nemen.

HOOFDSTUK III TOEPASSELIJK RECHT

Art. 15 Bepaling van het toepasselijke recht

Het recht dat van toepassing is op onderhoudsverplichtingen wordt bepaald overeenkomstig het Haagse Protocol van 23 november 2007 inzake het recht dat van toepassing is op onderhoudsverplichtingen (hierna „het Haagse Protocol van 2007") in de lidstaten die door dit protocol gebonden zijn.

HOOFDSTUK IV ERKENNING, UITVOERBAARHEID EN TENUITVOERLEGGING VAN BESLISSINGEN

Art. 16 Toepassingsgebied van dit hoofdstuk

1. Dit hoofdstuk regelt de erkenning, de uitvoerbaarheid en de tenuitvoerlegging van de onder deze verordening vallende beslissingen.

2. Afdeling 1 is van toepassing op beslissingen gegeven in lidstaten die door het Haagse Protocol van 2007 gebonden zijn.

3. Afdeling 2 is van toepassing op beslissingen gegeven in lidstaten die niet door het Haagse Protocol van 2007 gebonden zijn.

4. Afdeling 3 is van toepassing op alle beslissingen.

AFDELING 1

Beslissingen gegeven in lidstaten die door het Haagse Protocol van 2007 gebonden zijn

Art. 17 Beperking ten aanzien van procedures

1. Een beslissing, gegeven in een door het Haagse Protocol van 2007 gebonden lidstaat, wordt in een andere lidstaat erkend zonder dat daartoe een procedure vereist is en zonder mogelijkheid om tegen de erkenning op te komen.

2. De beslissing gegeven in een door het Haagse Protocol van 2007 gebonden lidstaat welke in die lidstaat uitvoerbaar is, is in een andere lidstaat uitvoerbaar zonder dat een uitvoerbaarverklaring vereist is.

Art. 18 Bewarende maatregelen

Uitvoerbare beslissingen houden van rechtswege het verlof in bewarende maatregelen te treffen volgens het recht van de lidstaat van tenuitvoerlegging.

Art. 19 Recht om heroverweging te vragen

1. De verweerder die in de lidstaat van herkomst niet is verschenen, heeft het recht om het bevoegde gerecht van die lidstaat te verzoeken de beslissing te heroverwegen, indien:

a) het stuk dat het geding inleidt of een gelijkwaardig stuk niet zo tijdig en op zodanige wijze als met het oog op zijn verdediging nodig was, aan hem is betekend of meegedeeld, of

b) hij de aanspraak op levensonderhoud door overmacht of buitengewone omstandigheden buiten zijn wil niet heeft kunnen betwisten,

tenzij de verweerder tegen de beslissing geen rechtsmiddel heeft aangewend terwijl hij daartoe in staat was.

2. De termijn waarbinnen om heroverweging kan worden verzocht, gaat in op de dag waarop de verweerder daadwerkelijk kennis heeft gekregen van de inhoud van de beslissing en in staat was om op te treden, zij het uiterlijk op de dag van de eerste tenuitvoerleggingsmaatregel waardoor hij de beschikking over zijn goederen geheel of gedeeltelijk verliest. De verweerder handelt zonder verwijl en in ieder geval binnen een termijn van 45 dagen. De termijn kan niet op grond van afstand worden verlengd.

3. Indien het gerecht het in lid 1 bedoelde verzoek tot heroverweging afwijst omdat aan geen van de aldaar genoemde voorwaarden voor heroverweging is voldaan, blijft de beslissing van kracht.

Indien het gerecht beslist dat de heroverweging gegrond is omdat aan een van de in lid 1 genoemde voorwaarden is voldaan, is de beslissing nietig. De onderhoudsgerechtigde verliest echter niet de voordelen voortvloeiend uit stuiting van de verjaring of uit verval van de aanspraak, of het recht om voor het verleden aanspraak op levensonderhoud te maken dat hij op grond van het oorspronkelijke verzoek zou hebben verkregen.

Art. 20 Stukken voor de tenuitvoerlegging

1. Om in een andere lidstaat tenuitvoerlegging van een beslissing te verkrijgen, verstrekt de verzoeker de volgende stukken aan de bevoegde autoriteiten die met de tenuitvoerlegging belast zijn:

a) een afschrift van de beslissing die voldoet aan de vereisten om haar echtheid vast te stellen;

b) een uittreksel van de beslissing, afgegeven door het gerecht van herkomst door middel van het formulier waarvan het model in bijlage I is opgenomen;

c) in voorkomend geval, een stuk waaruit de betalingsachterstanden blijken, onder vermelding van de datum waarop deze zijn berekend;

d) in voorkomend geval, een transliteratie of een vertaling van het in punt b) bedoelde formulier in de officiële taal van de lidstaat van tenuitvoerlegging, of, indien er in die lidstaat verscheidene officiële talen bestaan, in een officiële rechtstaal van de plaats waar de beslissing ten uitvoer moet worden gelegd, zulks overeenkomstig het recht van die lidstaat, of in een andere taal die de lidstaat van tenuitvoerlegging heeft aangegeven te aanvaarden. Iedere lidstaat kan mededelen welke officiële taal of talen van de instellingen van de Europese Unie hij naast zijn eigen taal of talen, voor de invulling van het formulier kan aanvaarden.

2. De bevoegde instanties van de lidstaat van tenuitvoerlegging kunnen van de verzoeker geen vertaling van de beslissing verlangen. Een vertaling kan echter wel worden verlangd indien de tenuitvoerlegging van de beslissing wordt aangevochten.

3. De vertaling moet worden gemaakt door een persoon die tot het maken van vertalingen in een van de lidstaten bevoegd is.

Art. 21 Weigering of schorsing van de tenuitvoerlegging

1. De in het recht van de lidstaat van tenuitvoerlegging voorziene gronden voor weigering of schorsing van de tenuitvoerlegging zijn van toepassing voor zover zij niet onverenigbaar zijn met de toepassing van de leden 2 en 3.

2. Op verzoek van de onderhoudsplichtige weigert de bevoegde autoriteit van de lidstaat van tenuitvoerlegging de tenuitvoerlegging van de beslissing van het gerecht van herkomst geheel of gedeeltelijk, indien het recht om de beslissing van het gerecht van herkomst ten uitvoer te leggen, is verjaard, hetzij volgens het recht van de lidstaat van herkomst, hetzij volgens het recht van de lidstaat van tenuitvoerlegging, waarbij de langste termijn geldt.

Voorts kan, op verzoek van de onderhoudsplichtige, de bevoegde autoriteit van de lidstaat van tenuitvoerlegging de tenuitvoerlegging van de beslissing van het gerecht van herkomst geheel of gedeeltelijk weigeren indien die beslissing onverenigbaar is met een beslissing die in de lidstaat van tenuitvoerlegging is gegeven, of met een in een andere lidstaat of in een derde staat gegeven beslissing die aan de voorwaarden voor erkenning in de lidstaat van tenuitvoerlegging voldoet. Een beslissing die op grond van gewijzigde omstandigheden tot gevolg heeft dat een eerdere beslissing over onderhoudsverplichtingen wordt gewijzigd, wordt niet beschouwd als een onverenigbare beslissing in de zin van de tweede alinea.

3. Op verzoek van de onderhoudsplichtige kan de bevoegde instantie van de lidstaat van tenuitvoerlegging de tenuitvoerlegging van de beslissing van het gerecht van herkomst geheel of gedeeltelijk schorsen, indien bij het bevoegde gerecht van de lidstaat van herkomst overeenkomstig artikel 19 een verzoek tot heroverweging van de beslissing van het gerecht van herkomst is ingediend.

Voorts schorst de bevoegde instantie van de lidstaat van tenuitvoerlegging op verzoek van de onderhoudsplichtige de tenuitvoerlegging van de beslissing van het gerecht van herkomst, indien de uitvoerbaarheid ervan in de lidstaat van herkomst is geschorst.

Art. 22 Geen gevolgen voor het bestaan van familiebetrekkingen

De erkenning en de tenuitvoerlegging van een beslissing over onderhoudsverplichtingen op grond van deze verordening houden op generlei wijze de erkenning in van de familiebetrekkingen, de bloedverwantschap, het huwelijk of de aanverwantschap die ten grondslag liggen aan de onderhoudsverplichtingen die tot de beslissing aanleiding hebben gegeven.

AFDELING 2

Beslissingen gegeven in een niet door het Haagse Protocol van 2007 gebonden lidstaat

Art. 23 Erkenning

1. Een beslissing, gegeven in een niet door het Haagse Protocol van 2007 gebonden lidstaat, wordt in de overige lidstaten erkend zonder dat daartoe een procedure vereist is.

2. Indien de erkenning van een beslissing wordt betwist, kan iedere belanghebbende partij die zich ten principale op de erkenning beroept, van de in deze afdeling bedoelde procedures gebruikmaken om de erkenning te doen vaststellen.

3. Wordt voor een gerecht van een lidstaat de erkenning bij wege van tussenverzoek ingeroepen, dan is dit gerecht bevoegd om van dat verzoek kennis te nemen.

Art. 24 Gronden voor weigering van de erkenning

Een beslissing wordt niet erkend indien:

a) de erkenning kennelijk strijdig is met de openbare orde van de aangezochte lidstaat. De bevoegdheidsregels zijn niet onderworpen aan de openbare ordetoets;

b) het stuk dat het geding inleidt of een gelijkwaardig stuk, niet zo tijdig en op zodanige wijze als met het oog op zijn verdediging nodig was, aan de verweerder tegen wie verstek werd verleend, betekend of meegedeeld is, tenzij de verweerder tegen de beslissing geen rechtsmiddel heeft aangewend terwijl hij daartoe in staat was;

c) zij onverenigbaar is met een beslissing die tussen dezelfde partijen is gegeven in de aangezochte lidstaat;

d) zij onverenigbaar is met een beslissing die vroeger in een andere lidstaat of in een derde land tussen dezelfde partijen is gegeven in een geschil dat hetzelfde onderwerp betreft en op dezelfde oorzaak berust, mits deze laatste beslissing voldoet aan de voorwaarden voor erkenning in de aangezochte lidstaat.

Een beslissing die tot gevolg heeft dat op basis van veranderde omstandigheden een eerdere beslissing inzake onderhoudsverplichtingen wordt gewijzigd, wordt niet beschouwd als een onverenigbare beslissing in de zin van de punten c) of d).

Art. 25 Aanhouden van de erkenningsprocedure

Het gerecht van een lidstaat waarbij de erkenning wordt ingeroepen van een beslissing gegeven in een niet door het Haagse Protocol van 2007 gebonden lidstaat, houdt zijn uitspraak aan indien de uitvoerbaarheid van die beslissing door een daartegen aangewend rechtsmiddel in de lidstaat van herkomst is geschorst.

Art. 26 Uitvoerbaarheid

Een beslissing die is gegeven in een niet door het Haagse Protocol van 2007 gebonden lidstaat en die daar uitvoerbaar is, kan in een andere lidstaat ten uitvoer worden gelegd nadat zij aldaar, op verzoek van een belanghebbende partij, uitvoerbaar is verklaard.

Art. 27 Relatief bevoegd gerecht

1. Het verzoek om een uitvoerbaarverklaring wordt gericht tot het gerecht of de bevoegde autoriteit van de lidstaat van tenuitvoerlegging, waarvan de naam door deze lidstaat overeenkomstig artikel 71 aan de Commissie is medegedeeld.

2. De relatieve bevoegdheid wordt bepaald door de gewone verblijfplaats van de partij tegen wie de tenuitvoerlegging wordt gevraagd, of door de plaats van tenuitvoerlegging.

Art. 28 Procedure

1. Het verzoek om een uitvoerbaarverklaring gaat vergezeld van de volgende stukken:

a) een afschrift van de beslissing die voldoet aan de vereisten voor vaststelling van haar echtheid;

b) een uittreksel van de beslissing, afgegeven door het gerecht van herkomst door middel van het formulier waarvan het model in bijlage II is opgenomen, onverminderd artikel 29;

c) in voorkomend geval, een transliteratie of een vertaling van het onder b) bedoelde formulier in de officiële taal van de lidstaat van tenuitvoerlegging, of, indien er in die lidstaat verschillende officiële talen bestaan, in een officiële rechtstaal van de plaats waar het verzoek wordt ingediend, zulks overeenkomstig het recht van die lidstaat, of in een andere taal die de lidstaat de tenuitvoerlegging heeft aangegeven te aanvaarden. Iedere lidstaat kan mededelen welke officiële taal of talen van de instellingen van de Europese Unie hij naast zijn eigen taal of talen, voor de invulling van het formulier kan aanvaarden.

2. Het gerecht of de bevoegde autoriteit waarbij het verzoek wordt ingediend, kan van de verzoeker geen vertaling van de beslissing verlangen. Een vertaling kan wel worden verlangd voor de behandeling van het in artikel 32 of 33 bedoelde rechtsmiddel.

3. De vertaling moet worden gemaakt door een persoon die tot het maken van vertalingen in een van de lidstaten bevoegd is.

Art. 29 Niet-overlegging van een uittreksel

1. Wordt het in artikel 28, lid 1, onder b), bedoelde uittreksel niet overgelegd, dan kan het gerecht of de bevoegde autoriteit voor de overlegging een termijn bepalen of gelijkwaardige documenten aanvaarden, dan wel, indien het gerecht of de autoriteit zich voldoende voorgelicht acht, van de overlegging vrijstelling verlenen.

2. Indien het gerecht of de bevoegde autoriteit dat verlangt, wordt van de documenten een vertaling overgelegd. De vertaling wordt gemaakt door een persoon die tot het maken van vertalingen in een van de lidstaten bevoegd is.

Art. 30 Uitvoerbaarverklaring

De beslissing wordt, zodra de formaliteiten van artikel 28 zijn vervuld en uiterlijk binnen 30 dagen na de voltooiing van deze formaliteiten, zonder onderzoek uit hoofde van artikel 24, uitvoerbaar verklaard, tenzij dit als gevolg van uitzonderlijke omstandigheden onmogelijk blijkt. De partij tegen wie tenuitvoerlegging wordt gevraagd, wordt bij deze stand van de procedure niet gehoord.

Art. 31 Kennisgeving van de beslissing op het verzoek om uitvoerbaarverklaring

1. De beslissing over het verzoek om uitvoerbaarverklaring wordt onmiddellijk ter kennis van de verzoeker gebracht op de wijze als is bepaald in het recht van de lidstaat van tenuitvoerlegging.

2. De uitvoerbaarverklaring wordt betekend of medegedeeld aan de partij tegen wie de tenuitvoerlegging wordt gevraagd en gaat vergezeld van de beslissing, indien deze nog niet aan haar is betekend of medegedeeld.

Art. 32 Rechtsmiddelen tegen de beslissing op het verzoek

1. Elke partij kan een rechtsmiddel instellen tegen de beslissing op het verzoek om uitvoerbaarverklaring.

2. Het rechtsmiddel wordt ingesteld bij het gerecht waarvan de naam door de betrokken lidstaat overeenkomstig artikel 71 aan de Commissie is meegedeeld.

3. Het rechtsmiddel wordt volgens de regels van de procedure op tegenspraak behandeld.

4. Indien de partij tegen wie de tenuitvoerlegging wordt gevraagd, niet verschijnt voor het gerecht dat over het door de verzoeker ingestelde rechtsmiddel oordeelt, is artikel 11 van toepassing, ook wanneer de partij tegen wie de tenuitvoerlegging wordt gevraagd, geen gewone verblijfplaats heeft op het grondgebied van een der lidstaten.

5. Het rechtsmiddel tegen de uitvoerbaarverklaring wordt ingesteld binnen 30 dagen na de betekening of kennisgeving hiervan. Indien de partij tegen wie de tenuitvoerlegging wordt gevraagd haar gewone verblijfplaats heeft in een andere lidstaat dan die waar de uitvoerbaarverklaring is gegeven, is de termijn waarbinnen het rechtsmiddel moet worden ingesteld, 45 dagen met ingang van de dag waarop de beslissing aan de partij in persoon of op haar verblijfplaats is betekend of daarvan kennis is gegeven. De termijn mag niet op grond van afstand worden verlengd.

Art. 33 Rechtsmiddel tegen de op het rechtsmiddel gegeven beslissing

Tegen de op het rechtsmiddel gegeven beslissing kan slechts het rechtsmiddel worden aangewend waarvan de Commissie overeenkomstig artikel 71 door de betrokken lidstaat in kennis is gesteld.

Art. 34 Weigering of intrekking van een uitvoerbaarverklaring

1. Het gerecht dat oordeelt over een rechtsmiddel, bedoeld in artikel 32 of 33, kan de uitvoerbaarverklaring slechts op een van de in artikel 24 genoemde gronden weigeren of intrekken.

2. Onverminderd artikel 32, lid 4, beslist het gerecht dat oordeelt over een rechtsmiddel in de zin van artikel 32, binnen een termijn van 90 dagen nadat het verzoek aanhangig is gemaakt, tenzij dit als gevolg van uitzonderlijke omstandigheden onmogelijk is.

3. Het gerecht dat oordeelt over een rechtsmiddel in de zin van artikel 33, doet onverwijld uitspraak.

Art. 35 Aanhouding van de uitspraak

Het gerecht dat oordeelt over een rechtsmiddel in de zin van de artikelen 32 of 33, kan op verzoek van de partij tegen wie de tenuitvoerlegging wordt gevraagd, zijn uitspraak aanhouden indien de uitvoerbaarheid is geschorst door een in de lidstaat van herkomst ingesteld rechtsmiddel.

Art. 36 Voorlopige maatregelen en maatregelen tot bewaring van recht

1. Indien een beslissing overeenkomstig deze afdeling moet worden erkend, belet niets dat de verzoeker zich beroept op voorlopige of bewarende maatregelen waarin de wetgeving van de lidstaat van tenuitvoerlegging voorziet, zonder dat daartoe een uitvoerbaarverklaring in de zin van artikel 30 is vereist.

2. De uitvoerbaarverklaring houdt van rechtswege het verlof in bewarende maatregelen te treffen.

3. Gedurende de termijn, voorzien in artikel 32, lid 5, voor het instellen van een rechtsmiddel tegen de uitvoerbaarverklaring, en totdat daarover uitspraak is gedaan, kunnen slechts bewarende maatregelen worden genomen ten aanzien van de goederen van de partij tegen wie de tenuitvoerlegging is gevraagd.

Art. 37 Gedeeltelijke uitvoerbaarheid

1. Indien in de beslissing uitspraak is gedaan over meer dan één punt van het verzoek, en de uitvoerbaarverklaring niet kan worden verleend voor het geheel, verleent het gerecht of de bevoegde autoriteit deze voor één of meer onderdelen daarvan.

2. De verzoeker kan verlangen dat de uitvoerbaarverklaring een gedeelte van de beslissing betreft.

Art. 38 Geen belasting, recht of heffing

Ter zake van de procedure tot afgifte van een uitvoerbaarverklaring wordt in de lidstaat van tenuitvoerlegging geen belasting, recht of heffing, evenredig aan het geldelijke belang van de zaak, geheven.

AFDELING 3
Gemeenschappelijke bepalingen

Art. 39 Uitvoerbaarheid bij voorraad

Het gerecht van herkomst kan de beslissing bij voorraad uitvoerbaar verklaren, zelfs indien het nationaal recht niet in uitvoerbaarheid van rechtswege voorziet.

Art. 40 Inroepen van een erkende beslissing

1. De partij die een in de zin van artikel 17, lid 1, of van afdeling 2 erkende beslissing in een andere lidstaat wenst in te roepen, legt een afschrift van de beslissing over, die voldoet aan de vereisten voor vaststelling van haar echtheid.

2. In voorkomend geval kan het gerecht waarvoor de erkende beslissing wordt ingeroepen, de partij die de beslissing inroept verzoeken een door het gerecht van herkomst afgegeven uittreksel over te leggen volgens het modelformulier dat in bijlage I of, naar gelang van het geval, in bijlage II is opgenomen.

Het gerecht van herkomst geeft dit uittreksel tevens af op verzoek van iedere belanghebbende partij.

3. In voorkomend geval verstrekt de partij die de erkende beslissing inroept, een transliteratie of een vertaling van de inhoud van het in lid 2 bedoelde formulier in de officiële taal van de betrokken lidstaat, of indien er in die lidstaat verscheidene officiële talen bestaan, in een officiële rechtstaal van de plaats waar de erkende beslissing wordt ingeroepen, zulks overeenkomstig het recht van die lidstaat, of in een andere taal die de betrokken lidstaat heeft aangegeven te aanvaarden. Iedere lidstaat kan mededelen welke officiële taal of talen van de instellingen van de Europese Unie hij, naast zijn eigen taal of talen, voor de invulling van het formulier kan aanvaarden.

4. De vertaling moet worden gemaakt door een persoon die tot het maken van vertalingen in een van de lidstaten bevoegd is.

Art. 41 Procedure van en voorwaarden voor tenuitvoerlegging

1. Onverminderd de bepalingen van deze verordening, wordt de procedure voor de tenuitvoerlegging van een in een andere lidstaat gegeven beslissing beheerst door het recht van de lidstaat van tenuitvoerlegging. Een in een lidstaat gegeven beslissing die in de lidstaat van tenuitvoerlegging uitvoerbaar is, wordt er onder dezelfde voorwaarden ten uitvoer gelegd als een in die lidstaat van tenuitvoerlegging gegeven beslissing.

2. Van de partij die om de tenuitvoerlegging van een in een andere lidstaat gegeven beslissing vraagt, wordt niet verlangd dat zij in de lidstaat van tenuitvoerlegging beschikt over een postadres of een gemachtigd vertegenwoordiger, onverminderd de voor de procedure van tenuitvoerlegging bevoegde personen.

Art. 42 Ontbreken van inhoudelijke toetsing van de beslissing

In geen geval wordt in de lidstaat waar erkenning, uitvoerbaarheid of tenuitvoerlegging wordt gevraagd, overgegaan tot een onderzoek naar de juistheid van de in een lidstaat gegeven beslissing.

Art. 43 Niet-prioritair verhalen van kosten

De kosten in verband met de toepassing van deze verordening worden niet met voorrang boven de onderhoudsuitkeringen verhaald.

HOOFDSTUK V TOEGANG TOT DE RECHTER

Art. 44 Recht op rechtsbijstand

1. De partijen in een geschil in de zin van deze verordening hebben, onder de voorwaarden bepaald in dit hoofdstuk, in een andere lidstaat daadwerkelijke toegang tot de rechter, met name wat de tenuitvoerleggingsprocedures en de rechtsmiddelen betreft.

In de gevallen bedoeld in hoofdstuk VII wordt deze daadwerkelijke toegang door de aangezochte lidstaat gewaarborgd aan elke verzoeker die zijn verblijfplaats in de verzoekende lidstaat heeft.

2. Teneinde deze toegang te verzekeren, verlenen de lidstaten overeenkomstig dit hoofdstuk rechtsbijstand tenzij lid 3 van toepassing is.

3. In de gevallen bedoeld in hoofdstuk VII is een lidstaat niet verplicht rechtsbijstand te verlenen indien en voor zover de procedures van die lidstaat de partijen in staat stellen op te treden zonder een beroep te behoeven doen op rechtsbijstand, en de centrale autoriteit kosteloos de nodige diensten verstrekt.

4. De voorwaarden voor verkrijging van rechtsbijstand zijn niet restrictiever dan in soortgelijke binnenlandse zaken.

5. Geen zekerheid, borgtocht of pand, in welke vorm ook, kan worden verlangd voor de betaling van de kosten en uitgaven in verband met procedures betreffende onderhoudsverplichtingen.

Art. 45 Inhoud van de rechtsbijstand

Onder rechtsbijstand, uit hoofde van dit hoofdstuk te verlenen, wordt verstaan de bijstand die de partijen nodig hebben om hun rechten te kennen en te doen gelden en om te waarborgen dat hun verzoek, dat via de centrale autoriteiten of rechtstreeks bij de bevoegde autoriteiten wordt ingediend, volledig en doeltreffend zal worden behandeld. Zij dekt in voorkomend geval de volgende kosten:

a) de kosten van advies in de precontentieuze fase, ter beslechting van een geschil voordat dit aan de rechter wordt voorgelegd;

b) juridische bijstand om een zaak bij een rechterlijke of andere autoriteit aanhangig te maken en vertegenwoordiging in rechte;

c) de vrijstelling van of de tegemoetkoming in de proceskosten, en het honorarium van lasthebbers die zijn aangewezen om in de procedure op te treden;

d) in lidstaten waar de in het ongelijk gestelde partij aansprakelijk is voor de kosten van de wederpartij, indien de begunstigde van de rechtsbijstand de zaak verliest, de door de wederpartij gemaakte kosten, die zouden zijn gedekt indien de begunstigde zijn gewone verblijfplaats zou hebben in de lidstaat waar de zaak aanhangig is gemaakt;

e) de kosten van vertolking;

f) de kosten van vertaling van de voor de afdoening van de zaak benodigde stukken die door de rechter of de bevoegde autoriteit worden verlangd en door de begunstigde van de rechtsbijstand worden overgelegd, en

g) de reiskosten die voor rekening van de begunstigde van de rechtsbijstand komen, voor zover de wet of het gerecht van de betreffende lidstaat verlangt dat, wanneer de zaak voorkomt, de bij het aanhangig maken van de zaak betrokken personen zelf ter terechtzitting aanwezig zijn en de rechter beslist dat zij niet anderszins ten genoegen van de rechter kunnen worden gehoord.

Art. 46 Kosteloze rechtsbijstand voor het via de centrale autoriteiten ingediende verzoek betreffende onderhoudsverplichtingen jegens kinderen

1. De aangezochte lidstaat verleent kosteloze rechtsbijstand voor elk door een onderhoudsgerechtigde op grond van artikel 56 ingediend verzoek betreffende onderhoudsverplichtingen jegens een persoon jonger dan 21 jaar, die voortvloeien uit een ouder-kindrelatie.

2. In afwijking van lid 1 kan de bevoegde autoriteit van de aangezochte lidstaat met betrekking tot verzoeken anders dan uit hoofde van artikel 56, lid 1, onder a) en b), de verlening van kosteloze rechtsbijstand weigeren indien zij van oordeel is dat het verzoek of enig rechtsmiddel kennelijk ongegrond is.

Art. 47 Niet in artikel C bedoelde gevallen

1. In niet in artikel 46 bedoelde gevallen kan, onder voorbehoud van de artikelen 44 en 45, kosteloze rechtsbijstand worden verleend overeenkomstig het nationale recht, met name wat betreft de voorwaarden voor toetsing van de draagkracht van de verzoeker of de gegrondheid van het verzoek.

2. In afwijking van lid 1 heeft de partij die in de lidstaat van herkomst voor het geheel of een gedeelte rechtsbijstand of vrijstelling van kosten en uitgaven heeft genoten, in iedere procedure van erkenning, van uitvoerbaarverklaring of van tenuitvoerlegging recht op de meest gunstige rechtsbijstand of de meest ruime vrijstelling van kosten en uitgaven waarin het recht van de lidstaat van tenuitvoerlegging voorziet.

3. In afwijking van lid 1 heeft de partij die in de lidstaat van herkomst kosteloos een procedure voor een in bijlage X genoemde administratieve autoriteit heeft kunnen voeren, in iedere procedure van erkenning, van uitvoerbaarverklaring of van tenuitvoerlegging recht op rechtsbijstand overeenkomstig lid 2. Hiertoe legt zij een door de bevoegde autoriteit van de lidstaat van herkomst opgesteld stuk over, waaruit blijkt dat zij voldoet aan de financiële voorwaarden om voor het geheel of een gedeelte in aanmerking te komen voor rechtsbijstand of vrijstelling van kosten en uitgaven.

De in dit lid bedoelde bevoegde autoriteiten staan vermeld in bijlage XI. Deze bijlage wordt opgesteld en gewijzigd volgens de beheersprocedure, bedoeld in artikel 73, lid 2.

HOOFDSTUK VI GERECHTELIJKE SCHIKKINGEN EN AUTHENTIEKE AKTEN

Art. 48 Toepassing van de verordening op gerechtelijke schikkingen en authentieke akten

1. In de lidstaat van herkomst uitvoerbare gerechtelijke schikkingen en authentieke akten worden in een andere lidstaat erkend en zijn uitvoerbaar als beslissingen, overeenkomstig hoofdstuk IV.

2. De bepalingen van deze verordening zijn, voor zoveel nodig, van toepassing op gerechtelijke schikkingen en authentieke akten.

3. De bevoegde autoriteit van de lidstaat van herkomst geeft op verzoek van elke belanghebbende partij een uittreksel van de gerechtelijke schikking of de authentieke akte af door middel van het modelformulier in de bijlagen I en II, respectievelijk de bijlagen III en IV.

HOOFDSTUK VII SAMENWERKING TUSSEN CENTRALE AUTORITEITEN

Art. 49 Aanwijzing van centrale autoriteiten

1. Elke lidstaat wijst een centrale autoriteit aan die belast is met de haar door deze verordening opgelegde taken.

2. Een federale lidstaat, een lidstaat met meer dan één rechtsstelsel of een lidstaat die autonome territoriale eenheden omvat, is vrij om meer dan één centrale autoriteit aan te wijzen onder vermelding van de territoriale of de personele reikwijdte van hun taken. De lidstaat die van deze mogelijkheid gebruik maakt, bepaalt aan welke centrale autoriteit de mededelingen kunnen worden gedaan ter doorgeleiding aan de binnen deze lidstaat bevoegde centrale autoriteit. Is een mededeling toegezonden aan een centrale autoriteit die niet bevoegd is, dan zendt deze de mededeling aan de bevoegde centrale autoriteit door en stelt zij de afzender daarvan in kennis.

3. Elke lidstaat deelt de aanwijzing van de centrale autoriteit of de centrale autoriteiten, hun contactgegevens en, in voorkomend geval, de reikwijdte van hun taken in de zin van lid 2, overeenkomstig artikel 71 aan de Commissie mede.

Art. 50 Algemene taken van de centrale autoriteiten

1. De centrale autoriteiten:

a) werken onderling samen, mede door het uitwisselen van informatie, en bevorderen de samenwerking tussen de bevoegde autoriteiten in hun lidstaten, teneinde de doelstellingen van deze verordening te verwezenlijken;

b) zoeken zo veel mogelijk een oplossing voor de moeilijkheden die zich bij de toepassing van deze verordening voordoen.

2. De centrale autoriteiten nemen maatregelen om de toepassing van deze verordening te vergemakkelijken en hun onderlinge samenwerking te versterken. Daartoe wordt gebruikgemaakt van het bij Beschikking 2001/470/EG ingestelde Europese justitiële netwerk in burgerlijke en handelszaken.

Art. 51 Specifieke taken van de centrale autoriteiten

1. Centrale autoriteiten verlenen bijstand met betrekking tot verzoeken als voorzien in artikel 56, met name door:

a) die verzoeken te verzenden en in ontvangst te nemen;

b) procedures in verband met deze verzoeken aanhangig te maken of het aanhangig maken ervan te vergemakkelijken.

2. Met betrekking tot deze verzoeken nemen de centrale autoriteiten alle passende maatregelen om:

a) wanneer de omstandigheden het vereisen, rechtsbijstand te verlenen of de verkrijging van rechtsbijstand te vergemakkelijken;

b) de onderhoudsplichtige en de onderhoudsgerechtigde te helpen lokaliseren, met name met toepassing van de artikelen 61, 62 en 63;

c) te assisteren bij de verkrijging van relevante informatie over het inkomen en, indien nodig, het vermogen van de onderhoudsplichtige of de onderhoudsgerechtigde, het lokaliseren van goederen daaronder begrepen, met name met toepassing van de artikelen 61, 62 en 63;

d) indien passend door de gebruikmaking van bemiddeling, verzoening of soortgelijke methoden te streven naar een minnelijke schikking met het oog op de vrijwillige betaling van levensonderhoud;

e) de doorlopende tenuitvoerlegging van beslissingen inzake onderhoudsverplichtingen, met inbegrip van achterstallige bedragen, te vergemakkelijken;

f) de inning en de onverwijlde overmaking van betalingen van levensonderhoud te vergemakkelijken;

g) de verkrijging van schriftelijk of ander bewijs te vergemakkelijken, onverminderd Verordening (EG) nr. 1206/2001;

h) bijstand te verlenen bij de vaststelling van de afstamming wanneer dat nodig is voor de inning van levensonderhoud;

i) procedures aanhangig te maken of het aanhangig maken ervan te vergemakkelijken, ter verkrijging van voorlopige maatregelen van territoriale aard die ertoe strekken dat een

j) de betekening en de kennisgeving van stukken te vergemakkelijken, onverminderd Verordening (EG) nr. 1393/2007.

3. De taken van de centrale autoriteit overeenkomstig dit artikel kunnen, voor zover het recht van de betrokken lidstaat dit toestaat, worden uitgeoefend door openbare lichamen of andere lichamen die onder toezicht staan van de bevoegde autoriteiten van die lidstaat. De aanwijzing van deze openbare of andere lichamen, alsook hun contactgegevens en hun bevoegdheid, worden overeenkomstig artikel 71 door de lidstaat aan de Commissie medegedeeld.

4. Noch dit artikel, noch artikel 53 legt de centrale autoriteiten de verplichting op bevoegdheden uit te oefenen die volgens het recht van de aangezochte lidstaat slechts door gerechtelijke autoriteiten kunnen worden uitgeoefend.

Art. 52 Volmacht

De centrale autoriteit van de aangezochte lidstaat kan van de verzoeker alleen een volmacht eisen indien zij namens hem in rechte of in procedures ten overstaan van andere autoriteiten optreedt, of teneinde daartoe een vertegenwoordiger aan te wijzen.

Art. 53 Verzoek om specifieke maatregelen

1. Indien geen verzoek in de zin van artikel 56 aanhangig is, kan de centrale autoriteit aan een andere centrale autoriteit een met redenen omkleed verzoek richten om passende specifieke maatregelen als voorzien in artikel 51, lid 2, punten b), c), g), h), i) en j), te treffen. De aangezochte centrale autoriteit treft maatregelen die passend blijken indien zij deze nodig acht om een mogelijke verzoeker bijstand te verlenen bij het indienen van een verzoek als bedoeld in artikel 56 of bij het bepalen of een zodanig verzoek moet worden ingediend.

2. Wordt een verzoek met het oog op de maatregelen als voorzien in artikel 51, lid 2, punten b) en c), ingediend, dan wint de aangezochte centrale autoriteit, indien nodig met toepassing van artikel 61, de benodigde informatie in. De in artikel 61, lid 2, punten b), c) en d), bedoelde informatie kan evenwel slechts worden ingewonnen indien de onderhoudsgerechtigde een afschrift van een ten uitvoer te leggen beslissing, gerechtelijke schikking of authentieke akte overlegt, in voorkomend geval vergezeld van het uittreksel bedoeld in de artikelen 20, 28 of 48. De aangezochte centrale autoriteit verstrekt de verkregen informatie aan de verzoekende centrale autoriteit. Deze informatie heeft, indien met toepassing van artikel 61 verkregen, uitsluitend betrekking op het adres van de mogelijke verweerder in de aangezochte lidstaat. In het kader van een verzoek met het oog op een erkenning, een uitvoerbaarverklaring of een tenuitvoerlegging, heeft de informatie voorts uitsluitend betrekking op de vraag of de onderhoudsplichtige in deze staat over inkomsten of vermogen beschikt.

Indien de aangezochte centrale autoriteit de gevraagde gegevens niet kan verstrekken, deelt zij dit onverwijld en met opgave van redenen aan de verzoekende centrale autoriteit mede.

3. Een centrale autoriteit kan op verzoek van een andere centrale autoriteit specifieke maatregelen treffen in verband met een in de verzoekende lidstaat aanhangige zaak met een internationaal aspect die betrekking heeft op de inning van levensonderhoud.

4. Een verzoek op grond van dit artikel wordt door de centrale autoriteiten gedaan door middel van het formulier waarvan het model in bijlage V is opgenomen.

Art. 54 Kosten van de centrale autoriteit

1. Elke centrale autoriteit draagt haar eigen kosten voor de toepassing van deze verordening.

2. Centrale autoriteiten mogen de verzoeker voor de krachtens deze verordening verstrekte diensten geen andere kosten in rekening brengen dan uitzonderlijke kosten die voortvloeien uit een verzoek om een specifieke maatregel als voorzien in artikel 53.

Voor de toepassing van dit lid worden de kosten in verband met de lokalisering van de onderhoudsplichtige niet beschouwd als uitzonderlijke kosten.

3. De aangezochte centrale autoriteit mag zich de in lid 2 bedoelde uitzonderlijke kosten niet doen vergoeden zonder dat de verzoeker heeft toegestemd in die dienstverlening tegen zodanige kosten.

Art. 55 Verzoek via de centrale autoriteiten

Een verzoek in de zin van dit hoofdstuk wordt door tussenkomst van de centrale autoriteit van de lidstaat waar de verzoeker verblijft bij de centrale autoriteit van de aangezochte lidstaat ingediend.

Art. 56 Toegestane verzoeken

1. De onderhoudsgerechtigde die op grond van deze verordening levensonderhoud beoogt te innen, kan de volgende verzoeken indienen:

a) erkenning of erkenning en uitvoerbaarverklaring van een beslissing;

b) tenuitvoerlegging van een in de aangezochte lidstaat gegeven of erkende beslissing;

c) vaststelling van een beslissing in de aangezochte lidstaat indien er geen beslissing voorhanden is, indien nodig daaronder begrepen de vaststelling van de afstamming;

d) vaststelling van een beslissing in de aangezochte lidstaat, indien de erkenning en de uitvoerbaarverklaring van een in een andere staat dan de aangezochte lidstaat gegeven beslissing niet mogelijk zijn;

e) wijziging van een in de aangezochte lidstaat gegeven beslissing;

f) wijziging van een in een andere staat dan de aangezochte lidstaat gegeven beslissing.

2. De onderhoudsplichtige tegen wie een beslissing inzake onderhoudsverplichtingen is gegeven, kan de volgende verzoeken indienen:

a) erkenning van een beslissing die leidt tot schorsing of beperking van de tenuitvoerlegging van een eerdere beslissing in de aangezochte lidstaat;

b) wijziging van een in de aangezochte lidstaat gegeven beslissing;

c) wijziging van een in een andere staat dan de aangezochte lidstaat gegeven beslissing.

3. Met betrekking tot een verzoek in de zin van dit artikel worden bijstand en vertegenwoordiging als bedoeld in artikel 45, punt b), door de centrale autoriteit van de aangezochte lidstaat hetzij rechtstreeks, hetzij door tussenkomst van overheidslichamen of andere lichamen of personen verleend.

4. Behoudens voor zover in deze verordening anders is bepaald, worden verzoeken als bedoeld in de leden 1 en 2 behandeld overeenkomstig het recht van de aangezochte lidstaat en met inachtneming van de in die lidstaat toepasselijke bevoegdheidsregels.

Art. 57 Inhoud van het verzoek

1. Een verzoek als bedoeld in artikel 56 wordt ingediend met gebruikmaking van het formulier waarvan het model in bijlage VI of bijlage VII is opgenomen.

2. Een verzoek als bedoeld in artikel 56 omvat ten minste:

a) een verklaring over de aard van het verzoek of de verzoeken;

b) de naam van de verzoeker en diens contactgegevens, waaronder zijn adres en geboortedatum;

c) de naam van de verweerder en, indien bekend, zijn adres en geboortedatum;

d) de naam en de geboortedatum van elke persoon voor wie levensonderhoud wordt gevraagd;

e) de gronden waarop het verzoek berust;

f) indien het verzoek afkomstig is van de onderhoudsgerechtigde, gegevens over de plaats waar de betalingen moeten worden gedaan of elektronisch overgemaakt;

g) de naam en contactgegevens van de persoon of de afdeling van de centrale autoriteit van de verzoekende lidstaat die verantwoordelijk is voor de behandeling van het verzoek.

3. Voor de toepassing van lid 2, punt b), kan, in gevallen van huiselijk geweld, in plaats van het persoonlijke adres van de verzoeker een ander adres worden opgegeven, indien het nationale recht van de aangezochte lidstaat niet vereist dat de verzoeker zijn persoonlijk adres opgeeft om de procedure te kunnen inleiden.

4. Zo nodig en voor zover bekend bevat het verzoek tevens:
a) gegevens over de financiële omstandigheden van de onderhoudsgerechtigde;
b) gegevens over de financiële omstandigheden van de onderhoudsplichtige, daaronder begrepen de naam en het adres van zijn werkgever, alsook de aard van zijn goederen en de plaats waar deze zich bevinden;
c) alle andere gegevens die van nut kunnen zijn voor de opsporing van de verweerder.

5. Het verzoek gaat vergezeld van alle noodzakelijke gegevens of bewijsstukken, waaronder, in voorkomend geval, stukken waaruit blijkt dat de verzoeker recht heeft op rechtsbijstand. De in artikel 56, lid 1, punten a) en b), en lid 2, punt a), bedoelde verzoeken gaan, naar gelang van het geval, alleen vergezeld van de documenten als bedoeld in de artikelen 20, 28 of 48, of in artikel 25 van het Haagse Verdrag van 2007.

Art. 58 Verzending, ontvangst en behandeling van verzoeken en zaken door tussenkomst van de centrale autoriteiten

1. De centrale autoriteit van de verzoekende lidstaat staat de verzoeker bij teneinde te verzekeren dat het verzoek vergezeld gaat van alle gegevens en stukken die, voor zover haar bekend, voor de behandeling van het verzoek zijn vereist.

2. Na zich ervan te hebben vergewist dat het verzoek voldoet aan de vereisten van deze verordening voldoet, verzendt de centrale autoriteit van de verzoekende lidstaat het aan de centrale autoriteit van de aangezochte lidstaat.

3. Binnen 30 dagen na de datum van ontvangst van het verzoek bevestigt de centrale autoriteit de ontvangst ervan door middel van het formulier waarvan het model in bijlage VIII is opgenomen; zij stelt de centrale autoriteit van de verzoekende lidstaat in kennis van de eerste stappen die zijn of zullen worden ondernomen voor de behandeling van het verzoek, en zij kan verdere stukken en gegevens opvragen die zij nodig acht. Binnen dezelfde termijn van 30 dagen verstrekt de aangezochte centrale autoriteit de verzoekende centrale autoriteit de naam en contactgegevens van de persoon of afdeling die belast is met de beantwoording van vragen over de voortgang van de behandeling van het verzoek.

4. Binnen 60 dagen na de bevestiging stelt de aangezochte centrale autoriteit de verzoekende centrale autoriteit in kennis van de stand van het verzoek.

5. De verzoekende en de aangezochte centrale autoriteit stellen elkaar in kennis van:
a) de persoon of de afdeling die met een bepaalde zaak is belast;
b) de voortgang van de behandeling van de zaak;
en zij geven tijdig antwoord op vragen.

6. De centrale autoriteiten behandelen de zaak zo spoedig als een gedegen onderzoek van de inhoud ervan het toelaat.

7. De centrale autoriteiten maken gebruik van de snelste en meest efficiënte communicatiemiddelen waarover zij beschikken.

8. Een aangezochte centrale autoriteit kan de behandeling van een verzoek alleen weigeren als kennelijk niet aan de vereisten van deze verordening is voldaan. In dat geval stelt zij de verzoekende centrale autoriteit onverwijld in kennis van de redenen voor de weigering door middel van het formulier waarvan het model in bijlage IX is opgenomen.

9. De aangezochte centrale autoriteit kan een verzoek niet weigeren op de enkele grond dat aanvullende stukken of gegevens nodig zijn. Zij kan evenwel de verzoekende centrale autoriteit om deze stukken of gegevens verzoeken. Indien de verzoekende centrale autoriteit hierop niet binnen 90 dagen of een door de aangezochte centrale autoriteit gestelde langere termijn ingaat, kan de aangezochte centrale autoriteit beslissen het verzoek niet verder te behandelen. In dat geval stelt zij de verzoekende centrale autoriteit daarvan in kennis door middel van het formulier dat in bijlage IX is opgenomen.

Art. 59 Talen

1. Het formulier voor een verzoek wordt ingevuld in de officiële taal van de aangezochte lidstaat of, indien er verscheidene officiële talen in die lidstaat zijn, in de officiële taal of een van de officiële talen van de plaats van vestiging van de betrokken centrale autoriteit of in een andere officiële taal van de instellingen van de Europese Unie die de aangezochte lidstaat heeft verklaard te kunnen aanvaarden, tenzij de centrale autoriteit van deze lidstaat vrijstelling van vertaling heeft verleend.

2. Onverminderd de artikelen 20, 28, 40 en 66, worden de stukken waarvan het formulier met het verzoek vergezeld gaat, alleen in de overeenkomstig lid 1 bepaalde taal vertaald als zulks nodig is om de gevraagde bijstand te kunnen verlenen.

3. Alle andere mededelingen tussen de centrale autoriteiten geschieden in de overeenkomstig lid 1 bepaalde taal, tenzij de centrale autoriteiten onderling anders regeling overeenkomen.

Art. 60 Vergaderingen

1. Op gezette tijden worden vergaderingen van de centrale autoriteiten gehouden om de toepassing van deze verordening te vergemakkelijken.

2. De bijeenroeping van deze vergaderingen geschiedt overeenkomstig Beschikking 2001/470/EG.

Art. 61 Toegang voor de centrale autoriteiten tot informatie

1. Op de voorwaarden, voorzien in dit hoofdstuk en in afwijking van artikel 51, lid 4, wendt de aangezochte centrale autoriteit alle passende en redelijke middelen aan om de in lid 2 bedoelde informatie in te winnen teneinde in een gegeven zaak de verkrijging, de wijziging, de erkenning, de uitvoerbaarverklaring of de tenuitvoerlegging van een beslissing te vergemakkelijken. Overheidsinstanties of -administraties die in het kader van hun gebruikelijke activiteiten in de aangezochte lidstaat over de in lid 2 bedoelde informatie beschikken en met de verwerking ervan in de zin van Richtlijn 95/46/EG zijn belast, verstrekken deze informatie, onder voorbehoud van de beperkingen omwille van de nationale of de openbare veiligheid, aan de aangezochte centrale autoriteit. De verstrekking geschiedt op haar verzoek ingeval zij niet rechtstreeks toegang heeft tot die informatie.

De lidstaten kunnen de overheidsinstanties of -administraties aanwijzen die aan de aangezochte centrale autoriteit de in lid 2 bedoelde informatie kunnen verstrekken. Een lidstaat die tot een dergelijke aanwijzing overgaat, ziet er daarbij op toe dat bij die keuze van instanties en administraties zijn centrale autoriteit, conform dit artikel, toegang kan krijgen tot de gevraagde informatie.

Elke andere rechtspersoon die in de aangezochte lidstaat over de in lid 2 bedoelde informatie beschikt en met de verwerking ervan in de zin van Richtlijn 95/46/EG is belast, verstrekt deze informatie op verzoek aan de aangezochte centrale autoriteit indien zij daartoe volgens het recht van de aangezochte lidstaat gemachtigd is.

De aangezochte centrale autoriteit verstrekt de aldus verkregen informatie, voor zover nodig, aan de verzoekende centrale autoriteit.

2. Het betreft informatie als in dit artikel bedoeld, die reeds in het bezit is van de in lid 1 bedoelde overheidsinstanties, -administraties of personen. De informatie moet toereikend, ter zake dienend en niet bovenmatig zijn en heeft betrekking op:

a) het adres van de onderhoudsplichtige of van de onderhoudsgerechtigde;

b) de inkomsten van de onderhoudsplichtige;

c) de gegevens omtrent de werkgever van de onderhoudsplichtige en/of de bankrekening of bankrekeningen van de onderhoudsplichtige, en

d) het vermogen van de onderhoudsplichtige.

Ten behoeve van de verkrijging of de wijziging van een beslissing kan de aangezochte centrale autoriteit uitsluitend de in punt a) bedoelde informatie opvragen.

Ten behoeve van de erkenning, de uitvoerbaarverklaring of de tenuitvoerlegging van een beslissing kan de aangezochte centrale autoriteit alle in de eerste alinea bedoelde informatie opvragen. De in punt d), bedoelde informatie kan evenwel alleen worden opgevraagd voor zover de in de punten b) en c), bedoelde informatie niet volstaat om de beslissing ten uitvoer te kunnen leggen.

Art. 62 Verstrekking en gebruik van informatie

1. Centrale autoriteiten verstrekken binnen hun lidstaat, naar gelang van het geval, de in artikel 61, lid 2, bedoelde informatie aan de bevoegde gerechten, de voor de kennisgeving of betekening van stukken bevoegde autoriteiten en de met de tenuitvoerlegging van een beslissing belaste bevoegde autoriteiten.

2. Elke autoriteit en elk gerecht waaraan overeenkomstig artikel 61 informatie is verstrekt, mag deze alleen gebruiken om de inning van levensonderhoud te vergemakkelijken. Met uitzondering van de informatie betreffende het al dan niet bestaan van een adres, inkomsten of vermogen in de aangezochte lidstaat, mogen de in artikel 61, lid 2, bedoelde gegevens niet worden verstrekt aan de persoon die de zaak bij de verzoekende centrale autoriteit aanhangig heeft gemaakt, onverminderd de in rechte toepasselijke regels voor de procesvoering.

3. Elke autoriteit die de haar met toepassing van artikel 61 verstrekte informatie verwerkt, mag deze informatie niet langer bewaren dan nodig is voor het doel waarvoor zij is verstrekt.

4. Elke autoriteit die gegevens verwerkt welke haar met toepassing van artikel 61 zijn verstrekt, verzekert de vertrouwelijkheid daarvan overeenkomstig het nationale recht.

Art. 63 Kennisgeving aan de persoon over wie informatie is verzameld

1. De kennisgeving, aan de persoon over wie informatie is verzameld, van de volledige of gedeeltelijke verstrekking daarvan, geschiedt overeenkomstig het nationale recht van de aangezochte lidstaat.

2. Indien er gevaar is dat deze kennisgeving afbreuk doet aan de daadwerkelijke inning van het levensonderhoud, kan zij worden uitgesteld voor een termijn van ten hoogste 90 dagen vanaf de datum waarop de informatie aan de aangezochte centrale autoriteit is verstrekt.

HOOFDSTUK VIII OPENBARE LICHAMEN

Art. 64 Openbare lichamen in de hoedanigheid van verzoeker

1. Met het oog op een verzoek om erkenning en uitvoerbaarverklaring van een beslissing of een verzoek om tenuitvoerlegging van een beslissing wordt onder „onderhoudsgerechtigde" tevens verstaan een openbaar lichaam dat optreedt in plaats van degene aan wie de onderhoudsverplichtingen is verschuldigd of een lichaam waaraan uitkeringen die bij wijze van levensonderhoud zijn verstrekt, moeten worden terugbetaald.

2. Het recht van een openbaar lichaam om op te treden in de plaats van degene aan wie levensonderhoud is verschuldigd, of om terugbetaling te vragen van uitkeringen die bij wijze van levensonderhoud aan de onderhoudsgerechtigde zijn verstrekt, wordt beheerst door het recht waaraan dat lichaam is onderworpen.

3. Een openbaar lichaam kan de erkenning en de uitvoerbaarverklaring, dan wel de tenuitvoerlegging vragen van:

a) een beslissing welke tegen een onderhoudsplichtige is gegeven op verzoek van een openbaar lichaam dat terugbetaling vraagt van bij wijze van levensonderhoud verstrekte uitkeringen;

b) de tussen een onderhoudsgerechtigde en een onderhoudsplichtige gegeven beslissing, ten belope van de bij wijze van levensonderhoud aan de onderhoudsgerechtigde verstrekte uitkeringen.

4. Het openbare lichaam dat om erkenning en uitvoerbaarverklaring of om tenuitvoerlegging van een beslissing vraagt, verstrekt desverzocht alle stukken aan de hand waarvan het recht dat hem ingevolge lid 2 toekomt en de aan de onderhoudsgerechtigde verstrekte uitkeringen, kunnen worden vastgesteld.

HOOFDSTUK IX ALGEMENE BEPALINGEN EN SLOTBEPALINGEN

Art. 65 Legalisatie of soortgelijke formaliteit

Geen legalisatie of soortgelijke formaliteit mag in het kader van deze verordening worden geëist.

Art. 66 Vertaling van ter staving dienende stukken

Onverminderd de artikelen 20, 28 en 40, kan het geadieerde gerecht van de partijen een vertaling van bewijsstukken in een andere taal dan de procestaal alleen dan verlangen indien het de vertaling nodig acht om uitspraak te kunnen doen of om de rechten van de verdediging in acht te nemen.

Art. 67 Verhalen van kosten

Onverminderd artikel 54 kan de bevoegde autoriteit van de aangezochte lidstaat bij uitzondering de kosten terugvorderen van de in het ongelijk gestelde partij die krachtens artikel 46 kosteloze rechtsbijstand geniet, indien de financiële omstandigheden van die partij dit mogelijk maken.

Art. 68 Verhouding tot andere communautaire regelgeving

1. Onder voorbehoud van artikel 75, lid 2, wijzigt deze verordening Verordening (EG) nr. 44/2001, door de bepalingen inzake onderhoudsverplichtingen van die verordening te vervangen.

2. Deze verordening vervangt, op het gebied van onderhoudsverplichtingen, Verordening (EG) nr. 805/2004, behalve voor zover het betreft Europese executoriale titels inzake onderhoudsverplichtingen, afgegeven in een lidstaat die niet gebonden is door het Haagse Protocol van 2007.

3. Op het gebied van de onderhoudsverplichtingen laat deze verordening, onder voorbehoud van hoofdstuk V, de toepassing van Richtlijn 2003/8/EG onverlet.

4. Deze verordening laat de toepassing van Richtlijn 95/46/EG onverlet.

Art. 69 Verhouding tot bestaande internationale verdragen en overeenkomsten

1. Deze verordening laat onverlet de toepassing van bilaterale of multilaterale verdragen en overeenkomsten waarbij een of meer lidstaten op het tijdstip van de vaststelling van de verordening partij zijn en die betrekking hebben op aangelegenheden waarop deze verordening van toepassing is, onverminderd de verplichtingen van de lidstaten op grond van artikel 307 van het Verdrag.

2. Niettegenstaande lid 1 en onverminderd lid 3, heeft deze verordening tussen de lidstaten voorrang boven verdragen en overeenkomsten die betrekking hebben op de in deze verordening geregelde materie en waarbij lidstaten partij zijn.

3. Deze verordening vormt geen beletsel voor de toepassing van de Overeenkomst van 23 maart 1962 tussen Zweden, Denemarken, Finland, IJsland en Noorwegen inzake de inning van levensonderhoud door de lidstaten die daarbij partij zijn, omdat genoemde overeenkomst ter zake van erkenning, uitvoerbaarheid en tenuitvoerlegging van beslissingen:

a) vereenvoudigt en versnelde procedures voor de tenuitvoerlegging van beslissingen inzake onderhoudsverplichtingen voorziet, en

b) een gunstiger rechtsbijstandsregeling voorziet dan die welke is vervat in hoofdstuk V van deze verordening.

De toepassing van genoemde overeenkomst ontzegt de verweerder evenwel niet de bescherming die hij geniet op basis van de artikelen 19 en 21 van deze verordening.

Art. 70 Informatie die ter beschikking van het publiek wordt gesteld

De lidstaten verstrekken, in het kader van het bij Beschikking 2001/470/EG ingestelde Europees justitieel netwerk in burgerlijke en handelszaken, de volgende gegevens teneinde deze voor het publiek toegankelijk te maken:

a) een beschrijving van de nationale wetgeving en procedures betreffende onderhoudsverplichtingen;

b) een beschrijving van de maatregelen die zijn genomen om aan de verplichtingen in de zin van artikel 51 te voldoen;

c) een beschrijving van de wijze waarop, overeenkomstig artikel 44, daadwerkelijk toegang tot de rechter wordt verzekerd;

d) een beschrijving van de nationale voorschriften en procedures voor de tenuitvoerlegging, met inbegrip van informatie over alle met betrekking tot de tenuitvoerlegging geldende beperkingen, met name de voorschriften ter bescherming van de onderhoudsplichtige en inzake verval- of verjaringstermijnen.

Deze informatie wordt door de lidstaten voortdurend geactualiseerd.

Art. 71 Informatie betreffende contactgegevens en talen

1. Uiterlijk op 18 september 2010 doen de lidstaten aan de Commissie mededeling van:

a) de naam en de contactgegevens van de gerechten of autoriteiten die bevoegd zijn voor het behandelen van het verzoek om een uitvoerbaarverklaring, overeenkomstig artikel 27, lid 1, en voor het rechtsmiddel tegen een beslissing over dit verzoek, overeenkomstig artikel 32, lid 2;

b) het in artikel 33 bedoelde rechtsmiddel;

c) de procedure voor heroverweging ingevolge artikel 19, alsmede de naam en de contactgegevens van de bevoegde gerechten;

d) de naam en de contactgegevens van hun centrale autoriteiten en, in voorkomend geval, de reikwijdte van hun bevoegdheid, overeenkomstig artikel 49, lid 3;

e) de naam en de contactgegevens van de openbare of andere lichamen en, in voorkomend geval, de reikwijdte van hun bevoegdheid, overeenkomstig artikel 51, lid 3;

f) de naam en de contactgegevens van de autoriteiten die voor de toepassing van artikel 21 bevoegd zijn tot tenuitvoerlegging;

g) de talen die zij aanvaarden voor de vertaling van de in de artikelen 20, 28 en 40 bedoelde stukken;

h) de talen die hun centrale autoriteiten aanvaarden bij de in artikel 59 bedoelde mededelingen aan andere centrale autoriteiten.

De lidstaten stellen de Commissie in kennis van iedere wijziging van deze informatie.

2. De overeenkomstig lid 1 meegedeelde informatie, met uitzondering van de adressen en overige contactgegevens van de in de punten a), c) en f), bedoelde gerechten en instanties, wordt door de Commissie in het *Publicatieblad van de Europese Unie* bekendgemaakt.

3. Alle overeenkomstig lid 1 meegedeelde informatie wordt door de Commissie met alle andere passende middelen, in het bijzonder via het bij Besluit 2001/470/EG ingestelde Europees justitieel netwerk in burgerlijke en handelszaken, voor het publiek toegankelijk gemaakt.

Art. 72 Wijziging van formulieren

Elke wijziging van de formulieren waarin deze verordening voorziet, wordt volgens de in artikel 73, lid 3, bedoelde raadplegingsprocedure aangenomen.

Art. 73 Comité

1. De Commissie wordt bijgestaan door het bij artikel 70 van Verordening (EG) nr. 2201/2003 ingestelde comité.

2. In de gevallen waarin naar dit lid wordt verwezen, zijn de artikelen 4 en 7 van Besluit 1999/468/EG van toepassing.

De in artikel 4, lid 3, van Besluit 1999/468/EG bedoelde termijn wordt vastgesteld op drie maanden.

3. In de gevallen waarin naar dit lid wordt verwezen, zijn de artikelen 3 en 7 van Besluit 1999/468/EG van toepassing.

Art. 74 Herzieningsclausule

Uiterlijk 5 jaar na de volgens artikel 76, derde alinea, vastgestelde datum van toepassing brengt de Commissie aan het Europees Parlement, de Raad en het Europees Economisch en Sociaal Comité verslag uit over de toepassing van deze verordening, met inbegrip van een evaluatie van de ervaringen die in de praktijk met de samenwerking tussen de centrale autoriteiten zijn opgedaan, met name ten aanzien van de toegang die zij hebben tot de informatie waarover overheidsinstanties en -administraties beschikken, en een evaluatie van de werking van de procedure voor erkenning, uitvoerbaarverklaring en tenuitvoerlegging die van toepassing is op beslissingen die zijn gegeven in een niet door het Haagse Protocol van 2007 gebonden lidstaat. Het verslag gaat zo nodig vergezeld van voorstellen tot aanpassing.

Art. 75 Overgangsbepalingen

1. Onder voorbehoud van de leden 2 en 3 is deze verordening slechts van toepassing op de procedures die zijn ingesteld, de gerechtelijke schikkingen die zijn goedgekeurd of getroffen, en de authentieke akten die zijn opgesteld vanaf de datum waarop de verordening van toepassing is geworden.

2. De afdelingen 2 en 3 van hoofdstuk IV zijn van toepassing:

a) op beslissingen, in lidstaten gegeven voordat de verordening van toepassing wordt, en waarvan vanaf dat tijdstip erkenning en uitvoerbaarverklaring wordt gevraagd;

b) op beslissingen die vanaf de datum waarop de verordening van toepassing wordt, worden gegeven in procedures die voor dat tijdstip zijn begonnen,

voor zover deze beslissingen, wat erkenning en tenuitvoerlegging betreft, binnen het toepassingsgebied van Verordening (EG) nr. 44/2001 vallen.

Verordening (EG) nr. 44/2001 blijft van toepassing op de procedures inzake erkenning en tenuitvoerlegging die aanhangig zijn op het tijdstip waarop de onderhavige verordening van toepassing wordt.

De eerste en de tweede alinea zijn van overeenkomstige toepassing op gerechtelijke schikkingen die worden goedgekeurd of getroffen, en authentieke akten die worden opgesteld in de lidstaten.

3. Hoofdstuk VII betreffende samenwerking tussen de centrale autoriteiten is van toepassing op verzoeken die de centrale autoriteit in ontvangst neemt met ingang van de datum waarop deze verordening van toepassing wordt.

Art. 76 Inwerkingtreding

Deze verordening treedt in werking op de twintigste dag volgende op die van haar bekendmaking in het *Publicatieblad van de Europese Unie*.

De artikelen 2, lid 2, 47, lid 3, 71, 72 en 73, zijn van toepassing met ingang van 18 september 2010.

Deze verordening, met uitzondering van de in de tweede alinea vermelde bepalingen, is van toepassing met ingang van 18 juni 2011, onder voorbehoud dat op dat tijdstip het Haagse Protocol van 2007 in de Gemeenschap van toepassing is. Bij gebreke hiervan is zij van toepassing met ingang van de datum waarop het genoemde protocol in de Gemeenschap van toepassing is.

Deze verordening is verbindend in al haar onderdelen en is rechtstreeks toepasselijk in de lidstaten, overeenkomstig het Verdrag tot oprichting van de Europese Gemeenschap.

Verordening (EU) nr. 606/2013 betreffende de wederzijdse erkenning van beschermingsmaatregelen in burgerlijke zaken

Verordening (EU) nr. 606/2013 van het Europees Parlement en de Raad van 12 juni 2013 betreffende de wederzijdse erkenning van beschermingsmaatregelen in burgerlijke zaken^1

HET EUROPEES PARLEMENT EN DE RAAD VAN DE EUROPESE UNIE,
Gezien het Verdrag betreffende de werking van de Europese Unie, en met name artikel 81, lid 2, onder a), e) en f),
Gezien het voorstel van de Europese Commissie,
Na toezending van het ontwerp van wetgevingshandeling aan de nationale parlementen,
Na raadpleging van het Europees Economisch en Sociaal Comité,
Gezien het advies van het Comité van de Regio's^2 ,
Handelend volgens de gewone wetgevingsprocedure^3,
Overwegende hetgeen volgt:

(1) De Unie heeft zich ten doel gesteld een ruimte van vrijheid, veiligheid en recht te handhaven en te ontwikkelen waarin het vrije verkeer van personen gewaarborgd is en de toegang tot de rechter wordt vergemakkelijkt, met name door het beginsel van wederzijdse erkenning van gerechtelijke en buitengerechtelijke beslissingen in burgerlijke zaken. Met het oog op de geleidelijke totstandbrenging van die ruimte dient de Unie maatregelen vast te stellen op het gebied van de justitiële samenwerking in burgerlijke zaken met grensoverschrijdende gevolgen, met name wanneer dit nodig is voor de goede werking van de interne markt.

(2) Artikel 81, lid 1, van het Verdrag betreffende de werking van de Europese Unie (VWEU) bepaalt dat de justitiële samenwerking in burgerlijke zaken met grensoverschrijdende gevolgen dient te berusten op het beginsel van de wederzijdse erkenning van rechterlijke uitspraken en van beslissingen in buitengerechtelijke zaken.

(3) In een gemeenschappelijke justitiële ruimte zonder binnengrenzen zijn bepalingen die een snelle en eenvoudige erkenning en, in voorkomend geval, de tenuitvoerlegging van de in een andere lidstaat gelaste beschermingsmaatregelen in een lidstaat waarborgen, van essentieel belang om ervoor te zorgen dat de bescherming die een natuurlijke persoon in de ene lidstaat geniet, wordt gehandhaafd en voortgezet in elke andere lidstaat waarnaar die persoon reist of verhuist. Er moet voor worden gezorgd dat de rechtmatige uitoefening, door burgers van de Unie, van hun recht om vrij te reizen en te verblijven op het grondgebied van de lidstaten, overeenkomstig artikel 3, lid 2, van het Verdrag betreffende de Europese Unie (VEU) en artikel 21 van het VWEU, niet leidt tot een verlies van die bescherming.

(4) Wederzijds vertrouwen in de rechtsbedeling binnen de Unie en de wil om het verkeer van beschermingsmaatregelen in de Unie vlotter te laten verlopen en goedkoper te maken, vormen de rechtvaardiging voor het beginsel volgens hetwelk in één lidstaat gelaste beschermingsmaatregelen in alle andere lidstaten worden erkend zonder dat enige bijzondere procedure moet worden gevolgd. Bijgevolg moet een beschermingsmaatregel die in een lidstaat („lidstaat van oorsprong") is gelast op dezelfde wijze worden behandeld als een beschermingsmaatregel die in de lidstaat waar de erkenning wordt gevraagd, („aangezochte lidstaat") zou zijn gelast.

(5) Met het oog op het vrije verkeer van beschermingsmaatregelen is het nodig en passend de regels inzake de erkenning en, in voorkomend geval, de tenuitvoerlegging van beschermingsmaatregelen in een bindend en rechtstreeks toepasselijk rechtsinstrument van de Unie neer te leggen.

(6) Deze verordening dient van toepassing te zijn op beschermingsmaatregelen die gelast worden om een persoon te beschermen als er gegronde redenen zijn om aan te nemen dat diens leven, fysieke of psychische integriteit, persoonlijke vrijheid, veiligheid of seksuele integriteit wordt bedreigd, bijvoorbeeld maatregelen ter voorkoming van enige vorm van gendergerelateerd geweld of geweld binnen persoonlijke relaties, zoals lichamelijk geweld, pesterijen, seksuele agressie, belaging, intimidatie of andere vormen van indirecte dwang. Het is van belang te on-

---

1 Inwerkingtredingsdatum: 19-07-2013. Van toepassing vanaf 11-01-2015.
2 PB C 113 van 18.4.2012, blz. 56.
3 Standpunt van het Europees Parlement van 22 mei 2013 (nog niet bekendgemaakt in het Publicatieblad) en besluit van de Raad van 6 juni 2013.

derstrepen dat deze verordening van toepassing is op alle slachtoffers, ongeacht of zij slachtoffers zijn van gendergerelateerd geweld.

(7) Richtlijn 2012/29/EU van het Europees Parlement en de Raad van 25 oktober 2012 tot vaststelling van minimumnormen voor de rechten, de ondersteuning en de bescherming van slachtoffers van strafbare feiten^4 garandeert dat slachtoffers van strafbare feiten passende informatie en ondersteuning krijgen.

(8) Deze verordening strekt tot aanvulling van Richtlijn 2012/29/EU. Het feit dat een persoon op grond van een in een burgerlijke zaak getroffen beschermingsmaatregel wordt beschermd, hoeft niet te beletten dat die persoon als „slachtoffer" in de zin van die richtlijn wordt aangemerkt.

(9) Het toepassingsgebied van deze verordening behoort tot het gebied van de justitiële samenwerking in burgerlijke zaken in de zin van artikel 81 VWEU. Deze verordening is uitsluitend van toepassing op in burgerlijke zaken gelaste beschermingsmaatregelen. In strafzaken opgelegde beschermingsmaatregelen worden beheerst door Richtlijn 2011/99/EU van het Europees Parlement en de Raad van 13 december 2011 betreffende het Europees beschermingsbevel^5.

(10) Het begrip burgerlijke zaken moet autonoom worden uitgelegd, overeenkomstig de beginselen van het Unierecht. Het burgerrechtelijk, bestuursrechtelijk of strafrechtelijk karakter van de instantie die een beschermingsmaatregel gelast, is niet doorslaggevend bij de beoordeling of een beschermingsmaatregel al dan niet van burgerrechtelijke aard is.

(11) Deze verordening mag de werking van Verordening (EG) nr. 2201/2003 van de Raad van 27 november 2003 betreffende de bevoegdheid en de erkenning en tenuitvoerlegging van beslissingen in huwelijkszaken en inzake de ouderlijke verantwoordelijkheid^6 („verordening Brussel II bis") niet doorkruisen. Beslissingen genomen onder verordening Brussel II bis dienen ook verder op grond van die verordening te worden erkend en ten uitvoer gelegd.

(12) Deze verordening houdt rekening met de verschillende rechtstradities van de lidstaten, en laat de nationale regelingen voor het gelasten van beschermingsmaatregelen onverlet. Deze verordening verplicht de lidstaten niet om hun nationale systemen te wijzigen teneinde het gelasten van beschermingsmaatregelen in burgerlijke zaken mogelijk te maken, of om voor de toepassing van deze verordening beschermingsmaatregelen in burgerlijke zaken te introduceren.

(13) Om rekening te houden met de verschillende typen instanties die in de lidstaten beschermende maatregelen in burgerlijke zaken gelasten, en in tegenstelling tot in andere gebieden van justitiële samenwerking, moet deze verordening van toepassing zijn op zowel beslissingen van rechterlijke als van administratieve instanties, mits deze laatste garanties bieden met betrekking tot, in het bijzonder, hun onpartijdigheid en het recht van de partijen op toetsing door de rechter. In geen geval zullen

(14) Op grond van het beginsel van wederzijdse erkenning moeten beschermingsmaatregelen in burgerlijke zaken die in de lidstaat van oorsprong zijn gelast, overeenkomstig deze verordening in de aangezochte lidstaat eveneens als burgerrechtelijke beschermingsmaatregelen erkend worden.

(15) Conform het beginsel van wederzijdse erkenning stemt de erkenning overeen met de duur van de beschermingsmaatregel. Gezien het feit dat de beschermingsmaatregelen op grond van het recht van de lidstaten evenwel sterk uiteenlopen, in het bijzonder wat hun looptijd betreft, en gezien deze verordening doorgaans in dringende gevallen zal worden toegepast, moeten de gevolgen van erkenning krachtens deze verordening bij wijze van uitzondering worden beperkt tot een termijn van twaalf maanden vanaf de afgifte van het certificaat waarin deze verordening voorziet, ongeacht of die beschermingsmaatregel zelf — zij het naar haar aard een voorlopige of in de tijd beperkte maatregel of een maatregel van onbepaalde tijd — een langere looptijd heeft.

(16) In gevallen waarin de geldigheidsduur van een beschermingsmaatregel langer is dan twaalf maanden, dient de beperking van de gevolgen van de erkenning uit hoofde van deze verordening het recht van de beschermde persoon om zich op die beschermingsmaatregel te beroepen op grond van elke andere beschikbare rechtshandeling van de Unie die in erkenning voorziet, of om in de aangezochte lidstaat de toepassing van een nationale beschermingsmaatregel te vragen, onverlet te laten.

(17) De beperking van de gevolgen van de erkenning is uitzonderlijk gezien de bijzondere aard van de materie van deze verordening, en dient geen precedent te vormen voor andere instrumenten in burgerlijke en handelszaken.

(18) Deze verordening betreft uitsluitend de erkenning van de bij de beschermingsmaatregel opgelegde verplichting. De procedures voor de toepassing of de tenuitvoerlegging van de beschermingsmaatregel worden niet bij deze verordening geregeld; de eventuele sancties die

---

4 PB L 315 van 14.11.2012, blz. 57.

5 PB L 338 van 21.12.2011, blz. 2.

6 PB L 338 van 23.12.2003, blz. 1.

zouden kunnen worden opgelegd indien in de aangezochte lidstaat inbreuk wordt gemaakt op de beschermingsmaatregel vallen evenmin onder deze verordening. Die kwesties worden door het recht van die lidstaat geregeld. Overeenkomstig de algemene beginselen van het Unierecht, met name het beginsel van wederzijdse erkenning, moeten de lidstaten er evenwel voor zorgen dat de onder deze verordening erkende beschermingsmaatregelen rechtsgevolgen kunnen hebben in de aangezochte lidstaat.

(19) De onder deze verordening vallende beschermingsmaatregelen dienen de beschermde persoon bescherming te verlenen op zijn of haar verblijfplaats of werkplek, of op een andere plaats die hij of zij regelmatig bezoekt, zoals de verblijfplaats van nauwe verwanten of de school of onderwijsinstelling van zijn of haar kinderen. Ongeacht of de desbetreffende plaats of de afbakening van het door de beschermingsmaatregel bestreken gebied, in de beschermingsmaatregel wordt omschreven door middel van één of meer specifieke adressen of door middel van een wel omschreven gebied dat de persoon van wie de dreiging uitgaat, naargelang het geval, niet mag naderen of niet mag binnentreden (of een combinatie van beide), houdt de erkenning van de verplichting die door de beschermingsmaatregel wordt opgelegd, verband met het feit dat deze plaats voor de beschermde persoon dient, en niet met het specifieke adres.

(20) In het licht van het bovenstaande en mits de aard en de essentiële elementen van de beschermingsmaatregel behouden blijven, moet het de bevoegde instantie van de aangezochte lidstaat worden toegestaan de feitelijke elementen van de beschermingsmaatregel aan te passen wanneer dit noodzakelijk is om de erkenning van de beschermingsmaatregel in de praktijk effect te doen sorteren in de aangezochte lidstaat. Tot de feitelijke elementen behoren het adres, de algemene locatie of de minimumafstand die de persoon van wie de dreiging uitgaat ten opzichte van de beschermde persoon, het adres of de algemene locatie in acht moet nemen. Het soort en de burgerrechtelijke aard van de beschermingsmaatregel moet door de aanpassing evenwel onverlet worden gelaten.

(21) Teneinde elke aanpassing van een beschermingsmaatregel te vergemakkelijken, dient het certificaat te vermelden of het in de beschermingsmaatregel opgegeven adres de verblijfplaats, de werkplek of een door de beschermde persoon regelmatig bezochte plaats is. Voorts moet, in voorkomend geval, het wel omschreven gebied (een bij benadering aangegeven straal vanaf het specifieke adres) waarbinnen de verplichting van toepassing is die bij de beschermingsmaatregel is opgelegd aan de persoon van wie de dreiging uitgaat, in het certificaat worden vermeld.

(22) Om het vrije verkeer van beschermingsmaatregelen in de Unie te vergemakkelijken, dient deze verordening te voorzien in een uniform model van certificaat en in een daartoe strekkend meertalig standaardformulier. Het certificaat moet op verzoek van de beschermde persoon door de instantie van afgifte worden afgegeven.

(23) Vrije tekstvelden in het meertalig standaardformulier voor het certificaat dienen zo beperkt mogelijk te blijven, opdat de vertaling of transliteratie in de meeste gevallen kan worden verstrekt zonder de beschermde persoon kosten aan te rekenen, door gebruik te maken van het standaardformulier in de toepasselijke taal. Eventuele noodzakelijke vertaalkosten voor een tekst die niet in het meertalige standaardformulier is opgenomen, worden toegerekend volgens het recht van de lidstaat van oorsprong.

(24) Indien een certificaat vrije tekstvelden bevat, dient de bevoegde instantie van de aangezochte lidstaat te bepalen of een vertaling of transliteratie aan de orde is. Dit belet de beschermde persoon of de instantie van afgifte van de lidstaat van oorsprong niet, om op eigen initiatief, een vertaling of transliteratie te verstrekken.

(25) Om er voor te zorgen dat het recht van verweer van de persoon van wie de dreiging uitgaat, wordt geëerbiedigd, dient het certificaat alleen te worden afgegeven indien die persoon de gelegenheid heeft gehad zich tegen de beschermingsmaatregel te verdedigen wanneer de beschermingsmaatregel bij verstek is gelast of in een procedure waarin voorafgaande kennisgeving aan de persoon van wie de dreiging uitgaat, niet verplicht is („niet-contradictoire procedure"). Om omzeiling te voorkomen en rekening houdend met het doorgaans dringende karakter van zaken waarin beschermingsmaatregelen geboden zijn, is het niet nodig te bepalen dat de verweertermijn verstreken moet zijn alvorens een certificaat kan worden afgegeven. Het certificaat moet worden afgegeven zodra de beschermingsmaatregel uitvoerbaar is in de lidstaat van oorsprong.

(26) Gezien de doelstellingen van eenvoud en snelheid, voorziet deze verordening in simpele en snelle methoden om proceshandelingen ter kennis te brengen van de persoon van wie de dreiging uitgaat. De specifieke methoden van kennisgeving dienen alleen in het kader van deze verordening van toepassing te zijn, gezien de bijzondere aard van de materie van deze verordening, en dienen geen precedent te vormen voor andere instrumenten in burgerlijke en handelszaken, noch van invloed te zijn op de verplichtingen van een lidstaat die met betrekking tot de betekening en de kennisgeving in het buitenland van gerechtelijke en buitengerechtelijke stukken in burgerlijke zaken, voortvloeien uit een tussen die lidstaat en een derde land gesloten bilaterale of multilaterale overeenkomst.

(27) Bij de kennisgeving van het certificaat aan de persoon van wie de dreiging uitgaat en ook bij elke aanpassing van feitelijke elementen van een beschermingsmaatregel in de aangezochte

lidstaat, moet terdege worden gelet op het belang dat de beschermde persoon erbij heeft dat de plaats waar hij of zij zich ophoudt noch andere contactgegevens worden onthuld. Deze gegevens mogen niet aan de persoon van wie de dreiging uitgaat, worden bekendgemaakt, tenzij een dergelijke mededeling nodig is om te kunnen voldoen aan de beschermingsmaatregel of om deze ten uitvoer te kunnen leggen.

(28) Tegen de afgifte van het certificaat behoort geen beroep te kunnen worden ingesteld.

(29) Het certificaat moet worden verbeterd indien het, ten gevolge van een duidelijke vergissing of onnauwkeurigheid, zoals een tikfout, fouten bij het transcriberen of kopiëren, geen correcte weergave is van de beschermingsmaatregel; het moet worden ingetrokken indien het kennelijk ten onrechte is toegekend, bijvoorbeeld wanneer het is gebruikt voor een maatregel die buiten de werkingssfeer van deze verordening valt of indien bij de afgifte de voorwaarden van afgifte zijn geschonden.

(30) De instantie van afgifte in de staat van oorsprong moet de beschermde persoon, op verzoek, bijstaan om informatie te verkrijgen betreffende de instanties in de aangezochte lidstaat voor dewelke men zich op de beschermingsmaatregel beroept of bij dewelke de tenuitvoerlegging ervan wordt gevraagd.

(31) Met het oog op een harmonieuze rechtspleging moet worden voorkomen dat in twee lidstaten beslissingen worden genomen die onderling onverenigbaar zijn. Daarom dient deze verordening te voorzien in een grond tot weigering van erkenning of tenuitvoerlegging van de beschermingsmaatregel in gevallen van onverenigbaarheid met een beslissing die genomen of erkend is in de aangezochte lidstaat.

(32) Overwegingen van algemeen belang kunnen in uitzonderlijke gevallen rechtvaardigen dat de rechterlijke instantie van de aangezochte lidstaat de erkenning of tenuitvoerlegging van een beschermingsmaatregel weigert, wanneer de toepassing daarvan kennelijk onverenigbaar is met de openbare orde van die lidstaat. Niettemin mag de rechterlijke instantie de exceptie van openbare orde niet toepassen om de erkenning of tenuitvoerlegging van een beschermingsmaatregel te weigeren wanneer dat in strijd zou zijn met het Handvest van de grondrechten van de Europese Unie, en met name artikel 21 daarvan.

(33) Indien de beschermingsmaatregel in de lidstaat van oorsprong wordt opgeschort of ingetrokken, of indien het certificaat in de lidstaat van oorsprong wordt ingetrokken, moet de bevoegde instantie van de aangezochte lidstaat, op voorlegging van het relevante certificaat, de gevolgen van de erkenning en, indien van toepassing, de tenuitvoerlegging van de beschermingsmaatregel opschorten of intrekken.

(34) Een beschermde persoon moet in andere lidstaten effectieve toegang tot de rechter hebben. Om effectieve toegang te garanderen in procedures die onder deze verordening vallen, moet in rechtsbijstand worden voorzien overeenkomstig Richtlijn 2003/8/EG van de Raad van 27 januari 2003 tot verbetering van de toegang tot de rechter bij grensoverschrijdende geschillen, door middel van gemeenschappelijke minimumvoorschriften betreffende rechtsbijstand bij die geschillen^7.

(35) Om de toepassing van deze verordening te vergemakkelijken, moeten de lidstaten, in het kader van het Europees justitieel netwerk in burgerlijke en handelszaken, opgericht bij Beschikking 2001/470/EG van de Raad^8, verplicht om bepaalde informatie betreffende hun nationale regelgeving en procedures inzake beschermingsmaatregelen in burgerlijke zaken mede te delen. De informatie die door de lidstaten moet worden verstrekt, dient via het Europees portaal voor e-justitie toegankelijk te zijn.

(36) Om eenvormige voorwaarden voor de uitvoering van deze verordening te waarborgen, moeten aan de Commissie uitvoeringsbevoegdheden worden toegekend met betrekking tot de vaststelling en wijziging van de formulieren waarin bij deze verordening wordt voorzien. Die bevoegdheden moeten worden uitgeoefend overeenkomstig Verordening (EU) nr. 182/2011 van het Europees Parlement en de Raad van 16 februari 2011 tot vaststelling van de algemene voorschriften en beginselen die van toepassing zijn op de wijze waarop de lidstaten de uitoefening van de uitvoeringsbevoegdheden door de Commissie controleren^9.

(37) De onderzoeksprocedure dient te worden gebruikt voor de vaststelling van uitvoeringshandelingen tot invoering en tot wijziging van de formulieren waarin bij deze verordening wordt voorzien.

(38) Deze verordening eerbiedigt de grondrechten en neemt de in het Handvest van de grondrechten van de Europese Unie erkende beginselen in acht. In het bijzonder strekt de verordening ertoe het recht van verdediging en het recht op een eerlijk proces, zoals neergelegd in de artikelen 47 en 48 van het Handvest, te waarborgen. Deze verordening moet worden toegepast met inachtneming van deze rechten en beginselen.

---

7 PB L 26 van 31.1.2003, blz. 41.

8 PB L 174 van 27.6.2001, blz. 25.

9 PB L 55 van 28.2.2011, blz. 13.

(39) Aangezien de doelstelling van deze verordening, met name het neerleggen van reglementering voor een eenvoudig en snel systeem voor de erkenning van de beschermingsmaatregelen gelast door een lidstaat in burgerlijke zaken, niet voldoende door de lidstaten zelf kan worden verwezenlijkt, en die doelstelling derhalve beter op het niveau van de Unie kan worden bereikt, kan de Unie, overeenkomstig het in artikel 5 VEU neergelegde subsidiariteitsbeginsel, maatregelen nemen. Overeenkomstig het in hetzelfde artikel neergelegde evenredigheidsbeginsel, gaat deze verordening niet verder dan wat nodig is om die doelstelling te verwezenlijken.

(40) Het Verenigd Koninkrijk en Ierland hebben, overeenkomstig artikel 3 van Protocol nr. 21 betreffende de positie van het Verenigd Koninkrijk en Ierland ten aanzien van de ruimte van vrijheid, veiligheid en recht, gehecht aan het VEU en het VWEU, kennis gegeven van hun wens deel te nemen aan de vaststelling en toepassing van deze verordening.

(41) Overeenkomstig de artikelen 1 en 2 van Protocol nr. 22 betreffende de positie van Denemarken, gehecht aan het VEU en het VWEU, neemt Denemarken niet deel aan de vaststelling van deze verordening; deze verordening is bijgevolg niet bindend voor, noch van toepassing op Denemarken.

(42) De Europese Toezichthouder voor gegevensbescherming heeft op 17 oktober 2011^{10} een op artikel 41, lid 2, van Verordening (EG) nr. 45/2001 van het Europees Parlement en de Raad van 18 december 2000 betreffende de bescherming van natuurlijke personen in verband met de verwerking van persoonsgegevens door de communautaire instellingen en organen en betreffende het vrije verkeer van die gegevens^{11} gebaseerd advies uitgebracht,

HEBBEN DE VOLGENDE VERORDENING VASTGESTELD:

HOOFDSTUK I ONDERWERP, TOEPASSINGSGEBIED EN DEFINITIES

Art. 1 Onderwerp

Beschermingsmaatregelen

Deze verordening stelt regels vast voor een eenvoudige en snelle regeling voor de erkenning van beschermingsmaatregelen die in een lidstaat in burgerlijke zaken zijn gelast.

Art. 2 Toepassingsgebied

1. Deze verordening is van toepassing op beschermingsmaatregelen in burgerlijke zaken die door een instantie in de zin van artikel 3, punt 4, worden gelast.

2. Deze verordening is van toepassing op grensoverschrijdende zaken. In deze verordening wordt onder grensoverschrijdende zaak verstaan, een zaak waarin de erkenning van een in een lidstaat gelaste beschermingsmaatregel wordt gevraagd in een andere lidstaat.

3. Deze verordening is niet van toepassing op beschermingsmaatregelen die onder Verordening (EG) nr. 2201/2003 vallen.

Art. 3 Definities

In deze verordening wordt verstaan onder:

1. „beschermingsmaatregel": elke beslissing die, ongeacht de benaming ervan, werd bevolen door de instantie van afgifte van de lidstaat van oorsprong overeenkomstig het nationale recht van die lidstaat en waarbij één of meer van de volgende verplichtingen worden opgelegd aan de persoon van wie de dreiging uitgaat, ter bescherming van een andere persoon, wiens fysieke of psychische integriteit mogelijk in gevaar is:

a) een verbod op of een regeling inzake het betreden van de plaats waar de beschermde persoon zijn verblijfplaats heeft, werkt, of die hij regelmatig bezoekt of waar hij regelmatig verblijf houdt;

b) een verbod op of een regeling inzake elke vorm van contact met de beschermde persoon, waaronder per telefoon, elektronische of gewone post, fax of anderszins;

c) een verbod om de beschermde persoon binnen een voorgeschreven afstand te benaderen, of een regeling ter zake;

2. „beschermde persoon": een natuurlijke persoon die door een beschermingsmaatregel wordt beschermd;

3. „persoon van wie de dreiging uitgaat": een natuurlijke persoon aan wie één of meer van de in punt 1 bedoelde verplichtingen zijn opgelegd;

4. „instantie van afgifte": iedere rechterlijke instantie, en voorts iedere andere instantie die door een lidstaat is aangewezen als zijnde bevoegd voor zaken die binnen het toepassingsgebied van deze verordening vallen, op voorwaarde dat een dergelijke andere instantie de partijen garanties biedt inzake onpartijdigheid en dat haar beslissingen met betrekking tot de beschermingsmaatregel krachtens het recht van de lidstaat waar de instantie actief is, voor rechterlijke toetsing vatbaar is en dezelfde werking heeft als een beslissing van een rechterlijke instantie aangaande dezelfde aangelegenheid;

5. „lidstaat van oorsprong": de lidstaat waar de beschermingsmaatregel wordt gelast;

---

10 PB C 35 van 9.2.2012, blz. 10.

11 PB L 8 van 12.1.2001, blz. 1.

6. „aangezochte lidstaat": de lidstaat waar de erkenning en, in voorkomend geval, de tenuitvoerlegging van de beschermingsmaatregel wordt gevraagd.

HOOFDSTUK II ERKENNING EN TENUITVOERLEGGING VAN BESCHERMINGSMAATREGELEN

Art. 4 Erkenning en tenuitvoerlegging

1. Een in een lidstaat gelaste beschermingsmaatregel wordt in de andere lidstaten erkend zonder dat een bijzondere procedure moet worden gevolgd en is er uitvoerbaar zonder dat een verklaring van uitvoerbaarheid is vereist.

2. Een beschermde persoon die in de aangezochte lidstaat een in de lidstaat van oorsprong gelaste beschermingsmaatregel wenst in te roepen, legt aan de bevoegde instantie van de aangezochte lidstaat over:

a) een afschrift van de beschermingsmaatregel, dat voldoet aan de eisen voor vaststelling van de echtheid;

b) het in de lidstaat van oorsprong uit hoofde van artikel 5 afgegeven certificaat; en

c) indien nodig, een transliteratie en/of een vertaling van het certificaat overeenkomstig artikel 16.

3. Het certificaat heeft slechts werking binnen de grenzen van de uitvoerbaarheid van de beschermingsmaatregel.

4. Ongeacht de langere looptijd van de beschermingsmaatregel, blijven de rechtsgevolgen van de erkenning uit hoofde van lid 1 beperkt tot een termijn van twaalf maanden, te rekenen vanaf de datum waarop het certificaat is afgegeven.

5. De procedure voor de tenuitvoerlegging van beschermingsmaatregelen wordt beheerst door het recht van de aangezochte lidstaat.

Art. 5 Certificaat

1. De instantie van uitgifte van de lidstaat van oorsprong geeft, op verzoek van de beschermde persoon, het certificaat af door gebruik te maken van het overeenkomstig artikel 19 opgestelde meertalige standaardformulier dat de in artikel 7 bedoelde informatie bevat.

2. Tegen de afgifte van het certificaat staat geen beroep open.

3. Op verzoek van de beschermde persoon, wordt een transliteratie en/of vertaling van het certificaat door de instantie van afgifte van de lidstaat van oorsprong afgegeven door middel van het overeenkomstig artikel 19 opgestelde meertalige standaardformulier.

Art. 6 Voorschriften voor de afgifte van het certificaat

1. Het certificaat mag enkel worden afgegeven als de persoon van wie de dreiging uitgaat overeenkomstig het recht van de lidstaat van oorsprong in kennis is gesteld van de beschermingsmaatregel.

2. Indien de beschermingsmaatregel bij verstek is bevolen, kan het certificaat pas worden afgegeven indien aan de persoon van wie de dreiging uitgaat — tijdig en op zodanige wijze als nodig is met het oog op de verdediging van de persoon van wie de dreiging uitgaat — het stuk dat de procedure inleidt of een gelijkwaardig stuk is betekend of ter kennis is gebracht, dan wel, in voorkomend geval, hij of zij anderszins overeenkomstig het recht van de lidstaat van oorsprong in kennis is gesteld van het inleiden van de procedure.

3. Indien een beschermingsmaatregel is gelast uit hoofde van een procedure waarin niet voorzien is in voorafgaande kennisgeving aan de persoon van wie de dreiging uitgaat (niet-contradictoire procedure), kan het certificaat pas worden afgegeven als die persoon van wie de dreiging uitgaat krachtens het recht van de lidstaat van oorsprong het recht had om de beschermingsmaatregel aan te vechten.

Art. 7 Inhoud van het certificaat

Het certificaat bevat de volgende informatie:

a) de benaming en het adres/de contactgegevens van de instantie van afgifte;

b) het referentienummer van het dossier;

c) datum van afgifte van het certificaat;

d) de contactgegevens betreffende de beschermde persoon: naam, geboortedatum en -plaats, indien beschikbaar, en adres voor de kennisgevingen, voorafgegaan door een duidelijke waarschuwing dat dat adres kan worden meegedeeld aan de persoon van wie de dreiging uitgaat;

e) informatie betreffende de persoon van wie de dreiging uitgaat: naam, geboortedatum en -plaats, indien beschikbaar, en adres voor de kennisgevingen;

f) alle gegevens die noodzakelijk zijn voor de tenuitvoerlegging van de beschermingsmaatregel, waaronder, in voorkomend geval, het soort maatregel en de aan de persoon van wie de dreiging uitgaat opgelegde verplichting, en voorts de vermelding van de functie van de plaats die en/of het wel omschreven gebied dat de persoon van wie de dreiging uitgaat, naargelang het geval, niet mag betreden en/of de afstand die hij daarvan in acht moet nemen;

g) de duur van de beschermingsmaatregel;

Certificaat

h) de duur van de gevolgen van de erkenning overeenkomstig artikel 4, lid 4;
i) een verklaring dat is voldaan aan de voorwaarden neergelegd in artikel 6;
j) informatie over de bij de artikelen 9 en 13 toegekende rechten;
k) duidelijkheidshalve, de volledige titel van deze verordening.

Art. 8 Kennisgeving van het certificaat aan de persoon van wie de dreiging uitgaat

1. De instantie van afgifte in de lidstaat van oorsprong doet aan de persoon van wie de dreiging uitgaat kennisgeving van het certificaat, en van het feit dat de afgifte ervan leidt tot de erkenning en, in voorkomend geval, de uitvoerbaarheid van de beschermingsmaatregel in alle lidstaten overeenkomstig artikel 4.

2. Indien de persoon van wie de dreiging uitgaat, zijn woonplaats heeft in de lidstaat van oorsprong, wordt de kennisgeving verricht volgens het recht van die lidstaat. Indien de persoon van wie de dreiging uitgaat, zijn verblijfplaats in een andere dan de lidstaat van oorsprong heeft of in een derde land, wordt de kennisgeving verricht bij aangetekende zending met ontvangstbevestiging of een gelijkwaardige zending.

Indien het adres van de persoon van wie de dreiging uitgaat, niet bekend is of indien de betrokkene weigert de kennisgeving in ontvangst te nemen, is het recht van de lidstaat van oorsprong van toepassing.

3. De plaats waar de beschermde persoon zich ophoudt of andere contactgegevens worden niet onthuld aan de persoon van wie de dreiging uitgaat, tenzij deze gegevens nodig zijn om de beschermingsmaatregel te kunnen naleven of om de maatregel ten uitvoer te kunnen leggen.

Art. 9 Verbetering of intrekking van het certificaat

1. Onverminderd artikel 5, lid 2, wordt het certificaat, op verzoek van de beschermde persoon of de persoon van wie de dreiging uitgaat aan de instantie van afgifte van de lidstaat van oorsprong, dan wel door die instantie zelf:

a) verbeterd, indien het certificaat door een materiële fout afwijkt van de beschermingsmaatregel; of

b) ingetrokken, indien het, gelet op de voorwaarden neergelegd in artikel 6 en het toepassingsgebied van deze verordening, kennelijk ten onrechte is toegekend.

2. De procedure ter verbetering of intrekking van het certificaat, hoger beroep tegen de verbetering of intrekking daaronder begrepen, wordt beheerst door het recht van de lidstaat van oorsprong.

Art. 10 Bijstand voor de beschermde persoon

De beschermde persoon wordt op zijn verzoek door de instantie van afgifte van de lidstaat van oorsprong bijgestaan om de overeenkomstig de artikelen 17 en 18 beschikbaar gemaakte gegevens te verkrijgen betreffende de instanties in de aangezochte lidstaat voor dewelke men zich op de beschermingsmaatregel beroept of bij dewelke de tenuitvoerlegging ervan wordt gevraagd.

Art. 11 Aanpassing van de beschermingsmaatregel

1. De beschermingsmaatregel wordt indien nodig en voor zover nodig door de bevoegde instantie van de aangezochte lidstaat in feitelijk opzicht zo aangepast, dat in die lidstaat uitvoering aan de beschermingsmaatregel kan worden gegeven.

2. De procedure voor de aanpassing van de beschermingsmaatregel wordt beheerst door het recht van de aangezochte lidstaat.

3. De aanpassing van de beschermingsmaatregel wordt ter kennis gebracht aan de persoon van wie de dreiging uitgaat.

4. Indien de persoon van wie de dreiging uitgaat zijn verblijfplaats heeft in de aangezochte lidstaat, wordt de kennisgeving verricht volgens het recht van die lidstaat. Indien de persoon van wie de dreiging uitgaat, zijn woonplaats in een andere dan de aangezochte lidstaat heeft of in een derde land, wordt de kennisgeving verricht bij aangetekende zending met ontvangstbevestiging of een gelijkwaardige zending.

Indien het adres van de persoon van wie de dreiging uitgaat, niet bekend is of indien de betrokkene weigert de kennisgeving in ontvangst te nemen, is het recht van de aangezochte lidstaat van toepassing.

5. De beschermde persoon of de persoon van wie de dreiging uitgaat, kan tegen de aanpassing van de beschermingsmaatregel beroep instellen. De beroepsprocedure wordt beheerst door het recht van de aangezochte lidstaat. Het instellen van hoger beroep heeft echter geen schorsende werking.

Art. 12 Verbod van inhoudelijke toetsing

In geen geval mag een in de lidstaat van oorsprong gelaste beschermingsmaatregel inhoudelijk worden getoetst in de aangezochte lidstaat.

Art. 13 Weigering van erkenning of tenuitvoerlegging

1. De erkenning en, in voorkomend geval, de tenuitvoerlegging van de beschermingsmaatregel wordt geweigerd, op verzoek van de persoon van wie de dreiging uitgaat, voor zover de erkenning:

a) kennelijk strijdig is met de openbare orde van de aangezochte lidstaat; of *b)* onverenigbaar is met een in de aangezochte lidstaat gegeven of erkende beslissing.

2. Het verzoek om weigering van erkenning of tenuitvoerlegging wordt gericht tot de rechterlijke instantie van de aangezochte lidstaat die overeenkomstig artikel 18, lid 1, onder a), iv), door die lidstaat aan de Commissie is opgegeven.

3. De erkenning van de beschermingsmaatregel mag niet worden geweigerd omdat het recht van de aangezochte lidstaat op grond van dezelfde feiten niet in een dergelijke maatregel voorziet.

Art. 14 Schorsing of intrekking van erkenning of tenuitvoerlegging

1. Indien de beschermingsmaatregel in de lidstaat van oorsprong wordt geschorst of ingetrokken of de uitvoerbaarheid ervan wordt geschorst of beperkt, of indien het certificaat overeenkomstig artikel 9, lid 1, onder b), wordt ingetrokken, verstrekt de instantie van afgifte in de lidstaat van oorsprong op verzoek van de beschermde persoon of de persoon van wie de dreiging uitgaat een certificaat waarin de opschorting, de beperking of de intrekking wordt vermeld, door gebruik te maken van het overeenkomstig artikel 19 opgestelde standaardformulier.

Beschermingsmaatregel; schorsing

2. Indien de beschermde persoon of de persoon van wie de dreiging uitgaat het overeenkomstig lid 1 afgegeven certificaat bij de bevoegde autoriteit indient, worden de gevolgen van de erkenning en, in voorkomend geval, de tenuitvoerlegging van de beschermingsmaatregel door de bevoegde autoriteit van de aangezochte lidstaat geschorst of ingetrokken.

HOOFDSTUK III ALGEMENE BEPALINGEN EN SLOTBEPALINGEN

Art. 15 Legalisatie en soortgelijke formaliteiten

Met betrekking tot de in het kader van deze verordening in een lidstaat afgegeven documenten mag geen legalisatie of soortgelijke formaliteit worden geëist.

Art. 16 Transliteratie of vertaling

1. Elke op grond van deze verordening vereiste transliteratie of vertaling, wordt opgesteld in de officiële taal van de aangezochte lidstaat of in een van de officiële talen van de instellingen van de Unie waarvan die lidstaat heeft verklaard deze te kunnen aanvaarden.

Vertaling

2. Behoudens artikel 5, lid 3, wordt elke vertaling uit hoofde van deze verordening uitgevoerd door een persoon die in een van de lidstaten daartoe gemachtigd is.

Art. 17 Informatie die ter beschikking van het publiek wordt gesteld

De lidstaten verstrekken, in het kader van het bij Beschikking 2001/470/EG ingestelde Europees justitieel netwerk in burgerlijke en handelszaken en teneinde deze gegevens openbaar te maken, een beschrijving van de nationale voorschriften en procedures betreffende beschermingsmaatregelen in burgerlijke zaken, met inbegrip van informatie over welke instanties bevoegd zijn voor de onder deze verordening vallende zaken.

Openbaar maken

Die informatie wordt door de lidstaten voortdurend bijgewerkt.

Art. 18 Mededeling van informatie door de lidstaten

1. De lidstaten delen uiterlijk op 11 juli 2014 aan de Commissie de volgende informatie mee:

a) welke instanties bevoegd zijn voor de onder deze verordening vallende zaken, daarbij, in voorkomend geval, onderscheid makend tussen:

i) de instanties die bevoegd zijn beschermingsmaatregelen te gelasten en het certificaat af te geven overeenkomstig artikel 5;

ii) de instanties waarvoor men zich kan beroepen op een in een andere lidstaat gelaste beschermingsmaatregel en/of die bevoegd zijn om een beschermingsmaatregel ten uitvoer te leggen;

iii) de instanties die bevoegd zijn voor het aanpassen van een beschermingsmaatregel overeenkomstig artikel 11, lid 1;

iv) de rechterlijke instanties bij wie overeenkomstig artikel 13 het verzoek tot weigering van erkenning en, in voorkomend geval, van tenuitvoerlegging wordt ingediend;

b) de taal die wordt/de talen die worden aanvaard voor de in artikel 16, lid 1, bedoelde vertalingen.

2. De Commissie maakt de in de eerste alinea bedoelde informatie met alle passende middelen openbaar, met name via de website van het Europees justitieel netwerk in burgerlijke en handelszaken.

Art. 19 Opstelling en wijziging van de formulieren

De Commissie stelt uitvoeringshandelingen vast voor het opstellen en het wijzigen van de formulieren als bedoeld in de artikelen 5 en 14. Die uitvoeringshandelingen worden volgens de in artikel 20 bedoelde onderzoeksprocedure vastgesteld.

Art. 20 Comitéprocedure

1. De Commissie wordt bijgestaan door een comité. Dat comité is een comité in de zin van Verordening (EU) nr. 182/2011.

2. Wanneer naar dit lid wordt verwezen, is artikel 5 van Verordening (EU) nr. 182/2011 van toepassing.

Art. 21 Evaluatie

Uiterlijk op 11 januari 2020 dient de Commissie bij het Europees Parlement, de Raad en het Europees Economisch en Sociaal Comité een verslag in over de toepassing van deze verordening. Het verslag gaat zo nodig vergezeld van voorstellen tot wijziging.

Art. 22 Inwerkingtreding

Deze verordening treedt in werking op de twintigste dag na die van de bekendmaking ervan in het *Publicatieblad van de Europese Unie*.

Zij is van toepassing met ingang van 11 januari 2015.

Deze verordening is van toepassing op beschermingsmaatregelen die zijn gelast op of na 11 januari 2015, ongeacht het tijdstip waarop de procedure is ingeleid.

Uitvoeringswet verordening wederzijdse erkenning van beschermingsmaatregelen in burgerlijke zaken^1

Wet van 4 maart 2015 tot uitvoering van Verordening (EU) Nr. 606/2013 van het Europees parlement en de Raad van 12 juni 2013 betreffende de wederzijdse erkenning van beschermingsmaatregelen in burgerlijke zaken (PbEU 2013, L181) (Uitvoeringswet verordening wederzijdse erkenning van beschermingsmaatregelen in burgerlijke zaken)

Wij Willem-Alexander, bij de gratie Gods, Koning der Nederlanden, Prins van Oranje-Nassau, enz. enz. enz.

Allen, die deze zullen zien of horen lezen, saluut! doen te weten:

Alzo Wij in overweging genomen hebben, dat Verordening (EU) Nr. 606/2013 van het Europees parlement en de Raad van 12 juni 2013 betreffende de wederzijdse erkenning van beschermingsmaatregelen in burgerlijke zaken (PbEU 2013, L 181) moet worden uitgevoerd;

Zo is het, dat Wij, de Afdeling advisering van de Raad van State gehoord, en met gemeen overleg der Staten-Generaal, hebben goedgevonden en verstaan, gelijk Wij goedvinden en verstaan bij deze:

Art. 1

In deze wet wordt verstaan onder verordening: Verordening (EU) Nr. 606/2013 van het Europees parlement en de Raad van 12 juni 2013 betreffende de wederzijdse erkenning van beschermingsmaatregelen in burgerlijke zaken (PbEU 2013, L 181).

Art. 2

1. Een certificaat, als bedoeld in artikel 5 van de verordening, voor de erkenning van een beschermingsmaatregel in een andere lidstaat wordt bij verzoekschrift gevraagd aan de rechter die de beschermingsmaatregel heeft bevolen. Het verzoekschrift kan zonder tussenkomst van een advocaat worden ingediend.

2. Bij het verzoekschrift, bedoeld in het eerste lid, wordt een afschrift van de beslissing waarin de beschermingsmaatregel wordt bevolen overgelegd. Het verzoekschrift bevat daarnaast de gegevens, als bedoeld in artikel 7 van de verordening, die de rechter nodig heeft om het certificaat volgens het op basis van artikel 19 van de verordening opgestelde meertalige standaardformulier te kunnen afgeven.

3. De in het eerste lid bedoelde rechter beslist onverwijld op het verzoek. De persoon van wie de dreiging uitgaat behoeft niet te worden opgeroepen. Indien het verzoek wordt toegewezen wordt aan de persoon van wie de dreiging uitgaat daarvan een kennisgeving, als bedoeld in artikel 8, eerste lid, van de verordening gezonden overeenkomstig het bepaalde in artikel 291 van het Wetboek van burgerlijke rechtsvordering.

4. Het eerste en tweede lid zijn van overeenkomstige toepassing op de afgifte van een certificaat voor de erkenning van een beschermingsmaatregel die is opgelegd op grond van de Wet tijdelijk huisverbod. De afgifte van een certificaat wordt in dat geval gevraagd aan de burgemeester of de hulpofficier als bedoeld in artikel 3, eerste lid, van de Wet tijdelijk huisverbod, die de beschermingsmaatregel oplegt of heeft opgelegd. Indien het verzoek wordt toegewezen wordt aan de persoon van wie de dreiging uitgaat daarvan een kennisgeving, als bedoeld in artikel 8, eerste lid, van de verordening gezonden. Indien de persoon aan wie een tijdelijk huisverbod is opgelegd zijn zienswijze niet vooraf naar voren heeft kunnen brengen, wordt het certificaat niet afgegeven voordat op een door de uithuisgeplaatste ingesteld beroep is beslist, dan wel drie dagen na het opleggen van de maatregel zijn verstreken en de uithuisgeplaatste geen beroep heeft ingesteld.

Art. 3

1. De rechter of burgemeester of hulpofficier van justitie als bedoeld in artikel 3, eerste lid, van de Wet tijdelijk huisverbod die het certificaat heeft afgegeven kan op verzoek van de beschermde persoon of de persoon van wie de dreiging uitgaat of ambtshalve het certificaat verbeteren, indien dit door een kennelijke verschrijving afwijkt van de beschermingsmaatregel. Er vindt geen oproeping van belanghebbenden plaats. Aan de persoon van wie de dreiging uitgaat en aan de beschermde persoon wordt een kennisgeving verzonden van de afgifte van het verbeterde certificaat.

2. Tegen de verbetering van een certificaat of weigering daarvan staat geen voorziening open.

---

1 Inwerkingtredings datum: 12-03-2015.

Art. 4

1. Intrekking van een certificaat overeenkomstig artikel 9, eerste lid, van de verordening, geschiedt door de rechter die het heeft afgegeven. Als een verzoek daartoe wordt gedaan door de beschermde persoon of de persoon van wie de dreiging uitgaat kan het worden ingediend zonder tussenkomst van een advocaat.

2. De eerste volzin van het eerste lid is van overeenkomstige toepassing op een certificaat dat is afgegeven door een burgemeester of de hulpofficier van justitie als bedoeld in artikel 3, eerste lid, van de Wet tijdelijk huisverbod, met dien verstande dat in dat geval de burgemeester of hulpofficier van justitie het certificaat intrekt.

3. Tegen de intrekking van een certificaat of weigering daarvan staat geen voorziening open.

Art. 5

1. Indien een in een andere lidstaat bevolen beschermingsmaatregel de aanduiding van een plaats bevat, zoals omschreven in artikel 3, onder 1, onderdelen a en c, van de verordening, kan de beschermde persoon de voorzieningenrechter in de rechtbank Den Haag verzoeken deze plaats te wijzigen in een plaats in Nederland rekening houdend met het doel dat dit adres of deze locatie voor de beschermde persoon dient. Het verzoek kan worden ingediend zonder tussenkomst van een advocaat. De persoon van wie de dreiging uitgaat wordt niet opgeroepen.

2. De beschermde persoon legt bij het in het eerste lid bedoelde verzoek de gegevens, bedoeld in artikel 4, tweede lid, van de verordening over.

Art. 6

1. De voorzieningenrechter in de rechtbank Den Haag kan op verzoek van een beschermde persoon die in Nederland gebruik wil maken van de bescherming die een in de lidstaat van oorsprong gelaste beschermingsmaatregel biedt, een door de wet toegelaten dwangmiddel opleggen, dan wel de beschermde persoon machtiging verlenen de naleving van de beschermingsmaatregel te bewerkstelligen met behulp van de sterke arm.

2. De in het eerste lid bedoelde persoon legt bij het verzoek de gegevens, bedoeld in artikel 4, tweede lid, van de verordening over.

Art. 7

Het verzoek om weigering van de erkenning of tenuitvoerlegging van de beschermingsmaatregel van de persoon van wie de dreiging uitgaat, als bedoeld in artikel 13, eerste lid, van de verordening, wordt ingediend bij de voorzieningenrechter in de rechtbank Den Haag.

Art. 8

Deze wet treedt in werking met ingang van de dag na de datum van uitgifte van het Staatsblad waarin zij wordt geplaatst.

Art. 9

Deze wet wordt aangehaald als: Uitvoeringswet verordening wederzijdse erkenning van beschermingsmaatregelen in burgerlijke zaken.

Verordening (EG) nr. 861/2007 tot vaststelling van een Europese procedure voor geringe vorderingen

Verordening (EG) nr. 861/2007 van het Europees Parlement en de Raad van 11 juli 2007 tot vaststelling van een Europese procedure voor geringe vorderingen^1

HET EUROPEES PARLEMENT EN DE RAAD VAN DE EUROPESE UNIE,
Gelet op het Verdrag tot oprichting van de Europese Gemeenschap, en met name op artikel 61, punt c), en artikel 67,
Gezien het voorstel van de Commissie,
Gezien het advies van het Europees Economisch en Sociaal Comité^2,
Handelend volgens de procedure van artikel 251 van het Verdrag^3,
Overwegende hetgeen volgt:

(1) De Gemeenschap heeft zich ten doel gesteld een ruimte van vrijheid, veiligheid en rechtvaardigheid te handhaven en te ontwikkelen waarin het vrije verkeer van personen is gewaarborgd. Met het oog op de geleidelijke totstandbrenging daarvan moet de Gemeenschap onder meer de voor de goede werking van de interne markt benodigde maatregelen op het gebied van de justitiële samenwerking in burgerlijke zaken met grensoverschrijdende gevolgen vaststellen.

(2) Deze maatregelen omvatten overeenkomstig artikel 65, punt c), van het Verdrag maatregelen tot afschaffing van hinderpalen voor de goede werking van burgerrechtelijke procedures, zo nodig door bevordering van de verenigbaarheid van de in de lidstaten geldende bepalingen betreffende de burgerlijke rechtspleging.

(3) In dit opzicht heeft de Gemeenschap onder andere reeds de volgende maatregelen genomen: Verordening (EG) nr. 1348/2000 van de Raad van 29 mei 2000 inzake de betekening en de kennisgeving in de lidstaten van gerechtelijke en buitengerechtelijke stukken in burgerlijke of in handelszaken^4, Verordening (EG) nr. 44/2001 van de Raad van 22 december 2000 betreffende de rechterlijke bevoegdheid, de erkenning en de tenuitvoerlegging van beslissingen in burgerlijke en handelszaken^5, Beschikking 2001/470/EG van de Raad van 28 mei 2001 betreffende de oprichting van een Europees justitieel netwerk in burgerlijke en handelszaken^6, Verordening (EG) nr. 805/2004 van het Europees Parlement en de Raad van 21 april 2004 tot invoering van een Europese executoriale titel voor niet-betwiste schuldvorderingen^7 en Verordening (EG) nr. 1896/2006 van het Europees Parlement en de Raad van 12 december 2006 tot invoering van een Europese betalingsbevelprocedure^8.

(4) De Europese Raad die op 15 en 16 oktober 1999 te Tampere bijeen is gekomen, heeft de Raad en de Commissie verzocht om gemeenschappelijke procedureregelingen vast te stellen voor een vereenvoudigde, versnelde grensoverschrijdende beslechting van geschillen inzake kleine consumenten- en commerciële vorderingen.

(5) Op 30 november 2000 heeft de Raad een gezamenlijk programma van de Commissie en de Raad aangenomen betreffende maatregelen voor de uitvoering van het beginsel van wederzijdse erkenning van beslissingen in burgerlijke en handelszaken^9. Het programma heeft betrekking op de vereenvoudigde en snellere regeling van grensoverschrijdende geschillen van gering belang. Een volgende stap werd gezet met het door de Europese Raad op 5 november 2004 goedgekeurde

---

1 Inwerkingtredingsdatum: 01-08-2007; zoals laatstelijk gewijzigd bij: PbEU 2017 L 182. Van toepassing vanaf 01-01-2009, met uitzondering van art. 25 dat vanaf 01-01-2008 van toepassing is.

2 PB C 88 van 11.4.2006, blz. 61.

3 Advies van het Europees Parlement van 14 december 2006 (nog niet in het Publicatieblad bekendgemaakt) en besluit van de Raad van 13 juni 2007.

4 PB L 160 van 30.6.2000, blz. 37.

5 PB L 12 van 16.1.2001, blz. 1. Verordening gewijzigd bij Verordening (EG) nr. 1791/2006 (PB L 363 van 20.12.2006, blz. 1).

6 PB L 174 van 27.6.2001, blz. 25.

7 PB L 143 van 30.4.2004, blz. 15. Verordening gewijzigd bij Verordening (EG) nr. 1869/2005 van de Commissie (PB L 300 van 17.11.2005, blz. 6).

8 PB L 399 van 30.12.2006, blz. 1.

9 PB C 12 van 15.1.2001, blz. 1.

Haags Programma¹⁰, dat ertoe oproept voortvarend verder te werken aan de geringe vorderingen.

(6) Op 20 december 2002 heeft de Commissie een Groenboek betreffende een Europese procedure inzake betalingsbevelen en maatregelen ter vereenvoudiging en bespoediging van de procesvoering over geringe vorderingen aangenomen. Het groenboek heeft een raadpleging op gang gebracht over maatregelen betreffende de vereenvoudiging en bespoediging van de procesvoering over geringe vorderingen.

(7) Vele lidstaten hebben vereenvoudigde burgerlijke procedures voor geringe vorderingen ingevoerd, omdat de aan de procesvoering verbonden kosten, vertragingen en beslommeringen niet noodzakelijkerwijs evenredig afnemen met de waarde van de vordering. De belemmeringen van het verkrijgen van een snelle en goedkope beslissing worden versterkt bij grensoverschrijdende zaken. Daarom is het nodig dat een Europese procedure voor geringe vorderingen wordt ingevoerd. Het doel van een dergelijke Europese procedure moet zijn de toegang tot de rechter te vergemakkelijken. Omdat de mededinging op de interne markt wordt vervalst door onevenwichtigheden in het functioneren van de procedurele middelen die de schuldeisers in de verschillende lidstaten ter beschikking staan, is gemeenschapswetgeving nodig die voor schuldeisers en schuldenaren in de gehele Europese Unie gelijke voorwaarden garandeert. Bij de vaststelling van de kosten voor de afhandeling van een vordering in het kader van de Europese procedure voor geringe vorderingen dient rekening te worden gehouden met de beginselen van eenvoud, snelheid en evenredigheid. De details van de in rekening te brengen kosten dienen openbaar te worden gemaakt, en de wijze waarop dergelijke kosten worden vastgesteld, dient transparant te zijn.

(8) De Europese procedure voor geringe vorderingen moet de procesvoering over geringe vorderingen in grensoverschrijdende zaken vereenvoudigen en bespoedigen terwijl zij de kosten vermindert, door naast de bestaande procedures krachtens het recht van de lidstaten, die onverlet blijven, een facultatief instrument ter beschikking te stellen. Deze verordening moet het ook eenvoudiger maken de erkenning en tenuitvoerlegging te verkrijgen van een in een Europese procedure voor geringe vorderingen gegeven beslissing in een andere lidstaat.

(9) Deze verordening heeft tot doel de grondrechten te bevorderen, en neemt met name de beginselen in acht die in het Handvest van de grondrechten van de Europese Unie zijn vastgelegd. De gerechten moeten het recht op een eerlijk proces en het beginsel van hoor en wederhoor eerbiedigen, met name bij beslissingen over de noodzaak van een mondelinge behandeling en over de bewijsmiddelen en de omvang van de bewijslast.

(10) Om de waarde van een vordering makkelijker te kunnen berekenen, dienen noch de rente, noch kosten en uitgaven te worden meegerekend. Zulks mag niets afdoen aan de bevoegdheid van de rechter om die in de kostenveroordeling in het vonnis te betrekken, noch aan de nationale voorschriften voor de berekening van rente.

(11) Ter vergemakkelijking van de instelling van de Europese procedure voor geringe vorderingen dient de eiser de procedure in te leiden door een standaard vorderingsformulier in te vullen en bij het gerecht in te dienen. Het vorderingsformulier kan uitsluitend bij een bevoegd gerecht worden ingediend.

(12) Waar nodig gaat het vorderingsformulier vergezeld van de ter staving dienende stukken. De eiser kan evenwel tijdens de procedure eventueel nader bewijs overleggen. Hetzelfde beginsel geldt voor het antwoord van de verweerder.

(13) De begrippen „kennelijk ongegrond" en „niet-ontvankelijk" in verband met het afwijzen van een vordering of een verzoek moeten worden omschreven overeenkomstig het nationaal recht.

(14) De Europese procedure voor geringe vorderingen moet schriftelijk zijn, tenzij het gerecht een mondelinge behandeling noodzakelijk acht of een partij daarom verzoekt. Het gerecht kan dat verzoek afwijzen. Een dergelijke afwijzing kan niet afzonderlijk betwist worden.

(15) De partijen mogen niet verplicht zijn zich door een advocaat of een andere rechtsbeoefenaar te laten vertegenwoordigen.

(16) Het begrip „tegenvordering" moet worden geïnterpreteerd in de zin van artikel 6, lid 3, van Verordening (EG) nr. 44/2001 als voortvloeiende uit de overeenkomst of uit het rechtsfeit waarop de oorspronkelijke vordering gegrond is. Artikelen 2 en 4 en artikel 5, leden 3, 4 en 5, zijn mutatis mutandis van toepassing op tegenvorderingen.

(17) In gevallen waarin de verweerder in de loop van de procedure het recht op verrekening inroept, vormt deze eis geen tegenvordering in de zin van deze verordening. De verweerder mag dan ook niet verplicht worden voor het inroepen van een dergelijk recht het standaardformulier A, zoals bedoeld in bijlage I, te gebruiken.

(18) Voor de toepassing van artikel 6 is „de aangezochte lidstaat" de lidstaat waar betekening of kennisgeving moet plaatsvinden of waar het stuk moet worden heengezonden. Om kosten te verminderen en termijnen te verkorten moeten de betekening of kennisgeving van de stukken

---

¹⁰ PB C 53 van 3.3.2005, blz. 1.

Verordening geringe vorderingen

aan de partijen hoofdzakelijk plaatsvinden per post, met ontvangstbevestiging onder vermelding van de datum van ontvangst.

(19) Een partij mag een document weigeren door het op het moment van betekening of kennisgeving niet in ontvangst te nemen dan wel door het binnen een week terug te sturen indien het niet gesteld is in, of vergezeld gaat van een vertaling in, de officiële taal van de aangezochte lidstaat (of, indien er in de aangezochte lidstaat verscheidene officiële talen zijn, de officiële taal of een van de officiële talen van de plaats waar de betekening of kennisgeving moet worden verricht) dan wel in een taal die de geadresseerde begrijpt.

(20) Wat de mondelinge behandeling en de bewijsverkrijging betreft, dienen de lidstaten, afhankelijk van het nationaal recht van de lidstaat van het gerecht, het gebruik van moderne communicatietechnologie aan te moedigen. Het gerecht dient gebruik te maken van de eenvoudigste en goedkoopste wijze van bewijsverkrijging.

(21) De hulp die partijen kunnen krijgen bij het invullen van de formulieren dient technische informatie over de beschikbaarheid en de invulling van de formulieren te omvatten.

(22) De informatie over procedurekwesties kan in overeenstemming met het nationale recht ook door het gerechtspersoneel worden verstrekt.

(23) Aangezien deze verordening ertoe strekt de procesvoering over geringe vorderingen in grensoverschrijdende zaken te vereenvoudigen en te bespoedigen, dient het gerecht zo spoedig mogelijk te handelen, zelfs wanneer in deze verordening geen termijn voor een bepaalde fase van de procedure wordt voorgeschreven.

(24) Voor de berekening van de in deze verordening vastgestelde termijnen geldt Verordening (EEG, Euratom) nr. 1182/71 van de Raad van 3 juni 1971 houdende vaststelling van de regels die van toepassing zijn op termijnen, data en aanvangs- en vervaltijden^{11}.

(25) Ter bespoediging van de invordering van geringe vorderingen moet de beslissing uitvoerbaar bij voorraad zijn niettegenstaande een eventueel beroep en zonder dat een zekerheid behoeft te worden gesteld, tenzij in deze verordening anders is bepaald.

(26) Verwijzingen in deze verordening naar de instelling van beroep omvatten elke beroepsmogelijkheid die het nationale recht biedt.

(27) Een van de leden van het gerecht moet volgens de nationale wetgeving als rechter gekwalificeerd zijn.

(28) Wanneer door het gerecht een termijn moet worden gesteld, dient de desbetreffende partij op de hoogte gesteld te worden van de gevolgen van het niet in acht nemen van deze termijn.

(29) De in het ongelijk gestelde partij dient in de proceskosten te worden verwezen. De proceskosten moeten in overeenstemming met het nationale recht worden bepaald. Gelet op de doelstellingen inzake vereenvoudiging en kosteneffectiviteit zou het gerecht slechts mogen gelasten dat een in het ongelijk gestelde partij de proceskosten, daaronder begrepen bijvoorbeeld de eventuele kosten van de vertegenwoordiging van de tegenpartij door een advocaat of andere rechtsbeoefenaar, of van de betekening of kennisgeving dan wel van de vertaling van stukken, dient te dragen die in verhouding staan tot de waarde van de vordering of die noodzakelijk waren.

(30) Ter vergemakkelijking van de erkenning en tenuitvoerlegging moet een in een Europese procedure voor geringe vorderingen in een lidstaat gegeven beslissing in een andere lidstaat worden erkend en ten uitvoer gelegd zonder dat een verklaring van uitvoerbaarheid nodig is en zonder de mogelijkheid zich tegen de erkenning van de beslissing te verzetten.

(31) Er dienen minimumnormen te zijn voor de heroverweging van een beslissing in situaties waarin de verweerder de vordering niet kon betwisten.

(32) Gelet op de doelstellingen inzake eenvoud en kosteneffectiviteit, kan van de partij die om tenuitvoerlegging verzoekt, niet worden verlangd dat zij in de lidstaat van tenuitvoerlegging beschikt over een gemachtigd vertegenwoordiger of over een postadres, elders dan bij de instanties die bevoegd zijn voor de tenuitvoerleggingsprocedure overeenkomstig het nationale recht van die lidstaat.

(33) Hoofdstuk III van deze verordening dient ook van toepassing te zijn op de vaststelling door de beambten die bevoegd zijn voor de tenuitvoerleggingsprocedure, van het bedrag van de proceskosten in verband met een beslissing die overeenkomstig de in deze verordening gespecificeerde procedure is gegeven.

(34) De voor de uitvoering van deze verordening noodzakelijke maatregelen dienen te worden vastgesteld overeenkomstig Besluit 1999/468/EG van de Raad van 28 juni 1999 tot vaststelling van de procedures voor de uitoefening van de aan de Commissie verleende uitvoeringsbevoegdheden^{12}.

---

11 PB L 124 van 8.6.1971, blz. 1.

12 PB L 184 van 17.7.1999, blz. 23. Besluit gewijzigd bij Besluit 2006/512/EG (PB L 200 van 22.7.2006, blz. 11).

(35) In het bijzonder moet de Commissie de bevoegdheid worden gegeven maatregelen vast te stellen die nodig zijn voor de actualisering of de technische wijziging van de formulieren in de bijlagen. Daar het maatregelen van algemene strekking betreft tot wijziging of schrapping van nietessentiële onderdelen van deze verordening en/of ter aanvulling van deze verordening met nieuwe niet-essentiële onderdelen, moeten zij worden vastgesteld volgens de in artikel 5 bis van Besluit 1999/468/EG vastgestelde regelgevingsprocedure met toetsing.

(36) Aangezien de doelstellingen van deze verordening, namelijk de vaststelling van een procedure ter vereenvoudiging en bespoediging van de procesvoering betreffende geringe vorderingen in grensoverschrijdende zaken en het verminderen van de kosten, niet voldoende door de lidstaten kunnen worden verwezenlijkt en derhalve wegens de omvang en de gevolgen van de verordening beter door de Gemeenschap kunnen worden verwezenlijkt, kan de Gemeenschap, overeenkomstig het in artikel 5 van het Verdrag neergelegde subsidiariteitbeginsel, maatregelen nemen. Overeenkomstig het in hetzelfde artikel neergelegde evenredigheidsbeginsel gaat deze verordening niet verder dan nodig is om deze doelstellingen te verwezenlijken.

(37) Overeenkomstig artikel 3 van het Protocol betreffende de positie van het Verenigd Koninkrijk en Ierland dat is gehecht aan het Verdrag betreffende de Europese Unie en het Verdrag tot oprichting van de Europese Gemeenschap, hebben het Verenigd Koninkrijk en Ierland kennis gegeven van hun wens deel te nemen aan de aanneming en de toepassing van deze verordening.

(38) Overeenkomstig de artikelen 1 en 2 van het Protocol betreffende de positie van Denemarken, dat is gehecht aan het Verdrag betreffende de Europese Unie en het Verdrag tot oprichting van de Europese Gemeenschap, neemt Denemarken niet deel aan de aanneming van deze verordening, die niet bindend is voor, noch van toepassing is in Denemarken,

HEBBEN DE VOLGENDE VERORDENING VASTGESTELD:

Hoofdstuk I Doel en werkingsfeer

Art. 1 Onderwerp

De verordening stelt een Europese procedure voor geringe vorderingen in (hierna „Europese procedure voor geringe vorderingen" genoemd), die beoogt de procesvoering betreffende geringe vorderingen in grensoverschrijdende zaken te vereenvoudigen en te bespoedigen en de kosten ervan te verminderen. De Europese procedure voor geringe vorderingen is voor de partijen beschikbaar als alternatief voor de bestaande procedures krachtens het recht van de lidstaten. Ook elimineert deze verordening de intermediaire procedures die nodig zijn voor de erkenning en tenuitvoerlegging in andere lidstaten van in een lidstaat gegeven beslissingen in de Europese procedure voor geringe vorderingen.

Art. 2 Toepassingsgebied

1. Deze verordening is, in grensoverschrijdende zaken als gedefinieerd in artikel 3, van toepassing in burgerlijke en handelszaken ongeacht de aard van het gerecht, indien de waarde van een vordering, alle rente, kosten en uitgaven niet meegerekend, op het tijdstip dat het vorderingsformulier door het bevoegde gerecht wordt ontvangen, niet meer bedraagt dan 5 000 EUR. Zij heeft in het bijzonder geen betrekking op fiscale zaken, douanezaken en bestuursrechtelijke zaken, of op de aansprakelijkheid van de staat wegens handelingen of omissies bij de uitoefening van het staatsgezag (*acta jure imperii*).

2. Deze verordening is niet van toepassing op zaken met betrekking tot:

a) de staat en de bevoegdheid van natuurlijke personen;

b) het huwelijksvermogensrecht of het vermogensrecht ter zake van relatievormen waarvan volgens het hierop toepasselijke recht gevolgen worden verbonden die vergelijkbaar zijn met die van het huwelijk;

c) onderhoudsverplichtingen die voortvloeien uit familiebetrekkingen, bloedverwantschap, huwelijk of aanverwantschap;

d) testamenten en erfenissen, met inbegrip van onderhoudsverplichtingen die ontstaan als gevolg van overlijden;

e) het faillissement, akkoorden en andere soortgelijke procedures;

f) de sociale zekerheid;

g) arbitrage;

h) arbeidsrecht;

i) huur en verhuur, pacht en verpachting van onroerende zaken, met uitzondering van vorderingen van geldelijke aard, of

j) inbreuken op de persoonlijke levenssfeer en op de persoonlijkheidsrechten, met inbegrip van laster.

3. Voor de toepassing van deze verordening wordt onder „lidstaat" verstaan, iedere lidstaat, behalve Denemarken.

Art. 3 Grensoverschrijdende zaken

1. In deze verordening wordt onder grensoverschrijdende zaak verstaan, een zaak waarin ten minste een van de partijen haar woonplaats of haar gewone verblijfplaats heeft in een andere lidstaat dan de lidstaat van het aangezochte gerecht.

2. De woonplaats wordt bepaald overeenkomstig de artikelen 62 en 63 van Verordening (EU) nr. 1215/2012 van het Europees Parlement en de Raad^{13}.

3. De datum waarop het vorderingsformulier door het bevoegde gerecht wordt ontvangen, is het relevante tijdstip om te bepalen of een zaak een grensoverschrijdende zaak is.

Hoofdstuk II De Europese procedure voor geringe vorderingen

Art. 4 Rechtsingang

1. De Europese procedure voor geringe vorderingen wordt ingeleid doordat de eiser het standaard vorderingsformulier A van bijlage I invult en indient bij het bevoegde gerecht, hetzij rechtstreeks, hetzij per post of via een ander communicatiemiddel, zoals fax of elektronische post, dat aanvaard wordt door de lidstaat waar de procedure wordt ingeleid. Het vorderingsformulier bevat een beschrijving van de bewijzen ter staving van de vordering, en gaat waar nodig vergezeld van relevante, ter staving dienende stukken.

2. De lidstaten delen de Commissie mede welke communicatiemiddelen zij aanvaarden. De Commissie maakt deze mededeling openbaar.

3. Indien de vordering buiten het toepassingsgebied van deze verordening valt, stelt het gerecht de eiser hiervan in kennis. Tenzij de eiser de vordering intrekt, wordt deze door het gerecht behandeld overeenkomstig het procesrecht dat geldt in de lidstaat waar de procedure wordt gevoerd.

4. Indien het gerecht de door de eiser verstrekte gegevens ontoereikend of onvoldoende duidelijk acht of indien het vorderingsformulier niet naar behoren is ingevuld, biedt het de eiser de mogelijkheid om binnen een door hem bepaalde termijn het vorderingsformulier aan te vullen of te corrigeren of bepaalde aanvullende gegevens of stukken te verstrekken, dan wel zijn vordering in te trekken, tenzij de vordering kennelijk ongegrond of het verzoek niet-ontvankelijk blijkt. Het gerecht gebruikt daartoe standaardformulier B van bijlage II. Indien de vordering kennelijk ongegrond of het verzoek nietontvankelijk blijkt of indien de eiser verzuimt het vorderingsformulier binnen de vastgestelde termijn aan te vullen of te corrigeren, wordt het verzoek afgewezen. Het gerecht stelt de eiser van die afwijzing in kennis en deelt mee of er tegen deze afwijzing rechtsmiddelen openstaan.

5. De lidstaten zorgen ervoor dat het standaardvorderingsformulier A beschikbaar is bij ieder gerecht waarbij de Europese procedure voor geringe vorderingen kan worden ingeleid, en dat het toegankelijk is via de relevante nationale websites.

Art. 5 Verloop van de procedure

1. De Europese procedure voor geringe vorderingen is een schriftelijke procedure.

1 bis. Het gerecht houdt uitsluitend een mondelinge behandeling indien het van oordeel is dat er geen uitspraak kan worden gedaan op basis van het schriftelijk bewijs of indien een partij daarom verzoekt. Het gerecht kan een dergelijk verzoek weigeren indien het, gezien de omstandigheden van de zaak, van oordeel is dat een eerlijke rechtspleging in deze zaak geen mondelinge behandeling vergt. De redenen voor afwijzing van het verzoek worden schriftelijk gegeven. Tegen de weigering kan geen rechtsmiddel worden aangewend zonder betwisting van de beslissing zelf.

2. Na ontvangst van het naar behoren ingevulde vorderingsformulier vult het gerecht deel I van het standaard antwoordformulier C van bijlage III in. Een afschrift van het vorderingsformulier en, in voorkomend geval, van de ter staving dienende stukken, wordt tezamen met het aldus ingevulde antwoordformulier overeenkomstig artikel 13 aan de verweerder betekend of ter kennis gebracht. Deze stukken worden binnen veertien dagen na ontvangst van het naar behoren ingevulde vorderingsformulier verzonden.

3. De verweerder antwoordt binnen 30 dagen na de betekening of kennisgeving van het vorderingsformulier en het antwoordformulier door deel II van standaard antwoordformulier C in te vullen en dit, waar nodig vergezeld van de ter staving dienende stukken, terug te zenden naar het gerecht, of door op een andere passende wijze te antwoorden zonder gebruik te maken van het antwoordformulier.

4. Binnen veertien dagen na ontvangst van het antwoord van de verweerder zendt het gerecht een afschrift hiervan, tezamen met eventuele ter staving dienende stukken, aan de eiser.

---

13 Verordening (EU) nr. 1215/2012 van het Europees Parlement en de Raad van 12 december 2012 betreffende de rechterlijke bevoegdheid, de erkenning en de tenuitvoerlegging van beslissingen in burgerlijke en handelszaken (PB L 351 van 20.12.2012, blz. 1).

B101 art. 6 Verordening geringe vorderingen

5. Indien de verweerder in zijn antwoord stelt dat de waarde van een niet-geldelijke vordering hoger is dan het in artikel 2, lid 1, vermelde maximum, besluit het gerecht binnen 30 dagen nadat aan de eiser het antwoord is toegezonden of de vordering binnen de werkingssfeer van deze verordening valt. Deze beslissing kan niet afzonderlijk worden betwist.

6. Een eventuele tegenvordering, in te dienen door gebruik te maken van standaardformulier A, wordt, tezamen met eventuele ter staving dienende stukken, overeenkomstig artikel 13 aan de eiser betekend of ter kennis gebracht. Deze stukken worden binnen veertien dagen na ontvangst verzonden.

De eiser beschikt over een termijn van 30 dagen na de betekening of kennisgeving om op de tegenvordering te reageren.

7. Indien de tegenvordering het in artikel 2, lid 1, genoemde bedrag overschrijdt, worden de vordering en de tegenvordering niet behandeld volgens de Europese procedure voor geringe vorderingen, maar overeenkomstig het procesrecht dat geldt in de lidstaat waar de procedure wordt gevoerd.

Artikel 2, artikel 4, en de leden 3, 4, en 5, van onderhavig artikel, zijn van overeenkomstige toepassing op de tegenvordering.

Art. 6 Talen

1. Het vorderingsformulier, het antwoord, de tegenvordering, het eventuele antwoord daarop en de beschrijving van de ter staving dienende stukken worden ingediend in de taal of een van de talen van het gerecht.

2. Indien het gerecht enig ander stuk ontvangt dat niet in de taal is gesteld waarin de procedure wordt gevoerd, kan het gerecht een vertaling van deze stukken slechts verlangen indien de vertaling noodzakelijk blijkt voor het geven van de beslissing.

3. Indien een partij heeft geweigerd een stuk te aanvaarden omdat het niet in een van de volgende talen is gesteld:

a) de officiële taal van de aangezochte lidstaat of, indien er in de aangezochte lidstaat verscheidene officiële talen zijn, de officiële taal of een van de officiële talen van de plaats waar de betekening of kennisgeving moet worden verricht of waar het stuk naartoe moet worden gezonden; dan wel

b) een taal die de geadresseerde begrijpt,

stelt het gerecht de andere partij daarvan in kennis, zodat deze een vertaling van het stuk kan verstrekken.

Art. 7 Beëindiging van de procedure

1. Binnen 30 dagen na ontvangst van het antwoord dat de verweerder of de eiser binnen de in artikel 5, lid 3 of lid 6, bepaalde termijn indient, geeft het gerecht een beslissing of,

a) verzoekt het de partijen nadere gegevens over de vordering te verstrekken binnen een wel bepaalde termijn van ten hoogste 30 dagen,

b) geeft het aan welk bewijs het verlangt overeenkomstig het bepaalde in artikel 9, of

c) roept het de partijen op voor een mondelinge behandeling, die binnen 30 dagen na de oproeping wordt gehouden.

2. Het gerecht geeft de beslissing binnen 30 dagen na een mondelinge behandeling of na ontvangst van alle informatie die het nodig heeft om een beslissing te geven. De beslissing wordt overeenkomstig artikel 13 aan de partijen betekend of ter kennis gebracht.

3. Indien het gerecht niet binnen de in artikel 5, lid 3 of lid 6, bepaalde termijn een antwoord van de betrokken partij heeft ontvangen, geeft het een beslissing over de vordering of de tegenvordering.

Art. 8 Mondelinge behandeling

1. Wanneer een mondelinge behandeling overeenkomstig artikel 5, lid 1 bis, nodig wordt geacht, wordt daarvoor gebruikgemaakt van elke passende technologie voor communicatie op afstand, zoals videoconferentie of teleconferentie, die het gerecht ter beschikking staat, tenzij het gebruik van deze technologie, wegens de bijzondere omstandigheden van de zaak, niet passend is met het oog op een eerlijke rechtspleging. Als de te horen personen zijn woonplaats of gewone verblijfplaats heeft in een andere lidstaat dan de lidstaat van het aangezochte gerecht, wordt de aanwezigheid van die persoon bij een mondelinge behandeling via videoconferentie, teleconferentie of een andere passende technologie voor communicatie op afstand georganiseerd door gebruik te maken van de procedures van Verordening (EG) nr. 1206/2001 van de Raad^{14}

2. Elke partij die wordt opgeroepen om in persoon een mondelinge behandeling bij te wonen, kan om het gebruik van technologie voor communicatie op afstand verzoeken, mits dergelijke technologie de rechtbank ter beschikking staat, op grond van het feit dat de regelingen om in persoon aanwezig te zijn, in het bijzonder wat betreft de eventueel door die partij te maken kosten, niet in verhouding staan tot de vordering.

---

¹⁴ Verordening (EG) Nr. 1206/2001 van de Raad van 28 mei 2001 betreffende de samenwerking tussen de gerechten van de lidstaten op het gebied van bewijsverkrijging in burgerlijke en handelszaken (PB L 174 van 27.6.2001, blz. 1).

3. Elke partij die wordt opgeroepen om met behulp van technologie voor communicatie op afstand een mondelinge behandeling bij te wonen, kan verzoeken in persoon bij die behandeling aanwezig te mogen zijn. Aan de hand van het standaardvorderingsformulier A en het standaardantwoordformulier C, die zijn opgesteld overeenkomstig de in artikel 27, lid 2, bedoelde procedure, wordt de partijen ter kennis gebracht dat de terugvordering van eventuele kosten die door een partij zijn gemaakt ten gevolge van haar verzoek om de mondelinge behandeling in persoon bij te wonen, onderworpen is aan de voorwaarden vastgelegd in artikel 16.

4. Tegen de beslissing van het gerecht over een verzoek bepaald in de leden 2 en 3, kan geen rechtsmiddel worden aangewend zonder betwisting van de beslissing zelf.

Art. 9 Bewijsverkrijging

1. Het gerecht bepaalt met welke middelen het bewijs wordt verkregen en welk bewijs het overeenkomstig de voorschriften inzake de toelaatbaarheid van bewijs nodig heeft om een uitspraak te kunnen doen. Het kiest de eenvoudigste en minst bezwarende wijze van bewijsverkrijging.

2. Het gerecht kan bewijsverkrijging door middel van een schriftelijke verklaring van getuigen, deskundigen of partijen toelaten.

3. Wanneer de bewijsverkrijging met zich meebrengt dat een persoon wordt gehoord, verloopt deze mondelinge behandeling volgens de in artikel 8 opgenomen voorwaarden.

4. Het gerecht kan een deskundigenonderzoek of een mondelinge getuigenis slechts gelasten indien het niet mogelijk is uitspraak te doen op basis van ander bewijs.

Art. 10 Vertegenwoordiging van partijen

De partijen zijn niet verplicht zich door een advocaat of een andere rechtsbeoefenaar te laten vertegenwoordigen.

Art. 11 Bijstand aan de partijen

1. De lidstaten zorgen ervoor dat het voor de partijen bij het invullen van de formulieren mogelijk is om zowel praktische bijstand als algemene informatie over het toepassingsgebied van de Europese procedure voor geringe vorderingen te verkrijgen, naast algemene informatie over welke gerechten in de betrokken lidstaat bevoegd zijn uitspraak te doen in een Europese procedure voor geringe vorderingen. Die bijstand wordt kosteloos verleend. Niets in dit lid verplicht de lidstaten tot verlening van rechtsbijstand of juridisch advies in de vorm van een juridische beoordeling van een specifieke zaak.

2. De lidstaten zorgen ervoor dat informatie over de autoriteiten en organisaties die bevoegd zijn overeenkomstig lid 1 bijstand te verlenen, beschikbaar is bij elk gerecht waarbij de Europese procedure voor geringe vorderingen kan worden ingeleid, en toegankelijk is via de relevante nationale websites.

Art. 12 Taak van het gerecht

1. Het gerecht verlangt niet van de partijen dat zij de vordering juridisch beoordelen.

2. Indien nodig worden de partijen door het gerecht over procedurekwesties geïnformeerd.

3. Voor zover dit zinvol is, tracht het gerecht een schikking tussen de partijen te bewerkstelligen.

Art. 13 Betekening of kennisgeving van stukken en andere schriftelijke mededelingen

1. De betekening of kennisgeving van de in artikel 5, leden 2 en 6, vermelde stukken en van overeenkomstig artikel 7 gegeven beslissingen geschiedt:

a) per post, of

b) met elektronische middelen:

i) indien deze middelen technisch beschikbaar zijn en toelaatbaar overeenkomstig de procedurevoorschriften van de lidstaat waar de Europese procedure voor geringe vorderingen wordt gevoerd, en, indien de partij waaraan de betekening of kennisgeving moet geschieden haar woonplaats of haar gewone verblijfplaats in een andere lidstaat heeft, overeenkomstig de procedurevoorschriften van die lidstaat, en

ii) indien de partij waaraan de betekening of kennisgeving moet geschieden, van tevoren uitdrukkelijk met betekening of kennisgeving van stukken met elektronische middelen heeft ingestemd, of krachtens de procedurevoorschriften van de lidstaat waar die partij haar woonplaats of haar gewone verblijfplaats heeft, wettelijk verplicht is die specifieke wijze van betekening of kennisgeving te aanvaarden.

De betekening of kennisgeving van stukken geschiedt met bericht van ontvangst met vermelding van de datum van ontvangst.

2. Alle niet in lid 1 bedoelde schriftelijke communicatie tussen het gerecht en de partijen of andere bij de procedure betrokken personen wordt met elektronische middelen verricht met een bericht van ontvangst indien deze middelen technisch beschikbaar zijn en toelaatbaar overeenkomstig de procedurevoorschriften van de lidstaat waar de Europese procedure voor geringe vorderingen wordt gevoerd, op voorwaarde dat de partij of persoon deze communicatiemiddelen vooraf heeft aanvaard, of overeenkomstig de procedurevoorschriften van de lidstaat waar die partij of persoon haar of zijn woonplaats of haar of zijn gewone verblijfplaats heeft, wettelijk verplicht is deze communicatiemiddelen te aanvaarden.

3. Naast elk ander overeenkomstig de procedurevoorschriften van de lidstaten beschikbaar middel voor het kenbaar maken van de krachtens de leden 1 en 2 vereiste voorafgaande aanvaarding van het gebruik van elektronische middelen, kunnen ook het standaardvorderingsformulier A en het standaardantwoordformulier C worden gebruikt om die aanvaarding kenbaar te maken.

4. Indien de betekening of kennisgeving overeenkomstig lid 1 niet mogelijk is, kan zij geschieden op een van de wijzen waarin artikel 13 of 14 van Verordening (EG) nr. 1896/2006 voorziet. Indien mededeling overeenkomstig lid 2 niet mogelijk is, of, wegens de bijzondere omstandigheden van de zaak, niet geschikt is, kan gebruik worden gemaakt van alle andere communicatiemiddelen die toelaatbaar zijn uit hoofde van het recht van de lidstaat waar de Europese procedure voor geringe vorderingen wordt gevoerd.

Art. 14 Termijnen

1. Wanneer door het gerecht een termijn wordt gesteld, dient de desbetreffende partij op de hoogte gesteld te worden van de gevolgen van het niet in acht nemen van deze termijn.

2. Het gerecht kan in uitzonderlijke omstandigheden de in artikel 4, lid 4, artikel 5, leden 3 en 6, en artikel 7, lid 1, bepaalde termijnen verlengen, indien dit nodig is om de rechten van de partijen te waarborgen.

3. Indien het gerecht zich in uitzonderlijke omstandigheden niet aan de termijnen van artikel 5, leden 2 tot en met 6, en artikel 7, kan houden, neemt het zo snel mogelijk de bij die bepalingen voorgeschreven maatregelen.

Art. 15 Uitvoerbaarheid van de beslissing

1. De beslissing is uitvoerbaar, niettegenstaande mogelijk beroep. Er behoeft geen zekerheid te worden gesteld.

2. Artikel 23 is ook van toepassing indien de beslissing ten uitvoer moet worden gelegd in de lidstaat waar de beslissing is gegeven.

Art. 15 bis Gerechtskosten en wijzen van betaling

1. De in een lidstaat aangerekende gerechtskosten voor de Europese procedure voor geringe vorderingen staan niet in wanverhouding tot de vordering en zijn niet hoger dan de gerechtskosten die worden aangerekend voor nationale vereenvoudigde procedures in die lidstaat.

2. De lidstaten zorgen ervoor dat de partijen de gerechtskosten via methoden voor betaling op afstand kunnen betalen, zodat de partijen de betaling ook kunnen verrichten vanuit een andere lidstaat dan de lidstaat waar het gerecht is gevestigd, en bieden hiertoe ten minste een van de volgende betaalwijzen aan:

a) bankoverschrijving;

b) betaling met credit- of debetkaart, of

c) automatische afschrijving (domiciliëring) van de bankrekening van de eiser.

Art. 16 Kosten

De in het ongelijk gestelde partij wordt in de proceskosten veroordeeld. Het gerecht wijst de in het gelijk gestelde partij echter geen vergoeding toe voor kosten die onnodig zijn gemaakt of die niet in verhouding staan tot de vordering.

Art. 17 Beroep

1. De lidstaten delen de Commissie mee of krachtens hun procesrecht beroep kan worden ingesteld tegen een in een Europese procedure voor geringe vorderingen gegeven beslissing en binnen welke termijn een dergelijk beroep moet worden ingesteld. De Commissie maakt deze mededeling openbaar.

2. De artikelen 15 bis en 16 zijn van toepassing op een beroepsprocedure.

Art. 18 Heroverweging van de beslissing in uitzonderlijke gevallen

1. Een verweerder die niet is verschenen, kan het bevoegde gerecht in de lidstaat waar de beslissing is gegeven, om heroverweging van de in een Europese procedure voor geringe vorderingen gegeven beslissing verzoeken indien:

a) het vorderingsformulier niet tijdig aan hem is betekend of ter kennis is gebracht, of, in geval van een mondelinge behandeling, hij niet tijdig voor de mondelinge behandeling is opgeroepen, en op zodanige wijze dat hij zijn verweer niet kan regelen, of

b) de verweerder de vordering niet heeft kunnen betwisten wegens overmacht of wegens buitengewone omstandigheden buiten zijn schuld,

tenzij de verweerder geen rechtsmiddel tegen de beslissing heeft aangewend toen hij dit kon doen.

2. De termijn om een heroverweging te vragen is 30 dagen. De termijn gaat in op de dag waarop de verweerder daadwerkelijk kennis heeft gekregen van de inhoud van de beslissing en in staat was om op te treden, maar niet later dan de dag van de eerste tenuitvoerleggingsmaatregel waardoor hij de beschikking over zijn goederen geheel of gedeeltelijk verliest. De termijn mag niet worden verlengd.

3. Indien het gerecht het in lid 1 bedoelde verzoek tot heroverweging afwijst omdat geen van de aldaar genoemde gronden voor heroverweging van toepassing is, blijft de beslissing van kracht.

Indien het gerecht besluit dat heroverweging om een van de in lid 1 bepaalde gronden gerechtvaardigd is, is de in de Europese procedure voor geringe vorderingen gegeven beslissing nietig. De eiser verliest echter geen voordelen van enige stuiting van de verjarings- of vervaltermijnen ingeval stuiting op grond van het nationaal recht van toepassing is.

Art. 19 Toepasselijk procesrecht

Onverminderd de bepalingen van deze verordening wordt de Europese procedure voor geringe vorderingen beheerst door het procesrecht van de lidstaat waar de procedure wordt gevoerd.

Hoofdstuk III Erkenning en tenuitvoerlegging in een andere lidstaat

Art. 20 Erkenning en tenuitvoerlegging

1. De in de Europese procedure voor geringe vorderingen in een lidstaat gegeven beslissing wordt in een andere lidstaat erkend en ten uitvoer gelegd zonder dat een uitvoerbaarverklaring nodig is, en zonder de mogelijkheid van verzet tegen de erkenning openstaat.

2. Op verzoek van een partij verstrekt het gerecht een certificaat betreffende een in de Europese procedure voor geringe vorderingen gegeven beslissing zonder extra kosten door gebruik te maken van het standaardformulier D van bijlage IV. Het gerecht verstrekt die partij desgevraagd het certificaat in een andere officiële taal van de instellingen van de Unie en maakt daarbij gebruik van het meertalig dynamisch standaardformulier dat op het Europees e-justitieportaal beschikbaar is. Niets in deze verordening verplicht het gerecht tot verstrekking van een vertaling en/of transliteratie van de tekst in de vrije tekstvelden van dat certificaat.

Art. 21 Tenuitvoerleggingsprocedure

1. Onverminderd de bepalingen van dit hoofdstuk worden de tenuitvoerleggingsprocedures beheerst door het recht van de lidstaat van tenuitvoerlegging. De beslissing die in een Europese procedure voor geringe vorderingen is gegeven, wordt onder dezelfde voorwaarden ten uitvoer gelegd als een beslissing die in de lidstaat van tenuitvoerlegging is gegeven.

2. De partij die om de tenuitvoerlegging van een beslissing verzoekt, legt het volgende over: *a)* een afschrift van de beslissing dat voldoet aan de voorwaarden om de echtheid ervan te kunnen vaststellen, en *b)* het in artikel 20, lid 2, bedoelde certificaat en, indien nodig, een vertaling daarvan in de officiële taal van de lidstaat van tenuitvoerlegging, of indien er in die lidstaat verschillende officiële talen bestaan, in de officiële taal of een van de officiële rechtstalen van de plaats van tenuitvoerlegging overeenkomstig het recht van die lidstaat, of in een andere taal die de lidstaat van tenuitvoerlegging heeft verklaard te aanvaarden.

3. Voor de tenuitvoerlegging van de beslissing die in de Europese procedure voor geringe vorderingen is gegeven, kan van de partij die om de tenuitvoerlegging verzoekt, niet worden verlangd dat zij in de lidstaat van tenuitvoerlegging beschikt over: *a)* een gemachtigd vertegenwoordiger, of *b)* een postadres anders dan bij de instanties die bevoegd zijn voor de tenuitvoerleggingsprocedure.

4. Van de partij die in een lidstaat om de tenuitvoerlegging verzoekt van de beslissing welke in een andere lidstaat in een Europese procedure voor geringe vorderingen is gegeven, kan geen zekerheid, borg of pand, in welke vorm ook, worden gevraagd op grond van het feit dat zij onderdaan van een derde land is of haar woon- of verblijfplaats niet in de lidstaat van tenuitvoerlegging heeft.

Art. 21 bis Taal van het certificaat

1. Elke lidstaat kan aangeven welke officiële talen van de instellingen van de Unie hij, naast zijn eigen taal, voor het in artikel 20, lid 2, bedoelde certificaat aanvaardt.

2. De informatie over de inhoud van een beslissing, die wordt verstrekt in een certificaat als bedoeld in artikel 20, lid 2, wordt vertaald door een in een van de lidstaten tot het maken van vertalingen bevoegde persoon.

Art. 22 Weigering van de tenuitvoerlegging

1. De tenuitvoerlegging wordt op verzoek van de persoon tegen wie de tenuitvoerlegging wordt gevraagd, door het bevoegde gerecht in de lidstaat van tenuitvoerlegging geweigerd, indien de beslissing onverenigbaar is met een in een lidstaat of in een derde land gegeven eerdere beslissing, op voorwaarde dat: *a)* de eerdere beslissing tussen dezelfde partijen is gegeven in een geschil dat hetzelfde onderwerp betreft en op dezelfde oorzaak berust; *b)* de eerdere beslissing in de lidstaat van tenuitvoerlegging is gegeven, of aan de voorwaarden voor erkenning in de lidstaat van tenuitvoerlegging voldoet, en *c)* de onverenigbaarheid in de gerechtelijke procedure in de lidstaat waar de beslissing is gegeven niet als verweer is aangevoerd en ook niet had kunnen worden aangevoerd.

2. In geen geval wordt in de lidstaat van tenuitvoerlegging de juistheid van de beslissing onderzocht.

Art. 23 Opschorting of beperking van de tenuitvoerlegging

Indien een partij tegen de beslissing een rechtsmiddel heeft ingesteld of dit nog kan doen of om heroverweging heeft verzocht in de zin van artikel 18, kan het bevoegde gerecht of de bevoegde instantie in de lidstaat van tenuitvoerlegging, op verzoek van de persoon tegen wie tenuitvoerlegging wordt gevraagd:

a) de tenuitvoerleggingsprocedure tot bewarende maatregelen beperken;

b) de tenuitvoerlegging afhankelijk maken van het stellen van een door dit gerecht te bepalen zekerheid, of

c) in buitengewone omstandigheden de tenuitvoerleggingsprocedure opschorten.

Art. 23 bis Gerechtelijke schikkingen

Een gerechtelijke schikking die is goedgekeurd door of getroffen voor een gerecht tijdens de Europese procedure voor geringe vorderingen en die uitvoerbaar is in de lidstaat waar de procedure is gevoerd, wordt in een andere lidstaat erkend en ten uitvoer gelegd onder dezelfde voorwaarden als een beslissing die is gegeven in de Europese procedure voor geringe vorderingen.

Het bepaalde in hoofdstuk III is van overeenkomstige toepassing op gerechtelijke schikkingen.

Hoofdstuk IV Slotbepalingen

Art. 24 Voorlichting

De lidstaten werken samen om het publiek en de rechtsbeoefenaars over de Europese procedure voor geringe vorderingen, onder meer over de kosten, voor te lichten, meer bepaald via het Europees justitieel netwerk in burgerlijke en handelszaken, dat is opgericht overeenkomstig Beschikking 2001/470/EG.

Art. 25 Door de lidstaten te verstrekken gegevens

1. Uiterlijk op 13 januari 2017 doen de lidstaten de Commissie mededeling van:

a) de gerechten die bevoegd zijn om een beslissing te geven in een Europese procedure voor geringe vorderingen;

b) de communicatiemiddelen die overeenkomstig artikel 4, lid 1, ten behoeve van de procedure worden aanvaard en de gerechten ter beschikking staan;

c) de autoriteiten of organisaties die bevoegd zijn om praktische bijstand te verlenen overeenkomstig artikel 11;

d) de middelen voor elektronische betekening en kennisgeving en elektronische communicatie die technisch beschikbaar zijn en uit hoofde van hun procedurevoorschriften toelaatbaar zijn overeenkomstig artikel 13, leden 1, 2 en 3, en de eventuele middelen om voorafgaande aanvaarding van het gebruik van elektronische middelen kenbaar te maken, krachtens artikel 13, leden 1 en 2, die hun krachtens het nationale recht ter beschikking staan;

e) de eventuele personen of beroepscategorieën die wettelijk verplicht zijn betekening en kennisgeving van documenten en andere schriftelijke communicatie met elektronische middelen te aanvaarden overeenkomstig artikel 13, leden 1 en 2;

f) de gerechtskosten voor de Europese procedure voor geringe vorderingen en de wijze waarop die worden berekend, alsmede de betaalwijzen die worden aanvaard voor de betaling van de gerechtskosten overeenkomstig artikel 15 bis;

g) het beroep dat krachtens hun procesrecht overeenkomstig artikel 17 mogelijk is, de termijn waarbinnen dit beroep dient te worden ingesteld en het gerecht waarbij dit kan worden ingesteld;

h) de procedures voor een verzoek om heroverweging als bedoeld in artikel 18 en de gerechten die voor deze heroverweging bevoegd zijn;

i) de talen die zij ingevolge artikel 21 bis, lid 1, aanvaarden, en

j) de instanties die bevoegd zijn voor de tenuitvoerlegging en de instanties die bevoegd zijn voor de toepassing van artikel 23.

De lidstaten stellen de Commissie in kennis van iedere wijziging van die informatie.

2. De Commissie maakt de overeenkomstig lid 1 meegedeelde informatie openbaar met passende middelen, zoals via het Europees e-justitieportaal.

Art. 26 Wijziging van de bijlagen

De Commissie is bevoegd overeenkomstig artikel 27 gedelegeerde handelingen vast te stellen met betrekking tot de wijziging van de bijlagen I tot en met IV.

Art. 27 Uitoefening van de bevoegdheidsdelegatie

1. De bevoegdheid om gedelegeerde handelingen vast te stellen, wordt aan de Commissie toegekend onder de in dit artikel neergelegde voorwaarden.

2. De in artikel 26 genoemde bevoegdheid om gedelegeerde handelingen vast te stellen, wordt aan de Commissie toegekend voor onbepaalde tijd, vanaf 13 januari 2016.

3. Het Europees Parlement of de Raad kan de in artikel 26 bedoelde bevoegdheidsdelegatie te allen tijde intrekken. Het besluit tot intrekking beëindigt de delegatie van de in dat besluit genoemde bevoegdheid. Het wordt van kracht op de dag na die van de bekendmaking ervan in het *Publicatieblad van de Europese Unie* of op een daarin genoemde latere datum. Het laat de geldigheid van de reeds van kracht zijnde gedelegeerde handelingen onverlet.

4. Zodra de Commissie een gedelegeerde handeling heeft vastgesteld, doet zij daarvan gelijktijdig kennisgeving aan het Europees Parlement en de Raad.

5. .Een overeenkomstig artikel 26 vastgestelde gedelegeerde handeling treedt alleen in werking indien het Europees Parlement noch de Raad daartegen binnen een termijn van twee maanden na de kennisgeving van de handeling aan het Europees Parlement en de Raad bezwaar heeft gemaakt, of indien zowel het Europees Parlement als de Raad voor het verstrijken van die termijn de Commissie hebben medegedeeld dat zij daartegen geen bezwaar zullen maken. Die termijn wordt op initiatief van het Europees Parlement of de Raad met twee maanden verlengd.

Art. 28 Evaluatie

1. Uiterlijk op 15 juli 2022 dient de Commissie bij het Europees Parlement, de Raad en het Europees Economisch en Sociaal Comité een verslag in over de toepassing van deze verordening, dat een evaluatie bevat van de vraag:

a) of een verdere verhoging van het in artikel 2, lid 1, vermelde maximum passend is voor het verwezenlijken van de doelstelling van deze verordening, namelijk de toegang tot de rechter vergemakkelijken voor burgers en kleine en middelgrote ondernemingen in grensoverschrijdende zaken, en

b) of een uitbreiding van het toepassingsgebied van de Europese procedure voor geringe vorderingen, in het bijzonder tot vorderingen inzake bezoldigingen, passend is om de toegang tot de rechter te vergemakkelijken voor werknemers in grensoverschrijdende arbeidsgeschillen met hun werkgever, na afweging van het volledige effect van die uitbreiding.

Dat verslag gaat zo nodig vergezeld van wetgevingsvoorstellen.

Te dien einde en uiterlijk op 15 juli 2021 verstrekken de lidstaten de Commissie informatie over het aantal vorderingen krachtens de Europese procedure voor geringe vorderingen en het aantal verzoeken om tenuitvoerlegging van in een Europese procedure voor geringe vorderingen gegeven beslissingen.

2. Uiterlijk op 15 juli 2019 dient de Commissie bij het Europees Parlement, de Raad en het Europees Economisch en Sociaal Comité een verslag in over de verspreiding van informatie over de Europese procedure voor geringe vorderingen in de lidstaten, en kan zij aanbevelingen doen over manieren om die procedure meer bekend te maken.

Art. 29 Inwerkingtreding

Deze verordening treedt in werking op de dag volgende op die van haar bekendmaking in het *Publicatieblad van de Europese Unie.*

Zij is met ingang van 1 januari 2009 van toepassing, met uitzondering van artikel 25, dat met ingang van 1 januari 2008 van toepassing is.

Uitvoeringswet verordening Europese procedure voor geringe vorderingen ^{1}

Wet van 29 mei 2009 tot uitvoering van verordening (EG) nr. 861/2007 van het Europees Parlement en de Raad van de Europese Unie van 11 juli 2007 tot vaststelling van een Europese procedure voor geringe vorderingen (Pb EU L 199) (Uitvoeringswet verordening Europese procedure voor geringe vorderingen)

Wij Beatrix, bij de gratie Gods, Koningin der Nederlanden, Prinses van Oranje-Nassau, enz. enz. enz.

Allen, die deze zullen zien of horen lezen, saluut! doen te weten:

Alzo Wij in overweging genomen hebben, dat het wenselijk is om wettelijke voorzieningen te treffen ter uitvoering van de verordening (EG) nr. 861/2007 van het Europees Parlement en de Raad van de Europese Unie van 11 juli 2007 tot vaststelling van een Europese procedure voor geringe vorderingen (Pb EU L 199);

Zo is het, dat Wij, de Raad van State gehoord, en met gemeen overleg der Staten-Generaal, hebben goedgevonden en verstaan, gelijk Wij goedvinden en verstaan bij deze:

Art. 1

In deze wet wordt verstaan onder:

a. verordening: verordening (EG) nr. 861/2007 van het Europees Parlement en de Raad van de Europese Unie van 11 juli 2007 tot vaststelling van een Europese procedure voor geringe vorderingen (Pb EU L 199), zoals laatstelijk gewijzigd bij Verordening (EU) 2015/2421 van het Europees Parlement en de Raad van 16 december 2015 (PbEU 2015, L 341/1);

b. Europese geringe vordering: vordering in grensoverschrijdende burgerlijke zaken en handelszaken met een waarde van ten hoogste € 5.000 als bedoeld in artikel 2, eerste lid, van de verordening.

Art. 2

1. Zaken betreffende Europese geringe vorderingen worden behandeld en beslist door de kantonrechter.

2. Tegen een beslissing van de kantonrechter in de Europese procedure voor geringe vorderingen staat overeenkomstig de eerste tot en met derde afdeling van de zevende titel van het Eerste Boek van Burgerlijke Rechtsvordering, hoger beroep open, met dien verstande dat het hoger beroep wordt ingesteld binnen dertig dagen te rekenen vanaf de dag van de beslissing.

3. Artikel 80 van de Wet op de rechterlijke organisatie is van overeenkomstige toepassing.

Art. 2a

1. Het vorderingsformulier bedoeld in artikel 4, eerste lid, van de verordening wordt overeenkomstig artikel 30c van het Wetboek van Burgerlijke Rechtsvordering ingediend.

2. De betekening of kennisgeving op grond van artikel 13, eerste lid, van de verordening en de schriftelijke communicatie op grond van artikel 13, tweede lid, van de verordening vinden plaats overeenkomstig artikel 30e van het Wetboek van Burgerlijke Rechtsvordering.

Art. 3

Op een geding betreffende een Europese geringe vordering is de Wet griffierechten burgerlijke zaken van overeenkomstige toepassing.

Art. 4

1. Indien de kantonrechter eiser ervan in kennis heeft gesteld dat zijn vordering buiten het in artikel 2 van de verordening genoemde toepassingsgebied valt, kan eiser zijn vordering intrekken. Eiser doet hiervan schriftelijk mededeling aan de kantonrechter binnen 30 dagen na ontvangst van de kennisgeving van de kantonrechter. Het griffierecht wordt in geval van intrekking niet gerestitueerd.

2. Indien een tegenvordering als bedoeld in artikel 5, zesde lid, van de verordening buiten het in artikel 2 van de verordening genoemde toepassingsgebied valt, is het eerste lid van overeenkomstige toepassing.

3. Indien eiser of verweerder zijn vordering respectievelijk tegenvordering na de kennisgeving van de kantonrechter niet intrekt, is artikel 69 van het Wetboek van Burgerlijke Rechtsvordering van overeenkomstige toepassing.

---

1 Inwerkingtredingsdatum: 10-06-2009; zoals laatstelijk gewijzigd bij: Stb. 2017, 125.

Art. 5

Bij de veroordeling van de in het ongelijk gestelde partij in de proceskosten zijn de artikelen 238, 241, 242 en 244 van het Wetboek van Burgerlijke Rechtsvordering van overeenkomstige toepassing.

Art. 6

De verweerder kan de kantonrechter die een beslissing over een Europese geringe vordering heeft gegeven verzoeken om heroverweging van die beslissing op de gronden, genoemd in artikel 18, eerste lid, van de verordening.

Art. 7

1. Het afschrift van de door een gerecht van een andere lidstaat gegeven beslissing over een Europese geringe vordering en het in artikel 20, tweede lid, van de verordening bedoelde certificaat kunnen tezamen ten uitvoer worden gelegd op dezelfde wijze als een grosse.

2. Een door een gerecht van een andere lidstaat verstrekt certificaat als bedoeld in artikel 20, tweede lid, van de verordening wordt voor de toepassing van artikel 21, tweede lid, onder b, van de verordening gesteld of vertaald in de Nederlandse taal.

Art. 8

Op verzoeken inzake de tenuitvoerlegging als bedoeld in de artikelen 22 en 23 van de verordening is artikel 438 van het Wetboek van Burgerlijke Rechtsvordering van toepassing.

Art. 9

In aanvulling op hetgeen uit de verordening of uit deze wet voortvloeit, zijn op een in Nederland ingediende Europese geringe vordering de regels inzake de verzoekschriftprocedure van overeenkomstige toepassing.

Art. 10

Deze wet treedt in werking met ingang van de dag na de datum van uitgifte van het Staatsblad waarin zij wordt geplaatst.

Art. 11

Deze wet wordt aangehaald als: Uitvoeringswet verordening Europese procedure voor geringe vorderingen.

Verordening (EU) Nr. 655/2014 vaststelling van een procedure betreffende het Europees bevel tot conservatoir beslag op bankrekeningen om de grensoverschrijdende inning van schuldvorderingen in burgerlijke en handelszaken te vergemakkelijken

Verordening (EU) Nr. 655/2014 van het Europees Parlement en de Raad van 15 mei 2014 tot vaststelling van een procedure betreffende het Europees bevel tot conservatoir beslag op bankrekeningen om de grensoverschrijdende inning van schuldvorderingen in burgerlijke en handelszaken te vergemakkelijken^1

HET EUROPEES PARLEMENT EN DE RAAD VAN DE EUROPESE UNIE,

Gezien het Verdrag betreffende de werking van de Europese Unie, en met name artikel 81, lid 2, onder a), e) en f),

Gezien het voorstel van de Europese Commissie,

Na toezending van het ontwerp van wetgevingshandeling aan de nationale parlementen,

Gezien het advies van het Europees Economisch en Sociaal Comité^2,

Handelend volgens de gewone wetgevingsprocedure^3,

Overwegende hetgeen volgt:

(1) De Unie heeft zich ten doel gesteld een ruimte van vrijheid, veiligheid en recht te handhaven en te ontwikkelen waarin het vrije verkeer van personen gewaarborgd is. Met het oog op de geleidelijke totstandbrenging van die ruimte dient de Unie maatregelen te nemen op het gebied van de justitiële samenwerking in burgerlijke zaken met grensoverschrijdende gevolgen, in het bijzonder wanneer dat nodig is voor de goede werking van de interne markt.

(2) Overeenkomstig artikel 81, lid 2, van het Verdrag betreffende de werking van de Europese Unie (VWEU) kunnen dergelijke maatregelen onder meer initiatieven omvatten ter waarborging van de wederzijdse erkenning tussen de lidstaten van rechterlijke beslissingen en de tenuitvoerlegging daarvan, van de daadwerkelijke toegang tot een gerecht en van het wegnemen van de hindernissen voor de goede werking van civiele procedures, indien nodig door bevordering van de verenigbaarheid van de in de lidstaten geldende bepalingen inzake burgerlijke rechtspleging.

(3) De Commissie heeft op 24 oktober 2006 met haar Groenboek over „een efficiëntere tenuitvoerlegging van rechterlijke beslissingen in de Europese Unie: beslag op bankrekeningen", een raadpleging op gang gebracht over de behoefte aan een uniforme Europese procedure voor conservatoir beslag op bankrekeningen, en over de eventuele kenmerken van een dergelijke procedure.

(4) In het programma van Stockholm van december 2009^4, waarin de prioriteiten op het gebied van vrijheid, veiligheid en justitie voor de periode 2010-2014 zijn vastgesteld, is de Commissie door de Europese Raad verzocht na te gaan of het nodig en mogelijk is op het niveau van de Unie voorlopige maatregelen, waaronder bewarende maatregelen, in te voeren bijvoorbeeld om te voorkomen dat activa verdwijnen voordat een vordering ten uitvoer is gelegd, en passende voorstellen in te dienen, strekkende tot een efficiëntere tenuitvoerlegging in de Unie van beslissingen betreffende bankrekeningen en vermogen van schuldenaren.

(5) Nationale procedures voor het verkrijgen van bewarende maatregelen, zoals bevelen tot conservatoir beslag op bankrekeningen, bestaan in alle lidstaten, maar de voorwaarden waaronder dergelijke maatregelen worden toegestaan en de doeltreffendheid van de tenuitvoerlegging ervan verschillen aanzienlijk. Bovendien kan het aanvragen van nationale bewarende maatre-

---

1 Inwerkingtredingsdatum: 17-07-2014. Zie ook de Uitvoeringsverordening (EU) 2016/1823 van de Commissie (PbEU 2016, L283/1-48) waarin de formulieren bedoeld in de EAPO-Verordening zijn vastgesteld. Van toepassing vanaf 18-01-2017, met uitzondering van art. 50 dat vanaf 18-06-2016 van toepassing is.

2 PB C 191 van 29.6. 2012, blz. 57.

3 Standpunt van het Europees Parlement van 15 april 2014 (nog niet bekendgemaakt in het Publicatieblad) en besluit van de Raad van 13 mei 2014.

4 PB C 115 van 4.5.2010, blz. 1.

gelen in zaken met grensoverschrijdende gevolgen omslachtig blijken, in het bijzonder wanneer de schuldeiser conservatoir beslag wenst te leggen op meerdere rekeningen in verschillende lidstaten. Het lijkt derhalve noodzakelijk en passend om een bindend en rechtstreeks toepasselijk rechtsinstrument van de Unie vast te stellen, waarbij een nieuwe Unieprocedure wordt ingesteld voor het op een efficiënte en prompte wijze leggen van conservatoir beslag op tegoeden op bankrekeningen in grensoverschrijdende gevallen.

(6) De procedure waarin deze verordening voorziet, dient te worden beschouwd als een bijkomend en facultatief middel voor de schuldeiser, die de vrijheid blijft behouden om een andere procedure te volgen met het oog op het verkrijgen van een gelijkwaardige maatregel krachtens het nationale recht.

(7) Een schuldeiser moet de mogelijkheid hebben een bewarende maatregel te verkrijgen in de vorm van een Europees bevel tot conservatoir beslag op bankrekeningen („bevel tot conservatoir beslag" of „bevel"), welke de overschrijving of opname belet van tegoeden die door de schuldenaar worden gehouden op een in een lidstaat aangehouden bankrekening als er een risico bestaat dat, zonder een dergelijke maatregel, de latere inning van zijn vordering jegens de schuldenaar zal worden verhinderd of ernstig zal worden bemoeilijkt. Conservatoir beslag op tegoeden op de rekening van de schuldenaar dient niet alleen de schuldenaar zelf te beletten van deze tegoeden gebruik te maken, maar ook personen die door hem zijn gemachtigd middels deze rekening betalingen te verrichten, bijvoorbeeld door middel van een doorlopende opdracht of een automatische incasso of door gebruik van een kredietkaart.

(8) Het toepassingsgebied van deze verordening moet alle burgerlijke en handelszaken omvatten behalve bepaalde duidelijk omschreven uitzonderingen. Deze verordening mag in het bijzonder niet van toepassing zijn op vorderingen tegen een schuldenaar in insolventieprocedures. Dit moet betekenen dat geen bevel tot conservatoir beslag tegen de schuldenaar kan worden uitgevaardigd zodra jegens hem een insolventieprocedure in de zin van Verordening (EG) nr. 1346/2000 van de Raad^5 is ingesteld. Anderzijds betekent deze uitsluiting dat het bevel kan worden gebruikt om conservatoir beslag te laten leggen op nadelige betalingen die de schuldenaar aan derden heeft gedaan.

(9) Deze verordening moet van toepassing zijn op rekeningen bij kredietinstellingen waarvan de werkzaamheden erin bestaan geld of andere terugbetaalbare tegoeden van het publiek in deposito of bewaring te nemen en voor eigen rekening krediet te verlenen. Zij mag dus niet van toepassing zijn op financiële instellingen die deze werkzaamheden niet verrichten, bijvoorbeeld instellingen die export- en investeringsprojecten of projecten in ontwikkelingslanden financieren, of instellingen die financiële diensten verstrekken. Deze verordening dient voorts niet van toepassing zijn op rekeningen die door of bij centrale banken in hun hoedanigheid van monetaire autoriteit worden aangehouden, noch op rekeningen waarop krachtens nationale met een bevel tot conservatoir beslag gelijkgestelde bevelen geen beslag kan worden gelegd, of die anderszins krachtens de wetgeving van de lidstaat waar de desbetreffende rekening wordt aangehouden, niet voor beslag vatbaar zijn.

(10) In deze verordening, die uitsluitend op grensoverschrijdende zaken van toepassing dient te zijn, moet worden bepaald wat in dit verband onder dergelijke zaken wordt verstaan. In deze verordening dient als grensoverschrijdend te worden beschouwd het geval waarin van het verzoek om een bevel tot conservatoir beslag kennis wordt genomen door een gerecht in een andere lidstaat dan die waar de in het bevel bedoelde bankrekening wordt aangehouden. Als grensoverschrijdend moet eveneens worden beschouwd het geval waarin de schuldeiser in een andere lidstaat zijn woonplaats heeft dan die waar het gerecht gelegen is en waar de bankrekening waarop beslag moet worden gelegd, wordt aangehouden. Deze verordening dient niet van toepassing te zijn op beslag op rekeningen die worden aangehouden in de lidstaat van het gerecht waar het verzoek om het bevel tot conservatoir beslag wordt ingediend, indien ook de woonplaats van de schuldeiser zich daar bevindt, ook al verzoekt de schuldeiser tezelfdertijd om beslag op een of meer rekeningen die in een andere lidstaat worden aangehouden. De schuldeiser moet in dat geval twee afzonderlijke verzoeken (een om een bevel tot conservatoir beslag en een om een nationale maatregel) indienen.

(11) De procedure voor een bevel tot conservatoir beslag moet beschikbaar zijn voor een schuldeiser die vóór het begin van de procedure betreffende het bodemgeschil of op eender welk ogenblik tijdens deze procedure de tenuitvoerlegging van een latere rechterlijke beslissing over het bodemgeschil wil verzekeren. Zij moet tevens ter beschikking staan van een schuldeiser die reeds een rechterlijke beslissing, gerechtelijke schikking of authentieke akte heeft verkregen op grond waarvan de schuldenaar de vordering moet voldoen.

(12) Het bevel tot conservatoir beslag dient beschikbaar te zijn voor het veiligstellen van vorderingen die reeds opeisbaar zijn. Het dient ook beschikbaar te zijn voor vorderingen die nog niet opeisbaar zijn, mits deze vorderingen hun oorsprong vinden in een transactie of een ge-

---

^{5} Verordening (EG) nr. 1346/2000 van de Raad van 29 mei 2000 betreffende insolventieprocedures (PB L 160 van 30.6.2000, blz. 1).

beurtenis die zich reeds heeft voorgedaan en het bedrag ervan kan worden vastgesteld, waaronder vorderingen wegens verbintenissen uit onrechtmatige daad en op strafbare feiten gegronde rechtsvorderingen tot schadevergoeding of tot teruggave.

Een schuldeiser moet de mogelijkheid hebben een bevel tot conservatoir beslag te verzoeken ten bedrage van de hoofdvordering of voor een lager bedrag. Een bevel voor een lager bedrag zou bijvoorbeeld in zijn belang kunnen zijn als hij al ten dele enig andere zekerheid voor zijn vordering heeft.

(13) Om te waarborgen dat de procedure betreffende het bevel tot conservatoir beslag en de procedure betreffende het bodemgeschil nauw met elkaar verbonden zijn, moet de internationale bevoegdheid om het bevel uit te vaardigen, berusten bij de gerechten van de lidstaat waarvan de gerechten bevoegd zijn om van het bodemgeschil kennis te nemen. Voor de toepassing van deze verordening moet onder de procedure betreffende het bodemgeschil worden verstaan elke procedure tot het verkrijgen van een uitvoerbare titel betreffende de onderliggende vordering, waaronder bijvoorbeeld ook de summiere procedure betreffende een aanmaning tot betaling en de procedure in kort geding. Indien de schuldenaar een consument is die zijn woonplaats in een lidstaat heeft, dient de bevoegdheid om het bevel uit te vaardigen uitsluitend bij de gerechten van die lidstaat te berusten.

(14) Het bevel tot conservatoir beslag mag slechts worden uitgevaardigd onder voorwaarden die een juist evenwicht bewerkstelligen tussen het belang van de schuldeiser dat hij een bevel verkrijgt en het belang van de schuldenaar dat het bevel niet wordt misbruikt.

Bijgevolg moet de schuldeiser, indien hij om een bevel tot conservatoir beslag verzoekt voordat hij een rechterlijke beslissing heeft verkregen, ten genoegen van het gerecht waar het verzoek is ingediend kunnen aantonen dat hij de procedure betreffende het bodemgeschil tegen de schuldenaar waarschijnlijk zal winnen.

Verder moet de schuldeiser worden verplicht in alle gevallen, ook als hij reeds een rechterlijke beslissing heeft verkregen, het gerecht ervan te overtuigen dat zijn vordering dringend gerechtelijk moet worden beschermd en dat de tenuitvoerlegging van de bestaande of toekomstige rechterlijke beslissing zonder het bevel waarschijnlijk verhinderd of ernstig bemoeilijkt zou worden wegens het reële risico dat de schuldenaar, tegen de tijd dat de schuldeiser de bestaande of een toekomstige rechterlijke beslissing ten uitvoer kan doen leggen, zijn tegoeden zal hebben verspild, verborgen of vernietigd, dan wel onder de waarde, in ongebruikelijke mate of door ongebruikelijke handelingen, zal hebben vervreemd.

Het gerecht dient het door de schuldeiser verstrekte bewijsmateriaal tot staving van dat risico te beoordelen. Dat bewijsmateriaal zou bijvoorbeeld verband kunnen houden met de handelwijze van de schuldenaar met betrekking tot de schuldvordering of in een eerder geschil tussen de partijen, het kredietverleden van de schuldenaar, de aard van zijn vermogen, en recent door hem verrichte vermogenshandelingen. Bij het beoordelen van het bewijsmateriaal kan het gerecht rekening houden met het op zichzelf niet ongebruikelijke karakter van geldopnames van rekeningen en uitgaven door de schuldenaar die verband houden met de gewone gang van zijn bedrijf of met courante gezinskosten. Het feit dat de vordering niet wordt voldaan of dat zij wordt betwist, of het loutere feit dat de schuldenaar meer dan één schuldeiser heeft, dient op zich niet te worden beschouwd als een bewijs dat voldoende grond oplevert voor een bevel. Evenmin dient het loutere feit dat de schuldenaar zich in een moeilijke of verslechterende financiële situatie bevindt, op zichzelf worden beschouwd als een bewijs dat voldoende grond oplevert voor een bevel. Het gerecht kan deze factoren echter bij de algemene inschatting van het risico in overweging nemen.

(15) Het bevel tot conservatoir beslag moet een verrassingseffect sorteren en een bruikbaar instrument zijn voor een schuldeiser die in een grensoverschrijdende zaak een schuldvordering tracht te innen van zijn schuldenaar; daarom mag de schuldenaar niet over het verzoek van de schuldeiser worden ingelicht, niet worden gehoord voordat het bevel wordt uitgevaardigd, en geen kennis krijgen van het bevel voordat het wordt uitgevoerd. Indien het bewijsmateriaal en de informatie die de schuldeiser of, in voorkomend geval, zijn getuigen verstrekken, het gerecht er niet van overtuigen dat beslag op de rekening of de rekeningen gerechtvaardigd is, mag zij het bevel niet uitvaardigen.

(16) Indien de schuldeiser vóór het begin van de procedure betreffende het bodemgeschil voor een gerecht om een bevel tot conservatoir beslag verzoekt, moet deze verordening hem ertoe verplichten die procedure binnen een welbepaalde termijn in te leiden en tevens aan het gerecht waar het verzoek is ingediend een bewijs daarvan te leveren. Voldoet de schuldeiser niet aan die verplichting, dan moet het bevel ambtshalve door het gerecht worden ingetrokken of moet het bevel automatisch eindigen.

(17) Aangezien niet wordt bepaald dat de schuldenaar vooraf wordt gehoord, moet deze verordening voorzien in specifieke waarborgen tegen misbruik van het bevel en ter bescherming van de rechten van de schuldenaar.

(18) Een van die belangrijke waarborgen moet zijn dat van de schuldeiser een zekerheid moet kunnen worden geëist waaruit de schuldenaar later vergoed kan worden wegens schade die hij

ten gevolge van het bevel tot conservatoir beslag heeft geleden. Afhankelijk van het nationale recht kan de zekerheid worden gesteld in de vorm van een borgsom of een andere waarborg, zoals een bankgarantie of een hypotheek. Het gerecht moet de vrijheid hebben om het bedrag van de zekerheid te bepalen dat toereikend is om misbruik van het bevel te voorkomen en vergoeding van de schuldenaar te garanderen en het gerecht moet, indien het bedrag van de mogelijke schade niet duidelijk vaststaat, het bedrag waarvoor het bevel tot conservatoir beslag zal worden uitgevaardigd, kunnen gebruiken als richtsnoer voor het bepalen van het bedrag van de zekerheid.

In gevallen waarin de schuldeiser nog geen rechterlijke beslissing, gerechtelijke schikking of authentieke akte heeft verkregen die de schuldenaar ertoe verplicht de vordering van de schuldeiser te voldoen, moet het stellen van een zekerheid de regel zijn, waarbij het gerecht slechts bij uitzondering, indien het zekerheidstelling in het licht van de omstandigheden ongepast, overbodig of onevenredig acht, mag afwijken van deze regel of een lager bedrag mag eisen. Zulke omstandigheden kunnen bijvoorbeeld zijn dat de schuldeiser bijzonder overtuigend bewijs levert maar te weinig middelen heeft om een zekerheid te stellen, dat de vordering betrekking heeft op onderhoudsgeld of op uitbetaling van loon, of dat de vordering van een zodanige omvang - bijvoorbeeld een geringe bedrijfsschuld - is, dat de schuldenaar waarschijnlijk geen schade ondervindt van het bevel.

In zaken waarin de schuldeiser reeds een rechterlijke beslissing, gerechtelijke schikking of authentieke akte heeft verkregen, is het aan het gerecht te bepalen of er zekerheid dient te worden gesteld. Het stellen van een zekerheid kan, behalve in de genoemde uitzonderlijke omstandigheden, bijvoorbeeld passend zijn indien de rechterlijke beslissing waarvan de tenuitvoerlegging door het bevel tot conservatoir beslag moet worden gewaarborgd, nog niet uitvoerbaar is of alleen voorlopig uitvoerbaar is hangende een hoger beroep.

(19) Met het oog op een passend evenwicht tussen de belangen van de schuldeiser en die van de schuldenaar, is het verder van belang een regel vast te stellen met betrekking tot de aansprakelijkheid van de schuldeiser voor eventuele schade die door het bevel tot conservatoir beslag aan de schuldenaar wordt berokkend. Deze verordening dient daarom, bij wijze van minimumnorm, te voorzien in de aansprakelijkheid van de schuldeiser indien de schade die de schuldenaar in verband met het bevel heeft geleden, toe te schrijven is aan de schuldeiser. In deze context moet de bewijslast bij de schuldenaar berusten. Wat de in deze verordening gespecificeerde aansprakelijkheidsgronden betreft, moet er worden voorzien in een geharmoniseerde regel voor een weerlegbaar vermoeden van een fout van de schuldeiser.

Bovendien moeten de lidstaten andere dan de in deze verordening genoemde aansprakelijkheidsgronden in hun nationaal recht kunnen handhaven of invoeren. Met betrekking tot deze andere aansprakelijkheidsgronden moeten de lidstaten ook andere vormen van aansprakelijkheid, zoals risicoaansprakelijkheid, kunnen handhaven of invoeren.

Deze verordening dient ook een conflictregel te omvatten waarin wordt bepaald dat, wat betreft de aansprakelijkheid van de schuldeiser, de wet van de lidstaat van tenuitvoerlegging van toepassing is. Indien er verschillende tenuitvoerleggingslidstaten zijn, is de wet van de lidstaat van tenuitvoerlegging waar de schuldenaar zijn gewone verblijfplaats heeft van toepassing. Indien de schuldenaar geen gewone verblijfplaats heeft in een van de tenuitvoerleggingslidstaten, moet de wet van toepassing die van de lidstaat van tenuitvoerlegging zijn waarmee de zaak het nauwst verbonden is. Bij het bepalen van de nauwste verbondenheid kan het gerecht onder andere rekening houden met de omvang van het bedrag waarop in de verschillende tenuitvoerleggingslidstaten beslag is gelegd.

(20) Om praktische moeilijkheden te overwinnen die zich voordoen bij het verkrijgen van informatie over de plaats waar, in een grensoverschrijdende context, een schuldenaar een bankrekening heeft, dient deze verordening een mechanisme te omvatten dat de schuldeiser in staat stelt om, nog voordat een bevel tot conservatoir beslag wordt uitgevaardigd, te verlangen dat het gerecht de voor het identificeren van de rekening van de schuldenaar vereiste informatie verkrijgt van de daartoe aangewezen informatie-instantie van de lidstaat waarvan de schuldeiser vermoedt dat de schuldenaar er een rekening heeft. Gezien het bijzondere karakter van deze tussenkomst van openbare instanties en van deze toegang tot persoonsgegevens mag in de regel slechts toegang worden verleend tot rekeninginformatie indien de schuldeiser al een uitvoerbare rechterlijke beslissing, gerechtelijke schikking of authentieke akte heeft verkregen. Bij uitzondering moet het evenwel mogelijk zijn dat de schuldeiser om rekeninginformatie verzoekt, ook wanneer de rechterlijke beslissing, gerechtelijke schikking of authentieke akte waarover hij beschikt nog niet uitvoerbaar is. Dit is het geval indien het bedrag waarop beslag moet worden gelegd gezien de omstandigheden aanzienlijk is en het gerecht er op basis van de door de schuldeiser overgelegde bewijzen van overtuigd is dat de rekeninginformatie dringend moet worden verstrekt, omdat de latere inning van de vordering van de schuldeiser jegens de schuldenaar anders in het gedrang dreigt te komen, waardoor de financiële situatie van de schuldeiser aanzienlijk zou kunnen verslechteren.

Om dit mechanisme werkbaar te maken, moeten de lidstaten zelf in een of meer methoden voor het verkrijgen van die informatie voorzien, die doeltreffend en efficiënt zijn, en niet onevenredig veel tijd of geld kosten. Het mechanisme moet uitsluitend gelden indien alle voorwaarden en vereisten voor het uitvaardigen van een bevel tot conservatoir beslag wordt voldaan, en de schuldeiser in zijn verzoek duidelijk heeft gestaafd dat er redenen zijn om aan te nemen dat de schuldenaar een of meer rekeningen in een gegeven lidstaat heeft, bijvoorbeeld omdat de schuldenaar aldaar werkt, er een beroepsactiviteit uitoefent, of er goederen bezit.

(21) Ter bescherming van de persoonsgegevens van de schuldenaar mag de verkregen informatie over de bankrekening of bankrekeningen van de schuldenaar niet aan de schuldeiser worden verstrekt. Zij dient enkel te worden verstrekt aan het verzoekende gerecht, en bij uitzondering ook aan de bank, indien de bank of een andere entiteit die verantwoordelijk is voor de tenuitvoerlegging van het bevel in de lidstaat van tenuitvoerlegging niet in staat is een rekening van een schuldenaar te identificeren op basis van de in het bevel verstrekte informatie, bijvoorbeeld omdat verschillende mensen met dezelfde naam en hetzelfde adres bij dezelfde bank rekeningen hebben. Wordt in dat geval in het bevel aangegeven dat het nummer of de nummers van de rekeningen waarop beslag moet worden gelegd, is of zijn verkregen via een informatieverzoek, dan dient de bank die informatie op te vragen bij de informatie-instantie van de lidstaat van tenuitvoerlegging, hetgeen op een informele en eenvoudige manier mogelijk moet zijn.

(22) De schuldeiser moet krachtens deze verordening hoger beroep kunnen instellen tegen een weigering om het bevel tot conservatoir beslag uit te vaardigen. Dit recht moet onverlet laten dat de schuldeiser op grond van nieuwe feiten of nieuw bewijsmateriaal opnieuw een bevel tot conservatoir beslag kan aanvragen.

(23) De tenuitvoerleggingsstructuren voor het conservatoir beslag op bankrekeningen verschillen aanzienlijk van lidstaat tot lidstaat. Duplicatie moet worden vermeden en de nationale procedures dienen zoveel mogelijk te worden gevolgd; daarom moeten in deze verordening de tenuitvoerlegging en de daadwerkelijke uitvoering van het bevel tot conservatoir beslag worden geënt op de in de lidstaat van tenuitvoerlegging bestaande methoden en structuren voor de tenuitvoerlegging en de uitvoering van gelijkwaardige nationale bevelen.

(24) Met het oog op een snelle tenuitvoerlegging dient deze verordening voor te schrijven dat de lidstaat van herkomst het bevel aan de bevoegde instantie van de lidstaat van tenuitvoerlegging moet toezenden op een wijze die waarborgt dat de inhoud van de verzonden stukken accuraat, getrouw en gemakkelijk leesbaar is.

(25) Na ontvangst van het bevel tot conservatoir beslag, dient de bevoegde instantie van de lidstaat van tenuitvoerlegging de nodige stappen te ondernemen om het bevel overeenkomstig haar nationale recht ten uitvoer te laten leggen, hetzij door het toe te zenden aan de bank of een andere entiteit die in die lidstaat verantwoordelijk is voor het uitvoeren van een dergelijk bevel, hetzij, indien het nationale recht daarin voorziet, door de bank opdracht te geven het bevel uit te voeren.

(26) Afhankelijk van de krachtens het recht van de lidstaat van tenuitvoerlegging beschikbare methode voor gelijkwaardige nationale bevelen moet het bevel worden uitgevoerd door het bedrag waarop beslag wordt gelegd op de rekening van de schuldenaar te blokkeren, of, indien het nationale recht daarin voorziet, het over te maken op een speciale beslagrekening, aangehouden door de bevoegde tenuitvoerleggingsinstantie, door het gerecht, door de bank waar de schuldenaar zijn rekening aanhoudt, of door een bank die voor dat specifieke geval is aangewezen als coördinerende entiteit voor het conservatoir beslag.

(27) Deze verordening mag niet beletten dat voorafgaande betaling van vergoedingen voor de tenuitvoerlegging van het bevel tot conservatoir beslag wordt gevorderd. Deze kwestie wordt overgelaten aan het nationale recht van de lidstaat van tenuitvoerlegging.

(28) Het bevel tot conservatoir beslag moet in voorkomend geval dezelfde rangorde hebben als een gelijkwaardig nationaal bevel in de lidstaat van tenuitvoerlegging. Indien bepaalde tenuitvoerleggingsmaatregelen krachtens het nationale recht voorrang hebben op bewarende maatregelen, moeten deze tenuitvoerleggingsmaatregelen dezelfde voorrang krijgen ten aanzien van bevelen tot conservatoir beslag in het kader van deze verordening. Voor de toepassing van deze verordening moeten de in bepaalde nationale rechtsstelsels bestaande in-personambevelen als gelijkwaardige nationale bevelen worden beschouwd.

(29) Deze verordening moet de bank of een andere entiteit die in de lidstaat van tenuitvoerlegging verantwoordelijk is voor de tenuitvoerlegging van het bevel tot conservatoir beslag, ertoe verplichten mee te delen of, en zo ja in welke mate, het bevel heeft geleid tot het conservatoir beslag op tegoeden van de schuldenaar, en moet de schuldeiser ertoe verplichten eventuele tegoeden waarop boven het in het bevel bepaalde bedrag beslag is gelegd vrij te geven.

(30) Deze verordening moet het recht van de schuldenaar op een eerlijk proces en op een doeltreffende voorziening in rechte beschermen, en moet de schuldenaar daarom, gezien het niet-contradictoire karakter van de procedure voor de uitvaardiging van het bevel tot conservatoir beslag, in staat stellen het bevel of de handhaving ervan onmiddellijk na de tenuitvoerlegging van het bevel aan te vechten op de bij deze verordening vastgestelde gronden.

(31) Deze verordening dient daartoe voor te schrijven dat het bevel tot conservatoir beslag, vergezeld van alle stukken die de schuldeiser bij het gerecht in de lidstaat van herkomst heeft ingediend en van de nodige vertalingen, onmiddellijk na de uitvoering ervan aan de schuldenaar wordt betekend. Het gerecht moet de discretionaire bevoegdheid hebben bij het bevel aanvullende stukken te voegen waarop haar beslissing is gebaseerd en die de schuldenaar voor het instellen van zijn rechtsmiddel nodig zou kunnen hebben, bijvoorbeeld het woordelijke verslag van het mondeling horen.

(32) De schuldenaar moet om een herziening van het bevel tot conservatoir beslag kunnen verzoeken, in het bijzonder indien niet aan de in deze verordening vermelde voorwaarden of vereisten wordt voldaan of indien de omstandigheden die tot de uitvaardiging geleid hebben zodanig zijn veranderd dat die uitvaardiging niet langer gegrond zou zijn. Zo moet de schuldenaar bijvoorbeeld over een rechtsmiddel kunnen beschikken indien de zaak niet grensoverschrijdend was volgens de in deze verordening gegeven definitie, indien de in deze verordening bepaalde bevoegdheidsregeling niet in acht is genomen, indien de schuldeiser niet binnen de bij deze verordening vastgestelde termijn een procedure betreffende het bodemgeschil heeft ingeleid en het gerecht daaropvolgend niet ambtshalve het bevel heeft ingetrokken of het bevel niet automatisch eindigt, indien de vordering van de schuldeiser geen dringende bescherming in de vorm van een bevel tot conservatoir beslag behoefde omdat er geen risico bestond dat de latere inning van die vordering verhinderd of sterk bemoeilijkt zou worden, of indien de zekerheidstelling niet volgens de vereisten van deze verordening is geschied.

De schuldenaar moet ook kunnen beschikken over een rechtsmiddel in het geval dat het bevel en de verklaring betreffende het beslag hem niet overeenkomstig deze verordening zijn betekend, of dat de hem betekende stukken niet voldeden aan de taalvoorschriften van deze verordening. Een dergelijk rechtsmiddel mag evenwel niet worden toegekend indien het ontbreken van een betekening of vertaling binnen een bepaalde termijn wordt rechtgezet. Om het ontbreken van betekening te verhelpen, moet de schuldeiser de voor betekening bevoegde instantie in de lidstaat van herkomst verzoeken de betrokken stukken bij aangetekend schrijven aan de schuldenaar toe te zenden of, indien de schuldenaar bereid is de stukken ter griffie in ontvangst te nemen, de nodige vertalingen aan het gerecht te bezorgen. Een dergelijk verzoek mag niet vereist zijn indien het ontbreken van betekening reeds op andere wijze is verholpen, bijvoorbeeld indien, overeenkomstig het nationale recht, het gerecht ambtshalve tot de betekening is overgegaan.

(33) Wie de krachtens deze verordening vereiste vertalingen moet verstrekken, en wie daarvan de kosten moet dragen, wordt door het nationale recht bepaald.

(34) De bevoegdheid om te beslissen over rechtsmiddelen tegen het verlenen van het bevel tot conservatoir beslag zelf moet worden gegeven aan de gerechten van de lidstaat waar het bevel is uitgegeven. Over de rechtsmiddelen tegen de tenuitvoerlegging van het bevel moet worden beslist door de gerechten of, in voorkomend geval, door de bevoegde tenuitvoerleggingsinstanties van de lidstaat van tenuitvoerlegging.

(35) De schuldenaar moet het recht hebben om de vrijgave van de tegoeden waarop beslag is gelegd te verzoeken, indien hij een passende andere zekerheid stelt. Deze kan de vorm hebben van een zekerheidstelling of een andere waarborg, zoals een bankgarantie of een hypotheek.

(36) Deze verordening moet ervoor zorgen dat het conservatoir beslag op de rekening van de schuldenaar geen bedragen treft die krachtens het recht van de lidstaat van tenuitvoerlegging niet voor beslag vatbaar zijn, bijvoorbeeld bedragen die het levensonderhoud van de schuldenaar en zijn familie moeten waarborgen. Afhankelijk van het in die lidstaat toepasselijke procesrecht dienen zulke bedragen hetzij door de bevoegde instantie (het gerecht, de bank of de bevoegde tenuitvoerleggingsinstantie) ambtshalve niet voor beslag vatbaar te worden verklaard voordat het bevel wordt uitgevoerd, hetzij op verzoek van de schuldenaar niet voor beslag vatbaar te worden verklaard nadat het bevel is uitgevoerd. Indien op rekeningen in verschillende lidstaten beslag wordt gelegd en meer dan eenmaal is verklaard dat bedragen niet voor beslag vatbaar zijn, moet de schuldeiser bij het bevoegde gerecht van eender welke lidstaat van tenuitvoerlegging of, indien het nationale recht van de lidstaat van tenuitvoerlegging daarin voorziet, bij de bevoegde tenuitvoerleggingsinstantie in die lidstaat, om aanpassing van de in die lidstaat toegepaste verklaring met die bedragen waarop geen beslag kan worden gelegd kunnen verzoeken.

(37) Het bevel tot conservatoir beslag op bankrekeningen moet vlot en onverwijld uitgevaardigd en ten uitvoer gelegd worden; daarom moet deze verordening voorschrijven binnen welke termijnen de verschillende stappen in de procedure worden gezet. Gerechten of instanties die bij de procedure zijn betrokken, dienen slechts in uitzonderlijke omstandigheden van die termijnen te kunnen afwijken, bijvoorbeeld in gevallen die juridisch of feitelijk complex zijn.

(38) Voor de berekening van de in deze verordening vastgelegde termijnen geldt Verordening (EEG, Euratom) nr. 1182/71 van de Raad^6.

---

6 Verordening (EEG, Euratom) nr. 1182/71 van de Raad van 3 juni 1971 houdende vaststelling van de regels die van toepassing zijn op termijnen, data en aanvangs- en vervaltijden (PB L 124 van 8.6.1971, blz. 1).

(39) Om de toepassing van deze verordening te vergemakkelijken, moeten de lidstaten ertoe verplicht worden bepaalde informatie betreffende hun wetgeving en hun procedures met betrekking tot bevelen tot conservatoir beslag en gelijkwaardige nationale bevelen aan de Commissie mee te delen.

(40) Met het oog op een vlottere toepassing van deze verordening in de praktijk, moeten standaardformulieren worden ontworpen, in het bijzonder voor het aanvragen van een bevel tot conservatoir beslag, voor het bevel tot conservatoir beslag zelf, voor de verklaring betreffende het beslag op tegoeden, en voor het instellen van een rechtsmiddel of een hoger beroep krachtens deze verordening.

(41) Ter wille van de efficiëntie van de procedure, moet krachtens deze verordening zoveel mogelijk gebruik worden gemaakt van de in het kader van het procesrecht van de betrokken lidstaten aanvaarde moderne communicatietechnologie, in het bijzonder ten behoeve van het invullen van de in deze verordening voorgeschreven standaardformulieren en van de communicatie tussen de bij de procedure betrokken instanties. Voorts dienen het bevel tot conservatoir beslag en de andere stukken in het kader van deze verordening op een technisch neutrale wijze te worden ondertekend, zodat bestaande methoden, zoals digitale certificering of veilige verificatie, kunnen worden toegepast en er tegelijk ruimte is voor de toepassing van nieuwe technieken.

(42) Om uniforme voorwaarden voor de uitvoering van deze verordening te waarborgen, moeten aan de Commissie uitvoeringsbevoegdheden worden toegekend met betrekking tot de vaststelling en wijziging van de standaardformulieren waarin bij deze verordening wordt voorzien. Die bevoegdheden moeten worden uitgeoefend in overeenstemming met Verordening (EU) nr. 182/2011 van het Europees Parlement en de Raad^7.

(43) De uitvoeringshandelingen tot vaststelling en tot wijziging van de in deze verordening voorgeschreven standaardformulieren moeten overeenkomstig artikel 4 van Verordening (EU) nr. 182/2011 worden vastgesteld.

(44) Deze verordening eerbiedigt de grondrechten en neemt de in het Handvest van de grondrechten van de Europese Unie erkende beginselen in acht. Zij heeft in het bijzonder tot doel de eerbiediging van het privéleven en van het familie- en gezinsleven, de bescherming van persoonsgegevens, het recht op eigendom en het recht op een doeltreffende voorziening in rechte en op een onpartijdig gerecht te waarborgen, als vastgelegd in respectievelijk de artikelen 7, 8, 17 en 47 van dat handvest.

(45) Wat de toegang tot en het gebruik en de verstrekking van persoonsgegevens in het kader van deze verordening betreft, moeten de voorschriften van Richtlijn 95/46/EG van het Europees Parlement en de Raad^8, zoals omgezet in het nationale recht van de lidstaten, in acht worden genomen.

(46) Voor de toepassing van deze verordening moeten evenwel bepaalde specifieke voorwaarden voor de toegang tot persoonsgegevens en voor het gebruik en de verstrekking van deze gegevens nader worden bepaald. In dit verband is rekening gehouden met het advies van de Europese Toezichthouder voor gegevensbescherming^9. De kennisgeving aan de persoon over wie de informatie is verzameld, moet overeenkomstig het nationale recht geschieden. De schuldenaar mag er evenwel pas na dertig dagen van op de hoogte worden gebracht dat er informatie over zijn rekening of rekeningen is vrijgegeven, teneinde te voorkomen dat een vroege kennisgeving het effect van het bevel tot conservatoir beslag in het gedrang brengt.

(47) Daar de doelstellingen van deze verordening, namelijk het vaststellen van een procedure in de Unie voor een bewarende maatregel die een schuldeiser in staat stelt een bevel tot conservatoir beslag te verkrijgen waarmee wordt vermeden dat de latere inning van de vordering van de schuldeiser in het gedrang komt door het overmaken of opnemen van tegoeden die een schuldenaar op een bankrekening in de Unie heeft staan, niet voldoende door de lidstaten kunnen worden verwezenlijkt maar vanwege de omvang en de gevolgen ervan beter door de Unie kunnen worden verwezenlijkt, kan de Unie, overeenkomstig het in artikel 5 van het Verdrag betreffende de Europese Unie (VEU) neergelegde subsidiariteitsbeginsel, maatregelen vaststellen. Overeenkomstig het in hetzelfde artikel neergelegde evenredigheidsbeginsel, gaat deze verordening niet verder dan nodig is om die doelstelling te verwezenlijken.

---

7 Verordening (EU) nr. 182/2011 van het Europees Parlement en de Raad van 16 februari 2011 tot vaststelling van de algemene voorschriften en beginselen die van toepassing zijn op de wijze waarop de lidstaten de uitoefening van de uitvoeringsbevoegdheden door de Commissie controleren (PB L 55 van 28.2.2011, blz. 13).

8 Richtlijn 95/46/EG van het Europees Parlement en de Raad van 24 oktober 1995 betreffende de bescherming van natuurlijke personen in verband met de verwerking van persoonsgegevens en betreffende het vrije verkeer van die gegevens (PB L 281 van 23.11.1995, blz. 31).

9 PB C 373 van 21.12.2011, blz. 4.

(48) Deze verordening is alleen van toepassing op de lidstaten die er overeenkomstig de Verdragen door gebonden zijn. De bij deze verordening ingestelde procedure voor het verkrijgen van een bevel tot conservatoir beslag dient derhalve uitsluitend ter beschikking te staan van schuldeisers die hun woonplaats hebben in een door deze verordening gebonden lidstaat en krachtens deze verordening uitgevaardigde bevelen mogen alleen betrekking hebben op conservatoir beslag op in een dergelijke lidstaat aangehouden bankrekeningen.

(49) Overeenkomstig artikel 3 van het aan het VEU en het VWEU gehechte Protocol nr. 21 betreffende de positie van het Verenigd Koninkrijk en Ierland ten aanzien van de ruimte van vrijheid, veiligheid en recht, heeft Ierland kennis gegeven van zijn wens deel te nemen aan de aanneming en toepassing van deze verordening.

(50) Overeenkomstig de artikelen 1 en 2 van het aan het VEU en het VWEU gehechte Protocol nr. 21 betreffende de positie van het Verenigd Koninkrijk en Ierland ten aanzien van de ruimte van vrijheid, veiligheid en recht, en onverminderd artikel 4 van dat protocol, neemt het Verenigd Koninkrijk niet deel aan de aanneming van deze verordening, die niet bindend is voor, noch van toepassing is in het Verenigd Koninkrijk.

(51) Overeenkomstig de artikelen 1 en 2 van het aan het VEU en het VWEU gehechte Protocol nr. 22 betreffende de positie van Denemarken, neemt Denemarken niet deel aan de aanneming van deze verordening, die niet bindend is voor, noch van toepassing is in Denemarken, HEBBEN DE VOLGENDE VERORDENING VASTGESTELD:

Hoofdstuk 1 Onderwerp, toepassingsgebied en definities

Art. 1 Onderwerp

1. Bij deze verordening wordt een Unieprocedure ingesteld waarmee een schuldeiser een Europees bevel tot conservatoir beslag op bankrekeningen („bevel tot conservatoir beslag" of „bevel") kan verkrijgen, welke verhindert dat de latere inning van de vordering van de schuldeiser wordt belemmerd doordat tegoeden, tot het in het bevel bepaalde bedrag, op een door of namens hem in een lidstaat aangehouden bankrekening worden verplaatst of worden onttrokken.

2. Het bevel tot conservatoir beslag staat ter beschikking van de schuldeiser als alternatief voor bewarende maatregelen uit hoofde van nationaal recht.

Art. 2 Toepassingsgebied

1. Deze verordening is van toepassing op geldelijke vorderingen in burgerlijke en handelszaken in grensoverschrijdend verband, zoals omschreven in artikel 3, ongeacht de aard van de rechterlijke instantie (het „gerecht"). Zij heeft in het bijzonder geen betrekking op fiscale zaken, douanezaken of bestuursrechtelijke zaken, of de aansprakelijkheid van de staat wegens een handeling of nalaten in de uitoefening van het openbaar gezag („*acta jure imperii*").

2. Deze verordening is niet van toepassing op:

a) het huwelijksvermogensrecht of het vermogensrecht inzake relatievormen waarvan volgens het hierop toepaselijke recht gevolgen worden verbonden welke vergelijkbaar zijn met die van het huwelijk;

b) testamenten en erfenissen, met inbegrip van onderhoudsverplichtingen die ontstaan als gevolg van overlijden;

c) vorderingen jegens een schuldenaar te wiens aanzien een faillissementsprocedure, een akkoord of een soortgelijke procedure is ingesteld;

d) sociale zekerheid;

e) arbitrage.

3. Deze verordening is niet van toepassing op bankrekeningen die niet vatbaar zijn voor beslag krachtens het recht van de lidstaat waar de rekening wordt aangehouden, noch op rekeningen die worden aangehouden in een systeem als omschreven in artikel 2, onder a), van Richtlijn 98/26/EG van het Europees Parlement en de Raad^{10}.

4. Deze verordening is niet van toepassing op bankrekeningen die door of bij centrale banken in hun hoedanigheid van monetaire autoriteit worden aangehouden.

Art. 3 Grensoverschrijdende zaken

1. Voor de toepassing van deze verordening is een zaak grensoverschrijdend als de bankrekening of bankrekeningen waarop het bevel tot conservatoir beslag betrekking heeft, worden aangehouden in een andere lidstaat dan:

a) de lidstaat van het gerecht waarbij het verzoek om het bevel tot conservatoir beslag overeenkomstig artikel 6 is ingediend; of

b) de lidstaat waar de schuldeiser zijn woonplaats heeft.

---

10 Richtlijn 98/26/EG van het Europees Parlement en de Raad van 19 mei 1998 betreffende het definitieve karakter van de afwikkeling van betalingen en effectentransacties in betalings- en afwikkelingssystemen (PB L 166 van 11.6.1998, blz. 45).

2. Het tijdstip dat bepalend is voor het grensoverschrijdende karakter van een zaak is de datum waarop het verzoek om een bevel wordt ingediend bij het gerecht dat bevoegd is om het bevel uit te vaardigen.

Art. 4 Definities

In deze verordening wordt verstaan onder:

1. „bankrekening" of „rekening", elke rekening met tegoeden die op naam van de schuldenaar of namens de schuldenaar op naam van een derde partij bij een bank wordt aangehouden;

2. „bank", een kredietinstelling in de zin van artikel 4, lid 1, punt 1), van Verordening (EU) nr. 575/2013 van het Europees Parlement en de Raad^{11}, met inbegrip van de bijkantoren, in de zin van artikel 4, lid 1, punt 17), van die verordening, van kredietinstellingen met hoofdkantoor in de Unie of, overeenkomstig artikel 47 van Richtlijn 2013/36/EU van het Europees Parlement en de Raad^{12}, de in de Unie gevestigde bijkantoren van kredietinstellingen met hoofdkantoor buiten de Unie;

3. „tegoeden", gelden op een rekening, in ongeacht welke valuta gecrediteerd, of soortgelijke vorderingen tot restitutie van geld, zoals geldmarktdeposito's;

4. „lidstaat waar de bankrekening wordt aangehouden",

a) de lidstaat vermeld in het IBAN (International Bank Account Number - internationaal bankrekeningnummer) van de rekening; of

b) in het geval van een bankrekening zonder IBAN, de lidstaat van de bank waarbij de rekening wordt aangehouden haar hoofdkantoor heeft of, indien de rekening bij een bijkantoor wordt aangehouden, de lidstaat waar het bijkantoor zich bevindt;

5. „vordering", een vordering tot betaling van een bepaalde, opeisbare geldschuld, of tot betaling van een bepaalbare geldschuld die voortvloeit uit een transactie of een gebeurtenis welke reeds heeft plaatsgevonden, mits de vordering in rechte kan worden aangebracht;

6. „schuldeiser", een natuurlijk persoon die zijn woon- of gewone verblijfplaats in een lidstaat heeft, of een in een lidstaat gevestigde rechtspersoon of andere in een lidstaat gevestigde entiteit, die volgens het recht van een lidstaat bevoegd is om als eiser of verweerder in rechte op te treden, en die een bevel tot conservatoir beslag aanvraagt of reeds heeft verkregen met betrekking tot een vordering;

7. „schuldenaar", een natuurlijke persoon, een rechtspersoon of een andere entiteit die volgens het recht van een lidstaat bevoegd is om als eiser of verweerder in rechte op te treden, tegen wie de schuldeiser een bevel tot conservatoir beslag tracht te verkrijgen of reeds heeft verkregen, met betrekking tot een vordering;

8. „rechterlijke beslissing", elke door een gerecht van een lidstaat gegeven beslissing, ongeacht de daaraan gegeven benaming, alsmede de vaststelling van het bedrag van de proceskosten door de griffier;

9. „gerechtelijke schikking", een schikking die door een gerecht van een lidstaat is goedgekeurd of tijdens een procedure voor een gerecht van een lidstaat is getroffen;

10. „authentieke akte", een akte die als authentieke akte is verleden of geregistreerd in een lidstaat en waarvan de authenticiteit:

a) betrekking heeft op de ondertekening en de inhoud van de akte, en

b) is vastgesteld door een overheidsinstantie of een andere daartoe bevoegd verklaarde autoriteit;

11. „lidstaat van herkomst", de lidstaat waar het bevel tot conservatoir beslag is uitgevaardigd;

12. „lidstaat van tenuitvoerlegging", de lidstaat waar de rekening wordt aangehouden waarop het bevel tot conservatoir beslag betrekking heeft;

13. „informatie-instantie", de instantie die door een lidstaat is aangewezen als bevoegd om de nodige informatie over de rekening of rekeningen van de schuldenaar te verkrijgen, overeenkomstig artikel 14;

14. „bevoegde instantie", de instantie of instanties die door een lidstaat zijn aangewezen als bevoegd voor de ontvangst, doorzending of betekening of kennisgeving, overeenkomstig artikel 10, lid 2, artikel 23, leden 3, 5 en 6, artikel 25, lid 3, artikel 27, lid 2, artikel 28, lid 3, en artikel 36, lid 5, tweede alinea;

---

11 Verordening (EU) nr. 575/2013 van het Europees Parlement en de Raad van 26 juni 2013 betreffende prudentiële vereisten voor kredietinstellingen en beleggingsondernemingen en tot wijziging van Verordening (EU) nr. 648/2012 (PB L 176 van 27.6.2013, blz. 1).

12 Richtlijn 2013/36/EU van het Europees Parlement en de Raad van 26 juni 2013 betreffende de toegang tot het bedrijf van kredietinstellingen en het prudentieel toezicht op kredietinstellingen en beleggingsondernemingen, tot wijziging van Richtlijn 2002/87/EG en tot intrekking van de Richtlijnen 2006/48/EG en 2006/49/EG (PB L 176 van 27.6.2013, blz. 338).

15. „woonplaats", de overeenkomstig artikelen 62 en 63 van Verordening (EU) nr. 1215/2012 van het Europees Parlement en de Raad^{13} te bepalen woonplaats.

Hoofdstuk 2 Procedure voor het verkrijgen van een bevel tot conservatoir beslag

Art. 5 Beschikbaarheid

De schuldeiser kan in de volgende gevallen een bevel tot conservatoir beslag verkrijgen:

a) vóór of tijdens elke fase van een door hem in een lidstaat tegen de schuldenaar ingestelde procedure betreffende het bodemgeschil, zolang geen rechterlijke beslissing is gegeven of geen gerechtelijke schikking is goedgekeurd of getroffen;

b) nadat hij in een lidstaat een rechterlijke beslissing, gerechtelijke schikking of authentieke akte heeft verkregen op grond waarvan de schuldenaar de vordering moet voldoen.

Art. 6 Rechterlijke bevoegdheid

1. Indien de schuldeiser nog geen rechterlijke beslissing, gerechtelijke schikking of authentieke akte heeft verkregen, zijn de gerechten van de lidstaat die overeenkomstig de toepasselijke regels bevoegd zijn om van het bodemgeschil kennis te nemen, tevens bevoegd om het bevel tot conservatoir beslag uit te vaardigen.

2. Niettegenstaande lid 1 zijn de gerechten van de lidstaat waar de schuldenaar zijn woonplaats heeft bij uitsluiting bevoegd om een bevel tot conservatoir beslag ter bescherming van een vordering uit overeenkomst uit te vaardigen, in het geval dat de schuldenaar een consument is die een overeenkomst met de schuldeiser heeft gesloten voor een gebruik dat niet als bedrijfs- of beroepsmatig kan worden beschouwd.

3. Indien de schuldeiser reeds een rechterlijke beslissing of gerechtelijke schikking heeft verkregen, zijn de gerechten van de lidstaat waar de rechterlijke beslissing is gegeven of de gerechtelijke schikking is goedgekeurd of getroffen, bevoegd een bevel tot conservatoir beslag betreffende de in de rechterlijke beslissing of gerechtelijke schikking bedoelde vordering uit te vaardigen.

4. Indien de schuldeiser een authentieke akte heeft verkregen, zijn de gerechten die daartoe zijn aangewezen in de lidstaat waar die akte is opgesteld, bevoegd een bevel tot conservatoir beslag betreffende de in die akte bedoelde vordering uit te vaardigen.

Art. 7 Voorwaarden voor het uitvaardigen van een bevel tot conservatoir beslag

1. Het gerecht vaardigt het bevel tot conservatoir beslag uit indien de schuldeiser voldoende bewijsmateriaal heeft verstrekt om het gerecht ervan te overtuigen dat er dringend behoefte bestaat aan een bewarende maatregel in de vorm van een bevel tot conservatoir beslag, gelet op het reële risico dat, zonder een dergelijke maatregel, de latere inning van de vordering van de schuldeiser jegens de schuldenaar onmogelijk wordt gemaakt of wordt bemoeilijkt.

2. Indien de schuldeiser in een lidstaat nog geen rechterlijke beslissing, gerechtelijke schikking of authentieke akte heeft verkregen op grond waarvan de schuldenaar de vordering moet voldoen, verstrekt de schuldeiser tevens voldoende bewijsmateriaal om het gerecht ervan te overtuigen dat zijn vordering tegen de schuldenaar waarschijnlijk gegrond wordt verklaard.

Art. 8 Verzoek om een bevel tot conservatoir beslag

1. Het verzoek om een bevel tot conservatoir beslag wordt ingediend door middel van het formulier dat volgens de in artikel 52, lid 2, bedoelde raadplegingsprocedure is vastgesteld.

2. Het verzoek bevat de volgende elementen:

a) de naam en het adres van het gerecht waar het verzoek wordt ingediend;

b) gegevens betreffende de schuldeiser: de naam en contactgegevens van de schuldeiser en, in voorkomend geval, van zijn vertegenwoordiger, en

i) indien de schuldeiser een natuurlijke persoon is, zijn geboortedatum en, in voorkomend geval en indien beschikbaar, het nummer van zijn identiteitskaart of het paspoort; of

ii) indien de schuldeiser een rechtspersoon is of een andere entiteit die krachtens het recht van een lidstaat bevoegd is om als eiser of verweerder in rechte op te treden, de staat van de statutaire zetel en het identificatie- of registratienummer of, bij gebreke hiervan, de datum en plaats van vestiging, oprichting of registratie;

c) gegevens betreffende de schuldenaar: de naam en contactgegevens van de schuldenaar en, in voorkomend geval, van zijn vertegenwoordiger, en, indien beschikbaar:

i) indien de schuldenaar een natuurlijk persoon is, zijn geboortedatum en het nummer van zijn identiteitsbewijs of paspoort; of

ii) indien de schuldenaar een rechtspersoon is of een andere entiteit die volgens het recht van een staat bevoegd is om als eiser of verweerder in rechte op te treden, de staat van de statutaire

---

13 Verordening (EU) nr. 1215/2012 van het Europees Parlement en de Raad van 12 december 2012 betreffende de rechterlijke bevoegdheid, de erkenning en de tenuitvoerlegging van beslissingen in burgerlijke en handelszaken (PB L 351 van 20.12.2012, blz. 1).

zetel en het identificatie- of registratienummer of, bij gebreke hiervan, de datum en plaats van vestiging, oprichting of registratie;

d) een nummer aan de hand waarvan de bank kan worden bepaald, zoals het IBAN of de BIC en/of de naam en het adres van de bank, waar de schuldenaar een of meer rekeningen aanhoudt waarop conservatoir beslag moet worden gelegd;

e) indien beschikbaar, het nummer van de rekening of rekeningen waarop conservatoir beslag moet worden gelegd en, in dat geval, de vermelding of op andere rekeningen die de schuldenaar bij dezelfde bank aanhoudt, conservatoir beslag moet worden gelegd;

f) indien geen van de onder d) bedoelde gegevens kan worden verstrekt, een verklaring dat een verzoek om rekeninginformatie overeenkomstig artikel 14 wordt ingediend, indien een dergelijk verzoek mogelijk is, en een vermelding van de redenen waarom de schuldeiser van mening is dat de schuldenaar een of meer rekeningen bij een bank in een bepaalde lidstaat aanhoudt;

g) het bedrag waarvoor om het bevel tot conservatoir beslag wordt verzocht:

i) indien de schuldeiser nog geen rechterlijke beslissing, gerechtelijke schikking of authentieke akte heeft verkregen, het bedrag van de hoofdvordering of een gedeelte daarvan en van alle rente die overeenkomstig artikel 15 kan worden geëind;

ii) indien de schuldeiser reeds een rechterlijke beslissing, gerechtelijke schikking of authentieke akte heeft verkregen, het in de rechterlijke beslissing, gerechtelijke schikking of authentieke akte bepaalde bedrag van de hoofdvordering of een onderdeel daarvan en alle rente en kosten die overeenkomstig artikel 15 kunnen worden geëind;

h) indien de schuldeiser nog geen rechterlijke beslissing, gerechtelijke schikking of authentieke akte heeft verkregen:

i) een beschrijving van alle relevante elementen ter ondersteuning van de bevoegdheid van het gerecht waar het verzoek om het bevel tot conservatoir beslag is ingediend;

ii) een beschrijving van alle relevante omstandigheden die als grondslag voor de vordering en, in voorkomend geval, de gevorderde rente worden aangevoerd;

iii) een verklaring die aangeeft of de schuldeiser reeds een procedure betreffende het bodemgeschil heeft ingesteld tegen de schuldenaar;

i) indien de schuldeiser reeds een rechterlijke beslissing, gerechtelijke schikking of authentieke akte heeft verkregen, een verklaring dat aan de rechterlijke beslissing, gerechtelijke schikking of authentieke akte nog geen gevolg is gegeven of, in voorkomend geval, de vermelding in welke mate eraan gevolg is gegeven;

j) een beschrijving van alle relevante omstandigheden die overeenkomstig artikel 7, lid 1, grond opleveren voor de uitvaardiging van het bevel tot conservatoir beslag;

k) in voorkomend geval, een opgave van de redenen waarom de schuldeiser meent te moeten worden vrijgesteld van zekerheidstelling overeenkomstig artikel 12;

l) een lijst van het door de schuldeiser verstrekte bewijsmateriaal;

m) een verklaring van de schuldeiser, overeenkomstig artikel 16, over de vraag of hij al dan niet andere gerechten of instanties om een gelijkwaardig nationaal bevel heeft verzocht en of het verzoek is ingewilligd of afgewezen en, indien het is ingewilligd, in welke mate aan het bevel uitvoering is gegeven;

n) een facultatieve vermelding van de bankrekening van de schuldeiser waarop de schuldenaar de vordering vrijwillig kan voldoen;

o) een verklaring van de schuldeiser dat de informatie in het verzoek naar zijn beste weten juist en volledig is en dat opzettelijk onjuiste of onvolledige verklaringen juridische gevolgen kunnen hebben krachtens het recht van de lidstaat waar het verzoek wordt ingediend, of tot aansprakelijkheid in de zin van artikel 13 kunnen leiden.

3. Het verzoek gaat vergezeld van alle nuttige bewijsstukken en, indien de schuldeiser reeds een rechterlijke beslissing, gerechtelijke schikking of authentieke akte heeft verkregen, een afschrift van de rechterlijke beslissing, gerechtelijke schikking of authentieke akte dat voldoet aan de voorwaarden om de echtheid ervan te kunnen vaststellen.

4. Het verzoek en de bewijsstukken kunnen worden ingediend met alle mogelijke — ook digitale — communicatiemiddelen die worden aanvaard krachtens het procesrecht van de lidstaat waar het verzoek wordt ingediend.

Art. 9 Bewijsverkrijging

1. Het gerecht doet uitspraak bij wege van een schriftelijke procedure aan de hand van de gegevens en de bewijsstukken die de schuldeiser in of bij zijn verzoek heeft verstrekt. Indien het gerecht het verstrekte bewijsmateriaal ontoereikend acht, kan het de schuldeiser verzoeken aanvullende bewijsstukken over te leggen, indien het nationale recht dat toestaat.

2. Niettegenstaande lid 1 en behoudens artikel 11, kan het gerecht voorts, mits dat de procedure niet onnodig vertraagt, bewijsmateriaal trachten te verkrijgen met andere passende middelen die hem volgens het nationaal recht ter beschikking staan, zoals het mondeling horen van de schuldeiser of zijn getuigen, onder meer per videoconferentie of met behulp van andere communicatietechnologie.

Art. 10 Instelling van een procedure betreffende het bodemgeschil

1. Indien de schuldeiser een verzoek om een bevel tot conservatoir beslag heeft ingediend voordat hij een procedure betreffende het bodemgeschil heeft ingesteld, stelt hij deze procedure in en levert hij het gerecht waar het verzoek om het bevel is ingediend daarvan het bewijs, uiterlijk dertig dagen na de datum waarop hij het verzoek heeft ingediend of, indien dit later is, binnen veertien dagen na de datum waarop het bevel is uitgevaardigd. Tevens kan het gerecht, op verzoek van de schuldenaar en onder kennisgeving aan de beide partijen, die termijn verlengen, bijvoorbeeld om de partijen de zaak te laten schikken.

2. Indien het gerecht binnen de in lid 1 bedoelde termijn niet het bewijs heeft ontvangen dat de procedure is ingeleid, wordt het bevel tot conservatoir beslag ingetrokken of eindigt het en worden de partijen daarvan op de hoogte gebracht.

Indien het gerecht dat het bevel heeft uitgevaardigd zich in de lidstaat van tenuitvoerlegging bevindt, wordt het bevel ingetrokken of eindigt het overeenkomstig het recht van die lidstaat.

Indien het bevel moet worden ingetrokken of het bevel eindigt in een andere lidstaat dan de lidstaat van herkomst, wordt het bevel door het gerecht ingetrokken met behulp van het formulier dat door middel van volgens de in artikel 52, lid 2, bedoelde raadplegingsprocedure aangenomen uitvoeringshandelingen is vastgesteld, en dat overeenkomstig artikel 29 aan de bevoegde instantie van de lidstaat van tenuitvoerlegging wordt toegezonden. Die instantie onderneemt de nodige stappen om in voorkomend geval artikel 23 toe te passen om de intrekking of de beëindiging van de tenuitvoerlegging uitgevoerd te zien.

3. Voor de toepassing van lid 1 wordt de procedure betreffende het bodemgeschil geacht te zijn ingesteld:

a) op het tijdstip waarop het stuk waarmee de procedure wordt ingeleid of een gelijkwaardig stuk bij het gerecht wordt ingediend, mits de schuldeiser vervolgens niet heeft nagelaten te doen wat hij met het oog op de betekening of de kennisgeving van het stuk aan de schuldenaar moest doen; of

b) indien het stuk betekend of ter kennis gebracht moet worden voordat het bij het gerecht wordt ingediend, op het tijdstip waarop de instantie die belast is met de betekening of kennisgeving het stuk ontvangt, mits de schuldeiser vervolgens niet heeft nagelaten te doen wat hij met het oog op de indiening van het stuk bij het gerecht moest doen.

De onder b) van de eerste alinea bedoelde instantie die belast is met de betekening of de kennisgeving is de eerste instantie die de te betekenen of ter kennis te brengen stukken ontvangt.

Art. 11 Niet-contradictoire procedure

De schuldenaar wordt niet in kennis gesteld van het verzoek om een bevel tot conservatoir beslag, noch gehoord, voordat het bevel is uitgevaardigd.

Art. 12 Zekerheidstelling door de schuldeiser

1. Voordat het gerecht, in het geval dat de schuldeiser nog geen rechterlijke beslissing, gerechtelijke schikking of authentieke akte heeft verkregen, een bevel tot conservatoir beslag uitvaardigt, verlangt het dat de schuldeiser zekerheid stelt ten belope van een bedrag dat volstaat om misbruik te voorkomen van de procedure waarin deze verordening voorziet en de door de schuldenaar als gevolg van het bevel geleden schade te vergoeden, voor zover de schuldeiser overeenkomstig artikel 13 aansprakelijk is voor die schade.

Het gerecht kan bij wijze van uitzondering van de in de eerste alinea vermelde regel afwijken indien het de in die alinea vermelde zekerheidstelling in het licht van de omstandigheden niet passend acht.

2. Indien de schuldeiser reeds een rechterlijke beslissing, gerechtelijke schikking of authentieke akte heeft verkregen, kan het gerecht, alvorens het bevel uit te vaardigen, van de schuldeiser verlangen dat hij een zekerheid in de zin van lid 1, eerste alinea, stelt, indien het dat in de omstandigheden van het geval noodzakelijk en passend acht.

3. Indien het gerecht verlangt dat een zekerheid overeenkomstig dit artikel moet worden gesteld, wordt aan de schuldeiser meegedeeld voor welk bedrag hij zekerheid moet stellen en welke vorm aanvaardbaar is op grond van het recht van de lidstaat waar het gerecht zich bevindt. Het gerecht vermeldt dat het het bevel tot conservatoir beslag zal uitvaardigen nadat overeenkomstig deze vereisten zekerheid is gesteld.

Art. 13 Aansprakelijkheid van de schuldeiser

1. De schuldeiser is aansprakelijk voor iedere schade die de schuldenaar door het bevel tot conservatoir beslag lijdt en die te wijten is aan de schuldeiser. De bewijslast rust op de schuldenaar.

2. In de volgende gevallen wordt de schuldeiser, behoudens tegenbewijs, verondersteld aansprakelijk te zijn:

a) indien het bevel wordt ingetrokken omdat de schuldeiser, buiten het geval van voldoening van de vordering door de schuldenaar of een andere vorm van schikking tussen de partijen, heeft verzuimd een procedure betreffende het bodemgeschil in te stellen;

b) indien de schuldeiser heeft verzuimd krachtens artikel 27 het teveel waarop beslag is gelegd te laten vrijgeven;

c) indien naderhand blijkt dat het bevel niet, of slechts voor een lager bedrag, terecht is uitgevaardigd, omdat de schuldeiser niet aan de verplichtingen uit hoofde van artikel 16 heeft voldaan; of

d) indien het bevel wordt ingetrokken of eindigt omdat de schuldeiser niet heeft voldaan aan de in deze verordening vastgelegde verplichtingen inzake betekening of kennisgeving of vertaling, of inzake het verhelpen van het ontbreken van betekening of kennisgeving of vertaling.

3. Niettegenstaande lid 1 kunnen de lidstaten in hun nationaal recht andere gronden of vormen van aansprakelijkheid of regels over de bewijslast handhaven of opnemen. Alle andere dan de in de leden 1 en 2 bedoelde aspecten van de aansprakelijkheid jegens de schuldeiser vallen onder het nationale recht.

4. De aansprakelijkheid van de schuldeiser wordt beheerst door het recht van de lidstaat van tenuitvoerlegging.+

Indien in meer dan één lidstaat op rekeningen beslag wordt gelegd, is het op de aansprakelijkheid van de schuldeiser toepasselijke recht dat van de lidstaat van tenuitvoerlegging:

a) waar de schuldenaar zijn gewone verblijfplaats in de zin van artikel 23 van Verordening (EG) nr. 864/2007 van het Europees Parlement en de Raad^{14} heeft of, bij gebreke hiervan,

b) die het nauwst verbonden is met de zaak.

5. Dit artikel heeft geen betrekking op mogelijke aansprakelijkheid van de schuldeiser jegens de bank of een derde.

Art. 14 Verzoek voor het verkrijgen van rekeninginformatie

1. Indien de schuldeiser in een lidstaat een uitvoerbare rechterlijke beslissing, gerechtelijke schikking of authentieke akte heeft verkregen op grond waarvan de schuldenaar de vordering moet voldoen en de schuldeiser redenen heeft om aan te nemen dat de schuldenaar een of meer rekeningen bij een bank heeft waarvan hij noch de naam en/of het adres kent, noch het IBAN, de BIC of een ander bankrekeningnummer aan de hand waarvan de bank kan worden geïdentificeerd, kan hij het gerecht waar het verzoek om een bevel tot conservatoir beslag wordt ingediend vragen de informatie-instantie van de lidstaat van tenuitvoerlegging de gegevens te laten inwinnen aan de hand waarvan de bank of banken en de rekening of rekeningen van de schuldenaar kunnen worden geïdentificeerd.

Niettemin kan de schuldeiser om de in de voorgaande alinea bedoelde rekeninginformatie verzoeken indien de door hem verkregen rechterlijke beslissing, gerechtelijke schikking of authentieke akte nog niet uitvoerbaar is en het bedrag waarop beslag moet worden gelegd gezien de omstandigheden aanzienlijk is en de schuldeiser voldoende bewijsmateriaal heeft verstrekt om het gerecht ervan te overtuigen dat de informatie dringend moet worden verstrekt, omdat anders de latere inning van de vordering van de schuldeiser jegens de schuldenaar in het gedrang dreigt te komen, waardoor de financiële situatie van de schuldeiser aanzienlijk zou kunnen verslechteren.

2. Het informatieverzoek wordt door de schuldeiser vervat in het in lid 1 vermelde verzoek om een bevel tot conservatoir beslag. De schuldeiser maakt aannemelijk waarom volgens hem de schuldenaar een of meer rekeningen bij een bank in een bepaalde lidstaat aanhoudt, en verstrekt alle hem beschikbare en relevante informatie omtrent de schuldenaar en de rekeningen waarop beslag moet worden gelegd. Indien het gerecht waar het verzoek om een bevel tot conservatoir beslag is ingediend het verzoek onvoldoende onderbouwd acht, wordt het verworpen.

3. Indien het gerecht ervan overtuigd is dat het verzoek om informatie voldoende is onderbouwd en dat aan alle voorwaarden en vereisten voor de uitvaardiging van het bevel is voldaan, met uitzondering van hetgeen in artikel 8, lid 2, onder d), met betrekking tot informatie en, in voorkomend geval, in artikel 12 inzake zekerheidstelling is voorgeschreven, doet het verzoek om informatie overeenkomstig artikel 29 aan de informatie-instantie van de lidstaat van tenuitvoerlegging toekomen.

4. De informatie-instantie in de lidstaat van tenuitvoerlegging gebruikt een van de in lid 5 bedoelde, in die lidstaat beschikbare middelen om de in lid 1 bedoelde informatie te verkrijgen.

5. Elke lidstaat voorziet in zijn nationale recht in ten minste een van de volgende middelen om de in lid 1 bedoelde informatie te verkrijgen:

a) de verplichting dat alle banken op zijn grondgebied, op verzoek van de informatie-instantie, bekendmaken of de schuldenaar bij hen een rekening aanhoudt;

b) het recht van de informatie-instantie om toegang te krijgen tot de relevante informatie die de overheid in registers of op andere wijze bijhoudt;

c) de mogelijkheid dat zijn gerechten de schuldenaar de verplichting opleggen bekend te maken bij welke banken op het grondgebied van die lidstaat hij een of meer rekeningen aanhoudt, en hem voorts door een bevel in personam verbieden tegoeden op die rekening of rekeningen op

---

¹⁴ Verordening (EG) nr. 864/2007 van het Europees Parlement en de Raad van 11 juli 2007 inzake het recht dat van toepassing is op niet-contractuele verbintenissen (Rome II) (PB L 199 van 31.7.2007, blz. 40).

te nemen of over te dragen tot het bedrag waarop beslag moet worden gelegd overeenkomstig het bevel tot conservatoir beslag; of

d) elk ander middel dat doeltreffend en doelmatig is om de relevante informatie te verkrijgen, mits deze niet onevenredig kostbaar zijn of onevenredig veel tijd vergen.

Ongeacht de middelen waarin een lidstaat voorziet, wordt door alle bij het verkrijgen van de informatie betrokken instanties met bekwame spoed gehandeld.

6. Zodra de informatie-instantie van de lidstaat van tenuitvoerlegging de rekeninginformatie heeft verkregen, doet zij deze overeenkomstig artikel 29 toekomen aan het gerecht dat ze heeft opgevraagd.

7. Indien de informatie-instantie de in lid 1 bedoelde informatie niet kan verkrijgen, deelt zij dit mee aan het gerecht dat de informatie heeft opgevraagd. Wordt het verzoek om een bevel tot conservatoir beslag, omwille van het ontbreken van rekeninginformatie, geheel afgewezen, dan beslist het gerecht dat de informatie heeft opgevraagd tot onmiddellijke vrijgave van de misschien door de schuldeiser overeenkomstig artikel 12 gestelde zekerheid.

8. Indien de informatie-instantie op grond van dit artikel informatie ontvangt van een bank of haar toegang wordt verleend tot rekeninginformatie die de overheid in registers bijhoudt, wordt de kennisgeving aan de schuldenaar van de openbaarmaking van zijn persoonsgegevens voor een termijn van dertig dagen opgeschort, om te voorkomen dat door vroegtijdige kennisgeving het effect van het bevel tot conservatoir beslag in het gedrang komt.

Art. 15 Rente en kosten

1. Op verzoek van de schuldeiser omvat het bevel tot conservatoir beslag de krachtens het toepasselijke recht aangegroeide rente op de vordering tot op de datum van uitvaardiging van het bevel, mits het opnemen van het rentebedrag of de rentevorm niet in strijd is met bepalingen van bijzonder dwingend recht in de lidstaat van herkomst.

2. Indien de schuldeiser reeds een rechterlijke beslissing, gerechtelijke schikking of authentieke akte heeft verkregen, omvat het bevel tot conservatoir beslag op verzoek van de schuldeiser tevens de kosten van het verkrijgen van een dergelijke beslissing, schikking of akte, voor zover is bepaald dat deze kosten ten laste van de schuldenaar komen.

Art. 16 Parallelle verzoeken

1. Het is de schuldeiser niet toegestaan gelijktijdig bij verschillende gerechten parallelle verzoeken voor een bevel tot conservatoir beslag met betrekking tot dezelfde schuldenaar gericht op het veiligstellen van dezelfde vordering in te dienen.

2. In het verzoek om een bevel tot conservatoir beslag vermeldt de schuldeiser of hij reeds bij een ander gerecht of instantie een verzoek om een gelijkwaardig nationaal bevel met betrekking tot dezelfde schuldenaar en dezelfde vordering heeft ingediend, dan wel reeds heeft verkregen. Hij vermeldt in voorkomend geval ook verzoeken die als niet-ontvankelijk of ongegrond zijn afgewezen.

3. Indien de schuldeiser tijdens de bevelprocedure een gelijkwaardig nationaal bevel met betrekking tot dezelfde schuldenaar en dezelfde vordering verkrijgt, brengt hij het gerecht hiervan, alsmede van de aan het nationaal bevel gegeven uitvoering, onverwijld op de hoogte. Hij vermeldt tevens welke verzoeken om een gelijkwaardig nationaal bevel als niet-ontvankelijk of ongegrond zijn afgewezen.

4. Indien het gerecht verneemt dat de schuldeiser reeds een gelijkwaardig nationaal bevel heeft verkregen, overweegt het of het, alle omstandigheden van het geval in aanmerking genomen, nog steeds aangewezen is het bevel geheel of gedeeltelijk uit te vaardigen.

Art. 17 Beslissing over het verzoek om een bevel tot conservatoir beslag

1. Het gerecht waar het verzoek om een bevel tot conservatoir beslag is ingediend, onderzoekt of aan de in deze verordening gestelde voorwaarden en vereisten is voldaan.

2. Het gerecht beslist onverwijld over het verzoek, en uiterlijk binnen de in artikel 18 bepaalde termijn.

3. Indien de schuldeiser niet alle in artikel 8 bedoelde informatie heeft verstrekt, kan het gerecht, tenzij het verzoek kennelijk niet-ontvankelijk of ongegrond is, een termijn bepalen waarbinnen de schuldeiser het verzoek moet hebben aangevuld of gecorrigeerd. Indien de schuldeiser het verzoek niet binnen die termijn heeft aangevuld of gecorrigeerd, wordt het afgewezen.

4. Het bevel tot conservatoir beslag wordt uitgevaardigd voor het bedrag dat wordt gegrond op het in artikel 9 bedoelde bewijsmateriaal en zoals bepaald door het op de onderliggende vordering toepasselijke recht, en omvat in voorkomend geval ook de rente en kosten overeenkomstig artikel 15.

Het bevel mag in geen geval worden uitgevaardigd voor een hoger bedrag dan het bedrag dat de schuldeiser in zijn verzoek heeft opgegeven.

5. De beslissing over het verzoek wordt de schuldeiser ter kennis gebracht volgens de in het recht van de lidstaat van herkomst vastgestelde procedure voor gelijkwaardige nationale bevelen.

Art. 18 Termijnen voor de beslissing over het verzoek om een bevel tot conservatoir beslag

1. Indien de schuldeiser nog geen rechterlijke beslissing, gerechtelijke schikking of authentieke akte heeft verkregen, beslist het gerecht uiterlijk op de tiende werkdag nadat de schuldeiser het verzoek heeft ingediend of, in voorkomend geval, heeft aangevuld.

2. Indien de schuldeiser reeds een rechterlijke beslissing, gerechtelijke schikking of authentieke akte heeft verkregen, beslist het gerecht uiterlijk op de vijfde werkdag nadat de schuldeiser het verzoek heeft ingediend of, in voorkomend geval, heeft aangevuld.

3. Indien het gerecht overeenkomstig artikel 9, lid 2, oordeelt dat de schuldeiser of, naargelang van het geval, zijn getuigen, mondeling moeten worden gehoord, geschiedt dit onverwijld, en beslist het gerecht uiterlijk op de vijfde werkdag na het horen.

4. In de in artikel 12 bedoelde gevallen zijn de in de leden 1, 2 en 3 van dit artikel bepaalde termijnen van toepassing op de beslissing dat de schuldeiser een zekerheid moet stellen. Zodra de schuldeiser de vereiste zekerheid heeft gesteld, beslist het gerecht onverwijld inzake het verzoek om een bevel tot conservatoir beslag.

5. Niettegenstaande de leden 1, 2 en 3 van dit artikel, beslist het gerecht in de in artikel 14 bedoelde gevallen, onverwijld nadat het de in artikel 14, lid 6 of 7, bedoelde informatie heeft ontvangen, mits de schuldeiser op dat moment reeds de vereiste zekerheid heeft gesteld.

Art. 19 Vorm en inhoud van het bevel tot conservatoir beslag

1. Het bevel tot conservatoir beslag wordt verleend middels het formulier dat door middel van volgens de in artikel 52, lid 2, bedoelde raadplegingsprocedure aangenomen uitvoeringshandelingen is vastgesteld, en wordt door het gerecht afgestempeld, ondertekend en/of anderszins gelegaliseerd. Het formulier bestaat uit twee delen:

a) deel A, met de in lid 2 bedoelde informatie die aan de bank, de schuldeiser en de schuldenaar moet worden verstrekt; en

b) deel B, met de in lid 3 bedoelde informatie die aan de schuldeiser en de schuldenaar naast de in lid 2 bedoelde informatie moet worden verstrekt.

2. Deel A bevat de volgende gegevens:

a) de naam en het adres van het gerecht en het dossiernummer;

b) de in artikel 8, lid 2, onder b), bedoelde gegevens betreffende de schuldeiser;

c) de in artikel 8, lid 2, onder c), bedoelde gegevens betreffende de schuldenaar;

d) de naam en het adres van de in het bevel bedoelde bank;

e) indien de schuldeiser het rekeningnummer van de schuldenaar in het verzoek heeft vermeld, het nummer van de rekening of rekeningen waarop beslag moet worden gelegd en, in voorkomend geval, de vermelding dat ook op andere rekeningen die de schuldenaar bij dezelfde bank aanhoudt, beslag moet worden gelegd;

f) in voorkomend geval, de vermelding dat het nummer van enige rekening waarop beslag moet worden gelegd, werd verkregen door middel van een verzoek overeenkomstig artikel 14, en dat de bank, indien noodzakelijk overeenkomstig artikel 24, lid 4, tweede alinea, het nummer heeft verkregen van de informatie-instantie van de lidstaat van tenuitvoerlegging;

g) het bedrag waarop het bevel betrekking heeft;

h) de aan de bank gegeven opdracht uitvoering te geven aan het bevel, overeenkomstig artikel 24;

i) de datum van het bevel;

j) indien de schuldeiser overeenkomstig artikel 8, lid 2, onder n), in het verzoek een rekening heeft opgegeven, de overeenkomstig artikel 24, lid 3, aan de bank verleende machtiging om, op verzoek van de schuldenaar en indien toegestaan overeenkomstig het recht van de lidstaat van tenuitvoerlegging, op de rekening waarop beslag is gelegd tegoeden tot het in het bevel genoemd bedrag vrij te geven en ze over te maken op de door de schuldeiser opgegeven rekening;

k) de plaats waar de elektronische versie van het te gebruiken formulier voor de in artikel 25 bedoelde verklaring te vinden is.

3. Deel B bevat de volgende gegevens:

a) een beschrijving van de zaak en van de motivering van het gerecht om het bevel uit te vaardigen;

b) in voorkomend geval, het bedrag van de door de schuldeiser gestelde zekerheid;

c) in voorkomend geval, de termijn voor het instellen van een procedure betreffende het bodemgeschil en voor het leveren van het bewijs, aan het gerecht dat het bevel heeft uitgevaardigd, dat deze procedure is ingesteld;

d) in voorkomend geval, de vermelding welke stukken op grond van artikel 49, lid 1, tweede zin, moeten worden vertaald;

e) in voorkomend geval, de vermelding dat het de taak van de schuldeiser is het bevel ten uitvoer te laten leggen, en bijgevolg, in voorkomend geval, de vermelding dat het de taak van de schuldeiser is om het bevel overeenkomstig artikel 23, lid 3, aan de bevoegde instantie van de lidstaat van tenuitvoerlegging toe te zenden, en het overeenkomstig artikel 28, leden 2, 3 en 4, aan de schuldenaar te laten betekenen; en *f)* informatie over de rechtsmiddelen die de schuldenaar ter beschikking staan.

4. Indien het bevel tot conservatoir beslag betrekking heeft op rekeningen bij verschillende banken, wordt voor elke bank een apart formulier (deel A overeenkomstig lid 2) ingevuld. In een dergelijk geval bevat het formulier dat aan de schuldeiser en de schuldenaar wordt bezorgd (deel A en deel B, respectievelijk overeenkomstig de leden 2 en 3) een lijst van alle betrokken banken.

Art. 20 Geldigheidsduur van het conservatoir beslag

Het beslag op de tegoeden waarop het bevel tot conservatoir beslag betrekking heeft, blijft gehandhaafd zoals in het bevel en in latere wijzigingen of beperkingen van dat bevel overeenkomstig hoofdstuk 4 is bepaald:

a) totdat het bevel wordt ingetrokken;

b) totdat de tenuitvoerlegging van het bevel wordt beëindigd; of

c) totdat een maatregel tot de tenuitvoerlegging van een uitspraak, een gerechtelijke schikking of een authentieke akte die door de schuldeiser met betrekking tot de vordering die door het conservatoir beslag gewaarborgd moest worden, van kracht is geworden met betrekking tot de door het beslag gedekte tegoeden.

Art. 21 Hoger beroep tegen de weigering het bevel tot conservatoir beslag uit te vaardigen

1. De schuldeiser kan hoger beroep instellen tegen iedere beslissing van het gerecht waarbij het verzoek om een bevel tot conservatoir beslag geheel of ten dele wordt afgewezen.

2. Het beroep wordt ingesteld binnen dertig dagen na de datum waarop de in lid 1 bedoelde beslissing ter kennis van de schuldeiser is gebracht. Het wordt ingesteld bij het door de betrokken lidstaat overeenkomstig artikel 50, lid 1, onder d), aan de Commissie gemeld gerecht.

3. Indien het verzoek om een bevel tot conservatoir beslag geheel is afgewezen, wordt het beroep, overeenkomstig artikel 11, niet op tegenspraak behandeld.

Hoofdstuk 3 Erkenning, uitvoerbaarheid en tenuitvoerlegging van het bevel tot conservatoir beslag

Art. 22 Erkenning en uitvoerbaarheid

Een bevel tot conservatoir beslag dat overeenkomstig deze verordening in een lidstaat is uitgevaardigd, wordt in de andere lidstaten zonder speciale procedure erkend, en is er zonder uitvoerbaarverklaring uitvoerbaar.

Art. 23 Tenuitvoerlegging van het bevel tot conservatoir beslag

1. Behoudens het bepaalde in dit hoofdstuk geschiedt de tenuitvoerlegging van het bevel tot conservatoir beslag volgens de procedures die gelden voor de tenuitvoerlegging van gelijkwaardige nationale bevelen in de lidstaat van tenuitvoerlegging.

2. Alle bij de tenuitvoerlegging betrokken instanties handelen onverwijld.

3. Indien het bevel tot conservatoir beslag in een andere lidstaat dan de lidstaat van tenuitvoerlegging is uitgevaardigd, wordt, met het oog op de toepassing van lid 1 van dit artikel, het in artikel 19, lid 2, bedoelde deel A, samen met een blanco standaardformulier voor de in artikel 25 bedoelde verklaring, overeenkomstig artikel 29 aan de bevoegde instantie van de lidstaat van tenuitvoerlegging toegezonden.

De toezending geschiedt door het uitvaardigende gerecht of door de schuldeiser, afhankelijk van wie volgens het recht van de lidstaat van herkomst tot taak heeft de tenuitvoerleggingsprocedure in te leiden.

4. Het bevel gaat indien nodig vergezeld van een vertaling of transliteratie in de officiële taal van de lidstaat van tenuitvoerlegging of, indien er in die lidstaat verschillende officiële talen zijn, in de officiële taal of een van de officiële talen van de plaats waar het bevel moet worden uitgevoerd. De vertaling of transliteratie wordt door het uitvaardigende gerecht verstrekt met behulp van de desbetreffende taalversie van het in artikel 19 bedoelde standaardformulier.

5. De bevoegde instantie van de lidstaat van tenuitvoerlegging doet het nodige om het bevel overeenkomstig het nationale recht ten uitvoer te laten leggen.

6. Indien het bevel tot conservatoir beslag betrekking heeft op meer dan één bank in dezelfde lidstaat of in verschillende lidstaten, wordt per bank een formulier in de zin van artikel 19, lid 4, aan de bevoegde instantie in de lidstaat van tenuitvoerlegging toegezonden.

Art. 24 Uitvoering van het bevel tot conservatoir beslag

1. Aan het bevel tot conservatoir beslag wordt door de bank na ontvangst van het bevel of, indien het recht van de lidstaat van tenuitvoerlegging daarin voorziet, van een overeenkomstige daartoe strekkende opdracht onverwijld uitvoering gegeven.

2. Behoudens artikel 31 geeft de bank uitvoering aan het bevel tot conservatoir beslag

a) door te verhinderen dat het in het bevel bepaalde bedrag van de in het bevel genoemde of van de overeenkomstig lid 4 aangeduide rekeningen wordt overgemaakt of opgenomen; of *b)* indien het nationaal recht daarin voorziet, door het in het bevel bepaalde bedrag over te maken op een speciaal daartoe aangewezen rekening.

Het definitieve bedrag waarop beslag wordt gelegd kan afhankelijk zijn gesteld van het afhandelen van transacties die reeds hangende zijn op het tijdstip waarop de bank het bevel of een overeenkomstige opdracht ontvangt. Met deze hangende transacties mag evenwel alleen rekening worden gehouden indien zij worden afgehandeld voordat de bank de in artikel 25 bedoelde verklaring, binnen de in lid 1 van dat artikel gestelde termijn, verstrekt.

3. Niettegenstaande lid 2, onder a), wordt de bank op verzoek van de schuldenaar gemachtigd om de tegoeden waarop beslag is gelegd vrij te geven en ze, ter voldoening van de schuldvordering, op de in het bevel vermelde rekening van de schuldeiser over te maken, indien aan elk van de volgende voorwaarden is voldaan:

a) een dergelijke machtiging van de bank is overeenkomstig artikel 19, lid 2, onder j), duidelijk in het bevel aangegeven;

b) het recht van de lidstaat van tenuitvoerlegging staat dergelijke vrijgave en overmaking toe; en

c) er zijn geen tegenstrijdige bevelen met betrekking tot de bedoelde rekening.

4. Indien in het bevel tot conservatoir beslag niet het nummer of de nummers van de rekening of rekeningen wordt vermeld, maar alleen de naam en andere bijzonderheden betreffende de schuldenaar, stelt de met de uitvoering van het bevel belaste bank of andere entiteit vast welke rekeningen de schuldenaar bij de in het bevel genoemde bank aanhoudt.

Indien de bank of andere entiteit aan de hand van de in het bevel verstrekte informatie niet met zekerheid kan vaststellen of het een rekening van de schuldenaar betreft,

a) vraagt de bank, indien overeenkomstig artikel 19, lid 2, onder f), in het bevel wordt vermeld dat het nummer of de nummers van de rekening of rekeningen waarop beslag moet worden gelegd, werd of werden verkregen door middel van een verzoek overeenkomstig artikel 14, die nummers op bij de informatie-instantie van de lidstaat van tenuitvoerlegging; en

b) geeft zij in de andere gevallen geen uitvoering aan het bevel.

5. Op de in lid 2, onder a), bedoelde rekeningen kan slechts tot het in bevel bepaalde bedrag conservatoir beslag worden gelegd.

6. Indien op het tijdstip van uitvoering van het bevel tot conservatoir beslag de tegoeden op de in lid 2 bedoelde rekeningen niet volstaan voor beslaglegging ten belope van het totale in het bevel bepaalde bedrag, wordt het bevel slechts voor het op de rekeningen beschikbare bedrag uitgevoerd.

7. Indien het bevel tot conservatoir beslag betrekking heeft op verscheidene rekeningen die de schuldenaar bij dezelfde bank aanhoudt en waarop tegoeden boven het in het bevel bepaalde bedrag staan, wordt het in deze volgorde uitgevoerd:

a) op de spaarrekeningen die uitsluitend op naam van de schuldenaar staan;

b) op de lopende rekeningen die uitsluitend op naam van de schuldenaar staan;

c) op de gezamenlijke spaarrekeningen, behoudens artikel 30;

d) op de gezamenlijke lopende rekeningen, behoudens artikel 30.

8. Indien de tegoeden op de in lid 2, onder a), bedoelde rekeningen in een andere valuta luiden dan die welke in het bevel tot conservatoir beslag wordt gehanteerd, zet de bank het in het bevel genoemde bedrag om op basis van de referentiewisselkoers die door de Europese Centrale Bank is bepaald, of de wisselkoers die door de centrale bank van de lidstaat van tenuitvoerlegging is bepaald voor de verkoop van die valuta op de dag en het tijdstip van de uitvoering van het bevel en voert zij het bevel uit voor het overeenkomstige bedrag in de valuta van de tegoeden.

Art. 25 Verklaring betreffende de tegoeden waarop beslag wordt gelegd

1. Vóór het einde van de derde werkdag na de uitvoering van het bevel tot conservatoir beslag verklaart de bank of de andere in de lidstaat van tenuitvoerlegging met de uitvoering belaste entiteit, met behulp van het formulier dat door middel van volgens de in artikel 52, lid 2, bedoelde raadplegingsprocedure aangenomen uitvoeringshandelingen is vastgesteld, of en in hoeverre beslag is gelegd op tegoeden op de rekeningen van de schuldenaar en, zo ja, op welke datum het bevel werd uitgevoerd. Indien de bank of de andere in de lidstaat van tenuitvoerlegging met de uitvoering belaste entiteit, in uitzonderlijke gevallen, de verklaring niet binnen drie werkdagen kan afgeven, geeft zij de verklaring zo spoedig mogelijk af, zij het uiterlijk op de achtste werkdag na de uitvoering van het bevel.

De verklaring wordt onverwijld toegezonden, overeenkomstig de leden 2 en 3.

2. Indien het bevel in de lidstaat van tenuitvoerlegging is uitgevaardigd, wordt de verklaring door de bank of door de andere met de uitvoering van het bevel belaste entiteit, overeenkomstig artikel 29 aan het uitvaardigende gerecht en, per aangetekende post met ontvangstbevestiging of via gelijkwaardige elektronische media, aan de schuldeiser toegezonden.

3. Indien het bevel in een andere lidstaat dan de lidstaat van tenuitvoerlegging is uitgevaardigd, wordt de verklaring overeenkomstig artikel 29 aan de bevoegde instantie van de lidstaat van tenuitvoerlegging toegezonden, tenzij zij door die instantie zelf is afgegeven.

Uiterlijk op de eerste werkdag na ontvangst of afgifte ervan, zendt deze instantie de verklaring van de bank overeenkomstig artikel 29 toe aan het uitvaardigende gerecht en, per aangetekende post met ontvangstbevestiging of langs overeenkomstige elektronische weg, aan de schuldeiser.

4. De bank of de andere met de uitvoering van het bevel tot conservatoir beslag belaste entiteit geeft de schuldenaar op diens verzoek inzage in de bijzonderheden het bevel. De bank of de entiteit kan de schuldenaar ook op eigen initiatief inzage geven.

Art. 26 Aansprakelijkheid van de bank

Elke aansprakelijkheid van de bank voor niet-nakoming van de haar krachtens deze verordening opgelegde verplichtingen wordt beheerst door het recht van de lidstaat van tenuitvoerlegging.

Art. 27 Verplichting van de schuldeiser tot vrijgave van het teveel waarop beslag is gelegd

1. De schuldeiser heeft de plicht het nodige te doen opdat, na de uitvoering van het bevel tot conservatoir beslag, het gedeelte boven het in het bevel bepaalde bedrag („het teveel waarop beslag is gelegd") wordt vrijgegeven:

a) indien het bevel betrekking heeft op meerdere rekeningen in dezelfde lidstaat of in verschillende lidstaten; of

b) indien het bevel is uitgevaardigd nadat een of meer gelijkwaardige nationale bevelen betreffende dezelfde schuldenaar en dezelfde vordering zijn uitgevoerd.

2. Uiterlijk op de derde werkdag nadat hij een verklaring overeenkomstig artikel 25 heeft ontvangen waaruit blijkt dat het bedrag waarop beslag is gelegd te hoog is, dient de schuldeiser op de snelst mogelijke wijze en met behulp van het formulier dat door middel van volgens de in artikel 52, lid 2, bedoelde raadplegingsprocedure aangenomen uitvoeringshandelingen is vastgesteld voor het verzoek om vrijgave van het teveel waarop beslag is gelegd, bij de bevoegde instantie van de lidstaat van tenuitvoerlegging waar op het teveel beslag is gelegd, een verzoek tot vrijgave in.

Na ontvangst van het verzoek geeft die instantie de betrokken bank onmiddellijk opdracht het teveel waarop beslag is gelegd vrij te geven. De in artikel 24, lid 7, bepaalde volgorde is, in voorkomend geval, in omgekeerde zin van toepassing.

3. Dit artikel belet een lidstaat niet in zijn nationale recht te bepalen dat zijn bevoegde tenuitvoerleggingsinstantie zelf beslist tot vrijgave van het teveel waarop beslag is gelegd op rekeningen die op zijn grondgebied worden aangehouden.

Art. 28 Betekening of kennisgeving aan de schuldenaar

1. Van het bevel tot conservatoir beslag, de andere in lid 5 van dit artikel bedoelde stukken, en de in artikel 25 bedoelde verklaring geschiedt overeenkomstig het onderhavige artikel betekening of kennisgeving aan de schuldenaar.

2. Indien de schuldenaar in de lidstaat van herkomst woont, geschiedt de betekening of kennisgeving volgens het recht van die lidstaat. De betekening of kennisgeving geschiedt, afhankelijk van de voorschriften in de lidstaat van herkomst, op initiatief van het uitvaardigende gerecht of de schuldeiser, uiterlijk op de derde werkdag volgend op de dag van ontvangst van de in artikel 25 bedoelde verklaring waaruit de beslaglegging blijkt.

3. Indien de schuldenaar zijn woonplaats in een andere lidstaat dan de lidstaat van herkomst heeft, zendt het gerecht of de schuldeiser, dat of die volgens de voorschriften van de lidstaat van herkomst het initiatief tot de betekening of kennisgeving heeft, uiterlijk op de derde werkdag na ontvangst van de in artikel 25 bedoelde verklaring waaruit de beslaglegging blijkt, de in lid 1 van dit artikel bedoelde stukken overeenkomstig artikel 29 toe aan de bevoegde instantie van de lidstaat waar de schuldenaar zijn woonplaats heeft. Deze instantie doet onverwijld het nodige om, overeenkomstig het recht van de lidstaat waar de schuldenaar zijn woon- of verblijfplaats heeft, de betekening of kennisgeving aan de schuldenaar te laten verrichten. Indien de lidstaat waar de schuldenaar zijn woonplaats heeft de enige lidstaat van tenuitvoerlegging is, worden de in lid 5 van dit artikel bedoelde stukken aan de bevoegde instantie van die lidstaat toegezonden op het tijdstip van toezending van het bevel overeenkomstig artikel 23, lid 3. In dat geval gaat de bevoegde instantie van de lidstaat van tenuitvoerlegging, uiterlijk op de derde werkdag na ontvangst of afgifte van de in artikel 25 bedoelde verklaring waaruit de beslaglegging blijkt, over tot de betekening of kennisgeving van alle in lid 1 van dit artikel bedoelde stukken.

De bevoegde instantie stelt het uitvaardigende gerecht of de schuldeiser, afhankelijk van wie haar de stukken heeft toegezonden, in kennis van het resultaat van de betekening of kennisgeving.

4. Indien de schuldenaar zijn woonplaats heeft in een derde staat, vindt de betekening of kennisgeving plaats overeenkomstig de voorschriften betreffende internationale betekening of kennisgeving die in de lidstaat van herkomst van toepassing zijn.

5. Aan de schuldenaar geschiedt betekening of kennisgeving van de volgende stukken, waar nodig vergezeld van een vertaling of transliteratie overeenkomstig artikel 49, lid 1:

a) het bevel tot conservatoir beslag, met behulp van de delen A en B van het in artikel 19, leden 2 en 3, bedoelde formulier;

b) het door de schuldeiser bij het gerecht ingediende verzoek om het bevel tot conservatoir beslag;

c) een afschrift van alle stukken die de schuldeiser ter verkrijging van het bevel bij het gerecht heeft ingediend.

6. Indien het bevel tot conservatoir beslag meer dan één bank betreft, geschiedt betekening of kennisgeving overeenkomstig dit artikel uitsluitend van de eerste in artikel 25 bedoelde verklaring waaruit de beslaglegging blijkt. Alle latere verklaringen in de zin van artikel 25 worden de schuldenaar onverwijld ter kennis gebracht.

Art. 29 Toezending van stukken

1. In de gevallen waarin deze verordening in het verzenden van stukken overeenkomstig dit artikel voorziet, kan de verzending met elk passend middel geschieden, mits de inhoud van het ontvangen en het verzonden document eensluidend is en alle informatie goed leesbaar is.

2. Het gerecht dat of de instantie die overeenkomstig lid 1 van dit artikel stukken heeft ontvangen, stuurt uiterlijk op het einde van de werkdag na ontvangst, een ontvangstbevestiging aan de instantie, schuldeiser of bank die haar de stukken heeft toegezonden, met gebruikmaking van de meest snelle communicatiemiddelen en met behulp van het standaardformulier dat door middel van de in artikel 52, lid 2, bedoelde raadplegingsprocedure aangenomen uitvoeringshandelingen is vastgesteld.

Art. 30 Conservatoir beslag op gezamenlijke rekeningen en rekeningen van derden

Tegoeden op rekeningen die blijkens de bankgegevens niet exclusief door de schuldenaar, door een derde namens de schuldenaar, of door de schuldenaar namens een derde worden aangehouden, zijn krachtens deze verordening slechts voor conservatoir beslag vatbaar voor zover het recht van de lidstaat van tenuitvoerlegging dat toestaat.

Art. 31 Niet voor conservatoir beslag vatbare bedragen

1. Bedragen die krachtens het recht van de lidstaat van tenuitvoerlegging niet voor conservatoir beslag vatbaar zijn, zijn evenmin krachtens deze verordening voor conservatoir beslag vatbaar.

2. Indien de in lid 1 bedoelde bedragen krachtens het recht van de lidstaat van tenuitvoerlegging niet voor beslag vatbaar zijn zonder dat de schuldenaar daarom dient te hebben verzocht, geeft de instantie welke in die lidstaat bevoegd is om dergelijke bedragen niet voor beslag vatbaar te verklaren, ambtshalve een daartoe strekkende verklaring af.

3. In de gevallen waarin de in lid 1 van dit artikel bedoelde bedragen krachtens het recht van de lidstaat van tenuitvoerlegging op verzoek van de schuldenaar niet voor beslag vatbaar worden verklaard, geschiedt dit op verzoek van de schuldenaar overeenkomstig artikel 34, lid 1, onder a).

Art. 32 Rangorde van het bevel tot conservatoir beslag

Het bevel tot conservatoir beslag heeft in voorkomend geval dezelfde rangorde als een gelijkwaardig nationaal bevel in de lidstaat van tenuitvoerlegging.

Hoofdstuk 4 Rechtsmiddelen

Art. 33 Rechtsmiddelen van de schuldenaar tegen het bevel tot conservatoir beslag

1. Het bevel tot conservatoir beslag wordt, op verzoek van de schuldenaar, door het bevoegde gerecht van de lidstaat van herkomst ingetrokken of in voorkomend geval gewijzigd op grond van het feit dat:

a) niet aan de in deze verordening gestelde voorwaarden of vereisten is voldaan;

b) de betekening of kennisgeving van het bevel, de in artikel 25 bedoelde verklaring en/of de andere in artikel 28, lid 5, bedoelde stukken aan de schuldenaar niet is geschied binnen veertien dagen na het beslag op zijn rekening of rekeningen;

c) de stukken waarvan overeenkomstig artikel 28 betekening of kennisgeving aan de schuldenaar is geschied, niet voldoen aan de taalvereisten in artikel 49, lid 1;

d) bedragen die het in het bevel bepaalde bedrag overschrijden niet overeenkomstig artikel 27, zijn vrijgegeven;

e) de vordering waarvan de schuldeiser de inning door middel van het bevel wilde beschermen, geheel of gedeeltelijk is voldaan;

f) de vordering waarvan de schuldeiser de inning door middel van het bevel wilde beschermen, bij een rechterlijke beslissing over het bodemgeschil is afgewezen; of

g) de rechterlijke beslissing over het bodemgeschil, of de gerechtelijke schikking of de authentieke akte, waarvan de schuldeiser aan de hand van het bevel de tenuitvoerlegging vorderde, is vernietigd, respectievelijk nietig verklaard.

2. De in artikel 12 bedoelde beslissing betreffende de zekerheidstelling wordt, op verzoek van de schuldenaar, door het bevoegde gerecht van de lidstaat van herkomst herzien, indien niet aan de voorwaarden en vereisten in dat artikel is voldaan.

Indien het gerecht op basis van dit rechtsmiddel beslist dat de schuldeiser een zekerheid of aanvullende zekerheid moet stellen, is in voorkomend geval artikel 12, lid 3, eerste zin, van toepassing en verklaart het gerecht dat het bevel tot conservatoir beslag zal worden ingetrokken of gewijzigd indien de gevraagde (aanvullende) zekerheid niet binnen de door het gerecht gestelde termijn wordt gesteld.

3. Het krachtens lid 1, onder b), ingestelde rechtsmiddel wordt niet toegewezen indien de schuldeiser het ontbreken van betekening of kennisgeving heeft verholpen binnen veertien dagen nadat hij ervan in kennis is gesteld dat de schuldenaar overeenkomstig lid 1, onder b), een rechtsmiddel heeft ingesteld.

Tenzij het ontbreken van betekening of kennisgeving met het oog op het beantwoorden van de vraag of het rechtsmiddel uit hoofde van lid 1, onder b), moet worden ingewilligd, reeds anderszins is verholpen, wordt het geacht te zijn verholpen indien:

a) de schuldeiser de in de lidstaat van herkomst voor betekening of kennisgeving bevoegde instantie verzoekt om betekening of kennisgeving van de stukken aan de schuldenaar; of

b) de schuldenaar bij het instellen van het rechtsmiddel heeft verklaard de stukken bij het gerecht in de lidstaat van herkomst in ontvangst te willen nemen en, in het geval dat de schuldeiser de vertaling moet verschaffen, de schuldeiser de overeenkomstig artikel 49, lid 1, vereiste vertalingen aan dat gerecht toezendt.

Van de stukken wordt, in het onder a) van de tweede alinea van dit lid bedoelde geval, op verzoek van de schuldeiser, door de in de lidstaat van herkomst voor betekening of kennisgeving bevoegde instantie onverwijld per aangetekende post met ontvangstbevestiging betekening of kennisgeving aan het door de schuldenaar opgegeven adres verricht overeenkomstig lid 5.

Indien de schuldeiser het initiatief tot de in artikel 28 bedoelde betekening of kennisgeving moest nemen, kan het ontbreken ervan slechts worden verholpen indien hij aantoont al het nodige te hebben gedaan om de oorspronkelijke betekening of kennisgeving te laten verrichten.

4. Het in lid 1, onder c), bedoelde rechtsmiddel wordt toegewezen, tenzij de schuldeiser de overeenkomstig deze verordening vereiste vertalingen alsnog aan de schuldenaar verstrekt binnen veertien dagen nadat de schuldeiser ervan in kennis is gesteld dat de schuldenaar overeenkomstig lid 1, onder c), een rechtsmiddel heeft ingesteld.

Lid 3, tweede en derde alinea, is in voorkomend geval van toepassing.

5. In de in lid 1, onder b) en c), bedoelde gevallen vermeldt de schuldenaar in het verzoekschrift een adres waaraan de in artikel 28 bedoelde stukken en vertalingen overeenkomstig de leden 3 en 4 van dat artikel kunnen worden gezonden, of verklaart hij in het verzoekschrift bereid te zijn de bedoelde stukken bij het gerecht van de lidstaat van herkomst in ontvangst te nemen.

Art. 34 Rechtsmiddelen van de schuldenaar tegen de tenuitvoerlegging van het bevel tot conservatoir beslag

1. Niettegenstaande de artikelen 33 en 35 wordt op verzoek van de schuldenaar door het bevoegde gerecht of, indien het nationale recht van de lidstaat van tenuitvoerlegging daarin voorziet, door de bevoegde tenuitvoerleggingsinstantie in die lidstaat, de tenuitvoerlegging van het bevel tot conservatoir beslag in de lidstaat van tenuitvoerlegging:

a) beperkt op grond dat bepaalde op de rekening aangehouden bedragen overeenkomstig artikel 31, lid 3, niet voor beslag vatbaar behoren te zijn, of dat bij de uitvoering van het bevel overeenkomstig artikel 31, lid 2, niet of niet correct rekening is gehouden met de bedragen die niet voor beslag vatbaar zijn; of

b) beëindigd op grond dat:

i) de rekening waarop conservatoir beslag is gelegd overeenkomstig artikel 2, leden 3 en 4, buiten het toepassingsgebied van deze verordening valt;

ii) de tenuitvoerlegging van de rechterlijke beslissing, de gerechtelijke schikking of de authentieke akte, die de schuldeiser middels het bevel beoogde te beschermen, werd geweigerd in de lidstaat van tenuitvoerlegging;

iii) de uitvoerbaarheid van de rechterlijke beslissing, die de schuldeiser middels het bevel beoogde te beschermen, in de lidstaat van herkomst is opgeschort; of

iv) onder b), c), d), e), f) of g), van artikel 33, lid 1, van toepassing is. Artikel 33, leden 3, 4 en 5, is in voorkomend geval van toepassing.

2. De tenuitvoerlegging van het bevel tot conservatoir beslag in de lidstaat van tenuitvoerlegging wordt, op verzoek van de schuldenaar, door het bevoegde gerecht in die lidstaat beëindigd indien zij kennelijk strijdig is met de openbare orde van die lidstaat.

Art. 35 Andere rechtsmiddelen van de schuldenaar en de schuldeiser

1. De schuldenaar of de schuldeiser kan het gerecht dat het bevel tot conservatoir beslag heeft uitgevaardigd, verzoeken het bevel te wijzigen of in te trekken omdat de omstandigheden op grond waarvan het is uitgevaardigd, zijn veranderd.

2. Het gerecht dat het bevel tot conservatoir beslag heeft uitgevaardigd, kan, indien het recht van de lidstaat van herkomst dit toestaat, ook ambtshalve het bevel wijzigen of intrekken omdat de omstandigheden zijn veranderd.

B103 art. 36 **Verordening EAPO**

3. De schuldenaar en de schuldeiser kunnen samen, omdat zij zijn overeengekomen de zaak te schikken, het uitvaardigende gerecht verzoeken het bevel tot conservatoir beslag in te trekken of te wijzigen, of het bevoegde gerecht van de lidstaat van tenuitvoerlegging of, indien het nationale recht daarin voorziet, de bevoegde tenuitvoerleggingsinstantie in die lidstaat verzoeken de tenuitvoerlegging van het bevel te beëindigen of te beperken.

4. De schuldeiser kan het bevoegde gerecht van de lidstaat van tenuitvoerlegging of, indien het nationale recht daarin voorziet, de bevoegde tenuitvoerleggingsinstantie in die lidstaat verzoeken de tenuitvoerlegging van het bevel te wijzigen in die zin dat het in die lidstaat overeenkomstig artikel 31 niet voor beslag vatbaar verklaarde bedrag wordt aangepast, omdat reeds anderszins, met betrekking tot een of meer, in een of meer lidstaten aangehouden rekeningen, in voldoende mate vrijstellingen zijn verleend, en dat aanpassing derhalve passend is.

Art. 36 Procedure voor de rechtsmiddelen in de zin van de artikelen 33, 34 en 35

1. Het rechtsmiddel in de zin van artikel 33, 34 of 35 wordt ingesteld met behulp van het formulier dat door middel van volgens de in artikel 52, lid 2, bedoelde raadplegingsprocedure aangenomen uitvoeringshandelingen is vastgesteld. Het rechtsmiddel kan te allen tijde worden ingesteld, met behulp van alle mogelijke, ook digitale, communicatiemiddelen en die worden aanvaard in het procesrecht van de lidstaat waar het rechtsmiddel wordt ingesteld.

2. Het rechtsmiddel wordt ter kennis gebracht van de tegenpartij.

3. Tenzij het verzoek door de schuldenaar overeenkomstig artikel 34, lid 1, onder a), of artikel 35, lid 3, is ingediend, wordt erover beslist nadat beide partijen in de gelegenheid zijn gesteld hun zaak voor te dragen, onder meer met behulp van een van de passende communicatiemiddelen die hun krachtens het nationale recht van elk van de betrokken lidstaten ter beschikking staan en die daardoor aanvaard zijn.

4. De beslissing wordt onverwijld gegeven, doch uiterlijk eenentwintig dagen nadat het gerecht of, indien het nationale recht daarin voorziet, de bevoegde tenuitvoerleggingsinstantie alle daartoe benodigde informatie heeft ontvangen. De beslissing wordt ter kennis gebracht van de partijen.

5. De beslissing tot intrekking of tot wijziging van het bevel tot conservatoir beslag en de beslissing tot beperking of tot beëindiging van de tenuitvoerlegging van het bevel zijn onmiddellijk uitvoerbaar.

Indien het rechtsmiddel is ingesteld in de lidstaat van herkomst, doet het gerecht, overeenkomstig artikel 29, de beslissing over het rechtsmiddel onverwijld aan de bevoegde instantie van de lidstaat van tenuitvoerlegging toekomen, met behulp van het formulier dat door middel van volgens de in artikel 52, lid 2, bedoelde raadplegingsprocedure aangenomen uitvoeringshandelingen is vastgesteld. Die instantie zorgt ervoor dat de beslissing over het rechtsmiddel onmiddellijk na ontvangst wordt uitgevoerd.

Indien de beslissing over het rechtsmiddel betrekking heeft op een bankrekening in de lidstaat van herkomst, wordt zij met betrekking tot die bankrekening uitgevoerd in overeenstemming met het recht van de lidstaat van herkomst.

Indien het rechtsmiddel in de lidstaat van tenuitvoerlegging is ingesteld, wordt de beslissing over het rechtsmiddel volgens het recht van de lidstaat van tenuitvoerlegging uitgevoerd.

Art. 37 Recht van hoger beroep

Tegen een op grond van artikel 33, 34 of 35 gegeven beslissing kan door elk van de partijen hoger beroep worden ingesteld. Het beroep wordt ingesteld met behulp van het beroepsformulier dat door middel van volgens de in artikel 52, lid 2, bedoelde raadplegingsprocedure aangenomen uitvoeringshandelingen is vastgesteld.

Art. 38 Recht op zekerheidstelling in plaats van conservatoir beslag

1. Op verzoek van de schuldenaar:

a) gelast het gerecht dat het bevel tot conservatoir beslag heeft uitgevaardigd dat de bedragen waarop beslag is gelegd worden vrijgegeven indien de schuldenaar ten genoegen van dat gerecht een zekerheid voor het in het bevel bepaalde bedrag stelt, of een ten minste gelijkwaardige waarborg in een vorm die aanvaardbaar is volgens het recht van de lidstaat waar het gerecht gevestigd is;

b) kan het bevoegde gerecht of, indien het nationale recht daarin voorziet, de bevoegde tenuitvoerleggingsinstantie in de lidstaat van tenuitvoerlegging, de tenuitvoerlegging van het bevel tot conservatoir beslag in de lidstaat van tenuitvoerlegging beëindigen mits de schuldenaar ten genoegen van het gerecht of instantie een zekerheid voor het bedrag waarop in die lidstaat bedrag is gelegd, of een ten minste gelijkwaardige waarborg in een vorm die aanvaardbaar is volgens het recht van de lidstaat waar het gerecht gevestigd is.

2. De artikelen 23 en 24 zijn in voorkomend geval van toepassing op de vrijgave van de tegoeden waarop conservatoir beslag is gelegd. Het feit dat geen conservatoir beslag is gelegd maar zekerheid is gesteld, wordt overeenkomstig het nationaal recht ter kennis van de schuldeiser gebracht.

Art. 39 Rechten van derden

1. Het recht van een derde om op te komen tegen een bevel tot conservatoir beslag wordt beheerst door het recht van de lidstaat van herkomst.

2. Het recht van een derde om de tenuitvoerlegging van een bevel tot conservatoir beslag aan te vechten wordt beheerst door het recht van de lidstaat van tenuitvoerlegging.

3. Onverminderd andere bevoegdheidsregels in het Unierecht of het nationale recht berust de bevoegdheid betreffende een door een derde ingestelde vordering waarbij deze:

a) een bevel tot conservatoir beslag aanvecht, bij de gerechten van de lidstaat van herkomst, en

b) de tenuitvoerlegging van een bevel tot conservatoir beslag in de lidstaat van tenuitvoerlegging aanvecht, bij de gerechten van die lidstaat of, indien het nationaal recht van die lidstaat daarin voorziet, bij de bevoegde tenuitvoerleggingsinstantie.

Hoofdstuk 5 Algemene bepalingen

Art. 40 Legalisatie of soortgelijke formaliteit

In het kader van deze verordening wordt geen legalisatie of soortgelijke formaliteit vereist.

Art. 41 Vertegenwoordiging in rechte

In de procedure tot het verkrijgen van een bevel tot conservatoir beslag is vertegenwoordiging door een advocaat of iemand die anderszins beroepshalve in rechte optreedt niet verplicht. In de in hoofdstuk 4 bedoelde procedures is een dergelijke vertegenwoordiging uitsluitend verplicht indien zij, ongeacht de nationaliteit of woonplaats van de partijen, wettelijk is voorgeschreven in de lidstaat van het gerecht of instantie waarbij het rechtsmiddel wordt ingesteld.

Art. 42 Gerechtskosten

De gerechtskosten in de procedure tot het verkrijgen van een bevel tot conservatoir beslag of in de procedure voor een rechtsmiddel tegen het bevel, zijn niet hoger dan de kosten voor het verkrijgen van een gelijkwaardig nationaal bevel of van een rechtsmiddel tegen een gelijkwaardig nationaal bevel.

Art. 43 Door de bank gemaakte kosten

1. Een bank kan van de schuldeiser of de schuldenaar betaling of terugbetaling van de kosten van uitvoering van het bevel tot conservatoir beslag verlangen, op voorwaarde dat zij daartoe krachtens het recht van de lidstaat van tenuitvoerlegging met betrekking tot een gelijkwaardig nationaal bevel gerechtigd is.

2. Bij het vaststellen van de vergoeding voor de in lid 1 bedoelde kosten houdt de bank rekening met de complexiteit van de uitvoering van het bevel tot conservatoir beslag. De vergoeding mag niet hoger zijn dan die welke voor de uitvoering van een gelijkwaardig nationaal bevel in rekening wordt gebracht.

3. De door een bank berekende vergoeding voor de kosten van het verstrekken van de in artikel 14 bedoelde rekeninginformatie mag niet hoger zijn dan de werkelijke kosten en, in voorkomend geval, niet hoger zijn dan de vergoeding die in verband met een gelijkwaardig nationaal bevel voor het verstrekken van rekeninginformatie in rekening wordt gebracht.

Art. 44 Door instanties berekende vergoedingen

De vergoeding welke in rekening wordt gebracht door een instantie of een andere entiteit die betrokken is bij de behandeling of de tenuitvoerlegging van een bevel tot conservatoir beslag of bij de verstrekking van rekeninginformatie in de zin van artikel 14, wordt bepaald aan de hand van een door elke lidstaat vooraf vastgestelde vergoedingenschaal of andere regeling, waarin de toepasselijke vergoedingen overzichtelijk zijn vastgelegd. Bij de vaststelling van deze schaal of andere reeks voorschriften kan rekening worden gehouden met het in het bevel bepaalde bedrag en de complexiteit van de behandeling ervan. De vergoeding mag in voorkomend geval niet hoger zijn dan die welke in verband met een gelijkwaardig nationaal bevel wordt berekend.

Art. 45 Termijnen

Het gerecht dat of de betrokken instantie die, in uitzonderlijke omstandigheden, de in artikel 14, lid 7, artikel 18, artikel 23, lid 2, artikel 25, lid 3, tweede alinea, artikel 28, leden 2, 3 en 6, artikel 33, lid 3, en artikel 36, leden 4 en 5, bepaalde termijnen niet in acht kan nemen, neemt de bij deze bepalingen voorgeschreven maatregelen zo spoedig mogelijk.

Art. 46 Verhouding tot het nationale procesrecht

1. Niet uitdrukkelijk in deze verordening geregelde procedurekwesties worden beheerst door het recht van de lidstaat waar de procedure wordt gevoerd.

2. De rechtsgevolgen die het instellen van een insolventieprocedure heeft op een individuele tenuitvoerleggingsprocedure, zoals de tenuitvoerlegging van een bevel tot conservatoir beslag, worden beheerst door het recht van de lidstaat waar de insolventieprocedure is ingesteld.

Art. 47 Gegevensbescherming

1. De in het kader van deze verordening verkregen, verwerkte of meegedeelde persoonsgegevens zijn, uitgaande van het doel waarvoor zij zijn verkregen, verwerkt of meegedeeld, toereikend, relevant en niet bovenmatig en mogen uitsluitend voor dat doel worden gebruikt.

2. De bevoegde instantie, de informatie-instantie en alle andere met de tenuitvoerlegging van het bevel tot conservatoir beslag belaste instanties, mogen de in lid 1 bedoelde gegevens niet langer bewaren dan nodig is voor de doeleinden waarvoor zij zijn verkregen, verwerkt of toegezonden, en in ieder geval niet langer dan zes maanden nadat de procedure is afgelopen; zij zorgen ervoor dat deze gegevens gedurende de bewaartermijn adequaat worden beschermd. Dit lid is niet van toepassing op gegevens die worden verwerkt of opgeslagen door gerechten in de uitoefening van een rechterlijke functie.

Art. 48 Verhouding tot andere regelgeving

Deze verordening doet geen afbreuk aan de toepassing van:

a) Verordening (EG) nr. 1393/2007 van het Europees Parlement en de Raad^{15}, met uitzondering van het bepaalde in artikel 10, lid 2, artikel 14, leden 3 en 6, artikel 17, lid 5, artikel 23, leden 3 en 6, artikel 25, leden 2 en 3, artikel 28, leden 1, 3, 5 en 6, artikel 29, artikel 33, lid 3, artikel 36, leden 2 en 4, en artikel 49, lid 1, van de onderhavige verordening;

b) Verordening (EU) nr. 1215/2012;

c) Verordening (EG) nr. 1346/2000;

d) Richtlijn 95/46/EG, met uitzondering van het bepaalde in artikel 14, lid 8, en artikel 47 van de onderhavige verordening;

e) Verordening (EG) nr. 1206/2001 van het Europees Parlement en de Raad^{16};

f) Verordening (EG) nr. 864/2007, met uitzondering van het bepaalde in artikel 13, lid 4, van de onderhavige verordening.

Art. 49 Talen

1. Alle in artikel 28, lid 5, onder a) en b), genoemde stukken waarvan betekening of kennisgeving aan de schuldenaar moet geschieden en die niet zijn gesteld in de officiële taal van de lidstaat waar de schuldenaar zijn woonplaats heeft of, indien het een lidstaat met verschillende officiële talen betreft, in de officiële taal of een van de officiële talen van de plaats waar de schuldenaar zijn woonplaats heeft of in een andere taal die hij begrijpt, gaan vergezeld van een vertaling of transliteratie in een van deze talen. De in artikel 28, lid 5, onder c), bedoelde stukken worden niet vertaald, tenzij het gerecht bij uitzondering beslist dat van bepaalde stukken een vertaling of transliteratie moet worden bezorgd, om de schuldenaar in staat te stellen zijn rechten te laten gelden.

2. De stukken die krachtens deze verordening aan een gerecht of bevoegde instantie moeten worden toegezonden mogen ook zijn gesteld in een andere officiële taal van de instellingen van de Unie, indien de betrokken lidstaat heeft verklaard deze taal te kunnen aanvaarden.

3. Elke vertaling in de zin van deze verordening wordt gemaakt door een persoon die in een van de lidstaten daartoe gemachtigd is.

Art. 50 Door de lidstaten te verstrekken informatie

1. De lidstaten delen de Commissie uiterlijk op 18 juli 2016 het volgende mee:

a) welke gerechten bevoegd zijn om een bevel tot conservatoir beslag uit te vaardigen (artikel 6, lid 4);

b) bij welke instantie rekeninginformatie kan worden opgevraagd (artikel 14);

c) op welke wijze krachtens het nationale recht rekeninginformatie kan worden opgevraagd (artikel 14, lid 5);

d) bij welke gerechten hoger beroep wordt ingesteld (artikel 21);

e) welke instanties bevoegd zijn om het bevel tot conservatoir beslag en andere stukken krachtens deze Verordening (artikel 4, punt 14)) te ontvangen, te verzenden en te betekenen of kennisgeven;

f) welke instantie overeenkomstig hoofdstuk 3 bevoegd is om het bevel tot conservatoir beslag ten uitvoer te leggen;

g) in welke mate krachtens hun nationale recht conservatoir beslag kan worden gelegd op gezamenlijke rekeningen en rekeningen van derden (artikel 30);

h) welke regels van toepassing zijn op bedragen die krachtens het nationale recht niet voor beslag vatbaar zijn (artikel 31);

---

15 Verordening (EG) nr. 1393/2007 van het Europees Parlement en de Raad van 13 november 2007 inzake de betekening en de kennisgeving in de lidstaten van gerechtelijke en buitengerechtelijke stukken in burgerlijke of in handelszaken („de betekening en de kennisgeving van stukken"), en tot intrekking van Verordening (EG) nr. 1348/2000 van de Raad (PB L 324 van 1.12.2007, blz. 79).

16 Verordening (EG) nr. 1206/2001 van de Raad van 28 mei 2001 betreffende de samenwerking tussen de gerechten van de lidstaten op het gebied van bewijsverkrijging in burgerlijke en handelszaken (PB L 174 van 27.6.2001, blz. 1).

i) of de banken krachtens hun nationale recht een vergoeding mogen berekenen voor de uitvoering van een gelijkwaardig nationaal bevel of voor het verstrekken van informatie en, zo ja, welke partij gehouden is deze vergoeding voorlopig en definitief te voldoen (artikel 43);

j) het tarief van of de regeling betreffende de vergoedingen die worden berekend door de instanties of andere entiteiten welke bij de verwerking of de tenuitvoerlegging van het bevel tot conservatoir beslag zijn betrokken (artikel 44);

k) of krachtens het nationale recht een bepaalde rangorde wordt toegekend aan een gelijkwaardig nationaal bevel (artikel 32);

l) welke gerechten of, in voorkomend geval, welke tenuitvoerleggingsinstanties bevoegd zijn met betrekking tot een rechtsmiddel (artikel 33, lid 1, artikel 34, leden 1 of 2);

m) bij welke gerechten moet worden ingesteld, de termijn indien deze is bepaald waarbinnen een dergelijk hoger beroep op grond van het nationale recht moet worden ingesteld, en het feit dat die beroepstermijn doet ingaan (artikel 37);

n) een indicatie van de gerechtskosten (artikel 42); en

o) welke talen voor de vertaling van stukken worden aanvaard (artikel 49, lid 2).

Iedere wijziging van deze informatie wordt door de lidstaten ter kennis van de Commissie gebracht.

2. De Commissie maakt de informatie met alle passende middelen openbaar, met name langs het Europees justitieel netwerk in burgerlijke en handelszaken.

Art. 51 Vaststelling en wijziging van de formulieren

De in artikel 8, lid 1, artikel 10, lid 2, artikel 19, lid 1, artikel 25, lid 1, artikel 27, lid 2, artikel 29, lid 2, en artikel 36, lid 1, artikel 36, lid 5, tweede alinea, en artikel 37 bedoelde formulieren worden door de Commissie bij uitvoeringshandeling vastgesteld en gewijzigd. Die uitvoeringshandelingen worden volgens de in artikel 52, lid 2, bedoelde raadplegingsprocedure aangenomen.

Art. 52 Comitéprocedure

1. De Commissie wordt bijgestaan door een comité. Dat comité is een comité in de zin van Verordening (EU) nr. 182/2011.

2. In de gevallen waarin naar dit lid wordt verwezen, is artikel 4 van Verordening (EU) nr. 182/2011 van toepassing.

Art. 53 Toezicht en evaluatie

1. Uiterlijk op 18 januari 2022 dient de Commissie bij het Europees Parlement, de Raad en het Europees Economisch en Sociaal Comité een verslag in over de toepassing van deze verordening, waarbij een evaluatie wordt gevoegd met een antwoord op de vraag of:

a) financiële instrumenten in het toepassingsgebied van deze verordening moeten worden opgenomen, en

b) het bevel tot conservatoir beslag ook betrekking moet kunnen hebben op bedragen die na de tenuitvoerlegging van het bevel op de rekening van de schuldenaar worden gecrediteerd.

Het verslag gaat zo nodig vergezeld van een voorstel tot wijziging van deze verordening, alsmede van een effectbeoordeling van de aan te brengen wijzigingen.

2. Voor de toepassing van lid 1 stellen de lidstaten de Commissie de informatie ter beschikking die zij op verzoek hebben verzameld over:

a) het aantal verzoeken om een bevel tot conservatoir beslag en het aantal gevallen waarin het bevel is uitgevaardigd;

b) het aantal gevallen waarin op grond van de artikelen 33 en 34 een rechtsmiddel is ingesteld en, indien mogelijk, het aantal gevallen waarin het rechtsmiddel is toegewezen; en

c) het aantal gevallen waarin op grond van artikel 37 hoger beroep is ingesteld en, indien mogelijk, het aantal gevallen waarin het beroep is toegewezen.

Hoofdstuk 6 Slotbepalingen

Art. 54 Inwerkingtreding

Deze verordening treedt in werking op de twintigste dag na die van de bekendmaking ervan in het Publicatieblad van de Europese Unie.

Zij is van toepassing met ingang van 18 januari 2017, met uitzondering van artikel 50, dat van toepassing is met ingang van 18 juli 2016.

Uitvoeringswet verordening Europees bevel tot conservatoir beslag op bankrekeningen^1

Wet van 14 november 2016, houdende uitvoering van Verordening (EU) nr. 655/2014 van het Europees Parlement en de Raad van 15 mei 2014 tot vaststelling van een procedure betreffende het Europees bevel tot conservatoir beslag op bankrekeningen om de grensoverschrijdende inning van schuldvorderingen in burgerlijke en handelszaken te vergemakkelijken (PbEU 2014, L 189) (*Uitvoeringswet verordening Europees bevel tot conservatoir beslag op bankrekeningen*)

Wij Willem-Alexander, bij de gratie Gods, Koning der Nederlanden, Prins van Oranje-Nassau, enz. enz. enz.

Allen, die deze zullen zien of horen lezen, saluut! doen te weten:

Alzo Wij in overweging genomen hebben, dat Verordening (EU) Nr. 655/2014 van het Europees Parlement en de Raad van 15 mei 2014 tot vaststelling van een procedure betreffende het Europees bevel tot conservatoir beslag op bankrekeningen om de grensoverschrijdende inning van schuldvorderingen in burgerlijke en handelszaken te vergemakkelijken (PbEU 2014, L 189) moet worden uitgevoerd;

Zo is het, dat Wij, de Afdeling advisering van de Raad van State gehoord, en met gemeen overleg der Staten-Generaal, hebben goedgevonden en verstaan, gelijk Wij goedvinden en verstaan bij deze:

Art. 1

In deze wet wordt verstaan onder «de verordening»: Verordening (EU) Nr. 655/2014 van het Europees Parlement en de Raad van 15 mei 2014 tot vaststelling van een procedure betreffende het Europees bevel tot conservatoir beslag op bankrekeningen om de grensoverschrijdende inning van schuldvorderingen in burgerlijke en handelszaken te vergemakkelijken (PbEU 2014, L 189).

Art. 2

1. De bevoegde instantie als bedoeld in artikel 4, veertiende lid, van de verordening is de deurwaarder als bedoeld in de Gerechtsdeurwaarderswet.

2. Onverminderd de verordening, legt de deurwaarder het Europees bevel tot conservatoir beslag ten uitvoer, als bedoeld in artikel 23 van de verordening, overeenkomstig de Eerste en Vierde afdeling van de Vierde titel van het Derde boek van het Wetboek van Burgerlijke Rechtsvordering.

Art. 3

1. Het gerecht dat bevoegd is om een Europees bevel tot conservatoir beslag uit te vaardigen, als bedoeld in artikel 6, eerste, tweede en vierde lid, van de verordening, is de voorzieningenrechter van de rechtbank.

2. Het gerecht dat bevoegd is om een Europees bevel tot conservatoir beslag uit te vaardigen, als bedoeld in artikel 6, derde lid, van de verordening, is de voorzieningenrechter van de rechtbank waar de rechterlijke beslissing is gegeven of de gerechtelijke schikking is goedgekeurd of getroffen. Is de rechterlijke beslissing gegeven of de gerechtelijke schikking goedgekeurd of getroffen door een gerechtshof, dan is de voorzieningenrechter van de rechtbank die zich bevindt in het ressort van het gerechtshof bevoegd.

Art. 4

Voor de toepassing van artikel 10, tweede lid, tweede volzin, van de verordening, eindigt het Europees bevel tot conservatoir beslag doordat het beslag vervalt als bedoeld in artikel 700, derde lid, laatste zin van het Wetboek van Burgerlijke Rechtsvordering.

Art. 5

1. De informatie-instantie, als bedoeld in artikel 4, dertiende lid, van de verordening, is de deurwaarder.

2. De deurwaarder is bevoegd een verzoek voor het verkrijgen van rekeninginformatie in te dienen bij banken, als bedoeld in artikel 4, tweede lid, van de verordening, gevestigd in Nederland. Deze zijn verplicht hierop met bekwame spoed te antwoorden.

3. De bank die overeenkomstig het tweede lid informatie heeft verstrekt, stelt de schuldenaar niet in kennis van het verzoek om rekeninginformatie totdat het bevel tot conservatoir beslag is uitgevoerd door de bank.

---

1 Inwerkingtredingsdatum: 18-01-2017.

Art. 6

1. Het gerecht dat op grond van artikel 21, tweede lid, van de verordening, bevoegd is kennis te nemen van het hoger beroep tegen een beslissing waarbij het verzoek om een Europees bevel tot conservatoir beslag geheel of gedeeltelijk wordt afgewezen, als bedoeld in artikel 21, eerste lid, van de verordening, is het gerechtshof.

2. Het gerecht dat bevoegd is kennis te nemen van de rechtsmiddelen, als bedoeld in de artikelen 33, 34 en 35, eerste, derde en vierde lid, van de verordening, is de voorzieningenrechter van de rechtbank.

3. Het gerecht dat bevoegd is kennis te nemen van het hoger beroep, als bedoeld in artikel 37 van de verordening, tegen de rechtsmiddelen als bedoeld in de artikelen 33, 34 en 35, eerste, derde en vierde lid, van de verordening, is het gerechtshof.

Art. 7

Het hoger beroep, als bedoeld in artikel 21 van de verordening, en de rechtsmiddelen, als bedoeld in hoofdstuk 4 van de verordening, worden, op grond van artikel 41 van de verordening, ingesteld door een advocaat.

Art. 8

1. De verklaring als bedoeld in artikel 25, eerste lid, van de verordening wordt afgegeven door de bank waaronder beslag is gelegd.

2. In gevallen als bedoeld in artikel 25, tweede lid, van de verordening wordt de verklaring toegezonden aan de deurwaarder die het beslag heeft gelegd. De deurwaarder zendt het stuk vervolgens overeenkomstig artikel 25, tweede lid, van de verordening aan het gerecht en de schuldeiser.

Art. 9

De betekening of kennisgeving aan de schuldenaar, als bedoeld in artikel 28, tweede en derde lid, van de verordening, geschiedt op initiatief van de schuldeiser.

Art. 10

Een verzoek om een Europees bevel tot conservatoir beslag wordt voor de toepassing van artikel 42 van de verordening aangemerkt als een verzoek van onbepaalde waarde als bedoeld in de bijlage behorend bij de Wet griffierechten in burgerlijke zaken.

Art. 11

De vergoeding, als bedoeld in artikel 44 van de verordening, die door de deurwaarder in rekening wordt gebracht voor de tenuitvoerlegging van een Europees bevel tot conservatoir beslag of voor de verstrekking van rekeninginformatie als bedoeld in artikel 14 van de verordening, wordt vastgesteld overeenkomstig het Besluit tarieven ambtshandelingen gerechtsdeurwaarders.

Art. 12

1. In aanvulling op hetgeen uit de verordening of uit deze wet voortvloeit, zijn de regels inzake de verzoekschriftprocedure van toepassing op een ingediend verzoek om een Europees bevel tot conservatoir beslag.

2. In aanvulling op hetgeen uit de verordening of uit deze wet voortvloeit, gelden voor de rechtsmiddelen, als bedoeld in de artikelen 33, 34 en 35, eerste, derde en vierde lid, van de verordening, en het hoger beroep tegen deze rechtsmiddelen, als bedoeld in artikel 37 van de verordening, de regels die gelden voor vorderingen.

Art. 13

[Wijzigt deze wet.]

Art. 14

Deze wet treedt in werking op een bij koninklijk besluit te bepalen tijdstip.

Art. 15

Deze wet wordt aangehaald als: Uitvoeringswet verordening Europees bevel tot conservatoir beslag op bankrekeningen.

Verordening (EU) 2016/1103 tot uitvoering van de nauwere samenwerking op het gebied van de bevoegdheid, het toepasselijke recht en de erkenning en tenuitvoerlegging van beslissingen op het gebied van huwelijksvermogensstelsels

Verordening (EU) 2016/1103 van de Raad van 24 juni 2016 tot uitvoering van de nauwere samenwerking op het gebied van de bevoegdheid, het toepasselijke recht en de erkenning en tenuitvoerlegging van beslissingen op het gebied van huwelijksvermogensstelsels^1

DE RAAD VAN DE EUROPESE UNIE,

Gezien het Verdrag betreffende de werking van de Europese Unie, en met name artikel 81, lid 3,

Gezien Besluit (EU) 2016/954 van de Raad van 9 juni 2016 houdende machtiging om nauwere samenwerking aan te gaan op het gebied van de bevoegdheid, het toepasselijke recht en de erkenning en tenuitvoerlegging van beslissingen inzake de vermogensstelsels van internationale paren, met name zowel huwelijksvermogensstelsels als de vermogensrechtelijke gevolgen van geregistreerde partnerschappen^2,

Gezien het voorstel van de Europese Commissie,

Na toezending van het ontwerp van wetgevingshandeling aan de nationale parlementen,

Gezien het advies van het Europees Parlement^3,

Handelend volgens een bijzondere wetgevingsprocedure,

Overwegende hetgeen volgt:

(1) De Unie heeft zich ten doel gesteld een ruimte van vrijheid, veiligheid en recht te handhaven en te ontwikkelen waar het vrije verkeer van personen gewaarborgd is. Met het oog op de geleidelijke totstandbrenging van deze ruimte dient de Unie maatregelen te nemen op het gebied van de justitiële samenwerking in burgerlijke zaken met grensoverschrijdende gevolgen, met name indien dit nodig is voor het goed functioneren van de interne markt.

(2) Overeenkomstig artikel 81, lid 2, onder c), van het Verdrag betreffende de werking van de Europese Unie (VWEU) kunnen dergelijke maatregelen ook de verenigbaarheid van de in de lidstaten geldende regels voor collisie en jurisdictiegeschillen beogen.

(3) Tijdens de bijeenkomst in Tampere op 15 en 16 oktober 1999 heeft de Europese Raad het beginsel goedgekeurd dat de wederzijdse erkenning van vonnissen en andere beslissingen van rechterlijke instanties de hoeksteen van de justitiële samenwerking in burgerlijke zaken binnen de Unie vormt, en de Raad en de Commissie verzocht een programma van maatregelen ter uitvoering van dit beginsel vast te stellen.

(4) De Commissie en de Raad hebben op 30 november 2000 een gemeenschappelijk programma betreffende maatregelen voor de uitvoering van het beginsel van wederzijdse erkenning van beslissingen in burgerlijke en handelszaken^4 aangenomen. In dat programma worden maatregelen ter harmonisatie van het conflictenrecht aangemerkt als maatregelen die de wederzijdse erkenning van beslissingen vergemakkelijken, en wordt voorzien in het opstellen van een instrument inzake huwelijksvermogensstelsels.

(5) De Europese Raad, op 4 en 5 november 2004 te Brussel bijeen, heeft een nieuw programma aangenomen, „Het Haags Programma — Versterking van vrijheid, veiligheid en recht in de Europese Unie"^{5}. In dat programma verzocht de Raad de Commissie een groenboek in te dienen over het conflictenrecht inzake huwelijksvermogensregimes, met inbegrip van de kwestie van de bevoegdheid en de wederzijdse erkenning. In het programma wordt eveneens beklemtoond dat er een instrument op dit gebied moest worden aangenomen.

---

1 Inwerkingtredingsdatum: 28-07-2016. Van toepassing vanaf 29-01-2019, met uitzondering van art. 65, art. 66 en art. 67 die vanaf 29-07-2016 van toepassing zijn, en art. 63 en art. 64 die vanaf 29-04-2018 van toepassing zijn.

2 PB L 159 van 16.6.2016, blz. 16.

3 Advies van 23 juni 2016 (nog niet bekendgemaakt in het Publicatieblad).

4 PB C 12 van 15.1.2001, blz. 1.

5 PB C 53 van 3.3.2005, blz. 1.

Verordening Huwelijksvermogensstelsels

(6) Op 17 juli 2006 heeft de Commissie een groenboek aangenomen over collisieregels op het gebied van huwelijksvermogensstelsels, met inbegrip van de kwestie van de rechterlijke bevoegdheid en van de wederzijdse erkenning. Dit groenboek was het startsein voor een brede raadpleging over de problemen waarmee paren te maken krijgen bij de vereffening van hun gemeenschappelijk vermogen in een Europese context, en over de beschikbare rechtsmiddelen.

(7) Tijdens zijn bijeenkomst van 10 en 11 december 2009 te Brussel heeft de Europese Raad een nieuw meerjarenprogramma aangenomen, „Het programma van Stockholm — Een open en veilig Europa ten dienste en ter bescherming van de burger"^{6}. In dat programma overwoog de Europese Raad dat wederzijdse erkenning moet worden uitgebreid tot gebieden waarop dit beginsel nog niet van toepassing is, maar die van groot belang zijn voor het dagelijks leven, zoals het huwelijksvermogensrecht, waarbij tegelijkertijd rekening dient te worden gehouden met de rechtsstelsels van de lidstaten, waaronder de openbare orde, en de nationale tradities op dit gebied.

(8) In het „Verslag over het EU-burgerschap 2010: het wegnemen van belemmeringen voor de rechten van EU-burgers", dat op 27 oktober 2010 is aangenomen, kondigde de Commissie de aanneming aan van een voorstel voor wetgeving dat de belemmeringen voor het vrije personenverkeer, met name de problemen die paren ondervinden bij het beheer of de verdeling van hun vermogen, wegneemt.

(9) Op 16 maart 2011 nam de Commissie een voorstel aan voor een verordening van de Raad betreffende de bevoegdheid, het toepasselijke recht en de erkenning en tenuitvoerlegging van beslissingen op het gebied van huwelijksvermogensstelsels, alsmede een voorstel voor een verordening van de Raad betreffende de bevoegdheid, het toepasselijke recht en de erkenning en tenuitvoerlegging van beslissingen op het gebied van de vermogensrechtelijke gevolgen van geregistreerde partnerschappen.

(10) De Raad concludeerde op zijn bijeenkomst van 3 december 2015 dat geen unanimiteit kon worden bereikt voor de vaststelling van de voorstellen voor verordeningen betreffende huwelijksvermogensstelsels en de vermogensrechtelijke gevolgen van geregistreerde partnerschappen, en dat derhalve de samenwerkingsdoelstellingen op dit gebied niet binnen een redelijke termijn door de Unie in haar geheel konden worden bereikt.

(11) Van december 2015 tot en met februari 2016 hebben België, Bulgarije, Tsjechië, Duitsland, Griekenland, Spanje, Frankrijk, Kroatië, Italië, Luxemburg, Malta, Nederland, Oostenrijk, Portugal, Slovenië, Finland en Zweden verzoeken aan de Commissie gericht waarin zij te kennen gaven dat zij onderling nauwere samenwerking wensten aan te gaan op het gebied van vermogensstelsels van internationale paren en met name van de bevoegdheid, het toepasselijke recht en de erkenning en tenuitvoerlegging van beslissingen op het gebied van huwelijksvermogensstelsels en de bevoegdheid, het toepasselijke recht en de erkenning en tenuitvoerlegging van beslissingen op het gebied van de vermogensrechtelijke gevolgen van geregistreerde partnerschappen, en waarbij de Commissie verzochten aan de Raad een voorstel in die zin voor te leggen. In maart 2016 heeft Cyprus bij brief aan de Commissie zijn wens te kennen gegeven aan de totstandbrenging van de nauwere samenwerking deel te nemen; Cyprus heeft deze wens vervolgens herhaald tijdens de werkzaamheden van de Raad.

(12) Op 9 juni 2016 heeft de Raad Besluit (EU) 2016/954 vastgesteld waarbij machtiging wordt verleend voor deze nauwere samenwerking.

(13) Overeenkomstig artikel 328, lid 1, VWEU dient nauwere samenwerking open te staan voor alle lidstaten op het moment waarop zij wordt aangegaan, mits de deelnemingsvoorwaarden worden nageleefd die eventueel zijn vastgesteld bij het besluit waarbij toestemming wordt verleend. Deelneming op een later tijdstip dient steeds mogelijk te blijven, mits, naast de genoemde voorwaarden, de in dit kader reeds vastgestelde handelingen worden nageleefd. De Commissie en de aan een nauwere samenwerking deelnemende lidstaten dienen erop toe te zien dat de deelneming van zo veel mogelijk lidstaten wordt bevorderd. Deze verordening dient alleen in al haar onderdelen verbindend en rechtstreeks toepasselijk te zijn in de lidstaten die deelnemen aan de nauwere samenwerking op het gebied van de rechterlijke bevoegdheid, het toepasselijke recht en de erkenning en tenuitvoerlegging van beslissingen inzake de vermogensstelsels van internationale paren, met name zowel huwelijksvermogensstelsels als de vermogensrechtelijke gevolgen van geregistreerde partnerschappen, overeenkomstig Besluit (EU) 2016/954 of overeenkomstig een krachtens artikel 331, lid 1, tweede of derde alinea, VWEU vastgesteld besluit.

(14) Overeenkomstig artikel 81 VWEU dient deze verordening van toepassing te zijn op huwelijksvermogensstelsels met grensoverschrijdende gevolgen.

(15) Om gehuwde paren rechtszekerheid in vermogensrechtelijk opzicht en een zekere mate van voorspelbaarheid te bieden, dienen alle regels betreffende huwelijksvermogensstelsels in één instrument te worden opgenomen.

---

^{6} PB C 115 van 4.5.2010, blz. 1.

(16) Met het oog hierop dienen in deze verordening voorschriften te worden samengebracht inzake rechterlijke bevoegdheid, toepasselijk recht, erkenning of, in voorkomend geval, aanvaarding, uitvoerbaarheid en tenuitvoerlegging van beslissingen, authentieke akten en gerechtelijke schikkingen.

(17) Deze verordening bevat geen definitie van „huwelijk"; dit begrip wordt in het nationale recht van de lidstaten gedefinieerd.

(18) Het toepassingsgebied van deze verordening dient alle civielrechtelijke aspecten van huwelijksvermogensstelsels te bestrijken, zowel het dagelijkse beheer van het huwelijksvermogen van de echtgenoten als de vereffening van dat vermogen, in het bijzonder ten gevolge van scheiding of overlijden van een van de echtgenoten. Voor de toepassing van deze verordening dient „huwelijksvermogensstelsel" te worden opgevat als een autonoom begrip, waaronder niet alleen de regels moeten worden verstaan waarvan de echtgenoten niet mogen afwijken, maar ook die welke de echtgenoten volgens het toepasselijke recht vrij kunnen overeenkomen, en de eventuele standaardregels van het toepasselijke recht. Het omvat, naast de door bepaalde nationale rechtsstelsels opgestelde specifieke en op het huwelijk toegespitste vermogensrechtelijke regelingen, ook de regeling van het vermogensrecht tussen de echtgenoten onderling en jegens derden die rechtstreeks volgt uit de sluiting of de ontbinding van het huwelijk.

(19) Duidelijkheidshalve dient een aantal zaken die geacht zouden kunnen worden verband te houden met het huwelijksvermogensstelsel, uitdrukkelijk van het toepassingsgebied van deze verordening te worden uitgesloten.

(20) Bijgevolg dient deze verordening niet van toepassing te zijn op vragen in verband met de handelingsbevoegdheid van de echtgenoten; de specifieke bevoegdheden en rechten die elk van de echtgenoten of beide echtgenoten onderling of jegens derden bezitten met betrekking tot vermogensbestanddelen, dienen echter wel onder deze verordening te vallen.

(21) Deze verordening dient niet van toepassing te zijn op prealabele vragen, zoals het bestaan, de geldigheid en de erkenning van een huwelijk; daarop blijft het nationale recht van de lidstaten, met inbegrip van de voorschriften van hun internationaal privaatrecht, van toepassing.

(22) Aangezien de onderhoudsverplichtingen tussen echtgenoten zijn geregeld bij Verordening (EG) nr. 4/2009 van de Raad^7, dienen zij van het toepassingsgebied van deze verordening te worden uitgesloten, evenals alle vraagstukken in verband met de erfopvolging van een overleden echtgenoot, aangezien zij zijn geregeld bij Verordening (EU) nr. 650/2012 van het Europees Parlement en de Raad^8.

(23) Aangelegenheden in verband met de aanspraak op overgang tussen de echtgenoten van gedurende het huwelijk verworven rechten, ongeacht de aard ervan, op een ouderdoms- of invaliditeitspensioen, welke gedurende het huwelijk niet tot pensioeninkomen hebben geleid, en de aanpassing van overgegane rechten, dienen, gelet op de specifieke regelingen in de lidstaten, te worden uitgesloten van het toepassingsgebied van deze verordening. Deze uitsluiting dient evenwel in enge zin te worden uitgelegd. Bijgevolg zijn met name de classificatie van pensioenelementen, de reeds tijdens het huwelijk aan een echtgenoot betaalde bedragen en de vergoeding die moglijk wordt toegekend in het geval van een pensioen dat met gemeenschappelijk vermogen is opgebouwd, kwesties die in deze verordening behoren te worden geregeld.

(24) Deze verordening dient te voorzien in de mogelijkheid dat, als gevolg van het huwelijksvermogensstelsel, rechten op onroerende of roerende zaken tot stand worden gebracht of worden overgedragen, zoals dat is bepaald in het op dat stelsel toepasselijke recht. Deze verordening dient echter het beperkte aantal („numerus clausus") zakelijke rechten zoals het nationale recht van sommige lidstaten dat kent, onverlet te laten. Van een lidstaat mag niet worden gevraagd een zakelijk recht op een vermogensbestanddeel dat zich in die lidstaat bevindt, te erkennen, indien het recht van die lidstaat een dergelijk zakelijk recht niet kent.

(25) Om de echtgenoten evenwel in staat te stellen om in een andere lidstaat de rechten te genieten die door het huwelijksvermogensstelsel zijn ontstaan of op hen zijn overgegaan, dient deze verordening erin te voorzien dat een onbekend zakelijk recht in overeenstemming wordt gebracht met het meest vergelijkbare zakelijk recht volgens het recht van die andere lidstaat. In het kader van een dergelijke aanpassing dient rekening te worden gehouden met de doelstellingen en de belangen die door het specifieke zakelijk recht worden nagestreefd en met de daaraan verbonden rechtsgevolgen. Teneinde het meest vergelijkbare nationale zakelijk recht te bepalen, kunnen de instanties of bevoegde personen van de staat waarvan het recht op het

---

7 Verordening (EG) nr. 4/2009 van de Raad van 18 december 2008 betreffende de bevoegdheid, het toepasselijke recht, de erkenning en de tenuitvoerlegging van beslissingen, en de samenwerking op het gebied van onderhoudsverplichtingen (PB L 7 van 10.1.2009, blz. 1).

8 Verordening (EU) nr. 650/2012 van het Europees Parlement en de Raad van 4 juli 2012 betreffende de bevoegdheid, het toepasselijke recht, de erkenning en de tenuitvoerlegging van beslissingen en de aanvaarding en de tenuitvoerlegging van authentieke akten op het gebied van erfopvolging, alsmede betreffende de instelling van een Europese erfrechtverklaring (PB L 201 van 27.7.2012, blz. 107).

huwelijksvermogensstelsel van toepassing is, om nadere informatie over de aard en de rechtsgevolgen van het recht worden verzocht. Voor dat doel kan gebruik worden gemaakt van de bestaande netwerken voor justitiële samenwerking in burgerlijke en handelszaken en van alle andere beschikbare kanalen waarlangs een beter inzicht in het buitenlandse recht te krijgen is.

(26) De aanpassing van onbekende zakelijke rechten, waarin bij deze verordening uitdrukkelijk is voorzien, dient andere vormen van aanpassing in het kader van de toepassing van deze verordening onverlet te laten.

(27) De voorwaarden voor de inschrijving in een register van een recht op een onroerende of roerende zaak dienen van het toepassingsgebied van deze verordening te worden uitgesloten. Het is derhalve aan het recht van de lidstaat waar het register wordt gehouden (voor onroerende zaken de lex rei sitae) om te bepalen onder welke wettelijke voorwaarden en op welke wijze de inschrijving moet plaatsvinden en welke instanties, zoals het kadaster of een notaris, ermee belast zijn na te gaan of aan alle voorwaarden is voldaan en of de aangeboden of opgemaakte akten volledig zijn of de noodzakelijke informatie bevatten. De instanties kunnen met name nagaan of het recht van een echtgenoot op een goed uit de nalatenschap dat in het ter inschrijving aangeboden document staat vermeld, een recht is dat als zodanig is geregistreerd of waarvan anderszins het bewijs wordt geleverd conform het recht van de lidstaat waar het register wordt gehouden. Om te voorkomen dat documenten opnieuw moeten worden opgemaakt, dienen documenten die afkomstig zijn van de bevoegde instanties van een andere lidstaat en op grond van deze verordening worden verspreid, door de registrerende instantie te worden aanvaard. Dit mag de bij de inschrijving betrokken autoriteiten niet beletten de persoon die om inschrijving verzoekt, te vragen om zodanige aanvullende informatie te verstrekken of zodanige aanvullende stukken over te leggen, als vereist onder het recht van de lidstaat waar het register wordt gehouden, zoals gegevens of documenten in verband met de betaling van belastingen. De bevoegde autoriteit kan de persoon die om inschrijving verzoekt, mededelen hoe de ontbrekende gegevens of documenten kunnen worden verstrekt.

(28) De rechtsgevolgen van de inschrijving van een recht dienen eveneens van het toepassingsgebied te worden uitgesloten. Het is derhalve het recht van de lidstaat waar het register wordt gehouden dat bepaalt of de inschrijving bijvoorbeeld van declaratoire dan wel van constitutieve aard is. Daar waar bijvoorbeeld voor de verkrijging van een recht op een onroerende zaak volgens het recht van de lidstaat waar het register wordt gehouden inschrijving vereist is omwille van de werking erga omnes van de registers of ter bescherming van rechtshandelingen, dient het tijdstip van verkrijging derhalve door het recht van de lidstaat te worden bepaald.

(29) Deze verordening dient de verschillende stelsels die in de lidstaten voor de behandeling van huwelijksvermogensrechtelijke zaken worden toegepast te eerbiedigen. In deze verordening dient derhalve aan de term „gerecht" een ruime betekenis te worden gegeven, die niet alleen gerechten in de strikte zin van het woord omvat die gerechtelijke taken vervullen, maar ook bijvoorbeeld notarissen in sommige lidstaten die in zaken betreffende het huwelijksvermogensstelsel, net als gerechten, gerechtelijke taken vervullen, en ook notarissen en rechtsbeoefenaren die, in sommige lidstaten, ter zake van een bepaald huwelijksvermogensstelsel gerechtelijke taken vervullen krachtens een door een gerecht gegeven volmacht. Alle gerechten, zoals in deze verordening gedefinieerd, dienen aan de in deze verordening vastgelegde bevoegdheidsregels gebonden te zijn. Daarentegen dient de term „gerecht" geen betrekking te hebben op de niet-rechterlijke instanties van een lidstaat die krachtens het nationale recht bevoegd zijn zaken betreffende het huwelijksvermogensstelsel te behandelen, zoals de notarissen in de meeste lidstaten, waar zij meestal geen gerechtelijke taken vervullen.

(30) Krachtens deze verordening dienen notarissen die bevoegd zijn op het gebied van het huwelijksvermogensstelsel in de lidstaten die bevoegdheid uit te kunnen oefenen. Of notarissen in een bepaalde lidstaat al dan niet aan de bevoegdheidsregels van deze verordening gebonden zijn, dient af te hangen van de vraag of zij voor de toepassing van deze verordening al dan niet onder het begrip „gerecht" vallen.

(31) De circulatie van akten op het gebied van huwelijksvermogensstelsels die door notarissen in de lidstaten zijn opgemaakt, dient overeenkomstig deze verordening plaats te vinden. Wanneer notarissen gerechtelijke functies uitoefenen, dienen zij gebonden te zijn aan de bevoegdheidsregels van deze verordening; de circulatie van hun beslissingen moet in overeenstemming met de regels van deze verordening inzake erkenning, uitvoerbaarheid en tenuitvoerlegging van beslissingen geschieden. Buiten de uitoefening van een gerechtelijke functie dienen notarissen niet aan de bevoegdheidsregels gebonden te zijn en de door hen opgemaakte authentieke akten dienen te circuleren overeenkomstig de voorschriften van deze verordening betreffende authentieke akten.

(32) Met het oog op de toenemende mobiliteit van paren tijdens het huwelijk en ter wille van een goede rechtsbedeling dienen de bevoegdheidsregels in deze verordening de burgers in staat te stellen hun verschillende samenhangende procedures door de gerechten van dezelfde lidstaat te laten behandelen. Daartoe dient deze verordening te beogen dat de rechterlijke bevoegdheid inzake het huwelijksvermogensstelsel wordt geconcentreerd in de lidstaat waarvan de gerechten

worden aangezocht in zaken betreffende de erfopvolging van een echtgenoot, overeenkomstig Verordening (EU) nr. 650/2012, of de echtscheiding, de scheiding van tafel en bed of de nietigverklaring van het huwelijk, overeenkomstig Verordening (EG) nr. 2201/2003 van de Raad⁹.

(33) In deze verordening dient te worden bepaald dat in gevallen waarin een zaak betreffende de erfopvolging van een echtgenoot aanhangig is bij een op grond van Verordening (EU) nr. 650/2012 aangezocht gerecht van een lidstaat, de gerechten van die staat bevoegd moeten zijn om te beslissen in zaken betreffende het huwelijksvermogensstelsel welke met die erfopvolging verband houden.

(34) Evenzo dienen kwesties betreffende het huwelijksvermogensstelsel die zich voordoen in een bij een gerecht van een lidstaat op grond van Verordening (EG) nr. 2201/2003 ingestelde procedure ter zake van echtscheiding, scheiding van tafel en bed of nietigverklaring van het huwelijk, door de gerechten van die lidstaat te worden behandeld, tenzij de bevoegdheid om over de echtscheiding, scheiding van tafel en bed of nietigverklaring van het huwelijk te beslissen slechts op een specifieke bevoegdheidsgrond kan berusten. In die gevallen mag niet zonder een overeenkomst tussen de echtgenoten worden toegestaan dat de bevoegdheid wordt geconcentreerd.

(35) In zaken betreffende het huwelijksvermogensstelsel die geen verband houden met een bij een gerecht van een lidstaat aanhangige procedure ter zake van de erfopvolging van een echtgenoot dan wel echtscheiding, scheiding van tafel en bed of nietigverklaring van het huwelijk, dient deze verordening te voorzien in een reeks aanknopingspunten voor het vaststellen van de bevoegdheid, te beginnen met de gewone verblijfplaats van de echtgenoten op het tijdstip waarop het gerecht wordt aangezocht. Deze aanknopingspunten worden vastgesteld om rekening te houden met de toenemende mobiliteit van burgers en ervoor te zorgen dat er een reëel aanknopingspunt bestaat tussen de echtgenoten en de lidstaat waar de rechterlijke bevoegdheid wordt uitgeoefend.

(36) Ten behoeve van de rechtszekerheid, de voorspelbaarheid en de autonomie van partijen dient deze verordening partijen in bepaalde omstandigheden de mogelijkheid te bieden om bij overeenkomst een forumkeuze te maken ten gunste van de gerechten van de lidstaat waarvan het recht toepasselijk is of van de gerechten van de lidstaat van sluiting van het huwelijk.

(37) Voor de toepassing van deze verordening en om alle mogelijke situaties te bestrijken, dient de lidstaat van sluiting van het huwelijk de lidstaat te zijn waarvan de instanties het huwelijk hebben gesloten.

(38) Een gerecht van een lidstaat kan oordelen dat het huwelijk in kwestie uit hoofde van het internationaal privaatrecht van die lidstaat niet kan worden erkend ter fine van een procedure betreffende het huwelijksvermogensstelsel. In dat geval kan het uitzonderlijk nodig zijn zich uit hoofde van deze verordening onbevoegd te verklaren. De gerechten moeten snel handelen en de betrokken partij moet de zaak aanhangig kunnen maken in iedere andere lidstaat die op grond van een aanknopingspunt rechterlijke bevoegdheid heeft, ongeacht de rangorde van de bevoegdheidsgronden, waarbij tegelijkertijd de autonomie van de partijen wordt geëerbiedigd. Een gerecht dat na een onbevoegdverklaring wordt aangezocht, niet zijnde een gerecht van de lidstaat van sluiting van het huwelijk, kan bij wijze van uitzondering genoodzaakt zijn zich tevens onder dezelfde voorwaarden onbevoegd te verklaren. De combinatie van de verschillende regels van rechterlijke bevoegdheid moet echter garanderen dat de partijen over alle mogelijkheden beschikken om de gerechten van een lidstaat aan te zoeken die de rechterlijke bevoegdheid aanvaarden teneinde uitvoering te geven aan hun huwelijksvermogensstelsel.

(39) Deze verordening mag de partijen niet beletten om hun zaak aangaande het huwelijksvermogensstelsel buitengerechtelijk minnelijk te schikken, bijvoorbeeld voor een notaris, in een lidstaat naar keuze indien het recht van die lidstaat dat mogelijk maakt. Dit moet mogelijk zijn zelfs als het op het huwelijksvermogensstelsel toepasselijke recht niet het recht van die lidstaat is.

(40) Om ervoor te zorgen dat de gerechten van alle lidstaten op dezelfde gronden bevoegdheid kunnen aannemen ten aanzien van huwelijksvermogensstelsels van echtgenoten, dient deze verordening op limitatieve wijze te voorzien in de gronden voor het kunnen aannemen van subsidiaire rechterlijke bevoegdheid.

(41) Met name om gevallen van rechtsweigering te verhelpen, dient in deze verordening ook een forum necessitatis te worden opgenomen, waardoor een gerecht van een lidstaat bij wijze van uitzondering kan beslissen in een geschil betreffende een huwelijksvermogensstelsel dat nauw verbonden is met een derde staat. Een dergelijk uitzonderlijk geval kan worden verondersteld als een procedure in de betrokken derde staat onmogelijk blijkt, bijvoorbeeld door een burgeroorlog, of als van een echtgenoot redelijkerwijs niet kan worden verwacht dat hij in die staat een procedure aanhangig maakt of voert. Het forum necessitatis kan zijn bevoegdheid

---

⁹ Verordening (EG) nr. 2201/2003 van de Raad van 27 november 2003 betreffende de bevoegdheid en de erkenning en tenuitvoerlegging van beslissingen in huwelijkszaken en inzake de ouderlijke verantwoordelijkheid, en tot intrekking van Verordening (EG) nr. 1347/2000 (PB L 338 van 23.12.2003, blz. 1).

evenwel alleen uitoefenen als het geschil voldoende nauw verbonden is met de lidstaat van het aangezochte gerecht.

(42) Met het oog op een ordelijke rechtspleging moet worden voorkomen dat in verschillende lidstaten onderling onverenigbare beslissingen worden gegeven. Daarom moet deze verordening voorzien in algemene procedureregels die vergelijkbaar zijn met die welke vervat zijn in andere regelgeving van de Unie op het gebied van justitiële samenwerking in civiele zaken. Eén dergelijke regel is de litispendentieregel die in werking treedt wanneer hetzelfde geschil betreffende een huwelijksvermogensstelsel bij verschillende gerechten in verschillende lidstaten wordt aangebracht. Deze regel bepaalt dan welk gerecht de zaak verder dient te behandelen.

(43) Om burgers met volledige rechtszekerheid te laten profiteren van de voordelen van de interne markt, dient deze verordening het hun mogelijk te maken van tevoren het recht te kennen dat op hun huwelijksvermogensstelsel van toepassing zal zijn. Daarom dienen geharmoniseerde collisieregels te worden vastgesteld om tegenstrijdige uitkomsten te voorkomen. De hoofdregel moet ervoor zorgen dat het huwelijksvermogensstelsel op voorzienbare wijze wordt beheerst door een recht waarmee het nauw verbonden is. Dat recht moet, ter wille van de rechtszekerheid en om versnippering van het huwelijksvermogensstelsel te voorkomen, het stelsel in zijn geheel beheersen, dat wil zeggen alle vermogensbestanddelen die eronder vallen, ongeacht hun aard en ongeacht de vraag of deze zich in een andere lidstaat dan wel in een derde staat bevinden.

(44) Het door deze verordening aangewezen recht dient toepasselijk te zijn, ongeacht of dit het recht van een lidstaat is.

(45) Om het de echtgenoten gemakkelijker te maken hun vermogen te beheren, dient deze verordening hun de mogelijkheid te bieden om uit de rechtsstelsels waarmee zij op grond van hun gewone verblijfplaats of hun nationaliteit een nauwe band hebben, het recht te kiezen dat op hun huwelijksvermogensstelsel van toepassing is, ongeacht de aard van de vermogensbestanddelen en de plaats waar deze zich bevinden. Deze keuze kan te allen tijde worden gemaakt: vóór het huwelijk, bij de sluiting van het huwelijk of in de loop van het huwelijk.

(46) Om rechtszekerheid van transacties te verzekeren en om te voorkomen dat op het huwelijksvermogensstelsel een ander recht van toepassing wordt zonder dat de echtgenoten daarvan op de hoogte worden gebracht, dient op het huwelijksvermogensstelsel toepasselijk recht ongewijzigd te blijven behoudens als partijen uitdrukkelijk om de toepassing van een ander recht verzoeken. Deze wijziging mag geen terugwerkende kracht hebben, tenzij de echtgenoten uitdrukkelijk anders bepalen. Hoe dan ook kan de wijziging geen afbreuk doen aan de rechten van derden.

(47) Regels inzake de materiële en formele geldigheid van de rechtskeuzeovereenkomst dienen zo te worden geformuleerd dat de echtgenoten een beter geïnformeerde keuze kunnen maken en hun instemming wordt geëerbiedigd en aldus rechtszekerheid en een betere toegang tot de rechter worden verzekerd. Wat de formele geldigheid betreft, dient te worden voorzien in bepaalde garanties die ervoor zorgen dat de echtgenoten zich bewust zijn van de consequenties van hun keuze. De overeenkomst over de keuze van het toepasselijke recht moet ten minste schriftelijk worden vastgelegd, worden gedagtekend en door beide partijen worden ondertekend. Indien het recht van de lidstaat waar de beide echtgenoten op het tijdstip van sluiting van de overeenkomst hun gewone verblijfplaats hebben, evenwel bijkomende vormvereisten bevat, dienen deze in acht te worden genomen. Indien de echtgenoten op het tijdstip van sluiting van de overeenkomst hun gewone verblijfplaats hebben in verschillende lidstaten waarvan de wetgeving verschillende vormvereisten bevat, moet het volstaan dat aan de vormvereisten van een dezer staten wordt voldaan. Indien slechts een van de echtgenoten op het tijdstip van sluiting van de overeenkomst zijn gewone verblijfplaats heeft in een lidstaat waarvan de wetgeving bijkomende vormvereisten bevat, dient aan die vereisten te worden voldaan.

(48) Huwelijkse voorwaarden zijn bepalingen betreffende het huwelijksvermogen die de lidstaten niet gelijkelijk toestaan en aanvaarden. Huwelijksvermogensrechten die ten gevolge van huwelijkse voorwaarden zijn verkregen, moeten in de lidstaten gemakkelijker kunnen worden aanvaard; daarom dienen er voorschriften inzake de formele geldigheid van huwelijkse voorwaarden te worden vastgesteld. De huwelijkse voorwaarden dienen ten minste op schrift te worden gesteld, te worden gedagtekend en door beide echtgenoten te worden ondertekend. De huwelijkse voorwaarden moeten echter ook voldoen aan aanvullende formele geldigheidseisen die zijn bepaald in het recht dat krachtens deze verordening op het huwelijksvermogensstelsel van toepassing is, en in het recht van de lidstaat waar de echtgenoten hun gewone verblijfplaats hebben. In deze verordening dient tevens te worden bepaald welk recht van toepassing is op de materiële geldigheid van die voorwaarden.

(49) Indien er geen rechtskeuze is gemaakt, dient deze verordening, met het oog op het verenigen van voorspelbaarheid en rechtszekerheid met de realiteit waarin het paar leeft, geharmoniseerde collisieregels te introduceren om volgens een reeks aanknopingspunten te bepalen welk recht op het gehele vermogen van de echtgenoten van toepassing is. Zo dient de eerste gemeenschappelijke gewone verblijfplaats van de echtgenoten kort na de huwelijkssluiting het eerste criterium

te vormen vóór het recht van de gemeenschappelijke nationaliteit van de echtgenoten op het tijdstip waarop het huwelijk werd gesloten. Als geen van deze criteria van toepassing is, of bij gebreke van een eerste gemeenschappelijke gewone verblijfplaats als de echtgenoten bij het sluiten van het huwelijk dubbele gemeenschappelijke nationaliteiten hebben, dient het recht van de staat waarmee de echtgenoten de nauwste band hebben als derde criterium te worden gebruikt. Bij de toepassing van dit laatste criterium moeten alle omstandigheden in ogenschouw worden genomen en moet worden verduidelijkt dat deze banden in overweging moeten worden genomen zoals die bestonden ten tijde van de huwelijkssluiting.

(50) Waar in deze verordening verwezen wordt naar nationaliteit als aanknopingspunt, is de vraag hoe een persoon met een meervoudige nationaliteit moet worden beschouwd een prealabele vraag die buiten de werkingssfeer van deze verordening valt en moet worden overgelaten aan het nationaal recht alsmede, indien van toepassing, internationale overeenkomsten, met volledige inachtneming van de algemene beginselen van de Unie. Deze overweging mag geen gevolgen hebben voor de geldigheid van een rechtskeuze die in overeenstemming met deze verordening is gemaakt.

(51) Met betrekking tot de aanwijzing van het recht dat bij gebreke van een rechtskeuze en van huwelijkse voorwaarden op het huwelijksvermogensstelsel van toepassing is, dient de rechterlijke instantie van een lidstaat, op verzoek van een van de echtgenoten, in uitzonderlijke gevallen, als de echtgenoten voor een lange tijd naar de staat van hun gewone verblijfplaats zijn verhuisd, te kunnen beslissen dat het recht van de staat van toepassing kan zijn indien de echtgenoten zich erop hebben verlaten. In geen geval kan de wijziging afbreuk doen aan de rechten van derden.

(52) Het recht dat is aangewezen als het op het huwelijksvermogensstelsel toepasselijke recht, dient het huwelijksvermogensstelsel te beheersen vanaf het tijdstip waarop de samenstelling wordt bepaald van het gemeenschappelijk en het persoonlijk vermogen van de echtgenoten gedurende het huwelijk en na de ontbinding van het huwelijk, totdat het vermogen is vereffend. Dat recht dient tevens de gevolgen van het huwelijksvermogensstelsel op de rechtsbetrekkingen tussen een echtgenoot en derden te beheersen. Echter, het op het huwelijksvermogensstelsel toepasselijke recht kan, met betrekking tot de rechtsgevolgen ervan, door een echtgenoot jegens een derde uitsluitend worden ingeroepen indien de rechtsbetrekkingen tussen de echtgenoot en de derde zijn ontstaan op een tijdstip waarop de derde van dat recht kennis had of had moeten hebben.

(53) De gerechten en andere bevoegde instanties van een lidstaat dienen in uitzonderlijke gevallen de mogelijkheid te hebben om uit overwegingen van algemeen belang, zoals de bescherming van de politieke, maatschappelijke of economische organisatie van een lidstaat, uitzonderingsbepalingen van bijzonder dwingend recht toe te passen. Onder „bepalingen van bijzonder dwingend recht" moeten dus voorschriften van dwingende aard, zoals voorschriften ter bescherming van de gezinswoning, worden verstaan. Deze uitzondering op de toepassing van het op het huwelijksvermogensstelsel toepasselijke recht dient echter strikt te worden uitgelegd, zodat zij verenigbaar blijft met de algemene doelstelling van deze verordening.

(54) Met het oog op het algemeen belang dienen de gerechten en andere in huwelijksvermogensrechtelijke kwesties bevoegde instanties van de lidstaten in uitzonderlijke gevallen de mogelijkheid te hebben om specifieke bepalingen van buitenlands recht buiten toepassing te laten, indien de toepassing hiervan in een bepaalde zaak kennelijk onverenigbaar zou zijn met de openbare orde van de betrokken lidstaat. Niettemin mogen de gerechten of andere bevoegde instanties geen gebruik kunnen maken van de exceptie van openbare orde om het recht van een andere lidstaat buiten toepassing te laten of om te weigeren een gegeven beslissing, een authentieke akte of een gerechtelijke schikking uit een andere lidstaat te erkennen — dan wel, in voorkomend geval, te aanvaarden — of ten uitvoer te leggen, indien dat in strijd zou zijn met het Handvest van de grondrechten van de Europese Unie („het Handvest"), en met name artikel 21 inzake het beginsel van non-discriminatie.

(55) Aangezien er staten zijn waar twee of meer rechtsstelsels of gehelen van rechtsregels betreffende de in deze verordening geregelde materie naast elkaar bestaan, dient te worden bepaald in welke mate de bepalingen van deze verordening van toepassing zijn in de verschillende territoriale eenheden van die staten.

(56) Gelet op de algemene doelstelling van deze verordening, namelijk de wederzijdse erkenning van in de lidstaten gegeven beslissingen in huwelijksvermogensrechtelijke zaken, dienen in deze verordening regels betreffende de erkenning, uitvoerbaarheid en tenuitvoerlegging van beslissingen te worden vastgelegd die gelijkaardig zijn aan die welke de Unie reeds op het gebied van de justitiële samenwerking in burgerlijke zaken heeft vastgesteld.

(57) De stelsels voor de behandeling van huwelijksvermogensrechtelijke zaken kunnen van lidstaat tot lidstaat verschillen; daarom dient deze verordening de aanvaarding en uitvoerbaarheid in alle lidstaten van authentieke akten in huwelijksvermogensrechtelijke zaken te waarborgen.

(58) Authentieke akten dienen in een andere lidstaat dezelfde bewijskracht te hebben als in de lidstaat waar zij zijn verleden, of de daarmee meest vergelijkbare bewijskracht. Bij de vaststelling

van de bewijskracht, of de meest vergelijkbare bewijskracht, van een bepaalde authentieke akte in een andere lidstaat dient te worden gelet op de aard en de reikwijdte van de bewijskracht van de authentieke akte in de lidstaat van oorsprong. De bewijskracht die in een andere lidstaat aan een bepaalde authentieke akte dient te worden toegekend, hangt dus af van het recht van de lidstaat van oorsprong.

(59) De „authenticiteit" van een authentieke akte moet een autonoom begrip zijn, waaronder is begrepen de echtheid van de akte, de vormvereisten, de bevoegdheid van de instantie die de akte opmaakt en de procedure volgens welke de akte wordt opgemaakt. Hieronder dienen ook de feitelijke gegevens te worden verstaan die door de betrokken autoriteit in de authentieke akte zijn vastgelegd, bijvoorbeeld het feit dat de genoemde partijen voor haar op de genoemde datum zijn verschenen en de vermelde verklaringen hebben afgelegd. Een partij die de authenticiteit van een authentieke akte wenst te betwisten, dient dit te doen voor het bevoegde gerecht van de lidstaat van herkomst van de authentieke akte, volgens het recht van die lidstaat.

(60) Het begrip „de in de authentieke akte vastgelegde rechtshandelingen of rechtsbetrekkingen" dient te worden uitgelegd als een verwijzing naar de inhoud, voor wat betreft hetgeen materieel in de akte is vastgelegd. Een partij die de in de authentieke akte vastgelegde rechtshandelingen of rechtsbetrekkingen betwist, dient dit te doen voor de krachtens deze verordening bevoegde gerechten, die hierover moeten oordelen volgens het op het huwelijksvermogensstelsel toepasselijke recht.

(61) Indien een vraag betreffende de in een authentieke akte vastgelegde rechtshandelingen of rechtsbetrekkingen bij wijze van incident voor een gerecht van een lidstaat wordt opgeworpen, dient dit over de bevoegdheid te beschikken om die vraag te beantwoorden.

(62) Een authentieke akte die wordt betwist, dient in een andere lidstaat dan de lidstaat van oorsprong geen bewijskracht te hebben zolang de betwistingszaak aanhangig is. Indien de betwisting zich beperkt tot een specifiek punt betreffende de in de authentieke akte vastgelegde rechtshandelingen of rechtsbetrekkingen, dient de betwiste authentieke akte, wat het bestreden punt betreft, in een andere lidstaat dan de lidstaat van oorsprong geen bewijskracht te hebben zolang de zaak aanhangig is. Een authentieke akte die naar aanleiding van een betwisting ongeldig is verklaard, dient niet langer bewijskracht te hebben.

(63) De instantie die in het kader van de toepassing van deze verordening twee onverenigbare authentieke akten voorgelegd krijgt, dient te beoordelen welke van de akten, en gelet op de concrete omstandigheden, de voorrang heeft, zo dat al van toepassing is. Indien uit de omstandigheden niet blijkt welke authentieke akte in voorkomend geval de voorrang heeft, moet de kwestie worden beslecht door de krachtens deze verordening bevoegde gerechten of, indien de kwestie als incident in de procedure wordt opgeworpen, door het voor die procedure aangezochte gerecht. In geval van onverenigbaarheid van een authentieke akte met een beslissing dient rekening te worden gehouden met de bij deze verordening bepaalde weigeringsgronden voor erkenning van een beslissing.

(64) De erkenning en de tenuitvoerlegging van een beslissing betreffende het huwelijksvermogensstelsel volgens deze verordening dienen op generlei wijze de erkenning in te houden van het huwelijk dat ten grondslag ligt aan het huwelijksvermogensstelsel dat tot de beslissing aanleiding heeft gegeven.

(65) Bepaald dient te worden hoe deze verordening zich verhoudt tot de bilaterale en de multilaterale overeenkomsten inzake huwelijksvermogensstelsels waarbij de lidstaten partij zijn.

(66) Deze verordening belet niet dat lidstaten die partij zijn bij de Overeenkomst van 6 februari 1931 tussen Denemarken, Finland, IJsland, Noorwegen en Zweden houdende bepalingen van internationaal recht ter zake van huwelijk, adoptie en voogdij, zoals herzien in 2006, bij het Verdrag van 19 november 1934 tussen Denemarken, Finland, IJsland, Noorwegen en Zweden houdende bepalingen van internationaal privaatrecht betreffende erfopvolging, testamenten en beheer van de nalatenschap, zoals herzien in juni 2012, en bij de Overeenkomst van 11 oktober 1977 tussen Denemarken, Finland, IJsland, Noorwegen en Zweden betreffende de erkenning en de tenuitvoerlegging van rechterlijke beslissingen in burgerlijke zaken, sommige bepalingen van die verdragen blijven toepassen, voor zover die voorzien in vereenvoudigde en snellere procedures voor de erkenning en de tenuitvoerlegging van beslissingen op het gebied van huwelijksvermogensstelsels.

(67) Om de toepassing van deze verordening te vergemakkelijken, dient aan de lidstaten de verplichting te worden opgelegd om bepaalde gegevens over hun wetgeving en procedures inzake huwelijksvermogensstelsels mede te delen in het kader van het Europees justitieel netwerk in burgerlijke en handelszaken dat bij Besluit 2001/470/EG van de Raad^{10} is opgericht. Om het mogelijk te maken dat alle voor de toepassing van deze verordening relevante informatie tijdig in het *Publicatieblad van de Europese Unie* wordt bekendgemaakt, dienen de lidstaten deze in-

---

^{10} Beschikking 2001/470/EG van de Raad van 28 mei 2001 betreffende de oprichting van een Europees justitieel netwerk in burgerlijke en handelszaken (PB L 174 van 27.6.2001, blz. 25).

formatie tevens aan de Commissie mede te delen voordat deze verordening van toepassing wordt.

(68) Eveneens met het oog op een vlotte toepassing van deze verordening en op het gebruik van moderne communicatietechnologie dienen standaardformulieren te worden voorgeschreven voor de verklaringen die zullen worden afgelegd in verband met het verzoek om verklaring van uitvoerbaarheid van een beslissing, een authentieke akte of een gerechtelijke schikking.

(69) Voor de berekening van de in deze verordening bedoelde termijnen en vervaltijden dient Verordening (EEG, Euratom) nr. 1182/71 van de Raad^{11} te worden toegepast.

(70) Om eenvormige voorwaarden voor de uitvoering van deze verordening te waarborgen, dienen aan de Commissie uitvoeringsbevoegdheden te worden toegekend met betrekking tot het vaststellen en wijzigen van de verklaringen en formulieren betreffende de verklaring van uitvoerbaarheid van beslissingen, gerechtelijke schikkingen en authentieke akten. Die bevoegdheden moeten worden uitgeoefend conform Verordening (EU) nr. 182/2011 van het Europees Parlement en de Raad^{12}.

(71) De uitvoeringshandelingen tot vaststelling en tot wijziging van de in deze verordening bedoelde verklaringen en formulieren dienen volgens de raadplegingsprocedure te worden vastgesteld.

(72) De doelstellingen van deze verordening, te weten het vrije verkeer van personen in de Unie, de mogelijkheid voor echtgenoten om hun vermogensrechtelijke betrekkingen onderling en tegenover derden zowel tijdens hun samenleven als bij de vereffening van hun goederen te organiseren, alsook een grotere voorspelbaarheid en rechtszekerheid, kunnen niet voldoende door de lidstaten worden verwezenlijkt; daarentegen kunnen die doelstellingen, vanwege de omvang en de gevolgen van deze verordening, beter op het niveau van de Europese Unie, waar passend door middel van een nauwere samenwerking tussen de lidstaten, worden gerealiseerd. Overeenkomstig het subsidiariteitsbeginsel dat is neergelegd in artikel 5 van het Verdrag betreffende de Europese Unie (VEU), is de Unie derhalve bevoegd tot handelen. Overeenkomstig het in hetzelfde artikel neergelegde evenredigheidsbeginsel gaat deze verordening niet verder dan nodig is om deze doelstellingen te verwezenlijken.

(73) Deze verordening eerbiedigt de grondrechten en de beginselen die zijn erkend bij het Handvest, met name de artikelen 7, 9, 17, 21 en 47, die betrekking hebben op, respectievelijk, de eerbiediging van het privéleven en van het familie- en gezinsleven, het recht te huwen en het recht een gezin te stichten volgens de nationale wetten, het eigendomsrecht, het non-discriminatiebeginsel en het recht op een doeltreffende voorziening in rechte en op een onpartijdig gerecht. Deze verordening moet door de gerechten en andere bevoegde instanties van de lidstaten met inachtneming van deze rechten en beginselen worden toegepast,

HEEFT DE VOLGENDE VERORDENING VASTGESTELD:

Hoofdstuk I Toepassingsgebied en definities

Art. 1 Toepassingsgebied

Werkingssfeer **1.** Deze verordening is van toepassing op huwelijksvermogensstelsels. Zij is niet van toepassing op fiscale zaken, douanezaken en bestuursrechtelijke zaken.

2. Deze verordening is niet van toepassing op:

a) de handelingsbevoegdheid van de echtgenoten,

b) het bestaan, de geldigheid of de erkenning van een huwelijk,

c) onderhoudsverplichtingen,

d) de erfopvolging van een overleden echtgenoot,

e) de sociale zekerheid,

f) in het geval van echtscheiding, scheiding van tafel en bed of nietigverklaring van het huwelijk, de aanspraak op overgang tussen de echtgenoten van rechten op ouderdoms- of invaliditeitspensioen die gedurende het huwelijk zijn verworven en gedurende het huwelijk niet tot pensioeninkomen hebben geleid, of de aanpassing van dergelijke rechten,

g) de aard van de zakelijke rechten die rusten op vermogensbestanddelen, en

h) de inschrijving van rechten op onroerende en roerende zaken in een register, met inbegrip van de wettelijke voorschriften voor de inschrijving en de rechtsgevolgen van de inschrijving of van het achterwege blijven daarvan.

---

11 Verordening (EEG, Euratom) nr. 1182/71 van de Raad van 3 juni 1971 houdende vaststelling van de regels die van toepassing zijn op termijnen, data en aanvangs- en vervaltijden (PB L 124 van 8.6.1971, blz. 1).

12 Verordening (EU) nr. 182/2011 van het Europees Parlement en de Raad van 16 februari 2011 tot vaststelling van de algemene voorschriften en beginselen die van toepassing zijn op de wijze waarop lidstaten de uitoefening van de uitvoeringsbevoegdheden door de Commissie controleren (PB L 55 van 28.2.2011, blz. 13).

Art. 2 Bevoegdheid ter zake van huwelijksvermogensstelsels in de lidstaten

Deze verordening laat de bevoegdheid van de instanties van de lidstaten ter zake van huwelijksvermogensstelsels onverlet.

Art. 3 Definities

1. Voor de toepassing van deze richtlijn wordt verstaan onder:

a) „huwelijksvermogensstelsel": een geheel van regels betreffende de vermogensrechtelijke betrekkingen die, ten gevolge van het huwelijk of de ontbinding daarvan, tussen de echtgenoten onderling en tussen de echtgenoten en derden bestaan;

b) „huwelijkse voorwaarden": iedere overeenkomst waarbij de echtgenoten of de toekomstige echtgenoten hun huwelijksvermogensstelsel regelen;

c) „authentieke akte": een document ter zake van een huwelijksvermogensstelsel dat in een lidstaat formeel als authentieke akte is verleden of geregistreerd en waarvan de authenticiteit:

i) betrekking heeft op de ondertekening en de inhoud van de akte, en

ii) is vastgesteld door een overheidsinstantie of door een andere daartoe door de lidstaat van oorsprong bevoegd verklaarde autoriteit;

d) „beslissing": iedere door een gerecht van een lidstaat ter zake van een huwelijksvermogensstelsel gegeven beslissing, ongeacht de daaraan gegeven benaming, met inbegrip van de beslissing betreffende de vaststelling van het bedrag van de proceskosten door de griffier;

e) „gerechtelijke schikking": een schikking inzake een huwelijksvermogensstelsel die door een gerecht is goedgekeurd of tijdens een procedure voor een gerecht is getroffen;

f) „lidstaat van oorsprong": de lidstaat waar de beslissing is gegeven, de authentieke akte is verleden of de gerechtelijke schikking is goedgekeurd of getroffen;

g) „lidstaat van tenuitvoerlegging": de lidstaat waar om erkenning en/of tenuitvoerlegging van de beslissing, de authentieke akte of de gerechtelijke schikking wordt verzocht.

2. Voor de toepassing van deze verordening wordt verstaan onder „gerecht": de rechterlijke instanties, en alle andere instanties en rechtsbeoefenaren met bevoegdheid ter zake van huwelijksvermogensstelsels, die rechterlijke functies vervullen dan wel handelen op machtiging van of onder toezicht van een rechterlijke instantie, mits deze andere instanties en rechtsbeoefenaren waarborgen bieden inzake onpartijdigheid en het recht van partijen om te worden gehoord en mits hun beslissingen overeenkomstig het recht van de lidstaat waar zij gevestigd zijn:

a) vatbaar zijn voor hoger beroep bij of herziening door een rechterlijke instantie, en

b) dezelfde rechtskracht en dezelfde rechtsgevolgen hebben als een beslissing van een rechterlijke instantie over dezelfde aangelegenheid.

De lidstaten stellen de Commissie overeenkomstig artikel 64 in kennis van de lijst van de in de eerste alinea bedoelde andere instanties en rechtsbeoefenaren.

Hoofdstuk II Bevoegdheid

Art. 4 Bevoegdheid in geval van overlijden van een van de echtgenoten

Indien ter zake van de erfopvolging van een echtgenoot een zaak bij een gerecht van een lidstaat aanhangig is gemaakt op grond van Verordening (EU) nr. 650/2012, zijn de gerechten van die lidstaat bevoegd om te beslissen in zaken betreffende het huwelijksvermogensstelsel die met die erfopvolging verband houden.

Art. 5 Bevoegdheid in geval van echtscheiding, scheiding van tafel en bed of nietigverklaring van het huwelijk

1. Indien overeenkomstig Verordening (EG) nr. 2201/2003 bij een gerecht van een lidstaat een verzoek tot echtscheiding, scheiding van tafel en bed of nietigverklaring van het huwelijk aanhangig is gemaakt, zijn, onverminderd lid 2, de gerechten van die lidstaat bevoegd om te beslissen in zaken betreffende het huwelijksvermogensstelsel die met dat verzoek verband houden.

2. De in lid 1 bedoelde bevoegdheid in zaken met betrekking tot huwelijksvermogensstelsels is afhankelijk van een overeenkomst tussen de echtgenoten indien het gerecht waar het verzoek om echtscheiding, scheiding van tafel en bed of nietigverklaring aanhangig is gemaakt:

a) het gerecht is van de lidstaat waar de verzoeker zijn gewone verblijfplaats heeft en waar de verzoeker onmiddellijk voorafgaand aan de indiening van het verzoek tenminste gedurende één jaar verbleven heeft, overeenkomstig artikel 3, lid 1, onder a), vijfde streepje, van Verordening (EG) nr. 2201/2003;

b) het gerecht is van de lidstaat waarvan de verzoeker onderdaan is en waar hij zijn gewone verblijfplaats heeft en onmiddellijk voorafgaand aan de indiening van het verzoek gedurende ten minste zes maanden heeft verbleven, overeenkomstig artikel 3, lid 1, onder a), zesde streepje, van Verordening (EG) nr. 2201/2003;

c) is aangezocht op grond van artikel 5 van Verordening (EG) nr. 2201/2003, in gevallen waarin omzetting van een scheiding van tafel en bed in een echtscheiding is gevraagd;

d) is aangezocht op grond van artikel 7 van Verordening (EG) nr. 2201/2003, in geval van residuele bevoegdheid.

3. De in lid 2 bedoelde overeenkomst moet, ingeval zij wordt gesloten voordat bij het gerecht een zaak betreffende het huwelijksvermogensstelsel aanhangig wordt gemaakt, aan het bepaalde in artikel 7, lid 2, voldoen.

Art. 6 Bevoegdheid in andere gevallen

Bevoegdheid in overige gevallen

In de gevallen waarin geen enkel gerecht van een lidstaat op grond van de artikel 4 of 5 bevoegd is, of in andere dan de in die artikelen bedoelde gevallen, zijn betreffende het huwelijksvermogensstelsel van de echtgenoten de gerechten bevoegd van de lidstaat:

a) waar de echtgenoten op het tijdstip van het aanbrengen van de zaak hun gewone verblijfplaats hebben of, bij gebreke daarvan,

b) waar zich de laatste gewone verblijfplaats van de echtgenoten bevindt, mits een van hen daar op het tijdstip van aanbrengen nog verblijft, of, bij gebreke daarvan,

c) waar de gedaagde op het tijdstip van aanbrengen zijn gewone verblijfplaats heeft of, bij gebreke daarvan,

d) waarvan de beide echtgenoten op het tijdstip van aanbrengen de nationaliteit hebben.

Art. 7 Forumkeuze

Forumkeuze

1. In de in artikel 6 bedoelde gevallen kunnen de partijen overeenkomen dat de gerechten van de lidstaat waarvan het recht overeenkomstig artikel 22 of artikel 26, lid 1, onder a) of b), van toepassing is, of de gerechten van de lidstaat van sluiting van het huwelijk bij uitsluiting bevoegd zijn om te beslissen in zaken die hun huwelijksvermogensstelsel betreffen.

2. De in lid 1 bedoelde overeenkomst wordt vastgelegd in een schriftelijk document dat gedagtekend en door de beide partijen ondertekend wordt. Als schriftelijk wordt eveneens aangemerkt elke elektronische mededeling waardoor de overeenkomst duurzaam wordt vastgelegd.

Art. 8 Bevoegdheid gebaseerd op het verschijnen van de verweerder

Bevoegdheid op grond van verschijnen verweerder

1. Buiten de gevallen waarin de bevoegdheid voortvloeit uit andere bepalingen van deze verordening, is het gerecht van een lidstaat waarvan het recht overeenkomstig artikel 22 of artikel 26, lid 1, onder a) of b), van toepassing is en waarvoor de verweerder verschijnt, bevoegd. Dit voorschrift is niet van toepassing indien de verschijning ten doel heeft de bevoegdheid te betwisten, of in zaken die onder artikel 4 of artikel 5, lid 1, vallen.

2. Alvorens zich krachtens lid 1 bevoegd te verklaren, vergewist het gerecht zich ervan dat de verweerder op de hoogte is gebracht van zijn recht om de bevoegdheid te betwisten en van de gevolgen van het verschijnen of niet- verschijnen.

Art. 9 Alternatieve bevoegdheid

Alternatieve bevoegdheid

1. Wanneer een gerecht van een lidstaat dat op grond van artikel 4, 6, 7 of 8 bevoegd is, oordeelt dat het internationaal privaatrecht van die lidstaat het huwelijk niet erkent ter fine van een procedure betreffende het huwelijksvermogensstelsel, kan zij zich bij uitzondering onbevoegd verklaren. Als het gerecht besluit zich onbevoegd te verklaren, doet zij dat zo spoedig mogelijk.

2. Wanneer een gerecht dat op grond van artikel 4 of 6 bevoegd is, zich onbevoegd verklaart en de partijen er overeenkomstig artikel 7 mee instemmen de bevoegdheid te verlenen aan de gerechten van een andere lidstaat, zijn de gerechten van die lidstaat bevoegd om uitspraak te doen over het huwelijksvermogensstelsel.

In andere gevallen zijn de gerechten van een andere lidstaat bevoegd om uitspraak te doen over het huwelijksvermogensstelsel in overeenstemming met artikel 6 of artikel 8, of de gerechten van de lidstaat van sluiting van het huwelijk.

3. Dit artikel is niet van toepassing als ten aanzien van de partijen een echtscheiding, een scheiding van tafel en bed of een nietigverklaring van het huwelijk is uitgesproken die kan worden erkend in de lidstaat van de aangezochte rechter.

Art. 10 Subsidiaire bevoegdheid

Subsidiaire bevoegdheid

In gevallen waarin geen enkel gerecht van een lidstaat op grond van artikel 4, 5, 6, 7 of 8 bevoegd is, of waarin alle gerechten zich overeenkomstig artikel 9 onbevoegd hebben verklaard en geen enkel gerecht op grond van artikel 9, lid 2, bevoegd is, zijn de gerechten bevoegd van een lidstaat waar onroerende goederen van een of beide echtgenoten zijn gelegen; in dat geval is het aangezochte gerecht slechts bevoegd ten aanzien van die onroerende goederen.

Art. 11 Forum necessitatis

Forum necessitatis

In gevallen waarin geen enkel gerecht van een lidstaat op grond van artikel 4, 5, 6, 7, 8 of 10 bevoegd is, of waarin alle gerechten zich overeenkomstig artikel 9 onbevoegd hebben verklaard en geen enkel gerecht van een lidstaat op grond van artikel 9, lid 2, of artikel 10 bevoegd is, kunnen de gerechten van een lidstaat bij uitzondering uitspraak doen over een huwelijksvermogensstelsel indien in een derde staat waarmee de zaak nauw verbonden is, redelijkerwijs geen procedure aanhangig kan worden gemaakt of gevoerd, of een procedure daar onmogelijk blijkt.

De zaak moet voldoende nauw verbonden zijn met de lidstaat waar de zaak aanhangig wordt gemaakt.

Art. 12 Tegenvordering

Het gerecht waarbij de procedure op grond van artikel 4, 5, 6, 7, 8, artikel 9, lid 2, artikel 10 of artikel 11 aanhangig is gemaakt, is ook bevoegd om kennis te nemen van een tegenvordering die binnen het toepassingsgebied van deze verordening valt.

Art. 13 Beperking van de procedure

1. In het geval een nalatenschap die onder Verordening (EU) nr. 650/2012 valt, goederen in een derde land bevat, kan het gerecht dat is aangezocht om te oordelen over het huwelijksvermogensstelsel, op verzoek van een partij beslissen geen uitspraak te doen over een of meer van deze goederen indien kan worden verwacht dat de beslissing ten aanzien van deze goederen in dat derde land niet zal worden erkend en, in voorkomend geval, niet uitvoerbaar zal worden verklaard.

2. Lid 1 doet geen afbreuk aan de rechten van de partijen om het toepassingsgebied van de procedure te beperken volgens het recht van de lidstaat van het aangezochte gerecht.

Art. 14 Aanbrengen van een zaak bij het gerecht

Voor de toepassing van dit hoofdstuk wordt een zaak geacht te zijn aangebracht bij een gerecht:

a) op het tijdstip waarop het stuk dat het geding inleidt of een gelijkwaardig stuk bij het gerecht wordt ingediend, mits de eiser vervolgens niet heeft nagelaten te doen wat hij met het oog op de betekening of de kennisgeving van het stuk aan de verweerder moest doen;

b) in het geval dat het stuk betekend of meegedeeld moet worden voordat het bij het gerecht wordt ingediend, op het tijdstip waarop de autoriteit die belast is met de betekening of kennisgeving het stuk ontvangt, mits de eiser vervolgens niet heeft nagelaten te doen wat hij met het oog op de indiening van het stuk bij het gerecht moest doen, of

c) in het geval dat de procedure ambtshalve door het gerecht wordt geopend, op het tijdstip waarop de beslissing om de procedure te openen door het gerecht wordt genomen, of, indien een dergelijke beslissing niet is vereist, op het tijdstip waarop de zaak ter griffie wordt ingeschreven.

Art. 15 Toetsing van de bevoegdheid

Het gerecht van een lidstaat waarbij een zaak betreffende het huwelijksvermogensstelsel aanhangig is gemaakt waarvoor dat gerecht niet bevoegd is op grond van deze verordening, verklaart zich ambtshalve onbevoegd.

Art. 16 Toetsing van de ontvankelijkheid

**. ** Indien de verweerder die zijn gewone verblijfplaats in een andere staat heeft dan de lidstaat waar de zaak aanhangig is gemaakt, niet verschijnt, houdt het op grond van deze verordening bevoegde gerecht de zaak aan zolang niet vaststaat dat de verweerder in de gelegenheid is gesteld het stuk dat het geding inleidt of een gelijkwaardig stuk, met het oog op zijn verweer, tijdig heeft ontvangen, of dat daartoe al het nodige is gedaan.

2. Artikel 19 van Verordening (EG) nr. 1393/2007 van het Europees Parlement en de Raad^{13} wordt toegepast in plaats van het bepaalde in lid 1 van dit artikel, als de verzending van het stuk dat het geding inleidt of een gelijkwaardig stuk van een lidstaat naar een andere lidstaat overeenkomstig die verordening moest geschieden.

3. Indien Verordening (EG) nr. 1393/2007 niet van toepassing is, wordt artikel 15 van het Verdrag van 's-Gravenhage van 15 november 1965 inzake de betekening en de kennisgeving in het buitenland van gerechtelijke en buitengerechtelijke stukken in burgerlijke en handelszaken toegepast, als de verzending van het stuk dat het geding inleidt of een gelijkwaardig stuk naar het buitenland overeenkomstig dat verdrag moest geschieden.

Art. 17 Litispendentie

1. Wanneer voor gerechten van verschillende lidstaten tussen dezelfde partijen procedures aanhangig zijn die hetzelfde onderwerp betreffen en op dezelfde oorzaak berusten, houdt het gerecht waarbij de zaak later aanhangig is gemaakt de zaak ambtshalve aan totdat de bevoegdheid van het eerst aangezochte gerecht vaststaat.

2. In de in lid 1 bedoelde gevallen deelt een aangezochte gerecht, op verzoek van een andere gerecht waarbij het geschil is aangebracht, onverwijld aan dit gerecht mee op welke datum zij is aangezocht.

3. Wanneer de bevoegdheid van het eerst aangezochte gerecht vaststaat, verklaart elk gerecht waarbij de zaak later is aangebracht zich onbevoegd.

Art. 18 Samenhang

1. Wanneer samenhangende procedures bij gerechten van verschillende lidstaten aanhangig zijn, kan het gerecht waarbij de vordering later is aangebracht, deze aanhouden.

2. Indien de in lid 1 bedoelde zaken in eerste aanleg aanhangig zijn, kan elk gerecht dat niet als eerste is aangezocht, op verzoek van een der partijen, zich onbevoegd verklaren, mits het

---

13 Verordening (EG) nr. 1393/2007 van het Europees Parlement en de Raad van 13 november 2007 inzake de betekening en de kennisgeving in de lidstaten van gerechtelijke en buitengerechtelijke stukken in burgerlijke of in handelszaken (de betekening en kennisgeving van stukken), en tot intrekking van Verordening (EG) nr. 1348/2000 van de Raad (PB L 324 van 10.12.2007, blz. 79).

eerst aangezochte gerecht bevoegd is om van de beide vorderingen kennis te nemen en haar wetgeving de voeging ervan toestaat.

3. Samenhangend in de zin van dit artikel zijn zaken die zo nauw verbonden zijn dat een goede rechtsbedeling vraagt om hun gelijktijdige behandeling en berechting teneinde te vermijden dat, ten gevolge van afzonderlijke berechting van de zaken, onverenigbare beslissingen worden gegeven.

Art. 19 Voorlopige en bewarende maatregelen

Voorlopige en bewarende maatregelen

De gerechten van een lidstaat kunnen worden verzocht de voorlopige of bewarende maatregelen te treffen waarin het recht van deze staat voorziet, zelfs indien een gerecht van een andere lidstaat krachtens deze verordening bevoegd is om van het bodemgeschil kennis te nemen.

Hoofdstuk III Toepasselijk recht

Art. 20 Universele toepassing

Universele toepassing

Het bij deze verordening aangewezen toepasselijke recht is van toepassing, ongeacht of dit het recht van een lidstaat is.

Art. 21 Eenheid van het toepasselijke recht

Toepasselijk recht, eenheid

Het recht dat op grond van artikel 22 of 26 op het huwelijksvermogensstelsel van toepassing is, geldt voor alle onder dat stelsel vallende vermogensbestanddelen, ongeacht waar deze zich bevinden.

Art. 22 Rechtskeuze

Rechtskeuze

1. De echtgenoten of toekomstige echtgenoten kunnen overeenkomen om te bepalen welk recht op hun huwelijksvermogensstelsel van toepassing is of om hun keuze te wijzigen, mits het om het recht van een van de volgende staten gaat:

a) het recht van de staat waar, op het tijdstip van sluiting van de overeenkomst, zich de gewone verblijfplaats van een of beide echtgenoten of toekomstige echtgenoten bevindt, of

b) het recht van een staat waarvan een van de echtgenoten of toekomstige echtgenoten op het tijdstip van sluiting van de overeenkomst de nationaliteit heeft.

2. Tenzij de echtgenoten anders overeenkomen, heeft een wijziging in de loop van het huwelijk van het op het huwelijksvermogensstelsel toepasselijke recht slechts gevolgen voor de toekomst.

3. Een wijziging met terugwerkende kracht van het toepasselijke recht overeenkomstig lid 2 laat de uit dat recht voortvloeiende rechten van derden onverlet.

Art. 23 Formele geldigheid van de rechtskeuzeovereenkomst

Rechtskeuze, formele geldigheid

1. De in artikel 22 bedoelde rechtskeuze geschiedt bij schriftelijke, gedagtekende en door beide echtgenoten ondertekende overeenkomst. Als schriftelijk wordt eveneens aangemerkt elke elektronische mededeling waardoor de overeenkomst duurzaam wordt vastgelegd.

2. Indien, volgens het recht van de lidstaat waar beide echtgenoten bij het maken van de huwelijkse voorwaarden hun gewone verblijfplaats hebben, de huwelijkse voorwaarden aan aanvullende vormvereisten zijn onderworpen, zijn deze vereisten van toepassing.

3. Indien de echtgenoten bij het aangaan van de rechtskeuzeovereenkomst hun gewone verblijfplaats hebben in verschillende lidstaten die niet dezelfde vormvereisten voor de huwelijkse voorwaarden opleggen, is de overeenkomst formeel geldig indien zij aan de vereisten van een van deze lidstaten voldoet.

4. Indien slechts een van de echtgenoten bij het aangaan van de overeenkomst zijn gewone verblijfplaats heeft in een lidstaat waar huwelijkse voorwaarden aan aanvullende vormvereisten zijn onderworpen, zijn deze vereisten van toepassing.

Art. 24 Toestemming en materiële geldigheid

Rechtskeuze, toestemming en materiele geldigheid

1. Het bestaan en de geldigheid van een rechtskeuzeovereenkomst of van enige bepaling daarvan worden beheerst door het recht dat ingevolge artikel 22 van toepassing zou zijn indien de overeenkomst of de bepaling geldig was.

2. Niettemin kan een echtgenoot zich, ten bewijze dat hij zijn toestemming niet heeft verleend, beroepen op het recht van het land waar hij op het tijdstip van aanhangigmaking zijn gewone verblijfplaats heeft, indien uit de omstandigheden blijkt dat het niet redelijk zou zijn de gevolgen van zijn gedrag te laten bepalen door het in lid 1 bedoelde recht.

Art. 25 Formele geldigheid van huwelijkse voorwaarden

Huwelijkse voorwaarden, formele geldigheid

1. De huwelijkse voorwaarden worden op schrift gesteld, gedagtekend en door beide echtgenoten ondertekend. Als schriftelijk wordt eveneens aangemerkt elke elektronische mededeling waardoor de overeenkomst duurzaam wordt vastgelegd.

2. Indien, volgens het recht van de lidstaat waar beide echtgenoten bij het maken van de huwelijkse voorwaarden hun gewone verblijfplaats hebben, de huwelijkse voorwaarden aan aanvullende vormvereisten zijn onderworpen, zijn die vereisten van toepassing.

Indien de echtgenoten bij het aangaan van de huwelijkse voorwaarden hun gewone verblijfplaats hebben in verschillende lidstaten die niet dezelfde vormvereisten voor de huwelijkse voorwaarden opleggen, is de overeenkomst formeel geldig indien zij aan de vereisten van een dezer lidstaten voldoet.

Indien slechts een van de echtgenoten bij het aangaan van de overeenkomst zijn gewone verblijfplaats heeft in een lidstaat waar huwelijkse voorwaarden aan aanvullende vormvereisten zijn onderworpen, zijn die vereisten van toepassing.

3. Indien door het op het huwelijksvermogensstelsel toepasselijke recht aanvullende vormvereisten worden gesteld, zijn die vereisten van toepassing.

Art. 26 Toepasselijk recht bij gebreke van een rechtskeuze door de partijen

1. Bij gebreke van een rechtskeuzeovereenkomst overeenkomstig artikel 22, is op het huwelijksvermogensstelsel het recht van toepassing van de staat:

a) waar de echtgenoten na de huwelijkssluiting hun eerste gewone gemeenschappelijke verblijfplaats hebben, of, bij gebreke daarvan,

b) waarvan beide echtgenoten op het tijdstip van de huwelijkssluiting de nationaliteit bezitten, of, bij gebreke daarvan,

c) waarmee de echtgenoten samen op het tijdstip van de huwelijkssluiting de nauwste band hebben, met inachtneming van alle omstandigheden.

2. Als de echtgenoten op het tijdstip van de huwelijkssluiting meer dan één gemeenschappelijke nationaliteit bezitten, is alleen het bepaalde in lid 1, onder a) en c), van toepassing.

3. Bij wijze van uitzondering kan de rechterlijke instantie die bevoegd is om te beslissen in zaken betreffende het huwelijksvermogensstelsel, op verzoek van een van de echtgenoten beslissen dat het recht van een andere staat dan de staat waarvan het recht uit hoofde van lid 1, onder a), van toepassing is, op het huwelijksvermogensstelsel van toepassing is, op voorwaarde dat de verzoeker aantoont dat:

a) de echtgenoten in die andere staat hun laatste gemeenschappelijke verblijfplaats hadden gedurende een beduidend langere periode dan in de in lid 1, onder a), bedoelde staat, en

b) beide echtgenoten zich hebben verlaten op het recht van die andere staat bij het regelen of plannen van hun vermogensrechtelijke betrekkingen.

Het recht van die andere staat is van toepassing vanaf de huwelijkssluiting, tenzij één echtgenoot het daar niet mee eens is. In dat geval sorteert het recht van die andere staat effect vanaf het tijdstip van vestiging op de laatste gemeenschappelijke gewone verblijfplaats in die staat.

De toepassing van het recht van de andere staat laat de rechten die derden ontlenen aan het op grond van lid 1, onder a), toepasselijke recht onverlet.

Dit lid is niet van toepassing wanneer de echtgenoten huwelijkse voorwaarden hebben gemaakt vóór het tijdstip van vestiging op de laatste gemeenschappelijke gewone verblijfplaats in die andere staat.

Art. 27 Werkingssfeer van het toepasselijke recht

Het krachtens deze verordening op het huwelijksvermogensstelsel toepasselijke recht bepaalt onder meer:

a) de classificatie van het vermogen van beide echtgenoten of van elk afzonderlijk in verschillende categorieën tijdens en na het huwelijk;

b) de overgang van een vermogensbestanddeel naar een andere categorie;

c) de aansprakelijkheid van de ene echtgenoot voor de verplichtingen en schulden van de andere;

d) de bevoegdheden, rechten en verplichtingen van elk van de echtgenoten en van beide echtgenoten met betrekking tot het vermogen;

e) de ontbinding van het huwelijksvermogensstelsel en de verdeling of de vereffening van het huwelijksvermogen;

f) de gevolgen van het huwelijksvermogensstelsel voor de rechtsbetrekkingen tussen een echtgenoot en derden, en

g) de materiële geldigheid van de huwelijkse voorwaarden.

Art. 28 Rechtsgevolgen ten aanzien van derden

1. Onverminderd het bepaalde in artikel 27, onder f), kan het recht dat tussen de echtgenoten van toepassing is op het huwelijksvermogensstelsel, door een echtgenoot niet aan een derde worden tegengeworpen in een geschil tussen die derde en een van de echtgenoten of beide echtgenoten, tenzij de toepasselijkheid van dat recht aan de derde bekend was of redelijkerwijs had moeten zijn.

2. De derde wordt geacht over deze kennis van het op het huwelijksvermogensstelsel toepasselijke recht te beschikken, indien:

a) dat recht het recht is van:

i) de staat waarvan het recht toepasselijk is op de transactie tussen een echtgenoot en de derde;

ii) de staat waar de contracterende echtgenoot en de derde hun gewone verblijfplaats hebben, of

iii) in geval van een onroerendgoedtransactie, de staat waar het onroerend goed is gelegen, of

b) een van de echtgenoten heeft voldaan aan de toepasselijke voorschriften voor openbaarmaking of inschrijving van het huwelijksvermogensstelsel volgens het recht van:

Geen rechtskeuzeovereenkomst, toepasselijk recht

Werkingssfeer toepasselijk recht

Werkingssfeer tegenover derden

B105 art. 29 **Verordening Huwelijksvermogensstelsels**

i) de staat waarvan het recht toepasselijk is op de transactie tussen een echtgenoot en de derde;
ii) de staat waar de contracterende echtgenoot en de derde hun gewone verblijfplaats hebben, of
iii) in geval van een vastgoedtransactie, de staat waar het onroerend goed is gelegen.

3. Indien het recht dat tussen de echtgenoten op het huwelijksvermogensstelsel van toepassing is krachtens lid 1, door een echtgenoot niet aan een derde kan worden tegengeworpen, worden de rechtsgevolgen van het huwelijksvermogensstelsel ten aanzien van de derde beheerst:

a) door het recht van de staat waarvan het recht toepasselijk is op de transactie tussen een echtgenoot en de derde, of

b) in het geval van onroerende goederen of ingeschreven vermogensbestanddelen of rechten, door het recht van de staat waar het goed is gelegen of waar de vermogensbestanddelen of de rechten zijn ingeschreven.

Art. 29 Aanpassing van zakelijke rechten

Werkingssfeer, aanpassing zakelijke rechten

Indien een persoon zich krachtens het op het huwelijksvermogensstelsel toepasselijke recht beroept op een zakelijk recht dat het recht van de lidstaat waar het zakelijk recht wordt ingeroepen niet kent, wordt dit zakelijk recht, indien nodig en voor zover mogelijk, in overeenstemming gebracht met het meest gelijkwaardige zakelijk recht in die lidstaat, met inachtneming van de doelstellingen en belangen die met dat zakelijk recht worden nagestreefd en de rechtsgevolgen die eraan zijn verbonden.

Art. 30 Bepalingen van bijzonder dwingend recht

Bepalingen van bijzonder dwingend recht

1. Niets in deze verordening beperkt de toepassing van de bepalingen van bijzonder dwingend recht van de lex fori.

2. Bepalingen van bijzonder dwingend recht zijn bepalingen waarvan de inachtneming door een lidstaat als zo belangrijk wordt beschouwd voor de handhaving van zijn openbare belangen, zoals zijn politieke, sociale of economische organisatie, dat zij van toepassing zijn op elk geval dat binnen de werkingssfeer ervan valt, ongeacht welk recht volgens deze verordening overigens op het huwelijksvermogensstelsel van toepassing is.

Art. 31 Openbare orde

Openbare orde, kennelijke onverenigbaarheid

De toepassing van een voorschrift van het bij deze verordening aangewezen recht van een staat kan slechts worden geweigerd in geval van kennelijke onverenigbaarheid met de openbare orde van het land van de rechter.

Art. 32 Uitsluiting van terugverwijzing

Uitsluiting van terugverwijzing

Onder toepassing van het bij deze verordening aangewezen recht van een staat wordt verstaan de toepassing van het recht dat in die staat geldt, met uitsluiting van het internationaal privaatrecht.

Art. 33 Staten met meer dan één rechtsstelsel — territoriale collisie

Territoriale collisie

1. Indien het volgens deze verordening aangewezen recht het recht is van een staat met meerdere territoriale eenheden, die elk hun eigen rechtsregels met betrekking tot huwelijksvermogensstelsels hebben, bepalen de interne collisieregels van die staat van welke territoriale eenheid de rechtsregels van toepassing zijn.

2. Bij gebreke van zulke interne collisieregels:

a) wordt, ter bepaling van het recht dat van toepassing is volgens regels waarbij de gewone verblijfplaats van de echtgenoten als aanknopingspunt geldt, met het recht van de in lid 1 bedoelde staat bedoeld het recht van de territoriale eenheid waar de echtgenoten hun gewone verblijfplaats hebben;

b) wordt, ter bepaling van het recht dat van toepassing is volgens regels waarbij de nationaliteit van de echtgenoten als aanknopingspunt geldt, met het recht van de in lid 1 bedoelde staat bedoeld het recht van de territoriale eenheid waarmee de echtgenoten het nauwst verbonden zijn;

c) wordt een verwijzing naar het recht van de in lid 1 bedoelde staat, voor het bepalen van het toepasselijke recht volgens andere bepalingen met andere aanknopingspunten, uitgelegd als een verwijzing naar het recht van de territoriale eenheid waar het aanknopingspunt zich bevindt.

Art. 34 Staten met meer dan één rechtsstelsel — personele collisie

Personele collisie

Ten aanzien van een staat waar met betrekking tot de huwelijksvermogensstelsels twee of meer rechtsstelsels of regelingen gelden die op verschillende categorieën personen van toepassing zijn, wordt een verwijzing naar het recht van die staat uitgelegd als een verwijzing naar het rechtsstelsel dat of de regeling die wordt aangewezen door de in die staat geldende regels. Bij gebreke van zulke regels wordt het rechtsstelsel of de regeling toegepast waarmee de echtgenoten het nauwst verbonden zijn.

Art. 35 Niet-toepassing van deze verordening op interne collisie

Interne collisie, verordening niet van toepassing

Een lidstaat die verschillende territoriale eenheden met eigen rechtsregels inzake huwelijksvermogensstelsels telt, is niet verplicht deze verordening toe te passen op collisie die uitsluitend deze territoriale eenheden betreft.

Hoofdstuk IV

Erkenning, uitvoerbaarheid en tenuitvoerlegging van beslissingen

Art. 36 Erkenning

1. De in een lidstaat gegeven beslissing wordt in de andere lidstaten erkend zonder dat daartoe een procedure is vereist.

2. Indien de erkenning van een beslissing wordt betwist, kan iedere belanghebbende partij die zich ten principale op de erkenning beroept, van de in de artikelen 44 tot en met 57 vastgelegde procedures gebruikmaken om de erkenning te doen vaststellen.

3. Wordt voor een gerecht van een lidstaat bij wijze van incident een vraag opgeworpen in verband met de erkenning, dan is dat gerecht bevoegd om kennis te nemen van die vraag.

Art. 37 Gronden voor niet-erkenning

Een beslissing wordt niet erkend indien:

a) de erkenning kennelijk strijdig is met de openbare orde van de lidstaat waar de erkenning wordt gevraagd;

b) het stuk dat het geding inleidt of een gelijkwaardig stuk, niet zo tijdig en op zodanige wijze als met het oog op zijn verdediging nodig was aan de verweerder tegen wie verstek werd verleend, betekend of ter kennis gebracht is, tenzij de verweerder tegen de beslissing geen rechtsmiddel heeft aangewend terwijl hij daartoe in staat was;

c) zij onverenigbaar is met een tussen dezelfde partijen gegeven rechterlijke beslissing in de lidstaat waar de erkenning wordt gevraagd;

d) zij onverenigbaar is met een beslissing die eerder in een andere lidstaat of in een derde land tussen dezelfde partijen is gegeven in een geschil dat hetzelfde onderwerp betreft en op dezelfde oorzaak berust, mits de eerder gegeven beslissing voldoet aan de voorwaarden voor erkenning in de lidstaat waar de erkenning wordt gevraagd.

Art. 38 Grondrechten

Artikel 37 van deze verordening wordt door de gerechten en andere bevoegde instanties van de lidstaten toegepast met inachtneming van de grondrechten en de beginselen die zijn erkend bij het Handvest, met name het in artikel 21opgenomen beginsel inzake non-discriminatie.

Art. 39 Verbod van toetsing van de bevoegdheid van het oorspronkelijke gerecht

1. De bevoegdheid van de gerechten van de lidstaat van oorsprong mag niet worden gecontroleerd.

2. Het in artikel 37 bedoelde criterium van openbare orde is niet van toepassing op de in de artikelen 4 tot en met 11 bepaalde bevoegdheidsregels.

Art. 40 Verbod van inhoudelijke toetsing

In geen geval wordt overgegaan tot onderzoek van de juistheid van de in een lidstaat gegeven beslissing.

Art. 41 Aanhouden van de procedure betreffende de erkenning

Het gerecht van een lidstaat waarbij de erkenning wordt gevraagd van een in een andere lidstaat gegeven beslissing, kan de zaak aanhouden indien in de lidstaat van oorsprong een gewoon rechtsmiddel tegen deze beslissing is ingesteld.

Art. 42 Uitvoerbaarheid

De beslissingen die in een lidstaat zijn gegeven en in die lidstaat uitvoerbaar zijn, zijn tevens uitvoerbaar in andere lidstaten, indien zij daar op verzoek van een belanghebbende partij uitvoerbaar zijn verklaard volgens de procedure die is bepaald in de artikelen 44 tot en met 57.

Art. 43 Bepaling van de woonplaats

Om in het kader van de in de artikelen 44 tot en met 57 vastgelegde procedure te bepalen of een partij haar woonplaats heeft in de lidstaat van tenuitvoerlegging, past het aangezochte gerecht het interne recht van die lidstaat toe.

Art. 44 Relatief bevoegd gerecht

1. Het verzoek om een verklaring van uitvoerbaarheid wordt gericht tot het gerecht of de bevoegde instantie van de lidstaat van tenuitvoerlegging waarvan de naam door die lidstaat overeenkomstig artikel 64 aan de Commissie is meegedeeld.

2. Het relatief bevoegde gerecht is dat van de woonplaats van de partij tegen wie de tenuitvoerlegging wordt gevraagd, of dat van de plaats van tenuitvoerlegging.

Art. 45 Procedure

1. De procedure voor de indiening van het verzoek wordt beheerst door het recht van de lidstaat van tenuitvoerlegging.

2. Van de verzoeker wordt niet verwacht dat hij in de lidstaat van tenuitvoerlegging een postadres of procesgemachtigde heeft.

3. Bij het verzoek worden de volgende documenten gevoegd:

a) een afschrift van de beslissing aan de hand waarvan de echtheid van de beslissing kan worden vastgesteld;

b) de verklaring die door het gerecht of de bevoegde instantie van de lidstaat van oorsprong is afgegeven met gebruikmaking van het volgens de in artikel 67, lid 2, bedoelde raadplegingsprocedure vastgestelde formulier, onverminderd artikel 46.

Art. 46 Niet-overlegging van de verklaring

Erkenningsverzoek, niet overleggen verklaring

1. Wordt de in artikel 45, lid 3, onder b), bedoelde verklaring niet overgelegd, dan kan het gerecht of de bevoegde instantie voor de overlegging een termijn bepalen of gelijkwaardige documenten aanvaarden, dan wel, indien dat gerecht of de instantie zich voldoende voorgelicht acht, vrijstelling van de overlegging verlenen.

2. Indien het gerecht of de bevoegde instantie dat verlangt, wordt van de documenten een vertaling of een transliteratie overgelegd. De vertaling wordt gemaakt door een persoon die in een van de lidstaten tot het maken van vertalingen bevoegd is.

Art. 47 Verklaring van uitvoerbaarheid

Verklaring van uitvoerbaarheid

De beslissing wordt uitvoerbaar verklaard zodra de formaliteiten van artikel 45 vervuld zijn, zonder toetsing uit hoofde van artikel 37. De partij tegen wie tenuitvoerlegging wordt gevraagd, wordt in deze stand van de procedure niet gehoord.

Art. 48 Kennisgeving van de beslissing op het verzoek om een verklaring van uitvoerbaarheid

Verklaring van uitvoerbaarheid, kennisgeving

1. De beslissing over het verzoek om een verklaring van uitvoerbaarheid wordt onmiddellijk ter kennis van de verzoeker gebracht op de wijze als is bepaald in het recht van de lidstaat van tenuitvoerlegging.

2. De verklaring van uitvoerbaarheid wordt betekend of meegedeeld aan de partij tegen wie de tenuitvoerlegging wordt gevraagd en gaat vergezeld van de beslissing indien deze nog niet aan die partij is betekend.

Art. 49 Rechtsmiddel tegen de beslissing op het verzoek om een verklaring van uitvoerbaarheid

Verklaring van uitvoerbaarheid, rechtsmiddelen

1. Elke partij kan een rechtsmiddel instellen tegen de beslissing op het verzoek om een verklaring van uitvoerbaarheid.

2. Het rechtsmiddel wordt ingesteld bij het gerecht waarvan de naam door de betrokken lidstaat overeenkomstig artikel 64 aan de Commissie is meegedeeld.

3. Het rechtsmiddel wordt volgens de regels van de procedure op tegenspraak behandeld.

4. Indien de partij tegen wie de tenuitvoerlegging wordt gevraagd niet verschijnt voor het gerecht die over het door de verzoeker ingestelde rechtsmiddel oordeelt, is artikel 16 van toepassing, ook wanneer de partij tegen wie de tenuitvoerlegging wordt gevraagd geen woonplaats heeft op het grondgebied van een lidstaat.

5. Het rechtsmiddel tegen de verklaring van uitvoerbaarheid wordt binnen dertig dagen na de betekening daarvan ingesteld. Indien de partij tegen wie de tenuitvoerlegging wordt gevraagd woonplaats heeft in een andere lidstaat dan die waar de verklaring van uitvoerbaarheid is gegeven, is de termijn waarbinnen het rechtsmiddel moet worden ingesteld zestig dagen met ingang van de dag waarop de beslissing aan de partij in persoon of aan haar woonplaats is betekend. Deze termijn mag niet op grond van de afstand worden verlengd.

Art. 50 Rechtsmiddel tegen een op het rechtsmiddel gegeven beslissing

Verklaring van uitvoerbaarheid, rechtsmiddel beslissing op beroep

Tegen de op het rechtsmiddel beroep gegeven beslissing kan slechts het middel worden ingesteld waarvan de Commissie overeenkomstig artikel 64 door de betrokken lidstaat in kennis is gesteld.

Art. 51 Weigering of intrekking van een verklaring van uitvoerbaarheid

Verklaring van uitvoerbaarheid, weigering of intrekking

Een verklaring van uitvoerbaarheid wordt door het gerecht dat oordeelt over een van de in de artikelen 49 en 50 bedoelde rechtsmiddelen, slechts op een van de in artikel 37 genoemde gronden geweigerd of ingetrokken. Het gerecht doet onverwijld uitspraak.

Art. 52 Aanhouden van de zaak

Verklaring van uitvoerbaarheid, aanhouden zaak

Het gerecht dat oordeelt over een van de in de artikelen 49 en 50 bedoelde rechtsmiddelen, houdt op verzoek van de partij tegen wie de tenuitvoerlegging wordt gevraagd de zaak aan indien de uitvoerbaarheid van de beslissing is geschorst in de lidstaat van oorsprong als gevolg van een daartegen ingesteld rechtsmiddel.

Art. 53 Voorlopige en bewarende maatregelen

Verklaring van uitvoerbaarheid, voorlopige en bewarende maatregelen

1. Indien een beslissing overeenkomstig dit hoofdstuk moet worden erkend, belet niets de verzoeker een beroep te doen op voorlopige of bewarende maatregelen waarin de wetgeving van de lidstaat van tenuitvoerlegging voorziet, zonder dat daartoe een verklaring van uitvoerbaarheid in de zin van artikel 47 is vereist.

2. De verklaring van uitvoerbaarheid houdt van rechtswege de bevoegdheid in bewarende maatregelen te treffen.

3. Gedurende de termijn voor het instellen van een rechtsmiddel overeenkomstig artikel 49, lid 5, tegen de verklaring van uitvoerbaarheid en totdat daarover uitspraak is gedaan, kunnen slechts bewarende maatregelen worden genomen ten aanzien van de vermogensbestanddelen van de partij tegen wie de tenuitvoerlegging wordt gevraagd.

Art. 54 Gedeeltelijke uitvoerbaarheid

1. Indien in de beslissing uitspraak is gedaan over meer dan één punt van het verzoek en de verklaring van uitvoerbaarheid niet kan worden verleend voor het geheel, verleent het gerecht of de bevoegde instantie deze voor een of meer onderdelen daarvan.

2. De verzoeker kan vorderen dat de verklaring van uitvoerbaarheid een gedeelte van de beslissing betreft.

Art. 55 Rechtsbijstand

De verzoeker die in de lidstaat waar de beslissing is gegeven, in aanmerking kwam voor gehele of gedeeltelijke kosteloze rechtsbijstand of vrijstelling van kosten en uitgaven, komt in een procedure met betrekking tot een verklaring van uitvoerbaarheid in aanmerking voor de meest gunstige bijstand of voor de meest ruime vrijstelling die in het recht van de lidstaat van tenuitvoerlegging is vastgesteld.

Art. 56 Geen zekerheid, borg of pand

Aan een partij die in een lidstaat de erkenning, verklaring van uitvoerbaarheid of tenuitvoerlegging van een in een andere lidstaat gegeven beslissing vraagt, wordt geen zekerheid, borg of pand, onder welke benaming ook, opgelegd wegens de hoedanigheid van vreemdeling dan wel wegens het ontbreken van een woon- of verblijfplaats in de lidstaat van tenuitvoerlegging.

Art. 57 Geen belasting, recht of heffing

Ter zake van de procedure tot verlening van een verklaring van uitvoerbaarheid wordt in de lidstaat van tenuitvoerlegging geen belasting, recht of heffing evenredig aan het geldelijke belang van de zaak geheven.

Hoofdstuk V Authentieke akten en gerechtelijke schikkingen

Art. 58 Aanvaarding van authentieke akten

1. Een in een lidstaat verleden authentieke akte heeft in een andere lidstaat dezelfde bewijskracht als in de lidstaat van oorsprong, of althans de daarmee meest vergelijkbare bewijskracht, op voorwaarde dat dit niet kennelijk strijdig is met de openbare orde van die andere lidstaat. Een persoon die van een authentieke akte gebruik wenst te maken in een andere lidstaat, kan de instantie die de authentieke akte in de lidstaat van oorsprong heeft opgemaakt, verzoeken het volgens de in artikel 67, lid 2, bedoelde raadplegingsprocedure vastgestelde formulier in te vullen waarin de bewijskracht wordt vermeld die in de lidstaat van oorsprong aan de authentieke akte wordt verbonden.

2. De echtheid van de authentieke akte wordt uitsluitend voor een gerecht van de lidstaat van oorsprong en volgens het recht van die lidstaat betwist. Een authentieke akte die wordt betwist, heeft geen bewijskracht in een andere lidstaat zolang het bevoegde gerecht zich niet heeft uitgesproken.

3. De in de authentieke akte vastgelegde rechtshandelingen of rechtsbetrekkingen worden uitsluitend betwist voor de krachtens deze verordening bevoegde gerechten, op grond van het volgens hoofdstuk III toepasselijke recht. Een authentieke akte die wordt betwist, heeft, wat het bestreden punt betreft, in een andere lidstaat dan de lidstaat van oorsprong geen bewijskracht zolang het bevoegde gerecht zich niet heeft uitgesproken.

4. Indien de uitkomst van een procedure voor een gerecht van een lidstaat afhangt van het beslechten van een incidenteel verzoek met betrekking tot de in een authentieke akte ter zake van huwelijksvermogensstelsels vastgelegde rechtshandelingen of rechtsbetrekkingen, is dat gerecht bevoegd om van dat verzoek kennis te nemen.

Art. 59 Uitvoerbaarheid van authentieke akten

1. Een in de lidstaat van oorsprong uitvoerbare authentieke akte wordt in een andere lidstaat op verzoek van een belanghebbende partij uitvoerbaar verklaard volgens de procedure die is bepaald in de artikelen 44 tot en met 57.

2. Voor de toepassing van artikel 45, lid 3, onder b), geeft de instantie die de authentieke akte heeft opgesteld, op verzoek van een belanghebbende partij een verklaring af met gebruikmaking van het volgens de in artikel 67, lid 2, bedoelde raadplegingsprocedure vastgestelde formulier.

3. De verklaring van uitvoerbaarheid wordt door het gerecht dat oordeelt over een van de in de artikelen 49 en 50 bedoelde rechtsmiddelen, slechts geweigerd of ingetrokken indien de tenuitvoerlegging van de authentieke akte kennelijk strijdig is met de openbare orde van de lidstaat van tenuitvoerlegging.

Art. 60 Uitvoerbaarheid van gerechtelijke schikkingen

1. Een in de lidstaat van oorsprong uitvoerbare gerechtelijke schikking wordt in een andere lidstaat op verzoek van een belanghebbende partij uitvoerbaar verklaard volgens de procedure die is bepaald in de artikelen 44 tot en met 57.

2. Voor de toepassing van artikel 45, lid 3, onder b), geeft het gerecht dat de gerechtelijke schikking heeft goedgekeurd of waarvoor deze werd gesloten, op verzoek van een belanghebbende partij een verklaring af met gebruikmaking van het volgens de in artikel 67, lid 2, bedoelde raadplegingsprocedure vastgestelde formulier.

3. De verklaring van uitvoerbaarheid wordt door het gerecht dat oordeelt over een van de in artikelen 49 of 50 bedoelde rechtsmiddelen, slechts geweigerd of ingetrokken indien de tenuitvoerlegging van de gerechtelijke schikking kennelijk strijdig is met de openbare orde van de lidstaat van tenuitvoerlegging.

Hoofdstuk VI Algemene bepalingen en slotbepalingen

Art. 61 Legalisatie en soortgelijke formaliteiten

Legalisatie en soortgelijke formaliteiten

Geen enkele legalisatie of soortgelijke formaliteit mag worden geëist met betrekking tot documenten die in verband met deze verordening in een lidstaat zijn afgegeven.

Art. 62 Verhouding tot de bestaande internationale overeenkomsten

Verhouding tot andere internationale overeenkomsten

1. De toepassing van bilaterale of multilaterale verdragen waarbij een of meer lidstaten op het tijdstip van de vaststelling van deze verordening, of van een besluit overeenkomstig artikel 331, lid 1, tweede of derde alinea, VWEU, partij zijn en die betrekking hebben op de in deze verordening geregelde materie, wordt door deze verordening onverlet gelaten, onverminderd de verplichtingen van de lidstaten op grond van artikel 351 VWEU.

2. Niettegenstaande lid 1 heeft deze verordening, tussen de lidstaten, voorrang boven verdragen die tussen hen zijn gesloten, voor zover zij betrekking hebben op in deze verordening geregelde materies.

3. Deze verordening laat onverlet dat de lidstaten die partij zijn bij de Overeenkomst van 6 februari 1931 tussen Denemarken, Finland, IJsland, Noorwegen en Zweden houdende internationaal-privaatrechtelijke bepalingen ter zake van huwelijk, adoptie en voogdij, zoals herzien in 2006, het Verdrag van 19 november 1934 tussen Denemarken, Finland, IJsland, Noorwegen en Zweden houdende bepalingen van internationaal privaatrecht betreffende erfopvolging, testamenten en beheer van de nalatenschap, zoals herzien in juni 2012, en de Overeenkomst van 11 oktober 1977 tussen Denemarken, Finland, IJsland, Noorwegen en Zweden betreffende de erkenning en de tenuitvoerlegging van rechterlijke beslissingen in burgerlijke zaken, die overeenkomsten toepassen, voor zover zij voorzien in vereenvoudigde en snellere procedures voor de erkenning en de tenuitvoerlegging van beslissingen inzake huwelijksvermogensstelsels.

Art. 63 Informatie die ter beschikking van het publiek wordt gesteld

Informatie, beschikbaar stellen voor publiek

Opdat de informatie voor het publiek beschikbaar wordt gesteld in het Europees justitieel netwerk in burgerlijke en handelszaken, verstrekken de lidstaten aan de Commissie een korte samenvatting van de nationale wetgeving en procedures betreffende huwelijksvermogensstelsels, met opgave van de ter zake bevoegde instanties en van informatie over de in artikel 28 bedoelde rechtsgevolgen ten aanzien van derden.

De informatie wordt door de lidstaten voortdurend geactualiseerd.

Art. 64 Informatie betreffende contactgegevens en procedures

Informatie betreffende contactgegevens en procedures

1. Uiterlijk op 29 april 2018 doen de lidstaten de Commissie mededeling van:

a) de rechterlijke of andere autoriteiten die bevoegd zijn voor het behandelen van het verzoek om een verklaring van uitvoerbaarheid overeenkomstig artikel 44, lid 1, en van het rechtsmiddel tegen een beslissing over dit verzoek overeenkomstig artikel 49, lid 2;

b) de in artikel 50 bedoelde procedure tegen een op het rechtsmiddel gegeven beslissing.

De lidstaten stellen de Commissie in kennis van iedere wijziging van deze informatie.

2. De overeenkomstig lid 1 meegedeelde informatie, met uitzondering van de adressen en overige contactgegevens van de in lid 1, onder a), bedoelde rechterlijke en andere instanties, wordt door de Commissie in het *Publicatieblad van de Europese Unie* bekendgemaakt.

3. De Commissie maakt alle overeenkomstig lid 1 meegedeelde informatie met passende middelen openbaar, in het bijzonder langs het Europees justitieel netwerk in burgerlijke en handelszaken.

Art. 65 Vaststelling en wijziging van de lijst met de in artikel 3, lid 2, bedoelde informatie

Vaststelling/wijziging lijst art. 3 lid 2

1. De Commissie stelt aan de hand van de kennisgevingen van de lidstaten de lijst van de in artikel 3, lid 2, bedoelde andere autoriteiten en rechtsbeoefenaren vast.

2. De lidstaten stellen de Commissie in kennis van elke wijziging van de in die lijst vervatte informatie. De Commissie past de lijst dienovereenkomstig aan.

3. De lijst en de wijzigingen worden door de Commissie bekendgemaakt in het *Publicatieblad van de Europese Unie*.

4. De overeenkomstig de leden 1 en 2 meegedeelde informatie wordt door de Commissie bekendgemaakt langs alle andere passende kanalen, met name het Europees justitieel netwerk in burgerlijke en handelszaken.

Art. 66 Vaststelling en wijziging van de in artikel 45, lid 3, onder b), en de artikelen 58, 59 en 60 bedoelde verklaringen en formulieren

De Commissie stelt de uitvoeringshandelingen tot vaststelling en tot wijziging van de in artikel 45, lid 3, onder b), en de artikelen 58, 59 en 60 bedoelde verklaringen en formulieren vast. Die uitvoeringshandelingen worden vastgesteld volgens de in artikel 67, lid 2, bedoelde raadplegingsprocedure.

Vaststelling/wijziging verklaringen en formulieren ex art. 45 lid 3 en Hoofdstuk V

Art. 67 Comitéprocedure

1. De Commissie wordt bijgestaan door een comité. Dat comité is een comité in de zin van Verordening (EU) nr. 182/2011.

2. Wanneer naar dit lid wordt verwezen, is artikel 4 van Verordening (EU) nr. 182/2011 van toepassing.

Comitéprocedure

Art. 68 Herziening

1. Uiterlijk op 29 januari 2027 dient de Commissie bij het Europees Parlement, de Raad en het Europees Economisch en Sociaal Comité een verslag in over de toepassing van deze verordening. Dit verslag gaat eventueel vergezeld van voorstellen tot wijziging van deze verordening.

2. Uiterlijk op 29 januari 2024 dient de Commissie bij het Europees Parlement, de Raad en het Europees Economisch en Sociaal Comité een verslag in over de toepassing van de artikelen 9 en 38 van deze verordening. In dit verslag wordt met name beoordeeld in welke mate deze artikelen hebben gezorgd voor toegang tot de rechter.

3. Met het oog op de in de leden 1 en 2 bedoelde verslagen delen de lidstaten aan de Commissie de nodige informatie mee betreffende de toepassing van deze verordening door hun gerechten.

Herziening/verslag toepassing verordening

Art. 69 Overgangsbepalingen

1. Onder voorbehoud van de leden 2 en 3 is deze verordening slechts van toepassing op rechtsvorderingen die zijn ingesteld, authentieke akten die zijn verleden of geregistreerd en gerechtelijke schikkingen die zijn goedgekeurd of getroffen op of na 29 januari 2019.

2. Als de vordering in de lidstaat van oorsprong vóór 29 januari 2019 is ingesteld, worden de op of na die datum gegeven beslissingen erkend en ten uitvoer gelegd overeenkomstig hoofdstuk IV, mits de toegepaste bevoegdheidsregels in overeenstemming zijn met die welke in hoofdstuk II zijn bepaald.

3. Hoofdstuk III is slechts van toepassing op echtgenoten die op of na 29 januari 2019 in het huwelijk treden of het op het huwelijksvermogensstelsel toepasselijke recht bepalen.

Overgangsbepalingen

Art. 70 Inwerkingtreding

1. Deze verordening treedt in werking op de twintigste dag na die van de bekendmaking ervan in het *Publicatieblad van de Europese Unie*.

2. Deze verordening is van toepassing in de lidstaten die deelnemen in de nauwere samenwerking op het gebied van de bevoegdheid, het toepasselijke recht en de erkenning en tenuitvoerlegging van beslissingen inzake de vermogensstelsels van internationale paren, met name zowel huwelijksvermogensstelsels als de vermogensrechtelijke gevolgen van geregistreerde partnerschappen, waarvoor toestemming is verleend bij Besluit (EU) 2016/954.

Zij is van toepassing met ingang van 29 januari 2019, met uitzondering van de artikelen 63 en 64, die van toepassing zijn met ingang van 29 april 2018, en de artikelen 65, 66 en 67, die van toepassing zijn met ingang van 29 juli 2016. Ten aanzien van de lidstaten die deelnemen aan de nauwere samenwerking op grond van een besluit dat is vastgesteld overeenkomstig artikel 331, lid 1, tweede of derde alinea, VWEU, is deze verordening van toepassing met ingang van de in dat besluit genoemde datum.

Inwerkingtreding

Verordening (EU) 2016/1104 tot uitvoering van de nauwere samenwerking op het gebied van de bevoegdheid, het toepasselijke recht en de erkenning en tenuitvoerlegging van beslissingen op het gebied van de vermogensrechtelijke gevolgen van geregistreerde partnerschappen

Verordening (EU) 2016/1104 van de Raad van 24 juni 2016 tot uitvoering van de nauwere samenwerking op het gebied van de bevoegdheid, het toepasselijke recht en de erkenning en tenuitvoerlegging van beslissingen op het gebied van de vermogensrechtelijke gevolgen van geregistreerde partnerschappen^1

DE RAAD VAN DE EUROPESE UNIE,

Gezien het Verdrag betreffende de werking van de Europese Unie, en met name artikel 81, lid 3,

Gezien Besluit (EU) 2016/954 van de Raad van 9 juni 2016 houdende machtiging om nauwere samenwerking aan te gaan op het gebied van de bevoegdheid, het toepasselijke recht en de erkenning en tenuitvoerlegging van beslissingen inzake de vermogensstelsels van internationale paren, met name zowel huwelijksvermogensstelsels als de vermogensrechtelijke gevolgen van geregistreerde partnerschappen^2 ,

Gezien het voorstel van de Europese Commissie, Na toezending van het ontwerp van wetgevingshandeling aan de nationale parlementen,

Gezien het advies van het Europees Parlement^3,

Handelend volgens een bijzondere wetgevingsprocedure,

Overwegende hetgeen volgt:

(1) De Unie heeft zich ten doel gesteld een ruimte van vrijheid, veiligheid en recht te handhaven en te ontwikkelen, waar het vrije verkeer van personen gewaarborgd is. Met het oog op de geleidelijke totstandbrenging van deze ruimte dient de Unie maatregelen te nemen op het gebied van de justitiële samenwerking in burgerlijke zaken met grensoverschrijdende gevolgen, met name indien dit nodig is voor het goed functioneren van de interne markt.

(2) Overeenkomstig artikel 81, lid 2, onder c), van het Verdrag betreffende de werking van de Europese Unie (VWEU) kunnen dergelijke maatregelen ook de verenigbaarheid van de in de lidstaten geldende regels voor collisie en jurisdictiegeschillen beogen.

(3) Tijdens de bijeenkomst in Tampere op 15 en 16 oktober 1999 heeft de Europese Raad het beginsel goedgekeurd dat de wederzijdse erkenning van vonnissen en andere beslissingen van rechterlijke instanties de hoeksteen van de justitiële samenwerking in burgerlijke zaken binnen de Unie vormt en de Raad en de Commissie verzocht een programma van maatregelen ter uitvoering van dit beginsel vast te stellen.

(4) De Commissie en de Raad hebben op 30 november 2000 een gemeenschappelijk programma betreffende maatregelen voor de uitvoering van het beginsel van wederzijdse erkenning van beslissingen in burgerlijke en handelszaken^4 aangenomen. In dat programma worden maatregelen ter harmonisatie van de collisieregels aangemerkt als maatregelen die de wederzijdse erkenning van rechterlijke beslissingen vergemakkelijken en wordt voorzien in het opstellen van een instrument inzake huwelijksvermogensstelsels en de vermogensrechtelijke gevolgen van de scheiding van niet-gehuwde paren.

(5) De Europese Raad, op 4 en 5 november 2004 te Brussel bijeen, heeft een nieuw programma aangenomen, „Het Haags Programma — Versterking van vrijheid, veiligheid en recht in de Europese Unie"^{5}. In dat programma verzocht de Raad de Commissie een groenboek in te dienen

---

1 Inwerkingtredingsdatum: 28-07-2016. Van toepassing vanaf 29-01-2019, met uitzondering van art. 65, art. 66 en art. 67 die vanaf 29-07-2016 van toepassing zijn, en art. 63 en art. 64 die vanaf 29-04-2018 van toepassing zijn.

2 PB L 159 van 16.6.2016, blz. 16.

3 Advies van 23 juni 2016 (nog niet bekendgemaakt in het Publicatieblad).

4 PB C 12 van 15.1.2001, blz. 1.

5 PB C 53 van 3.3.2005, blz. 1.

over het conflictenrecht inzake huwelijksvermogensregimes, met inbegrip van de bevoegdheid en de wederzijdse erkenning. In het programma wordt eveneens beklemtoond dat er een instrument op dit gebied moest worden aangenomen.

(6) Op 17 juli 2006 heeft de Commissie een groenboek aangenomen over regels inzake wetsconflicten op het gebied van huwelijksvermogensstelsels, met inbegrip van de kwestie van de rechterlijke bevoegdheid en van de wederzijdse erkenning. Dit groenboek was het startsein voor een brede raadpleging over de problemen waarmee paren te maken krijgen bij de vereffening van hun gemeenschappelijk vermogen in een Europese context en over de beschikbare rechtsmiddelen. In het groenboek kwamen ook alle vraagstukken van internationaal privaatrecht aan bod waarmee paren die een andere verbintenis dan het huwelijk hebben aangegaan, met name geregistreerde partners, te maken krijgen, alsook de specifieke problemen die zij ondervinden.

(7) Tijdens zijn bijeenkomst van 10 en 11 december 2009 te Brussel heeft de Europese Raad een nieuw meerjarenprogramma aangenomen, „Het programma van Stockholm — Een open en veilig Europa ten dienste en ter bescherming van de burger"⁶. In dat programma overwoog de Europese Raad dat wederzijdse erkenning moet worden uitgebreid tot gebieden waarop dit beginsel nog niet van toepassing is, maar die van groot belang zijn voor het dagelijks leven, zoals de vermogensrechtelijke gevolgen van de scheiding van paren, waarbij tegelijkertijd rekening dient te worden gehouden met de rechtsstelsels van de lidstaten, waaronder de openbare orde en de nationale tradities op dit gebied.

(8) In het „Verslag over het EU-burgerschap 2010: het wegnemen van belemmeringen voor de rechten van EU- burgers", dat op 27 oktober 2010 is aangenomen, kondigde de Commissie de aanneming aan van een voorstel voor wetgeving die de belemmeringen voor het vrije personenverkeer, met name de problemen die paren ondervinden bij het beheer of de verdeling van hun vermogen, wegneemt.

(9) Op 16 maart 2011 nam de Commissie een voorstel aan voor een verordening van de Raad betreffende de bevoegdheid, het toepasselijke recht en de erkenning en tenuitvoerlegging van beslissingen op het gebied van huwelijksvermogensstelsels, alsmede een voorstel voor een verordening van de Raad betreffende de bevoegdheid, het toepasselijke recht en de erkenning en tenuitvoerlegging van beslissingen op het gebied van de vermogensrechtelijke gevolgen van geregistreerde partnerschappen.

(10) De Raad concludeerde op zijn bijeenkomst van 3 december 2015 dat geen unanimiteit kon worden bereikt voor de vaststelling van de voorstellen voor verordeningen betreffende huwelijksvermogensstelsels en de vermogensrechtelijke gevolgen van geregistreerde partnerschappen, en dat derhalve de samenwerkingsdoelstellingen op dit gebied niet binnen een redelijke termijn door de Unie in haar geheel konden worden bereikt.

(11) Van december 2015 tot en met februari 2016 hebben België, Bulgarije, Tsjechië, Duitsland, Griekenland, Spanje, Frankrijk, Kroatië, Italië, Luxemburg, Malta, Nederland, Oostenrijk, Portugal, Slovenië, Finland en Zweden verzoeken aan de Commissie gericht waarin zij te kennen gaven dat zij onderling nauwere samenwerking wensten aan te gaan op het gebied van vermogensstelsels van internationale paren, en met name van de bevoegdheid, het toepasselijke recht en de erkenning en tenuitvoerlegging van beslissingen op het gebied van huwelijksvermogensstelsels en de bevoegdheid, het toepasselijke recht en de erkenning en tenuitvoerlegging van beslissingen op het gebied van de vermogensrechtelijke gevolgen van geregistreerde partnerschappen, en waarbij zij de Commissie verzochten aan de Raad een voorstel in die zin voor te leggen. In maart 2016 heeft Cyprus bij brief aan de Commissie zijn wens te kennen gegeven aan de totstandbrenging van de nauwere samenwerking deel te nemen; Cyprus heeft deze wens vervolgens herhaald tijdens de werkzaamheden van de Raad.

(12) Op 9 juni 2016 heeft de Raad Besluit (EU) 2016/954 vastgesteld waarbij machtiging wordt verleend voor deze nauwere samenwerking.

(13) Overeenkomstig artikel 328, lid 1, VWEU dient nauwere samenwerking open te staan voor alle lidstaten op het moment waarop zij wordt aangegaan, mits de deelnemingsvoorwaarden worden nageleefd die eventueel zijn vastgesteld bij het besluit waarbij toestemming wordt verleend. Deelneming op een later tijdstip dient steeds mogelijk te blijven, mits, naast de bedoelde voorwaarden, de in dit kader reeds vastgestelde handelingen worden nageleefd. De Commissie en de aan een nauwere samenwerking deelnemende lidstaten dienen erop toe te zien dat zo veel mogelijk lidstaten worden gestimuleerd deel te nemen. Deze verordening dient slechts in al haar onderdelen verbindend en rechtstreeks toepasselijk te zijn in de lidstaten die deelnemen aan de nauwere samenwerking op het gebied van de rechterlijke bevoegdheid, het toepasselijke recht en de erkenning en tenuitvoerlegging van beslissingen inzake de vermogensstelsels van internationale paren, met name zowel huwelijksvermogensstelsels als de vermogensrechtelijke gevolgen van geregistreerde partnerschappen, overeenkomstig Besluit (EU) 2016/954 of overeenkomstig een krachtens artikel 331, lid 1, tweede of derde alinea, VWEU vastgesteld besluit.

(14) Overeenkomstig artikel 81 VWEU dient deze verordening van toepassing te zijn op de vermogensrechtelijke gevolgen van geregistreerde partnerschappen met grensoverschrijdende gevolgen.

(15) Ongehuwde paren moeten kunnen rekenen op rechtszekerheid in vermogensrechtelijk opzicht en op een zekere mate van voorspelbaarheid; daarom is het wenselijk dat alle regels betreffende de vermogensrechtelijke gevolgen van geregistreerde partnerschappen in één instrument worden opgenomen.

(16) De manier waarop de wetgevingen van de lidstaten andere vormen van verbintenis dan het huwelijk organiseren, verschilt per lidstaat en er moet een onderscheid worden gemaakt tussen paren waarvan de verbintenis is geïnstitutionaliseerd door de registratie van hun partnerschap bij een openbare instantie en paren die feitelijk samenwonen. Hoewel het feitelijk samenwonen in sommige lidstaten wettelijk geregeld is, moeten zij worden onderscheiden van geregistreerde partnerschappen die, gelet op hun officiële aard, kunnen worden geregeld in een instrument van de Unie waarin met hun bijzondere karakter rekening wordt gehouden. Voor het goed functioneren van de interne markt is het van belang dat de belemmeringen voor het vrije verkeer van personen die hun partnerschap hebben geregistreerd, worden weggenomen en dat deze paren niet langer moeilijkheden ondervinden bij het beheer of de verdeling van hun vermogen. Met het oog hierop dienen in deze verordening voorschriften te worden samengebracht inzake rechterlijke bevoegdheid, toepasselijk recht, erkenning of, in voorkomend geval, aanvaarding, uitvoerbaarheid en tenuitvoerlegging van beslissingen, authentieke akten en gerechtelijke schikkingen.

(17) Deze verordening dient vraagstukken te regelen in verband met de vermogensrechtelijke gevolgen van geregistreerde partnerschappen. Het begrip „geregistreerd partnerschap" dient slechts met het oog op de doelstellingen van deze verordening te worden gedefinieerd. De specifieke inhoud van dit begrip dient door het nationale recht van de lidstaten bepaald te blijven. Niets in deze verordening mag een lidstaat waarvan het recht het instituut van het geregistreerde partnerschap niet kent, verplichten om hierin in zijn nationaal recht te voorzien.

(18) Het toepassingsgebied van deze verordening dient alle civielrechtelijke aspecten van de vermogensrechtelijke gevolgen van geregistreerde partnerschappen te bestrijken, zowel het dagelijkse beheer van het vermogen van de partners, als de vereffening van dat vermogen, met name ten gevolge van scheiding of overlijden van een van de partners.

(19) Deze verordening dient niet van toepassing te zijn op andere onderdelen van het burgerlijk recht dan de vermogensrechtelijke gevolgen van geregistreerde partnerschappen. Duidelijkheidshalve dient een aantal zaken die geacht kunnen worden verband te houden met de vermogensrechtelijke gevolgen van geregistreerde partnerschappen, uitdrukkelijk van het toepassingsgebied van deze verordening te worden uitgesloten.

(20) Bijgevolg dient deze verordening niet van toepassing te zijn op vragen in verband met de handelingsbevoegdheid van de partners. De specifieke bevoegdheden en rechten die elk van de partners of beide partners onderling of jegens derden bezitten met betrekking tot vermogensbestanddelen, dienen echter wel onder deze verordening te vallen.

(21) Deze verordening dient niet van toepassing te zijn op prealabele vragen, zoals het bestaan, de geldigheid en de erkenning van een geregistreerd partnerschap; daarop blijft het nationale recht van de lidstaten, met inbegrip van de voorschriften van hun internationaal privaatrecht, van toepassing.

(22) Aangezien de onderhoudsverplichtingen tussen echtgenoten zijn geregeld bij Verordening (EG) nr. 4/2009 van de Raad^7, dienen zij van het toepassingsgebied van deze verordening te worden uitgesloten, evenals alle vraagstukken in verband met de erfopvolging van een overleden echtgenoot, aangezien zij zijn geregeld bij Verordening (EU) nr. 650/2012 van het Europees Parlement en de Raad^8.

(23) Aangelegenheden in verband met de aanspraak op overgang tussen de partners van gedurende het geregistreerde partnerschap verworven rechten op een ouderdoms- of invaliditeitspensioen, ongeacht de aard ervan, welke gedurende het geregistreerde partnerschap niet tot pensioeninkomen hebben geleid, en de aanpassing van overgegane rechten, dienen, gelet op de specifieke regelingen in de lidstaten, te worden uitgesloten van het toepassingsgebied van deze verordening. Deze uitsluiting dient evenwel in enge zin te worden uitgelegd. Bijgevolg zijn met name de classificatie van pensioenelementen, de reeds tijdens het geregistreerde part-

---

7 Verordening (EG) nr. 4/2009 van de Raad van 18 december 2008 betreffende de bevoegdheid, het toepasselijke recht, de erkenning en de tenuitvoerlegging van beslissingen, en de samenwerking op het gebied van onderhoudsverplichtingen (PB L 7 van 10.1.2009, blz. 1).

8 Verordening (EU) nr. 650/2012 van het Europees Parlement en de Raad van 4 juli 2012 betreffende de bevoegdheid, het toepasselijke recht, de erkenning en de tenuitvoerlegging van beslissingen en de aanvaarding en de tenuitvoerlegging van authentieke akten op het gebied van erfopvolging, alsmede betreffende de instelling van een Europese erfrechtverklaring (PB L 201 van 27.7.2012, blz. 107).

nerschap aan een partner betaalde bedragen en de vergoeding die mogelijk aan de andere partner wordt toegekend in geval van pensioen dat met gemeenschappelijke vermogensbestanddelen is opgebouwd, kwesties die in deze verordening behoren te worden geregeld.

(24) Deze verordening dient te voorzien in de mogelijkheid dat, in het kader van de vermogensrechtelijke gevolgen van geregistreerde partnerschappen, rechten op onroerende of roerende zaken tot stand worden gebracht of worden overgedragen, zoals dat is bepaald in het op die gevolgen toepasselijke recht. Deze verordening dient echter het beperkte aantal (numerus clausus) zakelijke rechten zoals het nationale recht van sommige lidstaten dat kent, onverlet te laten. Van een lidstaat mag niet worden gevraagd een zakelijk recht op een vermogensbestanddeel dat zich in die lidstaat bevindt, te erkennen indien het recht van die lidstaat een dergelijk zakelijk recht niet kent.

(25) Om de partners evenwel in staat te stellen om in een andere lidstaat de rechten te genieten die door de vermogensrechtelijke gevolgen van een geregistreerd partnerschap zijn ontstaan of op hen zijn overgegaan, dient deze verordening erin te voorzien dat een onbekend zakelijk recht in overeenstemming wordt gebracht met het meest vergelijkbare zakelijk recht volgens het recht van die andere lidstaat. In het kader van een dergelijke aanpassing dient rekening te worden gehouden met de doelstellingen en de belangen die door het specifieke zakelijk recht worden nagestreefd en met de daaraan verbonden rechtsgevolgen. Teneinde het meest vergelijkbare nationale zakelijk recht te bepalen, kunnen de instanties of bevoegde personen van de staat waarvan het recht op de vermogensrechtelijke gevolgen van het geregistreerde partnerschap van toepassing is, om nadere informatie over de aard en de rechtsgevolgen van het recht worden verzocht. Voor dat doel kan gebruik worden gemaakt van de bestaande netwerken voor justitiële samenwerking in burgerlijke en handelszaken en van alle andere kanalen waarlangs een beter inzicht in het buitenlandse recht te krijgen is.

(26) De aanpassing van onbekende zakelijke rechten, waarin bij deze verordening uitdrukkelijk is voorzien, dient andere vormen van aanpassing in het kader van de toepassing van deze verordening onverlet te laten.

(27) De voorwaarden voor de inschrijving in een register van een recht op een onroerende of roerende zaak dienen van het toepassingsgebied van deze verordening te worden uitgesloten. Het is derhalve aan het recht van de lidstaat waar het register wordt gehouden (voor onroerende zaken de lex rei sitae) om te bepalen onder welke wettelijke voorwaarden en op welke wijze de inschrijving moet plaatsvinden en welke instanties, zoals het kadaster of een notaris, ermee belast zijn na te gaan of aan alle voorwaarden is voldaan en of de aangeboden of opgemaakte akten volledig zijn of de noodzakelijke informatie bevatten. De instanties kunnen met name nagaan of het recht van een partner op een goed uit de nalatenschap dat in het ter inschrijving aangeboden document staat vermeld, een recht is dat als zodanig is geregistreerd of waarvan anderszins het bewijs wordt geleverd conform het recht van de lidstaat waar het register wordt gehouden. Om te voorkomen dat documenten opnieuw moeten worden opgemaakt, dienen documenten die afkomstig zijn van de bevoegde instanties van een andere lidstaat en op grond van deze verordening worden verspreid, door de registrerende instantie te worden aanvaard. Dit mag de bij de inschrijving betrokken autoriteiten niet beletten de persoon die om inschrijving verzoekt, te vragen om zodanige aanvullende informatie te verstrekken of zodanige aanvullende stukken over te leggen, als vereist onder het recht van de lidstaat waar het register wordt gehouden, zoals gegevens of documenten in verband met de betaling van belastingen. De bevoegde autoriteit kan de persoon die om registratie verzoekt, mededelen hoe de ontbrekende gegevens of documenten kunnen worden verstrekt.

(28) De rechtsgevolgen van de inschrijving van een recht dienen eveneens van het toepassingsgebied te worden uitgesloten. Het is derhalve het recht van de lidstaat waar het register wordt gehouden dat bepaalt of de inschrijving bijvoorbeeld van declaratoire dan wel van constitutieve aard is. Daar waar bijvoorbeeld voor de verkrijging van een recht op een onroerende zaak volgens het recht van de lidstaat waar het register wordt gehouden, inschrijving vereist is omwille van de werking erga omnes van de registers of ter bescherming van rechtshandelingen, dient het tijdstip van verkrijging derhalve door het recht van die lidstaat te worden bepaald.

(29) Deze verordening dient de verschillende stelsels die in de lidstaten inzake de vermogensrechtelijke gevolgen van geregistreerde partnerschappen worden toegepast, te eerbiedigen. In deze verordening dient derhalve aan de term „gerecht" een ruime betekenis te worden gegeven, die niet alleen gerechten in de strikte zin van het woord omvat, maar ook bijvoorbeeld notarissen in sommige lidstaten, die in bepaalde zaken betreffende de vermogensrechtelijke gevolgen van geregistreerde partnerschappen net als gerechten gerechtelijke taken uitvoeren, en ook notarissen en rechtsbeoefenaren die, in sommige lidstaten, ter zake van de vermogensrechtelijke gevolgen van geregistreerde partnerschappen gerechtelijke taken vervullen krachtens een door een gerecht gegeven volmacht. Alle gerechten, zoals in deze verordening gedefinieerd, dienen aan de in deze verordening vastgelegde bevoegdheidsregels gebonden te zijn. Daarentegen dient de term „gerecht" geen betrekking te hebben op de niet-rechterlijke instanties van een lidstaat die krachtens het nationale recht bevoegd zijn zaken betreffende de vermogensrechtelijke gevolgen

van geregistreerde partnerschappen te behandelen, zoals de notarissen in de meeste lidstaten, waar zij meestal geen gerechtelijke taken vervullen.

(30) Krachtens deze verordening dienen notarissen die bevoegd zijn op het gebied van de vermogensrechtelijke gevolgen van geregistreerde partnerschappen in de lidstaten, die bevoegdheid uit te kunnen oefenen. Of notarissen in een bepaalde lidstaat al dan niet aan de bevoegdheidsregels van deze verordening gebonden zijn, dient af te hangen van de vraag of zij voor de toepassing van deze verordening al dan niet onder het begrip „gerecht" vallen.

(31) Het verkeer van akten die door notarissen in de lidstaten zijn opgemaakt in zaken betreffende de vermogensrechtelijke gevolgen van geregistreerde partnerschappen, dient overeenkomstig deze verordening plaats te vinden. Wanneer notarissen gerechtelijke functies uitoefenen, dienen zij gebonden te zijn aan de bevoegdheidsregels van deze verordening; de circulatie van hun beslissingen moet in overeenstemming met de regels van deze verordening inzake erkenning, uitvoerbaarheid en tenuitvoerlegging van beslissingen geschieden. Buiten de uitoefening van een gerechtelijke functie dienen notarissen niet aan die bevoegdheidsregels gebonden te zijn en de circulatie van de door hen opgemaakte authentieke akten moet voldoen aan de voorschriften van deze verordening betreffende dergelijke akten.

(32) Met het oog op de toenemende mobiliteit van paren en ter wille van een goede rechtsbedeling dienen de bevoegdheidsregels in deze verordening de burgers in staat te stellen hun verschillende samenhangende procedures door de gerechten van dezelfde lidstaat te laten behandelen. Daartoe dient deze verordening te beogen dat de rechterlijke bevoegdheid inzake de vermogensrechtelijke gevolgen van geregistreerde partnerschappen wordt geconcentreerd in de lidstaat waarvan de gerechten worden aangezocht in zaken betreffende de erfopvolging van een partner, zulks overeenkomstig Verordening (EU) nr. 650/2012, of betreffende de ontbinding of nietigverklaring van een geregistreerd partnerschap.

(33) In deze verordening dient te worden bepaald dat in gevallen waarin een zaak betreffende de erfopvolging van een partner aanhangig is bij een op grond van Verordening (EU) nr. 650/2012 aangezochte gerecht van een lidstaat, de gerechten van die staat bevoegd moeten zijn om te beslissen in zaken betreffende de vermogensrechtelijke gevolgen van geregistreerde partnerschappen welke met de erfopvolging verband houden.

(34) Evenzo dienen kwesties betreffende de vermogensrechtelijke gevolgen van geregistreerde partnerschappen die rijzen in een bij een gerecht van een lidstaat ingestelde procedure ter zake van ontbinding of nietigverklaring van een geregistreerd partnerschap, door de gerechten van die lidstaat te worden behandeld indien de partners daarmee instemmen.

(35) Evenzo dient in gevallen waarin de vermogensrechtelijke gevolgen van een geregistreerd partnerschap geen verband houden met een bij een gerecht van een lidstaat aanhangige procedure ter zake van de erfopvolging van een partner dan wel de ontbinding of de nietigverklaring van een geregistreerd partnerschap, deze verordening te voorzien in een reeks aanknopingspunten voor het vaststellen van de bevoegdheid, te beginnen met de gewone verblijfplaats van de partners op het tijdstip van rechtsingang. Het laatste aanknopingspunt van de reeks is de lidstaat volgens welks recht het partnerschap met het oog op de totstandbrenging moest worden geregistreerd. Deze aanknopingspunten worden vastgesteld om rekening te houden met de toenemende mobiliteit van burgers en ervoor zorgen dat er een reëel aanknopingspunt bestaat tussen de partners en de lidstaat waar de rechterlijke bevoegdheid wordt uitgeoefend.

(36) Omdat het geregistreerde partnerschap als instituut niet in alle lidstaten bestaat, moeten de gerechten van een lidstaat waarvan het recht het geregistreerde partnerschap als instituut niet kent, zich uitzonderlijk uit hoofde van deze verordening onbevoegd kunnen verklaren. In dat geval moeten de gerechten snel handelen en de betrokken partij moet de zaak aanhangig kunnen maken in een andere lidstaat die op grond van een aanknopingspunt rechterlijke bevoegdheid heeft, ongeacht de rangorde van deze bevoegdheidsgronden, waarbij tegelijkertijd de autonomie van de partijen wordt geëerbiedigd. Een gerecht dat na een onbevoegdverklaring wordt aangezocht, anders dan een gerecht van de lidstaat volgens het recht waarvan het geregistreerde partnerschap tot stand is gebracht en dat rechterlijke bevoegdheid heeft op basis van een forumkeuzeovereenkomst of het verschijnen van de verweerder, moet zich tevens uitzonderlijk onder dezelfde voorwaarden onbevoegd kunnen verklaren. Teneinde rechtsweigering te voorkomen, is een regel van subsidiaire bevoegdheid opgenomen, voor het geval dat geen enkel gerecht op grond van de andere bepalingen van deze verordening bevoegd is om de zaak te behandelen.

(37) Om rechtszekerheid, de voorspelbaarheid en de autonomie van partijen te vergroten, dient deze verordening partijen in bepaalde omstandigheden de mogelijkheid te bieden om bij overeenkomst een forumkeuze te maken ten gunste van de gerechten van de lidstaat waarvan het recht toepasselijk is of van de gerechten van de lidstaat volgens het recht waarvan het geregistreerde partnerschap tot stand is gebracht.

(38) Deze verordening mag de partijen niet beletten om de zaak buitengerechtelijk minnelijk te schikken, bijvoorbeeld voor een notaris, in een lidstaat naar keuze, indien het recht van die lidstaat dat mogelijk maakt. Dit dient ook mogelijk te zijn zelfs als het op de vermogensrechtelijke

Verordening Partnerschapsvermogens

gevolgen van een geregistreerd partnerschap toepasselijke recht niet het recht van die lidstaat is.

(39) Deze verordening dient op limitatieve wijze te voorzien in de wijze waarop de gronden van subsidiaire bevoegdheid kunnen worden aangenomen teneinde ervoor te zorgen dat de gerechten in alle lidstaten, op dezelfde gronden, de rechterlijke bevoegdheid aannemen ten aanzien van de vermogensrechtelijke gevolgen van geregistreerde partnerschappen.

(40) Met name om rechtsweigering te verhelpen, dient in deze verordening ook een forum necessitatis te worden opgenomen, waardoor een gerecht van een lidstaat bij wijze van uitzondering kan beslissen in een geschil betreffende de vermogensrechtelijke gevolgen van een geregistreerd partnerschap dat nauw verbonden is met een derde staat. Een dergelijk uitzonderlijk geval kan worden verondersteld als een procedure in de betrokken derde staat onmogelijk blijkt, bijvoorbeeld door een burgeroorlog, of als van een partner redelijkerwijs niet kan worden verwacht dat hij in die staat een procedure aanhangig maakt of voert. Het forum necessitatis kan zijn bevoegdheid evenwel alleen uitoefenen als het geschil voldoende nauw verbonden is met de lidstaat van het aangezochte gerecht.

(41) Met het oog op een ordelijke rechtspleging moet worden voorkomen dat in verschillende lidstaten onderling onverenigbare beslissingen worden gegeven. Daarom moet deze verordening voorzien in algemene procedureregels die vergelijkbaar zijn met die welke vervat zijn in andere regelgeving van de Unie op het gebied van justitiële samenwerking in civiele zaken. Een dergelijke procedureregel is de litispendentieregel die in werking treedt wanneer hetzelfde geschil betreffende de vermogensrechtelijke gevolgen van een geregistreerd partnerschap bij gerechten in verschillende lidstaten wordt aangebracht. Deze regel bepaalt welk gerecht de zaak verder dient te behandelen.

(42) Om burgers met volledige rechtszekerheid te laten profiteren van de voordelen van de interne markt, dient deze verordening het de partners mogelijk te maken van tevoren het recht te kennen dat op de vermogensrechtelijke gevolgen van hun geregistreerd partnerschap van toepassing zal zijn. Daarom dienen geharmoniseerde collisieregels te worden vastgesteld om tegenstrijdige uitkomsten te voorkomen. De hoofdregel moet ervoor zorgen dat de vermogensrechtelijke gevolgen van een geregistreerd partnerschap op voorzienbare wijze worden beheerst door een recht waarmee het nauw verbonden is. Dat recht moet, ter wille van de rechtszekerheid en om versnippering te voorkomen, de vermogensrechtelijke gevolgen van het geregistreerde partnerschap in hun geheel beheersen, dat wil zeggen alle gevolgen, ongeacht de aard van de vermogensbestanddelen en ongeacht de vraag of deze zich in een andere lidstaat dan wel in een derde staat bevinden.

(43) Het door deze verordening aangewezen recht dient toepasselijk te zijn, ongeacht of dit het recht van een lidstaat is.

(44) Om het de partners gemakkelijker te maken hun vermogen te beheren, dient deze verordening hun de mogelijkheid te bieden om uit de rechtsstelsels waarmee zij, bijvoorbeeld op grond van hun gewone verblijfplaats of hun nationaliteit, een nauwe band hebben, het recht te kiezen dat op de vermogensrechtelijke gevolgen van hun geregistreerd partnerschap van toepassing is, ongeacht de aard van de vermogensbestanddelen en de plaats waar deze zich bevinden. Echter, teneinde te voorkomen dat de rechtskeuze geen enkel effect sorteert en de partners aldus in een juridisch vacuüm terechtkomen, dient de keuze van het toepasselijke recht te worden beperkt tot een recht dat vermogensrechtelijke gevolgen verbindt aan geregistreerde partnerschappen. Deze keuze kan te allen tijde worden gemaakt, vóór of samen met de registratie van het partnerschap of in de loop daarvan.

(45) Om de rechtszekerheid van transacties te verzekeren en om te voorkomen dat op de vermogensrechtelijke gevolgen van geregistreerde partnerschappen een ander recht van toepassing wordt zonder dat de partners daarvan op de hoogte worden gebracht, dient het op de vermogensrechtelijke gevolgen van een geregistreerd partnerschap toepasselijk recht ongewijzigd te blijven behoudens als partijen uitdrukkelijk om de toepassing van een ander recht verzoeken. Deze wijziging mag geen terugwerkende kracht hebben, tenzij de partners uitdrukkelijk anders hebben bepaald. Hoe dan ook kan de wijziging geen afbreuk doen aan de rechten van derden.

(46) Regels inzake de materiële en formele geldigheid van de rechtskeuzeovereenkomst dienen zo te worden geformuleerd dat de partners een beter geïnformeerde keuze kunnen maken en hun instemming wordt geëerbiedigd en aldus rechtszekerheid en een betere toegang tot de rechter worden bewerkstelligd. Wat de formele geldigheid betreft, dient te worden voorzien in bepaalde garanties die ervoor zorgen dat de partners zich bewust zijn van de consequenties van hun keuze. De overeenkomst over de keuze van het toepasselijke recht moet ten minste schriftelijk worden vastgelegd, worden gedagtekend en door beide partijen worden ondertekend. Indien het recht van de lidstaat waar de beide partners op het tijdstip van sluiting van de overeenkomst hun gewone verblijfplaats hebben, evenwel bijkomende vormvereisten bevat, dienen deze in acht te worden genomen. Dergelijke bijkomende vereisten kunnen bijvoorbeeld bestaan in een lidstaat waar de rechtskeuzeovereenkomst in een vermogensrechtelijke overeenkomst tussen de geregistreerde partners wordt opgenomen. Indien de partners op het tijdstip van

sluiting van de overeenkomst hun gewone verblijfplaats hebben in verschillende lidstaten waarvan de wetgeving verschillende vormvereisten bevat, zou het moeten volstaan dat aan de vormvereisten van een dezer staten wordt voldaan. Indien slechts een van de partners op het tijdstip van sluiting van de overeenkomst zijn gewone verblijfplaats heeft in een lidstaat waarvan de wetgeving bijkomende vormvereisten bevat, dient aan die vereisten te worden voldaan.

(47) Een vermogensrechtelijke overeenkomst tussen partners bestaat uit bepalingen betreffende het vermogen van de partners die de lidstaten niet gelijkelijk toelaten en aanvaarden. Vermogensrechten verkregen ingevolge een vermogensrechtelijke overeenkomst tussen partners moeten in de lidstaten gemakkelijker kunnen worden aanvaard; daarom dienen er voorschriften inzake de formele geldigheid van vermogensrechtelijke overeenkomsten tussen partners te worden bepaald. De overeenkomst dient ten minste op schrift te worden gesteld, te worden gedagtekend en door beide partners te worden ondertekend. De overeenkomst moet echter ook voldoen aan aanvullende formelegeldigheidseisen die zijn bepaald in het recht dat krachtens deze verordening op de vermogensrechtelijke gevolgen van een geregistreerd partnerschap van toepassing is en in het recht van de lidstaat waar de partners hun gewone verblijfplaats hebben. In deze verordening dient tevens te worden bepaald welk recht van toepassing is op de materiële geldigheid van een dergelijke overeenkomst.

(48) Indien er geen rechtskeuze is gemaakt, dient deze verordening met het oog op het verenigen van voorspelbaarheid en rechtszekerheid met de realiteit waarin het paar leeft, te bepalen dat het recht van de staat op grond waarvan het partnerschap verplicht werd geregistreerd teneinde het tot stand te brengen, van toepassing moet zijn op de vermogensrechtelijke gevolgen van het geregistreerde partnerschap.

(49) Waar in deze verordening verwezen wordt naar nationaliteit als aanknopingspunt, is de vraag hoe een persoon met een meervoudige nationaliteit moet worden beschouwd een prealabele vraag die buiten de werkingssfeer van deze verordening valt en moet worden overgelaten aan het nationaal recht alsmede, indien van toepassing, internationale overeenkomsten, met volledige inachtneming van de algemene beginselen van de Unie. Deze overweging mag geen gevolgen hebben voor de geldigheid van een rechtskeuze die in overeenstemming met deze verordening is gemaakt.

(50) Met betrekking tot de aanwijzing van het recht dat bij gebreke van een rechtskeuze en van een vermogensrechtelijke overeenkomst tussen partners op de vermogensrechtelijke gevolgen van het geregistreerde partnerschap van toepassing is, dient de rechterlijke instantie van een lidstaat op verzoek van een van de partners, in uitzonderlijke gevallen — als de partners voor een lange tijd naar de staat van hun gewone verblijfplaats zijn verhuisd — te kunnen beslissen dat het recht van die staat van toepassing is indien de partners zich erop hebben verlaten. In geen geval kan de wijziging afbreuk doen aan de rechten van derden.

(51) Het recht dat is aangewezen als het op de vermogensrechtelijke gevolgen van geregistreerde partnerschappen toepasselijke recht, dient die gevolgen van het partnerschap te beheersen vanaf het tijdstip waarop de samenstelling wordt bepaald van het gemeenschappelijk en het persoonlijk vermogen van de partners tijdens het geregistreerde partnerschap en na de ontbinding van het partnerschap, totdat het vermogen is vereffend. Dat recht dient tevens de uitwerking van de vermogensrechtelijke gevolgen van het geregistreerde partnerschap op de rechtsbetrekkingen tussen een partner en derden te beheersen. Echter, het op de vermogensrechtelijke gevolgen van geregistreerde partnerschapsovereenkomsten toepasselijke recht kan, met betrekking tot de rechtsgevolgen ervan, door een partner jegens een derde uitsluitend worden ingeroepen indien de rechtsbetrekkingen tussen de partner en de derde zijn ontstaan op een tijdstip waarop de derde van dat recht kennis had of had moeten hebben.

(52) De gerechten en andere bevoegde instanties van een lidstaat dienen in uitzonderlijke gevallen de mogelijkheid te hebben om uit overwegingen van algemeen belang, zoals de bescherming van de politieke, maatschappelijke of economische organisatie van een lidstaat, uitzonderingsbepalingen van bijzonder dwingend recht toe te passen. Onder „bepalingen van bijzonder dwingend recht" moeten dus voorschriften van dwingende aard, zoals voorschriften ter bescherming van de gezinswoning, worden verstaan. Deze uitzondering op de toepassing van het op de vermogensrechtelijke gevolgen van het geregistreerde partnerschap toepasselijke recht dient echter strikt te worden uitgelegd, zodat zij verenigbaar blijft met de algemene doelstelling van deze verordening.

(53) Met het oog op het algemeen belang moeten de gerechten en andere instanties die bevoegd zijn in zaken betreffende de vermogensrechtelijke gevolgen van geregistreerde partnerschappen, in uitzonderlijke gevallen de mogelijkheid hebben om specifieke bepalingen van buitenlands recht buiten toepassing te laten indien de toepassing hiervan in een bepaalde zaak kennelijk onverenigbaar zou zijn met de openbare orde van de betrokken lidstaat. Niettemin mogen de gerechten of andere bevoegde instanties geen gebruik kunnen maken van de exceptie van openbare orde om het recht van een andere lidstaat buiten toepassing te laten of om te weigeren een gegeven beslissing, een authentieke akte of een gerechtelijke schikking uit een andere lidstaat te erkennen — dan wel, in voorkomend geval, te aanvaarden — of ten uitvoer te leggen indien

dat in strijd zou zijn met het Handvest van de grondrechten van de Europese Unie („het Handvest") en met name artikel 21 inzake het beginsel van non-discriminatie.

(54) Aangezien er staten zijn waar twee of meer rechtsstelsels of gehelen van rechtsregels betreffende de in deze verordening geregelde materie naast elkaar bestaan, dient te worden bepaald in welke mate de bepalingen van deze verordening van toepassing zijn in de verschillende territoriale eenheden van die staten.

(55) Gelet op de algemene doelstelling van deze verordening, namelijk de wederzijdse erkenning van in de lidstaten gegeven beslissingen in zaken betreffende de vermogensrechtelijke gevolgen van geregistreerde partnerschappen, dienen in deze verordening regels betreffende de erkenning, uitvoerbaarheid en tenuitvoerlegging van beslissingen te worden vastgelegd die gelijkaardig zijn aan die welke de Unie reeds op het gebied van de justitiële samenwerking in burgerlijke zaken heeft vastgesteld.

(56) De stelsels voor de behandeling van zaken betreffende de vermogensrechtelijke gevolgen van geregistreerde partnerschappen kunnen van lidstaat tot lidstaat verschillen; daarom dient deze verordening de aanvaarding en uitvoerbaarheid in alle lidstaten van authentieke akten in zaken betreffende de vermogensrechtelijke gevolgen van geregistreerde partnerschappen te waarborgen.

(57) Authentieke akten dienen in een andere lidstaat dezelfde bewijskracht te hebben als in de lidstaat waar zij zijn verleden, of althans de daarmee meest vergelijkbare bewijskracht. Bij de vaststelling van de bewijskracht, of de meest vergelijkbare bewijskracht, van een bepaalde authentieke akte in een andere lidstaat dient te worden gelet op de aard en de reikwijdte van de bewijskracht van de authentieke akte in de lidstaat van oorsprong. De bewijskracht die in een andere lidstaat aan een bepaalde authentieke akte dient te worden toegekend, hangt dus af van het recht van de lidstaat van oorsprong.

(58) De „authenticiteit" van een authentieke akte moet een autonoom begrip zijn, waaronder is begrepen de echtheid van de akte, de vormvereisten, de bevoegdheid van de instantie die de akte opmaakt en de procedure volgens welke de akte wordt opgemaakt. Hieronder dienen ook de feitelijke gegevens te worden verstaan die door de betrokken autoriteit in de authentieke akte zijn vastgelegd, bijvoorbeeld het feit dat de genoemde partijen voor haar op de genoemde datum zijn verschenen en de vermelde verklaringen hebben afgelegd. Een partij die de formele geldigheid van een authentieke akte wenst te betwisten, dient dit te doen voor het bevoegde gerecht van de lidstaat van herkomst van de authentieke akte, volgens het recht van die lidstaat.

(59) Het begrip „de in de authentieke akte vastgelegde rechtshandelingen of rechtsbetrekkingen" dient te worden uitgelegd als een verwijzing naar de inhoud, voor wat betreft hetgeen materieel in de akte is vastgelegd. Een partij die de in de authentieke akte vastgelegde rechtshandelingen of rechtsbetrekkingen betwist, dient dit te doen voor de krachtens deze verordening bevoegde gerechten, die hierover moeten oordelen volgens het op de vermogensrechtelijke gevolgen van het geregistreerde partnerschap toepasselijke recht.

(60) Indien een vraag betreffende de in een authentieke akte vastgelegde rechtshandelingen of rechtsbetrekkingen bij wijze van incident voor een gerecht wordt opgeworpen, dient dit over de bevoegdheid te beschikken om die vraag te beantwoorden.

(61) Een authentieke akte die wordt betwist, dient in een andere lidstaat dan de lidstaat van oorsprong geen bewijskracht te hebben zolang de betwistingszaak aanhangig is. Indien de betwisting zich beperkt tot een specifiek punt betreffende de in de authentieke akte vastgelegde rechtshandelingen of rechtsbetrekkingen, dient de betwiste authentieke akte, wat het bestreden punt betreft, in een andere lidstaat dan de lidstaat van oorsprong geen bewijskracht te hebben zolang de zaak aanhangig is. Een authentieke akte die naar aanleiding van een betwisting ongeldig is verklaard, dient niet langer bewijskracht te hebben.

(62) De instantie die in het kader van de toepassing van deze verordening twee onverenigbare authentieke akten voorgelegd krijgt, dient te beoordelen welke van de akten, gelet op de concrete omstandigheden, de voorrang heeft, zo dat al van toepassing is. Indien uit de omstandigheden niet blijkt welke authentieke akte in voorkomend geval de voorrang heeft, moet de zaak worden beslecht door de krachtens deze verordening bevoegde gerechten of, indien de vraag als incident in een procedure wordt opgeworpen, door het voor die procedure aangezochte gerecht. In geval van onverenigbaarheid van een authentieke akte met een beslissing dient rekening te worden gehouden met de bij deze verordening bepaalde weigeringsgronden voor erkenning van een beslissing.

(63) De erkenning en de tenuitvoerlegging van een beslissing betreffende de vermogensrechtelijke gevolgen van het geregistreerde partnerschap volgens deze verordening dienen op generlei wijze de erkenning in te houden van het geregistreerde partnerschap dat tot de beslissing aanleiding heeft gegeven.

(64) Bepaald dient te worden hoe deze verordening zich verhoudt tot de bilaterale en de multilaterale overeenkomsten inzake de vermogensrechtelijke gevolgen van geregistreerde partnerschappen waarbij de lidstaten partij zijn.

(65) Om de toepassing van deze verordening te vergemakkelijken, dient aan de lidstaten de verplichting te worden opgelegd om bepaalde gegevens over hun wetgeving en procedures inzake de vermogensrechtelijke gevolgen van geregistreerde partnerschappen mede te delen in het kader van het Europees justitieel netwerk in burgerlijke en handelszaken dat bij Besluit 2001/470/EG van de Raad^9 is opgericht. Om het mogelijk te maken dat alle voor de toepassing van deze verordening relevante informatie tijdig in het Publicatieblad van de Europese Unie wordt bekendgemaakt, dienen de lidstaten deze informatie tevens aan de Commissie mede te delen voordat deze verordening van toepassing wordt.

(66) Eveneens met het oog op een vlotte toepassing van deze verordening en op het gebruik van moderne communicatietechnologie dienen standaardformulieren te worden voorgeschreven voor de verklaringen die zullen worden afgelegd in verband met het verzoek om verklaring van uitvoerbaarheid van een beslissing, een authentieke akte of een gerechtelijke schikking.

(67) Voor de berekening van de in deze verordening bedoelde termijnen dient Verordening (EEG, Euratom) nr. 1182/71 van de Raad^{10} te worden toegepast.

(68) Om eenvormige voorwaarden voor de uitvoering van deze verordening te waarborgen, dienen aan de Commissie uitvoeringsbevoegdheden te worden toegekend met betrekking tot het vaststellen en wijzigen van de verklaringen en formulieren betreffende de verklaring van uitvoerbaarheid van beslissingen, gerechtelijke schikkingen en authentieke akten. Die bevoegdheden moeten worden uitgeoefend conform Verordening (EU) nr. 182/2011 van het Europees Parlement en de Raad^{11}.

(69) De uitvoeringshandelingen tot vaststelling en tot wijziging van de in deze verordening bedoelde verklaringen en formulieren dienen volgens de raadplegingsprocedure te worden vastgesteld.

(70) De doelstellingen van deze verordening, te weten het vrije verkeer van personen in de Europese Unie, de mogelijkheid voor partners om hun vermogensrechtelijke betrekkingen onderling en tegenover derden te organiseren, zowel tijdens hun samenleven als bij de vereffening van hun goederen, alsook een grotere voorspelbaarheid en rechtszekerheid, kunnen niet voldoende door de lidstaten worden verwezenlijkt; daarentegen kunnen de doelstellingen, vanwege de omvang en de gevolgen van deze verordening, beter op het niveau van de Europese Unie, waar passend door middel van een nauwere samenwerking tussen de lidstaten, worden gerealiseerd. Overeenkomstig het subsidiariteitsbeginsel dat is neergelegd in artikel 5 van het Verdrag betreffende de Europese Unie is de Unie derhalve bevoegd tot handelen. Overeenkomstig het in hetzelfde artikel neergelegde evenredigheidsbeginsel gaat deze verordening niet verder dan nodig is om deze doelstellingen te verwezenlijken.

(71) Deze verordening eerbiedigt de grondrechten en de beginselen die zijn erkend bij het Handvest, met name de artikelen 7, 9, 17, 21 en 47 die betrekking hebben op, respectievelijk, de eerbiediging van het privéleven en van het familie- en gezinsleven, het recht een gezin te stichten volgens de nationale wetten, het eigendomsrecht, het non-discriminatiebeginsel en het recht op een doeltreffende voorziening in rechte en op een onpartijdig gerecht. Deze verordening moet door de gerechten en andere bevoegde instanties van de lidstaten met inachtneming van deze rechten en beginselen worden toegepast,

HEEFT DE VOLGENDE VERORDENING VASTGESTELD:

Hoofdstuk I
Toepassingsgebied en definities

Art. 1 Toepassingsgebied

Werkingssfeer **1.** Deze verordening is van toepassing op de vermogensrechtelijke gevolgen van geregistreerde partnerschappen.

Zij is niet van toepassing op fiscale zaken, douanezaken en bestuursrechtelijke zaken.

2. Deze verordening is niet van toepassing op:

a) de handelingsbevoegdheid van de partners;

b) het bestaan, de geldigheid of de erkenning van een geregistreerd partnerschap;

c) onderhoudsverplichtingen;

d) de erfopvolging van een overleden partner;

e) de sociale zekerheid;

---

9 Beschikking 2001/470/EG van de Raad van 28 mei 2001 betreffende de oprichting van een Europees justitieel netwerk in burgerlijke en handelszaken (PB L 174 van 27.6.2001, blz. 25).

10 Verordening (EEG, Euratom) nr. 1182/71 van de Raad van 3 juni 1971 houdende vaststelling van de regels die van toepassing zijn op termijnen, data en aanvangs- en vervaltijden (PB L 124 van 8.6.1971, blz. 1).

11 Verordening (EU) nr. 182/2011 van het Europees Parlement en de Raad van 16 februari 2011 tot vaststelling van de algemene voorschriften en beginselen die van toepassing zijn op de wijze waarop lidstaten de uitoefening van de uitvoeringsbevoegdheden door de Commissie controleren (PB L 55 van 28.2.2011, blz. 13).

f) in het geval van ontbinding of nietigverklaring van het geregistreerde partnerschap, de aanspraak op overgang tussen de partners van rechten op ouderdoms- of invaliditeitspensioen die gedurende het geregistreerde partnerschap zijn verworven en gedurende het geregistreerde partnerschap niet tot pensioeninkomen hebben geleid, of de aanpassing van dergelijke rechten;

g) de aard van de zakelijke rechten die rusten op vermogensbestanddelen, en

h) de inschrijving van rechten op onroerende en roerende zaken in een register, met inbegrip van de wettelijke voorschriften voor de inschrijving en de rechtsgevolgen van de inschrijving of van het achterwege blijven daarvan.

Art. 2 Bevoegdheid ter zake van de vermogensrechtelijke gevolgen van geregistreerde partnerschappen in de lidstaten

Deze verordening laat de bevoegdheid van de instanties van de lidstaten ter zake van de vermogensrechtelijke gevolgen van geregistreerde partnerschappen onverlet.

Bevoegdheid instanties lidstaten

Art. 3 Definities

Begripsbepalingen

1. Voor de toepassing van deze richtlijn wordt verstaan onder:

a) „geregistreerd partnerschap": de regeling inzake het samenleven van twee personen die bij wet is vastgesteld, waarvan registratie bij dezelfde wet verplicht is en die voldoet aan de bij die wet voor zijn totstandbrenging vastgestelde vormvereisten;

b) „vermogensrechtelijke gevolgen van een geregistreerd partnerschap": het geheel van regels betreffende de vermogensrechtelijke betrekkingen tussen de partners onderling en tussen de partners en derden, die ten gevolge van de rechtsbetrekking die is ontstaan door de registratie of de ontbinding van het partnerschap bestaan;

c) „vermogensrechtelijke overeenkomst tussen partners": iedere overeenkomst waarbij de partners of de toekomstige partners de vermogensrechtelijke gevolgen van hun geregistreerd partnerschap regelen;

d) „authentieke akte", een document ter zake van de vermogensrechtelijke gevolgen van een geregistreerd partnerschap dat in een lidstaat formeel als authentieke akte is verleden of geregistreerd en waarvan de authenticiteit:

i) betrekking heeft op de ondertekening en de inhoud van de akte, en

ii) is vastgesteld door een overheidsinstantie of door een andere daartoe door de lidstaat van oorsprong bevoegd verklaarde instantie;

e) „beslissing": iedere door een gerecht van een lidstaat inzake de vermogensrechtelijke gevolgen van een geregistreerd partnerschap gegeven beslissing, ongeacht de daaraan gegeven benaming, met inbegrip van de beslissing betreffende de vaststelling van het bedrag van de proceskosten door de griffier;

f) „gerechtelijke schikking": een schikking inzake de vermogensrechtelijke gevolgen van een geregistreerd partnerschap, die door een gerecht is goedgekeurd of tijdens een procedure voor een gerecht is getroffen;

g) „lidstaat van oorsprong": de lidstaat waar de beslissing is gegeven, de authentieke akte is verleden of de gerechtelijke schikking is goedgekeurd of getroffen;

h) „lidstaat van tenuitvoerlegging": de lidstaat waar om erkenning en/of tenuitvoerlegging van de beslissing, de authentieke akte of de gerechtelijke schikking wordt verzocht.

2. Voor de toepassing van deze verordening wordt verstaan onder „gerecht": de rechterlijke instanties, en alle andere instanties en rechtsbeoefenaren met bevoegdheid ter zake van de vermogensrechtelijke gevolgen van geregistreerde partnerschappen, die rechterlijke functies vervullen, dan wel handelen op machtiging van of onder toezicht van een rechterlijke instantie, mits deze andere instanties en rechtsbeoefenaren waarborgen bieden inzake onpartijdigheid en het recht van partijen om te worden gehoord, en mits hun beslissingen overeenkomstig het recht van de lidstaat waar zij gevestigd zijn:

a) vatbaar zijn voor hoger beroep bij of herziening door een rechterlijke instantie, en

b) dezelfde rechtskracht en dezelfde rechtsgevolgen hebben als een beslissing van een rechterlijke instantie over dezelfde aangelegenheid.

De lidstaten stellen de Commissie overeenkomstig artikel 64 in kennis van de lijst van de in de eerste alinea bedoelde andere instanties en rechtsbeoefenaren.

Hoofdstuk II Bevoegdheid

Art. 4 Bevoegdheid in geval van overlijden van een van de partners

Indien ter zake van de erfopvolging van een geregistreerde partner een zaak bij een gerecht van een lidstaat aanhangig is gemaakt op grond van Verordening (EU) nr. 650/2012, zijn de gerechten van die staat bevoegd om te beslissen in zaken die betrekking hebben op de vermogensrechtelijke gevolgen van het geregistreerde partnerschap en met de erfopvolging verband houden.

Bevoegdheid bij overlijden een van de partners

Art. 5 Bevoegdheid in geval van ontbinding of nietigverklaring

1. Indien een gerecht van een lidstaat ter zake van de ontbinding of nietigverklaring van een geregistreerd partnerschap wordt aangezocht, zijn de gerechten van die staat bevoegd om te

Bevoegdheid bij ontbinding of vernietiging

beslissen over de vermogensrechtelijke gevolgen van het geregistreerde partnerschap die met de ontbinding of nietigverklaring verband houden, indien de partners dit overeenkomen.

2. De in lid 1 van dit artikel bedoelde overeenkomst voldoet, ingeval zij wordt gesloten voordat bij het gerecht een zaak betreffende de vermogensrechtelijke gevolgen van het geregistreerde partnerschap aanhangig wordt gemaakt, aan het bepaalde in artikel 7.

Art. 6 Bevoegdheid in andere gevallen

Bevoegdheid in andere gevallen

In de gevallen waarin geen enkel gerecht van een lidstaat op grond van artikel 4 of 5 bevoegd is, of in andere dan de in die artikelen bedoelde gevallen, zijn betreffende de vermogensrechtelijke gevolgen van een geregistreerd partnerschap de gerechten bevoegd van de lidstaat:

a) waar de partners op het tijdstip van het aanbrengen van de zaak hun gewone verblijfplaats hebben of, bij gebreke daarvan,

b) waar zich de laatste gewone verblijfplaats van de partners bevindt, mits een van hen daar op het tijdstip van aanbrengen nog verblijft of, bij gebreke daarvan,

c) waar de gedaagde op het tijdstip van aanbrengen zijn gewone verblijfplaats heeft of, bij gebreke daarvan,

d) waarvan de beide partners op het tijdstip van aanbrengen de nationaliteit hebben of, bij gebreke daarvan,

e) volgens het recht waarvan het geregistreerde partnerschap tot stand is gebracht.

Art. 7 Forumkeuze

Forumkeuze

1. In de in artikel 6 bedoelde gevallen kunnen de partners overeenkomen dat de gerechten van de lidstaat waarvan het recht overeenkomstig artikel 22 of artikel 26, lid 1, van toepassing is, of de gerechten van de lidstaat volgens het recht waarvan het geregistreerde partnerschap tot stand is gebracht, bij uitsluiting bevoegd zijn om te beslissen in zaken die de vermogensrechtelijke gevolgen van hun geregistreerd partnerschap betreffen.

2. De in lid 1 bedoelde overeenkomst wordt vastgelegd in een schriftelijk document dat gedagtekend en door de beide partijen ondertekend wordt. Als schriftelijk wordt eveneens aangemerkt elke elektronische mededeling waardoor de overeenkomst duurzaam wordt vastgelegd.

Art. 8 Bevoegdheid gebaseerd op het verschijnen van de verweerder

Bevoegdheid op grond van verschijnen verweerder

1. Buiten de gevallen waarin de bevoegdheid voortvloeit uit andere bepalingen van deze verordening, is het gerecht van een lidstaat waarvan het recht overeenkomstig artikel 22 of artikel 26, lid 1, van toepassing is en waarvoor de verweerder verschijnt, bevoegd. Dit voorschrift is niet van toepassing indien het verschijnen ten doel heeft de bevoegdheid te betwisten of in zaken die onder artikel 4 vallen.

2. Alvorens krachtens lid 1 bevoegdheid aan te nemen, vergewist het gerecht zich ervan dat de verweerder op de hoogte is gebracht van zijn recht om de bevoegdheid te betwisten en van de gevolgen van het verschijnen of niet-verschijnen.

Art. 9 Alternatieve bevoegdheid

Alternatieve bevoegdheid

1. Wanneer een gerecht van de lidstaat dat op grond van artikel 4, artikel 5 of artikel 6, onder a) tot en met d), bevoegd is, oordeelt dat het recht van die lidstaat het geregistreerde partnerschap als instituut niet kent, kan het zich onbevoegd verklaren. Als het gerecht besluit zich onbevoegd te verklaren, dient het dat zo spoedig mogelijk te doen.

2. Indien een in lid 1 van dit artikel bedoeld gerecht zich onbevoegd verklaart en de partijen er overeenkomstig artikel 7 mee instemmen bevoegdheid te verlenen aan de gerechten van een andere lidstaat, zijn de gerechten van die lidstaat bevoegd om uitspraak te doen over de vermogensrechtelijke gevolgen van het geregistreerde partnerschap.

In andere gevallen zijn de gerechten van een andere lidstaat bevoegd om uitspraak te doen over de vermogensrechtelijke gevolgen van het geregistreerde partnerschap overeenkomstig artikel 6 of 8.

3. Dit artikel is niet van toepassing als ten aanzien van de partijen de ontbinding of nietigverklaring van het geregistreerde partnerschap is uitgesproken en deze kan worden erkend in de lidstaat van de aangezochte rechter.

Art. 10 Subsidiaire bevoegdheid

Subsidiaire bevoegdheid

In gevallen waarin geen enkel gerecht van een lidstaat op grond van artikel 4, 5, 6, 7 of 8 bevoegd is, of waarin alle gerechten zich overeenkomstig artikel 9 onbevoegd hebben verklaard en geen enkel gerecht van een lidstaat op grond van artikel 6, onder e), artikel 7 of artikel 8 bevoegd is, zijn de gerechten bevoegd van een lidstaat waar onroerende goederen van een of beide partners zijn gelegen; in dat geval is het aangezochte gerecht slechts bevoegd ten aanzien van die onroerende goederen.

Art. 11 Forum necessitatis

Forum necessitatis

In gevallen waarin geen enkel gerecht van een lidstaat op grond van artikel 4, 5, 6, 7, 8 of 10 bevoegd is, of waarin alle in artikel 9 genoemde gerechten zich onbevoegd hebben verklaard en geen enkel gerecht van een lidstaat op grond van artikel 6, onder e), of artikel 7, 8 of 10 bevoegd is, kunnen de gerechten van een lidstaat bij uitzondering uitspraak doen over de vermogensrechtelijke gevolgen van een geregistreerd partnerschap, indien in een derde staat waarmee de zaak nauw verbonden is, redelijkerwijs geen procedure aanhangig kan worden gemaakt of gevoerd of een procedure daar onmogelijk blijkt.

De zaak moet voldoende nauw verbonden zijn met de lidstaat waar de zaak aanhangig wordt gemaakt.

Art. 12 Tegenvordering

Het gerecht waarbij de procedure op grond van artikel 4, 5, 6, 7, 8, 10 of 11 aanhangig is gemaakt, is ook bevoegd om kennis te nemen van een tegenvordering die binnen het toepassingsgebied van deze verordening valt.

Art. 13 Beperking van de procedure

1. In het geval een nalatenschap die onder Verordening (EU) nr. 650/2012 valt goederen in een derde land bevat, kan het gerecht dat is aangezocht te oordelen over de vermogensrechtelijke gevolgen van een geregistreerd partnerschap op verzoek van een partij beslissen geen uitspraak te doen over een of meer van deze goederen indien kan worden verwacht dat haar beslissing ten aanzien van deze goederen in dat derde land niet zal worden erkend en, in voorkomend geval, niet uitvoerbaar zal worden verklaard.

2. Lid 1 doet geen afbreuk aan de rechten van de partijen om het toepassingsgebied van de procedure te beperken volgens het recht van de lidstaat van het aangezochte gerecht.

Art. 14 Aanbrengen van een zaak bij het gerecht

Voor de toepassing van dit hoofdstuk wordt een zaak geacht bij een gerecht te zijn aangebracht:

a) op het tijdstip waarop het stuk dat het geding inleidt of een gelijkwaardig stuk bij het gerecht wordt ingediend, mits de eiser vervolgens niet heeft nagelaten te doen wat hij met het oog op de betekening of de kennisgeving van het stuk aan de verweerder moest doen;

b) in het geval dat het stuk betekend of medegedeeld moet worden voordat het bij het gerecht wordt ingediend, op het tijdstip waarop de autoriteit die belast is met de betekening of kennisgeving het stuk ontvangt, mits de verzoeker vervolgens niet heeft nagelaten te doen wat hij met het oog op de indiening van het stuk bij het gerecht moest doen, of

c) in het geval dat de procedure ambtshalve door het gerecht wordt geopend, op het tijdstip waarop de beslissing om de procedure te openen door het gerecht wordt genomen of, indien een dergelijke beslissing niet is vereist, op het tijdstip waarop de zaak ter griffie wordt ingeschreven.

Art. 15 Toetsing van de bevoegdheid

Het gerecht van een lidstaat waarbij een zaak betreffende de vermogensrechtelijke gevolgen van een geregistreerd partnerschap aanhangig is gemaakt waarvoor zij niet bevoegd is op grond van deze verordening, verklaart zich ambtshalve onbevoegd.

Art. 16 Toetsing van de ontvankelijkheid

1. Indien de verweerder die zijn gewone verblijfplaats in een andere staat heeft dan de lidstaat waar de zaak aanhangig is gemaakt, niet verschijnt, houdt het op grond van deze verordening bevoegde gerecht de zaak aan zolang niet vaststaat dat de verweerder in de gelegenheid is gesteld het stuk dat het geding inleidt of een gelijkwaardig stuk met het oog op zijn verweer tijdig te ontvangen of dat daartoe al het nodige is gedaan.

2. Artikel 19 van Verordening (EG) nr. 1393/2007 van het Europees Parlement en de Raad^{12} wordt toegepast in plaats van het bepaalde in lid 1 van dit artikel als de verzending van het stuk dat het geding inleidt of een gelijkwaardig stuk van een lidstaat naar een andere lidstaat overeenkomstig die verordening moest geschieden.

3. Indien Verordening (EG) nr. 1393/2007 niet van toepassing is, wordt artikel 15 van het Verdrag van 's-Gravenhage van 15 november 1965 inzake de betekening en de kennisgeving in het buitenland van gerechtelijke en buitengerechtelijke stukken in burgerlijke en handelszaken toegepast, als de verzending van het stuk dat het geding inleidt of een gelijkwaardig stuk naar het buitenland overeenkomstig dat verdrag moest geschieden.

Art. 17 Litispendentie

1. Wanneer voor gerechten van verschillende lidstaten tussen dezelfde partijen procedures aanhangig zijn die hetzelfde onderwerp betreffen en op dezelfde oorzaak berusten, houdt het gerecht waarbij de zaak later aanhangig is gemaakt de zaak ambtshalve aan totdat de bevoegdheid van het eerst aangezochte gerecht vaststaat.

2. In de in lid 1 bedoelde gevallen deelt een aangezocht gerecht, op verzoek van een ander gerecht waarbij het geschil is aangebracht, onverwijld aan dit gerecht mee op welke datum zij is aangezocht.

3. Indien de bevoegdheid van het eerst aangezochte gerecht vaststaat, verklaart elk gerecht waarbij de zaak later is aangebracht zich onbevoegd.

---

12 Verordening (EG) nr. 1393/2007 van het Europees Parlement en de Raad van 13 november 2007 inzake de betekening en de kennisgeving in de lidstaten van gerechtelijke en buitengerechtelijke stukken in burgerlijke of in handelszaken (de betekening en kennisgeving van stukken), en tot intrekking van Verordening (EG) nr. 1348/2000 van de Raad (PB L 324 van 10.12.2007, blz. 79).

Art. 18 Samenhang

Samenhang

1. Wanneer samenhangende procedures bij gerechten van verschillende lidstaten aanhangig zijn, kan het gerecht waarbij de vordering later is aangebracht deze zaak aanhouden.

2. Indien de in lid 1 bedoelde zaken in eerste aanleg aanhangig zijn, kan elk gerecht dat niet als eerste is aangezocht, op verzoek van een der partijen, zich onbevoegd verklaren, mits het eerst aangezochte gerecht bevoegd is om van de beide vorderingen kennis te nemen en haar wetgeving de voeging ervan toestaat.

3. Samenhangend in de zin van dit artikel zijn zaken die zo nauw verbonden zijn dat een goede rechtsbedeling vraagt om hun gelijktijdige behandeling en berechting, teneinde te vermijden dat, ten gevolge van afzonderlijke berechting van zaken, onverenigbare beslissingen worden gegeven.

Art. 19 Voorlopige en bewarende maatregelen

Voorlopige en bewarende maatregelen

De gerechten van een lidstaat kunnen worden verzocht de voorlopige of bewarende maatregelen te treffen waarin het recht van deze staat voorziet, zelfs indien een gerecht van een andere lidstaat krachtens deze verordening bevoegd is om van het bodemgeschil kennis te nemen.

Hoofdstuk III Toepasselijk recht

Art. 20 Universele toepassing

Universele toepassing

Het bij deze verordening aangewezen toepasselijke recht is van toepassing, ongeacht of dit het recht van een lidstaat is.

Art. 21 Eenheid van het toepasselijke recht

Toepasselijk recht, eenheid

Het recht dat op de vermogensrechtelijke gevolgen van een geregistreerde partnerschap van toepassing is, geldt voor alle vermogensbestanddelen, ongeacht waar deze zich bevinden.

Art. 22 Rechtskeuze

Rechtskeuze

1. De partners of toekomstige partners kunnen overeenkomen om te bepalen welk recht op de vermogensrechtelijke gevolgen van hun geregistreerd partnerschap van toepassing is of om hun keuze te wijzigen, mits dat recht vermogensrechtelijke gevolgen aan het geregistreerde partnerschap verbindt en het om het recht van een van de volgende staten gaat:

a) het recht van de staat waar, op het tijdstip van sluiting van de overeenkomst, zich de gewone verblijfplaats van een of beide partners of toekomstige partners bevindt;

b) het recht van een staat waarvan een van de partners of toekomstige partners op het tijdstip van sluiting van de overeenkomst de nationaliteit heeft, of

c) het recht van de staat volgens het recht waarvan het geregistreerde partnerschap tot stand is gebracht.

2. Tenzij de partners anders overeenkomen, heeft een wijziging in de loop van het geregistreerde partnerschap van het op de vermogensrechtelijke gevolgen van het partnerschap toepasselijke recht slechts gevolgen voor de toekomst.

3. Een wijziging met terugwerkende kracht van het toepasselijke recht overeenkomstig lid 2 laat de uit dat recht voortvloeiende rechten van derden onverlet.

Art. 23 Formele geldigheid van de rechtskeuzeovereenkomst

Rechtskeuze, formele geldigheid

1. De in artikel 22 bedoelde rechtskeuze geschiedt bij schriftelijke, gedagtekende en door beide partners ondertekende overeenkomst. Als schriftelijk wordt eveneens aangemerkt elke elektronische mededeling waardoor de overeenkomst duurzaam wordt vastgelegd.

2. Indien de vermogensrechtelijke overeenkomst tussen partners, volgens het recht van de lidstaat waar beide partners bij het aangaan van de rechtskeuzeovereenkomst hun gewone verblijfplaats hebben, aan aanvullende vormvereisten is onderworpen, zijn deze vereisten van toepassing.

3. Indien de partners bij het aangaan van de rechtskeuzeovereenkomst hun gewone verblijfplaats hebben in verschillende lidstaten die niet dezelfde vormvereisten voor de vermogensrechtelijke overeenkomst tussen partners opleggen, is de overeenkomst formeel geldig indien zij aan de vereisten van een van deze lidstaten voldoet.

4. Indien slechts een van de partners bij het aangaan van de overeenkomst zijn gewone verblijfplaats heeft in een lidstaat waar vermogensrechtelijke overeenkomsten tussen partners aan aanvullende vormvereisten zijn onderworpen, zijn deze vereisten van toepassing.

Art. 24 Toestemming en materiële geldigheid

Rechtskeuze, toestemming en materiële geldigheid

1. Het bestaan en de geldigheid van een rechtskeuzeovereenkomst of van enige bepaling daarvan worden beheerst door het recht dat ingevolge artikel 22 van toepassing zou zijn indien de overeenkomst of de bepaling geldig was.

2. Niettemin kan een partner zich, ten bewijze dat hij zijn toestemming niet heeft verleend, beroepen op het recht van het land waar hij op het tijdstip van aanhangigmaking zijn gewone verblijfplaats heeft, indien uit de omstandigheden blijkt dat het niet redelijk zou zijn de gevolgen van zijn gedrag te laten bepalen door het in lid 1 bedoelde recht.

Art. 25 Formele geldigheid van een vermogensrechtelijke overeenkomst tussen partners

1. De vermogensrechtelijke overeenkomst tussen partners wordt op schrift gesteld, gedagtekend en door beide partners ondertekend. Als schriftelijk wordt eveneens aangemerkt elke elektronische mededeling waardoor de overeenkomst duurzaam wordt vastgelegd.

2. Indien de vermogensrechtelijke overeenkomst tussen de partners, volgens het recht van de lidstaat waar beide partners bij het aangaan van de rechtskeuzeovereenkomst hun gewone verblijfplaats hebben, aan aanvullende vormvereisten is onderworpen, zijn deze vereisten van toepassing.

Indien de partners bij het aangaan van de rechtskeuzeovereenkomst hun gewone verblijfplaats hebben in verschillende lidstaten die niet dezelfde vormvereisten voor de vermogensrechtelijke overeenkomst tussen partners opleggen, is de overeenkomst formeel geldig indien zij aan de vereisten van een dezer lidstaten voldoet.

Indien slechts een van de partners bij het aangaan van de overeenkomst zijn gewone verblijfplaats heeft in een lidstaat waar vermogensrechtelijke overeenkomsten tussen partners aan aanvullende vormvereisten zijn onderworpen, zijn deze vereisten van toepassing.

3. Indien door het op de vermogensrechtelijke gevolgen van een geregistreerd partnerschap toepasselijke recht aanvullende vormvereisten worden gesteld, zijn die vereisten van toepassing.

Art. 26 Toepasselijk recht bij gebreke van een rechtskeuze door de partijen

1. Bij gebreke van een rechtskeuzeovereenkomst op grond van artikel 22 is op de vermogensrechtelijke gevolgen van een geregistreerd partnerschap het recht van toepassing van de staat volgens welks recht het geregistreerde partnerschap tot stand is gebracht.

2. Bij wijze van uitzondering en op verzoek van een van de partners kan de rechterlijke instantie die bevoegd is om te beslissen in zaken betreffende de vermogensrechtelijke gevolgen van een geregistreerd partnerschap beslissen dat het recht van een andere staat dan de staat waarvan het recht uit hoofde van lid 1 van toepassing is, van toepassing is op de vermogensrechtelijke gevolgen van het geregistreerde partnerschap, voor zover die andere staat vermogensrechtelijke gevolgen verbindt aan het geregistreerde partnerschap als instituut en op voorwaarde dat de verzoeker aantoont dat:

a) de partners in die andere staat hun laatste gemeenschappelijke verblijfplaats hadden gedurende een beduidend lange periode, en

b) beide partners zich hebben verlaten op het recht van die andere staat bij het regelen of plannen van hun vermogensrechtelijke betrekkingen.

Het recht van die andere staat is van toepassing vanaf de totstandbrenging van het geregistreerde partnerschap, tenzij één partner het daar niet mee eens is. In dat geval sorteert het recht van die andere staat effect vanaf het tijdstip van vestiging op de laatste gemeenschappelijke gewone verblijfplaats in die staat.

De toepassing van het recht van de andere staat laat de rechten die derden ontlenen aan het op grond van lid 1 toepasselijke recht onverlet.

Dit lid is niet van toepassing wanneer de partners met elkaar een vermogensrechtelijke overeenkomst hebben gesloten vóór het tijdstip van vestiging op de laatste gemeenschappelijke gewone verblijfplaats in die andere staat.

Art. 27 Werkingssfeer van het toepasselijke recht

Het krachtens deze verordening op de vermogensrechtelijke gevolgen van een geregistreerd partnerschap toepasselijke recht bepaalt onder meer:

a) de classificatie van het vermogen van beide partners of van elk afzonderlijk in verschillende categorieën tijdens en na het geregistreerde partnerschap;

b) de overgang van een vermogensbestanddeel naar een andere categorie;

c) de aansprakelijkheid van de ene partner voor de verplichtingen en schulden van de andere;

d) de bevoegdheden, rechten en verplichtingen van elk van de partners en van beide partners met betrekking tot het vermogen;

e) de verdeling en de vereffening van het vermogen na de ontbinding van het geregistreerde partnerschap;

f) de uitwerking van de vermogensrechtelijke gevolgen van geregistreerde partnerschappen op een rechtsbetrekking tussen een partner en derden, en

g) de materiële geldigheid van een vermogensrechtelijke overeenkomst tussen partners.

Art. 28 Rechtsgevolgen ten aanzien van derden

1. Onverminderd het bepaalde in artikel 27, onder f), kan het recht dat tussen de partners van toepassing is op de vermogensrechtelijke gevolgen van een geregistreerd partnerschap, door een partner niet aan een derde worden tegengeworpen in een geschil tussen die derde en een van de partners of beide partners, tenzij de toepasselijkheid van dat recht aan de derde bekend was of had moeten zijn.

2. De derde wordt geacht over kennis van het op de vermogensrechtelijke gevolgen van het geregistreerde partnerschap toepasselijke recht te beschikken, indien:

a) dat recht het recht is van:

Vermogensrechtelijke overeenkomst partners, formele geldigheid

Geen rechtskeuzeovereenkomst, toepasselijk recht

Werkingssfeer toepasselijk recht

Werkingssfeer tegenover derden

i) de staat waarvan het recht toepasselijk is op de transactie tussen een partner en de derde;
ii) de staat waar de contracterende partner en de derde hun gewone verblijfplaats hebben, of
iii) in geval van een vastgoedtransactie, de staat waar het onroerend goed is gelegen,
of

b) een van de partners heeft voldaan aan de toepasselijke voorschriften voor openbaarmaking of inschrijving van de vermogensrechtelijke gevolgen van het geregistreerde partnerschap volgens het recht van:
i) de staat waarvan het recht toepasselijk is op de transactie tussen een partner en de derde;
ii) de staat waar de contracterende partner en de derde hun gewone verblijfplaats hebben, of
iii) in geval van een vastgoedtransactie, de staat waar het onroerend goed is gelegen.

3. Indien het op de vermogensrechtelijke gevolgen van een geregistreerd partnerschap toepasselijke recht krachtens lid 1 door een partner niet aan een derde kan worden tegengeworpen, worden de vermogensrechtelijke gevolgen van het geregistreerde partnerschap ten aanzien van de derde beheerst:

a) door het recht van de staat waarvan het recht toepasselijk is op de transactie tussen een partner en de derde, of

b) in het geval van onroerende goederen of geregistreerde vermogensbestanddelen of rechten, door het recht van de staat waar het goed is gelegen of waar de vermogensbestanddelen of de rechten zijn ingeschreven.

Art. 29 Aanpassing van zakelijke rechten

Werkingssfeer, aanpassing zakelijke rechten

Indien een persoon zich krachtens het op de vermogensrechtelijke gevolgen van een geregistreerd partnerschap toepasselijke recht beroept op een zakelijk recht dat het recht van de lidstaat waar het zakelijk recht wordt ingeroepen niet kent, wordt dit zakelijk recht, indien nodig en voor zover mogelijk, in overeenstemming gebracht met het meest gelijkwaardige zakelijk recht in die lidstaat, met inachtneming van de doelstellingen en belangen die met dat zakelijk recht worden nagestreefd en de rechtsgevolgen die eraan zijn verbonden.

Art. 30 Bepalingen van bijzonder dwingend recht

Bepalingen van bijzonder dwingend recht

1. Niets in deze verordening beperkt de toepassing van de bepalingen van bijzonder dwingend recht van de lex fori.

2. Bepalingen van bijzonder dwingend recht zijn bepalingen waarvan de inachtneming door een lidstaat als zo belangrijk wordt beschouwd voor de handhaving van zijn openbare belangen, zoals zijn politieke, sociale of economische organisatie, dat zij van toepassing zijn op elk geval dat binnen de werkingssfeer ervan valt, ongeacht welk recht volgens deze verordening overigens op de vermogensrechtelijke gevolgen van het geregistreerde partnerschap van toepassing is.

Art. 31 Openbare orde

Openbare orde, kennelijke onverenigbaarheid

De toepassing van een voorschrift van het bij deze verordening aangewezen recht van een staat kan slechts worden geweigerd in geval van kennelijke onverenigbaarheid met de openbare orde van het land van de rechter.

Art. 32 Uitsluiting van terugverwijzing

Uitsluiting van terugverwijzing

Onder toepassing van het bij deze verordening aangewezen recht van een staat wordt verstaan de toepassing van het recht dat in die staat geldt, met uitsluiting van het internationaal privaatrecht.

Art. 33 Staten met meer dan één rechtsstelsel — territoriale collisie

Territoriale collisie

1. Indien het volgens deze verordening aangewezen recht het recht is van een staat met meerdere territoriale eenheden, die elk hun eigen rechtsregels met betrekking tot de vermogensrechtelijke gevolgen van het geregistreerde partnerschap hebben, bepalen de interne collisieregels van die lidstaat van welke territoriale eenheid de rechtsregels van toepassing zijn.

2. Bij gebreke van zulke interne collisieregels:

a) wordt, ter bepaling van het recht dat van toepassing is volgens regels waarbij de gewone verblijfplaats van de partners als aanknopingspunt geldt, met het recht van de in lid 1 bedoelde staat bedoeld het recht van de territoriale eenheid waar de partners hun gewone verblijfplaats hebben;

b) wordt, ter bepaling van het recht dat van toepassing is volgens regels waarbij de nationaliteit van de partners als aanknopingspunt geldt, met het recht van de in lid 1 bedoelde staat bedoeld het recht van de territoriale eenheid waarmee de partners het nauwst verbonden zijn;

c) wordt een verwijzing naar het recht van de in lid 1 bedoelde staat, voor het bepalen van het toepasselijke recht volgens andere bepalingen met andere aanknopingspunten, uitgelegd als een verwijzing naar het recht van de territoriale eenheid waar het aanknopingspunt zich bevindt.

Art. 34 Staten met meer dan één rechtsstelsel — personele collisie

Personele collisie

Ten aanzien van een staat waar met betrekking tot de vermogensrechtelijke gevolgen van het geregistreerde partnerschap twee of meer rechtsstelsels of regelingen gelden die op verschillende categorieën personen van toepassing zijn, wordt een verwijzing naar het recht van die staat uitgelegd als een verwijzing naar het rechtsstelsel dat of de regeling die wordt aangewezen door de in die staat geldende regels. Bij gebreke van zulke regels wordt het rechtsstelsel of de regeling toegepast waarmee de partners het nauwst verbonden zijn.

Art. 35 Niet-toepassing van deze verordening op interne collisie

Een lidstaat die verschillende territoriale eenheden met eigen rechtsregels inzake de vermogensrechtelijke gevolgen van geregistreerde partnerschappen telt, is niet verplicht deze verordening toe te passen op collisie die uitsluitend deze territoriale eenheden betreffen.

Hoofdstuk IV Erkenning, uitvoerbaarheid en tenuitvoerlegging van beslissingen

Art. 36 Erkenning

1. De in een lidstaat gegeven beslissing wordt in de andere lidstaten erkend zonder dat daartoe een procedure is vereist.

2. Indien de erkenning van een beslissing wordt betwist, kan iedere belanghebbende partij die zich ten principale op de erkenning beroept van de in de artikelen 44 tot en met 57 vastgelegde procedures gebruikmaken om de erkenning te doen vaststellen.

3. Wordt voor een gerecht van een lidstaat bij wijze van incident een vraag opgeworpen in verband met de erkenning, dan is dat gerecht bevoegd om kennis te nemen van die vraag.

Art. 37 Gronden voor niet-erkenning

Een beslissing wordt niet erkend indien:

a) de erkenning kennelijk strijdig is met de openbare orde in de lidstaat waar de erkenning wordt gevraagd;

b) het stuk dat het geding inleidt of een gelijkwaardig stuk niet tijdig en op zodanige wijze als met het oog op zijn verdediging nodig was aan de verweerder tegen wie verstek werd verleend, betekend of ter kennis gebracht is, tenzij de verweerder tegen de beslissing geen rechtsmiddel heeft aangewend terwijl hij daartoe in staat was;

c) zij onverenigbaar is met een tussen dezelfde partijen gegeven rechterlijke beslissing in de lidstaat waar de erkenning wordt gevraagd;

d) zij onverenigbaar is met een beslissing die eerder in een andere lidstaat of in een derde land tussen dezelfde partijen is gegeven in een geschil dat hetzelfde onderwerp betreft en op dezelfde oorzaak berust, mits de eerder gegeven beslissing voldoet aan de voorwaarden voor erkenning in de lidstaat waar de erkenning wordt gevraagd.

Art. 38 Grondrechten

Artikel 37 van deze verordening wordt door de gerechten en andere bevoegde autoriteiten van de lidstaten toegepast met inachtneming van de grondrechten en de beginselen die zijn erkend bij het Handvest, met name het in artikel 21 opgenomen beginsel inzake non-discriminatie.

Art. 39 Verbod van controle van de bevoegdheid van het oorspronkelijke gerecht

1. De bevoegdheid van de gerechten van de lidstaat van oorsprong mag niet worden gecontroleerd.

2. Het in artikel 37 bedoelde criterium van openbare orde is niet van toepassing op de in de artikelen 4 tot en met 12 bepaalde bevoegdheidsregels.

Art. 40 Verbod van inhoudelijke toetsing

In geen geval wordt overgegaan tot onderzoek van de juistheid van de in een lidstaat gegeven beslissing.

Art. 41 Aanhouden van een procedure betreffende de erkenning

Het gerecht van een lidstaat waarbij de erkenning wordt gevraagd van een in een andere lidstaat gegeven beslissing, kan de zaak aanhouden indien in de lidstaat van oorsprong een gewoon rechtsmiddel tegen deze beslissing is ingesteld.

Art. 42 Uitvoerbaarheid

De beslissingen die in een lidstaat zijn gegeven en in die lidstaat uitvoerbaar zijn, zijn tevens uitvoerbaar in andere lidstaten indien zij daar op verzoek van een belanghebbende partij uitvoerbaar zijn verklaard volgens de procedure die is bepaald in de artikelen 44 tot en met 57.

Art. 43 Bepaling van de woonplaats

Om in het kader van de in de artikelen 44 tot en met 57 vastgelegde procedure te bepalen of een partij haar woonplaats heeft in de lidstaat van tenuitvoerlegging, past het aangezochte gerecht het interne recht van die lidstaat toe.

Art. 44 Relatief bevoegd gerecht

1. Het verzoek om een verklaring van uitvoerbaarheid wordt gericht tot het gerecht of de bevoegde instantie van de lidstaat van tenuitvoerlegging, waarvan de naam door die lidstaat overeenkomstig artikel 64 aan de Commissie is meegedeeld.

2. Het relatief bevoegde gerecht is dat van de woonplaats van de partij tegen wie de tenuitvoerlegging wordt gevraagd of die van de plaats van tenuitvoerlegging.

Art. 45 Procedure

1. De procedure voor de indiening van het verzoek wordt beheerst door het recht van de lidstaat van tenuitvoerlegging.

B106 art. 46 **Verordening Partnerschapsvermogens**

2. Van de verzoeker wordt niet verwacht dat hij in de lidstaat van tenuitvoerlegging een postadres of procesgemachtigde heeft.

3. Bij het verzoek worden de volgende documenten gevoegd:

a) een afschrift van de beslissing aan de hand waarvan de echtheid van de beslissing kan worden vastgesteld;

b) de verklaring die door het gerecht of de bevoegde instantie van de lidstaat van oorsprong is afgegeven met gebruikmaking van het overeenkomstig de in artikel 67, lid 2, bedoelde raadplegingsprocedure vastgestelde formulier, onverminderd artikel 46.

Art. 46 Niet-overlegging van de verklaring

Erkenningsverzoek, niet overleggen verklaring

1. Wordt de in artikel 45, lid 3, onder b), bedoelde verklaring niet overgelegd, dan kan het gerecht of de bevoegde instantie voor de overlegging een termijn bepalen of gelijkwaardige documenten aanvaarden, dan wel, indien dat gerecht of de instantie zich voldoende voorgelicht acht, vrijstelling van de overlegging verlenen.

2. Indien het gerecht of de bevoegde instantie dat verlangt, wordt van de documenten een vertaling of een transliteratie overgelegd. De vertaling wordt gemaakt door een persoon die in een van de lidstaten tot het maken van vertalingen bevoegd is.

Art. 47 Verklaring van uitvoerbaarheid

Verklaring van uitvoerbaarheid

De beslissing wordt uitvoerbaar verklaard zodra de formaliteiten van artikel 45 vervuld zijn, zonder toetsing uit hoofde van artikel 37. De partij tegen wie tenuitvoerlegging wordt gevraagd, wordt in deze stand van de procedure niet gehoord.

Art. 48 Kennisgeving van de beslissing over het verzoek om een verklaring van uitvoerbaarheid

Verklaring van uitvoerbaarheid, kennisgeving

1. De beslissing over het verzoek om een verklaring van uitvoerbaarheid wordt onmiddellijk ter kennis van de verzoeker gebracht op de wijze als is bepaald in het recht van de lidstaat van tenuitvoerlegging.

2. De verklaring van uitvoerbaarheid wordt betekend aan de partij tegen wie de tenuitvoerlegging wordt gevraagd en gaat vergezeld van de beslissing indien deze nog niet aan die partij is betekend.

Art. 49 Rechtsmiddel tegen de beslissing over het verzoek om een verklaring van uitvoerbaarheid

Verklaring van uitvoerbaarheid, rechtsmiddelen

1. Elke partij kan rechtsmiddel instellen tegen de beslissing over het verzoek om een verklaring van uitvoerbaarheid.

2. Het rechtsmiddel wordt ingesteld bij het gerecht waarvan de naam door de betrokken lidstaat overeenkomstig artikel 64 aan de Commissie is meegedeeld.

3. Het rechtsmiddel wordt volgens de regels van de procedure op tegenspraak behandeld.

4. Indien de partij tegen wie de tenuitvoerlegging wordt gevraagd, niet verschijnt voor het gerecht dat over het door de verzoeker ingestelde rechtsmiddel oordeelt, is artikel 16 van toepassing, ook wanneer de partij tegen wie de tenuitvoerlegging wordt gevraagd geen woonplaats heeft op het grondgebied van een lidstaat.

5. Het rechtsmiddel tegen de verklaring van uitvoerbaarheid wordt binnen dertig dagen na de betekening daarvan ingesteld. Indien de partij tegen wie de tenuitvoerlegging wordt gevraagd woonplaats heeft in een andere lidstaat dan die waar de verklaring van uitvoerbaarheid is gegeven, is de termijn waarbinnen rechtsmiddel moet worden ingesteld zestig dagen met ingang van de dag waarop de beslissing aan de partij in persoon of aan haar woonplaats is betekend. Deze termijn mag niet op grond van de afstand worden verlengd.

Art. 50 Rechtsmiddel tegen een op het rechtsmiddel gegeven beslissing

Verklaring van uitvoerbaarheid, rechtsmiddel beslissing op beroep

Tegen de op het rechtsmiddel gegeven beslissing kan slechts het middel worden ingesteld waarvan de Commissie overeenkomstig artikel 64 door de betrokken lidstaat in kennis is gesteld.

Art. 51 Weigering of intrekking van een verklaring van uitvoerbaarheid

Verklaring van uitvoerbaarheid, weigering of intrekking

Een verklaring van uitvoerbaarheid wordt door het gerecht dat oordeelt over een van de in artikel 49 of 50 bedoelde rechtsmiddelen slechts op een van de in artikel 37 genoemde gronden geweigerd of ingetrokken. Het gerecht doet onverwijld uitspraak.

Art. 52 Aanhouden van de zaak

Verklaring van uitvoerbaarheid, aanhouden zaak

Het gerecht dat oordeelt over een van de in artikel 49 of 50 bedoelde rechtsmiddelen houdt op verzoek van de partij tegen wie de tenuitvoerlegging wordt gevraagd de zaak aan indien de uitvoerbaarheid van de beslissing is geschorst in de lidstaat van oorsprong als gevolg van een daartegen ingesteld rechtsmiddel.

Art. 53 Voorlopige en bewarende maatregelen

Verklaring van uitvoerbaarheid, voorlopige en bewarende maatregelen

1. Indien een beslissing overeenkomstig dit hoofdstuk moet worden erkend, belet niets de verzoeker een beroep te doen op voorlopige of bewarende maatregelen waarin de wetgeving van de lidstaat van tenuitvoerlegging voorziet, zonder dat daartoe een verklaring van uitvoerbaarheid in de zin van artikel 47 is vereist.

2. De verklaring van uitvoerbaarheid houdt van rechtswege de bevoegdheid in bewarende maatregelen te treffen.

3. Gedurende de termijn voor het instellen van een rechtsmiddel overeenkomstig artikel 49, lid 5, tegen de verklaring van uitvoerbaarheid en totdat daarover uitspraak is gedaan, kunnen slechts bewarende maatregelen worden genomen ten aanzien van de vermogensbestanddelen van de partij tegen wie de tenuitvoerlegging wordt gevraagd.

Art. 54 Gedeeltelijke uitvoerbaarheid

1. Indien in de beslissing uitspraak is gedaan over meer dan een punt van het verzoek, en de verklaring van uitvoerbaarheid niet kan worden verleend voor het geheel, verleent het gerecht of de bevoegde instantie deze voor een of meer onderdelen daarvan.

Verklaring van uitvoerbaarheid, gedeeltelijke uitvoerbaarheid

2. De verzoeker kan vorderen dat de verklaring van uitvoerbaarheid een gedeelte van de beslissing betreft.

Art. 55 Rechtsbijstand

De verzoeker die in de lidstaat waar de beslissing is gegeven, in aanmerking kwam voor gehele of gedeeltelijke kosteloze rechtsbijstand of vrijstelling van kosten en uitgaven, komt in een procedure met betrekking tot een verklaring van uitvoerbaarheid in aanmerking voor de meest gunstige bijstand of voor de meest ruime vrijstelling die in het recht van de lidstaat van tenuitvoerlegging is vastgesteld.

Verklaring van uitvoerbaarheid, rechtsbijstand

Art. 56 Geen zekerheid, borg of pand

aan een partij die in een lidstaat de erkenning, verklaring van uitvoerbaarheid of tenuitvoerlegging van een in een andere lidstaat gegeven beslissing vraagt, wordt geen zekerheid, borg of pand, onder welke benaming ook, opgelegd wegens de hoedanigheid van vreemdeling dan wel wegens het ontbreken van een woon- of verblijfplaats in de lidstaat van tenuitvoerlegging.

Verklaring van uitvoerbaarheid, geen zekerheid, borg of pand

Art. 57 Geen belasting, recht of heffing

Ter zake van de procedure tot verlening van een verklaring van uitvoerbaarheid wordt in de lidstaat van tenuitvoerlegging geen belasting, recht of heffing evenredig aan het geldelijke belang van de zaak geheven.

Verklaring van uitvoerbaarheid, geen belasting. Recht of heffing

Hoofdstuk V Authentieke akten en gerechtelijke schikkingen

Art. 58 Aanvaarding van authentieke akten

1. Een in een lidstaat verleden authentieke akte heeft in een andere lidstaat dezelfde bewijskracht als in de lidstaat van oorsprong, of althans de daarmee meest vergelijkbare bewijskracht, op voorwaarde dat dit niet kennelijk strijdig is met de openbare orde van die andere lidstaat. Een persoon die van een authentieke akte gebruik wenst te maken in een andere lidstaat kan de instantie die de authentieke akte in de lidstaat van oorsprong heeft opgemaakt, verzoeken het overeenkomstig de in artikel 67, lid 2, bedoelde raadplegingsprocedure vastgestelde formulier in te vullen waarin de bewijskracht wordt vermeld die in de lidstaat van oorsprong aan de authentieke akte wordt verbonden.

Authentieke akten, aanvaarding

2. De echtheid van de authentieke akte wordt uitsluitend voor een gerecht van de lidstaat van oorsprong en volgens het recht van die lidstaat betwist. Een authentieke akte die wordt betwist, heeft geen bewijskracht in een andere lidstaat zolang het bevoegde gerecht zich niet heeft uitgesproken.

3. De in de authentieke akte vastgelegde rechtshandelingen of rechtsbetrekkingen worden uitsluitend betwist voor de krachtens deze verordening bevoegde gerechten, op grond van het volgens hoofdstuk III toepasselijke recht. Een authentieke akte die wordt betwist, heeft, wat het bestreden punt betreft, in een andere lidstaat dan de lidstaat van oorsprong geen bewijskracht zolang het bevoegde gerecht zich niet heeft uitgesproken.

4. Indien de uitkomst van een procedure voor een gerecht van een lidstaat afhangt van het beslechten van een incidenteel verzoek met betrekking tot de in een authentieke akte ter zake van de vermogensrechtelijke gevolgen van geregistreerde partnerschappen vastgelegde rechtshandelingen of rechtsbetrekkingen, is dat gerecht bevoegd om van dat verzoek kennis te nemen.

Art. 59 Uitvoerbaarheid van authentieke akten

1. Een in de lidstaat van oorsprong uitvoerbare authentieke akte wordt in een andere lidstaat op verzoek van een belanghebbende partij uitvoerbaar verklaard volgens de procedure die is bepaald in de artikelen 44 tot en met 57.

Authentieke akten, uitvoerbaarheid

2. Voor de toepassing van artikel 45, lid 3, onder b), geeft de instantie die de authentieke akte heeft opgesteld op verzoek van een belanghebbende partij een verklaring af met gebruikmaking van het overeenkomstig de in artikel 67, lid 2, bedoelde raadplegingsprocedure vastgestelde formulier.

3. De verklaring van uitvoerbaarheid wordt door het gerecht dat oordeelt over een van de in artikel 49 of 50 bedoelde rechtsmiddelen slechts geweigerd of ingetrokken indien de tenuitvoerlegging van de authentieke akte kennelijk strijdig is met de openbare orde van de lidstaat van tenuitvoerlegging.

B106 art. 60

Verordening Partnerschapsvermogens

Art. 60 Uitvoerbaarheid van gerechtelijke schikkingen

Gerechtelijke beschikkingen, uitvoerbaarheid

1. Een in de lidstaat van oorsprong uitvoerbare gerechtelijke schikking wordt in een andere lidstaat op verzoek van een belanghebbende partij uitvoerbaar verklaard volgens de procedure die is bepaald in de artikelen 44 tot en met 57.

2. Voor de toepassing van artikel 45, lid 3, onder b), geeft het gerecht dat de gerechtelijke schikking heeft goedgekeurd of waarvoor deze werd gesloten, op verzoek van een belanghebbende partij een verklaring af met gebruikmaking van het overeenkomstig de in artikel 67, lid 2, bedoelde raadplegingsprocedure vastgestelde formulier.

3. De verklaring van uitvoerbaarheid wordt door het gerecht dat oordeelt over een van de in artikel 49 of 50 bedoelde rechtsmiddelen slechts geweigerd of ingetrokken indien de tenuitvoerlegging van de gerechtelijke schikking kennelijk strijdig is met de openbare orde van de lidstaat van tenuitvoerlegging.

Hoofdstuk VI Algemene bepalingen en slotbepalingen

Art. 61 Legalisatie en soortgelijke formaliteiten

Legalisatie en soortgelijke formaliteiten

Geen enkele legalisatie of soortgelijke formaliteit mag worden geëist met betrekking tot documenten die in verband met deze verordening in een lidstaat zijn afgegeven.

Art. 62 Verhouding tot de bestaande internationale overeenkomsten

Verhouding tot andere internationale overeenkomsten

1. De toepassing van bilaterale of multilaterale verdragen waarbij een of meer lidstaten op het tijdstip van de vaststelling van deze verordening, of van een besluit overeenkomstig artikel 331, lid 1, tweede of derde alinea, VWEU, partij zijn en die betrekking hebben op de in deze verordening geregelde materie, wordt door deze verordening onverlet gelaten, onverminderd de verplichtingen van de lidstaten op grond van artikel 351 VWEU.

2. Niettegenstaande lid 1 heeft deze verordening, tussen de lidstaten, voorrang boven verdragen die tussen hen zijn gesloten, voor zover zij betrekking hebben op in deze verordening geregelde materies.

Art. 63 Informatie die ter beschikking van het publiek wordt gesteld

Informatie, beschikbaar stellen voor publiek

Opdat de informatie voor het publiek beschikbaar wordt gesteld in het Europees justitieel netwerk in burgerlijke en handelszaken, verstrekken de lidstaten aan de Commissie een korte samenvatting van de nationale wetgeving en procedures betreffende de vermogensrechtelijke gevolgen van een geregistreerd partnerschap, met opgave van de ter zake bevoegde instanties en van informatie over de in artikel 28 bedoelde rechtsgevolgen ten aanzien van derden. De informatie wordt door de lidstaten voortdurend geactualiseerd.

Art. 64 Informatie betreffende contactgegevens en procedures

Informatie betreffende contactgegevens en procedures

1. Uiterlijk op 29 april 2018 doen de lidstaten de Commissie mededeling van:

a) de rechterlijke of andere instanties die bevoegd zijn voor het behandelen van het verzoek om een verklaring van uitvoerbaarheid overeenkomstig artikel 44, lid 1, en van het rechtsmiddel tegen een beslissing over dit verzoek overeenkomstig artikel 49, lid 2;

b) de in artikel 50 bedoelde procedure tegen een op het rechtsmiddel gegeven beslissing.

De lidstaten stellen de Commissie in kennis van iedere wijziging van deze informatie.

2. De overeenkomstig lid 1 meegedeelde informatie, met uitzondering van de adressen en overige contactgegevens van de in lid 1, onder a), bedoelde rechterlijke en andere instanties, wordt door de Commissie in het *Publicatieblad van de Europese Unie* bekendgemaakt.

3. De Commissie maakt alle overeenkomstig lid 1 meegedeelde informatie met passende middelen openbaar, in het bijzonder langs het Europees justitieel netwerk in burgerlijke en handelszaken.

Art. 65 Vaststelling en wijziging van de lijst met de in artikel 3, lid 2, bedoelde informatie

Vaststelling/wijziging lijst art. 3 lid 2

1. De Commissie stelt aan de hand van de kennisgevingen van de lidstaten de lijst van de in artikel 3, lid 2, bedoelde andere autoriteiten en rechtsbeoefenaren vast.

2. De lidstaten stellen de Commissie in kennis van elke wijziging van de in de lijst vervatte informatie. De Commissie past de lijst dienovereenkomstig aan.

3. De lijst en de wijzigingen worden door de Commissie bekendgemaakt in het *Publicatieblad van de Europese Unie*.

4. De overeenkomstig de leden 1 en 2 meegedeelde informatie wordt door de Commissie bekendgemaakt langs alle andere passende kanalen, met name het Europees justitieel netwerk in burgerlijke en handelszaken.

Art. 66 Vaststelling en wijziging van de in artikel 45, lid 3, onder b), en de artikelen 58, 59 en 60 bedoelde verklaringen en formulieren

Vaststelling/wijziging verklaringen en formulieren ex art. 45 lid 3 en Hoofdstuk V

De Commissie stelt de uitvoeringshandelingen tot vaststelling en tot wijziging van de in artikel 45, lid 3, onder b), en de artikelen 58, 59 en 60 bedoelde verklaringen en formulieren vast. Die uitvoeringshandelingen worden vastgesteld volgens de in artikel 67, lid 2, bedoelde raadplegingsprocedure.

Art. 67 Comitéprocedure

1. De Commissie wordt bijgestaan door een comité. Dat comité is een comité in de zin van Verordening (EU) nr. 182/2011.

2. Wanneer naar dit lid wordt verwezen, is artikel 4 van Verordening (EU) nr. 182/2011 van toepassing.

Art. 68 Herziening

1. Uiterlijk op 29 januari 2027, en vervolgens om de vijf jaar, dient de Commissie bij het Europees Parlement, de Raad en het Europees Economisch en Sociaal Comité een verslag in over de toepassing van deze verordening. Dit verslag gaat eventueel vergezeld van voorstellen tot wijziging van deze verordening.

2. Uiterlijk op 29 januari 2024 dient de Commissie bij het Europees Parlement, de Raad en het Europees Economisch en Sociaal Comité een verslag in over de toepassing van de artikelen 9 en 38 van deze verordening. In dit verslag wordt met name beoordeeld in welke mate deze artikelen hebben gezorgd voor toegang tot de rechter.

3. Met het oog op de in de leden 1 en 2 bedoelde verslagen delen de lidstaten de Commissie de nodige informatie mee betreffende de toepassing van deze verordening door hun gerechten.

Art. 69 Overgangsbepalingen

1. Onder voorbehoud van leden 2 en 3 is deze verordening slechts van toepassing op rechtsvorderingen die zijn ingesteld, authentieke akten die zijn verleden of ingeschreven en gerechtelijke schikkingen die zijn goedgekeurd of getroffen op of na 29 januari 2019.

2. Als de vordering in de lidstaat van oorsprong vóór 29 januari 2019 is ingesteld, worden de op of na deze datum gegeven beslissingen erkend en ten uitvoer gelegd overeenkomstig hoofdstuk IV, mits de toegepaste bevoegdheidsregels in overeenstemming zijn met die welke in hoofdstuk II zijn bepaald.

3. Hoofdstuk III is slechts van toepassing op partners die op of na 29 januari 2019 hun partnerschap registreren of het op de vermogensrechtelijke gevolgen van hun geregistreerd partnerschap toepasselijke recht bepalen.

Art. 70 Inwerkingtreding

1. Deze verordening treedt in werking op de twintigste dag na die van de bekendmaking ervan in het *Publicatieblad van de Europese Unie*.

2. Deze verordening is van toepassing in de lidstaten die deelnemen in de nauwere samenwerking op het gebied van de bevoegdheid, het toepasselijke recht en de erkenning en tenuitvoerlegging van beslissingen inzake de vermogensstelsels van internationale paren, met name zowel huwelijksvermogensstelsels als de vermogensrechtelijke gevolgen van geregistreerde partnerschappen, waarvoor toestemming is verleend bij Besluit (EU) 2016/954.

Zij is van toepassing met ingang van 29 januari 2019, met uitzondering van de artikelen 63 en 64 die van toepassing zijn met ingang van 29 april 2018 en de artikelen 65, 66 en 67 die van toepassing zijn met ingang van 29 juli 2016. Ten aanzien van de lidstaten die deelnemen aan de nauwere samenwerking op grond van een besluit dat is vastgesteld overeenkomstig artikel 331, lid 1, tweede of derde alinea, VWEU, is deze verordening van toepassing met ingang van de in dat besluit genoemde datum.

Deze verordening is verbindend in al haar onderdelen en is rechtstreeks toepasselijk in de deelnemende lidstaten overeenkomstig de Verdragen.

Uitvoeringswet Verordening huwelijksvermogensstelsels en Verordening vermogensrechtelijke gevolgen geregistreerde partnerschappen^1

Wet van 11 juli 2018 tot uitvoering van de Verordening (EU) nr. 2016/1103 van de Raad van 24 juni 2016 tot uitvoering van de nauwere samenwerking op het gebied van de bevoegdheid, het toepasselijke recht en de erkenning en tenuitvoerlegging van beslissingen op het gebied van huwelijksvermogensstelsels (PbEU 2016, L 183) en de Verordening (EU) nr. 2016/1104 van de Raad van 24 juni 2016 tot uitvoering van de nauwere samenwerking op het gebied van de bevoegdheid, het toepasselijke recht en de erkenning en tenuitvoerlegging van beslissingen op het gebied van de vermogensrechtelijke gevolgen van geregistreerde partnerschappen (PbEU 2016, L 183) (Uitvoeringswet Verordening huwelijksvermogensstelsels en Verordening vermogensrechtelijke gevolgen geregistreerde partnerschappen)

Wij Willem-Alexander, bij de gratie Gods, Koning der Nederlanden, Prins van Oranje-Nassau, enz. enz. enz.

Allen, die deze zullen zien of horen lezen, saluut! doen te weten:

Alzo Wij in overweging genomen hebben, dat wetgeving nodig is ter uitvoering van de Verordening (EU) nr. 2016/1103 van de Raad van 24 juni 2016 tot uitvoering van de nauwere samenwerking op het gebied van de bevoegdheid, het toepasselijke recht en de erkenning en tenuitvoerlegging van beslissingen op het gebied van huwelijksvermogensstelsels (PbEU 2016, L 183) en de Verordening (EU) nr. 2016/1104 van de Raad van 24 juni 2016 tot uitvoering van de nauwere samenwerking op het gebied van de bevoegdheid, het toepasselijke recht en de erkenning en tenuitvoerlegging van beslissingen op het gebied van de vermogensrechtelijke gevolgen van geregistreerde partnerschappen (PbEU 2016, L 183);

Zo is het, dat Wij, de Afdeling advisering van de Raad van State gehoord, en met gemeen overleg der Staten-Generaal, hebben goedgevonden en verstaan, gelijk Wij goedvinden en verstaan bij deze:

Art. 1

1. In deze wet wordt verstaan onder «de verordening»:

HuwVermVo

a. de Verordening (EU) nr. 2016/1103 van de Raad van 24 juni 2016 tot uitvoering van de nauwere samenwerking op het gebied van de bevoegdheid, het toepasselijke recht en de erkenning en tenuitvoerlegging van beslissingen op het gebied van huwelijksvermogensstelsels (PbEU 2016, L 183), of

PartVermVo

b. de Verordening (EU) nr. 2016/1104 van de Raad van 24 juni 2016 tot uitvoering van de nauwere samenwerking op het gebied van de bevoegdheid, het toepasselijke recht en de erkenning en tenuitvoerlegging van beslissingen op het gebied van de vermogensrechtelijke gevolgen van geregistreerde partnerschappen (PbEU 2016, L 183).

Art. 2

Verzoek exequatur

1. De verklaring van uitvoerbaarheid, bedoeld in artikel 42 van de verordening, wordt bij verzoek gevraagd aan de voorzieningenrechter. De artikelen 985 tot en met 990 van het Wetboek van Burgerlijke Rechtsvordering zijn niet van toepassing.

2. Voor de indiening van het verzoek is de bijstand van een advocaat niet vereist.

3. Het verzoek wordt in de Nederlandse taal gesteld, onverminderd artikel 15 van de Wet gebruik Friese taal.

4. Onverminderd het bepaalde in artikel 46 van de verordening wordt bij ongenoegzaamheid van de bij het verzoek overgelegde documenten, aan de verzoeker de gelegenheid tot aanvulling gegeven.

5. Inwilliging van het verzoek geschiedt in de vorm van een eenvoudig verlof, dat op het overgelegde afschrift van de beslissing wordt gesteld.

6. Voor de toepassing van de Wet griffierechten burgerlijke zaken wordt het verzoek geacht een verzoek van onbepaalde waarde te zijn.

---

1 Inwerkingtredingsdatum: 29-01-2019.

Uitvoeringswet Verord. Huwelijksvermogensstelsels en Verord. Partnerschapsvermogens B107 art. 8

7. Op het verzoek tot erkenning, bedoeld in hoofdstuk IV van de verordening, zijn de voorafgaande leden van overeenkomstige toepassing.

Art. 3

1. De rechtbank waarvan de voorzieningenrechter op het verzoek om erkenning of de verklaring van uitvoerbaarheid heeft beslist, neemt kennis van het rechtsmiddel, bedoeld in artikel 49 van de verordening. Artikel 93 van het Wetboek van Burgerlijke Rechtsvordering is niet van toepassing.

Rechtsmiddel

2. Het rechtsmiddel, bedoeld in artikel 49 van de verordening, wordt, indien het wordt ingesteld door de verzoeker, ingesteld binnen 30 dagen na de dagtekening van de beschikking waarbij het verlof is geweigerd.

3. Het rechtsmiddel bedoeld in artikel 50 van de verordening is: beroep in cassatie.

4. Het rechtsmiddel bedoeld in artikel 49 van de verordening en het rechtsmiddel bedoeld in artikel 50 van de verordening, worden ingesteld en behandeld met toepassing van de regels voor de verzoekprocedure in eerste aanleg onderscheidenlijk in cassatie.

5. Voor de toepassing van de Wet griffierechten in burgerlijke zaken wordt het bij een rechtsmiddel ingestelde verzoek geacht een verzoek van onbepaalde waarde te zijn.

Art. 4

1. Op de verklaring van uitvoerbaarheid van een authentieke akte als bedoeld in artikel 59 van de verordening zijn de artikelen 2 en 3 van overeenkomstige toepassing. Artikel 993 van het Wetboek van Burgerlijke Rechtsvordering is niet van toepassing.

Exequatur authentieke akte

2. De instantie, bedoeld in artikel 58, eerste lid, tweede volzin, en in artikel 59, tweede lid, van de verordening, is de notaris die de authentieke akte heeft verleden of de notaris die zijn protocol heeft overgenomen.

Art. 5

Op de verklaring van uitvoerbaarheid van een gerechtelijke schikking als bedoeld in artikel 60 van de verordening zijn de artikelen 2 en 3 van overeenkomstige toepassing.

Exequatur gerechtelijke schikking

Art. 6

[Wijzigt het Burgerlijk Wetboek Boek 10.]

Wijzigingen Boek 10 BW

Art. 6a

[Wijzigt het Burgerlijk Wetboek Boek 1.]

Art. 6b

[Wijzigt de Overgangswet nieuw Burgerlijk Wetboek.]

Art. 7

Deze wet treedt in werking op een bij koninklijk besluit te bepalen tijdstip.

Inwerkingtreding

Art. 8

Deze wet wordt aangehaald als: Uitvoeringswet Verordening huwelijksvermogensstelsels en Verordening vermogensrechtelijke gevolgen geregistreerde partnerschappen.

Citeerwijze

Alfabetisch trefwoordenregister

A

Aanbieder, aansprakelijkheid bij melding overtreding [B23 art. 4:98 Wft]
Aanbieder krediet, deelname aan stelsel kredietregistratie [B23 art. 4:32 Wft]
Aanbieder krediet, informatieverstrekking aan consument [B23 art. 4:33 Wft]
Aanbieder krediet, verplichte verificatie draagkracht consument [B23 art. 4:34 Wft]
Aanbieder kredieten, maximale kredietvergoeding [B23 art. 4:35 Wft]
Aanbieder, toezicht op overeenkomsten bemiddelaar met consument/cliënt [B23 art. 4:93 Wft]
Aanbieder, verificatie naleving vergunningplicht bemiddelaar [B23 art. 4:94 Wft]
Aanbieder, verificatie naleving vergunningplicht gevolmachtigd agent [B23 art. 4:95 Wft]
Aanbieding aan verrekeningskamer [B12 art. 208 WvK]
Aanbieding akkoord [B13 art. 329 Fw]
Aanbieding akkoord na vaststelling saneringsplan [B13 art. 329 Fw]
Aanbieding akkoord voor vaststelling saneringsplan [B13 art. 329 Fw]
Aanbieding in papieren of elektronische vorm [B28 art. 10b Kadw]
Aanbod eindigt [B70 art. 17 WKV]
Aanbod en aanvaarding bij totstandkoming overeenkomst [B6 art. 217 BW Boek 6]
Aanbod gaat in [B70 art. 15 WKV]
Aanbod nieuwe overeenkomst bij opzegging pachtovereenkomst [B7 art. 371 BW Boek 7]
Aanbod ter acceptatie [B12 art. 120 WvK]
Aanbod ter betaling [B12 art. 137 WvK]
Aanbod van gerede betaling; bewaargeving [B11 art. 181 NBW]
Aanbrengen bij verzoekschrift [B14 art. 426a Rv]
Aanbrengen van veranderingen door pachter [B7 art. 348 BW Boek 7]
Aanbrengen van zaak [B105 art. 14 HuwVermVo] [B106 art. 14 GPVo]
Aanbrengen wijzigingen in akte voor ondertekening [B47 art. 45 WNA]
Aandeel echtgenoten in ontbonden gemeenschap van goederen [B1 art. 100 BW Boek 1]
Aandeel vennoot in gemeenschappelijke schuld bij maatschap [B7a art. 1666 BW Boek 7A]
Aandeel vennoot in winst en verlies bij maatschap [B7a art. 1670 BW Boek 7A]
Aandeelbewijs, verkrijging om niet alle aandelen [B2 art. 82 BW Boek 2]
Aandeelhouders, toezicht RvC op verhouding met [B41 4/4.1.1 NCG]
Aandeelhouders van groepsmaatschappij bij fusie [B2 art. 333a BW Boek 2]
Aandelen aan toonder in het internationaal privaatrecht [B10 art. 139 BW boek 10]
Aandelen aan toonder, overgangsbepaling [B2 art. 82 BW Boek 2]
Aandelen NV [B2 art. 79 BW Boek 2]
Aandelen NV op naam of aan toonder; verzamelbewijs [B2 art. 82 BW Boek 2]
Aandelen of rechten [B50 art. 13 WBRV]
Aandelen op naam in het internationaal privaatrecht [B10 art. 138 BW boek 10]
Aandelenbezit commissarissen [B41 3/3.3.3 NCG]
Aandelenoverdracht BV [B2 art. 195 BW Boek 2]
Aanduiding en classificatie van waren en diensten [B75 art. 2.5bis BVIE]
Aanduiding inbeslaggenomene: betekening proces-verbaal [B14 art. 443 Rv]
Aanduiding van soort goederen bij vruchtgebruik [B3 art. 211 BW Boek 3]
Aangetekend stuk [B40 art. 49 Iw 1990]
Aangewezen aandelen [B52 art. 13a SW]
Aangifte door aanbieden akte [B51 art. 7 Uitv besl RV]
Aangifte erfbelasting [B52 art. 38 SW]
Aangifte tot faillietverklaring [B13 art. 4 Fw]
Aangifte van aan nalatenschap onttrokken roerende goederen [B52 art. 73 SW]
Aangifte van geboorte [B1 art. 19e BW Boek 1]
Aangifte van goederen in gesloten kist of onder verzegelde omslag [B52 art. 74 SW]
Aangifte van levenloos geboren of overleden kind [B1 art. 19i BW Boek 1]
Aangifteplicht bij verwerping, afstand of niet aanvaarden [B52 art. 42 SW]
Aanhangig maken geschillen [B27 art. 18 Sb fgr 2015]
Aanhangig zijn van het geding [B14 art. 125 Rv]
Aanhangige rechtsvorderingen [B13 art. 231 Fw]
Aanhangige vordering tot voldoening verbintenis uit de boedel [B13 art. 29 Fw]
Aanhechting volmachten aan de akte [B47 art. 44 WNA]
Aanhorigheden [B50 art. 14 WBRV]

A

Alfabetisch trefwoordenregister

Aanhouden behandeling [B14 art. 12 Rv]
Aanhouden van uitvoerbaarheid [B14 art. 590 Rv]
Aanhouden zaak [B14 art. 30h Rv]
Aanhouden zaak bij digitaal procederen [B15 art. 30h Rv]
Aanhouding bij niet-voldoen griffierecht [B14 art. 127a, art. 219a, art. 282a, art. 409a Rv]
Aanhouding uitspraak [B81 art. 51 Brussel I-bis]
Aankondiging in Staatscourant [B13 art. 354a Fw]
Aankondiging nederlegging ontwerpakkoord [B13 art. 256 Fw]
Aankondiging uitspraak rechtbank [B13 art. 358a Fw]
Aankondiging van grensoverschrijdende fusie [B2 art. 333e BW Boek 2]
Aankondiging van kapitaalvermindering [B2 art. 100 BW Boek 2]
Aankondiging verzoek [B13 art. 208 Fw]
Aankondiging verzoek om surseance [B13 art. 216 Fw]
Aanmaning [B40 art. 11 Iw 1990]
Aanmerkelijk belang [B40 art. 25, art. 26 Iw 1990] [B50 art. 4 WBRV] [B52 art. 35c SW]
Aanmerkelijke wijziging ten nadele, toerekening beëindiging [B7 art. 665 BW Boek 7]
Aanmerken van medepachter [B7 art. 364 BW Boek 7]
Aannemer [B40 art. 35 Iw 1990]
Aanneming bagage bij personenvervoer door de lucht [B8 art. 1414 BW Boek 8]
Aanneming van werk [B7 art. 750 BW Boek 7]
Aanplakking verkoop [B14 art. 571 Rv]
Aanslaan biljetten [B14 art. 465 Rv]
Aanslagbiljet [B40 art. 2 Iw 1990]
Aanspraak op legitieme portie [B4 art. 85 BW Boek 4]
(Aanspraak op) octrooi vatbaar voor overdracht [B39 art. 64 ROW 1995]
Aanspraak op som ineens bij kindsdeel [B4 art. 37 BW Boek 4]
Aansprakelijk gestelde [B40 art. 27 Iw 1990]
Aansprakelijke personen [B72 art. 3 HPAV]
Aansprakelijkheden van de Staat [B28 art. 117 Kadw]
Aansprakelijkheid aanmerkelijkbelanghouder [B40 art. 40 Iw 1990]
Aansprakelijkheid aannemer [B7 art. 765a BW Boek 7]
Aansprakelijkheid afzender [B73 art. 7 CMR]
Aansprakelijkheid afzender bij gevaarlijke stoffen aan boord [B8 art. 1215 BW Boek 8]
Aansprakelijkheid afzender bij goederenvervoer over spoorwegen [B8 art. 1556 BW Boek 8]
Aansprakelijkheid afzender bij vervoer van gevaarlijke stoffen [B8 art. 1035 BW Boek 8]
Aansprakelijkheid afzender jegens vervoerder [B73 art. 10 CMR]
Aansprakelijkheid andere schuldenaren bij schadevergoeding bij vaststellingsovereenkomst [B7 art. 910 BW Boek 7]
Aansprakelijkheid bestuurders [B2 art. 9 BW Boek 2]
Aansprakelijkheid bestuurders BV bij misleiding [B2 art. 249 BW Boek 2]
Aansprakelijkheid bestuurders NV bij misleiding [B2 art. 139 BW Boek 2]
Aansprakelijkheid betaaldienstverlener bij betalingstransactie [B7 art. 526 BW Boek 7]
Aansprakelijkheid betaalinitiatiedienstverlener [B7 art. 545a BW Boek 7]
Aansprakelijkheid betrokkene bij mentorschap [B1 art. 455 BW Boek 1]
Aansprakelijkheid bewaarnemer/onderbewaarnemer [B7 art. 608 BW Boek 7]
Aansprakelijkheid, beweging bodem [B6 art. 177 BW Boek 6]
Aansprakelijkheid bij aanvaring [B8 art. 542 BW Boek 8]
Aansprakelijkheid bij aanvaring op volle zee [B10 art. 164 BW boek 10]
Aansprakelijkheid bij betalingstransactie [B7 art. 542, art. 545 BW Boek 7]
Aansprakelijkheid bij eigen handelen of nalaten [B8 art. 754 BW Boek 8]
Aansprakelijkheid bij niet-toegestane betalingstransacties [B7 art. 529 BW Boek 7]
Aansprakelijkheid bij ontbreken machtiging [B13 art. 72 Fw]
Aansprakelijkheid bij opvolgend luchtvervoer [B8 art. 1420 BW Boek 8]
Aansprakelijkheid bij schade binnenschip bij aanvaring [B8 art. 1003 BW Boek 8]
Aansprakelijkheid bij schade door inbreuk op mededingingsrecht [B6 art. 193m BW Boek 6]
Aansprakelijkheid bij uitwinning of stoornis bij gemeenschap [B3 art. 188 BW Boek 3]
Aansprakelijkheid bij verplaatsing lichaam [B40 art. 41 Iw 1990]
Aansprakelijkheid bij verzuim deurwaarder [B14 art. 480 Rv]
Aansprakelijkheid bij verzuim notaris [B14 art. 551 Rv]
Aansprakelijkheid buiten overeenkomst bij hulpverlening [B8 art. 562 BW Boek 8]
Aansprakelijkheid buiten toepassing [B40 art. 35 Iw 1990]
Aansprakelijkheid concern voor LB [B40 art. 43a Iw 1990]
Aansprakelijkheid confectie [B40 art. 35a Iw 1990]
Aansprakelijkheid derde bij gevaarlijke stof [B8 art. 624 BW Boek 8]
Aansprakelijkheid derde bij gevaarlijke stoffen aan boord [B8 art. 1214 BW Boek 8]

Alfabetisch trefwoordenregister A

Aansprakelijkheid derde bij vervoer van gevaarlijke stoffen [B8 art. 1034 BW Boek 8]
Aansprakelijkheid derde buiten overeenkomst bij goederenvervoer [B8 art. 71 BW Boek 8]
Aansprakelijkheid derde exploitatieovereenkomst bij zeeschip [B8 art. 364 BW Boek 8]
Aansprakelijkheid derde voor belastingschulden [B40 art. 48a Iw 1990]
Aansprakelijkheid door verlies zaak bij bruikleen [B7a art. 1782 BW Boek 7A]
Aansprakelijkheid echtgenoten na ontbinding van gemeenschap [B1 art. 102 BW Boek 1]
Aansprakelijkheid eigenaar bij vervoer van gevaarlijke stoffen [B8 art. 1033 BW Boek 8]
Aansprakelijkheid en schadevergoeding [B11 art. 173 NBW]
Aansprakelijkheid erfgenaam bij inbreng van giften [B4 art. 232 BW Boek 4]
Aansprakelijkheid executeur-testamentair [B40 art. 47 Iw 1990]
Aansprakelijkheid exploitant bij gevaarlijke stoffen aan boord [B8 art. 1213 BW Boek 8]
Aansprakelijkheid feitelijk vervoerder [B8 art. 504a BW Boek 8]
Aansprakelijkheid gebrekige koper [B14 art. 529 Rv]
Aansprakelijkheid handelsagent bij agentuurovereenkomst [B7 art. 429 BW Boek 7]
Aansprakelijkheid huurder voor schade [B7 art. 218 BW Boek 7]
Aansprakelijkheid huurder voor schade aangebracht door anderen [B7 art. 219 BW Boek 7]
Aansprakelijkheid leden bij rederij [B8 art. 181 BW Boek 8]
Aansprakelijkheid leden van coöperatie en onderlinge waarborgmaatschappij [B2 art. 55 BW Boek 2]
Aansprakelijkheid lichamen [B40 art. 33 Iw 1990]
Aansprakelijkheid mentor [B1 art. 454 BW Boek 1]
Aansprakelijkheid na verwerping schulden [B4 art. 184 BW Boek 4]
Aansprakelijkheid niet-ondernemer voor OB [B40 art. 42a Iw 1990]
Aansprakelijkheid OB bij verhaal [B40 art. 42d Iw 1990]
Aansprakelijkheid onverplichte handelingen [B40 art. 33a Iw 1990]
Aansprakelijkheid opruimen wrak [B8 art. 656 BW Boek 8]
Aansprakelijkheid pachter voor schade [B7 art. 352 BW Boek 7]
Aansprakelijkheid pand- of hypotheekgever die geen schuldenaar is [B3 art. 233 BW Boek 3]
Aansprakelijkheid reder bij gevaarlijke stof [B8 art. 623 BW Boek 8]
Aansprakelijkheid reder/rompbevrachter bij exploitatie van zeeschip [B8 art. 360 BW Boek 8]
Aansprakelijkheid reiziger bij personenvervoer over binnenwateren [B8 art. 979 BW Boek 8]
Aansprakelijkheid schade [B91 art. 51 SE]
Aansprakelijkheid scheepsbeheerder [B7 art. 738e BW Boek 7]
Aansprakelijkheid scheepseigenaar bij gevaarlijke stof [B8 art. 641 BW Boek 8]
Aansprakelijkheid schenker voor gebreken [B7 art. 183 BW Boek 7]
Aansprakelijkheid staat bij hypotheekrecht [B3 art. 270 BW Boek 3]
Aansprakelijkheid stille vennoot [B12 art. 21 WvK]
Aansprakelijkheid tot nakoming verbintenissen van gesplitste rechtspersoon [B2 art. 334t BW Boek 2]
Aansprakelijkheid uitgever [B12 art. 229g WvK]
Aansprakelijkheid van besturende rechtspersoon [B2 art. 11 BW Boek 2]
Aansprakelijkheid van bewindvoerder [B4 art. 163 BW Boek 4]
Aansprakelijkheid van de notaris [B40 art. 42 Iw 1990]
Aansprakelijkheid van de staat bij registergoed [B3 art. 30 BW Boek 3]
Aansprakelijkheid van de werknemer; de belastingplichtige [B40 art. 38 Iw 1990]
Aansprakelijkheid van dochter en ledenmaatschappijen [B40 art. 39 Iw 1990]
Aansprakelijkheid van echtgenoten [B1 art. 85 BW Boek 1]
Aansprakelijkheid van erfgenamen [B40 art. 46 Iw 1990]
Aansprakelijkheid van in-betalinggevers [B12 art. 229h WvK]
Aansprakelijkheid van pachter voor gedrag derden [B7 art. 353 BW Boek 7]
Aansprakelijkheid van rechthebbende bij bewindvoerder [B4 art. 174 BW Boek 4]
Aansprakelijkheid van schip bij aanvaring [B8 art. 546 BW Boek 8]
Aansprakelijkheid van vereffenaar [B4 art. 212 BW Boek 4]
Aansprakelijkheid vennoot bij maatschap [B7a art. 1679 BW Boek 7A]
Aansprakelijkheid verhuizer voor schade door eigen handeling/nalaten [B8 art. 1185 BW Boek 8]
Aansprakelijkheid verkoper [B70 art. 36 WKV]
Aansprakelijkheid vervoerder [B73 art. 17, art. 7 CMR] [B8 art. 1353 BW Boek 8]
Aansprakelijkheid vervoerder bij bijzondere risico's bij goederenvervoer over de weg [B8 art. 1099 BW Boek 8]
Aansprakelijkheid vervoerder bij dood/letsel reiziger bij binnenlands openbaar personenvervoer [B8 art. 105 BW Boek 8]
Aansprakelijkheid vervoerder bij dood/letsel reiziger bij personenvervoer [B8 art. 85 BW Boek 8]

Aansprakelijkheid vervoerder bij dood/letsel reiziger bij personenvervoer door de lucht [B8 art. 1393 BW Boek 8]

Aansprakelijkheid vervoerder bij dood/letsel reiziger bij personenvervoer over binnenwateren [B8 art. 974 BW Boek 8]

Aansprakelijkheid vervoerder bij dood/letsel reiziger bij personenvervoer over de weg [B8 art. 1147 BW Boek 8]

Aansprakelijkheid vervoerder bij dood/letsel reiziger bij personenvervoer over zee [B8 art. 504 BW Boek 8]

Aansprakelijkheid vervoerder bij gecombineerd goederenvervoer [B8 art. 42 BW Boek 8]

Aansprakelijkheid vervoerder bij goederenvervoer [B8 art. 23 BW Boek 8]

Aansprakelijkheid vervoerder bij goederenvervoer over binnenwateren [B8 art. 906 BW Boek 8]

Aansprakelijkheid vervoerder bij nalatigheid reiziger bij personenvervoer [B8 art. 83 BW Boek 8]

Aansprakelijkheid vervoerder bij personenvervoer [B8 art. 81 BW Boek 8]

Aansprakelijkheid vervoerder bij personenvervoer, overmacht [B8 art. 82 BW Boek 8]

Aansprakelijkheid vervoerder bij verlies/beschadiging bagage bij personenvervoer over de weg [B8 art. 1150 BW Boek 8]

Aansprakelijkheid vervoerder bij vernieling/verlies/beschadiging bagage bij personenvervoer door de lucht [B8 art. 1394 BW Boek 8]

Aansprakelijkheid vervoerder bij vertraging bij personenvervoer door de lucht [B8 art. 1396 BW Boek 8]

Aansprakelijkheid vervoerder door eigen handeling/nalaten [B8 art. 1108 BW Boek 8]

Aansprakelijkheid vervoerder voor schade/verlies bagage bij binnenlands openbaar personenvervoer [B8 art. 106 BW Boek 8]

Aansprakelijkheid vervoerder voor verlies bescheiden [B73 art. 11 CMR]

Aansprakelijkheid vervoerder/schip bij goederenvervoer over zee [B8 art. 388 BW Boek 8]

Aansprakelijkheid vervreemde of geschonken aandelen [B40 art. 45 Iw 1990]

Aansprakelijkheid verzekeraar [B40 art. 44a Iw 1990]

Aansprakelijkheid verzekeraar pensioenregeling [B40 art. 44b Iw 1990]

Aansprakelijkheid verzender bij gevaarlijke stof [B8 art. 625 BW Boek 8]

Aansprakelijkheid voor boorgaten [B11 art. 189a NBW]

Aansprakelijkheid voor gelijk aandeel bij maatschap [B7a art. 1680 BW Boek 7A]

Aansprakelijkheid voor handelingen bij navigatie bij goederenvervoer over binnenwateren [B8 art. 901 BW Boek 8]

Aansprakelijkheid voor informatie in prospectus [B23 art. 5:2 Wft]

Aansprakelijkheid voor inkomen van kind [B40 art. 44 Iw 1990]

Aansprakelijkheid voor inkomensbestanddelen van een derde [B40 art. 44 Iw 1990]

Aansprakelijkheid voor internationale ondernemingen [B40 art. 37 Iw 1990]

Aansprakelijkheid voor koper van kleding [B40 art. 35b Iw 1990]

Aansprakelijkheid voor OB bij levering aangewezen goederen [B40 art. 42c Iw 1990]

Aansprakelijkheid voor opstallen [B11 art. 189a NBW]

Aansprakelijkheid voor schade aan vervoerde goederen [B71 art. 5 HVOV]

Aansprakelijkheid voor sporter, artiest en buitenlands gezelschap [B40 art. 37 Iw 1990]

Aansprakelijkheid voor verlies/beschadiging spoorvoertuigen/losse onderdelen bij goederenvervoer over spoorwegen [B8 art. 1572 BW Boek 8]

Aansprakelijkheid vorige aandeelhouder BV [B2 art. 199 BW Boek 2]

Aansprakelijkheid vorige aandeelhouder NV [B2 art. 90 BW Boek 2]

Aansprakelijkheid werknemer voor schade aan werkgever of derde [B7 art. 661 BW Boek 7]

Aansprakelijkheidsbeperking vervoerder bij schade bij personenvervoer door de lucht [B8 art. 1399 BW Boek 8]

Aansprakelijkheidsbeperking vervoerder bij vertraging bij personenvervoer door de lucht [B8 art. 1400 BW Boek 8]

Aansprakelijkheidsgrens derde bij goederenvervoer door de lucht [B8 art. 1360 BW Boek 8]

Aansprakelijkheidsgrens derde bij personenvervoer door de lucht [B8 art. 1402 BW Boek 8]

Aansprakelijkheidsgrens vervoerder bij goederenvervoer door de lucht [B8 art. 1359 BW Boek 8]

Aansprakelijkheidsverzekering motorrijtuigen, aansprakelijkheid Waarborgfonds [B29 art. 26 WAM]

Aansprakelijkheidsverzekering motorrijtuigen, behandeling verzoek schadevergoeding [B29 art. 27p WAM]

Aansprakelijkheidsverzekering motorrijtuigen, bekostiging schadevergoeding [B29 art. 27n WAM]

Aansprakelijkheidsverzekering motorrijtuigen, betaling schadeloosstelling [B29 art. 5 WAM]

Aansprakelijkheidsverzekering motorrijtuigen, bewijs van vrijstelling [B29 art. 19 WAM]

Alfabetisch trefwoordenregister A

Aansprakelijkheidsverzekering motorrijtuigen, bewijs verzekering [B29 art. 14 WAM]
Aansprakelijkheidsverzekering motorrijtuigen, bijdragen aan Waarborgfonds Motorverkeer [B29 art. 24 WAM]
Aansprakelijkheidsverzekering motorrijtuigen, dagvaarding [B29 art. 7, art. 7 WAM]
Aansprakelijkheidsverzekering motorrijtuigen, dekking [B29 art. 3 WAM]
Aansprakelijkheidsverzekering motorrijtuigen, eigen recht benadeelde op schadevergoeding [B29 art. 6 WAM]
Aansprakelijkheidsverzekering motorrijtuigen, einde verzekering [B29 art. 12 WAM]
Aansprakelijkheidsverzekering motorrijtuigen, gevolgen intrekking vergunning [B29 art. 28 WAM]
Aansprakelijkheidsverzekering motorrijtuigen, hoogte schadevergoeding [B29 art. 27s WAM]
Aansprakelijkheidsverzekering motorrijtuigen, in buitenland gestalde motorrijtuigen [B29 art. 2 WAM]
Aansprakelijkheidsverzekering motorrijtuigen, kosten vrijstelling [B29 art. 20 WAM]
Aansprakelijkheidsverzekering motorrijtuigen, mededeling ongeval aan verzekeraar [B29 art. 8 WAM]
Aansprakelijkheidsverzekering motorrijtuigen, minimaal verzekerde som [B29 art. 22 WAM]
Aansprakelijkheidsverzekering motorrijtuigen, opsporingsambtenaren [B29 art. 37 WAM]
Aansprakelijkheidsverzekering motorrijtuigen, overtredingen [B29 art. 36 WAM]
Aansprakelijkheidsverzekering motorrijtuigen, processuele posities [B29 art. 9, art. 9 WAM]
Aansprakelijkheidsverzekering motorrijtuigen, recht op schadevergoeding [B29 art. 25 WAM]
Aansprakelijkheidsverzekering motorrijtuigen, recht van verhaal Waarborgfonds [B29 art. 27 WAM]
Aansprakelijkheidsverzekering motorrijtuigen, straffen [B29 art. 30, art. 33, art. 35 WAM]
Aansprakelijkheidsverzekering motorrijtuigen, tonen verzekeringsbewijs [B29 art. 31 WAM]
Aansprakelijkheidsverzekering motorrijtuigen, uitbetaling schadevergoeding [B29 art. 27r WAM]
Aansprakelijkheidsverzekering motorrijtuigen, uitzonderingen dekking [B29 art. 4 WAM]
Aansprakelijkheidsverzekering motorrijtuigen, verhaal schadevergoeding [B29 art. 15 WAM]
Aansprakelijkheidsverzekering motorrijtuigen, verjaring rechtsvordering [B29 art. 10 WAM]
Aansprakelijkheidsverzekering motorrijtuigen, verplichte verzekering [B29 art. 2 WAM]
Aansprakelijkheidsverzekering motorrijtuigen, verzoek schadevergoeding [B29 art. 27o WAM]
Aansprakelijkheidsverzekering motorrijtuigen, vrijstelling gemoedsbezwaarde [B29 art. 18 WAM]
Aansprakelijkstelling voor schulden van derden op balans [B2 art. 376 BW Boek 2]
Aanspraken pensioenregeling [B52 art. 32 SW]
Aanstellen plaatsvervangend pachter [B7 art. 363 BW Boek 7]
Aanstelling gemachtigde [B75 art. 3.6 BVIE]
Aanstelling van zetboer [B7 art. 399e BW Boek 7]
Aantastbaarheid aanbod bij totstandkoming overeenkomst [B6 art. 218 BW Boek 6]
Aantekening hernieuwde aanbieding [B28 art. 14b Kadw]
Aantekening ontvangst [B28 art. 11c Kadw]
Aantekening overeenkomst [B12 art. 68 WvK]
Aantekening van deurwaarder in proces-verbaal [B14 art. 467 Rv]
Aantekening van verlening en oppositie [B39 art. 51 ROW 1995]
Aanvaarden of verwerpen erfenis [B13 art. 41 Fw]
Aanvaarding aanwijzing door begunstigde bij sommenverzekering [B7 art. 969 BW Boek 7]
Aanvaarding benoeming van executeur [B4 art. 143 BW Boek 4]
Aanvaarding gaat in [B70 art. 18 WKV]
Aanvaarding opdracht door arbiter [B14 art. 1029 Rv]
Aanvaarding order bij agentuurovereenkomst [B7 art. 432 BW Boek 7]
Aanvaarding/verwerping van nalatenschap ter griffie [B4 art. 191 BW Boek 4]
Aanvaarding/verwerping van nalatenschap/legaat door erfgenaam [B4 art. 190 BW Boek 4]
Aanvang bevoegdheid tot uitoefenen ambt [B47 art. 3 WNA]
Aanvang datum procedure [B7 art. 671a BW Boek 7]
Aanvang en duur van termijnen (korter dan een jaar) [B11 art. 72 NBW]
Aanvang en duur van termijnen (langer dan een jaar) [B11 art. 73 NBW]
Aanvang en duur van verjaringstermijn bij verlenging [B11 art. 121 NBW]
Aanvang en rechtsgevolg van ondercuratelestelling [B1 art. 381 BW Boek 1]
Aanvang geding in cassatie [B14 art. 407 Rv]
Aanvang hoger beroep [B14 art. 343 Rv]
Aanvang maatschap [B7a art. 1661 BW Boek 7A]
Aanvang reis bij vervoer over binnenwateren [B8 art. 997 BW Boek 8]
Aanvang schadestaatprocedure [B14 art. 613 Rv]
Aanvang surseance [B13 art. 217 Fw]

A Alfabetisch trefwoordenregister

Aanvang taak van curator [B1 art. 383 BW Boek 1]
Aanvang termijnen bij legitieme portie [B4 art. 86 BW Boek 4]
Aanvang van gevolgen van adoptie [B1 art. 230 BW Boek 1]
Aanvang van gezamenlijk gezag [B1 art. 253u BW Boek 1]
Aanvang van mentorschap [B1 art. 451 BW Boek 1]
Aanvang van onderhoudsverplichting [B1 art. 395b BW Boek 1]
Aanvang van ouderlijk gezag [B1 art. 253p BW Boek 1]
Aanvang van pachtovereenkomst [B7 art. 322 BW Boek 7]
Aanvang van recht op omgang [B1 art. 377d BW Boek 1]
Aanvang van verjaringstermijn bij rechtsvordering tot beëindiging bezit [B3 art. 314 BW Boek 3]
Aanvang van verjaringstermijn bij rechtsvordering tot nakoming [B3 art. 313 BW Boek 3]
Aanvang van verjaringstermijn bij rechtsvordering tot opeising nalatenschap [B3 art. 315 BW Boek 3]
Aanvang van verjaringstermijn bij rechtsvordering tot opheffing onrechtmatige daad [B3 art. 314 BW Boek 3]
Aanvang verhoor [B14 art. 177 Rv]
Aanvang verzet [B40 art. 17 Iw 1990]
Aanvang werking van huwelijkse voorwaarden [B1 art. 120 BW Boek 1]
Aanvang ziekte na indiening ontbindingsverzoek [B7 art. 671b BW Boek 7]
Aanvangsbijdrage [B74 art. 170 EOV]
Aanvangsdag [B14 art. 822 Rv]
Aanvangsdatum termijnen [B12 art. 229c WvK]
Aanvaring door toeval of overmacht [B8 art. 543 BW Boek 8]
Aanvraag tot inschrijving [B45 art. 2a Advw]
Aanvraag verlof tot tenuitvoerlegging [B84 art. 5 Uw Erf]
Aanvraag, vernieuwing en wijziging [B75 art. 1.10 BVIE]
Aanvraag voor betekening of kennisgeving [B87 art. 5 Uw Bv]
Aanvraag/opheffing depot bij beschikking [B40 art. 57a Iw 1990]
Aanvraagafdeling [B74 art. 16 EOV]
Aanvragen om een merk als vermogensbestanddeel [B75 art. 2.33bis BVIE]
Aanvrager geldt als uitvinder [B39 art. 8 ROW 1995]
Aanvullend vonnis [B14 art. 1061 Rv]
Aanvullende akkoorden [B76 art. 31 HBewV]
Aanvullende gronden voor nietigverklaring [B75 art. 2.34nonies, art. 2.35decies BVIE]
Aanvullende gronden voor vervallenverklaring [B75 art. 2.34octies, art. 2.35nonies BVIE]
Aanvullende informatie bij dienstrichtlijn [B6 art. 230d BW Boek 6]
Aanvullende schadevergoeding bij boetebeding [B6 art. 94 BW Boek 6]
Aanvullende toezichtbevoegdheden AFM [B23 art. 5:89i Wft]
Aanvullende verzekeringen op levering roerende zaak/verlening dienst [B23 art. 4:63a, art. 4:75a Wft]
Aanvulling bestuur van stichting [B2 art. 299 BW Boek 2]
Aanvulling of verbetering van het register van de burgerlijke stand [B1 art. 24 BW Boek 1]
Aanvulling van het register van de burgerlijke stand [B1 art. 24b BW Boek 1]
Aanwas naar evenredigheid bij uiterste wilsbeschikking [B4 art. 48 BW Boek 4]
Aanwas- en afslagregel [B5 art. 29 BW Boek 5]
Aanwezigheid in persoon bij huwelijksvoltrekking [B1 art. 65 BW Boek 1]
Aanwezigheid van partijen [B14 art. 1038 Rv]
Aanwijzen andere autoriteiten [B76 art. 24 HBewV]
Aanwijzen andere goederen voor verhaal [B14 art. 497 Rv]
Aanwijzen Centrale Autoriteit [B76 art. 2 HBewV]
Aanwijzing ander recht tijdens huwelijk [B57 art. 6 HHVV 1978]
Aanwijzing andere rechtspersonen [B19 art. 8 Hrw 2007]
Aanwijzing begunstigde en onderbewindstelling recht op uitkering bij sommenverzekering [B7 art. 966 BW Boek 7]
Aanwijzing boedelnotaris [B4 art. 211 BW Boek 4]
Aanwijzing boedelnotaris door executeur [B4 art. 146 BW Boek 4]
Aanwijzing Bureau Jeugdzorg als voogd [B1 art. 302 BW Boek 1]
Aanwijzing dispacheur [B14 art. 638 Rv]
Aanwijzing en melding gebeurtenissen met nadelige gevolgen financiële positie [B47 art. 25a WNA]
Aanwijzing executerende notaris [B14 art. 504 Rv]
Aanwijzing formele overeenkomst als systeem [B13 art. 212d Fw]
Aanwijzing geschikte autoriteit voor verzoeken inzake bevoegdheid of ouderlijke macht [B63 art. 44 HKV 1996]

Alfabetisch trefwoordenregister

A

Aanwijzing laad- en loshaven bij goederenvervoer over zee [B8 art. 420 BW Boek 8]
Aanwijzing omtrent uitvoering van opdracht [B7 art. 402 BW Boek 7]
Aanwijzing opsporingsambtenaren bij elektronisch rechtsverkeer [B3 art. 15f BW Boek 3]
Aanwijzing rechthebbende derdenbeding bij rechtsgevolgen van overeenkomst [B6 art. 255 BW Boek 6]
Aanwijzing stemgerechtigde/vergadergerechtigde voor AVA NV [B2 art. 119 BW Boek 2]
Aanwijzing toepasselijk recht [B57 art. 3 HHVV 1978]
Aanwijzing toepasselijk recht bij echtgenoten met verschillende nationaliteit [B10 art. 35 BW boek 10]
Aanwijzing toepasselijk recht in Staat met territoriale eenheden en afzonderlijke rechtsstelsels [B63 art. 48 HKV 1996]
Aanwijzing toepasselijk recht op rechtsbetrekkingen tussen geregistreerd partners [B10 art. 64 BW boek 10]
Aanwijzing tot herziening stukken door ondernemingskamer [B2 art. 447 BW Boek 2]
Aanwijzing van de uitvinder [B74 art. 81 EOV]
Aanwijzing van deken [B45 art. 45b Advw]
Aanwijzing van Verdragsluitende Staten [B74 art. 79 EOV]
Aanwijzing van voogd bij testament [B1 art. 292 BW Boek 1]
Aanwijzing/bevoegdheden toezichthouders [B47 art. 111a WNA]
Aanwijzingen goederen voor kostenverhaal bij voogdij [B1 art. 357 BW Boek 1]
Aanzegverplichting arbeidsovereenkomst bepaalde tijd [B7 art. 668 BW Boek 7]
Aard van bedoelde maatregelen [B63 art. 3 HKV 1996]
Aard van de informatie bij dienstrichtlijn [B6 art. 230e BW Boek 6]
ABC-transacties [B54 art. 3 Wet OB 1968]
Absolute gronden voor weigering of nietigheid [B75 art. 2.2bis BVIE]
Absolute onbevoegdheid [B14 art. 72 Rv]
Acceptatie bij tussenkomst [B12 art. 155 WvK]
Accijnsgoederen [B54 art. 2a Wet OB 1968]
Accountants master-icbe/feeder-icbe, overeenkomst tot uitwisseling van informatie [B23 art. 4:57c Wft]
Accountantscontrole [B74 art. 49 EOV]
Accountantsonderzoek bij fusievoorstel [B2 art. 328 BW Boek 2]
Accountantsonderzoek bij splitsing NV of BV [B2 art. 334aa BW Boek 2]
Accountantsonderzoek van de jaarrekening [B2 art. 393 BW Boek 2]
Accountantsonderzoek van de jaarrekening, opdracht tot [B2 art. 393 BW Boek 2]
Accountantsverklaring bij andere wijze van openbaarmaking jaarverslag [B2 art. 395 BW Boek 2]
Accountantsverklaring bij inbreng aandelen in NV [B2 art. 334bb BW Boek 2]
Accountantsverklaring inbreng aandelen NV [B2 art. 94a BW Boek 2]
Accountantsverklaring, vorm [B2 art. 393 BW Boek 2]
Achterborg bij borgtocht [B7 art. 870 BW Boek 7]
Achterstelling legaat bij schulden [B4 art. 120 BW Boek 4]
Achterwege blijven van verzegeling [B14 art. 665 Rv]
Achterwege blijven verstrekken inlichtingen aan patiënt bij behandelingsovereenkomst [B7 art. 449 BW Boek 7]
Achterwege laten behandeling ter terechtzitting [B14 art. 818 Rv]
Achterwege laten consolidatie van groepsdeel [B2 art. 408 BW Boek 2]
Actio Pauliana [B13 art. 213s, art. 213z Fw]
Actio Pauliana bij rechtshandeling [B3 art. 45 BW Boek 3]
Activa op balans verzekeringsmaatschappij [B2 art. 429 BW Boek 2]
Administratie werkzaamheden, kantoorvermogen en privévermogen; balans [B46 art. 17 GDW]
Administratiekantoor, aanwezigheid op algemene vergadering van bestuur [B41 4/4.4.4 NCG]
Administratiekantoor, benoeming bestuurders van [B41 4/4.4.2 NCG]
Administratiekantoor, benoemingstermijn bestuurder van [B41 4/4.4.3 NCG]
Administratiekantoor, bestuur [B41 4/4.4.1 NCG]
Administratiekantoor, inhoud van verslag [B41 4/4.4.7 NCG]
Administratiekantoor, periodiek verslag van [B41 4/4.4.6 NCG]
Administratieplicht bij vermogen [B3 art. 15i BW Boek 3]
Administratieplichtigen [B53 art. 10d, art. 10e Uitv besl SW]
Adoptie [B1 art. 227, art. 25c BW Boek 1]
Adoptie naar internationaal privaatrecht [B10 art. 103 BW boek 10]
Adopties buiten het Haags Adoptieverdrag 1993 [B10 art. 107 BW boek 10]
Advies aan algemene ledenvergadering [B46 art. 69 GDW]
Advies commissie, geen gebondenheid curator aan [B13 art. 79 Fw]
Advies is gemotiveerde beslissing [B39 art. 86 ROW 1995]

A Alfabetisch trefwoordenregister

Advies over akkoord [B13 art. 140 Fw]
Advies over nadere huurprijs bij huur bedrijfsruimte [B7 art. 304 BW Boek 7]
Advies ring m.b.t. voorstel verordening [B47 art. 90 WNA]
Advies van de raad voor de kinderbescherming [B14 art. 810 Rv]
Advies van het bureau omtrent nietigheidsgronden [B39 art. 84 ROW 1995]
Adviescommissie [B53 art. 13 Uitv besl SW]
Adviseur of bemiddelaar in verzekeringen, beroepsaansprakelijkheidsverzekering [B23 art. 4:75 Wft]
Advocaat bij de Hoge Raad [B45 art. 9j Advw]
Afbouwen belang binnen beperkte tijd [B23 art. 5:72a Wft]
Afdelingen voor het nieuwheidsonderzoek [B74 art. 17 EOV]
Afdoen door HR zelf [B14 art. 420 Rv]
Afdracht goederen enz. [B13 art. 162 Fw]
Afdracht van genoten winst [B39 art. 70 ROW 1995]
Afgeleverde zaken bij goederenvervoer door de lucht [B8 art. 1382 BW Boek 8]
Afgescheiden vruchten [B5 art. 1 BW Boek 5]
Afgesplitste Europese aanvragen [B74 art. 76 EOV]
Afgevaardigden op algemene vergadering van vereniging [B2 art. 39 BW Boek 2]
Afgeven scheepspapieren [B12 art. 388 WvK]
Afgifte aan rechthebbende [B14 art. 663 Rv]
Afgifte bescheiden [B13 art. 193 Fw]
Afgifte bevoegdheid [B14 art. 479j Rv]
Afgifte bewijsstukken bij overgang vordering [B6 art. 143 BW Boek 6]
Afgifte binnen eigen organisatie [B36 art. 16j Aw]
Afgifte executoriale titels bij overgang vordering [B6 art. 143 BW Boek 6]
Afgifte grosse aan partij bij akte [B47 art. 50 WNA]
Afgifte inbewaringgestelde bij schuldeisersverzuim [B6 art. 70 BW Boek 6]
Afgifte nieuw bewijsstuk [B7 art. 932 BW Boek 7]
Afgifte pand bij overgang vordering [B6 art. 143 BW Boek 6]
Afgifte polis bij verzekering [B7 art. 932 BW Boek 7]
Afgifte van afschriften, uittreksels en grossen aan belanghebbenden [B47 art. 49 WNA]
Afgifte van een roerende zaak of levering van een goed [B14 art. 730 Rv]
Afgifte van het verschuldigde [B14 art. 477 Rv]
Afgifte van naar de soort bepaalde zaken [B14 art. 731 Rv]
Afgifte zaak na schriftelijke verklaring [B7 art. 90 BW Boek 7]
Afgifte zaak van deurwaarder die met executoriale verkoop is belast [B14 art. 861 Rv]
Afhandelingsprocedure van verzoek tot enquête [B2 art. 349a BW Boek 2]
Afhankelijk recht [B3 art. 7, art. 82 BW Boek 3]
Afhankelijk recht mandelige zaak [B5 art. 63 BW Boek 5]
Afhankelijke maatschappij [B2 art. 63a BW Boek 2]
Afhankelijke maatschappij BV [B2 art. 262 BW Boek 2]
Afhankelijke maatschappij NV [B2 art. 152 BW Boek 2]
Afhankelijkheid borgtocht van verbintenis van hoofdschuldenaar [B7 art. 851 BW Boek 7]
Afkoelingsperiode [B40 art. 22bis Iw 1990]
Afkoelingsperiode, geen verlenging [B13 art. 376 Fw]
Afkoelingsperiode, termijn [B13 art. 376 Fw]
Afkoelingsperiode, verlenging [B13 art. 376 Fw]
Afkoelingsperiode, verzoek [B13 art. 376 Fw]
Afkoelingsperiode voor verhaal door derden [B13 art. 241a, art. 63a Fw]
Afkoop van levensverzekering [B7 art. 978 BW Boek 7]
Afkopen/premievrij voortzetten door verzekeraar bij levensverzekering [B7 art. 977 BW Boek 7]
Afleggen rekening en verantwoording [B13 art. 319 Fw]
Afleggen verklaring door erfgenaam / wettelijke vertegenwoordiger / legataris [B84 art. 2 Uw Erf]
Aflevering dient te voldoen aan overeenkomst [B70 art. 35 WKV]
Aflevering door beschikkingsonbevoegde bij nakoming verbintenis [B6 art. 42 BW Boek 6]
Aflevering onmogelijk [B73 art. 15 CMR]
Aflevering van CT-document [B8 art. 51 BW Boek 8]
Afleveringstermijn bij goederenvervoer over spoorwegen [B8 art. 1562, art. 1564 BW Boek 8]
Aflopend water bij naburig erf [B5 art. 38 BW Boek 5]
Aflossing bij altijddurende rente [B7a art. 1808 BW Boek 7A]
AFM, informatie van accountants [B23 art. 5:25r Wft]
AFM, openbaarmaking gegevens [B23 art. 5:25t Wft]
Afronding en doelmatige invordering [B40 art. 31 Iw 1990]

Alfabetisch trefwoordenregister A

Afrondingstermijn bij betalingstransactie [B7 art. 537 BW Boek 7]
Afschaffing voorrechten op bepaalde goederen [B11 art. 119 NBW]
Afscheiding of opeisbaar worden van vrucht [B3 art. 9 BW Boek 3]
Afschrift aan belanghebbenden [B14 art. 800 Rv]
Afschrift aan deken [B45 art. 56b Advw]
Afschrift aan toezichthoudende instelling van verzoek tot enquête [B2 art. 348 BW Boek 2]
Afschrift aan wederpartij [B14 art. 190 Rv]
Afschrift als bewijs van aanwijzing [B13 art. 213bb Fw]
Afschrift beslissing [B45 art. 7 Advw]
Afschrift Europese erfrechtverklaringen [B47 art. 49c WNA]
Afschrift exploit aan derde-beslagene [B14 art. 475 Rv]
Afschrift exploit van dagvaarding [B14 art. 997a Rv]
Afschrift klacht [B45 art. 46fb Advw]
Afschrift of uittreksel van akte van de burgerlijke stand [B1 art. 23b BW Boek 1]
Afschrift op uittreksel openbare registers [B14 art. 838 Rv]
Afschrift protest [B12 art. 143c, art. 218c WvK]
Afschrift van beschikking ondernemingskamer in handelsregister [B2 art. 453 BW Boek 2]
Afschrift van beslissing [B45 art. 58 Advw]
Afschrift van beslissing tot verzet [B45 art. 5 Advw]
Afschrift van statutenwijziging BV [B2 art. 236 BW Boek 2]
Afschrift van statutenwijziging NV [B2 art. 126 BW Boek 2]
Afschrift van stukken [B13 art. 107 Fw]
Afschrift van uitspraken aan bureau en Europees Octrooibureau [B39 art. 89 ROW 1995]
Afschrift verklaringen van erfrecht/uittreksel uiterste wilsbeschikking [B47 art. 49b WNA]
Afschrift verzoek aan wederpartij [B14 art. 206 Rv]
Afschrift verzoekschrift tot faillietverklaring [B13 art. 212j Fw]
Afschrift verzoekschrift tot faillissementsverklaring [B13 art. 213ad Fw]
Afschrift vonnis; depot vonnis [B14 art. 1058 Rv]
Afschrijvingen en methoden [B2 art. 386 BW Boek 2]
Afsluiting erf [B5 art. 48 BW Boek 5]
Afsplitsbaar onderdeel van de trust [B68 art. 9 HTV]
Afspraken over inhouding kosten bij betalingstransactie [B7 art. 535 BW Boek 7]
Afstamming [B1 art. 197 BW Boek 1]
Afstand aandeel in ontbonden huwelijksgemeenschap door voogd [B1 art. 353 BW Boek 1]
Afstand door bezwaarde [B52 art. 31 SW]
Afstand eigendom roerende zaak [B5 art. 18 BW Boek 5]
Afstand en wijziging beperkte rechten [B50 art. 6 WBRV]
Afstand erfdienstbaarheid [B5 art. 82 BW Boek 5]
Afstand om niet bij hoofdelijke verbondenheid [B6 art. 9 BW Boek 6]
Afstand recht op terugvordering bij onverschuldigde betaling [B6 art. 208 BW Boek 6]
Afstand van een huwelijksgemeenschap of gemeenschap van geregistreerd partnerschap [B28 art. 29 Kadw]
Afstand van gemeenschap van goederen door beide echtgenoten [B1 art. 108 BW Boek 1]
Afstand van gemeenschap van goederen door echtgenoten [B1 art. 103 BW Boek 1]
Afstand van gemeenschap van goederen door erfgenamen van echtgenoot [B1 art. 105 BW Boek 1]
Afstand van het octrooi [B39 art. 63 ROW 1995]
Afstand van instantie [B14 art. 249 Rv]
Afstand van pandrecht [B3 art. 258 BW Boek 3]
Afstand van recht op hulploon bij hulpverlening [B8 art. 567 BW Boek 8]
Afstand van vergoedingsrecht [B38 art. 2 WNR]
Afstand van verjaring bij rechtsvordering [B3 art. 322 BW Boek 3]
Afstand van vruchtgebruik [B3 art. 224 BW Boek 3]
Afstand vergoedingsrecht [B38 art. 6, art. 7a, art. 8 WNR]
Afstand vorderingsrecht bij hoofdelijke verbondenheid [B6 art. 14 BW Boek 6]
Afstandsverkopen: plaats van aankomst [B54 art. 5a Wet OB 1968]
Aftreden commissaris bij Raad van commissarissen [B2 art. 63i BW Boek 2]
Aftreden commissaris structuurvennootschap BV [B2 art. 271 BW Boek 2]
Aftreden commissaris structuurvennootschap NV [B2 art. 161 BW Boek 2]
Aftreden volgens rooster [B45 art. 19 Advw]
Aftrek bij vrijgestelde prestaties [B54 art. 15 Wet OB 1968]
Aftrek overeenkomstig bestemming [B54 art. 15 Wet OB 1968]
Aftrek van voorbelasting [B54 art. 15, art. 2 Wet OB 1968]
Aftrek voorbelasting niet van toepassing bij toepassing vrijstelling omzetbelasting [B54 art. 25 Wet OB 1968]

A Alfabetisch trefwoordenregister

Afvallende vruchten [B5 art. 45 BW Boek 5]
Afvoer water of vuilnis naburig erf [B5 art. 53 BW Boek 5]
Afwatering naburig erf [B5 art. 52 BW Boek 5]
Afwezigheid of vermissing [B14 art. 267 Rv]
Afwijken bij overeenkomst [B1 art. 142 BW Boek 1]
Afwijken bij schriftelijke overeenkomst [B7 art. 691 BW Boek 7]
Afwijken van de regels der wettelijke gemeenschap [B1 art. 121 BW Boek 1]
Afwijken van koers [B12 art. 370 WvK]
Afwijken van vereiste meerderheid [B13 art. 146, art. 268a Fw]
Afwijkend ledenaantal Geschillencommissie [B27 art. 17 Sb fgr 2015]
Afwijkende aanvaarding bij totstandkoming overeenkomst [B6 art. 225 BW Boek 6]
Afwijkende benamingen van balansposten in jaarrekening bank [B2 art. 419 BW Boek 2]
Afwijkende bilaterale overeenkomsten [B78 art. 11 HBetV]
Afwijkende interne wetgeving [B78 art. 19 HBetV]
Afwijkende rangorde bij hypotheekrecht [B3 art. 262 BW Boek 3]
Afwijkende regeling [B73 art. 40 CMR]
Afwijkende termijn [B14 art. 1065 Rv]
Afwijking bij cao [B7 art. 668a, art. 670, art. 691 BW Boek 7]
Afwijking i.v.m. licenties [B39 art. 108 ROW 1995]
Afwijking jaarrekening rechtspersoon [B2 art. 403 BW Boek 2]
Afwijking ketenregeling bestuurder [B7 art. 668a BW Boek 7]
Afwijking ketenregeling voor educatie werknemer [B7 art. 668a BW Boek 7]
Afwijking ketenregeling voor leerweg [B7 art. 668a BW Boek 7]
Afwijking ketenregeling voor werknemers < 18 [B7 art. 668a BW Boek 7]
Afwijking opzegtermijn [B7 art. 672 BW Boek 7]
Afwijking termijnen [B27 art. 29 Sb fgr 2015]
Afwijking van verrekenbeding bij testament of gift [B1 art. 134 BW Boek 1]
Afwijkingsmogelijkheden [B7 art. 652 BW Boek 7]
Afwijkingsmogelijkheid bij erfpacht [B5 art. 92 BW Boek 5]
Afwijzen klacht [B47 art. 99 WNA]
Afwijzing aanwijzing door begunstigde [B7 art. 969 BW Boek 7]
Afwijzing door voorzitter hof van discipline [B45 art. 56a Advw]
Afwijzing klacht [B46 art. 39 GDW]
Afwijzing van de aanvraag [B75 art. 2.35quater BVIE]
Afwijzing verzoek beëindiging gezag [B1 art. 267a BW Boek 1]
Afwijzing verzoek tot toepassen schuldsaneringsregeling [B13 art. 288 Fw]
Afwijzingsgronden informatieverzoek aan scheepseigenaar [B8 art. 648 BW Boek 8]
Afwikkelonderneming, gebruik van internationaal aanvaarde communicatieprocedures en standaarden [B23 art. 4:76c Wft]
Afwikkelonderneming, inzicht in risico's en kosten] [B23 art. 4:76d Wft]
Afwikkelonderneming, tijdige en effectieve dienstverlening [B23 art. 4:76b Wft]
Afwikkelonderneming, vrije toegang tot diensten en systemen [B23 art. 4:76a Wft]
Afzien van afhandeling concurrente vorderingen; geen verificatievergadering [B13 art. 137a Fw]
Afzien verzoek tot opvragen kindsdeel [B4 art. 26 BW Boek 4]
Afzondering van vermogen [B52 art. 17a SW]
Afzonderlijke overeenkomst [B14 art. 1053 Rv]
Agenda bij AVA BV [B2 art. 224 BW Boek 2]
Agenda bij AVA NV [B2 art. 114 BW Boek 2]
Agentuurovereenkomst [B7 art. 428 BW Boek 7]
Agressieve handelspraktijken [B6 art. 193h BW Boek 6]
Akkoord aanbieden door schuldenaar, criteria [B13 art. 370 Fw]
Akkoord aanbieden i.h.k.v. openbare akkoordprocedure buiten faillissement [B13 art. 370 Fw]
Akkoord alleen t.b.v. gefailleerde [B13 art. 160 Fw]
Akkoord bij faillissement [B13 art. 138 Fw]
Akkoord, bijlagen [B13 art. 375 Fw]
Akkoord, op te nemen informatie [B13 art. 375 Fw]
Akkoord, wijzigen rechten schuldeisers groep [B13 art. 372 Fw]
Akte bewaarneming [B4 art. 95 BW Boek 4]
Akte burgerlijke stand, dubbel of afschrift [B1 art. 18d BW Boek 1]
Akte burgerlijke stand, vervanging [B1 art. 18d BW Boek 1]
Akte burgerlijke stand, weigering opmaken [B1 art. 18c BW Boek 1]
Akte van bewaring bij uiterste wil militairen of bij bijzondere omstandigheden [B4 art. 104 BW Boek 4]
Akte van grensvastlegging; appartementsrechten [B28 art. 24 Kadw]
Akte van levering [B28 art. 24 Kadw]

Alfabetisch trefwoordenregister A

Akte van stuiting bij huwelijk [B1 art. 54 BW Boek 1]
Akte van uiterste wilsbeschikking [B47 art. 20a WNA]
Akte van uitgifte en levering van aandelen BV [B2 art. 196 BW Boek 2]
Akte van uitgifte en levering van aandelen NV [B2 art. 86 BW Boek 2]
Algeheel beslag [B13 art. 20 Fw]
Algehele maatschap van winst [B7a art. 1658 BW Boek 7A]
Algehele of bijzondere maatschap [B7a art. 1657 BW Boek 7A]
Algemeen beleid KNB [B47 art. 68 WNA]
Algemeen erkende feestdagen [B44 art. 3 Atw]
Algemene beginselen betreffende de vertegenwoordiging [B74 art. 133 EOV]
Algemene bevoegdheidsregel [B70 art. 28 WKV]
Algemene bewaarplaats van protocollen [B47 art. 57 WNA]
Algemene ledenvergadering [B46 art. 74 GDW] [B47 art. 78 WNA]
Algemene ledenvergadering, bevoegdheden t.a.v. verslag bestuur/verslag
   accountant/ontwerpbegroting [B47 art. 80 WNA]
Algemene ledenvergadering, nadere regels werkwijze [B47 art. 81 WNA]
Algemene ledenvergadering, openbaarheid vergaderingen [B47 art. 79 WNA]
Algemene raad [B45 art. 18 Advw]
Algemene raad vertegenwoordigt Nederlandse advocaten [B45 art. 27 Advw]
Algemene titel bij rechtsgevolgen van overeenkomst [B6 art. 249 BW Boek 6]
Algemene vergadering [B41 4/4.1 NCG] [B91 art. 52 SE]
Algemene vergadering, agenda [B41 4/4.1.3 NCG]
Algemene vergadering, rol voorzitter m.b.t. vergaderorde tijdens [B41 4/4.1.2 NCG]
Algemene verordening gegevensbescherming [B28 art. 3a Kadw]
Algemene volmacht [B3 art. 62 BW Boek 3]
Algemene voorwaarden (zie grijze lijst) [B6 art. 237 BW Boek 6]
Algemene voorwaarden (zie zwarte lijst) [B6 art. 236 BW Boek 6]
Algoritmische handel, informatieplicht aan AFM en toezichthoudende instantie
   [B23 art. 4:91n Wft]
Als goede mannen naar billijkheid [B14 art. 1054 Rv]
Alsnog in geding verschijnen/griffierecht voldoen [B14 art. 142 Rv]
Alternatief voor verklaring omtrent het gedrag en documenten raad [B45 art. 2a Advw]
Alternatieve bevoegdheid [B105 art. 9 HuwVermVo] [B106 art. 9 GPVo]
Alternatieve verbintenis [B6 art. 17 BW Boek 6]
Ambtelijke en juridische samenwerking [B74 art. 131 EOV]
Ambtenaar van de burgerlijke stand [B1 art. 16 BW Boek 1]
Ambtshalve aanvulling [B14 art. 25 Rv]
Ambtshalve beëindiging voogdij [B1 art. 329 BW Boek 1]
Ambtshalve beslissing op verzoek van minderjarige [B1 art. 251a BW Boek 1]
Ambtshalve bevel tot openlegging [B14 art. 162 Rv]
Ambtshalve correctie [B28 art. 7s Kadw]
Ambtshalve doorhalen [B14 art. 247 Rv]
Ambtshalve instelling van mentorschap [B1 art. 451 BW Boek 1]
Ambtshalve matiging van bedragen ter vergoeding [B14 art. 242 Rv]
Ambtshalve onderzoek [B74 art. 114 EOV]
Ambtshalve onderzoek bij verstek [B14 art. 773 Rv]
Ambtshalve onderzoek naar aanwas/afslag [B28 art. 70 Kadw]
Ambtshalve toepassing van internationaal privaatrecht [B10 art. 2 BW boek 10]
Ambtshalve wijziging van omgangsregeling [B1 art. 377g BW Boek 1]
Ambtshandeling i.s.m. volkenrechtelijke verplichting Staat [B46 art. 3a GDW]
Analoge toepassing [B14 art. 437 Rv]
Analyse om tot interoperabele computerprogramma's te komen [B36 art. 45m Aw]
ANBI [B51 art. 5d Uitv besl RV]
ANBI-vermogen [B53 art. 10e Uitv besl SW]
Ander nadeel dan vermogensschade: immateriële schade [B6 art. 106 BW Boek 6]
Andermans erf [B5 art. 22 BW Boek 5]
Andermans erf, opsporen dier of voorwerp [B5 art. 23 BW Boek 5]
Anonimiteit [B52 art. 29 SW]
Anti-samenloop invorderingsrente oud en nieuw [B40 art. 70f Iw 1990]
Apart arbitraal vonnis [B14 art. 1061 Rv]
Appartementseigenaar, definitie [B5 art. 106 BW Boek 5]
Appartementseigenaar, veranderingen [B5 art. 119 BW Boek 5]
Appartementseigenaars, bijdrage in schulden en kosten [B5 art. 113 BW Boek 5]
Appartementseigenaars, dwingend recht [B5 art. 116 BW Boek 5]

A

Alfabetisch trefwoordenregister

Appartementseigenaars, gezamenlijk kosten bepaald door kantonrechter [B5 art. 121 BW Boek 5]

Appartementseigenaars, gezamenlijke aansprakelijkheid [B5 art. 113 BW Boek 5]
Appartementseigenaars, verplichtingen [B5 art. 108 BW Boek 5]
Appartementsrecht, beëindiging splitsing [B5 art. 117 BW Boek 5]
Appartementsrecht, definitie [B5 art. 106 BW Boek 5]
Appartementsrecht, gebruik en ingebruikgeving [B5 art. 120 BW Boek 5]
Appartementsrecht, vestiging erfdienstbaarheid [B5 art. 118 BW Boek 5]
Appartementsrecht, vestiging erfpacht/opstal [B5 art. 118a BW Boek 5]
Appartementsrecht, zelfstandig karakter [B5 art. 117 BW Boek 5]
Appartementsrechten; splitsing [B11 art. 172 NBW]
Arbeidsongeschiktheid [B11 art. 214 NBW]
Arbeidsongevallen [B7 art. 658 BW Boek 7]
Arbeidsovereenkomst [B14 art. 100 Rv] [B69 art. 10 HVV] [B88 IVO]
Arbeidsovereenkomst, afwijking bij overeenkomst [B79 art. 21 EVEX]
Arbeidsovereenkomst, bekwame minderjarige [B7 art. 612 BW Boek 7]
Arbeidsovereenkomst, boetebeding [B7 art. 650 BW Boek 7]
Arbeidsovereenkomst, concurrentiebeding [B7 art. 653 BW Boek 7]
Arbeidsovereenkomst, definitie [B7 art. 610 BW Boek 7]
Arbeidsovereenkomst, einde van rechtswege [B7 art. 667 BW Boek 7]
Arbeidsovereenkomst, exclusief bevoegde gerechten [B79 art. 18 EVEX]
Arbeidsovereenkomst, gelijke behandeling mannen en vrouwen [B7 art. 646 BW Boek 7]
Arbeidsovereenkomst, getuigschrift [B7 art. 656 BW Boek 7]
Arbeidsovereenkomst, handelsvertegenwoordiger [B7 art. 687 BW Boek 7]
Arbeidsovereenkomst handelsvertegenwoordiger, vergoeding [B7 art. 689 BW Boek 7]
Arbeidsovereenkomst, informatieplicht vacatures [B7 art. 657 BW Boek 7]
Arbeidsovereenkomst, informatieplicht werkgever [B7 art. 655 BW Boek 7]
Arbeidsovereenkomst, ontbinding wegens tekortkoming in nakoming [B7 art. 686 BW Boek 7]

Arbeidsovereenkomst, oproeping werkgever [B79 art. 19 EVEX]
Arbeidsovereenkomst, opzegging langdurige overeenkomst [B7 art. 684 BW Boek 7]
Arbeidsovereenkomst, opzegging tijdens proeftijd [B7 art. 676 BW Boek 7]
Arbeidsovereenkomst, opzegtermijn [B7 art. 672 BW Boek 7]
Arbeidsovereenkomst, overlijdensuitkering [B7 art. 674 BW Boek 7]
Arbeidsovereenkomst, proeftijdbeding [B7 art. 652 BW Boek 7]
Arbeidsovereenkomst, recht op schadevergoeding [B7 art. 651 BW Boek 7]
Arbeidsovereenkomst, termijn vernietigingsgronden [B7 art. 614 BW Boek 7]
Arbeidsovereenkomst, tijdstip loonbetaling [B7 art. 616 BW Boek 7]
Arbeidsovereenkomst, transitievergoeding niet langer verschuldigd [B7 art. 673c BW Boek 7]
Arbeidsovereenkomst, uitzendovereenkomst [B7 art. 690 BW Boek 7]
Arbeidsovereenkomst, vermoeden [B7 art. 610a BW Boek 7]
Arbeidsovereenkomst, vermoeden omvang arbeid [B7 art. 610b BW Boek 7]
Arbeidsovereenkomst, verwerving aanspraak op vakantie [B7 art. 634 BW Boek 7]
Arbeidsovereenkomst, wijziging arbeidsvoorwaarde door werkgever [B7 art. 613 BW Boek 7]
Arbeidsplaatsenovereenkomst bij wederkerige overeenkomst [B6 art. 279 BW Boek 6]
Arbeidsverplichting werknemer [B7 art. 659 BW Boek 7]
Arbeidsvoorwaarden, bekendmaking [B35 art. 19 Wet LV]
Arbeidsvoorwaarden, burgerlijke rechtsvordering [B35 art. 20 Wet LV]
Arbeidsvoorwaarden, inwinnen gegevens [B35 art. 15 Wet LV]
Arbeidsvoorwaarden, maatregelen in sociaaleconomische noodsituatie [B35 art. 10 Wet LV]
Arbeidsvoorwaarden, toezicht op naleving [B35 art. 16 Wet LV]
Arbiters bij rechtsvordering [B3 art. 305 BW Boek 3]
Arbitraal beding [B14 art. 1025 Rv]
Arbitraal geding, hoger beroep bij bevoegdheid- en onbevoegdheidverklaring door het scheidsgerecht [B14 art. 1061f Rv]
Arbitraal geding, hoger beroep bij samengevoegd [B14 art. 1061e Rv]
Arbitraal hoger beroep [B14 art. 1061a, art. 1061b Rv]
Arbitraal hoger beroep, aanvulling vonnis in [B14 art. 1061h Rv]
Arbitraal hoger beroep, dwangsom bij [B14 art. 1061g Rv]
Arbitraal hoger beroep, mogelijkheid tot instellen [B14 art. 1061d Rv]
Arbitraal hoger beroep, termijn instellen [B14 art. 1061c Rv]
Arbitraal hoger beroep, uitvoerbaarverklaring bij voorraad van vonnis in eerste aanleg bij [B14 art. 1061i Rv]
Arbitraal hoger beroep, uitzonderingen op bindende kracht van vonnis bij [B14 art. 1061j Rv]
Arbitraal vonnis, vernietiging en herroeping van [B14 art. 1064 Rv]

Alfabetisch trefwoordenregister B

Arbitraal vonnis, vordering tot vernietiging van [B14 art. 1064a Rv]
Arbitrage [B10 art. 166 BW boek 10] [B73 art. 33 CMR]
Arbitrage binnen Nederland [B14 art. 1073 Rv]
Arbitrage buiten Nederland [B14 art. 1074 Rv]
Arbitrage, overheid partij [B10 art. 167 BW boek 10]
Arbitragereglement [B14 art. 1020 Rv]
Arbitrale beslissing [B28 art. 25 Kadw]
Arrondissement van inschrijving [B45 art. 1 Advw]
Arrondissementsparket, samenstelling [B42 art. 136 Wet RO]
Assurantie en bemiddeling [B54 art. 11 Wet OB 1968]
Assurantiebelasting [B50 art. 20 WBRV]
Audio-, video- en elektronisch privé kopiëren [B36 art. 16c Aw]
Auditcommissie, aanwezigen bij [B41 1/1.5.2 NCG]
Auditcommissie, bespreking door RvC van verslag [B41 1/1.5.4 NCG]
Auditcommissie, verslag aan RvC door [B41 1/1.5.3 NCG]
Auteurs- en octrooirecht [B70 art. 42 WKV]
Auteursrecht bij verschillende personen [B36 art. 40a Aw]
Auteursrecht op eigen bijdrage [B36 art. 45g Aw]
Auteursrecht van werk- en opdrachtgevers [B75 art. 3.29 BVIE]
Auteursrecht, verstreken in land van oorsprong [B36 art. 42 Aw]
Authentieke akten, aanvaarding [B105 art. 58 HuwVermVo] [B106 art. 58 GPVo]
Authentieke akten, uitvoerbaarheid [B105 art. 59 HuwVermVo] [B106 art. 59 GPVo]
Authentieke gegevens [B19 art. 15 Hrw 2007]
Authentieke gegevens, definitie [B28 art. 7f Kadw]
Authentieke gegevens, gebruik van [B28 art. 7k Kadw]
Authentieke gegevens, nadere bepaling bij AMvB [B28 art. 7g Kadw]
Authentieke gegevens, onderscheiding d.m.v. kenmerk [B28 art. 7h Kadw]
Authentieke gegevens, regels voor inrichting en houden van registratie [B28 art. 7i Kadw]
Authentieke gegevens, verstrekking van [B28 art. 7l Kadw]
Authentieke gegevens, waarborg juistheid en volledigheid [B28 art. 7j Kadw]
Authentieke of onderhandse akte [B12 art. 22 WvK]
Authentieke tekst van de Europese octrooiaanvrage of van het Europees octrooi [B74 art. 70 EOV]
Autoriteit van afgifte [B84 art. 8 Uw Erf]
Autoriteit Verordening artikel 59 en 60 [B84 art. 6 Uw Erf]
Autoriteiten naast de centrale autoriteit [B78 art. 18 HBetV]
AVA BV [B2 art. 218 BW Boek 2]
AVA BV, rechten aandeelhouder/gevolmachtigde [B2 art. 227 BW Boek 2]
AVA BV, voorafgaand melden statutenwijziging [B2 art. 233 BW Boek 2]
AVA NV [B2 art. 108 BW Boek 2]
AVA NV, rechten aandeelhouder/gevolmachtigde [B2 art. 117 BW Boek 2]
AVA NV, voorafgaand melden statutenwijziging [B2 art. 123 BW Boek 2]
Avarij-grosse [B8 art. 1020, art. 610 BW Boek 8]

B

Baattrekking bij nakoming verbintenis [B6 art. 32 BW Boek 6]
Bagage [B8 art. 8 BW Boek 8]
Bagage bij exploitatie luchtvoertuig [B8 art. 1342 BW Boek 8]
Balans [B2 art. 364 BW Boek 2]
Balansdatum voor geconsolideerde jaarrekening [B2 art. 412 BW Boek 2]
Bank [B2 art. 415 BW Boek 2]
Bankbeslag, informatie opvragen i.v.m. [B14 art. 475aa Rv]
Bankverklaring bij oprichting van NV [B2 art. 93a BW Boek 2]
Basisbetaalrekening, basisfuncties [B23 art. 4:71f Wft]
Basisbetaalrekening, limitatieve opsomming gronden eenzijdige opheffing door bank van overeenkomst tot [B23 art. 4:71i Wft]
Basisbetaalrekening, limitatieve opsomming gronden tot weigering van aanvraag tot verstrekking van [B23 art. 4:71g Wft]
Basisbetaalrekening, mededeling over weigering aanvraag [B23 art. 4:71h Wft]
Basisbetaalrekening, vergelijkingswebsite m.b.t. kosten vergoeding voor [B23 art. 4:71j Wft]
Basisregistratie kadaster [B28 art. 1a, art. 48 Kadw]
Basisregistratie topografie [B28 art. 1a, art. 98a Kadw]
Baten en lasten huwelijksgemeenschap [B13 art. 229 Fw]
Baten uit in beslag genomen aandelen op naam [B14 art. 716 Rv]
Batig saldo bij ontbinden rechtspersoon [B2 art. 23b BW Boek 2]
Bedenking tegen (plaatsvervangend) lid raad van toezicht [B39 art. 23r ROW 1995]

B Alfabetisch trefwoordenregister

Bedenktijd, drie dagen [B7 art. 7 BW Boek 7]
Bedenktijd, gevolg inroepen van [B2 art. 114b BW Boek 2]
Bedenktijd inroepen door vennootschap, voorwaarden [B2 art. 114b BW Boek 2]
Bedenktijd, termijn [B2 art. 114b BW Boek 2]
Bedenktijd vennootschap, werkingssfeer [B2 art. 114b BW Boek 2]
Beding [B7 art. 432 BW Boek 7]
Beding in agentuurovereenkomst [B7 art. 443 BW Boek 7]
Beding m.b.t. vertegenwoordiging bij algemene voorwaarden [B6 art. 238 BW Boek 6]
Beding onder opschortende voorwaarde/tijdsbepaling [B11 art. 131 NBW]
Beding tot niet-verandering (hypotheek) [B3 art. 265 BW Boek 3]
Bedongen rente bij subrogatie [B6 art. 153 BW Boek 6]
Bedrag bijzonder belang bij aflevering bij goederenvervoer over de weg [B8 art. 1107 BW Boek 8]
Bedrijfsbeëindiging [B54 art. 3 Wet OB 1968]
Bedrijfscommissie, aanwijzing [B17 art. 46 WOR]
Bedrijfscommissie, benoeming [B17 art. 38 WOR]
Bedrijfscommissie, instelling [B17 art. 37 WOR]
Bedrijfscommissie, kosten [B17 art. 41 WOR]
Bedrijfscommissie, samenstelling/werkwijze [B17 art. 39 WOR]
Bedrijfscommissie, verslaggeving [B17 art. 40 WOR]
Bedrijfscommissie, voorzitter [B17 art. 39 WOR]
Bedrijfsruimte [B7 art. 290 BW Boek 7]
Bedrijfsuitoefening bij aansprakelijkheid [B6 art. 181 BW Boek 6]
Bedrog [B3 art. 44 BW Boek 3]
Beëdiging [B45 art. 49 Advw]
Beëdiging advocaten [B45 art. 3 Advw]
Beëindiging agentuurovereenkomst [B13 art. 40 Fw]
Beëindiging arbeidsovereenkomst [B13 art. 40 Fw]
Beëindiging bevoegdheid beheer door erfgenamen [B4 art. 150 BW Boek 4]
Beëindiging bevoegdheid beheer na volbrenging taak van executeur [B4 art. 150 BW Boek 4]
Beëindiging geregistreerd partnerschap naar Nederlands recht [B10 art. 86 BW boek 10]
Beëindiging gespreide betaling [B40 art. 25b Iw 1990]
Beëindiging huur [B13 art. 238 Fw]
Beëindiging huurovereenkomst [B13 art. 39 Fw]
Beëindiging kredietovereenkomst door consument [B7 art. 65 BW Boek 7]
Beëindiging onderhuurovereenkomst [B7 art. 278 BW Boek 7]
Beëindiging opdracht van scheidsgerecht [B14 art. 1031 Rv]
Beëindiging ouderlijk gezag [B1 art. 266 BW Boek 1]
Beëindiging pachtovereenkomst [B13 art. 39 Fw]
Beëindiging pakketreisovereenkomst [B7 art. 509 BW Boek 7]
Beëindiging restaansprakelijkheid [B2 art. 404 BW Boek 2]
Beëindiging schuldsaneringsregeling [B13 art. 350 Fw]
Beëindiging schuldsaneringsregeling door rechtbank [B13 art. 354a Fw]
Beëindiging status verweesd werk [B36 art. 16q Aw]
Beëindiging terbeschikkingstellingsregeling [B40 art. 25 Iw 1990]
Beëindiging toepassing schuldsaneringsregeling [B13 art. 340 Fw]
Beëindiging toevoeging bij schorsing [B47 art. 30d WNA]
Beëindiging toevoeging door intrekking minister [B47 art. 30d WNA]
Beëindiging toevoeging van rechtswege [B47 art. 30d WNA]
Beëindiging uithuisplaatsing [B1 art. 265d, art. 265j BW Boek 1]
Beëindiging uitstel [B40 art. 25 Iw 1990]
Beëindiging van agentuurovereenkomst [B7 art. 439 BW Boek 7]
Beëindiging van buiten Nederland aangegaan geregistreerd partnerschap [B10 art. 87 BW boek 10]
Beëindiging van de Benelux-verdragen inzake merken, tekeningen of modellen [B75 art. 5.2 BVIE]
Beëindiging van gezamenlijk gezag [B1 art. 253y BW Boek 1]
Beëindiging van gezamenlijk ouderlijk gezag [B1 art. 253n BW Boek 1]
Beëindiging van gezamenlijke uitoefening voogdij [B1 art. 323 BW Boek 1]
Beëindiging van mogelijkheid tot uiterste wil bij oorlog/uitzending [B4 art. 100 BW Boek 4]
Beëindiging vervoerovereenkomst bij personenvervoer over de weg [B8 art. 1164 BW Boek 8]
Beëindiging voogdij gecertificeerde instelling [B1 art. 328 BW Boek 1]
Beëindiging voogdij natuurlijk persoon [B1 art. 327 BW Boek 1]
Beëindiging/aanpassing ouderlijke verantwoordelijkheid [B63 art. 18 HKV 1996]
Beëindigingsovereenkomst [B7 art. 670b BW Boek 7]

Alfabetisch trefwoordenregister B

Beginsel van hoor en wederhoor [B75 art. 1.21, art. 1.37 BVIE]
Beginsel van individuele waardering [B2 art. 385 BW Boek 2]
Begrenzing arbitragegebied [B14 art. 1020 Rv]
Begrip burgerlijke zaken [B99 EUV 606/2013]
Begrip concern [B51 art. 5b Uitv besl RV]
Begrip vennootschap [B51 art. 5a, art. 5b Uitv besl RV]
Begrip verkrijgingsprijs/vervaardigingsprijs [B2 art. 388 BW Boek 2]
Begripsbepaling persoon [B72 art. 2 HPAV]
Begripsbepaling produkt [B72 art. 2 HPAV]
Begripsbepaling schade [B72 art. 2 HPAV]
Begroting en financieel verslag orde [B39 art. 23j ROW 1995]
Begrotingsjaar [B74 art. 45 EOV]
Begunstigde zonder betaalrekening bij betaaldienstverlener [B7 art. 538 BW Boek 7]
Begunstiging bij sommenverzekering [B7 art. 188 BW Boek 7]
Behandeling achter gesloten deuren [B14 art. 803 Rv]
Behandeling bezwaarschrift [B13 art. 185 Fw]
Behandeling der omgezette aanvrage [B39 art. 48 ROW 1995]
Behandeling door hof van discipline [B45 art. 6 Advw]
Behandeling door r-c [B14 art. 1019s Rv]
Behandeling en de beslissing van tuchtzaken [B45 art. 47 Advw]
Behandeling homologatie [B13 art. 271 Fw]
Behandeling in raadkamer [B13 art. 218 Fw]
Behandeling met spoed van faillissementsverzoek [B13 art. 212he, art. 213ae Fw]
Behandeling ontbindingsverzoek [B7 art. 686a BW Boek 7]
Behandeling ontwerpakkoord [B13 art. 139, art. 255 Fw]
Behandeling tuchtzaken [B46 art. 37 GDW]
Behandeling van tegen octrooigemachtigde gerezen bedenkingen [B39 art. 23o, art. 23p ROW 1995]
Behandeling verzoek [B14 art. 642c Rv]
Behandeling verzoeken van andere Verdragsluitende Staten [B63 art. 32 HKV 1996]
Behandeling vorderingen ter vergadering [B13 art. 119 Fw]
Behandeling wrakingsverzoek [B14 art. 39 Rv]
Behandeling zaak [B45 art. 60b Advw]
Behandeling zaak door hof van discipline [B45 art. 57 Advw]
Behandeling zaak ter zitting [B46 art. 41 GDW]
Beheer bij gemeenschap [B3 art. 170 BW Boek 3]
Beheer derdenrekening [B46 art. 19 GDW]
Beheer door meer vennoten bij maatschap [B7a art. 1674 BW Boek 7A]
Beheer en kennisgeving [B78 art. 31 HBetV]
Beheer en vereffening goederen [B13 art. 60b Fw]
Beheer goederen nalatenschap van executeur [B4 art. 144 BW Boek 4]
Beheerder beleggingsinstelling, aanbieden rechten van deelneming [B23 art. 4:37l, art. 4:37m Wft]
Beheerder beleggingsinstelling, informatieverplichting aan AFM [B23 art. 4:37n Wft]
Beheerder beleggingsinstelling, informatieverplichting bij controle niet-beursgenoteerde uitgevende instelling [B23 art. 4:37t, art. 4:37v Wft]
Beheerder beleggingsinstelling, informatieverplichting bij controle uitgevende instelling [B23 art. 4:37y Wft]
Beheerder beleggingsinstelling, informatieverstrekking jaarrekening/jaarverslag aan AFM [B23 art. 4:37o Wft]
Beheerder beleggingsinstelling, inspanningsverplichting gedurende 24 maanden na controle [B23 art. 4:37z Wft]
Beheerder beleggingsinstelling, naleving aan gestelde regels [B23 art. 4:37d Wft]
Beheerder beleggingsinstelling, onthouding rechtshandelingen [B23 , art. 4:37z Wft]
Beheerder beleggingsinstelling, vergunningseisen [B23 art. 4:37c Wft]
Beheerder beleggingsinstelling, verplichting tot opnemen aanvullende informatie in jaarverslag [B23 art. 4:37u Wft]
Beheerder beleggingsinstelling, verplichtingen inzake activa [B23 art. 4:37k Wft]
Beheerder beleggingsinstelling, verplichtingen inzake belangenconflicten [B23 art. 4:37e Wft]
Beheerder icbe, aanbieden rechten van deelneming [B23 art. 4:62 Wft]
Beheerder icbe, eisen aan beleid [B23 art. 4:59d Wft]
Beheerder icbe, eisen aan uitvoering orders [B23 art. 4:59e Wft]
Beheerder icbe, eisen aan verplichte website [B23 art. 4:46 Wft]
Beheerder icbe, informatieverplichting beheerder [B23 art. 4:50 Wft]
Beheerder icbe, inzet voor instellingen/deelnemers [B23 art. 4:59b Wft]

B Alfabetisch trefwoordenregister

Beheerder icbe, ontheffing informatieverplichting beheerder door AFM [B23 art. 4:50 Wft]
Beheerder icbe, opschorten inkoop/terugbetaling rechten van deelneming [B23 art. 4:55 Wft]
Beheerder icbe, prospectus over beheerde instellingen [B23 art. 4:49 Wft]
Beheerder icbe, rechtsvorm [B23 art. 4:42 Wft]
Beheerder icbe, registratiedocument [B23 art. 4:48, art. 4:48 Wft]
Beheerder icbe, toelatingseisen [B23 art. 4:59 Wft]
Beheerder icbe, uitvoeren orders [B23 art. 4:59c Wft]
Beheerder icbe, voorkomen belangenconflicten [B23 art. 4:59a Wft]
Beheerder master-icbe, opschorten verkoop inkoop/terugbetaling/inschrijving rechten van deelneming [B23 art. 4:55b Wft]
Beheerder van een archiefbewaarplaats [B1 art. 17b BW Boek 1]
Beheerder/bewaarder beleggingsonderneming, bedrijfsvoering [B23 art. 4:14, art. 4:14, art. 4:18d Wft]
Beheerder/bewaarder beleggingsonderneming, gedragsregels en procedures m.b.t. kwalificatie als professionele belegger [B23 art. 4:18e Wft]
Beheerder/bewaarder icbe, ontheffing verplichting openbaarmaken jaargegevens [B23 art. 4:52 Wft]
Beheerder/bewaarder icbe, ontheffing verstrekken jaargegevens aan AFM [B23 art. 4:51 Wft]
Beheerder/bewaarder icbe, openbaarmaken jaargegevens [B23 art. 4:52 Wft]
Beheerder/bewaarder icbe, verstrekken jaargegevens aan AFM [B23 art. 4:51 Wft]
Beheersbeding (hypotheek) [B3 art. 267 BW Boek 3]
Behoud van rechten bij overgang onderneming [B7 art. 663 BW Boek 7]
Behoud voorrecht schuldeiser bij luchtvaartuig [B8 art. 1319 BW Boek 8]
Behoud zaken door koper [B70 art. 86 WKV]
Behoud zaken door verkoper [B70 art. 85 WKV]
Bekendmaking beschikkingen [B14 art. 642i Rv]
Bekendmaking en inwerkingtreding verordening [B47 art. 91 WNA]
Bekendmaking in nationaal publicatieblad [B91 art. 21 SE]
Bekendmaking in PbEU [B13 art. 2120 Fw]
Bekendmaking van beneficiaire aanvaarding [B4 art. 196 BW Boek 4]
Bekendmaking van einde bij volmacht [B3 art. 75 BW Boek 3]
Bekendmaking van handlichting minderjarige [B1 art. 237 BW Boek 1]
Bekendmaking van het voorstel van vernieuwing; bezwaar en beroep [B28 art. 76 Kadw]
Bekendmaking van ondercuratelestelling [B1 art. 390 BW Boek 1]
Bekendmaking verkoop [B14 art. 516 Rv]
Bekendmakingen [B39 art. 97 ROW 1995]
Beklag van verzoeker bij hof van discipline [B45 art. 5 Advw]
Bekrachtiging, aanvaarding of goedkeuring [B57 art. 22 HHVV 1978]
Bekrachtiging bij rechtshandeling [B3 art. 58 BW Boek 3]
Bekrachtiging bij volmacht [B3 art. 69 BW Boek 3]
Bekwaamheid om werkzaamheden in Nederlandse recht voort te zetten [B45 art. 2b Advw]
Belang gezamenlijke schuldeisers [B13 art. 213ab Fw]
Belang in ander lichaam [B50 art. 4 WBRV]
Belang lasthebber [B7 art. 418 BW Boek 7]
Belangen lastgever en lasthebber [B7 art. 416 BW Boek 7]
Belangenbehartiger bij instellen rechtsvordering (collectieve actie) [B3 art. 305a BW Boek 3]
Belangenbehartiger, voorwaarden [B3 art. 305a BW Boek 3]
Belangenverstrengeling, melding van [B41 2/2.7.3 NCG]
Belangenverstrengeling, regels in Reglement m.b.t. [B41 2/2.7.2 NCG]
Belangenverstrengeling, rol bestuurders en commissarissen bij voorkomen van [B41 2/2.7.1 NCG]
Belangenverstrengeling, voorkomen van [B41 2/2.7 NCG]
Belanghebbenden bij testamentair bewind [B4 art. 155 BW Boek 4]
Belanghebbenden in zaken van minderjarigen [B14 art. 811 Rv]
Belastbare feiten [B54 art. 1 Wet OB 1968]
Belasting [B40 art. 36 Iw 1990]
Belasting voldoening bij legitieme portie [B4 art. 88 BW Boek 4]
Belastingaanslag [B40 art. 2, art. 2 Iw 1990]
Belastingdeurwaarder [B40 art. 2, art. 4 Iw 1990]
Belastingen op milieugrondslag [B40 art. 70a Iw 1990]
Belastingen van rechtsverkeer [B50 art. 1 WBRV]
Belastingregeling op verzoek schuldenaar [B11 art. 125 NBW]
Belastingschulden [B52 art. 20 SW]
Belastingschuldige [B40 art. 2 Iw 1990] [B50 art. 16, art. 25 WBRV] [B52 art. 36 SW]
Belastingvermindering met belastingbedrag vorige verkrijging [B50 art. 13 WBRV]

Alfabetisch trefwoordenregister B

Belastingvrijstelling [B75 art. 5 BVIE]
Beleggen van vermogen minderjarige door voogd [B1 art. 350 BW Boek 1]
Belegging gelden [B13 art. 102 Fw]
Belegging van gelden bij vruchtgebruik [B3 art. 214 BW Boek 3]
Belegging van vermogen minderjarige in onderneming [B1 art. 351 BW Boek 1]
Beleggingen op balans verzekeringsmaatschappij [B2 art. 430 BW Boek 2]
Beleggingsinstelling, dagelijks beleid [B23 art. 4:39 Wft]
Beleggingsinstelling, dagelijks beleid vanuit Nederland [B23 art. 4:40 Wft]
Beleggingsinstelling, houder van juridische eigendom activa [B23 art. 4:37j Wft]
Beleggingsmaatschappij [B2 art. 401 BW Boek 2]
Beleggingsmaatschappij met veranderlijk kapitaal NV [B2 art. 76a BW Boek 2]
Beleggingsobject, wijze van aanbieden [B23 art. 4:30a Wft]
Beleggingsonderneming, adequate administratie van het derivatenvermogen [B23 art. 4:87a Wft]
Beleggingsonderneming, behartiging belangen cliënten [B23 art. 4:90 Wft]
Beleggingsonderneming, bestuur [B23 art. 4:9.0a Wft]
Beleggingsonderneming, dagelijks beleid [B23 art. 4:83 Wft]
Beleggingsonderneming, eisen inzake overeenkomsten met cliënt [B23 art. 4:89 Wft]
Beleggingsonderneming, orderuitvoeringsbeleid [B23 art. 4:90b Wft]
Beleggingsonderneming, tegengaan belangenconflicten met cliënten/tussen cliënten onderling [B23 art. 4:88 Wft]
Beleggingsonderneming, verbod financiëlezekerheidsovereenkomst [B23 art. 4:89a Wft]
Beleggingsonderneming, verstrekken informatie aan AFM [B23 art. 4:86 Wft]
Beleggingsonderneming, verstrekken jaargegevens aan AFM [B23 art. 4:85 Wft]
Beleggingsonderneming, verstrekken persoonsgegevens ter controle naleving regels [B23 art. 4:91 Wft]
Beleggingsonderneming, verwerking van orders van cliënten [B23 art. 4:90d Wft]
Beleggingsonderneming, vestigingsplaats dagelijksbeleidbepalers [B23 art. 4:84 Wft]
Beleggingsonderneming via agent, aanmelding bij AFM [B23 art. 4:100b Wft]
Beleggingsonderneming via agent, aansprakelijkheid na melding [B23 art. 4:100e Wft]
Beleggingsonderneming via agent, beëindigen dienstverlening door agent bij aanwijzing fraude onderneming [B23 art. 4:100c Wft]
Beleggingsonderneming via agent, beëindiging dienstverlening door onderneming bij aanwijzing fraude agent [B23 art. 4:100d Wft]
Beleggingsonderneming via agent, voorkomen negatieve effecten andere werkzaamheden [B23 art. 4:100a Wft]
Beleggingsonderneming, wettige aanbieding deelnemingsrechten [B23 art. 4:100f Wft]
Beleggingsstrategie [B23 art. 5:87d Wft]
Beleidsregels voor het toezicht [B45 art. 45h Advw]
Belemmering vervoer bij goederenvervoer over spoorwegen [B8 art. 1568 BW Boek 8]
Belening bij levensverzekering [B7 art. 979 BW Boek 7]
Belofte tot acceptatie [B12 art. 127b WvK]
Beloning bewindvoerder [B4 art. 159 BW Boek 4]
Beloning bewindvoerder bij vermissing [B1 art. 420 BW Boek 1]
Beloning bij agentuurovereenkomst [B7 art. 435 BW Boek 7]
Beloning bij zaakwaarneming [B6 art. 200 BW Boek 6]
Beloning commissarissen [B41 3/3.3.2 NCG]
Beloning executive committee [B41 3/3.1.3 NCG]
Beloning, plaatsing op website van overeenkomst met bestuurder over [B41 3/3.4.2 NCG]
Beloning RvC [B41 3/3.3 NCG]
Beloning RvC reflecteert tijdsbesteding en verantwoordelijkheid [B41 3/3.3.1 NCG]
Beloning van bewindvoerder bij afwezigheid [B1 art. 410 BW Boek 1]
Beloning van mentor [B1 art. 460 BW Boek 1]
Beloning, visie bestuurder m.b.t. eigen [B41 3/3.2.2 NCG]
Beloningen bestuur, vaststelling [B41 3/3.2 NCG]
Beloningen bestuur, voorstel renumeratiecommissie inzake [B41 3/3.2.1 NCG]
Beloningsbeleid bestuur [B41 3/3.1 NCG]
Beloningsbeleid, overwegingen bij [B41 3/3.1.2 NCG]
Beloningsbeleid, renumeratierapport over [B41 3/3.4.1 NCG]
Beloningsbeleid, verantwoording over uitvoering [B41 3/3.4 NCG]
Beloningsbeleid, voorstel [B41 3/3.1.1 NCG]
Beloop van vergoedingen in gemeenschap van goederen bij huwelijk [B1 art. 96b BW Boek 1]
Bemanningsleden [B8 art. 6 BW Boek 8]
Bemiddelaar, best execution [B23 art. 4:90a Wft]
Bemiddelaar in hypothecair krediet, verplichting tot beroepsaansprakelijkheidsverzekering [B23 art. 4:74b Wft]

B Alfabetisch trefwoordenregister

Bemiddelaar in hypothecair krediet, vestigingsplaats hoofdkantoor [B23 art. 4:74c Wft]
Bemiddelaar, verificatie naleving vergunningplicht door aanbieder [B23 art. 4:96 Wft]
Bemiddelaar verzekeringen, premie-incasso [B23 art. 4:104 Wft]
Bemiddelaars [B36 art. 26c Aw]
Bemiddeling inzake muziekauteursrecht; Buma [B36 art. 30a Aw]
Bemiddeling nationale diensten [B75 art. 1.13 BVIE]
Bemiddelingsovereenkomst [B7 art. 425 BW Boek 7]
Benadeling door buitenlands vermogensbestanddeel [B10 art. 147 BW boek 10]
Benadeling schuldeisers [B13 art. 212x Fw]
Beneficiaire aanvaarding [B4 art. 192 BW Boek 4]
Beneficiaire aanvaarding van nalatenschap bij bekend worden onverwachte schulden [B4 art. 194a BW Boek 4]
Beneficiaire aanvaarding van nalatenschap bij bekend worden uiterste wil [B4 art. 194 BW Boek 4]
Beneficiaire aanvaarding van nalatenschap door wettelijke vertegenwoordiger [B4 art. 193 BW Boek 4]
Benelux-Gerechtshof [B75 art. 1.15 BVIE]
Benelux-register [B75 art. 3.12 BVIE]
Benodigde stemmen voor afwijzing [B13 art. 218 Fw]
Benoembaarheid [B28 art. 6 Kadw]
Benoemde onzijdig persoon [B11 art. 102 NBW]
Benoeming bestuur [B46 art. 67 GDW]
Benoeming bestuur KNB [B47 art. 71 WNA]
Benoeming bestuur ring door ringvergadering [B47 art. 85 WNA]
Benoeming bestuur van vereniging [B2 art. 37 BW Boek 2]
Benoeming bestuurders van BV [B2 art. 242 BW Boek 2]
Benoeming bestuurders van NV [B2 art. 132 BW Boek 2]
Benoeming bestuurders van structuurvennootschap BV [B2 art. 265a, art. 272 BW Boek 2]
Benoeming bestuurders van structuurvennootschap NV [B2 art. 155a, art. 162 BW Boek 2]
Benoeming bewaarder en plaatsvervangend bewaarder [B47 art. 57 WNA]
Benoeming bewindvoerder bij vermissing [B1 art. 420 BW Boek 1]
Benoeming bij KB [B46 art. 4 GDW]
Benoeming bij ontbreken alle commissarissen structuurvennootschap NV [B2 art. 159 BW Boek 2]
Benoeming bij ontbreken van alle commissarissen structuurvennootschap BV [B2 art. 269 BW Boek 2]
Benoeming commissaris van Raad van commissarissen [B2 art. 63g BW Boek 2]
Benoeming deskundige [B14 art. 622 Rv]
Benoeming deskundigen na toewijzen vordering bij geschil [B2 art. 339 BW Boek 2]
Benoeming en plaats van vestiging [B47 art. 3 WNA]
Benoeming leden [B46 art. 63 GDW] [B91 art. 46 SE]
Benoeming of ontslag, ontnemen bindend karakter aan [B41 4/4.3.3 NCG]
Benoeming onzijdig persoon bij niet medewerking bij gemeenschap [B3 art. 181 BW Boek 3]
Benoeming R-C [B13 art. 223a Fw]
Benoeming raad van commissarissen BV door anderen dan AVA [B2 art. 253 BW Boek 2]
Benoeming raad van commissarissen BV door AVA [B2 art. 252 BW Boek 2]
Benoeming raad van commissarissen NV door anderen dan AVA [B2 art. 143 BW Boek 2]
Benoeming raad van commissarissen NV door AVA [B2 art. 142 BW Boek 2]
Benoeming rapporteurs [B45 art. 60d Advw]
Benoeming rechter-commissaris [B14 art. 552 Rv]
Benoeming rechter-commissaris bij nalatenschap [B4 art. 208 BW Boek 4]
Benoeming, schorsing of ontslag [B1 art. 16 BW Boek 1]
Benoeming stille bewindvoerder [B47 art. 25b WNA]
Benoeming tot notaris [B47 art. 123 WNA]
Benoeming van arbiters [B14 art. 1027 Rv]
Benoeming van bijzondere curator [B1 art. 250 BW Boek 1]
Benoeming van bijzondere curator, verzoek raad voor de kinderbescherming [B1 art. 250 BW Boek 1]
Benoeming van curator [B1 art. 383 BW Boek 1]
Benoeming van een deskundige [B14 art. 810a Rv]
Benoeming van executeur [B4 art. 142 BW Boek 4]
Benoeming van hoger personeel [B74 art. 11 EOV]
Benoeming van mentor [B1 art. 452 BW Boek 1]
Benoeming van provisionele bewindvoerder [B1 art. 380 BW Boek 1]
Benoeming van schatters [B14 art. 675 Rv]

B

Alfabetisch trefwoordenregister

Benoeming van verzorger tot voogd [B1 art. 299a BW Boek 1]
Benoeming vereffenaar bij aanvaarding onder voorrecht van nalatenschap [B4 art. 203 BW Boek 4]
Benoeming vereffenaar bij verwerping van nalatenschap [B4 art. 205 BW Boek 4]
Benoeming vereffenaar na verhoor/oproeping bij nalatenschap [B4 art. 206 BW Boek 4]
Benoeming voogd door rechtbank [B1 art. 295 BW Boek 1]
Benoeming waarnemend gerechtsdeurwaarder [B46 art. 23 GDW]
Benoeming waarnemer [B47 art. 29, art. 30b WNA]
Benoemingstermijn [B27 art. 11 Sb fgr 2015]
Beoordeling conformiteit bij consumentenkoop [B7 art. 18 BW Boek 7]
Beoordeling ontwerp-pachtovereenkomst door grondkamer [B7 art. 324 BW Boek 7]
Bepaalbaarheid bij totstandkoming overeenkomst [B6 art. 227 BW Boek 6]
Bepaling dag indiening vorderingen en betwistingen [B14 art. 642g Rv]
Bepaling dag van pleidooi [B14 art. 412 Rv]
Bepaling dag van uitspraak [B14 art. 286 Rv]
Bepaling koersen en prijzen [B12 art. 60 WvK]
Bepaling prijs bij aanneming van werk [B7 art. 752 BW Boek 7]
Bepaling terechtzitting door R-C [B13 art. 335 Fw]
Bepaling van roldatum [B14 art. 251 Rv]
Bepaling verder verloop procedure [B14 art. 185 Rv]
Bepaling vervaldag [B12 art. 135 WvK]
Bepaling volgorde veiling [B14 art. 470 Rv]
Bepaling zitting ter homologatie [B13 art. 269b Fw]
Bepaling zitting voor homologatie [B13 art. 150 Fw]
Bepalingen van bijzonder dwingend recht [B105 art. 30 HuwVermVo] [B106 art. 30 GPVo] [B92 art. 9 Rome I] [B93 art. 16 Rome II]
Bepalingen van bijzonder dwingend recht in internationaal privaatrecht [B10 art. 7 BW boek 10]
Beperking aan gebruik verzamelde/meegedeelde persoonlijke gegevens [B63 art. 41 HKV 1996]
Beperking aansprakelijkheid [B14 art. 642a Rv]
Beperking aansprakelijkheid bij binnenschip [B8 art. 1061, art. 1064 BW Boek 8]
Beperking aansprakelijkheid erfgenamen [B40 art. 48 Iw 1990]
Beperking benoeming aantal notarissen [B47 art. 124 WNA]
Beperking bevoegdheden kapitein bij zeeschip [B8 art. 262 BW Boek 8]
Beperking contact minderjarige - ouder [B1 art. 265f BW Boek 1]
Beperking honorarium o.g.v. draagkracht belanghebbende [B47 art. 56 WNA]
Beperking hoogte totale schadevergoeding [B8 art. 73 BW Boek 8]
Beperking mogelijkheid oppositieprocedure in te stellen [B39 art. 102b ROW 1995]
Beperking nevenwerkzaamheden [B46 art. 20 GDW]
Beperking onderzoek HR [B14 art. 419 Rv]
Beperking opzegverboden [B7 art. 670a BW Boek 7]
Beperking overmaking gelden; hoogste prioriteit [B60 art. 22 HAEV 1973]
Beperking schade na wanprestatie [B70 art. 77 WKV]
Beperking van de omvang van de stand der techniek [B39 art. 5 ROW 1995]
Beperking van de procedure [B105 art. 13 HuwVermVo] [B106 art. 13 GPVo]
Beperking van het uitsluitend recht [B39 art. 53 ROW 1995] [B75 art. 2.23, art. 3.19 BVIE]
Beperking van het uitsluitend recht van de octrooihouder [B39 art. 54 ROW 1995]
Beperking werkzaamheid rechtspersoon [B2 art. 63d BW Boek 2]
Beperking zorgplicht bij schuldeisersverzuim [B6 art. 64 BW Boek 6]
Beperkingen bij subrogatie [B6 art. 151 BW Boek 6]
Beperkingen onderwijs [B38 art. 11 WNR]
Beperkingen subrogatie, omslag [B11 art. 188 NBW]
Beperkingen t.a.v. de verstrekking van inlichtingen [B28 art. 107b Kadw]
Beperkingen wettelijke bevoegdheid tegen derden bij binnenschip [B8 art. 861 BW Boek 8]
Beperkt recht [B3 art. 8 BW Boek 3]
Beperkt recht bij overgang vordering [B6 art. 148 BW Boek 6]
Beperkt recht op een goed; aandeel in een goed [B14 art. 707 Rv]
Beperkt recht vestigen [B3 art. 81 BW Boek 3]
Beperkte Commissie van de Raad van Bestuur [B74 art. 145 EOV]
Beperkte rechten, beslagen en voorrechten na opheffing splitsing [B5 art. 146 BW Boek 5]
Beplanting, doorschietende wortels [B5 art. 44 BW Boek 5]
Beplanting, overhangend [B5 art. 44 BW Boek 5]
Beplantingen bij naburig erf [B5 art. 42 BW Boek 5]
Beproeven overeenkomst [B14 art. 1018g Rv]
Beraadslaging door ALV over verslag KBvG [B46 art. 76 GDW]

B Alfabetisch trefwoordenregister

Berekening benadeling bij gemeenschap [B3 art. 196 BW Boek 3]
Berekening duur arbeidsovereenkomst [B7 art. 673 BW Boek 7]
Berekening rente [B46 art. 19 GDW]
Berekening schadevergoeding [B73 art. 23 CMR]
Berekening van legitieme portie [B4 art. 65 BW Boek 4]
Berekening vergoeding [B36 art. 16i Aw]
Berekening wettelijke termijn [B12 art. 354 WvK]
Bericht van verhindering [B70 art. 79 WKV]
Berichten, verzoeken en klachten over uitvoering pakketreis [B7 art. 512 BW Boek 7]
Berichtenverkeer, nadere regeling groepen/omstandigheden [B40 art. 7d Iw 1990]
Beroep belanghebbende [B46 art. 8 GDW]
Beroep in cassatie [B13 art. 12, art. 187, art. 221, art. 244, art. 279 Fw] [B14 art. 990 Rv] [B42 art. 78 Wet RO]
Beroep in cassatie door advocaat [B13 art. 283 Fw]
Beroep in cassatie door verweerder [B14 art. 410 Rv]
Beroep in cassatie niet mogelijk [B14 art. 401b Rv]
Beroep in cassatie tegen beschikking omtrent recht van enquête [B2 art. 359 BW Boek 2]
Beroep in cassatie tegen verwijzing [B14 art. 75 Rv]
Beroep na overlijden [B14 art. 341 Rv]
Beroep op art. 6:162 BW [B38 art. 34 WNR]
Beroep op R-C [B13 art. 69 Fw]
Beroep op rechten derden [B70 art. 43 WKV]
Beroep op schuldvergelijking [B13 art. 234 Fw]
Beroep op vernietigingsgronden door verzekeraar bij verzekering [B7 art. 931 BW Boek 7]
Beroep op verrekening [B13 art. 53 Fw]
Beroep op voorrang [B74 art. 88 EOV] [B75 art. 2.6, art. 3.10 BVIE]
Beroep tegen besluit o.g.v. deze wet [B39 art. 81 ROW 1995]
Beroep tegen ontslagbesluit [B46 art. 53 GDW]
Beroep tegen schorsing [B45 art. 60ad Advw] [B47 art. 27 WNA]
Beroep tegen schorsing bij Gerechtshof Amsterdam [B46 art. 38 GDW]
Beroep tegen uitspraak betreffende toepassing schuldsaneringsregeling [B13 art. 15c Fw]
Beroep tegen uitspraak m.b.t. intrekking voorlopig verleende surseance [B13 art. 247b Fw]
Beroep tegen weigering van opmaken akte van de burgerlijke stand [B1 art. 27 BW Boek 1]
Beroep van interlocutoire e.a. tussenvonnissen [B14 art. 355 Rv]
Beroeps- en gedragsregels [B45 art. 16k Advw] [B46 art. 57 GDW]
Beroepschrift [B52 art. 54 SW]
Beroepsmogelijkheden [B14 art. 642y Rv]
Beroepstermijn [B14 art. 339 Rv] [B40 art. 24 Iw 1990]
Beroepstermijn bij huwelijk middels toestemming rechter [B1 art. 39 BW Boek 1]
Beroepsverbod [B40 art. 65 Iw 1990]
Berusten in wraking [B14 art. 38 Rv]
BES-eilanden [B44 art. 5a Atw]
Beschadiging [B73 art. 25 CMR]
Bescheiden legitimaris bij legitieme portie [B4 art. 78 BW Boek 4]
Bescheiden overleggen [B14 art. 1040 Rv]
Beschermde personen [B37 art. 1 Dbw] [B38 art. 32 WNR]
Beschermende maatregelen [B88 IVO]
Bescherming aanduiding coöperatief/onderling/wederkerig [B2 art. 63 BW Boek 2]
Bescherming bedrijfsgegevens, reikwijdte titel 15a [B14 art. 1019ia Rv]
Bescherming beslaglegger [B14 art. 475h Rv]
Bescherming beslaglegger i.v.m. vervreemding, etc. [B14 art. 453a Rv]
Bescherming bevoordeelde rechtshandeling om niet [B3 art. 45 BW Boek 3]
Bescherming bij insolventie reisorganisator [B7 art. 513a BW Boek 7]
Bescherming bij onjuist ingeschreven feit [B3 art. 25, art. 26 BW Boek 3]
Bescherming bij onvolledige registers [B3 art. 24 BW Boek 3]
Bescherming consument bij betalingsachterstand [B7 art. 128a BW Boek 7]
Bescherming derde te goeder trouw [B13 art. 51 Fw]
Bescherming derden te goeder trouw [B14 art. 453a Rv]
Bescherming houder [B12 art. 116, art. 199 WvK]
Bescherming klokkenluider [B7 art. 658c BW Boek 7]
Bescherming latere verkrijgers van aandelen NV [B2 art. 83 BW Boek 2]
Bescherming schuldenaar bij betaling aan onbevoegde bij nakoming verbintenis [B6 art. 34 BW Boek 6]
Bescherming schuldenaar te goeder trouw [B14 art. 474b Rv]
Bescherming tegen beschikkingsonbevoegdheid bij overdracht [B3 art. 86 BW Boek 3]

Bescherming tussenschakel (beklemde detaillist) bij algemene voorwaarden [B6 art. 244 BW Boek 6]

Bescherming waarborg bij zakelijke vrijwaring [B14 art. 212 Rv]

Beschermingsbewind, adviesrecht gemeenten [B1 art. 432a BW Boek 1]

Beschermingsbewind meerderjarige [B1 art. 431 BW Boek 1]

Beschermingsbewind: bevoegdheden van bewindvoerder bij onderbewindstelling meerderjarige [B1 art. 441 BW Boek 1]

Beschermingsbewind; aansprakelijkheid bewindvoerder bij onderbewindstelling meerderjarige [B1 art. 444 BW Boek 1]

Beschermingsbewind; beheer van en beschikking over goederen bij onderbewindstelling meerderjarige [B1 art. 438 BW Boek 1]

Beschermingsbewind; einde van bewind over meerderjarige [B1 art. 449 BW Boek 1]

Beschermingsbewind; inhoud van onderbewindstelling meerderjarige [B1 art. 434 BW Boek 1]

Beschermingsbewind; machtiging bewindvoerder bij onderbewindstelling meerderjarige [B1 art. 443 BW Boek 1]

Beschermingsbewind; ongeldige en onbevoegde rechtshandelingen bij onderbewindstelling meerderjarige [B1 art. 439 BW Boek 1]

Beschermingsbewind; rechten en verplichtingen van wederpartij bij onderbewindstelling meerderjarige [B1 art. 442 BW Boek 1]

Beschermingsbewind; rekening en verantwoording door bewindvoerder bij onderbewindstelling meerderjarige [B1 art. 445 BW Boek 1]

Beschermingsbewind; verplichtingen van bewindvoerder bij onderbewindstelling meerderjarige [B1 art. 436 BW Boek 1]

Beschermingsbewind; verslaglegging door bewindvoerder bij onderbewindstelling meerderjarige [B1 art. 446a BW Boek 1]

Beschermingsbewind; verzoek tot onderbewindstelling van meerderjarige [B1 art. 432 BW Boek 1]

Beschermingsduur [B37 art. I Dbw]

Beschermingsmaatregel; schorsing [B99 art. 14 EUV 606/2013]

Beschermingsmaatregelen [B99 , art. 1 EUV 606/2013]

Beschermingsmaatregelen, overzicht van [B41 4/4.2.6 NCG]

Beschermingsomvang [B74 art. 69 EOV] [B75 art. 3.16 BVIE]

Beschikbaarheid overgemaakt bedrag [B7 art. 539 BW Boek 7]

Beschikbaarheid, werking en beveiliging [B19 art. 4 Hrw 2007]

Beschikbaarstelling [B36 art. 16r Aw]

Beschikken over aandeel in goed bij gemeenschap [B3 art. 175 BW Boek 3]

Beschikking [B14 art. 804 Rv] [B52 art. 53 SW]

Beschikking bij uiterste wilsbeschikking [B4 art. 47 BW Boek 4]

Beschikking in het openbaar [B13 art. 218 Fw]

Beschikking over aandeel bij bijzondere gemeenschap [B3 art. 191 BW Boek 3]

Beschikking over andere baten [B13 art. 176 Fw]

Beschikking over gelden [B13 art. 103 Fw]

Beschikking over gemeenschapsgoed bij bijzondere gemeenschap [B3 art. 190 BW Boek 3]

Beschikking uitvoerbaar bij voorraad [B13 art. 212hi, art. 213ah Fw]

Beschikking van HR [B14 art. 429 Rv]

Beschikking van rechtbank [B14 art. 988 Rv]

Beschikkingen in hoogste ressort [B13 art. 85 Fw]

Beschikkingen van bestuursorganen [B28 art. 45 Kadw]

Beschikkingen zonder formaliteiten bij uiterste wil [B4 art. 97 BW Boek 4]

Beschikkingsonbevoegdheid erfgenamen bij bewindvoerder [B4 art. 167 BW Boek 4]

Beschikkingsonbevoegdheid erfgenamen bij executeur [B4 art. 145 BW Boek 4]

Beschikkingsrecht afzender bij goederenvervoer door de lucht [B8 art. 1373 BW Boek 8]

Beschrijving en accountantsverklaring inbreng aandelen NV niet vereist [B2 art. 94a BW Boek 2]

Beschrijving en accountantsverklaring van NV [B2 art. 94b BW Boek 2]

Beschrijving en monsterneming [B14 art. 1019d Rv]

Beschrijving inbreng op aandelen anders dan in geld bij oprichting BV [B2 art. 204a BW Boek 2]

Beschrijving inbreng op aandelen anders dan in geld bij oprichting NV [B2 art. 94a BW Boek 2]

Beschrijving inbreng op aandelen anders dan in geld na oprichting BV [B2 art. 204b BW Boek 2]

Beschrijving inbreng op aandelen anders dan in geld na oprichting NV [B2 art. 94b BW Boek 2]

B **Alfabetisch trefwoordenregister**

Beschrijving van de uitvinding [B39 art. 25 ROW 1995]
Beslag alleen voor bepaalde vordering [B14 art. 504a Rv]
Beslag door raad voor de kinderbescherming of Landelijk Bureau Inning Onderhoudsbijdragen [B14 art. 479g Rv]
Beslag door schuldeiser die Pauliana inroept [B14 art. 737 Rv]
Beslag en beperkt recht bij verrekening [B6 art. 130 BW Boek 6]
Beslag mits geldelijk beloop vordering bepaalbaar [B14 art. 441 Rv]
Beslag na hulpverlening [B14 art. 636 Rv]
Beslag na levering [B14 art. 507b Rv]
Beslag onder derde [B14 art. 770 Rv]
Beslag op aandelen op naam [B14 art. 474c Rv]
Beslag op een octrooi [B39 art. 68 ROW 1995]
Beslag op goed van derde [B14 art. 435 Rv]
Beslag op in kentekenregister geregistreerd motorrijtuig [B14 art. 442 Rv]
Beslag op loon, enz. voor alimentatie [B14 art. 479b Rv]
Beslag op niet teboekstaande schepen [B14 art. 567 Rv]
Beslag op plaats bij derde in gebruik [B14 art. 444a Rv]
Beslag op rechten aan toonder of order [B14 art. 474a Rv]
Beslag op rechten uit sommenverzekering [B14 art. 479ka Rv]
Beslag op roerende zaken [B14 art. 439 Rv]
Beslag op schepen [B14 art. 564 Rv]
Beslag tijdens afkoelingsperiode [B13 art. 241c, art. 63c Fw]
Beslag tot verkrijging van afgifte [B14 art. 492 Rv]
Beslaglegger heeft meer hypotheken [B14 art. 521 Rv]
Beslagverbod boeken/werktuigen/gereedschappen [B14 art. 448 Rv]
Beslagverbod roerende zaken [B14 art. 447 Rv]
Beslagverboden [B14 art. 475a Rv]
Beslagvrije voet, afwijkende bepaling [B14 art. 475dc Rv]
Beslagvrije voet, afwijkende vaststelling bepaalde groepen [B14 art. 475e Rv]
Beslagvrije voet, algemene regels voor vaststelling [B14 art. 475d Rv]
Beslagvrije voet, begripsbepalingen [B14 art. 475ab Rv]
Beslagvrije voet bij periodieke betalingen [B14 art. 475b Rv]
Beslagvrije voet, bijzondere omstandigheden [B14 art. 475fa Rv]
Beslagvrije voet, hoogte [B14 art. 475da Rv]
Beslagvrije voet, onvoldoende andere middelen van bestaan [B14 art. 475f Rv]
Beslagvrije voet, vermindering [B14 art. 475db Rv]
Beslagvrije voet, verplichtingen schuldenaar en derde-beslagene [B14 art. 475g Rv]
Beslissing bij arrest [B42 art. 14e Wet RO]
Beslissing gerechtshof [B46 art. 48, art. 54 GDW]
Beslissing HR [B42 art. 13f Wet RO]
Beslissing in burgerlijke en handelszaken, aanhouding uitspraak [B79 art. 37, art. 46 EVEX]
Beslissing in burgerlijke en handelszaken, absolute competentie [B79 art. 39 EVEX]
Beslissing in burgerlijke en handelszaken, authentieke akten [B79 art. 57 EVEX]
Beslissing in burgerlijke en handelszaken, automatische erkenning [B79 art. 33 EVEX]
Beslissing in burgerlijke en handelszaken, bepaling woonplaats [B79 art. 59 EVEX]
Beslissing in burgerlijke en handelszaken, beroep in exequaturprocedure [B79 art. 48 EVEX]
Beslissing in burgerlijke en handelszaken, bewarende maatregelen [B79 art. 47 EVEX]
Beslissing in burgerlijke en handelszaken, cautio judicatum solvi [B79 art. 51 EVEX]
Beslissing in burgerlijke en handelszaken, eisen aan het verzoek [B79 art. 40 EVEX]
Beslissing in burgerlijke en handelszaken, erkenning ten principale [B79 art. 33 EVEX]
Beslissing in burgerlijke en handelszaken, exequaturprocedure [B79 art. 41 EVEX]
Beslissing in burgerlijke en handelszaken, gerechtelijke schikkingen [B79 art. 58 EVEX]
Beslissing in burgerlijke en handelszaken, kennisgeving [B79 art. 42 EVEX]
Beslissing in burgerlijke en handelszaken, overlegging documenten [B79 art. 53 EVEX]
Beslissing in burgerlijke en handelszaken, relatieve competentie [B79 art. 39 EVEX]
Beslissing in burgerlijke en handelszaken, verbod tot herziening [B79 art. 36 EVEX]
Beslissing in burgerlijke en handelszaken, verzet tegen tenuitvoerlegging [B79 art. 43 EVEX]
Beslissing in burgerlijke en handelszaken, verzoek tenuitvoerlegging uitvoerbaar verklaard [B79 art. 38 EVEX]
Beslissing in burgerlijke en handelszaken, weigeringsgronden [B79 art. 34 EVEX]
Beslissing in hetzelfde eindvonnis [B14 art. 138 Rv]
Beslissing kamer voor het notariaat [B47 art. 104 WNA]
Beslissing met inachtneming uitspraak HR [B14 art. 424 Rv]
Beslissing of oordeel van de Grote Kamer van beroep [B74 art. 112 EOV]
Beslissing omtrent bijhouding; mededeling [B28 art. 68 Kadw]

Alfabetisch trefwoordenregister B

Beslissing op alle onderdelen [B14 art. 23 Rv]
Beslissing op vordering bij huur [B7 art. 273 BW Boek 7]
Beslissing over het beroep [B74 art. 111 EOV]
Beslissing over in behandeling nemen klacht [B45 art. 46j Advw]
Beslissing over niet-besliste rechtspunten [B14 art. 422 Rv]
Beslissing over schadevergoeding bij vaststellingsovereenkomst [B7 art. 909 BW Boek 7]
Beslissing over tenuitvoerlegging [B45 art. 57a Advw]
Beslissing president op verzoek deurwaarder [B14 art. 438 Rv]
Beslissing rechtbank weigering homologatie [B13 art. 272 Fw]
Beslissing rechter [B14 art. 850 Rv]
Beslissing tot boete of proceskostenveroordeling als executoriale titel [B46 art. 43b GDW]
Beslissing vooraf [B14 art. 209 Rv]
Beslissingen in huwelijkszaken/ouderlijke verantwoordelijkheid, kosten [B85 art. 49 Brussel II-bis]
Beslissingen in huwelijkszaken/ouderlijke verantwoordelijkheid, legalisatie [B85 art. 52 Brussel II-bis]
Beslissingen in huwelijkszaken/ouderlijke verantwoordelijkheid, modaliteiten uitvoering omgangsrecht [B85 art. 48 Brussel II-bis]
Beslissingen in huwelijkszaken/ouderlijke verantwoordelijkheid, procedure tenuitvoerlegging [B85 art. 47 Brussel II-bis]
Beslissingen in huwelijkszaken/ouderlijke verantwoordelijkheid, rechtsbijstand [B85 art. 50 Brussel II-bis]
Beslissingen in huwelijkszaken/ouderlijke verantwoordelijkheid, zekerheid of depot [B85 art. 51 Brussel II-bis]
Beslissingen van vreemde rechters [B14 art. 431 Rv]
Beslissingen waartegen beroep kan worden ingesteld [B74 art. 106 EOV]
Besluit actuele waarde [B2 art. 384 BW Boek 2]
Besluit bij volstrekte meerderheid [B45 art. 43 Advw]
Besluit tot fusie [B2 art. 317 BW Boek 2]
Besluit tot splitsing [B2 art. 334m BW Boek 2]
Besluiten bij meerderheid van stemmen [B91 art. 57 SE]
Besluitvorming bij rederij [B8 art. 171 BW Boek 8]
Besluitvorming bij splitsing NV of BV [B2 art. 334ee BW Boek 2]
Besluitvorming buiten vergadering door aandeelhouders BV [B2 art. 238 BW Boek 2]
Besluitvorming buiten vergadering door aandeelhouders NV [B2 art. 128 BW Boek 2]
Besluitvorming BV [B2 art. 239a BW Boek 2]
Besluitvorming door algemene vergadering bij fusie [B2 art. 330 BW Boek 2]
Besluitvorming en functioneren, taak Rvc en bestuur t.a.v. [B41 2/2.4 NCG]
Besluitvorming NV [B2 art. 129a BW Boek 2]
Bestaan en materiële geldigheid [B92 art. 10 Rome I]
Bestaan van oude zakelijke rechten vóór 1838 [B28 art. 36 Kadw]
Bestaande en toekomstige vorderingen bij pand- en hypotheekrecht [B3 art. 231 BW Boek 3]
Bestaansvereiste begiftigde na overlijden aanbieder bij schenking [B7 art. 181 BW Boek 7]
Bestaansvereiste bij uiterste wilsbeschikking [B4 art. 137 BW Boek 4]
Bestanddeel [B3 art. 4 BW Boek 3]
Bestanddelen van een schip [B11 art. 253 NBW]
Beste recht bij CT-document [B8 art. 52 BW Boek 8]
Beste recht bij goederenvervoer over binnenwateren [B8 art. 942 BW Boek 8]
Beste recht bij goederenvervoer over zee [B8 art. 460 BW Boek 8]
Bestemd over vruchtgebruik [B11 art. 105 NBW]
Bestemmingswijziging door erfpachter [B5 art. 89 BW Boek 5]
Bestrijding toelating door schuldeisers [B13 art. 49 Fw]
Bestsellerbepaling [B36 art. 25d Aw]
Bestuur bij verrekenbeding [B1 art. 138 BW Boek 1]
Bestuur en beheer [B45 art. 32 Advw]
Bestuur en RvC, samenstelling en omvang [B41 2/2.1 NCG]
Bestuur en RvC, training en opleiding van [B41 2/2.4.6 NCG]
Bestuur NV, taken [B2 art. 129 BW Boek 2]
Bestuur van de orde [B39 art. 23e ROW 1995]
Bestuurders en commissarissen, benoeming, opvolging en evaluatie van [B41 2/2.2 NCG]
Bestuurders, (her)benoemingstermijnen van [B41 2/2.2.1 NCG]
Bestuurdersaansprakelijkheid [B40 art. 36 Iw 1990]
Bestuurdersaansprakelijkheid bij faillissement stichting [B2 art. 300a BW Boek 2]
Bestuurdersaansprakelijkheid bij faillissement vereniging [B2 art. 50a BW Boek 2]
Bestuurlijke boete bij onjuiste gegevens UBO [B19 art. 47b Hrw 2007]

B **Alfabetisch trefwoordenregister**

Bestuurlijke boete/dwangsom [B45 art. 45g Advw]
Bestuurlijke boeten [B40 art. 2, art. 63b Iw 1990]
Bestuurlijke sanctie of maatregel, verplichting inlichting niet-professionele belegger [B23 art. 4:25e Wft]
Bestuursbesluit tot fusie door verkrijgende vennootschap [B2 art. 331 BW Boek 2]
Bestuursbesluit tot splitsing NV of BV [B2 art. 334ff BW Boek 2]
Bestuursbevoegdheid van echtgenoten [B1 art. 90 BW Boek 1]
Bestuursbevoegdheid van echtgenoten over gemeenschap van goederen [B1 art. 97 BW Boek 1]
Betaalbaar op zicht [B12 art. 175, art. 205 WvK]
Betaalbaarstelling [B12 art. 109a, art. 182 WvK]
Betaalinitiatiedienstsverlener, recht op gebruik [B7 art. 522b BW Boek 7]
Betaalinstrument bij betalingsovereenkomst [B7 art. 524 BW Boek 7]
Betaalinstrumenten t.b.v. afzonderlijke transacties voor geringe bedragen [B7 art. 521 BW Boek 7]
Betaling aan de schuldenaar [B13 art. 240 Fw]
Betaling aan incasso-organisatie [B36 art. 15f, art. 16d Aw] [B38 art. 15a WNR]
Betaling aan onbekwame bij nakoming verbintenis [B6 art. 31 BW Boek 6]
Betaling anders dan ten laste van de boedel [B13 art. 308 Fw]
Betaling bij tussenkomst [B12 art. 158 WvK]
Betaling bouw woning bij aanneming van werk [B7 art. 767 BW Boek 7]
Betaling door derde aan derde bij nakoming verbintenis [B6 art. 35 BW Boek 6]
Betaling door derde bij schuldeisersverzuim [B6 art. 73 BW Boek 6]
Betaling door huurder, pachter, curator [B40 art. 19 Iw 1990]
Betaling in termijnen [B1 art. 140 BW Boek 1]
Betaling in termijnen bij deeltijdgebruik [B7 art. 50g BW Boek 7]
Betaling in valuta woonplaats schuldeiser bij verbintenis tot betaling geldsom [B6 art. 122 BW Boek 6]
Betaling in vreemde valuta bij verbintenis tot betaling geldsom [B6 art. 121 BW Boek 6]
Betaling koopsom [B14 art. 469, art. 524 Rv]
Betaling kosten door borg bij borgtocht [B7 art. 856 BW Boek 7]
Betaling loon en voorschotten [B13 art. 250 Fw]
Betaling niet tot de boedel behorende vorderingen tot betaling geldsom [B13 art. 310 Fw]
Betaling op vervaldag [B12 art. 139 WvK]
Betaling opbrengst executie [B14 art. 480 Rv]
Betaling prijs door koper [B7 art. 26 BW Boek 7]
Betaling rechten door vruchtgebruiker [B52 art. 78 SW]
Betaling vergoeding [B38 art. 15g WNR]
Betaling vóór vervaldag [B12 art. 139 WvK]
Betalingen van jaartaksen voor eenheidsoctrooien [B74 art. 147 EOV]
Betalingskorting [B40 art. 27a Iw 1990]
Betalingsplicht van pachter [B7 art. 346 BW Boek 7]
Betalingsregeling bij nalatenschap [B4 art. 5 BW Boek 4]
Betalingssysteem, toegang [B23 art. 5:88 Wft]
Betalingstransacties, begripsbepalingen [B7 art. 514 BW Boek 7]
Betalingsverplichting [B36 art. 43c Aw] [B40 art. 22bis Iw 1990]
Betekening aan de woonplaats [B14 art. 47 Rv]
Betekening aan derde van dagvaarding in hoofdzaak [B14 art. 721 Rv]
Betekening aan derde van executoriale titel [B14 art. 722 Rv]
Betekening aan Koninklijk Huis of de Staat [B14 art. 48 Rv]
Betekening beslag aan alle hypotheekhouders [B14 art. 508 Rv]
Betekening beslagexploot [B14 art. 475i Rv]
Betekening dwangbevel [B40 art. 13 Iw 1990]
Betekening en kennisgeving gerechtelijke en buitengerechtelijke stukken, aanwijzing centrale instantie [B86 art. 3 BetVo]
Betekening en kennisgeving gerechtelijke en buitengerechtelijke stukken, verzendende en ontvangende instanties [B86 art. 2 BetVo]
Betekening en/of kennisgeving [B78 art. 5 HBetV]
Betekening in persoon [B14 art. 46 Rv]
Betekening of kennisgeving in het buitenland [B78 art. 8 HBetV]
Betekening proces-verbaal [B14 art. 446 Rv]
Betekening van beslag [B14 art. 708 Rv]
Betekening/kennisgeving uit partijstaat [B87 art. 8 Uw Bv]
Betrokkenen in het geding roepen [B14 art. 680 Rv]
Betrokkenheidsbeleid [B23 art. 5:87c Wft]

Alfabetisch trefwoordenregister B

Betwisten geldigheid inschrijving bij registergoed [B3 art. 22 BW Boek 3]
Betwisting [B13 art. 122 Fw]
Betwisting door gefailleerde [B13 art. 126 Fw]
Betwisting of erkenning [B13 art. 266 Fw]
Betwisting van afstamming [B1 art. 209 BW Boek 1]
Betwisting vordering [B13 art. 137b Fw] [B14 art. 642p Rv]
Beurs van koophandel [B12 art. 59 WvK]
Beurstijden [B12 art. 61 WvK]
Beveiliging belangen schuldeisers [B13 art. 225 Fw]
Beveiliging gegevens [B28 art. 3d Kadw]
Bevel medebrenging niet verschenen getuige na oproeping bij exploot [B14 art. 172 Rv]
Bevel onder zich te houden [B14 art. 475 Rv]
Bevel tot afgifte [B14 art. 584r Rv]
Bevel tot medebrenging [B45 art. 49 Advw]
Bevel tot overleggen van bescheiden [B14 art. 22 Rv]
Bevel tot verdeling [B14 art. 677 Rv]
Bevel tot verwijzing naar andere rechter [B14 art. 285 Rv]
Bevel van ondernemingskamer tot herziening stukken [B2 art. 451 BW Boek 2]
Bevel van waardeloosheid inschrijving bij registergoed [B3 art. 29 BW Boek 3]
Bevelen bij niet medewerking aan enquêteonderzoek [B2 art. 352 BW Boek 2]
Bevelschrift tot betaling [B14 art. 489 Rv]
Bevestigen geldigheid uitgebrachte stem [B2 art. 120 BW Boek 2]
Bevestiging bij rechtshandeling [B3 art. 55 BW Boek 3]
Bevestiging ontvangst van stukken [B75 art. 3.8 BVIE]
Bevestiging reisinformatie door reisorganisator [B7 art. 504 BW Boek 7]
Bevestiging rekeninghoudende betaaldienstverlener betreffende saldo [B7 art. 522a BW Boek 7]
Bevoegd tot stuiting van huwelijk [B1 art. 51 BW Boek 1]
Bevoegde autoriteit van staat van herkomst [B60 art. 7 HAEV 1973]
Bevoegde rechter in kort geding [B14 art. 676 Rv]
Bevoegdheden algemene vergadering van vereniging [B2 art. 40 BW Boek 2]
Bevoegdheden AVA BV [B2 art. 217 BW Boek 2]
Bevoegdheden AVA NV [B2 art. 107 BW Boek 2]
Bevoegdheden bestuur [B28 art. 7d Kadw]
Bevoegdheden Comité van Ministers [B75 art. 1.7 BVIE]
Bevoegdheden commissie [B13 art. 76 Fw]
Bevoegdheden curator uit andere lidstaat [B13 art. 213aa Fw]
Bevoegdheden Directeur-Generaal [B75 art. 1.11 BVIE]
Bevoegdheden en verplichtingen van bewindvoerder [B4 art. 171 BW Boek 4]
Bevoegdheden erfgenamen bij beneficiaire aanvaarding [B4 art. 198 BW Boek 4]
Bevoegdheden executant na doen verklaring verzekeraar [B14 art. 479m Rv]
Bevoegdheden gerechtsdeurwaarder [B46 art. 3 GDW]
Bevoegdheden gerechtshof bij rechtsvordering [B3 art. 305d BW Boek 3]
Bevoegdheden kandidaat-gerechtsdeurwaarder [B46 art. 25c GDW]
Bevoegdheden kantonrechter bij vruchtgebruik [B4 art. 33 BW Boek 4]
Bevoegdheden kapitein bij zeeschip [B8 art. 260 BW Boek 8]
Bevoegdheden legitimaris [B11 art. 128 NBW]
Bevoegdheden na overlijden legitimaris bij legitieme portie [B4 art. 92 BW Boek 4]
Bevoegdheden opsporingsambtenaren [B36 art. 36a Aw] [B38 art. 29 WNR]
Bevoegdheden opstaller [B5 art. 102 BW Boek 5]
Bevoegdheden Raad van Bestuur [B75 art. 1.9 BVIE]
Bevoegdheden rapporteurs [B45 art. 60e Advw]
Bevoegdheden rechter-commissaris [B4 art. 210 BW Boek 4]
Bevoegdheden rechthebbende bij bewindvoerder [B4 art. 166 BW Boek 4]
Bevoegdheden schuldenaar na de uitspraak tot toepassing schuldsaneringsregeling [B13 art. 296 Fw]
Bevoegdheden toegevoegd gerechtsdeurwaarder [B46 art. 28 GDW]
Bevoegdheden toegevoegd notaris [B47 art. 30b WNA]
Bevoegdheden van ambtenaar met verlof [B76 art. 21 HBewV]
Bevoegdheden van bewindvoerder met toestemming [B4 art. 169, art. 169 BW Boek 4]
Bevoegdheden van de Raad van Bestuur in bepaalde gevallen [B74 art. 33 EOV]
Bevoegdheden van personen belast met enquêteonderzoek [B2 art. 351 BW Boek 2]
Bevoegdheden vereffenaar bij ontbinden rechtspersoon [B2 art. 23a BW Boek 2]
Bevoegdheden vereffenaar/curator met betrekking tot aandelen BV [B2 art. 193 BW Boek 2]
Bevoegdheden vereffenaar/curator met betrekking tot aandelen NV [B2 art. 84 BW Boek 2]

B Alfabetisch trefwoordenregister

Bevoegdheden zekerheidsnemer bij financiëlezekerheidsovereenkomst [B7 art. 54 BW Boek 7]

Bevoegdheden/verplichtingen boekhouder bij rederij [B8 art. 178 BW Boek 8]
Bevoegdheid aangifte tot faillietverklaring van BV [B2 art. 246 BW Boek 2]
Bevoegdheid aangifte tot faillietverklaring van NV [B2 art. 136 BW Boek 2]
Bevoegdheid AFM omtrent effectenuitgevende instelling [B2 art. 454 BW Boek 2]
Bevoegdheid afzender bij goederenvervoer over zee [B8 art. 392 BW Boek 8]
Bevoegdheid autoriteit Verdragsluitende Staten in spoedeisende gevallen [B63 art. 11 HKV 1996]
Bevoegdheid autoriteiten Verdragsluitende Staat in geval ontheemd/spoorloos kind [B63 art. 6 HKV 1996]
Bevoegdheid autoriteiten Verdragsluitende Staat waar kind regulier verblijft [B63 art. 5 HKV 1996]
Bevoegdheid beslaglegging [B14 art. 435 Rv]
Bevoegdheid betaaldienstgebruiker tot opzegging raamovereenkomst [B7 art. 518 BW Boek 7]

Bevoegdheid bij einde huwelijk [B105 art. 5 HuwVermVo]
Bevoegdheid bij ontbinding of vernietiging [B106 art. 5 GPVo]
Bevoegdheid bij overlijden een van de partners [B106 art. 4 GPVo]
Bevoegdheid borg bij borgtocht [B7 art. 852 BW Boek 7]
Bevoegdheid curator [B13 art. 60 Fw]
Bevoegdheid curator tot inroepen vernietigbaarheid rechtshandeling [B13 art. 359 Fw]
Bevoegdheid curator uit andere lidstaat [B13 art. 212ii Fw]
Bevoegdheid deken [B45 art. 46c Advw]
Bevoegdheid gewone rechter [B14 art. 1052, art. 1074a, art. 1074d Rv]
Bevoegdheid gewone rechter bij overeenkomst tot arbitrage [B14 art. 1022, art. 1022a, art. 1022b, art. 1022c Rv]
Bevoegdheid in geval van overlijden [B105 art. 4 HuwVermVo]
Bevoegdheid in Nederland van advocaten in EG-landen of Zwitserland [B45 art. 16b Advw]
Bevoegdheid instanties lidstaten [B106 art. 2 GPVo]
Bevoegdheid op grond van verschijnen verweerder [B105 art. 8 HuwVermVo] [B106 art. 8 GPVo]
Bevoegdheid openbaar ministerie [B14 art. 42 Rv]
Bevoegdheid rechter [B88 art. 4 IVO]
Bevoegdheid Rechtbank Amsterdam [B13 art. 212hb Fw]
Bevoegdheid rechtbank tot kennisneming en machtiging [B14 art. 624 Rv]
Bevoegdheid rechter bij algemene voorwaarden [B6 art. 241 BW Boek 6]
Bevoegdheid rechter te 's-Gravenhage [B14 art. 269 Rv]
Bevoegdheid scheidsgerecht [B14 art. 1052 Rv]
Bevoegdheid schuldeisers [B13 art. 212w Fw]
Bevoegdheid schuldenaar tot verrichten rechtshandelingen [B13 art. 297 Fw]
Bevoegdheid t.a.v. levensmiddelen [B12 art. 358 WvK]
Bevoegdheid, toetsing [B105 art. 15 HuwVermVo] [B106 art. 15 GPVo]
Bevoegdheid tot benoemen rechter-commissaris [B14 art. 1074c Rv]
Bevoegdheid tot beschikken bij vruchtgebruik [B3 art. 212 BW Boek 3]
Bevoegdheid tot binnentreden/onderzoeksbevoegdheid [B28 art. 7a Kadw]
Bevoegdheid tot doorverkoop [B70 art. 88 WKV]
Bevoegdheid tot geven van verlof [B14 art. 728, art. 729d Rv]
Bevoegdheid tot inroepen vernietigingsgrond [B11 art. 82 NBW]
Bevoegdheid tot instellen rechtsvorderingen bij pandrecht [B3 art. 245 BW Boek 3]
Bevoegdheid tot optreden [B45 art. 11 Advw]
Bevoegdheid tot stemmen over akkoord [B13 art. 332 Fw]
Bevoegdheid tot treffen van voorlopige bewijsmaatregelen [B14 art. 1074b Rv]
Bevoegdheid tot verandering of vermeerdering van verzoek [B14 art. 283 Rv]
Bevoegdheid tot verhuren of verpachten bij vruchtgebruik [B3 art. 217 BW Boek 3]
Bevoegdheid tot verrekening [B6 art. 133 BW Boek 6]
Bevoegdheid tot vervreemding [B13 art. 101 Fw]
Bevoegdheid tot vervreemding bij vruchtgebruik [B3 art. 212 BW Boek 3]
Bevoegdheid tot vervreemding of vertering bij vruchtgebruik [B3 art. 215 BW Boek 3]
Bevoegdheid tot voeren titel [B47 art. 2 WNA]
Bevoegdheid uitoefening zelfstandig beroep of bedrijf voort te zetten [B13 art. 311 Fw]
Bevoegdheid van de rechter [B14 art. 187 Rv]
Bevoegdheid van Nederlandse rechter bij ontbinding van internationaal huwelijk [B10 art. 55 BW boek 10]
Bevoegdheid verrekenen schuld [B13 art. 213r Fw]

Alfabetisch trefwoordenregister B

Bevoegdheid voorzieningenrechter in geval van executie [B14 art. 438a Rv]
Bevoegdheid voorzieningenrechter rechtbank [B14 art. 853 Rv]
Bevoorrechte en gedekte vorderingen [B13 art. 137b Fw]
Bevoorrechte positie van partij bij benoeming arbiter(s) [B14 art. 1028 Rv]
Bevoorrechte status gegarandeerde deposito's [B13 art. 212ra Fw]
Bevoorrechte vordering op alle goederen [B3 art. 288, art. 289 BW Boek 3]
Bevordering bijstand tussen nationale Centrale Autoriteiten [B63 art. 31 HKV 1996]
Bevordering van zelfstandigheid betrokkene bij mentorschap [B1 art. 454 BW Boek 1]
Bevriezen aandelen bij ontbinding NV of BV [B2 art. 22a BW Boek 2]
Bevrijdende betaling [B12 art. 164, art. 227 WvK] [B14 art. 578 Rv] [B4 art. 187 BW Boek 4]
Bevrijdende wederzijdse verbindingen bij wederkerige overeenkomst [B6 art. 271 BW Boek 6]
Bevrijding door rechter bij schuldeisersverzuim [B6 art. 60 BW Boek 6]
Bevrijding van verplichting [B14 art. 479j Rv]
Bewaarder [B28 art. 6 Kadw]
Bewaarder master-icbe, informatieverstrekking aan AFM, feeder-icbe of beheerder en bewaarder van feeder-icbe [B23 art. 4:62v Wft]
Bewaarder, nadere regels m.b.t. aansprakelijkheid [B23 art. 4:62q Wft]
Bewaarder, overeenkomst tot informatie-uitwisseling tussen verschillende [B23 art. 4:62w Wft]
Bewaarder, regels m.b.t. hergebruik van in bewaring gegeven activa [B23 art. 4:62u Wft]
Bewaarder van een beleggingsinstelling of icbe [B23 art. 4:62m Wft]
Bewaarder van Nederlandse beleggingsinstelling en van een icbe, aansprakelijkheid van [B23 art. 4:62p Wft]
Bewaarder, verstrekken aan AFM van jaarrekening en bestuursverslag door [B23 art. 4:62r Wft]
Bewaarder, verstrekken periodiek overzicht van alle activa aan de beheerder [B23 art. 4:62t Wft]
Bewaarder, vestigingsplaats [B23 art. 4:62o Wft]
Bewaarder, zorgvuldigheidsnormen [B23 art. 4:62s Wft]
Bewaarneming [B7 art. 600 BW Boek 7]
Bewaarneming, meerdere bewaarnemers [B7 art. 606 BW Boek 7]
Bewaarplicht [B2 art. 394 BW Boek 2]
Bewaarplicht bij onroerende zaken en rechten [B54 art. 34a Wet OB 1968]
Bewaarplicht gegevens van ontbonden rechtspersoon [B2 art. 24 BW Boek 2]
Bewaarplicht notaris [B4 art. 95 BW Boek 4]
Bewaren afschrift [B46 art. 15 GDW]
Bewaren kantooradministratie [B46 art. 18 GDW]
Bewarende maatregelen [B81 art. 40 Brussel I-bis]
Bewarende of voorlopige maatregelen [B14 art. 13 Rv]
Bewaring [B14 art. 766 Rv]
Bewaring andere zaken [B14 art. 446 Rv]
Bewaring boedel door bewindvoerder [B13 art. 323 Fw]
Bewaring gelden, enz. [B13 art. 102 Fw]
Bewaring geldswaarden [B14 art. 445 Rv]
Bewaring i-DEPOT enveloppe [B75 art. 4.3 BVIE]
Bewaring online i-DEPOT [B75 art. 4.7 BVIE]
Bewaring van boedel [B13 art. 92 Fw]
Bewaring van effecten door voogd [B1 art. 344 BW Boek 1]
Bewaring van registers van de burgerlijke stand [B1 art. 17a BW Boek 1]
Bewaring van rekening van bewind bij voogdij [B1 art. 361 BW Boek 1]
Beweerd recht op registergoed [B3 art. 27 BW Boek 3]
Bewerking [B36 art. 10 Aw]
Bewijs [B73 art. 18 CMR] [B92 art. 18 Rome I] [B93 art. 22 Rome II]
Bewijs aanduiding curator uit andere lidstaat [B13 art. 212jj Fw]
Bewijs authentieke akten [B14 art. 157 Rv]
Bewijs betwiste vordering [B13 art. 123 Fw]
Bewijs geslachtsnaam [B1 art. 6 BW Boek 1]
Bewijs in buitenland, aanwijzing centrale autoriteit [B77 art. 2 UWBV]
Bewijs in buitenland, behandeling rogatoire commissies [B77 art. 5 UWBV]
Bewijs in buitenland, bezwaren tegen rogatoire commissies [B77 art. 6 UWBV]
Bewijs in buitenland, gegevens rogatoire commissie [B77 art. 17 UWBV]
Bewijs in buitenland, hoger beroep tegen afwijzing [B77 art. 15a UWBV]
Bewijs in buitenland, kosten rogatoire commissies [B77 art. 18 UWBV]
Bewijs in buitenland, kosten uitvoering rogatoire commissies [B77 art. 13 UWBV]
Bewijs in buitenland, proces-verbaal naar centrale autoriteit [B77 art. 14 UWBV]
Bewijs in buitenland, proces-verbaal naar verzoekende autoriteit [B77 art. 15 UWBV]
Bewijs in buitenland, proces-verbaal rogatoire commissie [B77 art. 12 UWBV]

Bewijs in buitenland, rechtskracht proces-verbaal rogatoire commissie [B77 art. 20 UWBV]
Bewijs in buitenland, rogatoire commissies [B77 art. 3 UWBV]
Bewijs in buitenland, rogatoire commissies op last van rechter [B77 art. 16 UWBV]
Bewijs in buitenland, toestemming door rechter [B77 art. 21 UWBV]
Bewijs in buitenland, toezending stukken aan minister van Justitie [B77 art. 7 UWBV]
Bewijs in buitenland, uitvoering rogatoire commissies [B77 art. 4 UWBV]
Bewijs in buitenland, vaststelling volgende proceshandeling [B77 art. 19 UWBV]
Bewijs in buitenland, vaststelling zaak weer ter rolle [B77 art. 19 UWBV]
Bewijs in buitenland, verhoor [B77 art. 11 UWBV]
Bewijs in buitenland, verlof uitvoeren onderzoek [B77 art. 22 UWBV]
Bewijs in buitenland, vertaling [B77 art. 10 UWBV]
Bewijs van een huwelijk [B1 art. 78 BW Boek 1]
Bewijs van een huwelijk bij ontbreken van register [B1 art. 79 BW Boek 1]
Bewijs van huwelijk door openlijk samenleven [B1 art. 80 BW Boek 1]
Bewijs van in leven zijn [B1 art. 19k BW Boek 1]
Bewijs van niet-inschrijving [B28 art. 15b Kadw]
Bewijs van ontvangst [B28 art. 17 Kadw]
Bewijs van volmacht [B3 art. 71 BW Boek 3]
Bewijsbeslag [B14 art. 1019c Rv]
Bewijskracht [B12 art. 356 WvK] [B14 art. 192, art. 207 Rv] [B7 art. 646 BW Boek 7]
Bewijskracht bij borgtocht door natuurlijk persoon [B7 art. 859 BW Boek 7]
Bewijskracht cognossement bij goederenvervoer over zee [B8 art. 414 BW Boek 8]
Bewijskracht inbreukbeslissing van de Autoriteit Consument en Markt [B14 art. 161a Rv]
Bewijskracht kwitantie bij nakoming verbintenis [B6 art. 50 BW Boek 6]
Bewijskracht luchtvrachtbrief/ontvangstbewijs bij goederenvervoer door de lucht [B8 art. 1371 BW Boek 8]
Bewijskracht strafvonnis [B14 art. 161 Rv]
Bewijskracht van akten van de burgerlijke stand [B1 art. 22 BW Boek 1]
Bewijskracht van authentieke afschriften of uittreksels [B1 art. 22a BW Boek 1]
Bewijskracht van CT-document [B8 art. 48 BW Boek 8]
Bewijskracht van overlijdensakte bij vermissing [B1 art. 417 BW Boek 1]
Bewijskracht vrachtbrief [B73 art. 9 CMR]
Bewijskracht vrachtbrief bij goederenvervoer over de weg [B8 art. 1124 BW Boek 8]
Bewijskracht vrachtbrief bij goederenvervoer over spoorwegen [B8 art. 1560 BW Boek 8]
Bewijslast [B13 art. 165 Fw] [B14 art. 150 Rv] [B52 art. 83 SW]
Bewijslast bij aansprakelijkheid bij betalingstransactie [B7 art. 543, art. 544 BW Boek 7]
Bewijslast bij betwisting van uiterste wil [B4 art. 96 BW Boek 4]
Bewijslast bij oneerlijke handelspraktijken [B6 art. 193j BW Boek 6]
Bewijslast bij onjuiste beoordeling kredietwaardigheid consument [B7 art. 125 BW Boek 7]
Bewijslast naleving informatievoorschriften [B7 art. 505 BW Boek 7]
Bewijslastomkering [B39 art. 70 ROW 1995]
Bewijsmateriaal verkregen via toegang tot dossier mededingingsautoriteit [B14 art. 848 Rv]
Bewijsmiddelen en verkrijgen van bewijs [B74 art. 117 EOV]
Bewijsmiddelen en waardering van bewijs [B14 art. 152 Rv]
Bewijsovereenkomst [B14 art. 153 Rv]
Bewijsregels bij niet-toegestane of foutieve betalingstransacties [B7 art. 527 BW Boek 7]
Bewijsstukken [B7 art. 433 BW Boek 7]
Bewijsstukken voor schadevergoeding bij goederenvervoer over spoorwegen [B8 art. 1585 BW Boek 8]
Bewijsverkrijging binnen EU, competentie in Nederland [B90 art. 2 UWBewVo]
Bewijsverkrijging in EG-lidstaat, competentie [B90 art. 12 UWBewVo]
Bewijsverkrijging in EG-lidstaat, deskundigenonderzoek [B90 art. 12 UWBewVo]
Bewijsverkrijging in EG-lidstaat, kosten [B90 art. 13 UWBewVo]
Bewijsverkrijging in EG-lidstaat, rechtskracht [B90 art. 14 UWBewVo]
Bewijsverkrijging in Nederland, afwijzing verzoek [B90 art. 11 UWBewVo]
Bewijsverkrijging in Nederland, centraal orgaan [B90 art. 3 UWBewVo]
Bewijsverkrijging in Nederland, getuigenverhoor [B90 art. 9 UWBewVo]
Bewijsverkrijging in Nederland, kosten [B90 art. 10 UWBewVo]
Bewijsverkrijging in Nederland, vereisten verzoek [B90 art. 4 UWBewVo]
Bewijsverkrijging in Nederland, verzending verzoek [B90 art. 6 UWBewVo]
Bewijsverkrijging in Nederland, voorwaarden verzoek [B90 art. 8 UWBewVo]
Bewijsverkrijging; aanvulling verzoek [B89 art. 9 BewVo]
Bewijsverkrijging; aanwijzing centraal orgaan [B89 art. 3 BewVo]
Bewijsverkrijging; dwangmaatregelen [B89 BewVo]
Bewijsverkrijging; kennisgeving vertraging [B89 art. 15 BewVo]

Alfabetisch trefwoordenregister B

Bewijsverkrijging; kosten uitvoering verzoek [B89 BewVo]
Bewijsverkrijging; ontvangst verzoek [B89 art. 7 BewVo]
Bewijsverkrijging; onvolledig verzoek [B89 art. 8 BewVo]
Bewijsverkrijging; procedure na uitvoering verzoek [B89 art. 16 BewVo]
Bewijsverkrijging; rechtstreeks verkeer tussen de gerechten [B89 art. 2 BewVo]
Bewijsverkrijging; rechtstreekse bewijsverkrijging door verzoekende gerecht [B89 art. 17 BewVo]
Bewijsverkrijging; taal verzoek [B89 art. 5 BewVo]
Bewijsverkrijging; uitvoering verzoek [B89 art. 10 BewVo]
Bewijsverkrijging; verzending verzoek [B89 art. 6 BewVo]
Bewijsverkrijging; vorm en inhoud verzoek [B89 art. 4 BewVo]
Bewijsverkrijging; weigering uitvoering verzoek [B89 art. 14 BewVo]
Bewijsvermoeden [B38 art. 1a WNR]
Bewijsvermoeden bij fysieke schade aan gebouwen en werken [B6 art. 177a BW Boek 6]
Bewijsvermoeden bij weghalen zaken bij goederenvervoer over zee [B8 art. 492 BW Boek 8]
Bewijsvermoeden bijzondere risico's bij verhuisovereenkomst [B8 art. 1177 BW Boek 8]
Bewijsvermoeden van doorberekening [B6 art. 193q BW Boek 6]
Bewijsvermoeden van schade bij inbreuk op mededingingsrecht [B6 art. 193l BW Boek 6]
Bewijsvoering benadeelde bij productaansprakelijkheid [B6 art. 188 BW Boek 6]
Bewijsvoorschrift [B14 art. 1021 Rv]
Bewijzen van gebruik [B75 art. 1.25, art. 1.41 BVIE]
Bewind [B11 art. 201 NBW]
Bewind bij uiterste wilsbeschikking [B4 art. 153 BW Boek 4]
Bewind in het belang van een ander dan de rechthebbende [B4 art. 156 BW Boek 4]
Bewind over gemeenschappelijke goederen van minderjarigen [B1 art. 369 BW Boek 1]
Bewindvoerder bij testamentair bewind [B4 art. 157 BW Boek 4]
Bewindvoering bij tekortschieten bedrijfsvoering [B46 art. 33a GDW]
Bewindvoering door ouders [B1 art. 253i BW Boek 1]
Bewindvoering door voogd [B1 art. 337 BW Boek 1]
Bewoning bij vruchtgebruik [B3 art. 226 BW Boek 3]
Bewoningsrecht echtgenoot en samenwoner bij nalatenschap [B4 art. 28 BW Boek 4]
Bewustheidsvermoeden [B40 art. 33a Iw 1990]
Bezichtiging dulden t.b.v. executie [B3 art. 267a BW Boek 3]
Bezichtiging woning bij executieverkoop [B14 art. 550 Rv]
Bezit [B3 art. 107 BW Boek 3]
Bezit en houderschap [B11 art. 95 NBW]
Bezitloos pandrecht [B14 art. 496 Rv]
Bezitloos pandrecht vestigen [B3 art. 237 BW Boek 3] [B7 art. 79 BW Boek 7]
Bezitsoverdracht [B3 art. 114 BW Boek 3]
Bezitsverkrijging [B3 art. 112 BW Boek 3]
Bezitsverlies [B3 art. 117 BW Boek 3]
Bezitter niet te goeder trouw [B3 art. 121 BW Boek 3]
Bezitter te goeder trouw [B3 art. 118, art. 120 BW Boek 3]
Bezoldiging bestuur van beursgenoteerde NV [B2 art. 135a BW Boek 2]
Bezoldiging bestuur van BV [B2 art. 239a, art. 245 BW Boek 2]
Bezoldiging bestuur van NV [B2 art. 135 BW Boek 2]
Bezoldiging bestuurders en commissarissen in toelichting op jaarrekening [B2 art. 383 BW Boek 2]
Bezoldiging bestuurders, leden commissie vaststelling [B2 art. 160a BW Boek 2]
Bezoldiging bestuurders NV [B2 art. 129a BW Boek 2]
Bezoldiging van commissarissen in toelichting op jaarrekening [B2 art. 383c BW Boek 2]
Bezoldiging van raad van commissarissen beursgenoteerde NV [B2 art. 145 BW Boek 2]
Bezoldiging van raad van commissarissen BV [B2 art. 255 BW Boek 2]
Bezoldiging van raad van commissarissen NV [B2 art. 145 BW Boek 2]
Bezoldigingsbeleid, onderwerpen [B2 art. 135a BW Boek 2]
Bezoldigingsverslag beursgenoteerde NV [B2 art. 135b BW Boek 2]
Bezoldigingsverslag, openbaarmaking [B2 art. 135b BW Boek 2]
Bezoldigingsverslag, persoonsgegevens [B2 art. 135b BW Boek 2]
Bezwaar door belanghebbenden [B28 art. 87b, art. 94b Kadw]
Bezwaar of beroep tegen wijziging authentiek gegeven opgenomen in basisregistratie kadaster [B28 art. 7r Kadw]
Bezwaar tegen beslag door derden [B40 art. 22 Iw 1990]
Bezwaar tegen een openbaar i-DEPOT [B75 art. 4.11 BVIE]
Bezwaarde verkrijging [B52 art. 21 SW]
Bezwaarschrift tegen beschikkingen inzake bijwerking [B28 art. 56b Kadw]
Bezwaarschrift tegen uitdelingslijst [B13 art. 184 Fw]

B **Alfabetisch trefwoordenregister**

Bezwaartermijn weigering [B75 art. 1.12 BVIE]
Bezwarende voorwaarden bij borgtocht door natuurlijk persoon [B7 art. 860 BW Boek 7]
Biedingsbericht, goedkeuring AFM [B23 art. 5:78a Wft]
Biedingsbericht, goedkeuringsbevoegdheid AFM [B23 art. 5:74 Wft]
Biedingsbericht, procedure goedkeuring [B23 art. 5:77 Wft]
Biedingsbericht, termijn mededeling door bieder na goedkeuring [B23 art. 5:78 Wft]
Biedingsbericht, voorwaarden goedkeuring [B23 art. 5:76 Wft]
Bij gebreke van betaling weer verkoop zaak [B14 art. 469 Rv]
Bij geen tegenspraak uitbetaling [B14 art. 485 Rv]
Bijbetaling en wijziging waardeverhouding bij wederkerige overeenkomst [B6 art. 278 BW Boek 6]
Bijbetaling in contanten [B51 art. 5 Uitv besl RV]
Bijdrage advocaten in kosten van de orde(n) [B45 art. 32 Advw]
Bijdrage in evenredigheid schuld [B40 art. 55 Iw 1990]
Bijdrage leden aan rederij [B8 art. 176 BW Boek 8]
Bijdrageplicht bij hoofdelijke verbondenheid [B6 art. 10 BW Boek 6]
Bijdrageplichtige verhuurderbijdrage [B30 art. 8d Uw HW]
Bijeenkomsten en presentaties [B41 4/4.1.4, 4/4.2.3 NCG]
Bijeenroepen AVA BV [B2 art. 219 BW Boek 2]
Bijeenroepen AVA BV door aandeelhouders [B2 art. 220 BW Boek 2]
Bijeenroepen AVA NV [B2 art. 109 BW Boek 2]
Bijeenroepen AVA NV door aandeelhouders [B2 art. 110 BW Boek 2]
Bijeenroepen ledenraad [B47 art. 75 WNA]
Bijeenroepen vergadering [B45 art. 37 Advw]
Bijeenroeping algemene vergadering vereniging [B2 art. 41 BW Boek 2]
Bijeenroeping conferentie [B73 art. 49 CMR]
Bijhouding van het net van coördinaatpunten [B28 art. 83 Kadw]
Bijhoudingsverklaring [B47 art. 45a WNA]
Bijkantoren in andere lidstaten [B13 art. 212mm Fw]
Bijkantoren van het Europees Octrooibureau [B74 art. 7 EOV]
Bijlagen verzoekschrift [B13 art. 285 Fw]
Bijrekening rente [B13 art. 260 Fw]
Bijstand aan deurwaarder door getuige(n) [B14 art. 440 Rv]
Bijstand door getuigen bij ingijzelstelling [B14 art. 594 Rv]
Bijstand door raadsman [B76 art. 20 HBewV]
Bijstand facultatief [B14 art. 556 Rv]
Bijstandsverhaal bij alimentatieovereenkomst [B1 art. 159a BW Boek 1]
Bijstandverlening aan andere Verdragsluitende Staat bij uitvoering maatregelen [B63 art. 35 HKV 1996]
Bijstandverlening door sterke arm [B14 art. 595 Rv]
Bijwerking door bijhouding [B28 art. 86, art. 93 Kadw]
Bijwerking van het kadaster [B28 art. 53 Kadw]
Bijwonen uitvoering van rogatoire commissie [B76 art. 8 HBewV]
Bijzonder beding bij goederenvervoer over zee [B8 art. 386 BW Boek 8]
Bijzonder belang [B73 art. 26 CMR]
Bijzonder recht jegens de splitsende rechtspersoon [B2 art. 334p BW Boek 2]
Bijzonder trekkingsrecht bij aansprakelijkheid [B8 art. 759 BW Boek 8]
Bijzondere curator in zaken van afstamming [B1 art. 212 BW Boek 1]
Bijzondere gemeenschap [B3 art. 189 BW Boek 3]
Bijzondere maatschap, definitie [B7a art. 1660 BW Boek 7A]
Bijzondere onderhandelingsgroep, aanwijzing leden in Nederland [B18 art. 10 Wet EOR]
Bijzondere onderhandelingsgroep, bekendmaking samenstelling/vergadertijdstip [B18 art. 14 Wet EOR]
Bijzondere onderhandelingsgroep, bijstand deskundigen [B18 art. 12 Wet EOR]
Bijzondere onderhandelingsgroep, instelling Europese ondernemingsraad [B18 art. 11 Wet EOR]
Bijzondere onderhandelingsgroep, oprichting [B18 art. 8 Wet EOR]
Bijzondere onderhandelingsgroep, oprichting bij structuurwijziging [B18 art. 14a Wet EOR]
Bijzondere onderhandelingsgroep, reglement Europese ondernemingsraad [B18 art. 11 Wet EOR]
Bijzondere onderhandelingsgroep, samenstelling [B18 art. 9 Wet EOR]
Bijzondere onderhandelingsgroep, stemrecht leden [B18 art. 13 Wet EOR]
Bijzondere organen van het Europees Octrooibureau [B74 art. 143 EOV]
Bijzondere pachtovereenkomst bij teeltpacht [B7 art. 396 BW Boek 7]
Bijzondere pachtovereenkomst bij vastgestelde duur overeenkomst [B7 art. 397 BW Boek 7]

Alfabetisch trefwoordenregister B

Bijzondere pachtovereenkomst bij verpachting in een reservaat [B7 art. 389 BW Boek 7]
Bijzondere pachtovereenkomst bij verpachting kleine oppervlakten [B7 art. 395 BW Boek 7]
Bijzondere rekening(en) bij kredietinstelling [B47 art. 25 WNA]
Bijzondere situaties [B4 art. 165 BW Boek 4]
Bijzondere vergoeding bij hulpverlening [B8 art. 564 BW Boek 8]
Bijzondere verrichtingen [B54 art. 6i Wet OB 1968]
Bijzondere verzoeken over erkenning genomen maatregelen in andere Verdragsluitende Staten [B63 art. 24 HKV 1996]
Bijzondere volmacht [B11 art. 83 NBW] [B3 art. 62 BW Boek 3]
Bijzondere voorrechten bij binnenschip [B8 art. 821 BW Boek 8]
Bijzondere voorrechten bij luchtvaartuig [B8 art. 1317 BW Boek 8]
Bijzondere voorrechten bij zeeschip [B8 art. 211, art. 216 BW Boek 8]
Bijzondere voorrechten bij zeeschip, renten en kosten [B8 art. 212 BW Boek 8]
Bijzondere voorrechten op zaken aan boord binnenschip [B8 art. 832 BW Boek 8]
Bijzondere vormen van gemeenschap [B11 art. 103 NBW]
Billijke vergoeding [B36 art. 15i, art. 16b, art. 16c, art. 25c Aw] [B7 art. 673, art. 682 BW Boek 7]
Billijke vergoeding bij gemis aan octrooi [B39 art. 12 ROW 1995]
Bindende uitspraak tot nietigheid of vernietiging besluit rechtspersoon [B2 art. 16 BW Boek 2]
Bindende usance [B70 art. 9 WKV]
Binnenlopen onzijdige haven [B12 art. 367 WvK]
Binnenschip [B8 art. 3 BW Boek 8]
Binnenschip is registergoed [B8 art. 790 BW Boek 8]
Binnentreding opsporingsambtenaren [B36 art. 36b Aw] [B38 art. 28 WNR]
Binnenwater [B8 art. 4 BW Boek 8]
Blanco endossement [B12 art. 113 WvK]
Bloed- en aanverwantschap [B1 art. 3 BW Boek 1]
Bloed- en aanverwantschap; maatschap [B45 art. 52 Advw]
Blokkeren betaalinstrument [B7 art. 523 BW Boek 7]
Blote eigendom geërfde woning [B40 art. 25 Iw 1990]
Bodembestanddelen [B50 art. 15 WBRV]
Bodemrecht [B40 art. 70 Iw 1990]
Bodemzaak [B40 art. 22bis Iw 1990]
Boedel [B13 art. 295 Fw]
Boedelbeschrijving [B13 art. 324, art. 94 Fw]
Boedelbeschrijving bij bijzondere gemeenschap [B3 art. 194 BW Boek 3]
Boedelbeschrijving bij huwelijk voogd [B1 art. 355 BW Boek 1]
Boedelbeschrijving bij nalatenschap [B4 art. 16 BW Boek 4]
Boedelbeschrijving bij vruchtgebruik [B3 art. 205 BW Boek 3]
Boedelbeschrijving door bewindvoerder [B4 art. 160 BW Boek 4]
Boedelbeschrijving, staat van buiten faillissement vallende goederen [B13 art. 95 Fw]
Boedelnotaris bij beneficiaire aanvaarding [B4 art. 197 BW Boek 4]
Boedelschuld [B13 art. 238, art. 239 Fw]
Boedelverdeling tussen afstammelingen en echtgenoot [B11 art. 129 NBW]
Boekhouder in rederij [B8 art. 163 BW Boek 8]
Boekhouder in rederij, bevoegdheden [B8 art. 164 BW Boek 8]
Boekhouding van rechtspersoon [B2 art. 10 BW Boek 2]
Boeking in het register van voorlopige aantekeningen [B28 art. 37 Kadw]
Boekjaar [B46 art. 79 GDW]
Boekjaar van rechtspersoon [B2 art. 10a BW Boek 2]
Boete i.p.v. schadevergoeding bij boetebeding [B6 art. 92 BW Boek 6]
Borg bij verrekening [B6 art. 139 BW Boek 6]
Borgen en andere medeschuldenaren [B13 art. 300 Fw]
Borgtocht [B11 art. 220 NBW] [B12 art. 202 WvK] [B7 art. 850 BW Boek 7]
Botsende rechten op levering bij rechtsvordering [B3 art. 298 BW Boek 3]
Bouwen tegen mandelige scheidsmuur [B5 art. 67 BW Boek 5]
Bouwterrein [B54 art. 11 Wet OB 1968]
BPM/BZM [B40 art. 9 Iw 1990]
Brexit, termijnen voor vennootschappen uit VK [B56 art. 11a Wfbv]
Bruikleen [B7a art. 1777 BW Boek 7A]
Bruikleen, hoofdelijke aansprakelijkheid [B7a art. 1786 BW Boek 7A]
Bruikleen, verplichtingen lener [B7a art. 1781 BW Boek 7A]
Btw-identificatienummer [B54 art. 2a Wet OB 1968]
BUA gaat vóór [B54 art. 16a Wet OB 1968]

C

Buiten faillissement vallende goederen en dieren [B13 art. 21 Fw]
Buiten verzegeling vallende goederen [B13 art. 93 Fw]
Buitengerechtelijke ontbinding bij wederkerige overeenkomst [B6 art. 267 BW Boek 6]
Buitengerechtelijke stukken [B78 art. 17 HBetV]
Buitengerechtelijke stukken, verzending [B86 art. 16 BetVo]
Buitengewone lasten erfpacht [B5 art. 96 BW Boek 5]
Buitengewone omstandigheden bij uiterste wil [B4 art. 102 BW Boek 4]
Buitenlands vonnis [B28 art. 25 Kadw]
Buitenlandse akte, inschrijving in Haagse registers [B1 art. 25 BW Boek 1]
Buitenlandse akte of uitspraak overleggen bij verklaring voor recht [B1 art. 26d BW Boek 1]
Buitenlandse akte, verbetering kennelijke misslagen [B1 art. 25a BW Boek 1]
Buitenlandse akte, verbetering schrijf- of spelfouten [B1 art. 25a BW Boek 1]
Buitenrechtelijke vernietiging bij rechtshandeling [B3 art. 50 BW Boek 3]
Bureau als centrale bewaarplaats [B39 art. 15 ROW 1995]
Bureau Financieel Toezicht [B47 art. 110 WNA]
Bureau KNB [B47 art. 63 WNA]
Bureau voor de industriële eigendom [B39 art. 99 ROW 1995]
Burenrecht [B11 art. 159 NBW]
Burgerlijke en handelszaken, aanhangigheid [B79 art. 27 EVEX]
Burgerlijke en handelszaken, bevoegdheid in verzekeringszaken [B79 art. 8 EVEX]
Burgerlijke en handelszaken, consumentenovereenkomst [B79 art. 15 EVEX]
Burgerlijke en handelszaken, eis in reconventie [B79 art. 6 EVEX]
Burgerlijke en handelszaken, exclusieve bevoegdheid [B79 art. 22 EVEX]
Burgerlijke en handelszaken, meerdere verweerders vrijwaring/voeging/tussenkomst [B79 art. 6 EVEX]
Burgerlijke en handelszaken, oproeping personen [B79 art. 5 EVEX]
Burgerlijke en handelszaken, samenhang [B79 art. 28 EVEX]
Burgerlijke en handelszaken, toetsing bevoegdheid/onafhankelijkheid [B79 art. 25 EVEX]
Burgerlijke en handelszaken, woonplaats binnen verdragsstaat [B79 art. 2 EVEX]
Burgerlijke en handelszaken, woonplaats in niet-verdragsstaat [B79 art. 4 EVEX]
Burgerlijke rechten [B1 art. 1 BW Boek 1]
Burgerlijke rechtsvordering bij verenigingszaken [B14 art. 1003, art. 1004, art. 1005, art. 1006 Rv]
Burgerlijke stand, opmaken akten [B1 art. 18 BW Boek 1]
Burgerlijke vrucht [B3 art. 9 BW Boek 3]
Burgerservicenummer, gebruik door deurwaarder [B14 art. 475gb Rv]
Buurweg [B11 art. 160 NBW]
BV, bestuur [B2 art. 239 BW Boek 2]

C

Canon [B5 art. 85 BW Boek 5]
Cao [B33 art. 13 Wet CAO]
Cao, aanvang werking [B33 art. 7 Wet CAO]
Cao, akte [B33 art. 3 Wet CAO]
Cao, bescherming rechten dienstverrichters d.m.v. algemeen verbindend verklaarde bepalingen [B32 art. 2a Wet AVV]
Cao, besluit omtrent verbindendverklaring [B32 art. 5 Wet AVV]
Cao, bevoegdheid vakorganisatie [B33 art. 2 Wet CAO]
Cao, duur maximaal 5 jaar [B33 art. 18 Wet CAO]
Cao, einde [B33 art. 21 Wet CAO]
Cao, exemplaar voor leden [B33 art. 4 Wet CAO]
Cao, gebondenheid [B33 art. 9 Wet CAO]
Cao, gebondenheid bij einde lidmaatschap [B33 art. 10 Wet CAO]
Cao, gevolgen onverbindendverklaring [B32 art. 9 Wet AVV]
Cao, handhaving arbeidsvoorwaarden en -omstandigheden gedetacheerde werknemers [B32 art. 10a Wet AVV]
Cao, immateriële schade [B33 art. 16 Wet CAO]
Cao, intrekking verbindendverklaring [B32 art. 6 Wet AVV]
Cao, mandatering bevoegdheden [B32 art. 10c Wet AVV]
Cao, nakoming bij overgang onderneming [B32 art. 2b Wet AVV]
Cao, nakoming door leden vakorganisatie [B33 art. 8 Wet CAO]
Cao, onderzoek naar naleving [B32 art. 10 Wet AVV]
Cao, ongeorganiseerde werknemers [B33 art. 14 Wet CAO]
Cao, ontbinding vakorganisatie [B33 art. 11 Wet CAO]
Cao, onverbindendverklaring [B32 art. 8 Wet AVV]
Cao, opzegging [B33 art. 20 Wet CAO]
Cao, overgang onderneming [B33 art. 14a Wet CAO]

Alfabetisch trefwoordenregister C

Cao, schadevergoeding [B33 art. 15 Wet CAO]
Cao, Stichting van de Arbeid [B32 art. 10b Wet AVV]
Cao, verbindendverklaring [B32 art. 2 Wet AVV]
Cao, verlenging [B33 art. 19 Wet CAO]
Cao, verlenging verbindendverklaring [B32 art. 4a Wet AVV]
Cao, verzoek om uitzondering [B32 art. 7a Wet AVV]
Cao, verzoek tot verbindendverklaring [B32 art. 4 Wet AVV]
Cao, wijziging [B32 art. 7 Wet AVV]
Cao, wijziging en verlenging [B33 art. 5 Wet CAO]
Cao, wijziging statuten vakorganisatie [B33 art. 6 Wet CAO]
Cao-ontslagcommissie [B7 art. 669, art. 671a BW Boek 7]
Cassatie in belang der wet tegen beschikkingen in procedures betreffende nalatenschappen [B14 art. 676a Rv]
Cassatie niet mogelijk (berusting) [B14 art. 400 Rv]
Cassatie niet mogelijk (herstel) [B14 art. 399 Rv]
Cassatiegronden [B42 art. 79 Wet RO]
Cassatietermijn bij beschikkingen op rekest [B14 art. 426 Rv]
Cassatietermijn bij overlijden in ongelijk gestelde partij [B14 art. 403 Rv]
Causaal verband bij schadevergoeding [B6 art. 98 BW Boek 6]
Centraal faillissementsregister [B13 art. 19a Fw]
Centraal register schuldsaneringsregelingen [B13 art. 294a Fw]
Centraal surseanceregister [B13 art. 222b Fw]
Centrale aansprakelijkheid bij behandelingsovereenkomst [B7 art. 462 BW Boek 7]
Centrale autoriteit [B78 art. 2 HBetV]
Centrale effectenbewaarinstelling, procedures voor het melden van inbreuken [B23 art. 4:14a Wft]
Centrale ondernemingsraad, instelling [B17 art. 33 WOR]
Centrale ondernemingsraad/groepsondernemingsraad, bevoegdheden [B17 art. 35 WOR]
Centrale ondernemingsraad/groepsondernemingsraad, samenstelling [B17 art. 34 WOR]
Certificaat [B99 art. 4 EUV 606/2013]
Certificaat als deel van het vermogen [B39 art. 98 ROW 1995]
Certificaat authentieke akte [B81 art. 60 Brussel I-bis]
Certificaat financiële zekerheid van scheepseigenaar [B8 art. 647 BW Boek 8]
Certificaat, onverwijlde mededeling wijzigingen [B8 art. 649 BW Boek 8]
Certificaat; formulier [B99 EUV 606/2013]
Certificaathouders bij pandrecht [B3 art. 259 BW Boek 3]
Certificaten [B11 art. 112 NBW]
Certificaten aan toonder, verbod uitgifte [B2 art. 92b BW Boek 2]
Certificering van aandelen [B41 4/4.4 NCG]
Certificeringsmerken [B75 art. 2.35bis BVIE]
Cessie [B3 art. 94 BW Boek 3]
Cessie (levering) [B11 art. 90 NBW]
Cessie van vorderingen en contractuele subrogatie [B92 art. 14 Rome I]
Cheque aan: order trekker, voor rekening derde [B12 art. 183 WvK]
Cheque in vreemd geld [B12 art. 213 WvK]
Cheque op bankier [B12 art. 180 WvK]
Cheque-exemplaren [B12 art. 226 WvK]
Civielrechtelijk bestuursverbod [B13 art. 106a Fw]
Civielrechtelijk bestuursverbod, gevolgen van [B13 art. 106b Fw]
Civielrechtelijk bestuursverbod, nadere regels bij verzoek of vordering tot [B13 art. 106c Fw]
Civielrechtelijk bestuursverbod voor feitelijk bestuurder [B13 art. 106d Fw]
Clausule zonder protest [B12 art. 145, art. 220 WvK]
Clearinginstelling, bedrijfsvoering zetel in Nederland en bijkantoren in andere staat [B23 art. 4:14 Wft]
Clearinginstelling, beheerste en integere bedrijfsvoering [B23 art. 4:91p Wft]
Clearinginstelling, informatieverstrekking aan cliënten [B23 art. 4:78 Wft]
Clearinginstelling, toelatingseisen [B23 art. 4:77 Wft]
Cognossement bij goederenvervoer over binnenwateren [B8 art. 916 BW Boek 8]
Cognossement bij goederenvervoer over zee [B8 art. 399 BW Boek 8]
Collectief ontslag, bedrijfseconomische redenen [B34 art. 6a WMCO]
Collectief ontslag, behandeling UWV of commissie [B34 art. 6 WMCO]
Collectief ontslag, geheimhoudingsplicht [B34 art. 8 WMCO]
Collectief ontslag, ontbrekende gegevens [B34 art. 5 WMCO]
Collectief ontslag, raadpleging werknemersvereniging [B34 art. 7a WMCO]
Collectief ontslag, te verstrekken gegevens [B34 art. 4 WMCO]

C **Alfabetisch trefwoordenregister**

Collectief ontslag, vereniging van werknemers [B34 art. 3 WMCO]
Collectief ontslag, vernietigingsgronden [B34 art. 7 WMCO]
Collectief ontslag, verplichte melding [B34 art. 3 WMCO]
Collectief ontslag, wachttijd [B34 art. 5a WMCO]
Collectieve actie bij arbeidsconflicten [B93 art. 9 Rome II]
Collectieve actie, overgangsrecht [B11 art. 119a NBW]
Collectieve arbeidsovereenkomst, bekendmaking [B35 art. 4 Wet LV]
Collectieve arbeidsovereenkomst, vaststelling door minister [B35 art. 5 Wet LV]
Collectieve merken [B75 art. 2.34bis BVIE]
Collectieve merken en certificeringsmerken [B75 art. 1.2 BVIE]
Collectieve schadeafwikkeling, uitspraak per gewone brief [B14 art. 1018j Rv]
Collectieve vordering tot schadevergoeding [B14 art. 1018i Rv]
College van afgevaardigden [B45 art. 20 Advw]
College van procureurs-generaal, besluitvorming [B42 art. 131 Wet RO]
College van procureurs-generaal, machtiging [B42 art. 133 Wet RO]
College van procureurs-generaal, samenstelling [B42 art. 130 Wet RO]
College van procureurs-generaal, verdeling van werkzaamheden [B42 art. 132 Wet RO]
College van toezicht [B45 art. 36a Advw]
College van toezicht, beëindiging lidmaatschap [B45 art. 36c Advw]
College van toezicht, nevenfuncties [B45 art. 36b Advw]
College van toezicht, schorsing lidmaatschap [B45 art. 36c Advw]
Collisieregel [B88 IVO]
Comitéprocedure [B105 art. 67 HuwVermVo] [B106 art. 67 GPVo]
Commanditaire vennootschap [B12 art. 19 WvK]
Commerciële communicatie [B3 art. 15e BW Boek 3]
Commissaris en bestuurder, tussentijds aftreden van [B41 2/2.2.3 NCG]
Commissaris, gedelegeerd [B41 2/2.3.8 NCG]
Commissaris, tijdelijke bestuursfunctie [B41 2/2.3.9 NCG]
Commissaris vereniging, benoeming/schorsing/ontslag [B2 art. 47a BW Boek 2]
Commissarissen en bestuurders, opvolging van [B41 2/2.2.4 NCG]
Commissarissen, (her)benoemingstermijnen van [B41 2/2.2.2 NCG]
Commissarissen, onafhankelijkheid [B41 2/2.1.8 NCG]
Commissarissen, verantwoording over onafhankelijkheid van [B41 2/2.1.10 NCG]
Commissie toegang notariaat [B47 art. 8 WNA]
Commissie van advies burgerlijke staat en nationaliteit [B1 art. 29 BW Boek 1]
Commissie van vertegenwoordiging [B13 art. 281e Fw]
Commissies RvC, instellen [B41 2/2.3.2 NCG]
Commissies RvC, reglementen [B41 2/2.3.3 NCG]
Commissies RvC, samenstelling [B41 2/2.3.4 NCG]
Commissies RvC, verslag [B41 2/2.3.5 NCG]
Commissionair [B54 art. 3, art. 4 Wet OB 1968]
Communicatie door deugdelijk middel [B70 art. 27 WKV]
Competentie bij aanwijzing derde [B14 art. 627 Rv]
Competentie bij betwisting rekening rederij [B14 art. 621 Rv]
Competentie bij retentie [B14 art. 628 Rv]
Competentie bij scheepsvervoer naar Nederland [B14 art. 629 Rv]
Competentie bij zekerheidstelling [B14 art. 631 Rv]
Competentie internationaal wegvervoer [B14 art. 630 Rv]
Competentie pachtkamer [B14 art. 1019k Rv]
Competentie van raad voor de kinderbescherming [B1 art. 239 BW Boek 1]
Competentieregels t.a.v. vrijwaring [B14 art. 216 Rv]
Compilatiewerk [B36 art. 16 Aw]
Compromis [B14 art. 1024 Rv]
Compromis; arbitraal beding [B14 art. 1020 Rv]
Computerprogramma's [B37 art. I Dbw]
Computerprogramma's en beperkingen in AW [B36 art. 45n Aw]
Concern (OB) [B40 art. 43 Iw 1990]
Conclusie OM [B14 art. 418 Rv]
Conclusie van antwoord van eiser [B14 art. 412 Rv]
Conclusies m.b.t. incidentele vorderingen [B14 art. 415 Rv]
Concurrente schuldeisers, indeling in klassen [B13 art. 374 Fw]
Concurrente vorderingen [B13 art. 37a Fw]
Conformiteit bij koop [B7 art. 17 BW Boek 7]
Conservatoir beslag op aandelen op naam in nv of bv [B14 art. 715 Rv]
Conservatoir beslag op andere effecten op naam [B14 art. 717 Rv]

Alfabetisch trefwoordenregister

Conservatoir beslag op luchtvaartuigen [B14 art. 729 Rv]
Conservatoir beslag op onroerende zaken [B14 art. 725 Rv]
Conservatoir beslag op rechten sommenverzekering [B14 art. 724a Rv]
Conservatoir beslag op roerende zaken niet-registergoederen en op rechten aan toonder of order [B14 art. 711 Rv]
Conservatoir beslag: termijn [B14 art. 626 Rv]
Conserverende aanslag [B40 art. 26 Iw 1990]
Consignatie wisselbedrag [B12 art. 141 WvK]
Consumentenkoop [B7 art. 5 BW Boek 7]
Consumentenovereenkomst, afwijking bij overeenkomst [B79 art. 17 EVEX]
Consumentenovereenkomst, eis in reconventie [B79 art. 16 EVEX]
Consumentenovereenkomst, woonplaats [B79 art. 16 EVEX]
Consumentenovereenkomsten [B92 art. 6 Rome I]
Contact- of omgangsregeling bij partnerdoding [B1 art. 242a BW Boek 1]
Continentaal plat [B39 art. 74 ROW 1995]
Contractovername [B7 art. 506 BW Boek 7]
Contractsoverneming [B6 art. 159 BW Boek 6]
Contractuele licentie [B74 art. 73 EOV]
Contractuele verwijzing naar oude wet [B11 art. 71 NBW]
Controle op stichting door OM [B2 art. 297 BW Boek 2]
Conversie eigendom tot zekerheid in pandrecht [B11 art. 86 NBW]
Conversie eigendomsvoorbehoud in pandrecht [B11 art. 89 NBW]
Conversies [B75 art. 1.46 BVIE]
Coöperatie [B2 art. 53 BW Boek 2]
Coöperatie en onderlinge waarborgmaatschappij, uitvoerende en niet uitvoerende bestuurder [B2 art. 63k BW Boek 2]
Coöperatie en onderlinge waarborgmaatschappij, voeren volledige naam [B2 art. 56 BW Boek 2]
Coördinatie optreden [B13 art. 213dd Fw]
Coördinatie van insolventieprocedures [B88 IVO]
Coördinator; insolventiefunctionaris [B88 art. 71 IVO]
Coördinator; kosten [B88 art. 77 IVO]
Correctie op verzoek belanghebbende [B28 art. 7t Kadw]
CT-document als cognossement [B8 art. 46 BW Boek 8]
CT-document bij gecombineerd goederenvervoer [B8 art. 44 BW Boek 8]
Culturele, wetenschappelijke diensten [B54 art. 6d Wet OB 1968]
Cultuur, rol bestuur en RvC bij vormgeven [B41 2/2.5 NCG]
Cultuur, rol medezeggenschapsorgaan m.b.t. [B41 2/2.5.3 NCG]
Cultuur, verantwoordelijkheid bestuur voor [B41 2/2.5.1 NCG]
Cultuur, verantwoording door bestuur over [B41 2/2.5.4 NCG]
Cultuurgoed, bepaling eigendom teruggegeven [B14 art. 1012 Rv]
Cultuurgoed verwerven [B3 art. 87a BW Boek 3]
Cultuurgrond [B50 art. 15 WBRV]
Curatele, einde taak curator [B1 art. 384 BW Boek 1]
Curatele, onderbewindstelling of mentorschap [B14 art. 266 Rv]
Curateleregister [B1 art. 391 BW Boek 1]
Curator/bewindvoerder [B4 art. 92 BW Boek 4]
Curatoren en bewindvoerders [B14 art. 52 Rv]

D

Dag van indiening [B39 art. 49 ROW 1995]
Dagbepaling uitspraak [B14 art. 229 Rv]
Dagtekening [B52 art. 4 SW]
Dagtekening bij terpostbezorging [B40 art. 13 Iw 1990]
Dagvaarding [B40 art. 17 Iw 1990] [B45 art. 49 Advw]
Databank [B36 art. 16c Aw]
Databanken [B36 art. 10 Aw]
Databankenproducenten [B37 art. I Dbw]
Datering/ondertekening cognossement bij goederenvervoer over zee [B8 art. 412 BW Boek 8]
Datum inschrijving internationale aanvraag [B75 art. 2.8 BVIE]
Datum terechtzitting dagvaardingsregels; competente rechter [B14 art. 613 Rv]
Datum van indiening [B74 art. 80 EOV]
Datum van indiening van de aanvrage [B39 art. 29 ROW 1995]
Deelgenoot in aandeel bij maatschap [B7a art. 1678 BW Boek 7A]
Deelgeschilbeschikking, geen direct hoger beroep tegen [B14 art. 1019bb Rv]
Deelgeschilbeschikking, regels m.b.t. de status van de [B14 art. 1019cc Rv]

D
Alfabetisch trefwoordenregister

Deelgeschillen betreffende letsel- en overlijdensschade [B14 art. 1019w Rv]
Deelgeschillen betreffende letsel- en overlijdensschade, afwijzing verzoek bij [B14 art. 1019z Rv]
Deelgeschillen betreffende letsel- en overlijdensschade, bevoegde rechter bij [B14 art. 1019x Rv]
Deelgeschillen betreffende letsel- en overlijdensschade, comparitie bij [B14 art. 1019ij Rv]
Deelgeschillen betreffende letsel- en overlijdensschade, inhoud verzoekschrift bij
[B14 art. 1019x Rv]
Deelgeschillen betreffende letsel- en overlijdensschade, kosten bij [B14 art. 1019aa Rv]
Deelname pensioenfonds [B47 art. 113a WNA]
Deelname/stemming via elektronisch communicatiemiddel tijdens AVA BV [B2 art. 227a BW Boek 2]
Deelname/stemming via elektronisch communicatiemiddel tijdens AVA NV [B2 art. 117a BW Boek 2]
Deelnemers aan pensioenfonds bij stichting [B2 art. 304 BW Boek 2]
Deelneming van waarnemers [B74 art. 30 EOV]
Definitie gezag [B1 art. 245 BW Boek 1]
Definitie tussenpersoon [B12 art. 62 WvK]
Definities bij oneerlijke handelspraktijken [B6 art. 193a BW Boek 6]
Definitieve commissie [B13 art. 75 Fw]
Deken is voorzitter [B45 art. 38 Advw]
Dekking algemene bankrisico's in balans bank [B2 art. 424 BW Boek 2]
Dekking belang verzekeringnemer bij schadeverzekering [B7 art. 946 BW Boek 7]
Dekking schade door meerdere verzekeringen bij schadeverzekering [B7 art. 961 BW Boek 7]
Dekking van de kosten voor het uitvoeren van de bijzondere taken [B74 art. 146 EOV]
Delging tekort van aandelen BV [B2 art. 215 BW Boek 2]
Delging tekort van aandelen NV [B2 art. 104 BW Boek 2]
Delictsomschrijving misdrijven (bij opzet) [B40 art. 65 Iw 1990]
Delictsomschrijving overtredingen (bij schuld) [B40 art. 64 Iw 1990]
Deponeren dispache [B14 art. 640 Rv]
Deponeren handtekening en paraaf [B46 art. 9 GDW]
Deponering handtekening en paraaf [B47 art. 4 WNA]
Depot [B40 art. 57a Iw 1990] [B75 art. 3.9 BVIE]
Depot, aanwending [B40 art. 57a Iw 1990]
Depotvereisten [B75 art. 1.1, art. 2.1 BVIE]
Derde-land [B54 art. 2a, art. 5a Wet OB 1968]
Derdebescherming [B3 art. 45 BW Boek 3]
Derdenbeding [B11 art. 193 NBW] [B53 art. 10d Uitv besl SW]
Derdenbeding bij legaat [B4 art. 127 BW Boek 4]
Derdenbeding bij rechtsgevolgen van overeenkomst [B6 art. 253 BW Boek 6]
Derdenbeding, rechtsgevolgen [B6 art. 254 BW Boek 6]
Derdenbescherming bij rechtshandeling [B3 art. 36 BW Boek 3]
Derdenbescherming tegen onbevoegd bestuur door echtgenoten [B1 art. 92 BW Boek 1]
Derdenbeslag [B46 art. 19 GDW]
Derdenbeslag mogelijk [B14 art. 500 Rv]
Derdenbeslag onder Staat of openbaar lichaam [B14 art. 479 Rv]
Derdenrekening [B46 art. 19 GDW]
Derdenverzet [B14 art. 376, art. 438 Rv]
Derdenwerking [B75 art. 2.33, art. 3.27 BVIE]
Derivatenvermogen, begripsbepalingen [B22 art. 49f Wge]
Derivatenvermogen, faillissement tussenpersoon [B22 art. 49h Wge]
Derivatenvermogen uitgezonderd van regeling artikel 3:276 BW [B22 art. 49g Wge]
Deskundigenbericht [B14 art. 1042 Rv]
Deskundigenkosten, invordering van door griffier voorgeschoten [B14 art. 244 Rv]
Deskundigenkosten, veroordeling partijen tot voldoening van [B14 art. 248 Rv]
Deskundigenoordeel [B7 art. 629a, art. 671b BW Boek 7]
Deskundigenverklaring [B7 art. 658b BW Boek 7]
Deskundigenverslag [B13 art. 226, art. 291 Fw]
Deurwaarder betaalt uit opbrengst allereerst executiekosten [B14 art. 474 Rv]
Deurwaarder ontruimt [B14 art. 556 Rv]
Deurwaardersexploit [B14 art. 479n Rv]
Dezelfde staat bij terugvordering bij koop [B7 art. 41 BW Boek 7]
Dienend erf, verdeling [B5 art. 76 BW Boek 5]
Dienend erf, verplichtingen [B5 art. 71 BW Boek 5]
Diensten op verzoek reiziger bij personenvervoer over de weg [B8 art. 1156 BW Boek 8]
Diensten voor derde zonder redelijke vergoeding [B14 art. 479a Rv]
Dienstverlening door hulppersonen bij personenvervoer over zee [B8 art. 514 BW Boek 8]

Alfabetisch trefwoordenregister D

Dier bij aansprakelijkheid [B6 art. 179 BW Boek 6]
Digitaal berichtenverkeer, nadere regels [B14 art. 30f Rv] [B15 art. 30f Rv]
Digitaal procederen [B14 art. 1072b Rv]
Diplomatiek ambtenaar [B75 art. 8 BVIE]
Direct opeisbare lening tegen geen of te lage rente [B52 art. 15 SW]
Directe elektronische toegang tot handelsplatform, interne procedures [B23 art. 4:91o Wft]
Directeur, inspecteur of ontvanger [B40 art. 2 Iw 1990]
Directeur-Generaal [B75 art. 1.10 BVIE]
Directeur-generaal en personeelsleden [B75 art. 7 BVIE]
Disclosure [B14 art. 1034 Rv]
Disculpatie [B40 art. 37 Iw 1990]
Disculpatiemogelijkheid [B40 art. 35a Iw 1990]
Diversiteitsbeleid, verantwoording over [B41 2/2.1.6 NCG]
Dochter-SE [B91 art. 2 SE]
Dochtermaatschappij [B2 art. 24a BW Boek 2]
Dochtermaatschappijen in toelichting op jaarrekening [B2 art. 383c BW Boek 2]
Documenten bij dagvaarding [B14 art. 1009 Rv]
Documenten bij huwelijksaangifte [B1 art. 44 BW Boek 1]
Doeloverschrijding rechtspersoon [B2 art. 7 BW Boek 2]
Doelstelling [B63 art. 1 HKV 1996]
Domicilie betrokkene [B12 art. 101 WvK]
Domiciliekeuze [B52 art. 43 SW]
Dood begunstigde bij sommenverzekering [B7 art. 967 BW Boek 7]
Dood handelsagent bij agentuurovereenkomst [B7 art. 438 BW Boek 7]
Dood of ondercuratelestelling volmachtgever [B3 art. 73 BW Boek 3]
Dood opdrachtgever [B7 art. 410 BW Boek 7]
Dood opdrachtnemer [B7 art. 409 BW Boek 7]
Dood principaal bij agentuurovereenkomst [B7 art. 438 BW Boek 7]
Dood van de vruchtgebruiker van een registergoed [B28 art. 30 Kadw]
Dood verzekerde bij levensverzekering [B7 art. 981 BW Boek 7]
Dood verzekeringnemer bij schadeverzekering [B7 art. 950 BW Boek 7]
Dood/arbeidsongeschiktheid aannemer bij aanneming van werk [B7 art. 763 BW Boek 7]
Door gefailleerde betwiste vordering [B13 art. 197 Fw]
Door opdrachtgever gewenste toevoeging/verandering bij aanneming van werk [B7 art. 755 BW Boek 7]
Door schuldenaar onverplicht verrichte rechtshandeling (Faillissementspauliana) [B13 art. 42 Fw]
Door schuldenaar reeds ingestelde vordering [B13 art. 27 Fw]
Doorberekening kosten verbeteringen in huurprijs bij huur bedrijfsruimte [B7 art. 305 BW Boek 7]
Doorgeven van informatie bij elektronisch rechtsverkeer [B6 art. 196c BW Boek 6]
Doorhaling aantekening advocaat Hoge Raad [B45 art. 9k Advw]
Doorhaling acceptatie [B12 art. 128 WvK]
Doorhaling endossementen [B12 art. 149, art. 224 WvK]
Doorhaling inschrijving [B45 art. 60aa Advw]
Doorhaling inschrijving in openbare registers [B14 art. 727 Rv]
Doorhaling inschrijving waardeloos beslag [B14 art. 513a Rv]
Doorhaling op verzoek [B75 art. 2.25, art. 3.21 BVIE]
Doorhaling teboekstelling bij zeeschip [B8 art. 195 BW Boek 8]
Doorhaling teboekstelling van binnenschip [B8 art. 786 BW Boek 8]
Doorhaling teboekstelling van luchtvaartuig [B8 art. 1304 BW Boek 8]
Doorhaling voorlopige aantekening bij registergoed [B3 art. 20 BW Boek 3]
Doorzending van Europese octrooiaanvragen [B74 art. 77 EOV]
Dossier tot stand gebracht bouwwerk, overlegging door aannemer [B7 art. 757a BW Boek 7]
Douanewet [B40 art. 9 Iw 1990]
Drempelbedrag [B54 art. 5a Wet OB 1968]
Driehoekssplitsing NV of BV [B2 art. 334ii BW Boek 2]
Dringend eigen gebruik t.b.v. gehandicapte [B7 art. 274a BW Boek 7]
Dringend eigen gebruik t.b.v. groot gezin [B7 art. 274f BW Boek 7]
Dringend eigen gebruik t.b.v. jongere [B7 art. 274c BW Boek 7]
Dringend eigen gebruik t.b.v. oudere [B7 art. 274b BW Boek 7]
Dringend eigen gebruik t.b.v. promovendus [B7 art. 274e BW Boek 7]
Dringend eigen gebruik t.b.v. student [B7 art. 274d BW Boek 7]
Dringende reden voor werkgever [B7 art. 678 BW Boek 7]
Dringende reden voor werknemer [B7 art. 679 BW Boek 7]

Dringende werkzaamheden aan het gehuurde [B7 art. 220 BW Boek 7]
Dualistisch stelsel [B91 art. 39 SE]
Duinen [B5 art. 35 BW Boek 5]
Duinvorming [B11 art. 158 NBW]
Dulden aangebrachte kennisgeving en bezichtiging door huurder [B7 art. 223 BW Boek 7]
Dulden onrechtmatige gedraging [B6 art. 168 BW Boek 6]
Duplicaat van aandeelbewijs [B2 art. 86d BW Boek 2]
Duplicaten [B14 art. 474h Rv]
Duur auteursrecht op een filmwerk [B36 art. 40 Aw]
Duur erfpacht [B5 art. 86 BW Boek 5]
Duur naburige rechten [B38 art. 12 WNR]
Duur ondertoezichtstelling [B1 art. 258 BW Boek 1]
Duur pachtovereenkomst bij verpachting in een reservaat [B7 art. 390 BW Boek 7]
Duur periode van waarneming [B47 art. 29 WNA]
Duur surseance [B13 art. 223 Fw]
Duur van beslag tot levering van goed [B14 art. 735 Rv]
Duur van het auteursrecht [B36 art. 37 Aw]
Duur van voorlopige voorziening [B14 art. 821 Rv]
Duur van vruchtgebruik [B3 art. 203 BW Boek 3]
Duur vruchtgebruik bij rechtspersoon [B3 art. 203 BW Boek 3]
Dwaling bij totstandkoming overeenkomst [B6 art. 228 BW Boek 6]
Dwangbevel [B40 art. 12 Iw 1990]
Dwangsom [B14 art. 1056 Rv] [B81 art. 55 Brussel I-bis]
Dwangsom en faillissement [B14 art. 611e Rv]
Dwingend bewijs [B14 art. 151 Rv]
Dwingend recht, beperking aansprakelijkheid [B8 art. 112 BW Boek 8]
Dwingend recht bij algemene voorwaarden [B6 art. 246 BW Boek 6]
Dwingend recht bij consumentenkoop [B7 art. 6 BW Boek 7]
Dwingend recht bij deeltijdgebruik [B7 art. 50i BW Boek 7]
Dwingend recht bij huurkoopovereenkomsten [B7 art. 112 BW Boek 7]
Dwingend recht bij huurovereenkomsten van woonruimte [B7 art. 117 BW Boek 7]
Dwingend recht bij hypotheekrecht [B3 art. 270 BW Boek 3]
Dwingend recht bij koop [B7 art. 2 BW Boek 7]
Dwingend recht bij pachtovereenkomst [B7 art. 399, art. 399a, art. 399b, art. 399c BW Boek 7]
Dwingend recht bij productaansprakelijkheid [B6 art. 192, art. 193 BW Boek 6]
Dwingend recht bij retentierecht bij erfpacht [B5 art. 100 BW Boek 5]
Dwingend recht en IPR [B36 art. 25h Aw]
Dwingend recht, geen afwijking ten nadele van franchisenemer [B7 art. 922 BW Boek 7]
Dwingend recht, titel 7A [B7 art. 513d BW Boek 7]
Dwingende bewijskracht van eenzijdige onderhandse schuldbekentenissen [B14 art. 158 Rv]
Dwingende voorschriften [B69 art. 16 HVV]

E

Echtgenoten zijn belanghebbenden [B14 art. 825 Rv]
Echtscheiding [B1 art. 150 BW Boek 1]
Echtscheiding/scheiding van tafel en bed/nietigverklaring, algemene bevoegdheid [B85 art. 3 Brussel II-bis]
Echtscheiding/scheiding van tafel en bed/nietigverklaring, exclusieve bevoegdheid [B85 art. 6 Brussel II-bis]
Echtscheiding/scheiding van tafel en bed/nietigverklaring, omzetting scheiding tafel en bed in echtscheiding [B85 art. 5 Brussel II-bis]
Echtscheiding/scheiding van tafel en bed/nietigverklaring, residuele bevoegdheid [B85 art. 7 Brussel II-bis]
Echtscheiding/scheiding van tafel en bed/nietigverklaring, tegenvordering [B85 art. 4 Brussel II-bis]
Economische eigendom [B40 art. 42 Iw 1990]
Economische en juridische verkrijging [B50 art. 9 WBRV]
Edossement, dwingend recht [B12 art. 111 WvK]
Eed of belofte van ambtenaar burgerlijke stand [B1 art. 16 BW Boek 1]
Eed of gelofte [B46 art. 23 GDW]
Eedaflegging [B13 art. 120 Fw] [B14 art. 177 Rv] [B47 art. 3 WNA]
Eedaflegging toegevoegd notaris [B47 art. 30c WNA]
Eedaflegging waarnemend kandidaat-notaris [B47 art. 30 WNA]
Eén octrooiaanvrage per uitvinding [B39 art. 27 ROW 1995]
Eenheid van de Europese octrooiaanvrage of van het Europees octrooi [B74 art. 118 EOV]

Eenheid van uitvinding [B74 art. 82 EOV]
Eenheidsoctrooien [B74 art. 142 EOV]
Eenpersoonsvennootschap BV [B2 art. 247 BW Boek 2]
Eenpersoonsvennootschap NV [B2 art. 137 BW Boek 2]
Eenzijdig verzoek tot echtscheiding [B1 art. 151 BW Boek 1]
Eenzijdig verzoek tot ontbinding van huwelijk na scheiding van tafel en bed [B1 art. 179 BW Boek 1]
Eenzijdige opzegging, vergoeding [B13 art. 373, art. 374 Fw]
Eenzijdige rechtshandeling [B28 art. 26 Kadw]
Eerbiediging van de bestaande rechten [B75 art. 5.3 BVIE]
Eerst behandeling surseance [B13 art. 218 Fw]
Eerststervende [B53 art. 7 Uitv besl SW]
Effecten met aandelenkarakter, algemene vergadering [B22 art. 49c Wge]
Effecten met aandelenkarakter, geheimhoudingsplicht uitgevende instelling [B22 art. 49d Wge]
Effecten met aandelenkarakter, informatieverstrekking uitgevende instelling [B22 art. 49da Wge]
Effecten met aandelenkarakter, openbaarheid kosten verleende diensten [B22 art. 49dc Wge]
Effecten met aandelenkarakter, uitgevende instelling [B22 art. 49b Wge]
Effecten met aandelenkarakter, vordering tot identificatie investeerders [B22 art. 49e Wge]
Eigen aangifte verzoek schuldeisers [B13 art. 1 Fw]
Eigen beslag [B14 art. 479h Rv]
Eigen middelen van de Organisatie [B74 art. 38 EOV]
Eigen schuld bij schadevergoeding [B6 art. 101 BW Boek 6]
Eigen schuld vervoerder bij binnenlands openbaar personenvervoer [B8 art. 111 BW Boek 8]
Eigen vermogen [B2 art. 373 BW Boek 2]
Eigen vermogen in geconsolideerde jaarrekeningen [B2 art. 411 BW Boek 2]
Eigen voorrangsregels [B68 art. 16 HTV]
Eigenaar, begripsbepaling Titel 12 [B8 art. 1060 BW Boek 8]
Eigenbouwer [B55 art. 24b Uitv. Besl. OB 1968]
Eigendom [B5 art. 1 BW Boek 5]
Eigendom (bodem onder) water [B11 art. 154 NBW]
Eigendom en hypotheek van luchtvaartuig [B8 art. 1307 BW Boek 8]
Eigendom geleende zaak bij bruikleen [B7a art. 1778 BW Boek 7A]
Eigendom grond [B5 art. 20 BW Boek 5]
Eigendom/hypotheek/vruchtgebruik bij zeeschip [B8 art. 201 BW Boek 8]
Eigendom/hypotheek/vruchtgebruik op binnenschip [B8 art. 791 BW Boek 8]
Eigendomsovergang [B14 art. 525 Rv]
Eigendomsovergang bevracht schip bij goederenvervoer over binnenwateren [B8 art. 894 BW Boek 8]
Eigendomsovergang bij goederenvervoer over zee [B8 art. 375 BW Boek 8]
Eigendomsverkrijging [B14 art. 584o Rv]
Eigendomsverkrijging bij hulpverlening [B8 art. 576 BW Boek 8]
Eigendomsvoorbehoud [B13 art. 212v Fw]
Eigendomsvoorbehoud bij overdracht [B3 art. 92 BW Boek 3]
Eigendomsvoorbehoud en pandrecht op de met het krediet gefinancierde zaak [B7 art. 89 BW Boek 7]
Eigendomsvoorbehoud in het internationaal privaatrecht [B10 art. 128 BW boek 10]
Eigenrisicodrager [B7 art. 658a BW Boek 7]
Einde bestaan fuserende rechtspersonen [B2 art. 311 BW Boek 2]
Einde betrekking boekhouder bij rederij [B8 art. 169 BW Boek 8]
Einde betrekking boekhouder bij rederij, overneming aandeel [B8 art. 170 BW Boek 8]
Einde bewind bij afwezigheid [B1 art. 411 BW Boek 1]
Einde bewind door overlijden/opheffen/opzegging [B4 art. 178 BW Boek 4]
Einde bewind door vervallen belang/termijnverstrijking [B4 art. 179 BW Boek 4]
Einde bewind door vervallen gemeenschappelijk belang/opzegging [B4 art. 180 BW Boek 4]
Einde bewind door verwerping nalatenschap/legaat [B4 art. 177 BW Boek 4]
Einde bij vruchtgebruik [B3 art. 225 BW Boek 3]
Einde faillissement [B13 art. 161, art. 193 Fw]
Einde gezamenlijke uitoefening van voogdij [B1 art. 282a BW Boek 1]
Einde lastgeving [B7 art. 422 BW Boek 7]
Einde lidmaatschap van vereniging [B2 art. 35 BW Boek 2]
Einde opdracht [B14 art. 1058 Rv]
Einde overeenkomst voordat opdracht is volbracht [B7 art. 411 BW Boek 7]
Einde rechtspersoon bij splitsing [B2 art. 334c BW Boek 2]
Einde surseance [B13 art. 276 Fw]
Einde taak van provisionele bewindvoerder [B1 art. 383 BW Boek 1]

E **Alfabetisch trefwoordenregister**

Einde termijn op werkdag [B12 art. 229b WvK]
Einde toevoeging gerechtsdeurwaarder [B46 art. 29 GDW]
Einde van alimentatieplicht [B1 art. 160 BW Boek 1]
Einde van curatele [B1 art. 389 BW Boek 1]
Einde van geregistreerd partnerschap [B1 art. 80c BW Boek 1]
Einde van geregistreerd partnerschap met wederzijds goedvinden [B1 art. 80d BW Boek 1]
Einde van het huwelijk [B1 art. 149 BW Boek 1]
Einde van het nut van een mandelige zaak [B28 art. 36 Kadw]
Einde van huur [B7 art. 224 BW Boek 7]
Einde van huur voor onbepaalde tijd aangegaan [B7 art. 228 BW Boek 7]
Einde van mentorschap [B1 art. 462 BW Boek 1]
Einde van pandrecht [B3 art. 258 BW Boek 3]
Einde van rechtswege bij homologatie [B13 art. 371 Fw]
Einde van retentierecht [B3 art. 294 BW Boek 3]
Einde van scheiding van tafel en bed [B1 art. 176 BW Boek 1]
Einde van taak mentor [B1 art. 461 BW Boek 1]
Einde van volmacht [B3 art. 72 BW Boek 3]
Einde van voogdij [B1 art. 281 BW Boek 1]
Einde vereffening [B4 art. 225 BW Boek 4]
Einde vereffening bij ontbinden rechtspersoon [B2 art. 23c BW Boek 2]
Einde vergoedingenoverzicht bij personenvervoer over zee [B8 art. 526 BW Boek 8]
Einde vervoerovereenkomst [B8 art. 914 BW Boek 8]
Einde vervoerovereenkomst bij goederenvervoer over binnenwateren [B8 art. 934 BW Boek 8]
Einde vervoerovereenkomst bij goederenvervoer over zee [B8 art. 424 BW Boek 8]
Einde vervoerovereenkomst door vergaan schip bij goederenvervoer over binnenwateren [B8 art. 936 BW Boek 8]
Einde vervoerovereenkomst met vergaan schip bij goederenvervoer over zee [B8 art. 426 BW Boek 8]
Einde verzuim schuldenaar [B6 art. 61 BW Boek 6]
Einde voorlopige voorziening [B14 art. 826 Rv]
Einde waarneming [B46 art. 23 GDW]
Einde zekerheidsstelling bij voogdij [B1 art. 364 BW Boek 1]
Eindvonnis door zelfde rechter ten overstaan van wie bewijs in een zaak is bijgebracht [B14 art. 155 Rv]
Eis van reconventie [B14 art. 136 Rv]
Eisen aan bestuurder van BV [B2 art. 242a BW Boek 2]
Eisen aan bestuurder van NV [B2 art. 132a BW Boek 2]
Eisen aan bestuurders van stichting [B2 art. 297a BW Boek 2]
Eisen aan commissaris van BV [B2 art. 252a BW Boek 2]
Eisen aan commissaris van NV [B2 art. 142a BW Boek 2]
Eisen aan elektronische bestanden [B28 art. 11a Kadw]
Eisen aan elektronische bestanden, verklaring [B28 art. 11b Kadw]
Eisen aan naam BV [B2 art. 177 BW Boek 2]
Eisen aan naam NV [B2 art. 66 BW Boek 2]
Eisen aan naam van coöperatie en onderlinge waarborgmaatschappij [B2 art. 54 BW Boek 2]
Eisen aan verzoek [B14 art. 203 Rv]
Eisen dagvaarding [B14 art. 385 Rv]
Eisen inschrijving in openbare registers [B28 art. 10a, art. 11 Kadw]
Eisen openbare registers [B28 art. 9 Kadw]
Eisen van benoembaarheid [B47 art. 6 WNA]
Eisen vorm, inhoud enz. van akten [B47 art. 41 WNA]
Elektronisch berichtenverkeer [B40 art. 7c Iw 1990]
Elektronisch derdenbeslag, uitzondering ontvanger [B40 art. 18a Iw 1990]
Elektronische akte burgerlijke stand [B1 art. 18b BW Boek 1]
Elektronische diensten [B54 art. 6h Wet OB 1968]
Elektronische dienstverlening bij totstandkoming overeenkomst [B6 art. 227c BW Boek 6]
Elektronische handtekening, eisen [B28 art. 7e Kadw]
Elektronische indiening procesinleiding [B14 art. 30c Rv]
Elektronische onderhandse akten [B14 art. 156a Rv]
Elektronische ontvangstbevestiging, stemuitbrenging [B2 art. 117c BW Boek 2]
Elektronische stemuitbrenging voorafgaand aan AVA BV [B2 art. 227b BW Boek 2]
Elektronische stemuitbrenging voorafgaand aan AVA NV [B2 art. 117b BW Boek 2]
Elektronische totstandkoming overeenkomst [B6 art. 227b BW Boek 6]
Elektronische zegel, eisen [B28 art. 7e Kadw]

Alfabetisch trefwoordenregister

E

Elektronischgeldinstelling, bevoegde handelingen [B23 art. 4:31 Wft]
Elektronischgeldinstelling, overeenkomst m.b.t. terugbetalingsrechten [B23 art. 4:31b Wft]
Elektronischgeldinstelling, terugbetalen nominale waarde aangehouden elektronisch geld [B23 art. 4:31a Wft]
Emissiebevoegdheid BV [B2 art. 206 BW Boek 2]
Emissiebevoegdheid NV [B2 art. 96 BW Boek 2]
Endossement [B12 art. 110, art. 192 WvK]
Endossement in blanco [B12 art. 194 WvK]
Endossement na aanbiedingstermijn [B12 art. 201 WvK]
Endossement na vervaldag [B12 art. 119 WvK]
Endossement op toondercheque [B12 art. 197 WvK]
Endossement zonder datum [B12 art. 201 WvK]
Energieprestatiecertificaat, nadere regels waardering woonruimte [B30 art. 10 Uw HW]
Energieprestatievergoeding [B30 art. 19bis Uw HW] [B7 art. 237 BW Boek 7]
Enig huisraad [B13 art. 175 Fw]
Enkelvoudige behandeling [B14 art. 344 Rv]
Enkelvoudige kamer in cassatie [B14 art. 408a Rv]
Enquêterecht [B2 art. 345 BW Boek 2]
Erfafscheiding [B5 art. 36 BW Boek 5]
Erfdeel echtgenoot [B4 art. 13 BW Boek 4]
Erfdeel halfbroer en halfzus [B4 art. 11 BW Boek 4]
Erfdeel kinderen [B4 art. 13 BW Boek 4]
Erfdeel ouder [B4 art. 11 BW Boek 4]
Erfdienstbaarheid [B11 art. 163 NBW]
Erfdienstbaarheid, definitie [B5 art. 70 BW Boek 5]
Erfdienstbaarheid, inhoud en wijze van uitoefening [B5 art. 73 BW Boek 5]
Erfdienstbaarheid, ontstaan [B5 art. 72 BW Boek 5]
Erfdienstbaarheid, opheffing op vordering eigenaar dienend erf [B5 art. 79 BW Boek 5]
Erfdienstbaarheid, uitoefening op minst bezwarende wijze [B5 art. 74 BW Boek 5]
Erfdienstbaarheid, voorwaarden vordering wijziging en/of opheffing [B5 art. 81 BW Boek 5]
Erfdienstbaarheid, wijziging of opheffing [B5 art. 78 BW Boek 5]
Erfdienstbaarheid, wijziging op vordering eigenaar heersend erf [B5 art. 80 BW Boek 5]
Erfgenaam of legataris bij testamentaire last [B4 art. 132 BW Boek 4]
Erfgenamen [B14 art. 53 Rv]
Erfgenamen bij erfopvolging bij versterf [B4 art. 10 BW Boek 4]
Erfgenamen stiefouder bij kindsdeel [B4 art. 22 BW Boek 4]
Erfopvolging [B37 art. I Dbw] [B38 art. 9 WNR] [B4 art. 1 BW Boek 4]
Erfpacht [B11 art. 166 NBW] [B5 art. 85 BW Boek 5] [B52 art. 21 SW]
Erfpacht, dwingend recht [B5 art. 87, art. 98 BW Boek 5]
Erfpacht, geen vergoeding bij einde [B5 art. 99 BW Boek 5]
Erfpacht, onvoorziene omstandigheden [B5 art. 97 BW Boek 5]
Erfpacht, vergoeding bij einde [B5 art. 99 BW Boek 5]
Erfpacht/wegen/leidingen bij aansprakelijkheid [B6 art. 174 BW Boek 6]
Erfpachtcanon [B53 art. 10b Uitv besl SW]
Erfrecht in het internationaal privaatrecht [B10 art. 145 BW boek 10]
Erfstelling [B4 art. 115 BW Boek 4]
Erfstelling onder ontbindende tijdsbepaling [B4 art. 136 BW Boek 4]
Erfstelling onder tijdsbepaling bij uiterste wilsbeschikking [B4 art. 136 BW Boek 4]
Erkenning beslissing [B105 art. 36 HuwVermVo] [B106 art. 36 GPVo] [B81 art. 36 Brussel I-bis]
Erkenning beslissing, aanhouding uitspraak [B85 art. 27 Brussel II-bis]
Erkenning beslissing, geen onderzoek juistheid [B85 art. 26 Brussel II-bis]
Erkenning beslissing, geen toetsing bevoegdheid oorspronkelijke gerecht [B85 art. 24 Brussel II-bis]
Erkenning beslissing, gronden voor niet- [B105 art. 37 HuwVermVo] [B106 art. 37 GPVo]
Erkenning beslissing in andere lidstaat [B13 art. 213n Fw]
Erkenning beslissing, verschillen toepasselijk recht [B85 art. 25 Brussel II-bis]
Erkenning beslissing, weigeringsgrond beslissing echtscheiding/scheiding van tafel en bed/nietigverklaring [B85 art. 22 Brussel II-bis]
Erkenning beslissing, weigeringsgrond beslissing ouderlijke verantwoordelijkheid [B85 art. 23 Brussel II-bis]
Erkenning beslissing/verzoek om uitvoerbaarverklaring, overleggen stukken [B85 art. 37 Brussel II-bis]
Erkenning en tenuitvoerlegging buiten een verdrag [B14 art. 1076 Rv]

E

Alfabetisch trefwoordenregister

Erkenning en tenuitvoerlegging huwelijkszaken/ouderlijke verantwoordelijkheid, aanhangig maken zaak [B85 art. 16 Brussel II-bis]

Erkenning en tenuitvoerlegging huwelijkszaken/ouderlijke verantwoordelijkheid, aanhangigheid/samenhangende procedures [B85 art. 19 Brussel II-bis]

Erkenning en tenuitvoerlegging huwelijkszaken/ouderlijke verantwoordelijkheid, erkenning beslissing [B85 art. 21 Brussel II-bis]

Erkenning en tenuitvoerlegging huwelijkszaken/ouderlijke verantwoordelijkheid, toetsing bevoegdheid [B85 art. 17 Brussel II-bis]

Erkenning en tenuitvoerlegging huwelijkszaken/ouderlijke verantwoordelijkheid, toetsing ontvankelijkheid [B85 art. 18 Brussel II-bis]

Erkenning en tenuitvoerlegging huwelijkszaken/ouderlijke verantwoordelijkheid, voorlopige en bewarende maatregelen [B85 art. 20 Brussel II-bis]

Erkenning genomen maatregelen van autoriteiten van Verdragsluitende Staat [B63 art. 23 HKV 1996]

Erkenning levering aandelen BV [B2 art. 196b BW Boek 2]

Erkenning levering aandelen NV [B2 art. 86b BW Boek 2]

Erkenning of uitvoerbaarverklaring door andere Verdragsluitende Staat [B60 art. 4 HAEV 1973]

Erkenning opleiding gerechtsdeurwaarder [B46 art. 25a GDW]

Erkenning rechterlijke beslissingen [B75 art. 1.14 BVIE]

Erkenning van buiten Nederland gesloten huwelijk [B10 art. 31 BW boek 10]

Erkenning van buiten Nederland tot stand gekomen beëindiging van geregistreerd partnerschap [B10 art. 88 BW boek 10]

Erkenning van buiten Nederland vastgestelde naam [B10 art. 24 BW boek 10]

Erkenning van buitenlands geregistreerd partnerschap als hoofdvraag of voorvraag [B10 art. 63 BW boek 10]

Erkenning van buitenlands tot stand gekomen rechterlijke beslissingen [B10 art. 100 BW boek 10]

Erkenning van buitenlandse adoptie [B10 art. 109 BW boek 10]

Erkenning van huwelijk bij onverenigbaarheid met openbare orde [B10 art. 32 BW boek 10]

Erkenning van in buitenland aangegaan geregistreerd partnerschap [B10 art. 61 BW boek 10]

Erkenning van in buitenland ontbonden huwelijk [B10 art. 57 BW boek 10]

Erkenning van in buitenland ontbonden huwelijk na eenzijdige verklaring [B10 art. 58 BW boek 10]

Erkenning van rechtswege van buitenlandse adoptie [B10 art. 108 BW boek 10]

Erkenning van tenuitvoerlegging onder een verdrag [B14 art. 1075 Rv]

Erkenning Verdrag van Genève [B10 art. 165 BW boek 10]

Erkenning/tenuitvoerlegging beslissing aangewezen gerecht [B80 art. 8]

Erkenning/tenuitvoerlegging beslissing aangewezen gerecht, deelbaarheid [B80 art. 15]

Erkenning/tenuitvoerlegging beslissing aangewezen gerecht, over te leggen stukken [B80 art. 13]

Erkenning/tenuitvoerlegging beslissing aangewezen gerecht, procedure [B80 art. 14]

Erkenning/tenuitvoerlegging beslissing aangewezen gerecht, weigeringsgronden [B80 art. 9]

Erkenning/tenuitvoerlegging, weigering bij toegekende schadevergoeding [B80 art. 11]

Erkenningsverzoek, aanhouding [B105 art. 41 HuwVermVo] [B106 art. 41 GPVo]

Erkenningsverzoek, niet overleggen verklaring [B105 art. 46 HuwVermVo] [B106 art. 46 GPVo]

Erkenningsverzoek, procedure [B105 art. 45 HuwVermVo] [B106 art. 45 GPVo]

Ernstig tekort schieten vruchtgebruiker [B11 art. 106 NBW]

Ernstig verwijtbaar handelen of nalaten werkgever [B7 art. 653 BW Boek 7]

Ernstige tekortkoming bij pandrecht [B3 art. 257 BW Boek 3]

Essentiële informatie bij oneerlijke handelspraktijken [B6 art. 193f BW Boek 6]

Europees aanklager, bevoegdheden [B42 art. 144a Wet RO]

Europees aanklager, functie [B42 art. 144c Wet RO]

Europees aanklager, nadere bepalingen [B42 art. 144b Wet RO]

Europees aanklager, noodzakelijke voorzieningen [B42 art. 144d Wet RO]

Europees aanklager, voordracht [B42 art. 144e Wet RO]

Europees betalingsbevel, aanvulling/correctie verzoek [B96 art. 9 EBB]

Europees betalingsbevel, afschaffing exequatur [B96 art. 19 EBB]

Europees betalingsbevel, afwijzing verzoek [B96 art. 11 EBB]

Europees betalingsbevel, behandeling verzoek [B96 art. 8 EBB]

Europees betalingsbevel, betekening/kennisgeving aan vertegenwoordiger [B96 art. 15 EBB]

Europees betalingsbevel, betekening/kennisgeving met ontvangstbewijs [B96 art. 13 EBB]

Europees betalingsbevel, betekening/kennisgeving zonder ontvangstbewijs [B96 art. 14 EBB]

Europees betalingsbevel, definitie grensoverschrijdende zaken [B96 art. 3 EBB]

Europees betalingsbevel, doel procedure [B96 art. 1 EBB]

Europees betalingsbevel, gerechtskosten procedure [B96 art. 25 EBB]

Europees betalingsbevel, gevolgen indiening verweerschrift [B96 art. 17 EBB]
Europees betalingsbevel, heroverweging in uitzonderingsgevallen [B96 art. 20 EBB]
Europees betalingsbevel, indiening verweerschrift [B96 art. 16 EBB]
Europees betalingsbevel, indiening verzoek [B96 art. 7 EBB]
Europees betalingsbevel, invoering procedure [B96 art. 4 EBB]
Europees betalingsbevel, opschorting/beperking tenuitvoerlegging [B96 art. 23 EBB]
Europees betalingsbevel, rechterlijke bevoegdheid [B96 art. 6 EBB]
Europees betalingsbevel, tenuitvoerlegging [B96 art. 21 EBB]
Europees betalingsbevel, uitvaardiging [B96 art. 12 EBB]
Europees betalingsbevel, uitvoerbaarheid [B96 art. 18 EBB]
Europees betalingsbevel, vertegenwoordiging in rechte [B96 art. 24 EBB]
Europees betalingsbevel, weigering tenuitvoerlegging [B96 art. 22 EBB]
Europees betalingsbevel, wijziging verzoek [B96 art. 10 EBB]
Europees octrooi [B74 art. 2 EOV]
Europees octrooi na registratie eenheidswerking, gevolgen buiten Europees deel Nederland [B39 art. 51a ROW 1995]
Europees octrooi na registratie eenheidswerking, gevolgen Europees deel Nederland [B39 art. 51a ROW 1995]
Europees Octrooibureau als aangewezen bureau of gekozen bureau [B74 art. 153 EOV]
Europees Octrooibureau als Instantie voor Internationaal Nieuwheidsonderzoek of Instantie voor Internationale Voorlopige Beoordeling [B74 art. 152 EOV]
Europees Octrooibureau als ontvangend bureau [B74 art. 151 EOV]
Europees Octrooiregister [B74 art. 127 EOV]
Europees recht voor de verlening van octrooien [B74 art. 1 EOV]
Europese erfrechtverklaring [B4 art. 188a BW Boek 4]
Europese executoriale titel, afschrift bewijs van waarmerking [B95 art. 9 Uw Vext]
Europese executoriale titel, Engelse taal [B95 art. 10 Uw Vext]
Europese executoriale titel, instantie voor waarmerking authentieke akte [B95 art. 7 Uw Vext]
Europese executoriale titel, Nederlandse taal [B95 art. 10 Uw Vext]
Europese executoriale titel, toepasselijkheid Wetboek van Burgerlijke Rechtsvordering [B95 art. 11 Uw Vext]
Europese executoriale titel, verzoek om rectificatie bewijs waarmerking als Europese executoriale titel [B95 art. 4 Uw Vext]
Europese executoriale titel, verzoek om waarmerking Nederlandse rechterlijke uitspraak [B95 art. 2 Uw Vext]
Europese executoriale titel, verzoek tot heroverweging beslissing over niet-betwiste schuldvorderingen [B95 art. 8 Uw Vext]
Europese executoriale titel, verzoek tot intrekking waarmerking als Europese executoriale titel [B95 art. 5 Uw Vext]
Europese executoriale titel, verzoek tot waarmerking gerechtelijke schikking als Europese executoriale titel [B95 art. 6 Uw Vext]
Europese naamloze vennootschap (SE) [B91 art. 1 SE]
Europese Octrooiaanvrage als deel van het vermogen [B74 art. 148 EOV]
Europese octrooiaanvrage ingediend door een niet-gerechtigde persoon [B74 art. 61 EOV]
Europese Octrooiorganisatie [B74 art. 4 EOV]
Europese ondernemingsraad, beperkt comité [B18 art. 18 Wet EOR]
Europese ondernemingsraad, bijstand deskundigen [B18 art. 20 Wet EOR]
Europese ondernemingsraad, definitie moederonderneming [B18 art. 2 Wet EOR]
Europese ondernemingsraad, definitie (vertegenwoordiger) werknemer [B18 art. 3 Wet EOR]
Europese ondernemingsraad, evaluatie [B18 art. 21 Wet EOR]
Europese ondernemingsraad, informatieplicht aantal werknemers [B18 art. 7 Wet EOR]
Europese ondernemingsraad, informatieverstrekking [B18 art. 19 Wet EOR]
Europese ondernemingsraad, instellingsverplichting [B18 art. 15 Wet EOR]
Europese ondernemingsraad, lid van bemanning zeeschip [B18 art. 17 Wet EOR]
Europese ondernemingsraad, rechten en verplichtingen leden [B18 art. 4 Wet EOR]
Europese ondernemingsraad, reglement van orde [B18 art. 18 Wet EOR]
Europese ondernemingsraad, verkiezing leden [B18 art. 16 Wet EOR]
Europese ondernemingsraad, voorzitter [B18 art. 18 Wet EOR]
Europese ondernemingsraad, vorderen naleving wet [B18 art. 5 Wet EOR]
Europese ondernemingsraad, zetelverdeling [B18 art. 16 Wet EOR]
Evenredig gedeelte [B40 art. 40 Iw 1990]
Evenredige uitkering [B88 IVO]
Evenredige verdeling vruchten of aandelen bij gemeenschap [B3 art. 172 BW Boek 3]
Exacte bedrag niet bekend op moment van instemming betaler [B7 art. 529a BW Boek 7]
Examencommissie [B39 art. 23c ROW 1995]

F

Exceptie relatieve onbevoegdheid [B14 art. 110 Rv]
Exceptie van onbevoegdheid [B14 art. 1052 Rv]
Exceptio non adimpleti contractus bij wederkerige overeenkomst [B6 art. 262 BW Boek 6]
Exclusief forumkeuzebeding [B80 art. 3]
Exclusief forumkeuzebeding, bevoegdheid aangewezen gerecht [B80 art. 5]
Exclusieve belangenbehartiger [B14 art. 1018e Rv]
Executie [B14 art. 729e Rv]
Executie door hypotheekhouder [B14 art. 551, art. 579 Rv]
Executie, kosten en verwachte opbrengst [B14 art. 441 Rv]
Executie op vermogen rederij [B14 art. 623 Rv]
Executie overige rechten [B14 art. 474bb Rv]
Executie pas na aanzegging daarvan [B14 art. 544 Rv]
Executie rechten op naam [B14 art. 474aa Rv]
Executie tot afgifte [B14 art. 491, art. 582 Rv]
Executie van registergoed [B11 art. 114a NBW]
Executie- en verrekingsbevoegdheid bij niet nakoming verbintenis [B6 art. 79 BW Boek 6]
Executiemaatregelen bij schuldeisersverzuim [B6 art. 62 BW Boek 6]
Executies en beslagen t.b.v. door pand of hypotheek gedekte vorderingen [B13 art. 301 Fw]
Executieverkoop via internet [B14 art. 449, art. 463 Rv]
Executiewaarde [B40 art. 22bis Iw 1990]
Executive committee, rol RvC bij [B41 2/2.1.3 NCG]
Executoriaal beslag op negatieve voorlopige aanslag [B40 art. 16 Iw 1990]
Executoriale titel [B14 art. 563, art. 584b, art. 615b, art. 641d, art. 704, art. 735 Rv]
[B45 art. 48ab Advw] [B47 art. 103c WNA]
Executoriale verkoop, aankondiging [B14 art. 464 Rv]
Executoriale verkoop ten overstaan van notaris [B14 art. 514, art. 570 Rv]
Executoriale vorm [B14 art. 485 Rv]
Exemplaren luchtvrachtbrief bij goederenvervoer door de lucht [B8 art. 1366 BW Boek 8]
Exequatur authentieke akte [B107 art. 4 UWHuwVerm]
Exequatur gerechtelijke schikking [B107 art. 5 UWHuwVerm]
Expediteur als vervoerder bij goederenvervoer [B8 art. 61 BW Boek 8]
Expeditieovereenkomst bij goederenvervoer [B8 art. 60 BW Boek 8]
Experimentenregeling [B40 art. 67a Iw 1990]
Exploit van beslaglegging [B14 art. 479i Rv]
Exploitant mijnbouwwerken bij aansprakelijkheid [B6 art. 177 BW Boek 6]
Exploitant stortplaats gevaarlijke stoffen bij aansprakelijkheid [B6 art. 176 BW Boek 6]
Exploitanten bij aansprakelijkheid [B6 art. 182 BW Boek 6]
Exploitatieovereenkomst [B36 art. 25b Aw]
Exploitatierekening [B2 art. 361 BW Boek 2]
Exploot van aanzegging of overneming bij hypotheekrecht [B3 art. 264 BW Boek 3] Exploot van verzet [B14 art. 146 Rv]
Externe accountant, aanwezigheid bij vergaderingen RvC van [B41 1/1.7.6 NCG]
Externe accountant, benoeming en beoordeling van [B41 1/1.6 NCG]
Externe accountant, bespreking auditplan en bevindingen door [B41 1/1.7.2 NCG] Externe accountant, informatievoorziening aan [B41 1/1.7.1 NCG]
Externe accountant, informeren [B41 1/1.6.2 NCG]
Externe accountant, inzage door RvC in discussiepunten tussen bestuur en [B41 1/1.7.5 NCG]
Externe accountant, opdracht door RvC aan [B41 1/1.6.3 NCG]
Externe accountant, overleg tussen auditcommissie en [B41 1/1.7.4 NCG]
Externe accountant, rol auditcommissie m.b.t. functioneren en benoeming [B41 1/1.6.1 NCG]
Externe accountant, uitvoering werkzaamheden [B41 1/1.7 NCG]
Externe accountant, verantwoording door RvC m.b.t. [B41 1/1.6.4 NCG]
Externe accountant, vertrek van [B41 1/1.6.5 NCG]
Extra proceshandelingen bij digitaal procederen [B15 art. 30o Rv]
Extra proceshandelingen en termijnen [B14 art. 30o Rv]
Extra uitkering door pandhouder [B14 art. 490b Rv]

F

Faillietverklaring [B13 art. 218, art. 242, art. 248, art. 272, art. 277 Fw]
Faillietverklaring in hoger beroep of cassatie [B13 art. 15a Fw]
Faillietverklaring, kennisgeving aan DNB [B13 art. 213ii Fw]
Faillietverklaring, kennisgeving aan toezichthoudende autoriteiten [B13 art. 213jj Fw]
Faillietverklaring, omslag boedelschulden [B13 art. 213kk Fw]
Faillietverklaring tijdens toepassing schuldsaneringsregeling [B13 art. 312 Fw]
Faillietverklaring verzekeraar met zetel in Nederland [B13 art. 213a Fw]
Faillissement [B13 art. 212hg Fw] [B40 art. 8 Iw 1990]

Alfabetisch trefwoordenregister

Faillissement bankkredietinstellingen; toepasselijkheid [B13 art. 212g Fw]
Faillissement, benoeming R-C en curatoren [B13 art. 212hga Fw]
Faillissement bij gemeenschap van goederen [B13 art. 63 Fw]
Faillissement kredietinstelling, bevoegdheid rechtbank [B13 art. 212h Fw]
Faillissement, surséance van betaling en schuldsaneringsregelingen [B14 art. 106 Rv]
Faillissement van door buitenlands recht beheerste corporatie [B10 art. 121 BW boek 10]
Faillissement van vereniging [B2 art. 51 BW Boek 2]
Faillissement, verzoek door DNB [B13 art. 213b Fw]
Faillissementsaanvraag bank [B13 art. 212ha Fw]
Faillissementsregister [B13 art. 213cc Fw]
Faillissementswet bij binnenschip [B8 art. 820a BW Boek 8]
Familiekring, vriendenkring [B36 art. 12 Aw]
Familierechtelijke betrekkingen door wettiging [B10 art. 98 BW boek 10]
Farmer's privilege [B39 art. 53c ROW 1995]
Feitelijke elementen [B99 EUV 606/2013]
Fictief onroerende zaken [B51 art. 4, art. 5b Uitv besl RV]
Fictieve gelijkstelling [B52 art. 20 SW]
Fictieve onroerende zaken [B50 art. 4 WBRV]
Fidei commis ten laste van afstammeling ouder [B4 art. 56 BW Boek 4]
Filmproducent [B36 art. 45a Aw]
Filmwerk [B36 art. 45a Aw] [B38 art. 4 WNR]
Filmwerk, overdracht [B36 art. 45d Aw]
Filmwerk, vergoeding uitzending [B36 art. 45d Aw]
Finaal verrekenbeding [B1 art. 142 BW Boek 1]
Financieel Reglement [B74 art. 50 EOV]
Financiële bijdragen leden [B46 art. 78 GDW] [B47 art. 87 WNA]
Financiële dienstverlener, bedrijfsvoering [B23 art. 4:15 Wft]
Financiële dienstverlener, belangen consument/begunstigde [B23 art. 4:24a Wft]
Financiële dienstverlener, eed of belofte [B23 art. 4:15a Wft]
Financiële dienstverlener, informatieverstrekking aan consument/cliënt [B23 art. 4:25b Wft]
Financiële dienstverlener, vakbekwaamheid werknemers [B23 art. 4:9 Wft]
Financiële dienstverleners, informatiesysteem beroepskwalificaties [B23 art. 4:9a Wft]
Financiële dienstverlening, beoordeling geschiktheid financiële dienst [B23 art. 4:24 Wft]
Financiële gegevens in geconsolideerde jaarrekening [B2 art. 409 BW Boek 2]
Financiële instelling, niet bank zijnde [B2 art. 400 BW Boek 2]
Financiële onderneming, adequate informatie aan consument voorafgaand aan advies [B23 art. 4:20 Wft]
Financiële onderneming, afhandeling klachten over diensten/producten door geschilleninstanties [B23 art. 4:17 Wft]
Financiële onderneming, behandeling klachten over diensten/producten [B23 art. 4:17 Wft]
Financiële onderneming, betrouwbaarheid toezichthoudende personen [B23 art. 4:10 Wft]
Financiële onderneming, door cliënt verstrekte informatie [B23 art. 4:22a Wft]
Financiële onderneming, gedragscode overkoepelend onderdeel concern [B23 art. 4:6a Wft]
Financiële onderneming, geschiktheid [B23 art. 4:9 Wft]
Financiële onderneming, informatieverstrekking aan niet-professionele belegger [B23 art. 4:23 Wft]
Financiële onderneming, informatieverstrekking door bemiddelaar [B23 art. 4:21 Wft]
Financiële onderneming, informatieverstrekking en toelichting advies aan consument [B23 art. 4:23 Wft]
Financiële onderneming, instemmingsvereiste [B23 art. 4:27a Wft]
Financiële onderneming, integriteit [B23 art. 4:11 Wft]
Financiële onderneming, kenbaar maken van waarschuwingen [B23 art. 4:24 Wft]
Financiële onderneming, meldingsplicht aan AFM [B23 art. 4:26 Wft]
Financiële onderneming, meldingsplicht accountant aan AFM [B23 art. 4:27, art. 4:27 Wft]
Financiële onderneming met zetel in andere staat, kennisgeving verbod AFM [B23 art. 4:4 Wft]
Financiële onderneming, ontheffing verbod optreden als tussenpersoon [B23 art. 4:3 Wft]
Financiële onderneming, ontoereikende informatieverschaffing door cliënt [B23 art. 4:24 Wft]
Financiële onderneming, rechtsbevoegdheid bij verlenen financiële diensten [B23 art. 4:11, art. 4:5 Wft]
Financiële onderneming, sanctiebevoegdheden AFM [B23 art. 4:4 Wft]
Financiële onderneming, uitzonderingen verbod optreden als tussenpersoon [B23 art. 4:3 Wft]
Financiële onderneming, vrijstelling [B23 art. 4:7 Wft]
Financiële onderneming, vrijstelling verbod optreden als tussenpersoon [B23 art. 4:3 Wft]
Financiële onderneming, wettelijke vereisten informatieverstrekking [B23 art. 4:19 Wft]
Financiële onderneming, zorgvuldige behandeling consument/cliënt [B23 art. 4:25 Wft]

G

Financiële onderneming, zorgvuldige dienstverlening [B23 art. 4:18a Wft]
Financiële ondernemingen, onderlinge informatie [B23 art. 4:99 Wft]
Financiële rechten en verplichtingen van een voormalige Verdragsluitende Staat [B74 art. 176 EOV]
Financiële vaste activa op balans [B2 art. 367 BW Boek 2]
Financiële verantwoording [B47 art. 88 WNA]
Financiële verantwoording verdwijnende en verkrijgende rechtspersoon bij fusie [B2 art. 321 BW Boek 2]
Financiële waarborg [B14 art. 438c Rv]
Fiscaal vertegenwoordiger [B50 art. 25 WBRV]
Fiscaal vertegenwoordiger, vergunning [B50 art. 25a WBRV]
Fiscale bevoegdheid [B68 art. 19 HTV]
Fiscale eenheid [B54 art. 7 Wet OB 1968]
Fonds vergoeding kosten overname of waarneming [B47 art. 88a WNA]
Fondsbezorging [B12 art. 109b, art. 190a WvK]
Fondswervende activiteiten [B54 art. 11 Wet OB 1968]
Formaliteiten [B14 art. 544 Rv]
Formaliteiten beslaglegging [B14 art. 440 Rv]
Formeel buitenlandse vennootschap, aansprakelijkheid bestuurders [B56 art. 4 Wfbv]
Formeel buitenlandse vennootschap, bewijs van inschrijving handelsregister [B56 art. 5 Wfbv]
Formeel buitenlandse vennootschap, definitie [B56 art. 1 Wfbv]
Formeel buitenlandse vennootschap, gelijkstelling bestuurders/dagelijkse leiding [B56 art. 7 Wfbv]
Formeel buitenlandse vennootschap, in handelsregister op te nemen gegevens [B56 art. 3 Wfbv]
Formeel buitenlandse vennootschap, inschrijving in handelsregister [B56 art. 2 Wfbv]
Formeel buitenlandse vennootschap, jaarrekening/bestuursverslag [B56 art. 5 Wfbv]
Formeel buitenlandse vennootschap, toepasselijkheid art. 10 Boek 2 BW [B56 art. 5 Wfbv]
Formele geldigheid van overeenkomsten [B92 art. 11 Rome I]
Formulier kennisgeving [B13 art. 212q Fw]
Forum necessitatis [B105 art. 11 HuwVermVo] [B106 art. 11 GPVo]
Forumkeuze [B105 art. 7 HuwVermVo] [B106 art. 7 GPVo] [B14 art. 108 Rv]
Foto's en kopieën van verzegelde zaken [B14 art. 664 Rv]
Franchiseovereenkomst [B11 art. 209 NBW]
Franchiseovereenkomst, begripsbepaling [B7 art. 911 BW Boek 7]
Franchiseovereenkomst, eisen inhoud [B7 art. 920 BW Boek 7]
Franchiseovereenkomst, informatieverstrekking [B7 art. 913 BW Boek 7]
Franchiseovereenkomst, wijze van informatieverstrekking [B7 art. 917 BW Boek 7]
Franchiserelatie, bijstand [B7 art. 919 BW Boek 7]
Friese taal [B46 art. 23, art. 9 GDW]
Functioneel parket, samenstelling [B42 art. 137a Wet RO]
Fusie [B2 art. 309 BW Boek 2] [B50 art. 15 WBRV]
Fusie icbe, accountantsonderzoek [B23 art. 4:62f Wft]
Fusie icbe, bepalen verhouding omruiling rechten [B23 art. 4:62j Wft]
Fusie icbe, gemeenschappelijk fusievoorstel [B23 art. 4:62e Wft]
Fusie icbe, in kennis stellen aanvrager [B23 art. 4:62d Wft]
Fusie icbe, informeren AFM [B23 art. 4:62b Wft]
Fusie icbe, informeren deelnemers [B23 art. 4:62g Wft]
Fusie icbe, informeren lidstaat verdwijnende instelling [B23 art. 4:62c Wft]
Fusie icbe, instemming met binnenlandse fusie [B23 art. 4:62d Wft]
Fusie icbe, instemming met grensoverschrijdende fusie [B23 art. 4:62d Wft]
Fusie icbe, kennisgeving overdracht activa [B23 art. 4:62k Wft]
Fusie icbe, kostenverrekening [B23 art. 4:62i Wft]
Fusie icbe, rechten deelnemers [B23 art. 4:62h Wft]
Fusie met 100%-dochter [B2 art. 333 BW Boek 2]
Fusie van rechtspersonen [B28 art. 33 Kadw]

G

G-rekening [B40 art. 34, art. 35 Iw 1990]
Gangbaar geld bij verbintenis tot betaling geldsom [B6 art. 112 BW Boek 6]
Garantie bij consumentenkoop [B7 art. 6a BW Boek 7]
Garantie van trekker [B12 art. 108, art. 189 WvK]
Garantie vertrouwelijkheid inzake verstrekt gegevens door autoriteit [B63 art. 42 HKV 1996]
Gebeurtenissen in strijd met voortzettingsvereiste [B52 art. 35e SW]
Gebeurtenissen na balansdatum met oorzaak in verleden [B2 art. 362 BW Boek 2]
Gebiedsdelen staat met eigen rechtsstelsel [B71 art. 12 HVOV] [B72 art. 12 HPAV]
Geblokkeerde haven [B12 art. 368 WvK]

Alfabetisch trefwoordenregister

G

Gebondenheid aan feitelijke overwegingen [B60 art. 9 HAEV 1973]
Gebondenheid bij algemene voorwaarden [B6 art. 232 BW Boek 6]
Gebondenheid van erfgenamen bij volmacht [B3 art. 77 BW Boek 3]
Geboorte in voertuig, schip of vliegtuig [B1 art. 19a BW Boek 1]
Geboorte op in Nederland geregistreerd schip of vliegtuig [B1 art. 19a BW Boek 1]
Geboorteakte [B1 art. 19 BW Boek 1]
Geboorteplaats of naam niet bekend [B1 art. 19b BW Boek 1]
Gebouwen en los land bij pachtovereenkomst [B7 art. 313 BW Boek 7]
Gebrek in de dagvaarding [B14 art. 121 Rv] [B15 art. 121 Rv]
Gebrek zaak bij huur [B7 art. 204 BW Boek 7]
Gebreken verpachte zaak [B7 art. 337 BW Boek 7]
Gebrekige hypotheekhouder, vaststelling termijn [B14 art. 545 Rv]
Gebrekkig product bij productaansprakelijkheid [B6 art. 186 BW Boek 6]
Gebrekkige zaak bij aansprakelijkheid [B6 art. 173 BW Boek 6]
Gebrekkige zaak bij bruikleen [B7a art. 1790 BW Boek 7A]
Gebruik bij gemeenschap [B3 art. 169 BW Boek 3]
Gebruik bij vruchtgebruik [B3 art. 226 BW Boek 3]
Gebruik lichaamsmateriaal voor medisch onderzoek bij behandelingsovereenkomst [B7 art. 467 BW Boek 7]
Gebruik oorspronkelijke beroepstitel [B45 art. 16i Advw]
Gebruik openbaar of stromend water [B5 art. 40 BW Boek 5]
Gebruik titel [B46 art. 4 GDW]
Gebruik van algemene voorwaarden door bewaarder [B14 art. 856 Rv]
Gebruik van collectieve merken [B75 art. 2.34quinquies BVIE]
Gebruik van het certificeringsmerk [B75 art. 2.35quinquies BVIE]
Gebruik van woning bij echtscheiding [B1 art. 165 BW Boek 1]
Gebruik woning bij scheiding van tafel en bed [B1 art. 175 BW Boek 1]
Gebruik zaak bij bewaarneming [B7 art. 603 BW Boek 7]
Gebruik zaak door huurder [B7 art. 214 BW Boek 7]
Gebruik zaken bij niet nakoming verbintenis [B6 art. 77 BW Boek 6]
Gebruikte goederen [B54 art. 2a Wet OB 1968]
Gecertificeerde instelling [B1 art. 254 BW Boek 1]
Gecombineerd vervoer, toepasselijk recht [B8 art. 121 BW Boek 8]
Geconsolideerde jaarrekening [B2 art. 405 BW Boek 2]
Gedeelte vervoer via andere transportmiddelen [B73 art. 2 CMR]
Gedeeltelijke betaling [B12 art. 138, art. 211 WvK]
Gedeeltelijke erkenning of tenuitvoerlegging [B60 art. 14 HAEV 1973]
Gedeeltelijke nakoming verbintenis [B6 art. 29 BW Boek 6]
Gedeeltelijke naleving [B70 art. 51 WKV]
Gedeeltelijke ontbinding bij wederkerige overeenkomst [B6 art. 270 BW Boek 6]
Gedeeltelijke opzegging pachtovereenkomst [B7 art. 374 BW Boek 7]
Gedeeltelijke uitvoering gezag [B1 art. 265e BW Boek 1]
Gedeeltelijke vernietiging [B14 art. 1065 Rv]
Gedefungeerde notaris [B47 art. 30a WNA]
Geding tegen onbekende of afwezige rekenplichtigen [B14 art. 771 Rv]
Gedomicilieerde cheque [B12 art. 185 WvK]
Gedragingen die tot een jaar na beëdiging kunnen leiden tot schrapping van het tableau [B45 art. 9 Advw]
Gedragscode [B41 2/2.5.2 NCG]
Gedragsregels leden kamer [B46 art. 36 GDW]
Gedragstoezicht financiële ondernemingen, werkingssfeer [B23 art. 4:1 Wft]
Gedrukte werken zonder naamsvermelding auteur [B36 art. 9 Aw]
Gedwongen aflossing bij altijddurende rente [B7a art. 1809 BW Boek 7A]
Gedwongen licentie (halfgeleiders) [B39 art. 57a ROW 1995]
Gedwongen licentie wegens afhankelijkheid [B39 art. 57 ROW 1995]
Gedwongen licentie wegens non usus [B39 art. 57 ROW 1995]
Gedwongen ontruiming pas na deurwaardersexploot [B14 art. 555 Rv]
Geen aandelenkapitaal [B12 art. 19 WvK]
Geen aanwijzing begunstigde [B7 art. 967 BW Boek 7]
Geen acceptatie [B12 art. 181 WvK]
Geen afgifte aan derden [B36 art. 16b Aw]
Geen ambtshalve toepassing van verjaring bij rechtsvordering [B3 art. 322 BW Boek 3]
Geen arbeid, wel loon [B7 art. 628 BW Boek 7]
Geen beperking aansprakelijkheid [B40 art. 48 Iw 1990]
Geen beroep op jeugd of handicapt bij aansprakelijkheid [B6 art. 183 BW Boek 6]

G Alfabetisch trefwoordenregister

Geen beroep op schuldvergelijking [B13 art. 235 Fw]
Geen beroepsmogelijkheid [B14 art. 463b, art. 481, art. 513, art. 518, art. 552 Rv]
Geen beslag bij voldoende zekerheidstelling [B14 art. 729b Rv]
Geen beslag dan na stellen rechten aan toonder of order [B14 art. 479kb Rv]
Geen betwisting [B13 art. 126 Fw]
Geen bijstand van advocaat bij indiening verzoekschrift/verweerschrift [B14 art. 1071 Rv]
Geen hoger beroep beschikkingen R-C [B14 art. 490d Rv]
Geen hoger beroep na berusting [B14 art. 334 Rv]
Geen hoger beroep of cassatie [B13 art. 211 Fw]
Geen hogere voorziening [B14 art. 545 Rv]
Geen inbreuk, mits vergoeding wordt betaald [B36 art. 16h Aw]
Geen omkering bewijslast [B40 art. 49 Iw 1990]
Geen ontslagtoets stichtingsbestuurder en commissaris [B2 art. 298a BW Boek 2]
Geen opzegging zonder instemming werknemer, uitzonderingen [B7 art. 671 BW Boek 7]
Geen recht op loon bij ziekte of zwangerschap/bevalling [B7 art. 629 BW Boek 7]
Geen rechtskeuze [B69 art. 6 HVV]
Geen rechtskeuzeovereenkomst, toepasselijk recht [B105 art. 26 HuwVermVo] [B106 art. 26 GPVo]
Geen schikking tijdens mondelinge behandeling [B14 art. 89 Rv]
Geen schorsende werking [B14 art. 1066 Rv] [B40 art. 9 Iw 1990]
Geen schorsende werking vordering tot herroeping [B14 art. 386 Rv]
Geen transitievergoeding [B7 art. 673 BW Boek 7]
Geen tweede aanbieding [B13 art. 158 Fw]
Geen tweede aanbieding akkoord [B13 art. 170 Fw]
Geen tweede akkoord [B13 art. 281 Fw]
Geen vervreemding, bezwaring of onderbewindstelling [B14 art. 474e Rv]
Geen verzet mogelijk [B14 art. 989 Rv] [B40 art. 17, art. 17, art. 22 Iw 1990]
Geen vrijwaring bij opzet of grove schuld [B73 art. 29 CMR]
Geen wederkerigheidsvereiste [B71 art. 11 HVOV] [B72 art. 11 HPAV]
Geen zekerheidsstelling of depot [B60 art. 16 HAEV 1973]
Geestelijke of lichamelijke tekortkoming bij onrechtmatige daad [B6 art. 165 BW Boek 6]
Geestelijke stoornis bij rechtshandeling [B3 art. 34 BW Boek 3]
Geestesstoornis andere echtgenoot [B14 art. 817 Rv]
Gegevens activiteit rechtspersoon zonder onderneming [B19 art. 13 Hrw 2007] Gegevens cognossement bij goederenvervoer over binnenwateren [B8 art. 919 BW Boek 8] Gegevens en bescheiden buiten beschouwing laten [B14 art. 22b Rv]
Gegevens en inlichtingen [B53 art. 10d, art. 10e Uitv besl SW]
Gegevens onderneming [B19 art. 9 Hrw 2007]
Gegevens rechtspersoon [B19 art. 12 Hrw 2007]
Gegevens rechtspersoon in geconsolideerde jaarrekening [B2 art. 414 BW Boek 2]
Gegevens van degene aan wie een onderneming toebehoort [B19 art. 10 Hrw 2007]
Gegevensbescherming [B88 art. 79 IVO]
Gevensdragers bij derden [B40 art. 59 Iw 1990]
Gegevensvergaring door raad voor de kinderbescherming [B1 art. 242 BW Boek 1]
Gegevensverstrekking aan bestuursorganen, samenstelling van ondernemingen en rechtspersonen [B19 art. 28 Hrw 2007]
Gegevensverstrekking aan handelsregister bij fusie [B2 art. 314 BW Boek 2]
Gegevensverstrekking aan handelsregister bij splitsing [B2 art. 334h BW Boek 2]
Gegevensverstrekking aan rechtspersoon bij fusie [B2 art. 314 BW Boek 2]
Gegevensverstrekking aan rechtspersoon bij splitsing [B2 art. 334h BW Boek 2]
Gegevensverstrekking aan werknemersverenigingen [B27 art. 4 Sb fgr 2015]
Gegevensverstrekking bankrekeningen [B40 art. 62bis Iw 1990]
Gegevensverstrekking omtrent UBO aan FIU [B19 art. 28 Hrw 2007]
Gegrondheid klacht [B45 art. 48ac Advw]
Gegrondheid klacht gedraging verhuurder [B30 art. 19aa Uw HW]
Gegrondverklaring van ontkenning van vaderschap [B1 art. 202 BW Boek 1]
Gehandhaafde bevoegdheden [B78 art. 10 HBetV]
Geheel of gedeeltelijk eindvonnis; tussenvonnis [B14 art. 1049 Rv]
Geheim te houden Europese aanvrage [B39 art. 46 ROW 1995]
Geheime octrooiaanvragen [B39 art. 102c ROW 1995]
Geheimhoudingsplicht [B14 art. 444b Rv] [B40 art. 61, art. 67 Iw 1990] [B45 art. 11a, art. 60g Advw] [B47 art. 22 WNA]
Gehomologeerd akkoord, verbindendheid [B13 art. 385 Fw]
Gehoudenheid trekker tot vrijwaring [B12 art. 152a, art. 217a WvK]
Gehuurde aan ander in gebruik geven bij huur [B7 art. 244 BW Boek 7]

G

Gehuwde schuldenaar [B13 art. 4 Fw]
Gekoppelde reisarrangementen [B7 art. 513b BW Boek 7]
Gekruiste cheque [B12 art. 214 WvK]
Gekruiste cheque, gevolgen [B12 art. 215 WvK]
Gelasten persoonlijke verschijning partijen [B14 art. 167 Rv]
Geld- en effectenhandel [B54 art. 11 Wet OB 1968]
Geldboete [B45 art. 48aa Advw] [B47 art. 103a WNA]
Geldelijke verplichtingen mede-eigenaren erf [B11 art. 164 NBW]
Geldige en ongeldige handtekeningen [B12 art. 106, art. 187 WvK]
Geldige rechtshandeling [B11 art. 79 NBW]
Geldige stemming ongeacht aantal deelnemers [B45 art. 42 Advw]
Geldigheid borgtocht [B7 art. 850 BW Boek 7]
Geldigheid huwelijkse voorwaarden [B57 art. 12 HHVV 1978]
Geldigheid onrechtmatige rechtshandelingen door voogd [B1 art. 352 BW Boek 1]
Geldigheid overeenkomst bij huur bedrijfsruimte [B7 art. 292 BW Boek 7]
Geldigheid overlijdensakte van vermiste [B1 art. 430 BW Boek 1]
Geldigheid rechtshandeling inzake wettelijke vertegenwoordiging kind [B63 art. 19 HKV 1996]
Geldigheid uiterste wil [B4 art. 95 BW Boek 4]
Geldigheid van aanwijzing van toepasselijk huwelijksvermogensregime vóór 1 september 1992 [B10 art. 53 BW boek 10]
Geldigheid vaststellingsovereenkomst bij strijd met dwingend recht [B7 art. 902 BW Boek 7]
Geldigheidsduur en vernieuwing [B75 art. 2.9, art. 3.14 BVIE]
Geldigheidsduur genomen maatregelen [B63 art. 14 HKV 1996]
Geldigheidsduur van de huwelijksaangifte [B1 art. 46 BW Boek 1]
Geldigheidsduur verdrag [B57 art. 30 HHVV 1978]
Geldingsduur van voorzieningen [B2 art. 357 BW Boek 2]
Geldlening [B7 art. 129 BW Boek 7]
Geldlening door particulier [B7 art. 129b BW Boek 7]
Geldvordering [B4 art. 25 BW Boek 4]
Geldvordering bij kindsdeel [B4 art. 17 BW Boek 4]
Geldvordering door rechtbank bij kindsdeel [B4 art. 15 BW Boek 4]
Gelegateerd goed bij uiterste wilsbeschikking [B4 art. 50 BW Boek 4]
Gelegenheid tot keuring [B70 art. 58 WKV]
Geleidelijke aankoop ter beurze [B27 art. 6 Sb fgr 2015]
Geleidelijke overgang naar vrije tariefsvorming [B47 art. 127 WNA]
Gelieerde uitgevende instelling, definitie [B23 art. 5:48 Wft]
Gelijke aandelen bij gemeenschap [B3 art. 166 BW Boek 3]
Gelijke behandeling, onderscheid naar arbeidsduur [B7 art. 648 BW Boek 7]
Gelijke behandeling, onderscheid naar tijdelijkheid van de arbeidsovereenkomst [B7 art. 649 BW Boek 7]
Gelijke behandeling schuldeisers [B13 art. 233 Fw]
Gelijke rang [B8 art. 831 BW Boek 8]
Gelijke rechten en plichten bij aandelen BV [B2 art. 201 BW Boek 2]
Gelijke rechten en plichten bij aandelen NV [B2 art. 92 BW Boek 2]
Gelijkgesteld met afgifte aan geëxecuteerde [B14 art. 477b Rv]
Gelijkheid van schuldeisers bij verhaalsrecht [B3 art. 277 BW Boek 3]
Gelijkstelling elektronisch en handgeschreven handtekening [B3 art. 15a BW Boek 3]
Gelijkstelling luchtkussenvoertuig bij exploitatie luchtvoertuig [B8 art. 1341 BW Boek 8]
Gelijkstelling met bankiers [B12 art. 229abis WvK]
Gelijkstelling met de gewone verblijfplaats [B93 art. 23 Rome II]
Gelijkstelling onroerende zaak [B52 art. 35c SW]
Gelijkstelling rechtspersoon met natuurlijk persoon [B2 art. 5 BW Boek 2]
Gelijktijdig overlijden bij erfopvolging [B4 art. 2 BW Boek 4]
Gelijktijdige beslissing hoofd- en vrijwaringszaak [B14 art. 215 Rv]
Gelijkwaardige voorziening [B7 art. 673b BW Boek 7]
Gelijkwaardigheid van een Europese aanvrage aan een nationaal depot [B74 art. 66 EOV]
Geluid- of beeldvastlegging [B36 art. 14 Aw]
Gemachtigden (algemeen) [B39 art. 23b ROW 1995]
Gemeenschap van goederen [B3 art. 166 BW Boek 3]
Gemeenschap van goederen bij huwelijk [B1 art. 94, art. 94 BW Boek 1]
Gemeenschap van goederen bij huwelijk, lasten [B1 art. 94, art. 94 BW Boek 1]
Gemeenschap van goederen bij huwelijk, omvang [B1 art. 94, art. 94 BW Boek 1]
Gemeenschap van goederen bij huwelijk, verknochte goederen [B1 art. 94 BW Boek 1]
Gemeenschap van goederen bij huwelijk, vermoeden gemeenschapsgoed [B1 art. 94, art. 94 BW Boek 1]

G

Gemeenschap van goederen bij huwelijk, vruchten van goederen [B1 art. 94 BW Boek 1]
Gemeenschap van vorderingsrecht bij meerdere schuldeisers [B6 art. 16 BW Boek 6]
Gemeenschappelijk recht producent/omroeporganisaties [B38 art. 14 WNR]
Gemeenschappelijk verzoek tot echtscheiding [B1 art. 154 BW Boek 1]
Gemeenschappelijk verzoek tot ontbinding huwelijk na scheiding van tafel en bed [B1 art. 181 BW Boek 1]
Gemeentelijke kredietbank, oprichting/opheffing [B23 art. 4:36 Wft]
Gemeentelijke kredietbank, reglement bedrijfsvoering [B23 art. 4:37 Wft]
Gemeentelijke kredietbank, toezicht op reglement bedrijfsvoering [B23 art. 4:37 Wft]
Gemengde en benoemde overeenkomst [B6 art. 215 BW Boek 6]
Genot erfpachter [B5 art. 89 BW Boek 5]
Genot, gebruik en beheer bij gemeenschap [B3 art. 168 BW Boek 3]
Genothebbenden [B30 art. 8c Uw HW]
Genotsrecht bij huur [B7 art. 202 BW Boek 7]
Genuszaken [B14 art. 493 Rv]
Georganiseerde of multilaterale handelsfaciliteit, geen orders voor eigen rekening [B23 art. 4:91d Wft]
Georganiseerde of multilaterale handelsfaciliteit, gesynchroniseerde beursklokken [B23 art. 4:91ab Wft]
Georganiseerde of multilaterale handelsfaciliteit, matched principle trading [B23 art. 4:91da Wft]
Georganiseerde of multilaterale handelsfaciliteit, minimaal aantal leden/gebruikers [B23 art. 4:91aa Wft]
Georganiseerde of multilaterale handelsfaciliteit, opschorting/onderbreking handel [B23 art. 4:91c Wft]
Georganiseerde of multilaterale handelsfaciliteit, regels en procedures [B23 art. 4:91a Wft]
Georganiseerde of multilaterale handelsfaciliteit, toezicht handhaving regels en procedures [B23 art. 4:91b Wft]
Gerecht, bekendmaking vastgesteld budget [B42 art. 33 Wet RO]
Gerecht, bekendmaking voorlopig budget [B42 art. 30 Wet RO]
Gerecht, bestuur [B42 art. 15 Wet RO]
Gerecht, definitie [B81 art. 3 Brussel I-bis]
Gerecht, geen instemming Raad met begroting [B42 art. 34 Wet RO]
Gerecht, jaarverslag en jaarrekening [B42 art. 35 Wet RO]
Gerecht, samenstelling [B42 art. 14 Wet RO]
Gerecht, toekenning algemeen budget [B42 art. 29 Wet RO]
Gerecht, vaststelling begroting [B42 art. 32 Wet RO]
Gerecht, vaststelling jaarplan [B42 art. 31 Wet RO]
Gerechtelijk onderzoek [B14 art. 633 Rv]
Gerechtelijk onderzoek naar toestand afgeleverde zaken bij goederenvervoer over de weg [B8 art. 1135 BW Boek 8]
Gerechtelijke beschikkingen, uitvoerbaarheid [B105 art. 60 HuwVermVo] [B106 art. 60 GPVo]
Gerechtelijke bewaarder [B14 art. 506 Rv]
Gerechtelijke bewaring [B14 art. 709 Rv]
Gerechtelijke erkentenis [B14 art. 154 Rv]
Gerechtelijke ontbinding bij wederkerige overeenkomst [B6 art. 267 BW Boek 6]
Gerechtelijke rangregeling bij hypotheekrecht [B3 art. 271 BW Boek 3]
Gerechtelijke schikkingen aangewezen gerecht, tenuitvoerlegging [B80 art. 12]
Gerechtelijke stukken, betekening of kennisgeving [B86 art. 7 BetVo]
Gerechtelijke stukken, betekening of kennisgeving door diplomatieke of consulaire ambtenaren [B86 art. 13 BetVo]
Gerechtelijke stukken, betekening of kennisgeving per post [B86 art. 14 BetVo]
Gerechtelijke stukken, certificaat/afschrift betekening of kennisgeving [B86 art. 10 BetVo]
Gerechtelijke stukken, datum betekening of kennisgeving [B86 art. 9 BetVo]
Gerechtelijke stukken, kosten betekening of kennisgeving [B86 art. 11 BetVo]
Gerechtelijke stukken, ontvangst [B86 art. 6 BetVo]
Gerechtelijke stukken, rechtstreekse betekening of kennisgeving [B86 art. 15 BetVo]
Gerechtelijke stukken, toezending langs consulaire of diplomatieke weg [B86 art. 12 BetVo]
Gerechtelijke stukken, vertaling [B86 art. 5 BetVo]
Gerechtelijke stukken, verzending [B86 art. 4 BetVo]
Gerechtelijke stukken, weigering van ontvangst [B86 art. 8 BetVo]
Gerechtelijke vaststelling van het ouderschap [B1 art. 207, art. 208 BW Boek 1]
Gerechten, enkelvoudige/meervoudige kamers [B42 art. 6 Wet RO]
Gerechten, geheimhoudingsplicht rechterlijke ambtenaren [B42 art. 13 Wet RO]
Gerechten, onpartijdigheid rechterlijke ambtenaren [B42 art. 12 Wet RO]
Gerechten, openbaarheid zittingen [B42 art. 4 Wet RO]

Alfabetisch trefwoordenregister

G

Gerechten, openbaarheid/motivering uitspraken [B42 art. 5 Wet RO]
Gerechten, openingsuren griffie [B42 art. 10 Wet RO]
Gerechten, orde van dienst [B42 art. 11 Wet RO]
Gerechten, waarneming [B42 art. 9 Wet RO]
Gerechtigden tot hulploon bij hulpverlening [B8 art. 566 BW Boek 8]
Gerechtigden tot indienen verzoek tot benoeming voogd [B1 art. 299 BW Boek 1]
Gerechtsbesturen, samenwerking [B42 art. 23a Wet RO]
Gerechtsbestuur, aanstelling/schorsing/ontslag gerechtsambtenaar [B42 art. 25 Wet RO]
Gerechtsbestuur, advisering door sector- of gerechtsvergadering [B42 art. 28 Wet RO]
Gerechtsbestuur, beroep tegen schorsing/ontslag leden [B42 art. 39 Wet RO]
Gerechtsbestuur, beslissingen [B42 art. 17 Wet RO]
Gerechtsbestuur, bevoegdheden [B42 art. 24 Wet RO]
Gerechtsbestuur, inlichtingen [B42 art. 36 Wet RO]
Gerechtsbestuur, machtiging leden [B42 art. 18 Wet RO]
Gerechtsbestuur, nadere regels reglementen [B42 art. 21a Wet RO]
Gerechtsbestuur, onverenigbaarheid functies [B42 art. 16 Wet RO]
Gerechtsbestuur, rechtspositie leden [B42 art. 16 Wet RO]
Gerechtsbestuur, samenstelling gerechtsvergadering [B42 art. 22 Wet RO]
Gerechtsbestuur, schorsing/ontslag leden [B42 art. 38 Wet RO]
Gerechtsbestuur, schorsing/ontslag (sector)voorzitter [B42 art. 16 Wet RO]
Gerechtsbestuur, straf/schorsing/ontslag directeur bedrijfsvoering [B42 art. 16 Wet RO]
Gerechtsbestuur, taken [B42 art. 23 Wet RO]
Gerechtsbestuur, toelage (sector)voorzitter [B42 art. 16 Wet RO]
Gerechtsbestuur, vaststelling bestuursreglement [B42 art. 20 Wet RO]
Gerechtsbestuur, vaststelling huishoudelijk reglement [B42 art. 19 Wet RO]
Gerechtsbestuur, vaststelling zaaksverdelingsreglement [B42 art. 21 Wet RO]
Gerechtsbestuur, vaststelling/publicatie klachtregeling [B42 art. 26 Wet RO]
Gerechtsbestuur, vernietiging beslissing door Raad [B42 art. 37 Wet RO]
Gerechtsbestuur, verrichten privaatrechtelijke handelingen [B42 art. 35a Wet RO]
Gerechtsbestuur, vertegenwoordiging in rechte [B42 art. 27 Wet RO]
Gerechtsdeurwaarders [B87 art. 2 Uw Bv]
Gerechtshof Arnhem, bevoegdheid [B42 art. 67 Wet RO]
Gerechtshof Arnhem, militaire kamer [B42 art. 68 Wet RO]
Gerechtshof Arnhem, pachtkamer [B42 art. 69 Wet RO]
Gerechtshof, bevoegdheid in burgerlijke zaken/strafzaken/belastingzaken [B42 art. 60 Wet RO]
Gerechtshof, bevoegdheid in hoger beroep [B42 art. 62 Wet RO]
Gerechtshof, bevoegdheid in jurisdictiegeschillen [B42 art. 61 Wet RO]
Gerechtshof, bevoegdheid minister tot aanwijzen ander gerechtshof [B42 art. 62a Wet RO]
Gerechtshof Den Haag, kamer voor het kwekersrecht [B42 art. 70 Wet RO]
Gerechtshof, douanekamers [B42 art. 65 Wet RO]
Gerechtshof, economische kamers [B42 art. 64 Wet RO]
Gerechtshof Leeuwarden, administratiefrechtelijke rechtshandhaving verkeersvoorschriften [B42 art. 71 Wet RO]
Gerechtshof, ondernemingskamer [B42 art. 66 Wet RO]
Gerechtshof, rechterlijke ambtenaren [B42 art. 58 Wet RO]
Gerechtshof, verwijzing naar ander gerechtshof [B42 art. 62b Wet RO]
Gerechtshof, voorzieningenrechter [B42 art. 63 Wet RO]
Gerede twijfel [B40 art. 9 Iw 1990]
Geregistreerd partnerschap [B1 art. 80a BW Boek 1]
Geregistreerd partnerschap in internationaal privaatrecht [B10 art. 60 BW boek 10]
Gereglementeerde markt [B13 art. 213w Fw]
Gereglementeerde markt bij liquidatieprocedure m.b.t. verzekeraar [B13 art. 213w Fw]
Geschatte waarde vorderingen in Nederlands geld [B14 art. 642t Rv]
Geschenken geringe waarde [B54 art. 3 Wet OB 1968]
Geschil bij rechtbank [B1 art. 138 BW Boek 1]
Geschil over eigendom [B1 art. 131 BW Boek 1]
Geschil tussen echtgenoten bij verrekenbeding [B1 art. 136 BW Boek 1]
Geschillen inzake de verkoop [B14 art. 463a Rv]
Geschillen over herstel appartementsgebouw [B5 art. 138 BW Boek 5]
Geschillen over tenuitvoerlegging [B14 art. 438 Rv]
Geschillen over veilcondities [B14 art. 518 Rv]
Geschillen tussen ouders over ouderlijk gezag [B1 art. 253a BW Boek 1]
Geschillen tussen Verdragsluitende Staten [B74 art. 173 EOV]
Geschillenbeslechting [B75 art. 4.5 BVIE]

G

Geschillencommissie [B36 art. 25g Aw]
Geschillencommissie Fusiegedragsregels [B27 art. 9 Sb fgr 2015]
Geschillenregeling in statuten of overeenkomst [B2 art. 337 BW Boek 2]
Geschriften [B37 art. III Dbw]
Geslachtsnaam [B1 art. 5 BW Boek 1]
Geslachtsnaam gebruikt door ex-partner of -echtgenote [B1 art. 9 BW Boek 1]
Geslachtsvermelding, deskundigenverklaring [B1 art. 28a BW Boek 1]
Geslachtsvermelding, geboorte/adoptie van een kind [B1 art. 28c BW Boek 1]
Geslachtsvermelding, tijdstip ingaan rechtsgevolgen [B1 art. 28c BW Boek 1]
Geslachtsvermelding, toevoeging latere vermelding [B1 art. 28b BW Boek 1]
Geslachtsvermelding, wijziging geboorteakte [B1 art. 28 BW Boek 1]
Gespecificeerde rekening [B47 art. 55 WNA]
Gestand doen van huur of verpachting bij vruchtgebruik [B3 art. 217 BW Boek 3]
Gestoorde geestesvermogens bij huwelijk [B1 art. 32 BW Boek 1]
Getuigen bij enquêteonderzoek [B2 art. 352a BW Boek 2]
Getuigen bij huwelijksvoltrekking [B1 art. 63 BW Boek 1]
Getuigen en deskundigen [B39 art. 23t ROW 1995] [B46 art. 42 GDW]
Getuigen en partijdeskundigen horen tijdens mondelinge behandeling [B14 art. 30k Rv]
Getuigen of deskundigen [B27 art. 27 Sb fgr 2015]
Getuigenverhoor [B14 art. 1041, art. 166 Rv]
Getuigenverhoor en verschoningsrecht [B14 art. 284 Rv]
Getuigenverhoor tot leveren van tegenbewijs [B14 art. 168 Rv]
Getuigenverhoor; deskundigenonderzoek [B13 art. 223b Fw]
Getuigenverklaring [B14 art. 163 Rv]
Getuigplicht [B14 art. 165 Rv]
Gevaar voor naburig erf [B5 art. 55 BW Boek 5]
Gevaarlijke stof aan boord van een spoorrijtuig [B8 art. 1672 BW Boek 8]
Gevaarlijke stof, begripsbepaling Titel 12 [B8 art. 1060 BW Boek 8]
Gevaarlijke stof in vervoermiddel aan boord zeeschip [B8 art. 622 BW Boek 8]
Gevaarlijke stoffen [B73 art. 22 CMR]
Gevaarlijke stoffen aan boord van gestapeld vervoermiddel [B8 art. 1212 BW Boek 8]
Gevaarlijke stoffen bij aansprakelijkheid [B6 art. 175 BW Boek 6]
Gevaarlijke stoffen bij vervoer over binnenwateren [B8 art. 1032 BW Boek 8]
Gevaarlijke zaken bij goederenvervoer over binnenwateren [B8 art. 914 BW Boek 8]
Gevaarlijke zaken bij goederenvervoer over de weg [B8 art. 1118 BW Boek 8]
Gevaarlijke zaken bij goederenvervoer over zee [B8 art. 398, art. 423 BW Boek 8]
Gevallen en gronden van bijhouding [B28 art. 54 Kadw]
Gevallen, gronden en wijze van bijhouding [B28 art. 87, art. 94 Kadw]
Gevallen waarin afkoelingsperiode niet geldt [B13 art. 212b Fw]
Gevallen waarin geen kadastraal recht verschuldigd is [B28 art. 109 Kadw]
Gevallen waarin lijfsdwang is toegestaan [B14 art. 585 Rv]
Gevolg acceptatie [B12 art. 127 WvK]
Gevolg einde faillissement door homologatie akkoord [B13 art. 50 Fw]
Gevolg erkenning vordering [B13 art. 121 Fw]
Gevolg keuzebevoegdheid bij alternatieve verbintenis [B6 art. 18 BW Boek 6]
Gevolg van de inschrijving van een gekozen woonplaats [B28 art. 47 Kadw]
Gevolgen aanwending rechtsmiddel [B13 art. 13 Fw]
Gevolgen liquidatieprocedure [B13 art. 212ij Fw]
Gevolgen niet-nakoming verplichtingen door verkoper [B7 art. 19a BW Boek 7]
Gevolgen non-conformiteit bij koop [B7 art. 21 BW Boek 7]
Gevolgen procedure collectieve vordering [B14 art. 1018f Rv]
Gevolgen rechtshandeling gevolmachtigde [B3 art. 66 BW Boek 3]
Gevolgen van afstand [B13 art. 143 Fw]
Gevolgen van aval [B12 art. 131, art. 204 WvK]
Gevolgen van beroep tegen nevenvoorzieningen [B14 art. 820 Rv]
Gevolgen van licentieverlening [B39 art. 56 ROW 1995]
Gevolgen van ontbinding [B70 art. 81 WKV]
Gevolgen van ontbinding vaststellingsovereenkomst [B7 art. 905 BW Boek 7]
Gevolgen van vernietiging [B13 art. 13 Fw]
Gevolgen vernietiging faillissement voor opgezegde arbeidsovereenkomsten [B13 art. 13a Fw]
Gevolgen vernietiging rechtshandeling [B13 art. 51 Fw]
Gevolgen verzoek [B14 art. 548 Rv]
Gevolgen wettiging verzet [B14 art. 380 Rv]
Gevonden dier [B5 art. 8 BW Boek 5]
Gevonden geld [B5 art. 9 BW Boek 5]

G

Gevonden zaak, kosten bewaring [B5 art. 10 BW Boek 5]
Gevonden zaak, verkoop door gemeente [B5 art. 8 BW Boek 5]
Gevonden zaak, vernietiging door gemeente [B5 art. 8 BW Boek 5]
Gevonden zaken [B11 art. 151 NBW]
Gevonden zaken, nadere regels [B5 art. 12 BW Boek 5]
Geweigerde raadsman [B45 art. 49 Advw]
Gewezen bestuurder [B40 art. 36 Iw 1990]
Gewijzigd Verdrag bij goederenvervoer over zee [B8 art. 371 BW Boek 8]
Gewone lasten of herstellingen bij vruchtgebruik [B3 art. 220 BW Boek 3]
Gewone rechter weer bevoegd [B14 art. 1067 Rv]
Gewone verblijfplaats [B92 art. 19 Rome I]
Gezag over minderjarige [B1 art. 245 BW Boek 1]
Gezag over minderjarige, onbevoegd tot [B1 art. 246 BW Boek 1]
Gezag van gewijsde [B14 art. 1059, art. 236 Rv]
Gezamenlijk gezag van ouder met niet-ouder krachtens rechterlijke beslissing [B1 art. 253t BW Boek 1]
Gezamenlijk gezag van ouder met niet-ouder van rechtswege [B1 art. 253sa BW Boek 1]
Gezamenlijk onderhoud [B5 art. 65 BW Boek 5]
Gezamenlijke aangifte erfbelasting [B52 art. 39 SW]
Gezamenlijke aanslag [B52 art. 47 SW]
Gezamenlijke aanwijzing [B74 art. 149 EOV]
Gezamenlijke behandeling [B14 art. 107 Rv]
Gezamenlijke uitoefening van het ouderlijk gezag [B1 art. 251 BW Boek 1]
Gezamenlijke uitoefening van voogdij [B1 art. 282 BW Boek 1]
Gezamenlijke verkoop voor één prijs, evenredige verdeling [B14 art. 553 Rv]
Gift [B7 art. 186 BW Boek 7]
Gift medelegitimaris [B4 art. 90 BW Boek 4]
Gift van schuldenaar [B13 art. 35b Fw]
Giften aan echtgenoot bij legitieme portie [B4 art. 68 BW Boek 4]
Giften bij legaat [B4 art. 126 BW Boek 4]
Giften bij legitieme portie [B4 art. 67 BW Boek 4]
Giften die buiten beschouwing worden gelaten bij legitieme portie [B4 art. 69 BW Boek 4]
Gijzeling [B14 art. 173 Rv]
Giraal effectenverkeer, opname gegevens in register bij levering effecten op naam [B22 art. 8b Wge]
Giraal effectenverkeer, uitgesloten effecten [B22 art. 8a Wge]
Girale betaling bij verbintenis tot betaling geldsom [B6 art. 114 BW Boek 6]
Girodepot [B22 art. 34 Wge]
Girodepot, aandeel overdraagbaar [B22 art. 40 Wge]
Girodepot, aangesloten instelling [B22 art. 37 Wge]
Girodepot, beheer [B22 art. 36 Wge]
Girodepot, bevoegdheid tot uitlevering [B22 art. 48 Wge]
Girodepot, bewaargeving of levering effecten [B22 art. 38 Wge]
Girodepot, inhoud [B22 art. 35 Wge]
Girodepot, kennisgeving bijschrijving [B22 art. 43 Wge]
Girodepot, levering aandeel in girodepot [B22 art. 41 Wge]
Girodepot, pandrecht [B22 art. 42, art. 49 Wge]
Girodepot, stemrecht [B22 art. 39 Wge]
Girodepot, terugvordering teveel uitgeleverde effecten [B22 art. 47 Wge]
Girodepot, uitlevering [B22 art. 45 Wge]
Girodepot, verbod op derdenbeslag [B22 art. 44 Wge]
Girodepot, verdeling ontoereikend depot [B22 art. 46 Wge]
Godsdienstige plechtigheden bij huwelijksvoltrekking [B1 art. 68 BW Boek 1]
Goed bewaarnemer [B7 art. 602 BW Boek 7]
Goed franchisegever/nemerschap [B7 art. 912 BW Boek 7]
Goed gedrag van pachter [B7 art. 347 BW Boek 7]
Goed hulpverlener bij behandelingsovereenkomst [B7 art. 453 BW Boek 7]
Goed huurderschap [B7 art. 213 BW Boek 7]
Goed van een ander dan de schuldenaar [B14 art. 708 Rv]
Goed verkregen met te verrekenen vermogen [B1 art. 136 BW Boek 1]
Goed werkgeverschap/goed werknemerschap [B7 art. 611 BW Boek 7]
Goede trouw bij nalatenschap [B4 art. 187 BW Boek 4]
Goede trouw bij registergoed [B3 art. 23 BW Boek 3]
Goede trouw bij vermogen [B3 art. 11 BW Boek 3]
Goede trouw wederpartij bij bewindvoerder [B4 art. 168 BW Boek 4]

G

Goederen onder bewind [B13 art. 60a Fw]
Goederen tot gemeenschap behorende [B14 art. 733 Rv]
Goederen voor openbare dienst [B14 art. 436 Rv]
Goederen waarop derdenbeslag mogelijk is [B14 art. 718 Rv]
Goederen waarop dit beslag mogelijk is [B14 art. 724 Rv]
Goederenrecht in het internationaal privaatrecht [B10 art. 126 BW boek 10]
Goederenrechtelijk regime met betrekking tot aandelen [B10 art. 137 BW boek 10]
Goederenrechtelijk regime met betrekking tot giraal overdraagbare effecten [B10 art. 140 BW boek 10]
Goederenrechtelijk regime met betrekking tot vorderingsrechten [B10 art. 134 BW boek 10]
Goederenrechtelijk regime met betrekking tot zaken [B10 art. 127 BW boek 10]
Goederenvervoer over spoorwegen [B8 art. 1551 BW Boek 8]
Goederenvervoer over zee, kosten gerechtelijk onderzoek [B8 art. 496 BW Boek 8]
Goedkeuring besluiten door Raad van commissarissen [B2 art. 63j BW Boek 2]
Goedkeuring bestuursbesluiten bij structuurvennootschap BV [B2 art. 274 BW Boek 2]
Goedkeuring bestuursbesluiten bij structuurvennootschap NV [B2 art. 164 BW Boek 2]
Goedkeuring bij overeenkomsten tussen voogd en minderjarige [B1 art. 346 BW Boek 1]
Goedkeuring door belanghebbende bij zaakwaarneming [B6 art. 202 BW Boek 6]
Goedkeuring fusievoorstel [B91 art. 23 SE]
Goedkeuring grondkamer bij pachtovereenkomst [B7 art. 318 BW Boek 7]
Goedkeuring ingrijpende besluiten door AVA NV [B2 art. 107a BW Boek 2]
Goedkeuring minister [B46 art. 82 GDW]
Goedkeuring rekening en verantwoording bij rederij [B8 art. 168 BW Boek 8]
Goedkeuring uitdelingslijst door R-C [B13 art. 137d Fw]
Goedkeuring verordening door Minister van Justitie [B47 art. 91 WNA]
Gootrecht [B5 art. 68 BW Boek 5]
Gordiaans retentierecht pandhouder [B11 art. 111 NBW]
Gradaties van onderdaanschap [B57 art. 26 HHVV 1978]
Grens onder watergang tussen naburig erven [B5 art. 59 BW Boek 5]
Grensbepaling door afpalingstekens [B5 art. 46 BW Boek 5]
Grensbepaling vorderen [B5 art. 47 BW Boek 5]
Grensoverschrijdende fusie [B2 art. 333b BW Boek 2]
Grensoverschrijdende fusie binnen EU of EER [B2 art. 333c BW Boek 2]
Griffier [B45 art. 51 Advw]
Griffierecht [B45 art. 46e Advw] [B47 art. 99 WNA]
Griffierecht, apostilles [B49 art. 23 Wgbz]
Griffierecht, bepaling hoogte [B49 art. 10 Wgbz]
Griffierecht, dagvaarding/verzoekschrift [B49 art. 3 Wgbz]
Griffierecht, derde [B49 art. 6 Wgbz]
Griffierecht, door rechter begrote schade [B49 art. 14, art. 14 Wgbz]
Griffierecht, faillissement [B49 art. 17 Wgbz]
Griffierecht, geen heffing [B49 art. 24, art. 4, art. 4 Wgbz]
Griffierecht, geen heffing voor beëdigingen ingevolge wettelijk voorschrift [B49 art. 25 Wgbz]
Griffierecht, geen vermindering [B49 art. 13, art. 13 Wgbz]
Griffierecht, gelijkluidende conclusies/gelijkluidend verweer [B49 art. 15 Wgbz]
Griffierecht, gelijkluidende procesinleidingen/gelijkluidend verweer [B49 art. 15 Wgbz]
Griffierecht, gerechtelijke rangregeling buiten faillissement [B49 art. 19 Wgbz]
Griffierecht, houders stukken/deskundigen/getuigen [B49 art. 26 Wgbz]
Griffierecht, huwelijkse voorwaarden/geregistreerd partnerschap [B49 art. 23 Wgbz]
Griffierecht, in mindering brengen [B49 art. 11 Wgbz]
Griffierecht in zaken homologatieverzoeken [B49 art. 19a Wgbz]
Griffierecht, invordering [B49 art. 30 Wgbz]
Griffierecht, kosteloze verstrekking noodzakelijke afschriften [B49 art. 22 Wgbz]
Griffierecht, legalisatie handtekeningen [B49 art. 23 Wgbz]
Griffierecht, onvermogenden [B49 art. 16 Wgbz]
Griffierecht overige gevallen [B49 art. 22 Wgbz]
Griffierecht, terugbetaling verschotten [B49 art. 27 Wgbz]
Griffierecht, vermeerdering [B49 art. 12, art. 12 Wgbz]
Griffierecht, verstrekking afschriften en uittreksels [B49 art. 21, art. 21 Wgbz]
Griffierecht, verstrekking kosteloze stukken [B49 art. 20 Wgbz]
Griffierecht, verstrekking te betalen stukken [B49 art. 21, art. 21 Wgbz]
Griffierecht, verwijzing ingevolge tegenspraak [B49 art. 19 Wgbz]
Griffierecht, verwijzing naar ander gerecht [B49 art. 9, art. 9 Wgbz]
Griffierecht, verwijzing naar andere kamer [B49 art. 8, art. 8 Wgbz]
Griffierecht, verzet door derde [B49 art. 7 Wgbz]

Alfabetisch trefwoordenregister H

Griffierecht, verzet tegen betaling [B49 art. 29 Wgbz]
Griffierecht, voldoening [B49 art. 28 Wgbz]
Griffierecht, vordering tot voeging of tussenkomst [B49 art. 5, art. 5 Wgbz]
Griffierecht, vordering/verzoek [B49 art. 3 Wgbz]
Griffierecht, wijziging bedragen [B49 art. 2 Wgbz]
Groep [B2 art. 24b BW Boek 2]
Groepsaansprakelijkheid bij onrechtmatige daad [B6 art. 166 BW Boek 6]
Groepscoördinatieprocedure [B88 , art. 61 IVO]
Groepsjaarrekening [B2 art. 361 BW Boek 2]
Groepsmaatschappij in geconsolideerde jaarrekening bank [B2 art. 426 BW Boek 2]
Groepsmaatschappij in geconsolideerde jaarrekening verzekeringsmaatschappij [B2 art. 445 BW Boek 2]
Groepsondernemingsraad, instelling [B17 art. 33 WOR]
Grond openbaar vaarwater, eigendomsvermoeden [B5 art. 27 BW Boek 5]
Gronden voor aanwijzingen en machtigingen door kantonrechter bij voogdij [B1 art. 356 BW Boek 1]
Gronden voor benoeming van voogd door de rechtbank [B1 art. 297 BW Boek 1]
Gronden voor herroeping [B14 art. 382 Rv]
Gronden voor instelling beroep in cassatie [B42 art. 80 Wet RO]
Gronden voor niet-verlening [B13 art. 218 Fw]
Gronden voor ondercuratelestelling van meerderjarige [B1 art. 378 BW Boek 1]
Gronden voor ontbinding, opzegverboden [B7 art. 671b BW Boek 7]
Gronden voor oppositie [B74 art. 100 EOV]
Gronden voor overlijdensverklaring van vermiste [B1 art. 426 BW Boek 1]
Gronden voor rekest civiel [B14 art. 1068 Rv]
Gronden voor schorsing [B14 art. 225 Rv]
Gronden voor verlenging verjaringstermijn bij rechtsvordering [B3 art. 321 BW Boek 3]
Gronden voor vernietiging [B14 art. 1065 Rv]
Gronden voor weigering [B14 art. 1063 Rv]
Gronden voor weigering of nietigverklaring voor slechts een deel van de waren of diensten [B75 art. 2.2quater BVIE]
Grondgebied [B88 art. 10 IVO]
Grondrechten [B105 art. 38 HuwVermVo] [B106 art. 38 GPVo]
Grondrente; beklemming [B11 art. 150 NBW]
Grondslag heffing erfbelasting [B52 art. 5 SW]
Grondslag heffing schenkbelasting [B52 art. 5 SW]
Grondslag historische koste en actuele waarde [B2 art. 384 BW Boek 2]
Grondslag voor beslissing [B14 art. 24 Rv]
Grossen van executoriale titels [B14 art. 430 Rv]
Grote Kamer van beroep [B74 art. 22 EOV]
Gunstiger erkenningsregel [B68 art. 14 HTV]

H

Handbagage bij binnenlands openbaar personenvervoer [B8 art. 103 BW Boek 8]
Handbagage bij personenvervoer over de weg [B8 art. 1141 BW Boek 8]
Handel in product redelijkerwijs niet te voorzien [B72 art. 7 HPAV]
Handelen namens lasthebber of lastgever [B7 art. 414 BW Boek 7]
Handelen voor leden door verenigingsbestuur [B2 art. 46 BW Boek 2]
Handeling voor rekening van maatschap [B7a art. 1681 BW Boek 7A]
Handelingen anders dan krachtens behandelingsovereenkomst [B7 art. 464 BW Boek 7]
Handelingen betrekking hebbend op het online i-DEPOT [B75 art. 4.8 BVIE]
Handelingen ter goedkeuring toezichthoudend orgaan [B91 art. 48 SE]
Handelingsbekwaamheid minderjarige bij behandelingsovereenkomst [B7 art. 447 BW Boek 7]
Handelingsbekwamen en minderjarigen bij uiterste wilsbeschikking [B4 art. 55 BW Boek 4]
Handelingsbevoegdheid van voogd [B1 art. 343 BW Boek 1]
Handelingsbevoegdheid vennoten [B12 art. 17 WvK]
Handelingsonbekwaamheid bij rechtshandeling [B3 art. 32 BW Boek 3]
Handelingsonbekwaamheid bij volmacht [B3 art. 63 BW Boek 3]
Handelingsonbekwaamheid en handelingsonbevoegdheid [B92 art. 13 Rome I]
Handelingsonbekwaamheid of onbevoegdheid in internationaal privaatrecht [B10 art. 11 BW boek 10]
Handelingsonbekwame patiënt bij behandelingsovereenkomst [B7 art. 465 BW Boek 7]
Handelsgebruiken [B14 art. 1054 Rv]
Handelsnaam [B21 art. 1 Hnw]
Handelsregister [B19 art. 2 Hrw 2007]

H — Alfabetisch trefwoordenregister

Handelsregister, aankondiging op grond van Wet financieel toezicht [B20 art. 41 Hrb 2008]
Handelsregister, aantekening m.b.t. onrechtmatig verklaarde gegevens [B20 art. 49 Hrb 2008]
Handelsregister, aantekening onderzoek [B20 art. 46 Hrb 2008]
Handelsregister, aanwijzing niet-Nederlandse rechtspersonen en vennootschappen [B20 art. 52 Hrb 2008]
Handelsregister, algemene gegevens [B20 art. 9 Hrb 2008]
Handelsregister, algemene gegevens onderneming [B20 art. 11 Hrb 2008]
Handelsregister, algemene gegevens rechtspersoon [B20 art. 14 Hrb 2008]
Handelsregister, bezwaar/beroep tegen wijziging [B19 art. 36 Hrw 2007]
Handelsregister, curatele [B20 art. 38 Hrb 2008]
Handelsregister, deponering langs elektronische weg [B19 art. 19a Hrw 2007]
Handelsregister, derdenwerking [B19 art. 25 Hrw 2007]
Handelsregister, dwangbevel tot betaling van vergoeding of bijdrage [B19 art. 50a Hrw 2007]
Handelsregister, eenmalige gegevensverstrekking [B19 art. 31 Hrw 2007]
Handelsregister, evaluatie wet [B19 art. 63 Hrw 2007]
Handelsregister, faillissement/surseance/schuldsanering [B20 art. 39 Hrb 2008]
Handelsregister, gebruik door bestuursorganen [B19 art. 30 Hrw 2007]
Handelsregister, gegevens basisregistratie personen [B20 art. 43 Hrb 2008]
Handelsregister, gegevens databank [B19 art. 51a Hrw 2007]
Handelsregister, gegevens eenmanszaak [B20 art. 16 Hrb 2008]
Handelsregister, gegevens Europees economisch samenwerkingsverband [B20 art. 23 Hrb 2008]
Handelsregister, gegevens kerkgenootschap [B20 art. 31 Hrb 2008]
Handelsregister, gegevens niet-Nederlandse rechtspersonen en vennootschappen [B20 art. 24 Hrb 2008]
Handelsregister, gegevens niet-Nederlandse rechtspersonen en vennootschappen opgericht naar niet-EER-recht [B20 art. 25 Hrb 2008]
Handelsregister, gegevens niet-Nederlandse rechtspersonen en vennootschappen opgericht naar recht van ander land dan Nederland [B20 art. 26 Hrb 2008]
Handelsregister, gegevens NV/BV/Europese NV/Europese Coöperatieve vennootschap [B20 art. 22 Hrb 2008]
Handelsregister, gegevens overige privaatrechtelijke rechtspersonen [B20 art. 32 Hrb 2008]
Handelsregister, gegevens pensioenfonds [B20 art. 31a Hrb 2008]
Handelsregister, gegevens publiekrechtelijke rechtspersoon [B20 art. 33 Hrb 2008]
Handelsregister, gegevens stichting [B20 art. 29 Hrb 2008]
Handelsregister, gegevens v.o.f./c.v./maatschap m.b.t. rechten van derden [B20 art. 19 Hrb 2008]
Handelsregister, gegevens v.o.f./c.v./maatschap/rederij [B20 art. 17 Hrb 2008]
Handelsregister, gegevens vereniging van eigenaars [B20 art. 30 Hrb 2008]
Handelsregister, gegevens vereniging/coöperatie/onderlinge waarborgmaatschappij/stichting [B20 art. 28 Hrb 2008]
Handelsregister, gegevens vestiging [B20 art. 35 Hrb 2008]
Handelsregister, gegevens vestiging onderneming [B19 art. 11 Hrw 2007]
Handelsregister, gegevens vestiging rechtspersoon [B19 art. 14 Hrw 2007]
Handelsregister, gegevensverstrekking [B19 art. 22 Hrw 2007]
Handelsregister, gegevensverstrekking aan bestuursorganen [B19 art. 28 Hrw 2007]
Handelsregister, gevolmachtigde handelsagenten in Nederland [B20 art. 12 Hrb 2008]
Handelsregister, gronden weigering inschrijving [B20 art. 5 Hrb 2008]
Handelsregister, handhaving [B19 art. 47 Hrw 2007]
Handelsregister, handlichting [B20 art. 36 Hrb 2008]
Handelsregister, informeren bestuursorgaan over wijziging gegevens [B20 art. 47 Hrb 2008]
Handelsregister, inschrijfprocedure [B19 art. 18 Hrw 2007]
Handelsregister, Inschrijfvergoeding [B19 art. 49 Hrw 2007]
Handelsregister, inschrijving in [B19 art. 19 Hrw 2007]
Handelsregister, inschrijving in buitenlands register [B20 art. 10 Hrb 2008]
Handelsregister, inschrijving kerkgenootschap [B20 art. 8 Hrb 2008]
Handelsregister, inzage gegevens [B19 art. 21 Hrw 2007]
Handelsregister, klachtenbehandeling [B19 art. 48 Hrw 2007]
Handelsregister, kosten inzage/verstrekking gegevens [B19 art. 50 Hrw 2007]
Handelsregister, Kwaliteitscontrole [B19 art. 41 Hrw 2007]
Handelsregister, kwaliteitsprotocol [B19 art. 41a Hrw 2007]
Handelsregister, kwaliteitswaarborgen [B19 art. 40 Hrw 2007]
Handelsregister, mededeling EG [B19 art. 26 Hrw 2007]
Handelsregister, mededeling inschrijving [B19 art. 24 Hrw 2007]
Handelsregister, melding gewijzigde gegevens [B19 art. 32 Hrw 2007]

Handelsregister, melding met betrekking tot gegevens uit ander register [B19 art. 33 Hrw 2007]
Handelsregister, niet-authentieke gegevens [B20 art. 48 Hrb 2008]
Handelsregister, onderbewindstelling [B20 art. 37 Hrb 2008]
Handelsregister, onderneming van rechtspersoon in oprichting [B20 art. 13 Hrb 2008]
Handelsregister, onderneming zonder vestiging in Nederland [B20 art. 11a Hrb 2008]
Handelsregister, ondersteunende gegevens [B20 art. 42 Hrb 2008]
Handelsregister, onderzoek inschrijving [B20 art. 4 Hrb 2008]
Handelsregister, ontbinding vennootschap/rechtspersoon [B20 art. 40 Hrb 2008]
Handelsregister, op te nemen gegevens publiekrechtelijke rechtspersoon [B20 art. 34 Hrb 2008]
Handelsregister, op te nemen gegevens rechtspersoon [B20 art. 15 Hrb 2008]
Handelsregister, op te nemen gegevens rederij [B20 art. 20 Hrb 2008]
Handelsregister, opgave ter inschrijving [B20 art. 3 Hrb 2008]
Handelsregister, opgave ter inschrijving Europese vennootschap [B20 art. 7 Hrb 2008]
Handelsregister, overige op te nemen gegevens c.v. [B20 art. 18 Hrb 2008]
Handelsregister, termijn inschrijving [B19 art. 20 Hrw 2007]
Handelsregister, termijn verwerking gegevens basisregistratie personen [B20 art. 44 Hrb 2008]
Handelsregister, uitzondering derdenwerking [B20 art. 50 Hrb 2008]
Handelsregister, uniek nummer bestuurder/gevolmachtigde [B20 art. 35a Hrb 2008]
Handelsregister, verplichte opgave ter inschrijving [B20 art. 6 Hrb 2008]
Handelsregister, verplichte vermelding inschrijvingsnummer [B19 art. 27 Hrw 2007]
Handelsregister, verstrekking gegevens [B20 art. 51 Hrb 2008]
Handelsregister, verstrekking gegevens ter inschrijving [B20 art. 6 Hrb 2008]
Handelsregister, voltooiing vereffening Europees economisch samenwerkingsverband [B20 art. 40 Hrb 2008]
Handelsregister, wijziging gegevens [B20 art. 45 Hrb 2008]
Handelsregister, wijziging gegevens in onderzoek [B19 art. 34 Hrw 2007]
Handelsregister, wijziging oprichtingsovereenkomst van Europees economisch samenwerkingsverband [B20 art. 27 Hrb 2008]
Handhaving auteursrechten steunend op de vorige wet [B36 art. 49 Aw]
Handhaving gemeenschappelijk auteursrecht [B36 art. 26 Aw]
Handhaving van verworven rechten [B74 art. 175 EOV]
Handicap [B36 art. 15i Aw]
Handlichting minderjarige [B1 art. 235 BW Boek 1]
Handtekening als vertegenwoordiger [B12 art. 188 WvK]
Heersend erf [B5 art. 75 BW Boek 5]
Heersend erf, verdeling [B5 art. 76 BW Boek 5]
Heersend of dienend erf, mede-eigendom [B5 art. 77 BW Boek 5]
Heffen en innen verhuurderbijdrage [B30 art. 19d Uw HW]
Heffing door aanslag [B52 art. 37 SW]
Heffing door voldoening [B50 art. 17, art. 27 WBRV] [B54 art. 14 Wet OB 1968]
Heffing over waarde [B50 art. 9 WBRV]
Heffingsmaatstaf [B50 art. 22 WBRV] [B54 art. 8 Wet OB 1968]
Heffingsrente en revisierente [B40 art. 2 Iw 1990]
Herbouwwaarde/vervangingswaarde bij schadeverzekering [B7 art. 956 BW Boek 7]
Hergebruiken [B37 art. 1 Dbw]
Herkomst gegevens [B19 art. 16 Hrw 2007]
Herleven belastingplicht [B51 art. 5, art. 5a, art. 5b Uitv besl RV]
Herleving van geregistreerd partnerschap [B1 art. 80f BW Boek 1]
Herleving van ouderlijk gezag [B1 art. 253q BW Boek 1]
Herleving van rechtswege van ouderlijk gezag [B1 art. 253 BW Boek 1]
Hernieuwd bevel tot betaling [B40 art. 14 Iw 1990]
Hernieuwd surseanceverzoek [B13 art. 249 Fw]
Hernieuwd verzoek tot inschrijving [B28 art. 14a Kadw]
Hernieuwd verzoek tot inschrijving bij elektronische inschrijving [B28 art. 14b Kadw]
Hernieuwde bekendmaking [B14 art. 540 Rv]
Hernieuwde gemeenschap van goederen na opheffing door echtgenoten [B1 art. 113 BW Boek 1]
Hernieuwing van bevel na één jaar [B14 art. 503 Rv]
Heropening door verzet [B14 art. 147 Rv]
Heropening faillissement [B13 art. 167 Fw]
Heropening van het geding [B14 art. 387 Rv]
Herroepen aanwijzing derde bij schadeverzekering [B7 art. 947 BW Boek 7]
Herroeping aanbod [B70 art. 16 WKV]
Herroeping aanbod bij totstandkoming overeenkomst [B6 art. 219 BW Boek 6]
Herroeping aanwijzing begunstigde bij sommenverzekering [B7 art. 968 BW Boek 7]

Herroeping instemming [B7 art. 671 BW Boek 7]
Herroeping van aanwijzing erfrecht [B10 art. 148 BW boek 10]
Herroeping van adoptie [B1 art. 231 BW Boek 1]
Herroeping van beschikkingen [B14 art. 390 Rv]
Herroeping van een Europees octrooi [B39 art. 50 ROW 1995]
Herroeping van uiterste wilsbeschikking [B4 art. 111 BW Boek 4]
Herstel arbeidsovereenkomst [B7 art. 682 BW Boek 7]
Herstel arbeidsovereenkomst, billijke vergoeding [B7 art. 683 BW Boek 7]
Herstel gebrek door aannemer bij aanneming van werk [B7 art. 759 BW Boek 7]
Herstel gebreken bij huur [B7 art. 206 BW Boek 7]
Herstel in de vorige toestand [B39 art. 23 ROW 1995] [B74 art. 122 EOV]
Herstel in oude toestand [B14 art. 253 Rv]
Herstel onregelmatigheden begaan bij inschrijving/doorhaling/boeking/bijwerking [B28 art. 116 Kadw]
Herstel ouderlijk gezag [B1 art. 277 BW Boek 1]
Herstel van gebrek [B14 art. 122 Rv] [B15 art. 122 Rv]
Herstel van nietigheid [B14 art. 120 Rv] [B15 art. 120 Rv]
Herstel van verzuim [B14 art. 281 Rv]
Herstelplan; samenwerking [B88 IVO]
Herstelplicht bij gebreken verpachte zaak [B7 art. 339 BW Boek 7]
Herstructureringsdeskundige, aanwijzingsverzoek [B13 art. 371 Fw]
Herstructureringsdeskundige of onderhands akkoord [B13 art. 371 Fw]
Herstructureringsdeskundige, taken en bevoegdheden [B13 art. 371 Fw]
Herstructureringsdeskundige, verzoek intrekking aanwijzing [B13 art. 371 Fw]
Hertrouwen met voormalig echtgenoot [B1 art. 166 BW Boek 1]
Heruitzending door hetzelfde organisme [B38 art. 2 WNR]
Hervatting procedure na mondelinge behandeling [B14 art. 91 Rv]
Hervatting van het geding [B14 art. 227 Rv]
Herveiling en toewijzing [B14 art. 527 Rv]
Herverzekeringsbemiddelaar, beroepsaansprakelijkheidsverzekering [B23 art. 4:76 Wft]
Herwaarderingsreserve [B2 art. 390 BW Boek 2]
Herwissel [B12 art. 151 WvK]
Herzien dispache [B14 art. 641a Rv]
Herziening [B39 art. 23x ROW 1995] [B74 art. 172 EOV]
Herziening bij verstrijken pachttermijn bij pachtovereenkomst [B7 art. 326 BW Boek 7]
Herziening bij verstrijken pachttermijn bij verpachting in een reservaat [B7 art. 392 BW Boek 7]
Herziening van pachtprijs [B7 art. 333 BW Boek 7]
Herziening vergoeding t.b.v. verplichtingen bij verpachting in een reservaat [B7 art. 394 BW Boek 7]
Herziening/verslag toepassing verordening [B105 art. 68 HuwVermVo] [B106 art. 68 GPVo]
Herzieningsclausule [B92 art. 27 Rome I] [B93 art. 30 Rome II]
Het aanbod [B70 art. 14 WKV]
Hinder bij naburige erven [B5 art. 37 BW Boek 5]
Hoedanigheid [B4 art. 206 BW Boek 4]
Hoeve [B7 art. 313 BW Boek 7]
Hoeve en los land [B7 art. 313 BW Boek 7]
Hof van discipline [B45 art. 51, art. 53 Advw]
Hof van discipline let op snelheid van afhandeling van zaken [B45 art. 55 Advw]
Hoge Raad [B14 art. 17 Rv]
Hoge Raad, advies- en inlichtingentaak [B42 art. 74 Wet RO]
Hoge Raad, beëdiging functionarissen [B42 art. 82 Wet RO]
Hoge Raad, bevoegdheid bij ambtsmisdrijven/ambtsovertredingen [B42 art. 76 Wet RO]
Hoge Raad, bevoegdheid in jurisdictieverschillen [B42 art. 77 Wet RO]
Hoge Raad, enkelvoudige/meervoudige kamers [B42 art. 75 Wet RO]
Hoge Raad, informatieplicht rechtbanken/gerechtshoven [B42 art. 83 Wet RO]
Hoge Raad, publicatie reglement [B42 art. 75 Wet RO]
Hoge Raad, samenstelling [B42 art. 72 Wet RO]
Hoge Raad, samenstelling parket [B42 art. 113 Wet RO]
Hoge Raad, taken/bevoegdheden procureur-generaal [B42 art. 111 Wet RO]
Hoge Raad, vaststelling reglement [B42 art. 75 Wet RO]
Hoge Raad, waarneming president/griffier [B42 art. 73 Wet RO]
Hoger beroep bij afwijzing of vernietiging [B13 art. 9 Fw]
Hoger beroep bij gerechtshof [B46 art. 54 GDW] [B47 art. 107 WNA]
Hoger beroep bij het hof van discipline [B45 art. 56 Advw]

Alfabetisch trefwoordenregister H

Hoger beroep bij verstekveroordeling [B14 art. 335 Rv]
Hoger beroep, cassatie, geen schorsende werking [B7 art. 683 BW Boek 7]
Hoger beroep door indiening verzoek ter griffie [B13 art. 155 Fw]
Hoger beroep in zaken van rechtspersonen [B14 art. 996 Rv]
Hoger beroep na afwijzing verzet [B13 art. 11 Fw]
Hoger beroep na beroep in cassatie [B14 art. 340 Rv]
Hoger beroep na vernietiging [B13 art. 11 Fw]
Hoger beroep ondanks niet-verschijnen [B14 art. 820 Rv]
Hoger beroep t.a.v. andere vonnissen [B14 art. 337 Rv]
Hoger beroep tegen beëindiging toepassing schuldsaneringsregeling [B13 art. 351 Fw]
Hoger beroep tegen beschikking R-C [B14 art. 676b Rv]
Hoger beroep tegen beschikkingen R-C [B13 art. 315 Fw]
Hoger beroep tegen eindbeschikking [B14 art. 358 Rv]
Hoger beroep tegen faillietverklaring [B13 art. 278 Fw]
Hoger beroep uitgesloten als gevolg van overeenkomst tussen partijen [B14 art. 333 Rv]
Hoger beroep; cassatie in belang der wet [B13 art. 360 Fw]
Hoger beroep; Gerechtshof te Amsterdam [B46 art. 34 GDW]
Hogere schadevergoeding bij koop [B7 art. 38 BW Boek 7]
Homologatie, bepaling zitting [B13 art. 383 Fw]
Homologatie onderhands akkoord, beroepsmiddelen [B13 art. 369 Fw]
Homologatie onderhands akkoord, besloten of open akkoordprocedure [B13 art. 369 Fw]
Homologatie onderhands akkoord, rechtsmacht Nederlandse rechter [B13 art. 369 Fw]
Homologatie onderhands akkoord, relatieve competentie [B13 art. 369 Fw]
Homologatie onderhands akkoord, toepassingsbereik [B13 art. 369 Fw]
Homologatie, uiteenzetting gronden op zitting m.b.t. [B13 art. 152 Fw]
Homologatie van akkoord, indienen verzoek [B13 art. 383 Fw]
Homologatie van akkoord, voorwaarden indienen verzoek [B13 art. 383 Fw]
Homologatiebeschikking, schriftelijke kennisgeving [B13 art. 383 Fw]
Homologatieverzoek, afwijzingsgronden [B13 art. 384 Fw]
Homologatieverzoek, toewijzing [B13 art. 384 Fw]
Homologeren dispache [B14 art. 641 Rv]
Hoofd- of voorvraag bij erkenning huwelijk [B10 art. 33 BW boek 10]
Hoofdelijke aansprakelijkheid [B12 art. 146, art. 18, art. 221 WvK] [B51 art. 7 Uitv besl RV]
Hoofdelijke aansprakelijkheid bestuurders [B40 art. 36a Iw 1990]
Hoofdelijke aansprakelijkheid bestuurders bij BV [B2 art. 180 BW Boek 2]
Hoofdelijke aansprakelijkheid bestuurders bij NV [B2 art. 69 BW Boek 2]
Hoofdelijke aansprakelijkheid bestuurders BV bij faillissement [B2 art. 248 BW Boek 2]
Hoofdelijke aansprakelijkheid bestuurders NV bij faillissement [B2 art. 138 BW Boek 2]
Hoofdelijke aansprakelijkheid bij BV [B2 art. 203 BW Boek 2]
Hoofdelijke aansprakelijkheid bij gevaarlijke stoffen aan boord [B8 art. 1217 BW Boek 8]
Hoofdelijke aansprakelijkheid bij NV [B2 art. 93 BW Boek 2]
Hoofdelijke aansprakelijkheid bij onwettige verkrijging van aandelen BV [B2 art. 207a BW Boek 2]
Hoofdelijke aansprakelijkheid bij onwettige verkrijging van aandelen NV [B2 art. 98a BW Boek 2]
Hoofdelijke aansprakelijkheid bij productaansprakelijkheid [B6 art. 189 BW Boek 6]
Hoofdelijke aansprakelijkheid bij schadevergoeding [B6 art. 102 BW Boek 6]
Hoofdelijke aansprakelijkheid LB/OB [B40 art. 36b Iw 1990]
Hoofdelijke aansprakelijkheid scheepseigenaren bij gevaarlijke stof [B8 art. 642 BW Boek 8]
Hoofdelijke aansprakelijkheid van raad van commissarissen BV bij misleiding [B2 art. 260 BW Boek 2]
Hoofdelijke aansprakelijkheid van raad van commissarissen NV bij misleiding [B2 art. 150 BW Boek 2]
Hoofdelijke aansprakelijkheid vervreemder of verkrijger bij gemeenschap [B3 art. 176 BW Boek 3]
Hoofdelijke gebondenheid [B11 art. 175 NBW]
Hoofdelijke gebondenheid voor rechtshandelingen bij oprichting BV [B2 art. 203 BW Boek 2]
Hoofdelijke gebondenheid voor rechtshandelingen bij oprichting NV [B2 art. 93 BW Boek 2]
Hoofdelijke schuldenaren [B13 art. 136 Fw]
Hoofdelijke verbondenheid bij binnenschip [B8 art. 782 BW Boek 8]
Hoofdelijke verbondenheid bij goederenvervoer over zee [B8 art. 442, art. 488 BW Boek 8]
Hoofdelijke verbondenheid bij schuldeisersverzuim [B6 art. 72 BW Boek 6]
Hoofdelijke verbondenheid bij verbintenis [B6 art. 6 BW Boek 6]

H
Alfabetisch trefwoordenregister

Hoofdelijke verbondenheid jegens vervoerder bij goederenvervoer over binnenwateren [B8 art. 951 BW Boek 8]
Hoofdelijkheid meer erfpachters [B5 art. 92 BW Boek 5]
Hoofdelijkheid na overdracht of toedeling erfpacht [B5 art. 92 BW Boek 5]
Hoofdinsolventieprocedure [B88 , art. 3 IVO]
Hoofdvestiging [B88 , art. 3 IVO]
Hoogste bedrag schadevergoeding bij gecombineerd goederenvervoer [B8 art. 43 BW Boek 8]
Hoogste ressort [B14 art. 1070 Rv]
Hoogte leenvergoeding [B36 art. 15c, art. 15d Aw]
Hoogte transitievergoeding [B7 art. 673 BW Boek 7]
Hoogte van de taksen en betalingen – Bijzondere financiële bijdragen [B74 art. 40 EOV]
Hoogte van de vergoeding [B36 art. 16e Aw] [B38 art. 15b WNR]
Hoor en wederhoor [B14 art. 19 Rv]
Horecabestedingen [B54 art. 15 Wet OB 1968]
Horen betrokkenen [B46 art. 41 GDW]
Horen bevoegde autoriteit staat van herkomst [B45 art. 60aa Advw]
Horen getuigen en deskundigen [B47 art. 102 WNA]
Horen (kandidaat-)notaris [B47 art. 101 WNA]
Horen PVK [B13 art. 213d Fw]
Horen schuldenaar [B13 art. 358a Fw]
Horen schuldenaar/schuldeiser [B13 art. 287a Fw]
Horen van andere deskundigen [B14 art. 200 Rv]
Horen van getuigen [B13 art. 66 Fw]
Horen van R-C [B13 art. 65 Fw]
Hospitaverhuur [B7 art. 232 BW Boek 7]
Hotelhouder bij bewaarneming [B7 art. 609 BW Boek 7]
Houden voor zichzelf [B3 art. 109 BW Boek 3]
Houder geen recht op fonds [B12 art. 221a WvK]
Houder polis/bewijsstuk bij schadeverzekering [B7 art. 949 BW Boek 7]
Houderschap [B3 art. 107 BW Boek 3]
Huisgenoten [B14 art. 57 Rv]
Huishoudelijk reglement en gedragsregels [B39 art. 23h ROW 1995]
Hulpbehoevende Nederlandse zeelieden [B12 art. 358b WvK]
Hulploon bij redden mensenlevens bij hulpverlening [B8 art. 565 BW Boek 8]
Hulppersonen bij niet nakoming verbintenis [B6 art. 76 BW Boek 6]
Hulpverlening [B11 art. 257 NBW]
Hulpverlening door binnenschip bij ongevallen [B8 art. 1010 BW Boek 8]
Hulpverlening door meerdere personen [B8 art. 569 BW Boek 8]
Hulpzaken: beslag en executie [B11 art. 76 NBW]
Hulpzaken: conversie recht van hypotheek in pandrecht [B11 art. 77 NBW]
Huur van luchtvaartuig [B8 art. 1309 BW Boek 8]
Huur van woonruimte [B7 art. 232 BW Boek 7]
Huur- of pachtbeding bij hypotheekrecht [B3 art. 264 BW Boek 3]
Huurbeding [B11 art. 115 NBW]
Huurcommissie [B7 art. 238 BW Boek 7]
Huurcommissie, aanhouding zaak [B30 art. 35 Uw HW]
Huurcommissie, aanwezigheid ambtenaar ter zitting [B30 art. 36 Uw HW]
Huurcommissie, administratieve ondersteuning [B30 art. 3h Uw HW]
Huurcommissie, behandeling gelijkluidende verzoeken [B30 art. 29 Uw HW]
Huurcommissie, behandeling verzoek ter zitting [B30 art. 34 Uw HW]
Huurcommissie, benoeming/schorsing/ontslag (plv.) voorzitters [B30 art. 3b Uw HW]
Huurcommissie, benoeming/schorsing/ontslag zittingsleden [B30 art. 3d Uw HW]
Huurcommissie, bescherming persoonsgegevens [B30 art. 19b Uw HW]
Huurcommissie, bevoegdheid minister [B30 art. 3j Uw HW]
Huurcommissie, collectief verzoek [B30 art. 9a Uw HW]
Huurcommissie, door verzoeker aan de Staat verschuldigde vergoeding bij advies [B30 art. 8 Uw HW]
Huurcommissie, door verzoeker aan de Staat verschuldigde vergoeding bij uitspraak [B30 art. 7 Uw HW]
Huurcommissie, feiten/omstandigheden die onpartijdig oordeel bemoeilijken [B30 art. 31 Uw HW]
Huurcommissie, indienen verzoek [B30 art. 9 Uw HW]
Huurcommissie, inlichtingen/verklaringen/advies [B30 art. 5 Uw HW]
Huurcommissie, instelling [B30 art. 3a Uw HW]
Huurcommissie, instelling Raad van Advies [B30 art. 3g Uw HW]

Alfabetisch trefwoordenregister H

Huurcommissie, leeftijdsgrens (plv.) voorzitters [B30 art. 3e Uw HW]
Huurcommissie, meerdere verzoeken omtrent dezelfde woonruimte [B30 art. 30 Uw HW]
Huurcommissie, onpartijdigheid [B30 art. 38 Uw HW]
Huurcommissie, openbaarheid zittingen [B30 art. 32 Uw HW]
Huurcommissie, register van uitspraken [B30 art. 3i Uw HW]
Huurcommissie, samenstelling [B30 art. 3a Uw HW]
Huurcommissie, samenstelling zittingscommissies [B30 art. 22 Uw HW]
Huurcommissie, schending van verplichting door verhuurder [B30 art. 19a Uw HW]
Huurcommissie, taak [B30 art. 3a, art. 4 Uw HW]
Huurcommissie, taak bestuur [B30 art. 3c Uw HW]
Huurcommissie, taak voorzitter [B30 art. 6 Uw HW]
Huurcommissie, toegang woon- en bedrijfsruimten [B30 art. 40 Uw HW]
Huurcommissie, uitspraak [B30 art. 37 Uw HW]
Huurcommissie, uitspraak over huurprijsverlaging (art. 54a Woningwet) [B30 art. 14a Uw HW]
Huurcommissie, uitspraak over redelijke huurprijswijziging (art. 7:255a BW) [B30 art. 15a Uw HW]
Huurcommissie, uitspraak over redelijkheid huurprijsverhoging (art. 7:248 BW) [B30 art. 12a Uw HW]
Huurcommissie, uitspraak voorzitter [B30 art. 20 Uw HW]
Huurcommissie, vaststelling bestuursreglement [B30 art. 3f Uw HW]
Huurcommissie, voorbereidend onderzoek [B30 art. 28 Uw HW]
Huurcommissie, vorming zittingscommissies [B30 art. 21 Uw HW]
Huurder appartementsrecht [B5 art. 120 BW Boek 5]
Huurder bij hypotheekrecht [B3 art. 264 BW Boek 3]
Huurkoop [B13 art. 38a Fw]
Huurkoop onroerende zaken [B7 art. 101 BW Boek 7]
Huurkoop van binnenschip [B8 art. 800 BW Boek 8]
Huurkoop van woonruimte [B7 art. 113 BW Boek 7]
Huurovereenkomst [B7 art. 201 BW Boek 7]
Huurprijs [B7 art. 237 BW Boek 7]
Huurprijs, ambtshalve vaststelling [B30 art. 17a Uw HW]
Huurprijs, in rekening te brengen huurprijs bij gebreken [B30 art. 12 Uw HW]
Huurprijs, in rekening te brengen huurprijs bij vermindering woongenot door gebrek [B30 art. 16 Uw HW]
Huurprijs, redelijkheid [B30 art. 17 Uw HW]
Huurprijs, redelijkheid overeengekomen huurprijs [B30 art. 11 Uw HW]
Huurprijs, vaststelling huurprijs bij aanvang bewoning [B30 art. 3 Uw HW]
Huurprijs, verhoging [B30 art. 13 Uw HW]
Huurprijs, verhoging i.v.m. door verhuurder aangebrachte voorzieningen [B7 art. 255a BW Boek 7]
Huurprijs, verlaging [B30 art. 14 Uw HW]
Huurprijs, wijziging na totstandkoming voorzieningen/veranderingen/toevoegingen [B30 art. 15 Uw HW]
Huurprijzen [B11 art. 208f NBW] [B7 art. 246 BW Boek 7]
Huurverhogingspercentage, nadere regels vaststelling maximale [B30 art. 10a Uw HW]
Huurverhogingspercentage, vaststelling maximale [B30 art. 10 Uw HW]
Huwelijk [B1 art. 30 BW Boek 1]
Huwelijk in internationaal privaatrecht [B10 art. 27 BW boek 10]
Huwelijk onder curatele gestelde middels toestemming kantonrechter [B1 art. 37, art. 38 BW Boek 1]
Huwelijk onder curatele gestelde middels toestemming van curator [B1 art. 37 BW Boek 1]
Huwelijk onverenigbaar met geregistreerd partnerschap [B1 art. 42 BW Boek 1]
Huwelijksaangifte van ouder met gezag over kinderen [B1 art. 48 BW Boek 1]
Huwelijkse voorwaarden [B1 art. 114, art. 93 BW Boek 1]
Huwelijkse voorwaarden, formele geldigheid [B105 art. 25 HuwVermVo]
Huwelijkse voorwaarden van een onder curatele gestelde [B1 art. 118 BW Boek 1]
Huwelijkse voorwaarden voor het huwelijk gemaakt of gewijzigd [B1 art. 117 BW Boek 1]
Huwelijksleeftijd [B1 art. 31 BW Boek 1]
Huwelijksverbod bij familieverwantschap [B1 art. 41 BW Boek 1]
Huwelijksverbod bloedverwanten in derde en vierde graad en uitzondering op dit verbod [B1 art. 41a BW Boek 1]
Huwelijksvoltrekking in bijzonder huis [B1 art. 64 BW Boek 1]
Huwelijksvoltrekking middels volmacht [B1 art. 66 BW Boek 1]
Huwelijksvoltrekking vóór opheffing van stuiting [B1 art. 56 BW Boek 1]

Hypotheek [B14 art. 568 Rv]
Hypotheek bij zeeschip [B8 art. 202 BW Boek 8]
Hypotheek bij zeeschip, inhoud [B8 art. 203 BW Boek 8]
Hypotheek bij zeeschip, rente [B8 art. 205 BW Boek 8]
Hypotheek op aandeel in binnenschip [B8 art. 796 BW Boek 8]
Hypotheek op luchtvaartuig [B13 art. 59a Fw]
Hypotheek vestigen [B3 art. 260 BW Boek 3]
Hypotheek- en pandhouder [B13 art. 57 Fw]
Hypotheekrecht, rekening en verantwoording [B3 art. 272 BW Boek 3]

I

i-DEPOT [B75 art. 4.4bis BVIE]
i-DEPOT enveloppe bewijs [B75 art. 4.4 BVIE]

I

IB-latenties [B52 art. 20 SW]
Icbe, fusies [B23 art. 4:62a Wft]
Icbe, gebruik vermogen [B23 art. 4:45 Wft]
Icbe, juridische eigendom activa [B23 art. 4:44 Wft]
Icbe, ontbinding bij beheer zonder vergunning [B23 art. 4:54 Wft]
Icbe, toelatingseisen [B23 art. 4:60 Wft]
Icbe, verwarring/misleiding door naam instelling of beheerder [B23 art. 4:53 Wft]
Icbe, waardering activa door onafhankelijk deskundigen [B23 art. 4:52a Wft]
Identificatieplicht [B40 art. 58 Iw 1990]
Identificatieplicht na elektronische melding voorgenomen huwelijk [B1 art. 63 BW Boek 1]
Immateriële schade niet vatbaar voor beslag [B6 art. 95 BW Boek 6]
Immateriële schadevergoeding [B6 art. 95 BW Boek 6]
Immateriële schadevergoeding bij overlijden [B6 art. 108 BW Boek 6]
Immateriële vaste activa op balans [B2 art. 365 BW Boek 2]
Immateriële wijziging [B70 art. 19 WKV]
Immuniteit van rechtsmacht [B75 art. 3 BVIE]
Impliciete prijs [B70 art. 55 WKV]
In cassatie bij verweerschrift [B14 art. 427 Rv]
In gebreke blijven eiser [B14 art. 1043a Rv]
In gebreke blijven van voogd [B1 art. 365 BW Boek 1]
In gebruik geven door huurder [B11 art. 208a NBW]
In handen stellen klacht [B45 art. 46i Advw]
In kennis stellen werknemersverenigingen [B27 art. 3 Sb fgr 2015]
In persoon verschijnen [B14 art. 79 Rv]
In rechte optreden [B40 art. 3 Iw 1990]
In te schrijven ondernemingen [B19 art. 5 Hrw 2007]
In te schrijven rechtspersonen [B19 art. 6 Hrw 2007]
In ter inschrijving aangeboden stukken te vermelden objectgegevens (luchtvaartuigen) [B28 art. 22 Kadw]
In ter inschrijving aangeboden stukken te vermelden objectgegevens (onroerende zaken) [B28 art. 20 Kadw]
In ter inschrijving aangeboden stukken te vermelden objectgegevens (schepen) [B28 art. 21 Kadw]
In ter inschrijving aangeboden stukken te vermelden persoonsgegevens [B28 art. 18 Kadw]
In verdere behandeling nemen gegronde klacht [B47 art. 99 WNA]
In voorstel op te nemen gegevens omtrent erfdienstbaarheden [B28 art. 76 Kadw]
In voorstel op te nemen gegevens omtrent hypotheken en beslagen [B28 art. 76 Kadw]
In vreemde of Friese taal gestelde stukken [B28 art. 41 Kadw]
Inbetalinggeving bij nakoming verbintenis [B6 art. 45 BW Boek 6]
Inbewaringstelling verschuldigde bij schuldeisersverzuim [B6 art. 66 BW Boek 6]
Inbezitneming [B3 art. 113 BW Boek 3]
Inbezitneming res nullius [B5 art. 4 BW Boek 5]
Inboedel [B3 art. 5 BW Boek 3]
Inbreng in vennootschap [B50 art. 12 WBRV]
Inbreng van aandelen BV anders dan in geld [B2 art. 191b BW Boek 2]
Inbreng van aandelen NV anders dan in geld [B2 art. 80b BW Boek 2]
Inbreng van giften bij huwelijk in gemeenschap van goederen/deelgenootschap [B4 art. 231 BW Boek 4]
Inbreng van giften door erfgenaam [B4 art. 229 BW Boek 4]
Inbreng van giften opgekomen erfgenaam [B4 art. 230 BW Boek 4]
Inbreng van onderneming [B50 art. 15 WBRV]
Inbreuk op intellectuele-eigendomsrechten [B93 art. 8 Rome II]

Alfabetisch trefwoordenregister

Inbreuk op persoonlijkheidsrechten [B36 art. 34 Aw]
Inbreuk op portretrecht [B36 art. 35 Aw]
Inbreuk te kwader trouw [B36 art. 32 Aw] [B38 art. 24 WNR]
Incasso-endossement [B12 art. 117, art. 200 WvK]
Incassocheque [B12 art. 183a WvK]
Incassowissel [B12 art. 102a WvK]
Incidenteel beroep [B14 art. 339 Rv]
Incidentele conclusie [B14 art. 218 Rv]
Incidentele conclusie, inhoud [B14 art. 219 Rv]
Incidentele verordeningen [B14 art. 208 Rv]
Incidentele verwerking van ondergeschikte betekenis [B36 art. 18a Aw]
Incompatibiliteiten bij Raad van commissarissen [B2 art. 63h BW Boek 2]
Incompatibiliteiten bij raad van commissarissen structuurvennootschap BV [B2 art. 270 BW Boek 2]
Incompatibiliteiten bij raad van commissarissen structuurvennootschap NV [B2 art. 160 BW Boek 2]
Indexering bedrag onderhoudsverplichting [B1 art. 402a BW Boek 1]
Indicatie aantal arbeidsverhoudingen [B19 art. 16b Hrw 2007]
Indienen beroepschrift [B14 art. 359 Rv]
Indienen door advocaat [B13 art. 5 Fw]
Indienen klacht door toezichthouder [B47 art. 111b WNA]
Indienen klachten tegen (kandidaat-)notarissen/toegevoegd notarissen [B47 art. 99 WNA]
Indienen rekening van bewind bij voogdij [B1 art. 359 BW Boek 1]
Indienen van verzoek tot enquête [B2 art. 346 BW Boek 2]
Indienen van verzoek tot enquête door werknemersvereniging [B2 art. 347 BW Boek 2]
Indienen verweerschrift [B14 art. 282 Rv]
Indienen vordering bij verworpen nalatenschap bij vereffening [B4 art. 219 BW Boek 4]
Indiening aanvraag certificaat [B39 art. 91 ROW 1995]
Indiening bezwaren [B13 art. 151 Fw]
Indiening der schuldvorderingen [B14 art. 642l Rv]
Indiening i-DEPOT enveloppe [B75 art. 4.2 BVIE]
Indiening klacht [B45 art. 46c Advw]
Indiening online i-DEPOT [B75 art. 4.5 BVIE]
Indiening van de vordering tot nietigverklaring of vervallenverklaring [B75 art. 1.30 BVIE]
Indiening van een Europese octrooiaanvrage [B74 art. 75 EOV]
Indiening van stukken [B75 art. 3.4 BVIE]
Indiening verzoekschrift [B14 art. 799 Rv]
Indiening verzoekschrift door deurwaarder [B14 art. 710a Rv]
Indieningstermijn klacht [B47 art. 99 WNA]
Indirecte octrooibreuk [B39 art. 73 ROW 1995]
Indirecte overdracht aandelen [B40 art. 25 Iw 1990]
Individuele arbeidsovereenkomsten [B92 art. 8 Rome I]
Industriële toepasbaarheid [B74 art. 57 EOV]
Inflatiecorrectie [B52 art. 35a SW]
Informatie, beschikbaar stellen voor publiek [B105 art. 63 HuwVermVo] [B106 art. 63 GPVo]
Informatie betreffende contactgegevens en procedures [B105 art. 64 HuwVermVo] [B106 art. 64 GPVo]
Informatie betreffende het beheer van rechten [B37 art. I Dbw]
Informatie inwinnen bij functionarissen en externen [B41 2/2.4.9 NCG]
Informatie inwinnen, verantwoordelijkheid commissarissen m.b.t. [B41 2/2.4.8 NCG]
Informatie over mutaties betreffende deelname aan het Verdrag [B63 art. 63 HKV 1996]
Informatie over niet tegen actuele waarde gewaardeerde financiële instrumenten [B2 art. 381b BW Boek 2]
Informatie over tegen actuele waarde gewaardeerde financiële instrumenten [B2 art. 381a BW Boek 2]
Informatie voor aanhouders plaatsen op afzonderlijk deel website [B41 4/4.2.4 NCG]
Informatieplicht afzender bij goederenvervoer [B8 art. 26 BW Boek 8]
Informatieplicht afzender bij goederenvervoer door de lucht [B8 art. 1370 BW Boek 8]
Informatieplicht afzender bij goederenvervoer over binnenwateren [B8 art. 910 BW Boek 8]
Informatieplicht afzender bij goederenvervoer over de weg [B8 art. 1114 BW Boek 8]
Informatieplicht afzender bij goederenvervoer over zee [B8 art. 394 BW Boek 8]
Informatieplicht bestuur aan raad van commissarissen BV [B2 art. 251 BW Boek 2]
Informatieplicht bestuur aan raad van commissarissen NV [B2 art. 141 BW Boek 2]
Informatieplicht bestuur bij fusie [B2 art. 315 BW Boek 2]
Informatieplicht bij algemene voorwaarden [B6 art. 234 BW Boek 6]

Informatieplicht bij loonvordering [B7 art. 616e BW Boek 7]
Informatieplicht bij omgangsrecht [B1 art. 377b BW Boek 1]
Informatieplicht bij overgang onderneming [B7 art. 665a BW Boek 7]
Informatieplicht bij vertraging bij goederenvervoer [B8 art. 63 BW Boek 8]
Informatieplicht buitenlands vermogensbestanddeel [B53 art. 10c Uitv besl SW]
Informatieplicht kind [B4 art. 25 BW Boek 4]
Informatieplicht kredietgever m.b.t wijzigingen in debetrentevoet [B7 art. 128 BW Boek 7]
Informatieplicht ondernemer m.b.t. voorgenomen wijzigingen van uitvoeringsovereenkomsten [B17 art. 31f WOR]
Informatieplicht ondernemer over pensioen [B17 art. 35b WOR]
Informatieplicht opdrachtgever bij goederenvervoer [B8 art. 66 BW Boek 8]
Informatieplicht opdrachtgever bij verhuisovereenkomst [B8 art. 1191 BW Boek 8]
Informatieplicht schuldeiser bij schuldenaarsverzuim [B6 art. 88 BW Boek 6]
Informatieplicht tussen echtgenoten bij verrekenbeding [B1 art. 138 BW Boek 1]
Informatieplicht van derden bij omgangsrecht [B1 art. 377c BW Boek 1]
Informatieplicht van executeur [B4 art. 148 BW Boek 4]
Informatieplicht van scheepseigenaar [B8 art. 647 BW Boek 8]
Informatieplicht vereffenaar bij nalatenschap [B4 art. 210 BW Boek 4]
Informatiepositie van de benadeelde [B6 art. 177 BW Boek 6]
Informatierecht [B40 art. 49 Iw 1990]
Informatieverplichting franchisegever [B7 art. 916 BW Boek 7]
Informatieverplichting vermogensbeheerders over beleggingsstrategie [B23 art. 5:87e Wft]
Informatieverstrekking aan afnemer bij dienstrichtlijn [B6 art. 230b BW Boek 6]
Informatieverstrekking aan consument bij kredietovereenkomst [B7 art. 60 BW Boek 7]
Informatieverstrekking aan overheidslichamen [B28 art. 104 Kadw]
Informatieverstrekking bij deeltijdgebruik [B7 art. 50b BW Boek 7]
Informatieverstrekking bij geoorloofde debetstand bij kredietovereenkomst [B7 art. 63 BW Boek 7]
Informatieverstrekking bij kredietovereenkomst [B7 art. 59 BW Boek 7]
Informatieverstrekking bij mogelijkheid overschrijding bij kredietovereenkomst [B7 art. 70 BW Boek 7]
Informatieverstrekking coördinaatpunten [B28 art. 100 Kadw]
Informatieverstrekking franchiseovereenkomst, nadere regels [B7 art. 918 BW Boek 7]
Informatieverstrekking geografische gegevens [B28 art. 102a Kadw]
Informatieverstrekking registratie luchtvaartuigen [B28 art. 102 Kadw]
Informatieverstrekking registratie schepen [B28 art. 101, art. 106 Kadw]
Informatievoorziening, waarborgen m.b.t. [B41 2/2.4.7 NCG]
Informeren bevoegde autoriteit staat van herkomst [B45 art. 60aa Advw]
Informeren over verloop procedure [B13 art. 213k Fw]
Informeren personeel over overgang bedrijf [B11 art. 212 NBW]
Ingang wijziging huurprijs door huurcommissie/rechter bij huur [B7 art. 263 BW Boek 7]
Ingangsdatum als rechtspersoonlijkheid [B91 art. 16 SE]
Ingangsdatum fusie is inschrijvingsdatum register [B91 art. 27 SE]
Ingebrekestelling bij boetebeding [B6 art. 93 BW Boek 6]
Ingebrekestelling bij schuldenaarsverzuim [B6 art. 82 BW Boek 6]
Ingebrekestelling scheepshuurkoper bij binnenschip [B8 art. 809 BW Boek 8]
Ingebruikgeving gehuurde aan ander [B7 art. 221 BW Boek 7]
Ingeschreven feiten (fictie) [B11 art. 78 NBW]
Ingesteld fonds [B14 art. 642d Rv]
Ingijzelingstelling [B14 art. 592 Rv]
Inhoud aanplakkingen en aankondigingen [B14 art. 572 Rv]
Inhoud akte [B51 art. 7 Uitv besl RV]
Inhoud akte van ingijzelingstelling [B14 art. 598 Rv]
Inhoud beslagexploit [B14 art. 719 Rv]
Inhoud beslissing [B75 art. 1.43 BVIE]
Inhoud boedelbeschrijving [B14 art. 674 Rv]
Inhoud cheque [B12 art. 178 WvK]
Inhoud databankenrecht [B37 art. I, art. I Dbw]
Inhoud en bijlage proces-verbaal [B13 art. 269 Fw]
Inhoud fusievoorstel [B91 art. 20 SE]
Inhoud hypotheekakte bij binnenschip [B8 art. 792 BW Boek 8]
Inhoud ondertoezichtstelling [B1 art. 262 BW Boek 1]
Inhoud oppositiebeslissing [B75 art. 1.27 BVIE]
Inhoud orderbriefje [B12 art. 174 WvK]
Inhoud proces-verbaal [B13 art. 173b Fw]

Alfabetisch trefwoordenregister

Inhoud proces-verbaal beslaglegging [B14 art. 504 Rv]
Inhoud proces-verbaal vergadering [B13 art. 148, art. 332 Fw]
Inhoud protest [B12 art. 143b, art. 218b WvK]
Inhoud schriftelijk verzoek [B27 art. 20 Sb fgr 2015]
Inhoud statuten van stichting [B2 art. 286 BW Boek 2]
Inhoud van bescheiden betreffende kaarten [B28 art. 50 Kadw]
Inhoud van de aanvrage [B39 art. 24 ROW 1995]
Inhoud van de verklaring van waardeloosheid [B28 art. 35 Kadw]
Inhoud van een akte van vernieuwing [B28 art. 77 Kadw]
Inhoud van erkenning van buitenlandse adoptie [B10 art. 110 BW boek 10]
Inhoud van fusievoorstel [B2 art. 312, art. 326 BW Boek 2]
Inhoud van het vonnis [B14 art. 230 Rv]
Inhoud van inventarisering of verklaring [B1 art. 341 BW Boek 1]
Inhoud van overlijdensverklaring van vermiste [B1 art. 427 BW Boek 1]
Inhoud veilcondities [B14 art. 517 Rv]
Inhoud verzoekschrift [B14 art. 187, art. 278, art. 815 Rv]
Inhoud verzoekschrift; summier onderzoek [B14 art. 700 Rv]
Inhoud vonnis [B14 art. 1057 Rv]
Inhoud vonnis faillietverklaring [B13 art. 14 Fw]
Inhoud voorlopige voorziening [B14 art. 822 Rv]
Inhoud voorstel tot grensoverschrijdende fusie [B2 art. 333d BW Boek 2]
Inhoud vrachtbrief [B73 art. 6 CMR]
Inhoud vrachtbrief bij goederenvervoer over de weg [B8 art. 1106 BW Boek 8]
Inhoud vrachtbrief bij goederenvervoer over spoorwegen [B8 art. 1555 BW Boek 8]
Inhoud wisselbrief [B12 art. 100 WvK]
Inhouding maximaal 5% van aanneemsom bij oplevering woning bij aanneming van werk [B7 art. 768 BW Boek 7]
Inkennisstelling andere lidstaten [B13 art. 212n Fw]
Inkennisstelling bekende schuldeisers [B13 art. 213i Fw]
Inkennisstelling DNB [B13 art. 212ll Fw]
Inkennisstelling faillietverklaring [B13 art. 212c Fw]
Inkennisstelling PVK [B13 art. 213g Fw]
Inkennisstelling toezichthouders in andere lidstaten [B13 art. 213g Fw]
Inkennisstelling/vergoeding gebreken door pachter [B7 art. 356 BW Boek 7]
Inkomenbeslag en betaling door huurder, pachter, curator [B13 art. 301 Fw]
Inkomensbeslag [B40 art. 19 Iw 1990]
Inkorting bij makingen/giften aan stiefkind bij legitieme portie [B4 art. 91 BW Boek 4]
Inkorting giften bij legitieme portie [B4 art. 89 BW Boek 4]
Inkortingen bij legitieme portie [B4 art. 87 BW Boek 4]
Inladings- en lossingsplek bij goederenvervoer over zee [B8 art. 418 BW Boek 8]
Inlener [B40 art. 34 Iw 1990]
Inlenersaansprakelijkheid [B40 art. 34 Iw 1990]
Inlichtingen en afschriften [B75 art. 3.10 BVIE]
Inlichtingen gefailleerde op vergadering [B13 art. 116 Fw]
Inlichtingen over ambtshandelingen [B46 art. 33 GDW]
Inlichtingen over buitenlands recht [B14 art. 1044 Rv]
Inlichtingen over de stand van de techniek [B74 art. 124 EOV]
Inlichtingen tijdens mondelinge behandeling [B14 art. 30l Rv]
Inlichtingen; schikkingscomparitie [B14 art. 1043 Rv]
Inlichtingenplicht van echtgenoten [B1 art. 83 BW Boek 1]
Inlichtingenplicht verzekeraar [B52 art. 75, art. 76 SW]
Inlichtingenplicht voogd [B1 art. 354 BW Boek 1]
Inlichtingenverplichting [B14 art. 639 Rv]
Inlichtingenverstrekking door belanghebbenden [B28 art. 57 Kadw]
Inlossing na afgeven zaak [B7 art. 95 BW Boek 7]
Inning vordering bij pandrecht [B3 art. 246 BW Boek 3]
Inontvangstneming verklaring bij volmacht [B3 art. 60 BW Boek 3]
Inpandneming eigen aandelen door NV [B2 art. 89a BW Boek 2]
Inrichting der kaarten [B28 art. 51 Kadw]
Inroepen beslissing [B81 art. 37 Brussel I-bis]
Inroepen nietigheid door curator [B13 art. 49 Fw]
Inroepen van de nietigheid [B75 art. 3.23 BVIE]
Inroepen van de nietigheid of het verval van een merk waarop anciënniteit voor een Uniemerk is gebaseerd [B75 art. 2.30octies BVIE]
Inroepen van nietigheid of verval bij de rechter [B75 art. 2.28 BVIE]

Inroeping tegen eerder recht bij retentierecht [B3 art. 291 BW Boek 3]
Inroeping tegen later recht bij retentierecht [B3 art. 291 BW Boek 3]
Inschrijfbaarheid van een verandering van een gekozen woonplaats [B28 art. 47 Kadw]
Inschrijfbare feiten in openbare registers [B3 art. 17 BW Boek 3]
Inschrijven bewind [B4 art. 160 BW Boek 4]
Inschrijven boedelnotaris [B4 art. 186 BW Boek 4]
Inschrijving advocaat [B45 art. 16h Advw]
Inschrijving afgifte registergoederen aan Staat; verklaring vereffenaar [B28 art. 27 Kadw]
Inschrijving bij structuurvennootschap [B2 art. 154 BW Boek 2]
Inschrijving bijhoudingsverklaring [B28 art. 46a Kadw]
Inschrijving BV in handelsregister [B2 art. 180 BW Boek 2]
Inschrijving echtscheiding [B1 art. 163 BW Boek 1]
Inschrijving erfopvolging registergoederen, Europese erfrechtverklaring [B28 art. 27a Kadw]
Inschrijving executele/bewind/benoeming vereffenaar; verklaring van erfrecht [B28 art. 27 Kadw]
Inschrijving faillissement van stichting in handelsregister [B2 art. 303 BW Boek 2]
Inschrijving fusie in handelsregister door verkrijgende persoon [B2 art. 318 BW Boek 2]
Inschrijving gegevens insolventieprocedure in openbaar register [B13 art. 19b Fw]
Inschrijving gegevens liquidatieprocedure in register Rechtbank Den Haag [B13 art. 212kk Fw]
Inschrijving handelsregister [B12 art. 23 WvK]
Inschrijving handhaving gewijzigde vorm [B75 art. 2.9 BVIE]
Inschrijving huurovereenkomst van binnenschip [B8 art. 801 BW Boek 8]
Inschrijving in de openbare registers [B28 art. 77 Kadw]
Inschrijving in handelsregister van splitsing [B2 art. 334n BW Boek 2]
Inschrijving in openbare registers [B14 art. 566, art. 584d Rv]
Inschrijving in openbare registers van feiten betreffende huurovereenkomst [B7 art. 103 BW Boek 7]
Inschrijving in register [B91 art. 12 SE]
Inschrijving in register van notarissen [B47 art. 3 WNA]
Inschrijving na onterechte weigering [B28 art. 14 Kadw]
Inschrijving NV in handelsregister [B2 art. 69 BW Boek 2]
Inschrijving op bevel voorzieningenrechter bij registergoed [B3 art. 20 BW Boek 3]
Inschrijving proces-verbaal in openbare registers [B14 art. 505 Rv]
Inschrijving rechtsmiddel in openbare registers [B3 art. 301 BW Boek 3]
Inschrijving schuldsaneringsregeling in openbaar register [B13 art. 294 Fw]
Inschrijving stichting in handelsregister [B2 art. 289 BW Boek 2]
Inschrijving stukken zonder zelfstandige betekenis [B28 art. 46 Kadw]
Inschrijving trustrecht [B10 art. 143 BW boek 10]
Inschrijving van ambtshalve opgemaakte geboorteakte bij adoptie [B1 art. 25g BW Boek 1]
Inschrijving van bepaalde rechterlijke uitspraken [B1 art. 21 BW Boek 1]
Inschrijving van de aanvrage [B39 art. 31 ROW 1995]
Inschrijving van de goederen in een register [B68 art. 12 HTV]
Inschrijving van de licentieverlening [B39 art. 58 ROW 1995]
Inschrijving van huwelijkse voorwaarden [B1 art. 116 BW Boek 1]
Inschrijving van ontbinding huwelijk na scheiding van tafel en bed [B1 art. 183 BW Boek 1]
Inschrijving van overgelegde stukken [B28 art. 44 Kadw]
Inschrijving van registergoed bij koop [B7 art. 3 BW Boek 7]
Inschrijving van scheiding van tafel en bed [B1 art. 173 BW Boek 1]
Inschrijving van structuurvennootschap BV [B2 art. 264 BW Boek 2]
Inschrijving van uitspraak in openbare registers bij rechtsvordering [B3 art. 301 BW Boek 3]
Inschrijving van veranderingen [B12 art. 31 WvK]
Inschrijving vereniging in handelsregister [B2 art. 29 BW Boek 2]
Inschrijving verkrijging registergoederen door Staat; verklaring notaris [B28 art. 27 Kadw]
Inschrijving verkrijging registergoederen; verklaring van erfrecht [B28 art. 27 Kadw]
Inschrijving verval registergoederen aan Staat; verklaring Minister van Financiën [B28 art. 27 Kadw]
Inschrijving vordering tot opeising en doorhaling van deze inschrijving [B75 art. 2.10 BVIE]
Inschrijving/bekendmaking benoeming [B4 art. 206 BW Boek 4]
Inschrijvingen stichting in handelsregister [B2 art. 302 BW Boek 2]
Inschrijvingsakte van overlijdensverklaring vermiste [B1 art. 429 BW Boek 1]
Inschrijvingsvereisten omtrent andere feiten dan die genoemd in de artt. 20-40 [B28 art. 45 Kadw]
Insolventie [B88 IVO]
Insolventie van een der vervoerders [B73 art. 38 CMR]
Insolventiefunctionarissen [B88 IVO]

Insolventiefunctionarissen; samenwerking [B88 art. 41, art. 56 IVO]
Insolventieprocedure [B13 art. 212e Fw]
Insolventieprocedure; schorsing [B88 art. 60 IVO]
Insolventieregisters; informatie [B88 IVO]
Insolventieregisters; koppeling [B88 art. 25 IVO]
Insolventieregisters; verplichte gegevens [B88 art. 24 IVO]
Inspectie van zaken door koper [B70 art. 38 WKV]
Instaan bij volmacht [B3 art. 70 BW Boek 3]
Instaan voor betaling [B12 art. 195 WvK]
Instaan voor echtheid [B12 art. 69 WvK]
Instandhouding onderneming door stichting [B2 art. 299a BW Boek 2]
Instandhoudingstaks [B39 art. 95 ROW 1995]
Instellen beroep in cassatie [B13 art. 361 Fw]
Instellen cassatieberoep vóór einduitspraak [B14 art. 401a Rv]
Instellen rechtsvordering bij goederenvervoer over spoorwegen [B8 art. 1591 BW Boek 8]
Instellen rechtsvordering door anderen [B3 art. 305b BW Boek 3]
Instellen rechtsvordering door buitenlandse organisatie [B3 art. 305c BW Boek 3]
Instellen rechtsvordering of indienen verzoekschrift bij gemeenschap [B3 art. 171 BW Boek 3]
Instellen van de procedure [B75 art. 2.14 BVIE]
Instellen van de vordering [B75 art. 2.30bis BVIE]
Instelling van een rechtsmiddel tegen een rechterlijke uitspraak [B28 art. 39 Kadw]
Instelling van een rechtsvordering/indiening van een verzoekschrift ter verkrijging van een rechterlijke uitspraak [B28 art. 38 Kadw]
Instellingen die als bewaarder van een beleggingsinstelling of icbe kunnen optreden [B23 art. 4:62n Wft]
Instemming huurder met voorstel tot wijziging van huurprijs [B7 art. 253 BW Boek 7]
Instemming met de betaalopdracht bij betalingstransactie [B7 art. 522 BW Boek 7]
Instemming met schuldenregeling [B13 art. 287a Fw]
Instemming verhuurder met voorstel huurder tot verlaging van huurprijs [B7 art. 254 BW Boek 7]
Institutionele belegger, melding naleving gedragscode [B23 art. 5:86 Wft]
Instructierecht werkgever [B7 art. 660 BW Boek 7]
Interesten [B13 art. 128 Fw]
Intern conflict [B68 art. 24 HTV]
Internationaal Gerechtshof competent [B73 art. 47 CMR]
Internationaal privaatrecht [B13 art. 212s Fw]
Internationale aanvraag [B75 art. 2.10 BVIE]
Internationale aanvraag met aanduiding van de Benelux [B75 art. 1.8 BVIE]
Internationale aanvragen met geldigheid in de Benelux [B75 art. 3.2 BVIE]
Internationale depots [B75 art. 3.15 BVIE]
Internationale kinderontvoering, bescherming rechten van de mens [B64 art. 20 HKOV 1980]
Internationale kinderontvoering, beslissing gezagsrecht [B64 art. 16 HKOV 1980]
Internationale kinderontvoering, centrale autoriteit [B64 art. 6 HKOV 1980]
Internationale kinderontvoering, competentie rechterlijke autoriteit [B64 art. 18 HKOV 1980]
Internationale kinderontvoering, doel verdrag [B64 art. 1 HKOV 1980]
Internationale kinderontvoering, doorzending verzoek [B64 art. 9 HKOV 1980]
Internationale kinderontvoering, gebiedsuitbreiding verdrag [B64 art. 39 HKOV 1980]
Internationale kinderontvoering, geen proceskosten [B64 art. 26 HKOV 1980]
Internationale kinderontvoering, geen terugwerkende kracht verdrag [B64 art. 35 HKOV 1980]
Internationale kinderontvoering, gelasting tot terugkeer [B64 art. 12 HKOV 1980]
Internationale kinderontvoering, geldingsduur verdrag [B64 art. 44 HKOV 1980]
Internationale kinderontvoering, gezags- en omgangsrecht [B64 art. 5 HKOV 1980]
Internationale kinderontvoering, kosten procedures [B64 art. 22 HKOV 1980]
Internationale kinderontvoering, meer rechtsstelsels in staat [B64 art. 31 HKOV 1980]
Internationale kinderontvoering, neerlegging verdrag [B64 art. 37 HKOV 1980]
Internationale kinderontvoering, rechtsbijstand [B64 art. 25 HKOV 1980]
Internationale kinderontvoering, rechtstreeks verzoek [B64 art. 29 HKOV 1980]
Internationale kinderontvoering, samenwerking autoriteiten [B64 art. 7 HKOV 1980]
Internationale kinderontvoering, schadevergoedingsvordering [B64 art. 26 HKOV 1980]
Internationale kinderontvoering, taal procedures [B64 art. 24 HKOV 1980]
Internationale kinderontvoering, taken BuZa [B64 art. 45 HKOV 1980]
Internationale kinderontvoering, toepasselijk recht [B64 art. 14 HKOV 1980]
Internationale kinderontvoering, toetreding verdrag [B64 art. 38 HKOV 1980]
Internationale kinderontvoering, verdrag [B64 art. 34 HKOV 1980]

Internationale kinderontvoering, vereisten verzoek terugkeer [B64 art. 8 HKOV 1980]
Internationale kinderontvoering, verklaring ongeoorloofdheid [B64 art. 15 HKOV 1980]
Internationale kinderontvoering, vertraging antwoord [B64 art. 11 HKOV 1980]
Internationale kinderontvoering, verzoek omgangsrecht [B64 art. 21 HKOV 1980]
Internationale kinderontvoering, voorbehoud verdrag [B64 art. 40 HKOV 1980]
Internationale kinderontvoering, voorbehouden verdrag [B64 art. 36 HKOV 1980]
Internationale kinderontvoering, weigering behandeling [B64 art. 27 HKOV 1980]
Internationale kinderontvoering, weigering gelasting tot terugkeer [B64 art. 13 HKOV 1980]
Internationale ontvoering van kinderen [B10 art. 114 BW boek 10]
Internationale ontvoering van kinderen, bevoegdheid centrale autoriteit [B65 art. 5 UWIK]
Internationale ontvoering van kinderen, bezwaar afwijzing teruggeleidingverzoek [B65 art. 6 UWIK]
Internationale ontvoering van kinderen, competentie kinderrechter [B65 art. 11 UWIK]
Internationale ontvoering van kinderen, inlichtingen openbare registers [B65 art. 8 UWIK]
Internationale ontvoering van kinderen, leeftijd [B65 art. 3 UWIK]
Internationale ontvoering van kinderen, mededeling verzoek tot teruggeleiding [B65 art. 10 UWIK]
Internationale ontvoering van kinderen, opsporing verblijfplaats [B65 art. 9 UWIK]
Internationale ontvoering van kinderen, raad voor kinderbescherming [B65 art. 7 UWIK]
Internationale ontvoering van kinderen, rechtsbijstand [B65 art. 16 UWIK]
Internationale ontvoering van kinderen, taken centrale autoriteit [B65 art. 4 UWIK]
Internationale ontvoering van kinderen, uitbreiding werkingssfeer [B65 art. 2 UWIK]
Internationale ontvoering van kinderen, verblijf buiten Nederland; toezicht omgangsrecht [B65 art. 14 UWIK]
Internationale ontvoering van kinderen, veroordeling tot betaling van gemaakte kosten [B65 art. 13 UWIK]
Internationale ontvoering van kinderen, verzoek aan kinderrechter [B65 art. 12 UWIK]
Internationale ontvoering van kinderen, verzoek om bevel tot afgifte; voorlopige voogdij [B65 art. 13 UWIK]
Interne audit functie [B41 1/1.3 NCG]
Interne audit functie, beoordeling [B41 1/1.3.2 NCG]
Interne audit functie, rapportages [B41 1/1.3.5 NCG]
Interne audit functie, uitvoering werkzaamheden [B41 1/1.3.4 NCG]
Interne audit functie, werkplan [B41 1/1.3.3 NCG]
Interne audit functie, werkwijze bij ontbreken van [B41 1/1.3.6 NCG]
Interne auditor, benoeming en ontslag leidinggevende [B41 1/1.3.1 NCG]
Interne collisie, verordening niet van toepassing [B105 art. 35 HuwVermVo] [B106 art. 35 GPVo]
Interne draagplicht bij onrechtmatige daad [B6 art. 165, art. 166 BW Boek 6]
Interne markt [B88 IVO]
Interne prestaties, privégebruik [B54 art. 8 Wet OB 1968]
Interne voorschriften besluitvorming [B91 art. 50 SE]
Interpretatie dezer Conventie [B70 art. 7 WKV]
Interpretatie wilsverklaringen [B70 art. 8 WKV]
Interventie door tussenkomst en voeging [B14 art. 217 Rv]
Interversie bij houderschap [B3 art. 111 BW Boek 3]
Intracommunautair goederenvervoer [B54 art. 2a Wet OB 1968]
Intrekken schriftelijke aanwijzing [B1 art. 265 BW Boek 1]
Intrekken vergunning bank [B13 art. 212k Fw]
Intrekken vergunning verzekeraar [B13 art. 213d Fw]
Intrekking 403 aansprakelijkstelling [B2 art. 404 BW Boek 2]
Intrekking aanvaarding [B70 art. 22 WKV]
Intrekking klacht [B45 art. 47a Advw] [B47 art. 99 WNA]
Intrekking licentie [B39 art. 58a ROW 1995]
Intrekking ontbindingsverzoek [B7 art. 686a BW Boek 7]
Intrekking surseance [B13 art. 242 Fw]
Intrekking van certificaat financiële zekerheid schepen [B8 art. 650 BW Boek 8]
Intrekking van de aanvrage [B39 art. 39 ROW 1995]
Intrekking van handlichting minderjarige [B1 art. 236 BW Boek 1]
Intrekking verklaring bij rechtshandeling [B3 art. 37 BW Boek 3]
(Intrekking) voorbehoud [B68 art. 26 HTV]
Intrekking voorlopige surseance onder gelijktijdig uitspreken toepassing schuldsaneringsregeling [B13 art. 247a Fw]
Intrekking/kapitaalvermindering van aandelen BW [B2 art. 208 BW Boek 2]
Intrekking/kapitaalvermindering van aandelen NV [B2 art. 99 BW Boek 2]

Alfabetisch trefwoordenregister J

Intrekkingsverzoek schuldenaar [B13 art. 247 Fw]
Introductieprogramma commissarissen [B41 2/2.4.5 NCG]
Inventarisatie vermogen minderjarige door voogd [B1 art. 338 BW Boek 1]
Inverzekerdebewaringstelling [B13 art. 87 Fw]
Invloed grondrente [B50 art. 9 WBRV]
Invloed overlijden op dwangsom [B14 art. 611f Rv]
Invloed overmacht op termijnen [B12 art. 153, art. 225 WvK]
Invloed surseance op termijnhandel [B13 art. 237 Fw]
Invorderbaarheid bedrag aansprakelijkheid [B40 art. 52 Iw 1990]
Invorderen van rijksbelastingen [B40 art. 2 Iw 1990]
Invordering Schenk- en erfbelasting [B40 art. 68 Iw 1990]
Invordering strafbeschikking [B40 art. 3a Iw 1990]
Invordering tekorten bij vennoten [B12 art. 33 WvK]
Invordering van onderhoudsgelden door Landelijk Bureau Inning Onderhoudsbijdragen [B1 art. 408 BW Boek 1]
Invordering van teruggevorderde staatssteun [B40 art. 63ab Iw 1990]
Invorderingsrente [B40 art. 28 Iw 1990]
Invorderingstermijn [B40 art. 9 Iw 1990]
Inwilliging verzoek inzake tenuitvoerlegging beslissingen [B84 art. 3 Uw Erf]
Inwinnen advies commissie [B13 art. 77 Fw]
Inwinnen advies commissie, verplichting curator tot [B13 art. 78 Fw]
Inwinnen van inlichtingen [B14 art. 67 Rv]
Inzage administratie bij vermogen [B3 art. 15j BW Boek 3]
Inzage, afschrift of uittreksel van bescheiden weigeren wegens gewichtige redenen [B14 art. 845 Rv]
Inzage dagboeken [B12 art. 350 WvK]
Inzage door de ouder in het deskundigenrapport [B14 art. 810a Rv]
Inzage in afschrift van patiëntendossier bij behandelingsovereenkomst [B7 art. 456 BW Boek 7]
Inzage in akten van de burgerlijke stand [B1 art. 23a BW Boek 1]
Inzage in dossier overleden patiënt [B7 art. 458a BW Boek 7]
Inzage in dossier overleden patiënt vanwege vermoeden medische fout [B7 art. 458b BW Boek 7]
Inzage in jaarverslag en jaarrekening van vereniging [B2 art. 50 BW Boek 2]
Inzage in op het tableau verwerkte gegevens [B45 art. 8a Advw]
Inzage in register [B14 art. 444a Rv]
Inzage kadastrale registratie [B28 art. 100 Kadw]
Inzage openbare registers [B28 art. 99 Kadw]
Inzage papieren en bewijzen van eigendom bij gemeenschap [B3 art. 187 BW Boek 3]
Inzage proces-verbaal [B13 art. 173b Fw]
Inzage ter griffie [B13 art. 148 Fw]
Inzage van dossiers [B74 art. 128 EOV]
Inzage van geschrift in geval van verloren bewijsmiddel [B14 art. 843b Rv]
Inzage van onderhandse akte verschaffen [B14 art. 843a Rv]
Inzagerecht [B14 art. 847 Rv]
Inzagerecht leden rederij [B8 art. 165 BW Boek 8]
Inzagerecht, uitzondering op [B14 art. 846 Rv]
Inzichtvereiste volgens maatschappelijk aanvaardbare normen [B2 art. 362 BW Boek 2]
Ius tollendi bij bezit [B3 art. 123 BW Boek 3]
Ius tollendi bij vruchtgebruik [B3 art. 208 BW Boek 3]

J

Jaarlijks kostenpercentage [B7 art. 71 BW Boek 7]
Jaarlijks kostenpercentage bij kredietovereenkomst [B7 art. 124 BW Boek 7]
Jaarlijkse betaling ter zake van een (Europees) octrooi [B39 art. 61 ROW 1995]
Jaarlijkse opgave van vruchtgebruik [B3 art. 205 BW Boek 3]
Jaarrekening bij coöperatie en onderlinge waarborgmaatschappij [B2 art. 58 BW Boek 2]
Jaarrekening BV, terinzagelegging van [B2 art. 212 BW Boek 2]
Jaarrekening NV, terinzagelegging van [B2 art. 102 BW Boek 2]
Jaarrekening van BV [B2 art. 210 BW Boek 2]
Jaarrekening van NV [B2 art. 101 BW Boek 2]
Jaarrekening van splitsende rechtspersoon [B2 art. 334q BW Boek 2]
Jaarrekening van stichting [B2 art. 300 BW Boek 2]
Jaarrekening/begroting [B45 art. 45e Advw]
Jarrekeningmodellen [B2 art. 363 BW Boek 2]
Jaartaksen voor de Europese octrooiaanvrage [B74 art. 86 EOV]

Jaartaksen voor Europese octrooien [B74 art. 141 EOV]
Jaarverslag en begroting KBvG [B46 art. 34a GDW]
Jeugdige minderjarigen [B14 art. 809 Rv]
Jeugdwerk [B54 art. 11 Wet OB 1968]
Juiste dagtekening [B12 art. 229e WvK]
Juistheid beslissing [B81 art. 52 Brussel I-bis]
Jurisdictiegeschillen pachtkamers [B14 art. 1019p Rv]

K

Kabels en leidingen [B50 art. 15 WBRV]
Kadastraal recht: tarieven en wijze van voldoening/verrekening [B28 art. 108 Kadw]
Kadastrale aanduiding [B28 art. 2 Kadw]
Kamer van Koophandel [B19 art. 3 Hrw 2007]
Kamer voor gerechtsdeurwaarders [B46 art. 34 GDW]
Kamers van beroep [B74 art. 21 EOV]
Kamers voor het notariaat, jaarverslag en begroting [B47 art. 94a WNA]
Kansspelen [B54 art. 11 Wet OB 1968]
Kantonrechter [B4 art. 25 BW Boek 4]
Kantoor- en privéadministratie [B47 art. 24 WNA]
Kantoor; register en repertorium [B46 art. 16 GDW]
Kapitaal BV [B2 art. 189 BW Boek 2]
Kapitaal NV [B2 art. 78 BW Boek 2]
Kapitaal SE [B91 art. 4 SE]
Kapitaalverzekering eigen woning [B40 art. 70c Iw 1990]
Kenbaar maken keuze voor toepassing vrijstelling omzetbelasting [B54 art. 25 Wet OB 1968]
Kenbaarheid voorlopige aantekening bij registergoed [B3 art. 20 BW Boek 3]
Kennisgeving aan aanvrager dat niet aan alle voorwaarden is voldaan [B39 art. 94 ROW 1995]
Kennisgeving aan aanvrager en minister van Defensie van mogelijke noodzaak van geheimhouding [B39 art. 40 ROW 1995]
Kennisgeving aan legataris bij legaat [B4 art. 119 BW Boek 4]
Kennisgeving aan pachter bij vervreemding verpachte [B7 art. 382 BW Boek 7]
Kennisgeving aan postvervoerbedrijf [B13 art. 14, art. 293 Fw]
Kennisgeving aan schuldeisers [B13 art. 212p Fw]
Kennisgeving aan toegetreden Staten [B76 art. 42 HBewV]
Kennisgeving betwisting en verwijzing [B13 art. 124 Fw]
Kennisgeving door curator [B13 art. 173a Fw]
Kennisgeving door griffier [B14 art. 820 Rv]
Kennisgeving door ministerie van Buitenlandse Zaken [B57 art. 31 HHVV 1978]
Kennisgeving getrokken wissel [B12 art. 127c WvK]
Kennisgeving in aankondiging van vernietiging [B13 art. 15 Fw]
Kennisgeving neerlegging; oproeping ter vergadering [B13 art. 115 Fw]
Kennisgeving omtrent het resultaat van de bijhouding [B28 art. 58, art. 88, art. 95 Kadw]
Kennisgeving omtrent stand verdrag [B71 art. 21 HVOV] [B72 art. 22 HPAV]
Kennisgeving ontvanger [B40 art. 22bis Iw 1990]
Kennisgeving overdracht van aandelen NV [B2 art. 91a BW Boek 2]
Kennisgeving rechtbank door ambtenaar burgerlijke stand [B1 art. 301 BW Boek 1]
Kennisgeving schuldeisers [B88 art. 54 IVO]
Kennisgeving van aanvaarding betrekking [B47 art. 32 WNA]
Kennisgeving van beroep [B45 art. 56 Advw]
Kennisgeving van gebrek door huurder [B7 art. 222 BW Boek 7]
Kennisgeving van hoger beroep [B46 art. 46 GDW]
Kennisgeving van non-betaling [B12 art. 219 WvK]
Kennisgeving van protest [B12 art. 144 WvK]
Kennisgeving van uitstel [B13 art. 142 Fw]
Kennisgeving verificatievergadering [B13 art. 322 Fw]
Kennisgeving verwerping; verzoek verbetering proces-verbaal [B13 art. 269a Fw]
Kennisgeving; bezwaar en beroep [B28 art. 111 Kadw]
Kennisgevingen door depositaris [B80 art. 34]
Kennisgevingen in beginsel digitaal [B14 art. 30e Rv] [B15 art. 30e Rv]
Kennisname prejudiciële vragen [B42 art. 81a Wet RO]
Kennisname rechtsmiddel door kantonrechter [B84 art. 9 Uw Erf]
Kennisneming derden van Europees octrooi [B39 art. 52 ROW 1995]
Kennisneming stukken zaak [B46 art. 41 GDW]
Kennisneming van stukken betreffende de aanvrage of het octrooi [B39 art. 21 ROW 1995]
Kerkgenootschappen [B2 art. 2 BW Boek 2]
Kernschade [B8 art. 13 BW Boek 8]

Alfabetisch trefwoordenregister K

Ketenaansprakelijkheid [B40 art. 35 Iw 1990]
Ketenaansprakelijkheid voor loon werknemer [B7 art. 616a, art. 616b BW Boek 7]
Ketenregeling [B7 art. 668a BW Boek 7]
Keuze geslachtsnaam [B1 art. 5 BW Boek 1]
Keuze van woonplaats [B1 art. 15 BW Boek 1]
Keuzebevoegdheid schuldenaar bij alternatieve verbintenis [B6 art. 17 BW Boek 6]
Keuzen van personen [B45 art. 43 Advw]
Keuzevrijheid [B4 art. 190 BW Boek 4]
Kind 14-15 jaar bij aansprakelijkheid [B6 art. 169 BW Boek 6]
Kind tot 14 jaar bij aansprakelijkheid [B6 art. 169 BW Boek 6]
Kind tot 14 jaar bij onrechtmatige daad [B6 art. 164 BW Boek 6]
Kinderen e.d. [B50 art. 15 WBRV]
Kinderopvang [B54 art. 11 Wet OB 1968]
Kindsdeel van stiefkind [B4 art. 27 BW Boek 4]
Klacht over leden van de rechterlijke macht [B42 art. 14a Wet RO]
Klacht tegen deken [B45 art. 46c Advw]
Klachtenregeling [B42 art. 96a Wet RO]
Klachtenregeling bij elektronisch rechtsverkeer [B3 art. 15f BW Boek 3]
Klachtplicht bij koop [B7 art. 23 BW Boek 7]
Klachtplicht schuldeiser bij schuldenaarsverzuim [B6 art. 89 BW Boek 6]
Klantenvergoeding bij agentuurovereenkomst [B7 art. 442 BW Boek 7]
Kledingbranche [B40 art. 55 Iw 1990]
Kleine herstellingen door huurder [B7 art. 217 BW Boek 7]
Kleine herstellingen door pachter [B7 art. 351 BW Boek 7]
Kleine vorderingen niet op lijst [B13 art. 281d Fw]
KNB [B47 art. 60 WNA]
KNB, uitvoeren van kwaliteitstoetsen bij leden [B47 art. 61a WNA]
Koers bij omkering bij verbintenis tot betaling geldsom [B6 art. 124 BW Boek 6]
Koers bij verbintenis tot betaling geldsom [B6 art. 126 BW Boek 6]
Koersberekening bij verrekening [B6 art. 129 BW Boek 6]
Koersschade bij verbintenis tot betaling geldsom [B6 art. 125 BW Boek 6]
Koning als eiser of verzoeker [B14 art. 77 Rv]
Koninklijke Beroepsorganisatie van Gerechtsdeurwaarders [B87 art. 3 Uw Bv]
Koninklijke Vereniging van Gerechtsdeurwaarders [B46 art. 93 GDW]
Koop [B7 art. 1 BW Boek 7]
Koop en ruil [B11 art. 196 NBW]
Koop op proef [B7 art. 45 BW Boek 7]
Koop van teboekstaand luchtvaartuig [B8 art. 1308 BW Boek 8]
Koop van vermogensrechten [B7 art. 47 BW Boek 7]
Koop van woning [B7 art. 2 BW Boek 7]
Koppelverkoop en gebundelde verkoop [B7 art. 121 BW Boek 7]
Kortdurende verhuur vervoermiddel [B54 art. 6g Wet OB 1968]
Kortgedingvonnis [B14 art. 257 Rv]
Kortgedingvonnis, ambtshalve uitvoerbaarverklaring bij voorraad van [B14 art. 258 Rv]
Korting contante betaling, vracht- en assurantiekosten, zakelijke lasten [B54 art. 8 Wet OB 1968]
Kosteloze behandeling [B1 art. 283 BW Boek 1]
Kosteloze behandeling of opheffing [B13 art. 16 Fw]
Kosteloze informatieverstrekking omtrent een meting [B28 art. 57 Kadw]
Kosteloze informatieverstrekking, verplichting tot [B7 art. 128b BW Boek 7]
Kosten betaling bij nakoming verbintenis [B6 art. 47 BW Boek 6]
Kosten bezorging bij consumentenkoop [B7 art. 13 BW Boek 7]
Kosten bij koop [B7 art. 12 BW Boek 7]
Kosten geding en openbaarmaking bij misleidende en vergelijkende reclame [B6 art. 196 BW Boek 6]
Kosten gerechtelijk onderzoek bij goederenvervoer over de weg [B8 art. 1136 BW Boek 8]
Kosten handeling bij appartementsrecht [B5 art. 121 BW Boek 5]
Kosten in mindering brengen op transitievergoeding [B7 art. 673 BW Boek 7]
Kosten informatieverplichting betaaldienstverlener [B7 art. 520 BW Boek 7]
Kosten kwitantie bij nakoming verbintenis [B6 art. 47 BW Boek 6]
Kosten nutsvoorziening, voorschotbedrag [B30 art. 19 Uw HW]
Kosten onderzoek [B45 art. 60d Advw]
Kosten ontvangen en teruggeven goed bij onverschuldigde betaling [B6 art. 207 BW Boek 6]
Kosten overeenkomst bij goederenvervoer over spoorwegen [B8 art. 1558 BW Boek 8]
Kosten reconstructie/herinrichtingsverplichting bij pachtprijs [B7 art. 329 BW Boek 7]

Kosten samenhangend met tuchtrechtspraak [B45 art. 46a Advw]
Kosten sluiten arbeidsovereenkomst [B7 art. 654 BW Boek 7]
Kosten sortering vervoerde zaken bij goederenvervoer door de lucht [B8 art. 1381 BW Boek 8]
Kosten ten laste van bevrachter bij goederenvervoer over binnenwateren [B8 art. 950 BW Boek 8]
Kosten ten laste van schuldenaar [B14 art. 642z Rv]
Kosten van ambtelijke werkzaamheden [B40 art. 2 Iw 1990]
Kosten van bewaring [B14 art. 857 Rv]
Kosten van de coördinatie [B88 IVO]
Kosten van gerechtsdeurwaarders [B14 art. 434a Rv]
Kosten van het beslag [B14 art. 706 Rv]
Kosten van het niet verschijnen/niet voldoen griffierecht [B14 art. 141 Rv]
Kosten van lijkbezorging [B52 art. 20 SW]
Kosten van vruchtgebruik [B3 art. 205 BW Boek 3]
Kosten van zorg bij retentierecht [B3 art. 293 BW Boek 3]
Kosten vertaling stukken [B90 art. 12a UWBewVo]
Kosten voor noodzakelijke reis- en verblijfkosten [B14 art. 238 Rv]
Kostenbepaling oppositie [B75 art. 1.28 BVIE]
Kostenbepaling vordering tot nietigverklaring of vervallenverklaring [B75 art. 1.44 BVIE]
Kostenverdeling [B14 art. 524a Rv]
Kostenvergoeding bij onrechtmatige verplichting [B40 art. 62a Iw 1990]
Kostenvergoeding (plv.) voorzitters [B45 art. 50a Advw]
Kostenveroordeling [B14 art. 1019h, art. 1019ie Rv]
Kraakmiddelen [B36 art. 32a Aw]
Kracht van gewijsde [B45 art. 48 Advw]
Kracht van gewijsde; executoriale titel [B13 art. 196 Fw]
Kredietbemiddelaars bij kredietovereenkomst [B7 art. 72 BW Boek 7]
Kredietbemiddeling [B54 art. 11 Wet OB 1968]
Kredietovereenkomst [B7 art. 61 BW Boek 7]
Kredietovereenkomsten in vreemde valuta [B7 art. 126 BW Boek 7]
Krediettransactie, certificaat en vergoeding schuldbemiddeling [B31 art. 48 WCK]
Krediettransactie, schuldbemiddeling [B31 art. 47 WCK]
Krediettransactie, toezicht [B31 art. 48a WCK]
Krediettransactie, uitzonderingen op verbod schuldbemiddeling [B31 art. 48 WCK]
Kredietvergoeding [B7 art. 76 BW Boek 7]
Kunstvoorwerpen [B54 art. 2a Wet OB 1968]
Kwalificerend ondernemingsvermogen [B52 art. 35c SW]
Kwalificerende erflater/schenker [B52 art. 35d SW]
Kwalitatief recht (overgang) bij rechtsgevolgen van overeenkomst [B6 art. 251 BW Boek 6]
Kwalitatieve verplichting en registergoed (overgang) bij rechtsgevolgen van overeenkomst [B6 art. 252 BW Boek 6]
Kwaliteit afgeleverde zaak bij nakoming verbintenis [B6 art. 28 BW Boek 6]
Kwaliteitsarbitrage [B14 art. 1047 Rv]
Kwaliteitstoetsen, persoonsgegevens [B46 art. 57a GDW]
Kwaliteitstoetsen, uitvoering KBvG [B46 art. 57a GDW]
Kwantitatieve verplichting [B11 art. 192 NBW]
Kwijt te schelden verkrijgingen [B52 art. 67 SW]
Kwijting [B12 art. 161 WvK]
Kwijting bij goede trouw [B14 art. 479e Rv]
Kwijting bij goederenvervoer over zee [B8 art. 481 BW Boek 8]
Kwijting bij nakoming verbintenis [B6 art. 49 BW Boek 6]
Kwijting cognossement bij goederenvervoer over binnenwateren [B8 art. 946 BW Boek 8]
Kwijting van verplichtingen door consument bij kredietovereenkomst [B7 art. 68 BW Boek 7]
Kwijtschelding [B40 art. 26 Iw 1990]
Kwijtschelding bij emigratie [B40 art. 70ca Iw 1990]
Kwitantie aan toonder [B12 art. 229f WvK]
Kwitantie bij nakoming verbintenis [B6 art. 48 BW Boek 6]
Kwitanties [B11 art. 179 NBW]

L

Laad- en stuwverplichting bij goederenvervoer over zee [B8 art. 421 BW Boek 8]
Laadtijd [B8 art. 422 BW Boek 8]
Laden en lossen bij goederenvervoer over spoorwegen [B8 art. 1561 BW Boek 8]
Lager bedrag dan bekendgemaakt bij aandelen NV [B2 art. 97 BW Boek 2]

Alfabetisch trefwoordenregister L

Landbouw [B7 art. 312 BW Boek 7]
Landelijk parket, samenstelling [B42 art. 137 Wet RO]
Landsdelen [B40 art. 2 Iw 1990]
Lange termijn waardecreatie [B41 1/1.1 NCG]
Lange termijn waardecreatie, betrokkenheid RvC [B41 1/1.1.2 NCG]
Lange termijn waardecreatie, rol RvC [B41 1/1.1.3 NCG]
Lange termijn waardecreatie, strategie [B41 1/1.1.1 NCG]
Lange termijn waardecreatie, verantwoording bestuur [B41 1/1.1.4 NCG]
Last of beperking bij koop [B7 art. 19 BW Boek 7]
Last onder dwangsom bij onjuiste gegevens UBO [B19 art. 47a Hrw 2007]
Lasten en beperkingen bij koop [B7 art. 15 BW Boek 7]
Lasten en herstellingen erfpacht [B5 art. 96 BW Boek 5]
Lasten van exploitatie schip bij goederenvervoer over zee [B8 art. 487 BW Boek 8]
Lastgeving [B11 art. 210 NBW]
Lastgevingsovereenkomst [B7 art. 414 BW Boek 7]
Later ingediende vorderingen [B13 art. 127, art. 265 Fw]
Later opgekomen schuldeisers [B4 art. 220 BW Boek 4]
Latere vermelding, beëindiging huwelijk/geregistreerd partnerschap [B1 art. 20a BW Boek 1]
Latere vermelding, geboorteakte [B1 art. 20a BW Boek 1]
Latere vermelding in het register van de burgerlijke stand [B1 art. 24b BW Boek 1]
Latere vermelding toevoegen aan de geboorteakte van een minderjarige [B1 art. 20g BW Boek 1]
Latere vermelding toevoegen bij verklaring voor recht [B1 art. 26a BW Boek 1]
Latere vermelding van akten en uitspraken buiten Nederland opgemaakt [B1 art. 20b BW Boek 1]
Latere vermelding van ambtshalve opgemaakte gegevens [B1 art. 25f BW Boek 1]
Latere vermelding, wijziging geslachtsnaam [B1 art. 20a BW Boek 1]
Latere vermeldingen toevoegen aan akte van de burgerlijke stand [B1 art. 20 BW Boek 1]
Leden of aandeelhouders naar verkrijgende rechtspersoon bij splitsing [B2 art. 334e BW Boek 2]
Leden van rederij, gedrag volgens redelijkheid en billijkheid [B8 art. 162 BW Boek 8]
Leeftijd/geslacht verzekerde onjuist opgegeven bij levensverzekering [B7 art. 982 BW Boek 7]
Leeftijdsgrens [B45 art. 52 Advw]
Leegwaarderatio [B53 art. 10a Uitv besl SW]
Leenvergoeding [B36 art. 15c Aw]
Legaat [B4 art. 117 BW Boek 4]
Legaat bij deelbare prestatie [B4 art. 117 BW Boek 4]
Legaat bij niet-eigendom erflater van uiterste wilsbeschikking [B4 art. 49 BW Boek 4]
Legaat ten laste van erfgenamen [B4 art. 117 BW Boek 4]
Legaat van belaste persoon niet zijnde erfgenaam [B4 art. 118 BW Boek 4]
Legal Entity Identifier, vergoeding [B19 art. 50b Hrw 2007]
Legalisatie en soortgelijke formaliteiten [B105 art. 61 HuwVermVo] [B106 art. 61 GPVo]
Legalisatie handtekening [B47 art. 52 WNA]
Legaten [B11 art. 130 NBW]
Legitieme portie [B4 art. 63 BW Boek 4]
Legitieme portie van een kind [B4 art. 64 BW Boek 4]
Legitieme portie van kleinkinderen [B4 art. 64 BW Boek 4]
Legitimarissen [B4 art. 63 BW Boek 4]
Legitimatiebewijs [B28 art. 7b Kadw]
Legitimatieplicht gerechtsdeurwaarder [B46 art. 13 GDW]
Leiding bij hulpverlening [B8 art. 558 BW Boek 8]
Leningen en voorschotten aan bestuurders of commissarissen in toelichting op jaarrekening [B2 art. 383 BW Boek 2]
Letselschade aan derden [B6 art. 107 BW Boek 6]
Levensonderhoud [B1 art. 392 BW Boek 1]
Levensonderhoud van kinderen [B1 art. 404 BW Boek 1]
Levensverzekering [B7 art. 975 BW Boek 7]
Levensverzekering/natura-uitvaartverzekering, bedenktijd verzekeringnemer [B23 art. 4:63 Wft]
Levensverzekering; pensioenregeling [B40 art. 26 Iw 1990]
Levering aan de huurkoper t.b.v. eigendomsoverdracht [B7 art. 110 BW Boek 7]
Levering aandeel in goed bij overdracht [B3 art. 96 BW Boek 3]
Levering aandelen [B14 art. 474h Rv]
Levering aandelen BV inschrijven in aandeelhoudersregister [B2 art. 196a BW Boek 2]
Levering aandelen NV inschrijven in aandeelhoudersregister [B2 art. 86a BW Boek 2]
Levering bij aandelen BV [B2 art. 196a BW Boek 2]

L

Alfabetisch trefwoordenregister

Levering bij aandelen NV [B2 art. 86a BW Boek 2]
Levering bloot eigendom [B55 art. 5 Uitv. Besl. OB 1968]
Levering ceel bij bewaarneming [B7 art. 607 BW Boek 7]
Levering cognossement bij goederenvervoer over binnenwateren [B8 art. 923 BW Boek 8]
Levering cognossement vóór aflevering zaken bij goederenvervoer over zee [B8 art. 417 BW Boek 8]
Levering door vrijgestelde ondernemers [B54 art. 11 Wet OB 1968]
Levering eerst op later tijdstip bij overdracht [B3 art. 90 BW Boek 3]
Levering in andere gevallen [B54 art. 5b Wet OB 1968]
Levering in andere gevallen bij overdracht [B3 art. 95 BW Boek 3]
Levering nieuw vervoermiddel [B54 art. 7 Wet OB 1968]
Levering onroerende zaken [B54 art. 11 Wet OB 1968]
Levering recht aan toonder of order bij overdracht [B3 art. 93 BW Boek 3]
Levering registergoed [B11 art. 91 NBW]
Levering teboekstaand binnenschip of beperkt recht [B11 art. 254 NBW]
Levering toekomstig goed bij overdracht [B3 art. 97 BW Boek 3]
Levering van CT-document [B8 art. 50 BW Boek 8]
Levering van goederen [B54 art. 3 Wet OB 1968]
Levering van het toegedeelde bij gemeenschap [B3 art. 186 BW Boek 3]
Levering van onroerende zaken bij overdracht [B3 art. 89 BW Boek 3]
Levering van roerende zaken en niet-registergoederen [B3 art. 90 BW Boek 3]
Leveringseisen bij aandelen NV [B2 art. 86c BW Boek 2]
Licentie [B75 art. 2.32, art. 3.26 BVIE]
Licentienemer [B36 art. 27a Aw] [B37 art. I Dbw]
Licentienemers en pandhouders [B39 art. 70 ROW 1995]
Lidmaatschap van coöperatie [B2 art. 61 BW Boek 2]
Lidmaatschap van onderlinge waarborgmaatschappij [B2 art. 62 BW Boek 2]
Lidmaatschap van rederij [B8 art. 161 BW Boek 8]
Lidmaatschap van vereniging [B2 art. 34 BW Boek 2]
Lidmaatschappen of aandelen zonder stem [B2 art. 24d BW Boek 2]
Lidmaatschapsrechten [B14 art. 474aa, art. 717 Rv]
Lidstaat [B54 art. 2a Wet OB 1968]
Liggeld [B8 art. 422 BW Boek 8]
Ligovereenkomst [B8 art. 992 BW Boek 8]
Ligtijd bij vervoer over binnenwateren [B8 art. 996 BW Boek 8]
Lijfrente [B7 art. 990 BW Boek 7]
Lijfsdwang [B40 art. 20 Iw 1990]
Lijfsdwang alleen uit kracht van vonnis [B14 art. 589 Rv]
Lijfsdwang in zaken levensonderhoud [B13 art. 33 Fw]
Lijfsdwang niet mogelijk [B14 art. 588 Rv]
Lijfsdwang, tenuitvoerlegging [B14 art. 591 Rv]
Lijfsdwang, vordering tot uitvoerbaarverklaring bij [B14 art. 586 Rv]
Lijkbezorgers [B54 art. 11 Wet OB 1968]
Lijst van belanghebbenden [B14 art. 548 Rv]
Lijst van erkende schuldeisers [B13 art. 121 Fw]
Lijst van overeenkomsten [B92 art. 26 Rome I] [B93 art. 29 Rome II]
Lijst van vorderingen [B13 art. 259 Fw]
Limitering bij schadevergoeding [B6 art. 110 BW Boek 6]
Liquide middelen op balans [B2 art. 372 BW Boek 2]
Litispendentie [B105 art. 17 HuwVermVo] [B106 art. 17 GPVo]
Loon, andere vormen [B7 art. 621 BW Boek 7]
Loon, betalingstermijn [B7 art. 623 BW Boek 7]
Loon, betalingstermijn/voorschotbetaling prestatieloon [B7 art. 624 BW Boek 7]
Loon, bewijsstukken prestatieloon [B7 art. 619 BW Boek 7]
Loon bij lastgeving [B7 art. 416 BW Boek 7]
Loon hulpverlener bij behandelingsovereenkomst [B7 art. 461 BW Boek 7]
Loon, loonstrookje [B7 art. 626 BW Boek 7]
Loon, niet vastgesteld [B7 art. 618 BW Boek 7]
Loon opdrachtnemer [B7 art. 405 BW Boek 7]
Loon, overdracht/verpanding aan derden [B7 art. 633 BW Boek 7]
Loon, plaats betaling [B7 art. 622 BW Boek 7]
Loon tijdens ziekte, zwangerschap en bevalling [B7 art. 629 BW Boek 7]
Loon tussenpersoon bij bemiddeling [B7 art. 426 BW Boek 7]
Loon, verhindering voldoening [B7 art. 630 BW Boek 7]
Loon, verhoging bij overschrijding betalingstermijn [B7 art. 625 BW Boek 7]

Loon, verrekening schuld werkgever met vordering werknemer [B7 art. 632 BW Boek 7]
Loon, voldoening in geld [B7 art. 620 BW Boek 7]
Loon, voldoening in natura [B7 art. 620 BW Boek 7]
Loon, volmacht tot vordering [B7 art. 633 BW Boek 7]
Loon, vorm [B7 art. 617 BW Boek 7]
Loon/onkostenvergoeding bewaarnemer [B7 art. 601 BW Boek 7]
Loonaanspraken bij letselschadevergoeding [B6 art. 107a BW Boek 6]
Looninhouding, pensioen en spaarregeling [B7 art. 631 BW Boek 7]
Looninhouding/nietig beding [B7 art. 631 BW Boek 7]
Loonsanctie [B7 art. 629 BW Boek 7]
Loonvermindering [B7 art. 629 BW Boek 7]
Looptijd van het Europees octrooi [B74 art. 63 EOV]
Lopende openbare verkoop door hypotheekhouder [B11 art. 116 NBW]
Lopende polis bij invoering verhoging bestaande verzekering [B50 art. 30 WBRV]
Lopende polis bij verlaging bestaande verzekering [B50 art. 31 WBRV]
Lopende procedures [B11 art. 74 NBW]
Lopende renten [B52 art. 20 SW]
Los land [B7 art. 313 BW Boek 7]
Lossing bij hypotheekrecht [B3 art. 269 BW Boek 3]
Lossingsplicht bij goederenvervoer over zee [B8 art. 483 BW Boek 8]
Losstandaard bij goederenvervoer over binnenwateren [B8 art. 929a BW Boek 8]
Luchtvaartuig [B14 art. 60 Rv] [B8 art. 3a BW Boek 8]

M

Maandaangifte douanerecht [B40 art. 9 Iw 1990]
Maatregelen bij gegrondverklaring [B46 art. 43 GDW]
Maatregelen bij opheffing van gemeenschap van goederen [B1 art. 110 BW Boek 1]
Maatregelen centrale autoriteit [B14 art. 1010 Rv]
Maatregelen door AVA bij vermogensdaling bij NV [B2 art. 108a BW Boek 2]
Maatregelen rechter [B4 art. 191 BW Boek 4]
Maatregelen ter voorkoming en beperking van schade [B6 art. 184 BW Boek 6]
Maatregelen verzekeringnemer/verzekerde ter voorkoming/vermindering schade bij schadeverzekering [B7 art. 957 BW Boek 7]
Maatschap [B7a art. 1655 BW Boek 7A]
Maatschap, beheer door één vennoot [B7a art. 1673 BW Boek 7A]
Maatschap, gemeenschappelijk beheer [B7a art. 1675 BW Boek 7A]
Maatschap, inbreng vennoten [B7a art. 1662 BW Boek 7A]
Maatschap, ontbinding door rechter [B7a art. 1684 BW Boek 7A]
Maatschap, regels omtrent beheer [B7a art. 1676 BW Boek 7A]
Maatschap, vernietiging/nietigheid ontbinding [B7a art. 1686 BW Boek 7A]
Maatschappelijk en geplaatst kapitaal van BV [B2 art. 178 BW Boek 2]
Maatschappelijk en geplaatst kapitaal van NV [B2 art. 67 BW Boek 2]
Maatschappij voor collectieve beleggingen in effecten, aparte beheerder [B23 art. 4:58 Wft]
Maatschapsovereenkomst in de zeevisserij, schakelbepaling [B7 art. 749 BW Boek 7]
Machinedagboek [B12 art. 348 WvK]
Machtiging aandeelhouder BV door voorzieningenrechter tot oproeping AVA [B2 art. 222 BW Boek 2]
Machtiging aandeelhouder NV door voorzieningenrechter tot oproeping AVA [B2 art. 112 BW Boek 2]
Machtiging dagelijks bestuur Raad [B27 art. 12 Sb fgr 2015]
Machtiging grondkamer [B7 art. 354 BW Boek 7]
Machtiging kantonrechter voor rechtshandelingen van voogd [B1 art. 345 BW Boek 1]
Machtiging mentor [B1 art. 456 BW Boek 1]
Machtiging tot bezwaren goed bij gemeenschap [B3 art. 174 BW Boek 3]
Machtiging tot te gelde maken goed bij gemeenschap [B3 art. 174 BW Boek 3]
Machtiging tot uitgaven [B74 art. 43 EOV]
Machtiging tot uithuisplaatsing [B1 art. 265a BW Boek 1]
Machtiging tot uithuisplaatsing, duur [B1 art. 265c BW Boek 1]
Machtiging tot uithuisplaatsing, noodzaak [B1 art. 265b BW Boek 1]
Machtiging tot uitoefening recht erfgenaam of legataris [B1 art. 412 BW Boek 1]
Machtiging tot verkoop [B14 art. 632 Rv]
Machtiging tot verkoop bij goederenvervoer over binnenwateren [B8 art. 957 BW Boek 8]
Machtiging tot verkoop bij hulpverlening [B8 art. 575 BW Boek 8]
Machtiging tot verkoop verhuisgoederen bij verhuisovereenkomst [B8 art. 1198 BW Boek 8]
Machtiging tot verkoop zaak bij goederenvervoer door de lucht [B8 art. 1380 BW Boek 8]
Machtiging tot verkoop zaken bij goederenvervoer over de weg [B8 art. 1133 BW Boek 8]

M

Alfabetisch trefwoordenregister

Machtiging van deurwaarder [B14 art. 434 Rv]
Machtiging van R-C [B13 art. 68 Fw]
Making over de hand [B11 art. 132 NBW]
Mandeligheid [B11 art. 162 NBW]
Mandeligheid, definitie [B5 art. 60 BW Boek 5]
Mandeligheid, einde [B5 art. 61 BW Boek 5]
Manipulatie van elektronische informatie betreffende het beheer van rechten [B36 art. 29b Aw] [B37 art. I Dbw] [B38 art. 19a WNR]
Marktexploitant, informatieverstrekking over eigendomsstructuur aan AFM [B23 art. 5:32l Wft]
Marktexploitant, openbaarmaking prijzen [B23 art. 5:32k Wft]
Marktexploitanten, dagelijks beleid [B23 art. 5:29 Wft]
Marktexploitanten, dagelijks beleid nadere regels [B23 art. 5:29a Wft]
Marktexploitanten, deelneming aan gereglementeerde markt aan beleggingsonderneming in andere lidstaat [B23 art. 5:32e Wft]
Marktexploitanten, definitie marktexploitant [B23 art. 5:28 Wft]
Marktexploitanten, eisen gereglementeerde markt [B23 art. 5:30 Wft]
Marktexploitanten, eisen vergunningverlening [B23 art. 5:27 Wft]
Marktexploitanten, eisen voor toestaan directe elektronische toegang [B23 art. 5:30c Wft]
Marktexploitanten, kennisgeving AFM van voornemens toegang in andere lidstaat [B23 art. 5:32f Wft]
Marktexploitanten, regels voor toegang tot handel/lidmaatschap gereglementeerde markt [B23 art. 5:32b Wft]
Marktexploitanten, regels voor toezicht [B23 art. 5:32 Wft]
Marktexploitanten, synchroniseren beursklokken [B23 art. 5:30e Wft]
Marktexploitanten, toelating lid/deelnemer gereglementeerde markt [B23 art. 5:32c Wft]
Marktexploitanten, uitbesteding aan derden [B23 art. 5:31 Wft]
Marktexploitanten, verbod opschorten/onderbreken/uitsluiten handel financieel instrument [B23 art. 5:32g Wft]
Marktexploitanten, vereiste systemen/procedures/regelingen [B23 art. 5:30a Wft]
Marktexploitanten, vergunningplicht [B23 art. 5:26 Wft]
Marktexploitanten, verklaring van geen bezwaar [B23 art. 5:32d Wft]
Master-icbe, fusie/splitsing [B23 art. 4:61b Wft]
Master-icbe, liquidatie [B23 art. 4:61a Wft]
Materieel toepassingsgebied [B66 art. 1 HTestV] [B69 art. 1 HVV]
Materiële transactie, begripsbepaling [B2 art. 167 BW Boek 2]
Materiële vaste activa op balans [B2 art. 366 BW Boek 2]
Materiële werkingssfeer [B92 art. 1 Rome I]
Materiële wijziging [B70 art. 19 WKV]
Matiging bij boetebeding [B6 art. 94 BW Boek 6]
Matiging bij schadevergoeding [B6 art. 109 BW Boek 6]
Matiging loonvordering [B7 art. 680a BW Boek 7]
Matiging van onderhoudsverplichting [B1 art. 399 BW Boek 1]
Matiging vergoeding [B7 art. 672 BW Boek 7]
Matiging, verhoging door kantonrechter [B7 art. 677 BW Boek 7]
Maximale bedrag van schadefondsen bij aansprakelijkheid [B8 art. 755 BW Boek 8]
Maximalisering bijdrage [B40 art. 55 Iw 1990]
Maximering bedrag aansprakelijkheid bij binnenschip [B8 art. 1065 BW Boek 8]
Maximering bedrag aansprakelijkheid bij goederenvervoer over de weg [B8 art. 1105 BW Boek 8]
Maximering bedrag aansprakelijkheid bij verhuisovereenkomst [B8 art. 1182 BW Boek 8]
Maximering bedrag aansprakelijkheid vervoerder bij goederenvervoer door de lucht [B8 art. 1357 BW Boek 8]
Maximering bedrag aansprakelijkheid vervoerder bij personenvervoer over de weg [B8 art. 1157 BW Boek 8]
Maximering totaal verhaalbaar bedrag bij zeeschip [B8 art. 366 BW Boek 8]
Maximum [B73 art. 23 CMR]
Maximum bij overeenkomst [B73 art. 24 CMR]
Maximumbedrag bij borgtocht door natuurlijk persoon [B7 art. 858 BW Boek 7]
Maximumtarief [B47 art. 56 WNA]
Mede-eigendom [B5 art. 14 BW Boek 5]
Mede-eigendom op een octrooi [B39 art. 66 ROW 1995]
Medebezitter bij aansprakelijkheid [B6 art. 180 BW Boek 6]
Mededelen gegevens rechtspersoon [B2 art. 380b BW Boek 2]
Mededeling aan autoriteit andere Verdragsluitende Staat inzake overwogen maatregel [B63 art. 34 HKV 1996]

Mededeling aan autoriteiten andere Staat over blootstelling kind aan ernstig gevaar [B63 art. 36 HKV 1996]
Mededeling aan geëxecuteerde [B14 art. 474d Rv]
Mededeling aan geëxecuteerde en anderen [B14 art. 515 Rv]
Mededeling aan rechtbank van in kracht van gewijsde gegane beslissing [B45 art. 9 Advw]
Mededeling aan registers bij grensoverschrijdende fusie [B2 art. 333j BW Boek 2]
Mededeling benoeming R-C, aanmelding vorderingen [B14 art. 482 Rv]
Mededeling negatieve nalatenschap [B4 art. 199 BW Boek 4]
Mededeling omtrent het voornemen tot meting [B28 art. 57 Kadw]
Mededeling omtrent het voornemen tot onderzoek ter plaatse [B28 art. 66 Kadw]
Mededeling ontvanger [B40 art. 54 Iw 1990]
Mededeling over aanwijzing autoriteiten aan Haagse Conferentie voor Internationaal Privaatrecht [B63 art. 45 HKV 1996]
Mededeling schorsing [B45 art. 60ac Advw]
Mededeling van benoeming van voogd aan kantonrechter [B1 art. 371a BW Boek 1]
Mededeling van geschiede verkoop bij pandrecht [B3 art. 252 BW Boek 3]
Mededeling van maatregel aan rechtbank [B45 art. 59 Advw]
Mededeling van vennootschap [B14 art. 474f Rv]
Mededeling van verkoop [B14 art. 523 Rv]
Mededeling verkrijging aandeel bij gemeenschap [B3 art. 176 BW Boek 3]
Mededeling voortzetting huur aan verhuurder [B7 art. 270a BW Boek 7]
Mededelingen langs elektronische weg [B7 art. 933 BW Boek 7]
Mededelingsplicht bureau aan rechter [B39 art. 87 ROW 1995]
Mededelingsplicht verzekeringnemer bij aangaan verzekeringsovereenkomst [B7 art. 928 BW Boek 7]
Mededinging [B14 art. 44a Rv]
Medegerechtigdheid [B52 art. 35c SW]
Medehuur door andere persoon bij huur [B7 art. 267 BW Boek 7]
Medehuur door echtgenoot/geregistreerde partner bij huur [B7 art. 266 BW Boek 7]
Medehuur en voortzetting huur [B11 art. 208h NBW]
Medehuurder wordt huurder na dood huurder [B7 art. 268 BW Boek 7]
Medepachter ontslaan uit pacht [B7 art. 365 BW Boek 7]
Medeschuld [B70 art. 80 WKV]
Medeschuldenaar; borg [B13 art. 241 Fw]
Medewerking aan scheepsverklaring [B12 art. 355 WvK]
Medewerking bewindvoerders vereist [B13 art. 228, art. 231 Fw]
Medewerking met curator [B13 art. 105a Fw]
Medewerking patiënt bij behandelingsovereenkomst [B7 art. 452 BW Boek 7]
Medewerking van het OM [B14 art. 813 Rv]
Medewerkingsplicht advocaat/samenwerkingsverband [B45 art. 60e Advw]
Medezeggenschap in onderneming zonder ondernemingsraad of personeelsvertegenwoordiging [B17 art. 35b WOR]
Medezeggenschap, taak Sociaal-Economische Raad bij [B17 art. 46a WOR]
Medezeggenschap van werknemers bij grensoverschrijdende fusie [B2 art. 333k BW Boek 2]
Medici [B54 art. 11 Wet OB 1968]
Medische behandeling [B1 art. 265h BW Boek 1]
Meer opposities [B75 art. 1.24 BVIE]
Meer schuldeisers voor dezelfde zaak [B14 art. 513 Rv]
Meer vorderingen tot nietigverklaring of vervallenverklaring [B75 art. 1.40 BVIE]
Meerdere aanvragers [B74 art. 59 EOV]
Meerdere bewindvoerders [B13 art. 224 Fw]
Meerdere categorieën aandelen [B91 art. 60 SE]
Meerdere gebiedsdelen; toepassing [B60 art. 28 HAEV 1973]
Meerdere gevolmachtigden [B3 art. 65 BW Boek 3]
Meerdere hoofdschuldenaren bij borgtocht [B7 art. 866 BW Boek 7]
Meerdere lastgevers [B7 art. 417 BW Boek 7]
Meerdere lasthebbers [B7 art. 415 BW Boek 7]
Meerdere opdrachtgevers [B7 art. 407 BW Boek 7]
Meerdere opdrachtnemers [B7 art. 407 BW Boek 7]
Meerdere schenkingen binnen een jaar [B52 art. 27 SW]
Meerdere schuldeisers [B14 art. 569 Rv]
Meerderheid vereist voor voorstel [B13 art. 173b Fw]
Meerderjarigverklaring moeder [B1 art. 253ha BW Boek 1]
Meerprestatie [B70 art. 52 WKV]
Meervoudig depot [B75 art. 2.2 BVIE]

M **Alfabetisch trefwoordenregister**

Meervoudige aansprakelijkheid [B93 art. 20 Rome II]
Meervoudige kamer, besluitvorming [B42 art. 7 Wet RO]
Meest gunstige behandeling [B75 art. 4 BVIE]
Meeverkopen scheepstoebehoren van andere eigenaar [B14 art. 581 Rv]
Melding aan AFM, bezit aandelen/stemmen van bestuurder/commissaris [B23 art. 5:48 Wft]
Melding aan AFM, kapitaal/stemmen/uitgegeven aandelen door nieuwe uitgevende instelling [B23 art. 5:36 Wft]
Melding aan AFM, kennisgeving onjuiste melding [B23 art. 5:50 Wft]
Melding aan AFM, maatregelen bij onjuiste melding [B23 art. 5:52 Wft]
Melding aan AFM, melding en registratie bezit aandelen/stemmen van bestuurder/commissaris [B23 art. 5:49 Wft]
Melding aan AFM, nieuwe naamloze vennootschap [B23 art. 5:43 Wft]
Melding aan AFM, nieuwe rechtspersoon opgericht naar recht van niet-lidstaat [B23 art. 5:43 Wft]
Melding aan AFM, onjuiste melding [B23 art. 5:51 Wft]
Melding aan AFM, ophouden dochtermaatschappij te zijn [B23 art. 5:42 Wft]
Melding aan AFM, over-/onderschrijding drempelwaarde percentage kapitaal/stemmen [B23 art. 5:38 Wft]
Melding aan AFM, uitzonderingen [B23 art. 5:46a Wft]
Melding aan AFM, uitzonderingen op meldingsplicht [B23 art. 5:46 Wft]
Melding aan AFM, verkrijging/verliezen aandelen met bijzonder statutair recht [B23 art. 5:40 Wft]
Melding aan AFM, verwerking in register van over-/onderschrijding drempelwaarde [B23 art. 5:39 Wft]
Melding aan AFM, wijziging kapitaal [B23 art. 5:34 Wft]
Melding aan AFM, wijziging stemmen [B23 art. 5:35 Wft]
Melding aan AFM, wijziging uitgifte/intrekking aandelen [B23 art. 5:35 Wft]
Melding aan SER [B27 art. 8 Sb fgr 2015]
Melding adviezen in dagboek [B12 art. 351 WvK]
Melding executie bij B&W [B46 art. 14 GDW]
Melding onherroepelijke schorsing [B47 art. 105 WNA]
Melding rijksbelastingdienst aan het Bureau [B47 art. 111c WNA]
Meldingsplicht [B40 art. 22bis, art. 36 Iw 1990]
Meldingsplicht gerechtsdeurwaarder [B46 art. 19a GDW]
Meldingsplicht ministerie BuZa [B68 art. 32 HTV]
Meldingsplicht reiziger bij schade bij personenvervoer over zee [B8 art. 511 BW Boek 8]
Meldingsplicht, toerekening [B23 art. 5:45 Wft]
Meldingsplicht verzekeringnemer verwezenlijking risico [B7 art. 941 BW Boek 7]
Meldingsverplichting wijzigingen bij kredietovereenkomst [B7 art. 64 BW Boek 7]
Menselijke organen [B54 art. 11 Wet OB 1968]
Mentorschap [B1 art. 450 BW Boek 1]
Milieuschade [B93 art. 7 Rome II]
Mindering op legitieme portie bij giften aan legitimaris [B4 art. 70 BW Boek 4]
Mindering op legitieme portie bij ingesteld bewind [B4 art. 75 BW Boek 4]
Mindering op legitieme portie bij toerekening erfrecht [B4 art. 71, art. 72 BW Boek 4]
Mindering op legitieme portie bij waarde legaat [B4 art. 73 BW Boek 4]
Mindering op legitieme portie in termijnen [B4 art. 74 BW Boek 4]
Minderjarige, handelingsbekwaamheid [B1 art. 234 BW Boek 1]
Minderjarigen [B1 art. 233 BW Boek 1] [B14 art. 808 Rv]
Minderjarigheid in internationaal privaatrecht [B10 art. 11 BW boek 10]
Minister van Defensie beslist over geheimhouding [B39 art. 41 ROW 1995]
Ministeriële wijziging bedragen [B40 art. 63c Iw 1990]
Minnelijke schikking [B45 art. 46d Advw] [B46 art. 37 GDW] [B47 art. 99 WNA]
Minuutakte [B47 art. 1 WNA]
Misbruik van bevoegdheid bij vermogen [B3 art. 13 BW Boek 3]
Misbruik van omstandigheden bij schenking [B7 art. 176 BW Boek 7]
Misdrijf of overtreding [B40 art. 65a Iw 1990]
Misdrijven [B36 art. 33 Aw] [B38 art. 26 WNR]
Misleidende handelspraktijken [B6 art. 193c BW Boek 6]
Misleidende omissie [B6 art. 194 BW Boek 6]
Misleidende omissie bij oneerlijke handelspraktijken [B6 art. 193d BW Boek 6]
Misleidende reclame [B6 art. 194 BW Boek 6]
Misleiding omtrent aard van de onderneming [B21 art. 5b Hnw]
Misleiding omtrent de eigendom onderneming [B21 art. 3 Hnw]
Misleiding omtrent de rechtsvorm onderneming [B21 art. 4 Hnw]

Alfabetisch trefwoordenregister N

Misstanden en onregelmatigheden [B41 2/2.6 NCG]
Misstanden en onregelmatigheden, informeren RvC over [B41 2/2.6.2 NCG]
Misstanden en onregelmatigheden, melding door externe accountant over [B41 2/2.6.3 NCG]
Misstanden en onregelmatigheden, regeling voor melden [B41 2/2.6.1 NCG]
Misstanden en onregelmatigheden, toezicht RvC op meldingsprocedure van [B41 2/2.6.4 NCG]
Mkb-groeimarkt, aanwijzing door AFM op aanvraag [B23 art. 4:91ea Wft]
Modelinstructies voor ontbinding overeenkomsten op afstand en buiten de verkoopruimte [B6 art. 230n BW Boek 6]
Moederschap [B1 art. 198 BW Boek 1]
Mogelijke nevenvoorzieningen [B14 art. 827 Rv]
Mogelijkheden tot hogere voorziening [B84 art. 9 Uw Erf]
Mogelijkheid instellen cassatieberoep [B14 art. 398 Rv]
Mogelijkheid tot afwijken [B76 art. 28 HBewV]
Mogelijkheid tot herroepen betaalopdracht bij betalingstransactie [B7 art. 534 BW Boek 7]
Mogelijkheid tot ontzetting van voogd [B1 art. 367 BW Boek 1]
Mogelijkheid voor verlijden akte kennis te nemen van inhoud; beperkte voorlezing [B47 art. 43 WNA]
Moment van indienen van eis van reconventie [B14 art. 137 Rv]
Mondelinge behandeling [B14 art. 87 Rv] [B74 art. 116 EOV] [B75 art. 1.23, art. 1.39 BVIE]
Mondelinge behandeling bepalen bij digitaal procederen [B15 art. 30j Rv]
Mondelinge behandeling, bepalen van [B14 art. 30j Rv]
Mondelinge behandeling, ondervraging en stellen van vragen [B14 art. 88 Rv]
Mondelinge behandeling, onderwerpen [B14 art. 30k, art. 87 Rv]
Mondelinge behandeling, oproeping [B14 art. 30j Rv]
Mondelinge toelichting [B14 art. 1038b, art. 428 Rv]
Mondelinge uitspraak ter zitting [B14 art. 30p Rv]
Monistisch stelsel [B91 art. 43 SE]
Monogamievereiste [B1 art. 33 BW Boek 1]
Motivering [B14 art. 349 Rv]
Motivering beslissing [B27 art. 31 Sb fgr 2015]
Motiveringsplicht [B7 art. 653 BW Boek 7]
Muur [B5 art. 43 BW Boek 5]

N

Na faillietverklaring ontstane verbintenissen [B13 art. 24 Fw]
Naam bij meerdere nationaliteiten [B10 art. 21 BW boek 10]
Naam bij Nederlandse nationaliteit [B10 art. 20 BW boek 10]
Naam bij verandering van nationaliteit [B10 art. 22 BW boek 10]
Naam bij verkrijging Nederlandse nationaliteit [B10 art. 22 BW boek 10]
Naam van vreemdeling [B10 art. 19 BW boek 10]
Naamgeving [B91 art. 11 SE]
Naamsverandering van een rechtspersoon [B28 art. 33 Kadw]
Naar welke rechter wordt verwezen [B14 art. 422a, art. 423 Rv]
Naaste bloedverwant of naaste bloed bij uiterste wilsbeschikking [B4 art. 53 BW Boek 4]
Naasten [B6 art. 107, art. 108 BW Boek 6]
Nabestaanden van geportretteerden [B36 art. 25a Aw]
Naburig erf, afwijkende verordening [B5 art. 41 BW Boek 5]
Nadeel bij weigering toestemming tot statutenwijziging BV [B2 art. 232 BW Boek 2]
Nadeel bij weigering toestemming tot statutenwijziging NV [B2 art. 122 BW Boek 2]
Nader onderzoek [B13 art. 354a Fw]
Nader te noemen volmachtgever [B3 art. 67 BW Boek 3]
Nadere regels betreffende termijnen en het verloop van de procedure [B14 art. 35 Rv] [B15 art. 35 Rv]
Nadere regels bij dienstenrichtlijn [B6 art. 230f BW Boek 6]
Nadere regels bij overeenkomst [B6 art. 214 BW Boek 6]
Nadere regels bij schending wederindiensttredingsvoorwaarde [B7 art. 682a BW Boek 7]
Nadere regels m.b.t. gegevens en verklaringen in grossen, afschriften en uittreksels [B47 art. 53 WNA]
Nadere vaststelling huurprijs door rechter bij huur bedrijfsruimte [B7 art. 303 BW Boek 7]
Nadere vaststelling termijn [B14 art. 584h Rv]
Nakoming [B11 art. 177 NBW]
Nakoming derdenbeding bij rechtsgevolgen van overeenkomst [B6 art. 256 BW Boek 6]
Nakoming door derde bij verbintenis [B6 art. 30 BW Boek 6]
Nakoming verplichting door huurder bij huur [B7 art. 280 BW Boek 7]
Nalatenschap bij uiterste wilsbeschikking [B4 art. 56 BW Boek 4]
Nalatenschap bij verjaring [B3 art. 100 BW Boek 3]

N

Alfabetisch trefwoordenregister

Nalatenschap van vermiste [B1 art. 418 BW Boek 1]
Nalatenschap; inschrijving aanvaarding onder voorrecht van boedelbeschrijving en verwerping [B28 art. 28 Kadw]
Nalatenschappen [B14 art. 104, art. 268 Rv]
Naleving [B70 art. 46, art. 62 WKV]
Nationale gebruiksmodellen en gebruikscertificaten [B74 art. 140 EOV]
Natrekking [B5 art. 3 BW Boek 5]
Natrekking onroerende zaken [B5 art. 20 BW Boek 5]
Natrekking roerende zaken [B5 art. 14 BW Boek 5]
Natuurgrond [B50 art. 15 WBRV] [B51 art. 6a Uitv besl RV]
Natuurlijke verbintenis [B6 art. 3 BW Boek 6]
Natuurlijke vrucht [B3 art. 9 BW Boek 3]
Navorderings-/naheffingsaanslag [B40 art. 9 Iw 1990]
Navorderingsaanslag [B52 art. 52 SW]
Nazichtwissels [B12 art. 134 WvK]
NCC/NCCA, bevoegdheid [B14 art. 30r Rv] [B15 art. 30r Rv]
Nederlands deel continentale plat [B14 art. 14 Rv]
Nederlands en Europees of Gemeenschapsoctrooi van dezelfde uitvinder [B39 art. 77 ROW 1995]
Nederlands schip [B12 art. 340 WvK]
Nederlands schip, vereisten [B12 art. 311 WvK]
Nederlandse of Engelse vertaling van het octrooi [B39 art. 52 ROW 1995]
Nederlegging afschriftlijsten [B13 art. 114 Fw]
Nederlegging akkoord [B13 art. 329 Fw]
Nederlegging beschrijving en staat ter griffie [B13 art. 97 Fw]
Nederlegging en terinzagelegging verzoekschrift [B13 art. 286 Fw]
Nederlegging ontwerpakkoord [B13 art. 253 Fw]
Neerlegging afschrift boedelbeschrijving en staat van baten en schulden [B13 art. 325 Fw]
Neerlegging lijst [B13 art. 263 Fw]
Neerlegging rekening/verantwoording/uitdelingslijst door vereffenaar [B4 art. 218 BW Boek 4]
Neerlegging staat van verdeling [B14 art. 484 Rv]
Neerlegging staat van verdeling, termijn [B14 art. 584j Rv]
Neerlegging ter griffie [B14 art. 584f Rv]
Neerlegging uitdelingslijst [B4 art. 214 BW Boek 4]
Neerlegging van aktes en boedelbeschrijving [B1 art. 419 BW Boek 1]
Net van coördinaatpunten [B28 art. 52 Kadw]
Netto-opbrengst en uitkering overschot bij hypotheekrecht [B3 art. 270 BW Boek 3]
Nevenfuncties van bestuurders en commissarissen [B41 2/2.4.2 NCG]
Nevenkantoor [B46 art. 16 GDW]
Nevenrechten bij overgang vordering [B6 art. 142 BW Boek 6]
Nevenrechten bij schuldoverneming [B6 art. 157 BW Boek 6]
Nevenvorderingen [B7 art. 686a BW Boek 7] [B75 art. 2.22, art. 3.18 BVIE]
Niet doorgaan herveiling [B14 art. 528 Rv]
Niet erkenning beschikkingen [B66 art. 11 HTestV]
Niet intreden verzuim schuldenaar [B6 art. 61 BW Boek 6]
Niet nakomen verplichtingen art. 7 [B91 art. 64 SE]
Niet verschijnen ter zitting [B14 art. 642r Rv]
Niet voor beslag vatbare luchtvaartuigen [B14 art. 729a Rv]
Niet-afwijken uiterste dag van betaling [B6 art. 119a BW Boek 6]
Niet-afwijkend recht door uiterste wilsbeschikking bij nalatenschap [B4 art. 41 BW Boek 4]
Niet-betaling vervolgpremie bij verzekering [B7 art. 934 BW Boek 7]
Niet-betwiste schuldvorderingen, afschaffing exequatur [B94 art. 5 AlimVo]
Niet-betwiste schuldvorderingen, behoorlijke inlichting schuldenaar [B94 art. 16 AlimVo]
Niet-betwiste schuldvorderingen, behoorlijke inlichting schuldenaar over proceshandelingen [B94 art. 17 AlimVo]
Niet-betwiste schuldvorderingen, betekening/kennisgeving aan vertegenwoordigers schuldenaar [B94 art. 15 AlimVo]
Niet-betwiste schuldvorderingen, betekening/kennisgeving met bewijs ontvangst door schuldenaar [B94 art. 13 AlimVo]
Niet-betwiste schuldvorderingen, betekening/kennisgeving zonder bewijs ontvangst door schuldenaar [B94 art. 14 AlimVo]
Niet-betwiste schuldvorderingen, bewijs waarmerking als Europese executoriale titel [B94 art. 9 AlimVo]
Niet-betwiste schuldvorderingen, comité [B94 art. 32 AlimVo]

Alfabetisch trefwoordenregister N

Niet-betwiste schuldvorderingen, doel verordening [B94 art. 1 AlimVo]
Niet-betwiste schuldvorderingen, Europese executoriale titel over proceskosten [B94 art. 7 AlimVo]
Niet-betwiste schuldvorderingen, executoriale titel [B94 art. 3 AlimVo]
Niet-betwiste schuldvorderingen, gedeeltelijke Europese executoriale titel [B94 art. 8 AlimVo]
Niet-betwiste schuldvorderingen, gegevensverstrekking door lidstaten aan Commissie [B94 art. 30 AlimVo]
Niet-betwiste schuldvorderingen, gevolgen bewijs waarmerking Europese executoriale titel [B94 art. 11 AlimVo]
Niet-betwiste schuldvorderingen, heroverweging [B94 art. 19 AlimVo]
Niet-betwiste schuldvorderingen, herstel vormgebreken [B94 art. 18 AlimVo]
Niet-betwiste schuldvorderingen, informatie over tenuitvoerleggingsprocedure [B94 art. 29 AlimVo]
Niet-betwiste schuldvorderingen, opschorting/beperking tenuitvoerlegging [B94 art. 23 AlimVo]
Niet-betwiste schuldvorderingen, overeenkomsten met derde landen [B94 art. 22 AlimVo]
Niet-betwiste schuldvorderingen, rectificatie/intrekking bewijs waarmerking Europese executoriale titel [B94 art. 10 AlimVo]
Niet-betwiste schuldvorderingen, tenuitvoerleggingsprocedure [B94 art. 20 AlimVo]
Niet-betwiste schuldvorderingen, toepassing minimumnormen [B94 art. 12 AlimVo]
Niet-betwiste schuldvorderingen, verhouding tot andere verordeningen [B94 art. 27 AlimVo]
Niet-betwiste schuldvorderingen, waarmerking als Europese executoriale titel [B94 art. 6 AlimVo]
Niet-betwiste schuldvorderingen, waarmerking authentieke akte als Europese executoriale titel [B94 art. 25 AlimVo]
Niet-betwiste schuldvorderingen, waarmerking gerechtelijke schikking als Europese executoriale titel [B94 art. 24 AlimVo]
Niet-betwiste schuldvorderingen, weigering tenuitvoerlegging [B94 art. 21 AlimVo]
Niet-betwiste schuldvorderingen, wijziging in bijlagen [B94 art. 31 AlimVo]
Niet-commerciële maatschappelijke organisaties [B54 art. 11 Wet OB 1968]
Niet-contractuele verbintenissen [B93 art. 2 Rome II]
Niet-financiële moeilijkheden [B88 IVO]
Niet-fiscale aansprakelijkheidsbepalingen [B40 art. 32 Iw 1990]
Niet-gebruik als verweer in een inbreukprocedure [B75 art. 2.23ter BVIE]
Niet-gebruik als verweer in een oppositieprocedure [B75 art. 2.16bis BVIE]
Niet-gebruik als verweer in een procedure tot nietigverklaring [B75 art. 2.30quinquies BVIE]
Niet-gepassiveerde verplichtingen [B2 art. 381 BW Boek 2]
Niet-geünificeerde rechtsstelsels [B80 art. 25]
Niet-nakoming afgifte [B14 art. 477a Rv]
Niet-nakoming onderhoudsverplichting door (stief)ouders [B1 art. 406 BW Boek 1]
Niet-nakoming verplichtingen bij lastgeving [B7 art. 420, art. 421 BW Boek 7]
Niet-naleving [B45 art. 48c Advw]
Niet-octrooieerbare uitvindingen [B39 art. 3 ROW 1995]
Niet-ondergeschikte bij aansprakelijkheid [B6 art. 171 BW Boek 6]
Niet-ondernemers [B54 art. 6e Wet OB 1968]
Niet-ontvankelijke klacht [B45 art. 46g Advw]
Niet-ontvankelijkheid van verzoeker of advocaat-generaal bij enquête [B2 art. 349 BW Boek 2]
Niet-ontvankelijkheid verzoek [B13 art. 207 Fw]
Niet-ontvankelijkverklaring wegens onvoldoende belang [B42 art. 80a Wet RO]
Niet-professionele belegger aanmerken als professionele belegger [B23 art. 4:18c Wft]
Niet-schadende openbare bekendheid [B74 art. 55 EOV]
Niet-tegenwerpen rechtshandeling aan degene die beslag heeft gelegd [B14 art. 479kc Rv]
Niet-tijdige aanwezigheid reiziger bij personenvervoer [B8 art. 86 BW Boek 8]
Niet-tijdige indiening [B14 art. 127 Rv]
Niet-tijdige oproeping [B14 art. 211 Rv]
Niet-toerekenbare tekortkoming bij niet nakoming verbintenis [B6 art. 78 BW Boek 6]
Niet-verlenging ondertoezichtstelling/uithuisplaatsing [B1 art. 265j BW Boek 1]
Niet-vernietigbaarheid van uiterste wilsbeschikking [B4 art. 43 BW Boek 4]
Niet-vernietigbare verdeling bij gemeenschap [B3 art. 196 BW Boek 3]
Niet-verschijning van gedaagde(n) [B14 art. 680 Rv]
Niet-vertegenwoordiger [B69 art. 3 HVV]
Nietig beding [B7 art. 616f BW Boek 7] [B8 art. 804 BW Boek 8]
Nietig besluit van orgaan rechtspersoon [B2 art. 14 BW Boek 2]
Nietige bedingen [B7 art. 667 BW Boek 7]
Nietige bedingen in huurkoopovereenkomsten van woonruimte [B7 art. 116 BW Boek 7]

N

Alfabetisch trefwoordenregister

Nietige overeenkomst bij onverschuldigde betaling [B6 art. 211 BW Boek 6]
Nietige rechtshandeling [B11 art. 81 NBW]
Nietige rechtshandelingen van voogd [B1 art. 348 BW Boek 1]
Nietige stemming [B45 art. 42 Advw]
Nietige verdeling bij gemeenschap [B3 art. 195 BW Boek 3]
Nietigheid [B14 art. 184, art. 65 Rv] [B45 art. 56 Advw] [B50 art. 8 WBRV] [B7 art. 652 BW Boek 7]
Nietigheid afwijkende bedingen [B73 art. 41 CMR]
Nietigheid beding bij maatschap [B7a art. 1672 BW Boek 7A]
Nietigheid betaling ten laste niet tot de boedel behorende goederen [B13 art. 306 Fw]
Nietigheid bij nalatenschap [B4 art. 4 BW Boek 4]
Nietigheid bij rechtshandeling [B3 art. 43 BW Boek 3]
Nietigheid bij schuldoverneming [B6 art. 158 BW Boek 6]
Nietigheid en vernietigbaarheid uiterste wilsbeschikking [B11 art. 127 NBW]
Nietigheid handelingen van schuldenaar [B13 art. 31 Fw]
Nietigheid opzegging door verpachter zonder vermelding gronden [B7 art. 368 BW Boek 7]
Nietigheid overeenkomst tot afzien van onderhoudsverplichting [B1 art. 400 BW Boek 1]
Nietigheid uiterste wil [B4 art. 93 BW Boek 4]
Nietigheid van erkenning [B1 art. 204 BW Boek 1]
Nietigheid van Europese octrooien [B74 art. 138 EOV]
Nietigheid van fusie [B91 art. 30 SE]
Nietigheid van rechtshandelingen vóór rekening en verantwoording [B1 art. 375 BW Boek 1]
Nietigheid verkrijging niet volgestorte aandelen door BV [B2 art. 207 BW Boek 2]
Nietigheid verkrijging niet volgestorte aandelen door NV [B2 art. 98 BW Boek 2]
Nietigheid wegens gebrek aan vorm bij rechtshandeling [B3 art. 39 BW Boek 3]
Nietigheid wegens strijd met goede zeden en openbare orde bij rechtshandeling [B3 art. 40 BW Boek 3]
Nietigheid wegens strijd met wet bij rechtshandeling [B3 art. 40 BW Boek 3]
Nietigheid/vernietigbaarheid beding in huurovereenkomst [B11 art. 206 NBW]
Nietigverklaring huwelijk alleen op wettelijke gronden [B1 art. 76 BW Boek 1]
Nietigverklaring huwelijk gesloten onder bedreiging of bij dwaling [B1 art. 71 BW Boek 1]
Nietigverklaring huwelijk van een geestelijk gestoorde [B1 art. 73 BW Boek 1]
Nietigverklaring huwelijk van een minderjarige [B1 art. 74 BW Boek 1]
Nietigverklaring huwelijk van een onder curatele gestelde [B1 art. 72 BW Boek 1]
Nietigverklaring uiterste wil [B4 art. 109 BW Boek 4]
Nietigverklaring van een huwelijk [B1 art. 69 BW Boek 1]
Nietigverklaring van een huwelijk bij het ontbreken van toestemming [B1 art. 75 BW Boek 1]
Nietigverklaring van huwelijk gesloten door een onbevoegde ambtenaar [B1 art. 70 BW Boek 1]
Nietigverklaring van uiterste wilsbeschikking [B4 art. 44 BW Boek 4]
Nieuw vervoermiddel [B54 art. 15 Wet OB 1968]
Nieuwe schadeposten [B14 art. 615 Rv]
Nieuwe verjaringstermijn na stuiting bij rechtsvordering [B3 art. 319 BW Boek 3]
Nieuwe vervoermiddelen [B54 art. 2a Wet OB 1968]
Nieuwe verweermiddelen [B14 art. 348 Rv]
Nieuwheid [B39 art. 4 ROW 1995] [B74 art. 54 EOV]
Nieuwheid en eigen karakter [B75 art. 3.3 BVIE]
Nieuwheidsonderzoek als bedoeld in het Samenwerkingsverdrag [B39 art. 34 ROW 1995]
Nog niet verantwoorde en afgedragen baten [B14 art. 474b Rv]
Nog niet voltooide vereffening [B11 art. 172 NBW]
Nominaal bedrag bij verbintenis tot betaling geldsom [B6 art. 111 BW Boek 6]
Nominaal gestorte bedrag in verklaring bij grensoverschrijdende fusie [B2 art. 333g BW Boek 2]
Non-exclusiviteit verdrag [B68 art. 25 HTV]
Noodwaterleiding [B5 art. 58 BW Boek 5]
Noodweg [B5 art. 57 BW Boek 5]
Normaal gebruik van het merk [B75 art. 2.23bis BVIE]
Normale waarde [B54 art. 2a Wet OB 1968]
Notariële akte [B50 art. 18 WBRV]
Notariële akte bij fusie [B2 art. 318 BW Boek 2]
Notariële akte bij grensoverschrijdende fusie binnen de EU of EEG [B2 art. 333i BW Boek 2]
Notariële akte bij vreemd huwelijksvermogensregime [B10 art. 45 BW boek 10]
Notariële akte inhoudende toepassing van vreemd recht op partnerschapsvermogensregime [B10 art. 79 BW boek 10]
Notariële akte of verklaring bij registergoed [B3 art. 31 BW Boek 3]

Alfabetisch trefwoordenregister

Notariële akte tot splitsing [B2 art. 334n BW Boek 2]
Notariële akte vereist bij overeenkomst huurkoop van woonruimte [B7 art. 114 BW Boek 7]
Notariële/onderhandse akte bij uiterste wil [B4 art. 94 BW Boek 4]
Notaris en diens familie zijn geen partij in diens akten [B47 art. 19 WNA]
Notaris en getuigen bij uiterste wilsbeschikking [B4 art. 61 BW Boek 4]
Nucleair ongeval, schade [B8 art. 500b BW Boek 8]
NV [B2 art. 64 BW Boek 2]
NV omzetten in SE [B91 art. 2 SE]

Object van voorrecht op zaken aan boord binnenschip [B8 art. 835 BW Boek 8]
Observator, aanstelling en taken [B13 art. 380 Fw]
Octrooiaanvragen inwonenden Ned. Antillen [B39 art. 100 ROW 1995]
Octrooieerbare uitvindingen [B39 art. 2 ROW 1995] [B74 art. 52 EOV]
Octrooihouder te goeder trouw [B39 art. 78 ROW 1995]
Oever, erfgrensvastlegging bij notariële akte [B5 art. 31 BW Boek 5]
Oever, erfgrensvastlegging door rechterlijke uitspraak [B5 art. 32 BW Boek 5]
Oever, erfgrensvaststelling [B5 art. 30 BW Boek 5]
Oever, verplaatsing oeverlijn na erfgrensvastlegging [B5 art. 33 BW Boek 5]
Oeverlijn [B11 art. 157 NBW]
Oeverlijnbepaling [B5 art. 34 BW Boek 5]
Off balance-regelingen [B2 art. 381 BW Boek 2]
Omgangsrecht [B1 art. 377a BW Boek 1]
Omgezet werk, invoer [B36 art. 15k Aw]
Omgezet werk, waarborgen toegelaten entiteit [B36 art. 15l Aw]
Omkering bewijslast bij misleidende en vergelijkende reclame [B6 art. 195 BW Boek 6]
Omrekening valuta bij aandelen BV [B2 art. 178a BW Boek 2]
Omrekening valuta bij aandelen NV [B2 art. 67a BW Boek 2]
Omroep [B54 art. 11 Wet OB 1968]
Omschrijving ambtshandelingen [B46 art. 2, art. 2 GDW]
Omslag bij hoofdelijke verbondenheid [B6 art. 13 BW Boek 6]
Omslag bij subrogatie [B6 art. 152 BW Boek 6]
Omslag faillissementskosten [B13 art. 182 Fw]
Omstandigheden termijn opeisbaarheid vordering bij legitieme portie [B4 art. 83 BW Boek 4]
Omvang aandeel vennoot bij maatschap [B7a art. 1671 BW Boek 7A]
Omvang algehele maatschap van winst [B7a art. 1659 BW Boek 7A]
Omvang beperking van aansprakelijkheid [B8 art. 758 BW Boek 8]
Omvang beslissing [B60 art. 3 HAEV 1973]
Omvang bijzondere voorrechten bij binnenschip [B8 art. 824 BW Boek 8]
Omvang bijzondere voorrechten bij zeeschip [B8 art. 225 BW Boek 8]
Omvang gepachte dat langs een water ligt bij pacht [B7 art. 315 BW Boek 7]
Omvang hypotheek op binnenschip [B8 art. 793 BW Boek 8]
Omvang van binnenlands openbaar personenvervoer [B8 art. 102 BW Boek 8]
Omvang van ouderlijk gezag [B1 art. 247 BW Boek 1]
Omvang voorrechten bij zeeschip [B8 art. 214 BW Boek 8]
Omvang waardestijging [B52 art. 13a SW]
Omvang werking vóór inschrijving [B12 art. 29 WvK]
Omzeilen technische beschermingsmaatregelen [B37 art. I Dbw] [B38 art. 19 WNR]
Omzetting bij natuurlijke verbintenis [B6 art. 5 BW Boek 6]
Omzetting bij rechtshandeling [B3 art. 42 BW Boek 3]
Omzetting BV in andere rechtsvorm [B2 art. 181 BW Boek 2]
Omzetting BV in NV [B2 art. 181, art. 72 BW Boek 2]
Omzetting geregistreerd partnerschap in huwelijk [B1 art. 80g BW Boek 1]
Omzetting in adoptie naar Nederlands recht [B10 art. 111 BW boek 10]
Omzetting NV in andere rechtsvorm [B2 art. 71 BW Boek 2]
Omzetting rechtspersoon in BV [B2 art. 183 BW Boek 2]
Omzetting rechtspersoon in NV [B2 art. 72 BW Boek 2]
Omzetting van curatele in mentorschap [B1 art. 451 BW Boek 1]
Omzetting van een rechtspersoon [B28 art. 33 Kadw]
Omzetting van Europese in nationale aanvrage [B39 art. 47 ROW 1995]
Omzetting van rechtspersoon in andere rechtsvorm [B2 art. 18 BW Boek 2]
Omzetting vereniging in NV [B2 art. 72 BW Boek 2]
Omzetting voor leesgehandicapte, geen inbreuk [B36 art. 15j Aw]
Onafhankelijke uitoefening ambt [B47 art. 17 WNA]
Onafhankelijkheid gerechtsdeurwaarder [B46 art. 12a GDW]
Onafhankelijkheid van de leden van de kamers [B74 art. 23 EOV]

O

Alfabetisch trefwoordenregister

Onbeheerde nalatenschap [B52 art. 45 SW]
Onbehoorlijke praktijkuitoefening en inschrijving in andere lidstaat [B45 art. 60h Advw]
Onbekende eigenaar [B14 art. 565 Rv]
Onbekendheid met faillietverklaring [B13 art. 212r Fw]
Onbekwaamheid ontvanger bij onverschuldigde betaling [B6 art. 209 BW Boek 6]
Onbekwame minderjarige [B7 art. 612 BW Boek 7]
Onbekwame ontvanger bij wederkerige overeenkomst [B6 art. 276 BW Boek 6]
Onbevoegde bemiddeling inzake muziekauteursrecht [B36 art. 35a Aw]
Onbevoegde ontvangst schuldeiser bij nakoming verbintenis [B6 art. 33 BW Boek 6]
Onbevoegde rechtshandelingen van betrokkene bij mentorschap [B1 art. 453 BW Boek 1]
Onbevoegdheid aangezochte autoriteit [B76 art. 6 HBewV]
Onbevoegdheid tot verrekening [B6 art. 135 BW Boek 6]
Onbevoegdheid voogd in rechtsbeding [B1 art. 349 BW Boek 1]
Onbevoegdheid wegens samenstelling scheidsgerecht [B14 art. 1052 Rv]
Ondeelbaarheid bij pand- en hypotheekrecht [B3 art. 230 BW Boek 3]
Ondeelbare prestatie bij meerdere schuldeisers [B6 art. 15 BW Boek 6]
Onder leiding en toezicht [B36 art. 6 Aw]
Onder vlottende activa behorende effecten op balans [B2 art. 371 BW Boek 2]
Onder vlottende activa behorende voorraden op balans [B2 art. 369 BW Boek 2]
Onder vlottende activa behorende vorderingen op balans [B2 art. 370 BW Boek 2]
Onderaandelen NV [B2 art. 79 BW Boek 2]
Onderaannemer [B40 art. 35 Iw 1990]
Onderbewaarneming [B7 art. 603 BW Boek 7]
Onderbewindstelling [B14 art. 710 Rv]
Onderbewindstelling in geval van afwezigheid [B1 art. 409 BW Boek 1]
Onderbewindstelling van geschonkene [B7 art. 182 BW Boek 7]
Onderbewindstelling van vermogen van minderjarige door kantonrechter [B1 art. 370 BW Boek 1]
Onderdelen publiekrechtelijke rechtspersonen [B19 art. 6 Hrw 2007]
Onderdelen van samengestelde voortbrengselen [B75 art. 3.4 BVIE]
Ondererfpacht [B5 art. 93 BW Boek 5]
Ondererfpacht, einde [B5 art. 93 BW Boek 5]
Ondergeschikte bij aansprakelijkheid [B6 art. 170 BW Boek 6]
Ondergrondse werken bij aansprakelijkheid [B6 art. 174 BW Boek 6]
Onderhandelingen over de toestemming [B36 art. 26b Aw] [B38 art. 14b WNR]
Onderhands bod, standpunt bestuur t.a.v. [B41 2/2.8.3 NCG]
Onderhandse of notariële akte [B14 art. 671 Rv]
Onderhoudsplicht van echtgenoten [B1 art. 84 BW Boek 1]
Onderhoudsplicht voldoen door in huis nemen [B1 art. 398 BW Boek 1]
Onderhoudsverplichting na scheiding van tafel en bed [B1 art. 407 BW Boek 1]
Onderhoudsverplichting van stiefouder [B1 art. 395 BW Boek 1]
Onderhoudsverplichting van verwekker [B1 art. 394 BW Boek 1]
Onderhoudsverplichting voor meerderjarige studerende kinderen [B1 art. 395a BW Boek 1]
Onderhuur bij huur bedrijfsruimte [B7 art. 306 BW Boek 7]
Onderlinge waarborgmaatschappij [B2 art. 53 BW Boek 2]
Ondernemer [B54 art. 7 Wet OB 1968]
Onderneming [B52 art. 21 SW]
Onderneming buiten gemeenschap, redelijke vergoeding [B1 art. 95a BW Boek 1]
Onderneming, definitie [B20 art. 2 Hrb 2008]
Onderneming toebehorend aan rechtspersoon [B19 art. 7 Hrw 2007]
Ondernemingsplan [B46 art. 6 GDW] [B47 art. 7 WNA]
Ondernemingsraad, advisering [B17 art. 25 WOR]
Ondernemingsraad, advisering over benoeming en ontslag bestuurder [B17 art. 30 WOR]
Ondernemingsraad, bekendmaking namen leden [B17 art. 11 WOR]
Ondernemingsraad, bekendmaking uitslag verkiezing [B17 art. 11 WOR]
Ondernemingsraad, benoeming bestuursleden instellingen [B17 art. 29 WOR]
Ondernemingsraad, beraad/overleg [B17 art. 18 WOR]
Ondernemingsraad, beroep tegen besluit ondernemer [B17 art. 26 WOR]
Ondernemingsraad, bescherming positie leden [B17 art. 21 WOR]
Ondernemingsraad, bespreking algemene gang van zaken onderneming [B17 art. 24 WOR]
Ondernemingsraad, bevoegdheden minister BiZa [B17 art. 46e WOR]
Ondernemingsraad, bevordering naleving arbeidsvoorwaarden en arbeidsomstandigheden [B17 art. 28 WOR]
Ondernemingsraad, bevordering werkoverleg [B17 art. 28 WOR]
Ondernemingsraad, bevordering zorg voor milieu [B17 art. 28 WOR]

Ondernemingsraad, commissies [B17 art. 15 WOR]
Ondernemingsraad, deskundigen [B17 art. 16 WOR]
Ondernemingsraad, geheimhoudingsplicht [B17 art. 20 WOR]
Ondernemingsraad, geschillenregeling [B17 art. 36, art. 36a WOR]
Ondernemingsraad, informatierecht inkomen topkader/bestuur/toezichthouder [B17 art. 31d WOR]
Ondernemingsraad, inhoud reglement [B17 art. 14 WOR]
Ondernemingsraad, inlichtingen omtrent functioneren [B17 art. 49 WOR]
Ondernemingsraad, instelling [B17 art. 2 WOR]
Ondernemingsraad, instemming met besluit ondernemer [B17 art. 27 WOR]
Ondernemingsraad, kosten [B17 art. 22 WOR]
Ondernemingsraad, mededeling van adviesopdracht aan deskundige door ondernemer [B17 art. 31c WOR]
Ondernemingsraad, meerdere ondernemingen [B17 art. 3 WOR]
Ondernemingsraad, onderdelen van onderneming [B17 art. 4 WOR]
Ondernemingsraad, ontheffing instelling [B17 art. 5 WOR]
Ondernemingsraad, overheid [B17 art. 46d WOR]
Ondernemingsraad, overleg met ondernemer [B17 art. 23 WOR]
Ondernemingsraad, overlegvergadering [B17 art. 23a, art. 23b WOR]
Ondernemingsraad, proceskosten [B17 art. 22a WOR]
Ondernemingsraad, reglement [B17 art. 8 WOR]
Ondernemingsraad, samenstelling [B17 art. 6 WOR]
Ondernemingsraad, scholing/vorming [B17 art. 18 WOR]
Ondernemingsraad, toepasselijkheid informatierecht [B17 art. 31e WOR]
Ondernemingsraad, vaststelling aantal uren en dagen [B17 art. 18 WOR]
Ondernemingsraad, vergaderingen [B17 art. 17 WOR]
Ondernemingsraad, verkiezing leden [B17 art. 9 WOR]
Ondernemingsraad, verplichting instelling op grond van cao [B17 art. 5a WOR]
Ondernemingsraad, verstrekken financiële gegevens door ondernemer [B17 art. 31a WOR]
Ondernemingsraad, verstrekken gegevens door ondernemer [B17 art. 31 WOR]
Ondernemingsraad, verstrekken personeelsgegevens door ondernemer [B17 art. 31b WOR]
Ondernemingsraad, voorlopig reglement [B17 art. 48 WOR]
Ondernemingsraad, voorzieningen [B17 art. 17 WOR]
Ondernemingsraad, voorzitter [B17 art. 7 WOR]
Ondernemingsraad, vrijstelling werkzaamheden leden [B17 art. 13 WOR]
Ondernemingsraad, vrijwillige instelling [B17 art. 5a WOR]
Ondernemingsraad, waken tegen discriminatie [B17 art. 28 WOR]
Ondernemingsraad, zittingsperiode leden [B17 art. 12 WOR]
Onderscheid oorzaken schade door gevaarlijke stoffen [B8 art. 1036 BW Boek 8]
Onderschikte aansprakelijkheid bij rechtsgevolgen van overeenkomst [B6 art. 257 BW Boek 6]
Ondertekend geschrift [B7 art. 428 BW Boek 7]
Ondertekening akte [B47 art. 43 WNA]
Ondertekening, bekrachtiging, aanvaarding, goedkeuring of toetreding [B80 art. 27]
Ondertekening en toetreding [B73 art. 42 CMR]
Ondertekening van stukken [B75 art. 3.5 BVIE]
Ondertekening verzoeken door procureur [B13 art. 361 Fw]
Ondertekening – Bekrachtiging [B74 art. 165 EOV]
Ondertoezichtstelling [B1 art. 255 BW Boek 1]
Ondertoezichtstelling in plaats van schorsing ouderlijk gezag [B1 art. 269 BW Boek 1]
Ondertoezichtstelling minderjarige met verblijfsvergunning voor bepaalde tijd [B1 art. 256 BW Boek 1]
Ondertoezichtstelling van kinderen onder voogdij [B1 art. 326 BW Boek 1]
Onderverpachting door pachter [B7 art. 355 BW Boek 7]
Ondervolmacht [B3 art. 64 BW Boek 3]
Ondervraging buiten gerechtsgebouw of rechtsgebied [B14 art. 802 Rv]
Onderwerpen die het toepasselijke recht beheerst [B92 art. 12 Rome I]
Onderwerpen van beraadslagingen [B45 art. 25 Advw]
Onderwerpen van toepasselijk recht op corporaties [B10 art. 119 BW boek 10]
Onderwijs [B36 art. 12 Aw] [B50 art. 15 WBRV] [B54 art. 11 Wet OB 1968]
Onderwijs en wetenschap [B36 art. 15c Aw]
Onderzoek bij indiening en onderzoek op vormgebreken [B74 art. 90 EOV]
Onderzoek Bureau [B46 art. 34 GDW]
Onderzoek der vorderingen [B13 art. 258 Fw]
Onderzoek deskundigen naar staat boedel [B13 art. 291 Fw]

O Alfabetisch trefwoordenregister

Onderzoek door betrokkene [B12 art. 212 WvK]
Onderzoek door curator [B13 art. 111 Fw]
Onderzoek door deskundige [B14 art. 197 Rv]
Onderzoek fusievoorstel door deskundigen [B91 art. 22 SE]
Onderzoek juistheid gegevens vrachtbrief bij goederenvervoer over de weg [B8 art. 1120 BW Boek 8]
Onderzoek kantoor- en privé-administratie [B46 art. 32 GDW]
Onderzoek naar bagage bij personenvervoer over zee [B8 art. 512 BW Boek 8]
Onderzoek ondernemingsplan [B46 art. 33 GDW]
Onderzoek ter plaatse [B28 art. 67 Kadw]
Onderzoek ter plaatse; informatieplicht van belanghebbenden [B28 art. 76 Kadw]
Onderzoek van de Europese octrooiaanvrage [B74 art. 94 EOV]
Onderzoek van de oppositie – Herroeping of instandhouding van het Europees octrooi [B74 art. 101 EOV]
Onderzoek van het beroep [B74 art. 110 EOV]
Onderzoeksafdelingen [B74 art. 18 EOV]
Onderzoekshandelingen t.a.v. onderdanen van derde staten [B76 art. 16 HBewV]
Onderzoekshandelingen t.a.v. procedures [B76 art. 17 HBewV]
Onderzoeksplicht franchisenemer [B7 art. 915 BW Boek 7]
Onderzoeksrecht vervoerder bij goederenvervoer over spoorwegen [B8 art. 1559 BW Boek 8]
Onderzoeksverplichting vervoerder [B73 art. 8 CMR]
Ondeugdelijke installatie bij consumentenkoop [B7 art. 18 BW Boek 7]
Ondeugdelijke uitvoering bij aanneming van werk [B7 art. 760 BW Boek 7]
One-tier bestuur, onafhankelijkheid voorzitter [B41 5/5.1.3 NCG]
One-tier bestuur, samenstelling [B41 5/5.1.1 NCG]
One-tier bestuur, samenstelling commissie [B41 5/5.1.4 NCG]
One-tier bestuur, verantwoording toezicht niet-uitvoerende bestuurders [B41 5/5.1.5 NCG]
One-tier bestuur, voorzitter [B41 5/5.1.2 NCG]
One-tier bestuursstructuur [B41 5/5.1 NCG]
Oneerlijke concurrentie en daden die de vrije concurrentie beperken [B93 art. 6 Rome II]
Oneerlijke handelspraktijken [B6 art. 193b BW Boek 6]
Oneigenlijk vruchtgebruik [B11 art. 104 NBW]
Onenigheid over verdeling opbrengst, benoeming rechter-commissaris [B14 art. 481 Rv]
Oneven aantal arbiters [B14 art. 1026 Rv]
Ongeboren kind [B1 art. 2 BW Boek 1]
Ongedaan maken aangebrachte veranderingen door pachter [B7 art. 349 BW Boek 7]
Ongedaan maken aanvaarding aanwijzing door begunstigde [B7 art. 969 BW Boek 7]
Ongedaan maken verdeling door echtgenoot bij nalatenschap [B4 art. 18 BW Boek 4]
Ongedaanmaking van prestatie bij onverschuldigde betaling [B6 art. 210 BW Boek 6]
Ongedaanmaking voorafgaand aan vervulling voorwaarde bij voorwaardelijke verbintenis [B6 art. 25 BW Boek 6]
Ongedaanmakingsverplichting bij voorwaardelijke verbintenis [B6 art. 24 BW Boek 6]
Ongedateerd endossement [B12 art. 119 WvK]
Ongegrondverklaring klacht [B47 art. 99 WNA]
Ongerechtvaardigde verrijking [B6 art. 212 BW Boek 6] [B93 art. 10 Rome II]
Ongerechtvaardigde verrijking bij huurkoopovereenkomst [B7 art. 108 BW Boek 7]
Ongerechtvaardigde verrijking bij overeenkomst van goederenkrediet [B7 art. 92 BW Boek 7]
Ongevraagde toezending bij consumentenkoop [B7 art. 7 BW Boek 7]
Ongewenstverklaring nevenbetrekking [B47 art. 11 WNA]
Onherroepelijke keuze [B4 art. 190 BW Boek 4]
Onherroepelijkheid bij volmacht [B3 art. 74 BW Boek 3]
Onherroepelijkheid/wijziging begunstiging [B14 art. 479r Rv]
Onjuiste opgave aan Buma [B36 art. 35b Aw]
Onjuiste opgave aan Leenrecht [B36 art. 35d Aw]
Onjuiste opgave aan Thuiskopie [B36 art. 35c Aw]
Onjuiste opgaven aan Leenrecht [B38 art. 27a WNR]
Onjuiste opgaven aan SENA [B38 art. 27 WNR]
Onjuiste overlijdensakte bij vermissing [B1 art. 423 BW Boek 1]
Onjuistheid/gebrek bij aanneming van werk [B7 art. 754 BW Boek 7]
Onjuistheid/onvolledigheid in de feitelijke omschrijving of kadastrale aanduiding van onroerende zaken: beperkte bijhouding [B28 art. 59 Kadw]
Onkosten gebruik zaak bij bruikleen [B7a art. 1785 BW Boek 7A]
Onkostenvergoeding aan mentor [B1 art. 460 BW Boek 1]
Online i-DEPOT bewijs [B75 art. 4.6 BVIE]
Onmiddellijke schorsing voor duur behandeling klacht [B47 art. 106 WNA]

Alfabetisch trefwoordenregister O

Onmiddellijke voorziening bij voorraad [B14 art. 1019e Rv]
Onmiddellijke werking [B11 art. 68a NBW]
Onmogelijk te vervullen voorwaarde/last van uiterste wilsbeschikking [B4 art. 45 BW Boek 4]
Onmogelijke prestatie bij alternatieve verbintenis [B6 art. 20 BW Boek 6]
Onmogelijkheid van nakoming schuldenaarsverzuim [B6 art. 84 BW Boek 6]
Onrechtmatig gebruik geslachtsnaam [B1 art. 8 BW Boek 1]
Onrechtmatig onder zich houden van zaak door huurder [B7 art. 225 BW Boek 7]
Onrechtmatig ontslag [B7 art. 682 BW Boek 7]
Onrechtmatige daad [B6 art. 162 BW Boek 6]
Onrechtmatige daad (1) [B36 art. 29a Aw]
Onrechtmatige daad (2) [B36 art. 29a Aw]
Onrechtmatige daad buiten de werkingssfeer van 'Rome II' [B10 art. 159 BW boek 10]
Onredelijk bezwarende bedingen [B14 art. 62 Rv] [B36 art. 25f Aw]
Onredelijke benadeling [B14 art. 66 Rv]
Onredelijke vertraging [B14 art. 20 Rv]
Onregelmatige opzegging [B7 art. 672 BW Boek 7]
Onroerend goed [B88 art. 11 IVO]
Onroerende zaak [B14 art. 61 Rv] [B3 art. 3 BW Boek 3] [B54 art. 6b Wet OB 1968]
Onroerende zaak zonder eigenaar [B5 art. 24 BW Boek 5]
Onroerende zaken in verschillende arrondissementen [B14 art. 520 Rv]
Onschendbaarheid [B75 art. 2 BVIE]
Ontbindende voorwaarde bij testamentaire last [B4 art. 133 BW Boek 4]
Ontbinding akkoord [B13 art. 280 Fw]
Ontbinding arbeidsovereenkomst bij kantonrechter op verzoek werknemer [B7 art. 671c BW Boek 7]
Ontbinding arbeidsovereenkomst bij kantonrechter, verzoek werkgever [B7 art. 671b BW Boek 7]
Ontbinding arbeidsovereenkomst, rente over vergoeding [B7 art. 686a BW Boek 7]
Ontbinding arbeidsovereenkomst zonder tussentijds opzegbeding [B7 art. 671b BW Boek 7]
Ontbinding beëindigingsovereenkomst zonder opgaaf van redenen [B7 art. 670b BW Boek 7]
Ontbinding beleggingsmaatschappij [B23 art. 4:37pa Wft]
Ontbinding bij gegronde vrees tekortkoming toekomstige afleveringen [B70 art. 73 WKV]
Ontbinding bij maatschap [B7a art. 1683 BW Boek 7A]
Ontbinding bij niet-inontvangstname bij koop [B7 art. 33 BW Boek 7]
Ontbinding bij non-conformiteit bij koop [B7 art. 22 BW Boek 7]
Ontbinding bij te verwachten wanprestatie [B70 art. 72 WKV]
Ontbinding bij vrees niet betalen bij koop [B7 art. 34 BW Boek 7]
Ontbinding bij wederkerige overeenkomst [B6 art. 265 BW Boek 6]
Ontbinding door verkoper [B70 art. 64 WKV]
Ontbinding geregistreerd partnerschap [B14 art. 828 Rv]
Ontbinding huur vanwege gebreken [B7 art. 210 BW Boek 7]
Ontbinding huurovereenkomst door huurder [B7 art. 279 BW Boek 7]
Ontbinding huurovereenkomst na wijziging bestemming [B7 art. 281 BW Boek 7]
Ontbinding huurovereenkomst onroerende zaak [B7 art. 231 BW Boek 7]
Ontbinding huwelijk van vermiste [B1 art. 425 BW Boek 1]
Ontbinding Koninklijke Notariële Beroepsorganisatie; opvolging KNB [B47 art. 127 WNA]
Ontbinding koper [B70 art. 49 WKV]
Ontbinding kredietovereenkomst bij niet-nakoming door kredietnemer [B7 art. 82 BW Boek 7]
Ontbinding kredietovereenkomst door consument [B7 art. 66 BW Boek 7]
Ontbinding, liquidatie, insolventie en staking betalingen [B91 art. 63 SE]
Ontbinding na betaling [B70 art. 64 WKV]
Ontbinding na levering [B70 art. 49 WKV]
Ontbinding na tekortkoming voor één aflevering [B70 art. 73 WKV]
Ontbinding ondanks bestaan opzegverbod [B7 art. 671b BW Boek 7]
Ontbinding op verzoek werknemer [B7 art. 671b BW Boek 7]
Ontbinding overeenkomst bij deeltijdgebruik [B7 art. 50d BW Boek 7]
Ontbinding overeenkomst bij gebreken verpachte zaak [B7 art. 343 BW Boek 7]
Ontbinding overeenkomst bij vruchtgebruik [B3 art. 210 BW Boek 3]
Ontbinding overeenkomst houdende overdracht [B38 art. 9a WNR]
Ontbinding overeenkomst na wijziging bestemming bij huur bedrijfsruimte [B7 art. 310 BW Boek 7]
Ontbinding overeenkomst op afstand of buiten verkoopruimte [B6 art. 230o BW Boek 6]
Ontbinding overeenkomst tot aanneming van werk [B7 art. 756 BW Boek 7]

O

Alfabetisch trefwoordenregister

Ontbinding overeenkomsten op afstand en buiten de verkoopruimte, geen recht op [B6 art. 230p BW Boek 6]
Ontbinding pachtovereenkomst bij tekortschieten verplichtingen [B7 art. 376 BW Boek 7]
Ontbinding rechtspersoon, benoeming bewindvoerder [B2 art. 22 BW Boek 2]
Ontbinding rechtspersoon, bevoegdheden rechter [B2 art. 22 BW Boek 2]
Ontbinding rechtspersoon door beschikking KvK [B2 art. 19a BW Boek 2]
Ontbinding rechtspersoon door rechtbank [B2 art. 21 BW Boek 2]
Ontbinding (scheeps)huurkoopovereenkomst [B13 art. 237a Fw]
Ontbinding van agentuurovereenkomst door kantonrechter [B7 art. 440 BW Boek 7]
Ontbinding van BV [B2 art. 185 BW Boek 2]
Ontbinding van gemeenschap van goederen [B1 art. 99 BW Boek 1]
Ontbinding van huwelijk en scheiding van tafel en bed in internationaal privaatrecht [B10 art. 54 BW boek 10]
Ontbinding van NV [B2 art. 74 BW Boek 2]
Ontbinding van rechtspersoon [B2 art. 19 BW Boek 2]
Ontbinding van rederij [B8 art. 182 BW Boek 8]
Ontbinding van stichting [B2 art. 296, art. 301 BW Boek 2]
Ontbinding vóór sluiten overeenkomst op afstand of buiten verkoopruimte [B6 art. 230q BW Boek 6]
Ontbinding wegens bedrijfseconomische redenen [B7 art. 671b BW Boek 7]
Ontbinding zee-arbeidsovereenkomst, opmaken scheepsverklaring [B7 art. 732 BW Boek 7]
Ontbinding zee-arbeidsovereenkomst, redenen werkgever [B7 art. 726 BW Boek 7]
Ontbinding zee-arbeidsovereenkomst, redenen zeevarende [B7 art. 727 BW Boek 7]
Ontbinding zee-arbeidsovereenkomst, schriftelijke afrekening [B7 art. 731 BW Boek 7]
Ontbindings- of vernietigingsvordering [B13 art. 236a Fw]
Ontbindingsgevolgen bij deeltijdgebruik [B7 art. 50e BW Boek 7]
Ontbindingsgevolgen bij kredietovereenkomst [B7 art. 67 BW Boek 7]
Ontbreken documenten bij personenvervoer [B8 art. 87 BW Boek 8]
Ontbreken geboorteakte bij huwelijksaangifte [B1 art. 45 BW Boek 1]
Ontbreken goedkeuring van algemene vergadering bij NV [B2 art. 94c BW Boek 2]
Ontbreken overlijdensakten bij huwelijksaangifte [B1 art. 45a BW Boek 1]
Ontbreken van onderscheidend vermogen of van bekendheid van een ouder merk waardoor nietigverklaring van een ingeschreven merk is uitgesloten [B75 art. 2.30sexies BVIE]
Ontbreken van persoonsgegevens; nadere verklaring [B28 art. 18 Kadw]
Ontbreken van rechtsgevolg i.v.m. inroepen van recht [B39 art. 10 ROW 1995]
Ontbreken van verwijzingen/objectgegevens; nadere verklaring [B28 art. 23 Kadw]
Ontbreken vereiste [B12 art. 101 WvK]
Ontbrekende gegevens: voetverklaring [B28 art. 43 Kadw]
Ontheffing aflossingsverplichting bij altijddurende rente [B7a art. 1810 BW Boek 7A]
Ontheffing ter inzage legging [B4 art. 211 BW Boek 4]
Ontheffing van geheimhoudingsplicht tegenover raad voor de kinderbescherming [B1 art. 240 BW Boek 1]
Ontheffing van opdracht [B14 art. 1029 Rv]
Ontheffing van voorschrift plaats van vestiging [B45 art. 12 Advw]
Ontheffing voorschriften bij structuurvennootschap BV [B2 art. 266 BW Boek 2]
Ontheffing voorschriften bij structuurvennootschap NV [B2 art. 156 BW Boek 2]
Onthouding goedkeuring bij pachtovereenkomst [B7 art. 320 BW Boek 7]
Onthouding van erkenning [B68 art. 13 HTV]
Ontkenning vaderschap na overlijden kind [B1 art. 201 BW Boek 1]
Ontkenning vaderschap na overlijden van ouder [B1 art. 201 BW Boek 1]
Ontkenning van moederschap [B1 art. 202a BW Boek 1]
Ontkenning van moederschap na overlijden [B1 art. 202b BW Boek 1]
Ontkenning van vaderschap [B1 art. 200 BW Boek 1]
Ontoereikende opbrengst [B13 art. 59 Fw]
Ontruiming [B14 art. 525 Rv]
Ontslag bestuurder/commissaris op verzoek, gronden [B2 art. 298 BW Boek 2]
Ontslag bij Raad van commissarissen commissaris [B2 art. 63i BW Boek 2]
Ontslag commissaris structuurvennootschap BV [B2 art. 271 BW Boek 2]
Ontslag commissaris structuurvennootschap NV [B2 art. 161 BW Boek 2]
Ontslag curator; benoeming medecurator [B13 art. 73 Fw]
Ontslag deken [B45 art. 45d Advw]
Ontslag en op non-actiefstelling [B45 art. 54 Advw]
Ontslag en vervanging bewindvoerder [B13 art. 319 Fw]
Ontslag en vervanging van bewindvoerder bij afwezigheid [B1 art. 410 BW Boek 1]
Ontslag en vervanging van bewindvoerder bij vermissing [B1 art. 420 BW Boek 1]

Alfabetisch trefwoordenregister O

Ontslag gijzeling schuldenaar [B13 art. 302 Fw]
Ontslag of toevoeging bewindvoerder [B13 art. 224 Fw]
Ontslag op staande voet [B7 art. 677 BW Boek 7]
Ontslag uit bewaring [B13 art. 88 Fw]
Ontslag uit gijzeling [B13 art. 33 Fw] [B14 art. 600 Rv]
Ontslag van betalingsverplichting [B40 art. 53 Iw 1990]
Ontslag van onbevoegde voogd [B1 art. 324 BW Boek 1]
Ontslag van voogd [B1 art. 322 BW Boek 1]
Ontslag wegens leeftijd [B46 art. 92 GDW]
Ontslag/beëindiging taak [B4 art. 206 BW Boek 4]
Ontslagvergoeding [B41 3/3.2.3 NCG]
Ontslagvolgorde [B7 art. 671a BW Boek 7]
Ontstaan erfdienstbaarheid door bestemming of herleving [B28 art. 36 Kadw]
Ontstaan rechtspersoon bij authentieke akte [B2 art. 4 BW Boek 2]
Ontstaan van een licentie [B39 art. 56 ROW 1995]
Ontstaan van licentie door uitspraak Arbitragecommissie of besluit minister ingevolge het Euratomverdrag [B39 art. 60 ROW 1995]
Ontstaan van vruchtgebruik [B3 art. 202 BW Boek 3]
Ontstaan/tenietgaan van ouderlijke verantwoordelijkheid [B63 art. 16 HKV 1996] Ontstaan/ verhaalbaarheid bijzondere voorrechten bij binnenschip [B8 art. 826 BW Boek 8]
Ontvangbewijs [B13 art. 257 Fw]
Ontvangend bureau als bedoeld in het Samenwerkingsverdrag [B39 art. 17 ROW 1995]
Ontvanger [B40 art. 3 Iw 1990]
Ontvanger te goeder trouw bij wederkerige overeenkomst [B6 art. 274 BW Boek 6]
Ontvanger te kwader trouw bij onverschuldigde betaling [B6 art. 205 BW Boek 6]
Ontvanger van immuniteit [B6 art. 193m BW Boek 6]
Ontvangst geldsom namens een ander bij onverschuldigde betaling [B6 art. 204 BW Boek 6]
Ontvangstbewijs [B73 art. 35 CMR]
Ontvangstbewijs bij goederenvervoer over de weg [B8 art. 1127 BW Boek 8]
Ontvangstbewijs bij registergoed [B3 art. 18 BW Boek 3]
Ontvangstbewijs voor bagage bij personenvervoer over zee [B8 art. 528 BW Boek 8]
Ontvangsttheorie bij totstandkoming overeenkomst [B6 art. 224 BW Boek 6]
Ontvankelijkheid, toetsing [B105 art. 16 HuwVermVo] [B106 art. 16 GPVo]
Ontvankelijkheid verzoek nieuwe termijn [B87 art. 7 Uw Bv]
Ontvankelijkheid verzoekende partij [B27 art. 21, art. 22, art. 23 Sb fgr 2015]
Ontvankelijkheid vordering [B39 art. 76 ROW 1995]
Ontvankelijkheidsvereisten [B75 art. 1.15, art. 1.32 BVIE]
Ontzegeling [B14 art. 668 Rv]
Ontzeggen werking van vernietiging bij rechtshandeling [B3 art. 53 BW Boek 3]
Ontzegging stemrecht in statuten rechtspersoon [B2 art. 12 BW Boek 2]
Onverdeelde boedel [B1 art. 351 BW Boek 1]
Onverenigbaarheid [B39 art. 23g ROW 1995]
Onverenigbaarheid van buitenlandse beëindiging van geregistreerd partnerschap met openbare orde [B10 art. 89 BW boek 10]
Onverenigbaarheid van in buitenland aangegaan geregistreerd partnerschap met openbare orde [B10 art. 62 BW boek 10]
Onverenigbaarheid van in buitenland ontbonden huwelijk met openbare orde [B10 art. 59 BW boek 10]
Onverenigbare betrekkingen [B47 art. 9 WNA]
Onverenigbare functie [B45 art. 19 Advw] [B46 art. 35 GDW]
Onverhaalbare schuld bij borgtocht [B7 art. 869 BW Boek 7]
Onverschuldigde betaling bij borgtocht [B7 art. 867 BW Boek 7]
Onverschuldigde betaling terugvorderen [B6 art. 203 BW Boek 6]
Onverschuldigde betaling; ongerechtvaardigde verrijking [B11 art. 190 NBW]
Onverwijld besluit [B81 art. 48 Brussel I-bis]
Onverwijlde informatieverstrekking door partijen in bewaarketen [B22 art. 49da Wge]
Onverwijlde uitkering; storting in consignatiekas [B13 art. 192 Fw]
Onvoldaan gebleven vordering niet afdwingbaar [B13 art. 358 Fw]
Onvoldoende exploitatie [B36 art. 25e Aw]
Onvolledige acceptatie [B12 art. 125 WvK]
Onvoltooide bijdragen [B36 art. 45b Aw]
Onvoorziene omstandigheden bij rechtsgevolgen van overeenkomst [B6 art. 258 BW Boek 6]
Onvrijwillig bezitsverlies bij verjaring [B3 art. 103 BW Boek 3]
Onvrijwillig verlies van een zaak in het internationaal privaatrecht [B10 art. 132 BW boek 10]
Onwaardigheid bij erfopvolging [B4 art. 3 BW Boek 4]

O

Alfabetisch trefwoordenregister

Onzeker jaarlijks bedrag [B53 art. 8 Uitv besl SW]
Onzekerheid over verwantschap [B52 art. 29 SW]
Onzekerheidsexceptie bij wederkerige overeenkomst [B6 art. 263 BW Boek 6]
Onzijdig persoon [B14 art. 677 Rv]
Onzorgvuldig handelen octrooigemachtigde [B39 art. 23n ROW 1995]
Oorspronkelijke akte [B14 art. 160 Rv]
Op voet van gelijkheid [B14 art. 1039 Rv]
Opbrengst onroerend goed na inschrijving [B14 art. 507 Rv]
Opbrengsten bij bewaarneming [B7 art. 604 BW Boek 7]
Opdracht, goed opdrachtnemer [B7 art. 401 BW Boek 7]
Opdrachtgever [B40 art. 35a Iw 1990]
Opeenvolgende verkrijgingen [B50 art. 11, art. 13 WBRV]
Opeisbaarheid, bepaling door rechter van tijdstip [B7 art. 129f BW Boek 7]
Opeisbaarheid geldsom bij legaat [B4 art. 125 BW Boek 4]
Opeisbaarheid legaat [B4 art. 129 BW Boek 4]
Opeisbaarheid provisie bij agentuurovereenkomst [B7 art. 434 BW Boek 7]
Opeisbaarheid vordering legitimaris [B11 art. 129 NBW]
Opeisbaarheid vordering tot teruggave geldlening [B7 art. 129e BW Boek 7]
Opeisen zaak door schuldeiser bij retentierecht [B3 art. 295 BW Boek 3]
Opeising van een depot [B75 art. 3.7 BVIE]
Opeising van het octrooi [B39 art. 78 ROW 1995]
Open norm [B11 art. 75 NBW]
Openbaar [B45 art. 48 Advw]
Openbaar bod [B2 art. 359b BW Boek 2] [B27 art. 5 Sb fgr 2015]
Openbaar bod, aankondiging [B24 art. 5 Bob Wft]
Openbaar bod, aankondiging verplicht bod [B24 art. 5 Bob Wft]
Openbaar bod, aanmeldingstermijn effecten [B24 art. 14 Bob Wft]
Openbaar bod, aanvraag tot goedkeuring [B24 art. 7 Bob Wft]
Openbaar bod, aanwijzing AFM [B24 art. 11 Bob Wft]
Openbaar bod, billijke prijs [B23 art. 5:80a Wft]
Openbaar bod, geen tweede bod door dezelfde bieder binnen 6 maanden [B24 art. 9a Bob Wft]
Openbaar bod, gelegenheid tot aanbieden effecten na gestanddoening [B24 art. 17 Bob Wft]
Openbaar bod, goedkeuring biedingsbericht [B24 art. 8 Bob Wft]
Openbaar bod, goedkeuring door buitenlandse toezichthoudende instantie [B24 art. 11 Bob Wft]
Openbaar bod, gratieregeling/vervallen biedplicht [B23 art. 5:72 Wft]
Openbaar bod, inhoud document over prijsverhoging [B24 art. 15a Bob Wft]
Openbaar bod, juridische grondslag ontheffing verbod [B23 art. 5:83 Wft]
Openbaar bod, mededeling wijze van berekening en hoogte te verwachten prijs [B24 art. 5a Bob Wft]
Openbaar bod, melding [B24 art. 5 Bob Wft]
Openbaar bod, noodzaak biedingsbericht [B23 art. 5:74 Wft]
Openbaar bod, openbaarmaking transacties [B24 art. 13 Bob Wft]
Openbaar bod, openbare mededeling [B24 art. 16, art. 4 Bob Wft]
Openbaar bod, partieel bod op doelvennootschap buiten Nederland [B24 art. 20a Bob Wft]
Openbaar bod, sancties bij overtreding biedingsregels [B23 art. 5:73 Wft]
Openbaar bod, tenderbod op doelvennootschap buiten Nederland [B24 art. 22a Bob Wft]
Openbaar bod, uitbrengen [B24 art. 10 Bob Wft]
Openbaar bod, uitgifte effecten [B24 art. 6 Bob Wft]
Openbaar bod, vaststelling/wijziging prijs- of ruilverhouding [B24 art. 6 Bob Wft]
Openbaar bod, verbod verlening medewerking bij strijdigheid met regels [B23 art. 5:80 Wft]
Openbaar bod, verbod verwerving dezelfde soort effecten tegen gunstiger voorwaarden [B23 art. 5:79 Wft]
Openbaar bod, verklaring van goedkeuring [B24 art. 9 Bob Wft]
Openbaar bod, verlengen aanmeldingstermijn [B24 art. 15 Bob Wft]
Openbaar bod, verval bij aankondiging verplicht bod [B24 art. 5b Bob Wft]
Openbaar bod, verzoek aan Ondernemingskamer afwijkende prijs als billijke prijs vast te stellen [B23 art. 5:80b Wft]
Openbaar bod, volledig bod op doelvennootschap buiten Nederland [B24 art. 18a Bob Wft]
Openbaar bod, voorhangprocedure nadere regels [B23 art. 5:82 Wft]
Openbaar bod, voorwaarden [B24 art. 12 Bob Wft]
Openbaar bod, vrijstellingen biedplicht [B23 art. 5:71 Wft]
Openbaar bod, vrijstellingen/ontheffingen [B23 art. 5:81 Wft]
Openbaar boedelregister voor nalatenschap [B4 art. 186 BW Boek 4]
Openbaar i-DEPOT [B75 art. 4.10 BVIE]

Alfabetisch trefwoordenregister O

Openbaar maken van een niet in opdracht vervaardigd portret niet zonder toestemming [B36 art. 21 Aw]
Openbaar Ministerie [B42 art. 127 Wet RO]
Openbaar Ministerie, horen College van procureurs-generaal [B42 art. 128 Wet RO]
Openbaar Ministerie, informatieplicht College [B42 art. 129 Wet RO]
Openbaar Ministerie niet optredend als partij [B14 art. 44 Rv]
Openbaar Ministerie optredend als partij [B14 art. 43 Rv]
Openbaar Ministerie, overdracht uitoefening bevoegdheden [B42 art. 126 Wet RO]
Openbaar Ministerie, samenstelling [B42 art. 134 Wet RO]
Openbaar Ministerie, taken [B42 art. 124 Wet RO]
Openbaar Ministerie, uitoefening bevoegdheden [B42 art. 125a Wet RO]
Openbaar Ministerie, uitoefening taken en bevoegdheden [B42 art. 125 Wet RO]
Openbaar overnamebod, inhoud bestuursverslag vennootschap [B25 art. 1]
Openbaar overnamebod, verplicht bod [B23 art. 5:70 Wft]
Openbaar register [B13 art. 19 Fw]
Openbaar register surseance [B13 art. 222a Fw]
Openbaarheid beslissing [B27 art. 33 Sb fgr 2015]
Openbaarheid mondelinge behandeling [B27 art. 28 Sb fgr 2015]
Openbaarheid naleving gedragscode stemadviseur [B23 art. 5:87f Wft]
Openbaarheid oppositie [B75 art. 1.26 BVIE]
Openbaarheid procedure [B75 art. 1.42 BVIE]
Openbaarheid van akten van de burgerlijke stand [B1 art. 23 BW Boek 1]
Openbaarheid van dubbelen [B1 art. 23c BW Boek 1]
Openbaarheid vergaderingen ledenraad [B47 art. 76 WNA]
Openbaarmaken [B36 art. 12 Aw]
Openbaarmaken opgelegde maatregel [B45 art. 8b Advw]
Openbaarmaking [B45 art. 59, art. 60aa Advw] [B46 art. 43 GDW]
Openbaarmaking akten [B91 art. 13 SE]
Openbaarmaking door depot bij het handelsregister [B2 art. 394 BW Boek 2]
Openbaarmaking door radio- en tv-uitzendingen, nadere regels [B36 art. 17a Aw]
Openbaarmaking maatregel [B45 art. 48 Advw]
Openbaarmaking materiële transacties met verbonden partij [B2 art. 169 BW Boek 2]
Openbaarmaking niet zonder toestemming geportretteerde [B36 art. 20 Aw]
Openbaarmaking uitspraak [B13 art. 293 Fw]
Openbaarmaking van bestuursverslag [B2 art. 394 BW Boek 2]
Openbaarmaking van statuten rechtspersoon [B2 art. 6 BW Boek 2]
Openbaarmaking vonnis [B37 art. I Dbw]
Openbare behandeling [B46 art. 41 GDW] [B47 art. 101 WNA]
Openbare bibliotheekvoorzieningen [B36 art. 15c Aw]
Openbare bieding, informatieverstrekking aan werknemers [B24 art. 27 Bob Wft]
Openbare bieding, openbaar bod [B24 art. 3 Bob Wft]
Openbare bieding, partieel bod [B24 art. 20 Bob Wft]
Openbare bieding, tenderbod [B24 art. 22 Bob Wft]
Openbare bieding, verplicht bod [B24 art. 24 Bob Wft]
Openbare bieding, verplichtingen bieder [B24 art. 2a Bob Wft]
Openbare bieding, volledig bod [B24 art. 18 Bob Wft]
Openbare onroerende zaken, eigendomsvermoeden [B5 art. 28 BW Boek 5]
Openbare orde [B66 art. 7 HTestV] [B69 art. 17 HVV] [B99 EUV 606/2013]
Openbare orde clausule [B68 art. 18 HTV]
Openbare orde, kennelijke onverenigbaarheid [B105 art. 31 HuwVermVo] [B106 art. 31 GPVo]
Openbare orde van het forum [B92 art. 21 Rome I]
Openbare orde van het land van de rechter [B93 art. 26 Rome II]
Openbare registers [B3 art. 16 BW Boek 3]
Openbare registers voor registergoederen [B28 art. 8 Kadw]
Openbare terechtzitting [B14 art. 27 Rv]
Openbare vergadering [B46 art. 75 GDW]
Openbare verkoop [B14 art. 463 Rv]
Openbare verkoop bij pandrecht [B3 art. 250 BW Boek 3]
Openbaring van de uitvinding [B74 art. 83 EOV]
Openen van boeken en papieren [B14 art. 663 Rv]
Opening deuren [B14 art. 557 Rv]
Opening liquidatieprocedure [B13 art. 212t Fw]
Opening liquidatieprocedure, nadere regels [B13 art. 212u Fw]
Opening liquidatieprocedure; toepasselijkheid [B13 art. 212ee Fw]
Opening poststukken van gefailleerde [B13 art. 99 Fw]

O

Alfabetisch trefwoordenregister

Opening van deuren en huisraad [B14 art. 444 Rv]
Openstaande rechtsmiddelen [B13 art. 282 Fw]
Openstelling per klasse van de oppositieprocedure [B75 art. 5.4 BVIE]
Opgaaf aantal werknemers [B2 art. 382 BW Boek 2]
Opgaaf accountantshonoraria [B2 art. 382a BW Boek 2]
Opgaaf van redenen [B7 art. 676 BW Boek 7]
Opgave aantal en speelduur geïmporteerde of vervaardigde voorwerpen [B36 art. 16f Aw]
Opgave aantal reprografische verveelvoudigingen [B36 art. 16m Aw]
Opgave aantal uitleningen [B36 art. 15g Aw] [B38 art. 15d WNR]
Opgave datum verkoop [B14 art. 449 Rv]
Opgave verschuldigde provisie bij agentuurovereenkomst [B7 art. 433 BW Boek 7]
Opgave winstbestemming/verliesverwerking [B2 art. 380c BW Boek 2]
Opgave winstbewijzen [B2 art. 380d BW Boek 2]
Opgehouden te bestaan [B40 art. 27 Iw 1990]
Opgeven naam, enz. van schip [B12 art. 358a WvK]
Opgroeiondersteuning, aanwijzing stichting [B1 art. 253z BW Boek 1]
Opgroeiondersteuning, duur [B1 art. 253za BW Boek 1]
Opgroeiondersteuning, maatregel [B1 art. 253z BW Boek 1]
Opgroeiondersteuning, opheffing maatregel [B1 art. 253zd BW Boek 1]
Opgroeiondersteuning, verlenging duur [B1 art. 253zb BW Boek 1]
Opgroeiondersteuning, vervanging stichting [B1 art. 253zc BW Boek 1]
Opheffen beslagen [B4 art. 223 BW Boek 4]
Opheffen gevolgen aanzegging [B46 art. 3a GDW]
Opheffen maatregel bij KB [B47 art. 109 WNA]
Opheffen schorsing/andere voorzieningen [B45 art. 60b Advw]
Opheffing benadeling bij gemeenschap [B3 art. 197 BW Boek 3]
Opheffing beslag [B14 art. 705 Rv]
Opheffing beslagexploot [B46 art. 3a GDW]
Opheffing depot [B40 art. 57a Iw 1990]
Opheffing faillissement op verzoek gefailleerde onder gelijktijdig uitspreken toepassing schuldsaneringsregeling [B13 art. 15b Fw]
Opheffing gerechtelijke bewaring [B14 art. 860 Rv]
Opheffing immuniteit [B75 art. 11 BVIE]
Opheffing last of beperking bij koop [B7 art. 20 BW Boek 7]
Opheffing ondertoezichtstelling [B1 art. 261 BW Boek 1]
Opheffing, opschorting vermindering dwangsom [B14 art. 611d Rv]
Opheffing schorsing [B14 art. 1066 Rv]
Opheffing van gemeenschap van goederen door echtgenoot [B1 art. 109 BW Boek 1]
Opheffing van verrekeningsplicht [B1 art. 139 BW Boek 1]
Opheffing voorlopige voorziening [B45 art. 60g Advw]
Opkomen tegen handeling bewindvoerder [B13 art. 317 Fw]
Opleggen bestuurlijke boete/last onder dwangsom door toezichthouder [B47 art. 111b WNA]
Opleggen dwangsom [B14 art. 611a Rv]
Oplegging geheimhouding [B27 art. 25 Sb fgr 2015]
Oplegging in geld bij inkorting/vermindering legaat [B4 art. 122 BW Boek 4]
Opleiding gerechtsdeurwaarder [B46 art. 25 GDW]
Opleiding kandidaat-notarissen [B47 art. 33 WNA]
Oplevering bij aanneming van werk [B7 art. 758 BW Boek 7]
Oplevering in gehuurde staat; beschrijving [B11 art. 208b NBW]
Opmaken akte bij huwelijksvoltrekking [B1 art. 67 BW Boek 1]
Opmaken notariële verklaring [B28 art. 37a Kadw]
Opmaken proces-verbaal [B14 art. 474h Rv]
Opmaken staat baten en schulden [B13 art. 96 Fw]
Opmaken staat van rechten en vorderingen [B14 art. 584i Rv]
Opmaken staat van verdeling [B14 art. 642s Rv]
Opmaking uitdelingslijst [B13 art. 349 Fw]
Opmerkingen van derden [B74 art. 115 EOV]
Opnamen vanwege de openbare macht [B38 art. 9c WNR]
Opnemen plaatselijke gesteldheid of bezichtiging bepaalde zaken [B14 art. 201 Rv]
Oppositie [B74 art. 99 EOV]
Oppositie tegen internationale aanvragen [B75 art. 2.18 BVIE]
Oppositieafdelingen [B74 art. 19 EOV]
Oppositiegegevens [B75 art. 1.13 BVIE]
Oprichten stichting [B4 art. 135 BW Boek 4]
Oprichting BV [B2 art. 175 BW Boek 2]

Alfabetisch trefwoordenregister O

Oprichting BV bij notariële akte [B2 art. 176 BW Boek 2]
Oprichting coöperatie en onderlinge waarborgmaatschappij bij notariële akte [B2 art. 54 BW Boek 2]
Oprichting dochter-SE [B91 art. 35 SE]
Oprichting holding-SE [B91 art. 32 SE]
Oprichting NV [B2 art. 65 BW Boek 2]
Oprichting NV bij notariële akte [B2 art. 64 BW Boek 2]
Oprichting rechtspersoon voor onbepaalde tijd [B2 art. 17 BW Boek 2]
Oprichting SE [B91 art. 15 SE]
Oprichting SE via fusie [B91 art. 17 SE]
Oprichting stichting bij notariële akte [B2 art. 286 BW Boek 2]
Oprichting vereniging bij notariële akte [B2 art. 27 BW Boek 2]
Oprichtingsakte [B91 art. 6 SE]
Oproep reeds geverifieerde schuldeisers [B13 art. 168 Fw]
Oproepen andere partijen bij exploot na verwijzing naar ander gerecht [B14 art. 221 Rv]
Oproepen bij exploot [B14 art. 74 Rv]
Oproepen bij exploot van niet verschenen getuige [B14 art. 171 Rv]
Oproepen getuigen [B14 art. 170 Rv]
Oproepen raadsheren-plaatsvervangers en rechter-plaatsvervangers [B42 art. 8 Wet RO]
Oproepen schuldeisers door vereffenaar bij nalatenschap [B4 art. 214 BW Boek 4]
Oproeping beslagene [B14 art. 858 Rv]
Oproeping bij gewone brief [B14 art. 273 Rv]
Oproeping bij gewone brief, vermelding datum [B14 art. 274 Rv]
Oproeping derden [B14 art. 30g Rv]
Oproeping derden bij digitaal procederen [B15 art. 30g Rv]
Oproeping, inhoud [B14 art. 276 Rv]
Oproeping niet in de procedure verschenen belanghebbenden [B14 art. 272 Rv]
Oproeping personen zonder bekende woon- of verblijfplaats in Nederland [B14 art. 277 Rv]
Oproeping schuldeisers [B13 art. 281c Fw]
Oproeping schuldenaar [B13 art. 6 Fw]
Oproeping tot verificatievergadering [B14 art. 642m Rv]
Oproeping van AVA BV [B2 art. 223 BW Boek 2]
Oproeping van AVA NV [B2 art. 113 BW Boek 2]
Oproeping van derden [B14 art. 118 Rv]
Oproeping van vermiste [B1 art. 414 BW Boek 1]
Oproepingsbericht [B15 art. 111 Rv]
Oproepingsbericht betekenen vóór indiening procesinleiding [B15 art. 113 Rv]
Oproepingsbericht bij exploot betekend of op andere wijze bezorgd [B15 art. 112 Rv]
Oproepingstermijn voor AVA BV [B2 art. 225 BW Boek 2]
Oproepingstermijn voor AVA NV [B2 art. 115 BW Boek 2]
Oproepovereenkomst, minimumaanspraak per oproep [B7 art. 628a BW Boek 7]
Oproepovereenkomst, minimumtermijn bekendmaking tijdstippen voor arbeidsverrichting [B7 art. 628a BW Boek 7]
Opschorten betaling vergoeding bij legaat [B4 art. 125 BW Boek 4]
Opschortende en ontbindende voorwaarde [B6 art. 22 BW Boek 6]
Opschortende tijdsbepaling bij overdracht [B3 art. 85 BW Boek 3]
Opschortende voorwaarde [B50 art. 8 WBRV] [B52 art. 21 SW]
Opschortende voorwaarde bij levering [B3 art. 91 BW Boek 3]
Opschortende voorwaarde bij testamentaire last [B4 art. 133 BW Boek 4]
Opschortende voorwaarden [B70 art. 71 WKV]
Opschorting betaling [B13 art. 230 Fw]
Opschorting executie door notaris [B14 art. 539 Rv]
Opschorting loon [B7 art. 629 BW Boek 7]
Opschorting nakoming bij twijfel of lijf nog in leven is [B7 art. 991 BW Boek 7]
Opschorting publicatie [B75 art. 2.5 BVIE]
Opschorting publicatie op verzoek [B75 art. 3.12 BVIE]
Opschorting rechten aandeelhouders NV [B2 art. 87b BW Boek 2]
Opschorting uitkering bij hypotheekrecht [B3 art. 270 BW Boek 3]
Opschorting van levering en afgifte goederen bij vruchtgebruik [B3 art. 205 BW Boek 3]
Opschortingsbevoegdheid [B6 art. 54 BW Boek 6]
Opschortingsbevoegdheid schuldenaar bij nakoming verbintenis [B6 art. 37 BW Boek 6]
Opschortingsrecht [B11 art. 180 NBW]
Opschortingsrecht tegen schuldeiser [B6 art. 52 BW Boek 6]
Opschortingsrecht tegen schuldeisers van de schuldeiser [B6 art. 53 BW Boek 6]
Opslaan verhuisgoederen bij verhuisovereenkomst [B8 art. 1197 BW Boek 8]

O

Alfabetisch trefwoordenregister

Opslaan vervoerde zaken bij goederenvervoer over de weg [B8 art. 1132 BW Boek 8]
Opslag vervoerde zaken bij goederenvervoer over binnenwateren [B8 art. 955 BW Boek 8]
Opslag vervoerde zaken bij goederenvervoer over zee [B8 art. 490 BW Boek 8]
Opsporen erfgenamen door vereffenaar [B4 art. 225 BW Boek 4]
Opstal, definitie [B5 art. 101 BW Boek 5]
Opstal, schakelbepaling [B5 art. 105 BW Boek 5]
Opstal, zelfstandig of afhankelijk recht [B5 art. 101 BW Boek 5]
Opstallen bij aansprakelijkheid [B6 art. 174 BW Boek 6]
Opstellen akte bij vaststelling naam vreemdeling [B10 art. 23 BW boek 10]
Opstellen jaarrekening [B2 art. 313 BW Boek 2]
Opstellen vrachtbrief bij goederenvervoer over de weg [B8 art. 1119 BW Boek 8]
Opstellen/ter griffie leggen boedelbeschrijving [B4 art. 211 BW Boek 4]
Opstelling en vaststelling van de begroting [B74 art. 46 EOV]
Opstelling van het verslag van het Europees nieuwheidsonderzoek [B74 art. 92 EOV]
Optie bij totstandkoming overeenkomst [B6 art. 219 BW Boek 6]
Optieregeling [B54 art. 5a Wet OB 1968]
Optreden als erfgenaam bij erfopvolging bij versterf [B4 art. 9 BW Boek 4]
Optreden in rechte door ambtenaar burgerlijke stand [B1 art. 16b BW Boek 1]
Opvarende [B8 art. 5 BW Boek 8]
Opvolgend faillissement [B13 art. 249 Fw]
Opvolgend werkgeverschap [B7 art. 668a BW Boek 7]
Opvolgende vervoerders [B73 art. 34 CMR]
Opvolgende werkgevers [B7 art. 691 BW Boek 7]
Opvolging onder algemene titel bij bezit of houderschap [B3 art. 116 BW Boek 3]
Opvorderen goederen door erfgenaam [B4 art. 183 BW Boek 4]
Opvragen [B37 art. I Dbw]
Opvragen kindsdeel door meerderjarig kind [B4 art. 26 BW Boek 4]
Opvragen kindsdeel door minderjarig kind [B4 art. 26 BW Boek 4]
Opzeggen overeenkomst door erfgenamen [B11 art. 208c NBW]
Opzeggen overeenkomst door opdrachtgever bij goederenvervoer [B8 art. 65 BW Boek 8]
Opzeggen pachtovereenkomst bij vervreemding verpachte [B7 art. 383 BW Boek 7]
Opzeggen vervoerovereenkomst bij goederenvervoer [B8 art. 28 BW Boek 8]
Opzegging, afstand erfpacht [B11 art. 167 NBW]
Opzegging agentuurovereenkomsten [B13 art. 239 Fw]
Opzegging arbeidsovereenkomst [B13 art. 239 Fw]
Opzegging arbeidsovereenkomst, redelijke grond, herplaatsing- en scholingsplicht [B7 art. 669 BW Boek 7]
Opzegging bij bijzondere omstandigheden bij goederenvervoer [B8 art. 68 BW Boek 8]
Opzegging bij huur [B7 art. 271 BW Boek 7]
Opzegging bij huur bedrijfsruimte [B7 art. 293 BW Boek 7]
Opzegging bij tijd- en reisbevrachting bij goederenvervoer over zee [B8 art. 425 BW Boek 8]
Opzegging door erfgenaam/echtgenoot bij huur bedrijfsruimte [B7 art. 302 BW Boek 7]
Opzegging door erfpachter [B5 art. 87 BW Boek 5]
Opzegging door hulpverlener van behandelingsovereenkomst [B7 art. 460 BW Boek 7]
Opzegging door opdrachtgever bij verhuisovereenkomst [B8 art. 1186, art. 1188 BW Boek 8]
Opzegging door verhuizer bij verhuisovereenkomst [B8 art. 1189 BW Boek 8]
Opzegging door wederpartij bij bijzondere omstandigheden bij verhuisovereenkomst [B8 art. 1193 BW Boek 8]
Opzegging erfpacht bij exploit [B5 art. 88 BW Boek 5]
Opzegging erfpacht door eigenaar [B5 art. 87 BW Boek 5]
Opzegging huur [B13 art. 305 Fw]
Opzegging langs elektronische weg bij persoonsverzekering [B7 art. 940 BW Boek 7]
Opzegging lidmaatschap van rederij [B8 art. 183 BW Boek 8]
Opzegging lidmaatschap van vereniging [B2 art. 36 BW Boek 2]
Opzegging na verlenging overeenkomst door rechter bij huur [B7 art. 277 BW Boek 7]
Opzegging overeenkomst tot aanneming van werk [B7 art. 764 BW Boek 7]
Opzegging overeenkomst van opdracht [B7 art. 408 BW Boek 7]
Opzegging pachtovereenkomst [B7 art. 367 BW Boek 7]
Opzegging tijdens proeftijd [B7 art. 669 BW Boek 7]
Opzegging van agentuurovereenkomst [B7 art. 437 BW Boek 7]
Opzegging van arbeidsovereenkomst voor onbepaalde tijd [B7 art. 667 BW Boek 7]
Opzegging van beperkt recht [B52 art. 14 SW]
Opzegging van borgtocht door natuurlijk persoon [B7 art. 861 BW Boek 7]
Opzegging van ligovereenkomst [B8 art. 993 BW Boek 8]

Alfabetisch trefwoordenregister O

Opzegging vertrouwen in raad van commissarissen structuurvennootschap BV [B2 art. 271a BW Boek 2]

Opzegging vertrouwen in raad van commissarissen structuurvennootschap NV [B2 art. 161a BW Boek 2]

Opzegging vervoerovereenkomst bij goederenvervoer over binnenwateren [B8 art. 908, art. 912, art. 935 BW Boek 8]

Opzegging vervoerovereenkomst bij personenvervoer door vervoerder [B8 art. 88 BW Boek 8]

Opzegging vervoerovereenkomst bij personenvervoer door wederpartij [B8 art. 89 BW Boek 8]

Opzegging vervoerovereenkomst door afzender bij goederenvervoer door de lucht [B8 art. 1362 BW Boek 8]

Opzegging vervoerovereenkomst door afzender bij goederenvervoer over de weg [B8 art. 1109, art. 1111 BW Boek 8]

Opzegging vervoerovereenkomst door tijd- of reisbevrachter bij goederenvervoer over zee [B8 art. 390 BW Boek 8]

Opzegging vervoerovereenkomst door vervoerder bij bijzondere omstandigheden bij personenvervoer over de weg [B8 art. 1162 BW Boek 8]

Opzegging vervoerovereenkomst door vervoerder bij goederenvervoer over de weg [B8 art. 1112 BW Boek 8]

Opzegging vervoerovereenkomst door vervoerder bij personenvervoer door de lucht [B8 art. 1407 BW Boek 8]

Opzegging vervoerovereenkomst door wederpartij bij bijzondere omstandigheden bij personenvervoer over de weg [B8 art. 1163 BW Boek 8]

Opzegging vervoerovereenkomst door wederpartij bij goederenvervoer door de lucht [B8 art. 1363 BW Boek 8]

Opzegging vervoerovereenkomst door wederpartij bij goederenvervoer over de weg [B8 art. 1116 BW Boek 8]

Opzegging vervoerovereenkomst door wederpartij bij personenvervoer door de lucht [B8 art. 1408 BW Boek 8]

Opzegging vervoerovereenkomst door wederpartij bij personenvervoer over de weg [B8 art. 1165 BW Boek 8]

Opzegging vervoerovereenkomst door wederpartij bij personenvervoer over zee [B8 art. 525 BW Boek 8]

Opzegging wederpartij, mits geen vertraging reis [B8 art. 90 BW Boek 8]

Opzegging wegens bereiken pensioengerechtigde leeftijd [B7 art. 669 BW Boek 7]

Opzeggingsrecht wederpartij bij personenvervoer over zee [B8 art. 527 BW Boek 8]

Opzegtermijn arbeidsovereenkomst bij niet vastgelegde omvang arbeid [B7 art. 672 BW Boek 7]

Opzegtermijn bij verzekering [B7 art. 940 BW Boek 7]

Opzegtermijn na herstel arbeidsovereenkomst [B7 art. 672 BW Boek 7]

Opzegverbod tijdens dienstplicht [B7 art. 670 BW Boek 7]

Opzegverbod tijdens lidmaatschap medezeggenschapsorgaan [B7 art. 670 BW Boek 7]

Opzegverbod tijdens ziekte [B7 art. 670 BW Boek 7]

Opzegverbod tijdens zwangerschap [B7 art. 670 BW Boek 7]

Opzegverbod wegens overgang van onderneming [B7 art. 670 BW Boek 7]

Opzegverbod wegens politiek verlof [B7 art. 670 BW Boek 7]

Opzegverbod wegens vakbondslidmaatschap/activiteiten [B7 art. 670 BW Boek 7]

Opzegverbod wegens verrichten zondagsarbeid [B7 art. 670 BW Boek 7]

Opzegverbod wegens zorg- en ouderschapsverlof [B7 art. 670 BW Boek 7]

Opzet [B38 art. 22 WNR]

Opzettelijk teweeggebracht risico bij sommenverzekering [B7 art. 973 BW Boek 7]

Opzettelijk verborgen houden van schuld bij verkeer en vervoer [B8 art. 1702 BW Boek 8]

Opzettelijke breuk [B38 art. 21 WNR]

Opzettelijke inbreuk (1) [B36 art. 31 Aw]

Opzettelijke inbreuk (2) [B36 art. 31a Aw]

Orde van octrooigemachtigden [B39 art. 23d ROW 1995]

Orde verzorgt beroepsopleiding [B45 art. 9c Advw]

Order- en toonderpapieren [B13 art. 48 Fw]

Orgaan van de BV [B2 art. 189a BW Boek 2]

Orgaan van de NV [B2 art. 78a BW Boek 2]

Organen NOVA [B45 art. 17a Advw]

Organisatie [B75 art. 1.2 BVIE]

Organisatie KNB [B47 art. 62 WNA]

Organisatie rechtsopvolger van de Bureaus [B75 art. 5.1 BVIE]

O

Alfabetisch trefwoordenregister

Organisatie van algemene vergadering [B91 art. 53 SE]
Originelen van kunstwerken en professionele kunsthandelaar, begripsbepalingen [B36 art. 43 Aw]
Oude opnames [B38 art. 33 WNR]
Oude zakelijke rechten: registergoederen [B11 art. 150 NBW]
Oudere rechten en rechten van dezelfde datum [B74 art. 139 EOV]
Ouderlijk gezag, benoeming voogd na beëindiging gezamenlijk gezag [B1 art. 275 BW Boek 1]
Ouderlijk gezag, bewindvoering na ontzetting/ontheffing [B1 art. 276 BW Boek 1]
Ouderlijk gezag bij overlijden ouder [B1 art. 253f BW Boek 1]
Ouderlijk gezag bij overlijden ouder die alleen gezag uitoefent [B1 art. 253g BW Boek 1]
Ouderlijk gezag, gevolgen beëindiging gezamenlijk gezag [B1 art. 274 BW Boek 1]
Ouderlijk gezag na terugkeer van vermiste [B1 art. 425 BW Boek 1]
Ouderlijk gezag van geregistreerd partners [B1 art. 253aa BW Boek 1]
Ouderlijk gezag van ongehuwden of niet geregistreerde partners [B1 art. 252 BW Boek 1]
Ouderlijke verantwoordelijkheid, aanwijzing centrale autoriteit [B85 art. 53 Brussel II-bis]
Ouderlijke verantwoordelijkheid, algemene bevoegdheid [B85 art. 8 Brussel II-bis]
Ouderlijke verantwoordelijkheid, behoud bevoegdheid vorige verblijfplaats kind [B85 art. 9 Brussel II-bis]
Ouderlijke verantwoordelijkheid, bevoegdheid bij kinderontvoering [B85 art. 10 Brussel II-bis]
Ouderlijke verantwoordelijkheid, bevoegdheid gebaseerd op aanwezigheid kind [B85 art. 13 Brussel II-bis]
Ouderlijke verantwoordelijkheid en bescherming van kinderen naar internationaal privaatrecht [B10 art. 113 BW boek 10]
Ouderlijke verantwoordelijkheid, plaatsing kind in andere lidstaat [B85 art. 56 Brussel II-bis]
Ouderlijke verantwoordelijkheid, prorogatie van rechtsmacht [B85 art. 12 Brussel II-bis]
Ouderlijke verantwoordelijkheid, residuele bevoegdheid [B85 art. 14 Brussel II-bis]
Ouderlijke verantwoordelijkheid, samenwerking in specifieke gevallen [B85 art. 55 Brussel II-bis]
Ouderlijke verantwoordelijkheid, taken centrale autoriteit [B85 art. 54 Brussel II-bis]
Ouderlijke verantwoordelijkheid, terugkeer kind [B85 art. 11 Brussel II-bis]
Ouderlijke verantwoordelijkheid, vergaderingen centrale autoriteit [B85 art. 58 Brussel II-bis]
Ouderlijke verantwoordelijkheid, verwijzing naar ander gerecht [B85 art. 15 Brussel II-bis]
Ouderlijke verantwoordelijkheid, werkwijze centrale autoriteit [B85 art. 57 Brussel II-bis]
Ouders en voogden bij aansprakelijkheid [B6 art. 183 BW Boek 6]
Ouderschapsplan [B14 art. 815 Rv]
Ouderschapsplan bij beëindiging samenleven [B1 art. 247a BW Boek 1]
Oudste executoriaal beslaglegger verkoopt [B14 art. 458 Rv]
Overboord werpen of verbruiken [B12 art. 357 WvK]
Overbouw [B5 art. 54 BW Boek 5]
Overbrenging akten ouder dan 75 jaar naar aangewezen rijksarchiefbewaarplaats [B47 art. 59 WNA]
Overbrenging eigen goed naar andere lidstaa [B54 art. 3a Wet OB 1968]
Overbrenging eigen goed naar andere lidstaat i.h.k.v. de regeling inzake voorraad op afroep [B54 art. 3b Wet OB 1968]
Overbrenging gefailleerde [B13 art. 90 Fw]
Overbrenging minuten, afschriften, registers, repertoria en kaartsystemen naar algemene bewaarplaats [B47 art. 58 WNA]
Overbrenging van een zaak naar een andere staat [B10 art. 130 BW boek 10]
Overdraagbaarheid eigendom, beperkte rechten en vorderingsrechten [B3 art. 83 BW Boek 3]
Overdracht [B74 art. 72 EOV]
Overdracht aan derde bij huur bedrijfsruimte [B7 art. 307 BW Boek 7]
Overdracht aan echtgenoot bij voortzetting beroep/bedrijf [B4 art. 38 BW Boek 4]
Overdracht aan kind/stiefkind bij voortzetting beroep/bedrijf bij nalatenschap [B4 art. 38 BW Boek 4]
Overdracht aan waarnemend gerechtsdeurwaarder [B46 art. 18 GDW]
Overdracht aandeel [B5 art. 66 BW Boek 5]
Overdracht beperkt recht op verhuurde zaak [B7 art. 227 BW Boek 7]
Overdracht beperkt recht op verpachte zaak [B7 art. 362 BW Boek 7]
Overdracht bevoegdheid tenuitvoerlegging [B14 art. 431a Rv]
Overdracht bevoegdheid tussen autoriteiten van Verdragsluitende Staten [B63 art. 8 HKV 1996]
Overdracht en overname protocol [B47 art. 15 WNA]
Overdracht goed aan bezitter [B11 art. 96 NBW] [B3 art. 122 BW Boek 3]
Overdracht goederen bij huwelijk bij kindsdeel [B4 art. 19 BW Boek 4]

Alfabetisch trefwoordenregister O

Overdracht goederen bij nalatenschap [B4 art. 24 BW Boek 4]
Overdracht goederen door bewindvoerder [B4 art. 165 BW Boek 4]
Overdracht goederen stiefouder bij kindsdeel [B4 art. 20 BW Boek 4]
Overdracht licentie [B39 art. 58a ROW 1995]
Overdracht of bezwaren vruchtgebruik [B3 art. 223 BW Boek 3]
Overdracht of toedeling erfpacht [B5 art. 91 BW Boek 5]
Overdracht rechten [B12 art. 113, art. 194 WvK]
Overdracht rechten verzekeringnemer bij sommenverzekering [B7 art. 970 BW Boek 7]
Overdracht ter nakoming van een financiëlezekerheidsovereenkomst [B7 art. 55 BW Boek 7]
Overdracht van aandelen [B2 art. 87 BW Boek 2]
Overdracht van aandelen BV volgens statutaire regeling [B2 art. 192a BW Boek 2]
Overdracht van een onderneming [B54 art. 37d Wet OB 1968]
Overdracht van vorderingen [B40 art. 24 Iw 1990]
Overdracht voor bepaalde tijd [B3 art. 85 BW Boek 3]
Overdracht zaak door verhuurder [B7 art. 226 BW Boek 7]
Overdrachtsakte [B39 art. 65 ROW 1995]
Overdrachtsbelasting [B50 art. 2 WBRV]
Overdrachtsbelasting, tarief [B50 art. 14 WBRV]
Overdrachtsbelasting, verlaagd tarief [B50 art. 14 WBRV]
Overeengekomen lagere rang bij verhaalsrecht [B3 art. 277 BW Boek 3]
Overeenkomst [B6 art. 213 BW Boek 6]
Overeenkomst aanneming van werk, overgangsrecht [B11 art. 218 NBW]
Overeenkomst anders dan op afstand of buiten verkoopruimte [B6 art. 230l BW Boek 6]
Overeenkomst bij deeltijdgebruik [B7 art. 50c BW Boek 7]
Overeenkomst bij goederenvervoer over spoorwegen [B8 art. 1550 BW Boek 8]
Overeenkomst buiten verkoopruimte [B6 art. 230t BW Boek 6]
Overeenkomst gesloten in bedrijf of beroep [B6 art. 214 BW Boek 6]
Overeenkomst liggen en/of varen [B8 art. 994 BW Boek 8]
Overeenkomst op afstand [B6 art. 230v BW Boek 6]
Overeenkomst op afstand of buiten verkoopruimte [B6 art. 230m BW Boek 6]
Overeenkomst op afstand/buiten verkoopruimte financieel product/dienst [B6 art. 230x BW Boek 6]
Overeenkomst rompbevrachting bij vervoer over binnenwateren [B8 art. 990 BW Boek 8]
Overeenkomst tot aanneming van werk met betrekking tot bouw woning [B7 art. 766 BW Boek 7]
Overeenkomst tot arbitrage [B14 art. 1020 Rv]
Overeenkomst tot geregeld afleveren gas, water, elektriciteit of verwarming [B13 art. 304 Fw]
Overeenkomst tot lastgeving met derde [B7 art. 419 BW Boek 7]
Overeenkomst tot partneralimentatie [B1 art. 158 BW Boek 1]
Overeenkomst tot verstrekking financiële zekerheid schip [B8 art. 646 BW Boek 8]
Overeenkomst tussen notaris en cliënt [B47 art. 16 WNA]
Overeenkomst tussen ongelijke partijen [B14 art. 101 Rv]
Overeenkomst van goederenkrediet [B7 art. 84 BW Boek 7]
Overeenkomst van goederenkrediet, nadere eisen aan [B7 art. 86 BW Boek 7]
Overeenkomst van internationaal vervoer [B10 art. 133 BW boek 10]
Overeenkomst voor onbepaalde tijd bij huur bedrijfsruimte [B7 art. 300 BW Boek 7]
Overeenkomst voor twee jaar of korter bij huur bedrijfsruimte [B7 art. 301 BW Boek 7]
Overeenkomsten op afstand [B11 art. 199 NBW]
Overeenkomsten van aanneming van werk [B11 art. 217 NBW]
Overeenkomstig Richtlijn 78/855/EG [B91 art. 18 SE]
Overeenkomstige toepassing art. 334h lid 2 [B2 art. 334dd BW Boek 2]
Overeenkomstige toepassing bij voorwaardelijke verbintenis [B6 art. 26 BW Boek 6]
Overeenstemming gevolgen beslissing [B81 art. 54 Brussel I-bis]
Overeenstemming over servicekosten bij huur [B7 art. 260 BW Boek 7]
Overgaan rechten en plichten op verkrijger bij einde pachtovereenkomst [B7 art. 361 BW Boek 7]
Overgang archiefbescheiden [B47 art. 131 WNA]
Overgang en overdracht auteursrecht [B36 art. 2 Aw]
Overgang en vestiging van rechten [B74 art. 71 EOV]
Overgang handelsnaam [B21 art. 2 Hnw]
Overgang hypotheek bij overgang vordering [B6 art. 143 BW Boek 6]
Overgang keuzebevoegdheid bij alternatieve verbintenis [B6 art. 19 BW Boek 6]
Overgang of toedeling appartementsrecht [B5 art. 122 BW Boek 5]
Overgang of toedeling van appartementsrechten bij notariële akte [B5 art. 122 BW Boek 5]
Overgang op erfgenamen bij bruikleen [B7a art. 1780 BW Boek 7A]

O

Alfabetisch trefwoordenregister

Overgang pandrecht/vruchtgebruik bij fusie [B2 art. 319 BW Boek 2]
Overgang personeelsleden CBB naar Bureau Financieel Toezicht [B47 art. 129 WNA]
Overgang rechten en verplichtingen bij overdracht zaak bij schadeverzekering [B7 art. 948 BW Boek 7]
Overgang register ROW naar register bureau [B39 art. 102f ROW 1995]
Overgang schulden [B4 art. 182 BW Boek 4]
Overgang van aanspraken jegens licentiehouder [B39 art. 56 ROW 1995]
Overgang van een goed bij bevrijdende verjaring [B11 art. 93 NBW]
Overgang van rechtsverhoudingen bij splitsing [B2 art. 334j BW Boek 2]
Overgang verplichtingen op nieuwe schuldeiser bij overgang vordering [B6 art. 144 BW Boek 6]
Overgang vordering bij verrekening [B6 art. 130 BW Boek 6]
Overgang woning naar privé [B40 art. 25 Iw 1990]
Overgangsbepaling m.b.t. aanstellingen en benoemingen [B46 art. 86 GDW]
Overgangsbepaling m.b.t. Europese octrooien [B39 art. 103 ROW 1995]
Overgangsrecht aanmerkelijk belang [B40 art. 70ea Iw 1990]
Overgangsrecht aanspraken op bepaalde periodieke uitkeringen [B52 art. 82 SW]
Overgangsrecht i.v.m. afschaffen stamrechtvrijstelling [B40 art. 70e Iw 1990]
Overgangsrecht i.v.m. vervallen aansprakelijkheid [B40 art. 70d Iw 1990]
Overgangsrecht mogelijkheid tot kwijtschelding [B40 art. 70ba Iw 1990]
Overgangsrecht verhoogde vrijstelling [B52 art. 82a SW]
Overgangsrecht VPB [B40 art. 70cc Iw 1990]
Overgangsregeling bij huwelijksvoltrekkingen vóór 1990 [B10 art. 34 BW boek 10]
Overgangsregeling bij namen vóór 1990 [B10 art. 26 BW boek 10]
Overgeven papieren en bewijzen van eigendom bij gemeenschap [B3 art. 187 BW Boek 3]
Overheidsdatabanken [B37 art. I Dbw]
Overheidsregelingen en overheidsbeslissingen [B36 art. 11 Aw]
Overige aantekeningen in register voorlopige aantekeningen [B28 art. 16 Kadw]
Overige activa op balans verzekeringsmaatschappij [B2 art. 433 BW Boek 2]
Overige bijzondere voorrechten bij binnenschip [B8 art. 827 BW Boek 8]
Overige gegevens in jaarrekening en jaarverslag [B2 art. 392 BW Boek 2]
Overige rechten onverlet [B70 art. 79, art. 83 WKV]
Overige termijnen dagvaarding [B14 art. 115 Rv] [B15 art. 115 Rv]
Overleg Verdragsluitende Staten over plaatsing in pleeggezin/instelling [B63 art. 33 HKV 1996]
Overlegging van resultaat van onderzoek naar stand der techniek [B39 art. 70 ROW 1995]
Overliggeld [B8 art. 422 BW Boek 8]
Overliggeld/schadevergoeding bij goederenvervoer over binnenwateren [B8 art. 932 BW Boek 8]
Overlijden, aangifte [B1 art. 19h BW Boek 1]
Overlijden in voertuig, schip of vliegtuig [B1 art. 19g BW Boek 1]
Overlijden pachter of verpachter [B7 art. 366 BW Boek 7]
Overlijden procespartij [B14 art. 1072c Rv]
Overlijden vennoot bij maatschap [B7a art. 1688 BW Boek 7A]
Overlijden verpachter/pachter bij bijzondere pachtovereenkomst [B7 art. 398 BW Boek 7]
Overlijden voogd bij gezamenlijke uitoefening van voogdij [B1 art. 282b BW Boek 1]
Overlijden voor aangifte van de geboorte [B1 art. 19i BW Boek 1]
Overlijden werkgever [B7 art. 675 BW Boek 7]
Overlijden werknemer [B7 art. 674 BW Boek 7]
Overlijdensakte [B1 art. 19f BW Boek 1]
Overlijdensakte bij levenloos geboren kind [B1 art. 19i BW Boek 1]
Overlijdensakte bij vermissing [B1 art. 417 BW Boek 1]
Overlijdenswinst [B40 art. 25 Iw 1990]
Overlopende activa op balans verzekeringsmaatschappij [B2 art. 434 BW Boek 2]
Overmacht [B70 art. 79 WKV]
Overmacht bij aansprakelijkheid bij betalingstransacties [B7 art. 548 BW Boek 7]
Overmacht bij niet nakoming verbintenis [B6 art. 75 BW Boek 6]
Overname bevoegdheid door autoriteiten van aangezochte Verdragsluitende Staat [B63 art. 9 HKV 1996]
Overname bevoegdheid pandhouder [B14 art. 461a Rv]
Overname door schuldeiser tot gezamenlijke executie [B14 art. 461c Rv]
Overnamebod, betrokkenheid RvC bij [B41 2/2.8.1 NCG]
Overnamebod, informeren RvC over verzoek tot inzage bij [B41 2/2.8.2 NCG]
Overnamesituaties [B41 2/2.8 NCG]
Overnemen executie [B14 art. 459, art. 509, art. 513 Rv]
Overnemen onderling getroffen regelingen [B14 art. 819 Rv]

Alfabetisch trefwoordenregister

Overneming door de pers [B36 art. 15 Aw]
Overneming executie [B14 art. 544 Rv]
Overneming goederen uit ontbonden gemeenschap door echtgenoten [B1 art. 101 BW Boek 1]
Overneming t.b.v. onderwijs [B36 art. 16 Aw]
Overschot [B14 art. 770c Rv]
Overschot aan erfgenaam/echtgenoot bij vereffening [B4 art. 226 BW Boek 4]
Overschrijding omzetdrempel voor beroep op vrijstelling omzetbelasting [B54 art. 25 Wet OB 1968]
Overschrijving leveringsakte wegens koop of akte van scheiding [B11 art. 113 NBW]
Overzicht gegevens verhuurder [B30 art. 19c Uw HW]
Overzicht mutaties vaste activa bij balans [B2 art. 368 BW Boek 2]
Overzicht van samenstelling totaalresultaat verzekeringsmaatschappij [B2 art. 440a BW Boek 2]

P

Pacht [B13 art. 238 Fw] [B7 art. 311 BW Boek 7]
Pacht en huur na einde erfpacht [B5 art. 94 BW Boek 5]
Pachtbeding m.b.t. hoeven of los zand bij hypotheekrecht [B3 art. 264 BW Boek 3]
Pachtbeding m.b.t. woon- of bedrijfsruimte bij hypotheekrecht [B3 art. 264 BW Boek 3]
Pachter moet gelegenheid geven tot dringende werkzaamheden [B7 art. 354 BW Boek 7]
Pachtprijs bij pachtovereenkomst [B7 art. 327 BW Boek 7]
Pachtprijs bij pachtovereenkomst, nadere regels t.b.v. [B7 art. 328 BW Boek 7]
Pachttermijn bij pachtovereenkomst [B7 art. 325 BW Boek 7]
Pachtzaak met meer vorderingen [B14 art. 1019l Rv]
Pakketreizen, begripsbepalingen [B7 art. 500 BW Boek 7]
Pakketreizen en gekoppelde reisarrangementen [B7 art. 501 BW Boek 7]
Pand of hypotheek t.b.v. deelgenoten [B11 art. 100 NBW]
Pand- en hypotheekrecht [B3 art. 227 BW Boek 3]
Pand- of hypotheekrecht tot zekerheid vordering [B14 art. 483e Rv]
Pand-/hypotheekrecht, verkoop goederen schuldenaar [B3 art. 234 BW Boek 3]
Pand-endossement [B12 art. 118 WvK]
Pand/hypotheek/borgtocht bij schuldoverneming [B6 art. 157 BW Boek 6]
Pandbelening, beding [B7 art. 136 BW Boek 7]
Pandbelening, beleentermijn [B7 art. 135 BW Boek 7]
Pandbelening, definities [B7 art. 130 BW Boek 7]
Pandbelening, informatieverstrekking aan pandbelener [B7 art. 133 BW Boek 7]
Pandbelening, nadeel pandbelener [B7 art. 140 BW Boek 7]
Pandbelening, pandbeleningsvergoeding [B7 art. 137 BW Boek 7]
Pandbelening, schakelbepaling [B7 art. 138 BW Boek 7]
Pandbelening, vastleggen overeenkomst [B7 art. 134 BW Boek 7]
Pandbelening, verlies [B7 art. 139 BW Boek 7]
Pandbelening, werkingssfeer [B7 art. 132 BW Boek 7]
Pandrecht, bescherming tegen beschikkingsonbevoegde pandgever [B3 art. 238 BW Boek 3]
Pandrecht of vruchtgebruik bij splitsing rechtspersoon [B2 art. 334o BW Boek 2]
Pandrecht ook voor drie jaar rente [B11 art. 108 NBW]
Pandrecht op aandelen BV [B2 art. 198 BW Boek 2]
Pandrecht op aandelen NV [B2 art. 89 BW Boek 2]
Pandrecht op een octrooi [B39 art. 67 ROW 1995]
Pandrecht op geld [B3 art. 255 BW Boek 3]
Pandrecht, rangorde [B3 art. 238 BW Boek 3]
Pandrecht tijdens afkoelingsperiode [B13 art. 241b, art. 63b Fw]
Pandrecht vestigen [B3 art. 236 BW Boek 3]
Pandrecht vestigen op aandeel in goed [B3 art. 240 BW Boek 3]
Pandrecht: bevoegdheid tot parate executie [B11 art. 109 NBW]
Pandrechten door vroegere octrooihouder gevestigd [B39 art. 78 ROW 1995]
Parate executie [B13 art. 299b Fw]
Parate executie bij hypotheekrecht [B3 art. 268 BW Boek 3]
Parate executie bij pandrecht [B3 art. 248 BW Boek 3]
Parket centrale verwerking Openbaar Ministerie, samenstelling [B42 art. 137b Wet RO]
Parket, gezagsstructuur [B42 art. 139 Wet RO]
Parket-generaal, samenstelling [B42 art. 135 Wet RO]
Parketten, opdracht tot samenwerking tussen [B42 art. 139a Wet RO]
Parodie [B36 art. 18b Aw]
Partiële nietigheid bij rechtshandeling [B3 art. 41 BW Boek 3]
Partij als getuige [B14 art. 164, art. 193 Rv]

P **Alfabetisch trefwoordenregister**

Partij-akten en proces-verbaal-akten [B47 art. 37 WNA]
Partijen bij een akte van de burgerlijke stand [B1 art. 18a BW Boek 1]
Partijen bij vernietiging bij rechtshandeling [B3 art. 56 BW Boek 3]
Partnerbegrip [B52 art. 1a SW]
Partnerschap [B4 art. 8 BW Boek 4]
Passagiersvervoer binnen de Unie [B54 art. 2a Wet OB 1968]
Passende arbeid [B7 art. 629 BW Boek 7]
Passende arbeid, definitie [B7 art. 658a BW Boek 7]
Passiva op balans verzekeringsmaatschappij [B2 art. 429 BW Boek 2]
Patiëntendossier bij behandelingsovereenkomst [B7 art. 454 BW Boek 7]
Payrollovereenkomst [B7 art. 692 BW Boek 7]
Payrollovereenkomst, afwijking ten nadele van werknemer [B7 art. 692a BW Boek 7]
Pensioen bij overgang onderneming [B7 art. 664 BW Boek 7]
Pensioen/salaris oprichters van stichting [B2 art. 304 BW Boek 2]
Pensioenrechten na beëindiging geregistreerd partnerschap bij vreemd recht [B10 art. 85 BW boek 10]
Pensioenrechten, verevening bij scheiding [B16 art. 2 Wet vps]
Pensioenregeling [B52 art. 32 SW]
Pensioenverevening bij echtscheiding [B1 art. 155 BW Boek 1]
Pensioenverweer bij echtscheiding [B1 art. 153 BW Boek 1]
Pensioenverweer bij ontbinding van huwelijk na scheiding van tafel en bed [B1 art. 180 BW Boek 1]
Periodiek verrekenbeding [B1 art. 141 BW Boek 1]
Periodiek verslag curator [B13 art. 73a Fw]
Periodiek verslag van bewindvoerders [B13 art. 227 Fw]
Periodieke interne beoordeling transacties [B2 art. 168 BW Boek 2]
Periodieke uitkering [B52 art. 18 SW]
Permanente aansluiting op kadastrale registratie [B28 art. 105 Kadw]
Pers en analisten, contacten van bestuur met [B41 4/4.2.5 NCG]
Personeel, accommodatie en materiaal [B74 art. 32 EOV]
Personeelsvertegenwoordiging in onderneming met minder dan 10 personen [B17 art. 35d WOR]
Personeelsvertegenwoordiging in onderneming met minder dan 50 personen [B17 art. 35c WOR]
Personele collisie [B105 art. 34 HuwVermVo] [B106 art. 34 GPVo]
Personen buiten voertuig met verblijfplaats in staat van registratie [B71 art. 4 HVOV]
Personen die beroep kunnen instellen en partij kunnen zijn bij de procedure [B74 art. 107 EOV]
Personen die bevoegd zijn een vordering wegens inbreuk in te stellen [B75 art. 2.34septies BVIE]
Personen die een vordering wegens inbreuk kunnen instellen [B75 art. 2.35octies BVIE]
Personen die gehoord worden [B14 art. 667 Rv]
Personen die op de hoogte gesteld worden van het tijdstip van ontzegeling [B14 art. 669 Rv]
Personen voor wie de vervoerder aansprakelijk is [B73 art. 3 CMR]
Persoonlijke leningen aan bestuurders en commissarissen [B41 2/2.7.6 NCG]
Persoonlijke rechten bij registergoed [B3 art. 17 BW Boek 3]
Persoonlijkheidsrechten [B36 art. 25 Aw] [B38 art. 25, art. 5 WNR]
Persoonsgegevens [B28 art. 107a Kadw]
Persoonsverzekering [B7 art. 925 BW Boek 7]
Piraterij [B36 art. 31b Aw] [B38 art. 23 WNR]
Plaats bij verrekening [B6 art. 138 BW Boek 6]
Plaats endossement [B12 art. 112, art. 193 WvK]
Plaats nakoming bij verbintenis [B6 art. 41 BW Boek 6]
Plaats ondertekening [B12 art. 101 WvK]
Plaats van aankomst passagier [B54 art. 2a Wet OB 1968]
Plaats van aflevering soortzaken [B11 art. 178 NBW]
Plaats van arbitrage; plaats van uitspraak [B14 art. 1037 Rv]
Plaats van AVA BV [B2 art. 226 BW Boek 2]
Plaats van AVA NV [B2 art. 116 BW Boek 2]
Plaats van betaling [B12 art. 103, art. 218a WvK] [B70 art. 57 WKV]
Plaats van betaling en protest [B12 art. 143a WvK]
Plaats van dienst aan consument [B54 art. 6 Wet OB 1968]
Plaats van dienst aan ondernemer [B54 art. 6 Wet OB 1968]
Plaats van levering [B54 art. 5 Wet OB 1968]
Plaats van levering bij invoer in de Unie [B54 art. 5 Wet OB 1968]
Plaats van levering gas en elektra [B54 art. 5b Wet OB 1968]
Plaats van uitvoering rechtsmacht in andere zaken [B14 art. 6a Rv]

Alfabetisch trefwoordenregister P

Plaats van vertrek [B54 art. 2a Wet OB 1968]
Plaats van vertrek passagier [B54 art. 2a Wet OB 1968]
Plaats van vestiging [B46 art. 10 GDW]
Plaats van vestiging en protocol [B47 art. 12 WNA]
Plaats van vestiging kantoor [B45 art. 12 Advw]
Plaats van vestiging; NOVA is publiekrechtelijk lichaam [B45 art. 17 Advw]
Plaats van zitting [B14 art. 1037 Rv]
Plaatsbepaling [B12 art. 175, art. 179 WvK]
Plaatsbepaling bij verbintenis tot betaling geldsom [B6 art. 115 BW Boek 6]
Plaatsing gegijzelde schuldenaar in huis van bewaring [B14 art. 596 Rv]
Plaatsopneming en bezichtiging [B14 art. 1042a Rv]
Plaatsvervulling bij erfopvolging bij versterf [B4 art. 12 BW Boek 4]
Plan van aanpak [B1 art. 262a BW Boek 1]
Pleegkind [B7 art. 314 BW Boek 7]
Pleidooi door octrooigemachtigde [B39 art. 82 ROW 1995]
Pleidooien door andere advocaten [B14 art. 417 Rv]
Plicht verpachter tot wederopbouw opstallen na brand/storm [B7 art. 345 BW Boek 7]
Plichten [B4 art. 149 BW Boek 4]
Plichten inbrengende rechtspersoon bij NV [B2 art. 94a BW Boek 2]
Plichten ondertekenaar [B12 art. 177 WvK]
Pluraliteit van schuldeisers [B11 art. 176 NBW]
Politiedwang [B28 art. 7a Kadw]
Politiek verlof [B7 art. 643 BW Boek 7]
Portretrecht; beslag [B36 art. 30 Aw]
Portretten ingevolge opdracht vervaardigd [B36 art. 19 Aw]
Positie echtgenoot van erflater [B4 art. 152 BW Boek 4]
Positie erfgenaam bij vereffening [B4 art. 200 BW Boek 4]
Positiebeheerscontroles [B23 art. 5:89e Wft]
Positielimiet [B23 art. 5:89a Wft]
Positielimiet, bijzondere omstandigheden [B23 art. 5:89d Wft]
Poststukken [B8 art. 370 BW Boek 8]
Poststukken bij goederenvervoer door de lucht [B8 art. 1350 BW Boek 8]
Poststukken bij goederenvervoer over de weg [B8 art. 1092 BW Boek 8]
Postwet [B54 art. 11 Wet OB 1968]
Precontractuele aansprakelijkheid [B93 art. 12 Rome II]
Precontractuele gepersonaliseerde informatieplicht [B7 art. 122 BW Boek 7]
Preferente aandelen [B52 art. 35c SW]
Preferente vorderingen [B13 art. 257 Fw]
Prejudiciële herziening [B74 art. 109 EOV]
Prejudiciële procedure Hoge Raad, beslissing rechter na [B14 art. 394 Rv]
Prejudiciële procedure Hoge Raad, schriftelijke opmerkingen partijen bij [B14 art. 393 Rv]
Prejudiciële vragen aan de Hoge Raad [B14 art. 392 Rv]
Prejudiciële vragen, schriftelijke uitspraak [B14 art. 395 Rv]
Premiepensioenvordering, faillietverklaring [B23 art. 4:71a Wft]
Premiepensioenvordering, informatieverlening premiepensioeninstelling [B23 art. 4:71d Wft]
Premiepensioenvordering, overdracht eigendom pensioenvermogen
[B23 art. 4:71b, art. 4:71c Wft]
Premiepensioenvordering, premieregeling [B23 art. 4:71c Wft]
Premiepensioenvordering, verhaal op pensioenvermogen [B23 art. 4:71a Wft]
Premies en kosten van verzekering [B14 art. 859 Rv]
Premievrije voortzetting [B7 art. 978 BW Boek 7]
Presidium [B74 art. 28 EOV]
Prijs [B7 art. 237 BW Boek 7]
Prijs per gewicht [B70 art. 56 WKV]
Prijsaanpassing bij gebreken [B70 art. 50 WKV]
Prijsbepaling bij koop [B7 art. 4 BW Boek 7]
Prijsbepaling van aandelen bij geschil [B2 art. 340 BW Boek 2]
Prijsverhoging bij consumentenkoop [B7 art. 35 BW Boek 7]
Prijsverhoging en prijsverlaging pakketreis [B7 art. 507 BW Boek 7]
Prijsverlaging bij schade als gevolg van non-conformiteit [B7 art. 511 BW Boek 7]
Prioriteit [B75 art. 1.4, art. 2.4 BVIE]
Privaatrechtelijke rechtspersonen [B2 art. 3 BW Boek 2]
Privé fotokopiëren [B36 art. 16b Aw]
Privéadministratie [B46 art. 18 GDW]
Privégebruik geen aftrek gebruik [B54 art. 11 Wet OB 1968]

P **Alfabetisch trefwoordenregister**

Privégebruik zakelijke goederen [B54 art. 4, art. 8 Wet OB 1968]
Privéonttrekking [B54 art. 3 Wet OB 1968]
Procederen bij advocaat [B14 art. 79 Rv]
Procederen bij gemachtigde of bij advocaat [B14 art. 128 Rv]
Procederen erfpachter en eigenaar [B5 art. 95 BW Boek 5]
Procederen in internationaal privaatrecht [B10 art. 3 BW boek 10]
Procederen in persoon [B14 art. 255 Rv]
Procederen tot ontbinding, liquidatie, insolventie en staking betalingen [B91 art. 65 SE]
Procedure behandeling faillissementsverzoek [B13 art. 212hd Fw]
Procedure bureau bij verzoek om advies [B39 art. 85 ROW 1995]
Procedure voor wraking [B14 art. 1035 Rv]
Procedure voorlopige voorzieningen [B14 art. 821 Rv]
Procedures inzake overeenkomsten van huur en verhuur [B11 art. 205 NBW]
Proceduretaal [B75 art. 1.17, art. 1.34 BVIE]
Proces-verbaal bij digitaal procederen [B15 art. 30n Rv]
Proces-verbaal der vergadering [B13 art. 121 Fw]
Proces-verbaal opneming staat onroerende zaak [B14 art. 1019r Rv]
Proces-verbaal van beslag [B14 art. 565, art. 584c Rv]
Proces-verbaal van eedsaflegging [B47 art. 52 WNA]
Proces-verbaal van inbeslagneming [B28 art. 32 Kadw]
Proces-verbaal van mondelinge behandeling [B14 art. 30n, art. 90 Rv]
Proces-verbaal van ontzegeling [B14 art. 670 Rv]
Proces-verbaal van verzegeling [B14 art. 662 Rv]
Procesinleiding [B14 art. 30a Rv] [B15 art. 30a Rv]
Procesinleiding collectieve vordering [B14 art. 1018c Rv]
Procesinleiding, elektronische indiening [B15 art. 30c Rv]
Procesinleiding, inhoud [B15 art. 30a Rv]
Proceskosten [B60 art. 15 HAEV 1973]
Proceskosten in zaken waarin partijen niet in persoon kunnen procederen [B14 art. 239 Rv]
Proceskosten ter zake van ambtshandelingen gerechtsdeurwaarders [B14 art. 240 Rv]
Proceskosten, veroordeling derde tot betaling [B14 art. 245 Rv]
Procesrecht pachtzaken [B14 art. 1019q Rv]
Procureur-generaal, aanwijzing plaatsvervanger [B42 art. 119 Wet RO]
Procureur-generaal, informatieplicht [B42 art. 122 Wet RO]
Procureur-generaal, leiding parket [B42 art. 116 Wet RO]
Procureur-generaal, taak [B42 art. 121 Wet RO]
Procureur-generaal, taakverzuim OM [B42 art. 122 Wet RO]
Procureur-generaal, vervanging [B42 art. 117 Wet RO]
Procureur-generaal, waarneming [B42 art. 118 Wet RO]
Productaansprakelijkheid [B93 art. 5 Rome II]
Productaansprakelijkheid uitzonderingen [B6 art. 185 BW Boek 6]
Proeftijd [B45 art. 48b Advw]
Proeftijd bij arbeidsovereenkomst voor bepaalde tijd [B7 art. 652 BW Boek 7]
Proeftijd niet van toepassing bij arbeidsovereenkomst voor ten hoogste 6 maanden [B7 art. 652 BW Boek 7]
Promesse aan toonder [B12 art. 229i WvK]
Prorogatie van rechtspraak aan gerechtshof, bevoegdheid wettelijke vertegenwoordigers bij [B14 art. 330 Rv]
Prorogatie van rechtspraak aan gerechtshof, schakelbepaling [B14 art. 331 Rv]
Prorogatie van rechtspraak aan Hof [B14 art. 329 Rv]
Prospectus, op te nemen gegevens [B23 art. 5:3 Wft]
Prospectusverordening [B23 art. 5:32a Wft]
Protest van non-betaling [B12 art. 143 WvK]
Protesten [B12 art. 143 WvK]
Protesten van non-acceptatie [B12 art. 143 WvK]
Protocol inzake voorrechten en immuniteiten [B75 art. 6.4 BVIE]
Publicatie aanvraag [B75 art. 1.5 BVIE]
Publicatie in Stcrt. [B46 art. 82 GDW]
Publicatie uittreksel vonnis [B13 art. 14, art. 213h Fw]
Publicatie van de Europese octrooiaanvrage [B74 art. 93 EOV]
Publicatie van een nieuw Europees octrooischrift [B74 art. 103 EOV]
Publicatie van het Europees octrooischrift [B74 art. 98 EOV]
Publiekrecht bij vermogen [B3 art. 14 BW Boek 3]
Publiekrechtelijke lichamen [B54 art. 7 Wet OB 1968]
Publiekrechtelijke rechtspersonen [B14 art. 49 Rv] [B2 art. 1 BW Boek 2]

Alfabetisch trefwoordenregister Q

Quasiondernemer [B54 art. 7 Wet OB 1968]

Q R

R-C voorzitter [B13 art. 80 Fw]
Raad van advies [B45 art. 32a Advw]
Raad van commissarissen bij coöperatie en onderlinge waarborgmaatschappij [B2 art. 63f BW Boek 2]
Raad van commissarissen BV [B2 art. 250 BW Boek 2]
Raad van commissarissen NV [B2 art. 140 BW Boek 2]
Raad van commissarissen stichting [B2 art. 292a BW Boek 2]
Raad van commissarissen stichting, bevoegdheden [B2 art. 292a BW Boek 2]
Raad van commissarissen stichting, bezoldiging [B2 art. 292a BW Boek 2]
Raad van commissarissen stichting, stemmen [B2 art. 292a BW Boek 2]
Raad van commissarissen stichting, taken [B2 art. 292a BW Boek 2]
Raad van commissarissen stichting, tegenstrijdig belang commissaris [B2 art. 292a BW Boek 2]
Raad van commissarissen vereniging [B2 art. 47 BW Boek 2]
Raad van commissarissen vereniging, schorsingsbevoegdheid [B2 art. 47 BW Boek 2]
Raad van commissarissen vereniging, stemmen [B2 art. 47 BW Boek 2]
Raad van commissarissen vereniging, taak [B2 art. 47 BW Boek 2]
Raad van commissarissen vereniging, tegenstrijdig belang commissaris [B2 art. 47 BW Boek 2]
Raad van discipline [B45 art. 46aa Advw]
Raad van toezicht van de orde [B39 art. 23f ROW 1995]
Raad voor de kinderbescherming [B1 art. 238 BW Boek 1]
Raad voor de kinderbescherming, informatieplicht gemeenten [B1 art. 243 BW Boek 1]
Raad voor de rechtspraak, aanwijzing door minister van Justitie [B42 art. 93 Wet RO]
Raad voor de rechtspraak, adviesfunctie [B42 art. 95 Wet RO]
Raad voor de rechtspraak, begrotingsvoorstel en departementale begroting [B42 art. 99 Wet RO]
Raad voor de rechtspraak, begrotingsvoorstel/meerjarenraming [B42 art. 98 Wet RO]
Raad voor de rechtspraak, bekendmaking definitief budget [B42 art. 103 Wet RO]
Raad voor de rechtspraak, bekendmaking voorlopig budget [B42 art. 101 Wet RO]
Raad voor de rechtspraak, beroep tegen schorsing/ontslag leden [B42 art. 108 Wet RO]
Raad voor de rechtspraak, besluitvorming [B42 art. 87 Wet RO]
Raad voor de rechtspraak, bevoegdheden [B42 art. 92 Wet RO]
Raad voor de rechtspraak, bevoegdheid minister van Justitie [B42 art. 109 Wet RO]
Raad voor de rechtspraak, bureau [B42 art. 89 Wet RO]
Raad voor de rechtspraak, College van afgevaardigden [B42 art. 90 Wet RO]
Raad voor de rechtspraak, financiering [B42 art. 97 Wet RO]
Raad voor de rechtspraak, geen procesrechtelijke behandeling [B42 art. 96 Wet RO]
Raad voor de rechtspraak, informatieplicht [B42 art. 105 Wet RO]
Raad voor de rechtspraak, inrichting [B42 art. 84 Wet RO]
Raad voor de rechtspraak, jaarverslag/jaarrekening [B42 art. 104 Wet RO]
Raad voor de rechtspraak, machtiging leden [B42 art. 88 Wet RO]
Raad voor de rechtspraak, ondersteuningsfunctie [B42 art. 94 Wet RO]
Raad voor de rechtspraak, procedure voordracht leden [B42 art. 85 Wet RO]
Raad voor de rechtspraak, rechtspositie leden [B42 art. 86 Wet RO]
Raad voor de rechtspraak, rechtspositionele bevoegdheden [B42 art. 89 Wet RO]
Raad voor de rechtspraak, schorsing/ontslag leden [B42 art. 107 Wet RO]
Raad voor de rechtspraak, taken [B42 art. 91 Wet RO]
Raad voor de rechtspraak, toekenning budget [B42 art. 100 Wet RO]
Raad voor de rechtspraak, vaststelling jaarplan [B42 art. 102 Wet RO]
Raad voor de rechtspraak, vernietiging besluit [B42 art. 106 Wet RO]
Raad voor de rechtspraak, verrichten privaatrechtelijke handelingen [B42 art. 104a Wet RO]
Raadpleging in bibliotheken, onderwijsinstellingen, musea en archieven [B36 art. 15h Aw]
Raadsman [B45 art. 49 Advw] [B47 art. 101 WNA]
Ragetlie-regel [B7 art. 667 BW Boek 7]
Ragetlie-regel bij opvolgend werkgeverschap [B7 art. 667 BW Boek 7]
Rang van schuldeiser [B14 art. 584l Rv]
Rangorde bevoorrechte vorderingen bij binnenschip [B8 art. 823 BW Boek 8]
Rangorde bij pand- en hypotheekrecht [B3 art. 229 BW Boek 3]
Rangorde bij verdeling opbrengst [B11 art. 117 NBW]
Rangorde bij verhaalsrecht [B3 art. 279, art. 280, art. 281 BW Boek 3]
Rangorde bijzondere voorrechten bij luchtvaartuig [B8 art. 1318 BW Boek 8]
Rangorde bijzondere voorrechten bij zeeschip [B8 art. 224 BW Boek 8]

Rangorde hypothecaire vorderingen bij binnenschip [B8 art. 794 BW Boek 8]
Rangorde hypotheek bij zeeschip [B8 art. 204 BW Boek 8]
Rangorde inschrijvingen bij registergoed [B3 art. 21 BW Boek 3]
Rangorde overige vorderingen bij zeeschip [B8 art. 217 BW Boek 8]
Rangorde van vorderingen [B11 art. 252 NBW]
Rangorde voorrechten bij zeeschip [B8 art. 213 BW Boek 8]
Rangregeling [B14 art. 490b, art. 551a Rv]
Rangregeling vorderingen levensverzekeraar [B13 art. 213m Fw]
Rangregeling vorderingen schadeverzekeraar [B13 art. 213m Fw]
Rapportages [B23 art. 5:89f Wft]
Rapportages, regels m.b.t. [B23 art. 5:89ga Wft]
Re-integratieverplichtingen [B7 art. 671b BW Boek 7]
Re-integratieverplichtingen voor arbeidsongeschikte werknemer [B7 art. 658a BW Boek 7]
Recht aanbieding akkoord [B13 art. 252 Fw]
Recht betaaldienstverlener op weigering terugbetaling [B7 art. 531 BW Boek 7]
Recht geadresseerde tot vordering aflevering bij goederenvervoer door de lucht [B8 art. 1374 BW Boek 8]
Recht geadresseerde tot vordering aflevering bij goederenvervoer over binnenwateren [B8 art. 939 BW Boek 8]
Recht geadresseerde tot vordering aflevering bij goederenvervoer over de weg [B8 art. 1126 BW Boek 8]
Recht lidstaat; arbeidsovereenkomst [B13 art. 213t Fw]
Recht lidstaat; lopende rechtsvordering betreffende goed dat in boedel valt [B13 art. 213ij Fw]
Recht lidstaat; onroerende zaak [B13 art. 213u Fw]
Recht lidstaat; rechtsgeldigheid na saneringsmaatregel verrichte rechtshandeling [B13 art. 213x Fw]
Recht lidstaat; registergoed [B13 art. 213v Fw]
Recht niet-erfgenaam bij nalatenschap [B4 art. 39 BW Boek 4]
Recht om opnieuw aflevering te verlangen bij goederenvervoer over de weg [B8 art. 1137 BW Boek 8]
Recht op aanvullende vergoeding [B38 art. 9b WNR]
Recht op afgeven van minderjarigen [B14 art. 812 Rv]
Recht op afgifte [B37 art. I Dbw] [B38 art. 17 WNR]
Recht op afgifte voorwerpen en gelden [B36 art. 28 Aw]
Recht op het Europees octrooi [B74 art. 60 EOV]
Recht op hulploon bij hulpverlening [B8 art. 561 BW Boek 8]
Recht op loon [B7 art. 417 BW Boek 7]
Recht op provisie handelsagent bij agentuurovereenkomst [B7 art. 431 BW Boek 7]
Recht op terugbetaling bij betalingstransactie [B7 art. 530 BW Boek 7]
Recht op terugbetaling bij betalingstransactie, termijnen bij [B7 art. 531 BW Boek 7]
Recht op uitkering verzekeringnemer bij schenden mededelingsplicht bij verzekering [B7 art. 930 BW Boek 7]
Recht op verdediging [B81 art. 64 Brussel I-bis]
Recht op vergoeding jegens opdrachtgever bij borgtocht door natuurlijk persoon [B7 art. 864 BW Boek 7]
Recht op vermelding naam [B36 art. 45e Aw]
Recht op vordering bagage bij personenvervoer door de lucht [B8 art. 1412 BW Boek 8]
Recht opdrachtgever om opnieuw aflevering te verlangen bij verhuisovereenkomst [B8 art. 1200 BW Boek 8]
Recht staat van herkomst [B13 art. 213o Fw]
Recht te worden gehoord en gronden van de beslissingen [B74 art. 113 EOV]
Recht tot gedeeltelijk lossen bij vervoer over binnenwateren [B8 art. 995 BW Boek 8]
Recht tot het aanvragen van een Europees octrooi [B74 art. 58 EOV]
Recht tot opzegging vervoerovereenkomst door wederpartij bij personenvervoer door de lucht [B8 art. 1410 BW Boek 8]
Recht van beraad [B11 art. 136 NBW]
Recht van de houder van een later ingeschreven merk om tussen te komen als verweer in een inbreukprocedure [B75 art. 2.23 quater BVIE]
Recht van de lidstaat waar procedure wordt geopend [B88 art. 7 IVO]
Recht van de uitvinder op vermelding van zijn naam [B74 art. 62 EOV]
Recht van langstlevende echtgenoot t.a.v. inboedel [B11 art. 126 NBW]
Recht van lidstaat [B91 art. 3 SE]
Recht van opstal [B11 art. 171 NBW]
Recht van regres bij goederenvervoer over spoorwegen [B8 art. 1594 BW Boek 8]
Recht van retentie in het internationaal privaatrecht [B10 art. 129 BW boek 10]

Alfabetisch trefwoordenregister R

Recht van staat van eerste verblijfplaats na huwelijk [B57 art. 4 HHVV 1978]
Recht van staat van nauwste verbondenheid [B57 art. 4 HHVV 1978]
Recht van voorgebruik [B39 art. 55 ROW 1995] [B75 art. 3.20 BVIE]
Recht van voorrang [B39 art. 9 ROW 1995] [B74 art. 87 EOV]
Recht woonplaats testateur [B66 art. 9 HTestV]
Rechtbank [B14 art. 15 Rv]
Rechtbank, aanwijzing rechter-commissarissen [B42 art. 46 Wet RO]
Rechtbank als centrale instantie [B39 art. 88 ROW 1995]
Rechtbank Arnhem, bevoegdheid in militaire zaken [B42 art. 49 Wet RO]
Rechtbank, benoeming bij AMvB van deskundige leden pachtkamers [B42 art. 48a Wet RO]
Rechtbank, bevoegdheid in belastingzaken [B42 art. 44 Wet RO]
Rechtbank, bevoegdheid in bestuursrechtelijke zaken [B42 art. 43 Wet RO]
Rechtbank, bevoegdheid in burgerlijke zaken [B42 art. 42 Wet RO]
Rechtbank, bevoegdheid in strafzaken [B42 art. 45 Wet RO]
Rechtbank, bevoegdheid minister tot aanwijzen andere rechtbank [B42 art. 46a Wet RO]
Rechtbank, douanekamers [B42 art. 56 Wet RO]
Rechtbank, economische politierechter [B42 art. 52 Wet RO]
Rechtbank, kinderrechter [B42 art. 53 Wet RO]
Rechtbank, kwekersrecht [B42 art. 55a Wet RO]
Rechtbank, militaire ambtenarenrechter [B42 art. 54 Wet RO]
Rechtbank, militaire politierechter [B42 art. 55 Wet RO]
Rechtbank, politierechter [B42 art. 51 Wet RO]
Rechtbank, rechterlijke ambtenaren [B42 art. 40 Wet RO]
Rechtbank Rotterdam, exclusieve bevoegdheid [B14 art. 625 Rv]
Rechtbank, verwijzing naar andere rechtbank [B42 art. 46b Wet RO]
Rechtbank, voorzieningenrechter/kort geding [B42 art. 50 Wet RO]
Rechtbank, vorming en bezetting enkelvoudige kamers [B42 art. 47 Wet RO]
Rechtbank, vorming en bezetting pachtkamers [B42 art. 48 Wet RO]
Rechten afzender bij goederenvervoer over spoorwegen [B8 art. 1566, art. 1573 BW Boek 8]
Rechten afzender bij goederenvervoer over zee [B8 art. 387 BW Boek 8]
Rechten afzender/geadresseerde bij goederenvervoer door de lucht [B8 art. 1375 BW Boek 8]
Rechten die niet als aandeel kunnen worden aangemerkt BV [B2 art. 190 BW Boek 2]
Rechten echtgenoot van schuldenaar [B13 art. 61 Fw]
Rechten en plichten huurkoper bij huurkoop onroerende zaken [B7 art. 106 BW Boek 7]
Rechten en plichten kredietnemer bij overeenkomst van goederenkrediet [B7 art. 87 BW Boek 7]
Rechten en plichten tussenpersoon bij verzekering [B7 art. 936 BW Boek 7]
Rechten en plichten van vruchtgebruiker [B3 art. 207 BW Boek 3]
Rechten en plichten verzekeraar [B7 art. 738a, art. 738e BW Boek 7]
Rechten en verplichtingen vervoerder bij goederenvervoer [B8 art. 30 BW Boek 8]
Rechten en verplichtingen vervrachter bij goederenvervoer over zee [B8 art. 393 BW Boek 8]
Rechten en verplichtingen waarnemer [B46 art. 24 GDW]
Rechten filmproducent [B38 art. 7a WNR]
Rechten fonogrammenproducent [B38 art. 6 WNR]
Rechten geadresseerde bij goederenvervoer over spoorwegen [B8 art. 1566 BW Boek 8]
Rechten m.b.t. levensverzekering die buiten de boedel vallen [B13 art. 22a Fw]
Rechten omroeporganisatie [B38 art. 8 WNR]
Rechten op fonds [B12 art. 146a WvK]
Rechten pachter [B7 art. 338 BW Boek 7]
Rechten pandhouder bij levensverzekering [B7 art. 984 BW Boek 7]
Rechten scheepshuurkoper bij binnenschip [B8 art. 807 BW Boek 8]
Rechten schilder na auteursrecht overdracht [B36 art. 24 Aw]
Rechten schuldeisers [B88 art. 45 IVO]
Rechten schuldeisers na vereffening [B13 art. 195 Fw]
Rechten uitvoerend kunstenaar [B38 art. 2 WNR]
Rechten van deelneming, bekendmaking wijziging voorwaarden [B23 art. 4:47 Wft]
Rechten van deelneming, bepaling intrinsieke waarde [B23 art. 4:46a Wft]
Rechten van deelneming, ontheffing bekendmaking wijziging voorwaarden [B23 art. 4:47 Wft]
Rechten van derden bij vaststellingsovereenkomst [B7 art. 903 BW Boek 7]
Rechten van werk- en opdrachtgevers [B75 art. 3.8 BVIE]
Rechten van zeevarenden bij overgang van een onderneming [B7 art. 666a BW Boek 7]
Rechten verbonden aan het Europees octrooi [B74 art. 64 EOV]
Rechten verbonden aan het merk [B75 art. 2.20 BVIE]
Rechten verzekeraar bij schenden mededelingsplicht bij verzekering [B7 art. 929 BW Boek 7]
Rechten voortvloeiende uit een Europese octrooiaanvrage na publicatie [B74 art. 67 EOV]

R **Alfabetisch trefwoordenregister**

Rechten/verplichtingen erfgenamen bij erfstelling [B4 art. 116 BW Boek 4]
Rechterlijk bevel tot teruggave bij bruikleen [B7a art. 1788 BW Boek 7A]
Rechterlijk verlof tot tenuitvoerlegging [B14 art. 985 Rv]
Rechterlijke ambtenaar, geheimhoudingsplicht waarnemer [B42 art. 144 Wet RO]
Rechterlijke ambtenaar, in opleiding [B42 art. 145 Wet RO]
Rechterlijke ambtenaar, informatieverplichting waarnemer [B42 art. 143 Wet RO]
Rechterlijke ambtenaar, waarneming [B42 art. 142 Wet RO]
Rechterlijke beslissing bij niet-verschijnen verweerder [B87 art. 7 Uw Bv]
Rechterlijke bevoegdheid ten aanzien van de hoofdzaak [B14 art. 767 Rv]
Rechterlijke competentie bij BV [B2 art. 241 BW Boek 2]
Rechterlijke competentie bij NV [B2 art. 131 BW Boek 2]
Rechterlijke uitsluiting van bestuursbevoegdheid van echtgenoten [B1 art. 91 BW Boek 1]
Rechterlijke uitspraak [B28 art. 25 Kadw]
Rechterlijke vernietiging bij rechtshandeling [B3 art. 51 BW Boek 3]
Rechterlijke wijziging i.p.v. vernietiging bij misbruik van omstandigheden bij rechtshandeling [B3 art. 54 BW Boek 3]
Rechters-commissarissen afzonderlijk en gezamenlijk bevoegd [B13 art. 14b Fw]
Rechters; samenwerking [B88 art. 57 IVO]
Rechtgevolgen betaling bij tussenkomst [B12 art. 162 WvK]
Rechthebbende bij erfstelling onder voorwaarde [B4 art. 138 BW Boek 4]
Rechthebbende onbepaalbaar vermogensbestanddeel bij splitsing [B2 art. 334s BW Boek 2]
Rechtmatig houder [B12 art. 115 WvK]
Rechtmatige gebruiker databank [B36 art. 24a Aw]
Rechtmatige gebruiker en niet-substantiële delen [B37 art. I Dbw]
Rechtmatige gebruiker en rechtmatige belangen producenten [B37 art. I Dbw]
Rechtmatige gebruiker en substantiële delen [B37 art. I Dbw]
Rechtmatige houder [B12 art. 196 WvK]
Rechtsbescherming cliënt [B45 art. 10a Advw]
Rechtsbetrekkingen tussen echtgenoten met verschillende nationaliteit [B10 art. 36 BW boek 10]
Rechtsbijstandsdekking, garanties inzake objectiviteit [B23 art. 4:68 Wft]
Rechtsbijstandsverzekeraar, toelatingseisen [B23 art. 4:65 Wft]
Rechtsbijstandsverzekering, dekking risico's van andere branche [B23 art. 4:66 Wft]
Rechtsbijstandverzekering, informeren verzekerde over procedure belangenconflict [B23 art. 4:69 Wft]
Rechtsbijstandverzekering, recht verzekerde op advocaat [B23 art. 4:67 Wft]
Rechtsgevolg teboekstelling in buitenlands register bij zeeschip [B8 art. 196 BW Boek 8]
Rechtsgevolg van beëindiging van scheiding van tafel en bed [B1 art. 176 BW Boek 1]
Rechtsgevolg van nietigverklaring huwelijk [B1 art. 77 BW Boek 1]
Rechtsgevolg vernietiging erkenning [B1 art. 206 BW Boek 1]
Rechtsgevolgen [B14 art. 246 Rv] [B39 art. 49 ROW 1995]
Rechtsgevolgen bij hoofdelijke verbondenheid [B6 art. 7 BW Boek 6]
Rechtsgevolgen dood huurder of verhuurder [B7 art. 229 BW Boek 7]
Rechtsgevolgen fusie [B91 art. 29 SE]
Rechtsgevolgen octrooien verleend op grond van ROW [B39 art. 102d ROW 1995]
Rechtsgevolgen ontbinding tijdens bedenktijd bij deeltijdgebruik [B7 art. 50f BW Boek 7]
Rechtsgevolgen overdracht rechten kredietgever [B7 art. 69 BW Boek 7]
Rechtsgevolgen overlijden schenker [B7 art. 177 BW Boek 7]
Rechtsgevolgen teboekstelling van binnenschip [B8 art. 787 BW Boek 8]
Rechtsgevolgen van adoptie [B1 art. 229 BW Boek 1]
Rechtsgevolgen van de vernieuwing [B28 art. 78 Kadw]
Rechtsgevolgen van herroeping van adoptie [B1 art. 232 BW Boek 1]
Rechtsgevolgen van huwelijksaangifte [B1 art. 49 BW Boek 1]
Rechtsgevolgen van in Nederland uitgesproken adoptie [B10 art. 106 BW boek 10]
Rechtsgevolgen van inschrijving huurkoopovereenkomst in openbare registers [B7 art. 104 BW Boek 7]
Rechtsgevolgen verbindendverklaring bij schadevergoeding bij vaststellingsovereenkomst [B7 art. 908 BW Boek 7]
Rechtshandeling anders dan om niet [B3 art. 45 BW Boek 3]
Rechtshandeling naar burgerlijk recht [B28 art. 26 Kadw]
Rechtshandeling onder ontbindende voorwaarde; vermenging [B11 art. 189 NBW]
Rechtshandelingen bij oprichting BV [B2 art. 203 BW Boek 2]
Rechtshandelingen bij oprichting van NV [B2 art. 94 BW Boek 2]
Rechtshandelingen, opneming in oprichtingsakte BV [B2 art. 204 BW Boek 2]
Rechtshandelingen schuldenaar met machtiging rechter [B13 art. 42a Fw]

Rechtskeuze [B105 art. 22 HuwVermVo] [B106 art. 22 GPVo] [B14 art. 1054 Rv] [B69 art. 5 HVV]

Rechtskeuze door de partijen [B93 art. 14 Rome II]

Rechtskeuze, formele geldigheid [B105 art. 23 HuwVermVo] [B106 art. 23 GPVo]

Rechtskeuze in 'Rome I' [B10 art. 155 BW boek 10]

Rechtskeuze, toestemming en materiële geldigheid [B106 art. 24 GPVo]

Rechtsmacht [B14 art. 1 Rv]

Rechtsmacht andere zaken [B14 art. 6 Rv]

Rechtsmacht bij overeenkomst bepaald [B14 art. 8 Rv]

Rechtsmacht bij verzoekschrift [B14 art. 3 Rv]

Rechtsmacht in bijzondere situaties [B14 art. 9 Rv]

Rechtsmacht inzake ouderlijk gezag [B14 art. 5 Rv]

Rechtsmacht m.b.t. echtscheiding [B14 art. 4 Rv]

Rechtsmacht octrooirechtelijke geschillen [B39 art. 79a ROW 1995]

Rechtsmacht voortvloeiend uit wettelijke bepalingen [B14 art. 10 Rv]

Rechtsmiddel [B107 art. 3 UWHuwVerm]

Rechtsmiddel ingesteld verzoek [B84 art. 4 Uw Erf]

Rechtsmiddelen [B14 art. 642 Rv] [B40 art. 22bis Iw 1990]

Rechtsmiddelen koper [B70 art. 45 WKV]

Rechtsmiddelen koper onverlet [B70 art. 70 WKV]

Rechtsmiddelen tegen beslissing verzoek weigering tenuitvoerlegging [B81 art. 49 Brussel I-bis]

Rechtsmiddelen tegen bevoegdverklaring [B14 art. 1052 Rv]

Rechtsmiddelen tegen eindvonnis in arbitraal hoger beroep [B14 art. 1061l Rv]

Rechtsmiddelen verkoper [B70 art. 61 WKV]

Rechtsopvolging [B11 art. 135 NBW]

Rechtsopvolging door erfgenaam [B4 art. 182 BW Boek 4]

Rechtspersonen [B2 art. 310 BW Boek 2]

Rechtspersonen met volledige rechtsbevoegdheid, meldingsplicht (beëindiging) aansluiting onderneming [B23 art. 4:5 Wft]

Rechtspersoon belast met vergoeding; SENA [B38 art. 15 WNR]

Rechtspersoon die is opgericht naar het recht van niet-lidstaat, uitzonderingen meldingsplicht [B23 art. 5:47 Wft]

Rechtspersoonlijkheid [B75 art. 1.4 BVIE]

Rechtspleging in pachtzaken [B14 art. 1019j Rv]

Rechtspleging in zaken van rechtspersonen [B14 art. 995 Rv]

Rechtspraak, gerechten [B42 art. 2 Wet RO]

Rechtsregelen bij binnenlands openbaar personenvervoer [B8 art. 101 BW Boek 8]

Rechtstreekse vordering op de verzekeraar van de aansprakelijke persoon [B93 art. 18 Rome II]

Rechtstreekse vordering scheepseigenaren bij gevaarlijke stof [B8 art. 644 BW Boek 8]

Rechtstreekse werking [B75 art. 4.7 BVIE]

Rechtsverhouding vervoerder en afzender bij gecombineerd vervoer [B8 art. 47 BW Boek 8]

Rechtsverhouding vervoerder en afzender bij goederenvervoer over binnenwateren [B8 art. 917 BW Boek 8]

Rechtsverhouding vervoerder en afzender bij goederenvervoer over zee [B8 art. 410 BW Boek 8]

Rechtsverhouding vervoerder en afzender/geadresseerde bij goederenvervoer over de weg [B8 art. 1123 BW Boek 8]

Rechtsvermoeden van overlijden van vermiste [B1 art. 414 BW Boek 1]

Rechtsverwerking in arbitraal geding [B14 art. 1048a Rv]

Rechtsvordering bescherming bedrijfsgeheim [B3 art. 310d BW Boek 3]

Rechtsvordering niet afsplitsbaar [B3 art. 304 BW Boek 3]

Rechtsvordering tot afgifte stukken bij opdracht [B7 art. 412 BW Boek 7]

Rechtsvordering tot terugverkrijging [B3 art. 125 BW Boek 3]

Rechtsvordering tot uitkering restant bij schadevergoeding [B7 art. 910 BW Boek 7]

Rechtsvordering tot vernietiging Europees octrooi, inschrijving [B39 art. 75a ROW 1995]

Reclame betreffende kredietovereenkomsten [B7 art. 120 BW Boek 7]

Reclamerecht bij koop [B7 art. 39 BW Boek 7]

Reclamerecht leverancier bij zeeschip [B8 art. 228 BW Boek 8]

Reclamerecht verkoper van brandstof bij binnenschip [B8 art. 838 BW Boek 8]

Reconventie [B14 art. 97 Rv]

Rectificatie bij onrechtmatige daad [B6 art. 167 BW Boek 6]

Rectificatie of verbod tot publicatie bij misleidende en vergelijkende reclame [B6 art. 196 BW Boek 6]

Rectificatieverzoek [B28 art. 96 Kadw]

R **Alfabetisch trefwoordenregister**

Rectificatieverzoek via de bekendmaking van de beslissing [B28 art. 59 Kadw]
Redelijke gronden voor opzegging [B7 art. 669 BW Boek 7]
Redelijke termijn [B4 art. 25 BW Boek 4]
Redelijke termijn voor instellen van de eis in de hoofdzaak [B14 art. 1019i Rv]
Redelijke vergoeding wegens handelingen tussen inschrijving van de aanvrage en verlening van het octrooi [B39 art. 71, art. 72 ROW 1995]
Redelijkheid en billijkheid bij gemeenschap [B3 art. 166 BW Boek 3]
Redelijkheid en billijkheid bij hoofdelijke verbondenheid [B6 art. 8 BW Boek 6]
Redelijkheid en billijkheid bij rechtsgevolgen van overeenkomst [B6 art. 248 BW Boek 6]
Redelijkheid en billijkheid bij verbintenissen [B6 art. 2 BW Boek 6]
Redelijkheid en billijkheid bij vermogen [B3 art. 12 BW Boek 3]
Redelijkheid en billijkheid binnen rechtspersoon [B2 art. 8 BW Boek 2]
Redenen van voorrang [B13 art. 213m Fw]
Redenen weigering homologatie [B13 art. 153 Fw]
Reder [B8 art. 10 BW Boek 8]
Rederij [B14 art. 58 Rv] [B8 art. 160 BW Boek 8]
Rederij van binnenschip [B8 art. 770 BW Boek 8]
Reeds vervallen auteursrechten [B36 art. 48 Aw]
Reële executie [B14 art. 474i Rv] [B3 art. 297, art. 299 BW Boek 3]
Referendum binnen vereniging [B2 art. 39 BW Boek 2]
Regelend en dwingend recht bij rechtsgevolgen van overeenkomst [B6 art. 250 BW Boek 6]
Regelend recht [B14 art. 1025 Rv]
Regeling bij meer curatoren [B13 art. 70 Fw]
Regeling inzake voorraad op afroep [B54 art. 3b Wet OB 1968]
Regelingen die bepalend zijn voor uitoefening van de praktijk [B45 art. 10 Advw]
Regelmatige verschijnende publicaties [B74 art. 129 EOV]
Regels benoeming en aftreden leden en werkzaamheden en werkwijze ledenraad [B47 art. 77 WNA]
Regels betaling voorschotten [B46 art. 21 GDW]
Regels bij opheffing faillissement onder gelijktijdig uitspreken toepassing schuldsaneringsregeling [B13 art. 15d Fw]
Regels indien faillietverklaring wordt uitgesproken tijdens toepassing schuldsaneringsregeling [B13 art. 359 Fw]
Regels informatieverstrekking [B28 art. 107 Kadw]
Regels m.b.t. ambtskostuum [B45 art. 70 Advw]
Regels m.b.t. intrekking voorlopig verleende surseance [B13 art. 247c Fw]
Regeringsvertegenwoordiger bij zaakwaarneming [B6 art. 201 BW Boek 6]
Regionale Organisaties voor Economische Integratie [B80 art. 29]
Regionale Organisaties voor Economische Integratie, toetreding door [B80 art. 30]
Register burgerlijke stand, verbetering kennelijke misslagen [B1 art. 24a BW Boek 1]
Register nevenbetrekkingen [B47 art. 11 WNA]
Register notariaat [B47 art. 5 WNA]
Register van aandeelhouders BV [B2 art. 194 BW Boek 2]
Register van aandeelhouders NV [B2 art. 85 BW Boek 2]
Register van octrooigemachtigden [B39 art. 23a ROW 1995]
Register voor gerechtsdeurwaarders e.a. [B46 art. 1a GDW]
Registergoed [B13 art. 60 Fw] [B3 art. 10 BW Boek 3]
Registergoed van luchtvaartuig [B8 art. 1306 BW Boek 8]
Registers betreffende het over minderjarigen uitgeoefende gezag [B1 art. 244 BW Boek 1]
Registers van de burgerlijke stand [B1 art. 17 BW Boek 1]
Registratie eenheidswerking, vangnetbepaling [B39 art. 52a ROW 1995]
Registratie genomen maatregelen in andere Verdragsluitende Staten [B63 art. 26 HKV 1996]
Registratie luchtvaartuigen, inhoud [B28 art. 92 Kadw]
Registratie luchtvaartuigen, toegang tot openbare registers [B28 art. 92 Kadw]
Registratie omzetting organisatievorm van BV [B2 art. 182 BW Boek 2]
Registratie oplegging ordemaatregel [B47 art. 5 WNA]
Registratie partnerschap [B1 art. 80a BW Boek 1]
Registratie schepen, inhoud [B28 art. 85 Kadw]
Registratie schepen, toegang tot openbare registers [B28 art. 85 Kadw]
Registratieplicht [B75 art. 2.19 BVIE]
Reglement en andere regelingen tussen medegerechtigden in registergoederen [B28 art. 31 Kadw]
Reglement inzake gebruik van een collectief merk [B75 art. 2.34ter BVIE]
Reglement m.b.t. concentratie rechtsmacht bij een of meer rechtbanken of gerechtshoven [B42 art. 139b Wet RO]

Alfabetisch trefwoordenregister R

Reglement voor het gebruik van het certificeringsmerk [B75 art. 2.35ter BVIE]
Reglement werkwijze [B27 art. 17 Sb fgr 2015]
Reglement werkwijze schuldeiserscommissie [B13 art. 75a Fw]
Regres bij consumentenkoop [B7 art. 25 BW Boek 7]
Regres bij gedeeltelijke acceptatie [B12 art. 150 WvK]
Regres bij hoofdelijke verbondenheid [B6 art. 10 BW Boek 6]
Regres bij productaansprakelijkheid [B6 art. 192 BW Boek 6]
Regresrecht [B12 art. 142, art. 217 WvK]
Regularisatie oppositie [B75 art. 1.16 BVIE]
Regularisatie vordering tot nietigverklaring of vervallenverklaring [B75 art. 1.33 BVIE]
Reikwijdte licentie [B39 art. 58a ROW 1995]
Reikwijdte van de nietig- en vervallenverklaring en de vrijwillige doorhaling [B75 art. 3.24 BVIE]
Reikwijdte van nietigheid en verval [B75 art. 2.30nonies BVIE]
Reikwijdte van testamentair bewind [B4 art. 154 BW Boek 4]
Reikwijdte verdrag [B57 art. 21 HHVV 1978]
Reisbevrachting bij goederenvervoer over zee [B8 art. 419 BW Boek 8]
Reisinformatie door reisorganisator [B7 art. 502 BW Boek 7]
Reken- of schrijffout [B14 art. 1060 Rv]
Rekeneenheid bij exploitatie luchtvoertuig [B8 art. 1347 BW Boek 8]
Rekening en verantwoording aan opvolger door vereffenaar [B4 art. 207 BW Boek 4]
Rekening en verantwoording aan pupil, erfgenaam of opvolger [B1 art. 373 BW Boek 1]
Rekening en verantwoording beheer bewindvoerder [B13 art. 356 Fw]
Rekening en verantwoording bij einde van voogdij [B1 art. 372 BW Boek 1]
Rekening en verantwoording bij gemeenschap [B3 art. 173 BW Boek 3]
Rekening en verantwoording binnen één maand [B14 art. 490c Rv]
Rekening en verantwoording ten overstaan van kantonrechter [B1 art. 374 BW Boek 1]
Rekening en verantwoording van beheer bij rederij [B8 art. 166, art. 167 BW Boek 8]
Rekening en verantwoording van bewindvoerder [B4 art. 161 BW Boek 4]
Rekening en verantwoording van executeur [B4 art. 151 BW Boek 4]
Rekening en verantwoording van geldelijk beheer [B45 art. 32 Advw]
Rekening-courant [B11 art. 185 NBW]
Rekeninginformatiediensten, recht op gebruik [B7 art. 522c BW Boek 7]
Relaas van bevindingen [B28 art. 67 Kadw]
Relatief bevoegd gerecht [B105 art. 44 HuwVermVo] [B106 art. 44 GPVo]
Relatieve bevoegdheid betreffende arbeidsovereenkomst m.b.t. continentaal plat [B14 art. 1019dd Rv]
Relatieve competentie [B13 art. 2 Fw] [B14 art. 1019u Rv] [B40 art. 5 Iw 1990]
Relatieve competentie betreffende huur gebouwde onroerende zaken [B14 art. 264 Rv]
Relatieve competentie betreffende registers burgerlijke stand [B14 art. 263 Rv]
Relatieve competentie bij minderjarigen [B14 art. 265 Rv]
Relatieve competentie in verzoekschriftprocedures [B14 art. 262 Rv]
Relatieve gronden voor weigering of nietigheid [B75 art. 2.2ter BVIE]
Relatieve werking bij rechtshandeling [B3 art. 45 BW Boek 3]
Relativiteit bij onrechtmatige daad [B6 art. 163 BW Boek 6]
Rembours bij goederenvervoer over binnenwateren [B8 art. 953 BW Boek 8]
Rembours bij goederenvervoer over de weg [B8 art. 1130 BW Boek 8]
Renovatie [B11 art. 208 NBW]
Renovatie van het gehuurde [B7 art. 220 BW Boek 7]
Rente [B4 art. 13 BW Boek 4] [B52 art. 1 SW] [B70 art. 78 WKV]
Rente bij geldlening [B7 art. 129c BW Boek 7]
Rente gedurende drie jaar bij hypotheekrecht [B3 art. 263 BW Boek 3]
Rente gedurende drie jaar bij pandrecht [B3 art. 244 BW Boek 3]
Rente of voordeel bij restitutie [B70 art. 84 WKV]
Rente over schadevergoeding [B73 art. 27 CMR]
Rente over vordering tot zekerheid [B11 art. 114 NBW]
Rente tijdens inbewaringstelling bij schuldeisersverzuim [B6 art. 68 BW Boek 6]
Rente/boete/dwangsom bij schuldoverneming [B6 art. 157 BW Boek 6]
Renteberekening bij geldlening [B7 art. 129d BW Boek 7]
Renteberekening bij legitieme portie [B4 art. 84 BW Boek 4]
Rentebeschikking met aanslag gelijkgesteld [B40 art. 2 Iw 1990]
Renteclausule [B12 art. 104 WvK]
Rentepercentage [B40 art. 29 Iw 1990]
Renvooi-procedure [B13 art. 122 Fw]
Repertorium [B46 art. 17 GDW]
Repliek en dupliek [B14 art. 132 Rv]

R

Reportages van actuele gebeurtenissen [B36 art. 16a Aw]
Reproduceren en bouwwerken [B36 art. 16b Aw]
Reservaat [B7 art. 388 BW Boek 7]
Reserveringen voor onvoorziene uitgaven [B74 art. 44 EOV]
Ressortsparket, samenstelling [B42 art. 138 Wet RO]
Restaurants, catering [B54 art. 6f Wet OB 1968]
Restauratie e.d. [B36 art. 16n Aw]
Restitutie [B70 art. 81 WKV]
Restricties [B75 art. 3.6 BVIE]
Resultaat uit deelnemingen in geconsolideerde jaarrekening [B2 art. 402 BW Boek 2]
Retentierecht [B13 art. 299b Fw] [B3 art. 290 BW Boek 3] [B8 art. 1131, art. 954 BW Boek 8]
Retentierecht bij erfpacht [B5 art. 100 BW Boek 5]
Retentierecht bij goederenvervoer [B8 art. 69 BW Boek 8]
Retentierecht bij hulpverlening [B8 art. 571 BW Boek 8]
Retentierecht bij huurkoopovereenkomst [B7 art. 109 BW Boek 7]
Retentierecht bij opschortingsrecht [B6 art. 57 BW Boek 6]
Retentierecht bij overeenkomst van goederenkrediet [B7 art. 94 BW Boek 7]
Retentierecht blijft bestaan [B13 art. 60 Fw]
Retentierecht opstaller en vergoeding waarde [B5 art. 105 BW Boek 5]
Retentierecht verhuizer bij verhuisovereenkomst [B8 art. 1196 BW Boek 8]
Retributie bij erfdienstbaarheid [B5 art. 70 BW Boek 5]
Retributie opstal [B5 art. 101 BW Boek 5]
Revindicatie [B5 art. 2 BW Boek 5]
Revisie- en belastingrente [B40 art. 25 Iw 1990]
Revisie- en heffingsrente [B40 art. 26 Iw 1990]
Rijksbelastingen [B40 art. 2, art. 2 Iw 1990]
Ringen [B47 art. 82 WNA]
Risico bij koop op proef [B7 art. 46 BW Boek 7]
Risico bij transito verkoop [B70 art. 68 WKV]
Risico niet in Nederland gelegen [B50 art. 21 WBRV]
Risico-overgang bij vervoer [B70 art. 67 WKV]
Risico-overgang na overlijden [B70 art. 69 WKV]
Risicobeheersing [B41 1/1.2 NCG]
Risicobeheersing, verantwoording door bestuur aan RvC over [B41 1/1.4.1 NCG]
Risicobeheersing, verantwoording in bestuursverslag over [B41 1/1.4.2 NCG]
Risicobeheersing, verantwoording over [B41 1/1.4 NCG]
Risicobeheersing, verklaring bestuur in bestuursverslag over [B41 1/1.4.3 NCG]
Risicobeheersings- en controlesystemen, implementatie van [B41 1/1.2.2 NCG]
Risicobeheersings- en controlesystemen, monitoring werking van [B41 1/1.2.3 NCG]
Risicobeoordeling door bestuur [B41 1/1.2.1 NCG]
Risicoverdeling bij koop [B7 art. 10, art. 11 BW Boek 7]
Roerende zaak [B3 art. 3 BW Boek 3]
Roerende zaken die onroerende zaken dienen bij pandrecht [B3 art. 254 BW Boek 3]
Roerende zaken waarmee inbreuk is gepleegd [B39 art. 70 ROW 1995]
Rogatoire commissie binnenland [B14 art. 174 Rv]
Rogatoire commissie buitenland [B14 art. 176 Rv]
Rompbevrachting bij bijzondere vervoerovereenkomsten [B8 art. 530 BW Boek 8]
Ruil [B7 art. 49 BW Boek 7]
Ruil woonruimte op initiatief huurder [B7 art. 270 BW Boek 7]
Ruilverhouding van aandelen bij splitsing NV of BV [B2 art. 334x BW Boek 2]
Ruilverhouding van aandelen/certificaten bij fusie [B2 art. 325 BW Boek 2]
RvC, afwezigheid bij vergaderingen [B41 2/2.4.4 NCG]
RvC, deskundigheid [B41 2/2.1.4 NCG]
RvC en bestuur, diversiteitsbeleid voor samenstelling van [B41 2/2.1.5 NCG]
RvC, evaluatie bestuur door [B41 2/2.2.7 NCG]
RvC, evaluatie eigen functioneren door [B41 2/2.2.6 NCG]
RvC, inrichting [B41 2/2.3 NCG]
RvC, onafhankelijkheid [B41 2/2.1.7 NCG]
RvC, onafhankelijkheid voorzitter van [B41 2/2.1.9 NCG]
RvC, personalia [B41 2/2.1.2 NCG]
RvC, profielschets [B41 2/2.1.1 NCG]
RvC, reglement [B41 2/2.3.1 NCG]
RvC, rol van [B41 1/1.5 NCG]
RvC, taken auditcommissie t.b.v. besluitvorming door [B41 1/1.5.1 NCG]
RvC, verantwoording evaluatie door [B41 2/2.2.8 NCG]

S

RvC, verslag [B41 2/2.3.11 NCG]
RvC, vicevoorzitter [B41 2/2.3.7 NCG]
RvC, voorzitter [B41 2/2.3.6 NCG]

Salaris curator [B13 art. 71 Fw]
Salaris deskundigen en kosten overige publicaties [B13 art. 320 Fw]
Saldering van waardevermindering in jaarrekening bank [B2 art. 420 BW Boek 2]
Samengestelde verzekering [B50 art. 24 WBRV]
Samenhang [B105 art. 18 HuwVermVo] [B106 art. 18 GPVo] [B14 art. 7 Rv]
Samenhangende overeenkomst [B50 art. 4 WBRV]
Samenloop beslagen [B14 art. 478, art. 479k, art. 492 Rv]
Samenloop, bevrijdende betaling [B14 art. 478 Rv]
Samenloop, meldingsplicht deurwaarder [B14 art. 478 Rv]
Samenloop met ander beslag [B14 art. 736 Rv]
Samenloop met andere verdragen [B71 art. 15 HVOV] [B72 art. 15 HPAV]
Samenloop voorrechten bij bevoorrechte vordering [B3 art. 286 BW Boek 3]
Samenstel van overeenkomsten bij huurkoop onroerende zaken [B7 art. 105 BW Boek 7]
Samenstel van overeenkomsten bij overeenkomst van goederenkrediet [B7 art. 96 BW Boek 7]
Samenstelling bemanning, enz. [B12 art. 359 WvK]
Samenstelling bestuur KNB [B47 art. 65 WNA]
Samenstelling bestuur ring [B47 art. 84 WNA]
Samenstelling en werkwijze Raad van Bestuur [B75 art. 1.8 BVIE]
Samenstelling kamer [B46 art. 35 GDW]
Samenstelling kamers voor het notariaat [B47 art. 94 WNA]
Samenstelling KBvG [B46 art. 58 GDW]
Samenstelling ledenraad [B46 art. 63 GDW] [B47 art. 67 WNA]
Samenstelling raden van discipline [B45 art. 46b Advw]
Samenstelling van de Commissie van advies burgerlijke staat en nationaliteit [B1 art. 29a BW Boek 1]
Samenstelling/voordracht/benoeming van raad van commissarissen structuurvennootschap BV [B2 art. 268 BW Boek 2]
Samenstelling/voordracht/benoeming van raad van commissarissen structuurvennootschap NV [B2 art. 158 BW Boek 2]
Samentelling opeenvolgende perioden [B7 art. 629 BW Boek 7]
Samenvoeging van arbitrale gedingen [B14 art. 1046 Rv]
Samenwerkende advocaat onderzoekt bevoegdheid bezoekende advocaat [B45 art. 16e Advw]
Samenwerking met bevoegde autoriteit staat van herkomst [B45 art. 60aa Advw]
Samenwerking met Nederlandse advocaat [B45 art. 16j Advw]
Samenwerking met opkomende pachter bij einde pachtovereenkomst [B7 art. 360 BW Boek 7]
Samenwerking nationale Centrale Autoriteiten [B63 art. 30 HKV 1996]
Samenwerking rechters [B88 art. 42 IVO]
Samenwerkingsverband [B47 art. 18 WNA] [B52 art. 35e SW]
Sanctie [B14 art. 545 Rv] [B39 art. 52 ROW 1995] [B47 art. 19, art. 43 WNA]
Sancties bij verzuim nakoming vonnis [B13 art. 387 Fw]
Satellietuitzendingen [B36 art. 12 Aw]
SCE-ondernemingsraad [B7 art. 670 BW Boek 7]
Schade als gevolg van voorlopige voorziening, vergoeding [B14 art. 1019id Rv]
Schade bij productaansprakelijkheid [B6 art. 190 BW Boek 6]
Schade door gevaarlijke stof [B8 art. 626 BW Boek 8]
Schade door onttrekken goederen aan verhaal schuldeisers [B11 art. 138 NBW]
Schade geconstateerd na ontvangst [B73 art. 30 CMR]
Schade veroorzaakt door aard/gebrek zaak bij schadeverzekering [B7 art. 951 BW Boek 7]
Schade veroorzaakt met opzet of door roekeloosheid bij schadeverzekering [B7 art. 952 BW Boek 7]
Schadebegroting op (deel) winst bij schadevergoeding [B6 art. 104 BW Boek 6]
Schadefonds(en) bij gevaarlijke stoffen aan boord spoorrijtuig [B8 art. 1679 BW Boek 8]
Schadeloosstelling [B14 art. 182, art. 199 Rv] [B45 art. 49 Advw]
Schadeloosstelling bij fusie [B2 art. 330a BW Boek 2]
Schadeloosstelling bij goederenvervoer over zee [B8 art. 411 BW Boek 8]
Schadeloosstelling bij verspreiding [B36 art. 50e Aw]
Schadeloosstelling bijzondere gerechtigde bij fusie [B2 art. 320 BW Boek 2]
Schadeloosstelling voor huurder bij afbraak gebouw in algemeen belang bij huur bedrijfsruimte [B7 art. 309 BW Boek 7]

S
Alfabetisch trefwoordenregister

Schadeoorzaken bij gevaarlijke stoffen aan boord spoorrijtuig [B8 art. 1676 BW Boek 8]
Schaderegelaar branche Aansprakelijkheid motorvoertuigen, toelatingseisen [B23 art. 4:70 Wft]
Schadevergoeding [B14 art. 444b, art. 538 Rv] [B21 art. 6c Hnw] [B28 art. 7a Kadw]
[B39 art. 70 ROW 1995]
Schadevergoeding bij aansprakelijkheid bij betalingstransacties [B7 art. 547 BW Boek 7]
Schadevergoeding bij agentuurovereenkomst [B7 art. 441 BW Boek 7]
Schadevergoeding bij benadeling gemeenschap bij scheiding van tafel en bed [B1 art. 174 BW Boek 1]
Schadevergoeding bij benadeling gemeenschap van goederen bij echtscheiding [B1 art. 164 BW Boek 1]
Schadevergoeding bij meer dan één persoon [B6 art. 99 BW Boek 6]
Schadevergoeding bij non-conformiteit bij consumentenkoop [B7 art. 24 BW Boek 7]
Schadevergoeding bij onrechtmatige daad [B6 art. 162 BW Boek 6]
Schadevergoeding bij ontbinding van koop [B7 art. 36, art. 37 BW Boek 7]
Schadevergoeding bij ontbreken documenten bij goederenvervoer [B8 art. 67 BW Boek 8]
Schadevergoeding bij opheffing verrekeningsplicht [B1 art. 139 BW Boek 1]
Schadevergoeding bij overlijden [B6 art. 108 BW Boek 6]
Schadevergoeding bij personenvervoer over zee [B8 art. 521 BW Boek 8]
Schadevergoeding bij slecht bewind door voogd [B1 art. 362 BW Boek 1]
Schadevergoeding bij ten onrechte gelegd beslag [B14 art. 1019g Rv]
Schadevergoeding bij verlies van zaken bij goederenvervoer over spoorwegen [B8 art. 1578 BW Boek 8]
Schadevergoeding bij verlies/beschadiging bagage bij personenvervoer over de weg
[B8 art. 1159 BW Boek 8]
Schadevergoeding bij zaakwaarneming [B6 art. 200 BW Boek 6]
Schadevergoeding door reiziger bij personenvervoer over zee [B8 art. 509 BW Boek 8]
Schadevergoeding en andere vorderingen [B75 art. 2.21, art. 3.17 BVIE]
Schadevergoeding en winstafdracht [B38 art. 16 WNR]
Schadevergoeding, geen beroep op beperking aansprakelijkheid [B8 art. 504c BW Boek 8]
Schadevergoeding, hoogte totale som [B8 art. 504b BW Boek 8]
Schadevergoeding in andere vorm dan geld [B14 art. 614 Rv]
Schadevergoeding in vonnis of op de op te maken staat [B14 art. 612 Rv]
Schadevergoeding na auteursrechtoverdracht [B36 art. 27 Aw]
Schadevergoeding na ontbinding bij wederkerige overeenkomst [B6 art. 277 BW Boek 6]
Schadevergoeding na wanprestatie [B70 art. 74 WKV]
Schadevergoeding, rechtsvordering tegen onderschikte/vertegenwoordiger/lasthebber
[B8 art. 504e BW Boek 8]
Schadevergoeding, samenloop [B8 art. 504d BW Boek 8]
Schadevergoeding voor huurder [B7 art. 276 BW Boek 7]
Schadevergoeding voor huurder bij huur bedrijfsruimte [B7 art. 299 BW Boek 7]
Schadevergoeding; winstafdracht licentienemer [B37 art. I Dbw]
Schadevergoedingsovereenkomst, beroep en herroeping [B14 art. 1018 Rv]
Schadevergoedingsovereenkomst, beschikking tot verbindendverklaring [B14 art. 1017 Rv]
Schadevergoedingsovereenkomst, deskundigenbericht [B14 art. 1016 Rv]
Schadevergoedingsovereenkomst, schorsing lopende procedures [B14 art. 1015 Rv]
Schadevergoedingsovereenkomst, verschijning ter terechtzitting [B14 art. 1018a Rv]
Schadevergoedingsovereenkomst, verweerschrift [B14 art. 1014 Rv]
Schadevergoedingsovereenkomst, verzoekprocedure [B14 art. 1013 Rv]
Schadevergoedingsplicht afzender bij goederenvervoer [B8 art. 27 BW Boek 8]
Schadevergoedingsplicht afzender bij goederenvervoer door de lucht [B8 art. 1361, art. 1364 BW Boek 8]
Schadevergoedingsplicht afzender bij goederenvervoer over binnenwateren
[B8 art. 907, art. 913 BW Boek 8]
Schadevergoedingsplicht afzender bij goederenvervoer over de weg [B8 art. 1110 BW Boek 8]
Schadevergoedingsplicht bij buitengewone schade bij goederenvervoer over de weg
[B8 art. 1117 BW Boek 8]
Schadevergoedingsplicht bij ontbreken/onjuistheid/onvolledigheid documenten bij
goederenvervoer over de weg [B8 art. 1115 BW Boek 8]
Schadevergoedingsplicht opdrachtgever bij goederenvervoer [B8 art. 64 BW Boek 8]
Schadevergoedingsplicht opdrachtgever bij ontbrekende/onjuiste documenten bij
verhuisovereenkomst [B8 art. 1192 BW Boek 8]
Schadevergoedingsplicht opdrachtgever bij verhuisovereenkomst [B8 art. 1187 BW Boek 8]
Schadevergoedingsplicht opdrachtgever jegens verhuizer bij verhuisovereenkomst
[B8 art. 1195 BW Boek 8]

Alfabetisch trefwoordenregister S

Schadevergoedingsplicht reiziger bij personenvervoer door de lucht [B8 art. 1406 BW Boek 8]
Schadevergoedingsplicht reiziger bij personenvervoer over de weg [B8 art. 1153 BW Boek 8]
Schadevergoedingsplicht wederpartij bij personenvervoer over de weg [B8 art. 1160 BW Boek 8]
Schadevergoedingsplicht wederpartij bij personenvervoer over zee [B8 art. 522 BW Boek 8]
Schadevergoedingsverplichting bij aanvaring [B8 art. 1004 BW Boek 8]
Schadevergoedingsverplichtingen wederpartij bij personenvervoer door de lucht [B8 art. 1404 BW Boek 8]
Schadeverzekeraar branche Aansprakelijkheid motorvoertuigen, aanstelling schaderegelaar [B23 art. 4:70 Wft]
Schadeverzekeraar branche Aansprakelijkheid motorvoertuigen, schade-afhandeling [B23 art. 4:71 Wft]
Schadeverzekeraar branche Aansprakelijkheid motorvoertuigen, toelatingseisen [B23 art. 4:70 Wft]
Schadeverzekeraar branche Aansprakelijkheid motorvoertuigen, verzoek tot schadevergoeding [B23 art. 4:70 Wft]
Schadeverzekeraar branche Aansprakelijkheid motorvoertuigen, zetel buiten Nederland [B23 art. 4:71 Wft]
Schadeverzekering [B7 art. 944 BW Boek 7]
Schatting waarde van gemeenschap [B14 art. 679 Rv]
Schatvinding [B11 art. 152 NBW] [B5 art. 13 BW Boek 5]
Scheepsdagboek [B12 art. 348 WvK]
Scheepsexecutiegeschillen, Rechtbank Rotterdam medebevoegd bij [B14 art. 562b Rv]
Scheepshuurkoopovereenkomst [B28 art. 26 Kadw]
Scheepspapieren enz. [B12 art. 347 WvK]
Scheepsverklaring [B12 art. 353 WvK]
Scheiden van oorzaken bij gevaarlijke stoffen aan boord [B8 art. 1216 BW Boek 8]
Scheiding van tafel en bed [B1 art. 169 BW Boek 1]
Scheidsmannen [B14 art. 611i Rv]
Scheidsmuur [B5 art. 49 BW Boek 5]
Scheidsmuur gemeenschappelijk en mandelig [B5 art. 62 BW Boek 5]
Schending aanzegverplichting, vergoeding [B7 art. 668 BW Boek 7]
Schenk-, erfbelasting bij bedrijfsopvolging [B40 art. 25 Iw 1990]
Schenkbelasting bij partners [B52 art. 26 SW]
Schenkbelasting bij verkrijging van afgezonderd particulier vermogen [B52 art. 26a SW]
Schenking [B52 art. 1 SW] [B7 art. 175 BW Boek 7]
Schenking aan partner [B52 art. 26 SW]
Schenking door afgescheiden particulier vermogen [B52 art. 17 SW]
Schenking kort voor overlijden [B52 art. 12 SW]
Schenking t.b.v. eigen woning [B52 art. 33a SW]
Schenkingen aan kinderen binnen een jaar [B52 art. 28 SW]
Schenkingsaanbod [B7 art. 175 BW Boek 7]
Schepen [B12 art. 310 WvK]
Schepen in aanbouw [B14 art. 562a Rv]
Schijnhuwelijk [B1 art. 71a BW Boek 1]
Schikking [B14 art. 30m Rv]
Schikking bij schadevergoeding voor inbreuk op mededingingsrecht [B6 art. 193o BW Boek 6]
Schikking tijdens mondelinge behandeling [B14 art. 89 Rv]
Schikkings- of inlichtingencomparitie [B14 art. 191 Rv]
Schip [B8 art. 1 BW Boek 8]
Scholing [B7 art. 611a BW Boek 7]
Schorsende kracht cassatieberoep [B14 art. 404 Rv]
Schorsende werking [B14 art. 360, art. 388 Rv]
Schorsende werking verzet [B14 art. 145 Rv]
Schorsing aangevangen executies [B13 art. 301 Fw]
Schorsing bestuurder door raad van commissarissen BV [B2 art. 257 BW Boek 2]
Schorsing bestuurder door raad van commissarissen NV [B2 art. 147 BW Boek 2]
Schorsing bij homologatie van akkoord [B13 art. 122a Fw]
Schorsing commissaris bij Raad van commissarissen [B2 art. 63i BW Boek 2]
Schorsing commissaris structuurvennootschap BV [B2 art. 271 BW Boek 2]
Schorsing commissaris structuurvennootschap NV [B2 art. 161 BW Boek 2]
Schorsing deken [B45 art. 45c Advw]
Schorsing en ontslag leden ledenraad [B47 art. 74 WNA]

S

Schorsing in afwachting van beslissing [B46 art. 38 GDW]
Schorsing in geval van overlijden [B14 art. 228 Rv]
Schorsing notaris [B47 art. 26 WNA]
Schorsing notaris wegens zijn lichamelijke of geestelijke toestand [B47 art. 27 WNA]
Schorsing octrooigemachtigde [B39 art. 23m ROW 1995]
Schorsing of ontslag [B46 art. 70 GDW]
Schorsing of treffen andere voorzieningen [B45 art. 60b Advw]
Schorsing ouderlijk gezag [B1 art. 268 BW Boek 1]
Schorsing procedure ingeroepen beslissing [B81 art. 38 Brussel I-bis]
Schorsing procedures [B14 art. 642f Rv]
Schorsing procedures bij collectieve vordering [B14 art. 1018m Rv]
Schorsing secundaire insolventieprocedure [B88 IVO]
Schorsing tenuitvoerlegging vonnis [B14 art. 350 Rv]
Schorsing tenuitvoerlegging vonnis, vordering tot [B14 art. 351 Rv]
Schorsing van de executie, werking jegens derde-beslagene [B14 art. 476 Rv]
Schorsing van rechtswege [B14 art. 226 Rv] [B46 art. 51 GDW]
Schorsing verjaring [B14 art. 611g Rv]
Schorsing vernietigingsprocedure en terugverwijzing naar scheidsgerecht [B14 art. 1065a Rv]
Schorsing verzoek tot faillietverklaring i.v.m. noodregeling [B13 art. 213e Fw]
Schorsing voogd [B1 art. 298 BW Boek 1]
Schorsing voogdij [B1 art. 331 BW Boek 1]
Schorsing wegens verzet [B14 art. 479e Rv]
Schorsing/ontslag bestuurders van BV [B2 art. 244 BW Boek 2]
Schorsing/ontslag bestuurders van NV [B2 art. 134 BW Boek 2]
Schorsing/ontslag van commissaris BV [B2 art. 254 BW Boek 2]
Schorsing/ontslag van commissaris NV [B2 art. 144 BW Boek 2]
Schouw door notaris [B14 art. 673 Rv]
Schrapping van het tableau [B45 art. 8c Advw]
Schriftelijk bewijs koopovereenkomst [B70 art. 96 WKV]
Schriftelijk verslag bewindvoerder [B13 art. 353 Fw]
Schriftelijk verzet [B39 art. 23q ROW 1995] [B45 art. 56b Advw]
Schriftelijk verzoek tot ondertoezichtstelling [B1 art. 265k BW Boek 1]
Schriftelijk vonnis [B14 art. 1057 Rv]
Schriftelijke aanwijzingen [B1 art. 263 BW Boek 1]
Schriftelijke beslissing [B27 art. 30 Sb fgr 2015]
Schriftelijke en elektronische totstandkoming overeenkomst [B6 art. 227a BW Boek 6]
Schriftelijke kennisgeving aan de aanvrager van voorwaarden waaraan niet is voldaan [B39 art. 30 ROW 1995]
Schriftelijke mededeling van gegevens betreffende de aanvrage of het octrooi [B39 art. 38 ROW 1995]
Schriftelijke mededelingen bij verzekering [B7 art. 933 BW Boek 7]
Schriftelijke toelichting op fusie [B2 art. 313 BW Boek 2]
Schriftelijke toestemming [B7 art. 417 BW Boek 7]
Schriftelijke toestemming bij lastgeving [B7 art. 416 BW Boek 7]
Schriftelijke uitspraak na mondelinge behandeling [B14 art. 30q Rv]
Schriftelijke vastlegging pachtovereenkomst [B14 art. 1019t Rv]
Schriftelijke vaststelling bij pachtovereenkomst [B7 art. 317 BW Boek 7]
Schriftelijke verklaring aard en bedrag vordering bij pandrecht [B3 art. 241 BW Boek 3]
Schriftelijke verplichting [B70 art. 12 WKV]
Schuld of nalatigheid vervoerder bij personenvervoer over de weg [B8 art. 1155 BW Boek 8]
Schuld rechthebbende, gebrek goederen, onvoorzienbare omstandigheden [B73 art. 17 CMR]
Schuld twee of meer schepen bij aanvaring [B8 art. 545 BW Boek 8]
Schuld van één binnenschip bij aanvaring [B8 art. 1005 BW Boek 8]
Schuld van een loods bij aanvaring [B8 art. 1007, art. 547 BW Boek 8]
Schuld van één schip bij aanvaring [B8 art. 544 BW Boek 8]
Schuld van meerdere binnenschepen bij aanvaring [B8 art. 1006 BW Boek 8]
Schuld/nalatigheid reiziger bij personenvervoer over zee [B8 art. 513 BW Boek 8]
Schuldcompensatie door de ontvanger [B40 art. 24 Iw 1990]
Schuldeisersverzuim bij wederkerige overeenkomst [B6 art. 266 BW Boek 6]
Schuldeisersverzuim [B6 art. 58 BW Boek 6]
Schulden [B2 art. 375 BW Boek 2]
Schulden aan erflater bij verdeling nalatenschap [B4 art. 228 BW Boek 4]
Schulden aan mede-erfgenaam [B4 art. 228 BW Boek 4]
Schulden bij nalatenschap [B4 art. 7 BW Boek 4]
Schulden op balans verzekeringsmaatschappij [B2 art. 436 BW Boek 2]

Alfabetisch trefwoordenregister

Schulden ten laste van de erflater [B52 art. 20 SW]
Schuldenaar bij rechtshandeling [B3 art. 48 BW Boek 3]
Schuldenaar, gebruik bevoegdheden na afkondigen afkoelingsperiode [B13 art. 377 Fw]
Schuldenaar kan niet meer leveren [B13 art. 35 Fw]
Schuldenaarsverzuim zonder ingebrekestelling [B6 art. 83 BW Boek 6]
Schuldenvermindering [B88 IVO]
Schuldig blijven van koopsom [B40 art. 25 Iw 1990]
Schuldigerkenning en kwijtschelding [B52 art. 11 SW]
Schuldoverneming [B13 art. 54 Fw]
Schuldoverneming jegens schuldeisers [B6 art. 155 BW Boek 6]
Schuldsaneringsregeling [B4 art. 13 BW Boek 4]
Schuldsaneringsregeling natuurlijke personen [B40 art. 19 Iw 1990]
Schuldvergelijking vergoedingsplicht [B13 art. 205 Fw]
SE behandeld als NV [B91 art. 10 SE]
SE omzetten in NV [B91 art. 66 SE]
SE via fusie opgericht [B91 art. 2 SE]
SE-ondernemingsraad [B7 art. 670 BW Boek 7]
Secretaris algemene raad [B45 art. 34 Advw]
Secretaris van de vennootschap [B41 2/2.3.10 NCG]
Secundaire insolventieprocedure [B88, art. 36 IVO]
Secundaire insolventieprocedure; kosten [B88 art. 40 IVO]
Selbsteintritt bij volmacht [B3 art. 68 BW Boek 3]
Selectie- en benoemingscommissie, taken van [B41 2/2.2.5 NCG]
Servicekosten [B11 art. 208g NBW] [B7 art. 237 BW Boek 7]
Servicekosten, betalingsverplichting huurder [B30 art. 18 Uw HW]
Servicekosten bij huur [B7 art. 258 BW Boek 7]
Servicekosten bij huur, nadere regels m.b.t. [B7 art. 259 BW Boek 7]
Slotuitdelingslijst [B13 art. 356 Fw]
Sluiten van de rekening [B14 art. 774 Rv]
Sociaal-cultureel werk [B54 art. 11 Wet OB 1968]
Solvabiliteit betrokkene [B12 art. 109c, art. 190b WvK]
Som ineens als beloning vroegere arbeid bij kindsdeel [B4 art. 36 BW Boek 4]
Som ineens bij verzorging en opvoeding/levensonderhoud/studie bij kindsdeel [B4 art. 35 BW Boek 4]
Sommenverzekering [B7 art. 964 BW Boek 7]
Soorten akten [B14 art. 156 Rv]
Soorten beslissingen [B27 art. 32 Sb fgr 2015]
Soorten i-DEPOT [B75 art. 4.1 BVIE]
Soortzaken bij schuldeisersverzuim [B6 art. 65 BW Boek 6]
Spaarregeling bij overgang onderneming [B7 art. 664 BW Boek 7]
Splitsing [B14 art. 138 Rv] [B2 art. 334a BW Boek 2]
Splitsing appartementsrecht, ondersplitsing [B5 art. 106 BW Boek 5]
Splitsing, canon of retributie [B5 art. 115 BW Boek 5]
Splitsing door onbevoegde [B5 art. 110 BW Boek 5]
Splitsing door onbevoegde, verkrijging door verjaring [B5 art. 110 BW Boek 5]
Splitsing, erfdienstbaarheid, erfpacht, opstal of vruchtgebruik op registergoederen [B5 art. 114 BW Boek 5]
Splitsing erfpacht, toestemming [B5 art. 91 BW Boek 5]
Splitsing erfpacht, vervangende toestemming [B5 art. 91 BW Boek 5]
Splitsing gebouw in appartementsrechten [B5 art. 106 BW Boek 5]
Splitsing, gelijke aandelen [B5 art. 113 BW Boek 5]
Splitsing grond in appartementsrechten [B5 art. 106 BW Boek 5]
Splitsing, hypotheek, beslag of voorrecht op alle registergoederen [B5 art. 114 BW Boek 5]
Splitsing, hypotheek, beslag of voorrecht op deel registergoederen [B5 art. 114 BW Boek 5]
Splitsing, niet nakoming verplichtingen erfpacht/opstal [B5 art. 116 BW Boek 5]
Splitsing of oprichting bij splitsing van NV of BV [B2 art. 334v BW Boek 2]
Splitsing, opheffing door notariële akte [B5 art. 143 BW Boek 5]
Splitsing, opheffing of wijziging door rechterlijk bevel [B5 art. 144 BW Boek 5]
Splitsing, opheffing van rechtswege [B5 art. 143 BW Boek 5]
Splitsing, opzegging wegens verzuim betaling canon/retributie [B5 art. 116 BW Boek 5]
Splitsing, schakelbepaling [B5 art. 113, art. 144 BW Boek 5]
Splitsing van de aanvrage [B39 art. 28 ROW 1995]
Splitsing van rechtspersonen [B28 art. 33 Kadw]
Splitsing voorbelasting [B54 art. 15 Wet OB 1968]
Splitsing/samenvoeging van percelen; ambtshalve en op verzoek [B28 art. 73 Kadw]

S
Alfabetisch trefwoordenregister

Splitsingsakte [B5 art. 109 BW Boek 5]
Splitsingsakte, beperkte rechten en beslagen na wijziging [B5 art. 142 BW Boek 5]
Splitsingsakte, inhoud [B5 art. 111 BW Boek 5]
Splitsingsakte, reglement [B5 art. 112 BW Boek 5]
Splitsingsakte, toepasselijkheid art. 2:14 BW [B5 art. 129 BW Boek 5]
Splitsingsakte, vernietiging besluit tot wijziging [B5 art. 140b BW Boek 5]
Splitsingsakte, vernietiging wijziging [B5 art. 141 BW Boek 5]
Splitsingsakte, verplichting uitvoering rechterlijk bevel tot wijziging [B5 art. 145 BW Boek 5]
Splitsingsakte, voorrechten na wijziging [B5 art. 142 BW Boek 5]
Splitsingsakte, weigering medewerking wijziging [B5 art. 140 BW Boek 5]
Splitsingsakte wijzigen [B5 art. 139 BW Boek 5]
Splitsingsakte wijzigen, toestemming [B5 art. 139 BW Boek 5]
Splitsingsakte, wijziging bij notariële akte [B5 art. 139 BW Boek 5]
Splitsingsbevoegdheid [B5 art. 106 BW Boek 5]
Splitsingsbevoegdheid recht op onroerende zaak [B5 art. 107 BW Boek 5]
Splitsingsreglement, toepasselijkheid art. 2:15 lid BW [B5 art. 129 BW Boek 5]
Splitsingsreglement, weigering medewerking wijziging [B5 art. 140a BW Boek 5]
Splitsingstekening [B5 art. 109 BW Boek 5]
Spoed bij beslissingen [B13 art. 153 Fw]
Spoedeisende gevallen [B14 art. 254 Rv]
Spoedinschrijving [B75 art. 1.7 BVIE]
Spoedshalve schorsing/voorlopige voorziening [B45 art. 60ab Advw]
Spoor- of luchtvervoer document [B8 art. 46 BW Boek 8]
Sport [B54 art. 11 Wet OB 1968]
Spreekrecht schuldeisers [B13 art. 353 Fw]
Staat met meerdere gebiedsdelen [B68 art. 29 HTV]
Staat met vermelding groepen schuldeisers [B13 art. 281a Fw]
Staat oplevering gepachte zaak bij einde pachtovereenkomst [B7 art. 358 BW Boek 7]
Staat van insolventie [B13 art. 173 Fw]
Staat van verdeling [B14 art. 483, art. 642u, art. 642v Rv]
Staat vergoedt door geheimhouding geleden schade [B39 art. 42 ROW 1995]
Staat zelf als houder van geheim te houden aanvrage [B39 art. 45 ROW 1995]
Staatloosheid of onbekende nationaliteit in internationaal privaatrecht [B10 art. 16 BW boek 10]
Stage kandidaat-notaris [B47 art. 31 WNA]
Stageverklaring [B45 art. 9b Advw]
Stageverplichting kandidaat-gerechtsdeurwaarder [B46 art. 26 GDW]
Staking, diensten tussenpersonen [B38 art. 15e WNR]
Staking door overheidsingrijpen [B40 art. 25 Iw 1990]
Staking van stemming over zaken [B45 art. 44 Advw]
Staking voortzetting bedrijf [B13 art. 174 Fw]
Standaardformulier schuldeiser [B13 art. 110a Fw]
Standplaats [B7 art. 236 BW Boek 7]
Standpunt ondernemingsraad over bestuurder van NV [B2 art. 134a BW Boek 2]
Standpunt ondernemingsraad over commissaris van NV [B2 art. 144a BW Boek 2]
Standpunt schuldeisers [B13 art. 337 Fw]
Standstill-periode [B7 art. 914 BW Boek 7]
Staten met meer dan één rechtsstelsel [B76 art. 25 HBewV]
Staten met meer dan een rechtssysteem [B92 art. 22 Rome I]
Statutaire bepalingen over aandelen BV [B2 art. 192 BW Boek 2]
Statutaire zetel [B91 art. 7 SE]
Statuten BV [B2 art. 177 BW Boek 2]
Statuten NV [B2 art. 66 BW Boek 2]
Statuten vereniging [B2 art. 27 BW Boek 2]
Statuten vereniging in notariële akte [B2 art. 28 BW Boek 2]
Statuten vereniging van eigenaars [B5 art. 112 BW Boek 5]
Statuten; reglement [B14 art. 1020 Rv]
Statutenwijziging BV bij notariële akte [B2 art. 234 BW Boek 2]
Statutenwijziging BV tijdens faillissement [B2 art. 237 BW Boek 2]
Statutenwijziging door rechtbank [B2 art. 294 BW Boek 2]
Statutenwijziging NV bij notariële akte [B2 art. 124 BW Boek 2]
Statutenwijziging NV tijdens faillissement [B2 art. 127 BW Boek 2]
Statutenwijziging vereniging door gekwalificeerde meerderheid [B2 art. 42 BW Boek 2]
Statutenwijziging vereniging door versterkte meerderheid [B2 art. 43 BW Boek 2]
Steigerrecht bij naburig erf [B5 art. 56 BW Boek 5]

Alfabetisch trefwoordenregister S

Stellen van zekerheid [B14 art. 224 Rv]
Stembeleid van institutionele beleggers, publiceren van [B41 4/4.3.5 NCG]
Stembeleid van institutionele beleggers, verslag uitvoering van [B41 4/4.3.6 NCG]
Stemgerechtigden [B13 art. 381 Fw]
Stemgerechtigdheid in vergadering der orde [B45 art. 40 Advw]
Stemmen naar eigen inzicht [B41 4/4.3.1 NCG]
Stemmen tijdens algemene vergadering [B41 4/4.3 NCG]
Stemming [B45 art. 41, art. 53 Advw]
Stemming over personen [B45 art. 45 Advw]
Stemming per klasse [B13 art. 381 Fw]
Stemrecht [B13 art. 281e, art. 81 Fw] [B74 art. 34 EOV]
Stemrecht bij pandrecht [B3 art. 247 BW Boek 3]
Stemrecht bij vruchtgebruik [B3 art. 219 BW Boek 3]
Stemrecht binnen rechtspersoon [B2 art. 13 BW Boek 2]
Stemrecht op algemene vergadering van vereniging [B2 art. 38 BW Boek 2]
Stemrecht op financieringspreferente aandelen [B41 4/4.3.4 NCG]
Stemrecht tijdens AVA BV [B2 art. 228 BW Boek 2]
Stemrecht tijdens AVA NV [B2 art. 118 BW Boek 2]
Stemrecht tijdens vergadering der schuldeisers [B13 art. 82 Fw]
Stemrecht, uitoefening door administratiekantoor van [B41 4/4.4.5 NCG]
Stemvolmachten administratiekantoor [B41 4/4.4.8 NCG]
Stemvolmachten of steminstructies, verstrekken door aandeelhouder van [B41 4/4.3.2 NCG]
Sterfhuis [B1 art. 13 BW Boek 1]
Stichting [B2 art. 285 BW Boek 2]
Stichting als erfgenaam of legataris bij uiterste wilsbeschikking [B4 art. 135 BW Boek 4]
Stichting, intern register voor uitkeringen [B2 art. 290 BW Boek 2]
Stichting Reprorecht [B36 art. 16l Aw]
Stichting van de Arbeid, overname taken [B35 art. 17 Wet LV]
Stichtingsbestuur, bevoegdheden [B2 art. 291 BW Boek 2]
Stichtingsbestuur, bevoegdheden uit statuten [B2 art. 291 BW Boek 2]
Stichtingsbestuur, stemmen [B2 art. 291 BW Boek 2]
Stichtingsbestuur, tegenstrijdig belang bestuurder [B2 art. 291 BW Boek 2]
Stichtingsbestuur, uitvoerende en niet uitvoerende bestuurder [B2 art. 291a BW Boek 2]
Stiefkind [B4 art. 8 BW Boek 4]
Stil pandrecht vestigen [B3 art. 239 BW Boek 3]
Stilhouden voertuig [B40 art. 18 Iw 1990]
Stille vennoot [B12 art. 20 WvK]
Stilzwijgende verlenging [B57 art. 30 HHVV 1978] [B66 art. 19 HTestV] [B69 art. 27 HVV]
Stilzwijgende verlenging erfpacht [B5 art. 98 BW Boek 5]
Stimuleren door bestuur en RvC van openheid en aanspreekbaarheid [B41 2/2.4.1 NCG]
Stipte betaling [B70 art. 59 WKV]
Storting bij bewaarder als geen overeenstemming over verdeling [B14 art. 490b Rv]
Storting in consignatiekas [B14 art. 775 Rv]
Storting in consignatiekas bij hypotheekrecht [B3 art. 270 BW Boek 3]
Storting op aandelen BV in geld [B2 art. 191a BW Boek 2]
Storting op aandelen BV in vreemd geld [B2 art. 191a BW Boek 2]
Storting op aandelen NV in geld [B2 art. 80a BW Boek 2]
Storting op aandelen NV in vreemd geld [B2 art. 80a BW Boek 2]
Stortingsplicht op aandelen BV [B2 art. 191 BW Boek 2]
Stortingsplicht op aandelen NV [B2 art. 80 BW Boek 2]
Strafbaar feit [B21 art. 7 Hnw]
Strafbepaling inzake opzettelijke inbreuk op het recht van de octrooihouder [B39 art. 79 ROW 1995]
Strijd met openbare orde [B57 art. 14 HHVV 1978]
Strijd met openbare orde bij buitenlandse corporatie [B10 art. 122 BW boek 10]
Strijd met openbare orde door rechtspersoon [B2 art. 20 BW Boek 2]
Strijd met openbare orde en goede zeden [B75 art. 3.13 BVIE]
Structuur SE [B91 art. 38 SE]
Stuiting [B40 art. 27 Iw 1990]
Stuiting of verlenging bij verjaring [B3 art. 104 BW Boek 3]
Stuiting partnerregistratie [B1 art. 80a BW Boek 1]
Stuiting van huwelijk [B1 art. 50 BW Boek 1]
Stuiting van huwelijk door OM [B1 art. 53 BW Boek 1]
Stuiting van huwelijk door wettige echtgeno(o)t(e) [B1 art. 52 BW Boek 1]
Stuiting van huwelijk opheffen [B1 art. 55 BW Boek 1]

T

Stuiting van verjaring bij rechtsvordering [B3 art. 316 BW Boek 3]
Stuiting van verjaring door tenuitvoerlegging van uitspraak [B3 art. 325 BW Boek 3]
Stuiting van verjaring rechtsvordering door erkenning [B3 art. 318 BW Boek 3]
Stuiting verjaring [B11 art. 120 NBW] [B12 art. 229a WvK] [B4 art. 214 BW Boek 4]
Stukken tot rectificatie [B28 art. 42 Kadw]
Stukken voor beslissing overgelegd [B13 art. 30 Fw]
Sublegaat van belaste persoon niet zijnde legataris [B4 art. 118 BW Boek 4]
Subrogatie [B11 art. 187 NBW] [B40 art. 57 Iw 1990] [B6 art. 150 BW Boek 6] [B93 art. 19 Rome II]
Subrogatie bij hoofdelijke verbondenheid [B6 art. 12 BW Boek 6]
Subrogatie van rechtswege [B14 art. 642j Rv]
Subsidiaire bevoegdheid [B105 art. 10 HuwVermVo] [B106 art. 10 GPVo]
Subsidie voor exploitatie Bureau [B47 art. 111 WNA]
Surseance van betaling [B13 art. 214 Fw]
Systeembeschrijving [B19 art. 4 Hrw 2007]

T

Taak bestuur ring [B47 art. 83 WNA]
Taak boedelnotaris [B4 art. 146 BW Boek 4]
Taak curator [B13 art. 68 Fw]
Taak KNB; beroeps- en gedragsregels [B47 art. 61 WNA]
Taak ledenraad [B46 art. 64 GDW]
Taak R-C [B13 art. 64 Fw]
Taak voorzitter bestuur KNB [B47 art. 66 WNA]
Taakbeëindiging van bewindvoerder [B4 art. 164 BW Boek 4]
Taakbeëindiging van executeur [B4 art. 149 BW Boek 4]
Taakscheiding uitvoerende/niet-uitvoerende bestuurders bij BV [B2 art. 239a BW Boek 2]
Taakscheiding uitvoerende/niet-uitvoerende bestuurders bij NV [B2 art. 129a BW Boek 2]
Taakverdeling bij meerdere bewindvoerders [B4 art. 158 BW Boek 4]
Taakverdeling van vereffenaar [B4 art. 206 BW Boek 4]
Taal [B78 art. 7 HBetV]
Taal kennisgeving [B13 art. 213j Fw]
Taal stukken ter ondersteuning argumenten of gebruik [B75 art. 1.20, art. 1.36 BVIE]
Taal van de notariële akte [B47 art. 42 WNA]
Taal van rogatoire commissie [B76 art. 4 HBewV]
Taken algemene raad [B45 art. 33 Advw]
Taken bewaarder [B28 art. 7 Kadw]
Taken bewindvoerder [B13 art. 316 Fw]
Taken College van procureurs-generaal bij de Hoge Raad [B42 art. 123 Wet RO]
Taken deken [B45 art. 35 Advw]
Taken en organisatie bestuur KNB [B47 art. 64 WNA]
Taken gerechtsdeurwaarder [B46 art. 2, art. 2 GDW]
Taken van ambtenaar burgerlijke stand [B1 art. 16a BW Boek 1]
Taken van de Commissie van advies burgerlijke staat en nationaliteit [B1 art. 29b BW Boek 1]
Taken van de Dienst [B28 art. 3 Kadw]
Taken vereffenaar bij nalatenschap [B4 art. 211 BW Boek 4]
Taksen [B74 art. 51 EOV]
Taksen en termijnen [B75 art. 4.9 BVIE]
Talen Bureau [B75 art. 3.3 BVIE]
Talen van de Raad van Bestuur [B74 art. 31 EOV]
Talen van het Europees Octrooibureau, Europese octrooiaanvragen en andere stukken [B74 art. 14 EOV]
Talen van het Verdrag [B74 art. 177 EOV]
Taxatie van marktwaarde van het verpachte door de grondkamer [B7 art. 379 BW Boek 7]
Te gelde maken boedel [B13 art. 137c Fw]
Te late aanvaarding bij totstandkoming overeenkomst [B6 art. 223 BW Boek 6]
Te velde staande vruchten en beplantingen [B14 art. 494 Rv]
Te velde staande vruchten of beplantingen van een onroerende zaak [B14 art. 732 Rv]
Teboekstelling bij zeeschip [B8 art. 194 BW Boek 8]
Teboekstelling van binnenschip [B8 art. 784 BW Boek 8]
Teboekstelling van luchtvaartuig [B8 art. 1303 BW Boek 8]
Teboekstellingsverplichting van binnenschip [B8 art. 785 BW Boek 8]
Technisch advies [B74 art. 25 EOV]
Technische beschermingsmaatregelen [B36 art. 29a Aw]
Technische rekeningen van verzekeringsmaatschappij [B2 art. 438 BW Boek 2]

Alfabetisch trefwoordenregister T

Technische voorzieningen [B37 art. I Dbw]
Technische voorzieningen op balans verzekeringsmaatschappij [B2 art. 435 BW Boek 2]
Tegeldemaking beheerde goederen door executeur [B4 art. 147 BW Boek 4]
Tegeldemaking goederen bij vereffening nalatenschap [B4 art. 215 BW Boek 4]
Tegelijk vennootschap en c.v. [B12 art. 19 WvK]
Tegemoetkoming in verhuis- en inrichtingskosten bij huur bedrijfsruimte [B7 art. 297 BW Boek 7]
Tegemoetkoming verhuis- en inrichtingskosten bij huur [B7 art. 275 BW Boek 7]
Tegen schuldenaar reeds ingestelde vordering [B13 art. 28 Fw]
Tegenaanbod [B70 art. 19 WKV]
Tegenbewijs [B50 art. 28 WBRV] [B73 art. 30 CMR]
Tegenprestatie begiftigde [B7 art. 187 BW Boek 7]
Tegenprestatie huurder [B7 art. 212 BW Boek 7]
Tegenprestatie (overgang) bij rechtsgevolgen van overeenkomst [B6 art. 251, art. 252 BW Boek 6]
Tegenspraak [B14 art. 584k Rv]
Tegenspraak bij rechter-commissaris [B14 art. 485a Rv]
Tegenvordering [B105 art. 12 HuwVermVo] [B106 art. 12 GPVo] [B14 art. 1038c Rv]
Tegenwaarde in euro geen rechtsgevolg BV [B2 art. 178c BW Boek 2]
Tegenwaarde in euro geen rechtsgevolg NV [B2 art. 67c BW Boek 2]
Tegenwerpen aanstelling/ontslag boekhouder bij rederij [B8 art. 179 BW Boek 8]
Tekeningen of modellen [B75 art. 3.1 BVIE]
Tekens die een merk kunnen vormen [B75 art. 2.1 BVIE]
Tekortkoming veroorzaakt door derde [B70 art. 79 WKV]
Tekortkomingen schuldenaar vóór aanvang surseance [B13 art. 237b Fw]
Tekortkomingen schuldenaar vóór faillietverklaring [B13 art. 37b Fw]
Tekortschieten hoofdschuldenaar in nakoming verbintenis bij borgtocht [B7 art. 855 BW Boek 7]
Tekortschieten in verplichtingen door pandgever [B3 art. 237 BW Boek 3]
Tekortschieten van vruchtgebruiker [B3 art. 221 BW Boek 3]
Telecommunicatiediensten [B54 art. 2a Wet OB 1968]
Temporele toepassing [B93 art. 31 Rome II]
Ten minste twee jaar volledige rechtsbevoegdheid [B7 art. 671a BW Boek 7]
Ten onrechte als verworpen of aangenomen beschouwd [B13 art. 173d Fw]
Ten onrechte niet stellen van advocaat [B14 art. 123 Rv] [B15 art. 123 Rv]
Ten onrechte stellen van advocaat [B14 art. 124 Rv] [B15 art. 124 Rv]
Tenietdoen ontbindingsverklaring bij verrekening [B6 art. 134 BW Boek 6]
Tenietdoen van erkenning in internationaal privaatrecht [B10 art. 96 BW boek 10]
Tenietgaan beperkt recht; afstand, vermenging [B11 art. 85 NBW]
Tenietgaan bijzondere voorrechten bij zeeschip [B8 art. 227 BW Boek 8]
Tenietgaan borgtocht [B7 art. 853 BW Boek 7]
Tenietgaan chequeschuld [B12 art. 228a WvK]
Tenietgaan door beperkt gerechtigde bedongen erfdienstbaarheid [B5 art. 84 BW Boek 5]
Tenietgaan door beperkt gerechtigde gevestigde erfdienstbaarheid [B5 art. 84 BW Boek 5]
Tenietgaan erfdienstbaarheid door vermenging [B5 art. 83 BW Boek 5]
Tenietgaan opstal [B5 art. 105 BW Boek 5]
Tenietgaan pand- en hypotheekrecht [B11 art. 122 NBW]
Tenietgaan pandrecht [B3 art. 256 BW Boek 3]
Tenietgaan rechten [B13 art. 188 Fw]
Tenietgaan van pand- en hypotheekrecht bij verjaring van rechtsvordering [B3 art. 323 BW Boek 3]
Tenietgaan van vorderingen [B14 art. 642w Rv]
Tenietgaan verleende voorrechten bij luchtvaartuig [B8 art. 1320 BW Boek 8]
Tenietgaan voorrechten bij binnenschip [B8 art. 829 BW Boek 8]
Tenietgaan voorrechten bij zeeschip [B8 art. 219 BW Boek 8]
Tenietgaan voorrechten op zaken aan boord binnenschip [B8 art. 837 BW Boek 8]
Tenietgaan wisselschuld [B12 art. 168a WvK]
Tenietgaan/verloren gaan zaak bij aanneming van werk [B7 art. 757 BW Boek 7]
Tentoonstellen en afbeelden in catalogus [B36 art. 23 Aw]
Tenuitvoerlegging authentieke akten [B81 art. 58 Brussel I-bis]
Tenuitvoerlegging beslissingen in burgerlijke en handelszaken, aanhangigheid en samenhang [B81 art. 29 Brussel I-bis]
Tenuitvoerlegging beslissingen in burgerlijke en handelszaken, bevoegdheid [B81 art. 4 Brussel I-bis]

T

Tenuitvoerlegging beslissingen in burgerlijke en handelszaken, bevoegdheid in verzekeringszaken [B81 art. 10 Brussel I-bis]

Tenuitvoerlegging beslissingen in burgerlijke en handelszaken, bevoegdheid voor door consumenten gesloten overeenkomsten [B81 art. 17 Brussel I-bis]

Tenuitvoerlegging beslissingen in burgerlijke en handelszaken, bevoegdheid voor individuele verbintenissen uit arbeidsovereenkomst [B81 art. 20 Brussel I-bis]

Tenuitvoerlegging beslissingen in burgerlijke en handelszaken, bijzondere bevoegdheid [B81 art. 7 Brussel I-bis]

Tenuitvoerlegging beslissingen in burgerlijke en handelszaken, door partijen aangewezen bevoegd gerecht [B81 art. 25 Brussel I-bis]

Tenuitvoerlegging beslissingen in burgerlijke en handelszaken, exclusieve bevoegdheid [B81 art. 24 Brussel I-bis]

Tenuitvoerlegging beslissingen in burgerlijke en handelszaken, toetsing bevoegdheid/ontvankelijkheid [B81 art. 27 Brussel I-bis]

Tenuitvoerlegging beslissingen in burgerlijke en handelszaken, voorlopige en bewarende maatregelen [B81 art. 35 Brussel I-bis]

Tenuitvoerlegging dwangsom [B14 art. 611c Rv]

Tenuitvoerlegging executoriale titel [B11 art. 186 NBW]

Tenuitvoerlegging genomen maatregelen in andere Verdragsluitende Staten [B63 art. 28 HKV 1996]

Tenuitvoerlegging gerechtelijke schikkingen [B81 art. 59 Brussel I-bis]

Tenuitvoerlegging uitspraak [B11 art. 123 NBW]

Tenuitvoerlegging verdrag, bevoegdheid notaris [B82 art. 6 Uw Exv]

Tenuitvoerlegging verdrag, eenvoudig verlof [B82 art. 3 Uw Exv]

Tenuitvoerlegging verdrag, rechtsmiddel [B82 art. 4 Uw Exv]

Tenuitvoerlegging verdrag, tarief [B82 art. 5 Uw Exv]

Tenuitvoerlegging verdrag, verzoek [B82 art. 2 Uw Exv]

Tenuitvoerlegging verordening, aanmerking als executoriale titel [B82 art. 7 Uw Exv]

Tenuitvoerlegging verordening, aanmerking als verlof [B82 art. 8 Uw Exv]

Tenuitvoerlegging verordening, aanpassing maatregel of bevel [B82 art. 12 Uw Exv]

Tenuitvoerlegging verordening, bevoegdheid notaris [B82 art. 13 Uw Exv]

Tenuitvoerlegging verordening, bevoegdheid rechtbank/gerechtshof/Hoge Raad [B82 art. 10 Uw Exv]

Tenuitvoerlegging verordening, partij in/buiten Nederland [B82 art. 9 Uw Exv]

Tenuitvoerlegging verordening, vordering [B82 art. 11 Uw Exv]

Ter beschikking stellen formulieren [B75 art. 3.11 BVIE]

Ter inzagelegging akkoord voor belanghebbenden, termijn [B13 art. 381 Fw]

Ter inzagelegging akkoord voor belanghebbenden, voorwaarden [B13 art. 381 Fw]

Ter kennisstelling klacht bij raad van discipline [B45 art. 46f Advw]

Terbeschikkingstelling administratie aan curator [B13 art. 105b Fw]

Terbeschikkingstelling van zaak aan huurder [B7 art. 203 BW Boek 7]

Terbeschikkingstelling verpachte aan pachter [B7 art. 336 BW Boek 7]

Terechtzittingen openbaar [B45 art. 49 Advw]

Terhandstelling notaris [B4 art. 95 BW Boek 4]

Terinzagelegging inbrengverklaring bij NV [B2 art. 94b BW Boek 2]

Terinzagelegging rekening voor belanghebbenden [B14 art. 772 Rv]

Terinzagelegging uitdelingslijst [B13 art. 183 Fw]

Terinzagelegging van het voorstel [B28 art. 76 Kadw]

Terinzagelegging van toelichting bij grensoverschrijdende fusies [B2 art. 333f BW Boek 2]

Termijn aanbieding [B12 art. 122 WvK]

Termijn aanbieding en opmaken protest [B12 art. 159 WvK]

Termijn aangifte erfbelasting [B52 art. 45 SW]

Termijn aangifte schenkbelasting [B52 art. 46 SW]

Termijn aanvaarding aanbod nieuwe overeenkomst bij huur bedrijfsruimte [B7 art. 298 BW Boek 7]

Termijn betalen geldboete [B46 art. 43 GDW]

Termijn bij inwerkingtreding reeds verstreken [B11 art. 73a NBW]

Termijn bij ontruiming [B14 art. 557a Rv]

Termijn bij vruchtgebruik [B4 art. 31 BW Boek 4]

Termijn eindigt niet op zaterdag of zon- en feestdagen [B44 art. 1 Atw]

Termijn en vorm [B74 art. 108 EOV]

Termijn hoofdhuur bedrijfsruimte [B11 art. 208j NBW]

Termijn instellen collectieve vordering [B14 art. 1018d Rv]

Alfabetisch trefwoordenregister

T

Termijn inzake maken voorbehouden Verdragsluitende Staten bij bekrachtiging/aanvaarding/goedkeuring/toetreding, dan wel bij vertalingen [B63 art. 60 HKV 1996]

Termijn onderwerping aan tuchtrechtspraak [B45 art. 47c Advw]

Termijn op vervoerovereenkomst onder cognossement gegronde rechtsvordering bij goederenvervoer [B8 art. 1712 BW Boek 8]

Termijn opeisbaarheid vordering bij legitieme portie [B4 art. 81 BW Boek 4]

Termijn schuldsaneringsregeling [B13 art. 349a Fw]

Termijn uitspraak [B13 art. 338 Fw]

Termijn uitspraak rechtbank; tekortkoming [B13 art. 354 Fw]

Termijn van beroep in cassatie [B14 art. 402 Rv]

Termijn van dagvaarding voor houders van aandelen welke niet op naam staan [B14 art. 116 Rv] [B15 art. 116 Rv]

Termijn van lijfrente [B3 art. 9 BW Boek 3]

Termijn voor aanvaarding [B70 art. 20 WKV]

Termijn voor eis in hoofdzaak [B14 art. 700 Rv]

Termijn voor indienen verzoek tot herziening stukken bij ondernemingskamer [B2 art. 449 BW Boek 2]

Termijn voor uitoefening recht [B13 art. 58 Fw]

Termijn voor verweerschrift [B14 art. 801 Rv]

Termijn voorrecht [B13 art. 59a Fw]

Termijn waarin zaterdagen enz. voorkomen [B44 art. 2 Atw]

Termijnbepaling [B14 art. 616 Rv]

Termijnen aanbieding ter betaling [B12 art. 206 WvK]

Termijnen bij klachtbehandeling [B45 art. 46d Advw]

Termijnen bij mindering op legitieme portie [B4 art. 77 BW Boek 4]

Termijnen bij nalatenschap [B4 art. 40 BW Boek 4]

Termijnen en sluitingsdagen [B75 art. 3.9 BVIE]

Termijnen in een AMvB gesteld [B44 art. 5 Atw]

Termijnen voor het nemen van conclusies [B14 art. 133 Rv]

Termijnhandel [B13 art. 38 Fw]

Termijnstelling bevestiging en vernietiging bij rechtshandeling [B3 art. 55 BW Boek 3]

Termijnstelling: parate executie [B13 art. 60 Fw]

Termijnverlenging i.v.m. standpuntbepaling curator [B13 art. 36a Fw]

Termijnverlening; geen beroepsmogelijkheid [B14 art. 616 Rv]

Termijnverstrijking bij bewind [B4 art. 177 BW Boek 4]

Terpostbezorging [B40 art. 13 Iw 1990]

Territoriale bevoegdheid [B75 art. 4.6 BVIE]

Territoriale collisie [B105 art. 33 HuwVermVo] [B106 art. 33 GPVo]

Territoriale competentie [B47 art. 13 WNA]

Territoriale eenheden [B69 art. 19 HVV]

Territoriale werking [B74 art. 3 EOV]

Territoriale zee [B11 art. 156 NBW]

Terstond nakomen bij verbintenis [B6 art. 38 BW Boek 6]

Terugbetaling bedrag van niet-toegestane betalingstransactie [B7 art. 528 BW Boek 7]

Terugbetaling elektronisch geld door elektronischgeldinstelling [B7 art. 521a BW Boek 7]

Terugbetaling van kosten [B76 art. 26 HBewV]

Terugbetaling/kwijtschelding [B40 art. 27bis Iw 1990]

Teruggaaf aan aansprakelijk gestelde [B40 art. 54 Iw 1990]

Teruggaaf van de belasting [B50 art. 19 WBRV]

Teruggave [B14 art. 86 Rv]

Teruggave bij voorraad na vordering tot ontbinding [B7 art. 91 BW Boek 7]

Teruggave cultuurgoed, kosten [B14 art. 1011c Rv]

Teruggave cultuurgoed, maatregelen [B14 art. 1011b Rv]

Teruggave cultuurgoed, schorsing tenuitvoerlegging [B14 art. 1011d Rv]

Teruggave geschriften waaruit volmacht blijkt [B3 art. 75 BW Boek 3]

Teruggave niet mogelijk na vrijwillige betaling bij kansspelen en weddenschappen [B7a art. 1828 BW Boek 7A]

Teruggave van de zaak [B7 art. 93 BW Boek 7]

Teruggave/terugneming bij bewaarneming [B7 art. 605 BW Boek 7]

Terugkeer van vermiste of onjuiste overlijdensdatum [B1 art. 422 BW Boek 1]

Terugkeer/herneming gezag door kapitein bij hulpverlening [B8 art. 559 BW Boek 8]

Terugmelding van een in een basisregistratie opgenomen gegeven [B28 art. 7n Kadw]

Terugmelding van een in een basisregistratie topografie opgenomen gegeven [B28 art. 7o Kadw]

Terugmelding van een in een registratie overgenomen gegeven [B28 art. 7m Kadw]

T **Alfabetisch trefwoordenregister**

Terugnemen betalingskorting [B40 art. 27a Iw 1990]
Terugtreden advocaat [B14 art. 416 Rv]
Terugvorderen schuldbekentenis bij nakoming verbintenis [B6 art. 48 BW Boek 6]
Terugvorderen uiterste wilsbeschikking [B4 art. 113 BW Boek 4]
Terugvordering bij acceptatie handelspapier [B7 art. 43 BW Boek 7]
Terugvordering bij faillissement koper bij koop [B7 art. 40 BW Boek 7]
Terugvordering bij overdracht aan derde bij koop [B7 art. 42 BW Boek 7]
Terugvordering bij schuldsaneringsregeling koper bij koop [B7 art. 40 BW Boek 7]
Terugvordering staatssteun [B13 art. 362 Fw] [B40 art. 63aa Iw 1990]
Terugvordering t.b.v. gemeenschap [B3 art. 195 BW Boek 3]
Terugvordering van nalatenschap van legataris [B4 art. 216 BW Boek 4]
Terugwerkende kracht bij verrekening [B6 art. 129 BW Boek 6]
Terugwerkende kracht bij wederkerige overeenkomst [B6 art. 269 BW Boek 6]
Terugwerkende kracht der vernietiging [B39 art. 75 ROW 1995]
Terugwerkende kracht onderhoudsverplichting [B1 art. 403 BW Boek 1]
Terugwerkende kracht van vernietiging bij rechtshandeling [B3 art. 53 BW Boek 3]
Terugwerking faillietverklaring deelnemer t.a.v. overboekingsopdracht of opdracht tot verrekening [B13 art. 212b, art. 212b Fw]
Terugzenden zaak bij vernietiging niet-ontvankelijkheid [B46 art. 48 GDW]
Terugzending zaken na ontbinding overeenkomst [B6 art. 230s BW Boek 6]
Testamentair bewind [B11 art. 134 NBW]
Testamentaire last [B4 art. 130 BW Boek 4]
Tijd voor protest [B12 art. 218 WvK]
Tijd- of reisbevrachting [B8 art. 373, art. 972 BW Boek 8]
Tijd- of reisbevrachting bij personenvervoer over zee [B8 art. 502 BW Boek 8]
Tijd-/reisbevrachting bij goederenvervoer door de lucht [B8 art. 1352 BW Boek 8]
Tijd-/reisbevrachting bij goederenvervoer over de weg [B8 art. 1093 BW Boek 8]
Tijd-/reisbevrachting bij personenvervoer door de lucht [B8 art. 1392 BW Boek 8]
Tijd-/reisbevrachting bij personenvervoer over de weg [B8 art. 1144 BW Boek 8]
Tijdelijke inbezitneming [B70 art. 86 WKV]
Tijdelijke of blijvende schrapping van het tableau van advocaat uit andere lidstaat of Zwitserland [B45 art. 9aa Advw]
Tijdelijke reproductie van voorbijgaande of incidentele aard [B36 art. 13a Aw]
Tijdelijke voortzetting, inbreuk [B38 art. 15f WNR]
Tijdelijke voorziening bij voogdij [B1 art. 296 BW Boek 1]
Tijdperk bij personenvervoer door de lucht [B8 art. 1391 BW Boek 8]
Tijdrekening plaats van betaling [B12 art. 207 WvK]
Tijdsbepaling bij nakoming verbintenis [B6 art. 39 BW Boek 6]
Tijdsbepaling of voorwaarde bij rechtshandeling [B3 art. 38 BW Boek 3]
Tijdstip einde arbeidsovereenkomst [B7 art. 683 BW Boek 7]
Tijdstip herstel arbeidsovereenkomst [B7 art. 682 BW Boek 7]
Tijdstip inschrijving na hernieuwde aanbieding bij registergoed [B3 art. 20 BW Boek 3]
Tijdstip ontruiming bij opzegging pachtovereenkomst [B7 art. 372 BW Boek 7]
Tijdstip ontvangst elektronisch verzonden berichten [B14 art. 30d Rv] [B15 art. 30d Rv]
Tijdstip overbrenging [B54 art. 3a Wet OB 1968]
Tijdstip tenuitvoerlegging [B14 art. 432 Rv]
Tijdstip van betaling [B70 art. 58 WKV]
Tijdstip van betekening [B14 art. 64 Rv]
Tijdstip van inschrijving bij registergoed [B3 art. 19 BW Boek 3]
Tijdstip van levering [B70 art. 33 WKV]
Tijdstip van verkrijging inschrijving akte [B50 art. 8 WBRV]
Tijdstip verschuldigdheid [B50 art. 26 WBRV] [B54 art. 13 Wet OB 1968]
Tijdstip vonnis [B14 art. 1048 Rv]
Tijdstip waarop eisen gedaan moeten worden [B14 art. 680 Rv]
Tijdvak bij goederenvervoer door de lucht [B8 art. 1351 BW Boek 8]
Tijdvak bij personenvervoer over de weg [B8 art. 1142 BW Boek 8]
Toebedeling vermogensbestanddelen CBB aan Bureau [B47 art. 130 WNA]
Toedeling bij verdeling [B50 art. 7 WBRV]
Toedeling pand of hypotheek bij gemeenschap [B3 art. 177 BW Boek 3]
Toegang betaalinstelling tot betaalrekeningsdiensten, objectieve voorwaarden [B23 art. 5:88a Wft]
Toegang curator [B13 art. 93a Fw]
Toegang insolventieregisters [B88 art. 27 IVO]
Toegang mede-eigenaars bij mandeligheid [B5 art. 64 BW Boek 5]
Toegang tot administratie [B46 art. 24 GDW]

Alfabetisch trefwoordenregister

T

Toegang tot bescheiden in zaken betreffende schending van mededingingsrecht [B14 art. 844 Rv]
Toegang verboden [B14 art. 444a Rv]
Toegankelijke informatie bij dienstrichtlijn [B6 art. 230c BW Boek 6]
Toegevoegd gerechtsdeurwaarder [B46 art. 27 GDW]
Toekenning rechtsgevolgen in internationaal privaatrecht [B10 art. 9 BW boek 10]
Toekenning van aandelen aan werknemers of bestuurders in toelichting op jaarrekening [B2 art. 383d BW Boek 2]
Toekomstige schade bij schadevergoeding [B6 art. 105 BW Boek 6]
Toelating rechtskeuze in internationaal privaatrecht [B10 art. 10 BW boek 10]
Toelating tot stemming [B13 art. 267 Fw]
Toelating tot verificatie na afloop termijn [B14 art. 642o Rv]
Toelating van leden tot vereniging [B2 art. 33 BW Boek 2]
Toelichtende informatie op eigen vermogen [B2 art. 378 BW Boek 2]
Toelichtende informatie op gehouden belangen in andere maatschappijen [B2 art. 379 BW Boek 2]
Toelichting bij splitsing [B2 art. 334g BW Boek 2]
Toelichting jaarrekening NV [B2 art. 383b BW Boek 2]
Toelichting jaarrekening van stichtingen en verenigingen [B2 art. 383a BW Boek 2]
Toelichting of voorstel tot splitsing NV of BV [B2 art. 334z BW Boek 2]
Toelichting op balans van levensverzekeringsbedrijf [B2 art. 441 BW Boek 2]
Toelichting op balans van schadeverzekeringsbedrijf [B2 art. 441 BW Boek 2]
Toelichting op fusievoorstel [B2 art. 327 BW Boek 2]
Toelichting, verdediging en wijziging akkoord op vergadering [B13 art. 332 Fw]
Toelichting, verdediging, wijziging [B13 art. 144 Fw]
Toepasselijk bewijsrecht [B14 art. 391, art. 418a Rv]
Toepasselijk recht bij corporaties [B10 art. 118 BW boek 10]
Toepasselijk recht bij gemeenschappelijke nationaliteit [B10 art. 37 BW boek 10]
Toepasselijk recht bij ontbinding van internationaal huwelijk [B10 art. 56 BW boek 10]
Toepasselijk recht, eenheid [B105 art. 21 HuwVermVo] [B106 art. 21 GPVo]
Toepasselijk recht op exploitatieovereenkomst van een schip [B10 art. 161 BW boek 10]
Toepasselijk recht op familierechtelijke betrekkingen bij erkenning [B10 art. 95 BW boek 10]
Toepasselijk recht op familierechtelijke betrekkingen door geboorte [B10 art. 92 BW boek 10]
Toepasselijk recht op familierechtelijke betrekkingen van buiten huwelijk geboren kind [B10 art. 94 BW boek 10]
Toepasselijk recht op giraal overdraagbare effecten [B10 art. 141 BW boek 10]
Toepasselijk recht op merken en tekeningen of modellen als vermogensbestanddeel [B75 art. 4.8bis BVIE]
Toepasselijk recht op ontkenning van familierechtelijke betrekkingen [B10 art. 93 BW boek 10]
Toepasselijk recht op procedure tenuitvoerlegging [B81 art. 41 Brussel I-bis]
Toepasselijk recht op procedure weigering tenuitvoerlegging [B81 art. 47 Brussel I-bis]
Toepasselijk recht op rechtsbetrekkingen tussen geregistreerd partners bij ontbreken aanwijzing [B10 art. 65 BW boek 10]
Toepasselijk recht op vaststelling ouderschap [B10 art. 97 BW boek 10]
Toepasselijk recht t.a.v. rechtsbetrekking met derden [B57 art. 9 HHVV 1978]
Toepasselijk recht van niet-Verdragsluitende Staat [B63 art. 20 HKV 1996]
Toepasselijk recht vertegenwoordiger en derde [B69 art. 15 HVV]
Toepasselijke bepalingen bij curatele [B1 art. 386 BW Boek 1]
Toepasselijke beslissingen [B60 art. 2 HAEV 1973]
Toepasselijke wet bij ongeval [B71 art. 3 HVOV]
Toepasselijke wet in andere gevallen [B72 art. 6 HPAV]
Toepasselijke wet in strijd met openbare orde [B72 art. 10 HPAV]
Toepasselijkheid bepalingen in hoger beroep [B14 art. 353 Rv]
Toepasselijkheid bijzondere bankenregime [B13 art. 212nna Fw]
Toepasselijkheid Boek 7 BW op huurovereenkomsten [B11 art. 208ha NBW]
Toepasselijkheid Haags Trustverdrag [B10 art. 144 BW boek 10]
Toepasselijkheid m.b.t. aanbieden van financiële producten [B23 art. 4:2c Wft]
Toepasselijkheid m.b.t. gestructureerde deposito's [B23 art. 4:2e Wft]
Toepasselijkheid m.b.t. herverzekeringen [B23 art. 4:2a Wft]
Toepasselijkheid m.b.t. kortlopend consumentenkrediet [B23 art. 4:2d Wft]
Toepasselijkheid meerdere rechtsstelsels in internationaal privaatrecht [B10 art. 15 BW boek 10]
Toepasselijkheid nieuw recht na wijziging [B57 art. 8 HHVV 1978]
Toepasselijkheid op bestuurders en commissarissen rechtspersoon [B13 art. 106, art. 117 Fw]
Toepasselijkheid op commissieleden [B13 art. 281e Fw]

T

Toepasselijkheid recht van de ressorterende lidstaat [B91 art. 24 SE]
Toepasselijkheid regeling verzoekschriftprocedure in eerste aanleg [B14 art. 362 Rv]
Toepasselijkheid verdrag op 'oude' en 'nieuwe' trusts [B68 art. 22 HTV]
Toepasselijkheid Wet op de formeel buitenlandse vennootschappen [B10 art. 124 BW boek 10]
Toepasselijkheid wisselrecht [B12 art. 176 WvK]
Toepasselijkheidsbeding [B14 art. 241 Rv]
Toepasselijkheidsverklaring op rijksdelen e.d. [B71 art. 19 HVOV] [B72 art. 19 HPAV]
Toepassen dwangmiddelen [B76 art. 10 HBewV]
Toepassing internationale instrumenten [B57 art. 20 HHVV 1978]
Toepassing landswet [B76 art. 9 HBewV]
Toepassing Nederlands recht op adoptie [B10 art. 105 BW boek 10]
Toepassing op satellietuitzendingen [B36 art. 47b Aw]
Toepassing structuurregeling op raad van commissarissen BV [B2 art. 267 BW Boek 2]
Toepassing structuurregeling op raad van commissarissen NV [B2 art. 157 BW Boek 2]
Toepassing van het recht van een staat in internationaal privaatrecht [B10 art. 5 BW boek 10]
Toepassing van het Verdrag tot samenwerking inzake octrooien [B74 art. 150 EOV]
Toepassing van 'Rome II' [B10 art. 158 BW boek 10]
Toepassing van 'Rome I' [B10 art. 154 BW boek 10]
Toepassing Verdrag op conflicten in Staat met verschillende toepasselijke rechtsstelsels [B63 art. 46 HKV 1996]
Toepassing Verdrag ter afschaffing van dubbele belasting [B40 art. 31a Iw 1990]
Toepassing vreemd recht in internationaal privaatrecht [B10 art. 6 BW boek 10]
Toepassing Wet allocatie arbeidskrachten door intermediairs [B40 art. 34a Iw 1990]
Toepassing wet op filmproducenten [B38 art. 32 WNR]
Toepassing wet op fonogrammenproducenten [B38 art. 32 WNR]
Toepassing wet op omroeporganisaties [B38 art. 32 WNR]
Toepassing wet op satellietuitzending [B38 art. 32a WNR]
Toerekenbaar tekortschieten schuldenaar [B13 art. 358 Fw]
Toerekening aandeel op schuld aan gemeenschap bij gemeenschap [B3 art. 184 BW Boek 3]
Toerekening betaling aan kosten, rente en hoofdsom [B6 art. 44 BW Boek 6]
Toerekening betaling bij nakoming van meerdere verbintenis [B6 art. 43 BW Boek 6]
Toerekening van de betalingen [B40 art. 7 Iw 1990]
Toerekening vorderingen bij maatschap [B7a art. 1665 BW Boek 7A]
Toeslagen, opcenten, renten etc. [B40 art. 6 Iw 1990]
Toestaan verzoek [B14 art. 204 Rv]
Toestemming bij voorbaat bij schuldoverneming [B6 art. 156 BW Boek 6]
Toestemming of machtiging bij vruchtgebruik [B3 art. 212 BW Boek 3]
Toestemming overheidsorgaan bij rechtshandeling [B3 art. 57 BW Boek 3]
Toestemming pachter bij aanbrengen verbeteringen [B7 art. 354 BW Boek 7]
Toestemming patiënt bij behandelingsovereenkomst [B7 art. 450 BW Boek 7]
Toestemming tot uitoefenen rechten m.b.t. levensverzekering [B13 art. 22a Fw]
Toestemming tot verlaten woonplaats [B13 art. 91 Fw]
Toestemming UWV voor opzegging [B7 art. 671a BW Boek 7]
Toestemming van echtgenoot voor rechtshandelingen [B1 art. 88 BW Boek 1]
Toestemming vier weken geldig [B7 art. 671a BW Boek 7]
Toetreding aanvullende Staten tot het Verdrag na inwerkingtreding [B63 art. 58 HKV 1996]
Toetreding andere staten [B68 art. 28 HTV]
Toetreding van lidstaten van de Conferentie [B68 art. 27 HTV]
Toetreding; deelnemers Haagse Conferentie [B78 art. 26 HBetV]
Toetreding; niet-deelnemers Haagse Conferentie [B78 art. 28 HBetV]
Toetsing energieprestatievergoeding door huurcommissie [B7 art. 261a BW Boek 7]
Toetsing praktische werking van het Verdrag [B63 art. 56 HKV 1996]
Toetsing werking Verdrag [B80 art. 24]
Toevoeging advocaat [B14 art. 817 Rv]
Toevoeging van latere vermelding in buitenlandse akten [B1 art. 25b BW Boek 1]
Toewijzing gezag aan één ouder [B1 art. 251a BW Boek 1]
Toewijzing of afwijzing van verzoek tot onderzoek [B2 art. 350 BW Boek 2]
Toewijzing verzoek [B13 art. 287a Fw]
Toewijzing vordering bij verrekening [B6 art. 136 BW Boek 6]
Toezending aan grondkamer bij pachtovereenkomst [B7 art. 321 BW Boek 7]
Toezending afschrift [B13 art. 139, art. 253 Fw]
Toezending langs consulaire of diplomatieke weg [B78 art. 9 HBetV]
Toezending van afschrift van beschikking bij verklaring van recht [B1 art. 26e BW Boek 1]
Toezending van afschrift van verklaring voor recht [B1 art. 27b BW Boek 1]

Alfabetisch trefwoordenregister

U

Toezending van ambtshalve opgemaakte geboorteakte [B1 art. 25f BW Boek 1]
Toezendingen en mededelingen [B74 art. 178 EOV]
Toezicht door het Bureau [B46 art. 30, art. 30a GDW]
Toezicht in arrondissement door deken [B45 art. 45a Advw]
Toezicht naleving voorwaarden [B45 art. 48c Advw]
Toezicht op bestuur [B46 art. 68 GDW]
Toezicht op bestuur KNB [B47 art. 72 WNA]
Toezicht op bestuur KNB, advies ledenraad [B47 art. 73 WNA]
Toezicht op deken [B45 art. 45i Advw]
Toezicht op opleiding en examen [B47 art. 34 WNA]
Toezicht op ratingbureaus, aanwijzing toezichthouder [B23 art. 5:89 Wft]
Toezicht op rechtmatigheid [B91 art. 25 SE]
Toezicht op stichting [B2 art. 297b BW Boek 2]
Toezicht R-C op taken bewindvoerder [B13 art. 314 Fw]
Toezichthoudend orgaan [B91 art. 40 SE]
Toonder- of orderpapier [B14 art. 495 Rv]
Totaal verlies zaak bij schadeverzekering [B7 art. 958 BW Boek 7]
Totale ontbinding [B70 art. 73 WKV]
Transacties bestuurders en commissarissen, verantwoording [B41 2/2.7.4 NCG]
Transacties grootaandeelhouders, verantwoording [B41 2/2.7.5 NCG]
Transacties met verbonden partijen [B2 art. 381 BW Boek 2]
Transacties met verbonden partijen, reikwijdte [B2 art. 167 BW Boek 2]
Transitievergoeding [B7 art. 673 BW Boek 7]
Transitievergoeding bij combinatie redelijke gronden ontslag [B7 art. 671b, art. 682 BW Boek 7]
Transitievergoeding vergoed door UWV [B7 art. 673e BW Boek 7]
Transportbrief bij goederenvervoer over de weg [B8 art. 1122 BW Boek 8]
Trust in het leven geroepen door een rechterlijke beslissing [B68 art. 20 HTV]
Trust; begripsbepaling [B68 art. 2 HTV]
Trustrecht in het internationaal privaatrecht [B10 art. 142 BW boek 10]
Tuchtmaatregelen [B47 art. 103 WNA]
Tuchtmaatregelen door het Bureau [B46 art. 30b GDW]
Tuchtrechtspraak [B46 art. 34 GDW] [B47 art. 93 WNA]
Tuchtrechtspraak en bezoekende advocaten [B45 art. 60a Advw]
Tussenhandelaar, mededeling toegekende btw-identificatienummer [B54 art. 5c Wet OB 1968]
Tussenhandelaar, opeenvolgende leveringen in de keten van de ene lidstaat naar de andere [B54 art. 5c Wet OB 1968]
Tussenhandelaar zorgt voor vervoer of verzending goederen in de keten [B54 art. 5c Wet OB 1968]
Tussenkomst in het algemeen [B12 art. 154 WvK]
Tussenkomst van de vermeende inbreukmaker [B74 art. 105 EOV]
Tussenpersoon [B54 art. 6a Wet OB 1968]
Tussenpozen van ten hoogste zes maanden [B7 art. 691 BW Boek 7]
Tussentijdse handelingen van schuldenaar [B13 art. 169 Fw]
Tussentijdse opzegging [B7 art. 667 BW Boek 7]
Tussentijdse vacatures [B45 art. 19 Advw]
Tussentijdse wijziging authentieke gegevens in de basisregistratie topografie [B28 art. 7p Kadw]
Tussenvonnis [B14 art. 232 Rv]
Tweede en volgende beslagen [B14 art. 457 Rv]
Tweede uitkering op papier aan toonder [B13 art. 281f Fw]
Tweezijdige verklaring bij bezitsoverdracht [B3 art. 115 BW Boek 3]
Twijfel over geslacht kind [B1 art. 19d BW Boek 1]

U

UBO, melding bij discrepantie verkregen gegevens [B19 art. 38a Hrw 2007]
UBO, op te nemen gegevens [B19 art. 15a Hrw 2007]
UBO, te deponeren gegevens [B19 art. 15a Hrw 2007]
UBO-register [B19 art. 15a Hrw 2007]
Uitbetaling van onderhoudsgelden aan ouder of voogd [B1 art. 408 BW Boek 1]
Uitbreiding [B52 art. 1 SW]
Uitbreiding aansprakelijkheid bij aanvaring [B8 art. 541 BW Boek 8]
Uitbreiding arbitragegebied [B14 art. 1020 Rv]
Uitbreiding begrip bestuurder [B40 art. 36 Iw 1990]
Uitbreiding begrip gefailleerde [B13 art. 22 Fw]
Uitbreiding begrip huishoudelijke hulp [B7 art. 629 BW Boek 7]
Uitbreiding van de omvang van de stand der techniek [B39 art. 109 ROW 1995]

U

Uitdeling aan geverifieerde schuldeisers [B13 art. 349 Fw]
Uitdeling aan schuldeisers [B13 art. 179 Fw]
Uitdelingslijst [B13 art. 137c, art. 180 Fw]
Uitdrukkelijke aanwijzing [B57 art. 11 HHVV 1978]
Uiterste wil bij zeeschip/luchtvaartuig [B4 art. 101 BW Boek 4]
Uiterste wilsbeschikking [B36 art. 25 Aw] [B4 art. 25, art. 31 BW Boek 4]
Uiterste wilsbeschikking bij nalatenschap [B4 art. 42 BW Boek 4]
Uiterste wilsbeschikking, fidei commis ten laste van derde [B4 art. 56 BW Boek 4]
Uiterste wilsbeschikking ten voordele van leermeester [B4 art. 58 BW Boek 4]
Uiterste wilsbeschikking ten voordele van professionele verzorgenden [B4 art. 59 BW Boek 4]
Uiterste wilsbeschikking voor leermeester/professionele verzorgenden [B4 art. 60 BW Boek 4]

Uitgavenlimiet voor specifiek betaalinstrument [B7 art. 523 BW Boek 7]
Uitgebreide werkingssfeer [B78 art. 29 HBetV]
Uitgevende instelling, algemeenverkrijgbaarheid gereglementeerde informatie [B23 art. 5:25m Wft]
Uitgevende instelling, algemeenverkrijgbaarstelling informatie bij andere lidstaat [B23 art. 5:25q Wft]
Uitgevende instelling, beschikbaar stellen verslag over betalingen aan overheden [B23 art. 5:25e Wft]
Uitgevende instelling, definitie [B23 art. 5:48 Wft]
Uitgevende instelling, eisen financiële verslaggeving [B23 art. 5:25v Wft]
Uitgevende instelling, halfjaarlijkse financiële verslaggeving [B23 art. 5:25d Wft]
Uitgevende instelling, incidentele verplichting [B23 art. 5:25h Wft]
Uitgevende instelling, informatie m.b.t. algemene vergadering van aandeelhouders [B23 art. 5:25ka Wft]
Uitgevende instelling, informatie voor aandeelhouders/obligatiehouders [B23 art. 5:25k Wft]
Uitgevende instelling, informatie voor obligatiehouders [B23 art. 5:25l Wft]
Uitgevende instelling, periodieke verplichting [B23 art. 5:25c Wft]
Uitgevende instelling, taal informatieverstrekking [B23 art. 5:25p Wft]
Uitgevende instelling, termijnen verslaglegging [B23 art. 5:25o Wft]
Uitgevende instelling, verzoek tot in behandeling nemen onderwerp [B23 art. 5:25kbis Wft]
Uitgezonderd van verleggingsregeling [B55 art. 24b Uitv. Besl. OB 1968]
Uitgezonderde goederen bij financiëlezekerheidsovereenkomst [B13 art. 63d Fw]
Uitgezonderde intracommunautaire verwervingen [B54 art. 1a Wet OB 1968]
Uitgezonderde rechten [B50 art. 5 WBRV]
Uitgezonderde termijnen [B44 art. 4 Atw]
Uitgezonderde verkrijgingen [B50 art. 3 WBRV]
Uitgezonderde verpande goederen bij financiëlezekerheidsovereenkomst [B13 art. 241d, art. 309a Fw]
Uitgifte uittreksels als grossen [B47 art. 50 WNA]
Uithuisplaatsing buiten Nederland [B1 art. 306 BW Boek 1]
Uitkeren volgens uitdelingslijst bij vereffening [B4 art. 220 BW Boek 4]
Uitkering [B13 art. 137f Fw] [B7 art. 926 BW Boek 7]
Uitkering aan benadeelde bij verzekering tegen aansprakelijkheid bij schadeverzekering [B7 art. 954 BW Boek 7]
Uitkering aan tussenpersoon bij verzekering [B7 art. 937 BW Boek 7]
Uitkering bij alsnog overeenstemming [B14 art. 490b Rv]
Uitkering na overeenstemming bij hypotheekrecht [B3 art. 271 BW Boek 3]
Uitkering netto-vruchten door bewindvoerder [B4 art. 162 BW Boek 4]
Uitkering onder aftrek van reeds ontvangene [B13 art. 190 Fw]
Uitkering tot levensonderhoud [B13 art. 100 Fw]
Uitkering vruchten bij legaat [B4 art. 124 BW Boek 4]
Uitkeringsproduct [B23 art. 4:71.0a Wft]
Uitkoop kleine minderheid bij aandelen [B2 art. 92a BW Boek 2]
Uitkoop kleine minderheid bij aandelen BV [B2 art. 201a BW Boek 2]
Uitleg van uiterste wilsbeschikking [B4 art. 46 BW Boek 4]
Uitlenen [B36 art. 12 Aw] [B37 art. I Dbw]
Uitlevering aandeelbewijzen [B14 art. 474d Rv]
Uitloving bij totstandkoming overeenkomst [B6 art. 220 BW Boek 6]
Uitnodiging tot aankoop bij oneerlijke handelspraktijken [B6 art. 193e BW Boek 6]
Uitnodiging tot doen aanbod [B70 art. 14 WKV]
Uitnodiging tot het doen van aangifte bij schenking [B52 art. 40 SW]
Uitoefenen recht op eigendomsvoorbehoud [B13 art. 213q Fw]
Uitoefening bevoegdheden bij gezamenlijke voogdij [B1 art. 337a BW Boek 1]

Alfabetisch trefwoordenregister U

Uitoefening door vertegenwoordiger bij gezamenlijke uitvoering [B38 art. 13 WNR]
Uitoefening ouderlijke verantwoordelijkheid [B63 art. 17 HKV 1996]
Uitoefening rechten na overlijden [B38 art. 5 WNR]
Uitoefening regres bij goederenvervoer over spoorwegen [B8 art. 1595 BW Boek 8]
Uitoefening stemrecht [B14 art. 474ba Rv]
Uitoefening van het recht van de uitvoerende kunstenaar en de fonogrammenproducent om toestemming te geven voor kabeluitzending [B38 art. 14a WNR]
Uitputting [B36 art. 12b Aw] [B37 art. I Dbw] [B38 art. 2, art. 6, art. 7a, art. 8 WNR] [B39 art. 53, art. 53b ROW 1995]
Uitreiking luchtvrachtbrief bij goederenvervoer door de lucht [B8 art. 1365 BW Boek 8]
Uitreiking vervoerovereenkomst bij personenvervoer door de lucht [B8 art. 1411 BW Boek 8]
Uitsluitend cassatie [B14 art. 807 Rv]
Uitsluitend cassatie mogelijk [B14 art. 824 Rv]
Uitsluitende rechten van de octrooihouder [B39 art. 53, art. 53a ROW 1995]
Uitsluiting aansprakelijkheid bij uitlening van werknemers [B40 art. 34 Iw 1990]
Uitsluiting aansprakelijkheid vervoerder [B8 art. 383 BW Boek 8]
Uitsluiting aansprakelijkheid vervoerder bij binnenlands openbaar personenvervoer [B8 art. 107 BW Boek 8]
Uitsluiting aansprakelijkheid vervoerder bij personenvervoer door de lucht [B8 art. 1397 BW Boek 8]
Uitsluiting aansprakelijkheid vervoerder bij personenvervoer over de weg [B8 art. 1151 BW Boek 8]
Uitsluiting aftrek [B54 art. 16 Wet OB 1968]
Uitsluiting bevoegdheid lastgever [B7 art. 423 BW Boek 7]
Uitsluiting ketenregeling bij ministeriële regeling [B7 art. 668a BW Boek 7]
Uitsluiting recht op betaling bij hulpverlening [B8 art. 568 BW Boek 8]
Uitsluiting uitzendovereenkomst [B7 art. 649 BW Boek 7]
Uitsluiting van herverwijzing [B92 art. 20 Rome I] [B93 art. 24 Rome II]
Uitsluiting van terugverwijzing [B105 art. 32 HuwVermVo] [B106 art. 32 GPVo]
Uitsluiting verhaal of subrogatie bij onrechtmatige daad [B6 art. 197 BW Boek 6]
Uitsluiting verklaring [B57 art. 5 HHVV 1978]
Uitsluiting/beperking aansprakelijkheid bij coöperatie en onderlinge waarborgmaatschappij [B2 art. 56 BW Boek 2]
Uitsplitsing bezoldiging van bestuurders in toelichting op jaarrekening [B2 art. 383c BW Boek 2]
Uitsplitsing omzet in toelichting op jaarrekening [B2 art. 380 BW Boek 2]
Uitspraak collectieve schadeafwikkeling verbindend [B14 art. 1018k Rv]
Uitspraak faillissement [B13 art. 213ag Fw]
Uitspraak huurcommissie bij huur [B7 art. 262 BW Boek 7]
Uitspraak huurcommissie over redelijkheid van huurprijs [B7 art. 249 BW Boek 7]
Uitspraak op verzoekschrift [B13 art. 287 Fw]
Uitspraak over belangrijke aspecten totstandkoming akkoord [B13 art. 378 Fw]
Uitspraak rechtbank [B13 art. 287a Fw]
Uitspraak rechter bij algemene voorwaarden [B6 art. 241 BW Boek 6]
Uitspraak tot weigering of verlening van homologatie; hoger beroep of cassatie [B13 art. 339 Fw]
Uitspraak; aantekening in openbaar register [B13 art. 212 Fw]
Uitstel [B13 art. 165, art. 173a Fw]
Uitstel behandeling [B14 art. 818 Rv]
Uitstel behandeling akkoord [B13 art. 141, art. 264 Fw]
Uitstel i.v.m. meerdere woningen [B40 art. 70b Iw 1990]
Uitstel inzage afschriften, uittreksels en grossen [B47 art. 49a WNA]
Uitstel van betaling [B40 art. 24, art. 25, art. 28 Iw 1990]
Uitstel van betaling bij hoofdelijke verbondenheid [B6 art. 9 BW Boek 6]
Uitstel van betaling exitheffing [B40 art. 25a Iw 1990]
Uitstel verdere horen getuigen tot nadere dag [B14 art. 183 Rv]
Uitstel verhoor schuldeisers [B13 art. 246 Fw]
Uitstrekking verdrag tot gebiedsdelen staat met eigen rechtsstelsel [B72 art. 14 HPAV]
Uitstroming delfstoffen bij aansprakelijkheid [B6 art. 177 BW Boek 6]
Uittreksel [B74 art. 85 EOV]
Uittreksel verzoekschrift schuldsaneringsregeling [B13 art. 294b Fw]
Uitvinderswerkzaamheid [B74 art. 56 EOV]
Uitvinding in dienstbetrekking [B39 art. 12 ROW 1995]
Uitvinding in teamverband [B39 art. 13 ROW 1995]
Uitvinding ontleend aan een ander [B39 art. 11 ROW 1995]
Uitvindingen m.b.t. biologisch materiaal [B39 art. 2a ROW 1995]

V

Uitvindingshoogte [B39 art. 6 ROW 1995]
Uitvoerbaar bij voorraad [B13 art. 222, art. 86 Fw]
Uitvoerbaarheid, authentieke akten en overeenkomsten [B85 art. 46 Brussel II-bis]
Uitvoerbaarheid beslissingen [B105 art. 42 HuwVermVo] [B106 art. 42 GPVo]
Uitvoerbaarheid beslissingen, omgangsrecht [B85 art. 41 Brussel II-bis]
Uitvoerbaarheid beslissingen, rechtsgevolgen certificaat [B85 art. 44 Brussel II-bis]
Uitvoerbaarheid beslissingen, stukken [B85 art. 45 Brussel II-bis]
Uitvoerbaarheid beslissingen, terugkeer kind [B85 art. 42 Brussel II-bis]
Uitvoerbaarheid beslissingen, verbetering certificaat [B85 art. 43 Brussel II-bis]
Uitvoerbaarheid bij voorraad [B14 art. 233, art. 288 Rv]
Uitvoerbaarheid vonnis [B73 art. 31 CMR]
Uitvoerbaarverklaring bij voorraad, incidentele vordering tot [B14 art. 234 Rv]
Uitvoerder uiterste wilsbeschikking [B11 art. 133 NBW]
Uitvoering betaalopdracht bij betalingstransactie [B7 art. 532 BW Boek 7]
Uitvoering bevoegdheden [B13 art. 213aa Fw]
Uitvoering door anderen bij aanneming van werk [B7 art. 751 BW Boek 7]
Uitvoering in besloten kring [B38 art. 2 WNR]
Uitvoering overeenkomst onmogelijk [B73 art. 14 CMR]
Uitvoering overeenkomst op afstand/buiten verkoopruimte financieel product/dienst [B6 art. 230y BW Boek 6]
Uitvoering tuchtrecht door kamers voor het notariaat/gerechtshof Amsterdam [B47 art. 94 WNA]
Uitvoering uitsluitend gebruikt voor het onderwijs [B38 art. 2 WNR]
Uitvoering van de begroting [B74 art. 48 EOV]
Uitvoering verrichting zonder toestemming patiënt bij behandelingsovereenkomst [B7 art. 466 BW Boek 7]
Uitvoering verrichtingen buiten waarneming van anderen bij behandelingsovereenkomst [B7 art. 459 BW Boek 7]
Uitwinning [B40 art. 22a Iw 1990]
Uitwinning andere schulden door bewindvoerder [B4 art. 176 BW Boek 4]
Uitwinning gezamenlijke aandelen bij gemeenschap [B3 art. 176 BW Boek 3]
Uitwinning goederen door bewindvoerder [B4 art. 175 BW Boek 4]
Uitwinning goederen kind [B4 art. 14 BW Boek 4]
Uitwinning pand [B11 art. 110 NBW]
Uitwisseling van informatie [B74 art. 130 EOV]
Uitwisseling van publicaties [B74 art. 132 EOV]
Uitzendovereenkomst, einde [B7 art. 691 BW Boek 7]
Uitzendovereenkomst, termijn [B7 art. 691 BW Boek 7]
Uitzondering afzonderlijke gedingen [B14 art. 615a Rv]
Uitzondering akte van volmachtverlening [B47 art. 38 WNA]
Uitzondering bij verdragsstaat Verdrag van Parijs [B3 art. 86b BW Boek 3]
Uitzondering op bescherming tegen beschikkingsonbevoegdheid [B3 art. 86a BW Boek 3]
Uitzondering preferente vorderingen [B13 art. 230 Fw]
Uitzondering terpostbezorging [B40 art. 13 Iw 1990]
Uitzonderingen gebrekkige zaak bij aansprakelijkheid [B6 art. 173 BW Boek 6]
Uitzonderingen op de octrooieerbaarheid [B74 art. 53 EOV]
Uitzonderingen op voorkeursrecht pachter bij vervreemding verpachte [B7 art. 380, art. 381 BW Boek 7]
Uitzonderingen van handelingsonbekwaamheid van onder curatele gestelde [B1 art. 382 BW Boek 1]
Unieke positielimiet, vaststelling door AFM [B23 art. 5:89c Wft]
Uniforme uitlegging [B80 art. 23]
Universeel karakter [B93 art. 3 Rome II]
Universele toepassing [B105 art. 20 HuwVermVo] [B106 art. 20 GPVo] [B92 art. 2 Rome I]

V

V.o.f. en c.v. [B14 art. 51 Rv]
Vaderschap [B1 art. 199 BW Boek 1]
Vakantie, aanmerken als vakantiedagen [B7 art. 636 BW Boek 7]
Vakantie, aanmerken ziektedagen als vakantiedagen [B7 art. 637 BW Boek 7]
Vakantie, aanspraak bij einde arbeidsovereenkomst [B7 art. 641 BW Boek 7]
Vakantie, afstand doen van aanspraak [B7 art. 640 BW Boek 7]
Vakantie, behoud aanspraak [B7 art. 635 BW Boek 7]
Vakantie, behoud aanspraak bij adoptieverlof/verlof pleegkind [B7 art. 635 BW Boek 7]
Vakantie, behoud aanspraak bij opleiding jeugdige werknemer [B7 art. 635 BW Boek 7]
Vakantie, behoud aanspraak bij zwangerschap/bevalling [B7 art. 635 BW Boek 7]

Alfabetisch trefwoordenregister V

Vakantie, behoud loon [B7 art. 639 BW Boek 7]
Vakantie, opname [B7 art. 638 BW Boek 7]
Vakantie, verjaring vakantieaanspraken [B7 art. 642 BW Boek 7]
Vakantie, vervallen aanspraak [B7 art. 640a BW Boek 7]
Vakantie, ziekte of vakantiedagen [B7 art. 637 BW Boek 7]
Valuta betalingstransacties [B7 art. 519 BW Boek 7]
Valutadatum creditering betaalrekening [B7 art. 541 BW Boek 7]
Valutawisseldienst [B7 art. 519 BW Boek 7]
Van rechtswege compensatie van de kosten [B14 art. 252 Rv]
Van rechtswege uitoefening van ouderlijk gezag door de moeder [B1 art. 253b BW Boek 1]
Van stemming uitgesloten [B13 art. 143 Fw]
Van tafel en bed gescheiden echtgenoot [B4 art. 13 BW Boek 4]
Van tafel en bed gescheiden echtgenoten [B1 art. 92a BW Boek 1]
Vaste inrichting [B54 art. 12 Wet OB 1968]
Vastgoedmarkt [B50 art. 15 WBRV]
Vastleggen gegevens advocaat op het tableau [B45 art. 8 Advw]
Vastleggen toestemming patiënt bij behandelingsovereenkomst [B7 art. 451 BW Boek 7]
Vastlegging van door radio of tv uit te zenden werken [B36 art. 17b Aw]
Vaststaande feiten of rechten [B14 art. 149 Rv]
Vaststellen akkoord door R-C [B13 art. 332 Fw]
Vaststellen depotdatum en termijn regularisatie [B75 art. 2.3 BVIE]
Vaststellen depotdatum; Regularisatie [B75 art. 1.3 BVIE]
Vaststellen dwangsom [B14 art. 611b Rv]
Vaststellen identiteit verschijnende personen en getuigen [B47 art. 39 WNA]
Vaststellen salaris bewindvoerder; voorschotverlening [B13 art. 320 Fw]
Vaststellen termijn corrigeren/wijzigen/intrekken verklaring [B84 art. 9 Uw Erf]
Vaststellen termijn nieuwe beslissing [B84 art. 9 Uw Erf]
Vaststellen tijdstip ingaan pachtovereenkomst door grondkamer [B7 art. 323 BW Boek 7]
Vaststellen verordeningen KNB [B47 art. 69 WNA]
Vaststellen vormvoorschriften mededelingen/kennisgevingen/beslissingen op bezwaarschriften [B28 art. 82 Kadw]
Vaststellen wettelijke rente bij verbintenis tot betaling geldsom [B6 art. 120 BW Boek 6]
Vaststelling bedrag aansprakelijkheid exploitant door rechtbank [B8 art. 1680 BW Boek 8]
Vaststelling bedrag van onderhoudsverplichting [B1 art. 397 BW Boek 1]
Vaststelling betaaltermijnen [B1 art. 402 BW Boek 1]
Vaststelling dag behandeling homologatie [B13 art. 270 Fw]
Vaststelling datum verkoop [B14 art. 515 Rv]
Vaststelling einde van onderhoudsverplichting [B1 art. 402 BW Boek 1]
Vaststelling financiële verantwoording [B46 art. 79 GDW]
Vaststelling gemeenschappelijke nationaliteit [B57 art. 15 HHVV 1978]
Vaststelling hulploon bij hulpverlening [B8 art. 563 BW Boek 8]
Vaststelling minnelijke schikking [B45 art. 46d Advw]
Vaststelling of wijziging voorwaarden door rechter [B14 art. 856 Rv]
Vaststelling schade bij schadevergoeding [B6 art. 97 BW Boek 6]
Vaststelling specificaties [B70 art. 65 WKV]
Vaststelling tarieven [B75 art. 5.1 BVIE]
Vaststelling tarieven bij ministeriële regeling [B47 art. 127 WNA]
Vaststelling tarieven en honorarium [B47 art. 54 WNA]
Vaststelling van aandelenprijs bij geschil [B2 art. 343c BW Boek 2]
Vaststelling van bedrag van vergoeding [B39 art. 58 ROW 1995]
Vaststelling van de betalingskorting en invorderingsrente [B40 art. 30 Iw 1990]
Vaststelling van de kosten [B14 art. 237 Rv]
Vaststelling verificatievergadering [B13 art. 329 Fw]
Vaststelling woonplaats [B81 art. 62 Brussel I-bis]
Vaststelling/wijziging lijst art. 3 lid 2 [B105 art. 65 HuwVermVo] [B106 art. 65 GPVo]
Vaststelling/wijziging verklaringen en formulieren ex art. 45 lid 3 en Hoofdstuk V [B105 art. 66 HuwVermVo] [B106 art. 66 GPVo]
Vaststellingsovereenkomst ter goedkeuring [B14 art. 1018h Rv]
Vaststellingsovereenkomsten of schikkingen [B13 art. 104 Fw]
Vatbaarheid voor toepassing op het gebied van de nijverheid [B39 art. 7 ROW 1995]
Veiligheid [B75 art. 12 BVIE]
Veiligheidsverplichtingen van betaaldienstverlener ter zake van uitgifte betaalinstrument [B7 art. 525 BW Boek 7]
Veiligheidsvoorschriften [B72 art. 9 HPAV]
Veiligheidsvoorschriften en gedragsregels [B93 art. 17 Rome II]

V

Veiligstellen belangen schuldeisers/aandeelhouders [B13 art. 379 Fw]
Veiling [B54 art. 3 Wet OB 1968]
Vennootschap [B51 art. 5c Uitv besl RV]
Vennootschap onder firma [B12 art. 16 WvK]
Vennootschappen of rechtspersonen [B14 art. 105 Rv]
Vensters of balkons [B5 art. 50 BW Boek 5]
Vensters, ondoorzichtig [B5 art. 51 BW Boek 5]
Veranderen bestemming bij vruchtgebruik [B3 art. 208 BW Boek 3]
Verandering in de voornaam/geslachtsnaam [B28 art. 33 Kadw]
Verandering in tekst [B12 art. 168 WvK]
Verandering inrichting door huurder [B7 art. 215 BW Boek 7]
Verandering of vermeerdering van de eis [B14 art. 130 Rv]
Verandering van woonplaats van voogd [B1 art. 371 BW Boek 1]
Veranderingen aan buitenzijde woonruimte [B11 art. 206a NBW]
Veranderingen in tekst [B12 art. 228 WvK]
Veranderingen inrichting [B11 art. 207 NBW]
Veranderingen ongedaan maken die zijn aangebracht door huurder [B7 art. 216 BW Boek 7]
Verantwoordelijkheid voor informatie in prospectus [B23 art. 5:1 Wft]
Verantwoordelijkheid voor uitvoering reisdiensten [B7 art. 510 BW Boek 7]
Verantwoorden en afdragen baten in beslag genomen zaken [B14 art. 455 Rv]
Verantwoording aan opdrachtgever [B7 art. 403 BW Boek 7]
Verantwoording beheer [B13 art. 73 Fw]
Verantwoording financieel beleid/begroting [B46 art. 60 GDW]
Verbeteren fouten in akte na verlijden [B47 art. 45 WNA]
Verbetering van rekening van bewind bij voogdij [B1 art. 360 BW Boek 1]
Verbetering woonruimte bij huur [B7 art. 243 BW Boek 7]
Verbeurd verklaarde reprodukties [B38 art. 30 WNR]
Verbeurdverklaarde verveelvoudigingen [B36 art. 36 Aw]
Verbeuren dwangsom [B14 art. 611a Rv]
Verbindend worden uitdelingslijst [B13 art. 187 Fw]
Verbindendheid akkoord [B13 art. 157, art. 273, art. 340 Fw]
Verbindendheid voor overzeese gebieden [B39 art. 113 ROW 1995]
Verbindendverklaring bij schadevergoeding bij vaststellingsovereenkomst [B7 art. 907 BW Boek 7]
Verbintenis tot aanvullende betaling [B6 art. 230j BW Boek 6]
Verbintenis tot iets anders dan betaling geldsom bij borgtocht [B7 art. 854 BW Boek 7]
Verbintenis tot schadevergoeding [B7 art. 861 BW Boek 7]
Verbintenis uit onverplicht verrichte rechtshandeling [B7 art. 861 BW Boek 7]
Verbintenissen anders dan uit overeenkomst in het internationaal privaatrecht [B10 art. 157 BW boek 10]
Verbintenissen uit onrechtmatige daad [B14 art. 102 Rv]
Verbintenissen uit overeenkomst in het internationaal privaatrecht [B10 art. 153 BW boek 10]
Verbintenissen verbonden aan lidmaatschap van vereniging [B2 art. 34a BW Boek 2]
Verblijfsbeding/sommenverzekering/omzetting natuurlijke verbintenis bij legaat [B4 art. 126 BW Boek 4]
Verbod endossement [B12 art. 114, art. 195 WvK]
Verbod erkenning bij schadeverzekering [B7 art. 953 BW Boek 7]
Verbod gebruik/openbaring als vertrouwelijk aangemerkte bedrijfsgeheimen [B14 art. 1019ib Rv]
Verbod inhoudelijke toetsing [B105 art. 40 HuwVermVo] [B106 art. 40 GPVo]
Verbod kredietgever/-bemiddelaar op aanprijzen krediet [B6 art. 230z BW Boek 6]
Verbod legalisatie documenten [B81 art. 61 Brussel I-bis]
Verbod leningverstrekking/zekerheidstelling van aandelen door NV [B2 art. 98c BW Boek 2]
Verbod om mededelingen te doen [B14 art. 28 Rv]
Verbod op grond van ouder merk [B21 art. 5a Hnw]
Verbod op herverpanden [B3 art. 242 BW Boek 3]
Verbod op het gebruik van een merk dat op naam van een gemachtigde of vertegenwoordiger is ingeschreven [B75 art. 2.20ter BVIE]
Verbod op het uitoefenen van het bedrijf van beleggingsonderneming met systematische interne afhandeling [B23 art. 4:4a Wft]
Verbod op hulpverlening [B8 art. 557 BW Boek 8]
Verbod op nemen eigen aandelen bij BV [B2 art. 205 BW Boek 2]
Verbod op nemen eigen aandelen bij NV [B2 art. 95 BW Boek 2]
Verbod op toe-eigening bij pand- en hypotheekrecht [B3 art. 235 BW Boek 3]
Verbod opleggen zekerheid of depot [B81 art. 56 Brussel I-bis]

Verbod opzegging/ontbinding door verzekeraar bij levensverzekering [B7 art. 977 BW Boek 7]

Verbod overeenkomst buiten verkoopruimte [B6 art. 230u BW Boek 6]

Verbod tegen tussenpersoon [B36 art. 26d Aw]

Verbod toetsing bevoegdheid oorspronkelijk gerecht [B105 art. 39 HuwVermVo] [B106 art. 39 GPVo]

Verbod tot afkoop of wijziging bij onredelijke benadeling [B14 art. 479p Rv]

Verbod tot meewerken aan huwelijk bij kennis van huwelijksbeletselen [B1 art. 57 BW Boek 1]

Verbod tot vervreemding van aandelen na dagvaarding bij geschil [B2 art. 338, art. 338 BW Boek 2]

Verbod uitgifte certificaten aan toonder van aandelen BV [B2 art. 202 BW Boek 2]

Verbod verwarringwekkende handelsnaam [B21 art. 5 Hnw]

Verbod voeren titel [B45 art. 60b Advw]

Verboden aanbieding [B12 art. 121 WvK]

Verboden beding bij algemene voorwaarden [B6 art. 243 BW Boek 6]

Verboden bedingen [B7 art. 77 BW Boek 7]

Verboden begunstiging [B47 art. 20 WNA]

Verboden buitenlandse corporatie [B10 art. 123 BW boek 10]

Verbonden lichaam [B50 art. 4 WBRV]

Verbonden natuurlijk persoon [B50 art. 4 WBRV]

Verbonden partij, begripsbepaling [B2 art. 167 BW Boek 2]

Verbondenheid rechtsopvolgers bij verbintenis [B6 art. 6 BW Boek 6]

Verbondenheid schuldenaren bij verbintenis [B6 art. 6 BW Boek 6]

Verdaging vergadering [B13 art. 119 Fw]

Verdediging belangen schuldenaar [B13 art. 337 Fw]

Verdeling bij notariële akte bij gemeenschap [B3 art. 183 BW Boek 3]

Verdeling door de rechter [B14 art. 680 Rv]

Verdeling door rechter bij gemeenschap [B3 art. 185 BW Boek 3]

Verdeling gemeenschap [B11 art. 101 NBW] [B13 art. 56 Fw]

Verdeling hulploon bij hulpverlening [B8 art. 570 BW Boek 8]

Verdeling nakomende baten [B13 art. 194 Fw]

Verdeling nalatenschap [B4 art. 227 BW Boek 4]

Verdeling nalatenschap bij erfopvolging bij versterf [B4 art. 11 BW Boek 4]

Verdeling of overdracht van goed met beperkt recht op aandeel bij gemeenschap [B3 art. 177 BW Boek 3]

Verdeling of vereffening [B50 art. 15 WBRV]

Verdeling op vordering schuldeiser bij gemeenschap [B3 art. 180 BW Boek 3]

Verdeling opbrengst bij pandrecht [B3 art. 253 BW Boek 3]

Verdeling opbrengst executie pandrecht door pandhouder [B14 art. 490b Rv]

Verdeling van aandeelhouders bij zuivere splitsing NV of BV [B2 art. 334cc BW Boek 2]

Verdeling van de opbrengst [B14 art. 580 Rv]

Verdeling zorg- en opvoedingstaken/omgangsregeling [B1 art. 265g BW Boek 1]

Verdrag inzake forumkeuzebedingen, begripsbepalingen [B80 art. 4]

Verdrag inzake forumkeuzebedingen, geen legalisatie [B80 art. 18]

Verdrag inzake forumkeuzebedingen n.v.t. op voorlopige en bewarende maatregelen [B80 art. 7]

Verdrag inzake forumkeuzebedingen, opzegging [B80 art. 33]

Verdrag inzake forumkeuzebedingen, overgangsbepalingen [B80 art. 16]

Verdrag inzake forumkeuzebedingen, uitgesloten toepassingsgebieden [B80 art. 2]

Verdrag inzake forumkeuzebedingen, verklaringen [B80 art. 32]

Verdrag inzake forumkeuzebedingen, werkingssfeer [B80 art. 1]

Verdrag inzake octrooirecht [B39 art. 22 ROW 1995]

Veredeling [B54 art. 3a Wet OB 1968]

Vereenvoudigde splitsing van NV of BV [B2 art. 334hh BW Boek 2]

Vereffenaar bij ontbinding rechtspersoon [B2 art. 23 BW Boek 2]

Vereffenaar van nalatenschap naar Nederlands recht [B10 art. 150 BW boek 10]

Vereffenaars [B52 art. 72 SW]

Vereffenen nalatenschap naar Nederlands recht [B10 art. 149 BW boek 10]

Vereffening bij beneficiaire aanvaarding [B4 art. 195 BW Boek 4]

Vereffening bij ontbinding [B12 art. 32 WvK]

Vereffening door erfgenaam bij nalatenschap [B4 art. 221 BW Boek 4]

Vereffening en tegeldemaking boedel na in kracht van gewijsde gaan saneringsplan [B13 art. 347 Fw]

Vereffening en verkoop [B13 art. 175 Fw]

Vereffening huwelijksgemeenschap bij nalatenschap [B4 art. 213 BW Boek 4]

V

Vereffening na ontbinding van rederij [B8 art. 185 BW Boek 8]
Vereffening nalatenschap [B11 art. 137 NBW]
Vereffening opheffen bij nalatenschap [B4 art. 209 BW Boek 4]
Vereffening vermogen van niet bestaande rechtspersoon [B2 art. 4 BW Boek 2]
Vereiste aantal stemmen tijdens AVA BV [B2 art. 120, art. 230 BW Boek 2]
Vereiste meerderheid [B13 art. 145, art. 268, art. 281e Fw]
Vereiste stukken voor erkenning of tenuitvoerlegging [B60 art. 17 HAEV 1973]
Vereisten benoeming [B46 art. 5 GDW]
Vereisten dagboeken [B12 art. 349 WvK]
Vereisten totstandkoming vaststellingsovereenkomst [B7 art. 901 BW Boek 7]
Vereisten verzoek toevoeging kandidaat-gerechtsdeurwaarder [B46 art. 25b GDW]
Vereisten voor aannemen akkoord [B13 art. 332 Fw]
Vereisten voor eigendomsoverdracht [B3 art. 84 BW Boek 3]
Vereisten waaraan een Europese octrooiaanvrage dient te voldoen [B74 art. 78 EOV]
Vereniging, jaarrekening [B2 art. 49 BW Boek 2]
Vereniging, jaarverslag [B2 art. 48 BW Boek 2]
Vereniging met beperkte rechtsbevoegdheid [B2 art. 30 BW Boek 2]
Vereniging of stichting, ontbinding [B2 art. 19a BW Boek 2]
Vereniging, ontslag/schorsing bestuurslid [B2 art. 37 BW Boek 2]
Vereniging van eigenaars, adressering exploiten en kennisgevingen [B5 art. 134 BW Boek 5]
Vereniging van eigenaars, beheer gemeenschap [B5 art. 126 BW Boek 5]
Vereniging van eigenaars, benoeming voorzitter [B5 art. 127 BW Boek 5]
Vereniging van eigenaars, bestuur [B5 art. 131 BW Boek 5]
Vereniging van eigenaars, bevoegdheden vergadering [B5 art. 125 BW Boek 5]
Vereniging van eigenaars, bijeenroeping vergadering door gemeente [B5 art. 127a BW Boek 5]
Vereniging van eigenaars, definitie [B5 art. 124 BW Boek 5]
Vereniging van eigenaars, gebruik gemeenschappelijke gedeelten [B5 art. 128 BW Boek 5]
Vereniging van eigenaars, hoofdelijke aansprakelijkheid [B5 art. 113 BW Boek 5]
Vereniging van eigenaars, hoofdelijke verbondenheid canon/retributie [B5 art. 115 BW Boek 5]
Vereniging van eigenaars, lidmaatschap [B5 art. 125 BW Boek 5]
Vereniging van eigenaars na opheffing splitsing [B5 art. 147 BW Boek 5]
Vereniging van eigenaars, stemmen bij ondersplitsing [B5 art. 127 BW Boek 5]
Vereniging van eigenaars, toegang bestuurders tot appartementen [B5 art. 132 BW Boek 5]
Vereniging van eigenaars, toegang tot vergadering [B5 art. 127 BW Boek 5]
Vereniging van eigenaars, toegang voorzitter tot appartementen [B5 art. 133 BW Boek 5]
Vereniging van eigenaars, toezicht verplichtingen [B5 art. 126 BW Boek 5]
Vereniging van eigenaars , vernietiging besluit door kantonrechter [B5 art. 130 BW Boek 5]
Verenigingsbestuur, bevoegdheden uit statuten [B2 art. 44 BW Boek 2]
Verenigingsbestuur, stemmen [B2 art. 44 BW Boek 2]
Verenigingsbestuur, taak [B2 art. 44 BW Boek 2]
Verenigingsbestuur, tegenstrijdig belang bestuurder [B2 art. 44 BW Boek 2]
Verenigingsbestuur, uitvoerende en niet uitvoerende bestuurder [B2 art. 44a BW Boek 2]
Vererving van afgescheiden particulier vermogen [B52 art. 16 SW]
Verevening pensioenrechten bij scheiding, afwijking bij huwelijkse voorwaarden of schriftelijke overeenkomst [B16 art. 4 Wet vps]
Verevening pensioenrechten bij scheiding, gewezen echtgenoot directeur-grootaandeelhouder [B16 art. 3a Wet vps]
Verevening pensioenrechten bij scheiding, in rekening brengen kosten [B16 art. 6 Wet vps]
Verevening pensioenrechten bij scheiding, informatieplicht [B16 art. 9 Wet vps]
Verevening pensioenrechten bij scheiding, scheiding van tafel en bed [B16 art. 3a Wet vps]
Verevening pensioenrechten bij scheiding, uit te betalen deel [B16 art. 3 Wet vps]
Verevening pensioenrechten bij scheiding, verlaging/verhoging uit te betalen deel [B16 art. 8 Wet vps]
Vergadering orde [B39 art. 23l ROW 1995]
Vergadering over voortzetting bedrijf [B13 art. 173c Fw]
Vergadering over wijze van vereffening [B13 art. 178 Fw]
Vergadering schuldeisers fysiek, schriftelijk of via elektronische weg [B13 art. 80a Fw]
Vergadering van schuldeisers [B13 art. 348 Fw]
Vergaderingen openbaar [B46 art. 72 GDW]
Vergelijkende reclame [B6 art. 194a BW Boek 6]
Vergoeding aan gemeenschap van goederen bij opheffing [B1 art. 111 BW Boek 1]
Vergoeding aangebrachte veranderingen aan pachter [B7 art. 350 BW Boek 7]
Vergoeding betaalmiddel overeenkomst [B6 art. 230k BW Boek 6]

Alfabetisch trefwoordenregister

V

Vergoeding betaling na ontbinding overeenkomst [B6 art. 230r BW Boek 6]
Vergoeding bij gebruik voorkeursrecht bij vervreemding verpachte [B7 art. 384 BW Boek 7]
Vergoeding bij onregelmatige opzegging [B7 art. 677 BW Boek 7]
Vergoeding bij teruglevering elektriciteit [B54 art. 8a Wet OB 1968]
Vergoeding bijstand gerechtsdeurwaarder [B87 art. 6 Uw Bv]
Vergoeding door echtgenoot aan gemeenschap van goederen bij huwelijk [B1 art. 95 BW Boek 1]
Vergoeding gemaakte kosten [B73 art. 16 CMR]
Vergoeding invorderingsrente [B40 art. 28a Iw 1990]
Vergoeding invorderingsrente na afwijzing uitstel [B40 art. 28b Iw 1990]
Vergoeding kosten schuldenaar bij schuldeisersverzuim [B6 art. 63 BW Boek 6]
Vergoeding maatregelen ter voorkoming/vermindering schade bij schadeverzekering [B7 art. 959 BW Boek 7]
Vergoeding onkosten bij opdracht [B7 art. 406 BW Boek 7]
Vergoeding onkosten gebruiker bij bruikleen [B7a art. 1789 BW Boek 7A]
Vergoeding op basis van huidige prijs [B70 art. 76 WKV]
Vergoeding rente bij heffing in strijd met Unierecht [B40 art. 28c Iw 1990]
Vergoeding schade bij gebreken verpachte zaak [B7 art. 341 BW Boek 7]
Vergoeding schade door bijzonder gevaar [B7 art. 406 BW Boek 7]
Vergoeding schade door ontvanger van immuniteit [B6 art. 193n BW Boek 6]
Vergoeding schade onderhuurder [B11 art. 208i NBW]
Vergoeding t.b.v. verplichtingen bij verpachting in een reservaat [B7 art. 393 BW Boek 7]
Vergoeding van avarij-grosse [B8 art. 612 BW Boek 8]
Vergoeding van schade veroorzaakt door gebrek bij huur [B7 art. 208 BW Boek 7]
Vergoeding verzekerde bij schadeverzekering [B7 art. 960 BW Boek 7]
Vergoeding verzekeringspremies aan gemeenschap van goederen bij overlijden [B1 art. 96a BW Boek 1]
Vergoeding voor diensten gefailleerde [B13 art. 177 Fw]
Vergoeding voor gevolg schade [B70 art. 75 WKV]
Vergoeding voor in bewaring geven [B70 art. 87 WKV]
Vergoeding voor schade vernietiging bij hypotheekrecht [B3 art. 264 BW Boek 3]
Vergoeding voor uitspraken [B30 art. 7a Uw HW]
Vergoeding wegens dringende reden [B7 art. 677 BW Boek 7]
Vergoedingen in avarij-grosse [B8 art. 1022 BW Boek 8]
Vergoedingen incidentele handelingen [B75 art. 5.3 BVIE]
Vergoedingenoverzicht bij gecombineerd goederenvervoer [B8 art. 40 BW Boek 8]
Vergoedingsplicht fonogrammenproducent bij verhuren [B36 art. 12a Aw]
Vergoedingsplicht van echtgenoten [B1 art. 87 BW Boek 1]
Vergoedingsplicht van fonogrammenproducent bij verhuren [B38 art. 2a WNR]
Vergoedingsrecht [B38 art. 2 WNR]
Vergoedingsrecht bij uitlening [B38 art. 6, art. 7a, art. 8 WNR]
Vergoedingsrecht fonogram [B38 art. 7 WNR]
Vergunning voor fiscaal vertegenwoordiger [B51 art. 9a Uitv besl RV]
Verhaal betaalde schadevergoeding [B73 art. 37 CMR]
Verhaal bij gemeenschapsschuld bij bijzondere gemeenschap [B3 art. 191 BW Boek 3]
Verhaal bijzondere voorrechten bij zeeschip [B8 art. 226 BW Boek 8]
Verhaal door de vervrachter bij goederenvervoer over zee [B8 art. 480 BW Boek 8]
Verhaal door vervrachter bij goederenvervoer over binnenwateren [B8 art. 945 BW Boek 8]
Verhaal en verrekening [B40 art. 53 Iw 1990]
Verhaal op afgezonderd particulier vermogen [B40 art. 23a Iw 1990]
Verhaal op goederen [B40 art. 23 Iw 1990]
Verhaal op goederen in buitenland [B13 art. 203 Fw]
Verhaal op motorrijtuig [B40 art. 22a Iw 1990]
Verhaal schuldeisers op erfgenaam [B4 art. 184 BW Boek 4]
Verhaal schulden op gemeenschap van goederen bij huwelijk [B1 art. 96, art. 96 BW Boek 1]
Verhaal schulden op gemeenschap van goederen bij huwelijk, schuld buiten gemeenschap [B1 art. 96 BW Boek 1]
Verhaal tegen legataris [B4 art. 220 BW Boek 4]
Verhaal van kosten enquêteonderzoek [B2 art. 354 BW Boek 2]
Verhaalrecht [B12 art. 139 WvK]
Verhaalsrecht [B12 art. 212 WvK] [B40 art. 55 Iw 1990]
Verhaalsrecht op alle goederen [B3 art. 276 BW Boek 3]
Verhaalsrecht op hoofdelijk aansprakelijke [B40 art. 56 Iw 1990]
Verhaalsrecht opdrachtgever [B7 art. 616d BW Boek 7]
Verhaalsrecht overige schuldeisers bij vereffening [B4 art. 224 BW Boek 4]

V

Alfabetisch trefwoordenregister

Verhaalsrecht schuldeiser bij nakoming verbintenis [B6 art. 36 BW Boek 6]
Verhaaltermijn van schulden [B4 art. 185 BW Boek 4]
Verhalen gemeenschapsschuld bij bijzondere gemeenschap [B3 art. 192 BW Boek 3]
Verhandelbaarheid cognossement bij goederenvervoer over binnenwateren [B8 art. 920 BW Boek 8]
Verhandelbaarheid cognossement bij goederenvervoer over zee [B8 art. 413 BW Boek 8]
Verhandelbaarheid van CT-document [B8 art. 45 BW Boek 8]
Verhinderde getuige [B14 art. 175 Rv]
Verhindering afgevaardigde tot bijwonen vergadering [B45 art. 21 Advw]
Verhoging pachtprijs wegens buitengewone werken door verpachter [B7 art. 332 BW Boek 7]
Verhoging pachtprijs wegens opgelegde buitengewone werken [B7 art. 331 BW Boek 7]
Verhoging prijs bij aanneming van werk [B7 art. 753 BW Boek 7]
Verhoging van huurprijs [B7 art. 248 BW Boek 7]
Verhoging/verlaging voorschotbedrag servicekosten bij huur [B7 art. 261 BW Boek 7]
Verhoging/vermindering bedrag aandelen tijdens AVA BV [B2 art. 231a BW Boek 2]
Verhoging/vermindering bedrag aandelen tijdens AVA NV [B2 art. 121a BW Boek 2]
Verhoor van deskundigen [B14 art. 194 Rv]
Verhoor van klager en advocaat [B45 art. 49 Advw]
Verhoor verplicht [B14 art. 987 Rv]
Verhouding derde-beslagene en geëxecuteerde [B14 art. 477b Rv]
Verhouding tot andere bepalingen van Gemeenschapsrecht [B92 art. 23 Rome I] [B93 art. 27 Rome II]
Verhouding tot andere internationale instrumenten [B80 art. 26]
Verhouding tot andere internationale overeenkomsten [B105 art. 62 HuwVermVo] [B106 art. 62 GPVo]
Verhouding tot andere verdragen [B85 art. 59 Brussel II-bis]
Verhouding tot bestaande internationale overeenkomsten [B93 art. 28 Rome II]
Verhouding tot bestaande internationale verdragen [B92 art. 25 Rome I]
Verhouding tot het Verdrag van Rome [B92 art. 24 Rome I]
Verhouding tussen mentor en bewindvoerder [B1 art. 458 BW Boek 1]
Verhouding vertegenwoordigde en derde [B69 art. 11 HVV]
Verhuisovereenkomst, maximering aansprakelijkheid verhuizer [B8 art. 1186 BW Boek 8]
Verhuren [B36 art. 12 Aw]
Verhuur appartementsrecht na opheffing splitsing [B5 art. 120 BW Boek 5]
Verhuur of verpachting door erfpachter [B5 art. 94 BW Boek 5]
Verhuur onroerende zaken [B54 art. 11 Wet OB 1968]
Verhuurde woning [B52 art. 21 SW]
Verhuurderbijdrage [B30 art. 8a Uw HW]
Verhuurderbijdrage invorderen bij dwangbevel [B30 art. 8g Uw HW]
Verhuurderbijdrage, totale opbrengst [B30 art. 8e Uw HW]
Verhuurderbijdrage, verschuldigdheid [B30 art. 8f Uw HW]
Verhuurrecht [B36 art. 45h Aw]
Verificatie geschatte waarde [B13 art. 133 Fw] [B14 art. 483d Rv]
Verificatie t.n.v. toonder [B13 art. 134 Fw]
Verificatie van renten t.a.v. door pand of hypotheek gedekte vorderingen [B13 art. 328 Fw]
Verificatievergadering [B13 art. 137g, art. 289, art. 328a Fw]
Verifieerbare vorderingen niet langer afdwingbaar [B13 art. 161a Fw]
Verifiëren rechtmatig verblijf bij huwelijksvoltrekking [B1 art. 58 BW Boek 1]
Verjaarde schulden [B52 art. 20 SW]
Verjaren of vervallen rechtsvorderingen in internationaal privaatrecht [B10 art. 14 BW boek 10]
Verjaring bij consumentenkoop [B7 art. 28 BW Boek 7]
Verjaring bij opschortingsrecht [B6 art. 56 BW Boek 6]
Verjaring bij productaansprakelijkheid [B6 art. 191 BW Boek 6]
Verjaring bij rechtsvordering [B3 art. 306 BW Boek 3]
Verjaring bij schuldeisersverzuim [B6 art. 71 BW Boek 6]
Verjaring bij verrekening [B6 art. 131 BW Boek 6]
Verjaring bij wederkerige overeenkomst [B6 art. 268 BW Boek 6]
Verjaring dwangsom [B14 art. 611g Rv]
Verjaring en verval van een rechtsvordering [B11 art. 258 NBW]
Verjaring op vervoerovereenkomst gegronde rechtsvordering bij goederenvervoer [B8 art. 1711 BW Boek 8]
Verjaring rechtsvordering [B4 art. 31 BW Boek 4]
Verjaring rechtsvordering bij agentuurovereenkomst [B7 art. 444 BW Boek 7]
Verjaring rechtsvordering bij goederenvervoer over spoorwegen [B8 art. 1727 BW Boek 8]

Alfabetisch trefwoordenregister

V

Verjaring rechtsvordering tegen verzekeraar [B7 art. 942 BW Boek 7]
Verjaring rechtsvordering tegen verzekeraar bij levensverzekering [B7 art. 985 BW Boek 7]
Verjaring rechtsvordering tot schadevergoeding wegens inbreuk op mededingingsrecht [B6 art. 193s BW Boek 6]
Verjaring rechtsvordering tot vernietiging bij uiterste wilsbeschikking [B4 art. 54 BW Boek 4]
Verjaring rechtsvordering tot vernietiging verdeling bij gemeenschap [B3 art. 200 BW Boek 3]
Verjaring rechtsvordering wegens gebrek bij aanneming van werk [B7 art. 761 BW Boek 7]
Verjaring regres bij hoofdelijke verbondenheid [B6 art. 11 BW Boek 6]
Verjaring tenuitvoerlegging rechterlijke uitspraak of arbitraire uitspraak bij rechtsvordering [B3 art. 324 BW Boek 3]
Verjaring van bevoegdheid tot vernietiging van schenking bij ziekte [B7 art. 178 BW Boek 7]
Verjaring van de vordering [B39 art. 78 ROW 1995]
Verjaring van internationale rechtsvordering tot opeisen cultuurgoederen [B3 art. 310a BW Boek 3]
Verjaring van rechtsvordering ter zake tekortkoming in de nakoming [B3 art. 312 BW Boek 3]
Verjaring van rechtsvordering tot betaling [B3 art. 308 BW Boek 3]
Verjaring van rechtsvordering tot nakoming [B3 art. 307 BW Boek 3]
Verjaring van rechtsvordering tot ongedaanmaking [B3 art. 311 BW Boek 3]
Verjaring van rechtsvordering tot ontbinding overeenkomt [B3 art. 311 BW Boek 3]
Verjaring van rechtsvordering tot opeisen van beschermde voorwerpen [B3 art. 310b BW Boek 3]
Verjaring van rechtsvordering tot schadevergoeding door letsel of overlijden [B3 art. 310 BW Boek 3]
Verjaring van rechtsvordering tot schadevergoeding of betaling van bedongen boete [B3 art. 310 BW Boek 3]
Verjaring van rechtsvordering tot teruggave onrechtmatig ingevoerde cultuurgoederen [B3 art. 310c BW Boek 3]
Verjaring van rechtsvordering uit onverschuldigde betaling [B3 art. 309 BW Boek 3]
Verjaring van rechtsvorderingen bij voogdij [B1 art. 377 BW Boek 1]
Verjaring/verval rechtsvorderingen bij verkeer en vervoer [B8 art. 1700 BW Boek 8]
Verjarings-/vervaltermijn rechtsvordering ter zake van vervoerovereenkomst bij gecombineerd goederenvervoer [B8 art. 1836 BW Boek 8]
Verjaringstermijn onderlinge rechtsvordering bij rederij [B8 art. 1770 BW Boek 8]
Verjaringstermijn rechtsvordering afzender tegen vervoerder bij goederenvervoer [B8 art. 1713 BW Boek 8]
Verjaringstermijn rechtsvordering bij dood/letsel reiziger en verlies/schade bagage bij personenvervoer [B8 art. 1750a BW Boek 8]
Verjaringstermijn rechtsvordering bij gevaarlijke stoffen aan boord [B8 art. 1833 BW Boek 8]
Verjaringstermijn rechtsvordering bij hulpverlening bij ongevallen [B8 art. 1820 BW Boek 8]
Verjaringstermijn rechtsvordering bij letsel/dood reiziger bij personenvervoer [B8 art. 1751 BW Boek 8]
Verjaringstermijn rechtsvordering bij overeenkomst goederenvervoer [B8 art. 1740 BW Boek 8]
Verjaringstermijn rechtsvordering gegrond op overeenkomst personenvervoer [B8 art. 1750 BW Boek 8]
Verjaringstermijn rechtsvordering tegen kapitein/schipper [B8 art. 1780 BW Boek 8]
Verkeers- en veiligheidsvoorschriften [B71 art. 7 HVOV]
Verkeersopvatting bij houderschap [B3 art. 108 BW Boek 3]
Verkiesbaarheid [B45 art. 53 Advw]
Verkiesbaarheid voor onderscheiden colleges [B45 art. 24 Advw]
Verkiezing leden algemene raad [B45 art. 19 Advw]
Verklaring aan begiftigde [B4 art. 90 BW Boek 4]
Verklaring door aanstaande echtgenoten bij huwelijksvoltrekking [B1 art. 67 BW Boek 1]
Verklaring in plaats van inventarisatie door voogd [B1 art. 339 BW Boek 1]
Verklaring informatieverstrekking [B28 art. 103 Kadw]
Verklaring over inwerkingtreding verdrag voor andere gebieden buiten staat [B57 art. 24 HHVV 1978]
Verklaring t.b.v. de teboekstelling [B12 art. 311a WvK]
Verklaring toepasselijkheid intern recht [B57 art. 5 HHVV 1978]
Verklaring uitvoerbaarheid geen vereiste [B81 art. 39 Brussel I-bis]
Verklaring van aanvraag [B78 art. 6 HBetV]
Verklaring van erfrecht [B4 art. 188 BW Boek 4]
Verklaring van huwelijksbevoegdheid bij buitenlands huwelijk [B1 art. 49a BW Boek 1]

Verklaring van inschrijving [B28 art. 13 Kadw]
Verklaring van recht bij rechtsvordering [B3 art. 302 BW Boek 3]
Verklaring van tenietgaan bij hypotheekrecht [B3 art. 274 BW Boek 3]
Verklaring van uitvoerbaarheid [B105 art. 47 HuwVermVo] [B106 art. 47 GPVo]
Verklaring van uitvoerbaarheid, aanhouden zaak [B105 art. 52 HuwVermVo] [B106 art. 52 GPVo]
Verklaring van uitvoerbaarheid, gedeeltelijke uitvoerbaarheid [B105 art. 54 HuwVermVo] [B106 art. 54 GPVo]
Verklaring van uitvoerbaarheid, geen belasting. Recht of heffing [B105 art. 57 HuwVermVo] [B106 art. 57 GPVo]
Verklaring van uitvoerbaarheid, geen zekerheid, borg of pand [B105 art. 56 HuwVermVo] [B106 art. 56 GPVo]
Verklaring van uitvoerbaarheid, kennisgeving [B105 art. 48 HuwVermVo] [B106 art. 48 GPVo]
Verklaring van uitvoerbaarheid, rechtsbijstand [B105 art. 55 HuwVermVo] [B106 art. 55 GPVo]
Verklaring van uitvoerbaarheid, rechtsmiddel beslissing op beroep [B105 art. 50 HuwVermVo] [B106 art. 50 GPVo]
Verklaring van uitvoerbaarheid, rechtsmiddelen [B105 art. 49 HuwVermVo] [B106 art. 49 GPVo]
Verklaring van uitvoerbaarheid, voorlopige en bewarende maatregelen [B105 art. 53 HuwVermVo] [B106 art. 53 GPVo]
Verklaring van uitvoerbaarheid, weigering of intrekking [B105 art. 51 HuwVermVo] [B106 art. 51 GPVo]
Verklaring van waardeloosheid [B28 art. 35 Kadw]
Verklaring van waardeloosheid inschrijving bij registergoed [B3 art. 28 BW Boek 3]
Verklaring vermoedelijk overlijden [B52 art. 4 SW]
Verklaring voor recht door de rechtbank [B1 art. 27a BW Boek 1]
Verklaring voor recht van buitenlandse akte of uitspraak [B1 art. 26 BW Boek 1]
Verklaringen t.a.v. niet-geünificeerde rechtsstelsels [B80 art. 28]
Verklaringen t.a.v. specifieke aangelegenheden [B80 art. 21]
Verklaringen ter beperking erkenning en tenuitvoerlegging [B80 art. 20]
Verklaringen ter beperking rechterlijke bevoegdheid [B80 art. 19]
Verklaringsplicht derde [B14 art. 476a Rv]
Verknochtheit [B1 art. 94, art. 94 BW Boek 1]
Verkoop aan de staat van afgegeven goederen [B4 art. 226 BW Boek 4]
Verkoop als die van andere roerende zaken [B14 art. 576 Rv]
Verkoop bij nalatenschap [B7 art. 48 BW Boek 7]
Verkoop bij opbod [B14 art. 469 Rv]
Verkoop bij opbod en afmijning [B14 art. 584m Rv]
Verkoop bij voortzetting bedrijf [B13 art. 175 Fw]
Verkoop buitenlands zeeschip [B14 art. 571 Rv]
Verkoop buitenlands zeeschip ter openbare terechtzitting [B14 art. 575 Rv]
Verkoop goederen [B73 art. 16 CMR]
Verkoop niet teboekstaand binnenschip [B14 art. 571 Rv]
Verkoop op afwijkende wijze bij pandrecht [B3 art. 251 BW Boek 3]
Verkoop registergoed zonder kwalitatief beding [B13 art. 35a Fw]
Verkoop schip bij staken van stemmen bij rederij [B8 art. 173 BW Boek 8]
Verkoop schip na ontbinding van rederij [B8 art. 184 BW Boek 8]
Verkoop van het inbewaringgestelde door bewaarder [B14 art. 858 Rv]
Verkoop van schepen [B13 art. 188 Fw]
Verkoop van verpand of beslagen octrooi [B39 art. 69 ROW 1995]
Verkoop zaak waarop beperkt recht [B14 art. 458 Rv]
Verkoopbevoegdheid schuldenaar bij schuldenaarsverzuim [B6 art. 90 BW Boek 6]
Verkoopregulerend beding [B50 art. 9 WBRV]
Verkooptermijn [B14 art. 462 Rv]
Verkorte vermelding gronden bij ongegrondverklaring [B42 art. 81 Wet RO]
Verkorting opzegtermijn [B7 art. 672 BW Boek 7]
Verkorting van de termijnen [B14 art. 117 Rv] [B15 art. 117 Rv]
Verkrijgen eigen aandelen NV door dochtermaatschappij [B2 art. 98d BW Boek 2]
Verkrijgende verjaring [B11 art. 92 NBW] [B3 art. 99 BW Boek 3]
Verkrijger bij aansprakelijkheid [B6 art. 180 BW Boek 6]
Verkrijging aandelen BV voor eigen rekening [B2 art. 207b BW Boek 2]
Verkrijging aandelen krachtens erfrecht [B52 art. 13a SW]
Verkrijging bij overledene in bezit zijnde roerende goederen [B52 art. 8 SW]
Verkrijging bloot eigendom eigen woning [B52 art. 35g SW]
Verkrijging door de staat van nalatenschap [B4 art. 189 BW Boek 4]

Alfabetisch trefwoordenregister V

Verkrijging door een ander [B3 art. 110 BW Boek 3]
Verkrijging door partners [B52 art. 25 SW]
Verkrijging economische eigendom [B50 art. 2 WBRV]
Verkrijging eigen aandelen BV door dochtermaatschappij [B2 art. 207d BW Boek 2]
Verkrijging genotsrechten [B52 art. 10 SW]
Verkrijging krachtens bij overeenkomst gesloten verblijvingsbeding [B52 art. 11 SW]
Verkrijging krachtens verdeling [B50 art. 12 WBRV]
Verkrijging onder algemene titel [B3 art. 80 BW Boek 3]
Verkrijging onder bijzondere titel [B3 art. 80 BW Boek 3]
Verkrijging uit huwelijksgemeenschap [B52 art. 6 SW]
Verkrijging uit levensverzekering/derdenbeding [B52 art. 13 SW]
Verkrijging van aandelen en rechten [B50 art. 10 WBRV]
Verkrijging van een recht van erfpacht, opstal of beklemming [B50 art. 11 WBRV]
Verkrijging van goederen [B3 art. 80 BW Boek 3]
Verkrijging van het recht [B75 art. 2.2, art. 3.5 BVIE]
Verkrijging van zaak van beschikkingsonbevoegde in het internationaal privaatrecht [B10 art. 131 BW boek 10]
Verkrijging volgestorte aandelen door BV [B2 art. 207 BW Boek 2]
Verkrijging volgestorte aandelen door NV [B2 art. 98 BW Boek 2]
Verlate aanvaarding [B70 art. 21 WKV]
Verlegging [B54 art. 12 Wet OB 1968]
Verlegging, begripsbepalingen [B55 art. 24b Uitv. Besl. OB 1968]
Verlegging bij AMvB [B54 art. 12 Wet OB 1968]
Verlegging bij optie belaste levering en beleggingsgoud [B55 art. 24ba Uitv. Besl. OB 1968]
Verlenen van kwijtschelding [B52 art. 67 SW]
Verlenging duur ondertoezichtstelling [B1 art. 260 BW Boek 1]
Verlenging huurovereenkomst door in gebruik houden van zaak [B7 art. 230 BW Boek 7]
Verlenging pachtovereenkomst bij verpachting in een reservaat [B7 art. 391 BW Boek 7]
Verlenging stage [B45 art. 9b Advw]
Verlenging surseance [B13 art. 223 Fw]
Verlenging surseancetermijn [B13 art. 275 Fw]
Verlenging termijn inventarisatie of verklaring [B1 art. 340 BW Boek 1]
Verlenging termijn ontruiming [B11 art. 208d NBW]
Verlenging termijn ontruiming van gehuurde onroerende zaak [B7 art. 230a BW Boek 7]
Verlenging termijnen i.v.m. sluiting van het bureau [B39 art. 16 ROW 1995]
Verlenging van termijn [B70 art. 47 WKV]
Verlenging van termijn voor inschrijving van afstand door de rechtbank [B1 art. 106 BW Boek 1]
Verlenging van verjaringstermijn bij rechtsvordering [B3 art. 320 BW Boek 3]
Verlenging verjaring/verval rechtsvordering bij verkeer en vervoer [B8 art. 1701 BW Boek 8]
Verlenging verjarings- en vervaltermijn [B13 art. 36 Fw]
Verlenging verjaringstermijn bij procedure tot schadevergoeding wegens inbreuk op mededingingsrecht [B6 art. 193t BW Boek 6]
Verlenging wachttijd [B7 art. 670 BW Boek 7]
Verlening machtiging aandeelhouders BV tot oproeping AVA [B2 art. 221 BW Boek 2]
Verlening machtiging aandeelhouders NV tot oproeping AVA [B2 art. 111 BW Boek 2]
Verlening octrooi door plaatsen gedateerde aantekening [B39 art. 102a ROW 1995]
Verlening octrooi twee maanden na uitbrengen nieuwheidsrapport [B39 art. 102a ROW 1995]
Verlening of afwijzing [B74 art. 97 EOV]
Verlening opdracht met oog op persoon [B7 art. 404 BW Boek 7]
Verlening van gedwongen licentie door de rechter [B39 art. 58 ROW 1995]
Verlening van het octrooi na onderzoek naar de stand van de techniek [B39 art. 36 ROW 1995]
Verlening van licentie door minister in het algemeen belang [B39 art. 57 ROW 1995]
Verlening van volmacht [B3 art. 61 BW Boek 3]
Verlies beperkt recht bij non-uses [B11 art. 94 NBW]
Verlies beperkt recht door verjaring [B3 art. 106 BW Boek 3]
Verlies beschikking en beheer [B13 art. 23 Fw]
Verlies eigendom dieren [B5 art. 19 BW Boek 5]
Verlies en geschenken [B54 art. 15 Wet OB 1968]
Verlies geschatte zaak bij bruikleen [B7a art. 1783 BW Boek 7A]
Verlies of schade [B70 art. 66 WKV]
Verlies recht van afstand [B1 art. 107 BW Boek 1]
Verlies recht van regres [B12 art. 160 WvK]
Verlies van betrekkingen [B45 art. 8f Advw]
Verlies van dieren [B11 art. 153 NBW]

V

Alfabetisch trefwoordenregister

Verlies van goederen [B3 art. 80 BW Boek 3]
Verlies van ouderlijk gezag [B1 art. 253e BW Boek 1]
Verlies van recht ontbinding [B70 art. 82 WKV]
Verlies woonplaats [B1 art. 11 BW Boek 1]
Verlies/beschadiging bagage bij binnenlands openbaar personenvervoer [B8 art. 113 BW Boek 8]
Verlof president rechtbank [B14 art. 700 Rv]
Verlof tot ontruiming bij hypotheekrecht [B3 art. 264 BW Boek 3]
Verlof tot tenuitvoerlegging arbitraal vonnis [B14 art. 1062 Rv]
Verloop procedure [B75 art. 1.14, art. 1.31 BVIE]
Verloop termijn [B4 art. 192 BW Boek 4]
Verloren cheque [B12 art. 198 WvK]
Verloren gegane zaken bij goederenvervoer over spoorwegen [B8 art. 1577 BW Boek 8]
Verloren goederen [B73 art. 20 CMR]
Verloren wisselbrief [B12 art. 115 WvK]
Vermeerdering met kosten van veranderingen van huurprijs [B7 art. 255 BW Boek 7]
Vermelden transitievergoeding [B7 art. 656 BW Boek 7]
Vermelding als uitvinder [B39 art. 14 ROW 1995]
Vermelding factuur [B55 art. 24b Uitv. Besl. OB 1968]
Vermelding geldelijke tegenprestatie [B47 art. 46 WNA]
Vermelding grond opzegging bij huur bedrijfsruimte [B7 art. 294 BW Boek 7]
Vermelding hypotheek in notariële akte van luchtvaartuig [B8 art. 1310 BW Boek 8]
Vermelding in Publicatieblad [B91 art. 14 SE]
Vermelding niet in balans/winst- en verliesrekening ogenomen gebeurtenissen [B2 art. 380a BW Boek 2]
Vermelding overige gegevens [B45 art. 16i Advw]
Vermelding personalia notaris [B47 art. 40 WNA]
Vermelding personalia partijen, vertegenwoordigers en getuigen en tijdstip en plaats waarop akte is verleden [B47 art. 40 WNA]
Vermelding van uitsluitend naam en brandmerk [B28 art. 21 Kadw]
Vermenging [B6 art. 161 BW Boek 6]
Vermenging roerende zaken [B5 art. 15 BW Boek 5]
Verminderen van de eis [B14 art. 129 Rv]
Vermindering bij buitengewone omstandigheden bij pachtprijs [B7 art. 330 BW Boek 7]
Vermindering huurprijs bij gebrek [B7 art. 207 BW Boek 7]
Vermindering naar evenredigheid [B50 art. 12 WBRV]
Vermindering pachtprijs bij gebreken verpachte zaak [B7 art. 340 BW Boek 7]
Vermindering premie bij tussentijdse opzegging van verzekering [B7 art. 939 BW Boek 7]
Vermindering ten onrechte [B52 art. 66 SW]
Vermindering van de aanslag [B52 art. 53 SW]
Vermindering waarde [B50 art. 11 WBRV]
Vermindering/inkorting sublegaten [B4 art. 121 BW Boek 4]
Vermiste cheque [B12 art. 227a WvK]
Vermiste vervallen cheque [B12 art. 227b WvK]
Vermiste vervallen wissels [B12 art. 167b WvK]
Vermiste wissels [B12 art. 167a WvK]
Vermoedelijk niet batig gerangschikt gedeelte [B13 art. 132 Fw]
Vermoeden afstand van wijzigingsrecht [B36 art. 45f Aw]
Vermoeden bekendheid faillietverklaring [B13 art. 35 Fw]
Vermoeden bij consumentenkoop [B7 art. 18 BW Boek 7]
Vermoeden rechthebbende bij bezit [B3 art. 119 BW Boek 3]
Vermoeden van dwaling bij gemeenschap [B3 art. 196 BW Boek 3]
Vermoeden van makerschap [B36 art. 4 Aw]
Vermoeden van wetenschap van benadeling bij rechtshandeling [B3 art. 46 BW Boek 3]
Vermoeden van wetenschap van benadeling schuldeisers bij rechtshandeling [B3 art. 47 BW Boek 3]
Vermoeden wetenschap benadeling schuldeisers [B13 art. 43 Fw]
Vermoeden wetenschap benadeling schuldeisers (omkering bewijslast) [B13 art. 45 Fw]
Vermogen verzwijgen bij verrekenbeding [B1 art. 135 BW Boek 1]
Vermogensbescherming bij splitsing [B2 art. 334d BW Boek 2]
Vermogensbescherming bij splitsing NV of BV [B2 art. 334w BW Boek 2]
Vermogensrecht [B3 art. 6 BW Boek 3]
Vermogensrechtelijke overeenkomst partners, formele geldigheid [B106 art. 25 GPVo]
Vermogensschade [B6 art. 96 BW Boek 6]
Vernietigbaar besluit van orgaan rechtspersoon [B2 art. 15 BW Boek 2]

Alfabetisch trefwoordenregister

V

Vernietigbaarheid beding bij algemene voorwaarden [B6 art. 233 BW Boek 6]
Vernietigbaarheid bepaalde rechtshandelingen [B40 art. 36 Iw 1990]
Vernietigbaarheid opzegging arbeidsovereenkomst [B13 art. 72 Fw]
Vernietigbaarheid rechtshandeling [B13 art. 297 Fw]
Vernietigbare beslissing vaststellingsovereenkomst [B7 art. 904 BW Boek 7]
Vernietigbare rechtshandeling [B11 art. 80 NBW]
Vernietigbare rechtshandelingen betrokkene bij mentorschap [B1 art. 457 BW Boek 1]
Vernietigbare rechtshandelingen van voogd [B1 art. 347 BW Boek 1]
Vernietigbare verdeling bij gemeenschap [B3 art. 196 BW Boek 3]
Vernietiging bij rechtshandeling [B3 art. 49 BW Boek 3]
Vernietiging dossier op verzoek patiënt bij behandelingsovereenkomst [B7 art. 455 BW Boek 7]
Vernietiging fusie door rechter [B2 art. 323 BW Boek 2]
Vernietiging na overlijden schenker [B7 art. 178 BW Boek 7]
Vernietiging of ontbinding bij overgang vordering [B6 art. 149 BW Boek 6]
Vernietiging of schorsing door de Kroon [B45 art. 30 Advw]
Vernietiging opzegging, billijke vergoeding door kantonrechter [B7 art. 681 BW Boek 7]
Vernietiging overige besluiten [B47 art. 92 WNA]
Vernietiging tussenvonnis, verder verloop procedure na [B14 art. 356 Rv]
Vernietiging van bevoegdheid tot schenking [B7 art. 185 BW Boek 7]
Vernietiging van het octrooi [B39 art. 75 ROW 1995]
Vernietiging van oprichtingshandeling rechtspersoon [B2 art. 4 BW Boek 2]
Vernietiging van rechtshandelingen door echtgenoot [B1 art. 89 BW Boek 1]
Vernietiging van schenking [B7 art. 184 BW Boek 7]
Vernietiging van schenking bij ziekte [B7 art. 178 BW Boek 7]
Vernietiging van splitsing [B2 art. 334u BW Boek 2]
Vernietiging van statutenwijziging [B2 art. 295 BW Boek 2]
Vernietiging van uiterste wilsbeschikking [B4 art. 114 BW Boek 4]
Vernietiging van vonnis bij geschil [B2 art. 341a BW Boek 2]
Vernietiging voldoening opeisbare schuld [B13 art. 47 Fw]
Vernietiging/wijziging overeenkomst bij hulpverlening [B8 art. 556 BW Boek 8]
Vernietigingsgronden bij algemene voorwaarden [B6 art. 235 BW Boek 6]
Vernietigingsgronden bij uiterste wilsbeschikking [B4 art. 62 BW Boek 4]
Vernietigingstermijn van vernietiging bij rechtshandeling [B3 art. 52 BW Boek 3]
Vernieuwing [B75 art. 1.9, art. 2.11 BVIE]
Vernieuwing na de inschrijving [B28 art. 78 Kadw]
Vernieuwing van het kadaster [B28 art. 55, art. 74 Kadw]
Veronderstelde nauwe band in internationaal privaatrecht [B10 art. 8 BW boek 10]
Veroordeling derde tot voldoening vordering [B14 art. 444b Rv]
Veroordeling in de kosten bij collectieve schadeafhandeling [B14 art. 1018l Rv]
Veroordeling in de kosten na opleggen maatregel [B47 art. 103b WNA]
Veroordeling in de proceskosten [B14 art. 289 Rv]
Veroordeling tot betaling van de kosten [B46 art. 43a GDW]
Verordening aan toonder of order bij verrekening [B6 art. 128 BW Boek 6]
Verordening buitenlands of Nederlands geld bij verbintenis tot betaling geldsom [B6 art. 123 BW Boek 6]
Verordening insolventieprocedures [B13 art. 281, art. 5 Fw]
Verordeningen [B45 art. 28 Advw] [B46 art. 65, art. 80 GDW] [B47 art. 89 WNA]
Verpakkingsbelasting [B40 art. 70aa Iw 1990]
Verplichte aanbieding [B12 art. 121 WvK]
Verplichte acceptatie [B12 art. 127a WvK]
Verplichte gegevens in de dagvaarding [B14 art. 111 Rv]
Verplichte indiening financiële stukken bij het Bureau [B46 art. 31 GDW]
Verplichte medewerking door partijen [B14 art. 198 Rv]
Verplichte melding verkrijging economische eigendom [B50 art. 54 WBRV]
Verplichte opgaven bij aanvaring [B12 art. 785 WvK]
Verplichte stage van drie jaar [B45 art. 9b Advw]
Verplichte tegenwoordigheid curator [B13 art. 80 Fw]
Verplichte uitlevering [B12 art. 165 WvK]
Verplichte uitlevering oorspronkelijke stuk [B12 art. 167 WvK]
Verplichte verrekening [B1 art. 133 BW Boek 1]
Verplichte verzekering voor kosten bij achterlaten zeevarende [B7 art. 738a BW Boek 7]
Verplichte voldoening [B40 art. 19 Iw 1990]
Verplichting aangewezen advocaat [B45 art. 13 Advw]
Verplichting aangewezen raadsman [B45 art. 13 Advw]

V

Alfabetisch trefwoordenregister

Verplichting administratievergoeding [B38 art. 20 WNR]
Verplichting beperkt tot volstorten van aandelen NV [B2 art. 81 BW Boek 2]
Verplichting beslaglegger tot schadevergoeding [B14 art. 729c Rv]
Verplichting bezoekende advocaten [B45 art. 16c Advw]
Verplichting derde-beslagene [B14 art. 479e Rv]
Verplichting effectenuitgevende instelling tot openbaarmaking van jaarrekening [B2 art. 394 BW Boek 2]
Verplichting endossant [B12 art. 114 WvK]
Verplichting hulpverlening [B12 art. 358a, art. 785 WvK]
Verplichting koper bij koop [B7 art. 27 BW Boek 7]
Verplichting koper tot verkoop zaak [B7 art. 30 BW Boek 7]
Verplichting minderjarige in het kader van het ouderlijk gezag [B1 art. 249 BW Boek 1]
Verplichting reisorganisator onverwijld hulp en bijstand te verlenen [B7 art. 513 BW Boek 7]
Verplichting tot aanbieden en overdragen van aandelen NV [B2 art. 87a BW Boek 2]
Verplichting tot bijvoegen afschrift [B14 art. 85 Rv]
Verplichting tot doen van opgaaf bij structuurvennootschap BV [B2 art. 263 BW Boek 2]
Verplichting tot doen van opgaaf bij structuurvennootschap NV [B2 art. 153 BW Boek 2]
Verplichting tot doen van opgaaf niet verplicht structuurvennootschap BV [B2 art. 263 BW Boek 2]
Verplichting tot doen van opgaaf niet verplicht structuurvennootschap NV [B2 art. 153 BW Boek 2]
Verplichting tot geheimhouding [B27 art. 15 Sb fgr 2015]
Verplichting tot inbreng gift [B11 art. 139 NBW]
Verplichting tot inontvangstneming [B70 art. 60 WKV]
Verplichting tot levensonderhoud bij geregistreerd partnerschap naar internationaal privaatrecht [B10 art. 90 BW boek 10]
Verplichting tot levensonderhoud in het internationaal privaatrecht [B10 art. 116 BW boek 10]
Verplichting tot levering en aanvaarding van aandelen bij geschil [B2 art. 341 BW Boek 2]
Verplichting tot medewerking [B28 art. 7a Kadw]
Verplichting tot meewerking opmaken notariële akte van huurkoopovereenkomst [B7 art. 102 BW Boek 7]
Verplichting tot opgave jaarrekening bij coöperatie en onderlinge waarborgmaatschappij [B2 art. 63b BW Boek 2]
Verplichting tot opname akten in protocol [B47 art. 38 WNA]
Verplichting tot opstellen van geconsolideerde jaarrekening [B2 art. 406 BW Boek 2]
Verplichting tot overdracht van aandelen NV [B2 art. 98b BW Boek 2]
Verplichting tot overname van aandelen bij geschil [B2 art. 343a BW Boek 2]
Verplichting tot samenwerking met Nederlandse advocaat [B45 art. 16e Advw]
Verplichting tot verrichten werkzaamheden [B47 art. 21 WNA]
Verplichting tot verstrekken gegevens [B50 art. 4 WBRV]
Verplichting tot voldoen schulden [B4 art. 184 BW Boek 4]
Verplichting tot woonplaatskeuze in Nederland [B28 art. 18 Kadw]
Verplichting verkoper bij koop [B7 art. 9 BW Boek 7]
Verplichtingen afzender bij goederenvervoer [B8 art. 24 BW Boek 8]
Verplichtingen afzender bij goederenvervoer over zee [B8 art. 391, art. 397 BW Boek 8]
Verplichtingen afzender bij inlading/lossing [B8 art. 929 BW Boek 8]
Verplichtingen bevrachter bij goederenvervoer over binnenwateren [B8 art. 926 BW Boek 8]
Verplichtingen bij schenking of erfenis tijdens voogdij [B1 art. 342 BW Boek 1]
Verplichtingen bij sluiten kredietovereenkomst door tussenkomst kredietbemiddelaar [B7 art. 123 BW Boek 7]
Verplichtingen bij verlies/schade bij verhuisovereenkomst [B8 art. 1199 BW Boek 8]
Verplichtingen eigenaar erf [B11 art. 161 NBW]
Verplichtingen en bevoegdheden executeur [B52 art. 72 SW]
Verplichtingen expediteur bij goederenvervoer [B8 art. 62 BW Boek 8]
Verplichtingen gerechtsdeurwaarder [B46 art. 11 GDW]
Verplichtingen hulpverlener [B8 art. 560 BW Boek 8]
Verplichtingen i.v.m. invordering van derden [B40 art. 62 Iw 1990]
Verplichtingen informatiemaatschappij bij elektronisch rechtsverkeer [B3 art. 15d BW Boek 3]
Verplichtingen kapitein [B12 art. 342 WvK]
Verplichtingen kapitein bij zeeschip [B8 art. 261 BW Boek 8]
Verplichtingen koper [B36 art. 16ga Aw] [B70 art. 53 WKV]
Verplichtingen opdrachtgever [B8 art. 63 BW Boek 8]
Verplichtingen partijen bij scheepshuurkoop van binnenschip [B8 art. 803 BW Boek 8]

Alfabetisch trefwoordenregister V

Verplichtingen partijen bij verlies/schade bij goederenvervoer over de weg [B8 art. 1134 BW Boek 8]

Verplichtingen principaal bij agentuurovereenkomst [B7 art. 430 BW Boek 7]

Verplichtingen reder bij zeeschip [B8 art. 192 BW Boek 8]

Verplichtingen scheepsbeheerder bij achterlaten zeevarende [B7 art. 738a BW Boek 7]

Verplichtingen scheepshuurkoper bij binnenschip [B8 art. 806 BW Boek 8]

Verplichtingen scheepshuurverkoper bij binnenschip [B8 art. 805 BW Boek 8]

Verplichtingen schipper [B12 art. 782 WvK]

Verplichtingen schuldeiser t.a.v. gesubrogeerde [B6 art. 154 BW Boek 6]

Verplichtingen uitlener bij bruikleen [B7a art. 1787 BW Boek 7A]

Verplichtingen van bewindvoerende ouders [B1 art. 253j BW Boek 1]

Verplichtingen van niet aangewezen gerecht [B80 art. 6]

Verplichtingen van verpachter bij gebreken [B7 art. 337 BW Boek 7]

Verplichtingen verhuizer bij verhuisovereenkomst [B8 art. 1172, art. 1190 BW Boek 8]

Verplichtingen verkoper [B70 art. 30 WKV]

Verplichtingen vervoerder bij goederenvervoer [B8 art. 21 BW Boek 8]

Verplichtingen vervoerder bij goederenvervoer door de lucht [B8 art. 1353 BW Boek 8]

Verplichtingen vervoerder bij goederenvervoer over binnenwateren [B8 art. 895, art. 925 BW Boek 8]

Verplichtingen vervoerder bij goederenvervoer over de weg [B8 art. 1095 BW Boek 8]

Verplichtingen vervoerder bij goederenvervoer over zee [B8 art. 378 BW Boek 8]

Verplichtingen vervoerder bij inlading/lossing bij goederenvervoer over binnenwateren [B8 art. 929 BW Boek 8]

Verplichtingen vervoerder bij verlies/schade bij goederenvervoer over binnenwateren [B8 art. 958 BW Boek 8]

Verplichtingen vervrachter bij goederenvervoer over binnenwateren [B8 art. 897 BW Boek 8]

Verplichtingen vervrachter bij goederenvervoer over de weg [B8 art. 1097 BW Boek 8]

Verplichtingen vervrachter bij goederenvervoer over zee [B8 art. 380 BW Boek 8]

Verplichtingen werknemer bij ziekte [B7 art. 660a BW Boek 7]

Verrekenbedingen [B1 art. 132 BW Boek 1]

Verrekenen schuld [B13 art. 307 Fw]

Verrekening betaalde bedragen [B52 art. 7 SW]

Verrekening betalingskorting [B40 art. 24 Iw 1990]

Verrekening en teruggaaf premie [B50 art. 29 WBRV]

Verrekening IB [B52 art. 13a SW]

Verrekening in geld [B1 art. 137 BW Boek 1]

Verrekening met erfdeel bij inbreng van giften [B4 art. 233 BW Boek 4]

Verrekening met order- of toonderpapier [B13 art. 55 Fw]

Verrekening na instemming met overdracht van vorderingen [B40 art. 24 Iw 1990]

Verrekening nog niet verstreken termijn [B40 art. 24 Iw 1990]

Verrekening of vergoeding bij voordeel uit vreemd huwelijksvermogensregime [B10 art. 47 BW boek 10]

Verrekening op verzoek [B40 art. 24 Iw 1990]

Verrekening uitkering met opeisbare premie bij verzekering [B7 art. 935 BW Boek 7]

Verrekening van kosten van bewind bij voogdij [B1 art. 358 BW Boek 1]

Verrekening van rechtswege [B6 art. 140 BW Boek 6]

Verrekening van voordeel naar vreemd recht bij wijziging van partnerschapsvermogensregime [B10 art. 81 BW boek 10]

Verrekeningscheque [B12 art. 216 WvK]

Verrekeningsverklaring [B6 art. 127 BW Boek 6]

Verrekeningsverplichting na ontbinden overeenkomst bij binnenschip [B8 art. 810 BW Boek 8]

Verrichten van onderzoekshandelingen [B76 art. 15 HBewV]

Verrichtingen in eigen bedrijf [B54 art. 4 Wet OB 1968]

Verschaffen van inlichtingen [B13 art. 105 Fw]

Verschijnen tijdens mondelinge behandeling [B27 art. 26 Sb fgr 2015]

Verschijning schuldeisers [B13 art. 256 Fw]

Verschijning van partijen [B14 art. 131 Rv]

Verschijning voor notaris [B14 art. 677 Rv]

Verschil in bedragaanduiding [B12 art. 186 WvK]

Verschillende tijdberekeningen [B12 art. 136 WvK]

Verschoning en wraking [B46 art. 37, art. 45 GDW] [B74 art. 24 EOV]

Verschoning en wraking leden kamer voor het notariaat [B47 art. 100 WNA]

Verschoningsverzoek, behandeling [B14 art. 41 Rv]

Verschuldigd bedrag over periode waarin lijf overlijdt [B7 art. 992 BW Boek 7]

Verschuldigd zijn wettelijke of bedongen rente [B13 art. 303 Fw]
Verschuldigde premie bij geen/minder risico bij verzekering [B7 art. 938 BW Boek 7]
Verschuldigde vracht bij goederenvervoer over zee [B8 art. 484 BW Boek 8]
Verschuldigdheid [B40 art. 8 Iw 1990]
Verschuldigdheid verhuisprijs bij verhuisovereenkomst [B8 art. 1194 BW Boek 8]
Verschuldigdheid vracht bij goederenvervoer [B8 art. 29 BW Boek 8]
Verschuldigdheid vracht bij goederenvervoer over binnenwateren [B8 art. 947, art. 949 BW Boek 8]
Verschuldigdheid vracht bij goederenvervoer over de weg [B8 art. 1128 BW Boek 8]
Verslag bewindvoerder aan R-C [B13 art. 351a Fw]
Verslag bewindvoerder over toestand boedel en uitvoering saneringsplan [B13 art. 318 Fw]
Verslag bewindvoerders en deskundigen [B13 art. 265 Fw]
Verslag curator, nadere regels [B13 art. 212nn, art. 213ee Fw]
Verslag curator; p-v verificatievergadering [B13 art. 137 Fw]
Verslag functioneren KBvG [B46 art. 85 GDW]
Verslag gevolgen overgangsregeling [B47 art. 127 WNA]
Verslag ledenraad [B46 art. 79 GDW]
Verslag over betalingen aan overheden [B2 art. 392a BW Boek 2]
Verslag over doeltreffendheid en doelmatigheid orde [B39 art. 23z ROW 1995]
Verslag R-C op terechtzitting [B13 art. 337 Fw]
Verslag rapporteur [B45 art. 60g Advw]
Verslag stemming [B13 art. 382 Fw]
Verslag toezichthoudend orgaan [B91 art. 41 SE]
Verslag uitslag enquêteonderzoek [B2 art. 353 BW Boek 2]
Verslag werkzaamheden commissie van toezicht [B47 art. 36 WNA]
Verslaglegging door mentor [B1 art. 459 BW Boek 1]
Versnelde executie [B40 art. 15 Iw 1990]
Versnelde invordering [B40 art. 10 Iw 1990]
Verstekeling [B12 art. 371a WvK]
Verstekverlening [B14 art. 139 Rv]
Verstekverlening bij meerdere gedaagden [B14 art. 140 Rv]
Versterking natuurlijke verbintenis [B11 art. 174 NBW]
Verstrekken expedities en uittreksels [B46 art. 18 GDW]
Verstrekken gegevens [B53 art. 10d Uitv besl SW]
Verstrekken inlichtingen [B39 art. 23k ROW 1995]
Verstrekken inlichtingen aan minister [B46 art. 84 GDW]
Verstrekken inlichtingen aan patiënt bij behandelingsovereenkomst [B7 art. 448 BW Boek 7]
Verstrekken inlichtingen over patiënt aan anderen bij behandelingsovereenkomst [B7 art. 457 BW Boek 7]
Verstrekken inlichtingen over patiënt ten behoeve van statistiek/wetenschappelijk onderzoek bij behandelingsovereenkomst [B7 art. 458 BW Boek 7]
Verstrekken van afschrift door de griffier [B14 art. 231 Rv]
Verstrekken van informatie [B14 art. 1019f Rv]
Verstrekken van levensonderhoud bij gezamenlijk gezag [B1 art. 253w BW Boek 1]
Verstrekking door mededingingsautoriteit [B14 art. 849 Rv]
Verstrekking gegevens schuldenaar door UWV aan deurwaarder [B14 art. 475ga Rv]
Verstrekking van persoonsgegevens [B28 art. 107c Kadw]
Verstrekte leningen en voorschotten en garanties in toelichting op jaarrekening [B2 art. 383e BW Boek 2]
Vertaling afschrift [B13 art. 213bb Fw]
Vertaling of transliteratie [B81 art. 57 Brussel I-bis]
Vertaling stukken [B45 art. 9aa Advw]
Vertaling van het Europees octrooi [B74 art. 65 EOV]
Vertegenwoordiger [B50 art. 25 WBRV]
Vertegenwoordiger bij aansprakelijkheid [B6 art. 172 BW Boek 6]
Vertegenwoordiging algemene raad [B45 art. 31 Advw]
Vertegenwoordiging bij afwezigheid boekhouder bij rederij [B8 art. 180 BW Boek 8]
Vertegenwoordiging door bewindvoerder [B4 art. 172 BW Boek 4]
Vertegenwoordiging erfgenamen [B4 art. 145, art. 211 BW Boek 4]
Vertegenwoordiging in gedingen door bewindvoerder [B4 art. 173 BW Boek 4]
Vertegenwoordiging in het internationaal privaatrecht [B10 art. 125 BW boek 10]
Vertegenwoordiging van schuldeiser [B13 art. 83 Fw]
Vertegenwoordiging voor de bijzondere organen [B74 art. 144 EOV]
Vertegenwoordiging voor het Europees Octrooibureau [B74 art. 134 EOV]
Vertegenwoordigingsbevoegdheid bestuur van BV [B2 art. 240 BW Boek 2]

Alfabetisch trefwoordenregister V

Vertegenwoordigingsbevoegdheid bestuur van NV [B2 art. 130 BW Boek 2]
Vertegenwoordigingsbevoegdheid bestuur van stichting [B2 art. 292 BW Boek 2]
Vertegenwoordigingsbevoegdheid van verenigingsbestuur [B2 art. 45 BW Boek 2]
Verticale natrekking [B5 art. 21 BW Boek 5]
Vertraging bij goederenvervoer door de lucht [B8 art. 1354 BW Boek 8]
Vertraging in de aflevering [B73 art. 19 CMR]
Vertragingsschade [B73 art. 23 CMR]
Vertragingsschade bij schuldenaarsverzuim [B6 art. 85 BW Boek 6]
Vertrouwensbeginsel [B88 IVO]
Vertrouwensbeginsel bij rechtshandeling [B3 art. 35 BW Boek 3].
Verval aanbod tot schenking na overlijden aanbieder [B7 art. 179 BW Boek 7]
Verval beperkt recht bij overdracht [B3 art. 86 BW Boek 3]
Verval beslag [B14 art. 770b Rv]
Verval beslagen en gijzeling [B13 art. 230 Fw]
Verval betalingsverplichtingen [B36 art. 16k Aw]
Verval bevoegdheid tot inkorten gift [B4 art. 90 BW Boek 4]
Verval gerechtelijke tenuitvoerlegging [B13 art. 33 Fw]
Verval ontwerpakkoord [B13 art. 254 Fw]
Verval op wettelijke feestdag [B12 art. 171 WvK]
Verval regresrecht [B12 art. 152 WvK]
Verval tijdsbepaling bij nakoming verbintenis [B6 art. 40 BW Boek 6]
Verval van auteursrecht [B36 art. 39 Aw]
Verval van de Rijksoctrooiwet [B39 art. 101 ROW 1995]
Verval van instantie na verzet [B14 art. 148 Rv]
Verval van recht tot strafvordering [B21 art. 7 Hnw]
Verval volgrecht [B36 art. 43e Aw]
Vervaldag [B12 art. 132 WvK]
Vervallen aanbod bij totstandkoming overeenkomst [B6 art. 221 BW Boek 6]
Vervallen aanbod uitzondering bij totstandkoming overeenkomst [B6 art. 222 BW Boek 6]
Vervallen beslag [B14 art. 479o Rv]
Vervallen gelegde beslagen [B13 art. 301 Fw]
Vervallen lidmaatschap kamer voor het notariaat [B47 art. 95 WNA]
Vervallen nalatenschap aan de staat [B4 art. 226 BW Boek 4]
Vervallen ontwerpakkoord [B13 art. 330 Fw]
Vervallen schriftelijke aanwijzing [B1 art. 264 BW Boek 1]
Vervallen spoedshalve schorsing/voorlopige voorziening [B45 art. 60ae Advw]
Vervallen van beslag [B14 art. 704 Rv] [B40 art. 51 Iw 1990]
Vervallen van eerdere uiterste wilsbeschikking [B4 art. 112 BW Boek 4]
Vervallen van onderhoudsverplichting [B1 art. 396 BW Boek 1]
Vervallen van vrijstelling [B50 art. 15 WBRV]
Vervallen wijziging begunstigde levensverzekering [B13 art. 22a Fw]
Vervallen/opschorten voorwaarde bij erfstelling onder voorwaarde [B4 art. 140 BW Boek 4]
Vervallen/opschorten voorwaarde bij legaat onder voorwaarde [B4 art. 140 BW Boek 4]
Vervallen/verjaren rechtsvordering in verschillende termijnen bij goederenvervoer [B8 art. 1721 BW Boek 8]
Vervallenverklaring bij testamentaire last [B4 art. 131 BW Boek 4]
Vervallenverklaring van het recht [B75 art. 2.27 BVIE]
Vervalsing bij overgang vordering [B6 art. 147 BW Boek 6]
Vervaltermijn indienen verzoekschrift [B7 art. 686a BW Boek 7]
Vervaltermijn recht op homologatie/herziening berekening en omslag bij avarij-grosse [B8 art. 1831 BW Boek 8]
Vervaltermijn rechtsvordering bij letsel/dood reiziger bij personenvervoer [B8 art. 1753 BW Boek 8]
Vervaltermijn rechtsvordering jegens luchtvervoerder bij schade bagage bij luchtvervoer [B8 art. 1834 BW Boek 8]
Vervaltermijn rechtsvordering terzake van een luchtvervoerovereenkomst [B8 art. 1835 BW Boek 8]
Vervaltermijn terugvordering bij koop [B7 art. 44 BW Boek 7]
Vervangen artikelen [B78 art. 22 HBetV]
Vervangend aandeel op naam, termijn [B2 art. 82 BW Boek 2]
Vervangende schadevergoeding bij schuldenaarsverzuim [B6 art. 87 BW Boek 6]
Vervanging deken door lid raad van de orde [B45 art. 23 Advw]
Vervanging gecertificeerde instelling [B1 art. 259 BW Boek 1]
Vervanging handtekening [B4 art. 95 BW Boek 4]
Vervanging lid [B27 art. 14 Sb fgr 2015]

V **Alfabetisch trefwoordenregister**

Vervanging van ontheven of overleden arbiter [B14 art. 1030 Rv]
Vervanging van Verdrag uit 1961 inzake bescherming van minderjarigen [B63 art. 51 HKV 1996]
Verveelvoudigen [B36 art. 13 Aw]
Verveelvoudiging [B36 art. 45i Aw]
Verveelvoudiging door rechtmatige gebruiker [B36 art. 45j Aw]
Verveelvoudiging en openbaarmaking op last van justitie [B36 art. 22 Aw]
Vervoer [B70 art. 32 WKV]
Vervoer onder cognossement in het internationaal privaatrecht [B10 art. 162 BW boek 10]
Vervoer volgens dienstverlening bij personenvervoer over zee [B8 art. 515 BW Boek 8]
Vervoerde zaken bij goederenvervoer door de lucht [B8 art. 1379 BW Boek 8]
Vervoerder niet aansprakelijk [B73 art. 17 CMR]
Vervoerder onder cognossement bij goederenvervoer over binnenwateren [B8 art. 943 BW Boek 8]
Vervoerder onder het cognossement bij goederenvervoer over zee [B8 art. 461 BW Boek 8]
Vervoerovereenkomst bij gecombineerd personenvervoer [B8 art. 120 BW Boek 8]
Vervoerovereenkomst bij goederenvervoer [B8 art. 20 BW Boek 8]
Vervoerovereenkomst bij goederenvervoer door de lucht [B8 art. 1350 BW Boek 8]
Vervoerovereenkomst bij goederenvervoer over binnenwateren [B8 art. 890 BW Boek 8]
Vervoerovereenkomst bij goederenvervoer over zee [B8 art. 370 BW Boek 8]
Vervoerovereenkomst bij personenvervoer [B8 art. 80 BW Boek 8]
Vervoerovereenkomst bij personenvervoer door de lucht [B8 art. 1390 BW Boek 8]
Vervoerovereenkomst bij personenvervoer over binnenwateren [B8 art. 970 BW Boek 8]
Vervoerovereenkomst bij personenvervoer over de weg [B8 art. 1140 BW Boek 8]
Vervoerovereenkomst bij personenvervoer over zee [B8 art. 500 BW Boek 8]
Vervoerovereenkomst van goederenvervoer over de weg [B8 art. 1090 BW Boek 8]
Vervoerovereenkomsten [B92 art. 5 Rome I]
Vervoersdiensten [B54 art. 6c Wet OB 1968]
Vervolging derde-beslagene [B14 art. 479f Rv]
Vervolgpremie bij levensverzekering [B7 art. 980 BW Boek 7]
Vervrachter [B8 art. 373 BW Boek 8]
Vervreemding bij overeenkomst van goederenkrediet [B7 art. 88 BW Boek 7]
Vervreemding door huurkoper [B7 art. 107 BW Boek 7]
Vervreemding en vertering bij nalatenschap [B4 art. 23 BW Boek 4]
Vervreemding na inschrijving in openbare registers [B14 art. 584e Rv]
Vervreemding/vertering goederen [B4 art. 138 BW Boek 4]
Vervroegde aflossing bij huurkoopovereenkomst van woonruimte [B7 art. 115 BW Boek 7]
Vervroegde aflossing kredietovereenkomst [B7 art. 127 BW Boek 7]
Vervroegde intreding rechtsgevolgen bij niet nakoming verbintenis [B6 art. 80 BW Boek 6]
Vervroegen van de roldatum [B14 art. 126 Rv]
Vervulling van een voorwaarde; verschijning van een onzeker tijdstip [B28 art. 30 Kadw]
Vervulling voorwaarde bij erfstelling onder voorwaarde [B4 art. 139 BW Boek 4]
Vervulling voorwaarde bij voorwaardelijke verbintenis [B6 art. 23 BW Boek 6]
Verweer, mondeling [B14 art. 30i Rv]
Verweer, schriftelijk [B14 art. 30i Rv]
Verweer t.a.v. doorberekening meerkosten [B6 art. 193p BW Boek 6]
Verweer tegen faillissementsverzoek [B13 art. 212hf, art. 213af Fw]
Verweer tegen rechtsmacht [B14 art. 11 Rv]
Verweer; termijnen [B60 art. 6 HAEV 1973]
Verweerder geldt als verschenen in procedure [B15 art. 114 Rv]
Verweerder verschijnt niet [B78 art. 15 HBetV]
Verweermiddel ondergeschikte [B11 art. 194 NBW]
Verweermiddelen hoofdschuldenaar bij borgtocht [B7 art. 868 BW Boek 7]
Verweermiddelen medeschuldenaar bij hoofdelijke verbondenheid [B6 art. 11 BW Boek 6]
Verweermiddelen schuldenaar bij overgang vordering [B6 art. 145 BW Boek 6]
Verweermiddelen schuldenaar bij toonder of order bij overgang vordering [B6 art. 146 BW Boek 6]
Verweermiddelen verzekeraar [B7 art. 738b BW Boek 7]
Verweerschrift [B14 art. 411, art. 818 Rv] [B45 art. 46k Advw] [B46 art. 40 GDW]
Verweerschrift in cassatie, toezending [B14 art. 427a Rv]
Verweesde werken en publieke media-instellingen [B36 art. 17 Aw]
Verweesde werken in bibliotheken, onderwijsinstellingen, musea, archieven e.d. [B36 art. 16o Aw]
Verwerkingsverantwoordelijke [B19 art. 3 Hrw 2007]

Alfabetisch trefwoordenregister V

Verwerkingsverantwoordelijke is Dienst voor het kadaster en de openbare registers [B28 art. 3b Kadw]
Verwerping door legitimaris [B4 art. 63 BW Boek 4]
Verwerping of afstand van rechten [B52 art. 30 SW]
Verwerping van legaat [B4 art. 201 BW Boek 4]
Verwijzing door HR [B14 art. 421 Rv]
Verwijzing naar algemene beginselen [B74 art. 125 EOV]
Verwijzing naar andere rechter [B14 art. 270 Rv]
Verwijzing naar eerder ingeschreven stukken [B28 art. 19 Kadw]
Verwijzing naar gewone wijze van rechtspleging [B14 art. 438 Rv]
Verwijzing naar lagere rechter [B14 art. 76 Rv]
Verwijzing naar mediator [B14 art. 818 Rv]
Verwijzing naar meervoudige kamer [B14 art. 98 Rv]
Verwijzing naar Rb. [B14 art. 486 Rv]
Verwijzing naar Staat met meerdere gebiedsdelen [B68 art. 23 HTV]
Verwijzing naar woonplaats kind in Staat met verschillende rechtsstelsels en territoriale eenheden [B63 art. 47 HKV 1996]
Verwijzingen in cognossement bij goederenvervoer over zee [B8 art. 415 BW Boek 8]
Verwijzingen in vervoerdocument bij exploitatie luchtvoertuig [B8 art. 1343 BW Boek 8]
Verwijzingsregel; afwezigheid rechtskeuze [B68 art. 7 HTV]
Verwijzingsregel; rechtskeuze [B68 art. 6 HTV]
Verzameldepot [B22 art. 9 Wge]
Verzameldepot, aangesloten instelling is zelf deelgenoot [B22 art. 28 Wge]
Verzameldepot, beheer [B22 art. 11 Wge]
Verzameldepot, bevoegdheid bewaargever [B22 art. 32 Wge]
Verzameldepot, bevoegdheid tot uitlevering [B22 art. 30 Wge]
Verzameldepot, bewaargeving of levering effecten [B22 art. 12 Wge]
Verzameldepot, deelgenoten [B22 art. 16 Wge]
Verzameldepot, executoriaal derdenbeslag [B22 art. 24 Wge]
Verzameldepot, faillissement aangesloten instelling [B22 art. 33 Wge]
Verzameldepot, inhoud [B22 art. 10 Wge]
Verzameldepot, levering aandeel [B22 art. 17 Wge]
Verzameldepot, levering effecten door beschikkingsonbevoegde [B22 art. 14 Wge]
Verzameldepot, overdracht door onbevoegde vervreemder [B22 art. 19 Wge]
Verzameldepot, overschrijding toegestane aantal effecten [B22 art. 18 Wge]
Verzameldepot, pandrecht [B22 art. 20 Wge]
Verzameldepot, stemrecht [B22 art. 15 Wge]
Verzameldepot, terugvordering teveel uitgeleverde effecten [B22 art. 29 Wge]
Verzameldepot, uitlevering [B22 art. 26 Wge]
Verzameldepot, uitlevering aandeel waarop beperkt recht of beslag rust [B22 art. 31 Wge]
Verzameldepot, verdeling ontoereikend depot [B22 art. 27 Wge]
Verzameldepot, verkrijging effecten door intermediair [B22 art. 13 Wge]
Verzameldepot, verzuim schuldenaar [B22 art. 22 Wge]
Verzameldepot, vestiging pandrecht door intermediair [B22 art. 21 Wge]
Verzameldepot, vruchtgebruik [B22 art. 23 Wge]
Verzamelwerk [B36 art. 5 Aw]
Verzegeling boedel [B13 art. 7, art. 93 Fw]
Verzekeraar met beperkte risico-omvang [B13 art. 213hh Fw]
Verzekeraar met zetel in andere lidstaat dan Nederland [B13 art. 213a Fw]
Verzekerde [B7 art. 945 BW Boek 7]
Verzekerde som bij schadeverzekering [B7 art. 955 BW Boek 7]
Verzekering [B7 art. 925 BW Boek 7]
Verzekering appartementsgebouw [B5 art. 136 BW Boek 5]
Verzekering bij vervoer [B70 art. 32 WKV]
Verzekering, duur beheer door bemiddelaar [B23 art. 4:102 Wft]
Verzekering, toestemming bemiddelaar bij overboeken (deel) portefeuille naar andere bemiddelaar [B23 art. 4:103 Wft]
Verzekeringen, beëindiging volmacht aan gevolmachtigd agent [B23 art. 4:80 Wft]
Verzekeringen, verlenen (onder)volmacht aan (onder)gevolmachtigd agent [B23 art. 4:79 Wft]
Verzekerings- en herverzekeringsovereenkomsten [B80 art. 17]
Verzekeringsmaatschappij, begripsbepaling [B2 art. 427 BW Boek 2]
Verzekeringsmaatschappij, voorziening levensverzekeringen [B2 art. 444b BW Boek 2]
Verzekeringsmaatschappij, voorziening schaden/uitkeringen [B2 art. 444c BW Boek 2]
Verzekeringsmaatschappij, voorziening winstdeling/kortingen [B2 art. 444d BW Boek 2]
Verzekeringsovereenkomst [B7 art. 738c BW Boek 7]

V *Alfabetisch trefwoordenregister*

Verzekeringsovereenkomsten [B92 art. 7 Rome I]
Verzekeringsovereenkomsten in 'Rome I' [B10 art. 156 BW boek 10]
Verzekeringsplicht bij vruchtgebruik [B3 art. 209 BW Boek 3]
Verzekeringszaken, aansprakelijkheidsverzekering [B79 art. 11 EVEX]
Verzekeringszaken, afwijking bij overeenkomst [B79 art. 13 EVEX]
Verzekeringszaken, oproeping verzekeraar [B79 art. 9 EVEX]
Verzekeringszaken, plaats van schadebrengend feit [B79 art. 10 EVEX]
Verzenden van stukken ten bewijze van uitvoering [B76 art. 13 HBewV]
Verzending afschrift beslissing [B45 art. 60b Advw]
Verzending of uitreiking aanslagbiljet [B40 art. 8 Iw 1990]
Verzending processtukken en kennisgevingen, schakelbepaling [B14 art. 291 Rv]
Verzending van afschrift rechterlijke uitspraak voor latere vermelding [B1 art. 20e BW Boek 1]
Verzending van akte van erkenning voor latere vermelding [B1 art. 20e BW Boek 1]
Verzending van besluit naamswijziging of naturalisatie voor latere vermelding [B1 art. 20e BW Boek 1]
Verzending van de akte van naamskeuze [B1 art. 20f BW Boek 1]
Verzending van latere vermelding aan betrokkene na ambtshalve toevoeging [B1 art. 20b BW Boek 1]
Verzet bij splitsing [B2 art. 334l BW Boek 2]
Verzet blijft mogelijk [B40 art. 22 Iw 1990]
Verzet crediteuren [B2 art. 100 BW Boek 2]
Verzet derde tegen executie [B14 art. 538 Rv]
Verzet door geëxecuteerde [B14 art. 479d Rv]
Verzet door schuldeisers en belanghebbenden [B13 art. 10 Fw]
Verzet en hoger beroep door schuldenaar [B13 art. 8 Fw]
Verzet, hoger beroep of beroep in cassatie [B14 art. 63 Rv]
Verzet in zaken van rechtspersonen [B14 art. 997 Rv]
Verzet schuldenaar tegen verdeling gemeenschap maatschap of vennootschap [B3 art. 193 BW Boek 3]
Verzet tegen afwijzing klacht [B47 art. 99 WNA]
Verzet tegen beslissing bij voorzieningenrechter [B14 art. 259 Rv]
Verzet tegen de executie [B14 art. 498 Rv]
Verzet tegen executie dwangbevel [B40 art. 17, art. 17 Iw 1990]
Verzet tegen niet-ontvankelijk verklaren klacht [B45 art. 46h Advw]
Verzet tegen oprichting [B91 art. 19 SE]
Verzet tegen opzegging pachtovereenkomst [B7 art. 369 BW Book 7]
Verzet tegen tenuitvoerlegging dwangbevel [B40 art. 52 Iw 1990]
Verzet tegen uitdelingslijst [B13 art. 137e Fw]
Verzet tegen verkoop [B14 art. 456 Rv]
Verzet tegen veroordeling bij verstek [B14 art. 143 Rv]
Verzet tegen verzoek [B13 art. 209 Fw]
Verzoek aan president tot verzegeling, boedelbeschrijving en conservatoir beslag [B14 art. 768 Rv]
Verzoek behandeling agendapunt tijdens AVA BV [B2 art. 224a BW Boek 2]
Verzoek behandeling agendapunt tijdens AVA NV [B2 art. 114a BW Boek 2]
Verzoek belanghebbende aan kantonrechter tot wijziging handelsnaam [B21 art. 6 Hnw]
Verzoek benoeming tot notaris [B47 art. 8 WNA]
Verzoek bij grondkamer [B14 art. 1019n Rv]
Verzoek door DBN tot faillietverklaring bank zonder tussenkomst advocaat [B13 art. 212i Fw]
Verzoek door erflater [B53 art. 14 Uitv besl SW]
Verzoek door notaris; ambtshalve verzegeling [B14 art. 661 Rv]
Verzoek één der echtgenoten [B14 art. 816 Rv]
Verzoek exequatur [B107 art. 2 UWHuwVerm]
Verzoek faillietverklaring en verzoek toepassing schuldsaneringsregeling [B13 art. 3 Fw]
Verzoek gespreide betaling binnen EU [B40 art. 25b Iw 1990]
Verzoek kandidaat-gerechtsdeurwaarder [B46 art. 7 GDW]
Verzoek om bepaling verkooptermijn [B14 art. 474g Rv]
Verzoek om bijstand bij toepassing van dwangmiddelen [B76 art. 18 HBewV]
Verzoek om de beslissing niet ten uitvoer te leggen [B75 art. 1.29, art. 1.45 BVIE]
Verzoek om geheimhouding in het belang van een andere Staat [B39 art. 43 ROW 1995]
Verzoek om inlichting omtrent tijd en plaats [B76 art. 7 HBewV]
Verzoek om nieuwe agendapunten [B91 art. 56 SE]
Verzoek om onderzoek naar de stand van de techniek [B39 art. 32 ROW 1995]
Verzoek om rechterlijke uitspraak bij vruchtgebruik [B3 art. 218 BW Boek 3]

Alfabetisch trefwoordenregister V

Verzoek om rehabilitatie [B13 art. 206 Fw]
Verzoek om teruggaaf [B50 art. 19, art. 29 WBRV]
Verzoek om uitvoerbaarverklaring, aanhouding uitspraak [B85 art. 35 Brussel II-bis]
Verzoek om uitvoerbaarverklaring, beslissing rechterlijke instantie [B85 art. 31 Brussel II-bis]
Verzoek om uitvoerbaarverklaring, certificaten [B85 art. 39 Brussel II-bis]
Verzoek om uitvoerbaarverklaring, gedeeltelijke tenuitvoerlegging [B85 art. 36 Brussel II-bis]
Verzoek om uitvoerbaarverklaring, hogere voorziening [B85 art. 34 Brussel II-bis]
Verzoek om uitvoerbaarverklaring, kennisgeving beslissing [B85 art. 32 Brussel II-bis]
Verzoek om uitvoerbaarverklaring, ontbrekende stukken [B85 art. 38 Brussel II-bis]
Verzoek om uitvoerbaarverklaring, procedure [B85 art. 30 Brussel II-bis]
Verzoek om uitvoerbaarverklaring, rechtsmiddelen [B85 art. 33 Brussel II-bis]
Verzoek om uitvoerbaarverklaring, relatief bevoegd recht [B85 art. 29 Brussel II-bis]
Verzoek om uitvoerbaarverklaring, uitvoerbare beslissingen [B85 art. 28 Brussel II-bis]
Verzoek opening groepscoördinatieprocedure [B13 art. 5a Fw]
Verzoek rechtzoekende tot aanwijzing van advocaat [B45 art. 13 Advw]
Verzoek schuldeiser tot benoeming vereffenaar bij bijzondere gemeenschap [B3 art. 193 BW Boek 3]
Verzoek tot beëindiging ouderlijk gezag [B1 art. 267 BW Boek 1]
Verzoek tot bijeenroeping [B91 art. 55 SE]
Verzoek tot bijhouding inzake aanwas/afslag [B28 art. 66 Kadw]
Verzoek tot erkenning [B84 art. 3 Uw Erf]
Verzoek tot gegrondverklaring van de inroeping van staat [B1 art. 211 BW Boek 1]
Verzoek tot gezamenlijke uitoefening van ouderlijk gezag [B1 art. 253d BW Boek 1]
Verzoek tot heffing [B54 art. 1a Wet OB 1968]
Verzoek tot herstel [B39 art. 102e ROW 1995]
Verzoek tot herstel door de raad voor de kinderbescherming [B1 art. 278 BW Boek 1]
Verzoek tot identificatie aandeelhouders [B22 art. 49b Wge]
Verzoek tot inschrijving [B45 art. 2 Advw]
Verzoek tot inschrijving advocaat uit andere lidstaat of Zwitserland [B45 art. 2a Advw]
Verzoek tot instellen bewind over vorderingen bij NV [B2 art. 94a BW Boek 2]
Verzoek tot instelling van mentorschap [B1 art. 451 BW Boek 1]
Verzoek tot nadere gegevens [B27 art. 24 Sb fgr 2015]
Verzoek tot omzetting [B13 art. 247d Fw] [B74 art. 135 EOV]
Verzoek tot ondercuratelestelling [B1 art. 379 BW Boek 1]
Verzoek tot onderhandse verkoop [B14 art. 548 Rv]
Verzoek tot onderzoek naar gedraging rechterlijk ambtenaar [B42 art. 13a Wet RO]
Verzoek tot onderzoek naar gedraging rechterlijk ambtenaar, afwijzingsgronden [B42 art. 13b Wet RO]
Verzoek tot onderzoek naar praktijk advocaat [B45 art. 60c Advw]
Verzoek tot ontzegeling [B14 art. 666 Rv]
Verzoek tot rangregeling [B14 art. 776 Rv]
Verzoek tot schadeloosstelling bij grensoverschrijdende fusie [B2 art. 333h BW Boek 2]
Verzoek tot schadeloosstelling bij splitsing NV of BV [B2 art. 334ee1 BW Boek 2]
Verzoek tot schrapping door raad van de orde [B45 art. 8e Advw]
Verzoek tot toepassing schuldsaneringsregeling [B13 art. 284 Fw]
Verzoek tot tweede aanbieding [B12 art. 123 WvK]
Verzoek tot uitoefening van ouderlijk gezag [B1 art. 253c BW Boek 1]
Verzoek tot uitspraak m.b.t verhoging huurprijs [B7 art. 255a BW Boek 7]
Verzoek tot verklaring rechtsvermoeden van overlijden bij vermissing [B1 art. 413 BW Boek 1]
Verzoek tot verkorting of verlenging termijnen [B14 art. 169 Rv]
Verzoek tot verkrijgen van bewijs [B76 art. 1 HBewV]
Verzoek tot verlof door notaris [B14 art. 549 Rv]
Verzoek tot vermogensbeschrijving door echtgenoot [B1 art. 143 BW Boek 1]
Verzoek tot vernietiging door vader [B1 art. 205 BW Boek 1]
Verzoek tot vernietiging erkenning door moeder [B1 art. 205a BW Boek 1]
Verzoek tot voorziening gezagsuitoefening [B1 art. 241 BW Boek 1]
Verzoek tot wijziging door Kamer van Koophandel [B21 art. 6a Hnw]
Verzoek tot wraking [B14 art. 37 Rv]
Verzoek tweede publicatie [B75 art. 2.6 BVIE]
Verzoek verbetering proces-verbaal [B13 art. 137, art. 149, art. 270 Fw]
Verzoek verkorting stage [B47 art. 31 WNA]
Verzoek weigering tenuitvoerlegging [B81 art. 44 Brussel I-bis]
Verzoekaanvraag DNB tot faillissement verzekeraar [B13 art. 213abis Fw]
Verzoeken door procureur [B13 art. 283 Fw]

V

Verzoeken en mededelingen [B14 art. 33 Rv] [B15 art. 33 Rv]
Verzoekschrift, afschriften [B14 art. 426b Rv]
Verzoekschrift, inhoud [B14 art. 799a Rv]
Verzoekschrift inzake verlof tot tenuitvoerlegging beslissingen [B84 art. 3 Uw Erf]
Verzoekschriftprocedure in hoger beroep, regeling voor het verloop van de [B14 art. 361 Rv]
Verzoekschriftprocedure, werkingssfeer [B14 art. 261 Rv]
Verzorging en verpleging in inrichting [B54 art. 11 Wet OB 1968]
Verzuim bij inontvangstneming bij koop [B7 art. 32 BW Boek 7]
Verzuim bij specificeren zaak bij koop [B7 art. 31 BW Boek 7]
Verzuim van rechtswege [B11 art. 183 NBW]
Verzuim verplichting te voldoen bij schuldeisersverzuim [B6 art. 59 BW Boek 6]
Verzuim verstrijken termijn bij legaat [B4 art. 125 BW Boek 4]
Verzuimduur [B6 art. 81 BW Boek 6]
Verzwakt regime bij structuurvennootschap BV [B2 art. 265 BW Boek 2]
Verzwakt regime bij structuurvennootschap NV [B2 art. 155 BW Boek 2]
Verzwaren maatregel [B46 art. 48 GDW]
Verzwijging verborgen gebrek door aannemer bij aanneming van werk [B7 art. 762 BW Boek 7]
Vestiging altijddurende rente [B7a art. 1807 BW Boek 7A]
Vestiging erfdienstbaarheid door beperkt gerechtigde [B5 art. 84 BW Boek 5]
Vestiging, overdracht en afstand beperkt recht [B3 art. 98 BW Boek 3]
Vestiging pandrecht bij sommenverzekering [B7 art. 971 BW Boek 7]
Vestiging recht van pand of hypotheek bij bijzondere gemeenschap [B3 art. 190 BW Boek 3]
Vestiging schuldenaar [B88 IVO]
Vestiging van pandrecht bij financiëlezekerheidsovereenkomst [B7 art. 53 BW Boek 7]
Vestiging van vruchtgebruik [B3 art. 203 BW Boek 3]
Vestigingen en openingstijden [B28 art. 4 Kadw]
Vestigingsmogelijkheden bij pand- en hypotheekrecht [B3 art. 228 BW Boek 3]
Vestigingsplaats [B45 art. 46aa Advw] [B70 art. 10 WKV]
Vinder, afgifte zaak [B5 art. 7 BW Boek 5]
Vinder, beloning [B5 art. 10 BW Boek 5]
Vinder, termijn aanmelding [B5 art. 11 BW Boek 5]
Vinder, verplichtingen [B5 art. 5 BW Boek 5]
Vinder wordt eigenaar [B5 art. 6 BW Boek 5]
Voeging in hoofdzaak door waarborg bij eenvoudige vrijwaring [B14 art. 214 Rv]
Voeging van zaken [B14 art. 642b Rv]
Voeging; tussenkomst [B14 art. 1045 Rv]
Voeren beroepstitels [B45 art. 2c Advw]
Voeren titel advocaat [B45 art. 9a Advw]
Voeren van verweer [B14 art. 642k Rv]
Voertuigen [B73 art. 1 CMR]
Voertuigen geregistreerd in gebiedsdelen van staat met meerdere rechtsstelsels [B71 art. 13 HVOV]
Voertuigen in dezelfde staat geregistreerd [B71 art. 4 HVOV]
Voertuigen niet of in meerdere staten geregistreerd [B71 art. 6 HVOV]
Vol genot opstal [B5 art. 103 BW Boek 5]
Voldoen aan benoembaardheidsvereiste [B47 art. 123 WNA]
Voldoen koopprijs aan notaris bij hypotheekrecht [B3 art. 270 BW Boek 3]
Voldoende belang vereist bij rechtsvordering [B3 art. 303 BW Boek 3]
Voldoende bepaaldheid bij overdracht [B3 art. 84 BW Boek 3]
Voldoening aan gefailleerde [B13 art. 52 Fw]
Voldoening akkoordpercentage [B13 art. 171 Fw]
Voldoening akkoordpercentage bij opnieuw faillietverklaring [B13 art. 172 Fw]
Voldoening bedrag schadevergoeding bij verhuisovereenkomst [B8 art. 1180 BW Boek 8]
Voldoening koopprijs, verdeling [B14 art. 551 Rv]
Voldoening resterende koopsom bij binnenschip [B8 art. 808 BW Boek 8]
Voldoening schulden bij nalatenschap [B4 art. 14, art. 7 BW Boek 4]
Voldoening van schulden van vruchtgebruiker [B3 art. 222 BW Boek 3]
Volgend rechtsmiddel [B81 art. 50 Brussel I-bis]
Volgorde bij verrekening [B6 art. 137 BW Boek 6]
Volgorde vorderingen [B4 art. 214 BW Boek 4]
Volgrecht [B36 art. 43a Aw]
Volgrecht makers, reikwijdte [B36 art. 43g Aw]
Volgrecht originelen, reikwijdte [B36 art. 43f Aw]
Volledig gemaakte cheque [B12 art. 190 WvK]

Alfabetisch trefwoordenregister V

Volledig gemaakte wissel [B12 art. 109 WvK]
Volledige naam van BV voeren [B2 art. 186 BW Boek 2]
Volledige naam van NV voeren [B2 art. 75 BW Boek 2]
Volledige voorlezing [B47 art. 43 WNA]
Volmacht [B3 art. 60 BW Boek 3]
Volmacht bij huwelijkse voorwaarden [B1 art. 115 BW Boek 1]
Volmacht bij hypotheekrecht [B3 art. 275 BW Boek 3]
Volmacht stemrecht certificaathouder bij AVA NV [B2 art. 118a BW Boek 2]
Volmacht voor privaatrechtelijke rechtshandelingen [B19 art. 16a Hrw 2007]
Volmachten [B75 art. 3.7 BVIE]
Volmachtverlening niet toegestaan [B7 art. 78 BW Boek 7]
Voltooiing filmwerk [B36 art. 45c Aw]
Voltooiing van verjaring [B3 art. 105 BW Boek 3]
Voltrekking van huwelijk bij verschillende nationaliteiten [B10 art. 28 BW boek 10]
Voltrekking van huwelijk in Nederland bij verschillende nationaliteiten [B10 art. 30 BW boek 10]
Vonnis houdende vergelijk [B14 art. 1069 Rv]
Vonnis i.p.v. akte of machtiging vertegenwoordiger bij rechtsvordering [B3 art. 300 BW Boek 3]
Vonnis van faillietverklaring [B13 art. 4 Fw]
Vonnis van homologatie, executoriale titel [B13 art. 386 Fw]
Voogd erflater bij uiterste wilsbeschikking [B4 art. 57 BW Boek 4]
Voogdij [B1 art. 280 BW Boek 1]
Voogdij, aansprakelijkheid gecertificeerde instelling [B1 art. 304 BW Boek 1]
Voogdij na overlijden ouder bij gezamenlijk gezag [B1 art. 253x BW Boek 1]
Voogdij, ondertoezichtstelling in plaats van voorlopige voogdij [B1 art. 331a BW Boek 1]
Voogdij, ondertoezichtstelling na afwijzing verzoek tot beëindiging van de voogdij [B1 art. 332a BW Boek 1]
Voogdij, rechten/verplichtingen gecertificeerde instelling [B1 art. 303 BW Boek 1]
Voor executie vatbare titel [B13 art. 159 Fw]
Voor tenuitvoerlegging vatbare titel [B13 art. 274 Fw]
Voorafgaand bevel tot betaling [B14 art. 502 Rv]
Voorbehoud databankenrecht [B28 art. 7v Kadw]
Voorbehoud t.a.v. bepalingen met dwingend karakter [B68 art. 15 HTV]
Voorbehoud ten aanzien van Deel II en/of Deel III [B70 art. 92 WKV]
Voorbehoud van goede afkomst bij nakoming verbintenis [B6 art. 46 BW Boek 6]
Voorbehouden meerdere rechtsstelsels; toepassing [B60 art. 26 HAEV 1973]
Voorbehouden; verbod [B70 art. 98 WKV]
Voordeel verhuurder bij huur bedrijfsruimte [B7 art. 308 BW Boek 7]
Voordeelsverrekening bij schadevergoeding [B6 art. 100 BW Boek 6]
Voordelen van onroerende aard bij erfpacht [B5 art. 90 BW Boek 5]
Voordracht kandidaat bestuur van BV [B2 art. 243 BW Boek 2]
Voordracht kandidaat bestuur van NV [B2 art. 133 BW Boek 2]
Voorgenomen verkoop bij pandrecht [B3 art. 249 BW Boek 3]
Voorkennis verkoper [B70 art. 40 WKV]
Voorkeursrecht bij emissie van aandelen BV [B2 art. 206a BW Boek 2]
Voorkeursrecht bij emissie van aandelen NV [B2 art. 96a BW Boek 2]
Voorkeursrecht pachter bij vervreemding verpachte [B7 art. 378 BW Boek 7]
Voorkómen van belangenverstrengeling [B27 art. 13 Sb fgr 2015]
Voorkoming van niet-heffing [B54 art. 6j Wet OB 1968]
Voorkoming van nietigverklaring wegens gedogen [B75 art. 2.30septies BVIE]
Voorlopig bericht of verhoor van deskundigen [B14 art. 202 Rv]
Voorlopig erkende en betwiste vorderingen [B13 art. 112 Fw]
Voorlopig getuigenverhoor [B14 art. 186 Rv]
Voorlopig getuigenverhoor, plaats- en tijdbepaling door rechter [B14 art. 188 Rv]
Voorlopig terzijde gesteld bedrag [B14 art. 642h Rv]
Voorlopige aanslag IB/VPB [B40 art. 9 Iw 1990]
Voorlopige aantekening weigering inschrijving stuk in elektronische vorm [B28 art. 15 Kadw]
Voorlopige aantekening weigering inschrijving stuk in papieren vorm [B28 art. 15a Kadw]
Voorlopige begroting [B74 art. 47 EOV]
Voorlopige bevoegdheid autoriteiten in geval van ongeoorloofd overgebracht of niet-teruggebracht kind [B63 art. 7 HKV 1996]
Voorlopige commissie [B13 art. 74 Fw]
Voorlopige en bewarende maatregelen [B105 art. 19 HuwVermVo] [B106 art. 19 GPVo]
Voorlopige maatregel [B60 art. 4 HAEV 1973]

V **Alfabetisch trefwoordenregister**

Voorlopige maatregelen [B14 art. 1019b Rv]
Voorlopige maatregelen autoriteit Verdragsluitende Staat bij ongeoorloofd overgebracht/niet-teruggebracht kind [B63 art. 12 HKV 1996]
Voorlopige ondertoezichtstelling [B1 art. 257 BW Boek 1]
Voorlopige procedures [B88 IVO]
Voorlopige schorsing van ouderlijke macht [B14 art. 823 Rv]
Voorlopige staat van verdeling [B14 art. 642x Rv]
Voorlopige tenuitvoerlegging voorzieningen bij enquête [B2 art. 358 BW Boek 2]
Voorlopige teruggaaf [B40 art. 9 Iw 1990]
Voorlopige verdeling kasgelden [B12 art. 34 WvK]
Voorlopige verlening; kosten intrekking [B13 art. 215a Fw]
Voorlopige verlening; oproeping schuldeisers [B13 art. 215 Fw]
Voorlopige verlening; verzet schuldeisers [B13 art. 215a Fw]
Voorlopige voogdij [B1 art. 241 BW Boek 1]
Voorlopige voor- en geslachtsnaam [B1 art. 19c BW Boek 1]
Voorlopige voorziening [B13 art. 287b Fw] [B14 art. 1043b Rv] [B45 art. 60f Advw]
Voorlopige voorziening ter bescherming bedrijfsgeheimen [B14 art. 1019ic Rv]
Voornamen [B1 art. 4 BW Boek 1]
Vooronderzoek [B45 art. 46l Advw]
Vooronderzoek naar aanleiding van klacht [B47 art. 99a WNA]
Voorrang [B40 art. 21 Iw 1990]
Voorrang beperkt gerechtigde ter zake van schadevergoeding bij verhaalsrecht [B3 art. 282 BW Boek 3]
Voorrang bij retentierecht [B3 art. 292 BW Boek 3]
Voorrang bij verhaalsrecht [B3 art. 278 BW Boek 3]
Voorrang hypotheekvordering van luchtvaartuig [B8 art. 1311 BW Boek 8]
Voorrang kosten bij uitwinning van luchtvaartuig [B8 art. 1315 BW Boek 8]
Voorrang op appartementsrecht bij bevoorrechte vordering [B3 art. 286 BW Boek 3]
Voorrang salaris, voorschotten en kosten publicaties boven andere schulden [B13 art. 320 Fw]
Voorrang schuldeisers [B4 art. 14 BW Boek 4]
Voorrang t.a.v. rechten op de vordering [B3 art. 287 BW Boek 3]
Voorrang van hypotheekrecht voor onbetaalde kooppenningen [B3 art. 261 BW Boek 3]
Voorrang verzoek aanwijzing herstructureringsdeskundige [B13 art. 3d Fw]
Voorrang verzoek toepassing schuldsaneringsregeling [B13 art. 3a Fw]
Voorrang wegens vordering tot schadevergoeding [B3 art. 287 BW Boek 3]
Voorrangsregeling bij meerdere onderhoudsverplichtingen [B1 art. 400 BW Boek 1]
Voorrangsregels van derde Staten [B68 art. 16 HTV]
Voorrecht [B13 art. 59a Fw]
Voorrecht kosten hulpverlening/avarij-grosse bij zeeschip [B8 art. 222 BW Boek 8]
Voorrecht kosten uitwinning/bewaking bij zeeschip [B8 art. 221 BW Boek 8]
Voorrecht kosten vervoerovereenkomst bij zeeschip [B8 art. 222 BW Boek 8]
Voorrecht op luchtvaartuigen [B28 art. 32 Kadw]
Voorrecht op schepen [B28 art. 32 Kadw]
Voorrecht, pand, hypotheek, retentierecht [B13 art. 113 Fw]
Voorrecht van boedelbeschrijving/recht van beraad [B52 art. 71 SW]
Voorrecht wegens bearbeiding bij bevoorrechte vordering [B3 art. 285 BW Boek 3]
Voorrecht wegens kosten tot behoud bij bevoorrechte vordering [B3 art. 284 BW Boek 3]
Voorrecht wegens kosten uitwinning/bewaking bij binnenschip [B8 art. 820 BW Boek 8]
Voorrecht wegens kosten wrakopruiming [B8 art. 820 BW Boek 8]
Voorrechten bij schuldoverneming [B6 art. 157 BW Boek 6]
Voorrechten bij verhaalsrecht [B3 art. 278 BW Boek 3]
Voorrechten bij zeeschip [B8 art. 210 BW Boek 8]
Voorrechten en immuniteiten [B74 art. 8 EOV] [B75 art. 1.6, art. 6 BVIE]
Voorschot van bijzondere vergoeding bij hulpverlening [B8 art. 573 BW Boek 8]
Voorschotbetaling door schuldeiser t.b.v. onderhoud schuldenaar [B14 art. 597 Rv]
Voorschriften bezoekende advocaten bij andere werkzaamheden [B45 art. 16f Advw]
Voorschriften bij nalatenschap [B4 art. 202 BW Boek 4]
Voorschriften executoriaal beslag van overeenkomstige toepassing [B14 art. 702 Rv]
Voorschriften overdracht en overname protocol en overige notariële bescheiden [B47 art. 29 WNA]
Voorschriften vruchtgebruik [B4 art. 138 BW Boek 4]
Voorstel tot fusie [B2 art. 312 BW Boek 2]
Voorstel tot splitsing [B2 art. 334f BW Boek 2]
Voorstel tot splitsing NV of BV [B2 art. 334y BW Boek 2]
Voorstel tot verhoging van huurprijs [B7 art. 252a BW Boek 7]

Alfabetisch trefwoordenregister V

Voorstel tot verlaging van huurprijs [B7 art. 252b BW Boek 7]
Voorstel tot wijziging van huurprijs [B7 art. 252 BW Boek 7]
Voorstel van vernieuwing; grondslag en inhoud [B28 art. 76 Kadw]
Voorstel verhuurder tot verhoging huurprijs, gronden [B7 art. 252c BW Boek 7]
Voorstel voortzetting bedrijf [B13 art. 173a Fw]
Voorstel wijzigen of beëindigen overeenkomst [B13 art. 373 Fw]
Voortbouwende overeenkomst bij totstandkoming [B6 art. 229 BW Boek 6]
Voortdurende verplichting bij rechtsgevolgen van overeenkomst [B6 art. 259 BW Boek 6]
Voortgang bij beëindiging taak in bijzondere situaties [B4 art. 149 BW Boek 4]
Voortzetting bedrijf van gefailleerde [B13 art. 98 Fw]
Voortzetting behandeling klacht na intrekking [B45 art. 47a Advw]
Voortzetting bij verjaring [B3 art. 102 BW Boek 3]
Voortzetting door andere rechter [B14 art. 34 Rv] [B15 art. 34 Rv]
Voortzetting executie en oudste executoriaal beslag [B14 art. 479q Rv]
Voortzetting onderhuur bij beëindiging van huur [B7 art. 269 BW Boek 7]
Voortzetting ontbonden vennootschap [B12 art. 30 WvK]
Voortzetting voor onbepaalde tijd van agentuurovereenkomst [B7 art. 436 BW Boek 7]
Voortzetting zonder tegenspraak [B7 art. 668 BW Boek 7]
Voortzettingseis [B51 art. 4, art. 4a, art. 5, art. 5a Uitv besl RV]
Voorvraag in internationaal privaatrecht [B10 art. 4 BW boek 10]
Voorvragen [B80 art. 10]
Voorwaardelijk erkend voorrecht [B13 art. 164 Fw]
Voorwaardelijk toegelaten schuldeisers [B13 art. 189 Fw] [B14 art. 490a Rv]
Voorwaardelijk toegelaten vorderingen [B13 art. 121, art. 181 Fw]
Voorwaardelijke toelating [B13 art. 261 Fw]
Voorwaardelijke toelating/erkenning [B13 art. 125 Fw] [B14 art. 483f Rv]
Voorwaardelijke verbintenis [B11 art. 86a NBW] [B6 art. 21 BW Boek 6]
Voorwaardelijke vrijstelling [B52 art. 35b SW]
Voorwaarden aan administratie belangenorganisatie [B36 art. 30b Aw]
Voorwaarden beschikkingsrecht [B73 art. 12 CMR]
Voorwaarden bij uittreding bij coöperatie [B2 art. 60 BW Boek 2]
Voorwaarden faillietverklaring bij financiëlezekerheidsovereenkomst [B13 art. 63e Fw]
Voorwaarden goedkeuring bij pachtovereenkomst [B7 art. 319 BW Boek 7]
Voorwaarden opeisbaarheid vordering bij legitieme portie [B4 art. 82 BW Boek 4]
Voorwaarden opzegging van bewind [B4 art. 181 BW Boek 4]
Voorwaarden raamovereenkomst bij betaaltransactie [B7 art. 516 BW Boek 7]
Voorwaarden surseance bij financiëlezekerheidsovereenkomst [B13 art. 241e Fw]
Voorwaarden terugbetaling uitkeringen [B60 art. 18 HAEV 1973]
Voorwaarden toevoeging kandidaat-notaris [B47 art. 30c WNA]
Voorwaarden toewijzing vordering bij huur [B7 art. 274 BW Boek 7]
Voorwaarden toewijzing vordering bij huur bedrijfsruimte [B7 art. 296 BW Boek 7]
Voorwaarden toewijzing vordering bij opzegging pachtovereenkomst [B7 art. 370 BW Boek 7]
Voorwaarden voor adoptie [B1 art. 228 BW Boek 1]
Voorwaarden voor faillietverklaring [B13 art. 6 Fw]
Voorwaarden voor splitsing [B2 art. 334b BW Boek 2]
Voorwaarden vrijstelling [B54 art. 11 Wet OB 1968]
Voorwaarden wijzigen pakketreisovereenkomst [B7 art. 508 BW Boek 7]
Voorwaarden wijzigen reisinformatie door reisorganisator [B7 art. 503 BW Boek 7]
Voorwaarden wijziging/ontbinding bij rechtsgevolgen van overeenkomst [B6 art. 260, art. 260 BW Boek 6]
Voorwerp van de verzekering [B50 art. 21 WBRV]
Voorwerpen voor eigen gebruik [B36 art. 29 Aw] [B38 art. 18 WNR]
Voorziening in kosten lijkbezorging bij levensverzekering [B7 art. 976 BW Boek 7]
Voorziening na ontzetting voogdij [B1 art. 334 BW Boek 1]
Voorziening weigeren [B14 art. 256 Rv]
Voorzieningen bij wanbeleid gebleken uit enquêteonderzoek [B2 art. 355 BW Boek 2]
Voorzieningen ter beveiliging belangen schuldeisers [B13 art. 290 Fw]
Voorzitter bestuursorgaan [B91 art. 45 SE]
Voorzitter, griffier en leden raad van discipline [B45 art. 46ba Advw]
Voorzitter toezichthoudend orgaan [B91 art. 42 SE]
Vorderen afgifte cheque [B12 art. 211, art. 224 WvK]
Vorderen afgifte wisselbrief [B12 art. 149 WvK]
Vorderen voorlopige voorziening [B14 art. 223 Rv]
Vordering bij algemene voorwaarden [B6 art. 240 BW Boek 6]

V

Vordering bij beschikking [B40 art. 19 Iw 1990]
Vordering bij Hoge Raad [B42 art. 14b Wet RO]
Vordering bij onrechtmatig gebruik bij einde pachtovereenkomst [B7 art. 359 BW Boek 7]
Vordering borg op hoofdschuldenaar bij borgtocht [B7 art. 866 BW Boek 7]
Vordering buiten rechte bij goederenvervoer over spoorwegen [B8 art. 1589 BW Boek 8]
Vordering door derden bij pacht [B7 art. 344 BW Boek 7]
Vordering door rechter bij opzegging pachtovereenkomst [B7 art. 369 BW Boek 7]
Vordering en verzoek gecombineerd in één procesinleiding [B14 art. 30b Rv] [B15 art. 30b Rv]
Vordering huurder tot vermindering van huurprijs [B7 art. 257 BW Boek 7]
Vordering IB niet vatbaar voor vervreemding of verpanding [B40 art. 7b Iw 1990]
Vordering in kort geding [B14 art. 438 Rv]
Vordering niet toegestaan bij kansspelen en weddenschappen [B7a art. 1825 BW Boek 7A]
Vordering OM [B13 art. 1 Fw]
Vordering omzetting in geldschuld/opneming in uitdelingslijst bij vereffening [B4 art. 218 BW Boek 4]
Vordering onder ontbindende voorwaarde [B13 art. 129 Fw] [B14 art. 483a Rv]
Vordering onder opschortende voorwaarde [B13 art. 130, art. 261 Fw] [B14 art. 483b Rv]
Vordering op erfgenaam/legataris door legitimaris [B4 art. 220 BW Boek 4]
Vordering op erfgenamen/begiftigde bij legitieme portie [B4 art. 79 BW Boek 4]
Vordering op erfgenamen/echtgenoot bij legitieme portie [B4 art. 80 BW Boek 4]
Vordering tegen huurder door derde [B7 art. 211 BW Boek 7]
Vordering tegen koper bij koop [B7 art. 16 BW Boek 7]
Vordering tegen onderhuurder door hoofdverhuurder [B7 art. 211 BW Boek 7]
Vordering tijdstip beëindiging huurovereenkomst [B7 art. 272 BW Boek 7]
Vordering tijdstip beëindiging overeenkomst bij huur bedrijfsruimte [B7 art. 295 BW Boek 7]
Vordering tot aansprakelijkheid [B73 art. 36 CMR]
Vordering tot afgifte zaak [B7 art. 81 BW Boek 7]
Vordering tot algehele verdeling bij gemeenschap [B3 art. 179 BW Boek 3]
Vordering tot nakoming [B3 art. 296 BW Boek 3]
Vordering tot nakoming onder voorwaarde of tijdsbepaling [B3 art. 296 BW Boek 3]
Vordering tot nietigverklaring of vervallenverklaring van internationale aanvragen [B75 art. 2.30quater BVIE]
Vordering tot ontbinding [B13 art. 165 Fw]
Vordering tot overdracht van aandelen bij geschil [B2 art. 336 BW Boek 2]
Vordering tot overdracht van aandelen bij openbaar bod [B2 art. 359c BW Boek 2]
Vordering tot overdracht van stemrecht bij geschil [B2 art. 342, art. 342 BW Boek 2]
Vordering tot overnemen van aandelen bij openbaar bod [B2 art. 359d BW Boek 2]
Vordering tot overneming aandeel bij rederij [B8 art. 174 BW Boek 8]
Vordering tot schadevergoeding jegens verzekeraar [B71 art. 9 HVOV]
Vordering tot teruggave binnen EU en EER [B14 art. 1008 Rv]
Vordering tot teruggave roerende zaak op grond van de Erfgoedwet [B14 art. 1011a Rv]
Vordering tot uittreding bij geschil [B2 art. 343 BW Boek 2]
Vordering tot vaststelling verdeling door de rechter [B14 art. 678 Rv]
Vordering tot verdeling bij gemeenschap [B3 art. 178 BW Boek 3]
Vordering tot verdeling gehele gemeenschap [B14 art. 680 Rv]
Vordering tot voeging na verwijzing naar ander gerecht [B14 art. 222 Rv]
Vordering tot voldoening verbintenis uit de boedel [B13 art. 26 Fw]
Vordering tot vrijwaring/voeging of tussenkomst [B81 art. 65 Brussel I-bis]
Vordering uit hoofde van regres [B12 art. 222 WvK]
Vordering uit hoofde van regresplicht [B12 art. 223 WvK]
Vordering uitvoering bij maatschap [B7a art. 1682 BW Boek 7A]
Vordering van lijfrente bij niet-betaling uitkering [B7 art. 991 BW Boek 7]
Vordering verwijzing naar andere rechter [B14 art. 220 Rv]
Vordering verzekerde op derde bij schadeverzekering [B7 art. 962 BW Boek 7]
Vordering voor sportwedstrijden bij kansspelen en weddenschappen [B7a art. 1826 BW Boek 7A]
Vorderingen aan toonder in het internationaal privaatrecht [B10 art. 136 BW boek 10]
Vorderingen buiten surseance vallende [B13 art. 232 Fw]
Vorderingen die voor beperking aansprakelijkheid in aanmerking komen [B8 art. 1062 BW Boek 8]
Vorderingen door bewindvoerder [B4 art. 170 BW Boek 4]
Vorderingen door vruchtgebruiker [B3 art. 210 BW Boek 3]
Vorderingen met beslagvrije voet [B14 art. 475c Rv]
Vorderingen met betwiste voorrang [B13 art. 189 Fw]
Vorderingen op balans verzekeringsmaatschappij [B2 art. 432 BW Boek 2]

Alfabetisch trefwoordenregister

V

Vorderingen op naam in het internationaal privaatrecht [B10 art. 135 BW boek 10]
Vorderingen opruimen wrak [B8 art. 1833b BW Boek 8]
Vorderingen tegen en door curator ingesteld [B13 art. 25 Fw]
Vorderingen ten aanzien waarvan schuldsaneringsregeling werkt [B13 art. 299 Fw]
Vorderingen uit hoofde van regres [B12 art. 147 WvK]
Vorderingen uit hoofde van regresplicht [B12 art. 148 WvK]
Vorderingen uit hoofde van studieschulden [B13 art. 299a Fw]
Vorderingen zeevarende op verzekeraar [B7 art. 738b BW Boek 7]
Vorderings- en verzoekprocedures [B14 art. 30a Rv] [B15 art. 30a Rv]
Vorderingsrecht bij meerdere schuldeisers [B6 art. 15 BW Boek 6]
Vorderingsrecht schuldeiser bij vereffening [B4 art. 223 BW Boek 4]
Vorm en indeling van jaarrekening [B2 art. 363 BW Boek 2]
Vorm van aval [B12 art. 130, art. 203 WvK]
Vorm van schadevergoeding [B6 art. 103 BW Boek 6]
Vorm van verklaringen bij rechtshandeling [B3 art. 37 BW Boek 3]
Vormvereiste bij totstandkoming overeenkomst [B6 art. 226 BW Boek 6]
Vormvereiste huwelijkse voorwaarden [B1 art. 115 BW Boek 1]
Vormvereisten exploot [B46 art. 15 GDW]
Vormvereisten rechtshandeling in internationaal privaatrecht [B10 art. 12 BW boek 10]
Vormvereisten uiterste wilsbeschikking in het internationaal privaatrecht [B10 art. 151 BW boek 10]
Vormvoorschriften [B14 art. 30, art. 45 Rv]
Vormvoorschriften aanwijzing [B57 art. 13 HHVV 1978]
Vormvoorschriften voor de omzetting [B74 art. 137 EOV]
Vormvrije verdeling bij gemeenschap [B3 art. 183 BW Boek 3]
Vrachtbrief [B73 art. 4 CMR] [B8 art. 46 BW Boek 8]
Vrachtbrief bij goederenvervoer over binnenwateren [B8 art. 915 BW Boek 8]
Vreemde valuta in balans bank [B2 art. 423 BW Boek 2]
Vreemdeling met verblijfsvergunning in internationaal privaatrecht [B10 art. 17 BW boek 10]
Vreemdelingenbeslag [B14 art. 765 Rv]
Vrij verkeer van personen [B99 EUV 606/2013]
Vrijstelling bij fusie [B51 art. 5a Uitv besl RV]
Vrijstelling bij inbreng van deelgerechtigdheid [B51 art. 4 Uitv besl RV]
Vrijstelling bij omzetting in nv en bv [B51 art. 5 Uitv besl RV]
Vrijstelling bij terugkeer uit nv/bv [B51 art. 4a Uitv besl RV]
Vrijstelling bij vereffening van vermogen [B51 art. 4 Uitv besl RV]
Vrijstelling enz. van kadastraal recht [B28 art. 110 Kadw]
Vrijstelling griffiekosten [B13 art. 17 Fw]
Vrijstelling juridische fusie [B51 art. 5bis Uitv besl RV]
Vrijstelling neerlegging rekening/verantwoording/uitdelingslijst [B4 art. 221 BW Boek 4]
Vrijstelling van omzetbelasting kleine ondernemers [B54 art. 25 Wet OB 1968]
Vrijstelling van verplichting tot opstellen van geconsolideerde jaarrekening [B2 art. 407 BW Boek 2]
Vrijstelling van zorgplicht bij onverschuldigde betaling [B6 art. 204 BW Boek 6]
Vrijstelling verplichting om prospectus te publiceren [B23 art. 5:4 Wft]
Vrijstelling voor banken aangesloten bij kredietinstelling [B2 art. 425 BW Boek 2]
Vrijstelling wegens interne reorganisatie [B51 art. 5b Uitv besl RV]
Vrijstelling wegens splitsing [B51 art. 5c Uitv besl RV]
Vrijstellingen erfbelasting [B52 art. 32 SW]
Vrijstellingen schenkbelasting [B52 art. 33 SW]
Vrijstellingen voor jaarrekeningen van kleine rechtspersonen [B2 art. 395a, art. 396 BW Boek 2]
Vrijstellingen voor jaarrekeningen van middelgrote rechtspersonen [B2 art. 397 BW Boek 2]
Vrijwaring van aansprakelijkheid van echtgenoten [B1 art. 86 BW Boek 1]
Vrijwillige toepassing structuurregime [B2 art. 63e BW Boek 2]
Vruchten bij koop [B7 art. 14 BW Boek 7]
Vruchten bij vruchtgebruik [B3 art. 216 BW Boek 3]
Vruchten gepachte zaak [B7 art. 316 BW Boek 7]
Vruchten roerende zaak [B5 art. 17 BW Boek 5]
Vruchten/kosten/schade bij wederkerige overeenkomst [B6 art. 275 BW Boek 6]
Vruchtgebruik appartementsrecht [B5 art. 123 BW Boek 5]
Vruchtgebruik bij kindsdeel [B4 art. 21 BW Boek 4]
Vruchtgebruik bij mindering op legitieme portie [B4 art. 76 BW Boek 4]
Vruchtgebruik bij procedure tot echtscheiding of scheiding van tafel en bed [B4 art. 32 BW Boek 4]

W

Vruchtgebruik op aandelen BV [B2 art. 197 BW Boek 2]
Vruchtgebruik op aandelen NV [B2 art. 88 BW Boek 2]
Vruchtgebruik op binnenschip [B8 art. 798 BW Boek 8]
Vruchtgebruik ter verzorging echtgenoot bij nalatenschap [B4 art. 30 BW Boek 4]
Vruchtgebruik woning en inboedel echtgenoot bij nalatenschap [B4 art. 29 BW Boek 4]
Vruchtgebruikregels van overeenkomstige toepassing bij tijdelijk recht [B11 art. 87 NBW]
Vruchtgenot van ouders [B1 art. 253l BW Boek 1]
Vruchtgenot van ouders, geen [B1 art. 253m BW Boek 1]
Vruchttrekking en voordelen van roerende aard bij erfpacht [B5 art. 90 BW Boek 5]

W

Waarborg voor schuldeisers bij splitsing [B2 art. 334k BW Boek 2]
Waarborgen bij wijzigingen in de raamovereenkomst [B7 art. 517 BW Boek 7]
Waarborgen kwaliteit authentieke gegevens [B28 art. 7u Kadw]
Waarde andere periodieke uitkeringen [B53 art. 9 Uitv besl SW]
Waarde canon [B55 art. 5 Uitv. Besl. OB 1968]
Waarde canon, retributie of huur [B51 art. 2 Uitv besl RV]
Waarde canon, retributie of huur onderdeel vergoeding [B55 art. 5 Uitv. Besl. OB 1968]
Waarde effecten [B52 art. 21 SW]
Waarde goederen nalatenschap [B4 art. 6 BW Boek 4]
Waarde ingebrachte onderneming [B50 art. 15 WBRV]
Waarde periodieke uitkering afhankelijk van een leven [B53 art. 5 Uitv besl SW]
Waarde periodieke uitkering in geld, langstlevende [B53 art. 7 Uitv besl SW]
Waarde periodieke uitkering in geld voor onbepaalde tijd [B53 art. 6 Uitv besl SW]
Waarde periodieke uitkering voor bepaalde tijd [B53 art. 6 Uitv besl SW]
Waarde vermaakt goed bij uiterste wilsbeschikking [B4 art. 51 BW Boek 4]
Waarde vruchtgebruik [B53 art. 10 Uitv besl SW]
Waardebepaling bij overdracht goederen [B4 art. 25 BW Boek 4]
Waardebepaling nog niet opeisbare vorderingen [B13 art. 131, art. 262 Fw]
Waardebepaling nog niet openbare vorderingen [B14 art. 483c Rv]
Waardebepaling voor heffing [B52 art. 21 SW]
Waardeloosheid inschrijving beslag [B14 art. 728b Rv]
Waardeloosheid van een inschrijving van een ingestelde rechtsvordering/verzoekschrift dan wel van een ingesteld rechtsmiddel [B28 art. 40 Kadw]
Waardering beleggingen verzekeringsmaatschappij [B2 art. 442 BW Boek 2]
Waardering geldvordering [B52 art. 21, art. 9 SW]
Waardering giften bij legitieme portie [B4 art. 66 BW Boek 4]
Waardering van deelnemingen [B2 art. 389 BW Boek 2]
Waardering van technische voorzieningen van verzekeringsmaatschappij [B2 art. 444 BW Boek 2]
Waardering van waardepapieren bij beleggingen verzekeringsmaatschappij [B2 art. 443 BW Boek 2]
Waardering van waardepapieren in jaarrekening bank [B2 art. 422 BW Boek 2]
Waardering verkrijging bezwaarde [B52 art. 21 SW]
Waardeveranderingen [B2 art. 384 BW Boek 2]
Waardevergoeding bij wederkerige overeenkomst [B6 art. 272 BW Boek 6]
Waardevermindering verhuisgoed bij verhuisovereenkomst [B8 art. 1181 BW Boek 8]
Waardevermindering zaak bij bruikleen [B7a art. 1784 BW Boek 7A]
Waardevermindering zaak bij goederenvervoer over binnenwateren [B8 art. 904 BW Boek 8]
Waardevermindering zaak bij goederenvervoer over zee [B8 art. 389 BW Boek 8]
Waardeverminderingen [B2 art. 387 BW Boek 2]
Waardeverschil in geconsolideerde jaarrekening [B2 art. 413 BW Boek 2]
Waarheidsplicht [B14 art. 21 Rv]
Waarnemend notaris [B47 art. 19 WNA]
Waarnemend, toegevoegd of kandidaat-gerechtsdeurwaarder, alsmede stagiaire [B46 art. 49 GDW]
Waarnemer [B46 art. 12 GDW]
Waarneming van het notarisambt [B47 art. 28 WNA]
Waarneming voor rekening en risico vervangen notaris [B47 art. 29a WNA]
Wachttijd tot huwelijksvoltrekking na huwelijksaangifte [B1 art. 62 BW Boek 1]
Wanprestatie [B11 art. 182 NBW] [B70 art. 25 WKV]
Wanprestatie bij niet nakoming verbintenis [B6 art. 74 BW Boek 6]
Water op naburig erf [B5 art. 39 BW Boek 5]
Wederindiensttredingsvoorwaarde [B7 art. 682 BW Boek 7]
Wederkerige overeenkomst [B6 art. 261 BW Boek 6]
Wederopzegging toepassing vrijstelling van omzetbelasting [B54 art. 25 Wet OB 1968]

Alfabetisch trefwoordenregister

W

Wederpartij onbekend met einde van volmacht [B3 art. 76 BW Boek 3]
Wederverkoper [B54 art. 2a, art. 5b Wet OB 1968]
Wederzijdse verklaringen inzake niet-exclusieve forumkeuzebedingen [B80 art. 22]
Weergave van merken in woordenboeken [B75 art. 2.20bis BVIE]
Weging van de stemmen [B74 art. 36 EOV]
Wegneembeding (hypotheek)/ ius tollendi [B3 art. 266 BW Boek 3]
Wegvervoer bij verhuisovereenkomst [B8 art. 1170 BW Boek 8]
Wegwijsplicht bij overdracht [B3 art. 87 BW Boek 3]
Weigerachtige getuigen [B13 art. 223b, art. 66 Fw]
Weigeren gemachtigde [B14 art. 81 Rv]
Weigeren uitvoering betaalopdracht bij betalingstransactie [B7 art. 533 BW Boek 7]
Weigeren uitvoering van rogatoire commissie [B76 art. 12 HBewV]
Weigeren verlenen verstek tegen verweerder [B87 art. 7 Uw Bv]
Weigeren verzoek tot inschrijving [B45 art. 4 Advw]
Weigering benoeming [B46 art. 7 GDW]
Weigering erkenning [B81 art. 45 Brussel I-bis]
Weigering erkenning of uitvoerbaarverklaring [B60 art. 5 HAEV 1973]
Weigering inschrijving bij registergoed [B3 art. 20 BW Boek 3]
Weigering op absolute gronden [B75 art. 2.11 BVIE]
Weigering op absolute gronden van internationale aanvragen [B75 art. 2.13 BVIE]
Weigering personen als raadsman [B46 art. 41 GDW]
Weigering te getuigen [B14 art. 178 Rv]
Weigering tenuitvoerlegging [B81 art. 46 Brussel I-bis]
Weigering uitvoering arbitraal vonnis [B14 art. 1061k Rv]
Weigering van afgifte [B1 art. 23b BW Boek 1]
Weigering van uitvoering van een aanvraag [B78 art. 13 HBetV]
Weigering van zuivering bij schuldenaarsverzuim [B6 art. 86 BW Boek 6]
Weigering verrekeningsverklaring [B6 art. 132 BW Boek 6]
Weigering verzoek tot wijziging plaats van vestiging [B47 art. 10 WNA]
Werk vanwege de overheid openbaar gemaakt [B36 art. 15b Aw]
Werken [B36 art. 10 Aw]
Werken die in verschillende banden e.d. zijn verschenen [B36 art. 41 Aw]
Werken door instellingen e.d. openbaar gemaakt [B36 art. 8 Aw]
Werken in openbare plaatsen [B36 art. 18 Aw]
Werken uit Nederlands-Indië en Nederlands-Nieuw-Guinea [B36 art. 47a Aw]
Werkgeversauteursrecht [B36 art. 7 Aw]
Werkgeversrecht [B38 art. 3 WNR]
Werking van de herroeping of de beperking van het Europees octrooi [B74 art. 68 EOV]
Werking van het recht van voorrang [B74 art. 89 EOV]
Werking vervreemding, etc. jegens beslaglegger [B14 art. 505 Rv]
Werkingssfeer tegenover derden [B105 art. 28 HuwVermVo] [B106 art. 28 GPVo]
Werkingssfeer toepasselijk recht [B105 art. 27 HuwVermVo] [B106 art. 27 GPVo]
Werkingssfeer van het toepasselijke recht [B93 art. 15 Rome II]
Werkingssfeer van internationaal privaatrecht [B10 art. 1 BW boek 10]
Werkingssfeer: verbintenissen tot internationale koopgoederen [B70 art. 1 WKV]
Werknemer, artiest, beroepssporter, buitenlands gezelschap [B40 art. 2 Iw 1990]
Werkplan [B45 art. 45f Advw]
Werkverdeling meerdere executeurs [B4 art. 142 BW Boek 4]
Werkwijze ALV [B46 art. 77 GDW]
Werkzaamheden [B47 art. 2 WNA]
Wet Giraal effectenverkeer, effecten aan toonder [B22 art. 8 Wge]
Wet Giraal effectenverkeer, toepasselijkheid na intrekking toestemming uitoefening beroep/bedrijf [B22 art. 7 Wge]
Wet maximering huurprijsverhogingen geliberaliseerde huurovereenkomsten, overgangsrecht [B11 art. 208ea NBW]
Wet omzetting aandelen aan toonder, statutenwijziging [B2 art. 82 BW Boek 2]
Wet staat verblijfplaats gelaedeerde toepasselijk [B72 art. 5 HPAV]
Wet Staat waar feit zich voordeed toepasselijk [B72 art. 4 HPAV]
Wettelijke feestdag [B12 art. 229bbis WvK]
Wettelijke regeling betreffende de heffing van rijksbelastingen [B40 art. 2 Iw 1990]
Wettelijke rente bij handelsovereenkomst [B6 art. 119a BW Boek 6]
Wettelijke rente bij verbintenis tot betaling geldsom [B6 art. 119 BW Boek 6]
Wettelijke rente door overheidsinstantie bij handelsovereenkomst [B6 art. 119b BW Boek 6]
Wettelijke subrogatie [B92 art. 15 Rome I]
Wettelijke verdeling [B4 art. 13 BW Boek 4]

W **Alfabetisch trefwoordenregister**

Wettelijke vermoedens en verdeling bewijslast in internationaal privaatrecht [B10 art. 13 BW boek 10]

Wijze doen van protest [B12 art. 143b WvK]

Wijze indiening vorderingen [B13 art. 257 Fw]

Wijze publicatie opheffing; rechtsmiddelen nieuw verzoek [B13 art. 18 Fw]

Wijze van aanhangig maken geschillen [B27 art. 19 Sb fgr 2015]

Wijze van acceptatie [B12 art. 124 WvK]

Wijze van behandeling [B13 art. 166, art. 220 Fw] [B14 art. 344b Rv]

Wijze van behandeling verzoekschrift [B14 art. 986 Rv]

Wijze van beslaglegging [B14 art. 479l Rv]

Wijze van bijhouding inzake de feitelijke gesteldheid [B28 art. 71 Kadw]

Wijze van bijhouding inzake voorlopige aantekeningen [B28 art. 72 Kadw]

Wijze van bijwerking [B28 art. 56 Kadw]

Wijze van gedingvoering [B14 art. 1036 Rv]

Wijze van inbewaringstelling bij schuldeisersverzuim [B6 art. 67 BW Boek 6]

Wijze van indienen vorderingen [B13 art. 110 Fw]

Wijze van inschrijven [B28 art. 12 Kadw]

Wijze van levering [B70 art. 31 WKV]

Wijze van overdracht [B12 art. 191 WvK]

Wijze van procederen [B14 art. 377, art. 389 Rv]

Wijze van procederen in hoger beroep [B14 art. 347 Rv]

Wijze van protest [B12 art. 218b WvK]

Wijze van stemmen [B74 art. 35 EOV]

Wijze van uitbetaling [B40 art. 7a Iw 1990]

Wijze van verhoging/verlaging van huurprijs [B7 art. 250 BW Boek 7]

Wijze van verhoor [B14 art. 179 Rv]

Wijze van verkoop [B13 art. 176 Fw] [B14 art. 519 Rv]

Wijze van verrekening [B1 art. 135 BW Boek 1]

Wijze van verwerping [B4 art. 201 BW Boek 4]

Wijzigen overeenkomst, opheffing nadeel [B6 art. 230 BW Boek 6]

Wijzigen/opheffen verbintenissen bij legaat [B4 art. 123 BW Boek 4]

Wijziging bedrag aandelen BV [B2 art. 178b BW Boek 2]

Wijziging bedrag aandelen NV [B2 art. 67b BW Boek 2]

Wijziging franchiseformule [B7 art. 921 BW Boek 7]

Wijziging geslachtsnaam [B1 art. 7 BW Boek 1]

Wijziging grijze lijst bij algemene voorwaarden [B6 art. 239 BW Boek 6]

Wijziging i.p.v. vernietiging bij misbruik van omstandigheden bij rechtshandeling [B3 art. 54 BW Boek 3]

Wijziging in gerechtigdheid [B52 art. 35f SW]

Wijziging in overeenkomsten met leden bij coöperatie en onderlinge waarborgmaatschappij [B2 art. 59 BW Boek 2]

Wijziging in plaats van vernietiging van verdeling door rechter bij gemeenschap [B3 art. 198 BW Boek 3]

Wijziging kadastrale aanduiding en opnieuw vaststellen grootte van percelen anders dan ingevolge een bijwerking [B28 art. 111 Kadw]

Wijziging of beëindiging [B70 art. 29 WKV]

Wijziging of intrekking dispache [B14 art. 641b Rv]

Wijziging of intrekking van onderhoudsverplichting [B1 art. 401 BW Boek 1]

Wijziging of ontbinding van overeenkomst door rechter bij splitsing [B2 art. 334r BW Boek 2]

Wijziging, ontbinding overeenkomst [B11 art. 195 NBW]

Wijziging, opheffing erfdienstbaarheid [B11 art. 165 NBW]

Wijziging, opheffing erfpacht [B11 art. 169 NBW]

Wijziging ouderlijk gezag bij overleden ouder [B1 art. 253h BW Boek 1]

Wijziging plaats van vestiging [B47 art. 10 WNA]

Wijziging rechterlijke uitspraak bij algemene voorwaarden [B6 art. 242 BW Boek 6]

Wijziging statuten [B2 art. 154 BW Boek 2]

Wijziging statuten structuurvennootschap BV [B2 art. 264 BW Boek 2]

Wijziging statuten tijdens AVA BV [B2 art. 231 BW Boek 2]

Wijziging statuten tijdens AVA NV [B2 art. 121 BW Boek 2]

Wijziging statuten van stichting [B2 art. 293 BW Boek 2]

Wijziging taalkeuze [B75 art. 1.19 BVIE]

Wijziging tegenprestatie of vergoeding o.g.v. onvoorziene omstandigheden niet mogelijk [B7 art. 335 BW Boek 7]

Wijziging toepasselijk recht bij geregistreerd partners [B10 art. 66 BW boek 10]

Alfabetisch trefwoordenregister

W

Wijziging van alimentatieovereenkomst [B1 art. 159 BW Boek 1]
Wijziging van ambtshalve opgemaakte geboorteakte [B1 art. 25d BW Boek 1]
Wijziging van debetrentevoet bij kredietovereenkomst [B7 art. 62 BW Boek 7]
Wijziging van een vordering c.q. tegenvordering [B14 art. 1038d Rv]
Wijziging van eis [B14 art. 1019m Rv]
Wijziging van het reglement voor gebruik van het merk [B75 art. 2.35sexies BVIE]
Wijziging van omgangsregeling [B1 art. 377e BW Boek 1]
Wijziging van omgangsregeling, één jaar na ontzegging omgang [B1 art. 377e BW Boek 1]
Wijziging van omgangsregeling, twee jaar na ontzegging omgang bij partnerdoding [B1 art. 377e BW Boek 1]
Wijziging van omstandigheden [B57 art. 7 HHVV 1978]
Wijziging van omstandigheden bij splitsing [B2 art. 334i BW Boek 2]
Wijziging van ouderlijk gezag [B1 art. 253o BW Boek 1]
Wijziging van toepasselijk recht bij echtgenoten met verschillende nationaliteit [B10 art. 38 BW boek 10]
Wijziging verblijf [B1 art. 265i BW Boek 1]
Wijziging verblijf minderjarige door voogd [B1 art. 336a BW Boek 1]
Wijziging verblijfplaats kind door gezagvoerende ouder [B1 art. 253s BW Boek 1]
Wijziging voornamen [B1 art. 4 BW Boek 1]
Wijziging voorwaarden [B45 art. 48d Advw]
Wijziging zakelijke rechten [B55 art. 5 Uitv. Besl. OB 1968]
Wijziging/ontbinding overeenkomst bij fusie door rechter [B2 art. 322 BW Boek 2]
Wijziging/opheffen testamentaire last [B4 art. 134 BW Boek 4]
Wijzigingen in het register [B75 art. 3.1 BVIE]
Wijzigingen van het reglement inzake het gebruik van het collectieve merk [B75 art. 2.34sexies BVIE]
Wijzigingsbevoegdheid [B36 art. 25 Aw]
Wil en verklaring bij rechtshandeling [B3 art. 33 BW Boek 3]
Wilsgebreken bij volmacht [B3 art. 66 BW Boek 3]
Wilsovereenstemming bij aanwijzing [B57 art. 10 HHVV 1978]
Wilsrecht [B50 art. 15 WBRV]
Winst- en verliesrekening [B2 art. 377 BW Boek 2]
Winst- en verliesrekening van verzekeringsmaatschappij [B2 art. 437 BW Boek 2]
Winst-/verliesverdeling bij rederij [B8 art. 177 BW Boek 8]
Winstafdracht [B36 art. 27a Aw]
Winstverdeling bij BV [B2 art. 216 BW Boek 2]
Winstverdeling bij NV [B2 art. 105 BW Boek 2]
Wisselafschriften [B12 art. 166 WvK]
Wisselbepaling; verkeerd procesinleidend stuk [B14 art. 69 Rv]
Wisselbepaling; verkeerde procedure [B14 art. 70 Rv]
Wisselborgtocht [B12 art. 129 WvK]
Wisselen van memoriën [B14 art. 1038a Rv]
Wisselexemplaren [B12 art. 163 WvK]
Wisselkoers [B54 art. 8 Wet OB 1968]
Wissels in vreemd geld [B12 art. 140 WvK]
Woning [B52 art. 21 SW]
Woning anders dan als tijdelijk hoofdverblijf, schriftelijke verklaring [B50 art. 15a WBRV]
Woningbouwlichamen [B50 art. 15 WBRV]
Woonplaats [B14 art. 728 Rv] [B52 art. 2 SW]
Woonplaats, bepaling van [B105 art. 43 HuwVermVo] [B106 art. 43 GPVo]
Woonplaats bij mentorschap [B1 art. 12 BW Boek 1]
Woonplaats buiten Nederland [B14 art. 55 Rv]
Woonplaats gedaagde [B14 art. 99 Rv]
Woonplaats in lidstaat EU [B14 art. 56 Rv]
Woonplaats onbekend [B14 art. 54 Rv]
Woonplaats van een natuurlijk persoon [B1 art. 10 BW Boek 1]
Woonplaats van een rechtspersoon [B1 art. 10 BW Boek 1]
Woonplaats van kantoor- of filiaalhouder [B1 art. 14 BW Boek 1]
Woonplaats van minderjarige en onder curatele gestelde [B1 art. 12 BW Boek 1]
Woonplaats van onderbewindgestelde [B1 art. 12 BW Boek 1]
Woonplaats vennootschappen en rechtspersonen [B81 art. 63 Brussel I-bis]
Woonplaatsbepaling bij verbintenis tot betaling geldsom [B6 art. 118 BW Boek 6]
Woonplaatsbepaling en tijdstip bij verbintenis tot betaling geldsom [B6 art. 116 BW Boek 6]
Woonplaatsfictie [B52 art. 3 SW]
Woonplaatskeuze [B14 art. 502 Rv]

Z

Woonruimte [B7 art. 233 BW Boek 7]
Woonwagen [B7 art. 235 BW Boek 7]
Wraking [B14 art. 1019v, art. 36 Rv]
Wraking van arbiter, wraking van secretaris [B14 art. 1033 Rv]

Z

Zaak [B3 art. 2 BW Boek 3]
Zaak bij derde [B14 art. 461d, art. 499 Rv]
Zaakgebruik door derde bij schadevergoeding [B6 art. 101 BW Boek 6]
Zaaksgevolg schuldeiser bij binnenschip [B8 art. 825 BW Boek 8]
Zaaksgevolg schuldeiser bij zeeschip [B8 art. 215 BW Boek 8]
Zaaksvervanging bij bevoorrechte vordering [B3 art. 283 BW Boek 3]
Zaaksvervanging bij gemeenschap [B3 art. 167 BW Boek 3]
Zaaksvervanging bij pand- en hypotheekrecht [B3 art. 229 BW Boek 3]
Zaaksvervanging bij tenietgaan [B7 art. 80 BW Boek 7]
Zaaksvervanging bij vruchtgebruik [B3 art. 213 BW Boek 3]
Zaaksvorming roerende zaken [B5 art. 16 BW Boek 5]
Zaakwaarneming [B6 art. 198 BW Boek 6] [B93 art. 11 Rome II]
Zakelijke rechten bij binnenschip [B8 art. 788 BW Boek 8]
Zakelijke rechten en gedwongen tenuitvoerlegging [B75 art. 2.32bis BVIE]
Zakelijke rechten op onroerende zaken [B54 art. 3 Wet OB 1968]
Zakelijke rechten van derden [B88 art. 8 IVO]
Zakelijke rechten van luchtvaartuig [B8 art. 1305 BW Boek 8]
Zaken aan hoger beroep onderworpen [B14 art. 332 Rv]
Zaken die buiten verzegeling blijven [B14 art. 665 Rv]
Zaken die verzegeld kunnen worden [B14 art. 658 Rv]
Zaken voor eigen rekening bij goederenvervoer over zee [B8 art. 485 BW Boek 8]
Zang en muziek tijdens eredienst [B36 art. 17c Aw]
Zee-arbeidsovereenkomst, aanvang [B7 art. 701 BW Boek 7]
Zee-arbeidsovereenkomst, beëindiging na proeftijd [B7 art. 721 BW Boek 7]
Zee-arbeidsovereenkomst, beëindiging overeenkomst voor bepaalde tijd na afloop reis [B7 art. 723 BW Boek 7]
Zee-arbeidsovereenkomst, buitengewone beloning [B7 art. 711 BW Boek 7]
Zee-arbeidsovereenkomst, definitie [B7 art. 694 BW Boek 7]
Zee-arbeidsovereenkomst, definitie loon [B7 art. 734j BW Boek 7]
Zee-arbeidsovereenkomst, geen loon bij werkweigering [B7 art. 716 BW Boek 7]
Zee-arbeidsovereenkomst, indiensttreding [B7 art. 702 BW Boek 7]
Zee-arbeidsovereenkomst, inhoud [B7 art. 699 BW Boek 7]
Zee-arbeidsovereenkomst, kennisneming door zeevarende [B7 art. 698 BW Boek 7]
Zee-arbeidsovereenkomst, lijkbezorging [B7 art. 720 BW Boek 7]
Zee-arbeidsovereenkomst, loon bij tijdelijke algehele arbeidsongeschiktheid [B7 art. 734f BW Boek 7]
Zee-arbeidsovereenkomst, loon bij verpleging in buitenland [B7 art. 734b BW Boek 7]
Zee-arbeidsovereenkomst, loon voor onverzekerden bij ziekte [B7 art. 734d BW Boek 7]
Zee-arbeidsovereenkomst, loonopgave [B7 art. 715 BW Boek 7]
Zee-arbeidsovereenkomst, loonsverhoging bij verlenging reis [B7 art. 714 BW Boek 7]
Zee-arbeidsovereenkomst, loontoeslag voor andere werkzaamheden [B7 art. 710 BW Boek 7]
Zee-arbeidsovereenkomst, loontoeslag/vergoeding bij overwerk [B7 art. 709 BW Boek 7]
Zee-arbeidsovereenkomst, ondertekening [B7 art. 697 BW Boek 7]
Zee-arbeidsovereenkomst, ontbinding bij niet doorgaan reis door toedoen scheepsbeheerder [B7 art. 730 BW Boek 7]
Zee-arbeidsovereenkomst, ontbinding bij niet doorgaan/staken reis [B7 art. 729 BW Boek 7]
Zee-arbeidsovereenkomst, ontbinding door kantonrechter [B7 art. 728 BW Boek 7]
Zee-arbeidsovereenkomst, opzegging door kapitein [B7 art. 733 BW Boek 7]
Zee-arbeidsovereenkomst, overeenkomst naar buitenlands recht [B7 art. 736 BW Boek 7]
Zee-arbeidsovereenkomst, overmaken loon aan derden [B7 art. 707 BW Boek 7]
Zee-arbeidsovereenkomst, recht op verpleging/behandeling [B7 art. 734a BW Boek 7]
Zee-arbeidsovereenkomst, repatriëring [B7 art. 718 BW Boek 7]
Zee-arbeidsovereenkomst, sleeploon [B7 art. 712 BW Boek 7]
Zee-arbeidsovereenkomst, tijdelijke werknemer [B7 art. 735 BW Boek 7]
Zee-arbeidsovereenkomst, tijdstip opzegging [B7 art. 725 BW Boek 7]
Zee-arbeidsovereenkomst, tijdstip voldoening loon [B7 art. 708 BW Boek 7]
Zee-arbeidsovereenkomst, toepasselijkheid op [B7 art. 696 BW Boek 7]
Zee-arbeidsovereenkomst, uitkering aan nagelaten betrekkingen [B7 art. 734h BW Boek 7]
Zee-arbeidsovereenkomst, uitkering/voorziening bij ongeval [B7 art. 734e BW Boek 7]
Zee-arbeidsovereenkomst, vakantie [B7 art. 717 BW Boek 7]

Z

Zee-arbeidsovereenkomst, verplichtingen scheepsbeheerder [B7 art. 737, art. 738 BW Boek 7]
Zee-arbeidsovereenkomst voor bepaalde tijd, beëindiging [B7 art. 722 BW Boek 7]
Zee-arbeidsovereenkomst voor onbepaalde tijd, beëindiging [B7 art. 724 BW Boek 7]
Zee-arbeidsovereenkomst, werkgeversvereniging [B7 art. 734k BW Boek 7]
Zee-arbeidsovereenkomst, werkzaamheid na beëindiging [B7 art. 700 BW Boek 7]
Zee-arbeidsovereenkomst, wijze van voldoening loon [B7 art. 706 BW Boek 7]
Zee-arbeidsovereenkomst, zeevarende in de visserij [B7 art. 740 BW Boek 7]
Zeebodem, eigendom staat [B5 art. 25 BW Boek 5]
Zeeschip [B8 art. 2 BW Boek 8]
Zeeschip is registergoed [B8 art. 199 BW Boek 8]
Zeestrand, eigendomsvermoeden [B5 art. 26 BW Boek 5]
Zeevarende in de visserij, definitie loon bij loon in natura [B7 art. 745 BW Boek 7]
Zeevarende in de visserij, garantieloon [B7 art. 741 BW Boek 7]
Zeevarende in de visserij, overmaking loon aan andere personen [B7 art. 746 BW Boek 7]
Zeevarende in de zeevisserij, aansprakelijkheid repatriëring [B7 art. 748 BW Boek 7]
Zeevisserssschepen [B12 art. 374 WvK]
Zegel van notaris [B47 art. 51 WNA]
Zekerheid stellen [B14 art. 641c Rv]
Zekerheid voor preferente vorderingen [B13 art. 163 Fw]
Zekerheidsstelling [B40 art. 40 Iw 1990]
Zekerheidstelling betaling hulploon bij hulpverlening [B8 art. 572 BW Boek 8]
Zekerheidstelling bij beneficiaire aanvaarding [B4 art. 199 BW Boek 4]
Zekerheidstelling bij fusie [B2 art. 316 BW Boek 2]
Zekerheidstelling bij kapitaalvermindering [B2 art. 100 BW Boek 2]
Zekerheidstelling bij nakoming verbintenis [B6 art. 51 BW Boek 6]
Zekerheidstelling bij opschortingsrecht [B6 art. 55 BW Boek 6]
Zekerheidstelling bij vruchtgebruik [B3 art. 206 BW Boek 3]
Zekerheidstelling in plaats van verbod [B36 art. 26e Aw]
Zekerheidstelling renten door hypotheek op binnenschip [B8 art. 795 BW Boek 8]
Zekerheidstelling voor bewind bij voogdij [B1 art. 363 BW Boek 1]
Zelfstandige woning [B7 art. 234 BW Boek 7]
Zetel [B74 art. 6 EOV] [B75 art. 1.5 BVIE]
Zetel van stichting [B2 art. 287 BW Boek 2]
Zetelverplaatsing [B91 art. 8 SE]
Zetelverplaatsing in het internationaal privaatrecht [B10 art. 120 BW boek 10]
Zichtwissels [B12 art. 133 WvK]
Zittingen [B14 art. 642n Rv]
Zittingsplaatsen gerechten aanwijzen bij AMvB [B42 art. 21b Wet RO]
Zittingsplaatsen gerechtshoven [B43 art. 2 Bzg]
Zittingsplaatsen rechtbanken [B43 art. 1 Bzg]
Zorg voor bebouwing en inzameling [B14 art. 451 Rv]
Zorgplicht bij weigering zaak bij koop [B7 art. 29 BW Boek 7]
Zorgplicht bij zaakwaarneming [B6 art. 199 BW Boek 6]
Zorgplicht pandhouder [B3 art. 243 BW Boek 3]
Zorgplicht schuldenaar bij wederkerige overeenkomst [B6 art. 273 BW Boek 6]
Zorgplicht van echtgenoten [B1 art. 81 BW Boek 1]
Zorgplicht van echtgenoten voor minderjarige kinderen [B1 art. 82 BW Boek 1]
Zorgplicht van voogd [B1 art. 336 BW Boek 1]
Zorgplicht vervoerder bij goederenvervoer over zee [B8 art. 381 BW Boek 8]
Zorgvuldige aflevering zaak bij nakoming verbintenis [B6 art. 27 BW Boek 6]
Zuivere aanvaarding van nalatenschap [B4 art. 192 BW Boek 4]
Zuivering [B14 art. 526 Rv]
Zuivering bij hypotheekrecht [B3 art. 273 BW Boek 3]
Zuivering tijdens inbewaringstelling bij schuldeisersverzuim [B6 art. 69 BW Boek 6]
Zwangerschap [B52 art. 45 SW]
Zwarte lijst agressieve handelspraktijken [B6 art. 193i BW Boek 6]
Zwarte lijst misleidende handelspraktijken [B6 art. 193g BW Boek 6]